BECK'SCHE TEXTAUSGABEN

Steuerrichtlinien

STEUERRICHTLINIEN

Einkommensteuer-Richtlinien, Lohnsteuer-Richtlinien,
Wohnungsbau-Prämienrichtlinien, Körperschaftsteuer-Richtlinien,
Bewertungsrichtlinien, Erbschaftsteuer-Richtlinien,
Grundsteuer-Richtlinien, Gewerbesteuer-Richtlinien,
Umsatzsteuer-Anwendungserlass,
Anwendungserlass zur Abgabenordnung

Textsammlung
der Richtlinien des Bundes zum Steuerrecht
mit Verweisungen und Sachverzeichnissen

Gebundene Ausgabe 2022
Stand: Mai 2022

C.H.BECK

Redaktioneller Hinweis

Vom Verlag erstellte Fußnoten sind urheber- und wettbewerbsrechtlich geschützt; amtliche Fußnoten sind als solche gekennzeichnet.
Die Angaben zum Stand der Sammlung auf dem Titelblatt beziehen sich auf das Verkündungsdatum der maßgeblichen Veröffentlichungsblätter.
Verbesserungsvorschläge und Fehlerhinweise sind jederzeit willkommen.

Verlag C. H. Beck
Wilhelmstraße 9, 80801 München
Fax: (0 89) 3 81 89-3 98 · Internet: www.beck.de
E-Mail: kundenservice@beck.de

www.beck.de

ISBN 978 3 406 78625 9

Wilhelmstraße 9, 80801 München
Druck: Druckerei C. H. Beck Nördlingen
(Adresse wie Verlag)

Gedruckt auf säurefreiem, alterungsbeständigem Papier
(hergestellt aus chlorfrei gebleichtem Zellstoff)

Geleitwort

zur 184. Ergänzungslieferung Mai 2022

Mit der vorliegenden 184. Ergänzungslieferung erhält die Sammlung den Stand 31. Mai 2022.

Hauptbestandteil der Lieferung sind die im April 2022 veröffentlichten neuen Einkommensteuer-Hinweise 2021 (EStH 2021). Außerdem wurde der Umsatzsteuer-Anwendungserlass (UStAE) erneut geändert, zuletzt durch BMF-Schreiben vom 20.5.2022.

In den Bereichen Körperschaftsteuer, Erbschaftsteuer und Gewerbesteuer waren Hinweise auf aktuelle Rechtsprechung und Verwaltungsanweisungen einzuarbeiten.

Informationen zu aktuellen Gesetzen und Verwaltungsanweisungen sowie sonstige aktuelle steuerliche Fachinformationen finden Sie in der Rubrik Fach-News auf unseren Internetseiten unter www.dstr.de.

München, im Juni 2022 VERLAG C. H. BECK

Vorwort

Die vorliegende Sammlung „Steuerrichtlinien" enthält die von der Finanzverwaltung herausgegebenen amtlichen Richtlinien zu den einzelnen Steuerarten sowie den Umsatzsteuer-Anwendungserlass und den Anwendungserlass zur AO. Die Texte sind mit weiterführenden Hinweisen versehen, außerdem wurden ausführliche Sachregister beigegeben. Der Aufbau der Sammlung entspricht grundsätzlich dem der parallelen Sammlung „Steuergesetze", die zum jeweiligen Steuergesetz ergangenen Richtlinien tragen also dieselbe Ordnungsnummer wie das Gesetz. Die bis zur 97. Ergänzungslieferung enthaltenen weiteren Verwaltungsanweisungen (Allgemeine Verwaltungsvorschriften, BMF-Schreiben, Ländererlasse und OFD-Verfügungen) sind seitdem – praxisgerecht erweitert und um weitere Steuerarten vervollständigt – in der gesondert beziehbaren Sammlung „Steuererlasse" enthalten. Für den Bereich des DBA-Rechts verweisen wir auf die Spezialsammlung „Doppelbesteuerungsabkommen", die – neben den Texten der OECD-Musterabkommen und allen von der Bundesrepublik Deutschland abgeschlossenen Doppelbesteuerungsabkommen – wichtige Verwaltungsanweisungen zu den OECD-Musterabkommen und zu den einzelnen Länderabkommen enthält.

Für die Aufbewahrung ausgetauschter Vorschriften, die für die zurückliegenden Zeiträume Bedeutung behalten, werden dem Benutzer besondere Ablegeordner mit unterschiedlichen Rückenbreiten empfohlen, die er vom Verlag erwerben kann.

An die Bezieher der „Steuerrichtlinien" richten wir die Bitte, uns ihre Anregungen und Wünsche bezüglich der Textsammlung wissen zu lassen, denen zu entsprechen wir stets bemüht sein werden.

München VERLAG C. H. BECK

Inhaltsübersicht

Inhaltsverzeichnis

Abkürzungsverzeichnis

Einkommensteuer 1
Lohnsteuer, Bundesumzugskostengesetz, Wohnungsbau-Prämien 20 ff.
Körperschaftsteuer 100
Bewertung 200
Erbschaftsteuer 250
Grundsteuer 420
Gewerbesteuer 450
Umsatzsteuer 500
Abgabenordnung 800

Sachregister (ein Sachregister ist jeweils im Anschluß an die einzelnen Richtlinien bzw. deren Anlagen unter der Nr. . . ./100 abgedruckt)

Übersicht

Systematisches Inhaltsverzeichnis

Vor 1. **Euro-Umrechnungskurse**

1. **Einkommensteuer-Richtlinien 2012 (EStR 2012)** mit amtlichen **Einkommensteuer-Hinweisen 2021 (EStH 2021)**

1 Anl. 1 Übersicht über die Berichtigung des Gewinns bei Wechsel der Gewinnermittlungsart (Anlage zu R 4.6 EStR)

1 Anl. 2 Übersicht über die degressiven Absetzungen für Gebäude nach § 7 Abs. 5 EStG (Anlage zu R 7.4 EStR, H 7.4 EStH)

1 Anl. 3 *(nicht belegt)*

1 Anl. 4 Muster für Zuwendungsbestätigungen (Anlage zu R 10b.1 EStR); BMF-Schreiben v. 7.11.2013 u. v. 26.3.2014 mit Mustern 1–18

1 Anl. 5 *(nicht belegt)*

1 Anl. 6 Verzeichnis ausländischer Steuern in Nicht-DBA-Staaten, die der deutschen Einkommensteuer entsprechen (Anlage zu R 34c EStR)

1/100. Sachregister zu den Einkommensteuer-Richtlinien und -Hinweisen

20. **Lohnsteuer-Richtlinien 2015/2021 (LStR 2015/2021)** mit amtlichen **Lohnsteuer-Hinweisen 2022 (LStH 2022)**

20/100. Sachregister zu den Lohnsteuer-Richtlinien und -Hinweisen

29. **Bundesumzugskostengesetz**

52. **Wohnungsbau-Prämienrichtlinien 2002 (WoPR 2002)**

100. **Körperschaftsteuer-Richtlinien 2015 (KStR 2015)** mit amtlichen **Körperschaftsteuer-Hinweisen 2015 (KStH 2015)**

100 Anl. 1 Gegenüberstellung KStR 2004 – KStR 2015

100/100. Sachregister zu den Körperschaftsteuer-Richtlinien und -Hinweisen

200. **Richtlinien für die Bewertung des Grundvermögens (BewRGr)**

Anl. 1 Vervielfältiger für eine Gemeindegröße bis 2000 Einwohner

Anl. 2 Vervielfältiger für eine Gemeindegröße über 2000 bis 5000 Einwohner

Anl. 3 Vervielfältiger für eine Gemeindegröße über 5000 bis 10 000 Einwohner

Anl. 4 Vervielfältiger für eine Gemeindegröße über 10 000 bis 50 000 Einwohner

Anl. 5 Vervielfältiger für eine Gemeindegröße über 50 000 bis 100 000 Einwohner

Anl. 6 Vervielfältiger für eine Gemeindegröße über 100 000 bis 200 000 Einwohner

Anl. 7 Vervielfältiger für eine Gemeindegröße über 200 000 bis 500 000 Einwohner

Anl. 8 Vervielfältiger für eine Gemeindegröße über 500 000 Einwohner

Anl. 9 Tabelle der Abschläge bei Notwendigkeit baldigen Abbruchs des Gebäudes und bei Abbruchverpflichtung

Anl. 9a Erweiterte Tabelle der Abschläge bei Abbruchverpflichtung

Anl. 10 Grundstückswertermittlung im Sachwertverfahren

Anl. 11 Baunebenkosten

Anl. 12 Berechnung des umbauten Raumes nach DIN 277

Anl. 13 Merkmale für die Beurteilung der baulichen Ausstattung bei Gebäuden

Anl. 14 Gebäudeklasseneinteilung und Raummeterpreise für Fabrikgrundstücke

Anl. 15 Gebäudeklasseneinteilung und Raummeterpreise für andere Geschäftsgrundstücke und für sonstige bebaute Grundstücke

Anl. 16 Bauteil-Preistabelle für die im Sachwertverfahren zu bewertenden Einfamilienhäuser und Zweifamilienhäuser

Anl. 17 Durchschnittspreise für einzelne Außenanlagen

Anl. 17a Ergänzung der in den Anlagen 14 bis 17 angegebenen Preise

Anl. 18 Einheitswertfeststellung des Grundvermögens im Beitrittsgebiet

200/3. Fortschreibungs-Richtlinien

200/100. Sachregister zu den Bewertungsrichtlinien für das Grundvermögen

250. **Erbschaftsteuer-Richtlinien 2019 (ErbStR 2019)** mit amtlichen **Erbschaftsteuer-Hinweisen 2019 (ErbStH 2019)**

250 Anl. 1 Anbauflächen bzw. Tierarten und Produktionszweige (Anlage 1 zu R B 160.2 und 163 ErbStR)

250 Anl. 2 Standarddeckungsbeiträge nach der EU-Typologie (Anlage 2 zu R B 163 ErbStR)

250 Anl. 3 Verbraucherpreisindex (Anlage 3 zu § 5 Abs. 1 ErbStG)

250/100. Sachregister zu den Erbschaftsteuer-Richtlinien und -Hinweisen

420. **Grundsteuer-Richtlinien 1978 (GrStR 1978)**

420/100. Sachregister zu den Grundsteuer-Richtlinien

450. **Gewerbesteuer-Richtlinien 2009 (GewStR 2009)** mit amtlichen **Gewerbesteuer-Hinweisen 2016 (GewStH 2016)**

450/100. Sachregister zu den Gewerbesteuer-Richtlinien

500. **Umsatzsteuer-Anwendungserlass (UStAE)**

500 Anl. 1 Gelangensbestätigung

500 Anl. 2 Entry Certificate

500 Anl. 3 Attestation de réception

500 Anl. 4 Spediteurbescheinigung

500 Anl. 5 Spediteurversicherung

500 Anl. 6 Anhang I, Tab. 6 (nach Art. 7, Art. 8 Abs. 3 VO (EG) 684/2009)

500 Anl. 7 Vereinfachtes Begleitdokument

500 Anl. 8 Anwendungsregelungen

500/100. Sachregister zum Umsatzsteuer-Anwendungserlass

800. **Anwendungserlass zur Abgabenordnung (AEAO)**

800 Anl. 1 Abtretungs-/Verpfändungsanzeige (Anl. zu § 46 AO)

800 Anl. 2 Mustersatzung für Vereine, Stiftungen, Betriebe gewerblicher Art von juristischen Personen d. ö. R., geistliche Genossenschaften und Kapitalgesellschaften (Anl. 1 zu § 60 AO)

800 Anl. 3 Muster einer Erklärung der Ordensgemeinschaften (Anl. 2 zu Nr. 5 zu § 60 AO)

800/100. Sachregister zum Anwendungserlass zur Abgabenordnung

Abkürzungsverzeichnis

Mit Anhang: Hinweise auf zitierte Beck'sche Loseblatt-Textausgaben

A	Abschnitt
a. a. O.	am angegebenen Ort
ABD	Ausfuhrbegleitdokument
AbgrE	Abgrenzungserlass
ABl.	Amtsblatt
ABMG	Autobahnmautgesetz
Abs.	Absatz
Abschn.	Abschnitt
AdV	Aussetzung der Vollziehung
AEAO	Anwendungserlass zur Abgabenordnung
AEErbSt 2017	Koordinierter Anwendungserlass zu den geänderten Vorschriften des ErbStG v. 22.6.2017 (BStBl. I 2017, 902)
AES	Automated Export System
AEUV	Vertrag über die Arbeitsweise der Europäischen Union
a. F.	alte(r) Fassung
AfA	Absetzungen für Abnutzung
AfaA	Absetzungen für außergewöhnliche Abnutzung
AFG	Arbeitsförderungsgesetz
AfS	Absetzungen für Substanzverringerung
AfZSt	Ausfuhrzollstelle
AG	Aktiengesellschaft
AGS	Amtlicher Gemeindeschlüssel
AgZSt	Ausgangszollstelle
AIF	Alternative Investmentfonds
AIG	Auslandsinvestitionsgesetz
AktG	Aktiengesetz
ALG	Gesetz über die Alterssicherung für Landwirte
AltTZG	Altersteilzeitgesetz
AltZertG	Altersvorsorgeverträge-Zertifizierungsgesetz
AMBlFin	Amtliches Mitteilungsblatt der Verwaltung für Finanzen des Vereinigten Wirtschaftsgebietes
ÄndG	Änderungsgesetz
AnfG	Anfechtungsgesetz
angef.	angefügt
Anh.	Anhang
Anl.	Anlage
Anm.	Anmerkung
AO	Abgabenordnung
AOA	Authorized OECD Approach (OECD-autorisierter Ansatz)
ArbSchG	Arbeitsschutzgesetz

Abkürzungen

Art.	Artikel
ASiG	Gesetz über Betriebsärzte, Sicherheitsingenieure und andere Fachkräfte für Arbeitssicherheit
ASpG	Altsparergesetz
ASRG	Agrarsozialreformgesetz 1995
AStBV (St)	Anweisungen für das Straf- und Bußgeldverfahren (Steuer)
AStG	Außensteuergesetz
ATE	Auslandstätigkeitserlass
ATLAS	Automatisiertes Tarif- und Lokales Zollabwicklungssystem
aufgeh.	aufgehoben
AÜG	Arbeitnehmerüberlassungsgesetz
AusfFördG	Gesetz über steuerliche Maßnahmen zur Ausfuhrförderung
AusglMechV	Verordnung zur Weiterentwicklung des bundesweiten Ausgleichmechanismus
AuslInvestmG	Auslandinvestment-Gesetz
AUV	Auslandsumzugskostenverordnung
AVG	Angestelltenversicherungsgesetz
AVmG	Altersvermögensgesetz
AWG	Außenwirtschaftsgesetz
AWV	Außenwirtschaftsverordnung
BA	Bundesagentur für Arbeit
BadGVBl.	Badisches Gesetz- und Verordnungsblatt
BAföG	Bundesausbildungsförderungsgesetz
BAG	Bundesarbeitsgericht
BAnz.	Bundesanzeiger
BAT	Bundesangestellten-Tarifvertrag
BauGB	Baugesetzbuch
BauNVO	Baunutzungsverordnung
Ba-Wü	Baden-Württemberg
BayLfSt	Bayerisches Landesamt für Steuern
BB	Zeitschrift „Betriebs-Berater“
BBauG	Bundesbaugesetz (siehe jetzt BauGB)
BBesG	Bundesbesoldungsgesetz
BBG	Bundesbeamtengesetz
BeamtVG	Beamtenversorgungsgesetz
BEEG	Bundeselterngeld- und Elternzeitgesetz
BerlinFG	Berlinförderungsgesetz
BetrAVG	Gesetz zur Verbesserung der betrieblichen Altersversorgung (Betriebsrentengesetz)
BetrKV	Betriebskostenverordnung
BewDV	Durchführungsverordnung zum Bewertungsgesetz
BewG	Bewertungsgesetz
BewRGr	Richtlinien für die Bewertung des Grundvermögens

BewRL	Richtlinien für die Bewertung des land- und forstwirtschaftlichen Vermögens v. 17.11.1967 (BAnz. Nr. 224 v. 30.11.1967, BStBl. I S. 397) und v. 17.1.1968 (BAnz. Nr. 17 v. 25.1.1968, BStBl. I S. 223)
BFD	Bundesfinanzdirektion
BfF	Bundesamt für Finanzen (siehe jetzt BZSt)
BFH	Bundesfinanzhof
BFHE	Sammlung der Entscheidungen des Bundesfinanzhofs
BFH/NV	Zeitschrift „Sammlung amtlich nicht veröffentlichter Entscheidungen des Bundesfinanzhofs"
BGB	Bürgerliches Gesetzbuch
BGBl. I/II	Bundesgesetzblatt Teil I/Teil II
BGBl. III	Bereinigte Sammlung des Bundesrechts, abgeschlossen am 31.12.1968 (in Nachweisform fortgeführt durch FNA)
BGH	Bundesgerichtshof
BGHZ	Sammlung der Entscheidungen des Bundesgerichtshofs in Zivilsachen
BHO	Bundeshaushaltsordnung
BildscharbV	Bildschirmarbeitsverordnung
BilMoG	Bilanzrechtsmodernisierungsgesetz
BiRiLiG	Bilanzrichtlinien-Gesetz
BKGG	Bundeskindergeldgesetz
BKrFQG	Berufskraftfahrer-Qualifikationsgesetz
BMF (BdF)	Bundesminister(ium) der Finanzen
BMWF	Bundesminister für Wirtschaft und Finanzen
BNatschG	Bundesnaturschutzgesetz
BNotO	Bundesnotarordnung
BPflV	Bundespflegesatzverordnung
BpO	Betriebsprüfungsordnung
BR-Drucks.	Bundesrats-Drucksache
BRKG	Bundesreisekostengesetz
BSG	Bundessozialgericht
BSGE	Sammlung der Entscheidungen des Bundessozialgerichts
BSHG	Bundessozialhilfegesetz
BStBl. I/II/III	Bundessteuerblatt Teil I/Teil II/(Teil III – bis 1967)
BT-Drucks.	Bundestags-Drucksache
BuchO	Buchungsordnung für Finanzämter
Buchst.	Buchstabe
BUKG	Bundesumzugskostengesetz
BV	Berechnungsverordnung
BVerfG	Bundesverfassungsgericht
BVerfGE	Sammlung der Entscheidungen des Bundesverfassungsgerichts
BVerfGG	Gesetz über das Bundesverfassungsgericht
BVerwG	Bundesverwaltungsgericht
BVerwGE	Sammlung der Entscheidungen des Bundesverwaltungsgerichts
BVG	Bundesversorgungsgesetz

Abkürzungen

BWGöD	Gesetz zur Regelung der Wiedergutmachung nationalsozialistischen Unrechts für Angehörige des öffentlichen Dienstes
bzw.	beziehungsweise
BZSt	Bundeszentralamt für Steuern
CEREC	Ceramic Reconstruction (Keramische Rekonstruktion)
cif	costs, insurance, freight (Kosten, Versicherung, Fracht) – Lieferbedingung –
COM	Computer-Output-Microfilm
CpD-Konto	Conto-pro-Diverse (kombiniertes Forderungs- und Verbindlichkeitskonto)
DA	Dienstanweisung
DA-KG	Dienstanweisung zum Kindergeld nach dem Einkommensteuergesetz
DB	Durchführungsbestimmungen; Zeitschrift „Der Betrieb"
DBA	Abkommen zur Vermeidung der Doppelbesteuerung (Doppelbesteuerungsabkommen)
DDR	Deutsche Demokratische Republik
DEGT	Deutscher Eisenbahngütertarif
d. h.	das heißt
DJH	Deutsches Jugendherbergswerk
DKfAG	Dienstrechtliches Kriegsfolgen-Abschlussgesetz
DMBG (1948)	D-Markbilanzgesetz 1948
DMBG-EG (1961)	4. D-Markbilanzergänzungsgesetz 1961
DMBilG	D-Markbilanzgesetz
DMEB	D-Markeröffnungsbilanz
DSGVO	Datenschutz-Grundverordnung (Verordnung (EU) Nr. 2016/679 des Europäischen Parlaments und des Rates v. 4.5.2016, ABl. EU 2016 Nr. L 119, 1, ber. ABl. EU 2018 Nr. L 127, 2)
DStR	Zeitschrift „Deutsches Steuerrecht"
DStRE	Zeitschrift „DStR-Entscheidungsdienst"
DV	Datenverarbeitung
DV (DVO)	Durchführungsverordnung
EALG	Entschädigungs- und Ausgleichsleistungsgesetz
EBKrG	Eisenbahnkreuzungsgesetz
ECS	Export Control System
EDIFACT	Electronic Data Interchange For Administration, Commerce and Transport (Branchenübergreifender internationaler Standard für das Format elektronischer Daten im Geschäftsverkehr)
EDV	Elektronische Datenverarbeitung
EEG	Gesetz über den Vorrang erneuerbarer Energien
EEX	European Energie Exchange
EFG	Zeitschrift „Entscheidungen der Finanzgerichte"

GesO	Gesamtvollstreckungsordnung
GewO	Gewerbeordnung
GewStDV	Gewerbesteuer-Durchführungsverordnung
GewStG	Gewerbesteuergesetz
GewStH	Gewerbesteuer-Hinweise
GewStR	Gewerbesteuer-Richtlinien
GFZ	Geschossflächenzahl
GG	Grundgesetz für die Bundesrepublik Deutschland
G 131	Gesetz zu Art. 131 GG
ggf.	gegebenenfalls
GKG	Gerichtskostengesetz
GmbH	Gesellschaft mit beschränkter Haftung
GmbHG	Gesetz betreffend die Gesellschaft mit beschränkter Haftung
GmbH & Co. KG	Kommanditgesellschaft mit Komplementär-GmbH
GMBl.	Gemeinsames Ministerialblatt
GoB	Grundsätze ordnungsmäßiger Buchführung (siehe jetzt GoBD)
GoBD	Grundsätze zur ordnungsmäßigen Führung und Aufbewahrung von Büchern, Aufzeichnungen und Unterlagen in elektronischer Form sowie zum Datenzugriff
GoBS	Grundsätze ordnungsmäßiger DV-gestützter Buchführungssysteme (siehe jetzt GoBD)
GOZ	Gebührenordnung für Zahnärzte
GrdstVG	Grundstücksverkehrsgesetz
GrEStG	Grunderwerbsteuergesetz
GrStDV	Grundsteuer-Durchführungsverordnung
GrStG	Grundsteuergesetz
GrStR	Grundsteuer-Richtlinien
GVBl., GVOBl.	Gesetz- und Verordnungsblatt
GVG	Gerichtsverfassungsgesetz
gVV	gemeinsames Versandverfahren EU-EFTA
GwG	Geldwäschegesetz
H	Einzelhinweis (der Einkommensteuer-, Erbschaftsteuer-, Körperschaftsteuer- bzw. Lohnsteuer-Hinweise)
ha	Hektar
HAG	Heimarbeitsgesetz
HBeglG	Haushaltsbegleitgesetz
HB-Gewinn	Handelsbilanz-Gewinn
HeimG	Heimgesetz
Hess.	Hessen, hessisch
HFR	Zeitschrift „Höchstrichterliche Finanzrechtsprechung"
HGB	Handelsgesetzbuch
HOAI	Honorarordnung für Architekten und Ingenieure
HöfeO	Höfeordnung
Hs.	Halbsatz
HwO	Handwerksordnung

Abkürzungen

IATA	International Air Transport Association (Internationale Flug-Transport-Vereinigung)
i. d. F.	in der Fassung
i. d. R.	in der Regel
i. H. v.	in Höhe von
IKS	Internes Kontrollsystem
InsO	Insolvenzordnung
InvG	Investmentgesetz
InVorG	Investitionsvorranggesetz
InvStG	Investmentsteuergesetz
InvZul.	Investitionszulage
InvZulG	Investitionszulagengesetz
InvZulVO	Investitionszulagenverordnung
i. R. d.	im Rahmen des/der
i. S. d. (v.)	im Sinne des/der (von)
IStR	Zeitschrift „Internationales Steuerrecht“
i. V. m.	in Verbindung mit
IZA	Informationszentrale für steuerliche Auslandsbeziehungen beim BZSt
JÖSchG	Gesetz zum Schutz der Jugend in der Öffentlichkeit
JuSchG	Jugendschutzgesetz
JStErgG	Jahressteuer-Ergänzungsgesetz
JStG	Jahressteuergesetz
JVA	Justizvollzugsanstalt
JVEG	Justizvergütungs- und -entschädigungsgesetz
KAGB	Kapitalanlagegesetzbuch
KAGG	Gesetz über Kapitalanlagegesellschaften
KapErhG	Kapitalerhöhungsgesetz
KapErhStG	Kapitalerhöhungssteuergesetz
KapErtrSt	Kapitalertragsteuer
KBV	Kleinbetragsverordnung
Kfz	Kraftfahrzeug
KG	Kommanditgesellschaft
KGaA	Kommanditgesellschaft auf Aktien
KHBV	Krankenhaus-Buchführungsverordnung
KHG	Krankenhausfinanzierungsgesetz
Kj.	Kalenderjahr
km	Kilometer
KO	Konkursordnung
KostO	Kostenordnung (freiwillige Gerichtsbarkeit)
KraftStDV	Kraftfahrzeugsteuer-Durchführungsverordnung
KraftStG	Kraftfahrzeugsteuergesetz
KStDV	Körperschaftsteuer-Durchführungsverordnung
KStG	Körperschaftsteuergesetz
KStH	Körperschaftsteuer-Hinweise
KStR	Körperschaftsteuer-Richtlinien

SachbezV	Sachbezugsverordnung, siehe jetzt SvEV
SaDV	Sammelantrags-Datenträger-Verordnung
ScheckG	Scheckgesetz
Schl-H	Schleswig-Holstein
SchwbG	Schwerbehindertengesetz
SGB I	Sozialgesetzbuch, Erstes Buch, Allgemeiner Teil
SGB II	Sozialgesetzbuch, Zweites Buch, Grundsicherung für Arbeitsuchende
SGB III	Sozialgesetzbuch, Drittes Buch, Arbeitsförderung
SGB IV	Sozialgesetzbuch, Viertes Buch, Gemeinsame Vorschriften für die Sozialversicherung
SGB V	Sozialgesetzbuch, Fünftes Buch, Gesetzliche Krankenversicherung
SGB VI	Sozialgesetzbuch, Sechstes Buch, Gesetzliche Rentenversicherung
SGB VII	Sozialgesetzbuch, Siebtes Buch, Gesetzliche Unfallversicherung
SGB VIII	Sozialgesetzbuch, Achtes Buch, Kinder- und Jugendhilfe
SGB IX	Sozialgesetzbuch, Neuntes Buch, Rehabilitation und Teilhabe behinderter Menschen
SGB X	Sozialgesetzbuch, Zehntes Buch, Sozialverwaltungsverfahren und Sozialdatenschutz
SGB XI	Sozialgesetzbuch, Elftes Buch, Soziale Pflegeversicherung
SGB XII	Sozialgesetzbuch, Zwölftes Buch, Sozialhilfe
SigG	Signaturgesetz
sog.	sogenannt
SolZ	Solidaritätszuschlag
SolZG	Solidaritätszuschlaggesetz
SortSchG	Sortenschutzgesetz
StahlInvZulG	Stahlinvestitionszulagengesetz
StÄndG	Steueränderungsgesetz
StandOG	Standortsicherungsgesetz
StAnpG	Steueranpassungsgesetz
StAnz.	Staatsanzeiger
StBerG	Steuerberatungsgesetz
StBereinG	Steuerbereinigungsgesetz
StBGebV	Steuerberatergebührenverordnung, jetzt StBVV
StBlNRW	Steuerblatt Nordrhein-Westfalen
StBVV	Steuerberatervergütungsverordnung
StDAV	Steuerdaten-Abrufverordnung
StDÜV	Steuerdaten-Übermittlungsverordnung
StEd.	Zeitschrift „Steuer-Eildienst“
StEntlG	Steuerentlastungsgesetz
StGB	Strafgesetzbuch
StMBG	Missbrauchsbekämpfungs- und Steuerbereinigungsgesetz
StNr.	Steuernummer
Stpfl.	Steuerpflichtiger
StPO	Strafprozessordnung

Abkürzungen

StRefG .... Steuerreformgesetz
StSenkG .... Steuersenkungsgesetz
StuZBl. .... Steuer- und Zollblatt
StVergAbG .... Steuervergünstigungsabbaugesetz
StVollzG .... Strafvollzugsgesetz
StVZO .... Straßenverkehrs-Zulassungs-Ordnung
StZBl. Bln. .... Steuer- und Zollblatt für Berlin
SvEV .... Sozialversicherungsentgeltverordnung
SVG .... Soldatenversorgungsgesetz
SVLFGG .... Gesetz zur Errichtung der Sozialversicherung für Landwirte, Forsten und Gartenbau

TEHG .... Treibhausgas-Emissionshandelsgesetz
TierZG .... Tierzuchtgesetz
TIR .... Transports Internationaux Routiers (Internationaler Straßengütertransport)
TV-L .... Tarifvertrag für den öffentlichen Dienst der Länder
Tz. .... Textziffer

u. a. .... unter anderem
UmwG .... Umwandlungsgesetz
UmwStG .... Umwandlungssteuergesetz
UNO .... United Nations Organization (Organisation der Vereinten Nationen)
UR .... Zeitschrift „Umsatzsteuer-Rundschau"
UrhG .... Urheberrechtsgesetz
URüV .... Unternehmensrückgabeverordnung
USG .... Unterhaltssicherungsgesetz
UStAE .... Umsatzsteuer-Anwendungserlass
UStDV .... Umsatzsteuer-Durchführungsverordnung
UStG .... Umsatzsteuergesetz
USt-IdNr. .... Umsatzsteuer-Identifikationsnummer
UStR .... Umsatzsteuer-Richtlinien
UStZustV .... Umsatzsteuerzuständigkeitsverordnung
UZK .... Unionszollkodex (Verordnung (EU) Nr. 952/2013 des Europäischen Parlaments und des Rates zur Festlegung des Zollkodex der Union v. 9.10.2013, ABl. EU 2013 Nr. L 269 S. 1)
UZK-DA .... Delegierte Verordnung (EU) Nr. 2015/2446 der Kommission zur Ergänzung des UZK mit Einzelheiten zur Präzisierung von Bestimmungen des UZK v. 28.7.2015
UZK-IA .... Durchführungsverordnung (EU) Nr. 2015/2447 der Kommission mit Einzelheiten zur Umsetzung von Bestimmungen des UZK v. 24.11.2015

V .... Verordnung
VA .... Verwaltungsakt
VAG .... Versicherungsaufsichtsgesetz
VAK .... Vollarbeitskraft

Vb.	Verfassungsbeschwerde
VE	Vieheinheit
VEK	Verwendbares Eigenkapital
VerglO	Vergleichsordnung
VermBDV	Verordnung zur Durchführung des Fünften Vermögensbildungsgesetzes
VermBG	(Fünftes) Vermögensbildungsgesetz
VermG	Vermögensgesetz
VersStG	Versicherungsteuergesetz
Vfg.	Verfügung
vGA	verdeckte Gewinnausschüttung
VGH	Verwaltungsgerichtshof
vgl.	vergleiche
VO	Verordnung
VOB	Vergabe- und Vertragsordnung für Bauleistungen
VStG	Vermögensteuergesetz
VStR	Vermögensteuer-Richtlinien
VVaG	Versicherungsverein auf Gegenseitigkeit
VVG	Versicherungsvertragsgesetz
VwV	Verwaltungsvorschrift
VwZG	Verwaltungszustellungsgesetz
VZ	Veranlagungszeitraum
WBFBl.	Amtsblatt des Finanzministeriums Württemberg-Baden
WEG	Wohnungseigentumsgesetz
WertR	Wertermittlungs-Richtlinien
WertV	Wertermittlungs-Verordnung
WFG	Wachstums- und Beschäftigungsförderungsgesetz
WG	Wechselgesetz
WGG	Wohnungsgemeinnützigkeitsgesetz
WiGBl.	Gesetzblatt der Verwaltung des Vereinigten Wirtschaftsgebiets
Wj.	Wirtschaftsjahr
WoBauFördG	Wohnungsbauförderungsgesetz
WoBauG	Wohnungsbaugesetz (Wohnungsbau- und Familienheimgesetz)
WoEigG	siehe WEG
WoFG	Wohnraumförderungsgesetz
WoFlV	Wohnflächenverordnung
WoPDV	Verordnung zur Durchführung des Wohnungsbau-Prämiengesetzes
WoPG	Wohnungsbau-Prämiengesetz
WoPR	Richtlinien zum Wohnungsbau-Prämiengesetz
WpHG	Wertpapierhandelsgesetz
WÜD	Wiener Übereinkommen über diplomatische Beziehungen
WÜK	Wiener Übereinkommen über konsularische Beziehungen

Abkürzungen

z. B.	zum Beispiel
ZDG	Zivildienstgesetz
ZEV	Zeitschrift für Erbrecht und Vermögensnachfolge
ZfZ	Zeitschrift für Zölle und Verbrauchsteuern
ZInsO	Zeitschrift für das gesamte Insolvenzrecht
ZK	Zollkodex (Verordnung (EWG) Nr. 2913/92 des Rates v. 12.10.1992, ABl. EG Nr. L 302 S. 1) – siehe jetzt UZK
ZK-DVO	Zollkodex-Durchführungsverordnung (Verordnung (EWG) Nr. 2454/93 der Kommission v. 2.7.1993, ABl. EG Nr. L 253 S. 1) – siehe jetzt UZK-DA und UZK-IA
ZKF	Zeitschrift für Kommunalfinanzen
ZM	Zusammenfassende Meldung
ZPO	Zivilprozessordnung
ZRFG	Zonenrandförderungsgesetz
ZollV	Zollverordnung
ZollVG	Zollverwaltungsgesetz
z. T.	zum Teil
ZugabeVO	Zugabe-Verordnung
ZuSEG	Gesetz über die Entschädigung von Zeugen und Sachverständigen, siehe jetzt JVEG
ZuwG	Zuwendungsgesetz
z. v. E.	zu versteuerndes Einkommen
ZVG	Gesetz über die Zwangsversteigerung und die Zwangsverwaltung

Anhang

Fußnotenhinweise beziehen sich auf folgende Beck'sche Loseblatt-Textausgaben:

Aichberger, SGB	Sozialgesetzbuch mit Nebengesetzen, Ausführungs- und Verfahrensvorschriften
Doppelbesteuerungsabkommen	OECD-Musterabkommen, DBA, Sonderabkommen Schifffahrt u. Luftfahrt, Verwaltungsanweisungen
Nipperdey I	Arbeitsrecht
Sartorius *(mit Ergänzungsband)* ...	Verfassungs- und Verwaltungsgesetze
Schönfelder *(mit Ergänzungsband)*	Deutsche Gesetze; Zivil-, Straf- und Verfahrensrecht
Schönfelder II	Zivil-, Wirtschafts- und Justizgesetze für die neuen Bundesländer
Steuererlasse	Wichtige Erlasse zum gesamten Steuerrecht
Steuergesetze	Bundesgesetze zum Steuerrecht
Strafrecht	Wichtige Straf- und strafverfahrensrechtliche Vorschriften
Wirtschaftsgesetze	Wichtige Gesetze für Juristen und Wirtschaftsfachleute
Zölle u. Verbrauchsteuern	EU- und nationale Vorschriften zum Zollrecht, Verbrauchsteuerrecht, Umsatzsteuerrecht, Verfahrensrecht

Vor 1. Euro-Umrechnungskurse

Die unwiderruflich festgelegten Umrechnungskurse betragen:

Belgien	1 EUR	40,3399	BEF	(Belgische Franken)
Deutschland	1 EUR	1,95583	DEM	(Deutsche Mark)
Estland	1 EUR	15,6466	EEK	(Estnische Kronen)
Finnland	1 EUR	5,94573	FIM	(Finnmark)
Frankreich	1 EUR	6,55957	FRF	(Französische Franken)
Griechenland	1 EUR	340,75	GRD	(Griechische Drachmen)
Irland	1 EUR	0,787564	IEP	(Irische Pfund)
Italien	1 EUR	1936,27	ITL	(Italienische Lire)
Lettland	1 EUR	0,702804	LVL	(Lettische Lats)
Litauen[1)]	1 EUR	3,45280	LTL	(Litauische Litas)
Luxemburg	1 EUR	40,3399	LUF	(Luxemburgische Franken)
Malta	1 EUR	0,4293	MTL	(Maltesische Lira)
Niederlande	1 EUR	2,20371	NLG	(Niederländische Gulden)
Österreich	1 EUR	13,7603	ATS	(Österreichische Schilling)
Portugal	1 EUR	200,482	PTE	(Portugiesische Escudos)
Slowakei	1 EUR	30,126	SKK	(Slowakische Kronen)
Slowenien	1 EUR	239,64	SIT	(Slowenische Tolar)
Spanien	1 EUR	166,386	ESP	(Spanische Peseten)
Zypern	1 EUR	0,585274	CYP	(Zyprische Pfund)

1) Ab 1. 1. 2015 Beitritt zur Europäischen Währungs- und Wirtschaftsunion.

1. Einkommensteuer-Richtlinien 2012 (EStR 2012)

Allgemeine Verwaltungsvorschrift zur Anwendung des Einkommensteuerrechts

Vom 16.12.2005 (BStBl. I 2005 Sondernummer 1/2005) in der Fassung der EStÄR 2012 v. 25.3.2013 (BStBl. I S. 276)

Mit den Einkommensteuer-Hinweisen 2021

Nach Artikel 108 Abs. 7 des Grundgesetzes wird folgende Allgemeine Verwaltungsvorschrift erlassen:

Inhaltsübersicht

		Seite
	Einführung	13
	Zu § 1 EStG	
R 1.	Steuerpflicht	13
	Zu § 1a EStG	
H 1a		14
	Zu § 2 EStG	
R 2.	Umfang der Besteuerung; H 2	16
	Zu § 2a EStG	
R 2a.	Negative ausländische Einkünfte; H 2a	18
	Zu § 3 EStG (§ 4 EStDV)	
R 3.		24
R 3.0	Steuerbefreiungen nach anderen Gesetzen, Verordnungen und Verträgen; H 3.0	24
H 3.1	Zu § 3 Nr. 1	24
R 3.2	Zu § 3 Nr. 2; H 3.2	24
H 3.6	Zu § 3 Nr. 6	25
H 3.7	Zu § 3 Nr. 7	25
H 3.8	Zu § 3 Nr. 8	25
H 3.11	Zu § 3 Nr. 11	25
H 3.12	Zu § 3 Nr. 12	26
H 3.13	Zu § 3 Nr. 13	26
H 3.14	Zu § 3 Nr. 14	27
H 3.26	Zu § 3 Nr. 26	27
R 3.26 a	Zu § 3 Nr. 26a; H 3.26a	27
H 3.26 b	Zu § 3 Nr. 26b	27
R 3.29	Zu § 3 Nr. 29; H 3.29	27
R 3.40	Zu § 3 Nr. 40; H 3.40	29
H 3.42	Zu § 3 Nr. 42	30
R 3.44	Zu § 3 Nr. 44; H 3.44	30

		Seite
H 3.45	Zu § 3 Nr. 45	31
H 3.65	Zu § 3 Nr. 65	31

Zu § 3c EStG

H 3 c		31

Zu § 4 EStG
(§§ 6 und 8 EStDV)

R 4.1	Betriebsvermögensvergleich; H 4.1	32
R 4.2	Betriebsvermögen; H 4.2	34
R 4.3	Einlagen und Entnahmen; H 4.3	61
R 4.4	Bilanzberichtigung und Bilanzänderung; H 4.4	69
R 4.5	Einnahmenüberschussrechnung; H 4.5	74
R 4.6	Wechsel der Gewinnermittlungsart; H 4.6	81
R 4.7	Betriebseinnahmen und -ausgaben; H 4.7	84
R 4.8	Rechtsverhältnisse zwischen Angehörigen; H 4.8	94
R 4.9	Abziehbare Steuern *(unbesetzt)*; H 4.9	104
R 4.10	Geschenke, Bewirtung, andere die Lebensführung berührende Betriebsausgaben; H 4.10	105
R 4.11	Besondere Aufzeichnung; H 4.11	114
R 4.12	Entfernungspauschale, nicht abziehbare Fahrtkosten, Reisekosten und Mehraufwendungen bei doppelter Haushaltsführung; H 4.12	115
R 4.13	Abzugsverbot für Sanktionen; H 4.13	117
R 4.14	Abzugsverbot für Zuwendungen i. S. d. § 4 Abs. 5 Satz 1 Nr. 10 EStG; H 4.14	119
H 4.15		121
H 4.16		121

Zu § 4a EStG
(§§ 8b und 8c EStDV)

R 4a.	Gewinnermittlung bei einem vom Kalenderjahr abweichenden Wirtschaftsjahr; H 4a	121

Zu § 4b EStG

R 4b.	Direktversicherung; H 4b	125

Zu § 4c EStG

R 4c.	Zuwendungen an Pensionskassen; H 4c	127

Zu § 4d EStG

R 4d.	Zuwendungen an Unterstützungskassen; H 4d	128

Zu § 4e EStG

H 4e		137

Zu § 4f EStG

H 4f		138

Zu § 4h EStG

H 4h		138

Zu § 4j EStG

Zu § 5 EStG

R 5.1	Allgemeines zum Betriebsvermögensvergleich nach § 5 EStG *(unbesetzt)*; H 5.1	138
R 5.2	Ordnungsmäßige Buchführung; H 5.2	140

		Seite
R 5.3	Bestandsaufnahme des Vorratsvermögens; H 5.3	143
R 5.4	Bestandsmäßige Erfassung des beweglichen Anlagevermögens; H 5.4	145
R 5.5	Immaterielle Wirtschaftsgüter; H 5.5	147
R 5.6	Rechnungsabgrenzungen; H 5.6	152
R 5.7	Rückstellungen; H 5.7	156
H 5.8		169

Zu § 5a EStG

H 5 a		169

Zu § 5b EStG

H 5 b		170

Zu § 6 EStG
(§§ 8, 8b, 8c, 9a, 10 bis 11d EStDV)

R 6.1	Anlagevermögen und Umlaufvermögen; H 6.1	170
R 6.2	Anschaffungskosten; H 6.2	172
R 6.3	Herstellungskosten; H 6.3	177
R 6.4	Aufwendungen im Zusammenhang mit einem Grundstück; H 6.4	180
R 6.5	Zuschüsse für Anlagegüter; H 6.5	189
R 6.6	Übertragung stiller Reserven bei Ersatzbeschaffung; H 6.6	191
R 6.7	Teilwert; H 6.7	197
R 6.8	Bewertung des Vorratsvermögens; H 6.8	201
R 6.9	Bewertung nach unterstellten Verbrauchs- und Veräußerungsfolgen; H 6.9	204
R 6.10	Bewertung von Verbindlichkeiten *(unbesetzt);* H 6.10	206
R 6.11	Bewertung von Rückstellungen; H 6.11	207
R 6.12	Bewertung von Entnahmen und Einlagen; H 6.12	211
R 6.13	Bewertungsfreiheit für geringwertige Wirtschaftsgüter und Bildung eines Sammelpostens; H 6.13	214
R 6.14	Unentgeltliche Übertragung von Betrieben, Teilbetrieben und Mitunternehmeranteilen *(unbesetzt);* H 6.14	218
R 6.15	Überführung und Übertragung von Einzelwirtschaftsgütern; H 6.15	218

Zu § 6a EStG

R 6a.	Rückstellungen für Pensionsverpflichtungen; H 6a	219

Zu § 6b EStG
(§ 9a EStDV)

R 6b.1	Ermittlung des Gewinns aus der Veräußerung bestimmter Anlagegüter i. S. d. § 6b EStG; H 6b.1	237
R 6b.2	Übertragung aufgedeckter stiller Reserven und Rücklagenbildung nach § 6b EStG; H 6b.2	240
R 6b.3	Sechs-Jahres-Frist i. S. d. § 6b Abs. 4 Nr. 2 EStG; H 6b.3	246
H 6b.4		247

Zu § 6c EStG

R 6c.	Übertragung stiller Reserven bei der Veräußerung bestimmter Anlagegüter bei der Ermittlung des Gewinns nach § 4 Abs. 3 EStG oder nach Durchschnittssätzen; H 6c	247

Zu § 7 EStG
(§§ 10, 11c, 11d und 15 EStDV)

R 7.1	Abnutzbare Wirtschaftsgüter; H 7.1	249
R 7.2	Wirtschaftsgebäude, Mietwohnneubauten und andere Gebäude; H 7.2	253

		Seite
R 7.3	Bemessungsgrundlage für die AfA; H 7.3	255
R 7.4	Höhe der AfA; H 7.4	260
R 7.5	Absetzung für Substanzverringerung; H 7.5	271
	Zu § 7a EStG	
R 7a.	Gemeinsame Vorschriften für erhöhte Absetzungen und Sonderabschreibungen; H 7a	272
	Zu § 7b EStG	
H 7b		278
	Zu § 7d EStG	
R 7d.	Weitergeltung der Anordnungen zu § 7d EStG (R 77 EStR 1993)	278
	Zu § 7 f EStG	
R 7f.	Weitergeltung der Anordnungen zu § 7f EStG (R 82 EStR 1999)	279
	Zu § 7g EStG	
H 7g		280
	Zu § 7h EStG	
R 7h.	Erhöhte Absetzungen nach § 7h EStG von Aufwendungen für bestimmte Maßnahmen an Gebäuden in Sanierungsgebieten und städtebaulichen Entwicklungsbereichen; H 7h	280
	Zu § 7i EStG	
R 7i.	Erhöhte Absetzungen nach § 7i EStG von Aufwendungen für bestimmte Baumaßnahmen an Baudenkmalen; H 7i	284
	Zu § 9a EStG	
R 9a.	Pauschbeträge für Werbungskosten; H 9a	286
	Zu § 9b EStG	
R 9b.	Auswirkungen der Umsatzsteuer auf die Einkommensteuer; H 9b	287
	Zu § 10 EStG (§§ 29 und 30 EStDV)	
R 10.1	Sonderausgaben (Allgemeines); H 10.1	288
R 10.2	Unterhaltsleistungen an den geschiedenen oder dauernd getrennt lebenden Ehegatten; H 10.2	289
R 10.3	Versorgungsleistungen; H 10.3	291
R 10.3 a	Versorgungsausgleich *(unbesetzt);* H 10.3a	292
R 10.4	Vorsorgeaufwendungen (Allgemeines); H 10.4	292
R 10.5	Versicherungsbeiträge; H 10.5	293
R 10.6	Nachversteuerung von Versicherungsbeiträgen; H 10.6	295
R 10.7	Kirchensteuern und Kirchenbeiträge; H 10.7	296
R 10.8	Kinderbetreuungskosten *(unbesetzt);* H 10.8	297
R 10.9	Aufwendungen für die Berufsausbildung; H 10.9	297
R 10.10	Schulgeld; H 10.10	299
R 10.11	Kürzung des Vorwegabzugs bei der Günstigerprüfung *(unbesetzt);* H 10.11	300
	Zu § 10a EStG	
H 10a		302

Seite

Zu § 10b EStG
(§ 50 EStDV)

R 10b.1 Ausgaben zur Förderung steuerbegünstigter Zwecke i. S. d. § 10b Abs. 1 und 1a EStG; H 10b.1 302
R 10b.2 Zuwendungen an politische Parteien; H 10b.2 307
R 10b.3 Begrenzung des Abzugs der Ausgaben für steuerbegünstigte Zwecke; H 10b.3 308

Zu § 10d EStG

R 10d. Verlustabzug; H 10d 308

Zu § 10f EStG

R 10f. Steuerbegünstigung für zu eigenen Wohnzwecken genutzte Baudenkmale und Gebäude in Sanierungsgebieten und städtebaulichen Entwicklungsbereichen; H 10f 315

Zu § 10g EStG

R 10g. Steuerbegünstigung für schutzwürdige Kulturgüter, die weder zur Einkunftserzielung noch zu eigenen Wohnzwecken genutzt werden; H 10g 315

Zu § 11 EStG

R 11. Vereinnahmung und Verausgabung; H 11 316

Zu § 11a EStG

R 11a. Sonderbehandlung von Erhaltungsaufwand bei Gebäuden in Sanierungsgebieten und städtebaulichen Entwicklungsbereichen; H 11a 320

Zu § 11b EStG

R 11b. Sonderbehandlung von Erhaltungsaufwand bei Baudenkmalen; H 11b 320

Zu § 12 EStG
(§ 8 EStDV)

R 12.1 Abgrenzung der Kosten der Lebensführung von den Betriebsausgaben und Werbungskosten *(unbesetzt);* H 12.1 321
R 12.2 Studienreisen, Fachkongresse *(unbesetzt);* H 12.2 324
R 12.3 Geldstrafen und ähnliche Rechtsnachteile; H 12.3 324
R 12.4 Nichtabziehbare Steuern und Nebenleistungen *(unbesetzt);* H 12.4 325
R 12.5 Zuwendungen 326
R 12.6 Wiederkehrende Leistungen *(unbesetzt);* H 12.6 326

Zu § 13 EStG
(§ 51 EStDV)

R 13.1 Freibetrag für Land- und Forstwirte; H 13.1 327
R 13.2 Abgrenzung der gewerblichen und landwirtschaftlichen Tierzucht und Tierhaltung; H 13.2 327
R 13.3 Land- und forstwirtschaftliches Betriebsvermögen *(unbesetzt);* H 13.3 331
R 13.4 Rechtsverhältnisse zwischen Angehörigen in einem landwirtschaftlichen Betrieb *(unbesetzt);* H 13.4 333

		Seite
R 13.5	Ermittlung des Gewinns aus Land- und Forstwirtschaft; H 13.5	334
R 13.6	Buchführung bei Gartenbaubetrieben, Saatzuchtbetrieben, Baumschulen und ähnlichen Betrieben	337
	Zu § 13a EStG	
H 13a	.....	338
R 13a.1	Anwendung der Gewinnermittlung nach Durchschnittssätzen; H 13a.1	338
R 13a.2	Ermittlung des Gewinns aus Land- und Forstwirtschaft nach Durchschnittssätzen; H 13a.2	340
	Zu § 14 EStG	
R 14.	Wechsel im Besitz von Betrieben, Teilbetrieben und Betriebsteilen; H 14	343
	Zu § 15 EStG	
R 15.1	Selbständigkeit; H 15.1	347
R 15.2	Nachhaltigkeit *(unbesetzt);* H 15.2	351
R 15.3	Gewinnerzielungsabsicht *(unbesetzt);* H 15.3	352
R 15.4	Beteiligung am allgemeinen wirtschaftlichen Verkehr *(unbesetzt);* H 15.4	356
R 15.5	Abgrenzung des Gewerbebetriebs von der Land- und Forstwirtschaft; H 15.5	357
R 15.6	Abgrenzung des Gewerbebetriebs von der selbständigen Arbeit *(unbesetzt);* H 15.6	364
R 15.7	Abgrenzung des Gewerbebetriebs von der Vermögensverwaltung; H 15.7	378
R 15.8	Mitunternehmerschaft; H 15.8	397
R 15.9	Steuerliche Anerkennung von Familiengesellschaften; H 15.9	411
R 15.10	Verlustabzugsbeschränkungen nach § 15 Abs. 4 EStG; H 15.10	418
	Zu § 15a EStG	
R 15a.	Verluste bei beschränkter Haftung; H 15a	420
	Zu § 15b EStG	
H 15b	.....	428
	Zu § 16 EStG	
R 16.	Veräußerung des gewerblichen Betriebs; H 16	428
	Zu § 17 EStG (§§ 53 und 54 EStDV)	
R 17.	Veräußerung von Anteilen an einer Kapitalgesellschaft oder Genossenschaft; H 17	462
	Zu § 18 EStG	
R 18.1	Abgrenzung der selbständigen Arbeit gegenüber anderen Einkunftsarten; H 18.1	478
R 18.2	Betriebsvermögen *(unbesetzt);* H 18.2	480
R 18.3	Veräußerungsgewinn nach § 18 Abs. 3 EStG; H 18.3	483

Seite

Zu § 20 EStG

R 20.1 Werbungskosten bei Einkünften aus Kapitalvermögen; H 20.1 485
R 20.2 Einnahmen aus Kapitalvermögen (R 154 EStR 2003); H 20.2 488

Zu § 21 EStG
(§§ 82a, 82f, 82g und 82i EStDV)

R 21.1 Erhaltungsaufwand und Herstellungsaufwand; H 21.1 494
R 21.2 Einnahmen und Werbungskosten; H 21.2 496
R 21.3 Verbilligt überlassene Wohnung; H 21.3 506
R 21.4 Miet- und Pachtverträge zwischen Angehörigen und Partnern einer nichtehelichen Lebensgemeinschaft; H 21.4 507
R 21.5 Behandlung von Zuschüssen; H 21.5 509
R 21.6 Miteigentum und Gesamthand; H 21.6 511
R 21.7 Substanzausbeuterecht *(unbesetzt);* H 21.7 513

Zu § 22 EStG
(§ 55 EStDV)

R 22.1 Besteuerung von wiederkehrenden Bezügen mit Ausnahme der Leibrenten; H 22.1 514
R 22.2 *(unbesetzt)*
R 22.3 Besteuerung von Leibrenten und anderen Leistungen i. S. d. § 22 Nr. 1 Satz 3 Buchstabe a Doppelbuchstabe aa EStG; H 22.3 515
R 22.4 Besteuerung von Leibrenten i. S. d. § 22 Nr. 1 Satz 3 Buchstabe a Doppelbuchstabe bb EStG (R 167 (8), (9) EStR 2003; H 167 EStH 2004); H 22.4 518
R 22.5 Renten nach § 2 Abs. 2 der 32. DV zum Umstellungsgesetz (UGDV) 524
R 22.6 Versorgungsleistungen *(unbesetzt);* H 22.6 524
R 22.7 Leistungen auf Grund eines schuldrechtlichen Versorgungsausgleichs *(unbesetzt);* H 22.7 524
R 22.8 Besteuerung von Leistungen im Sinne des § 22 Nr. 3 EStG; H 22.8 524
R 22.9 Besteuerung von Bezügen i. S. d. § 22 Nr. 4 EStG; H 22.9 528
R 22.10 Besteuerung von Leistungen i. S. d. § 22 Nr. 5 EStG *(unbesetzt);* H 22.10 529

Zu § 22a EStG

H 22a 529

Zu § 23 EStG

H 23 529

Zu § 24 EStG

R 24.1 Begriff der Entschädigung i. S. d. § 24 Nr. 1 EStG; H 24.1 535
R 24.2 Nachträgliche Einkünfte; H 24.2 540

Zu § 24a EStG

R 24a. Altersentlastungsbetrag; H 24a 542

Zu § 24b EStG

H 24b 543

Seite

Zu § 25 EStG
(§§ 56 und 60 EStDV)

R 25. Verfahren bei der Veranlagung von Ehegatten nach § 26a EStG; H 25 543

Zu § 26 EStG

R 26. Voraussetzungen für die Anwendung des § 26 EStG; H 26 544

Zu § 26a EStG
(§§ 61 und 62d EStDV)

R 26a. Veranlagung von Ehegatten nach § 26a EStG; H 26a 547

Zu § 26b EStG
(§ 62d EStDV)

R 26b. Zusammenveranlagung von Ehegatten nach § 26b EStG; H 26b 547

Zu § 31 EStG

R 31. Familienleistungsausgleich; H 31 548

Zu § 32 EStG

R 32.1 Im ersten Grad mit dem Steuerpflichtigen verwandte Kinder *(unbesetzt);* H 32.1 552
R 32.2 Pflegekinder; H 32.2 552
R 32.3 Allgemeines zur Berücksichtigung von Kindern 555
R 32.4 Kinder, die Arbeit suchen *(unbesetzt);* H 32.4 555
R 32.5 Kinder, die für einen Beruf ausgebildet werden *(unbesetzt);* H 32.5 556
R 32.6 Kinder, die sich in einer Übergangszeit befinden *(unbesetzt);* H 32.6 560
R 32.7 Kinder, die mangels Ausbildungsplatz ihre Berufsausbildung nicht beginnen oder fortsetzen können; H 32.7 561
R 32.8 Kinder, die ein freiwilliges soziales oder ökologisches Jahr oder freiwillige Dienste leisten *(unbesetzt);* H 32.8 563
R 32.9 Kinder, die wegen körperlicher, geistiger oder seelischer Behinderung außerstande sind, sich selbst zu unterhalten; H 32.9 564
R 32.10 Erwerbstätigkeit *(unbesetzt);* H 32.10 565
R 32.11 Verlängerungstatbestände bei Arbeit suchenden Kindern und Kindern in Berufsausbildung *(unbesetzt);* H 32.11 572
R 32.12 Höhe der Freibeträge für Kinder in Sonderfällen; H 32.12 573
R 32.13 Übertragung der Freibeträge für Kinder; H 32.13 573

Zu § 32a EStG

H 32a 576

Zu § 32b EStG

R 32b. Progressionsvorbehalt; H 32b 576

Zu § 32c EStG

H 32c 581

Zu § 32d EStG

R 32d. Gesonderter Tarif für Einkünfte aus Kapitalvermögen; H 32 d 581

Seite

Zu § 33 EStG
(§ 64 EStDV)

R 33.1	Außergewöhnliche Belastungen allgemeiner Art	582
R 33.2	Aufwendungen für existentiell notwendige Gegenstände	582
R 33.3	Aufwendungen wegen Pflegebedürftigkeit und erheblich eingeschränkter Alltagskompetenz	583
R 33.4	Aufwendungen wegen Krankheit und Behinderung sowie für Integrationsmaßnahmen; H 33.1–33.4	584

Zu § 33a EStG

R 33a.1	Aufwendungen für den Unterhalt und eine etwaige Berufsausbildung; H 33a.1	600
R 33a.2	Freibetrag zur Abgeltung des Sonderbedarfs eines sich in Berufsausbildung befindenden, auswärtig untergebrachten, volljährigen Kindes; H 33a.2	607
R 33a.3	Zeitanteilige Ermäßigung nach § 33a Abs. 3 EStG; H 33a.3	609

Zu § 33b EStG
(§ 65 EStDV)

R 33b.	Pauschbeträge für behinderte Menschen, Hinterbliebene und Pflegepersonen; H 33b	611

Zu § 34 EStG

R 34.1	Umfang der steuerbegünstigten Einkünfte; H 34.1	614
R 34.2	Steuerberechnung unter Berücksichtigung der Tarifermäßigung; H 34.2	616
R 34.3	Besondere Voraussetzungen für die Anwendung des § 34 Abs. 1 EStG; H 34.3	621
R 34.4	Anwendung des § 34 Abs. 1 EStG auf Einkünfte aus der Vergütung für eine mehrjährige Tätigkeit (§ 34 Abs. 2 Nr. 4 EStG); H 34.4	623
R 34.5	Anwendung der Tarifermäßigung nach § 34 Abs. 3 EStG; H 34.5	626

Zu § 34a EStG

H 34a		627

Zu § 34b EStG
(§ 68 EStDV)

R 34b.1	Gewinnermittlung; H 34b.1	627
R 34b.2	Ordentliche und außerordentliche Holznutzungen; H 34b.2	628
R 34b.3	Ermittlung der Einkünfte aus außerordentlichen Holznutzungen	630
R 34b.4	Ermittlung der Steuersätze; H 34b.4	631
R 34b.5	Umfang der Tarifvergünstigung; H 34b.5	634
R 34b.6	Voraussetzungen für die Anwendung der Tarifvergünstigung	636
R 34b.7	Billigkeitsmaßnahmen nach § 34b Abs. 5 EStG; H 34b.7	637
R 34b.8	*Rücklage nach* § 3 des Forstschäden-Ausgleichsgesetzes	638

Zu § 34c EStG
(§§ 68a und 68b EStDV)

R 34c.	Anrechnung und Abzug ausländischer Steuern; H 34c	638

Zu § 34d EStG

H 34d		642

Seite

Zu § 34g EStG

H 34g 642

Zu § 35 EStG

R 35. Steuerermäßigung bei Einkünften aus Gewerbebetrieb *(unbesetzt);* H 35 644

Zu § 35a EStG

H 35a 644

Zu § 35b EStG

H 35b 645

Zu § 35c EStG

H 35c 645

Zu § 36 EStG

R 36. Anrechnung von Steuervorauszahlungen und von Steuerabzugsbeträgen; H 36 645

Zu § 36a EStG

H 36a 646

Zu § 37 EStG

R 37. Einkommensteuer-Vorauszahlung; H 37 647

Zu § 37b EStG

H 37b 647

Zu § 43 EStG

H 43 647

Zu § 43b EStG

H 43b 648

Zu § 44 EStG

H 44 648

Zu § 44a EStG

H 44a 649

Zu § 44b EStG

R 44b.1 Erstattung von Kapitalertragsteuer durch das BZSt nach den §§ 44b und 45b EStG; H 44b.1 650

R 44b.2 Einzelantrag beim BZSt (§ 44b EStG) 650

Zu § 45a EStG

H 45a 651

Zu § 45b EStG

R 45b. Sammelantrag beim BZSt (§ 45b EStG) 651

Zu § 46 EStG
(§ 70 EStDV)

R 46.1 Veranlagung nach § 46 Abs. 2 Nr. 2 EStG 652

		Seite
R 46.2	Veranlagung nach § 46 Abs. 2 Nr. 8 EStG; H 46.2	652
R 46.3	Härteausgleich *(unbesetzt);* H 46.3	653

Zu § 48 EStG

H 48		655

Zu § 49 EStG

R 49.1	Beschränkte Steuerpflicht bei Einkünften aus Gewerbebetrieb; H 49.1	655
R 49.2	Beschränkte Steuerpflicht bei Einkünften aus selbständiger Arbeit; H 49.2	657
R 49.3	Bedeutung der Besteuerungsmerkmale im Ausland bei beschränkter Steuerpflicht	657
H 49.4		658

Zu § 50 EStG

R 50.	Bemessungsgrundlage für die Einkommensteuer und Steuerermäßigung für ausländische Steuern; H 50	658

Zu § 50a EStG
(§§ 73a bis 73g EStDV)

R 50a.1	Steuerabzug bei Lizenzgebühren, Vergütungen für die Nutzung von Urheberrechten und bei Veräußerungen von Schutzrechten usw.; H 50a.1	659
R 50a.2	Berechnung des Steuerabzugs nach § 50a EStG in besonderen Fällen *(unbesetzt);* H 50a.2	660

Zu § 50c EStG

R 50c.	Wertminderung von Anteilen durch Gewinnausschüttungen (R 227d EStR 1999; H 227d EStH 1999)	661

Zu § 50d EStG

H 50d		665

Zu § 50i EStG

H 50i		666

Zu § 55 EStG

R 55.	Bodengewinnbesteuerung; H 55	666

Zu § 62 EStG

H 62		667

Zu § 63 EStG

H 63		667

Zu § 64 EStG

H 64		668

Zu § 65 EStG

H 65		668

Seite

Zu § 66 EStG

H 66 668

Zu § 67 EStG

H 67 668

Zu § 68 EStG

H 68 669

Zu § 70 EStG

H 70 669

Zu § 71 EStG

H 71 669

Zu § 72 EStG

H 72 669

Zu § 74 EStG

H 74 669

Zu § 75 EStG

H 75 670

Zu § 76 EStG

H 76 670

Zu § 77 EStG

H 77 670

Zu § 78 EStG

H 78 670

Zu § 79 EStG

H 79 670

Anlagen

Anlage 1 Übersicht über die Berichtigung des Gewinns bei Wechsel der Gewinnermittlungsart (zu R 4.6 EStR) .... **1** Anl. 1

Anlage 2 Übersicht über die degressiven Absetzungen für Gebäude nach § 7 Abs. 5 EStG (zu R 7.4 EStR, H 7.4 EStH) .... **1** Anl. 2

Anlage 3 *(nicht belegt)*

Anlage 4 18 Muster für Zuwendungsbestätigungen (zu R 10b.1 EStR) .... **1** Anl. 4

Anlage 5 *(nicht belegt)*

Anlage 6 Verzeichnis ausländischer Steuern in Nicht-DBA-Staaten, die der deutschen Einkommensteuer entsprechen (zu R 34c EStR) .... **1** Anl. 6

– Der Abgeltungsteuer unterliegende Kapitaleinkünfte sind in die Berechnung der Einkunftsgrenzen einzubeziehen (→ BFH vom 12.8.2015 – BStBl. 2016 II S. 201).
– Bei der Frage, ob Ehegatten die Einkunftsgrenzen (relative oder absolute Wesentlichkeitsgrenze) für das Wahlrecht zur Zusammenveranlagung in Fällen der fiktiven unbeschränkten Einkommensteuerpflicht (§ 1 Abs. 3 EStG) wahren, ist im Rahmen einer einstufigen Prüfung nach § 1a Abs. 1 Nr. 2 EStG auf die Einkünfte beider Ehegatten abzustellen und der Grundfreibetrag zu verdoppeln (→ BFH vom 6.5.2015 – BStBl. II S. 957).

Erweiterte beschränkte Steuerpflicht. → §§ 2 und 5 AStG.

Erweiterte unbeschränkte Steuerpflicht und unbeschränkte Steuerpflicht auf Antrag.
– § 1 Abs. 2 bzw. § 1 Abs. 3 i. V. m. § 1a Abs. 2 EStG:
Im Ausland bei internationalen Organisationen beschäftigte Deutsche fallen nicht unter § 1 Abs. 2 oder § 1 Abs. 3 i. V. m. § 1a Abs. 2 EStG, da sie ihren Arbeitslohn nicht aus einer inländischen öffentlichen Kasse beziehen. Mitarbeiter des Goethe-Instituts mit Wohnsitz im Ausland stehen nicht zu einer inländischen juristischen Person des öffentlichen Rechts in einem Dienstverhältnis und sind daher nicht nach § 1 Abs. 2 EStG unbeschränkt einkommensteuerpflichtig (→ BFH vom 22.2.2006 – BStBl. 2007 II S. 106).
– → BMF vom 8.10.1996 (BStBl. I S. 1191) – Auszug –:

Billigkeitsregelung in Fällen, in denen ein Stpfl. und sein nicht dauernd getrennt lebender Ehegatte zunächst unter den Voraussetzungen des § 1 Abs. 2 EStG unbeschränkt einkommensteuerpflichtig sind bzw. unter den Voraussetzungen des § 1 Abs. 3 i. V. m. § 1a Abs. 2 EStG auf Antrag als unbeschränkt steuerpflichtig behandelt werden,
- der Stpfl. dann aus dienstlichen Gründen in das Inland versetzt wird,
- der nicht dauernd getrennt lebende Ehegatte aus persönlichen Gründen noch für kurze Zeit im Ausland verbleibt und
- die Voraussetzungen des § 1a Abs. 1 EStG nicht erfüllt sind.
- → BMF vom 11.11.2020 (BStBl. I S. 1212); Berücksichtigung ausländischer Verhältnisse; Ländergruppeneinteilung ab 1.1.2021.

– Die in § 1 Abs. 3 Satz 3 EStG aufgeführten inländischen Einkünfte, die nach einem DBA nur der Höhe nach beschränkt besteuert werden dürfen, sind in die inländische Veranlagung gem. § 46 Abs. 2 Nr. 7 Buchstabe b i. V. m. § 1 Abs. 3 EStG einzubeziehen (→ BFH vom 13.11.2002 – BStBl. 2003 II S. 587).

Europäischer Wirtschaftsraum. Mitgliedstaaten des EWR sind die Mitgliedstaaten der EU, Island, Norwegen und Liechtenstein.

Freistellung von deutschen Abzugsteuern. → § 50d EStG, Besonderheiten im Falle von DBA.

Schiffe. Schiffe unter Bundesflagge rechnen auf hoher See zum Inland (→ BFH vom 12.11.1986 – BStBl. 1987 II S. 377).

Unbeschränkte Steuerpflicht – auf Antrag –.
– → BMF vom 30.12.1996 (BStBl. I S. 1506).
– Die zum Nachweis der Höhe der nicht der deutschen Steuer unterliegenden Einkünfte erforderliche Bescheinigung der zuständigen ausländischen

Steuerbehörde ist auch dann vorzulegen, wenn der Stpfl. angibt, keine derartigen Einkünfte erzielt zu haben (sog. Nullbescheinigung). Die Verwendung eines bestimmten Vordrucks für die Bescheinigung ist gesetzlich nicht vorgeschrieben (→ BFH vom 8.9.2010 – BStBl. 2011 II S. 447).

Wechsel der Steuerpflicht. → § 2 Abs. 7 Satz 3 EStG.

Wohnsitz/Gewöhnlicher Aufenthalt in der Schweiz. § 1a Abs. 1 EStG ist bei Staatsangehörigen eines Mitgliedstaates der EU oder eines EWR-Staates bei Vorliegen der übrigen Voraussetzungen auch anwendbar, wenn

– der Empfänger der Leistungen i. S. d. Nr. 1 und 1a,
– die ausgleichsberechtigte Person i. S. d. Nr. 1b oder
– der Ehegatte/Lebenspartner i. S. d. Nr. 2

seinen/ihren Wohnsitz oder gewöhnlichen Aufenthalt in der Schweiz haben (→ BMF vom 16.9.2013 – BStBl. I S. 1325).

Zu § 2 EStG

R 2. Umfang der Besteuerung

(1) Das z. v. E. ist wie folgt zu ermitteln:

1		S. d. E. aus den Einkunftsarten
2	=	S. d. E.
3	–	Altersentlastungsbetrag (§ 24a EStG)
4	–	Entlastungsbetrag für Alleinerziehende (§ 24b EStG)
5	–	Freibetrag für Land- und Forstwirte (§ 13 Abs. 3 EStG)
6	+	Hinzurechnungsbetrag (*§ 52 Abs. 3 Satz 5* EStG[1]) sowie § 8 Abs. 5 Satz 2 AIG)
7	=	G. d. E. (§ 2 Abs. 3 EStG)
8	–	Verlustabzug nach § 10d EStG
9	–	Sonderausgaben (§§ 10, 10a, 10b, 10c EStG)
10	–	außergewöhnliche Belastungen (§§ 33 bis 33b EStG)
11	–	Steuerbegünstigung der zu Wohnzwecken genutzten Wohnungen, Gebäude und Baudenkmale sowie der schutzwürdigen Kulturgüter (§§ 10e bis 10i EStG, § 52 Abs. 21 Satz 6 EStG i. d. F. vom 16.4.1997, BGBl. I S. 821 und § 7 FördG)
12	+	Erstattungsüberhänge (§ 10 Abs. 4b Satz 3 EStG)
13	+	zuzurechnendes *Einkommen* gem. § 15 Abs. 1 AStG[2])
14	=	Einkommen (§ 2 Abs. 4 EStG)
15	–	Freibeträge für Kinder (§§ 31, 32 Abs. 6 EStG)
16	–	Härteausgleich nach § 46 Abs. 3 EStG, § 70 EStDV
17	=	z. v. E. (§ 2 Abs. 5 EStG).

[1]) Jetzt § 52 Abs. 2 Satz 3 EStG.

[2]) **[Amtl. Anm.:]** Eine Hinzurechnung entfällt ab VZ 2013, da diese bereits im Rahmen der Einkünfteermittlung vorzunehmen ist (→ § 15 Abs. 1 AStG in der durch das Amtshilfe-RLUmsG geänderten Fassung).

(2) Die festzusetzende Einkommensteuer ist wie folgt zu ermitteln:

1		Steuerbetrag a) nach § 32a Abs. 1, 5, § 50 Abs. 1 Satz 2 EStG oder b) nach dem bei Anwendung des Progressionsvorbehalts (§ 32b EStG) oder der Steuersatzbegrenzung sich ergebenden Steuersatz
2	+	Steuer auf Grund Berechnung nach den §§ 34, 34b EStG
3	+	Steuer auf Grund der Berechnung nach § 34a Abs. 1, 4 bis 6 EStG
4	=	tarifliche Einkommensteuer (§ 32a Abs. 1, 5 EStG)
5	–	Minderungsbetrag nach Punkt 11 Ziffer 2 des Schlussprotokolls zu Artikel 23 DBA Belgien in der durch Artikel 2 des Zusatzabkommens vom 5.11.2002 geänderten Fassung (BGBl. 2003 II S. 1615)[1]
6	–	ausländische Steuern nach § 34c Abs. 1 und 6 EStG, § 12 AStG
7	–	Steuerermäßigung nach § 35 EStG
8	–	Steuerermäßigung für Stpfl. mit Kindern bei Inanspruchnahme erhöhter Absetzungen für Wohngebäude oder der Steuerbegünstigungen für eigengenutztes Wohneigentum (§ 34f Abs. 1 und 2 EStG)
9	–	Steuerermäßigung bei Zuwendungen an politische Parteien und unabhängige Wählervereinigungen (§ 34g EStG)
10	–	Steuerermäßigung nach § 34f Abs. 3 EStG
11	–	Steuerermäßigung nach § 35a EStG
12	–	Ermäßigung bei Belastung mit Erbschaftsteuer (§ 35b EStG)
13	+	Steuer auf Grund Berechnung nach § 32d Abs. 3 und 4 EStG
14	+	Steuern nach § 34c Abs. 5 EStG
15	+	Nachsteuer nach § 10 Abs. 5 EStG i. V. m. § 30 EStDV
16	+	Zuschlag nach § 3 Abs. 4 Satz 2 Forstschäden-Ausgleichsgesetz
17	+	Anspruch auf Zulage für Altersvorsorge, wenn Beiträge als Sonderausgaben abgezogen worden sind § 10a Abs. 2 EStG
18	+	Anspruch auf Kindergeld oder vergleichbare Leistungen, soweit in den Fällen des § 31 EStG das Einkommen um Freibeträge für Kinder gemindert wurde[2]
19	=	festzusetzende Einkommensteuer (§ 2 Abs. 6 EStG).

H **2**

Erstattungsüberhänge. Der Hinzurechnungsbetrag nach § 10 Abs. 4b Satz 3 EStG erhöht nicht den Gesamtbetrag der Einkünfte (→ BFH vom 12.3. 2019 – BStBl. II S. 658).

Keine Einnahmen oder Einkünfte. Bei den folgenden Leistungen handelt es sich nicht um Einnahmen oder Einkünfte:

- Arbeitnehmer-Sparzulagen (§ 13 Abs. 3 VermBG),
- Investitionszulagen nach dem InvZulG,
- Neue Anteilsrechte auf Grund der Umwandlung von Rücklagen in Nennkapital (§§ 1, 7 KapErhStG),
- Wohnungsbau-Prämien (§ 6 WoPG).

[1] Zusätzlicher Minderungsbetrag von 8% (**DBA Belgien** abgedruckt in **Doppelbesteuerungsabkommen**).

[2] Hinzurechnung erst nach Anwendung der Steuerermäßigungsvorschriften, BFH v. 14.4.2021 III R 34/19, BStBl. II 2021, 848.

Lebenspartner und Lebenspartnerschaften. § 2 Abs. 8 EStG gilt nur für Lebenspartner und Lebenspartnerschaften i. S. d. § 1 Abs. 1 LPartG. Andere Lebensgemeinschaften fallen nicht unter diese Vorschrift, selbst wenn die Partner ihre Rechtsbeziehungen auf eine vertragliche Grundlage gestellt haben (→ BFH vom 26.6.2014 – BStBl. II S. 829 und vom 26.4.2017 – BStBl. II S. 903).

Liebhaberei bei Einkünften aus
- Land- und Forstwirtschaft → H 13.5 (Liebhaberei),
- Gewerbebetrieb → H 15.3 (Abgrenzung der Gewinnerzielungsabsicht zur Liebhaberei), → H 16 (2) (Liebhaberei),
- selbständiger Arbeit → H 18.1 (Gewinnerzielungsabsicht),
- Vermietung und Verpachtung → H 21.2 (Einkünfteerzielungsabsicht).

Preisgelder.
- → BMF vom 5.9.1996 (BStBl. I S. 1150) unter Berücksichtigung der Änderung durch BMF vom 23.12.2002 (BStBl. 2003 I S. 76).
- Fernseh-Preisgelder → BMF vom 30.5.2008 (BStBl. I S. 645).

Steuersatzbegrenzung. Bei der Festsetzung der Einkommensteuer ist in den Fällen der Steuersatzbegrenzung die rechnerische Gesamtsteuer quotal aufzuteilen und sodann der Steuersatz für die der Höhe nach nur beschränkt zu besteuernden Einkünfte zu ermäßigen (→ BFH vom 13.11.2002 – BStBl. 2003 II S. 587).

Zu § 2a EStG

R 2a. Negative ausländische Einkünfte

Einkünfte derselben Art

(1) [1]Einkünfte der jeweils selben Art nach § 2a Abs. 1 EStG sind grundsätzlich alle unter einer Nummer aufgeführten Tatbestände, für die die Anwendung dieser Nummer nicht nach § 2a Abs. 2 EStG ausgeschlossen ist. [2]Die Nummern 3 und 4 sind zusammenzufassen. [3]Negative Einkünfte nach Nummer 7, die mittelbar auf einen bei der inländischen Körperschaft verwirklichten Tatbestand der Nummern 1 bis 6 zurückzuführen sind, dürfen beim Anteilseigner mit positiven Einkünften der Nummer 7 ausgeglichen werden, wenn die Einkünfte auf Tatbestände derselben Nummer oder im Falle der Nummern 3 und 4 dieser beiden Nummern zurückzuführen sind. [4]Einkünfte der Nummer 7 sind auch mit Einkünften nach der jeweiligen Nummer auszugleichen, auf deren Tatbestände die Einkünfte der Nummer 7 zurückzuführen sind. [5]Positive Einkünfte aus einem Staat können nicht mit negativen Einkünften derselben Art aus demselben Staat aus vorhergehenden VZ ausgeglichen werden, wenn hinsichtlich der positiven Einkünfte eine im DBA vorgesehene Rückfallklausel eingreift und die positiven Einkünfte deshalb als Besteuerungsgrundlage zu erfassen sind.

Betriebsstättenprinzip

(2) [1]Für jede ausländische Betriebsstätte ist gesondert zu prüfen, ob negative Einkünfte vorliegen. [2]Negative Einkünfte aus einer nicht aktiven gewerblichen Betriebsstätte dürfen nicht mit positiven Einkünften aus einer aktiven gewerblichen Betriebsstätte ausgeglichen werden.

Prüfung der Aktivitätsklausel

(3) [1]Ob eine gewerbliche Betriebsstätte ausschließlich oder fast ausschließlich eine aktive Tätigkeit nach § 2a Abs. 2 EStG zum Gegenstand hat, ist für jedes Wirtschaftsjahr gesondert zu prüfen. [2]Maßgebend ist hierfür das Verhältnis der Bruttoerträge. [3]Soweit es sich um Verluste zu Beginn bzw. am Ende einer Tätigkeit handelt, ist nach der funktionalen Betrachtungsweise festzustellen, ob diese Verluste im Hinblick auf die aufzunehmende oder anlaufende aktive Tätigkeit entstanden oder nach Ende der Tätigkeit durch diese verursacht worden sind.

Gesamtrechtsnachfolge

(4) Soweit im Rahmen des UmwStG ein Verlust i. S. d. § 10d Abs. 4 Satz 2 EStG übergeht, geht auch die Verpflichtung zur Nachversteuerung nach § 52 Abs. 3 Satz 5, 6 und 8 EStG[1)] über.

Umwandlung

(5) Umwandlung i. S. d. § 52 Abs. 3 Satz 8 EStG[1)] ist nicht nur eine solche nach dem Umwandlungsgesetz oder i. S. d. UmwStG, d. h. eine Einbringung der ausländischen Betriebsstätte in eine Kapitalgesellschaft gegen Gewährung von Gesellschaftsrechten, vielmehr jede Form des „Aufgehens" der Betriebsstätte in eine Kapitalgesellschaft.

Verlustausgleich

(6) Negative und positive Einkünfte nach § 2a Abs. 1 EStG sind in der Weise miteinander auszugleichen, dass die positiven und ggf. tarifbegünstigten Einkünfte um die negativen Einkünfte der jeweils selben Art und aus demselben Staat, in den Fällen des § 2a Abs. 1 Satz 1 Nr. 6 Buchstabe b derselben Art, zu vermindern sind.

Zusammenveranlagung

(7) Bei zusammenveranlagten Ehegatten sind negative Einkünfte nach § 2a Abs. 1 EStG des einen Ehegatten mit positiven Einkünften des anderen Ehegatten der jeweils selben Art und aus demselben Staat, in den Fällen des § 2a Abs. 1 Satz 1 Nr. 6 Buchstabe b derselben Art, auszugleichen oder zu verrechnen, soweit sie nicht mit eigenen positiven Einkünften ausgeglichen oder verrechnet werden können.

Anwendung von § 3 Nr. 40, § 3c EStG

(8) Die Verrechnung von negativen Einkünften nach § 2a Abs. 1 EStG mit positiven Einkünften der jeweils selben Art und aus demselben, in den Fällen des § 2a Abs. 1 Satz 1 Nr. 6 Buchstabe b derselben Art, erfolgt jeweils nach Anwendung des § 3 Nr. 40 und des § 3c EStG.

H **2a**

Allgemeines. § 2a Abs. 1 EStG schränkt für die dort abschließend aufgeführten Einkünfte aus Quellen in Drittstaaten den Verlustausgleich und Verlustabzug ein. Hiervon ausgenommen sind nach § 2a Abs. 2 EStG insbe-

1) **[Amtl. Anm.:]** Jetzt § 52 Abs. 2 Satz 3 EStG.

sondere negative Einkünfte aus einer gewerblichen Betriebsstätte in einem Drittstaat, die die dort genannten Aktivitätsvoraussetzungen erfüllt. Der eingeschränkte Verlustausgleich bedeutet, dass die negativen Einkünfte nur mit positiven Einkünften derselben Art (→ R 2a) und aus demselben Staat ausgeglichen werden dürfen. Darüber hinaus dürfen sie in den folgenden VZ mit positiven Einkünften derselben Art und aus demselben Staat verrechnet werden. Die in einem VZ nicht ausgeglichenen oder verrechneten negativen Einkünfte sind zum Schluss des VZ gesondert festzustellen. Die Regelungen in § 2a Abs. 1 und 2 EStG wirken sich bei negativen Einkünften aus Drittstaaten, mit denen kein DBA besteht oder mit denen ein DBA besteht, nach dem die Einkünfte von der deutschen Besteuerung nicht freigestellt sind, unmittelbar auf die Besteuerungsgrundlage aus. Bei nach DBA steuerfreien Einkünften wirkt sich § 2a Abs. 1 und 2 EStG im Rahmen des Progressionsvorbehalts auf den Steuersatz aus (→ H 32b und → BFH vom 17.11.1999 – BStBl. 2000 II S. 605).
Demgegenüber ermöglichte § 2a Abs. 3 EStG in der bis einschließlich VZ 1998 geltenden Fassung (Bekanntmachung vom 16.4.1997 – BGBl. I S. 821, nachfolgend EStG a. F.) auf Antrag den Verlustausgleich und Verlustabzug für Verluste aus gewerblichen Betriebsstätten in einem ausländischen Staat, mit dem ein DBA besteht, wenn die Einkünfte nach dem DBA in Deutschland steuerbefreit und die Aktivitätsvoraussetzungen des § 2a Abs. 2 EStG a. F. erfüllt sind. Fallen in einem späteren VZ insgesamt positive gewerbliche Einkünfte aus diesem Staat an, ist eine → Nachversteuerung durchzuführen. In diesem Fall ist ein Betrag bis zur Höhe des abgezogenen Verlustes bei der Ermittlung des G. d. E. hinzuzurechnen (§ 52 Abs. 2 EStG i. V. m. § 2a Abs. 3 Satz 3 bis 6 EStG a. F.).

Beteiligungen an inländischen Körperschaften mit Drittstaatenbezug (§ 2a Abs. 1 Satz 1 Nr. 7 EStG).

Beispiel 1 (Einkünfte nur nach § 2a Abs. 1 Satz 1 Nr. 7 EStG):
Der Stpfl. hält im Betriebsvermögen eine Beteiligung an der inländischen Kapitalgesellschaft A, die eine nicht aktive gewerbliche Betriebsstätte im Staat X hat. Außerdem hat er im Privatvermögen eine Beteiligung an der inländischen Kapitalgesellschaft B, die ebenfalls über eine nicht aktive gewerbliche Betriebsstätte im Staat X (kein EU-/EWR-Staat) verfügt. Während die A in den Jahren 01 bis 03 in ihrer ausländischen Betriebsstätte Verluste erleidet, erzielt die B in diesem Zeitraum Gewinne. Im Jahr 02 nimmt der Stpfl. eine Teilwertabschreibung auf die Beteiligung an der A vor. Im Jahr 03 veräußert der Stpfl. die Beteiligung an der B und erzielt hieraus einen Veräußerungsgewinn nach § 17 EStG.
Die Gewinnminderung auf Grund der Teilwertabschreibung in 02 erfüllt einen Tatbestand des § 2a Abs. 1 Satz 1 Nr. 7 (hier Buchstabe a) i. V. m. Nr. 2 EStG.
Die Veräußerung der Beteiligung an der B in 03 erfüllt einen Tatbestand des § 2a Abs. 1 Satz 1 Nr. 7 (hier Buchstabe c) i. V. m. Nr. 2 EStG. Die negativen Einkünfte aus der Teilwertabschreibung in 02 sind daher in 03 mit dem Veräußerungsgewinn zu verrechnen.

Beispiel 2 (Einkünfte nach § 2a Abs. 1 Satz 1 Nr. 7 und Nr. 1 bis 6 EStG):
Der Stpfl. hat eine nicht aktive gewerbliche Betriebsstätte im Staat X und eine Beteiligung an einer inländischen Kapitalgesellschaft A, die in X ebenfalls eine nicht aktive gewerbliche Betriebsstätte unterhält. Während der Stpfl. mit seiner ausländischen Betriebsstätte Gewinne erzielt, erleidet die ausländische Betriebsstätte der A Verluste. Der Stpfl. veräußert die Beteiligung an der A mit Verlust.

worden ist oder nicht noch hinzuzurechnen ist, im VZ der Umwandlung, Übertragung oder Aufgabe in entsprechender Anwendung des § 2a Abs. 3 Satz 3 EStG a. F. dem G. d. E. hinzuzurechnen. Dies gilt entsprechend bei Beendigung der unbeschränkten Einkommensteuerpflicht durch Aufgabe des Wohnsitzes oder des gewöhnlichen Aufenthalts sowie bei Beendigung der Ansässigkeit im Inland auf Grund der Bestimmungen eines DBA.
→ § 52 Abs. 2 Satz 3 EStG.

– **Einzelfragen.**
  • Nachversteuerung auch, wenn sich Verluste nur auf Grund deutscher Gewinnermittlungsvorschriften ergeben haben; Gleiches gilt, wenn in dem ausländischen Staat wegen vorgeschriebener pauschalierter Gewinnermittlung keine Verluste ausgewiesen werden können.
  • In Veräußerungsfällen ist bei der Hinzurechnung weder der Freibetrag nach § 16 Abs. 4 EStG noch die Tarifermäßigung nach § 34 EStG zu gewähren (→ BFH vom 16.11.1989 – BStBl. 1990 II S. 204).
  • Nachversteuerung auch hinsichtlich der Verluste, die vor 1982 abgezogen worden sind (→ BFH vom 20.9.1989 – BStBl. 1990 II S. 112).
  • Wird eine Personengesellschaft im Ausland als juristische Person besteuert, steht dies der Anwendung des § 52 Abs. 2 Satz 3 EStG i. V. m. § 2a Abs. 3 Satz 3, 5 und 6 EStG a. F. nicht entgegen (→ BFH vom 16.11.1989 – BStBl. 1990 II S. 204).
  • Die Entscheidung, ob und in welcher Weise sich positive gewerbliche Einkünfte i. S. d. § 52 Abs. 2 Satz 3 EStG i. V. m. § 2a Abs. 3 Satz 3, 5 und 6 EStG a. F. auswirken, ist im Veranlagungsverfahren zu treffen. Im Rahmen eines evtl. Feststellungsverfahrens hat das Betriebsstättenfinanzamt lediglich sämtliche tatsächlichen und rechtlichen Voraussetzungen festzustellen (→ BFH vom 21.8.1990 – BStBl. 1991 II S. 126).

Prüfung der Aktivitätsklausel.
– Sowohl der Handel mit Grundstücken als auch derjenige mit Rechten fallen nicht unter den Begriff „Lieferung von Waren" i. S. d. § 2a Abs. 2 EStG (→ BFH vom 18.7.2001 – BStBl. 2003 II S. 48).
– Der Handel mit Jagd- und Sportmunition ist keine Lieferung von Waffen i. S. d. § 2a Abs. 2 EStG (→ BFH vom 30.4.2003 – BStBl. II S. 918).
– Auf einem Datenträger verkörperte Standardsoftware ist „Ware" i. S. d. § 2a Abs. 2 EStG (→ BFH vom 28.10.2008 – BStBl. 2009 II S. 527).

Verlustabzug in Erbfällen.
– Negative Einkünfte des Erblassers i. S. d. § 2a Abs. 1 EStG gehen nicht im Wege der Erbfolge auf den Erben über (→ R 10d Abs. 9 Satz 9, → BFH vom 23.10.2019 – BStBl. 2021 II S. 138).
– Nachversteuerung gem. § 2a Abs. 3 EStG a. F. → R 10d Abs. 9 Satz 13,
– Hinzurechnung bei Verlusten nach § 2 AIG → R 10d Abs. 9 Satz 14.

Verluste bei beschränkter Haftung (§ 15 a EStG). → R 15a Abs. 5.

Verluste aus VZ vor 1992. Negative ausländische Einkünfte, die in den VZ 1985 bis 1991 entstanden und bis zum VZ 1991 einschließlich nicht ausgeglichen worden sind, sind in die VZ ab 1992 zeitlich unbegrenzt vorzutragen (→ BFH vom 30.6.2005 – BStBl. II S. 641).

Zu § 3 EStG
(§ 4 EStDV)

R 3.

R 3.0 Steuerbefreiungen nach anderen Gesetzen, Verordnungen und Verträgen

[1] Gesetze und Verordnungen, die die Deckung des Landbedarfs der öffentlichen Hand regeln, bestimmen zum Teil, dass Geschäfte und Verhandlungen, die der Durchführung der Landbeschaffung und der Landentschädigung dienen, von allen Gebühren und Steuern des Bundes, der Länder und der sonstigen öffentlichen Körperschaften befreit sind. [2] Die Befreiung erstreckt sich nicht auf die Einkommensteuer für Gewinne aus diesen Rechtsgeschäften.

H 3.0

Steuerbefreiungen nach anderen Gesetzen, Verordnungen und Verträgen.
- Unterschiedsbeträge nach § 17 Abs. 1 Arbeitssicherstellungsgesetz;[1)]
- Leistungen nach § 17 Conterganstiftungsgesetz.[2)]

H 3.1 Zu § 3 Nr. 1

Allgemeines.
- Leistungen aus der gesetzlichen Kranken- und Unfallversicherung sind Bar- und Sachleistungen (→ §§ 21–22 SGB I).[3)]
- Zur Rechtsnachfolge bei diesen Leistungen (→ §§ 56–59 SGB I).

Krankenversicherung. Steuerfrei sind auch Leistungen aus einer ausländischen Krankenversicherung (→ BFH vom 26.5.1998 – BStBl. II S. 581).

Unfallversicherung. Die Steuerfreiheit kann auch für Leistungen aus einer ausländischen gesetzlichen Unfallversicherung in Betracht kommen (→ BFH vom 7.8.1959 – BStBl. III S. 462).

R 3.2 Zu § 3 Nr. 2

[1] Aus dem Ausland bezogenes Arbeitslosengeld gehört nicht zu den nach § 3 Nr. 2 EStG steuerfreien Leistungen. [2] Es handelt sich dabei um wiederkehrende Bezüge i. S. d. § 22 Nr. 1 EStG, die ggf. nach dem DBA mit einem ausländischen Staat steuerfrei sein können.

---

1) G v. 9.7.1968, BGBl. I 1968, 787, zuletzt geänd. durch G v. 23.6.2021, BGBl. I 2021, 1858 (**Arbeitsrecht** Nr. **101**).

2) G v. 25.6.2009, BGBl. I *2009, 1537*, zuletzt geänd. durch G v. 9.7.2021, BGBl. I 2021, *2512*.

3) **Aichberger SGB** Nr. **1**.

H 3.2 Zu § 3 Nr. 2

Existenzgründerzuschuss. Zuschüsse zur Förderung von Existenzgründern aus Mitteln des Europäischen Sozialfonds und aus Landesmitteln sind nicht steuerfrei, wenn sie nicht der Aufstockung des Überbrückungsgeldes nach dem SGB III dienen (→ BFH vom 26.6.2002 – BStBl. II S. 697).

Leistungen nach dem SGB III. → R 3.2 LStR 2015.

H 3.6 Zu § 3 Nr. 6

Bezüge aus EU-Mitgliedstaaten. § 3 Nr. 6 EStG ist auch auf Bezüge von Kriegsbeschädigten und gleichgestellten Personen anzuwenden, die aus öffentlichen Mitteln anderer EU-Mitgliedstaaten gezahlt werden (→ BFH vom 22.1.1997 – BStBl. II S. 358).

Gesetzliche Bezüge der Wehr- und Zivildienstbeschädigten, Kriegsbeschädigten, ihrer Hinterbliebenen und der ihnen gleichgestellten Personen. → R 3.6 LStR 2015.

H 3.7 Zu § 3 Nr. 7

Allgemeines. Steuerfrei sind insbesondere folgende Leistungen, soweit sie nicht in Form zurückzahlbarer Darlehen, z. B. Eingliederungsdarlehen, gewährt werden:

Flüchtlingshilfegesetz (FlüHG).
- Laufende Beihilfe – Beihilfe zum Lebensunterhalt.
- Besondere laufende Beihilfe (§§ 10 bis 16a FlüHG).

Lastenausgleichsgesetz (LAG).
- Hauptentschädigung – einschließlich des Zinszuschlags i. S. d. § 250 Abs. 3 und des § 252 Abs. 2 LAG – (§§ 243 bis 252, 258 LAG).
- Kriegsschadenrente – Unterhaltshilfe und Entschädigungsrente – (§§ 261 bis 292c LAG).
- Hausratentschädigungen (§§ 293 bis 297 LAG), Leistungen aus dem Härtefonds (§§ 301, 301a, 301b LAG).
- Leistungen auf Grund sonstiger Förderungsmaßnahmen (§ 302 LAG).

H 3.8 Zu § 3 Nr. 8

Wiedergutmachungsleistungen. → Bundesentschädigungsgesetz; → Bundesgesetz zur Wiedergutmachung nationalsozialistischen Unrechts in der Kriegsopferversorgung; → Bundesgesetz zur Wiedergutmachung national*sozialistischen* Unrechts in der Kriegsopferversorgung für Berechtigte im Ausland; → Entschädigungsrentengesetz; → Wiedergutmachungsrecht der Länder.

H 3.11 Zu § 3 Nr. 11

Beihilfen. Entscheidendes Merkmal der Beihilfe ist ihre Unentgeltlichkeit und Einseitigkeit. Leistungen, die im Rahmen eines entgeltlichen Austauschgeschäfts erbracht werden, können nicht als Beihilfe qualifiziert werden. Danach sind die von den Jugendämtern an Vollzeitpflegeeltern geleisteten → Pflegegelder nach § 3 Nr. 11 EStG steuerfrei. Demgegenüber sind Pflegesätze, die an ein erwerbsmäßig betriebenes Kinderhaus für die Unterbringung von Kindern gezahlt werden, keine Beihilfen i. S. d. § 3 Nr. 11 EStG (→ BFH vom 23.9.1998 – BStBl. 1999 II S. 133).

Beihilfen und Unterstützungen, die wegen Hilfsbedürftigkeit gewährt werden. → R 3.11 LStR 2015.

Beihilfen zu Lebenshaltungskosten können die Erziehung und Ausbildung, nicht aber die Wissenschaft und Kunst unmittelbar fördern (→ BFH vom 27.4.2006 – BStBl. II S. 755).

Erziehungs- und Ausbildungsbeihilfen. → H 3.11 (Steuerfreiheit nach § 3 Nr. 11 EStG) LStH 2021.

Öffentliche Stiftung. Eine öffentliche Stiftung liegt vor, wenn

a) die Stiftung selbst juristische Person des öffentlichen Rechts ist **oder**
b) das Stiftungsvermögen im Eigentum einer juristischen Person des öffentlichen Rechts steht **oder**
c) die Stiftung von einer juristischen Person des öffentlichen Rechts verwaltet wird.

Zur Definition der öffentlichen Stiftung → BVerfGE 15 S. 46, 66.[1] Im Übrigen richtet sich der Begriff nach Landesrecht.

Pflegegeld.

- Zur Behandlung der Geldleistungen für Kinder in **Vollzeitpflege** und anderen Betreuungsverhältnissen nach den §§ 32 bis 35 sowie 42 und 42a SGB VIII → BMF vom 31.8.2021 (BStBl. I S. 1802).[2]
- Zur Behandlung der Geldleistungen für Kinder in **Kindertagespflege** → BMF vom 11.11.2016 (BStBl. I S. 1236).
- → Beihilfen.

H 3.12 Zu § 3 Nr. 12

Aufwandsentschädigungen aus öffentlichen Kassen. → R 3.12 LStR 2015.
→ H 3.11 (Öffentliche Kassen) LStH 2021.

H 3.13 Zu § 3 Nr. 13

Reisekostenvergütungen, Umzugskostenvergütungen und Trennungsgelder aus öffentlichen Kassen. → R 3.13 LStR 2015.
→ H 3.11 (Öffentliche Kassen) LStH 2021.

---

[1] *BVerfG v. 6.11.1962 2 BvR 151/60, DÖV 1963, 262.*
[2] Zur Zahlung aus öffentlichen Mitteln bei Zwischenschaltung eines freien Trägers der Jugendhilfe siehe BFH v. 25.3.2021 VIII R 37/19, BStBl. II 2021, 685.

H 3.14 Zu § 3 Nr. 14

Zuschüsse zur Krankenversicherung der Rentner. Die Steuerbefreiung gilt auch für Zuschüsse gem. §§ 106 und 315 SGB VI.[1]

H 3.26 Zu § 3 Nr. 26

Steuerbefreiung für nebenberufliche Tätigkeiten.[2), 3)] → R 3.26 LStR 2015.

R 3.26a[3)] Zu § 3 Nr. 26a

(1) Voraussetzung der Begünstigung des § 3 Nr. 26a EStG ist, unabhängig davon, ob die nebenberufliche Tätigkeit im Dienst oder Auftrag einer juristischen Person des öffentlichen Rechts oder einer unter § 5 Abs. 1 Nr. 9 KStG fallenden Einrichtung ausgeübt wird, dass die Tätigkeit der Förderung gemeinnütziger, mildtätiger oder kirchlicher Zwecke dient.

(2) Bei Vorliegen auch der übrigen gesetzlichen Voraussetzungen können ehrenamtlich tätige Schiedsrichter im Amateurbereich – im Gegensatz zu Amateursportlern – die Steuerbefreiung nach § 3 Nr. 26a EStG in Anspruch nehmen.

H 3.26a Zu § 3 Nr. 26a

Anwendungsschreiben. → BMF vom 21.11.2014 (BStBl. I S. 1581).

H 3.26b Zu § 3 Nr. 26b

Anwendungsschreiben. → BMF vom 21.11.2014 (BStBl. I S. 1581).

R 3.29 Zu § 3 Nr. 29

§ 3 Nr. 29 EStG findet auf Wahlkonsuln keine Anwendung.

H 3.29 Zu § 3 Nr. 29

Wiener Übereinkommen.

- Vom 18.4.1961 über diplomatische Beziehungen (WÜD), für die Bundesrepublik Deutschland in Kraft getreten am 11.12.1964 (BGBl. II S. 959).
- Vom 24.4.1963 über konsularische Beziehungen (WÜK), für die Bundesrepublik Deutschland in Kraft getreten am 7.10.1971 (BGBl. 1969 II S. 1587).

Inhalte:

1. Nach dem WÜD ist u. a. ein Diplomat einer ausländischen Mission und nach dem WÜK ein Konsularbeamter einer ausländischen konsularischen Vertretung, sofern er weder die deutsche Staatsangehörigkeit besitzt noch im Geltungsbereich des EStG ständig ansässig ist, im Geltungsbereich des EStG von allen staatlichen, regionalen und kommuna-

---

[1] **Aichberger SGB** Nr. 6.

[2] Zur Berücksichtigung von Verlusten aus einer Übungsleitertätigkeit siehe BFH v. 20.12.2017 III R 23/15, BStBl. II 2019, 469, und v. 20.11.2018 VIII R 17/16, BStBl. II 2019, 422.

[3] Zur Tätigkeit in regionalen Impf-/Testzentren und mobilen Impf-/Testteams zur Durchführung von Impfungen gegen SARS-CoV-2 und von Tests zur Feststellung einer SARS-CoV-2-Infektion siehe OFD Ffm v. 15.3.2021 – S 2331 A – 49 – St 210, DStR 2021, 870.

len Personal- und Realsteuern oder -abgaben befreit (Artikel 34 WÜD – Artikel 49 Abs. 1 und Artikel 71 Abs. 1 WÜK).

2. Die Befreiung gilt u.a. nicht für Steuern und sonstige Abgaben von privaten Einkünften, deren Quelle sich im Empfangsstaat befindet. Das bedeutet, dass ein ausländischer Diplomat oder ein ausländischer Konsularbeamter nur mit seinen inländischen Einkünften i.S.d. § 49 EStG steuerpflichtig ist und auch dann nur, soweit nicht § 3 Nr. 29 EStG eingreift oder in einem DBA abweichende Regelungen getroffen sind. Die bezeichneten Personen sind somit im Geltungsbereich des EStG nur beschränkt einkommensteuerpflichtig (§ 1 Abs. 4 EStG).

3. Gleiches gilt auch
   a) für die zum Haushalt eines ausländischen Diplomaten gehörenden Familienmitglieder, wenn sie nicht die deutsche Staatsangehörigkeit besitzen (Artikel 37 Abs. 1 WÜD),
   b) für die Familienmitglieder, die im gemeinsamen Haushalt eines Konsularbeamten einer ausländischen konsularischen Vertretung leben (Artikel 49 Abs. 1 WÜK), wenn sie weder die deutsche Staatsangehörigkeit besitzen noch im Geltungsbereich des EStG ständig ansässig sind (Artikel 71 Abs. 2 WÜK).

4. Familienmitglieder i.S.d. beiden Wiener Übereinkommen sind:
   a) der Ehegatte und die minderjährigen Kinder der privilegierten Person, vorausgesetzt, dass sie mit ihr in einem Haushalt leben. Eine vorübergehende Abwesenheit, z.B. zum auswärtigen Studium, ist hierbei ohne Bedeutung;
   b) die volljährigen unverheirateten Kinder sowie die Eltern und Schwiegereltern der privilegierten Person – unter der Voraussetzung der Gegenseitigkeit –, soweit sie mit der privilegierten Person in einem Haushalt leben und von ihr wirtschaftlich abhängig sind. Die Frage der wirtschaftlichen Abhängigkeit ist nach den Einkommens- und Vermögensverhältnissen des betreffenden Familienmitglieds von der Steuerverwaltung des Aufenthaltsstaates zu beurteilen. Diese Beurteilung erfolgt im Einzelfall nach der Abgabe einer Erklärung über das Einkommen und das Vermögen des betreffenden Familienmitglieds.

5. Für andere als die unter Nummer 4 genannten Personen (entferntere Verwandte der privilegierten Person in gerader Linie oder in der Seitenlinie) kommt eine Anwendung des Artikels 37 WÜD oder des Artikels 49 WÜK grundsätzlich nicht in Betracht. In besonderen Fällen prüft das Auswärtige Amt im Einvernehmen mit den zuständigen Bundesressorts, ob die besonderen Umstände dieses Falles eine andere Entscheidung rechtfertigen.

6. Die Mitglieder/Bediensteten des Verwaltungs- und technischen Personals ausländischer Missionen/konsularischer Vertretungen und die zu ihrem Haushalt gehörenden sowie die mit ihnen im gemeinsamen Haushalt lebenden Familienmitglieder sind wie Diplomaten/Konsularbeamte zu behandeln, wenn sie weder deutsche Staatsangehörige noch

im Geltungsbereich des EStG ständig ansässig sind (Artikel 37 Abs. 2 WÜD, Artikel 49 Abs. 1 und Artikel 71 Abs. 2 WÜK).

7. Bei Mitgliedern des dienstlichen Hauspersonals einer ausländischen Mission bzw. einer ausländischen konsularischen Vertretung sind die Dienstbezüge im Geltungsbereich des EStG steuerfrei, wenn diese Personen weder deutsche Staatsangehörige noch im Geltungsbereich des EStG ständig ansässig sind (Artikel 37 Abs. 3 WÜD – Artikel 49 Abs. 2 und Artikel 71 Abs. 2 WÜK).
8. Bei privaten Hausangestellten sind die Bezüge, die sie von Mitgliedern einer ausländischen Mission auf Grund ihres Arbeitsverhältnisses erhalten, steuerfrei, wenn sie weder deutsche Staatsangehörige noch im Geltungsbereich des EStG ständig ansässig sind (Artikel 37 Abs. 4 WÜD).
9. Anderen Mitgliedern des Personals einer ausländischen Mission und privaten Hausangestellten, die deutsche Staatsangehörige sind oder die im Geltungsbereich des EStG ständig ansässig sind, steht Steuerfreiheit nur insoweit zu, als besondere Regelungen, z. B. in DBA, für den Geltungsbereich des EStG getroffen sind (Artikel 38 Abs. 2 WÜD).
10. Vom Tage des Inkrafttretens des WÜD bzw. des WÜK ist die Verwaltungsanordnung der Bundesregierung vom 13.10.1950 (MinBlFin 1950 S. 631) nur noch auf Mitglieder solcher ausländischer Missionen oder ausländischer konsularischer Vertretungen und die dort bezeichneten Bediensteten anzuwenden, deren Entsendestaat dem WÜD oder dem WÜK noch nicht rechtswirksam beigetreten ist.

R 3.40 Zu § 3 Nr. 40

Teileinkünfteverfahren

Bei der Veräußerung einbringungsgeborener Anteile ist R 3.40 EStR 2008 weiter anzuwenden.[1)]

H 3.40 Zu § 3 Nr. 40

Sondervergütungen für Gesellschafterdarlehen. Sondervergütungen eines Mitunternehmers für die Hingabe von Darlehen i. S. d. § 15 Abs. 1 Satz 1 Nr. 2 EStG unterliegen auch dann nicht der anteiligen Steuerbefreiung nach § 3 Nr. 40 EStG, wenn sie ihrerseits aus nach § 3 Nr. 40 EStG

[1)] **R 3.40 EStR 2008** lautet:
„Halbeinkünfteverfahren
[1] Erfolgt die Veräußerung einbringungsgeborener Anteile, für die § 21 UmwStG in der am 21.5.2003 geltenden Fassung (UmwStG a. F.) gem. § 27 Abs. 3 Nr. 3 UmwStG weiterhin anzuwenden ist, innerhalb von sieben Jahren nach der Einbringung, ist der Veräußerungsgewinn nach § 52 Abs. 4b Satz 2 EStG i. V. m. § 3 Nr. 40 Satz 3 EStG in der am 12.12.2006 geltenden Fassung (EStG a. F.) in vollem Umfang steuerpflichtig, da kein Fall des § 3 Nr. 40 Satz 4 EStG a. F. (Rückausnahme) vorliegt. [2] Dieselbe Rechtsfolge (Vollbesteuerung) mit ein, wenn innerhalb der Sieben-Jahres-Frist keine Veräußerung stattfindet, sondern ein Antrag nach § 21 Abs. 2 Satz 1 Nr. 1 UmwStG a. F. gestellt wird. [3] Mit Besteuerung der in den einbringungsgeborenen Anteilen enthalten stillen Reserven nach § 21 Abs. 2 Satz 1 Nr. 1 UmwStG a. F. verlieren die Anteile ihre Eigenschaft, „einbringungsgeboren" zu sein. [4] Werden diese Anteile später veräußert, findet in den Fällen des § 17 EStG und in den Fällen des § 23 EStG in der bis zum 31.12.2008 geltenden Fassung § 3 Nr. 40 EStG Anwendung."

teilweise steuerbefreiten Einnahmen beglichen wurden (→ BFH vom 6.2. 2020 – BStBl. II S. 448).

Wertaufholungen. Wertaufholungen nach § 6 Abs. 1 Nr. 2 Satz 3 EStG, denen in früheren Jahren sowohl voll steuerwirksame als auch nur teilweise steuerwirksame Abschreibungen von Anteilen auf den niedrigeren Teilwert vorangegangen sind, sind zunächst mit den nur teilweise steuerwirksamen und erst danach – mit der Folge der vollen Steuerpflicht daraus resultierender Gewinne – mit den voll steuerwirksamen Teilwertabschreibungen zu verrechnen (→ BFH vom 19.8.2009 – BStBl. 2010 II S. 760).

H 3.42 Zu § 3 Nr. 42

Fulbright-Abkommen. Neues Fulbright-Abkommen vom 20.11.1962, in Kraft getreten am 24.1.1964, → BGBl. II S. 27, 215.

R 3.44 Zu § 3 Nr. 44

[1] Die Prüfung, ob die Voraussetzungen für die Steuerfreiheit der Stipendien vorliegen, hat für inländische Stipendiengeber das Finanzamt vorzunehmen, das für die Veranlagung des Stipendiengebers zur Körperschaftsteuer zuständig ist oder zuständig wäre, wenn der Geber steuerpflichtig wäre. [2] Dieses Finanzamt hat auf Anforderung des Stipendienempfängers oder des für ihn zuständigen Finanzamts eine Bescheinigung über die Voraussetzungen des § 3 Nr. 44 Satz 3 Buchstabe a und b EStG zu erteilen. [3] Auch eine in der EU oder dem EWR ansässige Körperschaft, Personenvereinigung oder Vermögensmasse i. S. d. § 5 Abs. 1 Nr. 9 KStG kann steuerfreie Stipendien vergeben, soweit sie bei sinngemäßer Anwendung der §§ 51 ff. AO gemeinnützig wäre und ein Amtshilfeabkommen mit dem Ansässigkeitsstaat besteht. [4] Das Vorliegen der Voraussetzungen der §§ 51 ff. AO hat der Stipendienempfänger gegenüber dem für ihn zuständigen Finanzamt durch Vorlage entsprechender Unterlagen (z. B. Satzung, Tätigkeitsbericht) nachzuweisen.

H 3.44[1] Zu § 3 Nr. 44

Beihilfen zum Lebensunterhalt.

- Die Steuerbefreiung von Forschungsstipendien nach § 3 Nr. 44 EStG umfasst sowohl die der Erfüllung der Forschungsaufgaben (Sachbeihilfen) als auch die der Bestreitung des Lebensunterhalts dienenden Zuwendungen (→ BFH vom 20.3.2003 – BStBl. 2004 II S. 190).
- Zum Lebensunterhalt gehören die Mittel, die benötigt werden, um dem Stpfl. ein menschenwürdiges Leben in einem sozialen Umfeld zu sichern. Er umfasst die unentbehrlichen Aufwendungen für Wohnung, Verpflegung, Kleidung, Ausbildung, Gesundheit, angemessene Freizeitgestaltung und andere notwendige Ausgaben dieser Art. Dabei ist das Alter des Stpfl., seine akademische Vorbildung sowie dessen nach der Verkehrsauffassung typische Lebenshaltungskosten in seiner sozialen Situation zu be-

[1] Siehe im Einzelnen OFD Ffm v. 9.4.2019 – S 2121 A – 013 – St 231, StEd 2019, 343.

rücksichtigen. Das Stipendium übersteigt den für die Bestreitung des Lebensunterhalts erforderlichen Betrag nicht, wenn es über die zuvor aus einem Beschäftigungsverhältnis bezogenen Einnahmen nicht wesentlich hinausgeht (→ BFH vom 24.2.2015 – BStBl. II S. 691).

Stipendien. Zwischen einem nach § 3 Nr. 44 EStG steuerfrei gewährten Stipendium für Studienzwecke und den im Zusammenhang mit dem Stipendium entstehenden Mehraufwendungen besteht regelmäßig ein unmittelbarer wirtschaftlicher Zusammenhang i. S. d. § 3c EStG (→ BFH vom 9.11.1976 – BStBl. 1977 II S. 207).

H **3.45** **Zu § 3 Nr. 45**

Verfassungsmäßigkeit. Soweit § 3 Nr. 45 EStG auf Arbeitnehmer beschränkt ist, liegt darin keine Verletzung des Gleichheitssatzes (→ BFH vom 21.6.2006 – BStBl. II S. 715).

H **3.65** **Zu § 3 Nr. 65**

Insolvenzsicherung. → R 3.65 LStR 2015.

Zu § 3c EStG

H **3c**

Anwendung des Teileinkünfteverfahrens in der steuerlichen Gewinnermittlung (für Beteiligungen von nicht mehr als 25 %). → BMF vom 23.10.2013 (BStBl. I S. 1269).

Hinzurechnungsbetrag. Hinzurechnungen nach §§ 7, 10 AStG sind keine Einnahmen i. S. d. § 3c Abs. 1 EStG (→ BFH vom 7.9.2005 – BStBl. 2006 II S. 537).

Teilabzugsverbot bei Mitunternehmerschaften. Das Teilabzugsverbot des § 3c Abs. 2 EStG findet in dem Umfang auf Betriebsausgaben der Gesamthand keine Anwendung, wie diese Sondervergütungen der Gesellschafter i. S. d. § 15 Abs. 1 Satz 1 Nr. 2 EStG sind (→ BFH vom 6.2.2020 – BStBl. II S. 448).

Verfassungsmäßigkeit. § 3c Abs. 2 Satz 2 EStG i. d. F. des JStG 2010 (jetzt: Satz 7) ist verfassungsgemäß (→ BFH vom 2.9.2014 – BStBl. 2015 II S. 257).

Zusammenhang mit steuerfreien Einnahmen. Ein unmittelbarer wirtschaftlicher Zusammenhang mit steuerfreien Einnahmen liegt vor, wenn Einnahmen und Ausgaben durch dasselbe Ereignis veranlasst sind. Dies ist *der Fall, wenn steuerfreie Einnahmen* dazu bestimmt sind, Aufwendungen zu ersetzen, die mit Einkünften i. S. d. § 2 EStG in wirtschaftlichem Zusammenhang stehen. Daraus folgt, dass die Steuerfreiheit von Einnahmen, die der Erstattung von Ausgaben dienen, durch § 3c Abs. 1 EStG rückgängig gemacht wird. Eine Aufteilung der Ausgaben in einen abziehbaren und einen nicht abziehbaren Teil nach dem Verhältnis der steuerfreien zu den steuerpflichtigen Einnahmen kommt nicht in Betracht. Diese Wirkungsweise des § 3c Abs. 1 EStG rechtfertigt sich daraus, dass erstattete Ausgaben den Stpfl. nicht belasten und daher seine steuerpflichtigen Einkünfte auch nicht mindern dürfen (→ BFH vom 27.4.2006 – BStBl. II S. 755).

Zu § 4 EStG
(§§ 6 und 8 EStDV)

R 4.1 Betriebsvermögensvergleich

Betriebe der Land- und Forstwirtschaft

(1) [1]Bei einem Betrieb der Land- und Forstwirtschaft ist der Gewinn durch Betriebsvermögensvergleich nach § 4 Abs. 1 EStG zu ermitteln, wenn der Land- und Forstwirt nach den §§ 140, 141 AO verpflichtet ist, für diesen Betrieb Bücher zu führen und auf Grund jährlicher Bestandsaufnahmen Abschlüsse zu machen. [2]Werden für den Betrieb freiwillig Bücher geführt und auf Grund jährlicher Bestandsaufnahmen Abschlüsse gemacht, ist der Gewinn durch Betriebsvermögensvergleich nach § 4 Abs. 1 EStG zu ermitteln, wenn der Antrag nach § 13a Abs. 2 EStG gestellt worden ist oder der Gewinn aus anderen Gründen nicht nach § 13a EStG zu ermitteln ist.

Gewerbliche Betriebe

(2) [1]Bei einem gewerblichen Betrieb, für den die Verpflichtung besteht, Bücher zu führen und auf Grund jährlicher Bestandsaufnahmen Abschlüsse zu machen oder für den freiwillig Bücher geführt und regelmäßig Abschlüsse gemacht werden, muss der Gewerbetreibende den Gewinn durch Betriebsvermögensvergleich nach § 5 EStG ermitteln. [2]Für Handelsschiffe im internationalen Verkehr kann der Gewinn auf Antrag nach § 5a EStG ermittelt werden. [3]Werden für einen gewerblichen Betrieb, für den Buchführungspflicht besteht, keine Bücher geführt, oder ist die Buchführung nicht ordnungsmäßig (→ R 5.2 Abs. 2), ist der Gewinn nach § 5 EStG unter Berücksichtigung der Verhältnisse des Einzelfalles, unter Umständen unter Anwendung von Richtsätzen,[1)] zu schätzen. [4]Das Gleiche gilt, wenn für einen gewerblichen Betrieb freiwillig Bücher geführt und Abschlüsse gemacht werden, die Buchführung jedoch nicht ordnungsmäßig ist. [5]Bei gewerblichen Betrieben, bei denen die Voraussetzungen der Sätze 1 bis 4 nicht vorliegen, kann der Gewinn durch Einnahmenüberschussrechnung nach § 4 Abs. 3 EStG ermittelt werden, wenn der Gewerbetreibende für den Betrieb diese Gewinnermittlungsart gewählt hat.

Personengesellschaften

(3) Absätze 1 und 2 gelten sinngemäß.

Beteiligung an einer ausländischen Personengesellschaft[2)]

(4) [1]Sind unbeschränkt steuerpflichtige Personen an einer ausländischen Personengesellschaft beteiligt, die im Inland weder eine Betriebsstätte unter-

---

1) Richtsatzsammlung für *2020 siehe* BMF v. 20.12.2021, BStBl. I 2022, 4.

2) Zur örtlichen Zuständigkeit für die gesonderte und einheitliche Feststellung der Gewinne ausländischer Personengesellschaften siehe AEAO Nr. 6 zu § 18 AO (Nr. **800**).

hält, noch einen ständigen Vertreter bestellt hat, ist der Gewinn der Personengesellschaft zur Ermittlung der Höhe der Gewinnanteile der unbeschränkt steuerpflichtigen Personen nach § 4 Abs. 1 oder 3 EStG zu ermitteln. [2]Eine Buchführungspflicht nach § 140 AO kann auch eine ausländische Rechtsnorm begründen. [3]Bei der Gewinnermittlung nach § 4 Abs. 1 EStG sind alle Geschäftsvorfälle unter Beachtung der Grundsätze ordnungsmäßiger Buchführung zu berücksichtigen, auch wenn sie in einer ausländischen Währung ausgewiesen sind. [4]Das Ergebnis einer in ausländischer Währung aufgestellten Steuerbilanz ist in Euro nach einem Umrechnungsverfahren umzurechnen, das nicht gegen die deutschen Grundsätze ordnungsmäßiger Buchführung verstößt.

Ordnungsmäßigkeit der Buchführung

(5) [1]Für die Ordnungsmäßigkeit der Buchführung bei Gewinnermittlung nach § 4 Abs. 1 EStG gelten R 5.2 bis 5.4 sinngemäß. [2]§ 141 Abs. 1 und § 142 AO bleiben unberührt.

H 4.1

Aufzeichnungs- und Buchführungspflichten

– von Angehörigen der freien Berufe → H 18.2 (Aufzeichnungspflicht);
– für das steuerliche Sonderbetriebsvermögen einer Personengesellschaft (→ R 4.2 Abs. 2) nach § 141 Abs. 1 AO obliegen nicht dem einzelnen Gesellschafter, sondern der Personengesellschaft (→ BFH vom 23.10.1990 – BStBl. 1991 II S. 401); Übertragung auf die Mitunternehmer ist nicht zulässig (→ BFH vom 11.3.1992 – BStBl. II S. 797). Die Gewinnermittlung für das Sonderbetriebsvermögen hat hierbei nach dem gleichen Gewinnermittlungszeitraum und nach der gleichen Gewinnermittlungsart wie bei der Personengesellschaft zu erfolgen (→ BFH vom 11.12.1986 – BStBl. 1987 II S. 553 und vom 11.3.1992 – BStBl. II S. 797).

Gewinnermittlung.

– Bei Beteiligung an ausländischer Personengesellschaft:
  • → R 4.1 Abs. 4 und BFH vom 13.9.1989 – BStBl. 1990 II S. 57.
  • Für Zwecke der Anwendung des Progressionsvorbehalts auf Gewinnanteile ist R 4.1 Abs. 4 entsprechend anzuwenden (→ BFH vom 22.5.1991 – BStBl. 1992 II S. 94).
  • Ist die Personengesellschaft zur Buchführung und zur Aufstellung von Abschlüssen verpflichtet oder tut sie dies freiwillig, steht dem Mitunternehmer für die inländische Gewinnermittlung kein eigenes Wahlrecht zu, seinen Gewinn durch Einnahmenüberschussrechnung zu ermitteln (→ BFH vom 25.6.2014 – BStBl. 2015 II S. 141).[1)]
– Bei Handelsschiffen im internationalen Verkehr: → BMF vom 12.6.2002 (BStBl. I S. 614) unter Berücksichtigung der Änderungen durch BMF vom 31.10.2008 (BStBl. I S. 956) und vom 10.9.2013 (BStBl. I S. 1152).
– Bei Land- und Forstwirtschaft:
  • → R 13.5;
  • → Buchführung in land- und forstwirtschaftlichen Betrieben → BMF vom 15.12.1981 (BStBl. I S. 878).

[1)] Bestätigt durch BFH v. 10.12.2014 I R 3/13, BFH/NV 2015, 667; s. auch BFH v. 12.9.2018 I B 15/18, BFH/NV 2022, 8.

Gewinnschätzung.
- Bei einem gewerblichen Betrieb, für den keine Buchführungspflicht besteht, für den freiwillig keine Bücher geführt werden und für den nicht festgestellt werden kann, dass der Stpfl. die Gewinnermittlung nach § 4 Abs. 3 EStG gewählt hat (→ BFH vom 30.9.1980 – BStBl. 1981 II S. 301), ist der Gewinn nach § 4 Abs. 1 EStG unter Berücksichtigung der Verhältnisse des Einzelfalles, unter Umständen unter Anwendung von Richtsätzen,[1)] zu schätzen. Hat der Stpfl. dagegen für den Betrieb zulässigerweise die Gewinnermittlung nach § 4 Abs. 3 EStG gewählt, ist auch eine Gewinnschätzung in dieser Gewinnermittlungsart durchzuführen (→ BFH vom 2.3.1982 – BStBl. 1984 II S. 504);
- bei abweichendem Wj. → R 4a Abs. 4;
- bei einem Freiberufler, der seinen Gewinn für ein vom Kj. abweichendes Wj. ermittelt hat, → H 4a (Freiberufler).

R 4.2 Betriebsvermögen

Allgemeines

(1) [1]Wirtschaftsgüter, die ausschließlich und unmittelbar für eigenbetriebliche Zwecke des Stpfl. genutzt werden oder dazu bestimmt sind, sind **notwendiges Betriebsvermögen.** [2]Eigenbetrieblich genutzte Wirtschaftsgüter sind auch dann notwendiges Betriebsvermögen, wenn sie nicht in der Buchführung und in den Bilanzen ausgewiesen sind. [3]Wirtschaftsgüter, die in einem gewissen objektiven Zusammenhang mit dem Betrieb stehen und ihn zu fördern bestimmt und geeignet sind, können – bei Gewinnermittlung durch Betriebsvermögensvergleich (→ R 4.1) oder durch Einnahmenüberschussrechnung (→ R 4.5) – als **gewillkürtes Betriebsvermögen** behandelt werden. [4]Wirtschaftsgüter, die nicht Grundstücke oder Grundstücksteile sind und die zu mehr als 50% eigenbetrieblich genutzt werden, sind in vollem Umfang notwendiges Betriebsvermögen. [5]Werden sie zu mehr als 90% privat genutzt, gehören sie in vollem Umfang zum notwendigen Privatvermögen. [6]Bei einer betrieblichen Nutzung von mindestens 10% bis zu 50% ist eine Zuordnung dieser Wirtschaftsgüter zum gewillkürten Betriebsvermögen in vollem Umfang möglich. [7]Wird ein Wirtschaftsgut in mehreren Betrieben des Stpfl. genutzt, ist die gesamte eigenbetriebliche Nutzung maßgebend.

H 4.2 (1)

Anwartschaften auf Hinterbliebenenversorgung bei Betriebsaufspaltung. Im Fall einer Betriebsaufspaltung sind Anwartschaften auf Hinterbliebenenversorgung, die auf einer dem Geschäftsführer der Betriebs-Kapitalgesellschaft erteilten Pensionszusage beruhen, im Besitzunternehmen auch dann nicht bereits während der Anwartschaftszeit zu aktivieren, wenn in der Betriebs-Kapitalgesellschaft die Zuführungsbeträge zur Pensionsrückstellung, soweit sie auf die Hinterbliebenenversorgung entfallen, als verdeckte Gewinnausschüttung zu beurteilen sind (→ BFH vom 23.3.2011 – BStBl. 2012 II S. 188).

---

1) Richtsatzsammlung für 2020 siehe BMF v. 20.12.2021, BStBl. I 2022, 4.

Beteiligungen.

– Eine Beteiligung gehört zum **notwendigen Betriebsvermögen,** wenn sie dazu bestimmt ist, die betriebliche Betätigung des Stpfl. entscheidend zu fördern oder wenn sie dazu dient, den Absatz von Produkten oder Dienstleistungen des Stpfl. zu gewährleisten (→ BFH vom 10.4.2019 – BStBl. II S. 474). Eine rechtliche oder faktische Beherrschung der Kapitalgesellschaft ist nicht erforderlich. Eine Förderung der betrieblichen Betätigung des Stpfl. erfordert, dass der Stpfl. seine Beteiligung an der Kapitalgesellschaft zum Wohle seines Einzelgewerbebetriebs einsetzt. Dies ist regelmäßig dann gegeben, wenn zwischen der Kapitalgesellschaft und dem Einzelgewerbebetrieb eine intensive und nachhaltige Geschäftsbeziehung besteht, die sich für den Einzelgewerbebetrieb als erheblich vorteilhaft erweist und dieser Vorteil seine Ursache im Gesellschaftsverhältnis hat. Im Rahmen einer derartigen Geschäftsbeziehung wird die Kapitalbeteiligung erst recht zum Zwecke der Förderung des Einzelgewerbebetriebs eingesetzt, wenn diesem hierdurch fremdunübliche Vorteile verschafft werden (→ BFH vom 12.6.2019 – BStBl. II S. 518). Der Zuordnung einer Beteiligung zum notwendigen Betriebsvermögen steht nicht entgegen, wenn die dauerhaften und intensiven Geschäftsbeziehungen nicht unmittelbar zu der Beteiligungsgesellschaft bestehen, sondern zu einer Gesellschaft, die von der Beteiligungsgesellschaft beherrscht wird (→ BFH vom 10.4.2019 – BStBl. II S. 474).
– **Anteil eines Steuerberaters an einer GmbH,** deren Betrieb der Steuerberatungspraxis wesensfremd ist, gehört auch dann nicht zum Betriebsvermögen, wenn er in der Absicht erworben wurde, das steuerliche Mandat der GmbH zu erlangen (→ BFH vom 22.1.1981 – BStBl. II S. 564), oder wenn die anderen Gesellschafter der GmbH Mandanten des Steuerberaters sind und der Beteiligung wirtschaftliches Eigengewicht beizumessen ist (→ BFH vom 23.5.1985 – BStBl. II S. 517). Der Anteil eines Steuerberaters an einer GmbH gehört dagegen zum notwendigen Betriebsvermögen, wenn er ihn zur Begleichung seiner Honoraransprüche zu dem Zweck erhält, ihn später unter Realisierung einer Wertsteigerung zu veräußern (→ BFH vom 1.2.2001 – BStBl. II S. 546).
– **Anteil an Wohnungsbau-GmbH** kann zum notwendigen Betriebsvermögen eines Malermeisters gehören (→ BFH vom 8.12.1993 – BStBl. 1994 II S. 296).
– Freiwillig gezeichnete **Genossenschaftsanteile** sind nur dann notwendiges Betriebsvermögen, wenn sie für den Betrieb eine konkrete und unmittelbare Funktion besitzen (→ BFH vom 4.2.1998 – BStBl. II S. 301).
– Die Zuordnung der **Beteiligung an einer Komplementär-GmbH** zum notwendigen Betriebsvermögen eines Betriebsaufspaltungs-Besitzunternehmens wird nicht schon dadurch ausgeschlossen, dass die Komplementär-GmbH weder zum Besitzunternehmen noch zur Betriebs-Kapitalgesellschaft unmittelbare Geschäftsbeziehungen unterhält. In derartigen Fällen setzt eine Zuordnung zum notwendigen Betriebsvermögen voraus, dass die Komplementär-GmbH entscheidenden Einfluss auf den Geschäftsbetrieb der Gesellschaft (GmbH & Co. KG) besitzt, die auf Grund ihrer intensiven und dauerhaften Geschäftsbeziehungen zum

Betriebsunternehmen die gewerbliche Betätigung des Stpfl. entscheidend fördert. Weiterhin ist erforderlich, dass der Stpfl. seinerseits durch das Halten der Beteiligung an der Komplementär-GmbH in der Lage ist, deren Einfluss auf das geschäftliche Verhalten der GmbH & Co. KG maßgeblich zu fördern (→ BFH vom 12.6.2013 – BStBl. II S. 907).
– → Wertpapiere.
– → H 18.2 (Geldgeschäfte).

Bodenschatz.
- Zu der Frage, wann ein im Eigentum des Grundstückseigentümers stehender Bodenschatz als Wirtschaftsgut entsteht und ob ein solches Wirtschaftsgut dem Betriebs- oder Privatvermögen zuzuordnen ist → BMF vom 7.10.1998 (BStBl. I S. 1221).
- Das selbständige Wirtschaftsgut Bodenschatz stellt weder notwendiges noch gewillkürtes Betriebsvermögen eines land- und forstwirtschaftlichen Betriebs dar, wenn es ausschließlich zum Zweck des gewerblichen Abbaus durch Dritte erworben wurde (→ BFH vom 24.1.2008 – BStBl. 2009 II S. 449).
- Land- und Forstwirte können im eigenen Grund und Boden entdeckte Bodenschätze, deren Ausbeute einem Pächter übertragen ist, nicht als gewillkürtes Betriebsvermögen behandeln (→ BFH vom 28.10.1982 – BStBl. 1983 II S. 106).
- → H 6.12.

Darlehensforderung eines Steuerberaters gegen seinen Mandanten ist notwendiges Betriebsvermögen, wenn das Darlehen gewährt wurde, um eine Honorarforderung zu retten (→ BFH vom 22.4.1980 – BStBl. II S. 571).

Dividendenansprüche. Keine phasengleiche Aktivierung von Dividendenansprüchen bei Beteiligung einer Kapitalgesellschaft an einer anderen Kapitalgesellschaft, wenn nicht durch objektiv nachprüfbare Umstände belegt ist, dass am maßgeblichen Bilanzstichtag ein unwiderruflicher Entschluss zur Ausschüttung eines bestimmten Betrags vorliegt → BFH vom 7.2.2007 (BStBl. 2008 II S. 340). Dies gilt auch für die Bilanzierung von Gewinnansprüchen in Fällen, in denen Gesellschafter einer Kapitalgesellschaft bilanzierende Einzelunternehmer oder Personengesellschaften sind, sowie in Fällen einer Betriebsaufspaltung, wenn sich die Beteiligung an einer Kapitalgesellschaft im Sonderbetriebsvermögen II des Gesellschafters einer Personengesellschaft befindet. Die Rechtsgrundsätze gelten auch für Bilanzstichtage nach Inkrafttreten des BiRiLiG (→ BFH vom 31.10.2000 – BStBl. 2001 II S. 185); → aber Zinsansprüche aus Genussrechten.

Durchlaufende Posten. Durchlaufende Posten sind auch bei Betriebsvermögensvergleich grundsätzlich gewinnneutral zu behandeln. Die Gewinnneutralität ergibt sich durch Aktivierung bzw. Passivierung gleich hoher Wertzugänge und Wertabgänge. Bei Gewinnermittlung durch Betriebsvermögensvergleich setzt die Gewinnneutralität nicht voraus, dass das Geschäft erkennbar in fremdem Namen und für fremde Rechnung getätigt wird. Die Gewinnneutralität findet ihre Grenze in § 159 AO (→ BFH vom 13.8.1997 – BStBl. 1998 II S. 161).

Eiserne Verpachtung. Zur Gewinnermittlung bei der Verpachtung von Betrieben mit Substanzerhaltungspflicht des Pächters nach §§ 582a, 1048 BGB → BMF vom 21.2.2002 (BStBl. I S. 262).

Erwerb mit betrieblichen Mitteln. Ein Wirtschaftsgut gehört nicht schon allein deshalb zum notwendigen Betriebsvermögen, weil es mit betrieblichen Geldmitteln erworben wurde (→ BFH vom 18.12.1996 – BStBl. 1997 II S. 351).

Forderungen.

- Gem. § 252 Abs. 1 Nr. 4 zweiter Halbsatz HGB sind Forderungen nur zu berücksichtigen, wenn sie am Abschlussstichtag realisiert sind. Diese Voraussetzung liegt vor, wenn eine Forderung entweder rechtlich bereits entstanden ist oder die für die Entstehung wesentlichen wirtschaftlichen Ursachen im abgelaufenen Geschäftsjahr gesetzt worden sind und der Kaufmann mit der künftigen rechtlichen Entstehung des Anspruchs fest rechnen kann. Dies ist z. B. der Fall, wenn der Leistungsverpflichtete die von ihm geschuldete Erfüllungshandlung erbracht hat; danach sind Provisionsansprüche aus Vermittlungsleistungen mit Abschluss des jeweiligen Kaufvertrages und der Vereinbarung des Leistungsentgeltes, spätestens mit der Lieferung an den Auftraggeber, realisiert (→ BFH vom 3.8.2005 – BStBl. 2006 II S. 20).
- Nicht entstandene Rückgriffsansprüche sind als Forderungen nur zu berücksichtigen, soweit sie einem Ausfall der Forderung unmittelbar nachfolgen und nicht bestritten sind (→ BFH vom 8.11.2000 – BStBl. 2001 II S. 349).
- Umstrittene Forderungen können erst am Schluss des Wj. angesetzt werden, in dem über den Anspruch rechtskräftig entschieden wird oder in dem eine Einigung mit dem Schuldner zustande kommt (→ BFH vom 14.3.2006 – BStBl. II S. 650).

Gewillkürtes Betriebsvermögen.

- Die Stpfl. haben kein (freies) Wahlrecht, gewillkürtes Betriebsvermögen oder Privatvermögen zu bilden. Vielmehr muss für die Bildung gewillkürten Betriebsvermögens eine betriebliche Veranlassung gegeben sein. Die Wirtschaftsgüter müssen objektiv „betriebsdienlich" sein. Die Willkürung muss ihr auslösendes Moment im Betrieb haben. Deshalb muss der Stpfl. darlegen, welche Beziehung das Wirtschaftsgut zum Betrieb hat und welche vernünftigen wirtschaftlichen Überlegungen ihn veranlasst haben, das Wirtschaftsgut als Betriebsvermögen zu behandeln (→ BFH vom 24.2.2000 – BStBl. II S. 297).
- Die Zuordnung eines Wirtschaftsguts zum gewillkürten Betriebsvermögen bei Einlage muss unmissverständlich in einer Weise kundgemacht werden, dass ein sachverständiger Dritter ohne weitere Erklärung des Stpfl. die Zugehörigkeit zum Betriebsvermögen erkennen kann (→ BFH vom 22.9.1993 – BStBl. 1994 II S. 172).
- Die Zuordnung zum gewillkürten Betriebsvermögen erfordert, dass der notwendige Widmungsakt zeitnah in den Büchern oder in Aufzeichnungen dokumentiert wird (→ BFH vom 27.6.2006 – BStBl. II S. 874).
- Die Widmung setzt einen klar nach außen in Erscheinung tretenden Willensentschluss des Stpfl. voraus. Eine vom Finanzamt vorgenommene Zu-

ordnung zum Betriebsvermögen führt selbst dann nicht zu einer solchen Widmung, wenn der Stpfl. die Auffassung des Finanzamts nur deshalb übernommen hat, weil er glaubte, ihr nicht mit Erfolg entgegentreten zu können (→ BFH vom 10.10.2017 – BStBl. 2018 II S. 181).
- Die Einlage von Wirtschaftsgütern als gewillkürtes Betriebsvermögen ist nicht zulässig, wenn erkennbar ist, dass die betreffenden Wirtschaftsgüter dem Betrieb keinen Nutzen, sondern nur Verluste bringen werden (→ BFH vom 19.2.1997 – BStBl. II S. 399).

Gewinnrealisierung.
- Der Zeitpunkt der Gewinnrealisierung wird beim Verkauf von Vermögensgegenständen im Allgemeinen als erfüllt angesehen, wenn der Vermögensgegenstand ausgeliefert, der Anspruch auf die Gegenleistung entstanden und die Gefahr des zufälligen Untergangs auf den Käufer übergegangen ist. Die Forderung aus dem Verkauf eines Grundstücks ist demnach mit dem Übergang von Besitz, Gefahr, Nutzen und Lasten realisiert (→ BFH vom 8.9.2005 – BStBl. 2006 II S. 26).
- Gewinnrealisierung ist bei Übertragung des wirtschaftlichen Eigentums an einem Grundstück auch anzunehmen, wenn der Käufer am Bilanzstichtag des Veräußerungsjahres noch das Recht hat, unter bestimmten Voraussetzungen vom Kaufvertrag zurückzutreten (→ BFH vom 25.1. 1996 – BStBl. 1997 II S. 382). Zur Bildung einer Rückstellung → H 5.7 (1) Rückabwicklung.
- Der Gewinn aus einer Inkassotätigkeit ist realisiert, wenn und soweit dem Unternehmer für eine selbständig abrechenbare und vergütungsfähige (Teil-)Leistung gegenüber seinem Auftraggeber ein prinzipiell unentziehbarer Provisionsanspruch zusteht (→ BFH vom 29.11.2007 – BStBl. 2008 II S. 557).
- Die Gewinnrealisierung tritt bei Planungsleistungen eines Ingenieurs nicht erst mit der Abnahme oder Stellung der Honorarschlussrechnung ein, sondern bereits dann, wenn der Anspruch auf Abschlagszahlung nach § 8 Abs. 2 Honorarordnung für Architekten und Ingenieure (HOAI) a. F. entstanden ist (→ BFH vom 14.5.2014 – BStBl. II S. 968). Die Anwendung der Grundsätze dieses Urteils wird auf Abschlagszahlungen nach § 8 Abs. 2 HOAI a. F. (gilt für Leistungen, die bis zum 17.8.2009 vertraglich vereinbart wurden) begrenzt (→ BMF vom 15.3.2016 – BStBl. I S. 279).
- Der Provisionsanspruch des Handelsvertreters ist nicht zu aktivieren, solange er unter der aufschiebenden Bedingung der Ausführung des Geschäftes steht. Provisionsvorschüsse sind beim Empfänger als „erhaltene Anzahlungen" zu passivieren. Mit den Provisionsvorschüssen im Zusammenhang stehende Aufwendungen sind nicht als „unfertige Leistungen" zu aktivieren, wenn kein Wirtschaftsgut entstanden ist (→ BFH vom 26.4.2018 – BStBl. II S. 536).
- Bei dem Anspruch des Insolvenzverwalters nach § 9 der Insolvenzrechtlichen Vergütungsverordnung handelt es sich um einen Anspruch auf Vorschuss auf die (endgültige) Vergütung, der bei einem bilanzierenden Insolvenzverwalter noch nicht zur Gewinnrealisierung führt (→ BFH vom 7.11.2018 – BStBl. 2019 II S. 224).

Gold.

- **Barrengold** kommt als gewillkürtes Betriebsvermögen jedenfalls für solche gewerblichen Betriebe nicht in Betracht, die nach ihrer Art oder Kapitalausstattung kurzfristig auf Liquidität für geplante Investitionen angewiesen sind (→ BFH vom 18.12.1996 – BStBl. 1997 II S. 351).
- **Zahngold;** zum notwendigen Betriebsvermögen eines Zahnarztes gehört nicht nur das zu sofortiger betrieblicher Verwendung angeschaffte Zahngold, sondern auch das aus Goldabfällen stammende Altgold sowie in der Regel das zu Beistellungszwecken erworbene Dentalgold (→ BFH vom 12.3.1992 – BStBl. 1993 II S. 36); der Erwerb von **Feingold** ist nicht betrieblich veranlasst (→ BFH vom 17.4.1986 – BStBl. II S. 607).

Instandhaltungsanspruch. Übernimmt der Pächter vertraglich die nach der gesetzlichen Regelung dem Verpächter obliegende Pflicht zur Instandhaltung der verpachteten Sache, ist der Instandhaltungsanspruch des Verpächters auch dann nicht zu aktivieren, wenn sich der Pächter mit der Instandhaltung im Rückstand befindet. Ist Pächter eine Personengesellschaft, wird der Instandhaltungsanspruch des verpachtenden Gesellschafters auch dann nicht nach den Grundsätzen der korrespondierenden Bilanzierung in dessen Sonderbilanz aktiviert, wenn die Gesellschaft in der Gesamthandsbilanz eine Rückstellung für rückständige Instandhaltungsverpflichtungen gebildet hat (→ BFH vom 12.2.2015 – BStBl. 2017 II S. 668).

Instandhaltungsrückstellung. Ein bilanzierender Stpfl., dem eine Eigentumswohnung gehört und der Zahlungen in eine von der Wohnungseigentümergemeinschaft gebildete Instandhaltungsrückstellung geleistet hat, muss seine Beteiligung an der Instandhaltungsrückstellung mit dem Betrag der geleisteten und noch nicht verbrauchten Einzahlungen aktivieren (→ BFH vom 5.10.2011 – BStBl. 2012 II S. 244).

Kreditgrundlage/Liquiditätsreserve.

- Wirtschaftsgüter, die weder zum notwendigen Betriebsvermögen noch zum notwendigen Privatvermögen gehören, können als gewillkürtes Betriebsvermögen berücksichtigt werden, wenn sie objektiv geeignet und vom Betriebsinhaber erkennbar dazu bestimmt sind, den Betrieb zu fördern. Förderungsmöglichkeiten in diesem Sinne bieten Wirtschaftsgüter insesondere auch, wenn sie als **Kreditgrundlage** oder **Liquiditätsreserve** geeignet sind oder z.B. **höhere Erträge** bringen. In Betracht kommen neben Bargeld oder Bankguthaben vor allem risikofreie und leicht liquidierbare Wertpapiere (→ BFH vom 18.12.1996 – BStBl. 1997 II S. 351 und vom 19.2.1997 – BStBl. II S. 399); → aber Termin- und Optionsgeschäfte.
- Ein Wirtschaftsgut gehört nicht schon allein deshalb zum notwendigen Betriebsvermögen, weil es mit betrieblichen Mitteln erworben wurde oder der **Sicherung betrieblicher Kredite** dient (→ BFH vom 13.8.1964 – BStBl. III S. 502).
- → H 4.2 (2) Sonderbetriebsvermögen.

Leasing.[1) → BMF vom 19.4.1971 (BStBl. I S. 264), → BMWF vom 21.3. 1972 (BStBl. I S. 188), → BMF vom 22.12.1975 (DB 1976 S. 172), → BMF vom 23.12.1991 (BStBl. 1992 I S. 13).

Lebensversicherungen.
- Ein Anspruch aus einer Versicherung gehört zum notwendigen Privatvermögen, soweit das versicherte Risiko privater Natur und mithin der Abschluss der Versicherung privat veranlasst ist. Dies ist insbesondere der Fall, wenn die Versicherung von einem Unternehmen auf das Leben oder den Todesfall des (Mit-)Unternehmers oder eines nahen Angehörigen abgeschlossen wird (→ BFH vom 14.3.1996 – BStBl. 1997 II S. 343).
- Schließt ein Unternehmen einen Versicherungsvertrag auf das Leben oder den Tod eines fremden Dritten ab, und ist Bezugsberechtigter nicht der Dritte, sondern das Unternehmen, kann der Anspruch auf die Versicherungsleistung zum Betriebsvermögen gehören (→ BFH vom 14.3. 1996 – BStBl. 1997 II S. 343).
- Ansprüche aus Lebensversicherungsverträgen, die zur Tilgung oder Sicherung betrieblicher Darlehen dienen oder zu dienen bestimmt sind, werden durch die Abtretung oder Beleihung oder durch eine Hinterlegung der Police nicht zu Betriebsvermögen. Eine von einer Personengesellschaft auf das Leben ihrer Gesellschafter abgeschlossene Lebensversicherung (Teilhaberversicherung) gehört auch dann nicht zum Betriebsvermögen, wenn die Versicherungsleistungen zur Abfindung der Hinterbliebenen im Falle des Todes eines Gesellschafters verwendet werden sollen (→ BFH vom 6.2.1992 – BStBl. II S. 653).
- Schließt eine Personenhandelsgesellschaft eine Lebensversicherung auf das Leben eines Angehörigen eines Gesellschafters ab, können Ansprüche und Verpflichtungen aus dem Vertrag dem Betriebsvermögen zuzuordnen sein, wenn der Zweck der Vertragsgestaltung darin besteht, Mittel für die Tilgung betrieblicher Kredite anzusparen und das für Lebensversicherungen charakteristische Element der Absicherung des Todesfallrisikos bestimmter Personen demgegenüber in den Hintergrund tritt. Der Anspruch der Gesellschaft gegen den Versicherer ist in Höhe des geschäftsplanmäßigen Deckungskapitals zum Bilanzstichtag zu aktivieren. Die diesen Betrag übersteigenden Anteile der Prämienzahlungen sind als Betriebsausgaben abziehbar (→ BFH vom 3.3.2011 – BStBl. II S. 552).

Nutzungsänderung.
- → H 4.2 (4).
- → H 4.3 (2–4).

Nutzungsrechte/Nutzungsvorteile.
- Unentgeltlich erworbene Nutzungsrechte/Nutzungsvorteile sind keine selbständigen Wirtschaftsgüter (→ BFH vom 26.10.1987 – BStBl. 1988 II S. 348).
- Zur Berücksichtigung von Eigenaufwand und Drittaufwand → H 4.7 (Eigenaufwand für ein fremdes Wirtschaftsgut), (Drittaufwand).

---

1) Zu Sale-and-lease-back-Gestaltungen mit Andienungsrecht des Leasinggebers siehe auch BFH v. 13.10.2016 IV R 33/13, BStBl. II 2018, 81.

- Nutzt ein Ehegatte einen Gebäudeteil eines im Miteigentum stehenden Einfamilienhauses für betriebliche Zwecke insgesamt in Ausübung seines Rechtes als Miteigentümer, ergibt sich für die über seinen Miteigentumsanteil hinausgehende Nutzung kein gesondertes Nutzungsrecht, das ein Wirtschaftsgut im Betriebsvermögen des Stpfl. bildet und stille Reserven entstehen lassen könnte. Die betriebliche Nutzung entfällt mit ihrer Beendigung steuerneutral (→ BMF vom 16.12.2016 – BStBl. I S. 1431).
- Die baurechtliche Nutzungsmöglichkeit von Grund und Boden stellt kein selbständiges Wirtschaftsgut „Nutzungsrecht" dar, sondern lediglich einen für den Grund und Boden wertbildenden Faktor (→ BFH vom 10.3.2016 – BStBl. II S. 984).
- Der Sondernutzungsberechtigte hat über seinen Miteigentumsanteil hinaus in der Regel kein wirtschaftliches Eigentum an dem ihm zur Nutzung überlassenen Gemeinschaftseigentum (→ BFH vom 5.7.2018 – BStBl. II S. 798).

Schadensersatzforderung. Eine bestrittene Schadensersatzforderung ist auch nach Betriebsaufgabe noch Betriebsvermögen (→ BFH vom 10.2.1994 – BStBl. II S. 564).

Steuererstattungsansprüche. Zum Zeitpunkt der Aktivierung von in einem Musterverfahren gerichtlich bestätigten Steuererstattungsansprüchen, die vom Finanzamt bestritten worden waren, → BFH vom 31.8.2011 (BStBl. 2012 II S. 190).

Termin- und Optionsgeschäfte. Branchenuntypische Termin- und Optionsgeschäfte sind dem betrieblichen Bereich regelmäßig auch dann nicht zuzuordnen, wenn generell die Möglichkeit besteht, damit Gewinne zu erzielen. Branchenuntypische Termingeschäfte sind betrieblich veranlasst, wenn sie der Absicherung unternehmensbedingter Kursrisiken dienen und nach Art, Inhalt und Zweck ein Zusammenhang mit dem Betrieb besteht, wobei das einzelne Termingeschäft nach den im Zeitpunkt des Vertragsabschlusses bekannten Umständen geeignet und dazu bestimmt sein muss, das Betriebskapital tatsächlich zu verstärken. Unbedingte Termingeschäfte und Optionsgeschäfte scheiden auch unter dem Gesichtspunkt einer betrieblichen Liquiditätsreserve im Falle branchenfremder Betätigungen als gewillkürtes Betriebsvermögen aus, da sie auf Grund ihres spekulativen Charakters in die Nähe von Spiel und Wette zu rücken sind (→ BFH vom 19.2.1997 – BStBl. II S. 399). Die Zuordnung von (Devisen-)Termingeschäften zum gewillkürten Betriebsvermögen setzt neben einem eindeutigen, nach außen manifestierten Widmungsakt des Unternehmers voraus, dass die Geschäfte im Zeitpunkt ihrer Widmung zu betrieblichen Zwecken objektiv geeignet sind, das Betriebskapital zu verstärken. Die objektive Eignung solcher Geschäfte zur Förderung des Betriebes ist bei branchenfremden Unternehmen nicht ohne weiteres ausgeschlossen, unterliegt aber wegen der hohen Risikoträchtigkeit der Geschäfte strengen Anforderungen (→ BFH vom 20.4.1999 – BStBl. II S. 466).

Umsatzsteuererstattungsansprüche. Umsatzsteuererstattungsansprüche aufgrund einer Rechnungskorrektur sind im Jahr der Rechnungskorrektur zu aktivieren (→ BFH vom 15.3.2012 – BStBl. II S. 719).

Vorsteueransprüche können bereits zu einem Zeitpunkt aktiviert werden, in dem noch keine berichtigten Rechnungen vorliegen (→ BFH vom 12.5. 1993 – BStBl. II S. 786).

Wertpapiere.

– Können gewillkürtes Betriebsvermögen eines Gewerbebetriebs sein, wenn nicht bereits bei ihrem Erwerb oder ihrer Einlage erkennbar ist, dass sie dem Betrieb keinen Nutzen, sondern nur Verluste bringen (→ BFH vom 18.10.2006 – BStBl. 2007 II S. 259). Die Zurechnung von Wertpapieren zum gewillkürten Betriebsvermögen scheidet nicht allein deshalb aus, weil sie in spekulativer Absicht mit Kredit erworben und Kursverluste billigend in Kauf genommen wurden (→ BFH vom 19.2. 1997 – BStBl. II S. 399).

– Werden durch ihre Verpfändung für Betriebskredite in der Regel nicht zum notwendigen Betriebsvermögen (→ BFH vom 17.3.1966 – BStBl. III S. 350).

– Erwirbt ein Rüben anbauender Landwirt Aktien einer Zuckerfabrik, die satzungsgemäß mit Anbau- und Lieferverpflichtung verbunden sind, spricht eine tatsächliche Vermutung dafür, dass er diese Wertpapiere nicht als bloße Kapitalanlage, sondern zu betrieblichen Zwecken angeschafft hat und dass ihm andererseits diese Aktien aber auch nur aus betrieblichen Gründen überlassen wurden. Diese Aktien sind auch dann notwendiges Betriebsvermögen, wenn die damit verbundenen Rechte und Pflichten viele Jahre nicht beansprucht oder eingefordert worden sind (→ BFH vom 11.12.2003 – BStBl. 2004 II S. 280).

– Werden einem selbstständigen Kursmakler Anteile einer AG zur Erfüllung seiner Courtageforderung übertragen, gelangen diese im Erwerbszeitpunkt in das Betriebsvermögen (→ BFH vom 29.9.2016 – BStBl. 2017 II S. 339).

Wertpapierfonds. Der Anspruch auf Ausschüttungen eines Wertpapierfonds ist zu aktivieren, sobald nach den Vertragsbedingungen ein unmittelbarer schuldrechtlicher Anspruch auf Ausschüttung entstanden ist und ein konstitutiver Ausschüttungsbeschluss dazu nicht erforderlich ist (→ BFH vom 18.5.1994 – BStBl. 1995 II S. 54). Sofern in den Vertragsbedingungen lediglich ausgeführt wird, dass ordentliche Erträge grundsätzlich ausgeschüttet werden, führt dies alleine noch nicht zur Entstehung eines Ausschüttungsanspruchs. Vielmehr entsteht ein Ausschüttungsanspruch in diesen Fällen erst durch die Konkretisierung im Ausschüttungsbeschluss (→ BMF vom 18.8.2009 – BStBl. I S. 931, Rz. 28).

Windpark.

– Ein Windpark besteht aus mehreren selbständigen Wirtschaftsgütern. Jede Windkraftanlage, die in einem Windpark betrieben wird, stellt mit Fundament einschließlich des dazugehörigen Transformators nebst der verbindenden Verkabelung ein zusammengesetztes Wirtschaftsgut dar. Daneben ist die Verkabelung von den Transformatoren bis zum Stromnetz des Energieversorgers zusammen mit der Übergabestation als weiteres zusammengesetztes Wirtschaftsgut zu behandeln, soweit dadurch mehrere Windkraftanlagen miteinander verbunden werden. Auch die

Zuwegung stellt ein eigenständiges Wirtschaftsgut dar (→ BFH vom 14.4.2011 – BStBl. II S. 696).
– → H 7.4 (Nutzungsdauer).

Wirtschaftsgut.
- **Auffüllrecht.** Das Recht, ein Grundstück mit Klärschlamm zu verfüllen, ist kein vom Grund und Boden verselbständigtes Wirtschaftsgut (→ BFH vom 20.3.2003 – BStBl. II S. 878).
- **Begriff.** Wirtschaftsgüter sind Sachen, Rechte oder tatsächliche Zustände, konkrete Möglichkeiten oder Vorteile für den Betrieb, deren Erlangung der Kaufmann sich etwas kosten lässt, die einer besonderen Bewertung zugänglich sind und zumindest mit dem Betrieb übertragen werden können (→ BFH vom 19.6.1997 – BStBl. II S. 808). Der Begriff des Wirtschaftsgutes setzt nicht voraus, dass es dem Betrieb einen Nutzen für mehrere Jahre bringt (→ BFH vom 26.11.2014 – BStBl. 2015 II S. 325).
- **Eingetauschte Wirtschaftsgüter.** Für notwendiges Betriebsvermögen eingetauschte Wirtschaftsgüter werden grundsätzlich zunächst (notwendiges) Betriebsvermögen (→ BFH vom 18.12.1996 – BStBl. 1997 II S. 351). → H 6b.1 (Entnahme, Tausch).
- **Leitungsanlagen** als selbständige Wirtschaftsgüter → BMF vom 30.5. 1997 (BStBl. I S. 567).
- **Verlustbringende Wirtschaftsgüter.** Wirtschaftsgüter, die bisher im Privatvermögen geführt wurden, dürfen nicht in das – gewillkürte – Betriebsvermögen aufgenommen werden, wenn damit lediglich der Zweck verfolgt wird, sich bereits abzeichnende Verluste aus dem Privatvermögen in den betrieblichen Bereich zu verlagern. Entsprechendes gilt, wenn beim Erwerb des Wirtschaftsgutes bereits erkennbar ist, dass der Erwerb dem Betrieb keinen Nutzen, sondern nur Verluste bringen kann (→ BFH vom 19.2.1997 – BStBl. II S. 399).

Zinsansprüche aus Genussrechten. Zinsansprüche aus Genussrechten entstehen im Gegensatz zu → Dividendenansprüchen nicht erst durch einen Gewinnverwendungsbeschluss als selbständiges Recht, sondern bereits mit Ablauf des zugrunde liegenden Zinszeitraums. Sie sind daher in der Bilanz des Wirtschaftsjahres zu aktivieren, in dem der Zinszeitraum abläuft. Dies gilt auch dann, wenn nach den Genussrechtsbedingungen der Schuldner die Ansprüche nicht bedienen muss, solange hierdurch bei ihm ein Bilanzverlust entstehen oder sich erhöhen würde (→ BFH vom 18.12.2002 – BStBl. 2003 II S. 400).

Zuzahlung des Veräußerers. → H 6.2.

R **4.2** (2)

Betriebsvermögen bei Personengesellschaften

(2) [1]Das Betriebsvermögen i.S.d. Absatzes 1 umfasst bei einer Personengesellschaft sowohl die Wirtschaftsgüter, die zum Gesamthandsvermögen der Mitunternehmer gehören, als auch diejenigen Wirtschaftsgüter, die einem, mehreren oder allen Mitunternehmern gehören (Sonderbetriebsvermögen).[1)] [2]Wirt-

[1)] Zum SonderBV bei Schwester-Personengesellschaften siehe BMF v. 28.4.1998, BStBl. I 1998, 583.

schaftsgüter, die einem, mehreren oder allen Mitunternehmern gehören und die nicht Gesamthandsvermögen der Mitunternehmer der Personengesellschaft sind, gehören zum **notwendigen Betriebsvermögen,** wenn sie entweder unmittelbar dem Betrieb der Personengesellschaft dienen (Sonderbetriebsvermögen I) oder unmittelbar zur Begründung oder Stärkung der Beteiligung des Mitunternehmers an der Personengesellschaft eingesetzt werden sollen (Sonderbetriebsvermögen II). [3] Solche Wirtschaftsgüter können zum **gewillkürten Betriebsvermögen** gehören, wenn sie objektiv geeignet und subjektiv dazu bestimmt sind, den Betrieb der Gesellschaft (Sonderbetriebsvermögen I) oder die Beteiligung des Gesellschafters (Sonderbetriebsvermögen II) zu fördern. [4] Auch ein einzelner Gesellschafter kann gewillkürtes Sonderbetriebsvermögen bilden.

H **4.2** (2)

Anteile an Kapitalgesellschaften.

- Die Beteiligung an einer Kapitalgesellschaft gehört zum notwendigen Sonderbetriebsvermögen II des Mitunternehmers, wenn sie der Begründung oder Stärkung seiner Beteiligung an der Mitunternehmerschaft dient. Eine Stärkung der Beteiligung an der Mitunternehmerschaft ist dann gegeben, wenn die Beteiligung an der Kapitalgesellschaft für das Unternehmen der Mitunternehmerschaft wirtschaftlich vorteilhaft ist oder der Mitunternehmerstellung selbst dient, weil durch die Beteiligung an der Kapitalgesellschaft der Einfluss des Gesellschafters in der Mitunternehmerschaft steigt bzw. gestärkt wird (→ BFH vom 16.4.2015 – BStBl. II S. 705).
- Notwendiges Sonderbetriebsvermögen II liegt vor, wenn zwischen dem Unternehmen der Personengesellschaft und dem der Kapitalgesellschaft eine enge wirtschaftliche Verflechtung besteht und der Mitunternehmer – ggf. zusammen mit anderen Mitunternehmern der Personengesellschaft – die Kapitalgesellschaft beherrscht und die Kapitalgesellschaft nicht in erheblichem Umfang anderweitig tätig ist (→ BFH vom 23.1. 2001 – BStBl. II S. 825).
- Ein GmbH-Anteil eines Mitunternehmers kann nicht seinem notwendigen Sonderbetriebsvermögen II bei der Mitunternehmerschaft zugerechnet werden, wenn die GmbH neben der Geschäftsbeziehung zu der Mitunternehmerschaft einen erheblichen eigenen Geschäftsbetrieb unterhält (→ BFH vom 19.12.2019 – BStBl. 2020 II S. 534).
- Die Beteiligung des Gesellschafters einer Besitzpersonengesellschaft an der Betriebskapitalgesellschaft gehört zu seinem notwendigen Sonderbetriebsvermögen II bei der Besitzpersonengesellschaft (→ BFH vom 16.4. 1991 – BStBl. II S. 832).
- Die Beteiligung an einer Kapitalgesellschaft kann auch dann notwendiges Sonderbetriebsvermögen II des Gesellschafters einer Personengesellschaft sein, wenn die Beteiligung keinen beherrschenden Einfluss vermittelt. Dies ist z. B. der Fall, wenn die Personengesellschaft von der in der gleichen Branche tätigen Kapitalgesellschaft organisatorisch und wirtschaftlich abhängig ist (→ BFH vom 3.3.1998 – BStBl. II S. 383). Die Unterhaltung von Geschäftsbeziehungen zu einer Kapitalgesellschaft, wie sie üblicherweise auch mit anderen Unternehmen bestehen, reicht selbst dann, wenn diese Beziehungen besonders intensiv sind, nicht aus, um die Anteile des Ge-

sellschafters einer Personengesellschaft an der Kapitalgesellschaft als notwendiges Sonderbetriebsvermögen II anzusehen (→ BFH vom 28.6.2006 – BStBl. 2007 II S. 378 und vom 13.2.2008 – BStBl. 2009 II S. 414).

– Beteiligt sich der Gesellschafter einer GmbH an dieser als atypisch stiller Gesellschafter, so gehört der Anteil an der GmbH zu seinem Sonderbetriebsvermögen II, sofern nicht die GmbH noch einer anderen Geschäftstätigkeit von nicht ganz untergeordneter Bedeutung nachgeht (→ BFH vom 15.10.1998 – BStBl. 1999 II S. 286).
– Der Geschäftsanteil eines Kommanditisten an der Kommanditisten-GmbH derselben KG gehört dann zu seinem Sonderbetriebsvermögen II bei der KG, wenn die Kommanditisten-GmbH keiner eigenen Geschäftstätigkeit nachgeht und ihr alleiniger Zweck die Beteiligung an der KG in einem erheblichen Umfang ist (→ BFH vom 23.1.2001 – BStBl. II S. 825).
– Sonderbetriebsvermögen II ist zu bejahen, wenn sich der Kommanditist einer GmbH & Co KG an der Komplementär-GmbH beteiligt, es sei denn, dass die Komplementär-GmbH außer ihrer Geschäftsführungstätigkeit für die KG noch einen eigenen Geschäftsbetrieb von nicht ganz untergeordneter Bedeutung ausübt. Eine Minderheitsbeteiligung des Kommanditisten an einer geschäftsführungsbefugten Komplementär-GmbH von weniger als 10% ist aber nicht dem Sonderbetriebsvermögen II zuzuordnen, wenn – ausgehend vom gesetzlich normierten Regelfall – in den Angelegenheiten der Gesellschaft die Abstimmung nach der Mehrheit der abgegebenen Stimmen erfolgt. Dies gilt auch, wenn die Komplementär-GmbH außergewöhnlich hoch am Gewinn beteiligt ist (→ BFH vom 16.4.2015 – BStBl. II S. 705).

Darlehen an Gesellschafter. → H 4.3 (2–4) Personengesellschaften.

Gesellschafterforderung.

– Um eine schuldrechtliche Forderung des Gesellschafters gegen die Gesellschaft und nicht um Eigenkapital der Gesellschaft handelt es sich bei einem Gesellschafterkonto dann, wenn der Gesellschafter insoweit einen unentziehbaren, nur nach den §§ 362 bis 397 BGB erlöschenden Anspruch gegen die Gesellschaft haben soll, der auch in der Insolvenz der Gesellschaft wie eine Forderung eines Dritten geltend gemacht werden kann und der noch vor der eigentlichen Auseinandersetzung über das Gesellschaftsvermögen zu erfüllen ist, also nicht lediglich einen Teil des Auseinandersetzungsguthabens darstellt (→ BFH vom 26.6.2007 – BStBl. 2008 II S. 103).
– Die korrespondierende Bilanzierung der Darlehensforderung eines Personengesellschafters in dessen Sonderbilanz und in der Gesamthandsbilanz der Gesellschaft endet mit dem Ausscheiden des Gesellschafters aus der Gesellschaft. Ab diesem Zeitpunkt verliert die in der Gesamthandsbilanz ausgewiesene Darlehensverbindlichkeit der Gesellschaft ihre Funktion als funktionales Eigenkapital und stellt entsprechend ihrem Bilanzausweis Fremdkapital dar. Umfasst der Erwerb des Mitunternehmeranteils auch die Gesellschafter-Darlehensforderung, wandelt sich diese von Fremdkapital (wieder) in funktionales Eigenkapital der Gesellschaft um. In der Sonderbilanz des Neugesellschafters ist die Forderung mit dessen

Anschaffungskosten zu aktivieren. Demgegenüber ist die Darlehensverbindlichkeit in der Gesamthandsbilanz in unveränderter Höhe auszuweisen (→ BFH vom 16.3.2017 – BStBl. II S. 943).
– → BMF vom 30.5.1997 (BStBl. I S. 627), Tz. 4.

Lebensversicherungen. → H 4.2 (1).

Nießbrauch. → H 4.3 (2–4) Keine Entnahme des Grundstücks oder Grundstücksteils.

Nießbrauch an Gesellschaftsanteil. → H 15.8 (1) Nießbrauch.

Sonderbetriebseinnahmen und -ausgaben. → H 4.7.

Sonderbetriebsvermögen.[1)]

– **Ausgleichsanspruch** eines Kommanditisten → H 15.8 (1).
– Bei **Betriebsaufspaltung** → H 15.7 (4) Sonderbetriebsvermögen.
– Bei **ehelicher Gütergemeinschaft** → H 4.2 (12) Gütergemeinschaft.
– Die **Einlage von Wirtschaftsgütern des gewillkürten Sonderbetriebsvermögens** muss mit der gleichen Eindeutigkeit geschehen wie die Einlage eines Wirtschaftsgutes des gewillkürten Betriebsvermögens in ein Einzelunternehmen. Besondere Bedeutung kommt dabei der buchmäßigen Behandlung zu, wenn diese auch nicht stets entscheidend ist (→ BFH vom 23.10.1990 – BStBl. 1991 II S. 401). → H 4.2 (1) Gewillkürtes Betriebsvermögen.
– Bei **Land- und Forstwirtschaft oder freiberuflicher Tätigkeit.** Notwendiges und gewillkürtes Sonderbetriebsvermögen kann es auch bei Mitunternehmern geben, die sich zur gemeinsamen Ausübung eines land- und forstwirtschaftlichen Betriebes oder eines freien Berufs zusammengeschlossen haben (→ BFH vom 2.12.1982 – BStBl. 1983 II S. 215).
– Zur **Unterscheidung** zwischen Sonderbetriebsvermögen I und Sonderbetriebsvermögen II → BFH vom 7.7.1992 (BStBl. 1993 II S. 328).
– Für die **Zuordnung von Sicherheiten** zum notwendigen passiven Sonderbetriebsvermögen einer Personengesellschaft für Verbindlichkeiten einer GmbH, die in wirtschaftlicher Verbindung zur Personengesellschaft steht, an der aber nur die Personengesellschaft, nicht jedoch der Gesellschafter beteiligt ist, kommt es – wie bei der Zurechnung von Wirtschaftsgütern zum aktiven Sonderbetriebsvermögen – maßgebend auf den **Veranlassungszusammenhang** an. Der erforderliche Veranlassungszusammenhang kann nur bejaht werden, wenn die Sicherheitsbestellung ausschließlich und eindeutig durch die Beteiligung an der Personengesellschaft veranlasst ist und dies der Mitunternehmer erforderlichenfalls nachweist. Im Rahmen der zur Feststellung des Veranlassungszusammenhangs notwendigen Gesamtwürdigung kommt der Frage, inwieweit die Sicherheiten zu markt- bzw. fremdüblichen Bedingungen gewährt worden sind, besondere Bedeutung zu (→ BFH vom 27.6.2006 – BStBl. II S. 874).

[1)] Zum SonderBV bei Schwester-Personengesellschaften vgl. BMF v. 28.4.1998, BStBl. I 1998, 583.

R 4.2 (3)

Gebäudeteile, die selbständige Wirtschaftsgüter sind

(3) [1]Gebäudeteile, die nicht in einem einheitlichen Nutzungs- und Funktionszusammenhang mit dem Gebäude stehen, sind selbständige Wirtschaftsgüter. [2]Ein Gebäudeteil ist selbständig, wenn er besonderen Zwecken dient, mithin in einem von der eigentlichen Gebäudenutzung verschiedenen Nutzungs- und Funktionszusammenhang steht. [3]Selbständige Gebäudeteile in diesem Sinne sind:

1. Betriebsvorrichtungen (→ R 7.1 Abs. 3);
2. Scheinbestandteile (→ R 7.1 Abs. 4);
3. Ladeneinbauten, → Schaufensteranlagen, Gaststätteneinbauten, Schalterhallen von Kreditinstituten sowie ähnliche Einbauten, die einem schnellen Wandel des modischen Geschmacks unterliegen; als Herstellungskosten dieser Einbauten kommen nur Aufwendungen für Gebäudeteile in Betracht, die statisch für das gesamte Gebäude unwesentlich sind, z. B. Aufwendungen für Trennwände, Fassaden, Passagen sowie für die Beseitigung und Neuerrichtung von nichttragenden Wänden und Decken;
4. sonstige → Mietereinbauten;
5. sonstige selbständige Gebäudeteile (→ Absatz 4).

[4]Dachintegrierte Fotovoltaikanlagen (z. B. in Form von Solardachsteinen) sind wie selbständige bewegliche Wirtschaftsgüter zu behandeln.

H 4.2 (3)

Abgrenzung. Zur Abgrenzung zwischen dem Gebäude und solchen Bestandteilen, die nicht der Gebäudenutzung selbst, sondern einem davon verschiedenen Zweck dienen → BFH vom 30.1.1995 (BStBl. II S. 281).

Mietereinbauten.

– → BMF vom 15.1.1976 (BStBl. I S. 66); zur Höhe der AfA bei unbeweglichen Wirtschaftsgütern aber → H 7.4.

– Mietereinbauten und -umbauten sind in der Bilanz des Mieters zu aktivieren, wenn es sich um gegenüber dem Gebäude selbständige Wirtschaftsgüter (verschiedener Nutzungs- und Funktionszusammenhang) handelt, für die der Mieter Herstellungskosten aufgewendet hat, die Wirtschaftsgüter seinem Betriebsvermögen zuzurechnen sind und die Nutzung durch den Mieter zur Einkünfteerzielung sich erfahrungsgemäß über einen Zeitraum von mehr als einem Jahr erstreckt (→ BFH vom 15.10.1996 – BStBl. 1997 II S. 533). Das gegenüber dem Gebäude selbständige, materielle Wirtschaftsgut kann beweglich oder unbeweglich sein. Ein bewegliches Wirtschaftsgut liegt vor, wenn der Mieter sachenrechtlicher Eigentümer ist (Scheinbestandteil, § 95 BGB) oder eine Betriebsvorrichtung (§ 68 Abs. 2 Nr. 2 BewG) des Mieters besteht. Dagegen handelt es sich bei dem besonderen Zwecken dienenden und daher in einem von der eigentlichen Gebäudenutzung verschiedenen Nutzungs- und Funktionszusammenhang stehenden Gebäudebestandteil um ein unbewegliches Wirtschaftsgut. Das gilt auch für einen Gebäudebe-

standteil, der im wirtschaftlichen Eigentum des Mieters steht (→ BFH vom 11.6.1997 – BStBl. II S. 774).
- Mietereinbauten als selbständige Wirtschaftsgüter beim Mieter auf Grund wirtschaftlichen Eigentums → BFH vom 28.7.1993 (BStBl. 1994 II S. 164) und vom 11.6.1997 (BStBl. II S. 774).

Schaufensteranlage und Beleuchtungsanlage zum Schaufenster sind auch bei Neubauten selbständige Gebäudeteile (→ BFH vom 29.3.1965 – BStBl. III S. 291).

R 4.2 (4)

Unterschiedliche Nutzungen und Funktionen eines Gebäudes

(4)[1] [1] Wird ein Gebäude teils eigenbetrieblich, teils fremdbetrieblich, teils zu eigenen und teils zu fremden Wohnzwecken genutzt, ist jeder der vier unterschiedlich genutzten Gebäudeteile ein besonderes Wirtschaftsgut, weil das Gebäude in verschiedenen Nutzungs- und Funktionszusammenhängen steht. [2] Wohnräume, die wegen Vermietung an Arbeitnehmer des Stpfl. notwendiges Betriebsvermögen sind, gehören zu dem eigenbetrieblich genutzten Gebäudeteil. [3] Die Vermietung zu hoheitlichen, zu gemeinnützigen oder zu Zwecken eines Berufsverbands gilt als fremdbetriebliche Nutzung. [4] Wird ein Gebäude oder Gebäudeteil fremdbetrieblich genutzt, handelt es sich auch dann um ein einheitliches Wirtschaftsgut, wenn es verschiedenen Personen zu unterschiedlichen betrieblichen Nutzungen überlassen wird. [5] Eine Altenteilerwohnung ist im Falle der Entnahme nach § 13 Abs. 4 EStG stets als besonderes Wirtschaftsgut anzusehen.

H 4.2 (4)

Mehrere Baulichkeiten sind selbständige Wirtschaftsgüter, auch wenn sie auf demselben Grundstück errichtet wurden und in einem einheitlichen Nutzungs- und Funktionszusammenhang stehen, z.B. Anbauten bei Gebäuden, es sei denn, sie sind baulich derart miteinander verbunden, dass die Teile des Bauwerks nicht ohne weitere erhebliche Bauaufwendungen voneinander getrennt werden können (→ BFH vom 5.12.1974 – BStBl. 1975 II S. 344, vom 21.7.1977 – BStBl. 1978 II S. 78 und vom 15.9.1977 – BStBl. 1978 II S. 123), oder sie besitzen keine eigene Standfestigkeit (→ BFH vom 25.1.2007 – BStBl. II S. 586).

Miteigentum. Jeder nach R 4.2 Abs. 4 Satz 1 selbständige Gebäudeteil ist in so viele Wirtschaftsgüter aufzuteilen, wie Gebäudeeigentümer vorhanden sind (→ BFH vom 9.7.1992 – BStBl. II S. 948).

Nutzung im Rahmen mehrerer Betriebe.
- Dient ein Gebäude (Gebäudeteil) ausschließlich eigenbetrieblichen Zwecken, ist eine weitere Aufteilung auch dann nicht vorzunehmen, wenn es (er) im Rahmen mehrerer selbständiger (eigener) Betriebe genutzt wird.

---

[1] Im Hinzuerwerb eines im Privatvermögen verbleibenden Miteigentumsanteils an einem Grundstück im Wege der Erbfolge liegt keine Entnahme des zum gewillkürten Betriebsvermögen gehörenden Anteils; siehe BFH v. 8.3.1990 IV R 60/89, BStBl. II 1994, 559.

– Von selbständigen Wirtschaftsgütern ist bei gleichen Nutzungsverhältnissen jedoch dann auszugehen, wenn das Gebäude (der Gebäudeteil) nach dem WEG in **Teileigentum** aufgeteilt wurde.

(→ BFH vom 29.9.1994 – BStBl. 1995 II S. 72).

Nutzungsänderung.

– Ein zunächst betrieblich genutzter Gebäudeteil verliert ohne Entnahmehandlung seine Eigenschaft als Betriebsvermögen nicht dadurch, dass er zu fremden Wohnzwecken vermietet wird und sich in dem Gebäude ein weiterer zu fremden Wohnzwecken vermieteter Gebäudeteil befindet, der zum Privatvermögen gehört (→ BFH vom 10.11.2004 – BStBl. 2005 II S. 334).

– Die Nutzungsänderung eines bisher zum Privatvermögen gehörenden Gebäudeteils, der nunmehr für fremdgewerbliche Zwecke genutzt wird, führt nicht zur Zwangseinlage ins Betriebsvermögen, auch wenn ein weiterer, schon vorher für fremdbetriebliche Zwecke vermieteter Gebäudeteil dem gewillkürten Betriebsvermögen zugeordnet worden ist (→ BFH vom 21.4.2005 – BStBl. II S. 604).

Selbständige Wirtschaftsgüter.

– Selbständige Wirtschaftsgüter nach Nutzung und Funktion des Gebäudeteils → BFH vom 30.1.1995 (BStBl. II S. 281).

– Bei der Zuordnung zum Betriebsvermögen ist bei selbständigen Gebäudeteilen auf den Raum als Ganzes abzustellen; dieser ist die kleinste Einheit, die einer gesonderten Zuordnung fähig ist (→ BFH vom 10.10. 2017 – BStBl. 2018 II S. 181). Bei mehreren Gebäudeeigentümern → Miteigentum.

R 4.2 (5)

Abgrenzung der selbständigen von den unselbständigen Gebäudeteilen

(5) [1]Ein Gebäudeteil ist unselbständig, wenn er der eigentlichen Nutzung als Gebäude dient. [2]Unselbständige Gebäudeteile sind auch räumlich vom Gebäude getrennt errichtete Baulichkeiten, die in einem so engen Nutzungs- und Funktionszusammenhang mit dem Gebäude stehen, dass es ohne diese Baulichkeiten als unvollständig erscheint.

H 4.2 (5)

Unselbständige Gebäudeteile sind z. B.:

– Bäder und Schwimmbecken in Hotels,

– Heizungsanlagen, Be- und Entlüftungsanlagen, Klimaanlagen, Warmwasseranlagen und Müllschluckanlagen, außer wenn sie ganz oder überwiegend einem Betriebsvorgang dienen,

– Sprinkleranlagen, außer wenn mit ihnen das Gewerbe unmittelbar betrieben wird,

– Beleuchtungsanlagen, außer Spezialbeleuchtungsanlagen, die nicht zur Gebäudebeleuchtung erforderlich sind,

– Personenaufzüge, Rolltreppen oder Rollsteige, die zur Bewältigung des Publikumsverkehrs dienen,

(→ Gleich lautende Erlasse der obersten Finanzbehörden der Länder vom 5.6.2013 – BStBl. I S. 734),[1]

– Umzäunung oder Garage bei einem Wohngebäude (→ BFH vom 15.12. 1977 – BStBl. 1978 II S. 210 und vom 28.6.1983 – BStBl. 1984 II S. 196); aber → H 7.1 (Garagen).

R 4.2 (6, 7)

Aufteilung der Anschaffungs- oder Herstellungskosten bei Gebäudeteilen

(6) [1]Die Anschaffungs- oder Herstellungskosten des gesamten Gebäudes sind auf die einzelnen Gebäudeteile aufzuteilen. [2]Für die Aufteilung ist das Verhältnis der Nutzfläche eines Gebäudeteiles zur Nutzfläche des ganzen Gebäudes maßgebend, es sei denn, die Aufteilung nach dem Verhältnis der Nutzflächen führt zu einem unangemessenen Ergebnis. [3]Von einer solchen Aufteilung kann aus Vereinfachungsgründen abgesehen werden, wenn sie aus steuerlichen Gründen nicht erforderlich ist. [4]Die Nutzfläche ist in sinngemäßer Anwendung der Verordnung zur Berechnung der Wohnfläche (Wohnflächenverordnung – WoFlV)[2] vom 25.11.2003 (BGBl. I S. 2346) in der jeweils geltenden Fassung zu ermitteln.

Grundstücke und Grundstücksteile als notwendiges Betriebsvermögen[3]

(7) [1]Grundstücke und Grundstücksteile, die ausschließlich und unmittelbar für eigenbetriebliche Zwecke des Stpfl. genutzt werden, gehören regelmäßig zum notwendigen Betriebsvermögen. [2]Wird ein Teil eines Gebäudes eigenbetrieblich genutzt, gehört der zum Gebäude gehörende Grund und Boden anteilig zum notwendigen Betriebsvermögen; in welchem Umfang der Grund und Boden anteilig zum Betriebsvermögen gehört, ist unter Berücksichtigung der Verhältnisse des Einzelfalles zu ermitteln.

H 4.2 (7)

Anteilige Zugehörigkeit des Grund und Bodens. Der Grund und Boden gehört grundsätzlich im Verhältnis der Zugehörigkeit des Gebäudes oder Gebäudeteils zum Betriebsvermögen (→ BFH vom 27.1.1977 – BStBl. II S. 388 und vom 12.7.1979 – BStBl. 1980 II S. 5).

Eigenaufwand für ein fremdes Wirtschaftsgut. → H 4.7.

Ferienwohnung. Ferienwohnungen, die ein Stpfl. unter Einschaltung seines auf die Vermittlung von Immobilien, Mietverträgen und Verträgen über Ferienobjekte gerichteten Gewerbebetriebs vermietet, können zum notwendigen Betriebsvermögen des Gewerbebetriebs gehören (→ BFH vom 13.11. 1996 – BStBl. 1997 II S. 247).

---

[1] Sog. Abgrenzungserlass mit Abgrenzungs-ABC (**Steuererlasse** Nr. **200** § 68/1).

[2] **Steuergesetze** Nr. **444**.

[3] *Die Zuordnung unbebauter Grundstücke zum notwendigen Betriebs- oder Privatvermögen richtet sich nach dem nach außen erkennbaren Nutzungswillen des Steuerpflichtigen;* siehe BFH v. 5.3.2002 IV B 22/01, BStBl. II 2002, 690.

Land- und forstwirtschaftlicher Betrieb.

- Erwirbt ein Landwirt einen langfristig verpachteten landwirtschaftlichen Betrieb in der erkennbaren Absicht, die Bewirtschaftung dieses Betriebes alsbald zu übernehmen, entsteht vom Erwerb an notwendiges Betriebsvermögen, wenn der Bewirtschaftungswille sich auch in einem überschaubaren Zeitraum verwirklichen lässt (→ BFH vom 12.9.1991 – BStBl. 1992 II S. 134).[1]
- Eine vom Verpächter hinzuerworbene landwirtschaftliche Nutzfläche wird notwendiges Betriebsvermögen des verpachteten Betriebs, wenn sie nach dem Erwerb in das Pachtverhältnis einbezogen wird, und zwar selbst dann, wenn sie im Zeitpunkt des Erwerbs noch anderweitig verpachtet war (→ BFH vom 24.9.1998 – BStBl. 1999 II S. 55 und vom 19.12.2019 – BStBl. 2021 II S. 427).
- Zum Vorliegen eines Forstbetriebs oder Forstteilbetriebs und zur Betriebsvermögenseigenschaft von forstwirtschaftlichen Flächen → BMF vom 18.5.2018 (BStBl. I S. 689).

Miteigentum. Gehört ein Grundstück nur teilweise dem Betriebsinhaber, kann es nur insoweit Betriebsvermögen sein, als es dem Betriebsinhaber gehört; das gilt auch dann, wenn ein Grundstück Ehegatten gemeinsam gehört (→ BFH vom 23.11.1995 – BStBl. 1996 II S. 193).

Rettung einer betrieblichen Forderung. Ein Grundstück, das zur Rettung einer betrieblichen Forderung ersteigert wird, ist notwendiges Betriebsvermögen (→ BFH vom 11.11.1987 – BStBl. 1988 II S. 424).

Umlegungsverfahren. Die Betriebsvermögenseigenschaft eines in das Umlegungsverfahren eingebrachten Grundstücks setzt sich nur insoweit an dem zugeteilten Grundstück fort, als dieses in Erfüllung des Sollanspruchs gem. § 56 Abs. 1 Satz 1 BauGB zugeteilt wird. Die Zuordnung des den Sollanspruch übersteigenden ideellen Teils des Grundstücks zum Betriebs- oder Privatvermögen ist eigenständig nach den allgemeinen Grundsätzen zu beurteilen (→ BFH vom 23.9.2009 – BStBl. 2010 II S. 270).

Vermietung an Arbeitnehmer. Grundstücke, die an Arbeitnehmer vermietet werden, sind notwendiges Betriebsvermögen des Arbeitgebers, wenn für die Vermietung gerade an Arbeitnehmer betriebliche Gründe maßgebend waren (→ BFH vom 1.12.1976 – BStBl. 1977 II S. 315).

Zeitpunkt der erstmaligen Zugehörigkeit zum Betriebsvermögen. Eigenbetrieblich genutzte Grundstücke und Grundstücksteile sind ab ihrer endgültigen Funktionszuweisung notwendiges Betriebsvermögen, auch wenn der konkrete Einsatz im Betrieb erst in der Zukunft liegt; das gilt auch dann, wenn es an einer Willenserklärung des Stpfl. oder eines Ausweises in der Buchführung und in den Bilanzen fehlt (→ BFH vom 6.3.1991 – BStBl. II S. 829).

R 4.2 (8)

Grundstücksteile von untergeordnetem Wert

(8) [1]Eigenbetrieblich genutzte Grundstücksteile brauchen nicht als Betriebsvermögen behandelt zu werden, wenn ihr Wert nicht mehr als ein Fünf-

[1] Siehe auch BFH v. 17.6.1993 IV R 110/91, BStBl. II 1993, 752.

tel des gemeinen Werts des gesamten Grundstücks und nicht mehr als 20 500 Euro beträgt (§ 8 EStDV). [2]Dabei ist auf den Wert des Gebäudeteiles zuzüglich des dazugehörenden Grund und Bodens abzustellen. [3]Bei der Prüfung, ob der Wert eines Grundstücksteiles mehr als ein Fünftel des Werts des ganzen Grundstücks beträgt, ist in der Regel das Verhältnis der Nutzflächen zueinander zugrunde zu legen. [4]Ein Grundstücksteil ist mehr als 20 500 Euro wert, wenn der Teil des gemeinen Werts des ganzen Grundstücks, der nach dem Verhältnis der Nutzflächen zueinander auf den Grundstücksteil entfällt, 20 500 Euro übersteigt. [5]Führt der Ansatz der Nutzflächen zu einem unangemessenen Wertverhältnis der beiden Grundstücksteile, ist bei ihrer Wertermittlung anstelle der Nutzflächen der Rauminhalt oder ein anderer im Einzelfall zu einem angemessenen Ergebnis führender Maßstab zugrunde zu legen. [6]Sind → Zubehörräume (Nebenräume) vorhanden, kann der Stpfl. die Auftei-lung auch nach dem Verhältnis der Haupträume vornehmen. [7]Beträgt der Wert eines eigenbetrieblich genutzten Grundstücksteiles nicht mehr als ein Fünftel des gesamten Grundstückswerts und nicht mehr als 20 500 Euro, besteht ein Wahlrecht, den Grundstücksteil weiterhin als Betriebsvermögen zu behandeln oder zum Teilwert zu entnehmen. [8]Zur Berücksichtigung von Betriebsausgaben, wenn der Grundstücksteil zu Recht nicht als Betriebsvermögen behandelt wird → R 4.7 Abs. 2 Satz 4.

H 4.2 (8)

Einlage des Grundstücksteils im Zeitpunkt des Überschreitens der absoluten Wertgrenze. → BFH vom 21.7.1967 (BStBl. III S. 752).

Zubehörräume

– i. S. d. § 2 Abs. 3 Nr. 1 WoFlV[1] brauchen in die Berechnung des eigenbetrieblich genutzten Anteils nicht einbezogen zu werden (→ BFH vom 21.2.1990 – BStBl. II S. 578).[2]
– → H 4.7 (Nebenräume).

R 4.2 (9)

Grundstücke und Grundstücksteile als gewillkürtes Betriebsvermögen

(9) [1]Grundstücke oder Grundstücksteile, die nicht eigenbetrieblich genutzt werden und weder eigenen Wohnzwecken dienen, noch Dritten zu Wohnzwecken unentgeltlich überlassen sind, sondern z. B. zu Wohnzwecken oder zur gewerblichen Nutzung an Dritte vermietet sind, können als gewillkürtes Betriebsvermögen behandelt werden, wenn die Grundstücke oder die Grundstücksteile in einem gewissen objektiven Zusammenhang mit dem Betrieb stehen und ihn zu fördern bestimmt und geeignet sind. [2]Wegen dieser Voraussetzungen bestehen für den Ansatz von Wirtschaftsgütern als **gewillkürtes Betriebsvermögen** Einschränkungen, die sich nicht nur aus den Besonderheiten des einzelnen Betriebs, sondern auch aus der jeweiligen Einkunftsart ergeben können. [3]Daher können Land- und Forstwirte Mietwohn- und Ge-

[1] **Steuergesetze** Nr. **444**.
[2] Ergänzend siehe BFH v. 5.9.1990 X R 3/89, BStBl. II 1991, 389.

schäftshäuser, die sie auf zugekauftem, bisher nicht zum Betriebsvermögen gehörenden Grund und Boden errichtet oder einschließlich Grund und Boden erworben haben, regelmäßig nicht als Betriebsvermögen behandeln. [4]Dagegen kann ein Land- und Forstwirt, der sein bisher land- und forstwirtschaftlich genutztes Grundstück bebaut und das Gebäude an Betriebsfremde vermietet, dieses als gewillkürtes Betriebsvermögen behandeln, wenn dadurch das Gesamtbild der land- und forstwirtschaftlichen Tätigkeit nicht wesentlich verändert wird. [5]In Grenzfällen hat der Stpfl. darzutun, welche Beziehung das Grundstück oder der Grundstücksteil zu seinem Betrieb hat und welche → vernünftigen wirtschaftlichen Überlegungen ihn veranlasst haben, das Grundstück oder den Grundstücksteil als gewillkürtes Betriebsvermögen zu behandeln. [6]Wird ein Gebäude oder ein Gebäudeteil als gewillkürtes Betriebsvermögen behandelt, gehört auch der dazugehörende Grund und Boden zum Betriebsvermögen.

H 4.2 (9)

Beispiele für zulässigerweise gebildetes gewillkürtes Betriebsvermögen:

- Ein von einem freiberuflich Tätigen zur künftigen Betriebserweiterung erworbenes Grundstück kann gewillkürtes Betriebsvermögen sein (→ BFH vom 15.4.1981 – BStBl. II S. 618).
- Ein Gewerbetreibender kann in der Regel Grundstücke, die nicht zum notwendigen Privatvermögen gehören, z. B. Mietwohngrundstücke, als Betriebsvermögen behandeln, es sei denn, dass dadurch das Gesamtbild der gewerblichen Tätigkeit so verändert wird, dass es den Charakter einer Vermögensnutzung im nicht gewerblichen Bereich erhält (→ BFH vom 10.12.1964 – BStBl. 1965 III S. 377).

Besonderheiten bei land- und forstwirtschaftlichen Betrieben.

- Für die Willkürung eines Wirtschaftsguts muss es in Bezug auf die betreffende land- und forstwirtschaftliche Tätigkeit von der Sache oder vom Gegenstand her objektiv geeignet sein, den land- und forstwirtschaftlichen Betrieb zu fördern; es muss in einem gewissen objektiven Zusammenhang mit dem Betrieb stehen. Gewillkürtes Betriebsvermögen in der Land- und Forstwirtschaft können nur verpachtete land- und forstwirtschaftlich genutzte Grundstücke und alle Wirtschaftsgüter sein, deren Nutzung innerhalb der Land- und Forstwirtschaft möglich ist (→ aber R 4.2 Abs. 9 Satz 4). Wirtschaftsgüter, die dem Betrieb der Land- und Forstwirtschaft wesensfremd sind und denen eine sachliche Beziehung zum Betrieb fehlt, können auch nicht im Wege der Willkürung zum Betriebsvermögen werden (→ BFH vom 28.10.1982 – BStBl. 1983 II S. 106).
- Werden bisher zum notwendigen Betriebsvermögen gehörende Grundstücke entgeltlich zu fremden Wohn- oder Geschäftszwecken genutzt und so umgestaltet, dass sie einer land- und forstwirtschaftlichen Nutzung nicht mehr zugeführt werden können, wird das Gesamtbild der land- und forstwirtschaftlichen Tätigkeit nicht wesentlich verändert, wenn der Umfang dieser Grundstücke nicht mehr als 10% der Gesamtfläche des Betriebs beträgt (→ BFH vom 24.3.2011 – BStBl. II S. 692 bei Bestellung von Erbbaurechten zur Errichtung von Wohngebäuden; → BFH vom 22.8.2002 – BStBl. 2003 II S. 16 bei Bebauung und Vermietung).

Gewillkürtes Sonderbetriebsvermögen. → H 4.2 (12).

Nachweis der Zuordnung zum gewillkürten Betriebsvermögen. Die Zuordnung eines Wirtschaftsguts zum gewillkürten Betriebsvermögen ist unmissverständlich in einer solchen Weise zu dokumentieren, dass ein sachverständiger Dritter ohne weitere Erklärung des Stpfl. die Zugehörigkeit des Wirtschaftsguts zum Betriebsvermögen erkennen kann (→ BFH vom 2.10.2003 – BStBl. 2004 II S. 985 und BMF vom 17.11.2004 – BStBl. I S. 1064).

Umlegungsverfahren. → H 4.2 (7).

Verlustbringende Grundstücke und Grundstücksteile. → H 4.2 (1) Wirtschaftsgut (Verlustbringende Wirtschaftsgüter).

Vernünftige wirtschaftliche Überlegungen für die Behandlung als gewillkürtes Betriebsvermögen. Darlegungspflicht durch den Stpfl.

- → BFH vom 22.11.1960 (BStBl. 1961 III S. 97) zum Fall eines Bäckermeisters.
- → BFH vom 1.12.1960 (BStBl. 1961 III S. 154) zum Fall einer Rechtsanwalts- und Notarpraxis.

R 4.2 (10, 11)

Einheitliche Behandlung des Grundstücks

(10) [1]Auch wenn ein Grundstück zu mehr als der Hälfte die Voraussetzungen für die Behandlung als Betriebsvermögen (→ Absätze 7 und 9) erfüllt, können weitere Grundstücksteile, bei denen die Voraussetzungen des Absatzes 9 nicht vorliegen, nicht als Betriebsvermögen behandelt werden; Ausnahmen gelten für Baudenkmale bei den Einkünften aus Land- und Forstwirtschaft (§ 13 Abs. 2 Nr. 2 und Abs. 4 EStG). [2]Soweit das Grundstück bzw. Gebäude vor dem 1.1.1999 angeschafft, hergestellt oder eingelegt worden ist, gelten die Anweisungen in R 13 Abs. 10 Sätze 1, 3 und 4 EStR 1999 weiter.[1)]

Grundstücke und Grundstücksteile im Gesamthandsvermögen einer Personengesellschaft

(11) [1]Gehört ein Grundstück zum **Gesamthandsvermögen** der Mitunternehmer einer Personengesellschaft, gehört es grundsätzlich zum notwendigen Betriebsvermögen. [2]Dies gilt auch dann, wenn bei der Einbringung des Grundstücks oder Grundstücksteiles in das Betriebsvermögen der Personengesellschaft vereinbart worden ist, dass Gewinne und Verluste aus dem Grundstück oder Grundstücksteil ausschließlich dem einbringenden Gesellschafter zugerechnet werden. [3]Dient ein im Gesamthandseigentum der Gesellschafter einer Personengesellschaft stehendes Grundstück teilweise der privaten Le-

---

[1)] **R 13 Abs. 10 Sätze 1, 3 und 4 EStR 1999** lauten:

„(10) [1]Erfüllt ein Grundstück zu mehr als der Hälfte die Voraussetzungen für die Behandlung als Betriebsvermögen (→ Absätze 7 und 9), so können auch solche Grundstücksteile, die zu fremden Wohnzwecken oder zu fremdbetrieblichen Zwecken vermietet sind, bei denen für sich betrachtet die Voraussetzungen des Absatzes 9 nicht vorliegen, als Betriebsvermögen behandelt werden. [2]... [3]Für die Wertermittlung der verschieden genutzten Grundstücksteile ist Absatz 8 entsprechend anzuwenden. [4]Ist einem Betriebsinhaber nur ein Anteil an einem Grundstück zuzurechnen, so kann der Anteil als Betriebsvermögen behandelt werden, wenn er zu mehr als der Hälfte die Voraussetzungen für die Behandlung als Betriebsvermögen erfüllt und nicht eigenen Wohnzwecken dient oder unentgeltlich zu Wohnzwecken an Dritte überlassen wird."

bensführung eines, mehrerer oder aller Mitunternehmer der Gesellschaft, braucht der andere Grundstücksteil nicht als Betriebsvermögen behandelt zu werden, wenn für diesen Grundstücksteil die Grenzen des § 8 EStDV nicht überschritten sind; Absatz 8 Satz 2 ff. ist entsprechend anzuwenden.

H 4.2 (11)

Ausnahme bei privater Nutzung.

- Ein zum Gesamthandsvermögen gehörendes Wirtschaftsgut kann nicht Betriebsvermögen sein, wenn es ausschließlich oder fast ausschließlich der privaten Lebensführung eines, mehrerer oder aller Mitunternehmer der Gesellschaft dient. Deshalb ist z. B. ein zum Gesamthandsvermögen gehörendes Einfamilienhaus, das unentgeltlich von einem Gesellschafter nicht nur vorübergehend für eigene Wohnzwecke genutzt wird, steuerlich nicht Betriebsvermögen der Personengesellschaft. Dann handelt es sich um notwendiges Privatvermögen der Gesellschafter (→ BFH vom 16.3.1983 – BStBl. II S. 459).
- → H 4.7 (Teilentgeltliche Überlassung).

R 4.2 (12)

Grundstücke und Grundstücksteile im Sonderbetriebsvermögen

(12) [1]Grundstücke oder Grundstücksteile, die **nicht Gesamthandsvermögen** der Mitunternehmer der Personengesellschaft sind, sondern einem, mehreren oder allen Mitunternehmern gehören, aber dem Betrieb der Personengesellschaft ausschließlich und unmittelbar dienen, sind als Sonderbetriebsvermögen notwendiges Betriebsvermögen der Personengesellschaft. [2]Dient ein Grundstück dem Betrieb der Personengesellschaft nur zum Teil, sind die den Mitunternehmern zuzurechnenden Grundstücksteile lediglich mit ihrem betrieblich genutzten Teil notwendiges Sonderbetriebsvermögen. [3]Betrieblich genutzte Grundstücksteile, die im Verhältnis zum Wert des **ganzen Grundstücks** – nicht im Verhältnis zum Wert des Grundstücksteiles des Gesellschafters – von untergeordnetem Wert sind (→ § 8 EStDV), brauchen nicht als Sonderbetriebsvermögen behandelt zu werden. [4]Jeder Mitunternehmer kann dieses Wahlrecht ausüben; sind mehrere Gesellschafter zugleich Eigentümer dieses Grundstücks, braucht das Wahlrecht nicht einheitlich ausgeübt zu werden. [5]Absatz 8 Satz 2 ff. ist entsprechend anzuwenden.

H 4.2 (12)

Angehörige eines Gesellschafters. Die Wohnung, die an den im Einzelunternehmen tätigen Sohn eines Einzelunternehmers zu Wohnzwecken vermietet ist, bleibt bei Einbringung des Unternehmens in eine KG (Sonder-) Betriebsvermögen, wenn das Gebäude weiterhin als (Sonder-)Betriebsvermögen bilanziert wird und objektive Merkmale fehlen, die darauf schließen lassen, dass eine spätere Verwendung als Werkswohngebäude ausgeschlossen erscheint (→ BFH vom 11.10.1979 – BStBl. 1980 II S. 40).

Gewillkürtes Sonderbetriebsvermögen.

- Grundstücke oder Grundstücksteile im **Allein- oder Miteigentum** eines oder mehrerer Mitunternehmer können gewillkürtes Sonderbetriebsvermögen dieser Mitunternehmer sein (→ BFH vom 3.12.1964 – BStBl. 1965 III S. 92, vom 23.7.1975 – BStBl. 1976 II S. 180 und vom 21.10.1976 – BStBl. 1977 II S. 150).[1]

– **Mietwohngrundstück** als gewillkürtes Sonderbetriebsvermögen eines Gesellschafters → BFH vom 17.5.1990 (BStBl. 1991 II S. 216).
– → R 4.2 Abs. 9.

Gütergemeinschaft. Wird eine im gemeinsamen Eigentum von Eheleuten stehende und im gemeinsamen land- und forstwirtschaftlichen Betrieb bewirtschaftete Forstfläche in das Alleineigentum eines Ehegatten übertragen, spricht eine tatsächliche Vermutung dafür, dass die bestehenden wirtschaftlichen Beziehungen aufrechterhalten bleiben und es sich nunmehr um Sonderbetriebsvermögen des Ehegatten, nicht aber um einen selbständigen Forstbetrieb handelt (→ BFH vom 16.2.1995 – BStBl. II S. 592).

Miteigentum von Nichtgesellschaftern. Zum notwendigen Sonderbetriebsvermögen einer Personengesellschaft sind die den Gesellschaftern zustehenden Anteile an einem Grundstück zu rechnen, das der Personengesellschaft dient, sich aber im Eigentum einer Gesamthandsgemeinschaft (z. B. Erbengemeinschaft) befindet, an der auch Nichtgesellschafter beteiligt sind (→ BFH vom 18.3.1958 – BStBl. III S. 262).

Notwendiges Sonderbetriebsvermögen.

– Stellt ein Gesellschafter einer Personengesellschaft, deren Gesellschaftszweck in der **Errichtung und Vermarktung von Eigentumswohnungen im Bauherrenmodell** besteht, ein ihm gehörendes Grundstück für diese Zwecke zur Verfügung, ist das Grundstück dem notwendigen Sonderbetriebsvermögen zuzurechnen (→ BFH vom 19.2.1991 – BStBl. II S. 789).
– An die Personengesellschaft zur betrieblichen Nutzung **vermietete Grundstücke oder Grundstücksteile,** die im Eigentum eines oder mehrerer Gesellschafter stehen, sind notwendiges Sonderbetriebsvermögen (→ BFH vom 2.12.1982 – BStBl. 1983 II S. 215). Das gilt auch bei Weitervermietung des Grundstücks oder Grundstücksteils durch die Gesellschaft (→ BFH vom 23.5.1991 – BStBl. II S. 800).
– Zur Frage, ob bei einer mitunternehmerischen Betriebsaufspaltung oder bei der Vermietung an eine Schwester-Personengesellschaft notwendiges Sonderbetriebsvermögen vorliegt → BMF vom 28.4.1998 (BStBl. I S. 583).

Überlassung zu Wohnzwecken. Ein Grundstück, das ein Gesellschafter einer Personengesellschaft einem anderen Gesellschafter für dessen Wohnzwecke unentgeltlich überlässt, ist notwendiges Privatvermögen (→ BFH vom 8.2.1996 – BStBl. II S. 308).

Untervermietung. Vermietet der Gesellschafter einer Personengesellschaft einem Dritten ein Grundstück, damit dieser es der Gesellschaft zur betrieblichen Nutzung überlässt, ist das Grundstück Sonderbetriebsvermögen des Gesellschafters (→ BFH vom 15.1.1981 – BStBl. II S. 314); das gilt auch

[1] Zum gewillkürten Sonderbetriebsvermögen bei Personenhandelsgesellschaften siehe BFH v. 23.10.1990 VIII R 142/85, BStBl. II 1991, 401.

muss er sich nicht entgegenhalten lassen, dass er die Aktivwerte seines Sonderbetriebsvermögens zur Tilgung dieser Verbindlichkeiten hätte einsetzen können (→ BFH vom 13.2.1996 – BStBl. II S. 291).

Betriebsschuld.

– Eine Verbindlichkeit gehört zum Betriebsvermögen, wenn sie durch den Betrieb veranlasst ist (Betriebsschuld). Für die Bestimmung des Veranlassungszusammenhangs ist allein die Verwendung der aufgenommenen Mittel ausschlaggebend. Eine für Betriebszwecke aufgenommene Verbindlichkeit ist unabhängig davon eine Betriebsschuld, ob der Stpfl. die fremdfinanzierten betrieblichen Aufwendungen auch durch eigene Mittel hätte bestreiten können oder ob der Betrieb über aktives Betriebsvermögen oder stille Reserven verfügt. Die betriebliche Veranlassung einer Verbindlichkeit wird nicht dadurch berührt, dass der betriebliche Fremdmittelbedarf auf Entnahmen beruht; → aber Finanzierung von Entnahmen. Eine Verbindlichkeit ist aber nicht deshalb eine Betriebsschuld, weil Eigenmittel für betriebliche Zwecke eingesetzt worden sind und aus diesem Grunde Fremdmittel für private Zwecke aufgenommen werden mussten; → Umschuldung Privatschuld in Betriebsschuld (→ BFH vom 8.12.1997 – BStBl. 1998 II S. 193).

– Werden die von einem Versicherungsmakler für Rechnung der Versicherungsgesellschaften vereinnahmten Versicherungsbeiträge (durchlaufende Posten) abredewidrig für private Zwecke verwendet und damit dessen Betriebsvermögen entzogen, werden zugleich die Auskehrungsverbindlichkeiten in Privatschulden umqualifiziert (→ BFH vom 15.5.2008 – BStBl. II S. 715).

Finanzierung von Entnahmen. Werden Fremdmittel nicht zur Finanzierung betrieblicher Aufwendungen, sondern tatsächlich zur Finanzierung einer Entnahme aufgenommen, liegt keine Betriebsschuld vor. Ein solcher Fall ist gegeben, wenn dem Betrieb keine entnahmefähigen Barmittel zur Verfügung stehen und die Entnahme erst dadurch möglich wird, dass Fremdmittel in das Unternehmen fließen. Unerheblich ist, ob die Fremdmittel einem betrieblichen Konto zufließen, von welchem zuvor wegen fehlender Barmittel mit schulderhöhender Wirkung aus privaten Gründen Beträge abgebucht wurden (→ BFH vom 8.12.1997 – BStBl. 1998 II S. 193).

Fortfall der Rentenverpflichtung. Der Wegfall einer zum Erwerb eines betrieblichen Grundstücks eingegangenen Rentenverpflichtung infolge des Todes des Rentenberechtigten führt zu ihrer erfolgswirksamen Ausbuchung in der Bilanz zum Ende des betreffenden Wj. Das gilt auch, wenn die Rentenverpflichtung in früheren Wj. im Rahmen einer Bilanzberichtigung erfolgsneutral eingebucht worden ist (→ BFH vom 26.6.1996 – BStBl. II S. 601).

Gemischt genutztes Grundstück. Wird durch einheitlichen Kaufvertrag ein gemischt genutztes Grundstück erworben und die Kaufpreisschuld teils mit Fremd-, teils mit Eigenmitteln beglichen, ohne dass eine Zuordnung der Finanzierungsmittel erfolgt, sind die Zinszahlungen nur im Verhältnis des betrieblich zum privat genutzten Anteil als Betriebsausgabe abziehbar. Keine vorrangige Tilgung des privat veranlassten Teils (→ BFH vom

7.11.1991 – BStBl. 1992 II S. 141). Im Falle einer Zuordnung der Finanzierungsmittel gelten die Grundsätze des BMF-Schreibens vom 16.4.2004 (BStBl. I S. 464) entsprechend für Grundstücke, die teilweise betrieblich und privat genutzt werden.

Optionsprämie. Für die Verpflichtung des Veräußerers einer Option (Stillhalter), auf Verlangen des Optionsberechtigten innerhalb der Optionsfrist den Optionsgegenstand zu verkaufen oder zu kaufen (Call/Put-Option), ist eine Verbindlichkeit in Höhe der dafür vereinnahmten Prämie auszuweisen; die Verbindlichkeit ist erst bei Ausübung oder Verfall der Option auszubuchen. Für das die Höhe der Optionsprämie übersteigende Risiko darf nach § 5 Abs. 4a Satz 1 EStG keine Rückstellung für drohende Verluste gebildet werden (→ BMF vom 12.1.2004 – BStBl. I S. 192).

Passivierungsverbot nach § 5 Abs. 2a EStG. → H 5.1.

Rangrücktrittsvereinbarungen. Zur Passivierung von Verbindlichkeiten bei Vereinbarung eines einfachen oder qualifizierten Rangrücktritts → BMF vom 8.9.2006 (BStBl. I S. 497).[1]

Rückverkaufsoption. Zur bilanzsteuerrechtlichen Beurteilung der Rückverkaufsoption im Kfz-Handel → BMF vom 12.10.2011 (BStBl. I S. 967).

Schadensersatz für GmbH-Verbindlichkeiten.

– Wird der Gesellschafter einer vermögenslosen GmbH für deren Verbindlichkeiten im Wege des Durchgriffs in Anspruch genommen, sind die Verbindlichkeiten in seinem Einzelunternehmen Gewinn mindernd zu passivieren, wenn seine zum Ersatz verpflichtende Handlung dessen Betriebseinnahmen erhöhte (→ BFH vom 6.3.2003 – BStBl. II S. 658).
– → H 6.2 (Beteiligung an einer Kapitalgesellschaft).

Schuldzinsenabzug nach § 4 Abs. 4a EStG.[2]

– → BMF vom 2.11.2018 (BStBl. I S. 1207) unter Berücksichtigung der Änderungen durch BMF vom 18.1.2021 (BStBl. I S. 119);[3]
– → BMF vom 12.6.2006 (BStBl. I S. 416) zur Berücksichtigung von vor dem 1.1.1999 entstandenen Unterentnahmen.

Sekundärfolgenrechtsprechung. → H 4.7 (Schuldzinsen).

Umsatzsteuer. Zu Unrecht ausgewiesene Umsatzsteuer ist, wenn keine Steuerhinterziehung vorliegt, in dem Jahr zu passivieren, in dem sie durch den Ausweis in der Rechnung entstanden ist (→ BFH vom 15.3.2012 – BStBl. II S. 719).

Umschuldung Privatschuld in Betriebsschuld. Werden Eigenmittel für betriebliche Zwecke und deshalb Fremdmittel für private Zwecke verwendet, begründet die Fremdmittelaufnahme keine Betriebsschuld. Ein privates Darlehen kann nicht durch eine bloße wirtschaftliche Umschuldung in eine Betriebsschuld umgewandelt werden. Werden aber im Betrieb erzielte Ein-

---

[1] Siehe auch BFH v. 30.11.2011 I R 100/10, BStBl. II 2012, 332, v. 15.4.2015 I R 44/14, BStBl. II 2015, 769, und v. 19.8.2020 XI R 32/18, BStBl. II 2021, 279.

[2] Zu einer kurzfristigen Einlage als Gestaltungsmissbrauch siehe BFH v. 21.8.2012 VIII R 32/09, BStBl. II 2013, 16.

[3] Geänd. durch BMF v. 5.11.2021, BStBl. I 2021, 2211.

nahmen zur Tilgung eines privaten Darlehens entnommen und wird deshalb ein neues Darlehen zur Finanzierung von betrieblichen Aufwendungen aufgenommen, stellt das neue Darlehen eine Betriebsschuld dar (→ BFH vom 8.12.1997 – BStBl. 1998 II S. 193).

R 4.2 (16)

Betriebsvermögen bei Schätzung des Gewinns oder bei Gewinnermittlung nach § 13a Abs. 3 bis 6 EStG

(16) Wird der Gewinn geschätzt (→ R 4.1 Abs. 2) oder nach § 13a Abs. 3 bis 6 EStG[1] ermittelt, kommt gewillkürtes Betriebsvermögen nur in den Fällen des § 13a Abs. 6 Satz 2 EStG,[2] des Wechsels der Gewinnermittlungsart und der Nutzungsänderung in Betracht (→ § 4 Abs. 1 Satz 6 und 7 EStG).

H 4.2 (16)

Beibehaltung von gewillkürtem Betriebsvermögen nach einer Nutzungsänderung. → R 4.3 Abs. 3.

R 4.3 Einlagen und Entnahmen

Einlagen

(1) [1]**Gegenstand von Einlagen** können abnutzbare und nicht abnutzbare, materielle und immaterielle Wirtschaftsgüter aller Art sein, unabhängig davon, ob sie dem Anlage- oder dem Umlaufvermögen zuzuordnen sind. [2]Einer Einlage steht die Begründung des Besteuerungsrechts der Bundesrepublik Deutschland hinsichtlich des Gewinns aus der Veräußerung eines Wirtschaftsgutes gleich (Verstrickung). [3]Darunter fällt insbesondere die Überführung eines Wirtschaftsgutes aus einer ausländischen Betriebsstätte, deren Einkünfte nach einem DBA von der inländischen Besteuerung freigestellt sind, ins Inland.

H 4.3 (1)

Banküberweisung. Eine Einlage ist bei Zahlung durch Banküberweisung erst geleistet, wenn die Gutschrift auf dem Empfängerkonto erfolgt ist (→ BFH vom 11.12.1990 – BStBl. 1992 II S. 232).

Bodenschatz. → H 4.2 (1).

Einlage bei Ausbuchung einer Verbindlichkeit. → H 6.12.

Forschungszulage. Zur Behandlung der Forschungszulage als Einlage bei Einzel- und Mitunternehmern → BMF vom 11.11.2021 (BStBl. I S. 2277), Rn. 286.

Gewillkürtes Betriebsvermögen. → H 4.2 (1).

Immaterielle Wirtschaftsgüter. → R 5.5 Abs. 3 Satz 3.

Namensrecht. → H 5.5.

Nutzungsänderung. → H 4.2 (4).

Nutzungsrechte/Nutzungsvorteile. Die bloße Nutzung eines fremden Wirtschaftsguts zu betrieblichen Zwecken kann nicht eingelegt werden; dies gilt auch für unentgeltlich erworbene dingliche oder obligatorische Nut-

---

[1] **[Amtl. Anm.:]** Jetzt § 13a Abs. 3 bis 7 EStG.
[2] **[Amtl. Anm.:]** Jetzt § 13a Abs. 7 Satz 1 EStG.

zungsrechte (→ BFH vom 26.10.1987 – BStBl. 1988 II S. 348 und vom 20.9.1990 – BStBl. 1991 II S. 82).

Personengesellschaften. Die Einbringung von Einzelwirtschaftsgütern des Privatvermögens in das betriebliche Gesamthandsvermögen einer Personengesellschaft oder anderen Gesamthandsgemeinschaft gegen Gewährung von Gesellschaftsrechten stellt keine Einlage, sondern einen tauschähnlichen Vorgang dar (→ BMF vom 29.3.2000 – BStBl. I S. 462 und vom 11.7.2011 – BStBl. I S. 713 unter Berücksichtigung von BMF vom 26.7.2016 – BStBl. I S. 684).

Sacheinlage in das Vermögen einer Kapitalgesellschaft. Ein Wirtschaftsgut, das dem Vermögen einer Kapitalgesellschaft im Rahmen einer Überpari-Emission als Sacheinlage zugeführt worden ist, ist auch im Hinblick auf jenen Teilbetrag des Einbringungswertes, der über den Nennbetrag der Stammeinlageverpflichtung des Einlegenden hinausgeht und gem. § 272 Abs. 2 Nr. 1 HGB in die Kapitalrücklage einzustellen ist, ein vollentgeltlicher Vorgang und keine verdeckte Einlage (→ BFH vom 24.4.2007 – BStBl. 2008 II S. 253).

Unterlassene Bilanzierung. Die nachträgliche Aktivierung eines zum notwendigen Betriebsvermögen gehörenden Wirtschaftsguts, das bisher nicht bilanziert worden ist, ist keine Einlage. Es handelt sich vielmehr um eine fehlerberichtigende Einbuchung (→ BFH vom 24.10.2001 – BStBl. 2002 II S. 75); → H 4.4.

Verdeckte Einlage.

- Verdeckte Einlage ist die Zuwendung eines bilanzierbaren Vermögensvorteils aus gesellschaftsrechtlichen Gründen ohne Entgelt in Gestalt von Gesellschaftsrechten. Als verdeckte Einlage sind nur Wirtschaftsgüter geeignet, die das Vermögen der Kapitalgesellschaft durch den Ansatz oder die Erhöhung eines Aktivpostens oder durch den Wegfall oder die Verminderung eines Passivpostens vermehrt haben (→ BFH vom 6.11.2003 – BStBl. 2004 II S. 416).
- **Verdeckte Einlage eines Geschäfts- oder Firmenwerts,** der bei Veräußerung eines Einzelunternehmens an eine GmbH unentgeltlich übergeht, → BFH vom 24.3.1987 (BStBl. II S. 705); → H 5.5 (Geschäfts- oder Firmenwert/Praxiswert).
- Maßgebendes Kriterium für einen Übergang des Geschäfts- oder Firmenwerts von einem Einzelunternehmen auf eine Kapitalgesellschaft im Wege der verdeckten Einlage ist, dass dem nutzenden Unternehmen die materiellen und immateriellen Wirtschaftsgüter sowie die sonstigen Faktoren, welche sich im Geschäfts- oder Firmenwert niederschlagen, auf einer vertraglichen Grundlage überlassen werden, die Nutzung auf Dauer angelegt ist und kein Rechtsanspruch auf Rückgabe dieser Wirtschaftsgüter besteht (→ BFH vom 2.9.2008 – BStBl. 2009 II S. 634).

Vorbehaltsnießbrauch.

- In den Fällen der Einräumung eines Vorbehaltsnießbrauchs liegt hinsichtlich des Nießbrauchsrechts im Ergebnis keine Einlage vor (→ BFH vom 16.12.1988 – BStBl. 1989 II S. 763).
- → H 4.3 (2–4).
- → H 4.7 (Nießbrauch) zu Betriebsausgaben eines Nießbrauchers.

R 4.3 (2–4)

Entnahmen

(2) [1]Ein Wirtschaftsgut wird entnommen, wenn es aus dem betrieblichen in den privaten oder einen anderen betriebsfremden Bereich übergeht. [2]Einer Entnahme für betriebsfremde Zwecke steht auch der Ausschluss oder die Beschränkung des Besteuerungsrechts der Bundesrepublik Deutschland hinsichtlich des Gewinns aus der Veräußerung oder der Nutzung eines Wirtschaftsgutes gleich (Entstrickung). [3]Neben der Überführung eines Wirtschaftsgutes vom Inland in eine ausländische Betriebsstätte nach § 4 Abs. 1 Satz 4 EStG (Entnahme des Wirtschaftsgutes) fällt darunter insbesondere die Nutzung eines Wirtschaftsgutes, das einer inländischen Betriebsstätte des Stpfl. zuzuordnen ist, durch eine ausländische Betriebsstätte (Entnahme der Nutzung), deren Einkünfte nach einem DBA von der inländischen Besteuerung freigestellt sind oder bei der Besteuerung ausländische Steuern nach § 34c EStG oder nach § 26 KStG oder auf Grund eines DBA anzurechnen sind. [4]Eine Entnahme liegt nicht vor in Fällen einer Strukturänderung eines Betriebs mit der Folge, dass die Einkünfte aus dem Betrieb einer anderen Einkunftsart zuzurechnen sind (z. B. wenn ein land- und forstwirtschaftlicher Betrieb wegen Überschreitens der Grenzen des § 13 Abs. 1 Nr. 1 EStG zu einem Gewerbebetrieb wird oder wenn eine freiberufliche Praxis durch Übergang i. S. d. § 6 Abs. 3 EStG auf nicht qualifizierte Rechtsnachfolger zu einem Gewerbebetrieb wird).

Entnahmehandlung[1)]

(3) [1]Eine Entnahme erfordert regelmäßig eine Entnahmehandlung, die von einem Entnahmewillen getragen wird. [2]Wirtschaftsgüter, die zur Zeit der Aufnahme in das Betriebsvermögen zulässigerweise zum Betriebsvermögen gerechnet worden sind, bleiben daher grundsätzlich solange Betriebsvermögen, bis sie durch eine eindeutige, unmissverständliche – ausdrückliche oder schlüssige – → Entnahmehandlung des Stpfl. Privatvermögen werden. [3]Bei buchführenden Stpfl. bietet die Buchung einen wesentlichen Anhalt, ob und wann ein Wirtschaftsgut entnommen worden ist. [4]Eine Entnahme liegt auch ohne Entnahmeerklärung oder Entnahmebuchung vor, wenn der Stpfl. die bisherige betriebliche oder berufliche Nutzung eines Wirtschaftsgutes auf Dauer so ändert, dass es seine Beziehung zum Betrieb verliert und dadurch zu notwendigem Privatvermögen wird. [5]Eine Nutzungsänderung, durch die das Wirtschaftsgut zwar seinen Charakter als notwendiges Betriebsvermögen verliert, jedoch nicht zu notwendigem Privatvermögen wird, ist ohne eindeutige Entnahmeerklärung des Stpfl. keine Entnahme des Wirtschaftsgutes; das gilt auch bei Gewinnermittlung nach § 13a EStG (§ 4 Abs. 1 Satz 7 EStG) sowie bei Vollschätzung.

Gegenstand einer Entnahme

(4) [1]Gegenstand einer Entnahme können alle Wirtschaftsgüter sein, die zum notwendigen oder gewillkürten Betriebsvermögen gehören, also auch immaterielle (Einzel-)Wirtschaftsgüter, z. B. ein Verlagswert, sowie Nutzungen

---

1) Zur Entnahme vor Veräußerung eines Grundstücks siehe BFH v. 12.9.2002 IV R 66/00, BStBl. II 2002, 815.

und Leistungen, auch wenn sie in der Bilanz nicht angesetzt werden können. [2]Im Fall des gewerblichen Betriebs einer Fotovoltaikanlage ist der private Verbrauch des Stroms keine private Verwendung der Anlage, sondern eine Sachentnahme des produzierten Stroms.

H 4.3 (2–4)

Altenteilerwohnung. → R 4.2 Abs. 4 Satz 5.

Entnahmehandlung.

– Für die Eindeutigkeit einer Entnahmehandlung ist ein Verhalten des Stpfl. erforderlich, durch das die Verknüpfung des Wirtschaftsgutes mit dem Betriebsvermögen unmissverständlich gelöst wird. Es bedarf nicht stets einer buchmäßigen Darstellung der Entnahme. Es kann auch ein anderes schlüssiges Verhalten genügen, durch das die Verbindung des Wirtschaftsguts zum Betrieb gelöst wird (→ BFH vom 9.8.1989 – BStBl. 1990 II S. 128 und vom 25.6.2003 – BStBl. 2004 II S. 403).
– Der Tatbestand der Entnahme ist auch erfüllt, wenn dem Stpfl. die an die Entnahme geknüpften Rechtsfolgen, insbesondere die Gewinnverwirklichung, nicht bewusst werden (→ BFH vom 31.1.1985 – BStBl. II S. 395).
– Eine Entnahmehandlung ist auch durch einen Rechtsvorgang möglich; ein solcher liegt immer dann vor, wenn sich die Rechtszuständigkeit für das Wirtschaftsgut ändert (→ BFH vom 5.7.2018 – BStBl. II S. 798).
– Die Entnahme eines Wirtschaftsguts, das nicht zum notwendigen Privatvermögen geworden ist, erfordert eine unmissverständliche, von einem Entnahmewillen getragene Entnahmehandlung und darüber hinaus, dass der Stpfl. die naheliegenden steuerlichen Folgerungen aus der Entnahme gezogen hat. Eine fehlende Eindeutigkeit der Entnahmehandlung geht zulasten des Stpfl. (→ BFH vom 29.9.2016 – BStBl. 2017 II S. 339).
– → Nachweispflicht.
– → Nutzungsänderung.
– → Personengesellschaften.
– → Schenkung.

Entstrickung. Zur passiven Entstrickung auf Grund erstmaliger Anwendung eines DBA → BMF vom 26.10.2018 (BStBl. I S. 1104).

Erbauseinandersetzung und vorweggenommene Erbfolge.

– → BMF vom 14.3.2006 (BStBl. I S. 253) unter Berücksichtigung der Änderungen durch BMF vom 27.12.2018 (BStBl. 2019 I S. 11).
– → BMF vom 13.1.1993 (BStBl. I S. 80) unter Berücksichtigung der Änderungen durch BMF vom 26.2.2007 (BStBl. I S. 269).

Geschäfts- oder Firmenwert.

– Ein Geschäfts- oder Firmenwert kann nicht wie andere Einzelwirtschaftsgüter für sich entnommen werden, da er nur im Rahmen eines lebenden Betriebs, Teilbetriebs oder Mitunternehmeranteils übertragen werden kann (→ BFH vom 24.11.1982 – BStBl. 1983 II S. 113).
– → Verlagswert.

solche Nutzungsänderung allein keine Entnahme darstellt (→ BFH vom 21.8.2012 – BStBl. 2013 II S. 117).

Nutzungsentnahme.

– Grundstücke oder Grundstücksteile → BFH vom 11.11.1988 (BStBl. 1989 II S. 872) und → H 4.7 (Teilentgeltliche Überlassung).
– Betrieblicher Pkw bei Unfall auf Privatfahrt → BFH vom 24.5.1989 (BStBl. 1990 II S. 8); → R 4.7 Abs. 1 Satz 3 bis 5.
– Betrieblicher Pkw bei Diebstahl auf Privatfahrt → BFH vom 18.4.2007 (BStBl. II S. 762); → Private Kraftfahrzeugnutzung.

Personengesellschaften.

– Die Übertragung eines Einzelwirtschaftsguts aus dem betrieblichen Gesamthandsvermögen einer Personengesellschaft oder anderen Gesamthandsgemeinschaft in das Privatvermögen eines Gesellschafters gegen Minderung von Gesellschaftsrechten stellt keine Entnahme, sondern einen tauschähnlichen Vorgang dar (→ BMF vom 29.3.2000 – BStBl. I S. 462 und vom 11.7.2011 – BStBl. I S. 713 unter Berücksichtigung BMF vom 26.7.2016 – BStBl. I S. 684).
– Eine (anteilige) Entnahme liegt nicht vor, wenn ein Wirtschaftsgut des Gesamthandsvermögens einer Personengesellschaft zu fremdüblichen Bedingungen an einen Gesellschafter veräußert wird (→ BFH vom 28.7.1998 – BStBl. 1999 II S. 53).
– Eine Entnahme liegt vor, wenn ein zum Gesamthandsvermögen einer Personengesellschaft gehörendes Betriebsgrundstück durch einen oder mehrere Gesellschafter mit Zustimmung der Gesellschaft für private Wohnzwecke des oder der Gesellschafter bebaut wird (→ BFH vom 30.6.1987 – BStBl. 1988 II S. 418). Eine Entnahme des Grundstücks liegt dagegen nicht vor, wenn der Gesellschafter ein der Personengesellschaft gehörendes Grundstück für private Zwecke bebaut und nachfolgend zu fremdüblichen Bedingungen erwirbt (→ BFH vom 28.7.1998 – BStBl. 1999 II S. 53).
– Wird ein Wirtschaftsgut aus dem Gesamthandsvermögen einer Personengesellschaft mit Zustimmung aller Gesellschafter derart entnommen, dass es Eigentum nur eines Gesellschafters wird, wird der Entnahmegewinn allen Gesellschaftern zugerechnet, falls die stillen Reserven dem begünstigten Gesellschafter geschenkt worden sind (→ BFH vom 28.9.1995 – BStBl. 1996 II S. 276).
– Gewährt eine Personengesellschaft einem Gesellschafter ein Darlehen ohne betriebliche Veranlassung, gehört dieses Darlehen privatrechtlich weiter zum Gesamthandsvermögen. Da das Darlehen steuerlich nicht zum Betriebsvermögen gehört, ist es als Entnahme zu behandeln, die allen Gesellschaftern anteilig unter Minderung ihrer Kapitalkonten zuzurechnen ist (→ BFH vom 9.5.1996 – BStBl. II S. 642). Eine Entnahme und kein Darlehen liegt auch vor, wenn neben dem festen Kapitalkonto lediglich ein weiteres Konto zur Erfassung von Gewinnen, Einlagen und Entnahmen der Gesellschafter geführt wird, auf dem auch Verluste verbucht werden (→ BFH vom 27.6.1996 – BStBl. 1997 II S. 36).
– Werden die Mittel zur Begleichung der Beiträge zu einer Lebensversicherung von der Personengesellschaft dem Gesellschafter in Form eines Darlehens überlassen und dient die Versicherungsprämie der Absicherung

von Verbindlichkeiten der Personengesellschaft, kann eine betriebliche Veranlassung für die Darlehensgewährung vorliegen, auch wenn der Versicherungsanspruch selbst nicht Betriebsvermögen ist (→ BFH vom 16.10.2014 – BStBl. 2015 II S. 267).

Private Kraftfahrzeugnutzung.

– Ertragsteuerliche Erfassung der Nutzung eines betrieblichen Kraftfahrzeugs zu Privatfahrten, zu Fahrten zwischen Wohnung und Betriebsstätte sowie zu Familienheimfahrten nach § 4 Abs. 5 Satz 1 Nr. 6 und § 6 Abs. 1 Nr. 4 Satz 1 bis 3 EStG (→ BMF vom 18.11.2009 – BStBl. I S. 1326 unter Berücksichtigung der Änderungen durch BMF vom 15.11.2012 – BStBl. I S. 1099).

– Nutzung eines betrieblichen Kraftfahrzeugs für private Fahrten, Fahrten zwischen Wohnung und Betriebsstätte/erster Tätigkeitsstätte und Familienheimfahrten; Nutzung von Elektro- und Hybridelektrofahrzeugen *(→ BMF vom 5.6.2014 – BStBl. I S. 835).*[1]

– Zerstörung eines betrieblichen Kraftfahrzeugs anlässlich einer Privatfahrt → BFH vom 24.5.1989 (BStBl. 1990 II S. 8) und R 4.7 Abs. 1 Satz 3 bis 5.

– Wird der zum Betriebsvermögen gehörende Pkw während einer privat veranlassten Nutzung gestohlen, ist der Vermögensverlust nicht gewinnmindernd zu berücksichtigen (→ BFH vom 18.4.2007 – BStBl. II S. 762).

– → Nutzungsänderung.

Schenkung.

– Bei der schenkweisen Übertragung eines Wirtschaftsguts fehlt es an einer → Entnahmehandlung, wenn der Stpfl. wirtschaftlicher Eigentümer bleibt (→ BFH vom 5.5.1983 – BStBl. II S. 631).

– → Personengesellschaften.

Verlagswert.

– Entnahme als Einzelwirtschaftsgut möglich (→ BFH vom 24.11.1982 – BStBl. 1983 II S. 113).

– → Geschäfts- oder Firmenwert.

Verlustdeckung bei einer Schwester-KG. Die Gewinnverwendung zur Deckung des Verlusts einer Schwester-KG ist eine Entnahme (→ BFH vom 26.1.1995 – BStBl. II S. 589).

Vorbehaltsnießbrauch.

– Wird ein Wirtschaftgut aus außerbetrieblichen Gründen einem Dritten unter Vorbehalt des Nießbrauchs unentgeltlich übereignet und auf Grund des Nießbrauchsrechts weiterhin betrieblich genutzt, wird das Wirtschaftsgut insgesamt entnommen, nicht nur ein um den Wert des Nießbrauchs geminderter Teil des Wirtschaftsguts (→ BFH vom 28.2.1974 – BStBl. II S. 481, vom 2.8.1983 – BStBl. II S. 735 und vom 8.12.1983 – BStBl. 1984 II S. 202).

– → Nutzungsentnahme.

Wettbewerbsverbot. Wird der Gesellschafter einer Personengesellschaft oder der Gesellschafter-Geschäftsführer ihrer Komplementär-GmbH im Handelszweig der Personengesellschaft tätig, kann dadurch ein Schadensersatzan-

[1] Siehe jetzt BMF v. 5.11.2021, BStBl. I 2021, 2205, mit Anwendungsregelungen in Tz. 5.

spruch der Gesellschaft wegen Verstoßes gegen das Wettbewerbsverbot entstehen. Verzichten die anderen Gesellschafter ohne betriebliche Veranlassung auf die Geltendmachung des Anspruchs, liegt eine Entnahme der Forderung vor. Ein Schadensersatzanspruch entsteht allerdings nicht, wenn die anderen Gesellschafter mit der Tätigkeit des Gesellschafters ausdrücklich oder stillschweigend einverstanden waren; zu einer Entnahme kommt es dann nicht (→ BFH vom 23.3.1995 – BStBl. II S. 637).

Wochenendhaus. Wird ein Wochenendhaus auf einem Betriebsgrundstück errichtet, werden Grund und Boden und das Wochenendhaus erst dann notwendiges Privatvermögen und damit entnommen, wenn die Absicht der künftigen Verwendung des Wochenendhauses zu eigenen Wohnzwecken in Erklärungen oder in einem eindeutigen Verhalten des Stpfl. zum Ausdruck kommt (→ BFH vom 29.4.1970 – BStBl. II S. 754).

R 4.4 Bilanzberichtigung und Bilanzänderung

Bilanzberichtigung

(1)[1)·2)] [1]Ist ein Ansatz in der Bilanz unrichtig, kann der Stpfl. nach § 4 Abs. 2 Satz 1 EStG den Fehler durch eine entsprechende Mitteilung an das Finanzamt berichtigen **(Bilanzberichtigung).** [2]Ein Ansatz in der Bilanz ist unrichtig, wenn er unzulässig ist, d. h., wenn er gegen zwingende Vorschriften des Einkommensteuerrechts oder des Handelsrechts oder gegen die einkommensteuerrechtlich zu beachtenden handelsrechtlichen Grundsätze ordnungsmäßiger Buchführung verstößt. [3]*Eine Bilanzberichtigung ist unzulässig, wenn der Bilanzansatz im Zeitpunkt der Bilanzaufstellung subjektiv richtig ist.* [4]*Subjektiv richtig ist jede der im Zeitpunkt der Bilanzaufstellung der kaufmännischen Sorgfalt entsprechende Bilanzierung.* [5]*Entspricht ein Bilanzansatz im Zeitpunkt der Bilanzaufstellung den Grundsätzen höchstrichterlicher Rechtsprechung, wird dieser durch eine Änderung der Rechtsprechung nicht unrichtig.* [6]*Hat der Stpfl. entsprechend der im Zeitpunkt der Bilanzaufstellung bestehenden Verwaltungsauffassung bilanziert, hält er aber einen davon abweichenden Ansatz für richtig, ist eine Bilanzberichtigung bei einer Änderung der Verwaltungsauffassung auf Grund höchstrichterlicher Rechtsprechung zulässig, wenn er durch Zusätze oder Vermerke bei der Aufstellung der Bilanz dokumentiert hat, dass er einen von der Verwaltungsauffassung abweichenden Ansatz begehrt.* [7]*Die Dokumentation ist zusammen mit der Steuererklärung beim Finanzamt einzureichen.* [8]*Soweit keine steuerlichen Ansatz- oder Bewertungsvorbehalte gelten, ist ein von der Handelsbilanz abweichender Ansatz in der Steuerbilanz als ausreichende Dokumentation anzusehen.* [9]Soweit eine Bilanzberichtigung nicht möglich ist, ist der falsche Bilanzansatz grundsätzlich in der Schlussbilanz des ersten Jahres, dessen Veranlagung geändert werden kann, erfolgswirksam richtig zu stellen. [10]Bei Land- und Forstwirten mit vom Kalenderjahr abweichendem Wirtschaftsjahr müssen beide Veranlagungen, denen die Schlussbilanz zugrunde liegt (→ § 4a Abs. 2 Nr. 1 EStG), geändert werden können.

---

1) R 4.4 Abs. 1 Sätze 3 bis 8 überholt durch BFH v. 31.1.2013 GrS 1/10, BStBl. II 2013, 317 (Aufgabe des subjektiven Fehlerbegriffs hinsichtlich bilanzieller Rechtsfragen).

2) **[Amtl. Anm.:]** → H 4.4 (Bilanzberichtigung). – *Anm. d. Red.:* Betrifft die kursiv gesetzten Sätze 3 bis 8.

Bilanzänderung[1)]

(2) [1] Wenn steuerrechtlich, in den Fällen des § 5 EStG auch handelsrechtlich, verschiedene Ansätze für die Bewertung eines Wirtschaftsgutes zulässig sind und der Stpfl. demgemäß zwischen mehreren Wertansätzen wählen kann, trifft er durch die Einreichung der Steuererklärung an das Finanzamt seine Entscheidung. [2] Eine Änderung dieser Entscheidung zugunsten eines anderen zulässigen Ansatzes ist eine **Bilanzänderung.** [3] Eine Bilanzänderung liegt nicht vor, wenn sich einem Stpfl. erst nach Einreichung der Bilanz die Möglichkeit eröffnet, erstmalig sein Wahlrecht auszuüben. [4] Eine Bilanzänderung ist zulässig, wenn sie in einem engen zeitlichen und sachlichen Zusammenhang mit einer Bilanzberichtigung steht und soweit die Auswirkung der Bilanzberichtigung auf den Gewinn reicht. [5] Ein enger zeitlicher und sachlicher Zusammenhang zwischen Bilanzberichtigung und Bilanzänderung setzt voraus, dass sich beide Maßnahmen auf dieselbe Bilanz beziehen und die Bilanzänderung unverzüglich nach der Bilanzberichtigung vorgenommen wird. [6] Bei einer Mitunternehmerschaft beziehen sich beide Maßnahmen auf die Bilanz der Mitunternehmerschaft (Gesamthandsbilanz, Ergänzungsbilanz und Sonderbilanz); beispielsweise kann eine Bilanzberichtigung in der Gesamthandsbilanz eine Bilanzänderung in der Ergänzungsbilanz oder Sonderbilanz des Mitunternehmers oder der Mitunternehmer zulassen.

H 4.4

Berichtigung einer Bilanz, die einer bestandskräftigen Veranlagung zu Grunde liegt.

- Die Berichtigung einer Bilanz, die einer bestandskräftigen Veranlagung zu Grunde liegt, ist nur insoweit möglich, als die Veranlagung nach den Vorschriften der AO, insbesondere nach § 164 Abs. 1, § 173 oder § 175 Abs. 1 Satz 1 Nr. 2 AO, noch geändert werden kann oder die Bilanzberichtigung sich auf die Höhe der veranlagten Steuer nicht auswirken würde (→ BFH vom 27.3.1962 – BStBl. III S. 273 und vom 5.9.2001 – BStBl. 2002 II S. 134).
- Die Berichtigung eines unrichtigen Bilanzansatzes in einer **Anfangsbilanz** ist nicht zulässig, wenn diese Bilanz der Veranlagung eines früheren Jahres als Schlussbilanz zugrunde gelegen hat, die nach den Vorschriften der AO nicht mehr geändert werden kann, oder wenn der sich bei einer Änderung dieser Veranlagung ergebende höhere Steueranspruch wegen Ablaufs der Festsetzungsfrist erloschen wäre (→ BFH vom 29.11.1965 – BStBl. 1966 III S. 142). Unter Durchbrechung des Bilanzenzusammenhangs kann eine Berichtigung der Anfangsbilanz des ersten Jahres, bei dessen Veranlagung sich die Berichtigung auswirken kann, ausnahmsweise in Betracht kommen, wenn ein Stpfl. zur Erlangung beachtlicher ungerechtfertigter Steuervorteile bewusst einen Aktivposten zu hoch oder einen Passivposten zu niedrig angesetzt hat, ohne dass die Möglichkeit besteht, die Veranlagung des Jahres zu ändern, bei der sich der un-

1) Zu einer Bilanzänderung im Zusammenhang mit § 6b EStG siehe BFH v. 27.9.2006 IV R 7/06, BStBl. II 2008, 600.

richtige Bilanzansatz ausgewirkt hat (→ BFH vom 3.7.1956 – BStBl. III S. 250).

Bilanzänderung.

- Der **enge zeitliche und sachliche Zusammenhang** zwischen Bilanzberichtigung und Bilanzänderung setzt voraus, dass sich beide Maßnahmen auf dieselbe Bilanz beziehen. Die Änderung der Bilanz eines bestimmten Wj. ist danach unabhängig von der Frage, auf welche Wirtschaftsgüter oder Rechnungsabgrenzungsposten sich die Berichtigung dieser Bilanz bezieht, bis zur Höhe des gesamten Berichtigungsbetrages zulässig. Ein zeitlicher Zusammenhang liegt darüber hinaus nur vor, wenn die Bilanz unverzüglich nach einer Bilanzberichtigung geändert wird (→ BMF vom 18.5.2000 – BStBl. I S. 587).
- Der Zusammenhang einer Bilanzänderung mit einer Bilanzberichtigung liegt auch dann vor, wenn sich die Gewinnänderung im Rahmen der Bilanzberichtigung aus der **Nicht- oder der fehlerhaften Verbuchung von Entnahmen und Einlagen** ergibt (→ BFH vom 31.5.2007 – BStBl. 2008 II S. 665); außerbilanzielle Gewinnerhöhungen berühren dagegen keinen Bilanzansatz und ermöglichen deshalb keine Bilanzänderung (→ BMF vom 13.8.2008 – BStBl. I S. 845).
- Im Rahmen einer zulässigen Bilanzänderung kann der Stpfl. ihm zustehende, im Jahr der Bilanzänderung aber **noch nicht oder nicht in voller Höhe geltend gemachte Sonderabschreibungen** erstmals oder mit einem höheren Betrag in Anspruch nehmen. Dies gilt auch dann, wenn er die im Jahr der Bilanzänderung noch nicht ausgeschöpften Sonderabschreibungen in den Bilanzen der Folgejahre schon beansprucht hat (→ BFH vom 25.10.2007 – BStBl. 2008 II S. 226).
- Gewinn i. S. d. § 4 Abs. 2 Satz 2 EStG ist der Bilanzgewinn i. S. d. § 4 Abs. 1 EStG und nicht der steuerliche Gewinn. § 4 Abs. 2 Satz 2 EStG erlaubt daher eine Bilanzänderung lediglich in Höhe der sich aus der Steuerbilanz **infolge der Bilanzänderung des § 4 Abs. 2 Satz 1 EStG ergebenden Gewinnänderung** und nicht in Höhe der sich aus einer Bilanzänderung ergebenden steuerlichen Gewinnänderung, die auf einer Hinzurechnung außerhalb der Steuerbilanz beruht (→ BFH vom 27.5.2020 – BStBl. I S. 772).
- Die Bilanzänderungsgrundsätze gelten auch für die Änderung der **Überleitungsrechnung,** die der Stpfl. anstelle einer gesonderten Steuerbilanz nach § 60 Abs. 2 Satz 1 EStDV seiner Steuererklärung beifügt (→ BFH vom 27.5.2020 – BStBl. II S. 779).

Bilanzberichtigung.[1]

- Eine Bilanzberichtigung darf nur der Stpfl. selbst vornehmen (→ BFH vom 13.6.2006 – BStBl. 2007 II S. 94). Hält das Finanzamt eine Bilanz für fehlerhaft, darf es diese Bilanz der Besteuerung nicht zugrunde legen und muss eine eigene Gewinnermittlung durch Betriebsvermögensvergleich mit ggf. auf der Grundlage der Bilanz abgeänderten Werten vor-

[1] Zum formellen Bilanzenzusammenhang siehe BFH v. 28.4.1998 VIII R 46/96, BStBl. II 1998, 443.

nehmen (→ BFH vom 4.11.1999 – BStBl. 2000 II S. 129 und vom 31.1.2013 – BStBl. II S. 317).

- Das Finanzamt ist auch dann nicht an die rechtliche Beurteilung gebunden, die der vom Stpfl. aufgestellten Bilanz und deren einzelnen Ansätzen zugrunde liegt, wenn diese Beurteilung aus der Sicht eines ordentlichen und gewissenhaften Kaufmanns im Zeitpunkt der Bilanzaufstellung vertretbar war. Das gilt auch für eine in diesem Zeitpunkt von der Verwaltung und Rechtsprechung praktizierte, später aber geänderte Rechtsauffassung (→ BFH vom 31.1.2013 – BStBl. II S. 317).
- Eine Bilanz kann berichtigt werden, wenn ein darin enthaltener Ansatz nicht gegen Grundsätze ordnungsmäßiger Buchführung, sondern nur gegen steuerrechtliche Vorschriften verstößt. Kann eine Bilanz auf verschiedenen Wegen berichtigt werden, obliegt die Auswahl des Korrekturwegs dem Unternehmer (→ BFH vom 14.3.2006 – BStBl. II S. 799).
- **Absetzung für Abnutzung:** Sind in den Vorjahren im Hinblick auf eine zu niedrige Bemessungsgrundlage zu wenig AfA geltend gemacht worden, kann die letzte Anfangsbilanz gewinnneutral berichtigt werden, indem der richtige höhere Anfangswert gekürzt um die tatsächlich vorgenommenen Absetzungsbeträge in die Bilanz eingestellt wird (→ BFH vom 29.10.1991 – BStBl. 1992 II S. 512, 516). → H 7.4 (Unterlassene oder überhöhte AfA).
- Die Voraussetzungen für eine Bilanzberichtigung sind für die Einkommensteuer und Gewerbesteuer gesondert zu prüfen. Eine Bilanzberichtigung für Zwecke der Gewerbesteuer hindert daher nicht die entsprechende einkommensteuerrechtliche Korrektur in einem späteren VZ (→ BFH vom 6.9.2000 – BStBl. 2001 II S. 106).
- Sind in den Vorjahren Sonderabschreibungen im Rahmen einer zulässigen Bilanzänderung anderweitig verteilt worden, sind nach den Grundsätzen des Bilanzenzusammenhangs nunmehr fehlerhafte Ansätze in den Bilanzen der Folgejahre zu berichtigen (→ BFH vom 25.10.2007 – BStBl. 2008 II S. 226).
- Maßgebender Zeitpunkt für die Bestimmung, welche Bilanz zu berichtigen ist (Bilanz der Fehlerquelle oder eine spätere Bilanz), ist der Zeitpunkt der Einspruchsentscheidung, weil das Finanzamt darin abschließend über die Frage der Bilanzberichtigung befindet (→ BFH vom 19.7.2011 – BStBl. II S. 1017).

Einnahmenüberschussrechnung. → H 4.5 (1) Änderung der Einnahmenüberschussrechnung.

Fehlerhafte Gewinnverteilung bei Personengesellschaften. Bei einer Personengesellschaft ist die fehlerhafte Gewinnverteilung, die einer bestandskräftigen Feststellung zu Grunde liegt, in der Schlussbilanz des ersten noch änderbaren Feststellungszeitraums richtig zu stellen (→ BFH vom 11.2.1988 – BStBl. II S. 825). Die Fehlerkorrektur ist nicht zulässig, wenn für den dem Feststellungszeitraum der Berichtigung vorangegangenen Feststellungszeitraum eine Feststellung nicht durchgeführt wurde und wegen Ablaufs der Feststellungsfrist nicht nachgeholt werden kann (→ BFH vom 28.1.1992 – BStBl. II S. 881).

Nachträgliche Auflösung des negativen Kapitalkontos eines Kommanditisten. Ist das negative Kapitalkonto des Kommanditisten zu Unrecht nicht aufgelöst worden und die Veranlagung bestandskräftig, kann auf Grund des Bilanzenzusammenhangs die Auflösung im Folgejahr nachgeholt werden (→ BFH vom 10.12.1991 – BStBl. 1992 II S. 650).

Nicht erkannte Mitunternehmerschaft. Wurde unter Verkennung einer Mitunternehmerschaft eine Bilanz für ein Einzelunternehmen vorgelegt, ist die Inanspruchnahme des § 6b EStG in der erstmalig vorgelegten Bilanz der Mitunternehmerschaft keine Bilanzänderung i. S. d. § 4 Abs. 2 Satz 2 EStG (→ BFH vom 18.8.2005 – BStBl. 2006 II S. 165).

Realteilung. Im Fall der Realteilung mit Buchwertfortführung kann ein gewinnwirksamer Bilanzierungsfehler der realgeteilten Personengesellschaft nach den Grundsätzen des formellen Bilanzenzusammenhangs bei den Realteilern berichtigt werden (→ BFH vom 20.10.2015 – BStBl. 2016 II S. 596).

Richtigstellung eines unrichtigen Bilanzansatzes.[1] Ein unrichtiger Bilanzansatz ist in der ersten Schlussbilanz richtig zu stellen, in der dies unter Beachtung der für den Eintritt der Bestandskraft und der Verjährung maßgebenden Vorschriften möglich ist, und zwar grundsätzlich erfolgswirksam. Anzusetzen ist der Wert, mit dem das Wirtschaftsgut bei von vornherein zutreffender bilanzieller Behandlung – also bei Beachtung sämtlicher Gewinnermittlungsvorschriften – in dieser Bilanz erscheinen würde (→ BFH vom 10.12.1997 – BStBl. 1998 II S. 377). Die Korrektur eines fehlerhaften Bilanzansatzes setzt voraus, dass noch ein Bilanzierungsfehler vorliegt (→ BFH vom 11.2.1998 – BStBl. II S. 503).

Tausch. Eine beim Tausch unterbliebene Ausbuchung des hingetauschten Wirtschaftsguts und Einbuchung einer Forderung auf Lieferung des eingetauschten Wirtschaftsguts ist in der ersten noch änderbaren Schlussbilanz erfolgswirksam nachzuholen (→ BFH vom 14.12.1982 – BStBl. 1983 II S. 303).

Unterlassene Bilanzierung.

- Die rechtliche Beurteilung der **Zugehörigkeit eines Wirtschaftsguts** zum notwendigen Betriebsvermögen wird nicht dadurch berührt, dass es bisher nicht bilanziert worden ist. Ein Wirtschaftsgut des notwendigen Betriebsvermögens ist bei unterlassener Aktivierung mit dem Wert einzubuchen, der sich ergeben würde, wenn das Wirtschaftsgut von Anfang an richtig bilanziert worden wäre. In diesem Fall ist bei der Ermittlung des Einbuchungswerts eine „Schattenrechnung" (Absetzung der bisher unterlassenen AfA-Beträge von den Anschaffungs- oder Herstellungskosten) durchzuführen (→ BFH vom 24.10.2001 – BStBl. 2002 II S. 75).
- Im Fall eines **„nicht erkannten Gewerbebetriebs"**, für den erst in einem späteren Wirtschaftsjahr nach der Betriebseröffnung mit der Bilanzierung begonnen wird, sind bei erstmaliger Bilanzaufstellung die Grundsätze des formellen Bilanzenzusammenhangs unbeachtlich. Der erste Bilanzansatz eines zuvor nicht bilanzierten Wirtschaftsguts des not-

[1] Zur Bilanzkorrektur bei fehlerhafter Aktivierung eines abnutzbaren Wirtschaftsguts des Anlagevermögens siehe BFH v. 9.5.2012 X R 38/10, BStBl. II 2012, 725.

wendigen Betriebsvermögens bemisst sich nach dem Wert, mit dem es bei von Beginn an richtiger Bilanzierung zu Buche stehen würde. Die Einbuchung in die Anfangsbilanz erfolgt gewinnneutral (→ BFH vom 26.11.2008 – BStBl. 2009 II S. 407).

Unterlassene Erfassung einer Einlage. Werden (Sonder-)Betriebsausgaben, die aus privaten Mitteln bestritten worden sind, im Jahr der Entstehung des Aufwands nicht berücksichtigt, kommt eine erfolgswirksame Nachholung in einem Folgejahr – durch die Berichtigung der Position Einlagen innerhalb des Kapitalkontos – nach den Grundsätzen des formellen Bilanzenzusammenhangs nicht in Betracht (→ BFH vom 17.6.2019 – BStBl. II S. 614).

Unterlassene Erfassung einer Entnahme. Erfolgsneutrale Ausbuchung bei unterlassener Erfassung einer Entnahme (→ BFH vom 21.10.1976 – BStBl. 1977 II S. 148).

Verbindlichkeiten. Eine Verbindlichkeit,

- die gewinnwirksam zu Unrecht passiviert worden ist, ist grundsätzlich gewinnerhöhend aufzulösen (→ BFH vom 22.1.1985 – BStBl. II S. 308),
- deren gewinnmindernde Passivierung der Stpfl. nicht bewusst rechtswidrig oder willkürlich unterlassen hat, ist gewinnmindernd einzustellen (→ BFH vom 2.5.1984 – BStBl. II S. 695).

Dies gilt auch dann, wenn der Betrieb inzwischen unentgeltlich, also unter Fortführung der Buchwerte, auf einen anderen übertragen wurde (→ BFH vom 9.6.1964 – BStBl. 1965 III S. 48) oder wenn der Betrieb zulässigerweise zum Buchwert in eine Personengesellschaft eingebracht wurde (→ BFH vom 8.12.1988 – BStBl. 1989 II S. 407).

Wahlrecht eines Mitunternehmers. Mitunternehmerbezogene Wahlrechte sind von dem Mitunternehmer persönlich auszuüben. Grundsätzlich wird vermutet, dass die Sonderbilanz mit dem Mitunternehmer abgestimmt ist. Diese Vermutung gilt nicht bei einem ausgeschiedenen Gesellschafter. In diesen Fällen ist die von der Mitunternehmerschaft aufgestellte Sonderbilanz keine Bilanz, die das Änderungsverbot des § 4 Abs. 2 Satz 2 EStG auslöst (→ BFH vom 25.1.2006 – BStBl. II S. 418).

Zu Unrecht bilanziertes Wirtschaftsgut des Privatvermögens. Ein zu Unrecht bilanziertes Wirtschaftsgut des Privatvermögens ist gewinnneutral auszubuchen (→ BFH vom 26.2.1976 – BStBl. II S. 378).

R 4.5 Einnahmenüberschussrechnung

Anwendungsbereich

(1) [1]Der Stpfl. kann nach § 4 Abs. 3 EStG als Gewinn den Überschuss der Betriebseinnahmen über die Betriebsausgaben ansetzen, wenn er auf Grund gesetzlicher Vorschriften (→ R 4.1 Abs. 1, 2 und 4) nicht verpflichtet ist, Bücher zu führen und regelmäßig Abschlüsse zu machen, er dies auch nicht freiwillig tut, und sein Gewinn nicht nach Durchschnittssätzen (§ 13a EStG) zu ermitteln ist. [2]Die Buchführung wegen der Eigenschaft des Betriebs als Testbetrieb für den agrarpolitischen Bericht der Bundesregierung oder als Betrieb des Informationsnetzes landwirtschaftlicher Buchführung (INLB) und die Aufla-

genbuchführung entsprechend den Richtlinien des Bundesministeriums für Ernährung, Landwirtschaft und Verbraucherschutz schließen die Gewinnermittlung nach § 4 Abs. 3 EStG nicht aus. [3]Der Gewinn eines Stpfl. ist nach den für diese Gewinnermittlungsart maßgebenden Grundsätzen zu ermitteln, wenn der Betrieb zwar die Voraussetzungen für die Gewinnermittlung nach § 13a EStG erfüllt, aber ein Antrag nach § 13a Abs. 2 EStG gestellt worden ist.

H 4.5 (1)

Änderung der Einnahmenüberschussrechnung. Die Vorschriften über die Bilanzberichtigung (§ 4 Abs. 2 Satz 1 EStG) und die Bilanzänderung (§ 4 Abs. 2 Satz 2 EStG) sind auf die Einnahmenüberschussrechnung nicht anwendbar (→ BFH vom 21.6.2006 – BStBl. II S. 712 und vom 30.8.2001 – BStBl. 2002 II S. 49).

Anlage EÜR. → H 25.

Ergänzungsrechnung. Bei der Gewinnermittlung nach § 4 Abs. 3 EStG sind die Anschaffungskosten eines Gesellschafters für den Erwerb seiner mitunternehmerischen Beteiligung in einer steuerlichen Ergänzungsrechnung nach Maßgabe der Grundsätze über die Aufstellung von Ergänzungsbilanzen zu erfassen, wenn sie in der Einnahmenüberschussrechnung der Gesamthand nicht berücksichtigt werden können (→ BFH vom 24.6.2009 – BStBl. II S. 993).

Gewinnschätzung nach den Grundsätzen des § 4 Abs. 3 EStG. → H 4.1 (Gewinnschätzung).

Wahl der Gewinnermittlungsart.

- Die Entscheidung eines Stpfl., seinen Gewinn durch Einnahmenüberschussrechnung zu ermitteln, muss sich nach außen dokumentiert haben. Das Sammeln z. B. der maßgebenden Einnahmebelege reicht hierfür aus (→ BFH vom 13.10.1989 – BStBl. 1990 II S. 287).
- Der Stpfl. muss die dem Finanzamt gegenüber wirksam getroffene Entscheidung, den Gewinn durch Einnahmenüberschussrechnung zu ermitteln, nicht jährlich wiederholen (→ BFH vom 24.9.2008 – BStBl. 2009 II S. 368).
- Zeichnet ein nicht buchführungspflichtiger Stpfl. nur Einnahmen und Ausgaben auf, kann er nicht verlangen, dass seiner Besteuerung ein nach § 4 Abs. 1 EStG geschätzter Gewinn zugrunde gelegt wird (→ BFH vom 2.3.1978 – BStBl. II S. 431). Durch den Verzicht auf die Aufstellung einer Eröffnungsbilanz und auf die Einrichtung einer den jeweiligen Stand des Vermögens darstellenden Buchführung hat er die Gewinnermittlung durch Einnahmenüberschussrechnung gewählt. Diese Wahl kann nachträglich nicht geändert werden (→ BFH vom 5.11.2015 – BStBl. 2016 II S. 468).
- Die Wahl der Gewinnermittlung durch Einnahmenüberschussrechnung kann nicht unterstellt werden, wenn der Stpfl. bestreitet, betriebliche Einkünfte erzielt zu haben (→ BFH vom 8.3.1989 – BStBl. II S. 714).
- Erzielt ein Stpfl. Gewinneinkünfte und hat er die Gewinnermittlung durch Einnahmenüberschussrechnung gewählt, ist er daran auch gebunden,

wenn seine Einkünfte nicht mehr als freiberuflich, sondern als gewerblich eingestuft werden (→ BFH vom 8.10.2008 – BStBl. 2009 II S. 238).
– Das Recht zur Wahl der Gewinnermittlung durch Einnahmenüberschussrechnung entfällt erst mit der Erstellung eines Abschlusses und nicht bereits mit der Einrichtung einer Buchführung oder der Aufstellung einer Eröffnungsbilanz (→ BFH vom 19.3.2009 – BStBl. II S. 659).
– Das Recht zur Wahl der Gewinnermittlung durch Einnahmenüberschussrechnung wird durch tatsächliche Handhabung ausgeübt. Die endgültige Wahl wird z. B. durch Übersendung der Gewinnermittlung an das Finanzamt zum Ausdruck gebracht. Nach wirksam ausgeübter Wahl ist ein Wechsel der Gewinnermittlungsart für das gleiche Wj. auch vor Eintritt der Bestandskraft nur bei Vorliegen eines besonderen Grundes zulässig. Dazu zählt nicht der bloße Irrtum über die steuerlichen Folgen dieser Wahl (→ BFH vom 2.6.2016 – BStBl. 2017 II S. 154).
– Das Wahlrecht zur Gewinnermittlung durch Einnahmenüberschussrechnung ist grundsätzlich nicht dadurch ausgeübt, dass der Stpfl. die vermeintlichen Überschusseinkünfte durch Gegenüberstellung der Einnahmen und Werbungskosten ermittelt hat (→ BFH vom 30.1.2013 – BStBl. II S. 684).
– Ist eine ausländische Personengesellschaft zur Buchführung und zur Aufstellung von Abschlüssen verpflichtet oder tut sie dies freiwillig, steht dem Mitunternehmer für die inländische Gewinnermittlung kein eigenes Wahlrecht zu, seinen Gewinn durch Einnahmenüberschussrechnung zu ermitteln (→ BFH vom 25.6.2014 – BStBl. 2015 II S. 141).[1)]
– → H 4.6 (Wechsel zum Betriebsvermögensvergleich).

R 4.5 (2)

Zeitliche Erfassung von Betriebseinnahmen und -ausgaben

(2) [1]Bei der Gewinnermittlung nach § 4 Abs. 3 EStG sind die Betriebseinnahmen und die Betriebsausgaben nach den Grundsätzen des § 11 EStG zu erfassen. [2]Das gilt auch für Vorschüsse, Teil- und Abschlagszahlungen. [3]Hat ein Stpfl. Gelder in fremdem Namen und für fremde Rechnung verausgabt, ohne dass er entsprechende Gelder vereinnahmt, kann er in dem Wirtschaftsjahr, in dem er nicht mehr mit einer Erstattung der verausgabten Gelder rechnen kann, eine Betriebsausgabe in Höhe des nicht erstatteten Betrags absetzen. [4]Soweit der nicht erstattete Betrag in einem späteren Wirtschaftsjahr erstattet wird, ist er als Betriebseinnahme zu erfassen.

H 4.5 (2)

Darlehen. Geldbeträge, die dem Betrieb durch die Aufnahme von Darlehen zugeflossen sind, stellen keine Betriebseinnahmen und Geldbeträge, die zur Tilgung von Darlehen geleistet werden, keine Betriebsausgaben dar (→ BFH vom 8.10.1969 – BStBl. 1970 II S. 44).

Darlehens- und Beteiligungsverlust. Darlehensverluste und der Verlust von Beteiligungen an Kapitalgesellschaften können nur dann wie Betriebsaus-

---

1) Siehe auch BFH v. 10.12.2014 I R 3/13, BFH/NV 2015, 667.

gaben abgesetzt werden, wenn besondere Umstände ihre ausschließliche Zugehörigkeit zur betrieblichen Sphäre ergeben (→ BFH vom 2.9.1971 – BStBl. 1972 II S. 334, vom 11.3.1976 – BStBl. II S. 380 und vom 23.11.1978 – BStBl. 1979 II S. 109). Für den Zeitpunkt und den Umfang einer etwaigen Berücksichtigung derartiger Verluste ist maßgeblich, wann und in welcher Höhe die für das Darlehen oder die Beteiligung aufgewendeten Mittel endgültig verloren gegangen sind (→ BFH vom 23.11.1978 – BStBl. 1979 II S. 109).

Diebstahl. Ein durch Diebstahl eingetretener Geldverlust führt nur dann zu einer Betriebsausgabe, wenn der betriebliche Zusammenhang anhand konkreter und objektiv greifbarer Anhaltspunkte festgestellt ist (→ BFH vom 28.11.1991 – BStBl. 1992 II S. 343).

Durchlaufende Posten.

– In fremdem Namen und auf fremde Rechnung beigetriebene Beträge verlieren ihre Eigenschaft als durchlaufende Posten nicht dadurch, dass der Stpfl. sie für eigene Zwecke verwendet. Veruntreute Fremdgelder stellen keine steuerbaren Einnahmen aus der jeweiligen Einkunftsart dar (→ BFH vom 16.12.2014 – BStBl. 2015 II S. 643).
– Die Eigenschaft als durchlaufender Posten geht verloren, sobald der Wille zur Weiterleitung von vereinnahmtem Geld durch Abgabe einer Aufrechnungserklärung nach außen erkennbar aufgegeben wird (→ BFH vom 29.9.2020 – BStBl. 2021 II S. 431).

Fremdwährungsdarlehen. Die Mehrausgaben, die sich bei der Tilgung eines Fremdwährungsdarlehens nach einer Kurssteigerung der ausländischen Währung ergeben, sind im Zeitpunkt der Zahlung als Betriebsausgabe, umgerechnet in Euro, abzuziehen; wird infolge eines Kursrückgangs der ausländischen Währung ein geringerer als der ursprünglich zugeflossene Betrag zurückgezahlt, ist der Unterschiedsbetrag, umgerechnet in Euro, im Zeitpunkt der Zahlung als Betriebseinnahme zu erfassen (→ BFH vom 15.11. 1990 – BStBl. 1991 II S. 228).

Gold. Physisches Gold ist entsprechend seiner Zweckbestimmung im Betrieb dem Anlage- oder Umlaufvermögen zuzuordnen. Dem Umlaufvermögen zuzuordnendes physisches Gold stellt keine den Wertpapieren vergleichbare nicht verbriefte Forderungen oder Rechte i.S.d. § 4 Abs. 3 Satz 4 Variante 3 EStG dar (→ BFH vom 19.1.2017 – BStBl. II S. 456 und S. 466).

Investitionszuschüsse bei Einnahmenüberschussrechnung. → H 6.5.

Rückdeckungsanspruch. Ein Rückdeckungsanspruch stellt eine Forderung gegen den Versicherer dar, die zum Umlaufvermögen gehört. Der Erwerb eines Rückdeckungsanspruchs ist regelmäßig keine von § 4 Abs. 3 Satz 4 EStG erfasste Anschaffung von Wertpapieren und vergleichbaren, nicht verbrieften Forderungen und Rechten des Umlaufvermögens (→ BFH vom 12.12.2017 – BStBl. 2018 II S. 387).

Sacheinnahmen sind wie Geldeingänge in dem Zeitpunkt als Betriebseinnahme zu erfassen, in dem der Sachwert zufließt (→ BFH vom 12.3.1992 – BStBl. 1993 II S. 36).

Tauschvorgänge. Durch die Lieferung von zum Betriebsvermögen gehörenden Wirtschaftsgütern im Tausch gegen andere Wirtschaftsgüter hat der

Stpfl. eine Betriebseinnahme i. S. d. § 4 Abs. 3 EStG realisiert, da ihm dadurch ein geldwerter Gegenstand zugegangen ist und dieser Zugang im Hinblick auf die Hingabe von Betriebsgegenständen betrieblich veranlasst ist. Ob die erlangte Gegenleistung in den betrieblichen oder in den privaten Bereich des Stpfl. gelangt ist, hat dafür keine Bedeutung. Eine Betriebseinnahme setzt nicht voraus, dass die erlangte Leistung Betriebsvermögen wird (→ BFH vom 17.4.1986 – BStBl. II S. 607).

Vereinnahmte Umsatzsteuerbeträge. → H 9b (Gewinnermittlung nach § 4 Abs. 3 EStG und Ermittlung des Überschusses der Einnahmen über die Werbungskosten).

Vorschusszahlung.
- Vorschussweise gezahlte Honorare sind auch dann zugeflossen, wenn im Zeitpunkt der Veranlagung feststeht, dass sie teilweise zurückzuzahlen sind; das „Behaltendürfen" ist nicht Merkmal des Zuflusses (→ BFH vom 13.10.1989 – BStBl. 1990 II S. 287).
- Nicht rückzahlbare Zahlungen, die ein Verlag zum Zweck der Vorfinanzierung erwarteter GEMA-Zahlungen an den Urheber erbringt und die mit den Ausschüttungen der GEMA zu verrechnen sind, sind unabhängig davon, ob sie als vorzeitige Teilerfüllung einer Vergütungspflicht des Verlages anzusehen sind, mit dem Zufluss als Betriebseinnahmen zu erfassen (→ BFH vom 2.8.2016 – BStBl. 2017 II S. 310).

Wirtschaftsjahr. § 11 Abs. 1 Satz 2 EStG ist auch bei abweichendem Wj. in der Land- und Forstwirtschaft anzuwenden (→ BFH vom 23.9.1999 – BStBl. 2000 II S. 121).

Zahngold. Ausgaben eines Zahnarztes mit Gewinnermittlung nach § 4 Abs. 3 EStG für Zahngold (→ H 4.2 (1) Gold) bilden auch dann Betriebsausgaben, wenn der angeschaffte Goldvorrat den Verbrauch für einige Jahre deckt (→ BFH vom 12.7.1990 – BStBl. 1991 II S. 13 und vom 12.3.1992 – BStBl. 1993 II S. 36); Indiz dafür ist der Verbrauch der Vorräte innerhalb eines Zeitraums von maximal sieben Jahren oder der Nachweis, dass bei Anschaffung mit einem Verbrauch innerhalb dieses Zeitraums zu rechnen war (→ BFH vom 26.5.1994 – BStBl. II S. 750).

Zufluss von Betriebseinnahmen.
- **Provisionszahlungen** → H 11 (Provisionen).
- **Zahlungen des Auftraggebers an ein Versorgungswerk** als Betriebseinnahmen des Auftragnehmers im Zeitpunkt des Eingangs beim Versorgungswerk (→ BFH vom 1.10.1993 – BStBl. 1994 II S. 179).
- **Veräußerungserlös** – der Erlös aus dem Verkauf eines Wirtschaftsgutes ist stets im Jahr des Zuflusses anzusetzen (→ BFH vom 16.2.1995 – BStBl. II S. 635); bei Inanspruchnahme des § 6c EStG → aber R 6c Abs. 1 Satz 3 und 4.

R 4.5 (3)

Abnutzbare und nicht abnutzbare Anlagegüter

(3) [1] Zu den Betriebseinnahmen gehören auch die Einnahmen aus der Veräußerung von abnutzbaren und nicht abnutzbaren Anlagegütern sowie vereinnahmte Umsatzsteuerbeträge. [2] Die Anschaffungs- oder Herstellungskosten für

Anlagegüter, die der Abnutzung unterliegen, z. B. Einrichtungsgegenstände, Maschinen, der Geschäfts- oder Firmenwert oder der Praxiswert dürfen nur im Wege der AfA auf die Nutzungsdauer des Wirtschaftsgutes verteilt werden, sofern nicht die Voraussetzungen des § 6 Abs. 2 oder Abs. 2a EStG anzuwenden ist. [3]Neben den Vorschriften über die AfA, die Absetzung für Substanzverringerung, die Bewertungsfreiheit für geringwertige Wirtschaftsgüter oder die Bildung eines Sammelpostens gelten auch die Regelungen über erhöhte Absetzungen und über Sonderabschreibungen. [4]Die vorgenommenen Abschreibungen sind in die besonderen, laufend zu führenden Verzeichnisse des Anlagevermögens aufzunehmen. [5]Die Anschaffungs- oder Herstellungskosten oder der an deren Stelle tretende Wert sind bei nicht abnutzbaren Wirtschaftsgütern des Anlagevermögens, z. B. Grund und Boden, Genossenschaftsanteile, Wald einschließlich Erstaufforstung, erst im Zeitpunkt des Zuflusses des Veräußerungserlöses oder im Zeitpunkt der Entnahme als Betriebsausgaben zu berücksichtigen, soweit die Aufwendungen vor dem 1.1.1971 nicht bereits zum Zeitpunkt der Zahlung abgesetzt worden sind.

H 4.5 (3)

Eiserne Verpachtung. Zur Gewinnermittlung bei der Verpachtung von Betrieben mit Substanzerhaltungspflicht des Pächters nach §§ 582a, 1048 BGB → BMF vom 21.2.2002 (BStBl. I S. 262).

Minderung des Buchwerts bei Holzeinschlag. → BMF vom 16.5.2012 (BStBl. I S. 595).

Veräußerung abnutzbarer Wirtschaftsgüter/Unterlassene AfA. Soweit Anschaffungs- oder Herstellungskosten für abnutzbare Wirtschaftsgüter des Anlagevermögens bis zur Veräußerung noch nicht im Wege der AfA berücksichtigt worden sind, sind sie grundsätzlich (Besonderheit: → R 4.5 Abs. 5) im Wirtschaftsjahr der Veräußerung als Betriebsausgaben abzusetzen, soweit die AfA nicht willkürlich unterlassen worden sind (→ BFH vom 16.2.1995 – BStBl. II S. 635). Eine Nachholung unterlassener AfA-Beträge kommt dagegen nicht in Betracht für Zeiträume, in denen das Wirtschaftsgut zu Unrecht nicht als Betriebsvermögen erfasst worden war (→ BFH vom 22.6.2010 – BStBl. II S. 1035).

R 4.5 (4)

Leibrenten

(4) [1]Erwirbt ein Stpfl. mit Gewinnermittlung nach § 4 Abs. 3 EStG ein Wirtschaftsgut des **Anlagevermögens** oder des **Umlaufvermögens** i. S. d. § 4 Abs. 3 Satz 4 EStG gegen eine Leibrente, ergeben sich die Anschaffungskosten für dieses Wirtschaftsgut aus dem Barwert der Leibrentenverpflichtung. [2]Die einzelnen Rentenzahlungen sind in Höhe ihres Zinsanteiles Betriebsausgaben. [3]Der Zinsanteil ergibt sich aus dem Unterschiedsbetrag zwischen den Rentenzahlungen einerseits und dem jährlichen Rückgang des Barwerts der Leibrentenverpflichtung andererseits. [4]Aus Vereinfachungsgründen ist es nicht zu beanstanden, wenn die einzelnen Rentenzahlungen in voller Höhe mit dem

Barwert der ursprünglichen Rentenverpflichtung verrechnet werden; sobald die Summe der Rentenzahlungen diesen Wert übersteigt, sind die darüber hinausgehenden Rentenzahlungen in vollem Umfang als Betriebsausgabe abzusetzen. [5] Bei vorzeitigem Fortfall der Rentenverpflichtung ist der Betrag als Betriebseinnahme anzusetzen, der nach Abzug aller bis zum Fortfall geleisteten Rentenzahlungen von dem ursprünglichen Barwert verbleibt. [6] Erwirbt ein Stpfl. mit Gewinnermittlung nach § 4 Abs. 3 EStG Wirtschaftsgüter des **Umlaufvermögens** – mit Ausnahme der in § 4 Abs. 3 Satz 4 EStG aufgeführten Wirtschaftsgüter – gegen eine Leibrente, stellen die Rentenzahlungen zum Zeitpunkt ihrer Verausgabung in voller Höhe Betriebsausgaben dar. [7] Der Fortfall einer solchen Leibrentenverpflichtung führt nicht zu einer Betriebseinnahme.

H 4.5 (4)

Fortfall der Rentenverpflichtung. Fällt die zur Anschaffung von Wirtschaftsgütern des Anlagevermögens eingegangene Rentenverpflichtung fort, z. B. bei Tod des Rentenberechtigten, liegt eine Betriebseinnahme in Höhe des Barwertes vor, den die Rentenverpflichtung im Augenblick ihres Fortfalls hatte (→ BFH vom 31.8.1972 – BStBl. 1973 II S. 51).

Nachträgliche Erhöhung der Rente. Die infolge einer Wertsicherungsklausel nachträglich eingetretene Erhöhung einer Rente ist in vollem Umfang beim Betriebsausgabenabzug im Zeitpunkt der jeweiligen Zahlung zu berücksichtigen (→ BFH vom 23.2.1984 – BStBl. II S. 516 und vom 23.5.1991 – BStBl. II S. 796).

R 4.5 (5, 6)

Raten und Veräußerungsrenten

(5) [1] Veräußert der Stpfl. Wirtschaftsgüter i. S. d. § 4 Abs. 3 Satz 4 EStG gegen einen in Raten zu zahlenden Kaufpreis oder gegen eine Veräußerungsrente, ist in jedem Wirtschaftsjahr in Höhe der in demselben Wirtschaftsjahr zufließenden Kaufpreisraten oder Rentenzahlungen ein Teilbetrag der Anschaffungs- oder Herstellungskosten als Betriebsausgaben abzusetzen. [2] Bei der Veräußerung abnutzbarer Wirtschaftsgüter des Anlagevermögens kann der Stpfl. hinsichtlich der noch nicht im Wege der AfA als Betriebsausgaben berücksichtigten Anschaffungs- oder Herstellungskosten, abweichend von den allgemeinen Grundsätzen, entsprechend verfahren. [3] Wird die Kaufpreisforderung uneinbringlich, ist der noch nicht abgesetzte Betrag in dem Wirtschaftsjahr als Betriebsausgabe zu berücksichtigen, in dem der Verlust eintritt.

Betriebsveräußerung oder -aufgabe

(6) [1] Veräußert ein Stpfl., der den Gewinn nach § 4 Abs. 3 EStG ermittelt, den Betrieb, ist der Stpfl. so zu behandeln, als wäre er im Augenblick der Veräußerung zunächst zur Gewinnermittlung durch Betriebsvermögensvergleich nach § 4 Abs. 1 EStG übergegangen (→ Wechsel der Gewinnermittlungsart, → R 4.6). [2] Dies gilt auch bei der Veräußerung eines Teilbetriebs oder des

gesamten Mitunternehmeranteiles und bei der Aufgabe[1] eines Betriebs sowie in den Fällen der Einbringung, unabhängig davon, ob die Einbringung zu Buch-, Zwischen- oder gemeinen Werten erfolgt.

H 4.5 (6)

Einbringungsgewinn. Im Fall der Einnahmenüberschussrechnung muss der Einbringungsgewinn auf der Grundlage einer Einbringungsbilanz und einer Eröffnungsbilanz der Gesellschaft ermittelt werden (→ BFH vom 18.10. 1999 – BStBl. 2000 II S. 123).

Fehlende Schlussbilanz. Ist auf den Zeitpunkt der Betriebsveräußerung eine Schlussbilanz nicht erstellt worden, und hat dies nicht zur Erlangung ungerechtfertigter Steuervorteile geführt, sind in späteren Jahren gezahlte abziehbare Betriebssteuern und andere Aufwendungen, die durch den veräußerten oder aufgegebenen Betrieb veranlasst sind, nachträgliche Betriebsausgaben (→ BFH vom 13.5.1980 – BStBl. II S. 692).

Nachträgliche Betriebsausgaben. → H 24.2 (Nachträgliche Werbungskosten/Betriebsausgaben).

Tod eines Gesellschafters. Hat eine Personengesellschaft ihren Gewinn durch Einnahmenüberschussrechnung ermittelt, ist sie zur Feststellung der für die Berechnung des Veräußerungsgewinns erforderlichen Buchwerte im Fall der Übernahme aller Wirtschaftsgüter der Personengesellschaft durch die verbleibenden Gesellschafter bei Ableben eines Gesellschafters so zu behandeln, als wäre sie im Augenblick des Todes des Gesellschafters zur Gewinnermittlung nach § 4 Abs. 1 EStG übergegangen. Der Übergangsgewinn ist anteilig dem verstorbenen Gesellschafter zuzurechnen, auch wenn er im Wesentlichen auf der Zurechnung auf die anderen Gesellschafter übergehender Honorarforderungen beruht (→ BFH vom 13.11.1997 – BStBl. 1998 II S. 290).

Übergangsgewinn. Die wegen des Übergangs von der Einnahmenüberschussrechnung zum Betriebsvermögensvergleich erforderlichen Hinzurechnungen und Abrechnungen sind nicht bei dem Veräußerungsgewinn, sondern bei dem laufenden Gewinn des Wj. vorzunehmen, in dem die Veräußerung stattfindet (→ BFH vom 23.11.1961 – BStBl. 1962 III S. 199); die dem Gewinn hinzuzurechnenden Beträge können nicht verteilt werden (→ BFH vom 13.9.2001 – BStBl. 2002 II S. 287).

R 4.6 Wechsel der Gewinnermittlungsart

Wechsel zum Betriebsvermögensvergleich

(1) [1]Neben den Fällen des Übergangs von der Gewinnermittlung nach § 4 Abs. 3 EStG zur Gewinnermittlung nach § 4 Abs. 1 oder § 5 EStG ist eine

---

[1] **[Amtl. Anm.:]** Bei der Realteilung ohne Spitzenausgleich einer Mitunternehmerschaft, die ihren Gewinn durch Einnahmenüberschussrechnung ermittelt, besteht aber keine Verpflichtung zur Erstellung einer Realteilungsbilanz nebst Übergangsgewinnermittlung, wenn die Buchwerte fortgeführt werden und die Mitunternehmer unter Aufrechterhaltung dieser Gewinnermittlungsart ihre Tätigkeit in Einzelunternehmen weiterbetreiben (siehe BFH v. 11.4.2013 III R 32/12, BStBl. II 2014, 242).

→ Gewinnberichtigung auch erforderlich, wenn nach einer Einnahmenüberschussrechnung im folgenden Jahr der Gewinn nach § 13a Abs. 3 bis 5 EStG[1]) ermittelt wird. [2]Bei dem Übergang zur Gewinnermittlung durch Betriebsvermögensvergleich kann zur Vermeidung von Härten auf Antrag des Stpfl. der Übergangsgewinn (Saldo aus Zu- und Abrechnungen) gleichmäßig entweder auf das Jahr des Übergangs und das folgende Jahr oder auf das Jahr des Übergangs und die beiden folgenden Jahre **verteilt** werden. [3]Wird der Betrieb vor Ablauf des Verteilungszeitraums veräußert oder aufgegeben, erhöhen die noch nicht berücksichtigten Beträge den laufenden Gewinn des letzten Wirtschaftsjahres. [4]Die zum Anlagevermögen gehörenden nicht abnutzbaren Wirtschaftsgüter und die in § 4 Abs. 3 Satz 4 EStG genannten Wirtschaftsgüter des Umlaufvermögens sind in der Eröffnungsbilanz mit dem Wert nach § 4 Abs. 3 Satz 5 EStG anzusetzen.

Wechsel zur Einnahmenüberschussrechnung

(2) Beim Übergang von der Gewinnermittlung durch Betriebsvermögensvergleich (§ 4 Abs. 1 oder § 5 EStG) zur Gewinnermittlung nach § 4 Abs. 3 EStG sind die durch den Wechsel der Gewinnermittlungsart bedingten Hinzurechnungen und Abrechnungen im ersten Jahr nach dem Übergang zur Gewinnermittlung nach § 4 Abs. 3 EStG vorzunehmen.

H 4.6

Ansatz- oder Bewertungswahlrechte gelten beim Übergang zum Betriebsvermögensvergleich als nicht ausgeübt (→ BFH zu § 13a EStG vom 14.4.1988 – BStBl. II S. 672).

Bewertung von Wirtschaftsgütern. Die einzelnen Wirtschaftsgüter sind beim Übergang zum Betriebsvermögensvergleich mit den Werten anzusetzen, mit denen sie zu Buch stehen würden, wenn von Anfang an der Gewinn durch Betriebsvermögensvergleich ermittelt worden wäre (→ BFH vom 23.11.1961 – BStBl. 1962 III S. 199).

Erneuter Wechsel der Gewinnermittlungsart. Nach einem Wechsel der Gewinnermittlungsart ist der Stpfl. grundsätzlich für drei Wj. an diese Wahl gebunden. Nur bei Vorliegen eines besonderen wirtschaftlichen Grundes (z. B. Einbringung nach § 24 UmwStG) kann er vor Ablauf dieser Frist zurückwechseln (→ BFH vom 9.11.2000 – BStBl. 2001 II S. 102).

Gewinnberichtigungen beim Wechsel der Gewinnermittlungsart.

- **Wechsel zum Betriebsvermögensvergleich.** Der Übergang von der Einnahmenüberschussrechnung zum Betriebsvermögensvergleich erfordert, dass Betriebsvorgänge, die bisher nicht berücksichtigt worden sind, beim ersten Betriebsvermögensvergleich berücksichtigt werden (→ BFH vom 28.5.1968 – BStBl. II S. 650 und vom 24.1.1985 – BStBl. II S. 255).
- **Wechsel zur Einnahmenüberschussrechnung.** Soweit sich die Betriebsvorgänge, die den durch den Wechsel der Gewinnermittlungsart bedingten Korrekturen entsprechen, noch nicht im ersten Jahr nach dem

---

[1]) **[Amtl. Anm.:]** Teilweise überholt für Wj., die nach dem 30.12.2015 enden (siehe BMF v. 10.11.2015, BStBl. I 2015, 877).

Übergang zur Einnahmenüberschussrechnung ausgewirkt haben, können die Korrekturen auf Antrag grundsätzlich in dem Jahr vorgenommen werden, in dem sich die Betriebsvorgänge auswirken (→ BFH vom 17.1. 1963 – BStBl. III S. 228).

Gewinnschätzung bei Einnahmenüberschussrechnung. → H 4.1 (Gewinnschätzung).

Keine Verteilung des Übergangsgewinns
- beim Übergang vom Betriebsvermögensvergleich zur Einnahmenüberschussrechnung (→ BFH vom 3.10.1961 – BStBl. III S. 565),
- bei Betriebsveräußerung oder Betriebsaufgabe (→ BFH vom 13.9.2001 – BStBl. 2002 II S. 287),
- bei Einbringung eines Betriebs in eine Personengesellschaft zu Buchwerten (→ BFH vom 13.9.2001 – BStBl. 2002 II S. 287).

Keine Verteilung des Übergangsverlusts. Ein Übergangsverlust, der bei einem Wechsel von der Einnahmenüberschussrechnung zur Gewinnermittlung durch Betriebsvermögensvergleich entsteht, ist nicht auf das Jahr des Übergangs und die beiden Folgejahre zu verteilen (→ BFH vom 23.7.2013 – BStBl. II S. 820).

Land- und Forstwirtschaft.
- Bewertung von Vieh in der Übergangsbilanz → H 13.3 (Übergang zur Buchführung).
- Wird zugleich mit dem Übergang von der Einnahmenüberschussrechnung zum Betriebsvermögensvergleich ein landwirtschaftlicher Betrieb infolge Strukturwandels zum Gewerbebetrieb, ist die Gewinnberichtigung bei den Einkünften aus Gewerbebetrieb vorzunehmen; es liegen keine nachträglichen Einkünfte aus Land- und Forstwirtschaft vor (→ BFH vom 1.7.1981 – BStBl. II S. 780).
- Wechsel der Gewinnermittlung allgemein → R 13.5 Abs. 2.

Übersicht über die Berichtigung des Gewinns bei Wechsel der Gewinnermittlungsart. → Anlage.[1)]

Unterbliebene Gewinnkorrekturen.
- Eine bei einem früheren Übergang vom Betriebsvermögensvergleich zur Einnahmenüberschussrechnung oder umgekehrt zu Unrecht unterbliebene Gewinnkorrektur darf bei der aus Anlass eines erneuten Wechsels in der Gewinnermittlungsart erforderlich gewordenen Gewinnkorrektur nicht berücksichtigt werden, soweit der Fehler nicht mehr berichtigt werden kann (→ BFH vom 23.7.1970 – BStBl. II S. 745).
- Wird ein Betrieb unentgeltlich auf einen Dritten übertragen, sind Hinzurechnungen und Abrechnungen, die infolge des Übergangs zu einer anderen Gewinnermittlungsart oder infolge Schätzung des Gewinns bei dem Rechtsvorgänger zu Recht nicht berücksichtigt worden sind, in der Weise bei dem Erwerber zu berücksichtigen, in der sie ohne die unentgeltliche Übertragung des Betriebs bei dem Rechtsvorgänger zu berück-

1) Nr. **1** Anl. 1.

sichtigen gewesen wären (→ BFH vom 1.4.1971 – BStBl. II S. 526 und vom 7.12.1971 – BStBl. 1972 II S. 338).

Wechsel zum Betriebsvermögensvergleich. Bei einem Wechsel von der Einnahmenüberschussrechnung zum Betriebsvermögensvergleich hat der Stpfl. das Wahlrecht zum Betriebsvermögensvergleich erst dann wirksam ausgeübt, wenn er zeitnah eine Eröffnungsbilanz aufstellt, eine ordnungsmäßige kaufmännische Buchführung einrichtet und aufgrund von Bestandsaufnahmen einen Abschluss macht (→ BFH vom 19.10.2005 – BStBl. 2006 II S. 509).

R 4.7 Betriebseinnahmen und -ausgaben

Betriebseinnahmen und -ausgaben bei gemischt genutzten Wirtschaftsgütern

(1) [1] Gehört ein Wirtschaftsgut zum Betriebsvermögen, sind Aufwendungen einschließlich AfA, soweit sie der privaten Nutzung des Wirtschaftsgutes zuzurechnen sind, keine Betriebsausgaben. [2] Gehört ein Wirtschaftsgut zum Privatvermögen, sind die Aufwendungen einschließlich AfA, die durch die betriebliche Nutzung des Wirtschaftsgutes entstehen, Betriebsausgaben. [3] Wird ein Wirtschaftsgut des Betriebsvermögens während seiner Nutzung zu privaten Zwecken des Stpfl. zerstört, tritt bezüglich der stillen Reserven, die sich bis zu seiner Zerstörung gebildet haben, keine Gewinnrealisierung ein. [4] In Höhe des Restbuchwerts liegt eine Nutzungsentnahme vor. [5] Eine Schadensersatzforderung für das während der privaten Nutzung zerstörte Wirtschaftsgut ist als → Betriebseinnahme zu erfassen, wenn und soweit sie über den Restbuchwert hinausgeht. [6] Die Leistung der Kaskoversicherung wegen Diebstahls eines zum Betriebsvermögen gehörenden Pkw ist unabhängig von einer Nutzung zu privaten Zwecken in vollem Umfang Betriebseinnahme, wenn der Pkw während einer betrieblichen Nutzung gestohlen wurde.[1)] [7] Wurde der Pkw während einer privaten Nutzung gestohlen, gilt Satz 5 entsprechend.

Betriebseinnahmen und -ausgaben bei Grundstücken

(2) [1] Entgelte aus eigenbetrieblich genutzten Grundstücken oder Grundstücksteilen, z.B. Einnahmen aus der Vermietung von Sälen in Gastwirtschaften, sind → Betriebseinnahmen. [2] Das gleiche gilt für alle Entgelte, die für die Nutzung von Grundstücken oder Grundstücksteilen erzielt werden, die zum gewillkürten Betriebsvermögen gehören. [3] Aufwendungen für Grundstücke oder Grundstücksteile, die zum Betriebsvermögen gehören, sind vorbehaltlich des § 4 Abs. 5 Satz 1 Nr. 6b EStG stets Betriebsausgaben; dies gilt auch im Falle einer → teilentgeltlichen Überlassung aus außerbetrieblichen Gründen. [4] Aufwendungen für einen Grundstücksteil (einschließlich AfA), der eigenbetrieblich genutzt wird, sind vorbehaltlich des § 4 Abs. 5 Satz 1 Nr. 6b EStG auch dann Betriebsausgaben, wenn der Grundstücksteil wegen seines untergeordneten Wertes (→ § 8 EStDV, R 4.2 Abs. 8) nicht als Betriebsvermögen behandelt wird.

---

1) Zur Versicherungsleistung für einen gestohlenen Pkw des Sonderbetriebsvermögens siehe BFH v. 13.5.2009 VIII R 57/07, DStRE 2010, 331.

Bewirtungen

(3) Der Vorteil aus einer Bewirtung i. S. d. § 4 Abs. 5 Satz 1 Nr. 2 EStG ist aus Vereinfachungsgründen beim bewirteten Stpfl. nicht als Betriebseinnahme zu erfassen.

H 4.7

Abgrenzung der Betriebsausgaben von den nicht abziehbaren Kosten der Lebensführung. → H 12.1 und H 12.2.

Auflösung des Mietvertrags. Aufwendungen für vorzeitige Auflösung des Mietvertrags über eine Wohnung sind Betriebsausgaben bei ausschließlich betrieblich veranlasster Verlegung des Lebensmittelpunkts (→ BFH vom 1.12.1993 – BStBl. 1994 II S. 323).

Betreuervergütung. Vergütungen für einen ausschließlich zur Vermögenssorge bestellten Betreuer stellen Betriebsausgaben bei den mit dem verwalteten Vermögen erzielten Einkünften dar, sofern die Tätigkeit des Betreuers weder einer kurzfristigen Abwicklung des Vermögens noch der Verwaltung ertraglosen Vermögens dient (→ BFH vom 14.9.1999 – BStBl. 2000 II S. 69).

Betriebseinnahmen sind in Anlehnung an § 8 Abs. 1 und § 4 Abs. 4 EStG alle Zugänge in Geld oder Geldeswert, die durch den Betrieb veranlasst sind. Ein Wertzuwachs ist betrieblich veranlasst, wenn insoweit ein nicht nur äußerlicher, sondern sachlicher, wirtschaftlicher Zusammenhang gegeben ist (→ BFH vom 14.3.2006 – BStBl. II S. 650).

Drittaufwand.

– Trägt ein Dritter Kosten, die durch die Einkünfteerzielung des Stpfl. veranlasst sind, können sie als so genannter Drittaufwand nicht Betriebsausgaben oder Werbungskosten des Stpfl. sein. Bei **Anschaffungs- oder Herstellungskosten** liegt Drittaufwand vor, wenn ein Dritter sie trägt und das angeschaffte oder hergestellte Wirtschaftsgut vom Stpfl. zur Erzielung von Einkünften genutzt wird (→ BFH vom 23.8.1999 – BStBl. II S. 782, 785). Deshalb kommt die Berücksichtigung einer AfA oder einer Aufwandsverteilung für einen vom Nichteigentümer-Ehegatten betrieblich genutzten Gebäudeteil als Betriebsausgabe grundsätzlich nicht in Betracht, wenn das Darlehen zur Finanzierung der Anschaffungskosten des Gebäudes allein vom Eigentümer-Ehegatten aufgenommen wurde und die Zahlungen zur Tilgung dieses Darlehens von einem gemeinsamen Oder-Konto der Eheleute geleistet werden (→ BFH vom 21.2.2017 – BStBl. II S. 819).
– Aufwendungen eines Dritten können allerdings im Falle der so genannten **Abkürzung des Zahlungswegs** als Aufwendungen des Stpfl. zu werten sein; Abkürzung des Zahlungswegs bedeutet die Zuwendung eines Geldbetrags an den Stpfl. in der Weise, dass der Zuwendende im Einvernehmen mit dem Stpfl. dessen Schuld tilgt, statt ihm den Geldbetrag unmittelbar zu geben, wenn also der Dritte für Rechnung des Stpfl. an dessen Gläubiger leistet (→ BFH vom 23.8.1999 – BStBl. II S. 782, 785).
– **Erhaltungsaufwendungen** eines Dritten sind auch dann Betriebsausgaben oder Werbungskosten des Stpfl., wenn sie auf einem von einem Dritten im eigenen Namen, aber im Interesse des Stpfl. abgeschlossenen

Werkvertrag beruhen und der Dritte die geschuldete Zahlung auch selbst leistet – abgekürzter Vertragsweg (→ BFH vom 28.9.2010 – BStBl. 2011 II S. 271). Bei Kreditverbindlichkeiten und anderen Dauerschuldverhältnissen (z. B. Miet- und Pachtverträge) kommt eine Berücksichtigung der Zahlung unter dem Gesichtspunkt der Abkürzung des Vertragswegs nicht in Betracht (→ BMF vom 7.7.2008 – BStBl. I S. 717). Deshalb können Schuldzinsen, die ein Ehegatte auf seine Darlehensverbindlichkeit zahlt, vom anderen Ehegatten auch dann nicht als Betriebsausgaben oder Werbungskosten abgezogen werden, wenn die Darlehensbeträge zur Anschaffung von Wirtschaftsgütern zur Einkünfteerzielung verwendet wurden (→ BFH vom 24.2.2000 – BStBl. II S. 314 und vom 21.2.2017 – BStBl. II S. 819). Bezahlt hingegen der andere Ehegatte dieZinsen aus eigenen Mitteln, bilden sie bei ihm abziehbare Betriebsausgaben oder Werbungskosten (→ BFH vom 2.12.1999 – BStBl. 2000 II S. 312).

– Nehmen Ehegatten **gemeinsam ein gesamtschuldnerisches Darlehen** zur Finanzierung eines Wirtschaftsguts auf, das nur einem von ihnen gehört und von diesem zur Einkünfteerzielung genutzt wird, sind die Schuldzinsen in vollem Umfang bei den Einkünften des Eigentümer-Ehegatten als Betriebsausgaben oder Werbungskosten abziehbar (→ BFH vom 2.12.1999 – BStBl. 2000 II S. 310 und 312).
– Werden die **laufenden Aufwendungen** für ein Wirtschaftsgut, das dem nicht einkünfteerzielenden Ehegatten gehört, gemeinsam getragen, kann der das Wirtschaftsgut einkünfteerzielend nutzende (andere) Ehegatte nur die nutzungsorientierten Aufwendungen (z. B. bei einem Arbeitszimmer die anteiligen Energiekosten und die das Arbeitszimmer betreffenden Reparaturkosten) als Betriebsausgaben oder Werbungskosten geltend machen (→ BFH vom 23.8.1999 – BStBl. II S. 782, 786).
– Nutzt ein Miteigentümer allein eine Wohnung zu betrieblichen oder beruflichen Zwecken und werden die **Darlehen** zum Erwerb der Wohnung **gemeinsam aufgenommen** und **Zins und Tilgung** von einem **gemeinsamen Konto beglichen,** kann er AfA und Schuldzinsen nur entsprechend seinem Miteigentumsanteil als Betriebsausgaben oder Werbungskosten geltend machen. Entsprechendes gilt für gemeinschaftlich getragene andere grundstücksorientierte Aufwendungen, z. B. Grundsteuer, allgemeine Reparaturkosten, Versicherungsprämien (→ BFH vom 6.12.2017 – BStBl. 2018 II S. 355).

Druckbeihilfen. Die einem Verlag von Autoren für die Veröffentlichung des Werkes gewährten Druckbeihilfen sind Betriebseinnahmen (→ BFH vom 3.7.1997 – BStBl. 1998 II S. 244).

Eigenaufwand für ein fremdes Wirtschaftsgut.

– Trägt ein Stpfl. aus betrieblichem Anlass die Anschaffungs- oder Herstellungskosten für ein Gebäude, das im Alleineigentum oder Miteigentum eines Dritten steht, mit dessen Zustimmung und darf er den Eigentumsanteil des Dritten unentgeltlich nutzen, ist der Stpfl. wirtschaftlicher Eigentümer des Gebäudes, wenn ihm bei Beendigung der Nutzung dem Dritten gegenüber ein Anspruch auf Entschädigung aus einer vertraglichen

Vereinbarung oder gesetzlich (§§ 951, 812 BGB) zusteht. Dem Hersteller eines Gebäudes auf einem fremden Grundstück steht in der Regel ein Ersatzanspruch gem. §§ 951, 812 BGB zu, wenn er die Baulichkeit auf Grund eines Nutzungsrechts im eigenen Interesse und ohne Zuwendungsabsicht errichtet hat. Entsprechendes gilt für Gebäudeteile (→ BFH vom 14.5.2002 – BStBl. II S. 741 und vom 25.6.2003 – BStBl. 2004 II S. 403).

– Ist der Stpfl. nicht wirtschaftlicher Eigentümer und hat er Anschaffungs- oder Herstellungskosten für ein im Miteigentum oder in fremdem Eigentum stehendes Gebäude im betrieblichen Interesse getragen, wird dieser Aufwand bei ihm als Posten für die Verteilung eigenen Aufwands aktiviert und ist nach den für Gebäude im Privatvermögen geltenden AfA-Regeln abzuschreiben (→ BFH vom 9.3.2016 – BStBl. II S. 976). Ein bei Beendigung der Nutzung noch nicht abgeschriebener Restwert wird erfolgsneutral ausgebucht und ist dem Eigentümer des Wirtschaftsguts als Anschaffungs- oder Herstellungskosten zuzurechnen (→ BMF vom 16.12.2016 – BStBl. I S. 1431).
– Zum eigenen Aufwand des Unternehmer-Ehegatten für die Errichtung von Betriebsgebäuden auf einem ihm zusammen mit dem Nichtunternehmer-Ehegatten oder auf einem dem Nichtunternehmer-Ehegatten allein gehörenden Grundstück → BMF vom 16.12.2016 (BStBl. I S. 1431).
– Eine Aufwandsverteilung (→ BMF vom 16.12.2016 – BStBl. I S. 1431) für einen vom Nichteigentümer-Ehegatten betrieblich genutzten Gebäudeteil setzt voraus, dass dieser die Anschaffungs- oder Herstellungskosten getragen hat. Zahlungen von einem gemeinsamen Konto der Ehegatten gelten unabhängig davon, aus wessen Mitteln das Guthaben auf dem Konto stammt, jeweils für Rechnung desjenigen geleistet, der den Betrag schuldet, sofern keine besonderen Vereinbarungen getroffen wurden (→ BFH vom 21.2.2017 – BStBl. II S. 819).
– Ehegatten, die gemeinsam die Herstellungskosten des von ihnen bewohnten Hauses getragen haben und die darin jeweils einen Raum zur Einkünfteerzielung nutzen, können jeweils die auf diesen Raum entfallenden Herstellungskosten für die Dauer dieser Nutzung als Betriebsausgaben oder Werbungskosten (AfA und Aufwandsverteilung nach Gebäudegrundsätzen, → BMF vom 16.12.2016 – BStBl. I S. 1431) geltend machen. Die Bemessungsgrundlage für die auf den jeweiligen Raum entfallende AfA und Aufwandsverteilung ist zu schätzen, soweit die Herstellungskosten nicht eindeutig dem Raum zugeordnet werden können. Maßstab ist das Verhältnis der Nutz- oder Wohnflächen (→ BFH vom 23.8.1999 – BStBl. II S. 774).
– Beteiligt sich ein Stpfl. (Ehegatte) finanziell an den Anschaffungs- oder Herstellungskosten eines Hauses, das dem anderen Ehegatten gehört, und nutzt er Räume dieses Gebäudes zur Einkünfteerzielung, kann er die auf diese Räume entfallenden eigenen Aufwendungen grundsätzlich als Betriebsausgaben oder Werbungskosten (Aufwandsverteilung nach Gebäudegrundsätzen, → BMF vom 16.12.2016 – BStBl. I S. 1431) abziehen. Bemessungsgrundlage der Aufwandsverteilung sind die auf diese Räume entfallenden Anschaffungs- oder Herstellungskosten, soweit sie der Kosten-

beteiligung des Stpfl. entsprechen (→ BFH vom 23.8.1999 – BStBl. II S. 778).
– Der Stpfl. trägt die Herstellungskosten für ein fremdes, aber zu betrieblichen Zwecken genutztes Gebäude auch dann im eigenen betrieblichen Interesse, wenn er als Gegenleistung für die Nutzungsbefugnis des Grundstücks auf einen Ersatzanspruch verzichtet (→ BFH vom 25.2.2010 – BStBl. II S. 670).

Eigenprovisionen. Provisionen, die ein Versicherungsvertreter vom Versicherungsunternehmen für den Abschluss eigener privater Versicherungen (z. B. Lebensversicherungen für sich oder seine Ehefrau) in gleicher Weise erhält wie für die Vermittlung von Versicherungsabschlüssen mit Dritten (sog. Eigenprovisionen), sind Betriebseinnahmen (→ BFH vom 27.5.1998 – BStBl. II S. 618). Das Gleiche gilt für Vergütungen, die ein Vermittler von Beteiligungen an Personengesellschaften von einem Dritten für die Zeichnung eigener Beteiligungen an diesen Gesellschaften erhält. Sie sind nicht in der Gewinnermittlung der Personengesellschaft (als Sonderbetriebseinnahmen oder Minderung der anteilig auf den Vermittler entfallenden Anschaffungskosten) zu berücksichtigen (→ BFH vom 14.3.2012 – BStBl. II S. 498).

Entschädigungen.
– Neben Förderzinsen zum Abbau von Bodenschätzen gezahlte Entschädigungen für entgangene/entgehende Einnahmen sind Betriebseinnahmen, wenn die Flächen im Betriebsvermögen bleiben (→ BFH vom 15.3.1994 – BStBl. II S. 840).
– Entschädigungen für die Eintragung einer beschränkt persönlichen Dienstbarkeit, die das Recht dinglich absichert, dass ein zum Betriebsvermögen des Eigentümers gehörendes Grundstück als Überflutungsfläche zur Hochwasserrückhaltung genutzt werden darf, sind Betriebseinnahmen (→ BFH vom 21.11.2018 – BStBl. 2019 II S. 311).

Erbschaft. Eine für den Betrieb eines Stpfl. (z. B. Altenheim) bestimmte Erbschaft ist als Betriebseinnahme zu versteuern (→ BFH vom 14.3.2006 – BStBl. II S. 650).

Fachtagung. Der geldwerte Vorteil aus der Teilnahme an einer vom Geschäftspartner organisierten Fachtagung, die den üblichen Rahmen geschäftlicher Gespräche überschreitet, ist Betriebseinnahme (→ BFH vom 26.9.1995 – BStBl. 1996 II S. 273).

Fonds, geschlossene.[1] Zur Abgrenzung zwischen Betriebsausgaben, Anschaffungskosten und Herstellungskosten → BMF vom 20.10.2003 (BStBl. I S. 546).

Forschungszulage. Die Forschungszulage führt bei der Einkommensteuer nicht zu einer Betriebsvermögensmehrung bzw. Betriebseinnahme → BMF vom 11.11.2021 (BStBl. I S. 2277), Rn. 284.

---

[1] Zu Fondsetablierungskosten siehe gesetzliche Neuregelung in § 6e EStG (G v. 12.12. 2019, BGBl. I 2019, 2451), anzuwenden auch in vor dem 18.12.2019 endenden Wj. (§ 52 Abs. 14a EStG).

Gemischt genutzte Wirtschaftsgüter.

- Werden nicht zum Betriebsvermögen gehörende Wirtschaftsgüter auch betrieblich genutzt, können Aufwendungen einschließlich der AfA, die durch die betriebliche Nutzung entstehen, als Betriebsausgaben abgesetzt werden, wenn die betriebliche Nutzung nicht nur von untergeordneter Bedeutung ist und der betriebliche Nutzungsanteil sich leicht und einwandfrei anhand von Unterlagen nach objektiven, nachprüfbaren Merkmalen – ggf. im Wege der Schätzung – von den nicht abziehbaren Kosten der Lebenshaltung trennen lässt (→ BFH vom 13.3.1964 – BStBl. III S. 455).
- Zu Fahrtkosten bei Geschäftsreisen → R 4.12 Abs. 2.

Gewinnanteile des stillen Gesellschafters. Die an den typischen stillen Gesellschafter gezahlten Gewinnanteile sind insoweit keine Betriebsausgaben, als der Geschäftsinhaber die Vermögenseinlage des stillen Gesellschafters zu privaten Zwecken verwendet hat (→ BFH vom 6.3.2003 – BStBl. II S. 656).

Häusliches Arbeitszimmer. Scheidet ein häusliches Arbeitszimmer aus dem Betriebsvermögen aus, ist bei der Ermittlung des Veräußerungs- oder Aufgabegewinns der sich nach Abzug der AfA ergebende Buchwert auch dann maßgeblich, wenn die Abziehbarkeit der Aufwendungen für das häusliche Arbeitszimmer während der Ausübung der Tätigkeit gem. § 4 Abs. 5 Satz 1 Nr. 6b EStG der Höhe nach beschränkt war. Eine Gewinnkorrektur für den nicht abzugsfähigen Teil der AfA kommt nicht in Betracht (→ BFH vom 16.6.2020 – BStBl. II S. 841).

Incentive-Reisen. → BMF vom 14.10.1996 (BStBl. I S. 1192).

Losveranstaltungen.

- Wird von einer Provision das Entgelt für Lose unmittelbar einbehalten und werden die Gewinne in vollem Umfang durch die Losentgelte finanziert, ist der Erwerb der Lose bereits Teil der Einkommensverwendung. Die Vorteile daraus stehen mit der Einkommenserzielung in keinem steuerlich relevanten Sachzusammenhang. Dies gilt auch dann, wenn die Lose nur von solchen Personen erworben werden können, die Leistungen gegenüber dem die Auslosung vornehmenden Unternehmen erbracht haben (z. B. selbständige Außendienstmitarbeiter einer Bausparkasse) (→ BFH vom 2.9.2008 – BStBl. 2010 II S. 548).
- Der Gewinn aus Losen, die Vertriebsmitarbeiter für die Erzielung bestimmter Umsätze erhalten, ist betrieblich veranlasst (→ BFH vom 2.9.2008 – BStBl. 2010 II S. 550).

Mobilfunkdienstleistungsverträge. Vergünstigungen im Zusammenhang mit dem Abschluss von Mobilfunkdienstleistungsverträgen als Betriebseinnahmen → BMF vom 20.6.2005 (BStBl. I S. 801), Rdnr. 11 ff.

Nachträgliche Betriebsausgaben. → H 24.2 (Nachträgliche Werbungskosten/Betriebsausgaben).

Nebenräume. Werden betrieblich oder beruflich genutzte Nebenräume in die Kostenberechnung einbezogen, sind die abziehbaren Kosten nach dem Verhältnis des gesamten betrieblich oder beruflich genutzten Bereiches (betrieblich oder beruflich genutzte Haupt- und Nebenräume) zu der Gesamtfläche aller Räume des Gebäudes aufzuteilen (→ BMF vom 6.10.2017 – BStBl. I S. 1320, Rdnr. 6a).[1)]

Nießbrauch.

– Aufwendungen des Stpfl. im Zusammenhang mit dem betrieblich genutzten Grundstück oder Grundstücksteil sind Betriebsausgaben; hierzu gehören auch die abschreibbaren Anschaffungs- oder Herstellungskosten, die der Stpfl. selbst getragen hat (→ BFH vom 16.12.1988 – BStBl. 1989 II S. 763 und vom 20.9.1989 – BStBl. 1990 II S. 368).

– Der Vermächtnisnießbraucher ist nicht berechtigt, AfA auf Anschaffungs- oder Herstellungskosten des Erblassers in Anspruch zu nehmen (→ BFH vom 28.9.1995 – BStBl. 1996 II S. 440).

Nutzungsausfallentschädigung. Die Entschädigung für den Nutzungsausfall eines Wirtschaftsgutes des Betriebsvermögens ist eine Betriebseinnahme. Unerheblich ist, ob der Schaden im Zuge betrieblicher oder privater Nutzung eingetreten ist. Setzt der Stpfl. die Aufwendungen für die private Nutzung eines Kfz nach § 6 Abs. 1 Nr. 4 Satz 3 EStG an, mindert eine Nutzungsausfallentschädigung die Gesamtaufwendungen für das Kfz (→ BFH vom 27.1.2016 – BStBl. II S. 534).

Photovoltaikanlage. Wird eine Photovoltaikanlage betrieben, die auf das Dach eines im Übrigen nicht der Einkünfteerzielung dienenden Gebäudes aufgesetzt ist, können anteilige Gebäudekosten nicht als Betriebsausgaben im Wege der sog. Aufwandseinlage bei der Ermittlung der gewerblichen Einkünfte des Betriebs „Stromerzeugung" berücksichtigt werden. Die Photovoltaikanlage als Betriebsvorrichtung und das Gebäude stellen jeweils eigenständige Wirtschaftsgüter dar (→ BFH vom 17.10.2013 – BStBl. 2014 II S. 372).

Praxisausfallversicherung. Eine Praxisausfallversicherung, durch die im Falle einer krankheitsbedingten Arbeitsunfähigkeit des Stpfl. die fortlaufenden Kosten seines Betriebes ersetzt werden, gehört dessen Lebensführungsbereich an. Die Beiträge zu dieser Versicherung stellen daher keine Betriebsausgaben dar, die Versicherungsleistung ist nicht steuerbar. Wird neben dem privaten Risiko der Erkrankung zugleich aber ein betriebliches Risiko versichert (z.B. die behördlich verfügte Quarantäne gegen einen Arzt), steht § 12 Nr. 1 EStG dem Abzug der hierauf entfallenden Versicherungsbeiträge als Betriebsausgaben nicht entgegen. Maßstab für den anteiligen Betriebsausgabenabzug ist das Verhältnis der Prämien mit und ohne betrieblichen Versicherungsanteil (→ BFH vom 19.5.2009 – BStBl. 2010 II S. 168).

Preisgelder als Betriebseinnahmen. → BMF vom 5.9.1996 (BStBl. I S. 1150) unter Berücksichtigung der Änderung durch BMF vom 23.12.2002 (BStBl. 2003 I S. 76).

Provisionen für die Vermittlung von Anteilen an Personengesellschaften. Vergütungen, die ein Vermittler von Beteiligungen an Personengesellschaften von einem Dritten dafür erhält, dass er Dritten Anteile an Perso-

[1)] Zu Aufwendungen für einen zugleich als Büro und als Warenlager betrieblich genutzten Raum siehe BFH v. 22.11.2006 X R 1/05, BStBl. II 2007, 304.

gänzungspflegers nicht erforderlich. [2]Arbeitsverhältnisse mit Kindern unter 15 Jahren verstoßen jedoch im Allgemeinen gegen das Jugendarbeitsschutzgesetz;[1)] sie sind nichtig und können deshalb auch steuerrechtlich nicht anerkannt werden. [3]Die Gewährung freier Wohnung und Verpflegung kann als Teil der Arbeitsvergütung zu behandeln sein, wenn die Leistungen auf arbeitsvertraglichen Vereinbarungen beruhen.

H 4.8

Arbeitsverhältnisse mit Kindern.

- → Aushilfstätigkeiten von Kindern.
- Beruht die Mitarbeit von Kindern im elterlichen Betrieb auf einem Ausbildungs- oder Arbeitsverhältnis, so gelten für dessen steuerrechtliche Anerkennung den Ehegatten-Arbeitsverhältnissen entsprechende Grundsätze (→ BFH vom 10.3.1988 – BStBl. II S. 877 und vom 29.10.1997 – BStBl. 1998 II S. 149).
- → Bildungsaufwendungen für Kinder.
- Ein steuerrechtlich anzuerkennendes Arbeitsverhältnis bei Hilfeleistungen von Kindern im elterlichen Betrieb liegt nicht vor bei geringfügigen oder typischerweise privaten Verrichtungen (→ BFH vom 9.12.1993 – BStBl. 1994 II S. 298); → Gelegentliche Hilfeleistung.
- → Unterhalt.

Arbeitsverhältnisse zwischen Ehegatten.

- **Betriebliche Altersversorgung, Direktversicherung.** → H 4b (Arbeitnehmer-Ehegatten).
- **Der steuerrechtlichen Anerkennung eines Arbeitsverhältnisses steht entgegen:**
  - Arbeitnehmer-Ehegatte hebt monatlich vom betrieblichen Bankkonto des Arbeitgeber-Ehegatten einen größeren Geldbetrag ab und teilt diesen selbst auf in das benötigte Haushaltsgeld und den ihm zustehenden monatlichen Arbeitslohn (→ BFH vom 20.4.1989 – BStBl. II S. 655).
  - Fehlen einer Vereinbarung über die Höhe des Arbeitslohns (→ BFH vom 8.3.1962 – BStBl. III S. 218).
  - Langzeitige Nichtauszahlung des vereinbarten Arbeitslohns zum üblichen Zahlungszeitpunkt; stattdessen z. B. jährliche Einmalzahlung (→ BFH vom 14.10.1981 – BStBl. 1982 II S. 119). Das gilt auch dann, wenn das Arbeitsverhältnis bereits seit mehreren Jahren ordnungsgemäß durchgeführt wurde und im Veranlagungsjahr Lohnsteuer und Sozialabgaben abgeführt wurden (→ BFH vom 25.7.1991 – BStBl. II S. 842).
  - Wechselseitige Verpflichtung zur Arbeitsleistung; ein Arbeitsvertrag ist nicht durchführbar, wenn sich Ehegatten, die beide einen Betrieb unterhalten, wechselseitig verpflichten, mit ihrer vollen Arbeitskraft jeweils im Betrieb des anderen tätig zu sein. Wechselseitige Teilzeitarbeitsverträge können jedoch anerkannt werden, wenn die Vertragsgestaltungen insgesamt einem → Fremdvergleich standhalten (→ BFH vom 12.10.1988 – BStBl. 1989 II S. 354).

---

1) G v. 12.4.1976, BGBl. I 1976, 965, zuletzt geänd. durch G v. 16.7.2021, BGBl. I 2021, 2970 (**Arbeitsrecht** Nr. **420**).

- Die Überlassung eines Dienstwagens zur unbeschränkten und selbstbeteiligungsfreien Privatnutzung des Arbeitnehmer-Ehegatten im Rahmen eines geringfügigen Beschäftigungsverhältnisses i. S. d. § 8 Abs. 1 Nr. 1 SGB IV (→ BFH vom 10.10.2018 – BStBl. 2019 II S. 203).

– **Der steuerrechtlichen Anerkennung eines Arbeitsverhältnisses kann entgegenstehen:**

- Arbeitslohnzahlung in Form von Schecks, die der Arbeitnehmer-Ehegatte regelmäßig auf das private Konto des Arbeitgeber-Ehegatten einzahlt (→ BFH vom 28.2.1990 – BStBl. II S. 548).
- Überweisung des Arbeitsentgelts des Arbeitnehmer-Ehegatten auf ein Konto des Arbeitgeber-Ehegatten, über das dem Arbeitnehmer-Ehegatten nur ein Mitverfügungsrecht zusteht (→ BFH vom 24.3.1983 – BStBl. II S. 663), oder auf ein Bankkonto des Gesellschafterehegatten, über das dem Arbeitnehmer-Ehegatten nur ein Mitverfügungsrecht zusteht (→ BFH vom 20.10.1983 – BStBl. 1984 II S. 298).

– **Der steuerrechtlichen Anerkennung eines Arbeitsverhältnisses steht nicht entgegen:**

- Darlehensgewährung des Arbeitnehmer-Ehegatten an den Arbeitgeber-Ehegatten in Höhe des Arbeitsentgelts ohne rechtliche Verpflichtung, nachdem dieses in die Verfügungsmacht des Arbeitnehmer-Ehegatten gelangt ist. Das gilt auch, wenn der Arbeitnehmer-Ehegatte jeweils im Fälligkeitszeitpunkt über den an ihn ausgezahlten Nettoarbeitslohn ausdrücklich dadurch verfügt, dass er den Auszahlungsanspruch in eine Darlehensforderung umwandelt (→ BFH vom 17.7.1984 – BStBl. 1986 II S. 48). Werden dagegen Arbeits- und Darlehensvereinbarungen von Ehegatten in einer Weise miteinander verknüpft, dass das Arbeitsentgelt ganz oder teilweise bereits als Darlehen behandelt wird, bevor es in die Verfügungsmacht des Arbeitnehmer-Ehegatten gelangt ist, so ist zur Anerkennung des Arbeitsverhältnisses erforderlich, dass auch der Darlehensvertrag wie ein unter Fremden üblicher Vertrag mit eindeutigen Zins- und Rückzahlungsvereinbarungen abgeschlossen und durchgeführt wird (→ BFH vom 23.4.1975 – BStBl. II S. 579).
- Schenkung – Laufende Überweisung des Arbeitsentgelts auf ein Sparbuch des Arbeitnehmer-Ehegatten, von dem dieser ohne zeitlichen Zusammenhang mit den Lohnzahlungen größere Beträge abhebt und dem Arbeitgeber-Ehegatten schenkt (→ BFH vom 4.11.1986 – BStBl. 1987 II S. 336).
- Teilüberweisung des Arbeitsentgelts als vermögenswirksame Leistungen nach dem Vermögensbildungsgesetz auf Verlangen des Arbeitnehmer-Ehegatten auf ein Konto des Arbeitgeber-Ehegatten oder auf ein gemeinschaftliches Konto beider Ehegatten (→ BFH vom 19.9.1975 – BStBl. 1976 II S. 81).
- Überweisung des Arbeitsentgelts auf ein Bankkonto des Arbeitnehmer-Ehegatten, für das der Arbeitgeber-Ehegatte unbeschränkte Verfügungsvollmacht besitzt (→ BFH vom 16.1.1974 – BStBl. II S. 294).
- Vereinbartes Arbeitsentgelt ist unüblich niedrig, es sei denn, das Arbeitsentgelt ist so niedrig bemessen, dass es nicht mehr als Gegenleistung für eine begrenzte Tätigkeit des Arbeitnehmer-Ehegatten angesehen werden kann, weil ein rechtsgeschäftlicher Bindungswille fehlt (→ BFH vom 22.3.1990 – BStBl. II S. 776); → Gehaltsumwandlung, -verzicht.

- Zahlung des Arbeitsentgelts auf ein „Oder-Konto" bei im Übrigen ernsthaft vereinbarten und tatsächlich durchgeführten Ehegatten-Arbeitsverhältnissen (→ BVerfG vom 7.11.1995 – BStBl. 1996 II S. 34).

– **Direktversicherung.** → H 4b (Arbeitnehmer-Ehegatten).

– **Gehaltsumwandlung, -verzicht.**

- Begnügt sich der Arbeitnehmer-Ehegatte mit unangemessen niedrigen Aktivbezügen, ist die Dienstleistung in einen entgeltlichen und einen unentgeltlichen Teil zu zerlegen. Betrieblich veranlasst ist nur der entgeltliche Teil. Verzichtet der Arbeitnehmer-Ehegatte ganz auf sein Arbeitsentgelt, ist von einer in vollem Umfang privat veranlassten familiären Mitarbeit auszugehen. Entsprechendes gilt, wenn ein Arbeitnehmer-Ehegatte ohne entsprechende Absicherung seines Anspruchs zugunsten eines erst viele Jahre später fällig werdenden Ruhegehalts auf seine Aktivbezüge verzichtet (→ BFH vom 25.7.1995 – BStBl. 1996 II S. 153).
- → BMF vom 9.1.1986 (BStBl. I S. 7).

– **Rückstellungen für Pensionsverpflichtungen.**

- Bei einer Pensionszusage an den Arbeitnehmer-Ehegatten, die an die Stelle einer fehlenden Anwartschaft aus der gesetzlichen Rentenversicherung getreten ist, können sich die Rückstellungsbeträge grundsätzlich nicht gewinnmindernd auswirken, soweit die Aufwendungen die wirtschaftliche Funktion der Arbeitnehmerbeiträge haben. Fiktive Arbeitgeberbeiträge in der Zeit zwischen dem Beginn des steuerrechtlich anerkannten Arbeitsverhältnisses und der Erteilung der Pensionszusage können nicht als Betriebsausgaben berücksichtigt werden (→ BFH vom 14.7.1989 – BStBl. II S. 969).
- → H 6a (9).

– **Rückwirkung.** Rückwirkende Vereinbarungen sind steuerrechtlich nicht anzuerkennen (→ BFH vom 29.11.1988 – BStBl. 1989 II S. 281).

– **Sonderzuwendungen** wie z. B. Weihnachts- und Urlaubsgelder, Sonderzulagen, Tantiemen, können dann als Betriebsausgaben abgezogen werden, wenn sie vor Beginn des Leistungsaustauschs klar und eindeutig vereinbart worden sind und auch einem → Fremdvergleich standhalten (→ BFH vom 26.2.1988 – BStBl. II S. 606 und vom 10.3.1988 – BStBl. II S. 877).

– **Unterarbeitsverhältnis.** Ist ein Arbeitnehmer wegen anderer beruflicher Verpflichtungen nicht in der Lage, ein Aufgabengebiet in vollem Umfang selbst zu betreuen, kommt ein Ehegatten-Unterarbeitsverhältnis hierüber jedenfalls dann nicht in Betracht, wenn solche Tätigkeiten sonst ehrenamtlich von Dritten unentgeltlich übernommen werden (→ BFH vom 22.11.1996 – BStBl. 1997 II S. 187).

– **Wertguthabenvereinbarung.** Schließen Ehegatten im Rahmen eines Arbeitsverhältnisses zusätzlich eine Wertguthabenvereinbarung i. S. d. SGB IV ab, muss für diese gesondert ein Fremdvergleich geprüft werden. Im Rahmen der Gesamtwürdigung ist wesentliches Indiz, ob die Vertragschancen und -risiken fremdüblich verteilt sind. Eine einseitige Verteilung zu Lasten des Arbeitgeber-Ehegatten ist regelmäßig anzunehmen, wenn der Arbeitnehmer-Ehegatte unbegrenzt Wertguthaben ansparen sowie Dauer, Zeitpunkt und Häufigkeit der Freistellungsphasen nahezu beliebig wählen kann (→ BFH vom 28.10.2020 – BStBl. 2021 II S. 283).

– **Zukunftssicherung.** Voraussetzungen für die Anerkennung von Maßnahmen zur Zukunftssicherung bei Ehegatten-Arbeitsverhältnissen → H 6a (9) und H 4b (Arbeitnehmer-Ehegatten).

Aushilfstätigkeiten von Kindern. Bei Verträgen über Aushilfstätigkeiten von Kindern ist der → Fremdvergleich im Einzelfall vorzunehmen (→ BFH vom 9.12.1993 – BStBl. 1994 II S. 298).

Bildungsaufwendungen für Kinder.

– Ausbildungs- oder Fortbildungsaufwendungen für Kinder sind in der Regel nicht abziehbare Lebenshaltungskosten. Aufwendungen für die Fortbildung von im Betrieb mitarbeitenden Kindern (z. B. für den Besuch einer Meisterfachschule) sind Betriebsausgaben, wenn die hierzu getroffenen Vereinbarungen klar und eindeutig sind und nach Inhalt und Durchführung dem zwischen Fremden Üblichen entsprechen, insbesondere auch Bindungsfristen und Rückzahlungsklauseln enthalten (→ BFH vom 14.12.1990 – BStBl. 1991 II S. 305).
– Aufwendungen für den Meisterlehrgang eines nicht im Betrieb mitarbeitenden Kindes sind nicht allein deshalb Betriebsausgaben, weil sie eine spätere Unternehmensnachfolge vorbereiten sollen (→ BFH vom 29.10.1997 – BStBl. 1998 II S. 149).
– Die Aufwendungen für die Facharztausbildung des als Nachfolger vorgesehenen Kindes sind ohne den Nachweis, dass sie auch für fremde Dritte im Betrieb des Stpfl. oder üblicherweise in anderen – nach Größe und Branche – vergleichbaren Betrieben getätigt worden wären, nicht betrieblich veranlasst (→ BFH vom 6.11.2012 – BStBl. 2013 II S. 309).

Darlehensverhältnisse zwischen Angehörigen.

– → BMF vom 23.12.2010 (BStBl. 2011 I S. 37) unter Berücksichtigung der Änderungen durch BMF vom 29.4.2014 (BStBl. I S. 809).
– → Personengesellschaften; – Abtretung.
– → Personengesellschaften; – Darlehen.
– Vertragsbeziehungen zwischen verschwägerten Personen → Fremdvergleich.
– **Schenkungsbegründetes Darlehen.**
  • Die Kürze der zwischen Schenkung und Darlehensgewährung liegenden Zeit begründet keine unwiderlegbare Vermutung für die gegenseitige Abhängigkeit der beiden Verträge (→ BFH vom 18.1.2001 – BStBl. II S. 393 und BMF vom 23.12.2010 – BStBl. 2011 I S. 37, Rdnr. 12). Demgegenüber kann bei einem längeren Abstand zwischen Schenkungs- und Darlehensvertrag eine auf einem Gesamtplan beruhende sachliche Verknüpfung bestehen (→ BFH vom 22.1.2002 – BStBl. II S. 685).[1)]
  • Geht dem Darlehen eines minderjährigen Kindes an einen Elternteil eine Schenkung des anderen Elternteils voraus, und liegt diesen Rechtsgeschäften ein Gesamtplan der Eltern zur Schaffung von steuerlich abziehbaren Aufwendungen zugrunde (= sachliche Abhängigkeit), so kann hierin auch bei zeitlicher Unabhängigkeit zwischen Schenkung und Darlehen ein Missbrauch von Gestaltungsmöglichkei-

[1)] Ergänzend siehe BFH v. 19.2.2002 IX R 32/98, BStBl. II 2002, 674.

ten des Rechts (§ 42 AO) liegen (→ BFH vom 26.3.1996 – BStBl. II S. 443).

• Ein Darlehensvertrag zwischen einer Personengesellschaft und dem Kind des beherrschenden Gesellschafters über einen Geldbetrag, den das Kind zuvor von diesem geschenkt bekommen hat, ist nicht anzuerkennen, wenn zwischen Schenkung und Darlehensvertrag eine auf einem Gesamtplan beruhende sachliche Verknüpfung besteht (→ BFH vom 22.2.2002 – BStBl. II S. 685).[1]

– → Sicherung des Darlehensanspruchs.

– **Verknüpfung von Arbeits- und Darlehensvereinbarungen zwischen Ehegatten.**

→ Arbeitsverhältnisse zwischen Ehegatten, – Der steuerrechtlichen Anerkennung eines Arbeitsverhältnisses steht nicht entgegen, • Darlehensgewährung.

Eheschließung. Mehrere Jahre vor der Ehe abgeschlossene ernsthafte Arbeitsverträge zwischen den Ehegatten sind steuerrechtlich in der Regel auch nach der Eheschließung anzuerkennen, wenn sich mit der Eheschließung in der Tätigkeit des im Betrieb beschäftigten Ehegatten nichts ändert und auch die Auszahlung des Arbeitsentgelts vor und nach der Heirat in gleicher Weise vollzogen wird (→ BFH vom 21.10.1966 – BStBl. 1967 III S. 22).

Erbfolgeregelungen.

– Ertragsteuerliche Behandlung der Erbengemeinschaft und ihrer Auseinandersetzung → BMF vom 14.3.2006 (BStBl. I S. 253) unter Berücksichtigung der Änderungen durch BMF vom 27.12.2018 (BStBl. 2019 I S. 11).

– Ertragsteuerliche Behandlung der vorweggenommenen Erbfolge → BMF vom 13.1.1993 (BStBl. I S. 80) unter Berücksichtigung der Änderungen durch BMF vom 26.2.2007 (BStBl. I S. 269).

– Einkommensteuerrechtliche Behandlung von wiederkehrenden Leistungen im Zusammenhang mit einer Vermögensübertragung → BMF vom 11.3.2010 (BStBl. I S. 227)[2] unter Berücksichtigung der Änderungen durch BMF vom 6.5.2016 (BStBl. I S. 476).

Fremdvergleich.

– **Angehörigen** steht es frei, ihre Rechtsverhältnisse untereinander so zu gestalten, dass sie steuerlich möglichst günstig sind. Die steuerrechtliche Anerkennung des Vereinbarten setzt voraus, dass die Verträge zivilrechtlich wirksam zustande gekommen sind (→ BMF vom 23.12.2010 – BStBl. 2011 I S. 37 unter Berücksichtigung der Änderungen durch BMF vom 29.4.2014 – BStBl. I S. 809), inhaltlich dem zwischen Fremden Üblichen entsprechen und so auch durchgeführt werden. Maßgebend für die Beurteilung ist die Gesamtheit der objektiven Gegebenheiten. Dabei kann einzelnen dieser Beweisanzeichen je nach Lage des Falles im Rahmen der Gesamtbetrachtung eine unterschiedliche Bedeutung zukommen. Dementsprechend schließt nicht jede Abweichung vom Üblichen notwendi-

[1] Ergänzend siehe BMF v. 19.2.2002 IX R 32/98, BStBl. II 2002, 674.

[2] Ergänzend siehe BMF v. 20.11.2019, BStBl. I 2019, 1291, geänd. durch BMF v. 5.5. 2021, BStBl. I 2021, 696, Rn. 40.

gerweise die steuerrechtliche Anerkennung des Vertragsverhältnisses aus. An den Nachweis, dass es sich um ein ernsthaftes Vertragsverhältnis handelt, sind umso strengere Anforderungen zu stellen, je mehr die Umstände auf eine private Veranlassung des Rechtsverhältnisses hindeuten (→ BFH vom 28.1.1997 – BStBl. II S. 655).
– Auch Vertragsbeziehungen zwischen **verschwägerten Personen** müssen steuerrechtlich einem Fremdvergleich standhalten (→ BFH vom 22.5.2019 – BStBl. II S. 795).
– Die Grundsätze des sog. Fremdvergleichs rechtfertigen es nicht, an Stelle der im Vertrag tatsächlich vereinbarten Leistung der Besteuerung eine höhere Gegenleistung unter Hinweis darauf zugrunde zu legen, dass eine solche unter fremden Dritten gefordert (und erbracht) worden wäre (→ BFH vom 31.5.2001 – BStBl. II S. 756).
– Leistet der als Arbeitnehmer beschäftigte Angehörige unbezahlte Mehrarbeit über seine vertragliche Stundenzahl hinaus, steht dies der Annahme, das Arbeitsverhältnis sei tatsächlich durchgeführt worden, grundsätzlich nicht entgegen. Etwas anderes gilt nur, wenn die vereinbarte Vergütung nicht mehr als Gegenleistung für die Tätigkeit des Angehörigen angesehen werden kann und deshalb auf das Fehlen eines Rechtsbindungswillens zu schließen ist (→ BFH vom 17.7.2013 – BStBl. II S. 1015).
– → H 6a (9).
– **Personengesellschaften.** Die Grundsätze des Fremdvergleichs gelten entsprechend für die Verträge einer Personengesellschaft, die von nahen Angehörigen des anderen Vertragspartners beherrscht wird. Hierbei kommt es auf den rechtlichen und wirtschaftlichen Gehalt des jeweiligen Geschäfts und nicht auf die Bezeichnung durch die Vertragsparteien an (→ BFH vom 9.5.1996 – BStBl. II S. 642). Schließt eine Personengesellschaft aufeinander abgestimmte Arbeitsverträge mit den Angehörigen ihrer Gesellschafter, bei denen keiner der Gesellschafter als allein beherrschend angesehen werden kann, ist der Fremdvergleich bei jedem einzelnen Arbeitsvertrag durchzuführen (→ BFH vom 20.10.1983 – BStBl. 1984 II S. 298). Ein Gesellschafter, der nicht in der Lage ist, für sich allein einen beherrschenden Einfluss auszuüben, ist dann einem beherrschenden Gesellschafter gleichzustellen, wenn er gemeinsam mit anderen Gesellschaftern einen Gegenstand von gemeinsamem Interesse in gegenseitiger Abstimmung regelt (→ BFH vom 18.12.2001 – BStBl. 2002 II S. 353).
– → Personengesellschaften; – Abtretung.
– → Personengesellschaften; – Darlehen.
– → Umdeutung.
– **Umfang.**
• Der Fremdvergleich ist nur einheitlich für den gesamten Vertrag anzustellen. Das Herauslösen einzelner Vertragsteile, wie z. B. einzelner Tätigkeiten aus einem Arbeitsvertrag, ist nicht möglich. Der Vertrag kann auch nicht mit Blick auf diese Vertragsteile teilweise steuerrechtlich anerkannt werden, wenn der Vertrag im Übrigen dem Fremdvergleich nicht standhält (→ BFH vom 9.12.1993 – BStBl. 1994 II S. 298).
• Wird zur Finanzierung eines Kaufvertrags zwischen nahen Angehörigen ein Darlehensvertrag mit einer Bank abgeschlossen, sind die in

dem Darlehensvertrag getroffenen Vereinbarungen auch dann nicht in den Fremdvergleich hinsichtlich des Kaufvertrags einzubeziehen, wenn der Verkäufer zugleich Sicherungsgeber ist (→ BFH vom 15.10.2002 – BStBl. 2003 II S. 243).

• → Mehrere Verträge zwischen Angehörigen.

Gelegentliche Hilfeleistung. Arbeitsverträge über gelegentliche Hilfeleistungen durch Angehörige sind steuerrechtlich nicht anzuerkennen, weil sie zwischen fremden Personen nicht vereinbart worden wären (→ BFH vom 9.12.1993 – BStBl. 1994 II S. 298).

Gesellschaftsverträge zwischen Angehörigen.
– → R 15.9.
– → Umdeutung.

Gewinnanteile aus geschenkter typisch stiller Beteiligung. Werden Geldbeträge vom Betriebsinhaber an seine minderjährigen Kinder mit der Auflage zugewendet, diese ihm wieder als Einlage im Rahmen einer typisch stillen Beteiligung zur Verfügung zu stellen, sind die Gewinnanteile nicht als Betriebsausgaben abziehbar, wenn eine Verlustbeteiligung ausgeschlossen ist (→ BFH vom 21.10.1992 – BStBl. 1993 II S. 289).

Mehrere Verträge zwischen Angehörigen. Bei der Prüfung, ob die Leistungsbeziehungen zwischen nahen Angehörigen dem → Fremdvergleich standhalten, sind mehrere zeitlich und sachlich zusammenhängende Verträge nicht isoliert, sondern in ihrer Gesamtheit zu würdigen (→ BFH vom 13.12.1995 – BStBl. 1996 II S. 180).

Miet- und Pachtverträge zwischen Angehörigen.
– → R 21.4.
– → Sonstige Rechtsverhältnisse zwischen Angehörigen.

Minderjährige Kinder.
– **Ergänzungspfleger.** Bei Verträgen zwischen Eltern und minderjährigen Kindern, die nicht Arbeitsverträge sind (→ R 4.8 Abs. 3), ist ein Ergänzungspfleger zu bestellen, damit die Vereinbarungen bürgerlich-rechtlich wirksam zustande kommen und so eine klare Trennung bei der Verwaltung des Kindesvermögens und des elterlichen Vermögens gewährleistet ist (→ BFH vom 23.4.1992 – BStBl. II S. 1024 und BMF vom 30.9.2013 – BStBl. I S. 1184, Rz. 4).
– **Schwebend unwirksame Verträge, Insichgeschäfte.** Die klaren und ernsthaft gewollten Vereinbarungen (→ Fremdvergleich) müssen zu Beginn des maßgeblichen Rechtsverhältnisses oder bei Änderung des Verhältnisses für die Zukunft getroffen werden. Ein Insichgeschäft i. S. d. § 181 BGB ist so lange – schwebend – unwirksam, bis die Wirksamkeit z. B. durch Bestellung eines Ergänzungspflegers oder mit Erreichen der Volljährigkeit eines minderjährigen Kindes nachgeholt wird. Die nachträgliche Genehmigung des Rechtsgeschäftes hat zivilrechtlich zur Folge, dass die schwebende Unwirksamkeit des Vertrages rückwirkend entfällt (§ 108 Abs. 3, § 184 Abs. 1 BGB). Steuerrechtlich entfaltet sie grundsätzlich keine Rückwirkung. Im Regelfall sind die steuerrechtlichen Folgerungen erst von dem Zeitpunkt an zu ziehen, zu dem die schwebende

Unwirksamkeit entfallen ist (→ BFH vom 31.10.1989 – BStBl. 1992 II S. 506), es sei denn, die steuerrechtliche Rückwirkung ist ausdrücklich gesetzlich zugelassen (§ 41 Abs. 1 AO).

Nichteheliche Lebensgemeinschaften. Die für die steuerrechtliche Beurteilung von Verträgen zwischen Ehegatten geltenden Grundsätze können nicht auf Verträge zwischen Partnern einer nichtehelichen Lebensgemeinschaft – ausgenommen eingetragene Lebenspartnerschaften – übertragen werden (→ BFH vom 14.4.1988 – BStBl. II S. 670 und → R 21.4).

Personengesellschaften.

- **Abtretung.** Tritt der Gesellschafter einer Personengesellschaft ihm gegen die Gesellschaft zustehende Darlehensansprüche zur Ablösung von Pflichtteilsansprüchen an einen Angehörigen ab, der die Beträge der Gesellschaft weiterhin als Darlehen belässt, so sind die an den neuen Darlehensgläubiger gezahlten Darlehenszinsen Betriebsausgaben der Personengesellschaft. Der Betriebsausgabenabzug kann nicht vom Ergebnis eines → Fremdvergleichs hinsichtlich der Darlehensbedingungen abhängig gemacht werden, wenn der Abtretende die Gesellschaft nicht beherrscht (→ BFH vom 15.12.1988 – BStBl. 1989 II S. 500).
- → Arbeitsverhältnisse zwischen Ehegatten.
- → Darlehensverhältnisse zwischen Angehörigen.
- → Fremdvergleich.
- **Vermögen einer Personengesellschaft** kann nicht als Vermögen des Gesellschafterehegatten angesehen werden. Deshalb liegt ein Vermögenszugang beim Arbeitnehmer-Ehegatten auch dann vor, wenn das Arbeitsentgelt auf ein gemeinschaftliches Konto der Ehegatten überwiesen wird, über das jeder Ehegatte ohne Mitwirkung des anderen verfügen kann (→ BFH vom 24.3.1983 – BStBl. II S. 663).
- Keine betriebliche Veranlassung bei Vergabe eines zinslosen und ungesicherten **Darlehens** durch eine Personengesellschaft an ihren Gesellschafter. Die Frage der betrieblichen Veranlassung der Geldhingabe ist auf der Grundlage eines Fremdvergleichs zu beurteilen (→ BFH vom 9.5.1996 – BStBl. II S. 642). Wird neben dem (festen) Kapitalkonto lediglich ein weiteres Konto zur Erfassung von Gewinnen, Einlagen und Entnahmen der Gesellschafter geführt, handelt es sich nicht um ein Darlehenskonto, wenn auf dem Konto auch Verluste verbucht werden (→ BFH vom 27.6.1996 – BStBl. 1997 II S. 36).
- → Sicherung des Darlehensanspruchs.
- Unterbeteiligung von Kindern an einer vermögensverwaltenden Personengesellschaft → H 21.6 (Unterbeteiligung an einer Personengesellschaft).

Rechtsfolgen bei fehlender Anerkennung.

- Ist ein **Arbeitsverhältnis** steuerrechtlich nicht anzuerkennen, so sind Lohnzahlungen einschließlich einbehaltener und abgeführter Lohn- und Kirchensteuerbeträge, für den mitarbeitenden Ehegatten einbehaltene und abgeführte Sozialversicherungsbeiträge (Arbeitgeber- und Arbeitnehmeranteil) und vermögenswirksame Leistungen, die der Arbeitgeber-Ehegatte nach dem Vermögensbildungsgesetz erbringt, nicht als Betriebsausgaben abziehbar (→ BFH vom 8.2.1983 – BStBl. II S. 496 und vom 10.4.1990 – BStBl. II S. 741).

– Zinsen aus einem ertragsteuerlich nicht anzuerkennenden **Darlehen** unter nahen Angehörigen sind keine Betriebsausgaben; beim Empfänger sind sie keine Einkünfte aus Kapitalvermögen (→ BFH vom 2.8.1994 – BStBl. 1995 II S. 264).

Scheidungsklausel. Erwirbt ein Ehegatte (A) mit vom anderen Ehegatten (B) geschenkten Mitteln ein Grundstück, welches für betriebliche Zwecke an B vermietet wird, begründet weder die Schenkung der Mittel, die Vereinbarung zwischen den Ehegatten für den Fall der Beendigung des Güterstandes auf andere Weise als den Tod, das erworbene Grundstück auf den anderen Ehegatten zu übertragen (sog. Scheidungsklausel), noch die B eingeräumte Möglichkeit zu seinen Gunsten oder zugunsten eines Dritten eine Auflassungsvormerkung in das Grundbuch eintragen zu lassen, wirtschaftliches Eigentum des B (→ BFH vom 4.2.1998 – BStBl. II S. 542).

Schenkung.

– → Arbeitsverhältnisse zwischen Ehegatten, – Der steuerrechtlichen Anerkennung eines Arbeitsverhältnisses steht nicht entgegen, • Schenkung.

– → Darlehensverhältnisse zwischen Angehörigen, – Schenkungsbegründetes Darlehen.

Sicherung des Darlehensanspruchs.

– Bei einem Darlehen einer Personengesellschaft an ihren Gesellschafter kann nicht ein künftiger Gewinnanteil des Gesellschafters als Sicherheit angesehen werden. Unüblich ist auch die Unverzinslichkeit eines Darlehens (→ BFH vom 9.5.1996 – BStBl. II S. 642).

– Die fehlende verkehrsübliche Sicherung des Darlehensanspruchs wird bei langfristigen Darlehen zwischen nahen Angehörigen als Indiz für die außerbetriebliche Veranlassung des Darlehens gewertet, wobei als langfristig jedenfalls Darlehen mit einer Laufzeit von mehr als vier Jahren angesehen werden (→ BFH vom 9.5.1996 – BStBl. II S. 642). Eine langfristige Darlehensvereinbarung zwischen Eltern und Kindern kann trotz teilweise fehlender Sicherheiten steuerrechtlich anerkannt werden, wenn die Kinder bei Darlehensabschluss bereits volljährig sind, nicht mehr im Haushalt der Eltern leben und wirtschaftlich von den Eltern unabhängig sind (→ BFH vom 18.12.1990 – BStBl. 1991 II S. 911).

Sonstige Rechtsverhältnisse zwischen Angehörigen.

– Für die einkommensteuerrechtliche Beurteilung von Miet- und Pachtverträgen, Darlehensverträgen und ähnlichen Verträgen sind die Grundsätze zur steuerlichen Anerkennung von Ehegatten-Arbeitsverhältnissen entsprechend anzuwenden (→ BFH vom 28.1.1997 – BStBl. II S. 655).

– → Fremdvergleich.

Umdeutung. Die steuerliche Beurteilung muss von dem ausgehen, was die Stpfl. rechtsgültig vereinbart haben, und zwar auch dann, wenn die Vereinbarung aus privater Veranlassung von dem abweicht, was unter fremden Dritten üblich ist. Haben die Beteiligten einen Gesellschaftsvertrag über eine Unterbeteiligung abgeschlossen, und kann der Gesellschaftsvertrag wegen der nicht fremdüblichen Ausgestaltung zu Lasten der Unterbeteiligung steuerlich nicht anerkannt werden, kann an die Stelle des wirksam abgeschlossenen Gesellschaftsvertrags für die steuerliche Beurteilung **nicht** ein tatsächlich **nicht** existenter Vertrag über ein partiarisches Darlehen gesetzt werden (→ BFH vom 6.7.1995 – BStBl. 1996 II S. 269).

Unterhalt. Beschränkt sich der Stpfl. darauf, dem mitarbeitenden Kind Unterhalt zu gewähren (Beköstigung, Bekleidung, Unterkunft und Taschengeld), so liegen steuerlich nicht abziehbare Lebenshaltungskosten vor (→ BFH vom 19.8.1971 – BStBl. 1972 II S. 172).

Wirtschaftsüberlassungsvertrag.

- Bei nach dem 31.12.2007 abgeschlossenen Wirtschaftsüberlassungsverträgen liegt keine begünstigte Vermögensübertragung im Zusammenhang mit Versorgungsleistungen vor (→ BMF vom 11.3.2010 – BStBl. I S. 227, Rzn. 22, 81).[1), 2)]
- Die auf einem nach dem 31.12.2007 abgeschlossenen Wirtschaftsüberlassungsvertrag beruhenden Leistungen können als Betriebsausgaben abziehbar sein. Dies gilt auch, wenn einzelne Regelungen im Wirtschaftsüberlassungsvertrag einem Fremdvergleich nicht standhalten, solange diesen nicht ein derartiges Gewicht zukommt, dass dies unter Berücksichtigung des Gesamtbilds der Verhältnisse die Nichtanerkennung des gesamten Vertragsverhältnisses rechtfertigt (→ BFH vom 12.7.2017 – BStBl. 2018 II S. 461).

Wohnungsüberlassung an geschiedenen oder dauernd getrennt lebenden Ehegatten. → H 21.4 (Vermietung an Unterhaltsberechtigte).

R 4.9 Abziehbare Steuern *(unbesetzt)*

H 4.9

Änderung von bestandskräftigen Veranlagungen. Mehrbeträge an abziehbaren Steuern, die sich durch eine Betriebsprüfung ergeben haben, sind für sich allein keine neuen Tatsachen i. S. d. § 173 Abs. 1 Nr. 2 AO, die eine Änderung der bestandskräftigen Veranlagungen der Jahre rechtfertigen würden, zu denen die → Mehrsteuern wirtschaftlich gehören (→ BFH vom 10.8.1961 – BStBl. III S. 534).

Mehrsteuern. Ändern sich die Mehrsteuern bis zur Bestandskraft der Veranlagungen, sind die Änderungen bei diesen Veranlagungen zu berücksichtigen (→ BFH vom 19.12.1961 – BStBl. 1962 III S. 64).

Rückstellung für künftige Steuernachforderungen. Die Behauptung des Stpfl., dass nach allgemeiner Erfahrung bei einer Betriebsprüfung mit Steuernachforderungen zu rechnen ist, rechtfertigt nicht die Bildung einer Rückstellung (→ BFH vom 13.1.1966 – BStBl. III S. 189). Abzugsfähige Steuern sind grundsätzlich dem Jahr zu belasten, zu dem sie wirtschaftlich gehören (→ BFH vom 3.12.1969 – BStBl. 1970 II S. 229). Dagegen ist eine Rückstellung für hinterzogene Steuern bis zur Bilanzaufstellung erst zu dem

1) Geänd. durch BMF v. 6.5.2016, BStBl. I 2016, 476, mit Übergangsregelung.

2) Ergänzend siehe BMF v. 20.11.2019, BStBl. I 2019, 1291, geänd. durch BMF v. 5.5.2021, BStBl. I 2021, 696, Rn. 40.

Bilanzstichtag zu bilden, zu dem der Stpfl. mit der Aufdeckung der Steuerhinterziehung rechnen musste, bei einer Außen- oder Steuerfahndungsprüfung frühestens mit der Beanstandung einer bestimmten Sachbehandlung durch den Prüfer (→ BFH vom 27.11.2001 – BStBl. 2002 II S. 731 und vom 22.8.2012 – BStBl. 2013 II S. 76).

R 4.10 Geschenke, Bewirtung, andere die Lebensführung berührende Betriebsausgaben

Allgemeines

(1) [1]Durch § 4 Abs. 5 Satz 1 Nr. 1 bis 7 i. V. m. Abs. 7 EStG wird der Abzug von betrieblich veranlassten Aufwendungen, die die Lebensführung des Stpfl. oder anderer Personen berühren, eingeschränkt. [2]Vor Anwendung dieser Vorschriften ist stets zu prüfen, ob die als Betriebsausgaben geltend gemachten Aufwendungen z. B. für Repräsentation, Bewirtung und Unterhaltung von Geschäftsfreunden, Reisen, Kraftfahrzeughaltung bereits zu den nicht abziehbaren Kosten der Lebensführung i. S. d. § 12 Nr. 1 EStG gehören. [3]Die nach § 4 Abs. 5 und 7 EStG nicht abziehbaren Betriebsausgaben sind keine Entnahmen i. S. d. § 4 Abs. 1 Satz 2 EStG.

H 4.10 (1)

Abgrenzung der Betriebsausgaben von den Lebenshaltungskosten. → H 12.1 und H 12.2.

Ähnliche Zwecke i. S. d. § 4 Abs. 5 Satz 1 Nr. 4 EStG.

- Unter den Begriff der Aufwendungen für ähnliche Zwecke fallen Aufwendungen, die der sportlichen Betätigung, der Unterhaltung von Geschäftsfreunden, der Freizeitgestaltung oder der Repräsentation des Stpfl. dienen. Die Ähnlichkeit mit den im Gesetz genannten Zwecken (Jagd, Fischerei, Segel- oder Motorjacht) kann sich entweder aus Besonderheiten hinsichtlich des Ortes und Rahmens der Veranstaltung (Beschaffenheit, Lage, Ausstattung) oder einem besonderen qualitativ hochwertigen Unterhaltungsprogramm am Ort der Veranstaltung ergeben (→ BFH vom 13.7.2016 – BStBl. 2017 II S. 161).
- → Golfturnier.

Ferienwohnung. Mehraufwendungen für Verpflegung und Reisekosten im Zusammenhang mit einem mehrwöchigen Aufenthalt in der eigenen, sonst gewerblich genutzten Ferienwohnung sind nur dann Betriebsausgaben, wenn der Aufenthalt während der normalen Arbeitszeit vollständig mit Arbeiten für die Wohnung ausgefüllt war (→ BFH vom 25.11.1993 – BStBl. 1994 II S. 350).

Golfturnier.

- Die Aufwendungen für die Durchführung eines Golfturniers einschließlich der Aufwendungen für die Bewirtung der Turnierteilnehmer und Dritter im Rahmen einer sich an das Golfturnier anschließenden Abendveranstaltung sind nicht abziehbare Betriebsausgaben gem. § 4 Abs. 5 Satz 1 Nr. 4 EStG. Dies gilt auch dann, wenn beide Veranstaltungen auch dem Zweck dienen, Spenden für die Finanzierung einer Wohltätigkeitsveranstaltung zu generieren (→ BFH vom 16.12.2015 – BStBl. 2017 II S. 224).

– Das Betriebsausgabenabzugsverbot nach § 4 Abs. 5 Satz 1 Nr. 4 EStG gilt nicht für Aufwendungen im Zusammenhang mit einer Golfturnierreihe mit freier Teilnahmemöglichkeit für jeden Interessenten, zu deren Finanzierung sich ein Brauereibetrieb gegenüber seinen Geschäftspartnern, denen die organisatorische Verantwortung der Veranstaltung obliegt (hier: Vereine/Gastronomiebetriebe), im Rahmen von Bierliefervereinbarungen vertraglich verpflichtet (→ BFH vom 14.10.2015 – BStBl. 2017 II S. 222).

Häusliches Arbeitszimmer.[1] · [2] · [3]

– → BMF vom 6.10.2017 (BStBl. I S. 1320).
– Zur Ermittlung des Gewinns bei Veräußerung oder Betriebsaufgabe → H 4.7 (Häusliches Arbeitszimmer).

Segel- oder Motorjachten.

– Segel- oder Motorjachten als „schwimmendes Konferenzzimmer“ → BFH vom 3.2.1993 (BStBl. II S. 367).
– Aufwendungen für Wege zwischen Wohnung und Betriebsstätte → H 4.12 (Motorboot).
– Die Anwendbarkeit des Abzugsverbots nach § 4 Abs. 5 Satz 1 Nr. 4 EStG hängt nicht von der Art des Wasserfahrzeugs, sondern von dessen konkreter Bestimmung ab, wobei die Bestimmung durch den Fahrzeugtyp indiziert sein kann (→ BFH vom 10.5.2001 – BStBl. II S. 575).[4]
– Kosten für eine Schiffsreise (z. B. für eine sog. Regattabegleitfahrt) mit Geschäftspartnern sind grundsätzlich nicht als Betriebsausgaben abziehbar, wenn ein Zusammenhang mit der Unterhaltung der Teilnehmer oder der Repräsentation des Unternehmens nicht ausgeschlossen werden kann (→ BFH vom 2.8.2012 – BStBl. II S. 824).

Sozialeinrichtungen. § 4 Abs. 5 EStG ist nach seinem Sinn und Zweck nicht auf Aufwendungen für betriebliche Sozialeinrichtungen anwendbar (→ BFH vom 30.7.1980 – BStBl. 1981 II S. 58).

Veräußerung von Wirtschaftsgütern i. S. d. § 4 Abs. 5 EStG. Zur Berechnung des Veräußerungsgewinns ist als Buchwert der Wert anzusetzen, der sich unter Berücksichtigung der Absetzungen ergibt, die nicht abziehbare Aufwendungen i. S. d. § 4 Abs. 5 oder 7 EStG waren (→ BFH vom 12.12.1973 – BStBl. 1974 II S. 207).[5]

VIP-Logen.

– Aufwendungen für VIP-Logen in Sportstätten → BMF vom 22.8.2005 (BStBl. I S. 845) unter Berücksichtigung der Änderungen durch BMF vom 19.5.2015 (BStBl. I S. 468), Rz. 15.
– Anwendung der Vereinfachungsregelungen auf ähnliche Sachverhalte → BMF vom 11.7.2006 (BStBl. I S. 447) unter Berücksichtigung der Änderungen durch BMF vom 19.5.2015 (BStBl. I S. 468), Rz. 15.

---

[1] Zum Begriff des häuslichen Arbeitszimmers siehe BFH-Beschluss v. 27.7.2015 GrS 1/14, BStBl. II 2016, 265.

[2] Keine Abziehbarkeit von Badrenovierungskosten als „Arbeitszimmeraufwand“; siehe BFH v. 14.5.2019 VIII R 16/15, BStBl. II 2019, 510.

[3] Zu einer ärztlichen Notfallpraxis siehe BFH v. 29.1.2020 VIII R 11/17, BStBl. II 2020, 445.

[4] Abzugsverbote auch, wenn Segeljacht und Oldtimer-Flugzeuge nicht der Unterhaltung von Geschäftsfreunden dienen; siehe BFH v. 7.2.2007 I R 27–29/05, DStRE 2007, 946.

[5] Siehe auch BFH v. 25.3.2015 X R 14/12, BFH/NV 2015, 973.

R 4.10 (2–4)

Geschenke[1)]

(2) [1]Nach § 4 Abs. 5 Satz 1 Nr. 1 EStG dürfen Aufwendungen für betrieblich veranlasste Geschenke (→ Geschenk) an natürliche Personen, die nicht Arbeitnehmer des Stpfl. sind, oder an juristische Personen grundsätzlich nicht abgezogen werden. [2]Personen, die zu dem Stpfl. auf Grund eines Werkvertrages oder eines Handelsvertretervertrages in ständiger Geschäftsbeziehung stehen, sind den Arbeitnehmern des Stpfl. nicht gleichgestellt. [3]Entstehen die Aufwendungen für ein Geschenk in einem anderen Wirtschaftsjahr als dem, in dem der Gegenstand geschenkt wird, und haben sich die Aufwendungen in dem Wirtschaftsjahr, in dem sie gemacht wurden, gewinnmindernd ausgewirkt, ist, wenn ein Abzug nach § 4 Abs. 5 Satz 1 Nr. 1 EStG ausgeschlossen ist, im Wirtschaftsjahr der Schenkung eine entsprechende Gewinnerhöhung vorzunehmen. [4]Das Abzugsverbot greift nicht, wenn die zugewendeten Wirtschaftsgüter beim Empfänger ausschließlich betrieblich genutzt werden können.

(3) [1]Zu den Anschaffungs- oder Herstellungskosten eines Geschenks zählen auch die Kosten einer Kennzeichnung des Geschenks als Werbeträger sowie die Umsatzsteuer (→ § 9b EStG), wenn der Abzug als Vorsteuer ohne Berücksichtigung des § 15 Abs. 1a UStG ausgeschlossen ist; Verpackungs- und Versandkosten gehören nicht dazu. [2]Übersteigen die Anschaffungs- oder Herstellungskosten eines Geschenks an einen Empfänger oder, wenn an einen Empfänger im Wirtschaftsjahr mehrere Geschenke gegeben werden, die Anschaffungs- oder Herstellungskosten aller Geschenke an diesen Empfänger die Freigrenze gem. § 4 Abs. 5 Satz 1 Nr. 1 EStG, entfällt der Abzug in vollem Umfang.

(4) [1]Ein Geschenk setzt eine **unentgeltliche Zuwendung** an einen Dritten voraus. [2]Die Unentgeltlichkeit ist nicht gegeben, wenn die Zuwendung als Entgelt für eine bestimmte Gegenleistung des Empfängers anzusehen ist. [3]Sie wird jedoch nicht schon dadurch ausgeschlossen, dass mit der Zuwendung der Zweck verfolgt wird, Geschäftsbeziehungen zu sichern oder zu verbessern oder für ein Erzeugnis zu werben. [4]Ein Geschenk i. S. d. § 4 Abs. 5 Satz 1 Nr. 1 EStG ist danach regelmäßig anzunehmen, wenn ein Stpfl. einem Geschäftsfreund oder dessen Beauftragten ohne rechtliche Verpflichtung und ohne zeitlichen oder sonstigen unmittelbaren Zusammenhang mit einer Leistung des Empfängers eine Bar- oder Sachzuwendung gibt. [5]Keine Geschenke sind beispielsweise

1. Kränze und Blumen bei Beerdigungen,
2. Spargeschenkgutscheine der Kreditinstitute und darauf beruhende Gutschriften auf dem Sparkonto anlässlich der Eröffnung des Sparkontos oder weitere Einzahlungen,
3. Preise anlässlich eines Preisausschreibens oder einer Auslobung.

[6]Zu den Geschenken i. S. d. § 4 Abs. 5 Satz 1 Nr. 1 EStG rechnen ebenfalls nicht die Bewirtung, die damit verbundene Unterhaltung und die Beherbergung von Personen aus geschäftlichem Anlass (→ Absätze 5 ff.).

---

1) Zu Incentive-Reisen als Geschenk siehe BMF v. 14.10.1996, BStBl. I 1996, 1192.

H 4.10 (2–4)

Freigrenze für Geschenke nach § 4 Abs. 5 Satz 1 Nr. 1 EStG. → H 9b.

Geschenk. Ob eine Vermögenszuwendung unentgeltlich als Geschenk oder entgeltlich gemacht wird, entscheidet nach bürgerlichem Recht die hierüber zwischen den Beteiligten getroffene Vereinbarung. Ein Geschenk liegt nur vor, wenn beide Seiten über die Unentgeltlichkeit einig sind. Daher liegt schon dann kein Geschenk vor, wenn eine Seite von der Entgeltlichkeit der Zuwendung ausgeht (→ BFH vom 23.6.1993 – BStBl. II S. 806).

Selbständige Tätigkeit eines Angestellten. Übt ein Angestellter unter Mithilfe anderer Angestellter desselben Arbeitgebers auch eine selbständige Tätigkeit aus, handelt es sich bei diesen Mitarbeitern nicht um Arbeitnehmer des Angestellten und zugleich selbständig Tätigen (→ BFH vom 8.11.1984 – BStBl. 1985 II S. 286).

R 4.10 (5–9)

Bewirtung und Bewirtungsaufwendungen[1)] [2)]

(5) [1]Eine **Bewirtung** i. S. d. § 4 Abs. 5 Satz 1 Nr. 2 EStG liegt vor, wenn Personen beköstigt werden. [2]Dies ist stets dann der Fall, wenn die Darreichung von Speisen und/oder Getränken eindeutig im Vordergrund steht. [3]**Bewirtungsaufwendungen** sind Aufwendungen für den Verzehr von Speisen, Getränken und sonstigen Genussmitteln. [4]Dazu können auch Aufwendungen gehören, die zwangsläufig im Zusammenhang mit der Bewirtung anfallen, wenn sie im Rahmen des insgesamt geforderten Preises von untergeordneter Bedeutung sind, wie z. B. Trinkgelder und Garderobengebühren. [5]Die Beurteilung der Art der Aufwendungen richtet sich grundsätzlich nach der Hauptleistung. [6]Werden dem bewirtenden Stpfl. die Bewirtungsaufwendungen im Rahmen eines Entgelts ersetzt (z. B. bei einer Seminargebühr oder einem Beförderungsentgelt), unterliegen diese Aufwendungen nicht der in § 4 Abs. 5 Satz 1 Nr. 2 EStG festgelegten Kürzung. [7]Dies gilt nur, wenn die Bewirtung in den Leistungsaustausch einbezogen ist. [8]Die nach § 15 Abs. 1a UStG nichtabziehbare Vorsteuer unterliegt dem Abzugsverbot des § 12 Nr. 3 EStG. [9]Keine Bewirtung liegt vor bei

1. Gewährung von Aufmerksamkeiten in geringem Umfang (wie Kaffee, Tee, Gebäck), z. B. anlässlich betrieblicher Besprechungen, wenn es sich hierbei um eine übliche Geste der Höflichkeit handelt; die Höhe der Aufwendungen ist dabei nicht ausschlaggebend,
2. Produkt-/Warenverkostungen, z. B. im Herstellungsbetrieb, beim Kunden, beim (Zwischen-)Händler, bei Messeveranstaltungen; hier besteht ein unmittelbarer Zusammenhang mit dem Verkauf der Produkte oder Waren. [2]Voraussetzung für den unbeschränkten Abzug ist, dass nur das zu veräußernde Produkt und ggf. Aufmerksamkeiten (z. B. Brot anlässlich einer Weinprobe) gereicht werden. [3]Diese Aufwendungen können als Werbe-

---

1) Siehe jetzt im Einzelnen BMF v. 30.6.2021, BStBl. I 2021, 908.

2) Zu den Bewirtungskosten bei Incentive-Reisen siehe BMF v. 14.10.1996, BStBl. I 1996, 1192.

aufwand unbeschränkt als Betriebsausgaben abgezogen werden. [4]Entsprechendes gilt, wenn ein Dritter mit der Durchführung der Produkt-/Warenverkostung beauftragt war.

[10]Solche Aufwendungen können unbegrenzt als Betriebsausgaben abgezogen werden.

Betrieblicher und geschäftlicher Anlass

(6) [1]Betrieblich veranlasste Aufwendungen für die Bewirtung von Personen können geschäftlich oder nicht geschäftlich (→ Absatz 7) bedingt sein. [2]Ein geschäftlicher Anlass besteht insbesondere bei der Bewirtung von Personen, zu denen schon Geschäftsbeziehungen bestehen oder zu denen sie angebahnt werden sollen. [3]Auch die Bewirtung von Besuchern des Betriebs, z.B. im Rahmen der Öffentlichkeitsarbeit ist geschäftlich veranlasst. [4]Bei geschäftlichem Anlass sind die Bewirtungsaufwendungen nach § 4 Abs. 5 Satz 1 Nr. 2 Satz 1 EStG nicht zum Abzug zugelassen, soweit sie den dort genannten Prozentsatz[1)] der angemessenen und nachgewiesenen Aufwendungen übersteigen. [5]Hierbei sind zunächst folgende Kosten auszuscheiden:

1. Teile der Bewirtungskosten, die privat veranlasst sind;
2. Teile der Bewirtungsaufwendungen, die nach allgemeiner Verkehrsauffassung als unangemessen anzusehen sind (Angemessenheit);
3. Bewirtungsaufwendungen, deren Höhe und betriebliche Veranlassung nicht nachgewiesen sind (→ Absatz 8);
4. Bewirtungsaufwendungen, die wegen Verletzung der besonderen Aufzeichnungspflichten nicht abgezogen werden können (→ § 4 Abs. 7 EStG, R 4.11);
5. Aufwendungen, die nach ihrer Art keine Bewirtungsaufwendungen sind (z.B. Kosten für eine Musikkapelle anlässlich einer Informations- oder Werbeveranstaltung und andere Nebenkosten), es sei denn, sie sind von untergeordneter Bedeutung (z.B. Trinkgelder → Absatz 5); solche Aufwendungen sind in vollem Umfang abziehbar, wenn die übrigen Voraussetzungen vorliegen.

[6]Die verbleibenden Aufwendungen fallen unter die Abzugsbegrenzung.[1)] [7]Die Abzugsbegrenzung gilt bei der Bewirtung von Personen aus geschäftlichem Anlass auch für den Teil der Aufwendungen, der auf den an der Bewirtung teilnehmenden Stpfl. oder dessen Arbeitnehmer entfällt. [8]Aufwendungen für die Bewirtung von Personen aus geschäftlichem Anlass in der Wohnung des Stpfl. gehören regelmäßig nicht zu den Betriebsausgaben, sondern zu den Kosten der Lebensführung (§ 12 Nr. 1 EStG). [9]Bei Bewirtungen in einer betriebseigenen Kantine wird aus Vereinfachungsgründen zugelassen, dass die Aufwendungen nur aus den Sachkosten der verabreichten Speisen und Getränke sowie den Personalkosten ermittelt werden; es ist nicht zu beanstanden, wenn – im Wirtschaftsjahr einheitlich – je Bewirtung ein Betrag von 15 Euro angesetzt wird, wenn dieser Ansatz nicht zu einer offenbar unzutreffenden Besteuerung führt. [10]Unter dem Begriff „betriebseigene Kantine" sind alle betriebsinternen

---

1) Derzeit 70%.

Einrichtungen zu verstehen, die es den Arbeitnehmern des Unternehmens ermöglichen, Speisen und Getränke einzunehmen, und die für fremde Dritte nicht ohne weiteres zugänglich sind. [11] Auf die Bezeichnung der Einrichtung kommt es nicht an; zu Kantinen können deshalb auch Einrichtungen gehören, die im Betrieb als „Casino" oder „Restaurant" bezeichnet werden.

(7) [1] Nicht geschäftlich, sondern allgemein betrieblich veranlasst ist ausschließlich die Bewirtung von Arbeitnehmern des bewirtenden Unternehmens. [2] Geschäftlich veranlasst ist danach die Bewirtung von Arbeitnehmern von gesellschaftsrechtlich verbundenen Unternehmen (z. B. Mutter- oder Tochterunternehmen) und mit ihnen vergleichbaren Personen. [3] Nur in dem Maße, wie die Aufwendungen auf die nicht geschäftlich veranlasste Bewirtung von Arbeitnehmern des bewirtenden Unternehmens entfallen, können sie unbegrenzt abgezogen werden. [4] Bei Betriebsfesten ist die Bewirtung von Angehörigen oder von Personen, die zu ihrer Gestaltung beitragen, unschädlich.

Nachweis

(8) [1] Der Nachweis der Höhe und der betrieblichen Veranlassung der Aufwendungen durch schriftliche Angaben zu Ort, Tag, Teilnehmer und Anlass der Bewirtung sowie Höhe der Aufwendungen ist gesetzliches Tatbestandsmerkmal für den Abzug der Bewirtungsaufwendungen als Betriebsausgaben. [2] Bei Bewirtung in einer Gaststätte genügen neben der beizufügenden Rechnung Angaben zu dem Anlass und den Teilnehmern der Bewirtung; auch hierbei handelt es sich um ein gesetzliches Tatbestandsmerkmal für den Abzug der Bewirtungsaufwendungen als Betriebsausgaben. [3] Aus der Rechnung müssen sich Name und Anschrift der Gaststätte sowie der Tag der Bewirtung ergeben. [4] Die Rechnung muss auch den Namen des bewirtenden Stpfl. enthalten; dies gilt nicht, wenn der Gesamtbetrag der Rechnung *150 Euro*[1)] nicht übersteigt. [5] Die schriftlichen Angaben können auf der Rechnung oder getrennt gemacht werden. [6] Erfolgen die Angaben getrennt von der Rechnung, müssen das Schriftstück über die Angaben und die Rechnung grundsätzlich zusammengefügt werden. [7] Ausnahmsweise genügt es, den Zusammenhang dadurch darzustellen, dass auf der Rechnung und dem Schriftstück über die Angaben Gegenseitigkeitshinweise angebracht werden, so dass Rechnung und Schriftstück jederzeit zusammengefügt werden können. [8] Die Rechnung muss den Anforderungen des § 14 UStG genügen und maschinell erstellt und registriert sein. [9] Die in Anspruch genommenen Leistungen sind nach Art, Umfang, Entgelt und Tag der Bewirtung in der Rechnung gesondert zu bezeichnen; die für den Vorsteuerabzug ausreichende Angabe „Speisen und Getränke" und die Angabe der für die Bewirtung in Rechnung gestellten Gesamtsumme sind für den Betriebsausgabenabzug nicht ausreichend.

(9) [1] Zur Bezeichnung der Teilnehmer der Bewirtung ist grundsätzlich die Angabe ihres Namens erforderlich. [2] Auf die Angabe der Namen kann jedoch verzichtet werden, wenn ihre Feststellung dem Stpfl. nicht zugemutet werden kann. [3] Das ist z. B. bei Bewirtungen anlässlich von Betriebsbesichtigungen

---

1) **[Amtl. Anm.:]** Ab 1.1.2017 250 Euro (§ 14 UStG i. V. m. § 33 UStDV).

durch eine größere Personenzahl und bei vergleichbaren Anlässen der Fall. [4]In diesen Fällen sind die Zahl der Teilnehmer der Bewirtung sowie eine die Personengruppe kennzeichnende Sammelbezeichnung anzugeben. [5]Die Angaben über den Anlass der Bewirtung müssen den Zusammenhang mit einem geschäftlichen Vorgang oder einer Geschäftsbeziehung erkennen lassen.

H 4.10 (5–9)

Angemessenheit.
- Die Angemessenheit ist vor allem nach den jeweiligen Branchenverhältnissen zu beurteilen (→ BFH vom 14.4.1988 – BStBl. II S. 771).
- → H 4.10 (12).

Anlass der Bewirtung. Angaben wie „Arbeitsgespräch", „Infogespräch" oder „Hintergrundgespräch" als Anlass der Bewirtung sind nicht ausreichend (→ BFH vom 15.1.1998 – BStBl. II S. 263).

Aufteilung von Bewirtungsaufwendungen in einen betrieblichen und einen privaten Teil. Der eigene Verzehraufwand eines Gewerbetreibenden in Gaststätten, in denen er seine Waren mit Hilfe von aufgestellten Automaten vertreibt, ist nur insoweit als betrieblich veranlasster Aufwand abziehbar, wie im Einzelnen nachgewiesen wird, dass dabei die private Lebensführung als unbedeutend in den Hintergrund getreten ist (→ BFH vom 14.4.1988 – BStBl. II S. 771).

Bewirtung. Eine Bewirtung i. S. d. § 4 Abs. 5 Satz 1 Nr. 2 EStG liegt nur vor, wenn die Darreichung von Speisen und/oder Getränken eindeutig im Vordergrund steht (→ BFH vom 16.2.1990 – BStBl. II S. 575). Keine Bewirtungsaufwendungen sind daher Aufwendungen für die Darbietung anderer Leistungen (wie insbesondere Varieté, Striptease und Ähnliches), wenn der insgesamt geforderte Preis in einem offensichtlichen Missverhältnis zum Wert der verzehrten Speisen und/oder Getränke steht (→ BFH vom 16.2.1990 – BStBl. II S. 575); solche Aufwendungen sind insgesamt nach § 4 Abs. 5 Satz 1 Nr. 7 EStG zu beurteilen (→ R 4.10 Abs. 12) und ggf. aufzuteilen. Die nach Aufteilung auf eine Bewirtung entfallenden Aufwendungen unterliegen sodann der Abzugsbegrenzung des § 4 Abs. 5 Satz 1 Nr. 2 EStG.

Bewirtung im gastronomischen Unternehmensbereich. Die Abzugsbegrenzung findet keine Anwendung, wenn die Bewirtungsaufwendungen entweder anlässlich einer Bewirtung von zahlenden Gästen (z. B. bei der Bewirtung von Fluggästen durch eine Fluggesellschaft) oder durch Präsentation bestimmter Speisen zu Werbezwecken anfallen (→ BFH vom 7.9.2011 – BStBl. 2012 II S. 194).

Bewirtung im Rahmen eines Leistungsaustauschs. Das Abzugsverbot gilt nicht bei Aufwendungen eines Gaststättenbetreibers für die Bewirtung von Busfahrern als Gegenleistung für das Zuführen von potenziellen Kunden (→ BFH vom 26.4.2018 – BStBl. II S. 750).

Bewirtung mehrerer Personen. Werden mehrere Personen bewirtet, müssen grundsätzlich die Namen aller Teilnehmer der Bewirtung, ggf. auch des Stpfl. und seiner Arbeitnehmer angegeben werden (→ BFH vom 25.2.1988 – BStBl. II S. 581).

Bewirtung von Personen aus geschäftlichem Anlass.
- Keine Betriebseinnahme → R 4.7 Abs. 3.
- Steuerliche Anerkennung von Aufwendungen in einem Bewirtungsbetrieb als Betriebsausgaben nach R 4.10 Abs. 5–9 → BMF vom 30.6.2021 (BStBl. I S. 908).

Journalisten. Journalisten können die nach § 4 Abs. 5 Satz 1 Nr. 2 Satz 1 EStG geforderten Angaben zu Teilnehmern und Anlass einer Bewirtung in der Regel nicht unter Berufung auf das Pressegeheimnis verweigern (→ BFH vom 15.1.1998 – BStBl. II S. 263).

Nachholung von Angaben. Die zum Nachweis von Bewirtungsaufwendungen erforderlichen schriftlichen Angaben müssen zeitnah gemacht werden (→ BFH vom 25.3.1988 – BStBl. II S. 655). Die Namensangabe darf vom Rechnungsaussteller auf der Rechnung oder durch eine sie ergänzende Urkunde nachgeholt werden (→ BFH vom 27.6.1990 – BStBl. II S. 903 und vom 2.10.1990 – BStBl. 1991 II S. 174).

Name des bewirtenden Stpfl. Angabe ist Voraussetzung für den Nachweis der betrieblichen Veranlassung (→ BFH vom 13.7.1994 – BStBl. II S. 894).

Schulungsveranstaltung. Bewirtet ein Unternehmen im Rahmen einer Schulungsveranstaltung Personen, die nicht seine Arbeitnehmer sind, unterliegt der Bewirtungsaufwand der Abzugsbeschränkung gem. § 4 Abs. 5 Satz 1 Nr. 2 EStG (→ BFH vom 18.9.2007 – BStBl. 2008 II S. 116).

Schweigepflicht. Rechtsanwälte können die nach § 4 Abs. 5 Satz 1 Nr. 2 EStG erforderlichen Angaben zu Teilnehmern und Anlass einer Bewirtung in der Regel nicht unter Berufung auf die anwaltliche Schweigepflicht verweigern (→ BFH vom 26.2.2004 – BStBl. II S. 502).

Unterschrift. Das zum Nachweis der betrieblichen Veranlassung der Bewirtung vom Stpfl. erstellte Schriftstück ist von diesem zu unterschreiben (→ BFH vom 15.1.1998 – BStBl. II S. 263).

Unvollständige Angaben. Sind die Angaben lückenhaft, können die Aufwendungen auch dann nicht abgezogen werden, wenn der Stpfl. ihre Höhe und betriebliche Veranlassung in anderer Weise nachweist oder glaubhaft macht (→ BFH vom 30.1.1986 – BStBl. II S. 488).

R 4.10 (10, 11)

Gästehäuser[1)]

(10) [1] Nach § 4 Abs. 5 Satz 1 Nr. 3 EStG können Aufwendungen für Einrichtungen, die der Bewirtung oder Beherbergung von Geschäftsfreunden dienen (Gästehäuser) und sich außerhalb des Orts des Betriebs des Stpfl. befinden, nicht abgezogen werden. [2] Dagegen können Aufwendungen für Gästehäuser am Ort des Betriebs oder für die Unterbringung von Geschäftsfreunden in fremden Beherbergungsbetrieben, soweit sie ihrer Höhe nach angemessen sind (→ Absatz 12), als Betriebsausgaben berücksichtigt werden. [3] Als „Betrieb" gelten in

1) Zu Unterbringungskosten bei Incentive-Reisen vgl. BMF v. 14.10.1996, BStBl. I 1996, 1192.

EFTA	European Free Trade Association (Europäische Freihandelsassoziation)
e.G.	eingetragene Genossenschaft
EG	Europäische Gemeinschaft(en); Vertrag zur Gründung der Europäischen Gemeinschaft (EG-Vertrag)
EGAO	Einführungsgesetz zur Abgabenordnung
EGBGB	Einführungsgesetz zum Bürgerlichen Gesetzbuch
EGE	Europäische Größeneinheit
EGHGB	Einführungsgesetz zum Handelsgesetzbuch
EGInsO	Einführungsgesetz zur Insolvenzordnung
EGStGB	Einführungsgesetz zum Strafgesetzbuch
EGV	Vertrag zur Gründung der Europäischen Wirtschaftsgemeinschaft (EG-Vertrag)
EigZulG	Eigenheimzulagengesetz
eingef.	eingefügt
einschl.	einschließlich
EK	Eigenkapital
ELSTER	Elektronische Steuererklärung
EnergieStG	Energiesteuergesetz
EnergieStV	Energiesteuer-Durchführungsverordnung
ENeuOG	Eisenbahnneuordnungsgesetz
EnEV	Energieeinsparverordnung
EntschG	Entschädigungsgesetz
EntwLStG	Entwicklungsländer-Steuergesetz
ErbbRG	Gesetz über das Erbbaurecht
ErbStDV	Erbschaftsteuer-Durchführungsverordnung
ErbStG	Erbschaftsteuer- und Schenkungsteuergesetz
ErbStH	Erbschaftsteuer-Hinweise
ErbStR	Erbschaftsteuer-Richtlinien
Erl.	Erlass
EStDV	Einkommensteuer-Durchführungsverordnung
EStG	Einkommensteuergesetz
EStH	Einkommensteuer-Hinweise
EStR	Einkommensteuer-Richtlinien
EU	Europäische Union
EuGH	Europäischer Gerichtshof
EuGHE	Sammlung der Entscheidungen des Europäischen Gerichtshofs
EURLUmsG	EU-Richtlinien-Umsetzungsgesetz
EUSt	Einfuhrumsatzsteuer
EUStBV	Einfuhrumsatzsteuer-Befreiungsverordnung
EUV	Vertrag über die Europäische Union
e.V.	eingetragener Verein
EVO	Eisenbahnverkehrsordnung
EWG	Europäische Wirtschaftsgemeinschaft
EWIV	Europäische Wirtschaftliche Interessenvereinigung
EWR	Europäischer Wirtschaftsraum
EZ	Erhebungszeitraum

Abkürzungen

FA	Finanzamt
FahrlG	Fahrlehrergesetz
FELEG	Gesetz zur Förderung der Einstellung der landwirtschaftlichen Erwerbstätigkeit
FeuerschStG	Feuerschutzsteuergesetz
Ffm	(Oberfinanzdirektion) Frankfurt am Main
FGO	Finanzgerichtsordnung
fifo	first in – first out
FIU	Zentralstelle Finanztransaktionsuntersuchungen (Financial Intelligence Unit)
FKAustG	Finanzkonten-Informationsaustauschgesetz
FKPG	Gesetz zur Umsetzung des Föderalen Konsolidierungsprogramms
FlüHG	Flüchtlingshilfegesetz
FlurbG	Flurbereinigungsgesetz
FM	Finanzminister(ium)
FMBl.	Amtsblatt des Bayerischen Staatsministeriums der Finanzen
FN	Fußnote
FNA	Bundesgesetzblatt Teil I, Fundstellennachweis A (Bundesrecht ohne völkerrechtliche Vereinbarungen)
fob	free on board (frei an Bord) – Lieferbedingung –
FÖJG	Gesetz zur Förderung eines freiwilligen ökologischen Jahres (FÖJ-Förderungsgesetz)
FördG	Gesetz über Sonderabschreibungen und Abzugsbeträge im Fördergebiet (Fördergebietsgesetz)
FortschrR	Fortschreibungsrichtlinien
FR	Zeitschrift „Finanz-Rundschau"
FSen.	Finanzsenator (Senatsverwaltung für Finanzen)
Fstj.	Feststellungsjahr
FVG	Finanzverwaltungsgesetz
FzgLiefgMeldV	Fahrzeuglieferungs-Meldeverordnung
FZV	Fahrzeugzulassungsverordnung
G	Gesetz
GasNZV	Verordnung über den Zugang zu Gasversorgungsnetzen
GAV	Gewinnabführungsvertrag
GBBerG	Grundbuchberichtigungsgesetz
GBl.	Gesetzblatt
GBO	Grundbuchordnung
GbR	Gesellschaft des bürgerlichen Rechts
GdB	Grad der Behinderung
G. d. E.	Gesamtbetrag der Einkünfte
GDPdU	Grundsätze zum Datenzugriff und zur Prüfbarkeit digitaler Unterlagen (siehe jetzt GoBD)
gem.	gemäß
GemSOGB	Gemeinsamer Senat der obersten Gerichtshöfe des Bundes
GemV	Gemeinnützigkeitsverordnung
GenG	Genossenschaftsgesetz

KVLG 1989	Zweites Gesetz über die Krankenversicherung der Landwirte
KVStG	Kapitalverkehrsteuergesetz
KWG	Gesetz über das Kreditwesen (Kreditwesengesetz)
kWh	Kilowattstunde
KWK	Kraft-Wärme-Kopplung
KWKG	Kraft-Wärme-Kopplungsgesetz
LAG	Lastenausgleichsgesetz
lifo	last in – first out
LStDV	Lohnsteuer-Durchführungsverordnung
LStH	Lohnsteuer-Hinweise
LStR	Lohnsteuer-Richtlinien
LuftVG	Luftverkehrsgesetz
MaBV	Makler- und Bauträgerverordnung
MDK	Medizinischer Dienst der Krankenkassen
MIAS	Mehrwertsteuer-Informationsaustausch-System
MinBlFin.	Ministerialblatt des Bundesministers der Finanzen
MOSS-Verfahren	Mini-One-Stop-Shop (Umsatzsteuer)
MRN	Master Reference Number
MwStR	Zeitschrift für das gesamte Mehrwertsteuerrecht
MwStSystRL	Richtlinie 2006/112/EG des Rates v. 28.11.2006 über das gemeinsame Mehrwertsteuersystem (Mehrwertsteuer-Systemrichtlinie; ABl. EU 2006 Nr. L 347, 1)
MwStVO	Verordnung (EU) Nr. 282/2011 des Rates v. 15.3.2011 zur Festlegung von Durchführungsvorschriften zur RL 2006/112/EG über das gemeinsame Mehrwertsteuersystem (Mehrwertsteuer-Verordnung; ABl. EU 2011 Nr. L 77, 1)
mWv	mit Wirkung vom
NATO	North Atlantic Treaty Organization (Organisation für den Nord-Atlantik-Vertrag)
NATO-ZAbK	Zusatzabkommen zur North Atlantic Treaty Organization
Nds.	Niedersachsen, niedersächsisch
neugef.	neugefasst
nF	neue(r) Fassung
NJW	Neue Juristische Wochenschrift
Nr.	Nummer
NRW (NW)	Nordrhein-Westfalen
NV-Bescheinigung	Nichtveranlagungs-Bescheinigung
NVwZ	Neue Zeitschrift für Verwaltungsrecht
OECD	Organisation für wirtschaftliche Zusammenarbeit und Entwicklung (Organization for Economic Co-operation and Development)
OFD	Oberfinanzdirektion
OFH	Oberster Finanzgerichtshof
OGAW	Organismen für gemeinsame Anlagen in Wertpapieren

Abkürzungen

OHG	Offene Handelsgesellschaft
OLGZ	Entscheidungen der Oberlandesgerichte in Zivilsachen
OVG	Oberverwaltungsgericht
OWiG	Gesetz über Ordnungswidrigkeiten
PartG	Parteiengesetz
PBefG	Personenbeförderungsgesetz
PDF	Portable Document Format (plattformunabhängiges Dokumentenformat)
PflegeVG	Pflege-Versicherungsgesetz
PTNeuOG	Postneuordnungsgesetz
PSVaG	Pensionssicherungs-Verein auf Gegenseitigkeit
PUDLV	Post-Universaldienstleistungsverordnung
PZU	Postzustellungsurkunde
R	Einzelrichtlinie (der Einkommensteuer-, Erbschaftsteuer-, Körperschaftsteuer- bzw. Lohnsteuer-Richtlinien)
RAnz.	Reichsanzeiger
RAO	Reichsabgabenordnung
RAV	Rentenanpassungsverordnung
RdF	Reichsminister der Finanzen
Rdnr. (Rn.)	Randnummer
RennwLottAB	Ausführungsbestimmungen zum Rennwett- und Lotteriegesetz
RennwLottG	Rennwett- und Lotteriegesetz
RepG	Reparationsschädengesetz
RFH	Reichsfinanzhof
RG	Reichsgericht
RGBl.	Reichsgesetzblatt
Rh-Pf	Rheinland-Pfalz
RiStBV	Richtlinien für das Strafverfahren und das Bußgeldverfahren
RKnappG	Reichsknappschaftsgesetz
RKT	Reichskraftwagentarif
RL	Richtlinie
RMBl.	Reichsministerialblatt
RPflG	Rechtspflegergesetz
RRG	Rentenreformgesetz
Rs.	Rechtssache
Rspr.	Rechtsprechung
RStBl.	Reichssteuerblatt
RÜG	Rentenüberleitungsgesetz
RVG	Gesetz über die Vergütung der Rechtsanwältinnen und Rechtsanwälte
RVO	Reichsversicherungsordnung
Rz.	Randziffer
S.	Satz; Seite
s.	siehe

Einführung[1]

(1) Die Einkommensteuer-Richtlinien in der geänderten Fassung (Einkommensteuer-Richtlinien 2012 – EStR 2012) sind Weisungen an die Finanzbehörden zur einheitlichen Anwendung des Einkommensteuerrechts, zur Vermeidung unbilliger Härten und zur Verwaltungsvereinfachung.

(2) Die EStR 2012 sind für die Veranlagung zur Einkommensteuer ab dem VZ 2012 anzuwenden. Die EStR 2012 sind auch für frühere VZ anzuwenden, soweit sie lediglich eine Erläuterung der Rechtslage darstellen.

(3) Anordnungen, die mit den nachstehenden Richtlinien im Widerspruch stehen, sind nicht mehr anzuwenden.

(4) Diesen Richtlinien liegt, soweit im Einzelnen keine andere Fassung angegeben ist, das Einkommensteuergesetz 2002 i. d. F. der Bekanntmachung vom 8.10.2009 (BGBl. I S. 3366, 3862), zuletzt geändert durch Artikel 1 des Gesetzes zur Änderung und Vereinfachung der Unternehmensbesteuerung und des steuerlichen Reisekostenrechts vom 20.2.2013 (BGBl. I S. 285), zu Grunde.

(5) Die Anordnungen, die in den Vorschriften über den Steuerabzug vom Arbeitslohn (Lohnsteuer) und in den dazu ergangenen Lohnsteuer-Richtlinien über die Ermittlung der Einkünfte aus nichtselbständiger Arbeit enthalten sind, gelten entsprechend auch für die Veranlagung zur Einkommensteuer.

Zu § 1 EStG

R 1. Steuerpflicht

[1] Unbeschränkt steuerpflichtig gem. § 1 Abs. 2 EStG sind insbesondere von der Bundesrepublik Deutschland ins Ausland entsandte deutsche Staatsangehörige, die Mitglied einer diplomatischen Mission oder konsularischen Vertretung sind – einschließlich der zu ihrem Haushalt gehörenden Angehörigen –, soweit die Voraussetzungen des § 1 Abs. 2 EStG erfüllt sind. [2] Für einen ausländischen Ehegatten gilt dies auch, wenn er die Staatsangehörigkeit des Empfangsstaates besitzt. [3] Für die Anwendung des § 1a Abs. 1 Nr. 2 EStG ist Voraussetzung, dass der Stpfl. selbst als unbeschränkt Stpfl. nach § 1 Abs. 3 EStG zu behandeln ist; die Einkunftsgrenzen des § 1 Abs. 3 Satz 2 und des § 1a Abs. 1 Nr. 2 Satz 3 EStG sind daher nacheinander gesondert zu prüfen.[2]

---

[1] **Anwendung der EStH 2021** (aus dem Vorwort zum Amtlichen ESt-Handbuch 2021): Soweit in den Richtlinien und Hinweisen Aussagen zu Ehegatten und zur Ehe enthalten sind, sind diese auch für Lebenspartner und Lebenspartnerschaften i. S. d. § 1 Abs. 1 LPartG anzuwenden (§ 2 Abs. 8 EStG).

Die für den VZ 2021 überarbeiteten Hinweise sind von den obersten Finanzbehörden des Bundes und der Länder beschlossen worden. Sie machen den Rechtsanwender aufmerksam auf höchstrichterliche Rechtsprechung, BMF-Schreiben und Rechtsquellen außerhalb des Einkommensteuerrechts, die in das Einkommensteuerrecht hineinwirken. Sie enthalten den ausgewählten aktuellen Stand der höchstrichterlichen Rechtsprechung (5.11.2021) und der im Bundessteuerblatt veröffentlichten BMF-Schreiben (10.1.2022).

Die im Bundessteuerblatt veröffentlichten Urteile und Beschlüsse des BFH sind in gleich gelagerten Fällen anzuwenden, soweit hierzu kein „Nichtanwendungserlass" ergangen ist.

[2] **[Amtl. Anm.:]** R 1 Satz 3 überholt → H 1a (Einkünfteermittlung zur Bestimmung der Einkunftsgrenzen).

Zu § 1a EStG

H 1a

Allgemeines. Die unbeschränkte Einkommensteuerpflicht erstreckt sich auf sämtliche inländische und ausländische Einkünfte, soweit nicht für bestimmte Einkünfte abweichende Regelungen bestehen, z. B. in DBA oder in anderen zwischenstaatlichen Vereinbarungen.

Auslandskorrespondenten. → BMF vom 13.3.1998 (BStBl. I S. 351).

Auslandslehrkräfte und andere nicht entsandte Arbeitnehmer. Befinden sich an deutsche Auslandsschulen vermittelte Lehrer und andere nicht entsandte Arbeitnehmer in einem Dienstverhältnis zu einer inländischen juristischen Person des öffentlichen Rechts, beziehen hierfür Arbeitslohn aus einer inländischen öffentlichen Kasse (→ BMF vom 9.7.1990 – BStBl. I S. 324) und sind in den USA (→ BMF vom 10.11.1994 – BStBl. I S. 853) bzw. Kolumbien und Ecuador (→ BMF vom 17.6.1996 – BStBl. I S. 688) tätig, ergibt sich ihre unbeschränkte Einkommensteuerpflicht grundsätzlich bereits aus § 1 Abs. 2 EStG.

Beschränkte Steuerpflicht nach ausländischem Recht. Ob eine Person in dem Staat, in dem sie ihren Wohnsitz oder gewöhnlichen Aufenthalt hat, lediglich in einem der beschränkten Einkommensteuerpflicht ähnlichen Umfang zu einer Steuer vom Einkommen herangezogen wird (§ 1 Abs. 2 Satz 2 EStG), ist nach den Vorschriften des maßgebenden ausländischen Steuerrechts zu prüfen (→ BFH vom 22.2.2006 – BStBl. 2007 II S. 106).

Diplomaten und sonstige Beschäftigte ausländischer Vertretungen in der Bundesrepublik. → § 3 Nr. 29 EStG.

Doppelbesteuerungsabkommen. → Verzeichnis der Abkommen zur Vermeidung der Doppelbesteuerung.[1]

Einkünfteermittlung zur Bestimmung der Einkunftsgrenzen.

– Die Einkünfteermittlung nach § 1 Abs. 3 Satz 2 EStG vollzieht sich in zwei Stufen. Zunächst ist in einem ersten Schritt die Summe der Welteinkünfte zu ermitteln. Dabei sind sämtliche Einkünfte, unabhängig davon, ob sie im In- oder Ausland erzielt wurden, nach deutschem Recht zu ermitteln. In einem zweiten Schritt sind die Welteinkünfte in Einkünfte, die der deutschen Einkommensteuer unterliegen, und in Einkünfte, die diese Voraussetzungen nicht erfüllen, aufzuteilen. Überschreiten die so ermittelten ausländischen Einkünfte die absolute Wesentlichkeitsgrenze des § 1 Abs. 3 Satz 2 i. V. m. § 1a Abs. 1 Nr. 2 Satz 3 EStG, ist eine Zusammenveranlagung zur Einkommensteuer auch dann ausgeschlossen, wenn sie, nach dem Recht des Wohnsitzstaates ermittelt, unterhalb der absoluten Wesentlichkeitsgrenze liegen (→ BFH vom 20.8.2008 – BStBl. 2009 II S. 708).

[1] Für 2020 siehe BMF v. 15.1.2020, BStBl. I 2020, 162, für 2021 siehe BMF v. 18.2.2021, BStBl. I 2021, 265, für 2022 siehe BMF v. 19.1.2022, BStBl. I 2022, 147. – Alle DBA und die aktuelle Übersicht abgedruckt in **Doppelbesteuerungsabkommen.**

Gewinnrealisierung. Steuerpflichtiger Entnahmegewinn ist der gesamte Unterschiedsbetrag zwischen dem Entnahmewert (§ 6 Abs. 1 Nr. 4 EStG) und dem Buchwert des entnommenen Wirtschaftsguts im Zeitpunkt der Entnahme. Das gilt auch dann, wenn das Wirtschaftsgut vor der Entnahme auch privat genutzt und die private Nutzung als Entnahme behandelt worden ist (→ BFH vom 24.9.1959 – BStBl. III S. 466; → Nutzungsentnahme). Zur Feststellung des Entnahmewerts von Nutzungen und Leistungen können die für die Bewertung von Sachbezügen entwickelten Grundsätze herangezogen werden (→ BFH vom 22.7.1988 – BStBl. II S. 995).

Grundstücke oder Grundstücksteile.

- Wird auf einem bisher unbebauten Betriebsgrundstück ein zum Privatvermögen gehörendes Gebäude (z. B. ein auf Dauer zu eigenen Wohnzwecken bestimmtes Gebäude) errichtet, wird der Grund und Boden durch die Bebauung entnommen (→ BFH vom 27.1.1977 – BStBl. II S. 388, vom 11.3.1980 – BStBl. II S. 740 und vom 14.5.2009 – BStBl. II S. 811). Eine **anteilige Entnahme** des Grund und Bodens liegt vor, wenn auf einem Betriebsgrundstück ein Gebäude errichtet wird, das teilweise Privatvermögen ist (→ BFH vom 24.11.1982 – BStBl. 1983 II S. 365). Ggf. bleibt der Entnahmegewinn außer Ansatz (→ § 13 Abs. 5, § 15 Abs. 1 Satz 3 und § 18 Abs. 4 Satz 1 EStG).
- → Personengesellschaften.

Incentive-Reisen. → BMF vom 14.10.1996 (BStBl. I S. 1192).

Keine Entnahme des Grundstücks oder Grundstücksteils liegt ohne Hinzutreten weiterer Umstände in folgenden Fällen vor:

- **Erbbaurecht** – Belastung eines land- und forstwirtschaftlich genutzten Grundstücks mit einem entgeltlich eingeräumten Erbbaurecht, wenn der vereinbarte Erbbauzins nicht weniger als 10% des ortsüblichen Erbbauzinses beträgt und die Nutzungsänderung nicht mehr als 10% der Gesamtfläche des Betriebs erfasst (→ BFH vom 24.3.2011 – BStBl. II S. 692).
- **Erklärung von Einkünften aus Vermietung und Verpachtung,** ohne dass der Stpfl. die naheliegenden steuerrechtlichen Folgerungen aus einer Entnahme zieht, wie Gewinnrealisierung nach § 6 Abs. 1 Nr. 4 EStG, unabhängig davon, ob innerhalb oder außerhalb der Buchführung (→ BFH vom 9.8.1989 – BStBl. 1990 II S. 128).
- **Gebäudeabriss,** wenn die betriebliche Nutzung der Freifläche möglich ist (→ BFH vom 6.11.1991 – BStBl. 1993 II S. 391).
- Im **Hinzuerwerb** eines im Privatvermögen verbleibenden Miteigentumsanteils an einem Grundstück im Wege der Erbfolge liegt keine Entnahme des zum gewillkürten Betriebsvermögen gehörenden Anteils (→ BFH vom 8.3.1990 – BStBl. 1994 II S. 559).
- **Landwirtschaftlich genutzte Grundstücke.**
  - Bei denen keine ertragreiche Bewirtschaftung mehr möglich ist (→ BFH vom 12.11.1992 – BStBl. 1993 II S. 430).
  - Bei Bebauung ursprünglich landwirtschaftlicher Grundstücke mit Einfamilienhäusern, die anschließend an betriebsfremde Personen vermietet werden, wenn die Nutzungsänderung nur eine Fläche erfasst, die

im Vergleich zur Gesamtfläche des Betriebs von geringer Bedeutung ist (→ BFH vom 22.8.2002 – BStBl. 2003 II S. 16), → H 4.2 (9) Besonderheiten bei land- und forstwirtschaftlichen Betrieben.

- Ursprünglich landwirtschaftlich genutzte Flächen eines Betriebs, die verpachtet wurden und nach Ablauf des Pachtverhältnisses nicht wieder aktiv bewirtschaftet werden, sondern brachliegen, bleiben Betriebsvermögen und können nur durch eindeutige Erklärung dem Finanzamt gegenüber entnommen werden (→ BFH vom 17.1.2002 – BStBl. II S. 356).
- Ohne Entnahmeerklärung verlieren ursprünglich landwirtschaftlich genutzte Grundstücke durch eine Nutzungsänderung, die nicht zu notwendigem Privatvermögen führt, ihre Eigenschaft als landwirtschaftliches Betriebsvermögen nur, wenn eine eindeutige Entnahmehandlung vorliegt. Deshalb scheidet ein zuvor zum notwendigen Betriebsvermögen gehörendes Grundstück nicht bereits dadurch aus dem Betriebsvermögen aus, dass es als Bauland behandelt wird und im Hinblick auf die geringe Größe und die umliegende Bebauung nicht mehr landwirtschaftlich genutzt werden kann (→ BFH vom 14.5.2009 – BStBl. II S. 811).

– **Nießbrauch** – ein Grundstück, das zum Sonderbetriebsvermögen des Gesellschafters einer GbR gehört, wird durch die Bestellung eines Nießbrauchs am Gesellschaftsanteil und am Grundstück grundsätzlich nicht entnommen (→ BFH vom 1.3.1994 – BStBl. 1995 II S. 241).

– **Nutzung** – nur vorübergehende Nutzung zu eigenen Wohnzwecken (→ BFH vom 17.1.1974 – BStBl. II S. 240).

– **Nutzungsänderung.**

- Bisher betrieblich genutzte und seitdem ungenutzte (freie) Grundstücksflächen, deren spätere betriebliche Nutzung möglich bleibt, verbleiben ohne eine von einem Entnahmewillen getragene Entnahmehandlung im Betriebsvermögen (→ BFH vom 6.11.1991 – BStBl. 1993 II S. 391).
- Ein zunächst betrieblich genutzter Gebäudeteil verliert seine Eigenschaft als Betriebsvermögen nicht dadurch, dass er zu fremden Wohnzwecken vermietet wird und sich in dem Gebäude ein weiterer zu fremden Wohnzwecken vermieteter Gebäudeteil befindet, der zum Privatvermögen gehört (→ BFH vom 10.11.2004 – BStBl. 2005 II S. 334).

– **Nutzungsrecht** – Belastung eines Grundstücks mit der Einräumung eines unentgeltlichen Nutzungsrechts und anschließende Anmietung vom Nutzungsberechtigten durch den Grundstückseigentümer (→ BFH vom 11.11.1988 – BStBl. 1989 II S. 872).

Nachweispflicht. Wer sich darauf beruft, dass ein als Betriebsvermögen ausgewiesenes Wirtschaftsgut vor vielen Jahren entnommen worden sei, muss die Entnahmehandlung nachweisen (→ BFH vom 23.11.2000 – BStBl. 2001 II S. 232).

Nutzungsänderung. Vermindert sich der Umfang der betrieblichen Nutzung eines Kfz, das dem gewillkürten Betriebsvermögen eines Unternehmens in einem früheren VZ wegen einer mehr als 10%-igen betrieblichen Nutzung zugeordnet wurde, in einem Folgejahr auf unter 10%, ändert dies an der Zuordnung zum gewillkürten Betriebsvermögen nichts, weil eine

schritten wird; eine Angabe der Namen der Empfänger ist in diesem Fall nicht erforderlich.

H 4.11

Besondere Aufzeichnung.

- Die Pflicht zur besonderen Aufzeichnung ist erfüllt, wenn diese Aufwendungen fortlaufend, zeitnah und bei Gewinnermittlung durch Betriebsvermögensvergleich auf besonderen Konten im Rahmen der Buchführung gebucht oder bei Einnahmenüberschussrechnung von Anfang an getrennt von den sonstigen Betriebsausgaben einzeln aufgezeichnet werden (→ BFH vom 22.1.1988 – BStBl. II S. 535).
- Statistische Zusammenstellungen oder die geordnete Sammlung von Belegen genügen nur dann, wenn zusätzlich die Summe der Aufwendungen periodisch und zeitnah auf einem besonderen Konto eingetragen wird oder vergleichbare Aufzeichnungen geführt werden (→ BFH vom 26.2.1988 – BStBl. II S. 613).
- Eine Aufzeichnung auf besondere Konten liegt nicht vor, wenn die bezeichneten Aufwendungen auf Konten gebucht werden, auf denen auch nicht besonders aufzeichnungspflichtige Aufwendungen gebucht sind (→ BFH vom 10.1.1974 – BStBl. II S. 211 und vom 19.8.1980 – BStBl. II S. 745). Bei der Aufzeichnung von Bewirtungsaufwendungen ist es jedoch nicht erforderlich, dass getrennte Konten für Aufwendungen für die Bewirtung von Personen aus geschäftlichem Anlass und für Aufwendungen für die Bewirtung von Personen aus sonstigem betrieblichem Anlass geführt werden (→ BFH vom 19.8.1999 – BStBl. 2000 II S. 203).
- Zur besonderen Aufzeichnung von Aufwendungen für ein häusliches Arbeitszimmer → BMF vom 6.10.2017 (BStBl. I S. 1320), Rdnr. 25.

Verstoß gegen die besondere Aufzeichnungspflicht. Ein Verstoß gegen die besondere Aufzeichnungspflicht nach § 4 Abs. 7 EStG hat zur Folge, dass die nicht besonders aufgezeichneten Aufwendungen nicht abgezogen werden können (→ BFH vom 22.1.1988 – BStBl. II S. 535). Dies gilt nicht für eine Fehlbuchung, die sich nach dem Rechtsgedanken des § 129 Satz 1 AO als offenbare Unrichtigkeit darstellt (→ BFH vom 19.8.1999 – BStBl. 2000 II S. 203).

R 4.12 Entfernungspauschale, nicht abziehbare Fahrtkosten, Reisekosten und Mehraufwendungen bei doppelter Haushaltsführung

Aufwendungen für Wege zwischen Wohnung und Betriebsstätte

(1) [1]Die Regelungen in den LStR zu Aufwendungen für Wege zwischen Wohnung und *regelmäßiger Arbeitsstätte*[1)] sind entsprechend anzuwenden.[2)] [2]Ein Betriebsausgabenabzug in Höhe der Entfernungspauschale nach § 4 Abs. 5 Satz 1 Nr. 6 Satz 2 EStG kommt auch dann in Betracht, wenn die nach § 4 Abs. 5 Satz 1 Nr. 6 Satz 3 EStG ermittelten Werte geringer sind als die Ent-

---

1) **[Amtl. Anm.:]** Jetzt: erster Tätigkeitsstätte.
2) Siehe R 9.4–R 9.6 LStR 2015 (Nr. **20**).

fernungspauschale. [3]Wird an einem Tag aus betrieblichen oder beruflichen Gründen der Weg zwischen Wohnung und Betriebsstätte mehrfach zurückgelegt darf die Entfernungspauschale nur einmal pro Tag berücksichtigt werden. [4]Die Regelung des § 4 Abs. 5 Satz 1 Nr. 6 EStG gilt nicht für Fahrten zwischen Betriebsstätten. [5]Unter Betriebsstätte ist im Zusammenhang mit Geschäftsreisen (Absatz 2), anders als in § 12 AO, die (von der Wohnung getrennte) Betriebsstätte zu verstehen. [6]Das ist der Ort, an dem oder von dem aus die betrieblichen Leistungen erbracht werden. [7]Die Betriebsstätte eines See- und Hafenlotsen ist danach nicht das häusliche Arbeitszimmer, sondern das Lotsrevier oder die Lotsenstation.

Reisekosten

(2) [1]Die Regelungen in den LStR zu Reisekosten sind sinngemäß anzuwenden. [2]Der Ansatz pauschaler Kilometersätze ist nur für private Beförderungsmittel zulässig.

Mehraufwendungen bei doppelter Haushaltsführung

(3) Die Regelungen in den LStR zu Mehraufwendungen bei doppelter Haushaltsführung sind entsprechend anzuwenden.

H 4.12

Abzug als Werbungskosten. Zum Abzug von Aufwendungen für Wege zwischen Wohnung und erster Tätigkeitsstätte sowie Fahrten nach § 9 Abs. 1 Satz 3 Nr. 4a Satz 3 EStG und von Mehraufwendungen bei doppelter Haushaltsführung von Arbeitnehmern als Werbungskosten → R 9.10 und 9.11 LStR 2015 sowie → H 9.10 und H 9.11 LStH 2021.

Betriebsstätte. → BMF vom 23.12.2014 (BStBl. 2015 I S. 26).

Doppelte Haushaltsführung.[1] → BMF vom 23.12.2014 (BStBl. 2015 I S. 26).

Gesamtaufwendungen für das Kraftfahrzeug.

- → BMF vom 18.11.2009 (BStBl. I S. 1326 unter Berücksichtigung der Änderungen durch BMF vom 15.11.2012 – BStBl. I S. 1099), Rdnr. 32.
- Bei Nutzung von Elektro- und Hybridelektrofahrzeugen → *BMF vom 5.6.2014 (BStBl. I S. 835).*[2]
- Bei Nutzung von Brennstoffzellenfahrzeugen → *BMF vom 24.1.2018 (BStBl. I S. 272).*[2]

Menschen mit Behinderungen.

- Auch bei Stpfl., die zu dem in § 9 Abs. 2 EStG bezeichneten Personenkreis gehören, kann grundsätzlich nur eine Hin- und Rückfahrt für jeden Arbeitstag berücksichtigt werden (→ BFH vom 2.4.1976 – BStBl. II S. 452).
- Nachweis der Behinderung → § 65 EStDV, H 33b (Nachweis der Behinderung).

---

[1] Zum Mittelpunkt der Lebensinteressen bei einer Familie, die am Beschäftigungsort wohnt, siehe BFH v. 1.10.2019 VIII R 29/16, BFH/NV 2020, 349.

[2] Siehe jetzt BMF v. 5.11.2021, BStBl. I 2021, 2205, mit Anwendungsregelungen in Tz. 5.

Miterledigung betrieblicher Angelegenheiten. Werden anlässlich einer Fahrt zwischen Wohnung und Betriebsstätte oder umgekehrt andere betriebliche oder berufliche Angelegenheiten miterledigt, können die dadurch bedingten Mehraufwendungen in voller Höhe als Betriebsausgaben abgezogen werden (→ BFH vom 17.2.1977 – BStBl. II S. 543).

Motorboot. Aufwendungen für Wege zwischen Wohnung und Betriebsstätte mit einem Motorboot (Jacht) sind nicht generell nach § 4 Abs. 5 Satz 1 Nr. 4 EStG vom steuerlichen Abzug ausgeschlossen, sondern unterliegen der Abzugsbegrenzung nach § 4 Abs. 5 Satz 1 Nr. 6 EStG (→ BFH vom 10.5.2001 – BStBl. II S. 575).

Pauschbeträge für Verpflegungsmehraufwendungen bei Auslandsgeschäftsreisen. → BMF vom 15.11.2019 (BStBl. I S. 1254).[1]

Pkw-Nutzung für Familienheimfahrten. Die Abzugsbegrenzung für Familienheimfahrten nach § 4 Abs. 5 Satz 1 Nr. 6 EStG ist verfassungsgemäß (→ BFH vom 19.6.2013 – BStBl. II S. 812).

Reisekosten. → BMF vom 23.12.2014 (BStBl. 2015 I S. 26).

Wege zwischen Wohnung und Betriebsstätte.

– → BMF vom 23.12.2014 (BStBl. 2015 I S. 26).
– → BMF vom 18.11.2009 (BStBl. I S. 1326 unter Berücksichtigung der Änderungen durch BMF vom 15.11.2012 – BStBl. I S. 1099).
– Bei Nutzung von Elektro- und Hybridelektrofahrzeugen → *BMF vom 5.6.2014 (BStBl. I S. 835).*[2]
– Bei Nutzung von Brennstoffzellenfahrzeugen → *BMF vom 24.1.2018 (BStBl. I S. 272).*[2]

R 4.13 Abzugsverbot für Sanktionen

Abzugsverbot

(1) [1] Geldbußen, Ordnungsgelder und Verwarnungsgelder, die von einem Gericht oder einer Behörde in der Bundesrepublik Deutschland oder von Organen der Europäischen Gemeinschaften festgesetzt werden, dürfen nach § 4 Abs. 5 Satz 1 Nr. 8 Satz 1 EStG den Gewinn auch dann nicht mindern, wenn sie betrieblich veranlasst sind. [2] Dasselbe gilt für Leistungen zur Erfüllung von Auflagen oder Weisungen, die in einem berufsgerichtlichen Verfahren erteilt werden, soweit die Auflagen oder Weisungen nicht lediglich der Wiedergutmachung des durch die Tat verursachten Schadens dienen (§ 4 Abs. 5 Satz 1 Nr. 8 Satz 2 EStG). [3] Dagegen gilt das Abzugsverbot nicht für Nebenfolgen vermögensrechtlicher Art, z. B. die Abführung des Mehrerlöses nach § 8 des Wirtschaftsstrafgesetzes, den Verfall nach § 29a OWiG und die Einziehung nach § 22 OWiG.

Geldbußen

(2) [1] Zu den Geldbußen rechnen alle Sanktionen, die nach dem Recht der Bundesrepublik Deutschland so bezeichnet sind, insbesondere Geldbußen nach

---

[1] Für Auslandsreisen ab 1.1.2021 siehe BMF v. 3.12.2020, BStBl. I 2020, 1256; Geltung auch für Kj. 2022 (Mitteilung des BMF v. 27.9.2021).

[2] Siehe jetzt BMF v. 5.11.2021, BStBl. I 2021, 2205, mit Anwendungsregelungen in Tz. 5.

dem Ordnungswidrigkeitenrecht einschließlich der nach § 30 OWiG vorgesehenen Geldbußen gegen juristische Personen oder Personenvereinigungen, Geldbußen nach den berufsgerichtlichen Gesetzen des Bundes oder der Länder, z. B. der Bundesrechtsanwaltsordnung, der Bundesnotarordnung, der Patentanwaltsordnung, der Wirtschaftsprüferordnung oder dem Steuerberatungsgesetz sowie Geldbußen nach den Disziplinargesetzen des Bundes oder der Länder. [2]Geldbußen, die von Organen der Europäischen Union festgesetzt werden, sind Geldbußen nach den Artikeln 101, 102, 103 Abs. 2 des Vertrages über die Arbeitsweise der Europäischen Union (AEUV) insbesondere i. V. m. Artikel 23 Abs. 2 der Verordnung (EG) Nr. 1/2003 des Rates vom 16.12.2002. [3]Betrieblich veranlasste Geldbußen, die von Gerichten oder Behörden anderer Staaten festgesetzt werden, fallen nicht unter das Abzugsverbot.[1)]

Einschränkung des Abzugsverbotes für Geldbußen

(3) [1]Das Abzugsverbot für Geldbußen, die von Gerichten oder Behörden in der Bundesrepublik Deutschland oder von Organen der Europäischen Union verhängt werden, gilt uneingeschränkt für den Teil, der die rechtswidrige und vorwerfbare Handlung ahndet. [2]Für den Teil, der den rechtswidrig erlangten wirtschaftlichen Vorteil abschöpft, gilt das Abzugsverbot für die Geldbuße nur dann uneingeschränkt, wenn bei der Berechnung des Vermögensvorteils die darauf entfallende ertragsteuerliche Belastung – ggf. im Wege der Schätzung – berücksichtigt worden ist. [3]Macht der Stpfl. durch geeignete Unterlagen glaubhaft, dass diese ertragsteuerliche Belastung nicht berücksichtigt und der gesamte rechtswidrig erlangte Vermögensvorteil abgeschöpft wurde, darf der auf die Abschöpfung entfallende Teil der Geldbuße als Betriebsausgabe abgezogen werden. [4]Die von der Europäischen Kommission festgesetzten Geldbußen wegen Verstoßes gegen das Wettbewerbsrecht enthalten keinen Anteil, der den rechtswidrig erlangten wirtschaftlichen Vorteil abschöpft und unterliegen in vollem Umfang dem Betriebsausgabenabzugsverbot.

Ordnungsgelder

(4) [1]Ordnungsgelder sind die nach dem Recht der Bundesrepublik Deutschland so bezeichneten Unrechtsfolgen, die namentlich in den Verfahrensordnungen oder in verfahrensrechtlichen Vorschriften anderer Gesetze vorgesehen sind, z. B. das Ordnungsgeld gegen einen Zeugen wegen Verletzung seiner Pflicht zum Erscheinen und das Ordnungsgeld nach § 890 ZPO wegen Verstoßes gegen eine nach einem Vollstreckungstitel (z. B. Urteil) bestehende Verpflichtung, eine Handlung zu unterlassen oder die Vornahme einer Handlung zu dulden. [2]Nicht unter das Abzugsverbot fallen Zwangsgelder.

Verwarnungsgelder

(5) Verwarnungsgelder sind die in § 56 OWiG[2)] so bezeichneten geldlichen Einbußen, die dem Betroffenen aus Anlass einer geringfügigen Ordnungswidrigkeit, z. B. wegen falschen Parkens, mit seinem Einverständnis auferlegt werden, um der Verwarnung Nachdruck zu verleihen.

[1)] **[Amtl. Anm.:]** Überholt für Geldbußen, die von einem Mitgliedstaat der Europäischen Union festgesetzt werden → § 4 Abs. 5 Satz 1 Nr. 8 Satz 1 EStG.

[2)] **Habersack** Nr. **94**.

H 4.13

Abschöpfung.

- Bemisst sich die wegen eines Wettbewerbsverstoßes festgesetzte Geldbuße – über den regulären gesetzlichen Höchstbetrag hinaus – unter Einbeziehung des durch die Zuwiderhandlung erlangten Mehrerlöses, wird zugleich der erlangte wirtschaftliche Vorteil abgeschöpft. Hat die Bußgeldbehörde die Ertragsteuern, die auf diesen Vorteil entfallen, bei der Festsetzung nicht berücksichtigt, mindert die Geldbuße bis zu den gesetzlich zulässigen Höchstbeträgen den Gewinn. Darauf, dass sich der abschöpfende Teil der einheitlichen Geldbuße eindeutig abgrenzen lässt, kommt es nicht an (→ BFH vom 9.6.1999 – BStBl. II S. 658).
- Die bloße Heranziehung des tatbezogenen Umsatzes zur Ermittlung der Höhe einer am Bilanzstichtag angedrohten und nachfolgend auch festgesetzten Kartellgeldbuße bewirkt keine Abschöpfung des unrechtmäßig erlangten wirtschaftlichen Vorteils i. S. d. § 4 Abs. 5 Satz 1 Nr. 8 Satz 4 Halbsatz 1 EStG (→ BFH vom 22.5.2019 – BStBl. II S. 663).
- § 4 Abs. 5 Satz 1 Nr. 8 Satz 4 Halbsatz 1 EStG ist dahingehend auszulegen, dass es auf die objektive Abschöpfungswirkung der Geldbuße ankommt; der Wille der Kartellbehörde ist dabei nicht entscheidend (→ BFH vom 22.5.2019 – BStBl. II S. 663).

Abzugsverbot für Geldstrafen, die in einem anderen Staat festgesetzt werden. → R 12.3.

Ausländisches Gericht. Von ausländischem Gericht verhängte Geldstrafe kann bei Widerspruch zu wesentlichen Grundsätzen der deutschen Rechtsordnung Betriebsausgabe sein (→ BFH vom 31.7.1991 – BStBl. 1992 II S. 85).

EU-Geldbußen. Eine von der Europäischen Kommission wegen eines Kartellrechtsverstoßes verhängte Geldbuße, die sich nach dem Grundbetrag i. S. d. Art. 23 Abs. 3 EG-Verordnung 1/2003 bemisst, enthält keinen Abschöpfungsanteil (→ BFH vom 7.11.2013 – BStBl. 2014 II S. 306).

Leistungen zur Erfüllung von Auflagen oder Weisungen. Hinsichtlich des Abzugsverbots von Leistungen zur Erfüllung von Auflagen und Weisungen, die in einem berufsgerichtlichen Verfahren erteilt werden, → H 12.3.

Rückstellungen. → H 5.7 (1) Nicht abziehbare Betriebsausgaben.

R 4.14 Abzugsverbot für Zuwendungen i. S. d. § 4 Abs. 5 Satz 1 Nr. 10 EStG

[1] Zuwendungen i. S. d. § 4 Abs. 5 Satz 1 Nr. 10 EStG dürfen nicht als Betriebsausgaben abgezogen werden, wenn mit der Zuwendung von Vorteilen objektiv gegen das Straf- oder Ordnungswidrigkeitenrecht verstoßen wird; auf ein Verschulden[1)] des Zuwendenden, auf die Stellung eines Strafantrags oder auf eine tatsächliche Ahndung kommt es nicht an. [2] Mit der Anknüpfung an

---

1) **[Amtl. Anm.:]** Überholt durch BFH v. 15.4.2021 IV R 25/18, BStBl. II 2021, 703, → H 4.14 (Voraussetzung des Abzugsverbots).

die Tatbestände des Straf- und Ordnungswidrigkeitenrechts werden auch Leistungen an ausländische Amtsträger und Abgeordnete vom Abzugsverbot erfasst. [3]Wird dem Finanzamt auf Grund einer Mitteilung des Gerichts, der Staatsanwaltschaft oder einer Verwaltungsbehörde nach § 4 Abs. 5 Satz 1 Nr. 10 Satz 2 EStG erstmals bekannt, dass eine rechtswidrige Handlung i. S. d. § 4 Abs. 5 Satz 1 Nr. 10 Satz 1 EStG vorliegt, ist der Steuerbescheid nach den Vorschriften der AO zu ändern.

H 4.14

Mitteilungspflicht. Bei Vorteilszuwendungen, die als Betriebsausgaben berücksichtigt wurden, besteht ein Verdacht i. S. d. § 4 Abs. 5 Satz 1 Nr. 10 Satz 3 EStG, der die Information der Strafverfolgungsbehörden gebietet, wenn ein Anfangsverdacht i. S. d. Strafrechts gegeben ist. Es müssen also zureichende tatsächliche Anhaltspunkte für eine Tat nach § 4 Abs. 5 Satz 1 Nr. 10 Satz 1 EStG vorliegen (→ BFH vom 14.7.2008 – BStBl. II S. 850).

Umfang des Abzugsverbots. Das für die „Zuwendung von Vorteilen sowie damit zusammenhängende Aufwendungen" geltende Abzugsverbot des § 4 Abs. 5 Satz 1 Nr. 10 EStG erfasst nicht nur die Bestechungsgelder als solche, sondern auch die Kosten eines nachfolgenden Strafverfahrens sowie Aufwendungen, die auf Grund einer im Strafurteil ausgesprochenen Verfallsanordnung entstehen. Zur Vermeidung einer verfassungswidrigen Doppelbelastung gilt das Abzugsverbot für verfallene Beträge jedoch nicht, wenn das Strafgericht die Ertragsteuerbelastung bei der Bemessung des Verfallsbetrags nicht mindernd berücksichtigt hat (→ BFH vom 14.5.2014 – BStBl. II S. 684).

Voraussetzung des Abzugsverbots. Wenn die Zuwendung der Vorteile eine rechtswidrige Handlung darstellt, die den Tatbestand eines Strafgesetzes verwirklicht, muss für das Abzugsverbot auch der subjektive Tatbestand des Strafgesetzes erfüllt sein (→ BFH vom 15.4.2021 – BStBl. II S. 703).

Zuwendungen.

- Abzugsverbot für die Zuwendung von Vorteilen i. S. d. § 4 Abs. 5 Satz 1 Nr. 10 EStG → BMF vom 10.10.2002 (BStBl. I S. 1031).
- Tatbestände des Straf- und Ordnungswidrigkeitenrechts i. S. d. § 4 Abs. 5 Satz 1 Nr. 10 EStG sind:
  - § 108b StGB (Wählerbestechung),
  - § 108e StGB (Bestechung von Mandatsträgern),
  - § 265c Abs. 2 und 4 StGB (Sportwettbetrug),
  - § 265d Abs. 2 und 4 StGB (Manipulation von berufssportlichen Wettbewerben),
  - § 299 Abs. 2 StGB (Bestechung im geschäftlichen Verkehr),
  - § 299b StGB (Bestechung im Gesundheitswesen),
  - § 333 StGB (Vorteilsgewährung),
  - § 334 StGB (Bestechung),
  - § 335a StGB (Vorteilsgewährung und Bestechung ausländischer und internationaler Bediensteter),

- Artikel 2 § 2 des Gesetzes zur Bekämpfung internationaler Bestechung[1] (Bestechung ausländischer Abgeordneter im Zusammenhang mit internationalem geschäftlichen Verkehr),
- § 119 Abs. 1 des Betriebsverfassungsgesetzes[2] (Straftaten gegen Betriebsverfassungsorgane und ihre Mitglieder),
- § 81 Abs. 3 Nr. 2 i. V. m. § 21 Abs. 2 des Gesetzes gegen Wettbewerbsbeschränkungen[3] (Vorteilsgewährung für wettbewerbsbeschränkendes Verhalten),
- § 405 Abs. 3 Nr. 7 AktG[3] (Vorteilsgewährung in Bezug auf das Stimmverhalten in der Hauptversammlung),
- § 152 Abs. 1 Nr. 2 GenG[3] (Vorteilsgewährung in Bezug auf das Abstimmungsverhalten in der Generalversammlung),
- § 23 Abs. 1 Nr. 3 des Gesetzes über Schuldverschreibungen aus Gesamtemissionen – SchVG[4] (Vorteilsgewährung in Bezug auf die Abstimmung in der Gläubigerversammlung).

H 4.15

Abzugsverbot für Gewerbesteuer.

– Das Abzugsverbot für die Gewerbesteuer ist verfassungsgemäß (→ BFH vom 16.1.2014 – BStBl. II S. 531 und vom 10.9.2015 – BStBl. II S. 1046).

– § 4 Abs. 5b EStG steht dem Abzug als Betriebsausgabe nur bei dem Schuldner der Gewerbesteuer entgegen, nicht auch bei demjenigen, der sich vertraglich zur Übernahme der Gewerbesteuer verpflichtet (→ BFH vom 7.3.2019 – BStBl. II S. 696).

H 4.16

Kein Betriebsausgabenabzug für Erststudium. § 4 Abs. 9 EStG i. d. F. des BeitrRLUmsG erfasst Aufwendungen für ein Erststudium, das eine Erstausbildung vermittelt, auch dann, wenn das Studium objektiv und subjektiv der Förderung einer konkreten späteren Erwerbstätigkeit dient (→ BFH vom 16.6.2020 – BStBl. 2021 II S. 11).

Zu § 4a EStG

(§§ 8b und 8c EStDV)

R 4a. Gewinnermittlung bei einem vom Kalenderjahr abweichenden Wirtschaftsjahr

Umstellung des Wirtschaftsjahres

(1) [1] Eine Umstellung des Wirtschaftsjahres liegt nicht vor, wenn ein Stpfl., der Inhaber eines Betriebs ist, einen weiteren Betrieb erwirbt und für diesen

[1] G v. 22.9.1998, BGBl. II 1998, 2327.

[2] **Habersack Ergänzungsband** Nr. **82**.

[3] **Habersack** Nr. **74** (GWB); Nr. **51** (AktG); Nr. **53** (GenG).

[4] G v. 31.7.2009, BGBl. I 2009, 2512, zuletzt geänd. durch G v. 3.6.2021, BGBl. I 2021, 1423.

Betrieb ein anderes Wirtschaftsjahr als der Rechtsvorgänger wählt. [2]Werden mehrere bisher getrennt geführte Betriebe eines Stpfl. zu einem Betrieb zusammengefasst, und führt der Stpfl. das abweichende Wirtschaftsjahr für einen der Betriebe fort, liegt keine zustimmungsbedürftige Umstellung des Wirtschaftsjahres vor.

Zustimmung des Finanzamts zum abweichenden Wirtschaftsjahr

(2) [1]Das Wahlrecht zur Bestimmung des Wirtschaftsjahres kann durch die Erstellung des Jahresabschlusses oder außerhalb des Veranlagungsverfahrens ausgeübt werden. [2]Bei Umstellung des Wirtschaftsjahres nach § 4a Abs. 1 Satz 2 Nr. 3 EStG ist dem Antrag zu entsprechen, wenn der Stpfl. Bücher führt, in denen die Betriebseinnahmen und die Betriebsausgaben für den land- und forstwirtschaftlichen Betrieb und für den Gewerbebetrieb getrennt aufgezeichnet werden, und der Stpfl. für beide Betriebe getrennte Abschlüsse fertigt. [3]Die Geldkonten brauchen nicht getrennt geführt zu werden.

Abweichendes Wirtschaftsjahr bei Betriebsverpachtung

(3) Sind die Einkünfte aus der Verpachtung eines gewerblichen Betriebs Einkünfte aus Gewerbebetrieb (→ R 16 Abs. 5),[1)] kann der Verpächter ein abweichendes Wirtschaftsjahr beibehalten, wenn die Voraussetzungen des § 4a Abs. 1 Satz 2 Nr. 2 oder Nr. 3 Satz 2 EStG weiterhin erfüllt sind.

Gewinnschätzung bei abweichendem Wirtschaftsjahr

(4) Wird bei einem abweichenden Wirtschaftsjahr der Gewinn geschätzt, ist die Schätzung nach dem abweichenden Wirtschaftsjahr vorzunehmen.

Zeitpunkt der Gewinnrealisierung

(5) Der Gewinn aus der Veräußerung oder Aufgabe eines Mitunternehmeranteiles ist auch dann im Jahr der Veräußerung oder Aufgabe zu versteuern, wenn die Mitunternehmerschaft ein abweichendes Wirtschaftsjahr hat.

H 4a

Antrag auf Umstellung des Wirtschaftsjahres außerhalb des Veranlagungsverfahrens. Über einen außerhalb des Veranlagungsverfahrens gestellten Antrag auf Erteilung der Zustimmung zur Umstellung des Wj. hat das Finanzamt durch besonderen Bescheid zu entscheiden (→ BFH vom 24.1.1963 – BStBl. III S. 142).

Ausscheiden einzelner Gesellschafter. Das Ausscheiden eines Gesellschafters aus einer fortbestehenden Personengesellschaft führt nicht zur Bildung eines Rumpfwirtschaftsjahres (→ BFH vom 24.11.1988 – BStBl. 1989 II S. 312). Der Gewinn wird im Kj. des Ausscheidens bezogen (→ BFH vom 18.8.2010 – BStBl. II S. 1043).

Betriebsaufspaltung. Wählt eine im Wege der Betriebsaufspaltung entstandene Betriebsgesellschaft ein vom Kj. abweichendes Wj., ist dies keine zustimmungsbedürftige Umstellung (→ BFH vom 27.9.1979 – BStBl. 1980 II S. 94).

---

1) **[Amtl. Anm.:]** Jetzt § 16 Abs. 3b EStG.

Doppelstöckige Personengesellschaft.
- Wählt eine Personenobergesellschaft, die selbst keine aktive Wirtschaftstätigkeit ausübt, ihr Wj. in der Weise, dass dieses kurze Zeit vor dem Wj. der Personenuntergesellschaft endet, liegt hierin eine missbräuchliche Gestaltung, da die Gewinne der Untergesellschaft nicht im laufenden VZ, sondern einen VZ später steuerlich erfasst werden und hierdurch eine einjährige „Steuerpause" eintritt; dies gilt nicht nur bei der zustimmungspflichtigen Umstellung des Wj., sondern auch bei der – nicht zustimmungsbedürftigen – Festlegung des vom Kj. abweichenden Wj. anlässlich der Betriebseröffnung (→ BFH vom 18.12.1991 – BStBl. 1992 II S. 486).
- Legt eine Personenobergesellschaft ihr Wj. abweichend von dem Wj. der Untergesellschaft fest, liegt hierin jedenfalls dann kein Missbrauch von Gestaltungsmöglichkeiten des Rechts, wenn dadurch die Entstehung eines Rumpfwirtschaftsjahres vermieden wird (→ BFH vom 9.11.2006 – BStBl. 2010 II S. 230).

Freiberufler.
- Ermittelt ein Freiberufler seinen Gewinn für ein vom Kj. abweichendes Wj., kann die Gewinnermittlung der Besteuerung nicht zugrunde gelegt werden. Der im Kj. bezogene Gewinn ist im Wege der Schätzung zu ermitteln. Dies kann in der Regel durch eine zeitanteilige Aufteilung der für die abweichenden Wj. ermittelten Gewinne erfolgen (→ BFH vom 23.9.1999 – BStBl. 2000 II S. 24).
- Eine in das Handelsregister eingetragene KG, die nur Einkünfte aus selbstständiger Arbeit erzielt, kann kein vom Kj. abweichendes Wj. bilden (→ BFH vom 18.5.2000 – BStBl. II S. 498).

Gewinnschätzung. → H 4.1.

Rumpfwirtschaftsjahr.
- Bei der Umstellung des Wj. darf nur ein Rumpfwirtschaftsjahr entstehen (→ BFH vom 7.2.1969 – BStBl. II S. 337).
- H 6b.2 (Wirtschaftsjahr).

Umwandlung.
- In der Umwandlung oder Einbringung eines Einzelunternehmens in eine neu gegründete Personengesellschaft liegt eine Neueröffnung eines Betriebes. Der Zeitpunkt der Umwandlung oder Einbringung ist das Ende des Wj. des bisherigen Einzelunternehmens und der Beginn des ersten Wj. der neugegründeten Personengesellschaft (→ BFH vom 26.5.1994 – BStBl. II S. 891).
- Wird ein bisher als Personengesellschaft geführter Betrieb nach Ausscheiden der Mitgesellschafter als Einzelunternehmen fortgeführt, liegt darin die Eröffnung eines neuen Betriebes mit der Folge, dass das Wj. der Personengesellschaft im Zeitpunkt der Umwandlung endet und das erste Wj. des Einzelunternehmens beginnt (→ BFH vom 10.2.1989 – BStBl. II S. 519).

Verpachtung eines Betriebs der Land- und Forstwirtschaft. Sind die Einkünfte aus der Verpachtung eines Betriebs der Land- und Forstwirtschaft als Einkünfte aus Land- und Forstwirtschaft zu behandeln, ist für die Ermittlung des Gewinns weiterhin das nach § 4a Abs. 1 Satz 2 Nr. 1 EStG oder § 8c EStDV in Betracht kommende abweichende Wj. maßgebend (→ BFH vom 11.3.1965 – BStBl. III S. 286).

Wirtschaftsjahr bei Land- und Forstwirten. Das Wj. bei Land- und Forstwirten richtet sich nach der Art der Bewirtschaftung. Eine unschädliche andere land- oder forstwirtschaftliche Nutzung in geringem Umfang i. S. d. § 8c Abs. 1 Satz 2 EStDV liegt nur vor, wenn der Vergleichswert der anderen land- oder forstwirtschaftlichen Nutzung etwa 10% des Wertes der gesamten land- und forstwirtschaftlichen Nutzungen nicht übersteigt (→ BFH vom 3.12.1987 – BStBl. 1988 II S. 269).

Wirtschaftsjahr für den Gewerbebetrieb eines Land- und Forstwirts. Kann ein Land- und Forstwirt erst nach Beginn des Wj. für seinen Betrieb erkennen, dass sich aus diesem Betrieb ein Gewerbebetrieb herausgelöst hat, reicht es für die Ausübung des Wahlrechts zur Bestimmung eines dem land- und forstwirtschaftlichen Wj. entsprechenden Wj. für den Gewerbebetrieb aus, wenn er dem Finanzamt einen einheitlichen Jahresabschluss für den Gesamtbetrieb verbunden mit einer sachlich nachvollziehbaren Aufteilung des Gewinns auf den land- und forstwirtschaftlichen Betrieb und den Gewerbebetrieb vorlegt. Das Finanzamt erklärt konkludent seine Zustimmung, wenn es im Einkommensteuerbescheid der Steuererklärung folgt (→ BFH vom 7.11.2013 – BStBl. 2015 II S. 226).

Zustimmungsbedürftige Umstellung des Wirtschaftsjahrs.

- Die Zustimmung ist nur dann zu erteilen, wenn der Stpfl. in der Organisation des Betriebs gelegene **gewichtige Gründe** für die Umstellung des Wj. anführen kann; es ist jedoch nicht erforderlich, dass die Umstellung des Wj. betriebsnotwendig ist (→ BFH vom 9.1.1974 – BStBl. II S. 238).
- Die Umstellung des Wj. eines im Wege der **Gesamtrechtsnachfolge** auf Erben übergegangenen Unternehmens auf einen vom Kj. abweichenden Zeitraum bedarf der Zustimmung des Finanzamtes (→ BFH vom 22.8.1968 – BStBl. 1969 II S. 34).
- Wird die Umstellung des Wj. wegen **Inventurschwierigkeiten** begehrt, kann die Zustimmung zur Umstellung des Wj. zu versagen sein, wenn die Buchführung nicht ordnungsmäßig ist und auch nicht sichergestellt ist, dass durch die Umstellung des Wj. die Mängel der Buchführung beseitigt werden (→ BFH vom 9.11.1966 – BStBl. 1967 III S. 111).
- Will ein Pächter sein Wj. auf das vom Kj. abweichende **Pachtjahr** umstellen, weil dieses in mehrfacher Beziehung für die Abrechnung mit dem Verpächter maßgebend ist, ist die Zustimmung im Allgemeinen zu erteilen (→ BFH vom 8.10.1969 – BStBl. 1970 II S. 85).
- Bei Forstbetrieben bedarf die Umstellung eines mit dem Kj. übereinstimmenden Wj. auf das sog. **Forstwirtschaftsjahr** (1.10.–30.9.) der Zustimmung des Finanzamts (→ BFH vom 23.9.1999 – BStBl. 2000 II S. 5).
- Die Erlangung einer **„Steuerpause"** oder anderer steuerlicher Vorteile ist kein betrieblicher Grund, der die Zustimmung des Finanzamts zur Umstellung des Wj. rechtfertigt (→ BFH vom 24.4.1980 – BStBl. 1981 II S. 50 und vom 15.6.1983 – BStBl. II S. 672).

Zu § 4b EStG

R 4b. Direktversicherung

Begriff

(1) [1]Eine Direktversicherung ist eine Lebensversicherung auf das Leben des Arbeitnehmers, die durch den Arbeitgeber abgeschlossen worden ist und bei der der Arbeitnehmer oder seine Hinterbliebenen hinsichtlich der Leistungen des Versicherers ganz oder teilweise bezugsberechtigt sind (→ § 1b Abs. 2 Satz 1 Betriebsrentengesetz).[1)] [2]Dasselbe gilt für eine Lebensversicherung auf das Leben des Arbeitnehmers, die nach Abschluss durch den Arbeitnehmer vom Arbeitgeber übernommen worden ist. [3]Dagegen liegt begrifflich keine Direktversicherung vor, wenn der Arbeitgeber für den Ehegatten eines verstorbenen früheren Arbeitnehmers eine Lebensversicherung abschließt. [4]Als Versorgungsleistungen können Leistungen der Alters-, Invaliditäts- oder Hinterbliebenenversorgung in Betracht kommen. [5]Es ist gleichgültig, ob es sich um Kapitalversicherungen – einschließlich Risikoversicherungen –, Rentenversicherungen oder fondsgebundene Lebensversicherungen handelt und welche Laufzeit vereinbart wird. [6]Unfallversicherungen sind keine Lebensversicherungen, auch wenn bei Unfall mit Todesfolge eine Leistung vorgesehen ist. [7]Dagegen gehören Unfallzusatzversicherungen und Berufsunfähigkeitszusatzversicherungen, die im Zusammenhang mit Lebensversicherungen abgeschlossen werden, sowie selbständige Berufsunfähigkeitsversicherungen und Unfallversicherungen mit Prämienrückgewähr, bei denen der Arbeitnehmer Anspruch auf die Prämienrückgewähr hat, zu den Direktversicherungen.

(2) [1]Die Bezugsberechtigung des Arbeitnehmers oder seiner Hinterbliebenen muss vom Versicherungsnehmer (Arbeitgeber) der Versicherungsgesellschaft gegenüber erklärt werden (§ 159 VVG).[2)] [2]Die Bezugsberechtigung kann widerruflich oder unwiderruflich sein; bei widerruflicher Bezugsberechtigung sind die Bedingungen eines Widerrufes steuerlich unbeachtlich. [3]Unbeachtlich ist auch, ob die Anwartschaft des Arbeitnehmers arbeitsrechtlich bereits unverfallbar ist.

Behandlung bei der Gewinnermittlung

(3) [1]Die Beiträge zu Direktversicherungen sind sofort abziehbare Betriebsausgaben. [2]Eine Aktivierung der Ansprüche aus der Direktversicherung kommt beim Arbeitgeber vorbehaltlich Satz 5 erst in Betracht, wenn eine der in § 4b EStG genannten Voraussetzungen weggefallen ist, z. B. wenn der Arbeitgeber von einem Widerrufsrecht Gebrauch gemacht hat. [3]In diesen Fällen ist der Anspruch grundsätzlich mit dem geschäftsplanmäßigen Deckungskapital der Versicherungsgesellschaft zu aktivieren zuzüglich eines etwa vorhandenen Guthabens aus Beitragsrückerstattungen; soweit die Berechnung des Deckungskapitals nicht zum Geschäftsplan gehört, tritt an die Stelle des geschäftsplanmäßigen Deckungskapitals der nach § 169 Abs. 4 VVG[2)] berechnete Zeitwert. [4]Die Sätze 1 bis 3 gelten auch für Versicherungen gegen Einmalprämie; bei diesen Versicherungen kommt eine Aktivierung auch nicht unter

---

1) **Steuergesetze** Nr. **70**.
2) **Habersack** Nr. **62**.

dem Gesichtspunkt der Rechnungsabgrenzung in Betracht, da sie keinen Aufwand für eine „bestimmte Zeit" (§ 5 Abs. 5 Satz 1 Nr. 1 EStG) darstellen. [5]Sind der Arbeitnehmer oder seine Hinterbliebenen nur für bestimmte Versicherungsfälle oder nur hinsichtlich eines Teiles der Versicherungsleistungen bezugsberechtigt, sind die Ansprüche aus der Direktversicherung insoweit zu aktivieren, als der Arbeitgeber bezugsberechtigt ist.

(4) [1]Die Verpflichtungserklärung des Arbeitgebers nach § 4b Satz 2 EStG muss an dem Bilanzstichtag schriftlich vorliegen, an dem die Ansprüche aus dem Versicherungsvertrag ganz oder zum Teil abgetreten oder beliehen sind. [2]Liegt diese Erklärung nicht vor, sind die Ansprüche aus dem Versicherungsvertrag dem Arbeitgeber zuzurechnen.

Sonderfälle

(5) Die Absätze 1 bis 4 gelten entsprechend für Personen, die nicht Arbeitnehmer sind, für die jedoch aus Anlass ihrer Tätigkeit für das Unternehmen Direktversicherungen abgeschlossen worden sind (§ 17 Abs. 1 Satz 2 Betriebsrentengesetz),[1] z. B. Handelsvertreter und Zwischenmeister.

H **4b**

Abgrenzung der Direktversicherung von einem Sparvertrag. Ist das für eine Versicherung typische Todesfallwagnis und bereits bei Vertragsabschluss das Rentenwagnis ausgeschlossen, liegt ein atypischer Sparvertrag und keine begünstigte Direktversicherung vor (→ BFH vom 9.11.1990 – BStBl. 1991 II S. 189 und R 40b.1 Abs. 2 Satz 2 bis 4 LStR 2015).

Arbeitnehmer-Ehegatten. Zur steuerlichen Behandlung von Aufwendungen für die betriebliche Altersversorgung des mitarbeitenden Ehegatten → BMF vom 4.9.1984 (BStBl. I S. 495), ergänzt durch BMF vom 9.1.1986 (BStBl. I S. 7). Die Aufwendungen sind nur als Betriebsausgaben anzuerkennen, soweit sie einem Fremdvergleich (→ H 4.8) standhalten.

Beleihung von Versicherungsansprüchen. Vorauszahlungen auf die Versicherungsleistung (sog. Policendarlehen) stehen einer Beleihung des Versicherungsanspruchs gleich (→ BFH vom 19.12.1973 – BStBl. 1974 II S. 237).

Gesellschafter-Geschäftsführer. Der ertragsteuerlichen Anerkennung einer zu Gunsten des beherrschenden Gesellschafter-Geschäftsführers einer Kapitalgesellschaft abgeschlossenen Direktversicherung steht nicht entgegen, dass als vertraglicher Fälligkeitstermin für die Erlebensleistung das 65. Lebensjahr des Begünstigten vereinbart wird.

Hinterbliebenenversorgung für den Lebensgefährten. → BMF vom 25.7.2002 (BStBl. I S. 706).

Konzerngesellschaft. → R 40b.1 Abs. 1 Satz 3 LStR 2015.

Überversorgung.

– Zur bilanzsteuerrechtlichen Berücksichtigung von überdurchschnittlich hohen Versorgungsanwartschaften (Überversorgung) → BMF vom 3.11.2004 (BStBl. I S. 1045) und vom 13.12.2012 (BStBl. 2013 I S. 35).
– → H 6a (17).

---

[1] **Steuergesetze** Nr. **70**.

Zu § 4c EStG

R 4c. Zuwendungen an Pensionskassen

Pensionskassen

(1) Als Pensionskassen sind sowohl rechtsfähige Versorgungseinrichtungen i. S. d. § 1b Abs. 3 Satz 1 Betriebsrentengesetz[1)] als auch rechtlich unselbständige Zusatzversorgungseinrichtungen des öffentlichen Dienstes i. S. d. § 18 Betriebsrentengesetz anzusehen, die den Leistungsberechtigten (Arbeitnehmer und Personen i. S. d. § 17 Abs. 1 Satz 2 Betriebsrentengesetz sowie deren Hinterbliebene) auf ihre Leistungen einen Rechtsanspruch gewähren.

Zuwendungen

(2) [1] Der Betriebsausgabenabzug kommt sowohl für laufende als auch für einmalige Zuwendungen in Betracht. [2] Zuwendungen an eine Pensionskasse sind auch abziehbar, wenn die Kasse ihren Sitz oder ihre Geschäftsleitung im Ausland hat.

(3) [1] Zuwendungen zur Abdeckung von Fehlbeträgen sind auch dann abziehbar, wenn sie nicht auf einer entsprechenden Anordnung der Versicherungsaufsichtsbehörde beruhen. [2] Für die Frage, ob und in welcher Höhe ein Fehlbetrag vorliegt, ist das Vermögen der Kasse nach den handelsrechtlichen Grundsätzen ordnungsmäßiger Buchführung unter Berücksichtigung des von der Versicherungsaufsichtsbehörde genehmigten Geschäftsplans bzw. der in § 4c Abs. 1 Satz 2 EStG genannten Unterlagen anzusetzen. [3] Für Pensionskassen mit Sitz oder Geschäftsleitung im Ausland sind die für inländische Pensionskassen geltenden Grundsätze anzuwenden.

(4) [1] Zuwendungen an die Kasse dürfen als Betriebsausgaben nicht abgezogen werden, soweit die Leistungen der Kasse, wenn sie vom Trägerunternehmen unmittelbar erbracht würden, bei diesem nicht betrieblich veranlasst wären. [2] Nicht betrieblich veranlasst sind z. B. Leistungen der Kasse an den Inhaber (Unternehmer, Mitunternehmer) des Trägerunternehmens oder seine Angehörigen. [3] Für Angehörige gilt das Verbot nicht, soweit die Zuwendungen im Rahmen eines steuerlich anzuerkennenden Arbeitsverhältnisses gemacht werden (→ R 4.8). [4] Die allgemeinen Gewinnermittlungsgrundsätze bleiben durch § 4c Abs. 2 EStG unberührt; auch bei nicht unter das Abzugsverbot fallenden Zuwendungen ist daher zu prüfen, ob sie nach allgemeinen Bilanzierungsgrundsätzen zu aktivieren sind, z. B. bei Zuwendungen, die eine Gesellschaft für ein Tochterunternehmen erbringt.

(5) [1] Für Zuwendungen, die vom Trägerunternehmen nach dem Bilanzstichtag geleistet werden, ist bereits zum Bilanzstichtag ein Passivposten zu bilden, sofern zu diesem Zeitpunkt eine entsprechende Verpflichtung besteht (Bestimmung in der Satzung oder im Geschäftsplan der Kasse, Anordnung der Aufsichtsbehörde). [2] Werden Fehlbeträge der Kasse abgedeckt, ohne dass hierzu eine Verpflichtung des Trägerunternehmens besteht, kann in sinngemäßer Anwendung des § 4d Abs. 2 EStG zum Bilanzstichtag eine Rückstellung ge-

---

1) **Steuergesetze** Nr. **70**.

bildet werden, wenn innerhalb eines Monats nach Aufstellung oder Feststellung der Bilanz des Trägerunternehmens die Zuwendung geleistet oder die Abdeckung des Fehlbetrags verbindlich zugesagt wird.

H 4c

Hinterbliebenenversorgung für den Lebensgefährten. → BMF vom 25.7. 2002 (BStBl. I S. 706).

Zusatzversorgungseinrichtung. Eine nicht rechtsfähige Zusatzversorgungseinrichtung des öffentlichen Dienstes ist eine Pensionskasse i. S. d. § 4c EStG (→ BFH vom 22.9.1995 – BStBl. 1996 II S. 136).

Zu § 4d EStG

R 4d. Zuwendungen an Unterstützungskassen

Unterstützungskasse

(1) [1]Für die Höhe der abziehbaren Zuwendungen an die Unterstützungskasse kommt es nicht darauf an, ob die Kasse von der Körperschaftsteuer befreit ist oder nicht. [2]Wegen der Zuwendungen an Unterstützungskassen bei Bildung von Pensionsrückstellungen für die gleichen Versorgungsleistungen an denselben Empfängerkreis → R 6a Abs. 15.

H 4d (1)

Allgemeines. → BMF vom 28.11.1996 (BStBl. I S. 1435):

1. Konzeptions- und Verwaltungskosten,
2. Leistungsanwärter und Leistungsempfänger,
3. Ermittlung der Rückdeckungsquote,
4. Verwendung von Gewinngutschriften,
5. Unterbrechung der laufenden Beitragszahlung oder Beitragseinstellung,
6. Rückdeckungsversicherungen für unter 30-jährige Leistungsanwärter,
7. zulässiges Kassenvermögen bei abweichender Fälligkeit der Versorgungs- und Versicherungsleistungen,
8. Übergangsregelung nach § 52 Abs. 5 Satz 2 EStG a. F.,
9. zulässiges Kassenvermögen für nicht lebenslänglich laufende Leistungen,
10. tatsächliches Kassenvermögen und überhöhte Zuwendungen.

Hinterbliebenenversorgung für den Lebensgefährten. → BMF vom 25.7. 2002 (BStBl. I S. 706).

Übertragung von Unterstützungskassenzusagen auf Pensionsfonds. Zur Übertragung von Unterstützungskassenzusagen auf Pensionsfonds nach § 4d Abs. 3 und § 4e Abs. 3 EStG i. V. m. § 3 Nr. 66 EStG → BMF vom 26.10.2006 (BStBl. I S. 709) und vom 10.7.2015 (BStBl. I S. 544).

Überversorgung.[1)]
- Zur bilanzsteuerrechtlichen Berücksichtigung von überdurchschnittlich hohen Versorgungsanwartschaften (Überversorgung) → BMF vom 3.11. 2004 (BStBl. I S. 1045) und vom 13.12.2012 (BStBl. 2013 I S. 35).
- Bei angemessenen Barlohnumwandlungen sind Beiträge für eine rückgedeckte Unterstützungskasse betrieblich veranlasst und ohne Prüfung einer sog. Überversorgung als Betriebsausgabe zu berücksichtigen (→ BFH vom 28.10.2020 – BStBl. 2021 II S. 279).
- → H 6a (17).

Unterstützungskasse. Eine Unterstützungskasse ist eine rechtsfähige Versorgungseinrichtung, die auf ihre Leistungen keinen Rechtsanspruch gewährt (→ BFH vom 5.11.1992 – BStBl. 1993 II S. 185, → § 1b Abs. 4 Betriebsrentengesetz).[2)]

Versorgungsausgleich. Zu den Auswirkungen des Gesetzes zur Strukturreform des Versorgungsausgleiches (VAStrRefG) auf Unterstützungskassen → BMF vom 12.11.2010 (BStBl. I S. 1303).

Zuwendungen. Zuwendungen i.S.d. § 4d EStG sind Vermögensübertragungen, die die Unterstützungskasse einseitig bereichern und nicht auf einem Leistungsaustausch beruhen. Es ist unerheblich, ob die Zuwendung auf einer Verpflichtung des Trägerunternehmens beruht oder freiwillig erfolgt (→ BFH vom 5.11.1992 – BStBl. 1993 II S. 185).

R 4d (2)

Leistungsarten

(2) [1]Bei den von der Kasse aus Anlass einer Tätigkeit für das Trägerunternehmen erbrachten Leistungen muss es sich um Leistungen der Alters-, Invaliditäts- oder Hinterbliebenenversorgung oder um Leistungen bei Arbeitslosigkeit oder zur Hilfe in sonstigen Notlagen handeln. [2]Für die Frage, ob Leistungen der betrieblichen Altersversorgung vorliegen, ist ausschließlich § 1 Betriebsrentengesetz[1)] maßgebend. [3]Werden Leistungen in Aussicht gestellt, die mit denen einer Kapitallebensversicherung mit steigender Todesfallleistung vergleichbar sind, müssen diese nicht die in den LStR[3)] geforderten Voraussetzungen an den Mindesttodesfallschutz erfüllen. [4]Der Bezug von Leistungen der Altersversorgung setzt mindestens die Vollendung des 60. Lebensjahres voraus; nur in berufsspezifischen Ausnahmefällen kann eine niedrigere Altersgrenze zwischen 55 und 60 in Betracht kommen. [5]Für Zusagen, die nach dem 31.12.2011 erteilt werden, tritt an die Stelle des 60. Lebensjahres regelmäßig das 62. Lebensjahr. [6]Für andere als die vorgenannten Leistungen sind Zuwendungen im Sinne von § 4d EStG durch das Trägerunternehmen mit steuerlicher Wirkung nicht möglich. [7]Zu den lebenslänglich laufenden Leistungen gehören alle laufenden (wiederkehrenden) Leistungen, soweit sie

---

1) Zu einer über 3% liegenden jährlichen Steigerungsrate einer betrieblichen Altersrente siehe BFH v. 31.7.2018 VIII R 6/15, BStBl. II 2019, 197.

2) **Steuergesetze** Nr. **70**.

3) R 40b.1 Abs. 2 Sätze 2–4 LStR 2015 (Nr. **20**).

nicht von vornherein nur für eine bestimmte Anzahl von Jahren oder bis zu einem bestimmten Lebensalter des Leistungsberechtigten vorgesehen sind. [8]Vorbehalte, nach denen Leistungen an den überlebenden Ehegatten bei einer Wiederverheiratung oder Invaliditätsrenten bei einer Wiederaufnahme einer Arbeitstätigkeit wegfallen, berühren die Eigenschaft der Renten als lebenslänglich laufende Leistung nicht. [9]Dasselbe gilt, wenn eine Invaliditätsrente bei Erreichen einer bestimmten Altersgrenze von einer Altersrente der Unterstützungskasse abgelöst wird. [10]Keine lebenslänglich laufenden Leistungen sind z. B. Überbrückungszahlungen für eine bestimmte Zeit, Waisenrenten, abgekürzte Invaliditätsrenten und zeitlich von vornherein begrenzte Leistungen an den überlebenden Ehegatten.

H **4d** (2)

Lebenslänglich laufende Leistungen. Auch einmalige Kapitalleistungen einer Unterstützungskasse in geringem Umfang sind als lebenslänglich laufende Leistungen i. S. v. § 4d EStG anzusehen (→ BFH vom 15.6.1994 – BStBl. 1995 II S. 21).

R **4d** (3)

Zuwendungen zum Deckungskapital

(3) [1]Das Deckungskapital für die bereits laufenden Leistungen (§ 4d Abs. 1 Satz 1 Nr. 1 Satz 1 Buchstabe a EStG) kann der Kasse sofort bei Beginn der Leistungen oder, solange der Leistungsempfänger lebt, in einem späteren Wirtschaftsjahr in einem Betrag oder verteilt auf mehrere Wirtschaftsjahre zugewendet werden. [2]Mithin kann

1. das Deckungskapital für eine Rente an einen früheren Arbeitnehmer in dem Zeitraum, in dem der frühere Arbeitnehmer Leistungsempfänger ist,
2. das Deckungskapital für eine Rente an den überlebenden Ehegatten in dem Zeitraum, in dem dieser Leistungsempfänger ist, und
3. das Deckungskapital für eine Rente im Falle der Ehescheidung oder der Aufhebung einer eingetragenen Lebenspartnerschaft an den Ausgleichsberechtigten nach dem VersAusglG in dem Zeitraum, in dem dieser Leistungsempfänger ist,

zugewendet werden. [3]Das Deckungskapital für die Rente an den überlebenden Ehegatten kann selbst dann ungeschmälert zugewendet werden, wenn das Deckungskapital für die Rente an den früheren Arbeitnehmer bereits voll zugewendet war. [4]Auf die Anrechnung des im Deckungskapital für die Rente an den früheren Arbeitnehmer enthaltenen Anteiles für die Anwartschaft auf Rente an den überlebenden Ehegatten wird aus Praktikabilitätsgründen verzichtet. [5]Das für die Zuwendungen maßgebende Deckungskapital ist jeweils nach dem erreichten Alter des Leistungsempfängers zu Beginn der Leistungen oder zum Zeitpunkt der Leistungserhöhung und nach der Höhe der Jahresbeträge dieser Leistungen zu berechnen; das Alter des Leistungsberechtigten ist nach dem bürgerlichen Recht (§ 187 Abs. 2 Satz 2, § 188 Abs. 2 BGB) zu bestimmen. [6]Bei den am 1.1.1975 bereits laufenden Leistungen ist für die Bemessung weiterer Zuwendungen auf das Deckungskapital von der als Anlage 1 dem Einkommensteuergesetz beigefügten Tabelle und von dem Lebensalter auszugehen, das der Berechtigte am 1.1.1975 erreicht hat; auf das so ermittelte Deckungskapital sind die früheren Zuwendungen zum Deckungskapital anzurechnen. [7]Lässt sich in den Fällen, in denen ein Trägerunternehmen die nach dem Zuwendungsgesetz (ZuwG) vom 26.3.1952 (BGBl. I S. 206) höchstzulässigen Jahreszuwendungen nicht ausgeschöpft und die Zuwendungen nicht nach den im ZuwG aufgeführten Kategorien gegliedert hat, nicht mehr feststellen, welcher Teil dieser Zuwendungen auf das Deckungskapital vorgenommen wurde, kann das Trägerunternehmen die Gliederung der früheren Zuwendungen nach eigener Entscheidung vornehmen.

H **4d** (3)

Berechnungsbeispiel für die Zuwendung zum Deckungskapital:

Deckungskapital zum 31.12.01 für die in 01 beginnenden laufenden Leistungen von jährlich 1000 € an die männlichen Leistungsempfänger

A (63 Jahre): 12 × 1000 € =	12 000 €
B (58 Jahre): 13 × 1000 € =	13 000 €
	25 000 €

Der Kasse werden hiervon 01 nur 10 000 € zugewendet.

Im Wj. 02 oder in späteren Wj. können der Kasse für die Leistungen an diese Empfänger nach § 4d Abs. 1 Satz 1 Nr. 1 Satz 1 Buchstabe a EStG insgesamt 25 000 € – 10 000 € = 15 000 € zugewendet werden.

R **4d** (4)

Zuwendungen zum Reservepolster

(4) [1]Für die Ermittlung der Höhe der zulässigen Zuwendungen zum Reservepolster nach § 4d Abs. 1 Satz 1 Nr. 1 Satz 1 Buchstabe b EStG besteht ein Wahlrecht. [2]Das Trägerunternehmen kann entweder von den jährlichen Versorgungsleistungen ausgehen, welche die jeweils begünstigten Leistungsanwärter im letzten Zeitpunkt der Anwartschaft, spätestens im Zeitpunkt des Erreichens der Regelaltersgrenze der gesetzlichen Rentenversicherung (§§ 35 und 235 SGB VI),[1)] nach dem Leistungsplan der Kasse erhalten können (Grundsatzregelung). [3]Statt dessen kann auch vom Durchschnittsbetrag der von der Kasse im Wirtschaftsjahr tatsächlich gewährten lebenslänglich laufenden Leistungen ausgegangen werden (Sonderregelung). [4]Das Trägerunternehmen hat in dem Wirtschaftsjahr, ab dem dieses Wahlrecht besteht bzw. in dem erstmals Leistungen über eine Unterstützungskasse zugesagt werden, zu entscheiden, ob die Ermittlung der Höhe der Zuwendungen zum Reservepolster nach der Grundsatzregelung oder der Sonderregelung erfolgen soll. [5]An die getroffene Wahl ist es grundsätzlich fünf Wirtschaftsjahre lang gebunden. [6]Die für das Wirtschaftsjahr zulässigen Zuwendungen zum Reservepolster ergeben sich, wenn auf den jeweils ermittelten Betrag die nach § 4d Abs. 1 Satz 1 Nr. 1 Satz 1 Buchstabe b Satz 1 EStG maßgebenden Prozentsätze angewandt werden; im Falle der Sonderregelung ist das Ergebnis mit der Anzahl der berücksichtigungsfähigen Leistungsanwärter zu vervielfältigen. [7]Wird

1) **Aichberger SGB** Nr. **6**.

die Zuwendungshöhe nach der Grundsatzregelung berechnet, sind die dem einzelnen Leistungsanwärter jeweils schriftlich zugesagten erreichbaren Leistungen nach den Verhältnissen am Ende des Wirtschaftsjahres der Kasse maßgebend. [8] Änderungen, die erst nach dem Bilanzstichtag wirksam werden, sind nur zu berücksichtigen, wenn sie am Bilanzstichtag bereits feststehen. [9] Die Leistungen sind jeweils bezogen auf die einzelnen zulässigen Zuwendungssätze getrennt zu erfassen, wobei im Falle des § 4d Abs. 1 Satz 1 Nr. 1 Satz 1 Buchstabe b Satz 1 Doppelbuchstabe aa EStG jeweils gesondert die Leistungen der Invaliditätsversorgung bzw. Hinterbliebenenversorgung und im Falle des Doppelbuchstabens bb die Leistungen der Altersversorgung zu berücksichtigen sind. [10] Wird die Zuwendungshöhe nach der Sonderregelung berechnet, ist vom Durchschnittsbetrag der von der Kasse in ihrem Wirtschaftsjahr tatsächlich gewährten lebenslänglich laufenden Leistungen auszugehen. [11] Zur Vereinfachung kann statt einer genaueren Berechnung als Durchschnittsbetrag der Betrag angenommen werden, der sich ergibt, wenn die Summe der im Wirtschaftsjahr der Kasse tatsächlich gezahlten lebenslänglich laufenden Leistungen durch die Zahl der am Ende ihres Wirtschaftsjahres vorhandenen berücksichtigungsfähigen Leistungsempfänger geteilt wird. [12] Auf diesen Durchschnittsbetrag sind die Zuwendungssätze von jeweils 25%, 12% oder 6% anzuwenden.

H 4d (4)

Ermittlungszeitpunkt für die Höhe der Zuwendungen an eine Unterstützungskasse → BMF vom 7.1.1994 (BStBl. I S. 18).

Näherungsverfahren. Zur Berücksichtigung von Renten aus der gesetzlichen Rentenversicherung → BMF vom 15.3.2007 (BStBl. I S. 290) und vom 5.5.2008 (BStBl. I S. 570).

R 4d (5–10)

Leistungsanwärter

(5) [1] Der Kreis der Leistungsanwärter umfasst grundsätzlich alle Arbeitnehmer und ehemaligen Arbeitnehmer des Trägerunternehmens, die von der Unterstützungskasse schriftlich zugesagte Leistungen erhalten können, soweit sie nicht bereits Empfänger lebenslänglich laufender Leistungen sind. [2] Bei Zusagen von Hinterbliebenenversorgung ohne Altersversorgung gilt die Person als Leistungsanwärter, bei deren Ableben die Hinterbliebenenversorgung einsetzt; hierbei ist nicht zu prüfen, ob Angehörige vorhanden sind, die Anspruch auf eine Versorgung haben. [3] Angehörige des Unternehmers oder von Mitunternehmern des Trägerunternehmens dürfen nur als Leistungsanwärter berücksichtigt werden, soweit ein steuerlich anzuerkennendes Arbeitsverhältnis (→ R 4.8) vorliegt. [4] Personen, die mit einer unverfallbaren Anwartschaft aus dem Trägerunternehmen ausgeschieden sind, gehören unter den vorstehenden Voraussetzungen zu den Leistungsanwärtern, solange die Kasse mit einer späteren Inanspruchnahme zu rechnen hat; sofern der Kasse nicht bereits vorher bekannt ist, dass Leistungen nicht zu gewähren sind, braucht bei diesen Personen die Frage, ob die Kasse mit einer Inanspruchnahme zu rechnen hat, erst nach Erreichen der Altersgrenze geprüft zu werden. [5] Personen, bei denen bis zum

Ablauf des auf das Erreichen der Altersgrenze folgenden Wirtschaftsjahres nicht feststeht, dass die Kasse mit einer Inanspruchnahme zu rechnen hat, gehören vom Ende dieses Wirtschaftsjahres an nicht mehr zu den Leistungsanwärtern.

Rückgedeckte Unterstützungskasse

Allgemeines

(6) [1]Soweit die Unterstützungskasse die einem Leistungsempfänger oder einem Leistungsanwärter zugesagten Leistungen ganz oder teilweise durch den Abschluss einer Versicherung abgesichert hat, liegt eine rückgedeckte Unterstützungskasse vor. [2]Ist der Betriebsausgabenabzug nach § 4d Abs. 1 Satz 1 Nr. 1 Satz 1 Buchstabe c EStG ausgeschlossen, können die Zuwendungen im Rahmen des § 4d Abs. 1 Satz 1 Nr. 1 Satz 1 Buchstabe a und b EStG abgezogen werden. [3]Die Voraussetzungen für den Betriebsausgabenabzug nach § 4d Abs. 1 Satz 1 Nr. 1 Satz 1 Buchstabe c EStG sind auch dann erfüllt, wenn die Unterstützungskasse ihre Ansprüche aus von ihr abgeschlossenen Rückdeckungsversicherungsverträgen an die begünstigten Arbeitnehmer verpfändet, denen sie Leistungen in Aussicht gestellt hat.

Zuwendungen für Leistungsempfänger

(7) [1]Werden die zugesagten Leistungen erst nach Eintritt des Versorgungsfalles rückgedeckt, können hierfür Einmalprämien mit steuerlicher Wirkung zugewendet werden. [2]§ 4d Abs. 1 Satz 1 Nr. 1 Satz 1 Buchstabe c Satz 2 bis 4 EStG ist nicht anzuwenden.

Zuwendungen für Leistungsanwärter

(8) [1]Das Trägerunternehmen kann den für den einzelnen Leistungsanwärter an die Kasse zugewendeten Betrag der Versicherungsprämie nur als Betriebsausgaben geltend machen, wenn die Unterstützungskasse laufende Prämien zu entrichten hat. [2]Dies ist bei Zusagen einer Altersversorgung der Fall, wenn es sich um eine Versicherung handelt, bei der in jedem Jahr zwischen Vertragsabschluss und Zeitpunkt, für den erstmals Leistungen der Altersversorgung vorgesehen sind, Prämien zu zahlen sind. [3]Der Zeitpunkt, für den erstmals Leistungen der Altersversorgung vorgesehen sind, darf nicht vor Vollendung des 55. Lebensjahres des begünstigten Leistungsanwärters liegen. [4]Werden Leistungen der Invaliditäts- oder Hinterbliebenenversorgung rückversichert, muss die abgeschlossene Versicherung eine Mindestlaufzeit bis zu dem Zeitpunkt haben, in dem der Leistungsanwärter sein 55. Lebensjahr vollendet. [5]Eine Versicherung mit kürzerer Laufzeit ist nur begünstigt, wenn feststeht, dass im Anschluss an die Laufzeit des Versicherungsvertrages eine Zusage auf Altersversorgung besteht; ist diese rückgedeckt, müssen die Voraussetzungen der Sätze 2 und 3 erfüllt sein. [6]Der Abzug der Zuwendungen als Betriebsausgabe ist in dem Wirtschaftsjahr ausgeschlossen, in dem die Kasse zu irgendeinem Zeitpunkt die Ansprüche aus der Versicherung zur Sicherung eines Darlehens verwendet. [7]Soweit einem Leistungsanwärter vor Vollendung des 28. Lebensjahres (bei erstmaliger Zusage vor dem 1.1. 2001: des 30. Lebensjahres, bei erstmaliger Zusage nach dem 31.12.2008:

des 27. Lebensjahres) Zusagen mit vertraglicher Unverfallbarkeit gewährt werden, können hierfür laufende Prämien als Zuwendungen nur berücksichtigt werden, wenn die Bestimmungen der vertraglichen Unverfallbarkeit mindestens den Berechnungsvorschriften des § 2 Betriebsrentengesetz[1] entsprechen.

Kürzung der als Betriebsausgabe abzugsfähigen Prämien

(9) [1]Laufende Prämien sind bezogen auf die notwendige und vereinbarte Versicherungssumme nur begünstigt, wenn sie der Höhe nach entweder gleich bleiben oder steigen. [2]Eine gleich bleibende Prämie liegt in diesen Fällen auch vor, wenn die von der Unterstützungskasse jährlich zu zahlende Prämie mit Gewinngutschriften aus dem Versicherungsvertrag verrechnet wird. [3]In diesen Fällen kann der Kasse nur der verbleibende Restbetrag steuerbegünstigt zugewendet werden. [4]Entsprechendes gilt, wenn die Gewinngutschriften durch die Kasse nicht mit fälligen Prämien verrechnet und auch nicht zur Erhöhung der Rückdeckungsquote hinsichtlich der bestehenden Zusage verwendet werden. [5]Beruht die Verminderung der Beiträge auf einer Änderung der Versorgungszusage und sind die Prämien nach der Vertragsänderung mindestens in konstanter Höhe bis zum Eintritt des Versorgungsfalles zu zahlen, sind die Zuwendungen weiterhin als Betriebsausgaben abzugsfähig; Entsprechendes gilt bei der Änderung von Entgeltumwandlungsvereinbarungen. [6]Eine Änderung der Versorgungszusage liegt auch dann vor, wenn der Arbeitgeber auf Verlangen des Arbeitnehmers eine Entgeltumwandlung im Wege einer vertraglichen Vereinbarung reduziert. [7]Dies gilt unabhängig davon, aus welchem Grund die Gehaltsumwandlung vermindert wird. [8]Sinkende Beiträge an eine rückgedeckte Unterstützungskasse führen auch dann (ausnahmsweise) nicht zu einer Versagung des Betriebsausgabenabzuges, wenn sich die Beitragsminderung aus gesetzlich vorgegebenen Faktoren ergibt (z. B. aus der Erhöhung der Beitragsbemessungsgrenzen in der gesetzlichen Rentenversicherung) und die Prämienzahlungen nach der Minderung mindestens in konstanter Höhe bis zum Eintritt des Versorgungsfalles zu leisten sind.

Nachweispflicht

(10) Das Trägerunternehmen hat die Voraussetzungen des § 4d Abs. 1 Satz 1 Nr. 1 Satz 1 Buchstabe c EStG im Jahr der Zuwendung nachzuweisen.

H 4d (6–10)

Entgeltumwandlungen bei Ehegattenarbeitsverhältnissen. Zur Anwendung des Fremdvergleichsmaßstabes bei Entgeltumwandlungen in Beiträge für eine rückgedeckte Unterstützungskasse zum Zweck der betrieblichen Altersvorsorge → BFH vom 28.10.2020 (BStBl. 2021 II S. 434).

Rückdeckungsversicherung. Der Betriebsausgabenabzug von Zuwendungen an eine rückgedeckte Unterstützungskasse nach § 4d Abs. 1 Satz 1 Nr. 1 Satz 1 Buchstabe c EStG ist bei einer Beleihung oder Abtretung von Ansprüchen aus der Rückdeckungsversicherung ausgeschlossen. Die Inan-

[1] **Steuergesetze** Nr. **70**.

spruchnahme von Vorauszahlungen steht einer Beleihung gleich (→ BFH vom 28.2.2002 – BStBl. II S. 358).

Zweifelsfragen bei Zuwendungen an rückgedeckte Unterstützungskassen. → BMF vom 31.1.2002 (BStBl. I S. 214):

1. Versicherung gegen laufende Einmalbeiträge.
2. Sinkende Beiträge auf Grund einer Bemessung nach variablen Gehaltsbestandteilen.

→ H 4d (1) Allgemeines.

R 4d (11)

Zuwendungen für nicht lebenslänglich laufende Leistungen

(unbesetzt)

H 4d (11)

Beispiel:

Lohn- und Gehaltssumme des Trägerunternehmens im Wj. 01	1 000 000 €
Die Zuwendung beträgt 01 1000 € und liegt damit unter der möglichen Zuwendung von 0,2% von 1 000 000 € = 2000 €.	
Lohn- und Gehaltssumme 02 bis 05 je	1 200 000 €
Zuwendungen 02 bis 05 je 0,2% von 1 200 000 €, zusammen	9 600 €
Kassenleistungen 01 bis 05 zusammen	4 000 €
Lohn- und Gehaltssumme 06	1 500 000 €
Tatsächliche Kassenleistungen 06	12 000 €
In 06 können der Kasse statt der normalen Zuwendung von 0,2% von 1 500 000 € = 3000 € zugewendet werden:	
– die tatsächlichen Kassenleistungen 06 von	12 000 €
– abzüglich der aus den vorangegangenen 5 Wj. noch nicht durch Leistungen aufgezehrten Zuwendungen (10 600 € – 4000 € =)	6 600 €
	5 400 €

R 4d (12, 13)

Lohn- und Gehaltssumme

(12) [1]Zur Lohn- und Gehaltssumme i. S. d. § 4d Abs. 1 Satz 1 Nr. 2 EStG gehören alle Arbeitslöhne i. S. d. § 19 Abs. 1 Satz 1 Nr. 1 EStG, soweit sie nicht von der Einkommensteuer befreit sind. [2]Zuschläge für Mehrarbeit und für Sonntags-, Feiertags- und Nachtarbeit gehören zur Lohn- und Gehaltssumme, auch soweit sie steuerbefreit sind. [3]Wegen der Vergütungen an Personen, die nicht Arbeitnehmer sind, → Absatz 15.

Kassenvermögen der Unterstützungskasse

(13) [1]Zuwendungen an eine Unterstützungskasse sind beim Trägerunternehmen nur abziehbar, soweit am Schluss des Wirtschaftsjahres der Kasse das tatsächliche Kassenvermögen nicht höher ist als das zulässige Kassenvermögen (§ 4d Abs. 1 Satz 1 Nr. 1 Satz 2 bis 7 und Nr. 2 Satz 2 bis 6 EStG). [2]Dabei ist die Unterstützungskasse bei der Ermittlung ihres zulässigen Kassenvermögens nicht an die Bewertungsmethode gebunden, die das Trägerunternehmen bei der Ermittlung des Dotierungsrahmens zum Reservepolster

(→ Absatz 4) angewandt hat. [3]Weicht das Wirtschaftsjahr der Kasse von dem des Trägerunternehmens ab, ist für die Frage, ob das tatsächliche Kassenvermögen das zulässige Kassenvermögen übersteigt, das Wirtschaftsjahr der Kasse maßgebend, das vor dem Ende des Wirtschaftsjahres des Trägerunternehmens endet. [4]Bei Kassen, die sowohl lebenslänglich laufende als auch nicht lebenslänglich laufende Leistungen gewähren, ist sowohl das tatsächliche als auch das zulässige Kassenvermögen für beide Gruppen von Leistungen gemeinsam festzustellen.

H 4d (13)

Beispiel:

Tatsächliches Kassenvermögen einer Unterstützungskasse mit lebenslänglich laufenden und nicht lebenslänglich laufenden Leistungen am 31.12.02 vor der Zuwendung für 02 720 000 €.

Die Kasse zahlt an bereits laufenden jährlichen Altersrenten seit 01 an 14 Berechtigte insgesamt 33 600 €, d. h. durchschnittlich 2400 €.

Das Deckungskapital hierfür betrug bei Beginn der Leistungen im Jahr 01 340 000 €, zum 31.12.02 336 000 € (340 000 € voll zugewendet).

Am 1.1.02 kommen 3 laufende Leistungen mit je 2400 € Jahresrente hinzu (Alter der männlichen Berechtigten 65 Jahre). Die Kasse hat daneben insgesamt 80 Leistungsanwärter, denen nach dem 31.12.2000 vom Trägerunternehmen eine Zusage erteilt wurde. Diesen ist nach den Verhältnissen zum 31.12.02 eine Jahresrente von je 2400 € zugesagt. 10 Leistungsanwärter haben am 31.12.02 das 28. Lebensjahr noch nicht vollendet. 10 Leistungsanwärter haben zu diesem Zeitpunkt das 50. Lebensjahr vollendet. Die Lohn- und Gehaltssumme des Trägerunternehmens beträgt in allen Jahren je 1 500 000 €.

Der Kasse können 02 folgende Beträge zugewendet werden:

a) Das Deckungskapital für die neu hinzugekommenen laufenden Leistungen in Höhe von 11 × 2400 € × 3 = ... 79 200 €

b) Zuwendungen zum Reservepolster für lebenslänglich laufende Leistungen:

aa) Nach dem Grundsatz:
2400 €, hiervon 25% (§ 4d Abs. 1 Satz 1 Nr. 1 Satz 1 Buchstabe b Satz 1 Doppelbuchstabe bb EStG) = 600 €, vervielfältigt mit der Zahl der berücksichtigungsfähigen Leistungsanwärter:
600 € × 70 = ... 42 000 €

bb) Nach der Sonderregelung:
Durchschnitt der laufenden Leistungen 02:
33 600 € + (3 × 2400 €) = 40 800 € : 17 Empfänger = 2400 €, hiervon 25% (§ 4d Abs. 1 Satz 1 Nr. 1 Satz 1 Buchstabe b Satz 1 Doppelbuchstabe bb EStG) = 600 €, vervielfältigt mit der Zahl der berücksichtigungsfähigen Leistungsanwärter: 600 € × 10 = ... 6 000 €

c) Zuwendungen für nicht lebenslänglich laufende Leistungen:
0,2% von 1 500 000 € = ... 3 000 €

Der Zuwendungsumfang beträgt
– unter Berücksichtigung von b) aa) .... 124 200 €
– und unter Berücksichtigung von b) bb) .... 88 200 €

Zulässiges Kassenvermögen am 31.12.02:
Deckungskapital für die laufenden Leistungen
(336 000 € + 79 200 € =) .... 415 200 €
Reservepolster für lebenslänglich laufende Leistungen
– nach b) aa) 42 000 € × 8 = ... 336 000 €
– nach b) bb) 6000 € × 8 = ... 48 000 €
Reservepolster für nicht lebenslänglich laufende Leistungen
(1% von 1 500 000 € =) .... 15 000 €

Das tatsächliche Kassenvermögen von bisher 720 000 € würde nach der Zuwendung von 124 200 € – b) aa) – insgesamt 844 200 € betragen und damit das zulässige Kassenvermögen von (415 200 € + 336 000 € + 15 000 € =) 766 200 € um 78 000 € übersteigen. Es sind deshalb nicht 124 200 €, sondern nur (124 200 € – 78 000 € =) 46 200 € der Zuwendungen als Betriebsausgaben abziehbar. Unter Berücksichtigung des Zuwendungsumfangs unter b) bb) beträgt das zulässige Kassenvermögen nur (415 200 € + 48 000 € + 15 000 € =) 478 200 €. In diesem Fall kann die Zuwendung in 02 nicht als Betriebsausgabe abgezogen werden.

R 4d (14)

Sonderfälle

(14) [1]Bei Konzern- und Gruppenkassen ist die Bemessungsgrundlage für die Zuwendungen zum Reservepolster für jedes Trägerunternehmen gesondert nach den bei diesen Unternehmen vorliegenden Tatbeständen zu errechnen. [2]Die auf das einzelne Trägerunternehmen entfallenden Teile des tatsächlichen und zulässigen Kassenvermögens sind ebenfalls jeweils getrennt festzustellen.

H 4d (14)

Zuwendungen an mehrere Kassen. Leistet ein Trägerunternehmen Zuwendungen an mehrere Unterstützungskassen, sind diese Kassen bei der Ermittlung der Höhe der steuerbegünstigten Zuwendungen i. S. v. § 4d EStG als Einheit zu behandeln (→ § 4d Abs. 1 Satz 3 EStG). Soweit danach der Betriebsausgabenabzug nach § 4d Abs. 1 Satz 3 EStG beschränkt ist, gilt dies auch für den Fall, dass bei getrennter Betrachtung infolge der Unterdotierung einer oder mehrerer Kassen der Abzug nicht beschränkt wäre. Daran ändert sich selbst dann nichts, wenn sich der durch die Kassen begünstigte Kreis der Arbeitnehmer nicht überschneidet (→ BFH vom 8.11.1989 – BStBl. 1990 II S. 210).

R 4d (15)

(15) [1]Bei der Berechnung der Zuwendungen können neben den Arbeitnehmern auch Personen berücksichtigt werden, die nicht Arbeitnehmer sind, z. B. Handelsvertreter, wenn ihnen nach der Satzung der Unterstützungskasse Leistungen aus Anlass ihrer Tätigkeit für ein Trägerunternehmen zugesagt worden sind (§ 17 Abs. 1 Satz 2 Betriebsrentengesetz).[1)] [2]Die Provisionszahlungen oder sonstigen Entgelte an diese Personen sind zur Lohn- und Gehaltssumme i. S. d. § 4d Abs. 1 Satz 1 Nr. 2 EStG zu rechnen.

Zu § 4e EStG

H 4e

Pensionsfonds. Als Pensionsfonds i. S. d. § 236 VAG sind nur rechtsfähige Versorgungseinrichtungen in der Rechtsform einer AG oder eines Pensionsfondsvereins auf Gegenseitigkeit anzusehen, die den Leistungsberechtigten (Arbeitnehmer, ehemalige Arbeitnehmer und Personen i. S. d. § 17 Abs. 1 Satz 2 Betriebsrentengesetz)[1)] einen eigenen Anspruch ausschließ-

[1)] **Steuergesetze** Nr. **70**.

lich auf Altersversorgungsleistungen gegen den Pensionsfonds einräumen (→ §§ 236, 237 VAG).[1)]

Übertragung von Versorgungszusagen auf Pensionsfonds. Zur Übertragung von Versorgungsverpflichtungen und Versorgungsanwartschaften auf Pensionsfonds nach § 4e Abs. 3 EStG i. V. m. § 3 Nr. 66 EStG → BMF vom 26.10.2006 (BStBl. I S. 709) und vom 10.7.2015 (BStBl. I S. 544).

Zu § 4f EStG

H 4f

Aufwandsverteilung bei Verpflichtungsübertragungen. Zur steuerlichen Berücksichtigung des Aufwandes im Zusammenhang mit der Übertragung von Verpflichtungen, mit Schuldbeitritten und Erfüllungsübernahmen mit vollständiger oder teilweiser Schuldfreistellung → BMF vom 30.11.2017 (BStBl. I S. 1619).

Zu § 4h EStG[2)]

H 4h

Anwendungsschreiben. → BMF vom 4.7.2008 (BStBl. I S. 718).

Zu § 4j EStG[3)]

Zu § 5 EStG

R 5.1 Allgemeines zum Betriebsvermögensvergleich nach § 5 EStG

(unbesetzt)

H 5.1

Besonderes, laufend zu führendes Verzeichnis. → BMF vom 12.3.2010 (BStBl. I S. 239), Rn. 19 ff.

Betriebsvermögensvergleich für gewerbliche Betriebe. → R 4.1 Abs. 2.

Bodengewinnbesteuerung. → H 55 (Abschreibung auf den niedrigeren Teilwert, Bodengewinnbesteuerung).

Buchführungspflicht einer Personenhandelsgesellschaft für ihr gesamtes Betriebsvermögen (→ R 4.2 Abs. 2) einschließlich etwaigen Sonderbetriebsvermögens der Gesellschafter ergibt sich aus § 141 AO (→ BFH vom 23.10.1990 – BStBl. 1991 II S. 401 und vom 11.3.1992 – BStBl. II S. 797).

---

1) **Wirtschaftsgesetze** Nr. **90**.

2) Zu ernstlichen Zweifeln an der Verfassungsmäßigkeit des § 4h EStG siehe AdV-Beschluss des BFH v. 18.12.2013 I B 85/13, BStBl. II 2014, 947, und BMF v. 13.11.2014, BStBl. I 2014, 1516. – Siehe nun BFH v. 14.10.2015 I R 20/15, BStBl. II 2017, 1240, zur Vorlage an das BVerfG (Az. 2 BvL 1/16).

3) Siehe auch BMF v. 6.1.2022, BStBl. I 2022, 103, zu nicht Nexus-konformen Präferenzregelungen in den VZ 2018, 2019 und 2020.

Buchführungs- und Aufzeichnungspflichten nach anderen Gesetzen.
→ AEAO zu § 140 AO.[1]

Gesetzliche Vorschriften
– für die Buchführung und den Jahresabschluss i. S. d. § 5 Abs. 1 Satz 1 EStG sind insbesondere die handelsrechtlichen Vorschriften (§§ 238, 240, 241a, 242, 264–264c, 336, 340a und 341a HGB)[2] und die Vorschriften des § 141 AO.
– für die Buchführungspflicht können auch ausländische Rechtsnormen sein (→ R 4.1 Abs. 4 Satz 2 und BFH vom 25.6.2014 – BStBl. 2015 II S. 141).

Gewinnermittlung für Sonderbetriebsvermögen der Gesellschafter einer gewerblich tätigen Personenhandelsgesellschaft (→ R 4.2 Abs. 2) richtet sich ebenfalls nach § 5 EStG; sie erfolgt in der Weise, dass die Steuerbilanz der Gesellschaft mit den Ergebnissen etwaiger Ergänzungsbilanzen und den Sonderbilanzen der Gesellschafter zusammengefasst wird (→ BFH vom 11.3.1992 – BStBl. II S. 797).

Handelsregister.
– **Eintragung im Handelsregister** ist für Annahme eines Gewerbebetriebs allein nicht entscheidend (→ BFH vom 29.1.1952 – BStBl. III S. 99 und vom 14.2.1956 – BStBl. III S. 103).
– **Personengesellschaft.** Ist eine Personengesellschaft in das Handelsregister eingetragen, so besteht die Vermutung, dass gewerbliche Einkünfte vorliegen (→ BFH vom 6.10.1977 – BStBl. 1978 II S. 54). Diese Vermutung kann durch den Nachweis widerlegt werden, dass die Personengesellschaft eindeutig kein Handelsgewerbe betreibt (→ BFH vom 19.3. 1981 – BStBl. II S. 527).

Maßgeblichkeit der Handelsbilanz.
– Zur Maßgeblichkeit der handelsrechtlichen Grundsätze ordnungsmäßiger Buchführung für die steuerliche Gewinnermittlung → BMF vom 12.3.2010 (BStBl. I S. 239) unter Berücksichtigung der Änderungen durch BMF vom 22.6.2010 (BStBl. I S. 597).
– Zur Maßgeblichkeit der Handelsbilanz bei der Bewertung von Rückstellungen → H 6.11.

Passivierungsverbot nach § 5 Abs. 2a EStG. Die Regelung des § 5 Abs. 2a EStG betrifft sowohl den Ansatz „dem Grunde nach" als auch den (weiteren) Ansatz „der Höhe nach", wenn zwar „tilgungsrelevante" Einnahmen (Erlöse) oder Gewinne angefallen sind, diese aber zur vollständigen Tilgung der Verbindlichkeit nicht ausreichen. In diesem Fall besteht für den Teil der Verbindlichkeit, der nicht aus den erwirtschafteten Beträgen getilgt werden kann, das Passivierungsverbot fort (→ BFH vom 10.7.2019 – BStBl. II S. 803).

[1] Nr. **800**.
[2] **Habersack** Nr. **50**.

R 5.2 Ordnungsmäßige Buchführung

Kreditgeschäfte und ihre periodenweise Erfassung

(1) [1]Bei Kreditgeschäften sind die Entstehung der Forderungen und Schulden und ihre Tilgung grundsätzlich als getrennte Geschäftsvorfälle zu behandeln. [2]Bei einer doppelten Buchführung ist für Kreditgeschäfte in der Regel ein Kontokorrentkonto, unterteilt nach Schuldnern und Gläubigern, zu führen. [3]Es ist jedoch nicht zu beanstanden, wenn Waren- und Kostenrechnungen, die innerhalb von acht Tagen nach Rechnungseingang oder innerhalb der ihrem gewöhnlichen Durchlauf durch den Betrieb entsprechenden Zeit beglichen werden, kontokorrentmäßig nicht erfasst werden. [4]Werden bei der Erstellung der Buchführung die Geschäftsvorfälle nicht laufend, sondern nur periodenweise gebucht, ist es nicht zu beanstanden, wenn die Erfassung der Kreditgeschäfte eines Monats im Grundbuch bis zum Ablauf des folgenden Monats erfolgt, sofern durch organisatorische Vorkehrungen sichergestellt ist, dass Buchführungsunterlagen bis zu ihrer Erfassung im Grundbuch nicht verloren gehen, z. B. durch laufende Nummerierung der eingehenden und aus-gehenden Rechnungen oder durch ihre Ablage in besonderen Mappen oder Ordnern. [5]Neben der Erfassung der Kreditgeschäfte in einem Grundbuch müssen die unbaren Geschäftsvorfälle, aufgegliedert nach Geschäftspartnern, kontenmäßig dargestellt werden. [6]Dies kann durch Führung besonderer Personenkonten oder durch eine geordnete Ablage der nicht ausgeglichenen Rechnungen (Offene-Posten-Buchhaltung) erfüllt werden. [7]Ist die Zahl der Kreditgeschäfte verhältnismäßig gering, gelten hinsichtlich ihrer Erfassung die folgenden Erleichterungen:

a) Besteht kein laufender unbarer Geschäftsverkehr mit Geschäftspartnern, müssen für jeden Bilanzstichtag über die an diesem Stichtag bestehenden Forderungen und Schulden Personenübersichten aufgestellt werden.

b) Einzelhändler und Handwerker können Krediteinkäufe und Kreditverkäufe kleineren Umfangs vereinfacht buchen. [2]Es genügt, wenn sie die Wareneinkäufe auf Kredit im Wareneingangsbuch in einer besonderen Spalte als Kreditgeschäfte kennzeichnen und den Tag der Begleichung der Rechnung vermerken. [3]Bei Kreditverkäufen reicht es aus, wenn sie einschließlich der Zahlung in einer Kladde festgehalten werden, die als Teil der Buchführung aufzubewahren ist. [4]Außerdem müssen in beiden Fällen für jeden Bilanzstichtag Personenübersichten aufgestellt werden.

Mängel der Buchführung

(2) [1]Enthält die Buchführung formelle Mängel, ist ihre Ordnungsmäßigkeit nicht zu beanstanden, wenn das sachliche Ergebnis der Buchführung dadurch nicht beeinflusst wird und die Mängel kein erheblicher Verstoß gegen die Anforderungen an die → zeitgerechte Erfassung der Geschäftsvorfälle, die besonderen Anforderungen bei Kreditgeschäften, die Aufbewahrungsfristen sowie die Besonderheiten bei der Buchführung auf Datenträgern sind. [2]Enthält die Buchführung materielle Mängel, z. B. wenn Geschäftsvorfälle nicht oder falsch gebucht sind, wird ihre Ordnungsmäßigkeit dadurch nicht berührt, wenn es sich dabei um unwesentliche Mängel handelt, z. B. wenn nur unbedeutende Vorgänge nicht oder falsch dargestellt sind. [3]Die Fehler sind dann zu berichti-

gen, oder das Buchführungsergebnis ist durch eine Zuschätzung richtig zu stellen. [4]Bei schwerwiegenden materiellen Mängeln gilt R 4.1 Abs. 2 Satz 3.

H 5.2

Allgemeines. Zur Führung von Büchern und Aufzeichnungen → §§ 140 bis 148 AO.

Aufbewahrungspflichten.
- → § 147 AO (Ordnungsvorschriften für die Aufbewahrung von Unterlagen).
- → AEAO zu § 147 AO.[1)]
- Haben Rechnungen usw. Buchfunktion, z.B. bei der Offene-Posten-Buchhaltung, so sind sie so lange wie Bücher aufzubewahren (§ 146 Abs. 5 i.V.m. § 147 Abs. 3 AO).
- Aufbewahrung digitaler Unterlagen bei Bargeschäften → BMF vom 26.11.2010 (BStBl. I S. 1342).

Aufzeichnungspflichten. Besondere Aufzeichnungspflichten nach § 4 Abs. 7 EStG → R 4.11.

Belegablage. Anforderungen an eine geordnete und übersichtliche Belegablage → BFH vom 16.9.1964 (BStBl. III S. 654) und vom 23.9.1966 (BStBl. 1967 III S. 23).

Beweiskraft der Buchführung. → AEAO zu § 158 AO.[1)]

Freie Berufe. Die Angehörigen der freien Berufe, die ihren Gewinn nach § 4 Abs. 1 EStG auf Grund ordnungsmäßiger Buchführung ermitteln, müssen bei der Buchung der Geschäftsvorfälle die allgemeinen Regeln der kaufmännischen Buchführung befolgen (→ BFH vom 18.2.1966 – BStBl. III S. 496). Das in § 252 Abs. 1 Nr. 4 2. Halbsatz HGB geregelte Realisationsprinzip findet auch für die Gewinnermittlung bilanzierender Freiberufler Anwendung (→ BFH vom 10.9.1998 – BStBl. 1999 II S. 21).

Gesellschafterwechsel. Eine Personengesellschaft ist nicht verpflichtet, auf den Stichtag eines Gesellschafterwechsels eine Zwischenbilanz aufzustellen (→ BFH vom 9.12.1976 – BStBl. 1977 II S. 241).

Grundbuchaufzeichnungen. Die Funktion der Grundbuchaufzeichnungen kann auf Dauer auch durch eine geordnete und übersichtliche Belegablage erfüllt werden (§ 239 Abs. 4 HGB; § 146 Abs. 5 AO).

Grundsätze ordnungsmäßiger Buchführung (GoB).
- Eine Buchführung ist ordnungsmäßig, wenn die für die kaufmännische Buchführung erforderlichen Bücher geführt werden, die Bücher förmlich in Ordnung sind und der Inhalt sachlich richtig ist (→ BFH vom 24.6.1997 – BStBl. 1998 II S. 51).
- Ein bestimmtes Buchführungssystem ist nicht vorgeschrieben; allerdings muss bei Kaufleuten die Buchführung den Grundsätzen der doppelten Buchführung entsprechen (§ 242 Abs. 3 HGB). Im Übrigen muss die Buchführung so beschaffen sein, dass sie einem sachverständigen Dritten

---

1) Nr. **800**.

innerhalb angemessener Zeit einen Überblick über die Geschäftsvorfälle und über die Vermögenslage des Unternehmens vermitteln kann. Die Geschäftsvorfälle müssen sich in ihrer Entstehung und Abwicklung verfolgen lassen (§ 238 Abs. 1 HGB; → auch BFH vom 18.2.1966 – BStBl. III S. 496 und vom 23.9.1966 – BStBl. 1967 III S. 23). Grundsätze zur ordnungsmäßigen Führung und Aufbewahrung von Büchern, Aufzeichnungen und Unterlagen in elektronischer Form sowie zum Datenzugriff (GoBD) → BMF vom 28.11.2019 (BStBl. I S. 1269).[1] Ordnungsvorschrift für die Buchführung und für Aufzeichnungen mittels elektronischer Aufzeichnungssysteme → § 146a AO, → AEAO zu § 146a AO.[2]

- Bei Aufstellung der Bilanz sind alle wertaufhellenden Umstände zu berücksichtigen, die für die Verhältnisse am Bilanzstichtag von Bedeutung sind (→ BFH vom 20.8.2003 – BStBl. II S. 941). Als „wertaufhellend" sind nur die Umstände zu berücksichtigen, die zum Bilanzstichtag bereits objektiv vorlagen und nach dem Bilanzstichtag, aber vor dem Tag der Bilanzerstellung lediglich bekannt oder erkennbar wurden (→ BFH vom 19.10.2005 – BStBl. 2006 II S. 371).
- → Zeitgerechte Erfassung.

Inventurunterlagen. Vorlage der Inventurunterlagen → BFH vom 25.3.1966 (BStBl. III S. 487).

Jahresabschluss. Der Jahresabschluss muss „innerhalb der einem ordnungsmäßigen Geschäftsgang entsprechenden Zeit" (§ 243 Abs. 3 HGB) aufgestellt werden (→ BFH vom 6.12.1983 – BStBl. 1984 II S. 227); bei Kapitalgesellschaften gilt § 264 Abs. 1 HGB; bei bestimmten Personenhandelsgesellschaften gilt § 264a i. V. m. § 264 Abs. 1 HGB, soweit nicht § 264b HGB zur Anwendung kommt; bei Versicherungsunternehmen gilt § 341a Abs. 1 HGB.

Kontokorrentkonto. Eine Buchführung ohne Kontokorrentkonto kann ordnungsmäßig sein, wenn die Honorarforderungen der Zeitfolge nach in einem Hilfsbuch erfasst sind und wenn der Stpfl. oder ein sachverständiger Dritter daraus in angemessener Zeit einen Überblick über die Außenstände gewinnen kann (→ BFH vom 18.2.1966 – BStBl. III S. 496).

Mikrofilmaufnahmen. Verwendung zur Erfüllung gesetzlicher Aufbewahrungspflichten → BMF vom 1.2.1984 (BStBl. I S. 155).

Personenübersichten. Wo ein laufender unbarer Geschäftsverkehr mit Geschäftsfreunden, der im Interesse der erforderlichen Übersicht die Führung eines kontenmäßig gegliederten Geschäftsfreundebuches sachlich notwendig macht, nicht gegeben ist, genügt es, wenn die unbaren Geschäftsvorfälle in Tagebüchern zeitfolgemäßig aufgezeichnet und im Kontokorrentbuch lediglich die am Bilanzstichtag bestehenden Forderungen und Schulden ausgewiesen werden (→ BFH vom 23.2.1951 – BStBl. III S. 75).

---

[1] BMF v. 28.11.2019, BStBl. I 2019, 1269, betr. Neufassung der GoBD, grds. anzuwenden auf nach dem 31.12.2019 beginnende Besteuerungszeiträume, die Anwendung auf vor dem 1.1.2020 endende Besteuerungszeiträume wird nicht beanstandet.

[2] Nr. **800**.

Zeitgerechte Erfassung. Die Eintragungen in den Geschäftsbüchern und die sonst erforderlichen Aufzeichnungen müssen vollständig, richtig, zeitgerecht und geordnet vorgenommen werden (§ 239 Abs. 2 HGB). Die zeitgerechte Erfassung der Geschäftsvorfälle erfordert – mit Ausnahme des baren Zahlungsverkehrs – keine tägliche Aufzeichnung. Es muss jedoch ein zeitlicher Zusammenhang zwischen den Vorgängen und ihrer buchmäßigen Erfassung bestehen (→ BFH vom 25.3.1992 – BStBl. II S. 1010).

R 5.3 Bestandsaufnahme des Vorratsvermögens

Inventur

(1) [1]Die Inventur für den Bilanzstichtag braucht nicht am Bilanzstichtag vorgenommen zu werden. [2]Sie muss aber **zeitnah** – in der Regel innerhalb einer Frist von **zehn Tagen** vor oder nach dem Bilanzstichtag – durchgeführt werden. [3]Dabei muss sichergestellt sein, dass die Bestandsveränderungen zwischen dem Bilanzstichtag und dem Tag der Bestandsaufnahme anhand von Belegen oder Aufzeichnungen ordnungsgemäß berücksichtigt werden. [4]Können die Bestände aus besonderen, insbesondere klimatischen Gründen nicht zeitnah, sondern erst in einem größeren Zeitabstand vom Bilanzstichtag aufgenommen werden, sind an die Belege und Aufzeichnungen über die zwischenzeitlichen Bestandsveränderungen strenge Anforderungen zu stellen.

Zeitverschobene Inventur

(2) [1]Nach § 241 Abs. 3 HGB kann die jährliche körperliche Bestandsaufnahme ganz oder teilweise innerhalb der letzten drei Monate vor oder der ersten zwei Monate nach dem Bilanzstichtag durchgeführt werden. [2]Der dabei festgestellte Bestand ist nach Art und Menge in einem besonderen Inventar zu verzeichnen, das auch auf Grund einer permanenten Inventur erstellt werden kann. [3]Der in dem besonderen Inventar erfasste Bestand ist auf den Tag der Bestandsaufnahme (Inventurstichtag) nach allgemeinen Grundsätzen zu bewerten. [4]Der sich danach ergebende Gesamtwert des Bestands ist dann wertmäßig auf den Bilanzstichtag fortzuschreiben oder zurückzurechnen. [5]Der Bestand braucht in diesem Fall auf den Bilanzstichtag nicht nach Art und Menge festgestellt zu werden; es genügt die Feststellung des Gesamtwerts des Bestands auf den Bilanzstichtag. [6]Die Bestandsveränderungen zwischen dem Inventurstichtag und dem Bilanzstichtag brauchen ebenfalls nicht nach Art und Menge aufgezeichnet zu werden. [7]Sie müssen nur wertmäßig erfasst werden. [8]Das Verfahren zur wertmäßigen Fortschreibung oder Rückrechnung des Gesamtwerts des Bestands am Inventurstichtag auf den Bilanzstichtag muss den Grundsätzen ordnungsmäßiger Buchführung entsprechen. [9]Die Fortschreibung des Warenbestands kann dabei nach der folgenden Formel vorgenommen werden, wenn die Zusammensetzung des Warenbestands am Bilanzstichtag von der des Warenbestands am Inventurstichtag nicht wesentlich abweicht: Wert des Warenbestands am Bilanzstichtag = Wert des Warenbestands am Inventurstichtag zuzüglich Wareneingang abzüglich Wareneinsatz (Umsatz abzüglich des durchschnittlichen Rohgewinns). [10]Voraussetzung für die Inan-

spruchnahme von steuerlichen Vergünstigungen, für die es auf die Zusammensetzung der Bestände am Bilanzstichtag ankommt, wie z. B. bei der Bewertung nach § 6 Abs. 1 Nr. 2a EStG, ist jedoch, dass die tatsächlichen Bestände dieser Wirtschaftsgüter am Bilanzstichtag durch körperliche Bestandsaufnahme oder durch permanente Inventur nachgewiesen werden.

Nichtanwendbarkeit der permanenten und der zeitverschobenen Inventur

(3) Eine permanente oder eine zeitverschobene Inventur ist nicht zulässig

1. für Bestände, bei denen durch Schwund, Verdunsten, Verderb, leichte Zerbrechlichkeit oder ähnliche Vorgänge ins Gewicht fallende unkontrollierbare Abgänge eintreten, es sei denn, dass diese Abgänge auf Grund von Erfahrungssätzen schätzungsweise annähernd zutreffend berücksichtigt werden können;
2. für Wirtschaftsgüter, die – abgestellt auf die Verhältnisse des jeweiligen Betriebs – besonders wertvoll sind.

Fehlerhafte Bestandsaufnahme

(4) [1]Fehlt eine körperliche Bestandsaufnahme, oder enthält das Inventar in formeller oder materieller Hinsicht nicht nur unwesentliche Mängel, ist die Buchführung nicht als ordnungsmäßig anzusehen. [2]R 5.2 Abs. 2 gilt entsprechend.

Anwendungsbereich

(5) Die Absätze 1 bis 4 gelten entsprechend für Stpfl., die nach § 141 Abs. 1 AO verpflichtet sind, Bücher zu führen und auf Grund jährlicher Bestandsaufnahme regelmäßig Abschlüsse zu machen, oder die freiwillig Bücher führen und regelmäßig Abschlüsse machen.

H 5.3

Inventur.

- Nach § 240 Abs. 2, § 242 Abs. 1 und 2 HGB haben Kaufleute für den Schluss eines jeden Geschäftsjahrs ein Inventar, eine Bilanz und eine Gewinn- und Verlustrechnung aufzustellen. Das Inventar, in dem die einzelnen Vermögensgegenstände nach Art, Menge und unter Angabe ihres Werts genau zu verzeichnen sind (→ BFH vom 23.6.1971 – BStBl. II S. 709), ist auf Grund einer **körperlichen Bestandsaufnahme** (Inventur) zu erstellen.
- Inventurerleichterungen → § 241 Abs. 1 HGB, → R 6.8 Abs. 4, → H 6.8 (Festwert), (Gruppenbewertung).
- → Permanente Inventur.

Permanente Inventur. Auf Grund des § 241 Abs. 2 HGB kann das Inventar für den Bilanzstichtag auch ganz oder teilweise auf Grund einer **permanenten Inventur** erstellt werden. Der Bestand für den Bilanzstichtag kann in diesem Fall nach Art und Menge anhand von Lagerbüchern (Lagerkarteien) festgestellt werden, wenn die folgenden Voraussetzungen erfüllt sind:

1. In den Lagerbüchern und Lagerkarteien müssen alle Bestände und alle Zugänge und Abgänge einzeln nach Tag, Art und Menge (Stückzahl, Gewicht oder Kubikinhalt) eingetragen werden. Alle Eintragungen müssen belegmäßig nachgewiesen werden.
2. In jedem Wj. muss mindestens einmal durch körperliche Bestandsaufnahme geprüft werden, ob das Vorratsvermögen, das in den Lagerbüchern oder Lagerkarteien ausgewiesen wird, mit den tatsächlich vorhandenen Beständen übereinstimmt (→ BFH vom 11.11.1966 – BStBl. 1967 III S. 113). Die Prüfung braucht nicht gleichzeitig für alle Bestände vorgenommen zu werden. Sie darf sich aber nicht nur auf Stichproben oder die Verprobung eines repräsentativen Querschnitts beschränken; die Regelung in § 241 Abs. 1 HGB bleibt unberührt. Die Lagerbücher und Lagerkarteien sind nach dem Ergebnis der Prüfung zu berichtigen. Der Tag der körperlichen Bestandsaufnahme ist in den Lagerbüchern oder Lagerkarteien zu vermerken.
3. Über die Durchführung und das Ergebnis der körperlichen Bestandsaufnahme sind Aufzeichnungen (Protokolle) anzufertigen, die unter Angabe des Zeitpunkts der Aufnahme von den aufnehmenden Personen zu unterzeichnen sind. Die Aufzeichnungen sind wie Handelsbücher zehn Jahre aufzubewahren.

Zeitliche Erfassung von Waren. Gekaufte Waren gehören wirtschaftlich zum Vermögen des Kaufmanns, sobald er die Verfügungsmacht in Gestalt des unmittelbaren oder mittelbaren Besitzes an ihnen erlangt hat. Dies ist bei „schwimmender" Ware erst nach Erhalt des Konnossements oder des Auslieferungsscheins der Fall (→ BFH vom 3.8.1988 – BStBl. 1989 II S. 21).

R **5.4** Bestandsmäßige Erfassung des beweglichen Anlagevermögens

Allgemeines

(1) [1]Nach § 240 Abs. 2 HGB, §§ 140 und 141 AO besteht die Verpflichtung, für jeden Bilanzstichtag auch ein Verzeichnis der Gegenstände des beweglichen Anlagevermögens aufzustellen **(Bestandsverzeichnis).** [2]In das Bestandsverzeichnis müssen sämtliche beweglichen Gegenstände des Anlagevermögens, auch wenn sie bereits in voller Höhe abgeschrieben sind, aufgenommen werden. [3]Das gilt nicht für geringwertige Wirtschaftsgüter (§ 6 Abs. 2 EStG), für Wirtschaftsgüter, die in einem Sammelposten erfasst werden (§ 6 Abs. 2a EStG), und für die mit einem Festwert angesetzten Wirtschaftsgüter. [4]Das Bestandsverzeichnis muss

1. die genaue Bezeichnung des Gegenstandes und
2. seinen Bilanzwert am Bilanzstichtag

enthalten. [5]Das Bestandsverzeichnis ist auf Grund einer jährlichen körperlichen Bestandsaufnahme aufzustellen; R 5.3 Abs. 1 bis 3 gilt sinngemäß.

Zusammenfassen mehrerer Gegenstände

(2) [1]Gegenstände, die eine geschlossene Anlage bilden, können statt in ihren einzelnen Teilen als **Gesamtanlage** in das Bestandsverzeichnis eingetragen

werden, z. B. die einzelnen Teile eines Hochofens einschließlich Zubehör, die einzelnen Teile einer Breitbandstraße einschließlich Zubehör, die Überlandleitungen einschließlich der Masten usw. eines Elektrizitätswerks, die entsprechenden Anlagen von Gas- und Wasserwerken sowie die Wasser-, Gas- und sonstigen Rohrleitungen innerhalb eines Fabrikationsbetriebs. [2]Voraussetzung ist, dass die AfA auf die Gesamtanlage einheitlich vorgenommen werden. [3]Gegenstände der gleichen Art können unter Angabe der Stückzahl im Bestandsverzeichnis zusammengefasst werden, wenn sie in demselben Wirtschaftsjahr angeschafft sind, die gleiche Nutzungsdauer und die gleichen Anschaffungskosten haben und nach der gleichen Methode abgeschrieben werden.

Bestandsaufnahme und Wertanpassung bei Festwerten

(3) [1]Für Gegenstände des beweglichen Anlagevermögens, die zulässigerweise mit einem Festwert angesetzt worden sind, ist im Regelfall an jedem dritten spätestens aber an jedem fünften Bilanzstichtag eine körperliche Bestandsaufnahme vorzunehmen. [2]Übersteigt der für diesen Bilanzstichtag ermittelte Wert den bisherigen Festwert um mehr als 10%, ist der ermittelte Wert als neuer Festwert maßgebend. [3]Der bisherige Festwert ist so lange um die Anschaffungs- und Herstellungskosten der im Festwert erfassten und nach dem Bilanzstichtag des vorangegangenen Wirtschaftsjahres angeschafften oder hergestellten Wirtschaftsgüter aufzustocken, bis der neue Festwert erreicht ist. [4]Ist der ermittelte Wert niedriger als der bisherige Festwert, kann der Stpfl. den ermittelten Wert als neuen Festwert ansetzen. [5]Übersteigt der ermittelte Wert den bisherigen Festwert um nicht mehr als 10%, kann der bisherige Festwert beibehalten werden.

Keine Inventur bei fortlaufendem Bestandsverzeichnis

(4) [1]Der Stpfl. braucht die jährliche körperliche Bestandsaufnahme (→ Absatz 1) für steuerliche Zwecke nicht durchzuführen, wenn er jeden Zugang und jeden Abgang laufend in das Bestandsverzeichnis einträgt und die am Bilanzstichtag vorhandenen Gegenstände des beweglichen Anlagevermögens auf Grund des fortlaufend geführten Bestandsverzeichnisses ermittelt werden können; in diesem Fall müssen aus dem Bestandsverzeichnis außer den in Absatz 1 bezeichneten Angaben noch ersichtlich sein:

1. der Tag der Anschaffung oder Herstellung des Gegenstandes,
2. die Höhe der Anschaffungs- oder Herstellungskosten oder, wenn die Anschaffung oder Herstellung vor dem 21.6.1948[1)] oder im Beitrittsgebiet[2)] vor dem 1.7.1990 erfolgt ist, die in Euro umgerechneten Werte der DM-Eröffnungsbilanz,
3. der Tag des Abgangs.

[2]Wird das Bestandsverzeichnis in der Form einer Anlagekartei geführt, ist der Bilanzansatz aus der Summe der einzelnen Bilanzwerte (→ Absatz 1 Satz 4

[1)] **[Amtl. Anm.:]** Für Berlin-West: 1.4.1949; für das Saargebiet: 6.7.1959.

[2)] **[Amtl. Anm.:]** Das in Art. 3 des Einigungsvertrages genannte Gebiet → Einigungsvertragsgesetz v. 23.9.1990, BGBl. II 1990, 885, 890. – *Anm. d. Red.:* Das sind die Länder Brandenburg, Mecklenburg-Vorpommern, Sachsen, Sachsen-Anhalt und Thüringen sowie der Ostteil Berlins.

Nr. 2) der Anlagekartei nachzuweisen. [3]Ist das Bestandsverzeichnis nach den einzelnen Zugangsjahren und Abschreibungssätzen gruppenweise geordnet, kann auf die Angabe des Bilanzwerts am Bilanzstichtag für den einzelnen Gegenstand (→ Absatz 1 Satz 4 Nr. 2) verzichtet werden, wenn für jede Gruppe in besonderen Zusammenstellungen die Entwicklung der Bilanzwerte unter Angabe der Werte der Abgänge und des Betrags der AfA summenmäßig festgehalten wird. [4]Die in Absatz 1 Satz 4 Nr. 1 und unter den in Satz 1 Nr. 1 bis 3 bezeichneten Angaben müssen auch in diesem Fall für den einzelnen Gegenstand aus dem Bestandsverzeichnis ersichtlich sein. [5]Die Sachkonten der Geschäftsbuchhaltung können als Bestandsverzeichnis gelten, wenn sie die in Absatz 1 und unter den in Satz 1 Nr. 1 bis 3 bezeichneten Angaben enthalten und wenn durch diese Angaben die Übersichtlichkeit der Konten nicht beeinträchtigt wird.

Erleichterungen

(5) Das Finanzamt kann unter Abweichung von den Absätzen 1 bis 4 für einzelne Fälle Erleichterungen bewilligen.

H 5.4

Fehlende Bestandsaufnahme. Ein materieller Mangel der Buchführung kann auch vorliegen, wenn die körperliche Bestandsaufnahme nach R 5.4 Abs. 1 fehlt oder unvollständig ist, es sei denn, dass eine körperliche Bestandsaufnahme nach R 5.4 Abs. 4 nicht erforderlich ist (→ BFH vom 14.12.1966 – BStBl. 1967 III S. 247).

Fehlendes Bestandsverzeichnis. Fehlt das Bestandsverzeichnis oder ist es unvollständig, so kann darin ein materieller Mangel der Buchführung liegen (→ BFH vom 14.12.1966 – BStBl. 1967 III S. 247).

Festwert.

- → H 6.8.
- Kein Zugang von Wirtschaftsgütern des Anlagevermögens, deren Nutzungsdauer zwölf Monate nicht übersteigt (kurzlebige Wirtschaftsgüter) zum Festwert (→ BFH vom 26.8.1993 – BStBl. 1994 II S. 232).
- Voraussetzungen für den Ansatz von Festwerten sowie deren Bemessung bei der Bewertung des beweglichen Anlagevermögens und des Vorratsvermögens → BMF vom 8.3.1993 (BStBl. I S. 276).

R 5.5 Immaterielle Wirtschaftsgüter

Allgemeines

(1) [1]Als immaterielle (unkörperliche) Wirtschaftsgüter kommen in Betracht: Rechte, rechtsähnliche Werte und sonstige Vorteile. [2]Trivialprogramme sind abnutzbare bewegliche und selbständig nutzbare Wirtschaftsgüter. [3]Computerprogramme, deren Anschaffungskosten nicht mehr als *410 Euro*[1]) betragen, sind wie Trivialprogramme zu behandeln. [4]Keine immateriellen Wirt-

---

[1]) **[Amtl. Anm.:]** Bei Anschaffung ab dem 1.1.2018: 800 Euro.

schaftsgüter sind die nicht selbständig bewertbaren geschäftswertbildenden Faktoren.

Entgeltlicher Erwerb

(2) [1] Für immaterielle Wirtschaftsgüter des Anlagevermögens ist ein Aktivposten nur anzusetzen, wenn sie entgeltlich erworben (§ 5 Abs. 2 EStG) oder in das Betriebsvermögen eingelegt (→ R 4.3 Abs. 1) wurden. [2] Ein immaterielles Wirtschaftsgut ist entgeltlich erworben worden, wenn es durch einen Hoheitsakt oder ein Rechtsgeschäft gegen Hingabe einer bestimmten Gegenleistung übergegangen oder eingeräumt worden ist. [3] Es ist nicht erforderlich, dass das Wirtschaftsgut bereits vor Abschluss des Rechtsgeschäfts bestanden hat; es kann auch erst durch den Abschluss des Rechtsgeschäfts entstehen, z. B. bei entgeltlich erworbenen Belieferungsrechten. [4] Ein entgeltlicher Erwerb eines immateriellen Wirtschaftsgutes liegt auch bei der Hingabe eines sog. verlorenen Zuschusses vor, wenn der Zuschussgeber von dem Zuschussempfänger eine bestimmte Gegenleistung erhält oder eine solche nach den Umständen zu erwarten ist oder wenn der Zuschussgeber durch die Zuschusshingabe einen besonderen Vorteil erlangt, der nur für ihn wirksam ist.

Kein Aktivierungsverbot

(3) [1] Das Aktivierungsverbot des § 5 Abs. 2 EStG wird nicht wirksam, wenn ein beim Rechtsvorgänger aktiviertes → immaterielles Wirtschaftsgut des Anlagevermögens im Rahmen der unentgeltlichen Übertragung eines Betriebs, Teilbetriebs oder Mitunternehmeranteiles auf einen anderen übergeht (Geschäfts- oder Firmenwert/Praxiswert). [2] In diesem Fall hat der Erwerber dieses immaterielle Wirtschaftsgut mit dem Betrag zu aktivieren, mit dem es beim Rechtsvorgänger aktiviert war (§ 6 Abs. 3 EStG). [3] Das Aktivierungsverbot findet auch dann keine Anwendung, wenn ein immaterielles Wirtschaftsgut des Anlagevermögens eingelegt wird.

H 5.5

Abgrenzung zu materiellen Wirtschaftsgütern. Zur Einordnung von Wirtschaftsgütern mit materiellen und immateriellen Komponenten wird vorrangig auf das wirtschaftliche Interesse abgestellt, d. h. wofür der Kaufpreis gezahlt wird (Wertrelation) und ob es dem Erwerber überwiegend auf den materiellen oder den immateriellen Gehalt ankommt. Daneben wird auch danach unterschieden, ob der Verkörperung eine eigenständige Bedeutung zukommt oder ob sie lediglich als „Träger" den immateriellen Gehalt festhalten soll. Bücher und Tonträger sind als materielle Wirtschaftsgüter anzusehen (→ BFH vom 30.10.2008 – BStBl. 2009 II S. 421).

Arzneimittelzulassungen.

- Eine entgeltlich erworbene Arzneimittelzulassung ist dem Grunde nach ein abnutzbares Wirtschaftsgut (→ BMF vom 12.7.1999 – BStBl. I S. 686).
- → Warenzeichen (Marke).

Auffüllrecht. Das Recht, ein Grundstück mit Klärschlamm zu verfüllen, ist kein vom Grund und Boden verselbständigtes Wirtschaftsgut (→ BFH vom 20.3.2003 – BStBl. II S. 878).

Belieferungsrechte aus Abonnentenverträgen. Gelegentlich eines Erwerbs von Belieferungsrechten aus Abonnentenverträgen entstandene Aufwendungen begründen noch nicht den entgeltlichen Erwerb eines immateriellen Wirtschaftsguts (→ BFH vom 3.8.1993 – BStBl. 1994 II S. 444).

Emissionsberechtigungen. Ertragsteuerliche Behandlung von Emissionsberechtigungen nach dem Treibhausgas-Emissionshandelsgesetz → BMF vom 6.12.2005 (BStBl. I S. 1047) unter Berücksichtigung der Änderungen durch BMF vom 7.3.2013 (BStBl. I S. 275).

Erbbaurecht. Das Erbbaurecht ist als grundstücksgleiches Recht i. S. d. BGB ein Vermögensgegenstand i. S. d. Handelsrechts und ein Wirtschaftsgut i. S. d. Steuerrechts. Es gehört zum Sachanlagevermögen und ist damit kein immaterielles Wirtschaftsgut (→ BFH vom 4.6.1991 – BStBl. 1992 II S. 70).

Geschäfts- oder Firmenwert/Praxiswert.

– Firmenwert bei vorweggenommener Erbfolge → BMF vom 13.1.1993 (BStBl. I S. 80) unter Berücksichtigung der Änderungen durch BMF vom 26.2.2007 (BStBl. I S. 269).
– Geschäfts- oder Firmenwert, der bei Veräußerung eines Einzelunternehmens an eine GmbH unentgeltlich übergeht, kann Gegenstand einer verdeckten Einlage sein (→ BFH vom 24.3.1987 – BStBl. II S. 705); zu den hierfür maßgebenden Kriterien → H 4.3 (1) Verdeckte Einlage.
– Unterscheidung zwischen Geschäftswert und Praxiswert → BFH vom 13.3.1991 (BStBl. II S. 595).
– Unterscheidung zwischen (selbständigen) immateriellen Einzelwirtschaftsgütern und (unselbständigen) geschäftswertbildenden Faktoren → BFH vom 7.11.1985 (BStBl. 1986 II S. 176) und vom 30.3.1994 (BStBl. II S. 903).
– Das „Vertreterrecht" eines Handelsvertreters ist ein immaterielles Wirtschaftsgut, das nicht mit einem Geschäfts- oder Firmenwert gleichzusetzen ist (→ BFH vom 12.7.2007 – BStBl. II S. 959).
– Bei der Aufteilung eines Unternehmens in Teilbetriebe geht der Geschäftswert nicht notwendigerweise unter (→ BFH vom 27.3.1996 – BStBl. II S. 576).
– Wird einem ausscheidenden Mitunternehmer eine Abfindung gezahlt, die auch den selbst geschaffenen, bisher nicht bilanzierten Geschäftswert abgilt, ist der darauf entfallende Anteil der Abfindung als derivativer Geschäftswert zu aktivieren. Der auf den originären Geschäftswert entfallende Anteil bleibt außer Ansatz (→ BFH vom 16.5.2002 – BStBl. 2003 II S. 10).
– Der Geschäftswert ist Ausdruck der Gewinnchancen eines Unternehmens, soweit diese nicht auf einzelnen Wirtschaftsgütern oder der Person des Unternehmers beruhen, sondern auf dem Betrieb eines lebenden Unternehmens (→ BFH vom 26.11.2009 – BStBl. 2010 II S. 609).
– Orientiert sich der für eine Arztpraxis mit Vertragsarztsitz zu zahlende Kaufpreis ausschließlich am Verkehrswert, so ist in dem damit abgegoltenen Praxiswert der Vorteil aus der Zulassung als Vertragsarzt untrennbar enthalten (→ BFH vom 9.8.2011 – BStBl. II S. 875). Dies gilt auch,

wenn ein Zuschlag zum Verkehrswert (Überpreis) gezahlt wird (→ BFH vom 21.2.2017 – BStBl. II S. 689). Die Vertragsarztzulassung kann nur dann Gegenstand eines gesonderten Veräußerungsgeschäftes sein und sich damit zu einem selbständigen Wirtschaftsgut konkretisieren, wenn die Leistung für die Zulassung ohne eine Praxisübernahme erfolgt, weil der Vertragsarztsitz an einen anderen Ort verlegt wird (→ BFH vom 9.8.2011 – BStBl. II S. 875 und vom 21.2.2017 – BStBl. II S. 694).

– → H 6.1 (Geschäfts- oder Firmenwert), (Praxiswert/Sozietätspraxiswert).

Gewinnermittlung nach § 4 Abs. 1 oder Abs. 3 EStG. R 5.5 gilt bei der Gewinnermittlung nach § 4 Abs. 1 und 3 EStG sinngemäß (→ § 141 Abs. 1 Satz 2 AO, BFH vom 8.11.1979 – BStBl. 1980 II S. 146).

Güterfernverkehrskonzessionen.

– Keine AfA von entgeltlich erworbenen Güterfernverkehrskonzessionen (→ BFH vom 4.12.1991 – BStBl. 1992 II S. 383 und vom 22.1.1992 – BStBl. II S. 529).
– Zur Abschreibung auf den niedrigeren Teilwert → BMF vom 12.3.1996 – BStBl. I S. 372.

Immaterielle Wirtschaftsgüter des Anlagevermögens. Unentgeltliche Übertragung zwischen Schwestergesellschaften führt zur verdeckten Gewinnausschüttung an die Muttergesellschaft und anschließenden verdeckten Einlage in die begünstigte Schwestergesellschaft (→ BFH vom 20.8.1986 – BStBl. 1987 II S. 455).

Immaterielle Wirtschaftsgüter sind u. a.

– **Belieferungsrechte, Optionsrechte, Konzessionen** (→ BFH vom 10.8.1989 – BStBl. 1990 II S. 15).
– **Computerprogramme** (→ BFH vom 3.7.1987 – BStBl. II S. 728, S. 787, vom 28.7.1994 – BStBl. II S. 873 und vom 18.5.2011 – BStBl. II S. 865), siehe aber → Keine immateriellen Wirtschaftsgüter.
– **Datensammlungen,** die speziell für den Stpfl. erhoben werden und auch nur von diesem verwertet werden dürfen (→ BFH vom 30.10.2008 – BStBl. 2009 II S. 421).
– **Domain-Namen** (→ BFH vom 19.10.2006 – BStBl. 2007 II S. 301), → H 7.1 (Domain-Namen).
– **Filmrechte** (→ BFH vom 20.9.1995 – BStBl. 1997 II S. 320 und → BMF vom 23.2.2001 – BStBl. I S. 175 unter Berücksichtigung der Änderungen durch BMF vom 5.8.2003 – BStBl. I S. 406).
– **Kaufoption** aus einem Pkw-Leasingvertrag (→ BFH vom 26.11.2014 – BStBl. 2015 II S. 325).
– **Lizenzen,** ungeschützte Erfindungen, Gebrauchsmuster, Fabrikationsverfahren, Know-how, Tonträger in der Schallplattenindustrie (→ BFH vom 28.5.1979 – BStBl. II S. 734).
– **Patente,** Markenrechte, Urheberrechte, Verlagsrechte (→ BFH vom 24.11.1982 – BStBl. 1983 II S. 113).
– **Rezeptur** eines Pflanzenschutzmittels (→ BFH vom 8.9.2011 – BStBl. 2012 II S. 122).
– **Rückverkaufsoption** im Kfz-Handel (→ BMF vom 12.10.2011 – BStBl. I S. 967).

- **Spielerlaubnisse** nach Maßgabe des Lizenzspielerstatuts des Deutschen Fußballbundes (→ BFH vom 14.12.2011 – BStBl. 2012 II S. 238).
- **Vertragsarztzulassung,** wenn sie nicht zum Praxiswert gehört (→ BFH vom 21.2.2017 – BStBl. II S. 694).
- **Wiederbepflanzungsrechte** im Weinbau (→ BFH vom 6.12.2017 – BStBl. 2018 II S. 353), → H 13.3 (Wiederbepflanzungsrechte im Weinbau).

Keine immateriellen Wirtschaftsgüter, sondern materielle (körperliche) und zugleich abnutzbare bewegliche Wirtschaftsgüter sind, wenn sie nicht unter anderen rechtlichen Gesichtspunkten, z. B. als Kundenkartei oder Verlagsarchiv, als immaterielle Wirtschaftsgüter anzusehen sind, Computerprogramme (→ Immaterielle Wirtschaftsgüter), die keine Befehlsstruktur enthalten, sondern nur Bestände von Daten, die allgemein bekannt und jedermann zugänglich sind, z. B. mit Zahlen und Buchstaben (→ BFH vom 5.2.1988 – BStBl. II S. 737 und vom 2.9.1988 – BStBl. 1989 II S. 160).

Kein entgeltlicher Erwerb liegt u. a. vor bei
- Aufwendungen, die nicht Entgelt für den Erwerb eines Wirtschaftsguts von einem Dritten, sondern nur Arbeitsaufwand oder sonstiger Aufwand, z. B. Honorar für Dienstleistungen, für einen im Betrieb selbstgeschaffenen Wert oder Vorteil sind (→ BFH vom 26.2.1975 – BStBl. II S. 443);
- Aufwendungen, die lediglich einen Beitrag zu den Kosten einer vom Stpfl. mitbenutzten Einrichtung bilden, z. B. Beiträge zum Ausbau einer öffentlichen Straße oder zum Bau einer städtischen Kläranlage; diese Aufwendungen gehören zu den nicht aktivierbaren Aufwendungen für einen selbstgeschaffenen Nutzungsvorteil (→ BFH vom 26.2.1980 – BStBl. II S. 687 und vom 25.8.1982 – BStBl. 1983 II S. 38);[1)]
- selbstgeschaffenen → immateriellen Wirtschaftsgütern, z. B. Patenten (→ BFH vom 8.11.1979 – BStBl. 1980 II S. 146).

Kundenstamm.
- Der Kundenstamm ist beim Erwerb eines Unternehmens in der Regel kein selbständig bewertbares → immaterielles Wirtschaftsgut, sondern ein geschäftswertbildender Faktor (→ BFH vom 16.9.1970 – BStBl. 1971 II S. 175 und vom 25.11.1981 – BStBl. 1982 II S. 189).
- Kundenstamm und Lieferantenbeziehungen, die selbständig übertragen werden können, sind immaterielle Wirtschaftsgüter und nicht identisch mit dem Geschäfts- oder Firmenwert (→ BFH vom 26.11.2009 – BStBl. 2010 II S. 609).

Mietereinbauten. Einbauten oder Umbauten des Mieters sind als Herstellungskosten eines materiellen Wirtschaftsguts zu aktivieren, wenn sie unmittelbar besonderen Zwecken dienen und in diesem Sinne in einem von der eigentlichen Gebäudenutzung verschiedenen Funktionszusammenhang stehen (→ BFH vom 26.2.1975 – BStBl. II S. 443 und BMF vom 15.1.1976 – BStBl. I S. 66).

---

1) Siehe ferner BFH v. 13.12.1984 VIII R 249/80, BStBl. II 1985, 289, und v. 2.5.1990 VIII R 198/85, BStBl. II 1991, 448.

Namensrechte. Der kommerzialisierbare Teil des Namensrechts einer natürlichen Person stellt ein abnutzbares immaterielles Wirtschaftsgut dar (→ BFH vom 12.6.2019 – BStBl. 2020 II S. 3).

Nutzungsrechte, die durch Baumaßnahmen des Nutzungsberechtigten entstanden sind. → H 4.7 (Eigenaufwand für ein fremdes Wirtschaftsgut).

Pensionszusagen. Ansprüche aus Pensionszusagen nach dem Betriebsrentengesetz können nicht aktiviert werden (→ BFH vom 14.12.1988 – BStBl. 1989 II S. 323).

Schwebende Arbeitsverträge mit im Unternehmen tätigen Arbeitnehmern sind keine → immateriellen Wirtschaftsgüter, sondern nicht selbständig bewertbare geschäftswertbildende Faktoren (→ BFH vom 7.11.1985 – BStBl. 1986 II S. 176).

Softwaresysteme. Bilanzsteuerliche Beurteilung von Aufwendungen zur Einführung eines betriebswirtschaftlichen Softwaresystems (ERP-Software) → BMF vom 18.11.2005 (BStBl. I S. 1025).[1)]

Vertreterrecht. Löst ein Handelsvertreter durch Vereinbarung mit dem Geschäftsherrn den Ausgleichsanspruch (§ 89b HGB) seines Vorgängers in einer bestimmten Höhe ab, erwirbt er damit entgeltlich ein immaterielles Wirtschaftsgut „Vertreterrecht" (→ BFH vom 18.1.1989 – BStBl. II S. 549). Dieses ist nicht mit einem Geschäfts- oder Firmenwert gleichzusetzen (→ BFH vom 12.7.2007 – BStBl. II S. 959).

Warenzeichen (Marke). Ein entgeltlich erworbenes Warenzeichen (Marke) ist dem Grunde nach ein abnutzbares Wirtschaftsgut (→ BMF vom 12.7. 1999 – BStBl. I S. 686).

R 5.6 Rechnungsabgrenzungen

Transitorische Posten

(1) [1]Nach § 5 Abs. 5 Satz 1 EStG ist die Rechnungsabgrenzung auf die sog. transitorischen Posten beschränkt. [2]Es kommen danach für die Rechnungsabgrenzung in der Regel nur Ausgaben und Einnahmen in Betracht, die vor dem Abschlussstichtag angefallen, aber erst der Zeit nach dem Abschlussstichtag zuzurechnen sind.

Bestimmte Zeit nach dem Abschlussstichtag

(2) Die Bildung eines Rechnungsabgrenzungspostens ist nur zulässig, soweit die vor dem Abschlussstichtag angefallenen Ausgaben oder Einnahmen Aufwand oder Ertrag für eine → bestimmte Zeit nach dem Abschlussstichtag darstellen.

(3) [1]Antizipative Posten (Ausgaben oder Einnahmen nach dem Bilanzstichtag, die Aufwand oder Ertrag für einen Zeitraum vor diesem Tag darstellen), dürfen als Rechnungsabgrenzungsposten nur in den Fällen des § 5 Abs. 5

---

1) Für Wj., die nach dem 31.12.2020 enden, siehe aber BMF v. 22.2.2022, BStBl. I 2022, 187.

Satz 2 EStG ausgewiesen werden. [2]Soweit sich aus den ihnen zu Grunde liegenden Geschäftsvorfällen bereits Forderungen oder Verbindlichkeiten ergeben haben, sind sie als solche zu bilanzieren.

H 5.6

Abschlussgebühren können eine (Gegen-)Leistung darstellen, die dem jeweiligen Bausparvertrag als Entgelt für den eigentlichen Vertragsabschluss zuzuordnen sind, sie wirken sich unmittelbar mit ihrer Vereinnahmung erfolgswirksam aus und sind bilanziell nicht passiv abzugrenzen (→ BFH vom 11.2.1998 – BStBl. II S. 381).

Auflösung von Rechnungsabgrenzungsposten im Zusammenhang mit Zinsaufwand. Der Rechnungsabgrenzungsposten ist ratierlich über die gesamte Darlehenslaufzeit, bei Tilgungs- oder Abzahlungsdarlehen degressiv nach der Zinsstaffelmethode und bei Endfälligkeitsdarlehen linear, aufzulösen. Bei vorzeitiger Sondertilgung des Darlehens ist der Rechnungsabgrenzungsposten im Verhältnis der Sondertilgung zu dem Gesamtdarlehensbetrag aufzulösen (→ BFH vom 24.6.2009 – BStBl. II S. 781).

Ausbeuteverträge. Vorausgezahlte Ausbeuteentgelte für Bodenschätze, mit deren Abbau vor dem Bilanzstichtag bereits begonnen wurde, sind in einen Rechnungsabgrenzungsposten einzustellen, der über die jährlich genau festzustellende Fördermenge aufzulösen ist; ist mit dem Abbau vor dem Bilanzstichtag noch nicht begonnen worden, ist das vorausgezahlte Entgelt als Anzahlung zu behandeln (→ BFH vom 25.10.1994 – BStBl. 1995 II S. 312).

Bestimmte Zeit nach dem Abschlussstichtag.

Liegt vor:

– Wenn die abzugrenzenden Ausgaben und Einnahmen für einen bestimmten nach dem Kj. bemessenen Zeitraum bezahlt oder vereinnahmt werden, z. B. monatliche, vierteljährliche, halbjährliche **Mietvorauszahlungen** oder Zahlung der Miete im Voraus für einen Messestand für eine zeitlich feststehende Messe (→ BFH vom 9.12.1993 – BStBl. 1995 II S. 202).
– Bei **Übernahme von Erschließungskosten und Kanalanschlussgebühren durch den Erbbauberechtigten** (→ BFH vom 17.4.1985 – BStBl. II S. 617).[1)]
– Bei zeitlich nicht begrenzten Dauerleistungen (→ BFH vom 9.12.1993 – BStBl. 1995 II S. 202, BMF vom 15.3.1995 – BStBl. I S. 183 und BFH vom 15.2.2017 – BStBl. II S. 884).

Liegt nicht vor:

– Wenn sich der Zeitraum nur durch **Schätzung** ermitteln lässt (→ BFH vom 3.11.1982 – BStBl. 1983 II S. 132).
– Bei planmäßiger oder betriebsgewöhnlicher **Nutzungsdauer** eines abnutzbaren Sachanlageguts (→ BFH vom 22.1.1992 – BStBl. II S. 488).

[1)] Siehe ferner BFH v. 8.12.1988 IV R 33/87, BStBl. II 1989, 407.

Darlehen mit fallenden Zinssätzen. Der Darlehensnehmer hat bei einer Vereinbarung fallender Zinssätze einen aktiven Rechnungsabgrenzungsposten zu bilden, wenn im Falle einer vorzeitigen Vertragsbeendigung die anteilige Erstattung der bereits gezahlten Zinsen verlangt werden kann oder wenn das Darlehensverhältnis nur aus wichtigem Grund gekündigt werden kann und keine konkreten Anhaltspunkte für eine solche vorzeitige Beendigung bestehen (→ BFH vom 27.7.2011 – BStBl. 2012 II S. 284).

Dauerschuldverhältnis.

- Die Entschädigung für die **Aufhebung** eines für eine bestimmte Laufzeit begründeten Schuldverhältnisses kann nicht in einen passiven Rechnungsabgrenzungsposten eingestellt werden (→ BFH vom 23.2.2005 – BStBl. II S. 481).
- Eine Vergütung, die der Kreditgeber für seine Bereitschaft zu einer für ihn nachteiligen **Änderung der Vertragskonditionen** vom Kreditnehmer vereinnahmt hat, ist in der Bilanz des Kreditgebers nicht passiv abzugrenzen (→ BFH vom 7.3.2007 – BStBl. II S. 697).

Erbbaurecht. Für im Voraus gezahlte Erbbauzinsen ist ein Rechnungsabgrenzungsposten zu bilden (→ BFH vom 20.11.1980 – BStBl. 1981 II S. 398).

Ertragszuschüsse. Für Ertragszuschüsse ist ggf. ein passiver Rechnungsabgrenzungsposten zu bilden (→ BFH vom 5.4.1984 – BStBl. II S. 552).

Film- und Fernsehfonds.

- Filmherstellungskosten → BMF vom 23.2.2001 (BStBl. I S. 175) unter Berücksichtigung der Änderungen durch BMF vom 5.8.2003 (BStBl. I S. 406), Tzn. 34 und 35.
- Zahlt ein Filmproduktionsfonds dem zum Alleinvertrieb des Films berechtigten Lizenznehmer einen Einmalbetrag für Medien, Marketing- und Kinostartkosten (Vermarktungskostenzuschuss), kann darin ungeachtet der Bezeichnung als verlorener Zuschuss die Gewährung eines partiarischen Darlehens gesehen werden, wenn mit der Zahlung eine Erhöhung der Lizenzgebühren verbunden und die Rückzahlung des Betrages abgesichert ist. Folglich dürfen weder in Höhe des vollen Vermarktungskostenzuschusses Betriebsausgaben angesetzt noch ein aktiver Rechnungsabgrenzungsposten berücksichtigt werden (→ BFH vom 21.5.2015 – BStBl. II S. 772).
- Zur Passivierung eines nur aus zukünftigen Verwertungserlösen zu bedienenden Filmförderdarlehens → H 5.1 (Passivierungsverbot nach § 5 Abs. 2a EStG).

Finanzierungskosten.[1)]

- Für ein bei der Ausgabe einer festverzinslichen Schuldverschreibung mit bestimmter Laufzeit vereinbartes Disagio ist in der Steuerbilanz ein Rechnungsabgrenzungsposten zu aktivieren (→ BFH vom 29.11.2006 – BStBl. 2009 II S. 955).

[1)] Zur Rechnungsabgrenzung bei einem vom Darlehensnehmer zu zahlenden „Bearbeitungsentgelt" siehe BFH v. 22.6.2011 I R 7/10, BStBl. II 2011, 870.

– → H 6.10 (Damnum, Kreditbedingungen, Umschuldung, Vermittlungsprovision, Zinsfestschreibung).

Forfaitierung von Forderungen aus Leasing-Verträgen. → BMF vom 9.1.1996 (BStBl. I S. 9) und → BFH vom 24.7.1996 (BStBl. 1997 II S. 122). Abweichend von Abschnitt III 2 Buchstabe b des BMF-Schreibens vom 9.1.1996 ist bei der sog. Restwertfortfaitierung aus Teilarmortisationsverträgen die Zahlung des Dritten an den Leasinggeber steuerlich als ein Darlehen an den Leasinggeber zu beurteilen. Die Forfaitierungserlöse sind von ihm nicht als Erträge aus zukünftigen Perioden passiv abzugrenzen, sondern als Verbindlichkeiten auszuweisen und bis zum Ablauf der Grundmietzeit ratierlich aufzuzinsen (→ BFH vom 8.11.2000 – BStBl. 2001 II S. 722).

Garantiegebühr. Wegen vereinnahmter Garantiegebühr gebildeter passiver Rechnungsabgrenzungsposten ist während der Garantiezeit insoweit aufzulösen, als die Vergütung auf den bereits abgelaufenen Garantiezeitraum entfällt (→ BFH vom 23.3.1995 – BStBl. II S. 772).

Gewinnermittlung nach § 4 Abs. 1 EStG. R 5.6 gilt bei der Gewinnermittlung nach § 4 Abs. 1 EStG sinngemäß (→ § 141 Abs. 1 Satz 2 AO, BFH vom 20.11.1980 – BStBl. 1981 II S. 398).

Honorare. Sind im Voraus erhaltene Honorare zeitraumbezogen und besteht für den gesamten Zeitraum eine Dauerverpflichtung, ist für die anteilig auf folgende Wj. entfallenden Honorare ein passiver Rechnungsabgrenzungsposten zu bilden (→ BFH vom 10.9.1998 – BStBl. 1999 II S. 21).

Investitionszuschüsse.
– Soweit Zuschüsse zu Anschaffungs- oder Herstellungskosten eines Wirtschaftsgutes geleistet werden, sind sie nicht passiv abzugrenzen (→ BFH vom 22.1.1992 – BStBl. II S. 488).
– → R 6.5.

Kein Wahlrecht in Fällen von geringfügiger Bedeutung. Aktive Rechnungsabgrenzungsposten sind auch bei geringfügigen Beträgen zu bilden (→ BFH vom 16.3.2021 – BStBl. II S. 844).

Kraftfahrzeugsteuer. Für gezahlte Kraftfahrzeugsteuer ist ein Rechnungsabgrenzungsposten zu aktivieren, soweit die Steuer auf die voraussichtliche Zulassungszeit des Fahrzeuges im nachfolgenden Wj. entfällt (→ BFH vom 19.5.2010 – BStBl. II S. 967).[1]

Leasingvertrag mit degressiven Leasingraten – Behandlung beim Leasingnehmer.
– **Immobilienleasing.** Bilanzsteuerrechtlich ist die Summe der während der vertraglichen Grundmietzeit geschuldeten Jahresmieten in jährlich gleichbleibenden Beträgen auf die Grundmietzeit zu verteilen und demgemäß der Teil der vertraglichen Jahresmieten, der in den ersten Jahren der Grundmietzeit über den sich für die gesamte Grundmietzeit ergebenden Jahresaufwand hinausgeht, zu aktivieren (→ BFH vom 12.8.1982 – BStBl. II S. 696 und → BMF vom 10.10.1983 – BStBl. I S. 431).

---

[1] Zur Aktivierungspflicht bei geringfügigen Beträgen siehe BFH v. 16.3.2021 X R 34/19, BStBl. II 2021, 844.

– **Mobilienleasing.** Für degressive Raten beim Leasing beweglicher Wirtschaftsgüter des Anlagevermögens ist kein aktiver Rechnungsabgrenzungsposten zu bilden (→ BFH vom 28.2.2001 – BStBl. II S. 645).

Maklerprovision. Für Maklerprovisionen im Zusammenhang mit dem Abschluss eines Mietvertrages kann kein aktiver Rechnungsabgrenzungsposten gebildet werden (→ BFH vom 19.6.1997 – BStBl. II S. 808).

Mobilfunkdienstleistungsverträge. Vergünstigungen im Zusammenhang mit dem Abschluss von Mobilfunkdienstleistungsverträgen → BMF vom 20.6.2005 (BStBl. I S. 801) und → BFH vom 15.5.2013 (BStBl. II S. 730).

Öffentlich Private Partnerschaft – ÖPP – (auch Public Private Partnership – PPP –).

– Zum A-Modell → BMF vom 4.10.2005 (BStBl. I S. 916).
– Zur Anwendbarkeit auf andere Modelle und zur Bildung eines Passivpostens für künftige Instandhaltungsaufwendungen → BMF vom 27.5.2013 (BStBl. I S. 722).

Öffentlich-rechtliche Verpflichtungen. Die Bildung passiver Rechnungsabgrenzungsposten ist nicht auf Fälle beschränkt, in denen Vorleistungen im Rahmen eines gegenseitigen Vertrags erbracht werden (→ BFH vom 26.6. 1979 – BStBl. II S. 625). Sie kann auch in Fällen geboten sein, in denen die gegenseitigen Verpflichtungen ihre Grundlage im öffentlichen Recht haben (→ BFH vom 17.9.1987 – BStBl. 1988 II S. 327).

Urlaubsgeld bei abweichendem Wirtschaftsjahr. Es hängt von den Vereinbarungen der Vertragspartner ab, ob Urlaubsgeld, das bei einem abweichenden Wj. vor dem Bilanzstichtag für das gesamte Urlaubsjahr bezahlt wird, anteilig aktiv abzugrenzen ist (→ BFH vom 6.4.1993 – BStBl. II S. 709).

Zeitbezogene Gegenleistung. Der Vorleistung des einen Vertragsteils muss eine zeitbezogene Gegenleistung des Vertragspartners gegenüberstehen (→ BFH vom 11.7.1973 – BStBl. II S. 840 und vom 4.3.1976 – BStBl. 1977 II S. 380) und der Zeitraum, auf den sich die Vorleistung des einen Vertragsteils bezieht, muss bestimmt sein (→ BFH vom 7.3.1973 – BStBl. II S. 565).

Zinszuschuss.

– Der kapitalisiert ausgezahlte Zinszuschuss für die Aufnahme eines langjährigen Kapitalmarktdarlehens ist passiv abzugrenzen (→ BFH vom 24.6.2009 – BStBl. II S. 781).
– → Auflösung von Rechnungsabgrenzungsposten im Zusammenhang mit Zinsaufwand.

R 5.7 Rückstellungen

Bilanzieller Ansatz von Rückstellungen

(1) [1]Die nach den handelsrechtlichen Grundsätzen ordnungsmäßiger Buchführung gem. § 249 HGB anzusetzenden Rückstellungen sind auch in der steuerlichen Gewinnermittlung (Steuerbilanz) zu bilden, soweit eine betriebliche Veranlassung besteht und steuerliche Sondervorschriften, z.B. § 5 Abs. 2a,

3, 4, 4a, 4b, 6 und § 6a EStG, nicht entgegenstehen. [2]Ungeachtet des Abzugsverbotes des § 4 Abs. 5b EStG ist in der Steuerbilanz eine Gewerbesteuerrückstellung zu bilden; dadurch verursachte Gewinnauswirkungen sind außerbilanziell zu neutralisieren.

H 5.7 (1)

Bewertung von Rückstellungen. → R 6.11.

Drohverlust.
- **Optionsprämie** → H 4.2 (15).
- **Rückverkaufsoption** → H 4.2 (15).
- **Teilwertabschreibung.** Die Teilwertabschreibung hat gegenüber der Drohverlustrückstellung Vorrang. Das Verbot der Rückstellungen für drohende Verluste (§ 5 Abs. 4a Satz 1 EStG) erfasst nur denjenigen Teil des Verlustes, der durch die Teilwertabschreibung nicht verbraucht ist (→ BFH vom 7.9.2005 – BStBl. 2006 II S. 298).

Eiserne Verpachtung. Zur Gewinnermittlung bei der Verpachtung von Betrieben mit Substanzerhaltungspflicht des Pächters nach §§ 582a, 1048 BGB → BMF vom 21.2.2002 (BStBl. I S. 262).

ERA-Anpassungsfonds in der Metall- und Elektroindustrie. → BMF vom 2.4.2007 (BStBl. I S. 301).

Gewinnermittlung nach § 4 Abs. 1 EStG. Die Grundsätze über Rückstellungen gelten sinngemäß bei Gewinnermittlung nach § 4 Abs. 1 EStG (→ § 141 Abs. 1 Satz 2 AO und BFH vom 20.11.1980 – BStBl. 1981 II S. 398).

Handelsrechtliches Passivierungswahlrecht. Besteht handelsrechtlich ein Wahlrecht zur Bildung einer Rückstellung, darf die Rückstellung steuerrechtlich nicht gebildet werden (→ BMF vom 12.3.2010 – BStBl. I S. 239).

Jubiläumszuwendungen. Zu den Voraussetzungen für die Bildung von Rückstellungen für Zuwendungen anlässlich eines Dienstjubiläums → BMF vom 8.12.2008 (BStBl. I S. 1013).[1)]

Künftige Anschaffungs- oder Herstellungskosten. Das Passivierungsverbot nach § 5 Abs. 4b Satz 1 EStG erfasst auch in künftigen Wj. als Anschaffungs- oder Herstellungskosten eines Wirtschaftsgutes zu aktivierende Aufwendungen, die zu keinem Ertrag mehr führen können (→ BFH vom 8.11.2016 – BStBl. 2017 II S. 768).

Nicht abziehbare Betriebsausgaben. Eine handelsbilanziell gebildete und damit für das Steuerrecht maßgebliche Rückstellung ist außerbilanziell zu neutralisieren, soweit der Rückstellung nicht abziehbare Betriebsausgaben i. S. d. § 4 Abs. 5 EStG zugrunde liegen (→ BFH vom 7.11.2013 – BStBl. 2014 II S. 306 und vom 22.5.2019 – BStBl. II S. 663).

Rückabwicklung. Für die Bildung von Rückstellungen im Zusammenhang mit Rückgewährschuldverhältnissen ist wie folgt zu differenzieren:
- Ein Verkäufer darf wegen seiner Verpflichtung zur Rückerstattung dann keine Rückstellung bilden, wenn er am Bilanzstichtag mit einem Rück-

[1)] Ergänzend siehe BMF v. 27.2.2020, BStBl. I 2020, 254.

tritt vom Kaufvertrag, bei Verbraucherverträgen mit Widerrufs- oder Rückgaberecht mit dessen Ausübung, nicht rechnen muss; das gilt auch dann, wenn noch vor der Aufstellung der Bilanz der Rücktritt erklärt bzw. das Widerrufs- oder Rückgaberecht ausgeübt wird.

– Ist jedoch bereits am Bilanzstichtag eine Vertragsauflösung durch Erklärung des Rücktritts bzw. Ausübung des Widerrufs- oder Rückgaberechts wahrscheinlich, so ist eine Rückstellung für ungewisse Verbindlichkeiten wegen des Risikos der drohenden Vertragsauflösung zu bilden. Ist der Verkäufer auf Grund eines Rücktrittsrechts bzw. eines Widerrufs- oder Rückgaberechts verpflichtet, die bereits verkaufte und übergebene Sache wieder zurückzunehmen, steht die Vorschrift des § 5 Abs. 4b Satz 1 EStG der Rückstellungsbildung nicht entgegen. Die Rückstellung ist in Höhe der Differenz zwischen dem zurückzugewährenden Kaufpreis und dem Buchwert des veräußerten Wirtschaftsguts zu bilden. Sie neutralisiert damit lediglich den Veräußerungsgewinn.

(→ BMF vom 21.2.2002 – BStBl. I S. 335).

R 5.7 (2, 3)

Rückstellungen für ungewisse Verbindlichkeiten
Grundsätze

(2) Eine Rückstellung für ungewisse Verbindlichkeiten ist nur zu bilden, wenn

1. es sich um eine Verbindlichkeit gegenüber einem anderen oder eine öffentlich-rechtliche Verpflichtung handelt,
2. die Verpflichtung vor dem Bilanzstichtag wirtschaftlich verursacht ist,
3. mit einer Inanspruchnahme aus einer nach ihrer Entstehung oder Höhe ungewissen Verbindlichkeit ernsthaft zu rechnen ist und
4. die Aufwendungen in künftigen Wirtschaftsjahren nicht zu Anschaffungs- oder Herstellungskosten für ein Wirtschaftsgut führen.

Verpflichtung gegenüber einem anderen

(3) [1]Die Bildung einer Rückstellung für ungewisse Verbindlichkeiten setzt – als Abgrenzung zur Aufwandsrückstellung – eine Verpflichtung gegenüber einem anderen voraus. [2]Die Verpflichtung muss den Verpflichteten wirtschaftlich wesentlich belasten. [3]Die Frage, ob eine Verpflichtung den Stpfl. wesentlich belastet, ist nicht nach dem Aufwand für das einzelne Vertragsverhältnis, sondern nach der Bedeutung der Verpflichtung für das Unternehmen zu beurteilen.[1)]

H 5.7 (3)

Abrechnungsverpflichtung. Für die sich aus § 14 VOB/B ergebende Verpflichtung zur Abrechnung gegenüber dem Besteller ist eine Rückstellung zu bilden (→ BFH vom 25.2.1986 – BStBl. II S. 788); Entsprechendes

1) Siehe auch BFH v. 19.7.2011 X R 26/10, BStBl. II 2012, 856, zur Nachbetreuung von Versicherungsverträgen.

gilt für die Abrechnungsverpflichtung nach den allgemeinen Bedingungen für die Gasversorgung/Elektrizitätsversorgung (→ BFH vom 18.1.1995 – BStBl. II S. 742).

Aufwandsrückstellungen können in der Steuerbilanz nicht gebildet werden (→ BFH vom 8.10.1987 – BStBl. 1988 II S. 57, vom 12.12.1991 – BStBl. 1992 II S. 600 und vom 8.11.2000 – BStBl. 2001 II S. 570); Ausnahmen → R 5.7 Abs. 11.

Eigenbetriebliches Interesse. Unabhängig von einer bestehenden Außenverpflichtung (hier: Räumung eines Baustellenlagers bei Vertragsende) ist der Ansatz einer Rückstellung für ungewisse Verbindlichkeiten ausgeschlossen, wenn die Verpflichtung in ihrer wirtschaftlichen Belastungswirkung von einem eigenbetrieblichen Interesse vollständig „überlagert" wird (→ BFH vom 22.1.2020 – BStBl. II S. 493).

Faktischer Leistungszwang. Eine Rückstellung für ungewisse Verbindlichkeiten ist nicht nur für Verpflichtungen aus einem am Bilanzstichtag bestehenden Vertrag zu bilden, sondern auch für Verpflichtungen, die sich aus einer Branchenübung ergeben (faktischer Leistungszwang). Dies ist z. B. der Fall, wenn ein Unternehmen von seinen Kunden Zuschüsse zu den Herstellungskosten für Werkzeuge erhält, die es bei der Preisgestaltung für die von ihm mittels dieser Werkzeuge herzustellenden und zu liefernden Produkte preismindernd berücksichtigen muss; die Rückstellung ist über die voraussichtliche Dauer der Lieferverpflichtung aufzulösen (→ BFH vom 29.11.2000 – BStBl. 2002 II S. 655).

Gesellschaftsvertraglich begründete Pflicht zur Prüfung des Jahresabschlusses. Für die Verpflichtung zur Prüfung des Jahresabschlusses einer Personengesellschaft darf eine Rückstellung nicht gebildet werden, wenn diese Verpflichtung ausschließlich durch den Gesellschaftsvertrag begründet worden ist (→ BFH vom 5.6.2014 – BStBl. II S. 886).

Honorar-Rückzahlungsverpflichtung. Eine Rückstellung für mögliche Honorar-Rückzahlungsverpflichtungen kann nur gebildet werden, wenn am Bilanzstichtag mehr Gründe für als gegen das Bestehen einer solchen Verpflichtung sprechen. Ein gegen eine dritte Person in einer vergleichbaren Sache ergangenes erstinstanzliches Urteil genügt für sich allein noch nicht, um für das Bestehen einer entsprechenden Verbindlichkeit überwiegende Gründe annehmen zu können (→ BFH vom 19.10.2005 – BStBl. 2006 II S. 371). Dagegen ist für eine nach Maßgabe des § 106 Abs. 5a SGB V zu erwartende Honorar-Rückzahlungsverpflichtung an eine Kassenärztliche Vereinigung eine Rückstellung für ungewisse Verbindlichkeiten zu passivieren (→ BFH vom 5.11.2014 – BStBl. 2015 II S. 523).

Kostenüberdeckung. Ist eine sog. Kostenüberdeckung nach Maßgabe öffentlich-rechtlicher Vorschriften in der folgenden Kalkulationsperiode auszugleichen (Rückgabe der Kostenüberdeckung durch entsprechende Preiskalkulation der Folgeperiode), liegt eine rückstellungsfähige ungewisse Verbindlichkeit vor (→ BFH vom 6.2.2013 – BStBl. II S. 954).

Provisionsfortzahlungen an einen Handelsvertreter. Eine Passivierung als Verbindlichkeit oder Rückstellung ist anders als bei einem Ausgleichsanspruch eines Handelsvertreters (→ H 5.7 (5)) grundsätzlich möglich, wenn die Zahlung unabhängig von aus der ehemaligen Tätigkeit stammenden zukünftigen erheblichen Vorteilen des vertretenen Unternehmens ist und sie nicht für ein Wettbewerbsverbot vorgenommen wird. Steht die Provisionsverpflichtung unter einer aufschiebenden Bedingung, ist die Wahrscheinlichkeit des Eintritts der Bedingung zu prüfen (→ BMF vom 21.6.2005 – BStBl. I S. 802).

Werkzeugkostenzuschuss. → Faktischer Leistungszwang.

R **5.7** (4)

Öffentlich-rechtliche Verpflichtung

(4) [1] Auch eine öffentlich-rechtliche Verpflichtung kann Grundlage für eine Rückstellung für ungewisse Verbindlichkeiten sein; zur Abgrenzung von nicht zulässigen reinen Aufwandsrückstellungen ist jedoch Voraussetzung, dass die Verpflichtung hinreichend konkretisiert ist, d. h., es muss ein inhaltlich bestimmtes Handeln durch Gesetz oder Verwaltungsakt innerhalb eines bestimmbaren Zeitraums vorgeschrieben und an die Verletzung der Verpflichtung müssen Sanktionen geknüpft sein. [2] Ergibt sich eine öffentlich-rechtliche Verpflichtung nicht unmittelbar aus einem Gesetz, sondern setzt sie den Erlass einer behördlichen Verfügung (Verwaltungsakt) voraus, ist eine Rückstellung für ungewisse Verbindlichkeiten erst zu bilden, wenn die zuständige Behörde einen vollziehbaren Verwaltungsakt erlassen hat, der ein bestimmtes Handeln vorschreibt.

H **5.7** (4)

Konkretisierung öffentlich-rechtlicher Verpflichtungen.
– Die Bildung von Rückstellungen für öffentlich-rechtliche Verpflichtungen setzt eine hinreichende Konkretisierung voraus. Konkretisiert wird eine derartige Pflicht regelmäßig durch einen konkreten Gesetzesbefehl oder durch einen Rechtsakt, z. B. Verwaltungsakt, Verfügung oder Abschluss einer entsprechenden verwaltungsrechtlichen Vereinbarung (→ BFH vom 25.1.2017 – BStBl. II S. 780).
– Allgemeine öffentliche Leitsätze, z. B. die Verpflichtung der Wohnungsbauunternehmen, im Interesse der Volkswirtschaft die errichteten Wohnungen zu erhalten, rechtfertigen keine Rückstellung (→ BFH vom 26.5.1976 – BStBl. II S. 622).

Rückstellungen für öffentlich-rechtliche Verpflichtungen sind u. a. zulässig für:
– Verpflichtung zur Aufstellung der Jahresabschlüsse (→ BFH vom 20.3.1980 – BStBl. II S. 297).
– Verpflichtung zur Buchung laufender Geschäftsvorfälle des Vorjahres (→ BFH vom 25.3.1992 – BStBl. II S. 1010).
– Gesetzliche Verpflichtung zur Prüfung der Jahresabschlüsse, zur Veröffentlichung des Jahresabschlusses im Bundesanzeiger, zur Erstellung des Lageberichts und zur Erstellung der die Betriebssteuern des abgelaufenen

Jahres betreffenden Steuererklärungen (→ BFH vom 23.7.1980 – BStBl. 1981 II S. 62, 63), aber → H 5.7 (3) Gesellschaftsvertraglich begründete Pflicht zur Prüfung des Jahresabschlusses.

- Verpflichtung zur Aufbewahrung von Geschäftsunterlagen gem. § 257 HGB und § 147 AO (→ BFH vom 19.8.2002 – BStBl. 2003 II S. 131).
- Verpflichtungen zur Wiederaufbereitung (Recycling) und Entsorgung von Bauschutt (→ BFH vom 25.3.2004 – BStBl. 2006 II S. 644 und vom 21.9.2005 – BStBl. 2006 II S. 647); § 5 Abs. 4b EStG ist zu beachten.
- Verpflichtungen für die Entsorgung der ab dem 13.8.2005 in Verkehr gebrachten Energiesparlampen, wenn sich diese Pflichten durch den Erlass einer Abholanordnung nach § 16 Abs. 5 Elektro- und Elektronikgerätegesetz hinreichend konkretisiert haben (→ BFH vom 25.1.2017 – BStBl. II S. 780).
- Zulassungskosten (Gebühren) für ein neu entwickeltes Pflanzenschutzmittel (→ BFH vom 8.9.2011 – BStBl. 2012 II S. 122).
- Eine nach Maßgabe des § 106 Abs. 5a SGB V zu erwartende Honorar-Rückzahlungsverpflichtung an eine Kassenärztliche Vereinigung (→ BFH vom 5.11.2014 – BStBl. 2015 II S. 523).

Nicht zulässig für:

- Verpflichtung zur Durchführung der Hauptversammlung (→ BFH vom 23.7.1980 – BStBl. 1981 II S. 62).
- Künftige Betriebsprüfungskosten, solange es an einer Prüfungsanordnung fehlt (→ BFH vom 24.8.1972 – BStBl. 1973 II S. 55); das gilt nicht für Großbetriebe → BMF vom 7.3.2013 (BStBl. I S. 274).[1]
- Künftige Beitragszahlungen an den Pensionssicherungsverein (→ BFH vom 6.12.1995 – BStBl. 1996 II S. 406).
- Kammerbeiträge (z. B. zur Handwerkskammer) eines künftigen Beitragsjahres, die sich nach der Höhe des in einem vergangenen Steuerjahr erzielten Gewinns bemessen (→ BFH vom 5.4.2017 – BStBl. II S. 900).
- Verpflichtung zur Erstellung der Einkommensteuererklärung und der Erklärung zur gesonderten und einheitlichen Feststellung des Gewinns einer Personengesellschaft (→ BFH vom 24.11.1983 – BStBl. 1984 II S. 301).
- Verpflichtung zur Entsorgung eigenen Abfalls (→ BFH vom 8.11.2000 – BStBl. 2001 II S. 570).
- Gesetzliche Verpflichtungen, wenn die Rechtsnorm eine Frist für die Erfüllung enthält und diese am Bilanzstichtag noch nicht abgelaufen ist (→ BFH vom 13.12.2007 – BStBl. 2008 II S. 516, vom 6.2.2013 – BStBl. II S. 686 und vom 17.10.2013 – BStBl. 2014 II S. 302).
- Gesetzliche Wartungsverpflichtungen vor Ablauf der zulässigen Betriebszeit (→ BFH vom 9.11.2016 – BStBl. 2017 II S. 379).

Sanierungsverpflichtungen. Zur Bildung von Rückstellungen für Verpflichtungen zur Sanierung von schadstoffbelasteten Grundstücken → BMF vom 11.5.2010 (BStBl. I S. 495).

[1] Siehe hierzu auch BFH v. 6.6.2012 I R 99/10, BStBl. II 2013, 196.

R 5.7 (5)

Wirtschaftliche Verursachung

(5) [1]Rückstellungen für ungewisse Verbindlichkeiten sind erstmals im Jahresabschluss des Wirtschaftsjahres zu bilden, in dem sie wirtschaftlich verursacht sind. [2]Die Annahme einer wirtschaftlichen Verursachung setzt voraus, dass der Tatbestand, an den das Gesetz oder der Vertrag die Verpflichtung knüpft, im Wesentlichen verwirklicht ist. [3]Die Erfüllung der Verpflichtung darf nicht nur an Vergangenes anknüpfen, sondern muss auch Vergangenes abgelten.

H 5.7 (5)

Aktienoptionsprogramme. Rückstellungen für Verbindlichkeiten aus Aktienoptionsprogrammen können nicht gebildet werden, wenn die Ausübung der Optionen von am Bilanzstichtag noch ungewissen künftigen Ereignissen abhängt. Dabei ist der Grad der Wahrscheinlichkeit des Eintritts dieser Ereignisse unerheblich (→ BFH vom 15.3.2017 – BStBl. II S. 1043).

Altersteilzeitverpflichtungen. Zur bilanziellen Berücksichtigung von Altersteilzeitverpflichtungen nach dem Altersteilzeitgesetz (AltTZG) → BMF vom 28.3.2007 (BStBl. I S. 297) unter Berücksichtigung der Änderungen durch BMF vom 11.3.2008 (BStBl. I S. 496) und vom 22.10.2018 (BStBl. I S. 1112).

Arbeitsfreistellung. Rückstellungen für Verpflichtungen zur Gewährung von Vergütungen für die Zeit der Arbeitsfreistellung vor Ausscheiden aus dem Dienstverhältnis und Jahreszusatzleistungen im Jahr des Eintritts des Versorgungsfalls (→ BMF vom 11.11.1999 – BStBl. I S. 959[1]) und vom 28.3.2007 – BStBl. I S. 297).

Ausgleichsanspruch eines Handelsvertreters.

- Eine Rückstellung für die Verpflichtung zur Zahlung eines Ausgleichs an einen Handelsvertreter nach § 89b HGB ist vor Beendigung des Vertragsverhältnisses nicht zulässig, da wesentliche Voraussetzung für einen solchen Ausgleich ist, dass dem Unternehmer aus der früheren Tätigkeit des Vertreters mit hoher Wahrscheinlichkeit noch nach Beendigung des Vertragsverhältnisses erhebliche Vorteile erwachsen (→ BFH vom 20.1. 1983 – BStBl. II S. 375).
- Zur Abgrenzung gegenüber einer Provisionsfortzahlung → H 5.7 (3) Provisionsfortzahlungen an einen Handelsvertreter.

Beihilfen an Pensionäre. Für die Verpflichtung, Pensionären und aktiven Mitarbeitern während der Zeit ihres Ruhestandes in Krankheits-, Geburts- und Todesfällen Beihilfen zu gewähren, ist eine Rückstellung zu bilden (→ BFH vom 30.1.2002 – BStBl. 2003 II S. 279).

Entstandene Verpflichtungen. Eine am Bilanzstichtag bereits rechtlich entstandene öffentlich-rechtliche Verpflichtung ist zu diesem Zeitpunkt auch wirtschaftlich verursacht (→ BFH vom 17.10.2013 – BStBl. 2014 II S. 302).

---

[1] Rn. 2 BMF v. 11.11.1999 ist nicht weiter anzuwenden, siehe BMF v. 18.9.2017, BStBl. I 2017, 1293, Rn. 4.

Garantierückstellungen. Garantierückstellungen, mit denen das Risiko künftigen Aufwands durch kostenlose Nacharbeiten oder durch Ersatzlieferungen oder aus Minderungen oder Schadenersatzleistungen wegen Nichterfüllung auf Grund gesetzlicher oder vertraglicher Gewährleistungen erfasst werden soll, können bei Vorliegen der entsprechenden Voraussetzungen als Einzelrückstellungen für die bis zum Tag der Bilanzaufstellung bekannt gewordenen einzelnen Garantiefälle oder als Pauschalrückstellung gebildet werden. Für die Bildung von Pauschalrückstellungen ist Voraussetzung, dass der Kaufmann auf Grund der Erfahrungen in der Vergangenheit mit einer gewissen Wahrscheinlichkeit mit Garantieinanspruchnahmen rechnen muss oder dass sich aus der branchenmäßigen Erfahrung und der individuellen Gestaltung des Betriebs die Wahrscheinlichkeit ergibt, Garantieleistungen erbringen zu müssen (→ BFH vom 30.6.1983 – BStBl. 1984 II S. 263 und vom 24.3.1999 – BStBl. 2001 II S. 612).

Gutscheine. Für Gutscheine, die einen Anspruch auf preisermäßigte künftige Leistungen gewähren, können im Ausgabejahr keine Rückstellungen gebildet werden (→ BFH vom 19.9.2012 – BStBl. 2013 II S. 123).

Nachbetreuungsleistungen bei Hörgeräte-Akustikern. Nachbetreuungsverpflichtungen sind im Zeitpunkt der Veräußerung der Hörhilfen auch wirtschaftlich verursacht (→ BMF vom 12.10.2005 – BStBl. I S. 953).

Prozesskosten. Bei am Bilanzstichtag noch nicht anhängigen Verfahren/Instanzen fehlt es grundsätzlich an der wirtschaftlichen Verursachung (→ BFH vom 6.12.1995 – BStBl. 1996 II S. 406).

Sonderzahlungen an Versorgungseinrichtungen. Für Sonderzahlungen an Versorgungseinrichtungen zur Schließung künftiger Deckungslücken können wegen fehlender wirtschaftlicher Verursachung vor dem Bilanzstichtag keine Rückstellungen gebildet werden (→ BFH vom 27.1.2010 – BStBl. II S. 614).

Wartungsverpflichtung. Gesetzliche Wartungsverpflichtungen sind wirtschaftlich nicht in der Vergangenheit verursacht, da wesentliches Merkmal der Überholungsverpflichtung das Erreichen der zulässigen Betriebszeit ist. Dagegen kann bei einer privatrechtlichen Verpflichtung zur Übernahme künftiger Wartungsaufwendungen die Bildung einer Rückstellung für ungewisse Verbindlichkeiten in Betracht kommen, wenn bei Beendigung des Vertrages kein Anspruch auf Rückerstattung der Beträge besteht und der Stpfl. deshalb mit den vereinbarten Beträgen belastet bleibt (→ BFH vom 9.11.2016 – BStBl. 2017 II S. 379).

Zinszahlung. Eine Verpflichtung zur Zinszahlung ist am Bilanzstichtag nur insoweit wirtschaftlich verursacht, als damit eine Zeitspanne vor dem Bilanzstichtag abgegolten wird (→ BFH vom 6.12.1995 – BStBl. 1996 II S. 406).

Zuwendungen aus Anlass eines Geschäfts- oder Firmenjubiläums. Für rechtsverbindlich zugesagte Zuwendungen aus Anlass eines Geschäfts- oder Firmenjubiläums, die sich nach der Dauer der Betriebszugehörigkeit der einzelnen Mitarbeiter bemessen, ist eine Rückstellung in dem Umfang zu bilden, in dem die Anspruchsvoraussetzungen durch die vergangene Betriebszugehörigkeit des jeweiligen Mitarbeiters erfüllt sind. Die Regelung für Zuwendungen aus Anlass eines Dienstjubiläums (§ 5 Abs. 4 EStG) gilt dafür nicht (→ BFH vom 29.11.2000 – BStBl. 2004 II S. 41).

R 5.7 (6)

Wahrscheinlichkeit der Inanspruchnahme[1)]

(6) [1]Rückstellungen für ungewisse Verbindlichkeiten setzen in tatsächlicher Hinsicht voraus, dass die Verbindlichkeiten, die den Rückstellungen zu Grunde liegen, bis zum Bilanzstichtag entstanden sind oder aus Sicht am Bilanzstichtag mit einiger Wahrscheinlichkeit entstehen werden und der Stpfl. spätestens bei Bilanzaufstellung ernsthaft damit rechnen muss, hieraus in Anspruch genommen zu werden. [2]Die Wahrscheinlichkeit der Inanspruchnahme ist auf Grund objektiver, am Bilanzstichtag vorliegender und spätestens bei Aufstellung der Bilanz erkennbarer Tatsachen aus der Sicht eines sorgfältigen und gewissenhaften Kaufmanns zu beurteilen; es müssen mehr Gründe für als gegen die Inanspruchnahme sprechen.

H 5.7 (6)

Allgemeines. Eine Inanspruchnahme ist wahrscheinlich, wenn der Stpfl. nach den Umständen, die am Bilanzstichtag objektiv vorlagen und bis zum Zeitpunkt der Bilanzerstellung bekannt oder erkennbar wurden, ernstlich damit rechnen musste, aus der Verpflichtung in Anspruch genommen zu werden. Er darf im Hinblick auf seine Inanspruchnahme nicht die pessimistischste Alternative wählen; für die Inanspruchnahme müssen mehr Gründe dafür als dagegen sprechen (→ BFH vom 19.10.2005 – BStBl. 2006 II S. 371).

Entdeckung. Die Wahrscheinlichkeit der Inanspruchnahme ist gegeben, wenn die anspruchsbegründenden Tatsachen bis zum Tag der Bilanzaufstellung entdeckt sind (→ BFH vom 2.10.1992 – BStBl. 1993 II S. 153).

Hinterzogene Steuern. Hinterzogene Lohnsteuer ist vom Arbeitgeber in dem Zeitpunkt zurückzustellen, in dem er mit seiner Haftungsinanspruchnahme ernsthaft rechnen muss (→ BFH vom 16.2.1996 – BStBl. II S. 592).

Patronatserklärungen. Die Passivierung von Rückstellungen für Verpflichtungen aus sog. harten Patronatserklärungen setzt voraus, dass die Gefahr der Inanspruchnahme aus der Verpflichtung ernsthaft droht. Eine Inanspruchnahme aus einer konzerninternen Patronatserklärung der Muttergesellschaft für ein Tochterunternehmen droht dann nicht, wenn das Schuldnerunternehmen zwar in der Krise ist, innerhalb des Konzerns ein Schwesterunternehmen aber die erforderliche Liquidität bereitstellt und auf Grund der gesellschaftsrechtlichen Verbundenheit nicht damit zu rechnen ist, dass dieses Schwesterunternehmen Ansprüche gegen die Muttergesellschaft geltend machen wird (→ BFH vom 25.10.2006 – BStBl. 2007 II S. 384).

---

1) Zu einer Abbruchverpflichtung siehe BFH v. 28.3.2000 VIII R 13/99, BStBl. II 2000, 612.

Schadensersatz.

- Bei einseitigen Verbindlichkeiten ist die Wahrscheinlichkeit der Inanspruchnahme erst gegeben, wenn der Gläubiger die sich aus ihnen ergebende (mögliche) Berechtigung kennt. Dies gilt auch für öffentlich-rechtliche Verbindlichkeiten (→ BFH vom 19.10.1993 – BStBl. II S. 891).
- Bei privat-rechtlichen Schadensersatzansprüchen ist entweder die Kenntnis des Gläubigers von den den Schadensersatzanspruch begründenden Umständen oder zumindest eine derartige unmittelbar bevorstehende Kenntniserlangung erforderlich (→ BFH vom 25.4.2006 – BStBl. II S. 749).
- Bei der Bildung von Rückstellungen für Schadensersatzforderungen ist zwischen der Wahrscheinlichkeit des Bestehens der Verpflichtung und der Wahrscheinlichkeit der tatsächlichen Inanspruchnahme hieraus zu unterscheiden, da die beiden Voraussetzungen innewohnenden Risiken unterschiedlich hoch zu bewerten sein können. Ist nach einem von fachkundiger dritter Seite erstellten Gutachten das Unterliegen im Prozess am Bilanzstichtag nicht überwiegend wahrscheinlich, scheidet die Bildung einer Rückstellung aus (→ BFH vom 16.12.2014 – BStBl. 2015 II S. 759).

R 5.7 (7, 8)

Rückstellungen für Erfüllungsrückstand bei schwebenden Geschäften

Schwebende Geschäfte

(7) [1] Schwebende Geschäfte sind gegenseitige Verträge i. S. d. §§ 320 ff. BGB (z. B. Dauerschuldverhältnisse wie Arbeits- oder Mietverträge), die von den Beteiligten noch nicht voll erfüllt sind. [2] Noch zu erbringende unwesentliche Nebenleistungen stehen der Beendigung des Schwebezustandes nicht entgegen. [3] Verpflichtungen aus schwebenden Geschäften werden nicht passiviert, es sei denn, das Gleichgewicht von Leistung und Gegenleistung ist durch Erfüllungsrückstände gestört; in diesen Fällen sind Rückstellungen für Erfüllungsrückstand auszuweisen.

Erfüllungsrückstand

(8) [1] Ein Erfüllungsrückstand entsteht, wenn ein Vertragspartner seine Leistung erbracht hat, der andere Vertragspartner die entsprechende Gegenleistung jedoch noch schuldet. [2] Eine Fälligkeit der vertraglich noch geschuldeten Leistung zum Bilanzstichtag ist nicht erforderlich. [3] Erfüllungsrückstände eines Vermieters liegen z. B. vor, wenn sich die allgemeine Pflicht zur Erhaltung der vermieteten Sache in der Notwendigkeit einzelner Erhaltungsmaßnahmen konkretisiert hat und der Vermieter die Maßnahmen unterlässt. [4] Die wirtschaftliche Verursachung der Verpflichtung richtet sich nach Absatz 5.

H 5.7 (8)

Erfüllungsrückstand.

- Ein Erfüllungsrückstand liegt insbesondere vor, wenn der Schuldner einer Verpflichtung nicht nachgekommen ist, die er im abgelaufenen Wj. hätte erfüllen müssen (→ BFH vom 3.12.1991 – BStBl. 1993 II S. 89). Die noch **ausstehende Gegenleistung** muss eine Vorleistung abgelten und ihr damit synallagmatisch zweckgerichtet und zeitlich zuordenbar sein (→ BFH vom 5.4.2006 – BStBl. II S. 593).

- Wegen der Verpflichtung, eine am Bilanzstichtag bestehende **Darlehensverbindlichkeit** – mit fest vereinbarter Vertragslaufzeit und ohne ordentliche Kündigungsmöglichkeit – in späteren Jahren höher zu verzinsen **(Darlehen mit steigenden Zinssätzen),** ist in der Bilanz grundsätzlich eine Verbindlichkeit oder eine Rückstellung wegen eines wirtschaftlichen Erfüllungsrückstandes auszuweisen (→ BFH vom 25.5.2016 – BStBl. II S. 930).
- Für die Verpflichtung zur **Lohnfortzahlung im Krankheitsfall** kann keine Rückstellung gebildet werden (→ BFH vom 27.6.2001 – BStBl. II S. 758).
- Für die **Verpflichtung eines Vermieters,** den Mietgegenstand zum Ende der Mietzeit zu veräußern und den Veräußerungserlös insoweit an den Mieter auszuzahlen, als er einen vertraglich vereinbarten, unter dem Buchwert zum Vertragsende liegenden Restwert übersteigt, ist eine anzusammelnde und abzuzinsende Rückstellung in der Höhe zu passivieren, in der der vereinbarte Restwert unter dem Buchwert des Mietgegenstands liegt (→ BFH vom 21.9.2011 – BStBl. 2012 II S. 197).
- Für Verpflichtungen zur **Nachbetreuung bereits abgeschlossener Versicherungen** sind Rückstellungen wegen Erfüllungsrückstandes zu bilden (→ BMF vom 20.11.2012 – BStBl. I S. 1100, BFH vom 12.12.2013 – BStBl. 2014 II S. 517 und vom 27.2.2014 – BStBl. II S. 675, ber. S. 919).

R 5.7 (9, 10)

Einzelfälle

Leistungen auf Grund eines Sozialplans

(9) [1]Rückstellungen für Leistungen auf Grund eines Sozialplans nach den §§ 111, 112 des Betriebsverfassungsgesetzes sind insbesondere unter Beachtung der Grundsätze in den Absätzen 5 und 6 im Allgemeinen ab dem Zeitpunkt zulässig, in dem der Unternehmer den Betriebsrat über die geplante Betriebsänderung nach § 111 Satz 1 des Betriebsverfassungsgesetzes unterrichtet hat. [2]Die Voraussetzungen für die Bildung von Rückstellungen für ungewisse Verbindlichkeiten liegen am Bilanzstichtag auch vor, wenn der Betriebsrat erst nach dem Bilanzstichtag, aber vor der Aufstellung oder Feststellung der Bilanz unterrichtet wird und der Unternehmer sich bereits vor dem Bilanzstichtag zur Betriebsänderung entschlossen oder schon vor dem Bilanzstichtag eine wirtschaftliche Notwendigkeit bestanden hat, eine zur Aufstellung eines Sozialplans verpflichtende Maßnahme durchzuführen. [3]Soweit vorzeitig betriebliche Pensionsleistungen bei alsbaldigem Ausscheiden infolge der Betriebsänderung erbracht werden, richtet sich die Rückstellungsbildung ausschließlich nach § 6a EStG. [4]Die vorstehenden Grundsätze gelten sinngemäß für Leistungen, die auf Grund einer auf Tarifvertrag oder Betriebsvereinbarung beruhenden vergleichbaren Vereinbarung zu erbringen sind.

Patent-, Urheber- oder ähnliche Schutzrechte

(10) [1]Rückstellungen für ungewisse Verbindlichkeiten wegen Benutzung einer offengelegten, aber noch nicht patentgeschützten Erfindung sind nur unter den Voraussetzungen zulässig, die nach § 5 Abs. 3 EStG für Rückstellungen wegen Verletzung eines Patentrechts gelten. [2]Das Auflösungsgebot in § 5 Abs. 3 EStG bezieht sich auf alle Rückstellungsbeträge, die wegen der Verletzung ein und desselben Schutzrechts passiviert worden sind. [3]Hat der Stpfl. nach der erstmaligen Bildung der Rückstellung das Schutzrecht weiterhin verletzt und deshalb die Rückstellung in den folgenden Wirtschaftsjahren erhöht, beginnt für die Zuführungsbeträge keine neue Frist. [4]Nach Ablauf der Drei-Jahres-Frist sind weitere Rückstellungen wegen Verletzung desselben Schutzrechts nicht zulässig, solange Ansprüche nicht geltend gemacht worden sind.

H 5.7 (10)

Patentverletzung.

- Die Bildung einer Rückstellung wegen Verletzung fremder Patentrechte nach § 5 Abs. 3 Satz 1 Nr. 2 EStG setzt nicht voraus, dass der Patentinhaber von der Rechtsverletzung Kenntnis erlangt hat.
- Wird ein und dasselbe Schutzrecht in mehreren Jahren verletzt, bestimmt sich der Ablauf der dreijährigen Auflösungsfrist i. S. d. § 5 Abs. 3 Satz 2 EStG nach der erstmaligen Rechtsverletzung.

(→ BFH vom 9.2.2006 – BStBl. II S. 517).

R 5.7 (11)

Instandhaltung und Abraumbeseitigung

(11) [1]Die nach den Grundsätzen des § 249 Abs. 1 Satz 2 Nr. 1 HGB[1)] gebildete Rückstellung ist auch in der Steuerbilanz anzusetzen. [2]Das Gleiche gilt für die Bildung von Rückstellungen für unterlassene Aufwendungen für Abraumbeseitigungen, die im folgenden Wirtschaftsjahr nachgeholt werden. [3]Bei unterlassener Instandhaltung muss es sich um Erhaltungsarbeiten handeln, die bis zum Bilanzstichtag bereits erforderlich gewesen wären, aber erst nach dem Bilanzstichtag durchgeführt werden. [4]Rückstellungen für Abraumbeseitigungen auf Grund rechtlicher Verpflichtungen sind nach § 249 Abs. 1 Satz 1 HGB (ungewisse Verbindlichkeit) zu bilden.

H 5.7 (11)

Turnusmäßige Erhaltungsarbeiten. Bei Erhaltungsarbeiten, die erfahrungsgemäß in ungefähr gleichem Umfang und in gleichen Zeitabständen anfallen und turnusgemäß durchgeführt werden, liegt in der Regel keine unterlassene Instandhaltung vor (→ BFH vom 15.2.1955 – BStBl. III S. 172).

---

1) **Habersack** Nr. **50**.

R 5.7 (12)

Kulanzleistungen

(12) Rückstellungen nach § 249 Abs. 1 Satz 2 Nr. 2 HGB[1] für Gewährleistungen, die ohne rechtliche Verpflichtungen erbracht werden, sind nur zulässig, wenn sich der Kaufmann den Gewährleistungen aus geschäftlichen Erwägungen nicht entziehen kann.

H 5.7 (12)

Garantierückstellung. → H 5.7 (5).

Geschäftliche Erwägungen. Geschäftliche Erwägungen sind anzunehmen, wenn am Bilanzstichtag unter Berücksichtigung des pflichtgemäßen Ermessens des vorsichtigen Kaufmanns damit zu rechnen ist, dass Kulanzleistungen auch in Zukunft bewilligt werden müssen (→ BFH vom 6.4.1965 – BStBl. III S. 383).

R 5.7 (13)

Auflösung von Rückstellungen

(13) Rückstellungen sind aufzulösen, soweit die Gründe hierfür entfallen.

H 5.7 (13)

Auflösung. Rückstellungen sind auch dann aufzulösen, wenn

- nach dem Bilanzstichtag, aber vor der Bilanzerstellung Umstände bekannt werden, die am Bilanzstichtag objektiv vorlagen, aus denen sich ergibt, dass mit einer Inanspruchnahme nicht mehr zu rechnen ist (→ BFH vom 30.1.2002 – BStBl. II S. 688);
- die Verbindlichkeit trotz weiterbestehender rechtlicher Verpflichtung keine wirtschaftliche Belastung mehr darstellt (→ BFH vom 22.11.1988 – BStBl. 1989 II S. 359).

Erfolgsneutrale Auflösung. Eine Rückstellung ist erfolgsneutral aufzulösen, wenn der Wegfall der Voraussetzungen für ihre Bildung und Beibehaltung auf Umständen beruht, die als Einlage i. S. d. § 4 Abs. 1 Satz 8 EStG zu beurteilen sind (→ BFH vom 12.4.1989 – BStBl. II S. 612).

Rechtsmittel.

- Eine Rückstellung wegen einer gerichtsanhängigen Schadensersatzverpflichtung ist erst aufzulösen, wenn über die Verpflichtung endgültig und rechtskräftig ablehnend entschieden ist (→ BFH vom 27.11.1997 – BStBl. 1998 II S. 375).
- Eine Rückstellung ist nicht aufzulösen, wenn der Stpfl. in einer Instanz obsiegt hat, der Prozessgegner gegen diese Entscheidung aber noch ein Rechtsmittel einlegen kann (→ BFH vom 30.1.2002 – BStBl. II S. 688).
- Ein nach dem Bilanzstichtag, aber vor dem Zeitpunkt der Bilanzaufstellung erfolgter Verzicht des Prozessgegners auf ein Rechtsmittel wirkt nicht auf die Verhältnisse am Bilanzstichtag zurück (→ BFH vom 30.1. 2002 – BStBl. II S. 688).

---

[1] **Habersack** Nr. **50**.

Schadensersatz. → Rechtsmittel.

Verhandlungen. Wird am Bilanzstichtag über den Wegfall einer Verpflichtung verhandelt, so rechtfertigt dies die Auflösung einer gebildeten Rückstellung grundsätzlich nicht (→ BFH vom 17.11.1987 – BStBl. 1988 II S. 430).

H 5.8

Verpflichtungsübernahmen. Zur bilanziellen Berücksichtigung von Verpflichtungsübernahmen, Schuldbeitritten und Erfüllungsübernahmen mit vollständiger oder teilweiser Schuldfreistellung → BMF vom 30.11.2017 (BStBl. I S. 1619).

Zu § 5a EStG

H 5a

Allgemeines. → BMF vom 12.6.2002 (BStBl. I S. 614) unter Berücksichtigung der Änderungen durch BMF vom 31.10.2008 (BStBl. I S. 956) und vom 10.9.2013 (BStBl. I S. 1152); Rz. 12 Satz 2 bis Rz. 14 sind überholt und nicht mehr anzuwenden (→ BFH vom 16.1.2014 – BStBl. II S. 774).

Feststellung eines Unterschiedsbetrags. Ein Unterschiedsbetrag ist nur für diejenigen Wirtschaftsgüter festzustellen, die in der Steuerbilanz des Wj., das der erstmaligen Anwendung der Tonnagebesteuerung vorangeht, anzusetzen sind (→ BFH vom 29.11.2012 – BStBl. 2013 II S. 324).

Hilfsgeschäft.[1] Die Veräußerung eines Schiffs stellt nur dann ein Hilfsgeschäft i. S. d. § 5a Abs. 2 Satz 2 EStG dar, wenn dieses Schiff zunächst in der Absicht eingesetzt wurde, langfristig Handelsschiffe i. S. d. § 5a EStG zu betreiben. Der Erwerb und die Veräußerung eines Schiffes mit dem Ziel, aus dem Veräußerungserlös erst ein anderes i. S. d. § 5a EStG langfristig betriebenes Handelsschiff zu erwerben, ist kein Hilfsgeschäft nach § 5a Abs. 2 Satz 2 EStG (→ BFH vom 26.9.2013 – BStBl. 2014 II S. 253).

Hinzurechnung einer Sondervergütung nach § 5a Abs. 4a Satz 3 EStG. Sondervergütungen i. S. d. § 15 Abs. 1 Satz 1 Nr. 2 EStG sind auch in den Jahren vor Indienststellung eines Handelsschiffes dem nach § 5a Abs. 1 EStG pauschal ermittelten Gewinn (dieser beträgt mangels Tonnage und mangels Betriebstagen 0 Euro) in vollem Umfang nach § 5a Abs. 4a Satz 3 EStG hinzuzurechnen (→ BFH vom 6.2.2014 – BStBl. II S. 522).

Hinzurechnung eines Unterschiedsbetrags nach § 5a Abs. 4 Satz 3 Nr. 3 EStG.[2] Der in dem Jahr des Ausscheidens eines Gesellschafters hinsichtlich des auf ihn entfallenden Anteils gem. § 5a Abs. 4 Satz 3 Nr. 3 EStG dem Gewinn hinzuzurechnende Unterschiedsbetrag nach § 5a Abs. 4

[1] Zur Abgrenzung bei Hilfsgeschäften eines Schiffsbetriebs siehe BFH v. 13.4.2017 IV R 49/15, DStR 2017, 1428.

[2] Betrag aus der Auflösung von Unterschiedsbeträgen nach § 5a Abs. 4 Satz 3 EStG als Teil des laufenden Gesamthandsgewinns, siehe BFH v. 1.10.2020 IV R 4/18, DStRE 2021, 399. – Siehe auch § 5a Abs. 4 und § 52 Abs. 10 Satz 4 EStG i. d. F. des G v. 2.6.2021, BGBl. I 2021, 1859.

Satz 1 EStG führt nicht zu einem nach den §§ 16, 34 EStG steuerbegünstigten Veräußerungsgewinn (→ BFH vom 19.7.2011 – BStBl. II S. 878).

Langfristiger Betrieb von Handelsschiffen. Die Anwendung der Gewinnermittlung nach der Tonnage setzt die Absicht zum langfristigen Betrieb von Handelsschiffen im internationalen Verkehr voraus. Wird der schuldrechtliche Vertrag über die Veräußerung eines Schiffes schon innerhalb eines Jahres seit dem Zeitpunkt geschlossen, zu dem erstmals alle übrigen Voraussetzungen des § 5a EStG vorlagen (Jahresfrist), spricht eine widerlegbare Vermutung dafür, dass schon zu Beginn der Jahresfrist nicht die nach § 5a EStG erforderliche Absicht zum langfristigen Betrieb von Handelsschiffen bestand (→ BFH vom 26.9.2013 – BStBl. 2014 II S. 253).

Zu § 5b EStG

H 5b

Allgemeines. Anwendungsschreiben zur Veröffentlichung der Taxonomie → BMF vom 28.9.2011 (BStBl. I S. 855).

Atypische stille Gesellschaft. → BMF vom 24.11.2017 (BStBl. I S. 1543).

Taxonomien.
- → BMF vom 23.7.2020 (BStBl. I S. 639).
- → BMF vom 9.7.2021 (BStBl. I S. 911).[1)]

Zu § 6 EStG

(§§ 8, 8b, 8c, 9a, 10 bis 11d EStDV)

R 6.1 Anlagevermögen und Umlaufvermögen

(1) [1]Zum **Anlagevermögen** gehören die Wirtschaftsgüter, die bestimmt sind, dauernd dem Betrieb zu dienen. [2]Ob ein Wirtschaftsgut zum Anlagevermögen gehört, ergibt sich aus dessen Zweckbestimmung, nicht aus seiner Bilanzierung. [3]Ist die Zweckbestimmung nicht eindeutig feststellbar, kann die Bilanzierung Anhaltspunkt für die Zuordnung zum Anlagevermögen sein. [4]Zum Anlagevermögen können immaterielle Wirtschaftsgüter, Sachanlagen und Finanzanlagen gehören. [5]Zum abnutzbaren Anlagevermögen gehören insbesondere die auf Dauer dem Betrieb gewidmeten Gebäude, technischen Anlagen und Maschinen sowie die Betriebs- und Geschäftsausstattung. [6]Zum nicht abnutzbaren Anlagevermögen gehören insbesondere Grund und Boden, Beteiligungen und andere Finanzanlagen, wenn sie dazu bestimmt sind, dauernd dem Betrieb zu dienen. [7]Ein Wirtschaftsgut des Anlagevermögens, dessen Veräußerung beabsichtigt ist, bleibt so lange Anlagevermögen, wie sich seine bisherige Nutzung nicht ändert, auch wenn bereits vorbereitende Maßnahmen zu seiner Veräußerung getroffen worden sind. [8]Bei Grundstücken des Anlagevermögens, die bis zu ihrer Veräußerung unverändert genutzt werden, ändert somit selbst eine zum Zwecke der Veräußerung vorgenommene Parzellierung des Grund und Bodens oder Aufteilung des Gebäudes in Eigentumswohnungen nicht die Zugehörigkeit zum Anlagevermögen.

---

1) Taxonomien grds. für die nach dem 31.12.2021 beginnenden Wj. (Wj. 2022 oder 2022/2023), mit Nichtbeanstandungsregelung für Wj. 2021 oder 2021/2022.

(2) Zum **Umlaufvermögen** gehören die Wirtschaftsgüter, die zur Veräußerung, Verarbeitung oder zum Verbrauch angeschafft oder hergestellt worden sind, insbesondere Roh-, Hilfs- und Betriebsstoffe, Erzeugnisse und Waren, Kassenbestände.

H 6.1

Anlagevermögen.
- Begriff → § 247 Abs. 2 HGB.
- Umfang → Gliederungsschema in § 266 Abs. 2 HGB.

Baumbestand. Der in einem selbständigen Nutzungs- und Funktionszusammenhang stehende Baumbestand gehört als Wirtschaftsgut zum nicht abnutzbaren Anlagevermögen eines Forstbetriebs (→ BMF vom 16.5.2012 – BStBl. I S. 595).

Digitale Wirtschaftsgüter. Zur Nutzungsdauer von Computerhardware und Software zur Dateneingabe und -verarbeitung → BMF vom 26.2.2021 (BStBl. I S. 298).

Erwerb von Wirtschaftsgütern kurz vor Betriebsveräußerung. Wirtschaftsgüter, die zum Zweck der dauerhaften Einbindung in einen bereits bestehenden Geschäftsbetrieb erworben werden, sind auch dann im Anlagevermögen auszuweisen, wenn die gesamte organisatorische Einheit (Betrieb einschließlich erworbener Wirtschaftsgüter) kurze Zeit später mit der Absicht der Weiterführung veräußert wird (→ BFH vom 10.8.2005 – BStBl. 2006 II S. 58).

Filme. In echter Auftragsproduktion hergestellte Filme sind immaterielle Wirtschaftsgüter des Umlaufvermögens (→ BFH vom 20.9.1995 – BStBl. 1997 II S. 320).

Geschäfts- oder Firmenwert.
- Zur bilanzsteuerlichen Behandlung des Geschäfts- oder Firmenwerts und sog. firmenwertähnlicher Wirtschaftsgüter → BMF vom 20.11.1986 (BStBl. I S. 532).
- → H 5.5 (Geschäfts- oder Firmenwert/Praxiswert).

Gewerblicher Grundstückshandel. → BMF vom 26.3.2004 (BStBl. I S. 434), Tz. 33.

Grund und Boden eines land- und forstwirtschaftlichen Betriebs. → BMF vom 26.3.2004 (BStBl. I S. 434), Tz. 27.

Halbfertige Bauten auf fremdem Grund und Boden
- werden als Vorräte dem Umlaufvermögen zugeordnet (→ BFH vom 7.9.2005 – BStBl. 2006 II S. 298).
- → H 6.7.

Leergut in der Getränkeindustrie.
- → BFH vom 9.1.2013 (BStBl. 2019 II S. 150):
  - Leergut ist nach seiner Art unterschiedlich zu beurteilen: Der Eigentumsübergang erstreckt sich bei Einheitsleergut nicht nur auf den Inhalt, sondern auch auf die Flaschen und die Kästen selbst (BGH-Urteil vom 9. Juli 2007 II ZR 233/05, BGHZ 173, 159). Bei Brunneneinheitsleergut und Individualleergut erstreckt sich der Eigentumsübergang allein auf den Inhalt der Flaschen und Kästen.

- Für die Verpflichtung zur Rückzahlung des erhaltenen **Pfandgeldes** für Brunneneinheitsleergut und Individualleergut ist eine Verbindlichkeit auszuweisen. Die Pfandverbindlichkeiten können um Bruch und Schwund zu mindern sein.
- Ausführungen zu Mehr- und Minderrücknahmen bei einem Leergutpool.

– Zur Anwendung des BFH-Urteils vom 9.1.2013 (BStBl. 2019 II S. 150) und zur Vereinfachungsregelung bei Einheitsleergut → BMF vom *9.12. 2020* (BStBl. I S. 1367).[1]

Musterhäuser rechnen zum Anlagevermögen (→ BFH vom 31.3.1977 – BStBl. II S. 684).

Praxiswert/Sozietätspraxiswert. → BFH vom 24.2.1994 (BStBl. II S. 590).[2]

Rohstoff. Zum Begriff des Rohstoffs und seiner Zuordnung zum Umlauf-(Vorrats-)vermögen → BFH vom 2.12.1987 (BStBl. 1988 II S. 502).

Umlaufvermögen. Umfang → Gliederungsschema in § 266 Abs. 2 HGB.

Vorführ- und Dienstwagen rechnen zum Anlagevermögen (→ BFH vom 17.11.1981 – BStBl. 1982 II S. 344).

R 6.2 Anschaffungskosten

[1] Wird ein Wirtschaftsgut gegen Übernahme einer Rentenverpflichtung erworben, kann der als Anschaffungskosten zu behandelnde Barwert der Rente abweichend von den §§ 12ff. BewG auch nach versicherungsmathematischen Grundsätzen berechnet werden. [2] Dagegen sind die Anschaffungskosten eines Wirtschaftsgutes, das mittels Ratenkauf ohne gesonderte Zinsvereinbarung erworben wird, stets mit dem nach §§ 12ff. BewG ermittelten Barwert im Zeitpunkt der Anschaffung anzusetzen.

H 6.2

Ablösezahlungen im Profifußball. Zahlungen an den abgebenden Verein für den Transfer von Spielern sind aktivierungspflichtige Anschaffungskosten. Zu aktivieren sind auch die an Spielervermittler gezahlten Provisionen, soweit sie im Zusammenhang mit Vereinswechseln von Spielern gezahlt werden. Hingegen sind gezahlte Provisionen, die für Spieler gezahlt werden, die ablösefrei zu einem anderen Verein wechseln, als sofort abziehbare Betriebsausgaben zu behandeln. Gleiches gilt für Ausbildungs- und Förderungsentschädigungen, die für ablösefrei zu einem anderen Verein gewechselte Spieler gezahlt werden (→ BFH vom 14.12.2011 – BStBl. 2012 II S. 238).

Anschaffungskosten. Begriff und Umfang → § 255 Abs. 1 HGB.

Ausländische Währung.

– Bei einem Anschaffungsgeschäft in ausländischer Währung ist der Wechselkurs im Anschaffungszeitpunkt für die Berechnung der Anschaffungskosten maßgebend (→ BFH vom 16.12.1977 – BStBl. 1978 II S. 233).

---

[1] *Redaktionsversehen,* richtig: BMF v. 8.12.2020, BStBl. I 2020, 1367.
[2] Siehe auch BMF v. 15.1.1995, BStBl. I 1995, 14.

– Ist der in einer Fremdwährung geleistete Einzahlungsbetrag eines Gesellschafters in die Kapitalrücklage der Gesellschaft, durch den sich die Anschaffungskosten seiner Beteiligung erhöht haben, später an den Gesellschafter zurückzuzahlen und hat sich der – in € – berechnete Wert jenes Betrags inzwischen durch einen Kursverlust der fremden Währung vermindert, entsteht für den Gesellschafter auch dann kein sofort abziehbarer Aufwand, wenn er die Beteiligung im Betriebsvermögen hält. Der Anspruch auf die Rückzahlung ist bei Gewinnermittlung durch Bestandsvergleich mit demjenigen Wert anzusetzen, der sich unter Berücksichtigung des Wechselkurses am Tag der Darlehensgewährung oder – im Fall der dauernden Wertminderung – eines ggf. niedrigeren Kurses am Bilanzstichtag ergibt (→ BFH vom 27.4.2000 – BStBl. 2001 II S. 168).

Ausschüttung aus dem steuerlichen Einlagekonto i. S. d. § 27 KStG.

– Die Ausschüttung aus dem Eigenkapital nach § 27 KStG verringert wie eine → Rückzahlung aus Kapitalherabsetzung die Anschaffungskosten der Beteiligung an einer Kapitalgesellschaft.

– → BMF vom 4.6.2003 (BStBl. I S. 366).

– → BFH vom 16.3.1994 (BStBl. II S. 527) und vom 19.7.1994 (BStBl. 1995 II S. 362).

– Ausschüttungen aus dem steuerlichen Einlagekonto i. S. d. § 27 KStG sind als Beteiligungsertrag zu erfassen, soweit sie den Buchwert übersteigen (→ BFH vom 20.4.1999 – BStBl. II S. 647).

Beteiligung an einer Kapitalgesellschaft.

– Die Anschaffungskosten einer betrieblichen Beteiligung an einer Kapitalgesellschaft umfassen neben den ursprünglichen Anschaffungskosten auch die Nachschüsse sowie alle sonstigen Kapitalzuführungen durch die Gesellschafter, die auf der Ebene der Kapitalgesellschaft zu offenen oder verdeckten Einlagen führen. Sie umschließen – anders als im Bereich des § 17 EStG (→ R 17 Abs. 5) – nicht die Zuführung von Fremdkapital, wie die Gewährung von Darlehen, oder die Bürgschaftsleistungen von Gesellschaftern; die entsprechende Darlehensforderung ist vielmehr ein eigenständiges Wirtschaftsgut im Betriebsvermögen des Gesellschafters (→ BFH vom 20.4.2005 – BStBl. II S. 694).

– Die Zusammenlegung von GmbH-Anteilen lässt die Anschaffungskosten der betroffenen Anteile unberührt. Sie setzen sich in dem neu entstandenen Anteil fort (→ BFH vom 9.11.2017 – BStBl. 2018 II S. 575).

Disagio. Dem Veräußerer erstattete Damnum-/Disagiobeträge gehören beim Erwerber zu den Anschaffungskosten, wenn deren verpflichtende Erstattung im Kaufvertrag als Teil des Kaufpreises vereinbart worden ist (→ BFH vom 17.2.1981 – BStBl. II S. 466).

Einlagenrückgewähr.

– → Kapitalherabsetzung (Rückzahlung aus Kapitalherabsetzung).

– → Ausschüttung aus dem steuerlichen Einlagekonto i. S. d. § 27 KStG.

Erbauseinandersetzung und vorweggenommene Erbfolge. Anschaffungskosten bei Erbauseinandersetzung und vorweggenommener Erbfolge → BMF vom 14.3.2006 (BStBl. I S. 253) unter Berücksichtigung der Änderungen durch BMF vom 27.12.2018 (BStBl. 2019 I S. 11) und → BMF vom 13.1.1993 (BStBl. I S. 80) unter Berücksichtigung der Änderungen durch BMF vom 26.2.2007 (BStBl. I S. 269).

Erbbaurecht.[1)]

– Zu den Anschaffungskosten des Wirtschaftsguts „Erbbaurecht" gehören auch einmalige Aufwendungen wie Grunderwerbsteuer, Maklerprovision, Notar- und Gerichtsgebühren, jedoch nicht vorausgezahlte oder in einem Einmalbetrag gezahlte Erbbauzinsen (→ BFH vom 4.6.1991 – BStBl. 1992 II S. 70 und vom 8.11.2017 – BStBl. 2018 II S. 518).
– Beim Erwerb eines „bebauten" Erbbaurechts entfallen die gesamten Anschaffungskosten auf das Gebäude, wenn der Erwerber dem bisherigen Erbbauberechtigten nachweislich ein Entgelt nur für den Gebäudeanteil gezahlt hat, während er gegenüber dem Erbbauverpflichteten (Grundstückseigentümer) nur zur Zahlung des laufenden Erbbauzinses verpflichtet ist (→ BFH vom 15.11.1994 – BStBl. 1995 II S. 374).
– → H 6.4 (Erschließungs-, Straßenanlieger- und andere Beiträge).

Forderung auf Rückzahlung eines Fremdwährungsdarlehens. In der Bilanz ist der Anspruch auf Rückzahlung eines in Fremdwährung gewährten Darlehens mit demjenigen Wert anzusetzen, der sich unter Berücksichtigung des Wechselkurses am Tag der Darlehensgewährung oder – im Fall der dauernden Wertminderung – eines ggf. niedrigeren Kurses am Bilanzstichtag ergibt (→ BFH vom 27.4.2000 – BStBl. 2001 II S. 168).

Gemeinkosten gehören nicht zu den Anschaffungskosten (→ BFH vom 13.4.1988 – BStBl. II S. 892).

Grunderwerbsteuer.

– **Bei Anteilsvereinigung:** Die infolge einer Sacheinlage von Gesellschaftsanteilen auf Grund Anteilsvereinigung ausgelöste Grunderwerbsteuer ist von der aufnehmenden Gesellschaft nicht als Anschaffungs(neben)kosten der eingebrachten Anteile zu aktivieren (→ BFH vom 20.4.2011 – BStBl. II S. 761).
– **Bei Gesellschafterwechsel:** Die infolge eines Wechsels im Gesellschafterbestand ausgelösten Grunderwerbsteuern nach § 1 Abs. 2a GrEStG stellen keine Anschaffungs(neben)kosten der erworbenen Kommanditanteile oder des vorhandenen Grundbesitzes der Objektgesellschaft dar (→ BFH vom 2.9.2014 – BStBl. 2015 II S. 260).

Grundstücke. → H 6.4.

Kapitalherabsetzung.

– **Rückzahlung aus Kapitalherabsetzung.** Die Rückzahlung aus Kapitalherabsetzung verringert die Anschaffungskosten der Beteiligung an einer Kapitalgesellschaft, soweit die Rückzahlung nicht zu den Einnahmen i. S. d. § 20 Abs. 1 Nr. 2 EStG rechnet (→ BFH vom 29.6.1995 – BStBl. II S. 725 und BMF vom 4.6.2003 – BStBl. I S. 366).

[1)] Siehe auch BFH v. 23.11.1993 IX R 84/92, BStBl. II 1994, 292, und IX R 101/92, BStBl. II 1994, 348.

– **Kapitalherabsetzung durch Einziehung von Aktien.** Bei einer vereinfachten Kapitalherabsetzung durch Einziehung unentgeltlich zur Verfügung gestellter Aktien (§ 237 Abs. 3 Nr. 1, Abs. 4 und 5 AktG) gehen die anteiligen Buchwerte der von einem Aktionär zur Einziehung zur Verfügung gestellten Aktien mit deren Übergabe auf die dem Aktionär verbleibenden Aktien anteilig über, soweit die Einziehung bei diesen Aktien zu einem Zuwachs an Substanz führt. Soweit die Einziehung der von dem Aktionär zur Verfügung gestellten Aktien bei den Aktien anderer Aktionäre zu einem Zuwachs an Substanz führt, ist der auf die eingezogenen Aktien entfallende anteilige Buchwert von dem Aktionär ergebniswirksam auszubuchen (→ BFH vom 10.8.2005 – BStBl. 2006 II S. 22).

Mitunternehmeranteil.

– Für den Erwerber stellen die Aufwendungen zum Erwerb des Anteils einschließlich eines negativen Kapitalkontos Anschaffungskosten dar; ggf. sind sie oder Teile davon als Ausgleichsposten in der Ergänzungsbilanz des Erwerbers zu berücksichtigen (→ BFH vom 21.4.1994 – BStBl. II S. 745).[1]

– Ist die Abfindung eines ausscheidenden Gesellschafters geringer als sein Kapitalkonto, sind in der Steuerbilanz in Höhe der Differenz die Buchwerte der bilanzierten Wirtschaftsgüter abzustocken. Buchwerte für Bargeld und Guthaben bei Geldinstituten können infolge des Nominalwertprinzips nicht abgestockt werden. Ist der Differenzbetrag höher als die möglichen Abstockungen, muss im Übrigen ein passiver Ausgleichsposten gebildet werden, der mit künftigen Verlusten zu verrechnen und spätestens bei Beendigung der Beteiligung gewinnerhöhend aufzulösen ist (→ BFH vom 12.12.1996 – BStBl. 1998 II S. 180).

– Zur Abschreibung von Mehrwerten in einer Ergänzungsbilanz → BMF vom 19.12.2016 (BStBl. 2017 I S. 34).

Nebenkosten gehören zu den Anschaffungskosten, soweit sie dem Wirtschaftsgut einzeln zugeordnet werden können (→ BFH vom 13.10.1983 – BStBl. 1984 II S. 101). Sie können nur dann aktiviert werden, wenn auch die Anschaffungs(haupt)kosten aktiviert werden können (→ BFH vom 19.6. 1997 – BStBl. II S. 808).

Optionsprämie. Die für die Einräumung der Option ursprünglich angefallenen Anschaffungskosten sind bei Optionsausübung als Anschaffungsnebenkosten Teil der Anschaffungskosten der erworbenen Aktien (→ BFH vom 22.5.2019 – BStBl. 2020 II S. 44).

Preisnachlass oder Rabatt. Der Preisnachlass, der nicht von dem Verkäufer (Hersteller), sondern von dem Händler (Agent) aus dessen Provision gewährt wird, mindert ebenso wie ein vom Verkäufer gewährter Rabatt die Anschaffungskosten (→ BFH vom 22.4.1988 – BStBl. II S. 901).

---

[1] Siehe ferner BFH v. 14.6.1994 VIII R 37/93, BStBl. II 1995, 246, und v. 19.2.1998 IV R 59/96, BStBl. II 1999, 266.

Rentenverpflichtung. Der Barwert einer übernommenen Rentenverpflichtung ist grundsätzlich nach den §§ 12 ff. BewG[1] zu ermitteln (→ BFH vom 31.1.1980 – BStBl. II S. 491); → aber R 6.2.

Rückzahlung einer offenen Gewinnausschüttung. → H 17 (5).

Schuldübernahmen.
- Schuldübernahmen rechnen zu den Anschaffungskosten (→ BFH vom 31.5.1972 – BStBl. II S. 696 und vom 2.10.1984 – BStBl. 1985 II S. 320).
- → Erbauseinandersetzung und vorweggenommene Erbfolge.

Skonto. Die Anschaffungskosten von Wirtschaftsgütern mindern sich weder im Anschaffungszeitpunkt noch zum nachfolgenden Bilanzstichtag um einen möglichen Skontoabzug, sondern erst im Zeitpunkt seiner tatsächlichen Inanspruchnahme (→ BFH vom 27.2.1991 – BStBl. II S. 456).

Tätigkeitsvergütungen. → H 15.8 (3).

Vorsteuerbeträge. Zur Behandlung von Vorsteuerbeträgen, die nach dem UStG nicht abgezogen werden können, als Anschaffungskosten → § 9b Abs. 1 EStG.[2]

Wahlrecht eines Mitunternehmers. → H 4.4.

Waren. Werden die Anschaffungskosten von Waren nach dem Verkaufswertverfahren durch retrograde Berechnung in der Weise ermittelt, dass von den ausgezeichneten Preisen die kalkulierte Handelsspanne abgezogen wird, ist dieses Verfahren nicht zu beanstanden; bei am Bilanzstichtag bereits herabgesetzten Preisen darf jedoch nicht von der ursprünglich kalkulierten Handelsspanne, sondern nur von dem verbleibenden Verkaufsaufschlag ausgegangen werden (→ BFH vom 27.10.1983 – BStBl. 1984 II S. 35).

Wertaufholungsgebot bei Beteiligungen.
- Für die Bemessung der Anschaffungskosten einer Beteiligung ist im Rahmen des steuerlichen Wertaufholungsgebotes als Obergrenze auf die historischen Anschaffungskosten der Beteiligung und nicht auf den unter Anwendung des sog. Tauschgutachtens fortgeführten Buchwert abzustellen (→ BFH vom 24.4.2007 – BStBl. II S. 707).
- Zu jedem Bilanzstichtag ist zu prüfen, ob (irgend)ein Grund für eine Bewertung unterhalb der historischen Anschaffungskosten vorliegt. Eine gewinnerhöhende Wertaufholung ist z.B. auch dann vorzunehmen, wenn nach einer ausschüttungsbedingten Teilwertabschreibung von Anteilen an einer Kapitalgesellschaft diese später wieder werthaltig werden, weil der Kapitalgesellschaft durch einen begünstigten Einbringungsvorgang neues Betriebsvermögen zugeführt wird (→ BFH vom 8.11.2016 – BStBl. 2017 II S. 1002).
- → H 3.40 (Wertaufholungen).

Wertsicherungsklausel. Die Anschaffungskosten eines gegen Übernahme einer Rentenverpflichtung erworbenen Wirtschaftsguts bleiben unverändert, wenn sich der Barwert der Rentenverpflichtung auf Grund einer Wertsicherungsklausel nachträglich erhöht (→ BFH vom 27.1.1998 – BStBl. II S. 537).

---

[1] **Steuergesetze** Nr. **200**. – Siehe auch R B 12.1 ff. und R B 13 ErbStR (Nr. **250**).
[2] Vgl. auch R 9b EStR und H 9b EStH.

Zuzahlung des Veräußerers. Zuzahlungen im Rahmen eines Anschaffungsvorgangs führen nicht zum passiven Ausweis „negativer Anschaffungskosten". Vielmehr ist beim Erwerber ein passiver Ausgleichsposten auszuweisen, es sei denn, die Zuzahlung ist als Entgelt für eine gesonderte Leistung des Erwerbers, beispielsweise für eine Übernahme einer Bürgschaft, anzusehen (→ BFH vom 26.4.2006 – BStBl. II S. 656).

Zwangsversteigerung. Zu den Anschaffungskosten beim Erwerb eines Grundstücks im Zwangsversteigerungsverfahren gehört nicht nur das Gebot nebst den dazugehörigen Kosten, zu denen dem die Zwangsversteigerung betreibenden Grundpfandgläubiger das Grundstück zugeschlagen wird, sondern auch die gemäß § 91 des Zwangsversteigerungsgesetzes erloschenen nachrangigen eigenen Grundpfandrechte des Gläubigers, soweit sie nicht ausgeboten sind, wenn ihr Wert durch den Verkehrswert des ersteigerten Grundstücks gedeckt ist (→ BFH vom 11.11.1987 – BStBl. 1988 II S. 424).

R **6.3** Herstellungskosten

(1) In die **Herstellungskosten** eines Wirtschaftsgutes sind auch angemessene Teile der notwendigen **Materialgemeinkosten** und **Fertigungsgemeinkosten** (→ Absatz 2), der angemessenen Kosten der allgemeinen Verwaltung, der angemessenen Aufwendungen für soziale Einrichtungen des Betriebs, für freiwillige soziale Leistungen und für die betriebliche Altersversorgung (→ Absatz 3) sowie der **Wertverzehr von Anlagevermögen,** soweit er durch die Herstellung des Wirtschaftsgutes veranlasst ist (→ Absatz 4), einzubeziehen.[1)]

(2) Zu den **Materialgemeinkosten und den Fertigungsgemeinkosten** gehören u. a. auch die Aufwendungen für folgende Kostenstellen:
– Lagerhaltung, Transport und Prüfung des Fertigungsmaterials,
– Vorbereitung und Kontrolle der Fertigung,
– Werkzeuglager,
– Betriebsleitung, Raumkosten, Sachversicherungen,
– Unfallstationen und Unfallverhütungseinrichtungen der Fertigungsstätten,
– Lohnbüro, soweit in ihm die Löhne und Gehälter der in der Fertigung tätigen Arbeitnehmer abgerechnet werden.

(3) [1]Zu den Kosten für die allgemeine Verwaltung gehören u. a. die Aufwendungen für Geschäftsleitung, Einkauf und Wareneingang, Betriebsrat, Personalbüro, Nachrichtenwesen, Ausbildungswesen, Rechnungswesen – z. B. Buchführung, Betriebsabrechnung, Statistik und Kalkulation –, Feuerwehr, Werkschutz sowie allgemeine Fürsorge einschließlich Betriebskrankenkasse. [2]Zu den Aufwendungen für soziale Einrichtungen gehören z. B. Aufwendungen für Kantine einschließlich der Essenszuschüsse sowie für Freizeitgestaltung der Arbeitnehmer. [3]Freiwillige soziale Leistungen sind nur Aufwendungen, die nicht arbeitsvertraglich oder tarifvertraglich vereinbart worden sind; hierzu können z. B. Jubiläumsgeschenke, Wohnungs- und andere freiwillige Beihilfen, Weihnachtszuwendungen oder Aufwendungen für die Beteiligung der Arbeitnehmer am Ergebnis des Unternehmens gehören. [4]Aufwendungen für die betriebliche Altersversorgung sind Beiträge an Direktversicherungen und Pen-

---

[1)] **[Amtl. Anm.:]** Teilweise überholt durch § 6 Abs. 1 Nr. 1b EStG.

sionsfonds, Zuwendungen an Pensions- und Unterstützungskassen sowie Zuführungen zu Pensionsrückstellungen.

(4) [1] Als **Wertverzehr des Anlagevermögens,** soweit er der Fertigung der Erzeugnisse gedient hat, ist grundsätzlich der Betrag anzusetzen, der bei der Bilanzierung des Anlagevermögens als AfA berücksichtigt ist. [2] Es ist nicht zu beanstanden, wenn der Stpfl., der bei der Bilanzierung des angeschafften oder hergestellten beweglichen Anlagevermögens die AfA in fallenden Jahresbeträgen vorgenommen hat, bei der Berechnung der Herstellungskosten der Erzeugnisse die AfA in gleichen Jahresbeträgen (§ 7 Abs. 1 Satz 1 und 2 EStG) berücksichtigt. [3] In diesem Fall muss der Stpfl. jedoch dieses Absetzungsverfahren auch dann bei der Berechnung der Herstellungskosten beibehalten, wenn gegen Ende der Nutzungsdauer die AfA in fallenden Jahresbeträgen niedriger sind als die AfA in gleichen Jahresbeträgen. [4] Der Wertverzehr des der Fertigung dienenden Anlagevermögens ist bei der Berechnung der Herstellungskosten der Erzeugnisse auch dann in Höhe der sich nach den Anschaffungs- oder Herstellungskosten des Anlagevermögens ergebenden AfA in gleichen Jahresbeträgen zu berücksichtigen, wenn der Stpfl. Bewertungsfreiheiten, Sonderabschreibungen oder erhöhte Absetzungen in Anspruch genommen und diese nicht in die Herstellungskosten der Erzeugnisse einbezogen hat. [5] Der Wertverzehr von Wirtschaftsgütern i. S. d. § 6 Abs. 2 oder 2a EStG darf nicht in die Berechnung der Herstellungskosten der Erzeugnisse einbezogen werden. [6] Teilwertabschreibungen auf das Anlagevermögen i. S. d. § 6 Abs. 1 Nr. 1 Satz 2 EStG sind bei der Berechnung der Herstellungskosten der Erzeugnisse nicht zu berücksichtigen.

(5) [1] Das handelsrechtliche Bewertungswahlrecht für Fremdkapitalzinsen gilt auch für die steuerliche Gewinnermittlung. [2] Sind handelsrechtlich Fremdkapitalzinsen in die Herstellungskosten einbezogen worden, sind sie gem. § 5 Abs. 1 Satz 1 1. Halbsatz EStG auch in der steuerlichen Gewinnermittlung als Herstellungskosten zu beurteilen.

(6) [1] Die **Steuern** vom **Einkommen** gehören nicht zu den steuerlich abziehbaren Betriebsausgaben und damit auch nicht zu den Herstellungskosten. [2] Entsprechendes gilt für die **Gewerbesteuer** (§ 4 Abs. 5b EStG). [3] Die **Umsatzsteuer** gehört zu den Vertriebskosten, die die Herstellungskosten nicht berühren.

(7) Wird ein Betrieb infolge teilweiser Stilllegung oder mangelnder Aufträge nicht voll ausgenutzt, sind die dadurch verursachten Kosten bei der Berechnung der Herstellungskosten nicht zu berücksichtigen.

(8) Bei am Bilanzstichtag noch nicht fertig gestellten Wirtschaftsgütern (→ halbfertige Arbeiten) ist es für die Aktivierung der Herstellungskosten unerheblich, ob die bis zum Bilanzstichtag angefallenen Aufwendungen bereits zur Entstehung eines als Einzelheit greifbaren Wirtschaftsgutes geführt haben.

(9) Soweit die Absätze 1 und 3 von R 6.3 Abs. 4 EStR 2008 abweichen, darf R 6.3 Abs. 4 EStR 2008 weiterhin für Wirtschaftsgüter angewendet werden, mit deren Herstellung vor Veröffentlichung der EStÄR 2012 im Bundessteuerblatt begonnen wurde.[1)]

[1)] **[Amtl. Anm.:]** Überholt, jetzt § 6 Abs. 1 Nr. 1b EStG.

H 6.3

Abraumvorrat. Kosten der Schaffung eines Abraumvorrats bei der Mineralgewinnung sind Herstellungskosten (→ BFH vom 23.11.1978 – BStBl. 1979 II S. 143).

Ausnutzung von Produktionsanlagen.

- Die nicht volle Ausnutzung von Produktionsanlagen führt nicht zu einer Minderung der in die Herstellungskosten einzubeziehenden Fertigungsgemeinkosten, wenn sich die Schwankung in der Kapazitätsausnutzung aus der Art der Produktion, wie z. B. bei einer Zuckerfabrik als Folge der Abhängigkeit von natürlichen Verhältnissen, ergibt (→ BFH vom 15.2.1966 – BStBl. III S. 468).
- → R 6.3 Abs. 7.

Bewertungswahlrecht. Ein handelsrechtliches Bewertungswahlrecht führt steuerrechtlich zum Ansatz des höchsten nach Handels- und Steuerrecht zulässigen Werts, soweit nicht auch steuerrechtlich ein inhaltsgleiches Wahlrecht besteht (→ BFH vom 21.10.1993 – BStBl. 1994 II S. 176).

Geldbeschaffungskosten gehören nicht zu den Herstellungskosten (→ BFH vom 24.5.1968 – BStBl. II S. 574).

Halbfertige Arbeiten.

- Bei Wirtschaftsgütern, die am Bilanzstichtag noch nicht fertiggestellt sind, mit deren Herstellung aber bereits begonnen worden ist, sind die bis zum Bilanzstichtag angefallenen Herstellungskosten zu aktivieren, soweit nicht von ihrer Einbeziehung abgesehen werden kann (→ BFH vom 23.11.1978 – BStBl. 1979 II S. 143).
- → H 6.1 und → H 6.7 (Halbfertige Bauten auf fremdem Grund und Boden).

Herstellungskosten. Begriff und Umfang → § 255 Abs. 2 HGB sowie BFH vom 4.7.1990 (BStBl. II S. 830).

Kalkulatorische Kosten. Kalkulatorische Kosten sind nicht tatsächlich entstanden und rechnen deshalb **nicht** zu den Herstellungskosten. Das gilt z. B. für:

- **Zinsen für Eigenkapital** (→ BFH vom 30.6.1955 – BStBl. III S. 238).
- **Wert der eigenen Arbeitsleistung** (fiktiver Unternehmerlohn des Einzelunternehmers → BFH vom 10.5.1995 – BStBl. II S. 713); nicht dagegen Tätigkeitsvergütung i. S. d. § 15 Abs. 1 Satz 1 Nr. 2 EStG, die dem Gesellschafter von der Gesellschaft im Zusammenhang mit der Herstellung eines Wirtschaftsguts gewährt wird (→ BFH vom 8.2.1996 – BStBl. II S. 427) → H 6.4 (Arbeitsleistung).

Vorsteuerbeträge. Zur Behandlung von Vorsteuerbeträgen, die nach dem UStG nicht abgezogen werden können, als Herstellungskosten → § 9b Abs. 1 EStG.[1)]

Zinsen für Fremdkapital. → § 255 Abs. 3 HGB sowie R 6.3 Abs. 5.

---

1) Vgl. auch R 9b EStR und H 9b EStH.

R 6.4 Aufwendungen im Zusammenhang mit einem Grundstück

Anschaffungsnahe Herstellungskosten

(1) [1]Zu den Instandsetzungs- und Modernisierungsmaßnahmen i.S.d. § 6 Abs. 1 Nr. 1a EStG gehört auch die Beseitigung versteckter Mängel. [2]Bei teilentgeltlichem Erwerb des Gebäudes können anschaffungsnahe Herstellungskosten nur im Verhältnis zum entgeltlichen Teil des Erwerbsvorgangs gegeben sein.

Kinderspielplatz

(2) [1]Entstehen dem Stpfl. Aufwendungen für die Anlage eines Kinderspielplatzes im Zusammenhang mit der Errichtung eines Wohngebäudes, liegen nur dann Herstellungskosten des Gebäudes vor, wenn die Gemeinde als Eigentümerin den Kinderspielplatz angelegt und dafür Beiträge von den Grundstückseigentümern erhoben hat. [2]In allen anderen Fällen (Errichtung des Spielplatzes auf einem Grundstück des Stpfl. oder als gemeinsamer Spielplatz mit anderen Hauseigentümern) entsteht durch die Aufwendungen ein selbständig zu bewertendes Wirtschaftsgut, dessen Nutzungsdauer im Allgemeinen mit zehn Jahren angenommen werden kann.

H 6.4

Abbruchkosten.[1]) Wird ein Gebäude oder ein Gebäudeteil abgerissen, sind für die steuerrechtliche Behandlung folgende Fälle zu unterscheiden:

1. Der Stpfl. hatte das Gebäude auf einem ihm bereits gehörenden Grundstück errichtet,
2. der Stpfl. hat das Gebäude in der Absicht erworben, es als Gebäude zu nutzen (Erwerb ohne Abbruchabsicht),
3. der Stpfl. hat das Gebäude zum Zweck des Abbruchs erworben (Erwerb mit Abbruchabsicht),
4. der Stpfl. plant den Abbruch eines zum Privatvermögen gehörenden Gebäudes und die Errichtung eines zum Betriebsvermögen gehörenden Gebäudes (Einlage mit Abbruchabsicht),

aber: → Abbruchkosten bei vorheriger Nutzung außerhalb der Einkünfteerzielung.

In den Fällen der **Nr. 1 und 2** sind im Jahr des Abbruchs die Abbruchkosten und der Restbuchwert des abgebrochenen Gebäudes sofort abziehbare Betriebsausgaben (zu Nr. 1 → BFH vom 21.6.1963 – BStBl. III S. 477 und vom 28.3.1973 – BStBl. II S. 678, zu Nr. 2 → BFH vom 12.6.1978 – BStBl. II S. 620). Dies gilt auch bei einem in Teilabbruchabsicht erworbenen Gebäude für die Teile, deren Abbruch nicht geplant war. Die darauf entfallenden Abbruchkosten und der anteilige Restbuchwert sind ggf. im Wege der Schätzung zu ermitteln (→ BFH vom 15.10.1996 – BStBl. 1997 II S. 325).

Im Fall der **Nr. 3** gilt Folgendes:

a) War das Gebäude technisch oder wirtschaftlich nicht verbraucht, gehören sein Buchwert und die Abbruchkosten, wenn der Abbruch des Gebäudes mit der Herstellung eines neuen Wirtschaftsguts in einem engen wirtschaftlichen Zusammenhang steht, zu den Herstellungskosten dieses

---

[1]) Vgl. auch H 6b.1 EStH (Abbruchkosten).

Wirtschaftsguts, sonst zu den Anschaffungskosten des Grund und Bodens (→ BFH vom 4.12.1984 – BStBl. 1985 II S. 208). Müssen bei einem in Teilabbruchabsicht erworbenen Gebäude umfangreichere Teile als geplant abgerissen werden, gehören die Abbruchkosten und der Restwert des abgerissenen Gebäudes insoweit zu den Herstellungskosten des neuen Gebäudes, als sie auf Gebäudeteile entfallen, die bei Durchführung des im Erwerbszeitpunkt geplanten Umbaus ohnehin hätten entfernt werden sollen. Dieser Anteil ist ggf. im Wege der Schätzung zu ermitteln (→ BFH vom 15.10.1996 – BStBl. 1997 II S. 325).

b) War das Gebäude im Zeitpunkt des Erwerbs objektiv wertlos, entfällt der volle Anschaffungspreis auf den Grund und Boden (→ BFH vom 15.2.1989 – BStBl. II S. 604); für die Abbruchkosten gilt Buchstabe a entsprechend.

Wird mit dem Abbruch eines Gebäudes innerhalb von drei Jahren nach dem Erwerb begonnen, spricht der Beweis des ersten Anscheins dafür, dass der Erwerber das Gebäude in der Absicht erworben hat, es abzureißen. Der Stpfl. kann diesen Anscheinsbeweis durch den Gegenbeweis entkräften, z. B. dass es zu dem Abbruch erst aufgrund eines ungewöhnlichen Geschehensablaufs gekommen ist. Damit ist nicht ausgeschlossen, dass in besonders gelagerten Fällen, z. B. bei großen Arrondierungskäufen, auch bei einem Zeitraum von mehr als drei Jahren zwischen Erwerb und Beginn des Abbruchs der Beweis des ersten Anscheins für einen Erwerb in Abbruchabsicht spricht (→ BFH vom 12.6.1978 – BStBl. II S. 620). Für den Beginn der Dreijahresfrist ist in der Regel der Abschluss des obligatorischen Rechtsgeschäfts maßgebend (→ BFH vom 6.2.1979 – BStBl. II S. 509).

→ Abbruchkosten bei unentgeltlicher Betriebsübertragung nach § 6 Abs. 3 EStG.

Im Fall der **Nr. 4** gehören der Wert des abgebrochenen Gebäudes und die Abbruchkosten zu den Herstellungskosten des neu zu errichtenden Gebäudes; der Einlagewert des Gebäudes ist nicht schon deshalb mit 0 Euro anzusetzen, weil sein Abbruch beabsichtigt ist (→ BFH vom 9.2.1983 – BStBl. II S. 451).

Abbruchkosten bei unentgeltlicher Betriebsübertragung nach § 6 Abs. 3 EStG. Die Rechtsgrundsätze zur Behandlung von Abbruchkosten beim Erwerb eines Gebäudes in Abbruchabsicht gelten auch für den unentgeltlichen Erwerb eines Mitunternehmeranteils im Wege der vorweggenommenen Erbfolge. Die aus der Abbruchabsicht resultierende Qualifikation als Herstellungskosten des neuen Gebäudes bleibt von der in § 6 Abs. 3 EStG geregelten Buchwertfortführung unberührt (→ BFH vom 27.5.2020 – BStBl. 2021 II S. 748).

Abbruchkosten bei vorheriger Nutzung außerhalb der Einkünfteerzielung. Wurde das abgebrochene Gebäude zuvor zu eigenen Wohnzwecken oder anderen nicht einkommensteuerlich relevanten Zwecken genutzt, stehen die Abbruchkosten und ggf. die Absetzungen für außergewöhnliche Abnutzung ausschließlich im Zusammenhang mit dem Neubau und bilden Herstellungskosten des neuen Gebäudes (→ BFH vom 16.4.2002 – BStBl. II S. 805).

Abgrenzung der selbständigen von den unselbständigen Gebäudeteilen. → R 4.2 Abs. 5.

Abgrenzung von Anschaffungs-, Herstellungskosten und Erhaltungsaufwendungen. → R 21.1 und → BMF vom 18.7.2003 (BStBl. I S. 386).

Ablöse- und Abstandszahlungen.
- An Mieter oder Pächter → Entschädigungs- oder Abfindungszahlungen.
- → Stellplätze.
- Aufwendungen zur Ablösung des Erbbaurechts zählen zu den Herstellungskosten des anschließend auf dem Grundstück nach dem Abriss der vorhandenen Bebauung neu errichteten Gebäudes (→ BFH vom 13.12.2005 – BStBl. 2006 II S. 461).

Abtragung unselbständiger Gebäudeteile. → Baumängelbeseitigung.

Anschaffungskosten des Grund und Bodens.
- → Erdarbeiten,
- → Erschließungs-, Straßenanlieger- und andere Beiträge,
- → Hausanschlusskosten,
- → Zwangsräumung.

Anschaffungsnahe Herstellungskosten.
- → BMF vom 20.10.2017 (BStBl. I S. 1447).
- **Nicht** zu den anschaffungsnahen Herstellungskosten gehören Aufwendungen für Instandsetzungsmaßnahmen zur Beseitigung eines Schadens, welcher im Zeitpunkt der Anschaffung noch nicht vorhanden war und nachweislich erst später durch schuldhaftes Verhalten eines Dritten am Gebäude verursacht worden ist (→ BFH vom 9.5.2017 – BStBl. 2018 II S. 9).
- Zu anschaffungsnahen Herstellungskosten **können auch** unvermutete Aufwendungen für Renovierungsmaßnahmen führen, die lediglich dazu dienen, Schäden zu beseitigen, welche aufgrund eines langjährigen vertragsgemäßen Gebrauchs der Mietsache durch den Nutzungsberechtigten entstanden sind. Dies gilt auch, wenn im Zeitpunkt der Anschaffung vorhandene, dem Stpfl. bei Erwerb aber verborgen gebliebene Mängel behoben werden (→ BFH vom 13.3.2018 – BStBl. II S. 533).

Arbeitsleistung.
- Zu den Herstellungskosten des Gebäudes zählt nicht der Wert der eigenen Arbeitsleistung (→ BFH vom 10.5.1995 – BStBl. II S. 713).
- → H 6.3 (Kalkulatorische Kosten).
- → Tätigkeitsvergütung.

Ausgleichsbeträge nach § 154 BauGB. Die anlässlich einer städtebaulichen Sanierungsmaßnahme zu zahlenden Ausgleichs- oder Ablösungsbeträge sind
- als Anschaffungs- oder Herstellungskosten zu behandeln, wenn das Grundstück in seiner Substanz oder seinem Wesen verändert wird (z. B. bei einer erstmaligen Erschließung oder bei Maßnahmen zur Verbesserung der Bebaubarkeit) oder
- als Werbungskosten/Betriebsausgaben sofort abziehbar, wenn z. B. vorhandene Anlagen ersetzt oder modernisiert werden.

Die Erhöhung des Grundstückswerts allein führt noch nicht zu Anschaffungs-/Herstellungskosten.

Die Aufwendungen sind nur dann als Anschaffungs-/Herstellungskosten zu behandeln, wenn
- die Bodenwerterhöhung 10% überschreitet und
- die Bodenwerterhöhung auf Verbesserungen der Erschließung und/oder Bebaubarkeit beruht.

→ BMF vom 8.9.2003 (BStBl. I S. 489) einschließlich Vordruck „Bescheinigung über sanierungsrechtliche Ausgleichs- oder Ablösungsbeträge nach dem Baugesetzbuch (§ 154 BauGB)".

Außenanlagen.
- Hofbefestigungen und Straßenzufahrt stehen grundsätzlich mit einem Betriebsgebäude in keinem einheitlichen Nutzungs- und Funktionszusammenhang. Die Aufwendungen gehören daher nicht zu den Herstellungskosten des Gebäudes (→ BFH vom 1.7.1983 – BStBl. II S. 686).
- → Erdarbeiten.
- → Gartenanlage.

Baumängelbeseitigung.
- Aufwendungen zur Beseitigung von Baumängeln vor Fertigstellung des Gebäudes (mangelhafte Bauleistungen) gehören zu den Herstellungskosten des Gebäudes (→ BFH vom 31.3.1992 – BStBl. II S. 805). Das gilt auch dann, wenn sie zwar bei der Herstellung des Gebäudes aufgetreten, aber erst nach seiner Fertigstellung behoben worden sind (→ BFH vom 1.12.1987 – BStBl. 1988 II S. 431) sowie in den Fällen, in denen noch während der Bauzeit unselbständige Gebäudeteile wieder abgetragen werden müssen (→ BFH vom 30.8.1994 – BStBl. 1995 II S. 306).
- → H 7.4 (AfaA).
- → Prozesskosten.
- → Vorauszahlungen.

Baumaterial aus Enttrümmerung. Zu den Herstellungskosten des Gebäudes gehört auch der Wert des bei der Enttrümmerung eines kriegszerstörten Gebäudes gewonnenen und wieder verwendeten Baumaterials (→ BFH vom 5.12.1963 – BStBl. 1964 III S. 299).

Bauplanungskosten.
- Zu den Herstellungskosten des Gebäudes gehören auch vergebliche Planungskosten, wenn der Stpfl. die ursprüngliche Planung zwar nicht verwirklicht, später aber ein die beabsichtigten Zwecke erfüllendes Gebäude erstellt (→ BFH vom 29.11.1983 – BStBl. 1984 II S. 303, 306) und den Aufwendungen tatsächlich erbrachte Leistungen gegenüberstehen (→ BFH vom 8.9.1998 – BStBl. 1999 II S. 20).
- → Honorare.

Bauzeitversicherung. Beiträge für die Bauzeitversicherung gehören nicht zu den Herstellungskosten des Gebäudes. Sie können nach den allgemeinen Grundsätzen als (vorweggenommene) Betriebsausgaben oder Werbungskosten abgezogen werden (→ BFH vom 25.2.1976 – BStBl. 1980 II S. 294).

Betriebsvorrichtungen. Aufwendungen für das Entfernen von Betriebsvorrichtungen gehören zu den Herstellungskosten des Gebäudes, wenn dieses dadurch wesentlich verbessert wird (→ BFH vom 25.1.2006 – BStBl. II S. 707).

Dingliche Belastungen. Erwirbt ein Stpfl. ein mit einem dinglichen Nutzungsrecht belastetes Grundstück, führt er seinem Vermögen ein um dieses Nutzungsrecht eingeschränktes Eigentum an diesem Grundstück zu. Dingliche Belastungen begründen keine Verbindlichkeiten, deren Übernahme zu Anschaffungskosten des Grundstücks führt (→ BFH vom 17.11.2004 – BStBl. 2008 II S. 296).

Eigenkapitalvermittlungsprovision und andere Gebühren bei geschlossenen Fonds.[1] → BMF vom 20.10.2003 (BStBl. I S. 546).

Einbauküche. Bei einer Einbauküche mit ihren einzelnen Elementen (Spüle, Herd, Einbaumöbel, Elektrogeräte, Arbeitsplatte) handelt es sich grundsätzlich um ein einheitliches Wirtschaftsgut, das über einen Zeitraum von zehn Jahren abzuschreiben ist. Aufwendungen für die vollständige Erneuerung einer Einbauküche sind dann nicht als Erhaltungsaufwand abziehbar (→ BFH vom 3.8.2016 – BStBl. 2017 II S. 437).

Einbauten als unselbständige Gebäudeteile. Aufwendungen für Einbauten als unselbständige Gebäudeteile gehören zu den Herstellungskosten des Gebäudes, soweit die unselbständigen Gebäudeteile nicht Betriebsvorrichtungen sind (→ BFH vom 26.11.1973 – BStBl. 1974 II S. 132).

Entschädigungs- oder Abfindungszahlungen an Mieter oder Pächter für vorzeitige Räumung eines Grundstücks zur Errichtung eines Gebäudes gehören zu den Herstellungskosten des neuen Gebäudes (→ BFH vom 9.2.1983 – BStBl. II S. 451).

Erdarbeiten.

- **Buschwerk und Bäume.** Zu den Herstellungskosten eines Gebäudes oder einer Außenanlage rechnen neben den Aufwendungen für die beim Bau anfallenden üblichen Erdarbeiten auch die Kosten für das Freimachen des Baugeländes von Buschwerk und Bäumen, soweit dies für die Herstellung des Gebäudes und der Außenanlage erforderlich ist (→ BFH vom 26.8.1994 – BStBl. 1995 II S. 71).
- **Hangabtragung.** Die beim Bau eines Gebäudes regelmäßig anfallenden Erdarbeiten (Abtragung, Lagerung, Einplanierung bzw. Abtransport des Mutterbodens, der Aushub des Bodens für die Baugrube, seine Lagerung und ggf. sein Abtransport) gehören zu den Herstellungskosten des Gebäudes und der Außenanlage. Aufwendungen, die unmittelbar der erstmaligen oder einer wesentlich verbesserten Nutzung des Wirtschaftsguts Grund und Boden dienen, sind unter der Voraussetzung, dass der Grund und Boden durch diese Maßnahmen eine über seinen ursprünglichen Zustand hinausgehende wesentliche Verbesserung erfährt, nachträgliche Herstellungskosten des Grund und Bodens, ansonsten sofort abziehbare Betriebsausgaben (→ BFH vom 27.1.1994 – BStBl. II S. 512).

Erschließungs-, Straßenanlieger- und andere Beiträge.

- **Erbbaurecht.**
  - Wird ein Gebäude im Erbbaurecht errichtet und zahlt der Erbbauberechtigte den Erschließungsbeitrag, gehört der Beitrag weder ganz noch teilweise zu den Herstellungskosten des im Erbbaurecht errichteten Gebäudes (→ BFH vom 22.2.1967 – BStBl. III S. 417).
  - → H 5.6 (Erbbaurecht), (Bestimmte Zeit nach dem Abschlussstichtag).
  - → H 6.2; → H 21.2.

---

[1] Zu Fondsetablierungskosten siehe gesetzliche Neuregelung in § 6e EStG (G v. 12.12. 2019, BGBl. I 2019, 2451), anzuwenden auch in vor dem 18.12.2019 endenden Wj. (§ 52 Abs. 14a EStG).

– **Erstmalige Beiträge, Ersetzung, Modernisierung.** Beiträge zur Finanzierung erstmaliger Anlagen sind nachträgliche Anschaffungskosten des Grund und Bodens, wenn durch die Baumaßnahmen, für die die Beiträge geleistet worden sind, eine Werterhöhung des Grund und Bodens eintritt, die unabhängig von der Bebauung des Grundstücks und dem Bestand eines auf dem Grundstück errichteten Gebäudes ist, und die Beiträge in einem Sachbezug zum Grundstück stehen. Werden hingegen Erschließungsanlagen ersetzt oder modernisiert, führen Erschließungsbeiträge zu Erhaltungsaufwendungen, es sei denn, das Grundstück wird hierdurch ausnahmsweise in seiner Substanz oder in seinem Wesen verändert (→ BFH vom 22.3.1994 – BStBl. II S. 842, vom 3.7.1997 – BStBl. II S. 811, vom 3.8.2005 – BStBl. 2006 II S. 369 und vom 20.7. 2010 – BStBl. 2011 II S. 35).

  Erhaltungsaufwendungen sind daher

  a) nachträgliche Straßenbaukostenbeiträge für ein bereits durch eine Straße erschlossenes Grundstück, die eine Gemeinde für die bauliche Veränderung des Straßenbelags und des Gehwegs zur Schaffung einer verkehrsberuhigten Zone erhebt (→ BFH vom 22.3.1994 – BStBl. II S. 842),

  b) die Kanalanschlussgebühren, wenn eine eigene Sickergrube oder Kläranlage ersetzt wird (→ BFH vom 13.9.1984 – BStBl. 1985 II S. 49 und vom 4.11.1986 – BStBl. 1987 II S. 333). Werden durch eine einheitliche Erschließungsmaßnahme bisher als Weideland genutzte Flächen bebaubar, handelt es sich bei den darauf entfallenden Abwasserbeiträgen jedoch um nachträgliche Anschaffungskosten für den Grund und Boden, auch wenn ein Wohngebäude, das mit erschlossen wird, bereits über eine Sickergrube verfügte (→ BFH vom 11.12.2003 – BStBl. 2004 II S. 282).

– **Flächenbeiträge.** Ein Flächenbeitrag nach § 58 Abs. 1 BauGB kann zu nachträglichen Anschaffungskosten des Grund und Bodens führen, und zwar auch dann, wenn ein förmliches Umlegungsverfahren durch privatrechtliche Vereinbarungen vermieden wurde (→ BFH vom 6.7.1989 – BStBl. 1990 II S. 126).

  Kanalbaubeitrag (Kanalanschlussgebühr)

  • Der vom Hauseigentümer für Anlagen der Gemeinde außerhalb seines Grundstücks an die Gemeinde zu zahlende Kanalbaubeitrag (Kanalanschlussgebühr) gehört zu den Anschaffungskosten des Grund und Bodens (→ BFH vom 24.11.1967 – BStBl. 1968 II S. 178).

  • → Erstmalige Beiträge, Ersetzung, Modernisierung.

  • → Hausanschlusskosten.

– **Privatstraße.** Aufwendungen des Erwerbers eines Grundstücks für eine von einem Dritten zu errichtende Privatstraße stellen auch dann Anschaffungskosten eines selbständigen abnutzbaren Wirtschaftsgutes dar, wenn die Straße der erstmaligen Erschließung des Grundstücks dient (→ BFH vom 19.10.1999 – BStBl. 2000 II S. 257).

– **Zweit- oder Zusatzerschließung.** Beiträge für die Zweit- oder Zusatzerschließung eines Grundstücks durch eine weitere Straße sind nachträgliche Anschaffungskosten des Grund und Bodens, wenn sich der Wert des Grundstücks auf Grund einer Erweiterung der Nutzbarkeit oder einer günstigeren Lage erhöht. Das gilt auch dann, wenn ein durch einen Privatweg an das öffentliche Straßennetz angebundenes Grundstück zusätzlich durch eine erstmals errichtete öffentliche Straße erschlossen wird (→ BFH vom 12.1.1995 – BStBl. II S. 632, vom 7.11.1995 – BStBl. 1996 II S. 89 und 190 und vom 19.12.1995 – BStBl. 1996 II S. 134) oder wenn das Grundstück mittels eingetragener Zufahrtsbaulast auf dem Nachbargrundstück eine erweiterte Nutzbarkeit und damit ein besonderes, über den bisherigen Zustand hinausgehendes Gepräge erlangt (→ BFH vom 20.7.2010 – BStBl. 2011 II S. 35).

Fahrtkosten des Stpfl. zur Baustelle gehören in tatsächlicher Höhe zu den Herstellungskosten (→ BFH vom 10.5.1995 – BStBl. II S. 713).

Gartenanlage.
- Die zu einem Gebäude gehörende Gartenanlage ist ein selbständiges Wirtschaftsgut (→ BFH vom 30.1.1996 – BStBl. 1997 II S. 25).
- → Umzäunung.
- → R 21.1 Abs. 3.

Gebäude. Begriff → R 7.1 Abs. 5.

Gebäudebestandteile.
- → Einbauküche.
- → Heizungsanlagen.
- → Kassettendecken.
- → Waschmaschine.
- → R 7.1 Abs. 6.
- → H 4.2 (5) unselbständige Gebäudeteile.

Generalüberholung. → BMF vom 18.7.2003 (BStBl. I S. 386).

Grunderwerbsteuer.
- Aussetzungszinsen für Grunderwerbsteuer gehören nicht zu den Anschaffungskosten (→ BFH vom 25.7.1995 – BStBl. II S. 835).
- Säumniszuschläge zur Grunderwerbsteuer rechnen zu den Anschaffungskosten des Grundstücks (→ BFH vom 14.1.1992 – BStBl. II S. 464).

Hausanschlusskosten.
- **Anlagen zur Ableitung von Abwässern.**
  - Aufwendungen für die (Erst- oder Zweit-)Herstellung von Zuleitungsanlagen eines Gebäudes zum öffentlichen Kanal (sog. Hausanschlusskosten) einschließlich der sog. Kanalanstichgebühr gehören zu den Herstellungskosten des Gebäudes, soweit die Kosten für Anlagen auf privatem Grund und nicht für Anlagen der Gemeinde außerhalb des Grundstücks entstanden sind. Aufwendungen für die Ersetzung, Modernisierung oder (ggf. teilweise) Instandsetzung einer vorhandenen und funktionsfähigen Kanalisation sind demgegenüber Erhaltungsaufwand. Dies gilt unabhängig davon, ob die Kosten für Anlagen auf privatem oder auf öffentlichem Grund entstanden sind (→ BFH vom 3.9. 2019 – BStBl. 2020 II S. 191).
  - → Erschließungs-, Straßenanlieger- und andere Beiträge.
- **Anschlüsse an Versorgungsnetze (Strom, Gas, Wasser, Wärme).** Die Kosten für den Anschluss eines Hauses an Versorgungsnetze gehören zu den Herstellungskosten des Gebäudes (→ BFH vom 15.1.1965 – BStBl. III S. 226).

Heizungsanlagen. Eine in ein Gebäude eingebaute Heizungsanlage ist regelmäßig als Gebäudebestandteil anzusehen. Für die Annahme einer Betriebsvorrichtung ist es nicht ausreichend, wenn eine Heizungsanlage für einen Betrieb auf Grund brandschutzrechtlicher Bestimmungen oder einfachgesetzlicher Umweltschutzbestimmungen vorgeschrieben ist. Entscheidend ist, ob die Gegenstände von ihrer Funktion her unmittelbar zur Ausübung des Gewerbes benutzt werden (→ BFH vom 7.9.2000 – BStBl. 2001 II S. 253).

Honorare. Hat der Stpfl. ein zur Erzielung von Einkünften bestimmtes Gebäude geplant, aber nicht errichtet, und muss er deshalb an den Architekten ein gesondertes Honorar für Bauüberwachung und Objektbetreuung zahlen, ohne dass der Architekt solche Leistungen tatsächlich erbracht hat, gehören diese Aufwendungen nicht zu den Herstellungskosten eines später errichteten anderen Gebäudes, sondern sind als Betriebsausgaben/Werbungskosten abziehbar (→ BFH vom 8.9.1998 – BStBl. 1999 II S. 20).
→ Bauplanungskosten.

Instandsetzung.
- → BMF vom 18.7.2003 (BStBl. I S. 386).
- Renovierungskosten, die der Veräußerer der Wohnung im Kaufvertrag in Rechnung stellt, sind Bestandteil des Kaufpreises und deshalb Anschaffungskosten der Wohnung (→ BFH vom 17.12.1996 – BStBl. 1997 II S. 348).

Kassettendecken. Die Aufwendungen für eine abgehängte, mit einer Beleuchtungsanlage versehene Kassettendecke eines Büroraums gehören zu den Herstellungskosten des Gebäudes, weil die Kassettendecke Gebäudebestandteil und nicht Betriebsvorrichtung ist (→ BFH vom 8.10.1987 – BStBl. 1988 II S. 440).

Modernisierung. → BMF vom 18.7.2003 (BStBl. I S. 386).

Prozesskosten teilen als Folgekosten das rechtliche Schicksal der Aufwendungen, um die gestritten wurde. Gehören die Aufwendungen, um die gestritten wurde, zu den Herstellungskosten eines Gebäudes, gilt dies auch für die Prozesskosten (→ BFH vom 1.12.1987 – BStBl. 1988 II S. 431).

Restitutionsverfahren. Im Restitutionsverfahren nach dem VermG zum Ausgleich von Instandsetzungs- und Modernisierungsaufwendungen an einem rückübertragenen Gebäude geleistete Zahlungen stellen Anschaffungskosten dar (→ BFH vom 11.1.2005 – BStBl. II S. 477).

Stellplätze. Aufwendungen für die Ablösung der Verpflichtung zur Errichtung von Stellplätzen gehören auch dann zu den Herstellungskosten eines Gebäudes, wenn eine Verpflichtung zur nachträglichen Herstellung von Stellplätzen bei bereits bestehenden baulichen Anlagen abgelöst wird (→ BFH vom 8.3.1984 – BStBl. II S. 702). Bei (Nutzungs-)Änderung eines Gebäudes gehören sie zu den Herstellungskosten, wenn die zur Änderung führende Baumaßnahme als Herstellung i. S. v. § 255 Abs. 2 HGB anzusehen ist (→ BFH vom 6.5.2003 – BStBl. II S. 710).

Tätigkeitsvergütung.
- Zahlt eine Personengesellschaft, die ein Betriebsgebäude errichtet, einem ihrer Gesellschafter für die Bauaufsicht und für die Koordinierung der

Handwerkerarbeiten Arbeitslohn, gehört dieser auch dann zu den Herstellungskosten des Gebäudes, wenn es sich um eine Tätigkeitsvergütung i. S. d. § 15 Abs. 1 Satz 1 Nr. 2 EStG handelt (→ BFH vom 8.2.1996 – BStBl. II S. 427).
– → H 6.3 (Kalkulatorische Kosten).
– → Arbeitsleistung.

Umzäunung. Aufwendungen für die Umzäunung eines Mietwohngrundstücks (z.B. Maschendrahtzaun) können in einem einheitlichen Nutzungs- und Funktionszusammenhang mit dem Gebäude stehen und gehören daher in der Regel zu den Gebäudeherstellungskosten (→ BFH vom 15.12.1977 – BStBl. 1978 II S. 210). Ein solcher Zusammenhang ist bei einem Betriebsgrundstück jedoch im Allgemeinen zu verneinen (→ BFH vom 1.7.1983 – BStBl. II S. 686). Diese Grundsätze gelten auch für angemessene Aufwendungen für das Anpflanzen von Hecken, Büschen und Bäumen an den Grundstücksgrenzen (lebende Umzäunung) (→ BFH vom 30.6.1966 – BStBl. III S. 541).

Versorgungsnetz.
– → Erschließungs-, Straßenanlieger- und andere Beiträge.
– → Hausanschlusskosten.

Vorauszahlungen auf Herstellungskosten,
– für die der Stpfl. infolge Insolvenz des Bauunternehmers keine Bauleistungen erhalten hat und die er auch nicht zurückerlangen kann, gehören nicht zu den Herstellungskosten des Gebäudes, sondern können unter den allgemeinen Voraussetzungen als Betriebsausgaben bzw. Werbungskosten abgezogen werden. Stehen ihnen jedoch Herstellungsleistungen des Bauunternehmers gegenüber, gehören sie zu den Herstellungskosten eines Gebäudes, selbst wenn die Herstellungsleistungen mangelhaft sind (→ BFH vom 31.3.1992 – BStBl. II S. 805). Vorauszahlungen auf Anschaffungskosten können als Betriebsausgaben oder Werbungskosten abgezogen werden, wenn das Anschaffungsgeschäft nicht zustande gekommen ist und eine Rückzahlung nicht erlangt werden kann (→ BFH vom 28.6.2002 – BStBl. II S. 758).
– → Baumängelbeseitigung.

Wärmerückgewinnungsanlage. Eine Wärmerückgewinnungsanlage ist nicht schon deshalb als Betriebsvorrichtung zu beurteilen, weil es sich bei den Kühlzellen, deren abgegebene Wärme durch die Anlage aufbereitet wird, um eine Betriebsvorrichtung handelt. Eine Betriebsvorrichtung kann jedoch dann vorliegen, wenn die Anlage dem in einem Gebäude ausgeübten Gewerbebetrieb unmittelbar dient und der Zweck, das Gebäude zu beheizen und mit Warmwasser zu versorgen, demgegenüber in den Hintergrund tritt (→ BFH vom 5.9.2002 – BStBl. II S. 877).

Waschmaschine. Eine Waschmaschine ist kein Gebäudebestandteil, sondern ein selbständiges bewegliches Wirtschaftsgut. Das gilt auch dann, wenn sie auf einem Zementsockel angeschraubt ist und den Mietern gegen Entgelt zur Verfügung steht (→ BFH vom 30.10.1970 – BStBl. 1971 II S. 95).

Wesentliche Verbesserung.

- → BMF vom 18.7.2003 (BStBl. I S. 386).
- Baumaßnahmen an einem betrieblich genutzten Gebäude oder Gebäudeteil führen zu einer wesentlichen Verbesserung i. S. d. § 255 Abs. 2 Satz 1 Alternative 3 HGB, wenn durch sie eine neue betriebliche Gebrauchs- oder Verwendungsmöglichkeit (→ BFH vom 25.1.2006 – BStBl. II S. 707) oder eine höherwertige (verbesserte) Nutzbarkeit (→ BFH vom 25.9.2007 – BStBl. 2008 II S. 218) geschaffen wird.

Wohnrechtsablösung. Aufwendungen für die Wohnrechtsablösung durch den Miterben führen zu nachträglichen Anschaffungskosten (→ BFH vom 28.11. 1991 – BStBl. 1992 II S. 381 und vom 3.6.1992 – BStBl. 1993 II S. 98).

Zwangsräumung. Wird ein unbebautes, besetztes Grundstück zwangsweise geräumt, um es anschließend teilweise bebauen und teilweise als Freifläche vermieten zu können, sind die Aufwendungen für die Zwangsräumung, soweit sie die zu bebauende Fläche betreffen, Herstellungskosten der später errichteten Gebäude, und soweit sie die Freifläche betreffen, Anschaffungskosten des Grund und Bodens (→ BFH vom 18.5.2004 – BStBl. II S. 872).

R 6.5 Zuschüsse für Anlagegüter

Begriff des Zuschusses

(1) [1]Ein Zuschuss ist ein Vermögensvorteil, den ein Zuschussgeber zur Förderung eines – zumindest auch – in seinem Interesse liegenden Zwecks dem Zuschussempfänger zuwendet. [2]Fehlt ein Eigeninteresse des Leistenden, liegt kein Zuschuss vor. [3]In der Regel wird ein Zuschuss auch nicht vorliegen, wenn ein unmittelbarer wirtschaftlicher Zusammenhang mit einer Leistung des Zuschussempfängers feststellbar ist.

Wahlrecht

(2) [1]Werden Anlagegüter mit Zuschüssen aus öffentlichen oder privaten Mitteln angeschafft oder hergestellt, hat der Stpfl. ein → Wahlrecht. [2]Er kann die Zuschüsse als Betriebseinnahmen ansetzen; in diesem Fall werden die Anschaffungs- oder Herstellungskosten der betreffenden Wirtschaftsgüter durch die Zuschüsse nicht berührt. [3]Er kann die Zuschüsse aber auch erfolgsneutral behandeln; in diesem Fall dürfen die Anlagegüter, für die die Zuschüsse gewährt worden sind, nur mit den Anschaffungs- oder Herstellungskosten bewertet werden, die der Stpfl. selbst, also ohne Berücksichtigung der Zuschüsse aufgewendet hat. [4]Weicht die Bewertung von der Handelsbilanz ab, sind die entsprechenden Anlagegüter in ein besonderes, laufend zu führendes Verzeichnis aufzunehmen (§ 5 Abs. 1 Satz 2 EStG).

Nachträglich gewährte Zuschüsse

(3) [1]Werden Zuschüsse, die erfolgsneutral behandelt werden, erst nach der Anschaffung oder Herstellung von Anlagegütern gewährt, sind sie nachträglich von den gebuchten Anschaffungs- oder Herstellungskosten abzusetzen. [2]Ebenso ist zu verfahren, wenn die Anlagen mit Hilfe eines Darlehens angeschafft oder hergestellt worden sind und der nachträglich gewährte Zuschuss auf dieses Darlehen verrechnet oder zur Tilgung des Darlehens verwendet wird.

Im Voraus gewährte Zuschüsse

(4) [1] Werden Zuschüsse gewährt, die erfolgsneutral behandelt werden sollen, wird aber das Anlagegut ganz oder teilweise erst in einem auf die Gewährung des Zuschusses folgenden Wirtschaftsjahr angeschafft oder hergestellt, kann in Höhe der – noch – nicht verwendeten Zuschussbeträge eine steuerfreie Rücklage gebildet werden, die im Wirtschaftsjahr der Anschaffung oder Herstellung auf das Anlagegut zu übertragen ist. [2] Zur Erfüllung der Aufzeichnungspflichten nach § 5 Abs. 1 Satz 2 EStG ist bei der Bildung der steuerfreien Rücklage der Ansatz in der Steuerbilanz ausreichend. [3] Die Aufnahme des Wirtschaftsguts in das besondere Verzeichnis ist erst bei Übertragung der Rücklage erforderlich.

H **6.5**

Baukostenzuschüsse bei Energieversorgungsunternehmen. Nicht rückzahlbare Beiträge (Baukostenzuschüsse), die Versorgungsunternehmen dem Kunden als privatem oder gewerblichem Endabnehmer oder dem Weiterverteiler im Zusammenhang mit der Herstellung des Versorgungsanschlusses als Baukostenzuschüsse in Rechnung stellen, sind Zuschüsse i. S. v. R 6.5. Das gilt für von Windkraftanlagenbetreibern gezahlte Baukostenzuschüsse bei Energieversorgungsunternehmen entsprechend (→ BMF vom 27.5.2003 – BStBl. I S. 361).[1]

Betriebsunterbrechungsversicherung.
- Leistungen der Betriebsunterbrechungsversicherung sind keine Zuschüsse (→ BFH vom 29.4.1982 – BStBl. II S. 591).
- → H 6.6 (1) Entschädigung.

Geld- oder Bauleistungen des Mieters zur Erstellung eines Gebäudes sind keine Zuschüsse, sondern zusätzliches Nutzungsentgelt für die Gebrauchsüberlassung des Grundstücks (→ BFH vom 28.10.1980 – BStBl. 1981 II S. 161).

Investitionszulagen sind keine Zuschüsse. → § 13 InvZulG 2010.[2]

Investitionszuschüsse bei Einnahmenüberschussrechnung. Erhält ein Stpfl., der seinen Gewinn nach § 4 Abs. 3 EStG ermittelt, für die Anschaffung oder Herstellung bestimmter Wirtschaftsgüter öffentliche Investitionszuschüsse, mindern diese die Anschaffungs- oder Herstellungskosten bereits im Jahr der Bewilligung und nicht im Jahr der Auszahlung. Sofern der Stpfl. den Zuschuss sofort als Betriebseinnahme versteuern will, muss er das entsprechende Wahlrecht ebenfalls im Jahr der Zusage ausüben (→ BFH vom 29.11.2007 – BStBl. 2008 II S. 561).

Mieterzuschüsse. → R 21.5 Abs. 3.

Nachträglich gewährte Zuschüsse. Zur AfA → R 7.3 Abs. 4.

---

[1] Zur Anwendung auf Wasserversorgungsunternehmen siehe OFD Rheinland v. 3.3.2006 – S 2137 – 1005 – St 1, DB 2006, 586. – Zu Versorgungsunternehmen, die nicht über das wirtschaftliche Eigentum an den Versorgungsleitungen verfügen, siehe OFD Hannover v. 28.12.2007 – S 2741 – 222 – StO 241, DStR 2008, 406.

[2] **Steuergesetze** Nr. **740b**.

Öffentliche Zuschüsse unter Auflage. → H 21.5 (Zuschüsse).

Rechnungsabgrenzungsposten. → H 5.6 (Investitionszuschüsse).

Wahlrecht. Das Wahlrecht, Investitionszuschüsse aus öffentlichen Mitteln nicht als Betriebseinnahmen zu erfassen, sondern von den Anschaffungs- bzw. Herstellungskosten des bezuschussten Wirtschaftsguts abzusetzen (→ R 6.5 Abs. 2), ist rechtens (→ BFH vom 5.6.2003 – BStBl. II S. 801). Mit der Bildung von Wertberichtigungsposten nach der KHBV übt ein Krankenhausträger das Wahlrecht im Sinne einer Minderung der Anschaffungs- oder Herstellungskosten der mit Fördermitteln angeschafften oder hergestellten Anlagegüter aus (→ BFH vom 26.11.1996 – BStBl. 1997 II S. 390).

R 6.6 Übertragung stiller Reserven bei Ersatzbeschaffung

Allgemeines

(1) [1]Die Gewinnverwirklichung durch Aufdeckung stiller Reserven kann in bestimmten Fällen der Ersatzbeschaffung vermieden werden. [2]Voraussetzung ist, dass

1. ein Wirtschaftsgut des Anlage- oder Umlaufvermögens infolge höherer Gewalt oder infolge oder zur Vermeidung eines behördlichen Eingriffs gegen Entschädigung aus dem Betriebsvermögen ausscheidet,
2. innerhalb einer bestimmten Frist ein funktionsgleiches Wirtschaftsgut (Ersatzwirtschaftsgut) angeschafft oder hergestellt wird, auf dessen Anschaffungs- oder Herstellungskosten die aufgedeckten stillen Reserven übertragen werden, und
3. das Wirtschaftsgut wegen der Abweichung von der Handelsbilanz in ein besonderes laufend zu führendes Verzeichnis aufgenommen wird (§ 5 Abs. 1 Satz 2 EStG).

H 6.6 (1)

Aufdeckung stiller Reserven. Das Unterlassen der Aufdeckung stiller Reserven in bestimmten Fällen der Ersatzbeschaffung ist aus einer einschränkenden Auslegung des Realisationsgrundsatzes herzuleiten; es gibt keinen durchgängigen Gewinnrealisierungszwang für sämtliche Veräußerungsvorgänge (→ BFH vom 14.11.1990 – BStBl. 1991 II S. 222).

Einlage. Die Einlage eines Wirtschaftsguts in das Betriebsvermögen ist keine Ersatzbeschaffung (→ BFH vom 11.12.1984 – BStBl. 1985 II S. 250).

Entnahme. Eine Gewinnverwirklichung kann nicht durch Ersatzbeschaffung vermieden werden, wenn ein Wirtschaftsgut durch Entnahme aus dem Betriebsvermögen ausscheidet (→ BFH vom 24.5.1973 – BStBl. II S. 582).

Entschädigung.

– Eine Entschädigung i. S. v. R 6.6 Abs. 1 liegt nur vor, soweit sie für das aus dem Betriebsvermögen ausgeschiedene Wirtschaftsgut als solches und nicht für Schäden gezahlt worden ist, die die Folge des Ausscheidens aus dem Betriebsvermögen sind (z. B. Entschädigungen für künftige Nachteile beim Wiederaufbau, Ertragswertentschädigung für die Beeinträchtigung des verbleibenden Betriebs); ausnahmsweise können auch Zinsen in die Entschädigung im Sinne von R 6.6 Abs. 1 einzubeziehen sein (→ BFH vom 29.4.1982 – BStBl. II S. 568).

– Leistungen einer Betriebsunterbrechungsversicherung, soweit diese die Mehrkosten für die beschleunigte Wiederbeschaffung eines durch Brand zerstörten Wirtschaftsguts übernimmt, sind Entschädigungen i. S. v. R 6.6 Abs. 1 (→ BFH vom 9.12.1982 – BStBl. 1983 II S. 371).
– Es ist nicht schädlich, wenn die Entschädigung für das ausgeschiedene Wirtschaftsgut in einem Sachwert besteht, der Privatvermögen wird (→ BFH vom 19.12.1972 – BStBl. 1973 II S. 297).
– Wird einem vorsteuerabzugsberechtigten Unternehmer anlässlich eines Versicherungsfalls der Wiederbeschaffungswert einschließlich Umsatzsteuer ersetzt, ist auch die Umsatzsteuer Teil der Entschädigung (→ BFH vom 24.6.1999 – BStBl. II S. 561).

Ersatzwirtschaftsgut.
– Ein Ersatzwirtschaftsgut setzt nicht nur ein der Art nach funktionsgleiches Wirtschaftsgut voraus, es muss auch funktionsgleich genutzt werden (→ BFH vom 29.4.1999 – BStBl. II S. 488).
– Rücklagen für Ersatzbeschaffung können nur gebildet werden, wenn das Ersatzwirtschaftsgut in demselben Betrieb angeschafft oder hergestellt wird, dem auch das entzogene Wirtschaftsgut diente. Das gilt nicht, wenn die durch Enteignung oder höhere Gewalt entstandene Zwangslage zugleich den Fortbestand des bisherigen Betriebes selbst gefährdet oder beeinträchtigt hat (→ BFH vom 22.1.2004 – BStBl. II S. 421).

Veräußerung. Scheidet ein Wirtschaftsgut infolge einer behördlichen Anordnung oder zur Vermeidung eines behördlichen Eingriffs durch Veräußerung aus dem Betriebsvermögen aus, tritt an die Stelle der Entschädigung der Veräußerungserlös (→ BFH vom 12.6.2001 – BStBl. II S. 830).

R 6.6 (2)

Höhere Gewalt – behördlicher Eingriff

(2) [1]Höhere Gewalt liegt vor, wenn das Wirtschaftsgut infolge von Elementarereignissen wie z. B. Brand, Sturm oder Überschwemmung sowie durch andere unabwendbare Ereignisse wie z. B. Diebstahl oder unverschuldeten Unfall ausscheidet; eine Mithaftung auf Grund Betriebsgefahr ist unschädlich. [2]Fälle eines behördlichen Eingriffs sind z. B. Maßnahmen zur Enteignung oder Inanspruchnahme für Verteidigungszwecke.

H 6.6 (2)

Behördlicher Eingriff

ist zu **bejahen**
– bei Enteignung (→ BFH vom 14.11.1990 – BStBl. 1991 II S. 222),
– bei behördlichen Bauverboten (→ BFH vom 17.10.1961 – BStBl. III S. 566 und vom 6.5.1971 – BStBl. II S. 664),
– bei behördlich angeordneter Betriebsunterbrechung (→ BFH vom 8.10.1975 – BStBl. 1976 II S. 186);

ist zu **verneinen**

- bei Ausübung eines Wiederkaufsrechts durch die Gemeinde (→ BFH vom 21.2.1978 – BStBl. II S. 428),
- bei Aufstellung eines Bebauungsplans, der die bisherige Nutzung des Grundstücks wegen Bestandsschutzes unberührt lässt, selbst wenn dadurch eine sinnvolle Betriebserweiterung oder -umstellung ausgeschlossen wird; bei Veräußerungen zur Durchführung erforderlicher Maßnahmen zur Strukturanpassung kann aber eine Gewinnverwirklichung unter den Voraussetzungen der §§ 6b, 6c EStG vermieden werden (→ BFH vom 14.11.1990 – BStBl. 1991 II S. 222),
- bei Veräußerung infolge einer wirtschaftlichen Zwangslage, selbst wenn die Unterlassung der Veräußerung unter Berücksichtigung aller Umstände eine wirtschaftliche Fehlmaßnahme gewesen wäre (→ BFH vom 20.8.1964 – BStBl. III S. 504),
- bei Tausch von Grundstücken oder Veräußerung eines Grundstücks und Erwerb eines Ersatzgrundstücks, wenn lediglich ein gewisses öffentliches Interesse an den Maßnahmen besteht (→ BFH vom 29.3.1979 – BStBl. II S. 412),
- bei privatrechtlich bedingten Zwangssituationen auf Grund zivilrechtlicher Vorgaben, z.B. bei der Übertragung von Aktien gegen Barabfindung gem. § 327a AktG, sog. Squeeze-out (→ BFH vom 13.10.2010 – BStBl. 2014 II S. 943).

Höhere Gewalt

ist zu **bejahen**

- bei Abriss eines Gebäudes wegen erheblicher, kurze Zeit nach der Fertigstellung auftretender Baumängel (→ BFH vom 18.9.1987 – BStBl. 1988 II S. 330),
- bei Ausscheiden eines Wirtschaftsgutes infolge eines unverschuldet erlittenen Verkehrsunfalls (→ BFH vom 14.10.1999 – BStBl. 2001 II S. 130); → auch R 6.6 Abs. 2 Satz 1;

ist zu **verneinen**

- bei Unbrauchbarwerden einer Maschine infolge eines Material- oder Konstruktionsfehlers oder eines Bedienungsfehlers (→ BFH vom 15.5.1975 – BStBl. II S. 692).

R 6.6 (3)

Übertragung aufgedeckter stiller Reserven

(3) [1]Bei einem ausgeschiedenen Betriebsgrundstück mit aufstehendem Gebäude können beim Grund und Boden und beim Gebäude aufgedeckte stille Reserven jeweils auf neu angeschafften Grund und Boden oder auf ein neu angeschafftes oder hergestelltes Gebäude übertragen werden. [2]Soweit eine Übertragung der bei dem Grund und Boden aufgedeckten stillen Reserven auf die Anschaffungskosten des erworbenen Grund und Bodens nicht möglich ist, können die stillen Reserven auf die Anschaffungs- oder Herstellungskosten des Gebäudes übertragen werden. [3]Entsprechendes gilt für die bei dem Gebäude aufgedeckten stillen Reserven.

H 6.6 (3)

Buchwert. Wegen des Begriffs Buchwert → R 6b.1 Abs. 2.

Mehrentschädigung. Scheidet ein Wirtschaftsgut gegen Barzahlung und gegen Erhalt eines Ersatzwirtschaftsguts aus dem Betriebsvermögen aus oder wird die für das Ausscheiden eines Wirtschaftsguts erhaltene Entschädigung nicht in voller Höhe zur Beschaffung eines Ersatzwirtschaftsguts verwendet, dürfen die aufgedeckten stillen Reserven nur anteilig auf das Ersatzwirtschaftsgut übertragen werden (→ BFH vom 3.9.1957 – BStBl. III S. 386).

Beispiel:

Letzter Buchwert des ausgeschiedenen Wirtschaftsguts	30 000 €
Entschädigung oder Gegenleistung für das ausgeschiedene Wirtschaftsgut (Wert des Ersatzwirtschaftsguts zuzüglich der erhaltenen Barzahlung)	50 000 €
Aufgedeckte stille Reserven	20 000 €
Anschaffungs- oder Herstellungskosten des Ersatzwirtschaftsguts	40 000 €
Zu übertragende stille Reserven anteilig $\frac{20\,000 \times 40\,000}{50\,000}$	16 000 €
Das Ersatzwirtschaftsgut wird angesetzt mit (40 000 € – 16 000 € =)	24 000 €
Steuerpflichtiger Gewinn in Höhe der nicht übertragbaren stillen Reserven (20 000 € – 16 000 € =)	4 000 €

Teilwertabschreibung. Eine Teilwertabschreibung auf das Ersatzwirtschaftsgut ist nur möglich, wenn der nach der Übertragung der stillen Reserven verbleibende Betrag höher ist als der Teilwert (→ BFH vom 5.2.1981 – BStBl. II S. 432).

Übertragung aufgedeckter stiller Reserven. Die zu übertragenden stillen Reserven bemessen sich auch dann nach dem Unterschied zwischen der Entschädigung und dem Buchwert des ausgeschiedenen Wirtschaftsguts, wenn die Entschädigung höher ist als der Teilwert (→ BFH vom 9.12.1982 – BStBl. 1983 II S. 371).

Vorherige Anschaffung. Die Gewinnverwirklichung wegen eines behördlichen Eingriffs kann auch vermieden werden, wenn das Ersatzwirtschaftsgut vor dem Eingriff angeschafft oder hergestellt wurde. Erforderlich ist jedoch ein ursächlicher Zusammenhang zwischen Veräußerung und Ersatzbeschaffung (→ BFH vom 12.6.2001 – BStBl. II S. 830).

R 6.6 (4)

Rücklage für Ersatzbeschaffung[1]

(4) [1] Soweit am Schluss des Wirtschaftsjahres, in dem das Wirtschaftsgut aus dem Betriebsvermögen ausgeschieden ist, noch keine Ersatzbeschaffung vorgenommen wurde, kann in Höhe der aufgedeckten stillen Reserven eine steu-

[1] BMF v. 15.12.2021, BStBl. I 2021, 2475: Die in R 6.6 Abs. 4 Satz 3 bis 6 EStR geregelten Fristen für die Ersatzbeschaffung verlängern sich jeweils um zwei Jahre, wenn sie in einem nach dem 29.2.2020 und vor dem 1.1.2021 endenden Wj. ablaufen würden. Sie verlängern sich jeweils um ein Jahr, wenn sie in einem nach dem 31.12.2020 und vor dem 1.1.2022 endenden Wj. ablaufen würden.

erfreie Rücklage gebildet werden, wenn zu diesem Zeitpunkt eine Ersatzbeschaffung ernstlich geplant und zu erwarten ist. [2]Die Nachholung der Rücklage für Ersatzbeschaffung in einem späteren Wirtschaftsjahr ist nicht zulässig. [3]Eine Rücklage, die auf Grund des Ausscheidens eines beweglichen Wirtschaftsgutes gebildet wurde, ist am Schluss des ersten auf ihre Bildung folgenden Wirtschaftsjahres gewinnerhöhend aufzulösen, wenn bis dahin ein Ersatzwirtschaftsgut weder angeschafft noch hergestellt worden ist. [4]Die Frist von einem Jahr verlängert sich bei einer Rücklage, die auf Grund des Ausscheidens eines Wirtschaftsgutes i. S. d. § 6b Abs. 1 Satz 1 EStG gebildet wurde, auf vier Jahre; bei neu hergestellten Gebäuden verlängert sich die Frist auf sechs Jahre. [5]Die Frist von einem Jahr kann im Einzelfall angemessen auf bis zu vier Jahre verlängert werden, wenn der Stpfl. glaubhaft macht, dass die Ersatzbeschaffung noch ernstlich geplant und zu erwarten ist, aber aus besonderen Gründen noch nicht durchgeführt werden konnte. [6]Eine Verlängerung auf bis zu sechs Jahre ist möglich, wenn die Ersatzbeschaffung im Zusammenhang mit der Neuherstellung eines Gebäudes i. S. d. Satzes 4 2. Halbsatz erfolgt. [7]Zur Erfüllung der Aufzeichnungspflichten nach § 5 Abs. 1 Satz 2 EStG ist bei der Bildung der steuerfreien Rücklage der Ansatz in der Steuerbilanz ausreichend. [8]Im Zeitpunkt der Ersatzbeschaffung ist die Rücklage durch Übertragung auf die Anschaffungs- oder Herstellungskosten des Ersatzwirtschaftsgutes aufzulösen. [9]Absatz 3 gilt entsprechend.

H 6.6 (4)

Betriebsaufgabe/Betriebsveräußerung. Wegen der Besteuerung eines Gewinns aus der Auflösung einer Rücklage für Ersatzbeschaffung anlässlich der Veräußerung oder Aufgabe eines Betriebs → H 16 (9) Rücklage.

R 6.6 (5)

Gewinnermittlung nach § 4 Abs. 3 EStG[1)]

(5) [1]Die vorstehenden Grundsätze gelten bei Gewinnermittlung durch Einnahmenüberschussrechnung sinngemäß. [2]Ist die Entschädigungsleistung höher als der im Zeitpunkt des Ausscheidens noch nicht abgesetzte Teil der Anschaffungs- oder Herstellungskosten, kann der darüber hinausgehende Betrag im Wirtschaftsjahr der Ersatzbeschaffung von den Anschaffungs- oder Herstellungskosten des Ersatzwirtschaftsgutes sofort voll abgesetzt werden. [3]Fließt die Entschädigungsleistung nicht in dem Wirtschaftsjahr zu, in dem der Schaden entstanden ist, ist es aus Billigkeitsgründen nicht zu beanstanden, wenn der Stpfl. den noch nicht abgesetzten Betrag der Anschaffungs- oder Herstellungskosten des ausgeschiedenen Wirtschaftsgutes in dem Wirtschaftsjahr berücksichtigt, in dem die Entschädigung geleistet wird. [4]Wird der Schaden nicht in dem Wirtschaftsjahr beseitigt, in dem er eingetreten ist oder in dem die Entschädigung gezahlt wird, ist es aus Billigkeitsgründen auch nicht zu beanstanden, wenn sowohl der noch nicht abgesetzte Betrag der Anschaffungs- oder Herstellungskos-

---

1) BMF v. 15.12.2021, BStBl. I 2021, 2475: Die in R 6.6 Abs. 5 Satz 5 und 6 EStR geregelten Fristen für die Ersatzbeschaffung verlängern sich jeweils um zwei Jahre, wenn sie in einem nach dem 29.2.2020 und vor dem 1.1.2021 endenden Wj. ablaufen würden. Sie verlängern sich jeweils um ein Jahr, wenn sie in einem nach dem 31.12.2020 und vor dem 1.1.2022 endenden Wj. ablaufen würden.

ten des ausgeschiedenen Wirtschaftsgutes als auch die Entschädigungsleistung erst in dem Wirtschaftsjahr berücksichtigt werden, in dem der Schaden beseitigt wird. [5] Voraussetzung ist, dass die Anschaffung oder Herstellung eines Ersatzwirtschaftsgutes am Schluss des Wirtschaftsjahres, in dem der Schadensfall eingetreten ist, ernstlich geplant und zu erwarten ist und das Ersatzwirtschaftsgut bei beweglichen Gegenständen bis zum Schluss des ersten, bei Wirtschaftsgütern i. S. d. § 6b Abs. 1 Satz 1 EStG bis zum Schluss des vierten und bei neu hergestellten Gebäuden bis zum Schluss des sechsten Wirtschaftsjahres, das auf das Wirtschaftsjahr des Eintritts des Schadensfalles folgt, angeschafft oder hergestellt oder bestellt worden ist. [6] Absatz 4 Satz 5 und 6 gilt entsprechend.

H 6.6 (5)

Wechsel der Gewinnermittlungsart. Eine Rücklage für Ersatzbeschaffung kann auch fortgeführt werden, wenn der Stpfl. von der Gewinnermittlung durch Betriebsvermögensvergleich zur Einnahmenüberschussrechnung übergeht (→ BFH vom 29.4.1999 – BStBl. II S. 488).

R 6.6 (6, 7)

Gewinnermittlung nach Durchschnittssätzen

(6) Wird der Gewinn nach Durchschnittssätzen gem. § 13a EStG ermittelt, sind das zwangsweise Ausscheiden von Wirtschaftsgütern und die damit zusammenhängenden Entschädigungsleistungen auf Antrag nicht zu berücksichtigen, wenn eine Ersatzbeschaffung zeitnah vorgenommen wird; die Fristen in Absatz 4 Satz 3 bis 6 gelten entsprechend.

Beschädigung[1)]

(7) [1] Erhält der Stpfl. für ein Wirtschaftsgut, das infolge höherer Gewalt oder eines behördlichen Eingriffs beschädigt worden ist, eine Entschädigung, kann in Höhe der Entschädigung eine Rücklage gebildet werden, wenn das Wirtschaftsgut erst in einem späteren Wirtschaftsjahr repariert wird. [2] Die Rücklage ist im Zeitpunkt der Reparatur in voller Höhe aufzulösen. [3] Ist die Reparatur bei beweglichen Gegenständen am Ende des ersten und bei Wirtschaftsgütern i. S. d. § 6b Abs. 1 Satz 1 EStG Ende des vierten auf die Bildung der Rücklage folgenden Wirtschaftsjahres noch nicht durchgeführt, ist die Rücklage zu diesem Zeitpunkt aufzulösen. [4] Absatz 4 Satz 5 und 7 gilt entsprechend.

H 6.6 (7)

Beispiel für den Fall der Beschädigung:

Beschädigung des Wirtschaftsguts im Jahr 01, Versicherungsleistung auf Grund der Beschädigung im Jahr 01 50 000 €; Schadensbeseitigung im Jahr 02, Reparaturaufwand 49 000 €.

Rücklage für Ersatzbeschaffung im Jahr 01 (Entschädigung 50 000 €)	50 000 €
Reparaturaufwand im Jahr 02	49 000 €
Erfolgswirksame Rücklagenauflösung im Jahr 02 in voller Höhe	50 000 €
Steuerpflichtiger Gewinn	1 000 €

1) BMF v. 15.12.2021, BStBl. I 2021, 2475: Die in R 6.6 Abs. 7 Satz 3 und 4 EStR geregelten Fristen für die Ersatzbeschaffung verlängern sich jeweils um zwei Jahre, wenn sie in einem nach dem 29.2.2020 und vor dem 1.1.2021 endenden Wj. ablaufen würden. Sie verlängern sich jeweils um ein Jahr, wenn sie in einem nach dem 31.12.2020 und vor dem 1.1.2022 endenden Wj. ablaufen würden.

Gewinnübertragung. Wegen der Gewinne, die bei der Veräußerung bestimmter Anlagegüter entstanden und nach § 6b oder § 6c EStG begünstigt sind, → auch R 6b.1 bis R 6c.

R 6.7 Teilwert

[1]Der Teilwert kann nur im Wege der Schätzung nach den Verhältnissen des Einzelfalles ermittelt werden. [2]Zur Ermittlung des niedrigeren Teilwerts bestehen Teilwertvermutungen. [3]Die Teilwertvermutung kann widerlegt werden. [4]Sie ist widerlegt, wenn der Stpfl. anhand konkreter Tatsachen und Umstände darlegt und nachweist, dass die Anschaffung oder Herstellung eines bestimmten Wirtschaftsgutes von Anfang an eine Fehlmaßnahme war, oder dass zwischen dem Zeitpunkt der Anschaffung oder Herstellung und dem maßgeblichen Bilanzstichtag Umstände eingetreten sind, die die Anschaffung oder Herstellung des Wirtschaftsgutes nachträglich zur Fehlmaßnahme werden lassen. [5]Die Teilwertvermutung ist auch widerlegt, wenn der Nachweis erbracht wird, dass die Wiederbeschaffungskosten am Bilanzstichtag niedriger als der vermutete Teilwert sind. [6]Der Nachweis erfordert es, dass die behaupteten Tatsachen objektiv feststellbar sind.

H 6.7

Abbruchabsicht. Bei der Ermittlung des Teilwerts eines Gebäudes ist die Abbruchabsicht nicht zu berücksichtigen (→ BFH vom 7.12.1978 – BStBl. 1979 II S. 729).

Beteiligung. Zur Bestimmung des Teilwerts einer Beteiligung → BFH vom 7.11.1990 (BStBl. 1991 II S. 342) und vom 6.11.2003 (BStBl. 2004 II S. 416).

Einlage. Zum Teilwert bei Einlage im Zusammenhang mit einer Betriebseröffnung
- → H 6.12 (Teilwert).
- → BFH vom 29.4.1999 (BStBl. 2004 II S. 639).

Ersatzteile im Kfz-Handel. → BFH vom 24.2.1994 (BStBl. II S. 514).

Fehlmaßnahme.
- Eine Fehlmaßnahme liegt unabhängig von der Ertragslage des Betriebs vor, wenn der wirtschaftliche Nutzen der Anschaffung oder Herstellung eines Wirtschaftsguts bei objektiver Betrachtung deutlich hinter dem für den Erwerb oder die Herstellung getätigten Aufwand zurückbleibt und demgemäß dieser Aufwand so unwirtschaftlich war, dass er von einem gedachten Erwerber des gesamten Betriebs im Kaufpreis nicht honoriert würde (→ BFH vom 20.5.1988 – BStBl. 1989 II S. 269).
- → Überpreis.

Forderungen.
- Der Wertberichtigung von Forderungen steht nicht entgegen, dass sie nach dem Tage der Bilanzerstellung (teilweise) erfüllt worden sind und der Gläubiger den Schuldner weiterhin beliefert hat (→ BFH vom 20.8.2003 – BStBl. II S. 941).
- Bei Forderungen aus Schuldscheindarlehen kann im Allgemeinen aus dem Anstieg der Marktzinsen nicht auf einen unter den Anschaffungs-

kosten liegenden Teilwert geschlossen werden (→ BFH vom 19.5.1998 – BStBl. 1999 II S. 277).

- Gekündigte Darlehensforderungen, bei denen Erlöse nur noch aus der Verwertung der Sicherheiten aber nicht mehr aus Zinszahlungen zu erwarten sind, sind im Rahmen einer Teilwertabschreibung auf den Betrag der voraussichtlichen Erlöse zu vermindern und auf den Zeitpunkt abzuzinsen, zu dem mit dem Eingang der Erlöse zu rechnen ist (→ BFH vom 24.10.2006 – BStBl. 2007 II S. 469).
- Bei einer eingeschränkten Solvenz des Schuldners eines ungekündigten Darlehens hängt die Abzinsung vom Umfang der noch zu erwartenden Teilleistungen ab (→ BFH vom 24.10.2006 – BStBl. 2007 II S. 469).
- Der Teilwert einer Forderung des Besitzunternehmens gegen die Betriebsgesellschaft kann nur nach den Maßstäben abgeschrieben werden, die für die Teilwertberichtigung der Beteiligung am Betriebsunternehmen durch das Besitzunternehmen bestehen; es ist eine Gesamtbetrachtung der Ertragsaussichten von Besitz- und Betriebsunternehmen notwendig (→ BFH vom 14.10.2009 – BStBl. 2010 II S. 274).
- Die auf der Unverzinslichkeit einer im Anlagevermögen gehaltenen Forderung beruhende Teilwertminderung ist keine voraussichtlich dauernde Wertminderung (→ BMF vom 2.9.2016 – BStBl. I S. 995, Rn. 15).

Halbfertige Bauten auf fremdem Grund und Boden.

- Halbfertige Bauten auf fremdem Grund und Boden sind mit den Herstellungskosten der halbfertigen Arbeiten, ohne die in solchen Arbeiten ruhenden, im laufenden Geschäftsbetrieb noch nicht aufzudeckenden Gewinnanteile anzusetzen. Bei der Einbringung zum gemeinen Wert oder Zwischenwerten nach dem UmwStG gehören zum gemeinen Wert halbfertiger Arbeiten auch darin enthaltene anteilige Gewinne (→ BFH vom 10.7.2002 – BStBl. II S. 784).
- Eine → Teilwertabschreibung auf halbfertige Bauten auf fremdem Grund und Boden ist hinsichtlich des gesamten Verlusts aus dem noch nicht abgewickelten Auftrag bis zur Höhe der aktivierten Herstellungskosten zulässig und nicht auf den dem jeweiligen Fertigungsstand entsprechenden Anteil begrenzt. Die Höhe der Teilwertabschreibung ist nach der retrograden Bewertungsmethode (→ H 6.8) zu ermitteln. Eine → Teilwertabschreibung ist regelmäßig nicht zulässig, wenn
  - die Verpflichtung zur Fertigstellung des Bauvorhabens entfallen ist,
  - selbständige Teilleistungen abgenommen werden oder
  - die Aufträge bewusst verlustbringend kalkuliert werden (→ BFH vom 7.9.2005 – BStBl. 2006 II S. 298); → Verlustprodukte.
- → H 6.1.

Investitionszuschüsse mindern grundsätzlich nicht den Teilwert der bezuschussten Wirtschaftsgüter (→ BFH vom 19.7.1995 – BStBl. 1996 II S. 28).

Retrograde Wertermittlung.

- Bei der retrograden Ermittlung des Teilwerts von Wirtschaftsgütern können nach dem Bilanzstichtag entstehende Selbstkosten nur insoweit berücksichtigt werden, als auch ein gedachter Erwerber sie berechtigterweise geltend machen könnte (→ BFH vom 9.11.1994 – BStBl. 1995 II S. 336).

– → H 6.8 (Retrograde Bewertungsmethode).

Schätzung. Im Rahmen der Schätzung des Teilwerts gelten die Wiederbeschaffungskosten als Ober- und der Einzelveräußerungspreis als Untergrenze (→ BFH vom 25.8.1983 – BStBl. 1984 II S. 33).

Teilwertabschreibung.

– Zur Teilwertabschreibung, zur voraussichtlich dauernden Wertminderung und zum Wertaufholungsgebot → BMF vom 2.9.2016 (BStBl. I S. 995).
– Die Teilwertabschreibung hat gegenüber der Drohverlustrückstellung Vorrang. Das Verbot der Rückstellungen für drohende Verluste (§ 5 Abs. 4a Satz 1 EStG) erfasst nur denjenigen Teil des Verlustes, der durch die Teilwertabschreibung nicht verbraucht ist (→ BFH vom 7.9.2005 – BStBl. 2006 II S. 298).
– Keine Teilwertabschreibung bei Einnahmenüberschussrechnung (→ BFH vom 5.11.2015 – BStBl. 2016 II S. 468).
– Zur Teilwertabschreibung schadstoffbelasteter Grundstücke → BMF vom 11.5.2010 (BStBl. I S. 495).
– Zur Anwendung des Teileinkünfteverfahrens bei Teilwertabschreibungen auf Darlehensforderungen (für Beteiligungen von nicht mehr als 25 %) → BMF vom 23.10.2013 (BStBl. I S. 1269).
– → H 17 (8) Einlage einer wertgeminderten Beteiligung.
– → H 6.12 (Bodenschatz).

Teilwertbegriff. Der Teilwert ist ein ausschließlich objektiver Wert, der von der Marktlage am Bilanzstichtag bestimmt wird; es ist unerheblich, ob die Zusammensetzung und Nutzbarkeit eines Wirtschaftsguts von besonderen Kenntnissen und Fertigkeiten des Betriebsinhabers abhängt (→ BFH vom 31.1.1991 – BStBl. II S. 627).

Teilwertvermutungen.

1. Im Zeitpunkt des Erwerbs oder der Fertigstellung eines Wirtschaftsguts entspricht der Teilwert den Anschaffungs- oder Herstellungskosten (→ BFH vom 13.4.1988 – BStBl. II S. 892; nicht ohne weiteres anwendbar bei Erwerb eines Unternehmens oder Mitunternehmeranteils → BFH vom 6.7.1995 – BStBl. II S. 831).
2. Bei nicht abnutzbaren Wirtschaftsgütern des Anlagevermögens entspricht der Teilwert auch zu späteren, dem Zeitpunkt der Anschaffung oder Herstellung nachfolgenden Bewertungsstichtagen den Anschaffungs- oder Herstellungskosten (→ BFH vom 21.7.1982 – BStBl. II S. 758).
3. Bei abnutzbaren Wirtschaftsgütern des Anlagevermögens entspricht der Teilwert zu späteren, dem Zeitpunkt der Anschaffung oder Herstellung nachfolgenden Bewertungsstichtagen den um die lineare AfA verminderten Anschaffungs- oder Herstellungskosten (→ BFH vom 30.11.1988 – BStBl. 1989 II S. 183).
4. Bei Wirtschaftsgütern des Umlaufvermögens entspricht der Teilwert grundsätzlich den Wiederbeschaffungskosten. Der Teilwert von zum Absatz bestimmten Waren hängt jedoch auch von deren voraussichtlichem Veräußerungserlös (Börsen- oder Marktpreis) ab (→ BFH vom 27.10.1983 – BStBl. 1984 II S. 35).

5. Der Teilwert einer Beteiligung entspricht im Zeitpunkt ihres Erwerbs den Anschaffungskosten. Für ihren Wert sind nicht nur die Ertragslage und die Ertragsaussichten, sondern auch der Vermögenswert und die funktionale Bedeutung des Beteiligungsunternehmens, insbesondere im Rahmen einer Betriebsaufspaltung, maßgebend (→ BFH vom 6.11.2003 – BStBl. 2004 II S. 416).

Überpreis. Die → Teilwertvermutung gilt auch bei Zahlung eines Überpreises. Ein beim Erwerb eines Grundstücks gezahlter Überpreis rechtfertigt allein keine Teilwertabschreibung auf den niedrigeren Vergleichswert zu einem späteren Bilanzstichtag. Eine Berufung auf eine → Fehlmaßnahme allein im Hinblick auf die Zahlung eines Überpreises ist ausgeschlossen. Der Überpreis nimmt jedoch an einer aus anderen Gründen gerechtfertigten Teilwertabschreibung in dem Verhältnis teil, das dem gegenüber dem Anschaffungszeitpunkt gesunkenen Vergleichswert entspricht (→ BFH vom 7.2.2002 – BStBl. II S. 294).

Unrentabler Betrieb. Zur Abschreibung auf den niedrigeren Teilwert bei unrentablem Betrieb → BFH vom 1.3.1994 (BStBl. II S. 569) und vom 20.9.1989 (BStBl. 1990 II S. 206).

Verlustprodukte. Eine Teilwertabschreibung ist bei sog. „bewussten Verlustprodukten" jedenfalls dann nicht zulässig, wenn das Unternehmen Gewinne erzielt (→ BFH vom 29.4.1999 – BStBl. II S. 681).

Vorzugspreise einer Gemeinde. Bei der Ermittlung des Teilwerts eines Grundstücks sind Vorzugspreise, die eine Gemeinde Erwerbern vergleichbarer Grundstücke aus ansiedlungspolitischen Gründen einräumt, nur zu berücksichtigen, wenn die Gemeinde dadurch nachhaltig, über längere Zeit und mit in etwa gleichbleibenden Beträgen in das Marktgeschehen eingreift, so dass zum Bilanzstichtag auch andere Eigentümer ihre Grundstücke nicht teurer verkaufen können (→ BFH vom 8.9.1994 – BStBl. 1995 II S. 309).

Wärmeenergie. Die Wärmeenergie verselbständigt sich zu einem eigenen Wirtschaftsgut, wenn sie über Wärmemengenzähler bestimmungsgemäß an Abnehmer geliefert oder für private Zwecke verbraucht wird. Der private Verbrauch selbst erzeugter Wärmeenergie ist eine mit dem Teilwert zu bewertende Sachentnahme. Die (Wieder)Herstellungskosten sind auch bei sog. Kuppelerzeugnissen tauglicher Maßstab zur Bestimmung des Teilwerts. Als Teilwert ist jedoch der Veräußerungspreis anzusetzen, wenn sich für Erzeugnisse gleicher Art und Güte ein niedrigerer Marktpreis gebildet hat (→ BFH vom 12.3.2020 – BStBl. 2021 II S. 226).

Wertaufholungsgebot.
- Zum Wertaufholungsgebot → BMF vom 2.9.2016 (BStBl. I S. 995).
- → H 6.2 (Wertaufholungsgebot bei Beteiligungen).

Wiederbeschaffungskosten umfassen auch die Anschaffungsnebenkosten (→ BFH vom 29.4.1999 – BStBl. 2004 II S. 639).

Zeitpunkt der Teilwertabschreibung. Eine Teilwertabschreibung kann nur zum Bilanzstichtag und nicht auf einen beliebigen Tag zwischen zwei Bilanzstichtagen vorgenommen werden (→ BFH vom 5.2.1981 – BStBl. II S. 432).

R 6.8 Bewertung des Vorratsvermögens

Niedrigerer Teilwert

(1) [1]Wirtschaftsgüter des Vorratsvermögens, insbesondere Roh-, Hilfs- und Betriebsstoffe, unfertige und fertige Erzeugnisse sowie Waren, sind nach § 6 Abs. 1 Nr. 2 EStG mit ihren Anschaffungs- oder Herstellungskosten (→ R 6.2 und R 6.3) anzusetzen. [2]Ist der Teilwert (→ R 6.7) am Bilanzstichtag auf Grund einer voraussichtlich dauernden Wertminderung niedriger, kann dieser angesetzt werden. [3]Die Vornahme einer außerplanmäßigen Abschreibung in der Handelsbilanz ist nicht zwingend in der Steuerbilanz durch eine Teilwertabschreibung nachzuvollziehen; der Stpfl. kann darauf auch verzichten. [4]Bei einer Abweichung von der Handelsbilanz sind die Wirtschaftsgüter in besondere, laufend zu führende Verzeichnisse aufzunehmen (§ 5 Abs. 1 Satz 2 EStG).

(2) [1]Der Teilwert von Wirtschaftsgütern des Vorratsvermögens, deren Einkaufspreis am Bilanzstichtag unter die Anschaffungskosten gesunken ist, deckt sich in der Regel mit deren Wiederbeschaffungskosten am Bilanzstichtag, und zwar auch dann, wenn mit einem entsprechenden Rückgang der Verkaufspreise nicht gerechnet zu werden braucht. [2]Bei der Bestimmung des Teilwerts von nicht zum Absatz bestimmten Vorräten (z. B. Ärztemuster) kommt es nicht darauf an, welcher Einzelveräußerungspreis für das jeweilige Wirtschaftsgut erzielt werden könnte. [3]Sind Wirtschaftsgüter des Vorratsvermögens, die zum Absatz bestimmt sind, durch Lagerung, Änderung des modischen Geschmacks oder aus anderen Gründen im Wert gemindert, ist als niedrigerer Teilwert der Betrag anzusetzen, der von dem voraussichtlich erzielbaren Veräußerungserlös nach Abzug des durchschnittlichen Unternehmergewinns und des nach dem Bilanzstichtag noch anfallenden betrieblichen Aufwands verbleibt. [4]Im Regelfall kann davon ausgegangen werden, dass der Teilwert dem Betrag entspricht, der sich nach Kürzung des erzielbaren Verkaufserlöses um den nach dem Bilanzstichtag noch anfallenden Teil des durchschnittlichen Rohgewinnaufschlags ergibt. [5]Soweit es dem Stpfl. auf Grund der tatsächlichen Gegebenheiten des Betriebs, z. B. wegen Fehlens entsprechender Warenwirtschaftssysteme, nicht möglich ist, die für die Ermittlung des Teilwerts nach Satz 3 (sog. → Subtraktionsmethode) notwendigen Daten zu Grunde zu legen, ist es nicht zu beanstanden, wenn der Teilwert nach folgender Formel ermittelt wird (sog. → Formelmethode):

$$X = Z : (1 + Y1 + Y2 \times W).$$

[6]Dabei sind:
- X der zu suchende Teilwert
- Z der erzielbare Verkaufspreis
- Y1 der Durchschnittsunternehmergewinnprozentsatz (bezogen auf die Anschaffungskosten)
- Y2 der Rohgewinnaufschlagsrest
- W der Prozentsatz an Kosten, der noch nach Abzug des durchschnittlichen Unternehmergewinnprozentsatzes vom Rohgewinnaufschlagssatz nach dem Bilanzstichtag anfällt.

[7]Macht ein Stpfl. für Wertminderungen eine Teilwertabschreibung geltend, muss er die voraussichtliche dauernde Wertminderung nachweisen. [8]Dazu muss er Unterlagen vorlegen, die aus den Verhältnissen seines Betriebs gewonnen sind und die eine sachgemäße Schätzung des Teilwerts ermöglichen. [9]In der Regel sind die tatsächlich erzielten Verkaufspreise für die im Wert gemin-

derten Wirtschaftsgüter in der Weise und in einer so großen Anzahl von Fällen nachzuweisen, dass sich daraus ein repräsentativer Querschnitt für die zu bewertenden Wirtschaftsgüter ergibt und allgemeine Schlussfolgerungen gezogen werden können. [10] Bei Wirtschaftsgütern des Vorratsvermögens, für die ein Börsen- oder Marktpreis besteht, darf dieser nicht überschritten werden, es sei denn, dass der objektive Wert der Wirtschaftsgüter höher ist oder nur vorübergehende, völlig außergewöhnliche Umstände den Börsen- oder Marktpreis beeinflusst haben; der Wertansatz darf jedoch die Anschaffungs- oder Herstellungskosten nicht übersteigen.

Einzelbewertung

(3) [1] Die Wirtschaftsgüter des Vorratsvermögens sind grundsätzlich **einzeln** zu bewerten. [2] Enthält das Vorratsvermögen am Bilanzstichtag Wirtschaftsgüter, die im Verkehr nach Maß, Zahl oder Gewicht bestimmt werden (vertretbare Wirtschaftsgüter) und bei denen die Anschaffungs- oder Herstellungskosten wegen Schwankungen der Einstandspreise im Laufe des Wirtschaftsjahres im einzelnen nicht mehr einwandfrei feststellbar sind, ist der Wert dieser Wirtschaftsgüter zu **schätzen.** [3] In diesen Fällen stellt die **Durchschnittsbewertung** (Bewertung nach dem gewogenen Mittel der im Laufe des Wirtschaftsjahres erworbenen und gegebenenfalls zu Beginn des Wirtschaftsjahres vorhandenen Wirtschaftsgüter) ein zweckentsprechendes Schätzungsverfahren dar.

Gruppenbewertung

(4) [1] Zur Erleichterung der Inventur und der Bewertung können gleichartige Wirtschaftsgüter des Vorratsvermögens jeweils zu einer **Gruppe** zusammengefasst und mit dem gewogenen Durchschnittswert angesetzt werden. [2] Die Gruppenbildung und Gruppenbewertung darf nicht gegen die Grundsätze ordnungsmäßiger Buchführung verstoßen. [3] Gleichartige Wirtschaftsgüter brauchen für die Zusammenfassung zu einer Gruppe (→ R 6.9 Abs. 3) nicht gleichwertig zu sein. [4] Es muss jedoch für sie ein Durchschnittswert bekannt sein. [5] Das ist der Fall, wenn bei der Bewertung der gleichartigen Wirtschaftsgüter ein ohne Weiteres feststellbarer, nach den Erfahrungen der betreffenden Branche sachgemäßer Durchschnittswert verwendet wird. [6] Macht der Stpfl. glaubhaft, dass in seinem Betrieb in der Regel die zuletzt beschafften Wirtschaftsgüter zuerst verbraucht oder veräußert werden – das kann sich z. B. aus der Art der Lagerung ergeben –, kann diese Tatsache bei der Ermittlung der Anschaffungs- oder Herstellungskosten berücksichtigt werden. [7] Zur Bewertung nach unterstelltem Verbrauchsfolgeverfahren → R 6.9.

H 6.8

Ärztemuster. Ein als unverkäuflich gekennzeichnetes Ärztemuster ist grundsätzlich mit den Herstellungskosten zu aktivieren (→ BFH vom 30.1.1980 – BStBl. II S. 327).

Beispiele für die Bewertung von Wirtschaftsgütern des Vorratsvermögens, die durch Lagerung, Änderung des modischen Geschmacks oder aus anderen Gründen im Wert gemindert sind (→ R 6.8 Abs. 2 ff.):

– **Subtraktionsmethode.** Die Anwendung der Subtraktionsmethode setzt voraus, dass aus der Betriebsabrechnung die nach dem Bilanzstichtag bei den einzelnen Kostenarten noch jeweils anfallenden Kosten ersichtlich sind.

Beispiel:

Der Stpfl. hat einen Warenbestand einer zu bewertenden Gruppe mit Anschaffungskosten von 10 000 €. Der Rohgewinnaufschlagssatz für diese Warengruppe beträgt 100 %. Der noch erzielbare Verkaufspreis beträgt 40 % des ursprünglichen Verkaufspreises (40 % von 20 000 € = 8000 €). Der durchschnittliche Unternehmergewinn beträgt 5 % des noch erzielbaren Verkaufspreises (= 400 €). Nach dem Bilanzstichtag fallen ausweislich der Betriebsabrechnung noch 70% der betrieblichen Kosten an. Die betrieblichen Kosten errechnen sich ausgehend von dem ursprünglich geplanten Verkaufspreis (20 000 €), der um die Anschaffungskosten und den durchschnittlichen Unternehmergewinn, bezogen auf den ursprünglichen Verkaufspreis (5 % von 20 000 € = 1000 €), vermindert wird.

Niedrigerer Teilwert = voraussichtlich erzielbarer Verkaufserlös ./. durchschnittlicher Unternehmergewinn ./. des nach dem Bilanzstichtag noch anfallenden betrieblichen Aufwands

X = 8000 € ./. 400 € ./. 70% von 9000 € (ursprünglicher Verkaufspreis 20 000 € ./. durchschnittlicher Unternehmergewinn 1000 € ./. Anschaffungskosten 10 000 €)

X = 8000 € ./. 400 € ./. 6300 €

X = 1300 €

– **Formelmethode.** In den Fällen, in denen der Stpfl. keine Betriebsabrechnung hat, die die für die Ermittlung des Teilwerts nach der Subtraktionsmethode notwendigen Daten liefert, ist es nicht zu beanstanden, die Formelmethode zu Grunde zu legen.

Beispiel:

Der Stpfl. hat einen Warenbestand einer zu bewertenden Gruppe mit Anschaffungskosten von 10 000 €. Sein durchschnittlicher Rohgewinnaufschlagssatz beträgt 150 % der Anschaffungskosten. Der noch erzielbare Verkaufspreis beträgt 75 % des ursprünglichen Verkaufspreises (75 % von 25 000 € = 18 750 €). Der durchschnittliche Unternehmergewinn beträgt 5 % des ursprünglichen Verkaufspreises, das entspricht 12,5 % der Anschaffungskosten. Die nach dem Bilanzstichtag noch anfallenden betrieblichen Kosten, d. h. der dann noch anfallende Kostenanteil des ursprünglichen Rohgewinnaufschlagssatzes ohne den hierin enthaltenen Gewinnanteil, werden mit 60% geschätzt.

X = 18 750 € : (1 + 12,5 % + 137,5 % × 60 %)

X = 18 750 € : (1 + 0,125 + 0,825)

X = 18 750 € : 1,95

X = 9615 €

Ersatzteile im Kfz-Handel. → H 6.7.

Festwert.

– Begriff und Zulässigkeit → § 240 Abs. 3 i. V. m. § 256 Satz 2 HGB.
– Ansatzvoraussetzungen und Bemessung → BMF vom 8.3.1993 (BStBl. I S. 276).
– Bestandsaufnahme und Wertanpassung → R 5.4 Abs. 3 Satz 2 bis 5.
– → H 5.4.
– Der Festwert darf nur der Erleichterung der Inventur und der Bewertung, nicht jedoch dem Ausgleich von Preisschwankungen, insbesondere Preissteigerungen, dienen (→ BFH vom 1.3.1955 – BStBl. III S. 144 und vom 3.3.1955 – BStBl. III S. 222).

Gruppenbewertung. → § 240 Abs. 4 i. V. m. § 256 Satz 2 HGB.

Retrograde Bewertungsmethode.

– Die verlustfreie Bewertung von Waren und sonstigem Vorratsvermögen ist nicht auf die Bewertung großer Warenlager beschränkt, bei denen es technisch schwierig ist, die Wareneinstandspreise im Einzelnen zu ermit-

teln, sie kann auch bei individualisierbaren Wirtschaftsgütern mit bekannten Anschaffungskosten und selbst dann eine geeignete Methode zur Ermittlung des Teilwerts sein, wenn am Bilanzstichtag der kalkulierte oder der nach den Erfahrungen der Vergangenheit voraussichtlich erzielbare Veräußerungserlös den Anschaffungskosten entspricht oder darunter liegt. Bei der retrograden Bestimmung des Teilwerts sind als Selbstkosten insbesondere die noch anfallenden Verkaufs-, Vertriebs- und Reparaturkosten sowie ggf. auch anteilige betriebliche Fixkosten zu berücksichtigen (→ BFH vom 25.7.2000 – BStBl. 2001 II S. 566).
– → H 6.7 (Retrograde Wertermittlung).

Wertlosigkeit. Wirtschaftsgüter, die wertlos oder so gut wie wertlos sind, dürfen auch von Stpfl., die den Gewinn nach § 4 Abs. 1 EStG ermitteln, nicht mit den Anschaffungs- oder Herstellungskosten ausgewiesen werden (→ BFH vom 1.12.1950 – BStBl. 1951 III S. 10).

R 6.9 Bewertung nach unterstellten Verbrauchs- und Veräußerungsfolgen

Allgemeines

(1) [1] Andere Bewertungsverfahren mit unterstellter Verbrauchs- oder Veräußerungsfolge als die in § 6 Abs. 1 Nr. 2a EStG genannte Lifo-Methode sind steuerrechtlich nicht zulässig. [2] Die Anwendung der Lifo-Methode setzt nicht voraus, dass der Stpfl. die Wirtschaftsgüter auch in der Handelsbilanz nach dieser Methode bewertet. [3] Eine Einzelbewertung der Wirtschaftsgüter in der Handelsbilanz steht der Anwendung der Lifo-Methode nicht entgegen. [4] Bei einer Abweichung von der Handelsbilanz sind die Wirtschaftsgüter in besondere, laufend zu führende Verzeichnisse aufzunehmen (§ 5 Abs. 1 Satz 2 EStG).

Grundsätze ordnungsmäßiger Buchführung

(2) [1] Die Lifo-Methode muss den handelsrechtlichen Grundsätzen ordnungsmäßiger Buchführung entsprechen. [2] Das bedeutet nicht, dass die Lifo-Methode mit der tatsächlichen Verbrauchs- oder Veräußerungsfolge übereinstimmen muss; sie darf jedoch, wie z. B. bei leicht verderblichen Waren, nicht völlig unvereinbar mit dem betrieblichen Geschehensablauf sein. [3] Die Lifo-Methode muss nicht auf das gesamte Vorratsvermögen angewandt werden. [4] Sie darf auch bei der Bewertung der Materialbestandteile unfertiger oder fertiger Erzeugnisse angewandt werden, wenn der Materialbestandteil dieser Wirtschaftsgüter in der Buchführung getrennt erfasst wird und dies handelsrechtlichen Grundsätzen ordnungsmäßiger Buchführung entspricht.

Gruppenbildung

(3) [1] Für die Anwendung der Lifo-Methode können gleichartige Wirtschaftsgüter zu Gruppen zusammengefasst werden. [2] Zur Beurteilung der Gleichartigkeit sind die kaufmännischen Gepflogenheiten, insbesondere die marktübliche Einteilung in Produktklassen unter Beachtung der Unternehmensstruktur, und die allgemeine Verkehrsanschauung heranzuziehen. [3] Wirtschaftsgüter mit erheblichen Qualitätsunterschieden sind nicht gleichartig. [4] Erhebliche Preisunterschiede sind Anzeichen für Qualitätsunterschiede.

Methoden der Lifo-Bewertung

(4) [1]Die Bewertung nach der Lifo-Methode kann sowohl durch permanente Lifo als auch durch Perioden-Lifo erfolgen. [2]Die permanente Lifo setzt eine laufende mengen- und wertmäßige Erfassung aller Zu- und Abgänge voraus. [3]Bei der Perioden-Lifo wird der Bestand lediglich zum Ende des Wirtschaftsjahres bewertet. [4]Dabei können Mehrbestände mit dem Anfangsbestand zu einem neuen Gesamtbestand zusammengefasst oder als besondere Posten (Layer) ausgewiesen werden. [5]Bei der Wertermittlung für die Mehrbestände ist von den Anschaffungs- oder Herstellungskosten der ersten Lagerzugänge des Wirtschaftsjahres oder von den durchschnittlichen Anschaffungs- oder Herstellungskosten aller Zugänge des Wirtschaftsjahres auszugehen. [6]Minderbestände sind beginnend beim letzten Layer zu kürzen.

Wechsel der Bewertungsmethoden

(5) [1]Von der Lifo-Methode kann in den folgenden Wirtschaftsjahren nur mit Zustimmung des Finanzamts abgewichen werden (§ 6 Abs. 1 Nr. 2a Satz 3 EStG). [2]Der Wechsel der Methodenwahl bei Anwendung der Lifo-Methode (→ Absatz 4) bedarf nicht der Zustimmung des Finanzamts. [3]Der Grundsatz der Bewertungsstetigkeit ist jedoch zu beachten.

Niedrigerer Teilwert

(6) [1]Wird der Ansatz des niedrigeren Teilwerts gewählt (§ 6 Abs. 1 Nr. 2 Satz 2 EStG), ist der Teilwert der zu einer Gruppe zusammengefassten Wirtschaftsgüter mit dem Wertansatz, der sich nach Anwendung der Lifo-Methode ergibt, zu vergleichen. [2]Hat der Stpfl. Layer gebildet (→ Absatz 4), ist der Wertansatz des einzelnen Layer mit dem Teilwert zu vergleichen und kann gegebenenfalls gesondert auf den niedrigeren Teilwert abgeschrieben werden.

Übergang zur Lifo-Methode

(7) Der beim Übergang zur Lifo-Methode vorhandene Warenbestand ist mit dem steuerrechtlich zulässigen Wertansatz fortzuführen, den der Stpfl. in der Handelsbilanz des Wirtschaftsjahres gewählt hat, das dem Wirtschaftsjahr des Übergangs zur Lifo-Methode vorangeht (Ausgangswert).

H 6.9

Bewertungsstetigkeit. → § 252 Abs. 1 Nr. 6 HGB.[1)]

Gebrauchtwagen. Keine Anwendung der sog. Lifo-Methode → BFH vom 20.6.2000 (BStBl. 2001 II S. 636).

Grundsätze ordnungsmäßiger Buchführung. Eine Bewertung nach der sog. Lifo-Methode entspricht nicht den handelsrechtlichen Grundsätzen ordnungsmäßiger Buchführung und ist deshalb auch steuerrechtlich ausgeschlossen, wenn Vorräte mit – absolut betrachtet – hohen Erwerbsaufwendungen in Frage stehen, die Anschaffungskosten ohne Weiteres identifiziert und den einzelnen Vermögensgegenständen angesichts derer individueller Merkmale ohne Schwierigkeiten zugeordnet werden können (→ BFH vom 20.6.2000 – BStBl. 2001 II S. 636).

[1)] **Habersack** Nr. **50**.

Lifo-Methode. → BMF vom 12.5.2015 (BStBl. I S. 462).

R 6.10 Bewertung von Verbindlichkeiten *(unbesetzt)*

H 6.10

Abzinsung. Grundsätze für die Abzinsung von Verbindlichkeiten nach § 6 Abs. 1 Nr. 3 EStG → BMF vom 26.5.2005 (BStBl. I S. 699).[1]

Anschaffungskosten. Als Anschaffungskosten einer Verbindlichkeit gilt der Nennwert (Rückzahlungsbetrag) der Verbindlichkeit (→ BFH vom 4.5.1977 – BStBl. II S. 802).

Bearbeitungsgebühren. Gebühren, die ein Schuldner an ein Kreditinstitut für die Übernahme einer Bürgschaft zu zahlen hat, sind auf die Zeit, für die sich das Kreditinstitut vertraglich verbürgt hat, aktiv abzugrenzen → BFH vom 19.1.1978 (BStBl. II S. 262).

Damnum.[2]

– Darlehensschulden, bei denen der dem Schuldner zugefallene Betrag (Ausgabebetrag) niedriger als der Rückzahlungsbetrag ist, sind mit dem Rückzahlungsbetrag anzusetzen; der Unterschiedsbetrag (Agio, Disagio, Damnum, Abschluss-, Bearbeitungs- oder Verwaltungsgebühren) ist als Rechnungsabgrenzungsposten auf die Laufzeit des Darlehens zu verteilen (→ BFH vom 19.1.1978 – BStBl. II S. 262).
– → aber Zinsfestschreibung.

Eiserne Verpachtung. Zur Gewinnermittlung bei der Verpachtung von Betrieben mit Substanzerhaltungspflicht des Pächters nach §§ 582a, 1048 BGB → BMF vom 21.2.2002 (BStBl. I S. 262).

Fremdwährungsverbindlichkeiten. Voraussichtlich dauernde Werterhöhung bei Kursschwankungen unterliegenden Verbindlichkeiten → BMF vom 2.9.2016 (BStBl. I S. 995).[3]

Kreditbedingungen. Eine Verbesserung der allgemeinen Kreditbedingungen seit der Darlehensaufnahme rechtfertigt es nicht, einen bei der Kreditaufnahme aktivierten Rechnungsabgrenzungsposten niedriger anzusetzen (→ BFH vom 20.11.1969 – BStBl. 1970 II S. 209).

Optionsprämie. → H 4.2 (15).

Passivierungsverbot nach § 5 Abs. 2a EStG. → H 5.1.

Pfandverbindlichkeiten. → H 6.1 (Leergut in der Getränkeindustrie).

---

[1] Zur Abzinsung unverzinslicher Gesellschafterdarlehen siehe auch BFH v. 6.10.2009 I R 4/08, BStBl. II 2010, 177, und v. 27.1.2010 I R 35/09, BStBl. II 2010, 478. – Zur Abzinsung unverzinslicher Angehörigendarlehen siehe BFH v. 13.7.2017 VI R 62/15, BStBl. II 2018, 15. – Zu einer Verzinsungsabrede vor dem Bilanzstichtag und Beginn des Zinslaufs erst nach dem Bilanzstichtag siehe BFH v. 18.9.2018 XI R 30/16, BStBl. II 2019, 67. – Zu einer rückwirkend vereinbarten Verzinsung eines zunächst unverzinslich gewährten Darlehens siehe BFH v. 22.5.2019 X R 19/17, BStBl. II 2019, 795.

[2] Siehe auch BFH v. 29.11.2006 I R 46/05, BStBl. II 2009, 955.

[3] Zur Teilwertzuschreibung bei fundamentaler Änderung der wirtschaftlichen oder währungspolitischen Daten siehe BFH v. 10.6.2021 IV R 18/18, BStBl. II 2022, 211.

Rangrücktrittsvereinbarungen. Zur Passivierung von Verbindlichkeiten bei Vereinbarung eines einfachen oder qualifizierten Rangrücktritts → BMF vom 8.9.2006 (BStBl. I S. 497).

Rentenverpflichtungen.

- Rentenverpflichtungen sind – vorbehaltlich → R 6a – mit dem Barwert anzusetzen (→ BFH vom 31.1.1980 – BStBl. II S. 491).
- Ergibt sich bei einer betrieblichen Versorgungsrente aus dem Inhalt der Versorgungszusage, dass eine rechtliche Abhängigkeit zwischen den Pensionszahlungen und der Erzielung von Gewinnen aus dem Betrieb nicht gegeben ist, kann die Passivierung der Rentenverpflichtung nicht mit der Begründung versagt werden, die Rentenzahlungen belasteten die Gewinne späterer Jahre (→ BFH vom 7.4.1994 – BStBl. II S. 740).

Umschuldung. Im Falle einer Umschuldung ist der bisherige Rechnungsabgrenzungsposten nur dann in voller Höhe aufzulösen, wenn die abgegrenzten Beträge in keinem wirtschaftlichen Zusammenhang mit dem neuen oder veränderten Darlehen stehen (→ BFH vom 13.3.1974 – BStBl. II S. 359).

Verbindlichkeiten mit steigenden Zinssätzen. Wegen der Verpflichtung, eine am Bilanzstichtag bestehende Darlehensverbindlichkeit – mit fest vereinbarter Vertragslaufzeit und ohne ordentliche Kündigungsmöglichkeit – in späteren Jahren höher zu verzinsen (Darlehen mit steigenden Zinssätzen), ist in der Bilanz grundsätzlich eine Verbindlichkeit oder eine Rückstellung wegen eines wirtschaftlichen Erfüllungsrückstandes auszuweisen. Für die Höhe des zu passivierenden Erfüllungsrückstandes ist auf die dem Vertrag zu Grunde liegende Durchschnittsverzinsung abzustellen. Die so ermittelte Zinsverbindlichkeit ist grundsätzlich abzuzinsen (→ BFH vom 25.5.2016 – BStBl. II S. 930).

Verjährung. Eine Verbindlichkeit ist gewinnerhöhend auszubuchen, wenn anzunehmen ist, dass sich der Schuldner auf deren Verjährung beruft (→ BFH vom 9.2.1993 – BStBl. II S. 543).

Vermittlungsprovision. Aufwendungen, die dem Darlehensnehmer im Zusammenhang mit der Darlehensaufnahme durch Zahlungen an Dritte entstehen, z. B. Vermittlungsprovisionen, sind Betriebsausgaben des Jahres, in dem sie anfallen (→ BFH vom 4.5.1977 – BStBl. II S. 802).

Wohnungsbaudarlehen. Abzinsung → BMF vom 23.8.1999 (BStBl. I S. 818).

Zahlungsunfähigkeit. Der Umstand, dass der Schuldner bei Fälligkeit der Verpflichtung zahlungsunfähig ist, rechtfertigt allein keine gewinnerhöhende Ausbuchung der Verbindlichkeit (→ BFH vom 9.2.1993 – BStBl. II S. 747).

Zinsfestschreibung. Ist der Zinsfestschreibungszeitraum kürzer als die Darlehenslaufzeit, ist der Rechnungsabgrenzungsposten für ein Disagio, Damnum, etc. auf diesen Zeitraum zu verteilen (→ BFH vom 21.4.1988 – BStBl. 1989 II S. 722).

R 6.11 Bewertung von Rückstellungen

Gegenrechnung von Vorteilen

(1) [1]Die Gegenrechnung setzt voraus, dass am Bilanzstichtag nach den Umständen des jeweiligen Einzelfalles mehr Gründe für als gegen den Eintritt des

Vorteils sprechen. [2]Die Möglichkeit, dass künftig wirtschaftliche Vorteile eintreten könnten, genügt für die Gegenrechnung nicht. [3]Bei Rückstellungen, die in einem vor dem 1.1.2005 endenden Wirtschaftsjahr gebildet wurden, kann für die Gewinnauswirkung, die sich in einem vor dem 1.1.2005 endenden Wirtschaftsjahr aus der erstmaligen Anwendung von Satz 1 ergibt, jeweils in Höhe von neun Zehnteln eine gewinnmindernde Rücklage gebildet werden, die in den folgenden neun Wirtschaftsjahren jeweils mit mindestens einem Neuntel gewinnerhöhend aufzulösen ist (Auflösungszeitraum); sonstige gewinnwirksame Änderungen der Bewertung der Rückstellung bleiben unberücksichtigt. [4]Satz 3 ist nur anzuwenden, wenn die Gegenrechnung nicht auf einer vertraglichen Vereinbarung beruht. [5]Scheidet eine Rückstellung, für die eine Rücklage nach Satz 3 gebildet wurde, während des Auflösungszeitraums aus dem Betriebsvermögen aus, ist auch die Rücklage zum Ende des Wirtschaftsjahres des Ausscheidens in vollem Umfang gewinnerhöhend aufzulösen.

Ansammlung

(2) [1]In den Fällen, in denen der laufende Betrieb des Unternehmens im wirtschaftlichen Sinne ursächlich für die Entstehung der Verpflichtung ist, ist der Rückstellungsbetrag durch jährliche Zuführungsraten in den Wirtschaftsjahren **anzusammeln.** [2]Dies ist insbesondere der Fall bei Verpflichtungen zur Erneuerung oder zum Abbruch von Betriebsanlagen. [3]Verpflichtungen, die von Jahr zu Jahr nicht nur im wirtschaftlichen Sinne, sondern tatsächlich zunehmen, sind bezogen auf den am Bilanzstichtag tatsächlich entstandenen Verpflichtungsumfang zu bewerten. [4]Dies ist beispielsweise der Fall bei Verpflichtungen zur Rekultivierung oder zum Auffüllen abgebauter Hohlräume. [5]Die Summe der in früheren Wirtschaftsjahren angesammelten Rückstellungsraten ist am Bilanzstichtag auf das Preisniveau dieses Stichtages anzuheben. [6]Der Aufstockungsbetrag ist der Rückstellung in einem Einmalbetrag zuzuführen; eine gleichmäßige Verteilung auf die einzelnen Jahre bis zur Erfüllung der Verbindlichkeit kommt insoweit nicht in Betracht.

Niedrigerer handelsrechtlicher Wert

(3) [1]Mit Ausnahme der Pensionsrückstellungen darf die Höhe der Rückstellung in der Steuerbilanz den zulässigen Ansatz in der Handelsbilanz nicht überschreiten.[1)] [2]Für den Gewinn, der sich aus der erstmaligen Anwendung des Gesetzes zur Modernisierung des Bilanzrechts (Bilanzrechtsmodernisierungsgesetz – BilMoG) vom 15.5.2009 (BGBl. I S. 1102) durch die Auflösung von Rückstellungen ergibt, die bereits in dem vor dem 1.1.2010 endenden Wirtschaftsjahr passiviert wurden, kann jeweils i. H. v. vierzehn Fünfzehntel eine gewinnmindernde Rücklage passiviert werden, die in den folgenden vierzehn Wirtschaftsjahren jeweils mit mindestens einem Fünfzehntel gewinnerhöhend aufzulösen ist (Auflösungszeitraum). [3]Besteht eine Verpflichtung, für die eine Rücklage passiviert wurde, bereits vor Ablauf des maßgebenden Auflösungszeitraums nicht mehr, ist die insoweit verbleibende Rücklage zum Ende des Wirtschaftsjahres des Wegfalls der Verpflichtung in vollem Umfang

[1)] Der Handelsbilanzwert für eine Rückstellung bildet auch nach Inkrafttreten des BilMoG gegenüber einem höheren steuerrechtlichen Rückstellungswert die Obergrenze; siehe BFH v. 20.11.2019 XI R 46/17, BStBl. II 2020, 195.

gewinnerhöhend aufzulösen; Entsprechendes gilt, wenn sich der Verpflichtungsumfang innerhalb des Auflösungszeitraums verringert.

H 6.11

Abzinsung.[1] Grundsätze für die Abzinsung von Rückstellungen nach § 6 Abs. 1 Nr. 3a Buchstabe e EStG → BMF vom 26.5.2005 (BStBl. I S. 699).

Altersteilzeitverpflichtungen. Zur Bewertung von Rückstellungen für Altersteilzeitverpflichtungen nach dem Altersteilzeitgesetz (AltTZG) → BMF vom 28.3.2007 (BStBl. I S. 297) unter Berücksichtigung der Änderungen durch BMF vom 11.3.2008 (BStBl. I S. 496) und vom 22.10.2018 (BStBl. I S. 1112).

Ansammlung. Bei Ansammlungsrückstellungen ist das Stichtagsprinzip zu beachten. Wird beispielweise das einer Beseitigungspflicht für Bauten auf fremdem Grund und Boden zugrunde liegende Rechtsverhältnis über das Vertragsende hinaus fortgesetzt (Änderung des bisherigen Vertrages oder Begründung eines neuen Rechtsverhältnisses), ist der verlängerte Nutzungszeitraum bei der Rückstellungsbewertung zu berücksichtigen (→ BFH vom 2.7.2014 – BStBl. II S. 979).

Arbeitsfreistellung. Rückstellungen für Verpflichtungen zur Gewährung von Vergütungen für die Zeit der Arbeitsfreistellung vor Ausscheiden aus dem Dienstverhältnis und Jahreszusatzleistungen im Jahr des Eintritts des Versorgungsfalls → BMF vom 11.11.1999 (BStBl. I S. 959).

Aufbewahrung von Geschäftsunterlagen.

- Die Rückstellung ist in Höhe des voraussichtlichen Erfüllungsbetrags zu bilden. Hierbei ist zu berücksichtigen, welche Unterlagen tatsächlich aufbewahrungspflichtig sind und wie lange die Aufbewahrungspflicht für die einzelnen Unterlagen noch besteht. Für die Berechnung der Rückstellung sind nur diejenigen Unterlagen zu berücksichtigen, die zum betreffenden Bilanzstichtag entstanden sind (→ BFH vom 18.1.2011 – BStBl. II S. 496).
- Eine Rückstellung für die Verpflichtung zur Aufbewahrung von Geschäftsunterlagen kann Finanzierungskosten (Zinsen) für die zur Aufbewahrung genutzten Räume auch dann enthalten, wenn die Anschaffung/Herstellung der Räume nicht unmittelbar (einzel)finanziert worden ist, sondern der Aufbewahrungspflichtige seine gesamten liquiden Eigen- und Fremdmittel in einen „Pool" gegeben und hieraus sämtliche Aufwendungen seines Geschäftsbetriebs finanziert hat (sog. Poolfinanzierung). Voraussetzung für die Berücksichtigung der Zinsen (als Teil der notwendigen Gemeinkosten) ist in diesem Fall, dass sie sich durch Kostenschlüsselung verursachungsgerecht der Anschaffung/Herstellung der Räume zuordnen lassen und dass sie angemessen sind (→ BFH vom 11.10.2012 – BStBl. 2013 II S. 676).

---

[1] Zu den Auswirkungen der Abzinsung auf Rückstellungen für „bergrechtliche" Verpflichtungen siehe BMF v. 9.12.1999, BStBl. I 1999, 1127.

Deponien. Zur Bewertung der Rückstellungen für Aufwendungen zur Stilllegung, Rekultivierung und Nachsorge von Deponien → BMF vom 25.7.2005 (BStBl. I S. 826) und BFH vom 5.5.2011 (BStBl. 2012 II S. 98).

Eiserne Verpachtung. Zur Gewinnermittlung bei der Verpachtung von Betrieben mit Substanzerhaltungspflicht des Pächters nach §§ 582a, 1048 BGB → BMF vom 21.2.2002 (BStBl. I S. 262).

Gratifikationen. Bei der Rückstellung für die Verpflichtung zur Gewährung einer Gratifikation ist die Fluktuation mindernd zu berücksichtigen (→ BFH vom 7.7.1983 – BStBl. II S. 753).

Jubiläumszuwendungen. Zur Bewertung von Rückstellungen für Zuwendungen anlässlich eines Dienstjubiläums → BMF vom 8.12.2008 (BStBl. I S. 1013) unter Berücksichtigung der Änderungen durch BMF vom 27.2. 2020 (BStBl. I S. 254).

Maßgeblichkeit der Handelsbilanz. Der Handelsbilanzwert für eine Rückstellung bildet gegenüber einem höheren steuerrechtlichen Rückstellungswert die Obergrenze (→ BFH vom 20.11.2019 – BStBl. 2020 II S. 195).

Nachbetreuung abgeschlossener Versicherungen.

- Zur Bewertung von Rückstellungen für Verpflichtungen zur Nachbetreuung bereits abgeschlossener Versicherungen → BMF vom 20.11.2012 (BStBl. I S. 1100).
- Ist der Stpfl. vertraglich zur Betreuung von Versicherungsverträgen verpflichtet und erbringt er tatsächlich auch entsprechende Nachbetreuungsleistungen, hat er Aufzeichnungen zu führen, die so konkret und spezifiziert sein müssen, dass eine angemessene Schätzung der Höhe der zu erwartenden Betreuungsaufwendungen sowie des Zeitraums bis zum Beginn der erstmaligen Durchführung von Betreuungsmaßnahmen (Abzinsungszeitraum) möglich ist. Kann er keine der Rechtsprechung entsprechenden Aufzeichnungen über den Umfang der Betreuungsleistungen vorlegen, muss sich die dann vorzunehmende Schätzung des Betreuungsaufwandes im Hinblick auf die den Stpfl. treffende Darlegungs- und Beweislast im unteren Rahmen bewegen (→ BFH vom 12.12.2013 – BStBl. 2014 II S. 517).

Rückabwicklung. → H 5.7 (1).

Rückgriffsansprüche. (Unbestrittene) Rückgriffsansprüche sind bei der Bewertung von Rückstellungen zu berücksichtigen, wenn sie nicht als eigenständige Forderung zu aktivieren sind und derart in einem unmittelbaren Zusammenhang mit der drohenden Inanspruchnahme stehen, dass sie dieser wenigstens teilweise spiegelbildlich entsprechen, sie in rechtlich verbindlicher Weise der Entstehung oder Erfüllung der Verbindlichkeit zwangsläufig nachfolgen und sie vollwertig sind (→ BFH vom 17.2.1993 – BStBl. II S. 437 und vom 3.8.1993 – BStBl. 1994 II S. 444).

Schadenrückstellungen der Versicherungswirtschaft. → BMF vom 20.10.2016 (BStBl. I S. 1145).

Sparprämien. Rückstellungen für die Leistung einer Sparprämie bei Ablauf eines Sparvertrags sind über die Laufzeit des Sparvertrages anzusammeln und abzuzinsen (→ BFH vom 15.7.1998 – BStBl. II S. 728).

Urlaubsverpflichtung. Bei der Ermittlung der Höhe der rückständigen Urlaubsverpflichtung sind das Bruttoarbeitsentgelt, die Arbeitgeberanteile zur Sozialversicherung, das Urlaubsgeld und andere lohnabhängige Nebenkosten zu berücksichtigen. Nicht zu berücksichtigen sind jährlich vereinbarte Sondervergütungen (z. B. Weihnachtsgeld, Tantiemen oder Zuführungen zu Pensions- und Jubiläumsrückstellungen) sowie Gehaltssteigerungen nach dem Bilanzstichtag (→ BFH vom 6.12.1995 – BStBl. 1996 II S. 406).

Verbindlichkeiten mit steigenden Zinssätzen. → H 6.10.

Verwendung von Wirtschaftsgütern. Können Wirtschaftsgüter, z. B. Roh-, Hilfs- und Betriebsstoffe oder unfertige Erzeugnisse, die bereits am Bilanzstichtag vorhanden waren, bei der Erfüllung von Sachleistungsverpflichtungen verwendet werden, sind sie mit ihren Buchwerten zu berücksichtigen (→ BFH vom 26.6.1975 – BStBl. II S. 700).

Weihnachtsgeld. In einer Rückstellung für zu zahlendes Weihnachtsgeld bei abweichendem Wj. kann nur der Teil der Vergütung berücksichtigt werden, der bei zeitproportionaler Aufteilung des Weihnachtsgeldes auf die Zeit vom Beginn des Kj. bis zum Bilanzstichtag entfällt (→ BFH vom 26.6.1980 – BStBl. II S. 506).

R **6.12**[1), 2)] Bewertung von Entnahmen und Einlagen

(1) [1]Bei **Einlage** eines abnutzbaren Wirtschaftsgutes innerhalb von drei Jahren nach der Anschaffung oder Herstellung sind die Anschaffungs- oder Herstellungskosten um AfA nach § 7 EStG, erhöhte Absetzungen sowie etwaige Sonderabschreibungen zu kürzen, die auf den Zeitraum zwischen der Anschaffung oder der Herstellung des Wirtschaftsgutes und der Einlage entfallen. [2]In diesen Fällen sind die Anschaffungs- oder Herstellungskosten auch dann um die AfA nach § 7 EStG zu kürzen, wenn das Wirtschaftsgut nach einer Nutzung außerhalb der Einkunftsarten eingelegt wird.

(2) [1]Die einer Entnahme gleichgestellte Entstrickung ist mit dem gemeinen Wert anzusetzen. [2]Der gemeine Wert entspricht regelmäßig dem Fremdvergleichspreis.

(3) Das Buchwertprivileg des § 6 Abs. 1 Nr. 4 Satz 4 EStG findet auch dann Anwendung, wenn die übernehmende steuerbegünstigte Körperschaft das ihr unentgeltlich zur Verwendung für steuerbegünstigte Zwecke i. S. d. § 10b Abs. 1 Satz 1 EStG überlassene Wirtschaftsgut zeitnah weiterveräußert.

---

1) Zur Bewertung der Einlage bei Umwandlung einer Darlehensforderung in eine atypische stille Beteiligung siehe BFH v. 29.5.2001 VIII R 10/00, BStBl. II 2001, 747.

2) Pauschbeträge für unentgeltliche Wertabgaben (Sachentnahmen) für **2019** siehe BMF v. 12.12.2018, BStBl. I 2018, 1395, für **2020** siehe BMF v. 27.8.2020, BStBl. I 2020, 867, für **2021** siehe BMF v. 15.6.2021, BStBl. I 2021, 821; ermäßigter USt-Satz (§ 12 Abs. 2 Nr. 15 UStG) verlängert bis 31.12.2022 durch G v. 10.3.2021, BGBl. I 2021, 330.

H 6.12

Anteilsvereinigung bei verdeckter Einlage. Die in Folge der Einlage auf Grund Anteilsvereinigung entstehenden Grunderwerbsteuern erhöhen weder den Teilwert der eingelegten Anteile noch sind sie den bereits vorher gehaltenen (Alt-)Anteilen als nachträgliche Anschaffungs(neben)kosten zuzurechnen (→ BFH vom 14.3.2011 – BStBl. 2012 II S. 281).

Bausparvertrag. Einlage eines nicht zugeteilten Bausparvertrags ins Betriebsvermögen höchstens mit den gezahlten Bauspareinlagen einschließlich der aufgelaufenen Guthabenzinsen und der Abschlussgebühren → BFH vom 13.1.1994 (BStBl. II S. 454).

Bodenschatz. Ein im eigenen Grund und Boden entdecktes Kiesvorkommen ist ein materielles Wirtschaftsgut, das bei Zuführung zum Betriebsvermögen mit dem Teilwert zu bewerten ist. Es dürfen aber weder AfS noch **Teilwertabschreibungen** aufwandswirksam vorgenommen werden (→ BFH vom 4.12.2006 – BStBl. 2007 II S. 508 und vom 4.2.2016 – BStBl. II S. 607).[1)]

Buchwertprivileg.
- Bei Betriebsaufgabe → R 16 Abs. 2 Satz 7.
- Zulässig bei Entnahmen im Fall des Übergangs von Sonderbetriebsvermögen auf den Erben, wenn die Gesellschaft auf Grund einer Fortsetzungsklausel mit den bisherigen Gesellschaftern fortgeführt wird (→ BFH vom 5.2.2002 – BStBl. 2003 II S. 237).

Einlage bei Ausbuchung einer Verbindlichkeit. Darf eine Verbindlichkeit nach § 5 Abs. 2a EStG nicht mehr passiviert werden, ist der daraus resultierende Wegfallgewinn bei gesellschaftsrechtlicher Verursachung durch eine Einlage in Höhe des werthaltigen Teils der Forderung zu neutralisieren (→ BFH vom 10.8.2016 – BStBl. 2017 II S. 670).

Einlage eines Anteils an einer Kapitalgesellschaft.
- Die Einlage eines Anteils an einer Kapitalgesellschaft ist mit den Anschaffungskosten zu bewerten, wenn der Stpfl. an der Gesellschaft im Zeitpunkt der Einlage i. S. v. § 17 Abs. 1 oder 6 EStG beteiligt ist. Dem steht nicht entgegen, dass es sich bei dem eingelegten Geschäftsanteil selbst nicht um eine Beteiligung i. S. v. § 17 Abs. 1 oder 6 EStG handelt. Erforderlich und ausreichend ist vielmehr, dass der Stpfl. an der Kapitalgesellschaft überhaupt i. S. v. § 17 Abs. 1 oder 6 EStG beteiligt ist (→ BFH vom 5.6.2008 – BStBl. II S. 965).
- Einlagen von Beteiligungen i. S. v. § 17 EStG in ein Betriebsvermögen sind mit den Anschaffungskosten zu bewerten. Die Grundsätze der Entscheidung des BVerfG vom 7.7.2010 (BStBl. 2011 II S. 86) sind erst im Zeitpunkt der Veräußerung durch außerbilanzielle Korrektur des Gewinns aus der Veräußerung der Beteiligung anzuwenden (→ BMF vom 21.12.2011 – BStBl. 2012 I S. 42 unter Berücksichtigung der Änderungen durch BMF vom 16.12.2015 – BStBl. 2016 I S. 11).

Einlage einer wertgeminderten Beteiligung. → H 17 (8).

[1)] Siehe auch BFH v. 29.7.2015 IV R 15/14, BStBl. II 2016, 284.

Einlagewert nach vorangegangener Entnahme. Der Einlagewert nach § 6 Abs. 1 Nr. 5 Satz 3 EStG ist auch dann anzusetzen, wenn die vorangegangene Entnahme aus dem Betriebsvermögen steuerfrei gewesen ist (→ BFH vom 20.4.2005 – BStBl. II S. 698).

Geringwertiges Wirtschaftsgut. Sind bei Einlage innerhalb von drei Jahren nach der Anschaffung oder Herstellung die Anschaffungs- oder Herstellungskosten während der Zugehörigkeit des Wirtschaftsguts zum Privatvermögen nach § 9 Abs. 1 Satz 3 Nr. 7 Satz 2 EStG in voller Höhe als Werbungskosten abgesetzt worden, beträgt der Einlagewert 0 € (→ BFH vom 27.1.1994 – BStBl. II S. 638).

Nutzungen.

– Die Entnahme von Nutzungen ist mit den tatsächlichen Selbstkosten des Stpfl. zu bewerten (→ BFH vom 24.5.1989 – BStBl. 1990 II S. 8).
– → BFH vom 16.6.2020 – BStBl. II S. 845.

Private Kraftfahrzeugnutzung.

– → BMF vom 18.11.2009 (BStBl. I S. 1326) unter Berücksichtigung der Änderungen durch BMF vom 15.11.2012 (BStBl. I S. 1099).[1]
– Bei Nutzung von Elektro- und Hybridelektrofahrzeugen → *BMF vom 5.6.2014 (BStBl. I S. 835).*[2]
– Bei Nutzung von Brennstoffzellenfahrzeugen → *BMF vom 24.1.2018 (BStBl. I S. 272).*[2]
– → H 12.4 (Umsatzsteuer bei Anwendung der 1%-Regelung).

Teilwert.

– Bei Einlagen im Zusammenhang mit einer Betriebseröffnung entspricht der Teilwert grundsätzlich dem gemeinen Wert der eingelegten Wirtschaftsgüter. Anschaffungsnebenkosten sind dabei zu berücksichtigen (→ BFH vom 29.4.1999 – BStBl. 2004 II S. 639).
– Ein geschenktes Wirtschaftsgut ist auch dann mit dem Teilwert ins Betriebsvermögen des Beschenkten einzulegen, wenn der Schenker das eingelegte Wirtschaftsgut innerhalb der letzten drei Jahre vor der Einlage angeschafft, hergestellt oder entnommen hat (→ BFH vom 14.7.1993 – BStBl. 1994 II S. 15).

Übertragung eines Kommanditanteils unter dem Buchwert des Anteils. Annahme einer Einlage in Höhe der Differenz zwischen fortzuführendem Buchwert und fehlendem oder niedrigerem Erwerbspreis bei privat veranlasster unentgeltlicher oder teilentgeltlicher Übertragung eines Kommanditanteils unter dem Buchwert des Anteils (→ BFH vom 7.2.1995 – BStBl. II S. 770).

Verdeckte Einlage.

– Die Bewertung der verdeckten Einlage einer Beteiligung i. S. d. § 17 Abs. 1 Satz 1 EStG bei der aufnehmenden Kapitalgesellschaft erfolgt mit

---

[1] Zur Anwendung der 1%-Regelung bei privater Nutzung mehrerer betrieblicher Fahrzeuge durch eine Person siehe auch BFH v. 9.3.2010 VIII R 24/08, BStBl. II 2010, 903. – Zur Verfassungsmäßigkeit der 1%-Regelung siehe BFH v. 13.12.2012 VI R 51/11, BStBl. II 2013, 385; siehe auch BFH v. 15.5.2018 X R 28/15, BFH/NV 2018, 1107 (keine Begrenzung der nach der 1%-Regelung ermittelten Nutzungsentnahme auf 50 % der Gesamtaufwendungen für das Kfz). – Zum „Listenpreis" im Taxigewerbe siehe BFH v. 8.11.2018 III R 13/16, BStBl. II 2019, 229.

[2] Siehe jetzt BMF v. 5.11.2021, BStBl. I 2021, 2205, mit Anwendungsregelungen in Tz. 5.

dem Teilwert (→ BMF vom 2.11.1998 – BStBl. I S. 1227 und BFH vom 4.3.2011 – BStBl. 2012 II S. 341).

– Behandlung der Einbringung zum Privatvermögen gehörender Wirtschaftsgüter in das betriebliche Gesamthandsvermögen einer Personengesellschaft → BMF vom 29.3.2000 (BStBl. I S. 462) und BMF vom 11.7.2011 (BStBl. I S. 713) unter Berücksichtigung BMF vom 26.7.2016 (BStBl. I S. 684).

– Anteile an einer Kapitalgesellschaft, die eine juristische Person des öffentlichen Rechts in eine Tochtergesellschaft eingelegt hat, sind bei der Tochtergesellschaft mit dem Teilwert und nicht mit den Anschaffungskosten anzusetzen (→ BFH vom 14.3.2011 – BStBl. 2012 II S. 281).

R 6.13 Bewertungsfreiheit für geringwertige Wirtschaftsgüter und Bildung eines Sammelpostens

(1) [1]Die Frage, ob ein Wirtschaftsgut des Anlagevermögens selbständig nutzungsfähig ist, stellt sich regelmäßig für solche Wirtschaftsgüter, die in einem Betrieb zusammen mit anderen Wirtschaftsgütern genutzt werden. [2]Für die Entscheidung in dieser Frage ist maßgeblich auf die betriebliche Zweckbestimmung des Wirtschaftsgutes abzustellen. [3]Hiernach ist ein Wirtschaftsgut des Anlagevermögens einer selbständigen Nutzung nicht fähig, wenn folgende Voraussetzungen kumulativ vorliegen:

1. Das Wirtschaftsgut kann nach seiner betrieblichen Zweckbestimmung nur zusammen mit anderen Wirtschaftsgütern des Anlagevermögens genutzt werden,
2. das Wirtschaftsgut ist mit den anderen Wirtschaftsgütern des Anlagevermögens in einen ausschließlichen betrieblichen Nutzungszusammenhang eingefügt, d. h., es tritt mit den in den Nutzungszusammenhang eingefügten anderen Wirtschaftsgütern des Anlagevermögens nach außen als einheitliches Ganzes in Erscheinung, wobei für die Bestimmung dieses Merkmals im Einzelfall die Festigkeit der Verbindung, ihre technische Gestaltung und ihre Dauer von Bedeutung sein können,
3. das Wirtschaftsgut ist mit den anderen Wirtschaftsgütern des Anlagevermögens technisch abgestimmt.

[4]Dagegen bleiben Wirtschaftsgüter, die zwar in einen betrieblichen Nutzungszusammenhang mit anderen Wirtschaftsgütern eingefügt und technisch aufeinander abgestimmt sind, dennoch selbständig nutzungsfähig, wenn sie nach ihrer betrieblichen Zweckbestimmung auch ohne die anderen Wirtschaftsgüter im Betrieb genutzt werden können (z. B. Müllbehälter eines Müllabfuhrunternehmens). [5]Auch Wirtschaftsgüter, die nach ihrer betrieblichen Zweckbestimmung nur mit anderen Wirtschaftsgütern genutzt werden können, sind selbständig nutzungsfähig, wenn sie nicht in einen Nutzungszusammenhang eingefügt sind, so dass die zusammen nutzbaren Wirtschaftsgüter des Betriebs nach außen nicht als ein einheitliches Ganzes in Erscheinung treten (z. B. Bestecke, Trivialprogramme). [6]Selbständig nutzungsfähig sind ferner Wirtschaftsgüter, die nach ihrer betrieblichen Zweckbestimmung nur zusammen mit anderen Wirtschaftsgütern genutzt werden können, technisch mit diesen Wirtschaftsgütern aber nicht abgestimmt sind (z. B. Paletten, Einrichtungsgegenstände).

(2) Bei der Beurteilung der Frage, ob die Anschaffungs- oder Herstellungskosten für das einzelne Wirtschaftsgut *150 Euro,*[1] *410 Euro*[2] oder 1000 Euro nicht übersteigen, ist,

1. wenn von den Anschaffungs- oder Herstellungskosten des Wirtschaftsgutes ein Betrag nach § 6b oder § 6c EStG abgesetzt worden ist, von den nach § 6b Abs. 6 EStG maßgebenden
2. wenn die Anschaffungs- oder Herstellungskosten nach § 7g Abs. 2 Satz 2 EStG Gewinn mindernd herabgesetzt wurden, von den geminderten
3. wenn das Wirtschaftsgut mit einem erfolgsneutral behandelten Zuschuss aus öffentlichen oder privaten Mitteln nach R 6.5 angeschafft oder hergestellt worden ist, von den um den Zuschuss gekürzten
4. und wenn von den Anschaffungs- oder Herstellungskosten des Wirtschaftsgutes ein Betrag nach R 6.6 abgesetzt worden ist, von den um diesen Betrag gekürzten

Anschaffungs- oder Herstellungskosten auszugehen.

(3) Stellt ein Stpfl. ein selbständig bewertungsfähiges und selbständig nutzungsfähiges Wirtschaftsgut aus erworbenen Wirtschaftsgütern her, muss die Sofortabschreibung gem. § 6 Abs. 2 EStG oder die Einstellung in den Sammelposten gem. § 6 Abs. 2a EStG in dem Wirtschaftsjahr erfolgen, in dem das Wirtschaftsgut fertig gestellt worden ist.

(4) [1]Wurden die Anschaffungs- oder Herstellungskosten eines Wirtschaftsguts gem. § 6 Abs. 2 oder Abs. 2a Satz 4 EStG im Jahr der Anschaffung oder Herstellung in voller Höhe als Betriebsausgaben abgesetzt, sind in späteren Wirtschaftsjahren nachträgliche Anschaffungs- oder Herstellungskosten im Jahr ihrer Entstehung ebenfalls in voller Höhe als Betriebsausgaben zu behandeln. [2]Dies gilt unabhängig davon, ob sie zusammen mit den ursprünglichen Anschaffungs- oder Herstellungskosten den Betrag von *410 Euro*[2] bzw. im Falle der Bildung des Sammelpostens gem. § 6 Abs. 2a EStG von *150 Euro*[1] übersteigen.

(5) [1]Für jedes Wirtschaftsjahr, in dem vom einheitlich für alle Anlagegüter i. S. d. § 6 Abs. 2a EStG auszuübenden Antragsrecht zur Bildung eines Sammelpostens Gebrauch gemacht wurde, ist ein gesonderter Sammelposten zu bilden. [2]Nachträgliche Anschaffungs- oder Herstellungskosten, die nicht im Wirtschaftsjahr der Anschaffung oder Herstellung angefallen sind, erhöhen den Sammelposten des Wirtschaftsjahres, in dem die nachträglichen Anschaffungs- oder Herstellungskosten anfallen. [3]Macht der Stpfl. in diesem Wirtschaftsjahr vom Wahlrecht nach § 6 Abs. 2a EStG keinen Gebrauch, beschränkt sich der Sammelposten auf die nachträglichen Anschaffungs- oder Herstellungskosten der betroffenen Wirtschaftsgüter. [4]Dies gilt unabhängig davon, ob die nachträglichen Anschaffungs- oder Herstellungskosten zusam-

---

[1] **[Amtl. Anm.:]** Bei Anschaffung, Herstellung oder Einlage in das Betriebsvermögen ab 1.1.2018: 250 Euro → § 52 Abs. 12 Satz 8 EStG.

[2] **[Amtl. Anm.:]** Bei Anschaffung, Herstellung oder Einlage in das Betriebsvermögen ab 1.1.2018: 800 Euro → § 52 Abs. 12 Satz 6 EStG.

men mit den ursprünglichen Anschaffungs- oder Herstellungskosten den Betrag von 1000 Euro übersteigen.

(6) [1]Der Sammelposten i. S. d. § 6 Abs. 2a EStG ist kein Wirtschaftsgut, sondern eine Rechengröße und damit beispielsweise einer Teilwertabschreibung nicht zugänglich. [2]Ein Sammelposten i. S. d. § 6 Abs. 2a EStG wird nicht dadurch vermindert, dass ein oder mehrere darin erfasste Wirtschaftsgüter durch Veräußerung oder Entnahme oder auf Grund höherer Gewalt (R 6.6 Abs. 2) aus dem Betriebsvermögen des Stpfl. ausscheiden. [3]Dies gilt auch für Wirtschaftsgüter, die nach § 6 Abs. 3 EStG zusammen mit einem Teilbetrieb übertragen, nach § 6 Abs. 5 EStG in ein anderes Betriebsvermögen überführt oder übertragen oder nach den §§ 20, 24 UmwStG zusammen mit einem Teilbetrieb in eine Kapital- oder Personengesellschaft eingebracht werden.

H 6.13

Allgemeines. Zweifelsfragen zur bilanziellen Behandlung geringwertiger Wirtschaftsgüter und zum Sammelposten → BMF vom 30.9.2010 (BStBl. I S. 755).

Einlage. Zur Einlage von geringwertigen Wirtschaftsgütern, für die die Bewertungsfreiheit bereits während der Zugehörigkeit zum Privatvermögen in Anspruch genommen wurde → H 6.12 (Geringwertiges Wirtschaftsgut).

Private Mitbenutzung. Hat ein Stpfl. die Anschaffungs- oder Herstellungskosten eines geringwertigen Wirtschaftsguts im Jahr der Anschaffung oder Herstellung in voller Höhe als Betriebsausgaben abgesetzt, muss er den Teil der Aufwendungen, der dem privaten Nutzungsanteil entspricht, während der Nutzungszeit des Wirtschaftsguts dem Gewinn jeweils in dem Umfang hinzurechnen, der der tatsächlichen Nutzung in jedem Wj. entspricht (→ BFH vom 13.3.1964 – BStBl. III S. 455).

Selbständige Bewertbarkeit bzw. Nutzungsfähigkeit. Die selbständige Nutzungsfähigkeit verbundener oder gemeinsam genutzter Wirtschaftsgüter ist kein Kriterium bei der Beurteilung der selbständigen Bewertbarkeit. Ein selbständig bewertbares Wirtschaftsgut liegt vor, wenn es in seiner Einzelheit von Bedeutung und bei einer Veräußerung greifbar ist. Ob es auch selbständig genutzt werden kann, hängt neben dem Zweck, den zwei oder mehrere bewegliche Sachen gemeinsam zu erfüllen haben, vor allem vom Grad der Festigkeit einer eventuell vorgenommenen Verbindung (§ 93 BGB), dem Zeitraum, auf den eine eventuelle Verbindung oder die gemeinsame Nutzung angelegt sind, sowie dem äußeren Erscheinungsbild ab. Erscheinen die beweglichen Gegenstände danach für sich genommen unvollständig oder erhält ein Gegenstand ohne den oder die anderen gar ein negatives Gepräge, ist regelmäßig von einem einheitlichen Wirtschaftsgut auszugehen; Entsprechendes gilt für Sachen, die in einen unbeweglichen Gegenstand eingebaut werden (→ BFH vom 5.9.2002 – BStBl. II S. 877).

ABC der selbständig nutzungsfähigen Wirtschaftsgüter.

- Ausstellungsgegenstände – einzelne Gegenstände, die zu einer Verkaufsausstellung (z. B. Sanitärausstellung) zusammengefasst sind, es sei denn, einzelne der zu der Ausstellung zusammengefassten Wirtschaftsgüter haben ihre selbständige Bewertbarkeit dadurch ver-

loren, dass sie fest und auf längere Dauer mit anderen Gegenständen verbunden sind und nur in dieser technischen Verbundenheit ihren bestimmungsgemäßen Zweck erfüllen können, z. B. Badewanne und Armaturen (→ BFH vom 9.8.2001 – BStBl. II S. 842),
- Bestecke in Gaststätten, Hotels, Kantinen (→ BFH vom 19.11.1953 – BStBl. 1954 III S. 18),
- Bibliothek eines Rechtsanwalts (→ BFH vom 17.5.1968 – BStBl. II S. 566),
- Bücher einer Leih- oder Fachbücherei (→ BFH vom 8.12.1967 – BStBl. 1968 II S. 149),
- Einrichtungsgegenstände in Läden, Werkstätten, Büros, Hotels, Gaststätten u. ä. – auch als Erstausstattung und in einheitlichem Stil (→ BFH vom 29.7.1966 – BStBl. 1967 III S. 61),
- Fässer/Flaschen (→ BFH vom 1.7.1981 – BStBl. 1982 II S. 246),
- Grundausstattung einer Kfz-Werkstatt mit Spezialwerkzeugen (→ BFH vom 17.5.1968 – BStBl. II S. 571),
- Instrumentarium eines Arztes, auch als Grundausstattung (→ BFH vom 17.5.1968 – BStBl. II S. 566),
- Kisten (→ BFH vom 1.7.1981 – BStBl. 1982 II S. 246),
- Lampen als selbständige Wirtschaftsgüter (Steh-, Tisch- und Hängelampen; → BFH vom 17.5.1968 – BStBl. II S. 567),
- Leergut (→ BFH vom 1.7.1981 – BStBl. 1982 II S. 246),
- Legehennen in eiererzeugenden Betrieben,
- Möbel in Hotels und Gaststätten, auch als Erstausstattung (→ BFH vom 17.5.1968 – BStBl. II S. 566),
- Müllbehälter eines Müllabfuhrunternehmens, auch Systemmüllbehälter,
- Musterbücher und -kollektionen im Tapeten- und Buchhandel (→ BFH vom 25.11.1965 – BStBl. 1966 III S. 86),
- Notfallkoffer eines Arztes und darin enthaltene Geräte wie Sauerstoffflasche, Beatmungsbeutel, Absauggerät (→ BFH vom 7.9.2000 – BStBl. 2001 II S. 41),
- Paletten zum Transport und zur Lagerung von Waren (→ BFH vom 9.12.1977 – BStBl. 1978 II S. 322 und vom 25.8.1989 – BStBl. 1990 II S. 82),
- Regale, die aus genormten Stahlregalteilen zusammengesetzt und nach ihrer betrieblichen Zweckbestimmung in der Regel auf Dauer in dieser Zusammensetzung genutzt werden (→ BFH vom 26.7.1979 – BStBl. 1980 II S. 176), sowie Regale, die zu Schrankwänden zusammengesetzt sind (→ BFH vom 9.8.2001 – BStBl. 2002 II S. 100),
- Ruhebänke als Werbeträger,
- Schallplatten,
- Schreibtischkombinationsteile, die nicht fest miteinander verbunden sind, wie z. B. Tisch, Rollcontainer, Computerbeistelltisch (→ BFH vom 21.7.1998 – BStBl. II S. 789) sowie einzelne Elemente einer aus genormten Teilen zusammengesetzten und verschraubten Schreibtischkombination, es sei denn, das einzelne Element ist aus technischen Gründen (z. B. wegen fehlender Standfestigkeit) nicht selbständig nutzungsfähig (→ BFH vom 9.8.2001 – BStBl. 2002 II S. 100),
- Schriftenminima in einem Druckereibetrieb (→ BFH vom 18.11.1975 – BStBl. 1976 II S. 214),
- Spezialbeleuchtungsanlagen in einem Schaufenster (→ BFH vom 5.3.1974 – BStBl. II S. 353),
- Spinnkannen einer Weberei (→ BFH vom 9.12.1977 – BStBl. 1978 II S. 322),
- Straßenleuchten (→ BFH vom 28.3.1973 – BStBl. 1974 II S. 2),
- Tonbandkassetten,
- Transportkästen in einer Weberei zum Transport von Garnen (→ BFH vom 17.5.1968 – BStBl. II S. 568),
- Trivialprogramme (→ R 5.5 Abs. 1),
- Videokassetten,
- Wäsche in Hotels (→ BFH vom 17.5.1968 – BStBl. II S. 566).

ABC der nicht selbständig nutzungsfähigen Wirtschaftsgüter.
- Beleuchtungsanlage als Lichtband zur Beleuchtung in Fabrikräumen und Werkhallen (→ BFH vom 5.10.1956 – BStBl. III S. 376) oder zur Beleuchtung einzelner Stockwerke eines Wohnhauses (→ BFH vom 5.3.1974 – BStBl. II S. 353),
- Bestuhlung in Kinos und Theatern (→ BFH vom 5.10.1966 – BStBl. III S. 686),
- Bohrer i. V. m. Werkzeugmaschinen (→ Maschinenwerkzeuge),

- Drehbank mit als Antrieb eingebautem Elektromotor (→ BFH vom 14.12.1966 – BStBl. 1967 III S. 247),
- Drehstähle i. V. m. Werkzeugmaschinen (→ Maschinenwerkzeuge),
- EDV-Kabel nebst Zubehör zur Vernetzung einer EDV-Anlage: Kabel, die als Verlängerung der Verbindung der Peripheriegeräte mit der Zentraleinheit genutzt werden, sind zwar selbständig bewertungsfähig, nicht jedoch selbständig nutzungsfähig und somit keine geringwertigen Wirtschaftsgüter (→ BFH vom 25.11.1999 – BStBl. 2002 II S. 233),
- Elektromotor zum Einzelantrieb einer Maschine, einer Drehbank oder eines Webstuhls (→ BFH vom 16.12.1958 – BStBl. 1959 III S. 77),
- Ersatzteile für Maschinen usw. (→ BFH vom 17.5.1968 – BStBl. II S. 568),
- Formen (→ BFH vom 9.3.1967 – BStBl. III S. 283),
- Formplatten (→ BFH vom 30.3.1967 – BStBl. III S. 302),
- Fräser i. V. m. Werkzeugmaschinen (→ Maschinenwerkzeuge),
- Gerüst- und Schalungsteile sowie Schalungstafeln, die genormt und technisch aufeinander abgestimmt sind (→ BFH vom 29.7.1966 – BStBl. 1967 III S. 151),
- Kühlkanäle (→ BFH vom 17.4.1985 – BStBl. 1988 II S. 126),
- Leuchtstoffröhren (→ Beleuchtungsanlage),
- Lichtbänder (→ Beleuchtungsanlage),
- Lithographien (→ BFH vom 15.3.1991 – BStBl. II S. 682),
- Maschinenwerkzeuge und -verschleißteile (→ BFH vom 6.10.1995 – BStBl. 1996 II S. 166),
- Peripheriegeräte einer PC-Anlage; dies gilt nicht für so genannte Kombinations-Geräte und für externe Datenspeicher (→ BFH vom 19.2.2004 – BStBl. II S. 958),
- Pflanzen von Dauerkulturen (→ BFH vom 30.11.1978 – BStBl. 1979 II S. 281),
- Regalteile (→ BFH vom 20.11.1970 – BStBl. 1971 II S. 155; zu Regalen aus genormten Stahlregalteilen → Beispiele für selbständig nutzungsfähige Wirtschaftsgüter),
- Sägeblätter in Diamantsägen und -gattern (→ BFH vom 19.10.1972 – BStBl. 1973 II S. 53),
- Stanzwerkzeuge i. V. m. Werkzeugmaschinen (→ Maschinenwerkzeuge),
- Technische Sicherheitseinrichtung – TSE → BMF vom 21.8.2020 (BStBl. I S. 1047),
- Webstuhlmotor (→ Elektromotor),
- Werkzeuge (→ Maschinenwerkzeuge).

R 6.14 Unentgeltliche Übertragung von Betrieben, Teilbetrieben und Mitunternehmeranteilen *(unbesetzt)*

H 6.14

Anteile an einer Betriebskapitalgesellschaft sind wesentliche Betriebsgrundlagen i. S. d. funktionalen Betrachtungsweise (→ BFH vom 4.7.2007 – BStBl. II S. 772).

Beteiligung an einer Kapitalgesellschaft. Eine das gesamte Nennkapital umfassende Beteiligung an einer Kapitalgesellschaft ist kein Teilbetrieb i. S. d. § 6 Abs. 3 EStG (→ BFH vom 20.7.2005 – BStBl. 2006 II S. 457).

Realteilung. → BMF vom 19.12.2018 (BStBl. 2019 I S. 6).[1]

Unentgeltliche Übertragung von Mitunternehmeranteilen mit Sonderbetriebsvermögen. → BMF vom 20.11.2019 (BStBl. I S. 1291) unter Berücksichtigung der Änderungen durch BMF vom 5.5.2021 (BStBl. I S. 696).

R 6.15 Überführung und Übertragung von Einzelwirtschaftsgütern

In den Fällen des § 6 Abs. 5 Satz 4 EStG ist rückwirkend auf den Zeitpunkt der Übertragung der Teilwert auch dann anzusetzen, wenn die bis zur Übertragung entstandenen stillen Reserven durch Erstellung einer Ergän-

---

[1] Siehe aber auch BFH v. 17.5.2018 VI R 66/15, DStR 2018, 2135, u. VI R 73/15, BFH/NV 2018, 1249, sowie nunmehr § 14 Abs. 3 i. V. m. § 52 Abs. 22c EStG.

zungsbilanz dem übertragenden Gesellschafter zugeordnet worden sind, durch die Übertragung jedoch keine Änderung des Anteils des übertragenden Gesellschafters an dem übertragenen Wirtschaftsgut eingetreten ist.[1)]

H 6.15

Allgemeines. Zu Zweifelsfragen zur Überführung und Übertragung von einzelnen Wirtschaftsgütern → BMF vom 8.12.2011 (BStBl. I S. 1279).[2)]

Einmann-GmbH & Co. KG. Wird ein Wirtschaftsgut durch den an einer KG zu 100 % beteiligten Kommanditisten aus dessen (Sonder-)Betriebsvermögen nach § 6 Abs. 5 Satz 3 EStG in das Gesamthandsvermögen der KG übertragen, ist für die Übertragung nicht deshalb rückwirkend der Teilwert anzusetzen, weil die KG – bei unveränderten Beteiligungsverhältnissen – das Wirtschaftsgut innerhalb der Sperrfrist des § 6 Abs. 5 Satz 4 EStG veräußert. Dies gilt auch dann, wenn das Wirtschaftsgut in der Gesamthandsbilanz der KG mit dem bisherigen Buchwert ausgewiesen und deshalb für den Übertragenden keine negative Ergänzungsbilanz erstellt worden ist (→ BFH vom 31.7.2013 – BStBl. 2015 II S. 450 und vom 26.6.2014 – BStBl. 2015 II S. 463).

Zu § 6a EStG[3)]

R 6a. Rückstellungen für Pensionsverpflichtungen

Zulässigkeit von Pensionsrückstellungen

(1) [1]Nach § 249 HGB müssen für unmittelbare Pensionszusagen Rückstellungen in der Handelsbilanz gebildet werden. [2]Entsprechend dem Grundsatz der Maßgeblichkeit der Handelsbilanz hat die handelsrechtliche Passivierungspflicht die Passivierungspflicht für Pensionszusagen in der Steuerbilanz dem Grunde, aber nicht der Höhe nach zur Folge, wenn die Voraussetzungen des § 6a Abs. 1 und 2 EStG vorliegen.[4)] [3]Für laufende Pensionen und Anwartschaften auf Pensionen, die vor dem 1.1.1987 rechtsverbindlich zugesagt worden sind (Altzusagen), gilt nach Artikel 28 des Einführungsgesetzes zum HGB in der durch Gesetz vom 19.12.1985 (BGBl. I S. 2355, BStBl. 1986 I S. 94) geänderten Fassung weiterhin das handels- und steuerrechtliche Passivierungswahlrecht; insoweit sind die Anweisungen in Abschnitt 41 EStR 1984 mit Ausnahme des Absatzes 24 Satz 5 und 6 weiter anzuwenden. [4]Für die Frage, wann eine Pension oder eine Anwartschaft auf eine Pension rechtsverbindlich zugesagt worden ist, ist die erstmalige, zu einem Rechtsanspruch führende arbeitsrechtliche Verpflichtungserklärung maßgebend. [5]Für Pensionsverpflichtungen, für die der Berechtigte einen Rechtsanspruch auf Grund einer unmittelbaren Zusage nach dem 31.12.1986 erworben hat (Neuzusagen), gelten die folgenden Absätze.

[1)] **[Amtl. Anm.:]** → aber H 6.15 (Einmann-GmbH & Co. KG).

[2)] Rn. 19 BMF v. 8.12.2011 teilweise überholt, siehe BMF v. 20.11.2019, BStBl. I 2019, 1291, geänd. durch BMF v. 5.5.2021, BStBl. I 2021, 696, Rn. 40.

[3)] Zur Verfassungsmäßigkeit des Rechnungszinsfußes von 6 % im Jahr 2015 siehe Vorlagebeschluss FG Köln v. 12.10.2017 10 K 977/17, DStR 2017, 2792 (Az. BVerfG 2 BvL 22/17).

[4)] Siehe auch BFH v. 13.2.2008 I R 44/07, BStBl. II 2008, 673.

H 6a (1)

Beihilfen an Pensionäre.

- Die Verpflichtung, Pensionären und aktiven Mitarbeitern während der Zeit ihres Ruhestandes in Krankheits-, Geburts- und Todesfällen Beihilfen zu gewähren, ist keine Pensionsverpflichtung (→ BFH vom 30.1.2002 – BStBl. 2003 II S. 279).
- → H 5.7 (5).

Einstandspflicht. Die Verpflichtung des Arbeitgebers, wegen des nicht ausreichenden Vermögens einer Unterstützungskasse für den Ausfall von Versorgungsleistungen gegenüber seinen Arbeitnehmern einstehen zu müssen, erfüllt die Voraussetzungen für eine Pensionsrückstellung nicht. Das gilt auch für Versorgungsverpflichtungen des Erwerbers eines Betriebs, auf den die Arbeitsverhältnisse mit den durch die Unterstützungskasse begünstigten Arbeitnehmern nach § 613a BGB übergegangen sind (→ BFH vom 16.12. 2002 – BStBl. 2003 II S. 347).

Gewinnabhängige Pensionsleistungen.

- Am Bilanzstichtag bereits feststehende gewinnabhängige Pensionsleistungen sind zu berücksichtigen, wenn und soweit sie dem Grunde und der Höhe nach eindeutig bestimmt sind und die Erhöhung der Versorgungsleistungen schriftlich durch eine Ergänzung der Pensionszusage festgeschrieben wurde (→ BMF vom 18.10.2013 – BStBl. I S. 1268).
- → H 6a (7) Schriftformerfordernis.

Hinterbliebenenversorgung für den Lebensgefährten. → BMF vom 25.7. 2002 (BStBl. I S. 706).

Jahreszusatzleistungen. Für Jahreszusatzleistungen im Jahr des Eintritts des Versorgungsfalls darf eine Rückstellung nach § 6a EStG nicht gebildet werden (→ BMF vom 11.11.1999 – BStBl. I S. 959, RdNr. 23).

Nur-Pensionszusagen. Für eine sog. Nur-Pensionszusage kann keine Rückstellung nach § 6a EStG gebildet werden, wenn dieser Verpflichtung keine ernsthaft vereinbarte Entgeltumwandlung zugrunde liegt (→ BMF vom 13.12.2012 – BStBl. 2013 I S. 35).

Pensionsleistungen ohne Ausscheiden aus dem Dienstverhältnis. Zur bilanzsteuerrechtlichen Berücksichtigung von Versorgungsleistungen, die ohne die Voraussetzung des Ausscheidens aus dem Dienstverhältnis gewährt werden → BMF vom 18.9.2017 (BStBl. I S. 1293).

Pensionsverpflichtungen innerhalb einer GmbH & Co. KG.

- Zur Pensionszusage an einen Gesellschafter durch die Komplementär-GmbH → BMF vom 29.1.2008 (BStBl. I S. 317), RdNrn. 12–14.
- Sagt die Komplementär-GmbH einer GmbH & Co. KG ihrem gesellschaftsfremden Geschäftsführer eine Pension zu und kann sie nach dem Gesellschaftsvertrag von der KG Ersatz der Versorgungsleistungen verlangen, ist die bei der GmbH zu bildende Pensionsrückstellung durch einen Aufwendungsersatzanspruch zu neutralisieren. Bei der KG ist eine Rückstellung für ungewisse Verbindlichkeiten zu bilden, deren Höhe sich nach § 6a EStG bestimmt (→ BFH vom 7.2.2002 – BStBl. 2005 II S. 88).

Personengesellschaft. Bilanzsteuerliche Behandlung von Pensionszusagen einer Personengesellschaft an einen Gesellschafter und dessen Hinterbliebene → BMF vom 29.1.2008 (BStBl. I S. 317).

Vererbliche Versorgungsanwartschaften und Versorgungsleistungen. Sieht eine Pensionszusage die Vererblichkeit von Versorgungsanwartschaften oder Versorgungsleistungen vor und sind nach der Zusage vorrangig Hinterbliebene entsprechend der Rdnr. 4 des *BMF vom 6.12.2017 (BStBl. 2018 I S. 147)*[1] Erben, ist die Pensionsverpflichtung nach § 6a EStG anzusetzen und zu bewerten. Im Vererbungsfall ist für die Bewertung der Leistungen, soweit sie nicht an Hinterbliebene im o.g. Sinne erbracht werden, § 6 EStG maßgebend (→ BMF vom 18.9.2017 – BStBl. I S. 1293).

Verpflichtungsübernahmen, Schuldbeitritte und Erfüllungsübernahmen. Zur bilanziellen Berücksichtigung von Verpflichtungsübernahmen, Schuldbeitritten und Erfüllungsübernahmen mit vollständiger oder teilweiser Schuldfreistellung im Zusammenhang mit Pensionsverpflichtungen → BMF vom 30.11.2017 (BStBl. I S. 1619).

Versorgungsausgleich. Zu den Auswirkungen des Gesetzes zur Strukturreform des Versorgungsausgleiches (VAStrRefG) auf Pensionszusagen → BMF vom 12.11.2010 (BStBl. I S. 1303).

R **6a (2, 3)**

Rechtsverbindliche Verpflichtung[2]

(2) [1]Eine rechtsverbindliche Pensionsverpflichtung ist z.B. gegeben, wenn sie auf Einzelvertrag, Gesamtzusage (Pensionsordnung), Betriebsvereinbarung, Tarifvertrag oder Besoldungsordnung beruht. [2]Bei Pensionsverpflichtungen, die nicht auf Einzelvertrag beruhen, ist eine besondere Verpflichtungserklärung gegenüber dem einzelnen Berechtigten nicht erforderlich. [3]Ob eine rechtsverbindliche Pensionsverpflichtung vorliegt, ist nach arbeitsrechtlichen Grundsätzen zu beurteilen. [4]Für ausländische Arbeitnehmer sind Pensionsrückstellungen unter den gleichen Voraussetzungen zu bilden wie für inländische Arbeitnehmer.

Schädlicher Vorbehalt

(3) [1]Ein schädlicher Vorbehalt i.S.d. § 6a Abs. 1 Nr. 2 EStG liegt vor, wenn der Arbeitgeber die Pensionszusage nach freiem Belieben, d.h. nach seinen eigenen Interessen ohne Berücksichtigung der Interessen des Pensionsberechtigten widerrufen kann. [2]Ein Widerruf nach freiem Belieben ist nach dem Urteil des Bundesarbeitsgerichtes (BAG) vom 14.12.1956 (BStBl. 1959 I S. 258)[3] gegenüber einem noch aktiven Arbeitnehmer im Allgemeinen zulässig, wenn die Pensionszusage eine der folgenden Formeln

---

[1] Siehe jetzt BMF v. 12.8.2021, BStBl. I 2021, 1050; zur Anwendung siehe Rn. 176, 177.

[2] Zur Pensionszusage an einen GmbH-Geschäftsführer und zu den Auswirkungen des BGH-Urteils v. 25.3.1991 II ZR 169/90, DStR 1991, 751, auf Pensionsrückstellungen siehe BMF v. 21.12.1995, BStBl. I 1996, 50.

[3] Verfahren 1 AzR 531/55.

„freiwillig und ohne Rechtsanspruch",
„jederzeitiger Widerruf vorbehalten",
„ein Rechtsanspruch auf die Leistungen besteht nicht",
„die Leistungen sind unverbindlich"
oder ähnliche Formulierungen enthält, sofern nicht besondere Umstände eine andere Auslegung rechtfertigen. [3]Solche besonderen Umstände liegen nicht schon dann vor, wenn das Unternehmen in der Vergangenheit tatsächlich Pensionszahlungen geleistet oder eine Rückdeckungsversicherung abgeschlossen hat oder Dritten gegenüber eine Verpflichtung zur Zahlung von Pensionen eingegangen ist oder wenn die unter den oben bezeichneten Vorbehalten gegebene Pensionszusage die weitere Bestimmung enthält, dass der Widerruf nur nach „billigem Ermessen" ausgeübt werden darf oder dass im Falle eines Widerrufes die gebildeten Rückstellungen dem Versorgungszweck zu erhalten sind. [4]Vorbehalte der oben bezeichneten Art in einer Pensionszusage schließen danach die Bildung von Rückstellungen für Pensionsanwartschaften aus. [5]Befindet sich der Arbeitnehmer bereits im Ruhestand oder steht er unmittelbar davor, ist der Widerruf von Pensionszusagen, die unter den oben bezeichneten Vorbehalten erteilt worden sind, nach dem BAG-Urteil vom 14.12.1956 nicht mehr nach freiem Belieben, sondern nur noch nach billigem Ermessen (→ Absatz 4) zulässig. [6]Enthält eine Pensionszusage die oben bezeichneten allgemeinen Widerrufsvorbehalte, ist die Rückstellungsbildung vorzunehmen, sobald der Arbeitnehmer in den Ruhestand tritt; dies gilt auch hinsichtlich einer etwa zugesagten Hinterbliebenenversorgung.

H **6a** (3)

Abfindungsklauseln.

- Zu schädlichen Abfindungsklauseln in Pensionszusagen → BMF vom 6.4.2005 (BStBl. I S. 619) und vom 1.9.2005 (BStBl. I S. 860).
- Lassen sich Abfindungsklauseln nicht dahingehend auslegen, dass die für die Berechnung der jeweiligen Abfindungshöhe maßgebenden Sterbetafeln und Abzinsungssätze ausreichend sicher bestimmt sind, liegt ein schädlicher Vorbehalt i. S. d. § 6a Abs. 1 Nr. 2 EStG vor (→ BFH vom 23.7.2019 – BStBl. II S. 763).

Externe Versorgungsträger. Werden die künftigen Pensionsleistungen aus einer Versorgungszusage voraussichtlich von einem externen Versorgungsträger (z. B. Versorgungskasse) erbracht, scheidet die Bildung einer Rückstellung nach § 6a EStG aus (→ BFH vom 5.4.2006 – BStBl. II S. 688 und vom 8.10.2008 – BStBl. 2010 II S. 186). Zur Anwendung der vorgenannten Urteile, zur Abgrenzung des sog. Umlageverfahrens vom sog. Erstattungsverfahren und allgemein zur Bildung von Pensionsrückstellungen nach § 6a EStG bei Erbringung der Versorgungsleistungen durch externe Versorgungsträger → BMF vom 26.1.2010 (BStBl. I S. 138).

Übertragung auf eine Unterstützungskasse. Ist vereinbart, dass die Pensionsverpflichtung nach Eintritt des Versorgungsfalles auf eine Unterstützungskasse übertragen wird, kann eine Rückstellung nicht gebildet werden (→ BMF vom 2.7.1999 – BStBl. I S. 594).

R 6a (4)

Unschädlicher Vorbehalt

(4) [1]Ein unschädlicher Vorbehalt i. S. d. § 6a Abs. 1 Nr. 2 EStG liegt vor, wenn der Arbeitgeber den Widerruf der Pensionszusage bei geänderten Verhältnissen nur nach billigem Ermessen (§ 315 BGB), d. h. unter verständiger Abwägung der berechtigten Interessen des Pensionsberechtigten einerseits und des Unternehmens andererseits aussprechen kann. [2]Das gilt in der Regel für die Vorbehalte, die eine Anpassung der zugesagten Pensionen an nicht voraussehbare künftige Entwicklungen oder Ereignisse, insbesondere bei einer wesentlichen Verschlechterung der wirtschaftlichen Lage des Unternehmens, einer wesentlichen Änderung der Sozialversicherungsverhältnisse oder der Vorschriften über die steuerliche Behandlung der Pensionsverpflichtungen oder bei einer Treupflichtverletzung des Arbeitnehmers vorsehen. [3]Danach sind z. B. die folgenden Vorbehalte als unschädlich anzusehen:

1. als allgemeiner Vorbehalt:
   „Die Firma behält sich vor, die Leistungen zu kürzen oder einzustellen, wenn die bei Erteilung der Pensionszusage maßgebenden Verhältnisse sich nachhaltig so wesentlich geändert haben, dass der Firma die Aufrechterhaltung der zugesagten Leistungen auch unter objektiver Beachtung der Belange des Pensionsberechtigten nicht mehr zugemutet werden kann";
2. als spezielle Vorbehalte:
   „Die Firma behält sich vor, die zugesagten Leistungen zu kürzen oder einzustellen, wenn
   a) die wirtschaftliche Lage des Unternehmens sich nachhaltig so wesentlich verschlechtert hat, dass ihm eine Aufrechterhaltung der zugesagten Leistungen nicht mehr zugemutet werden kann, oder
   b) der Personenkreis, die Beiträge, die Leistungen oder das Pensionierungsalter bei der gesetzlichen Sozialversicherung oder anderen Versorgungseinrichtungen mit Rechtsanspruch sich wesentlich ändern, oder
   c) die rechtliche, insbesondere die steuerrechtliche Behandlung der Aufwendungen, die zur planmäßigen Finanzierung der Versorgungsleistungen von der Firma gemacht werden oder gemacht worden sind, sich so wesentlich ändert, dass der Firma die Aufrechterhaltung der zugesagten Leistungen nicht mehr zugemutet werden kann, oder
   d) der Pensionsberechtigte Handlungen begeht, die in grober Weise gegen Treu und Glauben verstoßen oder zu einer fristlosen Entlassung berechtigen würden",

oder inhaltlich ähnliche Formulierungen. [4]Hat der Arbeitnehmer die Möglichkeit, anstelle einer bisher zugesagten Altersversorgung eine Erhöhung seiner laufenden Bezüge zu verlangen, liegt hierin kein schädlicher Vorbehalt.

H 6a (4)

Abfindungsklauseln.
– Zu unschädlichen Abfindungsklauseln in Pensionszusagen → BMF vom 6.4.2005 (BStBl. I S. 619) und vom 1.9.2005 (BStBl. I S. 860).

– Ergibt sich aus der Abfindungsklausel, dass die für die Berechnung der Abfindungshöhe anzuwendende Sterbetafel trotz fehlender ausdrücklicher Benennung eindeutig bestimmbar ist, steht sie der bilanzsteuerrechtlichen Anerkennung nicht entgegen (→ BFH vom 10.7.2019 – BStBl. II S. 760).

R 6a (5, 6)

Vorbehalt (Sonderfälle)

(5) [1]In besonderen Vorbehalten werden oft bestimmte wirtschaftliche Tatbestände bezeichnet, bei deren Eintritt die zugesagten Pensionsleistungen gekürzt oder eingestellt werden können. [2]Es wird z. B. vereinbart, dass die Pensionen gekürzt oder eingestellt werden können, wenn der Umsatz, der Gewinn oder das Kapital eine bestimmte Grenze unterschreiten oder wenn mehrere Verlustjahre vorliegen oder wenn die Pensionsleistungen einen bestimmten Prozentsatz der Lohn- und Gehaltssumme überschreiten. [3]Diese Vorbehalte sind nur dann als unschädlich anzusehen, wenn sie in dem Sinne ergänzt werden, es müsse bei den bezeichneten Tatbeständen eine so erhebliche und nachhaltige Beeinträchtigung der Wirtschaftslage des Unternehmens vorliegen, dass es dem Unternehmen nicht mehr zumutbar ist, die Pensionszusage aufrechtzuerhalten, oder dass es aus unternehmerischer Verantwortung geboten erscheint, die Versorgungsleistungen einzuschränken oder einzustellen.

(6) [1]Der Vorbehalt, dass der Pensionsanspruch erlischt, wenn das Unternehmen veräußert wird oder aus anderen Gründen ein Wechsel des Unternehmers eintritt (sog. Inhaberklausel), ist steuerlich schädlich. [2]Entsprechendes gilt für Vorbehalte oder Vereinbarungen, nach denen die Haftung aus einer Pensionszusage auf das Betriebsvermögen beschränkt wird, es sei denn, es gilt eine gesetzliche Haftungsbeschränkung für alle Verpflichtungen gleichermaßen, wie z. B. bei Kapitalgesellschaften.

H 6a (6)

Gewichtung des Widerrufsvorbehalts. Bei der Beurteilung, ob ein schädlicher oder unschädlicher Vorbehalt vorliegt, ist ein strenger Maßstab anzulegen (→ BFH vom 6.10.1967 – BStBl. 1968 II S. 90).

R 6a (7)

Schriftform

(7) [1]Für die nach § 6a Abs. 1 Nr. 3 EStG vorgeschriebene Schriftform kommt jede schriftliche Festlegung in Betracht, aus der sich der Pensionsanspruch nach Art und Höhe ergibt, z. B. Einzelvertrag, Gesamtzusage (Pensionsordnung), Betriebsvereinbarung, Tarifvertrag, Gerichtsurteil. [2]Bei Gesamtzusagen ist eine schriftliche Bekanntmachung in geeigneter Form nachzuweisen, z. B. durch ein Protokoll über den Aushang im Betrieb. [3]Die Schriftform muss am Bilanzstichtag vorliegen. [4]Für Pensionsverpflichtungen, die auf betrieblicher Übung oder auf dem Grundsatz der Gleichbehandlung beruhen, kann wegen

der fehlenden Schriftform keine Rückstellung gebildet werden; dies gilt auch dann, wenn arbeitsrechtlich (§ 1b Abs. 1 Satz 4 Betriebsrentengesetz)[1] eine unverfallbare Anwartschaft besteht, es sei denn, dem Arbeitnehmer ist beim Ausscheiden eine schriftliche Auskunft nach § 4a Betriebsrentengesetz erteilt worden. [5] Pensionsrückstellungen müssen insoweit vorgenommen werden, als sich die Versorgungsleistungen aus der schriftlichen Festlegung dem Grunde und der Höhe nach ergeben. [6] Zahlungsbelege allein stellen keine solche Festlegung dar.

H 6a (7)

Grundsatz der Gleichbehandlung. Die wegen arbeitsrechtlicher Entscheidungen notwendige Ergänzung einer bestehenden Witwenversorgung um eine Witwerversorgung ist erst wirksam, wenn die Ergänzung schriftlich vorgenommen wurde.

Schriftformerfordernis.

- Voraussetzung für die steuerliche Anerkennung einer Pensionsrückstellung nach § 6a EStG ist u. a. eine schriftlich erteilte Pensionszusage. Die Vereinbarung muss neben dem Zusagezeitpunkt eindeutige und präzise Angaben zu Art, Form, Voraussetzungen und Höhe der in Aussicht gestellten künftigen Leistungen enthalten. Sofern es zur eindeutigen Ermittlung der in Aussicht gestellten Leistungen erforderlich ist, sind auch Angaben für die versicherungsmathematische Ermittlung der Höhe der Versorgungsverpflichtung (z. B. anzuwendender Rechnungszinsfuß oder anzuwendende biometrische Ausscheidewahrscheinlichkeiten) schriftlich festzulegen. Sind diese Angaben nicht vorhanden, scheidet die Bildung einer Pensionsrückstellung jedenfalls in der Steuerbilanz aus (→ BMF vom 28.8.2001 – BStBl. I S. 594).
- Eine schriftliche Pensionszusage liegt auch dann vor, wenn der Verpflichtete eine schriftliche Erklärung mit dem erforderlichen Inhalt abgibt und der Berechtigte die Zusage nach den Regeln des Zivilrechtes (z. B. durch mündliche Erklärung) annimmt (→ BFH vom 27.4.2005 – BStBl. II S. 702).
- Am Bilanzstichtag bereits feststehende gewinnabhängige Pensionsleistungen sind bei der Bewertung einzubeziehen, wenn und soweit sie dem Grunde und der Höhe nach eindeutig bestimmt sind und die Erhöhung der Versorgungsleistungen schriftlich durch eine Ergänzung der Pensionszusage gem. § 6a Abs. 1 Nr. 3 EStG festgeschrieben werden. Unabhängig vom maßgebenden Gewinnentstehungsjahr können die zusätzlichen Versorgungsleistungen wegen des Schriftformerfordernisses erstmals an dem der schriftlichen Festschreibung folgenden Bilanzstichtag bei der Rückstellungsbewertung berücksichtigt werden (→ BMF vom 18.10.2013 – BStBl. I S. 1268).

---

[1] **Steuergesetze** Nr. **70**.

R **6a** (8)

Beherrschende Gesellschafter-Geschäftsführer von Kapitalgesellschaften[1), 2)]

(8) [1] Für die Bildung von Pensionsrückstellungen für beherrschende Gesellschafter-Geschäftsführer von Kapitalgesellschaften ist zu unterstellen, dass die Jahresbeträge nach § 6a Abs. 3 Satz 2 Nr. 1 Satz 3 EStG vom Beginn des Dienstverhältnisses, frühestens vom nach Absatz 10 Satz 3 maßgebenden Alter, bis zur vertraglich vorgesehenen Altersgrenze, mindestens jedoch bis zum folgenden geburtsjahrabhängigen Pensionsalter aufzubringen sind:[3)]

für Geburtsjahrgänge	Pensionsalter
bis 1952	65
ab 1953 bis 1961	66
ab 1962	67

[2] Als Beginn des Dienstverhältnisses gilt der Eintritt in das Unternehmen als Arbeitnehmer. [3] Das gilt auch dann, wenn der Geschäftsführer die Pensionszusage erst nach Erlangung der beherrschenden Stellung erhalten hat. [4] Absatz 11 Satz 1, 3 bis 6, 8, 9 und 13 bis 15 ist nicht anzuwenden.[4)] [5] Für anerkannt schwerbehinderte Menschen kann geburtsjahrabhängig eine vertragliche Altersgrenze wie folgt zugrunde gelegt werden:[3)]

für Geburtsjahrgänge	Pensionsalter
bis 1952	60
ab 1953 bis 1961	61
ab 1962	62

R **6a** (9)

Ehegatten-Arbeitsverhältnisse *(unbesetzt)*

H **6a** (9)

Anerkennungsgrundsätze. An den Nachweis der Ernsthaftigkeit von Pensionszusagen an → Arbeitnehmer-Ehegatten sind mit Rücksicht auf die besonderen persönlichen Beziehungen der Vertragspartner strenge Anforderungen zu stellen. Es ist insbesondere zu prüfen, ob die Pensionszusage nach den Umständen des Einzelfalls dem Grunde und der Höhe nach angemessen ist (→ BFH vom 14.7.1989 – BStBl. II S. 969). Für Pensionszusagen, die im Rahmen eines steuerlich anzuerkennenden Arbeitsverhältnisses dem

---

1) Siehe auch BFH v. 21.12.1994 I R 98/93, BStBl. II 1995, 419, und BMF v. 1.8.1996, BStBl. I 1996, 1138, sowie BFH v. 19.5.1998 I R 36/97, BStBl. II 1998, 689.

2) Zu Rückstellungen für Pensionszusagen an nicht beherrschende Gesellschafter-Geschäftsführer von Kapitalgesellschaften siehe BMF v. 7.3.1997, BStBl. I 1997, 637.

3) **[Amtl. Anm.:]** R 6a Abs. 8 Satz 1 letzter Teilsatz und Satz 5 EStR zum Mindestpensionsalter bei der Bildung von Pensionsrückstellungen für beherrschende Gesellschafter-Geschäftsführer sind nicht weiter anzuwenden (→ BMF vom 9.12.2016 – BStBl. I S. 1427).

4) **[Amtl. Anm.:]** Abweichend von R 6a Abs. 8 Satz 4 EStR ist R 6a Abs. 11 Satz 1 EStR (grundsätzliche Zugrundelegung des vertraglich vereinbarten Pensionsalters) anzuwenden (→ BMF vom 9.12.2016 – BStBl. I S. 1427).

→ Arbeitnehmer-Ehegatten gegeben werden, sind Pensionsrückstellungen zu bilden, wenn

1. eine ernstlich gewollte, klar und eindeutig vereinbarte Verpflichtung vorliegt,
2. die Zusage dem Grunde nach angemessen ist und
3. der Arbeitgeber-Ehegatte auch tatsächlich mit der Inanspruchnahme aus der gegebenen Pensionszusage rechnen muss.

(→ BMF vom 4.9.1984 – BStBl. I S. 495 und vom 9.1.1986 – BStBl. I S. 7).

Arbeitnehmer-Ehegatten. Pensionszusagen zwischen Ehegatten, die im Rahmen von steuerlich anzuerkennenden Arbeitsverhältnissen (→ R 4.8) erteilt werden, sind auch steuerlich zu beachten und berechtigen zur Bildung von Pensionsrückstellungen (→ BVerfG vom 22.7.1970 – BStBl. II S. 652).

Fremdvergleich. Eine betriebliche Veranlassung einer Pensionszusage an einen Arbeitnehmer, der naher Angehöriger des Arbeitgebers ist, ist nicht allein deshalb zu verneinen, weil keine fremden Arbeitnehmer mit vergleichbaren Tätigkeitsmerkmalen im Betrieb beschäftigt werden und auch bei anderen Betrieben gleicher Größenordnung keine vergleichbaren Beschäftigungsverhältnisse ermittelt werden können.
Maßgebend ist eine Gesamtwürdigung aller Umstände des konkreten Einzelfalls (→ BFH vom 18.12.2001 – BStBl. 2002 II S. 353).

Rückdeckungsversicherung. Prämienzahlungen für eine Rückdeckungsversicherung einer Pensionszusage an den Arbeitnehmer-Ehegatten können als Betriebsausgaben behandelt werden, wenn auch die Pensionszusage als rückstellungsfähig anerkannt werden kann (→ BMF vom 4.9.1984 – BStBl. I S. 495).

Verpflichtungsumfang. Für die Bildung der Pensionsrückstellung bei Pensionszusagen zwischen Ehegatten in Einzelunternehmen kommt nur eine Zusage auf Alters-, Invaliden- und Waisenrente in Betracht (→ BMF vom 4.9.1984 – BStBl. I S. 495).

Witwen-/Witwerversorgung. Eine Zusage auf Witwen- oder Witwerversorgung ist im Rahmen von Ehegatten-Pensionszusagen in Einzelunternehmen nicht rückstellungsfähig, da hier bei Eintritt des Versorgungsfalls Anspruch und Verpflichtung in einer Person zusammenfallen (→ BMF vom 4.9.1984 – BStBl. I S. 495); dies gilt auch dann, wenn in der Zusage vereinbart ist, dass sie durch eine mögliche Eheschließung oder Betriebsveräußerung nicht berührt wird.

R 6a (10)

Höhe der Pensionsrückstellung

(10) [1] Als Beginn des Dienstverhältnisses ist ein früherer Zeitpunkt als der tatsächliche Dienstantritt zugrunde zu legen (sog. Vordienstzeiten), wenn auf Grund gesetzlicher Vorschriften Zeiten außerhalb des Dienstverhältnisses als Zeiten der Betriebszugehörigkeit gelten, z. B. § 8 Abs. 3 des Soldatenversorgungs-

gesetzes, § 6 Abs. 2 des Arbeitsplatzschutzgesetzes. [2]Bei der Ermittlung des Teilwertes einer Pensionsverpflichtung sind folgende Mindestalter zu beachten:

Erteilung der Pensionszusage	maßgebendes Mindestalter
vor dem 1.1.2001	30
nach dem 31.12.2000 und vor dem 1.1.2009	28
nach dem 31.12.2008	27

[3]Ergibt sich durch die Anrechnung von Vordienstzeiten ein fiktiver Dienstbeginn, der vor der Vollendung des nach Satz 2 maßgebenden Lebensjahres des Berechtigten liegt, gilt das Dienstverhältnis als zu Beginn des Wirtschaftsjahres begonnen, bis zu dessen Mitte der Berechtigte dieses Lebensjahr vollendet (→ § 6a Abs. 3 Satz 2 Nr. 1 letzter Satz EStG).

H 6a (10)

Betriebsübergang. Für die Anwendung des § 613a BGB ist entscheidend, ob das im Zeitpunkt des Betriebsübergangs bestehende Dienstverhältnis als Arbeitsverhältnis anzusehen ist (→ BFH vom 10.8.1994 – BStBl. 1995 II S. 250).

Rechnungsgrundlagen. Zur Anerkennung unternehmensspezifischer und modifizierter biometrischer Rechnungsgrundlagen bei der Bewertung der Pensionsverpflichtungen nach § 6a EStG → BMF vom 9.12.2011 (BStBl. I S. 1247).

Richttafeln 2018 G. → BMF vom 19.10.2018 (BStBl. I S. 1107) unter Berücksichtigung der Änderungen durch BMF vom 17.12.2019 (BStBl. 2020 I S. 82).

Tatsächlicher Dienstantritt. Bei der Ermittlung des Diensteintrittsalters ist – unabhängig vom Bestehen eines Rumpfwirtschaftsjahres – auf den Beginn des Kj. des Diensteintritts abzustellen (→ BFH vom 21.8.2007 – BStBl. 2008 II S. 513). Als Beginn des Dienstverhältnisses ist grundsätzlich der tatsächliche Dienstantritt im Rahmen des bestehenden Dienstverhältnisses anzusehen (→ BFH vom 25.5.1988 – BStBl. II S. 720); das Dienstverhältnis wird nicht unterbrochen, wenn der Stpfl. auf Grund gesetzlicher Vorschriften in die Pflichten des Dienstverhältnisses eintritt (z. B. § 613a BGB).

Verpflichtungsübernahmen, Schuldbeitritte und Erfüllungsübernahmen. Zur bilanziellen Berücksichtigung von Verpflichtungsübernahmen, Schuldbeitritten und Erfüllungsübernahmen mit vollständiger oder teilweiser Schuldfreistellung im Zusammenhang mit Pensionsverpflichtungen → BMF vom 30.11.2017 (BStBl. I S. 1619).

Vordienstzeiten. Zur Berücksichtigung von vertraglichen Vordienstzeiten → BMF vom 22.12.1997 (BStBl. I S. 1020) und → BFH vom 7.2.2002 (BStBl. 2005 II S. 88).

R 6a (11)

(11) [1]Bei der Ermittlung des Teilwertes der Pensionsanwartschaft ist das vertraglich vereinbarte Pensionsalter zugrunde zu legen (Grundsatz). [2]Der Stpfl. kann für alle oder für einzelne Pensionsverpflichtungen von einem höheren Pensionsalter ausgehen, sofern mit einer Beschäftigung des Arbeitnehmers bis zu

diesem Alter gerechnet werden kann (erstes Wahlrecht). [3]Bei der Ermittlung des Teilwertes der Pensionsanwartschaft nach § 6a Abs. 3 EStG kann mit Rücksicht auf § 6 Betriebsrentengesetz[1)] anstelle des vertraglichen Pensionsalters nach Satz 1 für alle oder für einzelne Pensionsverpflichtungen als Zeitpunkt des Eintritts des Versorgungsfalles der Zeitpunkt der frühestmöglichen Inanspruchnahme der vorzeitigen Altersrente aus der gesetzlichen Rentenversicherung angenommen werden (zweites Wahlrecht). [4]Voraussetzung für die Ausübung des zweiten Wahlrechtes ist, dass in der Pensionszusage festgelegt ist, in welcher Höhe Versorgungsleistungen von diesem Zeitpunkt an gewährt werden. [5]Bei der Ausübung des zweiten Wahlrechtes braucht nicht geprüft zu werden, ob ein Arbeitnehmer die sozialversicherungsrechtlichen Voraussetzungen für die vorzeitige Inanspruchnahme der Altersrente erfüllen wird. [6]Das zweite Wahlrecht kann unabhängig von der Wahl des Pensionsalters für die Berechnung der unverfallbaren Versorgungsanwartschaften nach § 2 Betriebsrentengesetz ausgeübt werden. [7]Das erste Wahlrecht ist in der Bilanz des Wirtschaftsjahres auszuüben, in dem mit der Bildung der Pensionsrückstellung begonnen wird. [8]Das zweite Wahlrecht ist in der Bilanz des Wirtschaftsjahres auszuüben, in dem die Festlegung nach Satz 4 getroffen worden ist. [9]Hat der Stpfl. das zweite Wahlrecht ausgeübt und ändert sich danach der Zeitpunkt der frühestmöglichen Inanspruchnahme der vorzeitigen Altersrente aus der gesetzlichen Rentenversicherung (z. B. Beendigung des Arbeitsverhältnisses), ist die Änderung zum Ende des betreffenden Wirtschaftsjahres zu berücksichtigen; ist in diesem Wirtschaftsjahr die Festlegung nach Satz 4 für den neuen Zeitpunkt nicht getroffen worden, ist das vertragliche Pensionsalter nach Satz 1 bei der Ermittlung des Teilwertes der Pensionsanwartschaft zugrunde zu legen. [10]Die gegenüber einem Berechtigten getroffene Wahl gilt einheitlich für die gesamte Pensionsverpflichtung, einschließlich einer etwaigen Entgeltumwandlung im Sinne von § 1 Abs. 2 Betriebsrentengesetz.[1)] [11]Der Rückstellungsbildung kann nur die Pensionsleistung zugrunde gelegt werden, die zusagegemäß bis zu dem Pensionsalter erreichbar ist, für das sich der Stpfl. bei Ausübung der Wahlrechte entscheidet. [12]Setzt der Arbeitnehmer nach Erreichen dieses Alters seine Tätigkeit fort und erhöht sich dadurch sein Ruhegehaltsanspruch, ist der Rückstellung in dem betreffenden Wirtschaftsjahr der Unterschiedsbetrag zwischen der nach den vorstehenden Sätzen höchstzulässigen Rückstellung (Soll-Rückstellung) und dem versicherungsmathematischen Barwert der um den Erhöhungsbetrag vermehrten Pensionsleistungen zuzuführen. [13]Hat der Stpfl. bei der Ermittlung des Teilwertes einer Pensionsanwartschaft bereits bisher vom zweiten Wahlrecht Gebrauch gemacht, ist er bei einer Änderung des frühestmöglichen Pensionsalters auf Grund einer gesetzlichen Neuregelung auch künftig an diese Entscheidung gebunden; Satz 4 ist zu beachten. [14]Für die sich wegen der Änderung des frühestmöglichen Pensionsalters ergebende Änderung der Teilwerte der Pensionsanwartschaft gilt das Nachholverbot, das sich aus § 6a Abs. 4 EStG herleitet, nicht. [15]Liegen die in Satz 4 genannten Voraussetzungen für die Anwendung des zweiten Wahlrechtes am Bilanzstichtag nicht vor, ist das vertragliche Pensionsalter nach Satz 1 bei der Ermittlung des Teilwertes der Pensionsanwartschaft zugrunde zu legen.

[1)] **Steuergesetze** Nr. **70**.

H **6a** (11)

Pensionsalter. Zum maßgebenden Pensionsalter bei der Bewertung von Versorgungszusagen → BMF vom 9.12.2016 (BStBl. I S. 1427).

R **6a** (12)

Entgeltumwandlungen

(12) [1]Für Pensionsverpflichtungen, die auf nach dem 31.12.2000 vereinbarten Entgeltumwandlungen im Sinne von § 1 Abs. 2 Betriebsrentengesetz[1)] beruhen, ist vor Vollendung des 28. Lebensjahres (für nach dem 31.12.2008 erstmals erteilte Pensionszusagen: des 27. Lebensjahres) des Pensionsberechtigten eine Rückstellung in Höhe des Barwerts der nach den §§ 1 und 2 Betriebsrentengesetz unverfallbaren künftigen Pensionsleistungen zu bilden (§ 6a Abs. 2 Nr. 1 zweite Alternative und § 6a Abs. 3 Satz 2 Nr. 1 Satz 6 zweiter Halbsatz EStG); nach Vollendung des 28. Lebensjahres (für nach dem 31.12.2008 erstmals erteilte Pensionszusagen: des 27. Lebensjahres) des Pensionsberechtigten ist für diese Pensionsverpflichtungen für die Ermittlung des Teilwertes nach § 6a Abs. 3 Satz 2 Nr. 1 Satz 1 EStG eine Vergleichsrechnung erforderlich. [2]Dabei sind der Wert nach § 6a Abs. 3 Satz 2 Nr. 1 Satz 1 erster Halbsatz EStG und der Barwert der unverfallbaren künftigen Pensionsleistungen zu berechnen; der höhere Wert ist anzusetzen. [3]Bei der Vergleichsrechnung sind die für einen Berechtigten nach dem 31.12.2000 vereinbarten Entgeltumwandlungen als Einheit zu behandeln. [4]Die Regelungen des Satzes 1 gelten nicht für Pensionsverpflichtungen, soweit sie auf Grund einer vertraglichen Vereinbarung unverfallbar sind.

H **6a** (12)

Beherrschender Gesellschafter-Geschäftsführer einer Kapitalgesellschaft. Der Ansatz einer Pensionsrückstellung mit dem Barwert nach § 6a Abs. 3 Satz 2 Nr. 1 Satz 1 2. Halbsatz EStG setzt eine Entgeltumwandlung nach § 1 Abs. 2 BetrAVG[1)] voraus. Diese Voraussetzung ist bei einem beherrschenden Gesellschafter-Geschäftsführer nicht erfüllt, da er kein Arbeitnehmer im Sinne des § 17 Abs. 1 Satz 1 oder 2 BetrAVG ist (→ BFH vom 27.5.2020 – BStBl. II S. 802).

Maßgebendes Finanzierungsendalter. Bei im Rahmen von Entgeltumwandlungen erteilten Pensionszusagen mit jeweils unterschiedlichen Pensionsaltern ist hinsichtlich des jeweiligen Finanzierungsendalters auf den in den einzelnen Zusagen festgelegten Leistungszeitpunkt abzustellen (→ BFH vom 20.11.2019 – BStBl. 2020 II S. 271).

Übertragung von Pensionszusagen auf Pensionsfonds. Zur Übertragung von Versorgungsverpflichtungen und Versorgungsanwartschaften auf Pensionsfonds nach § 4e Abs. 3 EStG i.V.m. § 3 Nr. 66 EStG → BMF vom 26.10.2006 (BStBl. I S. 709) und vom 10.7.2015 (BStBl. I S. 544).

[1)] **Steuergesetze** Nr. **70**.

R 6a (13, 14)

Arbeitgeberwechsel[1)]

(13) Übernimmt ein Stpfl. in einem Wirtschaftsjahr eine Pensionsverpflichtung gegenüber einem Arbeitnehmer, der bisher in einem anderen Unternehmen tätig gewesen ist, unter gleichzeitiger Übernahme von Vermögenswerten, ist bei der Ermittlung des Teilwertes der Verpflichtung der Jahresbetrag i. S. d. § 6a Abs. 3 Satz 2 Nr. 1 EStG so zu bemessen, dass zu Beginn des Wirtschaftsjahres der Übernahme der Barwert der Jahresbeträge zusammen mit den übernommenen Vermögenswerten gleich dem Barwert der künftigen Pensionsleistungen ist; dabei darf sich kein negativer Jahresbetrag ergeben.

Berücksichtigung von Renten aus der gesetzlichen Rentenversicherung

(14) Sieht die Pensionszusage vor, dass die Höhe der betrieblichen Rente in bestimmter Weise von der Höhe der Renten aus der gesetzlichen Rentenversicherung abhängt, darf die Pensionsrückstellung in diesen Fällen nur auf der Grundlage der von dem Unternehmen nach Berücksichtigung der Renten aus der gesetzlichen Rentenversicherung tatsächlich noch selbst zu zahlenden Beträge berechnet werden.

H 6a (14)

Näherungsverfahren. Zur Berücksichtigung von Renten aus der gesetzlichen Rentenversicherung → BMF vom 15.3.2007 (BStBl. I S. 290) und vom 5.5.2008 (BStBl. I S. 570).

R 6a (15)

Doppelfinanzierung

(15) [1]Wenn die gleichen Versorgungsleistungen an denselben Empfängerkreis sowohl über eine Pensions- oder Unterstützungskasse oder einen Pensionsfonds als auch über Pensionsrückstellungen finanziert werden sollen, ist die Bildung einer Pensionsrückstellung nicht zulässig.[2)] [2]Eine schädliche Überschneidung liegt dagegen nicht vor, wenn es sich um verschiedene Versorgungsleistungen handelt, z. B. bei der Finanzierung der Invaliditäts-Renten über Pensions- oder Unterstützungskassen und der Altersrenten über Pensionsrückstellungen oder der Finanzierung rechtsverbindlich zugesagter Leistungen über Rückstellungen und darüber hinausgehender freiwilliger Leistungen über eine Unterstützungskasse.

H 6a (15)

Überschneidung. Die Bildung von Pensionsrückstellungen und Zuwendungen an Pensions- und Unterstützungskassen schließen sich gegenseitig aus (→ BFH vom 22.1.1958 – BStBl. III S. 186).

---

1) **[Amtl. Anm.:]** → § 5 Abs. 7 Satz 4 EStG.

2) Siehe hierzu BMF v. 26.1.2010, BStBl. I 2010, 138 (mit Übergangsregelung), wonach bei umlagefinanzierten Versorgungssystemen auch für den Fall, dass Rechtsbeziehungen ausschließlich zwischen Arbeitgeber und Versorgungskasse bestehen, Pensionsrückstellungen nicht mehr gebildet werden dürfen.

R 6a (16, 17)

Handelsvertreter

(16) [1] Sagt der Unternehmer dem selbständigen Handelsvertreter eine Pension zu, muss sich der Handelsvertreter die versprochene Versorgung nach § 89b Abs. 1 Satz 1 Nr. 3 HGB[1)] auf seinen Ausgleichsanspruch anrechnen lassen. [2] Die Pensionsverpflichtung des Unternehmers wird also durch die Ausgleichsverpflichtung nicht gemindert, es sei denn, es ist etwas anderes vereinbart.

Stichtagsprinzip

(17) [1] Für die Bildung der Pensionsrückstellung sind die Verhältnisse am Bilanzstichtag maßgebend. [2] Änderungen der Bemessungsgrundlagen, die erst nach dem Bilanzstichtag wirksam werden, sind zu berücksichtigen, wenn sie am Bilanzstichtag bereits feststehen. [3] Danach sind Erhöhungen von Anwartschaften und laufenden Renten, die nach dem Bilanzstichtag eintreten, in die Rückstellungsberechnung zum Bilanzstichtag einzubeziehen, wenn sowohl ihr Ausmaß als auch der Zeitpunkt ihres Eintritts am Bilanzstichtag feststehen. [4] Wird die Höhe der Pension z. B. von Bezugsgrößen der gesetzlichen Rentenversicherungen beeinflusst, sind künftige Änderungen dieser Bezugsgrößen, die am Bilanzstichtag bereits feststehen, z. B. die ab 1.1. des Folgejahres geltende Beitragsbemessungsgrenze, bei der Berechnung der Pensionsrückstellung zum Bilanzstichtag zu berücksichtigen. [5] Die für das Folgejahr geltenden Bezugsgrößen stehen in dem Zeitpunkt fest, in dem die jeweilige Sozialversicherungs-Rechengrößenverordnung im Bundesgesetzblatt verkündet wird.[2)]

H 6a (17)

Mehrjährige Gehaltssteigerung.

Beispiel:

Ein Arbeitnehmer hat eine Pensionszusage in Höhe von 10% des letzten vor Eintritt des Versorgungsfalls bezogenen Gehalts. Am 10.12.01 wird rechtsverbindlich vereinbart, dass sich das derzeitige Gehalt von 3000 € mit Wirkung vom 1.4.02 auf 3150 € und mit Wirkung vom 1.2.03 auf 3250 € erhöht. Die dadurch vereinbarten Erhöhungen des Pensionsanspruchs von 15 € monatlich zum 1.4.02 und von 10 € monatlich zum 1.2.03 sind bereits bei der Rückstellungsberechnung zum 31.12.01 zu berücksichtigen.

Steigerungen der Versorgungsansprüche. Fest zugesagte prozentuale Rentenerhöhungen sind bei der Bewertung der Pensionsrückstellung zu berücksichtigen (→ BFH vom 17.5.1995 – BStBl. 1996 II S. 423); Entsprechendes gilt für zugesagte prozentuale Steigerungen der Rentenanwartschaft (→ BFH vom 25.10.1995 – BStBl. 1996 II S. 403).
Mögliche künftige Anpassungen nach § 16 Abs. 1 Betriebsrentengesetz[3)] sind nicht rückstellungsfähig (→ BFH vom 6.12.1995 – BStBl. 1996 II S. 406).

---

1) **[Amtl. Anm.:]** Jetzt § 89b Abs. 1 Satz 1 Nr. 2 HGB.

2) Für **2020** siehe VO v. 17.12.2019, BGBl. I 2019, 2848, für **2021** siehe VO v. 30.11.2020, BGBl. I 2020, 2612, für **2022** siehe VO v. 30.11.2021, BGBl. I 2021, 5044.

3) BetrAVG v. 19.12.1974, BGBl. I 1974, 3610, zuletzt geänd. durch G v. 22.12.2020, BGBl. I 2020, 3256 (**Steuergesetze** Nr. **70**).

Überversorgung.[1)]

– Zur bilanzsteuerrechtlichen Berücksichtigung von überdurchschnittlich hohen Versorgungsanwartschaften (Überversorgung) → BMF vom 3.11. 2004 (BStBl. I S. 1045) und vom 13.12.2012 (BStBl. 2013 I S. 35).
– Wird eine Versorgungszusage trotz dauerhaft reduzierter Aktivbezüge nicht ihrerseits vermindert, liegt eine Überversorgung vor, die zu einer Kürzung der Pensionsrückstellung nach § 6a EStG führt (→ BFH vom 27.3.2012 – BStBl. II S. 665).

Wertpapiergebundene Pensionszusagen. Pensionsrückstellungen können nur insoweit gebildet werden, als der Versorgungsanspruch auf die garantierte Mindestleistung entfällt. Zusätzliche Leistungen, die vom Wert bestimmter Wertpapiere (z. B. Fondsanteile, Aktien) zu einem festgelegten künftigen Zeitpunkt (z. B. Eintritt des Versorgungsfalles) abhängen, sind nicht zu berücksichtigen (→ BMF vom 17.12.2002 – BStBl. I S. 1397).

R 6a (18, 19)

Inventurerleichterung

(18) [1]Die Pensionsverpflichtungen sind grundsätzlich auf Grund einer körperlichen Bestandsaufnahme (Feststellung der pensionsberechtigten Personen und der Höhe ihrer Pensionsansprüche) für den Bilanzstichtag zu ermitteln. [2]In Anwendung von § 241 Abs. 3 HGB kann der für die Berechnung der Pensionsrückstellungen maßgebende Personenstand auch auf einen Tag (Inventurstichtag) innerhalb von drei Monaten vor oder zwei Monaten nach dem Bilanzstichtag aufgenommen werden, wenn sichergestellt ist, dass die Pensionsverpflichtungen für den Bilanzstichtag ordnungsgemäß bewertet werden können. [3]Es ist nicht zu beanstanden, wenn im Falle der Vorverlegung der Bestandsaufnahme bei der Berechnung der Pensionsrückstellungen wie folgt verfahren wird:

1. Die für den Inventurstichtag festgestellten Pensionsverpflichtungen sind bei der Berechnung der Pensionsrückstellungen für den Bilanzstichtag mit ihrem Wert vom Bilanzstichtag anzusetzen.
2. Aus Vereinfachungsgründen können bei der Berechnung der Pensionsrückstellungen für den Bilanzstichtag die folgenden Veränderungen der Pensionsverpflichtungen, die in der Zeit vom Inventurstichtag bis zum Bilanzstichtag eintreten, unberücksichtigt bleiben:
   a) Veränderungen, die auf biologischen Ursachen, z. B. Tod, Invalidität, beruhen;
   b) Veränderungen durch normale Zu- oder Abgänge von pensionsberechtigten Personen oder durch Übergang in eine andere Gehalts- oder Pensionsgruppe, z. B. Beförderung. [2]Außergewöhnliche Veränderungen, z. B. Stilllegung oder Eröffnung eines Teilbetriebs, bei Massenentlassungen oder bei einer wesentlichen Erweiterung des Kreises der pensionsberechtigten Personen, sind bei der Rückstellungsberechnung für den Bilanzstichtag zu berücksichtigen.

[1)] Zu einer über 3% liegenden jährlichen Steigerungsrate einer betrieblichen Altersrente siehe BFH v. 31.7.2018 VIII R 6/15, BStBl. II 2019, 197.

[2]Allgemeine Leistungsänderungen für eine Gruppe von Verpflichtungen, die nicht unter Satz 1 Buchstabe a oder b fallen, sind bei der Rückstellungsberechnung für den Bilanzstichtag mindestens näherungsweise zu berücksichtigen; für den folgenden Bilanzstichtag ist der sich dann ergebende tatsächliche Wert anzusetzen.

3. Soweit Veränderungen der Pensionsverpflichtungen nach Nummer 2 bei der Berechnung der Rückstellungen für den Bilanzstichtag unberücksichtigt bleiben, sind sie zum nächsten Bilanzstichtag bis zur steuerlich zulässigen Höhe zu berücksichtigen.
4. Werden werterhöhende Umstände, die nach Nummer 2 bei der Berechnung der Rückstellungen für den Bilanzstichtag unberücksichtigt bleiben können, dennoch in die Rückstellungsberechnung einbezogen, sind bei der Rückstellungsberechnung auch wertmindernde Umstände, die nach Nummer 2 außer Betracht bleiben können, zu berücksichtigen.
5. Die Nummern 2 bis 4 gelten nicht, wenn bei einem Stpfl. am Inventurstichtag nicht mehr als 20 Pensionsberechtigte vorhanden sind. [2]Sie gelten ferner nicht für Vorstandsmitglieder und Geschäftsführer von Kapitalgesellschaften.

Ausscheiden eines Anwärters

(19) [1]Die Rückstellung für Pensionsverpflichtungen gegenüber einer Person, die mit einer unverfallbaren Versorgungsanwartschaft ausgeschieden ist, ist beizubehalten, solange das Unternehmen mit einer späteren Inanspruchnahme zu rechnen hat. [2]Sofern dem Unternehmen nicht bereits vorher bekannt ist, dass Leistungen nicht zu gewähren sind, braucht die Frage, ob mit einer Inanspruchnahme zu rechnen ist, erst nach Erreichen der vertraglich vereinbarten Altersgrenze geprüft zu werden. [3]Steht bis zum Ende des Wirtschaftsjahres, das auf das Wirtschaftsjahr des Erreichens der Altersgrenze folgt, die spätere Inanspruchnahme nicht fest, ist die Rückstellung zu diesem Zeitpunkt aufzulösen.

H 6a (19)

Ablösung der Rente. Bei der Bewertung einer Pensionsverpflichtung kann eine Ablösungsvereinbarung erst berücksichtigt werden, wenn sie feststeht (→ BFH vom 7.4.1994 – BStBl. II S. 740).

R 6a (20)

Zuführung zur Pensionsrückstellung

(20) Nach § 249 HGB i. V. m. § 6a Abs. 4 EStG muss in einem Wirtschaftsjahr der Rückstellung der Unterschiedsbetrag zwischen dem Teilwert am Schluss des Wirtschaftsjahres und dem Teilwert am Schluss des vorangegangenen Wirtschaftsjahres zugeführt werden.

H 6a (20)

Nachholverbot.

– Das Nachholverbot gilt nicht, wenn am Schluss des vorangegangenen Wj. eine Pensionsverpflichtung bestand, für die in der Vorjahresbilanz keine Rückstellung gebildet werden konnte. Entsprechendes gilt, wenn zwar in der Vorjahresbilanz eine Pensionsrückstellung gebildet werden, diese aber nur einen Teil der bestehenden Verpflichtung abdecken durfte (→ BFH vom 8.10.2008 – BStBl. 2010 I S. 186).

- Ist eine Rückstellung nicht gebildet worden, weil ihr die BFH-Rechtsprechung entgegenstand, so führt die Aufgabe dieser Rechtsprechung nicht dazu, dass für die Zeit bis zur Aufgabe dieser Rechtsprechung das Nachholverbot des § 6a Abs. 4 EStG gilt. Die Rückstellung kann spätestens in dem Jahr, in dem die Rechtsprechung aufgegeben wird, in vollem Umfang nachgeholt werden (→ BFH vom 7.4.1994 – BStBl. II S. 740).
- Das Nachholverbot ist auch bei Pensionsrückstellungen anzuwenden, die in einem vorangegangenen Wj. auf Grund einer zulässigen Bewertungsmethode niedriger als möglich bewertet worden sind (→ BFH vom 10.7.2002 – BStBl. 2003 II S. 936).
- Beruht der fehlende oder fehlerhafte Ansatz einer Pensionsrückstellung auf einem Rechtsirrtum, ist das Nachholverbot anzuwenden. Das gilt unabhängig davon, ob nach den Umständen des jeweiligen Einzelfalles eine willkürliche Gewinnverschiebung anzunehmen ist (→ BMF vom 11.12.2003 – BStBl. I S. 746).
- Wurde infolge eines Berechnungsfehlers eine Pensionsrückstellung in einer früheren Bilanz mit einem Wert angesetzt, der unterhalb des Teilwerts liegt, greift das Nachholverbot (→ BFH vom 14.1.2009 – BStBl. II S. 457).
- Das Nachholverbot geht dem Grundsatz des formellen Bilanzenzusammenhangs vor (→ BFH vom 13.2.2008 – BStBl. II S. 673).

R 6a (21–23)

Auflösung der Pensionsrückstellung

(21) [1] Auflösungen oder Teilauflösungen in der Steuerbilanz sind nur insoweit zulässig, als sich die Höhe der Pensionsverpflichtung gemindert hat. [2] Wird die Pensionszusage widerrufen (→ Absätze 3 bis 6), ist die Pensionsrückstellung in der nächstfolgenden Bilanz gewinnerhöhend aufzulösen und ist erst wieder zu passivieren, wenn die Zusage mit unschädlichen Vorbehalten wieder in Kraft gesetzt wird (z. B. durch rechtskräftiges Urteil oder Vergleich). [3] Ist die Rückstellung ganz oder teilweise aufgelöst worden, ohne dass sich die Pensionsverpflichtung entsprechend geändert hat, ist die Steuerbilanz insoweit unrichtig. [4] Dieser Fehler ist im Wege der Bilanzberichtigung (→ R 4.4) zu korrigieren. [5] Dabei ist die Rückstellung in Höhe des Betrags anzusetzen, der nicht hätte aufgelöst werden dürfen, höchstens jedoch mit dem Teilwert der Pensionsverpflichtung.

(22) [1] Nach dem Zeitpunkt des vertraglich vorgesehenen Eintritts des Versorgungsfalles oder eines gewählten früheren Zeitpunktes (→ zweites Wahlrecht, Absatz 11 Satz 3) ist die Pensionsrückstellung in jedem Wirtschaftsjahr in Höhe des Unterschiedsbetrages zwischen dem versicherungsmathematischen Barwert der künftigen Pensionsleistungen am Schluss des Wirtschaftsjahres und der am Schluss des vorangegangenen Wirtschaftsjahres passivierten Pensionsrückstellung gewinnerhöhend aufzulösen; die laufenden Pensionsleistungen sind dabei als Betriebsausgaben abzusetzen. [2] Eine Pensionsrückstellung ist auch dann in Höhe des Unterschiedsbetrages nach Satz 1 aufzulösen, wenn der Pensionsberechtigte nach dem Zeitpunkt des vertraglich vorgesehenen Eintritts des Versorgungsfalles noch weiter gegen Entgelt tätig bleibt („technischer Rentner"), es sei denn, dass bereits die Bildung der Rückstellung auf die Zeit bis zu dem voraussichtlichen Ende der Beschäftigung des Arbeitnehmers verteilt worden ist

(→ Absatz 11). 3 Ist für ein Wirtschaftsjahr, das nach dem Zeitpunkt des vertraglich vorgesehenen Eintritts des Versorgungsfalles endet, die am Schluss des vorangegangenen Wirtschaftsjahres ausgewiesene Rückstellung niedriger als der versicherungsmathematische Barwert der künftigen Pensionsleistungen am Schluss des Wirtschaftsjahres, darf die Rückstellung erst von dem Wirtschaftsjahr ab aufgelöst werden, in dem der Barwert der künftigen Pensionsleistungen am Schluss des Wirtschaftsjahres niedriger ist als der am Schluss des vorangegangenen Wirtschaftsjahres ausgewiesene Betrag der Rückstellung. 4 In dem Wirtschaftsjahr, in dem eine bereits laufende Pensionsleistung herabgesetzt wird oder eine Hinterbliebenenrente beginnt, darf eine bisher ausgewiesene Rückstellung, die höher ist als der Barwert, nur bis zur Höhe dieses Barwerts aufgelöst werden.

Rückdeckungsversicherung

(23) 1 Eine aufschiebend bedingte Abtretung des Rückdeckungsanspruchs an den pensionsberechtigten Arbeitnehmer für den Fall, dass der Pensionsanspruch durch bestimmte Ereignisse gefährdet wird, z. B. bei Insolvenz des Unternehmens, wird – soweit er nicht im Insolvenzfall nach § 9 Abs. 2 Betriebsrentengesetz[1)] auf den Träger der Insolvenzsicherung übergeht – erst wirksam, wenn die Bedingung eintritt (§ 158 Abs. 1 BGB). 2 Die Rückdeckungsversicherung behält deshalb bis zum Eintritt der Bedingung ihren bisherigen Charakter bei. 3 Wird durch Eintritt der Bedingung die Abtretung an den Arbeitnehmer wirksam, wird die bisherige Rückdeckungsversicherung zu einer Direktversicherung.

H **6a** (23)

Begriff der Rückdeckungsversicherung. Eine Rückdeckungsversicherung liegt vor, wenn
- dem Arbeitnehmer ausreichend bestimmt eine Versorgung aus den Mitteln des Arbeitgebers zugesagt ist,
- zur Gewährleistung der Mittel für die Ausführung dieser Versorgung eine Sicherung geschaffen ist,
- die Sicherung nicht zusätzlich den Belangen des Arbeitnehmers dient, sondern allein oder überwiegend den Belangen des Arbeitgebers zu dienen bestimmt ist.

Das ist gewährleistet, wenn der Arbeitgeber Versicherungsnehmer, alleiniger Prämienzahler und Bezugsberechtigter auf die Versicherungsleistungen ist (→ BFH vom 28.6.2001 – BStBl. 2002 II S. 724).

Getrennte Bilanzierung. Der Rückdeckungsanspruch einerseits und die Pensionsverpflichtung andererseits stellen unabhängig voneinander zu bilanzierende Wirtschaftsgüter dar (→ BFH vom 25.2.2004 – BStBl. II S. 654). Eine Saldierung des Rückdeckungsanspruches mit der Pensionsrückstellung ist auch dann nicht zulässig, wenn eine solche nicht passiviert werden muss, weil es sich um eine Altzusage (→ R 6a Abs. 1 Satz 3) handelt (→ BFH vom 28.6.2001 – BStBl. 2002 II S. 724). Auch bei Rückdeckung in voller Höhe (kongruente Rückdeckung) ist eine Saldierung nicht zulässig (→ BFH vom 25.2.2004 – BStBl. II S. 654).

---

1) **Steuergesetze** Nr. **70**.

Rückdeckungsanspruch.
- Ansprüche aus der Rückdeckung von Pensionsverpflichtungen sind als Forderungen grundsätzlich mit ihren Anschaffungskosten anzusetzen. Das sind die bis zum jeweiligen Bilanzstichtag vom Versicherungsnehmer unmittelbar aufgewendeten Sparanteile der Versicherungsprämien (Sparbeiträge) zzgl. der Zinsansprüche sowie der Guthaben aus Überschussbeteiligungen. Hierfür ist das vom Versicherer jeweils nachgewiesene Deckungskapital (Deckungsrückstellung) die Bewertungsgrundlage und der Bewertungsmaßstab. Hierzu gehören alle aus dem Versicherungsvertragsverhältnis resultierenden Ansprüche gegen den Versicherer (z. B. Guthaben aus Überschussbeteiligungen, verzinslichen Ansammlungen, Anwartschaft auf Hinterbliebenenleistungen usw.). Eine Begrenzung des Bilanzansatzes auf den Betrag der passivierten Pensionsrückstellung ist nicht zulässig (→ BFH vom 25.2.2004 – BStBl. II S. 654).
- Der Anspruch aus der Rückdeckung einer Zusage auf Hinterbliebenenversorgung ist mit dem vom Versicherer nachgewiesenen Deckungskapital (Deckungsrückstellung) zu aktivieren (→ BFH vom 9.8.2006 – BStBl. II S. 762).
- Der Anspruch aus einer Kapitallebensversicherung, die mit einer Berufsunfähigkeits-Zusatzversicherung kombiniert ist, ist auch nach Eintritt der Berufsunfähigkeit als ein einheitliches Wirtschaftsgut zu aktivieren und mit dem Rechnungszinssatz zu bemessen, den der Versicherer für die Berechnung der Deckungsrückstellung für die Lebensversicherung verwendet hat (→ BFH vom 10.6.2009 – BStBl. 2010 II S. 32).

Teilwertabschreibung. Eine Teilwertabschreibung von Ansprüchen aus der Rückdeckung von Pensionsverpflichtungen kommt nur in Betracht, wenn besondere Anhaltspunkte vorliegen, die den Abschluss der Rückdeckungsversicherung als geschäftliche Fehlmaßnahme erscheinen lassen. Die Tatsache, dass der Rückkaufswert einer Versicherung das angesammelte Deckungskapital regelmäßig unterschreitet, rechtfertigt keine Teilwertabschreibung auf diesen Wert, solange der Rückkauf nicht beabsichtigt ist oder wenn der Rückkauf mit Rentenbeginn ausgeschlossen ist (→ BFH vom 25.2.2004 – BStBl. II S. 654).

Vereinfachungsregelung. Wegen einer Vereinfachungsregelung bei der Aktivierung des Rückdeckungsanspruches → BMF vom 30.6.1975 (BStBl. I S. 716), A IV Abs. 25.[1)]

Zu § 6b EStG
(§ 9a EStDV)

R **6b.1** Ermittlung des Gewinns aus der Veräußerung bestimmter Anlagegüter i. S. d. § 6 b EStG

Begriff der Veräußerung[2)]

(1) [1] Es ist ohne Bedeutung, ob der Unternehmer das Wirtschaftsgut freiwillig veräußert oder ob die Veräußerung unter Zwang erfolgt, z. B. infolge oder zur Vermeidung eines behördlichen Eingriffs oder im Wege einer

[1)] Abschn. IV Abs. 25 verweist auf die gleichlautenden Ländererlasse im BStBl. 1963 II S. 47.
[2)] Siehe auch BFH v. 13.11.1991 I R 58/90, BStBl. II 1992, 517.

Zwangsversteigerung. [2]Die Veräußerung setzt den Übergang eines Wirtschaftsgutes von einer Person auf eine andere voraus. [3]Auch der Tausch von Wirtschaftsgütern ist eine Veräußerung. [4]Die Überführung von Wirtschaftsgütern aus einem Betrieb in einen anderen Betrieb des Stpfl. und die Überführung von Wirtschaftsgütern aus dem Betriebsvermögen in das Privatvermögen sowie das Ausscheiden von Wirtschaftsgütern infolge höherer Gewalt sind keine Veräußerungen. [5]In den Fällen des rückwirkenden Teilwertansatzes nach § 6 Abs. 5 Satz 4 EStG ist eine Gewinnübertragung nach § 6b EStG zulässig, wenn die Übertragung des Wirtschaftsgutes entgeltlich (z. B. gegen Gewährung von Gesellschaftsrechten) erfolgt ist.

Buchwert[1)]

(2) [1]Buchwert ist der Wert, der sich für das Wirtschaftsgut im Zeitpunkt seiner Veräußerung ergeben würde, wenn für diesen Zeitpunkt eine Bilanz aufzustellen wäre. [2]Das bedeutet, dass bei abnutzbaren Anlagegütern auch noch AfA nach § 7 EStG, erhöhte Absetzungen sowie etwaige Sonderabschreibungen für den Zeitraum vom letzten Bilanzstichtag bis zum Veräußerungszeitpunkt vorgenommen werden können. [3]Eine Wertaufholung nach § 6 Abs. 1 Nr. 1 Satz 4 oder § 7 Abs. 1 Satz 7 EStG ist vorzunehmen.

H 6b.1

Abbruchkosten. Kosten für den anlässlich einer Veräußerung des Grund und Bodens erfolgten Abbruch eines Gebäudes stellen laufenden Aufwand dar und haben keine Auswirkung auf die Höhe des Veräußerungsgewinns i. S. d. § 6b Abs. 2 EStG (→ BFH vom 27.2.1991 – BStBl. II S. 628).

Aufwuchs auf Grund und Boden.

- **Begriff.** Aufwuchs auf dem Grund und Boden sind die Pflanzen, die auf dem Grund und Boden gewachsen und noch darin verwurzelt sind (→ BFH vom 7.5.1987 – BStBl. II S. 670).
- **Veräußerungsvorgänge.** Die Anwendung des § 6b EStG ist auch dann möglich, wenn Aufwuchs auf Grund und Boden und der dazugehörige Grund und Boden in engem sachlichen (wirtschaftlichen) und zeitlichen Zusammenhang an zwei verschiedene Erwerber veräußert werden und die Veräußerungen auf einem einheitlichen Veräußerungsentschluss beruhen (→ BFH vom 7.5.1987 – BStBl. II S. 670).

Entnahme. Erwirbt der Stpfl. für die Hingabe eines Wirtschaftsguts ein Wirtschaftsgut des Privatvermögens oder wird er dafür von einer privaten Schuld befreit, liegt eine nach § 6b EStG nicht begünstigte Entnahme vor (→ BFH vom 23.6.1981 – BStBl. 1982 II S. 18); siehe aber → Tausch.

Freiwilliger Landtausch.

- Der Austausch von Grundstücken im Rahmen eines freiwilligen Landtauschs nach §§ 103a ff. des Flurbereinigungsgesetzes ist nicht nach den Grundsätzen des § 6 Abs. 6 EStG zu beurteilen, soweit Wertgleichheit besteht. Es gelten dieselben Folgen wie beim Regelflurbereinigungs- und Baulandumlegungsverfahren (→ BFH vom 23.10.2019 – BStBl. 2021 II S. 425).
- → auch Umlegungs- und Flurbereinigungsverfahren.

[1)] Siehe auch H 6b.2 „Buchwert" EStH.

Grund und Boden.

– Der Begriff „Grund und Boden" umfasst nur den „nackten" Grund und Boden (→ BFH vom 24.8.1989 – BStBl. II S. 1016).
– Das Recht, ein Grundstück mit Klärschlamm zu verfüllen, ist kein vom Grund und Boden verselbständigtes Wirtschaftsgut (→ BFH vom 20.3.2003 – BStBl. II S. 878).
– Die baurechtliche Möglichkeit, ein Grundstück mit einer Windenergieanlage zu bebauen, stellt kein selbständiges Wirtschaftsgut dar, sondern lediglich einen für den Grund und Boden wertbildenden Faktor (→ BFH vom 10.3.2016 – BStBl. II S. 984).

Nicht begünstigte Wirtschaftsgüter. Zum Grund und Boden rechnen nicht

– Gebäude,
– Bodenschätze, soweit sie als Wirtschaftsgut bereits entstanden sind,
– Eigenjagdrechte (→ BMF vom 23.6.1999 – BStBl. I S. 593),
– grundstücksgleiche Rechte,
– Be- und Entwässerungsanlagen,
– stehendes Holz,
– Obst- und Baumschulanlagen,
– Korbweidenkulturen,
– Rebanlagen,
– Spargelanlagen,
– Feldinventar,
– Rechte, den Grund und Boden zu nutzen (→ BFH vom 24.8.1989 – BStBl. II S. 1016).

Tausch. Bei tauschweiser Hingabe eines betrieblichen Wirtschaftsguts setzt die Inanspruchnahme des § 6b EStG voraus, dass der Anspruch auf das eingetauschte Wirtschaftsgut (zunächst) Betriebsvermögen wird (→ BFH vom 29.6.1995 – BStBl. 1996 II S. 60); siehe aber → Entnahme.

Umlegungs- und Flurbereinigungsverfahren. Zwischen Grundstücken, die in ein Umlegungs- oder Flurbereinigungsverfahren eingebracht werden und den daraus im Zuteilungswege erlangten Grundstücken besteht Identität, soweit die eingebrachten und erlangten Grundstücke wertgleich sind; eine Gewinnrealisierung nach Tauschgrundsätzen tritt insoweit nicht ein (→ BFH vom 13.3.1986 – BStBl. II S. 711).

Veräußerung ist die entgeltliche Übertragung des wirtschaftlichen Eigentums an einem Wirtschaftsgut (→ BFH vom 27.8.1992 – BStBl. 1993 II S. 225).

Veräußerung aus dem Gesamthandsvermögen. Veräußert eine Personengesellschaft ein Wirtschaftsgut aus dem Gesamthandsvermögen an einen Gesellschafter zu Bedingungen, die bei entgeltlichen Veräußerungen zwischen Fremden üblich sind, und wird das Wirtschaftsgut bei dem Erwerber Privatvermögen, ist der dabei realisierte Gewinn insgesamt, d. h. auch soweit der Erwerber als Gesellschafter am Vermögen der veräußernden Personengesellschaft beteiligt ist, ein begünstigungsfähiger Veräußerungsgewinn (→ BFH vom 10.7.1980 – BStBl. 1981 II S. 84).

Zeitpunkt des Übergangs des wirtschaftlichen Eigentums.

- Das wirtschaftliche Eigentum ist in dem Zeitpunkt übertragen, in dem die Verfügungsmacht (Herrschaftsgewalt) auf den Erwerber übergeht. In diesem Zeitpunkt scheidet das Wirtschaftsgut bestandsmäßig aus dem Betriebsvermögen des veräußernden Stpfl. aus und darf dementsprechend (auch handelsrechtlich) nicht mehr bilanziert werden (→ BFH vom 27.2.1986 – BStBl. II S. 552).
- → H 4.2 (1) Gewinnrealisierung.

R 6b.2 Übertragung aufgedeckter stiller Reserven und Rücklagenbildung nach § 6 b EStG

Abzug des begünstigten Gewinns

(1) [1]Voraussetzung für den Abzug des begünstigten Gewinns von den Anschaffungs- oder Herstellungskosten eines Wirtschaftsgutes nach § 6b Abs. 1, 3 oder 10 EStG ist, dass das Wirtschaftgut wegen der Abweichung von der Handelsbilanz in ein besonderes, laufend zu führendes Verzeichnis aufgenommen wird (→ § 5 Abs. 1 Satz 2 EStG). [2]Nach § 6b Abs. 1 oder Abs. 10 Satz 1 bis 3 EStG kann der Abzug nur in dem Wirtschaftsjahr vorgenommen werden, in dem der begünstigte Gewinn entstanden ist (Veräußerungsjahr). [3]Ist das Wirtschaftsgut in diesem Wirtschaftsjahr angeschafft oder hergestellt worden, ist der Abzug von den gesamten in diesem Wirtschaftsjahr angefallenen Anschaffungs- oder Herstellungskosten vorzunehmen. [4]Dies gilt unabhängig davon, ob das Wirtschaftsgut vor oder nach der Veräußerung angeschafft oder hergestellt worden ist. [5]Ist das Wirtschaftsgut in dem Wirtschaftsjahr angeschafft oder hergestellt worden, das dem Veräußerungsjahr vorangegangen ist, ist der Abzug nach § 6b Abs. 1 EStG von dem Buchwert nach § 6b Abs. 5 EStG vorzunehmen. [6]Sind im Veräußerungsjahr noch nachträgliche Anschaffungs- oder Herstellungskosten angefallen, ist der Abzug von dem um diese Kosten erhöhten Buchwert vorzunehmen. [7]Nach § 6b Abs. 3 oder Abs. 10 EStG kann der Abzug nur in dem Wirtschaftsjahr vorgenommen werden, in dem das Wirtschaftsgut angeschafft oder hergestellt worden ist. [8]Der Abzug ist von den gesamten in diesem Wirtschaftsjahr angefallenen Anschaffungs- oder Herstellungskosten des Wirtschaftsgutes vorzunehmen. [9]Bei nachträglichen Herstellungskosten, die durch die Erweiterung, den Ausbau oder den Umbau eines Gebäudes entstehen, ist der Abzug nach § 6b Abs. 1, Abs. 3 oder Abs. 10 EStG unabhängig vom Zeitpunkt der ursprünglichen Anschaffung oder Herstellung dieses Wirtschaftsgutes zulässig.

Rücklagenbildung

(2) [1]Zur Erfüllung der Aufzeichnungspflichten nach § 5 Abs. 1 Satz 2 EStG ist bei der Bildung der steuerfreien Rücklage der Ansatz in der Steuerbilanz ausreichend. [2]Die Aufnahme des Wirtschaftsguts in das besondere Verzeichnis ist erst bei Übertragung der Rücklage erforderlich.

(3) [1]Rücklagen nach § 6b Abs. 3 oder Abs. 10 EStG können in der Bilanz in einem Posten zusammengefasst werden. [2]In der Buchführung muss aber im Einzelnen nachgewiesen werden, bei welchen Wirtschaftsgütern der

in die Rücklage eingestellte Gewinn entstanden und auf welche Wirtschaftsgüter er übertragen oder wann die Rücklage gewinnerhöhend aufgelöst worden ist.

Rücklagenauflösung

(4) [1] Wird der Gewinn des Stpfl. in einem Wirtschaftsjahr, das in den nach § 6b Abs. 3 oder Abs. 10 EStG maßgebenden Zeitraum fällt, geschätzt, weil keine Bilanz aufgestellt wurde, ist die Rücklage in diesem Wirtschaftsjahr gewinnerhöhend aufzulösen und ein Betrag in Höhe der Rücklage im Rahmen der Gewinnschätzung zu berücksichtigen.

Gewinnzuschlag

(5) [1] Der Gewinnzuschlag nach § 6b Abs. 7 oder Abs. 10 EStG ist in den Fällen vorzunehmen, in denen ein Abzug von den Anschaffungs- oder Herstellungskosten begünstigter Wirtschaftsgüter nicht oder nur teilweise vorgenommen worden ist und die Rücklage oder der nach Abzug verbleibende Rücklagenbetrag aufgelöst wird. [2] Ein Gewinnzuschlag ist demnach auch vorzunehmen, soweit die Auflösung einer Rücklage vor Ablauf der in § 6b Abs. 3 oder Abs. 10 EStG genannten Fristen erfolgt (vorzeitige Auflösung der Rücklage).

Übertragungsmöglichkeiten

(6) [1] Ein Stpfl. kann den begünstigten Gewinn, der in einem als Einzelunternehmen geführten Betrieb entstanden ist, vorbehaltlich der Regelung in § 6b Abs. 4 Satz 2 EStG auf Wirtschaftsgüter übertragen, die

1. zu demselben oder einem anderen als Einzelunternehmen geführten Betrieb des Stpfl. gehören oder
2. zum Betriebsvermögen einer Personengesellschaft gehören, an der der Stpfl. als Mitunternehmer beteiligt ist, soweit die Wirtschaftsgüter dem Stpfl. als Mitunternehmer zuzurechnen sind.

[2] Ein Stpfl. kann den begünstigten Gewinn aus der Veräußerung eines Wirtschaftsgutes, das zu seinem Sonderbetriebsvermögen bei einer Mitunternehmerschaft gehört, vorbehaltlich der Regelung in § 6b Abs. 4 Satz 2 EStG auf Wirtschaftsgüter übertragen, die

1. zu demselben Sonderbetriebsvermögen des Stpfl. oder zum Sonderbetriebsvermögen des Stpfl. bei einer anderen Personengesellschaft gehören oder
2. zum Gesamthandsvermögen der Personengesellschaft, der das veräußerte Wirtschaftsgut gedient hat, oder zum Gesamthandsvermögen einer anderen Personengesellschaft gehören, soweit die Wirtschaftsgüter dem Stpfl. als Mitunternehmer zuzurechnen sind, oder
3. zu einem als Einzelunternehmen geführten Betrieb des Stpfl. gehören.

[3] Wegen der Rücklage bei Betriebsveräußerung oder -aufgabe → Absatz 10.

(7) Der begünstigte Gewinn aus der Veräußerung eines Wirtschaftsgutes, das zum Gesamthandsvermögen einer Personengesellschaft gehört, kann übertragen werden

1. auf Wirtschaftsgüter, die zum Gesamthandsvermögen der Personengesellschaft gehören,

2. auf Wirtschaftsgüter, die zum Sonderbetriebsvermögen eines Mitunternehmers der Personengesellschaft gehören, aus deren Betriebsvermögen das veräußerte Wirtschaftsgut ausgeschieden ist, soweit der begünstigte Gewinn anteilig auf diesen Mitunternehmer entfällt,
3. vorbehaltlich der Regelung in § 6b Abs. 4 Satz 2 EStG auf Wirtschaftsgüter, die zum Betriebsvermögen eines anderen als Einzelunternehmen geführten Betriebs eines Mitunternehmers gehören, soweit der begünstigte Gewinn anteilig auf diesen Mitunternehmer entfällt,
4. vorbehaltlich der Regelung in § 6b Abs. 4 Satz 2 EStG auf Wirtschaftsgüter, die zum Gesamthandsvermögen einer anderen Personengesellschaft oder zum Sonderbetriebsvermögen des Mitunternehmers bei einer anderen Personengesellschaft gehören, soweit diese Wirtschaftsgüter dem Mitunternehmer der Gesellschaft, aus deren Betriebsvermögen das veräußerte Wirtschaftsgut ausgeschieden ist, zuzurechnen sind und soweit der begünstigte Gewinn anteilig auf diesen Mitunternehmer entfällt.[1)]

(8) [1]Wird der begünstigte Gewinn, der bei der Veräußerung eines Wirtschaftsgutes entstanden ist, bei den Anschaffungs- oder Herstellungskosten eines Wirtschaftsgutes eines anderen Betriebs des Stpfl. berücksichtigt, ist er erfolgsneutral dem Kapitalkonto der für den veräußernden Betrieb aufzustellenden Bilanz hinzuzurechnen. [2]Gleichzeitig ist ein Betrag in Höhe des begünstigten Gewinns von den Anschaffungs- oder Herstellungskosten der in dem anderen Betrieb angeschafften oder hergestellten Wirtschaftsgüter erfolgsneutral (zu Lasten des Kapitalkontos) abzusetzen. [3]Eine nach § 6b Abs. 3 oder Abs. 10 EStG gebildete Rücklage kann auf einen anderen Betrieb erst in dem Wirtschaftsjahr übertragen werden, in dem der Abzug von den Anschaffungs- oder Herstellungskosten bei Wirtschaftsgütern des anderen Betriebs vorgenommen wird.

Rücklage bei Änderung der Unternehmensform

(9) [1]Bei der Umwandlung eines Einzelunternehmens in eine Personengesellschaft kann der bisherige Einzelunternehmer eine von ihm gebildete Rücklage in einer Ergänzungsbilanz weiterführen. [2]Wird eine Personengesellschaft in ein Einzelunternehmen umgewandelt, kann der den Betrieb fortführende Gesellschafter eine Rücklage der Gesellschaft insoweit weiterführen, als sie (anteilig) auf ihn entfällt. [3]Bei der Realteilung einer Personengesellschaft unter Fortführung entsprechender Einzelunternehmen kann die Rücklage anteilig in den Einzelunternehmen fortgeführt werden.

Rücklage bei Betriebsveräußerung

(10) [1]Veräußert ein Stpfl. seinen Betrieb, zu dessen Betriebsvermögen eine Rücklage i. S. d. § 6b Abs. 3 oder Abs. 10 EStG gehört, oder bildet er eine solche Rücklage anlässlich der Betriebsveräußerung, kann er die Rücklage noch für die Zeit weiterführen, für die sie ohne Veräußerung des Betriebs zulässig gewesen wäre. [2]Wegen der Übertragungsmöglichkeit → Absatz 6 und 7. [3]Wird eine Rücklage, die nicht anlässlich der Betriebsveräußerung

---

1) Siehe auch BFH v. 9.11.2017 IV R 19/14, BStBl. II 2018, 575.

gebildet worden ist, weitergeführt, kann für den Veräußerungsgewinn der Freibetrag nach § 16 Abs. 4 EStG und eine Tarifermäßigung nach § 34 EStG nur in Anspruch genommen werden, wenn die Rücklage keine stillen Reserven enthält, die bei der Veräußerung einer wesentlichen Grundlage des Betriebs aufgedeckt worden sind. [4]Liegen die Voraussetzungen für die Weiterführung der Rücklage nicht oder nicht mehr vor, ist sie gewinnerhöhend aufzulösen. [5]Wird eine Rücklage allerdings im Rahmen einer Betriebsveräußerung aufgelöst, gehört der dabei entstehende Gewinn zum Veräußerungsgewinn. [6]Diese Grundsätze gelten bei der Veräußerung eines Mitunternehmeranteiles, bei der Auflösung einer Personengesellschaft und bei der Aufgabe eines Betriebs entsprechend.

Wechsel der Gewinnermittlungsart

(11) [1]Geht ein Stpfl. während des Zeitraums, für den eine nach § 6b Abs. 3 oder Abs. 10 EStG gebildete Rücklage fortgeführt werden kann, von der Gewinnermittlung nach § 4 Abs. 1 oder § 5 EStG zur Gewinnermittlung nach § 4 Abs. 3 EStG oder nach Durchschnittssätzen (§ 13a EStG) über, gelten für die Fortführung und die Übertragungsmöglichkeiten dieser Rücklage die Vorschriften des § 6c EStG. [2]Geht der Stpfl. von der Gewinnermittlung nach § 4 Abs. 3 EStG oder nach Durchschnittssätzen (§ 13a EStG) zur Gewinnermittlung nach § 4 Abs. 1 oder § 5 EStG über und sind im Zeitpunkt des Wechsels der Gewinnermittlungsart nach § 6c EStG begünstigte Gewinne noch nicht aufzulösen, ist in Höhe der noch nicht übertragenen Gewinne eine Rücklage in der Übergangsbilanz auszuweisen. [3]Für die weitere Behandlung dieser Rücklage gelten die Vorschriften des § 6b EStG.

Gewinne aus der Veräußerung von Anteilen an Kapitalgesellschaften

(12) [1]Für die Berechnung des Höchstbetrages nach § 6b Abs. 10 Satz 1 EStG ist der einzelne Mitunternehmer als Stpfl. anzusehen, mit der Folge, dass der Höchstbetrag von 500 000 Euro für jeden Mitunternehmer zur Anwendung kommt. [2]Dabei ist für die zeitliche Zuordnung der Gewinne bei abweichendem Wirtschaftsjahr auf den VZ abzustellen, dem die entstandenen Gewinne aus der Veräußerung nach § 4a EStG zuzuordnen sind.

(13) [1]Eine Übertragung des Gewinns auf die in dem der Veräußerung vorangegangenen Wirtschaftsjahr angeschafften oder hergestellten Wirtschaftsgüter sieht § 6b Abs. 10 Satz 1 EStG (anders als § 6b Abs. 1 Satz 1 EStG) ausdrücklich nicht vor. [2]Eine Übertragung des Gewinns ist auf die frühestens im gleichen Wirtschaftsjahr angeschafften oder hergestellten Reinvestitionsgüter möglich.

H 6b.2

Anschaffungszeitpunkt. Gehen Besitz, Nutzen und Lasten eines Wirtschaftsguts erst zum ersten Tag des folgenden Wj. über, ist das Wirtschaftsgut erst in diesem Wj. angeschafft (→ BFH vom 7.11.1991 – BStBl. 1992 II S. 398).

Buchwert.[1] Bei der Ermittlung des für die Berechnung des übertragbaren Gewinns maßgeblichen Buchwerts sind alle Bewertungsregeln des § 6 EStG zu beachten, auch die Regelungen zur Wertaufholung (→ BFH vom 9.11.2017 – BStBl. 2018 II S. 575).

---

[1] Zum Buchwert bei der Veräußerung einer Grundstücks-Teilfläche siehe BFH v. 1.12. 1982 I R 37/81, BStBl. II 1983, 130.

Eigenaufwand für ein fremdes Wirtschaftsgut. Die Übertragung einer Rücklage auf Eigenaufwand, den der Stpfl. im betrieblichen Interesse für ein im Miteigentum oder in fremdem Eigentum stehendes Gebäude geleistet hat (→ H 4.7), ist nicht zulässig (→ BMF vom 16.12.2016 – BStBl. I S. 1431, Rdnr. 3). Wurde in der Vergangenheit anders verfahren, sind die dadurch entstandenen stillen Reserven nach den Grundsätzen zur Bilanzberichtigung gewinnerhöhend aufzulösen (→ BMF vom 16.12.2016 – BStBl. I S. 1431, Rdnr. 4 mit Übergangsregelung).

Einlage. Die Einlage eines Wirtschaftsguts in das Betriebsvermögen ist keine Anschaffung i. S. d. § 6b EStG (→ BFH vom 11.12.1984 – BStBl. 1985 II S. 250).

Gewinnzuschlag. Die Rücklage hat auch dann während des ganzen Wj. bestanden, wenn sie buchungstechnisch bereits während des laufenden Wj. aufgelöst worden ist (→ BFH vom 26.10.1989 – BStBl. 1990 II S. 290).

Beispiel zur Berechnung des Gewinnzuschlags:

Ein Stpfl., dessen Wj. mit dem Kj. übereinstimmt, veräußert am 1.2.01 ein Wirtschaftsgut. Der nach § 6b EStG begünstigte Gewinn beträgt 400 000 €. Der Stpfl. bildet in der Bilanz des Jahres 01 eine Rücklage in Höhe von 400 000 €, die er auch in den Bilanzen der Jahre 02 und 03 ausweist. Am 1.10.04 erwirbt er ein begünstigtes Wirtschaftsgut, dessen Anschaffungskosten 300 000 € betragen. Der Stpfl. nimmt einen gewinnmindernden Abzug von 300 000 € vor und löst die gesamte Rücklage gewinnerhöhend auf.

Der Gewinn aus der Auflösung der Rücklage beträgt 400 000 € – davon werden 300 000 € nach § 6b Abs. 3 Satz 4 EStG und 100 000 € nach § 6b Abs. 3 Satz 5 EStG aufgelöst. Bemessungsgrundlage für den Gewinnzuschlag sind 100 000 €. Die Rücklage hat in den Wj. 01 bis 04 bestanden. Der Gewinnzuschlag ist für jedes volle Wj. des Bestehens der Rücklage vorzunehmen; das sind die Wj. 02 bis 04, denn im Wj. 04 kann die Auflösung der Rücklage erst zum Bilanzabschluss und nicht bereits zum Zeitpunkt der Wiederanlage erfolgen.

Der Gewinnzuschlag beträgt 3 × 6% von 100 000 € = 18 000 €.

Herstellungsbeginn.

– Der für die Verlängerung der Auflösungsfrist nach § 6b Abs. 3 Satz 3 EStG maßgebende Herstellungsbeginn kann die Einreichung des Bauantrags sein (→ BFH vom 15.10.1981 – BStBl. 1982 II S. 63 und vom 9.7.2019 – BStBl. 2020 II S. 635).

– Ein vor Einreichung des Bauantrags durchgeführter Gebäudeabbruch zum Zweck der Errichtung eines Neubaus kann als Beginn der Herstellung in Betracht kommen (→ BFH vom 12.6.1978 – BStBl. II S. 620).

Mittelbare Grundstücksschenkung. Eine Rücklage kann nicht auf ein im Wege der mittelbaren Grundstücksschenkung erworbenes Grundstück übertragen werden (→ BFH vom 23.4.2009 – BStBl. 2010 II S. 664).

Rücklage bei Betriebsveräußerung.

– Gewinne aus der Auflösung von Rücklagen, die nicht im Rahmen eines Gewinns aus einer Betriebsveräußerung oder -aufgabe angefallen sind, sind nicht tarifbegünstigt (→ BFH vom 4.2.1982 – BStBl. II S. 348).

– Die Zulässigkeit der Rücklage nach § 6b Abs. 3 EStG setzt nicht voraus, dass die Mittel aus der Rücklage für eine Reinvestition noch zur Verfügung stehen und eine konkrete Reinvestitionsabsicht besteht. Es genügt, dass die spätere Übertragung der Rücklage auf ein begünstigtes Reinvestitionsobjekt am Bilanzstichtag objektiv möglich ist (→ BFH vom 12.12.2000 – BStBl. 2001 II S. 282).

– Nicht der Gewerbesteuer unterliegende Gewinne aus der Veräußerung oder Aufgabe eines Gewerbebetriebs können, soweit sie auf nach § 6b Abs. 1 Satz 1 EStG begünstigte Wirtschaftsgüter entfallen, auf Wirtschaftsgüter eines land- und forstwirtschaftlichen Betriebs oder einer selbständigen Tätigkeit übertragen werden (→ BFH vom 30.8.2012 – BStBl. II S. 877).

Rücklagenauflösung. Voraussetzung für die Übertragung der Rücklage ist, dass das Gebäude bis zum Schluss des sechsten Wj. nach Bildung der Rücklage fertiggestellt wird. Die Rücklage kann in diesem Fall zum Ende des vierten auf die Bildung folgenden Wj. nur noch in der Höhe der noch zu erwartenden Herstellungskosten für das Gebäude beibehalten werden (→ BFH vom 26.10.1989 – BStBl. 1990 II S. 290).

Rücklagenbildung.

– Die Rücklage ist in der Bilanz des Wj. zu bilden, in dem der Veräußerungsgewinn entstanden ist; es handelt sich um die Ausübung eines Bilanzierungswahlrechts (→ BFH vom 30.3.1989 – BStBl. II S. 560). Das Bilanzierungswahlrecht für die Bildung und Auflösung der Rücklage ist immer durch entsprechenden Bilanzansatz im „veräußernden“ Betrieb auszuüben, auch wenn sie auf Wirtschaftsgüter eines anderen Betriebs des Stpfl. übertragen werden soll (→ BFH vom 19.12.2012 – BStBl. 2013 II S. 313).
– Wird der Gewinn vom Finanzamt geschätzt, weil der Stpfl. keine Bilanz erstellt hat, ist die Bildung der Rücklage nicht zulässig (→ BFH vom 24.1.1990 – BStBl. II S. 426).
– Bei Mitunternehmern ist die Entscheidung, ob die Voraussetzungen für die Bildung einer Rücklage vorliegen, im Gewinnfeststellungsverfahren zu treffen (→ BFH vom 25.7.1979 – BStBl. 1980 II S. 43).

Übertragung einer Rücklage auf einen anderen Betrieb. Ein Veräußerungsgewinn, der in eine Rücklage nach § 6b EStG eingestellt worden ist, kann in einen anderen Betrieb des Stpfl. erst in dem Zeitpunkt überführt werden, in dem der Abzug von den Anschaffungs- oder Herstellungskosten des Reinvestitionswirtschaftsguts des anderen Betriebs vorgenommen wird (→ BFH vom 22.11.2018 – BStBl. 2019 II S. 313).

Veräußerungspreis. Der Stpfl. kann die Rücklage, die er für den Gewinn aus der Veräußerung eines Wirtschaftsguts gebildet hat, rückwirkend (§ 175 Abs. 1 Satz 1 Nr. 2 AO) aufstocken, wenn sich der Veräußerungspreis in einem späteren VZ erhöht (→ BFH vom 13.9.2000 – BStBl. 2001 II S. 641). Er kann sie rückwirkend bilden, wenn durch diese Erhöhung erstmalig ein Veräußerungsgewinn entsteht (→ BFH vom 10.3.2016 – BStBl. II S. 984).

Wahlrecht eines Mitunternehmers. → H 4.4.

Wirtschaftsjahr. Im Fall der unentgeltlichen Betriebsübernahme während des laufenden Wj. ist das entstehende Rumpfwirtschaftsjahr beim Betriebsübergeber mit dem entstehenden Rumpfwirtschaftsjahr beim Betriebsübernehmer zu verklammern und lediglich als ein Wj. i. S. d. § 6b Abs. 3 und 7 EStG zu werten (→ BFH vom 23.4.2009 – BStBl. 2010 II S. 664).

Zeitliche Zuordnung von Gewinnen aus der Veräußerung von Anteilen an Kapitalgesellschaften.

Beispiel:

A betreibt ein Einzelunternehmen und ist außerdem als Mitunternehmer zu 50 % an der A-B OHG beteiligt, die gewerbliche Einkünfte erzielt. Im Einzelunternehmen entspricht das Wj. dem Kj. Die OHG hat ein abweichendes Wj. vom 1.7. bis 30.6.

A veräußert in seinem Einzelunternehmen im Jahr 02 Anteile an Kapitalgesellschaften mit einem Gewinn von 400 000 €. Auch die A-B OHG veräußert Anteile an Kapitalgesellschaften mit einem Gewinn von 400 000 €, wovon 200 000 € anteilig auf A entfallen, im Februar 02 (Variante 1) oder im November 02 (Variante 2).

Rechtsfolgen:

Variante 1:

a) Einzelunternehmen:
Der Gewinn aus der Veräußerung (400 000 €) ist dem VZ 02 zuzuordnen.

b) A-B OHG:
Der Gewinn des abweichenden Wj. 01/02 ist im VZ 02 steuerlich zu erfassen. Aus diesem Grund ist der Gewinn aus der Veräußerung (Gewinnanteil des A: 200 000 €) ebenfalls dem VZ 02 zuzuordnen.

c) Höchstbetrag 500 000 €:
Da dem VZ 02 Gewinne des A aus der Veräußerung von Anteilen an Kapitalgesellschaften in Höhe von insgesamt 600 000 € zuzuordnen sind, kommt bei ihm der Höchstbetrag von 500 000 € zum Tragen. A kann wählen, in welchem Unternehmen er den über den Höchstbetrag hinaus gehenden Gewinn von 100 000 € als laufenden Gewinn, der ggf. dem Teileinkünfteverfahren unterliegt, ansetzt.

Variante 2:

a) Einzelunternehmen:
Der Gewinn aus der Veräußerung (400 000 €) ist dem VZ 02 zuzuordnen.

b) A-B OHG:
Der Gewinn des abweichenden Wj. 02/03 ist im VZ 03 steuerlich zu erfassen. Aus diesem Grund ist der Gewinn aus der Veräußerung (Gewinnanteil des A: 200 000 €) ebenfalls dem VZ 03 zuzuordnen.

c) Höchstbetrag 500 000 €:
Da die Gewinne des A aus der Veräußerung von Anteilen an Kapitalgesellschaften in Höhe von 400 000 € dem VZ 02 und in Höhe von 200 000 € dem VZ 03 zuzuordnen sind, ist der Höchstbetrag von 500 000 € in keinem der beiden VZ überschritten.

R 6b.3 Sechs-Jahres-Frist i. S. d. § 6b Abs. 4 Nr. 2 EStG

(1) [1]Zur Frage der Zugehörigkeit eines Wirtschaftsgutes zum Anlagevermögen → R 6.1. [2]Wirtschaftsgüter, die sechs Jahre zum Betriebsvermögen des Stpfl. gehört haben, können in der Regel als Anlagevermögen angesehen werden, es sei denn, dass besondere Gründe vorhanden sind, die einer Zurechnung zum Anlagevermögen entgegenstehen. [3]Hat der Stpfl. mehrere inländische Betriebsstätten oder Betriebe, deren Einkünfte zu verschiedenen Einkunftsarten gehören, ist die Sechs-Jahres-Frist auch dann gewahrt, wenn das veräußerte Wirtschaftsgut innerhalb der letzten sechs Jahre zum Betriebsvermögen verschiedener Betriebe oder Betriebsstätten des Stpfl. gehörte.

(2) Ist ein neues Wirtschaftsgut unter Verwendung von gebrauchten Wirtschaftsgütern hergestellt worden, ist die Voraussetzung des § 6b Abs. 4 Satz 1 Nr. 2 EStG nur erfüllt, wenn seit der Fertigstellung dieses Wirtschaftsgutes sechs Jahre vergangen sind und das Wirtschaftsgut seit dieser Zeit ununterbrochen zum Anlagevermögen einer inländischen Betriebsstätte des veräußernden Stpfl. gehört hat.

(3) [1]Die Dauer der Zugehörigkeit eines Wirtschaftsgutes zum Betriebsvermögen wird durch nachträgliche Herstellungskosten nicht berührt. [2]Das gilt auch dann, wenn es sich bei den nachträglichen Herstellungskosten um Aufwendungen für einen Ausbau, einen Umbau oder eine Erweiterung eines Gebäudes handelt. [3]Entstehen dagegen durch Baumaßnahmen selbständige Gebäudeteile, gilt Absatz 2 entsprechend.

(4) Bei einem Wirtschaftsgut, das an Stelle eines infolge höherer Gewalt oder infolge oder zur Vermeidung eines behördlichen Eingriffs aus dem Betriebsvermögen ausgeschiedenen Wirtschaftsgutes angeschafft oder hergestellt worden ist (Ersatzwirtschaftsgut im Sinne von R 6.6 Abs. 1 Satz 2 Nr. 2), ist die Sechs-Jahres-Frist erfüllt, wenn das zwangsweise ausgeschiedene Wirtschaftsgut und das Ersatzwirtschaftsgut zusammen sechs Jahre zum Anlagevermögen des Stpfl. gehört haben.

(5) Werden beim Übergang eines Betriebs oder Teilbetriebs die Buchwerte fortgeführt, ist für die Berechnung der Sechs-Jahres-Frist des § 6b Abs. 4 Satz 1 Nr. 2 EStG die Besitzzeit des Rechtsvorgängers der Besitzzeit des Rechtsnachfolgers hinzuzurechnen.

(6) [1]Sind Anteile an einer Kapitalgesellschaft durch Kapitalerhöhung aus Gesellschaftsmitteln entstanden, ist der Besitzzeit dieser (neuen) Anteilsrechte die Besitzzeit der (alten) Anteilsrechte hinzuzurechnen, auf die die (neuen) Anteilsrechte entfallen sind. [2]Der Besitzzeit von Bezugsrechten ist die Besitzzeit der (alten) Anteilsrechte hinzuzurechnen, von denen sie abgespalten sind. [3]Anteilsrechte, die bei einer Kapitalerhöhung gegen Leistung einer Einlage erworben worden sind, können jedoch nicht – auch nicht teilweise – als mit den aus den alten Anteilsrechten abgespaltenen Bezugsrechten wirtschaftlich identisch angesehen werden. [4]Sie erfüllen deshalb nur dann die Voraussetzung des § 6b Abs. 4 Satz 1 Nr. 2 EStG, wenn sie selbst mindestens sechs Jahre ununterbrochen zum Anlagevermögen einer inländischen Betriebsstätte des Stpfl. gehört haben.

H 6b.3

Baulandumlegungen. → H 6b.1 (Umlegungs- und Flurbereinigungsverfahren).

Erbauseinandersetzung/vorweggenommene Erbfolge. Wegen der Besitzzeitanrechnung im Falle der Erbauseinandersetzung und der vorweggenommenen Erbfolge → BMF vom 14.3.2006 (BStBl. I S. 253) unter Berücksichtigung der Änderungen durch BMF vom 27.12.2018 (BStBl. 2019 I S. 11) und → BMF vom 13.1.1993 (BStBl. I S. 80) unter Berücksichtigung der Änderungen durch BMF vom 26.2.2007 (BStBl. I S. 269).

H 6b.4

Zweifelsfragen im Zusammenhang mit § 6b Abs. 2a EStG. → BMF vom 7.3.2018 (BStBl. I S. 309).

Zu § 6c EStG

R 6c.[1)] Übertragung stiller Reserven bei der Veräußerung bestimmter Anlagegüter bei der Ermittlung des Gewinns nach § 4 Abs. 3 EStG oder nach Durchschnittssätzen

(1) [1]Für die Ermittlung des nach § 6c EStG begünstigten Gewinns gilt § 6b Abs. 2 EStG entsprechend. [2]Danach ist bei der Veräußerung eines nach

1) Siehe auch BFH v. 12.11.1992 IV R 92/91, BStBl. II 1993, 366.

§ 6c EStG begünstigten Wirtschaftsgutes ohne Rücksicht auf den Zeitpunkt des Zufließens des Veräußerungspreises als Gewinn der Betrag begünstigt, um den der Veräußerungspreis nach Abzug der Veräußerungskosten die Aufwendungen für das veräußerte Wirtschaftsgut übersteigt, die bis zu seiner Veräußerung noch nicht als Betriebsausgaben abgesetzt worden sind. [3]Der Veräußerungspreis ist also in voller Höhe im Veräußerungszeitpunkt als Betriebseinnahme zu behandeln, auch wenn er nicht gleichzeitig zufließt. [4]Der (früher oder später) tatsächlich zufließende Veräußerungserlös bleibt außer Betracht, wird also nicht als Betriebseinnahme angesetzt. [5]Ein nach § 6c EStG i. V. m. § 6b Abs. 1 Satz 1 EStG vorgenommener Abzug von den Anschaffungs- oder Herstellungskosten begünstigter Investitionen ist als Betriebsausgabe zu behandeln. [6]Soweit der Stpfl. im Jahr der Veräußerung keinen Abzug in Höhe des begünstigten Gewinns von den Anschaffungs- und Herstellungskosten der im Veräußerungsjahr durchgeführten begünstigten Neuinvestitionen und auch keinen Abzug von dem Betrag nach § 6b Abs. 5 EStG der im Vorjahr angeschafften oder hergestellten begünstigten Wirtschaftsgüter vornimmt, kann er im Jahr der Veräußerung eine fiktive Betriebsausgabe absetzen. [7]Diese Betriebsausgabe ist innerhalb des Zeitraums, in dem bei einem buchführenden Stpfl. eine nach § 6b Abs. 3 EStG gebildete Rücklage auf Neuinvestitionen übertragen werden kann (Übertragungsfrist), durch fiktive Betriebseinnahmen in Höhe der Beträge auszugleichen, die nach § 6c EStG i. V. m. § 6b Abs. 3 EStG von den Anschaffungs- oder Herstellungskosten begünstigter Investitionen abgezogen und als Betriebsausgabe behandelt werden. [8]In Höhe des am Ende der Übertragungsfrist verbleibenden Betrags ist eine (sich in vollem Umfang gewinnerhöhend auswirkende) Betriebseinnahme anzusetzen. [9]Soweit nur für einen Teil des Veräußerungsgewinnes § 6c EStG in Anspruch genommen wird, gelten vorstehende Regelungen für den entsprechenden Teil des Veräußerungserlöses bzw. Veräußerungsgewinns.

(2) [1]Wird der Gewinn vom Finanzamt geschätzt, ist der Abzug nicht zulässig. [2]Wird der Gewinn des Stpfl. in einem Wirtschaftsjahr, das in den nach § 6b Abs. 3 EStG maßgebenden Zeitraum fällt, geschätzt, ist ein Zuschlag in Höhe des ursprünglichen Abzugsbetrags vorzunehmen; § 6b Abs. 7 EStG ist zu beachten.

(3) § 6b Abs. 10 EStG ist entsprechend anzuwenden.

H 6c

Antrag auf Rücklage. Wird der Gewinn nach § 4 Abs. 3 EStG ermittelt und ein Antrag auf Rücklage nach § 6b EStG gestellt, ist der Antrag dahin auszulegen, dass ein Abzug nach § 6c Abs. 1 EStG begehrt wird (→ BFH vom 30.1.2013 – BStBl. II S. 684).

Berechnungsbeispiel:

Ein Stpfl., der den Gewinn nach § 4 Abs. 3 EStG ermittelt, hat ein Werkstattgebäude für 15 000 € veräußert, auf das im Veräußerungszeitpunkt noch insgesamt 3000 € AfA hätten vorgenommen werden können. Die Veräußerungskosten betragen 1000 €. Der Stpfl. will für den bei der Veräußerung erzielten Gewinn § 6c EStG in Anspruch nehmen. Er nimmt im Veräußerungsjahr für 4000 € und in den beiden folgenden Wj. für 1000 € und 2000 € nach § 6b Abs. 1 Satz 3 EStG begünstigte Erweiterungen an seinem Ladengebäude vor.
Der Veräußerungserlös gilt ohne Rücksicht darauf, wann er tatsächlich zufließt, als im Veräußerungsjahr vereinnahmt. Entsprechend gelten die Veräußerungskosten als im Veräuße-

rungsjahr verausgabt. Die Veräußerung des Werkstattgebäudes führt deshalb zu einem nach § 6c EStG begünstigten Gewinn von 15 000 € (Veräußerungserlös) – 3000 € („Restbuchwert") – 1000 € (Veräußerungskosten) = 11 000 €. Da der Stpfl. im Veräußerungsjahr von den Anschaffungs- oder Herstellungskosten der in diesem Jahr vorgenommenen Neuinvestitionen einen Abzug von 4000 € vornimmt, liegt in Höhe dieser 4000 € eine Betriebsausgabe vor, so dass sich von dem Gewinn aus der Veräußerung des Gebäudes nur noch ein Betrag von (11 000 – 4000) = 7000 € auswirkt. In Höhe dieser 7000 € kann der Stpfl. im Veräußerungsjahr noch eine fiktive Betriebsausgabe absetzen und damit den bei der Veräußerung entstandenen Gewinn neutralisieren.

In dem auf die Veräußerung folgenden Wj. nimmt er von den Anschaffungs- oder Herstellungskosten der Neuinvestitionen einen Abzug von 1000 € vor, der als Betriebsausgabe zu behandeln ist. Er hat infolgedessen eine fiktive Betriebseinnahme von 1000 € anzusetzen, um den Vorgang zu neutralisieren.

Im zweiten auf die Veräußerung folgenden Wj. nimmt er von den Anschaffungs- oder Herstellungskosten der Neuinvestitionen einen Abzug von 2000 € vor, der als Betriebsausgabe zu behandeln ist. Er hat deshalb in diesem Wj. eine fiktive Betriebseinnahme von 2000 € anzusetzen, um den Vorgang zu neutralisieren.

Durch die beiden fiktiven Betriebseinnahmen von 1000 € und 2000 € ist die fiktive Betriebsausgabe im Jahr der Veräußerung von 7000 € bis auf einen Betrag von 4000 € ausgeglichen. In Höhe dieses Betrags hat der Stpfl. spätestens im vierten auf die Veräußerung folgenden Wj. eine weitere (sich in vollem Umfang gewinnerhöhend auswirkende) fiktive Betriebseinnahme anzusetzen, wenn er nicht bis zum Schluss des vierten auf die Veräußerung folgenden Wj. mit der Herstellung eines neuen Gebäudes begonnen hat.

Soweit der Stpfl. einen Abzug von den Anschaffungs- oder Herstellungskosten angeschaffter oder hergestellter Wirtschaftsgüter vorgenommen hat, kann er von dem Wirtschaftsgut keine AfA, erhöhte Absetzungen oder Sonderabschreibungen mehr vornehmen.

Veräußerungspreis. → H 6b.2.

Wechsel der Gewinnermittlungsart. Zur Behandlung eines nach §§ 6b, 6c EStG begünstigten Gewinns bei Wechsel der Gewinnermittlung → R 6b.2 Abs. 11.

Zeitpunkt der Wahlrechtsausübung. Das Wahlrecht der Gewinnübertragung nach § 6c EStG kann bis zum Eintritt der formellen Bestandskraft der Steuerfestsetzung ausgeübt werden; seine Ausübung ist auch nach Ergehen eines Urteils in der Tatsacheninstanz bis zum Ablauf der Rechtsmittelfrist zulässig. In diesem Fall ist die Steuerfestsetzung in entsprechender Anwendung des § 175 Abs. 1 Satz 1 Nr. 2 AO zu ändern (→ BFH vom 30.8. 2001 – BStBl. 2002 II S. 49).

Zweifelsfragen im Zusammenhang mit § 6b Abs. 2a EStG. → H 6b.4.

Zu § 7 EStG
(§§ 10, 11c, 11d und 15 EStDV)

R 7.1 Abnutzbare Wirtschaftsgüter

Allgemeines

(1) AfA ist vorzunehmen für

1. bewegliche Wirtschaftsgüter (§ 7 Abs. 1 Satz 1, 2, 4 bis 7 EStG),
2.[1] immaterielle Wirtschaftsgüter (§ 7 Abs. 1 Satz 1 bis 5 und 7 EStG),

[1] Zur Abnutzbarkeit immaterieller Wirtschaftsgüter vgl. BFH v. 28.5.1998 IV R 48/97, BStBl. II 1998, 775.

3. unbewegliche Wirtschaftsgüter, die keine Gebäude oder Gebäudeteile sind (§ 7 Abs. 1 Satz 1, 2, 5 und 7 EStG), und
4. Gebäude und Gebäudeteile (§ 7 Abs. 1 Satz 5 und Abs. 4, 5 und 5a EStG),

die zur Erzielung von Einkünften verwendet werden und einer wirtschaftlichen oder technischen Abnutzung unterliegen.

Bewegliche Wirtschaftsgüter

(2) [1]Bewegliche Wirtschaftsgüter können nur Sachen (§ 90 BGB), Tiere (§ 90a BGB) und Scheinbestandteile (§ 95 BGB) sein. [2]Schiffe und Flugzeuge sind auch dann bewegliche Wirtschaftsgüter, wenn sie im Schiffsregister bzw. in der Luftfahrzeugrolle eingetragen sind.

(3) [1]Betriebsvorrichtungen sind selbständige Wirtschaftsgüter, weil sie nicht in einem einheitlichen Nutzungs- und Funktionszusammenhang mit dem Gebäude stehen. [2]Sie gehören auch dann zu den beweglichen Wirtschaftsgütern, wenn sie wesentliche Bestandteile eines Grundstücks sind.

(4) [1]Scheinbestandteile entstehen, wenn bewegliche Wirtschaftsgüter zu einem vorübergehenden Zweck in ein Gebäude eingefügt werden. [2]Einbauten zu vorübergehenden Zwecken sind auch

1. die vom Stpfl. für seine eigenen Zwecke vorübergehend eingefügten Anlagen,
2. die vom Vermieter oder Verpächter zur Erfüllung besonderer Bedürfnisse des Mieters oder Pächters eingefügten Anlagen, deren Nutzungsdauer nicht länger als die Laufzeit des Vertragsverhältnisses ist.

Gebäude und Gebäudeteile

(5) [1]Für den Begriff des Gebäudes sind die Abgrenzungsmerkmale des Bewertungsrechts maßgebend. [2]Ein Gebäude ist ein Bauwerk auf eigenem oder fremdem Grund und Boden, das Menschen oder Sachen durch räumliche Umschließung Schutz gegen äußere Einflüsse gewährt, den Aufenthalt von Menschen gestattet, fest mit dem Grund und Boden verbunden, von einiger Beständigkeit und standfest ist.

(6) Zu den selbständigen unbeweglichen Wirtschaftsgütern i. S. d. § 7 Abs. 5a EStG gehören insbesondere Mietereinbauten und -umbauten, die keine Scheinbestandteile oder Betriebsvorrichtungen sind, Ladeneinbauten und ähnliche Einbauten (→ R 4.2 Abs. 3 Satz 3 Nr. 3) sowie sonstige selbständige Gebäudeteile i. S. d. R 4.2 Abs. 3 Satz 3 Nr. 5.

H 7.1

Arzneimittelzulassungen. Eine entgeltlich erworbene Arzneimittelzulassung ist dem Grunde nach ein abnutzbares Wirtschaftsgut (→ BMF vom 12.7.1999 – BStBl. I S. 686).

Betriebsvorrichtungen. Zur Abgrenzung von den Betriebsgrundstücken sind die allgemeinen Grundsätze des Bewertungsrechts anzuwenden → § 68

Abs. 2 Nr. 2, § 99 Abs. 1 Nr. 1 BewG;[1] gleich lautende Erlasse der obersten Finanzbehörden der Länder vom 5.6.2013 (BStBl. I S. 734).[2]

Bewegliche Wirtschaftsgüter. Immaterielle Wirtschaftsgüter (→ R 5.5 Abs. 1) gehören nicht zu den beweglichen Wirtschaftsgütern (→ BFH vom 22.5.1979 – BStBl. II S. 634).

Domain-Namen. Aufwendungen, die für die Übertragung eines Domain-Namens an den bisherigen Domaininhaber geleistet werden, sind Anschaffungskosten für ein in der Regel nicht abnutzbares immaterielles Wirtschaftsgut (→ BFH vom 19.10.2006 – BStBl. 2007 II S. 301).

Drittaufwand. → H 4.7.

Eigenaufwand für ein fremdes Wirtschaftsgut. → H 4.7.

Garagen. Garagen, die auf dem Gelände eines großen Mietwohnungskomplexes nachträglich errichtet werden, sind dann als selbständige Wirtschaftsgüter gesondert abzuschreiben, wenn ihre Errichtung nicht Bestandteil der Baugenehmigung für das Mietwohngebäude war und kein enger Zusammenhang zwischen der Nutzung der Wohnungen und der Garagen besteht, weil die Zahl der Garagen hinter der Zahl der Wohnungen deutlich zurückbleibt und die Garagen zum Teil an Dritte vermietet sind (→ BFH vom 22.9.2005 – BStBl. 2006 II S. 169).

Gebäude.

– Ein Container ist ein Gebäude, wenn er nach seiner individuellen Zweckbestimmung für eine dauernde Nutzung an einem Ort aufgestellt ist und seine Beständigkeit durch die ihm zugedachte Ortsfestigkeit auch im äußeren Erscheinungsbild deutlich wird (→ BFH vom 23.9.1988 – BStBl. 1989 II S. 113).
– Ein sog. Baustellencontainer ist kein Gebäude, da es an der Ortsfestigkeit fehlt (→ BFH vom 18.6.1986 – BStBl. II S. 787).
– Bürocontainer, die auf festen Fundamenten ruhen, sind Gebäude (→ BFH vom 25.4.1996 – BStBl. II S. 613).
– Eine Tankstellenüberdachung mit einer Fläche von mehr als 400 m^2 ist ein Gebäude (→ BFH vom 28.9.2000 – BStBl. 2001 II S. 137).
– Musterhäuser der Fertighausindustrie sind Gebäude. Dies gilt auch dann, wenn das Musterhaus primär Präsentations- und Werbezwecken dient (→ BFH vom 23.9.2008 – BStBl. 2009 II S. 986).

Gebäudeteile.

– Gebäudeteile sind selbständige Wirtschaftsgüter und deshalb gesondert abzuschreiben, wenn sie mit dem Gebäude nicht in einem einheitlichen Nutzungs- und Funktionszusammenhang stehen (→ BFH vom 26.11.1973 – BStBl. 1974 II S. 132).
– → R 4.2 Abs. 3.

Geschäfts- oder Firmenwert. Zur Abschreibung des Geschäfts- oder Firmenwerts → BMF vom 20.11.1986 (BStBl. I S. 532).

---

[1] **Steuergesetze** Nr. **200**. – Siehe auch Abschn. 1 und 3 BewRGr (Nr. **200**) und R B 99 ErbStR (Nr. **250**).

[2] Sog. Abgrenzungserlass mit Abgrenzungs-ABC (**Steuererlasse** Nr. **200** § 68/1).

Mietereinbauten.
- Mieterein- und -umbauten als unbewegliche Wirtschaftsgüter, die keine Gebäude oder Gebäudeteile sind → BMF vom 15.1.1976 (BStBl. I S. 66).[1]
- Zur Höhe der AfA bei Mietereinbauten → H 7.4.

Namensrecht. → H 5.5.

Nießbrauch und andere Nutzungsrechte.
- Zur Abschreibung bei Bestellung eines Nießbrauchs oder eines anderen Nutzungsrechts bei Einkünften aus Vermietung und Verpachtung → BMF vom 30.9.2013 (BStBl. I S. 1184).
- Berücksichtigung von Aufwendungen bei der unentgeltlichen Nutzungsüberlassung von Gebäuden oder Gebäudeteilen (Eigen- und Drittaufwand) → H 4.7 (Drittaufwand, Eigenaufwand für ein fremdes Wirtschaftsgut).

Praxiswert. Zur Abschreibung des Praxiswerts → BFH vom 24.2.1994 (BStBl. II S. 590).[2]

Scheinbestandteile. Eine Einfügung zu einem vorübergehenden Zweck ist anzunehmen, wenn die Nutzungsdauer der eingefügten beweglichen Wirtschaftsgüter länger als die Nutzungsdauer ist, für die sie eingebaut werden, die eingefügten beweglichen Wirtschaftsgüter auch nach ihrem Ausbau noch einen beachtlichen Wiederverwendungswert repräsentieren und nach den Umständen, insbesondere nach Art und Zweck der Verbindung, damit gerechnet werden kann, dass sie später wieder entfernt werden (→ BFH vom 24.11.1970 – BStBl. 1971 II S. 157 und vom 4.12.1970 – BStBl. 1971 II S. 165).

Unbewegliche Wirtschaftsgüter, die keine Gebäude oder Gebäudeteile sind.
- Außenanlagen wie Einfriedungen bei Betriebsgrundstücken (→ BFH vom 2.6.1971 – BStBl. II S. 673),
- Hof- und Platzbefestigungen, Straßenzufahrten und Umzäunungen bei Betriebsgrundstücken (→ BFH vom 1.7.1983 – BStBl. II S. 686 und vom 10.10.1990 – BStBl. 1991 II S. 59), wenn sie nicht ausnahmsweise Betriebsvorrichtungen sind (→ BFH vom 30.4.1976 – BStBl. II S. 527), nicht aber Umzäunungen bei Wohngebäuden, wenn sie in einem einheitlichen Nutzungs- und Funktionszusammenhang mit dem Gebäude stehen (→ BFH vom 30.6.1966 – BStBl. III S. 541 und vom 15.12.1977 – BStBl. 1978 II S. 210 sowie R 21.1 Abs. 3 Satz 1).

Vertragsarztzulassung. Aufwendungen für den entgeltlichen Erwerb einer unbefristet erteilten Vertragsarztzulassung sind Anschaffungskosten für ein nicht abnutzbares immaterielles Wirtschaftsgut, wenn die Vertragsarztzulassung nicht zum Praxiswert gehört (→ BFH vom 21.2.2017 – BStBl. II S. 694).

Warenzeichen (Marke). Ein entgeltlich erworbenes Warenzeichen (Marke) ist dem Grunde nach ein abnutzbares Wirtschaftsgut (→ BMF vom 12.7.1999 – BStBl. I S. 686).

---

[1] Siehe ferner BFH v. 28.10.1999 III R 55/97, BStBl. II 2000, 150 (Alarmanlage in Spielhalle).

[2] Siehe auch BMF v. 15.1.1995, BStBl. I 1995, 14.

Wirtschaftliche oder technische Abnutzung.
- Ständig in Gebrauch befindliche Möbelstücke unterliegen einer technischen Abnutzung, auch wenn die Gegenstände schon 100 Jahre alt sind und im Wert steigen (→ BFH vom 31.1.1986 – BStBl. II S. 355).
- Gemälde eines anerkannten Meisters sind keine abnutzbaren Wirtschaftsgüter (→ BFH vom 2.12.1977 – BStBl. 1978 II S. 164).
- Sammlungs- und Anschauungsobjekte sind keine abnutzbaren Wirtschaftsgüter (→ BFH vom 9.8.1989 – BStBl. 1990 II S. 50).

Wirtschaftsüberlassungsvertrag. Bei Überlassung der Nutzung eines landwirtschaftlichen Betriebs im Rahmen eines sog. Wirtschaftsüberlassungsvertrags steht dem Eigentümer und Nutzungsverpflichteten die AfA für die in seinem Eigentum verbliebenen Wirtschaftsgüter auch weiterhin zu (→ BFH vom 23.1.1992 – BStBl. 1993 II S. 327 und BMF vom 29.4.1993 – BStBl. I S. 337).

R 7.2 Wirtschaftsgebäude, Mietwohnneubauten und andere Gebäude

Wohnzwecke

(1) [1]Ein Gebäude dient Wohnzwecken, wenn es dazu bestimmt und geeignet ist, Menschen auf Dauer Aufenthalt und Unterkunft zu ermöglichen. [2]Wohnzwecken dienen auch Wohnungen, die aus besonderen betrieblichen Gründen an Betriebsangehörige überlassen werden, z. B. Wohnungen für den Hausmeister, für das Fachpersonal, für Angehörige der Betriebsfeuerwehr und für andere Personen, auch wenn diese aus betrieblichen Gründen unmittelbar im Werksgelände ständig einsatzbereit sein müssen. [3]Gebäude dienen nicht Wohnzwecken, soweit sie zur vorübergehenden Beherbergung von Personen bestimmt sind, wie z. B. Ferienwohnungen sowie Gemeinschaftsunterkünfte, in denen einzelne Plätze, z. B. für ausländische Flüchtlinge, zur Verfügung gestellt werden.

(2) Zu den Räumen, die Wohnzwecken dienen, gehören z. B.

1. die Wohn- und Schlafräume, Küchen und Nebenräume einer Wohnung,
2. die zur räumlichen Ausstattung einer Wohnung gehörenden Räume, wie Bodenräume, Waschküchen, Kellerräume, Trockenräume, Speicherräume, Vorplätze, Bade- und Duschräume, Fahrrad- und Kinderwagenräume usw., gleichgültig, ob sie zur Benutzung durch den einzelnen oder zur gemeinsamen Benutzung durch alle Hausbewohner bestimmt sind, und
3. die zu einem Wohngebäude gehörenden Garagen.

(3) [1]Räume, die sowohl Wohnzwecken als auch gewerblichen oder beruflichen Zwecken dienen, sind, je nachdem, welchem Zweck sie überwiegend dienen, entweder ganz den Wohnzwecken oder ganz den gewerblichen oder beruflichen Zwecken dienenden Räumen zuzurechnen. [2]Das häusliche Arbeitszimmer des Mieters ist zur Vereinfachung den Wohnzwecken dienenden Räumen zuzurechnen.

Bauantrag

(4) [1]Unter Bauantrag ist das Schreiben zu verstehen, mit dem die landesrechtlich vorgesehene Genehmigung für den beabsichtigten Bau angestrebt

wird. [2]Zeitpunkt der Beantragung einer Baugenehmigung ist der Zeitpunkt, zu dem der Bauantrag bei der nach Landesrecht zuständigen Behörde gestellt wird; maßgebend ist regelmäßig der Eingangsstempel dieser Behörde. [3]Das gilt auch dann, wenn die Bauplanung nach Beantragung der Baugenehmigung geändert wird, ohne dass ein neuer Bauantrag erforderlich ist. [4]Ist ein Bauantrag abgelehnt worden und die Baugenehmigung erst auf Grund eines neuen Antrags erteilt worden, ist Zeitpunkt der Antragstellung der Eingang des neuen Bauantrags bei der zuständigen Behörde. [5]Bei baugenehmigungsfreien Bauvorhaben, für die Bauunterlagen einzureichen sind, ist der Zeitpunkt maßgebend, zu dem die Bauunterlagen eingereicht werden. [6]Bei baugenehmigungsfreien Bauvorhaben, für die keine Bauunterlagen einzureichen sind, tritt an die Stelle des Bauantrags der Beginn der Herstellung.

Obligatorischer Vertrag

(5) Ein obligatorischer Vertrag über den Erwerb eines Grundstücks (Kaufvertrag oder Kaufanwartschaftsvertrag) ist zu dem Zeitpunkt rechtswirksam abgeschlossen, zu dem er notariell beurkundet ist.

H 7.2

Bauantrag.

- Anträge, die die Finanzierung des geplanten Baus betreffen, sowie sog. Bauvoranfragen bei der Baugenehmigungsbehörde sind nicht als Bauanträge anzusehen, weil sie nicht die Erlangung der Baugenehmigung, sondern nur die Klärung von Vorfragen zum Ziel haben (→ BFH vom 28.3.1966 – BStBl. III S. 454 und vom 7.3.1980 – BStBl. II S. 411).
- Wird die Bauplanung nach Beantragung der Baugenehmigung so grundlegend geändert, dass ein neuer Bauantrag gestellt werden muss, ist Zeitpunkt der Antragstellung der Eingang des neuen Bauantrags bei der zuständigen Behörde (→ BFH vom 28.9.1982 – BStBl. 1983 II S. 146).
- Die Bauanzeige steht einem Bauantrag gleich (→ BFH vom 18.4.1990 – BStBl. II S. 754).

Obligatorischer Vertrag. Mit einem obligatorischen Erwerbsvertrag wird zum einen eine beidseitige Bindung von Voreigentümer und Erwerber definiert, zum anderen – notariell beurkundet – ein objektiv eindeutiger Zeitpunkt hierfür festgelegt (→ BFH vom 19.2.2013 – BStBl. II S. 482). Ein obligatorischer Vertrag gilt auch dann in dem Zeitpunkt der notariellen Beurkundung als rechtswirksam abgeschlossen, wenn der Vertrag erst nach Eintritt einer aufschiebenden Bedingung oder nach Ablauf einer Frist wirksam werden soll oder noch einer Genehmigung bedarf; bei einem Vertragsabschluss durch einen Vertreter ohne Vertretungsmacht gilt der obligatorische Vertrag im Zeitpunkt der Abgabe der Genehmigungserklärung durch den Vertretenen als rechtswirksam abgeschlossen (→ BFH vom 2.2.1982 – BStBl. II S. 390).

Wohnzwecke.

- Die Nutzung zu Wohnzwecken setzt die Eignung der betreffenden Räume zur eigenständigen Haushaltsführung und die tatsächliche und rechtliche Sachherrschaft der Bewohner über sie voraus. Die Räume müssen überdies als Mindestausstattung eine Heizung, eine Küche, ein

Bad und eine Toilette enthalten. Die überlassenen Wohneinheiten müssen aber nicht notwendig mit einem eigenen Bad/WC oder einer eigenen Küche ausgestattet sein. Das Merkmal „Wohnzwecken dienen" kann auch dann erfüllt sein, wenn die Möglichkeit des Einbaus einer Kochgelegenheit oder die Möglichkeit der Mitbenutzung von Küche und Bad/WC gegeben ist. Die tatsächliche und rechtliche Sachherrschaft über die Räume haben die Bewohner dann, wenn sie die ihnen überlassenen Zimmer abschließen und anderen Personen den Zutritt verwehren können. Auch die Unterbringung in einem Mehrbettzimmer steht der Beurteilung einer Nutzung zu Wohnzwecken nicht entgegen. Unerheblich ist, ob und in welchem Umfang der Bewohner in den Räumen neben dem Wohnen weitere Dienstleistungen in Anspruch nimmt (→ BFH vom 30.9.2003 – BStBl. 2004 II S. 223 – zum Pflegezimmer; BStBl. 2004 II S. 225 zum betreuten Wohnen; BStBl. 2004 II S. 221 und BFH vom 15.12.2005 – BStBl. 2006 II S. 559 zum Pflegeheim).

- Wohnungen, deren einzelne Zimmer in der Regel für zwölf Monate an obdachlose Suchtkranke vermietet werden, um sie auf ein selbständiges Wohnen vorzubereiten, dienen Wohnzwecken (→ BFH vom 15.12.2005 – BStBl. 2006 II S. 561).
- Das häusliche Arbeitszimmer eines Arbeitnehmers im eigenen Haus dient nicht Wohnzwecken (→ BFH vom 30.6.1995 – BStBl. II S. 598).
- Ein Gebäude, das Ferienwohnungen enthält, die für kürzere Zeiträume an wechselnde Feriengäste vermietet werden, dient nicht Wohnzwecken (→ BFH vom 14.3.2000 – BStBl. 2001 II S. 66).

R 7.3 Bemessungsgrundlage für die AfA

Entgeltlicher Erwerb und Herstellung

(1) [1] Bemessungsgrundlage für die AfA sind grundsätzlich die Anschaffungs- oder Herstellungskosten des Wirtschaftsgutes oder der an deren Stelle tretende Wert, z. B. § 6 Abs. 5 Satz 4 bis 6, § 7a Abs. 9, § 7b Abs. 1 Satz 2[1)] und § 7g Abs. 2 Satz 2[2)] EStG; §§ 10 und 10a EStDV. [2] Wird ein teilfertiges Gebäude erworben und fertig gestellt, gehören zu den Herstellungskosten die Anschaffungskosten des teilfertigen Gebäudes und die Herstellungskosten zur Fertigstellung des Gebäudes.

Fertigstellung von Teilen eines Gebäudes zu verschiedenen Zeitpunkten

(2) Wird bei der Errichtung eines zur unterschiedlichen Nutzung bestimmten Gebäudes zunächst ein zum Betriebsvermögen gehörender Gebäudeteil und danach ein zum Privatvermögen gehörender Gebäudeteil fertig gestellt, hat der Stpfl. ein Wahlrecht, ob er vorerst in die AfA-Bemessungsgrundlage des fertig gestellten Gebäudeteiles die Herstellungskosten des noch nicht fertig gestellten Gebäudeteiles einbezieht oder ob er hierauf verzichtet.

---

1) **[Amtl. Anm.:]** § 7b Abs. 1 Satz 2 a. F. EStG.
2) **[Amtl. Anm.:]** Jetzt § 7g Abs. 2 Satz 3 EStG.

Unentgeltlicher Erwerb

(3) Bei unentgeltlich erworbenen Wirtschaftsgütern sind § 6 Abs. 3 und 4 EStG und § 11d EStDV sowohl im Falle der Gesamtrechtsnachfolge als auch im Falle der Einzelrechtsnachfolge anzuwenden.

Zuschüsse, Übertragung stiller Reserven

(4) [1] Ist dem Stpfl. im Jahr der Anschaffung oder Herstellung eines Wirtschaftsgutes für dieses Wirtschaftsgut ein Zuschuss bewilligt worden, den er nach R 6.5 erfolgsneutral behandelt, oder hat er einen Abzug nach § 6b Abs. 1, 3 oder 10 EStG oder nach R 6.6 vorgenommen, ist die AfA von den um den Zuschuss oder Abzugsbetrag geminderten Anschaffungs- oder Herstellungskosten zu bemessen. [2] Ist dem Stpfl. der Zuschuss in einem auf das Jahr der Anschaffung oder Herstellung folgenden Wirtschaftsjahr bewilligt worden oder hat er den Abzug zulässigerweise in einem auf das Jahr der Anschaffung oder Herstellung des Wirtschaftsgutes folgenden Wirtschaftsjahr vorgenommen, bemisst sich die weitere AfA in den Fällen des § 7 Abs. 4 Satz 1 und Abs. 5 EStG ebenfalls nach den um den Zuschuss- oder Abzugsbetrag geminderten Anschaffungs- oder Herstellungskosten, in allen anderen Fällen nach dem um den Zuschuss- oder Abzugsbetrag geminderten Buchwert oder Restwert des Wirtschaftsgutes.

Nachträgliche Herstellungskosten

(5) [1] Sind nachträgliche Herstellungsarbeiten an einem Wirtschaftsgut so umfassend, dass hierdurch ein anderes Wirtschaftsgut entsteht, ist die weitere AfA nach der Summe aus dem Buchwert oder Restwert des bisherigen Wirtschaftsgutes und nach den nachträglichen Herstellungskosten zu bemessen. [2] Aus Vereinfachungsgründen kann der Stpfl. bei unbeweglichen Wirtschaftsgütern von der Herstellung eines anderen Wirtschaftsgutes ausgehen, wenn der im zeitlichen und sachlichen Zusammenhang mit der Herstellung des Wirtschaftsgutes angefallene Bauaufwand zuzüglich des Werts der Eigenleistung nach überschlägiger Berechnung den Verkehrswert des bisherigen Wirtschaftsgutes übersteigt.

Einlage, Entnahme, Nutzungsänderung und Übergang zur Buchführung

(6) [1] Bei Wirtschaftsgütern, die der Stpfl. aus einem Betriebsvermögen in das Privatvermögen überführt hat, ist die weitere AfA nach dem Teilwert (§ 6 Abs. 1 Nr. 4 Satz 1 EStG) oder gemeinen Wert (§ 16 Abs. 3 Satz 6 bis 8 EStG) zu bemessen, mit dem das Wirtschaftsgut bei der Überführung steuerlich erfasst worden ist. [2] Dagegen bleiben die Anschaffungs- oder Herstellungskosten oder der an deren Stelle tretende Wert des Wirtschaftsgutes für die weitere AfA als Bemessungsgrundlage maßgebend, wenn

1. a) ein Gebäude nach vorhergehender Nutzung zu eigenen Wohnzwecken oder zu fremden Wohnzwecken auf Grund unentgeltlicher Überlassung zur Erzielung von Einkünften i. S. d. § 21 EStG oder
   b) ein bewegliches Wirtschaftsgut nach einer Nutzung außerhalb der Einkunftsarten zur Erzielung von Einkünften i. S. d. § 2 Abs. 1 Satz 1 Nr. 4 bis 7 EStG

   verwendet wird oder
2. ein Wirtschaftsgut nach vorhergehender Gewinnermittlung durch Schätzung oder nach Durchschnittssätzen (§ 13a EStG) bilanziert wird.

H 7.3

Anschaffungskosten.[1]

- Bei Erbauseinandersetzung[2] → BMF vom 14.3.2006 (BStBl. I S. 253) unter Berücksichtigung der Änderungen durch BMF vom 27.12.2018 (BStBl. 2019 I S. 11).
- Bei Modernisierung von Gebäuden → BMF vom 18.7.2003 (BStBl. I S. 386).
- Bei vorweggenommener Erbfolge → BMF vom 13.1.1993 (BStBl. I S. 80) unter Berücksichtigung der Änderungen durch BMF vom 26.2. 2007 (BStBl. I S. 269).
- Bei Tieren in land- und forstwirtschaftlich tätigen Betrieben sind die Anschaffungs- oder Herstellungskosten zur Berechnung der AfA um den Schlachtwert zu mindern → BMF vom 14.11.2001 (BStBl. I S. 864), Rn. 24.
- Bei Schiffen sind die Anschaffungs- oder Herstellungskosten zur Berechnung der AfA um den Schrottwert zu mindern (→ BFH vom 22.7.1971 – BStBl. II S. 800).
- Aufwendungen für Baumaßnahmen, mit denen der Verkäufer einer Eigentumswohnung oder eine seiner Firmen zeitgleich mit dem Abschluss des Kaufvertrags beauftragt wird, gehören zu den Anschaffungskosten der Eigentumswohnung (→ BFH vom 17.12.1996 – BStBl. 1997 II S. 348).
- Bei Erwerb einer Eigentumswohnung gehört der im Kaufpreis enthaltene Anteil für das in der Instandhaltungsrückstellung angesammelte Guthaben nicht zu den Anschaffungskosten der Eigentumswohnung (→ BFH vom 9.10.1991 – BStBl. 1992 II S. 152).
- Zu den Anschaffungskosten gehören auch die Übernahme von Verbindlichkeiten des Veräußerers sowie Aufwendungen des Erwerbers zur Beseitigung bestehender Beschränkungen seiner Eigentümerbefugnis i.S.d. § 903 BGB (z.B. Ablösung dinglicher Nutzungsrechte wie Erbbaurecht, Vermächtnisnießbrauch oder Wohnungsrecht) oder Zahlungen aufgrund der Anfechtung des Kaufvertrags durch einen Gläubiger nach § 3 Abs. 2 AnfG (→ BFH vom 17.4.2007 – BStBl. II S. 956).
- Anschaffungskosten bei Einbringung von Miteigentumsanteilen an Grundstücken in eine vermögensverwaltende Personengesellschaft bemessen sich nach dem gemeinen Wert des hingegebenen Gebäudeteils. Soweit ein Gesellschafter an zwei Gebäuden Anteile (hinzu)erworben hat, ist der gemeine Wert des hingegebenen Gebäudeteils nach dem Verhältnis der gemeinen Werte der erworbenen Anteile aufzuteilen (→ BFH vom 2.4.2008 – BStBl. II S. 679).
- Bringen die Miteigentümer mehrerer Grundstücke ihre Miteigentumsanteile in eine Personengesellschaft mit Vermietungseinkünften ein, sind keine Anschaffungsvorgänge gegeben, soweit die den Gesellschaftern nach der Übertragung ihrer Miteigentumsanteile nach § 39 Abs. 2 Nr. 2 AO zuzurechnenden Anteile an den Grundstücken ihre bisherigen Miteigentumsanteile nicht übersteigen (→ BFH vom 2.4.2008 – BStBl. II S. 679).

---

[1] Zu Erbauseinandersetzungskosten als Anschaffungsnebenkosten bei unentgeltlichem Erwerb siehe BFH v. 9.7.2013 IX R 43/11, BStBl. II 2014, 878.

[2] Zur Erbauseinandersetzung bei zivilrechtlicher Nachlassspaltung siehe BFH v. 10.10.2018 IX R 1/17, BStBl. II 2019, 170.

Dachgeschoss. Baumaßnahmen an einem Dachgeschoss → BMF vom 10.7. 1996 (BStBl. I S. 689).

Einlage eines Wirtschaftsguts.
- Zur Bemessungsgrundlage für die AfA nach Einlage von zuvor zur Erzielung von Überschusseinkünften genutzten Wirtschaftsgütern → BMF vom 27.10.2010 (BStBl. I S. 1204).
- Die Einbringung von Wirtschaftsgütern des Privatvermögens in eine gewerbliche Personengesellschaft gegen die Gewährung von Gesellschaftsrechten begründet keine Einlage i. S. v. § 7 Abs. 1 Satz 5 EStG (→ BFH vom 24.1.2008 – BStBl. 2011 II S. 617).

Fertigstellung von Teilen eines Gebäudes zu verschiedenen Zeitpunkten. Bei der Errichtung eines zur unterschiedlichen Nutzung bestimmten Gebäudes sind die Herstellungskosten des noch nicht fertig gestellten selbständigen Gebäudeteils in die AfA-Bemessungsgrundlage des bereits fertig gestellten Gebäudeteils einzubeziehen (→ BFH vom 9.8.1989 – BStBl. 1991 II S. 132). Vgl. aber das Wahlrecht nach → R 7.3 Abs. 2.

Kaufpreisaufteilung.
- Die bundeseinheitliche Arbeitshilfe zur Aufteilung eines Gesamtkaufpreises für ein bebautes Grundstück ist auf der Internetseite des BMF (www.bundesfinanzministerium.de) abrufbar.
- Eine vertragliche Kaufpreisaufteilung ist der Berechnung der AfA zu Grunde zu legen, sofern sie zum einen nicht nur zum Schein getroffen wurde sowie keinen Gestaltungsmissbrauch darstellt und zum anderen unter Berücksichtigung der Gesamtumstände die realen Wertverhältnisse widerspiegelt und wirtschaftlich haltbar erscheint (→ BFH vom 16.9. 2015 – BStBl. 2016 II S. 397).
- Fehlt eine vertragliche Kaufpreisaufteilung oder kann diese nicht der Besteuerung zugrunde gelegt werden, sind die Anschaffungskosten eines bebauten Grundstücks nicht nach der sog. Restwertmethode, sondern nach dem Verhältnis der Verkehrswerte oder Teilwerte auf den Grund und Boden und auf das Gebäude aufzuteilen (→ BFH vom 10.10.2000 – BStBl. 2001 II S. 183 und vom 16.9.2015 – BStBl. 2016 II S. 397). Das gilt auch bei der Anschaffung von Eigentumswohnungen; dabei rechtfertigt die eingeschränkte Nutzungs- und Verfügungsmöglichkeit des Wohnungseigentümers hinsichtlich seines Bodenanteils keinen niedrigeren Wertansatz des Bodenanteils (→ BFH vom 15.1.1985 – BStBl. II S. 252).
- Aufteilung der Anschaffungskosten bei Erwerb eines Gebäudes mit mehreren Wohnungen, von denen eine Wohnung mit einem Wohnrecht belastet ist → BMF vom 30.9.2013 (BStBl. I S. 1184, Rz. 50).

Mittelbare Grundstücksschenkung. Bei mittelbarer Grundstücksschenkung bemisst sich die AfA nach den vom Schenker getragenen Anschaffungskosten (→ BFH vom 4.10.2016 – BStBl. 2017 II S. 343).

Nachträgliche Anschaffungs- oder Herstellungskosten.
- Sind für ein Wirtschaftsgut nachträgliche Anschaffungs- oder Herstellungskosten aufgewendet worden, ohne dass hierdurch ein anderes Wirtschaftsgut entstanden ist, bemisst sich die weitere AfA

- in den Fällen des § 7 Abs. 4 Satz 1 und Abs. 5 EStG nach der bisherigen Bemessungsgrundlage zuzüglich der nachträglichen Anschaffungs- oder Herstellungskosten (→ BFH vom 20.2.1975 – BStBl. II S. 412 und vom 20.1.1987 – BStBl. II S. 491),
- in den Fällen des § 7 Abs. 1, Abs. 4 Satz 2 und § 7 Abs. 2 EStG nach dem Buchwert oder Restwert zuzüglich der nachträglichen Anschaffungs- oder Herstellungskosten (→ BFH vom 25.11.1970 – BStBl. 1971 II S. 142).

– Zu den nachträglichen Anschaffungskosten gehören Abwehrkosten zur Befriedung eines den Kaufvertrag nach § 3 Abs. 2 AnfG anfechtenden Gläubigers (→ BFH vom 17.4.2007 – BStBl. II S. 956).

Keine nachträglichen Herstellungskosten. Keine nachträglichen Herstellungskosten, sondern Herstellungskosten für ein anderes Wirtschaftsgut entstehen, wenn das bisherige Wirtschaftsgut im Wesen geändert und so tiefgreifend umgestaltet oder in einem solchen Ausmaß erweitert wird, dass die eingefügten neuen Teile der Gesamtsache das Gepräge geben und die verwendeten Altteile bedeutungs- und wertmäßig untergeordnet erscheinen. Das kann z. B. der Fall sein bei

– einem mit dem Gebäude verschachtelten Anbau (→ BFH vom 25.1.2007 – BStBl. II S. 586),
– Umbau einer einfachen Scheune in eine Pferdeklinik (→ BFH vom 26.1.1978 – BStBl. II S. 280),
– Umbau eines alten Gasthofs in eine moderne Gastwirtschaft (→ BFH vom 26.1.1978 – BStBl. II S. 363),
– Umbau einer Hochdruck-Rotationsmaschine zu einer Flachdruck-(Offset)maschine (→ BFH vom 6.12.1991 – BStBl. 1992 II S. 452),
– Umgestaltung von Pflanztischen in ein automatisches Tischbewässerungssystem (→ BFH vom 28.9.1990 – BStBl. 1991 II S. 361),
– Umbau einer Mühle zu einem Wohnhaus (→ BFH vom 31.3.1992 – BStBl. II S. 808).

Überführung in das Privatvermögen.

– Bei der Überführung eines Wirtschaftsguts in das Privatvermögen ist die AfA auch dann nach dem Wert zu bemessen, mit dem das Wirtschaftsgut steuerlich erfasst worden ist, wenn er falsch ermittelt worden ist (→ BMF vom 30.10.1992 – BStBl. I S. 651).
– Die AfA ist nach den ursprünglichen Anschaffungs- oder Herstellungskosten zu bemessen, wenn bei einer vorangegangenen Überführung eines Wirtschaftsguts in das Privatvermögen der Entnahmegewinn kraft gesetzlicher Regelung außer Ansatz geblieben ist (→ BFH vom 3.5.1994 – BStBl. II S. 749). Das Gleiche gilt, wenn die Überführung nicht erkannt und in Folge dessen die stillen Reserven nicht erfasst worden sind und steuerliche Konsequenzen nicht mehr gezogen werden können (→ BFH vom 14.12.1999 – BStBl. 2000 II S. 656).
– Die AfA ist im Fall einer Betriebsaufgabe auch dann nach dem gemeinen Wert zu bemessen, wenn der Gewinn wegen des Freibetrags nach § 16 Abs. 4 EStG steuerfrei ist (→ BFH vom 14.12.1999 – BStBl. 2000 II S. 656).

R 7.4 Höhe der AfA

Beginn der AfA

(1) [1]AfA ist vorzunehmen, sobald ein Wirtschaftsgut angeschafft oder hergestellt ist. [2]Ein Wirtschaftsgut ist im Zeitpunkt seiner Lieferung angeschafft. [3]Ist Gegenstand eines Kaufvertrages über ein Wirtschaftsgut auch dessen Montage durch den Verkäufer, ist das Wirtschaftsgut erst mit der Beendigung der Montage geliefert. [4]Wird die Montage durch den Stpfl. oder in dessen Auftrag durch einen Dritten durchgeführt, ist das Wirtschaftsgut bereits bei Übergang der wirtschaftlichen Verfügungsmacht an den Stpfl. geliefert; das zur Investitionszulage ergangene BFH-Urteil vom 2.9.1988 (BStBl. II S. 1009) ist ertragsteuerrechtlich nicht anzuwenden. [5]Ein Wirtschaftsgut ist zum Zeitpunkt seiner Fertigstellung hergestellt.

AfA im Jahr der Anschaffung, Herstellung oder Einlage

(2) [1]Der auf das Jahr der Anschaffung oder Herstellung entfallende AfA-Betrag vermindert sich zeitanteilig für den Zeitraum, in dem das Wirtschaftsgut nach der Anschaffung oder Herstellung nicht zur Erzielung von Einkünften verwendet wird; dies gilt auch für die AfA nach § 7 Abs. 5 EStG. [2]Bei Wirtschaftsgütern, die im Laufe des Wirtschaftsjahres in das Betriebsvermögen eingelegt werden, gilt § 7 Abs. 1 Satz 4 EStG entsprechend.

Bemessung der AfA nach der Nutzungsdauer

(3) [1]Die AfA ist grundsätzlich so zu bemessen, dass die Anschaffungs- oder Herstellungskosten nach Ablauf der betriebsgewöhnlichen Nutzungsdauer des Wirtschaftsgutes voll abgesetzt sind. [2]Bei einem Gebäude gilt Satz 1 nur, wenn die technischen oder wirtschaftlichen Umstände dafür sprechen, dass die tatsächliche Nutzungsdauer eines Wirtschaftsgebäudes (§ 7 Abs. 4 Satz 1 Nr. 1 EStG) weniger als 33 Jahre (bei Bauantrag/obligatorischem Vertrag nach dem 31.12.2000) oder 25 Jahre (bei Bauantrag/obligatorischem Vertrag vor dem 1.1.2001) bzw. eines anderen Gebäudes weniger als 50 Jahre (bei vor dem 1.1.1925 fertig gestellten Gebäuden weniger als 40 Jahre) beträgt. [3]Satz 2 gilt entsprechend bei Mietereinbauten und -umbauten, die keine Scheinbestandteile oder Betriebsvorrichtungen sind.

Bemessung der linearen AfA bei Gebäuden nach typisierten Prozentsätzen

(4) [1]In anderen als den in Absatz 3 Satz 2 und 3 bezeichneten Fällen sind die in § 7 Abs. 4 Satz 1 EStG genannten AfA-Sätze maßgebend. [2]Die Anwendung niedrigerer AfA-Sätze ist ausgeschlossen. [3]Die AfA ist bis zur vollen Absetzung der Anschaffungs- oder Herstellungskosten vorzunehmen.

Wahl der AfA-Methode

(5) [1]Anstelle der AfA in gleichen Jahresbeträgen (§ 7 Abs. 1 Satz 1 und 2 EStG) kann bei beweglichen Wirtschaftsgütern des Anlagevermögens AfA nach Maßgabe der Leistung (§ 7 Abs. 1 Satz 6 EStG) vorgenommen werden, wenn deren Leistung in der Regel erheblich schwankt und deren Verschleiß dementsprechend wesentliche Unterschiede aufweist. [2]Voraussetzung für AfA nach Maßgabe der Leistung ist, dass der auf das einzelne Wirtschaftsjahr ent-

fallende Umfang der Leistung nachgewiesen wird. [3]Der Nachweis kann z. B. bei einer Maschine durch ein die Anzahl der Arbeitsvorgänge registrierendes Zählwerk, einen Betriebsstundenzähler oder bei einem Kraftfahrzeug durch den Kilometerzähler geführt werden.

(6) [1]Die degressive AfA nach § 7 Abs. 5 EStG ist nur mit den in dieser Vorschrift vorgeschriebenen Staffelsätzen zulässig. [2]Besteht ein Gebäude aus sonstigen selbständigen Gebäudeteilen (→ R 4.2 Abs. 3 Satz 3 Nr. 5), sind für die einzelnen Gebäudeteile unterschiedliche AfA-Methoden und AfA-Sätze zulässig.

Wechsel der AfA-Methode bei Gebäuden

(7) [1]Ein Wechsel der AfA-Methode ist bei Gebäuden vorzunehmen, wenn

1. ein Gebäude in einem auf das Jahr der Anschaffung oder Herstellung folgenden Jahr die Voraussetzungen des § 7 Abs. 4 Satz 1 Nr. 1 EStG erstmals erfüllt oder
2. ein Gebäude in einem auf das Jahr der Anschaffung oder Herstellung folgenden Jahr die Voraussetzungen des § 7 Abs. 4 Satz 1 Nr. 1 EStG nicht mehr erfüllt oder
3. ein nach § 7 Abs. 5 Satz 1 Nr. 3 EStG abgeschriebener Mietwohnneubau nicht mehr Wohnzwecken dient.

[2]In den Fällen des Satzes 1 Nr. 1 ist die weitere AfA nach § 7 Abs. 4 Satz 1 Nr. 1 EStG, in den Fällen des Satzes 1 Nr. 2 und 3 ist die weitere AfA nach § 7 Abs. 4 Satz 1 Nr. 2 Buchstabe a EStG zu bemessen.

Ende der AfA

(8) [1]Bei Wirtschaftsgütern, die im Laufe eines Wirtschaftsjahres oder Rumpfwirtschaftsjahres veräußert oder aus dem Betriebsvermögen entnommen werden oder nicht mehr zur Erzielung von Einkünften i. S. d. § 2 Abs. 1 Satz 1 Nr. 4 bis 7 EStG dienen, kann für dieses Jahr nur der Teil des auf ein Jahr entfallenden AfA-Betrags abgesetzt werden, der dem Zeitraum zwischen dem Beginn des Jahres und der Veräußerung, Entnahme oder Nutzungsänderung entspricht. [2]Das gilt entsprechend, wenn im Laufe eines Jahres ein Wirtschaftsgebäude künftig Wohnzwecken dient oder ein nach § 7 Abs. 5 Satz 1 Nr. 3 EStG abgeschriebener Mietwohnneubau künftig nicht mehr Wohnzwecken dient.

AfA nach nachträglichen Anschaffungs- oder Herstellungskosten

(9) [1]Bei nachträglichen Herstellungskosten für Wirtschaftsgüter, die nach § 7 Abs. 1, 2 oder 4 Satz 2 EStG abgeschrieben werden, ist die Restnutzungsdauer unter Berücksichtigung des Zustands des Wirtschaftsgutes im Zeitpunkt der Beendigung der nachträglichen Herstellungsarbeiten neu zu schätzen. [2]In den Fällen des § 7 Abs. 4 Satz 2 EStG ist es aus Vereinfachungsgründen nicht zu beanstanden, wenn die weitere AfA nach dem bisher angewandten Prozentsatz bemessen wird. [3]Bei der Bemessung der AfA für das Jahr der Entstehung von nachträglichen Anschaffungs- und Herstellungskosten sind diese so zu berücksichtigen, als wären sie zu Beginn des Jahres aufgewendet worden. [4]Ist durch die nachträglichen Herstellungsarbeiten ein anderes Wirtschaftsgut entstanden (→ R 7.3 Abs. 5), ist die weitere AfA nach § 7 Abs. 1 oder 4 Satz 2 EStG und der

voraussichtlichen Nutzungsdauer des anderen Wirtschaftsgutes oder nach § 7 Abs. 4 Satz 1 EStG zu bemessen. [5]Die degressive AfA nach § 7 Abs. 5 EStG ist nur zulässig, wenn das andere Wirtschaftsgut ein Neubau ist.

AfA nach Einlage, Entnahme oder Nutzungsänderung oder nach Übergang zur Buchführung

(10) [1]Nach einer Einlage, Entnahme oder Nutzungsänderung eines Wirtschaftsgutes oder nach Übergang zur Buchführung (→ R 7.3 Abs. 6) ist die weitere AfA wie folgt vorzunehmen:

1. Hat sich die AfA-Bemessungsgrundlage für das Wirtschaftsgut geändert (→ R 7.3 Abs. 6), ist die weitere AfA nach § 7 Abs. 1, 2 oder 4 Satz 2 EStG und der tatsächlichen künftigen Nutzungsdauer oder nach § 7 Abs. 4 Satz 1 EStG zu bemessen.
2. Bleiben die Anschaffungs- oder Herstellungskosten des Wirtschaftsgutes als Bemessungsgrundlage der AfA maßgebend (→ R 7.3 Abs. 6 Satz 2), ist die weitere AfA grundsätzlich nach dem ursprünglich angewandten Absetzungsverfahren zu bemessen. [2]Die AfA kann nur noch bis zu dem Betrag abgezogen werden, der von der Bemessungsgrundlage nach Abzug von AfA, erhöhten Absetzungen und Sonderabschreibungen verbleibt (→ AfA-Volumen). [3]Ist für das Wirtschaftsgut noch nie AfA vorgenommen worden, ist die AfA nach § 7 Abs. 1, 2 oder 4 Satz 2 EStG und der tatsächlichen gesamten Nutzungsdauer oder nach § 7 Abs. 4 Satz 1 oder Abs. 5 EStG zu bemessen. [4]Nach dem Übergang zur Buchführung oder zur Einkünfteerzielung kann die AfA nur noch bis zu dem Betrag abgezogen werden, der von der Bemessungsgrundlage nach Abzug der Beträge verbleibt, die entsprechend der gewählten AfA-Methode auf den Zeitraum vor dem Übergang entfallen.

[2]Besteht ein Gebäude aus mehreren selbständigen Gebäudeteilen und wird der Nutzungsumfang eines Gebäudeteiles infolge einer Nutzungsänderung des Gebäudes ausgedehnt, bemisst sich die weitere AfA von der neuen Bemessungsgrundlage insoweit nach § 7 Abs. 4 EStG. [3]Das Wahlrecht nach Satz 1 Nr. 2 Satz 3 und 4 bleibt unberührt.

Absetzungen für außergewöhnliche technische oder wirtschaftliche Abnutzung bei Gebäuden

(11) [1]Absetzungen für außergewöhnliche technische oder wirtschaftliche Abnutzung (AfaA) sind nach dem Wortlaut des Gesetzes nur bei Gebäuden zulässig, bei denen die AfA nach § 7 Abs. 4 EStG bemessen wird. [2]AfaA sind jedoch auch bei Gebäuden nicht zu beanstanden, bei denen AfA nach § 7 Abs. 5 EStG vorgenommen wird.

H 7.4

AfaA.

– Wird ein im Privatvermögen gehaltenes Fahrzeug bei einer betrieblich veranlassten Fahrt infolge eines Unfalls beschädigt und nicht repariert, ist die Vermögenseinbuße im Wege der AfaA nach § 7 Abs. 1 Satz 7 EStG gewinnmindernd zu berücksichtigen. Die bei der Bemessung der AfaA zu Grunde zu legenden Anschaffungskosten sind um die (normale) AfA zu kürzen, die der Stpfl. hätte in Anspruch nehmen können, wenn er das Fahrzeug ausschließlich zur Einkünfteerzielung verwendet hätte (→ BFH vom 24.11.1994 – BStBl. 1995 II S. 318).[1]

- AfaA sind grundsätzlich im Jahr des Schadenseintritts, spätestens jedoch im Jahr der Entdeckung des Schadens vorzunehmen (→ BFH vom 1.12.1992 – BStBl. 1994 II S. 11 und 12). Dies gilt unabhängig von evtl. Ersatzansprüchen gegen eine Versicherung (→ BFH vom 13.3.1998 – BStBl. II S. 443).
- Eine AfaA setzt voraus, dass die wirtschaftliche Nutzbarkeit eines Wirtschaftsguts durch außergewöhnliche Umstände gesunken ist (→ BFH vom 8.7.1980 – BStBl. II S. 743) oder das Wirtschaftsgut eine Substanzeinbuße (technische Abnutzung) erleidet (→ BFH vom 24.1.2008 – BStBl. 2009 II S. 449).
- Baumängel vor Fertigstellung eines Gebäudes rechtfertigen keine AfaA (→ BFH vom 31.3.1992 – BStBl. II S. 805); auch wenn infolge dieser Baumängel noch in der Bauphase unselbständige Gebäudeteile wieder abgetragen werden (→ BFH vom 30.8.1994 – BStBl. 1995 II S. 306); dies gilt auch, wenn die Baumängel erst nach der Fertigstellung oder Anschaffung entdeckt werden (→ BFH vom 27.1.1993 – BStBl. II S. 702 und vom 14.1.2004 – BStBl. II S. 592).
- AfaA aus wirtschaftlichen Gründen können abgezogen werden, wenn sich nach der Kündigung des Mietverhältnisses herausstellt, dass das auf die Bedürfnisse des Mieters ausgerichtete Gebäude nicht mehr oder nur noch eingeschränkt nutzbar ist und auch durch eine (nicht steuerbare) Veräußerung nicht mehr sinnvoll verwendet werden kann (→ BFH vom 17.9.2008 – BStBl. 2009 II S. 301).

Eine AfaA ist vorzunehmen, wenn

- ein Gebäude durch Abbruch, Brand oder ähnliche Ereignisse aus dem Betriebsvermögen ausgeschieden ist (→ BFH vom 7.5.1969 – BStBl. II S. 464),
- bei einem Umbau bestimmte Teile eines Gebäudes ohne vorherige Abbruchabsicht entfernt werden (→ BFH vom 15.10.1996 – BStBl. 1997 II S. 325),
- ein Gebäude abgebrochen wird → H 6.4 (Abbruchkosten).

Eine AfaA ist nicht vorzunehmen, wenn

- ein zum Privatvermögen gehörendes, objektiv technisch oder wirtschaftlich noch nicht verbrauchtes Gebäude abgerissen wird, um ein unbebautes Grundstück veräußern zu können (→ BFH vom 6.3.1979 – BStBl. II S. 551), oder wenn es in der Absicht eines grundlegenden Umbaus erworben wird (→ BFH vom 4.12.1984 – BStBl. 1985 II S. 208 und vom 20.4.1993 – BStBl. II S. 504),
- im Verfahren nach dem WEG die Nutzung von erworbenen Gebäudeteilen als Wohnung untersagt wird, sich darin ein dem Kaufobjekt von vornherein anhaftender Mangel zeigt und die Parteien des Kaufvertrages

---

[1] Bestätigt von BFH v. 21.8.2012 VIII R 33/09, BStBl. II 2013, 171.

die Gewährleistung hinsichtlich der Nutzungsmöglichkeiten der Sache ausgeschlossen haben (→ BFH vom 14.1.2004 – BStBl. II S. 592),
– die bestehende Substanz zum Abbau eines Bodenschatzes weiterhin vorhanden ist und auch abgebaut werden kann (→ BFH vom 24.1.2008 – BStBl. 2009 II S. 449).

AfA nach einer Nutzungsänderung.

Beispiele:

1. AfA-Verbrauch bei Umwidmung eines Gebäudes zur Einkünfteerzielung

Eine im Jahr 01 fertig gestellte und am 1. 12. 01 erworbene Eigentumswohnung wird vom Dezember 01 bis Februar 03 vom Stpfl. selbst bewohnt und ab März 03 vermietet. Der Stpfl. hat ab dem Jahr 03 die Wahl zwischen der linearen AfA nach § 7 Abs. 4 Satz 1 Nr. 2 EStG (Fall 1) und der degressiven AfA nach § 7 Abs. 5 Satz 1 Nr. 3 Buchstabe c EStG (Fall 2).

		Fall 1		Fall 2
Anschaffungskosten im Jahr 01		300 000 €		300 000 €
AfA-Verbrauch				
im Jahr 01	$^{1}/_{12}$ von 2 %	500 €	4 %	12 000 €
im Jahr 02	2 %	6 000 €	4 %	12 000 €
im Jahr 03	$^{2}/_{12}$ von 2 %	1 000 €	$^{2}/_{12}$ von 4 %	2 000 €
insgesamt		7 500 €		26 000 €
verbleibendes AfA-Volumen		292 500 €		274 000 €
AfA ab Übergang zur Einkünfteerzielung				
im Jahr 03	$^{10}/_{12}$ von 2 %	5 000 €	$^{10}/_{12}$ von 4 %	10 000 €
ab Jahr 04	je 2 %	6 000 €		
im Jahr 04 bis 10			je 4 %	12 000 €
im Jahr 11 bis 18			je 2,5 %	7 500 €
ab Jahr 19			je 1,25 %	3 750 €

2. AfA bei Änderung des Nutzungsumfangs eines Gebäudeteils

Von den gesamten Herstellungskosten in Höhe von 600 000 € eines zum Betriebsvermögen gehörenden Gebäudes, das je zur Hälfte eigenbetrieblichen Zwecken und fremden Wohnzwecken dient, entfallen je 300 000 € auf die beiden selbständigen Gebäudeteile. Der eigenbetrieblich genutzte Gebäudeteil wird nach § 7 Abs. 5 Satz 1 Nr. 1 EStG degressiv, der zu fremden Wohnzwecken genutzte Gebäudeteil nach § 7 Abs. 4 Satz 1 Nr. 2 EStG linear abgeschrieben. Die jährliche AfA beträgt

a) für den eigenbetrieblich genutzten Gebäudeteil
   10% von 300 000 € = 30 000 €,

b) für den zu fremden Wohnzwecken genutzten Gebäudeteil
   2% von 300 000 € = 6 000 €.

Vom Beginn des 3. Jahres an wird die eigenbetriebliche Nutzung auf ein Drittel des bisher zu Wohnzwecken genutzten Gebäudeteils ausgedehnt. Von diesem Zeitpunkt an beträgt die AfA-Bemessungsgrundlage für den eigenbetrieblich genutzten Gebäudeteil 400 000 €, für den zu fremden Wohnzwecken genutzten Gebäudeteil 200 000 €. Für den nunmehr eigenbetrieblich genutzten Teil des bisher zu fremden Wohnzwecken genutzten Gebäudeteils ist die lineare AfA künftig mit dem höheren AfA-Satz des § 7 Abs. 4 Satz 1 Nr. 1 EStG vorzunehmen. Die AfA beträgt somit im 3. Jahr

a) für den eigenbetrieblich genutzten Gebäudeteil
   10 % von 300 000 € = 30 000 €,
   + 3 % von 100 000 € = 3000 €,

b) für den zu fremden Wohnzwecken genutzten Gebäudeteil
   2 % von 200 000 € = 4000 €.

AfA nach nachträglichen Anschaffungs- oder Herstellungskosten.

Beispiele:

1. Degressive AfA nach § 7 Abs. 2 EStG bei nachträglichen Herstellungskosten

Für ein im Jahre 01 angeschafftes bewegliches Wirtschaftsgut mit einer betriebsgewöhnlichen Nutzungsdauer von 12 Jahren, für das degressive AfA von ($8\frac{1}{3}$ % × 2[1] =) $16\frac{2}{3}$ % vorgenommen worden ist, werden im Jahre 06 nachträgliche Herstellungskosten aufgewendet. Danach beträgt die neu geschätzte Restnutzungsdauer 8 Jahre.

Restwert Ende 05	4 100 €
nachträgliche Herstellungskosten 06	+ 3 900 €
Bemessungsgrundlage ab 06	8 000 €

Die degressive AfA im Jahre 06 beträgt (12,5 % × 2, höchstens jedoch) 20 %[2] von 8000 €.

2. Lineare AfA nach § 7 Abs. 4 Satz 1 Nr. 2 EStG bei nachträglichen Herstellungskosten

Ein zu Beginn des Jahres 01 angeschafftes Gebäude, für das lineare AfA nach § 7 Abs. 4 Satz 1 Nr. 2 EStG vorgenommen worden ist, wird im Jahre 24 erweitert. Die Restnutzungsdauer beträgt danach noch mindestens 50 Jahre.

Anschaffungskosten im Jahr 01	200 000 €
AfA in den Jahren 01 bis 23: 23 × 2 % = 92 000 €	
nachträgliche Herstellungskosten im Jahr 24	+ 100 000 €
Bemessungsgrundlage ab Jahr 24	300 000 €

Vom Jahr 24 bis zur vollen Absetzung des Betrags von 208 000 € (Restwert 108 000 € zuzüglich nachträglicher Herstellungskosten 100 000 €) beträgt die AfA jährlich 2 % von 300 000 € = 6000 €.

3. Degressive AfA nach § 7 Abs. 5 EStG bei nachträglichen Herstellungskosten

Ein im Jahr 01 fertig gestelltes Gebäude, für das degressive AfA nach § 7 Abs. 5 Satz 1 Nr. 1 EStG vorgenommen worden ist, wird im Jahr 06 erweitert.

Herstellungskosten im Jahr 01	200 000 €
AfA in den Jahren 01 bis 04: 4 × 10 % = 80 000 €	
AfA im Jahr 05: 1 × 5 % = 10 000 €	
nachträgliche Herstellungskosten im Jahr 06	+ 80 000 €
Bemessungsgrundlage ab Jahr 06	280 000 €

In den Jahren 06 und 07 beträgt die AfA je 5 % = 14 000 € (insgesamt 28 000 €); in den Jahren 08 bis 25 beträgt die AfA je 2,5 % = 7000 € (insgesamt 126 000 €).

Herstellungskosten im Jahr 01	200 000 €
AfA in den Jahren 01 bis 04	– 80 000 €
AfA im Jahr 05	– 10 000 €
nachträgliche Herstellungskosten im Jahr 06	+ 80 000 €
AfA in den Jahren 06 und 07	– 28 000 €
AfA in den Jahren 08 bis 25	– 126 000 €
Restwert 31.12.25	36 000 €

Ab dem Jahr 26 bis zur vollen Absetzung des Restwerts von 36 000 € beträgt die AfA nach § 7 Abs. 4 Satz 1 Nr. 1 i. V. m. § 52 Abs. 15 Satz 2 EStG 4 % von 280 000 € = 11 200 €, soweit keine kürzere Restnutzungsdauer i. S. d. § 7 Abs. 4 Satz 2 EStG vorliegt.

AfA-Tabellen.

– Zur Anwendung der amtlichen AfA-Tabellen → BMF vom 6.12.2001 (BStBl. I S. 860).

---

[1] **[Amtl. Anm.:]** Das 2,5-fache bei Wirtschaftsgütern, die nach dem 31.12.2019 und vor dem 1.1.2022 angeschafft oder hergestellt worden sind.

[2] **[Amtl. Anm.:]** 25 % bei Wirtschaftsgütern, die nach dem 31.12.2019 und vor dem 1.1.2022 angeschafft oder hergestellt worden sind.

– Wer eine von den amtlichen AfA-Tabellen abweichende Nutzungsdauer geltend macht, hat entsprechende Gründe substantiiert vorzutragen (→ BFH vom 14.4.2011 – BStBl. II S. 696).

AfA-Volumen.

– **Übergang von der Schätzung zur Buchführung.** Die Buchwerte der abnutzbaren Anlagegüter sind, ausgehend von den Anschaffungs- oder Herstellungskosten, vermindert um die übliche AfA zu schätzen; übliche AfA ist die AfA in gleichen Jahresbeträgen nach einer den amtlichen AfA-Tabellen zu entnehmenden Nutzungsdauer. Für den Zeitraum der Schätzung können weder der Stpfl. noch das Finanzamt eine von den amtlichen AfA-Tabellen abweichende Nutzungsdauer geltend machen (→ BFH vom 5.12.1985 – BStBl. 1986 II S. 390).

– **Übergang von der Gewinnermittlung nach Durchschnittssätzen zur Buchführung.**
  - Zur Ermittlung der in die Übergangsbilanz einzustellenden Buchwerte der abnutzbaren Anlagegüter sind die Anschaffungs- oder Herstellungskosten beweglicher Anlagegüter um die übliche AfA zu mindern, die den amtlichen AfA-Tabellen zu entnehmen sind. Das Wesen der Gewinnermittlung nach Durchschnittssätzen schließt Abweichungen von den sich hiernach ergebenden AfA-Sätzen aus (→ BFH vom 12.12.1985 – BStBl. 1986 II S. 392).
  - Vorhandene geringwertige Wirtschaftsgüter, die vor dem 1.1.2008 angeschafft oder hergestellt worden sind, sind in der Übergangsbilanz mit ihren Anschaffungs- oder Herstellungskosten, vermindert um die AfA nach § 7 EStG, anzusetzen, die während der Gewinnermittlung nach Durchschnittssätzen angefallen wäre. Es kann nicht unterstellt werden, dass in dieser Zeit das Wahlrecht gem. § 6 Abs. 2 EStG a. F. ausgeübt worden ist (→ BFH vom 17.3.1988 – BStBl. II S. 770).
  - Beim Wechsel von der Gewinnermittlung nach Durchschnittssätzen zum Bestandsvergleich bestimmen sich die in die Übergangsbilanz einzustellenden Buchwerte landwirtschaftlicher Betriebsgebäude nach den Anschaffungs- oder Herstellungskosten, gemindert um die im Zeitpunkt der Errichtung und im Laufe der Nutzung der Gebäude übliche AfA. Die besonderen betrieblichen Verhältnisse sind auch dann unbeachtlich, wenn für diesen Zeitraum amtliche AfA-Tabellen nicht zur Verfügung gestanden haben (→ BFH vom 5.6.2003 – BStBl. II S. 801).

– **Umwidmung eines Wirtschaftsguts in den Bereich der Einkünfteerzielung.** Werden Wirtschaftsgüter des bisher nicht der Einkünfteerzielung dienenden Vermögens umgewidmet und nunmehr zur Erzielung von Überschusseinkünften genutzt, sind die Anschaffungs- oder Herstellungskosten auf die Gesamtnutzungsdauer einschließlich der Zeit vor der Umwidmung zu verteilen. Als Werbungskosten (AfA) ist nur der Teil der Anschaffungs- oder Herstellungskosten abziehbar, der auf die Zeit nach der Umwidmung entfällt. § 6 Abs. 1 Nr. 5 Satz 1 EStG ist nicht entsprechend anwendbar (→ BFH vom 14.2.1989 – BStBl. II S. 922; → H 6.12 Geringwertiges Wirtschaftsgut).

– **Zu Unrecht als Erhaltungsaufwand berücksichtigte Anschaffungskosten.** Bestandskräftig zu Unrecht als sofort abziehbarer Erhaltungsaufwand berücksichtigte Anschaffungskosten führen zu einer Minderung des AfA-Volumens und stehen insoweit einer Weiterführung der AfA entgegen (→ BFH vom 28.4.2020 – BStBl. II S. 545).

Degressive AfA in Erwerbsfällen. § 7 Abs. 5 Satz 2 EStG schließt die Inanspruchnahme der degressiven AfA nach § 7 Abs. 5 EStG durch den Erwerber nur für das Jahr der Fertigstellung aus. Im folgenden Jahr kann der Erwerber zur degressiven AfA übergehen (→ BFH vom 3.4.2001 – BStBl. II S. 599).

Degressive AfA nach Einlage. Die degressive AfA nach einer Einlage ist nur zulässig, wenn das Gebäude bis zum Ende des Jahres der Fertigstellung in ein Betriebsvermögen eingelegt wird (→ BFH vom 18.5.2010 – BStBl. 2014 II S. 13).

Entnahme eines Gebäudes.

– Für ein Gebäude, das **im Jahr der Fertigstellung** aus dem Betriebsvermögen entnommen worden ist, ist die Inanspruchnahme der degressiven AfA nach § 7 Abs. 5 EStG für den Zeitraum der Zugehörigkeit zum Privatvermögen im Jahr der Entnahme ausgeschlossen, wenn für das Gebäude bereits während der Zugehörigkeit zum Betriebsvermögen degressive AfA in Anspruch genommen worden ist. Im folgenden Jahr kann der Stpfl. zur degressiven AfA übergehen (→ BFH vom 3.4.2001 – BStBl. II S. 599).
– Für ein Gebäude, das **nach dem Jahr der Fertigstellung** unter Aufdeckung der stillen Reserven entnommen worden ist, kann die degressive AfA nach § 7 Abs. 5 EStG nicht mehr vorgenommen werden (→ BFH vom 8.11.1994 – BStBl. 1995 II S. 170).

Ergänzungsbilanz eines Mitunternehmers. Zur Abschreibung von Mehrwerten in einer Ergänzungsbilanz → BMF vom 19.12.2016 (BStBl. 2017 I S. 34).

Fertigstellung.

– Ein Wirtschaftsgut ist fertig gestellt, sobald es seiner Zweckbestimmung entsprechend genutzt werden kann (→ BFH vom 20.2.1975 – BStBl. II S. 412 und vom 21.7.1989 – BStBl. II S. 906).
– Ein Gebäude ist fertig gestellt, wenn die wesentlichen Bauarbeiten abgeschlossen sind und der Bau so weit errichtet ist, dass der Bezug der Wohnungen zumutbar ist oder dass das Gebäude für den Betrieb in all seinen wesentlichen Bereichen nutzbar ist (→ BFH vom 21.7.1989 – BStBl. II S. 906).
– Ein Gebäude ist nicht fertig gestellt, wenn Türen, Böden und der Innenputz noch fehlen (→ BFH vom 21.7.1989 – BStBl. II S. 906).
– Auf die Höhe der noch ausstehenden Herstellungskosten im Verhältnis zu den gesamten Herstellungskosten des Gebäudes kommt es nicht an (→ BFH vom 16.12.1988 – BStBl. 1989 II S. 203).
– Gebäudeteile, die auf Grund ihrer unterschiedlichen Funktion selbständige Wirtschaftsgüter sind, sind fertig gestellt, sobald diese Teile bestimmungsgemäß nutzbar sind (→ BFH vom 9.8.1989 – BStBl. 1991 II S. 132). Zur AfA-Bemessungsgrundlage → R 7.3 Abs. 2.
– Eine Eigentumswohnung ist mit der Bezugsfertigkeit fertig gestellt, auch wenn zu diesem Zeitpunkt zivilrechtlich noch kein Wohneigentum begründet und die Teilungserklärung noch nicht abgegeben worden ist (→ BFH vom 26.1.1999 – BStBl. II S. 589).

– Gebrauchstiere sind bei der ersten Ingebrauchnahme fertig gestellt (→ BMF vom 14.11.2001 – BStBl. I S. 864).
– Die bestimmungsgemäße Nutzbarkeit einer Dauerkultur beginnt mit ihrer Ertragsreife (→ BMF vom 17.9.1990 – BStBl. I S. 420).

Lieferung.
– Ein Wirtschaftsgut ist geliefert, wenn der Erwerber nach dem Willen der Vertragsparteien darüber wirtschaftlich verfügen kann; das ist in der Regel der Fall, wenn Eigenbesitz, Gefahr, Nutzen und Lasten auf den Erwerber übergehen (→ BFH vom 28.4.1977 – BStBl. II S. 553).
– Liegt der Zeitpunkt des Übergangs eines Wirtschaftsguts auf den Erwerber im Schnittpunkt von zwei Zeiträumen, ist das Wirtschaftsgut mit Beginn des zweiten Zeitraums geliefert (→ BFH vom 7.11.1991 – BStBl. 1992 II S. 398).
– Wirtschaftlicher Übergang bei Leasing- und Mietkauf-Verträgen → BMF vom 28.6.2001 (BStBl. I S. 379), Rz. 144.

Mietereinbauten.
– Bei Mietereinbauten und -umbauten, die keine Scheinbestandteile oder Betriebsvorrichtungen sind, bestimmt sich die AfA abweichend von Nr. 10 des BMF-Schreibens vom 15.1.1976 (BStBl. I S. 66) nach den für Gebäude geltenden Grundsätzen → BFH vom 15.10.1996 (BStBl. 1997 II S. 533).
– Zur Nutzungsdauer von Ladeneinbauten, Schaufensteranlagen und Gaststätteneinbauten → BMF vom 15.12.2000 (BStBl. I S. 1532), Tz. 3.7.

Musterhäuser. Der Abschreibungssatz gem. § 7 Abs. 4 Satz 1 Nr. 1 EStG gilt auch für Musterhäuser. In die Bemessung der tatsächlichen Nutzungsdauer gem. § 7 Abs. 4 Satz 2 EStG ist bei Musterhäusern auch der Zeitraum einer nach dem Ausscheiden aus dem Betrieb sich voraussichtlich anschließenden Nutzung des Hauses als Wohngebäude einzubeziehen. Das gilt auch für auf fremdem Grund und Boden errichtete Fertighäuser, die zum Zwecke der Veräußerung demontiert und andernorts wieder aufgebaut werden müssen (→ BFH vom 23.9.2008 – BStBl. 2009 II S. 986).

Nachträgliche Anschaffungs- oder Herstellungskosten.
– Werden nachträgliche Anschaffungs- oder Herstellungskosten für Wirtschaftsgüter aufgewendet, die nach § 7 Abs. 1, Abs. 2 oder Abs. 4 Satz 2 EStG abgeschrieben werden, bemisst sich die AfA vom Jahr der Entstehung der nachträglichen Anschaffungs- oder Herstellungskosten an nach der Restnutzungsdauer (→ BFH vom 25.11.1970 – BStBl. 1971 II S. 142).
– Werden nachträgliche Anschaffungs- oder Herstellungskosten für Gebäude aufgewendet, die nach § 7 Abs. 4 Satz 1 oder Abs. 5 EStG abgeschrieben werden, ist der für das Gebäude geltende Prozentsatz anzuwenden (→ BFH vom 20.2.1975 – BStBl. II S. 412 und vom 20.1.1987 – BStBl. II S. 491).
– Wird in den Fällen des § 7 Abs. 4 Satz 1 EStG auf diese Weise die volle Absetzung innerhalb der tatsächlichen Nutzungsdauer nicht erreicht, kann die AfA vom Zeitpunkt der Beendigung der nachträglichen Herstellungsarbeiten an nach der Restnutzungsdauer des Gebäudes bemessen werden (→ BFH vom 7.6.1977 – BStBl. II S. 606).

Neubau.
– Die AfA nach § 7 Abs. 5 EStG kann nur bei Neubauten in Anspruch genommen werden. Bei Umbauten, Ausbauten und Modernisierungsmaß-

nahmen liegt ein Neubau nicht bereits dann vor, wenn sich dadurch die Zweckbestimmung des Gebäudes ändert. Er entsteht nur, wenn die eingefügten Neubauteile dem Gesamtgebäude das Gepräge geben, so dass es in bautechnischer Hinsicht neu ist. Das ist dann der Fall, wenn die tragenden Gebäudeteile (z. B. Fundamente, tragende Außen- und Innenwände, Geschossdecken und die Dachkonstruktion) in überwiegendem Umfang ersetzt werden (→ BFH vom 25.5.2004 – BStBl. II S. 783).

– Bei Anbauten liegt ein Neubau vor, wenn
  - dadurch selbständige Wirtschaftsgüter i. S. d. R 4.2 geschaffen werden oder
  - sie mit dem bestehenden Gebäude verschachtelt sind und die Neubauteile dem Gesamtgebäude das Gepräge geben; hierfür sind regelmäßig die Größen- und Wertverhältnisse der Alt- und Neubauteile maßgebend (→ BFH vom 25.1.2007 – BStBl. II 586).
– Für Eigentumswohnungen, die durch die rechtliche Umwandlung eines bestehenden Gebäudes geschaffen werden, kann keine AfA nach § 7 Abs. 5 EStG in Anspruch genommen werden (→ BFH vom 24.11.1992 – BStBl. 1993 II S. 188).
– Für neu geschaffene Wohnungen, die in einem einheitlichen Nutzungs- und Funktionszusammenhang mit einer bereits vorhandenen Wohnung stehen, kann keine AfA nach § 7 Abs. 5 EStG in Anspruch genommen werden (→ BFH vom 7.7.1998 – BStBl. II S. 625).
– Zur degressiven AfA nach § 7 Abs. 5 EStG bei Baumaßnahmen an einem Dachgeschoss → BMF vom 10.7.1996 (BStBl. I S. 689).

Nutzungsdauer.

– → AfA-Tabellen.
– Anschaffungs- oder Herstellungskosten eines Wirtschaftsguts sind nur dann nach § 7 EStG zu verteilen, wenn die Nutzungsdauer des Wirtschaftsguts zwölf Monate (Jahreszeitraum im Sinne eines Zeitraums von 365 Tagen) übersteigt (→ BFH vom 26.8.1993 – BStBl. 1994 II S. 232).
– Die Nutzungsdauer eines Wirtschaftsguts entspricht regelmäßig dem Zeitraum, in dem es sich technisch abnutzt. Eine kürzere wirtschaftliche Nutzungsdauer liegt nicht vor, wenn das Wirtschaftsgut zwar nicht mehr entsprechend der ursprünglichen Zweckbestimmung rentabel nutzbar ist, aber noch einen erheblichen Verkaufswert hat (→ BFH vom 14.4.2011 – BStBl. II S. 696).
– Die AfA auf das entgeltlich erworbene immaterielle Wirtschaftsgut „Vertreterrecht" (Ablösung des dem Vorgänger-Vertreter zustehenden Ausgleichsanspruchs durch Vereinbarung mit dem Geschäftsherrn) bemisst sich nach der für den Einzelfall zu bestimmenden betriebsgewöhnlichen Nutzungsdauer. Die Regelung des § 7 Abs. 1 Satz 3 EStG zur betriebsgewöhnlichen Nutzungsdauer des Geschäfts- oder Firmenwerts findet auf das Vertreterrecht keine Anwendung (→ BFH vom 12.7.2007 – BStBl. II S. 959).
– Zur Nutzungsdauer des Geschäfts- oder Firmenwerts, des Praxiswerts und sog. firmenwertähnlicher Wirtschaftsgüter → BMF vom 20.11.1986 (BStBl. I S. 532) und BFH vom 24.2.1994 (BStBl. II S. 590).

– Begriff der Nutzungsdauer eines Gebäudes → § 11c Abs. 1 EStDV.
– Die Absicht, ein zunächst noch genutztes Gebäude abzubrechen oder zu veräußern, rechtfertigt es nicht, eine kürzere Nutzungsdauer des Gebäudes zugrunde zu legen (→ BFH vom 15.12.1981 – BStBl. 1982 II S. 385).
– Eine Verkürzung der Nutzungsdauer kann erst angenommen werden, wenn die Gebäudeabbruchvorbereitungen so weit gediehen sind, dass die weitere Nutzung in der bisherigen oder einer anderen Weise so gut wie ausgeschlossen ist (→ BFH vom 8.7.1980 – BStBl. II S. 743).
– Die der tatsächlichen Nutzungsdauer entsprechende AfA kann erst vorgenommen werden, wenn der Zeitpunkt der Nutzungsbeendigung des Gebäudes feststeht, z. B. weil sich der Stpfl. verpflichtet hat, das Gebäude zu einem bestimmten Zeitpunkt abzubrechen (→ BFH vom 22.8.1984 – BStBl. 1985 II S. 126).[1]
– Nutzungsdauer für Ladeneinbauten, Schaufensteranlagen und Gaststätteneinbauten → BMF vom 15.12.2000 (BStBl. I S. 1532), Tz. 3.7.
– Zur Nutzungsdauer der Wirtschaftsgüter eines Windparks → BFH vom 14.4.2011 (BStBl. II S. 696) und vom 1.2.2012 (BStBl. II S. 407).
– Zur Nutzungsdauer einer Technischen Sicherheitseinrichtung (TSE) → BMF vom 21.8.2020 (BStBl. I S. 1047).
– Zur Nutzungsdauer von Computerhardware und Software zur Dateneingabe und -verarbeitung → *BMF vom 26.2.2021 (BStBl. I S. 298).*[2]

Rückgängigmachung des Anschaffungsvorgangs. Eine AfA ist nicht zu gewähren, wenn der Anschaffungsvorgang in vollem Umfang rückgängig gemacht wird. Auf den Zeitpunkt der Rückzahlung der Aufwendungen, die als Anschaffungskosten geltend gemacht worden sind, kommt es nicht an (→ BFH vom 19.12.2007 – BStBl. 2008 II S. 480).

Teil des auf ein Jahr entfallenden AfA-Betrags.
– Die AfA nach § 7 Abs. 5 EStG ist im Jahr der Anschaffung oder Herstellung eines Gebäudes in Höhe des vollen Jahresbetrags abzuziehen (→ BFH vom 19.2.1974 – BStBl. II S. 704); → aber R 7.4 Abs. 2 Satz 1.
– Bei Veräußerung eines Gebäudes kann die degressive AfA nach § 7 Abs. 5 EStG nur zeitanteilig abgezogen werden (→ BFH vom 18.8.1977 – BStBl. II S. 835).

Unterlassene oder überhöhte AfA.
– **AfA – Allgemein.** Ist AfA nach § 7 Abs. 1 oder Abs. 4 Satz 2 EStG oder § 7 Abs. 2 EStG unterblieben, kann sie in der Weise nachgeholt werden, dass die noch nicht abgesetzten Anschaffungs- oder Herstellungskosten (Buchwert) entsprechend der bei dem Wirtschaftsgut angewandten Absetzungsmethode auf die noch verbleibende Restnutzungsdauer verteilt werden (→ BFH vom 21.2.1967 – BStBl. III S. 386 und vom 3.7.1980 – BStBl. 1981 II S. 255).
– **Lineare Gebäude-AfA.** Ist AfA nach § 7 Abs. 4 Satz 1 EStG überhöht vorgenommen worden oder unterblieben und hat sich die tatsächliche Nutzungsdauer des Gebäudes nicht geändert, sind weiterhin die gesetzlich

[1] Siehe ferner BFH v. 15.2.1989 X R 97/87, BStBl. II 1989, 604.
[2] Siehe jetzt BMF v. 22.2.2022, BStBl. I 2022, 187.

vorgeschriebenen Prozentsätze anzusetzen, so dass sich ein anderer Abschreibungszeitraum als von 25, 33, 40 oder 50 Jahren ergibt (→ BFH vom 3.7.1984 – BStBl. II S. 709, vom 20.1.1987 – BStBl. II S. 491 und vom 11.12.1987 – BStBl. 1988 II S. 335). Die Berichtigung zu hoch vorgenommener und verfahrensrechtlich nicht mehr änderbarer AfA ist bei Gebäuden im Privatvermögen in der Weise vorzunehmen, dass die gesetzlich vorgeschriebenen Abschreibungssätze auf die bisherige Bemessungsgrundlage bis zur vollen Absetzung des noch vorhandenen Restbuchwerts angewendet werden (→ BFH vom 21.11.2013 – BStBl. 2014 II S. 563).

- **Degressive Gebäude-AfA.** Ist AfA nach § 7 Abs. 5 EStG überhöht vorgenommen worden, ist die weitere AfA während des verbleibenden Abschreibungszeitraums weiterhin von den ungekürzten Anschaffungs- oder Herstellungskosten vorzunehmen (→ BFH vom 4.5.1993 – BStBl. II S. 661).
- **Betriebsvermögen.** Bisher unterlassene AfA kann nicht nachgeholt werden, wenn ein Wirtschaftsgut des notwendigen Betriebsvermögens im Wege der Fehlerberichtigung erstmals als Betriebsvermögen ausgewiesen wird (→ BFH vom 24.10.2001 – BStBl. 2002 II S. 75). Dies gilt wegen des Prinzips der Gesamtgewinngleichheit entsprechend auch bei der Gewinnermittlung durch Einnahmenüberschussrechnung, wenn das Wirtschaftsgut verspätet als Betriebsvermögen erfasst wird (→ BFH vom 22.6. 2010 – BStBl. II S. 1035).
- **Unberechtigte Steuervorteile.** AfA, die unterblieben ist, um dadurch unberechtigte Steuervorteile zu erlangen, darf nicht nachgeholt werden (→ BFH vom 3.7.1980 – BStBl. 1981 II S. 255 und vom 20.1.1987 – BStBl. II S. 491).

Verlustzuweisungsgesellschaft. Geht eine Verlustzuweisungsgesellschaft nach ihrem Betriebskonzept von einer erheblich längeren Nutzungsdauer eines Wirtschaftsguts als in den amtlichen AfA-Tabellen angegeben aus und beruht ihre Betriebsführung überwiegend auf diesem Umstand, wird die in ihrem Betriebskonzept zugrunde gelegte Nutzungsdauer angewandt. Unberührt davon bleiben Wirtschaftsgüter, wenn der für die Anschaffung oder Herstellung maßgebliche obligatorische Vertrag oder gleichstehende Rechtsakt vor dem 5.3.1999 rechtswirksam abgeschlossen und das Wirtschaftsgut vor dem 1.1.2001 angeschafft oder hergestellt wurde (→ BMF vom 15.6.1999 – BStBl. I S. 543).

Wechsel der AfA-Methode bei Gebäuden.

- Der Wechsel zwischen den AfA-Methoden nach § 7 Abs. 5 EStG sowie zwischen den AfA-Methoden nach § 7 Abs. 4 EStG und § 7 Abs. 5 EStG ist unzulässig (→ BFH vom 10.3.1987 – BStBl. II S. 618 und vom 29.5.2018 – BStBl. II S. 646).
- → aber: Degressive AfA nach § 7 Abs. 5 EStG in Erwerbsfällen.

R 7.5 Absetzung für Substanzverringerung

[1]Absetzungen für Substanzverringerung (AfS) sind beim unentgeltlichen Erwerb eines Bodenschatzes nur zulässig, soweit der Rechtsvorgänger Anschaffungskosten für ein Wirtschaftsgut aufgewendet hat. [2]AfS sind vorzunehmen,

sobald mit dem Abbau des Bodenschatzes begonnen wird. [3]Sie berechnen sich nach dem Verhältnis der im Wirtschaftsjahr geförderten Menge des Bodenschatzes zur gesamten geschätzten Abbaumenge. [4]AfS, die unterblieben sind, um dadurch unberechtigte Steuervorteile zu erlangen, dürfen nicht nachgeholt werden.

H 7.5

Bodenschatz.

– Bei Bodenschätzen, die ein Stpfl. auf einem ihm gehörenden Grundstück im Privatvermögen entdeckt und in sein (Sonder-)Betriebsvermögen einlegt, sind AfS nicht zulässig (→ BFH vom 4.12.2006 – BStBl. 2007 II S. 508 und vom 4.2.2016 – BStBl. II S. 607).[1)]

– → H 4.2 (1).

Unterbliebene AfS. Unterbliebene AfS kann in der Weise nachgeholt werden, dass sie in gleichen Beträgen auf die restliche Nutzungsdauer verteilt wird (→ BFH vom 21.2.1967 – BStBl. III S. 460).

Zu § 7a EStG

R 7a. Gemeinsame Vorschriften für erhöhte Absetzungen und Sonderabschreibungen

Allgemeines

(1) [1]Die Vorschriften des § 7a EStG sind auch auf alle erhöhten Absetzungen und Sonderabschreibungen anzuwenden, die ihre Rechtsgrundlage nicht im Einkommensteuergesetz haben. [2]§ 7a EStG ist nur dann nicht anzuwenden, wenn oder soweit dies in der jeweiligen Vorschrift über die erhöhten Absetzungen oder Sonderabschreibungen ausdrücklich bestimmt ist.

Begünstigungszeitraum

(2) [1]Der Begünstigungszeitraum i. S. d. § 7a Abs. 1 Satz 1 EStG umfasst die in der jeweiligen Vorschrift bestimmte Anzahl von Jahren. [2]Er verkürzt sich bei den Sonderabschreibungen nach § 4 Abs. 3 FördG und bei den erhöhten Absetzungen auf die Jahre, in denen die insgesamt zulässigen Sonderabschreibungen oder erhöhten Absetzungen tatsächlich vorgenommen worden sind. [3]Der Begünstigungszeitraum für Anzahlungen auf Anschaffungskosten und für Teilherstellungskosten endet mit Ablauf des Jahres, das dem Jahr der Anschaffung oder Herstellung oder der Beendigung nachträglicher Herstellungsarbeiten vorangeht. [4]Im Jahr der Anschaffung oder Herstellung beginnt ein neuer Begünstigungszeitraum für die Anschaffungs- oder Herstellungskosten.

Nachträgliche Anschaffungs- oder Herstellungskosten im Begünstigungszeitraum

(3) [1]Nachträgliche Anschaffungs- oder Herstellungskosten i. S. d. § 7a Abs. 1 Satz 1 und 2 EStG sind im Jahr ihrer Entstehung so zu berücksichtigen, als wären sie zu Beginn des Jahres aufgewendet worden. [2]§ 7a Abs. 1 EStG ist nicht anzuwenden, wenn nachträgliche Herstellungskosten selbständig abgeschrieben werden, z. B. nach den §§ 7h oder 7i EStG oder nach § 4 Abs. 3

[1)] Siehe auch BFH v. 29.7.2015 IV R 15/14, BStBl. II 2016, 593.

FördG, oder wenn nachträgliche Herstellungsarbeiten so umfassend sind, dass hierdurch ein anderes Wirtschaftsgut entsteht (→ R 7.3 Abs. 5).

Minderung der Anschaffungs- oder Herstellungskosten im Begünstigungszeitraum

(4) [1] Nachträgliche Minderungen der Anschaffungs- oder Herstellungskosten i. S. d. § 7a Abs. 1 Satz 3 EStG sind im Jahr der Minderung so zu berücksichtigen, als wäre die Minderung zu Beginn des Jahres eingetreten. [2] Zuschüsse mindern die Bemessungsgrundlage im Jahr der Bewilligung des Zuschusses. [3] Wird ein Zuschuss zurückgezahlt, ist der Rückforderungsbetrag im Jahr des Entstehens der Rückforderungsverpflichtung der bisherigen Bemessungsgrundlage für die AfA, für die erhöhten Absetzungen und für die Sonderabschreibungen hinzuzurechnen und so zu berücksichtigen, als wäre der Betrag zu Beginn des Jahres zurückgefordert. [4] Die Sätze 2 und 3 gelten sinngemäß

1. bei Gewinnermittlung durch Betriebsvermögensvergleich oder Einnahmenüberschussrechnung und
2. bei Ermittlung der Einkünfte durch Überschuss der Einnahmen über die Werbungskosten.

Anzahlungen auf Anschaffungskosten

(5) [1] Anzahlungen auf Anschaffungskosten sind Zahlungen, die nach dem rechtswirksamen Abschluss des obligatorischen Vertrages (→ R 7.2 Abs. 5) und vor der Lieferung eines Wirtschaftsgutes auf die endgültigen Anschaffungskosten geleistet werden, soweit sie diese nicht übersteigen. [2] Ohne Bedeutung ist, ob die Zahlungen verzinst werden oder zu einer Kaufpreisminderung führen. [3] Anzahlungen auf die Anschaffungskosten eines bebauten Grundstücks sind jeweils nach dem voraussichtlichen Verhältnis der Verkehrswerte oder Teilwerte auf den Grund und Boden und das Gebäude aufzuteilen. [4] Keine Anzahlungen sind willkürlich geleistete Zahlungen. [5] Zahlungen können auch dann willkürlich sein, wenn sie vertraglich vereinbart sind. [6] Eine Zahlung gilt nicht als willkürlich, wenn das Wirtschaftsgut spätestens im folgenden Jahr geliefert wird. [7] Bei Erwerb eines Gebäudes ist die Willkürlichkeit von Zahlungen auch nicht anzunehmen, soweit im Jahr der Zahlung und im folgenden Kalenderjahr voraussichtlich eine Gegenleistung erbracht wird, die die Anforderung eines Teilbetrags nach § 3 Abs. 2 MaBV[1)] rechtfertigen würde. [8] Soweit die Zahlungen willkürlich sind, sind sie in dem Jahr als Anzahlung zu berücksichtigen, das dem Jahr vorausgeht, in dem die Anforderung eines entsprechenden Teilbetrags nach § 3 Abs. 2 MaBV voraussichtlich gerechtfertigt wäre. [9] Keine Anzahlungen sind auch Zahlungen auf ein Treuhand- oder Notaranderkonto sowie Zahlungen, die im Interesse des Stpfl. einem Konto gutgeschrieben werden, über das der Zahlungsempfänger nicht frei verfügen kann. [10] Keine Anzahlungen sind deshalb Zahlungen, die der Stpfl. unter der Bedingung geleistet hat, dass das Konto des Zahlungsempfängers zugunsten des Stpfl. gesperrt ist. [11] Die Anerkennung einer Zahlung als Anzahlung wird jedoch nicht ausgeschlossen, wenn der Stpfl. bedingungslos gezahlt und der Zahlungsempfänger über den

---

1) **Wirtschaftsgesetze** Nr. **103**; siehe H 7a EStH unter b) Abschlagszahlungen nach § 3 Nr. 2 MaBV.

Zahlungsbetrag verfügt hat, indem er seine Kaufpreisforderung abgetreten oder das Konto verpfändet hat, z. B. um eine Bankbürgschaft zugunsten des Stpfl. zu erhalten. [12]Dabei ist es ohne Bedeutung, ob die Abtretung oder Verpfändung vor oder nach dem Zeitpunkt der Zahlung wirksam geworden ist.

Teilherstellungskosten

(6) [1]Zu den Teilherstellungskosten eines Gebäudes gehören auch die Aufwendungen für das bis zum Ende des Wirtschaftsjahres auf der Baustelle angelieferte, aber noch nicht verbaute Baumaterial. [2]Unerheblich ist, ob in dem Wirtschaftsjahr bereits Zahlungen für Teilherstellungskosten geleistet sind. [3]Auch bei Teilzahlungen an einen Unternehmer, der beauftragt ist, ein Bauobjekt als Generalunternehmer zu einem Festpreis herzustellen, bemessen sich die AfA, erhöhten Absetzungen und Sonderabschreibungen nur nach den tatsächlich entstandenen Teilherstellungskosten. [4]Soweit sich die Zahlungen am Baufortschritt ausrichten, können sie aus Vereinfachungsgründen als Anhaltspunkt für die Höhe der entstandenen Teilherstellungskosten dienen.

Kumulationsverbot

(7) Das Kumulationsverbot nach § 7a Abs. 5 EStG bezieht sich nicht auf die Fälle, in denen nachträgliche Anschaffungs- oder Herstellungskosten Gegenstand einer eigenen Abschreibungsvergünstigung sind und sowohl für das Wirtschaftsgut in seinem ursprünglichen Zustand als auch für die nachträglichen Anschaffungs- oder Herstellungskosten Abschreibungsvergünstigungen auf Grund verschiedener Vorschriften in Betracht kommen.

Verlustklausel

(8) [1]Die Verlustklausel des § 7a Abs. 6 EStG i. d. F. der Bekanntmachung vom 21.6.1979 (BGBl. I S. 721, BStBl. I S. 379) ist im Rahmen der Übergangsregelung zu § 15a EStG (§ 52 Abs. 22 und 33 EStG)[1)] weiter anzuwenden, und zwar wegen der Betriebsbezogenheit der Verlustklausel auf das gesamte Betriebsergebnis. [2]Im Rahmen dieser Übergangsregelung ist die Verlustklausel bei allen erhöhten Absetzungen und Sonderabschreibungen anzuwenden, die für zu einem Betriebsvermögen gehörende Wirtschaftsgüter in Anspruch genommen werden, soweit die Anwendung der Verlustklausel nicht ausdrücklich eingeschränkt oder ausgeschlossen worden ist.

AfA bei Gebäuden nach Ablauf des Begünstigungszeitraums

(9) [1]Bei Gebäuden, für die Sonderabschreibungen nach § 58 Abs. 1 EStG, nach § 3 ZRFG, nach den §§ 3 und 4 FördG oder nach § 76 EStDV a. F. oder erhöhte Absetzungen nach § 14 Abs. 1 oder § 14a Abs. 4 oder § 14d Abs. 1 Nr. 2 oder § 15 Abs. 2 Satz 2 BerlinFG oder nach § 14a BerlinFG 1976 i. d. F. der Bekanntmachung vom 18.2.1976 (BGBl. I S. 353, BStBl. I S. 102) und den vorherigen Fassungen dieser Vorschrift vorgenommen worden sind, ist die lineare AfA in Anlehnung an § 7 Abs. 4 Satz 1 EStG nach einem um den Begünstigungszeitraum verminderten Abschreibungszeitraum von 25 Jahren, 33 Jahren, 40 Jahren oder 50 Jahren zu bemessen. [2]In den Fällen des § 76 EStDV a. F. ist die Restwertabschreibung höchstens nach dem um den Be-

1) **[Amtl. Anm.:]** Jetzt § 52 Abs. 24 EStG.

günstigungszeitraum verminderten Abschreibungszeitraum von 30 Jahren (§ 76 Abs. 4 Satz 3 EStDV a. F.) zu bemessen. [3]Die Regelung nach Satz 1 gilt nicht, wenn der Restwert nach Ablauf eines Begünstigungszeitraums den Anschaffungs- oder Herstellungskosten des Gebäudes oder dem an deren Stelle tretenden Wert hinzuzurechnen ist (z. B. § 7b Abs. 2 Satz 3, § 7c Abs. 5 Satz 1 EStG, § 82a Abs. 1 Satz 2 EStDV) oder nach einem festen Prozentsatz abzuschreiben ist (z. B. § 7b Abs. 1 Satz 2 EStG).

AfA bei anderen Wirtschaftsgütern nach Ablauf des Begünstigungszeitraums

(10) [1]Die Restnutzungsdauer des Wirtschaftsgutes ist bei Beginn der Restwertabschreibung neu zu schätzen. [2]Es ist jedoch nicht zu beanstanden, wenn für die weitere Bemessung der AfA die um den Begünstigungszeitraum verminderte ursprüngliche Nutzungsdauer des Wirtschaftsgutes als Restnutzungsdauer zugrunde gelegt wird. [3]Wurden für ein Wirtschaftsgut neben den Sonderabschreibungen nach § 7g Abs. 5 EStG AfA nach § 7 Abs. 2 EStG vorgenommen, kann dieses auch nach Ablauf des maßgebenden Begünstigungszeitraums weiterhin nach § 7 Abs. 2 EStG abgeschrieben werden.

H **7a**

Anzahlungen auf Anschaffungskosten.

– **Begriff**
  - Vorleistungen, die in Erfüllung eines zu einem späteren Zeitpunkt noch zu vollziehenden Anschaffungsgeschäfts erbracht werden (→ BFH vom 2.6.1978 – BStBl. II S. 475 und vom 21.11.1980 – BStBl. 1981 II S. 179).
  - Keine Anzahlungen auf Anschaffungskosten sind Zahlungen gelegentlich eines Anschaffungsgeschäfts, durch die eine Tilgung der Kaufpreisschuld nicht eintritt (→ BFH vom 4.3.1983 – BStBl. II S. 509).
  - Eine Wechselhingabe kann nicht als in Erfüllung eines Anschaffungsgeschäfts erbracht angesehen werden, wenn sie für den Empfänger keinen wirtschaftlichen Wert hat (→ BFH vom 28.11.1980 – BStBl. 1981 II S. 286).

– **Abschlagszahlungen nach MaBV**

Nach § 3 Abs. 2 MaBV in der ab 1.6.1997 anzuwendenden Fassung (BGBl. 1997 I S. 272)[1)] ist der Bauträger ermächtigt, Abschlagszahlungen entsprechend dem Bauablauf in bis zu sieben Teilbeträgen anzufordern, wobei die Teilbeträge aus den folgenden Prozentsätzen zusammengesetzt werden können:

30% der Vertragssumme in den Fällen, in denen Eigentum an einem Grundstück übertragen werden soll, oder 20% der Vertragssumme in den Fällen, in denen ein Erbbaurecht bestellt oder übertragen werden soll, nach Beginn der Erdarbeiten,

von der restlichen Vertragssumme

40% nach Rohbaufertigstellung, einschließlich Zimmererarbeiten,

8% für die Herstellung der Dachflächen und Dachrinnen,

[1)] **Wirtschaftsgesetze** Nr. **103**.

3% für die Rohinstallation der Heizungsanlagen,
3% für die Rohinstallation der Sanitäranlagen,
3% für die Rohinstallation der Elektroanlagen,
10% für den Fenstereinbau, einschließlich der Verglasung,
6% für den Innenputz, ausgenommen Beiputzarbeiten,
3% für den Estrich,
4% für Fliesenarbeiten im Sanitärbereich,
12% nach Bezugsfertigkeit und Zug um Zug gegen Besitzübergabe,
3% für die Fassadenarbeiten,
5% nach vollständiger Fertigstellung.

Über die Teilbeträge nach § 3 Abs. 2 MaBV hinausgehende Zahlungen sind nicht willkürlich, wenn der Bauträger Sicherheit nach § 7 MaBV geleistet hat und keine Anhaltspunkte für eine willkürliche Zahlung gegeben sind (→ BFH vom 14.1.2004 – BStBl. II S. 750).

– **Zeitpunkt**
  - Anzahlungen sind nicht schon im Zeitpunkt der Diskontierung des Wechsels aufgewendet, wenn der Diskonterlös für die Laufzeit des Wechsels auf einem Festgeldkonto angelegt wird und der Diskontnehmer während der Laufzeit des Wechsels nicht über den Wechselgegenwert verfügen kann (→ BFH vom 30.10.1986 – BStBl. 1987 II S. 137).
  - Zeitpunkt der Anzahlung ist grundsätzlich der Zeitpunkt, in dem der Schuldner seiner Bank den Überweisungsauftrag erteilt hat (→ BFH vom 22.5.1987 – BStBl. II S. 673).

Beispiele:

1. Nachträgliche Anschaffungs- oder Herstellungskosten

An einem im Januar 01 angeschafften beweglichen Wirtschaftsgut mit einer betriebsgewöhnlichen Nutzungsdauer von 10 Jahren, für das im Jahr 01 die nach § 7g EStG zulässigen Sonderabschreibungen von 20% und die lineare AfA in Anspruch genommen worden sind, werden nachträgliche Herstellungsarbeiten vorgenommen und im Jahr 05 beendet. Die nachträglichen Herstellungskosten entstehen im Dezember 04 und im Januar 05.

Anschaffungskosten			10 000 €
Abschreibungen 01 bis 03:			
a) 3 × 10% von 10 000 €		–	3 000 €
b) 20% von 10 000 €		–	2 000 €
Buchwert 31.12.03			5 000 €
nachträgliche Herstellungskosten 04		+	1 800 €
			6 800 €
Abschreibungen 04:			
a) 10% von 11 800 €		–	1 180 €
b) 20% von 11 800 €	2 360 €		
abzüglich bisherige Sonderabschreibungen	2 000 €	–	360 €
Buchwert 31.12.04			5 260 €
nachträgliche Herstellungskosten 05		+	200 €
			5 460 €
Abschreibungen 05:			
a) 10% von 12 000 €		–	1 200 €
b) 20% von 12 000 €	2 400 €		
abzüglich bisherige Sonderabschreibungen	2 360 €	–	40 €
Restwert 31.12.05			4 220 €

2. Minderung der Anschaffungs- oder Herstellungskosten

An einem Gebäude werden im Jahr 01 Baumaßnahmen i. S. d. § 7i EStG durchgeführt. Im Februar 03 wird ein Zuschuss bewilligt.

Herstellungskosten	100 000 €
Erhöhte Absetzungen 01 bis 02: 2 × 9 % von 100 000 €	– 18 000 €
Buchwert 31.12.02	82 000 €
Zuschuss 03	– 40 000 €
	42 000 €
Erhöhte Absetzungen 03 bis 08: 6 × 9 % von 60 000 € =	– 32 400 €
Erhöhte Absetzungen 09 bis 10: 2 × 7 % von 60 000 € =	– 8 400 €
Erhöhte Absetzungen 11 (Rest)	– 1 200 €
Buchwert 31.12.11	0 €

3. Rückforderung eines Zuschusses

Sachverhalt wie in Beispiel 2 mit der Ergänzung, dass der Zuschuss im Jahr 04 zurückgefordert wird.

Herstellungskosten	100 000 €
Erhöhte Absetzungen 01 bis 02: 2 × 9 % von 100 000 €	– 18 000 €
Buchwert 31.12.02	82 000 €
Zuschuss 03	– 40 000 €
	42 000 €
Erhöhte Absetzungen 03: 9 % von 60 000 €	– 5 400 €
Buchwert 31.12.03	36 600 €
Rückforderung Zuschuss 04	+ 40 000 €
	76 600 €
Erhöhte Absetzungen 04 bis 08: 5 × 9 % von 100 000 €	– 45 000 €
Erhöhte Absetzungen 09 bis 12: 4 × 7 % von 100 000 €	– 28 000 €
Restwert 31.12.12	3 600 €

4. AfA bei Gebäuden nach Ablauf des Begünstigungszeitraums

Für ein im Januar 01 hergestelltes Wirtschaftsgebäude sind in den Jahren 01 bis 03 die nach § 4 FördG zulässigen Sonderabschreibungen vorgenommen worden. Nach Ablauf des Begünstigungszeitraums am 31.12.05 beträgt die restliche Abschreibungsdauer des Gebäudes noch 20 Jahre.

Herstellungskosten	500 000 €
Abschreibungen 01 bis 03: 3 × 4 % = 12 % =	– 60 000 €
Sonderabschreibungen 50 % =	– 250 000 €
Abschreibungen 04 und 05: 2 × 4 % = 8 % =	– 40 000 €
Restwert 31.12.05 = Bemessungsgrundlage ab 06	150 000 €

Vom Jahr 06 an beträgt die AfA jeweils 5 % = 7500 € jährlich.

Degressive AfA. Die AfA nach § 7 Abs. 5 EStG gehört nicht zu den erhöhten Absetzungen (→ BFH vom 25.5.2004 – BStBl. II S. 783). § 7a Abs. 4 EStG bezieht sich nur auf die kumulative Inanspruchnahme von Sonderabschreibungen und degressiver AfA in ein und demselben VZ (→ BFH vom 14.3.2006 – BStBl. II S. 799).

Mehrere Beteiligte.

– Sind Wirtschaftsgüter mehreren Beteiligten zuzurechnen, so können erhöhte Absetzungen und Sonderabschreibungen grundsätzlich nur einheitlich von allen Beteiligten in Anspruch genommen werden (→ BFH vom 7.8.1986 – BStBl. II S. 910).

– → R 21.6 Satz 3.

– Nur der Gesellschafter, nicht die Personengesellschaft, ist zur Inanspruchnahme der erhöhten Absetzungen berechtigt. Scheidet ein Gesellschafter nach Durchführung der begünstigten Maßnahmen aus der Gesellschaft aus und übernehmen die übrigen Gesellschafter dessen Anteil (Anwachsung), so sind jedem der verbliebenen Gesellschafter nur in Höhe seiner ursprünglichen Beteiligung begünstigte Herstellungskosten zuzurechnen (→ BFH vom 17.7.2001 – BStBl. II S. 760).
– Übernimmt im Rahmen der Liquidation einer vermögensverwaltenden Personengesellschaft ein Gesellschafter das weitgehend aus einem einzigen Wirtschaftsgut bestehende Gesellschaftsvermögen im Wege der Übertragung von Aktiva und Passiva, liegt hierin keine Anschaffung eines Unternehmens, sondern eine Gesamtrechtsnachfolge des zuletzt verbleibenden Gesellschafters in das Gesellschaftsvermögen der Gesellschaft (→ BFH vom 25.6.2002 – BStBl. II S. 756).

Teilherstellungskosten. Teilherstellungskosten sind die Aufwendungen, die bis zum Ende des Wj. durch den Verbrauch von Gütern und die Inanspruchnahme von Diensten für die Herstellung eines Wirtschaftsgutes entstanden sind (→ BFH vom 15.11.1985 – BStBl. 1986 II S. 367).
Anzahlungen auf Teilherstellungskosten sind nicht begünstigt (→ BFH vom 10.3.1982 – BStBl. II S. 426).

Verzeichnis. Das nach § 7a Abs. 8 EStG erforderliche Verzeichnis braucht erst im Zeitpunkt der Inanspruchnahme der erhöhten Absetzungen oder Sonderabschreibungen erstellt zu werden (→ BFH vom 9.8.1984 – BStBl. 1985 II S. 47).

Willkürlich geleistete Zahlungen. Willkürlich geleistete Zahlungen sind keine Anzahlungen (→ BFH vom 3.2.1987 – BStBl. II S. 492).

Zu § 7b EStG

H **7b**

Anwendungsschreiben. → BMF vom 7.7.2020 (BStBl. I S. 623) unter Berücksichtigung der Änderungen durch BMF vom 21.9.2021 (BStBl. I S. 1805).

Zu § 7d EStG[1)]

R 7d. Weitergeltung der Anordnungen zu § 7d EStG

R 77 EStR 1993 ist weiter anzuwenden.

R 77 EStR 1993. Erhöhte Absetzungen für Wirtschaftsgüter, die dem Umweltschutz dienen

(1) [1] Der in § 7d Abs. 1 EStG genannte Vomhundertsatz für die erhöhten Absetzungen darf auch dann nicht überschritten werden, wenn die AfA nach § 7 Abs. 1 oder 4 EStG höher wäre; § 7a Abs. 3 EStG ist insoweit nicht anwendbar. [2] In den zurückliegenden Wirtschaftsjahren nicht voll in Anspruch genommene erhöhte Absetzungen können aber nachgeholt werden.

(2) [1] Die Zweckbindungsvoraussetzung des § 7d Abs. 6 EStG ist grundsätzlich nicht erfüllt, wenn der Stpfl. ein Wirtschaftsgut vor Ablauf des Fünfjahreszeitraums veräußert, vermietet oder verpachtet oder in eine ausländische Betriebsstätte, in das Umlaufvermögen oder in das Privatvermögen überführt. [2] Im Übrigen gelten bei der Auslegung des § 7d Abs. 6 EStG die

---

1) § 7d EStG aufgeh. durch G v. 22.12.2014, BGBl. I 2014, 2417, mWv 1.1.2015.

Tz. 13 und 15 bis 18 der Verwaltungsanweisungen zu § 3 ZRFG mit der Maßgabe, dass an die Stelle der Betriebsstätte des Stpfl. im Zonenrandgebiet der im Inland belegene Betrieb des Stpfl. tritt. [3] Wird bei einem Wirtschaftsgut, für das erhöhte Absetzungen in Anspruch genommen worden sind, die Zweckbindungsvoraussetzung nicht erfüllt, so sind die erhöhten Absetzungen durch Änderung des Steuerbescheids nach § 175 Abs. 1 Satz 1 Nr. 2 AO rückwirkend zu versagen.

Zu § 7f EStG[1)]

R 7f. Weitergeltung der Anordnungen zu § 7f EStG

R 82 EStR 1999 ist weiter anzuwenden.

R 82 EStR 1999. Bewertungsfreiheit für abnutzbare Wirtschaftsgüter des Anlagevermögens privater Krankenhäuser

(1) [1] Der Begriff des Krankenhauses bestimmt sich nach § 2 Nr. 1 KHG. [2] Eine Einrichtung ist als → Krankenhaus anzusehen, soweit sie als Krankenhaus in den Krankenhausbedarfsplan aufgenommen ist oder soweit in ihr auf Grund eines Vertrags mit einem Sozialleistungsträger oder einem sonstigen öffentlich-rechtlichen Kostenträger ausschließlich zum Zweck stationärer oder teilstationärer medizinischer Behandlung ärztliche Leistungen, Pflege, Verpflegung, Unterkunft, Nebenleistungen, z. B. die Versorgung mit Arzneimitteln, Heilmitteln oder Hilfsmitteln, und gegebenenfalls sonstige Leistungen, z. B. nichtärztliche psychotherapeutische oder sozialtherapeutische Leistungen, soziale Betreuung und Beratung der Patienten, erbracht werden. [3] Ein Hochschulkrankenhaus ist stets als Krankenhaus anzusehen.

(2) [1] Soweit ein Fall nach Absatz 1 nicht vorliegt, sind die Voraussetzungen für das Vorliegen eines Krankenhauses im Einzelfall zu prüfen. [2] Danach ist die Einrichtung ein Krankenhaus, wenn sie folgende Merkmale erfüllt:

1. Die ärztliche und die pflegerische Hilfeleistung nach Absatz 1 müssen in der Einrichtung gegenüber den zu versorgenden Personen planmäßig und regelmäßig erbracht werden, dem einzelnen Patienten gewidmet sein und die Versorgung in der Einrichtung wesentlich mitbestimmen.
2. [1] Die Einrichtung darf nur Patienten und deren Begleitpersonen offen stehen. [2] Begleitperson ist eine nicht in der Einrichtung beschäftigte Person, die im Einzelfall an der Versorgung des Patienten – in der Regel durch pflegerische Hilfeleistung – beteiligt ist und deren Unterbringung in der Einrichtung für die Erbringung von Leistungen im Sinne der Begriffsbestimmung des § 2 Nr. 1 KHG (Behandlung) oder für den Behandlungserfolg medizinisch notwendig oder medizinisch zweckmäßig ist; davon ist stets auszugehen bei Kindern bis zu 14 Jahren und bei Schwerbehinderten.
3. Mit der Aufnahme in die Einrichtung muss die Lebensweise der aufgenommenen Patienten und Begleitpersonen den medizinisch begründeten Verhaltensregeln unterworfen sein.
4. [1] Ein wesentlicher Teil der Gesamtleistung der Einrichtung muss auf stationäre oder teilstationäre Leistungen im Sinne der Begriffsbestimmung des § 2 Nr. 1 KHG entfallen. [2] Dabei ist auf das Verhältnis der Entgelte abzustellen. [3] Teilstationäre Leistungen liegen vor, soweit die in die Einrichtung aufgenommenen Patienten dort zur Behandlung nicht ständig, sondern z. B. nur während des Tages für mehrere Stunden, während der Nacht oder an Wochenenden untergebracht und gegebenenfalls verpflegt werden.
5. [1] Die Einrichtung muss zur stationären oder teilstationären Behandlung der Personen, die nach der Zweckbestimmung der Einrichtung in ihr versorgt werden sollen, geeignet sein. [2] Sie muss auf die dazu notwendige Betreuung durch jederzeit rufbereite Ärzte und qualifiziertes Pflegepersonal eingerichtet sein und über die dazu notwendige medizinisch-technische Ausstattung verfügen.

[3] Treffen die genannten Voraussetzungen nur auf einen Teil der Einrichtung zu, ist die Einrichtung insoweit als Krankenhaus anzusehen, wenn dieser Teil räumlich oder nach seiner Versorgungsaufgabe als Einheit, z. B. als Abteilung oder besondere Einrichtung, abgrenzbar ist.

(3) Zu den Krankenhäusern gehören unter den genannten Voraussetzungen z. B. auch:

---

1) § 7f EStG aufgeh. durch G v. 22.12.2014, BGBl. I 2014, 2417, mWv 1.1.2015.

1. Krankenhäuser, die nur Kranke bestimmter Krankheitsarten oder bestimmter Altersstufen aufnehmen (Fach- oder Sonderkrankenhäuser),
2. Anstalten, in denen unheilbar Erkrankte untergebracht sind, die der ständigen ärztlichen Beaufsichtigung bedürfen,
3. Krankenhäuser, in denen ärztliche Hilfeleistung durch niedergelassene Ärzte erbracht wird (Belegkrankenhäuser),
4. Säuglingsheime, in denen nur kranke Kinder aufgenommen werden und die unter verantwortlicher ärztlicher Leitung stehen,
5. Entbindungsheime, die unter verantwortlicher ärztlicher Leitung stehen,
6. Diagnosekliniken,
7. Einrichtungen zur Erbringung teilstationärer Leistungen, z. B. Tages-, Nacht- und Wochenendkliniken,
8. Kurkrankenhäuser,
9. Vorsorge- und Rehabilitationseinrichtungen.

(4) Nicht zu den Krankenhäusern gehören z. B. Alten- und Pflegeheime sowie Einrichtungen, in denen nur ambulante Leistungen erbracht werden, z. B. Röntgeninstitute.

(5) [1] Die Sonderabschreibungen können nur für Wirtschaftsgüter in Anspruch genommen werden, die der Stpfl. vor dem 1.1.1996 bestellt oder herzustellen begonnen hat. [2] Als Beginn der Herstellung gilt bei Baumaßnahmen, für die eine Baugenehmigung erforderlich ist, der Zeitpunkt, in dem der Bauantrag (→ § 42a Abs. 4 und 5) gestellt worden ist. [3] Tritt ein Stpfl. in den Vertrag über die Anschaffung eines Wirtschaftsguts ein, so ist als Zeitpunkt der Bestellung nicht der Zeitpunkt der Bestellung durch den Dritten, sondern der Zeitpunkt des Vertragseintritts durch den Stpfl. maßgebend. [4] Stellt ein Stpfl. ein Wirtschaftsgut fertig, mit dessen Herstellung ein Dritter begonnen hat, so ist als Herstellungsbeginn nicht der Zeitpunkt des Herstellungsbeginns durch den Dritten, sondern der Zeitpunkt maßgebend, in dem der Stpfl. mit der Fertigstellung des Wirtschaftsguts beginnt. [5] Das gilt auch dann, wenn das Wirtschaftsgut auf Grund einer Baugenehmigung fertiggestellt wird, die der Dritte beantragt hat.

Zu § 7g EStG

H 7g

Investitionsabzugsbetrag. Zu Zweifelsfragen zu den Investitionsabzugsbeträgen nach § 7g Abs. 1 bis 4 und 7 EStG i. d. F. des StÄndG 2015 vom 2.11.2015 (BGBl. I S. 1834) → BMF vom 20.3.2017 (BStBl. I S. 423) unter Berücksichtigung der Änderungen durch BMF vom 26.8.2019 (BStBl. I S. 870).

Zu § 7h EStG

R 7h. Erhöhte Absetzungen nach § 7h EStG von Aufwendungen für bestimmte Maßnahmen an Gebäuden in Sanierungsgebieten und städtebaulichen Entwicklungsbereichen

(1) Den Miteigentümern eines Gebäudes stehen erhöhte Absetzungen nach § 7h EStG grundsätzlich im Verhältnis ihrer Eigentumsanteile zu; auf R 21.6 wird hingewiesen.

(2) Wird ein Gebäude, bei dem erhöhte Absetzungen nach § 7h EStG vorgenommen werden, aus dem Betriebsvermögen in das Privatvermögen oder umgekehrt überführt, ist eine sich dabei ergebende Erhöhung oder Minderung der Bemessungsgrundlage dem Teil des Gebäudes zuzuordnen, für den keine erhöhten Absetzungen nach § 7h EStG gewährt werden.

(3) [1]Werden erhöhte Absetzungen nach § 7h EStG in Anspruch genommen, braucht aus Vereinfachungsgründen das Vorliegen der Voraussetzungen nur für den VZ geprüft zu werden, in dem die begünstigten Baumaßnahmen fertig gestellt worden sind. [2]Die Nachholung versehentlich unterlassener erhöhter Absetzungen nach § 7h EStG ist nicht möglich.

(4) [1]Die zuständige Gemeindebehörde hat nach den länderspezifischen Bescheinigungsrichtlinien zu prüfen,

1. ob das Gebäude in einem förmlich festgelegten Sanierungsgebiet oder städtebaulichen Entwicklungsbereich belegen ist,
2. ob Modernisierungs- und Instandsetzungsmaßnahmen i. S. d. § 177 BauGB oder andere Maßnahmen i. S. d. § 7h Abs. 1 Satz 2 EStG durchgeführt worden sind,
3. in welcher Höhe Aufwendungen, die die vorstehenden Voraussetzungen erfüllen, angefallen sind,[1)]
4. inwieweit Zuschüsse aus öffentlichen Mitteln durch eine der für Sanierungsgebiete oder städtebaulichen Entwicklungsbereiche zuständigen Behörde bewilligt worden sind oder nach Ausstellung der Bescheinigung bewilligt werden (Änderung der Bescheinigung).

[2]Die Bescheinigung unterliegt weder in rechtlicher noch in tatsächlicher Hinsicht der Nachprüfung durch die Finanzbehörden. [3]Es handelt sich hierbei um einen Verwaltungsakt in Form eines Grundlagenbescheides, an den die Finanzbehörden im Rahmen des gesetzlich vorgegebenen Umfangs gebunden sind (§ 175 Abs. 1 Satz 1 Nr. 1 AO). [4]Ist jedoch offensichtlich, dass die Bescheinigung für Maßnahmen erteilt worden ist, bei denen die Voraussetzungen nicht vorliegen, hat die Finanzbehörde ein Remonstrationsrecht, d. h. sie kann die Gemeindebehörde zur Überprüfung veranlassen sowie um Rücknahme oder Änderung der Bescheinigung nach Maßgabe des § 48 Abs. 1 VwVfG bitten.[2)] [5]Die Gemeindebehörde ist verpflichtet, dem Finanzamt die Rücknahme oder Änderung der Bescheinigung mitzuteilen (§ 4 Mitteilungsverordnung).[3)]

(5) Die Finanzbehörden haben zu prüfen,

1. ob die vorgelegte Bescheinigung von der zuständigen Gemeindebehörde ausgestellt worden ist,
2. ob die bescheinigten Aufwendungen steuerrechtlich dem Gebäude i. S. d. § 7h Abs. 1 EStG zuzuordnen sind,
3. ob die bescheinigten Aufwendungen zu den Herstellungskosten oder den nach § 7h Abs. 1 Satz 3 EStG begünstigten Anschaffungskosten, zu den sofort abziehbaren Betriebsausgaben oder Werbungskosten, insbesondere zum Erhaltungsaufwand, oder zu den nicht abziehbaren Ausgaben gehören,

---

1) Siehe aber auch H 7h „Bindungswirkung der Bescheinigung" EStH.

2) **[Amtl. Anm.:]** Für offensichtlich rechtswidrige Bescheinigungen, die nach dem 31.12.2020 erteilt werden → § 7h Abs. 2 Satz 1 EStG i. d. F. des Artikel 1 des JStG 2020 i. V. m. § 52 Abs. 16a Satz 4 EStG.

3) VO v. 7.9.1993, BGBl. I 1993, 1554, zuletzt geänd. durch VO v. 25.5.2022, BGBl. I 2022, 816 (**Steuergesetze** Nr. **800 f**).

4. ob weitere Zuschüsse für die bescheinigten Aufwendungen gezahlt werden oder worden sind,
5. ob die Aufwendungen bei einer Einkunftsart oder bei einem zu eigenen Wohnzwecken genutzten Gebäude wie Sonderausgaben (→ § 10f EStG) berücksichtigt werden können,
6. in welchem VZ die erhöhten Absetzungen, die Verteilung von Erhaltungsaufwand (→ § 11a EStG) oder der Abzug wie Sonderausgaben (→ § 10f EStG) erstmals in Anspruch genommen werden können.

(6) [1]Eine begünstigte Maßnahme i. S. d. § 7h Abs. 1 Satz 1 EStG liegt auch vor, wenn die Modernisierungs- und Instandhaltungsmaßnahmen auf Grund einer konkreten vertraglichen Vereinbarung zwischen Eigentümer und Gemeinde durchgeführt werden. [2]Die Prüfungs- und Bescheinigungspflicht i. S. d. Absatzes 4 besteht auch in diesen Fällen. [3]Baumaßnahmen, die ohne konkrete vertragliche Vereinbarung auf freiwilliger Grundlage durchgeführt werden, sind von dem Begünstigungstatbestand des § 7h Abs. 1 Satz 1 EStG nicht erfasst.

(7) Für die Begünstigung von Modernisierungs- und Instandsetzungsmaßnahmen i. S. d. § 177 BauGB ist es unschädlich, wenn die zugrunde liegende Sanierungssatzung während oder nach Durchführung der Maßnahmen aufgehoben wird.

H 7h

Bauherrenmodelle. Zu den Besonderheiten bei Baumaßnamen i. S. d. §§ 7h und 7i EStG im Rahmen von Bauherrenmodellen → BMF vom 20.10.2003 (BStBl. I S. 546), RdNr. 10.

Begünstigte Baumaßnahmen.
- Begünstigt sind nur Herstellungskosten an einem im Sanierungsgebiet liegenden, bestehenden Gebäude, nicht hingegen der Neubau oder Wiederaufbau von Gebäuden (→ BFH vom 2.9.2008 – BStBl. 2009 II S. 596).
- Auch Aufwendungen für eine Eigentumswohnung, mit der neuer Wohnraum geschaffen wird, können begünstigt sein, wenn und soweit sie sich auf den Altbaubestand beziehen und die Voraussetzungen des § 7h Abs. 1 und 2 EStG erfüllen. Es ist unerheblich, ob und mit welchem Anteil die begünstigten Aufwendungen das Sondereigentum oder das Gemeinschaftseigentum betreffen (→ BFH vom 10.10.2017 – BStBl. 2018 II S. 272).

Bescheinigungsrichtlinien. Übersicht über die Veröffentlichung der länderspezifischen Bescheinigungsrichtlinien → BMF vom 21.1.2020 (BStBl. I S. 169).

Bindungswirkung der Bescheinigung.
- Die Bindungswirkung der Bescheinigung umfasst nicht die persönliche Abzugsberechtigung (→ BFH vom 21.8.2001 – BStBl. 2003 II S. 910).
- Allein die Gemeinde prüft, ob Modernisierungs- und Instandsetzungsmaßnahmen i. S. d. § 177 BauGB durchgeführt wurden. Auf Grund der Wertungen des BauGB ist zu entscheiden, wie die Begriffe „Modernisierung“ und „Instandsetzung“ zu verstehen sind und ob darunter auch ein Neubau im bautechnischen Sinne zu subsumieren ist. Es besteht keine

Bindungswirkung in Bezug auf die Höhe der begünstigten Kosten (→ BFH vom 22.10.2014 – BStBl. 2015 II S. 367, vom 6.12.2016 – BStBl. 2017 II S. 523 und vom 17.4.2018 – BStBl. II S. 597).

Gleichstehender Rechtsakt. An den einem obligatorischen Erwerbsvertrag gleichstehenden Rechtsakt sind hinsichtlich seiner Rechtsbindung und der Rechtsklarheit dieselben Anforderungen zu stellen wie an den obligatorischen Erwerbsvertrag. Es bedarf einer formgerechten schuldrechtlichen Erwerbsverpflichtung, von der sich kein Beteiligter mehr einseitig lösen kann. Hierzu zählt insbesondere der Erbfall, der Zuschlag im Zwangsversteigerungsverfahren oder der Erwerb von Anteilen an einer Personengesellschaft. Ein unwiderrufliches Kaufangebot begründet weder eine beidseitige Verpflichtung noch definiert es einen konkreten Erwerbszeitpunkt und stellt mithin keinen gleichstehenden Rechtsakt i. S. d. §§ 7h, 7i EStG dar (→ BFH vom 19.2.2013 – BStBl. II S. 482).

Nichtvorliegen der Bescheinigung.
- Fehlt es an einer Bescheinigung nach § 7h Abs. 2 EStG, z. B. weil die Gemeindebehörde keine den formellen Anforderungen entsprechende Bescheinigung erstellt hat, geht die Prüfungsbefugnis nicht auf das Finanzamt über; dieses ist allenfalls zur vorläufigen Schätzung nach § 162 Abs. 5 AO befugt (→ BFH vom 10.10.2017 – BStBl. 2018 II S. 272).
- → H 7i.

Objektbezogenheit der Bescheinigung.
- Erhöhte Absetzungen können für eine Eigentumswohnung geltend gemacht werden, wenn die Bescheinigung objektbezogen ausgestellt wird. Bei einem aus mehreren Eigentumswohnungen bestehenden Gebäude muss für jede einzelne Eigentumswohnung eine Bescheinigung ausgestellt werden (→ BFH vom 6.5.2014 – BStBl. 2015 II S. 581 und vom 10.10.2017 – BStBl. 2018 II S. 272).
- Besteht ein Gebäude aus mehreren selbständigen unbeweglichen Wirtschaftsgütern, weil es in verschiedenen Nutzungs- und Funktionszusammenhängen steht (z. B. fremde Wohnzwecke; eigene Wohnzwecke), ist eine objektbezogene Bescheinigung für den jeweiligen Gebäudeteil erforderlich. Eine Bescheinigung, die sich lediglich auf das Gesamtgebäude bezieht, genügt nicht (→ BFH vom 6.12.2016 – BStBl. 2017 II S. 523).

Personengesellschaft. Erhöhte Absetzungen nach Ausscheiden eines Gesellschafters → H 7a (Mehrere Beteiligte).

Verwaltungsverfahrensgesetz:

§ 48 VwVfG – Rücknahme eines rechtswidrigen Verwaltungsaktes

„(1) [1] Ein rechtswidriger Verwaltungsakt kann, auch nachdem er unanfechtbar geworden ist, ganz oder teilweise mit Wirkung für die Zukunft oder für die Vergangenheit zurückgenommen werden. [2] Ein Verwaltungsakt, der ein Recht oder einen rechtlich erheblichen Vorteil begründet oder bestätigt hat (begünstigender Verwaltungsakt), darf nur unter den Einschränkungen der Absätze 2 bis 4 zurückgenommen werden.

(2) [1] Ein rechtswidriger Verwaltungsakt, der eine einmalige oder laufende Geldleistung oder teilbare Sachleistung gewährt oder hierfür Voraussetzung ist, darf nicht zurückgenommen werden, soweit der Begünstigte auf den Bestand des Verwaltungsaktes vertraut hat und sein Vertrauen unter Abwägung mit dem öffentlichen Interesse an einer Rücknahme schutzwürdig ist. [2] Das Vertrauen ist in der Regel schutzwürdig, wenn der Begünstigte gewährte Leistungen verbraucht oder eine Vermögensdisposition getroffen hat, die er nicht

mehr oder nur unter unzumutbaren Nachteilen rückgängig machen kann. [3] Auf Vertrauen kann sich der Begünstigte nicht berufen, wenn er

1. den Verwaltungsakt durch arglistige Täuschung, Drohung oder Bestechung erwirkt hat;
2. den Verwaltungsakt durch Angaben erwirkt hat, die in wesentlicher Beziehung unrichtig oder unvollständig waren;
3. die Rechtswidrigkeit des Verwaltungsaktes kannte oder infolge grober Fahrlässigkeit nicht kannte.

[4] In den Fällen des Satzes 3 wird der Verwaltungsakt in der Regel mit Wirkung für die Vergangenheit zurückgenommen.

(3) [1] Wird ein rechtswidriger Verwaltungsakt, der nicht unter Absatz 2 fällt, zurückgenommen, so hat die Behörde dem Betroffenen auf Antrag den Vermögensnachteil auszugleichen, den dieser dadurch erleidet, dass er auf den Bestand des Verwaltungsaktes vertraut hat, soweit sein Vertrauen unter Abwägung mit dem öffentlichen Interesse schutzwürdig ist. [2] Absatz 2 Satz 3 ist anzuwenden. [3] Der Vermögensnachteil ist jedoch nicht über den Betrag des Interesses hinaus zu ersetzen, das der Betroffene an dem Bestand des Verwaltungsaktes hat. [4] Der auszugleichende Vermögensnachteil wird durch die Behörde festgesetzt. [5] Der Anspruch kann nur innerhalb eines Jahres geltend gemacht werden; die Frist beginnt, sobald die Behörde den Betroffenen auf sie hingewiesen hat.

(4) [1] Erhält die Behörde von Tatsachen Kenntnis, welche die Rücknahme eines rechtswidrigen Verwaltungsaktes rechtfertigen, so ist die Rücknahme nur innerhalb eines Jahres seit dem Zeitpunkt der Kenntnisnahme zulässig. [2] Dies gilt nicht im Falle des Absatzes 2 Satz 3 Nr. 1.

(5) Über die Rücknahme entscheidet nach Unanfechtbarkeit des Verwaltungsaktes die nach § 3 zuständige Behörde; dies gilt auch dann, wenn der zurückzunehmende Verwaltungsakt von einer anderen Behörde erlassen worden ist."

Zu § 7i EStG

R 7i. Erhöhte Absetzungen nach § 7i EStG von Aufwendungen für bestimmte Baumaßnahmen an Baudenkmalen

(1) R 7h Abs. 1 bis 3 gilt entsprechend.

(2) [1] Die nach Landesrecht zuständige Denkmalbehörde hat zu prüfen und zu bescheinigen,

1. ob das Gebäude oder der Gebäudeteil nach den landesrechtlichen Vorschriften ein Baudenkmal ist,
2. ob die Baumaßnahmen nach Art und Umfang
   a) zur Erhaltung des Gebäudes oder Gebäudeteiles als Baudenkmal oder zu seiner sinnvollen Nutzung,
   b) bei einem Gebäude, das Teil einer geschützten Gesamtanlage oder Gebäudegruppe ist, zur Erhaltung des schützenswerten äußeren Erscheinungsbildes der Gesamtanlage oder Gebäudegruppe

   erforderlich waren,
3. ob die Arbeiten vor Beginn und bei Planungsänderungen vor Beginn der geänderten Vorhaben mit der Bescheinigungsbehörde abgestimmt waren,
4. in welcher Höhe Aufwendungen, die die vorstehenden Voraussetzungen erfüllen, angefallen sind,
5. ob und in welcher Höhe Zuschüsse aus öffentlichen Mitteln durch eine der für den Denkmalschutz oder Denkmalpflege zuständigen Behörden bewilligt worden sind oder nach Ausstellung der Bescheinigung bewilligt werden (Änderung der Bescheinigung).

[2]R 7h Abs. 4 Satz 2 bis 5 gilt entsprechend.

(3) [1]Die Finanzbehörden haben zu prüfen,

1. ob die vorgelegte Bescheinigung von der nach Landesrecht zuständigen oder der von den Landesregierungen bestimmten Behörde ausgestellt worden ist,
2. ob die bescheinigten Aufwendungen zu den Herstellungskosten oder den nach § 7i Abs. 1 Satz 5 EStG begünstigten Anschaffungskosten, zu den sofort abziehbaren Betriebsausgaben oder Werbungskosten, insbesondere zum Erhaltungsaufwand, oder zu den nicht abziehbaren Ausgaben gehören,
3. ob die bescheinigten Aufwendungen steuerrechtlich dem Gebäude oder Gebäudeteil i. S. d. § 7i Abs. 1 EStG zuzurechnen sind,
4. ob weitere Zuschüsse für die bescheinigten Aufwendungen gezahlt werden oder worden sind,
5. ob die Aufwendungen bei einer Einkunftsart oder bei einem zu eigenen Wohnzwecken genutzten Gebäude wie Sonderausgaben (→ § 10f EStG) berücksichtigt werden können,
6. in welchem VZ die erhöhten Absetzungen, die Verteilung von Erhaltungsaufwand (→ § 11b EStG) oder der Abzug wie Sonderausgaben (→ § 10f EStG) erstmals in Anspruch genommen werden können.

[2]Fällt die Eigenschaft als Baudenkmal innerhalb des Begünstigungszeitraums weg, können die erhöhten Absetzungen ab dem Jahr, das auf den Wegfall folgt, nicht weiter in Anspruch genommen werden.

H 7i

Bauherrenmodelle. Zu den Besonderheiten bei Baumaßnahmen i. S. d. §§ 7h und 7i EStG im Rahmen von Bauherrenmodellen → BMF vom 20.10.2003 (BStBl. I S. 546), RdNr. 10.

Bescheinigungsbehörde. Übersicht über die zuständigen Bescheinigungsbehörden → BMF vom 4.6.2015 (BStBl. I S. 506).

Bescheinigungsrichtlinien. Übersicht über die Veröffentlichung der länderspezifischen Bescheinigungsrichtlinien → BMF vom 21.1.2020 (BStBl. I S. 169).

Bindungswirkung der Bescheinigung.

- Sind die bescheinigten Aufwendungen steuerrechtlich den (nachträglichen) Herstellungskosten eines selbständigen, vom Baudenkmal getrennten Wirtschaftsguts (z. B. den Außenanlagen, dem Grund und Boden, einer getrennt vom Baudenkmal errichteten Tiefgarage) zuzurechnen, sind die Finanzbehörden nicht an die Bescheinigung gebunden (→ BFH vom 15.10.1996 – BStBl. 1997 II S. 176). Ob ein zusätzlich errichtetes Bauwerk einen Bestandteil des als Denkmal geschützten Gebäudes oder ein selbständiges neues Gebäude bildet, ist keine denkmalrechtliche, sondern eine steuerrechtliche Frage, die von den Finanzbehörden eigenständig zu prüfen ist (→ BFH vom 14.1.2003 – BStBl. II S. 916).
- Sind die bescheinigten Aufwendungen den nachträglichen Herstellungskosten des Baudenkmals zuzurechnen, sind die Finanzbehörden an die

Bescheinigung auch dann gebunden, wenn diese unzutreffend ist. Das Remonstrationsrecht der Finanzbehörden (→ R 7i Abs. 2 Satz 2) bleibt unberührt (→ BFH vom 5.11.1996 – BStBl. 1997 II S. 244).
– Die Bindungswirkung der Bescheinigung umfasst nicht die persönliche Abzugsberechtigung (→ BFH vom 6.3.2001 – BStBl. II S. 796).
– Die Voraussetzungen des § 7i EStG sind nicht erfüllt, wenn die Bescheinigung keine Angaben zur Höhe der begünstigten Aufwendungen enthält (→ BFH vom 11.6.2002 – BStBl. 2003 II S. 578).

Flutkatastrophe vom Juli 2021. Zum Verzicht auf die vorherige Abstimmung mit der Bescheinigungsbehörde bei Baumaßnahmen zur Beseitigung der Schäden der Flutkatastrophe vom Juli 2021 → BMF vom 14.10.2021 (BStBl. I S. 1806).

Gleichstehender Rechtsakt. → H 7h.

Neubau. Denkmal i. S. d. § 7i EStG kann steuerrechtlich auch ein Neubau im bautechnischen Sinne sein. Nicht förderungsfähig sind hingegen der Wiederaufbau oder die völlige Neuerrichtung des Gebäudes (→ BFH vom 24.6.2009 – BStBl. II S. 960).

Nichtvorliegen der Bescheinigung.
– Das Finanzamt hat bei Nichtvorliegen der Bescheinigung eine überprüfbare Ermessensentscheidung darüber zu treffen, ob und in welcher Höhe es die erhöhten Absetzungen im Wege der Schätzung nach § 162 Abs. 5 AO anerkennt. Gegen die vorläufige Anerkennung spricht, wenn die vom Stpfl. vorgelegten Unterlagen keine Informationen darüber enthalten, auf welche einzelnen Baumaßnahmen sich die Kosten bezogen haben und ob die Aufwendungen konkret Herstellungskosten für begünstigte Maßnahmen darstellen (→ BFH vom 14.5.2014 – BStBl. 2015 II S. 12).
– → H 7h.

Objektbezogenheit der Bescheinigung. → H 7h.

Personengesellschaft. Erhöhte Absetzungen nach Ausscheiden eines Gesellschafters → H 7a (Mehrere Beteiligte).

Teilherstellungskosten. Die erhöhten Absetzungen nach § 7i EStG können hinsichtlich einzelner Baumaßnahmen bereits im Jahr des Abschlusses der jeweiligen Maßnahme und nicht erst bei Beendigung der Gesamtbaumaßnahme vorgenommen werden, wenn die einzelne Baumaßnahme von anderen sachlich abgrenzbar und als solche abgeschlossen ist (→ BFH vom 20.8.2002 – BStBl. 2003 II S. 582).

Veräußerung. Im Jahr der Veräußerung des Baudenkmals kann der Stpfl. die erhöhten Absetzungen mit dem vollen Jahresbetrag in Anspruch nehmen (→ BFH vom 18.6.1996 – BStBl. II S. 645).

Zu § 9a EStG

R 9a. Pauschbeträge für Werbungskosten

Die Pauschbeträge für Werbungskosten sind nicht zu ermäßigen, wenn die unbeschränkte Steuerpflicht lediglich während eines Teiles des Kalenderjahres bestanden hat.

H 9a

Beschränkt Einkommensteuerpflichtige. Zur Anwendung der Pauschbeträge für Werbungskosten bei beschränkt Einkommensteuerpflichtigen → § 50 Abs. 1 Satz 3 bis 5 EStG.

Zu § 9b EStG

R 9b. Auswirkungen der Umsatzsteuer auf die Einkommensteuer

Allgemeines

(1) [1] Soweit ein Vorsteuerbetrag nach § 15 UStG umsatzsteuerrechtlich nicht abgezogen werden darf, ist er den Anschaffungs- oder Herstellungskosten des zugehörigen Wirtschaftsgutes zuzurechnen. [2] Diese Zurechnung gilt sowohl für Wirtschaftsgüter des Anlagevermögens als auch für Wirtschaftsgüter des Umlaufvermögens. [3] In die Herstellungskosten sind die auf den Materialeinsatz und die Gemeinkosten entfallenden nicht abziehbaren Vorsteuerbeträge einzubeziehen.

Wertgrenzen

(2) [1] Für die Frage, ob bei den Wirtschaftsgütern i. S. d. § 6 Abs. 2 oder 2a oder § 9 Abs. 1 Satz 3 Nr. 7 Satz 2 EStG die Grenzen von *150,*[1)] 1000 oder *410*[2)] Euro überschritten sind, ist stets von den Anschaffungs- oder Herstellungskosten abzüglich eines darin enthaltenen Vorsteuerbetrags, also von dem reinen Warenpreis ohne Vorsteuer (Nettowert), auszugehen. [2] Ob der Vorsteuerbetrag umsatzsteuerrechtlich abziehbar ist, spielt in diesem Fall keine Rolle. [3] Dagegen sind für die Bemessung der Freigrenze für Geschenke[3)] nach § 4 Abs. 5 Satz 1 Nr. 1 EStG die Anschaffungs- oder Herstellungskosten einschließlich eines umsatzsteuerrechtlich nicht abziehbaren Vorsteuerbetrags maßgebend; dabei bleibt § 15 Abs. 1a UStG unberücksichtigt.

Nicht abziehbare Vorsteuerbeträge nach § 15 Abs. 1a UStG

(3) [1] Die nach § 15 Abs. 1a UStG nicht abziehbaren Vorsteuerbeträge unterliegen dem Abzugsverbot des § 12 Nr. 3 EStG. [2] § 9b EStG findet insoweit keine Anwendung.

H 9b

Freigrenze für Geschenke nach § 4 Abs. 5 Satz 1 Nr. 1 EStG.

Beispiele:

Ein Unternehmer erwirbt ein Geschenk, dessen Bruttokaufpreis 40,46 € beträgt (darin enthaltene Vorsteuer 19 % = 6,46 €).

a) Bei Unternehmern mit Umsätzen, die zum Vorsteuerabzug berechtigen, ist für die Bemessung der Freigrenze auf den Nettowarenwert i. H. v. 34 € abzustellen. Die Freigrenze von 35 € wird nicht überschritten.

[1)] **[Amtl. Anm.:]** Bei Anschaffung oder Herstellung ab 1.1.2018: 250 Euro → § 52 Abs. 12 Satz 8 EStG.

[2)] **[Amtl. Anm.:]** Bei Anschaffung oder Herstellung ab 1.1.2018: 800 Euro → § 52 Abs. 12 Satz 6 EStG.

[3)] 35 € für Wirtschaftsjahre, die nach dem 31.12.2003 beginnen.

b) Bei Unternehmern mit Umsätzen, die nicht zum Vorsteuerabzug berechtigen, ist für die Bemessung der Freigrenze auf den Bruttowarenwert abzustellen. Die Freigrenze von 35 € wird überschritten.

Gewinnermittlung nach § 4 Abs. 3 EStG und Ermittlung des Überschusses der Einnahmen über die Werbungskosten. Die vereinnahmten Umsatzsteuerbeträge (für den Umsatz geschuldete Umsatzsteuer und vom Finanzamt erstattete Vorsteuer) gehören im Zeitpunkt ihrer Vereinnahmung zu den Betriebseinnahmen oder Einnahmen, die verausgabten Umsatzsteuerbeträge (gezahlte Vorsteuer und an das Finanzamt abgeführte Umsatzsteuerbeträge) im Zeitpunkt ihrer Verausgabung zu den Betriebsausgaben oder Werbungskosten, es sei denn, dass die Vorsteuerbeträge nach R 9b Abs. 1 den Anschaffungs- oder Herstellungskosten des zugehörigen Wirtschaftsguts zuzurechnen sind und diese nicht sofort abziehbar sind (→ BFH vom 29.6.1982 – BStBl. II S. 755). § 4 Abs. 3 Satz 2 EStG findet insoweit keine Anwendung (→ BFH vom 19.2.1975 – BStBl. II S. 441). Hierbei spielt es keine Rolle, ob der Stpfl. zum Vorsteuerabzug berechtigt ist und ob er seine Umsätze nach den allgemeinen umsatzsteuerrechtlichen Vorschriften versteuert oder ob die Umsatzsteuer nach § 19 Abs. 1 UStG nicht erhoben wird.

Irrtümlich erstattete Vorsteuerbeträge. Nicht abziehbare Vorsteuerbeträge sind auch bei zunächst irrtümlicher Erstattung Herstellungskosten des Wirtschaftsguts (→ BFH vom 4.6.1991 – BStBl. II S. 759).

Umsatzsteuerlich fehlgeschlagene Option. Bei umsatzsteuerlich fehlgeschlagener Option führt die Rückzahlung der Vorsteuererstattung nicht zu Werbungskosten bei den Einkünften aus Vermietung und Verpachtung (→ BFH vom 13.11.1986 – BStBl. 1987 II S. 374).

Zu § 10 EStG
(§§ 29 und 30 EStDV)

R 10.1 Sonderausgaben (Allgemeines)

Bei Ehegatten, die nach § 26b EStG zusammen zur Einkommensteuer veranlagt werden, kommt es für den Abzug von Sonderausgaben nicht darauf an, ob sie der Ehemann oder die Ehefrau[1] geleistet hat.

H 10.1

Abkürzung des Zahlungsweges. Bei den Sonderausgaben kommt der Abzug von Aufwendungen eines Dritten auch unter dem Gesichtspunkt der Abkürzung des Vertragswegs nicht in Betracht (→ BMF vom 7.7.2008 – BStBl. I S. 717).

Abzugshöhe/Abzugszeitpunkt.

– Sonderausgaben sind in dem VZ abziehbar, in dem sie geleistet worden sind (§ 11 Abs. 2 EStG). Dies gilt auch, wenn sie der Stpfl. mit Darlehensmitteln bestritten hat (→ BFH vom 15.3.1974 – BStBl. II S. 513).

[1] **[Amtl. Anm.:]** Gilt auch für gleichgeschlechtliche Ehegatten (→ Gesetz zur Einführung des Rechts auf Eheschließung für Personen gleichen Geschlechts vom 20.7.2017 – BGBl. I S. 2787).

Sie dürfen nur dann bei der Ermittlung des Einkommens abgezogen werden, wenn der Stpfl. tatsächlich und endgültig wirtschaftlich belastet ist (→ BFH vom 14.4.2021 – BStBl. II S. 772). Steht im Zeitpunkt der Zahlung, ggf. auch im Zeitpunkt der Erstattung noch nicht fest, ob der Stpfl. durch die Zahlung endgültig wirtschaftlich belastet bleibt (z.B. bei Kirchensteuer im Falle der Aufhebung der Vollziehung), sind sie im Jahr des Abflusses abziehbar (→ BFH vom 24.4.2002 – BStBl. II S. 569).
Werden gezahlte Sonderausgaben in einem späteren VZ an den Stpfl. erstattet, ist der Erstattungsbetrag aus Gründen der Praktikabilität im Erstattungsjahr mit gleichartigen Sonderausgaben zu verrechnen mit der Folge, dass die abziehbaren Sonderausgaben des Erstattungsjahres entsprechend gemindert werden. Ob die Sonderausgaben gleichartig sind, richtet sich nach deren Sinn und Zweck sowie deren wirtschaftlichen Bedeutung und Auswirkungen für den Stpfl. Bei Versicherungsbeiträgen kommt es auf die Funktion der Versicherung und das abgesicherte Risiko an (→ BFH vom 21.7.2009 – BStBl. 2010 II S. 38).
- Kirchensteuer → H 10.7 (Willkürliche Zahlungen).

Erstattungsüberhänge.
- → BMF vom 24.5.2017 (BStBl. I S. 820), Rz. 203, 204.[1]
- Die Hinzurechnung nach § 10 Abs. 4b Satz 3 EStG erfolgt auch dann, wenn sich die erstattete Zahlung im Zahlungsjahr nicht steuermindernd ausgewirkt hat (→ BFH vom 12.3.2019 – BStBl. II S. 658).

R 10.2 Unterhaltsleistungen an den geschiedenen oder dauernd getrennt lebenden Ehegatten

(1) Der Antrag nach § 10 Abs. 1 Nr. 1 EStG[2] kann auf einen Teilbetrag der Unterhaltsleistungen beschränkt werden.

(2) [1]Die Zustimmung wirkt auch dann bis auf Widerruf, wenn sie im Rahmen eines Vergleichs erteilt wird. [2]Die Zustimmung zum Abzug von Unterhaltsleistungen als Sonderausgaben dem Grunde nach wirkt auch für die Erhöhung des Höchstbetrags nach § 10 Abs. 1 Nr. 1 Satz 2 EStG.[3] [3]Dies gilt unabhängig davon, wann die Zustimmung erteilt wurde.

(3) Leistet jemand Unterhalt an mehrere Empfänger, sind die Unterhaltsleistungen an jeden bis zum Höchstbetrag abziehbar.

H 10.2

Allgemeines.
- Durch Antrag und Zustimmung werden alle in dem betreffenden VZ geleisteten Unterhaltsaufwendungen zu Sonderausgaben umqualifiziert. Für den Abzug ist es unerheblich, ob es sich um einmalige oder laufende Leistungen bzw. Nachzahlungen oder Vorauszahlungen handelt. Ein Abzug als außergewöhnliche Belastung ist nicht möglich, auch nicht, soweit

[1] Geänd. durch BMF v. 6.11.2017, BStBl. I 2017, 1455, v. 28.9.2021, BStBl. I 2021, 1833, v. 16.12.2021, BStBl. I 2022, 155.
[2] **[Amtl. Anm.:]** Jetzt § 10 Abs. 1a Nr. 1 EStG.
[3] **[Amtl. Anm.:]** Jetzt § 10 Abs. 1a Nr. 1 Satz 2 EStG.

sie den für das Realsplitting geltenden Höchstbetrag übersteigen (→ BFH vom 7.11.2000 – BStBl. 2001 II S. 338).

– Antrag und Zustimmung zum begrenzten Realsplitting können nicht – auch nicht übereinstimmend – zurückgenommen oder nachträglich beschränkt werden (→ BFH vom 22.9.1999 – BStBl. 2000 II S. 218).
– Ein Einkommensteuerbescheid ist nach § 175 Abs. 1 Satz 1 Nr. 2 AO zu ändern, wenn nach Eintritt der Bestandskraft
  - sowohl die Zustimmung erteilt als auch der Antrag nach § 10 Abs. 1a Nr. 1 Satz 1 EStG gestellt werden (→ BFH vom 12.7.1989 – BStBl. II S. 957) oder
  - der Antrag i. V.m. einer nachträglichen Zustimmungserweiterung ausgedehnt wird (→ BFH vom 28.6.2006 – BStBl. 2007 II S. 5).
– Ein Einkommensteuerbescheid ist nach § 175 Abs. 1 Satz 1 Nr. 2 AO nicht zu ändern, wenn der Antrag auf Realsplitting erst nach Bestandskraft des Einkommensteuerbescheids gestellt wird, obwohl die Zustimmungserklärung des Unterhaltsempfängers dem Geber bereits vor Eintritt der Bestandskraft vorlag (→ BFH vom 20.8.2014 – BStBl. 2015 II S. 138).

Erbe. Unterhaltsleistungen, die der Erbe nach § 1586b BGB an den geschiedenen Ehegatten des Erblassers zu erbringen hat, sind nicht als Sonderausgaben abzugsfähig (→ BFH vom 12.11.1997 – BStBl. 1998 II S. 148).

Nicht unbeschränkt steuerpflichtiger Empfänger. Ist der Empfänger nicht unbeschränkt steuerpflichtig, kann ein Abzug der Unterhaltsleistungen bei Vorliegen der Voraussetzungen des § 1a Abs. 1 Nr. 1 EStG oder auf Grund eines DBA in Betracht kommen. Entsprechende Regelungen gibt es z. B. in den DBA Kanada, Artikel 18 Abs. 3 Buchst. d und Protokoll Nr. 8 (BStBl. 2002 I S. 505, 521) und den USA, Artikel 18 Abs. 3 und Protokoll Nr. 15 (BStBl. 2008 I S. 766) sowie in der mit der Schweiz getroffenen Verständigungsvereinbarung, § 21 Abs. 2 Deutsch-Schweizerische Konsultationsvereinbarungsverordnung (BStBl. 2011 I S. 146).[1]

Rechtsanwaltskosten. Rechtsanwaltskosten, die ein Stpfl. aufwendet, um die Zustimmung seines geschiedenen oder dauernd getrennt lebenden unbeschränkt steuerpflichtigen Ehegatten zum begrenzten Realsplitting zu erlangen, sind keine Unterhaltsleistungen (→ BFH vom 10.3.1999 – BStBl. II S. 522).

Unterhaltsleistungen. Es ist unerheblich, ob die Unterhaltsleistungen freiwillig oder auf Grund gesetzlicher Unterhaltspflicht erbracht werden. Auch als Unterhalt erbrachte Sachleistungen sind zu berücksichtigen (→ BFH vom 12.4.2000 – BStBl. 2002 II S. 130).

Wohnungsüberlassung.

– Bei unentgeltlicher Wohnraumüberlassung kann der Mietwert als Sonderausgabe abgezogen werden. Befindet sich die überlassene Wohnung im Miteigentum des geschiedenen oder dauernd getrennt lebenden Ehegatten, kann der überlassende Ehegatte neben dem Mietwert seines Miteigentumsanteils auch die von ihm auf Grund der Unterhaltsvereinba-

[1] In der Loseblattsammlung **Doppelbesteuerungsabkommen** sind sämtliche DBA mit Vereinbarungen und die wichtigsten Verwaltungsanweisungen abgedruckt.

rung getragenen verbrauchsunabhängigen Kosten für den Miteigentumsanteil des anderen Ehegatten als Sonderausgabe abziehen (→ BFH vom 12.4.2000 – BStBl. 2002 II S. 130).

– Zur Wohnungsüberlassung an den geschiedenen oder dauernd getrennt lebenden Ehegatten bei Abschluss eines Mietvertrages → H 21.4 (Vermietung an Unterhaltsberechtigte).

Zustimmung.

– Die Finanzbehörden sind nicht verpflichtet zu prüfen, ob die Verweigerung der Zustimmung rechtsmissbräuchlich ist (→ BFH vom 25.7.1990 – BStBl. II S. 1022).

– Im Fall der rechtskräftigen Verurteilung zur Erteilung der Zustimmung (§ 894 Abs. 1 ZPO; → BFH vom 25.10.1988 – BStBl. 1989 II S. 192) wirkt sie nur für das Kj., das Gegenstand des Rechtsstreits war.

– Stimmt der geschiedene oder dauernd getrennt lebende Ehegatte dem der Höhe nach beschränkten Antrag auf Abzug der Unterhaltszahlungen als Sonderausgaben zu, beinhaltet dies keine der Höhe nach unbeschränkte Zustimmung für die Folgejahre (→ BFH vom 14.4.2005 – BStBl. II S. 825).

– Der **Widerruf** der Zustimmung muss vor Beginn des Kj., für den er wirksam werden soll, erklärt werden. Er ist gegenüber dem Wohnsitzfinanzamt sowohl des Unterhaltsleistenden als auch des Unterhaltsempfängers möglich. Wird er gegenüber dem Wohnsitzfinanzamt des Unterhaltsempfängers erklärt, ist das Wissen dieser Behörde für die Änderungsbefugnis nach § 173 Abs. 1 Nr. 1 AO des für die Veranlagung des Unterhaltsleistenden zuständigen Finanzamtes ohne Bedeutung (→ BFH vom 2.7.2003 – BStBl. II S. 803).

R 10.3 Versorgungsleistungen

(1) Versorgungsleistungen, die mit steuerbefreiten Einkünften, z. B. auf Grund eines DBA, in wirtschaftlichem Zusammenhang stehen, können nicht als Sonderausgaben abgezogen werden.

(2) Versorgungsleistungen, die freiwillig oder auf Grund einer freiwillig begründeten Rechtspflicht geleistet werden, sind grundsätzlich nicht als Sonderausgaben abziehbar. [2]Das gilt auch für Zuwendungen an eine gegenüber dem Stpfl. oder seinem Ehegatten gesetzlich unterhaltsberechtigte Person oder an deren Ehegatten (§ 12 Nr. 2 EStG).

H 10.3

Ablösung eines Nießbrauchs oder eines anderen Nutzungsrechts.

– → BMF vom 11.3.2010 (BStBl. I S. 227)[1] unter Berücksichtigung der Änderungen durch BMF vom 6.5.2016 (BStBl. I S. 476), Rz. 25 und 85.

– → BMF vom 30.9.2013 (BStBl. I S. 1184), Rz. 55–67.

Altenteilsleistung. Der Wert unbarer Altenteilsleistungen ist nach § 2 Abs. 2 SvEV vom 21.12.2006 (BGBl. I S. 3385)[2] in der für den jeweiligen VZ

---

[1] Ergänzend siehe BMF v. 20.11.2019, BStBl. I 2019, 1291, geänd. durch BMF v. 5.5. 2021, BStBl. I 2021, 696, Rn. 40.

[2] Fassung für **2020** durch VO v. 29.11.2019, BGBl. I 2019, 1997, für **2021** durch VO v. 15.12.2020, BGBl. I 2020, 2933, für **2022** durch VO v. 6.12.2021, BGBl. I 2021, 5187 (**Steuergesetze** Nr. **21**).

geltenden Fassung zu schätzen (→ BFH vom 18.12.1990 – BStBl. 1991 II S. 354).

Beerdigungskosten. Soweit der Vermögensübernehmer kein Erbe und vertraglich zur Übernahme der durch den Tod des letztverstorbenen Vermögensübergebers entstandenen Beerdigungskosten verpflichtet ist, kann er die durch den Tod des letztverstorbenen Vermögensübergebers entstandenen Beerdigungskosten als dauernde Last abziehen (→ BFH vom 19.1.2010 – BStBl. II S. 544). Ist er hingegen Alleinerbe, sind die Beerdigungskosten auch dann nicht abziehbar, wenn er sich vertraglich zur Übernahme dieser Kosten verpflichtet hat (→ BFH vom 19.1.2010 – BStBl. 2011 II S. 162).

Erbbauzinsen. Erbbauzinsen, die im Zusammenhang mit der Selbstnutzung einer Wohnung im eigenen Haus anfallen, können nicht als dauernde Last abgezogen werden (→ BFH vom 24.10.1990 – BStBl. 1991 II S. 175).

Schuldzinsen. Schuldzinsen zur Finanzierung von als Sonderausgaben abziehbaren privaten Versorgungsleistungen sind nicht als Versorgungsleistungen abziehbar (→ BFH vom 14.11.2001 – BStBl. 2002 II S. 413).

Vermögensübertragung im Zusammenhang mit Versorgungsleistungen. → BMF vom 11.3.2010 (BStBl. I S. 227)[1] unter Berücksichtigung der Änderungen durch BMF vom 6.5.2016 (BStBl. I S. 476).

Vorweggenommene Erbfolge. Zur ertragsteuerlichen Behandlung der vorweggenommenen Erbfolge → BMF vom 13.1.1993 (BStBl. I S. 80) unter Berücksichtigung der Änderungen durch BMF vom 26.2.2007 (BStBl. I S. 269).

R **10.3a** Versorgungsausgleich *(unbesetzt)*

H **10.3a**

Versorgungsausgleich i. S. d. § 10 Abs. 1a Nr. 4 EStG. Zur einkommensteuerrechtlichen Behandlung der Leistungen auf Grund eines schuldrechtlichen Versorgungsausgleichs → BMF vom 9.4.2010 (BStBl. I S. 323).

R **10.4** Vorsorgeaufwendungen (Allgemeines)

[1]Nach § 10 Abs. 1 Nr. 3 Satz 2 EStG können eigene Beiträge des Kindes zur Basiskranken- und gesetzlichen Pflegeversicherung im Rahmen des Sonderausgabenabzugs bei den Eltern berücksichtigt werden, wenn diese das Kind, für das sie Anspruch auf einen Freibetrag nach § 32 Abs. 6 EStG oder auf Kindergeld haben, durch Unterhaltsleistungen in Form von Bar- oder Sachleistungen (z. B. Unterkunft und Verpflegung) unterstützen. [2]Ob das Kind über eigene Einkünfte verfügt, ist insoweit ohne Bedeutung. [3]Allerdings können die Basiskranken- und gesetzlichen Pflegeversicherungsbeiträge des Kindes insgesamt nur einmal als Vorsorgeaufwendungen berücksichtigt werden. [4]Entweder erfolgt die Berücksichtigung nach § 10 Abs. 1 Nr. 3 Satz 2 EStG bei den Eltern oder nach § 10 Abs. 1 Nr. 3 Satz 1 EStG beim Kind.

---

[1] Ergänzend siehe BMF v. 20.11.2019, BStBl. I 2019, 1291, geänd. durch BMF v. 5.5. 2021, BStBl. I 2021, 696, Rn. 40.

H 10.4

Abzug von Vorsorgeaufwendungen.[1), 2)]
- Zum Sonderausgabenabzug für Beiträge nach § 10 Abs. 1 Nr. 2 bis 3a EStG → BMF vom 24.5.2017 (BStBl. I S. 820) unter Berücksichtigung der Ergänzung durch BMF vom 6.11.2017 (BStBl. I S. 1455), vom 28.9.2021 (BStBl. I S. 1833) und vom 16.12.2021 (BStBl. 2022 I S. 155).
- Zum Sonderausgabenabzug für im Rahmen einer Unterhaltsverpflichtung getragene Basiskranken- und Pflegepflichtversicherungsbeiträge eines Kindes bei den Eltern → BMF vom 3.4.2019 (BStBl. I S. 254).
- Zur Verfassungsmäßigkeit der beschränkten Abziehbarkeit von Altersvorsorgeaufwendungen → BFH vom 18.11.2009 (BStBl. 2010 II S. 414) und vom 9.12.2009 (BStBl. 2010 II S. 348).

Beitragsrückerstattungen.[3)] Zur steuerlichen Behandlung von Bonusleistungen einer gesetzlichen Krankenversicherung (§ 65a SGB V)[4)] → BMF vom 24.5.2017 (BStBl. I S. 820), Rz. 88, 89.[5)]

Berufsständische Versorgungseinrichtungen.
- Liste der berufsständischen Versorgungseinrichtungen, die den gesetzlichen Rentenversicherungen vergleichbare Leistungen i. S. d. § 10 Abs. 1 Nr. 2 Satz 1 Buchstabe a EStG erbringen → BMF vom 19.6.2020 (BStBl. I S. 617).
- Zum Sonderausgabenabzug bei beschränkt Stpfl. für Pflichtbeiträge an berufsständische Versorgungseinrichtungen (§ 10 Abs. 1 Nr. 2 Buchstabe a, § 50 Abs. 1 Satz 3 EStG) → BMF vom 26.6.2019 (BStBl. I S. 624).

Höchstbetragsregelung. Die Regelung über die beschränkte Abziehbarkeit von sonstigen Vorsorgeaufwendungen (§ 10 Abs. 1 Nr. 3a EStG) ist verfassungsrechtlich nicht zu beanstanden (→ BFH vom 9.9.2015 – BStBl. II S. 1043).

R 10.5 Versicherungsbeiträge

[1] Wird ein Kraftfahrzeug teils für berufliche und teils für private Zwecke benutzt, kann der Stpfl. den Teil seiner **Aufwendungen für die Kfz-Haftpflichtversicherung,** der dem Anteil der privaten Nutzung entspricht, im Rahmen des § 10 EStG als Sonderausgaben abziehen. [2] Werden Aufwendungen für Wege zwischen Wohnung und Arbeitsstätte oder Familienheimfahrten mit eigenem Kraftfahrzeug in Höhe der Entfernungspauschale nach § 9 Abs. 1 Satz 3 Nr. 4 EStG abgezogen, können die Aufwendungen für die Kfz-Haftpflichtversicherung zur Vereinfachung in voller Höhe als Sonderausgaben anerkannt werden.

---

1) Zu den Auswirkungen der Anhebung des Mindestrentenalters vom 60. auf das 62. Lebensjahr ab 2012 siehe BMF v. 6.3.2012, BStBl. I 2012, 238.

2) Zu Vorsorgeeinrichtungen nach der zweiten Säule der schweizerischen Altersvorsorge siehe BMF v. 27.7.2016, BStBl. I 2016, 759.

3) Prämienzahlungen aufgrund von § 53 Abs. 1 SGB V mindern wie Beitragsrückerstattungen den Sonderausgabenabzug; siehe BFH v. 6.6.2018 X R 41/17, BStBl. II 2018, 648.

4) **Aichberger SGB** Nr. **5**.

5) Geänd. durch BMF v. 16.12.2021, BStBl. I 2022, 155. – Zu Bonuszahlungen einer privaten Krankenkasse siehe BFH v. 16.12.2020 X R 31/19, BStBl. II 2022, 106.

H 10.5

Beiträge an ausländische Sozialversicherungsträger. Zur Aufteilung der an ausländische Sozialversicherungsträger geleisteten Globalbeiträge zur Berücksichtigung der Vorsorgeaufwendungen im Rahmen des Sonderausgabenabzugs → BMF vom 13.11.2020 (BStBl. I S. 1215).[1]

Erbschaftsteuerversicherung.

- Zum Begriff der Erbschaftsteuerversicherung → BMF vom 1.10.2009 (BStBl. I S. 1172),[2] Rz. 30.
- Die Beiträge gehören zu den sonstigen Vorsorgeaufwendungen nach § 10 Abs. 1 Nr. 3a EStG (→ BMF vom 24.5.2017 – BStBl. I S. 820, Rz. 121–124).[3]

Kapitalwahlrecht. Für vor dem 1.10.1996 abgeschlossene Verträge ist Abschnitt 88 Abs. 1 Satz 4 EStR 1987 weiter anzuwenden. Abschnitt 88 Abs. 1 Satz 4 EStR 1987 lautet: „Beiträge zu Rentenversicherungen mit Kapitalwahlrecht gegen laufende Beitragsleistung können als Sonderausgaben abgezogen werden, wenn die Auszahlung des Kapitals frühestens zu einem Zeitpunkt nach Ablauf von zwölf Jahren seit Vertragsabschluß verlangt werden kann."

Keine Sonderausgaben. Die als Sonderausgaben zu berücksichtigenden Aufwendungen sind in § 10 EStG abschließend aufgezählt. Nicht benannte Aufwendungen können nicht als Sonderausgaben abgezogen werden (→ BFH vom 4.2.2010 – BStBl. II S. 617). Hierzu zählen z. B. Beiträge für eine

- Hausratversicherung,
- Kaskoversicherung,
- Rechtsschutzversicherung,
- Sachversicherung.

Krankentagegeldversicherung. Die Beiträge gehören zu den sonstigen Vorsorgeaufwendungen nach § 10 Abs. 1 Nr. 3a EStG (→ BMF vom 24.5. 2017 – BStBl. I S. 820, Rz. 121–124).[3]

Lebensversicherung (Vertragsabschluss vor dem 1.1.2005).

- Allgemeines/Grundsätze
  - → BMF vom 22.8.2002 (BStBl. I S. 827) unter Berücksichtigung der Änderungen durch BMF vom 1.10.2009 (BStBl. I S. 1188).
  - → Auszug aus dem EStG 2002 in der am 31.12.2004 geltenden Fassung.
  - → Verzeichnis der ausländischen Versicherungsunternehmen, denen die Erlaubnis zum Betrieb eines nach § 10 Abs. 1 Nr. 2 EStG a. F. begünstigten Versicherungszweigs im Inland erteilt ist – Stand: 1.1.2004.[4]
- Beiträge zu Lebensversicherungen mit Teilleistungen auf den Erlebensfall vor Ablauf der Mindestvertragsdauer von zwölf Jahren sind auch nicht teilweise als Sonderausgaben abziehbar (→ BFH vom 27.10.1987 – BStBl. 1988 II S. 132).

---

[1] Für **VZ 2022** siehe BMF v. 19.11.2021, BStBl. I 2021, 2275.

[2] Geänd. durch BMF v. 6.3.2012, BStBl. I 2012, 238 v. 11.11.2016, BStBl. I 2016, 1238, und v. 29.9.2017, BStBl. I 2017, 1314.

[3] Geänd. durch BMF v. 6.11.2017, BStBl. I 2017, 1455, v. 28.9.2021, BStBl. I 2021, 1833, v. 16.12.2021, BStBl. I 2022, 155.

[4] Siehe auch EESSI-Verzeichnis der EU-Kommission (Öffentliches Verzeichnis der europäischen Institutionen der sozialen Sicherheit).

– Einsatz von Lebensversicherungen zur Tilgung oder Sicherung von Darlehen → BMF vom 15.6.2000 (BStBl. I S. 1118) und vom 16.7.2012 (BStBl. I S. 686).

Loss-of-Licence-Versicherung. Beiträge zur Berufsunfähigkeitsversicherung eines Flugzeugführers sind regelmäßig Sonderausgaben, keine Werbungskosten (→ BFH vom 13.4.1976 – BStBl. II S. 599).

Pflegekrankenversicherung. Die Beiträge zu einer ergänzenden Pflegekrankenversicherung gehören zu den sonstigen Vorsorgeaufwendungen nach § 10 Abs. 1 Nr. 3a EStG (→ BMF vom 24.5.2017 – BStBl. I S. 820, Rz. 121–124).[1)]

Pflegerentenversicherung. Die Beiträge gehören zu den sonstigen Vorsorgeaufwendungen nach § 10 Abs. 1 Nr. 3a EStG (→ BMF vom 24.5.2017 – BStBl. I S. 820, Rz. 121–124).[1)]

Unfallversicherung.

– Zuordnung von Versicherungsbeiträgen zu Werbungskosten oder Sonderausgaben → BMF vom 28.10.2009 (BStBl. I S. 1275), Tz. 4.
– Soweit die Beiträge nicht den Werbungskosten zuzuordnen sind, liegen sonstige Vorsorgeaufwendungen nach § 10 Abs. 1 Nr. 3a EStG vor (→ BMF vom 24.5.2017 – BStBl. I S. 820, Rz. 121–124).[1)]

Versorgungsbeiträge Selbständiger. Beiträge, für die eine gesetzliche Leistungspflicht besteht, stellen, auch soweit sie auf die sog. „alte Last" entfallen, regelmäßig keine Betriebsausgaben dar, wenn sie gleichzeitig der eigenen Versorgung oder der Versorgung der Angehörigen dienen (→ BFH vom 13.4.1972 – BStBl. II S. 728 und 730).
Sie können in diesem Fall als Sonderausgaben im Rahmen des § 10 EStG abgezogen werden.

Vertragseintritt. Wer in den Lebensversicherungsvertrag eines anderen eintritt, kann nur die nach seinem Eintritt fällig werdenden Beiträge als Sonderausgaben abziehen; der Eintritt gilt nicht als neuer Vertragsabschluss (→ BFH vom 9.5.1974 – BStBl. II S. 633).

R 10.6 Nachversteuerung von Versicherungsbeiträgen

[1]Bei einer Nachversteuerung nach § 30 EStDV wird der Steuerbescheid des Kalenderjahres, in dem die Versicherungsbeiträge für Versicherungen i. S. d. § 10 Abs. 1 Nr. 3 Buchstabe b EStG als Sonderausgaben berücksichtigt worden sind, nicht berichtigt. [2]Es ist lediglich festzustellen, welche Steuer für das jeweilige Kalenderjahr festzusetzen gewesen wäre, wenn der Stpfl. die Versicherungsbeiträge nicht geleistet hätte. [3]Der Unterschiedsbetrag zwischen dieser Steuer und der seinerzeit festgesetzten Steuer ist als Nachsteuer für das Kalenderjahr zu erheben, in dem das steuerschädliche Ereignis eingetreten ist.

H 10.6

Nachsteuer. Bei Berechnung der Nachsteuer nach § 10 Abs. 5 EStG findet § 177 AO keine Anwendung; bisher nicht geltend gemachte Aufwendun-

---

1) Geänd. durch BMF v. 6.11.2017, BStBl. I 2017, 1455, v. 28.9.2021, BStBl. I 2021, 1833, v. 16.12.2021, BStBl. I 2022, 155.

gen können nicht nachgeschoben werden (→ BFH vom 15.12.1999 – BStBl. 2000 II S. 292).

Nachversteuerung für Versicherungsbeiträge bei Ehegatten im Falle ihrer getrennten Veranlagung. Sind die Ehegatten in einem dem VZ 1990 vorangegangenen Kj. nach § 26a EStG in der für das betreffende Kj. geltenden Fassung getrennt veranlagt worden und waren in ihren zusammengerechneten Sonderausgaben mit Ausnahme des Abzugs für den steuerbegünstigten nicht entnommenen Gewinn und des Verlustabzugs Versicherungsbeiträge enthalten, für die eine Nachversteuerung durchzuführen ist, ist nach Abschnitt 109a EStR 1990 zu verfahren.

Veräußerung von Ansprüchen aus Lebensversicherungen. Die Veräußerung von Ansprüchen aus Lebensversicherungen führt weder zu einer Nachversteuerung der als Sonderausgaben abgezogenen Versicherungsbeiträge noch zur Besteuerung eines etwaigen Überschusses des Veräußerungserlöses über die eingezahlten Versicherungsbeiträge (→ BMF vom 22.8.2002 – BStBl. I S. 827, RdNr. 32 unter Berücksichtigung der Änderungen durch BMF vom 1.10.2009 – BStBl. I S. 1188).

R 10.7 Kirchensteuern und Kirchenbeiträge

(1) [1]Beiträge der Mitglieder von Religionsgemeinschaften (Kirchenbeiträge), die mindestens in einem Land als Körperschaft des öffentlichen Rechts anerkannt sind, aber während des ganzen Kalenderjahres keine Kirchensteuer erheben, sind aus Billigkeitsgründen wie Kirchensteuern abziehbar. [2]Voraussetzung ist, dass der Stpfl. über die geleisteten Beiträge eine Empfangsbestätigung der Religionsgemeinschaft vorlegt. [3]Der Abzug ist bis zur Höhe der Kirchensteuer zulässig, die in dem betreffenden Land von den als Körperschaften des öffentlichen Rechts anerkannten Religionsgemeinschaften erhoben wird. [4]Bei unterschiedlichen Kirchensteuersätzen ist der höchste Steuersatz maßgebend. [5]Die Sätze 1 bis 4 sind nicht anzuwenden, wenn der Stpfl. gleichzeitig als Mitglied einer öffentlich-rechtlichen Religionsgemeinschaft zur Zahlung von Kirchensteuer verpflichtet ist.

(2) Kirchenbeiträge, die nach Absatz 1 nicht wie Kirchensteuer als Sonderausgaben abgezogen werden, können im Rahmen des § 10b EStG steuerlich berücksichtigt werden.

H 10.7

Beiträge an Religionsgemeinschaften (R 10.7 Abs. 1 Satz 1 bis 3 EStR). Die in R 10.7 Abs. 1 getroffene Regelung stellt eine Billigkeitsmaßnahme (§ 163 AO) dar, die zwingend anzuwenden ist. Der höchstmögliche Abzug beträgt 8% bzw. 9% der festgesetzten Einkommensteuer auf das um die Beiträge geminderte z. v. E.; § 51a Abs. 1 und 2 EStG ist anzuwenden (→ BFH vom 10.10.2001 – BStBl. 2002 II S. 201 und vom 12.6.2002 – BStBl. 2003 II S. 281).

Kirchensteuern an Religionsgemeinschaften in EU-/EWR-Staaten. Auch Kirchensteuerzahlungen an Religionsgemeinschaften, die in einem anderen EU-Mitgliedstaat oder in einem EWR-Staat belegen sind und die bei Inlandsansässigkeit als Körperschaften des öffentlichen Rechts anzuerkennen wären, sind als Sonderausgabe nach § 10 Abs. 1 Nr. 4 EStG abziehbar. Das betrifft die Staaten Finnland (evangelisch-lutherische und orthodoxe Staatskirchen) und Dänemark (evangelisch-lutherische Staatskirche). Soweit in den vorgenannten Staaten andere Religionsgemeinschaften ansässig sind, sind für die fiktive Einordnung als Körperschaft des öffentlichen Rechts die zuständigen Innen- oder Kultusbehörden einzubeziehen (→ BMF vom 16.11.2010 – BStBl. I S. 1311).

Kirchensteuern des Erblassers. Zahlungen auf offene Kirchensteuern des Erblassers durch den Erben sind bei diesem im Jahr der Zahlung als Sonderausgabe abziehbar (→ BFH vom 21.7.2016 – BStBl. 2017 II S. 256).

Kirchensteuern i. S. d. § 10 Abs. 1 Nr. 4 EStG. Sie sind Geldleistungen, die von den als Körperschaften des öffentlichen Rechts anerkannten Religionsgemeinschaften von ihren Mitgliedern auf Grund gesetzlicher Vorschriften erhoben werden. Die Kirchensteuer wird in der Regel als Zuschlagsteuer zur Einkommen- bzw. Lohnsteuer erhoben. Kirchensteuern können aber nach Maßgabe der Gesetze auch erhoben werden als Kirchensteuern vom Einkommen, vom Vermögen, vom Grundbesitz und als Kirchgeld. **Keine Kirchensteuern** sind freiwillige Beiträge, die an öffentlich-rechtliche Religionsgemeinschaften oder andere religiöse Gemeinschaften entrichtet werden.

Willkürliche Zahlungen. Kirchensteuern sind grundsätzlich in dem VZ als Sonderausgabe abzugsfähig, in dem sie tatsächlich entrichtet wurden, soweit es sich nicht um willkürliche, die voraussichtliche Steuerschuld weit übersteigende Zahlungen handelt (→ BFH vom 25.1.1963 – BStBl. III S. 141).

R 10.8 Kinderbetreuungskosten[1] *(unbesetzt)*

H 10.8

Abzugsbeschränkung. Die Beschränkung des Abzugs von Kinderbetreuungskosten auf zwei Drittel der Aufwendungen und einen Höchstbetrag von 4000 Euro je Kind ist verfassungsgemäß (→ BFH vom 9.2.2012 – BStBl. II S. 567).

Anwendungsschreiben. → BMF vom 14.3.2012 (BStBl. I S. 307).

R 10.9 Aufwendungen für die Berufsausbildung

(1) [1] Erhält der Stpfl. zur unmittelbaren Förderung seiner Ausbildung steuerfreie Bezüge, mit denen Aufwendungen i. S. d. § 10 Abs. 1 Nr. 7 EStG abgegolten werden, entfällt insoweit der Sonderausgabenabzug. [2] Das gilt auch dann, wenn die zweckgebundenen steuerfreien Bezüge erst nach Ablauf des betreffenden Kalenderjahres gezahlt werden. [3] Zur Vereinfachung ist eine Kürzung der für den Sonderausgabenabzug in Betracht kommenden Aufwendungen nur dann vorzunehmen, wenn die steuerfreien Bezüge ausschließlich zur Bestreitung der in § 10 Abs. 1 Nr. 7 EStG bezeichneten Aufwendungen bestimmt sind. [4] Gelten die steuerfreien Bezüge dagegen ausschließlich oder teilweise Aufwendungen für den Lebensunterhalt ab – ausgenommen solche für auswärtige Unterbringung –, z. B.

---

[1] Als Sonderausgaben abziehbare Kinderbetreuungskosten sind um steuerfreie Arbeitgeberzuschüsse (§ 3 Nr. 33 EStG) zu kürzen; BFH v. 14.4.2021 III R 30/20, BStBl. II 2021, 772.

Berufsausbildungsbeihilfen nach § 59 SGB III,[1] Leistungen nach den §§ 12 und 13 BAföG,[2] sind die als Sonderausgaben geltend gemachten Berufsausbildungsaufwendungen nicht zu kürzen.

Nachlaufende Studiengebühren

(2) Staatlich gestundete Studienbeiträge, die erst nach Abschluss des Studiums gezahlt werden (sog. nachlaufende Studiengebühren), sind nach den allgemeinen Grundsätzen des § 11 Abs. 2 EStG im Jahr der Zahlung der gestundeten Beiträge und somit auch nach Abschluss der Berufsausbildung als Sonderausgaben abziehbar.

H 10.9

Aufwendungen i. S. d. § 10 Abs. 1 Nr. 7 EStG:

- **Arbeitsmittel.** Die für Arbeitsmittel i. S. d. § 9 Abs. 1 Satz 3 Nr. 6 EStG geltenden Vorschriften sind sinngemäß anzuwenden. Schafft ein Stpfl. abnutzbare Wirtschaftsgüter von mehrjähriger Nutzungsdauer an, sind im Rahmen des § 10 Abs. 1 Nr. 7 EStG nur die auf die Nutzungsdauer verteilten Anschaffungskosten als Sonderausgaben abziehbar (→ BFH vom 7.5.1993 – BStBl. II S. 676).

  Die Anschaffungs- oder Herstellungskosten von Arbeitsmitteln einschließlich der Umsatzsteuer können im Jahr der Anschaffung oder Herstellung in voller Höhe als Sonderausgaben abgesetzt werden, wenn sie ausschließlich der Umsatzsteuer für das einzelne Arbeitsmittel 800 € nicht übersteigen (→ R 9.12 LStR 2015),[3]
- **häusliches Arbeitszimmer**[4] → BMF vom 6.10.2017 (BStBl. I S. 1320),
- **Fachliteratur** → BFH vom 28.11.1980 (BStBl. 1981 II S. 309),
- **Mehraufwand für Verpflegung** → BFH vom 3.12.1974 (BStBl. 1975 II S. 356), → R 9.6 LStR 2015,[3]
- **Mehraufwand wegen doppelter Haushaltsführung** → R 9.11 LStR 2015.[3]

Ausbildungsdarlehen/Studiendarlehen.

- Abzugshöhe/Abzugszeitpunkt → H 10.1.
- Aufwendungen zur Tilgung von Ausbildungs-/Studiendarlehen gehören nicht zu den abziehbaren Aufwendungen i. S. d. § 10 Abs. 1 Nr. 7 EStG (→ BFH vom 15.3.1974 – BStBl. II S. 513).
- Zinsen für ein Ausbildungsdarlehen gehören zu den abziehbaren Aufwendungen, auch wenn sie nach Abschluss der Berufsausbildung gezahlt werden (→ BFH vom 28.2.1992 – BStBl. II S. 834).
- Ist ein Ausbildungsdarlehen nebst Zuschlag zurückzuzahlen, sind die Aufwendungen für den Zuschlag Ausbildungs- und keine Werbungskosten, wenn damit nachträglich die im Zusammenhang mit der Berufsausbildung gewährten Vorteile abgegolten werden sollen und wenn der Zuschlag nicht weitaus überwiegend als Druckmittel zur Einhaltung der

---

[1] **Aichberger SGB** Nr. **3**.

[2] **Sartorius** Nr. **420**.

[3] Nr. **20**.

[4] Zum Begriff des häuslichen Arbeitszimmers siehe BFH-Beschluss v. 27.7.2015 GrS 1/14, BStBl. II 2016, 265.

vorvertraglichen Verpflichtung zur Eingehung eines langfristigen Arbeitsverhältnisses dienen soll (→ BFH vom 28.2.1992 – BStBl. II S. 834).

Aus- und Fortbildung. → R 9.2 LStR 2015.[1]

Auswärtige Unterbringung. Ein Student, der seinen Lebensmittelpunkt an den Studienort verlagert hat, ist regelmäßig nicht auswärts untergebracht (→ BFH vom 19.9.2012 – BStBl. 2013 II S. 284).

Beruf. Der angestrebte Beruf muss nicht innerhalb bestimmter bildungspolitischer Zielvorstellungen des Gesetzgebers liegen (→ BFH vom 18.12.1987 – BStBl. 1988 II S. 494).

Berufsausbildungskosten.[2] Aufwendungen für die erstmalige Berufsausbildung oder ein Erststudium → BMF vom 22.9.2010 (BStBl. I S. 721).

Deutschkurs. Aufwendungen eines in Deutschland lebenden Ausländers für den Erwerb von Deutschkenntnissen sind nicht als Aufwendungen für die Berufsausbildung abziehbar (→ BFH vom 15.3.2007 – BStBl. II S. 814).

Habilitation. Aufwendungen eines wissenschaftlichen Assistenten an einer Hochschule für seine Habilitation sind Werbungskosten i. S. v. § 9 EStG (→ BFH vom 7.8.1967 – BStBl. III S. 778).

Klassenfahrt. Aufwendungen eines Berufsschülers für eine im Rahmen eines Ausbildungsdienstverhältnisses als verbindliche Schulveranstaltung durchgeführte Klassenfahrt sind in der Regel Werbungskosten (→ BFH vom 7.2.1992 – BStBl. II S. 531).

Studienreisen. → R 12.2.

Umschulung. Aufwendungen für eine Umschulungsmaßnahme, die die Grundlage dafür bildet, von einer Berufs- oder Erwerbsart zu einer anderen überzuwechseln, können vorab entstandene Werbungskosten sein (→ BFH vom 4.12.2002 – BStBl. 2003 II S. 403).

R 10.10 Schulgeld

Kind als Vertragspartner

(1) [1]Schulgeldzahlungen eines Stpfl. sind bei diesem auch dann nach § 10 Abs. 1 Nr. 9 EStG abziehbar, wenn dessen unterhaltsberechtigtes Kind selbst Vertragspartner der Schule ist. [2]Hat der Stpfl. für das sich in der Ausbildung befindende Kind einen Anspruch auf einen Freibetrag nach § 32 Abs. 6 EStG oder auf Kindergeld, ist davon auszugehen, dass die erforderliche Unterhaltsberechtigung des Kindes besteht.

---

[1] Nr. **20**.

[2] Siehe ab VZ 2015 § 9 Abs. 6 EStG i. d. F. des G v. 22.12.2014, BGBl. I 2014, 2417. – Siehe auch Beschluss BVerfG v. 19.11.2019 2 BvL 22-27/14, DStR 2020, 93: § 9 Abs. 6 EStG i. d. F. des G vom 7.12.2011, BGBl. I 2011, 2592, wonach Aufwendungen des Steuerpflichtigen für seine erstmalige Berufsausbildung oder für ein Erststudium, das zugleich eine Erstausbildung vermittelt, keine Werbungskosten sind, wenn diese Berufsausbildung oder dieses Erststudium nicht im Rahmen eines Dienstverhältnisses stattfinden, ist mit dem Grundgesetz vereinbar.

Schulbesuche im Ausland

(2) [1] Zu den nach § 10 Abs. 1 Nr. 9 EStG abziehbaren Sonderausgaben gehören u. a. Schulgeldzahlungen für den Besuch einer im EU-/EWR-Raum belegenen Bildungsstätte, wenn der Besuch mit dem „International Baccalaureate" (Internationales Abitur) abschließen soll. [2] Für die Anerkennung mehrjähriger Auslandsschulbesuche ist die Vorlage einer einmaligen Prognoseentscheidung der im Einzelfall zuständigen Behörde (z. B. Zeugnisanerkennungsstelle) ausreichend.

H 10.10

Allgemeines.
- → BMF vom 9.3.2009 (BStBl. I S. 487).[1)]
- Der Abzug von Schulgeldzahlungen setzt nicht voraus, dass die Eltern selbst Vertragspartner des mit der Privatschule abgeschlossenen Vertrages sind (→ BFH vom 9.11.2011 – BStBl. 2012 II S. 321).

Aufwendungen für den Schulbesuch als außergewöhnliche Belastungen. → H 33.1–33.4 (Schulbesuch).

Privatschule in der Schweiz. Schulgeld, das an eine schweizerische Privatschule gezahlt wird, kann nicht als Sonderausgabe abgezogen werden. Hierin liegt keine Verletzung der Kapitalverkehrsfreiheit. Das Freizügigkeitsabkommen zwischen der Europäischen Gemeinschaft und ihren Mitgliedstaaten und der Schweiz vom 21.6.1999 (BGBl. 2001 II S. 811) gewährt keinen Anspruch auf Gleichbehandlung mit Privatschulen, die in der EU oder im EWR belegen sind (→ BFH vom 9.5.2012 – BStBl. II S. 585).

Spendenabzug. Zum Spendenabzug von Leistungen der Eltern an gemeinnützige Schulvereine – Schulen in freier Trägerschaft → BMF vom 4.1.1991 (BStBl. 1992 I S. 266).

R 10.11 Kürzung des Vorwegabzugs bei der Günstigerprüfung

(unbesetzt)

H 10.11

Bemessungsgrundlage für die Kürzung des Vorwegabzugs.
- **Einnahmen aus einem früheren Beschäftigungsverhältnis.** Der Vorwegabzug für Vorsorgeaufwendungen ist auch für VZ nach Beendigung des Beschäftigungsverhältnisses zu kürzen, wenn in wirtschaftlichem Zusammenhang mit der früheren Beschäftigung stehender Arbeitslohn nachträglich an den Stpfl. ausgezahlt wird und dieser durch arbeitgeberfinanzierte Zukunftssicherungsleistungen oder Altersversorgungsansprüche begünstigt worden war (→ BFH vom 20.12.2006 – BStBl. 2007 II S. 823).
- **Entlassungsentschädigung.** Zu den Einnahmen aus nichtselbständiger Arbeit, die Bemessungsgrundlage für die Kürzung des Vorwegabzugs für Vorsorgeaufwendungen sind, gehört auch eine vom Arbeitgeber gezahlte

---

1) Zu Schulgeldzahlungen an andere Einrichtungen i. S. d. § 10 Abs. 1 Nr. 9 Satz 3 EStG siehe aber auch BFH v. 20.6.2017 X R 26/15, BStBl. II 2018, 58.

Entlassungsentschädigung, für die kein Arbeitgeberbeitrag zu leisten war (→ BFH vom 16.10.2002 – BStBl. 2003 II S. 343).

- **Mehrere Beschäftigungsverhältnisse.** Bei mehreren Beschäftigungsverhältnissen sind für die Kürzung des Vorwegabzugs für Vorsorgeaufwendungen nur die Einnahmen aus den Beschäftigungsverhältnissen zu berücksichtigen, in deren Zusammenhang die Voraussetzungen für eine Kürzung des Vorwegabzugs für Vorsorgeaufwendungen erfüllt sind (→ BFH vom 26.2.2004 – BStBl. II S. 720).
- **Zukunftssicherungsleistungen.**
  - Zum Begriff der Zukunftssicherungsleistungen i. S. d. § 3 Nr. 62 EStG → R 3.62 LStR 2015.[1]
  - Die Höhe der vom Arbeitgeber erbrachten Zukunftssicherungsleistungen i. S. d. § 3 Nr. 62 EStG ist für den Umfang der Kürzung des Vorwegabzugs ohne Bedeutung (→ BFH vom 16.10.2002 – BStBl. 2003 II S. 183).
  - Der Vorwegabzug ist auch dann zu kürzen, wenn der Arbeitgeber Zukunftssicherungsleistungen während des VZ nur zeitweise erbringt oder nur Beiträge zur Kranken- und Pflegeversicherung leistet (→ BFH vom 16.10.2002 – BStBl. 2003 II S. 288).
  - Der Vorwegabzug für Vorsorgeaufwendungen ist auch dann zu kürzen, wenn das Anwartschaftsrecht auf Altersversorgung nicht unverfallbar ist oder wirtschaftlich nicht gesichert erscheint. Diese Kürzung ist nicht rückgängig zu machen, wenn eine Pensionszusage in späteren Jahren widerrufen wird (→ BFH vom 28.7.2004 – BStBl. 2005 II S. 94).
- **Zusammenveranlagte Ehegatten.** Bei der Kürzung des zusammenveranlagten Ehegatten gemeinsam zustehenden Vorwegabzugs für Vorsorgeaufwendungen ist in die Bemessungsgrundlage nur der Arbeitslohn desjenigen Ehegatten einzubeziehen, für den Zukunftssicherungsleistungen i. S. d. § 3 Nr. 62 EStG erbracht worden sind oder der zum Personenkreis des § 10c Abs. 3 Nr. 1 oder 2 EStG gehört (→ BFH vom 3.12.2003 – BStBl. 2004 II S. 709).

Gesellschafter-Geschäftsführer von Kapitalgesellschaften. → BMF vom 22.5.2007 (BStBl. I S. 493).

Höchstbetrag nach § 10 Abs. 3 EStG. Der Höchstbetrag ist nicht zu kürzen:
- wenn der Arbeitgeber für die Zukunftssicherung des Stpfl. keine Leistungen i. S. d. Absatzes 3 erbracht hat. Werden später Beiträge für einen bestimmten Zeitraum nachentrichtet, ist dieser Vorgang ein rückwirkendes Ereignis i. S. d. § 175 Abs. 1 Satz 1 Nr. 2 AO; der Höchstbetrag ist zu kürzen (→ BFH vom 21.1.2004 – BStBl. II S. 650),
- wenn einem Gesellschafter-Geschäftsführer einer GmbH im Anstellungsvertrag ein Anspruch auf Ruhegehalt eingeräumt wird, dessen Art und Höhe erst später per Gesellschafterbeschluss bestimmt werden soll und die GmbH keine Aufwendungen zur Sicherstellung der künftigen Altersversorgung tätigt (→ BFH vom 14.6.2000 – BStBl. 2001 II S. 28),
- bei nach § 4 SGB VI auf Antrag Pflichtversicherten (→ BFH vom 19.5.1999 – BStBl. 2001 II S. 64).

---

[1] Nr. **20**.

Zu § 10a EStG

H 10a

Private Altersvorsorge. → BMF vom 21.12.2017 (BStBl. 2018 I S. 93) unter Berücksichtigung der Änderungen durch BMF vom 17.2.2020 (BStBl. I S. 213).[1]

Zu § 10b EStG
(§ 50 EStDV)

R 10b.1 Ausgaben zur Förderung steuerbegünstigter Zwecke i. S. d. § 10b Abs. 1 und 1a EStG[2)·3)·4)]

Begünstigte Ausgaben

(1) [1]Mitgliedsbeiträge, sonstige Mitgliedsumlagen und Aufnahmegebühren sind nicht abziehbar, wenn die diese Beträge erhebende Einrichtung Zwecke bzw. auch Zwecke verfolgt, die in § 10b Abs. 1 Satz 8 EStG genannt sind. [2]Zuwendungen, die mit der Auflage geleistet werden, sie an eine bestimmte natürliche Person weiterzugeben, sind nicht abziehbar. [3]Zuwendungen können nur dann abgezogen werden, wenn der Zuwendende endgültig wirtschaftlich belastet ist. [4]Bei Sachzuwendungen aus einem Betriebsvermögen darf zuzüglich zu dem Entnahmewert i. S. d. § 6 Abs. 1 Nr. 4 EStG auch die bei der Entnahme angefallene Umsatzsteuer abgezogen werden.

Durchlaufspenden

(2) [1]Das Durchlaufspendenverfahren ist keine Voraussetzung für die steuerliche Begünstigung von Zuwendungen. [2]Inländische juristische Personen des öffentlichen Rechts, die Gebietskörperschaften sind, und ihre Dienststellen sowie inländische kirchliche juristische Personen des öffentlichen Rechts können jedoch ihnen zugewendete Spenden – nicht aber Mitgliedsbeiträge, sonstige Mitgliedsumlagen und Aufnahmegebühren – an Zuwendungsempfänger i. S. d. § 10b Abs. 1 Satz 2 EStG weiterleiten. [3]Die Durchlaufstelle muss die tatsächliche Verfügungsmacht über die Spendenmittel erhalten. [4]Dies geschieht in der Regel (anders insbesondere bei Sachspenden) durch Buchung auf deren Konto. [5]Die Durchlaufstelle muss die Vereinnahmung der Spenden und ihre Verwendung (Weiterleitung) getrennt und unter Beachtung der haushaltsrechtlichen Vorschriften nachweisen. [6]Vor der Weiterleitung der Spenden an eine

---

[1] Weiter geänd. durch BMF v. 11.2.2022, BStBl. I 2022, 186. – Siehe auch BMF v. 12.8.2021, BStBl. I 2021, 1050.

[2] Zu steuerlichen Maßnahmen zur Förderung der Hilfe für von der Corona-Krise Betroffene siehe BMF v. 9.4.2020, BStBl. I 2020, 498, ergänzt durch BMF v. 26.5.2020, BStBl. I 2020, 543, erneut ergänzt und verlängert durch BMF v. 18.12.2020, BStBl. I 2021, 57.

[3] Zu steuerlichen Maßnahmen zur Berücksichtigung der Schäden im Zusammenhang mit den **Unwetterereignissen im Juli 2021** siehe FM Rh-Pf v. 26.7.2021 – S 1915 # 2018/0001-0401 447; FM NRW v. 16.7.2021, DStR 2021, 1762; BayFM v. 26.7.2021 – 37 – S 1915-14; FM Sachsen v. 27.7.2021 – 31 – S 1915/1/303 – 2021/51320; FM Hessen v. 27.7.2021 – S 1915 A – 026 – II 1a7.

[4] Zu steuerlichen Maßnahmen zur Unterstützung der vom Krieg in der **Ukraine** Geschädigten siehe BMF v. 17.3.2022, BStBl. I 2022, 330.

nach § 5 Abs. 1 Nr. 9 KStG steuerbefreite Körperschaft, Personenvereinigung oder Vermögensmasse muss sie prüfen, ob die Zuwendungsempfängerin wegen Verfolgung gemeinnütziger, mildtätiger oder kirchlicher Zwecke i. S. d. § 5 Abs. 1 Nr. 9 KStG anerkannt oder vorläufig anerkannt worden ist und ob die Verwendung der Spenden für diese Zwecke sichergestellt ist. [7]Die Zuwendungsbestätigung darf nur von der Durchlaufstelle ausgestellt werden.

Nachweis der Zuwendungen

(3) [1]Zuwendungen nach den §§ 10b und 34g EStG sind grundsätzlich durch eine vom Empfänger nach amtlich vorgeschriebenem Vordruck erstellte Zuwendungsbestätigung nachzuweisen. [2]Die Zuwendungsbestätigung kann auch von einer durch Auftrag zur Entgegennahme von Zahlungen berechtigten Person unterschrieben werden.

Maschinell erstellte Zuwendungsbestätigung

(4) [1]Als Nachweis reicht eine maschinell erstellte Zuwendungsbestätigung ohne eigenhändige Unterschrift einer zeichnungsberechtigten Person aus, wenn der Zuwendungsempfänger die Nutzung eines entsprechenden Verfahrens dem zuständigen Finanzamt angezeigt hat. [2]Mit der Anzeige ist zu bestätigen, dass folgende Voraussetzungen erfüllt sind und eingehalten werden:

1. die Zuwendungsbestätigungen entsprechen dem amtlich vorgeschriebenen Vordruck,
2. die Zuwendungsbestätigungen enthalten die Angabe über die Anzeige an das Finanzamt,
3. eine rechtsverbindliche Unterschrift wird beim Druckvorgang als Faksimile eingeblendet oder es wird beim Druckvorgang eine solche Unterschrift in eingescannter Form verwendet,
4. das Verfahren ist gegen unbefugten Eingriff gesichert,
5. das Buchen der Zahlungen in der Finanzbuchhaltung und das Erstellen der Zuwendungsbestätigungen sind miteinander verbunden und die Summen können abgestimmt werden, und
6. Aufbau und Ablauf des bei der Zuwendungsbestätigung angewandten maschinellen Verfahrens sind für die Finanzbehörden innerhalb angemessener Zeit prüfbar (analog § 145 AO); dies setzt eine Dokumentation voraus, die den Anforderungen der Grundsätze ordnungsmäßiger DV-gestützter Buchführungssysteme genügt.[1)]

[3]Die Regelung gilt nicht für Sach- und Aufwandsspenden.

Prüfungen

(5) [1]Ist der Empfänger einer Zuwendung eine inländische juristische Person des öffentlichen Rechts, eine inländische öffentliche Dienststelle oder ein inländischer amtlich anerkannter Verband der freien Wohlfahrtspflege einschließlich seiner Mitgliedsorganisationen, kann im Allgemeinen davon ausgegangen werden, dass die Zuwendungen für steuerbegünstigte Zwecke verwendet wer-

1) Siehe BMF v. 28.11.2019, BStBl. I 2019, 1269, betr. Neufassung der GoBD, grds. anzuwenden auf nach dem 31.12.2019 beginnende Besteuerungszeiträume, die Anwendung auf vor dem 1.1.2020 endende Besteuerungszeiträume wird nicht beanstandet.

den. ²Das gilt auch dann, wenn der Verwendungszweck im Ausland verwirklicht wird.

H **10b.1**

Anwendungsschreiben. → BMF vom 18.12.2008 (BStBl. 2009 I S. 16) und BMF vom 15.9.2014 (BStBl. I S. 1278).

Auflagen. Zahlungen an eine steuerbegünstigte Körperschaft zur Erfüllung einer Auflage nach § 153a StPO oder § 56b StGB sind nicht als Spende abziehbar (→ BFH vom 19.12.1990 – BStBl. 1991 II S. 234).

Aufwandsspenden. → BMF vom 25.11.2014 (BStBl. I S. 1584) unter Berücksichtigung der Änderungen durch BMF vom 24.8.2016 (BStBl. I S. 994).

Beitrittsspende. Eine anlässlich der Aufnahme in einen Golfclub geleistete Zahlung ist keine Zuwendung i. S. d. § 10b Abs. 1 EStG, wenn derartige Zahlungen von den Neueintretenden anlässlich ihrer Aufnahme erwartet und zumeist auch gezahlt werden (sog. Beitrittsspende). Die geleistete Zahlung ist als → Gegenleistung des Neumitglieds für den Erwerb der Mitgliedschaft und die Nutzungsmöglichkeit der Golfanlagen anzusehen (→ BFH vom 2.8.2006 – BStBl. 2007 II S. 8).

Crowdfunding. Spendenrechtliche Beurteilung von „Crowdfunding" → BMF vom 15.12.2017 (BStBl. 2018 I S. 246).

Durchlaufspendenverfahren.
- → BMF vom 7.11.2013 (BStBl. I S. 1333), ergänzt durch BMF vom 26.3.2014 (BStBl. I S. 791).[1)]
- Eine Durchlaufspende ist nur dann abziehbar, wenn der Letztempfänger für denjenigen VZ, für den die Spende steuerlich berücksichtigt werden soll, wegen des begünstigten Zwecks von der Körperschaftsteuer befreit ist (→ BFH vom 5.4.2006 – BStBl. 2007 II S. 450).
- Für den Abzug von Sachspenden im Rahmen des Durchlaufspendenverfahrens ist erforderlich, dass der Durchlaufstelle das Eigentum an der Sache verschafft wird. Bei Eigentumserwerb durch Einigung und Übergabeersatz (§§ 930, 931 BGB) ist die körperliche Übergabe der Sache an die Durchlaufstelle nicht erforderlich; es sind aber eindeutige Gestaltungsformen zu wählen, die die tatsächliche Verfügungsfreiheit der Durchlaufstelle über die Sache sicherstellen und eine Überprüfung des Ersterwerbs der Durchlaufstelle und des Zweiterwerbs der begünstigten gemeinnützigen Körperschaft ermöglichen.

Elternleistungen an gemeinnützige Schulvereine (Schulen in freier Trägerschaft) und entsprechende Fördervereine.
- Als steuerlich begünstigte Zuwendungen kommen nur freiwillige Leistungen der Eltern in Betracht, die über den festgesetzten Elternbeitrag hinausgehen (→ BMF vom 4.1.1991 – BStBl. 1992 I S. 266). Setzt ein Schulträger das Schulgeld so niedrig an, dass der normale Betrieb der Schule nur durch die Leistungen der Eltern an einen Förderverein aufrechterhalten werden kann, die dieser satzungsgemäß an den Schulträger abzuführen hat, handelt

---

1) Nr. **1** Anl. 4.

es sich bei diesen Leistungen um ein Entgelt, welches im Rahmen eines Leistungsaustausches erbracht wird und nicht um steuerlich begünstigte Zuwendungen (→ BFH vom 12.8.1999 – BStBl. 2000 II S. 65).
– → § 10 Abs. 1 Nr. 9 EStG.

Gebrauchte Kleidung als Sachspende (Abziehbarkeit und Wertermittlung). Bei gebrauchter Kleidung stellt sich die Frage, ob sie überhaupt noch einen gemeinen Wert (Marktwert) hat. Wird ein solcher geltend gemacht, sind die für eine Schätzung maßgeblichen Faktoren wie Neupreis, Zeitraum zwischen Anschaffung und Weggabe und der tatsächliche Erhaltungszustand durch den Stpfl. nachzuweisen (→ BFH vom 23.5.1989 – BStBl. II S. 879).

Gegenleistung.
– Ein Zuwendungsabzug ist ausgeschlossen, wenn die Ausgaben zur Erlangung einer Gegenleistung des Empfängers erbracht werden. Eine Aufteilung der Zuwendung in ein angemessenes Entgelt und eine den Nutzen übersteigende unentgeltliche Leistung scheidet bei einer einheitlichen Leistung aus. Auch im Fall einer Teilentgeltlichkeit fehlt der Zuwendung insgesamt die geforderte Uneigennützigkeit (→ BFH vom 2.8.2006 – BStBl. 2007 II S. 8).
– → Beitrittsspende.

Rückwirkendes Ereignis. Die Erteilung der Zuwendungsbestätigung nach § 50 EStDV ist kein rückwirkendes Ereignis i. S. d. § 175 Abs. 1 Satz 1 Nr. 2 AO (→ § 175 Abs. 2 Satz 2 AO).

Sachspenden. Zur Zuwendungsbestätigung → BMF vom 7.11.2013 (BStBl. I S. 1333) ergänzt durch BMF vom 26.3.2014 (BStBl. I S. 791).[1]

Schenkung mit Auflage. Wer einen Geldbetrag als Schenkung mit der Auflage erhält, ihn einer steuerbegünstigten Körperschaft zuzuwenden, ist mit diesem Betrag grundsätzlich nicht wirtschaftlich belastet und daher nicht spendenabzugsberechtigt. Etwas anderes gilt, wenn es sich um eine Schenkung unter zusammenveranlagten Eheleuten handelt (→ BFH vom 15.1. 2019 – BStBl. II S. 318).

Spenden in das zu erhaltende Vermögen.
– → BMF vom 15.9.2014 (BStBl. I S. 1278).
– Zuwendungen an eine rechtsfähige Stiftung sind vor deren Anerkennung nicht als Sonderausgaben abziehbar (→ BFH vom 11.2.2015 – BStBl. II S. 545).

Spendenhaftung. Die Ausstellerhaftung nach § 10b Abs. 4 Satz 2 1. Alternative EStG betrifft grundsätzlich den in § 10b Abs. 1 Satz 2 EStG genannten Zuwendungsempfänger (z. B. Kommune, gemeinnütziger Verein). Die Haftung einer natürlichen Person kommt allenfalls dann in Frage, wenn diese Person außerhalb des ihr zugewiesenen Wirkungskreises handelt. Die Ausstellerhaftung setzt Vorsatz oder grobe Fahrlässigkeit voraus. Grobe Fahrlässigkeit liegt z. B. bei einer Kommune vor, wenn nicht geprüft wird, ob der Verein, der die Zuwendung erhält, gemeinnützig ist (→ BFH vom

[1] Nr. **1** Anl. 4.

24.4.2002 – BStBl. 2003 II S. 128). Unrichtig ist eine Zuwendungsbestätigung, deren Inhalt nicht der objektiven Sach- und Rechtslage entspricht. Das ist z.B. dann der Fall, wenn die Bestätigung Zuwendungen ausweist, die Entgelt für Leistungen sind (→ BFH vom 12.8.1999 – BStBl. 2000 II S. 65). Bei rückwirkender Aberkennung der Gemeinnützigkeit haftet eine Körperschaft nicht wegen Fehlverwendung, wenn sie die Zuwendung zu dem in der Zuwendungsbestätigung angegebenen begünstigten Zweck verwendet (→ BFH vom 10.9.2003 – BStBl. 2004 II S. 352).

Sponsoring. → BMF vom 18.2.1998 (BStBl. I S. 212).

Vermächtniszuwendungen. Aufwendungen des Erben zur Erfüllung von Vermächtniszuwendungen an gemeinnützige Einrichtungen sind weder beim Erben (→ BFH vom 22.9.1993 – BStBl. II S. 874) noch beim Erblasser (→ BFH vom 23.10.1996 – BStBl. 1997 II S. 239) als Zuwendungen nach § 10b Abs. 1 EStG abziehbar.

Vertrauensschutz.

- Der Schutz des Vertrauens in die Richtigkeit einer Zuwendungsbestätigung erfasst nicht Gestaltungen, in denen die Bescheinigung zwar inhaltlich unrichtig ist, der in ihr ausgewiesene Sachverhalt aber ohnehin keinen Abzug rechtfertigt (→ BFH vom 5.4.2006 – BStBl. 2007 II S. 450).
- Eine → Zuwendungsbestätigung begründet keinen Vertrauensschutz, wenn für den Leistenden der Zahlung angesichts der Begleitumstände klar erkennbar ist, dass die Zahlung in einem Gegenleistungsverhältnis steht (→ BFH vom 2.8.2006 – BStBl. 2007 II S. 8).
- → Beitrittsspende.
- → Gegenleistung.

Zuwendungsbestätigung (§ 50 EStDV).

- Die Zuwendungsbestätigung ist eine unverzichtbare sachliche Voraussetzung für den Zuwendungsabzug. Die Bestätigung hat jedoch nur den Zweck einer Beweiserleichterung hinsichtlich der Verwendung der Zuwendung und ist nicht bindend (→ BFH vom 23.5.1989 – BStBl. II S. 879). Entscheidend ist u.a. der Zweck, der durch die Zuwendung tatsächlich gefördert wird (→ BFH vom 15.12.1999 – BStBl. 2000 II S. 608).
- Eine Zuwendungsbestätigung wird vom Finanzamt nicht als Nachweis für den Zuwendungsabzug anerkannt, wenn das Datum der Anlage zum Körperschaftsteuerbescheid oder des Freistellungsbescheides länger als 5 Jahre bzw. das Datum der Feststellung der Einhaltung der satzungsmäßigen Voraussetzungen nach § 60a Abs. 1 AO länger als 3 Jahre seit Ausstellung des Bescheides zurückliegt (§ 63 Abs. 5 AO).
- Eine Aufteilung von Zuwendungen in abziehbare und nichtabziehbare Teile je nach satzungsgemäßer und nichtsatzungsgemäßer anteiliger Verwendung der Zuwendung ist unzulässig (→ BFH vom 7.11.1990 – BStBl. 1991 II S. 547).
- Zur Erstellung und Verwendung der Zuwendungsbestätigungen:
  - → BMF vom 7.11.2013 (BStBl. I S. 1333) ergänzt durch BMF vom 26.3.2014 (BStBl. I S. 791).[1]

---

[1] Nr. **1** Anl. 4.

- Elektronisch in Form von schreibgeschützten Dateien → BMF vom 6.2.2017 (BStBl. I S. 287).

Zuwendungsempfänger im EU-/EWR-Ausland. Der ausländische Zuwendungsempfänger muss nach der Satzung, dem Stiftungsgeschäft oder der sonstigen Verfassung und nach der tatsächlichen Geschäftsführung ausschließlich und unmittelbar gemeinnützigen, mildtätigen oder kirchlichen Zwecken dienen (§§ 51 bis 68 AO). Den Nachweis hierfür hat der inländische Spender durch Vorlage geeigneter Belege zu erbringen (→ BMF vom 16.5.2011 – BStBl. I S. 559, BFH vom 17.9.2013 – BStBl. 2014 II S. 440 und vom 21.1.2015 – BStBl. II S. 588).

Zweckgebundene Zuwendungen. Auch zweckgebundene Zuwendungen können als Sonderausgabe abzugsfähig sein. Da der begünstigte Empfänger die Zuwendung nicht annehmen muss, verbleibt das Letztentscheidungsrecht darüber, ob und wie er seine steuerbegünstigten Zwecke fördert, bei ihm. Der Unentgeltlichkeit einer Zuwendung steht eine Zweckbindung nicht per se entgegen. An der Unentgeltlichkeit fehlt es nicht, wenn der Spender sich nur gewisse immaterielle Vorteile (wie z. B. eine Ansehensmehrung) erhofft (→ BFH vom 16.3.2021 – BStBl. II S. 810).

R 10b.2 Zuwendungen an politische Parteien

[1] Zuwendungen an politische Parteien sind nur dann abziehbar, wenn die Partei bei Zufluss der Zuwendung als politische Partei i. S. d. § 2 PartG[1)] anzusehen ist. [2] Der Stpfl. hat dem Finanzamt die Zuwendungen grundsätzlich durch eine von der Partei nach amtlich vorgeschriebenem Vordruck erstellte Zuwendungsbestätigung nachzuweisen. [3] R 10b.1 Abs. 3 Satz 2 und Abs. 4 gilt entsprechend.

H 10b.2

Kommunale Wählervereinigungen. Spenden an kommunale Wählervereinigungen sind nicht nach § 10b Abs. 2 EStG begünstigt (→ BFH vom 20.3.2017 – BStBl. II S. 1122).

Parteiengesetz. → Parteiengesetz vom 31.1.1994 (BGBl. I S. 149),[2)] zuletzt geändert durch Artikel 13 der Verordnung vom 19.6.2020 (BGBl. I S. 1328).

Zuwendungsbestätigung (§ 50 EStDV).
- → BMF vom 7.11.2013 (BStBl. I S. 1333) ergänzt durch BMF vom 26.3.2014 (BStBl. I S. 791).[3)]
- Elektronisch in Form von schreibgeschützten Dateien → BMF vom 6.2.2017 (BStBl. I S. 287).

---

1) **[Amtl. Anm.:]** Politische Partei i. S. d. § 2 PartG, die nicht gemäß § 18 Abs. 7 des PartG von der staatlichen Teilfinanzierung ausgeschlossen ist, → § 10b Abs. 2 Satz 1 EStG i. d. F. des Gesetzes zum Ausschluss verfassungsfeindlicher Parteien von der Parteienfinanzierung.

2) **Sartorius** Nr. **58**.

3) Nr. **1** Anl. 4.

R **10b.3** Begrenzung des Abzugs der Ausgaben für steuerbegünstigte Zwecke

Alternativgrenze

(1) [1]Zu den gesamten Umsätzen i. S. d. § 10b Abs. 1 Satz 1 Nr. 2 EStG gehören außer den steuerbaren Umsätzen i. S. d. § 1 UStG auch nicht steuerbare Umsätze. [2]Der alternative Höchstbetrag wird bei einem Mitunternehmer von dem Teil der Summe der gesamten Umsätze und der im Kalenderjahr aufgewendeten Löhne und Gehälter der Personengesellschaft berechnet, der dem Anteil des Mitunternehmers am Gewinn der Gesellschaft entspricht.

Stiftungen[1)]

(2) Der besondere Abzugsbetrag nach § 10b Abs. 1a EStG steht bei zusammenveranlagten Ehegatten jedem Ehegatten einzeln zu, wenn beide Ehegatten als Spender auftreten.

H **10b.3**

Höchstbetrag in Organschaftsfällen.
- → R 9 Abs. 5 KStR 2015.[2)]
- Ist ein Stpfl. an einer Personengesellschaft beteiligt, die Organträger einer körperschaftsteuerrechtlichen Organschaft ist, bleibt bei der Berechnung des Höchstbetrags der abziehbaren Zuwendungen nach § 10b Abs. 1 EStG auf Grund des G. d. E. das dem Stpfl. anteilig zuzurechnende Einkommen der Organgesellschaft außer Ansatz (→ BFH vom 23.1.2002 – BStBl. 2003 II S. 9).

Kreditinstitute. Die Gewährung von Krediten und das Inkasso von Schecks und Wechseln erhöht die „Summe der gesamten Umsätze". Die Erhöhung **bemisst** sich jedoch nicht nach den Kreditsummen, Schecksummen und Wechselsummen, Bemessungsgrundlage sind vielmehr die Entgelte, die der Stpfl. für die Kreditgewährungen und den Einzug der Schecks und Wechsel erhält (→ BFH vom 4.12.1996 – BStBl. 1997 II S. 327).

Umsätze. Zur „Summe der gesamten Umsätze" gehören die steuerbaren (steuerpflichtige und steuerfreie → BFH vom 4.12.1996 – BStBl. 1997 II S. 327) sowie die nicht steuerbaren Umsätze (→ R 10b.3 Abs. 1 Satz 1). Ihre Bemessung richtet sich nach dem Umsatzsteuerrecht (→ BFH vom 4.12.1996 – BStBl. 1997 II S. 327).

Zu § 10d EStG

R **10d.** Verlustabzug

Vornahme des Verlustabzugs nach § 10d EStG

(1) Der Altersentlastungsbetrag (§ 24a EStG), der Freibetrag für Land- und Forstwirte (§ 13 Abs. 3 EStG) und der Entlastungsbetrag für Alleinerziehende (§ 24b EStG) werden bei der Ermittlung des Verlustabzugs nicht berücksichtigt.

---

1) R 10b.3 Abs. 2 überholt auf Grund der Änderung des § 10b Abs. 1a Satz 1 EStG durch das EhrenamtsstärkungsG v. 21.3.2013, BGBl. I 2013, 556.

2) Nr. **100**.

Begrenzung des Verlustabzugs

(2) [1]Die Begrenzung des Verlustrücktrags auf *511 500 Euro*[1)] (Höchstbetrag) bezieht sich auf den einzelnen Stpfl., der die negativen Einkünfte erzielt hat. [2]Bei zusammenveranlagten Ehegatten verdoppelt sich der Höchstbetrag auf *1 023 000 Euro*[2)] und kann unabhängig davon, wer von beiden Ehegatten die positiven oder die negativen Einkünfte erzielt hat, ausgeschöpft werden. [3]Bei Personengesellschaften und Personengemeinschaften gilt der Höchstbetrag für jeden Beteiligten. [4]Über die Frage, welcher Anteil an den negativen Einkünften der Personengesellschaft oder Personengemeinschaft auf den einzelnen Beteiligten entfällt, ist im Bescheid über die gesonderte und einheitliche Feststellung zu entscheiden. [5]Inwieweit diese anteiligen negativen Einkünfte beim einzelnen Beteiligten nach § 10d EStG abziehbar sind, ist im Rahmen der Einkommensteuerveranlagung zu beurteilen. [6]In Organschaftsfällen (§ 14 KStG) bezieht sich der Höchstbetrag auf den Organträger. [7]Er ist bei diesem auf die Summe der Ergebnisse aller Mitglieder des Organkreises anzuwenden. [8]Ist der Organträger eine Personengesellschaft, ist Satz 3 zu beachten. [9]Die Sätze 1 bis 8 gelten entsprechend bei der Begrenzung des Verlustvortrags.

Wahlrecht

(3) [1]Der Antrag nach § 10d Abs. 1 Satz 5 EStG kann bis zur Bestandskraft des auf Grund des Verlustrücktrags geänderten Steuerbescheids an das nach § 19 AO zuständige Finanzamt gestellt werden. [2]Wird der Einkommensteuerbescheid des Rücktragsjahres gem. § 10d Abs. 1 Satz 3 EStG geändert, weil sich die Höhe des Verlusts im Entstehungsjahr ändert, kann das Wahlrecht nur im Umfang des Erhöhungsbetrags neu ausgeübt werden. [3]Der Antrag nach § 10d Abs. 1 Satz 5 EStG kann der Höhe nach beschränkt werden.

Verfahren bei Arbeitnehmern

(4) [1]Soll bei einem Arbeitnehmer ein Verlustabzug berücksichtigt werden, muss er dies beantragen, es sei denn, er wird bereits aus anderen Gründen zur Einkommensteuer veranlagt. [2]Erfolgt für einen VZ keine Veranlagung, kann der in diesem VZ berücksichtigungsfähige Verlustabzug vorbehaltlich Satz 4 nicht in einem anderen VZ geltend gemacht werden. [3]Der auf den Schluss des vorangegangenen VZ festgestellte verbleibende Verlustvortrag ist in diesen Fällen in Höhe der positiven S. d. E. des VZ, in dem keine Veranlagung erfolgte, ggf. bis auf 0 Euro, zu mindern und gesondert festzustellen. [4]Für den VZ der Verlustentstehung erfolgt jedoch keine Minderung des verbleibenden Verlustvortrags, soweit der Arbeitnehmer nach § 10d Abs. 1 Satz 5 EStG auf den Verlustrücktrag verzichtet hat.

Änderung des Verlustabzugs

(5) [1]Der Steuerbescheid für den dem Verlustentstehungsjahr vorangegangenen VZ ist vorbehaltlich eines Antrags nach § 10d Abs. 1 Satz 5 EStG nach

---

1) Ab VZ 2013 und ab VZ 2022: 1 000 000 €, für VZ 2020 und 2021: 10 000 000 €; Verlängerung für VZ 2022 und 2023 geplant durch 4. Corona-SteuerhilfeG.

2) Ab VZ 2013 und ab VZ 2022: 2 000 000 €, für VZ 2020 und 2021: 20 000 000 €; Verlängerung für VZ 2022 und 2023 geplant durch 4. Corona-SteuerhilfeG.

§ 10d Abs. 1 Satz 3 EStG zu ändern, wenn sich bei der Ermittlung der abziehbaren negativen Einkünfte für das Verlustentstehungsjahr Änderungen ergeben, die zu einem höheren oder niedrigeren Verlustrücktrag führen. [2]Auch in diesen Fällen gilt die Festsetzungsfrist des § 10d Abs. 1 Satz 4 Halbsatz 2 EStG. [3]Wirkt sich die Änderung eines Verlustrücktrags oder -vortrags auf den Verlustvortrag aus, der am Schluss eines VZ verbleibt, sind die betroffenen Feststellungsbescheide i. S. d. § 10d Abs. 4 EStG nach § 10d Abs. 4 Satz 4 EStG zu ändern. [4]Die bestandskräftige Feststellung eines verbleibenden Verlustvortrags kann nur nach § 10d Abs. 4 Satz 4 und 5 EStG geändert werden, wenn der Steuerbescheid, der die in die Feststellung eingeflossenen geänderten Verlustkomponenten enthält, nach den Änderungsvorschriften der AO zumindest dem Grunde nach noch geändert werden könnte.

Zusammenveranlagung von Ehegatten

(6) [1]Bei der Berechnung des verbleibenden Verlustabzugs ist zunächst ein Ausgleich mit den anderen Einkünften des Ehegatten vorzunehmen, der die negativen Einkünfte erzielt hat. [2]Verbleibt bei ihm ein negativer Betrag bei der Ermittlung des G. d. E., ist dieser mit dem positiven Betrag des anderen Ehegatten auszugleichen. [3]Ist der G. d. E. negativ und wird dieser nach § 10d Abs. 1 EStG nicht oder nicht in vollem Umfang zurückgetragen, ist der verbleibende Betrag als Verlustvortrag gesondert festzustellen. [4]Absatz 1 findet entsprechende Anwendung. [5]Bei dieser Feststellung sind die negativen Einkünfte auf die Ehegatten nach dem Verhältnis aufzuteilen, in dem die auf den einzelnen Ehegatten entfallenden Verluste im VZ der Verlustentstehung zueinander stehen.

Gesonderte Feststellung des verbleibenden Verlustvortrags

(7) [1]Bei der gesonderten Feststellung des verbleibenden Verlustvortrags ist eine Unterscheidung nach Einkunftsarten und Einkunftsquellen nur insoweit vorzunehmen, als negative Einkünfte besonderen Verlustverrechnungsbeschränkungen unterliegen. [2]Über die Höhe der im Verlustentstehungsjahr nicht ausgeglichenen negativen Einkünfte wird im Steuerfestsetzungsverfahren für das Verlustrücktragsjahr und hinsichtlich des verbleibenden Verlustvortrags für die dem Verlustentstehungsjahr folgenden VZ im Feststellungsverfahren nach § 10d Abs. 4 EStG bindend entschieden. [3]Der Steuerbescheid des Verlustentstehungsjahres ist daher weder Grundlagenbescheid für den Einkommensteuerbescheid des Verlustrücktragsjahres noch für den Feststellungsbescheid nach § 10d Abs. 4 EStG. [4]Der Feststellungsbescheid nach § 10d Abs. 4 EStG ist nach § 182 Abs. 1 AO Grundlagenbescheid für die Einkommensteuerfestsetzung des Folgejahres und für den auf den nachfolgenden Feststellungszeitpunkt zu erlassenden Feststellungsbescheid. [5]Er ist kein Grundlagenbescheid für den Steuerbescheid eines Verlustrücktragsjahres (§ 10d Abs. 1 EStG). [6]Der verbleibende Verlustvortrag ist auf 0 Euro festzustellen, wenn die in dem Verlustentstehungsjahr nicht ausgeglichenen negativen Einkünfte in vollem Umfang zurückgetragen werden. [7]Der verbleibende Verlustvortrag ist auch dann auf 0 Euro festzustellen, wenn ein zum Schluss des vorangegangenen VZ festgestellter verbleibender Verlustvortrag in einem folgenden VZ „aufgebraucht" worden ist.

Verlustfeststellung bei „Unterbrechung" der (un-)beschränkten Steuerpflicht

(8) [1]Der auf den Schluss eines VZ gesondert festgestellte verbleibende Verlustvortrag eines unbeschränkt oder beschränkt Stpfl. kann nach mehreren VZ, in denen der Stpfl. weder unbeschränkt noch beschränkt steuerpflichtig war, mit positiven Einkünften, die der Stpfl. nach erneuter Begründung der Steuerpflicht erzielt, verrechnet werden. [2]Dies gilt selbst dann, wenn in der Zwischenzeit keine gesonderte Feststellung des verbleibenden Verlustvortrags nach § 10d Abs. 4 EStG beantragt und durchgeführt wurde. [3]Folgejahr (Absatz 7

(Fortsetzung S. 311)

Satz 4) ist in diesen Fällen der VZ, in dem erstmals wieder die rechtlichen Voraussetzungen für einen Verlustabzug nach § 10d Abs. 2 EStG vorliegen.

Verlustabzug in Erbfällen

(9) [1]Zum Todeszeitpunkt nicht aufgezehrte Verluste des Erblassers können im Todesjahr nur in den Verlustausgleich nach § 2 Abs. 3 EStG bei der Veranlagung des Erblassers einfließen (Ausgleich mit positiven Einkünften des Erblassers). [2]Sie können grundsätzlich nicht im Rahmen des Verlustausgleichs und -abzugs bei der Veranlagung des Erben berücksichtigt werden. [3]Werden Ehegatten jedoch für das Todesjahr zusammen veranlagt, sind Verluste des verstorbenen Ehegatten aus dem Todesjahr zu verrechnen und Verlustvorträge des verstorbenen Ehegatten abzuziehen, § 26b EStG. [4]Werden die Ehegatten für das Todesjahr nach §§ 26, 26b EStG zusammen veranlagt und erfolgt für das Vorjahr ebenfalls eine Zusammenveranlagung, ist ein Rücktrag des nicht ausgeglichenen Verlusts des Erblassers in das Vorjahr möglich. [5]Werden die Ehegatten für das Todesjahr zusammen veranlagt und erfolgt für das Vorjahr eine Veranlagung nach § 26a EStG, ist ein Rücktrag des noch nicht ausgeglichenen Verlusts des Erblassers nur bei der Veranlagung des Erblassers zu berücksichtigen (§ 62d Abs. 1 EStDV). [6]Werden die Ehegatten für das Todesjahr nach § 26a EStG veranlagt und erfolgt für das Vorjahr eine Zusammenveranlagung, ist ein Rücktrag des nicht ausgeglichenen Verlusts des Erblassers in das Vorjahr möglich (§ 62d Abs. 2 Satz 1 EStDV). [7]Werden die Ehegatten für das Todesjahr nach § 26a EStG veranlagt und erfolgt auch für das Vorjahr eine Veranlagung nach § 26a EStG, ist ein Rücktrag des noch nicht ausgeglichenen Verlusts des Erblassers nur bei der Veranlagung des Erblassers zu berücksichtigen. [8]Für den hinterbliebenen Ehegatten sind für den Verlustvortrag und die Anwendung der sog. Mindestbesteuerung nach § 10d Abs. 2 EStG allein die auf ihn entfallenden nicht ausgeglichenen negativen Einkünfte maßgeblich. [9]Die Nichtübertragbarkeit von Verlusten auf die Erben gilt ebenso für die Regelungen in § 2a Abs. 1, § 20 Abs. 6, § 22 Nr. 3 Satz 4 EStG. [10]Gleiches gilt für Verluste nach § 22 Nr. 2 i. V. m. § 23 Abs. 3 Satz 7 bis 10 EStG, es sei denn, der Erbfall tritt bereits vor der verlustbehafteten Veräußerung ein. [11]Der zum Todeszeitpunkt nicht ausgeglichene Verlust nach § 15 Abs. 4 Satz 1 und 2 EStG darf nur in den Fällen auf den Erben übergehen, in denen der Betrieb, Teilbetrieb oder Mitunternehmeranteil nach § 6 Abs. 3 EStG auf diesen übergeht. [12]Im Erbfall übertragbar sind Verluste gem. § 15a und § 15b EStG. [13]Beim Erben ist gem. § 2a Abs. 3 EStG a. F. eine Hinzurechnung der vom Erblasser erzielten Verluste vorzunehmen (Nachversteuerungsregelung). [14]Auch bei erzielten Verlusten nach § 2 AIG ist eine Hinzurechnung der vom Erblasser erzielten Verluste beim Erben durchzuführen.

H 10d

Änderung von Steuerbescheiden infolge Verlustabzugs.

– **Erneute Ausübung des Wahlrechts der Veranlagungsart.** Ehegatten können das Wahlrecht der Veranlagungsart (z. B. Einzelveranlagung) grundsätzlich bis zur Unanfechtbarkeit eines Berichtigungs- oder Änderungsbescheids ausüben und die einmal getroffene Wahl innerhalb dieser

Frist frei widerrufen. § 351 Abs. 1 AO kommt insoweit nicht zur Anwendung (→ BFH vom 19.5.1999 – BStBl. II S. 762).

– **Rechtsfehlerkompensation.** Mit der Gewährung des Verlustrücktrags ist insoweit eine **Durchbrechung der Bestandskraft** des für das Rücktragsjahr ergangenen Steuerbescheids verbunden, als – ausgehend von der bisherigen Steuerfestsetzung und den dafür ermittelten Besteuerungsgrundlagen – die Steuerschuld durch die Berücksichtigung des Verlustabzugs gemindert würde. Innerhalb dieses punktuellen Korrekturspielraums sind zugunsten und zuungunsten des Stpfl. **Rechtsfehler** i. S. d. § 177 AO zu berichtigen (→ BFH vom 27.9.1988 – BStBl. 1989 II S. 225).
– **Rücktrag aus verjährtem Verlustentstehungsjahr.** Im Verlustentstehungsjahr nicht ausgeglichene Verluste sind in einen vorangegangenen, nicht festsetzungsverjährten VZ auch dann zurückzutragen, wenn für das Verlustentstehungsjahr selbst bereits Festsetzungsverjährung eingetreten ist (→ BFH vom 27.1.2010 – BStBl. II S. 1009).

Besondere Verrechnungskreise. Im Rahmen des § 2b, § 15 Abs. 4 Satz 1 und 2 sowie Satz 3 bis 5 und 6 bis 8, § 22 Nr. 2, 3 und § 23 EStG gelten gesonderte Verlustverrechnungsbeschränkungen (besondere Verrechnungskreise) → BMF vom 29.11.2004 (BStBl. I S. 1097).

Bindungswirkung.

– Der erstmalige Erlass oder die Änderung eines Bescheides über die gesonderte Feststellung des verbleibenden Verlustvortrags ist ausgeschlossen, wenn ein nacherklärter Verlust in der bestandskräftigen Steuerfestsetzung nicht berücksichtigt worden ist, eine Änderung des Steuerbescheides nach Maßgabe der Änderungsvorschriften der AO ausgeschlossen ist und die Aufhebung, Änderung oder Berichtigung des Steuerbescheides nicht ausschließlich mangels Auswirkung auf die Höhe der festzusetzenden Steuer unterbleibt (→ BFH vom 9.5.2017 – BStBl. II S. 1049, vom 12.7.2016 – BStBl. 2018 II S. 699 und vom 16.5.2018 – BStBl. II S. 752). Auch eine nach § 351 Abs. 1 AO beschränkte Anfechtbarkeit einer geänderten Steuerfestsetzung ist zu beachten (→ BFH vom 12.7.2016 – BStBl. 2018 II S. 699).
– Für nicht feststellungsverjährte Jahre kann ein Verlustvortrag auch dann erstmals gesondert festgestellt werden, wenn für das Verlustentstehungsjahr kein Einkommensteuerbescheid existiert und auch nicht mehr erlassen werden kann, weil bereits Festsetzungsverjährung eingetreten ist (→ BFH vom 13.1.2015 – BStBl. II S. 829).

Insolvenzverfahren (Konkurs-/Vergleichs- und Gesamtvollstreckungsverfahren). Verluste, die der Stpfl. vor und während des Konkursverfahrens erlitten hat, sind dem Grunde nach in vollem Umfang ausgleichsfähig und nach § 10d EStG abzugsfähig (→ BFH vom 4.9.1969 – BStBl. II S. 726).

Verlustabzug bei Ehegatten. → § 62d EStDV.

Verlustabzug in Erbfällen.

– Der Erbe kann einen vom Erblasser nicht genutzten Verlust nach § 10d EStG nicht bei seiner eigenen Veranlagung geltend machen (→ BFH vom 17.12.2007 – BStBl. 2008 II S. 608).
– → R 10d Abs. 9.

Verlustvortragsbegrenzung.

Beispiel:

Zusammenveranlagte Stpfl. (Verlustvortragsbegrenzung; Auswirkung bei Zusammenveranlagung, Feststellung des verbleibenden Verlustvortrags).

		Ehemann	Ehefrau
Spalte 1	**2**	**3**	**4**
Einkünfte im lfd. VZ aus			
§ 15		1 750 000	1 250 000
§ 22 Nr. 2 i. V. m. § 23		2 500 000	500 000
§ 22 Nr. 3		250 000	250 000
Verbleibender Verlustabzug aus dem vorangegangenen VZ			
nach § 10d Abs. 2		6 000 000	2 000 000
§ 22 Nr. 2 i. V. m. § 23		500 000	4 500 000
§ 22 Nr. 3			1 000 000
Berechnung der S. d. E. im lfd. VZ			
§ 15		1 750 000	1 250 000
§ 22 Nr. 2 i. V. m. § 23		2 500 000	500 000
Verlustvortrag aus dem vorangegangenen VZ Höchstbetragsberechnung			
S. d. E.			
§ 22 Nr. 2 i. V. m. § 23	3 000 000		
unbeschränkt abziehbar	2 000 000		
Verbleiben	1 000 000		
davon 60%	600 000		
Höchstbetrag	2 600 000		
Verhältnismäßige Aufteilung			
Ehemann:			
$\frac{500\,000 \times 2\,600\,000}{5\,000\,000}$	260 000		
Ehefrau:			
$\frac{4\,500\,000 \times 2\,600\,000}{5\,000\,000}$	2 340 000		
Verlustvortrag max. in Höhe der positiven Einkünfte		260 000	500 000
Zwischensumme		2 240 000	0
Übertragung Verlustvolumen 2 340 000 – 500 000	1 840 000	1 840 000	
Einkünfte			
§ 22 Nr. 2 i. V. m. § 23		400 000	0
§ 22 Nr. 3		250 000	250 000
Verlustvortrag aus dem vorangegangenen VZ max. in Höhe der positiven Einkünfte		250 000	250 000
Einkünfte § 22 Nr. 3		0	0

		Ehemann	Ehefrau
Spalte 1	**2**	**3**	**4**
S. d. E.		2 150 000	1 250 000
G. d. E.		3 400 000	
Verlustvortrag § 10d Berechnung Höchstbetrag			
G. d. E.	3 400 000		
unbeschränkt abziehbar	2 000 000		
Verbleiben	1 400 000		
davon 60%	840 000		
Höchstbetrag	2 840 000	2 840 000	
Verhältnismäßige Aufteilung			
Ehemann: $\frac{6\,000\,000 \times 2\,840\,000}{8\,000\,000}$	2 130 000		
Ehefrau: $\frac{2\,000\,000 \times 2\,840\,000}{8\,000\,000}$	710 000		
Berechnung des festzustellenden verbleibenden Verlustvortrags zum 31.12. des lfd. VZ:			
Verlustvortrag zum 31.12. des vorangegangenen VZ		6 000 000	2 000 000
Abzüglich Verlustvortrag in den lfd. VZ		2 130 000	710 000
Verbleibender Verlustvortrag zum 31.12. des lfd. VZ		3 870 000	1 290 000
Verlustvortrag zum 31.12. des vorangegangenen VZ aus § 22 Nr. 2 i. V. m. § 23		500 000	4 500 000
Abzüglich Verlustvortrag in den lfd. VZ		260 000	2 340 000
Verbleibender Verlustvortrag aus § 22 Nr. 2 i. V. m. § 23 zum 31.12. des lfd. VZ		240 000	2 160 000
Verlustvortrag zum 31.12. des vorangegangenen VZ aus § 22 Nr. 3			1 000 000
Abzüglich Verlustvortrag in den lfd. VZ			500 000
Verbleibender Verlustvortrag aus § 22 Nr. 3 zum 31.12. des lfd. VZ			500 000

Wahlrecht zum Verlustrücktrag. Der Antrag, vom Verlustrücktrag nach § 10d Abs. 1 Satz 1 EStG ganz oder teilweise abzusehen, kann bis zur Bestandskraft des den verbleibenden Verlustvortrag feststellenden Bescheids

i. S. d. § 10d Abs. 4 EStG geändert oder widerrufen werden (→ BFH vom 17.9.2008 – BStBl. 2009 II S. 639).

Zu § 10f EStG

R 10f. Steuerbegünstigung für zu eigenen Wohnzwecken genutzte Baudenkmale und Gebäude in Sanierungsgebieten und städtebaulichen Entwicklungsbereichen

R 7h und R 7i gelten entsprechend.

H 10f

Bescheinigungsbehörde für Baudenkmale. Übersicht über die zuständigen Bescheinigungsbehörden → BMF vom 4.6.2015 (BStBl. I S. 506).

Bescheinigungsrichtlinien. Übersicht über die Veröffentlichung der länderspezifischen Bescheinigungsrichtlinien → BMF vom 21.1.2020 (BStBl. I S. 169).

Flutkatastrophe vom Juli 2021. → H 7i.

Nichtvorliegen der Bescheinigung. Das Finanzamt hat bei Nichtvorliegen der Bescheinigung eine überprüfbare Ermessensentscheidung darüber zu treffen, ob und in welcher Höhe es den Abzugsbetrag im Wege der Schätzung nach § 162 Abs. 5 AO anerkennt (→ BFH vom 14.5.2014 – BStBl. 2015 II S. 12).

Zuschüsse. Im öffentlichen Interesse geleistete Zuschüsse privater Dritter mindern die Aufwendungen für ein zu eigenen Wohnzwecken genutztes Baudenkmal, da der Stpfl. in Höhe der Zuschüsse nicht wirtschaftlich belastet ist. Die Aufwendungen sind deshalb nicht wie Sonderausgaben abziehbar (→ BFH vom 20.6.2007 – BStBl. II S. 879).

Zu § 10g EStG

R 10g. Steuerbegünstigung für schutzwürdige Kulturgüter, die weder zur Einkunftserzielung noch zu eigenen Wohnzwecken genutzt werden

(1) [1]Die Bescheinigungsbehörde hat zu prüfen,

1. ob die Maßnahmen
   a) an einem Kulturgut i. S. d. § 10g Abs. 1 Satz 2 EStG durchgeführt worden sind,
   b) erforderlich waren,
   c) in Abstimmung mit der zuständigen Stelle durchgeführt worden sind,
2. in welcher Höhe Aufwendungen, die die vorstehenden Voraussetzungen erfüllen, angefallen sind,
3. inwieweit Zuschüsse aus öffentlichen Mitteln durch eine der für Denkmal- oder Archivpflege zuständigen Behörden bewilligt worden sind oder nach Ausstellung der Bescheinigung bewilligt werden (Änderung der Bescheinigung).

[2]R 7h Abs. 4 Satz 2 bis 5 gilt entsprechend.

(2) Die Finanzbehörden haben zu prüfen,

1. ob die vorgelegte Bescheinigung von der nach Landesrecht zuständigen oder der von der Landesregierung bestimmten Behörde ausgestellt worden ist,
2. ob die bescheinigte Maßnahme an einem Kulturgut durchgeführt worden ist, das im Eigentum des Stpfl. steht,
3. ob das Kulturgut im jeweiligen Kalenderjahr weder zur Erzielung von Einkünften i. S. d. § 2 EStG genutzt worden ist noch Gebäude oder Gebäudeteile zu eigenen Wohnzwecken genutzt und die Aufwendungen nicht nach § 10e Abs. 6 oder § 10h Satz 3 EStG abgezogen worden sind,
4. inwieweit die Aufwendungen etwaige aus dem Kulturgut erzielte Einnahmen übersteigen,
5. ob die bescheinigten Aufwendungen steuerrechtlich dem Kulturgut i. S. d. § 10g EStG zuzuordnen und keine Anschaffungskosten sind,
6. ob weitere Zuschüsse für die bescheinigten Aufwendungen gezahlt werden oder worden sind,
7. in welchem VZ die Steuerbegünstigung erstmals in Anspruch genommen werden kann.

H 10g

Bescheinigungsbehörde. Übersicht über die zuständigen Bescheinigungsbehörden → BMF vom 4.6.2015 (BStBl. I S. 506).

Bescheinigungsrichtlinien. Übersicht über die Veröffentlichung der länderspezifischen Bescheinigungsrichtlinien → BMF vom 21.1.2020 (BStBl. I S. 169).

Flutkatastrophe vom Juli 2021. → H 7i.

Zu § 11 EStG

R 11. Vereinnahmung und Verausgabung

[1]Die Vereinnahmung durch einen Bevollmächtigten reicht für die Annahme des Zuflusses beim Stpfl. aus. [2]Daher sind Honorare von Privatpatienten, die ein Arzt durch eine privatärztliche Verrechnungsstelle einziehen lässt, dem Arzt bereits mit dem Eingang bei dieser Stelle zugeflossen.

H 11

Allgemeines.

- **Zufluss von Einnahmen** erst mit der Erlangung der wirtschaftlichen Verfügungsmacht über ein in Geld oder Geldeswert bestehendes Wirtschaftsgut (→ BFH vom 21.11.1989 – BStBl. 1990 II S. 310, vom 8.10. 1991 – BStBl. 1992 II S. 174 und vom 11.11.2009 – BStBl. 2010 II S. 746). Verfügungsmacht wird in der Regel erlangt im Zeitpunkt des Eintritts des Leistungserfolges oder der Möglichkeit, den Leistungserfolg herbeizuführen (→ BFH vom 21.11.1989 – BStBl. 1990 II S. 310). Sie muss nicht endgültig erlangt sein (→ BFH vom 13.10.1989 – BStBl. 1990 II S. 287).
- **Kurze Zeit** bei regelmäßig wiederkehrenden Einnahmen ist in der Regel ein Zeitraum bis zu zehn Tagen; innerhalb dieses Zeitraums müssen

die Zahlungen fällig und geleistet worden sein (→ BFH vom 24.7.1986 – BStBl. 1987 II S. 16). Auf die Fälligkeit im Jahr der wirtschaftlichen Zugehörigkeit kommt es nicht an (→ BFH vom 23.9.1999 – BStBl. 2000 II S. 121).

– Für den **Abfluss von Ausgaben** gelten diese Grundsätze entsprechend.
– Bei einer nach § 108 Abs. 3 AO hinausgeschobenen Fälligkeit ist eine regelmäßig wiederkehrende Steuerzahlung nur dann im Jahr ihrer wirtschaftlichen Zugehörigkeit abziehbar, wenn sie innerhalb des Zehn-Tages-Zeitraums geleistet wurde (→ BFH vom 11.11.2014 – BStBl. 2015 II S. 285 und vom 27.6.2018 – BStBl. II S. 781).

Arbeitslohn. → § 38a Abs. 1 Satz 2 und 3 EStG, R 38.2 LStR 2015.[1]

Arzthonorar.

– Die Honorare fließen dem Arzt grundsätzlich erst mit Überweisung seines Anteils durch die kassenärztliche Vereinigung zu (→ BFH vom 20.2.1964 – BStBl. III S. 329).
– Die Einnahmen von der **kassenärztlichen Vereinigung** stellen regelmäßig wiederkehrende Einnahmen dar (→ BFH vom 6.7.1995 – BStBl. 1996 II S. 266).

Aufrechnung. Die Aufrechnung mit einer fälligen Gegenforderung stellt eine Leistung i. S. d. § 11 Abs. 2 EStG dar (→ BFH vom 19.4.1977 – BStBl. II S. 601).

Damnum.

– Bei **vereinbarungsgemäßer** Einbehaltung eines Damnums bei Auszahlung eines Tilgungsdarlehens ist im Zeitpunkt der Kapitalauszahlung ein Abfluss anzunehmen (→ BFH vom 10.3.1970 – BStBl. II S. 453). Bei ratenweiser Auszahlung des Darlehens kommt eine entsprechende Aufteilung des Damnums nur in Betracht, wenn keine Vereinbarung der Vertragsparteien über den Abflusszeitpunkt des Damnums vorliegt (→ BFH vom 26.6.1975 – BStBl. II S. 880).
– Soweit für ein Damnum ein **Tilgungsstreckungsdarlehen** aufgenommen wird, fließt das Damnum mit den Tilgungsraten des Tilgungsstreckungsdarlehens ab (→ BFH vom 26.11.1974 – BStBl. 1975 II S. 330).
– Ein Damnum, das ein Darlehensschuldner vor Auszahlung eines aufgenommenen Darlehens zahlt, ist im VZ seiner Leistung als Werbungskosten abziehbar, es sei denn, dass die Vorauszahlung des Damnums von keinen sinnvollen wirtschaftlichen Erwägungen getragen wird (→ BFH vom 3.2.1987 – BStBl. II S. 492). Ist ein Damnum nicht mehr als drei Monate vor Auszahlung der Darlehensvaluta oder einer ins Gewicht fallenden Teilauszahlung des Darlehens (mindestens 30% der Darlehensvaluta einschließlich Damnum) geleistet worden, kann davon ausgegangen werden, dass ein wirtschaftlich vernünftiger Grund besteht (→ BMF vom 20.10.2003 – BStBl. I S. 546, RdNr. 15).
– Damnum-/Disagiovereinbarungen mit Geschäftsbanken sind regelmäßig als marktüblich anzusehen. Diese Vermutung kann durch besondere Umstände wie beispielsweise Kreditunwürdigkeit des Darlehensnehmers, aty-

[1] Nr. **20**.

pische Vertragsgestaltungen oder persönliche Beziehungen der Beteiligten zueinander widerlegt werden (→ BFH vom 8.3.2016 – BStBl. II S. 646).

Entschädigung für Flutungsrecht. Entschädigungen für die Eintragung einer beschränkt persönlichen Dienstbarkeit, die das Recht dinglich absichert, dass ein zum Betriebsvermögen des Eigentümers gehörendes Grundstück als Überflutungsfläche zur Hochwasserrückhaltung genutzt werden darf, sind im Zuflusszeitpunkt als Betriebseinnahmen zu erfassen; es handelt sich nicht um eine Einnahme aus einer Nutzungsüberlassung i. S. d. § 11 Abs. 2 Satz 3 EStG (→ BFH vom 21.11.2018 – BStBl. 2019 II S. 311).

Forderungsübergang. Zufluss beim Stpfl., wenn der Betrag beim neuen Gläubiger eingeht (→ BFH vom 16.3.1993 – BStBl. II S. 507).

Gesamtgläubiger. Stehen mehreren Stpfl. als Gesamtgläubigern Einnahmen zu und vereinbaren sie mit dem Schuldner, dass dieser nur an einen bestimmten Gesamtgläubiger leisten soll, so tritt bei jedem der Gesamtgläubiger anteilsmäßig ein Zufluss in dem Zeitpunkt ein, in dem die Einnahmen bei dem bestimmten Gesamtgläubiger eingehen (→ BFH vom 10.12.1985 – BStBl. 1986 II S. 342).

Gewinnausschüttung. → H 20.2 (Zuflusszeitpunkt bei Gewinnausschüttungen).

Gutschrift. Zufluss beim Stpfl. im Zeitpunkt der Gutschrift in den Büchern des Verpflichteten (Schuldners), wenn eine eindeutige und unbestrittene Leistungsverpflichtung des Schuldners besteht (diesem also insbesondere kein Leistungsverweigerungsrecht zusteht oder er sich erkennbar auf zivilrechtliche Einwendungen und Einreden gegen die Forderung des Stpfl. nicht berufen will) und der Schuldner in diesem Zeitpunkt zur Zahlung des Betrages in der Lage gewesen wäre, also nicht zahlungsunfähig war (→ BFH vom 10.7.2001 – BStBl. II S. 646 und vom 30.10.2001 – BStBl. 2002 II S. 138).

Leasing-Sonderzahlung. Verwendet ein Arbeitnehmer einen geleasten Pkw für berufliche Zwecke und macht er dafür die tatsächlichen Kosten geltend, gehört eine bei Leasingbeginn zu erbringende Sonderzahlung in Höhe der anteiligen beruflichen Nutzung des Pkw zu den sofort abziehbaren Werbungskosten; es handelt sich bei ihr nicht um Anschaffungskosten des obligatorischen Nutzungsrechts an dem Pkw, die nur in Form von Absetzungen für Abnutzung als Werbungskosten berücksichtigt werden könnten (→ BFH vom 5.5.1994 – BStBl. II S. 643).

Novation. Vereinbaren Gläubiger und Schuldner, dass der Geldbetrag fortan aus einem anderen Rechtsgrund geschuldet wird (Novation), kann ein Zufluss und gleichzeitiger Wiederabfluss des Geldbetrages beim Gläubiger vorliegen (→ BFH vom 10.7.2001 – BStBl. II S. 646 und vom 30.10.2001 – BStBl. 2002 II S. 138).

Nutzungsrechte. Räumt der Arbeitgeber dem Arbeitnehmer im Hinblick auf das Dienstverhältnis unentgeltlich ein Nutzungsrecht an einer Wohnung ein, fließt dem Arbeitnehmer der geldwerte Vorteil nicht im Zeitpunkt der Bestellung des Nutzungsrechts in Höhe des kapitalisierten Wertes, sondern fortlaufend in Höhe des jeweiligen Nutzungswertes der Wohnung zu (→ BFH vom 26.5.1993 – BStBl. II S. 686).

Pachtzahlungen in der Land- und Forstwirtschaft. Ermittelt ein Land- und Forstwirt seinen Gewinn nach der Einnahmenüberschussrechnung, hat er laufende Pachtzahlungen in dem Wj. zu erfassen, zu dem sie wirtschaftlich gehören, wenn sie kurze Zeit vor Beginn oder nach Ende dieses Wj. fällig sind und zufließen; auf die Fälligkeit im Jahr der wirtschaftlichen Zugehörigkeit kommt es nicht an (→ BFH vom 23.9.1999 – BStBl. 2000 II S. 121).

Provisionen.

- Bei der Einnahmenüberschussrechnung sind Provisionen auch dann zugeflossen, wenn sie auf einem Kautionskonto zur Sicherung von Gegenforderungen des Versicherungsunternehmens gutgeschrieben werden (→ BFH vom 24.3.1993 – BStBl. II S. 499). Dagegen sind Beträge, die von dem Versicherungsunternehmen einem für den Vertreter gebildeten Stornoreservekonto gutgeschrieben werden, nicht zugeflossen, wenn die Beträge im Zeitpunkt der Gutschrift nicht fällig waren und das Guthaben nicht verzinst wird (→ BFH vom 12.11.1997 – BStBl. 1998 II S. 252).
- Auch wenn feststeht, dass erhaltene Provisionsvorschüsse in späteren Jahren zurückzuzahlen sind, ist bei der Einnahmenüberschussrechnung ein Zufluss anzunehmen (→ BFH vom 13.10.1989 – BStBl. 1990 II S. 287).

Scheck.

- Der Zufluss erfolgt grundsätzlich mit Entgegennahme. Dies gilt auch dann, wenn die zugrunde liegende Vereinbarung wegen eines gesetzlichen Verbots oder wegen Sittenwidrigkeit nichtig ist (→ BFH vom 20.3.2001 – BStBl. II S. 482); die sofortige Bankeinlösung darf jedoch nicht durch zivilrechtliche Vereinbarung eingeschränkt sein (→ BFH vom 30.10.1980 – BStBl. 1981 II S. 305).
- Der Abfluss erfolgt grundsätzlich mit Hingabe; für den Bereich der erhöhten Absetzungen und Sonderabschreibungen auf Anzahlungen aber → § 7a Abs. 2 Satz 5 EStG.
- Der Abfluss erfolgt bei Schecküberrmittlung mit der Übergabe an die Post bzw. dem Einwurf in den Briefkasten des Zahlungsempfängers (→ BFH vom 24.9.1985 – BStBl. 1986 II S. 284).

Schneeballsystem.

- Zufluss von Scheinrenditen bei einem Schneeballsystem (→ BFH vom 28.10.2008 – BStBl. 2009 II S. 190).
- → H 20.2 (Schneeballsystem).

Sperrkonto. Zinsen auf einem Sperrkonto fließen dem Stpfl. im Zeitpunkt der Gutschrift auf dem Sperrkonto zu, soweit die Kontosperre auf einer freien Vereinbarung zwischen dem Leistenden und dem Stpfl. beruht (→ BFH vom 28.9.2011 – BStBl. 2012 II S. 315).

Stille Gesellschaft.

- Für den Zufluss der Gewinnanteile eines typisch stillen Gesellschafters gilt § 11 EStG; für Zwecke des Kapitalertragsteuerabzugs ist § 44 Abs. 3 EStG maßgeblich (→ BFH vom 28.11.1990 – BStBl. 1991 II S. 313).
- → H 20.1 und H 20.2 (Stiller Gesellschafter).

Stundung. Wird die Fälligkeit eines auszuzahlenden Zinsanspruchs einvernehmlich hinausgeschoben, stellt dies lediglich eine Stundung und keine den Zufluss begründende Verfügung des Gläubigers über Kapitalerträge dar (→ BFH vom 20.10.2015 – BStBl. 2016 II S. 342).

Überweisung. Abfluss im Zeitpunkt des Eingangs des Überweisungsauftrags bei der Überweisungsbank, wenn das Konto die nötige Deckung aufweist oder ein entsprechender Kreditrahmen vorhanden ist; andernfalls im Zeitpunkt der Lastschrift (→ BFH vom 6.3.1997 – BStBl. II S. 509).

Umsatzsteuervorauszahlungen/-erstattungen.
- Umsatzsteuervorauszahlungen sind regelmäßig wiederkehrende Ausgaben. Dies gilt für Umsatzsteuererstattungen entsprechend (→ BFH vom 1.8.2007 – BStBl. 2008 II S. 282).[1]
- Bei nach § 108 Abs. 3 AO hinausgeschobener Fälligkeit → Allgemeines.

Verrechnung. → Aufrechnung.

Wechsel. Zufluss mit Einlösung oder Diskontierung des zahlungshalber hingegebenen Wechsels (→ BFH vom 5.5.1971 – BStBl. II S. 624). Entsprechendes gilt für den Abfluss.

Werbungskosten bei sonstigen Einkünften.
- → H 22.8 (Werbungskosten).
- → H 23 (Werbungskosten).

Wirtschaftsjahr. § 11 EStG ist auch bei abweichendem Wj. anzuwenden (→ BFH vom 23.9.1999 – BStBl. 2000 II S. 121).

Zu § 11a EStG

R 11a. Sonderbehandlung von Erhaltungsaufwand bei Gebäuden in Sanierungsgebieten und städtebaulichen Entwicklungsbereichen

R 7h gilt entsprechend.

H 11a

Bescheinigungsrichtlinien. Übersicht über die Veröffentlichung der länderspezifischen Bescheinigungsrichtlinien → BMF vom 21.1.2020 (BStBl. I S. 169).

Verteilung von Erhaltungsaufwand.
- → R 21.1 Abs. 6 Satz 1.
- → H 21.1 (Verteilung des Erhaltungsaufwands nach § 82b EStDV).

Zu § 11b EStG

R 11b. Sonderbehandlung von Erhaltungsaufwand bei Baudenkmalen

R 7i gilt entsprechend.

H 11b

Bescheinigungsbehörde. Übersicht über die zuständigen Bescheinigungsbehörden → BMF vom 4.6.2015 (BStBl. I S. 506).

---

[1] Siehe ausführlich BayLfSt v. 27.7.2021 – S 2226.2.1 – 5/23 St 32, DB 2021, 2051.

Bescheinigungsrichtlinien. Übersicht über die Veröffentlichung der länderspezifischen Bescheinigungsrichtlinien → BMF vom 21.1.2020 (BStBl. I S. 169).

Flutkatastrophe vom Juli 2021. → H 7i.

Verteilung von Erhaltungsaufwand.
– → R 21.1 Abs. 6 Satz 1.
– → H 21.1 (Verteilung des Erhaltungsaufwands nach § 82b EStDV).

Zu § 12 EStG
(§ 8 EStDV)

R 12.1 Abgrenzung der Kosten der Lebensführung von den Betriebsausgaben und Werbungskosten *(unbesetzt)*

H 12.1

Allgemeines. Bei der Entscheidung, ob nicht abziehbare Aufwendungen für die Lebenshaltung vorliegen, kommt es im Allgemeinen weniger auf den objektiven Charakter des angeschafften Gegenstands an, sondern vielmehr auf die Funktion des Gegenstands im Einzelfall, also den tatsächlichen Verwendungszweck (→ BFH vom 20.5.2010 – BStBl. II S. 723).

Ausbildungs- und Fortbildungsaufwendungen für Kinder.
– Aufwendungen der Eltern für die Ausbildung oder die berufliche Fortbildung ihrer Kinder gehören grundsätzlich zu den nicht abziehbaren Lebenshaltungskosten (→ BFH vom 29.10.1997 – BStBl. 1998 II S. 149).
– → H 4.8 (Bildungsaufwendungen für Kinder).
– Ausnahme: → § 10 Abs. 1 Nr. 9 EStG.

Berufliche Tätigkeit während einer Ferienreise. Reist ein Stpfl. zur Erholung und zur Aktualisierung von Lehrbüchern an einen Ferienort, ist regelmäßig von einer nicht unwesentlichen privaten Mitveranlassung auszugehen, die bei fehlender Trennbarkeit der Reise in einen beruflichen und einen privaten Teil den Abzug der Aufwendungen als Betriebsausgaben ausschließt (→ BFH vom 7.5.2013 – BStBl. II S. 808).

Berufsausbildungskosten. Aufwendungen für die erstmalige Berufsausbildung oder ein Erststudium → BMF vom 22.9.2010 (BStBl. I S. 721).

Bewirtungskosten.
– → § 4 Abs. 5 Satz 1 Nr. 2 EStG.
– → R 4.10 Abs. 5 bis 9.
– Aufwendungen für die Bewirtung von Geschäftsfreunden in der Wohnung des Stpfl. sind regelmäßig in vollem Umfang Kosten der Lebensführung (→ R 4.10 Abs. 6 Satz 8). Das Gleiche gilt für Aufwendungen des Stpfl. für die Bewirtung von Geschäftsfreunden anlässlich seines Geburtstages in einer Gaststätte (→ BFH vom 12.12.1991 – BStBl. 1992 II S. 524).
– → Gemischte Aufwendungen.
– → Karnevalsveranstaltungen.

Brille. → Medizinisch-technische Hilfsmittel und Geräte.

Bücher. Aufwendungen eines Publizisten für Bücher allgemeinbildenden Inhalts sind Kosten der Lebensführung (→ BFH vom 21.5.1992 – BStBl. II S. 1015).

Deutschkurs. Aufwendungen eines in Deutschland lebenden Ausländers für den Erwerb von Deutschkenntnissen sind regelmäßig nichtabziehbare Kosten der Lebensführung (→ BFH vom 15.3.2007 – BStBl. II S. 814 und → BMF vom 6.7.2010 – BStBl. I S. 614, Rn. 19).

Einbürgerungskosten. Aufwendungen für die Einbürgerung sind Kosten der Lebensführung (→ BFH vom 18.5.1984 – BStBl. II S. 588 und → BMF vom 6.7.2010 – BStBl. I S. 614, Rn. 19).

Erbstreitigkeiten. Der Erbfall selbst stellt im Gegensatz zur Erbauseinandersetzung einen einkommensteuerrechtlich irrelevanten privaten Vorgang dar mit der Folge, dass die Aufwendungen für die Verfolgung eigener Rechte in einem Streit über das Erbrecht der Privatvermögenssphäre zuzuordnen sind (→ BFH vom 17.6.1999 – BStBl. II S. 600).

Feier mit beruflicher und privater Veranlassung. Aufwendungen für eine Feier mit sowohl beruflichem als auch privatem Anlass können teilweise als Werbungskosten abziehbar sein. Der als Werbungskosten abziehbare Betrag kann anhand der Herkunft der Gäste aus dem beruflichen/privaten Umfeld abgegrenzt werden, wenn die Einladung der Gäste aus dem beruflichen Umfeld (nahezu) ausschließlich beruflich veranlasst ist. Hiervon kann insbesondere dann auszugehen sein, wenn nicht nur ausgesuchte Gäste aus dem beruflichen Umfeld eingeladen werden, sondern die Einladungen nach abstrakten berufsbezogenen Kriterien (z. B. alle Auszubildenden, alle Zugehörigen einer bestimmten Abteilung) ausgesprochen werden (→ BFH vom 8.7.2015 – BStBl. II S. 1013).

Führerschein. Aufwendungen für den Erwerb des Pkw-Führerscheins sind grundsätzlich Kosten der Lebensführung (→ BFH vom 5.8.1977 – BStBl. II S. 834 und → BMF vom 6.7.2010 – BStBl. I S. 614, Rn. 19).

Gemischte Aufwendungen. Bei gemischt veranlassten Aufwendungen besteht kein generelles Aufteilungs- und Abzugsverbot (→ BFH vom 21.9. 2009 – BStBl. 2010 II S. 672); zu den Folgerungen → BMF vom 6.7.2010 (BStBl. I S. 614).

Geschenke an Geschäftsfreunde.
– → § 4 Abs. 5 Satz 1 Nr. 1 EStG.
– → R 4.10 Abs. 2 bis 4.

Gesellschaftliche Veranstaltungen. Aufwendungen, die durch die Teilnahme an gesellschaftlichen Veranstaltungen, z. B. eines Berufs-, Fach- oder Wirtschaftsverbandes oder einer Gewerkschaft, entstanden sind, sind stets Kosten der Lebensführung und zwar auch dann, wenn die gesellschaftlichen Veranstaltungen im Zusammenhang mit einer rein fachlichen oder beruflichen Tagung oder Sitzung standen (→ BFH vom 1.8.1968 – BStBl. II S. 713).
→ Gemischte Aufwendungen.
→ Karnevalsveranstaltungen.
→ Kulturelle Veranstaltungen.

Hörapparat. → Medizinisch-technische Hilfsmittel und Geräte.

Karnevalsveranstaltungen. Aufwendungen für die Einladung von Geschäftspartnern zu Karnevalsveranstaltungen sind Lebenshaltungskosten (→ BFH vom 29.3.1994 – BStBl. II S. 843).

Kleidung und Schuhe. Als Kosten der Lebensführung nicht abziehbar, selbst wenn der Stpfl. sie ausschließlich bei der Berufsausübung trägt (→ BFH vom 18.4.1991 – BStBl. II S. 751 und → BMF vom 6.7.2010 – BStBl. I S. 614, Rn. 4).
Ausnahme: typische Berufskleidung → R 3.31 LStR 2015 und H 9.12 (Berufskleidung) LStH 2021.[1)]

Körperpflegemittel, Kosmetika. Als Kosten der Lebensführung nicht abziehbar (→ BFH vom 6.7.1989 – BStBl. 1990 II S. 49 und → BMF vom 6.7.2010 – BStBl. I S. 614, Rn. 4).

Kontoführungsgebühren. Pauschale Kontoführungsgebühren sind nach dem Verhältnis beruflich und privat veranlasster Kontenbewegungen aufzuteilen (→ BFH vom 9.5.1984 – BStBl. II S. 560).

Konzertflügel einer Musiklehrerin. Kann ein Arbeitsmittel i. S. d. § 9 Abs. 1 Satz 3 Nr. 6 EStG sein (→ BFH vom 21.10.1988 – BStBl. 1989 II S. 356).

Kulturelle Veranstaltungen. Aufwendungen für den Besuch sind regelmäßig keine Werbungskosten, auch wenn dabei berufliche Interessen berührt werden (→ BFH vom 8.2.1971 – BStBl. II S. 368 betr. Musiklehrerin und → BMF vom 6.7.2010 – BStBl. I S. 614, Rn. 4).

Kunstwerke. Aufwendungen für Kunstwerke zur Ausschmückung eines Arbeits- oder Dienstzimmers sind Kosten der Lebensführung (→ BFH vom 12.3.1993 – BStBl. II S. 506).

Medizinisch-technische Hilfsmittel und Geräte.
- Aufwendungen für technische Hilfsmittel zur Behebung körperlicher Mängel können als reine Kosten der Lebensführung nicht abgezogen werden, auch wenn die Behebung des Mangels im beruflichen Interesse liegt.
- → BFH vom 8.4.1954 (BStBl. III S. 174) – Hörapparat.
- → BFH vom 28.9.1990 (BStBl. 1991 II S. 27) – Bifokalbrille.
- → BFH vom 23.10.1992 (BStBl. 1993 II S. 193) – Sehbrille.

Nachschlagewerk.
- Allgemeines Nachschlagewerk eines Lehrers ist regelmäßig dem privaten Lebensbereich zuzuordnen (→ BFH vom 29.4.1977 – BStBl. II S. 716).
- Allgemeines englisches Nachschlagewerk eines Englischlehrers kann Arbeitsmittel i. S. d. § 9 Abs. 1 Satz 3 Nr. 6 EStG sein (→ BFH vom 16.10.1981 – BStBl. 1982 II S. 67).

Personalcomputer. Eine private Mitbenutzung ist für den vollständigen Betriebsausgaben- bzw. Werbungskostenabzug unschädlich, wenn diese einen Anteil von etwa 10 % nicht übersteigt. Bei einem höheren privaten Nutzungsanteil sind die Kosten eines gemischt genutzten PC aufzuteilen.

[1)] Nr. **20**. – Aufwendungen für die Reinigung typischer Berufskleidung in der privaten Waschmaschine sind Werbungskosten; siehe BFH v. 29.6.1993 VI R 77/91, BStBl. II 1993, 837 u. VI R 53/92, BStBl. II 1993, 838.

§ 12 Nr. 1 Satz 2 EStG steht einer solchen Aufteilung nicht entgegen (→ BFH vom 19.2.2004 – BStBl. II S. 958).

Sponsoring. → BMF vom 18.2.1998 (BStBl. I S. 212).

Steuerberatungskosten. Zuordnung der Steuerberatungskosten zu den Betriebsausgaben, Werbungskosten oder Kosten der Lebensführung → BMF vom 21.12.2007 (BStBl. 2008 I S. 256).[1)]

Strafverfahren. → H 12.3 (Kosten des Strafverfahrens/der Strafverteidigung).

Tageszeitung. Aufwendungen für den Bezug regionaler wie überregionaler Tageszeitungen gehören zu den unter § 12 Nr. 1 Satz 2 EStG fallenden Lebenshaltungskosten (→ BFH vom 7.9.1989 – BStBl. 1990 II S. 19 und → BMF vom 6.7.2010 – BStBl. I S. 614, Rn. 4 und 17).

Telefonanschluss in einer Wohnung. Grund- und Gesprächsgebühren sind Betriebsausgaben oder Werbungskosten, soweit sie auf die beruflich geführten Gespräche entfallen. Der berufliche Anteil ist aus dem – ggf. geschätzten – Verhältnis der beruflich und der privat geführten Gespräche zu ermitteln (→ BFH vom 21.11.1980 – BStBl. 1981 II S. 131). Zur Aufteilung der Gebühren → R 9.1 Abs. 5 LStR 2015.

Videorecorder eines Lehrers. Aufwendungen für einen Videorecorder sind regelmäßig Kosten der Lebensführung (→ BFH vom 27.9.1991 – BStBl. 1992 II S. 195).

R 12.2 Studienreisen, Fachkongresse *(unbesetzt)*

H 12.2

Allgemeines. Aufwendungen können nur berücksichtigt werden, wenn sie durch die Einkunftserzielung veranlasst sind. Bei gemischt veranlassten Aufwendungen besteht kein generelles Aufteilungs- und Abzugsverbot (→ BFH vom 21.9.2009 – BStBl. 2010 II S. 672); zu den Folgerungen → BMF vom 6.7.2010 (BStBl. I S. 614).

Incentive-Reisen. → BMF vom 14.10.1996 (BStBl. I S. 1192).

Nachweis der Teilnahme. Bei betrieblicher/beruflicher Veranlassung sind Aufwendungen für die Teilnahme an einem Kongress nur abziehbar, wenn feststeht, dass der Stpfl. an den Veranstaltungen teilgenommen hat (→ BFH vom 4.8.1977 – BStBl. II S. 829). An den Nachweis der Teilnahme sind strenge Anforderungen zu stellen; der Nachweis muss sich auf jede Einzelveranstaltung beziehen, braucht jedoch nicht in jedem Fall durch Anwesenheitstestat geführt zu werden (→ BFH vom 13.2.1980 – BStBl. II S. 386 und vom 11.1.2007 – BStBl. II S. 457).

R 12.3 Geldstrafen und ähnliche Rechtsnachteile

[1]Aufwendungen i. S. d. § 12 Nr. 4 EStG können auch dann nicht abgezogen werden, wenn die Geldstrafen und ähnlichen Rechtsnachteile außerhalb

---

1) Steuerberatungskosten für die Erstellung der Einkommensteuererklärung mindern weder die Einkünfte noch das Einkommen; siehe BFH v. 4.2.2010 X R 10/08, BStBl. II 2010, 617.

des Geltungsbereichs des Gesetzes verhängt, angeordnet oder festgesetzt werden, es sei denn, sie widersprechen wesentlichen Grundsätzen der deutschen Rechtsordnung (ordre public). [2]Die Einziehung von Gegenständen, die – neben der Hauptstrafe oder nachträglich nach § 76 StGB oder unter den Voraussetzungen des § 76a StGB selbständig – in den Fällen des § 74 Abs. 2 Nr. 1 oder § 76a StGB angeordnet oder festgesetzt worden ist, stellt eine Rechtsfolge vermögensrechtlicher Art mit überwiegendem Strafcharakter dar. [3]Die mit dem Verfall von Gegenständen bzw. dem Verfall von Tatentgelten (§ 73 StGB) verbundene Vermögenseinbuße dient hingegen der Gewinnabschöpfung und damit in erster Linie dem Ausgleich unrechtmäßiger Vermögensverschiebungen. [4]Ein Strafcharakter kann deshalb in der Regel nicht angenommen werden.

H 12.3

Abführung von Mehrerlösen. → R 4.13.

Geldbußen. → R 4.13.

Leistungen zur Erfüllung von Auflagen oder Weisungen
- sind **nicht abziehbar:**
  - bei Strafaussetzung zur Bewährung,
  - bei Verwarnung mit dem Strafvorbehalt, einen Geldbetrag zugunsten einer gemeinnützigen Einrichtung oder der Staatskasse zu zahlen oder sonst gemeinnützige Leistungen zu erbringen (§ 56b Abs. 2 Satz 1 Nr. 2 und 3, § 59a Abs. 2 StGB),
  - bei Einstellung des Verfahrens (§ 153a Abs. 1 Satz 1 Nr. 2 und 3 StPO); Gleiches gilt bei Einstellung des Verfahrens nach dem Jugendgerichtsgesetz und im Gnadenverfahren;
- sind **ausnahmweise abziehbar:**
  bei Ausgleichszahlungen an das geschädigte Tatopfer zur Wiedergutmachung des durch die Tat verursachten Schadens auf Grund einer Auflage nach § 56b Abs. 2 Satz 1 Nr. 1 StGB (→ BFH vom 15.1.2009 – BStBl. 2010 II S. 111).

Ordnungsgelder. → R 4.13.

Verwarnungsgelder. → R 4.13.

R 12.4 Nichtabziehbare Steuern und Nebenleistungen *(unbesetzt)*

H 12.4

Nebenleistungen.
Die folgenden Nebenleistungen (§ 3 Abs. 4 AO) sind nicht abziehbar, soweit sie auf die in § 12 Nr. 3 EStG genannten Steuerarten entfallen:
- Aussetzungszinsen (§ 237 AO),
- Gebühren für verbindliche Auskünfte (§ 89 Abs. 3 AO),
- Hinterziehungszinsen (§ 235 AO),
- Kosten bei Inanspruchnahme von Finanzbehörden (§ 178a AO),

– Nachforderungszinsen (§ 233a AO),[1]
– Säumniszuschläge (§ 240 AO),
– Stundungszinsen (§ 234 AO),
– Verspätungszuschläge (§ 152 AO),
– Verzögerungsgelder (§ 146 Abs. 2b AO),
– Zuschlag wegen der Nichtvorlage oder Unbrauchbarkeit von Aufzeichnungen (§ 162 Abs. 4 AO),
– Zwangsgelder (§ 329 AO).

Personensteuern.
– Einkommensteuer, einschl. ausländische Steuern vom Einkommen, soweit nicht § 34c Abs. 2 oder 3 EStG anzuwenden ist,
– Erbschaftsteuer,
– Kapitalertragsteuer,
– Kirchensteuer,
– Lohnsteuer,
– Solidaritätszuschlag,
– Vermögensteuer.

Umsatzsteuer bei Anwendung der 1%-Regelung. Die nach § 12 Nr. 3 EStG nicht abziehbare Umsatzsteuer ist bei Anwendung der 1%-Regelung (§ 6 Abs. 1 Nr. 4 Satz 2 EStG) nach umsatzsteuerrechtlichen Maßstäben zu ermitteln. Dabei kommt es nicht auf die tatsächlich festgesetzte Umsatzsteuer an, weil der Umsatzsteuerbescheid kein Grundlagenbescheid für den Einkommensteuerbescheid ist (→ BFH vom 7.12.2010 – BStBl. 2011 II S. 451).

R 12.5 Zuwendungen

[1]Spenden und Mitgliedsbeiträge gehören auch dann zu den Kosten der Lebensführung, wenn sie durch betriebliche Erwägungen mit veranlasst werden. [2]Der Stpfl. kann sie nur im Rahmen der §§ 10b, 34g EStG abziehen.

R 12.6 Wiederkehrende Leistungen *(unbesetzt)*

H 12.6

Abgrenzung zwischen Unterhalts- und Versorgungsleistungen. Einkommensteuerrechtliche Behandlung von wiederkehrenden Leistungen im Zusammenhang mit einer Vermögensübertragung → BMF vom 11.3.2010 (BStBl. I S. 227)[2] unter Berücksichtigung der Änderungen durch BMF vom 6.5.2016 (BStBl. I S. 476).

Gesetzlich unterhaltsberechtigt sind alle Personen, die nach bürgerlichem Recht gegen den Stpfl. oder seinen Ehegatten einen gesetzlichen Unterhaltsanspruch haben können. Die Unterhaltsberechtigung setzt insoweit zivilrechtlich die Unterhaltsbedürftigkeit der unterhaltenen Person voraus (sog. konkrete Betrachtungsweise) (→ BFH vom 5.5.2010 – BStBl. 2011 II S. 115), → H 33a.1 (Unterhaltsberechtigung).

---

[1] Vgl. auch BFH v. 2.9.2008 VIII R 2/07, BStBl. II 2010, 25.

[2] Ergänzend siehe BMF v. 20.11.2019, BStBl. I 2019, 1291, geänd. durch BMF v. 5.5. 2021, BStBl. I 2021, 696, Rn. 40.

Unterhaltsleistungen

- an den geschiedenen oder dauernd getrennt lebenden Ehegatten fallen unter das Abzugsverbot des § 12 Nr. 2 EStG;
- die den Rahmen der gesetzlichen Unterhaltspflicht übersteigen, fallen unter das Abzugsverbot des § 12 Nr. 2 EStG (→ BFH vom 10.4.1953 – BStBl. III S. 157).

Ausnahmen:

- → § 10 Abs. 1a Nr. 1 EStG.
- → § 33a Abs. 1 EStG.

Zu § 13 EStG
(§ 51 EStDV)

R 13.1 Freibetrag für Land- und Forstwirte

[1] Sind mehrere Personen an dem Betrieb beteiligt (Gesellschaft, Gemeinschaft), steht der Freibetrag jedem der Beteiligten zu. [2] § 13 Abs. 3 EStG gilt auch für nachträgliche Einkünfte aus Land- und Forstwirtschaft. [3] Der Freibetrag wird auch einem Stpfl. ungeschmälert gewährt, der einen Betrieb der Land- und Forstwirtschaft im Laufe eines VZ übernommen hat oder veräußert bzw. aufgibt.

H 13.1

Zusammenveranlagung. Alle Einkünfte aus Land- und Forstwirtschaft sind vor Berücksichtigung des Freibetrags nach § 13 Abs. 3 EStG zusammenzurechnen (→ BFH vom 25.2.1988 – BStBl. II S. 827).

R 13.2 Abgrenzung der gewerblichen und landwirtschaftlichen Tierzucht und Tierhaltung

Feststellung der Tierbestände

(1)[1)] [1] Bei der Feststellung der Tierbestände ist von den regelmäßig und nachhaltig im Wirtschaftsjahr **erzeugten** und den **im Durchschnitt** des Wirtschaftsjahres gehaltenen Tieren auszugehen. [2] Als erzeugt gelten Tiere, deren Zugehörigkeit zum Betrieb sich auf eine Mastperiode oder auf einen Zeitraum von weniger als einem Jahr beschränkt und die danach verkauft oder verbraucht werden. [3] Die übrigen Tiere sind mit dem **Durchschnittsbestand** des Wirtschaftsjahres zu erfassen. [4] Abweichend von den Sätzen 2 und 3 ist bei Mastrindern mit einer Mastdauer von weniger als einem Jahr, bei Kälbern und Jungvieh, bei Schafen unter einem Jahr und bei Damtieren unter einem Jahr stets vom Jahresdurchschnittsbestand auszugehen. [5] Der ermittelte Tierbestand ist zum Zwecke der Abgrenzung der landwirtschaftlichen Tierzucht und Tierhaltung von der gewerblichen in Vieheinheiten (VE) umzurechnen, wobei folgender Umrechnungsschlüssel maßgebend ist

---

1) Züchtung und Haltung von Kleintieren zum Verkauf als Haustiere oder als Lebendfutter ist Gewerbebetrieb; siehe BFH v. 16.12.2004 IV R 4/04, BStBl. II 2005, 347.

1. Für Tiere, die nach dem **Durchschnittsbestand** zu erfassen sind:[1)]

Alpakas:	0,08 VE
Damtiere:	
Damtiere unter 1 Jahr	0,04 VE
Damtiere 1 Jahr und älter	0,08 VE
Geflügel:	
Legehennen (einschließlich einer normalen Aufzucht zur Ergänzung des Bestandes)	0,02 VE
Legehennen aus zugekauften Junghennen	0,0183 VE
Zuchtputen, -enten, -gänse	0,04 VE
Kaninchen:	
Zucht- und Angorakaninchen	0,025 VE
Lamas:	0,10 VE
Pferde:	
Pferde unter drei Jahren und Kleinpferde	0,70 VE
Pferde drei Jahre und älter	1,10 VE
Rindvieh:	
Kälber und Jungvieh unter 1 Jahr (einschließlich Mastkälber, Starterkälber und Fresser)	0,30 VE
Jungvieh 1 bis 2 Jahre alt	0,70 VE
Färsen (älter als 2 Jahre)	1,00 VE
Masttiere (Mastdauer weniger als 1 Jahr)	1,00 VE
Kühe (einschließlich Mutter- und Ammenkühe mit den dazugehörigen Saugkälbern)	1,00 VE
Zuchtbullen, Zugochsen	1,20 VE
Schafe:	
Schafe unter 1 Jahr (einschließlich Mastlämmer)	0,05 VE
Schafe 1 Jahr und älter	0,10 VE
Schweine:	
Zuchtschweine (einschließlich Jungzuchtschweine über etwa 90 kg)	0,33 VE
Strauße:	
Zuchttiere 14 Monate und älter	0,32 VE
Jungtiere/Masttiere unter 14 Monate	0,25 VE
Ziegen:	0,08 VE

[1)] **Altweltkameliden** (Trampeltiere und Dromedare) ... 0,70 VE; siehe FM Ba-Wü v. 30.8.1999, DB 1999, 1832.

2. Für Tiere, die nach ihrer **Erzeugung** zu erfassen sind:

Geflügel:

Jungmasthühner (bis zu 6 Durchgänge je Jahr – schwere Tiere)	0,0017 VE
(mehr als 6 Durchgänge je Jahr – leichte Tiere)	0,0013 VE
Junghennen	0,0017 VE
Mastenten	0,0033 VE
Mastenten in der Aufzuchtphase	0,0011 VE
Mastenten in der Mastphase	0,0022 VE
Mastputen	
aus selbst erzeugten Jungputen	0,0067 VE
aus zugekauften Jungputen	0,0050 VE
Jungputen (bis etwa 8 Wochen)	0,0017 VE
Mastgänse	0,0067 VE

Kaninchen:

Mastkaninchen	0,0025 VE

Rindvieh:

Masttiere (Mastdauer 1 Jahr und mehr)	1,00 VE

Schweine:

Leichte Ferkel (bis etwa 12 kg)	0,01 VE
Ferkel (über etwa 12 bis etwa 20 kg)	0,02 VE
Schwere Ferkel und leichte Läufer (über etwa 20 bis etwa 30 kg)	0,04 VE
Läufer (über etwa 30 bis etwa 45 kg)	0,06 VE
Schwere Läufer (über etwa 45 bis etwa 60 kg)	0,08 VE
Mastschweine	0,16 VE
Jungzuchtschweine bis etwa 90 kg	0,12 VE

Wenn Schweine aus zugekauften Tieren erzeugt werden, ist dies bei der Umrechnung in VE entsprechend zu berücksichtigen:

Beispiel:

Mastschweine aus zugekauften Läufern
0,16 VE – 0,06 VE = 0,10 VE.

Zuordnung

(2) [1]Übersteigt die Zahl der Vieheinheiten nachhaltig den für die maßgebende Fläche angegebenen Höchstsatz, gehört der darüber hinausgehende Tierbestand zur gewerblichen Tierzucht und Tierhaltung. [2]Es kann jedoch ein Zweig des Tierbestandes immer nur im Ganzen zur landwirtschaftlichen oder gewerblichen Tierzucht und Tierhaltung gehören. [3]Hat ein Betrieb einen Tierbestand mit mehreren Zweigen, richtet sich deren Zuordnung nach ihrer Flächenabhängigkeit. [4]Der gewerblichen Tierzucht und Tierhaltung sind zunächst die weniger flächenabhängigen Zweige des Tierbestandes zuzurechnen. [5]Weniger flächenabhängig ist die Erzeugung und Haltung von Schweinen und Geflügel, mehr flächenabhängig die Erzeugung und Haltung von Pferden, Rindvieh und Schafen. [6]Innerhalb der beiden Gruppen der weniger oder mehr

flächenabhängigen Tierarten ist jeweils zuerst der Zweig der gewerblichen Tierzucht und Tierhaltung zuzurechnen, der die größere Zahl von VE hat. [7] Für die Frage, ab wann eine landwirtschaftliche oder eine gewerbliche Tierzucht und Tierhaltung vorliegt, ist R 15.5 Abs. 2 entsprechend anzuwenden.

Regelmäßig landwirtschaftlich genutzte Fläche (→ § 51 Abs. 1a BewG)[1)]

(3) [1] **Dazu** gehören:
- die selbstbewirtschafteten eigenen Flächen,
- die selbstbewirtschafteten zugepachteten Flächen,
- Flächen, die auf Grund öffentlicher Förderungsprogramme stillgelegt werden.

[2] **Nicht dazu** gehören:
- Abbauland,
- Geringstland,
- Unland,
- Hof- und Gebäudeflächen,
- weinbaulich genutzte Flächen,
- forstwirtschaftlich genutzte Flächen,
- innerhalb der gärtnerischen Nutzung die Nutzungsteile Gemüse-, Blumen- und Zierpflanzenbau und Baumschulen.

[3] Mit der **Hälfte** sind zu berücksichtigen:
- Obstbaulich genutzte Flächen, die so angelegt sind, dass eine regelmäßige landwirtschaftliche Unternutzung stattfindet.

[4] Mit einem **Viertel** sind zu berücksichtigen:
- Almen,
- Hutungen.

Gemeinschaftliche Tierhaltung

(4) Die vorstehenden Grundsätze der Absätze 1 bis 3 sind bei gemeinschaftlicher Tierhaltung entsprechend anzuwenden.

H 13.2

Hektarberechnung. Bei der Anwendung des § 13 Abs. 1 Nr. 1 EStG ist der letzte angefangene Hektar anteilig zu berücksichtigen (→ BFH vom 13.7. 1989 – BStBl. II S. 1036).

Pferdehaltung.
- Die Ausbildung von Pferden zu Renn- und Turnierpferden ist dem Bereich der Land- und Forstwirtschaft zuzurechnen, wenn der Betrieb seiner Größe nach eine ausreichende Futtergrundlage bietet, die Pferde nicht nur ganz kurzfristig dort verbleiben und nach erfolgter Ausbildung an Dritte veräußert werden. Das gilt auch dann, wenn die Tiere nicht im Betrieb selbst aufgezogen, sondern als angerittene Pferde erworben werden (→ BFH vom 31.3.2004 – BStBl. II S. 742).
- Ein landwirtschaftlicher Betrieb wird nicht dadurch zu einem Gewerbebetrieb, dass er Pferde zukauft, sie während einer nicht nur kurzen Auf-

1) **Steuergesetze** Nr. **200**.

enthaltsdauer zu hochwertigen Reitpferden ausbildet und dann weiterverkauft (→ BFH vom 17.12.2008 – BStBl. 2009 II S. 453).

Zweige des Tierbestandes bei jeder Tierart. → § 51 Abs. 3 BewG[1] (als Zweig gilt bei jeder Tierart für sich):

- Zugvieh
- Zuchtvieh
- Mastvieh
- übriges Nutzvieh.

Zuchtvieh gilt nur dann als eigener Zweig, wenn die erzeugten Jungtiere überwiegend zum Verkauf bestimmt sind, andernfalls ist es dem Zweig zuzurechnen, dessen Zucht und Haltung es überwiegend dient.

R 13.3 Land- und forstwirtschaftliches Betriebsvermögen *(unbesetzt)*

H 13.3

Baumbestand. Zur steuerlichen Behandlung des Baumbestandes → BMF vom 16.5.2012 (BStBl. I S. 595).

Betrieb.

- Lag nach der Einheitswertfeststellung ein landwirtschaftlicher Betrieb mit Wohn- und Wirtschaftsteil vor und überstieg die Größe der bewirtschafteten Fläche die für die Abgrenzung von einer privaten Gartenbewirtschaftung entwickelte Grenze von 3000 m², ist auch einkommensteuerrechtlich von einem landwirtschaftlichen Betrieb auszugehen, sofern die Beweisanzeichen nicht erschüttert werden (→ BFH vom 5.5.2011 – BStBl. II S. 792).
- Ein Grundstück, welches mehr als 100 km von der Hofstelle entfernt liegt, kann regelmäßig weder dem notwendigen noch dem gewillkürten Betriebsvermögen eines aktiv bewirtschafteten oder eines verpachteten landwirtschaftlichen Betriebs zugeordnet werden (→ BFH vom 19.7. 2011 – BStBl. 2012 II S. 93).
- Zum Vorliegen eines Forstbetriebs oder Forstteilbetriebs → BMF vom 18.5.2018 (BStBl. I S. 689).
- → Nießbrauch.

Bewertung von Pflanzenbeständen in Baumschulen. → BMF vom 27.6.2014 (BStBl. I S. 1094), vom 5.10.2018 (BStBl. I S. 1037) und vom 26.11.2021 (BStBl. I S. 2451).

Bewertung von Tieren. → BMF vom 14.11.2001 (BStBl. I S. 864).

Bewertungswahlrecht. Das einmal in Anspruch genommene Wahlrecht bindet den Landwirt grundsätzlich auch für die Zukunft (→ BFH vom 14.4.1988 – BStBl. II S. 672 und vom 17.3.1988 – BStBl. II S. 770).

Eiserne Verpachtung. Zur Gewinnermittlung bei der Verpachtung von Betrieben mit Substanzerhaltungspflicht des Pächters nach §§ 582a, 1048 BGB → BMF vom 21.2.2002 (BStBl. I S. 262).

---

[1] **Steuergesetze** Nr. **200**.

Forstwirtschaft. Zur Behandlung von forstwirtschaftlichen Flächen als Betriebsvermögen eines Erwerbsbetriebs → BMF vom 18.5.2018 (BStBl. I S. 689).

Jagd. Die Einkünfte aus der Jagd stehen im Zusammenhang mit einem land- und forstwirtschaftlichen Pachtbetrieb, wenn sich das gepachtete Jagdausübungsrecht auf die bewirtschafteten Pachtflächen erstreckt. Bilden die Flächen eines land- und forstwirtschaftlichen Pachtbetriebs einen Eigenjagdbezirk und werden diesem durch Vertrag gestützt auf § 5 Abs. 1 Bundesjagdgesetz Flächen angegliedert, so ist der Zusammenhang der Jagd in dem vergrößerten gepachteten Eigenjagdbezirk mit dem land- und forstwirtschaftlichen Pachtbetrieb jedenfalls dann noch zu bejahen, wenn die Jagd überwiegend auf eigenbetrieblich genutzten Flächen ausgeübt wird. Ist Inhaberin des land- und forstwirtschaftlichen Betriebs eine Personengesellschaft, kann der erforderliche Zusammenhang der Einkünfte aus der Jagd mit dem Betrieb der Personengesellschaft regelmäßig nur gegeben sein, wenn das Jagdausübungsrecht einem Gesellschafter zusteht (→ BFH vom 22.5.2019 – BStBl. II S. 607).

Nießbrauch. Bei den Einkünften aus Land- und Forstwirtschaft hat die Bestellung eines Nießbrauchs zur Folge, dass zwei Betriebe entstehen, nämlich ein ruhender Betrieb in der Hand des nunmehrigen Eigentümers (des Nießbrauchsverpflichteten) und ein wirtschaftender Betrieb in der Hand des Nießbrauchsberechtigten und bisherigen Eigentümers. Die Rechtsprechung zur unentgeltlichen Übertragung eines land- und forstwirtschaftlichen Betriebs unter Nießbrauchsvorbehalt gilt auch für die Übertragung eines Verpachtungsbetriebs (→ BFH vom 8.5.2019 – BStBl. II S. 660).

Übergang zur Buchführung.

- Bei Übergang zur Buchführung haben Land- und Forstwirte ein Wahlrecht, ob sie das Vieh in der Übergangsbilanz nach § 6 Abs. 1 EStG mit einzeln ermittelten Anschaffungs-/Herstellungskosten oder mit Durchschnittswerten bewerten, wenn bis zum Zeitpunkt des Übergangs zur Buchführung der Gewinn nach Durchschnittssätzen auf Grund des §13a EStG ermittelt (→ BFH vom 1.10.1992 – BStBl. 1993 II S. 284) oder geschätzt worden ist (→ BFH vom 4.6.1992 – BStBl. 1993 II S. 276).[1]
- Wechselt der Stpfl. zur Gewinnermittlung nach § 4 Abs. 1 EStG, nachdem er von der Gewinnermittlung nach § 13a EStG zur Gewinnermittlung nach § 4 Abs. 3 EStG übergegangen war, ist bei der Bewertung der Tiere die Bewertungsmethode zugrunde zu legen, die beim Wechsel der Gewinnermittlung zu § 4 Abs. 3 EStG angewandt wurde (→ BFH vom 16.6.1994 – BStBl. II S. 932).

Wiederbepflanzungsrechte im Weinbau. Wiederbepflanzungsrechte im Weinbau sind immaterielle Wirtschaftsgüter. Es handelt sich bei diesen Rechten um nichtabnutzbare Wirtschaftsgüter, wenn ein Ende der Beschränkung des Weinbaus in der EU zum maßgeblichen Bilanzstichtag nicht absehbar ist (→ BFH vom 6.12.2017 – BStBl. 2018 II S. 353).

---

[1] Siehe ferner BFH v. 6.8.1998 IV R 67/97, BStBl. II 1999, 14.

Zuordnung zum Betriebsvermögen eines im Zeitpunkt des Erwerbs verpachteten Grundstücks.

- Ein landwirtschaftliches Grundstück, welches im Zeitpunkt des Erwerbs an einen Dritten verpachtet ist, gehört unmittelbar zum notwendigen Betriebsvermögen eines land- und forstwirtschaftlichen Betriebs, wenn die beabsichtigte Eigenbewirtschaftung in einem Zeitraum von bis zu zwölf Monaten erfolgt.
- Dies gilt gleichermaßen bei einem Verpachtungsbetrieb, wenn das hinzuerworbene Grundstück, welches im Zeitpunkt des Erwerbs an einen Dritten verpachtet ist, in einem Zeitraum von bis zu zwölf Monaten von dem bisherigen Betriebspächter bewirtschaftet wird.
- Ist eine Eigen- bzw. Fremdnutzung des hinzuerworbenen Grundstücks durch den Inhaber bzw. den Pächter des land- und forstwirtschaftlichen Betriebs nicht innerhalb von zwölf Monaten möglich, kann dieses durch eine eindeutige Zuweisungsentscheidung dem gewillkürten Betriebsvermögen des Eigen- bzw. Verpachtungsbetriebs zugeordnet werden.

(→ BFH vom 19.7.2011 – BStBl. 2012 II S. 93 und vom 19.12.2019 – BStBl. 2021 II S. 427).

R 13.4 Rechtsverhältnisse zwischen Angehörigen in einem landwirtschaftlichen Betrieb *(unbesetzt)*

H 13.4

Alleinunternehmerschaft. Hat ein Ehegatte sein Nutzungsrecht an seinen eigenen Grundstücken dem anderen Ehegatten auf Grund eines nachgewiesenen Nutzungsüberlassungsvertrags überlassen, kann dies die Alleinunternehmerschaft des anderen Ehegatten begründen (→ BFH vom 14.8.1986 – BStBl. 1987 II S. 20 und vom 22.1.2004 – BStBl. II S. 500).

Arbeitsverhältnisse zwischen Angehörigen. → R 4.8.

Familiengesellschaft. Eine Familiengesellschaft ist auch auf dem Gebiet der Land- und Fortwirtschaft grundsätzlich anzuerkennen (→ BFH vom 29.5. 1956 – BStBl. III S. 246). → R 15.9 ist entsprechend anzuwenden.

Gütergemeinschaft.

- → H 4.2 (12).
- → H 15.9 (1).

Mitunternehmerschaft zwischen Ehegatten. Ehegatten können in der Land- und Forstwirtschaft ohne ausdrücklichen Gesellschaftsvertrag eine Mitunternehmerschaft bilden, wenn jeder der Ehegatten einen erheblichen Teil der selbst bewirtschafteten land- und forstwirtschaftlichen Grundstücke zur Verfügung stellt. Dabei kommt es nicht darauf an, ob dem Ehegatten das Fruchtziehungsrecht an den zur Verfügung gestellten Grundstücken als Alleineigentümer, als Miteigentümer oder als Pächter zusteht. Der zur Begründung einer konkludenten Mitunternehmerschaft erhebliche Teil der selbst bewirtschafteten Flächen muss mindestens 10% der insgesamt land- und forstwirtschaftlich genutzten Eigentums- und Pachtflächen betragen. Dagegen kann ohne vorliegende Vereinbarungen über ein Gesellschaftsverhältnis nicht von einer Mitunternehmerschaft ausgegangen werden, wenn

jeder Ehegatte einen eigenen landwirtschaftlichen Betrieb unterhält. Für diesen Fall genügt die Selbstbewirtschaftung von landwirtschaftlichen Flächen der Ehegatten nicht, um eine konkludente Mitunternehmerschaft zu begründen. Vielmehr ist erforderlich, dass die Ehegatten die Grundstücke gemeinsam in einem Betrieb bewirtschaften, so dass von einer gemeinsamen Zweckverfolgung ausgegangen werden kann (→ BFH vom 25.9.2008 – BStBl. 2009 II S. 989 und vom 16.5.2018 – BStBl. 2019 II S. 60). Bei der Ermittlung des selbst bewirtschafteten land- und forstwirtschaftlichen Grundbesitzes, den jeder Ehegatte zur Verfügung stellt, sind nicht nur landwirtschaftlich, sondern auch forstwirtschaftlich genutzte Flächen einzubeziehen (→ BFH vom 16.5.2018 – BStBl. 2019 II S. 60).
Von einer Mitunternehmerschaft kann ohne vorliegende Vereinbarungen über ein Gesellschaftsverhältnis **nicht** ausgegangen werden, wenn
- den Ehegatten gemeinsam gehörende Grundstücke für Zwecke einer Baumschule genutzt werden, weil die Erzeugnisse einer Baumschule weder Früchte noch wesentliche Bestandteile des Grundstücks darstellen (→ BFH vom 14.8.1986 – BStBl. 1987 II S. 23),
- einem Ehegatten der Grund und Boden und dem anderen Ehegatten das Inventar gehört (→ BFH vom 26.11.1992 – BStBl. 1993 II S. 395),
- ein Ehegatte lediglich auf der familiären Grundlage der ehelichen Lebensgemeinschaft geringfügige Flächen des anderen Ehegatten mitbewirtschaftet (→ BFH vom 2.2.1989 – BStBl. II S. 504),
- einem Ehegatten der Grund und Boden und dem anderen Ehegatten nur die Hofstelle oder ein Anteil daran gehört (→ BFH vom 27.1.1994 – BStBl. II S. 462).

Nutzungsüberlassungsvertrag zwischen Ehegatten. → Alleinunternehmerschaft.

Rechtsverhältnisse zwischen Angehörigen.
- → R 4.8.
- Ein nachträglich vor dem Arbeitsgericht mit Erfolg geltend gemachter Vergütungsanspruch wegen fehlgeschlagener Hofübergabe führt im steuerlichen Sinne nicht automatisch zu Einkünften aus nichtselbständiger Arbeit oder Einkünften aus Land- und Forstwirtschaft. Die Zahlungen sind als sonstige Einkünfte i. S. d. § 22 Nr. 3 EStG zu erfassen (→ BFH vom 8.5.2008 – BStBl. II S. 868).

Wirtschaftsüberlassungsvertrag.
- Ein Wirtschaftsüberlassungsvertrag kann auch vorliegen, wenn die Nutzung einer anderen Person als dem künftigen Hoferben überlassen wird (→ BFH vom 26.11.1992 – BStBl. 1993 II S. 395).
- → H 4.8.
- → H 7.1.

R 13.5 Ermittlung des Gewinns aus Land- und Forstwirtschaft

Gewinnschätzung

(1) [1]Bei Land- und Forstwirten, die zur Buchführung verpflichtet sind, aber keine ordnungsmäßigen Bücher führen, ist der Gewinn im Einzelfall zu schätzen. [2]Land- und Forstwirte, die weder zur Buchführung verpflichtet sind

noch die Voraussetzungen des § 13a Abs. 1 Satz 1 Nr. 2 bis 4 EStG[1] erfüllen, können den Gewinn entweder nach § 4 Abs. 1 EStG oder nach § 4 Abs. 3 EStG ermitteln. [3]Haben sie keine Bücher i. S. d. § 4 Abs. 1 EStG geführt und auch die Betriebseinnahmen und Betriebsausgaben i. S. d. § 4 Abs. 3 EStG nicht aufgezeichnet, ist der Gewinn zu schätzen. [4]Richtsätze, die von den Finanzbehörden aufgestellt werden, können dabei als Anhalt dienen.

Wechsel der Gewinnermittlungsart

(2) [1]Geht ein Land- und Forstwirt zur Gewinnermittlung durch Betriebsvermögensvergleich über, ist für die Aufstellung der Übergangsbilanz nach den Grundsätzen in R 4.6 zu verfahren. [2]Bei einem Wechsel der Gewinnermittlung ist zu beachten, dass die Gewinnermittlung nach § 13a Abs. 3 bis 5 EStG[2] in diesem Zusammenhang der nach § 4 Abs. 1 EStG gleichzustellen ist. [3]Beim Übergang von der Gewinnermittlung nach § 13a Abs. 3 bis 5 EStG[2] zur Gewinnermittlung durch Betriebsvermögensvergleich sind die in die Übergangsbilanz einzustellenden Buchwerte der abnutzbaren Anlagegüter zu schätzen. [4]Dazu sind die Anschaffungs- oder Herstellungskosten beweglicher Anlagegüter um die üblichen Absetzungen zu mindern, die den amtlichen AfA-Tabellen zu entnehmen sind. [5]Geringwertige Wirtschaftsgüter i. S. d. § 6 Abs. 2 EStG, die nach dem 31.12.2007 und vor dem 1.1.2010 angeschafft oder hergestellt worden sind, sind nicht anzusetzen. [6]Der Sammelposten nach § 6 Abs. 2a EStG für Wirtschaftsgüter, die nach dem 31.12.2007 und vor dem 1.1.2010 angeschafft oder hergestellt worden sind, ist mit dem Wert zu berücksichtigen, der sich bei Gewinnermittlung nach § 4 Abs. 1 EStG ergeben hätte.

Nichtanwendung der Nutzungswertbesteuerung nach § 13 Abs. 2 Nr. 2 i. V. m. Abs. 4 EStG im Beitrittsgebiet

(3) § 13 Abs. 2 Nr. 2 EStG kommt im Beitrittsgebiet nicht zur Anwendung.

Entnahme nach § 13 Abs. 5 EStG

(4) [1]Die Steuerfreiheit des Entnahmegewinns nach § 13 Abs. 5 EStG kommt bei Land- und Forstwirten auch dann in Betracht, wenn der entsprechende Grund und Boden erst nach dem 31.12.1986 Betriebsvermögen geworden ist. [2]§ 13 Abs. 5 EStG findet auch im Beitrittsgebiet Anwendung.

H 13.5

Amtliche AfA-Tabellen. Die besonderen betrieblichen Verhältnisse sind auch dann unbeachtlich, wenn für diesen Zeitraum amtliche AfA-Tabellen nicht mehr zur Verfügung gestanden haben (→ BFH vom 10.12.1992 – BStBl. 1993 II S. 344).

Anbauverzeichnis.[3] → § 142 AO.

Beteiligung am allgemeinen wirtschaftlichen Verkehr. Die Annahme von Einkünften aus Land- und Forstwirtschaft setzt eine Beteiligung am allgemeinen wirtschaftlichen Verkehr voraus (→ BFH vom 13.12.2001 – BStBl. 2002 II S. 80).

---

[1] **[Amtl. Anm.:]** Jetzt § 13a Abs. 1 Satz 1 Nr. 2 bis 5 oder Satz 2 EStG.
[2] **[Amtl. Anm.:]** Jetzt § 13a Abs. 4 und 6 EStG.
[3] Siehe auch BMF v. 15.12.1981, BStBl. I 1981, 878.

Ersatzflächenpool. Einrichtung von Ersatzflächenpools durch Land- und Forstwirte für die Vornahme von Ausgleichsmaßnahmen nach den Naturschutzgesetzen → BMF vom 3.8.2004 (BStBl. I S. 716) unter Berücksichtigung der Änderungen durch BMF vom 11.10.2021 (BStBl. I S. 2025).

Forstwirtschaft. Der erhöhte Betriebsausgabenpauschsatz nach § 4 Abs. 1 Forstschäden-Ausgleichsgesetz ist nicht von Einnahmen aus Kalamitätsnutzungen abzusetzen, die in einem Wj. nach Auslaufen einer Einschlagsbeschränkung steuerlich zu erfassen sind (→ BFH vom 3.2.2010 – BStBl. II S. 546 und BMF vom 27.7.2021 – BStBl. I S. 1044, Rn. 33f.).

Liebhaberei. → H 15.3.

Schätzung nach Richtsätzen.

– Auch bei Gewinnermittlung nach § 4 Abs. 3 EStG berechtigt eine Verletzung der Mitwirkungspflicht zur Schätzung nach Richtsätzen (→ BFH vom 15.4.1999 – BStBl. II S. 481).
– Bei einer Richtsatzschätzung können keine individuellen gewinnmindernden Besonderheiten des Betriebs berücksichtigt werden (→ BFH vom 29.3.2001 – BStBl. II S. 484).

Wechsel der Gewinnermittlungsart.

– → R 4.6.
– → H 7.4 (AfA-Volumen).
– → Anlage (zu R 4.6).[1]

Wohnungen im land- und forstwirtschaftlichen Betriebsvermögen, die unter § 13 Abs. 4 und 5 EStG fallen.

– Zum erforderlichen und üblichen **Umfang des** zur Wohnung gehörenden **Grund und Bodens** → BMF vom 4.6.1997 (BStBl. I S. 630) und vom 2.4.2004 (BStBl. I S. 442).
– Bei **Abwahl der Nutzungswertbesteuerung** ist für die Frage der steuerfreien Entnahme des Grund und Bodens auf den Nutzungs- und Funktionszusammenhang zum Entnahmezeitpunkt abzustellen. Der Nutzungs- und Funktionszusammenhang mit der Wohnung ist auch dann bereits im Zeitpunkt der Abwahl der Nutzungsbesteuerung gelöst, wenn die Nutzungsänderung der Grundstücksfläche tatsächlich erst nach dem Abwahlzeitpunkt erfolgt, die Kausalkette für die spätere Nutzungsänderung indes schon vor dem Abwahlzeitpunkt unwiderruflich in Gang gesetzt worden ist (→ BFH vom 24.4.2008 – BStBl. II S. 707).
– Die Nutzungswertbesteuerung kann rückwirkend abgewählt werden. Eine Altenteilerwohnung und der dazugehörende Grund und Boden gelten zu dem Zeitpunkt als entnommen, bis zu dem der Nutzungswert letztmals angesetzt wurde. Nach dem für die **rückwirkende Abwahl** der Nutzungswertbesteuerung bestimmten Zeitpunkt kann weder eine Nutzungsänderung noch eine Veräußerung der Wohnung und des dazugehörenden Grund und Bodens einen Einfluss auf die Steuerbefreiung haben (→ BFH vom 6.11.2003 – BStBl. 2004 II S. 419).

---

[1] Nr. **1** Anl. 1.

- Unabhängig von der Gewinnermittlungsart sind **Aufwendungen für Erhaltungsmaßnahmen,** die noch vor der Abwahl der Nutzungswertbesteuerung an der zu eigenen Wohnzwecken genutzten Wohnung oder einer Altenteilerwohnung durchgeführt werden, auch dann in vollem Umfang als Betriebsausgaben abziehbar, wenn die Zahlung erst nach Ablauf der Nutzungswertbesteuerung erfolgt (→ BFH vom 13.2.2003 – BStBl. II S. 837).
- Für die **Bestimmung des** zur Wohnung gehörenden **Grund und Bodens** sind die tatsächlichen örtlichen Verhältnisse zum Entnahmezeitpunkt und die zukünftige mögliche Nutzung maßgebend (→ BFH vom 26.9.2001 – BStBl. II S. 762).
- Der zur Wohnung gehörende Grund und Boden kann auch eine in einiger Entfernung vom Hofgrundstück belegene **Gartenfläche** umfassen, sofern diese vor und nach der Entnahme des Wohnhauses als Hausgarten genutzt wurde (→ BFH vom 26.9.2001 – BStBl. 2002 II S. 78).
- Ein **bilanziertes Grundstück** kann nach der Veräußerung dann nicht mehr rückwirkend zu einem vorangegangenen Bilanzstichtag entnommen werden, wenn diese Bilanz erst nach der Veräußerung des Grundstücks aufgestellt wird (→ BFH vom 12.9.2002 – BStBl. II S. 815).
- Das **Entnahmeprivileg** des § 13 Abs. 4 Satz 6 Nr. 2 EStG enthält **keine Objektbeschränkung.** Nach dieser Vorschrift kann sich die steuerfreie Entnahme daher auch auf mehrere an Dritte vermietete Wohnungen beziehen, wenn diese nach der Entnahme als eine Wohnung genutzt werden und die Gesamtfläche dem konkreten Wohnbedarf angemessen ist (→ BFH vom 11.12.2003 – BStBl. 2004 II S. 277).
- Die steuerfreie Entnahme einer Wohnung aus dem land- und forstwirtschaftlichen Betriebsvermögen gem. § 13 Abs. 4 Satz 6 Nr. 2 EStG (nach dem 31.12.1998) ist nur möglich, wenn es sich hierbei um ein **Baudenkmal** handelt (→ BFH vom 16.1.2020 – BStBl. II S. 639).
- Die Anwendung des § 13 Abs. 4 Satz 6 Nr. 2 EStG erfordert eine **auf Dauer angelegte private Nutzung** durch den Betriebsinhaber oder den Altenteiler (→ BFH vom 1.7.2004 – BStBl. II S. 947).
- Die steuerfreie Entnahme des Grund und Bodens zur Errichtung einer **Altenteilerwohnung** setzt voraus, dass diese Wohnung nach ihrer Fertigstellung auch tatsächlich von einem Altenteiler genutzt wird (→ BFH vom 13.10.2005 – BStBl. 2006 II S. 68).

R 13.6 Buchführung bei Gartenbaubetrieben, Saatzuchtbetrieben, Baumschulen und ähnlichen Betrieben

[1] Auch bei Gartenbaubetrieben, Saatzuchtbetrieben, Baumschulen und ähnlichen Betrieben ist ein Anbauverzeichnis zu führen (§ 142 AO). [2] Ist einer dieser Betriebe ein Gewerbebetrieb i. S. d. § 15 EStG, ist § 142 AO nicht unmittelbar anwendbar. [3] Dennoch hat der Stpfl. Bücher zu führen, die inhaltlich diesem Erfordernis entsprechen. [4] Andernfalls ist die Buchführung nicht so gestaltet, dass sie die zuverlässige Aufzeichnung aller Geschäftsvorfälle und des Vermögens ermöglicht und gewährleistet.

Zu § 13a EStG

H 13a

Allgemeines. → BMF vom 10.11.2015 (BStBl. I S 877).

R 13a.1 *Anwendung der Gewinnermittlung nach Durchschnittssätzen*[1)]

Zugangsvoraussetzungen (§ 13a Abs. 1 EStG)

(1) [1] Die Gewinnermittlung nach Durchschnittssätzen ist nur anwendbar, wenn selbst bewirtschaftete Flächen der landwirtschaftlichen Nutzung vorhanden sind. [2] Bei der Prüfung, ob die Grenze des § 13a Abs. 1 Satz 1 Nr. 3 EStG überschritten ist, sind R 13.2 Abs. 1 sowie die Grundsätze von R 15.5 Abs. 2 zum Strukturwandel entsprechend anzuwenden. [3] Für die Prüfung der Zugangsvoraussetzungen des § 13a Abs. 1 Satz 1 Nr. 2 und 4 EStG → R 13a.2 Abs. 1 und 2.

Wegfall der Voraussetzungen zur Gewinnermittlung nach Durchschnittssätzen

(2) [1] Die Mitteilung nach § 13a Abs. 1 Satz 2 EStG soll innerhalb einer Frist von einem Monat vor Beginn des folgenden Wirtschaftsjahres bekannt gegeben werden. [2] Bis zum Beginn dieses Wirtschaftsjahres ist der Gewinn noch nach Durchschnittssätzen zu ermitteln.

Rückkehr zur Gewinnermittlung nach Durchschnittssätzen

(3) [1] Das Wort „letztmalig" in § 13a Abs. 1 Satz 2 EStG bedeutet nicht, dass eine Rückkehr zur Gewinnermittlung nach Durchschnittssätzen zu einem späteren Zeitpunkt ausgeschlossen ist. [2] Der Gewinn ist erneut nach Durchschnittssätzen zu ermitteln, wenn die Voraussetzungen des § 13a Abs. 1 Satz 1 EStG wieder gegeben sind und ein Antrag nach § 13a Abs. 2 EStG nicht gestellt wird. [3] Bestand für den Land- und Forstwirt Buchführungspflicht nach § 141 Abs. 1 AO, ist außerdem zuvor die Feststellung der Finanzbehörde erforderlich, dass die Voraussetzungen für die Buchführungspflicht nach § 141 Abs. 1 AO nicht mehr vorliegen (§ 141 Abs. 2 Satz 2 AO). [4] Bei einem Land- und Forstwirt, der weder buchführungspflichtig ist noch die sonstigen Voraussetzungen des § 13a Abs. 1 Satz 1 EStG erfüllt und dessen Gewinn nach § 4 Abs. 1 oder 3 EStG ermittelt wird, ist der Gewinn bereits ab dem folgenden Wirtschaftsjahr nach Durchschnittssätzen zu ermitteln, wenn bis zum Beginn dieses Wirtschaftsjahres die Voraussetzungen des § 13a Abs. 1 Satz 1 EStG wieder erfüllt sind; § 141 Abs. 2 Satz 2 AO ist nur bei wegfallender Buchführungspflicht anzuwenden. [5] Einer Mitteilung der Finanzbehörde bedarf es insoweit nicht. [6] Ist eine Mitteilung nach § 13a Abs. 1 Satz 2 EStG über den Wegfall der Voraussetzungen des § 13a Abs. 1 Satz 1 EStG ergangen und liegen bis zum Beginn des auf die Bekanntgabe der Mitteilung folgenden Wirtschaftsjahres die Voraussetzungen für die Gewinnermittlung nach Durchschnittssätzen wieder vor, hat das Finanzamt die Rechtswirkungen dieser Mitteilung zu beseitigen; § 13a EStG ist weiterhin anzuwenden.

Gewinnermittlung auf Grund eines Antrags i. S. d. § 13a Abs. 2 EStG

(4) [1] Ein Land- und Forstwirt, der seinen Gewinn auf Antrag nach § 13a Abs. 2 EStG für vier aufeinanderfolgende Wirtschaftsjahre nach § 4 Abs. 1 oder 3 EStG

---

1) **[Amtl. Anm.:]** R 13a.1 ist letztmals anzuwenden für Wj., die vor dem 31.12.2015 enden → BMF vom 10.11.2015 (BStBl. I S. 877), RdNr. 90.

ermittelt, ist damit vorübergehend aus der Gewinnermittlung nach Durchschnittssätzen ausgeschieden. [2]Dabei ist Folgendes zu beachten:

1. *Wird innerhalb des Vierjahreszeitraums eine der Buchführungsgrenzen des § 141 Abs. 1 AO überschritten, ist der Land- und Forstwirt rechtzeitig vor Beginn des nächstfolgenden Wirtschaftsjahres auf den Beginn der Buchführungspflicht hinzuweisen.*
2. *Werden innerhalb des Vierjahreszeitraums die Voraussetzungen des § 13a Abs. 1 Satz 1 Nr. 2 bis 4 EStG nicht mehr erfüllt, ist der Land- und Forstwirt vor Beginn des nächstfolgenden Wirtschaftsjahres darauf hinzuweisen, dass der Gewinn nicht mehr nach Durchschnittssätzen zu ermitteln ist.*
3. *Ist der Land- und Forstwirt vor Beginn eines Wirtschaftsjahres innerhalb des Vierjahreszeitraums darauf hingewiesen worden, dass der Gewinn nicht mehr nach Durchschnittssätzen zu ermitteln bzw. dass eine der Buchführungsgrenzen überschritten ist, verkürzt sich der Vierjahreszeitraum entsprechend. [2]Die Rechtsfolge des § 13a Abs. 2 Satz 2 EStG tritt nicht ein, wenn der Land- und Forstwirt für den verkürzten Vierjahreszeitraum den Gewinn nach § 4 Abs. 1 oder 3 EStG ermittelt hat.*
4. *Nach Ablauf des Vierjahreszeitraums ist der Gewinn wieder nach Durchschnittssätzen zu ermitteln, wenn die Voraussetzungen des § 13a Abs. 1 Satz 1 EStG*
   a) *erfüllt sind und der Land- und Forstwirt von der Möglichkeit der erneuten Ausübung des Wahlrechtes (§ 13a Abs. 2 EStG) keinen Gebrauch macht,*
   b) *nicht mehr erfüllt sind, der Land- und Forstwirt aber noch nicht zur Buchführung aufgefordert oder darauf hingewiesen worden ist, dass der Gewinn nicht mehr nach Durchschnittssätzen zu ermitteln ist.*

H 13a.1 *Hinweise für Wj., die vor dem 31.12.2015 enden*

Antrag nach § 13a Abs. 2 EStG. *Ob ein derartiger Antrag gestellt wurde, ist notfalls durch Auslegung zu ermitteln.*
- *Ein wirksamer Antrag liegt vor, wenn eine auf das Wirtschaftsjahr abgestellte vollständige Gewinnermittlung vorgelegt wird (→ BFH vom 4.6.1992 – BStBl. 1993 II S. 125).*
- *Der Antrag ist nur wirksam, wenn die vorgelegte Gewinnermittlung durch Einnahmenüberschussrechnung auf tatsächlichen Aufzeichnungen der Betriebseinnahmen und Betriebsausgaben beruht (→ BFH vom 18.3.1993 – BStBl. II S. 549).*
- *Kein wirksamer Antrag liegt vor, wenn eine vom Wirtschaftsjahr abweichende Gewinnermittlung für das Kalenderjahr vorgelegt wird (→ BFH vom 28.1.1988 – BStBl. II S. 532).*

Anwendungsbereich. *Für Betriebe, deren Tätigkeit sich auf Sondernutzungen (z. B. Weinbau) beschränkt, ist der Gewinn nach allgemeinen Grundsätzen zu ermitteln (→ BFH vom 13.12.2012 – BStBl. 2013 II S. 857).*

Beginn der Buchführungspflicht. *Die Finanzverwaltung hat den Stpfl. auf den Beginn der Buchführungspflicht hinzuweisen. Die Bekanntgabe soll mindestens einen Monat vor Beginn der Buchführungspflicht erfolgen, → AEAO zu § 141, Nr. 4.*[1]

---

[1] Nr. **800**.

Betriebsübernahme/Neugründung. *Bei der Betriebsübernahme und Neugründung eines land- und forstwirtschaftlichen Betriebs bestimmt sich die Zulässigkeit der Gewinnermittlung nach Durchschnittssätzen ausschließlich nach § 13a Abs. 1 Satz 1 EStG. Die Befugnis und Verpflichtung zur Beibehaltung der Gewinnermittlung nach Durchschnittssätzen geht nicht auf den neuen Betrieb über. In diesen Fällen bedarf es keiner Mitteilung nach § 13a Abs. 1 Satz 2 EStG (→ BFH vom 26.6. 1986 – BStBl. II S. 741 zur Übernahme eines land- und forstwirtschaftlichen Betriebs im Ganzen zur Bewirtschaftung als Eigentümer oder Nutzungsberechtigter und → BFH vom 26.5.1994 – BStBl. II S. 891 – zur Einbringung eines land- und forstwirtschaftlichen Betriebs in eine neu gegründete Personengesellschaft).*

Buchführungspflicht im Fall der Betriebsübernahme. *→ § 141 Abs. 3 AO.*

Mitteilung nach § 13a Abs. 1 Satz 2 EStG.

– *Eine Mitteilung ist nicht erforderlich, wenn die Voraussetzungen zur Durchschnittssatzgewinnermittlung auf wissentlich falsche Steuererklärungen zurückzuführen sind. Mit dem Bekanntwerden der tatsächlichen Verhältnisse ist das Finanzamt zur Schätzung des Gewinns befugt, so als habe es rechtzeitig von dem Wegfall der Voraussetzungen der Gewinnermittlung nach Durchschnittssätzen Kenntnis erlangt und eine entsprechende Mitteilung erlassen (→ BFH vom 29.11.2001 – BStBl. 2002 II S. 147).*
– *Eine Mitteilung ist auch dann wirksam, wenn sie innerhalb einer Frist von weniger als einem Monat vor Beginn des maßgebenden Wirtschaftsjahres erfolgt (→ BFH vom 29.3.2007 – BStBl. II S. 816).*
– *Mit dem Wegfall der Voraussetzung des § 13a Abs. 1 EStG ist der Gewinn für einen Betrieb der Land- und Forstwirtschaft auch ohne Mitteilung nach § 13a Abs. 1 Satz 2 EStG nicht mehr nach Durchschnittssätzen zu ermitteln, wenn der Stpfl. für das Jahr, in dem die Voraussetzungen für die Gewinnermittlung nach Durchschnittssätzen letztmalig vorgelegen haben, keine Steuererklärung eingereicht hat, obwohl er dazu verpflichtet gewesen ist (→ BFH vom 30.10.2014 – BStBl. 2015 II S. 478).*

Weinbaubetrieb. *Keine Gewinnermittlung nach Durchschnittsätzen für einen reinen Weinbaubetrieb (→ BFH vom 13.12.2012 – BStBl. 2013 II S. 857).*

R 13a.2 Ermittlung des Gewinns aus Land- und Forstwirtschaft nach Durchschnittssätzen[1)]

Ermittlung des Grundbetrags (§ 13a Abs. 4 EStG)

(1) [1] Bei der Ermittlung des Grundbetrags sind alle selbst bewirtschafteten Flächen landwirtschaftlicher Nutzung i. S. d. § 34 Abs. 2 Nr. 1 Buchstabe a BewG ohne Sonderkulturen (§ 52 BewG)[2)] zu berücksichtigen. [2] Dazu gehören die in R 13.2 Abs. 3 Satz 1 genannten Flächen sowie die auf die landwirtschaftliche Nutzung entfallenden Hof- und Gebäudeflächen jedoch ohne den zur Wohnung gehörenden Grund und Boden; dies gilt auch, soweit die Flächen als Grundvermögen bewertet wurden. [3] Maßgebend ist der Umfang der selbst bewirtschafteten Fläche zu Beginn des Wirtschaftsjahres.

[1)] **[Amtl. Anm.:]** R 13a.2 ist letztmals anzuwenden für Wj., die vor dem 31.12.2015 enden → BMF vom 10.11.2015 (BStBl. I S. 877), RdNr. 90.

[2)] **Steuergesetze** Nr. **200**.

[4] Der Hektarwert ist nach den Vorschriften des BewG zu ermitteln. [5] Aus Vereinfachungsgründen kann als Hektarwert – auch in Fällen der Zupachtung von Einzelflächen – der im Einheitswert des Betriebs enthaltene oder der aus dem Ersatzwirtschaftswert abzuleitende Hektarwert für landwirtschaftliche Nutzungen ohne Sonderkulturen angesetzt werden. [6] Hierbei ist der festgestellte Einheitswert bzw. der im Rahmen der Grundsteuermessbetragsveranlagung ermittelte Ersatzwirtschaftswert heranzuziehen, der auf den letzten Zeitpunkt festgestellt bzw. ermittelt worden ist, der vor dem Beginn des Wirtschaftsjahres liegt oder mit dem Beginn des Wirtschaftsjahres zusammenfällt, für den der Gewinn zu ermitteln ist. [7] Fortschreibungen und Nachfeststellungen, die nach Bestandskraft des Steuerbescheides ergehen, bleiben unberücksichtigt. [8] Werden in den alten Ländern ausschließlich zugepachtete Flächen bewirtschaftet, ist der Hektarwert der größten Fläche maßgebend. [9] Werden im Beitrittsgebiet ausschließlich zugepachtete Flächen bewirtschaftet, gilt Satz 5 entsprechend.

Zuschläge für Sondernutzungen (§ 13a Abs. 5 EStG)

(2) [1] Jede in § 34 Abs. 2 Nr. 1 Buchstabe b bis d BewG genannte Nutzung ist als einzelne Sondernutzung anzusehen. [2] Bei der sonstigen land- und forstwirtschaftlichen Nutzung gilt jede einzelne Nutzungsart als selbständige Sondernutzung. [3] Für die Frage, mit welchem Wert die selbst bewirtschafteten Sondernutzungen aus dem Einheitswert oder aus dem Ersatzwirtschaftswert abzuleiten sind, ist Absatz 1 entsprechend anzuwenden. [4] Für Sondernutzun-gen, deren Wert 500 DM nicht übersteigt, kommt ein Zuschlag nach § 13a Abs. 5 EStG nicht in Betracht. [5] Beträgt der Wert der Sondernutzung mehr als 2000 DM und ist der Stpfl. nicht nach § 13a Abs. 1 Satz 2 EStG auf den Wegfall der Voraussetzungen für die Gewinnermittlung nach § 13a EStG hingewiesen worden, ist auch für diese Sondernutzung nur ein Zuschlag von 512 Euro zu machen.

Sondergewinne (§ 13a Abs. 6 EStG)

(3) [1] § 13a Abs. 6 EStG enthält eine abschließende Aufzählung der zu berücksichtigenden Betriebsvorgänge. [2] In die Gewinnkorrektur aus forstwirtschaftlicher Nutzung sind alle Erträge einzubeziehen, die aus der Nutzung von Flächen der Forstwirtschaft erzielt werden. [3] Die Veräußerung oder Entnahme von Wirtschaftsgütern des übrigen Anlagevermögens umfasst auch immaterielle Wirtschaftsgüter, wie z. B. ein Milchlieferrecht im Zusammenhang mit einer Betriebsumstellung. [4] Ein Zusammenhang zwischen der Veräußerung eines Wirtschaftsgutes und einer Betriebsumstellung wird nicht dadurch gelöst, dass das Wirtschaftsgut in einem anderen Wirtschaftsjahr als dem der Betriebsumstellung veräußert wird, um etwa eine günstige Marktsituation auszunutzen. [5] Eine Nutzungsänderung des Wirtschaftsgutes steht einer Erfassung der Gewinnkorrektur nicht entgegen. [6] Als Dienstleistungen und vergleichbare Tätigkeiten, die dem Bereich der Land- und Forstwirtschaft zugerechnet werden, sind die in R 15.5 genannten Tätigkeiten innerhalb der dort genannten Grenzen zu verstehen, wenn sie nicht für andere Betriebe der Land- und Forstwirtschaft erbracht werden. [7] Bei der Nutzungsüberlassung von Wirtschaftsgütern des Betriebsvermögens sind die vereinnahmten Miet- und Pachtzinsen nicht als Gewinnkorrektur nach § 13a Abs. 6 EStG zu erfassen, sondern nach § 13a Abs. 3 Satz 1 Nr. 4 EStG, da es sich insofern nicht um Dienstleistungen und vergleichbare Tätigkeiten handelt, und zwar auch, soweit die Nutzungsüberlassung gegenüber anderen Betrieben der Land- und Forstwirtschaft erbracht wird. [8] Bei der

Gewinnermittlung nach § 13a Abs. 6 Satz 3 EStG ist von den Einnahmen einschließlich der Umsatzsteuer auszugehen.

Vereinnahmte Miet- und Pachtzinsen (§ 13a Abs. 3 Satz 1 Nr. 4 EStG)

(4) [1] Als vereinnahmte Miet- und Pachtzinsen sind sämtliche Gegenleistungen für entgeltliche Nutzungsüberlassungen anzusehen. [2] Der Begriff umfasst die Entgelte für die Überlassung von Wirtschaftsgütern des Betriebsvermögens wie z. B. Grund und Boden, Gebäude, Mietwohnungen, bewegliche oder immaterielle Wirtschaftsgüter. [3] Auf die Bezeichnung des Vertrages über eine Nutzungsüberlassung kommt es nicht an. [4] Werden Wirtschaftsgüter des Betriebsvermögens im Zusammenhang mit Dienstleistungen und vergleichbaren Tätigkeiten überlassen und ist die Dienstleistung hierbei nur von untergeordneter Bedeutung, sind die Gewinne daraus als Miet- oder Pachteinnahmen nach § 13a Abs. 3 Satz 1 Nr. 4 EStG und nicht als Sondergewinne nach § 13a Abs. 6 Nr. 3 EStG zu behandeln (→ Absatz 3 Satz 7). [5] Prämien, die für die Stilllegung landwirtschaftlicher Nutzflächen auf Grund öffentlicher Förderungsprogramme gezahlt werden, sind nicht als Miet- und Pachtzinsen anzusehen und deshalb durch den Ansatz des Grundbetrages nach § 13a Abs. 4 EStG abgegolten.

Vereinnahmte Kapitalerträge (§ 13a Abs. 3 Satz 1 Nr. 5 EStG)

(5) Bei Kapitalerträgen kommt ein Abzug von Betriebsausgaben vorbehaltlich des § 13a Abs. 3 Satz 2 EStG nicht in Betracht.

Verausgabte Pachtzinsen, Schuldzinsen und dauernde Lasten (§ 13a Abs. 3 Satz 2 EStG)

(6) [1] Schuldzinsen und dauernde Lasten sind abzugsfähig, soweit sie Betriebsausgaben sind; § 4 Abs. 4a EStG ist nicht zu beachten. [2] Dies gilt auch für auf Sondernutzungen entfallende Beträge. [3] Schuldzinsen, die im Zusammenhang mit einer Wohnung i. S. d. § 13 Abs. 2 Nr. 2 EStG stehen, sind – solange die Nutzungswertbesteuerung fortbesteht – abzusetzen, obwohl der Nutzungswert der Wohnung mit dem Ansatz des Grundbetrags abgegolten ist. [4] Der Abzug von Pachtzinsen, Schuldzinsen und dauernden Lasten darf insgesamt nicht zu einem Verlust führen. [5] Diese Begrenzung des Abzugs bezieht sich auf den gesamten nach den Vorschriften des § 13a EStG zu ermittelnden Gewinn.

Rumpfwirtschaftsjahr/Verlängertes Wirtschaftsjahr

(7) [1] Ist der Gewinn nach § 13a EStG für ein Rumpfwirtschaftsjahr zu ermitteln, sind der Grundbetrag und die Zuschläge für Sondernutzungen nur anteilig anzusetzen. [2] Dies gilt entsprechend, wenn sich das bisherige Wirtschaftsjahr bei Umstellung des Wirtschaftsjahres nach § 8c Abs. 2 Satz 2 oder 3 EStDV verlängert.

H 13a.2 *Hinweise für Wj., die vor dem 31.12.2015 enden*

Betriebsumstellung. *Eine Betriebsumstellung ist z. B.*

- *die Umstellung auf viehlose Wirtschaft oder Umstellung von Milchwirtschaft auf Schweinemast (→ BFH vom 15.2.1990 – BStBl. 1991 II S. 11),*
- *eine Betriebsverpachtung ohne Aufgabeerklärung (→ BFH vom 27.2.1997 – BStBl. II S. 512).*

Hektarberechnung. *→ H 13.2.*

Liebhaberei. *Wird der Gewinn nach Durchschnittssätzen ermittelt, ist diese Gewinnermittlungsart auch für die Beurteilung der Gewinnerzielungsabsicht maßgebend. Erge-*

ben sich bei Gewinnermittlung nach Durchschnittssätzen im Rahmen der Anwendung des § 13a Abs. 6 EStG Verluste, können diese auch eine negative Totalgewinnprognose begründen und somit zur Annahme einer Liebhaberei führen (→ BFH vom 6.3.2003 – BStBl. II S. 702).

Pensionstierhaltung. *Entgelte für die Pensionspferdehaltung sind regelmäßig nicht durch den Ansatz des Grundbetrags abgegolten, es sei denn, die Leistungen des Landwirts sind hauptsächlich auf die Überlassung der Futtergrundlage beschränkt. Erstrecken sich die Leistungen des Landwirts im Wesentlichen auf die Vermietung des Stallplatzes, können die Einnahmen nach § 13a Abs. 3 Satz 1 Nr. 4 EStG dem Grundbetrag hinzuzurechnen sein.*

Werden dagegen neben der Überlassung eines Stallplatzes weitere Leistungen (Lieferung von Futter, Einstreu und Medikamenten; Übernahme von Obhutspflichten) erbracht und handelt es sich dabei um eine einheitlich zu beurteilende Gesamtleistung, gehört diese zu den Dienstleistungen und vergleichbaren Tätigkeiten i. S. d. § 13a Abs. 6 Satz 1 Nr. 3 EStG (→ BFH vom 29.11.2007 – BStBl. 2008 II S. 425).

Schuldzinsen. *Zu den Schuldzinsen gehören auch die Nebenkosten der Darlehensaufnahme und sonstige Kreditkosten einschließlich der Geldbeschaffungskosten (→ BFH vom 1.10.2002 – BStBl. 2003 II S. 399).*

Sondergewinne. *Gewinne aus Entschädigungen, die für die Zerstörung eines Wirtschaftsguts des Anlagevermögens durch höhere Gewalt geleistet werden, sind als Sondergewinne in den Durchschnittssatzgewinn gem. § 13a Abs. 3 EStG einzubeziehen (→ BFH vom 25.9.2014 – BStBl. 2015 II S. 470).*

Vereinnahmte Miet- und Pachtzinsen.

- *Die nach § 13a Abs. 3 Satz 1 Nr. 4 EStG anzusetzenden Miet- und Pachtzinsen dürfen – vorbehaltlich des § 13a Abs. 3 Satz 2 EStG – nicht um Betriebsausgaben (z. B. Umlage zur Landwirtschaftskammer und Grundsteuer) gemindert werden (→ BFH vom 5.12.2002 – BStBl. 2003 II S. 345).*
- *Umlagen und Nebenentgelte, die ein Landwirt mit Gewinnermittlung nach Durchschnittssätzen als Vermieter einer zum landwirtschaftlichen Betriebsvermögen gehörenden Wohnung zusätzlich zur Grundmiete vereinnahmt, sind in die Berechnung des Durchschnittssatzgewinns einzubeziehen (→ BFH vom 14.5. 2009 – BStBl. II S. 900).*

Zu § 14 EStG

R 14. Wechsel im Besitz von Betrieben, Teilbetrieben und Betriebsteilen

Veräußerungsgewinn

(1) [1]Entschädigungen, die bei der Veräußerung eines Betriebs oder Teilbetriebs im Veräußerungspreis enthalten sind, sind – vorbehaltlich der Absätze 2 und 3 – bei der Ermittlung des steuerpflichtigen Veräußerungsgewinns zugrunde zu legen. [2]Die vertragliche Bezeichnung der einzelnen Teile des Veräußerungspreises ist nicht immer für deren steuerliche Behandlung entscheidend. [3]Besondere Anlagen und Kulturen auf dem oder im Grund und Boden, die zum beweglichen Anlagevermögen oder zum Umlaufvermögen gehören,

sind grundsätzlich als eigene Wirtschaftsgüter zu behandeln. [4]Gesonderte Entgelte, die neben dem Kaufpreis für den Grund und Boden für besondere Eigenschaften des Grund und Bodens (z. B. „Geil und Gare") gezahlt werden, sind Teil des Veräußerungspreises für den Grund und Boden. [5]Bei nichtbuchführenden Land- und Forstwirten ist der Gewinn aus der Veräußerung oder Aufgabe eines Betriebs oder Teilbetriebs nach den Grundsätzen des § 4 Abs. 1 EStG zu ermitteln und im VZ der Veräußerung oder Aufgabe nach § 14 EStG zu versteuern. [6]Beim Übergang zum Betriebsvermögensvergleich ist davon auszugehen, dass von Bewertungswahlrechten, z. B. für Vieh und Feldinventar, kein Gebrauch gemacht wurde.

Bewertung von Feldinventar/stehender Ernte

(2) [1]Das Feldinventar/die stehende Ernte einer abgrenzbaren landwirtschaftlichen Nutzfläche ist jeweils als selbständiges Wirtschaftsgut des Umlaufvermögens anzusehen. [2]Feldinventar ist die auf Grund einer Feldbestellung auf einer landwirtschaftlichen Nutzfläche vorhandene Kultur mit einer Kulturdauer von bis zu einem Jahr. [3]Stehende Ernte ist der auf einer landwirtschaftlichen Nutzfläche vorhandene Bestand an erntereifem Feldinventar. [4]Befinden sich auf einer abgrenzbaren landwirtschaftlichen Nutzfläche verschiedene Kulturarten, liegen entsprechend verschiedene selbständige Wirtschaftsgüter vor. [5]Die Wirtschaftsgüter Feldinventar/stehende Ernte werden mit den Anschaffungs- oder Herstellungskosten einzeln bewertet (§ 6 Abs. 1 Nr. 2 Satz 1 EStG). [6]Anstelle der tatsächlichen Anschaffungs- oder Herstellungskosten kann bei einer Einzelbewertung unter den Voraussetzungen des § 6 Abs. 1 Nr. 2 Satz 2 EStG auch der niedrigere Teilwert zum Ansatz kommen (→ R 6.8 Abs. 1 Satz 2). [7]Für einzelne Wirtschaftsgüter jeweils einer Kulturart kann bei der Inventur und der Bewertung eine Gruppe gebildet werden (→ R 6.8 Abs. 4). [8]Für die Bewertung können entweder betriebsindividuelle Durchschnittswerte oder standardisierte Werte (z. B. BMELV-Jahresabschluss) zugrunde gelegt werden.

Vereinfachungsregelung zur Bewertung des Feldinventars/der stehenden Ernte

(3)[1)] [1]Bei landwirtschaftlichen Betrieben oder bei landwirtschaftlichen Teilbetrieben kann zur Vereinfachung der Bewertung von einer Aktivierung der Wirtschaftsgüter des Feldinventars/der stehenden Ernte abgesehen werden. [2]Voraussetzung hierfür ist, dass in der Schlussbilanz des Betriebs für vorangegangene Wirtschaftsjahre oder bei einem Wechsel zum Betriebsvermögensvergleich bzw. bei einem Wechsel von der Gewinnermittlung nach Durchschnittssätzen zur Einnahmenüberschussrechnung im Rahmen der Übergangsbilanz keine Aktivierung eines Wirtschaftsguts Feldinventar/stehende Ernte vorgenommen wurde. [3]Das gilt insbesondere auch bei unentgeltlicher Rechtsnachfolge oder einem Strukturwandel von einem Gewerbebetrieb zu einem Betrieb der Land- und Forstwirtschaft. [4]Die Vereinfachungsregelung kann nicht gesondert für

---

1) Zur Bindungswirkung einer für die Gewinnfeststellung getroffenen Billigkeitsentscheidung für die Festsetzung des Gewerbesteuermessbetrags siehe BFH v. 14.9.2017 IV R 51/14, BStBl. II 2018, 78.

einzelne Wirtschaftsgüter des Feldinventars/der stehenden Ernte, sondern nur einheitlich, bezogen auf das gesamte Feldinventar/die stehende Ernte eines Betriebs, angewendet werden. [5]Das gilt auch dann, wenn sich der Umfang der Wirtschaftsgüter Feldinventar/stehende Ernte ändert (z. B. durch Erwerb oder Zupachtung von Flächen, Änderung der Anbauverhältnisse). [6]Hat ein Verpächter die Vereinfachungsregelung angewendet, kann er im Fall der eisernen Verpachtung seines Betriebs von einer Aktivierung der auf Rückgabe des Feldinventars/der stehenden Ernte gerichteten Sachwertforderung absehen. [7]Die Verpachtung führt insoweit zu keiner Gewinnrealisierung.

Teilbetrieb

(4) [1]Die Veräußerung eines land- und forstwirtschaftlichen → Teilbetriebs liegt vor, wenn ein organisatorisch mit einer gewissen Selbständigkeit ausgestatteter Teil eines Betriebs der Land- und Forstwirtschaft veräußert wird. [2]Der veräußerte Teilbetrieb muss im Wesentlichen die Möglichkeit bieten, künftig als selbständiger Betrieb geführt werden zu können, auch wenn dies noch einzelne Ergänzungen oder Änderungen bedingen sollte.

Veräußerung forstwirtschaftlicher Betriebe, Teilbetriebe oder einzelner forstwirtschaftlicher Grundstücksflächen

(5) Hinsichtlich des Verkaufserlöses, der auf das stehende Holz entfällt, gilt das Folgende:

1. Gewinne, die bei der **Veräußerung** oder Aufgabe **eines** forstwirtschaftlichen **Betriebs oder Teilbetriebs** für das stehende Holz erzielt werden, sind nach § 14 EStG zu versteuern. [2]Veräußerungsgewinn ist hierbei der Betrag, um den der Veräußerungspreis nach Abzug der Veräußerungskosten den Wert des Betriebsvermögens übersteigt, der nach § 4 Abs. 1 EStG für den Zeitpunkt der Veräußerung ermittelt wird. [3]Ist kein Bestandsvergleich für das stehende Holz vorgenommen worden[1)] und hat der Veräußerer den forstwirtschaftlichen Betrieb oder Teilbetrieb schon am 21.6.1948[2)] besessen, ist der Gewinn aus der Veräußerung des stehenden Holzes so zu ermitteln, dass dem auf das stehende Holz entfallenden Veräußerungspreis der Betrag gegenübergestellt wird, mit dem das stehende Holz in dem für den 21.6.1948[2)] maßgebenden Einheitswert des forstwirtschaftlichen Betriebs oder Teilbetriebs enthalten war. [4]Hat der Veräußerer den forstwirtschaftlichen Betrieb oder Teilbetrieb nach dem 20.6.1948[3)] erworben, sind bei der Ermittlung des Veräußerungsgewinns die steuerlich noch nicht berücksichtigten Anschaffungs- oder Erstaufforstungskosten für das stehende Holz dem auf das stehende Holz entfallenden Veräußerungserlös gegenüberzustellen. [5]Bei Veräußerungen im Beitrittsgebiet ist der Buchwert zum 1.7.1990 in den Fällen, in denen kein Bestandsvergleich für das stehende Holz vorgenommen wurde, gem. § 52 Abs. 1 DMBilG[4)] unter Anwendung der Richtlinien für die Ermittlung und Prüfung des Verkehrswertes von Waldflächen und für Nebenentschädigungen (Waldwertermittlungs-Richt-

---

1) Vgl. § 141 Abs. 1 Satz 4 AO.
2) **[Amtl. Anm.:]** Im Saarland: 20.11.1947.
3) **[Amtl. Anm.:]** Im Saarland: 19.11.1947.
4) **Habersack Ergänzungsband** Nr. **50**.

linien 1991 – WaldR91 – BAnZ 100a vom 5.6.1991 zu ermitteln. [6]Die Steuer auf den Veräußerungsgewinn ist nach § 34 Abs. 1 oder auf Antrag nach § 34 Abs. 3 EStG zu berechnen (§ 34 Abs. 2 Nr. 1 EStG).

2. Die auf das stehende Holz entfallenden Einnahmen aus der **Veräußerung einzelner forstwirtschaftlicher Grundstücksflächen,** die keinen forstwirtschaftlichen → Teilbetrieb bilden, gehören zu den laufenden Einnahmen des Wirtschaftsjahres. [2]Für die Ermittlung des Gewinns gelten die Grundsätze des § 4 Abs. 1 EStG. [3]Nummer 1 Satz 3 bis 5 ist entsprechend anzuwenden.

Freibetrag

(6) Die Gewährung des Freibetrags nach § 14 Satz 2 i. V. m. § 16 Abs. 4 EStG ist ausgeschlossen, wenn dem Stpfl. für eine Veräußerung oder Aufgabe, die nach dem 31.12.1995 erfolgt ist, ein Freibetrag nach § 14 Satz 2, § 16 Abs. 4 oder § 18 Abs. 3 EStG bereits gewährt worden ist.

H 14

Betriebsverkleinerung.[1)]
- Eine Verkleinerung eines land- und forstwirtschaftlichen Betriebs führt nicht zu einer Betriebsaufgabe (→ BFH vom 12.11.1992 – BStBl. 1993 II S. 430).
- Zur Verkleinerung eines Forstbetriebs oder forstwirtschaftlichen Teilbetriebs → BMF vom 18.5.2018 (BStBl. I S. 689), Tz. V.

Eiserne Verpachtung. Zur Gewinnermittlung bei der Verpachtung von Betrieben mit Substanzerhaltungspflicht des Pächters nach §§ 582a, 1048 BGB → BMF vom 21.2.2002 (BStBl. I S. 262).

Feldinventar. Ein Landwirt, der das Feldinventar aktiviert hat, ist daran grundsätzlich auch für die Zukunft gebunden und hat keinen Anspruch darauf, aus Billigkeitsgründen zu einem Verzicht auf die Bewertung wechseln zu können (→ BFH vom 18.3.2010 – BStBl. 2011 II S. 654). Andererseits bindet das in R 14 Abs. 3 eingeräumte Wahlrecht, auf die Aktivierung der Feldbestände zu verzichten, den Landwirt nicht für die Zukunft (→ BFH vom 6.4.2000 – BStBl. II S. 422).

Körperschaft des öffentlichen Rechts als Erbin. Setzt ein Stpfl. eine Körperschaft des öffentlichen Rechts zur Erbin seines land- und forstwirtschaftlichen Betriebes ein, so führt das im Zeitpunkt des Todes zu einer Betriebsaufgabe in der Person des Erblassers (→ BFH vom 19.2.1998 – BStBl. II S. 509).

Parzellenweise Verpachtung. → H 16 (5).

Rückverpachtung. Eine Betriebsveräußerung liegt auch vor, wenn alle wesentlichen Grundlagen eines Betriebs veräußert und sogleich an den Veräußerer zurückverpachtet werden (→ BFH vom 28.3.1985 – BStBl. II S. 508).

Teilbetrieb.
- → R 14 Abs. 4 und 5 sowie → R 16 Abs. 3.

---

1) Bei Verpachtungsbetrieben siehe aber BFH v. 17.5.2018 VI R 73/15, BFH/NV 2018, 1249; ab 2020 siehe § 14 Abs. 2 EStG.

– Zur Teilbetriebseigenschaft einzelner forstwirtschaftlicher Flächen → BMF vom 18.5.2018 (BStBl. I S. 689), Tz. III.

Verpachtung.[1] Verpächter hat ein Wahlrecht zwischen Betriebsaufgabe und Fortführung des Betriebs (→ BFH vom 15.10.1987 – BStBl. 1988 II S. 260 und vom 28.11.1991 – BStBl. 1992 II S. 521).

Zu § 15 EStG

R 15.1 Selbständigkeit

Versicherungsvertreter

(1) [1] Versicherungsvertreter, die Versicherungsverträge selbst vermitteln (sog. Spezialagenten), sind in vollem Umfang als selbständig anzusehen. [2] Das gilt auch dann, wenn sie neben Provisionsbezügen ein mäßiges festes Gehalt bekommen. [3] Soweit ein Spezialagent nebenbei auch Verwaltungsaufgaben und die Einziehung von Prämien oder Beiträgen übernommen hat, sind die Einnahmen daraus als Entgelte für selbständige Nebentätigkeit zu behandeln. [4] Es ist dabei unerheblich, ob sich z. B. Inkassoprovisionen auf Versicherungen beziehen, die der Spezialagent selbst geworben hat, oder auf andere Versicherungen. [5] Versicherungsvertreter, die mit einem eigenen Büro für einen bestimmten Bezirk sowohl den Bestand zu verwalten als auch neue Geschäfte abzuschließen haben und im Wesentlichen auf Provisionsbasis arbeiten, sind in der Regel Gewerbetreibende.

Hausgewerbetreibende und Heimarbeiter

(2) [1] Hausgewerbetreibende sind im Gegensatz zu Heimarbeitern, deren Tätigkeit als nichtselbständige Arbeit anzusehen ist, selbständige Gewerbetreibende. [2] Die Begriffe des Hausgewerbetreibenden und des Heimarbeiters sind im HAG[2] bestimmt. [3] Wie bei Heimarbeitern ist die Tätigkeit der nach § 1 Abs. 2 Buchstabe a HAG gleichgestellten Personen, „die in der Regel allein oder mit ihren Familienangehörigen in eigener Wohnung oder selbstgewählter Betriebsstätte eine sich in regelmäßigen Arbeitsvorgängen wiederholende Arbeit im Auftrag eines anderen gegen Entgelt ausüben, ohne dass ihre Tätigkeit als gewerblich anzusehen oder dass der Auftraggeber ein Gewerbetreibender oder Zwischenmeister ist", als nichtselbständige Arbeit anzusehen. [4] Dagegen sind die nach § 1 Abs. 2 Buchstaben b bis d HAG gleichgestellten Personen wie Hausgewerbetreibende selbständige Gewerbetreibende. [5] Über die Gleichstellung mit Hausgewerbetreibenden entscheiden nach dem HAG die von den zuständigen Arbeitsbehörden errichteten Heimarbeitsausschüsse. [6] Für die Unterscheidung von Hausgewerbetreibenden und Heimarbeitern ist von dem Gesamtbild des einzelnen Falles auszugehen. [7] Heimarbeiter ist nicht, wer

---

[1] Zur Verpachtung eines land- und forstwirtschaftlichen Betriebs bei gleichzeitiger Schenkung des Inventars an den Pächter siehe BFH v. 8.4.1991 IV R 7/89, BStBl. II 1991, 833. – Zur Verpachtung von Stückländereien siehe BFH v. 18.3.1999 IV R 65/98, BStBl. II 1999, 398. – Zur Übertragung und Überführung von land- und forstwirtschaftlichem Vermögen aus einer Mitunternehmerschaft und Verpächterwahlrecht bei land- und forstwirtschaftlichen Betrieben siehe BMF v. 17.5.2022, BStBl. I 2022, 678.

[2] **Arbeitsrecht** Nr. **450**.

fremde Hilfskräfte beschäftigt oder die Gefahr des Unternehmens, insbesondere auch wegen wertvoller Betriebsmittel, trägt. [8]Auch eine größere Anzahl von Auftraggebern und ein größeres Betriebsvermögen können die Eigenschaft als Hausgewerbetreibender begründen. [9]Die Tatsache der Zahlung von Sozialversicherungsbeiträgen durch den Auftraggeber ist für die Frage, ob ein Gewerbebetrieb vorliegt, ohne Bedeutung.

Sozialversicherungspflicht

(3) Arbeitnehmerähnliche Selbständige i. S. d. § 2 Satz 1 Nr. 9 SGB VI[1)] sind steuerlich regelmäßig selbständig tätig.

H 15.1

Allgemeines.
- Voraussetzung für die Annahme eines Gewerbebetriebes ist die Selbständigkeit der Tätigkeit, d. h., die Tätigkeit muss auf eigene Rechnung (Unternehmerrisiko) und auf eigene Verantwortung (Unternehmerinitiative) ausgeübt werden (→ BFH vom 27.9.1988 – BStBl. 1989 II S. 414).
- Eine nur schwach ausgeprägte, aber im Kern gleichwohl gegebene Unternehmerinitiative kann durch ein eindeutig vorhandenes Unternehmerrisiko dergestalt ausgeglichen werden, dass in der Gesamtschau die für die Annahme gewerblicher Einkünfte erforderliche Selbständigkeit der Betätigung zu bejahen ist (→ BFH vom 7.2.2018 – BStBl. II S. 630).

Freie Mitarbeit. Vertraglich vereinbarte freie Mitarbeit kann ein Arbeitsverhältnis begründen (→ BFH vom 24.7.1992 – BStBl. 1993 II S. 155).

Generalagent. Bei den sog. Generalagenten kommt eine Aufteilung der Tätigkeit in eine selbständige und in eine nichtselbständige Tätigkeit im Allgemeinen nicht in Betracht. Im Allgemeinen ist der Generalagent ein Gewerbetreibender, wenn er das Risiko seiner Tätigkeit trägt, ein Büro mit eigenen Angestellten unterhält, trotz der bestehenden Weisungsgebundenheit in der Gestaltung seines Büros und seiner Zeiteinteilung weitgehend frei ist, der Erfolg seiner Tätigkeit nicht unerheblich von seiner Tüchtigkeit und Initiative abhängt und ihn die Beteiligten selbst als Handelsvertreter und nicht als Arbeitnehmer bezeichnen (→ BFH vom 3.10.1961 – BStBl. III S. 567). Dies gilt auch für Generalagenten eines Krankenversicherungsunternehmens (→ BFH vom 13.4.1967 – BStBl. III S. 398).

Gesamtbeurteilung. Für die Frage, ob ein Stpfl. selbständig oder nichtselbständig tätig ist, kommt es nicht allein auf die vertragliche Bezeichnung, die Art der Tätigkeit oder die Form der Entlohnung an. Entscheidend ist das Gesamtbild der Verhältnisse. Es müssen die für und gegen die Selbständigkeit sprechenden Umstände gegeneinander abgewogen werden; die gewichtigeren Merkmale sind dann für die Gesamtbeurteilung maßgebend (→ BFH vom 12.10.1989 – BStBl. 1990 II S. 64 und vom 18.1.1991 – BStBl. II S. 409).

Handelsvertreter. Ein Handelsvertreter ist auch dann selbständig tätig, wenn Betriebsvermögen nur in geringem Umfang vorhanden ist (→ BFH vom

---

[1)] **Aichberger SGB** Nr. **6**.

31.10.1974 – BStBl. 1975 II S. 115 und BVerfG vom 25.10.1977 – BStBl. 1978 II S. 125).

Hausgewerbetreibender. Hausgewerbetreibender ist, „wer in eigener Arbeitsstätte (eigener Wohnung oder Betriebsstätte) mit nicht mehr als zwei fremden Hilfskräften oder Heimarbeitern im Auftrag von Gewerbetreibenden oder Zwischenmeistern Waren herstellt, bearbeitet oder verpackt, wobei er selbst wesentlich am Stück mitarbeitet, jedoch die Verwertung der Arbeitsergebnisse dem unmittelbar oder mittelbar auftraggebenden Gewerbetreibenden überlässt. Beschafft der Hausgewerbetreibende die Roh- und Hilfsstoffe selbst oder arbeitet er vorübergehend unmittelbar für den Absatzmarkt, wird hierdurch seine Eigenschaft als Hausgewerbetreibender nicht beeinträchtigt" (→ § 2 Abs. 2 HAG).[1)]

Heimarbeiter. Heimarbeiter ist, „wer in selbstgewählter Arbeitsstätte (eigener Wohnung oder selbstgewählter Betriebsstätte) allein oder mit seinen Familienangehörigen im Auftrag von Gewerbetreibenden oder Zwischenmeistern erwerbsmäßig arbeitet, jedoch die Verwertung der Arbeitsergebnisse dem unmittelbar oder mittelbar auftraggebenden Gewerbetreibenden überlässt. Beschafft der Heimarbeiter die Roh- und Hilfsstoffe selbst, wird hierdurch seine Eigenschaft als Heimarbeiter nicht beeinträchtigt" (→ § 2 Abs. 1 HAG).[1)]

Natürliche Personen. Natürliche Personen können z. T. selbständig, z. T. nichtselbständig tätig sein (→ BFH vom 3.7.1991 – BStBl. II S. 802).

Nebentätigkeit und Aushilfstätigkeit. Zur Abgrenzung zwischen selbständiger und nichtselbständiger Tätigkeit → R 19.2 LStR 2015.

Reisevertreter. Bei einem Reisevertreter ist im Allgemeinen Selbständigkeit anzunehmen, wenn er die typische Tätigkeit eines Handelsvertreters i. S. d. § 84 HGB ausübt, d. h. Geschäfte für ein anderes Unternehmen vermittelt oder abschließt und ein geschäftliches Risiko trägt. Nichtselbständigkeit ist jedoch gegeben, wenn der Reisevertreter in das Unternehmen seines Auftraggebers derart eingegliedert ist, dass er dessen Weisungen zu folgen verpflichtet ist. Ob eine derartige Unterordnung unter den geschäftlichen Willen des Auftraggebers vorliegt, richtet sich nach der von dem Reisevertreter tatsächlich ausgeübten Tätigkeit und der Stellung gegenüber seinem Auftraggeber (→ BFH vom 16.1.1952 – BStBl. III S. 79). Der Annahme der Nichtselbständigkeit steht nicht ohne weiteres entgegen, dass die Entlohnung nach dem Erfolg der Tätigkeit vorgenommen wird. Hinsichtlich der Bewegungsfreiheit eines Vertreters kommt es bei der Abwägung, ob sie für eine Selbständigkeit oder Nichtselbständigkeit spricht, darauf an, ob das Maß der Bewegungsfreiheit auf der eigenen Machtvollkommenheit des Vertreters beruht oder Ausfluss des Willens des Geschäftsherrn ist (→ BFH vom 7.12.1961 – BStBl. 1962 III S. 149).

Selbständigkeit.

– Ein **Arztvertreter** kann selbständig tätig sein (→ BFH vom 10.4.1953 – BStBl. III S. 142).
– **Bauhandwerker** sind bei nebenberuflicher **„Schwarzarbeit"** in der Regel nicht Arbeitnehmer des Bauherrn (→ BFH vom 21.3.1975 – BStBl. II S. 513).

---

1) **Arbeitsrecht** Nr. **450**.

– Übt der **Beratungsstellenleiter eines Lohnsteuerhilfevereins** seine Tätigkeit als freier Mitarbeiter aus, ist er selbständig tätig (→ BFH vom 10.12.1987 – BStBl. 1988 II S. 273).
– Ein früherer **Berufssportler,** der wiederholt entgeltlich bei industriellen Werbeveranstaltungen mitwirkt, ist selbständig tätig (→ BFH vom 3.11.1982 – BStBl. 1983 II S. 182).
– Ein **Bezirksstellenleiter bei Lotto- und Totogesellschaften** ist regelmäßig selbständig tätig (→ BFH vom 14.9.1967 – BStBl. 1968 II S. 193).
– Ein **Fahrlehrer,** der gegen eine tätigkeitsbezogene Vergütung unterrichtet, ist in der Regel selbständig tätig, auch wenn ihm keine Fahrschulerlaubnis erteilt worden ist (→ BFH vom 17.10.1996 – BStBl. 1997 II S. 188).
– Ein **ausländisches Fotomodell,** das zur Produktion von Werbefilmen kurzfristig im Inland tätig wird, kann selbständig tätig sein (→ BFH vom 14.6.2007 – BStBl. 2009 II S. 931).
– Ein **(Berufs-)Fotomodell,** das nur von Fall zu Fall und vorübergehend zu Werbeaufnahmen herangezogen wird, ist selbständig tätig (→ BFH vom 8.6.1967 – BStBl. III S. 618).
– Ein **Fußball-Nationalspieler,** dem der DFB Anteile an den durch die zentrale Vermarktung der Fußball-Nationalmannschaft erwirtschafteten Werbeeinnahmen überlässt, kann selbständig tätig sein (→ BFH vom 22.2.2012 – BStBl. II S. 511).
– Ein **Gerichtsreferendar,** der neben der Tätigkeit bei Gericht für einen Rechtsanwalt von Fall zu Fall tätig ist, steht zu diesem nicht in einem Arbeitsverhältnis, sondern ist selbständig tätig (→ BFH vom 22.3.1968 – BStBl. II S. 455).
– Ein **Gesellschafter-Geschäftsführer** einer Baubetreuungs-GmbH, der neben dieser Tätigkeit als Makler und Finanzierungsvermittler tätig ist, ist auch insoweit selbständig tätig, als er sich zu Garantieleistungen nicht nur Dritten, sondern auch seiner Gesellschaft gegenüber gesondert verpflichtet und sich solche Dienste gesondert vergüten lässt (→ BFH vom 8.3.1989 – BStBl. II S. 572).
– Ein **Knappschaftsarzt,** der neben dieser Tätigkeit eine freie Praxis ausübt, ist auch hinsichtlich seiner Knappschaftspraxis in der Regel selbständig tätig (→ BFH vom 3.7.1959 – BStBl. III S. 344).
– Zur **Abgrenzung zwischen selbständiger und nichtselbständiger Tätigkeit** von **Künstlern** und verwandten Berufen → BMF vom 5.10.1990 (BStBl. I S. 638) unter Berücksichtigung der Neufassung der Anlage durch BMF vom 9.7.2014 (BStBl. I S. 1103); bei der Beurteilung darf nicht einseitig auf die Verpflichtung zur Teilnahme an Proben abgestellt werden (→ BFH vom 30.5.1996 – BStBl. II S. 493).
– Eine **nebenberufliche Lehrkraft** erzielt in der Regel Einkünfte aus selbständiger Arbeit (→ BFH vom 4.10.1984 – BStBl. 1985 II S. 51).
– Ein **Notar,** der außerdem zum **Notariatsverweser** bestellt ist, übt auch dieses Amt selbständig aus (→ BFH vom 12.9.1968 – BStBl. II S. 811).
– Ein **Rechtsanwalt,** der zudem eine Tätigkeit **als Lehrbeauftragter** an einer Hochschule ausübt, kann auch insoweit selbständig tätig sein (→ BFH vom 17.7.1958 – BStBl. III S. 360).
– Bestimmt ein **Rundfunkermittler** im Wesentlichen selbst den Umfang der Tätigkeit und sind seine Einnahmen weitgehend von der Eigeninitiative abhängig, ist er selbständig tätig (→ BFH vom 2.12.1998 – BStBl. 1999 II S. 534).
– Ein **Spitzensportler,** der Sportgeräte öffentlich deutlich sichtbar benutzt, ist mit dem entgeltlichen Werben selbständig tätig (→ BFH vom 19.11.1985 – BStBl. 1986 II S. 424).
– **Nebenberufliche Vertrauensleute einer Buchgemeinschaft** sind keine Arbeitnehmer des Buchclubs, sondern selbständig tätig (→ BFH vom 11.3.1960 – BStBl. III S. 215).
– Eine **Werbedame,** die von ihren Auftraggebern von Fall zu Fall für jeweils kurzfristige Werbeaktionen beschäftigt wird, kann selbständig tätig sein (→ BFH vom 14.6.1985 – BStBl. II S. 661).
– → H 19.0 LStH 2021.[1]

[1] Nr. **20**.

Versicherungsvertreter.
- Selbständige Versicherungsvertreter üben auch dann eine gewerbliche Tätigkeit aus, wenn sie nur für ein einziges Versicherungsunternehmen tätig sein dürfen (→ BFH vom 26.10.1977 – BStBl. 1978 II S. 137).
- → Generalagent.

R 15.2 Nachhaltigkeit *(unbesetzt)*

H 15.2

Einmalige Handlung.
- Eine einmalige Handlung stellt keine nachhaltige Betätigung dar, wenn sie nicht weitere Tätigkeiten des Stpfl. (zumindest Dulden, Unterlassen) auslöst (→ BFH vom 14.11.1963 – BStBl. 1964 III S. 139).
- → Wiederholungsabsicht.

Mehrzahl selbständiger Handlungen. Nachhaltig sind auch Einzeltätigkeiten, die Teil einer in organisatorischer, technischer und finanzieller Hinsicht aufeinander abgestimmten Gesamttätigkeit sind (→ BFH vom 21.8.1985 – BStBl. 1986 II S. 88).

Nachhaltigkeit – Einzelfälle.
- Bankgeschäfte eines **Bankangestellten,** die in fortgesetzter Untreue zu Lasten der Bank getätigt werden, sind nachhaltig (→ BFH vom 3.7.1991 – BStBl. II S. 802).
- Zur Nachhaltigkeit bei Veräußerung von Grundstücken im Rahmen eines **gewerblichen Grundstückshandels** → BMF vom 26.3.2004 (BStBl. I S. 434).[1)]
- → H 18.1 (Nachhaltige Erfindertätigkeit).
- Zu den Voraussetzungen, unter denen der Erwerb eines Wirtschaftsguts **zum Zweck** der späteren **Veräußerung** als nachhaltige Tätigkeit zu beurteilen ist → BFH vom 28.4.1977 (BStBl. II S. 728) und vom 8.7.1982 (BStBl. II S. 700).

Wertpapiere. Besteht beim An- und Verkauf festverzinslicher Wertpapiere eine Wiederholungsabsicht, kann die Tätigkeit nachhaltig sein (→ BFH vom 31.7.1990 – BStBl. 1991 II S. 66 und vom 6.3.1991 – BStBl. II S. 631).

Wiederholungsabsicht. Eine Tätigkeit ist nachhaltig, wenn sie auf Wiederholung angelegt ist. Da die Wiederholungsabsicht eine innere Tatsache ist, kommt den tatsächlichen Umständen besondere Bedeutung zu. Das Merkmal der Nachhaltigkeit ist daher bei einer Mehrzahl von gleichartigen Handlungen im Regelfall zu bejahen (→ BFH vom 23.10.1987 – BStBl. 1988 II S. 293 und vom 12.7.1991 – BStBl. 1992 II S. 143). Bei **erkennbarer** Wiederholungsabsicht kann bereits eine einmalige Handlung den Beginn einer fortgesetzten Tätigkeit begründen (→ BFH vom 31.7.1990 – BStBl. 1991 II S. 66).

Zeitdauer. Die Zeitdauer einer Tätigkeit allein lässt nicht auf die Nachhaltigkeit schließen (→ BFH vom 21.8.1985 – BStBl. 1986 II S. 88).

---

1) Ergänzend siehe BFH v. 19.2.2009 IV R 10/06, BStBl. II 2009, 533, und v. 30.9.2010 IV R 44/08, BStBl. II 2011, 645.

Zurechnung der Tätigkeit eines Anderen. Bedingen sich die Aktivitäten zweier selbständiger Rechtssubjekte gegenseitig und sind sie derart miteinander verflochten, dass sie nach der Verkehrsanschauung als einheitlich anzusehen sind, können bei der Prüfung der Nachhaltigkeit die Handlungen des Einen dem Anderen zugerechnet werden (→ BFH vom 12.7.2007 – BStBl. II S. 885).

R 15.3 Gewinnerzielungsabsicht *(unbesetzt)*

H 15.3

Abgrenzung der Gewinnerzielungsabsicht zur Liebhaberei[1]

- bei einem **Architekten** → BFH vom 12.9.2002 (BStBl. 2003 II S. 85),
- bei einem **Bootshandel** mit langjährigen Verlusten → BFH vom 21.7.2004 (BStBl. II S. 1063),
- bei einem **Erfinder** → BFH vom 14.3.1985 (BStBl. II S. 424),
- bei Vermietung einer **Ferienwohnung** → BFH vom 5.5.1988 (BStBl. II S. 778),
- beim Betrieb eines **Gästehauses** → BFH vom 13.12.1984 (BStBl. 1985 II S. 455),
- bei einem als sog. **Generationenbetrieb** geführten Unternehmen → BFH vom 24.8.2000 (BStBl. II S. 674),
- bei einem **gewerblichen Grundstückshandel** → BFH vom 5.4.2017 (BStBl. II S. 1130),
- bei einem unverändert fortgeführten regelmäßig Verluste bringenden **Großhandelsunternehmen** → BFH vom 19.11.1985 (BStBl. 1986 II S. 289),
- bei einem **Künstler** → BFH vom 6.3.2003 (BStBl. II S. 602),
- bei Vercharterung eines **Motorbootes** → BFH vom 28.8.1987 (BStBl. 1988 II S. 10),
- bei einer **Pferdezucht** → BFH vom 27.1.2000 (BStBl. II S. 227),
- bei kleinen **Photovoltaikanlagen** und vergleichbaren Blockheizkraftwerken → BMF vom 29.10.2021 (BStBl. I S. 2202),
- bei einem hauptberuflich tätigen **Rechtsanwalt** → BFH vom 22.4.1998 (BStBl. II S. 663) und vom 14.12.2004 (BStBl. 2005 II S. 392),
- bei Betrieb einer **Reitschule** → BFH vom 15.11.1984 (BStBl. 1985 II S. 205),
- bei einem **Schriftsteller** → BFH vom 23.5.1985 (BStBl. II S. 515),
- bei einem **Steuerberater** → BFH vom 31.5.2001 (BStBl. 2002 II S. 276),
- bei Betrieb eines **Trabrennstalls** → BFH vom 19.7.1990 (BStBl. 1991 II S. 333).

Anlaufverluste.

- Verluste der Anlaufzeit sind steuerlich nicht zu berücksichtigen, wenn die Tätigkeit von Anfang an erkennbar ungeeignet ist, auf Dauer einen Gewinn zu erbringen (→ BFH vom 23.5.1985 – BStBl. II S. 515 und vom 28.8.1987 – BStBl. 1988 II S. 10).

---

[1] „Liebhaberei" ist erst nach Festlegung der Einkunftsart zu überprüfen; siehe BFH v. 29.3.2001 IV R 88/99, BStBl. II 2002, 791.

- Bei der Totalgewinnprognose ist zu berücksichtigen, dass sich z.B. bei Künstlern und Schriftstellern positive Einkünfte vielfach erst nach einer längeren Anlaufzeit erzielen lassen (→ BFH vom 23.5.1985 – BStBl. II S. 515 und vom 6.3.2003 – BStBl. II S. 602).
- Beruht die Entscheidung zur Neugründung eines Gewerbebetriebs im Wesentlichen auf den persönlichen Interessen und Neigungen des Stpfl., sind die entstehenden Verluste nur dann für die Dauer einer betriebsspezifischen Anlaufphase steuerlich zu berücksichtigen, wenn der Stpfl. zu Beginn seiner Tätigkeit ein schlüssiges Betriebskonzept erstellt hat, das ihn zu der Annahme veranlassen durfte, durch die gewerbliche Tätigkeit werde insgesamt ein positives Gesamtergebnis erzielt werden können. Besteht ein solches Betriebskonzept hingegen nicht und war der Betrieb bei objektiver Betrachtung nach seiner Art, nach der Gestaltung der Betriebsführung und nach den gegebenen Ertragsaussichten von vornherein zur Erzielung eines Totalgewinns nicht in der Lage, folgt daraus, dass der Stpfl. die verlustbringende Tätigkeit nur aus im Bereich seiner Lebensführung liegenden persönlichen Gründen oder Neigungen ausgeübt hat (→ BFH vom 23.5.2007 – BStBl. II S. 874).
- Als betriebsspezifische Anlaufzeit bis zum Erforderlichwerden größerer Korrektur- und Umstrukturierungsmaßnahmen wird ein Zeitraum von weniger als fünf Jahren nur im Ausnahmefall in Betracht kommen. Daneben ist die Dauer der Anlaufphase vor allem vom Gegenstand und von der Art des jeweiligen Betriebs abhängig, so dass sich der Zeitraum, innerhalb dessen das Unterbleiben einer Reaktion auf bereits eingetretene Verluste für sich betrachtet noch nicht als Beweisanzeichen für eine mangelnde Gewinnerzielungsabsicht herangezogen werden kann, nicht allgemeinverbindlich festlegen lässt (→ BFH vom 23.5.2007 – BStBl. II S. 874).

Betriebszweige. Wird sowohl eine Landwirtschaft als auch eine Forstwirtschaft betrieben, ist die Frage der Gewinnerzielungsabsicht **getrennt nach Betriebszweigen** zu beurteilen (→ BFH vom 13.12.1990 – BStBl. 1991 II S. 452).

Beweisanzeichen.

- **Betriebsführung.** Beweisanzeichen für das Vorliegen einer Gewinnerzielungsabsicht ist eine Betriebsführung, bei der der Betrieb nach seiner Wesensart und der Art seiner Bewirtschaftung auf die Dauer gesehen dazu geeignet und bestimmt ist, mit Gewinn zu arbeiten. Dies erfordert eine in die Zukunft gerichtete langfristige Beurteilung, wofür die Verhältnisse eines bereits abgelaufenen Zeitraums wichtige Anhaltspunkte bieten können (→ BFH vom 5.5.1988 – BStBl. II S. 778).
- **Umstrukturierungsmaßnahmen.** Geeignete Umstrukturierungsmaßnahmen können ein gewichtiges Indiz für das Vorhandensein einer Gewinnerzielungsabsicht darstellen, wenn nach dem damaligen Erkenntnishorizont aus der Sicht eines wirtschaftlich vernünftig denkenden Betriebsinhabers eine hinreichende Wahrscheinlichkeit dafür bestand, dass sie innerhalb eines überschaubaren Zeitraums zum Erreichen der Gewinnzone führen würden (→ BFH vom 21.7.2004 – BStBl. II S. 1063).

– **Verlustperioden.** Bei längeren Verlustperioden muss für das Fehlen einer Gewinnerzielungsabsicht aus weiteren Beweisanzeichen die Feststellung möglich sein, dass der Stpfl. die Tätigkeit nur aus den im Bereich seiner Lebensführung liegenden persönlichen Gründen und Neigungen ausübt (→ BFH vom 19.11.1985 – BStBl. 1986 II S. 289). Fehlende Reaktionen auf bereits eingetretene hohe Verluste und das unveränderte Beibehalten eines verlustbringenden Geschäftskonzepts sind ein gewichtiges Beweisanzeichen für eine fehlende Gewinnerzielungsabsicht. An die Feststellung persönlicher Gründe und Motive, die den Stpfl. zur Weiterführung seines Unternehmens bewogen haben könnten, sind in diesen Fällen keine hohen Anforderungen zu stellen (→ BFH vom 17.11.2004 – BStBl. 2005 II S. 336).

Land- und Forstwirtschaft.
– **Betriebszweige:** Wird sowohl eine Landwirtschaft als auch eine Forstwirtschaft betrieben, ist die Frage der Gewinnerzielungsabsicht getrennt nach Betriebszweigen zu beurteilen (→ BFH vom 13.12.1990 – BStBl. 1991 II S. 452).
– **Pachtbetrieb Landwirtschaft:** Eine generationenübergreifende Totalgewinnprognose unter Einbeziehung des unentgeltlichen Rechtsnachfolgers kommt bei einem Landwirtschaftsbetrieb in Betracht, wenn der aktuell zu beurteilende Stpfl. infolge umfangreicher Investitionen die wirtschaftliche Grundlage des späteren Erfolgs in Form von positiven Einkünften bei seinem unentgeltlichen Rechtsnachfolger gelegt hat. Dies gilt zugleich betriebsübergreifend auch dann, wenn der Landwirtschaftsbetrieb zunächst unter Nießbrauchsvorbehalt an die nächste Generation übertragen wird. Die Totalgewinnprognose ist dann ungeachtet der Entstehung zweier landwirtschaftlicher Betriebe für einen fiktiven konsolidierten Landwirtschaftsbetrieb zu erstellen (→ BFH vom 23.10.2018 – BStBl. 2019 II S. 601).
– Zur Gewinnererzielungsabsicht bei einer forstwirtschaftlichen Tätigkeit → BMF vom 18.5.2018 (BStBl. I S. 689), Tz. IV.

Personengesellschaft.
– Gewerblich geprägte Personengesellschaft → R 15.8 Abs. 6.
– Umfassend gewerbliche Personengesellschaft → H 15.8 (5) Gewinnerzielungsabsicht.

Persönliche Gründe. Im Lebensführungsbereich liegende persönliche Gründe für die Fortführung einer verlustbringenden Tätigkeit
– können sich aus der Befriedigung persönlicher Neigungen oder der Erlangung wirtschaftlicher Vorteile außerhalb der Einkommenssphäre ergeben (→ BFH vom 19.11.1985 – BStBl. 1986 II S. 289 und vom 31.5.2001 – BStBl. 2002 II S. 276),
– liegen vor, wenn die Fortführung der verlustbringenden Tätigkeit den Abzug von Gehaltszahlungen an nahe Angehörige ermöglichen soll (→ BFH vom 26.2.2004 – BStBl. II S. 455),
– können wegen des mit dem ausgeübten Beruf verbundenen Sozialprestiges vorliegen (→ BFH vom 14.12.2004 – BStBl. 2005 II S. 392).

Selbstkostendeckung. Ohne Gewinnerzielungsabsicht handelt, wer Einnahmen nur erzielt, um seine Selbstkosten zu decken (→ BFH vom 22.8.1984 – BStBl. 1985 II S. 61).

Totalgewinn. Gewinnerzielungsabsicht ist das Streben nach Betriebsvermögensmehrung in Gestalt eines Totalgewinns. Dabei ist unter dem Begriff „Totalgewinn" bei neu eröffneten Betrieben das positive Gesamtergebnis des Betriebs von der Gründung bis zur Veräußerung, Aufgabe oder Liquidation zu verstehen. Bei bereits bestehenden Betrieben sind für die Gewinnprognose die in der Vergangenheit erzielten Gewinne ohne Bedeutung. Am Ende einer Berufstätigkeit umfasst der anzustrebende Totalgewinn daher nur die verbleibenden Jahre (→ BFH vom 26.2.2004 – BStBl. II S. 455). Es kommt auf die Absicht der Gewinnerzielung an, nicht darauf, ob ein Gewinn tatsächlich erzielt worden ist (→ BFH vom 25.6.1984 – BStBl. II S. 751). Der Aufgabegewinn wird durch Gegenüberstellung des Aufgabe-Anfangsvermögens und des Aufgabe-Endvermögens ermittelt. Da Verbindlichkeiten im Anfangs- und Endvermögen jeweils – mangels stiller Reserven – mit denselben Werten enthalten sind, wirken sie sich auf die Höhe des Aufgabegewinns nicht aus (→ BFH vom 17.6.1998 – BStBl. II S. 727).

Treu und Glauben. Folgt das Finanzamt der Darstellung des Stpfl., wonach eine Gewinnerzielungsabsicht vorliegt, kann dieser seine Darstellung nicht ohne triftigen Grund als von Anfang an falsch bezeichnen; ein solches Verhalten würde gegen die Grundsätze von Treu und Glauben verstoßen (→ BFH vom 10.10.1985 – BStBl. 1986 II S. 68).

Verlustzuweisungsgesellschaft. Bei einer Personengesellschaft, die nach Art ihrer Betriebsführung keinen Totalgewinn erreichen kann und deren Tätigkeit nach der Gestaltung des Gesellschaftsvertrags und seiner tatsächlichen Durchführung allein darauf angelegt ist, ihren Gesellschaftern Steuervorteile dergestalt zu vermitteln, dass durch Verlustzuweisungen andere Einkünfte nicht und die Verlustanteile letztlich nur in Form buchmäßiger Veräußerungsgewinne versteuert werden müssen, liegt der Grund für die Fortführung der verlustbringenden Tätigkeit allein im Lebensführungsbereich der Gesellschafter. Bei derartigen sog. Verlustzuweisungsgesellschaften ist zu vermuten, dass sie zunächst keine Gewinnerzielungsabsicht haben. Bei ihnen liegt in der Regel eine Gewinnerzielungsabsicht erst von dem Zeitpunkt an vor, in dem nach dem Urteil eines ordentlichen Kaufmanns ein Totalgewinn wahrscheinlich erzielt werden kann (→ BFH vom 12.12.1995 – BStBl. 1996 II S. 219).

Vorläufige Steuerfestsetzung. In Zweifelsfällen ist die Veranlagung gem. § 165 AO vorläufig durchzuführen (→ BFH vom 25.10.1989 – BStBl. 1990 II S. 278).

Wegfall des negativen Kapitalkontos. → H 15.8 (1) Nachversteuerung des negativen Kapitalkontos.

Zeitliche Begrenzung der Beteiligung. Die zeitliche Begrenzung der Beteiligung kann eine fehlende Gewinnerwartung bedingen (→ BFH vom 10.11.1977 – BStBl. 1978 II S. 15).

R 15.4 Beteiligung am allgemeinen wirtschaftlichen Verkehr

(unbesetzt)

H 15.4

Allgemeines. Eine Beteiligung am wirtschaftlichen Verkehr liegt vor, wenn ein Stpfl. mit Gewinnerzielungsabsicht nachhaltig am Leistungs- oder Güteraustausch teilnimmt. Damit werden solche Tätigkeiten aus dem gewerblichen Bereich ausgeklammert, die zwar von einer Gewinnerzielungsabsicht getragen werden, aber nicht auf einen Leistungs- oder Güteraustausch gerichtet sind, z.B. Bettelei. Die Teilnahme am allgemeinen Wirtschaftsverkehr erfordert, dass die Tätigkeit des Stpfl. nach außen hin in Erscheinung tritt, er sich mit ihr an eine – wenn auch begrenzte – Allgemeinheit wendet und damit seinen Willen zu erkennen gibt, ein Gewerbe zu betreiben (→ BFH vom 9.7.1986 – BStBl. II S. 851).

Einschaltung Dritter.

- Der Stpfl. muss nicht in eigener Person am allgemeinen Wirtschaftsverkehr teilnehmen. Es reicht aus, dass eine derartige Teilnahme für seine Rechnung ausgeübt wird (→ BFH vom 31.7.1990 – BStBl. 1991 II S. 66).
- Eine Beteiligung am allgemeinen wirtschaftlichen Verkehr kann auch dann gegeben sein, wenn der Stpfl. nur ein Geschäft mit einem Dritten tätigt, sich dieser aber in Wirklichkeit und nach außen erkennbar nach Bestimmung des Stpfl. an den allgemeinen Markt wendet (→ BFH vom 13.12.1995 – BStBl. 1996 II S. 232).

Gewerblicher Grundstückshandel. → BMF vom 26.3.2004 (BStBl. I S. 434), Tz. 4.[1]

Kundenkreis.

- Eine Beteiligung am allgemeinen wirtschaftlichen Verkehr kann auch bei einer Tätigkeit für nur einen bestimmten Vertragspartner vorliegen (→ BFH vom 9.7.1986 – BStBl. II S. 851 und vom 12.7.1991 – BStBl. 1992 II S. 143), insbesondere wenn die Tätigkeit nach Art und Umfang dem Bild einer unternehmerischen Marktteilnahme entspricht (→ BFH vom 22.1.2003 – BStBl. II S. 464); dies gilt auch, wenn der Stpfl. vertraglich an Geschäftsbeziehungen zu weiteren Personen gehindert ist (→ BFH vom 15.12.1999 – BStBl. 2000 II S. 404).
- Eine Beteiligung am allgemeinen wirtschaftlichen Verkehr kann auch vorliegen, wenn Leistungen entgeltlich nur Angehörigen gegenüber erbracht werden (→ BFH vom 13.12.2001 – BStBl. 2002 II S. 80).[2]

Sexuelle Dienstleistungen.

- Telefonsex führt zu Einkünften aus Gewerbebetrieb (→ BFH vom 23.2.2000 – BStBl. II S. 610).
- Selbständig tätige Prostituierte erzielen Einkünfte aus Gewerbebetrieb (→ BFH vom 20.2.2013 – BStBl. II S. 441).

---

[1] Siehe ferner BFH v. 1.12.2005 IV R 65/04, BStBl. II 2006, 259.
[2] Siehe ferner BFH v. 28.6.2001 IV R 10/00, BStBl. II 2002, 338.

Teilnahme an Turnierpokerspielen. Die Teilnahme an Turnierpokerspielen kann als Gewerbebetrieb zu qualifizieren sein (→ BFH vom 16.9.2015 – BStBl. 2016 II S. 48).[1)]

Wettbewerbsausschluss. Die Beteiligung am allgemeinen wirtschaftlichen Verkehr kann auch dann bestehen, wenn der Wettbewerb der Gewerbetreibenden untereinander ausgeschlossen ist (→ BFH vom 13.12.1963 – BStBl. 1964 III S. 99).

R 15.5 Abgrenzung des Gewerbebetriebs von der Land- und Forstwirtschaft[2)]

Allgemeine Grundsätze

(1) [1] Land- und Forstwirtschaft ist die planmäßige Nutzung der natürlichen Kräfte des Bodens zur Erzeugung von Pflanzen und Tieren sowie die Verwertung der dadurch selbstgewonnenen Erzeugnisse. [2] Als Boden i. S. d. Satzes 1 gelten auch Substrate und Wasser. [3] Ob eine land- und forstwirtschaftliche Tätigkeit vorliegt, ist jeweils nach dem Gesamtbild der Verhältnisse zu entscheiden. [4] Liegen teils gewerbliche und teils land- und forstwirtschaftliche Tätigkeiten vor, sind die Tätigkeiten zu trennen, wenn dies nach der Verkehrsauffassung möglich ist. [5] Dies gilt auch dann, wenn sachliche und wirtschaftliche Bezugspunkte zwischen den verschiedenen Tätigkeiten bestehen. [6] Sind die verschiedenen Tätigkeiten jedoch derart miteinander verflochten, dass sie sich unlösbar gegenseitig bedingen, liegt eine einheitliche Tätigkeit vor. [7] Eine solche einheitliche Tätigkeit ist danach zu qualifizieren, ob das land- und forstwirtschaftliche oder das gewerbliche Element überwiegt. [8] Bei in Mitunternehmerschaft (→ R 15.8) geführten Betrieben ist § 15 Abs. 3 Nr. 1 EStG anzuwenden; Tätigkeiten, die dem Grunde und der Höhe nach innerhalb der nachfolgenden Grenzen liegen, gelten dabei als land- und forstwirtschaftlich.

Strukturwandel

(2) [1] Durch Strukturwandel einer bisher der Land- und Forstwirtschaft zugerechneten Tätigkeit kann neben der Land- und Forstwirtschaft ein Gewerbebetrieb entstehen. [2] In diesen Fällen beginnt der Gewerbebetrieb zu dem Zeitpunkt, zu dem diese Tätigkeit dauerhaft umstrukturiert wird. [3] Hiervon ist z. B. auszugehen, wenn dem bisherigen Charakter der Tätigkeit nicht mehr entsprechende Investitionen vorgenommen, vertragliche Verpflichtungen eingegangen oder Wirtschaftsgüter angeschafft werden und dies jeweils dauerhaft dazu führt, dass die in den folgenden Absätzen genannten Grenzen erheblich überschritten werden. [4] In allen übrigen Fällen liegt nach Ablauf eines Zeitraums von drei aufeinander folgenden Wirtschaftsjahren Einkünfte aus Gewerbebetrieb vor. [5] Der Dreijahreszeitraum bezieht sich auf die nachfolgenden Umsatzgrenzen und beginnt bei einem Wechsel des Betriebsinhabers nicht neu. [6] Die vorstehenden Grundsätze gelten für den Strukturwandel von einer gewerblichen Tätigkeit zu einer land- und forstwirtschaftlichen Tätigkeit entsprechend.

---

1) Vb. nicht zur Entscheidung angenommen, siehe BVerfG v. 16.8.2017 2 BvR 2387/15.
2) Siehe auch BFH v. 26.6.2002 IV R 55/01, BStBl. II 2003, 13.

Nebenbetrieb

(3) [1] Ein Nebenbetrieb muss den Hauptbetrieb fördern und ergänzen und durch den Hauptbetrieb geprägt werden. [2] Der Nebenbetrieb muss in funktionaler Hinsicht vom Hauptbetrieb abhängig sein. [3] Die Verbindung darf nicht nur zufällig oder vorübergehend und nicht ohne Nachteil für den Hauptbetrieb lösbar sein. [4] Ein Nebenbetrieb der Land- und Forstwirtschaft liegt daher vor, wenn

1. überwiegend im eigenen Hauptbetrieb erzeugte Rohstoffe be- oder verarbeitet werden und die dabei gewonnenen Erzeugnisse überwiegend für den Verkauf bestimmt sind

oder

2. ein Land- und Forstwirt Umsätze aus der Übernahme von Rohstoffen (z. B. organische Abfälle) erzielt, diese be- oder verarbeitet und die dabei gewonnenen Erzeugnisse nahezu ausschließlich im Hauptbetrieb verwendet

und

die Erzeugnisse im Rahmen einer ersten Stufe der Be- oder Verarbeitung, die noch dem land- und forstwirtschaftlichen Bereich zuzuordnen ist, hergestellt werden. [5] Die Be- oder Verarbeitung eigener Erzeugnisse im Rahmen einer zweiten Stufe der Be- oder Verarbeitung ist eine gewerbliche Tätigkeit. [6] Die Be- oder Verarbeitung fremder Erzeugnisse ist stets eine gewerbliche Tätigkeit. [7] Unter den Voraussetzungen des Absatzes 11 können die Erzeugnisse nach den Sätzen 5 und 6 noch der Land- und Forstwirtschaft zugerechnet werden, wenn sie im Rahmen der Direktvermarktung abgesetzt werden. [8] Ein Nebenbetrieb kann auch vorliegen, wenn er ausschließlich von Land- und Forstwirten gemeinschaftlich betrieben wird und nur in deren Hauptbetrieben erzeugte Rohstoffe im Rahmen einer ersten Stufe der Be- oder Verarbeitung be- oder verarbeitet werden, oder nur Erzeugnisse gewonnen werden, die ausschließlich in diesen Betrieben verwendet werden. [9] Nebenbetriebe sind auch Substanzbetriebe (Abbauland – § 43 BewG), z. B. Sandgruben, Kiesgruben, Torfstiche, wenn die gewonnene Substanz überwiegend im eigenen Hauptbetrieb verwendet wird.

Unmittelbare Verwertung organischer Abfälle

(4) [1] Die Entsorgung organischer Abfälle (z. B. Klärschlamm) in einem selbst bewirtschafteten land- und forstwirtschaftlichen Betrieb ist nur dann der Land- und Forstwirtschaft zuzurechnen, wenn sie im Rahmen einer Be- oder Verarbeitung i. S. d. Absatzes 3 geschieht oder die in Absatz 1 Satz 1 genannten Voraussetzungen im Vordergrund stehen. [2] Das Einsammeln, Abfahren und Sortieren organischer Abfälle, das mit der Ausbringung auf Flächen oder der Verfütterung an Tiere des selbst bewirtschafteten land- und forstwirtschaftlichen Betriebs in unmittelbarem sachlichem Zusammenhang steht, ist eine land- und forstwirtschaftliche Tätigkeit. [3] Andernfalls gelten Absätze 9 und 10.

Eigene und fremde Erzeugnisse

(5) [1] Als eigene Erzeugnisse gelten alle land- und forstwirtschaftlichen Erzeugnisse, die im Rahmen des Erzeugungsprozesses im eigenen Betrieb gewonnen werden. [2] Hierzu gehören auch Erzeugnisse der ersten Stufe der Be-

oder Verarbeitung und zugekaufte Waren, die als Roh-, Hilfs- oder Betriebsstoffe im Erzeugungsprozess verwendet werden. [3]Rohstoffe sind Waren, die im Rahmen des Erzeugungsprozesses weiterkultiviert werden (z. B. Jungtiere, Saatgut oder Jungpflanzen). [4]Hilfsstoffe sind Waren, die als nicht überwiegender Bestandteil in eigene Erzeugnisse eingehen (z. B. Futtermittelzusätze, Siliermittel, Starterkulturen und Lab zur Milchverarbeitung, Trauben, Traubenmost und Verschnittwein zur Weinerzeugung, Verpackungsmaterial sowie Blumentöpfe für die eigene Produktion oder als handelsübliche Verpackung). [5]Betriebsstoffe sind Waren, die im Erzeugungsprozess verwendet werden (z. B. Düngemittel, Treibstoff und Heizöl). [6]Unerheblich ist, ob die zugekaufte Ware bereits ein land- und forstwirtschaftliches Urprodukt im engeren Sinne oder ein gewerbliches Produkt darstellt. [7]Als fremde Erzeugnisse gelten alle zur Weiterveräußerung zugekauften Erzeugnisse, Produkte oder Handelswaren, die nicht im land- und forstwirtschaftlichen Erzeugungsprozess des eigenen Betriebs verwendet werden. [8]Dies gilt unabhängig davon, ob es sich um betriebstypische bzw. -untypische Erzeugnisse, Handelsware zur Vervollständigung einer für die Art des Erzeugungsbetriebs üblichen Produktpalette oder andere Waren aller Art handelt. [9]Werden zugekaufte Roh-, Hilfs- oder Betriebsstoffe weiterveräußert, gelten diese zum Zeitpunkt der Veräußerung als fremde Erzeugnisse. [10]Dies gilt unabhängig davon, ob die Veräußerung gelegentlich (z. B. Verkauf von Diesel im Rahmen der Nachbarschaftshilfe) oder laufend (z. B. Verkauf von Blumenerde) erfolgt. [11]Die hieraus erzielten Umsätze sind bei der Abgrenzung entsprechend zu berücksichtigen.

Absatz eigener Erzeugnisse i. V. m. fremden und gewerblichen Erzeugnissen

(6) [1]Werden ausschließlich eigene Erzeugnisse (Absatz 5 Satz 1) abgesetzt, stellt dies eine Vermarktung im Rahmen der Land- und Forstwirtschaft dar, selbst wenn diese Erzeugnisse über ein eigenständiges Handelsgeschäft oder eine Verkaufsstelle (z. B. Großhandelsbetrieb, Einzelhandelsbetrieb, Ladengeschäft, Marktstand oder Verkaufswagen) abgesetzt werden. [2]Unerheblich ist die Anzahl der Verkaufsstellen oder ob die Vermarktung in räumlicher Nähe zum Betrieb erfolgt. [3]Werden durch einen Land- und Forstwirt neben eigenen Erzeugnissen auch fremde (Absatz 5 Satz 7) oder gewerbliche Erzeugnisse (Absatz 3 Satz 5 und 6) abgesetzt, liegen eine land- und forstwirtschaftliche und eine gewerbliche Tätigkeit vor. [4]Diese gewerbliche Tätigkeit kann unter den Voraussetzungen des Absatzes 11 noch der Land- und Forstwirtschaft zugerechnet werden. [5]Dagegen ist der ausschließliche Absatz fremder oder gewerblicher Erzeugnisse von Beginn an stets eine gewerbliche Tätigkeit. [6]Auf die Art und den Umfang der Veräußerung kommt es dabei nicht an.

Absatz eigener Erzeugnisse i. V. m. Dienstleistungen

(7) [1]Die Dienstleistung eines Land- und Forstwirts im Zusammenhang mit dem Absatz eigener Erzeugnisse, die über den Transport und das Einbringen von Pflanzen hinausgeht (z. B. Grabpflege, Gartengestaltung), stellt grundsätzlich eine einheitlich zu beurteilende Tätigkeit mit Vereinbarungen über mehrere Leistungskomponenten dar (gemischter Vertrag). [2]Dabei ist von einer einheitlich gewerblichen Tätigkeit auszugehen, wenn nach dem jeweiligen

Vertragsinhalt der Umsatz aus den Dienstleistungen und den fremden Erzeugnissen überwiegt. [3]Die gewerbliche Tätigkeit kann unter den Voraussetzungen des Absatzes 11 noch der Land- und Forstwirtschaft zugerechnet werden.

Absatz eigen erzeugter Getränke i. V. m. besonderen Leistungen

(8) [1]Der Ausschank von eigen erzeugten Getränken i. S. d. Absatzes 5, z. B. Wein, ist lediglich eine Form der Vermarktung und somit eine land- und forstwirtschaftliche Tätigkeit. [2]Werden daneben durch einen Land- und Forstwirt Speisen und andere Getränke abgegeben, liegt insoweit eine gewerbliche Tätigkeit vor, die unter den Voraussetzungen des Absatzes 11 noch der Land- und Forstwirtschaft zugerechnet werden kann.

Verwendung von Wirtschaftsgütern

(9) [1]Verwendet ein Land- und Forstwirt Wirtschaftsgüter seines land- und forstwirtschaftlichen Betriebsvermögens, indem er diese Dritten entgeltlich überlässt oder mit ihnen für Dritte Dienstleistungen verrichtet, stellt dies eine gewerbliche Tätigkeit dar. [2]Dies gilt auch, wenn in diesem Zusammenhang fremde Erzeugnisse verwendet werden. [3]Unter den Voraussetzungen des Absatzes 11 kann die Tätigkeit noch der Land- und Forstwirtschaft zugerechnet werden, wenn der Einsatz für eigene land- und forstwirtschaftliche Zwecke einen Umfang von 10% nicht unterschreitet. [4]Dagegen liegt ohne weiteres von Beginn an stets eine gewerbliche Tätigkeit vor, wenn ein Land- und Forstwirt Wirtschaftsgüter, die er eigens zu diesem Zweck angeschafft hat, für Dritte verwendet.

Land- und forstwirtschaftliche Dienstleistungen

(10) [1]Sofern ein Land- und Forstwirt Dienstleistungen ohne Verwendung von eigenen Erzeugnissen oder eigenen Wirtschaftsgütern verrichtet, ist dies eine gewerbliche Tätigkeit. [2]Unter den Voraussetzungen des Absatzes 11 kann die Tätigkeit noch der Land- und Forstwirtschaft zugerechnet werden, wenn ein funktionaler Zusammenhang mit typisch land- und forstwirtschaftlichen Tätigkeiten besteht.

Abgrenzungsregelungen

(11) [1]Gewerbliche Tätigkeiten, die nach den Absätzen 3 bis 8 dem Grunde nach die Voraussetzungen für eine Zurechnung zur Land- und Forstwirtschaft erfüllen, sind nur dann typisierend der Land- und Forstwirtschaft zuzurechnen, wenn die Umsätze aus diesen Tätigkeiten dauerhaft (Absatz 2) insgesamt nicht mehr als ein Drittel des Gesamtumsatzes und nicht mehr als 51 500 Euro im Wirtschaftsjahr betragen. [2]Diese Grenzen gelten für die Tätigkeiten nach den Absätzen 9 und 10 entsprechend. [3]Voraussetzung hierfür ist, dass die Umsätze aus den Tätigkeiten i. S. v. Satz 1 und 2 dauerhaft (Absatz 2) insgesamt nicht mehr als 50% des Gesamtumsatzes betragen. [4]Anderenfalls liegen hinsichtlich dieser Tätigkeiten unter den Voraussetzungen des Strukturwandels Einkünfte aus Gewerbebetrieb vor. [5]Der daneben bestehende Betrieb der Land- und Forstwirtschaft bleibt hiervon unberührt. [6]Bei der Ermittlung der Umsätze ist von den Betriebseinnahmen (ohne Umsatzsteuer) auszugehen. [7]Soweit es auf den Gesamtumsatz ankommt, ist hierunter die Summe der Betriebseinnahmen (ohne Umsatzsteuer) zu verstehen.

Energieerzeugung

(12) [1]Bei der Erzeugung von Energie, z. B. durch Wind-, Solar- oder Wasserkraft, handelt es sich nicht um die planmäßige Nutzung der natürlichen Kräfte des Bodens i. S. d. Absatzes 1 Satz 1. [2]Der Absatz von Strom und Wärme führt zu Einkünften aus Gewerbebetrieb. [3]Die Erzeugung von Biogas kann eine Tätigkeit i. S. d. Absatzes 3 sein.

Beherbergung von Fremden

(13) [1]Die Abgrenzung der Einkünfte aus Gewerbebetrieb gegenüber denen aus Land- und Forstwirtschaft richtet sich bei der Beherbergung von Fremden nach den Grundsätzen von R 15.7. [2]Aus Vereinfachungsgründen ist keine gewerbliche Tätigkeit anzunehmen, wenn weniger als vier Zimmer und weniger als sechs Betten zur Beherbergung von Fremden bereitgehalten werden und keine Hauptmahlzeit gewährt wird.

(14) Soweit sich aus den Absätzen 1 bis 13 für einen Stpfl. Verschlechterungen gegenüber R 15.5 EStR 2008 ergeben, kann R 15.5 EStR 2008 für diejenigen Wirtschaftsjahre weiter angewandt werden, die vor der Veröffentlichung der EStÄR 2012 im Bundessteuerblatt beginnen.[1)]

H 15.5

Abgrenzung.

Beispiel zur Prüfung der Umsatzgrenzen:

Ein land- und forstwirtschaftlicher Betrieb erzielt aus eigenen und fremden Erzeugnissen insgesamt einen Umsatz von 130 000 € zuzüglich Umsatzsteuer. Davon wurde ein Umsatzanteil in Höhe von 45 000 € zuzüglich Umsatzsteuer aus der Veräußerung zugekaufter Erzeugnisse und zugekaufter Handelswaren erzielt. Ferner führt der Betrieb Dienstleistungen mit eigenen Maschinen für andere Land- und Forstwirte und die örtliche Gemeinde aus. Daraus werden jeweils 15 000 € Umsatz zuzüglich Umsatzsteuer erzielt.

Lösung:

Die gekauften und weiterveräußerten Erzeugnisse, Produkte und Handelswaren sind fremde Erzeugnisse (R 15.5 Abs. 5 Satz 7 EStR), da sie nicht im Rahmen des Erzeugungsprozesses im eigenen Betrieb verwendet wurden. Die Summe der Betriebseinnahmen ohne Umsatzsteuer aus eigenen Erzeugnissen und fremden Erzeugnissen sowie der Dienstleistungen (R 15.5 Abs. 9 und 10 EStR) beträgt 160 000 €.

[1)] BStBl. I 2013 Nr. 5 v. 28.3.2013. **R 15.5 EStR 2008** lautet:

„**Zukauf fremder Erzeugnisse**

(5) [1]Fremde Erzeugnisse sind nicht solche Erzeugnisse, die im Rahmen des Erzeugungsprozesses im eigenen Betrieb verwendet werden (z.B. Saatgut, Jungpflanzen oder Jungtiere). [2]Als fremde Erzeugnisse gelten solche für die Weiterveräußerung zugekauften betriebstypischen Erzeugnisse, die nicht im eigenen Betrieb im Wege des Erzeugungsprozesses bearbeitet werden, und die nach der Verkehrsauffassung noch als land- und forstwirtschaftliche Produkte zu qualifizieren sind. [3]Dazu gehören auch Handelswaren zur Vervollständigung einer für die Art des Erzeugungsbetriebs üblichen Produktpalette, wie z. B. Töpfe und erden in einer Gärtnerei, sofern der Einkaufswert dieser Handelswaren 10% des Gesamtumsatzes nicht übersteigt. [4]Beträgt der Zukauf fremder Erzeugnisse im Sinne der Sätze 2 und 3, aus Vereinfachungsgründen gemessen an deren Einkaufwert, insgesamt bis zu 30% des Umsatzes, ist grundsätzlich ein Betrieb der Land- und Forstwirtschaft anzuerkennen. [5]Die vorstehende Vereinfachungsregelung findet nur Anwendung, wenn der Umsatzanteil, der auf die Veräußerung der Fremderzeugnisse entfällt, nicht erkennbar überwiegt."

Die Umsätze aus fremden Erzeugnissen in Höhe von 45 000 € ohne Umsatzsteuer überschreiten weder die relative Grenze von einem Drittel des Gesamtumsatzes (= 53 333 €) noch die absolute Grenze von 51 500 € (R 15.5 Abs. 11 Satz 1 EStR).
Die Umsätze aller Dienstleistungen in Höhe von 30 000 € ohne Umsatzsteuer überschreiten weder die relative Grenze von einem Drittel des Gesamtumsatzes (= 53 333 €) noch die absolute Grenze von 51 500 € (R 15.5 Abs. 11 Satz 2 EStR). Es ist unerheblich, ob es sich beim Leistungsempfänger um einen Land- und Forstwirt handelt.
Die Umsätze aus den Tätigkeitsbereichen Absatz von fremden Erzeugnissen und Dienstleistungen überschreiten mit insgesamt 75 000 € nicht die Grenze von 50% des Gesamtumsatzes (= 160 000 € × 50% = 80 000 €; R 15.5 Abs. 11 Satz 3 EStR). Damit liegt insgesamt ein land- und forstwirtschaftlicher Betrieb vor.

Beispiel zur Abgrenzung der Tätigkeiten und Zuordnung von Wirtschaftsgütern:

Landwirt L richtet im Wj. 2013/2014 in einem zum Betriebsvermögen gehörenden Wirtschaftsgebäude einen Hofladen ein, der zu 40% dem Verkauf von eigenen land- und forstwirtschaftlichen Erzeugnissen dient und zu 60% dem Verkauf von fremden Erzeugnissen. Die Umsätze des Betriebs entwickeln sich wie folgt:

	Nettogesamtumsatz	Nettoumsatz fremde Erzeugnisse
2013/2014	175 000 €	25 000 €
2014/2015	190 000 €	40 000 €
2015/2016	205 000 €	55 000 €
2016/2017	210 000 €	60 000 €
2017/2018	210 000 €	60 000 €

Lösung:

a) Abgrenzung
Der im Wj. 2013/2014 eingerichtete Hofladen steht aufgrund des Verkaufs eigener land- und forstwirtschaftlicher Erzeugnisse in engem sachlichem Zusammenhang mit dem land- und forstwirtschaftlichen Betrieb. Nach R 15.5 Abs. 6 EStR ist der Zu- und Verkauf fremder Erzeugnisse grundsätzlich eine gewerbliche Tätigkeit. Nach R 15.5 Abs. 11 Satz 1 EStR werden sämtliche im Hofladen erzielten Umsätze der Land- und Forstwirtschaft zugerechnet, wenn der nachhaltige Umsatzanteil sämtlicher Verkäufe von fremden Erzeugnissen (R 15.5 Abs. 5 Satz 7 EStR) nicht mehr als ⅓ des Gesamtumsatzes des land- und forstwirtschaftlichen Betriebs und nicht mehr als 51 500 € im Wj. beträgt.
In den Wj. 2013/2014 bis 2014/2015 sind die Voraussetzungen für eine Zurechnung zur Land- und Forstwirtschaft erfüllt. Ab dem Wj. 2015/2016 wird die absolute Grenze von 51 500 € überschritten. Nach R 15.5 Abs. 2 EStR entsteht jedoch erst mit Ablauf des Wj. 2017/2018 ein gesonderter Gewerbebetrieb (Drei-Jahres-Frist; allmählicher Strukturwandel).

b) Behandlung des Wirtschaftsgebäudes
Das Wirtschaftsgebäude wird eigenbetrieblich zu 60% für gewerbliche Tätigkeiten genutzt, so dass der Hofladen mit dem dazu gehörenden Grund und Boden grundsätzlich gewerbliches Betriebsvermögen wäre. Da die Nutzung für land- und forstwirtschaftliche Tätigkeiten jedoch mindestens 10% beträgt (→ R 15.5 Abs. 9 Satz 3 EStR), hat es der Stpfl. in der Hand, den Umfang seiner betrieblichen Tätigkeit und seiner Betriebsausgaben zu bestimmen (→ BFH vom 4.7.1990 – BStBl. II S. 817 und vom 22.1.2004 – BStBl. II S. 512). Das Wirtschaftsgebäude kann deshalb aufgrund der Funktionszuweisung des Stpfl. auch über das Wj. 2017/2018 hinaus dem land- und forstwirtschaftlichen Betriebsvermögen zugeordnet werden.

Baumschulen. R 15.5 Abs. 5 gilt auch für Baumschulbetriebe. In solchen Betrieben ist die Aufzucht von sog. Kostpflanzen üblich. Kostpflanzen sind Pflanzen, die der Baumschulbetrieb aus selbst gestelltem Samen oder selbst gestellten Pflanzen in fremden Betrieben aufziehen lässt. Kostpflanzen sind eigene (nicht fremde) Erzeugnisse, wenn die in Kost gegebenen Sämereien oder Pflanzen in der Verfügungsgewalt des Kostgebers (des Baumschulbetriebs) bleiben und der Kostnehmer (der Betrieb, der die Aufzucht durchführt) die Rücklieferungsverpflichtung gegenüber dem Kostgeber hat. Dabei kommt es nicht darauf an, dass der Kostgeber die hingegebenen Pflanzen im eigenen land- oder forstwirtschaftlichen Betrieb erzeugt hat (→ BFH vom 16.12.1976 – BStBl. 1977 II S. 272).

Bewirtschaftungsvertrag. Ein mit einem Pachtvertrag gekoppelter Bewirtschaftungsvertrag vermittelt dem Verpächter nur dann Einkünfte aus Land- und Forstwirtschaft, wenn die Verträge nach dem Willen der Vertragsparteien auf den Verkauf der Ernte gerichtet sind. Ist hingegen nicht von einem Verkauf der Ernte auszugehen, weil neben einem festen Pachtzins lediglich ein Kostenersatz als Bewirtschaftungsentgelt vereinbart wurde, ist von einem Dienstleistungsvertrag und insofern von gewerblichen Einkünften auszugehen (→ BFH vom 29.11.2001 – BStBl. 2002 II S. 221).

Grundstücksverkäufe.

– Die Veräußerung land- und forstwirtschaftlich genutzter Grundstücke ist ein Hilfsgeschäft eines land- und forstwirtschaftlichen Betriebs und nicht Gegenstand eines selbständigen gewerblichen Unternehmens. Etwas anderes gilt allerdings dann, wenn der Landwirt wiederholt innerhalb eines überschaubaren Zeitraums land- und forstwirtschaftliche Grundstücke oder Betriebe in Gewinnabsicht veräußert, die er bereits in der Absicht einer Weiterveräußerung erworben hatte (→ BFH vom 28.6.1984 – BStBl. II S. 798).
– → BMF vom 26.3.2004 (BStBl. I S. 434), Tz. 27.

Klärschlamm. Ein Landwirt, der auch einen Gewerbebetrieb für Klärschlammtransporte unterhält, erzielt mit den Einnahmen für den Transport und die Ausbringung von Klärschlamm auch insoweit Einkünfte aus Gewerbebetrieb und nicht aus Landwirtschaft, als er den Klärschlamm mit Maschinen des Gewerbebetriebs auf selbstbewirtschafteten Feldern ausbringt (→ BFH vom 8.11.2007 – BStBl. 2008 II S. 356).

Nebenbetrieb. Ein Nebenbetrieb (→ R 15.5 Abs. 3) kann auch vorliegen, wenn die von einem Mitunternehmer ausgeübte Tätigkeit dem gemeinsam mit anderen geführten landwirtschaftlichen Hauptbetrieb zu dienen bestimmt ist (→ BFH vom 22.1.2004 – BStBl. II S. 512).

Reitpferde.

– Die Entscheidung, ob die mit der Unterhaltung eines Pensionsstalles und der Erteilung von Reitunterricht verbundene Haltung oder Zucht von Pferden einen Gewerbebetrieb oder einen Betrieb der Land- und Forstwirtschaft darstellt, ist nach den Umständen des Einzelfalles zu treffen. Die Pensionsreitpferdehaltung rechnet auch dann zur landwirtschaftlichen Tierhaltung i. S. d. § 13 Abs. 1 Nr. 1 Satz 2 EStG, wenn den Pferdeeinstellern Reitanlagen einschließlich Reithalle zur Verfügung gestellt werden (→ BFH vom 23.9.1988 – BStBl. 1989 II S. 111).

– Die Vermietung von Pferden zu Reitzwecken ist bei vorhandener flächenmäßiger Futtergrundlage als landwirtschaftlich anzusehen, wenn keine weiteren ins Gewicht fallenden Leistungen erbracht werden, die nicht der Landwirtschaft zuzurechnen sind (→ BFH vom 24.1.1989 – BStBl. II S. 416).
– Ein landwirtschaftlicher Betrieb wird nicht dadurch zu einem Gewerbebetrieb, dass er Pferde zukauft, sie während einer nicht nur kurzen Aufenthaltsdauer zu hochwertigen Reitpferden ausbildet und dann weiterverkauft (→ BFH vom 17.12.2008 – BStBl. 2009 II S. 453).

Schlossbesichtigung. Gewinne aus Schlossbesichtigung gehören zu den Einkünften aus Gewerbebetrieb (→ BFH vom 7.8.1979 – BStBl. 1980 II S. 633).

Strukturwandel. Zur Abgrenzung eines allmählichen von einem sofortigen Strukturwandel → BFH vom 19.2.2009 (BStBl. II S. 654).

Tierzucht.
– Zur Frage der Abgrenzung der landwirtschaftlichen Tierzucht und Tierhaltung (§ 13 Abs. 1 Nr. 1 EStG) von der gewerblichen Tierzucht und Tierhaltung → R 13.2.
– Die Unterhaltung einer Brüterei, in der Küken aus Bruteiern gewonnen und als Eintagsküken weiterveräußert werden, stellt einen Gewerbebetrieb dar, nicht aber eine gewerbliche Tierzucht oder Tierhaltung i. S. d. § 15 Abs. 4 Satz 1 und 2 EStG (→ BFH vom 14.9.1989 – BStBl. 1990 II S. 152).
– Die Aufzucht und Veräußerung von Hunden ist eine gewerbliche Tätigkeit (→ BFH vom 30.9.1980 – BStBl. 1981 II S. 210).
– Die Züchtung und das Halten von Kleintieren ohne Bezug zur land- und forstwirtschaftlichen Urproduktion stellt ungeachtet einer vorhandenen Futtergrundlage eine gewerbliche Tätigkeit dar (→ BFH vom 16.12.2004 – BStBl. 2005 II S. 347).
– Die Unterhaltung einer Nerzzucht gehört nicht zum Bereich der land- und forstwirtschaftlichen Urproduktion (→ BFH vom 19.12.2002 – BStBl. 2003 II S. 507).

Weinbau, Perlwein und Sekt. → BMF vom 19.10.2017 (BStBl. I S. 1431).

R 15.6 Abgrenzung des Gewerbebetriebs von der selbständigen Arbeit

(unbesetzt)

H 15.6

Allgemeines. Die für einen Gewerbebetrieb geltenden positiven Voraussetzungen
– Selbständigkeit (→ R 15.1),
– Nachhaltigkeit (→ H 15.2),
– Gewinnerzielungsabsicht (→ H 15.3) und
– Beteiligung am allgemeinen wirtschaftlichen Verkehr (→ H 15.4)

gelten auch für die selbständige Arbeit i. S. d. § 18 Abs. 1 Nr. 1 und 2 EStG. Erfordert die Ausübung eines in § 18 Abs. 1 Nr. 1 EStG genannten Berufes eine gesetzlich vorgeschriebene Berufsausbildung, übt nur derjenige, der auf Grund dieser Berufsausbildung berechtigt ist, die betreffende Berufsbezeichnung zu führen, diesen Beruf aus (→ BFH vom 1.10.1986 – BStBl.

1987 II S. 116). Eine sonstige selbständige Tätigkeit i. S. d. § 18 Abs. 1 Nr. 3 EStG wird in der Regel gelegentlich und nur ausnahmsweise nachhaltig ausgeübt (→ BFH vom 28.6.2001 – BStBl. 2002 II S. 338).

Abgrenzung selbständige Arbeit/Gewerbebetrieb.

a) Beispiele für selbständige Arbeit

Altenpfleger, soweit keine hauswirtschaftliche Versorgung der Patienten erfolgt (→ BMF vom 20.11.2019 – BStBl. I S. 1298),

Berufsbetreuer i. S. v. §§ 1896 ff. BGB; die Tätigkeit fällt in der Regel unter § 18 Abs. 1 Nr. 3 EStG (→ BFH vom 15.6.2010 – BStBl. II S. 909 und S. 906),[1)]

Diätassistent (→ BMF vom 20.11.2019 – BStBl. I S. 1298),

EDV-Berater übt im Bereich der Systemsoftware regelmäßig eine ingenieurähnliche Tätigkeit aus. Im Bereich der Entwicklung von Anwendersoftware ist die Tätigkeit des EDV-Beraters nur dann als selbständige Tätigkeit zu qualifizieren, wenn er die Entwicklung der Anwendersoftware durch eine klassische ingenieursmäßige Vorgehensweise (Planung, Konstruktion, Überwachung) betreibt und er über eine Ausbildung, die der eines Ingenieurs vergleichbar ist, verfügt (→ BFH vom 4.5.2004 – BStBl. II S. 989),

Ergotherapeut (→ BMF vom 20.11.2019 – BStBl. I S. 1298),

Fachkrankenpfleger für Krankenhaushygiene (→ BFH v. 6.9.2006 – BStBl. 2007 II S. 177),

Hebamme/Entbindungspfleger (→ BMF vom 20.11.2019 – BStBl. I S. 1298),

Heileurythmist bei Teilnahme an Verträgen zur Integrierten Versorgung mit Anthroposophischer Medizin nach §§ 140a ff. SGB V (→ BFH vom 20.11.2018 – BStBl. 2019 II S. 776 und vom 20.11.2019 – BStBl. I S. 1298),

Industrie-Designer; auch im Bereich zwischen Kunst und Gewerbe kann gewerblicher Verwendungszweck eine künstlerische Tätigkeit nicht ausschließen (→ BFH vom 14.12.1976 – BStBl. 1977 II S. 474),

Insolvenzverwalter (→ BFH vom 11.8.1994 – BStBl. II S. 936), → sonstige selbständige Arbeit,

IT-Projektleiter, wenn dieser über Kenntnisse und Fähigkeiten verfügt, die in Breite und Tiefe denen eines Diplom-Informatikers entsprechen (→ BFH vom 22.9.2009 – BStBl. 2010 II S. 404),

Kfz-Sachverständiger, dessen Gutachtertätigkeit mathematisch-technische Kenntnisse voraussetzt, wie sie üblicherweise nur durch eine Berufsausbildung als Ingenieur erlangt werden (→ BFH vom 10.11.1988 – BStBl. 1989 II S. 198),

Kindererholungsheim; der Betrieb eines Kindererholungsheims kann ausnahmsweise eine freiberufliche Tätigkeit darstellen, wenn die Kinder in erster Linie zum Zweck einer planmäßigen körperlichen, geistigen und sittlichen Erziehung auswärts untergebracht sind und die freiberufliche Tätigkeit der Gesamtleistung des Heimes das Gepräge gibt (→ BFH vom 9.4.1975 – BStBl. II S. 610),

Kinder- und Jugendlichenpsychotherapeut (→ BMF vom 20.11.2019 – BStBl. I S. 1298),

Kompasskompensierer auf Seeschiffen (→ BFH vom 14.11.1957 – BStBl. 1958 III S. 3),

Krankenpfleger/Krankenschwester, soweit keine hauswirtschaftliche Versorgung der Patienten erfolgt (→ BFH vom 22.1.2004 – BStBl. II S. 509 und BMF vom 20.11.2019 – BStBl. I S. 1298),

Kunsthandwerker, der von ihm selbst entworfene Gegenstände herstellt (→ BFH vom 26.9.1968 – BStBl. 1969 II S. 70); handwerkliche und künstlerische Tätigkeit können nebeneinander vorliegen (→ BFH vom 11.7.1991 – BStBl. II S. 889),

Logopäde (→ BMF vom 20.11.2019 – BStBl. I S. 1298),

Masseur (staatlich geprüft), **Heilmasseur,** soweit diese nicht lediglich oder überwiegend kosmetische oder Schönheitsmassagen durchführen (→ BMF vom 20.11.2019 – BStBl. I S. 1298),

---

1) Zu ehrenamtlichen Betreuern siehe BFH v. 17.10.2012 VIII R 57/09, BStBl. II 2013, 799.

Medizinischer Bademeister, soweit dieser auch zur Feststellung des Krankheitsbefunds tätig wird oder persönliche Heilbehandlungen am Körper des Patienten vornimmt (→ BMF vom 20.11.2019 – BStBl. I S. 1298),

Medizinisch-technischer Assistent (→ BMF vom 20.11.2019 – BStBl. I S. 1298),

Modeschöpfer; beratende Tätigkeit eines im Übrigen als Künstler anerkannten Modeschöpfers kann künstlerisch sein (→ BFH vom 2.10.1968 – BStBl. 1969 II S. 138),

Orthoptist (→ BMF vom 20.11.2019 – BStBl. I S. 1298),

Patentberichterstatter mit wertender Tätigkeit (→ BFH vom 2.12.1970 – BStBl. 1971 II S. 233),

Podologe/Medizinischer Fußpfleger (→ BMF vom 20.11.2019 – BStBl. I S. 1298),

Prüfingenieur, der Hauptuntersuchungen und Sicherheitsprüfungen durchführt (→ BFH vom 14.5.2019 – BStBl. II S. 580),

Psychologischer Psychotherapeut (→ BMF vom 20.11.2019 – BStBl. I S. 1298),

Rettungsassistent (→ BMF vom 20.11.2019 – BStBl. I S. 1298),

Schiffseichaufnehmer (→ BFH vom 5.11.1970 – BStBl. 1971 II S. 319),

Synchronsprecher, der bei der Synchronisierung ausländischer Spielfilme mitwirkt (→ BFH vom 3.8.1978 – BStBl. 1979 II S. 131 und vom 12.10.1978 – BStBl. 1981 II S. 706),

Tanz- und Unterhaltungsorchester, wenn es einen bestimmten Qualitätsstandard erreicht (→ BFH vom 19.8.1982 – BStBl. 1983 II S. 7),

Umweltauditor mit einem abgeschlossenen Chemiestudium (→ BFH vom 17.1.2007 – BStBl. II S. 519),

Verfahrenspfleger i. S. d. FamFG; die Tätigkeit fällt in der Regel unter § 18 Abs. 1 Nr. 3 EStG (→ BFH vom 15.6.2010 – BStBl. II S. 909 und S. 906),

Werbung; Tätigkeit eines Künstlers im Bereich der Werbung kann künstlerisch sein, wenn sie als eigenschöpferische Leistung zu werten ist (→ BFH vom 11.7.1991 – BStBl. 1992 II S. 353),

Zahnpraktiker (→ BMF vom 20.11.2019 – BStBl. I S. 1298),

Zwangsverwalter; die Tätigkeit fällt in der Regel unter § 18 Abs. 1 Nr. 3 EStG (→ BFH vom 12.12.2001 – BStBl. 2002 II S. 202); aber → Sonstige selbständige Arbeit.

b) Beispiele für Gewerbebetrieb[1]

Altenpfleger, soweit auch eine hauswirtschaftliche Versorgung der Patienten erfolgt (→ BMF vom 20.11.2019 – BStBl. I S. 1298),

Anlageberater/Finanzanalyst (→ BFH vom 2.9.1988 – BStBl. 1989 II S. 24),

Ärztepropagandist (→ BFH vom 27.4.1961 – BStBl. III S. 315),

Apotheken-Inventurbüro (→ BFH vom 15.6.1965 – BStBl. III S. 556),

Apothekenrezeptabrechner (→ BFH vom 28.3.1974 – BStBl. II S. 515),

Architekt, der bei Ausübung einer beratenden Tätigkeit an der Vermittlung von Geschäftsabschlüssen mittelbar beteiligt ist (→ BFH vom 14.6.1984 – BStBl. 1985 II S. 15) oder der schlüsselfertige Gebäude errichten lässt; die Gewerblichkeit erstreckt sich in diesem Fall auch auf ggf. erbrachte Ingenieur- oder Architektenleistungen (→ BFH vom 18.10.2006 – BStBl. 2008 II S. 54),

Artist (→ BFH vom 16.3.1951 – BStBl. III S. 97),

Baubetreuer (Bauberater), die sich lediglich mit der wirtschaftlichen (finanziellen) Betreuung von Bauvorhaben befassen (→ BFH vom 29.5.1973 – BStBl. 1974 II S. 447 und vom 30.5.1973 – BStBl. II S. 668),

Bauleiter (→ BFH vom 22.1.1988 – BStBl. II S. 497 und vom 11.8.1999 – BStBl. 2000 II S. 31), es sei denn, seine Ausbildung entspricht derjenigen eines Architekten

---

[1] Zum Public-Relations-Berater siehe BFH v. 25.4.1978 VIII R 149/74, BStBl. II 1978, 565; zum Trauerredner siehe BFH v. 29.7.1981 I R 183/79, BStBl. II 1982, 22; zum selbständigen Aktionsleiter einer Bausparkasse siehe BFH v. 28.6.1989 I R 114/85, BStBl. II 1989, 965; zur Inkassotätigkeit eines Rechtsanwalts siehe BFH v. 20.8.2012 III B 246/11, BFH/NV 2012, 1959; zu einem Laborarzt, der bestimmte Routineuntersuchungen vollständig an fachlich vorgebildete Mitarbeiter delegiert, siehe BFH v. 12.6.2018 VIII B 154/17, BFH/NV 2018, 945.

(→ BFH vom 12.10.1989 – BStBl. 1990 II S. 64) oder eines (Wirtschafts-)Ingenieurs (→ BFH vom 6.9.2006 – BStBl. 2007 II S. 118),

Beratungsstellenleiter eines Lohnsteuerhilfevereins (→ BFH vom 10.12.1987 – BStBl. 1988 II S. 273),

Berufssportler (→ BFH vom 22.1.1964 – BStBl. III S. 207),

Bezirksschornsteinfegermeister (→ BFH vom 13.11.1996 – BStBl. 1997 II S. 295),

Blindenführhundeschule (→ BFH vom 9.5.2017 – BStBl. II S. 911),

Bodybuilding-Studio, wenn unterrichtende Tätigkeit nur die Anfangsphase der Kurse prägt und im Übrigen den Kunden Trainingsgeräte zur freien Verfügung stehen (→ BFH vom 18.4.1996 – BStBl. II S. 573),

Buchhalter (→ BFH vom 28.6.2001 – BStBl. 2002 II S. 338),

Buchmacher (→ RFH vom 22.2.1939 – RStBl. S. 576),

Bühnenvermittler (→ BFH vom 15.4.1970 – BStBl. II S. 517),

Clinical Research Associate (CRA) mit einer im Wesentlichen im Bereich der Planung, Durchführung und Evaluation klinischer Studien ausgeübten Tätigkeit (→ BFH vom 25.4.2017 – BStBl. II S. 908),

Datenschutzbeauftragter, externer; übt auch dann eine gewerbliche Tätigkeit aus, wenn er zugleich als Rechtsanwalt tätig ist (→ BFH vom 14.1.2020 – BStBl. II S. 222).

Detektiv (→ RFH vom 15.7.1942 – RStBl. S. 989),

Diplomsozialarbeiterin, die im Rahmen der ambulanten Eingliederungshilfe Menschen mit Behinderungen und Menschen mit Krankheiten bei einer selbstbestimmten Lebensführung unterstützt (→ BFH vom 29.9.2020 – BStBl. 2021 II S. 387),

Dispacheur (→ BFH vom 26.11.1992 – BStBl. 1993 II S. 235),

EDV-Berater übt keine ingenieurähnliche Tätigkeit aus, wenn er im Bereich der Anwendersoftware die Entwicklung qualifizierter Software nicht durch eine klassische ingenieurmäßige Vorgehensweise (Planung, Konstruktion, Überwachung) betreibt und wenn er keine Ausbildung, die der eines Ingenieurs vergleichbar ist, besitzt (→ BFH vom 4.5.2004 – BStBl. II S. 989),

Erbensucher (→ BFH vom 24.2.1965 – BStBl. III S. 263),

Fahrschule, wenn der Inhaber nicht die Fahrlehrererlaubnis besitzt (→ BFH vom 4.10.1966 – BStBl. III S. 685),

Finanz- und Kreditberater (→ BFH vom 13.4.1988 – BStBl. II S. 666),

Fitness-Studio; keine unterrichtende Tätigkeit, wenn Kunden im Wesentlichen in Gerätebedienung eingewiesen und Training in Einzelfällen überwacht wird (→ BFH vom 13.1.1994 – BStBl. II S. 362),

Fotograf, der Werbeaufnahmen macht; Werbeaufnahmen macht auch, wer für Zeitschriften Objekte auswählt und zum Zweck der Ablichtung arrangiert, um die von ihm oder einem anderen Fotografen dann hergestellten Aufnahmen zu veröffentlichen (→ BFH vom 19.2.1998 – BStBl. II S. 441),[1]

Fotomodell (→ BFH vom 8.6.1967 – BStBl. III S. 618),

Gutachter auf dem Gebiet der Schätzung von Einrichtungsgegenständen und Kunstwerken (→ BFH vom 22.6.1971 – BStBl. II S. 749),

Havariesachverständiger (→ BFH vom 22.6.1965 – BStBl. III S. 593),

Hellseher (→ BFH vom 30.3.1976 – BStBl. II S. 464),

Hersteller künstlicher Menschenaugen (→ BFH vom 25.7.1968 – BStBl. II S. 662),

Industriepropagandisten (→ RFH vom 25.3.1938 – RStBl. S. 733), Ingenieur als **Werber für Lieferfirmen** (→ RFH vom 30.8.1939 – RStBl. 1940 S. 14),

Inventurbüro (→ BFH vom 28.11.1968 – BStBl. 1969 II S. 164),

Kfz-Sachverständiger ohne Ingenieurexamen, dessen Tätigkeit keine mathematisch-technischen Kenntnisse wie die eines Ingenieurs voraussetzt (→ BFH vom 9.7.1992 – BStBl. 1993 II S. 100),

Klavierstimmer (→ BFH vom 22.3.1990 – BStBl. II S. 643),

Konstrukteur, der überwiegend Bewehrungspläne fertigt (→ BFH vom 5.10.1989 – BStBl. 1990 II S. 73),

Krankenpfleger/Krankenschwester, soweit auch eine hauswirtschaftliche Versorgung der Patienten erfolgt (→ BFH vom 22.1.2004 – BStBl. II S. 509 und BMF vom 20.11.2019 – BStBl. I S. 1298),

---

[1] Zur Abgrenzung bei einem Bildberichterstatter siehe BFH v. 22.4.2008 VIII B 96/07, BFH/NV 2008, 1472.

Kükensortierer (→ BFH vom 16.8.1955 – BStBl. III S. 295),
Künstleragenten (→ BFH vom 18.4.1972 – BStBl. II S. 624),
Makler (→ RFH vom 1.6.1938 – RStBl. S. 842),[1]
Marktforschungsberater (→ BFH vom 27.2.1992 – BStBl. II S. 826),
Masseur (staatlich geprüft), **Heilmasseur,** wenn diese lediglich oder überwiegend kosmetische oder Schönheitsmassagen durchführen (→ BFH vom 26.11.1970 – BStBl. 1971 II S. 249),
Moderator von Verkaufssendungen (→ BFH vom 16.9.2014 – BStBl. 2015 II S. 217),
Personalberater, der seinen Auftraggebern von ihm ausgesuchte Kandidaten für eine zu besetzende Stelle vermittelt (→ BFH vom 19.9.2002 – BStBl. 2003 II S. 25),
Pilot (→ BFH vom 16.5.2002 – BStBl. II S. 565),
Politikberater, dessen Schwerpunkt der Berufstätigkeit in der umfangreichen Informationsbeschaffung rund um spezielle aktuelle Gesetzgebungsvorhaben und der diesbezüglichen Berichterstattung gegenüber seinen Auftraggebern liegt (→ BFH vom 14.5.2014 – BStBl. 2015 II S. 128),
Probenehmer für Erze, Metalle und Hüttenerzeugnisse (→ BFH vom 14.11.1972 – BStBl. 1973 II S. 183),
Promotionsberater (→ BFH vom 8.10.2008 – BStBl. 2009 II S. 238),
Rechtsbeistand, der mit Genehmigung des Landgerichtspräsidenten Auszüge aus Gerichtsakten für Versicherungsgesellschaften fertigt (→ BFH vom 18.3.1970 – BStBl. II S. 455),
Rentenberater (→ BFH vom 7.5.2019 – BStBl. II S. 528 und S. 532),[2]
Restaurator, es sei denn, er beschränkt sich auf die Erstellung von Gutachten und Veröffentlichungen und wird daher wissenschaftlich tätig oder die Tätigkeit betrifft ein Kunstwerk, dessen Beschädigung ein solches Ausmaß aufweist, dass seine Wiederherstellung eine eigenschöpferische Leistung des Restaurators erfordert (→ BFH vom 4.11.2004 – BStBl. 2005 II S. 362),
Rezeptabrechner für Apotheken (→ BFH vom 28.3.1974 – BStBl. II S. 515),
Rundfunkermittler, der im Auftrag einer Rundfunkanstalt Schwarzhörer aufspürt (→ BFH vom 2.12.1998 – BStBl. 1999 II S. 534),
Rundfunksprecher entfaltet in der Regel keine künstlerische Tätigkeit (→ BFH vom 20.6.1962 – BStBl. III S. 385 und vom 24.10.1963 – BStBl. III S. 589),
Schadensregulierer im Auftrag einer Versicherungsgesellschaft (→ BFH vom 29.8.1961 – BStBl. III S. 505),
Schiffssachverständiger, wenn er überwiegend reine Schadensgutachten (im Unterschied zu Gutachten über Schadens- und Unfallursachen) erstellt (→ BFH vom 21.3.1996 – BStBl. II S. 518),
Spielerberater von Berufsfußballspielern (→ BFH vom 26.11.1998 – BStBl. 1999 II S. 167),
Treuhänderische Tätigkeit eines Rechtsanwaltes für Bauherrengemeinschaften (→ BFH vom 1.2.1990 – BStBl. II S. 534) sowie eines Wirtschaftsprüfers bei einem Immobilienfonds (→ BFH vom 18.10.2006 – BStBl. 2007 II S. 266),
Übersetzer, der die beauftragten Sprachen nicht selbst beherrscht, sondern Übersetzungen in nicht unerheblichem Umfang hinzukauft (→ BFH vom 21.2.2017 – BStBl. 2018 II S. 4),
Vereidigter Kursmakler (→ BFH vom 13.9.1955 – BStBl. III S. 325),
Versicherungsberater (→ BFH vom 16.10.1997 – BStBl. 1998 II S. 139),
Versicherungsvertreter, selbständiger; übt auch dann eine gewerbliche Tätigkeit aus, wenn er nur für ein einziges Versicherungsunternehmen tätig sein darf (→ BFH vom 26.10.1977 – BStBl. 1978 II S. 137),
Versteigerer (→ BFH vom 24.1.1957 – BStBl. III S. 106),
Vortragswerber (→ BFH vom 5.7.1956 – BStBl. III S. 255),
Werbeberater (→ BFH vom 16.1.1974 – BStBl. II S. 293),
Wirtschaftswissenschaftler, der sich auf ein eng begrenztes Tätigkeitsgebiet, z. B. die Aufnahme und Bewertung von Warenbeständen in einem bestimmten Wirtschafts-

[1] Zur Errichtung und Veräußerung eines Einkaufsmarktes im Rahmen eines Maklerbetriebes siehe BFH v. 7.5.2008 X R 49/04, BStBl. II 2008, 711.

[2] Vb. nicht zur Entscheidung angenommen, BVerfG v. 16.12.2020 1 BvR 2278/19, StEd 2021, 72.

zweig, spezialisiert und diese Tätigkeit im Wesentlichen von zahlreichen Hilfskräften in einem unternehmensartig organisierten Großbüro ausführen lässt (→ BFH vom 28.11.1968 – BStBl. 1969 II S. 164),

Zolldeklarant (→ BFH vom 21.9.1989 – BStBl. 1990 II S. 153).

Ähnliche Berufe.

– Ob ein ähnlicher Beruf vorliegt, ist durch Vergleich mit einem bestimmten Katalogberuf festzustellen (→ BFH vom 5.7.1973 – BStBl. II S. 730).
– Ein Beruf ist einem der Katalogberufe ähnlich, wenn er in wesentlichen Punkten mit ihm verglichen werden kann. Dazu gehören die Vergleichbarkeit der **Ausbildung** und der beruflichen **Tätigkeit** (→ BFH vom 12.10.1989 – BStBl. 1990 II S. 64).
– → Autodidakt.
– Der Nachweis **ingenieurähnlicher Tätigkeiten** kann nicht durch die Tätigkeit erbracht werden, die auch anhand von Formelsammlungen und praktischen Erfahrungen ausgeübt werden kann (→ BFH vom 11.7.1991 – BStBl. II S. 878). Demgegenüber werden an die Breite der Tätigkeit geringere Anforderungen gestellt (→ BFH vom 14.3.1991 – BStBl. II S. 769). Dies gilt nicht für die dem **beratenden Betriebswirt** ähnlichen Berufe; bei diesen muss sich die Beratungstätigkeit wenigstens auf einen betrieblichen Hauptbereich der Betriebswirtschaft beziehen (→ BFH vom 12.10.1989 – BStBl. 1990 II S. 64).
– Ein **Hochbautechniker** mit den einem Architekten vergleichbaren theoretischen Kenntnissen übt auch in den Veranlagungszeiträumen eine architektenähnliche Tätigkeit aus, in denen er lediglich als Bauleiter tätig wird (→ BFH vom 12.10.1989 – BStBl. 1990 II S. 64).
– Ist für die Ausübung des Katalogberufes eine **staatliche Erlaubnis** erforderlich, kann die ohne staatliche Erlaubnis entfaltete Tätigkeit nicht ähnlich sein (→ BFH vom 13.2.2003 – BStBl. II S. 721).
– → Heil- und Heilhilfsberufe.
– Eine Vergleichbarkeit der Ausbildung erfordert, dass der Tiefe und der Breite nach das Wissen des Kernbereichs des jeweiligen Fachstudiums nachgewiesen wird. Vertiefte Kenntnisse auf einem Teilgebiet des Fachstudiums reichen für eine freiberufliche Tätigkeit nicht aus (→ BFH vom 18.4.2007 – BStBl. II S. 781).

Autodidakt. Verfügt der Stpfl. nicht über einen entsprechenden Studienabschluss (Autodidakt), muss er eine diesem vergleichbare Tiefe und Breite seiner Vorbildung nachweisen. Da der Nachweis durch Teilnahme an Kursen oder Selbststudium auch den Erfolg der autodidaktischen Ausbildung mit umfasst, ist dieser Beweis regelmäßig schwer zu erbringen (→ BFH vom 14.3.1991 – BStBl. II S. 769).

– Der Autodidakt kann aber ausnahmsweise den Nachweis der erforderlichen theoretischen Kenntnisse anhand eigener praktischer Arbeiten erbringen. Hierbei ist erforderlich, dass seine Tätigkeit besonders anspruchsvoll ist und nicht nur der Tiefe, sondern auch der Breite nach zumindest das Wissen des Kernbereichs eines Fachstudiums voraussetzt und den Schwerpunkt seiner Arbeit bildet (→ BFH vom 9.7.1992 – BStBl. 1993 II S. 100). Die praktischen Arbeiten müssen so beschaffen sein, dass aus ihnen auf eine Ausbildung, einen Kenntnisstand und eine Qualifikation geschlossen werden kann, die durch den Kernbereich eines

Fachstudiums vermittelt wird (→ BFH vom 11.8.1999 – BStBl. 2000 II S. 31). Es ist unschädlich, wenn die Kenntnisse in einem Hauptbereich des Fachstudiums unzureichend sind, der Stpfl. jedoch insgesamt eine entsprechende Abschlussprüfung an einer Hochschule, Fachhochschule oder Berufsakademie bestehen würde (→ BFH vom 19.9.2002 – BStBl. 2003 II S. 27 und vom 28.8.2003 – BStBl. II S. 919).
- Der Nachweis der erforderlichen theoretischen Kenntnisse kann auch mittels einer Wissensprüfung durch einen Sachverständigen erbracht werden (→ BFH vom 26.6.2002 – BStBl. II S. 768). Eine erfolgreich bestandene Wissensprüfung führt nur dann zur Anerkennung einer freiberufsähnlichen Tätigkeit, wenn sie den Rückschluss auf den Kenntnisstand des Stpfl. im zu beurteilenden VZ zulässt (→ BFH vom 20.10.2016 – BStBl. 2017 II S. 882).
- Ein abgebrochenes Studium reicht zum Nachweis einer autodidaktischen Ausbildung nicht aus (→ BFH vom 4.5.2000 – BStBl. II S. 616).

Erbauseinandersetzung. → BMF vom 14.3.2006 (BStBl. I S. 253) unter Berücksichtigung der Änderungen durch BMF vom 27.12.2018 (BStBl. 2019 I S. 11).

Erzieherische Tätigkeit.
- Eine freiberufliche erzieherische Tätigkeit kann ohne Ablegung einer fachlichen Prüfung ausgeübt werden (→ BFH vom 25.4.1974 – BStBl. II S. 642). Eine Beratungstätigkeit, die auf Lösung von Problemen in einem bestimmten Teilbereich zwischenmenschlicher Beziehungen gerichtet ist, ist nicht erzieherisch; Voraussetzung jeder erzieherischen Tätigkeit i. S. d. § 18 Abs. 1 Nr. 1 EStG ist, dass die ganze Persönlichkeit geformt wird (→ BFH vom 11.6.1997 – BStBl. II S. 687).
- Leistet der Stpfl. Erziehungshilfe, indem er die betreuten Kinder zeitweise in seinen Haushalt aufnimmt, erzielt er Einkünfte aus einer freiberuflichen Tätigkeit, wenn die Erziehung der Gesamtheit der Betreuungsleistung das Gepräge gibt (→ BFH vom 2.10.2003 – BStBl. 2004 II S. 129).
- Eine erzieherische Tätigkeit erfordert ein Tätigwerden gegenüber Menschen (→ BFH vom 9.5.2017 – BStBl. II S. 911).
- Eine erzieherische Tätigkeit ist – über die Vermittlung von Kenntnissen und Fähigkeiten hinaus – auf die umfassende Schulung des menschlichen Charakters und die Bildung der Persönlichkeit im Ganzen gerichtet. Keine erzieherische Tätigkeit liegt demgegenüber vor, wenn eine im Rahmen ambulanter Eingliederungshilfe gewährte Unterstützung für Menschen mit Behinderungen oder Krankheiten darauf zielt, gemeinsam erkannte, individuelle Defizite einer Person auszugleichen (→ BFH vom 29.9.2020 – BStBl. 2021 II S. 387).

Gemischte Tätigkeit.
- **Allgemeines.** Wird neben einer freiberuflichen eine gewerbliche Tätigkeit ausgeübt, sind die beiden Tätigkeiten steuerlich entweder getrennt oder einheitlich zu behandeln.
- **Getrennte Behandlung.** Die Tätigkeiten sind zu trennen, sofern dies nach der Verkehrsauffassung möglich ist (→ BFH vom 2.10.2003 – BStBl. 2004 II S. 363). Betätigt sich eine natürliche Person sowohl gewerblich als auch freiberuflich und besteht zwischen den Tätigkeiten kein sachlicher und wirtschaftlicher Zusammenhang, werden nebeneinander

Einkünfte aus Gewerbebetrieb und aus selbständiger Arbeit erzielt. Aber auch wenn zwischen den Betätigungen gewisse sachliche und wirtschaftliche Berührungspunkte bestehen – also eine gemischte Tätigkeit vorliegt –, sind die Betätigungen regelmäßig getrennt zu erfassen (→ BFH vom 11.7.1991 – BStBl. 1992 II S. 353). Sind die Einkünfte nicht bereits vom Stpfl. getrennt ermittelt worden, muss eine Trennung ggf. im Wege der Schätzung erfolgen (→ BFH vom 18.1.1962 – BStBl. III S. 131).

– **Einheitliche Behandlung.** Eine einheitliche Tätigkeit liegt nur vor, wenn die verschiedenen Tätigkeiten derart miteinander verflochten sind, dass sie sich gegenseitig unlösbar bedingen (→ BFH vom 11.7.1991 – BStBl. 1992 II S. 413). Schuldet ein Stpfl. seinem Auftraggeber einen einheitlichen Erfolg, ist die zur Durchführung des Auftrags erforderliche Tätigkeit regelmäßig als einheitliche zu beurteilen (→ BFH vom 18.10. 2006 – BStBl. 2008 II S. 54). Werden in einem Betrieb nur gemischte Leistungen erbracht, ist der Betrieb danach zu qualifizieren, welche der einzelnen Tätigkeiten der Gesamttätigkeit das Gepräge gibt (→ BFH vom 2.10.2003 – BStBl. 2004 II S. 363).

– **Beispiele für gemischte Tätigkeit:**
- Der Ankauf und Verkauf von Waren ist grundsätzlich der freiberuflichen Tätigkeit derart wesensfremd, dass er zur Gewerblichkeit führt (→ H 15.8 (5) Einheitliche Gesamtbetätigung; → BFH vom 24.4.1997 – BStBl. II S. 567).
- Werden von Architekten i. V. m. gewerblichen Grundstücksverkäufen Architektenaufträge jeweils in getrennten Verträgen vereinbart und durchgeführt, liegen zwei getrennte Tätigkeiten vor (→ BFH vom 23.10.1975 – BStBl. 1976 II S. 152).
- → Heil- und Heilhilfsberufe.
- Ein Rechtsanwalt, der den Vertriebsunternehmen oder Initiatoren von Bauherren-Modellen Interessenten am Erwerb von Eigentumswohnungen nachweist oder der entsprechende Verträge vermittelt, ist insoweit nicht freiberuflich tätig (→ BFH vom 1.2.1990 – BStBl. II S. 534).
- Ist ein Steuerberater für eine Bauherrengemeinschaft als Treuhänder tätig, können einzelne für die Treugeber erbrachte Leistungen, die zu den typischerweise von Steuerberatern ausgeübten Tätigkeiten gehören, als freiberuflich gewertet werden, wenn sie von den gewerblichen Treuhänderleistungen abgrenzbar sind (→ BFH vom 21.4. 1994 – BStBl. II S. 650). Eine getrennte steuerliche Behandlung ist jedoch nicht möglich, wenn ein Steuerberater, der einem Vertriebsunternehmen Interessenten an den Eigentumswohnungen nachweist oder Verträge über den Erwerb vermittelt, Abnehmer bezüglich der Eigentumswohnungen steuerlich berät; die von dem Vertriebsunternehmen durch Pauschalhonorar mit vergütete Beratung ist Teil der einheitlichen gewerblichen Betätigung (→ BFH vom 9.8.1983 – BStBl. 1984 II S. 129).
- Ein Wirtschaftsprüfer übt eine gewerbliche Tätigkeit aus, soweit er als Treuhänder bei einem Immobilienfonds tätig wird (→ BFH vom 18.10.2006 – BStBl. 2007 II S. 266).

Gesellschaft.

– Schließen sich Angehörige eines freien Berufs zu einer Personengesellschaft zusammen, haben die Gesellschafter nur dann freiberufliche Einkünfte, wenn alle Gesellschafter, ggf. auch die Kommanditisten, die Merkmale eines freien Berufs erfüllen. Kein Gesellschafter darf nur kapitalmäßig beteiligt sein oder Tätigkeiten ausüben, die keine freiberuflichen sind (→ BFH vom 11.6.1985 – BStBl. II S. 584 und vom 9.10.1986 – BStBl. 1987 II S. 124). Dies gilt ungeachtet des Umfangs der Beteiligung (→ BFH vom 28.10.2008 – BStBl. 2009 II S. 642). Eine Personengesellschaft, die sich aus Angehörigen unterschiedlicher freier Berufe zusammensetzt, ist nicht bereits vom Grundsatz her als gewerbliche Mitunternehmerschaft einzustufen (→ BFH vom 23.11.2000 – BStBl. 2001 II S. 241). Beratende

Bauingenieure können im Rahmen einer GbR, auch wenn sie nur in geringem Umfang tätig werden, eigenverantwortlich tätig sein (→ BFH vom 20.4.1989 – BStBl. II S. 727). Eine an einer KG als Mitunternehmerin beteiligte GmbH ist selbst dann eine berufsfremde Person, wenn ihre sämtlichen Gesellschafter und ihr Geschäftsführer Angehörige eines freien Berufs sind (→ BFH vom 17.1.1980 – BStBl. II S. 336 und vom 8.4.2008 – BStBl. II S. 681). Das gilt auch dann, wenn die GmbH als alleinige Komplementärin lediglich eine Haftungsvergütung erhält, am Vermögen und Gewinn der KG nicht teilhat und von der Geschäftsführung ausgeschlossen ist (→ BFH vom 10.10.2012 – BStBl. 2013 II S. 79).

- Ein an einer interprofessionellen Freiberufler-Personengesellschaft beteiligter Volks- oder Betriebswirt, der dort lediglich kaufmännische Leitungsaufgaben oder sonstige Managementtätigkeiten übernimmt, ist nicht beratend und damit nicht freiberuflich tätig (→ BFH vom 28.10.2008 – BStBl. 2009 II S. 642).
- Eine Personengesellschaft entfaltet keine freiberufliche Tätigkeit, wenn sie als Holdinggesellschaft geschäftsleitende, kontrollierende und koordinierende kaufmännische Funktionen innerhalb einer Gruppe von freiberuflichen Unternehmen wahrnimmt (→ BFH vom 28.10.2008 – BStBl. 2009 II S. 647).
- Üben Personengesellschaften auch nur zum Teil eine gewerbliche Tätigkeit aus, so ist ihr gesamter Betrieb als gewerblich zu behandeln → R 15.8 (5). Zur steuerrechtlichen Behandlung des Verkaufs von Kontaktlinsen nebst Pflegemitteln, von Mundhygieneartikeln sowie von Tierarzneimitteln durch ärztliche Gemeinschaftspraxen → BMF vom 14.5.1997 (BStBl. I S. 566). Zur steuerrechtlichen Anerkennung der Ausgliederung der gewerblichen Tätigkeit auf eine personenidentische Gesellschaft (Schwestergesellschaft) → auch BFH vom 19.2.1998 (BStBl. II S. 603).
- Eine Unterpersonengesellschaft erzielt freiberufliche Einkünfte, wenn neben den unmittelbar an ihr beteiligten natürlichen Personen alle mittelbar beteiligten Gesellschafter der Obergesellschaften über die persönliche Berufsqualifikation verfügen und in der Unterpersonengesellschaft als solche tätig sind (→ BFH vom 28.10.2008 – BStBl. 2009 II S. 642) und zumindest in geringfügigem Umfang leitend und eigenverantwortlich mitarbeiten. Die freiberufliche Tätigkeit einer Unterpersonengesellschaft wird nicht bereits dadurch begründet, dass jeder Obergesellschafter zumindest in einer anderen Unterpersonengesellschaft des Personengesellschaftsverbunds als Freiberufler leitend und eigenverantwortlich tätig wird (→ BFH vom 4.8.2020 – BStBl. 2021 II S. 81).
- Stellen ein Kameramann und ein Tontechniker als Gesellschafter einer Personengesellschaft für Fernsehanstalten mit Originalton unterlegtes Filmmaterial über aktuelle Ereignisse her, sind sie als Bildberichterstatter freiberuflich i. S. d. § 18 Abs. 1 Nr. 1 EStG tätig (→ BFH vom 20.12.2000 – BStBl. 2002 II S. 478).

Heil- und Heilhilfsberufe.

- → BMF vom 20.11.2019 (BStBl. I S. 1298).
- Ob ein im **Vergleich zu einem Katalogberuf** i. S. d. § 18 Abs. 1 Nr. 1 Satz 2 EStG **ähnlicher Beruf** vorliegt, bestimmt sich nach ertragsteuerlichen Grundsätzen und nicht nach den im Zusammenhang mit der richt-

linienkonformen Auslegung des § 4 Nr. 14 UStG entwickelten Maßstäben (→ BFH vom 25.4.2017 – BStBl. II S. 908).

– Betreibt ein Arzt ein **Krankenhaus,** liegt eine freiberufliche Tätigkeit vor, wenn es ein notwendiges Hilfsmittel für die ärztliche Tätigkeit darstellt und aus dem Krankenhaus ein besonderer Gewinn nicht angestrebt wird (→ RFH vom 15.3.1939 – RStBl. S. 853). Entsprechendes gilt hinsichtlich einer von einem Arzt oder von einem Heilpraktiker, Physiotherapeuten (Krankengymnasten), Heilmasseur betriebenen **medizinischen Badeanstalt** (→ BFH vom 26.11.1970 – BStBl. 1971 II S. 249).
– Ist eine von einem Arzt betriebene Klinik, ein Kurheim oder Sanatorium ein gewerblicher Betrieb, gehören grundsätzlich auch seine im Rahmen dieses Betriebes erzielten Einnahmen aus ärztlichen Leistungen zu den Einnahmen aus Gewerbebetrieb, wenn ein ganzheitliches Heilverfahren praktiziert wird, für das ein einheitliches Entgelt zu entrichten ist (→ BFH vom 12.11.1964 – BStBl. 1965 III S. 90). Ein Arzt, der eine Privatklinik betreibt, erzielt jedoch dann gewerbliche Einkünfte aus dem Betrieb der Klinik und freiberufliche Einkünfte aus den von ihm erbrachten stationären ärztlichen Leistungen, wenn die Leistungen der Klinik einerseits und die ärztlichen Leistungen andererseits gesondert abgerechnet werden und sich nicht gegenseitig unlösbar bedingen (→ BFH vom 2.10.2003 – BStBl. 2004 II S. 363). Das gilt entsprechend, wenn der Betrieb einer medizinischen Badeanstalt als Gewerbebetrieb anzusehen ist.
– **Tierärzte,** die **Medikamente oder Impfstoffe** gegen Entgelt abgeben, sind gewerblich tätig (→ BFH vom 1.2.1979 – BStBl. II S. 574 und vom 27.7.1978 – BStBl. II S. 686 sowie BMF vom 14.5.1997 – BStBl. I S. 566).
– Der Verkauf von **Kontaktlinsen nebst Pflegemitteln** und von **Mundhygieneartikeln** ist eine gewerbliche Tätigkeit (→ BMF vom 14.5.1997 – BStBl. I S. 566).

Künstlerische Tätigkeit.[1]

– Eine künstlerische Tätigkeit liegt vor, wenn die Arbeiten nach ihrem Gesamtbild **eigenschöpferisch** sind und über eine hinreichende Beherrschung der Technik hinaus eine bestimmte **künstlerische Gestaltungshöhe** erreichen (→ BFH vom 11.7.1991 – BStBl. 1992 II S. 353). Dabei ist nicht jedes einzelne von dem Künstler geschaffene Werk für sich, sondern die gesamte von ihm im VZ ausgeübte Tätigkeit zu würdigen (→ BFH vom 11.7.1960 – BStBl. III S. 453).
– Im Übrigen ist aber bei der Entscheidung der Frage, ob ein bisher freiberuflich Tätiger Gewerbetreibender wird, nicht auf die möglicherweise besonders gelagerten Umstände eines einzelnen VZ abzustellen, sondern zu prüfen, ob die **allgemeine Tendenz** zur Entwicklung eines Gewerbebetriebes hingeht (→ BFH vom 24.7.1969 – BStBl. 1970 II S. 86).
– Da die künstlerische Tätigkeit in besonderem Maße **persönlichkeitsbezogen** ist, kann sie als solche nur anerkannt werden, wenn der Künstler

---

[1] Zur Teilnahme von Künstlern an Talkshows siehe BFH v. 21.4.1999 I B 99/98, BStBl. II 2000, 254.

auf sämtliche zur Herstellung eines Kunstwerks erforderlichen Tätigkeiten den entscheidenden gestaltenden Einfluss ausübt (→ BFH vom 2.12.1980 – BStBl. 1981 II S. 170).
– Zum Verfahren bei Vorliegen einander widersprechender **Gutachten** → BFH vom 11.7.1991 (BStBl. II S. 889).

Laborleistungen.[1)]
– → BMF vom 12.2.2009 (BStBl. I S. 398).
– → Mithilfe anderer Personen.

Mitarbeit eines angestellten Berufsträgers.
– Betreuen ein selbständig tätiger und ein angestellter Ingenieur jeweils einzelne Projekte eigenverantwortlich und leitend, ist trotz der gleichartigen Tätigkeit eine – ggf. im Schätzungswege vorzunehmende – Aufteilung der Einkünfte nicht ausgeschlossen mit der Folge, dass die vom Unternehmensinhaber selbst betreuten Projekte der freiberuflichen Tätigkeit zuzuordnen sind, und nur die von dem Angestellten betreuten Projekte zu gewerblichen Einkünften führen (→ BFH vom 8.10.2008 – BStBl. 2009 II S. 143).[2)]
– Selbständige Ärzte üben ihren Beruf grundsätzlich auch dann leitend und eigenverantwortlich aus, wenn sie ärztliche Leistungen von angestellten Ärzten erbringen lassen. Voraussetzung dafür ist, dass sie auf Grund ihrer Fachkenntnisse durch regelmäßige und eingehende Kontrolle maßgeblich auf die Tätigkeit ihres angestellten Fachpersonals patientenbezogen Einfluss nehmen, dass die Leistung den Stempel der Persönlichkeit des Stpfl. trägt. Dies ist jedenfalls dann der Fall, wenn der selbständige Arzt die jeweils anstehenden Voruntersuchungen bei den Patienten durchführt, die Behandlungsmethode festlegt und sich die Behandlung problematischer Fälle vorbehält (→ BFH vom 16.7.2014 – BStBl. 2015 II S. 216).

Mithilfe anderer Personen.[3)] Fachlich vorgebildete Arbeitskräfte sind nicht nur Angestellte, sondern auch Subunternehmer (→ BFH vom 23.5.1984 – BStBl. II S. 823 und vom 20.12.2000 – BStBl. 2002 II S. 478). Die Beschäftigung von fachlich vorgebildeten Mitarbeitern steht der Annahme einer freiberuflichen Tätigkeit nicht entgegen, wenn der Berufsträger auf Grund eigener Fachkenntnisse **leitend** tätig wird und auch hinsichtlich der für den Beruf typischen Tätigkeit **eigenverantwortlich** mitwirkt (→ BFH vom 1.2.1990 – BStBl. II S. 507); im Fall eines Schulleiters genügt es, dass er eigenständig in den Unterricht anderer Lehrkräfte eingreift, indem er die Unterrichtsveranstaltungen mitgestaltet und ihnen damit den **Stempel seiner Persönlichkeit** gibt (→ BFH vom 23.1.1986 – BStBl. II S. 398). Die leitende und eigenverantwortliche Tätigkeit des Berufsträgers muss sich auf die

---

1) Ein Laborarzt ist bei vollständiger Delegation bestimmter Routineuntersuchungen an fachlich vorgebildete Mitarbeiter gewerblich tätig; siehe BFH v. 12.6.2018 VIII B 154/17, BFH/NV 2018, 945.

2) Bei GbR Tätigkeit insgesamt gewerblich nach § 15 Abs. 3 Nr. 1 EStG; siehe BFH v. 14.5.2019 VIII R 35/16, BStBl. II 2019, 580.

3) Siehe auch BFH v. 8.6.1995 IV R 80/94, BStBl. II 1995, 776, zur Erstellung von Reliefkarten durch einen Kartographen und Vervollständigung durch seine Mitarbeiter.

Gesamttätigkeit seiner Berufspraxis erstrecken; es genügt somit nicht, wenn sich die auf persönlichen Fachkenntnissen beruhende Leitung und eigene Verantwortung auf einen Teil der Berufstätigkeit beschränkt (→ BFH vom 5.12.1968 – BStBl. 1969 II S. 165). Freiberufliche Arbeit leistet der Berufsträger nur, wenn die Ausführung jedes einzelnen ihm erteilten Auftrags ihm und nicht dem fachlichen Mitarbeiter, den Hilfskräften, den technischen Hilfsmitteln oder dem Unternehmen als Ganzem zuzurechnen ist, wobei in einfachen Fällen eine fachliche Überprüfung der Arbeitsleistung des Mitarbeiters genügt (→ BFH vom 1.2.1990 – BStBl. II S. 507). Danach ist z. B. in den folgenden Fällen eine **gewerbliche Tätigkeit** anzunehmen:

- Ein Stpfl. unterhält ein **Übersetzungsbüro,** ohne dass er selbst über Kenntnisse in den Sprachen verfügt, auf die sich die Übersetzungstätigkeit erstreckt.
- Ein **Architekt** befasst sich vorwiegend mit der Beschaffung von Aufträgen und lässt die fachliche Arbeit durch Mitarbeiter ausführen.
- Ein **Ingenieur** beschäftigt fachlich vorgebildete Arbeitskräfte und übt mit deren Hilfe eine Beratungstätigkeit auf mehreren Fachgebieten aus, die er nicht beherrscht oder nicht leitend bearbeitet (→ BFH vom 11.9.1968 – BStBl. II S. 820); → auch Mitarbeit eines angestellten Berufsträgers.
- **Prüfingenieure,** bei denen angestellte Prüfingenieure eigenständig Hauptuntersuchungen durchführen und dabei lediglich stichprobenartig überwacht werden (→ BFH vom 14.5.2019 – BStBl. II S. 580); → auch Mitarbeit eines angestellten Berufsträgers.
- Ein Stpfl. betreibt eine **Fahrschule,** besitzt jedoch nicht die Fahrlehrererlaubnis (→ BFH vom 4.10.1966 – BStBl. III S. 685).
- Ein Stpfl. ist Inhaber einer **Privatschule** und beschäftigt eine Anzahl von Lehrkräften, ohne durch eigenen Unterricht sowie durch das Mitgestalten des von anderen Lehrkräften erteilten Unterrichts eine überwiegend eigenverantwortliche Unterrichtstätigkeit auszuüben (→ BFH vom 6.11.1969 – BStBl. 1970 II S. 214 und vom 13.12.1973 – BStBl. 1974 II S. 213); das Gleiche gilt für **Reitunterricht** auf einem Reiterhof → BFH vom 16.11.1978 (BStBl. 1979 II S. 246).
- Ein **Facharzt für Laboratoriumsmedizin** hat nicht ausreichend Zeit für die persönliche Mitwirkung am einzelnen Untersuchungsauftrag (→ BFH vom 21.3.1995 – BStBl. II S. 732).[1]
- Ein **Krankenpfleger** überlässt Pflegeleistungen weitgehend seinen Mitarbeitern (→ BFH vom 5.6.1997 – BStBl. II S. 681).
- Ein **Bildberichterstatter** gibt Aufträge an andere Kameraleute und Tontechniker weiter, ohne insoweit auf die Gestaltung des Filmmaterials Einfluss zu nehmen (→ BFH vom 20.12.2000 – BStBl. 2002 II S. 478).
- Die Einkünfte einer **Ärzte-GbR** sind insgesamt solche aus Gewerbebetrieb, wenn die GbR auch Vergütungen aus ärztlichen Leistungen erzielt, die in nicht unerheblichem Umfang ohne leitende und eigenverantwortliche Beteiligung der Mitunternehmer-Gesellschafter erbracht werden (→ BFH vom 3.11.2015 – BStBl. 2016 II S. 381).

---

[1] Siehe auch BMF v. 12.2.2009, BStBl. I 2009, 398.

Der Berufsträger darf weder die Leitung noch die Verantwortlichkeit einem Geschäftsführer oder Vertreter übertragen. Eine leitende und eigenverantwortliche Tätigkeit ist jedoch dann noch gegeben, wenn ein Berufsträger nur **vorübergehend,** z. B. während einer Erkrankung, eines Urlaubs oder der Zugehörigkeit zu einer gesetzgebenden Körperschaft oder der Mitarbeit in einer Standesorganisation, seine Berufstätigkeit nicht selbst ausüben kann. Diese Grundsätze gelten bei den Einkünften nach § 18 Abs. 1 Nr. 3 EStG entsprechend (→ BFH vom 15.12.2010 – BStBl. 2011 II S. 506 und vom 26.1.2011 – BStBl. II S. 498).

Rechts- und wirtschaftsberatende Berufe.

– Zu der freien Berufstätigkeit eines Wirtschaftsprüfers, vereidigten Buchprüfers, Steuerberaters, Steuerbevollmächtigten usw. können auch die Prüfungen der laufenden Eintragungen in den Geschäftsbüchern, die Prüfung der Inventur, die Durchführung des Hauptabschlusses und die Aufstellung der Steuererklärungen gehören. Die Bücherführung für andere Personen, z. B. durch einen Steuerberater oder einen Steuerbevollmächtigten, ist ebenfalls grundsätzlich eine freiberufliche Tätigkeit (→ RFH vom 8.3.1939 – RStBl. S. 577 und BFH vom 12.9.1951 – BStBl. III S. 197).
– → Gemischte Tätigkeit.

Schriftstellerische Tätigkeit.[1]

– Ein Schriftsteller muss für die Öffentlichkeit schreiben und es muss sich um den Ausdruck eigener Gedanken handeln, mögen sich diese auch auf rein tatsächliche Vorgänge beziehen. Es ist nicht erforderlich, dass das Geschriebene einen wissenschaftlichen oder künstlerischen Inhalt hat. Der Schriftsteller braucht weder Dichter noch Künstler noch Gelehrter zu sein (→ BFH vom 14.5.1958 – BStBl. III S. 316).
– Die selbständige Entwicklung von Softwarelernprogrammen ist dann eine schriftstellerische Tätigkeit, wenn eigene Gedanken verfasst werden und die Programme für die Öffentlichkeit bestimmt sind (→ BFH vom 10.9.1998 – BStBl. 1999 II S. 215).
– Das Verfassen von Anleitungen zum Umgang mit technischen Geräten ist eine schriftstellerische Tätigkeit, wenn der auf der Grundlage mitgeteilter Daten erstellte Text als eine eigenständige gedankliche Leistung des Autors erscheint (→ BFH vom 25.4.2002 – BStBl. II S. 475).

Sonstige selbständige Arbeit.

– Eine Tätigkeit ist auch eine sonstige selbständige Arbeit i. S. d. § 18 Abs. 1 Nr. 3 EStG, wenn sie den dort aufgeführten Tätigkeiten (Vollstreckung von Testamenten, Vermögensverwaltung, Tätigkeit als Aufsichtsratsmitglied) ähnlich ist (→ BFH vom 28.8.2003 – BStBl. 2004 II S. 112). Das ist z. B. der Fall, wenn die Tätigkeit die Betreuung fremder Vermögensinteressen umfasst, aber darüber hinaus auch dann, wenn es sich um eine selbständig ausgeübte fremdnützige Tätigkeit in einem fremden Ge-

[1] Zur Teilnahme von Schriftstellern an Talkshows siehe BFH v. 21.4.1999 I B 99/98, BStBl. II 2000, 254.

schäftskreis handelt. Eine rein beratende Tätigkeit, die sich z. B. auf die Erteilung von Anlageempfehlungen beschränkt, ohne dass die zur Vermögensanlage erforderlichen Verfügungen selbst vorgenommen werden können oder ein Depot betreut wird, fällt nicht darunter (→ BFH vom 7.5.2019 – BStBl. II S. 528 und S. 532).

– Eine Tätigkeit als **Aufsichtsratsmitglied** i. S. d. § 18 Abs. 1 Nr. 3 EStG übt derjenige aus, der mit der Überwachung der Geschäftsführung einer Gesellschaft beauftragt ist. Dies ist dann nicht der Fall, wenn vom Beauftragten im Wesentlichen Aufgaben der Geschäftsführung wahrgenommen werden (→ BFH vom 28.8.2003 – BStBl. 2004 II S. 112).
– Einkünfte aus einer Tätigkeit als **Insolvenzverwalter** oder aus der **Zwangsverwaltung von Liegenschaften** gehören, auch wenn sie von Rechtsanwälten erzielt werden, grundsätzlich zu den Einkünften aus sonstiger selbständiger Arbeit i. S. d. § 18 Abs. 1 Nr. 3 EStG (→ BFH vom 15.12.2010 – BStBl. 2011 II S. 506).
– Bei den Einkünften aus sonstiger selbständiger Arbeit i. S. v. § 18 Abs. 1 Nr. 3 EStG ist § 18 Abs. 1 Nr. 1 Satz 3 und 4 EStG entsprechend anzuwenden (→ BFH vom 15.12.2010 – BStBl. 2011 II S. 506 und vom 26.1.2011 – BStBl. II S. 498).

Unterrichtende Tätigkeit.

– Der Betrieb einer **Unterrichtsanstalt** ist dann als Ausübung eines freien Berufs anzusehen, wenn der Inhaber über entsprechende Fachkenntnisse verfügt und den Betrieb der Schule eigenverantwortlich leitet (→ Mithilfe anderer Personen). Für eine spezifisch individuelle Leistung, wie es die Lehrtätigkeit ist, gelten dabei **besonders enge Maßstäbe** (→ BFH vom 1.4.1982 – BStBl. II S. 589).
– Ein der Schule angeschlossenes **Internat** rechnet zur freiberuflichen Tätigkeit, wenn das Internat ein notwendiges Hilfsmittel für die Schule ist und das Internat keine besondere Gewinnquelle neben der Schule bildet (→ BFH vom 30.6.1964 – BStBl. III S. 630). Für die Behandlung der beiden Betriebe als gemischte Tätigkeit und ihre getrennte steuerliche Behandlung (→ **Gemischte Tätigkeit**). Eine freiberufliche erzieherische Tätigkeit kann ohne Ablegung einer fachlichen Prüfung ausgeübt werden (→ BFH vom 25.4.1974 – BStBl. II S. 642).
– Der Betrieb eines **Fitness-Studios** stellt keine unterrichtende Tätigkeit dar, wenn sich die persönliche Betreuung der Kunden im Wesentlichen auf die Einweisung in die Handhabung der Geräte und die Überwachung des Trainings in Einzelfällen beschränkt (→ BFH vom 13.1.1994 – BStBl. II S. 362). Dies gilt auch bei einem **Bodybuilding-Studio,** wenn die unterrichtende Tätigkeit nur die Anfangsphase der Kurse prägt und im Übrigen den Kunden Trainingsgeräte zur freien Verfügung stehen (→ BFH vom 18.4.1996 – BStBl. II S. 573).
– Der Betrieb einer **Tanzschule** durch eine GbR ist gewerblich, wenn diese auch einen Getränkeverkauf mit Gewinnerzielungsabsicht betreibt (→ BFH vom 18.5.1995 – BStBl. II S. 718).
– Eine unterrichtende Tätigkeit erfordert ein Tätigwerden gegenüber Menschen (→ BFH vom 9.5.2017 – BStBl. II S. 911).

Verpachtung nach Erbfall. Das Ableben eines Freiberuflers führt weder zu einer Betriebsaufgabe noch geht das der freiberuflichen Tätigkeit dienende Betriebsvermögen durch den Erbfall in das Privatvermögen der Erben über (→ BFH vom 14.12.1993 – BStBl. 1994 II S. 922). Die vorübergehende Verpachtung einer freiberuflichen Praxis durch den Erben oder Vermächtnisnehmer führt dann nicht zur Betriebsaufgabe, wenn er im Begriff ist, die für die beabsichtigte Praxisfortführung erforderliche freiberufliche Qualifikation zu erlangen (→ BFH vom 12.3.1992 – BStBl. 1993 II S. 36).

Wissenschaftliche Tätigkeit. Wissenschaftlich tätig wird nicht nur, wer schöpferische oder forschende Arbeit leistet – reine Wissenschaft –, sondern auch, wer das aus der Forschung hervorgegangene Wissen und Erkennen auf konkrete Vorgänge anwendet – angewandte Wissenschaft –. Keine wissenschaftliche Tätigkeit liegt vor, wenn sie im Wesentlichen in einer praxisorientierten Beratung besteht (→ BFH vom 27.2.1992 – BStBl. II S. 826).[1)]

R 15.7 Abgrenzung des Gewerbebetriebs von der Vermögensverwaltung

Allgemeines

(1) [1]Die bloße Verwaltung eigenen Vermögens ist regelmäßig keine gewerbliche Tätigkeit. [2]Vermögensverwaltung liegt vor, wenn sich die Betätigung noch als Nutzung von Vermögen im Sinne einer Fruchtziehung aus zu erhaltenden Substanzwerten darstellt und die Ausnutzung substantieller Vermögenswerte durch Umschichtung nicht entscheidend in den Vordergrund tritt. [3]Ein Gewerbebetrieb liegt dagegen vor, wenn eine selbständige nachhaltige Betätigung mit Gewinnabsicht unternommen wird, sich als Beteiligung am allgemeinen wirtschaftlichen Verkehr darstellt und über den Rahmen einer Vermögensverwaltung hinausgeht. [4]Die Verpachtung eines Gewerbebetriebs ist grundsätzlich nicht als Gewerbebetrieb anzusehen → aber R 16 Abs. 5.[2)]

H 15.7 (1)

Beginn der Betriebsverpachtung. Verfahren → BFH vom 13.11.1963 (BStBl. 1964 III S. 124); → Oberste Finanzbehörden der Länder (BStBl. 1965 II S. 4 ff.).

Betriebsaufspaltung/Gewerblicher Grundstückshandel. Gehört ein Grundstück zum Betriebsvermögen (Umlaufvermögen) eines gewerblichen Grundstückshandels und wird es im Rahmen einer Betriebsaufspaltung als eine wesentliche Betriebsgrundlage an ein Betriebsunternehmen vermietet, wird das Grundstück unter Fortführung des Buchwerts notwendiges Betriebsvermögen (Anlagevermögen) bei dem Besitzunternehmen (→ BFH vom 21.6.2001 – BStBl. 2002 II S. 537).

---

1) Siehe ferner BFH v. 30.3.1994 I R 54/93, BStBl. II 1994, 864 („die bloße Anwendung wissenschaftlicher Grundsätze und Methoden ist keine wissenschaftliche Tätigkeit i. S. d. § 18 EStG").

2) **[Amtl. Anm.:]** Jetzt § 16 Abs. 3b EStG.

Einkunftsermittlung.

– Bei im Betriebsvermögen gehaltenen Beteiligungen an vermögensverwaltenden Personengesellschaften → BMF vom 29.4.1994 (BStBl. I S. 282) und vom 8.6.1999 (BStBl. I S. 592) und → BFH vom 11.4.2005 (BStBl. II S. 679).
– Überträgt ein gewerblich tätiger Gesellschafter einer vermögensverwaltenden Personengesellschaft (sog. Zebragesellschaft) ein Wirtschaftsgut seines Betriebsvermögens in das Gesamthandsvermögen der vermögensverwaltenden Personengesellschaft, führt dies nicht zur Aufdeckung der stillen Reserven bei dem Gesellschafter, soweit dieser an der Zebragesellschaft betrieblich beteiligt ist. Dies gilt auch dann, wenn die Übertragung zu fremdüblichen Bedingungen erfolgt. Die auf die betriebliche Beteiligung entfallenden stillen Reserven sind erst bei der Veräußerung des Wirtschaftsguts durch die Zebragesellschaft aufzudecken (→ BFH vom 26.4.2012 – BStBl. 2013 II S. 142).

Erwerb von „gebrauchten“ Lebensversicherungen. Die Grenze der privaten Vermögensverwaltung zum Gewerbebetrieb wird nicht überschritten, wenn der Erwerb und das Halten „gebrauchter“ Lebensversicherungen sowie der Einzug der Versicherungssumme bei Fälligkeit den Beginn und das Ende einer in erster Linie auf Fruchtziehung gerichteten Tätigkeit darstellen. Ein ausreichendes Indiz für die Qualifikation der Tätigkeit als Gewerbebetrieb ergibt sich weder aus dem Anlagevolumen oder dem Umfang der getätigten Rechtsgeschäfte noch aus der Einschaltung eines Vermittlers. Eine gewerbliche Tätigkeit kommt nur in Betracht, wenn sich der Erwerber wie ein Händler oder Dienstleister verhält (→ BFH vom 11.10.2012 – BStBl. 2013 II S. 538).

Gewerblicher Grundstückshandel.[1)]

– → BMF vom 26.3.2004 (BStBl. I S. 434).
– Veräußert der Alleingesellschafter-Geschäftsführer einer GmbH ein von ihm erworbenes unaufgeteiltes Mehrfamilienhaus an die GmbH, die er zur Aufteilung bevollmächtigt und die die entstandenen vier Eigentumswohnungen noch im selben Jahr an verschiedene Erwerber veräußert, können die Aktivitäten der GmbH nur dem Anteilseigner zugerechnet werden, wenn die Voraussetzungen eines Gestaltungsmissbrauchs vorliegen. Für einen Gestaltungsmissbrauch kann insbesondere neben weiteren Umständen sprechen, dass die Mittel für den an den Anteilseigner zu entrichtenden Kaufpreis zu einem erheblichen Teil erst aus den Weiterverkaufserlösen zu erbringen sind (→ BFH vom 18.3.2004 – BStBl. II S. 787).
– In der Einschaltung von nahen Angehörigen in eigene Grundstücksgeschäfte des Stpfl. kann ein Gestaltungsmissbrauch i. S. d. § 42 AO liegen (→ BFH vom 15.3.2005 – BStBl. II S. 817).

[1)] Siehe auch BFH v. 18.9.2002 X R 28/00, BStBl. II 2003, 133, v. 23.2.2005 XI R 35/02, BFH/NV 2005, 1267, v. 20.4.2006 III R 1/05, BStBl. II 2007, 375, v. 8.11.2007 IV R 35/06, BStBl. II 2008, 359, v. 30.9.2010 IV R 44/08, BStBl. II 2011, 645, v. 5.5.2011 IV R 34/08, BStBl. II 2011, 787, v. 22.8.2012 X R 24/11, BStBl. II 2012, 865, v. 27.9.2012 III R 19/11, BStBl. II 2013, 433, v. 22.4.2015 X R 25/13, BStBl. II 2015, 897, v. 28.10.2015 X R 22/13, BStBl. II 2016, 95.

– Die Zwischenschaltung einer GmbH, die die Errichtung und Vermarktung von Wohnungen übernimmt, ist grundsätzlich nicht missbräuchlich, wenn die GmbH nicht funktionslos ist, d. h. wenn sie eine wesentliche – wertschöpfende – eigene Tätigkeit (z. B. Bebauung des erworbenen Grundstücks) ausübt. Die von der GmbH veräußerten Wohnungen sind dann nicht als Objekt i. S. d. Drei-Objekt-Grenze zu berücksichtigen (→ BFH vom 17.3.2010 – BStBl. II S. 622).
– Im Rahmen des Folgebescheids darf der Gewinn aus der Veräußerung eines Anteils an einer grundbesitzenden Personengesellschaft auch dann in einen laufenden Gewinn im Rahmen eines vom Stpfl. betriebenen gewerblichen Grundstückshandels umqualifiziert werden, wenn er im Grundlagenbescheid als Veräußerungsgewinn bezeichnet worden ist (→ BFH vom 18.4.2012 – BStBl. II S. 647).
– Ein gewerblicher Grundstückshandel setzt Gewinnerzielungsabsicht voraus. Die Gewinnerzielungsabsicht kann nachträglich entfallen. Obliegt es dem gewerblichen Händler zu bebauender Grundstücke, mit Rücksicht auf eine längere Verlustphase Umstrukturierungsmaßnahmen zu treffen, hat er geänderte konkrete Nutzungskonzepte zu entwickeln und zu verfolgen. Die Hoffnung auf einen Veräußerungsgewinn jenseits einer Haltefrist von zehn Jahren ist regelmäßig privater Natur. Wird der Betrieb weder umstrukturiert noch aufgegeben, kommt es infolge Strukturwandels zur Liebhaberei (→ BFH vom 5.4.2017 – BStBl. II S. 1130).

Goldhandel. Ob der Ankauf und Verkauf von Gold als Gewerbebetrieb anzusehen ist, muss anhand der Besonderheiten von Goldgeschäften beurteilt werden. Ein kurzfristiger und häufiger Umschlag des Goldbestands sowie der Einsatz von Fremdkapital können Indizien für eine gewerbliche Tätigkeit sein. Die Grundsätze des Wertpapierhandels (→ H 15.7 (9) An- und Verkauf von Wertpapieren) sind auf den Handel mit physischem Gold nicht übertragbar (→ BFH vom 19.1.2017 – BStBl. II S. 456).

Handel mit Beteiligungen. Die Gründung oder der Erwerb von mehreren GmbHs, die Ausstattung der Gesellschaften mit Güterfernverkehrsgenehmigungen und die anschließende Veräußerung dieser Beteiligungen begründet eine gewerbliche Tätigkeit (→ BFH vom 25.7.2001 – BStBl. II S. 809).

Hingabe von Gesellschafterdarlehen. Die Hingabe von Gesellschafterdarlehen an Kapitalgesellschaften begründet auch bei einem beträchtlichen Kreditvolumen keine Eigenschaft als Marktteilnehmer. Sie überschreitet nicht ohne Weiteres die Grenze der privaten Vermögensverwaltung. Die gewerbliche Darlehenshingabe verlangt eine „bankähnliche" bzw. „bankentypische" Tätigkeit (→ BFH vom 9.7.2019 – BStBl. 2021 II S. 418).

Teilbetrieb. Die Verpachtung eines Teilbetriebs führt nicht zu Einkünften aus Vermietung und Verpachtung, wenn sie im Rahmen des gesamten Betriebs vorgenommen wird (→ BFH vom 5.10.1976 – BStBl. 1977 II S. 42).

Venture Capital Fonds/Private Equity Fonds. Zur Abgrenzung der privaten Vermögensverwaltung vom Gewerbebetrieb bei Venture Capital Fonds und Private Equity Fonds → BMF vom 16.12.2003 (BStBl. 2004 I S. 40 – berichtigt BStBl. 2006 I S. 632); → aber Tz. 20 Satz 2 überholt durch BFH vom 9.8.2006 (BStBl. 2007 II S. 279).

Veräußerung über Internetplattformen. Werden privat und ohne Veräußerungsabsicht angeschaffte bewegliche Wirtschaftsgüter veräußert, kann dies auch dann der letzte Akt der privaten Vermögensverwaltung sein, wenn die Veräußerung über einen langen Zeitraum und in zahlreichen Einzelakten ausgeführt wird. Allein die Verwendung einer auch von gewerblichen Händlern genutzten Internetplattform führt zu keinem anderen Ergebnis (→ BFH vom 17.6.2020 – BStBl. 2021 II S. 213).

R 15.7 (2)

Vermietung und Verpachtung von Grundvermögen

(2) [1]Ein Gewerbebetrieb ist in der Regel gegeben bei der Vermietung von Ausstellungsräumen, Messeständen und bei der ständig wechselnden kurzfristigen Vermietung von Sälen, z. B. für Konzerte. [2]Die Beherbergung in Gaststätten ist stets ein Gewerbebetrieb.

H 15.7 (2)

Arbeiterwohnheim. Der Betrieb eines Arbeiterwohnheims ist im Allgemeinen als Gewerbebetrieb zu beurteilen (→ BFH vom 18.1.1973 – BStBl. II S. 561).

Architekten/Bauunternehmer. Die Errichtung von Häusern durch Architekten oder Bauunternehmer zum Zweck späterer Vermietung stellt keine gewerbliche Tätigkeit dar, auch wenn sie in großem Umfang erfolgt und erhebliche Fremdmittel eingesetzt werden (→ BFH vom 12.3.1964 – BStBl. III S. 364).

Campingplatz. Der Inhaber eines Campingplatzes ist gewerblich tätig, wenn er über die Vermietung der einzelnen Plätze für das Aufstellen von Zelten und Wohnwagen hinaus wesentliche Nebenleistungen erbringt, wie die Zurverfügungstellung sanitärer Anlagen und ihrer Reinigung, die Trinkwasserversorgung, die Stromversorgung für die Gesamtanlage und die einzelnen Standplätze, Abwässer- und Müllbeseitigung, Instandhaltung, Pflege und Überwachung des Platzes (→ BFH vom 6.10.1982 – BStBl. 1983 II S. 80). Das gilt auch, wenn die Benutzer überwiegend sog. Dauercamper sind (→ BFH vom 27.1.1983 – BStBl. II S. 426).

Einkaufszentrum. Die Vermietung eines Einkaufszentrums ist nicht deshalb als Gewerbebetrieb anzusehen, weil der Vermieter die für ein Einkaufszentrum üblichen Infrastruktureinrichtungen bereitstellt oder werbe- und verkaufsfördernde Maßnahmen für das Gesamtobjekt durchführt.
Unschädlich sind Sonderleistungen, die nicht über das hinausgehen, was die Nutzung der Räume zu dem von den Mietern vorausgesetzten gewerblichen Zweck ermöglicht, und die nicht als eigenständiges Herantreten an den Markt verstanden werden können. Letzteres ist nicht anzunehmen, wenn die Sonderleistung im (jedenfalls überwiegenden) wirtschaftlichen Interesse des Vermieters erbracht wird und nicht wirtschaftliche Interessen des Empfängers im Vordergrund stehen (→ BFH vom 14.7.2016 – BStBl. 2017 II S. 175).

Ferienwohnung. Bei Vermietung einer Ferienwohnung ist ein Gewerbebetrieb gegeben, wenn sämtliche der folgenden Voraussetzungen vorliegen:

1. Die Wohnung muss für die Führung eines Haushalts voll eingerichtet sein, z.B. Möblierung, Wäsche und Geschirr enthalten. Sie muss in einem reinen Feriengebiet im Verband mit einer Vielzahl gleichartig genutzter Wohnungen liegen, die eine einheitliche Wohnanlage bilden;
2. die Werbung für die kurzfristige Vermietung der Wohnung an laufend wechselnde Mieter und die Verwaltung der Wohnung müssen von einer für die einheitliche Wohnanlage bestehenden Feriendienstorganisation durchgeführt werden;
3. die Wohnung muss jederzeit zur Vermietung bereitgehalten werden, und es muss nach Art der Rezeption eines Hotels laufend Personal anwesend sein, das mit den Feriengästen Mietverträge abschließt und abwickelt und dafür sorgt, dass die Wohnung in einem Ausstattungs-, Erhaltungs- und Reinigungszustand ist und bleibt, der die sofortige Vermietung zulässt (→ BFH vom 25.6.1976 – BStBl. II S. 728).

Ein Gewerbebetrieb ist auch anzunehmen, wenn eine hotelmäßige Nutzung der Ferienwohnung vorliegt oder die Vermietung nach Art einer Fremdenpension erfolgt. Ausschlaggebend ist, ob wegen der Häufigkeit des Gästewechsels oder im Hinblick auf zusätzlich zur Nutzungsüberlassung erbrachte Leistungen, z.B. Bereitstellung von Wäsche und Mobiliar, Reinigung der Räume, Übernahme sozialer Betreuung, eine Unternehmensorganisation erforderlich ist, wie sie auch in Fremdenpensionen vorkommt (→ BFH vom 28.6.1984 – BStBl. 1985 II S. 211).
→ H 4.2 (7).

Fremdenpension. Die Beherbergung in Fremdenpensionen ist stets ein Gewerbebetrieb (→ BFH vom 11.7.1984 – BStBl. II S. 722).

Gewerblicher Charakter der Vermietungstätigkeit.

– Um der Tätigkeit der Vermögensverwaltung gewerblichen Charakter zu verleihen, müssen besondere Umstände hinzutreten. Diese können darin bestehen, dass die Verwaltung des Grundbesitzes in Folge des ständigen und schnellen Wechsels der Mieter eine Tätigkeit erfordert, die über das bei langfristigen Vermietungen übliche Maß hinausgeht, oder dass der Vermieter zugleich Leistungen erbringt, die eine bloße Vermietungstätigkeit überschreiten. Das entscheidende Merkmal liegt also darin, dass die bloße Vermögensnutzung hinter der Bereitstellung einer einheitlichen gewerblichen Organisation zurücktritt (→ BFH vom 21.8.1990 – BStBl. 1991 II S. 126).
– → Einkaufszentrum.

Parkplatz. Der Betrieb eines Parkplatzes für Kurzparker ist eine gewerbliche Betätigung (→ BFH vom 9.4.2003 – BStBl. II S. 520).

Tennisplätze. Ein Gewerbebetrieb ist in der Regel bei der Vermietung von Tennisplätzen gegeben (→ BFH vom 25.10.1988 – BStBl. 1989 II S. 291).

Umfangreicher Grundbesitz. Die Vermietung und Verpachtung von Grundvermögen stellt auch dann eine bloße Vermögensverwaltung dar, wenn der vermietete Grundbesitz sehr umfangreich ist und der Verkehr mit vielen Mietern erhebliche Verwaltungsarbeit erforderlich macht (→ BFH vom 21.8.1990 – BStBl. 1991 II S. 126) oder die vermieteten Räume gewerblichen Zwecken dienen (→ BFH vom 17.1.1961 – BStBl. III S. 233).

Untervermietung. Die Untervermietung von kleinen Flächen (Läden, Ständen) stellt keine gewerbliche Betätigung dar, wenn keine besonderen Umstände hinzutreten (→ BFH vom 18.3.1964 – BStBl. III S. 367).

Verklammerung zu einer einheitlichen Tätigkeit.

– Der Ankauf, die Vermietung und der Verkauf von unbeweglichen Wirtschaftsgütern können zu einer einheitlichen, die private Vermögensverwaltung überschreitenden Tätigkeit verklammert sein. Eine Verklammerung kann auch dann zu bejahen sein, wenn die Wirtschaftsgüter veräußert werden, nachdem die in § 23 Abs. 1 Satz 1 EStG genannten Haltefristen abgelaufen sind (→ BFH vom 28.9.2017 – BStBl. 2018 II S. 89).
– Zu beweglichen Wirtschaftsgütern → H 15.7 (3).

Vermietung möblierter Zimmer. Die Vermietung, auch Untervermietung, möblierter Zimmer ist keine gewerbliche Tätigkeit. An dieser Beurteilung ändert sich auch dann nichts, wenn außer der Nutzungsüberlassung als Nebenleistung die Reinigung der Räume, die Gestellung des Frühstücks und dergleichen besonders erbracht werden. Eine gewerbliche Tätigkeit ist jedoch bei der Überlassung von Wohnraum gegeben, wenn die Nutzung des Vermögens hinter der Bereitstellung einer dem Beherbergungsbetrieb vergleichbaren Organisation zurücktritt (→ BFH vom 11.7.1984 – BStBl. II S. 722).

R 15.7 (3)

Vermietung beweglicher Gegenstände

(3) [1]Die Vermietung beweglicher Gegenstände (z. B. Pkw, Wohnmobile, Boote) führt grundsätzlich zu sonstigen Einkünften i. S. d. § 22 Nr. 3 EStG, bei in ein inländisches oder ausländisches öffentliches Register eingetragenen beweglichen Sachen (Schiffe, Flugzeuge) zu Einkünften i. S. d. § 21 Abs. 1 Satz 1 Nr. 1 EStG oder bei Sachinbegriffen zu Einkünften i. S. d. § 21 Abs. 1 Satz 1 Nr. 2 EStG. [2]Eine gewerbliche Tätigkeit liegt vor, wenn im Zusammenhang mit der Vermietung ins Gewicht fallende Sonderleistungen erbracht werden oder der Umfang der Tätigkeit eine unternehmerische Organisation erfordert.

H 15.7 (3)

Abgrenzung zur vermögensverwaltenden Tätigkeit.

– **Allgemein.** → BMF vom 1.4.2009 (BStBl. I S. 515).
– **Austausch vor Ablauf der Nutzungsdauer.** Allein aus dem Umstand, dass vermietete bewegliche Wirtschaftsgüter vor Ablauf der gewöhnlichen oder tatsächlichen Nutzungsdauer gegen neuere, funktionstüchtigere Wirtschaftsgüter ausgetauscht werden, kann nicht auf eine gewerbliche Tätigkeit des Vermietungsunternehmens geschlossen werden. Der Bereich der privaten Vermögensverwaltung wird nur dann verlassen, wenn die Gebrauchsüberlassung der vermieteten Gegenstände gegenüber der

Veräußerung in den Hintergrund tritt (→ BFH vom 31.5.2007 – BStBl. II S. 768).
- **Flugzeug.** → BMF vom 1.4.2009 (BStBl. I S. 515) und BFH vom 1.8.2013 (BStBl. II S. 910).
- **Wohnmobil.** Die Vermietung nur eines Wohnmobils an wechselnde Mieter ist in der Regel keine gewerbliche Tätigkeit (→ BFH vom 12.11.1997 – BStBl. 1998 II S. 774). Der Erwerb, die Vermietung und Veräußerung von Wohnmobilen sind jedoch gewerblich, wenn die einzelnen Tätigkeiten sich gegenseitig bedingen und derart verflochten sind, dass sie nach der Verkehrsanschauung als einheitlich anzusehen sind (→ BFH vom 22.1.2003 – BStBl. II S. 464).

Verklammerung zu einer einheitlichen Tätigkeit.
- Besteht das Geschäftskonzept einer Fondsgesellschaft in dem Ankauf, der Vermietung und dem Verkauf beweglicher Wirtschaftsgüter (hier: Container), ist eine Verklammerung dieser Teilakte zu einer einheitlichen Tätigkeit rechtlich nur dann zulässig, wenn bereits im Zeitpunkt der Aufnahme der Geschäftstätigkeit festgestanden hat, dass sich das erwartete positive Gesamtergebnis nur unter Einbeziehung des Erlöses aus dem Verkauf der vermieteten/verleasten Wirtschaftsgüter erzielen lässt. Wird im Prospekt einer Fondsgesellschaft (auch) ein Geschäftskonzept vorgestellt, dessen Ergebnisprognose ein positives Gesamtergebnis ohne Einbeziehung eines Veräußerungserlöses in Aussicht stellt, spricht dies regelmäßig gegen die Annahme einer einheitlichen Tätigkeit. Etwas anderes gilt jedoch, wenn konkrete Anhaltspunkte vorliegen, die die Verwirklichung des Geschäftskonzepts unter Beachtung der in der Prognose gemachten Angaben von vornherein ausgeschlossen erscheinen lassen.
  Die Verklammerung der Teilakte bedingt, dass die Grenze der privaten Vermögensverwaltung überschritten wird. Sie führt außerdem dazu, dass der Verkauf der vermieteten/verleasten Wirtschaftsgüter als Teilakt der laufenden Geschäftstätigkeit anzusehen ist, selbst wenn die bisherige unternehmerische Tätigkeit insgesamt eingestellt wird (→ BFH vom 8.6.2017 – BStBl. II S. 1053 und 1061).
- Eine Verklammerung kann auch dann zu bejahen sein, wenn die Wirtschaftsgüter veräußert werden, nachdem die in § 23 Abs. 1 Satz 1 EStG genannten Haltefristen abgelaufen sind (→ BFH vom 28.9.2017 – BStBl. 2018 II S. 89).
- Zu unbeweglichen Wirtschaftsgütern → H 15.7 (2).

R 15.7 (4)

Betriebsaufspaltung – Allgemeines *(unbesetzt)*

H 15.7 (4)

Allgemeines. Eine Betriebsaufspaltung liegt vor, wenn ein Unternehmen (Besitzunternehmen) eine wesentliche Betriebsgrundlage an eine gewerblich tätige Personen- oder Kapitalgesellschaft (Betriebsunternehmen) zur Nutzung überlässt (sachliche Verflechtung) und eine Person oder mehrere

Personen zusammen (Personengruppe) sowohl das Besitzunternehmen als auch das Betriebsunternehmen in dem Sinne beherrschen, dass sie in der Lage sind, in beiden Unternehmen einen einheitlichen geschäftlichen Betätigungswillen durchzusetzen (personelle Verflechtung). Liegen die Voraussetzungen einer personellen und sachlichen Verflechtung vor, ist die Vermietung oder Verpachtung keine Vermögensverwaltung mehr, sondern eine gewerbliche Vermietung oder Verpachtung. Das Besitzunternehmen ist Gewerbebetrieb (→ BFH vom 12.11.1985 – BStBl. 1986 II S. 296).

Bürgschaft für die Betriebskapitalgesellschaft. Eine Bürgschaft, die ein Gesellschafter der Besitzpersonengesellschaft für Verbindlichkeiten der Betriebskapitalgesellschaft übernimmt, ist durch den Betrieb der Besitzpersonengesellschaft veranlasst und gehört zu seinem negativen Sonderbetriebsvermögen II bei der Besitzpersonengesellschaft, wenn die Übernahme der Bürgschaft zu nicht marktüblichen (fremdüblichen) Bedingungen erfolgt. Die Inanspruchnahme aus einer solchen Bürgschaft führt nicht zu nachträglichen Anschaffungskosten der Anteile an der Betriebskapitalgesellschaft (→ BFH vom 18.12.2001 – BStBl. 2002 II S. 733).

Darlehen.

- Gewähren die Gesellschafter der Betriebskapitalgesellschaft bei deren Gründung ein Darlehen, dessen Laufzeit an die Dauer ihrer Beteiligung an dieser Gesellschaft gebunden ist, gehört dieses Darlehen zu ihrem notwendigen Sonderbetriebsvermögen II bei der Besitzpersonengesellschaft (→ BFH vom 10.11.1994 – BStBl. 1995 II S. 452). Dies gilt auch für ein ungesichertes, unkündbares Darlehen der Gesellschafter der Besitzpersonengesellschaft an die Betriebskapitalgesellschaft, für das Zinsen erst zum Ende der Laufzeit des Darlehens gezahlt werden sollen (→ BFH vom 19.10.2000 – BStBl. 2001 II S. 335).
- Gewährt die Besitzpersonengesellschaft einer Kapitalgesellschaft, die Geschäftspartner der Betriebskapitalgesellschaft ist, ein Darlehen, gehört dieses zum notwendigen Betriebsvermögen der Besitzpersonengesellschaft (→ BFH vom 25.11.2004 – BStBl. 2005 II S. 354 und vom 20.4.2005 – BStBl. II S. 694).

Dividendenansprüche. → H 4.2 (1).

Eigentümergemeinschaft. Vermietet eine Eigentümergemeinschaft, an der der Besitzunternehmer nicht beherrschend beteiligt ist, ein Grundstück an die Betriebskapitalgesellschaft, ist die anteilige Zuordnung des Grundstücks zum Betriebsvermögen des Besitzunternehmens davon abhängig, ob die Vermietung an die Betriebskapitalgesellschaft durch die betrieblichen Interessen des Besitzunternehmens veranlasst ist (→ BFH vom 2.12.2004 – BStBl. 2005 II S. 340).

Forderungen. Zur Teilwertabschreibung einer Forderung des Besitzunternehmens gegen eine Betriebskapitalgesellschaft → H 6.7.

Geschäftswert. Werden bei der Begründung einer Betriebsaufspaltung sämtliche Aktiva und Passiva einschließlich der Firma mit Ausnahme des Immobilienvermögens auf die Betriebskapitalgesellschaft übertragen und das vom

Besitzunternehmen zurückbehaltene Betriebsgrundstück der Betriebskapitalgesellschaft langfristig zur Nutzung überlassen, geht der im bisherigen (Einzel-)Unternehmen entstandene (originäre) Geschäftswert grundsätzlich auf die Betriebskapitalgesellschaft über (→ BFH vom 16.6.2004 – BStBl. 2005 II S. 378).

Gewinnausschüttungen. Gewinnausschüttungen einer Betriebskapitalgesellschaft an das Besitzunternehmen für die Zeit vor der Betriebsaufspaltung sind als Einnahmen aus Gewerbebetrieb zu qualifizieren, wenn der Gewinnverteilungsbeschluss nach Begründung der Betriebsaufspaltung gefasst worden ist (→ BFH vom 14.9.1999 – BStBl. 2000 II S. 255).

Grenzüberschreitende Betriebsaufspaltung. Die Grundsätze der Betriebsaufspaltung kommen auch dann zur Anwendung, wenn ein inländisches Besitzunternehmen ein im Ausland belegenes Grundstück an eine ausländische Betriebskapitalgesellschaft verpachtet (→ BFH vom 17.11. 2020 – BStBl. 2021 II S. 484).

Kapitalerhöhung bei der Betriebskapitalgesellschaft. Wird von dem Besitzunternehmer ein Anteil an der Betriebskapitalgesellschaft gegen Leistung einer Einlage übertragen, die niedriger ist als der Wert des übernommenen Anteils, liegt in Höhe der Differenz zwischen dem Wert des übernommenen Anteils und der geleisteten Einlage eine Entnahme vor (→ BFH vom 16.4.1991 – BStBl. II S. 832 und vom 17.11.2005 – BStBl. 2006 II S. 287).

Mitunternehmerische Betriebsaufspaltung.

– Das Rechtsinstitut der Betriebsaufspaltung zwischen Schwesterpersonengesellschaften hat Vorrang vor den Rechtsfolgen aus § 15 Abs. 1 Satz 1 Nr. 2 EStG (→ BFH vom 23.4.1996 – BStBl. 1998 II S. 325 und vom 24.11.1998 – BStBl. 1999 II S. 483). → BMF vom 28.4.1998 (BStBl. I S. 583) mit Übergangsregelung.
– Vermieten die Miteigentümer einer Bruchteilsgemeinschaft ein Grundstück als wesentliche Betriebsgrundlage an eine von ihnen beherrschte Betriebspersonengesellschaft, ist regelmäßig davon auszugehen, dass sich die Miteigentümer zumindest konkludent zu einer GbR (= Besitzpersonengesellschaft) zusammengeschlossen haben (→ BFH vom 18.8.2005 – BStBl. II S. 830).
– Die Überlassung eines Praxisgrundstücks seitens einer ganz oder teilweise personenidentischen Miteigentümergemeinschaft an eine Freiberufler-GbR begründet keine mitunternehmerische Betriebsaufspaltung (→ BFH vom 10.11.2005 – BStBl. 2006 II S. 173).
– Überlässt eine ansonsten vermögensverwaltende Personengesellschaft Wirtschaftsgüter im Rahmen einer mitunternehmerischen Betriebsaufspaltung, stellen diese für die Dauer der Betriebsaufspaltung Betriebsvermögen der Besitzgesellschaft dar. Sofern auch die Voraussetzungen für Sonderbetriebsvermögen bei der Betriebspersonengesellschaft erfüllt sind, lebt diese Eigenschaft mit Ende der Betriebsaufspaltung durch Wegfall der personellen Verflechtung wieder auf (→ BFH vom 30.8.2007 – BStBl. 2008 II S. 129).

Notwendiges Betriebsvermögen.
- Notwendiges Betriebsvermögen des Besitzunternehmens können auch Wirtschaftsgüter sein, die keine wesentlichen Betriebsgrundlagen des Betriebsunternehmens darstellen. Allerdings muss ihre Überlassung in einem unmittelbaren wirtschaftlichen Zusammenhang mit der Überlassung wesentlicher Betriebsgrundlagen stehen. Dies gilt auch für Patente und Erfindungen unabhängig davon, ob sie bereits mit Begründung der Betriebsaufspaltung oder zu einem späteren Zeitpunkt überlassen werden (→ BFH vom 23.9.1998 – BStBl. 1999 II S. 281).
- Gehört ein Grundstück zum Betriebsvermögen (Umlaufvermögen) eines gewerblichen Grundstückshandels und wird es im Rahmen einer Betriebsaufspaltung als eine wesentliche Betriebsgrundlage an ein Betriebsunternehmen vermietet, wird das Grundstück unter Fortführung des Buchwerts notwendiges Betriebsvermögen (Anlagevermögen) bei dem Besitzunternehmen (→ BFH vom 21.6.2001 – BStBl. 2002 II S. 537).
- → Eigentümergemeinschaft.
- Die Anteile des Besitzunternehmers an einer anderen Kapitalgesellschaft, welche intensive und dauerhafte Geschäftsbeziehungen zur Betriebskapitalgesellschaft unterhält, gehören zum notwendigen Betriebsvermögen des Besitzunternehmens. Gewährt der Besitzunternehmer dieser anderen Kapitalgesellschaft zu deren Stützung in der Krise ein Darlehen, gehört der Anspruch auf Rückzahlung grundsätzlich ebenfalls zum notwendigen Betriebsvermögen des Besitzunternehmens (→ BFH vom 20.4.2005 – BStBl. II S. 692).

Nur-Besitzgesellschafter. Die gewerbliche Tätigkeit des Besitzunternehmens umfasst auch die Anteile und Einkünfte der Personen, die nur am Besitzunternehmen beteiligt sind (→ BFH vom 2.8.1972 – BStBl. II S. 796).

Pensionsanspruch gegenüber der Betriebskapitalgesellschaft. Die Pensionsanwartschaft des Besitzunternehmers gegenüber der Betriebskapitalgesellschaft, deren Gesellschafter-Geschäftsführer er ist, gehört nicht zu seinem Betriebsvermögen, sondern zum Privatvermögen (→ BFH vom 18.4.2002 – BStBl. 2003 II S. 149).

Sonderbetriebsvermögen.
- Wird ein Wirtschaftsgut im Eigentum eines einzelnen Gesellschafters der Besitzpersonengesellschaft unmittelbar an eine Betriebskapitalgesellschaft verpachtet, kann es Sonderbetriebsvermögen II bei der Besitzpersonengesellschaft darstellen, wenn die Nutzungsüberlassung seitens des Gesellschafters nicht durch betriebliche oder private Interessen des Gesellschafters, sondern primär durch die betrieblichen Interessen der Besitzpersonengesellschaft oder der Betriebskapitalgesellschaft und somit gesellschaftlich veranlasst ist (→ BFH vom 10.6.1999 – BStBl. II S. 715). Diese Grundsätze gelten nicht, wenn es sich beim Betriebsunternehmen um eine Personengesellschaft handelt, an der der überlassende Gesellschafter beteiligt ist; das überlassene Wirtschaftsgut stellt dann Sonderbetriebsvermögen I des Gesellschafters bei der Betriebspersonengesellschaft dar. Diese Zuordnung geht der als Sonderbetriebsvermögen II bei der Besitzpersonengesellschaft vor (→ BFH vom 18.8.2005 – BStBl. II S. 830).

– Verpachtet eine Besitzpersonengesellschaft das gesamte Betriebsvermögen an eine Betriebskapitalgesellschaft und wird dabei auch das Betriebsgrundstück, das einigen Gesellschaftern der Besitzpersonengesellschaft gehört, von diesen an die Betriebskapitalgesellschaft vermietet, gehören die Einkünfte aus der Vermietung des Grundstückes zum gewerblichen Steuerbilanzgewinn der Besitzpersonengesellschaft (→ BFH vom 15.5.1975 – BStBl. II S. 781).
– Das Sonderbetriebsvermögen I umfasst nicht nur die der Betriebspersonengesellschaft bereits tatsächlich zur Nutzung überlassenen, sondern auch die bereits zuvor angeschafften, aber für eine spätere Nutzungsüberlassung endgültig bestimmten Wirtschaftsgüter (→ BFH vom 7.12.2000 – BStBl. 2001 II S. 316).
– Anteile eines Gesellschafters der Besitzpersonengesellschaft an einer Kapitalgesellschaft, die mit der Betriebskapitalgesellschaft in einer für diese vorteilhaften und nicht nur kurzfristigen Geschäftsbeziehung steht, sind notwendiges Sonderbetriebsvermögen II des Gesellschafters der Besitzpersonengesellschaft (→ BFH vom 25.11.2004 – BStBl. 2005 II S. 354).
– Die Annahme, dass ein vom Gesellschafter der Besitzpersonengesellschaft erworbenes Wirtschaftsgut für die betriebliche Nutzung der Betriebsgesellschaft bestimmt sei, rechtfertigt allein nicht den Schluss, dass es sich um Sonderbetriebsvermögen des Gesellschafters bei der Besitzpersonengesellschaft handelt, wenn es durch die Betriebsgesellschaft tatsächlich nie genutzt wurde (→ BFH vom 17.12.2008 – BStBl. 2009 II S. 371).
– → Bürgschaft für die Betriebskapitalgesellschaft.
– → Darlehen.
– → H 4.2 (2) Anteile an Kapitalgesellschaften.

Teileinkünfteverfahren. Zur Anwendung des Teileinkünfteverfahrens in der steuerlichen Gewinnermittlung (für Beteiligungen von nicht mehr als 25%) → BMF vom 23.10.2013 (BStBl. I S. 1269).

Umfassend gewerbliche Besitzpersonengesellschaft.
– Die Überlassung von Wirtschaftsgütern an ein Betriebsunternehmen hat zur Folge, dass sämtliche Einkünfte der im Übrigen nicht gewerblich tätigen Besitzpersonengesellschaft solche aus Gewerbebetrieb sind (→ BFH vom 13.11.1997 – BStBl. 1998 II S. 254).
– Vermieten die Gesellschafter einer Besitz-GbR als Bruchteilseigentümer Wohnungen an fremde Benutzer, so erzielen sie keine gewerblichen Einkünfte, wenn die Wohnungen nicht als (gewillkürtes) Sonderbetriebsvermögen ausgewiesen sind (→ BFH vom 27.8.1998 – BStBl. 1999 II S. 279).

Wohnungseigentümergemeinschaft.[1] Eine Wohnungseigentümergemeinschaft i. S. d. § 10 WEG erzielt regelmäßig gewerbliche Einkünfte als Besitzunternehmen, wenn die einzelnen Wohnungen auf Grund einer Gebrauchsregelung (§ 15 WEG) an eine personenidentische Betriebskapitalgesellschaft vermietet werden (→ BFH vom 10.4.1997 – BStBl. II S. 569).

---

[1] Siehe jetzt das ab 1.12.2020 geltende WEG i. d. F. v. 12.1.2021, BGBl. I 2021, 34.

R 15.7 (5)

Betriebsaufspaltung[1] **– Sachliche Verflechtung** *(unbesetzt)*

H 15.7 (5)

Beginn der sachlichen Verflechtung.
- Für den Beginn der sachlichen Verflechtung ist allein die tatsächliche Überlassung von wesentlichen Betriebsgrundlagen zur Nutzung ausschlaggebend. Es ist ohne Bedeutung, ob die Überlassung (zunächst) unentgeltlich erfolgt oder ob sie auf einer schuldrechtlichen oder dinglichen Grundlage beruht (→ BFH vom 12.12.2007 – BStBl. 2008 II S. 579).
- Die Bestellung eines Erbbaurechts an einem unbebauten Grundstück führt mit Abschluss des Vertrages zu einer sachlichen Verflechtung, wenn eine Bebauung für die betrieblichen Zwecke des Betriebsunternehmens vorgesehen ist (→ BFH vom 19.3.2002 – BStBl. II S. 662).

Eigentum des Besitzunternehmens. Eine sachliche Verflechtung ist auch dann gegeben, wenn verpachtete wesentliche Betriebsgrundlagen nicht im Eigentum des Besitzunternehmens stehen (→ BFH vom 12.10.1988 – BStBl. 1989 II S. 152).

Erbbaurecht.
- Bestellt der Eigentümer an einem unbebauten Grundstück ein Erbbaurecht und errichtet der Erbbauberechtigte ein Gebäude, das er an ein Betriebsunternehmen vermietet, fehlt zwischen dem Eigentümer und dem Betriebsunternehmen die für die Annahme einer Betriebsaufspaltung erforderliche sachliche Verflechtung (→ BFH vom 24.9.2015 – BStBl. 2016 II S. 154).
- → Beginn der sachlichen Verflechtung.

Hingabe von Gesellschafterdarlehen. Bloße Darlehensgewährungen führen zu keiner sachlichen Verflechtung und begründen keine Betriebsaufspaltung (→ BFH vom 9.7.2019 – BStBl. 2021 II S. 418).

Leihe. Auch eine leihweise Überlassung wesentlicher Betriebsgrundlagen kann eine Betriebsaufspaltung begründen (→ BFH vom 24.4.1991 – BStBl. II S. 713).

Wesentliche Betriebsgrundlage[2]
- **des Betriebsunternehmens.** Die sachlichen Voraussetzungen einer Betriebsaufspaltung liegen auch dann vor, wenn das überlassene Wirtschaftsgut bei dem Betriebsunternehmen nur eine der wesentlichen Betriebsgrundlagen darstellt (→ BFH vom 21.5.1974 – BStBl. II S. 613).
- **Betriebszweck/-führung.** Wesentliche Grundlagen eines Betriebs sind Wirtschaftsgüter vor allem des Anlagevermögens, die zur Erreichung des

---

[1] Siehe ergänzend BFH v. 12.2.1992 XI R 18/90, BStBl. II 1992, 723, v. 17.11.1992 VIII R 36/91, BStBl. II 1993, 233, und v. 26.8.1993 I R 86/92, BStBl. II 1994, 168.

[2] Zu einem Grundstück als wesentliche Betriebsgrundlage siehe auch BFH 18.6.2015 IV R 11/13, BFH/NV 2015, 1398. – Zu einer bloßen Darlehensgewährung an das Betriebsunternehmen siehe BFH v. 9.7.2019 X R 9/17, BStBl. II 2021, 418.

Betriebszwecks erforderlich sind und ein besonderes wirtschaftliches Gewicht für die Betriebsführung bei dem Betriebsunternehmen haben (→ BFH vom 26.1.1989 – BStBl. II S. 455 und vom 24.8.1989 – BStBl. II S. 1014).

- **Büro-/Verwaltungsgebäude.** Ein Büro- und Verwaltungsgebäude ist jedenfalls dann eine wesentliche Betriebsgrundlage, wenn es die räumliche und funktionale Grundlage für die Geschäftstätigkeit des Betriebsunternehmens bildet (→ BFH vom 23.5.2000 – BStBl. II S. 621).
- **Einfamilienhaus.** Als einziges Büro (Sitz der Geschäftsleitung) genutzte Räume in einem Einfamilienhaus stellen auch dann eine wesentliche Betriebsgrundlage dar, wenn sie nicht für Zwecke des Betriebsunternehmens besonders hergerichtet und gestaltet sind. Das gilt jedenfalls dann, wenn der Gebäudeteil nicht die in § 8 EStDV genannten Grenzen unterschreitet (→ BFH vom 13.7.2006 – BStBl. II S. 804).
- **Ersetzbarkeit.** Ein Grundstück ist auch dann eine wesentliche Betriebsgrundlage, wenn das Betriebsunternehmen jederzeit am Markt ein für seine Belange gleichwertiges Grundstück mieten oder kaufen kann (→ BFH vom 26.5.1993 – BStBl. II S. 718).
- **Fabrikationsgrundstücke.** Grundstücke, die der Fabrikation dienen, gehören regelmäßig zu den wesentlichen Betriebsgrundlagen im Rahmen einer Betriebsaufspaltung (→ BFH vom 12.9.1991 – BStBl. 1992 II S. 347 und vom 26.3.1992 – BStBl. II S. 830).
- **Filialbetriebe.** Das einzelne Geschäftslokal eines Filialeinzelhandelsbetriebs ist in aller Regel auch dann eine wesentliche Betriebsgrundlage, wenn auf das Geschäftslokal weniger als 10% der gesamten Nutzfläche des Unternehmens entfällt. Dabei ist es unbeachtlich, wenn das einzelne Geschäftslokal Verluste erwirtschaftet (→ BFH vom 19.3.2009 – BStBl. II S. 803).
- **Immaterielle Wirtschaftsgüter.** Für die Begründung einer Betriebsaufspaltung ist ausreichend, wenn dem Betriebsunternehmen immaterielle Wirtschaftsgüter, z.B. der Firmenname oder Erfindungen, überlassen werden, die dem Besitzunternehmen gehören (→ BFH vom 6.11.1991 – BStBl. 1992 II S. 415).
- **Serienfabrikate.** Bei beweglichen Wirtschaftsgütern zählen auch Serienfabrikate zu den wesentlichen Betriebsgrundlagen (→ BFH vom 24.8.1989 – BStBl. II S. 1014).
- **Stille Reserven.** Ein Wirtschaftsgut ist nicht allein deshalb als wesentliche Betriebsgrundlage im Rahmen einer Betriebsaufspaltung anzusehen, weil in ihm erhebliche stille Reserven ruhen (→ BFH vom 24.8.1989 – BStBl. II S. 1014).
- **Systemhalle.** Eine sog. Systemhalle kann wesentliche Betriebsgrundlage sein, wenn sie auf die Bedürfnisse des Betriebsunternehmens zugeschnitten ist (→ BFH vom 5.9.1991 – BStBl. 1992 II S. 349).
- **Wirtschaftliche Bedeutung.** Ein Grundstück ist nur dann keine wesentliche Betriebsgrundlage, wenn es für das Betriebsunternehmen lediglich von geringer wirtschaftlicher Bedeutung ist (→ BFH vom 4.11.1992 – BStBl. 1993 II S. 245).

R 15.7 (6)

Betriebsaufspaltung – Personelle Verflechtung *(unbesetzt)*

H 15.7 (6)

Allgemeines. Eine personelle Verflechtung liegt vor, wenn die hinter beiden Unternehmen stehenden Personen einen einheitlichen geschäftlichen Betätigungswillen haben (→ BFH vom 8.11.1971 – BStBl. 1972 II S. 63).

Beherrschungsidentität.

– Ein einheitlicher geschäftlicher Betätigungswille setzt nicht voraus, dass an beiden Unternehmen die gleichen Beteiligungen derselben Personen bestehen (→ BFH vom 8.11.1971 – BStBl. 1972 II S. 63). Es genügt, dass die Personen, die das Besitzunternehmen tatsächlich beherrschen, in der Lage sind, auch in dem Betriebsunternehmen ihren Willen durchzusetzen (→ BMF vom 7.10.2002 – BStBl. I S. 1028). Ein einheitlicher geschäftlicher Betätigungswille ist auch bei wechselseitiger Mehrheitsbeteiligung von zwei Personen am Besitzunternehmen und am Betriebsunternehmen anzunehmen (→ BFH vom 24.2.2000 – BStBl. II S. 417).

– In den Fällen, in denen sämtliche Anteile des Betriebsunternehmens einem einzigen Gesellschafter-Geschäftsführer gehören, kommt es darauf an, ob dieser seinen Willen auch in dem Besitzunternehmen durchsetzen kann (→ BFH vom 5.2.1981 – BStBl. II S. 376 und vom 11.11.1982 – BStBl. 1983 II S. 299).

– Die personelle Verflechtung einer GbR mit einer Betriebskapitalgesellschaft ist auch dann gegeben, wenn der Gesellschafter-Geschäftsführer der GbR, der zugleich alleiniger Geschäftsführer der Betriebskapitalgesellschaft ist, zwar von der GbR nicht vom Verbot des Selbstkontrahierens befreit ist, auf Grund seiner beherrschenden Stellung in der Betriebskapitalgesellschaft aber bewirken kann, dass auf Seiten der Betriebskapitalgesellschaft nicht er selbst als deren Vertreter auftritt (→ BFH vom 24.8.2006 – BStBl. 2007 II S. 165).

– Eine personelle Verflechtung liegt vor, wenn die personenidentischen Gesellschafter-Geschäftsführer der Besitz-GbR und der Betriebs-GmbH die laufenden Geschäfte der Besitz-GbR bestimmen können und der Nutzungsüberlassungsvertrag der Besitz-GbR mit der Betriebs-GmbH nicht gegen den Willen dieser Personengruppe geändert oder beendet werden kann (→ BFH vom 28.5.2020 – BStBl. II S. 710).

– Ist eine eingetragene Genossenschaft Rechtsträgerin des Betriebsunternehmens und zugleich Mehrheitsgesellschafterin der Besitzpersonengesellschaft, liegt eine personelle Verflechtung vor, wenn die Gesellschafter der Besitzpersonengesellschaft für Abschluss und Beendigung von Miet- oder Pachtverträgen gemeinsam zur Geschäftsführung und Vertretung der Gesellschaft befugt sind und dabei mit Stimmenmehrheit nach Anteilen am Kapital der Gesellschaft entscheiden (→ BFH vom 8.9.2011 – BStBl. 2012 II S. 136).

– Keine personelle Verflechtung liegt vor, wenn die mehrheitlich an einer Betriebsgesellschaft beteiligte Kommanditistin zwar auch die Mehrheitsbeteiligung an der Besitzgesellschaft hält, diese aber nur überwiegend treuhänderisch verwaltet und als Treuhänderin ihre eigenen Interessen den Interessen der Treugeber unterzuordnen hat (→ BFH vom 20.5.2021 – BStBl. II S. 768).

Betriebs-AG. Im Verhältnis zu einem Betriebsunternehmen in der Rechtsform der AG kommt es darauf an, ob sich auf Grund der Befugnis, die Mitglieder der geschäftsführenden Organe des Betriebsunternehmens zu bestellen und abzuberufen, in dem Betriebsunternehmen auf Dauer nur ein geschäftlicher Betätigungswille entfalten kann, der vom Vertrauen der das Besitzunternehmen beherrschenden Person getragen ist und demgemäß mit deren geschäftlichem Betätigungswillen grundsätzlich übereinstimmt (→ BFH vom 28.1.1982 – BStBl. II S. 479); dies gilt auch für eine börsennotierte AG (→ BFH vom 23.3.2011 – BStBl. II S. 778).

Einstimmigkeitsabrede. → BMF vom 7.10.2002 (BStBl. I S. 1028) mit Übergangsregelung.[1]

Faktische Beherrschung.
- → BMF vom 7.10.2002 (BStBl. I S. 1028).[1]
- Die Fähigkeit der das Besitzunternehmen beherrschenden Personen, ihren geschäftlichen Betätigungswillen in dem Betriebsunternehmen durchzusetzen, erfordert nicht notwendig einen bestimmten Anteilsbesitz an dem Betriebsunternehmen; sie kann ausnahmsweise auch auf Grund einer durch die Besonderheiten des Einzelfalls bedingten tatsächlichen Machtstellung in dem Betriebsunternehmen gegeben sein (→ BFH vom 16.6.1982 – BStBl. II S. 662). Faktische Beherrschung ist z. B. anzunehmen, wenn der Alleininhaber des Besitzunternehmens und alleinige Geschäftsführer der Betriebskapitalgesellschaft auf Grund tatsächlicher Machtstellung jederzeit in der Lage ist, die Stimmenmehrheit in der Betriebskapitalgesellschaft zu erlangen (→ BFH vom 29.1.1997 – BStBl. II S. 437).

Keine faktische Beherrschung ist anzunehmen
- bei einer auf Lebenszeit eingeräumten Geschäftsführerstellung in dem Betriebsunternehmen für den Besitzunternehmer (→ BFH vom 26.7. 1984 – BStBl. II S. 714 und vom 26.10.1988 – BStBl. 1989 II S. 155),
- bei Beteiligung nicht völlig fachunkundiger Gesellschafter an dem Betriebsunternehmen (→ BFH vom 9.9.1986 – BStBl. 1987 II S. 28 und vom 12.10.1988 – BStBl. 1989 II S. 152),
- bei einem größeren Darlehensanspruch gegen die Betriebskapitalgesellschaft, wenn der Gläubiger nicht vollständig die Geschäftsführung an sich zieht (→ BFH vom 1.12.1989 – BStBl. 1990 II S. 500),
- in den Fällen, in denen die das Besitzunternehmen beherrschenden Ehemänner bzw. Ehefrauen bei der Betriebskapitalgesellschaft, deren Anteile von den Ehefrauen bzw. Ehemännern gehalten werden, angestellt sind und vertraglich die Gesellschaftsanteile den Ehefrauen bzw. Ehemännern entzogen werden können, falls das Arbeitsverhältnis des jeweili-

[1] Siehe aber BFH v. 18.8.2005 IV B 167/04, BStBl. II 2006, 158.

gen Ehemanns bzw. der jeweiligen Ehefrau beendet wird (→ BFH vom 15.10.1998 – BStBl. 1999 II S. 445).

Gütergemeinschaft. Gehören sowohl die überlassenen wesentlichen Betriebsgrundlagen als auch die Mehrheit der Anteile an der Betriebskapitalgesellschaft zum Gesamtgut einer ehelichen Gütergemeinschaft, sind die Voraussetzungen der personellen Verflechtung erfüllt (→ BFH vom 26.11. 1992 – BStBl. 1993 II S. 876).

Insolvenz des Betriebsunternehmens.[1] Die Eröffnung des Insolvenzverfahrens über das Vermögen des Betriebsunternehmens führt zur Beendigung der personellen Verflechtung und zur Betriebsaufgabe des Besitzunternehmens, wenn nicht das laufende Insolvenzverfahren mit anschließender Fortsetzung des Betriebsunternehmens aufgehoben oder eingestellt wird (→ BFH vom 6.3.1997 – BStBl. II S. 460).

Interessengegensätze. Ein einheitlicher geschäftlicher Betätigungswille ist nicht anzunehmen, wenn nachgewiesen wird, dass zwischen den an dem Besitzunternehmen und dem Betriebsunternehmen beteiligten Personen tatsächlich Interessengegensätze aufgetreten sind (→ BFH vom 15.5.1975 – BStBl. II S. 781).

Mehrheit der Stimmrechte. Für die Durchsetzung eines einheitlichen geschäftlichen Betätigungswillens in einem Unternehmen ist in der Regel der Besitz der Mehrheit der Stimmrechte erforderlich (→ BFH vom 28.11.1979 – BStBl. 1980 II S. 162 und vom 18.2.1986 – BStBl. II S. 611). Ein Besitzunternehmer beherrscht die Betriebskapitalgesellschaft auch, wenn er zwar über die einfache Stimmrechtsmehrheit und nicht über die im Gesellschaftsvertrag vorgeschriebene qualifizierte Mehrheit verfügt, er aber als Gesellschafter-Geschäftsführer deren Geschäfte des täglichen Lebens beherrscht, sofern ihm die Geschäftsführungsbefugnis nicht gegen seinen Willen entzogen werden kann (→ BFH vom 30.11.2005 – BStBl. 2006 II S. 415); aber → Faktische Beherrschung.

Mittelbare Beteiligung.

- Den maßgeblichen Einfluss auf das Betriebsunternehmen kann einem Gesellschafter auch eine mittelbare Beteiligung gewähren (→ BFH vom 23.7.1981 – BStBl. 1982 II S. 60, vom 22.1.1988 – BStBl. II S. 537 und vom 29.11.2017 – BStBl. 2018 II S. 426).
- Der beherrschende Einfluss auf das Betriebsunternehmen bleibt erhalten, wenn das Betriebsgrundstück einer zwischengeschalteten GmbH zur Weitervermietung an das Betriebsunternehmen überlassen wird (→ BFH vom 28.11.2001 – BStBl. 2002 II S. 363).

Personengruppentheorie. Für die Beherrschung von Besitz- und Betriebsunternehmen reicht es aus, wenn an beiden Unternehmen mehrere Personen beteiligt sind, die zusammen beide Unternehmen beherrschen. Dies gilt auch für Familienangehörige (→ BFH vom 28.5.1991 – BStBl. II S. 801).

---

[1] Siehe auch BFH v. 30.8.2007 IV R 50/05, BStBl. II 2008, 129.

Stimmrechtsausschluss.

– **Allgemeines.** Sind an der Besitzpersonengesellschaft neben den das Betriebsunternehmen beherrschenden Personen weitere Gesellschafter oder Bruchteilseigentümer beteiligt, können die auch an dem Betriebsunternehmen beteiligten Personen an der Ausübung des Stimmrechts in der Besitzpersonengesellschaft bei einem Rechtsgeschäft mit dem Betriebsunternehmen ausgeschlossen sein. Eine tatsächliche Beherrschung der Besitzpersonengesellschaft ist dann nicht möglich (→ BFH vom 9.11.1983 – BStBl. 1984 II S. 212).

– **Tatsächliche Handhabung.** Eine personelle Verflechtung liegt nicht vor, wenn ein Gesellschafter des Besitzunternehmens von der Ausübung des Stimmrechts in dem Besitzunternehmen bei der Vornahme von Rechtsgeschäften des Besitzunternehmens mit dem Betriebsunternehmen ausgeschlossen ist. Entscheidend ist dabei die tatsächliche Handhabung (→ BFH vom 12.11.1985 – BStBl. 1986 II S. 296).

– **Bei Betriebskapitalgesellschaft.** Für die Frage der personellen Verflechtung ist allerdings nicht ausschlaggebend, ob der beherrschende Gesellschafter der Betriebskapitalgesellschaft bei Beschlüssen über Geschäfte mit dem Besitzunternehmen vom ihm zustehenden Stimmrecht ausgeschlossen ist. Sofern nämlich diese Rechtsgeschäfte zur laufenden Geschäftsführung der Betriebskapitalgesellschaft gehören, besteht kein Anlass, hierüber einen Beschluss der Gesellschafterversammlung herbeizuführen (→ BFH vom 26.1.1989 – BStBl. II S. 455).

Testamentsvollstrecker.

– Der einheitliche geschäftliche Betätigungswille der hinter Besitz- und Betriebsunternehmen stehenden Personen kann nicht durch einen Testamentsvollstrecker ersetzt werden (→ BFH vom 13.12.1984 – BStBl. 1985 II S. 657).

– Für die Beurteilung der personellen Verflechtung ist das Handeln eines Testamentsvollstreckers den Erben zuzurechnen (→ BFH vom 5.6.2008 – BStBl. II S. 858).

R 15.7 (7)

Betriebsaufspaltung – Zusammenrechnung von Ehegattenanteilen
(unbesetzt)

H 15.7 (7)

Allgemeines. Eine Zusammenrechnung von Ehegattenanteilen kommt grundsätzlich nicht in Betracht, es sei denn, dass zusätzlich zur ehelichen Lebensgemeinschaft ausnahmsweise Beweisanzeichen vorliegen, die für gleichgerichtete wirtschaftliche Interessen der Ehegatten sprechen (→ BVerfG vom 12.3.1985 – BStBl. II S. 475, BMF vom 18.11.1986 – BStBl. I S. 537).

Wiesbadener Modell.

– Ist an dem Besitzunternehmen der eine Ehegatte und an dem Betriebsunternehmen der andere Ehegatte beteiligt, liegt eine Betriebsaufspaltung

nicht vor (→ BFH vom 30.7.1985 – BStBl. 1986 II S. 359 und vom 9.9.1986 – BStBl. 1987 II S. 28).
– → H 4.8 (Scheidungsklausel).

R 15.7 (8)

Betriebsaufspaltung – Zusammenrechnung der Anteile von Eltern und Kindern

(8) [1] Eine personelle Verflechtung liegt vor, wenn einem Elternteil oder beiden Elternteilen und einem minderjährigen Kind an beiden Unternehmen jeweils zusammen die Mehrheit der Stimmrechte zuzurechnen sind. [2] Ist bei den Elternteilen an einem Unternehmen zusammen die Mehrheit der Stimmrechte zuzurechnen und halten sie nur zusammen mit dem minderjährigen Kind am anderen Unternehmen die Mehrheit der Stimmrechte, liegt, wenn das Vermögenssorgerecht beiden Elternteilen zusteht, grundsätzlich ebenfalls eine personelle Verflechtung vor. [3] Hält nur ein Elternteil an dem einen Unternehmen die Mehrheit der Stimmrechte und hält er zusammen mit dem minderjährigen Kind die Mehrheit der Stimmrechte an dem anderen Unternehmen, liegt grundsätzlich keine personelle Verflechtung vor; auch in diesem Fall kann aber eine personelle Verflechtung anzunehmen sein, wenn das Vermögenssorgerecht allein beim beteiligten Elternteil liegt oder wenn das Vermögenssorgerecht bei beiden Elternteilen liegt und zusätzlich zur ehelichen Lebensgemeinschaft gleichgerichtete wirtschaftliche Interessen der Ehegatten vorliegen. [4] Ist nur einem Elternteil an dem einen Unternehmen die Mehrheit der Stimmrechte zuzurechnen und halten an dem anderen Unternehmen beide Elternteile zusammen mit dem minderjährigen Kind die Mehrheit der Stimmrechte, liegt grundsätzlich keine personelle Verflechtung vor, es sei denn, die Elternanteile können zusammengerechnet werden und das Vermögenssorgerecht steht beiden Elternteilen zu.

H 15.7 (8)

Ergänzungspflegschaft bei minderjährigen Kindern. Die Stimmen des an der Betriebskapitalgesellschaft beteiligten minderjährigen Kindes sind dann nicht dem Elternteil zuzurechnen, wenn für die Gesellschafterstellung des Kindes eine Ergänzungspflegschaft angeordnet ist (→ BFH vom 14.4.2021 – BStBl. II S. 851).

Wegfall der personellen Verflechtung durch Eintritt der Volljährigkeit. → R 16 Abs. 2 Satz 3 ff.

R 15.7 (9)

Wertpapiergeschäfte *(unbesetzt)*

H 15.7 (9)

An- und Verkauf von Wertpapieren.
– Ob der An- und Verkauf von Wertpapieren als Vermögensverwaltung oder als eine gewerbliche Tätigkeit anzusehen ist, hängt, wenn eine selb-

ständige und nachhaltige, mit Gewinnerzielungsabsicht betriebene Tätigkeit vorliegt, entscheidend davon ab, ob die Tätigkeit sich auch als Beteiligung am allgemeinen wirtschaftlichen Verkehr darstellt. Der fortgesetzte An- und Verkauf von Wertpapieren reicht für sich allein, auch wenn er einen erheblichen Umfang annimmt und sich über einen längeren Zeitraum erstreckt, zur Annahme eines Gewerbebetriebs nicht aus, solange er sich in den gewöhnlichen Formen, wie sie bei Privatleuten die Regel bilden, abspielt (→ BFH vom 19.2.1997 – BStBl. II S. 399, vom 29.10.1998 – BStBl. 1999 II S. 448 und vom 20.12.2000 – BStBl. 2001 II S. 706).

- Der An- und Verkauf von Optionskontrakten selbst in größerem Umfang begründet im Allgemeinen keinen Gewerbebetrieb. Eine gewerbliche Betätigung setzt jedenfalls voraus, dass der Stpfl. sich wie ein bankentypischer Händler verhält (→ BFH vom 20.12.2000 – BStBl. 2001 II S. 706).
- Der Rahmen einer privaten Vermögensverwaltung wird unabhängig vom Umfang der Beteiligung überschritten, wenn die Wertpapiere nicht nur auf eigene Rechnung, sondern untrennbar damit verbunden in erheblichem Umfang auch für fremde Rechnung erworben und wieder veräußert werden, zur Durchführung der Geschäfte mehrere Banken eingeschaltet werden, die Wertpapiergeschäfte mit Krediten finanziert werden, aus den Geschäften für fremde Rechnung Gewinne erzielt werden sollen und alle Geschäfte eine umfangreiche Tätigkeit erfordern (→ BFH vom 4.3.1980 – BStBl. II S. 389).
- Der An- und Verkauf von Wertpapieren überschreitet grundsätzlich noch nicht den Rahmen einer privaten Vermögensverwaltung, wenn die entfaltete Tätigkeit dem Bild eines „Wertpapierhandelsunternehmens" i. S. d. § 1 Abs. 3d Satz 2 KWG[1] bzw. eines „Finanzunternehmens" i. S. d. § 1 Abs. 3 KWG nicht vergleichbar ist. Für ein Wertpapierhandelsunternehmen ist ein Tätigwerden „für andere", vor allem ein Tätigwerden „für fremde Rechnung" kennzeichnend. Finanzunternehmen werden zwar – insoweit nicht anders als private Anleger – für eigene Rechnung tätig, zeichnen sich aber dadurch aus, dass sie den Handel mit institutionellen Partnern betreiben, also nicht lediglich über eine Depotbank am Marktgeschehen teilnehmen (→ BFH vom 30.7.2003 – BStBl. 2004 II S. 408).

Devisentermingeschäfte/Optionsgeschäfte.

- Die für Wertpapiergeschäfte maßgebenden Grundsätze für die Abgrenzung zwischen gewerblicher Tätigkeit und privater Vermögensverwaltung gelten auch bei Devisen- und Edelmetall-Termingeschäften in der Art von offenen oder verdeckten Differenzgeschäften (→ BFH vom 6.12.1983 – BStBl. 1984 II S. 132). Dies gilt ebenso für Optionsgeschäfte (→ BFH vom 19.2.1997 – BStBl. II S. 399).
- → H 4.2 (1) Termin- und Optionsgeschäfte.

Kapitalanlage mit Einfluss auf die Geschäftsführung. Zur Annahme eines die Gewerblichkeit begründenden besonderen Umstandes reicht es nicht aus, wenn mit dem Ankauf von Wertpapieren eine Dauerkapitalanlage

[1] **Wirtschaftsgesetze** Nr. **145**.

mit bestimmendem Einfluss auf die Geschäftsführung einer Kapitalgesellschaft gesucht und erreicht wird (→ BFH vom 4.3.1980 – BStBl. II S. 389).

Pfandbriefe. Auch der An- und Verkauf von Pfandbriefen unter gezielter Ausnutzung eines sog. „grauen" Markts kann eine gewerbliche Tätigkeit begründen (→ BFH vom 2.4.1971 – BStBl. II S. 620).

Wertpapiergeschäfte eines Bankiers. Betreibt ein Bankier Wertpapiergeschäfte, die üblicherweise in den Bereich seiner Bank fallen, die aber auch im Rahmen einer privaten Vermögensverwaltung getätigt werden können, so sind diese dem betrieblichen Bereich zuzuordnen, wenn sie der Bankier in der Weise abwickelt, dass er häufig wiederkehrend dem Betrieb Mittel entnimmt, Kauf und Verkauf über die Bank abschließt und die Erlöse alsbald wieder dem Betrieb zuführt (→ BFH vom 19.1.1977 – BStBl. II S. 287).

R 15.8 Mitunternehmerschaft

R 15.8 (1)

Allgemeines *(unbesetzt)*

H 15.8 (1)

Allgemeines.

– Mitunternehmer i. S. d. § 15 Abs. 1 Satz 1 Nr. 2 EStG ist, wer zivilrechtlich Gesellschafter einer Personengesellschaft ist und eine gewisse unternehmerische Initiative entfalten kann sowie unternehmerisches Risiko trägt. Beide Merkmale können jedoch im Einzelfall mehr oder weniger ausgeprägt sein (→ BFH vom 25.6.1984 – BStBl. II S. 751 und vom 15.7.1986 – BStBl. II S. 896).
– → Mitunternehmerinitiative.
– → Mitunternehmerrisiko.
– → Gesellschafter.

Ausgleichsanspruch eines Kommanditisten. Ein Ausgleichsanspruch gegen die KG, der einem Kommanditisten zusteht, weil er Schulden der KG beglichen hat, gehört zu dessen Sonderbetriebsvermögen. Ein Verlust wird erst dann realisiert, wenn der Anspruch gegen die KG wertlos wird; dies ist erst im Zeitpunkt der Beendigung der Mitunternehmerstellung, also beim Ausscheiden des Gesellschafters oder bei Beendigung der Gesellschaft der Fall (→ BFH vom 5.6.2003 – BStBl. II S. 871).

Betriebsvermögen bei atypisch stiller Gesellschaft. Der Inhaber des Handelsgewerbes, an dem sich ein anderer atypisch still beteiligt, verfügt auch während des Bestehens der atypisch stillen Gesellschaft über ein eigenes Betriebsvermögen, das neben dem mitunternehmerischen Betriebsvermögen der atypisch stillen Gesellschaft besteht (→ BFH vom 1.3.2018 – BStBl. II S. 587).

Bürgschaftsinanspruchnahme. → Ausgleichsanspruch eines Kommanditisten.

Büro-/Praxisgemeinschaft. Im Unterschied zu einer Gemeinschaftspraxis (Mitunternehmerschaft) hat eine Büro- und Praxisgemeinschaft lediglich den Zweck, den Beruf in gemeinsamen Praxisräumen auszuüben und bestimmte Kosten von der Praxisgemeinschaft tragen zu lassen und umzulegen. Ein einheitliches Auftreten nach außen genügt nicht, um aus einer Bürogemeinschaft eine Mitunternehmerschaft werden zu lassen. Gleiches gilt für die gemeinsame Beschäftigung von Personal und die gemeinsame Nutzung von Einrichtungsgegenständen. Entscheidend ist, dass bei einer Büro- und Praxisgemeinschaft keine gemeinschaftliche, sondern eine individuelle Gewinnerzielung beabsichtigt ist, und auch der Praxiswert dem einzelnen Beteiligten zugeordnet bleibt (→ BFH vom 14.4.2005 – BStBl. II S. 752).

Erbengemeinschaft. Eine Erbengemeinschaft kann nicht Gesellschafterin einer werbenden Personengesellschaft sein. Jedem Miterben steht deshalb ein seinem Erbteil entsprechender Gesellschaftsanteil zu (→ BFH vom 1.3.1994 – BStBl. 1995 II S. 241).

Europäische wirtschaftliche Interessenvereinigung (EWIV). Die EWIV unterliegt nach § 1 des Gesetzes zur Ausführung der EWG-Verordnung über die Europäische wirtschaftliche Interessenvereinigung (EWIV-Ausführungsgesetz vom 14.4.1988 – BGBl. I S. 514, zuletzt geändert durch Art. 16 des Gesetzes zur Modernisierung des GmbH-Rechts und zur Bekämpfung von Missbräuchen vom 23.10.2008 – BGBl. I S. 2026)[1] den für eine OHG geltenden Rechtsvorschriften. Dies gilt auch für das Steuerrecht.

Gesellschafter.

– Ob ein Gesellschafter Mitunternehmer ist, beurteilt sich für alle Personengesellschaften nach gleichen Maßstäben (→ BFH vom 29.4.1981 – BStBl. II S. 663 und vom 25.6.1981 – BStBl. II S. 779). In Ausnahmefällen reicht auch eine einem Gesellschafter einer Personengesellschaft wirtschaftlich vergleichbare Stellung aus, z. B. als Beteiligter an einer Erben-, Güter- oder Bruchteilsgemeinschaft, als Beteiligter einer „fehlerhaften Gesellschaft" i. S. d. Zivilrechts oder als Unterbeteiligter (→ BFH vom 25.6.1984 – BStBl. II S. 751). Auch Gesellschafter einer OHG oder KG erzielen nur dann Einkünfte aus Gewerbebetrieb, wenn sie Mitunternehmer des gewerblichen Unternehmens sind (→ BFH vom 8.2.1979 – BStBl. II S. 405).
– Erhält ein (Schein-)Gesellschafter eine von der Gewinnsituation abhängige, nur nach dem eigenen Umsatz bemessene Vergütung und ist er zudem von einer Teilhabe an den stillen Reserven der Gesellschaft ausgeschlossen, kann wegen des danach nur eingeschränkt bestehenden Mitunternehmerrisikos eine Mitunternehmerstellung nur bejaht werden, wenn eine besonders ausgeprägte Mitunternehmerinitiative vorliegt. Hieran fehlt es, wenn zwar eine gemeinsame Geschäftsführungsbefugnis besteht, von dieser aber tatsächlich wesentliche Bereiche ausgenommen sind (→ BFH vom 3.11.2015 – BStBl. 2016 II S. 383).
– → Verdeckte Mitunternehmerschaft.

Gesellschafterausschluss bei Scheidung. → Wirtschaftliches Eigentum.

---

[1] **Wirtschaftsgesetze** Nr. **42a**.

Innengesellschaft.

- Im Fall einer GbR, die als reine Innengesellschaft ausgestaltet ist, rechtfertigt die Übernahme eines erheblichen unternehmerischen Risikos bereits das Bestehen einer Mitunternehmerschaft (→ BFH vom 19.2.1981 – BStBl. II S. 602, vom 28.10.1981 – BStBl. 1982 II S. 186 und vom 9.10.1986 – BStBl. 1987 II S. 124).
- Der Inhaber eines Betriebs ist regelmäßig schon allein wegen seiner unbeschränkten Außenhaftung und des ihm allein möglichen Auftretens im Rechtsverkehr Mitunternehmer einer Innengesellschaft, die zum Zwecke der stillen Beteiligung an seinem Unternehmen gegründet wurde. Dies gilt auch dann, wenn dem Inhaber des Betriebs im Innenverhältnis neben einem festen Vorabgewinn für seine Tätigkeit keine weitere Gewinnbeteiligung zusteht und die Geschäftsführungsbefugnis weitgehend von der Zustimmung des stillen Beteiligten abhängt (→ BFH vom 10.5.2007 – BStBl. II S. 927).
- Ist eine Person oder eine Personenmehrheit an einzelnen Tätigkeiten des Unternehmens einer KG als Innengesellschafterin beteiligt, führt dies nur dann zur Annahme eines eigenständigen Gewerbebetriebs, wenn der betroffene Geschäftsbereich in Form einer wirtschaftlichen Einheit von den weiteren Tätigkeitsfeldern des Unternehmens hinreichend sachlich abgegrenzt ist (→ BFH vom 23.4.2009 – BStBl. 2010 II S. 40).

Komplementär.

- Eine Komplementär-GmbH ist auch dann Mitunternehmerin, wenn sie am Gesellschaftskapital nicht beteiligt ist (→ BFH vom 11.12.1986 – BStBl. 1987 II S. 553).
- Die Mitunternehmerstellung des Komplementärs wird nicht dadurch ausgeschlossen, dass er weder am Gewinn und Verlust der KG noch an deren Vermögen beteiligt ist (→ BFH vom 25.4.2006 – BStBl. II S. 595).
- Der Komplementär ist auch dann Mitunternehmer, wenn er keine Kapitaleinlage erbracht hat und im Innenverhältnis (zu dem Kommanditisten) wie ein Angestellter behandelt und von der Haftung freigestellt wird (→ BFH vom 11.6.1985 – BStBl. 1987 II S. 33 und vom 14.8.1986 – BStBl. 1987 II S. 60).

Miterben. Gehört zum Nachlass ein Gewerbebetrieb, sind die Miterben Mitunternehmer (→ BFH vom 5.7.1990 – BStBl. II S. 837 sowie → BMF vom 14.3.2006 – BStBl. I S. 253 unter Berücksichtigung der Änderungen durch BMF vom 27.12.2018 – BStBl. 2019 I S. 11). Zur Erbengemeinschaft als Gesellschafter → Erbengemeinschaft.

Mitunternehmerinitiative. Mitunternehmerinitiative bedeutet vor allem Teilhabe an den unternehmerischen Entscheidungen, wie sie Gesellschaftern oder diesen vergleichbaren Personen als Geschäftsführern, Prokuristen oder anderen leitenden Angestellten obliegen. Ausreichend ist schon die Möglichkeit zur Ausübung von Gesellschafterrechten, die wenigstens den Stimm-, Kontroll- und Widerspruchsrechten angenähert sind, die einem Kommanditisten nach dem HGB zustehen oder die den gesellschaftsrechtlichen Kontrollrechten nach § 716 Abs. 1 BGB entsprechen (→ BFH vom 25.6.1984 –

BStBl. II S. 751, S. 769). Ein Kommanditist ist beispielsweise dann mangels Mitunternehmerinitiative kein Mitunternehmer, wenn sowohl sein Stimmrecht als auch sein Widerspruchsrecht durch Gesellschaftsvertrag faktisch ausgeschlossen sind (→ BFH vom 11.10.1988 – BStBl. 1989 II S. 762).

Mitunternehmerrisiko.

– Mitunternehmerrisiko trägt im Regelfall, wer am Gewinn und Verlust des Unternehmens und an den **stillen Reserven** einschließlich eines etwaigen Geschäftswerts beteiligt ist (→ BFH vom 25.6.1984 – BStBl. II S. 751). Je nach den Umständen des Einzelfalls können jedoch auch andere Gesichtspunkte, z. B. eine besonders ausgeprägte unternehmerische Initiative, verbunden mit einem bedeutsamen Beitrag zur Kapitalausstattung des Unternehmens in den Vordergrund treten (→ BFH vom 27.2. 1980 – BStBl. 1981 II S. 210). Eine Vereinbarung über die Beteiligung an den stillen Reserven ist nicht ausschlaggebend, wenn die stillen Reserven für den Gesellschafter keine wesentliche wirtschaftliche Bedeutung haben (→ BFH vom 5.6.1986 – BStBl. II S. 802). Ein Kommanditist, der nicht an den stillen Reserven einschließlich eines etwaigen Geschäftswerts beteiligt ist und nach dem Gesellschaftsvertrag nur eine übliche Verzinsung seiner Kommanditeinlage erhält, trägt kein Mitunternehmerrisiko und ist deshalb auch dann nicht Mitunternehmer, wenn seine gesellschaftsrechtlichen Mitwirkungsrechte denjenigen eines Kommanditisten entsprechen (→ BFH vom 28.10.1999 – BStBl. 2000 II S. 183).
– Eine Beteiligung am unternehmerischen Risiko liegt bei beschränkt haftenden Gesellschaftern von Personenhandelsgesellschaften, insbesondere bei Kommanditisten, und bei atypisch stillen Gesellschaftern nicht vor, wenn wegen der rechtlichen oder tatsächlichen **Befristung** ihrer gesellschaftlichen Beteiligung eine Teilhabe an der von der Gesellschaft beabsichtigten Betriebsvermögensmehrung in Form eines entnahmefähigen laufenden Gewinns oder eines die Einlage übersteigenden Abfindungsguthabens oder eines Gewinns aus der Veräußerung des Gesellschaftsanteils nicht zu erwarten ist (→ BFH vom 25.6.1984 – BStBl. II S. 751). Die zeitliche Befristung und die fehlende Gewinnerwartung können sich aus den Umständen des Einzelfalls ergeben (→ BFH vom 10.11.1977 – BStBl. 1978 II S. 15).
– Mitunternehmerrisiko setzt voraus, dass der Gesellschafter zugunsten der Gesellschaft sein **eigenes Vermögen** belastet, sei es in Gestalt einer Haftung gegenüber Gläubigern der Gesellschaft, sei es durch Erbringung eines sein Vermögen belastenden Gesellschafterbeitrags (→ BFH vom 13.7.2017 – BStBl. II S. 1133).

Nachversteuerung des negativen Kapitalkontos. Der Betrag des beim Ausscheiden aus der Gesellschaft oder bei Auflösung der Gesellschaft zu versteuernden negativen Kapitalkontos (→ BFH vom 10.11.1980 – BStBl. 1981 II S. 164) ist kein Gewinn aus einer Betriebsvermögensmehrung. Der beim Wegfall eines negativen Kapitalkontos des Kommanditisten zu erfassende Gewinn erlaubt es deshalb nicht, die Teilnahme an einer Betriebsvermögensmehrung im Sinne einer Beteiligung am unternehmerischen Risiko als gegeben anzusehen (→ BFH vom 25.6.1984 – BStBl. II S. 751).

Nießbrauch. Bei Bestellung eines Nießbrauchs am Gesellschaftsanteil bleibt der Nießbrauchsverpflichtete Mitunternehmer (→ BFH vom 1.3.1994 – BStBl. 1995 II S. 241).

Organgesellschaft. Einer Mitunternehmereigenschaft der Komplementär-GmbH steht nicht entgegen, dass sie Organ des Kommanditisten ist (→ BFH vom 10.11.1983 – BStBl. 1984 II S. 150).

Partnerschaftsgesellschaft. Zur zivilrechtlichen Rechtsform der Partnerschaftsgesellschaft → Partnerschaftsgesellschaftsgesetz (PartGG) vom 25.7. 1994 (BGBl. I S. 1744),[1] zuletzt geändert durch Artikel 1 des Gesetzes zur Einführung einer Partnerschaftsgesellschaft mit beschränkter Berufshaftung und zur Änderung des Berufsrechts der Rechtsanwälte, Patentanwälte, Steuerberater und Wirtschaftsprüfer vom 15.7.2013 (BGBl. I S. 2386).

Stiller Gesellschafter.[2]

– Bei einem stillen Gesellschafter ohne Unternehmerinitiative kommt der vermögensrechtlichen Stellung besondere Bedeutung zu (→ BFH vom 25.6.1981 – BStBl. 1982 II S. 59). Um als Mitunternehmer angesehen werden zu können, muss ein solcher stiller Gesellschafter einen Anspruch auf Beteiligung am tatsächlichen Zuwachs des Gesellschaftsvermögens unter Einschluss der stillen Reserven und eines Geschäftswerts haben (→ BFH vom 27.5.1993 – BStBl. 1994 II S. 700). Ohne eine Beteiligung an den stillen Reserven kann ein stiller Gesellschafter dann Mitunternehmer sein, wenn der Unternehmer ihm abweichend von der handelsrechtlichen Regelung ermöglicht, wie ein Unternehmer auf das Schicksal des Unternehmens Einfluss zu nehmen (→ BFH vom 28.1.1982 – BStBl. II S. 389). Beteiligt sich der beherrschende Gesellschafter und alleinige Geschäftsführer einer GmbH an dieser auch noch als stiller Gesellschafter mit einer erheblichen Vermögenseinlage unter Vereinbarung einer hohen Gewinnbeteiligung sowie der Verpflichtung, die Belange bestimmter Geschäftspartner persönlich wahrzunehmen, so handelt es sich um eine atypisch stille Gesellschaft – Mitunternehmerschaft – (→ BFH vom 15.12. 1992 – BStBl. 1994 II S. 702). Gesamthandsvermögen braucht nicht vorhanden zu sein (→ BFH vom 8.7.1982 – BStBl. II S. 700).
– Bei einer GmbH und Still kann sich die Entfaltung einer stark ausgeprägten Mitunternehmerinitiative des stillen Gesellschafters auch aus dessen Stellung als Geschäftsführer der GmbH als Inhaberin des Handelsgewerbes ergeben (→ BFH vom 13.7.2017 – BStBl. II S. 1133 und vom 12.4. 2021 – BStBl. II S. 614).

Strohmannverhältnis. Wer in eigenem Namen, aber für Rechnung eines anderen ein Einzelunternehmen führt oder persönlich haftender Gesellschafter einer Personengesellschaft ist, wird, sofern das Treuhandverhältnis den Geschäftspartnern gegenüber nicht offengelegt wird, regelmäßig allein wegen seiner unbeschränkten Haftung zum (Mit-)Unternehmer. Dies gilt auch dann, wenn er den Weisungen des Treugebers unterliegt und im In-

[1] Zuletzt geänd. durch G v. 10.8.2021, BGBl. I 2021, 3436 (**Habersack** Nr. **50b**).

[2] Zur Mitunternehmerinitiative eines atypisch still Beteiligten siehe BFH v. 19.7.2018 IV R 10/17, BFH/NV 2018, 1268.

nenverhältnis von jeglicher Haftung freigestellt ist (→ BFH vom 4.11.2004 – BStBl. 2005 II S. 168).

Testamentsvollstreckung. Ein Kommanditist, dessen Kommanditanteil durch Testamentsvollstreckung treuhänderisch verwaltet wird und dessen Gewinnanteile an einen Unterbevollmächtigten herauszugeben sind, ist dennoch Mitunternehmer (→ BFH vom 16.5.1995 – BStBl. II S. 714).

Treugeber. Bei einem Treuhandverhältnis, dessen Gegenstand die Mitgliedschaft in einer Personengesellschaft ist, müssen die die Mitunternehmerstellung kennzeichnenden Merkmale in der Person des Treugebers vorliegen (→ BFH vom 21.4.1988 – BStBl. 1989 II S. 722).

Verdeckte Mitunternehmerschaft.

- Mitunternehmer kann auch sein, wer nicht als → Gesellschafter, sondern z. B. als Arbeitnehmer oder Darlehensgeber bezeichnet ist, wenn die Vertragsbeziehung als Gesellschaftsverhältnis anzusehen ist (→ BFH vom 11.12.1980 – BStBl. 1981 II S. 310). Allerdings sind die zwischen den Beteiligten bestehenden Rechtsbeziehungen bei der Beurteilung der Gesellschaftereigenschaft sowohl zivil- als auch steuerrechtlich nicht allein nach deren formaler Bezeichnung zu würdigen, sondern nach den von ihnen gewollten Rechtswirkungen und der sich danach ergebenden zutreffenden rechtlichen Einordnung (→ BFH vom 13.7.1993 – BStBl. 1994 II S. 282).
- Eine Mitunternehmerschaft setzt ein zivilrechtliches Gesellschaftsverhältnis oder ausnahmsweise ein wirtschaftlich vergleichbares Gemeinschaftsverhältnis voraus. Eine Mitunternehmerschaft liegt danach auch vor, wenn mehrere Personen durch gemeinsame Ausübung der Unternehmerinitiative und gemeinsame Übernahme des Unternehmerrisikos auf einen bestimmten Zweck hin tatsächlich zusammenarbeiten. Erforderlich für ein stillschweigend begründetes Gesellschaftsverhältnis ist auch ein entsprechender Verpflichtungswille (→ BFH vom 1.8.1996 – BStBl. 1997 II S. 272). Mitunternehmerinitiative und -risiko dürfen nicht lediglich auf einzelne Schuldverhältnisse zurückzuführen sein. Die Bündelung von Risiken aus derartigen Austauschverhältnissen unter Vereinbarung angemessener und leistungsbezogener Entgelte begründet noch kein gesellschaftsrechtliches Risiko (→ BFH vom 13.7.1993 – BStBl. 1994 II S. 282). Tatsächliche Einflussmöglichkeiten allein genügen allerdings nicht (→ BFH vom 2.9.1985 – BStBl. 1986 II S. 10).
- Das Vorliegen einer verdeckten Mitunternehmerschaft zwischen nahen Angehörigen darf nicht unter Heranziehung eines Fremdvergleichs beurteilt werden (→ BFH vom 8.11.1995 – BStBl. 1996 II S. 133).
- Der Geschäftsführer der Komplementär-GmbH ist nicht schon auf Grund des bloßen Abschlusses des Geschäftsführervertrages mit der GmbH als verdeckter Mitunternehmer der KG anzusehen (→ BFH vom 1.8.1996 – BStBl. 1997 II S. 272). Der alleinige Gesellschafter-Geschäftsführer der Komplementär-GmbH ist verdeckter Mitunternehmer der Familien-GmbH & Co. KG, wenn er für die Geschäftsführung unangemessene gewinnabhängige Bezüge erhält und sich – wie bisher als Einzelunternehmer – als Herr des Unternehmens verhält (→ BFH vom 21.9.1995 – BStBl. 1996 II S. 66).

Vermietung zwischen Schwester-Personengesellschaften. Wirtschaftsgüter, die eine gewerblich tätige oder gewerblich geprägte Personengesellschaft an eine ganz oder teilweise personenidentische Personengesellschaft (Schwestergesellschaft) vermietet, gehören zum Betriebsvermögen der vermietenden Personengesellschaft und nicht zum Sonderbetriebsvermögen bei der nutzenden Personengesellschaft. Dies gilt auch, wenn leistende Gesellschaft eine gewerblich geprägte atypisch stille Gesellschaft ist (→ BFH vom 26.11.1996 – BStBl. 1998 II S. 328; → BMF vom 28.4.1998 – BStBl. I S. 583 mit Übergangsregelung).

Wirtschaftliches Eigentum an einem Mitunternehmeranteil.

– Ist in einem Gesellschaftsvertrag vereinbart, dass die Ehefrau im Scheidungsfall aus der Gesellschaft ausgeschlossen werden kann und ihr Ehemann an ihre Stelle tritt, ist der Kommanditanteil der Ehefrau dem Ehemann gem. § 39 Abs. 2 Nr. 1 Satz 1 AO zuzurechnen (→ BFH vom 26.6.1990 – BStBl. 1994 II S. 645).
– Dem Erwerber eines Anteils an einer Personengesellschaft kann die Mitunternehmerstellung bereits vor der zivilrechtlichen Übertragung des Gesellschaftsanteils zuzurechnen sein. Voraussetzung dafür ist, dass der Erwerber rechtsgeschäftlich eine auf den Erwerb des Gesellschaftsanteils gerichtete, rechtlich geschützte Position erworben hat, die ihm gegen seinen Willen nicht mehr entzogen werden kann, und Mitunternehmerrisiko sowie Mitunternehmerinitiative vollständig auf ihn übergegangen sind (→ BFH vom 1.3.2018 – BStBl. II S. 539 und vom 20.9.2018 – BStBl. 2019 II S. 131).

Wohnungseigentümergemeinschaft.[1] Eine Wohnungseigentümergemeinschaft als Rechtssubjekt i. S. d. § 10 Abs. 6 Satz 1 WoEigG, die z. B. ein Blockheizkraftwerk betreibt, kann eine gewerbliche Mitunternehmerschaft begründen. Es bedarf nicht der Annahme einer konkludent errichteten GbR, wenn die gewerbliche Tätigkeit der Wohnungseigentümergemeinschaft innerhalb des in § 10 Abs. 6 Satz 1 WoEigG vorgegebenen Verbandszwecks liegt (→ BFH vom 20.9.2018 – BStBl. 2019 II S. 160).

R 15.8 (2)

Mehrstöckige Personengesellschaft

(2) [1] § 15 Abs. 1 Satz 1 Nr. 2 EStG ist auch bei mehrstöckigen Personengesellschaften anzuwenden, wenn eine ununterbrochene Mitunternehmerkette besteht. [2] Vergütungen der Untergesellschaft an einen Gesellschafter der Obergesellschaft für Tätigkeiten im Dienste der Untergesellschaft mindern daher den steuerlichen Gewinn der Untergesellschaft nicht; überlässt ein Gesellschafter der Obergesellschaft der Untergesellschaft z. B. ein Grundstück für deren betriebliche Zwecke, ist das Grundstück notwendiges Sonderbetriebsvermögen der Untergesellschaft.

[1] Siehe jetzt mWv 1.12.2020 WEG i. d. F. v. 12.1.2021, BGBl. I 2021, 34.

H 15.8 (2)

Unterbeteiligung. Tätigkeitsvergütungen einer OHG an atypisch still Unterbeteiligte eines Gesellschafters gehören nach § 15 Abs. 1 Satz 1 Nr. 2 Satz 2 EStG zu den Einkünften aus Gewerbebetrieb (→ BFH vom 2.10.1997 – BStBl. 1998 II S. 137).

R 15.8 (3)

Gewinnverteilung *(unbesetzt)*

H 15.8 (3)

Abweichung des Steuerbilanzgewinns vom Handelsbilanzgewinn. Der zwischen Gesellschaftern einer Personengesellschaft vereinbarte Gewinnverteilungsschlüssel bezieht sich grundsätzlich auf den Handelsbilanzgewinn. Weicht dieser vom Steuerbilanzgewinn deshalb ab, weil er durch die Auflösung von Bilanzierungshilfen geringer ist als der Steuerbilanzgewinn, müssen bei der Anwendung des Gewinnverteilungsschlüssels auf den Steuerbilanzgewinn Korrekturen hinsichtlich der Gesellschafter angebracht werden, die bei der Bildung der Bilanzierungshilfe an dem Unternehmen noch nicht beteiligt waren (→ BFH vom 22.5.1990 – BStBl. II S. 965).

Angemessenheit der Gewinnverteilung bei stiller Beteiligung von anteils- und beteiligungsidentischen Schwesterpersonengesellschaften. Kann ein angemessener Gewinnanteil der stillen Gesellschafterin nicht durch einen konkreten Fremdvergleich ermittelt werden, sind die Grundsätze zu Familienpersonengesellschaften entsprechend anzuwenden. Soweit ihr Gewinnanteil eine angemessene Höhe übersteigt, ist er dem Mitunternehmer zuzurechnen (→ BFH vom 21.9.2000 – BStBl. 2001 II S. 299).

Ausländische Personengesellschaft. Die zu § 15 Abs. 1 Satz 1 Nr. 2 EStG entwickelten Gewinnermittlungsgrundsätze gelten auch bei grenzüberschreitenden mitunternehmerischen Beteiligungen (→ BFH vom 24.3.1999 – BStBl. 2000 II S. 399).

Außerbetrieblich veranlasster Gewinn- und Verlustverteilungsschlüssel. Eine außerbetrieblich veranlasste Änderung des Gewinn- und Verlustverteilungsschlüssels bei einer Personengesellschaft, d. h. eine Änderung, die ihre Erklärung nicht in den Verhältnissen der Gesellschaft findet, ist ertragsteuerlich unbeachtlich (→ BFH vom 23.8.1990 – BStBl. 1991 II S. 172).

Forderungsverzicht im Zusammenhang mit einem Gesellschafterwechsel. Bei einem Wechsel der Gesellschafter einer Personengesellschaft ist der Ertrag aus einem Forderungsverzicht dem Neugesellschafter zuzurechnen, wenn nach den im konkreten Fall getroffenen Vereinbarungen der Neugesellschafter die betreffenden Verbindlichkeiten anstelle des Altgesellschafters wirtschaftlich tragen sollte. Ist vereinbart, dass der Neugesellschafter die betreffenden Verbindlichkeiten nicht wirtschaftlich tragen soll, ist der Ertrag dem Altgesellschafter zuzurechnen, der durch den Erlass der Schulden von seiner Haftung entbunden wird (→ BFH vom 22.1.2015 – BStBl. II S. 389).

Gewinnverteilung bei GmbH & atypisch stiller Gesellschaft. Beteiligt sich der Gesellschafter einer Kapitalgesellschaft an dieser zugleich als atypisch stiller Gesellschafter und verzichtet die Kapitalgesellschaft im Interesse des stillen Gesellschafters auf eine fremdübliche Gewinnbeteiligung, wird der Kapitalgesellschaft bei der gesonderten und einheitlichen Feststellung der Einkünfte der atypisch stillen Gesellschaft der angemessene Gewinnanteil zugerechnet (→ BFH vom 18.6.2015 – BStBl. II S. 935).

Gewinnzurechnung. Einem aus einer Personengesellschaft ausgeschiedenen Mitunternehmer ist der gemeinschaftlich erzielte laufende Gewinn auch dann anteilig zuzurechnen, wenn die verbleibenden Mitunternehmer die Auszahlung verweigern, weil der ausgeschiedene Mitunternehmer ihnen Schadenersatz in übersteigender Höhe schuldet. Dies gilt auch, wenn der Anspruch des ausgeschiedenen Mitunternehmers zivilrechtlich der sog. Durchsetzungssperre unterliegt und deshalb nicht mehr isoliert, sondern nur noch als Abrechnungsposten im Rahmen des Rechtsstreits um den Auseinandersetzungsanspruch geltend gemacht werden kann (→ BFH vom 15.11.2011 – BStBl. 2012 II S. 207).

GmbH-Beteiligung. Bei Beteiligung einer Personenhandelsgesellschaft an einer Kapitalgesellschaft gehören die Gewinnausschüttung ebenso wie die anzurechnende Kapitalertragsteuer und der Solidaritätszuschlag zu den Einkünften aus Gewerbebetrieb i. S. d. § 15 Abs. 1 Satz 1 Nr. 2 EStG. Das Anrechnungsguthaben steht den Gesellschaftern (Mitunternehmern) zu. Maßgebend für die Verteilung ist der allgemeine Gewinnverteilungsschlüssel (→ BFH vom 22.11.1995 – BStBl. 1996 II S. 531).

Kapitalkontenverzinsung. Hat der Gesellschafter ein Verrechnungskonto zu verzinsen, das einen Sollsaldo aufweist und auf der Aktivseite der Gesellschaftsbilanz aufzuführen ist, kann dieses Konto entweder eine Darlehensforderung gegen den Gesellschafter dokumentieren oder aber als (negativer) Bestandteil des Kapitalkontos anzusehen sein. Handelt es sich um einen Bestandteil des Kapitalkontos, dient die Verzinsung allein der zutreffenden Gewinnverteilung und führt nicht zu einer Erhöhung des Gewinns (→ BFH vom 4.5.2000 – BStBl. 2001 II S. 171).

Mehrgewinne eines ausgeschiedenen Gesellschafters auf Grund späterer Betriebsprüfung. Mehrgewinne, die sich für den ausgeschiedenen Gesellschafter auf Grund einer späteren Betriebsprüfung ergeben, sind ihm nach dem vereinbarten Gewinnverteilungsschlüssel zuzurechnen, sofern die Gesellschaft eine Einheitsbilanz erstellt. Die Zurechnung wird nicht durch die Höhe der Abfindung begrenzt. Kann für ein sich danach ergebendes positives Kapitalkonto keine nachträgliche Abfindung erlangt werden, erleidet der Ausgeschiedene einen Veräußerungsverlust (→ BFH vom 24.10. 1996 – BStBl. 1997 II S. 241).

Nachträgliche Erhöhung des Kapitalkontos eines ausgeschiedenen Kommanditisten. Scheidet ein Kommanditist nach Auffüllung seines negativen Kapitalkontos ohne Abfindung aus der KG aus, ergibt sich aber auf Grund einer späteren Betriebsprüfung ein positives Kapitalkonto, entsteht für die verbliebenen Gesellschafter in diesem Umfang kein Anwachsungsgewinn. Der Betrag ist von ihnen für Abstockungen auf ihre Anteile an den Wirtschaftsgütern der Gesellschaft zu verwenden (→ BFH vom 24.10.1996 – BStBl. 1997 II S. 241).

Organträger-Personengesellschaft. Das Einkommen einer Organgesellschaft ist entsprechend dem allgemeinen Gewinnverteilungsschlüssel nur den Gesellschaftern einer Organträger-Personengesellschaft zuzurechnen, die im Zeitpunkt der Einkommenszurechnung an der Organträgerin beteiligt sind (→ BFH vom 28.2.2013 – BStBl. II S. 494).

Pensionszusagen. Bilanzsteuerliche Behandlung von Pensionszusagen einer Personengesellschaft an einen Gesellschafter und dessen Hinterbliebene → BMF vom 29.1.2008 (BStBl. I S. 317).

Rückwirkende Änderung. Eine rückwirkende Änderung der Gewinnverteilung während eines Wj. hat keinen Einfluss auf die Zurechnung des bis dahin entstandenen Gewinns oder Verlusts (→ BFH vom 7.7.1983 – BStBl. 1984 II S. 53).

Tätigkeitsvergütungen.

– Haben die Gesellschafter einer Personengesellschaft im Gesellschaftsvertrag vereinbart, dass die Tätigkeitsvergütung als Aufwand behandelt und auch dann gezahlt werden soll, wenn ein Verlust erwirtschaftet wird, ist dies bei tatsächlicher Durchführung der Vereinbarung auch steuerlich mit der Folge anzuerkennen, dass die Vergütung kein Gewinnvorab, sondern eine Sondervergütung i. S. d. § 15 Abs. 1 Satz 1 Nr. 2, 2. Halbsatz EStG ist. Steht die Sondervergütung in Zusammenhang mit der Anschaffung oder Herstellung eines Wirtschaftsguts, gehört sie zu den Anschaffungs- oder Herstellungskosten (→ BFH vom 13.10.1998 – BStBl. 1999 II S. 284 und vom 23.1.2001 – BStBl. II S. 621).

– Nicht unter den Begriff der Tätigkeitsvergütung fallen die **Lieferung von Waren** im Rahmen eines Kaufvertrags zwischen dem Gesellschafter und der Gesellschaft oder sonstige zu fremdüblichen Bedingungen geschlossene Veräußerungsgeschäfte zwischen Gesellschaft und Gesellschafter. Ein derartiges Veräußerungsgeschäft liegt auch vor, wenn der Gesellschafter zur Herbeiführung des der Gesellschaft geschuldeten Erfolgs nicht nur Arbeit zu leisten, sondern auch Waren von nicht untergeordnetem Wert zu liefern hat, z. B. bei einem Werkvertrag (→ BFH vom 28.10.1999 – BStBl. 2000 II S. 339).

– Das Entgelt, das der Kommanditist einer GmbH & Co. KG für seine Tätigkeit als **Geschäftsführer der Komplementär-GmbH** bezieht, ist als Vergütung i. S. d. § 15 Abs. 1 Satz 1 Nr. 2 EStG zu beurteilen, und zwar auch dann, wenn der Anstellungsvertrag des Geschäftsführer-Gesellschafters nicht mit der KG, sondern der Komplementär-GmbH abgeschlossen wurde. Hat eine Komplementär-GmbH neben ihrer Funktion als Geschäftsführerin der GmbH & Co. KG noch einen eigenen wirtschaftlichen Geschäftsbereich, kann eine Aufteilung der Tätigkeitsvergütung an den Geschäftsführer der Komplementär-GmbH, der gleichzeitig Kommanditist der KG ist, geboten sein (→ BFH vom 6.7.1999 – BStBl. II S. 720).

– Sieht der Gesellschaftsvertrag einer GmbH & Co. KG einen Vorabgewinn der Komplementär-GmbH für die Übernahme der Geschäftsführung der KG vor, die von einem Kommanditisten der KG als Geschäftsführer der Komplementär-GmbH erbracht wird, ist der betreffende Betrag nach § 15 Abs. 1 Satz 1 Nr. 2 EStG nicht der Komplementär-GmbH, sondern dem die Geschäfte führenden Kommanditisten zuzurechnen. Dies gilt unabhängig davon, ob die GmbH dem Kommanditisten ein Entgelt für seine Tätigkeit schuldet (→ BFH vom 28.5.2020 – BStBl. II S. 641).
– Erbringt ein Kommanditist, der zugleich Alleingesellschafter und Geschäftsführer der Komplementär-GmbH und einer Schwester-Kapitalgesellschaft der GmbH & Co. KG ist, über die **zwischengeschaltete Schwester-Kapitalgesellschaft** Dienstleistungen an die KG, sind die hierfür gezahlten Vergütungen als Sonderbetriebseinnahmen des Kommanditisten zu erfassen (→ BFH vom 6.7.1999 – BStBl. II S. 720).
– Die von einem **Drittunternehmer** geleisteten Zahlungen sind Tätigkeitsvergütungen, wenn die Leistung des Gesellschafters letztlich der Personengesellschaft und nicht dem Drittunternehmen zugute kommen soll, sich hinreichend von der Tätigkeit des Gesellschafters für den übrigen Geschäftsbereich des Drittunternehmens abgrenzen lässt und wenn die Personengesellschaft dem Drittunternehmer die Aufwendungen für die Leistungen an den Gesellschafter ersetzt (→ BFH vom 7.12.2004 – BStBl. 2005 II S. 390).
– **Arbeitgeberanteile zur Sozialversicherung** eines Mitunternehmers, der sozialversicherungsrechtlich als Arbeitnehmer angesehen wird, gehören – unabhängig davon, ob sie dem Mitunternehmer zufließen – zu den Vergütungen, die er von der Gesellschaft für seine Tätigkeit im Dienste der Gesellschaft bezogen hat (→ BFH vom 30.8.2007 – BStBl. II S. 942).

Tod eines Gesellschafters. Ein bei Ableben eines Gesellschafters und Übernahme aller Wirtschaftsgüter der Personengesellschaft durch die verbleibenden Gesellschafter nach R 4.5 Abs. 6 zu ermittelnder Übergangsgewinn ist anteilig dem verstorbenen Gesellschafter zuzurechnen, auch wenn er im Wesentlichen auf der Zurechnung auf die anderen Gesellschafter übergehender Honorarforderungen beruht (→ BFH vom 13.11.1997 – BStBl. 1998 II S. 290).

Verzicht auf einen Gewinnanteil zwecks Tilgung einer Kaufpreisverpflichtung. → BFH vom 27.10.2015 (BStBl. 2016 II S. 600).

Vorabanteile. Wird bei einer KG im Zusammenhang mit einer Erhöhung des Kommanditkapitals der gesellschaftsvertragliche Gewinn- und Verlustverteilungsschlüssel dahin geändert, dass künftige Gewinne oder Verluste in begrenztem Umfang nur auf die Kommanditisten verteilt werden, die weitere Kommanditeinlagen erbringen, oder dass diese Kommanditisten „Vorabanteile" von künftigen Gewinnen oder Verlusten erhalten, ist der neue Gewinn- und Verlustverteilungsschlüssel im Allgemeinen auch der einkommensteuerrechtlichen Gewinn- und Verlustverteilung zu Grunde zu legen (→ BFH vom 7.7.1983 – BStBl. 1984 II S. 53 und vom 17.3.1987 – BStBl. II S. 558).

R 15.8 (4)

Einkommensteuerliche Behandlung des persönlich haftenden Gesellschafters einer Kommanditgesellschaft auf Aktien *(unbesetzt)*

H 15.8 (4)

Allgemeines. Der persönlich haftende Gesellschafter einer KGaA ist nach § 15 Abs. 1 Satz 1 Nr. 3 EStG wie ein Gewerbetreibender zu behandeln. Der von ihm im Rahmen der KGaA erzielte anteilige Gewinn ist ihm einkommensteuerrechtlich unmittelbar zuzurechnen (→ BFH vom 21.6.1989 – BStBl. II S. 881).

Ausschüttungen. Ausschüttungen auf die Kommanditaktien sind im Zeitpunkt des Zuflusses als Einnahmen aus Kapitalvermögen zu erfassen (→ BFH vom 21.6.1989 – BStBl. II S. 881).

Gewinnermittlungsart. Der Gewinnanteil des persönlich haftenden Gesellschafters einer KGaA einschließlich seiner Sondervergütungen, Sonderbetriebseinnahmen und Sonderbetriebsausgaben ist durch Betriebsvermögensvergleich zu ermitteln (→ BFH vom 21.6.1989 – BStBl. II S. 881).

Sonderbetriebsvermögen. Der persönlich haftende Gesellschafter kann wie ein Mitunternehmer (§ 15 Abs. 1 Satz 1 Nr. 2 EStG) Sonderbetriebsvermögen haben. Die ihm gehörenden Kommanditaktien sind weder Betriebsvermögen noch Sonderbetriebsvermögen (→ BFH vom 21.6.1989 – BStBl. II S. 881).

Wirtschaftsjahr. Das Wj. stimmt mit dem Wj. der KGaA überein (→ BFH vom 21.6.1989 – BStBl. II S. 881).

R 15.8 (5)

Umfassend gewerbliche Personengesellschaft[1]

(5) [1]Personengesellschaften i. S. d. § 15 Abs. 3 Nr. 1 EStG sind außer der OHG und der KG diejenigen sonstigen Gesellschaften, bei denen die Gesellschafter als Unternehmer (Mitunternehmer) des Gewerbebetriebs anzusehen sind. [2]Auch die Partenreederei und die Unterbeteiligungsgesellschaft sind Personengesellschaften i. S. d. § 15 Abs. 3 Nr. 1 EStG. [3]Die eheliche Gütergemeinschaft ist nicht umfassend gewerblich tätig i. S. d. § 15 Abs. 3 Nr. 1 EStG.

H 15.8 (5)

Ärztliche Gemeinschaftspraxen. → BMF vom 14.5.1997 (BStBl. I S. 566) und BFH vom 19.2.1998 (BStBl. II S. 603).[2]

Atypisch stille Gesellschaft. Übt der Inhaber einer Steuerberatungspraxis neben seiner freiberuflichen auch eine gewerbliche Tätigkeit aus, und ist an

[1] Die sog. Abfärberegelung nach § 15 Abs. 3 Nr. 1 EStG ist verfassungsgemäß; siehe BVerfG v. 15.1.2008 1 BvL 2/04, DStRE 2008, 1003.

[2] Zur integrierten Versorgung nach §§ 140a ff. SGB V bei ärztlichen Gemeinschaftspraxen und der Anwendung der Abfärberegelung siehe OFD Ffm v. 16.8.2016 – S 2241A – 65 – St 113, DStR 2016, 2591; zur umsatzsteuerlichen Behandlung siehe A 4.14.9 UStAE (Nr. **500**).

seinem Unternehmen ein Steuerberater atypisch still beteiligt, sind gem. § 15 Abs. 3 Nr. 1 EStG sämtliche Einkünfte der Mitunternehmerschaft gewerblich (→ BFH vom 10.8.1994 – BStBl. 1995 II S. 171).

Bagatellgrenze.

– Eine Umqualifizierung nach § 15 Abs. 3 Nr. 1 EStG in Einkünfte aus Gewerbebetrieb tritt nicht ein, wenn die originär gewerblichen Nettoumsatzerlöse 3% der Gesamtnettoumsatzerlöse der Gesellschaft und den Betrag von 24 500 € im VZ nicht übersteigen (→ BFH vom 27.8.2014 – BStBl. 2015 II S. 996, S. 999 und S. 1002).

– Jede Beteiligung, aus der eine Personengesellschaft gewerbliche Einkünfte bezieht, führt ohne Beachtung einer Bagatellgrenze zu einer Umqualifizierung aller weiteren Einkünfte in solche aus Gewerbebetrieb (→ BFH vom 6.6.2019 – BStBl. 2020 II S. 649).

Beteiligung an einer gewerblich tätigen Mitunternehmerschaft. Bei Beteiligung einer vermögensverwaltenden Personengesellschaft an einer gewerblich tätigen Mitunternehmerschaft mit abweichendem Wj. tritt die Abfärbewirkung nur ein, wenn der Obergesellschaft im betreffenden Kj. nach Maßgabe des § 4a Abs. 2 Nr. 2 EStG ein Gewinnanteil zugewiesen ist (→ BFH vom 26.6.2014 – BStBl. II S. 972).

Betriebsaufspaltung. → H 15.7 (4) Umfassend gewerbliche Besitzpersonengesellschaft.

Einheitliche Gesamtbetätigung.

– Eine Umqualifizierung nach § 15 Abs. 3 Nr. 1 EStG kommt nicht in Betracht, wenn eine gemischte Tätigkeit als einheitliche Gesamtbetätigung anzusehen ist. Eine solche Tätigkeit muss vielmehr unabhängig von der „Abfärbetheorie" danach qualifiziert werden, welche Tätigkeit der Gesamtbetätigung das Gepräge gibt (→ BFH vom 24.4.1997 – BStBl. II S. 567).

– → H 15.6 (Gemischte Tätigkeit).

Erbengemeinschaft. Die Erbengemeinschaft ist nicht umfassend gewerblich tätig i. S. d. § 15 Abs. 3 Nr. 1 EStG (→ BFH vom 23.10.1986 – BStBl. 1987 II S. 120).

GbR. Die GbR, bei der die Gesellschafter als Mitunternehmer des Betriebs anzusehen sind, ist umfassend gewerblich tätig (→ BFH vom 11.5.1989 – BStBl. II S. 797).

Gewerbesteuerbefreiung. Übt eine Personengesellschaft auch eine gewerbliche Tätigkeit aus, ist die Tätigkeit auch dann infolge der „Abfärberegelung" des § 15 Abs. 3 Nr. 1 EStG insgesamt als gewerblich anzusehen, wenn die gewerbliche Tätigkeit von der Gewerbesteuer befreit ist (→ BFH vom 30.8.2001 – BStBl. 2002 II S. 152).

Gewerbliche Einkünfte im Sonderbereich des Gesellschafters. Bei einer freiberuflich tätigen Personengesellschaft kommt es nicht zu einer Abfärbung gem. § 15 Abs. 3 Nr. 1 EStG ihrer Einkünfte im Gesamthandsbereich, wenn ein Gesellschafter gewerbliche Einkünfte im Sonderbereich erzielt (→ BFH vom 28.6.2006 – BStBl. 2007 II S. 378).

Gewinnerzielungsabsicht. Wegen der Einheitlichkeit des Gewerbebetriebs einer Personengesellschaft sind deren gemischte Tätigkeiten zunächst insgesamt als gewerblich einzuordnen. Erst dann ist für jeden selbständigen Tätigkeitsbereich die Gewinnerzielungsabsicht zu prüfen (→ BFH vom 25.6.1996 – BStBl. 1997 II S. 202).

R 15.8 (6)

Gewerblich geprägte Personengesellschaft[1)]

(6) [1]Eine gewerblich geprägte Personengesellschaft liegt nicht vor, wenn ein nicht persönlich haftender Gesellschafter auf gesetzlicher oder gesellschaftsrechtlicher Grundlage im Innenverhältnis der Gesellschafter zueinander zur Geschäftsführung befugt ist. [2]Dies gilt unabhängig davon, ob der zur Geschäftsführung befugte Gesellschafter eine natürliche Person oder eine Kapitalgesellschaft ist. [3]Eine gewerbliche Prägung ist selbst dann nicht gegeben, wenn der beschränkt haftende Gesellschafter neben dem persönlich haftenden Gesellschafter zur Geschäftsführung befugt ist. [4]Die Übertragung aller Gesellschaftsanteile an der Komplementär-GmbH in das Gesamthandsvermögen einer nicht gewerblich tätigen Kommanditgesellschaft, bei der die GmbH alleinige Komplementärin ist, führt allein nicht zum Wegfall der gewerblichen Prägung. [5]Befinden sich die Geschäftsanteile einer Komplementär-GmbH im Gesamthandsvermögen der GmbH & Co. KG, deren Geschäfte sie führt, mit der Folge, dass die Komplementär-GmbH die sie selbst betreffenden Gesellschafterrechte selbst ausübt und dieser Interessenkonflikt durch einen aus den Kommanditisten der GmbH & Co. KG bestehenden Beirat gelöst wird, führt die Einrichtung eines Beirats mangels einer organschaftlichen Geschäftsführungsbefugnis für sich allein nicht zum Wegfall der gewerblichen Prägung der GmbH & Co. KG.

H 15.8 (6)

Atypisch stille Gesellschaft. Die atypisch stille Gesellschaft kann als solche i. S. v. § 15 Abs. 3 Nr. 2 EStG durch den tätigen Gesellschafter gewerblich geprägt sein (→ BFH vom 26.11.1996 – BStBl. 1998 II S. 328).

Ausländische Kapitalgesellschaft. Eine ausländische Kapitalgesellschaft, die nach ihrem rechtlichen Aufbau und ihrer wirtschaftlichen Gestaltung einer inländischen Kapitalgesellschaft entspricht, ist geeignet, eine Personengesellschaft gewerblich zu prägen (→ BFH vom 14.3.2007 – BStBl. II S. 924).

Betriebsunterbrechung. Ruht der Gewerbebetrieb einer Personengesellschaft, kann diese keine gewerblich geprägte Gesellschaft sein, da die Einkünfte aus ruhendem Gewerbebetrieb originär gewerbliche Einkünfte darstellen (→ BFH vom 9.11.2017 – BStBl. 2018 II S. 227).

Einheits-GmbH & Co. KG. Der gewerblichen Prägung einer Einheits-GmbH & Co. KG (GmbH & Co. KG, bei der die Geschäftsanteile an der

1) Zur Gewerbesteuerpflicht einer gewerblich geprägten Personengesellschaft bei (nur) vermögensverwaltender Tätigkeit siehe BFH v. 20.11.2003 IV R 5/02, BStBl. II 2004, 464.

Komplementär-GmbH von der KG gehalten werden) steht nicht entgegen, dass der im Grundsatz allein geschäftsführungsbefugten Komplementärin im Gesellschaftsvertrag der KG die Geschäftsführungsbefugnis betreffend die Ausübung der Gesellschafterrechte aus oder an den Geschäftsanteilen an der Komplementär-GmbH entzogen und diese auf die Kommanditisten übertragen wird (→ BFH vom 13.7.2017 – BStBl. II S. 1126).

Einkünfteerzielungsabsicht. Auch bei einer gewerblich geprägten Personengesellschaft ist die Einkünfteerzielungsabsicht zu prüfen. Hierbei kommt es auf die Absicht zur Erzielung eines Totalgewinns einschließlich etwaiger steuerpflichtiger Veräußerungs- oder Aufgabegewinne an. Für die Zeit des Bestehens der gewerblichen Prägung muss die Absicht vorhanden sein, einen gewerblichen Totalgewinn zu erzielen (→ BFH vom 25.9.2008 – BStBl. 2009 II S. 266). Es ist zu vermuten, dass die von einer gewerblich geprägten Personengesellschaft und ihren Gesellschaftern angestrebte, aber bis zur Liquidation der Gesellschaft niemals aufgenommene wirtschaftliche Tätigkeit auf Erzielung eines Gewinns ausgerichtet war, wenn keine Anhaltspunkte dafür bestehen, dass die Tätigkeit verlustgeneigt hätte sein können oder dass die gewerbliche Prägung später hätte entfallen sollen (→ BFH vom 30.10.2014 – BStBl. 2015 II S. 380).

GbR. Eine GbR, an der mindestens eine natürliche Person beteiligt ist, kann keine gewerblich geprägte Personengesellschaft i. S. d. § 15 Abs. 3 Nr. 2 EStG sein, weil die persönliche Haftung eines Gesellschafters einer GbR gesellschaftsrechtlich nicht ausgeschlossen werden kann (→ BMF vom 17.3.2014 – BStBl. I S. 555). Es ist unerheblich, ob und ggf. in welchem Umfang seine Haftung individualvertraglich im Einzelfall ausgeschlossen ist (→ BFH vom 22.9.2016 – BStBl. 2017 II S. 116).

Geschäftsführung. Bei einer GmbH & Co. KG, deren alleinige Geschäftsführerin die Komplementär-GmbH ist, ist der zur Führung der Geschäfte der GmbH berufene Kommanditist nicht wegen dieser Geschäftsführungsbefugnis auch als zur Führung der Geschäfte der KG berufen anzusehen (→ BFH vom 23.5.1996 – BStBl. II S. 523).

Prägung durch andere Personengesellschaften. Eine selbst originär gewerblich tätige Personengesellschaft kann eine nur eigenes Vermögen verwaltende GbR, an der sie beteiligt ist, gewerblich prägen (→ BFH vom 8.6.2000 – BStBl. 2001 II S. 162).

Umlaufvermögen. Eine vermögensverwaltend tätige, aber gewerblich geprägte Personengesellschaft i. S. d. § 15 Abs. 3 Nr. 2 EStG kann nicht nur Anlage-, sondern auch Umlaufvermögen haben (→ BFH vom 19.1.2017 – BStBl. II S. 466).

R 15.9 Steuerliche Anerkennung von Familiengesellschaften

R 15.9 (1)

Grundsätze *(unbesetzt)*

H 15.9 (1)

Allgemeines. Die Anerkennung einer OHG, KG, GbR oder atypisch stillen Gesellschaft setzt voraus, dass eine Mitunternehmerschaft vorliegt, der Gesellschaftsvertrag zivilrechtlich wirksam ist und auch verwirklicht wird und dass die tatsächliche Gestaltung der Dinge mit ihrer formellen Gestaltung übereinstimmt, insbesondere die aufgenommenen Familienangehörigen auch volle Gesellschafterrechte genießen (→ BFH vom 8.8.1979 – BStBl. II S. 768 und vom 3.5.1979 – BStBl. II S. 515). Einer OHG oder einer KG kann die steuerliche Anerkennung nicht lediglich mit der Begründung versagt werden, dass außerbetriebliche, z. B. steuerliche und familienrechtliche Gesichtspunkte den Abschluss des Gesellschaftsvertrags veranlasst haben (→ BFH vom 22.8.1951 – BStBl. III S. 181).

Buchwertabfindung. Ein Kommanditist, der vom persönlich haftenden Gesellschafter ohne Weiteres zum Buchwert aus der Gesellschaft ausgeschlossen werden kann, ist nicht Mitunternehmer (→ BFH vom 29.4.1981 – BStBl. II S. 663). Entsprechendes gilt, wenn die für den Fall des jederzeit möglichen Ausschlusses vereinbarte Abfindung nicht auch die **Beteiligung am Firmenwert** umfasst (→ BFH vom 15.10.1981 – BStBl. 1982 II S. 342).

Gütergemeinschaft.
- Die eheliche Gütergemeinschaft ist ein den in § 15 Abs. 1 Satz 1 Nr. 2 EStG genannten Gesellschaftsverhältnissen vergleichbares Gemeinschaftsverhältnis und kann damit eine Mitunternehmerschaft begründen (→ BFH vom 16.2.1995 – BStBl. II S. 592 und vom 18.8.2005 – BStBl. 2006 II S. 165).
- → H 4.2 (12).

Rückübertragungsverpflichtung. Werden Kommanditanteile schenkweise mit der Maßgabe übertragen, dass der Schenker ihre Rückübertragung jederzeit ohne Angabe von Gründen einseitig veranlassen kann, ist der Beschenkte nicht als Mitunternehmer anzusehen (→ BFH vom 16.5.1989 – BStBl. II S. 877).

Tatsächliche Gewinnaufteilung. Der Gewinn aus einer Familienpersonengesellschaft ist einem bisher als Alleininhaber tätig gewesenen Gesellschafter zuzurechnen, wenn der Gewinn tatsächlich nicht aufgeteilt, sondern diesem Gesellschafter allein belassen worden ist (→ BFH vom 6.11.1964 – BStBl. 1965 III S. 52).

R 15.9 (2)

Schenkweise begründete Beteiligungen von Kindern

(2) [1]Behält ein Elternteil sich bei der unentgeltlichen Einräumung einer Unterbeteiligung an einem Anteil an einer Personengesellschaft das Recht vor, jederzeit eine unentgeltliche Rückübertragung der Anteile von dem Kind zu verlangen, wird keine Einkunftsquelle auf das Kind übertragen. [2]Gleiches gilt bei schenkweiser Übertragung eines Gesellschaftsanteiles mit Rückübertragungsverpflichtung.

H 15.9 (2)

Allgemeines.[1] Schenkweise von ihren Eltern in eine KG aufgenommene Kinder können nur Mitunternehmer sein, wenn ihnen wenigstens annäherungsweise diejenigen Rechte eingeräumt sind, die einem Kommanditisten nach dem HGB zukommen. Maßstab ist das nach dem HGB für den Kommanditisten vorgesehene Regelstatut (→ BFH vom 24.7.1986 – BStBl. 1987 II S. 54). Dazu gehören auch die gesetzlichen Regelungen, die im Gesellschaftsvertrag abbedungen werden können (→ BMF vom 5.10. 1989 – BStBl. I S. 378). Entsprechendes gilt für am Gesellschaftsanteil der Eltern unterbeteiligte Kinder (→ BFH vom 24.7.1986 – BStBl. 1987 II S. 54). Sie sind nicht Mitunternehmer, wenn ihre Rechtsstellung nach dem Gesamtbild zugunsten der Eltern in einer Weise beschränkt ist, wie dies in Gesellschaftsverträgen zwischen Fremden nicht üblich ist (→ BFH vom 8.2.1979 – BStBl. II S. 405 und vom 3.5.1979 – BStBl. II S. 515). Die schenkweise begründete Rechtsstellung der Kinder entspricht in diesen Fällen ihrem wirtschaftlichen Gehalt nach häufig dem Versprechen einer erst künftigen Kapitalübertragung (→ BFH vom 8.2.1979 – BStBl. II S. 405 und vom 3.5.1979 – BStBl. II S. 515). Die Gewinngutschriften auf die Unterbeteiligung sind deshalb bei dem Elternteil keine Sonderbetriebsausgaben, sondern nichtabzugsfähige Zuwendungen i. S. d. § 12 EStG (→ BFH vom 18.7.1974 – BStBl. II S. 740). Der schenkweisen Aufnahme steht gleich, wenn den Kindern die Mittel für die Kommanditeinlage darlehensweise unter Bedingungen zur Verfügung gestellt werden, die unter Fremden nicht üblich sind (→ BFH vom 5.7.1979 – BStBl. II S. 670). Sind die in eine Gesellschaft im Wege der Schenkung aufgenommenen Kinder nach den vorstehenden Grundsätzen nicht als Mitunternehmer anzusehen, können ihnen die vertraglichen Gewinnanteile nicht als eigene Einkünfte aus Gewerbebetrieb zugerechnet werden. In Höhe dieser Gewinnanteile liegt regelmäßig eine nach § 12 EStG unbeachtliche Einkommensverwendung der Eltern vor (→ BFH vom 22.1.1970 – BStBl. II S. 416).

Alter des Kindes. Bei der Würdigung des Gesamtbildes in Grenzfällen kann für die Anerkennung als Mitunternehmer sprechen, dass die Vertragsgestaltung den objektiven Umständen nach darauf abgestellt ist, die Kinder oder Enkel an das Unternehmen heranzuführen, um dessen Fortbestand zu sichern (→ BFH vom 6.4.1979 – BStBl. II S. 620). Dies ist nicht der Fall, wenn die Kinder wegen ihres Alters nicht die für eine Heranführung an das Unternehmen erforderliche Reife besitzen (→ BFH vom 5.7.1979 – BStBl. II S. 670).

Befristete Gesellschafterstellung. Ist die Gesellschafterstellung eines Kindes von vornherein nur befristet etwa auf die Zeit, in der das Kind vermutlich unterhaltsbedürftig ist und eine persönliche Aktivität als Gesellschafter noch nicht entfalten wird, kann eine Mitunternehmerschaft nicht anerkannt werden (→ BFH vom 29.1.1976 – BStBl. II S. 324). Dagegen kann eine Mitunternehmerschaft minderjähriger Kinder, die als Kommanditisten einer

[1] Ein schenkweise beteiligtes minderjähriges Kind ist nur dann Mitunternehmer, wenn der Gesellschaftsvertrag tatsächlich durchgeführt wird; siehe BFH v. 13.6.1989 VIII R 47/85, BStBl. II 1989, 720.

Familien-KG im Schenkungswege beteiligt wurden, nicht schon deshalb verneint werden, weil der Vater nach dem Gesellschaftsvertrag berechtigt ist, die Gesellschafterstellung eines Kindes zum Ende des Jahres der Erreichung der Volljährigkeit zu kündigen (→ BFH vom 23.6.1976 – BStBl. II S. 678).

Familiengerichtliche Genehmigung. Beteiligt ein Stpfl. sein durch einen Pfleger vertretenes minderjähriges Kind an seinem Unternehmen, hängt die steuerliche Anerkennung des Vertrags auch dann, wenn die Beteiligten nach dem Vertrag gehandelt haben, von der familiengerichtlichen Genehmigung ab, die nicht als stillschweigend erteilt angesehen werden kann (→ BFH vom 4.7.1968 – BStBl. II S. 671). Die zivilrechtliche Rückwirkung der familiengerichtlichen Genehmigung eines Vertrags über den Erwerb eines Anteils an einer Personengesellschaft durch einen Minderjährigen kann steuerlich nicht berücksichtigt werden, wenn die familiengerichtliche Genehmigung nicht unverzüglich nach Abschluss des Gesellschaftsvertrags beantragt und in angemessener Frist erteilt wird (→ BFH vom 5.3.1981 – BStBl. II S. 435).

Kündigung.

- Die Mitunternehmerstellung eines minderjährigen Kommanditisten kann durch das dem Komplementär eingeräumte Kündigungsrecht beeinträchtigt werden (→ BMF vom 5.10.1989 – BStBl. I S. 378).
- → Befristete Gesellschafterstellung.

Rückfallklausel. Eine Rückfallklausel, nach der die Unterbeteiligung ersatzlos an den Vater zurückfällt, wenn das Kind vor dem Vater stirbt und keine leiblichen ehelichen Abkömmlinge hinterlässt, steht der steuerrechtlichen Anerkennung der Unterbeteiligung nicht entgegen (→ BFH vom 27.1.1994 – BStBl. II S. 635).

Umdeutung in Darlehensgewährung. Ein zivilrechtlich wirksam abgeschlossener, aber steuerlich nicht anerkannter Gesellschaftsvertrag kann für die steuerliche Beurteilung nicht in einen Darlehensvertrag umgedeutet werden (→ BFH vom 6.7.1995 – BStBl. 1996 II S. 269).

Unterbeteiligung. Eine Unterbeteiligung am OHG-Anteil des Vaters mit Ausschluss der Unterbeteiligten von stillen Reserven und Firmenwert im Falle der Kündigung durch den Vater sowie Einschränkung der Gewinnentnahme- und Kontrollrechte der Unterbeteiligten kann steuerlich nicht anerkannt werden (→ BFH vom 6.7.1995 – BStBl. 1996 II S. 269).

Verfügungsbeschränkungen. Behalten sich die Eltern die Verwaltung der Kommanditbeteiligungen der Kinder vor, sind die Kinder nicht Mitunternehmer (→ BFH vom 25.6.1981 – BStBl. II S. 779). Überlassen Eltern ihren minderjährigen Kindern Anteile am Betriebsvermögen einer von ihnen gebildeten Personengesellschaft unter der Auflage, dass die Kinder über die auf ihre Anteile entfallenden Gewinnanteile nur in dem von den Eltern gebilligten Umfang verfügen dürfen, so liegt eine zur Gewinnverteilung auch auf die Kinder führende Mitunternehmerschaft nicht vor (→ BFH vom 4.8.1971 – BStBl. 1972 II S. 10). Wird ein nicht mitarbeitendes Kind ohne Einlage als Gesellschafter aufgenommen, ist es in der Regel im Jahr der Aufnahme kein Mitunternehmer, wenn es sich nur verpflichtet, einen Teil seines künftigen Gewinnanteils zur Bildung eines Kapitalanteils stehenzulassen

(→ BFH vom 1.2.1973 – BStBl. II S. 221). Das gilt auch, wenn das Kind zwar zu einer Bareinlage verpflichtet sein soll, diese aber nur aus einem von den Eltern gewährten und aus dem ersten Gewinnanteil des Kindes wieder getilgten Darlehen leistet (→ BFH vom 1.2.1973 – BStBl. II S. 526).
Ist in dem Gesellschaftsvertrag einer Familienpersonengesellschaft, durch den die minderjährigen Kinder des Hauptgesellschafters als Kommanditisten in die KG aufgenommen werden, bestimmt, dass Beschlüsse in der Gesellschafterversammlung – abweichend vom Einstimmigkeitsprinzip des § 119 Abs. 1 HGB – mit einfacher Mehrheit zu fassen sind, steht diese Vertragsklausel der Anerkennung der Kinder als Mitunternehmer nicht entgegen; eine solche Klausel ist dahin auszulegen, dass sie nur Beschlüsse über die laufenden Geschäfte der KG betrifft (→ BFH vom 7.11.2000 – BStBl. 2001 II S. 186).

R 15.9 (3)

Gewinnverteilung bei Familiengesellschaften[1)]

(3) [1]Unabhängig von der Anerkennung der Familiengesellschaft als solcher ist zu prüfen, ob auch die von der Gesellschaft vorgenommene Gewinnverteilung steuerlich zu übernehmen ist. [2]Steht die Gewinnverteilung in offensichtlichem Missverhältnis zu den Leistungen der Gesellschafter, kann ein Missbrauch i. S. d. § 42 AO vorliegen.

H 15.9 (3)

Allgemeines. Beteiligt ein Stpfl. nicht im Betrieb mitarbeitende nahe Familienangehörige in der Weise als Kommanditisten oder atypische stille Gesellschafter an einem Betrieb, dass er ihnen Gesellschaftsanteile schenkweise überträgt, kann mit steuerlicher Wirkung eine Gewinnverteilung nur anerkannt werden, die auf längere Sicht zu einer auch unter Berücksichtigung der gesellschaftsrechtlichen Beteiligung der Mitunternehmer angemessenen Verzinsung des tatsächlichen (gemeinen) Wertes der Gesellschaftsanteile führt (→ BFH vom 29.5.1972 – BStBl. 1973 II S. 5). Die Gewinnverteilung wird im Allgemeinen dann nicht zu beanstanden sein, wenn der vereinbarte Gewinnverteilungsschlüssel eine durchschnittliche Rendite von nicht mehr als 15% des tatsächlichen Wertes der Beteiligung ergibt (→ BFH vom 24.7.1986 – BStBl. 1987 II S. 54). Ist eine Gewinnverteilung nach den vorstehenden Grundsätzen unangemessen, ist die Besteuerung so vorzunehmen, als ob eine angemessene Gewinnverteilung getroffen worden wäre (→ BFH vom 29.3.1973 – BStBl. II S. 650), d. h. Gewinnanteile, die die angemessene Begrenzung übersteigen, sind dann den anderen Gesellschaftern zuzurechnen, sofern nicht auch bei ihnen Begrenzungen zu beachten sind (→ BFH vom 29.5.1972 – BStBl. 1973 II S. 5). Bei der Beantwortung der Frage, ob eine Gewinnverteilung angemessen ist, ist in der Regel von der durchschnittlichen Rendite eines Zeitraums von fünf Jahren auszugehen. Außerdem sind alle im Zeitpunkt des Vertragsabschlusses bekannten Tatsachen und die sich aus ihnen für die Zukunft ergebenden wahrscheinli-

---

1) Siehe auch BFH v. 28.9.1995 IV R 39/94, BStBl. II 1996, 276.

chen Entwicklungen zu berücksichtigen (→ BFH vom 29.5.1972 – BStBl. 1973 II S. 5).

Beteiligung an den stillen Reserven. Ist vertraglich bestimmt, dass der Gesellschafter nicht oder unter bestimmten Voraussetzungen nicht an den stillen Reserven beteiligt sein soll, ist ein Abschlag zu machen; das gilt auch, wenn der Gesellschafter in der Verfügung über seinen Anteil oder in der Befugnis, Gewinn zu entnehmen, beschränkt ist (→ BFH vom 29.3.1973 – BStBl. II S. 489).

Buchwertabfindung. Behält sich ein Elternteil anlässlich der unentgeltlichen Übertragung eines Gesellschaftsanteiles auf die Kinder das Recht vor, das Gesellschaftsverhältnis zu kündigen, das Unternehmen allein fortzuführen und die Kinder mit dem Buchwert ihres festen Kapitalanteils abzufinden, ist bei Prüfung der Angemessenheit des vereinbarten Gewinnverteilungsschlüssels von dem Buchwert des übertragenen Gesellschaftsanteils auszugehen (→ BFH vom 13.3.1980 – BStBl. II S. 437).

Eigene Mittel. Sind die Geschäftsanteile ganz oder teilweise mit eigenen Mitteln von den aufgenommenen Familienangehörigen erworben worden, bildet die unter Fremden übliche Gestaltung den Maßstab für die Prüfung, ob die Gewinnverteilung angemessen ist (→ BFH vom 4.6.1973 – BStBl. II S. 866).

Entnahmegewinn bei Schenkung. → H 4.3 (2–4) Personengesellschaften.

Unterbeteiligung. Hat ein Stpfl. seinem Kind eine mitunternehmerschaftliche Unterbeteiligung von 10% an seinem Kommanditanteil an einer zwischen fremden Personen bestehenden KG geschenkt, dann kann die für die Unterbeteiligung vereinbarte quotale Gewinnbeteiligung (hier: 10%) auch dann steuerlich anzuerkennen sein, wenn sie zu einem Gewinn des unterbeteiligten Kindes von mehr als 15% des Wertes der Unterbeteiligung (→ Allgemeines) führt. Eine vereinbarte quotale Gewinnbeteiligung ist steuerlich anzuerkennen, auch wenn mit dem Gewinnanteil des Stpfl. an der KG nur die Überlassung des Haftkapitals vergütet wird oder wenn damit zusätzlich nur solche Gesellschafterbeiträge des Stpfl. abgegolten werden, die anteilig auch dem unterbeteiligten Kind zuzurechnen sind (→ BFH vom 9.10.2001 – BStBl. 2002 II S. 460).

Veränderung der Gewinnverteilung. Eine als angemessen anzusehende Gewinnverteilung bleibt grundsätzlich so lange bestehen, bis eine wesentliche Veränderung der Verhältnisse dergestalt eintritt, dass auch bei einer Mitunternehmerschaft zwischen fremden Personen die Gewinnverteilung geändert würde (→ BFH vom 29.5.1972 – BStBl. 1973 II S. 5).

Verfügungsbeschränkungen. → Beteiligung an den stillen Reserven.

R **15.9** (4)

Typische stille Gesellschaft *(unbesetzt)*

H **15.9** (4)

Allgemeines. Kommanditisten, die nicht als Mitunternehmer anzuerkennen sind, können im Innenverhältnis unter Umständen die Stellung von typischen stillen Gesellschaftern erlangt haben (→ BFH vom 29.4.1981 – BStBl. II S. 663 und vom 6.7.1995 – BStBl. 1996 II S. 269). Beteiligt ein Stpfl. nahe Angehörige an seinem Unternehmen als stille Gesellschafter, kann diese Beteiligung steuerlich nur anerkannt werden, wenn die Gesellschaftsverträge klar vereinbart, bürgerlich-rechtlich wirksam und ernstlich gewollt sind, tatsächlich durchgeführt werden, wirtschaftlich zu einer Änderung der bisherigen Verhältnisse führen und die Verträge keine Bedingungen enthalten, unter denen fremde Dritte Kapital als stille Einlage nicht zur Verfügung stellen würden (→ BFH vom 8.3.1984 – BStBl. II S. 623 und vom 31.5.1989 – BStBl. 1990 II S. 10).

Auszahlung/Gutschrift von Gewinnanteilen. Ein Vertrag über eine stille Gesellschaft zwischen Familienangehörigen ist nur dann durchgeführt, wenn die Gewinnanteile entweder ausbezahlt werden oder im Falle einer Gutschrift eindeutig bis zur Auszahlung jederzeit abrufbar gutgeschrieben bleiben (→ BFH vom 18.10.1989 – BStBl. 1990 II S. 68).

Familiengerichtliche Genehmigung. Beteiligt ein Stpfl. sein durch einen Pfleger vertretenes minderjähriges Kind an seinem Unternehmen und ist das Kind auch am Verlust beteiligt, so hängt die steuerliche Anerkennung des Vertrags auch dann, wenn die Beteiligten nach dem Vertrag gehandelt haben, von der familiengerichtlichen Genehmigung ab, die nicht als stillschweigend erteilt angesehen werden kann (→ BFH vom 4.7.1968 – BStBl. II S. 671).

Verlustbeteiligung. Ist ein schenkweise still beteiligtes minderjähriges Kind nicht am Verlust der Gesellschaft beteiligt, kann eine stille Beteiligung steuerlich nicht anerkannt werden (→ BFH vom 21.10.1992 – BStBl. 1993 II S. 289); zu Angehörigen → BMF vom 23.12.2010 (BStBl. 2011 I S. 37), Rdnr. 15.

R 15.9 (5)

Gewinnbeteiligung bei typischer stiller Beteiligung *(unbesetzt)*

H 15.9 (5)

Allgemeines. Die Höhe der Gewinnbeteiligung wird bei typischer stiller Beteiligung steuerlich nur zugrunde gelegt, soweit sie wirtschaftlich angemessen ist (→ BFH vom 19.2.2009 – BStBl. II S. 798).

Eigene Mittel.

– Stammt die Kapitalbeteiligung des stillen Gesellschafters nicht aus der Schenkung des Unternehmers, sondern wird sie aus eigenen Mitteln des stillen Gesellschafters geleistet, ist in der Regel eine Gewinnverteilungsabrede angemessen, die im Zeitpunkt der Vereinbarung bei vernünftiger kaufmännischer Beurteilung eine durchschnittliche Rendite von 25 % der → Einlage erwarten lässt, wenn der stille Gesellschafter nicht am Verlust beteiligt ist (→ BFH vom 14.2.1973 – BStBl. II S. 395).

– Ist der stille Gesellschafter auch am Verlust beteiligt, ist in der Regel ein Satz von bis zu 35 % der → Einlage noch angemessen (→ BFH vom 16.12.1981 – BStBl. 1982 II S. 387).

Einlage. Der tatsächliche Wert einer typischen stillen Beteiligung ist regelmäßig gleich ihrem Nennwert (→ BFH vom 29.3.1973 – BStBl. II S. 650).

Schenkweise eingeräumte stille Beteiligung.

– Stammt die Kapitalbeteiligung des stillen Gesellschafters in vollem Umfang aus einer Schenkung des Unternehmers, ist in der Regel eine Gewinnverteilungsabrede angemessen, die im Zeitpunkt der Vereinbarung bei vernünftiger kaufmännischer Beurteilung eine durchschnittliche Rendite von 15% der Einlage erwarten lässt, wenn der Beschenkte am Gewinn und Verlust beteiligt ist; ist eine Beteiligung am Verlust ausgeschlossen, ist bei einem steuerlich anerkannten stillen Gesellschaftsverhältnis in der Regel ein Satz von 12% der → Einlage angemessen (→ BFH vom 29.3.1973 – BStBl. II S. 650).
– → BMF vom 23.12.2010 (BStBl. 2011 I S. 37), Rdnr. 15.

Veränderung der tatsächlichen Verhältnisse. Eine zunächst angemessene Rendite muss bei Veränderung der tatsächlichen Verhältnisse (hier: nicht erwarteter Gewinnsprung) nach dem Maßstab des Fremdvergleichs korrigiert werden (→ BFH vom 19.2.2009 – BStBl. II S. 798).

R 15.10 Verlustabzugsbeschränkungen nach § 15 Abs. 4 EStG

Betreibt ein Stpfl. gewerbliche Tierzucht oder Tierhaltung in mehreren selbständigen Betrieben, kann der in einem Betrieb erzielte Gewinn aus gewerblicher Tierzucht oder Tierhaltung mit dem in einem anderen Betrieb des Stpfl. erzielten Verlust aus gewerblicher Tierzucht oder Tierhaltung bis zum Betrag von 0 Euro verrechnet werden.

H 15.10

Abschreibungs- oder Buchverluste. Von § 15 Abs. 4 Satz 1 und 2 EStG werden alle Verluste aus gewerblicher Tierzucht oder gewerblicher Tierhaltung erfasst, nicht nur Abschreibungs- oder Buchverluste (→ BFH vom 5.2.1981 – BStBl. II S. 359).

Brüterei. Die Unterhaltung einer Brüterei durch einen Gewerbetreibenden stellt keine gewerbliche Tierzucht oder Tierhaltung dar (→ BFH vom 14.9.1989 – BStBl. 1990 II S. 152).

Doppelstöckige Personengesellschaft. Die Verlustausgleichs- und -abzugsbeschränkung für Verluste einer Untergesellschaft aus gewerblicher Tierzucht und Tierhaltung wirkt sich auch auf die Besteuerung der Gesellschafter der Obergesellschaft aus. Ein solcher Verlust ist zwingend und vorrangig mit Gewinnen aus der Veräußerung der Beteiligung an der Obergesellschaft zu verrechnen, soweit dieser anteilig mittelbar auf Wirtschaftsgüter der Untergesellschaft entfällt (→ BFH vom 1.7.2004 – BStBl. 2010 II S. 157).

Ehegatten. Bei der Zusammenveranlagung von Ehegatten sind Verluste aus gewerblicher Tierzucht oder Tierhaltung des einen Ehegatten mit Gewinnen des anderen Ehegatten aus gewerblicher Tierzucht oder Tierhaltung auszugleichen (→ BFH vom 6.7.1989 – BStBl. II S. 787).

Gemischte Betriebe. Wird in einem einheitlichen Betrieb neben gewerblicher Tierzucht oder gewerblicher Tierhaltung noch eine andere gewerbliche Tätigkeit ausgeübt, darf der Verlust aus der gewerblichen Tierzucht oder Tierhaltung nicht mit einem Gewinn aus der anderen gewerblichen Tätigkeit verrechnet werden (→ BFH vom 21.9.1995 – BStBl. 1996 II S. 85).

Gewerbliche Tierzucht oder gewerbliche Tierhaltung ist jede Tierzucht oder Tierhaltung, der nach den Vorschriften des § 13 Abs. 1 EStG i. V. m. §§ 51 und 51a BewG keine ausreichenden landwirtschaftlichen Nutzflächen als Futtergrundlage zur Verfügung stehen (→ BFH vom 12.8.1982 – BStBl. 1983 II S. 36; → R 13.2).

Landwirtschaftliche Tätigkeit. Wird neben einer Tierzucht oder Tierhaltung, die für sich gesehen als landwirtschaftliche Tätigkeit einzuordnen wäre, eine gewerbliche Tätigkeit ausgeübt, ist § 15 Abs. 4 Satz 1 und 2 EStG nicht anzuwenden. Das gilt auch, wenn die Tierzucht oder Tierhaltung im Rahmen einer Personengesellschaft erfolgt, deren Einkünfte zu den Einkünften aus Gewerbebetrieb gehören, oder sich die Tierzucht oder Tierhaltung als Nebenbetrieb der gewerblichen Tätigkeit darstellt (→ BFH vom 1.2.1990 – BStBl. 1991 II S. 625).

Lohnmast. § 15 Abs. 4 Satz 1 und 2 EStG ist auch anzuwenden, soweit der Gewerbetreibende die Tiermast im Wege der Lohnmast auf Auftragnehmer übertragen hat, die ihrerseits Einkünfte aus Land- und Forstwirtschaft beziehen (→ BFH vom 8.11.2000 – BStBl. 2001 II S. 349).

Pelztierzucht. Das Ausgleichs- und Abzugsverbot für Verluste aus gewerblicher Tierzucht oder gewerblicher Tierhaltung gilt nicht für Verluste aus einer Nerzzucht (→ BFH vom 19.12.2002 – BStBl. 2003 II S. 507).

Personengesellschaft. → Landwirtschaftliche Tätigkeit.

Termingeschäft.

- Ein strukturierter EUR-Zinsswap mit CMS-Spread-Koppelung (CMS Spread Ladder Swap) ist ein unter § 15 Abs. 4 Satz 3 EStG fallendes Termingeschäft (→ BFH vom 20.8.2014 – BStBl. 2015 II S. 177).
- Sog. echte (ungedeckte) Daytrading-Geschäfte sind von dem Begriff des Termingeschäfts in § 15 Abs. 4 Satz 3 EStG umfasst (→ BFH vom 21.2.2018 – BStBl. II S. 637).
- Index-Partizipationszertifikate werden nicht vom Begriff des Termingeschäfts in § 15 Abs. 4 Satz 3 EStG umfasst (→ BFH vom 4.12.2014 – BStBl. 2015 II S. 483).
- Termingeschäfte, die aus wirtschaftlicher Sicht rein auf die „physische" Lieferung des Basiswertes gerichtet sind, werden von dem Tatbestand des § 15 Abs. 4 Satz 3 EStG nicht umfasst. Aus wirtschaftlicher Sicht nicht auf „physische" Lieferung, sondern auf Differenzausgleich gerichtet sind jedoch Devisentermingeschäfte auch dann, wenn Eröffnungsgeschäft und Gegengeschäft „brutto" abgewickelt werden. Dies setzt zwar nicht die Nämlichkeit des Vertragspartners voraus; erforderlich ist aber, dass das Gegengeschäft zeitlich vor Fälligkeit des Eröffnungsgeschäfts abgeschlossen worden ist (→ BFH vom 6.7.2016 – BStBl. 2018 II S. 124).

Verlustabzug in Erbfällen. Verluste i. S. d. § 15 Abs. 4 Satz 1 und 2 EStG → R 10d Abs. 9 Satz 11.

Verlustabzugsbeschränkung nach § 15 Abs. 4 Satz 3 und 4 EStG.
- Die Ausgleichs- und Abzugsbeschränkung für Verluste aus betrieblichen Termingeschäften ist jedenfalls in den Fällen, in denen es nicht zu einer Definitivbelastung kommt, verfassungsgemäß (→ BFH vom 28.4.2016 – BStBl. II S. 739 und vom 6.7.2016 – BStBl. 2018 II S. 124).
- Der Tatbestand des § 15 Abs. 4 Satz 3 EStG setzt keine Spekulationsabsicht des Stpfl. voraus (→ BFH vom 6.7.2016 – BStBl. 2018 II S. 124).
- Reicht die im Außenverhältnis aus einem Termingeschäft berechtigte bzw. verpflichtete Holdinggesellschaft die Chancen und Risiken aus diesem Geschäft im Innenverhältnis insgesamt an ein gruppeninternes Unternehmen weiter, ist die Verlustausgleichs- und -abzugsbeschränkung des § 15 Abs. 4 Satz 3 EStG allein auf Ebene des aus dem Geschäft tatsächlich belasteten operativ tätigen Unternehmens anzuwenden. Die Absicherung von Geschäften des gewöhnlichen Geschäftsbetriebs i. S. v. § 15 Abs. 4 Satz 4 zweite Alternative EStG setzt nicht nur einen subjektiven Sicherungszusammenhang, sondern auch einen objektiven Nutzungs- und Funktionszusammenhang zwischen dem Grund- und dem Absicherungsgeschäft voraus. Das Sicherungsgeschäft muss deshalb auch dazu geeignet sein, Risiken aus dem Grundgeschäft zu kompensieren (→ BFH vom 20.8.2014 – BStBl. 2015 II S. 177).

Verlustabzugsbeschränkung nach § 15 Abs. 4 Satz 6 bis 8 EStG. Zur Behandlung von Verlusten aus atypisch stillen Gesellschaften, Unterbeteiligungen oder sonstigen Innengesellschaften an Kapitalgesellschaften → BMF vom 19.11.2008 (BStBl. I S. 970).

Verlustvor- und -rücktrag. Zur Anwendung des § 10d EStG im Rahmen des § 15 Abs. 4 Satz 1 und 2 EStG → BMF vom 29.11.2004 (BStBl. I S. 1097).

Zu § 15a EStG

R 15a. Verluste bei beschränkter Haftung

Zusammentreffen von Einlage- und Haftungsminderung

(1) Treffen Einlage- und Haftungsminderung in einem Wirtschaftsjahr zusammen, ist die Einlageminderung vor der Haftungsminderung im Rahmen des § 15a Abs. 3 EStG zu berücksichtigen.

Sonderbetriebsvermögen

(2) [1]Verluste, die der Gesellschafter im Bereich seines Sonderbetriebsvermögens erleidet, sind grundsätzlich unbeschränkt ausgleichs- und abzugsfähig. [2]Sie sind ausnahmsweise nicht unbeschränkt ausgleichs- und abzugsfähig, wenn sich das Sonderbetriebsvermögen im Gesamthandseigentum einer anderen Gesellschaft befindet, bei der für die Verluste der Gesellschafter ihrerseits § 15a EStG gilt. [3]Sofern auf Ebene der anderen Gesellschaft selbst eine Feststellung nach § 15a Abs. 4 EStG in Betracht kommt, ist die Ausgleichs-/Abzugsbeschränkung nach § 15a EStG in Bezug auf den Bereich Sonderbetriebsvermögen erst bei dieser Feststellung zu berücksichtigen.

Außenhaftung des Kommanditisten nach § 15a Abs. 1 Satz 2 und 3 EStG

(3) [1]Der erweiterte Verlustausgleich oder -abzug im Jahr der Entstehung des Verlustes bei der KG setzt u. a. voraus, dass derjenige, dem der Anteil zuzurechnen ist und der deshalb den Verlustanteil bei seiner persönlichen Steuerveranlagung ausgleichen oder abziehen will, am Bilanzstichtag namentlich im Handelsregister eingetragen ist. [2]Die Anmeldung zur Eintragung im Handelsregister reicht nicht aus. [3]Dies gilt auch, wenn die Eintragung z. B. wegen Überlastung des Handelsregistergerichts oder wegen firmenrechtlicher Bedenken des Gerichts noch nicht vollzogen ist. [4]Bei Treuhandverhältnissen i. S. d. § 39 AO und bei Unterbeteiligungen, die ein beschränkt haftender Unternehmer einem Dritten an seinem Gesellschaftsanteil einräumt, reicht für den erweiterten Verlustausgleich oder -abzug die Eintragung des Treuhänders oder des Hauptbeteiligten im Handelsregister nicht aus. [5]Der erweiterte Verlustausgleich nach § 15a Abs. 1 Satz 2 und 3 EStG kommt nicht in Betracht, wenn sich die Haftung des Kommanditisten aus § 176 HGB ergibt. [6]Nach der Konzeption des § 15a EStG kann der Kommanditist Verluste insgesamt maximal bis zur Höhe seiner Einlage zuzüglich einer etwaigen überschießenden Außenhaftung nach § 171 Abs. 1 HGB steuerlich geltend machen. [7]Daher darf auch bei einer über mehrere Bilanzstichtage bestehenden Haftung das Verlustausgleichsvolumen nach § 15a Abs. 1 Satz 2 und 3 EStG insgesamt nur einmal in Anspruch genommen werden. [8]Die spätere haftungsbeendende Einlageleistung schafft auch nach Ablauf des Elf-Jahreszeitraums nach § 15a Abs. 3 EStG kein zusätzliches Verlustausgleichspotential. [9]Das Verlustausgleichspotential nach § 15a Abs. 1 Satz 2 und 3 EStG darf auch dann nur einmal in Anspruch genommen werden, wenn die Außenhaftung des Kommanditisten auf Grund von Entnahmen nach § 172 Abs. 4 Satz 2 HGB wieder auflebt.

Steuerbefreiung nach § 16 Abs. 4 EStG bei verrechenbaren Verlusten

(4) Bezugsgröße der Steuerbefreiung des § 16 Abs. 4 EStG ist der Veräußerungsgewinn nach der Minderung um die verrechenbaren Verluste.

Ausländische Verluste

(5) [1]Auf den Anteil am Verlust aus ausländischen Betriebsstätten ist auf Ebene der Gesellschaft § 15a EStG anzuwenden. [2]Ergibt sich nach Anwendung des § 15a EStG ein ausgleichsfähiger Verlust, ist des Weiteren – getrennt nach Staaten – festzustellen, ob und ggf. inwieweit es sich um einen Verlust aus einer aktiven Tätigkeit i. S. d. § 2a Abs. 2 EStG handelt oder um einen Verlust, der den Verlustausgleichsbeschränkungen des § 2a Abs. 1 Satz 1 Nr. 2 EStG unterliegt (Verlust aus passiver Tätigkeit). [3]Soweit ein Verlust aus passiver Tätigkeit vorliegt, ist auf Ebene des Gesellschafters zu prüfen, ob ein Ausgleich mit positiven Einkünften derselben Art aus demselben Staat in Betracht kommt. [4]Die vorstehenden Grundsätze gelten auch für ausländische Personengesellschaften unter den Voraussetzungen des § 15a Abs. 5 Nr. 3 EStG.

Verlustzurechnung nach § 52 Abs. 33 Satz 4 EStG[1] beim Ausscheiden von Kommanditisten

(6) [1]In Höhe der nach § 52 Abs. 33 Satz 3 EStG[2] als Gewinn zuzurechnenden Beträge sind bei den anderen Mitunternehmern unter Berücksichtigung der für die Zurechnung von Verlusten geltenden Grundsätze nach Maßgabe des Einzelfalles Verlustanteile anzusetzen (§ 52 Abs. 33 Satz 4 EStG).[3] [2]Das bedeutet, dass im Falle der Auflösung der Gesellschaft diese Verlustanteile ausschließlich bei den unbeschränkt haftenden Mitunternehmern anzusetzen sind. [3]In den Fällen des Ausscheidens von Mitgesellschaftern ohne Auflösung der Gesellschaft sind bei den Mitunternehmern, auf die der Anteil des Ausscheidenden übergeht, in Höhe der in dem Anteil enthaltenen und auf sie übergehenden stillen Reserven Anschaffungskosten zu aktivieren. [4]In Höhe des Teilbetrags des negativen Kapitalkontos, der die stillen Reserven einschließlich des Firmenwerts übersteigt, sind bei den Mitunternehmern, auf die der Anteil übergeht, Verlustanteile anzusetzen. [5]Soweit die übernehmenden Mitunternehmer beschränkt haften, ist bei ihnen die Beschränkung des Verlustausgleichs nach § 15a EStG zu beachten.

H 15a

Allgemeines. Die Frage der Zurechnung von Einkünften wird durch die Regelung des § 15a Abs. 1 bis 4 EStG nicht berührt. Verlustanteile, die der Kommanditist nach § 15a Abs. 1 Satz 1 EStG nicht ausgleichen oder abziehen darf, werden diesem nach Maßgabe der vom BFH für die Zurechnung von Einkünften entwickelten Grundsätze zugerechnet (→ BFH vom 10.11.1980 – BStBl. 1981 II S. 164, vom 19.3.1981 – BStBl. II S. 570, vom 26.3.1981 – BStBl. II S. 572, vom 5.5.1981 – BStBl. II S. 574, vom 26.5.1981 – BStBl. II S. 668 und 795 und vom 22.1.1985 – BStBl. 1986 II S. 136). Daher mindern diese Verlustanteile auch die Gewinne, die dem Kommanditisten in späteren Wj. aus seiner Beteiligung an der Kommanditgesellschaft zuzurechnen sind.

Anwendungsbereich. § 15a EStG gilt für sämtliche Kommanditgesellschaften, nicht nur für Verlustzuweisungsgesellschaften (→ BFH vom 9.5.1996 – BStBl. II S. 474).

Auflösung des negativen Kapitalkontos.

– Bei einem vorzeitigen Fortfall des negativen Kapitalkontos kann eine überschießende Außenhaftung des Kommanditisten nicht gewinnmindernd berücksichtigt werden (→ BFH vom 26.9.1996 – BStBl. 1997 II S. 277).
– → H 16 (4) Negatives Kapitalkonto.

Beispiele:

1. Grundfall

Die eingetragene Hafteinlage des Kommanditisten beträgt 200 000 €.

---

[1] **[Amtl. Anm.:]** Jetzt § 52 Abs. 24 EStG.
[2] **[Amtl. Anm.:]** Jetzt § 52 Abs. 24 Satz 3 EStG.
[3] **[Amtl. Anm.:]** Jetzt § 52 Abs. 24 Satz 4 EStG.

tatsächlich geleistete Einlage (= Kapitalkonto 1.1.01)	110 000 €
Verlustanteil des Kommanditisten 01	300 000 €
Kapitalkonto 31.12.01	– 190 000 €

Lösung:

ausgleichsfähig	nach § 15a Abs. 1 Satz 1 EStG	110 000 €
	nach § 15a Abs. 1 Sätze 2 und 3 EStG	90 000 €
verrechenbar	nach § 15a Abs. 2 EStG	100 000 €

2. Spätere Rückzahlung der Hafteinlage

Die eingetragene Hafteinlage des Kommanditisten beträgt 200 000 €.

Jahr 01: tatsächlich geleistete Einlage
(= Kapitalkonto 1.1.01) 100 000 €
Verlustanteil 01 250 000 €

Lösung:

ausgleichsfähig	nach § 15a Abs. 1 Satz 1 EStG	100 000 €
	nach § 15a Abs. 1 Sätze 2 und 3 EStG	100 000 €
verrechenbar	nach § 15a Abs. 2 EStG	50 000 €

Jahr 02: Resteinzahlung Haftkapital 100 000 €
Verlustanteil 02 50 000 €

Lösung:

ausgleichsfähig (R 15a Abs. 3 Satz 8) 0 €
verrechenbar nach § 15a Abs. 2 EStG 50 000 €

Jahr 03: Rückzahlung Kommanditeinlage 60 000 €
Verlustanteil 03 40 000 €

Lösung:

ausgleichsfähig (R 15a Abs. 3 Satz 9) 0 €
verrechenbar nach § 15a Abs. 2 EStG 40 000 €

Keine Gewinnzurechnung nach § 15a Abs. 3 Satz 1 EStG, weil die Außenhaftung auf Grund der Einlageminderung in Höhe von 60 000 € wieder auflebt.

3. Gewinne und Entnahmen bei vorhandenem verrechenbaren Verlust

Die eingetragene Hafteinlage des Kommanditisten beträgt 200 000 €.

Jahr 01: tatsächlich geleistete Einlage
(= Kapitalkonto 1.1.01) 200 000 €
Verlustanteil 01 220 000 €
Kapitalkonto 31.12.01 – 20 000 €

Lösung:

ausgleichsfähig nach § 15a Abs. 1 Satz 1 EStG 200 000 €
verrechenbar nach § 15a Abs. 2 EStG 20 000 €

Jahr 02: Entnahme 02 60 000 €
Gewinnanteil 02 40 000 €
Kapitalkonto 31.12.02 – 40 000 €

Lösung:

zu versteuernder Gewinnanteil:
Gewinnanteil (vor § 15a Abs. 2 EStG) 40 000 €
abzgl. verrechenbarer Verlust 01 – 20 000 €
in 02 zu versteuern 20 000 €
Gewinnzurechnung nach § 15a Abs. 3 Satz 1 EStG 0 €

Keine Gewinnzurechnung nach § 15a Abs. 3 Satz 1 EStG, weil durch die Einlageminderung in 02 die Außenhaftung des Kommanditisten i. S. d. § 15a Abs. 1 Satz 2 EStG in Höhe von 60 000 € wieder auflebt.

4. Liquidation – § 52 Abs. 24 Satz 3 EStG

Die eingetragene Hafteinlage des Kommanditisten beträgt 200 000 €.

bis zum Zeitpunkt der Liquidation tatsächlich geleistete Einlage		100 000 €
bis zum Zeitpunkt der Liquidation ausgleichsfähige Verluste		200 000 €
negatives Kapitalkonto im Zeitpunkt der Liquidation		– 100 000 €
anteiliger Liquidationsgewinn	a)	50 000 €
	b)	110 000 €

Der Liquidationsgewinn wird zunächst zur Auffüllung des negativen Kapitalkontos verwandt.

Im Fall a) braucht der Kommanditist das verbleibende negative Kapitalkonto nicht aufzufüllen.

Im Fall b) erhält der Kommanditist nach Auffüllung seines negativen Kapitalkontos noch 10 000 € ausbezahlt.

Lösungen:

Fall a)	Liquidationsgewinn	50 000 €
	Wegfall des negativen Kapitalkontos	50 000 €
	Veräußerungsgewinn i. S. d. § 16 EStG	100 000 €
Fall b)	Veräußerungsgewinn i. S. d. § 16 EStG	110 000 €
	(keine Nachversteuerung des negativen Kapitalkontos, da es durch den Liquidationsgewinn gedeckt ist).	

Beteiligung an vermögensverwaltender Gesellschaft. Wird ein Gesellschaftsanteil an einer vermögensverwaltenden GbR von einer KG im gewerblichen Betriebsvermögen gehalten (sog. Zebragesellschaft), ist § 15a EStG auch hinsichtlich der aus der Beteiligung an der GbR bezogenen Einkünfte der KG nur auf der Ebene der KG anzuwenden. Die unbeschränkten Haftungsverhältnisse bei der GbR sind nicht zu berücksichtigen (→ BFH vom 19.9.2019 – BStBl. 2020 II S. 199).

BGB-Innengesellschaft.

– Verluste des nicht nach außen auftretenden Gesellschafters einer BGB-Innengesellschaft, die zu einem negativen Kapitalkonto geführt haben, sind nicht ausgleichsfähig, sondern nur nach § 15a EStG verrechenbar. Das gilt auch dann, wenn sich der Gesellschafter gegenüber dem tätigen Gesellschafter zum Verlustausgleich verpflichtet hat (→ BFH vom 10.7.2001 – BStBl. 2002 II S. 339).

– Die im Interesse des gemeinsamen Unternehmens eingegangenen Verpflichtungen eines BGB-Innengesellschafters gegenüber Gläubigern des Geschäftsinhabers begründen keinen erweiterten Verlustausgleich. Die Inanspruchnahme aus solchen Verpflichtungen ist als Einlage zu behandeln, die für frühere Jahre festgestellte verrechenbare Verluste nicht ausgleichsfähig macht (→ BFH vom 5.2.2002 – BStBl. II S. 464).

Bürgschaft. Eine Gewinnzurechnung auf Grund des Wegfalls des negativen Kapitalkontos ist nicht vorzunehmen, wenn der ausscheidende Kommanditist damit rechnen muss, dass er aus einer Bürgschaft für die KG in Anspruch genommen wird (→ BFH vom 12.7.1990 – BStBl. 1991 II S. 64).

Einlagen.

– Einlagen, die vor dem 25.12.2008 zum Ausgleich eines negativen Kapitalkontos geleistet und im Wj. der Einlage nicht durch ausgleichsfähige Verluste verbraucht worden sind (→ § 52 Abs. 33 Satz 6 EStG i. d. F. des Artikels 1 des Gesetzes vom 19.12.2008 – BGBl. I S. 2794), schaffen Verlustausgleichspotenzial für spätere Wj. (→ BFH vom 26.6.2007 –

BStBl. II S. 934 und BMF vom 19.11.2007 – BStBl. I S. 823). Dies gilt auch für Einlagen eines atypischen stillen Gesellschafters (→ BFH vom 20.9.2007 – BStBl. 2008 II S. 118).

– Leistet der Kommanditist zusätzlich zu der im Handelsregister eingetragenen, nicht voll eingezahlten Hafteinlage eine weitere Sach- oder Bareinlage, kann er im Wege einer negativen Tilgungsbestimmung die Rechtsfolge herbeiführen, dass die Haftungsbefreiung nach § 171 Abs. 1 2. Halbsatz HGB nicht eintritt. Das führt dazu, dass die Einlage nicht mit der eingetragenen Hafteinlage zu verrechnen ist, sondern im Umfang ihres Wertes die Entstehung oder Erhöhung eines negativen Kapitalkontos verhindert und auf diese Weise nach § 15a Abs. 1 Satz 1 EStG zur Ausgleichs- und Abzugsfähigkeit von Verlusten führt (→ BFH vom 11.10.2007 – BStBl. 2009 II S. 135 und vom 16.10.2008 – BStBl. 2009 II S. 272).

Formwechsel mit steuerlicher Rückwirkung. Wird eine GmbH in eine KG formwechselnd und nach § 2 i. V. m. § 9 UmwStG rückwirkend umgewandelt, ist für Zwecke der Bestimmung der den Rückwirkungszeitraum betreffenden verrechenbaren Verluste i. S. v. § 15a EStG auch die Haftungsverfassung des entstandenen Rechtsträgers (KG) auf den steuerlichen Übertragungsstichtag zurückzubeziehen. Dabei ist nach den aus der Rückwirkungsfiktion abgeleiteten steuerlichen Kapitalkontenständen zu bestimmen, in welcher Höhe den Kommanditisten ausgleichsfähige Verluste nach § 15a Abs. 1 Satz 1 EStG (Verlustausgleich gem. geleisteter Einlagen) zuzurechnen sind. Auch die Haftsumme für den erweiterten Verlustausgleich ist gem. § 15a Abs. 1 Satz 2 und 3 EStG rückwirkend zu berücksichtigen (→ BFH vom 3.2.2010 – BStBl. II S. 942).

Gewinnzurechnung nach § 15a Abs. 3 EStG.

– Die Frage, ob eine Gewinnzurechnung nach § 15a Abs. 3 EStG vorzunehmen ist, ist im Rahmen des Verfahrens zur gesonderten und einheitlichen Feststellung der Besteuerungsgrundlagen gem. § 179 Abs. 2 Satz 2, § 180 Abs. 1 Satz 1 Nr. 2 Buchstabe a AO zu klären (→ BFH vom 20.11.2014 – BStBl. 2015 II S. 532).
– Wird bei Bestehen eines negativen Kapitalkontos eine die Haftsumme übersteigende Pflichteinlage (z. B. ein Agio) entnommen, kommt es insoweit bis zur Höhe der Haftsumme zum Wiederaufleben der nach § 15a Abs. 1 Satz 2 EStG zu berücksichtigenden Haftung, so dass eine Gewinnzurechnung nach § 15a Abs. 3 Satz 1 EStG zu unterbleiben hat (→ BFH vom 6.3.2008 – BStBl. II S. 676).
– Eine Übertragung der Gewinnzurechnung nach § 15a Abs. 3 EStG auf eine andere Kommanditbeteiligung des Mitunternehmers ist nicht möglich. Gewinne und Verluste i. S. d. § 15a EStG müssen aus derselben Einkunftsquelle stammen (→ BFH vom 20.11.2014 – BStBl. 2015 II S. 532).

Kapitalkonto.

– Zum Umfang des Kapitalkontos i. S. d. § 15a Abs. 1 Satz 1 EStG → BMF vom 30.5.1997 (BStBl. I S. 627).
– Beteiligungskonto/Forderungskonto → BMF vom 30.5.1997 (BStBl. I S. 627), BFH vom 23.1.2001 (BStBl. II S. 621) und BFH vom 16.10.2008 (BStBl. 2009 II S. 272).

– Finanzplandarlehen sind Darlehen, die nach den vertraglichen Bestimmungen während des Bestehens der Gesellschaft vom Kommanditisten nicht gekündigt werden können und im Fall des Ausscheidens oder der Liquidation der Gesellschaft mit einem evtl. bestehenden negativen Kapitalkonto verrechnet werden. Sie erhöhen das Kapitalkonto i. S. d. § 15a EStG (→ BFH vom 7.4.2005 – BStBl. II S. 598).

Saldierung von Ergebnissen aus dem Gesellschaftsvermögen mit Ergebnissen aus dem Sonderbetriebsvermögen. Keine Saldierung von Gewinnen und Verlusten aus dem Gesellschaftsvermögen mit Gewinnen und Verlusten aus dem Sonderbetriebsvermögen (→ BMF vom 15.12.1993 – BStBl. I S. 976 und BFH vom 13.10.1998 – BStBl. 1999 II S. 163).

Stille Reserven. Bei Anwendung des § 15a EStG sind vorhandene stille Reserven nicht zu berücksichtigen (→ BFH vom 9.5.1996 – BStBl. II S. 474).

Übernahme des negativen Kapitalkontos. In Veräußerungsfällen findet § 52 Abs. 24 EStG keine Anwendung (→ BFH vom 21.4.1994 – BStBl. II S. 745). Die Übernahme eines negativen Kapitalkontos führt beim eintretenden Kommanditisten auch dann nicht zu einem sofort ausgleichs- oder abzugsfähigen Verlust, wenn es nicht durch stille Reserven im Betriebsvermögen gedeckt ist (→ BFH vom 14.6.1994 – BStBl. 1995 II S. 246). Entsprechendes gilt, wenn nach dem Gesellschafterwechsel die neu eingetretenen Gesellschafter Einlagen leisten (→ BFH vom 19.2.1998 – BStBl. 1999 II S. 266). Für den Erwerber stellen die gesamten Aufwendungen zum Erwerb des Anteils einschließlich des negativen Kapitalkontos Anschaffungskosten dar (→ BFH vom 21.4.1994 – BStBl. II S. 745). Dies gilt auch, wenn der Kommanditanteil an einen Mitgesellschafter veräußert wird (→ BFH vom 21.4.1994 – BStBl. II S. 745).

Unentgeltliche Übertragung.

– Der verrechenbare Verlust des ausscheidenden Gesellschafters einer zweigliedrigen KG geht bei einer unentgeltlichen Übertragung eines Mitunternehmeranteils auf den das Unternehmen fortführenden Gesellschafter über. Die Zurechnung des verrechenbaren Verlustes hat im Rahmen der gesonderten Feststellung nach § 15a Abs. 4 EStG zu erfolgen (→ BFH vom 10.3.1998 – BStBl. 1999 II S. 269).

– Überträgt ein Kommanditist unentgeltlich einen Teil seiner Beteiligung an der KG, geht der verrechenbare Verlust anteilig auf den Übernehmer über, wenn diesem auch das durch die Beteiligung vermittelte Gewinnbezugsrecht übertragen wird (→ BFH vom 1.3.2018 – BStBl. II S. 527).

Unwahrscheinlichkeit der Inanspruchnahme bei Gesellschaften mit Einkünften aus Vermietung und Verpachtung. → BMF vom 30.6.1994 (BStBl. I S. 355).

Verfassungsmäßigkeit.

– Es bestehen keine ernsthaften Zweifel an der Verfassungsmäßigkeit des § 15a EStG (→ BFH vom 19.5.1987 – BStBl. 1988 II S. 5 und vom 9.5.1996 – BStBl. II S. 474).

– Die Beschränkung des erweiterten Verlustausgleichs und Verlustabzugs auf den Fall der Haftung des Kommanditisten nach § 171 Abs. 1 HGB begegnet keinen verfassungsrechtlichen Bedenken (→ BFH vom 14.12.1999 – BStBl. 2000 II S. 265).

Verlustabzug in Erbfällen. → R 10d Abs. 9 Satz 12.

Verlustabzugsbeschränkung nach § 15 Abs. 4 Satz 6 bis 8 EStG. Zum Verhältnis der Verlustabzugsbeschränkung bei Verlusten aus atypisch stillen Gesellschaften, Unterbeteiligungen oder sonstigen Innengesellschaften an Kapitalgesellschaften zu § 15a EStG → BMF vom 19.11.2008 (BStBl. I S. 970).

Verlustausgleich.

– Der erweiterte Verlustausgleich kommt bei Kommanditisten von Altbetrieben auch in Betracht, wenn ihnen vor 1985 ausgleichsfähige Verluste zugerechnet worden sind, die zu einem negativen Kapitalkonto in Höhe ihres Haftungsbetrags geführt haben (→ BFH vom 26.8.1993 – BStBl. 1994 II S. 627).
– Der erweiterte Verlustausgleich kommt nicht in Betracht, wenn sich die Haftung des Kommanditisten aus anderen Vorschriften als § 171 Abs. 1 HGB ergibt (→ BFH vom 14.12.1999 – BStBl. 2000 II S. 265).
– Die im Interesse des gemeinsamen Unternehmens eingegangenen Verpflichtungen eines BGB-Innengesellschafters oder eines atypisch stillen Gesellschafters gegenüber Gläubigern des Geschäftsinhabers begründen keinen erweiterten Verlustausgleich (→ BFH vom 5.2.2002 – BStBl. II S. 464 und BFH vom 11.3.2003 – BStBl. II S. 705).
– Der erweiterte Verlustausgleich des Kommanditisten mindert sich um den Teil der im Handelsregister eingetragenen Hafteinlage, der der Beteiligung des atypisch still Unterbeteiligten an der Unterbeteiligungsgesellschaft mit dem Kommanditisten entspricht (→ BFH vom 19.4.2007 – BStBl. II S. 868).

Verlustverrechnung bei Einlageminderung. Der einem Kommanditisten bei einer Einlageminderung als fiktiver Gewinn zuzurechnende Betrag ist nach § 15a Abs. 3 Satz 2 EStG auf den Betrag der Verlustanteile begrenzt, der im Jahr der Einlageminderung und in den zehn vorangegangenen Jahren ausgleichsfähig war. Für die Ermittlung dieses begrenzten Betrags sind die ausgleichsfähigen Verlustanteile mit den Gewinnanteilen zu saldieren, mit denen sie hätten verrechnet werden können, wenn sie nicht ausgleichsfähig, sondern lediglich verrechenbar i. S. d. § 15a Abs. 2 EStG gewesen wären. Hierbei kommt die fiktive Saldierung eines Verlustanteils mit einem Gewinnanteil eines vorangegangenen Jahres nicht in Betracht (→ BFH vom 20.3.2003 – BStBl. II S. 798).

Verrechenbare Werbungskostenüberschüsse.

– → H 20.1 (Stiller Gesellschafter).
– → H 21.2 (Sinngemäße Anwendung des § 15a EStG).

Vertraglicher Haftungsausschluss bei Gesellschaftern mit Einkünften aus Vermietung und Verpachtung.

– Trotz vertraglichem Haftungsausschluss liegt keine Haftungsbeschränkung nach § 15a Abs. 5 Nr. 2 EStG vor, wenn ein Teil der Gesellschafter für die Verbindlichkeiten der GbR bürgt und die übrigen Gesellschafter die

bürgenden Gesellschafter intern von der Inanspruchnahme aus der Bürgschaft freistellen (→ BFH vom 25.7.1995 – BStBl. 1996 II S. 128).
- Zur Haftungsbeschränkung bei einer GbR → BMF vom 18.7.2000 (BStBl. I S. 1198) und vom 28.8.2001 (BStBl. I S. 614).

Wechsel der Rechtsstellung eines Gesellschafters.
- Allein auf Grund des Wechsels der Rechtsstellung eines Kommanditisten in diejenige eines unbeschränkt haftenden Gesellschafters (z.B. auf Grund der Umwandlung der Gesellschaft) ist der für ihn bisher festgestellte verrechenbare Verlust nicht in einen ausgleichsfähigen Verlust umzuqualifizieren (→ BFH vom 14.10.2003 – BStBl. 2004 II S. 115). Die bisher festgestellten verrechenbaren Verluste können jedoch über den Wortlaut des § 15a Abs. 2 EStG hinaus mit künftigen Gewinnanteilen des Gesellschafters verrechnet werden (→ BFH vom 14.10.2003 – BStBl. 2004 II S. 115). Findet der Wechsel in die Rechtsstellung eines unbeschränkt haftenden Gesellschafters innerhalb eines Wj. statt, ist § 15a EStG für das gesamte Wj. nicht anzuwenden (→ BFH vom 14.10.2003 – BStBl. 2004 II S. 118).
- Wechselt der Komplementär während des Wj. in die Rechtsstellung eines Kommanditisten, ist § 15a EStG für das gesamte Wj. und damit für den dem Gesellschafter insgesamt zuzurechnenden Anteil am Ergebnis der KG zu beachten (→ BFH vom 14.10.2003 – BStBl. 2004 II S. 118).
- Der Wechsel der Gesellschafterstellung findet zum Zeitpunkt des entsprechenden Gesellschafterbeschlusses statt. Der Zeitpunkt des Antrages auf Eintragung im Handelsregister ist unmaßgeblich (→ BFH vom 12.2.2004 – BStBl. II S. 423).

Zu § 15b EStG

H 15b

Anwendungsschreiben. → BMF vom 17.7.2007 (BStBl. I S. 542).[1)]

Verfassungsmäßigkeit. § 15b EStG ist bezogen auf das Tatbestandsmerkmal einer „modellhaften Gestaltung" hinreichend bestimmt (→ BFH vom 6.2. 2014 – BStBl. II S. 465).

Verlustabzug in Erbfällen. → R 10d Abs. 9 Satz 12.

Zu § 16 EStG

R 16. Veräußerung des gewerblichen Betriebs

Betriebsveräußerung im Ganzen

(1) [1]Eine Veräußerung des ganzen Gewerbebetriebs liegt vor, wenn der Betrieb mit seinen wesentlichen Grundlagen gegen Entgelt in der Weise auf einen Erwerber übertragen wird, dass der Betrieb als geschäftlicher Organismus fortgeführt werden kann. [2]Nicht erforderlich ist, dass der Erwerber den Betrieb tatsächlich fortführt.

---

1) Ergänzend siehe BMF v. 29.1.2008, DStR 2008, 561.

H 16 (1)

Aufgabe der bisherigen Tätigkeit.

- Voraussetzung einer Betriebsveräußerung ist, dass der Veräußerer die mit dem veräußerten Betriebsvermögen verbundene Tätigkeit aufgibt (→ BFH vom 12.6.1996 – BStBl. II S. 527).
- Die gelegentliche Vermittlung von Verträgen durch einen aus dem aktiven Erwerbsleben ausgeschiedenen Versicherungsvertreter kann sich in finanzieller, wirtschaftlicher und organisatorischer Hinsicht grundlegend von dem Gewerbebetrieb, den er als Versicherungsbezirksdirektor unterhalten hat, unterscheiden und steht in diesem Fall einer Betriebsveräußerung nicht entgegen (→ BFH vom 18.12.1996 – BStBl. 1997 II S. 573).
- Eine Aufgabe der bisherigen Tätigkeit und somit eine begünstigte Veräußerung i. S. d. § 16 EStG liegt auch dann vor, wenn der Veräußerer als selbständiger Unternehmer nach der Veräußerung des Betriebs für den Erwerber tätig wird (→ BFH vom 17.7.2008 – BStBl. 2009 II S. 43).
- Die Tarifbegünstigung eines Veräußerungsgewinns setzt nicht voraus, dass der Stpfl. jegliche gewerbliche Tätigkeit einstellt. Erforderlich ist lediglich, dass er die in dem veräußerten Betrieb bislang ausgeübte Tätigkeit einstellt und die diesbezüglich wesentlichen Betriebsgrundlagen veräußert (→ BFH vom 3.4.2014 – BStBl. II S. 1000).
- → H 18.3 (Veräußerung).

Betriebsfortführung. Werden nicht der Betriebsorganismus, sondern nur wichtige Betriebsmittel übertragen, während der Stpfl. das Unternehmen in derselben oder in einer veränderten Form fortführt, liegt keine Betriebsveräußerung vor (→ BFH vom 3.10.1984 – BStBl. 1985 II S. 131).

Betriebsübertragung im Zusammenhang mit wiederkehrenden Leistungen. → BMF vom 11.3.2010 (BStBl. I S. 227)[1] unter Berücksichtigung der Änderungen durch BMF vom 6.5.2016 (BStBl. I S. 476).

Funktionsfähiger Betrieb. Eine Betriebsveräußerung setzt voraus, dass im Veräußerungszeitpunkt schon ein funktionsfähiger Betrieb gegeben ist, jedoch nicht, dass der Veräußerer mit den veräußerten wesentlichen Betriebsgrundlagen tatsächlich bereits eine gewerbliche Tätigkeit ausgeübt hat (→ BFH vom 3.4.2014 – BStBl. II S. 1000).

Gewerblich geprägte Personengesellschaft. Besteht die Tätigkeit einer gewerblich geprägten Personengesellschaft sowohl in der Nutzung von Grundbesitz als auch in der Nutzung von Kapitalvermögen, liegt eine nach §§ 16, 34 EStG begünstigte Betriebsveräußerung nur vor, wenn die wesentlichen Grundlagen beider Tätigkeitsbereiche veräußert werden (→ BFH vom 12.12.2000 – BStBl. 2001 II S. 282).

Gewinnermittlung. Hält der Veräußerer Wirtschaftsgüter, die nicht zu den wesentlichen Betriebsgrundlagen gehören, zurück, um sie später bei sich bietender Gelegenheit zu veräußern, ist eine Gewinnermittlung auf Grund Betriebsvermögensvergleichs hinsichtlich dieser Wirtschaftsgüter nach der Betriebsveräußerung nicht möglich (→ BFH vom 22.2.1978 – BStBl. II S. 430).

---

[1] Ergänzend siehe BMF v. 20.11.2019, BStBl. I 2019, 1291, geänd. durch BMF v. 5.5.2021, BStBl. I 2021, 696, Rn. 40.

Häusliches Arbeitszimmer. Zur Ermittlung des Gewinns bei Veräußerung oder Betriebsaufgabe → H 4.7 (Häusliches Arbeitszimmer).

Maßgeblicher Zeitpunkt.

– Für die Entscheidung, ob eine Betriebsveräußerung im Ganzen vorliegt, ist auf den Zeitpunkt abzustellen, in dem das wirtschaftliche Eigentum an den veräußerten Wirtschaftsgütern übertragen wird (→ BFH vom 3.10.1984 – BStBl. 1985 II S. 245).[1)]
– → H 16 (4).

Personengesellschaft.

– Bei einer Personengesellschaft ist es nicht erforderlich, dass die Gesellschafter gleichzeitig mit der Betriebsveräußerung die Auflösung beschließen (→ BFH vom 4.2.1982 – BStBl. II S. 348).
– Die Veräußerung des gesamten Gewerbebetriebs durch eine Personengesellschaft an einen Gesellschafter ist abzugrenzen von der Veräußerung eines Mitunternehmeranteils. Dabei ist auf die vertraglichen Vereinbarungen abzustellen. Haben die Vertragsparteien den Vertrag tatsächlich wie eine Betriebsveräußerung an den Gesellschafter behandelt, eine Schlussbilanz eingereicht und den Veräußerungsgewinn den Gesellschaftern dem allgemeinen Gewinnverteilungsschlüssel entsprechend zugerechnet, liegt eine Betriebsveräußerung im Ganzen an den Gesellschafter vor (→ BFH vom 20.2.2003 – BStBl. II S. 700).
– → H 16 (4) Negatives Kapitalkonto.

Verdeckte Einlage. Zur verdeckten Einlage bei Verkauf eines Betriebes an eine Kapitalgesellschaft → BFH vom 24.3.1987 (BStBl. II S. 705) und vom 1.7.1992 (BStBl. 1993 II S. 131).

Zurückbehaltene Wirtschaftsgüter.

– Die Annahme einer Betriebsveräußerung im Ganzen wird nicht dadurch ausgeschlossen, dass der Veräußerer Wirtschaftsgüter, die **nicht zu den wesentlichen Betriebsgrundlagen** gehören, zurückbehält (→ BFH vom 26.5.1993 – BStBl. II S. 710). Das gilt auch, wenn einzelne, nicht zu den wesentlichen Betriebsgrundlagen gehörende Wirtschaftsgüter in zeitlichem Zusammenhang mit der Veräußerung in das Privatvermögen überführt oder anderen betriebsfremden Zwecken zugeführt werden (→ BFH vom 24.3.1987 – BStBl. II S. 705 und vom 29.10.1987 – BStBl. 1988 II S. 374).
– Wird eine **eingeführte Bezeichnung** für einen Betrieb nicht mitverkauft, sondern im Rahmen eines Franchisevertrags zur Nutzung überlassen, sind nicht alle wesentlichen Betriebsgrundlagen übertragen worden. Eine begünstigte Betriebsveräußerung liegt in diesen Fällen nicht vor (→ BFH vom 20.3.2017 – BStBl. II S. 992).

R 16 (2)

Betriebsaufgabe im Ganzen

(2) [1]Eine Betriebsaufgabe erfordert eine Willensentscheidung oder Handlung des Stpfl., die darauf gerichtet ist, den Betrieb als selbständigen Organis-

---

1) Siehe auch BFH v. 23.1.1992 IV R 88/90, BStBl. II 1992, 525.

mus nicht mehr in seiner bisherigen Form bestehen zu lassen. [2]Der Begriff der Betriebsaufgabe erfordert nicht, dass der bisherige Unternehmer künftig keine unternehmerische Tätigkeit mehr ausübt. [3]Liegt eine Betriebsaufgabe deshalb vor, weil bei einer Betriebsaufspaltung die personelle Verflechtung durch Eintritt der Volljährigkeit bisher minderjähriger Kinder wegfällt, wird dem Stpfl. auf Antrag aus Billigkeitsgründen das Wahlrecht zur Fortsetzung der gewerblichen Tätigkeit im Rahmen einer Betriebsverpachtung (→ Absatz 5) auch dann eingeräumt, wenn nicht alle wesentlichen Betriebsgrundlagen an das Betriebsunternehmen verpachtet sind. [4]Wird danach die Betriebsverpachtung nicht als Betriebsaufgabe behandelt, können in diesen Fällen weiterhin die auf einen Betrieb bezogenen Steuervergünstigungen (z. B. Übertragung stiller Reserven nach den §§ 6b und 6c EStG, erhöhte Absetzungen und Sonderabschreibungen) gewährt werden. [5]Eine Betriebsaufgabe liegt auch vor, wenn die Voraussetzungen für eine gewerblich geprägte Personengesellschaft wegfallen. [6]Ist Gegenstand der Verpachtung ein Betrieb im Ganzen, gilt Absatz 5 entsprechend. [7]Im Rahmen einer Betriebsaufgabe kann auch das Buchwertprivileg nach § 6 Abs. 1 Nr. 4 Satz 4 und 5 EStG in Anspruch genommen werden.

H **16** (2)

Allgemeines. Die Aufgabe eines Gewerbebetriebs im Ganzen ist **anzunehmen,** wenn alle wesentlichen Betriebsgrundlagen innerhalb kurzer Zeit (→ Zeitraum für die Betriebsaufgabe) und damit in einem einheitlichen Vorgang – nicht nach und nach – entweder in das Privatvermögen überführt oder an verschiedene Erwerber veräußert oder teilweise veräußert und teilweise in das Privatvermögen überführt werden und damit der Betrieb als selbständiger Organismus des Wirtschaftslebens zu bestehen aufhört (→ BFH vom 24.6.1976 – BStBl. II S. 670, vom 29.10.1981 – BStBl. 1982 II S. 381 und vom 18.12.1990 – BStBl. 1991 II S. 512).

Eine Betriebsaufgabe **liegt nicht vor,**

- wenn die Wirtschaftsgüter nach und nach im Laufe mehrerer Wj. an Dritte veräußert werden oder in das Privatvermögen überführt werden (→ BFH vom 10.9.1957 – BStBl. III S. 414),
- wenn der Betriebsinhaber den Entschluss zur Betriebsaufgabe lediglich dokumentiert hat. Erforderlich ist darüber hinaus die Umsetzung dieses Entschlusses durch Veräußerung oder Entnahme von wesentlichen Betriebsgrundlagen (→ BFH vom 30.8.2007 – BStBl. 2008 II S. 113).

→ Betriebsunterbrechung.
→ Betriebsverlegung.
→ Strukturwandel.

Aufgabegewinn.[1)]

- Als gemeiner Wert eines Grundstücks in einem Sanierungsgebiet ist der Wert anzusetzen, der nach § 153 Abs. 1 BauGB (früher § 23 Abs. 2 Städtebauförderungsgesetz) Werterhöhungen unberücksichtigt lässt, die lediglich durch die Aussicht auf Sanierung, durch ihre Vorbereitung oder

[1)] Zur Ermittlung des Aufgabegewinns siehe auch BFH v. 17.6.1998 XI R 64/97, BStBl. II 1998, 727.

ihre Durchführung eingetreten sind, ohne dass der Stpfl. diese Wertsteigerungen durch eigene Aufwendungen zulässigerweise bewirkt hat – sog. Eingangswert – (→ BFH vom 29.8.1996 – BStBl. 1997 II S. 317).
– → H 16 (10) Nachträgliche Änderungen des Veräußerungspreises oder des gemeinen Werts.
– Wird im Rahmen einer Betriebsaufgabe ein betrieblich genutzter Grundstücksteil in das Privatvermögen überführt, ist zur Ermittlung des Aufgabegewinns der gemeine Wert des gesamten Grundstücks regelmäßig nach dem Nutzflächenverhältnis und nicht nach dem Verhältnis von Ertragswerten aufzuteilen (→ BFH vom 15.2.2001 – BStBl. 2003 II S. 635).
– Weder handels- noch steuerrechtlich besteht eine Verpflichtung, eine Aufgabebilanz zusätzlich zur letzten Schlussbilanz aufzustellen (→ BFH vom 3.7.1991 – BStBl. II S. 802).
– Beendigung der Nutzungsberechtigung als Miteigentümer → H 4.2 (1) Nutzungsrechte/Nutzungsvorteile.

Beendigung einer Betriebsaufspaltung.
– Entfallen die tatbestandlichen Voraussetzungen einer Betriebsaufspaltung z. B. durch Wegfall der personellen Verflechtung zwischen Besitzunternehmen und Betriebskapitalgesellschaft, ist dieser Vorgang in der Regel als Betriebsaufgabe des Besitzunternehmens zu beurteilen mit der Folge, dass die im Betriebsvermögen des früheren Besitzunternehmens enthaltenen stillen Reserven aufzulösen sind (→ BFH vom 13.12.1983 – BStBl. 1984 II S. 474 und vom 15.12.1988 – BStBl. 1989 II S. 363);[1] aber → R 16 Abs. 2 Satz 3 ff.
– Zu einer Betriebsaufgabe durch Beendigung der Betriebsaufspaltung kommt es, wenn die vom Besitzunternehmen an die Betriebskapitalgesellschaft verpachteten Wirtschaftsgüter veräußert und infolgedessen keine wesentlichen Betriebsgrundlagen mehr überlassen werden. Das verbliebene Betriebsvermögen, einschließlich der Anteile an der Betriebskapitalgesellschaft, wird dann zu Privatvermögen (→ BFH vom 22.10.2013 – BStBl. 2014 II S. 158).
– Die Beendigung einer Betriebsaufspaltung führt nicht zur Betriebsaufgabe bei der Besitzpersonengesellschaft, wenn die Voraussetzungen einer Betriebsverpachtung vorliegen (→ BMF vom 17.10.1994 – BStBl. I S. 771). Die Voraussetzungen einer Betriebsverpachtung sind auch bei Beendigung einer unechten Betriebsaufspaltung gegeben, wenn die funktional wesentlichen Betriebsgrundlagen weiterhin verpachtet werden (→ BFH vom 17.4.2019 – BStBl. II S. 745). Die für die Einstellung der werbenden Tätigkeit durch den Unternehmer geltenden Grundsätze (→ Betriebsunterbrechung) sind bei der Beendigung der Betriebsaufspaltung gleichermaßen zu beachten (→ BFH vom 14.3.2006 – BStBl. II S. 591).
– Wird eine Betriebsaufspaltung dadurch beendet, dass die Betriebs-GmbH auf eine AG verschmolzen und das Besitzunternehmen in die AG einge-

[1] Siehe ferner BFH v. 25.8.1993 XI R 6/93, BStBl. II 1994, 23.

bracht wird, kann dieser Vorgang gewinnneutral gestaltet werden, wenn das Besitzunternehmen nicht nur wegen der Betriebsaufspaltung gewerblich tätig war. Andernfalls führt die Verschmelzung zur Aufgabe des Gewerbebetriebs mit der Folge, dass dieser nicht mehr zu Buchwerten eingebracht werden kann (→ BFH vom 24.10.2000 – BStBl. 2001 II S. 321).
– → H 15.7 (6) Insolvenz des Betriebsunternehmens.

Betriebsunterbrechung.
– Stellt ein Unternehmer seine gewerbliche Tätigkeit ein, liegt darin nicht notwendigerweise eine Betriebsaufgabe. Die Einstellung kann auch nur als Betriebsunterbrechung zu beurteilen sein, die den Fortbestand des Betriebs unberührt lässt. Die Betriebsunterbrechung kann darin bestehen, dass der Betriebsinhaber die gewerbliche Tätigkeit ruhen lässt oder darin, dass er die wesentlichen Betriebsgrundlagen verpachtet. Gibt er keine Aufgabeerklärung ab, ist davon auszugehen, dass er beabsichtigt, den unterbrochenen Betrieb künftig wieder aufzunehmen, sofern die zurückbehaltenen Wirtschaftsgüter dies ermöglichen (→ BFH vom 22.9.2004 – BStBl. 2005 II S. 160, vom 14.3.2006 – BStBl. II S. 591 und vom 9.11.2017 – BStBl. 2018 II S. 227).
– Eine Betriebsunterbrechung im engeren Sinne und keine Aufgabe des Gewerbebetriebs kann bei dem vormaligen Besitzunternehmen auch dann vorliegen, wenn das Betriebsunternehmen die werbende Geschäftstätigkeit endgültig eingestellt hat (→ BFH vom 14.3.2006 – BStBl. II S. 591).
– → H 16 (5) Betriebsaufgabeerklärung.
– Eine Betriebsunterbrechung, die nicht als Betriebsaufgabe anzusehen ist und deshalb auch nicht zur Aufdeckung der stillen Reserven führt, liegt vor, wenn bei Einstellung der werbenden Tätigkeit die Absicht vorhanden und die Verwirklichung der Absicht nach den äußerlich erkennbaren Umständen wahrscheinlich ist, den Betrieb in gleichartiger oder ähnlicher Weise wieder aufzunehmen, so dass der stillgelegte und der eröffnete Betrieb als identisch anzusehen sind (→ BFH vom 17.10.1991 – BStBl. 1992 II S. 392). Dies ist nicht der Fall, wenn nach Einstellung der werbenden Tätigkeit keine wesentlichen Betriebsgrundlagen mehr vorhanden sind, die einem später identitätswahrend fortgeführten Betrieb dienen könnten (→ BFH vom 26.2.1997 – BStBl. II S. 561).
– Betreibt ein Unternehmen, das zuvor auf dem Gebiet des Bauwesens, des Grundstückshandels und der Grundstücksverwaltung tätig war, nur noch Grundstücksverwaltung, ist hierin regelmäßig eine bloße Betriebsunterbrechung zu sehen, solange gegenüber dem Finanzamt nicht die Betriebsaufgabe erklärt wird und die zurückbehaltenen Wirtschaftsgüter jederzeit die Wiederaufnahme des Betriebes erlauben (→ BFH vom 28.9.1995 – BStBl. 1996 II S. 276).
– → Eröffnung eines neuen Betriebs.
– → H 16 (5) Betriebsfortführungsfiktion.

Betriebsverlegung.
– Keine Betriebsaufgabe, sondern eine Betriebsverlegung liegt vor, wenn der alte und der neue Betrieb bei wirtschaftlicher Betrachtung und unter

Berücksichtigung der Verkehrsauffassung wirtschaftlich identisch sind (→ BFH vom 24.6.1976 – BStBl. II S. 670 und vom 28.6.2001 – BStBl. 2003 II S. 124), wovon regelmäßig auszugehen ist, wenn die wesentlichen Betriebsgrundlagen in den neuen Betrieb überführt werden (→ BFH vom 24.6.1976 – BStBl. II S. 672).

– Überträgt ein Bezirkshändler, der Produkte eines Unternehmens über Beraterinnen im sog. Heimvorführungs-Vertriebssystem verkauft, die Rechte aus seinen Verträgen mit den Beraterinnen entgeltlich auf einen Dritten und erwirbt er gleichzeitig die Rechtspositionen aus den Verträgen eines anderen Bezirkshändlers mit dessen Beraterinnen, um in Fortführung seines bisherigen Bezirkshändlervertrages die Produkte des Unternehmens an einem anderen Ort zu vertreiben, liegt weder eine Betriebsveräußerung noch eine Betriebsaufgabe vor (→ BFH vom 9.10.1996 – BStBl. 1997 II S. 236).

Bewertung von Unternehmen und Anteilen an Kapitalgesellschaften. Bei der Bewertung von Unternehmen und Anteilen an Kapitalgesellschaften sind die bewertungsrechtlichen Regelungen gem. den gleich lautenden Erlassen der obersten Finanzbehörden der Länder vom 17.5.2011 (BStBl. I S. 606) zu den §§ 11, 95 bis 109 und 199 ff. BewG für ertragsteuerliche Zwecke entsprechend anzuwenden (→ BMF vom 22.9.2011 – BStBl. I S. 859).[1)]

Buchwertprivileg. Das Buchwertprivileg nach § 6 Abs. 1 Nr. 4 Satz 4 EStG ist auch zulässig im Fall des Übergangs von Sonderbetriebsvermögen auf den Erben und Überführung ins Privatvermögen im Rahmen eines betriebsaufgabeähnlichen Vorgangs (→ BFH vom 5.2.2002 – BStBl. 2003 II S. 237).

Eröffnung eines neuen Betriebs.

– Eine Betriebsaufgabe kann auch dann gegeben sein, wenn der Stpfl. einen neuen Betrieb – auch der gleichen Branche – beginnt, sofern der bisher geführte betriebliche Organismus aufhört zu bestehen und sich der neue Betrieb in finanzieller, wirtschaftlicher und organisatorischer Hinsicht von dem bisherigen Betrieb unterscheidet (→ BFH vom 18.12.1996 – BStBl. 1997 II S. 573).
– → Betriebsunterbrechung.
– → Betriebsverlegung.

Gewerblicher Grundstückshandel.

– Die entgeltliche Bestellung von Erbbaurechten an (allen) zugehörigen Grundstücken führt nicht zur Aufgabe eines gewerblichen Grundstückshandels, sondern stellt lediglich einen Geschäftsvorfall des weiter bestehenden gewerblichen Grundstückshandels dar (→ BFH vom 22.4.1998 – BStBl. II S. 665).
– → BMF vom 26.3.2004 (BStBl. I S. 434), Tz. 35.
– Im Rahmen des Folgebescheids darf der Gewinn aus der Veräußerung eines Anteils an einer grundbesitzenden Personengesellschaft auch dann in einen laufenden Gewinn im Rahmen eines vom Stpfl. betriebenen gewerblichen Grundstückshandels umqualifiziert werden, wenn er im

[1)] Siehe jetzt R B 11, R B 95 bis 109 und R B 199 ff. ErbStR (Nr. **250**).

Grundlagenbescheid als Veräußerungsgewinn bezeichnet worden ist (→ BFH vom 18.4.2012 – BStBl. II S. 647).

Handelsvertreter. Eine Betriebsaufgabe liegt nicht vor, wenn ein Handelsvertreter seine bisherigen Vertretungen beendet, um anschließend eine andere Vertretung zu übernehmen; dies gilt auch für den Fall der erstmaligen Übernahme einer Generalvertretung (→ BFH vom 19.4.1966 – BStBl. III S. 459).

Insolvenzverfahren. Der Gewerbebetrieb einer Personengesellschaft wird regelmäßig nicht schon mit der Eröffnung des Insolvenzverfahrens über das Gesellschaftsvermögen aufgegeben (→ BFH vom 19.1.1993 – BStBl. II S. 594).

Körperschaft als Erbin. Erbt eine Körperschaft Betriebsvermögen einer natürlichen Person, ist grundsätzlich § 6 Abs. 3 EStG anwendbar. Dies gilt auch, wenn Erbin eine Körperschaft des öffentlichen Rechts ist, die den übergehenden Betrieb als steuerpflichtigen Betrieb gewerblicher Art i. S. d. § 1 Abs. 1 Nr. 6, § 4 Abs. 1 KStG fortführt (→ BFH vom 19.2.1998 – BStBl. II S. 509). Für Betriebe der Land- und Forstwirtschaft → aber H 14 (Körperschaft des öffentlichen Rechts als Erbin).

Landwirtschaft.[1]

- Eine Betriebsaufgabe liegt regelmäßig nicht vor, wenn ein Landwirt seinen auf eigenen Flächen betriebenen Hof an seinen Sohn verpachtet und er diesem zugleich das lebende und tote Inventar schenkt (→ BFH vom 18.4.1991 – BStBl. II S. 833).
- Die Begründung einer Betriebsaufspaltung durch Vermietung wesentlicher Betriebsgrundlagen an eine GmbH schließt die vorangehende steuerbegünstigte Aufgabe eines land- und forstwirtschaftlichen Betriebs, zu dessen Betriebsvermögen die zur Nutzung überlassenen Wirtschaftsgüter gehörten, nicht aus, wenn der Stpfl. zuvor seine landwirtschaftliche Betätigung beendet hat (→ BFH vom 30.3.2006 – BStBl. II S. 652).

Liebhaberei.

- Der Übergang von einem Gewerbebetrieb zu einem einkommensteuerlich unbeachtlichen Liebhabereibetrieb stellt grundsätzlich keine Betriebsaufgabe dar, es sei denn, der Stpfl. erklärt selbst die Betriebsaufgabe (→ BFH vom 11.5.2016 – BStBl. 2017 II S. 112). Auf den Zeitpunkt des Übergangs zur Liebhaberei ist für jedes Wirtschaftsgut des Anlagevermögens der Unterschiedsbetrag zwischen dem gemeinen Wert und dem Wert, der nach § 4 Abs. 1 oder nach § 5 EStG anzusetzen wäre, gesondert und bei mehreren Beteiligten einheitlich festzustellen (→ § 8 der VO zu § 180 Abs. 2 AO vom 19.12.1986 – BStBl. 1987 I S. 2,[2] zuletzt geändert durch Art. 4 der VO vom 18.7.2016 – BStBl. I S. 725).
- Die Veräußerung oder Aufgabe eines Liebhabereibetriebs ist eine Betriebsveräußerung oder -aufgabe i. S. v. § 16 Abs. 1 und 3 EStG. Der Veräußerungs- oder Aufgabegewinn hieraus ist nur steuerpflichtig, soweit er

---

[1] Siehe auch BFH v. 21.10.1993 IV R 42/93, BStBl. II 1994, 385, und v. 18.3.1999 IV R 65/98, BStBl. II 1999, 398. – Zur Betriebsaufgabe auf Grund Übertragung sämtlicher landwirtschaftlicher Nutzflächen siehe BFH v. 16.12.2009 IV R 7/07, BStBl. II 2010, 431.

[2] **Steuergesetze** Nr. **800e**.

auf die einkommensteuerlich relevante Phase des Betriebs entfällt. Der steuerpflichtige Teil des Gewinns ist im Jahr der Veräußerung oder Aufgabe zu versteuern. Er entspricht der Höhe nach im Grundsatz den nach § 8 der VO zu § 180 Abs. 2 AO auf den Zeitpunkt des Übergangs zur Liebhaberei gesondert festgestellten stillen Reserven. Eine negative Wert-entwicklung während der Liebhabereiphase berührt die Steuerpflicht des auf die einkommensteuerlich relevante Phase entfallenden Gewinnanteils nicht. Die Veräußerung eines Liebhabereibetriebs kann daher auch dann zu einem steuerpflichtigen Gewinn führen, wenn der erzielte Erlös die festgestellten stillen Reserven nicht erreicht (→ BFH vom 11.5.2016 – BStBl. 2017 II S. 112).

– Ermittelt der Stpfl. seinen Gewinn durch Einnahmenüberschussrechnung, ist er nicht verpflichtet, im Zeitpunkt des Strukturwandels zur Liebhaberei zum Betriebsvermögensvergleich überzugehen und einen daraus resultierenden Übergangsgewinn zu ermitteln und zu versteuern. Hat ein solcher Stpfl. in dem Zeitraum, in dem er noch mit Gewinnerzielungsabsicht handelte, die Anschaffungskosten für ein Wirtschaftsgut des Umlaufvermögens als Betriebsausgaben abgesetzt, so stellt auch nach Wegfall der Gewinnerzielungsabsicht die Verwirklichung eines Realisationsakts in Bezug auf dieses Wirtschaftsgut (Veräußerung oder Entnahme des Wirtschaftsguts, Veräußerung oder Aufgabe des Liebhabereibetriebs) dem Grunde nach einen Steuertatbestand dar. Der Höhe nach ist derjenige Betrag als nachträgliche Betriebseinnahme anzusetzen und zu versteuern, der für das einzelne Wirtschaftsgut des Umlaufvermögens im Zeitpunkt des Strukturwandels zur Liebhaberei in eine Übergangsbilanz einzustellen gewesen wäre (→ BFH vom 11.5.2016 – BStBl. II S. 939).

Realteilung. → BMF vom 19.12.2018 (BStBl. 2019 I S. 6).[1]

Strukturwandel. Eine Betriebsaufgabe liegt nicht vor, wenn der Betrieb als selbständiger Organismus in dem der inländischen Besteuerung unterliegenden Gebiet weitergeführt wird und die Einkünfte des Stpfl. aus dem Betrieb lediglich infolge Strukturwandels rechtlich anders eingeordnet werden, weil z.B. ein bisher als gewerblich behandelter Betrieb infolge Einschränkung des Zukaufs oder Erweiterung des Eigenanbaues zu einem land- und forstwirtschaftlichen Betrieb wird (→ BFH vom 10.2.1972 – BStBl. II S. 455 und vom 26.4.1979 – BStBl. II S. 732).

Zeitlich gestreckte Betriebsaufgabe.

– Bei einer Betriebsaufgabe ist der Wert des Betriebsvermögens wie bei der Betriebsveräußerung durch eine Bilanz zu ermitteln. Diese Bilanz (zu Buchwerten) ist auch bei einer zeitlich gestreckten Betriebsaufgabe einheitlich und umfassend auf einen bestimmten Zeitpunkt zu erstellen. Das ist zweckmäßigerweise der Zeitpunkt der Beendigung der betrieblichen Tätigkeit, zu dem die Schlussbilanz zur Ermittlung des laufenden Gewinns aufzustellen ist. Unabhängig davon bestimmt sich der Zeit-

---

[1] Siehe aber auch BFH v. 17.5.2018 VI R 66/15, DStR 2018, 2135, u. VI R 73/15, BFH/NV 2018, 1249, sowie nunmehr § 14 Abs. 3 i.V.m. § 52 Abs. 22c EStG, siehe auch BMF v. 17.5.2022, BStBl. I 2022, 678.

punkt der Gewinnverwirklichung für die einzelnen Aufgabevorgänge (Veräußerung oder Überführung ins Privatvermögen) nach allgemeinen Gewinnrealisierungsgrundsätzen (→ BFH vom 19.5.2005 – BStBl. II S. 637).

– → BMF vom 20.12.2005 (BStBl. 2006 I S. 7).

Zeitraum für die Betriebsaufgabe. Der Begriff „kurzer Zeitraum" (→ Allgemeines) darf nicht zu eng aufgefasst werden; maßgebender Gesichtspunkt ist, ob man die Aufgabehandlungen wirtschaftlich noch als einen einheitlichen Vorgang werten kann (→ BFH vom 16.9.1966 – BStBl. 1967 III S. 70 und vom 8.9.1976 – BStBl. 1977 II S. 66). Bei einem Zeitraum von mehr als 36 Monaten kann nicht mehr von einem wirtschaftlich einheitlichen Vorgang ausgegangen werden (→ BFH vom 26.4.2001 – BStBl. II S. 798). Die Betriebsaufgabe beginnt mit vom Aufgabeentschluss getragenen Handlungen, die objektiv auf die Auflösung des Betriebs als selbständiger Organismus des Wirtschaftslebens gerichtet sind (→ BFH vom 5.7.1984 – BStBl. II S. 711). Der Zeitraum für die Betriebsaufgabe endet mit der Veräußerung der letzten wesentlichen Betriebsgrundlage bzw. mit deren Überführung in das Privatvermögen. Es ist nicht auf den Zeitpunkt abzustellen, in dem die stillen Reserven des Betriebs im Wesentlichen oder nahezu vollständig aufgedeckt worden sind (→ BFH vom 26.5.1993 – BStBl. II S. 710). Der Abwicklungszeitraum kann nicht dadurch abgekürzt werden, dass Wirtschaftsgüter, die bei Aufgabe des Betriebs nicht veräußert worden sind, formell in das Privatvermögen überführt werden, um sie anschließend privat zu veräußern. In solchen Fällen setzt der Stpfl. in der Regel seine unternehmerische Tätigkeit fort (→ BFH vom 12.12.2000 – BStBl. 2001 II S. 282).

Zwangsweise Betriebsaufgabe. Der Annahme einer Betriebsaufgabe steht nicht entgegen, dass der Stpfl. zur Einstellung des Gewerbebetriebs gezwungen wird; auch Ereignisse, die von außen auf den Betrieb einwirken, können zu einer Betriebsaufgabe führen (→ BFH vom 3.7.1991 – BStBl. II S. 802).

R 16 (3)

Teilbetriebsveräußerung und Teilbetriebsaufgabe

(3) [1]Ein Teilbetrieb ist ein mit einer gewissen Selbständigkeit ausgestatteter, organisch geschlossener Teil des Gesamtbetriebs, der für sich betrachtet alle Merkmale eines Betriebs i. S. d. EStG aufweist und für sich lebensfähig ist. [2]Eine völlig selbständige Organisation mit eigener Buchführung ist nicht erforderlich. [3]Für die Annahme einer Teilbetriebsveräußerung genügt nicht die Möglichkeit einer technischen Aufteilung des Betriebs. [4]Notwendig ist die Eigenständigkeit des Teiles. [5]Ein Stpfl. kann deshalb bestimmte abgegrenzte Tätigkeitsgebiete nicht durch eine organisatorische Verselbständigung und durch gesonderten Vermögens- und Ergebnisausweis zu einem Teilbetrieb machen. [6]Die Veräußerung der Beteiligung an einer Kapitalgesellschaft, die das gesamte Nennkapital der Gesellschaft umfasst, gilt als Veräußerung eines Teilbetriebes (§ 16 Abs. 1 Satz 1 Nr. 1 Satz 2 EStG), wenn die gesamte Beteiligung an der Kapitalgesellschaft zum Betriebsvermögen eines einzelnen Stpfl. oder einer Personengesellschaft gehört und die gesamte Beteiligung im Laufe eines Wirtschaftsjahres ver-

äußert wird. [7] § 16 Abs. 1 Satz 1 Nr. 1 Satz 2 EStG ist auf den Gewinn aus der Veräußerung einer Beteiligung, die das gesamte Nennkapital einer Kapitalgesellschaft umfasst, auch dann anwendbar, wenn die Beteiligung im Eigentum eines oder mehrerer Mitunternehmer derselben Personengesellschaft stand und steuerlich zum Betriebsvermögen der Personengesellschaft gehörte. [8] § 16 Abs. 1 Satz 1 Nr. 1 Satz 2 EStG ist nicht anwendbar, wenn die Beteiligung an der Kapitalgesellschaft teilweise auch zum Privatvermögen des Stpfl. gehört.

H 16 (3)

Auflösung einer Kapitalgesellschaft. Wird eine Kapitalgesellschaft in der Weise aufgelöst, dass ihr Vermögen auf den Alleingesellschafter übertragen wird, der die gesamte Beteiligung im Betriebsvermögen hält, liegt darin die nach § 16 Abs. 1 Satz 1 Nr. 1 Satz 2 EStG begünstigte Aufgabe eines Teilbetriebs. Der Begünstigung steht auch nicht entgegen, dass die untergehende Kapitalgesellschaft Betriebsunternehmen im Rahmen einer Betriebsaufspaltung war (→ BFH vom 4.10.2006 – BStBl. 2009 II S. 772).

Auflösung stiller Reserven. Keine Teilbetriebsveräußerung oder -aufgabe liegt vor, wenn

- bei der Einstellung eines Teilbetriebs Wirtschaftsgüter von nicht untergeordneter Bedeutung, in denen erhebliche stille Reserven enthalten sind, als Betriebsvermögen in einen anderen Teilbetrieb desselben Stpfl. übernommen werden und deshalb die stillen Reserven nicht aufgelöst werden dürfen (→ BFH vom 28.10.1964 – BStBl. 1965 III S. 88 und vom 30.10.1974 – BStBl. 1975 II S. 232);
- bei der Einstellung der Produktion eines Zweigwerks nicht alle wesentlichen stillen Reserven – vor allem die in den Grundstücken enthaltenen – aufgelöst werden (→ BFH vom 26.9.1968 – BStBl. 1969 II S. 69);
- in dem zurückbehaltenen Wirtschaftsgut erhebliche stille Reserven vorhanden sind (→ BFH vom 26.4.1979 – BStBl. II S. 557); dies gilt auch dann, wenn das zurückbehaltene Wirtschaftsgut überwiegend von einem noch verbleibenden Restbetrieb genutzt wird (→ BFH vom 13.2.1996 – BStBl. II S. 409);
- wesentliche Betriebsgrundlagen, auch wenn sie keine erheblichen stillen Reserven enthalten, in den Hauptbetrieb verbracht werden (→ BFH vom 19.1.1983 – BStBl. II S. 312).

Beendigung der betrieblichen Tätigkeit. Eine Teilbetriebsveräußerung erfordert nicht, dass der Veräußerer seine gewerblichen Tätigkeiten in vollem Umfang beendet. Es ist ausreichend, wenn er die gewerbliche Tätigkeit aufgibt, die sich auf die veräußerten wesentlichen Betriebsgrundlagen bezieht (→ BFH vom 9.8.1989 – BStBl. II S. 973). Das Auswechseln der Produktionsmittel unter Fortführung des Tätigkeitsgebiets stellt jedoch keine Teilbetriebsveräußerung dar (→ BFH vom 3.10.1984 – BStBl. 1985 II S. 245).

Betriebsaufspaltung. Erwirbt die Besitzpersonengesellschaft einen Teil des Betriebs von der Betriebsgesellschaft zurück, um ihn selbst fortzuführen, kann die Grundstücksverwaltung ein Teilbetrieb der bisherigen Besitzgesellschaft sein. Ein von dem zurückerworbenen operativen Betrieb genutztes

Grundstück der Besitzgesellschaft wird dann mit dem Rückerwerb wesentliche Betriebsgrundlage dieses Teilbetriebs (→ BFH vom 20.1.2005 – BStBl. II S. 395). Die Anteile an einer Betriebskapitalgesellschaft sind wesentliche Betriebsgrundlagen des Besitzunternehmens (→ BFH vom 4.7.2007 – BStBl. II S. 772).

Brauerei. Bei einer Brauerei ist eine von ihr betriebene Gastwirtschaft ein selbständiger Teilbetrieb (→ BFH vom 3.8.1966 – BStBl. 1967 III S. 47).

Entnahme einer Beteiligung. Die Entnahme einer Beteiligung an einer Kapitalgesellschaft, die das gesamte Nennkapital umfasst, ist als Aufgabe eines Teilbetriebs (→ Teilbetriebsaufgabe) anzusehen; das gilt auch für die Entnahme aus dem Gesellschaftsvermögen einer Personenhandelsgesellschaft (→ BFH vom 24.6.1982 – BStBl. II S. 751).

Fahrschule. Bei der Veräußerung einer Niederlassung einer Fahrschule kann es sich um die Veräußerung eines Teilbetriebs handeln (→ BFH vom 24.8. 1989 – BStBl. 1990 II S. 55). Wird ein Betriebsteil einer Fahrschule veräußert, kann dessen Eigenständigkeit nicht allein aus dem Grund verneint werden, dass dem Betriebsteil im Zeitpunkt der Veräußerung nicht mindestens ein Schulungsfahrzeug zugeordnet ist (→ BFH vom 5.6.2003 – BStBl. II S. 838).

Fertigungsbetrieb. Bei einem Fertigungsbetrieb mit mehreren Produktionszweigen liegen in der Regel keine selbständigen Teilbetriebe vor, wenn für die einzelnen Produktionen wesentliche Maschinen nur für alle Produktionsabteilungen zur Verfügung stehen (→ BFH vom 8.9.1971 – BStBl. 1972 II S. 118).

Filialen und Zweigniederlassungen. Teilbetriebe können insbesondere Filialen und Zweigniederlassungen sein. Werden Zweigniederlassungen oder Filialen eines Unternehmens veräußert, ist die Annahme einer Teilbetriebsveräußerung nicht deshalb ausgeschlossen, weil das Unternehmen im Übrigen andernorts weiterhin eine gleichartige gewerbliche Tätigkeit ausübt; erforderlich für die Annahme einer Teilbetriebsveräußerung ist aber, dass das Unternehmen mit der Veräußerung des entsprechenden Betriebsteils einen eigenständigen Kundenkreis aufgibt (→ BFH vom 24.8.1989 – BStBl. 1990 II S. 55). Eine Einzelhandelsfiliale ist nur dann Teilbetrieb, wenn dem dort beschäftigten leitenden Personal eine Mitwirkung beim Wareneinkauf und bei der Preisgestaltung dieser Filiale eingeräumt ist (→ BFH vom 12.9.1979 – BStBl. 1980 II S. 51).

Gaststätten.
- Räumlich getrennte Gaststätten sind in der Regel Teilbetriebe (→ BFH vom 18.6.1998 – BStBl. II S. 735).
- → Brauerei.

Güternah- und Güterfernverkehr. Betreibt ein Stpfl. im Rahmen seines Unternehmens den Güternah- und den Güterfernverkehr oder z.B. ein Reisebüro und die Personenbeförderung mit Omnibussen, liegen zwei Teilbetriebe nur dann vor, wenn beide Tätigkeitsarten nicht nur als Geschäftszweige des einheitlichen Unternehmens betrieben werden, sondern auch innerhalb dieses einheitlichen Unternehmens mit einer gewissen Selbständigkeit ausgestattet sind (→ BFH vom 20.2.1974 – BStBl. II S. 357 und vom 27.6.1978 – BStBl. II S. 672).

Grundstücksverwaltung. Eine Grundstücksverwaltung bildet im Rahmen eines Gewerbebetriebs nur dann einen Teilbetrieb, wenn sie als solche ausnahmsweise auch außerhalb des Gewerbebetriebes gewerblichen Charakter hätte (→ BFH vom 24.4.1969 – BStBl. II S. 397).

Handelsvertreter. Ein Teilbetrieb kann auch dann vorliegen, wenn der Unternehmensbereich statt von einem Angestellten von einem selbständigen Handelsvertreter geleitet wird (→ BFH vom 2.8.1978 – BStBl. 1979 II S. 15).

Maßgeblicher Zeitpunkt.

- Ob eine Summe von Wirtschaftsgütern einen Teilbetrieb darstellt, ist nach den tatsächlichen Verhältnissen im Zeitpunkt der Veräußerung zu entscheiden. Dies gilt auch dann, wenn die Wirtschaftsgüter die Eigenschaft als Teile eines Teilbetriebs erst durch die Zerstörung einer wesentlichen Betriebsgrundlage verloren haben (→ BFH vom 16.7.1970 – BStBl. II S. 738).
- → H 16 (4).

Schiffe. Die Veräußerung eines Schiffes stellt lediglich dann eine Teilbetriebsveräußerung dar, wenn das Schiff die wesentliche Grundlage eines selbständigen Zweigunternehmens bildet und das Zweigunternehmen dabei im Ganzen veräußert wird (→ BFH vom 13.1.1966 – BStBl. III S. 168).

Sonderbetriebsvermögen. Ein Grundstück, das dem Betrieb einer Personengesellschaft dient, ist nicht schon deshalb ein Teilbetrieb, weil es im Sondereigentum eines Gesellschafters steht (→ BFH vom 12.4.1967 – BStBl. III S. 419 und vom 5.4.1979 – BStBl. II S. 554).

Spediteur. Verkauft ein Spediteur, der auch mit eigenen Fernlastzügen das Frachtgeschäft betreibt, seine Fernlastzüge an verschiedene Erwerber und betreut er in der Folgezeit seine bisherigen Kunden über die Spedition unter Einschaltung fremder Frachtführer weiter, liegt weder eine Teilbetriebsveräußerung noch eine Teilbetriebsaufgabe vor (→ BFH vom 22.11.1988 – BStBl. 1989 II S. 357).

Tankstellen. Die einzelnen Tankstellen eines Kraftstoff-Großhandelsunternehmens bilden nicht schon deshalb Teilbetriebe, weil sie von Pächtern betrieben werden (→ BFH vom 13.2.1980 – BStBl. II S. 498).

Teilbetriebe im Aufbau. Die §§ 16 und 34 EStG sind auch auf im Aufbau befindliche Teilbetriebe anzuwenden, die ihre werbende Tätigkeit noch nicht aufgenommen haben. Ein im Aufbau befindlicher Teilbetrieb liegt erst dann vor, wenn die wesentlichen Betriebsgrundlagen bereits vorhanden sind und bei zielgerechter Weiterverfolgung des Aufbauplans ein selbständig lebensfähiger Organismus zu erwarten ist (→ BFH vom 3.4.2014 – BStBl. II S. 1000).

Teilbetriebsaufgabe.

- Die Grundsätze über die Veräußerung eines Teilbetriebs gelten für die Aufgabe eines Teilbetriebs entsprechend (→ BFH vom 15.7.1986 – BStBl. II S. 896). Die Aufgabe eines Teilbetriebs setzt voraus, dass die

Abwicklung ein wirtschaftlich einheitlicher Vorgang ist (→ BFH vom 16.9.1966 – BStBl. 1967 III S. 70 und vom 8.9.1976 – BStBl. 1977 II S. 66). Eine Teilbetriebsaufgabe ist nicht anzunehmen, wenn ein bisher als gewerblicher Teilbetrieb geführter land- und forstwirtschaftlicher Besitz aus dem gewerblichen Betriebsvermögen ausgegliedert und als selbständiger Betrieb der Land- und Forstwirtschaft geführt wird, sofern die einkommensteuerliche Erfassung der stillen Reserven gewährleistet ist (→ BFH vom 9.12.1986 – BStBl. 1987 II S. 342).

– Die Veräußerung aller Grundstücke des im Rahmen einer Betriebsaufspaltung bestehenden grundstücksverwaltenden Teilbetriebs an verschiedene Erwerber stellt eine Aufgabe dieses Teilbetriebs dar. Der dabei erzielte Gewinn ist jedenfalls dann begünstigt, wenn zeitgleich auch das zuvor in den operativ tätigen Teilbetrieb übergegangene und zu diesem gehörende Grundstück veräußert wird (→ BFH vom 20.1.2005 – BStBl. II S. 395).

– → Auflösung stiller Reserven.

Teilbetriebsveräußerung. Die Anteile an einer Betriebskapitalgesellschaft sind wesentliche Betriebsgrundlagen des Besitzunternehmens. Diese können nicht (quotal) den jeweiligen Teilbetrieben, sondern nur dem Besitzunternehmen insgesamt zugeordnet werden. Werden die Anteile an der Betriebskapitalgesellschaft nicht mitveräußert, kann daher von einer begünstigten Teilbetriebsveräußerung nicht ausgegangen werden (→ BFH vom 4.7.2007 – BStBl. II S. 772).

Vermietung von Ferienwohnungen. Ein Stpfl., der ein Hotel betreibt und außerdem in einem Appartementhaus Ferienwohnungen vermietet, kann mit der Vermietungstätigkeit die Voraussetzungen eines Teilbetriebs erfüllen (→ BFH vom 23.11.1988 – BStBl. 1989 II S. 376).

Wohnungsbauunternehmen. Bei einem Wohnungsbauunternehmen, dem Wohnungen in mehreren Städten gehören und das hiervon seinen in einer Stadt belegenen Grundbesitz veräußert, liegt auch dann nicht die Veräußerung eines Teilbetriebs vor, wenn für den veräußerten Grundbesitz ein hauptamtlicher Verwalter bestellt ist (→ BFH vom 27.3.1969 – BStBl. II S. 464).

Zurückbehaltene Wirtschaftsgüter. → Auflösung stiller Reserven.

R **16** (4)

Veräußerung und Aufgabe eines Mitunternehmeranteiles *(unbesetzt)*

H **16** (4)

Abfindung unter Buchwert. Bleibt beim Ausscheiden eines Gesellschafters die Abfindung hinter dem Buchwert seines Mitunternehmeranteiles zurück, wird ein Gewinn von den verbleibenden Gesellschaftern jedenfalls dann nicht erzielt, wenn das Geschäft in vollem Umfang entgeltlich erfolgt ist (→ BFH vom 12.12.1996 – BStBl. 1998 II S. 180).

Aufnahme eines Gesellschafters in ein Einzelunternehmen. → BMF vom 11.11.2011 (BStBl. I S. 1314), Randnr. 24.01 ff. unter Berücksichtigung der Änderungen durch BMF vom 26.7.2016 (BStBl. I S. 684).

Auseinandersetzung einer Zugewinngemeinschaft. Die Grundsätze über die Erbauseinandersetzung eines sog. Mischnachlasses (gewinnneutrale Realteilung) sind nicht auf die Aufteilung gemeinschaftlichen Vermögens bei Beendigung einer ehelichen Zugewinngemeinschaft anzuwenden (→ BFH vom 21.3.2002 – BStBl. II S. 519).

Betriebsveräußerung an einen Gesellschafter. → H 16 (1) Personengesellschaft.

Buchwertübertragung von Mitunternehmeranteilen. Der Begünstigung des Gewinns aus der Veräußerung eines Mitunternehmeranteils an einer Obergesellschaft nach den §§ 16, 34 EStG steht nicht entgegen, dass im Zusammenhang mit der Veräußerung Mitunternehmeranteile der Obergesellschaft an einer Unterpersonengesellschaft zu Buchwerten in das Gesamthandsvermögen einer weiteren Personengesellschaft ausgegliedert werden (→ BFH vom 25.2.2010 – BStBl. II S. 726).

Buchwertübertragung von wesentlichen Betriebsgrundlagen. Der Gewinn aus der Veräußerung eines Mitunternehmeranteils ist nicht nach §§ 16, 34 EStG begünstigt, wenn auf Grund einheitlicher Planung und in engem zeitlichen Zusammenhang mit der Anteilsveräußerung wesentliche Betriebsgrundlagen der Personengesellschaft ohne Aufdeckung sämtlicher stillen Reserven aus dem Betriebsvermögen der Gesellschaft ausgeschieden sind (→ BFH vom 6.9.2000 – BStBl. 2001 II S. 229).

Einheitlicher Mitunternehmeranteil. Erwirbt ein Mitunternehmer einen weiteren Anteil an derselben Personengesellschaft aufgrund des Todes eines Mitgesellschafters im Wege der Anwachsung hinzu, vereinigt sich der hinzuerworbene Anteil mit dem bisherigen Mitunternehmeranteil des Erwerbers zu einem einheitlichen Mitunternehmeranteil, wenn nicht ausnahmsweise eine personelle Sonderzuordnung gegeben ist. Dies gilt auch dann, wenn der Mitunternehmer bereits im Anwachsungszeitpunkt die Absicht hat, den hinzuerworbenen Anteil an einen anderen Mitgesellschafter zu veräußern (→ BFH vom 6.8.2019 – BStBl. 2020 II S. 378).

Erbauseinandersetzung.

- → BMF vom 14.3.2006 (BStBl. I S. 253) unter Berücksichtigung der Änderungen durch BMF vom 27.12.2018 (BStBl. 2019 I S. 11).
- Wird nach dem Tod des Gesellschafters einer unternehmerisch tätigen Personengesellschaft ein Streit darüber, wer infolge seiner Stellung als Erbe Gesellschafter geworden ist, durch einen Vergleich beigelegt, auf Grund dessen jemand gegen Erhalt eines Geldbetrags auf die Geltendmachung seiner Rechte als Erbe verzichtet, und war diese Person gesellschaftsrechtlich nicht von der Rechtsnachfolge in den Gesellschaftsanteil ausgeschlossen, steht sie einem Miterben gleich, der im Rahmen einer Erbauseinandersetzung aus der Personengesellschaft ausscheidet. Die Abfindung führt in einem solchen Fall zu einem nach §§ 16, 34 EStG begünstigten Gewinn (→ BFH vom 16.5.2013 – BStBl. II S. 858).

Ermittlung des Veräußerungsgewinns.

- Scheidet ein Gesellschafter durch Veräußerung seiner (gesamten) Beteiligung aus einer Personenhandelsgesellschaft aus, ist der Veräußerungsgewinn oder -verlust der Unterschied zwischen dem Veräußerungspreis und dem Buchwert seiner Beteiligung (→ BFH vom 27.5.1981 – BStBl. 1982 II S. 211).

– Die ursprünglichen Anschaffungskosten eines i. S. d. § 17 EStG beteiligten Gesellschafters für den Erwerb der Gesellschaftsanteile einer GmbH mindern, nachdem die GmbH formwechselnd in eine Personengesellschaft umgewandelt worden ist, nicht den Gewinn aus einer späteren Veräußerung des Mitunternehmeranteils (→ BFH vom 12.7.2012 – BStBl. II S. 728).
– Da das Einkommen einer Organgesellschaft nur den Mitunternehmern einer Organträger-Personengesellschaft zuzurechnen ist, die im Zeitpunkt der Einkommenszurechnung an der Organträgerin beteiligt sind, sind Entgelte, die auf Grund der Übertragung des Gewinnbezugsrechts eines unterjährig ausgeschiedenen Mitunternehmers an diesen gezahlt werden, im Rahmen der Ermittlung des Veräußerungsgewinns zu berücksichtigen (→ BFH vom 28.2.2013 – BStBl. II S. 494).

Gesellschafterforderungen.
– Wird im Zuge der Veräußerung eines Gesellschaftsanteils auch eine Darlehensforderung veräußert, erhöht das dafür erhaltene Entgelt den Veräußerungserlös. Liegt das Entgelt unter dem Nennbetrag der Forderung, führt dies zu einem Veräußerungsverlust im Sonderbetriebsvermögen (→ BFH vom 16.3.2017 – BStBl. II S. 943).
– Bleibt eine Forderung des Gesellschafters gegenüber der Gesellschaft nach seinem Ausscheiden bestehen, ist der gemeine Wert dieser Forderung bei der Ermittlung des Veräußerungsgewinns wie ein Veräußerungserlös zu behandeln. Verzichtet der Gesellschafter beim Ausscheiden auf die Forderung, ergibt sich keine Gewinnauswirkung (→ BFH vom 12.12.1996 – BStBl. 1998 II S. 180).

Gesellschaftsrechtliche Befugnisse. Der Verzicht auf die Ausübung gesellschaftsrechtlicher Befugnisse ist keine Veräußerung eines Mitunternehmeranteils (→ BFH vom 6.11.1991 – BStBl. 1992 II S. 335).

Maßgeblicher Zeitpunkt. Der Veräußerungszeitpunkt ist der Zeitpunkt des Übergangs des wirtschaftlichen Eigentums. Erfolgt die Veräußerung unter einer aufschiebenden Bedingung, geht das wirtschaftliche Eigentum grundsätzlich erst mit dem Eintritt der Bedingung auf den Erwerber über, wenn ihr Eintritt nicht allein vom Willen und Verhalten des Erwerbers abhängt (→ BFH vom 25.6.2009 – BStBl. 2010 II S. 182).

Nachträgliche Erhöhung des Kapitalkontos eines ausgeschiedenen Kommanditisten. → H 15.8 (3).

Negatives Kapitalkonto.
– Beim Ausscheiden eines Mitunternehmers unter Übernahme eines negativen Kapitalkontos ohne Abfindungszahlung kann eine entgeltliche oder unentgeltliche Übertragung eines Mitunternehmeranteils vorliegen. Ein Erwerbsverlust entsteht beim übernehmenden Mitunternehmer jedoch nicht (→ BFH vom 10.3.1998 – BStBl. 1999 II S. 269).

– Scheidet ein Kommanditist gegen Entgelt aus einer KG aus, ist ein von ihm nicht auszugleichendes negatives Kapitalkonto bei der Berechnung seines Veräußerungsgewinns in vollem Umfang zu berücksichtigen. Es kommt nicht darauf an, aus welchen Gründen das Kapitalkonto negativ geworden ist (→ BFH vom 9.7.2015 – BStBl. II S. 954).
– In den Fällen, in denen das negative Kapitalkonto des Kommanditisten bei Aufgabe oder Veräußerung des Betriebs durch die Gesellschaft wegfällt, ist dieser Gewinn ein nach den §§ 16, 34 EStG begünstigter Veräußerungs- oder Aufgabegewinn. Soweit jedoch schon früher feststeht, dass ein Ausgleich des negativen Kapitalkontos des Kommanditisten mit künftigen Gewinnanteilen nicht mehr in Betracht kommt, ist dieser Zeitpunkt für die Auflösung des negativen Kapitalkontos maßgebend (→ BFH vom 30.3.2017 – BStBl. II S. 896). Dieser Gewinn ist als laufender Gewinn zu erfassen (→ BFH vom 10.11.1980 – BStBl. 1981 II S. 164). Ist das negative Kapitalkonto des Kommanditisten zu Unrecht nicht aufgelöst worden und die Veranlagung bestandskräftig, kann die Auflösung im Folgejahr nach den Grundsätzen des formellen Bilanzenzusammenhangs nachgeholt werden (→ BFH vom 10.12.1991 – BStBl. 1992 II S. 650 und vom 30.6.2005 – BStBl. II S. 809).
– Die Besteuerung des Veräußerungsgewinns aus der Auflösung eines negativen Kapitalkontos ist sachlich unbillig, wenn dieses durch Verluste entstanden ist, für die die Möglichkeit des Verlustabzugs nach § 10d EStG nicht genutzt werden konnte (→ BFH vom 26.10.1994 – BStBl. 1995 II S. 297), oder durch Verluste aus gewerblicher Tierzucht entstanden ist, die sich wegen § 15 Abs. 4 EStG nicht ausgewirkt haben (→ BFH vom 25.1.1996 – BStBl. II S. 289).

Realteilung. → BMF vom 19.12.2018 (BStBl. 2019 I S. 6).

Sonderbetriebsvermögen.
– Die §§ 16, 34 EStG finden bei der Veräußerung oder Aufgabe eines Mitunternehmeranteils keine Anwendung, wenn gleichzeitig wesentliche Betriebsgrundlagen des Sonderbetriebsvermögens zum Buchwert in ein anderes Betriebs- oder Sonderbetriebsvermögen des Mitunternehmers überführt (→ BFH vom 19.3.1991 – BStBl. II S. 635 und vom 2.10.1997 – BStBl. 1998 II S. 104) oder unentgeltlich auf den Erwerber des Mitunternehmeranteils übertragen werden (→ BFH vom 6.12.2000 – BStBl. 2003 II S. 194). Zur Überführung einer 100%-Beteiligung an einer Kapitalgesellschaft → H 34.5 (Ausgliederung einer 100%-Beteiligung an einer Kapitalgesellschaft).
– Eine nach §§ 16, 34 EStG begünstigte Aufgabe des gesamten Mitunternehmeranteils liegt auch vor, wenn anlässlich der unentgeltlichen Übertragung eines Mitunternehmeranteils ein Wirtschaftsgut des Sonderbetriebsvermögens, das zu den wesentlichen Betriebsgrundlagen gehört, zurückbehalten und in das Privatvermögen überführt wird; zum Mitunternehmeranteil zählt neben dem Anteil am Vermögen der Gesellschaft auch etwaiges Sonderbetriebsvermögen (→ BMF vom 20.11.2019 –

BStBl. I S. 1291 unter Berücksichtigung der Änderungen durch BMF vom 5.5.2021 – BStBl. I S. 696, Rn. 8 und 9).
– → R 4.2 Abs. 2.

Tausch von Mitunternehmeranteilen. Der Tausch von Mitunternehmeranteilen führt grundsätzlich zur Gewinnrealisierung (→ BFH vom 8.7.1992 – BStBl. II S. 946).

Tod eines Gesellschafters. Die entgeltliche Übernahme aller Wirtschaftsgüter einer Personengesellschaft durch die verbleibenden Gesellschafter bei Ableben eines Gesellschafters führt zur Veräußerung eines Mitunternehmeranteils (→ BFH vom 6.8.2019 – BStBl. 2020 II S. 378). Ein nach R 4.5 Abs. 6 zu ermittelnder Übergangsgewinn ist anteilig dem verstorbenen Gesellschafter zuzurechnen, auch wenn er im Wesentlichen auf der Zurechnung auf die anderen Gesellschafter übergehender Honorarforderungen beruht (→ BFH vom 13.11.1997 – BStBl. 1998 II S. 290).

Unentgeltliche Übertragung an Dritte. Die unentgeltliche Übertragung eines Mitunternehmeranteils auf einen fremden Dritten führt zu einem Veräußerungsverlust in Höhe des Buchwerts des Kapitalkontos, sofern der Übertragende nicht die Absicht hatte, den Empfänger unentgeltlich zu bereichern (→ BFH vom 26.6.2002 – BStBl. 2003 II S. 112).

Veräußerung eines Teils eines Mitunternehmeranteils. Im Fall der Veräußerung eines Teils eines Mitunternehmeranteils ist die positive Ergänzungsbilanz oder -rechnung korrespondierend in Höhe des veräußerten Bruchteils des Anteils aufzulösen und das Mehrkapital insoweit in das anteilige Buchkapital des veräußerten Teilanteils einzubeziehen (→ BFH vom 6.8.2019 – BStBl. 2020 II S. 378).

R 16 (5)

Betriebsverpachtung im Ganzen *(unbesetzt)*

H 16 (5)

Betriebsaufgabeerklärung. Erklärt der Unternehmer ausdrücklich, den Betrieb endgültig eingestellt zu haben, kann er sich später nicht darauf berufen, diese rechtsgestaltende Erklärung sei wirkungslos, weil ihm nicht bewusst gewesen sei, dass mit der Betriebsaufgabe auch die stillen Reserven des verpachteten Betriebsgrundstücks aufzudecken seien (→ BFH vom 22.9.2004 – BStBl. 2005 II S. 160).

Betriebsfortführungsfiktion. Anwendungsschreiben zu § 16 Abs. 3b EStG → BMF vom 22.11.2016 (BStBl. I S. 1326).

Betriebsgrundstück als alleinige wesentliche Betriebsgrundlage.[1] Wird nur das Betriebsgrundstück, ggf. i. V. m. Betriebsvorrichtungen, verpachtet, liegt nur dann eine Betriebsverpachtung im Ganzen vor, wenn das Grundstück die alleinige wesentliche Betriebsgrundlage darstellt (→ BFH vom 17.4.2019 – BStBl. II S. 745). Dies ist regelmäßig bei Groß- und Einzel-

[1] Zum Grundstück im Sonderbetriebsvermögen siehe BFH v. 6.11.2008 IV R 51/07, BStBl. II 2009, 303.

handelsunternehmen sowie bei Hotel- und Gaststättenbetrieben der Fall (→ BFH vom 28.8.2003 – BStBl. 2004 II S. 10).

Betriebsüberlassungsvertrag. Ein unentgeltlicher Betriebsüberlassungsvertrag steht einem Pachtvertrag gleich (→ BFH vom 7.8.1979 – BStBl. 1980 II S. 181).

Betriebsvermögen. → H 4.2 (7) Land- und forstwirtschaftlicher Betrieb.

Branchenfremde Verpachtung. Bei einer branchenfremden Verpachtung kommt es nicht zu einer Zwangsbetriebsaufgabe, wenn der Verpächter den Betrieb nach Ablauf des Nutzungsverhältnisses ohne wesentliche Änderung fortführen kann (→ BFH vom 28.8.2003 – BStBl. 2004 II S. 10).

Eigenbewirtschaftung. Eine Betriebsverpachtung setzt voraus, dass der Betrieb zuvor von dem Verpächter oder im Fall des unentgeltlichen Erwerbs von seinem Rechtsvorgänger selbst bewirtschaftet worden ist (→ BFH vom 20.4.1989 – BStBl. II S. 863 und BMF vom 23.11.1990 – BStBl. I S. 770).[1]

Eiserne Verpachtung. Zur Gewinnermittlung bei der Verpachtung von Betrieben mit Substanzerhaltungspflicht des Pächters nach §§ 582a, 1048 BGB → BMF vom 21.2.2002 (BStBl. I S. 262).

Form und Inhalt der Betriebsaufgabeerklärung. Zu Form und Inhalt der Betriebsaufgabeerklärung → BFH vom 15.10.1987 (BStBl. 1988 II S. 257, 260).

Gaststättenverpachtung. Eine gewerbliche Gaststättenverpachtung wird nicht bereits deshalb zum „Gaststättenhandel", weil innerhalb von fünf Jahren mehr als drei der verpachteten Gaststätten verkauft werden; für die verbleibenden Teilbetriebe erlischt das Verpächterwahlrecht nicht (→ BFH vom 18.6.1998 – BStBl. II S. 735).

Gemeinsames Eigentum von Pächter und Verpächter an wesentlichen Betriebsgrundlagen. Die Fortführung eines Betriebes im Wege der Betriebsverpachtung ist grundsätzlich nicht möglich, wenn wesentliche Betriebsgegenstände von einem Miteigentümer an einen anderen Miteigentümer verpachtet werden und der Betrieb vor der Verpachtung vom Verpächter und Pächter gemeinsam (z. B. in der Rechtsform einer GbR) geführt worden ist (→ BFH vom 22.5.1990 – BStBl. II S. 780).

Geschäfts- oder Firmenwert. Wird zu Beginn oder während der Verpachtung des Gewerbebetriebs die Betriebsaufgabe erklärt, ist bei der Ermittlung des Aufgabegewinns weder ein originärer noch ein derivativer Geschäfts- oder Firmenwert anzusetzen. Der Geschäfts- oder Firmenwert ist dann zur Versteuerung heranzuziehen, wenn bei einer späteren Veräußerung des Unternehmens ein Entgelt für ihn geleistet wird (→ BFH vom 30.1.2002 – BStBl. II S. 387).

Mitunternehmer. Die Fortführung eines Betriebs im Wege der Verpachtung ist auch dann möglich, wenn ein Gesellschafter bei der Beendigung einer gewerblich tätigen Personengesellschaft wesentliche Betriebsgegenstände behält und an einen früheren Mitgesellschafter verpachtet (→ BFH vom 14.12.1978 – BStBl. 1979 II S. 300).

---

[1] Siehe ergänzend BFH v. 19.10.1995 IV R 111/94, BStBl. II 1996, 188.

Parzellenweise Verpachtung. Die parzellenweise Verpachtung der Grundstücke eines land- und forstwirtschaftlichen Betriebs steht der Annahme einer Betriebsverpachtung nicht grundsätzlich entgegen (→ BFH vom 28.11.1991 – BStBl. 1992 II S. 521).

Personengesellschaft. Das Verpächterwahlrecht kann bei Personengesellschaften nur einheitlich ausgeübt werden (→ BFH vom 17.4.1997 – BStBl. 1998 II S. 388).

Produktionsunternehmen. Wird bei Verpachtung eines Produktionsunternehmens der gesamte, umfangreiche Maschinenpark veräußert, hat unbeschadet einer möglichen kurzfristigen Wiederbeschaffbarkeit einzelner Produktionsmaschinen der Verpächter jedenfalls eine wesentliche Betriebsgrundlage nicht zur Nutzung überlassen, so dass die übrigen Wirtschaftsgüter zwangsweise entnommen werden und eine Betriebsaufgabe vorliegt (→ BFH vom 17.4.1997 – BStBl. 1998 II S. 388).

Rechtsnachfolger. Im Fall des unentgeltlichen Erwerbs eines verpachteten Betriebs hat der Rechtsnachfolger des Verpächters das Wahlrecht, das erworbene Betriebsvermögen während der Verpachtung fortzuführen (→ BFH vom 17.10.1991 – BStBl. 1992 II S. 392).

Sonderbetriebsvermögen. Ein Wirtschaftsgut des Sonderbetriebsvermögens, das bisher alleinige wesentliche Betriebsgrundlage des Betriebs einer Personengesellschaft war, kann auch dann Gegenstand einer Betriebsverpachtung sein, wenn die Personengesellschaft liquidiert wurde (→ BFH vom 6.11.2008 – BStBl. 2009 II S. 303).

Umgestaltung wesentlicher Betriebsgrundlagen.

- Werden anlässlich der Verpachtung eines Gewerbebetriebs die wesentlichen Betriebsgrundlagen so umgestaltet, dass sie nicht mehr in der bisherigen Form genutzt werden können, entfällt grundsätzlich die Möglichkeit, das Betriebsvermögen fortzuführen; damit entfällt auch die Möglichkeit der Betriebsverpachtung (→ BFH vom 15.10.1987 – BStBl. 1988 II S. 257, 260).
  → Branchenfremde Verpachtung.
- Veräußerungen und Entnahmen von Grundstücken berühren das Fortbestehen eines im Ganzen verpachteten land- und forstwirtschaftlichen Betriebs nur dann, wenn die im Eigentum des Verpächters verbleibenden Flächen nicht mehr ausreichen, um nach Beendigung des Pachtverhältnisses einen land- und forstwirtschaftlichen Betrieb zu bilden. Das Schicksal der Wirtschaftsgebäude ist für die Annahme einer Zwangsbetriebsaufgabe unerheblich (→ BMF vom 1.12.2000 – BStBl. I S. 1556). Ein verpachteter landwirtschaftlicher Betrieb wird nicht mit der Folge einer Zwangsbetriebsaufgabe dadurch zerschlagen, dass der Verpächter nach einem Brandschaden die mitverpachteten Wirtschaftsgebäude nicht wieder aufbaut, sondern die landwirtschaftlichen Nutzflächen nach Auflösung der ursprünglichen Pachtverträge erneut verpachtet und die Hofstelle veräußert (→ BFH vom 26.6.2003 – BStBl. II S. 755).

Verpächterwahlrecht.
- Zweifelsfragen im Zusammenhang mit der Ausübung des Verpächterwahlrechts → BMF vom 17.10.1994 (BStBl. I S. 771).
- Wird ein im Ganzen verpachteter Betrieb teilentgeltlich veräußert, setzt sich das Verpächterwahlrecht beim Erwerber fort (→ BFH vom 6.4.2016 – BStBl. II S. 710).
- Die Grundsätze über das Verpächterwahlrecht gelten sowohl bei Beendigung einer echten als auch einer unechten Betriebsaufspaltung (→ BFH vom 17.4.2019 – BStBl. II S. 745).

Wesentliche Betriebsgrundlagen.
- Wesentliche Betriebsgrundlagen sind jedenfalls die Wirtschaftsgüter, die zur Erreichung des Betriebszwecks erforderlich sind und denen ein besonderes wirtschaftliches Gewicht für die Betriebsführung zukommt (→ BFH vom 17.4.1997 – BStBl. 1998 II S. 388). Dabei ist maßgeblich auf die sachlichen Erfordernisse des Betriebs abzustellen – sog. funktionale Betrachtungsweise (→ BFH vom 11.10.2007 – BStBl. 2008 II S. 220). Für diese Beurteilung kommt es auf die Verhältnisse des verpachtenden, nicht auf diejenigen des pachtenden Unternehmens an (→ BFH vom 28.8.2003 – BStBl. 2004 II S. 10).
- Bei einem Autohaus (Handel mit Neu- und Gebrauchtfahrzeugen einschließlich angeschlossenem Werkstattservice) sind das speziell für dessen Betrieb hergerichtete Betriebsgrundstück samt Gebäuden und Aufbauten sowie die fest mit dem Grund und Boden verbundenen Betriebsvorrichtungen im Regelfall die alleinigen wesentlichen Betriebsgrundlagen. Demgegenüber gehören die beweglichen Anlagegüter, insbesondere die Werkzeuge und Geräte, regelmäßig auch dann nicht zu den wesentlichen Betriebsgrundlagen, wenn diese im Hinblick auf die Größe des Autohauses ein nicht unbeträchtliches Ausmaß einnehmen (→ BFH vom 11.10.2007 – BStBl. 2008 II S. 220 und vom 18.8.2009 – BStBl. 2010 II S. 222).
- → Produktionsunternehmen.

R 16 (6)

Unentgeltliche Betriebsübertragung[1] *(unbesetzt)*

H 16 (6)

Betriebsaufgabe. Werden nicht die wesentlichen Grundlagen eines Betriebs oder Teilbetriebs, sondern nur Teile des Betriebsvermögens unentgeltlich übertragen, während der andere Teil der Wirtschaftsgüter in das Privatvermögen übernommen wird, liegt eine Betriebsaufgabe vor. Der begünstigte Veräußerungsgewinn ist in diesem Fall der Unterschiedsbetrag zwischen den Buchwerten und den gemeinen Werten sowohl der unentgeltlich übertragenen als auch der in das Privatvermögen übernommenen Wirtschaftsgüter, vermindert um etwaige Veräußerungskosten (→ BFH vom 27.7.1961 – BStBl. III S. 514).

---

[1] Zur Fortführung einer § 6b-Rücklage siehe BFH v. 22.9.1994 IV R 61/93, BStBl. II 1995, 367.

Erbauseinandersetzung. Zur Annahme einer unentgeltlichen Betriebsübertragung mit der Folge der Anwendung des § 6 Abs. 3 EStG im Zusammenhang mit einer Erbauseinandersetzung → BMF vom 14.3.2006 (BStBl. I S. 253) unter Berücksichtigung der Änderungen durch BMF vom 27.12. 2018 (BStBl. 2019 I S. 11).

Körperschaft als Erbin. → H 16 (2).

Nießbrauch.[1)]

- Unentgeltlichkeit liegt auch vor, wenn sich der Übertragende den Nießbrauch an dem Betrieb vorbehält (→ BMF vom 13.1.1993 – BStBl. I S. 80, Tz. 24 i. V.m. Tz. 10).
- Zum Nießbrauch bei land- und forstwirtschaftlichen Betrieben → H 13.3.

Übertragung der wesentlichen Betriebsgrundlagen. Für die unentgeltliche Übertragung eines Betriebs oder Teilbetriebs ist Voraussetzung, dass mindestens die wesentlichen Grundlagen des Betriebs oder Teilbetriebs unentgeltlich übertragen worden sind (→ BFH vom 7.8.1979 – BStBl. 1980 II S. 181). Die wesentlichen Betriebsgrundlagen müssen durch einen einheitlichen Übertragungsakt auf den Erwerber überführt werden; eine in mehrere, zeitlich aufeinanderfolgende Einzelakte aufgespaltene Gesamtübertragung kann nur dann als einheitlicher Übertragungsakt angesehen werden, wenn sie auf einem einheitlichen Willensentschluss beruht und zwischen den einzelnen Übertragungsvorgängen ein zeitlicher und sachlicher Zusammenhang besteht (→ BFH vom 12.4.1989 – BStBl. II S. 653).

Übertragung zwischen Ehegatten. Die Übertragung eines Betriebs zwischen Ehegatten auf Grund eines Vermögensauseinandersetzungsvertrags im Zusammenhang mit der Beendigung einer Zugewinngemeinschaft ist ein entgeltliches Geschäft (→ BFH vom 31.7.2002 – BStBl. 2003 II S. 282).

Unentgeltliche Übertragung eines Mitunternehmeranteils.

- Zweifelsfragen zu § 6 Abs. 3 EStG im Zusammenhang mit der unentgeltlichen Übertragung von Mitunternehmeranteilen mit Sonderbetriebsvermögen und von Anteilen an Mitunternehmeranteilen mit Sonderbetriebsvermögen sowie mit der unentgeltlichen Aufnahme in ein Einzelunternehmen → BMF vom 20.11.2019 (BStBl. I S. 1291) unter Berücksichtigung der Änderungen durch BMF vom 5.5.2021 (BStBl. I S. 696).
- Überträgt ein Vater einen Kommanditanteil unentgeltlich auf seine Kinder und wird der Anteil alsbald von den Kindern an Dritte veräußert, kann in der Person des Vaters ein Aufgabegewinn entstehen (→ BFH vom 15.7.1986 – BStBl. II S. 896).

Verdeckte Einlage. Keine unentgeltliche Betriebsübertragung liegt bei verdeckter Einlage eines Einzelunternehmens in eine GmbH vor (→ BMF vom 20.11.2019 – BStBl. I S. 1291, Rn. 2).

Vorweggenommene Erbfolge. Zur Betriebsübertragung im Rahmen der vorweggenommenen Erbfolge → BMF vom 13.1.1993 (BStBl. I S. 80) un-

---

1) Siehe auch BFH v. 25.1.2017 X R 59/14, BStBl. II 2019, 730 und BMF v. 20.11.2019, BStBl. I 2019, 1291, geänd. durch BMF v. 5.5.2021, BStBl. I 2021, 696, Rn. 7.

ter Berücksichtigung der Änderungen durch BMF vom 26.2.2007 (BStBl. I S. 269) und BMF vom 11.3.2010 (BStBl. I S. 227).[1]

Zurückbehaltene Wirtschaftsgüter. Werden die wesentlichen Grundlagen eines Betriebs, eines Teilbetriebs oder eines Mitunternehmeranteils unentgeltlich übertragen und behält der Stpfl. Wirtschaftsgüter zurück, die innerhalb eines kurzen Zeitraums veräußert oder in das Privatvermögen überführt werden, ist die teilweise Aufdeckung der stillen Reserven nicht steuerbegünstigt (→ BFH vom 19.2.1981 – BStBl. II S. 566).
→ Betriebsaufgabe.

R 16 (7)

Teilentgeltliche Betriebsübertragung *(unbesetzt)*

H 16 (7)

Einheitstheorie. Die sog. Einheitstheorie ist nur in den Fällen der teilentgeltlichen Betriebsveräußerung, nicht jedoch bei einer teilentgeltlichen Betriebsaufgabe anzuwenden (→ BFH vom 22.10.2013 – BStBl. 2014 II S. 158).

Negatives Kapitalkonto. Bei einer teilentgeltlichen Betriebsübertragung im Wege der vorweggenommenen Erbfolge ist der Veräußerungsgewinn auch dann gem. § 16 Abs. 2 EStG zu ermitteln, wenn das Kapitalkonto negativ ist (→ BMF vom 13.1.1993 – BStBl. I S. 80 unter Berücksichtigung der Änderungen durch BMF vom 26.2.2007 – BStBl. I S. 269, sowie BFH vom 16.12.1992 – BStBl. 1993 II S. 436).

Veräußerungsgewinn. Bei der teilentgeltlichen Veräußerung eines Betriebs, Teilbetriebs, Mitunternehmeranteils oder des Anteils eines persönlich haftenden Gesellschafters einer Kommanditgesellschaft auf Aktien ist der Vorgang nicht in ein voll entgeltliches und ein voll unentgeltliches Geschäft aufzuteilen. Der Veräußerungsgewinn i. S. d. § 16 Abs. 2 EStG ist vielmehr durch Gegenüberstellung des Entgelts und des Wertes des Betriebsvermögens oder des Wertes des Anteils am Betriebsvermögen zu ermitteln (→ BFH vom 10.7.1986 – BStBl. II S. 811 sowie BMF vom 13.1.1993 – BStBl. I S. 80 unter Berücksichtigung der Änderungen durch BMF vom 26.2.2007 – BStBl. I S. 269).

R 16 (8)

Begriff der wesentlichen Betriebsgrundlage *(unbesetzt)*

H 16 (8)

Begriff der wesentlichen Betriebsgrundlage.[2] Ob ein Wirtschaftsgut zu den wesentlichen Betriebsgrundlagen gehört, ist nach der funktional-quantitativen Betrachtungsweise zu entscheiden. Zu den wesentlichen Betriebsgrundlagen gehören in der Regel auch Wirtschaftsgüter, die funktional

[1] Ergänzend siehe BMF v. 20.11.2019, BStBl. I 2019, 1291, geänd. durch BMF v. 5.5.2021, BStBl. I 2021, 696, Rn. 40.

[2] Anteile an einer Betriebskapitalgesellschaft sind wesentliche Betriebsgrundlagen; siehe H 16 (3) EStH „Betriebsaufspaltung".

gesehen für den Betrieb, Teilbetrieb oder Mitunternehmeranteil nicht erforderlich sind, in denen aber erhebliche stille Reserven gebunden sind (→ BFH vom 2.10.1997 – BStBl. 1998 II S. 104 und vom 10.11.2005 – BStBl. 2006 II S. 176).

Gebäude/Gebäudeteile.
- Bei einem Möbelhändler ist z.B. das Grundstück, in dem sich die Ausstellungs- und Lagerräume befinden, die wesentliche Betriebsgrundlage (→ BFH vom 4.11.1965 – BStBl. 1966 III S. 49 und vom 7.8.1990 – BStBl. 1991 II S. 336).
- Das Gleiche gilt für ein Grundstück, das zum Zweck des Betriebs einer Bäckerei und Konditorei sowie eines Café-Restaurants und Hotels besonders gestaltet ist (→ BFH vom 7.8.1979 – BStBl. 1980 II S. 181).
- Das Dachgeschoss eines mehrstöckigen Hauses ist eine funktional wesentliche Betriebsgrundlage, wenn es zusammen mit den übrigen Geschossen einheitlich für den Betrieb genutzt wird (→ BFH vom 14.2. 2007 – BStBl. II S. 524).

Immaterielle Wirtschaftsgüter.
- Wesentliche Betriebsgrundlagen können auch immaterielle Wirtschaftsgüter sein (→ BFH vom 9.10.1996 – BStBl. 1997 II S. 236). Darauf, ob diese immateriellen Werte selbständig bilanzierungsfähig sind, kommt es nicht an (→ BFH vom 16.12.2009 – BStBl. 2010 II S. 808).
- Eine eingeführte Bezeichnung für einen Betrieb kann zu den wesentlichen Betriebsgrundlagen gehören (→ BFH vom 20.3.2017 – BStBl. II S. 992).

Maschinen und Einrichtungsgegenstände. Maschinen und Einrichtungsgegenstände rechnen zu den wesentlichen Betriebsgrundlagen, soweit sie für die Fortführung des Betriebs unentbehrlich oder nicht jederzeit ersetzbar sind (→ BFH vom 19.1.1983 – BStBl. II S. 312).

Produktionsunternehmen. Bei einem Produktionsunternehmen gehören zu den wesentlichen Betriebsgrundlagen die für die Produktion bestimmten und auf die Produktion abgestellten Betriebsgrundstücke und Betriebsvorrichtungen (→ BFH vom 12.9.1991 – BStBl. 1992 II S. 347).

Umlaufvermögen. Wirtschaftsgüter des Umlaufvermögens, die ihrem Zweck nach zur Veräußerung oder zum Verbrauch bestimmt sind, bilden allein regelmäßig nicht die wesentliche Grundlage eines Betriebs. Nach den Umständen des Einzelfalles können Waren bei bestimmten Betrieben jedoch zu den wesentlichen Grundlagen des Betriebs gehören (→ BFH vom 24.6.1976 – BStBl. II S. 672).

R 16 (9)

Abgrenzung des Veräußerungs- bzw. Aufgabegewinns vom laufenden Gewinn[1] *(unbesetzt)*

[1] Der Aufgabegewinn ist bei einem überschuldeten Betrieb nicht um den Überschuldungsbetrag zu mindern; siehe BFH v. 7.3.1996 IV R 52/93, BStBl. II 1996, 415.

H 16 (9)

Abfindung eines Pensionsanspruchs. Wird der gegenüber einer Personengesellschaft bestehende Pensionsanspruch eines Gesellschafters anlässlich der Aufgabe des Betriebs der Gesellschaft abgefunden, mindert sich hierdurch der Aufgabegewinn der Gesellschaft; beim Gesellschafter stellt die Abfindung eine Sondervergütung dar, die seinen Anteil am Aufgabegewinn erhöht (→ BFH vom 20.1.2005 – BStBl. II S. 559).

Abwicklungsgewinne. Gewinne, die während und nach der Aufgabe eines Betriebs aus normalen Geschäften und ihrer Abwicklung anfallen, gehören nicht zu dem begünstigten Aufgabegewinn (→ BFH vom 25.6.1970 – BStBl. II S. 719).

Aufgabegewinn bei Veräußerung von Wirtschaftsgütern. Bei gleichzeitiger Veräußerung von Wirtschaftsgütern im Rahmen einer Betriebsaufgabe entsteht der Aufgabegewinn mit Übertragung des wirtschaftlichen Eigentums an den Wirtschaftsgütern (→ BFH vom 17.10.1991 – BStBl. 1992 II S. 392).

Ausgleichsanspruch nach § 89b HGB.

- Zum laufenden Gewinn gehören der Ausgleichsanspruch des selbständigen Handelsvertreters nach § 89b HGB (→ BFH vom 5.12.1968 – BStBl. 1969 II S. 196) sowie die Ausgleichszahlungen an Kommissionsagenten in entsprechender Anwendung des § 89b HGB (→ BFH vom 19.2.1987 – BStBl. II S. 570). Dies gilt auch, wenn der Anspruch auf Ausgleichsleistung durch den Tod des Handelsvertreters entstanden ist und der Erbe den Betrieb aufgibt (→ BFH vom 9.2.1983 – BStBl. II S. 271). Zahlungen des nachfolgenden Handelsvertreters an seinen Vorgänger sind als laufender Gewinn zu behandeln (→ BFH vom 25.7.1990 – BStBl. 1991 II S. 218).
- Nicht zum Ausgleichsanspruch nach § 89b HGB gehören Ansprüche eines Versicherungsvertreters aus einer mit Beiträgen des Versicherungsunternehmens aufgebauten Alters- und Hinterbliebenenversorgung (Lebensversicherung), die auf den Ausgleichsanspruch nach § 89b Abs. 5 HGB angerechnet werden sollen. Die Auszahlung aus einem solchen Vertrag ist nicht den Einkünften aus Gewerbebetrieb zuzuordnen (→ BFH vom 8.12.2016 – BStBl. 2017 II S. 630).

Betriebseinbringung.

- Geht anlässlich der Einbringung eines Mitunternehmeranteiles in eine Kapitalgesellschaft nach § 20 UmwStG bisheriges Sonderbetriebsvermögen eines Gesellschafters in dessen Privatvermögen über, ist das **Sonderbetriebsvermögen** mit dem gemeinen Wert nach § 16 Abs. 3 Satz 7 EStG anzusetzen und durch Vergleich mit dessen Buchwert der sich ergebende Veräußerungsgewinn zu ermitteln (→ BFH vom 28.4.1988 – BStBl. II S. 829).
- Bei Einbringung eines Betriebs zu Buchwerten in eine Personengesellschaft ist der Gewinn aus der Überführung eines nicht zu den wesentlichen Betriebsgrundlagen gehörenden Wirtschaftsguts in das Privatvermögen kein begünstigter Veräußerungsgewinn (→ BFH vom 29.10.1987 – BStBl. 1988 II S. 374).

– Zur Einbringung eines Einzelunternehmens mit Zuzahlung → BMF vom 11.11.2011 (BStBl. I S. 1314), Randnr. 24.08 ff.

Einheitliches Geschäftskonzept. Der Gewinn aus der Veräußerung von Wirtschaftsgütern des Anlagevermögens gehört zum laufenden Gewinn, wenn die Veräußerung Bestandteil eines einheitlichen Geschäftskonzepts der unternehmerischen Tätigkeit ist (→ BMF vom 1.4.2009 – BStBl. I S. 515 und BFH vom 1.8.2013 – BStBl. II S. 910).

Gaststättenverpachtung. Eine gewerbliche Gaststättenverpachtung wird nicht bereits deshalb zum „Gaststättenhandel", weil innerhalb von fünf Jahren mehr als drei der verpachteten Gaststätten verkauft werden; die Veräußerung jeder Gaststätte stellt daher eine Teilbetriebsveräußerung dar (→ BFH vom 18.6.1998 – BStBl. II S. 735).

Gewerblicher Grundstückshandel. Der Gewinn aus gewerblichem Grundstückshandel gehört zum laufenden Gewinn aus normalen Geschäften, auch wenn der gesamte Grundstücksbestand (Umlaufvermögen) in einem einheitlichen Vorgang veräußert wird (→ BFH vom 25.1.1995 – BStBl. II S. 388 und BMF vom 26.3.2004 – BStBl. I S. 434, Tz. 35). Entsprechendes gilt für die Veräußerung eines Mitunternehmeranteils jedenfalls dann, wenn zum Betriebsvermögen der Personengesellschaft nahezu ausschließlich Grundstücke des Umlaufvermögens gehören (→ BFH vom 14.12.2006 – BStBl. 2007 II S. 777).

Hinzurechnung eines Unterschiedsbetrags nach § 5a Abs. 4 Satz 3 Nr. 3 EStG. → H 5a.

Mitunternehmeranteil. Veräußert der Gesellschafter einer Personengesellschaft seinen Mitunternehmeranteil an einen Mitgesellschafter und entnimmt er im Einverständnis mit dem Erwerber und den Mitgesellschaftern vor der Übertragung des Gesellschaftsanteils bestimmte Wirtschaftsgüter des Gesellschaftsvermögens, gehört der daraus entstehende Entnahmegewinn zum begünstigten Veräußerungsgewinn (→ BFH vom 24.8.1989 – BStBl. 1990 II S. 132).

Organschaft. Ist Organträger eine natürliche Person oder eine Personengesellschaft, stellen die Gewinne aus der Veräußerung von Teilbetrieben der Organgesellschaft keine Gewinne i. S. d. § 16 EStG dar (→ BFH vom 22.1.2004 – BStBl. II S. 515).

Personengesellschaft.

– Hat eine Personengesellschaft ihren Betrieb veräußert, ist der Anteil eines Gesellschafters am Veräußerungsgewinn auch dann begünstigt, wenn ein anderer Gesellschafter **§ 6b EStG** in Anspruch genommen hat (→ BFH vom 30.3.1989 – BStBl. II S. 558).
– Hinsichtlich der **Übertragung** von Teilen der **Festkapitalkonten** verschiedener Gesellschafter einer Personenhandelsgesellschaft auf einen neu eintretenden Gesellschafter bei gleichzeitiger Übertragung von Anteilen an den Sonderkonten → BFH vom 27.5.1981 (BStBl. 1982 II S. 211).

Räumungsverkauf. Der Gewinn aus einem Räumungsverkauf gehört nicht zu dem begünstigten Aufgabegewinn (→ BFH vom 29.11.1988 – BStBl. 1989 II S. 602).

Rechnungsabgrenzungsposten. Ein wegen eines Zinszuschusses gebildeter passiver Rechnungsabgrenzungsposten ist im Rahmen einer Betriebsaufgabe zu Gunsten des Aufgabegewinns aufzulösen, wenn das dem Zinszuschuss zugrundeliegende Darlehen im Privatvermögen fortgeführt wird (→ BFH vom 25.4.2018 – BStBl. II S. 778).

Rücklage. Zum Veräußerungsgewinn gehören auch Gewinne, die sich bei der Veräußerung eines Betriebs aus der Auflösung von steuerfreien Rücklagen, z.B. Rücklage für Ersatzbeschaffung, Rücklage nach § 6b EStG, ergeben (→ BFH vom 25.6.1975 – BStBl. II S. 848 und vom 17.10.1991 – BStBl. 1992 II S. 392). Die spätere Auflösung einer anlässlich der Betriebsveräußerung gebildeten Rücklage nach § 6b EStG ist jedoch kein Veräußerungsgewinn (→ BFH vom 4.2.1982 – BStBl. II S. 348).

Rückstellung. Der Gewinn aus der Auflösung einer Rückstellung ist nicht zum Veräußerungsgewinn zu rechnen, wenn die Auflösung der Rückstellung und die Betriebsveräußerung in keinem rechtlichen oder ursächlichen, sondern lediglich in einem gewissen zeitlichen Zusammenhang miteinander stehen (→ BFH vom 15.11.1979 – BStBl. 1980 II S. 150).

Sachwertabfindung.

– Werden zur Tilgung einer Abfindungsschuld gegenüber einem ausgeschiedenen Mitunternehmer Wirtschaftsgüter veräußert, ist der dabei entstehende Gewinn als laufender Gewinn zu behandeln (→ BFH vom 28.11.1989 – BStBl. 1990 II S. 561).
– Die für die Sachwertabfindung geltenden Grundsätze sind auch anzuwenden, wenn die ausscheidenden Gesellschafter einer Personengesellschaft durch Abtretung einer noch nicht realisierten Forderung aus einem Grundstückskaufvertrag abgefunden werden (→ BFH vom 23.11.1995 – BStBl. 1996 II S. 194).

Selbsterzeugte Waren. Gewinne aus der Veräußerung von selbsterzeugten Waren an Handelsvertreter, die bisher den Verkauf der Erzeugnisse an Einzelhändler nur vermittelt haben, können zum begünstigten Aufgabegewinn gehören (→ BFH vom 1.12.1988 – BStBl. 1989 II S. 368).

Teilbetriebsveräußerung. Wird im zeitlichen Zusammenhang mit einer Teilbetriebsveräußerung ein wirtschaftlich nicht dem Teilbetrieb dienender Grundstücksteil in das Privatvermögen überführt, gehört der bei diesem Entnahmevorgang verwirklichte Gewinn nicht zum Veräußerungsgewinn nach § 16 EStG (→ BFH vom 18.4.1973 – BStBl. II S. 700).

Umlaufvermögen.[1] Gewinne aus der Veräußerung von Umlaufvermögen gehören zum Aufgabegewinn, wenn die Veräußerung nicht den Charakter einer normalen gewerblichen Tätigkeit hat, sondern die Waren, z. B. an frühere Lieferanten, veräußert werden (→ BFH vom 2.7.1981 – BStBl. II S. 798).

Verbindlichkeiten. Der Erlass einer Verbindlichkeit, die bei Betriebsaufgabe oder -veräußerung im Betriebsvermögen verbleibt, erhöht den Gewinn i.S.d. § 16 EStG. Wird die Verbindlichkeit nachträglich erlassen, ist dieser

[1] Siehe ergänzend BFH v. 23.1.2003 IV R 75/00, BStBl. II 2003, 467.

Gewinn rückwirkend zu erhöhen (→ BFH vom 6.3.1997 – BStBl. II S. 509).

Versicherungsleistungen. Entschließt sich der Unternehmer nach einem Brandschaden wegen der Betriebszerstörung zur Betriebsaufgabe, gehört der Gewinn aus der Realisierung der stillen Reserven, der dadurch entsteht, dass die auf die Anlagegüter entfallenden Versicherungsleistungen die Buchwerte übersteigen, zum Aufgabegewinn (→ BFH vom 11.3.1982 – BStBl. II S. 707).

Wertaufholung. Der Gewinn aus einer Wertaufholung auf den Zeitpunkt der Veräußerung ist als laufender Gewinn zu erfassen (→ BFH vom 9.11.2017 – BStBl. 2018 II S. 575).

Wettbewerbsverbot. Kommt der Verpflichtung zum Wettbewerbsverbot keine eigenständige wirtschaftliche Bedeutung zu, gehört das dafür gezahlte Entgelt zum Veräußerungsgewinn nach § 16 Abs. 1 EStG (→ BFH vom 23.2.1999 – BStBl. II S. 590).

R 16 (10)

Veräußerungspreis *(unbesetzt)*

H 16 (10)

Forderungsausfall. Scheidet ein Kommanditist aus einer KG aus und bleibt sein bisheriges Gesellschafterdarlehen bestehen, ist, wenn diese Forderung später wertlos wird, sein Veräußerungs- bzw. Aufgabegewinn mit steuerlicher Wirkung für die Vergangenheit gemindert (→ BFH vom 14.12.1994 – BStBl. 1995 II S. 465).

Nachträgliche Änderungen des Veräußerungspreises oder des gemeinen Werts.[1)]

– Ein später auftretender **Altlastenverdacht** mindert nicht den gemeinen Wert eines Grundstücks im Zeitpunkt der Aufgabe (→ BFH vom 1.4.1998 – BStBl. II S. 569).
– Die **Herabsetzung des Kaufpreises** für einen Betrieb auf Grund von Einwendungen des Käufers gegen die Rechtswirksamkeit des Kaufvertrages ist ein rückwirkendes Ereignis, das zur Änderung des Steuer-/Feststellungsbescheides führt, dem der nach dem ursprünglich vereinbarten Kaufpreis ermittelte Veräußerungsgewinn zugrunde liegt (→ BFH vom 23.6.1988 – BStBl. 1989 II S. 41).
– Wird bei der Veräußerung eines Wirtschaftsguts im Rahmen einer Betriebsaufgabe eine **nachträgliche Kaufpreiserhöhung** vereinbart, erhöht die spätere Nachzahlung den begünstigten Aufgabegewinn im Kj. der Betriebsaufgabe (→ BFH vom 31.8.2006 – BStBl. II S. 906).
– Die Zahlung von **Schadensersatzleistungen** für betriebliche Schäden nach Betriebsaufgabe beeinflusst die Höhe des begünstigten Aufgabege-

1) Zur Restschuldbefreiung als rückwirkendes Ereignis auf den Zeitpunkt der Betriebsaufgabe vor oder nach Eröffnung des Insolvenzverfahrens siehe BMF v. 8.4.2022, BStBl. I 2022, 632.

winns, weil sie ein rückwirkendes Ereignis auf den Zeitpunkt der Betriebsaufgabe darstellt (→ BFH vom 10.2.1994 – BStBl. II S. 564).

– Die **spätere vergleichsweise Festlegung eines strittigen Veräußerungspreises** ist auf den Zeitpunkt der Realisierung des Veräußerungsgewinns zurückzubeziehen (→ BFH vom 26.7.1984 – BStBl. II S. 786).
– Wird ein Grundstück im Rahmen einer Betriebsaufgabe veräußert und zu einem späteren Zeitpunkt der **Kaufpreis** aus Gründen, die im Kaufvertrag angelegt waren, **gemindert,** ist der tatsächlich erzielte Veräußerungserlös bei der Ermittlung des Aufgabegewinnes zu berücksichtigen. Gleiches gilt, wenn der **ursprüngliche Kaufvertrag aufgehoben** und das Grundstück zu einem geringeren Preis an neue Erwerber veräußert wird (→ BFH vom 12.10.2005 – BStBl. 2006 II S. 307).
– Wird die **gestundete Kaufpreisforderung** für die Veräußerung eines Gewerbebetriebs in einem späteren VZ ganz oder teilweise **uneinbringlich,** stellt dies ein Ereignis mit steuerlicher Rückwirkung auf den Zeitpunkt der Veräußerung dar (→ BFH vom 19.7.1993 – BStBl. II S. 897).
– Hält der Erwerber eines Gewerbebetriebs seine Zusage, den Veräußerer von der **Haftung** für alle vom Erwerber übernommenen Betriebsschulden **freizustellen,** nicht ein und wird der Veräußerer deshalb in einem späteren VZ aus einem als Sicherheit für diese Betriebsschulden bestellten Grundpfandrecht in Anspruch genommen, liegt ein Ereignis mit steuerlicher Rückwirkung auf den Zeitpunkt der Veräußerung vor (→ BFH vom 19.7.1993 – BStBl. II S. 894).
– Der **Tod des Rentenberechtigten** ist bei der Veräußerung gegen abgekürzte Leibrente und bei sog. Sofortversteuerung des Veräußerungsgewinns kein rückwirkendes Ereignis (→ BFH vom 19.8.1999 – BStBl. 2000 II S. 179).

Sachgüter. Soweit der Veräußerungspreis nicht in Geld, sondern in Sachgütern besteht, ist dieser mit dem gemeinen Wert (§ 9 BewG)[1] der erlangten Sachgüter grundsätzlich im Zeitpunkt der Veräußerung zu bewerten. Für die Bewertung kommt es aber auf die Verhältnisse im Zeitpunkt der Erfüllung der Gegenleistungspflicht an, wenn diese von den Verhältnissen im Zeitpunkt der Entstehung des Veräußerungsgewinns abweichen. Eine Veränderung der wertbestimmenden Umstände wirkt materiell-rechtlich auf den Zeitpunkt der Entstehung des Veräußerungsgewinns zurück (→ BFH vom 13.10.2015 – BStBl. 2016 II S. 212).

Schuldenübernahme durch Erwerber.

– Teil des Veräußerungspreises ist auch eine Verpflichtung des Erwerbers, den Veräußerer von einer privaten Schuld gegenüber einem Dritten durch befreiende Schuldübernahme oder durch Schuldbeitritt mit befreiender Wirkung im Innenverhältnis freizustellen. Gleiches gilt für die Verpflichtung zur Freistellung von einer dinglichen Last, die ihrem Rechtsinhalt nach einer rein schuldrechtlichen Verpflichtung gleichwer-

[1] **Steuergesetze** Nr. **200**.

tig ist, z. B. Übernahme einer Nießbrauchslast (→ BFH vom 12.1.1983 – BStBl. II S. 595).

– Bei der Berechnung des Gewinns aus einer Betriebsveräußerung sind vom Erwerber übernommene betriebliche Verbindlichkeiten, die auf Grund von Rückstellungsverboten in der Steuerbilanz (z. B. für Jubiläumszuwendungen und für drohende Verluste aus schwebenden Geschäften) nicht passiviert worden sind, nicht gewinnerhöhend zum Veräußerungspreis hinzuzurechnen (→ BFH vom 17.10.2007 – BStBl. 2008 II S. 555).

R 16 (11)

Betriebsveräußerung gegen wiederkehrende Bezüge

(11) [1]Veräußert ein Stpfl. seinen Betrieb gegen eine Leibrente, hat er ein Wahlrecht. [2]Er kann den bei der Veräußerung entstandenen Gewinn sofort versteuern. [3]In diesem Fall ist § 16 EStG anzuwenden. [4]Veräußerungsgewinn ist der Unterschiedsbetrag zwischen dem nach den Vorschriften des BewG ermittelten Barwert der Rente, vermindert um etwaige Veräußerungskosten des Stpfl., und dem Buchwert des steuerlichen Kapitalkontos im Zeitpunkt der Veräußerung des Betriebs. [5]Die in den Rentenzahlungen enthaltenen Ertragsanteile sind sonstige Einkünfte i. S. d. § 22 Nr. 1 Satz 3 Buchstabe a Doppelbuchstabe bb EStG. [6]Der Stpfl. kann stattdessen die Rentenzahlungen als nachträgliche Betriebseinnahmen i. S. d. § 15 i. V. m. § 24 Nr. 2 EStG behandeln. [7]In diesem Fall entsteht ein Gewinn, wenn der Kapitalanteil der wiederkehrenden Leistungen das steuerliche Kapitalkonto des Veräußerers zuzüglich etwaiger Veräußerungskosten des Veräußerers übersteigt; der in den wiederkehrenden Leistungen enthaltene Zinsanteil stellt bereits im Zeitpunkt des Zuflusses nachträgliche Betriebseinnahmen dar. [8]Für Veräußerungen, die vor dem 1.1.2004 erfolgt sind, gilt R 139 Abs. 11 EStR 2001.[1)] [9]Die Sätze 1 bis 8 gelten sinngemäß, wenn ein Betrieb gegen einen festen Barpreis und eine Leibrente veräußert wird; das Wahlrecht bezieht sich jedoch nicht auf den durch den festen Barpreis realisierten Teil des Veräußerungsgewinns. [10]Bei der Ermittlung des Barwerts der wiederkehrenden Bezüge ist von einem Zinssatz von 5,5 % auszugehen, wenn nicht vertraglich ein anderer Satz vereinbart ist.

[1)] **R 139 Abs. 11 EStR 2001:**
„Betriebsveräußerung gegen wiederkehrende Bezüge
(11) [1]Veräußert ein Steuerpflichtiger seinen Betrieb gegen eine Leibrente, so hat er ein Wahlrecht. [2]Er kann den bei der Veräußerung entstandenen Gewinn sofort versteuern. [3]In diesem Fall ist § 16 EStG anzuwenden. [4]Veräußerungsgewinn ist der Unterschiedsbetrag zwischen dem nach den Vorschriften des BewG ermittelten Barwert der Rente, vermindert um etwaige Veräußerungskosten des Steuerpflichtigen, und dem Buchwert des steuerlichen Kapitalkontos im Zeitpunkt der Veräußerung des Betriebs. [5]Die in den Rentenzahlungen enthaltenen Ertragsanteile sind sonstige Einkünfte im Sinne des § 22 Nr. 1 Satz 3 Buchstabe a EStG. [6]Der Steuerpflichtige kann statt dessen die Rentenzahlungen als nachträgliche Betriebseinnahmen im Sinne des § 15 in Verbindung mit § 24 Nr. 2 EStG behandeln. [7]In diesem Fall entsteht ein Gewinn, wenn die Rentenzahlungen das steuerliche Kapitalkonto des Veräußerers zuzüglich etwaiger Veräußerungskosten des Veräußerers übersteigen. [8]Die Sätze 1 bis 7 gelten sinngemäß, wenn ein Betrieb gegen einen festen Barpreis und eine Leibrente veräußert wird; das Wahlrecht bezieht sich jedoch nicht auf den durch den festen Barpreis realisierten Teil des Veräußerungsgewinns. [9]Bei der Ermittlung des Barwerts der wiederkehrenden Bezüge ist von einem Zinssatz von 5,5 % auszugehen, wenn nicht vertraglich ein anderer Satz vereinbart ist."

H 16 (11)

Betriebsveräußerung gegen wiederkehrende Bezüge und festes Entgelt. Wird ein Betrieb gegen wiederkehrende Bezüge und ein festes Entgelt veräußert, besteht das Wahlrecht hinsichtlich der wiederkehrenden Bezüge auch dann, wenn sie von dritter Seite erbracht werden (→ BFH vom 7.11.1991 – BStBl. 1992 II S. 457).

Freibetrag. Der Freibetrag des § 16 Abs. 4 EStG und die Steuerbegünstigung nach § 34 EStG sind nicht zu gewähren, wenn bei der Veräußerung gegen wiederkehrende Bezüge die Zahlungen beim Veräußerer als laufende nachträgliche Einkünfte aus Gewerbebetrieb i. S. d. § 15 i. V. m. § 24 Nr. 2 EStG behandelt werden (→ BFH vom 21.12.1988 – BStBl. 1989 II S. 409). Wird ein Betrieb gegen festen Kaufpreis und Leibrente veräußert, ist für die Ermittlung des Freibetrags nach § 16 Abs. 4 EStG nicht allein auf den durch den festen Barpreis realisierten Veräußerungsgewinn abzustellen, sondern auch der Kapitalwert der Rente als Teil des Veräußerungspreises zu berücksichtigen (→ BFH vom 17.8.1967 – BStBl. 1968 II S. 75). Der Freibetrag kann jedoch höchstens in Höhe des durch den festen Kaufpreis realisierten Teils des Veräußerungsgewinns gewährt werden (→ BFH vom 21.12.1988 – BStBl. 1989 II S. 409).

Gewinn- oder umsatzabhängiger Kaufpreis. Wird ein Betrieb, Teilbetrieb oder Mitunternehmeranteil gegen einen gewinnabhängigen oder umsatzabhängigen Kaufpreis veräußert, ist das Entgelt zwingend als laufende nachträgliche Betriebseinnahme im Jahr des Zuflusses in der Höhe zu versteuern, in der die Summe der Kaufpreiszahlungen das – ggf. um Einmalleistungen gekürzte – Schlusskapitalkonto zuzüglich der Veräußerungskosten überschreitet (→ BFH vom 14.5.2002 – BStBl. II S. 532).

Kaufpreisstundung. Eine gestundete Kaufpreisforderung ist bei der Ermittlung des Veräußerungsgewinns mit dem gemeinen Wert anzusetzen (→ BFH vom 19.1.1978 – BStBl. II S. 295).

Ratenzahlungen. Veräußert ein Stpfl. seinen Betrieb gegen einen in Raten zu zahlenden Kaufpreis, sind die Grundsätze der R 16 Abs. 11 Satz 1 bis 9 mit der Maßgabe anzuwenden, dass an die Stelle des nach den Vorschriften des Bewertungsgesetzes ermittelten Barwerts der Rente der Barwert der Raten tritt, wenn die Raten während eines mehr als zehn Jahre dauernden Zeitraums zu zahlen sind und die Ratenvereinbarung sowie die sonstige Ausgestaltung des Vertrags eindeutig die Absicht des Veräußerers zum Ausdruck bringen, sich eine Versorgung zu verschaffen (→ BFH vom 23.1.1964 – BStBl. III S. 239 und vom 12.6.1968 – BStBl. II S. 653).

Tod des Rentenberechtigten. Der Tod des Rentenberechtigten ist bei der Veräußerung gegen abgekürzte Leibrente und bei sog. Sofortversteuerung des Veräußerungsgewinns kein rückwirkendes Ereignis (→ BFH vom 19.8.1999 – BStBl. 2000 II S. 179).

Zeitrente. Das Wahlrecht zwischen einer begünstigten Sofortbesteuerung eines Veräußerungsgewinns und einer nicht begünstigten Besteuerung nachträglicher Einkünfte aus Gewerbebetrieb besteht auch bei der Veräußerung gegen eine Zeitrente mit einer langen, nicht mehr überschaubaren Laufzeit (länger als 10 Jahre), wenn sie auch mit dem Nebenzweck vereinbart ist, dem Veräußerer langfristig eine etwaige zusätzliche Versorgung zu schaffen (→ BFH vom 5.11.2019 – BStBl. 2020 II S. 262).

Zuflussbesteuerung. → BMF vom 3.8.2004 (BStBl. I S. 1187).

R 16 (12)

Veräußerungskosten *(unbesetzt)*

H 16 (12)

Gewerbesteuer. § 4 Abs. 5b EStG steht dem Abzug der Gewerbesteuer als Veräußerungskosten nur bei dem Schuldner der Gewerbesteuer entgegen, nicht auch bei demjenigen, der sich vertraglich zur Übernahme der Gewerbesteuerbelastung verpflichtet (→ BFH vom 7.3.2019 – BStBl. II S. 696).

Rentenverpflichtung. Die Leistungen zur Ablösung einer freiwillig begründeten Rentenverpflichtung i. S. d. § 12 Nr. 2 EStG sind keine Veräußerungskosten (→ BFH vom 20.6.2007 – BStBl. 2008 II S. 99).

Veräußerungskosten. Veräußerungskosten mindern auch dann den begünstigten Veräußerungsgewinn, wenn sie in einem VZ vor der Veräußerung entstanden sind (→ BFH vom 6.10.1993 – BStBl. 1994 II S. 287).

Vorfälligkeitsentschädigung. Eine Vorfälligkeitsentschädigung, die zu zahlen ist, weil im Rahmen einer Betriebsveräußerung ein betrieblicher Kredit vorzeitig abgelöst wird, gehört jedenfalls dann zu den Veräußerungskosten, wenn der Veräußerungserlös zur Tilgung der Schulden ausreicht (→ BFH vom 25.1.2000 – BStBl. II S. 458).

R 16 (13)

Gewährung des Freibetrags

(13) [1] Über die Gewährung des Freibetrags wird bei der Veranlagung zur Einkommensteuer entschieden. [2] Dies gilt auch im Falle der Veräußerung eines Mitunternehmeranteiles; in diesem Fall ist im Verfahren zur gesonderten und einheitlichen Gewinnfeststellung nur die Höhe des auf den Gesellschafter entfallenden Veräußerungsgewinns festzustellen. [3] Veräußert eine Personengesellschaft, bei der die Gesellschafter als Mitunternehmer anzusehen sind, ihren ganzen Gewerbebetrieb, steht den einzelnen Mitunternehmern für ihren Anteil am Veräußerungsgewinn nach Maßgabe ihrer persönlichen Verhältnisse der Freibetrag in voller Höhe zu. [4] Der Freibetrag ist dem Stpfl. nur einmal zu gewähren; nicht verbrauchte Teile des Freibetrags können nicht bei einer anderen Veräußerung in Anspruch genommen werden. [5] Die Gewährung des Freibetrags nach § 16 Abs. 4 EStG ist ausgeschlossen, wenn dem Stpfl. für eine Veräußerung oder Aufgabe, die nach dem 31.12.1995 erfolgt ist, ein Freibetrag nach § 14 Satz 2, § 16 Abs. 4 oder § 18 Abs. 3 EStG bereits gewährt worden ist. [6] Wird der zum Betriebsvermögen eines Einzelunternehmers gehörende Mitunternehmeranteil im Zusammenhang mit der Veräußerung des Einzelun-

ternehmens veräußert, ist die Anwendbarkeit des § 16 Abs. 4 EStG für beide Vorgänge getrennt zu prüfen. [7]Liegen hinsichtlich beider Vorgänge die Voraussetzungen des § 16 Abs. 4 EStG vor, kann der Stpfl. den Abzug des Freibetrags entweder bei der Veräußerung des Einzelunternehmens oder bei der Veräußerung des Mitunternehmeranteiles beantragen. [8]Die Veräußerung eines Anteils an einer Mitunternehmerschaft (Obergesellschaft), zu deren Betriebsvermögen die Beteiligung an einer anderen Mitunternehmerschaft gehört (mehrstöckige Personengesellschaft), stellt für die Anwendbarkeit des § 16 Abs. 4 EStG einen einheitlich zu beurteilenden Veräußerungsvorgang dar. [9]In den Fällen des § 16 Abs. 2 Satz 3 und Abs. 3 Satz 5 EStG ist für den Teil des Veräußerungsgewinns, der nicht als laufender Gewinn gilt, der volle Freibetrag zu gewähren; der Veräußerungsgewinn, der als laufender Gewinn gilt, ist bei der Kürzung des Freibetrags nach § 16 Abs. 4 Satz 3 EStG nicht zu berücksichtigen. [10]Umfasst der Veräußerungsgewinn auch einen Gewinn aus der Veräußerung von Anteilen an Körperschaften, Personenvereinigungen oder Vermögensmassen, ist für die Berechnung des Freibetrags der nach § 3 Nr. 40 Satz 1 Buchstabe b i. V. m. § 3c Abs. 2 EStG steuerfrei bleibende Teil nicht zu berücksichtigen.

H 16 (13)

Erbfall. Wird ein Veräußerungsgeschäft vor dem Erbfall abgeschlossen, aber erst nach dem Erbfall wirksam, steht der Freibetrag nur dem Erben nach dessen persönlichen Verhältnissen zu (→ BFH vom 9.6.2015 – BStBl. 2016 II S. 216).

Freibetrag.

– Aufteilung des Freibetrages und Gewährung der Tarifermäßigung bei Betriebsaufgaben über zwei Kj.,
  Freibetrag bei teilentgeltlicher Veräußerung im Wege der vorweggenommenen Erbfolge,
  Vollendung der Altersgrenze in § 16 Abs. 4[1)] und § 34 Abs. 3 EStG nach Beendigung der Betriebsaufgabe oder -veräußerung, aber vor Ablauf des VZ der Betriebsaufgabe oder -veräußerung,
  → BMF vom 20.12.2005 (BStBl. 2006 I S. 7).
– Der Freibetrag für Betriebsveräußerungs- oder -aufgabegewinne kann auch bei Veräußerung oder Aufgabe mehrerer Betriebe, Teilbetriebe oder Mitunternehmeranteile innerhalb desselben VZ nur für einen einzigen Veräußerungs- oder Aufgabegewinn in Anspruch genommen werden (→ BFH vom 27.10.2015 – BStBl. 2016 II S. 278).

Personenbezogenheit. Der Freibetrag nach § 16 Abs. 4 EStG wird personenbezogen gewährt; er steht dem Stpfl. für alle Gewinneinkunftsarten insgesamt nur einmal zu. Dabei kommt es nicht darauf an, ob der Freibetrag zu Recht gewährt worden ist oder nicht (→ BFH vom 21.7.2009 – BStBl. II S. 963).

[1)] Veräußerer muss bereits im Zeitpunkt der Veräußerung das 55. Lebensjahr vollendet haben; siehe BFH v. 28.11.2007 X R 12/07, BStBl. II 2008, 193.

Teileinkünfteverfahren.

Beispiel:

A veräußert sein Einzelunternehmen. Der Veräußerungserlös beträgt 200 000 €, der Buchwert des Kapitalkontos 70 000 €. Im Betriebsvermögen befindet sich eine Beteiligung an einer GmbH, deren Buchwert 20 000 € beträgt. Der auf die GmbH-Beteiligung entfallende Anteil am Veräußerungserlös beträgt 50 000 €.

Der aus der Veräußerung des GmbH-Anteils erzielte Gewinn ist nach § 3 Nr. 40 Satz 1 Buchstabe b, § 3c Abs. 2 EStG in Höhe von (30 000 € ./. 12 000 € =) 18 000 € steuerpflichtig. Der übrige Veräußerungsgewinn beträgt (150 000 € ./. 50 000 € =) 100 000 €. Der Freibetrag ist vorrangig mit dem Veräußerungsgewinn zu verrechnen, auf den das Teileinkünfteverfahren anzuwenden ist (→ BFH vom 14.7.2010 – BStBl. II S. 1011).

	Insgesamt	Ermäßigt zu besteuern	Teileinkünfteverfahren
Veräußerungsgewinn nach § 16 EStG	118 000 €	100 000 €	18 000 €
Freibetrag nach § 16 Abs. 4 EStG	45 000 €	27 000 €	18 000 €
Steuerpflichtig	73 000 €	73 000 €	0 €

Zweifelsfragen im Zusammenhang mit § 6b Abs. 2a EStG. → BMF vom 7.3.2018 (BStBl. I S. 309).

R 16 (14)

Dauernde Berufsunfähigkeit

(14) [1]Zum Nachweis der dauernden Berufsunfähigkeit reicht die Vorlage eines Bescheides des Rentenversicherungsträgers aus, wonach die Berufsunfähigkeit oder Erwerbsunfähigkeit i. S. d. gesetzlichen Rentenversicherung vorliegt. [2]Der Nachweis kann auch durch eine amtsärztliche Bescheinigung oder durch die Leistungspflicht einer privaten Versicherungsgesellschaft, wenn deren Versicherungsbedingungen an einen Grad der Berufsunfähigkeit von mindestens 50 % oder an eine Minderung der Erwerbsfähigkeit wegen Krankheit oder Behinderung auf weniger als sechs Stunden täglich anknüpfen, erbracht werden. [3]Der Freibetrag nach § 16 Abs. 4 EStG kann gewährt werden, wenn im Zeitpunkt der Veräußerung oder Aufgabe eine dauernde Berufsunfähigkeit vorliegt; eine Kausalität zwischen der Veräußerung oder Aufgabe und der Berufsunfähigkeit ist nicht erforderlich.

H 16 (14)

Berufsunfähigkeit im sozialversicherungsrechtlichen Sinne. Berufsunfähig sind Versicherte, deren Erwerbsfähigkeit wegen Krankheit oder Behinderung im Vergleich zur Erwerbsfähigkeit von körperlich, geistig und seelisch gesunden Versicherten mit ähnlicher Ausbildung und gleichwertigen Kenntnissen und Fähigkeiten auf weniger als sechs Stunden gesunken ist (§ 240 Abs. 2 SGB VI).[1]

Erbfolge. Wird ein im Erbwege übergegangener Betrieb von dem Erben aufgegeben, müssen die Voraussetzungen für die Gewährung des Freibetrags nach § 16 Abs. 4 EStG in der Person des Erben erfüllt sein (→ BFH vom 19.5.1981 – BStBl. II S. 665).

---

[1] **Aichberger SGB** Nr. **6**.

Zu § 17 EStG
(§§ 53 und 54 EStDV)

R 17. Veräußerung von Anteilen an einer Kapitalgesellschaft oder Genossenschaft

R 17 (1)

Abgrenzung des Anwendungsbereichs gegenüber anderen Vorschriften

(1) [1] § 17 EStG gilt nicht für die Veräußerung von Anteilen an einer Kapitalgesellschaft, die zu einem Betriebsvermögen gehören. [2] In diesem Fall ist der Gewinn nach § 4 oder § 5 EStG zu ermitteln.

H 17 (1)

Handel mit Beteiligungen. → H 15.7 (1).

Umqualifizierung von Einkünften i. S. d. § 20 Abs. 2 Satz 1 Nr. 1 EStG in Einkünfte i. S. d. § 17 EStG. → BMF vom 16.12.2014 (BStBl. 2015 I S. 24).

R 17 (2)

Beteiligung

(2) [1] Eine Beteiligung i. S. d. § 17 Abs. 1 Satz 1 EStG liegt vor, wenn der Stpfl. nominell zu mindestens 1% am Nennkapital der Kapitalgesellschaft beteiligt ist oder innerhalb der letzten fünf Jahre vor der Veräußerung beteiligt war. [2] In den Fällen des § 17 Abs. 6 EStG (Erwerb der Anteile durch Sacheinlage oder durch Einbringung von Anteilen/Anteilstausch i. S. d. § 17 Abs. 1 Satz 1 EStG) führt auch eine nominelle Beteiligung von weniger als 1% am Nennkapital zur Anwendung von § 17 Abs. 1 Satz 1 EStG.

H 17 (2)

Ähnliche Beteiligungen. Die Einlage eines stillen Gesellschafters ist keine „ähnliche Beteiligung" i. S. d. § 17 Abs. 1 Satz 3 EStG (→ BFH vom 28.5.1997 – BStBl. II S. 724).

Anteile im Betriebsvermögen. Im Betriebsvermögen gehaltene Anteile zählen bei der Ermittlung der Beteiligungshöhe mit (→ BFH vom 10.11.1992 – BStBl. 1994 II S. 222).

Anwartschaftsrechte. Anwartschaften (Bezugsrechte) bleiben bei der Ermittlung der Höhe der Beteiligung grundsätzlich außer Betracht (→ BFH vom 14.3.2006 – BStBl. II S. 746 und vom 19.2.2013 – BStBl. II S. 578).

Ausländische Kapitalgesellschaft. § 17 EStG gilt auch für Anteile an einer ausländischen Kapitalgesellschaft, wenn die ausländische Gesellschaft mit einer deutschen AG oder GmbH vergleichbar ist (→ BFH vom 21.10.1999 – BStBl. 2000 II S. 424).

Durchgangserwerb. Ein Anteil, der bereits vor seinem Erwerb an einen Dritten abgetreten wird, erhöht die Beteiligung (→ BFH vom 16.5.1995 – BStBl. II S. 870).

Eigene Anteile. Werden von der **Kapitalgesellschaft eigene Anteile** gehalten, ist bei der Entscheidung, ob ein Stpfl. i. S. d. § 17 Abs. 1 Satz 1 EStG beteiligt ist, von dem um die eigenen Anteile der Kapitalgesellschaft verminderten Nennkapital auszugehen (→ BFH vom 24.9.1970 – BStBl. 1971 II S. 89).

Einbringungsgeborene Anteile aus Umwandlungen vor dem 13.12. 2006.

– Zur steuerlichen Behandlung von Gewinnen aus der Veräußerung von einbringungsgeborenen Anteilen → § 21 UmwStG in der am 21.5.2003 geltenden Fassung (UmwStG a. F.) i. V. m. § 27 Abs. 3 Nr. 3 UmwStG;[1] → BMF vom 25.3.1998 (BStBl. I S. 268) unter Berücksichtigung der Änderungen durch BMF vom 21.8.2001 (BStBl. I S. 543), Tz. 21.01–21.16.
– Einbringungsgeborene Anteile an einer Kapitalgesellschaft, die durch einen Antrag nach § 21 Abs. 2 Satz 1 Nr. 1 UmwStG a. F. entstrickt wurden, unterfallen der Besteuerung gem. § 17 Abs. 1 EStG. Veräußerungsgewinn nach § 17 Abs. 2 EStG in Bezug auf derartige Anteile ist der Betrag, um den der Veräußerungspreis den gemeinen Wert der Anteile (§ 21 Abs. 2 Satz 2 UmwStG a. F.) übersteigt (→ BFH vom 24.6.2008 – BStBl. II S. 872).

Fünfjahreszeitraum.

– → BMF vom 20.12.2010 (BStBl. 2011 I S. 16) unter Berücksichtigung der Änderungen durch BMF vom 16.12.2015 (BStBl. 2016 I S. 10).[2]
– Der Gewinn aus der Veräußerung einer Beteiligung von weniger als 1% ist auch dann nach § 17 Abs. 1 Satz 1 EStG zu erfassen, wenn der Gesellschafter die Beteiligung erst neu erworben hat, nachdem er zuvor innerhalb des Fünfjahreszeitraums eine Beteiligung von mindestens 1% insgesamt veräußert hat und mithin vorübergehend überhaupt nicht an der Kapitalgesellschaft beteiligt war (→ BFH vom 20.4.1999 – BStBl. II S. 650).
– Maßgeblich für die Berechnung des Fünfjahreszeitraums ist der Übergang des wirtschaftlichen und nicht des zivilrechtlichen Eigentums (→ BFH vom 17.2.2004 – BStBl. II S. 651).

Genussrechte. Eine „Beteiligung am Kapital der Gesellschaft" i. S. d. § 17 EStG liegt bei eingeräumten Genussrechten nicht schon dann vor, wenn diese eine Gewinnbeteiligung gewähren, sondern nur, wenn sie auch eine Beteiligung am Liquidationserlös der Gesellschaft vorsehen. Die Vereinbarung, dass das Genussrechtskapital erst nach der Befriedigung der übrigen Gesellschaftsgläubiger zurückzuzahlen ist (sog. Nachrangvereinbarung), verleiht dem Genussrecht noch keinen Beteiligungscharakter (→ BFH vom 14.6.2005 – BStBl. II S. 861).

---

[1] **Steuergesetze** Nr. **130**.
[2] Siehe auch BMF v. 27.5.2013, BStBl. I 2013, 721.

Gesamthandsvermögen.

– Bei der Veräußerung einer **Beteiligung, die sich im Gesamthandsvermögen (z. B. einer vermögensverwaltenden Personengesellschaft, Erbengemeinschaft)** befindet, ist für die Frage, ob eine Beteiligung i. S. d. § 17 Abs. 1 Satz 1 EStG vorliegt, nicht auf die Gesellschaft oder Gemeinschaft als solche, sondern auf die einzelnen Mitglieder abzustellen, da die Beteiligung nach § 39 Abs. 2 Nr. 2 AO den einzelnen Mitgliedern zuzurechnen ist – sog. Bruchteilsbetrachtung – (→ BFH vom 7.4.1976 – BStBl. II S. 557 und vom 9.5.2000 – BStBl. II S. 686).

– Die Veräußerung von **Anteilen an einer Gesellschaft oder Gemeinschaft,** die ihrerseits eine Beteiligung an einer Kapitalgesellschaft hält, fällt unter § 17 EStG, wenn eine Beteiligung i. S. d. § 17 Abs. 1 Satz 1 EStG vorliegt. Hierbei ist nicht auf die Gesellschaft oder Gemeinschaft als solche, sondern auf das veräußernde Mitglied abzustellen, da die Beteiligung nach § 39 Abs. 2 Nr. 2 AO den einzelnen Mitgliedern zuzurechnen ist – sog. Bruchteilsbetrachtung – (→ BFH vom 13.7.1999 – BStBl. II S. 820 und vom 9.5.2000 – BStBl. II S. 686).

Kurzfristige Beteiligung. Eine Beteiligung i. S. d. § 17 Abs. 1 Satz 1 EStG liegt bereits dann vor, wenn der Veräußerer oder bei unentgeltlichem Erwerb sein Rechtsvorgänger innerhalb des maßgebenden Fünfjahreszeitraums nur **kurzfristig** zu mindestens 1% unmittelbar oder mittelbar an der Gesellschaft beteiligt war (→ BFH vom 5.10.1976 – BStBl. 1977 II S. 198). Auch Anteile, die der Stpfl. noch am Tage des **unentgeltlichen Erwerbs** veräußert, zählen mit (→ BFH vom 7.7.1992 – BStBl. 1993 II S. 331). Etwas anderes gilt, wenn im Rahmen eines Gesamtvertragskonzepts (= mehrere zeitgleich abgeschlossene, korrespondierende Verträge) die mit der übertragenen Beteiligung verbundenen Rechte von vorneherein nur für eine Beteiligung von weniger als 1% übergehen sollten (→ BFH vom 5.10.2011 – BStBl. 2012 II S. 318).

Missbrauch.

– Eine Beteiligung i. S. d. § 17 Abs. 1 Satz 1 EStG kann auch dann vorliegen, wenn der Veräußerer zwar formal nicht zu mindestens 1% an der Kapitalgesellschaft beteiligt war, die Gestaltung der Beteiligungsverhältnisse jedoch **einen Missbrauch der Gestaltungsmöglichkeiten i. S. d. § 42 AO darstellt** (→ BFH vom 27.1.1977 – BStBl. II S. 754).
– **Anteilsrotation** → BMF vom 3.2.1998 (BStBl. I S. 207).

Mitgliedschaftsrechte an einer AG. Eine mögliche – durch die Kennzeichnung als Nennbetragsaktien anstatt als Stückaktien bedingte – formale Unrichtigkeit von Aktien hindert nicht den Erwerb des dann noch unverkörperten Mitgliedschaftsrechts (→ BFH vom 7.7.2011 – BStBl. 2012 II S. 20).

Mittelbare Beteiligung.

– Besteht **neben einer unmittelbaren auch eine mittelbare Beteiligung** an der Gesellschaft, liegt eine Beteiligung i. S. d. § 17 Abs. 1 Satz 1 EStG vor, wenn die Zusammenrechnung eine Beteiligung von mindestens 1% ergibt, unabhängig davon, ob der Stpfl. die die mittelbare Beteiligung vermittelnde Kapitalgesellschaft beherrscht oder nicht (→ BFH vom 28.6.1978 – BStBl. II S. 590 und vom 12.6.1980 – BStBl. II S. 646).

– Der Gesellschafter einer Kapitalgesellschaft ist auch dann Beteiligter i. S. d. § 17 Abs. 1 Satz 1 EStG, wenn sich die Anteilsquote von mindestens 1% erst durch – anteilige – Hinzurechnung von **Beteiligungen an der Kapitalgesellschaft** ergibt, **welche unmittelbar oder mittelbar von einer Personenhandelsgesellschaft gehalten werden,** an der der Gesellschafter der Kapitalgesellschaft als Mitunternehmer beteiligt ist (→ BFH vom 10.2.1982 – BStBl. II S. 392).
– Die Übernahme einer Bürgschaft für eine Gesellschaft durch einen nur mittelbar beteiligten Anteilseigner stellt keine nachträglichen Anschaffungskosten der unmittelbaren Beteiligung i. S. d. § 17 EStG dar (→ BFH vom 4.3.2008 – BStBl. II S. 575).

Nominelle Beteiligung. Die für die Anwendung des § 17 EStG maßgebliche Höhe einer Beteiligung ist bei einer GmbH aus den Geschäftsanteilen zu berechnen. Dies gilt auch, wenn in der GmbH-Satzung die Stimmrechte oder die Verteilung des Gewinns und des Liquidationserlöses abweichend von §§ 29, 72 GmbHG geregelt sind (→ BFH vom 25.11.1997 – BStBl. 1998 II S. 257 und vom 14.3.2006 – BStBl. II S. 749).

Optionsrecht. Die Veräußerung einer Anwartschaft i. S. d. § 17 Abs. 1 Satz 3 EStG liegt vor, wenn eine schuldrechtliche Option auf den Erwerb einer Beteiligung (Call-Option) veräußert wird, die die wirtschaftliche Verwertung des bei der Kapitalgesellschaft eingetretenen Zuwachses an Vermögenssubstanz ermöglicht (→ BFH vom 19.12.2007 – BStBl. 2008 II S. 475).

Quotentreuhand. Der Annahme eines zivilrechtlich wirksamen Treuhandverhältnisses steht nicht entgegen, dass dieses nicht an einem selbständigen Geschäftsanteil, sondern – als sog. Quotentreuhand – lediglich an einem Teil eines solchen Geschäftsanteils vereinbart wird. Ein solcher quotaler Anteil ist ein Wirtschaftsgut i. S. d. § 39 Abs. 2 Nr. 1 Satz 2 AO und stellt damit einen treugutfähigen Gegenstand dar (→ BFH vom 6.10.2009 – BStBl. 2010 II S. 460).

Rückwirkende Schenkung. Entsteht durch den **Erwerb weiterer Anteile** eine Beteiligung von mindestens 1%, kann diese nicht dadurch beseitigt werden, dass die erworbenen Anteile rückwirkend verschenkt werden (→ BFH vom 18.9.1984 – BStBl. 1985 II S. 55).

Unentgeltlicher Hinzuerwerb. Eine Beteiligung von weniger als 1% wird nicht dadurch insgesamt zu einer Beteiligung i. S. d. § 17 Abs. 1 Satz 1 EStG, dass der Stpfl. einzelne Geschäftsanteile davon unentgeltlich von einem Beteiligten erworben hat, der eine Beteiligung von mindestens 1% gehalten hat oder noch hält (→ BFH vom 29.7.1997 – BStBl. II S. 727).

R 17 (3)

Unentgeltlicher Erwerb von Anteilen oder Anwartschaften

(3) Überlässt der i. S. d. § 17 Abs. 1 Satz 1 EStG beteiligte Anteilseigner einem Dritten unentgeltlich das Bezugsrecht aus einer Kapitalerhöhung (Anwartschaft i. S. d. § 17 Abs. 1 Satz 3 EStG), sind die vom Dritten erworbenen Anteile teilweise nach § 17 Abs. 1 Satz 4 EStG steuerverhaftet (→ Unentgeltlicher Anwartschaftserwerb).

H 17 (3)

Abgrenzung von entgeltlichem und unentgeltlichem Erwerb. Die bei Verträgen unter fremden Dritten bestehende Vermutung für das Vorliegen eines entgeltlichen Geschäfts ist im Fall der Übertragung eines Kapitalgesellschaftsanteils, für den der Zuwendende hohe Anschaffungskosten getragen hat, nicht alleine dadurch als widerlegt anzusehen, weil ein Freundschaftsverhältnis zwischen dem Zuwendenden und dem Empfänger besteht (→ BFH vom 9.5.2017 – BStBl. 2018 II S. 94).

Kapitalerhöhung nach unentgeltlichem Erwerb von Anteilen. Die nach einer Kapitalerhöhung aus Gesellschaftsmitteln zugeteilten neuen Aktien führen nicht zu einem gegenüber dem unentgeltlichen Erwerb der Altaktien selbständigen Erwerbsvorgang. Zwischen den Altaktien und den neuen Aktien besteht wirtschaftliche Identität (→ BFH vom 25.2.2009 – BStBl. II S. 658).

Unentgeltlicher Anwartschaftserwerb.

Beispiel:

Alleingesellschafter A hat seine GmbH-Anteile für 80 000 € erworben. Der gemeine Wert der Anteile beträgt 400 000 €. Die GmbH erhöht ihr Stammkapital von 100 000 € auf 120 000 €. A ermöglicht seinem Sohn S, die neu ausgegebenen Anteile von nominal 20 000 € gegen Bareinlage von 50 000 € zu erwerben. Die neuen Anteile des S haben einen gemeinen Wert von 20 000 € : 120 000 € × (400 000 € + 50 000 €) = 75 000 € und sind zu (75 000 € – 50 000 €) : 75 000 € = 33,33 % unentgeltlich und zu 66,67 % entgeltlich erworben worden. Auf den unentgeltlich erworbenen Teil ist § 17 Abs. 1 Satz 1 und 4 EStG anzuwenden. Auf diesen Teil entfallen Anschaffungskosten des Rechtsvorgängers A i. S. d. § 17 Abs. 2 Satz 5 EStG in Höhe von 80 000 € × 25 000 € : 400 000 € = 5000 €. Die verbleibenden Anschaffungskosten des A sind entsprechend auf 75 000 € zu kürzen (→ BFH vom 6.12.1968 – BStBl. 1969 II S. 105).

Vorbehaltsnießbrauch. → H 17 (4).

R 17 (4)

Veräußerung von Anteilen

(4) Die Ausübung von Bezugsrechten durch die Altaktionäre bei Kapitalerhöhungen gegen Einlage ist keine Veräußerung i. S. d. § 17 Abs. 1 EStG.

H 17 (4)

Allgemeines.

- Veräußerung i. S. d. § 17 Abs. 1 EStG ist die entgeltliche Übertragung des rechtlichen oder zumindest des wirtschaftlichen Eigentums an einer Beteiligung auf einen anderen Rechtsträger (→ BFH vom 11.7.2006 – BStBl. 2007 II S. 296).
- Sieht ein vorab erstelltes Konzept vor, dass der vereinbarte Kaufpreis ganz oder teilweise unmittelbar als Schenkung von dem Veräußerer an den Erwerber zurückfließt, liegt in Höhe des zurückgeschenkten Betrags keine entgeltliche Übertragung vor (→ BFH vom 22.10.2013 – BStBl. 2014 II S. 158).

– Der entgeltliche Erwerb eigener Anteile durch die GmbH stellt auf der Ebene des veräußernden Gesellschafters ein Veräußerungsgeschäft i. S. d. § 17 Abs. 1 EStG dar (→ BFH vom 6.12.2017 – BStBl. 2019 II S. 213).
– → Wirtschaftliches Eigentum.

Beendigung der unbeschränkten Steuerpflicht und gleichgestellte Sachverhalte mit Auslandsbezug. → § 6 AStG.[1)]

Bezugsrechte.
– Veräußert ein i. S. d. § 17 Abs. 1 Satz 1 EStG Beteiligter ihm auf Grund seiner Anteile zustehende **Bezugsrechte auf weitere Beteiligungsrechte,** liegt auch insoweit eine Veräußerung i. S. d. § 17 Abs. 1 Satz 1 EStG vor (→ BFH vom 20.2.1975 – BStBl. II S. 505 und vom 19.4.2005 – BStBl. II S. 762).
– Wird das **Stammkapital** einer GmbH **erhöht** und das Bezugsrecht einem Nichtgesellschafter gegen Zahlung eines Ausgleichs für die auf den neuen Geschäftsanteil übergehenden stillen Reserven eingeräumt, kann dies die Veräußerung eines Anteils an einer GmbH (Anwartschaft auf eine solche Beteiligung) sein. Wird dieser Ausgleich in Form eines Agios in die GmbH eingezahlt und in engem zeitlichen Zusammenhang damit wieder an die Altgesellschafter ausgezahlt, kann ein Missbrauch rechtlicher Gestaltungsmöglichkeiten (§ 42 AO) vorliegen. Die Zahlung an die Altgesellschafter ist dann als Entgelt für die Einräumung des Bezugsrechts zu behandeln (→ BFH vom 13.10.1992 – BStBl. 1993 II S. 477).

Einziehung. Ein Verlust nach § 17 EStG aus der Einziehung eines GmbH-Anteils nach § 34 GmbHG ist frühestens mit deren zivilrechtlicher Wirksamkeit zu berücksichtigen (→ BFH vom 22.7.2008 – BStBl. II S. 927).

Entstehung des Veräußerungsgewinns. Der Veräußerungsgewinn entsteht grundsätzlich im Zeitpunkt der Veräußerung und zwar auch dann, wenn der Kaufpreis gestundet wird (→ BFH vom 20.7.2010 – BStBl. II S. 969).

Rückübertragung.
– Eine Rückübertragung auf Grund einer vor Kaufpreiszahlung geschlossenen Rücktrittsvereinbarung ist als Ereignis mit steuerlicher Rückwirkung auf den Zeitpunkt der Veräußerung der Beteiligung zurückzubeziehen (→ BFH vom 21.12.1993 – BStBl. 1994 II S. 648).
– Der Abschluss eines außergerichtlichen Vergleiches, mit dem die Vertragsparteien den Rechtsstreit über den Eintritt einer im Kaufvertrag vereinbarten auflösenden Bedingung beilegen, ist ein Ereignis mit steuerlicher Rückwirkung auf den Zeitpunkt der Veräußerung (→ BFH vom 19.8.2003 – BStBl. 2004 II S. 107).
– Die Rückabwicklung eines noch nicht beiderseits vollständig erfüllten Kaufvertrags ist aus der Sicht des früheren Veräußerers keine Anschaffung der zurückübertragenen Anteile, sondern sie führt bei ihm zum rückwirkenden Wegfall eines bereits entstandenen Veräußerungsgewinns (→ BFH vom 6.12.2016 – BStBl. 2017 II S. 673).

---

1) **Steuergesetze** Nr. **725**.

– Wird der Verkauf eines Anteils an einer Kapitalgesellschaft durch die Parteien des Kaufvertrages wegen Wegfalls der Geschäftsgrundlage tatsächlich und vollständig rückgängig gemacht, kann dieses Ereignis steuerlich auf den Zeitpunkt der Veräußerung zurückwirken (→ BFH vom 28.10.2009 – BStBl. 2010 II S. 539).

Teilentgeltliche Übertragung. Die Übertragung von Anteilen an einer Kapitalgesellschaft bei einer Beteiligung von mindestens 1% im Wege einer gemischten Schenkung ist nach dem Verhältnis der tatsächlichen Gegenleistung zum Verkehrswert der übertragenen Anteile in eine voll entgeltliche Anteilsübertragung (Veräußerung i. S. d. § 17 Abs. 1 Satz 1 und Abs. 2 Satz 1 EStG) und eine voll unentgeltliche Anteilsübertragung (i. S. d. § 17 Abs. 1 Satz 4 und Abs. 2 Satz 5 EStG) aufzuteilen (→ BFH vom 17.7.1980 – BStBl. 1981 II S. 11).

Umwandlung nach ausländischem Recht. Als Auflösung i. S. d. § 17 Abs. 4 EStG ist die Umwandlung einer ausländischen Kapitalgesellschaft in eine Personengesellschaft anzusehen, wenn das maßgebende ausländische Recht in der Umwandlung eine Auflösung sieht (→ BFH vom 22.2.1989 – BStBl. II S. 794).

Vereinbarungstreuhand. Der Verlust aus der entgeltlichen Übertragung einer Beteiligung i. S. d. § 17 Abs. 1 Satz 1 EStG im Wege einer Vereinbarungstreuhand ist steuerrechtlich nur zu berücksichtigen, wenn die Beteiligung nach der Vereinbarung künftig fremdnützig für den Treugeber gehalten werden soll und die tatsächliche Durchführung der Vereinbarung vom Veräußerer nachgewiesen wird. Bei der Prüfung, ob ein Treuhandverhältnis tatsächlich gegeben ist, ist ein strenger Maßstab anzulegen (→ BFH vom 15.7.1997 – BStBl. 1998 II S. 152).

Vorbehaltsnießbrauch. Die Übertragung von Anteilen an Kapitalgesellschaften im Wege der vorweggenommenen Erbfolge unter Vorbehalt eines Nießbrauchsrechts stellt keine Veräußerung i. S. d. § 17 Abs. 1 EStG dar. Dies gilt auch dann, wenn das Nießbrauchsrecht später abgelöst wird und der Nießbraucher für seinen Verzicht eine Abstandszahlung erhält, sofern der Verzicht auf einer neuen Entwicklung der Verhältnisse beruht (→ BFH vom 14.6.2005 – BStBl. 2006 II S. 15 und vom 18.11.2014 – BStBl. 2015 II S. 224).

Wertloser Anteil. Als Veräußerung kann auch die Übertragung eines wertlosen GmbH-Anteils angesehen werden (→ BFH vom 5.3.1991 – BStBl. II S. 630 und vom 18.8.1992 – BStBl. 1993 II S. 34).

Wirtschaftliches Eigentum.

– Der Übergang des wirtschaftlichen Eigentums an einem Kapitalgesellschaftsanteil ist nach § 39 AO zu beurteilen (→ BFH vom 17.2.2004 – BStBl. II S. 651 und vom 9.10.2008 – BStBl. 2009 II S. 140). Dies gilt auch anlässlich der Begründung von Unterbeteiligungsrechten an dem Anteil (→ BFH vom 18.5.2005 – BStBl. II S. 857).
– Bei dem Verkauf einer Beteiligung geht das wirtschaftliche Eigentum jedenfalls dann über, wenn der Käufer des Anteils auf Grund eines (bürger-

lich-rechtlichen) Rechtsgeschäfts bereits eine rechtlich geschützte, auf den Erwerb des Rechts gerichtete Position erworben hat, die ihm gegen seinen Willen nicht mehr entzogen werden kann, und die mit dem Anteil verbundenen wesentlichen Rechte sowie das Risiko der Wertminderung und die Chance einer Wertsteigerung auf ihn übergegangen sind. Diese Voraussetzungen müssen nicht in vollem Umfang erfüllt sein; entscheidend ist das Gesamtbild der Verhältnisse (→ BFH vom 11.7.2006 – BStBl. 2007 II S. 296).

– Bei dem Verkauf des Geschäftsanteils an einer GmbH ist regelmäßig erforderlich, dass dem Erwerber das Gewinnbezugsrecht und das Stimmrecht eingeräumt werden. Für den Übergang des Stimmrechts ist ausreichend, dass der Veräußerer verpflichtet ist, bei der Stimmabgabe die Interessen des Erwerbers wahrzunehmen (→ BFH vom 17.2.2004 – BStBl. II S. 651).
– Auch eine kurze Haltezeit kann wirtschaftliches Eigentum begründen, wenn dem Stpfl. der in der Zeit seiner Inhaberschaft erwirtschaftete Erfolg (einschließlich eines Substanzwertzuwachses) zusteht (→ BFH vom 18.5.2005 – BStBl. II S. 857).
– Erwerbsoptionen können die Annahme wirtschaftlichen Eigentums nur begründen, wenn nach dem typischen und für die wirtschaftliche Beurteilung maßgeblichen Geschehensablauf tatsächlich mit einer Ausübung des Optionsrechts gerechnet werden kann (→ BFH vom 4.7.2007 – BStBl. II S. 937). Hierauf kommt es nicht an, wenn nicht nur dem Käufer ein Ankaufsrecht, sondern auch dem Verkäufer ein Andienungsrecht im Überschneidungsbereich der vereinbarten Optionszeiträume zum selben Optionspreis eingeräumt wird, sog. wechselseitige Option oder Doppeloption (→ BFH vom 11.7.2006 – BStBl. 2007 II S. 296).
– Auch eine einjährige Veräußerungssperre von erhaltenen Anteilen hindert den Übergang des wirtschaftlichen Eigentums nicht (→ BFH vom 28.10.2008 – BStBl. 2009 II S. 45).
– Ein zivilrechtlicher Durchgangserwerb (in Gestalt einer logischen Sekunde) hat nicht zwangsläufig auch einen steuerrechtlichen Durchgangserwerb i. S. d. Innehabens wirtschaftlichen Eigentums in der Person des zivilrechtlichen Durchgangserwerbers zur Folge (→ BFH vom 26.1.2011 – BStBl. II S. 540).
– Besteht die Position eines Gesellschafters allein in der gebundenen Mitwirkung an einer inkongruenten Kapitalerhöhung, vermittelt sie kein wirtschaftliches Eigentum an einem Gesellschaftsanteil (→ BFH vom 25.5.2011 – BStBl. 2012 II S. 3).
– Werden im Rahmen eines Gesamtvertragskonzepts (= mehrere zeitgleich abgeschlossene, korrespondierende Verträge) GmbH-Anteile übertragen und deren Höhe durch eine Kapitalerhöhung auf weniger als 1% reduziert, vermittelt die einer Kapitalerhöhung vorgreifliche Anteilsübertragung kein wirtschaftliches Eigentum an einer Beteiligung i. S. v. § 17 EStG, wenn nach dem Gesamtvertragskonzept die mit der übertragenen Beteiligung verbundenen Rechte von vorneherein nur für eine Beteiligung von weniger als 1% übergehen sollten (→ BFH vom 5.10.2011 – BStBl. 2012 II S. 318).

– Wem Gesellschaftsanteile im Rahmen einer vorweggenommenen Erbfolge unter dem Vorbehalt des Nießbrauchs übertragen werden, erwirbt sie nicht i. S. v. § 17 Abs. 2 Satz 5 EStG, wenn sie weiterhin dem Nießbraucher nach § 39 Abs. 2 Nr. 1 AO zuzurechnen sind, weil dieser nach dem Inhalt der getroffenen Abrede alle mit der Beteiligung verbundenen wesentlichen Rechte (Vermögens- und Verwaltungsrechte) ausüben und im Konfliktfall effektiv durchsetzen kann (→ BFH vom 24.1.2012 – BStBl. II S. 308).

R 17 (5)

Anschaffungskosten der Anteile[1])

(5) [1]Eine Kapitalerhöhung aus Gesellschaftsmitteln erhöht die Anschaffungskosten der Beteiligung nicht. [2]Die Anschaffungskosten sind nach dem Verhältnis der Nennbeträge auf die vor der Kapitalerhöhung erworbenen Anteile und die neuen Anteile zu verteilen (→ § 3 Kapitalerhöhungssteuergesetz).[2]) [3]Für Anteile i. S. d. § 17 Abs. 1 EStG, die sich in Girosammelverwahrung befinden, sind die Anschaffungskosten der veräußerten Anteile nicht nach dem Fifo-Verfahren, sondern nach den durchschnittlichen Anschaffungskosten sämtlicher Anteile derselben Art zu bestimmen.

H 17 (5)

Ablösung eines Vorbehaltsnießbrauchs. Zahlungen für die Ablösung eines Vorbehaltsnießbrauchs an einer Beteiligung i. S. v. § 17 EStG stellen nachträgliche Anschaffungskosten auf die Beteiligung dar (→ BFH vom 18.11.2014 – BStBl. 2015 II S. 224).

Absenkung der Beteiligungsgrenze. Bei der Ermittlung des Veräußerungsgewinns ist der gemeine Wert der Anteile zum Zeitpunkt der Absenkung der Beteiligungsgrenze anzusetzen (→ BVerfG vom 7.7.2010 – BStBl. 2011 II S. 86 und BMF vom 20.12.2010 – BStBl. 2011 I S. 16 unter Berücksichtigung der Änderungen durch BMF vom 16.12.2015 – BStBl. 2016 I S. 10).

Allgemeines. → R 6.2.

Bezugsrechte/Gratisaktien.

– Das anlässlich einer Kapitalerhöhung entstehende konkrete Bezugsrecht auf neue Aktien führt zu einer Abspaltung der im Geschäftsanteil verkörperten Substanz und damit auch zu einer Abspaltung eines Teils der ursprünglichen Anschaffungskosten für die Altanteile; dieser Teil ist dem Bezugsrecht zuzuordnen (→ BFH vom 19.4.2005 – BStBl. II S. 762).
– Werden Kapitalgesellschaftsanteile im Anschluss an eine mit der Gewährung von kostenlosen Bezugsrechten oder von Gratisaktien verbundene

[1]) Siehe jetzt auch § 17 Abs. 2a, § 52 Abs. 25a EStG idF des G v. 12.12.2019, BGBl. I 2019, 2451.

[2]) **Steuergesetze** Nr. **141**.

Kapitalerhöhung veräußert, sind die ursprünglichen Anschaffungskosten der Kapitalgesellschaftsanteile um den auf die Bezugsrechte oder die Gratisaktien entfallenden Betrag nach der Gesamtwertmethode zu kürzen (→ BFH vom 19.12.2000 – BStBl. 2001 II S. 345).

Bürgschaft.[1]·[2]

– Die Bürgschaftsverpflichtung eines zahlungsunfähigen Gesellschafters erhöht nicht die Anschaffungskosten seiner Beteiligung (→ BFH vom 8.4.1998 – BStBl. II S. 660).
– Wird ein Gesellschafter vom Gläubiger der Kapitalgesellschaft aus einer Bürgschaft in Anspruch genommen und begleicht er seine Schuld vereinbarungsgemäß ratierlich, können nachträgliche Anschaffungskosten nur in Höhe des Tilgungsanteils entstehen. Eine Teilzahlungsvereinbarung wirkt als rückwirkendes Ereignis i. S. v. § 175 Abs. 1 Satz 1 Nr. 2 AO auf den Zeitpunkt des Entstehens eines Veräußerungs- oder Auflösungsverlusts zurück (→ BFH vom 20.11.2012 – BStBl. 2013 II S. 378).
– → Drittaufwand.

Drittaufwand.

– Wird einer GmbH durch einen nahen Angehörigen eines Gesellschafters ein Darlehen gewährt und kann die GmbH das Darlehen wegen Vermögenslosigkeit nicht zurückzahlen, kann der Wertverlust der Darlehensforderung bei der Ermittlung des Auflösungsgewinns des Gesellschafters nicht als nachträgliche Anschaffungskosten der Beteiligung berücksichtigt werden. Gesondert zu prüfen ist, ob dem Gesellschafter das Darlehen unmittelbar zuzurechnen ist (→ BFH vom 12.12.2000 – BStBl. 2001 II S. 286).
– Die Inanspruchnahme des Ehegatten des Alleingesellschafters einer GmbH aus der Bürgschaft für ein der Gesellschaft in einer wirtschaftlichen Krise durch eine Bank gewährtes Darlehen erhöht die Anschaffungskosten der Beteiligung des Gesellschafters, soweit dieser verpflichtet ist, dem Ehegatten die Aufwendungen zu ersetzen (→ BFH vom 12.12.2000 – BStBl. 2001 II S. 385).
– Hat eine GmbH I, die vom Ehemann der Mehrheitsgesellschafterin einer weiteren GmbH (GmbH II) beherrscht wird, der GmbH II als „Darlehen" bezeichnete Beträge überlassen, die bei dem beherrschenden Gesellschafter der GmbH I als verdeckte Gewinnausschüttung besteuert worden sind, erhöht die Gewährung des „Darlehens" als mittelbare verdeckte Einlage die Anschaffungskosten der Mehrheitsgesellschafterin der GmbH II auf ihre Beteiligung (→ BFH vom 12.12.2000 – BStBl. 2001 II S. 234).

Gewinnvortrag und Jahresüberschuss. Wird ein Anteil an einer Kapitalgesellschaft veräußert, stellt der nicht ausgeschüttete Anteil am Gewinn dieser Kapitalgesellschaft keine Anschaffungskosten dar (→ BFH vom 8.2.2011 – BStBl. II S. 684).

---

[1] Zu Bürgschaftszahlungen zugunsten der Ehefrau = Gesellschafterin bei Auflösung einer KG siehe auch BFH v. 17.12.1996 VIII B 71/96, BStBl. II 1997, 290.

[2] Siehe auch § 17 Abs. 2a, § 52 Abs. 25a EStG idF des G v. 12.12.2019, BGBl. I 2019, 2451.

Gutachtenkosten. → H 20.1 (Anschaffungskosten).

Kapitalerhöhung gegen Einlage. Eine Kapitalerhöhung gegen Einlage führt bei den bereits bestehenden Anteilen zu einer Substanzabspaltung mit der Folge, dass Anschaffungskosten der Altanteile im Wege der Gesamtwertmethode teilweise den Bezugsrechten bzw. den neuen Anteilen zuzuordnen sind (→ BFH vom 21.1.1999 – BStBl. II S. 638).

Kapitalrücklage.

– Die Einzahlung eines Gesellschafters in die Kapitalrücklage einer Gesellschaft, die dem deutschen Handelsrecht unterliegt, ist eine Einlage in das Gesellschaftsvermögen und erhöht die Anschaffungskosten seiner Beteiligung. Ist die empfangende Gesellschaft eine ausländische, ist nach dem jeweiligen ausländischen Handelsrecht zu beurteilen, ob die Einzahlung in die Kapitalrücklage die Anschaffungskosten der Beteiligung an der Gesellschaft erhöht oder zur Entstehung eines selbstständigen Wirtschaftsguts „Beteiligung an der Kapitalrücklage" führt (→ BFH vom 27.4.2000 – BStBl. 2001 II S. 168).
– Einzahlungen in die Kapitalrücklage führen zu nachträglichen Anschaffungskosten des Gesellschafters auf seine Beteiligung, selbst wenn sie zur Vermeidung einer Bürgschaftsinanspruchnahme geleistet und die Einzahlungen von der Kapitalgesellschaft zur Tilgung der zugrunde liegenden Verbindlichkeiten verwendet werden (→ BFH vom 20.7.2018 – BStBl. 2019 II S. 194).

Nachweis der Kapitaleinzahlung. Der Nachweis der Einzahlung einer Stammeinlage im Hinblick auf daraus resultierende Anschaffungskosten i. S. v. § 17 Abs. 2 EStG muss nach langem Zeitablauf seit Eintragung der GmbH nicht zwingend allein durch den entsprechenden Zahlungsbeleg geführt werden. Vielmehr sind alle Indizien im Rahmen einer Gesamtwürdigung zu prüfen (→ BFH vom 8.2.2011 – BStBl. II S. 718).

Rückbeziehung von Anschaffungskosten.

– Fallen nach der Veräußerung der Beteiligung noch Aufwendungen an, die nachträgliche Anschaffungskosten der Beteiligung sind, sind sie nach § 175 Abs. 1 Satz 1 Nr. 2 AO zu dem Veräußerungszeitpunkt zu berücksichtigen (→ BFH vom 2.10.1984 – BStBl. 1985 II S. 428).
– Fallen im Rahmen einer Nachtragsliquidation Aufwendungen an, die nachträgliche Anschaffungskosten der Beteiligung sind, handelt es sich um ein nachträgliches Ereignis, das die Höhe des Auflösungsgewinns oder -verlusts beeinflusst und nach § 175 Abs. 1 Satz 1 Nr. 2 AO zurückzubeziehen ist (→ BFH vom 1.7.2014 – BStBl. II S. 786).

Rückzahlung aus Kapitalherabsetzung. Setzt die Körperschaft ihr Nennkapital zum Zweck der Kapitalrückzahlung herab (§ 222 AktG, § 58 GmbHG), mindern die Rückzahlungsbeträge, soweit sie nicht Einnahmen i. S. d. § 20 Abs. 1 Nr. 2 EStG sind, nachträglich die Anschaffungskosten der Anteile (→ BFH vom 29.6.1995 – BStBl. II S. 725).

Rückzahlung einer offenen Gewinnausschüttung. Die Rückzahlung einer offenen Gewinnausschüttung führt zu nachträglichen Anschaffungskosten der Beteiligung (→ BFH vom 29.8.2000 – BStBl. 2001 II S. 173).

Schadensersatzleistungen. Leistet eine Wirtschaftsprüfungsgesellschaft wegen eines fehlerhaften Bestätigungsvermerks im Rahmen eines Vergleichs Schadensersatz an den Erwerber von Gesellschaftsanteilen, mindert dies beim Erwerber nicht die Anschaffungskosten der Anteile. Hat der Erwerber die Anteile bereits veräußert, erhöht die Zahlung der Wirtschaftsprüfungsgesellschaft auch nicht den Veräußerungserlös (→ BFH vom 4.10.2016 – BStBl. 2017 II S. 316).

Tilgung einer Verbindlichkeit nach Vollbeendigung der Gesellschaft. Als nachträgliche Anschaffungskosten können Aufwendungen des Stpfl. nur berücksichtigt werden, wenn sie sich auf die konkrete Beteiligung beziehen. Befriedigt ein Gesellschafter einer Kapitalgesellschaft einen Gläubiger dieser Kapitalgesellschaft, obwohl diese Verbindlichkeit wegen der Vollbeendigung der Kapitalgesellschaft nicht mehr besteht, ist der entsprechende Aufwand nicht (mehr) durch das Gesellschaftsverhältnis veranlasst und es liegen daher keine nachträglichen Anschaffungskosten vor (→ BFH vom 9.6.2010 – BStBl. II S. 1102).

Veräußerung nach Überführung in das Privatvermögen. Veräußert ein Gesellschafter Anteile an einer Kapitalgesellschaft, die er zuvor aus seinem Betriebsvermögen in sein Privatvermögen überführt hat, tritt der Teilwert oder der gemeine Wert dieser Anteile zum Zeitpunkt der Entnahme nur dann an die Stelle der (historischen) Anschaffungskosten, wenn durch die Entnahme die stillen Reserven tatsächlich aufgedeckt und bis zur Höhe des Teilwerts oder gemeinen Werts steuerrechtlich erfasst sind oder noch erfasst werden können (→ BFH vom 13.4.2010 – BStBl. II S. 790).

Verdeckte Einlage.
- Begriff → H 4.3 (1).
- Zu den Anschaffungskosten i. S. d. § 17 Abs. 2 Satz 1 EStG gehören neben dem Anschaffungspreis der Anteile auch **weitere in Bezug auf die Anteile getätigte Aufwendungen,** wenn sie durch das Gesellschaftsverhältnis veranlasst und weder Werbungskosten noch Veräußerungskosten sind, wie z. B. Aufwendungen, die als verdeckte Einlagen zur Werterhöhung der Anteile beigetragen haben (→ BFH vom 12.2.1980 – BStBl. II S. 494).
- Zu den Anschaffungskosten i. S. d. § 17 Abs. 2 Satz 1 EStG gehört auch der gemeine Wert von Anteilen i. S. d. § 17 EStG, die verdeckt in eine Kapitalgesellschaft, an der nunmehr eine Beteiligung i. S. d. § 17 Abs. 1 Satz 1 EStG besteht, eingebracht worden sind. Dies gilt auch dann, wenn die verdeckte Einlage vor dem 1.1.1992 erfolgt ist (→ BFH vom 18.12.2001 – BStBl. 2002 II S. 463).
- → Drittaufwand.

Wahlrecht bei teilweiser Veräußerung von GmbH-Anteilen. Wird die Beteiligung nicht insgesamt veräußert und wurden die **Anteile zu verschiedenen Zeitpunkten und zu verschiedenen Preisen erworben,** kann der Stpfl. bestimmen, welche Anteile oder Teile davon er veräußert. Für die Ermittlung des Veräußerungsgewinns (-verlustes) sind die tatsächlichen Anschaffungskosten dieser Anteile maßgebend (→ BFH vom 10.10.1978 – BStBl. 1979 II S. 77).

R 17 (6)

Veräußerungskosten

(6) Veräußerungskosten i. S. d. § 17 Abs. 2 EStG sind alle durch das Veräußerungsgeschäft veranlassten Aufwendungen.

H 17 (6)

Fehlgeschlagene Veräußerung. Die Kosten der fehlgeschlagenen Veräußerung einer Beteiligung i. S. d. § 17 Abs. 1 Satz 1 EStG können weder als Veräußerungskosten nach § 17 Abs. 2 Satz 1 EStG noch als Werbungskosten bei den Einkünften aus Kapitalvermögen berücksichtigt werden (→ BFH vom 17.4.1997 – BStBl. 1998 II S. 102).

Verständigungsverfahren. Aufwendungen eines beschränkt Stpfl. im Zusammenhang mit einem Verständigungsverfahren wegen des Besteuerungsrechts hinsichlich eines Gewinns aus der Veräußerung einer GmbH-Beteiligung stellen keine Veräußerungskosten dar (→ BFH vom 9.10.2013 – BStBl. 2014 II S. 102).

R 17 (7)

Veräußerungsgewinn

(7) [1] Für eine in Fremdwährung angeschaffte oder veräußerte Beteiligung i. S. d. § 17 Abs. 1 Satz 1 EStG sind die Anschaffungskosten, der Veräußerungspreis und die Veräußerungskosten jeweils im Zeitpunkt ihrer Entstehung aus der Fremdwährung in Euro umzurechnen. [2] Wird eine Beteiligung i. S. d. § 17 Abs. 1 Satz 1 EStG gegen eine Leibrente oder gegen einen in Raten zu zahlenden Kaufpreis veräußert, gilt R 16 Abs. 11 entsprechend mit der Maßgabe, dass der Ertrags- oder Zinsanteil nach § 22 Nr. 1 Satz 3 Buchstabe a Doppelbuchstabe bb oder § 20 Abs. 1 Nr. 7 EStG zu erfassen ist.

H 17 (7)

Anteilstausch. Beim Tausch von Anteilen an Kapitalgesellschaften bestimmt sich der Veräußerungspreis i. S. d. § 17 Abs. 2 Satz 1 EStG nach dem gemeinen Wert der erhaltenen Anteile. Für die Bewertung kommt es auf die Verhältnisse im Zeitpunkt der Erfüllung der Gegenleistungspflicht an, wenn diese von den Verhältnissen im Zeitpunkt der Entstehung des Veräußerungsgewinns abweichen. Eine Veränderung der wertbestimmenden Umstände wirkt materiell-rechtlich auf den Zeitpunkt der Entstehung des Veräußerungsgewinns zurück. Eine Veräußerungsbeschränkung ist bei der Bewertung nur zu berücksichtigen, wenn sie im Wirtschaftsgut selbst gründet und für alle Verfügungsberechtigten gilt (→ BFH vom 28.10.2008 – BStBl. 2009 II S. 45 und vom 13.10.2015 – BStBl. 2016 II S. 212).

Auflösung und Kapitalherabsetzung.

– Der Zeitpunkt der Gewinnverwirklichung ist bei einer Auflösung mit anschließender Liquidation normalerweise der Zeitpunkt des Abschlusses der Liquidation; erst dann steht fest, ob und in welcher Höhe der Gesellschafter mit einer Zuteilung und Rückzahlung von Vermögen der Gesellschaft rechnen kann, und ferner, welche nachträglichen Anschaffungskosten der Beteiligung anfallen und welche Veräußerungskosten/Auflösungskosten der Gesellschafter persönlich zu tragen hat. Ausnahmsweise kann der Zeitpunkt, in dem der Veräußerungsverlust realisiert ist, schon vor Abschluss der Liquidation liegen, wenn mit einer wesentlichen Änderung des bereits feststehenden Verlustes nicht mehr zu rechnen ist (→ BFH vom 25.1.2000 – BStBl. II S. 343). Dies gilt auch dann, wenn später eine Nachtragsliquidation angeordnet wird (→ BFH vom 1.7.2014 – BStBl. II S. 786). Bei der Prüfung, ob mit einer Auskehrung von Gesellschaftsvermögen an den Gesellschafter und mit einer wesentlichen Änderung der durch die Beteiligung veranlassten Aufwendungen nicht mehr zu rechnen ist, sind auch Sachverhalte zu berücksichtigen, die die Kapitalgesellschaft oder den Gesellschafter – wenn er Kaufmann wäre – zur Bildung einer Rückstellung verpflichten würden (→ BFH vom 27.11.2001 – BStBl. 2002 II S. 731).

- Ohne unstreitige greifbare Anhaltspunkte für eine Vermögenslosigkeit der Gesellschaft nach den vorstehenden Grundsätzen oder einen Auflösungsbeschluss der Gesellschafter entsteht ein Auflösungsverlust erst zum Zeitpunkt der Löschung der Gesellschaft im Handelsregister (→ BFH vom 21.1.2004 – BStBl. II S. 551).
- Zum Veräußerungspreis i. S. d. § 17 Abs. 4 Satz 2 EStG gehört auch die (anteilige) Rückzahlung des Stammkapitals (→ BFH vom 6.5.2014 – BStBl. II S. 682).
- Rückzahlung aus Kapitalherabsetzung → H 6.2, H 17 (5).

Besserungsoption. Vereinbaren die Vertragsparteien beim Verkauf eines Anteils an einer Kapitalgesellschaft eine Besserungsoption, welche dem Verkäufer ein Optionsrecht auf Abschluss eines Änderungsvertrages zum Kaufvertrag mit dem Ziel einer nachträglichen Beteiligung an der Wertentwicklung des Kaufgegenstands einräumt, stellt die spätere Ausübung des Optionsrechts kein rückwirkendes Ereignis dar (→ BFH vom 23.5.2012 – BStBl. II S. 675).

Bewertung von Anteilen an Kapitalgesellschaften. Bei der Bewertung von Anteilen an Kapitalgesellschaften sind die bewertungsrechtlichen Regelungen gem. den gleich lautenden Erlassen der obersten Finanzbehörden der Länder vom 17.5.2011 (BStBl. I S. 606) zu den §§ 11, 95 bis 109 und 199 ff. BewG für ertragsteuerliche Zwecke entsprechend anzuwenden (→ BMF vom 22.9.2011 – BStBl. I S. 859).[1]

Fehlgeschlagene Gründung. Im Zusammenhang mit der fehlgeschlagenen Gründung einer Kapitalgesellschaft entstandene Kosten können jedenfalls dann nicht als Liquidationsverlust i. S. d. § 17 Abs. 4 EStG abgezogen werden, wenn lediglich eine Vorgründungsgesellschaft bestanden hat (→ BFH vom 20.4.2004 – BStBl. II S. 597).

Fremdwährung. Zur Berechnung des Veräußerungsgewinns aus einer in ausländischer Währung angeschafften und veräußerten Beteiligung an einer Kapitalgesellschaft sind die Anschaffungskosten, der Veräußerungspreis und

---

[1] Siehe jetzt R B 11, R B 95 bis 109 und R B 199 ff. ErbStR (Nr. **250**).

die Veräußerungskosten zum Zeitpunkt ihres jeweiligen Entstehens in Euro umzurechnen und nicht lediglich der Saldo des in ausländischer Währung errechneten Veräußerungsgewinns/Veräußerungsverlustes zum Zeitpunkt der Veräußerung (→ BFH vom 24.1.2012 – BStBl. II S. 564).

Kapitalerhöhung. Erwirbt ein Anteilseigner, nachdem der Umfang seiner Beteiligung auf unter 1% gesunken ist, bei einer Kapitalerhöhung weitere Geschäftsanteile hinzu, ohne dass sich der %-Satz seiner Beteiligung ändert, dann ist auch der auf diese Anteile entfallende Veräußerungsgewinn gem. § 17 EStG zu erfassen (→ BFH vom 10.11.1992 – BStBl. 1994 II S. 222).

Rückkaufsrecht. Die Vereinbarung eines Rückkaufsrechts steht der Annahme eines Veräußerungsgeschäfts nicht entgegen. Zum Veräußerungspreis gehört auch der wirtschaftliche Vorteil eines Rückkaufsrechts mit wertmäßig beschränktem Abfindungsanspruch (→ BFH vom 7.3.1995 – BStBl. II S. 693).

Stichtagsbewertung. Der Veräußerungsgewinn i. S. d. § 17 Abs. 2 EStG entsteht im Zeitpunkt der Veräußerung. Bei der Ermittlung des Veräußerungsgewinns ist für alle beeinflussenden Faktoren eine Stichtagsbewertung grundsätzlich auf den Zeitpunkt der Veräußerung vorzunehmen. Das Zuflussprinzip des § 11 EStG gilt insoweit nicht. Für die Bewertung kommt es aber auf die Verhältnisse im Zeitpunkt der Erfüllung der Gegenleistungspflicht an, wenn diese von den Verhältnissen im Zeitpunkt der Entstehung des Veräußerungsgewinns abweichen. Eine Veränderung der wertbestimmenden Umstände wirkt materiell-rechtlich auf den Zeitpunkt der Entstehung des Veräußerungsgewinns zurück (→ BFH vom 13.10.2015 – BStBl. 2016 II S. 212).

Veräußerung gegen wiederkehrende Leistungen.

– → BMF vom 3.8.2004 (BStBl. I S. 1187), aber bei Wahl der Zuflussbesteuerung richtet sich die Besteuerung nach dem im Zeitpunkt des Zuflusses geltenden Recht. § 3 Nr. 40 Satz 1 Buchst. c Satz 1 EStG ist bei einer Veräußerung gegen wiederkehrende Leistung und Wahl der Zuflussbesteuerung auch dann anwendbar, wenn die Veräußerung vor Einführung des § 3 Nr. 40 EStG stattgefunden hat und diese Vorschrift im Zeitpunkt des Zuflusses für laufende Ausschüttungen aus der Gesellschaft anwendbar gewesen wäre (→ BFH vom 18.11.2014 – BStBl. 2015 II S. 526).
– Eine wahlweise Zuflussbesteuerung des Veräußerungsgewinns kommt nur in Betracht, wenn die wiederkehrenden Leistungen Versorgungscharakter haben. Fehlt es daran, entsteht der Gewinn im Zeitpunkt der Veräußerung (→ BFH vom 20.7.2010 – BStBl. II S. 969).
– → H 17 (4) Entstehung des Veräußerungsgewinns.

Veräußerungspreis.

– Bei rechtlich, wirtschaftlich und zeitlich verbundenen Erwerben von Aktienpaketen durch denselben Erwerber zu unterschiedlichen Entgelten muss der Veräußerungspreis für das einzelne Paket für steuerliche Zwecke abweichend von der zivilrechtlichen Vereinbarung aufgeteilt werden, wenn sich keine kaufmännisch nachvollziehbaren Gründe für die unter-

chiedliche Preisgestaltung erkennen lassen (→ BFH vom 4.7.2007 – BStBl. II S. 937).
- Verkauft eine Kapitalgesellschaft an einen ausscheidenden Gesellschafter im unmittelbaren wirtschaftlichen Zusammenhang mit der Anteilsveräußerung auf Veranlassung des Anteilserwerbers ein Grundstück zu einem unter dem Verkehrswert liegenden Preis, gehört der sich daraus für den Anteilsveräußerer ergebende geldwerte Vorteil zum Veräußerungspreis für den Anteil (→ BFH vom 27.8.2014 – BStBl. 2015 II S. 249).

Veräußerungsverlust.
- War der Stpfl. nicht während der gesamten letzten fünf Jahre i. S. d. § 17 Abs. 1 Satz 1 EStG beteiligt, ist ein Veräußerungsverlust nach § 17 Abs. 2 Satz 6 Buchstabe b EStG nur insoweit anteilig zu berücksichtigen, als er auf die im Fünfjahreszeitraum erworbenen Anteile entfällt, deren Erwerb zu einer Beteiligung i. S. d. § 17 Abs. 1 Satz 1 EStG geführt hat (→ BFH vom 20.4.2004 – BStBl. II S. 556).
- Ein Auflösungsverlust i. S. d. § 17 Abs. 2 Satz 6 und Abs. 4 EStG ist auch zu berücksichtigen, wenn der Stpfl. eine Beteiligung i. S. d. § 17 Abs. 1 Satz 1 EStG an einer Kapitalgesellschaft erwirbt und die Beteiligung innerhalb der letzten fünf Jahre vor der Auflösung der Gesellschaft unter die Beteiligungsgrenze des § 17 Abs. 1 Satz 1 EStG abgesenkt wird (→ BFH vom 1.4.2009 – BStBl. II S. 810).
- Die verlustbringende Veräußerung eines Anteils an einer Kapitalgesellschaft an einen Mitanteilseigner ist nicht deshalb rechtsmissbräuchlich i. S. d. § 42 AO, weil der Veräußerer in engem zeitlichen Zusammenhang von einem anderen Anteilseigner dessen in gleicher Höhe bestehenden Anteil an derselben Kapitalgesellschaft erwirbt (→ BFH vom 7.12.2010 – BStBl. 2011 II S. 427).

Wettbewerbsverbot. Wird im Zusammenhang mit der Veräußerung einer Beteiligung i. S. d. § 17 Abs. 1 Satz 1 EStG an einer Kapitalgesellschaft ein Wettbewerbsverbot mit eigener wirtschaftlicher Bedeutung vereinbart, gehört die Entschädigung für das Wettbewerbsverbot nicht zu dem Veräußerungspreis i. S. d. § 17 Abs. 2 Satz 1 EStG (→ BFH vom 21.9.1982 – BStBl. 1983 II S. 289).

R 17 (8)

Einlage einer wertgeminderten Beteiligung *(unbesetzt)*

H 17 (8)

Einlage einer wertgeminderten Beteiligung/wertgeminderten Forderung.
- Bei Einbringung einer wertgeminderten Beteiligung i. S. d. § 17 Abs. 1 Satz 1 EStG aus dem Privatvermögen in das betriebliche Gesamthandsvermögen einer Personengesellschaft gegen Gewährung von Gesellschaftsrechten entsteht ein Veräußerungsverlust, der im Zeitpunkt der

Einbringung nach Maßgabe des § 17 Abs. 2 Satz 6 EStG zu berücksichtigen ist (→ BMF vom 29.3.2000 – BStBl. I S. 462).[1)]

- Eine Beteiligung i. S. d. § 17 EStG, deren Wert im Zeitpunkt der Einlage in das Einzelbetriebsvermögen unter die Anschaffungskosten gesunken ist, ist mit den Anschaffungskosten einzulegen. Wegen dieses Wertverlusts kann eine Teilwertabschreibung nicht beansprucht werden. Die Wertminderung ist erst in dem Zeitpunkt steuermindernd zu berücksichtigen, in dem die Beteiligung veräußert wird oder gem. § 17 Abs. 4 EStG als veräußert gilt, sofern ein hierbei realisierter Veräußerungsverlust nach § 17 Abs. 2 EStG zu berücksichtigen wäre (→ BFH vom 2.9.2008 – BStBl. 2010 II S. 162 und vom 29.11.2017 – BStBl. 2018 II S. 426).
- Zur Einlage wertgeminderter Forderungen aus Gesellschafterdarlehen, die vor dem 1.1.2009 begründet wurden, im Zusammenhang mit der Einlage einer Beteiligung i. S. d. § 17 EStG → BFH vom 29.11.2017 (BStBl. 2018 II S. 426).

R 17 (9)

Freibetrag

(9) Für die Berechnung des Freibetrags ist der nach § 3 Nr. 40 Satz 1 Buchstabe c i. V. m. § 3c Abs. 2 EStG steuerfrei bleibende Teil des Veräußerungsgewinns nicht zu berücksichtigen.

Zu § 18 EStG

R 18.1 Abgrenzung der selbständigen Arbeit gegenüber anderen Einkunftsarten

Ärzte

(1) Die Vergütungen der Betriebsärzte, der Knappschaftsärzte, der nicht voll beschäftigten Hilfsärzte bei den Gesundheitsämtern, der Vertragsärzte und der Vertragstierärzte der Bundeswehr und anderer Vertragsärzte in ähnlichen Fällen gehören zu den Einkünften aus selbständiger Arbeit, unabhängig davon, ob neben der vertraglichen Tätigkeit eine eigene Praxis ausgeübt wird, es sei denn, dass besondere Umstände vorliegen, die für die Annahme einer nichtselbständigen Tätigkeit sprechen.

Erfinder

(2) [1]Planmäßige Erfindertätigkeit ist in der Regel freie Berufstätigkeit i. S. d. § 18 Abs. 1 Nr. 1 EStG, soweit die Erfindertätigkeit nicht im Rahmen eines Betriebs der Land- und Forstwirtschaft oder eines Gewerbebetriebs ausgeübt wird. [2]Wird die Erfindertätigkeit im Rahmen eines Arbeitsverhältnisses ausgeübt, dann ist der Arbeitnehmer als freier Erfinder zu behandeln, soweit er die Erfindung außerhalb seines Arbeitsverhältnisses verwertet. [3]Eine Verwertung außerhalb des Arbeitsverhältnisses ist auch anzunehmen, wenn ein Arbeitneh-

---

[1)] Siehe auch BMF v. 11.7.2011, BStBl. I 2011, 713, und v. 26.7.2016, BStBl. I 2016, 684.

mer eine frei gewordene Diensterfindung seinem Arbeitgeber zur Auswertung überlässt, sofern der Verzicht des Arbeitgebers nicht als Verstoß gegen § 42 AO anzusehen ist.

H 18.1

Allgemeines.
- → R 15.1 (Selbständigkeit).
- → H 15.6.
- → H 19.0 LStH 2021.[1]
- → R 19.2 LStR 2015.[1]

Beispiele für selbständige Nebentätigkeit.
- Beamter als Vortragender an einer Hochschule, Volkshochschule, Verwaltungsakademie oder bei Vortragsreihen ohne festen Lehrplan,
- Rechtsanwalt als Honorarprofessor ohne Lehrauftrag.

Die Einkünfte aus einer solchen Tätigkeit gehören in der Regel zu den Einkünften aus selbständiger Arbeit i. S. d. § 18 Abs. 1 Nr. 1 EStG (→ BFH vom 4.10.1984 – BStBl. 1985 II S. 51).

Gewinnerzielungsabsicht. Verluste über einen längeren Zeitraum sind für sich allein noch kein ausreichendes Beweisanzeichen für fehlende Gewinnerzielungsabsicht (→ BFH vom 14.3.1985 – BStBl. II S. 424).

Kindertagespflege. Zur ertragsteuerlichen Behandlung der Kindertagespflege → BMF vom 11.11.2016 (BStBl. I S. 1236).

Lehrtätigkeit. Die nebenberufliche Lehrtätigkeit von Handwerksmeistern an Berufs- und Meisterschulen ist in der Regel als Ausübung eines freien Berufs anzusehen, wenn sich die Lehrtätigkeit ohne besondere Schwierigkeit von der Haupttätigkeit trennen lässt (→ BFH vom 27.1.1955 – BStBl. III S. 229).

Nachhaltige Erfindertätigkeit.
- Keine Zufallserfindung, sondern eine planmäßige (nachhaltige) Erfindertätigkeit liegt vor, wenn es nach einem spontan geborenen Gedanken weiterer Tätigkeiten bedarf, um die Erfindung bis zur Verwertungsreife zu entwickeln (→ BFH vom 18.6.1998 – BStBl. II S. 567).
- Liegt eine Zufallserfindung vor, führt allein die Anmeldung der Erfindung zum Patent noch nicht zu einer nachhaltigen Tätigkeit (→ BFH vom 10.9.2003 – BStBl. 2004 II S. 218).

Patentveräußerung gegen Leibrente.
- **Durch Erben des Erfinders:**
  Veräußert der Erbe die vom Erblasser als freiberuflichem Erfinder entwickelten Patente gegen Leibrente, so ist die Rente, sobald sie den Buchwert der Patente übersteigt, als laufende Betriebseinnahme und nicht als private Veräußerungsrente nur mit dem Ertragsanteil zu versteuern, es sei denn, dass die Patente durch eindeutige Entnahme vor der Veräußerung

[1] Nr. **20**.

in das Privatvermögen überführt worden waren (→ BFH vom 7.10.1965 – BStBl. III S. 666).

– **Bei anschließender Wohnsitzverlegung ins Ausland:**
Laufende Rentenzahlungen können als nachträglich erzielte Einkünfte aus selbständiger Arbeit im Inland steuerpflichtig sein (→ BFH vom 28.3.1984 – BStBl. II S. 664).

Prüfungstätigkeit als Nebentätigkeit ist i. d. R. als Ausübung eines freien Berufs anzusehen (→ BFH vom 14.3. und 2.4.1958 – BStBl. III S. 255, 293).

Wiederholungshonorare/Erlösbeteiligungen. Bei Wiederholungshonoraren und Erlösbeteiligungen, die an ausübende Künstler von Hörfunk- oder Fernsehproduktionen als Nutzungsentgelte für die Übertragung originärer urheberrechtlicher Verwertungsrechte gezahlt werden, handelt es sich nicht um Arbeitslohn, sondern um Einkünfte i. S. d. § 18 EStG (→ BFH vom 26.7.2006 – BStBl. II S. 917).

R 18.2 Betriebsvermögen *(unbesetzt)*

H 18.2

Aktienoption eines Aufsichtsratsmitglieds. Nimmt ein Aufsichtsrat einer nicht börsennotierten Aktiengesellschaft an einer Maßnahme zum Bezug neuer Aktien teil, die nur Mitarbeitern und Aufsichtsratsmitgliedern der Gesellschaft eröffnet ist, und hat er die Option, die von ihm gezeichneten Aktien innerhalb einer bestimmten Frist zum Ausgabekurs an die Gesellschaft zurückzugeben, erzielt er Einkünfte aus selbständiger Arbeit, wenn er die unter dem Ausgabepreis notierenden Aktien innerhalb der vereinbarten Frist zum Ausgabepreis an die Gesellschaft zurückgibt. Die Höhe der Einkünfte bemisst sich nach der Differenz zwischen Ausgabepreis und dem tatsächlichen Wert der Aktien im Zeitpunkt der Ausübung der Option. Der Zufluss erfolgt im Zeitpunkt der Ausübung der Option (→ BFH vom 9.4. 2013 – BStBl. II S. 689).

Aufzeichnungspflicht. Eine Aufzeichnungspflicht von Angehörigen der freien Berufe kann sich z. B. ergeben aus:

– § 4 Abs. 3 Satz 5 EStG,
– § 6c EStG bei Gewinnen aus der Veräußerung bestimmter Anlagegüter,
– § 7a Abs. 8 EStG bei erhöhten Absetzungen und Sonderabschreibungen,
– § 41 EStG, Aufzeichnungspflichten beim Lohnsteuerabzug,
– § 22 UStG.

Betriebsausgabenpauschale.

– Betriebsausgabenpauschale bei hauptberuflicher selbständiger schriftstellerischer oder journalistischer Tätigkeit, aus wissenschaftlicher, künstlerischer und schriftstellerischer Nebentätigkeit sowie aus nebenamtlicher Lehr- und Prüfungstätigkeit:
Es ist nicht zu beanstanden, wenn bei der Ermittlung der vorbezeichneten Einkünfte die Betriebsausgaben wie folgt pauschaliert werden:

a) bei hauptberuflicher selbständiger schriftstellerischer oder journalistischer Tätigkeit auf 30% der Betriebseinnahmen aus dieser Tätigkeit, höchstens jedoch 2455 € jährlich,

b) bei wissenschaftlicher, künstlerischer oder schriftstellerischer Nebentätigkeit (auch Vortrags- oder nebenberufliche Lehr- und Prüfungstätigkeit), soweit es sich nicht um eine Tätigkeit i. S. d. § 3 Nr. 26 EStG handelt, auf 25% der Betriebseinnahmen aus dieser Tätigkeit, höchstens jedoch 614 € jährlich. Der Höchstbetrag von 614 € kann für alle Nebentätigkeiten, die unter die Vereinfachungsregelung fallen, nur einmal gewährt werden.

Es bleibt den Stpfl. unbenommen, etwaige höhere Betriebsausgaben nachzuweisen.
(→ BMF vom 21.1.1994 – BStBl. I S. 112).

– Zur Höhe und Aufteilung der Betriebsausgabenpauschale bei Geldleistungen an Kindertagespflegepersonen → BMF vom 11.11.2016 (BStBl. I S. 1236).

Betriebsvermögen.

– Ein Wirtschaftsgut kann nur dann zum freiberuflichen Betriebsvermögen gehören, wenn zwischen dem Betrieb oder Beruf und dem Wirtschaftsgut eine objektive Beziehung besteht; das Wirtschaftsgut muss bestimmt und geeignet sein, dem Betrieb zu dienen bzw. ihn zu fördern. Wirtschaftsgüter, die der freiberuflichen Tätigkeit wesensfremd sind und bei denen eine sachliche Beziehung zum Betrieb fehlt, sind kein Betriebsvermögen (→ BFH vom 14.11.1985 – BStBl. 1986 II S. 182).
– → Geldgeschäfte.
– → Gewillkürtes Betriebsvermögen.

Buchführung. Werden freiwillig Bücher geführt und regelmäßig Abschlüsse gemacht, ist der Gewinn nach § 4 Abs. 1 EStG zu ermitteln. Ein nicht buchführungspflichtiger Stpfl., der nur Aufzeichnungen über Einnahmen und Ausgaben fertigt, kann nicht verlangen, dass sein Gewinn nach § 4 Abs. 1 EStG ermittelt wird (→ BFH vom 2.3.1978 – BStBl. II S. 431). Zur Gewinnermittlung → R 4.1 bis R 4.7.

Bürgschaft. Bürgschaftsaufwendungen eines Freiberuflers können ausnahmsweise Betriebsausgaben darstellen, wenn ein Zusammenhang mit anderen Einkünften ausscheidet und nachgewiesen wird, dass die Bürgschaftszusage ausschließlich aus betrieblichen Gründen erteilt wurde (→ BFH vom 24.8.1989 – BStBl. 1990 II S. 17).

Geldgeschäfte.

– Geldgeschäfte (Darlehensgewährung, Beteiligungserwerb etc.) sind bei Angehörigen der freien Berufe in der Regel nicht betrieblich veranlasst, weil sie nicht dem Berufsbild eines freien Berufes entsprechen (→ BFH vom 24.2.2000 – BStBl. II S. 297). Ein Geldgeschäft ist nicht dem Betriebsvermögen eines Freiberuflers zuzuordnen, wenn es ein eigenes wirtschaftliches Gewicht hat. Dies ist auf Grund einer Abwägung der nach außen erkennbaren Motive zu beantworten. Ein eigenes wirtschaft-

liches Gewicht ist anzunehmen, wenn bei einem Geldgeschäft die Gewinnung eines Auftraggebers lediglich ein erwünschter Nebeneffekt ist. Dagegen ist ein eigenes wirtschaftliches Gewicht zu verneinen, wenn das Geschäft ohne die Aussicht auf neue Aufträge nicht zustande gekommen wäre (→ BFH vom 31.5.2001 – BStBl. II S. 828).
- Die GmbH-Beteiligung eines Bildjournalisten kann nicht allein deshalb als notwendiges Betriebsvermögen des freiberuflichen Betriebs beurteilt werden, weil er 99% seiner Umsätze aus Autorenverträgen mit der GmbH erzielt, wenn diese Umsätze nur einen geringfügigen Anteil der Geschäftstätigkeit der GmbH ausmachen und es wegen des Umfangs dieser Geschäftstätigkeit und der Höhe der Beteiligung des Stpfl. an der GmbH naheliegt, dass es dem Stpfl. nicht auf die Erschließung eines Vertriebswegs für seine freiberufliche Tätigkeit, sondern auf die Kapitalanlage ankommt (→ BFH vom 12.1.2010 – BStBl. II S. 612).

Dem Betriebsvermögen eines Freiberuflers **kann zugeordnet** werden:
- die Darlehensforderung eines Steuerberaters, wenn das Darlehen zur Rettung von Honorarforderungen gewährt wurde (→ BFH vom 22.4.1980 – BStBl. II S. 571),
- die Beteiligung eines Baustatikers an einer Wohnungsbau-AG (→ BFH vom 23.11.1978 – BStBl. 1979 II S. 109),
- die Beteiligung eines Architekten an einer Bauträgergesellschaft, sofern dies unerlässliche Voraussetzung für die freiberufliche Tätigkeit ist (→ BFH vom 14.1.1982 – BStBl. II S. 345),
- die Beteiligung eines Mediziners, der Ideen und Rezepturen für medizinische Präparate entwickelt, an einer Kapitalgesellschaft, die diese Präparate als Lizenznehmerin vermarktet (→ BFH vom 26.4.2001 – BStBl. II S. 798),
- → Bürgschaft.

Dem Betriebsvermögen eines Freiberuflers **kann nicht zugeordnet** werden:
- ein Geldgeschäft, das ein Rechtsanwalt, Notar oder Steuerberater tätigt, um einen Mandanten neu zu gewinnen oder zu erhalten (→ BFH vom 22.1.1981 – BStBl. II S. 564),
- eine Beteiligung, die ein Steuerberater zusammen mit einem Mandanten auf dessen Veranlassung an einer Kapitalgesellschaft eingeht, deren Unternehmensgegenstand der freiberuflichen Betätigung wesensfremd ist, und die eigenes wirtschaftliches Gewicht hat (→ BFH vom 23.5.1985 – BStBl. II S. 517),
- eine Lebensversicherung, die ein Rechtsanwalt als Versicherungsnehmer und Versicherungsempfänger im Erlebensfall auf sein Leben oder das seines Sozius abschließt (→ BFH vom 21.5.1987 – BStBl. II S. 710),
- eine Beteiligung an einer Kapitalgesellschaft, wenn die Beteiligung nicht in erster Linie mit dem Ziel erworben wurde, die Beratungstätigkeit des Steuerpflichtigen bei der Gesellschaft zu fördern oder erst zu ermöglichen. Dies gilt selbst dann, wenn die mit der Beteiligung verbundenen Informations- und Kontrollrechte die Tätigkeit des Stpfl. bei der Gesellschaft erleichtern (→ BFH vom 1.12.2020 – BStBl. 2021 II S. 609).

Gewillkürtes Betriebsvermögen.

- Der Umfang des Betriebsvermögens wird durch die Erfordernisse des Berufs begrenzt; ein Angehöriger der freien Berufe kann nicht in demselben Umfang gewillkürtes Betriebsvermögen bilden wie ein Gewerbetreibender (→ BFH vom 24.8.1989 – BStBl. 1990 II S. 17).
- Zur Bildung und zum Nachweis → BMF vom 17.11.2004 (BStBl. I S. 1064).

Leibrente. Eine Leibrente als Gegenleistung für anwaltliche Betreuung ist den Einkünften aus freiberuflicher Tätigkeit zuzurechnen (→ BFH vom 26.3. 1987 – BStBl. II S. 597).

Versorgungskasse. Besondere Zuschläge für einen Fürsorgefonds sind Betriebsausgaben, wenn die berufstätigen Ärzte keinerlei Rechte auf Leistungen aus dem Fürsorgefonds haben. Beiträge an die berufsständische Versorgungskasse zur Erlangung einer späteren Altersversorgung oder anderer Versorgungsansprüche sind Sonderausgaben (→ BFH vom 13.4.1972 – BStBl. II S. 728). Wegen der Behandlung als Sonderausgaben → H 10.5 (Versorgungsbeiträge Selbständiger).

R **18.3** Veräußerungsgewinn nach § 18 Abs. 3 EStG

Allgemeines

(1) Bei einer → Veräußerung oder Aufgabe i. S. d. § 18 Abs. 3 EStG gelten die Ausführungen in R 16 entsprechend.

Einbringung

(2) Bei Einbringung einer freiberuflichen Praxis in eine Personengesellschaft ist § 24 UmwStG anzuwenden.

Aufgabe

(3) Eine Aufgabe einer selbständigen Tätigkeit ist dann anzunehmen, wenn sie der betreffende Stpfl. mit dem Entschluss einstellt, die Tätigkeit weder fortzusetzen noch das dazugehörende Vermögen an Dritte zu übertragen.

Freibetrag

(4) Die Gewährung des Freibetrags nach § 18 Abs. 3 i. V. m. § 16 Abs. 4 EStG ist ausgeschlossen, wenn dem Stpfl. für eine Veräußerung oder Aufgabe, die nach dem 31.12.1995 erfolgt ist, ein Freibetrag nach § 14 Satz 2, § 16 Abs. 4 oder § 18 Abs. 3 EStG bereits gewährt worden ist.

H **18.3**

Einbringungsgewinn.

- Bei einer Einbringung nach § 24 UmwStG besteht die Möglichkeit der steuerbegünstigten Auflösung sämtlicher stiller Reserven auch dann, wenn der Einbringende und die aufnehmende Gesellschaft ihren Gewinn nach § 4 Abs. 3 EStG ermitteln. Die steuerliche Begünstigung des Einbringungsgewinns setzt voraus, dass der Einbringungsgewinn auf der Grundlage einer Einbringungs- und einer Eröffnungsbilanz ermittelt worden ist (→ BFH vom 5.4.1984 – BStBl. II S. 518 und vom 18.10.1999 – BStBl. 2000 II S. 123); → auch R 4.5 Abs. 6 Satz 2.

– Zur entgeltlichen Aufnahme eines Sozius in eine freiberufliche Einzelpraxis → BMF vom 11.11.2011 (BStBl. I S. 1314), Rdnr. 24.09.

Gesellschaftereintritt in bestehende freiberufliche Sozietät. § 24 UmwStG umfasst auch die Aufnahme weiterer Gesellschafter (→ BFH vom 23.5.1985 – BStBl. II S. 695).

Veräußerung.[1)]

1. Einzelunternehmen.

– Eine **Veräußerung** i. S. d. § 18 Abs. 3 EStG **liegt vor,**
wenn die für die Ausübung wesentlichen wirtschaftlichen Grundlagen, insbesondere die immateriellen Wirtschaftsgüter wie Mandantenstamm und Praxiswert, entgeltlich und definitiv auf einen anderen übertragen werden. Die freiberufliche Tätigkeit in dem bisherigen örtlichen Wirkungskreis muss wenigstens für eine gewisse Zeit eingestellt werden. Die „definitive" Übertragung des Mandantenstamms lässt sich erst nach einem gewissen Zeitablauf abschließend beurteilen. Neben der Dauer der Einstellung der freiberuflichen Tätigkeit sind insbesondere die räumliche Entfernung einer wieder aufgenommenen Berufstätigkeit zur veräußerten Praxis, die Vergleichbarkeit der Betätigungen, die Art und Struktur der Mandate, eine zwischenzeitliche Tätigkeit des Veräußerers als Arbeitnehmer oder freier Mitarbeiter des Erwerbers sowie die Nutzungsdauer des erworbenen Praxiswerts zu berücksichtigen (→ BFH vom 21.8.2018 – BStBl. 2019 II S. 64).[2)]
Unschädlich ist
• wenn der Veräußerer nach der Veräußerung frühere Mandanten auf Rechnung und im Namen des Erwerbers berät oder eine nichtselbständige Tätigkeit in der Praxis des Erwerbers ausübt (→ BFH vom 18.5.1994 – BStBl. II S. 925).
• die Fortführung einer freiberuflichen Tätigkeit in geringem Umfang, wenn die darauf entfallenden Umsätze in den letzten drei Jahren weniger als 10% der gesamten Einnahmen ausmachten (→ BFH vom 7.11.1991 – BStBl. 1992 II S. 457 und vom 29.10.1992 – BStBl. 1993 II S. 182).

– Eine **Veräußerung** i. S. d. § 18 Abs. 3 EStG **liegt nicht vor,** wenn
• ein Steuerberater von seiner einheitlichen Praxis den Teil veräußert, der lediglich in der Erledigung von Buchführungsarbeiten bestanden hat (→ BFH vom 14.5.1970 – BStBl. II S. 566),
• ein Steuerbevollmächtigter, der am selben Ort in einem einheitlichen örtlichen Wirkungskreis, jedoch in organisatorisch getrennten Büros, eine landwirtschaftliche Buchstelle und eine Steuerpraxis für Gewerbetreibende betreibt, die Steuerpraxis für Gewerbetreibende veräußert (→ BFH vom 27.4.1978 – BStBl. II S. 562),
• ein unheilbar erkrankter Ingenieur aus diesem Grund sein technisches Spezialwissen und seine Berufserfahrung entgeltlich auf seinen

---

1) Zum Zeitpunkt der Betriebsveräußerung siehe BFH v. 23.1.1992 IV R 88/90, BStBl. II 1992, 525.
2) Siehe dazu auch BFH v. 11.2.2020 VIII B 131/19, BFH/NV 2020, 507.

einzigen Kunden überträgt (→ BFH vom 26.4.1995 – BStBl. 1996 II S. 4).

2. **Mitunternehmeranteil.** Wird der gesamte Mitunternehmeranteil an einer freiberuflich tätigen Personengesellschaft veräußert, muss die Tätigkeit im bisherigen Wirkungskreis für eine gewisse Zeit eingestellt werden (→ BFH vom 23.1.1997 – BStBl. II S. 498).
3. **Teilbetrieb.**
   - Eine begünstigte Teilbetriebsveräußerung setzt neben der Ausübung mehrerer ihrer Art nach verschiedener Tätigkeiten auch eine organisatorische Selbständigkeit der Teilbetriebe voraus. Ist ein Arzt als Allgemeinmediziner und auf arbeitsmedizinischem Gebiet tätig, übt er zwei verschiedene Tätigkeiten aus. Die Veräußerung eines dieser Praxisteile stellt eine tarifbegünstigte Teilpraxisveräußerung dar, sofern den Praxisteilen die notwendige organisatorische Selbständigkeit zukommt (→ BFH vom 4.11.2004 – BStBl. 2005 II S. 208).
   - Eine begünstigte Teilpraxisveräußerung kann vorliegen, wenn ein Steuerberater eine Beratungspraxis veräußert, die er (neben anderen Praxen) als völlig selbständigen Betrieb erworben und bis zu ihrer Veräußerung im Wesentlichen unverändert fortgeführt hat (→ BFH vom 26.6.2012 – BStBl. II S. 777).
   - Keine Teilbetriebsveräußerung bei Veräußerung der „Großtierpraxis" und Rückbehalt der „Kleintierpraxis" (→ BFH vom 29.10.1992 – BStBl. 1993 II S. 182).[1]

Verpachtung. Beim Tod des Freiberuflers führt die vorübergehende Verpachtung einer freiberuflichen Praxis durch den Erben oder Vermächtnisnehmer bei fehlender Betriebsaufgabeerklärung nicht zur Betriebsaufgabe, wenn der Rechtsnachfolger im Begriff ist, die für die beabsichtigte Praxisfortführung erforderliche freiberufliche Qualifikation zu erlangen (→ BFH vom 12.3.1992 – BStBl. 1993 II S. 36).[2]

Zu § 20 EStG

R 20.1 Werbungskosten bei Einkünften aus Kapitalvermögen

(1) [1]Aufwendungen sind, auch wenn sie gleichzeitig der Sicherung und Erhaltung des Kapitalstamms dienen, insoweit als Werbungskosten zu berücksichtigen, als sie zum Erwerb, Sicherung und Erhaltung von Kapitaleinnahmen dienen. [2]Aufwendungen, die auf Vermögen entfallen, das nicht zur Erzielung von Kapitaleinkünften angelegt ist oder bei dem Kapitalerträge nicht mehr zu erwarten sind, können nicht als Werbungskosten berücksichtigt werden.

(2) [1]Nach den allgemeinen Grundsätzen können u. a. Bankspesen für die Depotverwaltung, Gebühren, Fachliteratur, Reisekosten zur Hauptversammlung, Verfahrensauslagen und Rechtsanwaltskosten als Werbungskosten berück-

[1] Ebenso bei Veräußerung einer Kassenpraxis unter Beibehaltung der Privatpatienten; siehe BFH v. 6.3.1997 IV R 28/96, DStRE 1997, 712.

[2] Siehe auch BFH v. 14.12.1993 VIII R 13/93, BStBl. II 1994, 922.

sichtigt werden. [2]Zum Abzug ausländischer Steuern wie Werbungskosten → R 34c.

(3) Absatz 1 und 2 gelten vorbehaltlich des § 2 Abs. 2 Satz 2 EStG.

H 20.1

Abgeltungsteuer – Allgemeines. Zu Einzelfragen zur Abgeltungsteuer → *BMF vom 18.1.2016 (BStBl. I S. 85)*[1] *unter Berücksichtigung der Änderungen durch BMF vom 20.4.2016 (BStBl. I S. 475), vom 16.6.2016 (BStBl. I S. 527), vom 3.5.2017 (BStBl. I S. 739), vom 19.12.2017 (BStBl. 2018 I S. 52), vom 12.4.2018 (BStBl. I S. 624), vom 17.1.2019 (BStBl. I S. 51), vom 10.5.2019 (BStBl. I S. 464), vom 16.9.2019 (BStBl. I S. 889) und vom 19.2.2021 (BStBl. I S. 296).*

Anschaffungskosten.

- Ein beim Erwerb einer stillen Beteiligung an den Geschäftsinhaber entrichtetes Ausgabeaufgeld gehört zu den Anschaffungskosten der stillen Beteiligung (→ BFH vom 23.11.2000 – BStBl. 2001 II S. 24).
- Gutachtenkosten im Zusammenhang mit der Anschaffung von GmbH-Geschäftsanteilen sind Anschaffungsnebenkosten, wenn sie nach einer grundsätzlich gefassten Erwerbsentscheidung entstehen und die Erstellung des Gutachtens nicht lediglich eine Maßnahme zur Vorbereitung einer noch unbestimmten, erst später zu treffenden Erwerbsentscheidung darstellt (→ BFH vom 27.3.2007 – BStBl. 2010 II S. 159).
- Zahlt ein Stpfl., der einem Vermögensverwalter Vermögen zur Anlage auf dem Kapitalmarkt überlässt, ein gesondertes Entgelt für die Auswahl zwischen mehreren Gewinnstrategien des Vermögensverwalters (sog. Strategieentgelt), ist das Entgelt den Anschaffungskosten für den Erwerb der Kapitalanlagen zuzurechnen (→ BFH vom 28.10.2009 – BStBl. 2010 II S. 469).

Bond-Stripping. → BMF vom 11.11.2016 (BStBl. I S. 1245).

Gesellschafterdarlehen. Ein Verzicht des Gesellschafters auf ein Gesellschafterdarlehen gegen Besserungsschein kann für Schuldzinsen, die auf ein Refinanzierungsdarlehen gezahlt werden, bis zum Eintritt des Besserungsfalls zu einem Wechsel des Veranlassungszusammenhangs der Aufwendungen hin zu den Beteiligungserträgen gem. § 20 Abs. 1 Nr. 1 EStG führen. Dieser tritt insbesondere dann ein, wenn der Gesellschafter durch den Verzicht auf Zins- und Tilgungsansprüche aus dem Gesellschafterdarlehen die Eigenkapitalbildung und Ertragskraft der Gesellschaft stärken will (→ BFH vom 24.10.2017 – BStBl. 2019 II S. 34).

Sinngemäße Anwendung des § 15a EStG.

- Erst wenn die Gesellschaft endgültig von einer Schuld befreit wird, handelt es sich im Falle der Übernahme einer Gesellschaftsschuld durch den stillen Gesellschafter um die allein maßgebliche „geleistete Einlage" i. S. d. § 15a Abs. 1 Satz 1 EStG. Eine erst später erteilte Genehmigung einer Schuldübernahme durch den Gläubiger wirkt steuerrechtlich nicht

[1] Jetzt BMF v. 19.5.2022, StEd 2022, 334; zur zeitlichen Anwendung siehe Rn. 324 und 325.

auf den Zeitpunkt zurück, in dem der stille Gesellschafter sich dazu verpflichtet hatte (→ BFH vom 16.10.2007 – BStBl. 2008 II S. 126).
– → H 21.2.

Stiller Gesellschafter.
– Die Vereinbarung einer Beteiligung des stillen Gesellschafters am Gewinn des Geschäftsinhabers gilt im Zweifel auch für seine Beteiligung am Verlust. Der Verlustanteil ist dem stillen Gesellschafter nicht nur bis zum Verbrauch seiner Einlage, sondern auch in Höhe seines negativen Einlagekontos zuzurechnen. Spätere Gewinne sind gem. § 15a EStG zunächst mit den auf diesem Konto ausgewiesenen Verlusten zu verrechnen (→ BFH vom 23.7.2002 – BStBl. II S. 858).
– Ein an einer GmbH typisch still beteiligter Gesellschafter kann seinen Anteil an dem laufenden Verlust der GmbH nur dann berücksichtigen, wenn der Verlustanteil im Jahresabschluss der GmbH festgestellt oder vom Finanzamt geschätzt und von der Kapitaleinlage des stillen Gesellschafters abgebucht worden ist (→ BFH vom 28.5.1997 – BStBl. II S. 724 und vom 16.10.2007 – BStBl. 2008 II S. 126). Die Abbuchung als Voraussetzung für die Verlustberücksichtigung entfällt jedoch, soweit durch den Verlustanteil ein negatives Einlagekonto entsteht. Der Verlustanteil entsteht mit seiner Berechnung nach § 232 Abs. 1 HGB auf der Grundlage des Jahresabschlusses des Geschäftsinhabers (→ BFH vom 23.7.2002 – BStBl. II S. 858).
– Zur Behandlung von Verlusten aus stillen Gesellschaften an Kapitalgesellschaften → BMF vom 19.11.2008 (BStBl. I S. 970).
– → Anschaffungskosten.

Verlustabzug in Erbfällen. Verluste i. S. d. § 20 Abs. 6 EStG → R 10d Abs. 9 Satz 9.

Werbungskostenabzugsverbot nach § 20 Abs. 9 EStG.[1]
– **Schuldzinsen, die nach der Veräußerung oder der Aufgabe einer wesentlichen Beteiligung** i. S. d. § 17 Abs. 1 EStG anfallen, sind ab dem VZ 2009 grundsätzlich nicht mehr als Werbungskosten bei den Einkünften aus Kapitalvermögen abziehbar (→ BFH vom 1.7.2014 – BStBl. II S. 975 und vom 21.10.2014 – BStBl. 2015 II S. 270).
– Das Werbungskostenabzugsverbot findet auch dann Anwendung, wenn Ausgaben, die nach dem 31.12.2008 getätigt wurden, mit **Kapitalerträgen** zusammenhängen, die bereits **vor dem 1.1.2009** zugeflossen sind (→ BFH vom 2.12.2014 – BStBl. 2015 II S. 387 und vom 9.6.2015 – BStBl. 2016 II S. 199).
– Gegen das Werbungskostenabzugsverbot bestehen **keine verfassungsrechtlichen Bedenken** (→ BFH vom 1.7.2014 – BStBl. II S. 975, vom 28.1.2015 – BStBl. II S. 393 und vom 9.6.2015 – BStBl. 2016 II S. 199).
– Das Werbungskostenabzugsverbot kommt in den Fällen des § 32d Abs. 2 Nr. 1 Satz 1 Buchst. b Satz 1 EStG nicht zur Anwendung (§ 32d Abs. 2 Nr. 1 Satz 2 EStG). Dies gilt grundsätzlich auch dann, wenn von der Ge-

[1] Zu negativen Einlagezinsen siehe jetzt BMF v. 19.5.2022, StEd 2022, 334; zur zeitlichen Anwendung siehe Rn. 324 und 325.

sellschaft die geschuldeten Kapitalerträge nicht gezahlt werden (→ BFH vom 24.10.2017 – BStBl. 2019 II S. 34).
– Zu einer Sicherheits-Kompakt-Rente → H 22.4 (Werbungskosten).

R 20.2 Einnahmen aus Kapitalvermögen

[1] Auf Erträge aus Versicherungen auf den Erlebens- oder Todesfall ist bei Verträgen, die vor dem 1.1.2005 abgeschlossen worden sind, R 154 EStR 2003 weiter anzuwenden. [2] R 154 Satz 4 Buchstabe a EStR 2003 gilt nicht für Zinsen, die nach Ablauf der Mindestlaufzeit von 12 Jahren bei Weiterführung des Versicherungsvertrages gezahlt werden.

R 154 EStR 2003. Einnahmen aus Kapitalvermögen

[1] Zu den Einnahmen aus Kapitalvermögen rechnen nach § 20 Abs. 1 Nr. 6 EStG die außerrechnungsmäßigen und rechnungsmäßigen Zinsen aus den Sparanteilen, die in den Beiträgen zu Versicherungen auf den Erlebens- oder Todesfall enthalten sind. [2] Zu den Einnahmen aus Kapitalvermögen gehören stets Zinsen aus

1. Kapitalversicherungen gegen Einmalbeitrag,
2. Rentenversicherungen mit Kapitalwahlrecht gegen Einmalbeitrag,
3. Rentenversicherungen mit Kapitalwahlrecht gegen laufende Beitragsleistung, bei denen das Kapitalwahlrecht vor Ablauf von 12 Jahren nach Vertragsabschluss ausgeübt werden kann,
4. Kapitalversicherungen gegen laufende Beitragsleistung, wenn der Vertrag nicht für die Dauer von mindestens 12 Jahren abgeschlossen ist,
5. Versicherungen im Sinne des § 10 Abs. 1 Nr. 2 Buchstabe b EStG in den Fällen des § 10 Abs. 2 Satz 2 EStG, wenn die Voraussetzungen für den Sonderausgabenabzug nicht erfüllt sind,
6. Versicherungen auf den Erlebens- oder Todesfall in den Fällen des § 10 Abs. 1 Nr. 2 Buchstabe b *Satz 5* [ab VZ 2004: Satz 6] EStG, wenn die Voraussetzungen für den Sonderausgabenabzug nicht erfüllt sind.

[3] Zinsen aus Versicherungen im Sinne des § 10 Abs. 1 Nr. 2 Buchstabe b EStG rechnen grundsätzlich nicht zu den steuerpflichtigen Einnahmen, wenn die Voraussetzungen für den Sonderausgabenabzug erfüllt sind. [4] Die Zinsen gehören bei diesen Verträgen jedoch zu den Einnahmen aus Kapitalvermögen, soweit sie

a) zu dem laufenden Vertrag oder
b) im Falle des Rückkaufs des Vertrages vor Ablauf von 12 Jahren nach Vertragsabschluss mit dem Rückkaufwert

ausgezahlt werden. [5] Die Höhe der steuerpflichtigen Kapitalerträge ist von dem Versicherer zu ermitteln.

H 20.2

Abtretung. Zur Zurechnung von Zinsen bei Abtretung einer verzinslichen Forderung → BFH vom 8.7.1998 (BStBl. 1999 II S. 123).

American Depository Receipts (ADRs). Zur Besteuerung von ADRs auf inländische Aktien und vergleichbaren Hinterlegungsscheinen, die Aktien vertreten → BMF vom 24.5.2013 (BStBl. I S. 718) unter Berücksichtigung der Änderungen durch BMF vom 18.12.2018 (BStBl. I S. 1400).

Betriebsaufspaltung. → H 15.7 (4) Gewinnausschüttungen.

Einlagenrückgewähr.
– Rückgewähr von Einlagen durch eine unbeschränkt steuerpflichtige Körperschaft; bilanzsteuerrechtliche Behandlung beim Empfänger → BMF vom 9.1.1987 (BStBl. I S. 171).

– Der aus dem steuerlichen Einlagekonto i. S. d. § 27 KStG stammende Gewinnanteil ist beim Gesellschafter gemäß § 20 Abs. 1 Nr. 1 Satz 3 EStG als nicht steuerbare Einnahme zu behandeln. Dies gilt auch dann, wenn der Stpfl. an der ausschüttenden Körperschaft gemäß § 17 EStG beteiligt ist. Der Teil der Ausschüttung einer Körperschaft, der aus dem steuerlichen Einlagekonto i. S. d. § 27 KStG finanziert ist, führt zu einer Minderung der Anschaffungskosten der Beteiligung. Zur Veräußerung von Anteilen i. S. d. § 17 EStG (→ BFH vom 19.7.1994 – BStBl. 1995 II S. 362); zu den Auswirkungen bei § 20 Abs. 2 EStG → *BMF vom 18.1.2016 (BStBl. I S. 85),*[1] *Rz. 92.*
– Zur Bescheinigung der Leistungen, die als Abgang auf dem steuerlichen Einlagekonto zu berücksichtigen sind, durch die Kapitalgesellschaft → § 27 Abs. 3 KStG.

Erstattungszinsen nach § 233a AO.
– Erstattungszinsen sind steuerbare Einnahmen (→ BFH vom 12.11.2013 – BStBl. 2014 II S. 168 und vom 24.6.2014 – BStBl. II S. 998).
– Aus Gründen sachlicher Härte sind auf Antrag Erstattungszinsen i. S. d. § 233a AO nach § 163 AO nicht in die Steuerbemessungsgrundlage einzubeziehen, soweit ihnen nicht abziehbare Nachforderungszinsen gegenüberstehen, die auf ein- und demselben Ereignis beruhen (→ BMF vom 16.3.2021 – BStBl. I S. 353).

Erträge aus Lebensversicherungen (Vertragsabschluss vor dem 1.1. 1974). Zinsen aus Sparanteilen aus Beiträgen für vor dem 1.1.1974 abgeschlossene Lebensversicherungen sind nicht steuerbar (→ BFH vom 29.5. 2012 – BStBl. 2013 II S. 115).

Erträge aus Lebensversicherungen (Vertragsabschluss vor dem 1.1.2005).
– → BMF vom 31.8.1979 (BStBl. I S. 592) zur steuerlichen Behandlung der rechnungsmäßigen und außerrechnungsmäßigen Zinsen aus Lebensversicherungen.
– → BMF vom 13.11.1985 (BStBl. I S. 661) zum Näherungsverfahren zur Berechnung der rechnungsmäßigen und außerrechnungsmäßigen Zinsen.
– → BMF vom 16.7.2012 (BStBl. I S. 686) zur gesonderten Feststellung der Steuerpflicht von Zinsen aus einer Lebensversicherung.
– → BMF vom 15.6.2000 (BStBl. I S. 1118) zu Finanzierungen unter Einsatz von Lebensversicherungsverträgen (Policendarlehen).
– Zinsen aus einer vor dem 1.1.2005 abgeschlossenen Kapitallebensversicherung, die nach Ablauf eines Zeitraums von mehr als 12 Jahren nach Vertragsabschluss bei Weiterführung gezahlt werden, sind in entsprechender Anwendung des § 20 Abs. 1 Nr. 6 Satz 2 EStG in der am 31.12.2004 geltenden Fassung steuerfrei (→ BFH vom 12.10.2005 – BStBl. 2006 II S. 251).
– Die Steuerbefreiung in § 20 Abs. 1 Nr. 6 Satz 2 EStG in der am 31.12. 2004 geltenden Fassung für Zinsen aus Lebensversicherungen ist nicht an die Voraussetzungen des Sonderausgabenabzugs für die Versicherungsbei-

[1] Jetzt BMF v. 19.5.2022, StEd 2022, 334, Rn. 92; zur zeitlichen Anwendung siehe Rn. 324 und 325.

träge geknüpft. Es ist daher unschädlich, wenn der ausländischen Lebensversicherungsgesellschaft die Erlaubnis zum Betrieb eines nach § 10 Abs. 2 Satz 1 Nr. 2 Buchstabe a EStG in der am 31.12.2004 geltenden Fassung begünstigten Versicherungszweigs im Inland nicht erteilt worden ist (→ BFH vom 1.3.2005 – BStBl. 2006 II S. 365).
– → Auszug aus dem EStG 2002 in der am 31.12.2004 geltenden Fassung.

Erträge aus Lebensversicherungen (Vertragsabschluss nach dem 31.12. 2004). Zur Besteuerung von Versicherungserträgen i. S. d. § 20 Abs. 1 Nr. 6 EStG → BMF vom 1.10.2009 (BStBl. I S. 1172) unter Berücksichtigung der Änderungen durch BMF vom 6.3.2012 (BStBl. I S. 238), vom 29.9.2017 (BStBl. I S. 1314) und vom 9.8.2019 (BStBl. I S. 829) und → BMF vom 18.6.2013 (BStBl. I S. 768).

Ferienwohnung. Überlässt eine AG satzungsgemäß ihren Aktionären Ferienwohnungen zur zeitlich vorübergehenden Nutzung nach Maßgabe eines Wohnberechtigungspunktesystems, erzielt der Aktionär mit der Nutzung Kapitalerträge (→ BFH vom 16.12.1992 – BStBl. 1993 II S. 399).

Hochzins- und Umtauschanleihen. → BMF vom 2.3.2001 (BStBl. I S. 206).

Investmentanteile. Zu Anwendungsfragen zum Investmentsteuergesetz in der ab dem 1.1.2018 geltenden Fassung → BMF vom 21.5.2019 (BStBl. I S. 527) unter Berücksichtigung der Änderungen durch BMF vom 19.12. 2019 (BStBl. 2020 I S. 85) und vom 29.10.2020 (BStBl. I S. 1167).[1]

Pflichtteilsansprüche.
– Verzichtet ein Kind gegenüber seinen Eltern auf künftige Pflichtteilsansprüche und erhält es dafür im Gegenzug von den Eltern wiederkehrende Zahlungen, so liegt darin kein entgeltlicher Leistungsaustausch und keine Kapitalüberlassung des Kindes an die Eltern, so dass in den wiederkehrenden Zahlungen auch kein einkommensteuerbarer Zinsanteil enthalten ist (→ BFH vom 9.2.2010 – BStBl. II S. 818).
– Erhält das Kind für den Verzicht auf künftige Pflichtteilsansprüche einen fälligen Zahlungsanspruch, führt die Verzinsung dieses Zahlungsanspruches zu steuerpflichtigen Kapitalerträgen i. S. d. § 20 Abs. 1 Nr. 7 EStG (→ BFH vom 6.8.2019 – BStBl. 2020 II S. 92).
– Ist der Erbfall bereits eingetreten und erhält ein Pflichtteilsberechtigter vom Erben unter Anrechnung auf seinen Pflichtteil wiederkehrende Leistungen, ist das Merkmal der Überlassung von Kapital zur Nutzung i. S. d. § 20 Abs. 1 Nr. 7 EStG jedenfalls dann erfüllt, wenn der Bedachte rechtlich befugt ist, den niedrigeren Barwert im Rahmen seines Pflichtteilsanspruchs geltend zu machen (→ BFH vom 26.11.1992 – BStBl. 1993 II S. 298).

Rückgängigmachung einer Gewinnausschüttung. Die Gewinnausschüttung einer Kapitalgesellschaft bleibt bei dem Gesellschafter auch dann eine

[1] Erneut ergänzt und geänd. durch BMF v. 20.1.2021, BStBl. I 2021, 156, v. 29.4.2021, BStBl. I 2021, 735, v. 1.6.2021, BStBl. I 2021, 773, v. 18.6.2021, BStBl. I 2021, 844, v. 18.8.2021, BStBl. I 2021, 1516, v. 15.3.2022, BStBl. I 2022, 336.

Einnahme aus Kapitalvermögen, wenn der Gewinnverteilungsbeschluss auf Grund eines Rückforderungsanspruchs der Gesellschaft rückgängig gemacht werden kann oder aufgehoben wird (→ BFH vom 1.3.1977 – BStBl. II S. 545). Das gilt auch bei einer Verpflichtung zur Rückzahlung einer offenen Gewinnausschüttung; die Rückzahlung stellt keine negative Einnahme dar (→ BFH vom 29.8.2000 – BStBl. 2001 II S. 173).

Schenkung unter Auflage. Wird ein geschenkter Geldbetrag entsprechend der Auflage des Schenkers vom Beschenkten angelegt, erzielt dieser hieraus auch dann Einkünfte aus Kapitalvermögen, wenn er die Erträge entsprechend einer weiteren Auflage weiterzuleiten hat (→ BFH vom 26.11.1997 – BStBl. 1998 II S. 190).

Schneeballsystem.

- Beteiligt sich ein Kapitalanleger an einem sog. Schneeballsystem, mit dem ihm vorgetäuscht wird, in seinem Auftrag und für seine Rechnung würden Geschäfte auf dem Kapitalmarkt getätigt, ist der vom Kapitalanleger angenommene Sachverhalt der Besteuerung zugrunde zu legen (→ BFH vom 14.12.2004 – BStBl. 2005 II S. 739 und S. 746).[1]
- Gutschriften aus Schnellballsystemen führen zu Einnahmen aus Kapitalvermögen, wenn der Betreiber des Schneeballsystems bei entsprechendem Verlangen des Anlegers zur Auszahlung der gutgeschriebenen Beträge leistungsbereit und leistungsfähig gewesen wäre. An der Leistungsbereitschaft des Betreibers des Schneeballsystems kann es fehlen, wenn er auf einen Auszahlungswunsch des Anlegers hin eine sofortige Auszahlung ablehnt und stattdessen über anderweitige Zahlungsmodalitäten verhandelt. Entscheidend ist, ob der Anleger in seinem konkreten Fall eine Auszahlung hätte erreichen können. Auf eine hypothetische Zahlung an alle Anleger ist nicht abzustellen (→ BFH vom 16.3.2010 – BStBl. 2014 II S. 147, vom 11.2.2014 – BStBl. II S. 461 und vom 2.4.2014 – BStBl. II S. 698).

Stiftung.

- Können die Leistungsempfänger einer Stiftung unmittelbar oder mittelbar Einfluss auf das Ausschüttungsverhalten der Stiftung nehmen, handelt es sich bei den Leistungen um Einkünfte aus Kapitalvermögen i. S. d. § 20 Abs. 1 Nr. 9 EStG (→ BFH vom 3.11.2010 – BStBl. 2011 II S. 417).
- Unter § 20 Abs. 1 Nr. 9 EStG fallen alle wiederkehrenden oder einmaligen Leistungen einer Stiftung, die von den Beschluss fassenden Stiftungsgremien aus den Erträgen der Stiftung an den Stifter, seine Angehörigen oder deren Abkömmlinge ausgekehrt werden. Dies gilt auch, wenn die Leistungen anlässlich der Auflösung der Stiftung erbracht werden (→ BMF vom 27.6.2006 – BStBl. I S. 417).

Stiller Gesellschafter.

- Zu den Einnahmen aus Kapitalvermögen gehören auch alle Vorteile, die ein typischer stiller Gesellschafter als Gegenleistung für die Überlassung der Einlage erhält, z. B. Bezüge auf Grund von Wertsicherungsklauseln oder

---

[1] Zur Abgeltungswirkung eines vermeintlichen Kapitalertragsteuerabzugs siehe H 43 EStH „Schneeballsysteme".

von Kursgarantien, ein Damnum und ein Aufgeld. Dazu gehört auch ein im Fall der Veräußerung der stillen Beteiligung über den Betrag der Einlage hinaus erzielter Mehrerlös, soweit dieser auf einen Anteil am Gewinn eines bereits abgelaufenen Wj. entfällt (→ BFH vom 11.2.1981 – BStBl. II S. 465) oder soweit er ein anders bemessenes Entgelt für die Überlassung der Einlage darstellt (→ BFH vom 14.2.1984 – BStBl. II S. 580).

- Gewinnanteile aus einer stillen Beteiligung, die zur Wiederauffüllung einer durch Verluste geminderten Einlage dienen, sind Einnahmen aus Kapitalvermögen (→ BFH vom 24.1.1990 – BStBl. 1991 II S. 147); bei negativem Einlagekonto → H 20.1.
- Auch der Mehrheitsgesellschafter einer Kapitalgesellschaft kann daneben typisch stiller Gesellschafter der Kapitalgesellschaft sein, dessen Gewinnanteil zu den Einnahmen aus Kapitalvermögen gehört (→ BFH vom 21.6.1983 – BStBl. II S. 563).
- § 20 Abs. 1 Nr. 4 EStG ist auf Gewinnanteile aus typischen Unterbeteiligungen entsprechend anzuwenden (→ BFH vom 28.11.1990 – BStBl. 1991 II S. 313).
- Für die Annahme einer stillen Gesellschaft können – vor allem in Grenzfällen – von den Vertragsparteien gewählte Formulierungen indizielle Bedeutung haben; entscheidend ist, was die Vertragsparteien wirtschaftlich gewollt haben und ob der – unter Heranziehung aller Umstände zu ermittelnde – Vertragswille auf die Merkmale einer (stillen) Gesellschaft gerichtet ist (→ BFH vom 28.10.2008 – BStBl. 2009 II S. 190). Dabei darf der für eine stille Gesellschaft erforderliche gemeinsame Zweck der Gesellschafter nicht mit deren Motiven für ihre Beteiligung vermengt werden. Dass Kapitalanleger und Fondsgesellschaft beide das Ziel verfolgen, durch Handel an internationalen Finanzterminmärkten mittelfristig einen Kapitalzuwachs zu erreichen, reicht für die Annahme eines gemeinsamen Zwecks nicht aus. Ein gemeinsamer Zweck verlangt zwischen Anleger und Anlagegesellschaft ein substantielles „Mehr" als die bloße Kapitalhingabe und dessen Verwendung (→ BFH vom 8.4.2008 – BStBl. II S. 852).
- Stellt ein Kapitalanleger einem Unternehmer unter Gewährung einer Erfolgsbeteiligung Geldbeträge zur Verfügung, die dieser an Brokerfirmen für Börsentermingeschäfte oder an Fonds weiterleiten soll, kann eine solche Vereinbarung eine typisch stille Gesellschaft begründen (→ BFH vom 28.10.2008 – BStBl. 2009 II S. 190).

Stückzinsen. → *BMF vom 18.1.2016 (BStBl. I S. 85),*[1] *Rzn. 49–51.*

Treuhandverhältnis. Der Treugeber als wirtschaftlicher Inhaber einer Kapitalforderung erzielt die Einkünfte aus Kapitalvermögen (→ BFH vom 24.11.2009 – BStBl. 2010 II S. 590).

Umqualifizierung von Einkünften i. S. d. § 20 Abs. 2 Satz 1 Nr. 1 EStG in Einkünfte i. S. d. § 17 EStG. → BMF vom 16.12.2014 (BStBl. 2015 I S. 24).

[1] Jetzt BMF v. 19.5.2022, StEd 2022, 334, Rn. 49–51; zur zeitlichen Anwendung siehe Rn. 324 und 325.

Unverzinsliche Kaufpreisraten. Ein Zinsanteil ist auch in unverzinslichen Forderungen enthalten, deren Laufzeit mehr als ein Jahr beträgt und die zu einem bestimmten Zeitpunkt fällig werden (→ BFH vom 21.10.1980 – BStBl. 1981 II S. 160). Dies gilt auch dann, wenn die Vertragsparteien eine Verzinsung ausdrücklich ausgeschlossen haben (→ BFH vom 25.6.1974 – BStBl. 1975 II S. 431).

Verdeckte Gewinnausschüttung an nahestehende Personen. Die der nahestehenden Person zugeflossene verdeckte Gewinnausschüttung ist stets dem Gesellschafter als Einnahme zuzurechnen (→ BMF vom 20.5.1999 – BStBl. I S. 514).[1]

Vermächtnisanspruch. Zinsen, die auf einer testamentarisch angeordneten Verzinsung eines erst fünf Jahre nach dem Tode des Erblassers fälligen betagten Vermächtnisanspruchs beruhen, sind beim Vermächtnisnehmer Einkünfte aus Kapitalvermögen (→ BFH vom 20.10.2015 – BStBl. 2016 II S. 342).

Zahlungseinstellung des Emittenten. Zur Behandlung der Einnahmen aus der Veräußerung oder Abtretung einer Kapitalanlage bei vorübergehender oder endgültiger Zahlungseinstellung des Emittenten → BMF vom 14.7.2004 (BStBl. I S. 611).

Zinsen aus Rentennachzahlungen. Nicht zu den Rentennachzahlungen zählen darauf entfallende Zinsen. Diese gehören zu den Einkünften aus Kapitalvermögen gem. § 20 Abs. 1 Nr. 7 EStG (→ BMF vom 19.8.2013 – BStBl. I S. 1087[2]) unter Berücksichtigung der Änderungen durch BMF vom 4.7.2016 – BStBl. I S. 645, Rz. 196).

Zinsen und Nebenleistungen aus einer durch Versteigerung realisierten Grundschuld. Zinsen i. S. v. § 1191 Abs. 2 BGB, denen kein Kapitalnutzungsverhältnis zugrunde liegt, unterliegen wegen ihrer ausdrücklichen Erwähnung in § 20 Abs. 1 Nr. 5 EStG der Besteuerung. Sie sind demjenigen zuzurechnen, der im Zeitpunkt des Zuschlagsbeschlusses aus der Grundschuld berechtigt ist und bei dem deshalb erstmals der Anspruch auf Ersatz des Wertes der Grundschuld aus dem Versteigerungserlös entsteht. Dagegen ist der dem Grundschuldgläubiger aus dem Versteigerungserlös zufließende Betrag nicht steuerbar, soweit er auf eine Nebenleistung i. S. v. § 1191 Abs. 2 BGB entfällt (→ BFH vom 11.4.2012 – BStBl. II S. 496).

Zuflusszeitpunkt bei Gewinnausschüttungen.

– **Grundsatz.** Einnahmen aus Kapitalvermögen sind zugeflossen, sobald der Stpfl. über sie wirtschaftlich verfügen kann (→ BFH vom 8.10.1991 – BStBl. 1992 II S. 174). Gewinnausschüttungen sind dem Gesellschafter schon dann zugeflossen, wenn sie ihm z. B. auf einem Verrechnungskonto bei der leistungsfähigen Kapitalgesellschaft gutgeschrieben worden sind, über das der Gesellschafter verfügen kann, oder wenn der Gesellschafter aus eigenem Interesse (z. B. bei einer Novation) seine Gewinnanteile in der Gesellschaft belässt (→ BFH vom 14.2.1984 – BStBl. II S. 480).

---

[1] Siehe auch BFH v. 19.6.2007 VIII R 54/05, BStBl. II 2007, 830.

[2] Geänd. durch BMF v. 10.1.2014, BStBl. I 2014, 70, v. 10.4.2015, BStBl. I 2015, 256, v. 1.6.2015, BStBl. I 2015, 475, v. 4.7.2016, BStBl. I 2016, 645, v. 6.12.2016, BStBl. I 2016, 1426, v. 19.12.2016, BStBl. I 2016, 1433, v. 24.5.2017, BStBl. I 2017, 820, v. 28.9.2021, BStBl. I 2021, 1831.

– **Beherrschender Gesellschafter/Alleingesellschafter.** Gewinnausschüttungen an den beherrschenden Gesellschafter oder an den Alleingesellschafter einer zahlungsfähigen Kapitalgesellschaft sind diesen in der Regel auch dann zum Zeitpunkt der Beschlussfassung über die Gewinnverwendung i. S. d. § 11 Abs. 1 Satz 1 EStG zugeflossen, wenn die Gesellschafterversammlung eine spätere Fälligkeit des Auszahlungsanspruchs beschlossen hat (→ BFH vom 17.11.1998 – BStBl. 1999 II S. 223). Die Zahlungsfähigkeit einer Kapitalgesellschaft ist auch dann gegeben, wenn diese zwar mangels eigener Liquidität die von ihr zu erbringende Ausschüttung nicht leisten kann, sie sich als beherrschende Gesellschafterin einer Tochter-Kapitalgesellschaft mit hoher Liquidität indes jederzeit bei dieser bedienen kann, um sich selbst die für ihre Ausschüttung erforderlichen Geldmittel zu verschaffen (→ BFH vom 2.12.2014 – BStBl. 2015 II S. 333).
– **Verschiebung des Auszahlungstags.** Zur Frage des Zeitpunkts des Zuflusses bei Verschiebung des Auszahlungstags, wenn eine Kapitalgesellschaft von mehreren Personen gemeinsam beherrscht wird oder die Satzung Bestimmungen über Gewinnabhebungen oder Auszahlungen zu einem späteren Zeitpunkt als dem Gewinnverteilungsbeschluss enthält, → BFH vom 21.10.1981 (BStBl. 1982 II S. 139).

Zu § 21 EStG
(§§ 82a, 82f, 82g und 82i EStDV)

R 21.1 Erhaltungsaufwand und Herstellungsaufwand[1)]

(1) [1]Aufwendungen für die Erneuerung von bereits vorhandenen Teilen, Einrichtungen oder Anlagen sind regelmäßig Erhaltungsaufwand. [2]Zum Erhaltungsaufwand gehören z. B Aufwendungen für den Einbau messtechnischer Anlagen zur verbrauchsabhängigen Abrechnung von Heiz- und Wasserkosten oder für den Einbau einer privaten Breitbandanlage und einmalige Gebühren für den Anschluss privater Breitbandanlagen an das öffentliche Breitbandnetz bei bestehenden Gebäuden.

(2) [1]Nach der Fertigstellung des Gebäudes ist Herstellungsaufwand anzunehmen, wenn Aufwendungen durch den Verbrauch von Gütern und die Inanspruchnahme von Diensten für die Erweiterung oder für die über den ursprünglichen Zustand hinausgehende wesentliche Verbesserung eines Gebäudes entstehen (→ § 255 Abs. 2 Satz 1 HGB). [2]Betragen die Aufwendungen nach Fertigstellung eines Gebäudes für die einzelne Baumaßnahme nicht mehr als 4000 Euro (Rechnungsbetrag ohne Umsatzsteuer) je Gebäude, ist auf Antrag dieser Aufwand stets als Erhaltungsaufwand zu behandeln. [3]Auf Aufwendungen, die der endgültigen Fertigstellung eines neu errichteten Gebäudes dienen, ist die Vereinfachungsregelung jedoch nicht anzuwenden.

(3) [1]Kosten für die gärtnerische Gestaltung der Grundstücksfläche bei einem Wohngebäude gehören nur zu den Herstellungskosten des Gebäudes, soweit diese Kosten für das Anpflanzen von Hecken, Büschen und Bäumen an den Grundstücksgrenzen („lebende Umzäunung") entstanden sind. [2]Im Übri-

---

[1)] Zur Abgrenzung zwischen Erhaltungsaufwand und Herstellungsaufwand bei Versorgungsleitungen siehe BFH v. 10.6.1992 I R 9/91, BStBl. II 1993, 41. – Zur Abgrenzung zwischen Erhaltungsaufwand und Herstellungsaufwand bei Umbau eines Flachdachs zu einem Satteldach siehe BFH v. 15.5.2013 IX R 36/12, BStBl. II 2013, 732.

gen bildet die bepflanzte Gartenanlage ein selbständiges Wirtschaftsgut. [3]Bei Gartenanlagen, die die Mieter mitbenutzen dürfen, und bei Vorgärten sind die Herstellungskosten der gärtnerischen Anlage gleichmäßig auf deren regelmäßig 10 Jahre betragende Nutzungsdauer zu verteilen. [4]Aufwendungen für die Instandhaltung der Gartenanlagen können sofort abgezogen werden. [5]Absatz 2 Satz 2 ist sinngemäß anzuwenden. [6]Soweit Aufwendungen für den Nutzgarten des Eigentümers und für Gartenanlagen, die die Mieter nicht nutzen dürfen, entstehen, gehören sie zu den nach § 12 Nr. 1 EStG nicht abziehbaren Kosten (grundsätzlich Aufteilung nach der Zahl der zur Nutzung befugten Mietparteien). [7]Auf die in Nutzgärten befindlichen Anlagen sind die allgemeinen Grundsätze anzuwenden.

(4) Die Merkmale zur Abgrenzung von Erhaltungs- und Herstellungsaufwand bei Gebäuden gelten bei selbständigen Gebäudeteilen (→ hierzu R 4.2 Abs. 4 und Abs. 5) entsprechend.

(5) [1]Werden Teile der Wohnung oder des Gebäudes zu eigenen Wohnzwecken genutzt, sind die Herstellungs- und Anschaffungskosten sowie die Erhaltungsaufwendungen um den Teil der Aufwendungen zu kürzen, der nach objektiven Merkmalen und Unterlagen leicht und einwandfrei dem selbst genutzten Teil zugeordnet werden kann. [2]Soweit sich die Aufwendungen nicht eindeutig zuordnen lassen, sind sie um den Teil, der auf eigene Wohnzwecke entfällt, nach dem Verhältnis der Nutzflächen zu kürzen.

(6) [1]Bei der Verteilung von Erhaltungsaufwand nach § 82b EStDV kann für die in dem jeweiligen VZ geleisteten Erhaltungsaufwendungen ein besonderer Verteilungszeitraum gebildet werden. [2]Wird das Eigentum an einem Gebäude unentgeltlich auf einen anderen übertragen, kann der Rechtsnachfolger Erhaltungsaufwand noch in dem von seinem Rechtsvorgänger gewählten restlichen Verteilungszeitraum geltend machen. [3]Dabei ist der Teil des Erhaltungsaufwands, der auf den VZ des Eigentumswechsels entfällt, entsprechend der Besitzdauer auf den Rechtsvorgänger und den Rechtsnachfolger aufzuteilen.[1)]

H 21.1

Abgrenzung von Anschaffungs-, Herstellungskosten und Erhaltungsaufwendungen.

- Bei Instandsetzung und Modernisierung von Gebäuden → BMF vom 18.7.2003 (BStBl. I S. 386).
- Instandsetzungs- und Modernisierungsaufwendungen für ein Gebäude sind nicht allein deshalb als Herstellungskosten zu beurteilen, weil das Gebäude wegen Abnutzung und Verwahrlosung nicht mehr vermietbar ist, sondern nur bei schweren Substanzschäden an den für die Nutzbarkeit als Bau und die Nutzungsdauer des Gebäudes bestimmenden Teilen (→ BFH vom 13.10.1998 – BStBl. 1999 II S. 282).
- Bei der Prüfung, ob Herstellungsaufwand vorliegt, darf nicht auf das gesamte Gebäude abgestellt werden, sondern nur auf den entsprechenden Gebäudeteil, wenn das Gebäude in unterschiedlicher Weise genutzt wird und deshalb mehrere Wirtschaftsgüter umfasst (→ BFH vom 25.9.2007 – BStBl. 2008 II S. 218).

---

1) **[Amtl. Anm.:]** R 21.1 Abs. 6 Sätze 2 und 3 überholt durch BFH v. 10.11.2020 IX R 31/19, BStBl. II 2021, 474, → H 21.1 (Verteilung des Erhaltungsaufwands nach § 82b EStDV).

Anschaffungsnahe Herstellungskosten. → R 6.4 Abs. 1 und H 6.4.

Erhaltungsaufwand.

- Bei Instandsetzung und Modernisierung von Gebäuden → BMF vom 18.7.2003 (BStBl. I S. 386).
- → H 21.2.

Herstellungsaufwand nach Fertigstellung.

- → BMF vom 18.7.2003 (BStBl. I S. 386).
- Zu den Besonderheiten bei Teileigentum → BFH vom 19.9.1995 (BStBl. 1996 II S. 131).

Verteilung des Erhaltungsaufwands nach § 82b EStDV.

- Keine Übertragung des Anteils eines Jahres auf ein anderes Jahr (→ BFH vom 26.10.1977 – BStBl. 1978 II S. 367).
- Größere Erhaltungsaufwendungen, die das Finanzamt im Jahr ihrer Entstehung bestandskräftig zu Unrecht als Herstellungskosten behandelt hat, können gleichmäßig anteilig auf die Folgejahre verteilt werden. Der auf das Jahr der Entstehung entfallende Anteil der Aufwendungen bleibt dabei unberücksichtigt. Die AfA-Bemessungsgrundlage ist insoweit für die Folgejahre zu korrigieren (→ BFH vom 27.10.1992 – BStBl. 1993 II S. 591).
- Die Ausübung des Wahlrechts ist auch nach Eintritt der Festsetzungsverjährung für das Aufwandsentstehungsjahr möglich. Aufwendungen, die auf VZ entfallen, für die die Festsetzungsverjährung bereits eingetreten ist, dürfen dabei nicht abgezogen werden (→ BFH vom 27.10.1992 – BStBl. 1993 II S. 589). Dies gilt auch, wenn die Erhaltungsaufwendungen im Entstehungsjahr zu Unrecht als Herstellungskosten und in Form der AfA berücksichtigt worden sind (→ BFH vom 24.11.1992 – BStBl. 1993 II S. 593).
- Verstirbt der Steuerpflichtige innerhalb des Verteilungszeitraums nach § 82b EStDV, ist der noch nicht berücksichtigte Teil der Erhaltungsaufwendungen im VZ des Versterbens als Werbungskosten im Rahmen seiner Einkünfte aus Vermietung und Verpachtung abzusetzen (→ BFH vom 10.11.2020 – BStBl. 2021 II S. 474).

R 21.2 Einnahmen und Werbungskosten

(1) [1]Werden Teile einer selbst genutzten Eigentumswohnung, eines selbst genutzten Einfamilienhauses oder insgesamt selbst genutzten anderen Hauses vorübergehend vermietet und übersteigen die Einnahmen hieraus nicht 520 Euro im VZ, kann im Einverständnis mit dem Stpfl. aus Vereinfachungsgründen von der Besteuerung der Einkünfte abgesehen werden. [2]Satz 1 ist bei vorübergehender Untervermietung von Teilen einer angemieteten Wohnung, die im Übrigen selbst genutzt wird, entsprechend anzuwenden.

(2) Zinsen, die Beteiligte einer Wohnungseigentümergemeinschaft aus der Anlage der Instandhaltungsrücklage erzielen, gehören zu den Einkünften aus Kapitalvermögen.

(3) Die Berücksichtigung von Werbungskosten aus Vermietung und Verpachtung kommt auch dann in Betracht, wenn aus dem Objekt im VZ noch keine Einnahmen erzielt werden, z. B. bei einem vorübergehend leer stehenden Gebäude.

(4) [1]Die Tätigkeit eines Stpfl. zur Erzielung von Einkünften aus Vermietung und Verpachtung besteht im Wesentlichen in der Verwaltung seines

Grundbesitzes. [2]Bei nicht umfangreichem Grundbesitz erfordert diese Verwaltung in der Regel keine besonderen Einrichtungen, z. B. Büro, sondern erfolgt von der Wohnung des Stpfl. aus. [3]Regelmäßige Tätigkeitsstätte ist dann die Wohnung des Stpfl. [4]Aufwendungen für gelegentliche Fahrten zu dem vermieteten Grundstück sind Werbungskosten i. S. d. § 9 Abs. 1 Satz 1 EStG.

H 21.2

Bauherrenmodell.
- Zur Abgrenzung zwischen Werbungskosten, Anschaffungskosten und Herstellungskosten → BMF vom 20.10.2003 (BStBl. I S. 546).
- → Fonds, geschlossene.
- Schuldzinsen, die auf die Zeit zwischen Kündigung und Auseinandersetzung im Zusammenhang mit einer Beteiligung an einer Bauherrengemeinschaft entfallen, sind Werbungskosten, selbst wenn Einnahmen noch nicht erzielt worden sind (→ BFH vom 4.3.1997 – BStBl. II S. 610).

Drittaufwand. → H 4.7.

Eigenaufwand für ein fremdes Wirtschaftsgut. → H 4.7.

Einbauküche. → H 6.4.

Einkünfteerzielungsabsicht[1)]
- **bei Wohnobjekten** → BMF vom 8.10.2004 (BStBl. I S. 933),
- **bei unbebauten Grundstücken** → BMF vom 8.10.2004 (BStBl. I S. 933), Rdnr. 29,
- **bei Gewerbeobjekten.** Bei der Vermietung von Gewerbeobjekten ist im Einzelfall festzustellen, ob der Stpfl. beabsichtigt, auf die voraussichtliche Dauer der Nutzung einen Überschuss der Einnahmen über die Werbungskosten zu erzielen (→ BFH vom 20.7.2010 – BStBl. II S. 1038 und vom 9.10.2013 – BStBl. 2014 II S. 527).

Einnahmen.
- Zahlungen, die wegen **übermäßiger Beanspruchung, vertragswidriger Vernachlässigung oder Vorenthaltung einer Miet- oder Pachtsache** geleistet werden (→ BFH vom 22.4.1966 – BStBl. III S. 395, vom 29.11.1968 – BStBl. 1969 II S. 184 und vom 5.5.1971 – BStBl. II S. 624).

[1)] Zur dauerhaften Verpachtung unbebauten Grundbesitzes siehe BFH v. 28.11.2007 IX R 9/06, BStBl. II 2008, 515. – Zum Nachweis der Einkünfteerzielungsabsicht bei einer nach Selbstnutzung leerstehenden Wohnung siehe BFH v. 28.10.2008 IX R 1/07, BStBl. II 2009, 848. – Zur Einkünfteerzielungsabsicht bei Verpachtung von beweglichem Betriebsvermögen siehe BFH v. 28.10.2008 IX R 51/07, BFH/NV 2009, 157. – Zur objektbezogenen Prüfung der Einkünfteerzielungsabsicht siehe BFH v. 1.4.2009 IX R 39/08, BStBl. II 2009, 776, u. v. 9.10.2013 IX R 2/13, BStBl. II 2014, 527. – Zur Einkünfteerzielungsabsicht bei Ferienwohnungen siehe BFH v. 16.4.2013 IX R 26/11, BStBl. II 2013, 613. – Zur „teilweisen" Aufgabe der Vermietungsabsicht bei langjährigem Leerstand einer Wohnung siehe BFH v. 12.6.2013 IX R 38/12, BStBl. II 2013, 1013. – Zur Einkünfteerzielungsabsicht bei strukturell bedingtem Leerstand von Wohnungen siehe BFH v. 9.7.2013 IX R 48/12, BStBl. II 2013, 693. – Zur Feststellung der Bebauungs- und Vermietungsabsicht eines unbebauten Grundstücks siehe BFH v. 1.12.2015 IX R 9/15, BStBl. II 2016, 335. – Zu einer Wohnung in einem nicht vermietbaren Zustand siehe BFH v. 31.1.2017 IX R 17/16, BStBl. II 2017, 633.

– Guthabenzinsen aus einem **Bausparvertrag,** die in einem engen zeitlichen Zusammenhang mit einem der Einkunftserzielungsabsicht dienenden Grundstück stehen (→ BFH vom 9.11.1982 – BStBl. 1983 II S. 172 und BMF vom 28.2.1990 – BStBl. I S. 124).
– **Abstandszahlungen** eines Mietinteressenten an Vermieter **für Entlassung aus Vormietvertrag** (→ BFH vom 21.8.1990 – BStBl. 1991 II S. 76).
– Von einem Kreditinstitut oder einem Dritten (z. B. Erwerber) **erstattete Damnumbeträge,** die als Werbungskosten abgezogen worden sind (→ BFH vom 22.9.1994 – BStBl. 1995 II S. 118). **Keine Einnahmen** aus Vermietung und Verpachtung liegen vor, wenn das Damnum **nur einen unselbständigen Rechnungsposten für die Bemessung einer Vorfälligkeitsentschädigung** darstellt (→ BFH vom 19.2.2002 – BStBl. 2003 II S. 126).
– **Umlagen und Nebenentgelte,** die der Vermieter für die Nebenkosten oder Betriebskosten erhebt (→ BFH vom 14.12.1999 – BStBl. 2000 II S. 197).
– Zur **Vermietung eines Arbeitszimmers** oder einer als **Homeoffice** genutzten Wohnung durch den Arbeitnehmer **an den Arbeitgeber** → BMF vom 18.4.2019 (BStBl. I S. 461).
– Einkünfte aus der **Vermietung eines häuslichen Arbeitszimmers an den Auftraggeber eines Gewerbetreibenden** sind Einkünfte aus Gewerbebetrieb, wenn die Vermietung ohne den Gewerbebetrieb nicht denkbar wäre (→ BFH vom 13.12.2016 – BStBl. 2017 II S. 450).
– Mietzahlungen des Arbeitgebers für eine vom Arbeitnehmer an den **Arbeitgeber vermietete Garage,** in der ein Dienstwagen untergestellt wird (→ BFH vom 7.6.2002 – BStBl. II S. 829).
– **Öffentliche Fördermittel** (Zuschüsse oder nicht rückzahlbare Darlehen), die ein Bauherr im Rahmen des sog. Dritten Förderungsweges für Belegungs- und Mietpreisbindungen erhält (→ BFH vom 14.10.2003 – BStBl. 2004 II S. 14).
– **Entgelte für die Inanspruchnahme** eines Grundstücks im Zuge baulicher Maßnahmen **auf dem Nachbargrundstück,** selbst wenn das Grundstück mit einem zu eigenen Wohnzwecken genutzten Gebäude bebaut ist (→ BFH vom 2.3.2004 – BStBl. II S. 507).
– Mietentgelte, die der **Restitutionsberechtigte** vom Verfügungsberechtigten nach **§ 7 Abs. 7 Satz 2 VermG** erlangt (→ BFH vom 11.1.2005 – BStBl. II S. 480).
– Die Leistung aus einer **Gebäudefeuerversicherung** führt beim Vermieter bis zur Höhe einer für den Schadensfall in Anspruch genommenen AfaA für das vermietete Gebäude zu Einnahmen aus Vermietung und Verpachtung, soweit er sie nach dem Versicherungsvertrag beanspruchen kann (→ BFH vom 2.12.2014 – BStBl. 2015 II S. 493).
– **Ausgleichszahlungen** aus der Auflösung von **Zinsswapgeschäften** gehören nicht zu den Einkünften aus Vermietung und Verpachtung *(→ BMF vom 18.1.2016 – BStBl. I S. 85,*[1] *Rz. 176).*
– Die einmalige **Entschädigung** für ein Recht auf **Überspannung** eines im Privatvermögen befindlichen Grundstücks mit einer Stromleitung ist

[1] Jetzt BMF v. 19.5.2022, StEd 2022, 334, Rn. 176; zur zeitlichen Anwendung siehe Rn. 324 und 325.

kein Entgelt für eine zeitlich begrenzte Nutzungsüberlassung, wenn das Überspannungsrecht weder schuldrechtlich noch dinglich auf eine zeitlich bestimmte oder absehbare Dauer beschränkt ist. Sie ist keine steuerbare Einnahme (→ BFH vom 2.7.2018 – BStBl. II S. 759).
- Einnahmen aus dem Betrieb eines **Blockheizkraftwerks** → H 15.8 (1) Wohnungseigentümergemeinschaft.

Erbbaurecht.
- Der Erbbauzins für ein Erbbaurecht an einem privaten Grundstück gehört zu den Einnahmen aus Vermietung und Verpachtung (→ BFH vom 20.9.2006 – BStBl. 2007 II S. 112).
- Vom Erbbauberechtigten neben Erbbauzins gezahlte Erschließungsbeiträge fließen dem Erbbauverpflichteten erst bei Realisierung des Wertzuwachses zu (→ BFH vom 21.11.1989 – BStBl. 1990 II S. 310). Der Erbbauberechtigte kann die von ihm gezahlten Erschließungskosten nur verteilt über die Laufzeit des Erbbaurechtes als Werbungskosten abziehen (→ BMF vom 16.12.1991 – BStBl. I S. 1011).
- Geht das vom Erbbauberechtigten in Ausübung des Erbbaurechts errichtete Gebäude nach Beendigung des Erbbaurechts entsprechend den Bestimmungen des Erbbaurechtsvertrages entschädigungslos auf den Erbbauverpflichteten über, führt dies beim Erbbauverpflichteten zu einer zusätzlichen Vergütung für die vorangegangene Nutzungsüberlassung (→ BFH vom 11.12.2003 – BStBl. 2004 II S. 353).

Erhaltungsaufwand.[1)]
- Erhaltungsaufwendungen nach Beendigung der Vermietung und vor Beginn der Selbstnutzung sind grundsätzlich keine Werbungskosten. Ein Abzug kommt ausnahmsweise in Betracht, soweit sie mit Mitteln der einbehaltenen und als Einnahme erfassten Mieterkaution finanziert werden, oder wenn sie zur Beseitigung eines Schadens gemacht werden, der die mit dem gewöhnlichen Gebrauch der Mietsache verbundene Abnutzung deutlich übersteigt, insbesondere eines mutwillig vom Mieter verursachten Schadens (→ BFH vom 11.7.2000 – BStBl. 2001 II S. 784).
- Aufwendungen für Erhaltungsmaßnahmen, die noch während der Vermietungszeit an einem anschließend selbstgenutzten Gebäude durchgeführt werden, sind grundsätzlich als Werbungskosten abziehbar (→ BFH vom 10.10.2000 – BStBl. 2001 II S. 787). Sie sind ausnahmsweise dann nicht als Werbungskosten abziehbar, wenn die Maßnahmen für die Selbstnutzung bestimmt sind und in die Vermietungszeit vorverlagert werden. Dies trifft insbesondere dann zu, wenn sie bei bereits gekündigtem Mietverhältnis objektiv nicht zur Wiederherstellung oder Bewahrung der Mieträume und des Gebäudes erforderlich sind (→ BMF vom 26.11.2001 – BStBl. I S. 868).
- Zur Abgrenzung zwischen Erhaltungs- und Herstellungsaufwendungen → R 21.1, R 6.4 und BMF vom 18.7.2003 (BStBl. I S. 386).

Erschließungskosten. → H 6.4 (Erschließungs-, Straßenanlieger- und andere Beiträge).

[1)] Zum Werbungskostenabzug auch bei Zahlung eines Dritten im abgekürzten Vertragsweg (Drittaufwand) siehe BFH v. 15.1.2008 IX R 45/07, BStBl. II 2008, 572, und BMF v. 7.7.2008, BStBl. I 2008, 717; vgl. auch H 4.7 EStH „Drittaufwand".

Ferienwohnung. → BMF vom 8.10.2004 (BStBl. I S. 933).

Finanzierungskosten.

– Die **dingliche Belastung** von Grundstücken mit Hypotheken oder Grundschulden begründet für sich allein keinen wirtschaftlichen Zusammenhang des Darlehens mit den Einkünften aus Vermietung und Verpachtung. Maßgebend ist vielmehr der tatsächliche Verwendungszweck. Schuldzinsen für ein durch eine Hypothek auf einem weiteren Grundstück gesichertes Darlehen sind daher bei dem Grundstück zu berücksichtigen, für das das Darlehen verwendet wurde (→ BFH vom 6.10.2004 – BStBl. 2005 II S. 324). Nimmt der Stpfl. ein Darlehen auf, um Grundschulden, die er als Sicherheit für fremde Schulden bestellt hat, abzulösen, sind die für dieses Darlehen aufgewendeten Zinsen und Kreditkosten nicht als Werbungskosten bei seinen Einkünften aus Vermietung und Verpachtung abziehbar (→ BFH vom 29.7.1997 – BStBl. II S. 772).
– Unterlässt es der Stpfl., einen **allgemeinen Betriebskredit** nach Aufgabe seines Betriebes durch Veräußerung eines früheren Betriebsgrundstücks zu tilgen und vermietet er stattdessen das Grundstück vermögensverwaltend, wird die Verbindlichkeit bis zur Höhe des Grundstückswertes Privatvermögen. Die darauf entfallenden Schuldzinsen sind als Werbungskosten bei den Einkünften aus Vermietung und Verpachtung abziehbar (→ BFH vom 19.8.1998 – BStBl. 1999 II S. 353). Gleiches gilt, wenn der allgemeine Betriebskredit durch ein neues Darlehen abgelöst wird (→ BFH vom 25.1.2001 – BStBl. II S. 573).
– Finanzierungskosten für ein **unbebautes Grundstück** sind als vorab entstandene Werbungskosten abziehbar, wenn ein wirtschaftlicher Zusammenhang mit der späteren Bebauung und Vermietung des Gebäudes besteht (→ BFH vom 8.2.1983 – BStBl. II S. 554). Ein solcher wirtschaftlicher Zusammenhang ist auch bei Erwerb von **Bauerwartungsland** nicht ausgeschlossen, wenn der Stpfl. damit rechnen kann, dass er das Grundstück in absehbarer Zeit bebauen darf und er seine erkennbare Bauabsicht nachhaltig zu verwirklichen versucht (→ BFH vom 4.6.1991 – BStBl. II S. 761).
– Zum Schuldzinsenabzug bei einem Darlehen für die Herstellung oder Anschaffung eines **teilweise vermieteten und teilweise selbstgenutzten Gebäudes** → BMF vom 16.4.2004 (BStBl. I S. 464); dies gilt entsprechend für die anteilige Zuordnung von Darlehen zur Herstellung oder Anschaffung eines Gebäudes, das teilweise vermietet und teilweise veräußert werden soll (→ BFH vom 4.2.2020 – BStBl. II S. 311).
– Zum Abzug der Schuldzinsen als nachträgliche Werbungskosten bei Vermietung und Verpachtung **nach Veräußerung des Mietobjekts** oder nach Wegfall der Einkünfteerzielungsabsicht → BMF vom 27.7. 2015 (BStBl. I S. 581).
– Wird ein zur Finanzierung eines vermieteten Grundstücks aufgenommenes Darlehen unter Zahlung einer **Vorfälligkeitsentschädigung** getilgt, das Grundstück jedoch weiterhin zur Vermietung genutzt, ist die Vorfälligkeitsentschädigung als Werbungskosten bei den Einkünften aus Vermietung und Verpachtung abziehbar (→ BFH vom 6.12.2005 – BStBl. 2006 II S. 265).

Für im Zuge der Veräußerung gezahlte Vorfälligkeitsentschädigung → BMF vom 27.7.2015 (BStBl. I S. 581).

– Zu den Schuldzinsen gehören auch die **Nebenkosten der Darlehensaufnahme** und sonstige Kreditkosten einschließlich der Geldbeschaffungskosten. Danach sind auch **Notargebühren** zur Besicherung eines Darlehens (→ BFH vom 1.10.2002 – BStBl. 2003 II S. 399) oder **Abschlussgebühren** eines Bausparvertrags, der bestimmungsgemäß der Ablösung eines Finanzierungsdarlehens zum Erwerb einer vermieteten Immobilie dient (→ BFH vom 1.10.2002 – BStBl. 2003 II S. 398) als Werbungskosten abziehbare Schuldzinsen.
– **Damnum** oder **Zinsbegrenzungsprämie** sind in Höhe des vom jeweiligen Darlehensnehmer an das Kreditinstitut gezahlten Betrags als Werbungskosten abziehbar, soweit unter Berücksichtigung der jeweiligen Zinsbelastung die marktüblichen Beträge nicht überschritten werden (→ BMF vom 20.10.2003 – BStBl. I S. 546). Dem Veräußerer erstattete Damnum-/Disagiobeträge gehören beim Erwerber zu den Anschaffungskosten und sind nicht als Werbungskosten abziehbar, wenn die verpflichtende Erstattung des Damnums/Disagios im Kaufvertrag als Teil des Kaufpreises vereinbart worden ist. Sind hingegen die Konditionen für die Schuldübernahme und die damit verbundene Bezahlung des Damnums/Disagios unabhängig vom Kaufpreis des Grundstücks vereinbart worden und der Grundstückskauf nicht zwingend an die Schuldübernahme gekoppelt, kann die Damnumerstattung zu den eigenen Finanzierungskosten des Erwerbers zu rechnen sein, für die der Werbungskostenabzug zulässig ist (→ BFH vom 17.2.1981 – BStBl. II S. 466).
– Nehmen **Ehegatten gemeinsam ein gesamtschuldnerisches Darlehen** zur Finanzierung eines vermieteten Gebäudes auf, das einem von ihnen gehört, sind die Schuldzinsen in vollem Umfang als Werbungskosten bei den Einkünften aus Vermietung und Verpachtung des Eigentümerehegatten abziehbar, gleichgültig aus wessen Mitteln sie gezahlt werden (→ BFH vom 2.12.1999 – BStBl. 2000 II S. 310). Entsprechendes gilt für Schuldzinsen, die nach den Grundsätzen des BMF vom 27.7.2015 (BStBl. I S. 581) als nachträgliche Werbungskosten abziehbar sind (→ BFH vom 16.9.2015 – BStBl. 2016 II S. 78).
– Nimmt ein **Ehegatte allein ein Darlehen** zur Finanzierung eines Gebäudes auf, das dem anderen Ehegatten gehört und von diesem zur Einkünfteerzielung genutzt wird, sind die vom Nichteigentümerehegatten gezahlten Schuldzinsen nicht abziehbar. Dies gilt selbst dann, wenn der Eigentümerehegatte für das Darlehen eine selbstschuldnerische Bürgschaft übernimmt und die auf seinem Gebäude lastenden Grundpfandrechte als Sicherheit einsetzt. Die Schuldzinsen können jedoch abgezogen werden, wenn der Eigentümerehegatte sie aus eigenen Mitteln bezahlt, z. B. wenn er seine Mieteinnahmen mit der Maßgabe auf das Konto des anderen Ehegatten überweist, dass dieser daraus die Schuldzinsen entrichten soll (→ BFH vom 2.12.1999 – BStBl. 2000 II S. 310 und S. 312).
– Nimmt der **Eigentümer-Ehegatte allein ein Darlehen** zur Finanzierung eines Gebäudes auf, das der andere Ehegatte zur Einkünfteerzielung nutzt, scheidet ein Abzug der Schuldzinsen beim Nichteigentümer-

Ehegatten aus, selbst wenn die Tilgung durch Zahlungen vom Oder-Konto der Ehegatten erfolgt (→ BFH vom 21.2.2017 – BStBl. I S. 819).

- Sind **Darlehen** zur Finanzierung eines vermieteten Gebäudes, das einem Ehegatten gehört, **teils von den Eheleuten gemeinschaftlich, teils allein vom Nichteigentümerehegatten** aufgenommen worden und wird der Zahlungsverkehr für die Immobilie insgesamt über ein Konto des Nichteigentümerehegatten abgewickelt, werden aus den vom Eigentümerehegatten auf dieses Konto geleiteten eigenen Mitteln (hier: Mieteinnahmen) vorrangig die laufenden Aufwendungen für die Immobilie und die Schuldzinsen für die gemeinschaftlich aufgenommenen Darlehen abgedeckt. Nur soweit die eingesetzten Eigenmittel (Mieteinnahmen) des Eigentümerehegatten darüber hinaus auch die allein vom Nichteigentümerehegatten geschuldeten Zinsen abzudecken vermögen, sind diese Zinsen als Werbungskosten des Eigentümerehegatten abziehbar (→ BFH vom 4.9.2000 – BStBl. 2001 II S. 785).
- Wird eine durch ein Darlehen finanzierte Immobilie **veräußert** und unter Aufrechterhaltung des Darlehens nur ein Teil des Verkaufserlöses dazu verwendet, durch die Anschaffung einer anderen Immobilie Einkünfte aus Vermietung und Verpachtung zu erzielen, können aus dem **fortgeführten Darlehen** nicht mehr an Schuldzinsen als Werbungskosten abgezogen werden als dem Anteil der Anschaffungskosten der neuen Immobilie an dem gesamten Verkaufserlös entspricht (→ BFH vom 8.4.2003 – BStBl. II S. 706).
- Schuldzinsen, die der Erwerber eines zum Vermieten bestimmten Grundstücks vereinbarungsgemäß für den **Zeitraum nach dem Übergang von Besitz, Nutzen, Lasten und Gefahren** bis zur später eintretenden Fälligkeit des Kaufpreises an den Veräußerer zahlt, sind als Werbungskosten abziehbar (→ BFH vom 27.7.2004 – BStBl. II S. 1002).
- Wird ein als Darlehen empfangener Geldbetrag nicht zur Begleichung von Aufwendungen im Zusammenhang mit der Vermietungstätigkeit genutzt, sondern in einen **Cash-Pool** eingebracht, aus dem später die Kosten bestritten werden, sind die Schuldzinsen nicht als Werbungskosten abziehbar (→ BFH vom 29.3.2007 – BStBl. II S. 645).
- Aufwendungen für ein zur Finanzierung von Versicherungsbeiträgen aufgenommenes **Darlehen** können als Werbungskosten abziehbar sein, wenn die **Kapitallebensversicherung** der Rückzahlung von Darlehen dient, die zum Erwerb von Mietgrundstücken aufgenommen worden sind (→ BFH vom 25.2.2009 – BStBl. II S. 459).
- **Bauzeitzinsen,** die während der Herstellungsphase, in der noch keine Vermietungsabsicht bestand, entstanden sind, stellen keine vorweggenommenen Werbungskosten dar. Sie können in die Herstellungskosten des Gebäudes einbezogen werden, wenn das fertiggestellte Gebäude durch Vermietung genutzt wird (→ BFH vom 23.5.2012 – BStBl. II S. 674).
- Schuldzinsen für ein **Darlehen zur Ablösung eines Fremdwährungsdarlehens,** das der Anschaffung eines Vermietungsobjekts gedient hat, sind keine Werbungskosten, soweit das Darlehen zur Bezahlung des bei der Umschuldung realisierten Währungskursverlusts verwendet worden ist (→ BFH vom 12.3.2019 – BStBl. II S. 606).

Fonds, geschlossene.[1)]
- Zur Abgrenzung zwischen Werbungskosten, Anschaffungskosten und Herstellungskosten → BMF vom 20.10.2003 (BStBl. I S. 546).
- Provisionsrückzahlungen, die der Eigenkapitalvermittler Fondsgesellschaftern gewährt, mindern die Anschaffungskosten der Immobilie, weil die Provisionszahlungen zu den Anschaffungskosten gehören (→ BFH vom 26.2.2002 – BStBl. II S. 796).

Negative Einnahmen. Mietentgelte, die der Verfügungsberechtigte nach § 7 Abs. 7 Satz 2 VermG an den Restitutionsberechtigten herausgibt, sind im Jahr des Abflusses negative Einnahmen (→ BFH vom 11.1.2005 – BStBl. II S. 456).

Nießbrauch und andere Nutzungsrechte. Zur einkommensteuerrechtlichen Behandlung des Nießbrauchs und anderer Nutzungsrechte bei Einkünften aus Vermietung und Verpachtung → BMF vom 30.9.2013 (BStBl. I S. 1184).

Sinngemäße Anwendung des § 15a EStG.
- Zur Haftung und zur Unwahrscheinlichkeit der Inanspruchnahme eines Gesellschafters einer GbR mit Einkünften aus Vermietung und Verpachtung → BMF vom 30.6.1994 (BStBl. I S. 355).
- Zur sinngemäßen Anwendung des § 15a EStG bei vermögensverwaltenden Kommanditgesellschaften → BMF vom 15.9.2020 (BStBl. I S. 919).

Sonderabschreibung für Mietwohnungsneubau. → BMF vom 7.7.2020 (BStBl. I S. 623) unter Berücksichtigung der Änderungen durch BMF vom 21.9.2021 (BStBl. I S. 1805).

Sozialpädagogische Lebensgemeinschaft. Bei der Vermietung von gemeinschaftlich genutzten Räumen an den Betrieb einer sozialpädagogischen Lebensgemeinschaft stellt die Aufteilung nach der Zahl der Nutzer einer Wohnung einen objektiven Maßstab dar, der eine sichere und leichte Abgrenzung einer steuerbaren Raumnutzung von der privaten Wohnnutzung ermöglicht (→ BFH vom 25.6.2009 – BStBl. 2010 II S. 122).

Treuhandverhältnisse.
- Zur Zurechnung von Einkünften aus Vermietung und Verpachtung bei Treuhandverhältnissen → BMF vom 1.9.1994 (BStBl. I S. 604).
- Zur sinngemäßen Anwendung von § 15a Abs. 5 Nr. 2 EStG bei Treuhandverhältnissen → BFH vom 25.7.1995 (BStBl. 1996 II S. 128).

Werbungskosten.[2)]
- → Erhaltungsaufwand.
- → Finanzierungskosten.
- → Sonderabschreibung für Mietwohnungsneubau.
- → Zweitwohnungssteuer.
- Die nach dem WEG an den Verwalter gezahlten **Beiträge zur Instandhaltungsrücklage** sind erst bei Verausgabung der Beträge für Erhaltungsmaßnahmen als Werbungskosten abziehbar (→ BFH vom 26.1.1988 – BStBl. II S. 577).

[1)] Zur gesetzlichen Neuregelung zu Fondsetablierungskosten siehe §§ 6e, 9 Abs. 5 Satz 2 EStG (G v. 12.12.2019, BGBl. I 2019, 2451), anzuwenden auch in vor dem 18.12.2019 endenden Wj. (§ 52 Abs. 14a EStG).

[2)] Siehe ferner BFH v. 12.12.1996 X R 65/95, BStBl. II 1997, 603.

– Als **dauernde Last** zu beurteilende wiederkehrende Leistungen zum Erwerb eines zum Vermieten bestimmten Grundstücks führen nur in Höhe des in ihnen enthaltenen **Zinsanteils** zu sofort abziehbaren Werbungskosten; in Höhe des Barwerts der dauernden Last liegen Anschaffungskosten vor, die, soweit der Barwert auf das Gebäude entfällt, in Form von AfA als Werbungskosten abziehbar sind (→ BFH vom 9.2. 1994 – BStBl. 1995 II S. 47).
– **Aussetzungszinsen für Grunderwerbsteuer** eines zur Erzielung von Mieteinkünften dienenden Gebäudes gehören zu den sofort abzugsfähigen Werbungskosten (→ BFH vom 25.7.1995 – BStBl. II S. 835).
– Ein gesondertes Honorar für tatsächlich **nicht erbrachte Architektenleistung** gehört nicht zu den Herstellungskosten eines später errichteten anderen Gebäudes, sondern ist als Werbungskosten abziehbar (→ BFH vom 8.9.1998 – BStBl. 1999 II S. 20).
– **Vergütungen** für einen ausschließlich zur Vermögenssorge bestellten **Betreuer** stellen Werbungskosten bei den mit dem verwalteten Vermögen erzielten Einkünften dar, sofern die Tätigkeit des Betreuers weder einer kurzfristigen Abwicklung des Vermögens noch der Verwaltung ertraglosen Vermögens dient (→ BFH vom 14.9.1999 – BStBl. 2000 II S. 69).
– Auch nach Aufgabe der Einkünfteerzielungsabsicht können vorab entstandene **vergebliche Werbungskosten** abziehbar sein, wenn sie getätigt worden sind, um sich aus einer gescheiterten Investition zu lösen und so die Höhe der vergeblich aufgewendeten Kosten zu begrenzen (→ BFH vom 15.11.2005 – BStBl. 2006 II S. 258 und vom 7.6.2006 – BStBl. II S. 803).
– Aufwendungen für ein **Schadstoff-Gutachten,** das der Feststellung der durch einen Mieter verursachten Bodenverunreinigungen dient, können als Werbungskosten abziehbar sein (→ BFH vom 17.7.2007 – BStBl. II S. 941).
– **Grunderwerbsteuer** nach § 1 Abs. 2a GrEStG **bei Gesellschafterwechsel** (→ BFH vom 2.9.2014 – BStBl. 2015 II S. 260).
– Aufwendungen für eine auf Dauer angelegte **Testamentsvollstreckung** können bei den aus der Verwaltung des Nachlasses erzielten Einkünften aus Vermietung und Verpachtung als Werbungskosten abgezogen werden. Werden aus dem Nachlass noch andere Einkünfte erzielt, kommt es für die Aufteilung der Aufwendungen auf die verschiedenen Einkunftsarten auf die Zusammensetzung des Nachlasses im jeweiligen VZ an, wenn sich der Anspruch des Testamentsvollstreckers nach dem Nachlasswert bemisst (→ BFH vom 8.11.2017 – BStBl. 2018 II S. 191).
– Zu **verlorenen Aufwendungen bei gescheitertem Immobilienerwerb** → BFH vom 9.5.2017 (BStBl. 2018 II S. 168).

Keine Werbungskosten.[1)]
– Aufwendungen zur **Schadensbeseitigung,** zu denen sich der Verkäufer im Kaufvertrag über sein Mietwohngrundstück verpflichtet hat (→ BFH vom 23.1.1990 – BStBl. II S. 465).

1) Kursverluste bei Fremdwährungsdarlehen sind nicht als Werbungskosten abziehbar; siehe BFH v. 9.11.1993 IX R 81/90, BStBl. II 1994, 289, und v. 23.11.2016 IX B 42/16, BFH/NV 2017, 287.

- Zahlungen anteiliger Grundstückserträge an den geschiedenen Ehegatten auf Grund eines **Scheidungsfolgevergleichs** zur Regelung des Zugewinnausgleichs (→ BFH vom 8.12.1992 – BStBl. 1993 II S. 434).
- **Veruntreute Geldbeträge** durch einen Miteigentümer (→ BFH vom 20.12.1994 – BStBl. 1995 II S. 534).
- Aufwendungen für die **geplante** Veräußerung eines Grundstücks, auch wenn das Grundstück tatsächlich weiterhin vermietet wird (→ BFH vom 19.12.1995 – BStBl. 1996 II S. 198).
- Aufwendungen, die auf eine Zeit entfallen, in der der Stpfl. die Absicht hatte, die angeschaffte oder hergestellte Wohnung **selbst zu beziehen,** auch wenn er sich anschließend zu deren Vermietung entschlossen hat (→ BFH vom 23.7.1997 – BStBl. 1998 II S. 15).
- Aufwendungen eines mit einem vermieteten Grundstück Beschenkten, die auf Grund eines **Rückforderungsanspruchs** des Schenkers wegen Verarmung gem. § 528 Abs. 1 BGB geleistet werden (→ BFH vom 19.12.2000 – BStBl. 2001 II S. 342).
- Aufwendungen, die allein oder ganz überwiegend durch die **Veräußerung** des Mietwohnobjekts veranlasst oder die im Rahmen einer Grundstücksveräußerung für vom Verkäufer zu erbringende Reparaturen angefallen sind; dies gilt auch dann, wenn die betreffenden Arbeiten noch während der Vermietungszeit durchgeführt werden (→ BFH vom 14.12.2004 – BStBl. 2005 II S. 343). Entsprechendes gilt bei einer gescheiterten Grundstücksveräußerung (→ BFH vom 1.8.2012 – BStBl. II S. 781).
- Im **Restitutionsverfahren** nach dem VermG zum Ausgleich von Instandsetzungs- und Modernisierungsaufwendungen an einem rückübertragenen Gebäude geleistete Zahlungen (→ BFH vom 11.1.2005 – BStBl. II S. 477).
- **Abstandszahlungen** an den Mieter zur vorzeitigen Räumung der Wohnung, wenn der Vermieter deren Nutzung zu eigenen Wohnzwecken beabsichtigt (→ BFH vom 7.7.2005 – BStBl. II S. 760).
- **Verluste aus Optionsgeschäften,** auch dann nicht, wenn Mieteinnahmen dazu verwendet werden, die Optionsgeschäfte durchzuführen und beabsichtigt ist, die angelegten Beträge wiederum für Zwecke der Vermietung zu verwenden (→ BFH vom 18.9.2007 – BStBl. 2008 II S. 26).
- **Prozess- und Anwaltskosten,** die mit dem Antrag auf Auflösung einer Grundstücksgemeinschaft durch Verkauf des gemeinschaftlichen, bislang vermieteten Grundstücks im Wege der Teilungsversteigerung verbunden sind (→ BFH vom 19.3.2013 – BStBl. II S. 536).
- **Beiträge für Risikolebensversicherungen,** welche der Absicherung von Darlehen dienen, die zur Finanzierung der Anschaffungskosten einer der Einkünfteerzielung dienenden Immobilie aufgenommen werden (→ BFH vom 13.10.2015 – BStBl. 2016 II S. 210).
- **Vergütung des Verbraucherinsolvenztreuhänders;** diese ist insgesamt dem Privatbereich des Stpfl. zuzuordnen und kann nicht – auch nicht anteilig – bei den Einkünften aus Vermietung und Verpachtung abgezogen werden (→ BFH vom 4.8.2016 – BStBl. 2017 II S. 276).

Zwangsverwaltung. Zur Ermittlung der Einkünfte für den Zeitraum einer Zwangsverwaltung → BMF vom 3.5.2017 (BStBl. I S. 718), Rn. 28–32.

Zweitwohnungssteuer. Die Zweitwohnungssteuer ist mit dem auf die Vermietung der Wohnung an wechselnde Feriengäste entfallenden zeitlichen Anteil als Werbungskosten abziehbar (→ BFH vom 15.10.2002 – BStBl. 2003 II S. 287).

R 21.3 Verbilligt überlassene Wohnung

[1]In den Fällen des § 21 Abs. 2 EStG ist von der ortsüblichen Marktmiete für Wohnungen vergleichbarer Art, Lage und Ausstattung auszugehen. [2]Die ortsübliche Marktmiete umfasst die ortsübliche Kaltmiete zuzüglich der nach der Betriebskostenverordnung[1)] umlagefähigen Kosten.

H 21.3

Einkünfteerzielungsabsicht bei verbilligter Überlassung einer Wohnung. → BMF vom 8.10.2004 (BStBl. I S. 933).

Gewinneinkünfte.

- § 21 Abs. 2 EStG ist auf Gewinneinkünfte nicht entsprechend anzuwenden (→ BFH vom 29.4.1999 – BStBl. II S. 652).
- → H 4.7 (Teilentgeltliche Überlassung).

Ortsübliche Marktmiete.

- Unter ortsüblicher Miete für Wohnungen vergleichbarer Art, Lage und Ausstattung ist die ortsübliche Kaltmiete zuzüglich der nach der Betriebskostenverordnung umlagefähigen Kosten zu verstehen (→ BFH vom 10.5.2016 – BStBl. II S. 835).
- Die ortsübliche Miete ist grundsätzlich auf der Basis des Mietspiegels zu bestimmen. Kann ein Mietspiegel nicht zugrunde gelegt werden oder ist er nicht vorhanden, kann die ortsübliche Miete z. B. mit Hilfe eines mit Gründen versehenen Gutachtens eines öffentlich bestellten und vereidigten Sachverständigen i. S. d. § 558a Abs. 2 Nr. 3 BGB, durch die Auskunft aus einer Mietdatenbank i. S. d. § 558a Abs. 2 Nr. 2 BGB i. V. m. § 558e BGB oder durch Zugrundelegung der Entgelte für zumindest drei vergleichbare Wohnungen i. S. d. § 558a Abs. 2 Nr. 4 BGB ermittelt werden. Jeder dieser Ermittlungswege ist gleichrangig (→ BFH vom 22.2.2021 – BStBl. II S. 479).
- Bei der Überlassung von (teil-)möblierten Wohnungen ist für die Berechnung der ortsüblichen Miete grundsätzlich ein **Möblierungszuschlag** anzusetzen, der am Markt zu realisieren ist. Soweit der Mietspiegel für die überlassenen Möbel einen prozentualen Zuschlag oder eine Erhöhung des Ausstattungsfaktors vorsieht, ist dies als marktüblich anzusehen. Lässt sich aus dem Mietspiegel kein am Markt realisierbarer Möblierungszuschlag entnehmen, kann ein erforderlicher Zuschlag auf der Grundlage des örtlichen Mietmarkts für möblierte Wohnungen ermittelt werden (z. B. durch Sachverständigengutachten oder Rückgriff auf aktuellere Entwicklungen auf dem maßgebenden Mietmarkt/Neuauflagen des örtlichen Mietspiegels). Ist ein marktüblicher Gebrauchswert für die überlassenen Möbel nicht zu ermitteln, kommt ein Möblierungszuschlag nicht in Betracht. Die Annahme eines Möblierungszuschlags in Höhe der

---

1) **Steuergesetze** Nr. **445**.

monatlichen AfA für die überlassenen Möbel (zuzüglich eines Gewinnaufschlags) ist nicht zulässig (→ BFH vom 6.2.2018 – BStBl. II S. 522).

Überlassung an fremde Dritte. Die Nutzungsüberlassung ist in den Fällen des § 21 Abs. 2 EStG selbst dann in einen entgeltlichen und einen unentgeltlichen Teil aufzuteilen, wenn die Wohnung einem fremden Dritten überlassen wird und der Stpfl. aus vertraglichen oder tatsächlichen Gründen gehindert ist, das vereinbarte Entgelt zu erhöhen (→ BFH vom 28.1.1997 – BStBl. II S. 605).

R 21.4 Miet- und Pachtverträge zwischen Angehörigen und Partnern einer nichtehelichen Lebensgemeinschaft

Die für die steuerliche Beurteilung von Verträgen zwischen Ehegatten geltenden Grundsätze können nicht auf Verträge zwischen Partnern einer nichtehelichen Lebensgemeinschaft – ausgenommen eingetragene Lebenspartnerschaften – übertragen werden, es sei denn, dass der Vertrag die gemeinsam genutzte Wohnung betrifft.

H 21.4

Fremdvergleich. Im Rahmen des Fremdvergleichs (→ H 4.8) schließt nicht jede Abweichung vom Üblichen notwendigerweise die steuerliche Anerkennung aus. Voraussetzung ist aber, dass die Hauptpflichten der Mietvertragsparteien wie Überlassen einer konkret bestimmten Mietsache und Höhe der zu entrichtenden Miete stets klar und eindeutig vereinbart sowie entsprechend dem Vereinbarten durchgeführt werden. Diese Anforderungen sind auch an nachträgliche Vertragsänderungen zu stellen (→ BFH vom 20.10.1997 – BStBl. 1998 II S. 106). Die steuerliche Anerkennung des Mietverhältnisses ist danach **nicht allein dadurch ausgeschlossen,** dass

- die Mieterin, nachdem der Vermieter sein Konto aufgelöst hat, die Miete wie mündlich vereinbart vorschüssig bar bezahlt (→ BFH vom 7.5.1996 – BStBl. 1997 II S. 196),
- keine schriftliche Vereinbarung hinsichtlich der Nebenkosten getroffen worden ist und z. B. der Umfang der auf die Wohnung entfallenden Nebenkosten unter Berücksichtigung der sonstigen Pflichten unbedeutend ist (→ BFH vom 21.10.1997 – BStBl. 1998 II S. 108 und vom 17.2.1998 – BStBl. II S. 349),
- ein Mietvertrag mit einem Angehörigen nach seinem Inhalt oder in seiner Durchführung Mängel aufweist, die auch bei einem mit einem Fremden abgeschlossenen Mietverhältnis aufgetreten sind (→ BFH vom 28.6.2002 – BStBl. II S. 699),
- ein Ehegatte dem anderen seine an dessen Beschäftigungsort belegene und im Rahmen einer doppelten Haushaltsführung genutzte Wohnung zu fremdüblichen Bedingungen vermietet (→ BFH vom 11.3.2003 – BStBl. II S. 627),
- eine verbilligte Vermietung vorliegt (→ BFH vom 22.7.2003 – BStBl. II S. 806).

Das Mietverhältnis ist jedoch steuerlich **nicht anzuerkennen,** wenn

- die Mietzahlungen entgegen der vertraglichen Vereinbarung nicht regelmäßig, sondern in einem späteren Jahr in einem Betrag gezahlt werden (→ BFH vom 19.6.1991 – BStBl. 1992 II S. 75),

- nicht feststeht, dass die gezahlte Miete tatsächlich endgültig aus dem Vermögen des Mieters in das des Vermieters gelangt. Ein Beweisanzeichen dafür kann sich insbesondere daraus ergeben, dass der Mieter wirtschaftlich nicht oder nur schwer in der Lage ist, die Miete aufzubringen (→ BFH vom 28.1.1997 – BStBl. II S. 655),
- eine Einliegerwohnung zur Betreuung eines Kleinkindes an die Großeltern vermietet wird, die am selben Ort weiterhin über eine größere Wohnung verfügen (→ BFH vom 14.1.1992 – BStBl. II S. 549),
- Wohnräume im Haus der Eltern, die keine abgeschlossene Wohnung bilden, an volljährige unterhaltsberechtigte Kinder vermietet werden (→ BFH vom 16.1.2003 – BStBl. II S. 301).

Nichteheliche Lebensgemeinschaft. Keine einkommensteuerliche Anerkennung eines Mietverhältnisses zwischen Partnern einer nichtehelichen Lebensgemeinschaft über eine gemeinsam bewohnte Wohnung (→ BFH vom 30.1.1996 – BStBl. II S. 359).

Sicherungsnießbrauch. Die gleichzeitige Vereinbarung eines Nießbrauchs und eines Mietvertrages steht der steuerlichen Anerkennung des Mietverhältnisses jedenfalls dann nicht entgegen, wenn das dingliche Nutzungsrecht lediglich zur Sicherung des Mietverhältnisses vereinbart und nicht tatsächlich ausgeübt wird (→ BFH vom 3.2.1998 – BStBl. II S. 539).

Vermietung an Angehörige nach Grundstücksübertragung. Eine **rechtsmissbräuchliche Gestaltung** bei Mietverträgen unter Angehörigen **liegt nicht vor,** wenn der Mieter

- vor Abschluss des Mietvertrags das Grundstück gegen wiederkehrende Leistungen auf den Vermieter übertragen hat (→ BFH vom 10.12.2003 – BStBl. 2004 II S. 643),
- auf das im Zusammenhang mit der Grundstücksübertragung eingeräumte unentgeltliche Wohnungsrecht verzichtet und stattdessen mit dem neuen Eigentümer einen Mietvertrag abgeschlossen hat (→ BFH vom 17.12.2003 – BStBl. 2004 II S. 646).

Das Mietverhältnis ist jedoch wegen rechtsmissbräuchlicher Gestaltung steuerlich **nicht anzuerkennen,** wenn

- ein im Zusammenhang mit einer Grundstücksübertragung eingeräumtes unentgeltliches Wohnungsrecht gegen Vereinbarung einer dauernden Last aufgehoben und gleichzeitig ein Mietverhältnis mit einem Mietzins in Höhe der dauernden Last vereinbart wird (→ BFH vom 17.12.2003 – BStBl. 2004 II S. 648).
- → Fremdvergleich.

Vermietung an Unterhaltsberechtigte. Mietverträge mit Angehörigen sind nicht bereits deshalb rechtsmissbräuchlich, weil der Stpfl. dem Angehörigen gegenüber unterhaltsverpflichtet ist und die Miete aus den geleisteten Unterhaltszahlungen erbracht wird. Nicht rechtsmissbräuchlich ist daher ein Mietverhältnis mit:

- der unterhaltsberechtigten Mutter (→ BFH vom 19.12.1995 – BStBl. 1997 II S. 52),
- der volljährigen Tochter und deren Ehemann (→ BFH vom 28.1.1997 – BStBl. II S. 599),
- dem geschiedenen oder dauernd getrennt lebenden Ehegatten, wenn die Miete mit dem geschuldeten Barunterhalt verrechnet wird (→ BFH vom

16.1.1996 – BStBl. II S. 214); wird dagegen eine Wohnung auf Grund einer Unterhaltsvereinbarung zu Wohnzwecken überlassen und dadurch der Anspruch des Unterhaltsberechtigten auf Barunterhalt vermindert, liegt kein Mietverhältnis vor (→ BFH vom 17.3.1992 – BStBl. II S. 1009); zum Abzug des Mietwerts als Sonderausgabe i. S. d. § 10 Abs. 1a Nr. 1 EStG → H 10.2 (Wohnungsüberlassung),

– unterhaltsberechtigten Kindern, auch wenn das Kind die Miete durch Verrechnung mit dem Barunterhalt der Eltern zahlt (→ BFH vom 19.10.1999 – BStBl. 2000 II S. 223 und S. 224) oder die Miete aus einer einmaligen Geldschenkung der Eltern bestreitet (→ BFH vom 28.3.1995 – BStBl. 1996 II S. 59). Das Mietverhältnis ist allerdings nicht anzuerkennen, wenn Eltern und Kinder noch eine Haushaltsgemeinschaft bilden (→ BFH vom 19.10.1999 – BStBl. 2000 II S. 224).

Vorbehaltsnießbrauch. Ist das mit dem Vorbehaltsnießbrauch belastete Grundstück vermietet, erzielt der Nießbraucher Einkünfte aus Vermietung und Verpachtung. Dies gilt auch, wenn der Nießbraucher das Grundstück dem Grundstückseigentümer entgeltlich zur Nutzung überlässt (→ BMF vom 30.9.2013 – BStBl. I S. 1184, Rz. 41).

Wechselseitige Vermietung und Gestaltungsmissbrauch.

– Keine einkommensteuerliche Berücksichtigung, wenn planmäßig in etwa gleichwertige Wohnungen von Angehörigen angeschafft bzw. in Wohnungseigentum umgewandelt werden, um sie sogleich wieder dem anderen zu vermieten (→ BFH vom 19.6.1991 – BStBl. II S. 904 und vom 25.1.1994 – BStBl. II S. 738).
– Mietrechtliche Gestaltungen sind insbesondere dann unangemessen i. S. v. § 42 AO, wenn derjenige, der einen Gebäudeteil für eigene Zwecke benötigt, einem anderen daran die wirtschaftliche Verfügungsmacht einräumt, um ihn anschließend wieder zurück zu mieten (→ BFH vom 9.10.2013 – BStBl. 2014 II S. 527).
– Überträgt der Alleineigentümer von zwei Eigentumswohnungen einem nahen Angehörigen nicht die an diesen vermietete, sondern die von ihm selbstgenutzte Wohnung, stellt das gleichzeitig für diese Wohnung abgeschlossene Mietverhältnis mit dem nahen Angehörigen keinen Gestaltungsmissbrauch i. S. d. § 42 AO dar (→ BFH vom 12.9.1995 – BStBl. 1996 II S. 158).

R 21.5 Behandlung von Zuschüssen

(1) [1]Zuschüsse zur Finanzierung von Baumaßnahmen aus öffentlichen oder privaten Mitteln, die keine Mieterzuschüsse sind (z. B. Zuschuss einer Flughafengesellschaft für den Einbau von Lärmschutzfenstern), gehören grundsätzlich nicht zu den Einnahmen aus Vermietung und Verpachtung. [2]Handelt es sich bei den bezuschussten Aufwendungen um Herstellungskosten, sind ab dem Jahr der Bewilligung die AfA, die erhöhten Absetzungen oder die Sonderabschreibungen nach den um den Zuschuss verminderten Herstellungskosten zu bemessen; → R 7.3 Abs. 4 Satz 2 und R 7a Abs. 4. [3]Das gilt auch bei Zufluss des Zuschusses in mehreren Jahren. [4]Wird der Zuschuss zurückge-

zahlt, sind vom Jahr des Entstehens der Rückzahlungsverpflichtung an die AfA oder die erhöhten Absetzungen oder die Sonderabschreibungen von der um den Rückzahlungsbetrag erhöhten Bemessungsgrundlage vorzunehmen. [5] Handelt es sich bei den bezuschussten Aufwendungen um Erhaltungsaufwendungen oder Schuldzinsen, sind diese nur vermindert um den Zuschuss als Werbungskosten abziehbar. [6] Fällt die Zahlung des Zuschusses und der Abzug als Werbungskosten nicht in einen VZ, rechnet der Zuschuss im Jahr der Zahlung zu den Einnahmen aus Vermietung und Verpachtung. [7] Wählt der Stpfl. eine gleichmäßige Verteilung nach §§ 11a, 11b EStG oder § 82b EStDV, mindern die gezahlten Zuschüsse im Jahr des Zuflusses die zu verteilenden Erhaltungsaufwendungen. [8] Der verbleibende Betrag ist gleichmäßig auf den verbleibenden Abzugszeitraum zu verteilen. [9] Soweit der Zuschuss die noch nicht berücksichtigten Erhaltungsaufwendungen übersteigt oder wird er erst nach Ablauf des Verteilungszeitraums gezahlt, rechnet der Zuschuss zu den Einnahmen aus Vermietung und Verpachtung. [10] Hat der Stpfl. die Zuschüsse zurückgezahlt, sind sie im Jahr der Rückzahlung als Werbungskosten abzuziehen.

(2) Abweichend von Absatz 1 handelt es sich bei Zuschüssen, die keine Mieterzuschüsse sind, im Kalenderjahr des Zuflusses um Einnahmen aus Vermietung und Verpachtung, wenn sie eine Gegenleistung für die Gebrauchsüberlassung des Grundstücks darstellen (z. B. Zuschuss als Gegenleistung für eine Mietpreisbindung oder Nutzung durch einen bestimmten Personenkreis); § 11 Abs. 1 Satz 3 EStG ist zu beachten.

(3) [1] Vereinbaren die Parteien eines Mietverhältnisses eine Beteiligung des Mieters an den Kosten der Herstellung des Gebäudes oder der Mieträume oder lässt der Mieter die Mieträume auf seine Kosten wieder herrichten und einigt er sich mit dem Vermieter, dass die Kosten ganz oder teilweise verrechnet werden, entsteht dem Mieter ein Rückzahlungsanspruch, der in der Regel durch Anrechnung des vom Mieter aufgewandten Betrags (Mieterzuschuss) auf den Mietzins wie eine Mietvorauszahlung befriedigt wird. [2] Für Mieterzuschüsse ist § 11 Abs. 1 Satz 3 EStG zu beachten. [3] Als vereinnahmte Miete ist dabei jeweils die tatsächlich gezahlte Miete zuzüglich des anteiligen Vorauszahlungsbetrags anzusetzen. [4] Satz 3 gilt nur für die vereinnahmte Nettomiete, nicht für vereinnahmte Umsatzsteuerbeträge. [5] Die AfA nach § 7 EStG und die erhöhten Absetzungen oder Sonderabschreibungen sind von den gesamten Herstellungskosten (eigene Aufwendungen des Vermieters zuzüglich Mieterzuschüsse) zu berechnen. [6] Hat ein Mieter Kosten getragen, die als Erhaltungsaufwand zu behandeln sind, sind aus Vereinfachungsgründen nur die eigenen Kosten des Vermieters als Werbungskosten zu berücksichtigen. [7] Wird ein Gebäude während des Verteilungszeitraums veräußert, in ein Betriebsvermögen eingebracht oder nicht mehr zur Erzielung von Einkünften i. S. d. § 2 Abs. 1 Satz 1 Nr. 4 bis 7 EStG genutzt, ist der noch nicht als Mieteinnahme berücksichtigte Teil der Mietvorauszahlung in dem betreffenden VZ als Einnahme bei den Einkünften aus Vermietung und Verpachtung anzusetzen. [8] In Veräußerungsfällen erhöhen sich seine Mieteinnahmen insoweit nicht, als unberücksichtigte Zuschussteile durch entsprechende Minderung des Kaufpreises und Übernahme der Verpflichtung gegenüber den Mietern auf den Käufer übergegangen sind.

(4) Entfallen Zuschüsse auf eine eigengenutzte oder unentgeltlich an Dritte überlassene Wohnung, gilt Folgendes:

1. Handelt es sich bei den bezuschussten Aufwendungen um Herstellungs- oder Anschaffungskosten, für die der Stpfl. die Steuerbegünstigung nach § 10f Abs. 1 EStG oder § 7 FördG, die Eigenheimzulage oder die Investitionszulage nach § 4 InvZulG 1999 in Anspruch nimmt, gilt Absatz 1 Satz 2 bis 4 entsprechend.
2. Handelt es sich bei den bezuschussten Aufwendungen um Erhaltungsaufwand, für den der Stpfl. die Steuerbegünstigung nach § 10f Abs. 2 EStG oder § 7 FördG oder die Investitionszulage nach § 4 InvZulG 1999 in Anspruch nimmt, gilt Absatz 1 Satz 5 und 10 entsprechend.

H 21.5

Zuschüsse.

- Zuschüsse, die eine Gemeinde für die Durchführung bestimmter Maßnahmen, die der Erhaltung, Erneuerung und funktionsgerechten Verwendung des Gebäudes dienen, unabhängig von der Nutzung des Gebäudes gewährt, mindern die Herstellungskosten und sind nicht als Einnahmen aus Vermietung und Verpachtung zu behandeln. Die Herstellungskosten sind auch dann um einen Zuschuss zu kürzen, wenn der Stpfl. im Vorjahr einen Zuschuss als Einnahme behandelt hatte (→ BFH vom 26.3.1991 – BStBl. 1992 II S. 999).
- Der Zuschuss einer Gemeinde zum Bau einer Tiefgarage ohne Vereinbarung einer Mietpreisbindung oder Nutzung durch bestimmte Personen mindert die Herstellungskosten. Die mit dem Zuschuss verbundene Verpflichtung, die Tiefgarage der Öffentlichkeit gegen Entgelt zur Verfügung zu stellen, ist keine Gegenleistung des Empfängers (→ BFH vom 23.3.1995 – BStBl. II S. 702).
- Öffentliche Fördermittel (Zuschüsse oder nicht rückzahlbare Darlehen), die ein Bauherr im Rahmen des sog. Dritten Förderungswegs für Belegungs- und Mietpreisbindungen erhält, sind im Zuflussjahr Einnahmen aus Vermietung und Verpachtung (→ BFH vom 14.10.2003 – BStBl. 2004 II S. 14).

R 21.6 Miteigentum und Gesamthand

[1]Die Einnahmen und Werbungskosten sind den Miteigentümern grundsätzlich nach dem Verhältnis der nach bürgerlichem Recht anzusetzenden Anteile zuzurechnen. [2]Haben die Miteigentümer abweichende Vereinbarungen getroffen, sind diese maßgebend, wenn sie bürgerlich-rechtlich wirksam sind und hierfür wirtschaftlich vernünftige Gründe vorliegen, die grundstücksbezogen sind. [3]AfA oder erhöhte Absetzungen und Sonderabschreibungen können nur demjenigen Miteigentümer zugerechnet werden, der die Anschaffungs- oder Herstellungskosten getragen hat.

H 21.6

Abweichende Zurechnung.[1)]

– Treffen Angehörige als Miteigentümer eine vom zivilrechtlichen Beteiligungsverhältnis abweichende Vereinbarung über die Verteilung der Einnahmen und Ausgaben, ist diese steuerrechtlich nur beachtlich, wenn sie in Gestaltung und Durchführung dem zwischen fremden Dritten Üblichen entspricht; Korrekturmöglichkeit einer unzutreffenden Verteilung im gerichtlichen Verfahren auch dann noch, wenn Gesamtüberschuss bestandskräftig festgestellt ist, weil lediglich die Verteilung des festgestellten Überschusses angefochten wurde (→ BFH vom 31.3.1992 – BStBl. II S. 890).

– Trägt der Gesellschafter einer GbR deren Werbungskosten über den seiner Beteiligung entsprechenden Anteil hinaus, sind ihm diese Aufwendungen im Rahmen der einheitlichen und gesonderten Feststellung der Einkünfte aus Vermietung und Verpachtung der Gesellschaft ausnahmsweise dann allein zuzurechnen, wenn insoweit weder eine Zuwendung an Mitgesellschafter beabsichtigt ist noch gegen diese ein durchsetzbarer Ausgleichsanspruch besteht (→ BFH vom 23.11.2004 – BStBl. 2005 II S. 454).

Einbringung von Miteigentumsanteilen. → H 7.3 (Anschaffungskosten).

Mietverhältnis zwischen GbR und Gesellschafter. Der Mietvertrag zwischen einer GbR und einem Gesellschafter ist steuerrechtlich nicht anzuerkennen, soweit diesem das Grundstück nach § 39 Abs. 2 Nr. 2 AO anteilig zuzurechnen ist (→ BFH vom 18.5.2004 – BStBl. II S. 898).

Miteigentum. A und B sind zu je $^1/_2$ Miteigentümer eines Hauses mit drei gleich großen Wohnungen. Wohnung 1 vermietet die Gemeinschaft an B zu Wohnzwecken, Wohnung 2 überlassen A und B ihren Eltern unentgeltlich zu Wohnzwecken, Wohnung 3 wird an Dritte vermietet.

Hinsichtlich Wohnung 3 ist davon auszugehen, dass A und B diese gemeinschaftlich vermieten (→ BFH vom 26.1.1999 – BStBl. II S. 360). Auch Wohnung 2 nutzen A und B durch die unentgeltliche Überlassung an die Eltern gemeinschaftlich.

Die Nutzung von Wohnung 1 durch B zu eigenen Wohnzwecken führt nicht zum vorrangigen „Verbrauch“ seines Miteigentumsanteils. Bei gemeinschaftlichem Bruchteilseigentum wird die Sache selbst weder real noch ideell geteilt; geteilt wird nur die Rechtszuständigkeit am gemeinschaftlichen Gegenstand. Dementsprechend ist nicht das Gebäude, sondern – im Rahmen einer Vereinbarung nach § 745 Abs. 1 BGB – das Nutzungsrecht am Gebäude zwischen A und B aufgeteilt worden. A hat B – abweichend von § 743 Abs. 2 BGB – einen weitergehenden Gebrauch der gemeinschaftlichen Sache eingeräumt. Hierfür stünde A ein Entschädigungsanspruch aus § 745 Abs. 2 BGB zu. Stattdessen hat er zugunsten von B gegen Entgelt auf sein Mitgebrauchsrecht verzichtet und B die Wohnung 1 zur Alleinnutzung überlassen. A erzielt insoweit Einkünfte aus Vermietung und Verpachtung (→ BFH vom 18.5.2004 – BStBl. II S. 929).

[1)] Zu einer gesellschaftsvertraglichen Ergebniszuweisung einer vermögensverwaltenden GbR bei Gesellschafterwechsel während des Geschäftsjahres siehe BFH v. 25.9.2018 IX R 35/17, BStBl. II 2019, 167.

Unterbeteiligung an einer Personengesellschaft. Ein Unterbeteiligter an einer Personengesellschaft erzielt dann keine Einkünfte aus Vermietung und Verpachtung, wenn er nicht nach außen als Vermieter in Erscheinung tritt und der Hauptbeteiligte ihn nur auf schuldrechtlicher Grundlage am Einnahmeüberschuss und am Auseinandersetzungsguthaben beteiligt sowie ihm nur in bestimmten Gesellschaftsangelegenheiten Mitwirkungsrechte einräumt (→ BFH vom 17.12.1996 – BStBl. 1997 II S. 406).

R 21.7 Substanzausbeuterecht *(unbesetzt)*

H 21.7

Abgrenzung Pacht-/Kaufvertrag.

– Die zeitlich begrenzte Überlassung von Grundstücken zur Hebung der darin ruhenden Bodenschätze (sog. Ausbeuteverträge) ist grundsätzlich als Pachtvertrag zu beurteilen. Nur wenn sich der zu beurteilende Sachverhalt als Übertragung des überlassenen Gegenstands/Rechts darstellt und der Vertrag keine wesentlichen veräußerungsatypischen Elemente enthält, können Ausbeuteverträge als Veräußerungsvorgänge angesehen werden. Ein solcher Ausnahmefall kann z. B. vorliegen
  - bei einem zeitlich begrenzten Abbau und der Lieferung einer fest begrenzten Menge an Bodensubstanz (→ BFH vom 19.7.1994 – BStBl. II S. 846),
  - bei endgültiger und unwiederbringlicher Veräußerung und Übertragung eines Rechts/einer Abbaugerechtigkeit (→ BFH vom 11.2.2014 – BStBl. II S. 566).

– Einnahmen aus Vermietung und Verpachtung sind:
  - Entgelte für die Ausbeute von Bodenschätzen (→ BFH vom 21.7.1993 – BStBl. 1994 II S. 231 und vom 4.12.2006 – BStBl. 2007 II S. 508),
  - Entgelt für die Überlassung eines Grundstücks, wenn dieses zwar bürgerlich-rechtlich übereignet wird, die Vertragsparteien aber die Rückübertragung nach Beendigung der Ausbeute vereinbaren (→ BFH vom 5.10.1973 – BStBl. 1974 II S. 130); dies gilt auch bei zusätzlicher Vereinbarung einer Steuerklausel, wenn diese dem Finanzamt nicht rechtzeitig offenbart wird (→ BFH vom 24.11.1992 – BStBl. 1993 II S. 296),
  - Entgelt aus dem Verkauf eines bodenschatzführenden Grundstücks, wenn die Auslegung der Bestimmungen des Kaufvertrags ergibt oder aus außerhalb des Vertrags liegenden Umständen zu ersehen ist, dass die Vertragsparteien keine dauerhafte Eigentumsübertragung, sondern eine zeitlich begrenzte Überlassung zur Substanzausbeute anstreben (→ BFH vom 11.2.2014 – BStBl. II S. 566).

Entschädigungen. Neben Förderzinsen zum Abbau von Bodenschätzen gezahlte Entschädigungen für entgangene/entgehende Einnahmen sind keine Einnahmen aus Vermietung und Verpachtung, sondern Betriebseinnahmen, wenn die Flächen im Betriebsvermögen bleiben (→ BFH vom 15.3.1994 – BStBl. II S. 840).

Wertminderung des Grund und Bodens. Wird die Substanz bislang land- und forstwirtschaftlich genutzten Grund und Bodens durch den Abbau eines Bodenvorkommens zerstört oder wesentlich beeinträchtigt, steht die Verlustausschlussklausel des § 55 Abs. 6 EStG der Berücksichtigung der Wertminderung als Werbungskosten bei den Einkünften aus Vermietung und Verpachtung entgegen (→ BFH vom 16.10.1997 – BStBl. 1998 II S. 185).

Zu § 22 EStG
(§ 55 EStDV)

R 22.1 Besteuerung von wiederkehrenden Bezügen mit Ausnahme der Leibrenten

(1) [1]Wiederkehrende Bezüge sind als sonstige Einkünfte nach § 22 Nr. 1 Satz 1 EStG zu erfassen, wenn sie nicht zu anderen Einkunftsarten gehören und soweit sie sich bei wirtschaftlicher Betrachtung nicht als Kapitalrückzahlungen, z.B. Kaufpreisraten, darstellen. [2]Wiederkehrende Bezüge setzen voraus, dass sie auf einem einheitlichen Entschluss oder einem einheitlichen Rechtsgrund beruhen und mit einer gewissen Regelmäßigkeit wiederkehren. [3]Sie brauchen jedoch nicht stets in derselben Höhe geleistet zu werden. [4]Deshalb können Studienzuschüsse, die für einige Jahre gewährt werden, wiederkehrende Bezüge sein.

(2) [1]Wiederkehrende Zuschüsse und sonstige Vorteile sind entsprechend der Regelung in § 12 Nr. 2 EStG und § 22 Nr. 1 Satz 2 EStG entweder vom Geber oder vom Empfänger zu versteuern. [2]Soweit die Bezüge nicht auf Grund des § 3 EStG steuerfrei bleiben, sind sie vom Empfänger als wiederkehrende Bezüge zu versteuern, wenn sie der unbeschränkt steuerpflichtige Geber als Betriebsausgaben oder Werbungskosten abziehen kann.

H 22.1

Stiftung. → H 20.2.

Stipendien. Leistungen aus einem Stipendium für die Aus- und Fortbildung eines Stipendiaten können steuerbare wiederkehrende Bezüge gemäß § 22 Nr. 1 Satz 1 i.V.m. Satz 3 Buchst. b EStG sein. Voraussetzung ist, dass die Weiterbildung im Rahmen eines Dienst- oder vergleichbaren Rechtsverhältnisses erfolgt, die Leistungen aus dem Stipendium an die Erfüllung der sich aus einem solchen Rechtsverhältnis ergebenden Verpflichtungen anknüpfen und die fehlende Entlohnung aus jenem Rechtsverhältnis ausgleichen sollen (→ BFH vom 8.7.2020 – BStBl. 2021 II S. 557).

Verpfändung eines GmbH-Anteils. Verpfändet ein an einem Darlehensverhältnis nicht beteiligter Dritter einen GmbH-Anteil zur Sicherung des Darlehens, kann die Vergütung, die der Dritte dafür erhält, entweder zu Einkünften aus wiederkehrenden Bezügen i.S.d. § 22 Nr. 1 Satz 1 1. Halbsatz EStG oder zu Einkünften aus Leistungen i.S.d. § 22 Nr. 3 EStG führen (→ BFH vom 14.4.2015 – BStBl. II S. 795).

Vorweggenommene Erbfolge.
- → BMF vom 11.3.2010 (BStBl. I S. 227),[1)·2)] Rz. 81.
- Ein gesamtberechtigter Ehegatte versteuert ihm zufließende Altenteilsleistungen anlässlich einer vorweggenommenen Erbfolge im Regelfall auch dann nach § 22 Nr. 1 Satz 1 EStG, wenn er nicht Eigentümer des

---

[1)] Geänd. durch BMF v. 6.5.2016, BStBl. I 2016, 476, mit Übergangsregelung.
[2)] Ergänzend siehe BMF v. 20.11.2019, BStBl. I 2019, 1291, geänd. durch BMF v. 5.5. 2021, BStBl. I 2021, 696, Rn. 40.

übergebenen Vermögens war. Der Abzugsbetrag nach § 24a EStG und der Pauschbetrag nach § 9a Satz 1 Nr. 3 EStG kann jedem Ehegatten gewährt werden, wenn er Einkünfte aus wiederkehrenden Bezügen hat (→ BFH vom 22.9.1993 – BStBl. 1994 II S. 107).

Wiederkehrende Bezüge sind nicht:

– Bezüge, die sich zwar wiederholen, bei denen aber die einzelne Leistung jeweils von einer neuen Entschlussfassung oder Vereinbarung abhängig ist (→ BFH vom 20.7.1971 – BStBl. 1972 II S. 170),
– Schadensersatzrenten zum Ausgleich vermehrter Bedürfnisse; sog. Mehrbedarfsrenten nach § 843 Abs. 1 2. Alternative BGB (→ BMF vom 15.7.2009 – BStBl. I S. 836),
– Schadensersatzrenten, die nach § 844 Abs. 2 BGB für den Verlust von Unterhaltsansprüchen oder nach § 845 BGB für entgangene Dienste gewährt werden (→ BMF vom 15.7.2009 – BStBl. I S. 836),
– Schmerzensgeldrenten nach § 253 Abs. 2 BGB (→ BMF vom 15.7.2009 – BStBl. I S. 836),
– Unterhaltsleistungen, die ein unbeschränkt Stpfl. von seinem nicht unbeschränkt steuerpflichtigen geschiedenen oder dauernd getrennt lebenden Ehegatten erhält (→ BFH vom 31.3.2004 – BStBl. II S. 1047),
– wiederkehrende Leistungen in schwankender Höhe, die ein pflichtteilsberechtigter Erbe auf Grund letztwilliger Verfügung des Erblassers vom Erben unter Anrechnung auf seinen Pflichtteil für die Dauer von 15 Jahren erhält; sie sind mit ihrem Zinsanteil steuerbar (→ BFH vom 26.11.1992 – BStBl. 1993 II S. 298),
– wiederkehrende Zahlungen als Gegenleistung für den Verzicht eines zur gesetzlichen Erbfolge Berufenen auf seinen potentiellen künftigen Erb- und/oder Pflichtteil (→ BFH vom 9.2.2010 – BStBl. II S. 818).

R 22.2 *(unbesetzt)*

R 22.3 Besteuerung von Leibrenten und anderen Leistungen i. S. d. § 22 Nr. 1 Satz 3 Buchstabe a Doppelbuchstabe aa EStG[1)]

(1) [1]Eine Leibrente kann vorliegen, wenn die Bemessungsgrundlage für die Bezüge keinen oder nur unbedeutenden Schwankungen unterliegt. [2]Veränderungen in der absoluten Höhe, die sich deswegen ergeben, weil die Bezüge aus gleichmäßigen Sachleistungen bestehen, stehen der Annahme einer Leibrente nicht entgegen.

(2) [1]Ist die Höhe einer Rente von mehreren selbständigen Voraussetzungen abhängig, kann einkommensteuerrechtlich eine lebenslängliche Leibrente erst ab dem Zeitpunkt angenommen werden, in dem die Voraussetzung für eine fortlaufende Gewährung der Rente in gleichmäßiger Höhe bis zum Lebensende des Berechtigten erstmals vorliegt. [2]Wird die Rente schon vor diesem Zeitpunkt zeitlich begrenzt nach einer anderen Voraussetzung oder in geringerer Höhe voraussetzungslos gewährt, handelt es sich um eine abgekürzte Leibrente.

[1)] Zu Vorsorgeeinrichtungen nach der zweiten Säule der schweizerischen Altersvorsorge siehe BMF v. 27.7.2016, BStBl. I 2016, 759.

H 22.3

Allgemeines. Der Besteuerung nach § 22 Nr. 1 Satz 3 Buchstabe a Doppelbuchstabe aa EStG unterliegen Leibrenten und andere Leistungen aus den gesetzlichen Rentenversicherungen, den landwirtschaftlichen Alterskassen, den berufsständischen Versorgungseinrichtungen und aus Rentenversicherungen i. S. d. § 10 Abs. 1 Nr. 2 Buchstabe b EStG. Für die Besteuerung ist eine Unterscheidung dieser Leistungen zwischen Leibrente, abgekürzter Leibrente und Einmalzahlungen nur bei Anwendung der Öffnungsklausel von Bedeutung. Zu Einzelheiten zur Besteuerung → BMF vom 19.8.2013 (BStBl. I S. 1087) unter Berücksichtigung der Änderungen durch BMF vom 28.9.2021 (BStBl. I S. 1831)[1] und vom 10.1.2022 (BStBl. I S. 36), insbesondere Rz. 190–237.

Begriff der Leibrente.

– Der Begriff der Leibrente i. S. d. § 22 Nr. 1 Satz 3 Buchstabe a EStG ist ein vom bürgerlichen Recht (§§ 759 ff. BGB) abweichender steuerrechtlicher Begriff. Er setzt gleich bleibende Bezüge voraus, die für die Dauer der Lebenszeit einer Bezugsperson gezahlt werden (→ BFH vom 15.7.1991 – BStBl. 1992 II S. 78).
– Aus dem Erfordernis der Gleichmäßigkeit ergibt sich, dass eine Leibrente nicht gegeben ist, wenn die Bezüge von einer wesentlich schwankenden Größe abhängen, z. B. vom Umsatz oder Gewinn eines Unternehmens; das gilt auch dann, wenn die Bezüge sich nach einem festen Prozentsatz oder einem bestimmten Verteilungsschlüssel bemessen (→ BFH vom 10.10.1963 – BStBl. III S. 592, vom 27.5.1964 – BStBl. III S. 475 und vom 25.11.1966 – BStBl. 1967 III S. 178).
– Die Vereinbarung von Wertsicherungsklauseln oder so genannten Währungsklauseln, die nur der Anpassung der Kaufkraft an geänderte Verhältnisse dienen sollen, schließen die Annahme einer Leibrente nicht aus (→ BFH vom 2.12.1966 – BStBl. 1967 III S. 179 und vom 11.8.1967 – BStBl. III S. 699). Unter diesem Gesichtspunkt liegt eine Leibrente auch dann vor, wenn ihre Höhe jeweils von der für Sozialversicherungsrenten maßgebenden Bemessungsgrundlage abhängt (→ BFH vom 30.11.1967 – BStBl. 1968 II S. 262). Ist auf die wertgesicherte Leibrente eine andere – wenn auch in unterschiedlicher Weise – wertgesicherte Leibrente anzurechnen, hat die Differenz zwischen beiden Renten ebenfalls Leibrentencharakter (→ BFH vom 5.12.1980 – BStBl. 1981 II S. 265).
– Eine grundsätzlich auf Lebensdauer einer Person zu entrichtende Rente bleibt eine Leibrente auch dann, wenn sie unter bestimmten Voraussetzungen, z. B. Wiederverheiratung, früher endet (→ BFH vom 5.12.1980 – BStBl. 1981 II S. 265).
– Durch die Einräumung eines lebenslänglichen Wohnrechts und die Versorgung mit elektrischem Strom und Heizung wird eine Leibrente nicht begründet (→ BFH vom 2.12.1966 – BStBl. 1967 III S. 243 und vom 12.9.1969 – BStBl. II S. 706).

[1] Weitere Änderungen durch BMF v. 10.1.2014, BStBl. I 2014, 70, v. 10.4.2015, BStBl. I 2015, 256, v. 1.6.2015, BStBl. I 2015, 475, v. 4.7.2016, BStBl. I 2016, 645, v. 9.12.2016, BStBl. I 2016, 1426, v. 19.12.2016, BStBl. I 2016, 1433, v. 24.5.2017, BStBl. I 2017, 820.

Nachzahlung.
- Eine Rentennachzahlung aus der gesetzlichen Rentenversicherung, die dem Rentenempfänger nach dem 31.12.2004 zufließt, wird mit dem Besteuerungsanteil gem. § 22 Nr. 1 Satz 3 Buchstabe a Doppelbuchstabe aa EStG besteuert, auch wenn sie für einen Zeitraum gezahlt wird, der vor dem Inkrafttreten des AltEinkG liegt (→ BMF vom 19.8.2013 – BStBl. I S. 1087,[1] Rz. 191).
- Nicht zu den Rentennachzahlungen zählen darauf entfallende Zinsen. Diese gehören zu den Einkünften aus Kapitalvermögen gem. § 20 Abs. 1 Nr. 7 EStG (→ BMF vom 19.8.2013 – BStBl. I S. 1087[1] unter Berücksichtigung der Änderungen durch BMF vom 4.7.2016 – BStBl. I S. 645, Rz. 196).
- Erfolgt die Nachzahlung einer rückwirkend zugebilligten Rente durch Erstattung an den Sozialleistungsträger für eine bisher gezahlte Sozialleistung (z. B. Kranken- oder Arbeitslosengeld), unterliegt die Rente bereits im Zeitpunkt des Zuflusses dieser Sozialleistung im Umfang der Erfüllungsfiktion nach § 103 Abs. 1 und 2, § 107 Abs. 1 SGB X mit dem zum rückwirkend zugebilligten Zeitpunkt der Rentenzahlung geltenden Besteuerungsanteil der Besteuerung nach § 22 Nr. 1 Satz 3 Buchstabe a Doppelbuchstabe aa EStG (→ BMF vom 19.8.2013 – BStBl. I S. 1087,[1] Rz. 192). Sofern die Sozialleistungen dem Progressionsvorbehalt unterlegen haben, ist dieser rückgängig zu machen, soweit die Beträge zu einer Rente umgewidmet werden → R 32b Abs. 4.

Öffnungsklausel. Soweit die Leistungen auf vor dem 1.1.2005 gezahlten Beiträgen oberhalb des Betrags des Höchstbeitrags zur gesetzlichen Rentenversicherung beruhen und der Höchstbeitrag bis zum 31.12.2004 über einen Zeitraum von mindestens 10 Jahren überschritten wurde, unterliegt dieser Teil der Leistung auf Antrag der Besteuerung mit dem Ertragsanteil. Nur in diesen Fällen ist es von Bedeutung, ob es sich bei der Leistung um eine Leibrente (z. B. eine Altersrente), um eine abgekürzte Leibrente (z. B. eine Erwerbsminderungsrente oder eine kleine Witwenrente) oder um eine Einmalzahlung handelt. Für diesen Teil der Leistung ist R 22.4 zu beachten. Zu Einzelheiten zur Anwendung der Öffnungsklausel → BMF vom 19.8.2013 (BStBl. I S. 1087),[1] Rz. 238–269.

Verfassungsmäßigkeit. Die Besteuerung der Altersrenten mit dem Besteuerungsanteil des § 22 Nr. 1 Satz 3 Buchst. a Doppelbuchst. aa EStG ist verfassungsmäßig, sofern nicht gegen das Verbot der Doppelbesteuerung verstoßen wird (→ BFH vom 6.4.2016 – BStBl. II S. 733).

Werbungskosten. Einkommensteuerrechtliche Behandlung von **Beratungs-, Prozess- und ähnlichen Kosten** im Zusammenhang mit Rentenansprüchen → BMF vom 20.11.1997 (BStBl. 1998 I S. 126).

---

[1] Geänd. durch BMF v. 10.1.2014, BStBl. I 2014, 70, v. 10.4.2015, BStBl. I 2015, 256, v. 1.6.2015, BStBl. I 2015, 475, v. 4.7.2016, BStBl. I 2016, 645, v. 9.12.2016, BStBl. I 2016, 1426, v. 19.12.2016, BStBl. I 2016, 1433, v. 24.5.2017, BStBl. I 2017, 820, v. 28.9.2021, BStBl. I 2021, 1831, v. 10.1.2022, BStBl. I 2022, 36.

R 22.4 Besteuerung von Leibrenten i. S. d. § 22 Nr. 1 Satz 3 Buchstabe a Doppelbuchstabe bb EStG[1)]

Erhöhung der Rente

(1) [1] Bei einer Erhöhung der Rente ist, falls auch das Rentenrecht eine zusätzliche Werterhöhung erfährt, der Erhöhungsbetrag als selbständige Rente anzusehen, für die der Ertragsanteil vom Zeitpunkt der Erhöhung an gesondert zu ermitteln ist; dabei ist unerheblich, ob die Erhöhung von vornherein vereinbart war oder erst im Laufe des Rentenbezugs vereinbart wird. [2] Ist eine Erhöhung der Rentenzahlung durch eine Überschussbeteiligung von vornherein im Rentenrecht vorgesehen, sind die der Überschussbeteiligung dienenden Erhöhungsbeträge Erträge dieses Rentenrechts; es tritt insoweit keine Werterhöhung des Rentenrechts ein. [3] Eine neue Rente ist auch nicht anzunehmen, soweit die Erhöhung in zeitlichem Zusammenhang mit einer vorangegangenen Herabsetzung steht oder wenn die Rente lediglich den gestiegenen Lebenshaltungskosten angepasst wird (Wertsicherungsklausel).

Herabsetzung der Rente

(2) Wird die Rente herabgesetzt, sind die folgenden Fälle zu unterscheiden:

1. Wird von vornherein eine spätere Herabsetzung vereinbart, ist zunächst der Ertragsanteil des Grundbetrags der Rente zu ermitteln, d. h. des Betrags, auf den die Rente später ermäßigt wird. [2] Diesen Ertragsanteil muss der Berechtigte während der gesamten Laufzeit versteuern, da er den Grundbetrag bis zu seinem Tod erhält. [3] Außerdem hat er bis zum Zeitpunkt der Herabsetzung den Ertragsanteil des über den Grundbetrag hinausgehenden Rententeiles zu versteuern. [4] Dieser Teil der Rente ist eine abgekürzte Leibrente (§ 55 Abs. 2 EStDV), die längstens bis zum Zeitpunkt der Herabsetzung läuft.
2. Wird die Herabsetzung während des Rentenbezugs vereinbart und sofort wirksam, bleibt der Ertragsanteil unverändert.
3. Wird die Herabsetzung während des Rentenbezugs mit der Maßgabe vereinbart, dass sie erst zu einem späteren Zeitpunkt wirksam wird, bleibt der Ertragsanteil bis zum Zeitpunkt der Vereinbarung unverändert. [2] Von diesem Zeitpunkt an ist Nummer 1 entsprechend anzuwenden. [3] Dabei sind jedoch das zu Beginn des Rentenbezugs vollendete Lebensjahr des Rentenberechtigten und insoweit, als die Rente eine abgekürzte Leibrente (§ 55 Abs. 2 EStDV) ist, die beschränkte Laufzeit ab Beginn des Rentenbezugs zugrunde zu legen.

Besonderheit bei der Ermittlung des Ertragsanteiles

(3) Setzt der Beginn des Rentenbezugs die Vollendung eines bestimmten Lebensjahres der Person voraus, von deren Lebenszeit die Dauer der Rente abhängt, und wird die Rente schon vom Beginn des Monats an gewährt, in dem die Person das bestimmte Lebensjahr vollendet hat, ist dieses Lebensjahr bei der Ermittlung des Ertragsanteiles nach § 22 Nr. 1 Satz 3 Buchstabe a Doppelbuchstabe bb EStG zugrunde zu legen.

[1)] Zu Vorsorgeeinrichtungen nach der zweiten Säule der schweizerischen Altersvorsorge siehe BMF v. 27.7.2016, BStBl. I 2016, 759.

Abrundung der Laufzeit abgekürzter Leibrenten

(4) Bemisst sich bei einer abgekürzten Leibrente die beschränkte Laufzeit nicht auf volle Jahre, ist bei Anwendung der in § 55 Abs. 2 EStDV aufgeführten Tabelle die Laufzeit aus Vereinfachungsgründen auf volle Jahre abzurunden.

Besonderheiten bei Renten wegen teilweiser oder voller Erwerbsminderung

(5) [1]Bei Renten wegen verminderter Erwerbsfähigkeit handelt es sich regelmäßig um abgekürzte Leibrenten. [2]Für die Bemessung der Laufzeit kommt es auf die vertraglichen Vereinbarungen oder die gesetzlichen Regelungen an. [3]Ist danach der Wegfall oder die Umwandlung in eine Altersrente nicht bei Erreichen eines bestimmten Alters vorgesehen, sondern von anderen Umständen – z. B. Bezug von Altersrente aus der gesetzlichen Rentenversicherung – abhängig, ist grundsätzlich davon auszugehen, dass der Wegfall oder die Umwandlung in die Altersrente mit Vollendung des 65. Lebensjahres erfolgt. [4]Legt der Bezieher einer Rente wegen verminderter Erwerbsfähigkeit jedoch schlüssig dar, dass der Wegfall oder die Umwandlung vor der Vollendung des 65. Lebensjahres erfolgen wird, ist auf Antrag auf den früheren Umwandlungszeitpunkt abzustellen; einer nach § 165 AO vorläufigen Steuerfestsetzung bedarf es insoweit nicht. [5]Entfällt eine Rente wegen verminderter Erwerbsfähigkeit vor Vollendung des 65. Lebensjahres oder wird sie vor diesem Zeitpunkt in eine vorzeitige Altersrente umgewandelt, ist die Laufzeit bis zum Wegfall oder zum Umwandlungszeitpunkt maßgebend.

Besonderheiten bei Witwen-/Witwerrenten

(6) R 167 Abs. 8 und 9 EStR 2003 gilt bei Anwendung des § 22 Nr. 1 Satz 3 Buchstabe a Doppelbuchstabe bb Satz 2 EStG entsprechend.

Begriff der Leibrente

(7) R 22.3 gilt sinngemäß.

R **167 (8), (9) EStR 2003**

Besonderheiten bei Witwen- und Witwerrenten

(8) [1]Für die Ermittlung des Ertragsanteiles der stets als abgekürzte Leibrenten zu behandelnden Kleinen Witwen- oder Witwerrente ist davon auszugehen, dass die Rente mit der Vollendung des 45. Lebensjahres in eine lebenslängliche Große Witwen- oder Witwerrente umgewandelt wird. [2]Eine Große Witwen- oder Witwerrente, die der unter 45 Jahre alte Berechtigte bezieht, weil er ein waisenrentenberechtigtes Kind erzieht, ist als abgekürzte Leibrente nach § 55 Abs. 2 EStDV zu versteuern, wenn das waisenrentenberechtigte Kind volljährig wird, bevor der Stpfl. das 45. Lebensjahr vollendet hat. [3]Anschließend wird bis zur Vollendung des 45. Lebensjahres die Kleine Witwen- oder Witwerrente gezahlt, die wiederum gesondert als abgekürzte Leibrente zu besteuern ist. [4]Eine Große Witwen- und Witwerrente, die auf Grund sozialversicherungsrechtlicher Vorschriften aller Voraussicht nach auf Dauer entfallen wird, ist als abgekürzte Leibrente zu besteuern; die Laufzeit bemisst sich nach der voraussichtlichen Dauer des Rentenbezugs. [5]Lebt die Witwen- oder Witwerrente wieder auf, ist deren Ertragsanteil ab diesem Zeitpunkt nach den allgemeinen Grundsätzen zu ermitteln. [6]Für die Vergangenheit sind aus Vereinfachungsgründen keine Folgerungen zu ziehen. [7]Für die Bestimmung der Höhe des Ertragsanteiles ist das zu Beginn der Witwen- oder Witwerrente vollendete Lebensalter um die rentenfreien Zeiten zu erhöhen oder gegebenenfalls die bestimmte Laufzeit entsprechend zu mindern; aus Vereinfachungsgründen sind jedoch nur volle Kalenderjahre zu berücksichtigen.

Besonderheiten bei Witwen- oder Witwerrenten nach dem vorletzten Ehegatten

(9) [1]Der Ertragsanteil einer Witwen- oder Witwerrente nach dem vorletzten Ehegatten bestimmt sich nach dem vollendeten Lebensalter bei Beginn der Witwen- oder Witwerrente; bei

abgekürzten Leibrenten muss zudem die Beschränkung auf die bestimmte Laufzeit berücksichtigt werden. [2]Dabei sind die rentenfreien Zeiten in der Weise zu berücksichtigen, dass für die Bemessung des Ertragsanteiles der Witwen- oder Witwerrente nach dem vorletzten Ehegatten dem vollendeten Lebensalter bei Beginn der Witwen- oder Witwerrente die rentenfreien Zeiten zugerechnet werden und gegebenenfalls die bestimmte Laufzeit entsprechend gemindert wird; aus Vereinfachungsgründen sind jedoch nur volle Kalenderjahre zu berücksichtigen.

H 167 EStH 2004

Witwen- und Witwerrente.

- **Große Witwen- und Witwerrente.** Die sog. Große Witwen- und Witwerrente (§ 46 Abs. 2 SGB VI)[1)] wird geleistet,
  1. solange der Berechtigte mindestens ein Kind erzieht, das das 18. Lebensjahr noch nicht vollendet hat, oder für ein Kind sorgt, das wegen körperlicher, geistiger oder seelischer Behinderung außerstande ist, sich selbst zu unterhalten (§ 46 Abs. 2 Nr. 1 SGB VI) oder
  2. wenn der Berechtigte das 45. Lebensjahr bereits vollendet hat (§ 46 Abs. 2 Nr. 2 SGB VI) oder
  3. solange der Berechtigte erwerbsgemindert ist (§ 46 Abs. 2 Nr. 3 SGB VI).

  Hat der Berechtigte das 45. Lebensjahr vollendet und erhält er infolgedessen die Große Witwen- und Witwerrente, so ist deren Ertragsanteil nach § 22 Nr. 1 Satz 3 Buchstabe a EStG zu ermitteln. Eine Große Witwen- und Witwerrente, die der unter 45 Jahre alte Berechtigte nach unterschiedlichen Vorschriften voraussichtlich auf Lebenszeit bezieht, stellt ebenfalls stets eine lebenslängliche Leibrente dar (→ BFH vom 8.3.1989 – BStBl. II S. 551). Dagegen ist eine Große Witwenrente, die wegen Anrechnung eigenen Einkommens nur für eine bestimmte Anzahl von Jahren gezahlt wird, als abgekürzte Leibrente zu besteuern (→ BFH vom 14.6.2000 – BStBl. II S. 672).
- **Kleine Witwen- und Witwerrente.** Die Kleine Witwen- und Witwerrente wird nach dem Tod des versicherten Ehemanns seiner Witwe oder nach dem Tod der versicherten Ehefrau ihrem Witwer gewährt, wenn der versicherte Ehegatte die allgemeine Wartezeit erfüllt hat (§ 46 Abs. 1 SGB VI).[1)] Ihr Ertragsanteil ist nach § 55 Abs. 2 EStDV zu ermitteln.

Witwen- und Witwerrente nach dem vorletzten Ehegatten. Der Anspruch auf Witwen- und Witwerrente entfällt mit Ablauf des Monats der Wiederheirat. Durch Auflösung der den Wegfall verursachenden Ehe lebt der Rentenanspruch wieder auf (§ 46 Abs. 3 SGB VI).[1)] Lebt eine wegen Wiederheirat des Berechtigten weggefallene Witwen- oder Witwerrente wegen Auflösung oder Nichtigkeitserklärung der neuen Ehe wieder auf (§ 46 Abs. 3 SGB VI), so handelt es sich nicht um eine neue Leibrente im Sinne des § 22 Nr. 1 Satz 3 Buchstabe a EStG (→ BFH vom 12.7.1989 – BStBl. II S. 1012).

H 22.4

Beginn der Rente. Unter Beginn der Rente (Kopfleiste der in § 22 Nr. 1 Satz 3 Buchstabe a Doppelbuchstabe bb EStG aufgeführten Tabelle) ist bei Renten auf Grund von Versicherungsverträgen der Zeitpunkt zu verstehen, ab dem versicherungsrechtlich die Rente zu laufen beginnt; auch bei Rentennachzahlungen ist unter „Beginn der Rente" der Zeitpunkt zu verstehen, in dem der Rentenanspruch entstanden ist. Auf den Zeitpunkt des Rentenantrags oder der Zahlung kommt es nicht an (→ BFH vom 6.4.1976 – BStBl. II S. 452). Die Verjährung einzelner Rentenansprüche hat auf den „Beginn der Rente" keinen Einfluss (→ BFH vom 30.9.1980 – BStBl. 1981 II S. 155).

Begriff der Leibrente. → H 22.3.

Bezüge aus einer ehemaligen Tätigkeit.

- Bezüge, die nach § 24 Nr. 2 EStG zu den Gewinneinkünften rechnen oder die Arbeitslohn sind, sind nicht Leibrenten i. S. d. § 22 Nr. 1 Satz 3

---

1) **Aichberger SGB** Nr. 6.

Buchstabe a EStG; hierzu gehören z. B. betriebliche Versorgungsrenten aus einer ehemaligen Tätigkeit i. S. d. § 24 Nr. 2 EStG (→ BFH vom 10.10.1963 – BStBl. III S. 592).

– Ruhegehaltszahlungen an ehemalige NATO-Bedienstete sind grundsätzlich Einkünfte aus nichtselbständiger Arbeit (→ BMF vom 3.8.1998 – BStBl. I S. 1042 und BFH vom 22.11.2006 – BStBl. 2007 II S. 402).

Ertragsanteil einer Leibrente.

Beispiel:

Einem Ehepaar wird gemeinsam eine lebenslängliche Rente von 24 000 € jährlich mit der Maßgabe gewährt, dass sie beim Ableben des zuerst Sterbenden auf 15 000 € jährlich ermäßigt wird. Der Ehemann ist zu Beginn des Rentenbezugs 55, die Ehefrau 50 Jahre alt.

Es sind zu versteuern

a) bis zum Tod des zuletzt Sterbenden der Ertragsanteil des Sockelbetrags von 15 000 €. Dabei ist nach § 55 Abs. 1 Nr. 3 EStDV das Lebensalter der jüngsten Person, mithin der Ehefrau, zu Grunde zu legen. Der Ertragsanteil beträgt
30 % von 15 000 € = 4500 € (§ 22 Nr. 1 Satz 3 Buchstabe a Doppelbuchstabe bb EStG);

b) außerdem bis zum Tod des zuerst Sterbenden der Ertragsanteil des über den Sockelbetrag hinausgehenden Rententeils von 9000 €. Dabei ist nach § 55 Abs. 1 Nr. 3 EStDV das Lebensalter der ältesten Person, mithin des Ehemanns, zu Grunde zu legen. Der Ertragsanteil beträgt
26 % von 9000 € = 2340 € (§ 22 Nr. 1 Satz 3 Buchstabe a Doppelbuchstabe bb EStG).

Der jährliche Ertragsanteil beläuft sich somit auf (4500 € + 2340 € =) 6840 €.

Bei der Ermittlung des Ertragsanteils einer lebenslänglichen Leibrente ist – vorbehaltlich des § 55 Abs. 1 Nr. 1 EStDV – von dem bei Beginn der Rente vollendeten Lebensjahr auszugehen (Kopfleiste der in § 22 Nr. 1 Satz 3 Buchstabe a Doppelbuchstabe bb EStG aufgeführten Tabelle).

Ist die Dauer einer Leibrente von der Lebenszeit mehrerer Personen abhängig, ist der Ertragsanteil nach § 55 Abs. 1 Nr. 3 EStDV zu ermitteln. Das gilt auch, wenn die Rente mehreren Personen, z. B. Ehegatten, gemeinsam mit der Maßgabe zusteht, dass sie beim Ableben des zuerst Sterbenden herabgesetzt wird. In diesem Fall ist bei der Ermittlung des Grundbetrags der Rente, d. h. des Betrags, auf den sie später ermäßigt wird, das Lebensjahr der jüngsten Person zugrunde zu legen. Für den Ertragsanteil des über den Grundbetrag hinausgehenden Rententeils ist das Lebensjahr der ältesten Person maßgebend.

Steht die Rente nur einer Person zu, z. B. dem Ehemann, und erhält eine andere Person, z. B. die Ehefrau, nur für den Fall eine Rente, dass sie die erste Person überlebt, so liegen zwei Renten vor, von denen die letzte aufschiebend bedingt ist. Der Ertragsanteil für diese Rente ist erst von dem Zeitpunkt an zu versteuern, in dem die Bedingung eintritt.

Fremdfinanzierte Rentenversicherung gegen Einmalbeitrag.

– Zur Überschussprognose einer fremdfinanzierten Rentenversicherung gegen Einmalbeitrag → BFH vom 15.12.1999 (BStBl. 2000 II S. 267), vom 16.9.2004 (BStBl. 2006 II S. 228 und S. 234), vom 17.8.2005 (BStBl. 2006 II S. 248), vom 20.6.2006 (BStBl. II S. 870) und vom 22.11.2006 (BStBl. 2007 II S. 390).

– Zur Höhe der auf die Kreditvermittlung entfallenden Provision → BFH vom 30.10.2001 (BStBl. 2006 II S. 223) und vom 16.9.2004 (BStBl. 2006 II S. 238).

Herabsetzung der Rente.

Beispiele:

1. Die spätere Herabsetzung wird von vornherein vereinbart.
A gewährt dem B eine lebenslängliche Rente von 8000 € jährlich mit der Maßgabe, dass sie nach Ablauf von acht Jahren auf 5000 € jährlich ermäßigt wird. B ist zu Beginn des Rentenbezugs 50 Jahre alt.

B hat zu versteuern

a) während der gesamten Dauer des Rentenbezugs – nach Abzug von Werbungskosten – den Ertragsanteil des Grundbetrags. Der Ertragsanteil beträgt nach der in § 22 Nr. 1 Satz 3 Buchstabe a Doppelbuchstabe bb EStG aufgeführten Tabelle 30 % von 5000 € = 1500 €;

b) außerdem in den ersten acht Jahren den Ertragsanteil des über den Grundbetrag hinausgehenden Rententeils von 3000 €. Dieser Teil der Rente ist eine abgekürzte Leibrente mit einer beschränkten Laufzeit von acht Jahren; der Ertragsanteil beträgt nach der in § 55 Abs. 2 EStDV aufgeführten Tabelle 9 % von 3000 € = 270 €.

Der jährliche Ertragsanteil beläuft sich somit für die ersten acht Jahre ab Rentenbeginn auf (1500 € + 270 € =) 1770 €.

2. Die spätere Herabsetzung wird erst während des Rentenbezugs vereinbart.
A gewährt dem B ab 1.1.04 eine lebenslängliche Rente von jährlich 9000 €. Am 1.1.06 wird vereinbart, dass die Rente vom 1.1.10 an auf jährlich 6000 € herabgesetzt wird. B ist zu Beginn des Rentenbezugs 50 Jahre alt. Im VZ 05 beträgt der Ertragsanteil 30 % von 9000 € = 2700 € (§ 22 Nr. 1 Satz 3 Buchstabe a Doppelbuchstabe bb EStG).
Ab 1.1.06 hat B zu versteuern

a) während der gesamten weiteren Laufzeit des Rentenbezugs den Ertragsanteil des Sockelbetrags der Rente von 6000 €. Der Ertragsanteil beträgt unter Zugrundelegung des Lebensalters zu Beginn des Rentenbezugs nach der in § 22 Nr. 1 Satz 3 Buchstabe a Doppelbuchstabe bb EStG aufgeführten Tabelle ab VZ 06: 30 % von 6000 € = 1800 €;

b) außerdem bis zum 31.12.09 den Ertragsanteil des über den Sockelbetrag hinausgehenden Rententeils von 3000 €. Dieser Teil der Rente ist eine abgekürzte Leibrente mit einer beschränkten Laufzeit von sechs Jahren; der Ertragsanteil beträgt nach der in § 55 Abs. 2 EStDV aufgeführten Tabelle 7 % von 3000 € = 210 €.

Der jährliche Ertragsanteil beläuft sich somit für die VZ 06 bis 09 auf (1800 € + 210 € =) 2010 €.

Kapitalabfindung. Wird eine Leibrente durch eine Kapitalabfindung abgelöst, unterliegt diese nicht der Besteuerung nach § 22 Nr. 1 Satz 3 Buchstabe a Doppelbuchstabe bb EStG (→ BFH vom 23.4.1958 – BStBl. III S. 277).

Leibrente, abgekürzt.

– Abgekürzte Leibrenten sind Leibrenten, die auf eine bestimmte Zeit beschränkt sind und deren Ertragsanteil nach § 55 Abs. 2 EStDV bestimmt wird. Ist das Rentenrecht ohne Gegenleistung begründet worden (z. B. bei Vermächtnisrenten, nicht aber bei Waisenrenten aus Versicherungen), muss – vorbehaltlich R 22.4 Abs. 1 – die zeitliche Befristung, vom Beginn der Rente an gerechnet, regelmäßig einen Zeitraum von mindestens zehn Jahren umfassen; siehe aber auch → Renten wegen verminderter Erwerbsfähigkeit. Hierzu und hinsichtlich des Unterschieds von Zeitrenten und abgekürzten Leibrenten → BFH vom 7.8.1959 (BStBl. III S. 463).

– Abgekürzte Leibrenten erlöschen, wenn die Person, von deren Lebenszeit sie abhängen, vor Ablauf der zeitlichen Begrenzung stirbt. Überlebt die Person die zeitliche Begrenzung, so endet die abgekürzte Leibrente mit ihrem Zeitablauf.

NATO-Bedienstete. Ruhegehaltszahlungen an ehemalige NATO-Bedienstete sind grundsätzlich Einkünfte aus nichtselbständiger Arbeit (→ BMF vom 3.8.1998 – BStBl. I S. 1042 und BFH vom 22.11.2006 – BStBl. 2007 II S. 402).

Renten wegen verminderter Erwerbsfähigkeit. Bei Renten wegen teilweiser oder voller Erwerbsminderung, wegen Berufs- oder Erwerbsunfähigkeit handelt es sich stets um abgekürzte Leibrenten. Der Ertragsanteil bemisst sich grundsätzlich nach der Zeitspanne zwischen dem Eintritt des Versicherungsfalles (Begründung der Erwerbsminderung) und dem voraussichtlichen Leistungsende (z.B. Erreichen einer Altersgrenze oder Beginn der Altersrente bei einer kombinierten Rentenversicherung). Steht der Anspruch auf Rentengewährung unter der auflösenden Bedingung des Wegfalls der Erwerbsminderung und lässt der Versicherer das Fortbestehen der Erwerbsminderung in mehr oder minder regelmäßigen Abständen prüfen, wird hierdurch die zu berücksichtigende voraussichtliche Laufzeit nicht berührt. Wird eine Rente wegen desselben Versicherungsfalles hingegen mehrfach hintereinander auf Zeit bewilligt und schließen sich die Bezugszeiten unmittelbar aneinander an, liegt eine einzige abgekürzte Leibrente vor, deren voraussichtliche Laufzeit unter Berücksichtigung der jeweiligen Verlängerung und des ursprünglichen Beginns für jeden VZ neu zu bestimmen ist (→ BFH vom 22.1.1991 – BStBl. II S. 686).

Überschussbeteiligung. Wird neben der garantierten Rente aus einer Rentenversicherung eine Überschussbeteiligung geleistet, ist der Überschussanteil zusammen mit der garantierten Rente als einheitlicher Rentenbezug zu beurteilen (→ BMF vom 26.11.1998 – BStBl. I S. 1508 und BFH vom 22.8.2012 – BStBl. 2013 II S. 158).

Vermögensübertragung. Einkommensteuerrechtliche Behandlung von wiederkehrenden Leistungen im Zusammenhang mit einer Vermögensübertragung → BMF vom 11.3.2010 (BStBl. I S. 227),[1], [2] Rz. 81.

Versorgungs- und Versicherungsrenten aus einer Zusatzversorgung. Von der Versorgungsanstalt des Bundes und der Länder (VBL) und vergleichbaren Zusatzversorgungseinrichtungen geleistete Versorgungs- und Versicherungsrenten für Versicherte und Hinterbliebene stellen grundsätzlich lebenslängliche Leibrenten dar. Werden sie neben einer Rente wegen verminderter Erwerbsfähigkeit aus der gesetzlichen Rentenversicherung gezahlt, sind sie als abgekürzte Leibrenten zu behandeln (→ BFH vom 4.10.1990 – BStBl. 1991 II S. 89). Soweit die Leistungen auf gefördertem Kapital i. S. d. § 22 Nr. 5 Satz 1 EStG beruhen, unterliegen sie der vollständig nachgelagerten Besteuerung; soweit sie auf nicht gefördertem Kapital beruhen, erfolgt die Besteuerung nach § 22 Nr. 5 Satz 2 Buchst. a EStG (→ BMF vom 21.12.2017 – BStBl. 2018 I S. 93, Rz. 139–147).[3]

Werbungskosten.
- Finanzierungskosten für den Erwerb einer **Sicherheits-Kompakt-Rente,** die den Abschluss einer Rentenversicherung als Versorgungskomponente und einer Lebensversicherung als Tilgungskomponente zum Gegenstand hat, sind auch nach der Einführung des Werbungskostenabzugsverbots nach § 20 Abs. 9 EStG aufzuteilen in Werbungskosten, die

[1] Geänd. durch BMF v. 6.5.2016, BStBl. I 2016, 476, mit Übergangsregelung.

[2] Ergänzend siehe BMF v. 20.11.2019, BStBl. I 2019, 1291, geänd. durch BMF v. 5.5.2021, BStBl. I 2021, 696, Rn. 40.

[3] Geänd. durch BMF v. 17.2.2020, BStBl. I 2020, 213. Siehe auch BMF v. 12.8.2021, BStBl. I 2021, 1050.

anteilig den Einkünften aus Kapitalvermögen i. S. d. § 20 Abs. 1 Nr. 6 EStG und den sonstigen Einkünften i. S. d. § 22 Nr. 1 EStG zuzuordnen sind (→ BFH vom 11.12.2018 – BStBl. 2019 II S. 231).
– → H 22.3.

Wertsicherungsklausel. → H 22.3 (Begriff der Leibrente).

R 22.5 Renten nach § 2 Abs. 2 der 32. DV zum Umstellungsgesetz (UGDV)

Beträge, die nach § 2 Abs. 2 der 32. UGDV[1] i. V. m. § 1 der Anordnung der Versicherungsaufsichtsbehörden über die Zahlung von Todesfall- und Invaliditätsversicherungssummen vom 15.11.1949[2] unter der Bezeichnung „Renten" gezahlt werden, gehören nicht zu den wiederkehrenden Bezügen i. S. d. § 22 Nr. 1 EStG und sind deshalb nicht einkommensteuerpflichtig.

R 22.6 Versorgungsleistungen *(unbesetzt)*

H 22.6

Allgemeines. Einkommensteuerrechtliche Behandlung von wiederkehrenden Leistungen im Zusammenhang mit einer Vermögensübertragung → BMF vom 11.3.2010 (BStBl. I S. 227)[3] unter Berücksichtigung der Änderungen durch BMF vom 6.5.2016 (BStBl. I S. 476).

Beerdigungskosten. Beim Erben stellen ersparte Beerdigungskosten Einnahmen nach § 22 Nr. 1b EStG dar, wenn ein Vermögensübernehmer kein Erbe und vertraglich zur Übernahme der durch den Tod des letztverstorbenen Vermögensübergebers entstandenen Beerdigungskosten verpflichtet ist (→ BFH vom 19.1.2010 – BStBl. II S. 544).

R 22.7 Leistungen auf Grund eines schuldrechtlichen Versorgungsausgleichs *(unbesetzt)*

H 22.7

Allgemeines. Zur einkommensteuerrechtlichen Behandlung der Leistungen auf Grund eines schuldrechtlichen Versorgungsausgleichs → BMF vom 9.4.2010 (BStBl. I S. 323).

R 22.8 Besteuerung von Leistungen im Sinne des § 22 Nr. 3 EStG

Haben beide zusammenveranlagten Ehegatten Einkünfte i. S. d. § 22 Nr. 3 EStG bezogen, ist bei jedem Ehegatten die in dieser Vorschrift bezeichnete

---

[1] **[Amtl. Anm.:]** StuZBl. 1949, 327.
[2] **[Amtl. Anm.:]** Veröffentlichungen des Zonenamtes des Reichsaufsichtsamtes für das Versicherungswesen in Abw. 1949, 118.
[3] Ergänzend siehe BMF v. 20.11.2019, BStBl. I 2019, 1291, geänd. durch BMF v. 5.5. 2021, BStBl. I 2021, 696, Rn. 40.

Freigrenze – höchstens jedoch bis zur Höhe seiner Einkünfte i. S. d. § 22 Nr. 3 EStG – zu berücksichtigen.

H 22.8

Allgemeines.

- Leistung i. S. d. § 22 Nr. 3 EStG ist jedes Tun, Dulden oder Unterlassen, das Gegenstand eines entgeltlichen Vertrags sein kann und das eine Gegenleistung auslöst (→ BFH vom 21.9.2004 – BStBl. 2005 II S. 44 und vom 8.5.2008 – BStBl. II S. 868), sofern es sich nicht um Veräußerungsvorgänge oder veräußerungsähnliche Vorgänge im privaten Bereich handelt, bei denen ein Entgelt dafür erbracht wird, dass ein Vermögenswert in seiner Substanz endgültig aufgegeben wird (→ BFH vom 28.11.1984 – BStBl. 1985 II S. 264 und vom 10.9.2003 – BStBl. 2004 II S. 218).
- Für das Vorliegen einer Leistung i. S. d. § 22 Nr. 3 EStG kommt es entscheidend darauf an, ob die Gegenleistung (das Entgelt) durch das Verhalten des Stpfl. ausgelöst wird. Allerdings setzt § 22 Nr. 3 EStG wie die übrigen Einkunftsarten die allgemeinen Merkmale der Einkünfteerzielung voraus. Der Leistende muss aber nicht bereits beim Erbringen seiner Leistung eine Gegenleistung erwarten. Für die Steuerbarkeit ist ausreichend, dass er eine im wirtschaftlichen Zusammenhang mit seinem Tun, Dulden oder Unterlassen gewährte Gegenleistung als solche annimmt (→ BFH vom 21.9.2004 – BStBl. 2005 II S. 44).
- Hat der Stpfl. nicht die Möglichkeit, durch sein Verhalten (Leistung) das Entstehen des Anspruchs auf die Leistung des Vertragspartners positiv zu beeinflussen, genügt die Annahme der Leistung der Gegenseite nicht, um den fehlenden besteuerungsrelevanten Veranlassungszusammenhang zwischen Leistung und Gegenleistung herzustellen (→ BFH vom 13.3.2018 – BStBl. II S. 531).

Einnahmen aus Leistungen i. S. d. § 22 Nr. 3 EStG sind:

- **Bindungsentgelt (Stillhalterprämie),** das beim Wertpapieroptionsgeschäft dem Optionsgeber gezahlt wird (→ BFH vom 17.4.2007 – BStBl. II S. 608),
- **Einmalige Bürgschaftsprovision** (→ BFH vom 22.1.1965 – BStBl. III S. 313),
- Entgelt für ein freiwilliges **Einsammeln und Verwerten leerer Flaschen** (→ BFH vom 6.6.1973 – BStBl. II S. 727),
- Entgelt für eine **Beschränkung der Grundstücksnutzung** (→ BFH vom 9.4.1965 – BStBl. III S. 361 und vom 26.8.1975 – BStBl. 1976 II S. 62),
- Entgelt für die **Einräumung eines Vorkaufsrechts** (→ BFH vom 30.8.1966 – BStBl. 1967 III S. 69 und vom 10.12.1985 – BStBl. 1986 II S. 340); bei späterer Anrechnung des Entgelts auf den Kaufpreis entfällt der Tatbestand des § 22 Nr. 3 EStG rückwirkend nach § 175 Abs. 1 Satz 1 Nr. 2 AO (→ BFH vom 10.8.1994 – BStBl. 1995 II S. 57),
- Entgelt für den **Verzicht** auf Einhaltung des gesetzlich vorgeschriebenen **Grenzabstands** eines auf dem Nachbargrundstück errichteten Gebäudes (→ BFH vom 5.8.1976 – BStBl. 1977 II S. 26),

- Entgelt für die **Abgabe eines zeitlich befristeten Kaufangebots** über ein Grundstück (→ BFH vom 26.4.1977 – BStBl. II S. 631),
- Entgelt für den **Verzicht** des Inhabers eines eingetragenen Warenzeichens auf seine **Abwehrrechte** (→ BFH vom 25.9.1979 – BStBl. 1980 II S. 114),
- Entgelt für ein vertraglich vereinbartes umfassendes **Wettbewerbsverbot** (→ BFH vom 12.6.1996 – BStBl. II S. 516 und vom 23.2.1999 – BStBl. II S. 590),
- Entgelt für eine Vereinbarung, das **Bauvorhaben** des Zahlenden zu **dulden** (→ BFH vom 26.10.1982 – BStBl. 1983 II S. 404),
- Entgelt für die regelmäßige **Mitnahme eines Arbeitskollegen** auf der Fahrt zwischen Wohnung und Arbeitsstätte (→ BFH vom 15.3.1994 – BStBl. II S. 516),
- Vergütungen für die **Rücknahme des Widerspruchs** gegen den Bau und Betrieb eines Kraftwerks (→ BFH vom 12.11.1985 – BStBl. 1986 II S. 890),
- Entgelt für die **Duldung der Nutzung** von Teileigentum zum Betrieb eines Spielsalons an einen benachbarten Wohnungseigentümer (→ BFH vom 21.11.1997 – BStBl. 1998 II S. 133),
- **Eigenprovisionen,** wenn sie aus einmaligem Anlass und für die Vermittlung von Eigenverträgen gezahlt werden (→ BFH vom 27.5.1998 – BStBl. II S. 619),
- Entgelt für die **zeitweise Vermietung eines Wohnmobils** an wechselnde Mieter (→ BFH vom 12.11.1997 – BStBl. 1998 II S. 774); zur gewerblichen Wohnmobilvermietung → H 15.7 (3) Wohnmobil,
- **Bestechungsgelder,** die einem Arbeitnehmer von Dritten gezahlt worden sind (→ BFH vom 16.6.2015 – BStBl. II S. 1019),
- **Provision** für die Bereitschaft, mit seinen Beziehungen einem Dritten bei einer geschäftlichen Transaktion behilflich zu sein (→ BFH vom 20.4.2004 – BStBl. II S. 1072),
- Belohnung für einen **„werthaltigen Tipp"** (Hinweis auf die Möglichkeit einer Rechtsposition) durch Beteiligung am Erfolg bei Verwirklichung (→ BFH vom 26.10.2004 – BStBl. 2005 II S. 167),
- **Fernseh-Preisgelder,** wenn der Auftritt des Kandidaten und das gewonnene Preisgeld in einem gegenseitigen Leistungsverhältnis stehen (→ BMF vom 30.5.2008 – BStBl. I S. 645 und BFH vom 24.4.2012 – BStBl. II S. 581),
- Nachträglich wegen fehlgeschlagener Hofübergabe geltend gemachte **Vergütungen für geleistete Dienste** (→ BFH vom 8.5.2008 – BStBl. II S. 868),
- Provisionen aus der ringweisen **Vermittlung von Lebensversicherungen** (→ BFH vom 20.1.2009 – BStBl. II S. 532),
- Vergütungen, die ein an einem Darlehensverhältnis nicht beteiligter Dritter dafür erhält, dass er einen GmbH-Anteil zur **Sicherung des Darlehens** verpfändet, soweit sie nicht zu den Einkünften nach § 22 Nr. 1 Satz 1 1. Halbsatz EStG gehören (→ BFH vom 14.4.2015 – BStBl. II S. 795),
- Vergütungen aus (echten) **Edelmetall-Pensionsgeschäften im Privatvermögen** (→ BFH vom 23.4.2021 – BStBl. II S. 687).

Keine Einnahmen aus Leistungen i. S. d. § 22 Nr. 3 EStG sind:[1)]

- **Abfindungen an den Mieter einer Wohnung,** soweit er sie für vermögenswerte Einschränkungen seiner Mietposition erhält (→ BFH vom 5.8.1976 – BStBl. 1977 II S. 27),
- Entgeltliche **Abtretungen von Rückkaufsrechten** an Grundstücken (→ BFH vom 14.11.1978 – BStBl. 1979 II S. 298),
- Entschädigungen für eine **faktische Bausperre** (→ BFH vom 12.9.1985 – BStBl. 1986 II S. 252),
- Gewinne aus **Errichtung und Veräußerung von Kaufeigenheimen,** auch wenn die Eigenheime bereits vor Errichtung verkauft worden sind (→ BFH vom 1.12.1989 – BStBl. 1990 II S. 1054),
- **Streikunterstützungen** (→ BFH vom 24.10.1990 – BStBl. 1991 II S. 337),
- **Verzicht auf** ein testamentarisch vermachtes obligatorisches **Wohnrecht** gegen Entgelt im privaten Bereich (→ BFH vom 9.8.1990 – BStBl. II S. 1026),
- Vereinbarung wertmindernder Beschränkung des Grundstückseigentums gegen Entgelt zur **Vermeidung eines** ansonsten zulässigen **Enteignungsverfahrens** (→ BFH vom 17.5.1995 – BStBl. II S. 640),
- Zahlungen von einem pflegebedürftigen Angehörigen für seine **Pflege im Rahmen des familiären Zusammenlebens** (→ BFH vom 14.9.1999 – BStBl. II S. 776),
- Entgelte aus der **Vermietung eines** in die Luftfahrzeugrolle eingetragenen **Flugzeugs** (→ BFH vom 2.5.2000 – BStBl. II S. 467); → H 15.7 (3) (Flugzeug),
- Entgelte aus **Telefonsex** (→ BFH vom 23.2.2000 – BStBl. II S. 610); → H 15.4 (Sexuelle Dienstleistungen),
- Entgelte für den **Verzicht auf ein dingliches Recht** (Aufhebung einer eingetragenen Dienstbarkeit alten Rechts) eines Grundstückseigentümers am Nachbargrundstück (→ BFH vom 19.12.2000 – BStBl. 2001 II S. 391),
- Erlöse aus der **Veräußerung einer Zufallserfindung** (→ BFH vom 10.9.2003 – BStBl. 2004 II S. 218),
- Entgelte für die Inanspruchnahme eines Grundstücks im Zuge **baulicher Maßnahmen auf dem Nachbargrundstück** (→ BFH vom 2.3.2004 – BStBl. II S. 507); → aber H 21.2 (Einnahmen),
- an den Versicherungsnehmer **weitergeleitete Versicherungsprovisionen** des Versicherungsvertreters (→ BFH vom 2.3.2004 – BStBl. II S. 506),
- Entgelte für **Verzicht auf Nachbarrechte** im Zusammenhang mit der Veräußerung des betreffenden Grundstücks (→ BFH vom 18.5.2004 – BStBl. II S. 874),
- Provision an den **Erwerber eines Grundstücks,** wenn der Provision keine eigene Leistung des Erwerbers gegenübersteht (→ BFH vom 16.3.2004 – BStBl. II S. 1046),

---

1) Zur Verwendung bereits erwirtschafteter Provisionseinnahmen für die Teilnahme an einer betrieblichen Losveranstaltung siehe BFH v. 2.9.2008 X R 8/06, BStBl. II 2010, 548.

- **Reugeld** wegen Rücktritts vom Kaufvertrag z. B. über ein Grundstück des Privatvermögens (→ BFH vom 24.8.2006 – BStBl. 2007 II S. 44),
- Zahlungen für den **Verzicht auf** ein sich aus einem Aktienkauf- und Übertragungsvertrag ergebenden **Anwartschaftsrecht** (→ BFH vom 19.2.2013 – BStBl. II S. 578),
- **einmalige Entschädigungen** für ein zeitlich nicht begrenztes Recht auf **Überspannung eines zum Privatvermögen gehörenden Grundstücks** mit einer Hochspannungsleitung. Sie sind keine steuerbaren Einnahmen (→ BFH vom 2.7.2018 – BStBl. II S. 759).

Rückzahlung von Einnahmen. Die Rückzahlung von Einnahmen i. S. d. § 22 Nr. 3 EStG in einem späteren VZ ist im Abflusszeitpunkt in voller Höhe steuermindernd zu berücksichtigen. Das Verlustausgleichsverbot und Verlustabzugsverbot des § 22 Nr. 3 Satz 3 EStG steht nicht entgegen (→ BFH vom 26.1.2000 – BStBl. II S. 396).

Steuerfreie Einnahmen nach § 3 Nr. 26a EStG. → BMF vom 21.11. 2014 (BStBl. I S. 1581), Tz. 10.

Verfassungsmäßigkeit. Die Verlustausgleichsbeschränkung des § 22 Nr. 3 Satz 3 EStG ist verfassungsgemäß (→ BFH vom 16.6.2015 – BStBl. II S. 1019).

Verlustabzug in Erbfällen. Verluste i. S. d. § 22 Nr. 3 Satz 4 EStG → R 10d Abs. 9 Satz 9.

Verlustvor- und -rücktrag. Zur Anwendung des § 10d EStG im Rahmen des § 22 Nr. 3 EStG → BMF vom 29.11.2004 (BStBl. I S. 1097).

Werbungskosten. Treffen mehrere Stpfl. die Abrede, sich ringweise Lebensversicherungen zu vermitteln und die dafür erhaltenen Provisionen an den jeweiligen Versicherungsnehmer weiterzugeben, kann die als Gegenleistung für die Vermittlung von der Versicherungsgesellschaft vereinnahmte und nach § 22 Nr. 3 EStG steuerbare Provision nicht um den Betrag der Provision als Werbungskosten gemindert werden, die der Stpfl. an den Versicherungsnehmer weiterleiten muss, wenn er umgekehrt einen Auskehrungsanspruch gegen denjenigen hat, der den Abschluss seiner Versicherung vermittelt (→ BFH vom 20.1.2009 – BStBl. II S. 532).

Zeitpunkt des Werbungskostenabzugs. Werbungskosten sind bei den Einkünften aus einmaligen (sonstigen) Leistungen auch dann im Jahre des Zuflusses der Einnahme abziehbar, wenn sie vor diesem Jahr angefallen sind oder nach diesem Jahr mit Sicherheit anfallen werden. Entstehen künftig Werbungskosten, die im Zuflussjahr noch nicht sicher vorhersehbar waren, ist die Veranlagung des Zuflussjahres gem. § 175 Abs. 1 Satz 1 Nr. 2 AO zu ändern (→ BFH vom 3.6.1992 – BStBl. II S. 1017).

R 22.9 Besteuerung von Bezügen i. S. d. § 22 Nr. 4 EStG

[1] § 22 Nr. 4 EStG umfasst nur solche Leistungen, die auf Grund des Abgeordnetengesetzes, des Europaabgeordnetengesetzes oder der entsprechenden Gesetze der Länder gewährt werden. [2] Leistungen, die außerhalb dieser Gesetze erbracht werden, z. B. Zahlungen der Fraktionen, unterliegen hingegen den allgemeinen Grundsätzen steuerlicher Beurteilung. [3] Gesondert gezahlte Tage-

oder Sitzungsgelder sind nur dann nach § 3 Nr. 12 EStG steuerfrei, wenn sie nach bundes- oder landesrechtlicher Regelung als Aufwandsentschädigung gezahlt werden.

H 22.9

Werbungskosten. Soweit ein Abgeordneter zur Abgeltung von durch das Mandat veranlassten Aufwendungen eine nach § 3 Nr. 12 EStG steuerfreie Aufwandsentschädigung erhält, schließt dies nach § 22 Nr. 4 Satz 2 EStG den Abzug jeglicher mandatsbedingter Aufwendungen, auch von Sonderbeiträgen an eine Partei, als Werbungskosten aus (→ BFH vom 29.3.1983 – BStBl. II S. 601, vom 3.12.1987 – BStBl. 1988 II S. 266, vom 8.12.1987 – BStBl. 1988 II S. 433 und vom 23.1.1991 – BStBl. II S. 396). Derzeit werden nur in Brandenburg, Nordrhein-Westfalen und Schleswig-Holstein keine steuerfreien Aufwandsentschädigungen gezahlt.
Auch Kosten eines erfolglosen Wahlkampfes dürfen nach § 22 Nr. 4 Satz 3 EStG nicht als Werbungskosten abgezogen werden. Für ein Bundestagsmandat → BFH vom 8.12.1987 (BStBl. 1988 II S. 435), für ein Mandat im Europäischen Parlament → BFH vom 10.12.2019 (BStBl. 2020 II S. 389).

R 22.10 Besteuerung von Leistungen i. S. d. § 22 Nr. 5 EStG *(unbesetzt)*

H 22.10

Besteuerung von Leistungen nach § 22 Nr. 5 EStG. → BMF vom 21.12.2017 (BStBl. 2018 I S. 93, Rz. 126–194).[1)]

Leistungen aus einem US-amerikanischen Altersvorsorgeplan „401(k) pension plan“. Zur Besteuerung von Leistungen aus einem US-amerikanischen Altersvorsorgeplan „401(k) pension plan“, wenn der Stpfl. während der Ansparphase nicht der inländischen Besteuerung unterlag, → BFH vom 28.10.2020 (BStBl. 2021 II S. 675).

Mitteilung über steuerpflichtige Leistungen aus einem Altersvorsorgevertrag oder aus einer betrieblichen Altersversorgung. Amtlich vorgeschriebenes Vordruckmuster für Jahre ab 2020 → BMF vom 9.11.2020 (BStBl. I S. 1061).

Zu § 22a EStG

H 22a

Anwendungsschreiben. → BMF vom 7.12.2011 (BStBl. I S. 1223).

Zu § 23 EStG

H 23

Anschaffung.
– Zu Anschaffungen im Rahmen der vorweggenommenen Erbfolge und bei Erbauseinandersetzung → BMF vom 13.1.1993 (BStBl. I S. 80) unter Be-

1) Geänd. durch BMF v. 17.2.2020, BStBl. I 2020, 213. Siehe auch BMF v. 6.12.2017, BStBl. I 2018, 147.

rücksichtigung der Änderungen durch BMF vom 26.2.2007 (BStBl. I S. 269) und → BMF vom 14.3.2006 (BStBl. I S. 253) unter Berücksichtigung der Änderungen durch BMF vom 27.12.2018 (BStBl. 2019 I S. 11).

– → Enteignung.
– Anschaffung ist **auch**
  • die Abgabe eines Meistgebots in einer Zwangsversteigerung (→ BFH vom 27.8.1997 – BStBl. 1998 II S. 135),
  • der Erwerb auf Grund eines Ergänzungsvertrags, wenn damit erstmalig ein Anspruch auf Übertragung eines Miteigentumsanteils rechtswirksam entsteht (→ BFH vom 17.12.1997 – BStBl. 1998 II S. 343),
  • der entgeltliche Erwerb eines Anspruchs auf Rückübertragung eines Grundstücks nach dem VermG (Restitutionsanspruch) (→ BFH vom 13.12.2005 – BStBl. 2006 II S. 513),
  • der Erwerb eines parzellierten und beplanten Grundstücks, das der Eigentümer auf Grund eines Rückübertragungsanspruchs dafür erhält, dass er bei der Veräußerung eines nicht parzellierten Grundstücks eine Teilfläche ohne Ansatz eines Kaufpreises überträgt (→ BFH vom 13.4.2010 – BStBl. II S. 792).
– **Keine** Anschaffung ist
  • der unentgeltliche Erwerb eines Wirtschaftsguts, z. B. durch Erbschaft, Vermächtnis oder Schenkung (→ BFH vom 4.7.1950 – BStBl. 1951 III S. 237, vom 22.9.1987 – BStBl. 1988 II S. 250 und vom 12.7.1988 – BStBl. II S. 942, → Veräußerungsfrist). Ein unentgeltlicher Erwerb liegt auch vor, wenn im Rahmen der Übertragung eines Grundstücks im Wege der vorweggenommenen Erbfolge dem Übergeber ein dingliches Wohnrecht eingeräumt wird und die durch Grundschulden auf dem Grundstück abgesicherten Darlehen des Rechtsvorgängers nicht übernommen werden (→ BFH vom 3.9.2019 – BStBl. 2020 II S. 122),
  • der Erwerb kraft Gesetzes oder eines auf Grund gesetzlicher Vorschriften ergangenen Hoheitsaktes (→ BFH vom 19.4.1977 – BStBl. II S. 712 und vom 13.4.2010 – BStBl. II S. 792),
  • die Rückübertragung von enteignetem Grundbesitz oder dessen Rückgabe nach Aufhebung der staatlichen Verwaltung auf Grund des VermG vom 23.9.1990 i. d. F. der Bekanntmachung vom 21.12.1998 (BGBl. I S. 4026, § 52 Abs. 2 Satz 2 D-Markbilanzgesetz i. d. F. vom 28.7.1994 – DMBilG – BGBl. I S. 1842); → hierzu auch BMF vom 11.1.1993 – BStBl. I S. 18,
  • die Einbringung von Grundstücken durch Bruchteilseigentümer zu unveränderten Anteilen in eine personenidentische GbR mit Vermietungseinkünften (→ BFH vom 6.10.2004 – BStBl. 2005 II S. 324 und BFH vom 2.4.2008 – BStBl. II S. 679),
  • die unentgeltliche Einräumung eines Erbbaurechts an einem Grundstück. Vom Erbbauberechtigten getragene Erbbaurechtsvertragskosten, Kosten des Vollzugs der Urkunde und die Grunderwerbsteuer stellen lediglich Anschaffungsnebenkosten des Erbbaurechts und keine Gegenleistung für die Einräumung des Erbbaurechts dar (→ BFH vom 8.11.2017 – BStBl. 2018 II S. 518).

Anschaffungskosten.

- Der Begriff „Anschaffungskosten“ in § 23 Abs. 3 Satz 1 EStG ist mit dem Begriff der Anschaffungskosten in § 6 Abs. 1 Nr. 1 und 2 EStG identisch (→ BFH vom 19.12.2000 – BStBl. 2001 II S. 345).
- Nachträgliche Anschaffungskosten entstehen nicht, wenn der Erwerber des Grundstücks zwecks Löschung eines Grundpfandrechts Schulden tilgt, die er zunächst nicht vom Übergeber übernommen hat (→ BFH vom 3.9.2019 – BStBl. 2020 II S. 122).

Eintrittskarten. Eintrittskarten (z. B. Champions League Tickets) zählen zu den anderen Wirtschaftsgütern i. S. d. § 23 Abs. 1 Satz 1 Nr. 2 Satz 1 EStG, die Gegenstand eines privaten Veräußerungsgeschäfts sein können. Sie sind keine Gegenstände des täglichen Gebrauchs i. S. d. § 23 Abs. 1 Satz 1 Nr. 2 Satz 2 EStG (→ BFH vom 29.10.2019 – BStBl. 2020 II S. 258).

Enteignung.

- Veräußert ein Stpfl. zur Abwendung einer unmittelbar drohenden Enteignung ein Grundstück und erwirbt er in diesem Zusammenhang ein Ersatzgrundstück, liegt hierin keine Veräußerung und Anschaffung i. S. d. § 23 EStG (→ BFH vom 29.6.1962 – BStBl. III S. 387 und vom 16.1.1973 – BStBl. II S. 445). Veräußertes und angeschafftes Grundstück bilden in diesem Fall für die Anwendung des § 23 EStG eine Einheit. Für die Berechnung der Veräußerungsfrist ist daher nicht der Tag der Anschaffung des Ersatzgrundstücks, sondern der Tag maßgebend, zu dem das veräußerte Grundstück angeschafft wurde (→ BFH vom 5.5.1961 – BStBl. III S. 385).
- Ersetzt der Stpfl. im Zusammenhang mit der drohenden Enteignung einer Teilfläche auch die nicht unmittelbar betroffenen Grundstücksteile, handelt es sich insoweit um eine Anschaffung und Veräußerung i. S. d. § 23 EStG (→ BFH vom 7.12.1976 – BStBl. 1977 II S. 209).
- Eine Anschaffung bzw. Veräußerung i. S. d. § 23 EStG liegt nicht vor, wenn der Verlust des Eigentums am Grundstück ohne maßgeblichen Einfluss des Stpfl. stattfindet. Ein Entzug des Eigentums durch Sonderungsbescheid nach dem Bodensonderungsgesetz ist deshalb keine Veräußerung i. S. d. § 23 EStG (→ BFH vom 23.7.2019 – BStBl. II S. 701).

Fondsbeteiligung bei Schrottimmobilien. Zahlungen bei der Rückabwicklung von Immobilienfonds mit Schrottimmobilien können in ein steuerpflichtiges Veräußerungsentgelt und eine nicht steuerbare Entschädigungsleistung aufzuteilen sein. Maßgebend für die Kaufpreisaufteilung ist der Wert des Fonds im Veräußerungszeitpunkt. Als Veräußerungserlös auf Ebene des Gesellschafters ist alles anzusehen, was der Anleger vom Erwerber für seine Beteiligung erhalten hat. Eine Erhöhung des Veräußerungserlöses um anteilige Verbindlichkeiten der Fondsgesellschaft erfolgt dann nicht, wenn der Veräußerer nicht von einer ihn belastenden Verbindlichkeit befreit wurde. Zum Veräußerungspreis gehört die Freistellung des Veräußerers von einer ihn betreffenden Verbindlichkeit, wenn der Veräußerer für die Verbindlichkeit zumindest haftete und der Erwerber in die Haftung eintritt (→ BFH vom 6.9.2016 – BStBl. 2018 II S. 323, 329 und 335, vom 31.1.2017 – BStBl. 2018 II S. 341 und vom 11.7.2017 – BStBl. 2018 II S. 348).

Freigrenze.

- Haben beide zusammenveranlagten Ehegatten Veräußerungsgewinne erzielt, steht jedem Ehegatten die Freigrenze des § 23 Abs. 3 EStG – höchstens jedoch bis zur Höhe seines Gesamtgewinns aus privaten Veräußerungsgeschäften – zu (→ BVerfG vom 21.2.1961 – BStBl. I S. 55).
- → BMF vom 5.10.2000 (BStBl. I S. 1383),[1] Rz. 41.

Fremdwährungsgeschäfte. Fremdwährungsbeträge können Gegenstand eines privaten Veräußerungsgeschäfts sein *(→ BMF vom 18.1.2016 – BStBl. I S. 85,[2] Rz. 131)*. Sie werden insbesondere angeschafft, indem sie gegen Umtausch von nationaler Währung erworben werden, und veräußert, indem sie in die nationale Währung zurückgetauscht oder in eine andere Fremdwährung umgetauscht werden. Werden Fremdwährungsguthaben als Gegenleistung für die Veräußerung von Wertpapieren entgegengenommen, werden beide Wirtschaftsgüter getauscht, d. h. die Wertpapiere veräußert und das Fremdwährungsguthaben angeschafft (→ BFH vom 21.1.2014 – BStBl. II S. 385).

Fristberechnung. → Veräußerungsfrist.

Grundstücksgeschäfte. Zweifelsfragen bei der Besteuerung privater Grundstücksgeschäfte → BMF vom 5.10.2000 (BStBl. I S. 1383)[3], [4] unter Berücksichtigung der Änderungen durch BMF vom 7.2.2007 (BStBl. I S. 262) und vom 3.9.2019 (BStBl. I S. 888).

Identisches Wirtschaftsgut.

- Ein privates Veräußerungsgeschäft ist auch anzunehmen, wenn ein unbebautes Grundstück parzelliert und eine Parzelle innerhalb der Veräußerungsfrist veräußert wird (→ BFH vom 19.7.1983 – BStBl. 1984 II S. 26).
- Die Aufteilung eines Hausgrundstücks in Wohneigentum ändert nichts an der wirtschaftlichen Identität von angeschafftem und veräußertem Wirtschaftsgut (→ BFH vom 23.8.2011 – BStBl. 2013 II S. 1002).
- Eine wirtschaftliche Teilidentität zwischen angeschafftem und veräußertem Wirtschaftsgut ist ausreichend. Diese ist z. B. gegeben, wenn ein bei Anschaffung mit einem Erbbaurecht belastetes Grundstück lastenfrei veräußert wird (→ BFH vom 12.6.2013 – BStBl. II S. 1011).
- → Enteignung.

Schuldzinsen. → Werbungskosten.

Spekulationsabsicht. Für das Entstehen der Steuerpflicht ist es unerheblich, ob der Stpfl. in spekulativer Absicht gehandelt hat (→ Beschluss des BVerfG vom 9.7.1969 – BStBl. 1970 II S. 156 und BFH vom 2.5.2000 – BStBl. II S. 469).

Veräußerung.

- Als Veräußerung i. S. d. § 23 Abs. 1 EStG ist **auch** anzusehen

---

[1] Geänd. durch BMF v. 7.2.2007, BStBl. I 2007, 262, und v. 3.9.2019, BStBl. I 2019, 888; siehe auch BMF v. 17.6.2020, BStBl. I 2020, 576.

[2] Jetzt BMF v. 19.5.2022, StEd 2022, 334, Rn. 131; zur zeitlichen Anwendung siehe Rn. 324 und 325.

[3] Zu Rz. 25 (2. Tiret) des BMF v. 5.10.2000 siehe aber auch BMF vom 17.6.2020, BStBl. I 2020, 576.

[4] Keine Besteuerung des bei Verkauf einer Eigentumswohnung auf das häusliche Arbeitszimmer entfallenden Veräußerungsgewinns; BFH v. 1.3.2021 IX R 27/19, BStBl. II 2021, 680 (gegen Rz. 31 BMF v. 5.10.2020).

- unter besonderen Umständen die Abgabe eines bindenden Angebots (→ BFH vom 23.9.1966 – BStBl. 1967 III S. 73, vom 7.8.1970 – BStBl. II S. 806 und vom 19.10.1971 – BStBl. 1972 II S. 452);
- der Abschluss eines bürgerlich-rechtlich wirksamen, beide Vertragsparteien bindenden Vorvertrags (→ BFH vom 13.12.1983 – BStBl. 1984 II S. 311);
- unter den Voraussetzungen des § 41 Abs. 1 AO der Abschluss eines unvollständig beurkundeten und deswegen nach den § 313 Satz 1 BGB, § 125 HGB formunwirksamen Kaufvertrags (→ BFH vom 15.12.1993 – BStBl. 1994 II S. 687);
- die Übertragung aus dem Privatvermögen eines Gesellschafters in das betriebliche Gesamthandsvermögen einer Personengesellschaft gegen Gewährung von Gesellschaftsrechten (→ BMF vom 29.3.2000 – BStBl. I S. 462 und vom 11.7.2011 – BStBl. I S. 713 unter Berücksichtigung von BMF vom 26.7.2016 – BStBl. I S. 684);
- die Veräußerung des rückübertragenen Grundstücks bei entgeltlichem Erwerb des Restitutionsanspruchs nach dem VermG (→ BFH vom 13.12.2005 – BStBl. 2006 II S. 513).

– **Keine** Veräußerung i. S. d. § 23 Abs. 1 EStG ist
  - die Rückabwicklung eines Anschaffungsgeschäfts wegen irreparabler Vertragsstörungen (→ BFH vom 27.6.2006 – BStBl. 2007 II S. 162);
  - die in Erfüllung des Sachleistungsanspruches aus einer XETRA-Gold Inhaberschuldverschreibung erfolgte Einlösung und Auslieferung physischen Goldes (→ BFH vom 6.2.2018 – BStBl. II S. 525).

– → Enteignung.

Veräußerungsfrist.[1)]

– Die **nachträgliche Genehmigung** eines zunächst schwebend unwirksamen Vertrags durch einen der Vertragspartner wirkt für die Fristberechnung nicht auf den Zeitpunkt der Vornahme des Rechtsgeschäfts zurück (→ BFH vom 2.10.2001 – BStBl. 2002 II S. 10).

– Bei Veräußerung eines im Wege der **Gesamtrechtsnachfolge** erworbenen Wirtschaftsguts ist bei der Berechnung der Veräußerungsfrist von dem Zeitpunkt des entgeltlichen Erwerbs durch den Rechtsvorgänger auszugehen (→ BFH vom 12.7.1988 – BStBl. II S. 942). Das Gleiche gilt auch für ein im Wege der unentgeltlichen Einzelrechtsnachfolge erworbenes Wirtschaftsgut → § 23 Abs. 1 Satz 3 EStG.

– Für die Berechnung der Veräußerungsfrist des § 23 Abs. 1 EStG ist grundsätzlich das der → Anschaffung oder → Veräußerung zu Grunde liegende **obligatorische Geschäft** maßgebend (→ BFH vom 15.12.1993 – BStBl. 1994 II S. 687 und vom 8.4.2014 – BStBl. II S. 826); ein außerhalb der Veräußerungsfrist liegender Zeitpunkt des Eintritts einer aufschiebenden Bedingung des Veräußerungsgeschäfts (→ BFH vom 10.2.2015 – BStBl. II S. 487) oder eine außerhalb der Veräußerungsfrist liegende öffentlich-rechtliche Genehmigung eines noch schwebend unwirksamen Veräußerungsgeschäfts ist unmaßgeblich (→ BFH vom 25.3.2021 – BStBl. II S. 758).

---

1) Zur rückwirkenden Verlängerung der Veräußerungsfrist für Grundstücksveräußerungen von 2 auf 10 Jahre siehe BVerfG v. 7.7.2010 2 BvL 14/02, 2 BvL 2/04, 2 BvL 13/05, BStBl. II 2011, 76, und BMF v. 20.12.2010, BStBl. I 2011, 14, geänd. durch BMF v. 18.5.2015, BStBl. I 2015, 464.

– → Enteignung.

Veräußerungspreis.

– Wird infolge von Meinungsverschiedenheiten über die Formgültigkeit des innerhalb der Veräußerungsfrist abgeschlossenen Grundstückskaufvertrages der Kaufpreis erhöht, kann der erhöhte Kaufpreis auch dann Veräußerungspreis i. S. v. § 23 Abs. 3 Satz 1 EStG sein, wenn die Erhöhung nach Ablauf der Veräußerungsfrist vereinbart und beurkundet wird (→ BFH vom 15.12.1993 – BStBl. 1994 II S. 687).

– Zum Veräußerungspreis gehört auch das Entgelt für den Verzicht auf Nachbarrechte im Zusammenhang mit der Veräußerung des betreffenden Grundstücks (→ BFH vom 18.5.2004 – BStBl. II S. 874).

Veräußerungsverlust bei Ratenzahlung. Bei Zahlung des Veräußerungserlöses in verschiedenen VZ fällt der Veräußerungsverlust anteilig nach dem Verhältnis der Teilzahlungsbeträge zu dem Gesamtveräußerungserlös in den jeweiligen VZ der Zahlungszuflüsse an (→ BFH vom 6.12.2016 – BStBl. 2017 II S. 676).

Verfassungsmäßigkeit. Die Beschränkung des Verlustausgleichs bei privaten Veräußerungsgeschäften durch § 23 Abs. 3 Satz 8 (jetzt: Satz 7) EStG ist verfassungsgemäß (→ BFH vom 18.10.2006 – BStBl. 2007 II S. 259).

Verlustabzug in Erbfällen. Verluste i. S. d. § 22 Nr. 2 i. V. m. § 23 Abs. 3 Satz 7 bis 10 EStG → R 10d Abs. 9 Satz 10.

Verlustvor- und -rücktrag. Zur Anwendung des § 10d EStG im Rahmen des § 23 EStG → BMF vom 29.11.2004 (BStBl. I S. 1097).

Werbungskosten.

– Werbungskosten sind grundsätzlich alle durch ein Veräußerungsgeschäft i. S. d. § 23 EStG veranlassten Aufwendungen (z. B. Schuldzinsen), die weder zu den (nachträglichen) Anschaffungs- oder Herstellungskosten des veräußerten Wirtschaftsguts gehören noch einer vorrangigen Einkunftsart zuzuordnen sind oder wegen privater Nutzung unter das Abzugsverbot des § 12 EStG fallen (→ BFH vom 12.12.1996 – BStBl. 1997 II S. 603).

– Durch ein privates Veräußerungsgeschäft veranlasste Werbungskosten sind – abweichend vom Abflussprinzip des § 11 Abs. 2 EStG – in dem Kj. zu berücksichtigen, in dem der Verkaufserlös zufließt (→ BFH vom 17.7.1991 – BStBl. II S. 916).

– Fließt der Verkaufserlös in mehreren VZ zu, sind sämtliche Werbungskosten zunächst mit dem im ersten Zuflussjahr erhaltenen Teilerlös und ein etwa verbleibender Werbungskostenüberschuss mit den in den Folgejahren erhaltenen Teilerlösen zu verrechnen (→ BFH vom 3.6.1992 – BStBl. II S. 1017).

– Planungsaufwendungen zur Baureifmachung eines unbebauten Grundstücks (Baugenehmigungsgebühren, Architektenhonorare) können abziehbar sein, wenn von Anfang an Veräußerungsabsicht bestanden hat (→ BFH vom 12.12.1996 – BStBl. 1997 II S. 603).

– Erhaltungsaufwendungen können abziehbar sein, soweit sie allein oder ganz überwiegend durch die Veräußerung des Mietobjekts veranlasst sind (→ BFH vom 14.12.2004 – BStBl. 2005 II S. 343).

– Wird ein Gebäude, das zu eigenen Wohnzwecken genutzt werden sollte, vor dem Selbstbezug und innerhalb der Veräußerungsfrist wieder veräu-

ßert, mindern nur solche Grundstücksaufwendungen den Veräußerungsgewinn, die auf die Zeit entfallen, in der der Stpfl. bereits zum Verkauf des Objekts entschlossen war (→ BFH vom 16.6.2004 – BStBl. 2005 II S. 91).
– Vorfälligkeitsentschädigungen, die durch die Verpflichtung zur lastenfreien Veräußerung von Grundbesitz veranlasst sind, sind zu berücksichtigen (→ BFH vom 6.12.2005 – BStBl. 2006 II S. 265).
– Aufwendungen können nicht als Werbungskosten bei den privaten Veräußerungsgeschäften berücksichtigt werden, wenn es tatsächlich nicht zu einer Veräußerung kommt (→ BFH vom 1.8.2012 – BStBl. II S. 781).
– Die bloße Verwendung des Veräußerungserlöses zur Tilgung privater Verbindlichkeiten, die durch Grundschulden auf dem veräußerten Grundstück abgesichert waren, führt nicht zur Entstehung von als Werbungskosten abziehbaren Veräußerungskosten (→ BFH vom 3.9.2019 – BStBl. 2020 II S. 122).

Wiederkehrende Leistungen. Zur Ermittlung des Gewinns bei Veräußerungsgeschäften gegen wiederkehrende Leistungen und bei der Umschichtung von nach § 10 Abs. 1a Nr. 2 EStG begünstigt übernommenem Vermögen → BMF vom 11.3.2010 (BStBl. I S. 227),[1)·2)] Rzn. 37–41, 65–79 und 88.

Zu § 24 EStG

R 24.1 Begriff der Entschädigung i. S. d. § 24 Nr. 1 EStG

Der Entschädigungsbegriff des § 24 Nr. 1 EStG setzt in seiner zu Buchstabe a und b gleichmäßig geltenden Bedeutung voraus, dass der Stpfl. infolge einer Beeinträchtigung der durch die einzelne Vorschrift geschützten Güter einen finanziellen Schaden erlitten hat und die Zahlung unmittelbar dazu bestimmt ist, diesen Schaden auszugleichen.

H 24.1

Abzugsfähige Aufwendungen. Bei der Ermittlung der Entschädigung i. S. d. § 24 Nr. 1 EStG sind von den Bruttoentschädigungen nur die damit in unmittelbarem Zusammenhang stehenden Betriebsausgaben oder Werbungskosten abzuziehen (→ BFH vom 26.8.2004 – BStBl. 2005 II S. 215).

Allgemeines.
– § 24 EStG schafft keinen neuen Besteuerungstatbestand, sondern weist die in ihm genannten Einnahmen nur der Einkunftsart zu, zu der die entgangenen oder künftig entgehenden Einnahmen gehört hätten, wenn sie erzielt worden wären (→ BFH vom 12.6.1996 – BStBl. II S. 516).
– Wegen einer anstelle der Rückübertragung von enteignetem Grundbesitz gezahlten Entschädigung nach dem VermG vom 23.9.1990 i. d. F. vom 3.8.1992 → BMF vom 11.1.1993 (BStBl. I S. 18).

---

1) Geänd. durch BMF v. 6.5.2016, BStBl. I 2016, 476, mit Übergangsregelung.
2) Ergänzend siehe BMF v. 20.11.2019, BStBl. I 2019, 1291, geänd. durch BMF v. 5.5.2021, BStBl. I 2021, 696, Rn. 40.

Ausgleichszahlungen an Handelsvertreter.

- Ausgleichszahlungen an Handelsvertreter nach § 89b HGB gehören auch dann zu den Entschädigungen i. S. d. § 24 Nr. 1 Buchstabe c EStG, wenn sie zeitlich mit der **Aufgabe der gewerblichen Tätigkeit** zusammenfallen (→ BFH vom 5.12.1968 – BStBl. 1969 II S. 196).
- Ausgleichszahlungen an **andere Kaufleute** als Handelsvertreter, z. B. **Kommissionsagenten oder Vertragshändler,** sind wie Ausgleichszahlungen an Handelsvertreter zu behandeln, wenn sie in entsprechender Anwendung des § 89b HGB geleistet werden (→ BFH vom 12.10.1999 – BStBl. 2000 II S. 220).
- Ausgleichszahlungen i. S. d. § 89b HGB gehören nicht zu den Entschädigungen nach § 24 Nr. 1 Buchstabe c EStG, wenn ein **Nachfolgevertreter** aufgrund eines selbständigen Vertrags mit seinem Vorgänger dessen Handelsvertretung oder Teile davon entgeltlich erwirbt. Ein selbständiger Vertrag liegt aber nicht vor, wenn der Nachfolger es übernimmt, die vertretenen Firmen von Ausgleichsansprüchen freizustellen (→ BFH vom 31.5.1972 – BStBl. II S. 899 und vom 25.7.1990 – BStBl. 1991 II S. 218).

Entschädigungen i. S. d. § 24 Nr. 1 Buchstabe a EStG.

- Die Entschädigung i. S. d. § 24 Nr. 1 Buchstabe a EStG muss als **Ersatz** für unmittelbar entgangene oder entgehende **konkrete Einnahmen** gezahlt werden (→ BFH vom 9.7.1992 – BStBl. 1993 II S. 27).
- Für den Begriff der Entschädigung nach § 24 Nr. 1 Buchstabe a EStG ist **nicht entscheidend,** ob das zur Entschädigung führende **Ereignis ohne oder gegen den Willen** des Stpfl. eingetreten ist. Eine Entschädigung i. S. d. § 24 Nr. 1 Buchstabe a EStG kann vielmehr auch vorliegen, wenn der Stpfl. bei dem zum Einnahmeausfall führenden Ereignis selbst mitgewirkt hat. Ist dies der Fall, muss der Stpfl. bei Aufgabe seiner Rechte aber unter erheblichem wirtschaftlichen, rechtlichen oder tatsächlichen Druck gehandelt haben; keinesfalls darf er das schadenstiftende Ereignis aus eigenem Antrieb herbeigeführt haben. Der Begriff des Entgehens schließt freiwilliges Mitwirken oder gar die Verwirklichung eines eigenen Strebens aus (→ BFH vom 20.7.1978 – BStBl. 1979 II S. 9, vom 16.4.1980 – BStBl. II S. 393, vom 9.7.1992 – BStBl. 1993 II S. 27 und vom 4.9.2002 – BStBl. 2003 II S. 177). Gibt ein Arbeitnehmer im Konflikt mit seinem Arbeitgeber nach und nimmt dessen Abfindungsangebot an, entspricht es dem Zweck des Merkmals der Zwangssituation, nicht schon wegen dieser gütlichen Einigung in Widerspruch stehender Interessenlage einen tatsächlichen Druck in Frage zu stellen (→ BFH vom 29.2.2012 – BStBl. II S. 569). Bei einer (einvernehmlichen) Auflösung des Arbeitsverhältnisses sind tatsächliche Feststellungen zu der Frage, ob der Arbeitnehmer dabei unter tatsächlichem Druck stand, regelmäßig entbehrlich (→ BFH vom 13.3.2018 – BStBl. II S. 709).
- Die an die Stelle der Einnahmen tretende Ersatzleistung nach § 24 Nr. 1 Buchstabe a EStG muss auf einer **neuen Rechts- oder Billigkeitsgrundlage** beruhen. Zahlungen, die zur Erfüllung eines Anspruchs geleistet werden, sind keine Entschädigungen i. S. d. § 24 Nr. 1 Buchstabe a

EStG, wenn die vertragliche Grundlage bestehen geblieben ist und sich nur die Zahlungsmodalität geändert hat (→ BFH vom 25.8.1993 – BStBl. 1994 II S. 167, vom 10.10.2001 – BStBl. 2002 II S. 181 und vom 6.3.2002 – BStBl. II S. 516).

– **Entschädigungen** nach § 24 Nr. 1 Buchstabe a EStG sind:
  - Abfindung wegen **Auflösung eines Dienstverhältnisses,** wenn der Arbeitgeber die Beendigung veranlasst hat (→ BFH vom 20.10.1978 – BStBl. 1979 II S. 176 und vom 22.1.1988 – BStBl. II S. 525); hierzu gehören auch Vorruhestandsgelder, die auf Grund eines Manteltarifvertrags vereinbart werden (→ BFH vom 16.6.2004 – BStBl. II S. 1055);
  - Abstandszahlung eines **Mietinteressenten** für die Entlassung aus einem Vormietvertrag (→ BFH vom 21.8.1990 – BStBl. 1991 II S. 76);
  - Aufwandsersatz, soweit er über den Ersatz von Aufwendungen hinaus auch den **Ersatz von ausgefallenen steuerbaren Einnahmen** bezweckt (→ BFH vom 26.2.1988 – BStBl. II S. 615);
  - Abfindung anlässlich der **Liquidation** einer Gesellschaft an einen Gesellschafter-Geschäftsführer, wenn auch ein gesellschaftsfremder Unternehmer im Hinblick auf die wirtschaftliche Situation der Gesellschaft die Liquidation beschlossen hätte (→ BFH vom 4.9.2002 – BStBl. 2003 II S. 177);
  - Abfindung, die der Gesellschafter-Geschäftsführer, der seine GmbH-Anteile veräußert, für den **Verzicht auf seine Pensionsansprüche** gegen die GmbH erhält, falls der Käufer den Erwerb des Unternehmens von der Nichtübernahme der Pensionsverpflichtung abhängig macht (→ BFH vom 10.4.2003 – BStBl. II S. 748). Entsprechendes gilt für eine Entschädigung für die durch den Erwerber veranlasste **Aufgabe der Geschäftsführertätigkeit** (→ BFH vom 13.8.2003 – BStBl. 2004 II S. 106);
  - Abfindung wegen **Auflösung eines Dienstverhältnisses,** auch wenn bereits bei Beginn des Dienstverhältnisses ein Ersatzanspruch für den Fall der betriebsbedingten Kündigung oder Nichtverlängerung des Dienstverhältnisses vereinbart wird (→ BFH vom 10.9.2003 – BStBl. 2004 II S. 349);
  - Schadensersatz infolge einer schuldhaft **verweigerten Wiedereinstellung** (→ BFH vom 6.7.2005 – BStBl. 2006 II S. 55);
  - Schadensersatz aus **Amtshaftung als Ersatz für entgangene Gehalts- und Rentenansprüche** infolge einer rechtswidrigen Abberufung als Bankvorstand (→ BFH vom 12.7.2016 – BStBl. 2017 II S. 158);
  - Leistungen wegen einer **Körperverletzung** nur insoweit, als sie steuerbare und steuerpflichtige Einnahmen ersetzen (sog. Verdienstausfall, → BFH vom 21.1.2004 – BStBl. II S. 716);[1] dies gilt auch, wenn der Leistungsempfänger im Zeitpunkt des schädigenden Ereignisses erwerbslos war (→ BFH vom 20.7.2018 – BStBl. 2020 II S. 186),
  - **Mietentgelte,** die der **Restitutionsberechtigte** vom Verfügungsberechtigten nach § 7 Abs. 7 Satz 2 VermG erlangt (→ BFH vom 11.1.2005 – BStBl. II S. 450);

---

[1] Siehe auch BFH v. 26.5.2020 IX R 15/19, BStBl. II 2021, 901.

- Abfindung wegen unbefristeter **Reduzierung der Wochenarbeitszeit** auf Grund eines Vertrags zur **Änderung des Arbeitsvertrags** (→ BFH vom 25.8.2009 – BStBl. 2010 II S. 1030);
- Abfindung wegen **Auflösung eines Beratungsvertrags,** wenn die Leistung trotz Beibehaltung der rechtlichen Selbständigkeit im Wesentlichen wie die eines Arbeitnehmers geschuldet wurde (→ BFH vom 10.7.2012 – BStBl. 2013 II S. 155);
- Entgelt, das bei vorzeitiger **Beendigung eines Genussrechtsverhältnisses,** das keine Beteiligung am Unternehmensvermögen vermittelt, als Ersatz für entgehende Einnahmen aus der Verzinsung von Genussrechtskapital gewährt wird (→ BFH vom 11.2.2015 – BStBl. II S. 647);
- Zahlung zur Abgeltung einer dem Stpfl. zustehenden Forderung, soweit diese auf einem **Entschädigungsanspruch aus einer Vergleichsvereinbarung** beruht (→ BFH vom 25.8.2015 – BStBl. II S. 1015);
- **Entschädigungen ehrenamtlicher Richter für Verdienstausfall** gem. § 18 des Justizvergütungs- und -entschädigungsgesetzes,[1] wenn sie als Ersatz für entgangene Einnahmen gezahlt werden (→ BFH vom 31.1.2017 – BStBl. 2018 II S. 571).

– **Keine Entschädigungen** nach § 24 Nr. 1 Buchstabe a EStG sind:

- Abfindung, die bei Abschluss oder während des Arbeitsverhältnisses für den Verlust späterer **Pensionsansprüche** infolge Kündigung vereinbart wird (→ BFH vom 6.3.2002 – BStBl. II S. 516);
- Abfindung, die bei Fortsetzung des Arbeitnehmerverhältnisses für **Verzicht auf Tantiemeanspruch** gezahlt wird (→ BFH vom 10.10.2001 – BStBl. 2002 II S. 347);
- Abfindung nach vorausgegangener freiwilliger **Umwandlung zukünftiger Pensionsansprüche** (→ BFH vom 6.3.2002 – BStBl. II S. 516);
- Entgelt für den Verzicht auf ein testamentarisch vermachtes **obligatorisches Wohnrecht** (→ BFH vom 9.8.1990 – BStBl. II S. 1026);
- **Pensionsabfindung,** wenn der Arbeitnehmer nach Eheschließung zur Herstellung der ehelichen Lebensgemeinschaft gekündigt hat (→ BFH vom 21.6.1990 – BStBl. II S. 1020);
- **Streikunterstützung** (→ BFH vom 24.10.1990 – BStBl. 1991 II S. 337);
- Zahlung einer Vertragspartei, die diese wegen einer **Vertragsstörung** im Rahmen des Erfüllungsinteresses leistet, und zwar einschließlich der Zahlung für den **entgangenen Gewinn** i.S.d. § 252 BGB. Dies gilt unabhängig davon, ob der Stpfl. das Erfüllungsinteresse im Rahmen des bestehenden und verletzten Vertrags durchsetzt oder zur Abgeltung seiner vertraglichen Ansprüche einer ergänzenden vertraglichen Regelung in Form eines Vergleichs zustimmt (→ BFH vom 27.7.1978 – BStBl. 1979 II S. 66, 69, 71, vom 3.7.1986 – BStBl. II S. 806, vom 18.9.1986 – BStBl. 1987 II S. 25 und vom 5.10.1989 – BStBl. 1990 II S. 155);
- Zahlung für das Überspannen von Grundstücken mit **Hochspannungsfreileitungen** (→ BFH vom 19.4.1994 – BStBl. II S. 640);
- Ersatz für **zurückzuzahlende Einnahmen** oder Ausgleich von Ausgaben, z.B. Zahlungen für (mögliche) Umsatzsteuerrückzahlungen

[1] **Habersack** Nr. **116.**

hindernisse hinsichtlich des Veräußerungserlöses, Verwertungshindernisse hinsichtlich der zurückbehaltenen Aktivwerte oder Rückzahlungshindernisse hinsichtlich der früheren Betriebsschulden entgegenstehen (→ BFH vom 19.1.1982 – BStBl. II S. 321, vom 27.11.1984 – BStBl. 1985 II S. 323 und vom 12.11.1997 – BStBl. 1998 II S. 144); bei Personengesellschaften → H 4.2 (15) Betriebsaufgabe oder -veräußerung im Ganzen.

– **Schuldzinsen** für betrieblich begründete Verbindlichkeiten nach Übergang des Betriebs zur **Liebhaberei,** wenn und soweit die zugrunde liegenden Verbindlichkeiten nicht durch eine mögliche Verwertung von Aktivvermögen beglichen werden können (→ BFH vom 15.5.2002 – BStBl. II S. 809 und vom 31.7.2002 – BStBl. 2003 II S. 282).
– **Zinsanteile von Rentenzahlungen,** wenn der Rentenberechtigte einer mit den Erlösen aus der Betriebsaufgabe möglichen Ablösung der betrieblich veranlassten Rentenverpflichtung nicht zustimmt (→ BFH vom 22.9.1999 – BStBl. 2000 II S. 120).
– Zum Abzug der Schuldzinsen als nachträgliche Werbungskosten bei Vermietung und Verpachtung nach **Veräußerung des Mietobjekts** oder nach **Wegfall der Einkünfteerzielungsabsicht** → BMF vom 27.7.2015 (BStBl. I S. 581).

Nachträgliche Werbungskosten/Betriebsausgaben sind nicht:

– **Schuldzinsen,** soweit es der Stpfl. bei Aufgabe eines Gewerbebetriebes unterlässt, vorhandene Aktiva zur Tilgung der Schulden einzusetzen (→ BFH vom 11.12.1980 – BStBl. 1981 II S. 463 und vom 21.11.1989 – BStBl. 1990 II S. 213), diese Schuldzinsen können jedoch Werbungskosten bei einer anderen Einkunftsart sein (→ BFH vom 19.8.1998 – BStBl. 1999 II S. 353 und vom 28.3.2007 – BStBl. II S. 642, → H 21.2 – Finanzierungskosten –). Bei Personengesellschaften → H 4.2 (15) Betriebsaufgabe oder -veräußerung im Ganzen.
– **Schuldzinsen** für vom übertragenden Gesellschafter bei Veräußerung eines Gesellschaftsanteils mit befreiender Wirkung gegenüber der Gesellschaft und dem eintretenden Gesellschafter **übernommene Gesellschaftsschulden** (→ BFH vom 28.1.1981 – BStBl. II S. 464).
– **Schuldzinsen** für Verbindlichkeiten, die nicht während des Bestehens des Betriebs entstanden, sondern **Folge der Aufgabe oder Veräußerung des Betriebs** sind (→ BFH vom 12.11.1997 – BStBl. 1998 II S. 144).

Rechtsnachfolger.

– Der **Begriff des Rechtsnachfolgers** umfasst sowohl den bürgerlichrechtlichen Einzel- oder Gesamtrechtsnachfolger als auch denjenigen, dem z.B. aufgrund eines von einem Gewerbetreibenden abgeschlossenen Vertrags zugunsten Dritter (§ 328 BGB) Einnahmen zufließen, die auf der gewerblichen Betätigung beruhen (→ BFH vom 25.3.1976 – BStBl. II S. 487).
– Fließen **nachträgliche Einkünfte** dem Rechtsnachfolger zu, sind sie nach den in seiner Person liegenden **Besteuerungsmerkmalen** zu versteuern (→ BFH vom 29.7.1960 – BStBl. III S. 404).[1]

[1] Siehe aber auch BFH v. 29.4.1993 IV R 16/92, BStBl. II 1993, 716.

– **Nachträglich zugeflossene Rentenzahlungen** werden dem Erben auch dann als nachträgliche Einkünfte zugerechnet, wenn sie vom Testamentsvollstrecker zur **Erfüllung von Vermächtnissen** verwendet werden (→ BFH vom 24.1.1996 – BStBl. II S. 287).

Zu § 24a EStG

R 24a. Altersentlastungsbetrag

Allgemeines

(1) [1]Bei der Berechnung des Altersentlastungsbetrags sind Einkünfte aus Land- und Forstwirtschaft nicht um den Freibetrag nach § 13 Abs. 3 EStG zu kürzen. [2]Kapitalerträge, die nach § 32d Abs. 1 und § 43 Abs. 5 EStG dem gesonderten Steuertarif für Einkünfte aus Kapitalvermögen unterliegen, sind in die Berechnung des Altersentlastungsbetrags nicht einzubeziehen. [3]Sind in den Einkünften neben Leibrenten auch andere wiederkehrende Bezüge i. S. d. § 22 Nr. 1 EStG enthalten, ist der Werbungskosten-Pauschbetrag nach § 9a Satz 1 Nr. 3 EStG von den der Besteuerung nach § 22 Nr. 1 Satz 3 EStG unterliegenden Teilen der Leibrenten abzuziehen, soweit er diese nicht übersteigt. [4]Der Altersentlastungsbetrag ist auf den nächsten vollen Euro-Betrag aufzurunden.

Berechnung bei Anwendung anderer Vorschriften

(2) Ist der Altersentlastungsbetrag außer vom Arbeitslohn noch von weiteren Einkünften zu berechnen und muss er für die Anwendung weiterer Vorschriften von bestimmten Beträgen abgezogen werden, ist davon auszugehen, dass er zunächst vom Arbeitslohn berechnet worden ist.

H 24a

Altersentlastungsbetrag bei Ehegatten. Im Fall der Zusammenveranlagung von Ehegatten ist der Altersentlastungsbetrag jedem Ehegatten, der die altersmäßigen Voraussetzungen erfüllt, nach Maßgabe der von ihm bezogenen Einkünfte zu gewähren (→ BFH vom 22.9.1993 – BStBl. 1994 II S. 107).

Berechnung des Altersentlastungsbetrags. Der Altersentlastungsbetrag ist von der S. d. E. zur Ermittlung des G. d. E. abzuziehen (→ R 2).

Beispiel 1:

Der Stpfl. hat im VZ 2004 das 64. Lebensjahr vollendet. Im VZ 2021 wurden erzielt:

Arbeitslohn	14 000 €
darin enthalten:	
Versorgungsbezüge in Höhe von	6 000 €
Einkünfte aus selbständiger Arbeit	500 €
Einkünfte aus Vermietung und Verpachtung	– 1 500 €

Der Altersentlastungsbetrag beträgt 40% des Arbeitslohns (14 000 € abzüglich Versorgungsbezüge 6000 € = 8000 €), das sind 3200 €, höchstens jedoch 1900 €. Die Einkünfte aus selbständiger Arbeit und aus Vermietung und Verpachtung werden für die Berechnung des Altersentlastungsbetrags nicht berücksichtigt, weil ihre Summe negativ ist (– 1500 € + 500 € = – 1000 €).

Beispiel 2:

Wie Beispiel 1, jedoch hat der Stpfl. im VZ 2020 das 64. Lebensjahr vollendet.
Der Altersentlastungsbetrag beträgt 15,2% des Arbeitslohnes (14 000 € abzüglich Versorgungsbezüge 6000 € = 8000 €), das sind 1216 €, höchstens jedoch 722 €.

Lohnsteuerabzug. Die Berechnung des Altersentlastungsbetrags beim Lohnsteuerabzug hat keine Auswirkung auf die Berechnung im Veranlagungsverfahren (→ R 39b.4 Abs. 3 LStR 2015).[1)]

Zu § 24b EStG

H 24b

Anwendungsschreiben. → BMF vom 23.10.2017 (BStBl. I S. 1432).

Zu § 25 EStG
(§§ 56 und 60 EStDV)

R 25. Verfahren bei der Veranlagung von Ehegatten nach § 26a EStG

(1) [1]Hat ein Ehegatte nach § 26 Abs. 2 Satz 1 EStG die Einzelveranlagung (§ 26a EStG) gewählt, ist für jeden Ehegatten eine Einzelveranlagung durchzuführen, auch wenn sich jeweils eine Steuerschuld von 0 Euro ergibt. *[2]Der bei einer Zusammenveranlagung der Ehegatten in Betracht kommende Betrag der außergewöhnlichen Belastungen ist grundsätzlich von dem Finanzamt zu ermitteln, das für die Veranlagung des Ehemannes zuständig ist.*[2)]

(2)[2)] Für den VZ 2012 ist R 25 EStR 2008 weiter anzuwenden.

H 25

Anlage EÜR.

- Der amtlich vorgeschriebene Datensatz ist durch Datenfernübertragung authentifiziert zu übermitteln.
  Die Anlage AVEÜR sowie bei Mitunternehmerschaften die entsprechenden Anlagen sind notwendiger Bestandteil der EÜR.
  Übersteigen die im Wj. angefallenen Schuldzinsen, ohne die Berücksichtigung der Schuldzinsen für Darlehen zur Finanzierung von Anschaffungs- oder Herstellungskosten von Wirtschaftsgütern des Anlagevermögens, den Betrag von 2050 Euro, sind bei Einzelunternehmen die in der Anlage SZ enthaltenen Angaben als notwendiger Bestandteil der EÜR an die Finanzverwaltung zu übermitteln (→ BMF vom 31.8.2021 – BStBl. I S. 1464).
- § 60 Abs. 4 EStDV stellt eine wirksame Rechtsgrundlage für die Pflicht zur Abgabe der Anlage EÜR dar. Die Aufforderung zur Einreichung der Anlage EÜR ist ein Verwaltungsakt (→ BFH vom 16.11.2011 – BStBl. 2012 II S. 129).

---

1) Nr. **20**.
2) **[Amtl. Anm.:]** Für VZ ab 2013 ohne Bedeutung.

Elektronische Übermittlungspflicht. Eine Pflicht zur elektronischen Übermittlung der Einkommensteuererklärung ist wirtschaftlich unzumutbar, wenn der finanzielle Aufwand für die Einrichtung und Aufrechterhaltung einer Datenfernübertragungsmöglichkeit in keinem wirtschaftlich sinnvollen Verhältnis zu den Einkünften nach § 2 Abs. 1 Satz 1 Nr. 1 bis 3 EStG steht. Der Antrag auf Befreiung wegen unbilliger Härten nach § 25 Abs. 4 Satz 2 EStG i. V. m. § 150 Abs. 8 AO bezieht sich nur auf den jeweiligen Veranlagungszeitraum (→ BFH vom 16.6.2020 – BStBl. 2021 II S. 288 und 290).

Härteregelung. § 46 Abs. 3 und 5 EStG ist auch bei solchen Arbeitnehmern anzuwenden, die mangels Vornahme eines Lohnsteuerabzugs nicht gem. § 46 EStG, sondern nach § 25 Abs. 1 EStG zu veranlagen sind, z. B. bei ausländischem Arbeitgeber (→ BFH vom 27.11.2014 – BStBl. 2015 II S. 793).

Steuererklärungspflicht gem. § 56 Satz 2 EStDV. Die Verpflichtung zur Abgabe der Einkommensteuererklärung nach § 56 Satz 2 EStDV wegen Feststellung eines verbleibenden Verlustvortrags gilt nur für den unmittelbar auf den festgestellten Verlustabzug folgenden VZ.

Ist der Stpfl. nach § 46 Abs. 2 Nr. 8 EStG nur auf seinen Antrag hin zur Einkommensteuer zu veranlagen, kommt er mit der Abgabe der Einkommensteuererklärung nicht nur seiner Erklärungspflicht gem. § 56 Satz 2 EStDV nach, sondern stellt zugleich einen Veranlagungsantrag i. S. d. § 46 Abs. 2 Nr. 8 Satz 2 EStG, der wiederum die Ablaufhemmung des § 171 Abs. 3 AO auslöst (→ BFH vom 30.3.2017 – BStBl. II S. 1046).

Unterzeichnung durch einen Bevollmächtigten. Kehrt ein ausländischer Arbeitnehmer auf Dauer in sein Heimatland zurück, kann dessen Einkommensteuer-Erklärung ausnahmsweise durch einen Bevollmächtigten unter Offenlegung des Vertretungsverhältnisses unterzeichnet werden (→ BFH vom 10.4.2002 – BStBl. II S. 455).

Zu § 26 EStG[1)]

R 26. Voraussetzungen für die Anwendung des § 26 EStG

Nicht dauernd getrennt lebend

(1) [1]Bei der Frage, ob Ehegatten als dauernd getrennt lebend anzusehen sind, wird einer auf Dauer herbeigeführten räumlichen Trennung regelmäßig eine besondere Bedeutung zukommen. [2]Die eheliche Lebens- und Wirtschaftsgemeinschaft ist jedoch im Allgemeinen nicht aufgehoben, wenn sich die Ehegatten nur vorübergehend räumlich trennen, z. B. bei einem beruflich bedingten Auslandsaufenthalt eines der Ehegatten. [3]Sogar in Fällen, in denen die Ehegatten infolge zwingender äußerer Umstände für eine nicht absehbare Zeit räumlich voneinander getrennt leben müssen, z. B. infolge Krankheit oder Verbüßung einer Freiheitsstrafe, kann die eheliche Lebens- und Wirtschaftsgemeinschaft noch weiterbestehen, wenn die Ehegatten die erkennbare Absicht haben, die eheliche Verbindung in dem noch möglichen

1) § 26 EStG neugef. durch SteuervereinfachungsG 2011 v. 1.11.2011, BGBl. I 2011, 2131, mWv VZ 2013.

Rahmen aufrechtzuerhalten und nach dem Wegfall der Hindernisse die volle eheliche Gemeinschaft wiederherzustellen. [4]Ehegatten, von denen einer vermisst ist, sind im Allgemeinen nicht als dauernd getrennt lebend anzusehen.

Zurechnung gemeinsamer Einkünfte

(2) Gemeinsame Einkünfte der Ehegatten, z. B. aus einer Gesamthandsgesellschaft oder Gesamthandsgemeinschaft sind jedem Ehegatten, falls keine andere Aufteilung in Betracht kommt, zur Hälfte zuzurechnen.

(3)[1] *Für den VZ 2012 ist R 26 EStR 2008 weiter anzuwenden.*

H **26**

Allgemeines.

- Welche Personen **Ehegatten** i. S. d. § 26 Abs. 1 Satz 1 EStG sind, bestimmt sich **nach bürgerlichem Recht** (→ BFH vom 21.6.1957 – BStBl. III S. 300).
- Bei **Ausländern** sind die materiell-rechtlichen Voraussetzungen für jeden Beteiligten nach den Gesetzen des Staates zu beurteilen, dem er angehört. Die Anwendung eines ausländischen Gesetzes ist jedoch ausgeschlossen, wenn es gegen die guten Sitten oder den Zweck eines deutschen Gesetzes verstoßen würde (→ BFH vom 6.12.1985 – BStBl. 1986 II S. 390). Haben **ausländische Staatsangehörige,** von denen einer außerdem die deutsche Staatsangehörigkeit besitzt, im Inland eine Ehe geschlossen, die zwar nach dem gemeinsamen Heimatrecht, nicht aber nach deutschem Recht gültig ist, so handelt es sich nicht um Ehegatten i. S. d. § 26 Abs. 1 Satz 1 EStG (→ BFH vom 17.4.1998 – BStBl. II S. 473).
- Eine Ehe ist bei **Scheidung** nach § 1564 BGB **oder Aufhebung** nach § 1313 BGB erst mit Rechtskraft des Urteils aufgelöst; diese Regelung ist auch für das Einkommensteuerrecht maßgebend (→ BFH vom 9.3.1973 – BStBl. II S. 487).
- Ein Stpfl., dessen Ehegatte **verschollen oder vermisst** ist, gilt als verheiratet. Bei Kriegsgefangenen oder Verschollenen kann in der Regel ferner davon ausgegangen werden, dass sie vor Eintritt der Kriegsgefangenschaft oder Verschollenheit einen Wohnsitz im Inland gehabt haben (→ BFH vom 3.3.1978 – BStBl. II S. 372).
- Wird ein verschollener Ehegatte **für tot erklärt,** gilt der Stpfl. vom Tag der Rechtskraft des Todeserklärungsbeschlusses an als verwitwet (→ § 49 AO, BFH vom 24.8.1956 – BStBl. III S. 310).

Ehegatte im Ausland.

- → § 1a Abs. 1 Nr. 2 EStG.[2]

---

[1] **[Amtl. Anm.:]** Für VZ ab 2013 ohne Bedeutung.

[2] Zur Zusammenveranlagung von nicht dauernd getrennt lebenden Ehegatten, die ihre Wohnorte in verschiedenen EU-Mitgliedstaaten haben, siehe EuGH v. 25.1.2007 C-329/05, „Meindl“, DStR 2007, 232; hierzu und zur Einkünfteermittlung siehe BFH v. 20.8.2008 I R 78/07, BStBl. II 2009, 708, sowie H 1a EStH „Einkünfteermittlung zur Bestimmung der Einkunftsgrenzen“.

– Die Antragsveranlagung einer Person mit inländischen Einkünften i. S. d. § 49 EStG nach § 1 Abs. 3 EStG ermöglicht im Grundsatz keine Zusammenveranlagung mit ihrem ebenfalls im Ausland wohnenden Ehegatten, wenn dieser selbst nicht unbeschränkt einkommensteuerpflichtig ist (→ BFH vom 22.2.2006 – BStBl. 2007 II S. 106).

Ehegatte ohne Einkünfte. Stellt ein Ehegatte, der keine Einkünfte erzielt hat, einen Antrag auf Einzelveranlagung, ist dieser selbst dann unbeachtlich, wenn dem anderen Ehegatten eine Steuerstraftat zur Last gelegt wird. Im Fall eines solchen Antrags sind die Ehegatten nach § 26 Abs. 3 EStG zusammen zu veranlagen, wenn der andere Ehegatte dies beantragt hat (→ BFH vom 10.1.1992 – BStBl. II S. 297).

Getrenntleben. Ein dauerndes Getrenntleben ist anzunehmen, wenn die zum Wesen der Ehe gehörende Lebens- und Wirtschaftsgemeinschaft nach dem Gesamtbild der Verhältnisse auf die Dauer nicht mehr besteht. Dabei ist unter Lebensgemeinschaft die räumliche, persönliche und geistige Gemeinschaft der Ehegatten, unter Wirtschaftsgemeinschaft die gemeinsame Erledigung der die Ehegatten gemeinsam berührenden wirtschaftlichen Fragen ihres Zusammenlebens zu verstehen (→ BFH vom 15.6.1973 – BStBl. II S. 640).
In der Regel sind die Angaben der Ehegatten, sie lebten nicht dauernd getrennt, anzuerkennen, es sei denn, dass die äußeren Umstände das Bestehen einer ehelichen Lebens- und Wirtschaftsgemeinschaft fraglich erscheinen lassen (→ BFH vom 5.10.1966 – BStBl. 1967 III S. 84 und 110). In einem Scheidungsverfahren zum Getrenntleben getroffene Feststellungen (§ 1565 BGB) sind für die steuerliche Beurteilung nicht unbedingt bindend (→ BFH vom 13.12.1985 – BStBl. 1986 II S. 486).

Lebenspartner und Lebenspartnerschaften. → H 2.

Tod eines Ehegatten. Die Wahl der Veranlagungsart ist auch nach dem Tod eines Ehegatten für das Jahr des Todes möglich, wobei an die Stelle des Verstorbenen dessen Erben treten. Falls die zur Wahl erforderlichen Erklärungen nicht abgegeben werden, wird nach § 26 Abs. 3 EStG unterstellt, dass eine Zusammenveranlagung gewählt wird, wenn der Erbe Kenntnis von seiner Erbenstellung und den steuerlichen Vorgängen des Erblassers hat. Bis zur Ermittlung des Erben ist grundsätzlich einzeln zu veranlagen (→ BFH vom 21.6.2007 – BStBl. II S. 770).

Wahl der Veranlagungsart.

– Beantragen Ehegatten innerhalb der Frist für einen Einspruch gegen den Zusammenveranlagungsbescheid die Einzelveranlagung, ist das Finanzamt bei der daraufhin für jeden durchzuführenden Einzelveranlagung an die tatsächliche und rechtliche Beurteilung der Besteuerungsgrundlagen im Zusammenveranlagungsbescheid gebunden (→ BFH vom 3.3.2005 – BStBl. II S. 564).
– Ist ein Ehegatte von Amts wegen zu veranlagen und wird auf Antrag eines der beiden Ehegatten eine Einzelveranlagung durchgeführt, ist auch der andere Ehegatte zwingend einzeln zu veranlagen. Für die Veranlagung kommt es in einem solchen Fall auf das Vorliegen der Voraussetzungen des § 46 Abs. 2 EStG nicht mehr an (→ BFH vom 21.9.2006 – BStBl. 2007 II S. 11).

Zu § 26a EStG[1)]
(§§ 61 und 62d EStDV)[2)]

R 26a. Veranlagung von Ehegatten nach § 26a EStG

Für den VZ 2012 ist R 26a EStR 2008 weiter anzuwenden.[3)]

H 26a

Gütergemeinschaft.
- Zur Frage der einkommensteuerrechtlichen Wirkung des Güterstands der allgemeinen Gütergemeinschaft zwischen Ehegatten → BFH-Gutachten vom 18.2.1959 (BStBl. III S. 263).
- Gewerbebetrieb als Gesamtgut der in Gütergemeinschaft lebenden Ehegatten → H 15.9 (1) Gütergemeinschaft.
- Kein Gesellschaftsverhältnis, wenn die persönliche Arbeitsleistung eines Ehegatten in den Vordergrund tritt und im Betrieb kein nennenswertes ins Gesamtgut fallendes Kapital eingesetzt wird (→ BFH vom 20.3.1980 – BStBl. II S. 634).
- Übertragung einer im gemeinsamen Ehegatteneigentum stehenden forstwirtschaftlich genutzten Fläche in das Alleineigentum eines Ehegatten → H 4.2 (12) Gütergemeinschaft.
- Ist die einkommensteuerrechtliche Auswirkung der Gütergemeinschaft zwischen Ehegatten streitig, ist hierüber im Verfahren der gesonderten und einheitlichen Feststellung (§§ 179, 180 AO) zu befinden (→ BFH vom 23.6.1971 – BStBl. II S. 730).

Kinderbetreuungskosten. → BMF vom 14.3.2012 (BStBl. I S. 307), Rn. 27.

Pauschbetrag für Menschen mit Behinderungen. Nach § 26a Abs. 2 Satz 2 EStG ist auf übereinstimmenden Antrag der Ehegatten der grundsätzlich einem Ehegatten zustehende Pauschbetrag für Menschen mit Behinderungen (§ 33b Abs. 1 bis 3 EStG) bei der Einzelveranlagung der Ehegatten jeweils zur Hälfte abzuziehen (→ BFH vom 20.12.2017 – BStBl. 2018 II S. 468).

Zugewinngemeinschaft. Jeder Ehegatte bezieht – wie bei der Gütertrennung – die Nutzungen seines Vermögens selbst (→ §§ 1363 ff. BGB).

Zu § 26b EStG
(§ 62d EStDV)

R 26b. Zusammenveranlagung von Ehegatten nach § 26b EStG

Gesonderte Ermittlung der Einkünfte

(1) [1]Die Zusammenveranlagung nach § 26b EStG führt zwar zu einer Zusammenrechnung, nicht aber zu einer einheitlichen Ermittlung der Einkünfte

---

1) § 26a EStG neugef. durch SteuervereinfachungsG 2011 v. 1.11.2011, BGBl. I 2011, 2131, mWv VZ 2013.

2) §§ 61 und 62d Abs. 1 und Abs. 2 Satz 1 EStDV neugef. durch SteuervereinfachungsG 2011 v. 1.11.2011, BGBl. I 2011, 2131, mWv VZ 2013 (§ 84 Abs. 11 EStDV).

3) **[Amtl. Anm.:]** Für VZ ab 2013 ohne Bedeutung.

der Ehegatten. [2]Wegen des Verlustabzugs nach § 10d EStG wird auf § 62d Abs. 2 EStDV und R 10d Abs. 6 hingewiesen.

Feststellung gemeinsamer Einkünfte

(2) Gemeinsame Einkünfte zusammenzuveranlagender Ehegatten sind grundsätzlich gesondert und einheitlich festzustellen (§ 180 Abs. 1 Nr. 2 Buchstabe a[1]) und § 179 Abs. 2 AO), sofern es sich nicht um Fälle geringer Bedeutung handelt (§ 180 Abs. 3 AO).

H 26b

Feststellung gemeinsamer Einkünfte. Bei Ehegatten ist eine gesonderte und einheitliche Feststellung von Einkünften jedenfalls dann durchzuführen, wenn ein für die Besteuerung erhebliches Merkmal streitig ist, so auch, wenn zweifelhaft ist, ob Einkünfte vorliegen, an denen ggf. die Eheleute beteiligt sind (→ BFH vom 17.5.1995 – BStBl. II S. 640). Dies ist nicht erforderlich bei Fällen von geringer Bedeutung. Solche Fälle sind beispielsweise bei Mieteinkünften von zusammen zu veranlagenden Ehegatten (→ BFH vom 20.1.1976 – BStBl. II S. 305)[2]) und bei dem gemeinschaftlich erzielten Gewinn von zusammen zu veranlagenden Landwirts-Ehegatten (→ BFH vom 4.7.1985 – BStBl. II S. 576) gegeben, wenn die Einkünfte verhältnismäßig einfach zu ermitteln sind und die Aufteilung feststeht.

Gesonderte Ermittlung der Einkünfte. Bei der Zusammenveranlagung nach § 26b EStG sind ebenso wie bei der Einzelveranlagung nach § 26a EStG für jeden Ehegatten die von ihm bezogenen Einkünfte gesondert zu ermitteln (→ BFH vom 25.2.1988 – BStBl. II S. 827).

Zu § 31 EStG

R 31. Familienleistungsausgleich

Prüfung der Steuerfreistellung

(1) *(unbesetzt)*

Anspruch auf Kindergeld

(2) [1]Bei der Prüfung der Steuerfreistellung ist auf das für den jeweiligen VZ zustehende Kindergeld oder die vergleichbare Leistung abzustellen, unabhängig davon, ob ein Antrag gestellt wurde oder eine Zahlung erfolgt ist. [2]Dem Kindergeld vergleichbare Leistungen i. S. d. § 65 Abs. 1 Satz 1 EStG oder Leistungen auf Grund über- oder zwischenstaatlicher Rechtsvorschriften sind wie Ansprüche auf Kindergeld bis zur Höhe der Beträge nach § 66 EStG zu berücksichtigen. [3]Auch ein Anspruch auf Kindergeld, dessen Festsetzung aus verfahrensrechtlichen Gründen nicht erfolgt ist, ist zu berücksichtigen.

Zurechnung des Kindergelds/zivilrechtlicher Ausgleich

(3) [1]Der Anspruch auf Kindergeld ist demjenigen zuzurechnen, der für das Kind Anspruch auf einen Kinderfreibetrag nach § 32 Abs. 6 EStG hat, auch wenn das Kindergeld an das Kind selbst oder einen Dritten (z. B. einen Träger

---

1) **[Amtl. Anm.:]** Jetzt § 180 Abs. 1 Satz 1 Nr. 2 Buchstabe a AO.
2) Bestätigt durch BFH v. 4.7.2018 IX B 114/17, BFH/NV 2018, 1088.

von Sozialleistungen) ausgezahlt wird. [2]Der Anspruch auf Kindergeld ist grundsätzlich beiden Elternteilen jeweils zur Hälfte zuzurechnen; dies gilt unabhängig davon, ob ein barunterhaltspflichtiger Elternteil Kindergeld über den zivilrechtlichen Ausgleich von seinen Unterhaltszahlungen abzieht, oder ein zivilrechtlicher Ausgleich nicht in Anspruch genommen wird. [3]In den Fällen des § 32 Abs. 6 Satz 3 EStG und in den Fällen der Übertragung des Kinderfreibetrags (§ 32 Abs. 6 Satz 6, 1. Alternative EStG) ist dem Stpfl. der gesamte Anspruch auf Kindergeld zuzurechnen. [4]Wird für ein Kind lediglich der Freibetrag für den Betreuungs- und Erziehungs- oder Ausbildungsbedarf übertragen (§ 32 Abs. 6 Satz 6, 2. Alternative EStG), bleibt die Zurechnung des Anspruchs auf Kindergeld hiervon unberührt.

Abstimmung zwischen Finanzämtern und Familienkassen

(4) [1]Kommen die Freibeträge für Kinder zum Abzug, hat das Finanzamt die Veranlagung grundsätzlich unter Berücksichtigung des Anspruchs auf Kindergeld durchzuführen. [2]Ergeben sich durch den Vortrag des Stpfl. begründete Zweifel am Bestehen eines Anspruchs auf Kindergeld, ist die Familienkasse zu beteiligen. [3]Wird von der Familienkasse bescheinigt, dass ein Anspruch auf Kindergeld besteht, übernimmt das Finanzamt grundsätzlich die Entscheidung der Familienkasse über die Berücksichtigung des Kindes. [4]Zweifel an der Richtigkeit der Entscheidung der einen Stelle (Finanzamt oder Familienkasse) oder eine abweichende Auffassung sind der Stelle, welche die Entscheidung getroffen hat, mitzuteilen. [5]Diese teilt der anderen Stelle mit, ob sie den Zweifeln Rechnung trägt bzw. ob sie sich der abweichenden Auffassung anschließt. [6]Kann im Einzelfall kein Einvernehmen erzielt werden, haben das Finanzamt und die Familienkasse der jeweils vorgesetzten Behörde zu berichten. [7]Bis zur Klärung der Streitfrage ist die Festsetzung unter dem Vorbehalt der Nachprüfung durchzuführen.

H **31**

Hinzurechnung nach § 31 Satz 4 und 5 EStG.

- Für die Hinzurechnung ist allein entscheidend, ob ein Anspruch auf Kindergeld besteht. Der Kindergeldanspruch ist daher unabhängig davon, ob das Kindergeld tatsächlich gezahlt worden ist, hinzuzurechnen, wenn die Berücksichtigung von Freibeträgen nach § 32 Abs. 6 EStG rechnerisch günstiger ist als der Kindergeldanspruch (→ BFH vom 13.9.2012 – BStBl. 2013 II S. 228). Dies gilt auch dann, wenn ein Kindergeldantrag trotz des materiell-rechtlichen Bestehens des Anspruchs bestandskräftig abgelehnt worden ist (→ BFH vom 15.3.2012 – BStBl. 2013 II S. 226).
- → aber § 31 Satz 5 EStG.

Prüfung der Steuerfreistellung. Die Vergleichsrechnung, bei der geprüft wird, ob das Kindergeld oder der Ansatz der Freibeträge nach § 32 Abs. 6 EStG für den Stpfl. vorteilhafter ist, wird für jedes Kind einzeln durchgeführt. Dies gilt auch dann, wenn eine Zusammenfassung der Freibeträge für zwei und mehr Kinder wegen der Besteuerung außerordentlicher Einkünfte günstiger wäre (→ BFH vom 28.4.2010 – BStBl. 2011 II S. 259).

Übersicht über vergleichbare ausländische Leistungen. → BZSt vom 16.1.2017 (BStBl. I S. 151).

Über- und zwischenstaatliche Rechtsvorschriften. Über- und zwischenstaatliche Rechtsvorschriften i. S. d. R 31 Abs. 2 Satz 2 sind insbesondere folgende Regelungen:
- Verordnung (EG) Nr. 883/2004 des Europäischen Parlaments und des Rates vom 29.4.2004 zur Koordinierung der Systeme der sozialen Sicherheit (ABl. EG Nr. L 200 vom 7.6.2004, S. 1), zuletzt geändert durch VO (EU) Nr. 2017/492 der Kommission vom 21.3.2017 (ABl. Nr. L 76 vom 22.3.2017, S. 13), anzuwenden im Verhältnis zu den EU-Staaten seit 1.5.2010 (zu Kroatien seit 1.7.2013), zur Schweiz seit 1.4.2012 und zu den EWR-Staaten Island, Liechtenstein und Norwegen seit 1.6.2012, zu den Übergangsbestimmungen siehe Art. 87 VO (EG) Nr. 883/2004;
- Verordnung (EG) Nr. 987/2009 des Europäischen Parlaments und des Rates vom 16.9.2009 zur Festlegung der Modalitäten für die Durchführung der Verordnung (EG) Nr. 883/2004 über die Koordinierung der Systeme der sozialen Sicherheit (ABl. Nr. L 284 vom 30.10.2009, S. 1), anzuwenden im Verhältnis zu den EU-Staaten seit 1.5.2010 (zu Kroatien seit 1.7.2013), zur Schweiz seit 1.4.2012 und zu den EWR-Staaten Island, Liechtenstein und Norwegen seit 1.6.2012, zu den Übergangsbestimmungen siehe Art. 93 VO (EG) Nr. 987/2009 i. V. m. Art. 87 VO (EG) Nr. 883/2004;
- Verordnung (EU) Nr. 1231/2010 des Europäischen Parlaments und des Rates vom 24. November 2010 zur Ausdehnung der Verordnung (EG) Nr. 883/2004 und der Verordnung (EG) Nr. 987/2009 auf Drittstaatsangehörige, die ausschließlich aufgrund ihrer Staatsangehörigkeit nicht bereits unter diese Verordnungen fallen (ABl. Nr. L 344 vom 29.12.2010, S. 1), gültig in allen Mitgliedstaaten der EU mit Ausnahme von Dänemark und Großbritannien;
- EWR-Abkommen vom 2.5.1992 (BGBl. 1993 II S. 226) i. d. F. des Anpassungsprotokolls vom 17.3.1993 (BGBl. II S. 1294);
- Abkommen zwischen der Europäischen Gemeinschaft und ihren Mitgliedstaaten einerseits und der Schweizerischen Eidgenossenschaft andererseits über die Freizügigkeit vom 21.6.1999 (BGBl. 2001 II S. 810), in Kraft getreten am 1.6.2002 (BGBl. II S. 1692). Nach diesem Abkommen gelten die gemeinschaftsrechtlichen Koordinierungsvorschriften (Verordnungen (EG) Nr. 883/2004 und 987/2009) seit dem 1.4.2012 auch im Verhältnis zur Schweiz.

Auf Grund der vorstehenden Regelungen besteht grundsätzlich vorrangig ein Anspruch im Beschäftigungsstaat. Wenn die ausländische Familienleistung geringer ist und der andere Elternteil dem deutschen Recht der sozialen Sicherheit unterliegt, besteht Anspruch auf einen Unterschiedsbetrag zum Kindergeld in Deutschland.
- **Bosnien und Herzegowina** → Serbien/Montenegro;
- **Marokko.** Abkommen zwischen der Bundesrepublik Deutschland und dem Königreich Marokko über Kindergeld vom 25.3.1981 (BGBl. 1995 II S. 634 ff.) i. d. F. des Zusatzabkommens vom 22.11.1991 (BGBl. 1995 II S. 640), beide in Kraft getreten am 1.8.1996 (BGBl. II S. 1455);
- **Mazedonien** → Serbien/Montenegro;

- **Serbien/Montenegro.** Abkommen zwischen der Bundesrepublik Deutschland und der Sozialistischen Föderativen Republik Jugoslawien über Soziale Sicherheit vom 12.10.1968 (BGBl. 1969 II S. 1437), in Kraft getreten am 1.9.1969 (BGBl. II S. 1568), i. d. F. des Änderungsabkommens vom 30.9.1974 (BGBl. 1975 II S. 389), in Kraft getreten am 1.1.1975 (BGBl. II S. 916).

  Das vorgenannte Abkommen gilt im Verhältnis zu Bosnien und Herzegowina, Serbien sowie Montenegro uneingeschränkt fort, nicht jedoch im Verhältnis zur Republik Kroatien, zur Republik Slowenien und zur Republik Mazedonien;
- **Türkei.** Abkommen zwischen der Bundesrepublik Deutschland und der Republik Türkei über Soziale Sicherheit vom 30.4.1964 (BGBl. 1965 II S. 1169 ff.), in Kraft getreten am 1.11.1965 (BGBl. II S. 1588), i. d. F. des Zusatzabkommens vom 2.11.1984 zur Änderung des Abkommens (BGBl. 1986 II S. 1040 ff.), in Kraft getreten am 1.4.1987 (BGBl. II S. 188);
- **Tunesien.** Abkommen zwischen der Bundesrepublik Deutschland und der Tunesischen Republik über Kindergeld vom 20.9.1991 (BGBl. 1995 II S. 642 ff.), in Kraft getreten am 1.8.1996 (BGBl. II S. 2522).

Höhe des inländischen Kindergelds für Kinder in einzelnen Abkommensstaaten:

Angaben in Euro je Monat	1. Kind	2. Kind	3. Kind	4. Kind	5. Kind	6. Kind	ab 7. Kind
Bosnien und Herzegowina	5,11	12,78	30,68	30,68	35,79	35,79	35,79
Kosovo	5,11	12,78	30,68	30,68	35,79	35,79	35,79
Marokko	5,11	12,78	12,78	12,78	12,78	12,78	–
Montenegro	5,11	12,78	30,68	30,68	35,79	35,79	35,79
Serbien	5,11	12,78	30,68	30,68	35,79	35,79	35,79
Türkei	5,11	12,78	30,68	30,68	35,79	35,79	35,79
Tunesien	5,11	12,78	12,78	12,78	–	–	–

Zivilrechtlicher Ausgleich. Verzichtet der zum Barunterhalt verpflichtete Elternteil durch gerichtlichen oder außergerichtlichen Vergleich auf die Anrechnung des hälftigen Kindergeldes auf den Kindesunterhalt, ist sein zivilrechtlicher Ausgleichsanspruch gleichwohl in die Prüfung der Steuerfreistellung des § 31 EStG einzubeziehen (→ BFH vom 16.3.2004 – BStBl. 2005 II S. 332). Sieht das Zivilrecht eines anderen Staates nicht vor, dass das Kindergeld die Unterhaltszahlung an das Kind mindert, ist der für das Kind bestehende Kindergeldanspruch dennoch bei der Prüfung der Steuerfreistellung nach § 31 EStG anzusetzen (→ BFH vom 13.8.2002 – BStBl. II S. 867 und vom 28.6.2012 – BStBl. 2013 II S. 855).

Zurechnung des Kindergelds. Bei der Prüfung der Steuerfreistellung ist der gesamte Anspruch auf Kindergeld dem vollen Kinderfreibetrag gegenüberzustellen, wenn der halbe Kinderfreibetrag auf den betreuenden Elternteil übertragen wurde, weil der andere Elternteil seiner Unterhaltsverpflichtung gegenüber dem Kind nicht nachkam (→ BFH vom 16.3.2004 – BStBl. 2005 II S. 594).

Zu § 32 EStG

R 32.1 Im ersten Grad mit dem Steuerpflichtigen verwandte Kinder

(unbesetzt)

H 32.1

Anerkennung der Vaterschaft. Die Anerkennung der Vaterschaft begründet den gesetzlichen Vaterschaftstatbestand des § 1592 Nr. 2 BGB und bestätigt das zwischen dem Kind und seinem Vater von der Geburt an bestehende echte Verwandtschaftsverhältnis i. S. d. § 32 Abs. 1 Nr. 1 EStG. Bestandskräftige Einkommensteuerbescheide sind nach § 175 Abs. 1 Satz 1 Nr. 2 AO zu ändern und kindbedingte Steuervorteile zu berücksichtigen (→ BFH vom 28.7.2005 – BStBl. 2008 II S. 350).

Annahme als Kind. → A 10.2 Abs. 1 und 3 DA-KG 2021:[1)]

„(1) Ein angenommenes minderjähriges Kind ist mit dem Berechtigten im ersten Grad verwandt (vgl. § 32 Abs. 1 Nr. 1 EStG). Die Annahme wird vom Familiengericht ausgesprochen und durch Zustellung des Annahmebeschlusses an die annehmende Person rechtswirksam (§ 197 Abs. 2 FamFG). Mit der Annahme als Kind erlischt das Verwandtschaftsverhältnis des Kindes zu seinen bisherigen Verwandten. Nimmt ein Ehegatte oder Lebenspartner das Kind seines Ehegatten oder Lebenspartners an, erlischt das Verwandtschaftsverhältnis nur zu dem anderen Elternteil und dessen Verwandten (§ 1755 BGB).

(3) Wird eine volljährige Person als Kind angenommen, gilt diese ebenfalls als im ersten Grad mit der annehmenden Person verwandt. Das Verwandtschaftsverhältnis zu bisherigen Verwandten erlischt jedoch nur dann, wenn das Familiengericht der Annahme die Wirkung einer Minderjährigenannahme beigelegt hat (§ 1772 BGB). …"

R 32.2 Pflegekinder

Pflegekindschaftsverhältnis

(1) [1]Ein Pflegekindschaftsverhältnis (§ 32 Abs. 1 Nr. 2 EStG) setzt voraus, dass das Kind im Haushalt der Pflegeeltern sein Zuhause hat und diese zu dem Kind in einer familienähnlichen, auf längere Dauer angelegten Beziehung wie zu einem eigenen Kind stehen, z. B. wenn der Stpfl. ein Kind im Rahmen von Hilfe zur Erziehung in Vollzeitpflege (§§ 27, 33 SGB VIII) oder im Rahmen von Eingliederungshilfe (§ 35a Abs. 2 Nr. 3 SGB VIII) in seinen Haushalt aufnimmt, sofern das Pflegeverhältnis auf Dauer angelegt ist. [2]Hieran fehlt es, wenn ein Kind von vornherein nur für eine begrenzte Zeit im Haushalt des Stpfl. Aufnahme findet. [3]Kinder, die mit dem Ziel der Annahme vom Stpfl. in Pflege genommen werden (§ 1744 BGB), sind regelmäßig Pflegekinder. [4]Zu Erwerbszwecken in den Haushalt aufgenommen sind z. B. Kostkinder. [5]Hat der Stpfl. mehr als sechs Kinder in seinem Haushalt aufgenommen, spricht eine Vermutung dafür, dass es sich um Kostkinder handelt.

---

1) BStBl. I 2021, 1598.

Kein Obhuts- und Pflegeverhältnis zu den leiblichen Eltern

(2) [1] Voraussetzung für ein Pflegekindschaftsverhältnis zum Stpfl. ist, dass das Obhuts- und Pflegeverhältnis zu den leiblichen Eltern nicht mehr besteht, d.h. die familiären Bindungen zu diesen auf Dauer aufgegeben sind. [2] Gelegentliche Besuchskontakte allein stehen dem nicht entgegen.

Altersunterschied

(3) [1] Ein Altersunterschied wie zwischen Eltern und Kindern braucht nicht unbedingt zu bestehen. [2] Dies gilt auch, wenn das zu betreuende Geschwister von Kind an wegen Behinderung pflegebedürftig war und das betreuende Geschwister die Stelle der Eltern, z.B. nach deren Tod, einnimmt. [3] Ist das zu betreuende Geschwister dagegen erst im Erwachsenenalter pflegebedürftig geworden, wird im Allgemeinen ein dem Eltern-Kind-Verhältnis ähnliches Pflegeverhältnis nicht mehr begründet werden können.

H 32.2

Familienähnliches, auf längere Dauer berechnetes Band; nicht zu Erwerbszwecken. → A 11.3 DA-KG 2021:[1)]

„(1) Ein familienähnliches Band wird allgemein dann angenommen, wenn zwischen der Pflegeperson und dem Kind ein Aufsichts-, Betreuungs- und Erziehungsverhältnis wie zwischen Eltern und leiblichem Kind besteht. Es kommt nicht darauf an, ob die Pflegeeltern die Personensorge innehaben.

(2) Die nach § 32 Abs. 1 Nr. 2 EStG erforderliche familienähnliche Bindung muss von vornherein auf mehrere Jahre angelegt sein. Maßgebend ist nicht die tatsächliche Dauer der Bindung, wie sie sich aus rückschauender Betrachtung darstellt, sondern vielmehr die Dauer, die der Bindung nach dem Willen der Beteiligten bei der Aufnahme des Kindes zugedacht ist. Dabei kann bei einer von den Beteiligten beabsichtigten Dauer von mindestens zwei Jahren im Regelfall davon ausgegangen werden, dass ein Pflegekindschaftsverhältnis i. S. d. EStG begründet worden ist. Das Gleiche gilt, wenn ein Kind mit dem Ziel der Annahme als Kind in Pflege genommen wird.

(3) Ein familienähnliches Band kann auch noch begründet werden, wenn ein Kind kurz vor Eintritt der Volljährigkeit in den Haushalt der Pflegeperson aufgenommen wird. Die Aufnahme einer volljährigen Person, insbesondere eines volljährigen Familienangehörigen, in den Haushalt und die Sorge für diese Person begründet für sich allein regelmäßig kein Pflegekindschaftsverhältnis, selbst wenn es sich um eine Person mit Behinderung handelt. Wenn es sich bei der Person jedoch um einen Menschen mit schwerer geistiger oder seelischer Behinderung handelt, der in seiner geistigen Entwicklung einem Kind gleichsteht, kann ein Pflegekindschaftsverhältnis unabhängig vom Alter dieser Person und der Pflegeeltern begründet werden. Die Wohn- und Lebensverhältnisse der Person mit Behinderung müssen den Verhältnissen leiblicher Kinder vergleichbar sein und eine Zugehörigkeit dieser Person zur Familie widerspiegeln, außerdem muss ein dem Eltern-Kind-Verhältnis vergleichbares Erziehungsverhältnis bestehen (siehe auch BFH vom 9.2.2012, III R 15/09, BStBl. II S. 739).

(4) Anhaltspunkt für das Vorliegen einer familienähnlichen Bindung kann eine vom Jugendamt erteilte Pflegeerlaubnis nach § 44 SGB VIII sein. Sie ist jedoch nicht in jedem Fall vorgeschrieben, z.B. dann nicht, wenn das Kind der Pflegeperson vom Jugendamt vermittelt worden ist, wenn Pflegekind und Pflegeperson miteinander verwandt oder verschwägert sind, oder wenn es sich um eine nicht gewerbsmäßige Tagespflege handelt. Wird eine amtliche Pflegeerlaubnis abgelehnt bzw. eine solche widerrufen, kann davon ausgegangen werden, dass ein familienähnliches, auf längere Dauer angelegtes Band zwischen Pflegeperson und Kind nicht bzw. nicht mehr vorliegt. Endet die Pflegeerlaubnis nur deshalb, weil das Pflegekind eine bestimmte Altersgrenze erreicht (z.B. Vollendung des 18. Lebensjah-

[1)] BStBl. I 2021, 1598.

res), ist dies allein kein Grund anzunehmen, dass ein familienähnliches, auf längere Dauer angelegtes Band zwischen Pflegeperson und Kind nicht mehr vorliegt.

(5) Ein Altersunterschied wie zwischen Eltern und Kindern braucht nicht unbedingt zu bestehen. Ein Pflegekindschaftsverhältnis kann daher auch zwischen Geschwistern, z.B. Waisen, gegeben sein (BFH vom 5.8.1977, VI R 187/74, BStBl. II S. 832). Das Gleiche gilt ohne Rücksicht auf einen Altersunterschied, wenn der zu betreuende Geschwisterteil von Kind an wegen Behinderung pflegebedürftig war und der betreuende Teil die Stelle der Eltern, etwa nach deren Tod, einnimmt. Ist der zu betreuende Geschwisterteil dagegen erst nach Eintritt der Volljährigkeit pflegebedürftig geworden, so wird im Allgemeinen ein dem Eltern-Kind-Verhältnis ähnliches Pflegeverhältnis nicht mehr begründet werden können.

(6) Werden von einer Pflegeperson bis zu sechs Kinder in ihren Haushalt aufgenommen, ist davon auszugehen, dass die Haushaltsaufnahme nicht zu Erwerbszwecken erfolgt. Keine Pflegekinder sind sog. Kostkinder. Hat die Pflegeperson mehr als sechs Kinder in ihren Haushalt aufgenommen, spricht eine Vermutung dafür, dass es sich um Kostkinder handelt, vgl. R 32.2 Abs. 1 EStR 2012. In einem erwerbsmäßig betriebenen Heim (Kinderhaus) oder in einer sonstigen betreuten Wohnform nach § 34 SGB VIII untergebrachte Kinder sind keine Pflegekinder (BFH vom 23.9.1998, XI R 11/98, BStBl. 1999 II S. 133 und BFH vom 2.4.2009, III R 92/06, BStBl. 2010 II S. 345). Die sozialrechtliche Einordnung hat Tatbestandswirkung (BFH vom 2.4.2009, III R 92/06, BStBl. 2010 II S. 345), d.h. sie ist ein Grundlagenbescheid, dem Bindungswirkung zukommt (vgl. V 20)[1]."

Fehlendes Obhuts- und Pflegeverhältnis zu den Eltern. → A 11.4 DA-KG 2021:[2]

„(1) Ein Pflegekindschaftsverhältnis setzt des Weiteren voraus, dass ein Obhuts- und Pflegeverhältnis zu den Eltern nicht mehr besteht. Ob ein Obhuts- und Pflegeverhältnis zu den Eltern noch besteht, hängt vom Einzelfall ab und ist insbesondere unter Berücksichtigung des Alters des Kindes, der Anzahl und der Dauer der Besuche der Eltern bei dem Kind sowie der Frage zu beurteilen, ob und inwieweit vor der Trennung bereits ein Obhuts- und Pflegeverhältnis des Kindes zu den Eltern bestanden hat (BFH vom 20.1.1995, III R 14/94, BStBl. II S. 582 und BFH vom 7.9.1995, III R 95/93, BStBl. 1996 II S. 63).

(2) Ein Pflegekindschaftsverhältnis liegt nicht vor, wenn die Pflegeperson nicht nur mit dem Kind, sondern auch mit einem Elternteil des Kindes in häuslicher Gemeinschaft lebt, und zwar selbst dann nicht, wenn der Elternteil durch eine Schul- oder Berufsausbildung in der Obhut und Pflege des Kindes beeinträchtigt ist (BFH vom 9.3.1989, VI R 94/88, BStBl. II S. 680). Ein zwischen einem allein erziehenden Elternteil und seinem Kind im Kleinkindalter begründetes Obhuts- und Pflegeverhältnis wird durch die vorübergehende Abwesenheit des Elternteils nicht unterbrochen (BFH vom 12.6.1991, III R 108/89, BStBl. 1992 II S. 20). Die Auflösung des Obhuts- und Pflegeverhältnisses des Kindes zu den Eltern kann i.d.R. angenommen werden, wenn ein noch nicht schulpflichtiges Kind mindestens ein Jahr lang bzw. ein noch schulpflichtiges Kind über zwei Jahre und länger keine ausreichenden Kontakte mehr hat (BFH vom 20.1.1995, III R 14/94, BStBl. II S. 582 und BFH vom 7.9.1995, III R 95/93, BStBl. 1996 II S. 63). Das Pflegekindschaftsverhältnis besteht dann nicht erst nach Ablauf dieses Zeitraums, sondern ab Aufnahme des Kindes in den Haushalt der Pflegeperson und Bestehen des familienähnlichen, auf längere Dauer berechneten Bandes. Diese Grundsätze gelten auch für Prognoseentscheidungen. Die Prognoseentscheidung basiert auf der Bewertung, ob zum Zeitpunkt der Entscheidung das Obhuts- und Pflegeverhältnis zu den abstammungsrechtlich zugeordneten Eltern besteht. Kein ausreichendes Obhuts- und Pflegeverhältnis liegt beispielsweise vor, wenn:

- ein Pflegekind von seinen Eltern nur gelegentlich im Haushalt der Pflegeperson besucht wird bzw. wenn es seine Eltern ebenfalls nur gelegentlich besucht,
- Besuche allein dem Zweck dienen, die vom Gericht oder Jugendamt festgelegten Besuchszeiten einzuhalten, oder
- die Kontakte mit den Eltern nicht geeignet sind, einen Beitrag für die Pflege und Obhut des Kindes zu leisten und Obhut und Pflege also im Wesentlichen durch die Pflegeperson erbracht werden.

[1] V 20 DA-KG 2021 regelt die Korrektur von Folgebescheiden nach § 175 Abs. 1 Satz 1 Nr. 1 AO.

[2] BStBl. I 2021, 1598.

(3) Bei unbegleiteten minderjährigen Flüchtlingen kann das fehlende Obhuts- und Pflegeverhältnis zu den Eltern unterstellt werden. Als unbegleiteter minderjähriger Flüchtling gilt ein minderjähriges Kind, das ohne Begleitung eines nach dem Gesetz oder der Praxis des betreffenden Staates für das Kind verantwortlichen Erwachsenen geflüchtet ist."

R 32.3 Allgemeines zur Berücksichtigung von Kindern

[1] Ein Kind wird vom Beginn des Monats an, in dem die Anspruchsvoraussetzungen erfüllt sind, berücksichtigt. [2] Entsprechend endet die Berücksichtigung mit Ablauf des Monats, in dem die Anspruchsvoraussetzungen wegfallen (Monatsprinzip). [3] Für die Frage, ob ein Kind lebend geboren wurde, ist im Zweifel das Personenstandsregister des Standesamtes maßgebend. [4] Eine Berücksichtigung außerhalb des Zeitraums der unbeschränkten Steuerpflicht der Eltern ist – auch in den Fällen des § 2 Abs. 7 Satz 3 EStG – nicht möglich. [5] Ein vermisstes Kind ist bis zur Vollendung des 18. Lebensjahres zu berücksichtigen.

R 32.4 Kinder, die Arbeit suchen *(unbesetzt)*

H 32.4

Erkrankung und Mutterschaft. → A 14.2 DA-KG 2021:[1]

„(1) Eine Berücksichtigung ist auch in einem Zeitraum möglich, in dem das Kind wegen Erkrankung nicht bei einer Agentur für Arbeit im Inland arbeitsuchend gemeldet ist. Die Erkrankung und das voraussichtliche Ende der Erkrankung sind durch eine Bescheinigung des behandelnden Arztes nachzuweisen; die Bescheinigung ist jeweils nach Ablauf von sechs Monaten zu erneuern. Ist nach den ärztlichen Feststellungen das voraussichtliche Ende der Erkrankung nicht absehbar, ist zu prüfen, ob das Kind wegen einer Behinderung nach § 32 Abs. 4 Satz 1 Nr. 3 EStG berücksichtigt werden kann. Wurde das Kind nicht bereits vor der Erkrankung nach § 32 Abs. 4 Satz 1 Nr. 1 EStG berücksichtigt, muss es seinen Willen, sich unmittelbar nach Wegfall der Hinderungsgründe bei der zuständigen Agentur für Arbeit im Inland arbeitsuchend zu melden, durch eine schriftliche Erklärung glaubhaft machen (vgl. V 6.1 Abs. 1 Satz 8). Meldet sich das Kind nach Wegfall der Hinderungsgründe nicht unmittelbar bei der zuständigen Agentur für Arbeit im Inland arbeitsuchend, ist die Festsetzung ab dem Monat, der dem Monat folgt, in dem die Hinderungsgründe wegfallen, nach § 70 Abs. 2 Satz 1 EStG aufzuheben. Für die Bearbeitung und Nachweisführung stehen die Vordrucke KG 9a und KG 9b[2] zur Verfügung.

(2) Ein Kind, das wegen eines Beschäftigungsverbots nach §§ 3, 13 Abs. 1 Nr. 3 oder 16 MuSchG nicht bei einer Agentur für Arbeit im Inland arbeitsuchend gemeldet ist, kann nach § 32 Abs. 4 Satz 1 Nr. 1 EStG berücksichtigt werden. Das Gleiche gilt, wenn das Kind wegen unzulässiger Tätigkeiten und Arbeitsbedingungen nach §§ 11, 12 MuSchG nicht arbeitssuchend gemeldet ist. Die Schwangerschaft und der voraussichtliche Tag der Entbindung sind durch ein ärztliches Zeugnis oder das Zeugnis einer Hebamme oder eines Entbindungshelfers nachzuweisen. Ein Beschäftigungsverbot nach § 16 MuSchG ist durch ärztliches Zeugnis zu bestätigen. Die Nichtvermittelbarkeit wegen unzulässiger Tätigkeit nach §§ 11, 12 MuSchG ist durch eine Bescheinigung der Arbeitsvermittlung nachzuweisen. Satz 1 und 2 gelten unabhängig davon, ob das Kind nach dem Ende des Beschäftigungsverbots nach §§ 3, 13 Abs. 1 Nr. 3 oder 16 MuSchG die Meldung als Arbeitsuchender im Inland erneut vornimmt (BFH vom 13.6.2013, III R 58/12, BStBl. 2014 II S. 834). Befindet sich das Kind jedoch in Elternzeit nach dem BEEG, wird es nur berücksichtigt, wenn es arbeitsuchend gemeldet ist."

Kinder, die Arbeit suchen. → A 14.1 Abs. 1 und 2 DA-KG 2021:[1]

„(1) Ein Kind, das das 18., aber noch nicht das 21. Lebensjahr vollendet hat, kann nach § 32 Abs. 4 Satz 1 Nr. 1 EStG berücksichtigt werden, wenn es nicht in einem Beschäftigungsver-

---

[1] BStBl. I 2021, 1598.

[2] **[Amtl. Anm.:]** Vordrucke der Familienkasse.

hältnis steht und bei einer Agentur für Arbeit im Inland oder einem Jobcenter (gemeinsame Einrichtung oder zugelassener kommunaler Träger) arbeitsuchend gemeldet ist.
Einer Berücksichtigung stehen nicht entgegen:
– eine geringfügige Beschäftigung i. S. v. § 8 SGB IV bzw. § 8a SGB IV (vgl. A 20.3.3 Abs. 1 und 2),
– eine selbständige oder gewerbliche Tätigkeit von insgesamt weniger als 15 Stunden wöchentlich (vgl. BFH vom 18.12.2014, III R 9/14, BStBl. 2015 II S. 653),
– die Zuweisung in Arbeitsgelegenheiten nach § 16d SGB II,
– wenn die Meldung als Arbeitssuchender nicht im Inland, sondern bei der staatlichen Arbeitsvermittlung in einem anderen EU- bzw. EWR-Staat oder in der Schweiz erfolgt ist.
A 23 und V 1.5.2 sind zu beachten.

(2) Der Nachweis, dass ein Kind bei einer Agentur für Arbeit im Inland arbeitsuchend gemeldet ist, hat durch eine Bescheinigung der zuständigen Agentur für Arbeit oder des Jobcenters zu erfolgen. Hierfür steht der Vordruck KG 11a[1] zur Verfügung. Es sind diesbezüglich keine weiteren Prüfungen durch die Familienkasse erforderlich. Auch die Bescheinigung der Arbeitslosigkeit oder des Bezugs von Arbeitslosengeld nach § 136 SGB III sind ein ausreichender Nachweis der Meldung als arbeitsuchend."

R 32.5 Kinder, die für einen Beruf ausgebildet werden *(unbesetzt)*

H 32.5

Allgemeines.
– → A 15 DA-KG 2021;[2]
– Als Berufsausbildung ist die Ausbildung für einen künftigen Beruf zu verstehen. In der Berufsausbildung befindet sich, wer sein Berufsziel noch nicht erreicht hat, sich aber ernstlich darauf vorbereitet (→ BFH vom 9.6.1999 – BStBl. II S. 706). Dem steht nicht entgegen, dass das Kind auf Grund der Art der jeweiligen Ausbildungsmaßnahme die Möglichkeit der Erzielung eigener Einkünfte erlangt (→ BFH vom 16.4.2002 – BStBl. II S. 523).

Beginn, Unterbrechung und Ende der Berufsausbildung.
– Das Referendariat im Anschluss an die erste juristische Staatsprüfung gehört zur Berufsausbildung (→ BFH vom 10.2.2000 – BStBl. II S. 398).
– Ein Kind befindet sich nicht in Ausbildung, wenn es sich zwar an einer Universität immatrikuliert, aber tatsächlich das Studium noch nicht aufgenommen hat (→ BFH vom 23.11.2001 – BStBl. 2002 II S. 484).
– Ein Universitätsstudium ist in dem Zeitpunkt abgeschlossen, in dem eine nach dem einschlägigen Prüfungsrecht zur Feststellung des Studienerfolgs vorgesehene Prüfungsentscheidung ergangen ist oder ein Prüfungskandidat von der vorgesehenen Möglichkeit, sich von weiteren Prüfungsabschnitten befreien zu lassen, Gebrauch gemacht hat (→ BFH vom 21.1.1999 – BStBl. II S. 141). Die Berufsausbildung endet bereits vor Bekanntgabe des Prüfungsergebnisses, wenn das Kind nach Erbringung aller Prüfungsleistungen eine Vollzeiterwerbstätigkeit aufnimmt (→ BFH vom 24.5.2000 – BStBl. II S. 473).
– → A 15.10 DA-KG 2021.[2]
– → A 20.2.4 Abs. 2 und 3 DA-KG 2021.[2]

---

[1] **[Amtl. Anm.:]** Vordruck der Familienkasse.
[2] BStBl. I 2021, 1598.

Kinder mit Behinderung, die für einen Beruf ausgebildet werden. → A 15.4 DA-KG 2021:[1)]

„Ein Kind mit Behinderung wird auch dann für einen Beruf ausgebildet, wenn es durch gezielte Maßnahmen auf eine – wenn auch einfache – Erwerbstätigkeit vorbereitet wird, die nicht spezifische Fähigkeiten oder Fertigkeiten erfordert. Unter diesem Gesichtspunkt kann z. B. auch der Besuch einer Schule für Menschen mit Behinderung, einer Heimsonderschule, das Arbeitstraining in einer Anlernwerkstatt oder die Förderung im Berufsbildungsbereich einer Werkstatt für behinderte Menschen den Grundtatbestand des § 32 Abs. 4 Satz 1 Nr. 2 Buchst. a EStG erfüllen."

Praktikum, Volontariat und Trainee-Programm.
– → A 15.8 DA-KG 2021:[1)]

„(1) Während eines Praktikums wird ein Kind für einen Beruf ausgebildet, sofern dadurch Kenntnisse, Fähigkeiten und Erfahrungen vermittelt werden, die als Grundlagen für die Ausübung des angestrebten Berufs geeignet sind (vgl. BFH vom 9.6.1999, IV R 16/99, BStBl. II S. 713) und es sich nicht lediglich um ein gering bezahltes Arbeitsverhältnis handelt. Das Praktikum muss für das angestrebte Berufsziel förderlich sein (BFH vom 15.7.2003, VIII R 79/99, BStBl. II S. 843). Es sind auch der Vervollkommnung und Abrundung von Fähigkeiten und Kenntnissen dienende Maßnahmen einzubeziehen, die außerhalb eines geregelten Bildungsganges ergriffen werden und damit über das vorgeschriebene Maß hinausgehen. Es ist nicht erforderlich, dass die Ausbildungsmaßnahme einem im BBiG geregelten fest umrissenen Bildungsgang entspricht, sie in einer Ausbildungs- oder Studienordnung vorgeschrieben ist oder auf ein deutsches Studium angerechnet wird.

(2) Ein vorgeschriebenes Praktikum ist als notwendige fachliche Voraussetzung oder Ergänzung der eigentlichen Ausbildung an einer Schule, Hochschule oder sonstigen Ausbildungsstätte ohne weiteres anzuerkennen. Gleiches gilt für ein durch die Ausbildungs- oder Studienordnung empfohlenes Praktikum sowie für ein Praktikum, das in dem mit der späteren Ausbildungsstätte abgeschlossenen schriftlichen Ausbildungsvertrag oder der von dieser Ausbildungsstätte schriftlich gegebenen verbindlichen Ausbildungszusage vorgesehen ist.

(3) Ein Praktikum, das weder vorgeschrieben noch empfohlen ist, kann unter den Voraussetzungen des Abs. 1 für die Dauer berücksichtigt werden, in der ein ausreichender Bezug zum Berufsziel glaubhaft gemacht wird, längstens für zwölf Monate. Von einem ausreichenden Bezug kann ausgegangen werden, wenn dem Praktikum ein detaillierter Ausbildungsplan zu Grunde liegt, der darauf zielt, unter fachkundiger Anleitung für die Ausübung des angestrebten Berufs wesentliche Kenntnisse und Fertigkeiten zu vermitteln.

(4) Eine Tätigkeit kann für eine Dauer von bis zu drei Monaten als Praktikum berücksichtigt werden, wenn sie im Rahmen der Berufsorientierung dazu dient, Einblicke in Inhalte, Anforderungen, Strukturen und Themen des jeweiligen Berufsbildes zu vermitteln und es sich dabei nicht lediglich um ein gering bezahltes Arbeitsverhältnis handelt.

(5) Eine Volontärtätigkeit, die ein ausbildungswilliges Kind vor Annahme einer voll bezahlten Beschäftigung gegen geringe Entlohnung absolviert, ist berücksichtigungsfähig, wenn das Volontariat der Erlangung der angestrebten beruflichen Qualifikation dient und somit der Ausbildungscharakter im Vordergrund steht (vgl. BFH vom 9.6.1999, VI R 50/98, BStBl. II S. 706; vgl. auch Anlernverhältnis, A 15.2 Satz 2); Gleiches gilt für eine Tätigkeit als Trainee. Für eine Prägung durch Ausbildungszwecke spricht es, dass ein detaillierter Ausbildungsplan zu Grunde liegt, dass die Unterweisung auf qualifizierte Tätigkeiten ausgerichtet ist, dass auf der Grundlage der Ausbildung dem Kind eine den Lebensunterhalt selbständig sichernde Berufstätigkeit ermöglicht wird und dass die Höhe des Arbeitslohns dem eines Auszubildenden vergleichbar ist. Es darf sich dagegen nicht lediglich um ein gering bezahltes Arbeitsverhältnis handeln."

[1)] BStBl. I 2021, 1598.

– Das Anwaltspraktikum eines Jurastudenten ist Berufsausbildung, auch wenn es weder gesetzlich noch durch die Studienordnung vorgeschrieben ist (→ BFH vom 9.6.1999 – BStBl. II S. 713).
– Zur Berufsausbildung eines Studenten der Anglistik, der einen Abschluss in diesem Studiengang anstrebt, gehört auch ein Auslandspraktikum als Fremdsprachenassistent an einer Schule in Großbritannien während eines Urlaubssemesters (→ BFH vom 14.1.2000 – BStBl. II S. 199).

Schulbesuch.

– Zur Berufsausbildung gehört auch der Besuch von Allgemeinwissen vermittelnden Schulen wie Grund-, Haupt- und Oberschulen sowie von Fach- und Hochschulen. Auch der Besuch eines Colleges in den USA kann zur Berufsausbildung zählen (→ BFH vom 9.6.1999 – BStBl. II S. 705).
– → A 15.5 DA-KG 2021.[1]

Soldat in Aus-/Weiterbildung. → A 15.2 Satz 3 bis 4 DA-KG 2021:[1]

„In den Laufbahngruppen der Bundeswehr können folgende Berufsausbildungsmaßnahmen berücksichtigungsfähig sein:
– die Ausbildung eines Soldaten auf Zeit für seine spätere Verwendung in der Laufbahngruppe Mannschaft, wenn sie zu Beginn der Verpflichtungszeit erfolgt; die Ausbildung umfasst die Grundausbildung und die sich anschließende Dienstpostenausbildung (vgl. BFH vom 10.5.2012 – BStBl. II S. 895); dies gilt auch für den freiwilligen Wehrdienst nach § 58b SG,
– die Ausbildung eines Soldaten auf Zeit oder Berufssoldaten in der Laufbahngruppe Unteroffizier (mit oder ohne Portepee) bzw. in der Laufbahngruppe Offizier (BFH vom 16.4.2002 und 15.7.2003 – BStBl. 2002 II S. 523 und BStBl. 2007 II S. 247); zur Ausbildung können auch zivilberufliche Aus- und Weiterbildungsmaßnahmen (sog. ZAW-Maßnahmen), das Studium an einer Bundeswehrhochschule oder an einer zivilen Hochschule zählen, auch wenn diese Maßnahmen über die jeweilige Ernennung hinaus andauern,
– die während des Wehrdienstes stattfindende Ausbildung zum Reserveoffizier (BFH vom 8.5.2014 – BStBl. II S. 717),
– zusätzliche Weiterbildungen bzw. Ausbildungsmaßnahmen eines Soldaten, die grundsätzlich dazu geeignet sind, den Aufstieg in eine höhere Laufbahngruppe, den Einstieg in eine Laufbahngruppe oder den Laufbahnwechsel vom Unteroffizier ohne Portepee zum Unteroffizier mit Portepee zu ermöglichen (darunter fallen nicht in der Bundeswehr übliche Verwendungslehrgänge, die nach dem Erwerb der Laufbahnbefähigung absolviert werden, vgl. BFH vom 16.9.2015 – BStBl. 2016 II S. 281).

Findet eine der oben genannten Maßnahmen zu Beginn der Verpflichtungszeit statt, können die ersten vier Monate ohne näheren Nachweis anerkannt werden, lediglich der Dienstantritt ist glaubhaft zu machen. Für die Prüfung der weiteren Berücksichtigung steht der Vordruck KG 15[2] zur Verfügung."

Sprachaufenthalte im Ausland. → A 15.9 DA-KG 2021:[1]

„(1) Sprachaufenthalte im Ausland sind regelmäßig berücksichtigungsfähig, wenn der Erwerb der Fremdsprachenkenntnisse nicht dem ausbildungswilligen Kind allein überlassen bleibt, sondern Ausbildungsinhalt und Ausbildungsziel von einer fachlich autorisierten Stelle vorgegeben werden. Davon ist ohne weiteres auszugehen, wenn der Sprachaufenthalt mit anerkannten Formen der Berufsausbildung verbunden wird (z. B. Besuch einer allgemeinbildenden Schule, eines Colleges oder einer Universität). In allen anderen Fällen – insbesondere bei Auslandsaufenthalten im Rahmen von Au-pair-Verhältnissen – setzt die Anerkennung voraus, dass der Aufenthalt von einem theore-

---

[1] BStBl. I 2021, 1598.
[2] **[Amtl. Anm.:]** Vordruck der Familienkasse.

tisch-systematischen Sprachunterricht in einer Fremdsprache begleitet wird (vgl. BFH vom 9.6.1999, VI R 33/98 und VI R 143/98, BStBl. II S. 701 und S. 710 und BFH vom 19.2.2002, VIII R 83/00, BStBl. II S. 469).

(2) Es kann regelmäßig eine ausreichende Ausbildung angenommen werden, wenn ein begleitender Sprachunterricht von wöchentlich zehn Unterrichtsstunden stattfindet. Das Leben in der Gastfamilie zählt nicht dazu. Ein Sprachaufenthalt im Ausland kann ebenfalls berücksichtigt werden, wenn der begleitende Sprachunterricht weniger als wöchentlich zehn Unterrichtsstunden umfasst, der Auslandsaufenthalt aber von einer Ausbildungs- oder Prüfungsordnung vorausgesetzt wird. Gleiches gilt, wenn der Sprachaufenthalt der Vorbereitung auf einen für die Zulassung zum Studium oder zu einer anderen Ausbildung erforderlichen Fremdsprachentest dient. Im Einzelnen gilt A 15.3."

→ Umfang der zeitlichen Inanspruchnahme durch die Berufsausbildung.

Umfang der zeitlichen Inanspruchnahme durch die Berufsausbildung. → A 15.3 Abs. 1 bis 3 DA-KG 2021:[1])

„(1) Die Ausbildung ist berücksichtigungsfähig, wenn sich das Kind ernsthaft und nachhaltig auf das Erreichen eines bestimmten Berufsziels vorbereitet. Anders als z. B. bei einem Sprachunterricht im Ausland (vgl. A 15.9), ist bei einer Ausbildung in einem öffentlich-rechtlich geordneten Ausbildungsgang eine Prüfung der Ernsthaftigkeit, beispielsweise anhand zeitlicher Kriterien, regelmäßig nicht erforderlich (vgl. BFH vom 8.9.2016, III R 27/15, BStBl. II 2017 S. 278).

(2) Sind bei Studenten die Semesterbescheinigungen aussagekräftig (durch Ausweis der Hochschulsemester), sind diese als Nachweis grundsätzlich ausreichend. Bestehen trotz aussagekräftiger Semesterbescheinigungen Zweifel an der Ernsthaftigkeit des Studiums, sollte die Ernsthaftigkeit durch Vorlage von Leistungsnachweisen („Scheine", Bescheinigungen des Betreuenden über Einreichung von Arbeiten zur Kontrolle), die Aufschluss über die Fortschritte des Lernenden geben, in den in A 15.10 Abs. 13 festgelegten Zeitpunkten belegt werden. Bei Ausbildungsgängen, die keine regelmäßige Präsenz an einer Ausbildungsstätte erfordern (insbesondere bei als Fernstudium angebotenen Fernlehrgängen), sollte die Ernsthaftigkeit nach Satz 2 geprüft werden.

(3) Es ist zwar kein zeitliches Mindestmaß an einer Ausbildungsmaßnahme zu fordern, gleichwohl kann die tatsächliche zeitliche Inanspruchnahme als Anhaltspunkt für die Ernsthaftigkeit der Ausbildung herangezogen werden. So kann beispielsweise eine tatsächliche Unterrichts- bzw. Ausbildungszeit von zehn Wochenstunden regelmäßig als ausreichende Ausbildung anerkannt werden. Eine Unterrichts- bzw. Ausbildungszeit von weniger als zehn Wochenstunden kann als ausreichende Ausbildung anerkannt werden, wenn z. B.

– das Kind zur Teilnahme am Schulunterricht zur Erfüllung der Schulpflicht verpflichtet ist (BFH vom 28.4.2010, III R 93/08, BStBl. II S. 1060),
– der zusätzliche ausbildungsbezogene Zeitaufwand (z. B. für Vor- und Nachbereitung) über das übliche Maß hinausgeht oder
– die besondere Bedeutung der Maßnahme für das angestrebte Berufsziel dies rechtfertigt.

Üblich ist ein Zeitaufwand für die häusliche Vor- und Nacharbeit, welcher der Dauer der Unterrichts- bzw. Ausbildungszeit entspricht, sowie ein Zeitaufwand für den Weg von und zur Ausbildungsstätte bis zu einer Stunde für die einfache Wegstrecke. Über das übliche Maß hinaus geht der ausbildungsbezogene Zeitaufwand z. B.

– bei besonders umfangreicher Vor- und Nacharbeit oder
– wenn neben die Unterrichtseinheiten zusätzliche ausbildungsfördernde Aktivitäten bzw. die praktische Anwendung des Gelernten treten.

Die besondere Bedeutung der Maßnahme für das angestrebte Berufsziel rechtfertigt eine geringere Stundenanzahl, z. B. bei

– Erwerb einer qualifizierten Teilnahmebescheinigung,
– Prüfungsteilnahme,
– regelmäßigen Leistungskontrollen oder

---

[1]) BStBl. I 2021, 1598.

– berufszielbezogener Üblichkeit der Durchführung einer solchen Maßnahme, wenn die Ausbildungsmaßnahme der üblichen Vorbereitung auf einen anerkannten Prüfungsabschluss dient oder wenn die einschlägigen Ausbildungs- oder Studienordnungen bzw. entsprechende Fachbereiche die Maßnahme vorschreiben oder empfehlen."

Unterbrechungszeiten.

– Zur Berufsausbildung zählen Unterbrechungszeiten wegen Erkrankung oder Mutterschaft, nicht jedoch Unterbrechungszeiten wegen der Betreuung eines eigenen Kindes (→ BFH vom 15.7.2003 – BStBl. II S. 848).

– Ist für den Zeitraum eines Urlaubssemesters der Besuch von Vorlesungen und der Erwerb von Leistungsnachweisen nach hochschulrechtlichen Bestimmungen untersagt, sind für diesen Zeitraum die Voraussetzungen einer Berufsausbildung nicht erfüllt (→ BFH vom 13.7.2004 – BStBl. II S. 999).

– → A 15.10 Abs. 8 und A 15.11 DA-KG 2021.[1]

R 32.6 Kinder, die sich in einer Übergangszeit befinden *(unbesetzt)*

H 32.6

Übergangszeit nach § 32 Abs. 4 Satz 1 Nr. 2 Buchst. b EStG. → A 16 Abs. 1 bis 4 DA-KG 2021:[1]

„(1) Nach § 32 Abs. 4 Satz 1 Nr. 2 Buchst. b EStG besteht für ein Kind, das das 18., aber noch nicht das 25. Lebensjahr vollendet hat, Anspruch auf Kindergeld, wenn es sich in einer Übergangszeit von höchstens vier Monaten befindet, die zwischen zwei Ausbildungsabschnitten oder zwischen einem Ausbildungsabschnitt und der Ableistung

– des freiwilligen Wehrdienstes nach § 58b SG (für Anspruchszeiträume ab 1.1.2015) oder

– eines geregelten Freiwilligendienstes i. S. d. § 32 Abs. 4 Satz 1 Nr. 2 Buchst. d EStG (vgl. A 18)

liegt.

Kinder sind auch in Übergangszeiten von höchstens vier Monaten zwischen dem Abschluss der Ausbildung und dem Beginn eines der in Satz 1 genannten Dienste und Tätigkeiten zu berücksichtigen (vgl. BFH vom 25.1.2007, III R 23/06, BStBl. 2008 II S. 664). Die Übergangszeit beginnt am Ende des unmittelbar vorangegangenen Ausbildungsabschnittes oder Dienstes, auch wenn das Kind zu diesem Zeitpunkt das 18. Lebensjahr noch nicht vollendet hat (BFH vom 16.4.2015, III R 54/13, BStBl. 2016 II S. 25). Die Übergangszeit von höchstens vier Monaten ist nicht taggenau zu berechnen, sondern umfasst vier volle Kalendermonate (BFH vom 15.7.2003, VIII R 105/01, BStBl. II S. 847). Endet z. B. ein Ausbildungsabschnitt im Juli, muss der nächste spätestens im Dezember beginnen.

(2) Übergangszeiten ergeben sich als vom Kind nicht zu vermeidende Zwangspausen, z. B. durch Rechtsvorschriften über den Ausbildungsverlauf, aus den festen Einstellungsterminen der Ausbildungsbetriebe oder den Einstellungsgewohnheiten staatlicher Ausbildungsinstitutionen. Eine Übergangszeit im Sinne einer solchen Zwangspause kann auch in Betracht kommen, wenn das Kind den vorangegangenen Ausbildungsplatz – ggf. aus von ihm zu vertretenden Gründen – verloren oder die Ausbildung abgebrochen hat. Als Ausbildungsabschnitt gilt jeder Zeitraum, der nach § 32 Abs. 4 Satz 1 Nr. 2 Buchst. a EStG zu berücksichtigen ist.

(3) Eine Berücksichtigung des Kindes während der Übergangszeit hat zu erfolgen, wenn es entweder bereits einen Ausbildungsplatz hat oder sich um einen Platz im nachfolgenden Ausbildungsabschnitt, der innerhalb des zeitlichen Rahmens des § 32 Abs. 4 Satz 1 Nr. 2 Buchst. b EStG beginnt, beworben hat. Gleichermaßen ist zu verfahren, wenn

---

[1] BStBl. I 2021, 1598.

der Berechtigte bei Beendigung der Ausbildung des Kindes an einer allgemeinbildenden Schule oder in einem sonstigen Ausbildungsabschnitt glaubhaft erklärt, dass sich das Kind um einen solchen Ausbildungsplatz sobald wie möglich bewerben wird, und die Familienkasse unter Würdigung aller Umstände zu der Überzeugung gelangt, dass die Fortsetzung der Ausbildung zu dem angegebenen Zeitpunkt wahrscheinlich ist. Entsprechend ist bei Übergangszeiten zwischen einem Ausbildungsabschnitt und einem Dienst bzw. einer Tätigkeit i. S. d. Abs. 1 Satz 1 zu verfahren.

(4) Eine Übergangszeit liegt nicht vor, wenn das Kind sich nach einem Ausbildungsabschnitt oder einem Dienst bzw. einer Tätigkeit i. S. d. Abs. 1 Satz 1 wegen Kindesbetreuung nicht um einen Anschlussausbildungsplatz bemüht."

R 32.7 Kinder, die mangels Ausbildungsplatz ihre Berufsausbildung nicht beginnen oder fortsetzen können

Allgemeines

(1) [1]Grundsätzlich ist jeder Ausbildungswunsch des Kindes anzuerkennen, es sei denn, dass seine Verwirklichung wegen der persönlichen Verhältnisse des Kindes ausgeschlossen erscheint. [2]Dies gilt auch dann, wenn das Kind bereits eine abgeschlossene Ausbildung in einem anderen Beruf besitzt. [3]Das Finanzamt kann verlangen, dass der Stpfl. die ernsthaften Bemühungen des Kindes um einen Ausbildungsplatz durch geeignete Unterlagen nachweist oder zumindest glaubhaft macht.

Ausbildungsplätze

(2) Ausbildungsplätze sind neben betrieblichen und überbetrieblichen insbesondere solche an Fach- und Hochschulen sowie Stellen, an denen eine in der Ausbildungs- oder Prüfungsordnung vorgeschriebene praktische Tätigkeit abzuleisten ist.

Ernsthafte Bemühungen um einen Ausbildungsplatz

(3) [1]Für die Berücksichtigung eines Kindes ohne Ausbildungsplatz ist Voraussetzung, dass es dem Kind trotz ernsthafter Bemühungen nicht gelungen ist, seine Berufsausbildung zu beginnen oder fortzusetzen. [2]Als Nachweis der ernsthaften Bemühungen kommen z. B. Bescheinigungen der Agentur für Arbeit über die Meldung des Kindes als Bewerber um eine berufliche Ausbildungsstelle, Unterlagen über eine Bewerbung bei der Zentralen Vergabestelle von Studienplätzen, Bewerbungsschreiben unmittelbar an Ausbildungsstellen sowie deren Zwischennachricht oder Ablehnung in Betracht.

(4) [1]Die Berücksichtigung eines Kindes ohne Ausbildungsplatz ist ausgeschlossen, wenn es sich wegen Kindesbetreuung nicht um einen Ausbildungsplatz bemüht. [2]Eine Berücksichtigung ist dagegen möglich, wenn das Kind infolge Erkrankung oder wegen eines Beschäftigungsverbots nach den §§ 3 und 6 Mutterschutzgesetz daran gehindert ist, seine Berufsausbildung zu beginnen oder fortzusetzen.

H 32.7

Erkrankung und Mutterschaft. → A 17.2 Abs. 1 Satz 1 bis 3 und Abs. 2 Satz 1 bis 4 DA-KG 2021:[1])

[1]) BStBl. I 2021, 1598.

„(1) Eine Berücksichtigung ist nach § 32 Abs. 4 Satz 1 Nr. 2 Buchst. c EStG auch möglich, wenn das Kind infolge einer Erkrankung daran gehindert ist, sich um eine Berufsausbildung zu bemühen, sie zu beginnen oder fortzusetzen. Die Erkrankung und das voraussichtliche Ende der Erkrankung sind durch eine Bescheinigung des behandelnden Arztes nachzuweisen; die Bescheinigung ist jeweils nach Ablauf von sechs Monaten zu erneuern. Ist nach den ärztlichen Feststellungen das voraussichtliche Ende der Erkrankung nicht absehbar, ist zu prüfen, ob das Kind wegen einer Behinderung nach § 32 Abs. 4 Satz 1 Nr. 3 EStG berücksichtigt werden kann.

(2) Ein Kind, das sich wegen eines Beschäftigungsverbots nach §§ 3, 13 Abs. 1 Nr. 3 oder 16 MuSchG nicht um eine Berufsausbildung bemüht, sie beginnt oder fortsetzt, kann nach § 32 Abs. 4 Satz 1 Nr. 2 Buchst. c EStG berücksichtigt werden. Das Gleiche gilt, wenn sich das Kind wegen unzulässiger Tätigkeiten und Arbeitsbedingungen nach §§ 11, 12 MuSchG nicht um den Ausbildungsplatz bewerben kann. Die Schwangerschaft und der voraussichtliche Tag der Entbindung sind durch ein ärztliches Zeugnis oder das Zeugnis einer Hebamme oder eines Entbindungshelfers nachzuweisen. Ein Beschäftigungsverbot nach § 16 MuSchG ist durch ärztliches Zeugnis zu bestätigen."

Kinder ohne Ausbildungsplatz. → A 17.1 Abs. 1 bis 3 DA-KG 2021:[1)]

„(1) Nach § 32 Abs. 4 Satz 1 Nr. 2 Buchst. c EStG ist ein Kind, das das 18., aber noch nicht das 25. Lebensjahr vollendet hat, zu berücksichtigen, wenn es eine Berufsausbildung – im Inland oder Ausland – mangels Ausbildungsplatz nicht beginnen oder fortsetzen kann. Der angestrebte Ausbildungsplatz muss nach § 32 Abs. 4 Satz 1 Nr. 2 Buchst. a EStG zu berücksichtigen sein. Ein Mangel eines Ausbildungsplatzes liegt sowohl in Fällen vor, in denen das Kind noch keinen Ausbildungsplatz gefunden hat, als auch dann, wenn ihm ein solcher bereits zugesagt wurde, es diesen aber aus schul-, studien- oder betriebsorganisatorischen Gründen erst zu einem späteren Zeitpunkt antreten kann (BFH vom 15.7.2003, VIII R 77/00, BStBl. II S. 845). Kein Mangel eines Ausbildungsplatzes liegt dagegen vor, wenn das Kind die objektiven Anforderungen an den angestrebten Ausbildungsplatz nicht erfüllt oder wenn es im Falle des Bereitstehens eines Ausbildungsplatzes aus anderen Gründen am Antritt gehindert wäre, z. B. wenn es im Ausland arbeitsvertraglich gebunden ist (BFH vom 15.7.2003, VIII R 79/99, BStBl. II S. 843). Hat das Kind noch keinen Ausbildungsplatz gefunden, hängt die Berücksichtigung davon ab, dass es ihm trotz ernsthafter Bemühungen nicht gelungen ist, seine Berufsausbildung zu beginnen oder fortzusetzen. Die Suche nach einem Ausbildungsplatz muss also bisher erfolglos verlaufen sein oder der nächste Ausbildungsabschnitt einer mehrstufigen Ausbildung kann mangels Ausbildungsplatz nicht begonnen werden. Beispiele für eine üblicherweise noch nicht abgeschlossene Berufsausbildung sind die Beendigung der Schulausbildung und die Ablegung des ersten Staatsexamens, wenn das zweite Staatsexamen für die Berufsausübung angestrebt wird. Grundsätzlich ist jeder Ausbildungswunsch des Kindes anzuerkennen. Die Bewerbung muss für den nächstmöglichen Ausbildungsbeginn erfolgen. Kann eine Bewerbung nicht abgegeben werden, z. B. für Studierwillige, weil das Verfahren bei der SfH noch nicht eröffnet ist, genügt zunächst eine schriftliche Erklärung des Kindes (vgl. V 6.1 Abs. 1 Satz 8), sich so bald wie möglich bewerben zu wollen.

(2) Der Berechtigte muss der Familienkasse die ernsthaften Bemühungen des Kindes um einen Ausbildungsplatz zum nächstmöglichen Beginn durch geeignete Unterlagen nachweisen oder zumindest glaubhaft machen. Eine Ausbildung wird nicht zum nächstmöglichen Zeitpunkt angestrebt, wenn das Kind aus von ihm zu vertretenden Gründen, z. B. wegen einer Erwerbstätigkeit oder der Ableistung eines freiwilligen Wehrdienstes, die Ausbildung erst zu einem späteren Zeitpunkt beginnen möchte. Ist eine Bewerbung erfolglos geblieben, sind für den anschließenden Zeitraum übliche und zumutbare Bemühungen nachzuweisen.

Als Nachweis kommen insbesondere folgende Unterlagen in Betracht:

– schriftliche Bewerbungen unmittelbar an Ausbildungsstellen sowie deren Zwischennachricht oder Ablehnung,

---

1) BStBl. I 2021, 1598.

– die schriftliche Bewerbung bei der SfH,
– die schriftliche Bewerbung für den freiwilligen Wehrdienst,
– die schriftliche Zusage einer Ausbildungsstelle,
– die Bescheinigung über die Registrierung als Bewerber für einen Ausbildungsplatz oder für eine Bildungsmaßnahme bei einer Agentur für Arbeit oder bei einem anderen zuständigen Leistungsträger (Jobcenter; hierfür steht der Vordruck KG 11a[1] zur Verfügung); in Zweifelsfällen ist die tatsächliche Bewerbereigenschaft, ggf. nach Rücksprache mit der zuständigen Agentur für Arbeit bzw. dem zuständigen Leistungsträger, festzustellen (vgl. BFH vom 18.6.2015, VI R 10/14, BStBl. II S. 940),
– die von der Agentur für Arbeit für den Rentenversicherungsträger erstellte Bescheinigung über Anrechnungszeiten der Ausbildungssuche i. S. d. § 58 Abs. 1 Satz 1 Nr. 3a SGB VI.

(3) Das Kind kann für den Zeitraum berücksichtigt werden, in dem es auf einen Ausbildungsplatz wartet (BFH vom 7.8.1992, III R 20/92, BStBl. 1993 II S. 103). Die Wartezeit beginnt beispielsweise mit der Beendigung der Schulausbildung, einer (ersten) Ausbildung oder eines Ausbildungsabschnitts. Nimmt das Kind ernsthafte Bemühungen erst nach Ablauf des Folgemonats nach Wegfall eines anderen Berücksichtigungstatbestandes i. S. d. § 32 Abs. 4 Satz 1 Nr. 2 EStG auf, ist es ab dem Monat der ersten Bewerbung oder Registrierung zu berücksichtigen; Abs. 1 Satz 9 bleibt unberührt.

Beispiel 1:
Das Kind legt die Abiturprüfung im April eines Jahres ab (offizielles Schuljahresende in diesem Land). Unmittelbar nach Ablegung der Abiturprüfung beabsichtigt das Kind, im Oktober des Jahres ein Studium zu beginnen, und bewirbt sich im Juli (Eröffnung des Verfahrens bei der SfH) um einen Studienplatz. Im September erhält das Kind jedoch die Absage der SfH. Das Kind möchte sich zum Sommersemester des nächsten Jahres erneut um einen Studienplatz bewerben.
Das Kind kann wie folgt berücksichtigt werden:
– bis einschließlich April als Kind, das für einen Beruf ausgebildet wird (§ 32 Abs. 4 Satz 1 Nr. 2 Buchst. a EStG),
– ab Mai durchgängig als Kind ohne Ausbildungsplatz (§ 32 Abs. 4 Satz 1 Nr. 2 Buchst. c EStG), von Mai bis September, weil es nach dem Schulabschluss die Ausbildung aufgrund des Vergabeverfahrens der SfH zunächst nicht fortsetzen konnte, und für den Zeitraum ab Oktober aufgrund der Absage der SfH und des weiter bestehenden Ausbildungswunsches. Abs. 1 Satz 9 und 10 und Abs. 2 Satz 3 sind zu beachten.

Beispiel 2:
Das Kind legt die Abiturprüfung im April eines Jahres ab (offizielles Schuljahresende in diesem Land). Das Kind möchte sich zunächst orientieren und beabsichtigt, danach eine Berufsausbildung zu beginnen. Im August bewirbt sich das Kind schriftlich zum nächstmöglichen Zeitpunkt um einen Ausbildungsplatz, erhält im Januar des nachfolgenden Jahres eine schriftliche Zusage und nimmt im August die Ausbildung auf.
Das Kind kann nur in folgenden Zeiträumen berücksichtigt werden:
– bis einschließlich April als Kind, das für einen Beruf ausgebildet wird (§ 32 Abs. 4 Satz 1 Nr. 2 Buchst. a EStG),
– von August bis Juli des nachfolgenden Jahres als Kind ohne Ausbildungsplatz (§ 32 Abs. 4 Satz 1 Nr. 2 Buchst. c EStG),
– ab August des nachfolgenden Jahres als Kind, das für einen Beruf ausgebildet wird (§ 32 Abs. 4 Satz 1 Nr. 2 Buchst. a EStG)."

R 32.8 Kinder, die ein freiwilliges soziales oder ökologisches Jahr oder freiwillige Dienste leisten *(unbesetzt)*

[1] **[Amtl. Anm.:]** Vordruck der Familienkasse.

H 32.8

Geregelte Freiwilligendienste. → A 18 DA-KG 2021.[1]

R 32.9 Kinder, die wegen körperlicher, geistiger oder seelischer Behinderung außerstande sind, sich selbst zu unterhalten

[1] Als Kinder, die wegen körperlicher, geistiger oder seelischer Behinderung außerstande sind, sich selbst zu unterhalten, kommen insbesondere Kinder in Betracht, deren Schwerbehinderung (§ 2 Abs. 2 SGB IX)[2] festgestellt ist oder die einem schwer behinderten Menschen gleichgestellt sind (§ 2 Abs. 3 SGB IX). [2] Ein Kind, das wegen seiner Behinderung außerstande ist, sich selbst zu unterhalten, kann bei Vorliegen der sonstigen Voraussetzungen über das 25. Lebensjahr hinaus ohne altersmäßige Begrenzung berücksichtigt werden. [3] Eine Berücksichtigung setzt voraus, dass die Behinderung, deretwegen das Kind nicht in der Lage ist, sich selbst zu unterhalten, vor Vollendung des 25. Lebensjahres eingetreten ist.

H 32.9

Altersgrenze. Die Altersgrenze, innerhalb derer die Behinderung eingetreten sein muss, ist nicht auf Grund entsprechender Anwendung des § 32 Abs. 5 Satz 1 EStG z. B. um den Zeitraum des vom Kind in früheren Jahren geleisteten Grundwehrdienstes zu verlängern (→ BFH vom 2.6.2005 – BStBl. II S. 756).

Außerstande sein, sich selbst zu unterhalten. → A 19.4 DA-KG 2021.[1]

Nachweis der Behinderung. → A 19.2 Abs. 1 DA-KG 2021:[1]

„Den Nachweis einer Behinderung kann der Berechtigte erbringen:

1. bei einer Behinderung, deren Grad auf mindestens 50 festgestellt ist, durch einen Ausweis nach dem SGB IX oder durch einen Bescheid der nach § 152 Abs. 1 SGB IX zuständigen Behörde,
2. bei einer Behinderung, deren Grad auf weniger als 50, aber mindestens 20 festgestellt ist,
   a) durch eine Bescheinigung der nach § 152 Abs. 1 SGB IX zuständigen Behörde oder,
   b) wenn dem Kind wegen seiner Behinderung nach den gesetzlichen Vorschriften Renten oder andere laufende Bezüge zustehen, durch den Rentenbescheid oder einen entsprechenden Bescheid,
3. bei einer Einstufung in den Pflegegrad 4 oder 5 nach dem SGB XI oder diesem entsprechenden Bestimmungen durch den entsprechenden Bescheid.

Der Nachweis der Behinderung kann auch in Form einer Bescheinigung bzw. eines Zeugnisses des behandelnden Arztes oder eines ärztlichen Gutachtens erbracht werden (BFH vom 16.4.2002, VIII R 62/99, BStBl. II S. 738). Aus der Bescheinigung bzw. dem Gutachten muss Folgendes hervorgehen:

- Vorliegen der Behinderung,
- Beginn der Behinderung, soweit das Kind das 25. Lebensjahr vollendet hat, und
- Auswirkungen der Behinderung auf die Erwerbsfähigkeit des Kindes."

Suchtkrankheiten. Suchtkrankheiten können Behinderungen darstellen (→ BFH vom 16.4.2002 – BStBl. II S. 738).

---

[1] BStBl. I 2021, 1598.
[2] **Aichberger SGB** Nr. **9**.

Ursächlichkeit der Behinderung. → A 19.3 DA-KG 2021:[1]

R 32.10 Erwerbstätigkeit *(unbesetzt)*

H 32.10

Ausschluss von Kindern auf Grund einer Erwerbstätigkeit.

- → BMF vom 8.2.2016 (BStBl. I S. 226).
- Zu einer mehraktigen Berufsausbildung → BZSt vom 26.2.2020 (BStBl. I S. 251).
- → A 20 DA-KG 2021:[1]

„**A 20.1 Allgemeines**

(1) Ein über 18 Jahre altes Kind, das eine erstmalige Berufsausbildung oder ein Erststudium abgeschlossen hat und
- weiterhin für einen Beruf ausgebildet wird (§ 32 Abs. 4 Satz 1 Nr. 2 Buchst. a EStG),
- sich in einer Übergangszeit befindet (§ 32 Abs. 4 Satz 1 Nr. 2 Buchst. b EStG),
- seine Berufsausbildung mangels Ausbildungsplatz nicht beginnen oder fortsetzen kann (§ 32 Abs. 4 Satz 1 Nr. 2 Buchst. c EStG) oder
- einen Freiwilligendienst leistet (§ 32 Abs. 4 Satz 1 Nr. 2 Buchst. d EStG),

wird nach § 32 Abs. 4 Satz 2 EStG nur berücksichtigt, wenn es keiner anspruchsschädlichen Erwerbstätigkeit i. S. d. § 32 Abs. 4 Satz 3 EStG nachgeht (vgl. A 20.3). Dies gilt auch, wenn die erstmalige Berufsausbildung vor Vollendung des 18. Lebensjahres abgeschlossen worden ist.

(2) Die Einschränkung des § 32 Abs. 4 Satz 2 EStG gilt nicht für Kinder ohne Arbeitsplatz i. S. v. § 32 Abs. 4 Satz 1 Nr. 1 EStG (vgl. A 14) und Kinder mit Behinderung i. S. d. § 32 Abs. 4 Satz 1 Nr. 3 EStG (vgl. A 19).

A 20.2 Erstmalige Berufsausbildung und Erststudium

A 20.2.1 Berufsausbildung nach § 32 Abs. 4 Satz 2 EStG

(1) Eine Berufsausbildung i. S. d. § 32 Abs. 4 Satz 2 EStG liegt vor, wenn das Kind durch eine berufliche Ausbildungsmaßnahme die notwendigen fachlichen Fertigkeiten und Kenntnisse erwirbt, die zur Aufnahme eines Berufs befähigen. Voraussetzung ist, dass der Beruf durch eine Ausbildung in einem öffentlich-rechtlich geordneten Ausbildungsgang erlernt wird (BFH vom 6.3.1992, VI R 163/88, BStBl. II S. 661) und der Ausbildungsgang durch eine Prüfung abgeschlossen wird.
Das Tatbestandsmerkmal „Berufsausbildung" nach § 32 Abs. 4 Satz 2 EStG ist enger gefasst als das Tatbestandsmerkmal „für einen Beruf ausgebildet werden" nach § 32 Abs. 4 Satz 1 Nr. 2 Buchst. a EStG (vgl. A 15). Es handelt sich bei einer „Berufsausbildung" i. S. v. Satz 2 stets auch um eine Maßnahme, in der das Kind nach Satz 1 „für einen Beruf ausgebildet wird". Jedoch ist nicht jede allgemein berufsqualifizierende Maßnahme gleichzeitig auch eine „Berufsausbildung". Der Abschluss einer solchen Maßnahme (z. B. der Erwerb eines Schulabschlusses, ein Volontariat oder ein freiwilliges Berufspraktikum) führt nicht bereits dazu, dass ein Kind, das im Anschluss weiterhin die Anspruchsvoraussetzungen nach § 32 Abs. 4 Satz 1 Nr. 2 EStG erfüllt, nur noch unter den weiteren Voraussetzungen der Sätze 2 und 3 berücksichtigt wird.

Beispiel:

Nach dem Abitur absolvierte ein 20-jähriges Kind ein Praktikum. Danach kann es eine Berufsausbildung mangels Ausbildungsplatz nicht beginnen und geht zur Überbrückung des Zeitraums zwischen Praktikum und Berufsausbildung einer Erwerbstätigkeit nach (30 Wochenstunden).

---

[1] BStBl. I 2021, 1598.

In der Zeit zwischen Praktikum und Beginn der Berufsausbildung erfüllt das Kind den Grundtatbestand des § 32 Abs. 4 Satz 1 Nr. 2 Buchst. c EStG. § 32 Abs. 4 Satz 2 und 3 EStG ist nicht einschlägig, da das Praktikum zwar das Tatbestandsmerkmal des § 32 Abs. 4 Satz 1 Nr. 2 Buchst. a EStG („für einen Beruf ausgebildet werden") erfüllt, jedoch keine „Berufsausbildung" i. S. d. § 32 Abs. 4 Satz 2 EStG darstellt. Der Kindergeldanspruch besteht somit unabhängig davon, wie viele Stunden das Kind in der Woche arbeitet.

(2) Zur Berufsausbildung zählen insbesondere:

1. Berufsausbildungsverhältnisse gem. § 1 Abs. 3, §§ 4 bis 52 BBiG bzw. §§ 21 bis 40 HwO. Der erforderliche Abschluss besteht hierbei in der erfolgreich abgelegten Abschlussprüfung i. S. d. § 37 BBiG und § 31 HwO. Gleiches gilt, wenn die Abschlussprüfung nach § 43 Abs. 2 BBiG ohne ein Ausbildungsverhältnis auf Grund einer entsprechenden schulischen Ausbildung abgelegt wird, die gem. den Voraussetzungen des § 43 Abs. 2 BBiG als im Einzelnen gleichwertig anerkannt ist;
2. mit Berufsausbildungsverhältnissen vergleichbare betriebliche Ausbildungsgänge außerhalb des Geltungsbereichs des BBiG (z. B. die Ausbildung zum Schiffsmechaniker nach der See-Berufsausbildungsverordnung);
3. die Ausbildung auf Grund der bundes- oder landesrechtlichen Ausbildungsregelungen für Berufe im Gesundheits- und Sozialwesen;
4. landesrechtlich geregelte Berufsabschlüsse an Berufsfachschulen;
5. die Berufsausbildung von Menschen mit Behinderung in anerkannten Berufsausbildungsberufen oder auf Grund von Regelungen der zuständigen Stellen in besonderen Ausbildungsberufen für Menschen mit Behinderung;
6. die Berufsausbildung in einem öffentlich-rechtlichen Dienstverhältnis und
7. Maßnahmen zur Behebung von amtlich festgestellten Unterschieden zwischen einem im Ausland erworbenen Berufsabschluss und einem entsprechenden im Inland geregelten Berufsabschluss, z. B. Anpassungslehrgänge nach § 11 Berufsqualifikationsfeststellungsgesetz. Informationen zur Anerkennung ausländischer Berufsqualifikationen (z. B. zu den zuständigen Stellen) sind unter www.anerkennung-in-deutschland.de und www.bq-portal.de zu finden.

(3) Von Abs. 2 nicht erfasste Bildungsmaßnahmen werden einer Berufsausbildung i. S. d. § 32 Abs. 4 Satz 2 EStG gleichgestellt, wenn sie dem Nachweis einer Sachkunde dienen, die Voraussetzung zur Aufnahme einer fest umrissenen beruflichen Betätigung ist. Die Ausbildung muss in einem geordneten Ausbildungsgang erfolgen und durch eine staatliche oder staatlich anerkannte Prüfung abgeschlossen werden. Der erfolgreiche Abschluss der Prüfung muss Voraussetzung für die Aufnahme der beruflichen Betätigung sein. Die Ausbildung und der Abschluss müssen von Umfang und Qualität der Ausbildungsmaßnahmen und Prüfungen her grundsätzlich mit den Anforderungen vergleichbar sein, die bei Berufsausbildungsmaßnahmen i. S. d. Abs. 2 gestellt werden. Dazu gehört z. B. die Ausbildung zu Berufspiloten auf Grund der JAR-FCL 1 deutsch vom 15.4.2003, BAnz 2003 Nr. 80a.

(4) Abs. 1 bis 3 gelten entsprechend für Berufsausbildungen im Ausland, deren Abschlüsse inländischen Abschlüssen gleichgestellt sind. Bei Abschlüssen aus einem Mitgliedstaat der EU oder des EWR oder der Schweiz ist i. d. R. davon auszugehen, dass diese gleichgestellt sind.

A 20.2.2 Erstmalige Berufsausbildung

(1) Die Berufsausbildung ist als erstmalige Berufsausbildung anzusehen, wenn ihr keine andere abgeschlossene Berufsausbildung bzw. kein abgeschlossenes Hochschulstudium vorausgegangen ist. Wird ein Kind ohne entsprechende Berufsausbildung in einem Beruf tätig und führt es die zugehörige Berufsausbildung nachfolgend durch (nachgeholte Berufsausbildung), handelt es sich dabei um eine erstmalige Berufsausbildung.

(2) Maßnahmen nach A 20.2.1 Abs. 2 Nr. 7 sind als Teil der im Ausland erfolgten Berufsausbildung anzusehen.

A 20.2.3 Erststudium

(1) Ein Studium i. S. d. § 32 Abs. 4 Satz 2 EStG liegt vor, wenn es an einer Hochschule i. S. d. Hochschulgesetze der Länder absolviert wird. Hochschulen i. S. dieser Vorschrift sind Universitäten, Pädagogische Hochschulen, Kunsthochschulen, Fachhochschulen und sonstige Einrichtungen des Bildungswesens, die nach dem jeweiligen Landesrecht staatliche Hochschulen sind. Gleichgestellt sind private und kirchliche Bildungseinrichtungen sowie Hochschulen des Bundes, die nach dem jeweiligen Landesrecht als Hochschule anerkannt werden. Nach Landesrecht kann vorgesehen werden, dass bestimmte an Berufsakademien oder anderen Ausbildungseinrichtungen erfolgreich absolvierte Ausbildungsgänge einem abgeschlossenen Studium an einer Fachhochschule gleichwertig sind und die gleichen Berechtigungen verleihen. Soweit dies der Fall ist, stellt ein entsprechendes Studium ein Studium i. S. d. § 32 Abs. 4 Satz 2 EStG dar. Studien können auch als Fernstudien durchgeführt werden.

(2) Ein Studium stellt ein Erststudium i. S. d. § 32 Abs. 4 Satz 2 EStG dar, wenn es sich um eine Erstausbildung handelt. Es darf ihm kein anderes durch einen berufsqualifizierenden Abschluss beendetes Studium bzw. keine andere abgeschlossene nichtakademische Berufsausbildung i. S. v. A 20.2.1 und A 20.2.2 vorangegangen sein.

(3) Bei einem Wechsel des Studiums ohne Abschluss des zunächst betriebenen Studiengangs stellt das zunächst aufgenommene Studium kein abgeschlossenes Erststudium dar. Bei einer Unterbrechung eines Studiengangs ohne einen berufsqualifizierenden Abschluss und seiner späteren Weiterführung stellt der der Unterbrechung vorangegangene Studienteil kein abgeschlossenes Erststudium dar.

(4) Studien- und Prüfungsleistungen an ausländischen Hochschulen, die zur Führung eines ausländischen akademischen Grades berechtigen, der nach dem Recht des Landes, in dem der Gradinhaber seinen Wohnsitz oder gewöhnlichen Aufenthalt hat, anerkannt wird, sowie Studien- und Prüfungsleistungen, die von Staatsangehörigen eines Mitgliedstaats der EU oder von Vertragsstaaten des EWR oder der Schweiz an Hochschulen dieser Staaten erbracht werden, sind nach diesen Grundsätzen inländischen Studien- und Prüfungsleistungen gleichzustellen. Für die Gleichstellung von Studien- und Prüfungsleistungen werden die in der Datenbank „anabin" (www.anabin.kmk.org) der Zentralstelle für ausländisches Bildungswesen beim Sekretariat der Kultusministerkonferenz aufgeführten Bewertungsvorschläge zugrunde gelegt.

A 20.2.4 Abschluss einer erstmaligen Berufsausbildung oder eines Erststudiums[1]

(1) Eine erstmalige Berufsausbildung oder ein Erststudium sind grundsätzlich abgeschlossen, wenn sie das Kind zur Aufnahme eines Berufs befähigen. Wenn das Kind später eine weitere Ausbildung aufnimmt (z. B. Meisterausbildung nach mehrjähriger Berufstätigkeit aufgrund abgelegter Gesellenprüfung oder Masterstudium nach mehrjähriger Berufstätigkeit), handelt es sich um eine Zweitausbildung.

(2) Ist aufgrund objektiver Beweisanzeichen erkennbar, dass das Kind sein angestrebtes Berufsziel (vgl. A 15.1 Abs. 2) noch nicht erreicht hat, kann auch eine weiterführende Ausbildung noch als Teil der Erstausbildung zu qualifizieren sein (BFH vom 3.7.2014, III R 52/13, BStBl. 2015 II S. 152). Entscheidend ist, dass die objektiven Beweisanzeichen (z. B. Bewerbungen) vor dem Beginn des nachfolgenden Ausbildungsabschnittes entstanden sind. Ein verspätetes Bekanntwerden bei der Familienkasse ist nicht schädlich. Fehlt es an anderen objektiven Beweisanzeichen, kann die schriftliche Willenserklärung des Kindes (vgl. V 6.1 Abs. 1 Satz 8) als objektives Beweisanzeichen dienen (BFH vom 20.2.2019, III R 42/18, BStBl. II S. 769). Die weiterführende Ausbildung ist noch als Teil der Erstausbildung zu qualifizieren, wenn sie in einem engen sachlichen Zusammenhang mit der nichtakademischen Ausbildung oder dem Erststudium steht und im engen zeitlichen Zusammenhang durchgeführt wird (BFH vom 15.4.2015, V R 27/14, BStBl. 2016 II S. 163). Ein enger sachlicher Zusammenhang liegt vor, wenn die

[1] Zu einer mehraktigen Berufsausbildung siehe BZSt v. 26.2.2020, BStBl. I 2020, 251.

nachfolgende Ausbildung z. B. dieselbe Berufssparte oder denselben fachlichen Bereich betrifft (vgl. BFH vom 23.10.2019, III R 14/18, BStBl. 2020 II S. 785). Ein enger zeitlicher Zusammenhang liegt vor, wenn das Kind die weitere Ausbildung zum nächstmöglichen Zeitpunkt aufnimmt oder sich bei mangelndem Ausbildungsplatz zeitnah zum nächstmöglichen Zeitpunkt für die weiterführende Ausbildung bewirbt. Unschädlich sind Verzögerungen, die z. B. aus einem zunächst fehlenden oder einem aus schul-, studien- oder betriebsorganisatorischen Gründen erst zu einem späteren Zeitpunkt verfügbaren Ausbildungsplatz resultieren. In Fällen von Erkrankung und Mutterschaft siehe A 17.2. Setzt die weiterführende Ausbildung eine Berufstätigkeit voraus oder nimmt das Kind vor Beginn der weiterführenden Ausbildung eine Berufstätigkeit aus anderen Gründen auf, die zu einem verzögerten Beginn der weiteren Ausbildung führt, liegt regelmäßig mangels notwendigen engen Zusammenhangs keine einheitliche Erstausbildung vor (BFH vom 4.2.2016, III R 14/15, BStBl. II S. 615). Der notwendige enge Zusammenhang entfällt nicht dadurch, dass der nachfolgende Ausbildungsabschnitt erst für die Zulassung zur Abschlussprüfung oder für deren Bestehen eine Berufstätigkeit voraussetzt (BFH vom 11.12.2018, III R 26/18, BStBl. 2019 II S. 765). Die Ausbildungsmaßnahme darf dabei nicht von der Erwerbstätigkeit geprägt sein (siehe Abs. 3). Einer einheitlichen Erstausbildung steht nicht entgegen, dass diese neben öffentlich-rechtlich geordneten Ausbildungsmaßnahmen auch nicht öffentlich-rechtlich geordnete Ausbildungsmaßnahmen umfasst (BFH vom 21.3.2019, III R 17/18, BStBl. II S. 772).

(3) Nimmt ein volljähriges Kind nach Erlangung eines ersten Abschlusses in einem öffentlich-rechtlich geordneten Ausbildungsgang eine Erwerbstätigkeit auf, ist zwischen einer mehraktigen einheitlichen Erstausbildung mit daneben ausgeübter Erwerbstätigkeit und einer berufsbegleitend durchgeführten Weiterbildung (Zweitausbildung) abzugrenzen. Eine einheitliche Erstausbildung ist nicht mehr anzunehmen, wenn die vom Kind aufgenommene Erwerbstätigkeit bei einer Gesamtwürdigung der Verhältnisse im Vordergrund steht und die weitere Ausbildungsmaßnahme als Weiterbildung oder Aufstieg im bereits ausgeübten Beruf hinter den vorrangigen Erwerbscharakter der Tätigkeit zurücktritt (BFH vom 11.12.2018, III R 26/18, BStBl. 2019 II S. 765). Dies ist insbesondere der Fall, wenn:

– die Tätigkeit im erlernten Beruf ausgeübt wird,
– sich das Kind längerfristig an einen Arbeitgeber bindet (mehr als 26 Wochen),
– der zeitliche Umfang der Erwerbstätigkeit den zeitlichen Umfang der Ausbildungsmaßnahme übersteigt oder
– die Ausbildungsmaßnahme in ihrem Ablauf der Erwerbstätigkeit untergeordnet ist, z. B. weil die Ausbildung nur nach Feierabend und an den Wochenenden durchgeführt wird.

Die Familienkasse hat ihre Entscheidung über den Charakter der Tätigkeit unter Würdigung aller Umstände des Einzelfalls zu treffen.

(4) Die Bewertung anhand der in Abs. 2 und 3 genannten Kriterien, ob der weitere Ausbildungsabschnitt Teil einer mehraktigen Erstausbildung oder einer (ggf. berufsbegleitend durchgeführten) Zweitausbildung ist, kann auch auf die vor Beginn der weiteren Ausbildungsmaßnahme liegende Übergangszeit nach § 32 Abs. 4 Satz 1 Nr. 2 Buchst. b EStG bzw. Wartezeit nach § 32 Abs. 4 Satz 1 Nr. 2 Buchst. c EStG übertragen werden, sofern nicht besondere Umstände vorliegen, die eine abweichende Beurteilung rechtfertigen. Für die Frage, ob eine erstmalige Berufsausbildung oder ein Erststudium nach § 32 Abs. 4 Satz 2 EStG abgeschlossen sind, kommt es nicht darauf an, ob die Berufsausbildung bzw. das Studium die besonderen Voraussetzungen für eine Erstausbildung im Sinne des § 9 Abs. 6 EStG erfüllen.

(5) Eine erstmalige Berufsausbildung ist grundsätzlich abgeschlossen, wenn die entsprechende Abschlussprüfung bestanden wurde (vgl. A 15.10 Abs. 3 ff.).

(6) Ein Studium wird, sofern zwischen Prüfung und Bekanntgabe des Prüfungsergebnisses noch keine Vollzeiterwerbstätigkeit im angestrebten Beruf ausgeübt wird, regelmäßig erst mit Bekanntgabe des Prüfungsergebnisses abgeschlossen (vgl. A 15.10 Abs. 9 ff.). Mit bestandener Prüfung wird i. d. R. ein Hochschulgrad verliehen. Hochschulgrade sind u. a. der Diplom-, Magister-, Bachelor- oder Mastergrad. Zwischenprüfungen stellen keinen Abschluss eines Studiums i. S. d. § 32 Abs. 4 Satz 2 EStG dar. Die

von den Hochschulen angebotenen Studiengänge führen i. d. R. zu einem berufsqualifizierenden Abschluss. Im Zweifel ist davon auszugehen, dass die entsprechenden Prüfungen berufsqualifizierend sind.

(7) Der Bachelor- oder Bakkalaureusgrad einer inländischen Hochschule ist ein berufsqualifizierender Abschluss. Daraus folgt, dass der Abschluss eines Bachelorstudiengangs den Abschluss eines Erststudiums darstellt und ein nachfolgender Studiengang als weiteres Studium anzusehen ist. Wird hingegen ein Masterstudiengang besucht, der zeitlich und inhaltlich auf den vorangegangenen Bachelorstudiengang abgestimmt ist, so ist dieser Teil der Erstausbildung (BFH vom 3.9.2015, VI R 9/15, BStBl. 2016 II S. 166). Bei sog. konsekutiven Masterstudiengängen an einer inländischen Hochschule ist von einem engen sachlichen Zusammenhang auszugehen.

(8) Werden zwei (oder ggf. mehrere) Studiengänge parallel studiert, die zu unterschiedlichen Zeiten abgeschlossen werden oder wird während eines Studiums eine Berufsausbildung abgeschlossen, stellt der nach dem Erreichen des ersten berufsqualifizierenden Abschlusses weiter fortgesetzte Studiengang vom Zeitpunkt dieses Abschlusses an grundsätzlich kein Erststudium mehr dar. Etwas anderes gilt nur, wenn die Studiengänge bzw. das Studium und die Berufsausbildung in einem engen sachlichen Zusammenhang stehen.

(9) Postgraduale Zusatz-, Ergänzungs- und Aufbaustudiengänge setzen den Abschluss eines ersten Studiums voraus und stellen daher grundsätzlich kein Erststudium dar. Dies gilt nicht, wenn ein solches Zusatz-, Ergänzungs- oder Aufbaustudium auf dem ersten Studienabschluss des Kindes aufbaut und in einem engen zeitlichen Zusammenhang aufgenommen wird. In diesen Fällen ist von einem einheitlichen Erststudium auszugehen.

(10) Als berufsqualifizierender Studienabschluss gilt auch der Abschluss eines Studiengangs, durch den die fachliche Eignung für einen beruflichen Vorbereitungsdienst oder eine berufliche Einführung vermittelt wird. Dazu zählt insbesondere der Vorbereitungsdienst der Rechts- oder Lehramtsreferendare. Daher ist z. B. mit dem ersten juristischen Staatsexamen die erstmalige Berufsausbildung grundsätzlich abgeschlossen. Ein in einem engen zeitlichen Zusammenhang aufgenommenes Referendariat zur Vorbereitung auf das zweite Staatsexamen ist jedoch Teil der erstmaligen Berufsausbildung.

(11) Dem Promotionsstudium und der Promotion durch die Hochschule geht regelmäßig ein abgeschlossenes Studium voran, sodass die erstmalige Berufsausbildung grundsätzlich bereits abgeschlossen ist. Wird die Vorbereitung auf die Promotion jedoch in einem engen zeitlichen Zusammenhang mit dem Erststudium durchgeführt, ist sie noch Teil der erstmaligen Ausbildung.

A 20.3 Anspruchsunschädliche Erwerbstätigkeit

Nach Abschluss einer erstmaligen Berufsausbildung oder eines Erststudiums wird ein Kind in den Fällen des § 32 Abs. 4 Satz 1 Nr. 2 EStG nur berücksichtigt, wenn es keiner anspruchsschädlichen Erwerbstätigkeit nachgeht. Ein Kind ist erwerbstätig, wenn es einer auf die Erzielung von Einkünften gerichteten Beschäftigung nachgeht, die den Einsatz seiner persönlichen Arbeitskraft erfordert (BFH vom 16.5.1975, VI R 143/73, BStBl. II S. 537). Das ist der Fall bei einem Kind, das eine nichtselbständige Tätigkeit, eine land- und forstwirtschaftliche, eine gewerbliche oder eine selbständige Tätigkeit ausübt. Keine Erwerbstätigkeit ist insbesondere:
– ein Au-Pair-Verhältnis,
– die Verwaltung eigenen Vermögens.

Anspruchsunschädlich nach § 32 Abs. 4 Satz 3 EStG ist
– eine Erwerbstätigkeit mit bis zu 20 Stunden regelmäßiger wöchentlicher Arbeitszeit (vgl. A. 20.3.1),
– ein Ausbildungsdienstverhältnis (vgl. A 20.3.2) oder
– ein geringfügiges Beschäftigungsverhältnis i. S. d. §§ 8 und 8a SGB IV (vgl. A 20.3.3).

Eine Erwerbstätigkeit im Rahmen eines geregelten Freiwilligendienstes nach § 32 Abs. 4 Satz 1 Nr. 2 Buchst. d EStG ist unschädlich.

A 20.3.1 Regelmäßige wöchentliche Arbeitszeit bis zu 20 Stunden

(1) Unschädlich für den Kindergeldanspruch ist eine Erwerbstätigkeit, wenn die regelmäßige wöchentliche Arbeitszeit insgesamt nicht mehr als 20 Stunden beträgt. Bei der Ermittlung der regelmäßigen wöchentlichen Arbeitszeit ist grundsätzlich die individuell vertraglich vereinbarte Arbeitszeit zu Grunde zu legen. Ist lediglich eine monatliche Arbeitszeit vereinbart, ist diese durch 4,35 Wochen zu teilen, um die regelmäßige wöchentliche Arbeitszeit zu ermitteln (vgl. R 3b Abs. 2 Nr. 2 Buchst. a LStR 2015). Es sind nur Zeiträume ab dem Folgemonat nach Abschluss einer erstmaligen Berufsausbildung bzw. eines Erststudiums einzubeziehen.

(2) Eine vorübergehende (höchstens zwei Monate andauernde) Ausweitung der Beschäftigung auf mehr als 20 Stunden ist unbeachtlich, wenn während des Zeitraumes innerhalb eines Kalenderjahres, in dem einer der Grundtatbestände des § 32 Abs. 4 Satz 1 Nr. 2 EStG erfüllt ist, die durchschnittliche wöchentliche Arbeitszeit nicht mehr als 20 Stunden beträgt. Durch einen Jahreswechsel wird eine vorübergehende Ausweitung nicht unterbrochen. Bei der Ermittlung der durchschnittlichen wöchentlichen Arbeitszeit sind nur volle Kalenderwochen mit gleicher Arbeitszeit anzusetzen.

Beispiel:

Die Tochter eines Berechtigten hat die Erstausbildung abgeschlossen und beginnt im Oktober 2020 mit dem Masterstudium. Gem. vertraglicher Vereinbarung ist sie ab dem 1. April 2021 mit einer wöchentlichen Arbeitszeit von 20 Stunden als Bürokraft beschäftigt. In den Semesterferien arbeitet sie – auf Grund einer zusätzlichen vertraglichen Vereinbarung – vom 1. August bis zur Kündigung am 30. September 2021 in Vollzeit mit 40 Stunden wöchentlich. Im Oktober 2021 vollendet sie ihr 25. Lebensjahr.

Somit ergeben sich folgende Arbeitszeiten pro voller Woche:

vom 1. April bis 31. Juli 2021
(16 Wochen und 10 Tage): 20 Stunden pro Woche

vom 1. August bis 30. September 2021
(8 Wochen und 5 Tage): 40 Stunden pro Woche
(= Ausweitung der Beschäftigung)

Die durchschnittliche wöchentliche Arbeitszeit beträgt 14,9 Stunden; Berechnung:

$$\frac{(16 \text{ Wochen} \times 20 \text{ Std.}) + (8 \text{ Wochen} \times 40 \text{ Std.})}{43 \text{ Wochen}} = 14{,}9 \text{ Std.}$$

Das Kind ist aufgrund des Studiums bis einschließlich Oktober 2021 nach § 32 Abs. 4 Satz 1 Nr. 2 Buchst. a EStG zu berücksichtigen. Das Studium wird jedoch nach Abschluss einer Erstausbildung durchgeführt, so dass das Kind nach § 32 Abs. 4 Satz 2 und 3 EStG nur berücksichtigt werden kann, wenn die ausgeübte Erwerbstätigkeit anspruchsunschädlich ist. Da die Ausweitung der Beschäftigung des Kindes lediglich vorübergehend ist und gleichzeitig während des Vorliegens des Grundtatbestandes nach § 32 Abs. 4 Satz 1 Nr. 2 EStG die durchschnittliche wöchentliche Arbeitszeit 20 Stunden nicht übersteigt, ist die Erwerbstätigkeit anspruchsunschädlich. Das Kind ist von Januar bis einschließlich Oktober 2021 zu berücksichtigen.

Variante:

Würde das Kind während der Semesterferien dagegen vom 15. Juli bis 27. September 2021 (= mehr als zwei Monate) vollzeiterwerbstätig sein, wäre die Ausweitung der Erwerbstätigkeit nicht nur vorübergehend und damit diese Erwerbstätigkeit als anspruchsschädlich einzustufen. Dies gilt unabhängig davon, dass auch hier die durchschnittliche wöchentliche Arbeitszeit von 20 Stunden nicht überschritten würde. Das Kind könnte demnach für den Monat August 2021 nicht berücksichtigt werden (vgl. auch A 20.4).

(3) Führt eine vorübergehende (höchstens zwei Monate andauernde) Ausweitung der Beschäftigung auf über 20 Wochenstunden dazu, dass die durchschnittliche wöchentliche Arbeitszeit insgesamt mehr als 20 Stunden beträgt, ist der Zeitraum der Ausweitung anspruchsschädlich, nicht der gesamte Zeitraum der Erwerbstätigkeit.

Beispiel:

Ein Kind hat seine Erstausbildung bereits abgeschlossen und befindet sich während des gesamten Kalenderjahres im Studium. Neben dem Studium übt das Kind ganzjährig eine Beschäftigung mit einer vertraglich vereinbarten Arbeitszeit von 20 Stunden wöchentlich aus. In der vorlesungsfreien Zeit von Juli bis August weitet das Kind seine wöchentliche Arbeitszeit vorübergehend auf 40 Stunden aus. Ab September beträgt die wöchentliche Arbeitszeit wieder 20 Stunden.
Durch die vorübergehende Ausweitung seiner Arbeitszeit erhöht sich die durchschnittliche wöchentliche Arbeitszeit des Kindes auf über 20 Stunden. Aus diesem Grund ist der Zeitraum der Ausweitung als anspruchsschädlich anzusehen. Für die Monate Juli und August entfällt daher nach § 32 Abs. 4 Satz 2 und 3 EStG der Anspruch.

(4) Mehrere nebeneinander ausgeübte Tätigkeiten (z. B. eine Erwerbstätigkeit nach Abs. 1 Satz 1 und eine geringfügige Beschäftigung nach A 20.3.3) sind anspruchsunschädlich, wenn dadurch insgesamt die 20-Stunden-Grenze des § 32 Abs. 4 Satz 3 EStG nicht überschritten wird. Hingegen ist eine innerhalb eines Ausbildungsdienstverhältnisses erbrachte Erwerbstätigkeit außer Betracht zu lassen.

A 20.3.2 Ausbildungsdienstverhältnis

(1) Die Erwerbstätigkeit im Rahmen eines Ausbildungsdienstverhältnisses ist stets anspruchsunschädlich. Ein solches liegt vor, wenn die Ausbildungsmaßnahme Gegenstand des Dienstverhältnisses ist (vgl. R 9.2 LStR 2015 und H 9.2 „Ausbildungsdienstverhältnis" LStH 2020; BFH vom 23.6.2015, III R 37/14, BStBl. 2016 II S. 55). Hierzu zählen z. B.
- die Berufsausbildungsverhältnisse gemäß § 1 Abs. 3, §§ 4 bis 52 BBiG,
- ein Praktikum bzw. ein Volontariat, bei dem die Voraussetzungen nach A 15.8 vorliegen,
- das Referendariat bei Lehramtsanwärtern und Rechtsreferendaren zur Vorbereitung auf das zweite Staatsexamen,
- duale Studiengänge (siehe aber Abs. 2),
- das Dienstverhältnis von Beamtenanwärtern und Aufstiegsbeamten,
- eine Berufsausbildungsmaßnahme in einer Laufbahngruppe der Bundeswehr i. S. v. A 15.2 Satz 3,
- das Praktikum eines Pharmazeuten im Anschluss an den universitären Teil des Pharmaziestudiums,
- das im Rahmen der Ausbildung zum Erzieher abzuleistende Anerkennungsjahr.

Dagegen liegt kein Ausbildungsdienstverhältnis vor, wenn die Ausbildungsmaßnahme nicht Gegenstand des Dienstverhältnisses ist, auch wenn sie seitens des Arbeitgebers gefördert wird, z. B. durch ein Stipendium oder eine Verringerung der vertraglich vereinbarten Arbeitszeit.

(2) Bei berufsbegleitenden und berufsintegrierten dualen Studiengängen fehlt es häufig an einer Ausrichtung der Tätigkeit für den Arbeitgeber auf den Inhalt des Studiums, so dass in solchen Fällen die Annahme eines Ausbildungsdienstverhältnisses ausscheidet. Liegt hingegen eine Verknüpfung zwischen Studium und praktischer Tätigkeit vor, die über eine bloße thematische Verbindung zwischen der Fachrichtung des Studiengangs und der in dem Unternehmen ausgeübten Tätigkeit oder eine rein organisatorische Verzahnung hinausgeht, ist die Tätigkeit als im Rahmen eines Ausbildungsdienstverhältnisses ausgeübt zu betrachten. Eine entsprechende Ausrichtung der berufspraktischen Tätigkeit kann z. B. anhand der Studienordnung oder der Kooperationsvereinbarung zwischen Unternehmen und Hochschule glaubhaft gemacht werden.

A 20.3.3 Geringfügiges Beschäftigungsverhältnis

(1) Geringfügige Beschäftigungsverhältnisse nach § 32 Abs. 4 Satz 3 EStG sind:
- geringfügig entlohnte Beschäftigungen (§§ 8 Abs. 1 Nr. 1 und 8a SGB IV) und
- kurzfristige Beschäftigungen (§§ 8 Abs. 1 Nr. 2 und 8a SGB IV).

(2) Bei der Beurteilung, ob ein geringfügiges Beschäftigungsverhältnis vorliegt, ist grundsätzlich die Einstufung des Arbeitgebers maßgeblich.

(3) Eine neben einem Ausbildungsdienstverhältnis ausgeübte geringfügige Beschäftigung ist unschädlich. Hinsichtlich einer neben einer Erwerbstätigkeit ausgeübten geringfügigen Beschäftigung vgl. A 20.3.1 Abs. 4 Satz 1.

A 20.4 Monatsprinzip

Liegen die Anspruchsvoraussetzungen des § 32 Abs. 4 Satz 1 bis 3 EStG wenigstens an einem Tag im Kalendermonat vor, besteht nach § 66 Abs. 2 EStG für diesen Monat Anspruch auf Kindergeld. Hat ein Kind eine erstmalige Berufsausbildung oder ein Erststudium abgeschlossen und erfüllt es weiterhin einen Anspruchstatbestand des § 32 Abs. 4 Satz 1 Nr. 2 EStG, entfällt der Kindergeldanspruch nur in den Monaten, in denen die anspruchsschädliche Erwerbstätigkeit den gesamten Monat umfasst. V 14.2 ist zu beachten.

Beispiel:

Ein Kind hat seine Erstausbildung abgeschlossen und im Oktober des Vorjahres mit dem Masterstudium begonnen. Ab dem 20. Juli des laufenden Jahres nimmt es unbefristet eine anspruchsschädliche Erwerbstätigkeit auf.
Aufgrund des Studiums ist das Kind nach § 32 Abs. 4 Satz 1 Nr. 2 Buchst. a EStG zu berücksichtigen. Das Studium wird jedoch nach Abschluss einer erstmaligen Berufsausbildung durchgeführt, so dass das Kind nach § 32 Abs. 4 Satz 2 EStG nur berücksichtigt werden kann, wenn es keiner anspruchsschädlichen Erwerbstätigkeit nachgeht. Für die Monate August bis Dezember kann das Kind nicht berücksichtigt werden. Neben den Monaten Januar bis Juni kann das Kind auch im Juli berücksichtigt werden, da es wenigstens an einem Tag die Anspruchsvoraussetzung – keine anspruchsschädliche Erwerbstätigkeit – erfüllt."

R 32.11 Verlängerungstatbestände bei Arbeit suchenden Kindern und Kindern in Berufsausbildung *(unbesetzt)*

H 32.11

Dienste im Ausland. → A 21 Abs. 5 DA-KG 2021:[1]

„(5) Als Verlängerungstatbestände sind nicht nur der nach deutschem Recht geleistete GWD bzw. ZD sowie die Entwicklungshilfedienste nach dem EhfG oder dem ZDG zu berücksichtigen, sondern auch entsprechende Dienste nach ausländischen Rechtsvorschriften. Eine Berücksichtigung der nach ausländischen Rechtsvorschriften geleisteten Dienste ist jedoch grundsätzlich nur bis zur Dauer des deutschen gesetzlichen GWD oder ZD möglich. Dabei ist auf die zu Beginn des Auslandsdienstes maßgebende Dauer des deutschen GWD oder ZD abzustellen. Wird der gesetzliche GWD oder ZD in einem anderen EU- bzw. EWR-Staat geleistet, so ist nach § 32 Abs. 5 Satz 2 EStG die Dauer dieses Dienstes maßgebend, auch wenn dieser länger als die Dauer des entsprechenden deutschen Dienstes ist."

Entwicklungshelfer.

- → Gesetz vom 18.6.1969 (BGBl. I S. 549 – EhfG), zuletzt geändert durch Artikel 21 des Gesetzes vom 20.12.2011 (BGBl. I S. 2854).[2]
- Entwicklungshelfer sind deutsche Personen, die nach Vollendung ihres 18. Lebensjahres und auf Grund einer Verpflichtung für zwei Jahre gegenüber einem anerkannten Träger des Entwicklungsdienstes Tätigkeiten in Entwicklungsländern ohne Erwerbsabsicht ausüben (→ § 1 EhfG). Als Träger des Entwicklungsdienstes sind anerkannt:

---

[1] BStBl. I 2021, 1598.

[2] Entwicklungshelfer-Gesetz zuletzt geänd. durch G v. 23.5.2017, BGBl. I 2017, 1228 (**Aichberger SGB** Nr. **40/10**).

a) Deutsche Gesellschaft für internationale Zusammenarbeit (GIZ), Bonn/Eschborn,
b) Arbeitsgemeinschaft für Entwicklungshilfe e. V. (AGEH), Köln,
c) Evangelischer Entwicklungsdienst e. V. (EED/DÜ), Berlin,
d) Internationaler Christlicher Friedensdienst e. V. (EIRENE), Neuwied,
e) Weltfriedensdienst e. V. (WFD), Berlin,
f) Christliche Fachkräfte International e. V. (CFI), Stuttgart,
g) Forum Ziviler Friedensdienst e. V. (forumZFD), Bonn.

Ermittlung des Verlängerungszeitraums. → A 21 Abs. 3 DA-KG 2021:[1])

„(3) Bei der Ermittlung des Verlängerungszeitraums sind zunächst die Monate zu berücksichtigen, in denen mindestens an einem Tag ein Dienst bzw. eine Tätigkeit i. S. d. § 32 Abs. 5 Satz 1 EStG geleistet wurde. Dabei sind auch die Monate zu berücksichtigen, für die Anspruch auf Kindergeld bestand (vgl. BFH vom 5.9.2013, XI R 12/12, BStBl. 2014 II S. 39)."

R 32.12 Höhe der Freibeträge für Kinder in Sonderfällen

Einem Stpfl., der die vollen Freibeträge für Kinder erhält, weil der andere Elternteil verstorben ist (§ 32 Abs. 6 Satz 3 EStG), werden Stpfl. in Fällen gleichgestellt, in denen

1. der Wohnsitz oder gewöhnliche Aufenthalt des anderen Elternteiles nicht zu ermitteln ist oder
2. der Vater des Kindes amtlich nicht feststellbar ist.

H 32.12

Lebenspartner und Freibeträge für Kinder. → BMF vom 17.1.2014 (BStBl. I S. 109).

R 32.13 Übertragung der Freibeträge für Kinder

Barunterhaltsverpflichtung

(1) [1]Bei dauernd getrennt lebenden oder geschiedenen Ehegatten sowie bei Eltern eines nichtehelichen Kindes ist der Elternteil, in dessen Obhut das Kind sich nicht befindet, grundsätzlich zur Leistung von Barunterhalt verpflichtet. [2]Wenn die Höhe nicht durch gerichtliche Entscheidung, Verpflichtungserklärung, Vergleich oder anderweitig durch Vertrag festgelegt ist, können dafür die von den Oberlandesgerichten als Leitlinien aufgestellten Unterhaltstabellen, z. B. „Düsseldorfer Tabelle", einen Anhalt geben.

Der Unterhaltsverpflichtung im Wesentlichen nachkommen

(2) [1]Ein Elternteil kommt seiner Barunterhaltsverpflichtung gegenüber dem Kind im Wesentlichen nach, wenn er sie mindestens zu 75% erfüllt. [2]Der Elternteil, in dessen Obhut das Kind sich befindet, erfüllt seine Unterhaltsverpflichtung in der Regel durch die Pflege und Erziehung des Kindes (§ 1606 Abs. 3 BGB).

---

1) BStBl. I 2021, 1598.

Maßgebender Verpflichtungszeitraum

(3) [1] Hat aus Gründen, die in der Person des Kindes liegen, oder wegen des Todes des Elternteiles die Unterhaltsverpflichtung nicht während des ganzen Kalenderjahres bestanden, ist für die Frage, inwieweit sie erfüllt worden ist, nur auf den Verpflichtungszeitraum abzustellen. [2] Wird ein Elternteil erst im Laufe des Kalenderjahres zur Unterhaltszahlung verpflichtet, ist für die Prüfung, ob er seiner Barunterhaltsverpflichtung gegenüber dem Kind zu mindestens 75% nachgekommen ist, nur der Zeitraum zu Grunde zu legen, für den der Elternteil zur Unterhaltsleistung verpflichtet wurde. [3] Im Übrigen kommt es nicht darauf an, ob die unbeschränkte Steuerpflicht des Kindes oder der Eltern während des ganzen Kalenderjahres bestanden hat.

Verfahren

(4)[1)] [1] Wird die Übertragung des dem anderen Elternteil zustehenden Kinderfreibetrags beantragt, weil dieser seiner Unterhaltsverpflichtung gegenüber dem Kind für das Kalenderjahr nicht im Wesentlichen nachgekommen ist oder mangels Leistungsfähigkeit nicht unterhaltspflichtig ist, muss der Antragsteller die Voraussetzungen dafür darlegen; eine Übertragung des dem anderen Elternteil zustehenden Kinderfreibetrags scheidet für Zeiträume aus, in denen Unterhaltsleistungen nach dem Unterhaltsvorschussgesetz gezahlt worden sind. [2] Dem betreuenden Elternteil ist auf Antrag der dem anderen Elternteil, in dessen Wohnung das minderjährige Kind nicht gemeldet ist, zustehende Freibetrag für den Betreuungs- und Erziehungs- oder Ausbildungsbedarf zu übertragen. [3] Die Übertragung scheidet aus, wenn der Elternteil, bei dem das Kind nicht gemeldet ist, der Übertragung widerspricht, weil er Kinderbetreuungskosten trägt (z.B., weil er als barunterhaltsverpflichteter Elternteil ganz oder teilweise für einen sich aus Kindergartenbeiträgen ergebenden Mehrbedarf des Kindes aufkommt) oder das Kind regelmäßig in einem nicht unwesentlichen Umfang betreut (z.B., wenn eine außergerichtliche Vereinbarung über einen regelmäßigen Umgang an Wochenenden und in den Ferien vorliegt). [4] Die Voraussetzungen für die Übertragung sind monatsweise zu prüfen. [5] In Zweifelsfällen ist dem anderen Elternteil Gelegenheit zu geben, sich zum Sachverhalt zu äußern (§ 91 AO). [6] In dem Kalenderjahr, in dem das Kind das 18. Lebensjahr vollendet, ist eine Übertragung des Freibetrags für den Betreuungs- und Erziehungs- oder Ausbildungsbedarf nur für den Teil des Kalenderjahres möglich, in dem das Kind noch minderjährig ist. [7] Werden die Freibeträge für Kinder bei einer Veranlagung auf den Stpfl. übertragen, teilt das Finanzamt dies dem für den anderen Elternteil zuständigen Finanzamt mit. [8] Ist der andere Elternteil bereits veranlagt, ist die Änderung der Steuerfestsetzung, sofern sie nicht nach § 164 Abs. 2 Satz 1 oder § 165 Abs. 2 AO vorgenommen werden kann, nach § 175 Abs. 1 Satz 1 Nr. 2 AO durchzuführen. [9] Beantragt der andere Elternteil eine Herabsetzung der gegen ihn festgesetzten Steuer mit der Begründung, die Voraussetzungen für die Übertragung der

---

[1)] **[Amtl. Anm.:]** Die bisher in R 32.13 Abs. 4 Satz 2 EStR 2008 enthaltene Regelung, dass die Übertragung des Kinderfreibetrags stets auch zur Übertragung des Freibetrags für den Betreuungs- und Erziehungs- oder Ausbildungsbedarf führt, gilt weiterhin (→ BMF vom 28.6.2013 – BStBl. I S. 845, Rz. 5).

Freibeträge für Kinder auf den Stpfl. lägen nicht vor, ist der Stpfl. unter den Voraussetzungen des § 174 Abs. 4 und 5 AO zu dem Verfahren hinzuzuziehen. [10] Obsiegt der andere Elternteil, kommt die Änderung der Steuerfestsetzung beim Stpfl. nach § 174 Abs. 4 AO in Betracht. [11] Dem Finanzamt des Stpfl. ist zu diesem Zweck die getroffene Entscheidung mitzuteilen.

H **32.13**

Beispiele zu R 32.13 Abs. 3:

A. Das Kind beendet im Juni seine Berufsausbildung und steht ab September in einem Arbeitsverhältnis. Seitdem kann es sich selbst unterhalten. Der zum Barunterhalt verpflichtete Elternteil ist seiner Verpflichtung nur für die Zeit bis einschließlich Juni nachgekommen. Er hat seine für 8 Monate bestehende Unterhaltsverpflichtung für 6 Monate, also zu 75 % erfüllt.

B. Der Elternteil, der bisher seiner Unterhaltsverpflichtung durch Pflege und Erziehung des Kindes voll nachgekommen ist, verzieht im August ins Ausland und leistet von da an keinen Unterhalt mehr. Er hat seine Unterhaltsverpflichtung, bezogen auf das Kj., nicht mindestens zu 75 % erfüllt.

Beurteilungszeitraum. Bei der Beurteilung der Frage, ob ein Elternteil seiner Unterhaltsverpflichtung gegenüber einem Kind nachgekommen ist, ist nicht auf den Zeitpunkt abzustellen, in dem der Unterhalt gezahlt worden ist, sondern auf den Zeitraum, für den der Unterhalt bestimmt ist (→ BFH vom 11.12.1992 – BStBl. 1993 II S. 397).

Freistellung von der Unterhaltsverpflichtung. Stellt ein Elternteil den anderen Elternteil von der Unterhaltsverpflichtung gegenüber einem gemeinsamen Kind gegen ein Entgelt frei, das den geschätzten Unterhaltsansprüchen des Kindes entspricht, behält der freigestellte Elternteil den Anspruch auf den (halben) Kinderfreibetrag (→ BFH vom 25.1.1996 – BStBl. 1997 II S. 21).

Konkrete Unterhaltsverpflichtung. Kommt ein Elternteil seiner konkret-individuellen Unterhaltsverpflichtung nach, so ist vom Halbteilungsgrundsatz auch dann nicht abzuweichen, wenn diese Verpflichtung im Verhältnis zum Unterhaltsbedarf des Kindes oder zur Unterhaltszahlung des anderen Elternteils gering ist (→ BFH vom 25.7.1997 – BStBl. 1998 II S. 433).

Steuerrechtliche Folgewirkungen der Übertragung. Infolge der Übertragung der Freibeträge für Kinder können sich bei den kindbedingten Steuerentlastungen, die vom Erhalt eines Freibetrags nach § 32 Abs. 6 EStG abhängen, Änderungen ergeben. Solche Folgeänderungen können zum Beispiel eintreten beim Entlastungsbetrag für Alleinerziehende (§ 24b EStG), beim Prozentsatz der zumutbaren Belastung (§ 33 Abs. 3 EStG), beim Freibetrag nach § 33a Abs. 2 EStG und bei der Übertragung des dem Kind zustehenden Behinderten- oder Hinterbliebenen-Pauschbetrags (§ 33b Abs. 5 EStG).

Übertragung der Freibeträge für Kinder. → BMF vom 28.6.2013 (BStBl. I S. 845).

Zu § 32a EStG

H 32a

Alleinerziehende. Die Besteuerung Alleinerziehender nach dem Grundtarif im Rahmen einer Einzelveranlagung anstelle einer Besteuerung nach dem Splittingtarif ist verfassungsgemäß (→ BFH vom 29.9.2016 – BStBl. 2017 II S. 259).

Auflösung der Ehe (außer durch Tod) und Wiederheirat eines Ehegatten. Ist eine Ehe, für die die Voraussetzungen des § 26 Abs. 1 EStG vorgelegen haben, im VZ durch Aufhebung oder Scheidung aufgelöst worden und ist der Stpfl. im selben VZ eine neue Ehe eingegangen, für die die Voraussetzungen des § 26 Abs. 1 Satz 1 EStG ebenfalls vorliegen, so kann nach § 26 Abs. 1 Satz 2 EStG für die aufgelöste Ehe das Wahlrecht zwischen Einzelveranlagung (§ 26a EStG) und Zusammenveranlagung (§ 26b EStG) nicht ausgeübt werden. Der andere Ehegatte, der nicht wieder geheiratet hat, ist mit dem von ihm bezogenen Einkommen nach dem Splitting-Verfahren zu besteuern (§ 32a Abs. 6 Satz 1 Nr. 2 EStG). Der Auflösung einer Ehe durch Aufhebung oder Scheidung steht die Nichtigerklärung einer Ehe gleich (→ H 26 – Allgemeines).

Auflösung einer Ehe. Ist eine Ehe, die der Stpfl. im VZ des Todes des früheren Ehegatten geschlossen hat, im selben VZ wieder aufgelöst worden, so ist er für den folgenden VZ auch dann wieder nach § 32a Abs. 6 Satz 1 Nr. 1 EStG als Verwitweter zu behandeln, wenn die Ehe in anderer Weise als durch Tod aufgelöst worden ist (→ BFH vom 9.6.1965 – BStBl. III S. 590).

Dauerndes Getrenntleben im Todeszeitpunkt. Die Einkommensteuer eines verwitweten Stpfl. ist in dem VZ, der dem VZ des Todes folgt, nur dann nach dem Splittingtarif festzusetzen, wenn er und sein verstorbener Ehegatte im Zeitpunkt des Todes nicht dauernd getrennt gelebt haben (→ BFH vom 27.2.1998 – BStBl. II S. 350).

Todeserklärung eines verschollenen Ehegatten. → H 26 (Allgemeines).

Zu § 32b EStG

R 32b. Progressionsvorbehalt

Allgemeines

(1) [1]Entgelt-, Lohn- oder Einkommensersatzleistungen der gesetzlichen Krankenkassen unterliegen auch insoweit dem Progressionsvorbehalt nach § 32b Abs. 1 Satz 1 Nr. 1 Buchstabe b EStG, als sie freiwillig Versicherten gewährt werden. [2]Beim Übergangsgeld, das behinderten oder von Behinderung bedrohten Menschen nach den §§ 45 bis 52 SGB IX gewährt wird, handelt es sich um steuerfreie Leistungen nach dem SGB III, SGB VI, SGB VII oder dem Bundesversorgungsgesetz, die dem Progressionsvorbehalt unterliegen.[1)]

[1)] **Aichberger SGB** Nr. **3** (SGB III), Nr. **6** (SGB VI), Nr. **7** (SGB VII), Nr. **9** (SGB IX) bzw. Nr. **20/10** (BVG).

[3]Leistungen nach der Berufskrankheitenverordnung sowie das Krankentagegeld aus einer privaten Krankenversicherung und Leistungen zur Sicherung des Lebensunterhalts und zur Eingliederung in Arbeit nach dem SGB II (sog. Arbeitslosengeld II) gehören nicht zu den Entgelt-, Lohn- oder Einkommensersatzleistungen, die dem Progressionsvorbehalt unterliegen.

(2) [1]In den Progressionsvorbehalt sind die Entgelt-, Lohn- und Einkommensersatzleistungen mit den Beträgen einzubeziehen, die als Leistungsbeträge nach den einschlägigen Leistungsgesetzen festgestellt werden. [2]Kürzungen dieser Leistungsbeträge, die sich im Falle der Abtretung oder durch den Abzug von Versichertenanteilen an den Beiträgen zur Rentenversicherung, Arbeitslosenversicherung und ggf. zur Kranken- und Pflegeversicherung ergeben, bleiben unberücksichtigt. [3]Der bei der Ermittlung der Einkünfte aus nichtselbständiger Arbeit nicht ausgeschöpfte Arbeitnehmer-Pauschbetrag ist auch von Entgelt-, Lohn- und Einkommensersatzleistungen abzuziehen.

Rückzahlung von Entgelt-, Lohn- oder Einkommensersatzleistungen

(3) [1]Werden die in § 32b Abs. 1 Satz 1 Nr. 1 EStG bezeichneten Entgelt-, Lohn- oder Einkommensersatzleistungen zurückgezahlt, sind sie von den im selben Kalenderjahr bezogenen Leistungsbeträgen abzusetzen, unabhängig davon, ob die zurückgezahlten Beträge im Kalenderjahr ihres Bezugs dem Progressionsvorbehalt unterlegen haben. [2]Ergibt sich durch die Absetzung ein negativer Betrag, weil die Rückzahlungen höher sind als die im selben Kalenderjahr empfangenen Beträge oder weil den zurückgezahlten keine empfangenen Beträge gegenüber stehen, ist auch der negative Betrag bei der Ermittlung des besonderen Steuersatzes nach § 32b EStG zu berücksichtigen (negativer Progressionsvorbehalt). [3]Aus Vereinfachungsgründen bestehen keine Bedenken, zurückgezahlte Beträge dem Kalenderjahr zuzurechnen, in dem der Rückforderungsbescheid ausgestellt worden ist. [4]Beantragt der Stpfl., die zurückgezahlten Beträge dem Kalenderjahr zuzurechnen, in dem sie tatsächlich abgeflossen sind, hat er den Zeitpunkt des tatsächlichen Abflusses anhand von Unterlagen, z. B. Aufhebungs-/Erstattungsbescheide oder Zahlungsbelege, nachzuweisen oder glaubhaft zu machen.

Rückwirkender Wegfall von Entgelt-, Lohn- oder Einkommensersatzleistungen

(4) Fällt wegen der rückwirkenden Zubilligung einer Rente der Anspruch auf Sozialleistungen (z. B. Kranken- oder Arbeitslosengeld) rückwirkend ganz oder teilweise weg, ist dies am Beispiel des Krankengeldes steuerlich wie folgt zu behandeln:

1. Soweit der Krankenkasse ein Erstattungsanspruch nach § 103 SGB X gegenüber dem Rentenversicherungsträger zusteht, ist das bisher gezahlte Krankengeld als Rentenzahlung anzusehen und nach § 22 Nr. 1 Satz 3 Buchstabe a EStG der Besteuerung zu unterwerfen. [2]Das Krankengeld unterliegt insoweit nicht dem Progressionsvorbehalt nach § 32b EStG.
2. Gezahlte und die Rentenleistung übersteigende Krankengeldbeträge i. S. d. § 50 Abs. 1 Satz 2 SGB V sind als Krankengeld nach § 3 Nr. 1 Buchstabe a EStG steuerfrei; § 32b EStG ist anzuwenden. [2]Entsprechendes gilt für das

Krankengeld, das vom Empfänger infolge rückwirkender Zubilligung einer Rente aus einer ausländischen gesetzlichen Rentenversicherung nach § 50 Abs. 1 Satz 3 SGB V an die Krankenkasse zurückzuzahlen ist.

3. Soweit die nachträgliche Feststellung des Rentenanspruchs auf VZ zurückwirkt, für die Steuerbescheide bereits ergangen sind, sind diese Steuerbescheide nach § 175 Abs. 1 Satz 1 Nr. 2 AO zu ändern.

Fehlende Entgelt-, Lohn- oder Einkommensersatzleistungen

(5) [1] Hat ein Arbeitnehmer trotz Arbeitslosigkeit kein Arbeitslosengeld erhalten, weil ein entsprechender Antrag abgelehnt worden ist, kann dies durch die Vorlage des Ablehnungsbescheids nachgewiesen werden; hat der Arbeitnehmer keinen Antrag gestellt, kann dies durch die Vorlage der vom Arbeitgeber nach § 312 SGB III ausgestellten Arbeitsbescheinigung im Original belegt werden. [2] Kann ein Arbeitnehmer weder durch geeignete Unterlagen nachweisen noch in sonstiger Weise glaubhaft machen, dass er keine Entgelt-, Lohn- oder Einkommensersatzleistungen erhalten hat, kann das Finanzamt bei der für den Arbeitnehmer zuständigen Agentur für Arbeit (§ 327 SGB III) eine Bescheinigung darüber anfordern (Negativbescheinigung).

H 32b

Allgemeines. Ist für Einkünfte nach § 32b Abs. 1 EStG der Progressionsvorbehalt zu beachten, ist wie folgt zu verfahren:

1. Ermittlung des nach § 32a Abs. 1 EStG maßgebenden z. v. E.
2. Dem z. v. E. werden für die Berechnung des besonderen Steuersatzes die Entgelt-, Lohn- oder Einkommensersatzleistungen (§ 32b Abs. 1 Satz 1 Nr. 1 EStG) sowie die unter § 32b Abs. 1 Satz 1 Nr. 2 bis 5 EStG fallenden Einkünfte im Jahr ihrer Entstehung hinzugerechnet oder von ihm abgezogen. Der sich danach ergebende besondere Steuersatz ist auf das nach § 32a Abs. 1 EStG ermittelte z. v. E. anzuwenden.

Beispiele:

Fall	A	B
z. v. E. (§ 2 Abs. 5 EStG)	40 000 €	40 000 €
Fall A Arbeitslosengeld	10 000 €	
oder		
Fall B zurückgezahltes Arbeitslosengeld		3 000 €
Für die Berechnung des Steuersatzes maßgebendes z. v. E.	50 000 €	37 000 €
Steuer nach Splittingtarif	7 252 €	3 756 €
besonderer (= durchschnittlicher) Steuersatz	14,504 %	10,1513 %
Die Anwendung des besonderen Steuersatzes auf das z. v. E. ergibt als Steuer	5 801 €	4 060 €

Ein Verlustabzug (§ 10d EStG) ist bei der Ermittlung des besonderen Steuersatzes nach § 32b Abs. 1 EStG nicht zu berücksichtigen.

Anwendung auf Lohnersatzleistungen. Der Progressionsvorbehalt für Lohnersatzleistungen ist verfassungsgemäß (→ BVerfG vom 3.5.1995 – BStBl. II S. 758).

Anwendung bei Stpfl. mit Einkünften aus nichtselbständiger Arbeit. → R 46.2.

Arbeitnehmer-Pauschbetrag. Zur Berechnung des Progressionsvorbehalts sind steuerfreie Leistungen nach § 32b Abs. 1 Satz 1 Nr. 1 EStG nicht um den Arbeitnehmer-Pauschbetrag zu vermindern, wenn bei der Ermittlung der Einkünfte aus nichtselbständiger Arbeit den Pauschbetrag übersteigende Werbungskosten abgezogen wurden (→ BFH vom 25.9.2014 – BStBl. 2015 II S. 182).

Ausländische Einkünfte. Die Höhe ist nach dem deutschen Steuerrecht zu ermitteln (→ BFH vom 20.9.2006 – BStBl. 2007 II S. 756). Die steuerfreien ausländischen Einkünfte aus nichtselbständiger Arbeit i. S. d. § 32b Abs. 1 Satz 1 Nr. 2 bis 5 EStG sind als Überschuss der Einnahmen über die Werbungskosten zu berechnen. Dabei sind die tatsächlich angefallenen Werbungskosten bzw. der Arbeitnehmer-Pauschbetrag nach Maßgabe des § 32b Abs. 2 Satz 1 Nr. 2 Satz 2 EStG zu berücksichtigen.

Beispiel für Einkünfte aus nichtselbständiger Arbeit:
Der inländische steuerpflichtige Arbeitslohn beträgt 20 000 €; die Werbungskosten betragen 500 €. Der nach DBA/ATE unter Progressionsvorbehalt steuerfreie Arbeitslohn beträgt 10 000 €; im Zusammenhang mit der Erzielung des steuerfreien Arbeitslohns sind Werbungskosten in Höhe von 400 € tatsächlich angefallen.

Inländischer steuerpflichtiger Arbeitslohn	20 000 €
./. Arbeitnehmer-Pauschbetrag (§ 9a Satz 1 Nr. 1 Buchstabe a EStG)	./. 1 000 €
steuerpflichtige Einkünfte gem. § 19 EStG	19 000 €
Ausländische Progressionseinnahmen	10 000 €
./. Arbeitnehmer-Pauschbetrag	0 €
maßgebende Progressionseinkünfte (§ 32b Abs. 2 Satz 1 Nr. 2 Satz 2 EStG)	10 000 €

Ausländische Personengesellschaft. Nach einem DBA freigestellte Einkünfte aus der Beteiligung an einer ausländischen Personengesellschaft unterliegen auch dann dem Progressionsvorbehalt, wenn die ausländische Personengesellschaft in dem anderen Vertragsstaat als juristische Person besteuert wird (→ BFH vom 4.4.2007 – BStBl. II S. 521).

Ausländische Renteneinkünfte. Ausländische Renteneinkünfte sind im Rahmen des Progressionsvorbehalts mit dem Besteuerungsanteil (§ 22 Nr. 1 Satz 3 Buchstabe a Doppelbuchstabe aa EStG) und nicht mit dem Ertragsanteil zu berücksichtigen, wenn die Leistung der ausländischen Altersversorgung in ihrem Kerngehalt den gemeinsamen und typischen Merkmalen der inländischen Basisversorgung entspricht. Zu den wesentlichen Merkmalen der Basisversorgung gehört, dass die Renten erst bei Erreichen einer bestimmten Altersgrenze bzw. bei Erwerbsunfähigkeit gezahlt werden und als Entgeltersatzleistung der Lebensunterhaltssicherung dienen (→ BFH vom 14.7.2010 – BStBl. 2011 II S. 628).

Ausländische Sozialversicherungsbeiträge. Beiträge an die schweizerische Alters- und Hinterlassenenversicherung können nicht bei der Ermittlung des besonderen Steuersatzes im Rahmen des Progressionsvorbehaltes berücksichtigt werden (→ BFH vom 18.4.2012 – BStBl. II S. 721).

Ausländische Verluste.
- Durch ausländische Verluste kann der Steuersatz auf Null sinken (→ BFH vom 25.5.1970 – BStBl. II S. 660).
- Drittstaatenverluste i. S. d. § 2a EStG werden nur nach Maßgabe des § 2a EStG berücksichtigt (→ BFH vom 17.11.1999 – BStBl. 2000 II S. 605).
- Ausländische Verluste aus der Veräußerung oder Aufgabe eines Betriebs, die nach einem DBA von der Bemessungsgrundlage der deutschen Steuer auszunehmen sind, unterfallen im Rahmen des Progressionsvorbehaltes nicht der sog. Fünftel-Methode (→ BFH vom 1.2.2012 – BStBl. II S. 405).

Datenübermittlung. Zur rückwirkenden Verrechnung zwischen Trägern der Sozialleistungen → BMF vom 16.7.2013 (BStBl. I S. 922).

EU-Tagegeld. Zur steuerlichen Behandlung des von Organen der EU gezahlten Tagegeldes → BMF vom 12.4.2006 (BStBl. I S. 340).

Grundfreibetrag. Es begegnet keinen verfassungsrechtlichen Bedenken, dass wegen der in § 32a Abs. 1 Satz 2 EStG angeordneten vorrangigen Anwendung des Progressionsvorbehalts des § 32b EStG auch ein z. v. E. unterhalb des Grundfreibetrags der Einkommensteuer unterliegt (→ BFH vom 9.8.2001 – BStBl. II S. 778).

Leistungen der gesetzlichen Krankenkasse.
- Leistungen der gesetzlichen Krankenkasse für eine Ersatzkraft im Rahmen der Haushaltshilfe an nahe Angehörige (§ 38 Abs. 4 Satz 2 SGB V) unterliegen nicht dem Progressionsvorbehalt (→ BFH vom 17.6.2005 – BStBl. 2006 II S. 17).
- Die Einbeziehung des Krankengeldes, das ein freiwillig in einer gesetzlichen Krankenkasse versicherter Stpfl. erhält, in den Progressionsvorbehalt, ist verfassungsgemäß (→ BFH vom 26.11.2008 – BStBl. 2009 II S. 376).
- Auch nach der Einführung des sog. Basistarifs in der privaten Krankenversicherung ist es verfassungsrechtlich nicht zu beanstanden, dass zwar das Krankengeld aus der gesetzlichen Krankenversicherung, nicht aber das Krankentagegeld aus einer privaten Krankenversicherung in den Progressionsvorbehalt einbezogen wird (→ BFH vom 13.11.2014 – BStBl. 2015 II S. 563).

Steuerfreiheit einer Leibrente. Ist eine Leibrente sowohl nach einem DBA als auch nach § 3 Nr. 6 EStG steuerfrei, unterliegt sie nicht dem Progressionsvorbehalt (→ BFH vom 22.1.1997 – BStBl. II S. 358).

Vorfinanziertes Insolvenzgeld. Soweit Insolvenzgeld vorfinanziert wird, das nach § 188 Abs. 1 SGB III einem Dritten zusteht, ist die Gegenleistung für die Übertragung des Arbeitsentgeltanspruchs als Insolvenzgeld anzusehen. Die an den Arbeitnehmer gezahlten Entgelte hat dieser i. S. d. § 32b Abs. 1 Satz 1 Nr. 1 Buchstabe a EStG bezogen, wenn sie ihm nach den Regeln über die Überschusseinkünfte zugeflossen sind (→ BFH vom 1.3.2012 – BStBl. II S. 596).

Zeitweise unbeschränkte Steuerpflicht.

– Besteht wegen Zu- oder Wegzugs nur zeitweise die unbeschränkte Steuerpflicht, sind die außerhalb der unbeschränkten Steuerpflicht im Kj. erzielten Einkünfte im Wege des Progressionsvorbehalts zu berücksichtigen, wenn diese nicht der beschränkten Steuerpflicht unterliegen (→ BFH vom 15.5.2002 – BStBl. II S. 660, vom 19.12.2001 – BStBl. 2003 II S. 302 und vom 19.11.2003 – BStBl. 2004 II S. 549).
– Vorab entstandene Werbungskosten im Zusammenhang mit einer beabsichtigten Tätigkeit im Ausland sind beim Progressionsvorbehalt zu berücksichtigen, wenn dies nicht durch ein DBA ausgeschlossen wird (→ BFH vom 20.9.2006 – BStBl. 2007 II S. 756).

Zu § 32c EStG[1]

H 32c

Allgemeines. → BMF vom 18.9.2020 (BStBl. I S. 952) unter Berücksichtigung der Änderungen durch BMF vom 24.11.2020 (BStBl. I S. 1217).

Zu § 32d EStG

R 32d. Gesonderter Tarif für Einkünfte aus Kapitalvermögen

Verrechnung von Kapitaleinkünften

(1) Verluste aus Kapitaleinkünften nach § 32d Abs. 1 EStG dürfen nicht mit positiven Erträgen aus Kapitaleinkünften nach § 32d Abs. 2 EStG verrechnet werden.

Nahestehende Personen

(2) Anders als bei § 32d Abs. 2 Nr. 1 Buchstabe a EStG ist von einem Näheverhältnis i. S. d. § 32d Abs. 2 Nr. 1 Buchstabe b Satz 2 EStG zwischen Personengesellschaft und Gesellschafter nicht schon allein deshalb auszugehen, weil der Gesellschafter einer Kapitalgesellschaft, an der die Personengesellschaft beteiligt ist, ein Darlehen gewährt und dafür Zinszahlungen erhält.

Veranlagungsoption

(3) [1] § 32d Abs. 2 Nr. 3 Satz 4 EStG dient der Verwaltungsvereinfachung in Form eines erleichterten Nachweises der Tatbestandsvoraussetzungen und ersetzt nicht das Vorliegen einer Beteiligung nach § 32d Abs. 2 Nr. 3 Satz 1 EStG. [2] Sinkt die Beteiligung unter die Grenzen nach § 32d Abs. 2 Nr. 3 Satz 1 Buchstabe a oder b EStG, ist auch innerhalb der Frist des § 32d Abs. 2 Nr. 3 Satz 4 EStG ein Werbungskostenabzug unzulässig.

---

[1] § 32c EStG regelt die Tarifermäßigung bei Einkünften aus Land- und Forstwirtschaft, zur Anwendung siehe § 52 Abs. 33a EStG.

H 32d

Allgemeines. Einzelfragen zur Abgeltungsteuer → *BMF vom 18.1.2016 (BStBl. I S. 85)*[1] *unter Berücksichtigung der Änderungen durch BMF vom 19.12.2017 (BStBl. 2018 I S. 52), vom 12.4.2018 (BStBl. I S. 624) und vom 17.1.2019 (BStBl. I S. 51), Rzn. 132–151.*

Zu § 33 EStG
(§ 64 EStDV)

R 33.1 Außergewöhnliche Belastungen allgemeiner Art

[1] § 33 EStG setzt eine Belastung des Stpfl. auf Grund außergewöhnlicher und dem Grunde und der Höhe nach zwangsläufiger Aufwendungen voraus. [2] Der Stpfl. ist belastet, wenn ein Ereignis in seiner persönlichen Lebenssphäre ihn zu Ausgaben zwingt, die er selbst endgültig zu tragen hat. [3] Die Belastung tritt mit der Verausgabung ein. [4] Zwangsläufigkeit dem Grunde nach wird in der Regel auf Aufwendungen des Stpfl. für sich selbst oder für Angehörige i. S. d. § 15 AO beschränkt sein. [5] Aufwendungen für andere Personen können diese Voraussetzung nur ausnahmsweise erfüllen (sittliche Pflicht).

H 33.1–33.4 *(abgedruckt nach R 33.4)*

R 33.2 Aufwendungen für existentiell notwendige Gegenstände

Aufwendungen zur Wiederbeschaffung oder Schadensbeseitigung können im Rahmen des Notwendigen und Angemessenen unter folgenden Voraussetzungen als außergewöhnliche Belastung berücksichtigt werden:

1. Sie müssen einen existentiell notwendigen Gegenstand betreffen – dies sind Wohnung, Hausrat und Kleidung, nicht aber z. B. ein Pkw oder eine Garage.
2. Der Verlust oder die Beschädigung muss durch ein unabwendbares Ereignis wie Brand, Hochwasser, Kriegseinwirkung, Vertreibung, politische Verfolgung verursacht sein, oder von dem Gegenstand muss eine Gesundheitsgefährdung ausgehen, die beseitigt werden muss und die nicht auf Verschulden des Stpfl. oder seines Mieters oder auf einen Baumangel zurückzuführen ist (z. B. bei Schimmelpilzbildung).
3. Dem Stpfl. müssen tatsächlich finanzielle Aufwendungen entstanden sein; ein bloßer Schadenseintritt reicht zur Annahme von Aufwendungen nicht aus.
4. Die Aufwendungen müssen ihrer Höhe nach notwendig und angemessen sein und werden nur berücksichtigt, soweit sie den Wert des Gegenstandes im Vergleich zu vorher nicht übersteigen.
5. Nur der endgültig verlorene Aufwand kann berücksichtigt werden, d. h. die Aufwendungen sind um einen etwa nach Schadenseintritt noch vorhandenen Restwert zu kürzen.

---

[1] Jetzt BMF v. 19.5.2022; StEd 2022, 334, Rn. 132–151; zur zeitlichen Anwendung siehe Rn. 324 und 325.

6. Der Stpfl. muss glaubhaft darlegen, dass er den Schaden nicht verschuldet hat und dass realisierbare Ersatzansprüche gegen Dritte nicht bestehen.
7. Ein Abzug scheidet aus, sofern der Stpfl. zumutbare Schutzmaßnahmen unterlassen oder eine allgemein zugängliche und übliche Versicherungsmöglichkeit nicht wahrgenommen hat.
8. Das schädigende Ereignis darf nicht länger als drei Jahre zurückliegen, bei Baumaßnahmen muss mit der Wiederherstellung oder Schadensbeseitigung innerhalb von drei Jahren nach dem schädigenden Ereignis begonnen worden sein.

H **33.1–33.4** *(abgedruckt nach R 33.4)*

R **33.3** Aufwendungen wegen Pflegebedürftigkeit und erheblich eingeschränkter Alltagskompetenz

Voraussetzungen und Nachweis

(1) [1]Zu dem begünstigten Personenkreis zählen pflegebedürftige Personen, bei denen mindestens ein Schweregrad der Pflegebedürftigkeit i. S. d. §§ 14, 15 SGB XI[1)] besteht und Personen, bei denen eine erhebliche Einschränkung der Alltagskompetenz nach *§ 45a SGB XI*[1) · 2)] festgestellt wurde. [2]Der Nachweis ist durch eine Bescheinigung (z. B. Leistungsbescheid oder -mitteilung) der sozialen Pflegekasse oder des privaten Versicherungsunternehmens, das die private Pflegepflichtversicherung durchführt, oder nach § 65 Abs. 2 EStDV zu führen. [3]Pflegekosten von Personen, die nicht zu dem nach Satz 1 begünstigten Personenkreis zählen und ambulant gepflegt werden, können ohne weiteren Nachweis auch dann als außergewöhnliche Belastungen berücksichtigt werden, wenn sie von einem anerkannten Pflegedienst nach § 89 SGB XI gesondert in Rechnung gestellt worden sind.

Eigene Pflegeaufwendungen

(2) [1]Zu den Aufwendungen infolge Pflegebedürftigkeit und erheblich eingeschränkter Alltagskompetenz zählen sowohl Kosten für die Beschäftigung einer ambulanten Pflegekraft und/oder die Inanspruchnahme von Pflegediensten, von Einrichtungen der Tages- oder Nachtpflege, der Kurzzeitpflege oder von nach Landesrecht anerkannten niedrigschwelligen Betreuungsangeboten als auch Aufwendungen zur Unterbringung in einem Heim. [2]Wird bei einer Heimunterbringung wegen Pflegebedürftigkeit der private Haushalt aufgelöst, ist die Haushaltsersparnis mit dem in § 33a Abs. 1 Satz 1 EStG genannten Höchstbetrag der abziehbaren Aufwendungen anzusetzen. [3]Liegen die Voraussetzungen nur während eines Teiles des Kalenderjahres vor, sind die anteiligen Beträge anzusetzen ($^1/_{360}$ pro Tag, $^1/_{12}$ pro Monat).

---

1) **Aichberger SGB** Nr. **11**.

2) **[Amtl. Anm.:]** Durch das Zweite Pflegestärkungsgesetz wird die bisher nach § 45a SGB XI a. F. festgestellte erhebliche Einschränkung der Alltagskompetenz ab 1.1.2017 von den §§ 14 und 15 SGB XI miterfasst.

Konkurrenz zu § 33a Abs. 3 EStG

(3) *(unbesetzt)*

Konkurrenz zu § 33b Abs. 3 EStG

(4) [1]Die Inanspruchnahme eines Pauschbetrags nach § 33b Abs. 3 EStG schließt die Berücksichtigung von Pflegeaufwendungen nach Absatz 2 im Rahmen des § 33 EStG aus. [2]Zur Berücksichtigung eigener Aufwendungen der Eltern für ein behindertes Kind[1)] → R 33b Abs. 2.

Pflegeaufwendungen für Dritte

(5) Hat der pflegebedürftige Dritte im Hinblick auf sein Alter oder eine etwaige Bedürftigkeit dem Stpfl. Vermögenswerte zugewendet, z. B. ein Hausgrundstück, kommt ein Abzug der Pflegeaufwendungen nur in der Höhe in Betracht, wie die Aufwendungen den Wert des hingegebenen Vermögens übersteigen.

H **33.1–33.4** *(abgedruckt nach R 33.4)*

R 33.4 Aufwendungen wegen Krankheit und Behinderung sowie für Integrationsmaßnahmen

Nachweis

(1) [1]Der Nachweis von Krankheitskosten ist nach § 64 EStDV zu führen. [2]Bei Aufwendungen für eine Augen-Laser-Operation ist die Vorlage eines amtsärztlichen Attests nicht erforderlich. [3]Bei einer andauernden Erkrankung mit anhaltendem Verbrauch bestimmter Arznei-, Heil- und Hilfsmittel reicht die einmalige Vorlage einer Verordnung. [4]Wurde die Notwendigkeit einer Sehhilfe in der Vergangenheit durch einen Augenarzt festgestellt, genügt in den Folgejahren die Sehschärfenbestimmung durch einen Augenoptiker. [5]Als Nachweis der angefallenen Krankheitsaufwendungen kann auch die Vorlage der Erstattungsmitteilung der privaten Krankenversicherung oder der Beihilfebescheid einer Behörde ausreichen. [6]Diese Erleichterung entbindet den Stpfl. aber nicht von der Verpflichtung, dem Finanzamt die Zwangsläufigkeit, Notwendigkeit und Angemessenheit nicht erstatteter Aufwendungen auf Verlangen nachzuweisen. [7]Wurde die Notwendigkeit einer Kur offensichtlich im Rahmen der Bewilligung von Zuschüssen oder Beihilfen anerkannt, genügt bei Pflichtversicherten die Bescheinigung der Versicherungsanstalt und bei öffentlich Bediensteten der Beihilfebescheid.

Privatschulbesuch

(2) [1]Ist ein Kind ausschließlich wegen einer Behinderung im Interesse einer angemessenen Berufsausbildung auf den Besuch einer Privatschule (Sonderschule oder allgemeine Schule in privater Trägerschaft) mit individueller Förderung angewiesen, weil eine geeignete öffentliche Schule oder eine den schulgeldfreien Besuch ermöglichende geeignete Privatschule nicht zur Verfügung steht oder nicht in zumutbarer Weise erreichbar ist, ist das Schulgeld dem Grunde nach als außergewöhnliche Belastung nach § 33 EStG – neben

1) **[Amtl. Anm.:]** Jetzt Kind mit Behinderungen.

einem auf den Stpfl. übertragbaren Pauschbetrag für behinderte Menschen[1] – zu berücksichtigen. [2]Der Nachweis, dass der Besuch der Privatschule erforderlich ist, muss durch eine Bestätigung der zuständigen obersten Landeskultusbehörde oder der von ihr bestimmten Stelle geführt werden.

Kur

(3) [1]Kosten für Kuren im Ausland sind in der Regel nur bis zur Höhe der Aufwendungen anzuerkennen, die in einem dem Heilzweck entsprechenden inländischen Kurort entstehen würden. [2]Verpflegungsmehraufwendungen anlässlich einer Kur können nur in tatsächlicher Höhe nach Abzug der Haushaltsersparnis von $^1/_5$ der Aufwendungen berücksichtigt werden.

Aufwendungen behinderter Menschen[1] für Verkehrsmittel

(4)[2] [1]Macht ein gehbehinderter Stpfl. neben den Aufwendungen für Privatfahrten mit dem eigenen Pkw auch solche für andere Verkehrsmittel (z. B. für Taxis) geltend, ist die als noch angemessen anzusehende jährliche Fahrleistung von 3000 km (beim GdB von mindestens 80 oder GdB von mindestens 70 und Merkzeichen G) – bzw. von 15 000 km (bei Merkzeichen aG, Bl oder H) – entsprechend zu kürzen. [2]Die Aufwendungen für die behindertengerechte Umrüstung eines PKWs können im VZ des Abflusses als außergewöhnliche Belastungen neben den angemessenen Aufwendungen für Fahrten berücksichtigt werden. [3]Eine Verteilung auf mehrere VZ ist nicht zulässig.

Behinderungsbedingte Baukosten

(5) [1]Um- oder Neubaukosten eines Hauses oder einer Wohnung können im VZ des Abflusses eine außergewöhnliche Belastung darstellen, soweit die Baumaßnahme durch die Behinderung bedingt ist. [2]Eine Verteilung auf mehrere VZ ist nicht zulässig. [3]Für den Nachweis der Zwangsläufigkeit der Aufwendungen ist die Vorlage folgender Unterlagen ausreichend:
– der Bescheid eines gesetzlichen Trägers der Sozialversicherung oder der Sozialleistungen über die Bewilligung eines pflege- bzw. behinderungsbedingten Zuschusses (z. B. zur Verbesserung des individuellen Wohnumfeldes nach § 40 Abs. 4 SGB XI) oder
– das Gutachten des Medizinischen Dienstes der Krankenversicherung (MDK), des Sozialmedizinischen Dienstes (SMD) oder der Medicproof Gesellschaft für Medizinische Gutachten mbH.

Aufwendungen für Deutsch- und Integrationskurse

(6) [1]Aufwendungen für den Besuch von Sprachkursen, in denen Deutsch gelehrt wird, sind nicht als außergewöhnliche Belastungen abziehbar. [2]Gleiches gilt für Integrationskurse, es sei denn, der Stpfl. weist durch Vorlage einer Bestätigung der Teilnahmeberechtigung nach § 6 Abs. 1 Satz 1 und 3 der Verordnung über die Durchführung von Integrationskursen für Ausländer und Spätaussiedler nach, dass die Teilnahme am Integrationskurs verpflichtend war und damit aus rechtlichen Gründen zwangsläufig erfolgte.

---

[1] **[Amtl. Anm.:]** Jetzt Menschen mit Behinderungen.
[2] **[Amtl. Anm.:]** Für VZ ab 2021 siehe § 33 Abs. 2a EStG.

H 33.1–33.4

Abkürzung des Zahlungsweges. Bei den außergewöhnlichen Belastungen kommt der Abzug von Aufwendungen eines Dritten auch unter dem Gesichtspunkt der Abkürzung des Vertragswegs nicht in Betracht (→ BMF vom 7.7.2008 – BStBl. I S. 717).

Adoption. Aufwendungen im Zusammenhang mit einer Adoption sind nicht zwangsläufig (→ BFH vom 10.3.2015 – BStBl. II S. 695).

Asbestbeseitigung.
– Die tatsächliche Zwangsläufigkeit von Aufwendungen zur Beseitigung von Asbest ist nicht anhand der abstrakten Gefährlichkeit von Asbestfasern zu beurteilen; erforderlich sind zumindest konkret zu befürchtende Gesundheitsgefährdungen. Denn die Notwendigkeit einer Asbestsanierung hängt wesentlich von der verwendeten Asbestart und den baulichen Gegebenheiten ab (→ BFH vom 29.3.2012 – BStBl. II S. 570).
– → Gesundheitsgefährdung.

Asyl. Die Anerkennung als Asylberechtigter lässt nicht ohne weiteres auf ein unabwendbares Ereignis für den Verlust von Hausrat und Kleidung schließen (→ BFH vom 26.4.1991 – BStBl. II S. 755).

Außergewöhnlich. Außergewöhnlich sind Aufwendungen, wenn sie nicht nur der Höhe, sondern auch ihrer Art und dem Grunde nach außerhalb des Üblichen liegen und insofern nur einer Minderheit entstehen. Die typischen Aufwendungen der Lebensführung sind aus dem Anwendungsbereich des § 33 EStG ungeachtet ihrer Höhe im Einzelfall ausgeschlossen (→ BFH vom 29.9.1989 – BStBl. 1990 II S. 418, vom 19.5.1995 – BStBl. II S. 774, vom 22.10.1996 – BStBl. 1997 II S. 558 und vom 12.11.1996 – BStBl. 1997 II S. 387).

Aussteuer. Aufwendungen für die Aussteuer einer heiratenden Tochter sind regelmäßig nicht als zwangsläufig anzusehen. Dies gilt auch dann, wenn die Eltern ihrer Tochter keine Berufsausbildung gewährt haben (→ BFH vom 3.6.1987 – BStBl. II S. 779).

Begleitperson. Aufwendungen eines schwerbehinderten Menschen für eine Begleitperson bei Reisen sind nicht als außergewöhnliche Belastung abziehbar, wenn die Begleitperson ein Ehegatte ist, der aus eigenem Interesse an der Reise teilgenommen hat und für den kein durch die Behinderung des anderen Ehegatten veranlasster Mehraufwand angefallen ist (→ BFH vom 7.5.2013 – BStBl. II S. 808).

Behindertengerechte Ausstattung.[1)]
– Mehraufwendungen für die notwendige behindertengerechte Gestaltung des individuellen Wohnumfelds sind außergewöhnliche Belastungen. Sie stehen so stark unter dem Gebot der sich aus der Situation ergebenden Zwangsläufigkeit, dass die Erlangung eines etwaigen Gegenwerts regelmäßig in den Hintergrund tritt. Es ist nicht erforderlich, dass die Behin-

---

[1)] Mehrkosten für die Anschaffung eines größeren Grundstücks zum Bau eines behindertengerechten Bungalows sind keine außergewöhnliche Belastung; siehe BFH v. 17.7.2014 VI R 42/13, BStBl. II 2014, 931.

derung auf einem nicht vorhersehbaren Ereignis beruht und deshalb ein schnelles Handeln des Stpfl. oder seiner Angehörigen geboten ist. Auch die Frage nach zumutbaren Handlungsalternativen stellt sich in solchen Fällen nicht (→ BFH vom 24.2.2011 – BStBl. II S. 1012).
- Behinderungsbedingte Umbaukosten einer Motoryacht sind keine außergewöhnlichen Belastungen (→ BFH vom 2.6.2015 – BStBl. II S. 775).
- R 33.4 Abs. 5.

Bestattungskosten eines nahen Angehörigen sind regelmäßig als außergewöhnliche Belastung zu berücksichtigen, soweit sie nicht aus dem Nachlass bestritten werden können und auch nicht durch Ersatzleistungen gedeckt sind (→ BFH vom 24.7.1987 – BStBl. II S. 715, vom 4.4.1989 – BStBl. II S. 779 und vom 21.2.2018 – BStBl. II S. 469). Leistungen aus einer Sterbegeldversicherung oder aus einer Lebensversicherung, die dem Stpfl. anlässlich des Todes eines nahen Angehörigen außerhalb des Nachlasses zufließen, sind auf die als außergewöhnliche Belastung anzuerkennenden Kosten anzurechnen (→ BFH vom 19.10.1990 – BStBl. 1991 II S. 140 und vom 22.2.1996 – BStBl. II S. 413).

Zu den außergewöhnlichen Belastungen gehören nur solche Aufwendungen, die unmittelbar mit der eigentlichen Bestattung zusammenhängen. Nur mittelbar mit einer Bestattung zusammenhängende Kosten werden mangels Zwangsläufigkeit nicht als außergewöhnliche Belastung anerkannt. Zu diesen mittelbaren Kosten gehören z. B.:
- Aufwendungen für die Bewirtung von Trauergästen (→ BFH vom 17.9.1987 – BStBl. 1988 II S. 130),
- Aufwendungen für die Trauerkleidung (→ BFH vom 12.8.1966 – BStBl. 1967 III S. 364),
- Reisekosten für die Teilnahme an einer Bestattung eines nahen Angehörigen (→ BFH vom 17.6.1994 – BStBl. II S. 754).

Betreuervergütung. Vergütungen für einen ausschließlich zur Vermögenssorge bestellten Betreuer stellen keine außergewöhnlichen Belastungen, sondern Betriebsausgaben bzw. Werbungskosten bei den mit dem verwalteten Vermögen erzielten Einkünften dar, sofern die Tätigkeit des Betreuers weder einer kurzfristigen Abwicklung des Vermögens noch der Verwaltung ertraglosen Vermögens dient (→ BFH vom 14.9.1999 – BStBl. 2000 II S. 69).

Betrug. Durch Betrug veranlasste vergebliche Zahlungen für einen Grundstückskauf sind nicht zwangsläufig (→ BFH vom 19.5.1995 – BStBl. II S. 774).

Darlehen.
- Werden die Ausgaben über Darlehen finanziert, tritt die Belastung bereits im Zeitpunkt der Verausgabung ein (→ BFH vom 10.6.1988 – BStBl. II S. 814).
- → Verausgabung.

Diätverpflegung.
- Aufwendungen, die durch Diätverpflegung entstehen, sind von der Berücksichtigung als außergewöhnliche Belastung auch dann ausgeschlos-

sen, wenn die Diätverpflegung an die Stelle einer sonst erforderlichen medikamentösen Behandlung tritt (→ BFH vom 21.6.2007 – BStBl. II S. 880).

– Aufwendungen für Arzneimittel i.S.d. § 2 des Arzneimittelgesetzes unterfallen nicht dem Abzugsverbot für Diätverpflegung, wenn die Zwangsläufigkeit (medizinische Indikation) der Medikation durch ärztliche Verordnung nachgewiesen ist (→ BFH vom 14.4.2015 – BStBl. II S. 703).

Eltern-Kind-Verhältnis. Aufwendungen des nichtsorgeberechtigten Elternteils zur Kontaktpflege sind nicht außergewöhnlich (→ BFH vom 27.9.2007 – BStBl. 2008 II S. 287).

Ergänzungspflegervergütung. Wird für einen Minderjährigen im Zusammenhang mit einer Erbauseinandersetzung die Anordnung einer Ergänzungspflegschaft erforderlich, sind die Aufwendungen hierfür nicht als außergewöhnliche Belastungen zu berücksichtigen (→ BFH vom 14.9.1999 – BStBl. 2000 II S. 69).

Erpressungsgelder. Erpressungsgelder sind keine außergewöhnlichen Belastungen, wenn der Erpressungsgrund selbst und ohne Zwang geschaffen worden ist (→ BFH vom 18.3.2004 – BStBl. II S. 867).

Ersatz von dritter Seite. Ersatz und Unterstützungen von dritter Seite zum Ausgleich der Belastung sind von den berücksichtigungsfähigen Aufwendungen abzusetzen, es sei denn, die vertragsgemäße Erstattung führt zu steuerpflichtigen Einnahmen beim Stpfl. (→ BFH vom 14.3.1975 – BStBl. II S. 632 und vom 6.5.1994 – BStBl. 1995 II S. 104). Die Ersatzleistungen sind auch dann abzusetzen, wenn sie erst in einem späteren Kj. gezahlt werden, der Stpfl. aber bereits in dem Kj., in dem die Belastung eingetreten ist, mit der Zahlung rechnen konnte (→ BFH vom 21.8.1974 – BStBl. 1975 II S. 14). Werden Ersatzansprüche gegen Dritte nicht geltend gemacht, entfällt die Zwangsläufigkeit, wobei die Zumutbarkeit Umfang und Intensität der erforderlichen Rechtsverfolgung bestimmt (→ BFH vom 20.9.1991 – BStBl. 1992 II S. 137 und vom 18.6.1997 – BStBl. II S. 805). Der Verzicht auf die Inanspruchnahme von staatlichen Transferleistungen (z.B. Eingliederungshilfe nach § 35a SGB VIII)[1] steht dem Abzug von Krankheitskosten als außergewöhnliche Belastungen nicht entgegen (→ BFH vom 11.11. 2010 – BStBl. 2011 II S. 969). Der Abzug von Aufwendungen nach § 33 EStG ist ausgeschlossen, wenn der Stpfl. eine allgemein zugängliche und übliche Versicherungsmöglichkeit nicht wahrgenommen hat (→ BFH vom 6.5.1994 – BStBl. 1995 II S. 104). Dies gilt auch, wenn lebensnotwendige Vermögensgegenstände, wie Hausrat und Kleidung, wiederbeschafft werden müssen (→ BFH vom 26.6.2003 – BStBl. 2004 II S. 47).

– **Hausratversicherung.** Anzurechnende Leistungen aus einer Hausratversicherung sind nicht aufzuteilen in einen Betrag, der auf allgemein notwendigen und angemessenen Hausrat entfällt, und in einen solchen, der die Wiederbeschaffung von Gegenständen und Kleidungsstücken ge-

[1] **Aichberger SGB** Nr. **8**.

hobenen Anspruchs ermöglichen soll (→ BFH vom 30.6.1999 – BStBl. II S. 766).

– **Krankenhaustagegeldversicherungen.** Bis zur Höhe der durch einen Krankenhausaufenthalt verursachten Kosten sind die Leistungen abzusetzen, nicht aber Leistungen aus einer Krankentagegeldversicherung (→ BFH vom 22.10.1971 – BStBl. 1972 II S. 177).
– **Private Pflegezusatzversicherung.** Das aus einer privaten Pflegezusatzversicherung bezogene Pflege(tage)geld mindert die abziehbaren Pflegekosten (→ BFH vom 14.4.2011 – BStBl. II S. 701).

Existenzgrundlage. Unter der Existenzgrundlage i. S. d. § 33 Abs. 2 Satz 4 EStG ist nur die rein materielle Lebensgrundlage des Steuerpflichtigen zu verstehen (→ BFH vom 18.5.2017 – BStBl. II S. 988 und vom 13.8.2020 – BStBl. II 2021 S. 83 und 86).

Fahrtkosten, allgemein.

– Unumgängliche Fahrtkosten, die dem Grunde nach als außergewöhnliche Belastung zu berücksichtigen sind, sind bei Benutzung eines Pkw nur in Höhe der Kosten für die Benutzung eines öffentlichen Verkehrsmittels abziehbar, es sei denn, es bestand keine zumutbare öffentliche Verkehrsverbindung (→ BFH vom 3.12.1998 – BStBl. 1999 II S. 227).
– → Familienheimfahrten.
– → Kur.
– → Mittagsheimfahrt.
– → Pflegeaufwendungen für Dritte.
– → Zwischenheimfahrten.

Familienheimfahrten. Aufwendungen verheirateter Wehrpflichtiger für Familienheimfahrten sind keine außergewöhnliche Belastung (→ BFH vom 5.12.1969 – BStBl. 1970 II S. 210).

Formaldehydemission. → Gesundheitsgefährdung.

Freiwillige Ablösungen von laufenden Kosten für die Anstaltsunterbringung eines pflegebedürftigen Kindes sind nicht zwangsläufig (→ BFH vom 14.11.1980 – BStBl. 1981 II S. 130).

Gegenwert.[1]

– Die Erlangung eines Gegenwerts schließt insoweit die Belastung des Stpfl. aus. Ein Gegenwert liegt vor, wenn der betreffende Gegenstand oder die bestellte Leistung eine gewisse Marktfähigkeit besitzen, die in einem bestimmten Verkehrswert zum Ausdruck kommt (→ BFH vom 4.3.1983 – BStBl. II S. 378 und vom 29.11.1991 – BStBl. 1992 II S. 290). Bei der Beseitigung eingetretener Schäden an einem Vermögensgegenstand, der für den Stpfl. von existenziell wichtiger Bedeutung ist, ergibt sich ein Gegenwert nur hinsichtlich von Wertverbesserungen, nicht jedoch hinsichtlich des verlorenen Aufwandes (→ BFH vom 6.5.1994 – BStBl. 1995 II S. 104).
– → Gesundheitsgefährdung.
– → Behindertengerechte Ausstattung.

---

[1] Einbaukosten des Mieters für Schalldämmfenster sind keine agB; siehe BFH v. 23.1.1976 VI R 62/74, BStBl. II 1976, 194.

Gesundheitsgefährdung.

– Geht von einem Gegenstand des existenznotwendigen Bedarfs eine konkrete Gesundheitsgefährdung aus, die beseitigt werden muss (z. B. asbesthaltige Außenfassade des Hauses, Formaldehydemission von Möbeln), sind die Sanierungskosten und die Kosten für eine ordnungsgemäße Entsorgung des Schadstoffs aus tatsächlichen Gründen zwangsläufig entstanden. Die Sanierung muss im Zeitpunkt ihrer Durchführung unerlässlich sein (→ BFH vom 9.8.2001 – BStBl. 2002 II S. 240 und vom 23.5.2002 – BStBl. II S. 592). Der Stpfl. ist verpflichtet, die medizinische Indikation der Maßnahmen nachzuweisen. Eines amts- oder vertrauensärztlichen Gutachtens bedarf es hierzu nicht (→ BFH vom 11.11.2010 – BStBl. 2011 II S. 966).
– Tauscht der Stpfl. gesundheitsgefährdende Gegenstände des existenznotwendigen Bedarfs aus, steht die Gegenwertlehre dem Abzug der Aufwendungen nicht entgegen. Der sich aus der Erneuerung ergebende Vorteil ist jedoch anzurechnen („Neu für Alt“) (→ BFH vom 11.11.2010 – BStBl. 2011 II S. 966).
– Sind die von einem Gegenstand des existenznotwendigen Bedarfs ausgehenden konkreten Gesundheitsgefährdungen auf einen Dritten zurückzuführen und unterlässt der Stpfl. die Durchsetzung realisierbarer zivilrechtlicher Abwehransprüche, sind die Aufwendungen zur Beseitigung konkreter Gesundheitsgefährdungen nicht abziehbar (→ BFH vom 29.3.2012 – BStBl. II S. 570).
– → Mietzahlungen.

Gutachter. Ergibt sich aus Gutachten die Zwangsläufigkeit von Aufwendungen gem. § 33 Abs. 2 EStG, können auch die Aufwendungen für das Gutachten berücksichtigt werden (→ BFH vom 23.5.2002 – BStBl. II S. 592).

Haushaltsersparnis.

– Aufwendungen für die krankheits- oder pflegebedingte Unterbringung in einem Alten- oder Pflegeheim sind um eine Haushaltsersparnis, die der Höhe nach den ersparten Verpflegungs- und Unterbringungskosten entspricht, zu kürzen, es sei denn, der Pflegebedürftige behält seinen normalen Haushalt bei. Die Haushaltsersparnis des Stpfl. ist entsprechend dem in § 33a Abs. 1 EStG vorgesehenen Höchstbetrag für den Unterhalt unterhaltsbedürftiger Personen anzusetzen → R 33.3 Abs. 2 Satz 2 (→ BFH vom 15.4.2010 – BStBl. II S. 794 und vom 4.10.2017 – BStBl. 2018 II S. 179).
– Sind beide Ehegatten krankheits- oder pflegebedingt in einem Alten- und Pflegeheim untergebracht, ist für jeden der Ehegatten eine Haushaltsersparnis anzusetzen (→ BFH vom 4.10.2017 – BStBl. 2018 II S. 179).
– Kosten der Unterbringung in einem Krankenhaus können regelmäßig ohne Kürzung um eine Haushaltsersparnis als außergewöhnliche Belastung anerkannt werden (→ BFH vom 22.6.1979 – BStBl. II S. 646).

Heileurythmie.

– Die Heileurythmie ist ein Heilmittel i. S. d. §§ 2 und 32 SGB V.[1] Für den Nachweis der Zwangsläufigkeit von Aufwendungen im Krankheits-

[1] **Aichberger SGB** Nr. 5.

fall ist eine Verordnung eines Arztes oder Heilpraktikers nach § 64 Abs. 1 Nr. 1 EStDV ausreichend (→ BFH vom 26.2.2014 – BStBl. II S. 824).
– → Wissenschaftlich nicht anerkannte Behandlungsmethoden.

Heimunterbringung.
– Aufwendungen eines nicht pflegebedürftigen Stpfl., der mit seinem pflegebedürftigen Ehegatten in ein Wohnstift übersiedelt, erwachsen nicht zwangsläufig (→ BFH vom 14.11.2013 – BStBl. 2014 II S. 456).
– Bei einem durch Krankheit veranlassten Aufenthalt in einem Seniorenheim oder -wohnstift sind die Kosten für die Unterbringung außergewöhnliche Belastungen. Der Aufenthalt kann auch krankheitsbedingt sein, wenn keine zusätzlichen Pflegekosten entstanden sind und kein Merkmal „H" oder „Bl" im Schwerbehindertenausweis festgestellt ist. Die Unterbringungskosten sind nach Maßgabe der für Krankheitskosten geltenden Grundsätze als außergewöhnliche Belastungen zu berücksichtigen, soweit sie nicht außerhalb des Rahmens des Üblichen liegen (→ BFH vom 14.11.2013 – BStBl. 2014 II S. 456).
– Kosten für die behinderungsbedingte Unterbringung in einer sozialtherapeutischen Einrichtung können außergewöhnliche Belastungen sein (→ BFH vom 9.12.2010 – BStBl. 2011 II S. 1011).
– → H 33a.1 (Abgrenzung zu § 33 EStG).

Kapitalabfindung von Unterhaltsansprüchen. Der Abzug einer vergleichsweise vereinbarten Kapitalabfindung zur Abgeltung sämtlicher möglicherweise in der Vergangenheit entstandener und künftiger Unterhaltsansprüche eines geschiedenen Ehegatten scheidet in aller Regel wegen fehlender Zwangsläufigkeit aus (→ BFH vom 26.2.1998 – BStBl. II S. 605).

Krankenhaustagegeldversicherung. Die Leistungen sind von den berücksichtigungsfähigen Aufwendungen abzusetzen (→ BFH vom 22.10.1971 – BStBl. 1972 II S. 177).

Krankentagegeldversicherung. Die Leistungen sind – im Gegensatz zu Leistungen aus einer Krankenhaustagegeldversicherung – kein Ersatz für Krankenhauskosten (→ BFH vom 22.10.1971 – BStBl. 1972 II S. 177).

Krankenversicherungsbeiträge.
– Da Krankenversicherungsbeiträge ihrer Art nach Sonderausgaben sind, können sie auch bei an sich beihilfeberechtigten Angehörigen des öffentlichen Dienstes nicht als außergewöhnliche Belastung berücksichtigt werden, wenn der Stpfl. wegen seines von Kindheit an bestehenden Leidens keine Aufnahme in eine private Krankenversicherung gefunden hat (→ BFH vom 29.11.1991 – BStBl. 1992 II S. 293).
– Der Abzug der nicht als Sonderausgaben abziehbaren Krankenversicherungsbeiträge als außergewöhnliche Belastung scheidet aus (→ BFH vom 29.11.2017 – BStBl. 2018 II S. 230).

Krankheitskosten
– einschließlich **Zuzahlungen** sind außergewöhnliche Belastungen. Es ist verfassungsrechtlich nicht geboten, bei der einkommensteuerrechtlichen Berücksichtigung dieser Aufwendungen auf den Ansatz der zumutbaren

Belastung zu verzichten (→ BFH vom 2.9.2015 – BStBl. 2016 II S. 151 und vom 21.2.2018 – BStBl. II S. 469).

– für **Unterhaltsberechtigte.** Für einen Unterhaltsberechtigten aufgewendete Krankheitskosten können beim Unterhaltspflichtigen grundsätzlich nur insoweit als außergewöhnliche Belastung anerkannt werden, als der Unterhaltsberechtigte nicht in der Lage ist, die Krankheitskosten selbst zu tragen (→ BFH vom 11.7.1990 – BStBl. 1991 II S. 62). Ein schwerbehindertes Kind, das angesichts der Schwere und der Dauer seiner Erkrankung seinen Grundbedarf und behinderungsbedingten Mehrbedarf nicht selbst zu decken in der Lage ist und bei dem ungewiss ist, ob sein Unterhaltsbedarf im Alter durch Leistungen Unterhaltspflichtiger gedeckt werden kann, darf jedoch zur Altersvorsorge maßvoll Vermögen bilden. Die das eigene Vermögen des Unterhaltsempfängers betreffende Bestimmung des § 33a Abs. 1 Satz 4 EStG kommt im Rahmen des § 33 EStG nicht zur Anwendung (→ BFH vom 11.2.2010 – BStBl. II S. 621).

Künstliche Befruchtung wegen Krankheit.

– Aufwendungen für eine künstliche Befruchtung, die einem Ehepaar zu einem gemeinsamen Kind verhelfen soll, das wegen Empfängnisunfähigkeit der Ehefrau sonst von ihrem Ehemann nicht gezeugt werden könnte (homologe künstliche Befruchtung), können außergewöhnliche Belastungen sein (→ BFH vom 18.6.1997 – BStBl. II S. 805). Dies gilt auch für ein nicht verheiratetes Paar, wenn die Richtlinien der ärztlichen Berufsordnungen beachtet werden, insbesondere eine fest gefügte Partnerschaft vorliegt und der Mann die Vaterschaft anerkennen wird (→ BFH vom 10.5.2007 – BStBl. II S. 871).
– Aufwendungen eines Ehepaares für eine medizinisch angezeigte künstliche Befruchtung mit dem Samen eines Dritten (heterologe künstliche Befruchtung) sind als Krankheitskosten zu beurteilen und damit als außergewöhnliche Belastung zu berücksichtigen (→ BFH vom 16.12.2010 – BStBl. 2011 II S. 414).
– Aufwendungen einer unfruchtbaren Frau für eine heterologe künstliche Befruchtung (d. h. durch Samenspende) durch In-vitro-Fertilisation im Ausland sind als außergewöhnliche Belastung auch dann zu berücksichtigen, wenn die Frau in einer gleichgeschlechtlichen Partnerschaft lebt (→ BFH vom 5.10.2017 – BStBl. 2018 II S. 350).
– Aufwendungen für eine künstliche Befruchtung nach vorangegangener freiwilliger Sterilisation sind keine außergewöhnlichen Belastungen (→ BFH vom 3.3.2005 – BStBl. II S. 566).
– Aufwendungen für eine künstliche Befruchtung im Ausland können als außergewöhnliche Belastung abgezogen werden, wenn die Behandlung nach inländischen Maßstäben mit dem Embryonenschutzgesetz oder anderen Gesetzen vereinbar ist (→ BFH vom 17.5.2017 – BStBl. 2018 II S. 344).

Kur. Kosten für eine Kurreise können als außergewöhnliche Belastung nur abgezogen werden, wenn die Kurreise zur Heilung oder Linderung einer Krankheit nachweislich notwendig ist und eine andere Behandlung nicht oder kaum erfolgversprechend erscheint (→ BFH vom 12.6.1991 – BStBl. II S. 763).

– **Erholungsurlaub/Abgrenzung zur Heilkur.** Im Regelfall ist zur Abgrenzung einer Heilkur vom Erholungsurlaub ärztliche Überwachung zu fordern. Gegen die Annahme einer Heilkur kann auch die Unterbringung in einem Hotel oder Privatquartier anstatt in einem Sanatorium und die Vermittlung durch ein Reisebüro sprechen (→ BFH vom 12.6.1991 – BStBl. II S. 763).

– **Fahrtkosten.** Als Fahrtkosten zum Kurort sind grundsätzlich die Kosten der öffentlichen Verkehrsmittel anzusetzen (→ BFH vom 12.6.1991 – BStBl. II S. 763). Die eigenen Kfz-Kosten können nur ausnahmsweise berücksichtigt werden, wenn besondere persönliche Verhältnisse dies erfordern (→ BFH vom 30.6.1967 – BStBl. III S. 655).
Aufwendungen für Besuchsfahrten zu in Kur befindlichen Angehörigen sind keine außergewöhnliche Belastung (→ BFH vom 16.5.1975 – BStBl. II S. 536).

– **Nachkur.** Nachkuren in einem typischen Erholungsort sind auch dann nicht abziehbar, wenn sie ärztlich verordnet sind; dies gilt erst recht, wenn die Nachkur nicht unter einer ständigen ärztlichen Aufsicht in einer besonderen Kranken- oder Genesungsanstalt durchgeführt wird (→ BFH vom 4.10.1968 – BStBl. 1969 II S. 179).

Medizinisch erforderliche auswärtige Unterbringung eines Kindes. Für den Begriff der „Behinderung" i. S. d. § 64 Abs. 1 Nr. 2 Satz 1 Buchst. c EStDV ist auf § 2 Abs. 1 SGB IX[1] abzustellen. Danach sind Menschen behindert, wenn ihre körperliche Funktion, geistige Fähigkeit oder seelische Gesundheit mit hoher Wahrscheinlichkeit länger als sechs Monate von dem für das Lebensalter typischen Zustand abweichen und daher ihre Teilhabe am Leben in der Gesellschaft beeinträchtigt ist (→ BFH vom 18.6.2015 – BStBl. 2016 II S. 40).

Medizinische Fachliteratur. Aufwendungen eines Stpfl. für medizinische Fachliteratur sind auch dann nicht als außergewöhnliche Belastungen zu berücksichtigen, wenn die Literatur dazu dient, die Entscheidung für eine bestimmte Therapie oder für die Behandlung durch einen bestimmten Arzt zu treffen (→ BFH vom 6.4.1990 – BStBl. II S. 958, BFH vom 24.10.1995 – BStBl. 1996 II S. 88).

Medizinische Hilfsmittel als Gebrauchsgegenstände des täglichen Lebens. Gebrauchsgegenstände des täglichen Lebens i. S. v. § 33 Abs. 1 SGB V[2] sind nur solche technischen Hilfen, die getragen oder mit sich geführt werden können, um sich im jeweiligen Umfeld zu bewegen, zurechtzufinden und die elementaren Grundbedürfnisse des täglichen Lebens zu befriedigen. Ein Nachweis nach § 64 Abs. 1 Nr. 2 Satz 1 Buchst. e EStDV kann nur gefordert werden, wenn ein medizinisches Hilfsmittel diese Merkmale erfüllt. Ein Treppenlift erfüllt nicht die Anforderungen dieser Legaldefinition eines medizinischen Hilfsmittels, so dass die Zwangsläufigkeit von Aufwendungen für den Einbau eines Treppenlifts nicht formalisiert nachzuweisen ist (→ BFH vom 6.2.2014 – BStBl. II S. 458).

---

[1] **Aichberger SGB** Nr. **9**.
[2] **Aichberger SGB** Nr. **5**.

Mietzahlungen. Mietzahlungen für eine ersatzweise angemietete Wohnung können als außergewöhnliche Belastung zu berücksichtigen sein, wenn eine Nutzung der bisherigen eigenen Wohnung wegen Einsturzgefahr amtlich untersagt ist. Dies gilt jedoch nur bis zur Wiederherstellung der Bewohnbarkeit oder bis zu dem Zeitpunkt, in dem der Stpfl. die Kenntnis erlangt, dass eine Wiederherstellung der Bewohnbarkeit nicht mehr möglich ist (→ BFH vom 21.4.2010 – BStBl. II S. 965).

Mittagsheimfahrt. Aufwendungen für Mittagsheimfahrten stellen keine außergewöhnliche Belastung dar, auch wenn die Fahrten wegen des Gesundheitszustands oder einer Behinderung des Stpfl. angebracht oder erforderlich sind (→ BFH vom 4.7.1975 – BStBl. II S. 738).

Nachweis der Zwangsläufigkeit von krankheitsbedingten Aufwendungen.
– Die in § 64 EStDV vorgesehenen Nachweise können nicht durch andere Unterlagen ersetzt werden (→ BFH vom 15.1.2015 – BStBl. II S. 586).
– Gegen die in § 64 Abs. 1 EStDV geregelten Nachweiserfordernisse bestehen keine verfassungsrechtlichen Bedenken (→ BFH vom 21.2.2018 – BStBl. II S. 469).

Neben den Pauschbeträgen für behinderte Menschen zu berücksichtigende Aufwendungen. → H 33b.

Pflegeaufwendungen.
– Ob die Pflegebedürftigkeit bereits vor Beginn des Heimaufenthalts oder erst später eingetreten ist, ist ohne Bedeutung (→ BMF vom 20.1.2003 – BStBl. I S. 89).[1]
– Aufwendungen wegen Pflegebedürftigkeit sind nur insoweit zu berücksichtigen, als die Pflegekosten die Leistungen der Pflegepflichtversicherung und das aus einer ergänzenden Pflegekrankenversicherung bezogene Pflege(tage)geld übersteigen (→ BFH vom 14.4.2011 – BStBl. II S. 701).

Pflegeaufwendungen für Dritte. Pflegeaufwendungen (z. B. Kosten für die Unterbringung in einem Pflegeheim), die dem Stpfl. infolge der Pflegebedürftigkeit einer Person erwachsen, der gegenüber der Stpfl. zum Unterhalt verpflichtet ist (z. B. seine Eltern oder Kinder), können grundsätzlich als außergewöhnliche Belastungen abgezogen werden, sofern die tatsächlich angefallenen Pflegekosten von den reinen Unterbringungskosten abgegrenzt werden können (→ BFH vom 12.11.1996 – BStBl. 1997 II S. 387). Zur Berücksichtigung von besonderem Unterhaltsbedarf einer unterhaltenen Person (z. B. wegen Pflegebedürftigkeit) neben typischen Unterhaltsaufwendungen (→ BMF vom 2.12.2002 – BStBl. I S. 1389). Aufwendungen, die einem Stpfl. für die krankheitsbedingte Unterbringung eines Angehörigen in einem Heim entstehen, stellen als Krankheitskosten eine außergewöhnliche Belastung i. S. d. § 33 EStG dar (→ BFH vom 30.6.2011 – BStBl. 2012 II S. 876). Ob die Pflegebedürftigkeit bereits vor Beginn des Heimaufenthalts oder erst später eingetreten ist, ist ohne Bedeutung (→ BMF vom 20.1.2003 – BStBl. I S. 89).[1] Abziehbar sind neben den

[1] Nichtanwendungserlass zu BFH v. 18.4.2002 III R 15/00, BStBl. II 2003, 70.

Pflegekosten auch die im Vergleich zu den Kosten der normalen Haushaltsführung entstandenen Mehrkosten für Unterbringung und Verpflegung (→ BFH vom 30.6.2011 – BStBl. 2012 II S. 876).

– **Fahrtkosten.** Aufwendungen für Fahrten, um einen kranken Angehörigen, der im eigenen Haushalt lebt, zu betreuen und zu versorgen, können unter besonderen Umständen außergewöhnliche Belastungen sein. Die Fahrten dürfen nicht lediglich der allgemeinen Pflege verwandtschaftlicher Beziehungen dienen (→ BFH vom 6.4.1990 – BStBl. II S. 958 und vom 22.10.1996 – BStBl. 1997 II S. 558).

– **Übertragung des gesamten sicheren Vermögens.**
  - → R 33.3 Abs. 5.
  - Aufwendungen für die Unterbringung und Pflege eines bedürftigen Angehörigen sind nicht als außergewöhnliche Belastung zu berücksichtigen, soweit der Stpfl. von dem Angehörigen dessen gesamtes sicheres Vermögen in einem Zeitpunkt übernommen hat, als dieser sich bereits im Rentenalter befand (→ BFH vom 12.11.1996 – BStBl. 1997 II S. 387).

– **Zwangsläufigkeit bei persönlicher Pflege.** Aufwendungen, die durch die persönliche Pflege eines nahen Angehörigen entstehen, sind nur dann außergewöhnliche Belastungen, wenn die Übernahme der Pflege unter Berücksichtigung der näheren Umstände des Einzelfalls aus rechtlichen oder sittlichen Gründen i. S. d. § 33 Abs. 2 EStG zwangsläufig ist. Allein das Bestehen eines nahen Verwandtschaftsverhältnisses reicht für die Anwendung des § 33 EStG nicht aus. Bei der erforderlichen Gesamtbewertung der Umstände des Einzelfalls sind u. a. der Umfang der erforderlichen Pflegeleistungen und die Höhe der für den Stpfl. entstehenden Aufwendungen zu berücksichtigen (→ BFH vom 22.10.1996 – BStBl. 1997 II S. 558).

Prozesskosten.

– Prozesskosten anlässlich eines Umgangsrechtsstreits und der Rückführung des Kindes aus dem Ausland zurück nach Deutschland sind gem. § 33 Abs. 2 Satz 4 EStG vom Abzug als außergewöhnliche Belastungen ausgeschlossen (→ BFH vom 13.8.2020 – BStBl. 2021 II S. 83).

– Kosten eines Scheidungsverfahrens fallen unter das Abzugsverbot für Prozesskosten gem. § 33 Abs. 2 Satz 4 EStG (→ BFH vom 18.5.2017 – BStBl. II S. 988).

Rechtliche Pflicht.

– Zahlungen in Erfüllung rechtsgeschäftlicher Verpflichtungen erwachsen regelmäßig nicht zwangsläufig. Unter rechtliche Gründe i. S. v. § 33 Abs. 2 EStG fallen danach nur solche rechtlichen Verpflichtungen, die der Stpfl. nicht selbst gesetzt hat (→ BFH vom 18.7.1986 – BStBl. II S. 745 und vom 19.5.1995 – BStBl. II S. 774).

– → Kapitalabfindung von Unterhaltsansprüchen.

Rentenversicherungsbeiträge. → Sittliche Pflicht.

Sanierung eines selbst genutzten Gebäudes.

– Aufwendungen für die Sanierung eines selbst genutzten Wohngebäudes, nicht aber die Kosten für übliche Instandsetzungs- und Modernisierungsmaßnahmen oder die Beseitigung von Baumängeln, können als außergewöhnliche Belastung abzugsfähig sein, wenn

- durch die Baumaßnahmen konkrete Gesundheitsgefährdungen abgewehrt werden z. B. bei einem asbestgedeckten Dach (→ BFH vom 29.3.2012 – BStBl. II S. 570), → aber Asbestbeseitigung;
- unausweichliche Schäden beseitigt werden, weil eine konkrete und unmittelbar bevorstehende Unbewohnbarkeit des Gebäudes droht und daraus eine aufwändige Sanierung folgt z. B. bei Befall eines Gebäudes mit Echtem Hausschwamm (→ BFH vom 29.3.2012 – BStBl. II S. 572);
- vom Gebäude ausgehende unzumutbare Beeinträchtigungen behoben werden, z. B. Geruchsbelästigungen (→ BFH vom 29.3.2012 – BStBl. II S. 574).

Der Grund für die Sanierung darf weder beim Erwerb des Grundstücks erkennbar gewesen noch vom Grundstückseigentümer verschuldet worden sein. Auch muss der Stpfl. realisierbare Ersatzansprüche gegen Dritte verfolgen, bevor er seine Aufwendungen steuerlich geltend machen kann und er muss sich den aus der Erneuerung ergebenden Vorteil anrechnen lassen („Neu für Alt"). Die Zwangsläufigkeit der Aufwendungen ist anhand objektiver Kriterien nachzuweisen.

– → Gesundheitsgefährdung.

Schadensersatzleistungen können zwangsläufig sein, wenn der Stpfl. bei der Schädigung nicht vorsätzlich oder grob fahrlässig gehandelt hat (→ BFH vom 3.6.1982 – BStBl. II S. 749).

Scheidungskosten. → Prozesskosten.

Schulbesuch.

– Aufwendungen für den Privatschulbesuch eines Kindes werden durch die Vorschriften des Familienleistungsausgleichs und § 33a Abs. 2 EStG abgegolten und können daher grundsätzlich nur dann außergewöhnliche Belastungen sein, wenn es sich bei diesen Aufwendungen um unmittelbare Krankheitskosten handelt (→ BFH vom 17.4.1997 – BStBl. II S. 752).

– Außergewöhnliche Belastungen liegen nicht vor, wenn ein Kind ausländischer Eltern, die sich nur vorübergehend im Inland aufhalten, eine fremdsprachliche Schule besucht (→ BFH vom 23.11.2000 – BStBl. 2001 II S. 132).

– Aufwendungen für den Besuch einer Schule für Hochbegabte können außergewöhnliche Belastungen sein, wenn dies medizinisch angezeigt ist und es sich hierbei um unmittelbare Krankheitskosten handelt. Dies gilt auch für die Kosten einer auswärtigen der Krankheit geschuldeten Internatsunterbringung, selbst wenn diese zugleich der schulischen Ausbildung dient. Ein zusätzlicher Freibetrag nach § 33a Abs. 2 EStG kann nicht gewährt werden (→ BFH vom 12.5.2011 – BStBl. II S. 783).

– → H 33a.2 (Auswärtige Unterbringung).

Sittliche Pflicht.[1]

– Eine die Zwangsläufigkeit von Aufwendungen begründende sittliche Pflicht ist nur dann zu bejahen, wenn diese so unabdingbar auftritt, dass sie ähnlich einer Rechtspflicht von außen her als eine Forderung oder zumindest Erwartung der Gesellschaft derart auf den Stpfl. einwirkt, dass ihre Erfüllung als eine selbstverständliche Handlung erwartet und die Missachtung dieser Erwartung als moralisch anstößig empfunden wird, wenn das Unterlassen der Aufwendungen also Sanktionen im sittlich-moralischen Bereich oder auf gesellschaftlicher Ebene zur Folge haben kann (→ BFH vom 27.10.1989 – BStBl. 1990 II S. 294 und vom 22.10.1996 – BStBl. 1997 II S. 558). Die sittliche Pflicht gilt nur für unabdingbar notwendige Aufwendungen (→ BFH vom 12.12.2002 – BStBl. 2003 II S. 299). Bei der Entscheidung ist auf alle Umstände des Einzelfalles, insbesondere die persönlichen Beziehungen zwischen den Beteiligten, ihre Einkommens- und Vermögensverhältnisse sowie die konkrete Lebenssituation, bei der Übernahme einer Schuld auch auf den Inhalt des Schuldverhältnisses abzustellen (→ BFH vom 24.7.1987 – BStBl. II S. 715).
– Die allgemeine sittliche Pflicht, in Not geratenen Menschen zu helfen, kann allein die Zwangsläufigkeit nicht begründen (→ BFH vom 8.4.1954 – BStBl. III S. 188).
– Zwangsläufigkeit kann vorliegen, wenn das Kind des Erblassers als Alleinerbe Nachlassverbindlichkeiten erfüllt, die auf existenziellen Bedürfnissen seines in Armut verstorbenen Elternteils unmittelbar vor oder im Zusammenhang mit dessen Tod beruhen (→ BFH vom 24.7.1987 – BStBl. II S. 715).
– Nachzahlungen zur Rentenversicherung eines Elternteils sind nicht aus sittlichen Gründen zwangsläufig, wenn auch ohne die daraus entstehenden Rentenansprüche der Lebensunterhalt des Elternteils sichergestellt ist (→ BFH vom 7.3.2002 – BStBl. II S. 473).

Studiengebühren. Gebühren für die Hochschulausbildung eines Kindes sind weder nach § 33a Abs. 2 EStG noch nach § 33 EStG als außergewöhnliche Belastung abziehbar (→ BFH vom 17.12.2009 – BStBl. 2010 II S. 341).

Trinkgelder. Trinkgelder sind nicht zwangsläufig i. S. d. § 33 Abs. 2 EStG und zwar unabhängig davon, ob die zugrunde liegende Leistung selbst als außergewöhnliche Belastung zu beurteilen ist (→ BFH vom 30.10.2003 – BStBl. 2004 II S. 270 und vom 19.4.2012 – BStBl. II S. 577).

Umschulungskosten. Kosten für eine Zweitausbildung sind dann nicht berücksichtigungsfähig, wenn die Erstausbildung nicht endgültig ihren wirtschaftlichen Wert verloren hat (→ BFH vom 28.8.1997 – BStBl. 1998 II S. 183).

---

[1] Aufwendungen für den Sprachkurs des Bruders fallen nicht unter § 33 EStG; siehe BFH v. 11.3.1988 III B 122/86, BStBl. II 1988, 534. Das Gleiche gilt für Aufwendungen für ein Hochschulstudium von volljährigen Geschwistern; siehe BFH v. 11.11.1988 III R 262/83, BStBl. II 1989, 280. – Zur Zwangsläufigkeit von Unterhaltsleistungen an den Verlobten siehe BFH v. 30.7.1993 III R 16/92, BStBl. II 1994, 31.

Umzug. Umzugskosten sind unabhängig von der Art der Wohnungskündigung durch den Mieter oder Vermieter in der Regel nicht außergewöhnlich (→ BFH vom 28.2.1975 – BStBl. II S. 482 und vom 23.6.1978 – BStBl. II S. 526).

Unterbringung eines nahen Angehörigen in einem Heim. → BMF vom 2.12.2002 (BStBl. I S. 1389).

Unterhaltsverpflichtung.

– → Kapitalabfindung von Unterhaltsansprüchen.
– → Pflegeaufwendungen für Dritte.

Urlaubsreise. Aufwendungen für die Wiederbeschaffung von Kleidungsstücken, die dem Stpfl. auf einer Urlaubsreise entwendet wurden, können regelmäßig nicht als außergewöhnliche Belastung angesehen werden, weil üblicherweise ein notwendiger Mindestbestand an Kleidung noch vorhanden ist (→ BFH vom 3.9.1976 – BStBl. II S. 712).

Verausgabung.

– Aus dem Zusammenhang der Vorschriften von § 33 Abs. 1 EStG und § 11 Abs. 2 Satz 1 EStG folgt, dass außergewöhnliche Belastungen für das Kj. anzusetzen sind, in dem die Aufwendungen tatsächlich geleistet worden sind (→ BFH vom 30.7.1982 – BStBl. II S. 744 und vom 10.6.1988 – BStBl. II S. 814). Dies gilt grundsätzlich auch, wenn die Aufwendungen (nachträgliche) Anschaffungs- oder Herstellungskosten eines mehrjährig nutzbaren Wirtschaftsguts darstellen (→ BFH vom 22.10.2009 – BStBl. 2010 II S. 280).
– → Darlehen.
– → Ersatz von dritter Seite.

Verbraucherinsolvenzverfahren. Hat der Stpfl. die entscheidende Ursache für seine Zahlungsschwierigkeiten selbst gesetzt, kann die Insolvenztreuhändervergütung nicht als außergewöhnliche Belastung berücksichtigt werden (→ BFH vom 4.8.2016 – BStBl. 2017 II S. 273).

Vermögensebene.

– Auch Kosten zur Beseitigung von Schäden an einem Vermögensgegenstand können Aufwendungen i. S. v. § 33 EStG sein, wenn der Vermögensgegenstand für den Stpfl. von existenziell wichtiger Bedeutung ist. Eine Berücksichtigung nach § 33 EStG scheidet aus, wenn Anhaltspunkte für ein Verschulden des Stpfl. erkennbar oder Ersatzansprüche gegen Dritte gegeben sind oder wenn der Stpfl. eine allgemein zugängliche und übliche Versicherungsmöglichkeit nicht wahrgenommen hat (→ BFH vom 6.5.1994 – BStBl. 1995 II S. 104). Dies gilt auch, wenn lebensnotwendige Vermögensgegenstände wie Hausrat und Kleidung wiederbeschafft werden müssen (→ BFH vom 26.6.2003 – BStBl. 2004 II S. 47).
– → R 33.2.

Verschulden.

– Ein eigenes (ursächliches) Verschulden des Stpfl. schließt die Berücksichtigung von Aufwendungen zur Wiederherstellung von Vermögensgegenständen nach § 33 EStG aus (→ BFH vom 6.5.1994 – BStBl. 1995 II S. 104).
– → Vermögensebene.

Versicherung.

- Eine Berücksichtigung von Aufwendungen zur Wiederherstellung von Vermögensgegenständen nach § 33 EStG scheidet aus, wenn der Stpfl. eine allgemein zugängliche und übliche Versicherungsmöglichkeit nicht wahrgenommen hat (→ BFH vom 6.5.1994 – BStBl. 1995 II S. 104). Dies gilt auch, wenn lebensnotwendige Vermögensgegenstände, wie Hausrat und Kleidung, wiederbeschafft werden müssen (→ BFH vom 26.6.2003 – BStBl. 2004 II S. 47).
- → Ersatz von dritter Seite.
- → Vermögensebene.
- → Bestattungskosten.

Wildtierschäden. Wildtierschäden als solche sind keineswegs unüblich und nicht mit ungewöhnlichen Schadensereignissen i. S. d. § 33 EStG vergleichbar (→ BFH vom 1.10.2020 – BStBl. 2021 II S. 146).

Wissenschaftlich nicht anerkannte Behandlungsmethoden.

- Wissenschaftlich nicht anerkannt ist eine Behandlungsmethode dann, wenn Qualität und Wirksamkeit nicht dem allgemein anerkannten Stand der medizinischen Erkenntnisse entsprechen (→ BFH vom 26.6.2014 – BStBl. 2015 II S. 9).
- Maßgeblicher Zeitpunkt für die wissenschaftliche Anerkennung einer Behandlungsmethode i. S. d. § 64 Abs. 1 Nr. 2 Satz 1 Buchst. f EStDV ist der Zeitpunkt der Behandlung (→ BFH vom 18.6.2015 – BStBl. II S. 803).
- Die Behandlungsmethoden, Arznei- und Heilmittel der besonderen Therapierichtungen nach § 2 Abs. 1 Satz 2 SGB V[1] (Phytotherapie, Homöopathie und Anthroposophie mit dem Heilmittel Heileurythmie) gehören nicht zu den wissenschaftlich nicht anerkannten Behandlungsmethoden. Der Nachweis der Zwangsläufigkeit von Aufwendungen im Krankheitsfall ist daher nicht nach § 64 Abs. 1 Nr. 2f EStDV zu führen. Sofern es sich um Aufwendungen für Arznei-, Heil- und Hilfsmittel handelt, ist der Nachweis der Zwangsläufigkeit nach § 64 Abs. 1 Nr. 1 EStDV zu erbringen (→ BFH vom 26.2.2014 – BStBl. II S. 824).
- Bei einer Liposuktion handelt es sich um eine wissenschaftlich nicht anerkannte Methode zur Behandlung eines Lipödems (→ BFH vom 18.6.2015 – BStBl. II S. 803).

Wohngemeinschaft. Nicht erstattete Kosten für die behinderungsbedingte Unterbringung eines Menschen im arbeitsfähigen Alter in einer betreuten Wohngemeinschaft können außergewöhnliche Belastungen sein. Werden die Unterbringungskosten als Eingliederungshilfe teilweise vom Sozialhilfeträger übernommen, kann die Notwendigkeit der Unterbringung unterstellt werden (→ BFH vom 23.5.2002 – BStBl. II S. 567).

Zinsen. Zinsen für ein Darlehen können ebenfalls zu den außergewöhnlichen Belastungen zählen, soweit die Darlehensaufnahme selbst zwangsläufig erfolgt ist (→ BFH vom 6.4.1990 – BStBl. II S. 958); sie sind im Jahr der Verausgabung abzuziehen.

---

[1] **Aichberger SGB** Nr. 5.

Zumutbare Belastung. Die Höhe der zumutbaren Belastung (§ 33 Abs. 3 Satz 1 EStG) wird gestaffelt ermittelt. Nur der Teil des Gesamtbetrags der Einkünfte, der die jeweilige Betragsstufe übersteigt, wird mit dem jeweils höheren Prozentsatz belastet (→ BFH vom 19.1.2017 – BStBl. II S. 684).

Zwischenheimfahrten. Fahrtkosten aus Anlass von Zwischenheimfahrten können grundsätzlich nicht berücksichtigt werden. Dies gilt nicht für Kosten der Zwischenheimfahrten einer Begleitperson, die ein krankes, behandlungsbedürftiges Kind, das altersbedingt einer Begleitperson bedarf, zum Zwecke einer amtsärztlich bescheinigten Heilbehandlung von mehrstündiger Dauer gefahren und wieder abgeholt hat, wenn es der Begleitperson nicht zugemutet werden kann, die Behandlung abzuwarten (→ BFH vom 3.12.1998 – BStBl. 1999 II S. 227).

Zu § 33a EStG

R 33a.1 Aufwendungen für den Unterhalt und eine etwaige Berufsausbildung

Gesetzlich unterhaltsberechtigte Person

(1) [1] Gesetzlich unterhaltsberechtigt sind Personen, denen gegenüber der Stpfl. nach dem BGB oder dem LPartG unterhaltsverpflichtet ist. [2] Somit müssen die zivilrechtlichen Voraussetzungen eines Unterhaltsanspruchs vorliegen und die Unterhaltskonkurrenzen beachtet werden. [3] Für den Abzug ist dabei die tatsächliche Bedürftigkeit des Unterhaltsempfängers erforderlich (sog. konkrete Betrachtungsweise). [4] Eine Prüfung, ob im Einzelfall tatsächlich ein Unterhaltsanspruch besteht, ist aus Gründen der Verwaltungsvereinfachung nicht erforderlich, wenn die unterstützte Person unbeschränkt steuerpflichtig sowie dem Grunde nach (potenziell) unterhaltsberechtigt ist, tatsächlich Unterhalt erhält und alle übrigen Voraussetzungen des § 33a Abs. 1 EStG vorliegen; insoweit wird die Bedürftigkeit der unterstützten Person typisierend unterstellt. [5] Gehört die unterhaltsberechtigte Person zum Haushalt des Stpfl., kann regelmäßig davon ausgegangen werden, dass ihm dafür Unterhaltsaufwendungen in Höhe des maßgeblichen Höchstbetrags erwachsen.

Arbeitskraft und Vermögen

(2) [1] Die zu unterhaltende Person muss zunächst ihr eigenes Vermögen, wenn es nicht geringfügig ist, einsetzen und verwerten. [2] Hinsichtlich des vorrangigen Einsatzes und Verwertung der eigenen Arbeitskraft ist Absatz 1 Satz 4 entsprechend anzuwenden. [3] Als geringfügig kann in der Regel ein Vermögen bis zu einem gemeinen Wert (Verkehrswert) von 15 500 Euro angesehen werden. [4] Dabei bleiben außer Betracht:

1. Vermögensgegenstände, deren Veräußerung offensichtlich eine Verschleuderung bedeuten würde,
2. Vermögensgegenstände, die einen besonderen persönlichen Wert, z.B. Erinnerungswert, für den Unterhaltsempfänger haben oder zu seinem Hausrat gehören, und ein angemessenes Hausgrundstück im Sinne von § 90 Abs. 2

Nr. 8 SGB XII,[1] wenn der Unterhaltsempfänger das Hausgrundstück allein oder zusammen mit Angehörigen bewohnt, denen es nach seinem Tode weiter als Wohnung dienen soll.

Einkünfte und Bezüge

(3) [1]Einkünfte sind stets in vollem Umfang zu berücksichtigen, also auch soweit sie zur Bestreitung des Unterhalts nicht zur Verfügung stehen oder die Verfügungsbefugnis beschränkt ist. [2]Dies gilt auch für Einkünfte, die durch unvermeidbare Versicherungsbeiträge des Kindes gebunden sind. [3]Bezüge i. S. v. § 33a Abs. 1 Satz 5 EStG sind alle Einnahmen in Geld oder Geldeswert, die nicht im Rahmen der einkommensteuerrechtlichen Einkunftsermittlung erfasst werden. [4]Zu diesen Bezügen gehören insbesondere:

1. Kapitalerträge i. S. d. § 32d Abs. 1 EStG ohne Abzug des Sparer-Pauschbetrags nach § 20 Abs. 9 EStG,
2. die nicht der Besteuerung unterliegenden Teile der Leistungen (§ 22 Nr. 1 Satz 3 Buchstabe a Doppelbuchstabe aa EStG) und die Teile von Leibrenten, die den Ertragsanteil nach § 22 Nr. 1 Satz 3 Buchstabe a Doppelbuchstabe bb EStG übersteigen,
3. Einkünfte und Leistungen, soweit sie dem Progressionsvorbehalt unterliegen,
4. steuerfreie Einnahmen nach § 3 Nr. 1 Buchstabe a, Nr. 2b, 3, 5, 6, 11, 27, 44, 58 und § 3b EStG,
5. die nach § 3 Nr. 40 und 40a EStG steuerfrei bleibenden Beträge abzüglich der damit in Zusammenhang stehenden Aufwendungen i. S. d. § 3c EStG,
6. pauschal besteuerte Bezüge nach § 40a EStG,
7. Unterhaltsleistungen des geschiedenen oder dauernd getrennt lebenden Ehegatten, soweit sie nicht als sonstige Einkünfte i. S. d. § 22 Nr. 1a EStG erfasst sind,
8. Zuschüsse eines Trägers der gesetzlichen Rentenversicherung zu den Aufwendungen eines Rentners für seine Krankenversicherung.

[5]Bei der Feststellung der anzurechnenden Bezüge sind aus Vereinfachungsgründen insgesamt 180 Euro im Kalenderjahr abzuziehen, wenn nicht höhere Aufwendungen, die im Zusammenhang mit dem Zufluss der entsprechenden Einnahmen stehen, nachgewiesen oder glaubhaft gemacht werden. [6]Ein solcher Zusammenhang ist z. B. bei Kosten eines Rechtsstreits zur Erlangung der Bezüge und bei Kontoführungskosten gegeben.

Opfergrenze, Ländergruppeneinteilung

(4) [1]Die Opfergrenze ist unabhängig davon zu beachten, ob die unterhaltene Person im Inland oder im Ausland lebt. [2]Die nach § 33a Abs. 1 Satz 6 EStG maßgeblichen Beträge sind anhand der Ländergruppeneinteilung zu ermitteln.[2]

---

[1] **Aichberger SGB** Nr. **12**.

[2] Siehe H 33a.1 „Ländergruppeneinteilung".

Erhöhung des Höchstbetrages für Unterhaltsleistungen um Beiträge zur Kranken- und Pflegeversicherung

(5) [1]Der Höchstbetrag nach § 33a Abs. 1 Satz 1 EStG erhöht sich um die für die Absicherung der unterhaltsberechtigten Person aufgewandten Beiträge zur Kranken- und Pflegeversicherung nach § 10 Abs. 1 Nr. 3 EStG, wenn für diese beim Unterhaltsleistenden kein Sonderausgabenabzug möglich ist. [2]Dabei ist es nicht notwendig, dass die Beiträge tatsächlich von dem Unterhaltsverpflichteten gezahlt oder erstattet wurden. [3]Für diese Erhöhung des Höchstbetrages genügt es, wenn der Unterhaltsverpflichtete seiner Unterhaltsverpflichtung nachkommt. [4]Die Gewährung von Sachunterhalt (z. B. Unterkunft und Verpflegung) ist ausreichend.

H 33a.1

Allgemeines zum Abzug von Unterhaltsaufwendungen. Abziehbare Aufwendungen i. S. d. § 33a Abs. 1 Satz 1 EStG sind solche für den typischen Unterhalt, d. h. die üblichen für den laufenden Lebensunterhalt bestimmten Leistungen, sowie Aufwendungen für eine Berufsausbildung. Dazu können auch gelegentliche oder einmalige Leistungen gehören. Diese dürfen aber regelmäßig nicht als Unterhaltsleistungen für Vormonate und auch nicht zur Deckung des Unterhaltsbedarfs für das Folgejahr berücksichtigt werden (→ BFH vom 5.5.2010 – BStBl. 2011 II S. 164 und vom 11.11.2010 – BStBl. 2011 II S. 966). Den Aufwendungen für den typischen Unterhalt sind auch Krankenversicherungsbeiträge, deren Zahlung der Stpfl. übernommen hat, zuzurechnen (→ BFH vom 31.10.1973 – BStBl. 1974 II S. 86). Eine Kapitalabfindung, mit der eine Unterhaltsverpflichtung abgelöst wird, kann nur im Rahmen des § 33a Abs. 1 EStG berücksichtigt werden (→ BFH vom 19.6.2008 – BStBl. 2009 II S. 365).

Abgrenzung zu § 33 EStG.

- Typische Unterhaltsaufwendungen – insbesondere für Ernährung, Kleidung, Wohnung, Hausrat und notwendige Versicherungen – können nur nach § 33a Abs. 1 EStG berücksichtigt werden. Erwachsen dem Stpfl. außer Aufwendungen für den typischen Unterhalt und eine Berufsausbildung Aufwendungen für einen besonderen Unterhaltsbedarf der unterhaltenen Person, z. B. Krankheitskosten, kommt dafür eine Steuerermäßigung nach § 33 EStG in Betracht (→ BFH vom 19.6.2008 – BStBl. 2009 II S. 365 und BMF vom 2.12.2002 – BStBl. I S. 1389).
- Aufwendungen für die krankheitsbedingte Unterbringung von Angehörigen in einem Altenpflegeheim fallen unter § 33 EStG, während Aufwendungen für deren altersbedingte Heimunterbringung nur nach § 33a Abs. 1 EStG berücksichtigt werden können (→ BFH vom 30.6.2011 – BStBl. 2012 II S. 876).
- Zur Berücksichtigung von Aufwendungen wegen Pflegebedürftigkeit und erheblich eingeschränkter Alltagskompetenz → R 33.3, von Aufwendungen wegen Krankheit und Behinderung → R 33.4 und von Aufwendungen für existentiell notwendige Gegenstände → R 33.2.

Anrechnung eigener Einkünfte und Bezüge.

– **Allgemeines.** Leistungen des Stpfl., die neben Unterhaltsleistungen aus einem anderen Rechtsgrund (z. B. Erbauseinandersetzungsvertrag) erbracht werden, gehören zu den anzurechnenden Einkünften und Bezügen der unterhaltenen Person (→ BFH vom 17.10.1980 – BStBl. 1981 II S. 158).

– **Ausbildungshilfen.** Ausbildungshilfen der Agentur für Arbeit mindern nur dann den Höchstbetrag des § 33a Abs. 1 EStG bei den Eltern, wenn sie Leistungen abdecken, zu denen die Eltern gesetzlich verpflichtet sind. Eltern sind beispielsweise nicht verpflichtet, ihrem Kind eine zweite Ausbildung zu finanzieren, der sich das Kind nachträglich nach Beendigung der ersten Ausbildung unterziehen will. Erhält das Kind in diesem Fall Ausbildungshilfen zur Finanzierung von Lehrgangsgebühren, Fahrtkosten oder Arbeitskleidung, sind diese nicht auf den Höchstbetrag anzurechnen (→ BFH vom 4.12.2001 – BStBl. 2002 II S. 195). Der Anspruch auf kindergeldähnliche Leistungen nach ausländischem Recht steht dem Kindergeldanspruch gleich (→ BFH vom 4.12.2003 – BStBl. 2004 II S. 275).

– **Einkünfte und Bezüge.**
  - → R 33a.1 Abs. 3.
  - Unvermeidbare Versicherungsbeiträge der unterhaltenen Person mindern die anzurechnenden Einkünfte i. S. d. § 33a Abs. 1 Satz 5 EStG nicht. Verfassungsrechtliche Bedenken hiergegen bestehen nicht (→ BFH vom 18.6.2015 – BStBl. II S. 928).

– **Elterngeld.** Das Elterngeld zählt in vollem Umfang und damit einschließlich des Sockelbetrags (§ 2 Abs. 4 BEEG) zu den anrechenbaren Bezügen (→ BFH vom 20.10.2016 – BStBl. 2017 II S. 194).

– **Leistungen für Mehrbedarf bei Körperschaden.** Leistungen, die nach bundes- oder landesgesetzlichen Vorschriften gewährt werden, um einen Mehrbedarf zu decken, der durch einen Körperschaden verursacht ist, sind keine anzurechnenden Bezüge (→ BFH vom 22.7.1988 – BStBl. II S. 830).

– **Zusammenfassendes Beispiel für die Anrechnung:**

Ein Stpfl. unterhält seinen 35-jährigen Sohn mit 150 € monatlich. Dieser erhält Arbeitslohn von jährlich 7200 €. Davon wurden gesetzliche Sozialversicherungsbeiträge i. H. v. 1459 € abgezogen (Krankenversicherung 568 €, Rentenversicherung 673 €, Pflegeversicherung 110 € und Arbeitslosenversicherung 108 €). Daneben erhält er seit seinem 30. Lebensjahr eine lebenslängliche Rente aus einer privaten Unfallversicherung i. H. v. 150 € monatlich.

Tatsächliche Unterhaltsleistungen			1 800 €
Ungekürzter Höchstbetrag			9 744 €
Erhöhungsbetrag nach § 33a Abs. 1 Satz 2 EStG			
Krankenversicherung	568 €		
abzüglich 4 % (→ BMF vom 24.5.2017 – BStBl. I S. 820, Rz. 83)	– 22 €		
verbleiben	546 €	546 €	
Pflegeversicherung	110 €	110 €	
Erhöhungsbetrag			656 €
Ungekürzter Höchstbetrag und Erhöhungsbetrag gesamt			10 400 €

Einkünfte des Sohnes				
Arbeitslohn		7 200 €		
Arbeitnehmer-Pauschbetrag	1000 €	1 000 €		
Einkünfte i. S. d. § 19 EStG		6 200 €	6 200 €	
Leibrente		1 800 €		
Hiervon Ertragsanteil 44 %		792 €		
Werbungskosten-Pauschbetrag	102 €	102 €		
Einkünfte i. S. d. § 22 EStG		690 €	690 €	
S. d. E.			6 890 €	
Bezüge des Sohnes				
Steuerlich nicht erfasster Teil der Rente		1 008 €		
Kostenpauschale	180 €	180 €		
Bezüge		828 €	828 €	
S. d. E. und Bezüge			7 718 €	
anrechnungsfreier Betrag			– 624 €	
anzurechnende Einkünfte			7 094 €	– 7 094 €
Höchstbetrag				3 306 €
Abzugsfähige Unterhaltsleistungen				1 800 €

– **Zuschüsse.** Zu den ohne anrechnungsfreien Betrag anzurechnenden Zuschüssen gehören z. B. die als Zuschuss gewährten Leistungen nach dem BAföG, nach dem SGB III gewährte Berufsausbildungsbeihilfen und Ausbildungsgelder sowie Stipendien aus öffentlichen Mitteln. Dagegen sind Stipendien aus dem ERASMUS/SOKRATES-Programm der EU nicht anzurechnen, da die Stipendien nicht die üblichen Unterhaltsaufwendungen, sondern allein die anfallenden Mehrkosten eines Auslandsstudiums (teilweise) abdecken (→ BFH vom 17.10.2001 – BStBl. 2002 II S. 793).

Geringes Vermögen („Schonvermögen").

– Nicht gering kann auch Vermögen sein, das keine anzurechnenden Einkünfte abwirft; Vermögen ist auch dann zu berücksichtigen, wenn es die unterhaltene Person für ihren künftigen Unterhalt benötigt (→ BFH vom 14.8.1997 – BStBl. 1998 II S. 241).

– Bei Ermittlung des für den Unterhaltshöchstbetrag schädlichen Vermögens sind Verbindlichkeiten und Verwertungshindernisse vom Verkehrswert der aktiven Vermögensgegenstände, der mit dem gemeinen Wert nach dem BewG zu ermitteln ist, in Abzug zu bringen (Nettovermögen) (→ BFH vom 11.2.2010 – BStBl. II S. 628). Wertmindernd zu berücksichtigen sind dabei auch ein Nießbrauchsvorbehalt sowie ein dinglich gesichertes Veräußerungs- und Belastungsverbot (→ BFH vom 29.5.2008 – BStBl. 2009 II S. 361).

– Die Bodenrichtwerte nach dem BauGB sind für die Ermittlung des Verkehrswertes von Grundvermögen i. S. d. § 33a EStG nicht verbindlich (→ BFH vom 11.2.2010 – BStBl. II S. 628).

– Ein angemessenes Hausgrundstück i. S. d. § 90 Abs. 2 Nr. 8 SGB XII bleibt außer Betracht (→ R 33a.1 Abs. 2).

§ 90 Abs. 2 Nr. 8 SGB XII hat folgenden Wortlaut:

„**Einzusetzendes Vermögen**

. . .

(2) Die Sozialhilfe darf nicht abhängig gemacht werden vom Einsatz oder von der Verwertung

…

8. eines angemessenen Hausgrundstücks, das von der nachfragenden Person oder einer anderen in den § 19 Abs. 1 bis 3 genannten Person allein oder zusammen mit Angehörigen ganz oder teilweise bewohnt wird und nach ihrem Tod von ihren Angehörigen bewohnt werden soll. Die Angemessenheit bestimmt sich nach der Zahl der Bewohner, dem Wohnbedarf (zum Beispiel behinderter, blinder oder pflegebedürftiger Menschen), der Grundstücksgröße, der Hausgröße, dem Zuschnitt und der Ausstattung des Wohngebäudes sowie dem Wert des Grundstücks einschließlich des Wohngebäudes,".

Geschiedene oder dauernd getrennt lebende Ehegatten. Durch Antrag und Zustimmung nach § 10 Abs. 1a Nr. 1 EStG werden alle in dem betreffenden VZ geleisteten Unterhaltsaufwendungen zu Sonderausgaben umqualifiziert. Ein Abzug als außergewöhnliche Belastung ist nicht möglich, auch nicht, soweit sie den für das Realsplitting geltenden Höchstbetrag übersteigen (→ BFH vom 7.11.2000 – BStBl. 2001 II S. 338). Sind für das Kj. der Trennung oder Scheidung die Vorschriften über die Ehegattenbesteuerung (§§ 26 bis 26b, § 32a Abs. 5 EStG) anzuwenden, dann können Aufwendungen für den Unterhalt des dauernd getrennt lebenden oder geschiedenen Ehegatten nicht nach § 33a Abs. 1 EStG abgezogen werden (→ BFH vom 31.5.1989 – BStBl. II S. 658).

Gleichgestellte Person. → *BMF vom 7.6.2010 (BStBl. I S. 582).*[1)]

Haushaltsgemeinschaft. Lebt der Unterhaltsberechtigte mit bedürftigen Angehörigen in einer Haushaltsgemeinschaft und wird seine Rente bei der Berechnung der Sozialhilfe als Einkommen der Haushaltsgemeinschaft angerechnet, ist die Rente nur anteilig auf den Höchstbetrag des § 33a Abs. 1 Satz 1 EStG anzurechnen. In diesem Fall sind die Rente und die Sozialhilfe nach Köpfen aufzuteilen (→ BFH vom 19.6.2002 – BStBl. II S. 753).

Heimunterbringung. →Personen in einem Altenheim oder Altenwohnheim.

Ländergruppeneinteilung. → BMF vom 11.11.2020 (BStBl. I S. 1212).

Opfergrenze. → *BMF vom 7.6.2010 (BStBl. I S. 582),*[1)] Rzn. 10–12.

Personen in einem Altenheim oder Altenwohnheim. Zu den Aufwendungen für den typischen Unterhalt gehören grundsätzlich auch Kosten der Unterbringung in einem Altenheim oder Altenwohnheim (→ BFH vom 29.9.1989 – BStBl. 1990 II S. 418).

Personen im Ausland.
- Zur Berücksichtigung von Aufwendungen für den Unterhalt → *BMF vom 7.6.2010 (BStBl. I S. 588).*[2)]
- Ländergruppeneinteilung[3)] → BMF vom 11.11.2020 (BStBl. I S. 1212).

[1)] Ersetzt durch BMF v. 6.4.2022, BStBl. I 2022, 617, anzuwenden in allen offenen Fällen.

[2)] Ersetzt durch BMF v. 6.4.2022, BStBl. I 2020, 623, anzwenden in allen offenen Fällen.

[3)] Zur Rechtmäßigkeit der Ländergruppeneinteilung siehe BFH v. 25.11.2010 VI R 28/10, BStBl. II 2011, 283.

Personen mit einer Aufenthaltserlaubnis nach § 23 Aufenthaltsgesetz. → BMF vom 27.5.2015 (BStBl. I S. 474).

Unterhalt für mehrere Personen. Unterhält der Stpfl. mehrere Personen, die einen gemeinsamen Haushalt führen, so ist der nach § 33a Abs. 1 EStG abziehbare Betrag grundsätzlich für jede unterhaltsberechtigte oder gleichgestellte Person getrennt zu ermitteln. Der insgesamt nachgewiesene Zahlungsbetrag ist unterschiedslos nach Köpfen aufzuteilen (→ BFH vom 12.11.1993 – BStBl. 1994 II S. 731 und *BMF vom 7.6.2010 – BStBl. I S. 588,*[1] Rz. 19). Handelt es sich bei den unterhaltenen Personen um in Haushaltsgemeinschaft lebende Ehegatten, z.B. Eltern, sind die Einkünfte und Bezüge zunächst für jeden Ehegatten gesondert festzustellen und sodann zusammenzurechnen. Die zusammengerechneten Einkünfte und Bezüge sind um 1248 € (zweimal 624 €) zu kürzen. Der verbleibende Betrag ist von der Summe der beiden Höchstbeträge abzuziehen (→ BFH vom 15.11.1991 – BStBl. 1992 II S. 245).

Unterhaltsanspruch der Mutter bzw. des Vaters eines nichtehelichen Kindes.

§ 1615l BGB:

„(1) [1] Der Vater hat der Mutter für die Dauer von sechs Wochen vor und acht Wochen nach der Geburt des Kindes Unterhalt zu gewähren. [2] Dies gilt auch hinsichtlich der Kosten, die infolge der Schwangerschaft oder der Entbindung außerhalb dieses Zeitraums entstehen.

(2) [1] Soweit die Mutter einer Erwerbstätigkeit nicht nachgeht, weil sie infolge der Schwangerschaft oder einer durch die Schwangerschaft oder die Entbindung verursachten Krankheit dazu außerstande ist, ist der Vater verpflichtet, ihr über die in Absatz 1 Satz 1 bezeichnete Zeit hinaus Unterhalt zu gewähren. [2] Das Gleiche gilt, soweit von der Mutter wegen der Pflege oder Erziehung des Kindes eine Erwerbstätigkeit nicht erwartet werden kann. [3] Die Unterhaltspflicht beginnt frühestens vier Monate vor der Geburt und besteht für mindestens drei Jahre nach der Geburt. [4] Sie verlängert sich, solange und soweit dies der Billigkeit entspricht. [5] Dabei sind insbesondere die Belange des Kindes und die bestehenden Möglichkeiten der Kinderbetreuung zu berücksichtigen.

(3) [1] Die Vorschriften über die Unterhaltspflicht zwischen Verwandten sind entsprechend anzuwenden. [2] Die Verpflichtung des Vaters geht der Verpflichtung der Verwandten der Mutter vor. [3] § 1613 Abs. 2 gilt entsprechend. [4] Der Anspruch erlischt nicht mit dem Tod des Vaters.

(4) [1] Wenn der Vater das Kind betreut, steht ihm der Anspruch nach Absatz 2 Satz 2 gegen die Mutter zu. [2] In diesem Falle gilt Absatz 3 entsprechend."

Der gesetzliche Unterhaltsanspruch der Mutter eines nichtehelichen Kindes gegenüber dem Kindsvater nach § 1615l BGB ist vorrangig gegenüber der Unterhaltsverpflichtung ihrer Eltern mit der Folge, dass für die Kindsmutter der Anspruch ihrer Eltern auf Kindergeld oder Freibeträge für Kinder erlischt und für die Unterhaltsleistungen des Kindsvaters an sie eine Berücksichtigung nach § 33a Abs. 1 EStG in Betracht kommt (→ BFH vom 19.5.2004 – BStBl. II S. 943).

---

[1] Ersetzt durch BMF v. 6.4.2022, BStBl. I 2020, 623, anzuwenden in allen offenen Fällen.

Unterhaltsberechtigung.

– Dem Grunde nach gesetzlich unterhaltsberechtigt sind nach § 1601 BGB Verwandte in gerader Linie i. S. d. § 1589 Satz 1 BGB, wie z. B. Kinder, Enkel, Eltern und Großeltern, sowie nach §§ 1360 ff., 1570 BGB Ehegatten untereinander. Voraussetzung für die Annahme einer gesetzlichen Unterhaltsberechtigung i. S. d. § 33a Abs. 1 EStG ist die tatsächliche Bedürftigkeit des Unterhaltsempfängers i. S. d. § 1602 BGB. Nach der sog. konkreten Betrachtungsweise kann die Bedürftigkeit des Unterhaltsempfängers nicht typisierend unterstellt werden. Dies führt dazu, dass die zivilrechtlichen Voraussetzungen eines Unterhaltsanspruchs (§§ 1601–1603 BGB) vorliegen müssen und die Unterhaltskonkurrenzen (§§ 1606 und 1608 BGB) zu beachten sind (→ *BMF vom 7.6.2010 – BStBl. I S. 588,*[1] Rz. 8 und BFH vom 5.5.2010 – BStBl. 2011 II S. 116).
– Bei landwirtschaftlich tätigen Angehörigen greift die widerlegbare Vermutung, dass diese nicht unterhaltsbedürftig sind, soweit der landwirtschaftliche Betrieb in einem nach den Verhältnissen des Wohnsitzstaates üblichen Umfang und Rahmen betrieben wird (→ BFH vom 5.5.2010 – BStBl. 2011 II S. 116).
– Für Inlandssachverhalte gilt die Vereinfachungsregelung in R 33a.1 Abs. 1 Satz 4 EStR.
– Die Unterhaltsberechtigung muss gegenüber dem Stpfl. oder seinem Ehegatten bestehen. Die Voraussetzungen für eine Ehegattenveranlagung nach § 26 Abs. 1 Satz 1 EStG müssen nicht gegeben sein (→ BFH vom 27.7.2011 – BStBl. II S. 965).

R 33a.2 Freibetrag zur Abgeltung des Sonderbedarfs eines sich in Berufsausbildung befindenden, auswärtig untergebrachten, volljährigen Kindes[2]

Allgemeines

(1) [1]Den Freibetrag nach § 33a Abs. 2 EStG kann nur erhalten, wer für das in Berufsausbildung befindliche Kind einen Anspruch auf einen Freibetrag nach § 32 Abs. 6 EStG oder Kindergeld hat. [2]Der Freibetrag nach § 33a Abs. 2 EStG kommt daher für Kinder i. S. d. § 63 Abs. 1 EStG in Betracht.

Auswärtige Unterbringung

(2) [1]Eine auswärtige Unterbringung i. S. d. § 33a Abs. 2 Satz 1 EStG liegt vor, wenn ein Kind außerhalb des Haushalts der Eltern wohnt. [2]Dies ist nur anzunehmen, wenn für das Kind außerhalb des Haushalts der Eltern eine Wohnung ständig bereitgehalten und das Kind auch außerhalb des elterlichen Haushalts verpflegt wird. [3]Seine Unterbringung muss darauf angelegt sein, die räumliche Selbständigkeit des Kindes während seiner ganzen Ausbildung, z. B. eines Studiums, oder eines bestimmten Ausbildungsabschnitts, z. B. eines Studiensemesters oder -trimesters, zu gewährleisten. [4]Voraussetzung ist, dass die

[1] Ersetzt durch BMF v. 6.4.2022, BStBl. I 2022, 623, anzuwenden in allen offenen Fällen.
[2] Zur Verfassungsmäßigkeit siehe BFH v. 25.11.2010 III R 111/07, BStBl. II 2011, 281; Vb. nicht zur Entscheidung angenommen, BVerfG v. 23.10.2012 2 BvR 451/11.

auswärtige Unterbringung auf eine gewisse Dauer angelegt ist. [5]Auf die Gründe für die auswärtige Unterbringung kommt es nicht an.

H 33a.2

Auswärtige Unterbringung.

- **Asthma.** Keine auswärtige Unterbringung des Kindes wegen Asthma (→ BFH vom 26.6.1992 – BStBl. 1993 II S. 212).
- **Aufwendungen für den Schulbesuch als außergewöhnliche Belastungen.** Werden die Aufwendungen für den Schulbesuch als außergewöhnliche Belastungen berücksichtigt, kann kein zusätzlicher Freibetrag nach § 33a Abs. 2 EStG gewährt werden (→ BFH vom 12.5.2011 – BStBl. II S. 783).
- **Getrennte Haushalte beider Elternteile.** Auswärtige Unterbringung liegt nur vor, wenn das Kind aus den Haushalten beider Elternteile ausgegliedert ist (→ BFH vom 5.2.1988 – BStBl. II S. 579).
- **Haushalt des Kindes in Eigentumswohnung des Stpfl.** Auswärtige Unterbringung liegt vor, wenn das Kind in einer Eigentumswohnung des Stpfl. einen selbständigen Haushalt führt (→ BFH vom 26.1.1994 – BStBl. II S. 544 und vom 25.1.1995 – BStBl. II S. 378). Ein Freibetrag gem. § 33a Abs. 2 EStG wegen auswärtiger Unterbringung ist ausgeschlossen, wenn die nach dem EigZulG begünstigte Wohnung als Teil eines elterlichen Haushalts anzusehen ist (→ BMF vom 21.12.2004 – BStBl. 2005 I S. 305, Rz. 63).
- **Klassenfahrt.** Keine auswärtige Unterbringung, da es an der erforderlichen Dauer fehlt (→ BFH vom 5.11.1982 – BStBl. 1983 II S. 109).
- **Legasthenie.** Werden Aufwendungen für ein an Legasthenie leidendes Kind als außergewöhnliche Belastung i. S. d. § 33 EStG berücksichtigt (→ § 64 Abs. 1 Nr. 2 Buchstabe c EStDV), ist daneben ein Freibetrag nach § 33a Abs. 2 EStG wegen auswärtiger Unterbringung des Kindes nicht möglich (→ BFH vom 26.6.1992 – BStBl. 1993 II S. 278).
- **Praktikum.** Keine auswärtige Unterbringung bei Ableistung eines Praktikums außerhalb der Hochschule, wenn das Kind nur dazu vorübergehend auswärtig untergebracht ist (→ BFH vom 20.5.1994 – BStBl. II S. 699).
- **Sprachkurs.** Keine auswärtige Unterbringung bei dreiwöchigem Sprachkurs (→ BFH vom 29.9.1989 – BStBl. 1990 II S. 62).
- **Verheiratetes Kind.** Auswärtige Unterbringung liegt vor, wenn ein verheiratetes Kind mit seinem Ehegatten eine eigene Wohnung bezogen hat (→ BFH vom 8.2.1974 – BStBl. II S. 299).

Freiwilliges soziales Jahr. Die Tätigkeit im Rahmen eines freiwilligen sozialen Jahres ist grundsätzlich nicht als Berufsausbildung zu beurteilen (→ BFH vom 24.6.2004 – BStBl. 2006 II S. 294).

Ländergruppeneinteilung. → BMF vom 11.11.2020 (BStBl. I S. 1212).

Studiengebühren. Gebühren für die Hochschulausbildung eines Kindes sind weder nach § 33a Abs. 2 EStG noch nach § 33 EStG als außergewöhnliche Belastung abziehbar (→ BFH vom 17.12.2009 – BStBl. 2010 II S. 341).

R 33a.3 Zeitanteilige Ermäßigung nach § 33a Abs. 3 EStG

Ansatz bei unterschiedlicher Höhe des Höchstbetrags nach § 33a Abs. 1 EStG oder des Freibetrags nach § 33a Abs. 2 EStG

(1) Ist in einem Kalenderjahr der Höchstbetrag nach § 33a Abs. 1 EStG oder der Freibetrag nach § 33a Abs. 2 EStG in unterschiedlicher Höhe anzusetzen, z.B. bei Anwendung der Ländergruppeneinteilung für einen Teil des Kalenderjahres, wird für den Monat, in dem die geänderten Voraussetzungen eintreten, der jeweils höhere Betrag angesetzt.

Aufteilung der eigenen Einkünfte und Bezüge

(2) [1]Der Jahresbetrag der eigenen Einkünfte und Bezüge ist für die Anwendung des § 33a Abs. 3 Satz 2 EStG wie folgt auf die Zeiten innerhalb und außerhalb des Unterhaltszeitraums aufzuteilen:

1. Einkünfte aus nichtselbständiger Arbeit, sonstige Einkünfte sowie Bezüge nach dem Verhältnis der in den jeweiligen Zeiträumen zugeflossenen Einnahmen; die Grundsätze des § 11 Abs. 1 EStG gelten entsprechend; Pauschbeträge nach § 9a EStG und die Kostenpauschale nach R 33a.1 Abs. 3 Satz 5 sind hierbei zeitanteilig anzusetzen;
2. andere Einkünfte auf jeden Monat des Kalenderjahres mit einem Zwölftel.

[2]Der Stpfl. kann jedoch nachweisen, dass eine andere Aufteilung wirtschaftlich gerechtfertigt ist, wie es z.B. der Fall ist, wenn bei Einkünften aus selbständiger Arbeit die Tätigkeit erst im Laufe des Jahres aufgenommen wird oder wenn bei Einkünften aus nichtselbständiger Arbeit im Unterhaltszeitraum höhere Werbungskosten angefallen sind als bei verhältnismäßiger bzw. zeitanteiliger Aufteilung darauf entfallen würden.

H 33a.3

Allgemeines.

– Der Höchstbetrag für den Abzug von Unterhaltsaufwendungen (§ 33a Abs. 1 EStG) und der Freibetrag nach § 33a Abs. 2 EStG sowie der anrechnungsfreie Betrag nach § 33a Abs. 1 Satz 5 EStG ermäßigen sich für jeden vollen Kalendermonat, in dem die Voraussetzungen für die Anwendung der betreffenden Vorschrift nicht vorgelegen haben, um je ein Zwölftel (§ 33a Abs. 3 Satz 1 EStG).[1] Erstreckt sich das Studium eines Kindes einschließlich der unterrichts- und vorlesungsfreien Zeit über den ganzen VZ, kann davon ausgegangen werden, dass beim Stpfl. in jedem Monat Aufwendungen anfallen, so dass § 33a Abs. 3 Satz 1 EStG nicht zur Anwendung kommt (→ BFH vom 22.3.1996 – BStBl. 1997 II S. 30).
– Eigene Einkünfte und Bezüge der unterhaltenen Person sind nur anzurechnen, soweit sie auf den Unterhaltszeitraum entfallen (§ 33a Abs. 3 Satz 2 EStG). Leisten Eltern Unterhalt an ihren Sohn nur während der Dauer seines Wehrdienstes, unterbleibt die Anrechnung des Entlassungs-

[1] Siehe hierzu auch BFH v. 25.4.2018 VI R 35/16, BStBl. II 2018, 643.

geldes nach § 9 des Wehrsoldgesetzes, da es auf die Zeit nach Beendigung des Wehrdienstes entfällt (→ BFH vom 26.4.1991 – BStBl. II S. 716).

Beispiel für die Aufteilung eigener Einkünfte und Bezüge auf die Zeiten innerhalb und außerhalb des Unterhaltszeitraums:
Der Stpfl. unterhält seine allein stehende im Inland lebende Mutter vom 15. April bis 15. September (Unterhaltszeitraum) mit insgesamt 3500 €. Die Mutter bezieht ganzjährig eine monatliche Rente aus der gesetzlichen Rentenversicherung von 200 € (Besteuerungsanteil 50 %). Außerdem hat sie im Kj. Einkünfte aus Vermietung und Verpachtung in Höhe von 1050 €.

Höchstbetrag für das Kj. 9744 € (§ 33a Abs. 1 Satz 1 EStG)

anteiliger Höchstbetrag für April bis September ($^6/_{12}$ von 9744 € =)			4872 €
Eigene Einkünfte der Mutter im Unterhaltszeitraum:			
Einkünfte aus Leibrenten			
Besteuerungsanteil 50 % von 2400 € =	1200 €		
abzgl. Werbungskosten-Pauschbetrag (§ 9a Satz 1 Nr. 3 EStG)	– 102 €		
Einkünfte	1098 €		
auf den Unterhaltszeitraum entfallen $^6/_{12}$		549 €	
Einkünfte aus V + V	1050 €		
auf den Unterhaltszeitraum entfallen $^6/_{12}$		525 €	
S. d. E. im Unterhaltszeitraum		1074 €	
Eigene Bezüge der Mutter im Unterhaltszeitraum:			
steuerfreier Teil der Rente	1200 €		
abzgl. Kostenpauschale	– 180 €		
verbleibende Bezüge	1020 €		
auf den Unterhaltszeitraum entfallen $^6/_{12}$		510 €	
Summe der eigenen Einkünfte und Bezüge im Unterhaltszeitraum		1584 €	
abzgl. anteiliger anrechnungsfreier Betrag ($^6/_{12}$ von 624 € =)		– 312 €	
anzurechnende Einkünfte und Bezüge		1272 €	– 1272 €
abzuziehender Betrag			3600 €

Besonderheiten bei Zuschüssen. Als Ausbildungshilfe bezogene Zuschüsse jeglicher Art, z. B. Stipendien für ein Auslandsstudium aus öffentlichen oder aus privaten Mitteln, mindern die zeitanteiligen Höchstbeträge nur der Kalendermonate, für die die Zuschüsse bestimmt sind (§ 33a Abs. 3 Satz 3 EStG). Liegen bei der unterhaltenen Person sowohl eigene Einkünfte und Bezüge als auch Zuschüsse vor, die als Ausbildungshilfe nur für einen Teil des Unterhaltszeitraums bestimmt sind, dann sind zunächst die eigenen Einkünfte und Bezüge anzurechnen und sodann die Zuschüsse zeitanteilig entsprechend ihrer Zweckbestimmung.

Beispiel:

Ein über 25 Jahre altes Kind des Stpfl. B studiert während des ganzen Kj., erhält von ihm monatliche Unterhaltsleistungen i. H. v. 500 € und gehört nicht zum Haushalt des Stpfl. Verlängerungstatbestände nach § 32 Abs. 5 EStG liegen nicht vor. Dem Kind fließt in den Monaten Januar bis Juni Arbeitslohn von 3400 € zu, die Werbungskosten übersteigen nicht den Arbeitnehmer-Pauschbetrag. Für die Monate Juli bis Dezember bezieht es ein Stipendium aus öffentlichen Mitteln von 6000 €.

Ungekürzter Höchstbetrag nach § 33a Abs. 1 EStG für das Kj.		9744 €
Arbeitslohn	3400 €	
abzüglich Arbeitnehmer-Pauschbetrag	– 1000 €	
Einkünfte aus nichtselbständiger Arbeit	2400 €	
anrechnungsfreier Betrag	– 624 €	
anzurechnende Einkünfte	1766 €	– 1766 €
verminderter Höchstbetrag nach § 33a Abs. 1 EStG		7978 €
zeitanteiliger verminderter Höchstbetrag für Januar–Juni ($^{6}/_{12}$ von 7978 €)		3989 €
Unterhaltsleistungen Jan.–Juni (6 × 500 €)		3000 €
abzugsfähige Unterhaltsleistungen Jan.–Juni		3000 €
zeitanteiliger verminderter Höchstbetrag nach § 33a Abs. 1 EStG für Juli–Dez.		3989 €
Ausbildungszuschuss (Auslandsstipendium)	6000 €	
abzüglich Kostenpauschale	– 180 €	
anzurechnende Bezüge	5820 €	– 5820 €
Höchstbetrag nach § 33a Abs. 1 EStG für Juli–Dez.		0 €
abzugsfähige Unterhaltsleistungen Juli–Dez.		0 €

Zu § 33b EStG
(§ 65 EStDV)

R 33b. Pauschbeträge für behinderte Menschen,[1] Hinterbliebene und Pflegepersonen

(1) [1]Ein Pauschbetrag für behinderte Menschen,[1] der Hinterbliebenen-Pauschbetrag und der Pflege-Pauschbetrag können mehrfach gewährt werden, wenn mehrere Personen die Voraussetzungen erfüllen (z. B. Stpfl., Ehegatte, Kind), oder wenn eine Person die Voraussetzungen für verschiedene Pauschbeträge erfüllt. [2]Mit dem Pauschbetrag für behinderte Menschen werden die laufenden und typischen Aufwendungen für die Hilfe bei den gewöhnlichen und regelmäßig wiederkehrenden Verrichtungen des täglichen Lebens, für die Pflege sowie für einen erhöhten Wäschebedarf abgegolten. [3]Es handelt sich um Aufwendungen, die behinderten Menschen erfahrungsgemäß durch ihre Krankheit bzw. Behinderung entstehen und deren alleinige behinderungsbedingte Veranlassung nur schwer nachzuweisen ist. [4]Alle übrigen behinderungsbedingten Aufwendungen (z. B. Operationskosten sowie Heilbehandlungen, Kuren, Arznei- und Arztkosten, Fahrtkosten) können daneben als außergewöhnliche Belastung nach § 33 EStG berücksichtigt werden.

(2) Unabhängig von einer Übertragung des Behinderten-Pauschbetrags nach § 33b Abs. 5 EStG können Eltern ihre eigenen zwangsläufigen Aufwendungen für ein behindertes Kind[2] nach § 33 EStG abziehen.

(3) Eine Übertragung des Pauschbetrages für behinderte Menschen[1] auf die Eltern eines Kindes mit Wohnsitz oder gewöhnlichem Aufenthalt im Ausland ist nur möglich, wenn das Kind als unbeschränkt steuerpflichtig behandelt wird (insbesondere § 1 Abs. 3 Satz 2, 2. Halbsatz EStG ist zu beachten).

---

[1] **[Amtl. Anm.:]** Jetzt Menschen mit Behinderungen.
[2] **[Amtl. Anm.:]** Jetzt Kind mit Behinderungen.

(4) Ein Stpfl. führt die Pflege auch dann noch persönlich durch, wenn er sich zur Unterstützung zeitweise einer ambulanten Pflegekraft bedient.

(5) § 33b Abs. 6 Satz 6 EStG gilt auch, wenn nur ein Stpfl. den Pflege-Pauschbetrag tatsächlich in Anspruch nimmt.

(6) Der Pflege-Pauschbetrag nach § 33b Abs. 6 EStG kann neben dem nach § 33b Abs. 5 EStG vom Kind auf die Eltern übertragenen Pauschbetrag für behinderte Menschen[1] in Anspruch genommen werden.

(7) Beiträge zur Rentenversicherung, Kranken- und Pflegeversicherung der pflegenden Person, die die Pflegekasse übernimmt, führen nicht zu Einnahmen i. S. d. § 33b Abs. 6 Satz 1 EStG.

(8) [1]Bei Beginn, Änderung oder Wegfall der Behinderung im Laufe eines Kalenderjahres ist stets der Pauschbetrag nach dem höchsten Grad zu gewähren, der im Kalenderjahr festgestellt war. [2]Eine Zwölftelung ist nicht vorzunehmen. [3]Dies gilt auch für den Hinterbliebenen- und Pflege-Pauschbetrag.

(9) Der Nachweis der Behinderung nach § 65 Abs. 1 Nr. 2 Buchstabe a EStDV gilt als geführt, wenn die dort genannten Bescheinigungen behinderten Menschen[1] nur noch in elektronischer Form übermittelt werden und der Ausdruck einer solchen elektronisch übermittelten Bescheinigung vom Stpfl. vorgelegt wird.

H 33b

Allgemeines.[2]

– Zur Behinderung i. S. d. § 33b EStG → § 152 SGB IX,[3] zur Hilflosigkeit → § 33b Abs. 3 EStG, zur Pflegebedürftigkeit → R 33.3 Abs. 1.
– Verwaltungsakte, die die Voraussetzungen für die Inanspruchnahme der Pauschbeträge feststellen (→ § 65 EStDV), sind Grundlagenbescheide i. S. d. § 171 Abs. 10 Satz 2 AO i. d. F. des ZollkodexAnpG vom 22.12. 2014, BStBl. I S. 2417 und § 175 Abs. 1 Satz 1 Nr. 1 AO. Auf Grund eines solchen Bescheides ist ggf. eine Änderung früherer Steuerfestsetzungen hinsichtlich der Anwendung des § 33b EStG nach § 175 Abs. 1 Satz 1 Nr. 1 AO unabhängig davon vorzunehmen, ob ein Antrag i. S. d. § 33b Abs. 1 EStG für den VZ dem Grunde nach bereits gestellt worden ist. Die Festsetzungsfrist des Einkommensteuerbescheides wird jedoch nur insoweit nach § 171 Abs. 10 Satz 1 AO gehemmt, wie der Grundlagenbescheid vor Ablauf der Festsetzungsfrist des Einkommensteuerbescheides bei der zuständigen Behörde beantragt worden ist.

Aufteilung des übertragenen Pauschbetrags für Menschen mit Behinderungen. → BMF vom 28.6.2013 (BStBl. I S. 845).

Hinterbliebenen-Pauschbetrag. Zu den Gesetzen, die das BVG für entsprechend anwendbar erklären (§ 33b Abs. 4 Nr. 1 EStG), gehören:
– das Soldatenversorgungsgesetz (→ § 80),
– das ZDG (→ § 47),

---

[1] **[Amtl. Anm.:]** Jetzt Menschen mit Behinderungen.
[2] Siehe Änderungen des § 65 EStDV ab VZ 2021 durch G v. 9.12.2020, BGBl. I 2020, 2770.
[3] **Aichberger SGB** Nr. 9.

– das Häftlingshilfegesetz (→ §§ 4 und 5),
– das Gesetz über die Unterhaltsbeihilfe für Angehörige von Kriegsgefangenen (→ § 3),
– das Gesetz über die Bundespolizei (→ § 59 Abs. 1 i. V. m. dem Soldatenversorgungsgesetz),
– das Gesetz über das Zivilschutzkorps (→ § 46 i. V. m. dem Soldatenversorgungsgesetz),
– das Gesetz zur Regelung der Rechtsverhältnisse der unter Artikel 131 GG fallenden Personen (→ §§ 66, 66a),
– das Gesetz zur Einführung des Bundesversorgungsgesetzes im Saarland (→ § 5 Abs. 1),
– das Infektionsschutzgesetz (→ § 63),
– das Gesetz über die Entschädigung für Opfer von Gewalttaten (→ § 1 Abs. 1).

Nachweis der Behinderung.
– Der Nachweis für die Voraussetzungen eines Pauschbetrages ist gem. § 65 EStDV zu führen (zum Pflege-Pauschbetrag → BFH vom 20.2.2003 – BStBl. II S. 476). Nach § 152 Abs. 1 SGB IX[1] zuständige Behörden sind die für die Durchführung des Bundesversorgungsgesetzes zuständigen Behörden (Versorgungsämter) und die gem. § 152 Abs. 1 Satz 7 SGB IX nach Landesrecht für zuständig erklärten Behörden.
– Zum Nachweis der Behinderung von in Deutschland nicht steuerpflichtigen Kindern → BMF vom 8.8.1997 (BStBl. I S. 1016).
– An die für die Gewährung des Pauschbetrags für behinderte Menschen und des Pflege-Pauschbetrags vorzulegenden Bescheinigungen, Ausweise oder Bescheide sind die Finanzbehörden gebunden (→ BFH vom 5.2.1988 – BStBl. II S. 436).
– Bei den Nachweisen nach § 65 Abs. 1 Nr. 2 Buchst. b EStDV kann es sich z. B. um Rentenbescheide des Versorgungsamtes oder eines Trägers der gesetzlichen Unfallversicherung oder bei Beamten, die Unfallruhegeld beziehen, um einen entsprechenden Bescheid ihrer Behörde handeln. Der Rentenbescheid eines Trägers der gesetzlichen Rentenversicherung der Arbeiter und Angestellten genügt nicht (→ BFH vom 25.4.1968 – BStBl. II S. 606).

Neben den Pauschbeträgen für Menschen mit Behinderungen zu berücksichtigende Aufwendungen. Folgende Aufwendungen können neben den Pauschbeträgen für Menschen mit Behinderungen als außergewöhnliche Belastung nach § 33 EStG berücksichtigt werden:
– Operationskosten, Kosten für Heilbehandlungen, Arznei- und Arztkosten → R 33b Abs. 1 EStR,
– Kraftfahrzeugkosten → § 33 Abs. 2a und → R 33b Abs. 1 Satz 4 EStR,
– Führerscheinkosten für ein schwer geh- und stehbehindertes Kind → BFH vom 26.3.1993 (BStBl. II S. 749),
– Kosten für eine Heilkur → BFH vom 11.12.1987 (BStBl. 1988 II S. 275), → H 33.1–33.4 (Kur) und → R 33.4 Abs. 1 und 3),

---

[1] **Aichberger SGB** Nr. **9**.

– Schulgeld für den Privatschulbesuch des Kindes mit Behinderungen → H 33.1–33.4 (Schulbesuch) und → R 33.4 Abs. 2 sowie
– Kosten für die behindertengerechte Ausgestaltung des eigenen Wohnhauses → R 33.4 Abs. 5 und H 33.1–33.4 (Behindertengerechte Ausstattung).

Pflegebedürftigkeit. → R 33.3 Abs. 1.

Pflege-Pauschbetrag.

– Eine sittliche Verpflichtung zur Pflege ist anzuerkennen, wenn eine enge persönliche Beziehung zu der gepflegten Person besteht (→ BFH vom 29.8.1996 – BStBl. 1997 II S. 199).
– Die Funktion als amtlich bestellter Betreuer führt für sich gesehen nicht dazu, dass dem Betreuer die Pflege des Betreuten zwangsläufig i. S. d. § 33 Abs. 2 EStG erwächst. Der Pflege-Pauschbetrag kann daher nur gewährt werden, wenn eine darüber hinausgehende enge persönliche Beziehung zum Betreuten besteht (→ BFH vom 4.9.2019 – BStBl. 2020 II S. 97).
– Der Pflege-Pauschbetrag nach § 33b Abs. 6 EStG ist nicht nach der Zahl der Personen aufzuteilen, welche bei ihrer Einkommensteuerveranlagung die Berücksichtigung eines Pflegepauschbetrages begehren, sondern nach der Zahl der Stpfl., welche eine hilflose Person in ihrer Wohnung oder in der Wohnung des Pflegebedürftigen tatsächlich persönlich gepflegt haben (→ BFH vom 14.10.1997 – BStBl. 1998 II S. 20).
– Abgesehen von der Pflege durch Eltern (§ 33b Abs. 6 Satz 2 EStG) schließen Einnahmen der Pflegeperson für die Pflege unabhängig von ihrer Höhe die Gewährung des Pflege-Pauschbetrags aus. Hierzu gehört grundsätzlich auch das weitergeleitete Pflegegeld. Der Ausschluss von der Gewährung des Pflege-Pauschbetrags gilt nicht, wenn das Pflegegeld lediglich treuhänderisch für den Pflegebedürftigen verwaltet wird und damit ausschließlich Aufwendungen des Pflegebedürftigen bestritten werden. In diesem Fall muss die Pflegeperson die konkrete Verwendung des Pflegegeldes nachweisen und ggf. nachträglich noch eine Vermögenstrennung durchführen (→ BFH vom 21.3.2002 – BStBl. II S. 417). Die dem amtlich bestellten Betreuer gewährte Aufwandsentschädigung ist keine Einnahme für die Pflege der betreuten Person i. S. d. § 33b Abs. 6 Satz 1 EStG (→ BFH vom 4.9.2019 – BStBl. 2020 II S. 97).

Übertragung des Pauschbetrags von einem im Ausland lebenden Kind. Der Pauschbetrag nach § 33b Abs. 3 EStG für ein behindertes Kind kann nicht nach § 33b Abs. 5 EStG auf einen im Inland unbeschränkt steuerpflichtigen Elternteil übertragen werden, wenn das Kind im Ausland außerhalb eines EU/EWR-Mitgliedstaates seinen Wohnsitz oder gewöhnlichen Aufenthalt hat und im Inland keine eigenen Einkünfte erzielt (→ BFH vom 2.6.2005 – BStBl. II S. 828; → auch R 33b Abs. 3).

Zu § 34 EStG

R 34.1 Umfang der steuerbegünstigten Einkünfte

(1) [1]§ 34 Abs. 1 EStG ist grundsätzlich bei allen Einkunftsarten anwendbar. [2]§ 34 Abs. 3 EStG ist nur auf Einkünfte i. S. d. § 34 Abs. 2 Nr. 1 EStG anzu-

wenden. [3]Die von der S. d. E., dem G. d. E. und dem Einkommen abzuziehenden Beträge sind zunächst bei den nicht nach § 34 EStG begünstigten Einkünften zu berücksichtigen. [4]Liegen die Voraussetzungen für die Steuerermäßigung nach § 34 Abs. 1 EStG und § 34 Abs. 3 EStG nebeneinander vor, ist eine Verrechnung der noch nicht abgezogenen Beträge mit den außerordentlichen Einkünften in der Reihenfolge vorzunehmen, dass sie zu dem für den Stpfl. günstigsten Ergebnis führt. [5]Sind in dem Einkommen Einkünfte aus Land- und Forstwirtschaft enthalten und bestehen diese zum Teil aus außerordentlichen Einkünften, die nach § 34 EStG ermäßigt zu besteuern sind, ist hinsichtlich der Anwendung dieser Vorschrift der Freibetrag nach § 13 Abs. 3 EStG zunächst von den nicht nach § 34 EStG begünstigten Einkünften aus Land- und Forstwirtschaft abzuziehen. [6]Wird für einen Gewinn i. S. d. § 34 Abs. 2 Nr. 1 EStG die Tarifbegünstigung nach § 34a EStG in Anspruch genommen, scheidet die Anwendung des § 34 Abs. 3 EStG aus.

(2) Tarifbegünstigte Veräußerungsgewinne i. S. d. §§ 14, 16 und 18 Abs. 3 EStG liegen grundsätzlich nur vor, wenn die stillen Reserven in einem einheitlichen wirtschaftlichen Vorgang aufgedeckt werden.

(3) [1]Die gesamten außerordentlichen Einkünfte sind grundsätzlich bis zur Höhe des z. v. E. tarifbegünstigt. [2]In Fällen, in denen Verluste zu verrechnen sind, sind die vorrangig anzuwendenden besonderen Verlustverrechnungsbeschränkungen (z. B. § 2a Abs. 1, § 2b i. V. m. § 52 Abs. 4,[1)] 15 Abs. 4, § 15b EStG) zu beachten.

(4) [1]Veräußerungskosten sind bei der Ermittlung des tarifbegünstigten Veräußerungsgewinns erst im Zeitpunkt des Entstehens des Veräußerungsgewinns zu berücksichtigen, auch wenn sie bereits im VZ vor dem Entstehen des Veräußerungsgewinns angefallen sind. [2]Die übrigen außerordentlichen Einkünfte unterliegen der Tarifvergünstigung in dem VZ, in dem sie nach den allgemeinen Grundsätzen vereinnahmt werden, nur insoweit, als nicht in früheren VZ mit diesen Einkünften unmittelbar zusammenhängende Betriebsausgaben bzw. Werbungskosten die Einkünfte des Stpfl. gemindert haben.

H 34.1

Arbeitnehmer-Pauschbetrag. Der Arbeitnehmer-Pauschbetrag ist bei der Ermittlung der nach § 34 EStG begünstigten außerordentlichen Einkünfte aus nichtselbständiger Tätigkeit nur insoweit abzuziehen, als tariflich voll zu besteuernde Einnahmen dieser Einkunftsart dafür nicht mehr zur Verfügung stehen (→ BFH vom 29.10.1998 – BStBl. 1999 II S. 588).

Betriebsaufgabegewinn in mehreren Veranlagungszeiträumen. Erstreckt sich eine Betriebsaufgabe über zwei Kj. und fällt der Aufgabegewinn daher in zwei VZ an, kann die Tarifermäßigung nach § 34 Abs. 3 EStG für diesen Gewinn auf Antrag in beiden VZ gewährt werden. Der Höchstbetrag von fünf Millionen Euro ist dabei aber insgesamt nur einmal zu gewähren (→ BMF vom 20.12.2005 – BStBl. 2006 I S. 7).

---

1) Jetzt § 52 Abs. 3 EStG.

Fortführung der bisherigen Tätigkeit. Voraussetzung einer Betriebsveräußerung i. S. d. §§ 16 und 34 EStG ist, dass der Veräußerer die mit dem veräußerten Betriebsvermögen verbundene gewerbliche Tätigkeit aufgibt (→ BFH vom 12.6.1996 – BStBl. II S. 527). Veräußert dagegen ein Land- und Forstwirt seinen Betrieb und pachtet er diesen unmittelbar nach der Veräußerung zurück, so ist auf den Veräußerungsgewinn i. S. d. § 14 EStG § 34 Abs. 1 oder 3 EStG anzuwenden (→ BFH vom 28.3.1985 – BStBl. II S. 508).

Freibetrag nach § 16 Abs. 4 EStG. → H 16 (13) Freibetrag und H 16 (13) Teileinkünfteverfahren.

Geschäfts- oder Firmenwert. Wird für den bei der erklärten Betriebsaufgabe nicht in das Privatvermögen zu überführenden Geschäfts- oder Firmenwert (→ H 16 (5)) später ein Erlös erzielt, ist der Gewinn nicht nach § 34 EStG begünstigt (→ BFH vom 30.1.2002 – BStBl. II S. 387).

Nicht entnommene Gewinne. Sind sowohl die Voraussetzungen für eine Tarifbegünstigung nach § 34a EStG als auch die Voraussetzungen für eine Begünstigung nach § 34 Abs. 1 EStG erfüllt, kann der Stpfl. wählen, welche Begünstigung er in Anspruch nehmen will (→ BMF vom 11.8.2008 – BStBl. I S. 838, Rn. 6).

Zweifelsfragen zu § 6b Abs. 2a EStG bei Betriebsveräußerung. → BMF vom 7.3.2018 (BStBl. I S. 309).

R 34.2 Steuerberechnung unter Berücksichtigung der Tarifermäßigung

(1) [1] Für Zwecke der Steuerberechnung nach § 34 Abs. 1 EStG ist zunächst für den VZ, in dem die außerordentlichen Einkünfte erzielt worden sind, die Einkommensteuer zu ermitteln, die sich ergibt, wenn die in dem z. v. E. enthaltenen außerordentlichen Einkünfte nicht in die Bemessungsgrundlage einbezogen werden. [2] Sodann ist in einer Vergleichsberechnung die Einkommensteuer zu errechnen, die sich unter Einbeziehung eines Fünftels der außerordentlichen Einkünfte ergibt. [3] Bei diesen nach den allgemeinen Tarifvorschriften vorzunehmenden Berechnungen sind dem Progressionsvorbehalt (§ 32b EStG) unterliegende Einkünfte zu berücksichtigen. [4] Der Unterschiedsbetrag zwischen beiden Steuerbeträgen ist zu verfünffachen und der sich so ergebende Steuerbetrag der nach Satz 1 ermittelten Einkommensteuer hinzuzurechnen.

(2) [1] Sind in dem z. v. E. auch Einkünfte enthalten, die nach § 34 Abs. 3 EStG oder § 34b Abs. 3 EStG ermäßigten Steuersätzen unterliegen, ist die jeweilige Tarifermäßigung unter Berücksichtigung der jeweils anderen Tarifermäßigung zu berechnen. [2] Einkünfte, die nach § 34a Abs. 1 EStG mit einem besonderen Steuersatz versteuert werden, bleiben bei der Berechnung der Tarifermäßigung nach § 34 Abs. 1 EStG unberücksichtigt.

H 34.2

Berechnungsbeispiele.

Beispiel 1:

Berechnung der Einkommensteuer nach § 34 Abs. 1 EStG

Der Stpfl., der Einkünfte aus Gewerbebetrieb und Vermietung und Verpachtung (einschließlich Entschädigung i. S. d. § 34 EStG) hat, und seine Ehefrau werden zusammen veranlagt. Es sind die folgenden Einkünfte und Sonderausgaben anzusetzen:

Einkünfte aus Gewerbebetrieb		45 000 €
Einkünfte aus Vermietung und Verpachtung		
– laufende Einkünfte		+ 5 350 €
– Einkünfte aus Entschädigung i. S. d. § 34 Abs. 2 Nr. 2 EStG		+ 25 000 €
G. d. E.		75 350 €
Sonderausgaben		– 3 200 €
Einkommen		72 150 €
z. v. E.		72 150 €
z. v. E.	72 150 €	
abzüglich Einkünfte i. S. d. § 34 Abs. 2 Nr. 2 EStG	– 25 000 €	
verbleibendes z. v. E.	47 150 €	
darauf entfallender Steuerbetrag		6 456 €
verbleibendes z. v. E.	47 150 €	
zuzüglich 1/5 der Einkünfte i. S. d. § 34 Abs. 2 Nr. 2 EStG	+ 5 000 €	
	52 150 €	
darauf entfallender Steuerbetrag	7 864 €	
abzüglich Steuerbetrag auf das verbleibende z. v. E.	– 6 456 €	
Unterschiedsbetrag	1 408 €	
multipliziert mit Faktor 5	7 040 €	7 040 €
tarifliche Einkommensteuer		**13 496 €**

Beispiel 2:

Berechnung der Einkommensteuer nach § 34 Abs. 1 EStG bei negativem verbleibenden z. v. E.

Der Stpfl., der Einkünfte aus Gewerbebetrieb hat, und seine Ehefrau werden zusammen veranlagt. Die Voraussetzungen des § 34 Abs. 3 und § 16 Abs. 4 EStG liegen nicht vor. Es sind die folgenden Einkünfte und Sonderausgaben anzusetzen:

Einkünfte aus Gewerbebetrieb, laufender Gewinn	+ 5 350 €	
Veräußerungsgewinn (§ 16 EStG)	+ 225 000 €	230 350 €
Einkünfte aus Vermietung und Verpachtung		– 45 000 €
G. d. E.		185 350 €
Sonderausgaben		– 3 200 €
Einkommen/z. v. E.		182 150 €
Höhe der Einkünfte i. S. d. § 34 Abs. 2 EStG, die nach § 34 Abs. 1 EStG besteuert werden können; maximal aber bis zur Höhe des z. v. E.		182 150 €
z. v. E.	182 150 €	
abzüglich Einkünfte i. S. d. § 34 Abs. 2 EStG	– 225 000 €	
verbleibendes z. v. E.	– 42 850 €	
Damit ist das gesamte z. v. E. in Höhe von 182 150 € gem. § 34 EStG tarifbegünstigt.		
1/5 des z. v. E. (§ 34 Abs. 1 Satz 3 EStG)	36 430 €	
darauf entfallender Steuerbetrag	3 610 €	
multipliziert mit Faktor 5	18 050 €	
tarifliche Einkommensteuer		**18 050 €**

Beispiel 3:

Berechnung der Einkommensteuer nach § 34 Abs. 1 EStG mit Einkünften, die dem Progressionsvorbehalt unterliegen

(Entsprechende Anwendung des BFH-Urteils vom 22.9.2009 – BStBl. 2010 II S. 1032)

Der Stpfl. hat Einkünfte aus nichtselbständiger Arbeit und aus Vermietung und Verpachtung (einschließlich einer Entschädigung i. S. d. § 34 EStG). Es sind folgende Einkünfte und Sonderausgaben anzusetzen:

Einkünfte aus nichtselbständiger Arbeit		10 000 €
Einkünfte aus Vermietung und Verpachtung		
– laufende Einkünfte		+ 60 000 €
– Einkünfte aus Entschädigung i. S. d. § 34 Abs. 2 Nr. 2 EStG		+ 30 000 €
G. d. E.		100 000 €
Sonderausgaben		– 3 200 €
Einkommen/z. v. E.		96 800 €
Arbeitslosengeld		20 000 €
z. v. E.	96 800 €	
abzüglich Einkünfte i. S. d. § 34 Abs. 2 Nr. 2 EStG	– 30 000 €	
verbleibendes z. v. E.	66 800 €	
zuzüglich Arbeitslosengeld § 32b Abs. 2 EStG	+ 20 000 €	
für die Berechnung des Steuersatzes gem. § 32b Abs. 2 EStG maßgebendes verbleibendes z. v. E.	86 800 €	
Steuer nach Grundtarif	27 319 €	
besonderer (= durchschnittlicher) Steuersatz § 32b Abs. 2 EStG	31,4735 %	
Steuerbetrag auf verbleibendes z. v. E. (66 800 €) unter Berücksichtigung des Progressionsvorbehalts		**21 024 €**
verbleibendes z. v. E.	66 800 €	
zuzüglich 1/5 der Einkünfte i. S. d. § 34 EStG	+ 6 000 €	
	72 800 €	
zuzüglich Arbeitslosengeld § 32b Abs. 2 EStG	+ 20 000 €	
für die Berechnung des Steuersatzes gem. § 32b Abs. 2 EStG maßgebendes z. v. E. mit 1/5 der außerordentlichen Einkünfte	92 800 €	
Steuer nach Grundtarif	29 839 €	
besonderer (= durchschnittlicher) Steuersatz	32,1540 %	
Steuerbetrag auf z. v. E. mit 1/5 der außerordentlichen Einkünfte (72 800 €) unter Berücksichtigung des Progressionsvorbehalts	23 408 €	
abzüglich Steuerbetrag auf das verbleibende z. v. E.	– 21 024 €	
Unterschiedsbetrag	2 384 €	
multipliziert mit Faktor 5	11 920 €	11 920 €
tarifliche Einkommensteuer		**32 944 €**

Beispiel 4:

Berechnung der Einkommensteuer nach § 34 Abs. 1 EStG bei negativem verbleibenden z. v. E. und Einkünften, die dem Progressionsvorbehalt unterliegen (→ BFH vom 11.12.2012 – BStBl. 2013 II S. 370).

Der Stpfl. hat Einkünfte aus nichtselbständiger Arbeit und aus Vermietung und Verpachtung (einschließlich einer Entschädigung i. S. d. § 34 EStG). Es sind folgende Einkünfte und Sonderausgaben anzusetzen:

Einkünfte aus nichtselbständiger Arbeit		10 000 €
Einkünfte aus Vermietung und Verpachtung		
– laufende Einkünfte		– 20 000 €
– Einkünfte aus Entschädigung i. S. d. § 34 Abs. 2 Nr. 2 EStG		+ 30 000 €
G. d. E.		20 000 €
Sonderausgaben		– 5 000 €
Einkommen/z. v. E.		15 000 €
Höhe der Einkünfte i. S. d. § 34 Abs. 2 EStG, die nach § 34 Abs. 1 besteuert werden können, maximal bis zur Höhe des z. v. E.		15 000 €
z. v. E.	15 000 €	
abzüglich Einkünfte i. S. d. § 34 Abs. 2 EStG	– 30 000 €	
verbleibendes z. v. E.	– 15 000 €	

Damit ist das gesamte z. v. E. in Höhe von 15 000 € gem. § 34 EStG tarifbegünstigt.		
1/5 des z. v. E. (§ 34 Abs. 1 Satz 3 EStG)		3 000 €
Arbeitslosengeld	40 000 €	
abzüglich negatives verbleibendes z. v. E.	– 15 000 €	
dem Progressionsvorbehalt unterliegende Bezüge werden nur insoweit berücksichtigt, als sie das negative verbleibende z. v. E. übersteigen	25 000 €	+ 25 000 €
für die Berechnung des Steuersatzes gem. § 32b Abs. 2 EStG maßgebendes verbleibendes z. v. E.		28 000 €
Steuer nach Grundtarif	4 492 €	
besonderer (= durchschnittlicher) Steuersatz	16,0428 %	
Steuerbetrag auf 1/5 des z. v. E. (3000 €)	481 €	
multipliziert mit Faktor 5	2 405 €	
tarifliche Einkommensteuer		**2 405 €**

Beispiel 5:

Berechnung der Einkommensteuer bei Zusammentreffen der Vergünstigungen nach § 34 Abs. 1 EStG und § 34 Abs. 3 EStG

Der Stpfl., der Einkünfte aus Gewerbebetrieb hat, und seine Ehefrau werden zusammen veranlagt. Im Zeitpunkt der Betriebsveräußerung hatte der Stpfl. das 55. Lebensjahr vollendet. Es sind die folgenden Einkünfte und Sonderausgaben anzusetzen:

Einkünfte aus Gewerbebetrieb, laufender Gewinn		50 000 €
Veräußerungsgewinn (§ 16 EStG)	120 000 €	
davon bleiben nach § 16 Abs. 4 EStG steuerfrei	– 45 000 €	+ 75 000 €
Einkünfte, die Vergütung für eine mehrjährige Tätigkeit sind		+ 100 000 €
Einkünfte aus Vermietung und Verpachtung		+ 3 500 €
G. d. E.		228 500 €
Sonderausgaben		– 3 200 €
Einkommen/z. v. E.		225 300 €

1. Steuerberechnung nach § 34 Abs. 1 EStG

1.1. Ermittlung des Steuerbetrags ohne Einkünfte nach § 34 Abs. 1 EStG

z. v. E.	225 300 €	
abzüglich Einkünfte nach § 34 Abs. 1 EStG	– 100 000 €	125 300 €
(darauf entfallender Steuerbetrag = 34 698 €)		
abzüglich Einkünfte nach § 34 Abs. 3 EStG		– 75 000 €
		50 300 €
darauf entfallender Steuerbetrag	7 336 €	

Für das z. v. E. ohne Einkünfte nach § 34 Abs. 1 EStG würde sich eine Einkommensteuer nach Splittingtarif von 34 352 € ergeben. Sie entspricht einem durchschnittlichen Steuersatz von 27,4158 %. Der ermäßigte Steuersatz beträgt mithin 56 % von 27,4158 % = 15,3528 %. Der ermäßigte Steuersatz ist höher als der mindestens anzusetzende Steuersatz in Höhe von 14 % (§ 34 Abs. 3 Satz 2 EStG). Daher ist der Mindeststeuersatz nicht maßgeblich. Mit dem ermäßigten Steuersatz gemäß § 34 Abs. 3 EStG zu versteuern: 15,3528 % von 75 000 € = 11 514 €

Steuerbetrag nach § 34 Abs. 3 EStG (ohne Einkünfte nach § 34 Abs. 1 EStG)	11 514 €
zuzüglich Steuerbetrag von 50 300 € (= z. v. E. ohne Einkünfte nach § 34 Abs. 1 EStG und § 34 Abs. 3 EStG)	+ 7 336 €
Steuerbetrag ohne Einkünfte nach § 34 Abs. 1 EStG	18 850 €

1.2. Ermittlung des Steuerbetrags mit 1/5 der Einkünfte nach § 34 Abs. 1 EStG

z. v. E.		225 300 €
abzüglich Einkünfte nach § 34 Abs. 1 EStG		– 100 000 €
zuzüglich 1/5 der Einkünfte nach § 34 Abs. 1 EStG		+ 20 000 €
		145 300 €
(darauf entfallender Steuerbetrag = 42 752 €)		
abzüglich Einkünfte nach § 34 Abs. 3 EStG		– 75 000 €
		70 300 €
darauf entfallender Steuerbetrag	13 418 €	

Für das z. v. E. ohne die Einkünfte nach § 34 Abs. 1 EStG zuzüglich 1/5 der Einkünfte nach § 34 Abs. 1 EStG würde sich eine Einkommensteuer nach Splittingtarif von 42 752 € ergeben. Sie entspricht einem durchschnittlichen Steuersatz von 29,4232 %. Der ermäßigte Steuersatz beträgt mithin 56 % von 29,4232 % = 16,4769 %. Der ermäßigte Steuersatz ist höher als der mindestens anzusetzende Steuersatz in Höhe von 14 % (§ 34 Abs. 3 Satz 2 EStG). Daher ist der Mindeststeuersatz nicht maßgeblich. Mit dem ermäßigten Steuersatz zu versteuern: 16,4769 % von 75 000 € = 12 357 €.

Steuerbetrag nach § 34 Abs. 3 EStG (unter Berücksichtigung von 1/5 der Einkünfte nach § 34 Abs. 1 EStG)	12 357 €
zuzüglich Steuerbetrag von 70 300 € (= z. v. E. ohne Einkünfte nach § 34 Abs. 3 und § 34 Abs. 1 EStG mit 1/5 der Einkünfte nach § 34 Abs. 1 EStG)	+ 13 418 €
Steuerbetrag mit 1/5 der Einkünfte nach § 34 Abs. 1 EStG	25 775 €

1.3. Ermittlung des Unterschiedsbetrages nach § 34 Abs. 1 EStG

Steuerbetrag mit 1/5 der Einkünfte nach § 34 Abs. 1 EStG	25 775 €
abzüglich Steuerbetrag ohne Einkünfte nach § 34 Abs. 1 EStG (→ Nr. 1.1)	– 18 850 €
Unterschiedsbetrag	6 925 €
verfünffachter Unterschiedsbetrag nach § 34 Abs. 1 EStG	34 625 €

2. Steuerberechnung nach § 34 Abs. 3 EStG

z. v. E.	225 300 €	
abzüglich Einkünfte nach § 34 Abs. 1 EStG	– 100 000 €	
	125 300 €	
Steuerbetrag von 125 300 €		34 352 €
zuzüglich verfünffachter Unterschiedsbetrag nach § 34 Abs. 1 EStG (→ Nr. 1.3)		+ 34 625 €
Summe		68 977 €

Ermittlung des ermäßigten Steuersatzes nach Splittingtarif auf der Grundlage des z. v. E.
68 977 €/225 300 € = 30,6156 %

Der ermäßigte Steuersatz beträgt mithin 56% von 30,6156 % = 17,1447 %. Der ermäßigte Steuersatz ist höher als der mindestens anzusetzende Steuersatz in Höhe von 14 % (§ 34 Abs. 3 Satz 2 EStG). Daher ist der Mindeststeuersatz nicht maßgeblich. Mit dem ermäßigten Steuersatz zu versteuern: 17,1447 % von 75 000 € = 12 858 €.

Steuerbetrag nach § 34 Abs. 3 EStG	12 858 €

3. Berechnung der gesamten Einkommensteuer

nach dem Splittingtarif entfallen auf das z. v. E. ohne begünstigte Einkünfte (→ Nr. 1.1)	7 336 €
verfünffachter Unterschiedsbetrag nach § 34 Abs. 1 EStG (→ Nr. 1.3)	34 625 €
Steuer nach § 34 Abs. 3 EStG (→ Nr. 2)	12 858 €
tarifliche Einkommensteuer	**54 819 €**

ständiger Entschädigungszahlungen von sechs Jahren fehlt der für die Beurteilung der Einheitlichkeit einer Entschädigungsleistung erforderliche zeitliche Zusammenhang (→ BFH vom 11.10.2017 – BStBl. 2018 II S. 706).

R 34.4 Anwendung des § 34 Abs. 1 EStG auf Einkünfte aus der Vergütung für eine mehrjährige Tätigkeit (§ 34 Abs. 2 Nr. 4 EStG)

Allgemeines

(1) [1] § 34 Abs. 2 Nr. 4 i. V. m. Abs. 1 EStG gilt grundsätzlich für alle Einkunftsarten. [2] § 34 Abs. 1 EStG ist auch auf Nachzahlungen von Ruhegehaltsbezügen und von Renten i. S. d. § 22 Nr. 1 EStG anwendbar, soweit diese nicht für den laufenden VZ geleistet werden. [3] Voraussetzung für die Anwendung ist, dass auf Grund der Einkunftsermittlungsvorschriften eine Zusammenballung von Einkünften eintritt, die bei Einkünften aus nichtselbständiger Arbeit auf wirtschaftlich vernünftigen Gründen beruht und bei anderen Einkünften nicht dem vertragsgemäßen oder dem typischen Ablauf entspricht.

Einkünfte aus nichtselbständiger Arbeit

(2) Bei Einkünften aus nichtselbständiger Arbeit kommt es nicht darauf an, dass die Vergütung für eine abgrenzbare Sondertätigkeit gezahlt wird, dass auf sie ein Rechtsanspruch besteht oder dass sie eine zwangsläufige Zusammenballung von Einnahmen darstellt.

Ermittlung der Einkünfte

(3) [1] Bei der Ermittlung der dem § 34 Abs. 2 Nr. 4 i. V. m. Abs. 1 EStG unterliegenden Einkünfte gilt R 34.1 Abs. 4 Satz 2. [2] Handelt es sich sowohl bei den laufenden Einnahmen als auch bei den außerordentlichen Bezügen um Versorgungsbezüge i. S. d. § 19 Abs. 2 EStG, können im Kalenderjahr des Zuflusses die Freibeträge für Versorgungsbezüge nach § 19 Abs. 2 EStG nur einmal abgezogen werden; sie sind zunächst bei den nicht nach § 34 EStG begünstigten Einkünften zu berücksichtigen. [3] Nur insoweit nicht verbrauchte Freibeträge für Versorgungsbezüge sind bei den nach § 34 EStG begünstigten Einkünften abzuziehen. [4] Entsprechend ist bei anderen Einkunftsarten zu verfahren, bei denen ein im Rahmen der Einkünfteermittlung anzusetzender Freibetrag oder Pauschbetrag abzuziehen ist. [5] Werden außerordentliche Einkünfte aus nichtselbständiger Arbeit neben laufenden Einkünften dieser Art bezogen, ist bei den Einnahmen der Arbeitnehmer-Pauschbetrag oder der Pauschbetrag nach § 9a Satz 1 Nr. 1 Buchstabe b EStG insgesamt nur einmal abzuziehen, wenn insgesamt keine höheren Werbungskosten nachgewiesen werden. [6] In anderen Fällen sind die auf die jeweiligen Einnahmen entfallenden tatsächlichen Werbungskosten bei diesen Einnahmen zu berücksichtigen.

H 34.4

Arbeitslohn für mehrere Jahre.

– Die Anwendung des § 34 Abs. 2 Nr. 4 i. V. m. § 34 Abs. 1 EStG setzt nicht voraus, dass der Arbeitnehmer die Arbeitsleistung erbringt; es genügt, dass der Arbeitslohn für mehrere Jahre gezahlt worden ist (→ BFH vom 17.7.1970 – BStBl. II S. 683).

– Liegen wirtschaftlich vernünftige Gründe für eine zusammengeballte Entlohnung vor, muss es sich nicht um einmalige und unübliche (Sonder-)Einkünfte für eine Tätigkeit handeln, die von der regelmäßigen Erwerbstätigkeit abgrenzbar ist oder auf einem besonderen Rechtsgrund beruht (→ BFH vom 7.5.2015 – BStBl. II S. 890).

Außerordentliche Einkünfte i. S. d. § 34 Abs. 2 Nr. 4 i. V. m. § 34 Abs. 1 EStG.

– **§ 34 Abs. 2 Nr. 4 i. V. m. § 34 Abs. 1 EStG ist z. B. anzuwenden, wenn**

• eine **Lohnzahlung** für eine Zeit, die vor dem Kj. liegt, deshalb nachträglich geleistet wird, weil der Arbeitgeber Lohnbeträge zu Unrecht einbehalten oder mangels flüssiger Mittel nicht in der festgelegten Höhe ausgezahlt hat (→ BFH vom 17.7.1970 – BStBl. II S. 683),

• der Arbeitgeber **Prämien** mehrerer Kj. für eine Versorgung oder für eine Unfallversicherung des Arbeitnehmers deshalb voraus- oder nachzahlt, weil er dadurch günstigere Prämiensätze erzielt oder weil die Zusammenfassung satzungsgemäßen Bestimmungen einer Versorgungseinrichtung entspricht,

• dem Stpfl. **Tantiemen** für mehrere Jahre in einem Kj. zusammengeballt zufließen (→ BFH vom 11.6.1970 – BStBl. II S. 639),

• dem Stpfl. Zahlungen, die zur Abfindung von **Pensionsanwartschaften** geleistet werden, zufließen. Dem Zufluss steht nicht entgegen, dass der Ablösungsbetrag nicht an den Stpfl., sondern an einen Dritten gezahlt worden ist (→ BFH vom 12.4.2007 – BStBl. II S. 581),

• **Arbeitslohn** aus einem **Forderungsverzicht** auf eine bereits erdiente (werthaltige) Pensionsanwartschaft vorliegt (→ BFH vom 23.8.2017 – BStBl. 2018 II S. 208).

• **Nachzahlungen von Versorgungsbezügen,** die als Ruhegehalt für eine ehemalige Arbeitnehmertätigkeit gezahlt werden (→ BFH vom 28.2.1958 – BStBl. III S. 169),

• eine **(Einmal-)Zahlung des Rückkaufwertes** einer Versicherung der betrieblichen Altersversorgung vorliegt (→ BFH vom 6.5.2020 – BStBl. 2021 II S. 141),

• im Rahmen der betrieblichen Altersvorsorge im Durchführungsweg Direktzusage eine Trennung zwischen **arbeitgeberfinanziertem Basiskonto und mitarbeiterfinanziertem Aufbaukonto** vorgenommen wird und eine Einmalauszahlung aus einem dieser Konten erfolgt (→ BFH vom 23.4.2021 – BStBl. II S. 692).

– **§ 34 Abs. 2 Nr. 4 i. V. m. § 34 Abs. 1 EStG ist z. B. nicht anzuwenden:**

• bei zwischen Arbeitgeber und Arbeitnehmer vereinbarten und regelmäßig ausgezahlten **gewinnabhängigen Tantiemen,** deren Höhe erst nach Ablauf des Wj. festgestellt werden kann; es handelt sich hierbei nicht um die Abgeltung einer mehrjährigen Tätigkeit (→ BFH vom 30.8.1966 – BStBl. III S. 545),

  - bei **Erstattungszinsen** nach § 233a AO (→ BFH vom 12.11.2013 – BStBl. 2014 II S. 168),
  - bei der Vereinnahmung eines **berufsüblichen Honorars** für die Bearbeitung eines mehrjährigen Mandats durch einen Rechtsanwalt (→ BFH vom 30.1.2013 – BStBl. 2018 II S. 696),
  - bei **Zuwendungen,** die ohne Rücksicht auf die Dauer der Betriebszugehörigkeit lediglich aus Anlass eines **Firmenjubiläums** erfolgen (→ BFH vom 3.7.1987 – BStBl. II S. 820),
  - bei **Versorgungsleistungen aus einer Pensionszusage,** die an die Stelle einer in einem vergangenen Jahr erdienten variablen Vergütung (Bonus) treten (→ BFH vom 31.8.2016 – BStBl. 2017 II S. 322),
  - bei einer gewährten Prämie an einen Arbeitnehmer für einen **Verbesserungsvorschlag,** wenn sie nicht nach dem Zeitaufwand des Arbeitnehmers, sondern ausschließlich nach der Kostenersparnis des Arbeitgebers in einem bestimmten künftigen Zeitraum berechnet wird (→ BFH vom 31.8.2016 – BStBl. 2017 II S. 322).
- **§ 34 Abs. 2 Nr. 4 i. V. m. § 34 Abs. 1 EStG (Vergütung für eine mehrjährige Tätigkeit)** kann in besonders gelagerten **Ausnahmefällen** anzuwenden sein:
  - wenn die Vergütung dem Stpfl. aus **wirtschaftlich vernünftigen Gründen** nicht in einem Kj., sondern **in zwei Kj. in Teilbeträgen** zusammengeballt ausgezahlt wird (→ BFH vom 16.9.1966 – BStBl. 1967 III S. 2),
  - wenn die Vergütung **während eines Kj. in mehreren Teilbeträgen** gezahlt werden (→ BFH vom 11.6.1970 – BStBl. II S. 639).

Erstattungszinsen nach § 233a AO. Erstattungszinsen nach § 233a AO sind keine außerordentlichen Einkünfte (→ BFH vom 12.11.2013 – BStBl. 2014 II S. 168).

Gewinneinkünfte. Die Annahme außerordentlicher Einkünfte i. S. d. § 34 Abs. 2 Nr. 4 EStG setzt voraus, dass die Vergütung für mehrjährige Tätigkeiten eine Progressionswirkung typischerweise erwarten lässt. Dies kann bei Einkünften i. S. d. § 2 Abs. 2 Satz 1 Nr. 1 EStG dann der Fall sein, wenn

- der Stpfl. sich während mehrerer Jahre **ausschließlich einer bestimmten Sache** gewidmet und die Vergütung dafür in einem einzigen VZ erhalten hat oder
- eine sich über mehrere Jahre erstreckende **Sondertätigkeit,** die von der übrigen Tätigkeit des Stpfl. ausreichend abgrenzbar ist und nicht zum regelmäßigen Gewinnbetrieb gehört, in einem einzigen VZ entlohnt wird oder
- der Stpfl. für eine mehrjährige Tätigkeit eine Nachzahlung in einem Betrag aufgrund einer vorausgegangenen **rechtlichen Auseinandersetzung** erhalten hat (→ BFH vom 14.12.2006 – BStBl. 2007 II S. 180),
- eine **einmalige Sonderzahlung** für langjährige Dienste auf Grund einer arbeitnehmerähnlichen Stellung geleistet wird (→ BFH vom 7.7.2004 – BStBl. 2005 II S. 276),

– durch geballte **Nachaktivierung** von **Umsatzsteuer-Erstattungsansprüchen** mehrerer Jahre ein Ertrag entsteht (→ BFH vom 25.2.2014 – BStBl. II S. 668 und vom 25.9.2014 – BStBl. 2015 II S. 220),
– eine **Nachzahlung der Kassenärztlichen Vereinigung,** die insgesamt mehrere Jahre betrifft, ganz überwiegend in einem VZ ausgezahlt wird (→ BFH vom 2.8.2016 – BStBl. 2017 II S. 258).

Zusammenballung von Einkünften.

Eine Zusammenballung von Einkünften ist **nicht anzunehmen:**
– wenn die Vertragsparteien die Vergütung bereits durch ins Gewicht fallende **Teilzahlungen** auf mehrere Kj. verteilt haben (→ BFH vom 10.2.1972 – BStBl. II S. 529),
– bei der **Veräußerung eines Mitunternehmeranteils,** wenn der Stpfl. zuvor auf Grund einheitlicher Planung und im zeitlichen Zusammenhang mit der Veräußerung einen Teil des ursprünglichen Mitunternehmeranteils ohne Aufdeckung der stillen Reserven übertragen hat (→ BFH vom 9.12.2014 – BStBl. 2015 II S. 529),
– wenn die **Auszahlung der Gesamtvergütung** in zwei VZ in etwa gleich großen Teilbeträgen erfolgt. Dabei ist es unerheblich, ob die Modalitäten des Zuflusses vereinbart oder dem Zahlungsempfänger aufgezwungen wurden (→ BFH vom 2.8.2016 – BStBl. 2017 II S. 258).

R 34.5 Anwendung der Tarifermäßigung nach § 34 Abs. 3 EStG

Berechnung

(1) [1]Für das gesamte z. v. E. i. S. d. § 32a Abs. 1 EStG – also einschließlich der außerordentlichen Einkünfte, soweit sie zur Einkommensteuer heranzuziehen sind – ist der Steuerbetrag nach den allgemeinen Tarifvorschriften zu ermitteln. [2]Aus dem Verhältnis des sich ergebenden Steuerbetrags zu dem gerundeten z. v. E. ergibt sich der durchschnittliche Steuersatz, der auf vier Dezimalstellen abzurunden ist. [3]56 % dieses durchschnittlichen Steuersatzes, mindestens 14 %, ist der anzuwendende ermäßigte Steuersatz.

Beschränkung auf einen Veräußerungsgewinn

(2) [1]Die Ermäßigung nach § 34 Abs. 3 Satz 1 bis 3 EStG kann der Stpfl. nur einmal im Leben in Anspruch nehmen, selbst dann, wenn der Stpfl. mehrere Veräußerungs- oder Aufgabegewinne innerhalb eines VZ erzielt.[1)] [2]Dabei ist die Inanspruchnahme einer Steuerermäßigung nach § 34 EStG in VZ vor dem 1.1.2001 unbeachtlich (→ § 52 Abs. 47 Satz 8 EStG).[2)] [3]Wird der zum Betriebsvermögen eines Einzelunternehmers gehörende Mitunternehmeranteil im Zusammenhang mit der Veräußerung des Einzelunternehmens veräußert, ist die Anwendbarkeit des § 34 Abs. 3 EStG für beide Vorgänge getrennt zu prüfen. [4]Liegen hinsichtlich beider Vorgänge die Voraussetzungen des § 34

---

1) Zum Verbrauch bei zu Unrecht gewährter Steuervergünstigung siehe BFH v. 28.9.2021 VIII R 2/19, BStBl. II 2022, 169.

2) **[Amtl. Anm.:]** § 52 Abs. 47 Satz 8 EStG i. d. F. vor dem Gesetz zur Anpassung des nationalen Steuerrechts an den Beitritt Kroatiens zur EU und zur Änderung weiterer steuerlicher Vorschriften v. 25.7.2014, BGBl. I 2014, 1266.

Abs. 3 EStG vor, kann der Stpfl. die ermäßigte Besteuerung nach § 34 Abs. 3 EStG entweder für die Veräußerung des Einzelunternehmens oder für die Veräußerung des Mitunternehmeranteiles beantragen. [5]Die Veräußerung eines Anteils an einer Mitunternehmerschaft (Obergesellschaft), zu deren Betriebsvermögen die Beteiligung an einer anderen Mitunternehmerschaft gehört (mehrstöckige Personengesellschaft), stellt für die Anwendbarkeit des § 34 Abs. 3 EStG einen einheitlich zu beurteilenden Veräußerungsvorgang dar.

Nachweis der dauernden Berufsunfähigkeit

(3) R 16 Abs. 14 gilt entsprechend.

H 34.5

Ausgliederung einer 100%-Beteiligung an einer Kapitalgesellschaft. Der Gewinn aus der Aufgabe eines Betriebs unterliegt auch dann der Tarifbegünstigung, wenn zuvor im engen zeitlichen Zusammenhang mit der Be-triebsaufgabe eine das gesamte Nennkapital umfassende Beteiligung an einer Kapitalgesellschaft zum Buchwert in ein anderes Betriebsvermögen übertragen oder überführt worden ist (→ BFH vom 28.5.2015 – BStBl. II S. 797).

Beispiel. → H 34.2 (Berechnungsbeispiele), Beispiel 5.

Zu § 34a EStG

H 34a

Allgemeines. → BMF vom 11.8.2008 (BStBl. I S. 838).

Zu § 34b EStG
(§ 68 EStDV)

R 34b.1 Gewinnermittlung

Allgemeines

(1) [1]Die Einkünfte aus Holznutzungen sind nach den Grundsätzen der jeweiligen Gewinnermittlungsart für jedes Wirtschaftsjahr gesondert zu ermitteln. [2]Eine Holznutzung liegt vor, wenn aus einem Wirtschaftsgut Baumbestand heraus Holz vom Grund und Boden getrennt wird und im Zuge der Aufarbeitung vom Anlagevermögen zum Umlaufvermögen wird. [3]Entsprechendes gilt, wenn Holz auf dem Stamm verkauft wird. [4]Mit der Zuordnung zum Umlaufvermögen ist der Holzvorrat mit den tatsächlichen Anschaffungs- oder Herstellungskosten zu bewerten.

Pauschalierung

(2) [1]Die Pauschalierung der Betriebsausgaben nach § 51 EStDV darf nur vorgenommen werden, wenn es zulässig ist, den Gewinn für die forstwirtschaftliche Nutzung des Betriebs nach den Grundsätzen des § 4 Abs. 3 EStG zu ermitteln und die zum Betrieb gehörenden forstwirtschaftlich genutzten

Flächen im Sinne des § 34 Abs. 2 Nr. 1 Buchstabe b des Bewertungsgesetzes zum Beginn des Wirtschaftsjahres 50 Hektar nicht übersteigen. [2]Soweit unter diesen Voraussetzungen oder nach § 4 des Forstschäden-Ausgleichsgesetzes Gewinne aus Holznutzungen pauschal ermittelt werden, gelten die pauschalen Betriebsausgaben auch für die Ermittlung der nach § 34b EStG begünstigten Einkünfte aus außerordentlichen Holznutzungen.

Abweichende Wirtschaftsjahre

(3) Die für jedes Wirtschaftsjahr gesondert ermittelten Einkünfte für außerordentliche Holznutzungen sind bei abweichenden Wirtschaftsjahren – den übrigen laufenden Einkünften entsprechend – zeitanteilig und getrennt nach den Einkünften i. S. v. § 34b Abs. 2 i. V. m. Abs. 3 Nr. 1 und 2 EStG dem jeweiligen VZ zuzuordnen.

Mehrere Betriebe

(4) Unterhält ein Stpfl. mehrere Betriebe mit eigenständiger Gewinnermittlung, sind die Einkünfte aus außerordentlichen Holznutzungen nach § 34b Abs. 2 i. V. m. Abs. 3 Nr. 1 und 2 EStG für jeden Betrieb gesondert zu ermitteln und dem jeweiligen VZ zuzurechnen.

H 34b.1

Bewertung des Baumbestandes. Zur steuerlichen Behandlung des Baumbestandes → BMF vom 16.5.2012 (BStBl. I S. 595).

Forstschäden-Ausgleichsgesetz.[1)]
- → Gesetz vom 26.8.1985 (BGBl. I S. 1756, BStBl. I S. 592) zuletzt geändert durch Artikel 412 der Zehnten Zuständigkeitsanpassungsverordnung vom 31.8.2015 (BGBl. I S. 1474).
- Zweifelsfragen zu den steuerlichen Regelungen des Forstschäden-Ausgleichsgesetzes → BMF vom 27.7.2021 (BStBl. I S. 1044).
- → H 13.5 (Forstwirtschaft).

Zeitliche Anwendung. Zur zeitlichen Anwendung der Tarifvorschrift des § 68 EStDV → BMF vom 16.5.2012 (BStBl. I S. 594).

R 34b.2 Ordentliche und außerordentliche Holznutzungen

Definition

(1) [1]Außerordentliche Holznutzungen liegen vor, wenn bei einer Holznutzung die in § 34b Abs. 1 EStG genannten Voraussetzungen erfüllt sind. [2]Es ist unerheblich, ob sie in Nachhaltsbetrieben oder in aussetzenden Betrieben anfallen. [3]Alle übrigen Holznutzungen sind ordentliche Holznutzungen. [4]Die Veräußerung des Grund und Bodens einschließlich des Aufwuchses oder die Veräußerung des Grund und Bodens und des stehenden Holzes an denselben Erwerber in getrennten Verträgen ist keine Holznutzung i. S. d. § 34b EStG.

[1)] Zuletzt geänd. durch G v. 10.8.2021, BGBl. I 2021, 3436 (**Steuergesetze** Nr. **720**).

Zeitpunkt der Verwertung

(2) [1] § 34b EStG begünstigt die Einkünfte aus der Verwertung von außerordentlichen Holznutzungen (→ R 34b.1 Abs. 1) durch Veräußerung oder Entnahme. [2] Zeitpunkt der Verwertung ist in den Fällen der Gewinnermittlung nach § 4 Abs. 1 EStG der Zeitpunkt der Veräußerung oder Entnahme. [3] Soweit die Grundsätze des § 4 Abs. 3 EStG anzuwenden sind, ist der Zeitpunkt des Zuflusses der Einnahmen oder der Entnahme maßgebend.

Holznutzungen aus volks- und staatswirtschaftlichen Gründen

(3) [1] Eine Nutzung geschieht aus volks- oder staatswirtschaftlichen Gründen, wenn sie z. B. durch gesetzlichen oder behördlichen Zwang veranlasst worden ist. [2] Dies sind insbesondere Holznutzungen infolge einer Enteignung oder einer drohenden Enteignung, z. B. beim Bau von Verkehrswegen. [3] Ein Zwang kann dabei schon angenommen werden, wenn der Stpfl. nach den Umständen des Falles der Ansicht sein kann, dass er im Fall der Verweigerung des Verkaufs ein behördliches Enteignungsverfahren zu erwarten habe. [4] Unter einem unmittelbar drohenden behördlichen Eingriff sind jedoch nicht diejenigen Verpflichtungen zu verstehen, die allein auf Grund der Waldgesetze vorzunehmen sind.

Holznutzungen infolge höherer Gewalt (Kalamitätsnutzungen)[1)]

(4) [1] Holznutzungen infolge höherer Gewalt liegen neben den in § 34b Abs. 1 Nr. 2 Satz 2 EStG genannten Fällen auch dann vor, wenn sie durch Naturereignisse verursacht sind, die im Gesetz nicht besonders aufgeführt sind. [2] Kalamitätsnutzungen knüpfen stets an das Vorliegen eines außergewöhnlichen Naturereignisses im Sinne höherer Gewalt an. [3] Eine Holznutzung infolge höherer Gewalt kann auch in einem Wirtschaftsjahr nach Eintritt des Schadensereignisses erfolgen. [4] Zu den Holznutzungen infolge höherer Gewalt zählen nicht Schadensfälle von einzelnen Bäumen (z. B. Dürrhölzer, Schaden durch Blitzschlag), soweit sie sich im Rahmen der regelmäßigen natürlichen Abgänge halten.

(5) [1] Bei vorzeitigen Holznutzungen auf Grund von Schäden durch militärische Übungen sind dieselben Steuersätze wie für Holznutzungen infolge höherer Gewalt anzuwenden. [2] Ersatzleistungen für Schäden, die sich beseitigen lassen (z. B. Schäden an Wegen und Jungpflanzungen), sind nach R 6.6 zu behandeln.

H 34b.2

Höhere Gewalt. Außerordentliche Holznutzungen infolge gesetzlicher oder behördlicher Anordnungen gehören nicht zu den Holznutzungen infolge höherer Gewalt (→ RFH vom 23.8.1939 – RStBl. S. 1056).

Kalamitätsfolgehiebe. Muss ein nach einem Naturereignis stehengebliebener Bestand nach forstwirtschaftlichen Grundsätzen eingeschlagen werden (sog. Kalamitätsfolgehiebe), werden die daraus anfallenden Nutzungen steuerlich nur als Kalamitätsnutzungen begünstigt, wenn sie nicht in die planmäßige Holznutzung der nächsten Jahre einbezogen werden können, insbe-

---

[1)] Siehe auch BMF v. 27.7.2021, BStBl. I 2021, 1044.

sondere aber, wenn nicht hiebreife Bestände eingeschlagen werden müssen (→ BFH vom 11.4.1961 – BStBl. III S. 276).

Rotfäule. → BMF vom 18.11.2018 (BStBl. I S. 1214).

R 34b.3 Ermittlung der Einkünfte aus außerordentlichen Holznutzungen

Grundsätze

(1) Zur Ermittlung der Einkünfte aus außerordentlichen Holznutzungen, sind die mit allen Holznutzungen im Zusammenhang stehenden Betriebseinnahmen und Betriebsausgaben gesondert aufzuzeichnen.

(2) [1] Einnahmen aus sämtlichen Holznutzungen sind die Erlöse aus der Verwertung des Holzes, die der Gewinnermittlung des Wirtschaftsjahres zu Grunde gelegt wurden. [2] Hierzu gehören insbesondere die Erlöse für das veräußerte Holz und der Teilwert für das entnommene Holz. [3] Nicht dazu gehören die Einnahmen aus Nebennutzungen und aus Verkäufen von Wirtschaftsgütern des Anlagevermögens. [4] Von den Einnahmen aus sämtlichen Holznutzungen sind die mit diesen Einnahmen in sachlichem Zusammenhang stehenden Betriebsausgaben des Wirtschaftsjahres abzuziehen, die der Gewinnermittlung des Wirtschaftsjahres zu Grunde gelegt wurden. [5] Dazu gehören insbesondere die festen und beweglichen Verwaltungskosten, Steuern, Zwangsbeiträge und die Betriebskosten. [6] Erhöhte AfA, Sonderabschreibungen sowie Buchwertminderungen und -abgänge sind zu berücksichtigen. [7] Eine Aktivierung von Holzvorräten ist keine Verwertung des Holzes. [8] Der Investitionsabzugsbetrag nach § 7g EStG ist weder als Einnahme noch als Ausgabe zu berücksichtigen, die mit einer Holznutzung in sachlichem Zusammenhang steht. [9] Zum Zeitpunkt der Erfassung der Einnahmen → R 34b.2 Abs. 2.

Pauschalierung

(3) [1] Im Fall der Pauschalierung nach § 51 EStDV oder § 4 des Forstschäden-Ausgleichsgesetzes gilt Absatz 2 entsprechend. [2] Die nicht mit den Pauschsätzen abgegoltenen, aber abzugsfähigen Wiederaufforstungskosten, Buchwertminderungen und -abgänge beim Wirtschaftsgut Baumbestand sind zusätzlich als Betriebsausgaben zu berücksichtigen.

Entschädigungen

(4) [1] Die Berücksichtigung von Entschädigungen und Zuschüssen richtet sich nach den Grundsätzen der maßgebenden Gewinnermittlung. [2] Die Zuordnung der Entschädigungen und Zuschüsse zu den Einnahmen aus Holznutzungen oder zu den übrigen Betriebseinnahmen oder -ausgaben richtet sich nach dem Grund der Zahlung. [3] Soweit für Entschädigungen die Tarifvergünstigung nach § 34 Abs. 1 i. V. m. § 24 Nr. 2[1] EStG in Anspruch genommen wird, sind die entsprechenden Betriebseinnahmen und die damit in sachlichem Zusammenhang stehenden Betriebsausgaben für Zwecke des § 34b EStG zur Vermeidung einer doppelten Berücksichtigung zu korrigieren.

---

[1] **[Amtl. Anm.:]** Richtig § 24 Nr. 1 EStG.

R 34b.4 Ermittlung der Steuersätze

Durchschnittlicher Steuersatz

(1) [1]Für das gesamte z. v. E. i. S. d. § 32a Abs. 1 EStG – also einschließlich der Einkünfte aus außerordentlichen Holznutzungen – ist der Steuerbetrag nach den allgemeinen Tarifvorschriften zu ermitteln. [2]Aus dem Verhältnis des sich ergebenden Steuerbetrags zu dem gesamten z. v. E. ergibt sich der durchschnittliche Steuersatz, der auf vier Dezimalstellen abzurunden ist. [3]Die Hälfte bzw. ein Viertel dieses durchschnittlichen Steuersatzes ist der anzuwendende ermäßigte Steuersatz nach § 34b Abs. 3 EStG.

Anzuwendende Steuersätze

(2) [1]Der Umfang der ordentlichen Holznutzung ist für die Anwendung der Steuersätze nach § 34b Abs. 3 EStG ohne Bedeutung. [2]Für die Frage, mit welchen Steuersätzen die Einkünfte aus außerordentlichen Holznutzungen zu versteuern sind, ist die im Wirtschaftsjahr verwertete Holzmenge des Betriebs maßgebend. [3]Auf die Einkünfte aus außerordentlichen Holznutzungen des Betriebs ist die Hälfte des durchschnittlichen Steuersatzes i. S. d. Absatzes 1 anzuwenden, wenn die Voraussetzungen des § 68 EStDV nicht vorliegen.

(3) [1]Auf Einkünfte aus außerordentlichen Holznutzungen des Betriebs ist unter den Voraussetzungen des § 68 EStDV bis zur Höhe des Nutzungssatzes (Absatz 4) die Hälfte des durchschnittlichen Steuersatzes (§ 34b Abs. 3 Nr. 1 EStG) und für darüber hinausgehende außerordentliche Holznutzungen ein Viertel des durchschnittlichen Steuersatzes (§ 34b Abs. 3 Nr. 2 EStG) anzuwenden. [2]Hierzu sind die Einkünfte aus außerordentlichen Holznutzungen nach dem Verhältnis der Holzmengen zum Nutzungssatz aufzuteilen.

Nutzungssatz

(4) [1]Der Nutzungssatz i. S. d. § 34b Abs. 3 Nr. 2 EStG i. V. m. § 68 EStDV ist eine steuerliche Bemessungsgrundlage. [2]Er muss den Nutzungen entsprechen, die unter Berücksichtigung der vollen jährlichen Ertragsfähigkeit des Waldes in Kubikmetern (Festmetern) objektiv nachhaltig im Betrieb erzielbar sind. [3]Maßgebend für die Bemessung des Nutzungssatzes sind nicht die Nutzungen, die nach dem Willen des Betriebsinhabers in einem Zeitraum von zehn Jahren erzielt werden sollen (subjektiver Hiebsatz), sondern die Nutzungen, die unter Berücksichtigung der vollen Ertragsfähigkeit nachhaltig erzielt werden können (objektive Nutzungsmöglichkeit). [4]Aus diesem Grunde kann sich der Hiebsatz der Forsteinrichtung vom Nutzungssatz unterscheiden. [5]Die amtliche Anerkennung eines Betriebsgutachtens oder die Vorlage eines Betriebswerks schließt daher eine Prüfung durch den Forstsachverständigen der zuständigen Finanzbehörde nicht aus.

H 34b.4

Beispiel zur Verwertung des Holzes in einem Wj.

Grundsachverhalt:

Ein Forstwirt hat in seinem Betrieb (150 ha forstwirtschaftlich genutzte Fläche) einen Sturmschaden mit einem Gesamtumfang von 5200 fm. Er hat außerdem noch 800 fm ordentliche Holznutzung. Die gesamte Holzmenge von 6000 fm wird im gleichen Wj. veräußert. Die Einkünfte aus der Verwertung der Holznutzungen betragen insgesamt 180 000 €. Der Stpfl. hat kein gültiges Betriebswerk bzw. amtlich anerkanntes Betriebsgutachten.

Lösung:

a) Zuordnung der Holzmengen

Die ordentliche Holznutzung unterliegt im Umfang von 800 fm der regulären Besteuerung. Die außerordentliche Holznutzung infolge höherer Gewalt unterliegt mit 5200 fm der Tarifvergünstigung des § 34b Abs. 3 Nr. 1 EStG im Umfang von 5200 fm.

b) Zuordnung der Steuersätze

Einkünfte aus allen Holznutzungen	180 000 €
davon aus	
– ordentlichen Holznutzungen (800/6000)	24 000 €
= Normalsteuersatz	
– außerordentlichen Holznutzungen (5200/6000)	156 000 €
= Steuersatz nach § 34b Abs. 3 Nr. 1 EStG (1/2)	

Abwandlung:

Der auf Grund eines Betriebswerks festgesetzte Nutzungssatz beträgt 1000 fm.

a) Zuordnung der Holzmengen

Die ordentliche Holznutzung unterliegt im Umfang von 800 fm der regulären Besteuerung. Eine Auffüllung des Nutzungssatzes mit Kalamitätsnutzungen erfolgt nicht. Die außerordentliche Holznutzung infolge höherer Gewalt unterliegt mit 1000 fm dem Steuersatz des § 34b Abs. 3 Nr. 1 EStG und mit 4200 fm dem Steuersatz des § 34b Abs. 3 Nr. 2 EStG.

b) Zuordnung der Steuersätze

Einkünfte aus allen Holznutzungen	180 000 €
davon aus	
– ordentlichen Holznutzungen (800/6000)	24 000 €
= Normalsteuersatz	
– a. o. Holznutzungen (1000/6000)	30 000 €
= Steuersatz nach § 34b Abs. 3 Nr. 1 EStG (1/2)	
– a. o. Holznutzungen (4200/6000)	126 000 €
= Steuersatz nach § 34b Abs. 3 Nr. 2 EStG (1/4)	

Beispiel zur Verwertung des Holzes über mehrere Wirtschaftsjahre.

Im Wj. 01 veräußert er die gesamte ordentliche Holznutzung von 800 fm und die Kalamitätsnutzung von 2200 fm. Die Einkünfte aus der Verwertung der Holznutzungen betragen insgesamt 100 000 €. Im Wj. 02 veräußert er die restliche Kalamitätsnutzung von 3000 fm und erzielt hieraus Einkünfte in Höhe von 80 000 €.

Lösung:

a) Zuordnung der Steuersätze im Wj. 01

Einkünfte aus allen Holznutzungen	100 000 €
davon aus	
– ordentlichen Holznutzungen (800/3000)	26 666 €
= Normalsteuersatz	
– a. o. Holznutzungen bis zur Höhe des Nutzungssatzes (1000/3000)	33 334 €
= § 34b Abs. 3 Nr. 1 EStG (1/2)	
– a. o. Holznutzungen über dem Nutzungssatz (1200/3000)	40 000 €
= § 34b Abs. 3 Nr. 2 EStG (1/4)	

b) Zuordnung der Steuersätze im Wj. 02

Einkünfte aus allen Holznutzungen davon aus	80 000 €
– ordentlichen Holznutzungen (0/3000) = Normalsteuersatz	0 €
– a. o. Holznutzungen bis zur Höhe des Nutzungssatzes (1000/3000) = § 34b Abs. 3 Nr. 1 EStG (1/2)	26 666 €
– a. o. Holznutzungen über dem Nutzungssatz (2000/3000) = § 34b Abs. 3 Nr. 2 EStG (1/4)	53 334 €

Beispiel zur Verwertung des Holzes in den Fällen des § 51 EStDV.

Ein Stpfl. hat in seinem land- und forstwirtschaftlichen Betrieb 40 ha forstwirtschaftlich genutzte Fläche und ermittelt seinen Gewinn nach § 4 Abs. 3 EStG. Der Stpfl. hat kein amtlich anerkanntes Betriebsgutachten. In den Wj. 01 und 02 beantragt er die Anwendung von § 51 EStDV.

Im Wj. 01 sind ein Sturmschaden mit einem Gesamtumfang von 800 fm und 100 fm ordentliche Holznutzung angefallen. Neben der ordentlichen Holznutzung wird Kalamitätsholz im Umfang von 500 fm verwertet. Die Einnahmen aus der Verwertung der Holznutzungen betragen insgesamt 24 000 €. Es sind keine Buchwertminderungen und Wiederaufforstungskosten zu berücksichtigen.

Im Wj. 02 verwertet er das restliche Kalamitätsholz im Umfang von 300 fm und eine ordentliche Holznutzung im Umfang von 200 fm. Die Einnahmen aus der Verwertung der Holznutzungen betragen insgesamt 20 000 €. Der Stpfl. hat sofort abziehbare Wiederaufforstungskosten in Höhe von 6000 € aufgewendet.

Lösung:

Die Einkünfte aus Holznutzungen im Wj. 01 betragen 10 800 € (Einnahmen 24 000 € abzüglich des Betriebsausgabenpauschsatzes nach § 51 Abs. 2 EStDV von 55 % = 13 200 €). Nach der Vereinfachungsregelung der R 34b.6 Abs. 3 EStR kann für die Berechnung des § 34b EStG ein Nutzungssatz von 5 fm/ha × 40 ha = 200 fm zu Grunde gelegt werden.

a) Zuordnung der Steuersätze im Wj. 01

Einkünfte aus allen Holznutzungen davon aus	10 800 €
– ordentlichen Holznutzungen (100/600) = Normalsteuersatz	1 800 €
– a. o. Holznutzungen bis zur Höhe des Nutzungssatzes (200/600) = § 34b Abs. 3 Nr. 1 EStG (1/2)	3 600 €
– a. o. Holznutzungen über dem Nutzungssatz (300/600) = § 34b Abs. 3 Nr. 2 EStG (1/4)	5 400 €

Die Einkünfte aus Holznutzungen im Wj. 02 betragen 3000 € (Einnahmen 20 000 € abzüglich des Betriebsausgabenpauschsatzes nach § 51 Abs. 2 EStDV von 55 % = 11 000 € und der Wiederaufforstungskosten in Höhe von 6000 €). Nach der Vereinfachungsregelung der R 34b.6 Abs. 3 EStR kann für die Berechnung des § 34b EStG ein Nutzungssatz von 5 fm/ha × 40 ha = 200 fm zu Grunde gelegt werden.

b) Zuordnung der Steuersätze im Wj. 02

Einkünfte aus allen Holznutzungen davon aus	3 000 €
– ordentlichen Holznutzungen (200/500) = Normalsteuersatz	1 200 €
– a. o. Holznutzungen bis zur Höhe des Nutzungssatzes (200/500) = § 34b Abs. 3 Nr. 1 EStG (1/2)	1 200 €
– a. o. Holznutzungen über dem Nutzungssatz (100/500) = § 34b Abs. 3 Nr. 2 EStG (1/4)	600 €

Richtlinien für die Bemessung von Nutzungssätzen. → BMF vom 17.5.2017 (BStBl. I S. 783).

R 34b.5 Umfang der Tarifvergünstigung

Grundsätze

(1) [1]Die Tarifvergünstigung bei Einkünften aus außerordentlichen Holznutzungen nach § 34b EStG stellt eine Progressionsmilderung der dort bestimmten laufenden Einkünfte dar. [2]Sie wird für einen Veranlagungszeitraum gewährt. [3]Bei abweichenden Wirtschaftsjahren ist nach R 34b.1 Abs. 3 zu verfahren. [4]Ergeben sich im VZ nach einer Saldierung (→ R 34b.1 Abs. 3 und 4) insgesamt keine positiven Einkünfte aus außerordentlichen Holznutzungen, scheidet eine Tarifvergünstigung nach § 34b EStG aus. [5]Bei der Berechnung der Tarifvergünstigung ist maximal das z. v. E. zugrunde zu legen.

Verhältnis zu § 34 EStG

(2) [1]Treffen Einkünfte aus außerordentlichen Holznutzungen i. S. d. § 34b EStG mit außerordentlichen Einkünften i. S. d. § 34 Abs. 2 EStG zusammen und übersteigen diese Einkünfte das z. v. E., sind die von der S. d. E., dem G. d. E. und dem Einkommen abzuziehenden Beträge zunächst bei den nicht nach § 34 EStG begünstigten Einkünften, danach bei den nach § 34 Abs. 1 EStG begünstigten Einkünften und danach bei den nach § 34 Abs. 3 EStG begünstigten Einkünften zu berücksichtigen, wenn der Stpfl. keine andere Zuordnung beantragt. [2]Der Freibetrag nach § 13 Abs. 3 EStG darf dabei nur von Einkünften aus Land- und Forstwirtschaft abgezogen werden.

H 34b.5

Beispiel:

Ein Stpfl. betreibt einen land- und forstwirtschaftlichen Einzelbetrieb (Wj. vom 1. 7.–30. 6.) und ist daneben seit dem VZ 02 an einer forstwirtschaftlichen Mitunternehmerschaft beteiligt (Wj. = Kj.). Im Wj. 01/02 ist für den Einzelbetrieb eine Gesamtmenge Kalamitätsholz i. H. v. 1200 fm anerkannt worden, die in den Wj. 01/02–03/04 verwertet wird. Der auf Grund eines Betriebswerks festgesetzte Nutzungssatz für den Einzelbetrieb beträgt 500 fm. Im Wj. 03/04 entstehen auf Grund von Wiederaufforstungskosten negative Einkünfte aus Holznutzungen. Für die Mitunternehmerschaft liegen Feststellungen des zuständigen Finanzamts vor. Aus der Verwertung von Holz hat der Stpfl. folgende Einkünfte erzielt:

Einzelbetrieb

Wj. 01/02

Einkünfte aus allen Holznutzungen (1000 fm)	30 000 €
davon aus	
ordentlichen Holznutzungen (300 fm/1000 fm)	9 000 €
außerordentlichen Holznutzungen nach § 34b Abs. 3 Nr. 1 EStG (500 fm/1000 fm)	15 000 €
außerordentlichen Holznutzungen nach § 34b Abs. 3 Nr. 2 EStG (200 fm/1000 fm)	6 000 €

Wj. 02/03

Einkünfte aus allen Holznutzungen (600 fm)	21 000 €
davon aus	
ordentlichen Holznutzungen (200 fm/600 fm)	7 000 €
außerordentlichen Holznutzungen nach § 34b Abs. 3 Nr. 1 EStG (400 fm/600 fm)	14 000 €

Wj. 03/04

Einkünfte aus allen Holznutzungen (300 fm)	– 6 000 €
davon aus	
ordentlichen Holznutzungen (200 fm/300 fm)	– 4 000 €
außerordentlichen Holznutzungen nach § 34b Abs. 3 Nr. 1 EStG (100 fm/300 fm)	– 2 000 €

Im Wj. 04/05 fallen keine Einkünfte aus Holznutzungen an.

Mitunternehmerschaft

VZ 02

Einkünfte aus allen Holznutzungen	19 000 €
davon aus	
ordentlichen Holznutzungen	5 000 €
außerordentlichen Holznutzungen nach § 34b Abs. 3 Nr. 1 EStG	4 000 €
außerordentlichen Holznutzungen nach § 34b Abs. 3 Nr. 2 EStG	10 000 €

VZ 03

Einkünfte aus allen Holznutzungen	9 000 €
davon aus	
ordentlichen Holznutzungen	1 000 €
außerordentlichen Holznutzungen nach § 34b Abs. 3 Nr. 1 EStG	2 000 €
außerordentlichen Holznutzungen nach § 34b Abs. 3 Nr. 2 EStG	6 000 €

VZ 04

Einkünfte aus allen Holznutzungen	3 600 €
davon aus	
ordentlichen Holznutzungen	1 200 €
außerordentlichen Holznutzungen nach § 34b Abs. 3 Nr. 1 EStG	2 400 €

Lösung:

Für die VZ 01–04 ergibt sich unter Berücksichtigung von § 4a Abs. 2 Nr. 1 EStG folgende Zuordnung der Einkünfte aus Holznutzungen:

	Einkünfte aus Holznutzungen	**Zuordnung zu VZ**			
	Wj.	**VZ 01**	**VZ 02**	**VZ 03**	**VZ 04**
ordentliche Holznutzungen (Normalsteuersatz)					
aus Wj. 01/02	9 000 €	4 500 €	4 500 €		
aus Wj. 02/03	7 000 €		3 500 €	3 500 €	
aus Wj. 03/04	– 4 000 €			– 2 000 €	– 2 000 €
Mitunternehmerschaft	–		5 000 €	1 000 €	1 200 €
Summe (Normalsteuersatz)		**4 500 €**	**13 000 €**	**2 500 €**	**– 800 €**
außerordentliche Holznutzungen nach § 34b Abs. 3 Nr. 1 EStG (1/2-Steuersatz)					
aus Wj. 01/02	15 000 €	7 500 €	7 500 €		
aus Wj. 02/03	14 000 €		7 000 €	7 000 €	
aus Wj. 03/04	– 2 000 €			– 1 000 €	– 1 000 €
Mitunternehmerschaft	–		4 000 €	2 000 €	2 400 €
Summe (1/2-Steuersatz)		**7 500 €**	**18 500 €**	**8 000 €**	**1 400 €**
außerordentliche Holznutzungen nach § 34b Abs. 3 Nr. 2 EStG (1/4-Steuersatz)					
aus Wj. 01/02	6 000 €	3 000 €	3 000 €		
Mitunternehmerschaft	–		10 000 €	6 000 €	
Summe (1/4-Steuersatz)		**3 000 €**	**13 000 €**	**6 000 €**	

R 34b.6 Voraussetzungen für die Anwendung der Tarifvergünstigung

Aufstellung und Vorlage eines Betriebsgutachtens oder eines Betriebswerks

(1) [1]Für die Festsetzung des Nutzungssatzes i. S. d. § 34b Abs. 3 Nr. 2 EStG ist grundsätzlich ein amtlich anerkanntes Betriebsgutachten oder ein Betriebswerk erforderlich. [2]Dieses soll nach § 68 Abs. 2 Satz 2 EStDV innerhalb eines Jahres nach dem Stichtag seiner Aufstellung dem Forstsachverständigen der zuständigen Finanzbehörde zur Überprüfung zugeleitet werden. [3]Wird es nicht innerhalb eines Jahres übermittelt, kann dies im Fall nicht mehr nachprüfbarer Daten bei der Festsetzung eines Nutzungssatzes zu Lasten des Stpfl. gehen (z. B. durch Unsicherheitszuschläge). [4]Enthält es Mängel (z. B. methodische Mängel, unzutreffende oder nicht mehr überprüfbare Naturaldaten), kann es zurückgewiesen werden; ein Gegengutachten der zuständigen Finanzbehörde ist nicht erforderlich.

(2) [1]Wird ein amtlich anerkanntes Betriebsgutachten oder ein Betriebswerk nicht fortlaufend aufgestellt oder wird es infolge einer Betriebsumstellung neu aufgestellt und schließt deshalb nicht an den vorherigen Zeitraum der Nutzungssatzfeststellung an, kann es im Schadensfalle nur berücksichtigt werden, wenn es spätestens auf den Anfang des Wirtschaftsjahres des Schadensereignisses aufgestellt wurde. [2]Gleiches gilt für den Fall, dass ein amtlich anerkanntes Betriebsgutachten oder ein Betriebswerk erstmals nach einem Schadensereignis erstellt wird; Absatz 1 Satz 3 und 4 sind entsprechend anzuwenden.

Vereinfachungsregelung

(3) [1]Aus Vereinfachungsgründen kann bei Betrieben mit bis zu 50 Hektar forstwirtschaftlich genutzter Fläche, für die nicht bereits aus anderen Gründen ein amtlich anerkanntes Betriebsgutachten oder ein Betriebswerk vorliegt, auf die Festsetzung eines Nutzungssatzes verzichtet werden. [2]In diesen Fällen ist bei der Anwendung des § 34b EStG ein Nutzungssatz von fünf Erntefestmetern ohne Rinde je Hektar zu Grunde zu legen.

Festsetzung eines Nutzungssatzes

(4) [1]Nach Prüfung der vorgelegten Unterlagen ist ein Nutzungssatz zu ermitteln und periodisch für einen Zeitraum von zehn Jahren festzusetzen. [2]Er stellt eine unselbständige Besteuerungsgrundlage dar und kann gegebenenfalls auch nachträglich geändert werden. [3]Der festgesetzte Nutzungssatz muss zum Zeitpunkt der Veräußerung der außerordentlichen Holznutzungen gültig sein.

Nutzungsnachweis

(5) [1]Für den Nutzungsnachweis nach § 34b Abs. 4 Nr. 1 EStG genügt es, wenn der Stpfl. die Holznutzungen eines Wirtschaftsjahrs mengenmäßig getrennt nach ordentlichen und außerordentlichen Holznutzungen nachweist. [2]Im Falle eines besonderen Schadensereignisses i. S. d. § 34b Abs. 5 EStG gelten zudem die Regelungen in R 34b.7 Abs. 1.

Kalamitätsmeldungen

(6) [1]Schäden infolge höherer Gewalt werden nur anerkannt, wenn sie nach Feststellung des Schadensfalls ohne schuldhaftes Zögern und vor Beginn der

Aufarbeitung der zuständigen Finanzbehörde nach amtlichem Vordruck für jeden Betrieb gesondert mitgeteilt werden. [2]Die Mitteilung darf nicht deshalb verzögert werden, weil der Schaden dem Umfang und der Höhe nach noch nicht feststeht.

R 34b.7 Billigkeitsmaßnahmen nach § 34b Abs. 5 EStG

Besonderer Steuersatz

(1) [1]Werden aus sachlichen Billigkeitsgründen die Regelungen des § 34b Abs. 5 EStG für ein Wirtschaftsjahr in Kraft gesetzt, bestimmt sich der Umfang des mit dem besonderen Steuersatz der Rechtsverordnung zu begünstigenden Kalamitätsholzes nach der für das betroffene Wirtschaftsjahr anerkannten Schadensmenge (Begünstigungsvolumen). [2]Grundlage hierfür ist die nach der Aufarbeitung nachgewiesene Schadensmenge (→ R 34b.6 Abs. 6). [3]Das Begünstigungsvolumen wird durch Kalamitätsnutzungen gemindert, die dem Steuersatz nach § 34b Abs. 5 EStG unterworfen werden.

(2) [1]Die unter die Tarifvergünstigung nach § 34b Abs. 5 EStG fallenden Einkünfte werden im Wirtschaftsjahr der Verwertung des Kalamitätsholzes gesondert ermittelt. [2]Daneben kann für andere Kalamitätsnutzungen die Tarifvergünstigung nach § 34b Abs. 3 EStG in Betracht kommen. [3]Der besondere Steuersatz der Rechtsverordnung ist so lange zu berücksichtigen, bis das Begünstigungsvolumen nach Absatz 1 durch Kalamitätsnutzungen jeglicher Art aufgebraucht ist.

Bewertung von Holzvorräten

(3) Bei der Gewinnermittlung durch Betriebsvermögensvergleich kann nach Maßgabe der Rechtsverordnung für das darin benannte Wirtschaftsjahr von der Aktivierung des eingeschlagenen und unverkauften Kalamitätsholzes ganz oder teilweise abgesehen werden.

Weisungen im Rahmen einer Vielzahl von Einzelfällen

(4) [1]Die in § 34b Abs. 5 EStG vorgesehenen Billigkeitsmaßnahmen können nach Maßgabe der Absätze 1 bis 3 auch bei größeren, regional begrenzten Schadensereignissen, die nicht nur Einzelfälle betreffen, im Wege typisierender Verwaltungsanweisungen auf der Grundlage des § 163 der AO entsprechend angewendet werden. [2]Darüber hinaus gehende Billigkeitsmaßnahmen sind nur in begründeten Einzelfällen unter Berücksichtigung der sachlichen und persönlichen Unbilligkeit zulässig.

H 34b.7

Beispiel:

Ein Forstwirt hat im Wj. 01 eine Holzmenge von 10 000 fm aufgearbeitet. Davon sind 9000 fm auf Grund eines besonders großen Sturmschadens als Kalamitätsholz angefallen. Der Vorrat an aufgearbeitetem und unverkauftem Kalamitätsholz vorangegangener Wj. beträgt 350 fm.

Der für die Wj. 00 bis 09 festgesetzte Nutzungssatz beträgt 1500 fm.

Eine Einschlagsbeschränkung nach dem Forstschäden-Ausgleichsgesetz wurde nicht angeordnet. Die Bundesregierung hat mit Zustimmung des Bundesrats eine Rechtsverordnung erlassen, wonach zum Ausgleich des Sturmschadens das im Wj. 01 angefallene Kalamitätsholz einheitlich mit einem Viertel des durchschnittlichen Steuersatzes zu besteuern ist.

Im Wj. 01 veräußert er die ordentliche Holznutzung von 1000 fm, das Kalamitätsholz vorangegangener Wj. von 350 fm und 3000 fm Kalamitätsholz des Schadensjahres.
Im Wj. 02 veräußert er weitere 4000 fm Kalamitätsholz aus dem Wj. 01.
Im Wj. 03 fallen weitere 500 fm Kalamitätsholz an, die er sofort veräußert. Zudem veräußert er noch die gesamte restliche Holzmenge von 2000 fm.

Lösung:

Wj. 01
Die veräußerte ordentliche Holznutzung von 1000 fm ist ohne Tarifvergünstigung zu besteuern. Das Kalamitätsholz im Umfang von 9000 fm unterliegt im Wj. der Holznutzung infolge der Anordnung einem Viertel des durchschnittlichen Steuersatzes. Davon sind im Wj. 01 3000 fm veräußert worden und unterliegen der besonderen Tarifvergünstigung. Dies gilt auch für den im Wj. 01 veräußerten Holzvorrat an Kalamitätsholz vorangegangener Wj. von 350 fm. Das verbleibende Begünstigungsvolumen nach § 34b Abs. 5 EStG beträgt 5650 fm.

Wj. 02
Das veräußerte Kalamitätsholz von 4000 fm unterliegt in vollem Umfang einem Viertel des durchschnittlichen Steuersatzes. Das verbleibende Begünstigungsvolumen nach § 34b Abs. 5 EStG beträgt 1650 fm.

Wj. 03
Das veräußerte Kalamitätsholz von 2500 fm unterliegt im Umfang von 1650 fm dem besonderen Steuersatz nach § 34b Abs. 5 EStG. Die verbleibenden 850 fm liegen innerhalb des im Wj. 03 gültigen Nutzungssatzes; hierfür gilt der Steuersatz nach § 34b Abs. 3 Nr. 1 EStG.

R 34b.8 Rücklage nach § 3 des Forstschäden-Ausgleichsgesetzes[1)]

[1]Die Bildung einer steuerfreien Rücklage nach § 3 des Forstschäden-Ausgleichsgesetzes ist von den nutzungssatzmäßigen Einnahmen der vorangegangenen drei Wirtschaftsjahre abhängig. [2]Dabei sind Über- und Unternutzungen in den jeweiligen Wirtschaftsjahren nicht auszugleichen. [3]Übersteigt die tatsächliche Holznutzung eines Wirtschaftsjahres den Nutzungssatz nicht, so sind alle Einnahmen aus Holznutzungen des Wirtschaftsjahres als nutzungssatzmäßige Einnahmen zu berücksichtigen. [4]Übersteigt dagegen die tatsächliche Holznutzung im Wirtschaftsjahr den Nutzungssatz, sind zur Ermittlung der nutzungssatzmäßigen Einnahmen alle Einnahmen aus Holznutzungen im Verhältnis des Nutzungssatzes zur gesamten Holznutzung aufzuteilen. [5]Dies setzt voraus, dass für das Wirtschaftsjahr der Bildung einer Rücklage und der drei vorangegangenen Wirtschaftsjahre jeweils ein Nutzungssatz gültig ist. [6]Der durch die Rücklage verursachte Aufwand oder Ertrag ist bei der Ermittlung der Einkünfte aus außerordentlichen Holznutzungen nach § 34b Abs. 2 EStG zu berücksichtigen.

Zu § 34c EStG
(§§ 68a und 68b EStDV)

R 34c. Anrechnung und Abzug ausländischer Steuern

Umrechnung ausländischer Steuern

(1) [1]Die nach § 34c Abs. 1 und Abs. 6 EStG auf die deutsche Einkommensteuer anzurechnende oder nach § 34c Abs. 2, 3 und 6 EStG bei der Ermitt-

1) G v. 26.8.1985, BGBl. I 1985, 1756, zuletzt geänd. durch G v. 10.8.2021, BGBl. I 2021, 3436 (**Steuergesetze** Nr. **720**). – Siehe auch BMF v. 27.7.2021, BStBl. I 2021, 1044, Rn. 17 ff.

lung der Einkünfte abzuziehende ausländische Steuer ist auf der Grundlage der von der Europäischen Zentralbank täglich veröffentlichten Euro-Referenzkurse umzurechnen. [2] Zur Vereinfachung ist die Umrechnung dieser Währungen auch zu den Umsatzsteuer-Umrechnungskursen zulässig, die monatlich im Bundessteuerblatt Teil I veröffentlicht werden.[1)]

Zu berücksichtigende ausländische Steuer

(2) [1] Entfällt eine zu berücksichtigende ausländische Steuer auf negative ausländische Einkünfte, die unter die Verlustausgleichsbeschränkung des § 2a Abs. 1 EStG fallen, oder auf die durch die spätere Verrechnung gekürzten positiven ausländischen Einkünfte, ist sie im Rahmen des Höchstbetrags (→ Absatz 3) nach § 34c Abs. 1 EStG anzurechnen oder auf Antrag nach § 34c Abs. 2 EStG bei der Ermittlung der Einkünfte abzuziehen. [2] Bei Abzug erhöhen sich die – im VZ nicht ausgleichsfähigen – negativen ausländischen Einkünfte. [3] Die nach § 34c Abs. 1 und 6 anzurechnende ausländische Steuer ist nicht zu kürzen, wenn die entsprechenden Einnahmen nach § 3 Nr. 40 EStG teilweise steuerfrei sind.

H 34c (1, 2)

Anrechnung ausländischer Steuern bei Bestehen von DBA.
→ H 34c (5) Anrechnung.

Festsetzung ausländischer Steuern. Eine Festsetzung i. S. d. § 34c Abs. 1 EStG kann auch bei einer Anmeldungssteuer vorliegen. Die Anrechnung solcher Steuern hängt von einer hinreichend klaren Bescheinigung des Anmeldenden über die Höhe der für den Stpfl. abgeführten Steuer ab (→ BFH vom 5.2.1992 – BStBl. II S. 607).

Nichtanrechenbare ausländische Steuern. → § 34c Abs. 3 EStG.

Verzeichnis ausländischer Steuern in Nicht-DBA-Staaten, die der deutschen Einkommensteuer entsprechen. → Anlage 6;[2)] die Entsprechung nicht aufgeführter ausländischer Steuern mit der deutschen Einkommensteuer wird erforderlichenfalls vom BMF festgestellt.

R 34c (3)

Ermittlung des Höchstbetrags für die Steueranrechnung

(3) [1] Bei der Ermittlung des Höchstbetrags nach § 34c Abs. 1 Satz 2 EStG bleiben ausländische Einkünfte, die nach § 34c Abs. 5 EStG pauschal besteuert werden, und die Pauschsteuer außer Betracht. [2] Ebenfalls nicht zu berücksichtigen sind nach § 34c Abs. 1 Satz 3 EStG die ausländischen Einkünfte, die in dem Staat, aus dem sie stammen, nach dessen Recht nicht besteuert werden. [3] Die ausländischen Einkünfte sind für die deutsche Besteuerung unabhängig von der Einkünfteermittlung im Ausland nach den Vorschriften des deutschen Einkommensteuerrechts zu ermitteln. [4] Dabei sind alle Betriebsausgaben und Wer-

---

[1)] Zusammenstellung in **Steuererlasse** Nr. **500** § 16/6 und § 16/7.
[2)] Nr. **1** Anl. 6.

bungskosten zu berücksichtigen, die mit den im Ausland erzielten Einnahmen in wirtschaftlichem Zusammenhang stehen. [5]Die § 3 Nr. 40 und § 3c Abs. 2 EStG sind zu beachten. [6]*Bei zusammenveranlagten Ehegatten (→ § 26b EStG) ist für die Ermittlung des Höchstbetrags eine einheitliche S. d. E. zu bilden.*[1)] [7]Haben zusammenveranlagte Ehegatten ausländische Einkünfte aus demselben Staat bezogen, sind für die nach § 68a EStDV für jeden einzelnen ausländischen Staat gesondert durchzuführende Höchstbetragsberechnung der anrechenbaren ausländischen Steuern die Einkünfte und anrechenbare Steuern der Ehegatten aus diesem Staat zusammenzurechnen. [8]Bei der Ermittlung des Höchstbetrags ist § 2a Abs. 1 EStG sowohl im VZ des Entstehens von negativen Einkünften als auch in den VZ späterer Verrechnung zu beachten.

H 34c (3)

Anrechnung (bei)

– **abweichender ausländischer Bemessungsgrundlage.** Keinen Einfluss auf die Höchstbetragsberechnung, wenn Einkünfteidentität dem Grunde nach besteht (→ BFH vom 2.2.1994, Leitsatz 8 – BStBl. II S. 727),
– **abweichender ausländischer Steuerperiode möglich** → BFH vom 4.6.1991 (BStBl. 1992 II S. 187),
– **schweizerischer Steuern bei sog. Pränumerando-Besteuerung** mit Vergangenheitsbemessung → BFH vom 31.7.1991 (BStBl. II S. 922),
– **schweizerischer Abzugssteuern bei Grenzgängern.** § 34c EStG nicht einschlägig. Die Anrechnung erfolgt in diesen Fällen entsprechend § 36 EStG (→ Artikel 15a Abs. 3 DBA Schweiz).[2)]

Ermittlung des Höchstbetrags für die Steueranrechnung.

Beispiel:

Ein verheirateter Stpfl., der im Jahr 2005 das 65. Lebensjahr vollendet hatte, hat im Jahr 2019

Einkünfte aus Gewerbebetrieb	101 900 €
Einkünfte aus Vermietung und Verpachtung	5 300 €
Sonderausgaben	6 140 €

In den Einkünften aus Gewerbebetrieb sind Darlehenszinsen von einem ausländischen Schuldner im Betrag von 20 000 € enthalten, für die im Ausland eine Einkommensteuer von 2500 € gezahlt werden musste. Nach Abzug der hierauf entfallenden Betriebsausgaben einschließlich Refinanzierungskosten betragen die ausländischen Einkünfte 6500 €. Die auf die ausländischen Einkünfte entfallende anteilige deutsche Einkommensteuer ist wie folgt zu ermitteln:

S. d. E. (101 900 € + 5 300 € =)	107 200 €
Altersentlastungsbetrag	– 1 900 €
G. d. E.	105 300 €
Sonderausgaben	– 6 140 €
z. v. E.	99 160 €
Einkommensteuer nach dem Splittingtarif	23 664 €

---

1) **[Amtl. Anm.:]** Satz 6 für VZ ab 2015 ohne Bedeutung.
2) Abgedruckt in **Doppelbesteuerungsabkommen.**

Durchschnittlicher Steuersatz:
23 664 € × 100/99 160 € = 23,8644 %

Höchstbetrag:
23,8644 % von 6500 € = 1551,18 €, aufgerundet 1 552 €

Nur bis zu diesem Betrag kann die ausländische Steuer angerechnet werden.

R 34c (4, 5)

Antragsgebundener Abzug ausländischer Steuern

(4) [1]Das Antragsrecht auf Abzug ausländischer Steuern bei der Ermittlung der Einkünfte nach § 34c Abs. 2 EStG muss für die gesamten Einkünfte und Steuern aus demselben Staat einheitlich ausgeübt werden. [2]Zusammenveranlagte Ehegatten müssen das Antragsrecht nach § 34c Abs. 2 EStG für ausländische Steuern auf Einkünfte aus demselben Staat nicht einheitlich ausüben. [3]Werden Einkünfte gesondert festgestellt, ist über den Steuerabzug im Feststellungsverfahren zu entscheiden. [4]Der Antrag ist grundsätzlich in der Feststellungserklärung zu stellen. [5]In Fällen der gesonderten und einheitlichen Feststellung kann jeder Beteiligte einen Antrag stellen. [6]Hat ein Stpfl. in einem VZ neben den festzustellenden Einkünften andere ausländische Einkünfte aus demselben Staat als Einzelperson und/oder als Beteiligter bezogen, ist die Ausübung oder Nichtausübung des Antragsrechts in der zuerst beim zuständigen Finanzamt eingegangenen Feststellungs- oder Steuererklärung maßgebend. [7]Der Antrag kann noch im Rechtsbehelfsverfahren mit Ausnahme des Revisionsverfahrens und, soweit es nach der AO zulässig ist, im Rahmen der Änderung von Steuerbescheiden nachgeholt oder zurückgenommen werden. [8]Die abzuziehende ausländische Steuer ist zu kürzen, soweit die entsprechenden Einnahmen nach § 3 Nr. 40 EStG teilweise steuerfrei sind.

Bestehen von DBA[1)]

(5) Sieht ein DBA die Anrechnung ausländischer Steuern vor, kann dennoch auf Antrag der nach innerstaatlichem Recht wahlweise eingeräumte Abzug der ausländischen Steuern bei der Ermittlung der Einkünfte beansprucht werden.

H 34c (5)

Allgemeines/Doppelbesteuerungsabkommen. Stand der DBA.[2)]

Anrechnung. Die Höhe der anzurechnenden ausländischen Steuern (§ 34c Abs. 6 Satz 2 EStG) ergibt sich aus den jeweiligen DBA. Danach ist regelmäßig die in Übereinstimmung mit dem DBA erhobene und nicht zu erstattende ausländische Steuer anzurechnen. Bei Dividenden, Zinsen und Lizenzgebühren sind das hiernach die nach den vereinbarten Quellensteuer-

---

[1)] Vgl. auch BFH v. 24.3.1998 I R 38/97, BStBl. II 1998, 471.

[2)] Stand der DBA am 1.1.2021 siehe BMF v. 18.2.2021, BStBl. I 2021, 265, am 1.1.2022 siehe BMF v. 19.1.2022, BStBl. I 2022, 147. – Übersicht sowie alle DBA abgedruckt in **Doppelbesteuerungsabkommen.**

sätzen erhobenen Quellensteuern, die der ausländische Staat als Quellenstaat auf diese Einkünfte erheben darf. Nur diese Steuern sind in Übereinstimmung mit dem jeweiligen DBA erhoben und nicht zu erstatten. Eine Anrechnung von ausländischer Steuer kommt auch dann nur in Höhe der abkommensrechtlich begrenzten Quellensteuer in Betracht, wenn eine darüber hinausgehende ausländische Steuer wegen Ablaufs der Erstattungsfrist im ausländischen Staat nicht mehr erstattet werden kann (→ BFH vom 15.3.1995 – BStBl. II S. 580). Dies gilt nach der Neufassung des § 34c Abs. 1 Satz 1 EStG auch für Nicht-DBA-Fälle.

H **34c** (6)

Pauschalierung.

– Pauschalierung der Einkommensteuer für ausländische Einkünfte gem. § 34c Abs. 5 EStG → BMF vom 10.4.1984 (BStBl. I S. 252);
– Steuerliche Behandlung von Arbeitnehmereinkünften bei Auslandstätigkeiten (ATE) → BMF vom 31.10.1983 (BStBl. I S. 470).[1]

Zu § 34d EStG

H **34d**

Ausländische Betriebsstätteneinkünfte.

– Ausländische Einkünfte aus Gewerbebetrieb, die durch eine in einem ausländischen Staat belegene Betriebsstätte erzielt worden sind, liegen auch dann vor, wenn der Stpfl. im Zeitpunkt der steuerlichen Erfassung dieser Einkünfte die Betriebsstätte nicht mehr unterhält. Voraussetzung ist, dass die betriebliche Leistung, die den nachträglichen Einkünften zugrunde liegt, von der ausländischen Betriebsstätte während der Zeit ihres Bestehens erbracht worden ist.
– → § 34d Nr. 2 Buchstabe a EStG.
– → BFH vom 15.7.1964 (BStBl. III S. 551).
– → BFH vom 12.10.1978 (BStBl. 1979 II S. 64).
– → BFH vom 16.7.1969 (BStBl. 1970 II S. 56); dieses Urteil ist nur i. S. d. vorzitierten Rechtsprechung zu verstehen.

Zu § 34g EStG

H **34g**

Kommunale Wählervereinigungen. Spenden an kommunale Wählervereinigungen sind nicht nach § 10b Abs. 2 EStG begünstigt (→ BFH vom 20.3.2017 – BStBl. II S. 1122).

Nachweis von Zuwendungen an politische Parteien. → BMF vom 7.11.2013 (BStBl. I S. 1333) ergänzt durch BMF vom 26.3.2014 (BStBl. I S. 791).[2]

---

[1] Geänd. durch BMF v. 14.3.2017, BStBl. I 2017, 473.
[2] Nr. **1** Anl. 4.

Zuwendungen an unabhängige Wählervereinigungen. → BMF vom 16.6.1989 (BStBl. I S. 239):

„Durch das Gesetz zur steuerlichen Begünstigung von Zuwendungen an unabhängige Wählervereinigungen vom 25. Juli 1988 (BStBl. I S. 397) ist § 34g EStG ausgeweitet worden. Wie für Zuwendungen an politische Parteien wird nach § 34g Nr. 2 EStG auch für Mitgliedsbeiträge und Spenden an unabhängige Wählervereinigungen, die bestimmte Voraussetzungen erfüllen, eine Tarifermäßigung von 50 v.H. der Ausgaben, höchstens *600 DM bzw. 1200 DM*[1)] im Falle der Zusammenveranlagung von Ehegatten, gewährt. Die Vorschrift gilt nach Artikel 4 Nr. 11c des Haushaltsbegleitgesetzes 1989 (BStBl. I S. 19) rückwirkend ab 1984.

Unter Bezugnahme auf das Ergebnis der Erörterungen mit den obersten Finanzbehörden der Länder gilt für die Anwendung der Vorschrift Folgendes:

1. Die Höchstbeträge von *600 DM und 1200 DM*[2)] im Fall der Zusammenveranlagung von Ehegatten gelten für Mitgliedsbeiträge und Spenden (Zuwendungen) an politische Parteien nach § 34g Nr. 1 EStG und für Zuwendungen an unabhängige Wählervereinigungen nach § 34g Nr. 2 EStG gesondert und nebeneinander.
   Als Ausgabe gilt auch die Zuwendung von Wirtschaftsgütern mit Ausnahme von Nutzungen und Leistungen. Zur Bewertung von Sachzuwendungen wird auf § 10b Abs. 3 EStG hingewiesen.

2. Die Tarifermäßigung nach § 34g Nr. 2 EStG wird nur für Mitgliedsbeiträge und Spenden an unabhängige Wählervereinigungen in der Rechtsform des eingetragenen oder des nichtrechtsfähigen Vereins gewährt. Ein Sonderausgabenabzug nach § 10b Abs. 2 EStG ist nicht möglich. Der Zweck einer unabhängigen Wählervereinigung ist auch dann als ausschließlich auf die in § 34g Nr. 2 Buchstabe a EStG genannten politischen Zwecke gerichtet anzusehen, wenn sie gesellige Veranstaltungen durchführt, die im Vergleich zu ihrer politischen Tätigkeit von untergeordneter Bedeutung sind, und wenn eine etwaige wirtschaftliche Betätigung ihre politische Tätigkeit nicht überwiegt. Ihr Zweck ist dagegen zum Beispiel nicht ausschließlich auf die politische Tätigkeit gerichtet, wenn sie neben dem politischen Zweck einen anderen Satzungszweck zum Beispiel gemeinnütziger oder wirtschaftlicher Art hat.

3. Die nach § 34g Nr. 2 Buchstabe b EStG ggf. erforderliche Anzeige gegenüber der zuständigen Wahlbehörde oder dem zuständigen Wahlorgan kann formlos in der Zeit vom ersten Tag nach der letzten Wahl bis zu dem Tag erfolgen, an dem die Anmeldefrist für die nächste Wahl abläuft. Die Anzeige kann der zuständigen Wahlbehörde oder dem zuständigen Wahlorgan bereits mehrere Jahre vor der nächsten Wahl zugehen. Sie muss ihr spätestens am Ende des Jahres vorliegen, für das eine Tarifermäßigung für Zuwendungen an die unabhängige Wählervereinigung beantragt wird. Spendenbestätigungen dürfen erst ausgestellt werden, wenn die Anzeige tatsächlich erfolgt ist.

4. Nach § 34g Satz 3 EStG wird die Steuerermäßigung für Beiträge und Spenden an eine unabhängige Wählervereinigung, die an der jeweils nächsten Wahl nicht teilgenommen hat, erst wieder gewährt, wenn sie sich mit eigenen Wahlvorschlägen an einer Wahl beteiligt hat. Diese einschränkende Regelung gilt nur für Beiträge und Spenden an unabhängige Wählervereinigungen, die der zuständigen Wahlbehörde vor einer früheren Wahl ihre Teilnahme angekündigt und sich dann entgegen dieser Mitteilung nicht an der Wahl beteiligt haben. Sie gilt nicht für unabhängige Wählervereinigungen, die sich an einer früheren Wahl zwar nicht beteiligt, eine Beteiligung an dieser Wahl aber auch nicht angezeigt haben.

   Beispiele:

   a) Der neugegründete Verein A teilt der zuständigen Wahlbehörde im Jahr 01 mit, dass er an der nächsten Kommunalwahl am 20.5.03 teilnehmen will. Er nimmt an dieser Wahl jedoch nicht teil, ebenso nicht an der folgenden Wahl im Jahr 08. Im Jahr 09 teilt er der Wahlbehörde mit, dass er an der nächsten Wahl am 5.4.13 teilnehmen will. An dieser Wahl nimmt er dann auch tatsächlich teil.

---

1) **[Amtl. Anm.:]** Ab 2002 **825 €** bzw. **1650 €.**

Die Steuerermäßigung nach § 34g Nr. 2 EStG kann gewährt werden für Beiträge und Spenden, die in der Zeit vom 1.1.01 bis zum 20.5.03 und vom 1.1.13 bis zum 5.4.13 an den Verein geleistet worden sind. In der Zeit vom 21.5.03 bis zum 31.12.12 geleistete Beiträge und Spenden sind nicht begünstigt. Nach dem 5.4.13 geleistete Beiträge und Spenden sind begünstigt, wenn der Verein bei der Wahl am 5.4.13 ein Mandat errungen hat oder noch im Jahr 13 anzeigt, dass er an der nächsten Wahl teilnehmen will.

b) Der Verein B ist in der Wahlperiode 1 mit einem Mandat im Stadtrat vertreten. An der Wahl für die Wahlperiode 2 am 15.10.05 nimmt er nicht teil. Er hatte eine Teilnahme auch nicht angekündigt. Am 20.11.05 teilt er der zuständigen Wahlbehörde mit, dass er an der Wahl für die Wahlperiode 3 am 9.9.10 teilnehmen will.
Die Steuerermäßigung kann für alle bis zum 9.9.10 an den Verein geleisteten Beiträge und Spenden gewährt werden. Nach diesem Termin geleistete Beiträge und Spenden sind nur begünstigt, wenn der Verein an der Wahl am 9.9.10 teilgenommen hat.

c) Der Verein C wird im Jahr 01 gegründet. An der nächsten Kommunalwahl am 10.2.03 nimmt er nicht teil. Er hatte eine Teilnahme an dieser Wahl auch nicht angekündigt. Am 11.2.03 teilt er der zuständigen Wahlbehörde mit, dass er an der nächsten Wahl am 15.3.08 teilnehmen will.
Die Steuerermäßigung kann für Beiträge und Spenden gewährt werden, die ab dem 1.1.03 an den Verein geleistet worden sind. Nach dem 15.3.08 geleistete Beiträge und Spenden sind nur begünstigt, wenn der Verein tatsächlich an der Wahl am 15.3.08 teilgenommen hat und entweder erfolgreich war (mindestens ein Mandat) oder bei erfolgloser Teilnahme der zuständigen Wahlbehörde mitteilt, dass er auch an der folgenden Wahl teilnehmen will.

5. Eine Teilnahme an einer Wahl liegt nur vor, wenn die Wähler die Möglichkeit haben, die Wählervereinigung zu wählen. Der Wahlvorschlag der Wählervereinigung muss also auf dem Stimmzettel enthalten sein.

6. Der Stpfl. hat dem Finanzamt durch eine Spendenbestätigung der unabhängigen Wählervereinigung nachzuweisen, dass alle Voraussetzungen des § 34g EStG für die Gewährung der Tarifermäßigung erfüllt sind."[1)]

Zu § 35 EStG

R 35. Steuerermäßigung bei Einkünften aus Gewerbebetrieb

(unbesetzt)

H 35

Allgemeines. → BMF vom 3.11.2016 (BStBl. I S. 1187) unter Berücksichtigung der Änderungen durch BMF vom 17.4.2019 (BStBl. I S. 459).

Zu § 35a EStG

H 35a

Anwendungsschreiben. → BMF vom 9.11.2016 (BStBl. I S. 1213) unter Berücksichtigung der Änderungen durch BMF vom 21.9.2021 (BStBl. I S. 1494).

[1)] Siehe BMF v. 7.11.2013, BStBl. I 2013, 1333, ergänzt durch BMF v. 26.3.2014, BStBl. I 2014, 791 (Nr. **1** Anl. 4).

Zu § 35b EStG

H 35b

Allgemeines. Die nach § 35b Satz 1 EStG begünstigten Einkünfte müssen aus der Veräußerung eines Vermögensgegenstandes herrühren, der sowohl von Todes wegen erworben worden ist als auch tatsächlich der Erbschaftsteuer unterlegen hat; der in Anspruch genommene persönliche Freibetrag (§ 16 ErbStG) ist anteilig abzuziehen.
Die auf die begünstigten Einkünfte anteilig entfallende Einkommensteuer ist nach dem Verhältnis der begünstigten Einkünfte zur S. d. E. zu ermitteln (→ BFH vom 13.3.2018 – BStBl. II S. 593).

Zusammentreffen von Erwerben von Todes wegen und Vorerwerben. Beim Zusammentreffen von Erwerben von Todes wegen und Vorerwerben ermittelt sich der Ermäßigungsprozentsatz des § 35b Satz 2 EStG durch Gegenüberstellung der anteiligen, auf die von Todes wegen erworbenen Vermögensteile entfallenden Erbschaftsteuer und des Betrags, der sich ergibt, wenn dem anteiligen steuerpflichtigen Erwerb (§ 10 Abs. 1 ErbStG) der anteilige Freibetrag nach § 16 ErbStG hinzugerechnet wird (→ BFH vom 13.3.2018 – BStBl. II S. 593).

Zu § 35c EStG

H 35c

Anwendungsschreiben. → BMF vom 14.1.2021 (BStBl. I S. 103).

Bescheinigungen. Zur Bescheinigung des ausführenden Fachunternehmens und zur Bescheinigung für Personen mit Ausstellungsberechtigung nach § 88 Gebäudeenergiegesetz[1] → BMF vom 15.10.2021 (BStBl. I S. 2026).

Zu § 36 EStG

R 36. Anrechnung von Steuervorauszahlungen und von Steuerabzugsbeträgen

[1]Die Anrechnung von Kapitalertragsteuer setzt voraus, dass die der Anrechnung zugrunde liegenden Einnahmen bei der Veranlagung erfasst werden und der Anteilseigner die in § 45a Abs. 2 oder 3 EStG bezeichnete Bescheinigung im Original vorlegt.[2] [2]Ob die Einnahmen im Rahmen der Einkünfte aus Kapitalvermögen anfallen oder bei einer anderen Einkunftsart, ist für die Anrechnung unerheblich. [3]Bei der Bilanzierung abgezinster Kapitalforderungen erfolgt die Anrechnung der Kapitalertragsteuer stets im Erhebungsjahr, auch wenn die der Anrechnung zugrunde liegenden Einnahmen ganz oder teilweise bereits in früheren Jahren zu erfassen waren.

---

[1] GebäudeenergieG v. 8.8.2020, BGBl. I 2020, 1728.

[2] **[Amtl. Anm.:]** Soweit der Stpfl. einen Antrag nach § 32d Abs. 4 oder Abs. 6 EStG stellt, ist es ab VZ 2017 für die Anrechnung ausreichend, wenn die Bescheinigung auf Verlangen des Finanzamts vorgelegt wird → § 36 Abs. 2 Satz 3 EStG.

H 36

Abtretung. Der Anspruch auf die Anrechnung von Steuerabzugsbeträgen kann nicht abgetreten werden. Abgetreten werden kann nur der Anspruch auf Erstattung von überzahlter Einkommensteuer, der sich durch den Anrechnungsbetrag ergibt. Der Erstattungsanspruch entsteht wie die zu veranlagende Einkommensteuer mit Ablauf des VZ. Die Abtretung wird erst wirksam, wenn sie der Gläubiger nach diesem Zeitpunkt der zuständigen Finanzbehörde anzeigt (§ 46 Abs. 2 AO).

Anrechnung.

– **Änderungen.** Die Vorschriften über die Aufhebung oder Änderung von Steuerfestsetzungen können – auch wenn im Einkommensteuerbescheid die Steuerfestsetzung und die Anrechnung technisch zusammengefasst sind – nicht auf die Anrechnung angewendet werden. Die Korrektur der Anrechnung richtet sich nach §§ 129 bis 131 AO. Zum Erlass eines Abrechnungsbescheides → § 218 Abs. 2 AO.
  Die Anrechnung von Steuerabzugsbeträgen und Steuervorauszahlungen ist ein Verwaltungsakt mit Bindungswirkung. Diese Bindungswirkung muss auch beim Erlass eines Abrechnungsbescheids nach § 218 Abs. 2 AO beachtet werden. Deshalb kann im Rahmen eines Abrechnungsbescheides die Steueranrechnung zugunsten oder zuungunsten des Stpfl. nur dann geändert werden, wenn eine der Voraussetzungen der §§ 129 bis 131 AO gegeben ist (→ BFH vom 15.4.1997 – BStBl. II S. 787).

– **Bei Veranlagung.** Die Anrechnung von Steuerabzugsbeträgen ist unzulässig, soweit die Erstattung beantragt oder durchgeführt worden ist (§ 36 Abs. 2 Nr. 2 EStG).
  Durch einen bestandskräftig abgelehnten Antrag auf Erstattung von Kapitalertragsteuer wird die Anrechnung von Kapitalertragsteuer bei der Veranlagung zur Einkommensteuer nicht ausgeschlossen.

– **Teil der Steuererhebung.** Die Anrechnung von Steuervorauszahlungen (§ 36 Abs. 2 Nr. 1 EStG) und von erhobenen Steuerabzugsbeträgen (§ 36 Abs. 2 Nr. 2 EStG) auf die Einkommensteuer ist Teil der Steuererhebung (→ BFH vom 14.11.1984 – BStBl. 1985 II S. 216).

Forschungszulage. Zum Anrechnungsverfahren der Forschungszulage → BMF vom 11.11.2021 (BStBl. 2022 I S. 2277), Rn. 258 ff.

Investmentanteile. Zur Anrechnung von Kapitalertragsteuer bei Veräußerung oder Rückgabe eines Anteils an einem ausländischen thesaurierenden Investmentvermögen → BMF vom 17.12.2012 (BStBl. 2013 I S. 54).

Personengesellschaft. → H 15.8 (3) GmbH-Beteiligung.

Zu § 36a EStG

H 36a

Allgemeines. Anwendungsfragen zur Beschränkung der Anrechenbarkeit der Kapitalertragsteuer nach § 36a EStG → BMF vom 3.4.2017 (BStBl. I S. 726) unter Berücksichtigung der Änderungen vom 20.2.2018 (BStBl. I S. 308).

Zu § 37 EStG

R 37. Einkommensteuer-Vorauszahlung[1)]

Bei der Veranlagung von Ehegatten nach § 26a EStG ist für die Ermittlung der 600-Euro-Grenze in § 37 Abs. 3 EStG die Summe der für beide Ehegatten in Betracht kommenden Aufwendungen und abziehbaren Beträge zugrunde zu legen.

H 37

Anpassung von Vorauszahlungen. Eine Anpassung ist auch dann noch möglich, wenn eine Einkommensteuererklärung für den abgelaufenen VZ bereits abgegeben worden ist (→ BFH vom 27.9.1976 – BStBl. 1977 II S. 33).

Erhöhung von Vorauszahlungen. Im Fall der Erhöhung einer Vorauszahlung zum nächsten Vorauszahlungstermin des laufenden Kj. gilt die Monatsfrist des § 37 Abs. 4 Satz 2 EStG nicht (→ BFH vom 22.8.1974 – BStBl. 1975 II S. 15 und vom 25.6.1981 – BStBl. 1982 II S. 105).

Verteilung von Vorauszahlungen. Vorauszahlungen sind grundsätzlich in vier gleich großen Teilbeträgen zu leisten. Eine Ausnahme hiervon kommt auch dann nicht in Betracht, wenn der Stpfl. geltend macht, der Gewinn des laufenden VZ entstehe nicht gleichmäßig (→ BFH vom 22.11.2011 – BStBl. 2012 II S. 329).

Vorauszahlungen bei Arbeitnehmern. Die Festsetzung von Einkommensteuer-Vorauszahlungen ist auch dann zulässig, wenn der Stpfl. ausschließlich Einkünfte aus nichtselbständiger Arbeit erzielt, die dem Lohnsteuerabzug unterliegen (→ BFH vom 20.12.2004 – BStBl. 2005 II S. 358).

Zu § 37b EStG

H 37b

Allgemeines.[2)] Zur Pauschalierung der Einkommensteuer bei Sachzuwendungen → BMF vom 19.5.2015 (BStBl. I S. 468) unter Berücksichtigung der Änderungen durch BMF vom 28.6.2018 (BStBl. I S. 814).

Zu § 43 EStG

H 43

Allgemeines.[3)] Einzelfragen zur Abgeltungsteuer → *BMF vom 18.1.2016 (BStBl. I S. 85)*[4)] *unter Berücksichtigung der Änderungen durch BMF vom 20.4.*

[1)] Zum Antrag auf pauschalierte Herabsetzung bereits geleisteter Vorauszahlungen für 2019 als Corona-Sofortmaßnahme siehe §§ 110, 111 EStG idF des 2. Corona-SteuerhilfeG v. 29.6.2020, BGBl. I 2020, 1512. Zur vereinfachten Anpassung von Vorauszahlungen 2021 für die durch die Auswirkungen des Coronavirus nicht unerheblich negativ wirtschaftlich betroffenen Steuerpflichtigen siehe BMF v. 31.1.2022, BStBl. I 2022, 132.

[2)] Siehe auch BFH v. 21.2.2018 VI R 25/16, BStBl. II 2018, 389.

[3)] Zum Kapitalertragsteuerabzug durch inländische Kreditinstitute bei Treuhandmodellen siehe BMF v. 31.3.2017, BStBl. I 2017, 725.

[4)] Jetzt BMF v. 19.5.2022, StEd 2022, 334; zur zeitlichen Anwendung siehe Rn. 324 und 325.

2016 (BStBl. I S. 475), vom 16.6.2016 (BStBl. I S. 527), vom 3.5.2017 (BStBl. I S. 739), vom 19.12.2017 (BStBl. 2018 I S. 52), vom 12.4.2018 (BStBl. I S. 624), vom 17.1.2019 (BStBl. I S. 51), vom 10.5.2019 (BStBl. I S. 464), vom 16.9.2019 (BStBl. I S. 889) und vom 19.2.2021 (BStBl. I S. 296).

Empfänger und Zeitpunkt der Datenlieferung. → BMF vom 24.9.2013 (BStBl. I S. 1183).

Insolvenz. Der Abzug von Kapitalertragsteuer ist auch bei dem Gläubiger von Kapitalerträgen vorzunehmen, der in Insolvenz gefallen ist (→ BFH vom 20.12.1995 – BStBl. 1996 II S. 308).

Rückzahlung einer Dividende. → H 44b.1.

Schneeballsysteme. Die Abgeltungswirkung nach § 43 Abs. 5 Satz 1 Halbsatz 1 EStG tritt auch dann ein, wenn der Stpfl. Kapitaleinkünfte in Form von Scheinrenditen aus einem betrügerischen Schneeballsystem erzielt hat, für die aus seiner Sicht Kapitalertragsteuer nach § 43 Abs. 5 Satz 1 EStG einbehalten worden ist (→ BFH vom 29.9.2020 – BStBl. 2021 II S. 468 und vom 27.10.2020 – BStBl. 2021 II S. 472 und 481).

Typische Unterbeteiligung. Der Gewinnanteil aus einer typischen Unterbeteiligung unterliegt der Kapitalertragsteuer. Der Zeitpunkt des Zuflusses bestimmt sich für die Zwecke der Kapitalertragsteuer nach dem vertraglich bestimmten Tag der Auszahlung (§ 44 Abs. 3 EStG) (→ BFH vom 28.11.1990 – BStBl. 1991 II S. 313).

Zu § 43b EStG

H 43b

Zuständige Behörde. Zuständige Behörde für die Durchführung des Erstattungs- oder Freistellungsverfahrens ist das Bundeszentralamt für Steuern, 53221 Bonn.

Zu § 44 EStG

H 44

Allgemeines. Einzelfragen zur Abgeltungsteuer → *BMF vom 18.1.2016 (BStBl. I S. 85)*[1] *unter Berücksichtigung der Änderungen durch BMF vom 20.4. 2016 (BStBl. I S. 475), vom 16.6.2016 (BStBl. I S. 527), vom 3.5.2017 (BStBl. I S. 739), vom 19.12.2017 (BStBl. 2018 I S. 52), vom 12.4.2018 (BStBl. I S. 624), vom 17.1.2019 (BStBl. I S. 51), vom 10.5.2019 (BStBl. I S. 464), vom 16.9.2019 (BStBl. I S. 889) und vom 19.2.2021 (BStBl. I S. 296).*

Zuflusszeitpunkt. Eine Dividende gilt auch dann gem. § 44 Abs. 2 Satz 2 EStG als am Tag nach dem Gewinnausschüttungsbeschluss zugeflossen, wenn dieser bestimmt, die Ausschüttung solle nach einem bestimmten Tag erfolgen (→ BFH vom 20.12.2006 – BStBl. 2007 II S. 616).

---

[1] Jetzt BMF v. 19.5.2022, StEd 2022, 334; zur zeitlichen Anwendung siehe Rn. 324 und 325.

Zu § 44a EStG

H 44a

Allgemeines.[1] Einzelfragen zur Abgeltungsteuer → *BMF vom 18.1.2016 (BStBl. I S. 85)*[2] *unter Berücksichtigung der Änderungen durch BMF vom 20.4.2016 (BStBl. I S. 475), vom 16.6.2016 (BStBl. I S. 527), vom 3.5.2017 (BStBl. I S. 739), vom 19.12.2017 (BStBl. 2018 I S. 52), vom 12.4.2018 (BStBl. I S. 624), vom 17.1.2019 (BStBl. I S. 51), vom 10.5.2019 (BStBl. I S. 464), vom 16.9.2019 (BStBl. I S. 889) und vom 19.2.2021 (BStBl. I S. 296).*

Freistellungsauftrag. Muster des amtlich vorgeschriebenen Vordrucks → *BMF vom 18.1.2016 (BStBl. I S. 85)*[3] *unter Berücksichtigung der Änderungen durch BMF vom 12.4.2018 (BStBl. I S. 624), Rz. 257, Anlage 2.*

Genossenschaften. Kapitalertragsteuer ist bei einer eingetragenen Genossenschaft auch dann zu erheben, wenn diese auf Dauer höher wäre als die gesamte festzusetzende Körperschaftsteuer, weil die Genossenschaft ihre Geschäftsüberschüsse an ihre Mitglieder rückvergütet (→ BFH vom 10.7.1996 – BStBl. 1997 II S. 38).

Insolvenz.

– Im Insolvenzverfahren über das Vermögen einer Personengesellschaft kann dem Insolvenzverwalter keine NV-Bescheinigung erteilt werden (→ BFH vom 9.11.1994 – BStBl. 1995 II S. 255).
– Der Kapitalertragsteuerabzug gem. § 43 Abs. 1 EStG ist auch bei dem Gläubiger von Kapitalerträgen vorzunehmen, der in Insolvenz gefallen ist und bei dem wegen hoher Verlustvorträge die Kapitalertragsteuer auf Dauer höher wäre als die gesamte festzusetzende Einkommensteuer (sog. Überzahler). Eine solche Überzahlung beruht nicht auf Grund der „Art seiner Geschäfte" i. S. v. § 44a Abs. 5 EStG. Bei einem solchen Gläubiger von Kapitalerträgen kann deshalb auch nicht aus Gründen sachlicher Billigkeit vom Kapitalertragsteuerabzug abgesehen werden (→ BFH vom 20.12.1995 – BStBl. 1996 II S. 199).

Kommunale Unternehmen. Der Kapitalertragsteuerabzug ist auch bei einem kommunalen Unternehmen (z. B. Abwasserentsorgungsunternehmen) vorzunehmen, bei dem diese auf Dauer höher als die gesamte festzusetzende Körperschaftsteuer ist (→ BFH vom 29.3.2000 – BStBl. II S. 496).

Sammel-Steuerbescheinigungen. Zur Anwendung der Sammel-Steuerbescheinigung nach § 44a Abs. 10 Satz 4 EStG → BMF vom 16.9.2013 (BStBl. I S. 1168).

Verlustvortrag/Verfassungsmäßigkeit. Kapitalertragsteuer ist auch dann zu erheben, wenn diese wegen hoher Verlustvorträge höher ist als die festzusetzende Einkommensteuer; § 44a Abs. 5 EStG ist verfassungsgemäß (→ BFH vom 20.12.1995 – BStBl. 1996 II S. 199).

---

[1] Zur Abstandnahme vom Kapitalertragsteuerabzug nach § 44a Abs. 10 Satz 1 Nr. 3, § 44a Abs. 7 EStG i. d. F. des G v. 11.12.2018, BGBl. I 2018, 2338, siehe auch BMF v. 17.12.2018, BStBl. I 2018, 1399.

[2] Jetzt BMF v. 19.5.2022, StEd 2022, 334; zur zeitlichen Anwendung siehe Rn. 324 und 325.

[3] Jetzt BMF v. 19.5.2022, StEd 2022, 334, Rn. 257, Anlage 2; zur zeitlichen Anwendung siehe Rn. 324 und 325.

Zu § 44b EStG[1]

R 44b.1 *Erstattung von Kapitalertragsteuer durch das BZSt nach den §§ 44b und 45b EStG*[1]

Liegen die Voraussetzungen für die Erstattung von Kapitalertragsteuer durch das BZSt nach den §§ 44b und 45b EStG vor, kann der Anteilseigner wählen, ob er die Erstattung im Rahmen

1. eines Einzelantrags (→ R 44b.2) oder

2. eines Sammelantragsverfahrens (→ R 45b)

beansprucht.

H 44b.1

Allgemeines. Einzelfragen zur Abgeltungsteuer → *BMF vom 18.1.2016 (BStBl. I S. 85)*[2] *unter Berücksichtigung der Änderungen durch BMF vom 20.4.2016 (BStBl. I S. 475), vom 16.6.2016 (BStBl. I S. 527), vom 3.5. 2017 (BStBl. I S. 739), vom 19.12.2017 (BStBl. 2018 I S. 52), vom 12.4. 2018 (BStBl. I S. 624), vom 17.1.2019 (BStBl. I S. 51), vom 10.5.2019 (BStBl. I S. 464), vom 16.9.2019 (BStBl. I S. 889) und vom 19.2.2021 (BStBl. I S. 296).*

Rückzahlung einer Dividende. Werden steuerpflichtige Kapitalerträge auf Grund einer tatsächlichen oder rechtlichen Verpflichtung in einem späteren Jahr zurückgezahlt, berührt die Rückzahlung den ursprünglichen Zufluss nicht. Eine Erstattung/Verrechnung der Kapitalertragsteuer, die von der ursprünglichen Dividende einbehalten und abgeführt worden ist, kommt deshalb nicht in Betracht (→ BFH vom 13.11.1985 – BStBl. 1986 II S. 193).

R 44b.2 *Einzelantrag beim BZSt (§ 44b EStG)*[1]

(1) Voraussetzungen für die Erstattung:

1. Dem auf amtlichem Vordruck zu stellenden Antrag ist das Original
   - *der vom zuständigen Wohnsitzfinanzamt ausgestellten Nichtveranlagungs-(NV-)Bescheinigung oder*
   - *der Bescheinigung i. S. d. § 44a Abs. 5 EStG*

   beizufügen.

2. Der Anteilseigner weist die Höhe der Kapitalertragsteuer durch die Urschrift der Steuerbescheinigung oder durch eine als solche gekennzeichnete Ersatzbescheinigung eines inländischen Kreditinstituts nach (§ 45a Abs. 2 oder 3 EStG). ²Wird für Ehegatten ein gemeinschaftliches Depot unterhalten, ist es unter den Voraussetzungen des § 26 EStG nicht zu beanstanden, wenn die Bescheinigung auf den Namen beider Ehegatten lautet.

(2) ¹Eine NV-Bescheinigung ist nicht zu erteilen, wenn der Anteilseigner voraussichtlich von Amts wegen oder auf Antrag zur Einkommensteuer veranlagt wird. ²Das

---

[1] Erstattung von Kapitalertragsteuer durch das BZSt nach den §§ 44b Abs. 1 bis 4 und § 45b EStG a. F. ist letztmals für Kapitalerträge anzuwenden, die vor dem 1.1.2013 zugeflossen sind.

[2] Jetzt BMF v. 19.5.2022, StEd 2022, 334; zur zeitlichen Anwendung siehe Rn. 324 und 325.

H 46.2

Abtretung/Verpfändung.
– Zur Abtretung bzw. Verpfändung des Erstattungsanspruchs → § 46 AO sowie AEAO zu § 46.[1]
– Zum Entstehen des Erstattungsanspruchs → § 38 AO i. V. m. § 36 Abs. 1 EStG.

Anlaufhemmung. Eine Anlaufhemmung gem. § 170 Abs. 2 Satz 1 Nr. 1 AO kommt in den Fällen des § 46 Abs. 2 Nr. 8 EStG nicht in Betracht (→ BFH vom 14.4.2011 – BStBl. II S. 746).

Antrag auf Veranlagung. Kommt eine Veranlagung des Stpfl. nach § 46 Abs. 2 EStG nicht in Betracht, können auch Grundlagenbescheide nicht über die Änderungsnorm des § 175 Abs. 1 Satz 1 Nr. 1 AO zu einer solchen führen (→ BFH vom 9.2.2012 – BStBl. II S. 750).

Ermittlung der Summe der Einkünfte. Unter der „Summe der Einkünfte" i. S. d. § 46 Abs. 2 Nr. 1 EStG ist derjenige Saldo zu verstehen, der nach horizontaler und vertikaler Verrechnung der Einkünfte verbleibt. Versagt das Gesetz – wie in § 23 Abs. 3 Satz 8 EStG im Falle eines Verlustes aus privaten Veräußerungsgeschäften – die Verrechnung eines Verlustes aus einer Einkunftsart mit Gewinnen bzw. Überschüssen aus anderen Einkunftsarten, fließt dieser Verlust nicht in die „Summe der Einkünfte" ein (→ BFH vom 26.3.2013 – BStBl. II S. 631).

Pfändung des Erstattungsanspruchs aus der Antragsveranlagung. → § 46 AO sowie AEAO zu § 46.[1]

Rechtswirksamer Antrag.[2] Ein Antrag auf Veranlagung zur Einkommensteuer ist nur dann rechtswirksam gestellt, wenn der amtlich vorgeschriebene Vordruck verwendet wird, dieser innerhalb der allgemeinen Festsetzungsfrist beim Finanzamt eingeht und bis dahin auch vom Arbeitnehmer eigenhändig unterschrieben ist (→ BFH vom 10.10.1986 – BStBl. 1987 II S. 77). Eine Einkommensteuererklärung ist auch dann „nach amtlich vorgeschriebenem Vordruck" abgegeben, wenn ein – auch einseitig – privat gedruckter oder fotokopierter Vordruck verwendet wird, der dem amtlichen Muster entspricht (→ BFH vom 22.5.2006 – BStBl. 2007 II S. 2).

Schätzungsbescheid. Für die Durchführung des Veranlagungsverfahrens bedarf es keines Antrags des Stpfl., wenn das Finanzamt das Veranlagungsverfahren von sich aus bereits durchgeführt und einen Schätzungsbescheid unter dem Vorbehalt der Nachprüfung erlassen hat. Dies gilt jedenfalls dann, wenn bei Erlass des Steuerbescheids aus der insoweit maßgeblichen Sicht des Finanzamts die Voraussetzungen für eine Veranlagung von Amts wegen vorlagen (→ BFH vom 22.5.2006 – BStBl. II S. 912).

R 46.3 Härteausgleich *(unbesetzt)*

[1] Nr. **800**.
[2] Zum Antragsrecht des Pfändungsgläubigers siehe BFH v. 18.8.1998 VII R 114/97, BStBl. II 1999, 84, und v. 29.2.2000 VII R 109/98, BStBl. II 2000, 573.

H 46.3

Abhängigkeit der Veranlagung vom Härteausgleich. Eine Veranlagung ist unabhängig vom Härteausgleich nach § 46 Abs. 3 EStG durchzuführen, auch wenn dieser im Ergebnis zu einem Betrag unter 410 Euro führt (→ BFH vom 2.12.1971 – BStBl. 1972 II S. 278).

Allgemeines. Bestehen die einkommensteuerpflichtigen Einkünfte, die nicht der Lohnsteuer zu unterwerfen waren, sowohl aus positiven Einkünften als auch aus negativen Einkünften (Verlusten), so wird ein Härteausgleich nur gewährt, wenn die Summe dieser Einkünfte abzüglich der darauf entfallenden Beträge nach § 13 Abs. 3 und § 24a EStG einen positiven Einkunftsbetrag von nicht mehr als 410 Euro bzw. 820 Euro ergibt. Das gilt auch in den Fällen der Zusammenveranlagung von Ehegatten, in denen der eine Ehegatte positive und der andere Ehegatte negative Einkünfte, die nicht der Lohnsteuer zu unterwerfen waren, bezogen hat, und im Falle der Veranlagung nach § 46 Abs. 2 Nr. 4 EStG (→ BFH vom 24.4.1961 – BStBl. III S. 310).

Beispiel:

Ein Arbeitnehmer, der im Jahr 2012 das 65. Lebensjahr vollendet hatte und für den Lohnsteuerabzugsmerkmale nach § 39 Abs. 4 i. V. m. § 39a Abs. 1 Satz 1 Nr. 5 EStG (einschl. Freibetrag) gebildet wurden, hat neben seinen Einkünften aus nichtselbständiger Arbeit (Ruhegeld) in 2021 folgende Einkünfte bezogen:

Gewinn aus Land- und Forstwirtschaft		2000 €
Verlust aus Vermietung und Verpachtung		– 300 €
positive Summe dieser Einkünfte		1700 €
Prüfung des Veranlagungsgrundes nach § 46 Abs. 2 Nr. 1 EStG: Summe der einkommensteuerpflichtigen Einkünfte, die nicht dem Steuerabzug vom Arbeitslohn unterlagen		1700 €
Abzug nach § 13 Abs. 3 EStG	900 €	
Altersentlastungsbetrag nach § 24a EStG (28,8 % aus 1700 € =)	+ 490 €	– 1390 €
		310 €

Die Voraussetzungen nach § 46 Abs. 2 Nr. 1 EStG sind nicht gegeben; der Arbeitnehmer ist nach § 46 Abs. 2 Nr. 4 EStG zu veranlagen.

Härteausgleich nach § 46 Abs. 3 EStG:	
Betrag der einkommensteuerpflichtigen (Neben-)Einkünfte	1700 €
Abzug nach § 13 Abs. 3 EStG	– 900 €
Altersentlastungsbetrag nach § 24a EStG	– 490 €
Vom Einkommen abziehbarer Betrag	310 €

Anwendung der §§ 34, 34b und 34c EStG. Würden Einkünfte, die nicht der Lohnsteuer zu unterwerfen waren, auf Grund eines Härteausgleichsbetrags in gleicher Höhe unversteuert bleiben, ist für die Anwendung dieser Ermäßigungsvorschriften kein Raum (→ BFH vom 29.5.1963 – BStBl. III S. 379 und vom 2.12.1971 – BStBl. 1972 II S. 278).

Lohnersatzleistung. Der Härteausgleich nach § 46 Abs. 3 EStG ist nicht auf dem Progressionsvorbehalt unterliegende Lohnersatzleistungen anzuwenden (→ BFH vom 5.5.1994 – BStBl. II S. 654).

Zu § 48 EStG

H 48

Bauwerke. Bauwerke i. S. d. § 48 Abs. 1 Satz 3 EStG sind insbesondere nicht auf Gebäude oder unbewegliche Wirtschaftsgüter beschränkt, sondern kommen auch bei Scheinbestandteilen, Betriebsvorrichtungen und technischen Anlagen in Betracht. Zur Errichtung von Freiland-Photovoltaikanlagen → BFH vom 7.11.2019 (BStBl. 2020 II S. 552).

Steuerabzug bei Bauleistungen. → BMF vom 27.12.2002 (BStBl. I S. 1399) unter Berücksichtigung der Änderungen durch BMF vom 4.9. 2003 (BStBl. I S. 431).

Zu § 49 EStG

R 49.1 Beschränkte Steuerpflicht bei Einkünften aus Gewerbebetrieb

(1) [1]Einkünfte aus Gewerbebetrieb unterliegen nach § 49 Abs. 1 Nr. 2 Buchstabe a EStG auch dann der beschränkten Steuerpflicht, wenn im Inland keine Betriebsstätte unterhalten wird, sondern nur ein ständiger Vertreter für den Gewerbebetrieb bestellt ist (§ 13 AO). [2]Ist der ständige Vertreter ein Kommissionär oder Makler, der Geschäftsbeziehungen für das ausländische Unternehmen im Rahmen seiner ordentlichen Geschäftstätigkeit unterhält, und ist die Besteuerung des ausländischen Unternehmens nicht durch ein DBA geregelt, sind die Einkünfte des ausländischen Unternehmens insoweit nicht der Besteuerung zu unterwerfen. [3]Das gilt auch, wenn der ständige Vertreter ein Handelsvertreter (§ 84 HGB) ist, der weder eine allgemeine Vollmacht zu Vertragsverhandlungen und Vertragsabschlüssen für das ausländische Unternehmen besitzt noch über ein Warenlager dieses Unternehmens verfügt, von dem er regelmäßig Bestellungen für das Unternehmen ausführt.

(2) [1]Auf Einkünfte, die ein beschränkt Stpfl. durch den Betrieb eigener oder gecharterter Schiffe oder Luftfahrzeuge aus einem Unternehmen bezieht, dessen Geschäftsleitung sich in einem ausländischen Staat befindet, sind die Sätze 2 und 3 des Absatzes 1 nicht anzuwenden. [2]Einkünfte aus Gewerbebetrieb, die ein Unternehmen im Rahmen einer internationalen Betriebsgemeinschaft oder eines Pool-Abkommens erzielt, unterliegen nach § 49 Abs. 1 Nr. 2 Buchstabe c EStG der beschränkten Steuerpflicht auch, wenn das die Beförderung durchführende Unternehmen mit Sitz oder Geschäftsleitung im Inland nicht als ständiger Vertreter des ausländischen Beteiligten anzusehen ist.

(3) Bei gewerblichen Einkünften, die durch im Inland ausgeübte oder verwertete künstlerische, sportliche, artistische, unterhaltende oder ähnliche Darbietungen erzielt werden, kommt es für die Begründung der beschränkten Steuerpflicht nicht darauf an, ob im Inland eine Betriebsstätte unterhalten wird oder ständiger Vertreter bestellt worden ist und ob die Einnahmen dem Darbietenden, dem die Darbietung Verwertenden oder einem Dritten zufließen.

(4) [1]Hat der Stpfl. im Falle des § 49 Abs. 1 Nr. 2 Buchstabe e EStG wegen Verlegung des Wohnsitzes in das Ausland den Vermögenszuwachs der Beteili-

gung i. S. d. § 17 Abs. 1 Satz 1 EStG nach § 6 AStG[1] versteuert, ist dieser Vermögenszuwachs vom tatsächlich erzielten Veräußerungsgewinn abzusetzen (§ 6 Abs. 1 Satz 5 AStG). [2]Ein sich dabei ergebender Verlust ist bei der Ermittlung der Summe der zu veranlagenden inländischen Einkünfte auszugleichen.

H 49.1

Anteilsveräußerung mit Verlust nach Wegzug ins EU-/EWR-Ausland. → § 6 Abs. 6 AStG.[1]

Beschränkt steuerpflichtige inländische Einkünfte aus Gewerbebetrieb bei Verpachtung liegen vor, solange der Verpächter für seinen Gewerbebetrieb im Inland einen ständigen Vertreter, gegebenenfalls den Pächter seines Betriebs, bestellt hat und während dieser Zeit weder eine Betriebsaufgabe erklärt noch den Betrieb veräußert (→ BFH vom 13.11.1963 – BStBl. 1964 III S. 124 und vom 12.4.1978 – BStBl. II S. 494).

Besteuerung beschränkt steuerpflichtiger Einkünfte nach § 50a EStG.
- → BMF vom 25.11.2010 (BStBl. I S. 1350).
- → R 49.1 Abs. 3.

Grenzüberschreitende Überlassung von Software und Datenbanken. → BMF vom 27.10.2017 (BStBl. I S. 1448).

Nachträgliche Einkünfte aus Gewerbebetrieb im Zusammenhang mit einer inländischen Betriebsstätte. → H 34d sinngemäß.

Rechte, die in ein inländisches Register eingetragen sind. → BMF vom 6.11.2020 (BStBl. I S. 1060) und vom 11.2.2021 (BStBl. I S. 301).[2]

Schiff- und Luftfahrt.
- Pauschalierung der Einkünfte → § 49 Abs. 3 EStG.
- Steuerfreiheit der Einkünfte bei Gegenseitigkeit mit ausländischem Staat → § 49 Abs. 4 EStG.
- → BMF vom 18.2.2021 (BStBl. I S. 265)[3] mit Verzeichnis der Staaten, die eine dem § 49 Abs. 4 EStG entsprechende Steuerbefreiung gewähren; Gegenseitigkeit wird erforderlichenfalls vom BMF festgestellt.

Ständiger Vertreter kann auch ein inländischer Gewerbetreibender sein, der die Tätigkeit im Rahmen eines eigenen Gewerbebetriebs ausübt (→ BFH vom 28.6.1972 – BStBl. II S. 785).

Veräußerung von Dividendenansprüchen. Zur Veräußerung von Dividendenansprüchen durch Steuerausländer an Dritte → BMF vom 26.7.2013 (BStBl. I S. 939).

Zweifelsfragen zur Besteuerung der Einkünfte aus Vermietung und Verpachtung. Zur Vermietung und Verpachtung gem. § 49 Abs. 1 Nr. 2 Buchstabe f Doppelbuchstabe aa EStG → BMF vom 16.5.2011 (BStBl. I S. 530).

---

[1] **Steuergesetze** Nr. **725**.
[2] Ergänzend siehe BMF v. 14.7.2021, BStBl. I 2021, 1005.
[3] Stand 1.1.2022 BMF v. 19.1.2022, BStBl. I 2022, 147 (abgedruckt in **Doppelbesteuerungsabkommen** DBA-Allgemein 0.1).

R 49.2 Beschränkte Steuerpflicht bei Einkünften aus selbständiger Arbeit

[1]Zur Ausübung einer selbständigen Tätigkeit gehört z. B. die inländische Vortragstätigkeit durch eine im Ausland ansässige Person. [2]Eine Verwertung einer selbständigen Tätigkeit im Inland liegt z. B. vor, wenn ein beschränkt steuerpflichtiger Erfinder sein Patent einem inländischen Betrieb überlässt oder wenn ein beschränkt steuerpflichtiger Schriftsteller sein Urheberrecht an einem Werk auf ein inländisches Unternehmen überträgt.[1)]

H 49.2

Ausüben einer selbständigen Tätigkeit setzt das persönliche Tätigwerden im Inland voraus (→ BFH vom 12.11.1986 – BStBl. 1987 II S. 372).

Beschränkt steuerpflichtige inländische Einkünfte eines im Ausland ansässigen Textdichters.

– → BFH vom 28.2.1973 (BStBl. II S. 660).

– → BFH vom 20.7.1988 (BStBl. 1989 II S. 87).

R 49.3 Bedeutung der Besteuerungsmerkmale im Ausland bei beschränkter Steuerpflicht[2)]

(1) [1]Nach § 49 Abs. 2 EStG sind bei der Feststellung, ob inländische Einkünfte i. S. d. beschränkten Steuerpflicht vorliegen, die im Ausland gegebenen Besteuerungsmerkmale insoweit außer Betracht zu lassen, als bei ihrer Berücksichtigung steuerpflichtige inländische Einkünfte nicht angenommen werden könnten (isolierende Betrachtungsweise). [2]Danach unterliegen z. B. Einkünfte, die unter den Voraussetzungen des § 17 EStG aus der Veräußerung des Anteiles an einer Kapitalgesellschaft erzielt werden, auch dann der beschränkten Steuerpflicht (§ 49 Abs. 1 Nr. 2 Buchstabe e EStG), wenn der Anteil in einem ausländischen Betriebsvermögen gehalten wird.

(2) Vergütungen für die Überlassung der Nutzung oder des Rechts auf Nutzung von gewerblichem Know-how, die weder Betriebseinnahmen eines inländischen Betriebs sind noch zu den Einkünften i. S. d. § 49 Abs. 1 Nr. 1 bis 8 EStG gehören, sind als sonstige Einkünfte i. S. d. § 49 Abs. 1 Nr. 9 EStG beschränkt steuerpflichtig.

(3) [1]Wird für verschiedenartige Leistungen eine einheitliche Vergütung gewährt, z. B. für Leistungen i. S. d. § 49 Abs. 1 Nr. 3 oder 9 EStG, ist die Vergütung nach dem Verhältnis der einzelnen Leistungen aufzuteilen. [2]Ist eine Trennung nicht ohne besondere Schwierigkeit möglich, kann die Gesamtvergütung zur Vereinfachung den sonstigen Einkünften i. S. d. § 49 Abs. 1 Nr. 9 EStG zugeordnet werden.

---

1) Siehe BFH v. 5.11.1992 I R 41/92, BStBl. II 1993, 407.

2) Siehe aber BFH v. 7.11.2001 I R 14/01, BStBl. II 2002, 861, und BMF v. 25.11.2010, BStBl. I 2010, 1350.

H 49.4

Einkünfte aus inländischen öffentlichen Kassen. → BMF vom 13.11. 2019 (BStBl. I S. 1082).

Zu § 50 EStG

R 50. Bemessungsgrundlage für die Einkommensteuer und Steuerermäßigung für ausländische Steuern

[1] § 50 Abs. 3 EStG ist auch im Verhältnis zu Staaten anzuwenden, mit denen ein DBA besteht. [2] Es ist in diesem Fall grundsätzlich davon auszugehen, dass Ertragsteuern, für die das DBA gilt, der deutschen Einkommensteuer entsprechen. [3] Bei der Ermittlung des Höchstbetrags für Zwecke der Steueranrechnung (→ R 34c) sind in die S. d. E. nur die Einkünfte einzubeziehen, die im Wege der Veranlagung besteuert werden.

H 50

Anwendung des § 50 Abs. 5 Satz 2 Nr. 2 EStG (jetzt § 50 Abs. 2 Satz 2 Nr. 4 EStG i. d. F. des JStG 2009). → BMF vom 30.12.1996 (BStBl. I S. 1506).

Anwendung des § 50 Abs. 3 EStG. → R 34c gilt entsprechend.

Ausländische Kulturvereinigungen.
– Zu Billigkeitsmaßnahmen nach § 50 Abs. 7 EStG (jetzt § 50 Abs. 4 EStG) bei ausländischen Kulturvereinigungen → BMF vom 20.7.1983 (BStBl. I S. 382) – sog. Kulturorchestererlass – und BMF vom 30.5.1995 (BStBl. I S. 336).
– Als „solistisch besetztes Ensemble" i. S. d. Tz. 4 des sog. Kulturorchestererlasses ist eine Formation jedenfalls dann anzusehen, wenn bei den einzelnen Veranstaltungen nicht mehr als fünf Mitglieder auftreten und die ihnen abverlangte künstlerische Gestaltungshöhe mit derjenigen eines Solisten vergleichbar ist (→ BFH vom 7.3.2007 – BStBl. 2008 II S. 186).

Europäische Vereinswettbewerbe von Mannschaftssportarten. → BMF vom 20.3.2008 (BStBl. I S. 538).

Kein Veranlagungswahlrecht für einen beschränkt steuerpflichtigen Staatsbürger eines Drittstaates. Einem in Deutschland beschränkt steuerpflichtigen Staatsbürger eines Drittstaates steht das Veranlagungswahlrecht gem. § 50 Abs. 2 Satz 2 Nr. 4 Buchst. b i. V. m. Satz 7 EStG für Einkünfte aus nichtselbständiger Arbeit auch dann nicht zu, wenn er in einem EU- oder EWR-Staat wohnt (→ BFH vom 3.9.2020 – BStBl. 2021 II S. 237).

Wechsel zwischen beschränkter und unbeschränkter Steuerpflicht. → § 2 Abs. 7 Satz 3 EStG.

Zu § 50a EStG
(§§ 73a bis 73g EStDV)

R 50a.1 Steuerabzug bei Lizenzgebühren, Vergütungen für die Nutzung von Urheberrechten und bei Veräußerungen von Schutzrechten usw.

[1] Lizenzgebühren für die Verwertung gewerblicher Schutzrechte und Vergütungen für die Nutzung von Urheberrechten, deren Empfänger im Inland weder einen Wohnsitz noch ihren gewöhnlichen Aufenthalt haben, unterliegen nach § 49 Abs. 1 Nr. 2 Buchstabe f Doppelbuchstabe aa bzw. Nr. 6 EStG der beschränkten Steuerpflicht, wenn die Patente in die deutsche Patentrolle eingetragen sind oder wenn die gewerblichen Erfindungen oder Urheberrechte in einer inländischen Betriebsstätte oder in einer anderen Einrichtung verwertet werden. [2] Als andere Einrichtungen sind öffentlich-rechtliche Rundfunkanstalten anzusehen, soweit sie sich in dem durch Gesetz oder Staatsvertrag bestimmten Rahmen mit der Weitergabe von Informationen in Wort und Bild beschäftigen und damit hoheitliche Aufgaben wahrnehmen, so dass sie nicht der Körperschaftsteuer unterliegen und damit auch keine Betriebsstätte begründen. [3] In den übrigen Fällen ergibt sich die beschränkte Steuerpflicht für Lizenzgebühren aus § 49 Abs. 1 Nr. 2 Buchstabe a oder Nr. 9 EStG. [4] Dem Steuerabzug unterliegen auch Lizenzgebühren, die den Einkünften aus selbständiger Arbeit zuzurechnen sind (§ 49 Abs. 1 Nr. 3 EStG).

H 50a.1

Kundenadressen. Einkünfte aus der Überlassung von Kundenadressen zur Nutzung im Inland fallen auch dann nicht gem. § 49 Abs. 1 Nr. 9 EStG unter die beschränkte Steuerpflicht, wenn die Adressen vom ausländischen Überlassenden nach Informationen über das Konsumverhalten der betreffenden Kunden selektiert wurden. Es handelt sich nicht um die Nutzungsüberlassung von Know-how, sondern von Datenbeständen (→ BFH vom 13.11.2002 – BStBl. 2003 II S. 249).

Rechteüberlassung.

- Die entgeltliche Überlassung eines Rechts führt zu inländischen Einkünften, wenn die Rechteverwertung Teil einer gewerblichen oder selbständigen Tätigkeit im Inland (§ 49 Abs. 1 Nr. 2 Buchstabe a oder Nr. 3 EStG) ist oder die Überlassung zeitlich begrenzt zum Zwecke der Verwertung in einer inländischen Betriebsstätte oder anderen inländischen Einrichtung erfolgt (§ 49 Abs. 1 Nr. 6 EStG). Dies gilt auch dann, wenn das Recht vom originären beschränkt steuerpflichtigen Inhaber selbst überlassen wird, wie z. B. bei der Überlassung der Persönlichkeitsrechte eines Sportlers durch diesen selbst im Rahmen einer Werbekampagne (→ BMF vom 2.8.2005 – BStBl. I S. 844).
- Zu einem ausnahmsweise möglichen Betriebsausgaben- und Werbungskostenabzug → BMF vom 17.6.2014 (BStBl. I S. 887).
- Zur grenzüberschreitenden Überlassung von Software und Datenbanken → BMF vom 27.10.2017 (BStBl. I S. 1448).

– Kein Steuerabzug nach § 50a Abs. 1 Nr. 3 EStG bei Vergütungen für die Platzierung oder Vermittlung von Onlinewerbung → BMF vom 3.4.2019 (BStBl. I S. 256).
– Zur Überlassung von in inländischen Registern eingetragenen Rechten → BMF vom 6.11.2020 (BStBl. I S. 1060) und vom 11.2.2021 (BStBl. I S. 301).[1]

Spezialwissen. Auch ein rechtlich nicht geschütztes technisches Spezialwissen, wie es in § 49 Abs. 1 Nr. 9 EStG aufgeführt ist, kann wie eine Erfindung zu behandeln sein, wenn sein Wert etwa dadurch greifbar ist, dass es in Lizenzverträgen zur Nutzung weitergegeben werden kann (→ BFH vom 26.10.2004 – BStBl. 2005 II S. 167).

Werbeleistungen eines ausländischen Motorsport-Rennteams. Eine ausländische Kapitalgesellschaft, die als Motorsport-Rennteam Rennwagen und Fahrer in einer internationalen Rennserie einsetzt, erbringt eine eigenständige sportliche Darbietung. Sie ist mit ihrer anteilig auf inländische Rennen entfallenden Vergütung für Werbeleistungen (auf den Helmen und Rennanzügen der Fahrer und auf den Rennwagen aufgebrachte Werbung) beschränkt steuerpflichtig (→ BFH vom 6.6.2012 – BStBl. 2013 II S. 430).

R 50a.2 Berechnung des Steuerabzugs nach § 50a EStG in besonderen Fällen *(unbesetzt)*

H 50a.2

Allgemeines.
– Zum Steuerabzug gem. § 50a EStG bei Einkünften beschränkt Steuerpflichtiger aus künstlerischen, sportlichen, artistischen, unterhaltenden oder ähnlichen Darbietungen → BMF vom 25.11.2010 (BStBl. I S. 1350).[2]
– Zur Haftung eines im Ausland ansässigen Vergütungsschuldners gem. § 50a Abs. 5 EStG auf der sog. zweiten Ebene → BFH vom 22.8.2007 (BStBl. 2008 II S. 190).

Auslandskorrespondenten. → BMF vom 13.3.1998 (BStBl. I S. 351).

Ausländische Kulturvereinigungen.[3] → BMF vom 20.7.1983 (BStBl. I S. 382) und BMF vom 30.5.1995 (BStBl. I S. 336).

Doppelbesteuerungsabkommen. Nach § 50d Abs. 1 Satz 1 EStG sind die Vorschriften über die Einbehaltung, Abführung und Anmeldung der Steuer durch den Schuldner der Vergütung nach § 50a EStG ungeachtet eines DBA anzuwenden, wenn Einkünfte nach dem Abkommen nicht oder nur nach einem niedrigeren Steuersatz besteuert werden können (→ BFH vom 13.7.1994 – BStBl. 1995 II S. 129).

---

[1] Ergänzend siehe BMF v. 14.7.2021, BStBl. I 2021, 1005, mit Übergangsregelungen.
[2] Zum Steuerabzug nach § 50a Abs. 1 Nr. 3 EStG bei einem „total buy out"-Vertrag siehe BFH v. 24.10.2018 I R 69/16, BStBl. II 2019, 401.
[3] Zu Jazz-Ensembles und zu Kammermusikbesetzungen siehe BayLfSt v. 24.10.2011 – S 2303.1.1-5/2 St 32, DB 2011, 2575.

Fotomodelle. Zur Aufteilung von Gesamtvergütungen beim Steuerabzug von Einkünften beschränkt stpfl. Fotomodelle → BMF vom 9.1.2009 (BStBl. I S. 362).

Sicherungseinbehalt nach § 50a Abs. 7 EStG.
- Allgemeines → BMF vom 2.8.2002 (BStBl. I S. 710).
- Sperrwirkung gem. § 48 Abs. 4 EStG → BMF vom 27.12.2002 (BStBl. I S. 1399) unter Berücksichtigung der Änderungen durch BMF vom 4.9.2003 (BStBl. I S. 431), Tz. 96 ff.

Steueranmeldung.
- Im Falle einer Aussetzung (Aufhebung) der Vollziehung dürfen ausgesetzte Steuerbeträge nur an den Vergütungsschuldner und nicht an den Vergütungsgläubiger erstattet werden (→ BFH vom 13.8.1997 – BStBl. II S. 700 und BMF vom 25.11.2010 – BStBl. I S. 1350, Rz. 68).
- Zu Inhalt und Wirkungen einer Steueranmeldung gem. § 73e EStDV und zur gemeinschaftsrechtskonformen Anwendung des § 50a EStG → BFH vom 7.11.2007 (BStBl. 2008 II S. 228) und BMF vom 25.11.2010 (BStBl. I S. 1350, Rz. 68).

Steuerbescheinigung nach § 50a Abs. 5 Satz 6 EStG. Das amtliche Muster ist auf der Internetseite des BZSt (www.bzst.bund.de) abrufbar.

Übersicht. Übernimmt der Schuldner der Vergütung die Steuer nach § 50a EStG und den Solidaritätszuschlag (sog. Nettovereinbarung), ergibt sich zur Ermittlung der Abzugsteuer in den Fällen des § 50a Abs. 2 Satz 1, erster Halbsatz und Satz 3 EStG folgender Berechnungssatz in %, der auf die jeweilige Netto-Vergütung anzuwenden ist:

Bei einer Netto-Vergütung in € Zufluss nach dem 31.12.2008	Berechnungssatz für die Steuer nach § 50a EStG in % der Netto-Vergütung	Berechnungssatz für den Solidaritätszuschlag in % der Netto-Vergütung
bis 250,00	0,00	0,00
mehr als 250,00	17,82	0,98

Zuständigkeit. Örtlich zuständig für den Erlass eines Nachforderungsbescheides gem. § 73g Abs. 1 EStDV gegen den Vergütungsgläubiger (Steuerschuldner) ist in Fällen des angeordneten Steuerabzugs gem. § 50a Abs. 7 EStG das für dessen Besteuerung zuständige Finanzamt und im Übrigen das BZSt (§ 73e Satz 1 und Satz 7 EStDV).

Zu § 50c EStG

R 50c. Wertminderung von Anteilen durch Gewinnausschüttungen

In Fällen, in denen gem. § 52 Abs. 59 EStG[1] ab dem VZ 2001 noch § 50c EStG i. d. F. des Gesetzes vom 24.3.1999 (Steuerentlastungsgesetz 1999/2000/2002, BGBl. I S. 402) anzuwenden ist, gilt R 227d EStR 1999 weiter.

[1] § 52 Abs. 59 EStG i. d. F. vor dem G v. 25.7.2014, BGBl. I 2014, 1266.

R **227d EStR 1999. Wertminderung von Anteilen durch Gewinnausschüttungen**

Sachlicher Anwendungsbereich

(1) [1] Die Vorschrift des § 50c EStG gilt für Gewinnminderungen im Rahmen des Betriebsvermögens und bei Veräußerungsgewinnen im Sinne der §§ 17 und 23 EStG. [2] Gehören die Anteile zu einem Betriebsvermögen des Erwerbers, wirkt sich die Nichtberücksichtigung der Gewinnminderungen außerhalb der Steuerbilanz aus. [3] Die Besteuerung der Ausschüttungen auf die erworbenen Anteile und die Anrechnung von Körperschaftsteuer bei dem Erwerber werden durch § 50c EStG nicht berührt.

Ausschüttungsbedingte Gewinnminderungen

(2) [1] Nach § 50c Abs. 1 EStG werden Gewinnminderungen steuerlich nicht berücksichtigt, die nur auf Gewinnausschüttungen der Kapitalgesellschaft zurückgeführt werden können. [2] Soweit der Erwerber glaubhaft macht, dass die Gewinnminderung auf anderen Ursachen als auf einer vorangegangenen Gewinnausschüttung beruht, z. B. auf Verlusten der Kapitalgesellschaft oder auf der Verringerung ihrer stillen Reserven, ist sie steuerlich zu berücksichtigen. [3] Beruht die Gewinnminderung auf mehreren Ursachen, ist davon auszugehen, dass sie vorrangig auf andere Gründe als auf Gewinnausschüttungen zurückzuführen ist.

Sperrbetrag

(3) [1] Der verbleibende Sperrbetrag im Sinne des § 50c Abs. 4 Satz 3 EStG ist bis zum Ablauf der Sperrzeit formlos fortzuschreiben. [2] Zur Vermeidung unbilliger Härten ist der Sperrbetrag gemäß § 163 AO auch um den Betrag zu verringern, der nachweislich von einem früheren Anteilseigner im Inland als Veräußerungsgewinn versteuert worden ist.

Kapitalherabsetzung

(4) [1] Der Betrag des verwendbaren Eigenkapitals im Sinne des § 29 Abs. 3 KStG, um den sich der Sperrbetrag erhöht, ist unter Einschaltung des für die Kapitalgesellschaft zuständigen Finanzamts zu ermitteln. [2] Maßgebend für die Berechnung sind die Verhältnisse am Tag des Anteilserwerbs.

Rechtsnachfolger des Erwerbers

(5) [1] Bei Rechtsnachfolgern des Ersterwerbers sind ausschüttungsbedingte Gewinnminderungen auch bei Anschaffungskosten von nicht mehr als 100 000 DM steuerlich nicht zu berücksichtigen. [2] Auf Anfrage hat das für den Ersterwerber der Anteile zuständige Finanzamt dem Rechtsnachfolger den für ihn maßgeblichen restlichen Sperrbetrag und die restliche Sperrzeit mitzuteilen.

Anschaffungskosten im Sinne des § 50c Abs. 9 EStG

(6) In den Fällen des § 50c Abs. 5 EStG ist auf die Anschaffungskosten der Gemeinschaft abzustellen.

H **227d EStH 1999**

Ausschüttungsbedingte Gewinnminderung (R 227d Abs. 2).

Beispiel:

Nach dem Anteilserwerb und einer anschließenden Gewinnausschüttung nimmt der Erwerber eine Teilwertabschreibung vor in

Höhe von	180 000 DM
hiervon entfallen auf Verluste der Kapitalgesellschaft	100 000 DM
steuerlich nicht zu berücksichtigen ist nach § 50c EStG eine Gewinnminderung in Höhe von	80 000 DM

Begründung einer Anrechnungsberechtigung gem. § 50c Abs. 6 EStG. Ein nichtanrechnungsberechtigter Anteilseigner mit Anteilen an einer Kapitalgesellschaft wird z. B. anrechnungsberechtigt, wenn

– ein ausländischer Anteilseigner seinen Wohnsitz oder gewöhnlichen Aufenthalt oder seine Geschäftsleitung oder seinen Sitz in das Inland verlegt,

– Anteilseigner eine steuerbefreite inländische Körperschaft ist, die steuerpflichtig wird.

§ 50c Abs. 6 EStG betrifft auch Einlagen nichtanrechnungsberechtigter Anteilseigner

1. in eine inländische Betriebsstätte des nichtanrechnungsberechtigten Anteilseigners,
2. in einen steuerpflichtigen wirtschaftlichen Geschäftsbetrieb des nichtanrechnungsberechtigten Anteilseigners,
3. in einen steuerpflichtigen Betrieb gewerblicher Art des nichtanrechnungsberechtigten Anteilseigners.

Dividenden-Stripping. Zur Nichtanwendung des BFH-Urteils vom 15.12.1999 → BMF vom 6.10.2000 (BStBl. I S. 1392).

Erwerb im Sinne des § 50c Abs. 1 EStG. Dazu gehören auch

– Schenkungen durch nichtanrechnungsberechtigte Anteilseigner
– gesellschaftsrechtliche oder verdeckte Einlagen durch nichtanrechnungsberechtigte Anteilseigner in eine unbeschränkt steuerpflichtige Kapitalgesellschaft.

Erwerb vom anrechnungsberechtigten Anteilseigner. Sachliche und zeitliche Anwendung des § 50c Abs. 11 EStG → BMF vom 13.7.1998 (BStBl. I S. 912).

Kapitalherabsetzung.

Beispiel:

1. Sachverhalt:

Nennwert der erworbenen Anteile (Alleinbeteiligung)	1 000 000 DM
bei der Kapitalgesellschaft vorhandene offene Rücklagen (ungemildert mit Körperschaftsteuer belastet)	500 000 DM
Anschaffungskosten	1 500 000 DM

Die Kapitalgesellschaft hat vor dem Anteilserwerb ihr Nennkapital unter Umwandlung der vorhandenen offenen Rücklagen auf 1 500 000 DM erhöht. Nach dem Anteilserwerb setzt die Kapitalgesellschaft das Nennkapital wieder auf 1 000 000 DM herab und zahlt den Herabsetzungsbetrag an den Erwerber aus. Die erworbenen Anteile rechnen zum Betriebsvermögen des Erwerbers.

2. Sperrbetragsberechnung:

Anschaffungskosten	1 500 000 DM
Nennwert der erworbenen Anteile	– 1 500 000 DM
	0 DM
Erhöhung nach § 50c Abs. 4 Satz 4 EStG	+ 500 000 DM
Sperrbetrag	500 000 DM

3. Nicht zu berücksichtigende Gewinnminderung bei späterer Kapitalherabsetzung:

a) Bezüge auf Grund der Kapitalherabsetzung (§ 20 Abs. 1 Nr. 2 EStG):

Leistung aus dem ungemildert (mit 45 v. H.) mit Körperschaftsteuer belasteten Teilbetrag des verwendbaren Eigenkapitals der Kapitalgesellschaft ($^{55}/_{70}$ von 500 000 DM; → A 95 Abs. 2 KStR)	392 857 DM
zuzüglich Körperschaftsteuer-Minderung ($^{15}/_{55}$ von 392 857 DM)	+ 107 143 DM
	500 000 DM

b) Anzurechnende Körperschaftsteuer

$^{3}/_{7}$ von 500 000 DM (§ 20 Abs. 1 Nr. 3 EStG)	+ 214 286 DM
	714 286 DM

Verringert sich der Teilwert der erworbenen Anteile in Höhe des für die Leistung verwendeten Eigenkapitals von 392 857 DM, ist diese Gewinnminderung nach § 50c Abs. 2 EStG steuerlich nicht zu berücksichtigen.

4. Rest-Sperrbetrag:

Ursprünglicher Sperrbetrag	500 000 DM
nicht zu berücksichtigende Gewinnminderung	– 392 857 DM
Rest-Sperrbetrag	107 143 DM

Maßgebender Wert im Sinne des § 50c Abs. 4 Satz 2 EStG (fehlende Anschaffungskosten).

1. In den Fällen des § 6 Abs. 4 EStG:
der Betrag, den der Erwerber für den Anteil hätte aufwenden müssen.
2. In den Fällen des § 17 Abs. 2 Satz 3 EStG, § 11d EStDV:
ein Betrag in Höhe der Anschaffungskosten des Rechtsvorgängers.
3. Bei der Einlage des Anteils in das Betriebsvermögen des Erwerbers:
der nach § 6 Abs. 1 Nr. 5 EStG anzusetzende Betrag.

Sperrbetrag (R 227d Abs. 3).

Beispiele:

1. Erworbene Anteile gehören zum Betriebsvermögen des Erwerbers.
a) Sachverhalt:
Der anrechnungsberechtigte Stpfl. E erwirbt im Jahr 01 vom nichtanrechnungsberechtigten Veräußerer V die Hälfte der Aktien der inländischen Z-AG.

Nennbetrag der erworbenen Aktien	1 000 000 DM
Anschaffungskosten	1 600 000 DM

In den Jahren 01 bis 04 zahlt die Z-AG Dividenden von jährlich 200 000 DM, die zu 50 v. H. auf den Erwerber entfallen.
Im Jahr 07 macht E eine Teilwertabschreibung in Höhe von 400 000 DM auf die erworbenen Anteile geltend. Er legt glaubhaft dar, dass eine Teilwertverringerung in Höhe von 300 000 DM auf eine dauerhafte Wertminderung zurückzuführen ist, die nicht auf den Gewinnausschüttungen beruht. Hinsichtlich des Betrags von 100 000 DM handelt es sich um eine nach § 50c EStG nicht zu berücksichtigende Gewinnminderung.

b) Berechnung des Sperrbetrags und der steuerlich anzuerkennenden Gewinnminderung infolge der Teilwertabschreibung:

aa) Sperrbetrag zum 31.12. des Jahres 01:

Anschaffungskosten	1 600 000 DM
Nennwert der erworbenen Anteile	– 1 000 000 DM
Sperrbetrag	600 000 DM

bb) Rest-Sperrbetrag zum 31.12. des Jahres 07:

Bisheriger Sperrbetrag		600 000 DM
vorgenommene Teilwertabschreibung	400 000	
steuerlich zu berücksichtigende Gewinnminderung	– 300 000	
nach § 50c EStG nicht zu berücksichtigende Gewinnminderung	100 000	100 000 DM
Rest-Sperrbetrag zum 31.12. 07		500 000 DM

2. Erworbene Anteile gehören zum Privatvermögen des Erwerbers
Sachverhalt wie Beispiel bei Nummer 1 mit der Abweichung, dass der Erwerber die erworbene wesentliche Beteiligung im Jahr 07 für 1 200 000 DM veräußert.
Der erklärte Veräußerungsverlust im Sinne des § 17 EStG von (Erlös 1 200 000 DM – Anschaffungskosten 1 600 000 DM =) 400 000 DM ist nach § 50c EStG in Höhe von 100 000 DM nicht zu berücksichtigen. Der Rest-Sperrbetrag zum 31.12. des Jahres 07 von (600 000 DM – 100 000 DM =) 500 000 DM ist nach § 50c Abs. 8 EStG für die Besteuerung bei dem Rechtsnachfolger des Erwerbers von Bedeutung.

Sperrbetragskürzung aus Billigkeitsgründen (R 227d Abs. 3 Satz 2).

Beispiel:

Der inländische Erwerber A hat im Jahr 03 sämtliche Anteile an der unbeschränkt steuerpflichtigen X-GmbH im Nennwert von 1 000 000 DM zu 1 440 000 DM erworben. A weist nach, dass B die Anteile im Jahr 01 von dem inländischen Vorveräußerer C erworben hat, der für die Anteilsveräußerung deutsche Einkommensteuer auf einen Veräußerungsgewinn von 100 000 DM zu zahlen hatte.

Der Sperrbetrag nach § 50c Abs. 4 EStG beträgt 1 440 000 DM – 1 000 000 DM	440 000 DM
Er ist im Billigkeitswege zu kürzen um den im Inland bereits versteuerten Veräußerungsgewinn von	– 100 000 DM
verbleibender Sperrbetrag	340 000 DM

Übergang des Vermögens der Kapitalgesellschaft durch Gesamtrechtsnachfolge.

1. Übergang auf eine Personengesellschaft: → § 4 Abs. 5 UmwStG: Erhöhung des Übernahmegewinns um den Sperrbetrag i. S. d. § 50c EStG.
2. Übergang auf eine andere Körperschaft: → § 12 Abs. 2 Satz 3 UmwStG.
3. In den Fällen der Verschmelzung, in denen die erworbenen Anteile untergehen und an ihre Stelle Anteile an der übernehmenden Gesellschaft treten, ist § 50c EStG auch auf die Anteile anzuwenden, die an die Stelle der untergegangenen Anteile treten (§ 13 Abs. 4 UmwStG).

Verwendbares Eigenkapital im Sinne des § 29 Abs. 3 KStG. → § 50c Abs. 2 EStG. Nach § 29 Abs. 3 KStG rechnen zum verwendbaren Eigenkapital auch die Beträge, um die das Nennkapital durch Umwandlung von Rücklagen aus dem Gewinn eines nach dem 31.12.1976 endenden Wirtschaftsjahrs erhöht worden ist.

Zu § 50d EStG

H 50d

Abstandnahme vom Steuerabzug gem. § 50d Abs. 2 Satz 1 EStG bei sog. abgesetzten Beständen. → BMF vom 5.7.2013 (BStBl. I S. 847).

Ansässigkeitsbestätigung. Zum vereinfachten Nachweis bei Bestätigungen nach § 50d Abs. 4 Satz 1 EStG → BMF vom 17.10.2017 (BStBl. I S. 1644).

Anwendung der DBA auf Personengesellschaften. → BMF vom 26.9.2014 (BStBl. I S. 1258).

Arbeitslohn nach DBA. → BMF vom 3.5.2018 (BStBl. I S. 643) unter Berücksichtigung der Änderungen durch BMF vom 22.4.2020 (BStBl. I S. 483).

Entlastungsberechtigung ausländischer Gesellschaften. Zur Anwendung des § 50d Abs. 3 EStG → BMF vom 24.1.2012 (BStBl. I S. 171) unter Berücksichtigung → BMF vom 4.4.2018 (BStBl. I S. 589).

Entlastung von deutscher Abzugsteuer gemäß § 50a EStG bei künstlerischer, sportlicher Tätigkeit oder ähnlichen Darbietungen. → BMF vom 25.11.2010 (BStBl. I S. 1350).

Gestaltungsmissbrauch. Werden im Inland erzielte Einnahmen zur Vermeidung inländischer Steuer durch eine ausländische Kapitalgesellschaft „durchgeleitet", kann ein Missbrauch rechtlicher Gestaltungsmöglichkeiten auch dann vorliegen, wenn der Staat, in dem die Kapitalgesellschaft ihren Sitz hat, kein sog. Niedrigbesteuerungsland ist (→ BFH vom 29.10.1997 – BStBl. 1998 II S. 235).

Kontrollmeldeverfahren.
- → BMF vom 18.12.2002 (BStBl. I S. 1386).
- → BMF vom 20.5.2009 (BStBl. I S. 645).

Merkblatt des BZSt zur Entlastung vom Steuerabzug i. S. v. § 50a EStG auf Grund von DBA

– bei Vergütungen an ausländische Künstler und Sportler vom 9.10.2002 (BStBl. I S. 904);

– bei Lizenzgebühren und ähnlichen Vergütungen vom 9.10.2002 (BStBl. I S. 916).

Das BZSt bietet aktuelle Fassungen seiner Merkblätter sowie die Bestellung von Antragsvordrucken im Internet an (www.bzst.bund.de).

Zuständige Behörde. Zuständige Behörde für das Erstattungs-, Freistellungs- und Kontrollmeldeverfahren ist das Bundeszentralamt für Steuern, 53221 Bonn.

Zu § 50i EStG

H 50i

Anwendung der DBA auf Personengesellschaften. → BMF vom 26.9.2014 (BStBl. I S. 1258).

Anwendung des § 50i Abs. 2 EStG. → BMF vom 5.1.2017 (BStBl. I S. 32).

Zu § 55 EStG

R 55. Bodengewinnbesteuerung

Zu den Wirtschaftsgütern und Nutzungsbefugnissen nach § 55 Abs. 1 Satz 2 EStG gehören insbesondere Milchlieferrechte, Zuckerrübenlieferrechte, Weinanbaurechte, Bodenschätze und Eigenjagdrechte.[1)]

H 55

Abschreibung auf den niedrigeren Teilwert.

– Abschreibung auf den niedrigeren Teilwert ist bei Grund und Boden, der mit dem Zweifachen des Ausgangsbetrags als Einlage anzusetzen war, auch dann ausgeschlossen, wenn für die Minderung des Werts des Grund und Bodens eine Entschädigung gezahlt und diese als Betriebseinnahme erfasst wird (→ BFH vom 10.8.1978 – BStBl. 1979 II S. 103).

– Ein außer Betracht bleibender Veräußerungs- oder Entnahmeverlust kann nicht im Wege der Teilwertabschreibung vorweggenommen werden (→ BFH vom 16.10.1997 – BStBl. 1998 II S. 185).

Ackerprämienberechtigung (Ackerquote). Ein immaterielles Wirtschaftsgut Ackerquote entsteht erst, wenn es in den Verkehr gebracht wurde (→ BFH vom 30.9.2010 – BStBl. 2011 II S. 406).

Ausschlussfrist. Versäumt ein Land- und Forstwirt es, rechtzeitig vor Ablauf der Ausschlussfrist die Feststellung des höheren Teilwerts nach § 55 Abs. 5 EStG zu beantragen, und ist auch die Wiedereinsetzung in den vorigen Stand wegen Ablaufs der Jahresfrist nicht mehr möglich, kann er aus Billig-

---

1) Siehe BMF v. 23.6.1999, BStBl. I 1999, 593.

keitsgründen nicht so gestellt werden, als hätte das Finanzamt den höheren Teilwert festgestellt (→ BFH vom 26.5.1994 – BStBl. II S. 833).

Bodengewinnbesteuerung. Zu Fragen der Bodengewinnbesteuerung → BMWF vom 29.2.1972 (BStBl. I S. 102), Tz. 1 bis 6 und 9 bis 13.

Verlustausschlussklausel.

- Verlustausschlussklausel des § 55 Abs. 6 EStG zwingt bei Hinzuerwerb eines Miteigentumsanteils dazu, für den neu erworbenen Anteil als Buchwert die Anschaffungskosten getrennt von dem schon bisher diesem Miteigentümer gehörenden Anteil anzusetzen; gilt entsprechend bei Gesamthandseigentum. Bei einer **späteren Veräußerung** dieser Grundstücksflächen ist der **Veräußerungsgewinn** für beide Buchwerte gesondert zu ermitteln (→ BFH vom 8.8.1985 – BStBl. 1986 II S. 6).
- Für die Anwendung des § 55 Abs. 6 EStG ist unerheblich, auf welchen Umständen der Veräußerungsverlust oder Entnahmeverlust oder die Teilwertabschreibung des Grund und Bodens beruhen. Demgemäß sind vom Abzugsverbot auch Wertminderungen betroffen, die nicht auf eine Veränderung der Preisverhältnisse, sondern auf tatsächliche Veränderungen am Grundstück zurückgehen. Überlässt ein Landwirt einem Dritten das Recht, ein Sandvorkommen – das in einem bisher landwirtschaftlich genutzten und weiterhin zum Betriebsvermögen rechnenden Grundstück vorhanden ist – abzubauen, so vollzieht sich die Nutzung des Sandvorkommens im Privatbereich und der Landwirt erzielt hieraus Einkünfte aus Vermietung und Verpachtung. Die von den Einnahmen aus dem Sandvorkommen abzuziehenden Werbungskosten können auch das Betriebsvermögen des Landwirts betreffen. Die dadurch bewirkte Vermögensminderung kann jedoch, weil nicht betrieblich veranlasst, den betrieblichen Gewinn nicht mindern. Ihr ist deswegen eine gewinnerhöhende Entnahme gegenüberzustellen. Die Höhe der Entnahme legt insoweit den Umfang der Werbungskosten bei den Einkünften aus Vermietung und Verpachtung fest (→ BFH vom 16.10.1997 – BStBl. 1998 II S. 185).

Zu § 62 EStG

H 62

Anspruchsberechtigung. → A 1–6 DA-KG 2021.[1)]

Zu § 63 EStG

H 63

Berücksichtigung von Kindern.

- → R 32.1 bis R 32.11.
- → A 7–23 DA-KG 2021.[1)]

Territoriale Voraussetzungen.

- → A 23.1 DA-KG 2021.[1)]

---

1) BStBl. I 2021, 1598.

– Die territorialen Voraussetzungen gelten nicht, wenn die Voraussetzungen nach einem zwischenstaatlichen Abkommen über die Soziale Sicherheit → H 31 (Über- und zwischenstaatliche Rechtsvorschriften) erfüllt sind → A 23.2 Abs. 2 DA-KG 2021.[1]

Zu § 64 EStG

H 64

Haushaltsaufnahme. → A 9 und A 25.2 DA-KG 2021.[1]

Zusammentreffen mehrerer Ansprüche. → A 24–27 DA-KG 2021.[1]

Zu § 65 EStG

H 65

Kindergeld in Höhe eines Unterschiedsbetrags. → A 29 DA-KG 2021.[1]

Leistungen, die den Kindergeldanspruch ausschließen. → A 28 DA-KG 2021.[1]

Vergleichbare ausländische Leistungen. → BZSt vom 16.1.2017 (BStBl. I S. 151).

Zu § 66 EStG

H 66

Anspruchszeitraum. → A 31 DA-KG 2021.[1]

Festsetzungsverjährung. → V 12 DA-KG 2021.[1]

Höhe des Kindergeldes. → A 30 DA-KG 2021.[1]

Kinderbonus. → BZSt vom 17.3.2021 (BStBl. I S. 350).

Zählkinder.

Beispiel:

Ein Berechtigter hat aus einer früheren Beziehung zwei Kinder, für die die Mutter das Kindergeld erhält. Diese Kinder werden bei dem Berechtigten, der aus seiner jetzigen Beziehung zwei weitere Kinder hat, als Zählkinder berücksichtigt. Somit erhält er für sein zweitjüngstes (also sein drittes) Kind Kindergeld in Höhe von 225 € und für sein jüngstes (also sein viertes) Kind Kindergeld in Höhe von 250 €.

Zu § 67 EStG

H 67

Antrag bei volljährigen Kindern. → V 5.4 DA-KG 2021.[1]

Antragstellung. → V 5 DA-KG 2021.[1]

---

[1] BStBl. I 2021, 1598.

Auskunfts- und Beratungspflicht der Familienkassen. → V 8 DA-KG 2021.[1]

Mitwirkungspflichten.
– → § 68 EStG.
– → V 7 DA-KG 2021.[1]

Zuständigkeit. Dem BZSt obliegt die Durchführung des Familienleistungsausgleichs nach Maßgabe der §§ 31, 62 bis 78 EStG. Die Bundesagentur für Arbeit stellt dem BZSt zur Durchführung dieser Aufgaben ihre Dienststellen als Familienkassen zur Verfügung; die Fachaufsicht obliegt dem BZSt (§ 5 Abs. 1 Satz 1 Nr. 11 FVG).[2]

Zu § 68 EStG

H 68

Bescheinigungen für Finanzämter. → O 4.3 DA-KG 2021.[1]

Auskunftserteilung an Bezügestellen des öffentlichen Dienstes. → O 4.4 DA-KG 2021.[1]

Zu § 70 EStG

H 70

Festsetzung des Kindergeldes durch Bescheid. → V 10 DA-KG 2021.[1]

Zu § 71 EStG

H 71

Vorläufige Zahlungseinstellung. → V 23.3 DA-KG 2021.[1]

Zu § 72 EStG

H 72

Festsetzung und Zahlung des Kindergeldes an Angehörige des öffentlichen Dienstes. → V 1.2–3.3 DA-KG 2021.[1]

Zu § 74 EStG

H 74

Zahlung des Kindergeldes in Sonderfällen. → V 33–34 DA-KG 2021.[1]

---

[1] BStBl. I 2021, 1598.
[2] **Steuergesetze** Nr. **803**.

Zu § 75 EStG

H 75

Aufrechnung. → V 28 DA-KG 2021.[1)]

Zu § 76 EStG

H 76

Pfändung. → V 24 DA-KG 2021.[1)]

Zu § 77 EStG

H 77

Rechtsbehelfsverfahren. → R 1–14 DA-KG 2021.[1)]

Zu § 78 EStG

H 78

Sonderregelung für Berechtigte in den neuen Ländern. → A 27 DA-KG 2021.[1)]

Zu § 79 EStG

H 79

Private Altersvorsorge. → BMF vom 21.12.2017 (BStBl. 2018 I S. 93) unter Berücksichtigung der Änderungen durch BMF vom 17.2.2020 (BStBl. I S. 213).[2)]

---

1) BStBl. I 2021, 1598.
2) Erneut geänd. durch BMF v. 11.2.2022, BStBl. I 2022, 186.

I/Anlage 1. Übersicht über die Berichtigung des Gewinns bei Wechsel der Gewinnermittlungsart

(Anlage zu R 4.6 EStR)

Übergang	Berichtigung des Gewinns im ersten Jahr nach dem Übergang:
1. von der Einnahmenüberschussrechnung zum Bestandsvergleich, zur Durchschnittssatzgewinnermittlung oder zur Richtsatzschätzung	Der Gewinn des ersten Jahres ist insbesondere um die folgenden Hinzurechnungen und Abrechnungen zu berichtigen: + Warenbestand + Warenforderungsanfangsbestand + Sonstige Forderungen – Warenschuldenanfangsbestand + Anfangsbilanzwert (Anschaffungskosten) der nicht abnutzbaren Wirtschaftsgüter des Anlagevermögens (mit Ausnahme des Grund und Bodens), soweit diese während der Dauer der Einnahmenüberschussrechnung angeschafft und ihre Anschaffungskosten vor dem 1. 1. 1971 als Betriebsausgaben abgesetzt wurden, ohne dass ein Zuschlag nach § 4 Abs. 3 Satz 2 EStG in den vor dem Steuerneuordnungsgesetz geltenden Fassungen gemacht wurde.
2. vom Bestandsvergleich, von der Durchschnittssatzgewinnermittlung oder von der Richtsatzschätzung zur Einnahmenüberschussrechnung	Der Überschuss der Betriebseinnahmen über die Betriebsausgaben ist im ersten Jahr insbesondere um die folgenden Hinzurechnungen und Abrechnungen zu berichtigen: + Warenschuldenbestand des Vorjahres – Warenendbestand des Vorjahres – Warenforderungsbestand des Vorjahres – Sonstige Forderungen. Sind in früheren Jahren Korrektivposten gebildet und noch nicht oder noch nicht in voller Höhe aufgelöst worden, so ist dies bei Hinzurechnung des Unterschiedsbetrags zu berücksichtigen; noch nicht aufgelöste Zuschläge vermindern, noch nicht aufgelöste Abschläge erhöhen den Unterschiedsbetrag.

Bei der Anwendung der vorstehenden Übersicht ist Folgendes zu beachten:

- Die vorstehende Übersicht ist nicht erschöpfend. Beim Wechsel der Gewinnermittlungsart sind auch andere als die oben bezeichneten Positionen durch Zu- und Abrechnungen zu berücksichtigen. Das gilt insbesondere für Rückstellungen sowie für die Rechnungsabgrenzungsposten, z. B. im Voraus gezahlte Miete und im Voraus vereinnahmte Zinsen, soweit die Einnahmen oder Ausgaben bei der Einnahmenüberschussrechnung nicht gem. § 11 Abs. 1 Satz 3 oder Abs. 2 Satz 3 EStG verteilt werden.
- Die Zu- und Abrechnungen unterbleiben für Wirtschaftsgüter des Umlaufvermögens und Schulden für Wirtschaftsgüter des Umlaufvermögens, die von § 4 Abs. 3 Satz 4 EStG erfasst werden. Zur zeitlichen Anwendung dieser Regelung → § 52 Abs. 10 Satz 2 und 3 EStG.

I/Anlage 2. Übersicht über die degressiven Absetzungen für Gebäude nach § 7 Abs. 5 EStG[1)]

(Anlage zu R 7.4 EStR, H 7.4 EStH)

	Zeitlicher Geltungsbereich	Begünstigte Objekte	Begünstigte Maßnahmen	AfA-Sätze	Gesetzliche Vorschriften
	1	2	3	4	5
1.	Fertigstellung nach dem 9. 10. 1962 und vor dem 1. 1. 1965 und Bauantrag nach dem 9. 10. 1962	Gebäude und Eigentumswohnungen, die zu mehr als 66²/₃% Wohnzwecken dienen und nicht nach § 7 b oder § 54 EStG begünstigt sind			§ 7 Abs. 5 Satz 2 EStG 1965
2.	Fertigstellung nach dem 31. 12. 1964 und vor dem 1. 9. 1977 und Bauantrag vor dem 9. 5. 1973	Gebäude und Eigentumswohnungen jeder Art, soweit nicht infolge der Beschränkungen unter Nr. 3 ausgeschlossen	Herstellung	12 × 3,5 % 20 × 2 % 18 × 1 %	§ 7 Abs. 5 Satz 1 EStG 1965, § 7 Abs. 5 Satz 1 EStG 1974/75, § 52 Abs. 8 Satz 2 EStG 1977
3.	Fertigstellung vor dem 1. 2. 1972 und Bauantrag nach dem 5. 7. 1970 und vor dem 1. 2. 1971	wie Nr. 2, soweit die Gebäude und Eigentumswohnungen nicht zum Anlagevermögen gehören oder soweit sie zu mehr als 66²/₃% Wohnzwecken dienen			§ 1 Abs. 3 der 2. KonjVO
4.	Fertigstellung vor dem 1. 9. 1977 und Bauantrag nach dem 8. 5. 1973	Gebäude und Eigentumswohnungen, deren Nutzfläche zu mehr als 66²/₃% mit Mitteln des sozialen Wohnungsbaus gefördert worden sind			§ 7 Abs. 5 Satz 2 EStG 1974/75, § 52 Abs. 8 Satz 2 EStG 1977
5.	Fertigstellung nach dem 31. 8. 1978 und vor dem 1. 1. 1979	Gebäude, selbständige Gebäudeteile, Eigentumswohnungen und Räume im Teileigentum jeder Art			§ 7 Abs. 5 EStG 1977, § 52 Abs. 8 Satz 1 EStG 1977, § 52 Abs. 8 Satz 2 EStG 1979
6.	Fertigstellung nach dem 31. 12. 1978 und vor dem 1. 1. 1983	wie Nr. 5, soweit im Ausland	Herstellung sowie Anschaffung, wenn	12 × 3,5 % 20 × 2 % 18 × 1 %	§ 7 Abs. 5 EStG 1979/81, § 52 Abs. 8 Satz 3 EStG 1981/85
7.	Fertigstellung nach dem 31. 12. 1978 und a) Bauantrag und Herstellungsbeginn bzw. Abschluss des obligatorischen Vertrags vor dem 30. 7. 1981	Gebäude, Eigentumswohnungen und im Teileigentum stehende Räume, soweit im Inland	Erwerb spätestens im Jahr der Fertigstellung		§ 7 Abs. 5 EStG 1979/81, § 52 Abs. 8 Satz 3 EStG 1981/83, § 7 Abs. 5 EStG 1981/83, § 52 Abs. 8 Sätze 1 und 2 EStG 1981/85,

1) Für Steuerpflichtige im **Beitrittsgebiet** siehe § 56 Nr. 1 EStG.

	Zeitlicher Geltungsbereich	Begünstigte Objekte	Begünstigte Maßnahmen	AfA-Sätze	Gesetzliche Vorschriften
	1	2	3	4	5
	b) Bauantrag oder Herstellungsbeginn bzw. Abschluss des obligatorischen Vertrags nach dem 29. 7. 1981 (soweit nicht Nummer 8 und 9) und Bauantrag bzw. Abschluss des obligatorischen Vertrags vor dem 1. 1. 1995	Gebäude, Eigentumswohnungen und im Teileigentum stehende Räume, soweit im Inland		8 × 5 % 6 × 2,5 % 36 × 1,25 %	§ 7 Abs. 5 Nr. 2 EStG 1987, § 52 Abs. 8 Satz 2 EStG 1987, § 7 Abs. 5 Satz 1 Nr. 2 EStG 1990, § 52 Abs. 11 Satz 3 EStG 1990, § 7 Abs. 5 Satz 1 Nr. 2 EStG 1993
8.	Bauantrag nach dem 31. 3. 1985 und Bauantrag bzw. Abschluss des obligatorischen Vertrags vor dem 1. 1. 1994	Gebäude, Eigentumswohnungen und im Teileigentum stehende Räume, soweit sie zu einem Betriebsvermögen gehören und nicht Wohnzwecken dienen	Herstellung sowie Anschaffung, wenn Erwerb spätestens im Jahr der Fertigstellung	4 × 10 % 3 × 5 % 18 × 2,5 %	§ 7 Abs. 5 Nr. 1 EStG 1987, § 52 Abs. 8 Satz 1 EStG 1987, § 7 Abs. 5 Satz 1 Nr. 1 EStG 1990, § 52 Abs. 11 Satz 2 EStG 1990, § 7 Abs. 5 Satz 1 Nr. 1 EStG 1993
9.	Bauantrag oder Anschaffung und Abschluss des obligatorischen Vertrags nach dem 28. 2. 1989 und Bauantrag bzw. Abschluss des obligatorischen Vertrags vor dem 1. 1. 1996	Gebäude, Eigentumswohnungen und im Teileigentum stehende Räume, soweit sie Wohnzwecken dienen		4 × 7 % 6 × 5 % 6 × 2 % 24 × 1,25 %	§ 7 Abs. 5 Satz 2 EStG 1990, § 52 Abs. 11 Satz 1 EStG 1990, § 7 Abs. 5 Satz 1 Nr. 3 Buchst. a EStG 1993
10.	Bauantrag oder Abschluss des obligatorischen Vertrags nach dem 31. 12. 1995 und vor dem 1. 1. 2004	wie zu 9.		8 × 5 % 6 × 2,5 % 36 × 1,25 %	§ 7 Abs. 5 Satz 1 Nr. 3 Buchst. b EStG 1996
11.	Bauantrag oder Abschluss des obligatorischen Vertrags nach dem 31. 12. 2003 und vor dem 1. 1. 2006	wie zu 9.		10 × 4 % 8 × 2,5 % 32 × 1,25 %	§ 7 Abs. 5 Satz 1 Nr. 3 Buchst. c EStG 2002 i. d. F. des HBeglG 2004 v. 29. 12. 2003, BGBl. I S. 3076 i. V. m. dem Gesetz zum Einstieg in ein steuerliches Sofortprogramm v. 22. 12. 2005, BGBl. I S. 3682

I/Anlage 3

(nicht belegt)

I/Anlage 4.
18 Muster für Zuwendungsbestätigungen[1]

(Anlage zu R 10 b. 1 EStR)

Muster 1:	Geldzuwendungen an inländische jur. Pers. des öff. Rechts
Muster 2:	Sachzuwendungen an inländische jur. Pers. des öff. Rechts
Muster 3:	Geldzuwendungen/Mitgliedsbeitrag an eine steuerbegünstigte Einrichtung
Muster 4:	Sachzuwendungen an eine steuerbegünstigte Einrichtung
Muster 5:	Geldzuwendungen/Mitgliedsbeitrag an eine Partei
Muster 6:	Sachzuwendungen an eine Partei
Muster 7:	Geldzuwendungen/Mitgliedsbeitrag an eine unabhängige Wählervereinigung
Muster 8:	Sachzuwendungen an eine unabhängige Wählervereinigung
Muster 9:	Geldzuwendungen an eine inländische Stiftung des öff. Rechts
Muster 10:	Sachzuwendungen an eine inländische Stiftung des öff. Rechts
Muster 11:	Geldzuwendungen an eine inländische Stiftung des priv. Rechts
Muster 12:	Sachzuwendungen an eine inländische Stiftung des priv. Rechts
Muster 13:	Sammelbestätigung für Geldzuwendungen an inländische jur. Pers. des öff. Rechts
Muster 14:	Sammelbestätigung für Geldzuwendungen/Mitgliedsbeiträge an eine steuerbegünstigte Einrichtung
Muster 15:	Sammelbestätigung für Geldzuwendungen/Mitgliedsbeiträge an eine Partei
Muster 16:	Sammelbestätigung für Geldzuwendungen/Mitgliedsbeiträge an eine unabhängige Wählervereinigung
Muster 17:	Sammelbestätigung für Geldzuwendungen an eine inländische Stiftung des öff. Rechts
Muster 18:	Sammelbestätigung für Geldzuwendungen an eine inländische Stiftung des priv. Rechts

---

[1] BMF-Schreiben v. 7. 11. 2013, BStBl. I 2013, 1333, ergänzt durch BMF v. 26. 3. 2014, BStBl. I 2014, 791 *(s. am Ende)*:

Im Einvernehmen mit den obersten Finanzbehörden der Länder sind die in der Anlage beigefügten Muster für Zuwendungen an inländische Zuwendungsempfänger zu verwenden.

Für die Verwendung der aktualisierten Muster für Zuwendungsbestätigungen gilt Folgendes:

1. Die in der Anlage beigefügten Muster für Zuwendungsbestätigungen sind verbindliche Muster (vgl. § 50 Absatz 1 EStDV). Die Zuwendungsbestätigungen können weiterhin vom jeweiligen Zuwendungsempfänger anhand dieser Muster selbst hergestellt werden. In einer auf einen bestimmten Zuwendungsempfänger zugeschnittenen Zuwendungsbestätigung müssen nur die Angaben aus den veröffentlichten Mustern übernommen werden, die im Einzelfall einschlägig sind. Die in den Mustern vorgesehenen Hinweise zu den haftungsrechtlichen Folgen der Ausstellung einer unrichtigen Zuwendungsbestätigung und zur steuerlichen Anerkennung der Zuwendungsbestätigung sind stets in die Zuwendungsbestätigungen zu übernehmen.

2. Die Wortwahl und die Reihenfolge der vorgegebenen Textpassagen in den Mustern sind beizubehalten, Umformulierungen sind unzulässig. Auf der Zuwendungsbestätigung dürfen weder Danksagungen an den Zuwendenden noch Werbung für die Ziele der begünstigten Einrichtung angebracht werden. Entsprechende Texte sind jedoch auf der Rückseite zulässig. Die Zuwendungsbestätigung darf die Größe einer DIN-A4-Seite nicht überschreiten.

(Fortsetzung S. 2)

(Fortsetzung)

3. Gegen optische Hervorhebungen von Textpassagen beispielsweise durch Einrahmungen und/oder vorangestellte Ankreuzkästchen bestehen keine Bedenken. Ebenso ist es zulässig, den Namen des Zuwendenden und dessen Adresse so untereinander anzuordnen, dass die gleichzeitige Nutzung als Anschriftenfeld möglich ist. Fortlaufende alphanumerische Zeichen mit einer oder mehreren Reihen, die zur Identifizierung der Zuwendungsbestätigung geeignet sind, können vergeben werden; die Verwendung eines Briefpapiers mit einem Logo, Emblem oder Wasserzeichen der Einrichtung ist zulässig.

4. Es bestehen keine Bedenken, wenn der Zuwendungsempfänger in seinen Zuwendungsbestätigungen alle ihn betreffenden steuerbegünstigten Zwecke nennt. Aus steuerlichen Gründen bedarf es keiner Kenntlichmachung, für welchen konkreten steuerbegünstigten Zweck die Zuwendung erfolgt bzw. verwendet wird.

5. Der zugewendete Betrag ist sowohl in Ziffern als auch in Buchstaben zu benennen. Für die Benennung in Buchstaben ist es nicht zwingend erforderlich, dass der zugewendete Betrag in einem Wort genannt wird; ausreichend ist die Buchstabenbenennung der jeweiligen Ziffern. So kann z. B. ein Betrag in Höhe von 1322 Euro als „eintausenddreihundertzweiundzwanzig" oder „eins – drei – zwei – zwei" bezeichnet werden. In diesen Fällen sind allerdings die Leerräume vor der Nennung der ersten Ziffer und hinter der letzten Ziffer in geeigneter Weise (z. B. durch „X") zu entwerten.

6. Handelt es sich um eine Sachspende, so sind in die Zuwendungsbestätigung genaue Angaben über den zugewendeten Gegenstand aufzunehmen (z. B. Alter, Zustand, historischer Kaufpreis usw.). Für die Sachspende zutreffende Sätze sind in den entsprechenden Mustern anzukreuzen.

Sachspende aus dem Betriebsvermögen:

Stammt die Sachzuwendung nach den Angaben des Zuwendenden aus dessen Betriebsvermögen, bemisst sich die Zuwendungshöhe nach dem Wert, der bei der Entnahme angesetzt wurde, und nach der Umsatzsteuer, die auf die Entnahme entfällt (§ 10 b Absatz 3 Satz 2 EStG). In diesen Fällen braucht der Zuwendungsempfänger keine zusätzlichen Unterlagen in seine Buchführung aufzunehmen, ebenso sind Angaben über die Unterlagen, die zur Wertermittlung gedient haben, nicht erforderlich. Der Entnahmewert ist grundsätzlich der Teilwert. Der Entnahmewert kann auch der Buchwert sein, wenn das Wirtschaftsgut unmittelbar nach der Entnahme für steuerbegünstigte Zwecke gespendet wird (sog. Buchwertprivileg, § 6 Absatz 1 Nummer 4 Satz 4 und 5 EStG).

Sachspende aus dem Privatvermögen:

Handelt es sich um eine Sachspende aus dem Privatvermögen des Zuwendenden, ist der gemeine Wert des gespendeten Wirtschaftsguts maßgebend, wenn dessen Veräußerung im Zeitpunkt der Zuwendung keinen Besteuerungstatbestand erfüllen würde (§ 10 b Absatz 3 Satz 3 EStG). Ansonsten sind die fortgeführten Anschaffungs- oder Herstellungskosten als Wert der Zuwendung auszuweisen. Dies gilt insbesondere bei Veräußerungstatbeständen, die unter § 17 oder § 23 EStG fallen (z. B. Zuwendung einer mindestens 1%igen Beteiligung an einer Kapitalgesellschaft (§ 17 EStG), einer Immobilie, die sich weniger als zehn Jahre im Eigentum des Spenders befindet (§ 23 Absatz 1 Satz 1 Nummer 1 EStG), eines anderen Wirtschaftsguts im Sinne des § 23 Absatz 1 Satz 1 Nummer 2 EStG mit einer Eigentumsdauer von nicht mehr als einem Jahr). Der Zuwendungsempfänger hat anzugeben, welche Unterlagen er zur Ermittlung des angesetzten Wertes herangezogen hat. In Betracht kommt in diesem Zusammenhang z. B. ein Gutachten über den aktuellen Wert der zugewendeten Sache oder der sich aus der ursprünglichen Rechnung ergebende historische Kaufpreis unter Berücksichtigung einer Absetzung für Abnutzung. Diese Unterlagen hat der Zuwendungsempfänger zusammen mit der Zuwendungsbestätigung in seine Buchführung aufzunehmen.

7. Die Zeile: „Es handelt sich um den Verzicht auf die Erstattung von Aufwendungen Ja □ Nein □" ist stets in die Zuwendungsbestätigungen über Geldzuwendungen/Mitgliedsbeiträge zu übernehmen und entsprechend anzukreuzen. Dies gilt auch für Sammelbestäti-

(Fortsetzung S. 3)

Aussteller (Bezeichnung der inländischen juristischen Person des öffentlichen Rechts oder der inländischen öffentlichen Dienststelle)

Bestätigung über Geldzuwendungen
im Sinne des § 10b des Einkommensteuergesetzes an inländische juristische Personen des öffentlichen Rechts oder inländische öffentliche Dienststellen

Name und Anschrift des Zuwendenden

Betrag der Zuwendung – in Ziffern –	– in Buchstaben –	Tag der Zuwendung:

Es wird bestätigt, dass die Zuwendung nur zur Förderung (Angabe des begünstigten Zwecks/der begünstigten Zwecke) verwendet wird.

Es handelt sich um den Verzicht auf Erstattung von Aufwendungen Ja ☐ Nein ☐

Die Zuwendung wird

☐ von uns unmittelbar für den angegebenen Zweck verwendet.

☐ entsprechend den Angaben des Zuwendenden an .... weitergeleitet, die/der vom Finanzamt .... StNr. .... mit Freistellungsbescheid bzw. nach der Anlage zum Körperschaftsteuerbescheid vom .... von der Körperschaft- und Gewerbesteuer befreit ist.

☐ entsprechend den Angaben des Zuwendenden an .... weitergeleitet, der/dem das Finanzamt .... StNr. .... mit Feststellungsbescheid vom .... die Einhaltung der satzungsmäßigen Voraussetzungen nach § 60a AO festgestellt hat.

(Ort, Datum und Unterschrift des Zuwendungsempfängers)

Hinweis:
Wer vorsätzlich oder grob fahrlässig eine unrichtige Zuwendungsbestätigung erstellt oder veranlasst, dass Zuwendungen nicht zu den in der Zuwendungsbestätigung angegebenen steuerbegünstigten Zwecken verwendet werden, haftet für die entgangene Steuer (§ 10b Abs. 4 EStG, § 9 Abs. 3 KStG, § 9 Nr. 5 GewStG).

Nur in den Fällen der Weiterleitung an steuerbegünstigte Körperschaften im Sinne von § 5 Abs. 1 Nr. 9 KStG:
Diese Bestätigung wird nicht als Nachweis für die steuerliche Berücksichtigung der Zuwendung anerkannt, wenn das Datum des Freistellungsbescheides länger als 5 Jahre bzw. das Datum der Feststellung der Einhaltung der satzungsmäßigen Voraussetzungen nach § 60a Abs. 1 AO länger als 3 Jahre seit Ausstellung des Bescheides zurückliegt (§ 63 Abs. 5 AO).

Aussteller (Bezeichnung der inländischen juristischen Person des öffentlichen Rechts oder der inländischen öffentlichen Dienststelle)

Bestätigung über Sachzuwendungen
im Sinne des § 10 b des Einkommensteuergesetzes an inländische juristische Personen des öffentlichen Rechts oder inländische öffentliche Dienststellen

Name und Anschrift des Zuwendenden

Wert der Zuwendung – in Ziffern –	– in Buchstaben –	Tag der Zuwendung:

Genaue Bezeichnung der Sachzuwendung mit Alter, Zustand, Kaufpreis usw.

☐ Die Sachzuwendung stammt nach den Angaben des Zuwendenden aus dem Betriebsvermögen. Die Zuwendung wurde nach dem Wert der Entnahme (ggf. mit dem niedrigeren gemeinen Wert) und nach der Umsatzsteuer, die auf die Entnahme entfällt, bewertet.

☐ Die Sachzuwendung stammt nach den Angaben des Zuwendenden aus dem Privatvermögen.

☐ Der Zuwendende hat trotz Aufforderung keine Angaben zur Herkunft der Sachzuwendung gemacht.

☐ Geeignete Unterlagen, die zur Wertermittlung gedient haben, z. B. Rechnung, Gutachten, liegen vor.

Es wird bestätigt, dass die Zuwendung nur zur Förderung (Angabe des begünstigten Zwecks/der begünstigten Zwecke) verwendet wird.

Die Zuwendung wird

☐ von uns unmittelbar für den angegebenen Zweck verwendet.

☐ entsprechend den Angaben des Zuwendenden an .... weitergeleitet, die/der vom Finanzamt .... StNr. .... mit Freistellungsbescheid bzw. nach der Anlage zum Körperschaftsteuerbescheid vom .... von der Körperschaftsteuer und Gewerbesteuer befreit ist.

☐ entsprechend den Angaben des Zuwendenden an .... weitergeleitet, der/dem das Finanzamt .... StNr. .... mit Feststellungsbescheid vom .... die Einhaltung der satzungsmäßigen Voraussetzungen nach § 60 a AO festgestellt hat.

____

(Ort, Datum und Unterschrift des Zuwendungsempfängers)

Hinweis:
Wer vorsätzlich oder grob fahrlässig eine unrichtige Zuwendungsbestätigung erstellt oder veranlasst, dass Zuwendungen nicht zu den in der Zuwendungsbestätigung angegebenen steuerbegünstigten Zwecken verwendet werden, haftet für die entgangene Steuer (§ 10 b Abs. 4 EStG, § 9 Abs. 3 KStG, § 9 Nr. 5 GewStG).

Nur in den Fällen der Weiterleitung an steuerbegünstigte Körperschaften im Sinne von § 5 Abs. 1 Nr. 9 KStG:
Diese Bestätigung wird nicht als Nachweis für die steuerliche Berücksichtigung der Zuwendung anerkannt, wenn das Datum des Freistellungsbescheides länger als 5 Jahre bzw. das Datum der Feststellung der Einhaltung der satzungsmäßigen Voraussetzungen nach § 60 a Abs. 1 AO länger als 3 Jahre seit Ausstellung des Bescheides zurückliegt (§ 63 Abs. 5 AO).

Aussteller (Bezeichnung und Anschrift der steuerbegünstigten Einrichtung)

Bestätigung über Geldzuwendungen/Mitgliedsbeitrag
im Sinne des § 10 b des Einkommensteuergesetzes an eine der in § 5 Abs. 1 Nr. 9 des Körperschaftsteuergesetzes bezeichneten Körperschaften, Personenvereinigungen oder Vermögensmassen

Name und Anschrift des Zuwendenden:

Betrag der Zuwendung – in Ziffern –	– in Buchstaben –	Tag der Zuwendung:

Es handelt sich um den Verzicht auf Erstattung von Aufwendungen Ja ☐ Nein ☐

☐ Wir sind wegen Förderung (Angabe des begünstigten Zwecks/der begünstigten Zwecke) .... nach dem Freistellungsbescheid bzw. nach der Anlage zum Körperschaftsteuerbescheid des Finanzamtes .... StNr. .... vom .... für den letzten Veranlagungszeitraum .... nach § 5 Abs. 1 Nr. 9 des Körperschaftsteuergesetzes von der Körperschaftsteuer und nach § 3 Nr. 6 des Gewerbesteuergesetzes von der Gewerbesteuer befreit.

☐ Die Einhaltung der satzungsmäßigen Voraussetzungen nach den §§ 51, 59, 60 und 61 AO wurde vom Finanzamt .... StNr. .... mit Bescheid vom .... nach § 60 a AO gesondert festgestellt. Wir fördern nach unserer Satzung (Angabe des begünstigten Zwecks/der begünstigten Zwecke) ....

Es wird bestätigt, dass die Zuwendung nur zur Förderung (Angabe des begünstigten Zwecks/der begünstigten Zwecke)

verwendet wird.

Nur für steuerbegünstigte Einrichtungen, bei denen die Mitgliedsbeiträge steuerlich nicht abziehbar sind:

☐ Es wird bestätigt, dass es sich nicht um einen Mitgliedsbeitrag handelt, dessen Abzug nach § 10 b Abs. 1 des Einkommensteuergesetzes ausgeschlossen ist.

(Ort, Datum und Unterschrift des Zuwendungsempfängers)

Hinweis:
Wer vorsätzlich oder grob fahrlässig eine unrichtige Zuwendungsbestätigung erstellt oder veranlasst, dass Zuwendungen nicht zu den in der Zuwendungsbestätigung angegebenen steuerbegünstigten Zwecken verwendet werden, haftet für die entgangene Steuer (§ 10 b Abs. 4 EStG, § 9 Abs. 3 KStG, § 9 Nr. 5 GewStG).
Diese Bestätigung wird nicht als Nachweis für die steuerliche Berücksichtigung der Zuwendung anerkannt, wenn das Datum des Freistellungsbescheides länger als 5 Jahre bzw. das Datum der Feststellung der Einhaltung der satzungsmäßigen Voraussetzungen nach § 60 a Abs. 1 AO länger als 3 Jahre seit Ausstellung des Bescheides zurückliegt (§ 63 Abs. 5 AO).

Aussteller (Bezeichnung und Anschrift der steuerbegünstigten Einrichtung)

Bestätigung über Sachzuwendungen
im Sinne des § 10 b des Einkommensteuergesetzes an eine der in § 5 Abs. 1 Nr. 9 des Körperschaftsteuergesetzes bezeichneten Körperschaften, Personenvereinigungen oder Vermögensmassen

Name und Anschrift des Zuwendenden:

Wert der Zuwendung – in Ziffern –	– in Buchstaben –	Tag der Zuwendung:

Genaue Bezeichnung der Sachzuwendung mit Alter, Zustand, Kaufpreis usw.

☐ Die Sachzuwendung stammt nach den Angaben des Zuwendenden aus dem Betriebsvermögen. Die Zuwendung wurde nach dem Wert der Entnahme (ggf. mit dem niedrigeren gemeinen Wert) und nach der Umsatzsteuer, die auf die Entnahme entfällt, bewertet.

☐ Die Sachzuwendung stammt nach den Angaben des Zuwendenden aus dem Privatvermögen.

☐ Der Zuwendende hat trotz Aufforderung keine Angaben zur Herkunft der Sachzuwendung gemacht.

☐ Geeignete Unterlagen, die zur Wertermittlung gedient haben, z. B. Rechnung, Gutachten, liegen vor.

☐ Wir sind wegen Förderung (Angabe des begünstigten Zwecks/der begünstigten Zwecke) .... nach dem Freistellungsbescheid bzw. nach der Anlage zum Körperschaftsteuerbescheid des Finanzamtes .... StNr. .... vom .... für den letzten Veranlagungszeitraum .... nach § 5 Abs. 1 Nr. 9 des Körperschaftsteuergesetzes von der Körperschaftsteuer und nach § 3 Nr. 6 des Gewerbesteuergesetzes von der Gewerbesteuer befreit.

☐ Die Einhaltung der satzungsmäßigen Voraussetzungen nach den §§ 51, 59, 60 und 61 AO wurde vom Finanzamt .... StNr. .... mit Bescheid vom .... nach § 60 a AO gesondert festgestellt. Wir fördern nach unserer Satzung (Angabe des begünstigten Zwecks/der begünstigten Zwecke) ....

Es wird bestätigt, dass die Zuwendung nur zur Förderung (Angabe des begünstigten Zwecks/der begünstigten Zwecke) verwendet wird.

____

(Ort, Datum und Unterschrift des Zuwendungsempfängers)

Hinweis:
Wer vorsätzlich oder grob fahrlässig eine unrichtige Zuwendungsbestätigung erstellt oder veranlasst, dass Zuwendungen nicht zu den in der Zuwendungsbestätigung angegebenen steuerbegünstigten Zwecken verwendet werden, haftet für die entgangene Steuer (§ 10 b Abs. 4 EStG, § 9 Abs. 3 KStG, § 9 Nr. 5 GewStG).
Diese Bestätigung wird nicht als Nachweis für die steuerliche Berücksichtigung der Zuwendung anerkannt, wenn das Datum des Freistellungsbescheides länger als 5 Jahre bzw. das Datum der Feststellung der Einhaltung der satzungsmäßigen Voraussetzungen nach § 60 a Abs. 1 AO länger als 3 Jahre seit Ausstellung des Bescheides zurückliegt (§ 63 Abs. 5 AO).

Bezeichnung und Anschrift der Partei

Bestätigung über Geldzuwendungen/Mitgliedsbeitrag
im Sinne des § 34 g, § 10 b des Einkommensteuergesetzes an politische Parteien im Sinne des Parteiengesetzes

Name und Anschrift des Zuwendenden:

Betrag der Zuwendung – in Ziffern –	– in Buchstaben –	Tag der Zuwendung:

Es handelt sich um den Verzicht auf die Erstattung von Aufwendungen Ja ☐ Nein ☐

Es wird bestätigt, dass diese Zuwendung ausschließlich für die satzungsgemäßen Zwecke verwendet wird.

(Ort, Datum, Unterschrift(en) und Funktion(en))

Hinweis:
Wer vorsätzlich oder grob fahrlässig eine unrichtige Zuwendungsbestätigung erstellt oder veranlasst, dass Zuwendungen nicht zu den in der Zuwendungsbestätigung angegebenen steuerbegünstigten Zwecken verwendet werden, haftet für die entgangene Steuer (§ 34 g Satz 3, § 10 b Abs. 4 EStG).

Bezeichnung und Anschrift der Partei

Bestätigung über Sachzuwendungen
im Sinne des § 34 g, § 10 b des Einkommensteuergesetzes an politische Parteien im Sinne des Parteiengesetzes

Name und Anschrift des Zuwendenden:

Wert der Zuwendung – in Ziffern –	– in Buchstaben –	Tag der Zuwendung:

Genaue Bezeichnung der Sachzuwendung mit Alter, Zustand, Kaufpreis usw.

☐ Die Sachzuwendung stammt nach den Angaben des Zuwendenden aus dem Betriebsvermögen. Die Zuwendung wurde nach dem Wert der Entnahme (ggf. mit dem niedrigeren gemeinen Wert) und nach der Umsatzsteuer, die auf die Entnahme entfällt, bewertet.

☐ Die Sachzuwendung stammt nach den Angaben des Zuwendenden aus dem Privatvermögen.

☐ Der Zuwendende hat trotz Aufforderung keine Angaben zur Herkunft der Sachzuwendung gemacht.

☐ Geeignete Unterlagen, die zur Wertermittlung gedient haben, z. B. Rechnung, Gutachten, liegen vor.

Es wird bestätigt, dass diese Zuwendung ausschließlich für die satzungsgemäßen Zwecke verwendet wird.

____

(Ort, Datum, Unterschrift(en) und Funktion(en))

Hinweis:
Wer vorsätzlich oder grob fahrlässig eine unrichtige Zuwendungsbestätigung erstellt oder veranlasst, dass Zuwendungen nicht zu den in der Zuwendungsbestätigung angegebenen steuerbegünstigten Zwecken verwendet werden, haftet für die entgangene Steuer (§ 34 g Satz 3, § 10 b Abs. 4 EStG).

Bezeichnung und Anschrift der unabhängigen Wählervereinigung

Bestätigung über Geldzuwendungen/Mitgliedsbeitrag
im Sinne des § 34 g des Einkommensteuergesetzes an unabhängige Wählervereinigungen

Name und Anschrift des Zuwendenden:

Betrag der Zuwendung – in Ziffern –	– in Buchstaben –	Tag der Zuwendung:

Es handelt sich um den Verzicht auf die Erstattung von Aufwendungen Ja ☐ Nein ☐

Wir sind ein ☐ rechtsfähiger ☐ nichtrechtsfähiger Verein ohne Parteicharakter.

Der Zweck unseres Vereins ist ausschließlich darauf gerichtet, durch Teilnahme mit eigenen Wahlvorschlägen bei der politischen Willensbildung mitzuwirken, und zwar an Wahlen auf

☐ Bundesebene ☐ Landesebene ☐ Kommunalebene.

Wir bestätigen, dass wir die Zuwendung nur für diesen Zweck verwenden werden.

☐ Wir sind mit mindestens einem Mandat im (Parlament/Rat) vertreten.

☐ Wir haben der Wahlbehörde/dem Wahlorgan der .... am ...... angezeigt, dass wir uns an der .... (folgenden Wahl) .... am ...... mit eigenen Wahlvorschlägen beteiligen werden.

☐ An der letzten .... (Wahl) .... am ...... haben wir uns mit eigenen Wahlvorschlägen beteiligt.

☐ An der letzten oder einer früheren Wahl haben wir uns nicht mit eigenen Wahlvorschlägen beteiligt und eine Beteiligung der zuständigen Wahlbehörde/dem zuständigen Wahlorgan auch nicht angezeigt.

☐ Wir sind beim Finanzamt .... StNr. .... erfasst.

☐ Wir sind steuerlich nicht erfasst.

(Ort, Datum, Unterschrift(en) und Funktion(en))

Hinweis:
Wer vorsätzlich oder grob fahrlässig eine unrichtige Zuwendungsbestätigung erstellt oder veranlasst, dass Zuwendungen nicht zu den in der Zuwendungsbestätigung angegebenen steuerbegünstigten Zwecken verwendet werden, haftet für die entgangene Steuer (§ 34 g Satz 3, § 10 b Abs. 4 EStG).

Bezeichnung und Anschrift der unabhängigen Wählervereinigung

Bestätigung über Sachzuwendungen
im Sinne des § 34 g des Einkommensteuergesetzes an unabhängige Wählervereinigungen

Name und Anschrift des Zuwendenden:

Wert der Zuwendung – in Ziffern –	– in Buchstaben –	Tag der Zuwendung:

Genaue Bezeichnung der Sachzuwendung mit Alter, Zustand, Kaufpreis usw.

☐ Die Sachzuwendung stammt nach den Angaben des Zuwendenden aus dem Betriebsvermögen. Die Zuwendung wurde nach dem Wert der Entnahme (ggf. mit dem niedrigeren gemeinen Wert) und nach der Umsatzsteuer, die auf die Entnahme entfällt, bewertet.

☐ Die Sachzuwendung stammt nach den Angaben des Zuwendenden aus dem Privatvermögen.

☐ Der Zuwendende hat trotz Aufforderung keine Angaben zur Herkunft der Sachzuwendung gemacht.

☐ Geeignete Unterlagen, die zur Wertermittlung gedient haben, z. B. Rechnung, Gutachten, liegen vor.

Wir sind ein ☐ rechtsfähiger ☐ nichtrechtsfähiger Verein ohne Parteicharakter.

Der Zweck unseres Vereins ist ausschließlich darauf gerichtet, durch Teilnahme mit eigenen Wahlvorschlägen bei der politischen Willensbildung mitzuwirken, und zwar an Wahlen auf

☐ Bundesebene ☐ Landesebene ☐ Kommunalebene.

Wir bestätigen, dass wir die Zuwendung nur für diesen Zweck verwenden werden.

☐ Wir sind mit mindestens einem Mandat im (Parlament/Rat) vertreten.

☐ Wir haben der Wahlbehörde/dem Wahlorgan der .... am ...... angezeigt, dass wir uns an der .... (folgenden Wahl) .... am .... mit eigenen Wahlvorschlägen beteiligen werden.

☐ An der letzten .... (Wahl) .... am ...... haben wir uns mit eigenen Wahlvorschlägen beteiligt.

☐ An der letzten oder einer früheren Wahl haben wir uns nicht mit eigenen Wahlvorschlägen beteiligt und eine Beteiligung der zuständigen Wahlbehörde/dem zuständigen Wahlorgan auch nicht angezeigt.

☐ Wir sind beim Finanzamt .... StNr. .... erfasst.

☐ Wir sind steuerlich nicht erfasst.

____

(Ort, Datum, Unterschrift(en) und Funktion(en))

Hinweis:
Wer vorsätzlich oder grob fahrlässig eine unrichtige Zuwendungsbestätigung erstellt oder veranlasst, dass Zuwendungen nicht zu den in der Zuwendungsbestätigung angegebenen steuerbegünstigten Zwecken verwendet werden, haftet für die entgangene Steuer (§ 34 g Satz 3, § 10 b Abs. 4 EStG).

Aussteller (Bezeichnung und Anschrift der inländischen Stiftung des öffentlichen Rechts)

Bestätigung über Geldzuwendungen
im Sinne des § 10 b des Einkommensteuergesetzes an inländische Stiftungen des öffentlichen Rechts

Name und Anschrift des Zuwendenden:

Betrag der Zuwendung – in Ziffern –	– in Buchstaben –	Tag der Zuwendung:

Es wird bestätigt, dass die Zuwendung nur zur Förderung (Angabe des begünstigten Zwecks/der begünstigten Zwecke)
verwendet wird.

Es handelt sich um den Verzicht auf Erstattung von Aufwendungen Ja □ Nein □

□ Die Zuwendung erfolgte in das zu erhaltende Vermögen (Vermögensstock).

□ Es handelt sich **nicht** um Zuwendungen in das verbrauchbare Vermögen einer Stiftung.

Die Zuwendung wird

□ von uns unmittelbar für den angegebenen Zweck verwendet.

□ entsprechend den Angaben des Zuwendenden an .... weitergeleitet, die/der vom Finanzamt .... StNr. .... mit Freistellungsbescheid bzw. nach der Anlage zum Körperschaftsteuerbescheid vom .... von der Körperschaft- und Gewerbesteuer befreit ist.

□ entsprechend den Angaben des Zuwendenden an .... weitergeleitet, der/dem das Finanzamt .... StNr. .... mit Feststellungsbescheid vom .... die Einhaltung der satzungsmäßigen Voraussetzungen nach § 60 a AO festgestellt hat.

(Ort, Datum und Unterschrift des Zuwendungsempfängers)

Hinweis:
Wer vorsätzlich oder grob fahrlässig eine unrichtige Zuwendungsbestätigung erstellt oder veranlasst, dass Zuwendungen nicht zu den in der Zuwendungsbestätigung angegebenen steuerbegünstigten Zwecken verwendet werden, haftet für die entgangene Steuer (§ 10 b Abs. 4 EStG, § 9 Abs. 3 KStG, § 9 Nr. 5 GewStG).

Nur in den Fällen der Weiterleitung an steuerbegünstigte Körperschaften im Sinne von § 5 Abs. 1 Nr. 9 KStG:
Diese Bestätigung wird nicht als Nachweis für die steuerliche Berücksichtigung der Zuwendung anerkannt, wenn das Datum des Freistellungsbescheides länger als 5 Jahre bzw. das Datum der Feststellung der Einhaltung der satzungsmäßigen Voraussetzungen nach § 60 a Abs. 1 AO länger als 3 Jahre seit Ausstellung des Bescheides zurückliegt (§ 63 Abs. 5 AO).

Aussteller (Bezeichnung und Anschrift der inländischen Stiftung des öffentlichen Rechts)

Bestätigung über Sachzuwendungen
im Sinne des § 10 b des Einkommensteuergesetzes an inländische Stiftungen des öffentlichen Rechts

Name und Anschrift des Zuwendenden:

Wert der Zuwendung – in Ziffern –	– in Buchstaben –	Tag der Zuwendung:

Genaue Bezeichnung der Sachzuwendung mit Alter, Zustand, Kaufpreis usw.

☐ Die Sachzuwendung stammt nach den Angaben des Zuwendenden aus dem Betriebsvermögen. Die Zuwendung wurde nach dem Wert der Entnahme (ggf. mit dem niedrigeren gemeinen Wert) und nach der Umsatzsteuer, die auf die Entnahme entfällt, bewertet.

☐ Die Sachzuwendung stammt nach den Angaben des Zuwendenden aus dem Privatvermögen.

☐ Der Zuwendende hat trotz Aufforderung keine Angaben zur Herkunft der Sachzuwendung gemacht.

☐ Geeignete Unterlagen, die zur Wertermittlung gedient haben, z. B. Rechnung, Gutachten, liegen vor.

Es wird bestätigt, dass die Zuwendung nur zur Förderung (Angabe des begünstigten Zwecks/der begünstigten Zwecke)
verwendet wird.

☐ Die Zuwendung erfolgte in das zu erhaltende Vermögen (Vermögensstock).

☐ Es handelt sich **nicht** um Zuwendungen in das verbrauchbare Vermögen einer Stiftung.

Die Zuwendung wird

☐ von uns unmittelbar für den angegebenen Zweck verwendet.

☐ entsprechend den Angaben des Zuwendenden an .... weitergeleitet, die/der vom Finanzamt .... StNr. .... mit Freistellungsbescheid bzw. nach der Anlage zum Körperschaftsteuerbescheid vom .... von der Körperschaft- und Gewerbesteuer befreit ist.

☐ entsprechend den Angaben des Zuwendenden an .... weitergeleitet, der/dem das Finanzamt .... StNr. .... mit Feststellungsbescheid vom .... die Einhaltung der satzungsmäßigen Voraussetzungen nach § 60 a AO festgestellt hat.

____

(Ort, Datum und Unterschrift des Zuwendungsempfängers)

Hinweis:
Wer vorsätzlich oder grob fahrlässig eine unrichtige Zuwendungsbestätigung erstellt oder veranlasst, dass Zuwendungen nicht zu den in der Zuwendungsbestätigung angegebenen steuerbegünstigten Zwecken verwendet werden, haftet für die entgangene Steuer (§ 10 b Abs. 4 EStG, § 9 Abs. 3 KStG, § 9 Nr. 5 GewStG).

Nur in den Fällen der Weiterleitung an steuerbegünstigte Körperschaften im Sinne von § 5 Abs. 1 Nr. 9 KStG:
Diese Bestätigung wird nicht als Nachweis für die steuerliche Berücksichtigung der Zuwendung anerkannt, wenn das Datum des Freistellungsbescheides länger als 5 Jahre bzw. das Datum der Feststellung der Einhaltung der satzungsmäßigen Voraussetzungen nach § 60 a Abs. 1 AO länger als 3 Jahre seit Ausstellung des Bescheides zurückliegt (§ 63 Abs. 5 AO).

Aussteller (Bezeichnung und Anschrift der inländischen Stiftung des privaten Rechts)

Bestätigung über Geldzuwendungen
im Sinne des § 10b des Einkommensteuergesetzes an inländische Stiftungen des privaten Rechts

Name und Anschrift des Zuwendenden:

Betrag der Zuwendung – in Ziffern –	– in Buchstaben –	Tag der Zuwendung:

Es handelt sich um den Verzicht auf Erstattung von Aufwendungen Ja ☐ Nein ☐

☐ Wir sind wegen Förderung (Angabe des begünstigten Zwecks/der begünstigten Zwecke) .... nach dem Freistellungsbescheid bzw. nach der Anlage zum Körperschaftsteuerbescheid des Finanzamtes .... StNr. .... vom .... für den letzten Veranlagungszeitraum .... nach § 5 Abs. 1 Nr. 9 des Körperschaftsteuergesetzes von der Körperschaftsteuer und nach § 3 Nr. 6 des Gewerbesteuergesetzes von der Gewerbesteuer befreit.

☐ Die Einhaltung der satzungsmäßigen Voraussetzungen nach den §§ 51, 59, 60 und 61 AO wurde vom Finanzamt .... StNr. .... mit Bescheid vom .... nach § 60a AO gesondert festgestellt. Wir fördern nach unserer Satzung (Angabe des begünstigten Zwecks/der begünstigten Zwecke) ....

Es wird bestätigt, dass die Zuwendung nur zur Förderung (Angabe des begünstigten Zwecks/der begünstigten Zwecke)
verwendet wird.

☐ Die Zuwendung erfolgte in das zu erhaltende Vermögen (Vermögensstock).

☐ Es handelt sich **nicht** um Zuwendungen in das verbrauchbare Vermögen einer Stiftung.

(Ort, Datum und Unterschrift des Zuwendungsempfängers)

Hinweis:
Wer vorsätzlich oder grob fahrlässig eine unrichtige Zuwendungsbestätigung erstellt oder veranlasst, dass Zuwendungen nicht zu den in der Zuwendungsbestätigung angegebenen steuerbegünstigten Zwecken verwendet werden, haftet für die entgangene Steuer (§ 10b Abs. 4 EStG, § 9 Abs. 3 KStG, § 9 Nr. 5 GewStG).
Diese Bestätigung wird nicht als Nachweis für die steuerliche Berücksichtigung der Zuwendung anerkannt, wenn das Datum des Freistellungsbescheides länger als 5 Jahre bzw. das Datum der Feststellung der Einhaltung der satzungsmäßigen Voraussetzungen nach § 60a Abs. 1 AO länger als 3 Jahre seit Ausstellung des Bescheides zurückliegt (§ 63 Abs. 5 AO).

Aussteller (Bezeichnung und Anschrift der inländischen Stiftung des privaten Rechts)

Bestätigung über Sachzuwendungen
im Sinne des § 10b des Einkommensteuergesetzes an inländische Stiftungen des privaten Rechts

Name und Anschrift des Zuwendenden:

Wert der Zuwendung – in Ziffern –	– in Buchstaben –	Tag der Zuwendung:

Genaue Bezeichnung der Sachzuwendung mit Alter, Zustand, Kaufpreis usw.

☐ Die Sachzuwendung stammt nach den Angaben des Zuwendenden aus dem Betriebsvermögen. Die Zuwendung wurde nach dem Wert der Entnahme (ggf. mit dem niedrigeren gemeinen Wert) und nach der Umsatzsteuer, die auf die Entnahme entfällt, bewertet.

☐ Die Sachzuwendung stammt nach den Angaben des Zuwendenden aus dem Privatvermögen.

☐ Der Zuwendende hat trotz Aufforderung keine Angaben zur Herkunft der Sachzuwendung gemacht.

☐ Geeignete Unterlagen, die zur Wertermittlung gedient haben, z. B. Rechnung, Gutachten, liegen vor.

☐ Wir sind wegen Förderung (Angabe des begünstigten Zwecks/der begünstigten Zwecke) .... nach dem Freistellungsbescheid bzw. nach der Anlage zum Körperschaftsteuerbescheid des Finanzamtes .... StNr. .... vom .... für den letzten Veranlagungszeitraum .... nach § 5 Abs. 1 Nr. 9 des Körperschaftsteuergesetzes von der Körperschaftsteuer und nach § 3 Nr. 6 des Gewerbesteuergesetzes von der Gewerbesteuer befreit.

☐ Die Einhaltung der satzungsmäßigen Voraussetzungen nach den §§ 51, 59, 60 und 61 AO wurde vom Finanzamt .... StNr. .... mit Bescheid vom .... nach § 60 a AO gesondert festgestellt. Wir fördern nach unserer Satzung (Angabe des begünstigten Zwecks/der begünstigten Zwecke) ....

Es wird bestätigt, dass die Zuwendung nur zur Förderung (Angabe des begünstigten Zwecks/der begünstigten Zwecke) verwendet wird.

☐ Die Zuwendung erfolgte in das zu erhaltende Vermögen (Vermögensstock).

☐ Es handelt sich **nicht** um Zuwendungen in das verbrauchbare Vermögen einer Stiftung.

____
(Ort, Datum und Unterschrift des Zuwendungsempfängers)

Hinweis:
Wer vorsätzlich oder grob fahrlässig eine unrichtige Zuwendungsbestätigung erstellt oder veranlasst, dass Zuwendungen nicht zu den in der Zuwendungsbestätigung angegebenen steuerbegünstigten Zwecken verwendet werden, haftet für die entgangene Steuer (§ 10b Abs. 4 EStG, § 9 Abs. 3 KStG, § 9 Nr. 5 GewStG).
Diese Bestätigung wird nicht als Nachweis für die steuerliche Berücksichtigung der Zuwendung anerkannt, wenn das Datum des Freistellungsbescheides länger als 5 Jahre bzw. das Datum der Feststellung der Einhaltung der satzungsmäßigen Voraussetzungen nach § 60 a Abs. 1 *AO länger als 3 Jahre* seit Ausstellung des Bescheides zurückliegt (§ 63 Abs. 5 AO).

Aussteller (Bezeichnung und Anschrift der inländischen juristischen Person des öffentlichen Rechts oder der inländischen öffentlichen Dienststelle)

Sammelbestätigung über Geldzuwendungen
im Sinne des § 10 b des Einkommensteuergesetzes an inländische juristische Personen des öffentlichen Rechts oder inländische öffentliche Dienststellen

Name und Anschrift des Zuwendenden:

Gesamtbetrag der Zuwendung – in Ziffern –	– in Buchstaben –	Zeitraum der Sammelbestätigung:

Es wird bestätigt, dass die Zuwendung nur zur Förderung (Angabe des begünstigten Zwecks/der begünstigten Zwecke) verwendet wird.

Die Zuwendung wird

☐ von uns unmittelbar für den angegebenen Zweck verwendet.

☐ entsprechend den Angaben des Zuwendenden an .... weitergeleitet, die/der vom Finanzamt .... StNr. .... mit Freistellungsbescheid bzw. nach der Anlage zum Körperschaftsteuerbescheid vom .... von der Körperschaftsteuer und Gewerbesteuer befreit ist.

☐ entsprechend den Angaben des Zuwendenden an .... weitergeleitet, der/dem das Finanzamt .... StNr. .... mit Feststellungsbescheid vom .... die Einhaltung der satzungsmäßigen Voraussetzungen nach § 60 a AO festgestellt hat.

Es wird bestätigt, dass über die in der Gesamtsumme enthaltenen Zuwendungen keine weiteren Bestätigungen, weder formelle Zuwendungsbestätigungen noch Beitragsquittungen oder Ähnliches ausgestellt wurden und werden.

Ob es sich um den Verzicht auf Erstattung von Aufwendungen handelt, ist der Anlage zur Sammelbestätigung zu entnehmen.

(Ort, Datum und Unterschrift des Zuwendungsempfängers)

Hinweis:
Wer vorsätzlich oder grob fahrlässig eine unrichtige Zuwendungsbestätigung erstellt oder veranlasst, dass Zuwendungen nicht zu den in der Zuwendungsbestätigung angegebenen steuerbegünstigten Zwecken verwendet werden, haftet für die entgangene Steuer (§ 10 b Abs. 4 EStG, § 9 Abs. 3 KStG, § 9 Nr. 5 GewStG).

Nur in den Fällen der Weiterleitung an steuerbegünstigte Körperschaften im Sinne von § 5 Abs. 1 Nr. 9 KStG:
Diese Bestätigung wird nicht als Nachweis für die steuerliche Berücksichtigung der Zuwendung anerkannt, wenn das Datum des Freistellungsbescheides länger als 5 Jahre bzw. das Datum der Feststellung der Einhaltung der satzungsmäßigen Voraussetzungen nach § 60 a Abs. 1 AO länger als 3 Jahre seit Ausstellung des Bescheides zurückliegt (§ 63 Abs. 5 AO).

Anlage zur Sammelbestätigung

Datum der Zuwendung	Verzicht auf die Erstattung von Aufwendungen (ja/nein)	Betrag

Gesamtsumme ______________ €

Aussteller (Bezeichnung und Anschrift der steuerbegünstigten Einrichtung)

Sammelbestätigung über Geldzuwendungen/Mitgliedsbeiträge
im Sinne des § 10 b des Einkommensteuergesetzes an eine der in § 5 Abs. 1 Nr. 9 des Körperschaftsteuergesetzes bezeichneten Körperschaften, Personenvereinigungen oder Vermögensmassen

Name und Anschrift des Zuwendenden:

Gesamtbetrag der Zuwendung – in Ziffern –	– in Buchstaben –	Zeitraum der Sammelbestätigung:

☐ Wir sind wegen Förderung (Angabe des begünstigten Zwecks/der begünstigten Zwecke) .... nach dem Freistellungsbescheid bzw. nach der Anlage zum Körperschaftsteuerbescheid des Finanzamtes .... StNr. .... vom .... für den letzten Veranlagungszeitraum .... nach § 5 Abs. 1 Nr. 9 des Körperschaftsteuergesetzes von der Körperschaftsteuer und nach § 3 Nr. 6 des Gewerbesteuergesetzes von der Gewerbesteuer befreit.

☐ Die Einhaltung der satzungsmäßigen Voraussetzungen nach den §§ 51, 59, 60 und 61 AO wurde vom Finanzamt .... StNr. .... mit Bescheid vom .... nach § 60 a AO gesondert festgestellt. Wir fördern nach unserer Satzung (Angabe des begünstigten Zwecks/der begünstigten Zwecke) ....

Es wird bestätigt, dass die Zuwendung nur zur Förderung (Angabe des begünstigten Zwecks/der begünstigten Zwecke)

verwendet wird.

Nur für steuerbegünstigte Einrichtungen, bei denen die Mitgliedsbeiträge steuerlich nicht abziehbar sind:

☐ Es wird bestätigt, dass es sich nicht um einen Mitgliedsbeitrag handelt, dessen Abzug nach § 10 b Abs. 1 des Einkommensteuergesetzes ausgeschlossen ist.

Es wird bestätigt, dass über die in der Gesamtsumme enthaltenen Zuwendungen keine weiteren Bestätigungen, weder formelle Zuwendungsbestätigungen noch Beitragsquittungen oder Ähnliches ausgestellt wurden und werden.

Ob es sich um den Verzicht auf Erstattung von Aufwendungen handelt, ist der Anlage zur Sammelbestätigung zu entnehmen.

____

(Ort, Datum und Unterschrift des Zuwendungsempfängers)

Hinweis:
Wer vorsätzlich oder grob fahrlässig eine unrichtige Zuwendungsbestätigung erstellt oder veranlasst, dass Zuwendungen nicht zu den in der Zuwendungsbestätigung angegebenen steuerbegünstigten Zwecken verwendet werden, haftet für die entgangene Steuer (§ 10 b Abs. 4 EStG, § 9 Abs. 3 KStG, § 9 Nr. 5 GewStG).
Diese Bestätigung wird nicht als Nachweis für die steuerliche Berücksichtigung der Zuwendung anerkannt, wenn das Datum des Freistellungsbescheides länger als 5 Jahre bzw. das Datum der Feststellung der Einhaltung der satzungsmäßigen Voraussetzungen nach § 60 a Abs. 1 AO länger als 3 Jahre seit Ausstellung des Bescheides zurückliegt (§ 63 Abs. 5 AO).

Anlage zur Sammelbestätigung

Datum der Zuwendung	Art der Zuwendung (Geldzuwendung/ Mitgliedsbeitrag)	Verzicht auf die Erstattung von Aufwendungen (ja/nein)	Betrag

Gesamtsumme ______________ €

Bezeichnung und Anschrift der Partei

Sammelbestätigung über Geldzuwendungen/Mitgliedsbeiträge
im Sinne des § 34g, § 10b des Einkommensteuergesetzes an politische Parteien im Sinne des Parteiengesetzes

Name und Anschrift des Zuwendenden:

Gesamtbetrag der Zuwendung – in Ziffern –	– in Buchstaben –	Zeitraum der Sammelbestätigung:

Es wird bestätigt, dass diese Zuwendung ausschließlich für die satzungsgemäßen Zwecke verwendet wird.

Es wird bestätigt, dass über die in der Gesamtsumme enthaltenen Zuwendungen keine weiteren Bestätigungen, weder formelle Zuwendungsbestätigungen noch Beitragsquittungen oder Ähnliches ausgestellt wurden und werden.

Ob es sich um den Verzicht auf Erstattung von Aufwendungen handelt, ist der Anlage zur Sammelbestätigung zu entnehmen.

____

(Ort, Datum, Unterschrift(en) und Funktion(en))

Hinweis:
Wer vorsätzlich oder grob fahrlässig eine unrichtige Zuwendungsbestätigung erstellt oder veranlasst, dass Zuwendungen nicht zu den in der Zuwendungsbestätigung angegebenen steuerbegünstigten Zwecken verwendet werden, haftet für die entgangene Steuer (§ 10b Abs. 4 EStG).

Anlage zur Sammelbestätigung

Datum der Zuwendung	Art der Zuwendung (Geldzuwendung/ Mitgliedsbeitrag)	Verzicht auf die Erstattung von Aufwendungen (ja/nein)	Betrag

Gesamtsumme ______________ €

Bezeichnung und Anschrift der unabhängigen Wählervereinigung

Sammelbestätigung über Geldzuwendungen/Mitgliedsbeiträge
im Sinne des § 34 g des Einkommensteuergesetzes an unabhängige Wählervereinigungen

Name und Anschrift des Zuwendenden:

Gesamtbetrag der Zuwendung – in Ziffern –	– in Buchstaben –	Zeitraum der Sammelbestätigung:

Wir sind ein ☐ rechtsfähiger ☐ nicht rechtsfähiger Verein ohne Parteicharakter.

Der Zweck unseres Vereins ist ausschließlich darauf gerichtet, durch Teilnahme mit eigenen Wahlvorschlägen bei der politischen Willensbildung mitzuwirken, und zwar an Wahlen auf

☐ Bundesebene ☐ Landesebene ☐ Kommunalebene.

Wir bestätigen, dass wir die Zuwendung nur für diesen Zweck verwenden werden.

☐ Wir sind mit mindestens einem Mandat im (Parlament/Rat) vertreten.

☐ Wir haben der Wahlbehörde/dem Wahlorgan der .... am ...... angezeigt, dass wir uns an der .... (folgenden Wahl) .... am ...... mit eigenen Wahlvorschlägen beteiligen werden.

☐ An der letzten .... (Wahl) .... am ...... haben wir uns mit eigenen Wahlvorschlägen beteiligt.

☐ An der letzten oder einer früheren Wahl haben wir uns nicht mit eigenen Wahlvorschlägen beteiligt und eine Beteiligung der zuständigen Wahlbehörde/dem zuständigen Wahlorgan auch nicht angezeigt.

☐ Wir sind beim Finanzamt .... StNr. .... erfasst.

☐ Wir sind steuerlich nicht erfasst.

Es wird bestätigt, dass über die in der Gesamtsumme enthaltenen Zuwendungen keine weiteren Bestätigungen, weder formelle Zuwendungsbestätigungen noch Beitragsquittungen oder Ähnliches ausgestellt wurden und werden.

Ob es sich um den Verzicht auf Erstattung von Aufwendungen handelt, ist der Anlage zur Sammelbestätigung zu entnehmen.

____

(Ort, Datum, Unterschrift(en) und Funktion(en))

Hinweis:
Wer vorsätzlich oder grob fahrlässig eine unrichtige Zuwendungsbestätigung erstellt oder veranlasst, dass Zuwendungen nicht zu den in der Zuwendungsbestätigung angegebenen steuerbegünstigten Zwecken verwendet werden, haftet für die entgangene Steuer (§ 34 g Satz 3, § 10 b Abs. 4 EStG).

Anlage zur Sammelbestätigung

Datum der Zuwendung	Art der Zuwendung (Geldzuwendung/ Mitgliedsbeitrag)	Verzicht auf die Erstattung von Aufwendungen (ja/nein)	Betrag

Gesamtsumme ____________ €

Aussteller (Bezeichnung und Anschrift der inländischen Stiftung des öffentlichen Rechts)

Sammelbestätigung über Geldzuwendungen
im Sinne des § 10 b des Einkommensteuergesetzes an inländische Stiftungen des öffentlichen Rechts

Name und Anschrift des Zuwendenden:

Gesamtbetrag der Zuwendung – in Ziffern –	– in Buchstaben –	Zeitraum der Sammelbestätigung:

Es wird bestätigt, dass die Zuwendung nur zur Förderung (Angabe des begünstigten Zwecks/der begünstigten Zwecke) verwendet wird.

☐ Es handelt sich **nicht** um Zuwendungen **in das verbrauchbare Vermögen** einer Stiftung.

Die Zuwendung wird

☐ von uns unmittelbar für den angegebenen Zweck verwendet.

☐ entsprechend den Angaben des Zuwendenden an .... weitergeleitet, die/der vom Finanzamt .... StNr. .... mit Freistellungsbescheid bzw. nach der Anlage zum Körperschaftsteuerbescheid vom .... von der Körperschaft- und Gewerbesteuer befreit ist.

☐ entsprechend den Angaben des Zuwendenden an .... weitergeleitet, der/dem das Finanzamt .... StNr. .... mit Feststellungsbescheid vom .... die Einhaltung der satzungsmäßigen Voraussetzungen nach § 60 a AO festgestellt hat.

Es wird bestätigt, dass über die in der Gesamtsumme enthaltenen Zuwendungen keine weiteren Bestätigungen, weder formelle Zuwendungsbestätigungen noch Beitragsquittungen oder Ähnliches ausgestellt wurden und werden.

Ob es sich um den Verzicht auf Erstattung von Aufwendungen handelt, ist der Anlage zur Sammelbestätigung zu entnehmen.

Ob die Zuwendung in das zu erhaltende Vermögen (Vermögensstock) erfolgt ist, ist der Anlage zur Sammelbestätigung zu entnehmen.

____

(Ort, Datum und Unterschrift des Zuwendungsempfängers)

Hinweis:
Wer vorsätzlich oder grob fahrlässig eine unrichtige Zuwendungsbestätigung erstellt oder veranlasst, dass Zuwendungen nicht zu den in der Zuwendungsbestätigung angegebenen steuerbegünstigten Zwecken verwendet werden, haftet für die entgangene Steuer (§ 10 b Abs. 4 EStG, § 9 Abs. 3 KStG, § 9 Nr. 5 GewStG).

Nur in den Fällen der Weiterleitung an steuerbegünstigte Körperschaften im Sinne von § 5 Abs. 1 Nr. 9 KStG:
Diese Bestätigung wird nicht als Nachweis für die steuerliche Berücksichtigung der Zuwendung anerkannt, wenn das Datum des Freistellungsbescheides länger als 5 Jahre bzw. das Datum der Feststellung der Einhaltung der satzungsmäßigen Voraussetzungen nach § 60 a Abs. 1 AO länger als 3 Jahre seit Ausstellung des Bescheides zurückliegt (§ 63 Abs. 5 AO).

Anlage zur Sammelbestätigung

Datum der Zuwendung	Zuwendung erfolgte in das zu erhaltende Vermögen (Vermögensstock) (ja/nein)	Verzicht auf die Erstattung von Aufwendungen (ja/nein)	Betrag

Gesamtsumme ______________ €

Aussteller (Bezeichnung und Anschrift der inländischen Stiftung des privaten Rechts)

Sammelbestätigung über Geldzuwendungen
im Sinne des § 10 b des Einkommensteuergesetzes an inländische Stiftungen des privaten Rechts

Name und Anschrift des Zuwendenden:

Gesamtbetrag der Zuwendung – in Ziffern –	– in Buchstaben –	Zeitraum der Sammelbestätigung:

☐ Wir sind wegen Förderung (Angabe des begünstigten Zwecks/der begünstigten Zwecke) .... nach dem Freistellungsbescheid bzw. nach der Anlage zum Körperschaftsteuerbescheid des Finanzamtes .... StNr. .... vom .... für den letzten Veranlagungszeitraum .... nach § 5 Abs. 1 Nr. 9 des Körperschaftsteuergesetzes von der Körperschaftsteuer und nach § 3 Nr. 6 des Gewerbesteuergesetzes von der Gewerbesteuer befreit.

☐ Die Einhaltung der satzungsmäßigen Voraussetzungen nach den §§ 51, 59, 60 und 61 AO wurde vom Finanzamt .... StNr. .... mit Bescheid vom .... nach § 60 a AO gesondert festgestellt. Wir fördern nach unserer Satzung (Angabe des begünstigten Zwecks/der begünstigten Zwecke) ....

Es wird bestätigt, dass die Zuwendung nur zur Förderung (Angabe des begünstigten Zwecks/der begünstigten Zwecke)   verwendet wird.

☐ Es handelt sich **nicht** um Zuwendungen in das verbrauchbare Vermögen einer Stiftung.

Es wird bestätigt, dass über die in der Gesamtsumme enthaltenen Zuwendungen keine weiteren Bestätigungen, weder formelle Zuwendungsbestätigungen noch Beitragsquittungen oder Ähnliches ausgestellt wurden und werden.

Ob es sich um den Verzicht auf Erstattung von Aufwendungen handelt, ist der Anlage zur Sammelbestätigung zu entnehmen.

Ob die Zuwendung in das zu erhaltende Vermögen (Vermögensstock) erfolgt ist, ist der Anlage zur Sammelbestätigung zu entnehmen.

(Ort, Datum und Unterschrift des Zuwendungsempfängers)

Hinweis:
Wer vorsätzlich oder grob fahrlässig eine unrichtige Zuwendungsbestätigung erstellt oder veranlasst, dass Zuwendungen nicht zu den in der Zuwendungsbestätigung angegebenen steuerbegünstigten Zwecken verwendet werden, haftet für die entgangene Steuer (§ 10 b Abs. 4 EStG, § 9 Abs. 3 KStG, § 9 Nr. 5 GewStG).
Diese Bestätigung wird nicht als Nachweis für die steuerliche Berücksichtigung der Zuwendung anerkannt, wenn das Datum des Freistellungsbescheides länger als 5 Jahre bzw. das Datum der Feststellung der Einhaltung der satzungsmäßigen Voraussetzungen nach § 60 a Abs. 1 AO länger als 3 Jahre seit Ausstellung des Bescheides zurückliegt (§ 63 Abs. 5 AO).

Anlage zur Sammelbestätigung

Datum der Zuwendung	Zuwendung erfolgte in das zu erhaltende Vermögen (Vermögensstock) (ja/nein)	Verzicht auf die Erstattung von Aufwendungen (ja/nein)	Betrag

Gesamtsumme ______________ €

I/Anlage 5 *(nicht belegt)*

I/Anlage 6. Verzeichnis ausländischer Steuern in Nicht-DBA-Staaten, die der deutschen Einkommensteuer entsprechen

(Anlage zu R 34c EStR)

Afghanistan
income tax (Einkommen- und Körperschaftsteuer),
rent tax (Steuer auf Einkünfte aus Vermietung),
corporate tax (Körperschaftsteuer)

Angola
imposto industrial (Steuer auf Einkünfte aus Gewerbebetrieb),
imposto sobre os rendimentos do trabalho (Steuer auf Einkünfte aus selbständiger und nichtselbständiger Arbeit),
imposto predial urbano (Steuer auf Einkünfte aus bebauten Grundstücken),
imposto sobre a aplicaçāço de capitais (Steuer auf Einkünfte aus Kapitalvermögen)

Antigua und Barbuda
individual income tax (Einkommensteuer)

Äquatorialguinea
impuesto sobre la renta de las personas fisicas (Einkommensteuer)

Äthiopien
income tax (Einkommen- und Körperschaftsteuer)

Barbados
income and corporate tax (Einkommen- und Körperschaftsteuer)

Benin
impôt général sur le revenue (allgemeine Einkommensteuer)

Bhutan
tax deducted at source oder salary tax (Steuer auf Löhne und Gehälter),
health contribution (Einkommensteuer)

Botsuana
income tax (Einkommen- und Körperschaftsteuer)

Brasilien
imposto de renda da pessoas fisicas (Einkommensteuer),
imposto de renda da pessoas juridicas (Körperschaftsteuer),
imposto de renda retido da fonte (Einkommensteuer als Quellensteuer auf Einkünfte von Steuerausländern)
Carnê-Leão do titular (Einkommensteuer als Anmeldung auf sonstige Einkünfte und Zahlungen aus dem Ausland)

Brunei
income tax (Einkommensteuer)

Burkina Faso
Impôt Unique sur les Traitements et Salaires – IUTS (Steuer auf Löhne und Gehälter)

Chile
impuesto a la renta (Einkommen- und Körperschaftsteuer),
impuesto global complementario (Zusatzsteuer auf das Gesamteinkommen),
impuesto adicional (Zusatzsteuer auf Einkünfte von Steuerausländern)

China (Taiwan)
individual consolidated income tax (Einkommensteuer der natürlichen Personen),
profit-seeking enterprise income tax (Einkommensteuer der gewerblichen Unternehmen)

China, Volksrepublik (Special Administrative Region Hongkong)
siehe Hongkong

Cookinseln
income tax (Einkommen- und Körperschaftsteuer)

Dominikanische Republik
impuesto sobre la renta (Einkommen- und Körperschaftsteuer),
contribucion adicional al impuesto sobre la renta (Zuschlag zur Einkommen- und Körperschaftsteuer)

El Salvador
impuesto sobre la renta (Einkommen- und Körperschaftsteuer)

Fidschi
income tax (Einkommen- und Körperschaftsteuer),
dividend tax (Quellensteuer auf Dividenden von Steuerinländern),
interest withholding tax (Quellensteuer auf Zinsen),
non-resident dividend withholding tax (Quellensteuer auf Dividenden Steuerausländer)

Gabun
impôt général sur le revenu des personnes physiques (allgemeine Einkommensteuer),
impôt sur le revenu des valeurs mobilières (Steuer auf Einkünfte aus Beteiligungen),
taxe complémentaire sur les salaires (Zusatzsteuer auf Einkünfte aus nichtselbständiger Arbeit),
impôt sur les sociétés (Körperschaftsteuer)

Gambia
income tax (Einkommen- und Körperschaftsteuer),
capital gains tax (Steuer auf Veräußerungsgewinne)

Gibraltar
income tax (Einkommen- und Körperschaftsteuer)

Grönland
Akileraarutissaq/Indkomstskat Akileraarutit A-t/A-skat, Akileraarutit B-t/B-skat (Einkommensteuer)

Guatemala
impuesto sobre la renta (Einkommen- und Körperschaftsteuer)

Guernsey
income tax (Einkommensteuer)

Guinea
impôt général sur le revenu (Einkommensteuer),
impôt sur les traitements et salaires (Steuer auf Einkünfte aus nichtselbständiger Arbeit),
impôt sur les revenus non salariaux versés à des non résidents (Quellensteuer für Steuerausländer),
impôt sur les bénéfices industriels, commerciaux et non commerciaux (Steuer auf gewerbliche Einkünfte und auf Einkünfte aus selbständiger Arbeit),
impôt sur le revenu des capitaux mobiliers (Quellensteuer auf Kapitalerträge),
impôt sur les sociétés (Körperschaftsteuer)

Guyana
income tax (Einkommen- und Körperschaftsteuer),
corporation tax (Körperschaftsteuer),
capital gains tax (Steuer auf Veräußerungsgewinne)

Haiti
impôt sur le revenu (Einkommen- und Körperschaftsteuer)

Honduras
impuesto sobre la renta (Einkommen- und Körperschaftsteuer),
aportación solidaria temporal (Solidaritätszuschlag für Körperschaften)

Hongkong
profits tax (Gewinnsteuer),
salaries tax (Lohnsteuer),
property tax (Steuer auf Mieteinkünfte)

Irak
income tax (Einkommen- und Körperschaftsteuer)

Jordanien
income tax (Einkommen- und Körperschaftsteuer),
social welfare tax (Zuschlag auf die Einkommensteuer),
university tax (Steuer auf ausschüttungsfähige Gewinne)

Kambodscha
withholding tax on management and technical services (Quellensteuer auf Vergütungen für Dienstleistungen)
withholding tax on salary (Quellensteuer auf Lohnzahlungen)

Kamerun

impôt sur le revenu des personnes physiques (Einkommensteuer),
impôt sur les sociétés (Körperschaftsteuer)

Katar

income tax (Körperschaftsteuer)

Kolumbien

impuesto sobre la renta (Einkommen- und Körperschaftsteuer einschließlich Zuschlag),
impuesto complementario des remesas (Zuschlag zur Einkommen- und Körperschaftsteuer bei Mittelabflüssen ins Ausland)
retencion en la fuente (Quellensteuer auf Dividenden, Zinsen, Lizenzen und technische Dienstleistungen)

Kongo, Demokratische Republik

impôt sur les revenus locatifs (Steuer auf Einkünfte aus Vermietung),
impôt mobilier (Steuer auf Kapitalerträge),
impôt professionnel (Steuer auf Erwerbseinkünfte),
contribution sur les revenus des personnes physiques (Einkommensteuer)

Kongo, Republik

impôt sur le revenu des personnes physiques (Einkommensteuer),
impôt complémentaire (Ergänzungsteuer zur Einkommensteuer),
impôt sur les sociétés (Körperschaftsteuer),
impôt sur le revenu des valeurs mobilières (Steuern auf Kapitalerträge),
taxe immobilières sur les loyers (Steuer auf Mieteinkünfte),
impôt sur les plus-values résultant de la cession d'immeubles (Steuer auf Gewinne aus der Veräußerung von Grundvermögen)

Kuba

impuesto sobre utilidades (Gewinnsteuer),
impuesto sobre ingresos personales (Einkommensteuer)

Lesotho

income tax (Einkommen- und Körperschaftsteuer),
graded tax (Zusatzsteuer vom Einkommen)

Libanon

impôt sur le revenu (Einkommen- und Körperschaftsteuer),
impôt sur les immeubles bâtis (Steuer auf Mieteinkünfte),
distribution tax (Sondersteuer auf Dividendenzahlungen)

Libyen

income tax (Einkommen- und Körperschaftsteuer),
defense-tax (Zusatzsteuer auf alle Einkommen außer solchen aus Landwirtschaft)

Macau

imposto professional (Einkommensteuer)

Madagaskar

impôt général sur le revenu (Einkommensteuer),
impôt sur les bénéfices des sociétés (Körperschaftsteuer),
impôt sur les revenus des capitaux mobiliers (Steuer auf Kapitalerträge),
impôt sur la plus-value immobilière (Steuer auf Veräußerungsgewinne von Grundvermögen)

Malawi

income tax (Einkommen- und Körperschaftsteuer),
paye-tax (Lohnsteuer)

Mali

impôt général sur le revenu (Einkommensteuer),
impôt sur le bénéfice agricole (Steuer auf Einkünfte aus Land- und Forstwirtschaft),
impôt sur les revenus fonciers (Steuer auf Einkünfte aus Vermietung und Verpachtung),
impôt sur les revenus des valeurs mobilières (Steuer auf Kapitalerträge),
impôt sur les bénéfices industriels et commerciaux (Steuer auf gewerbliche und freiberufliche Einkünfte),
impôt sur les sociétés (Körperschaftsteuer)

Mauretanien

impôt général sur les revenus (Einkommensteuer),

impôt sur les bénéfices industriels et commerciaux (Steuer auf gewerbliche Gewinne),
impôt sur les revenus des capitaux mobiliers (Steuer auf Kapitalerträge),
impôt sur les bénéfices non commerciaux (Steuer auf nichtgewerbliche Einkünfte),
impôt sur les traitements et salaires (Steuer auf Einkünfte aus nichtselbständiger Arbeit)

Monaco
impôt sur les bénéfices des activités industrielles et commerciales (Steuer auf gewerbliche Gewinne)

Mosambik
imposto de rendimento das pessoas singulares (Einkommensteuer),
imposto sobre o rendimento das pessoas colectivas (Körperschaftsteuer)

Myanmar
income tax (Einkommen- und Körperschaftsteuer),
profits tax (Einkommensteuer)

Nepal
income tax (Einkommen- und Körperschaftsteuer),
surcharge on income tax (Zusatzsteuer),
tax on rental income (Steuer auf Einkünfte aus Vermietung und Verpachtung)

Nicaragua
impuesto sobre la renta (Einkommen- und Körperschaftsteuer)

Niederländische Antillen
inkomstenbelasting (Einkommensteuer),
winstbelasting (Körperschaftsteuer),
isular surcharge (Zusatzsteuer)

Niger
impôt général sur les revenus (Einkommensteuer),
impôt sur les bénéfices industriels, commerciaux et agricols (Steuer auf gewerbliche und landwirtschaftliche Einkünfte),
impôt sur les bénéfices des professions noncommerciales (Steuer auf nichtgewerbliche Einkünfte),
impôt sur les traitements publics et privés, les indemnités et émoluments, les salaires, les pensions ou indemnités annuelles et rentes viagères (Steuer auf öffentliche und private Bezüge, auf Entschädigungen, Löhne, Ruhegehälter, Leibrenten und Altersrenten),
impôt sur les revenus des capitaux mobiliers (Steuer auf Kapitalerträge)

Nigeria
personal income tax (Einkommensteuer),
companies income tax (Bundeskörperschaftsteuer),
petroleum profits tax (Steuer auf Einkünfte von Erdölunternehmen),
capital gains tax (Veräußerungsgewinnsteuer),
Director's fees tax (Einkommensteuer für Aufsichtsratsvergütungen),
education tax (Ergänzungsabgabe für Körperschaften),
withholding tax (Quellensteuer für Beratungsleistungen (10%), bzw. für Zahlungen aufgrund Liefer- und Agenturverträgen (5%))

Oman
company income tax (Körperschaftsteuer),
profit tax on establishments (Gewinnsteuer auf Unternehmen)

Panama
impuesto sobre la renta (Einkommen- und Körperschaftsteuer),
impuesto complementario (Steuer auf nicht ausgeschüttete Gewinne von juristischen Personen),
impuesto sobre los dividendos (Quellensteuer auf Dividenden),
impuesto sobre la ganancia de capital (Steuer auf Veräußerungsgewinne von Anteilen an einer Kapitalgesellschaft)

Papua-Neuguinea
foreign contractor withholding tax (Quellensteuer für ausländische Auftragnehmer),
salary or wages tax (Lohnsteuer),
additional profits tax upon taxable additional profits from mining operations (zusätzliche Gewinnsteuer auf steuerbare zusätzliche Gewinne aus dem Bergbau),
additional profits tax upon taxable additional profits from petroleum operations

(zusätzliche Gewinnsteuer auf steuerbare zusätzliche Gewinne aus dem Erdölgeschäft),
specific gains tax upon taxable specifics gains (Steuer auf steuerbare spezifische Gewinne)

Paraguay

impuesto a la renta del servicio de carácter personal (Allgemeine Einkommensteuer),
impuesto a la renta de actividades comerciales, industriales o de servicios (Steuer auf gewerbliche Einkünfte),
impuesto a la renta de las actividades agropecuarias (Steuer auf Einkünfte aus Land- und Forstwirtschaft),
tributo único (Steuer auf gewerbliche Einkünfte natürlicher Personen)

Peru

impuesto a la renta (Einkommen- und Körperschaftsteuer)

Puerto Rico

income tax (Einkommen- und Körperschaftsteuer),
surtax (Zusatzsteuer)

Ruanda

income tax (Einkommen- und Körperschaftsteuer),
paye-tax (Lohnsteuer),
rental income tax (Steuer auf Einkünfte aus Vermietung und Verpachtung),
loans tax (Steuer auf Kapitalerträge),
withholding tax on service fees including management and technical service fees (Einkommensteuer auf Vergütungen für Dienstleistungen inklusive Management und technische Dienstleistungsvergütungen)

Salomonen

withholding tax (Abzugsteuer auf Dividendenerträge)

San Marino

imposta generale sui redditi (Einkommen- und Körperschaftsteuer)

Saudi-Arabien

income tax (Einkommen- und Körperschaftsteuer; 5% für Betriebsstättengewinne, Dividenden, Zinsen und Honorare für technische und beratende Leistungen, 15% für Lizenzgebühren und für Zahlungen für Dienstleistungen von der Hauptverwaltung und von verbundenen Unternehmen, 20% für Managementgebühren)

Senegal

impôt sur le revenu des personnes physiques (Einkommensteuer),
impôt sur les sociétés (Körperschaftsteuer)

Seychellen

business tax (Einkommen- und Körperschaftsteuer)

Sierra Leone

income tax (Einkommen- und Körperschaftsteuer),
diamond industry profit tax (Sondersteuer für die Diamantenindustrie)

Somalia

income tax (Einkommen- und Körperschaftsteuer)

Sudan

income tax (Einkommen- und Körperschaftsteuer),
capital gains tax (Steuer auf Veräußerungsgewinne)

Suriname

inkomstenbelasting (Einkommen- und Körperschaftsteuer)

Swasiland

income tax (Einkommen- und Körperschaftsteuer),
graded tax (Zusatzsteuer zur Einkommensteuer),
branch profits tax (Zusatzsteuer zur Körperschaftsteuer für nicht ansässige Kapitalgesellschaften),
non-resident tax on interest (Steuer auf Zinserträge Nichtansässiger),
non-resident shareholder tax on dividends (Steuer auf Dividenden der Nichtansässigen)

Taiwan

siehe China (Taiwan)

Tansania, Vereinigte Republik

income tax (Einkommen- und Körperschaftsteuer),
capital gains tax (Steuer auf Veräußerungsgewinne)

Togo

impôt général sur le revenu des personnes physiques (Einkommensteuer),
impôt sur les sociétés (Körperschaftsteuer),
taxe complémentaire (Zusatzsteuer zur Einkommensteuer),
taxe sur le salaire (Lohnsteuer)

Tschad

l'impôt sur le revenue des personnes physiques-IRPP

Uganda

income tax (Einkommen- und Körperschaftsteuer),
branch profits tax (Zuschlag zur Körperschaftsteuer),
graduated tax (Lokale Einkommensteuer),
withholding tax (Quellensteuer für Beratungsleistungen (15%))

I/100. Sachregister zu den Einkommensteuer-Richtlinien 2012

Ziffern mit R bezeichnen die Einzelrichtlinien der EStR, Ziffern mit H die jeweiligen Hinweise dazu, Ziffern in Klammern bezeichnen die Absätze der Einzelrichtlinien/-hinweise.

Abbau Bodenschätze
Allgemeines H 7.5
Absetzung für Substanzverringerung R 7.5
Gewerbebetrieb R 15.5 (3)
Abbruchkosten
Allgemeines H 6.4
Reinvestitionsvergünstigung H 6b.1
Abfallverwertung, Abgrenzung Gewerbebetrieb/Land- und Forstwirtschaft R 15.5 (3, 4)
Abfindung
Arbeitnehmer H 24.1
Mitunternehmer H 16 (4, 9)
Pensionszusage H 6a (3, 4), H 34.4
Rückzahlung H 34.3
sonstige Einkünfte H 22.8
Abfluss
Ausgaben R 11
Betriebsausgaben R 4.5 (2)
Sonderausgaben H 10.1
Werbungskosten H 23
Abführung, Mehrerlöse R 4.13 (1–3)
Abgekürzte Leibrente R 22.3 (2), H 22.3, R 22.4 (2, 4–5), H 22.4
Abgekürzte Rente, Unterstützungskasse R 4d (2)
Abgeltung, Behinderten-Pauschbetrag R 33b (1)
Abgeltungsteuer, Einzelfragen H 20.1, H 32d, H 43, H 44, H 44a, H 44b.1
Abgeordnete, Einkünfte R 22.9
Abgrenzung
abziehbare/nichtabziehbare Ausgaben H 12.6
außergewöhnliche Belastungen H 33a.1
Betriebsvorrichtung/Gebäude H 7.1
Erfindung H 18.1
Erhaltungsaufwand/Herstellungsaufwand R 21.1, H 21.1
Gewerbebetrieb/Land- und Forstwirtschaft R 15.5
Gewerbebetrieb/selbständige Arbeit H 15.6
Gewerbebetrieb/Vermögensverwaltung R 15.7
gewerbliche/landwirtschaftliche Tierzucht und Tierhaltung R 13.2
Gewinnerzielungsabsicht/Liebhaberei H 15.3
Kaufvertrag/Pachtvertrag bei Substanzausbeute H 21.7
laufender Gewinn/Veräußerungsgewinn H 16 (9)
materielles/immaterielles Wirtschaftsgut H 5.5
nichtselbständig/selbständig R 15.1, R 18.1 (1)
private Gartenbewirtschaftung/landwirtschaftlicher Betrieb H 13.3
Realteilung/Sachwertabfindung H 16 (9)
Rente/dauernde Last H 22.3
selbständige/unselbständige Gebäudeteile R 4.2 (5)
sofortabzugsfähige/zu aktivierende Aufwendungen H 4.7
Studienreisen und Fachkongresse H 12.2
Ablösung
Kosten, außergewöhnliche Belastung H 33a.1
Nießbrauch H 10.3
Pensionsverpflichtung H 6a (19)
Rechte, Anschaffungs- und Herstellungskosten H 6.4
Rente oder dauernde Last H 22.4
Rentenverpflichtung H 16 (12)
Schuld H 4.2 (15)
Sportlerablösezahlungen H 6.2
wiederkehrende Leistungen H 34.3

Abnutzbare Anlagegüter
AfA R 7.1 (1)
Begriff R 6.1 (1)
Einlage R 6.12 (1), H 7.3
Einnahmenüberschussrechnung R 4.5 (3)
Teilwert H 6.7
Abraumbeseitigung, Rückstellung R 5.7 (11)
Abraumvorrat, Herstellungskosten H 6.3
Abrechnungsverpflichtung, Rückstellung H 5.7 (3)
Abriss eines Gebäudes
Allgemeines H 6.4
AfA H 7.4
Beginn der Herstellung H 6 b.2
Entnahme H 4.3 (2–4)
Ersatzbeschaffung H 6.6 (2)
Absatz, eigene Erzeugnisse R 15.5 (8)
Abschlag, Rückstellungen H 6.11
Abschlagszahlung, Einnahmenüberschussrechnung R 4.5 (2)
Abschlussgebühren, Bausparvertrag H 5.6
Abschöpfung, Mehrerlöse R 4.13 (1–3), H 4.13
Abschreibungen *s. Absetzung für Abnutzung; Erhöhte Absetzungen; Sonderabschreibungen*
Absenkung, Beteiligungsgrenze H 17 (5)
Absetzung für Abnutzung
Allgemeines R 7.4
abnutzbare Wirtschaftsgüter R 7.1
AfA-Tabellen H 7.4, H 13.5
Bemessungsgrundlage R 7.3
Bilanzberichtigung H 4.4
Herstellungskosten R 6.3 (1, 4)
Miteigentum R 21.6
Privatnutzung R 4.7 (1)
Restwert-AfA R 7 a (9, 10)
Tabellen H 7.4
s. a. Außergewöhnliche A.; Degressive A.; Lineare A.
Absetzung für Substanzverringerung, Bodenschätze R 7.5
Abstandnahme, Kapitalertragsteuerabzug H 44 a
Abstandszahlung
Herstellungskosten H 6.4
Mietvertrag H 21.2, H 24.1
Abstimmung, Finanzamt/Familienkasse R 31 (4)
Abstockung, Anteilserwerb H 6.2
Abtretung
Direktversicherungsanspruch R 4 b (4)
Erstattungsanspruch H 36, H 46.2
Kindergeld H 74
Lebensversicherung, Nachversteuerung R 10.6
Rückdeckungsversicherung R 4 d (8), R 6 a (23)
verzinsliche Forderungen H 20.2
Abwahl, Nutzungswertbesteuerung H 13.5
Abweichender Inventurstichtag
Pensionsverpflichtungen R 6 a (18)
Vorratsvermögen R 5.3
Abweichendes Wirtschaftsjahr
Allgemeines R 4 a
Bilanzberichtigung R 4.4 (1)
Reinvestitionsvergünstigung R 6 b.2 (12)
steuerbegünstigte Einkünfte R 34 b.1 (3), R 34 b.5 (1)
Abwicklungszeitraum, Betriebsaufgabe H 16 (2)
Abzinsung
Rückstellungen H 6.11
Verbindlichkeiten H 6.7, H 6.10
Abzug
ausländische Steuer R 20.1 (2), R 34 c
Betriebsausgaben R 4.10
Abzugsbeschränkung
Betriebsausgaben R 4.10, R 4.13 (3)
Spenden R 10 b.3
Abzugsteuern *s. Steuerabzug*
Abzugsverbot
Ausgaben H 12.2
Betriebsausgaben R 4.10 (10–11), R 4.13, R 4.14
Sonderausgaben R 10.3 (1), H 10.4
Werbungskosten H 3.44
Zuwendungen an Pensionskassen R 4 c (4)
Zuwendungen an Unterstützungskassen R 4 d (8)
Adoptivkind
Adoptionskosten H 33.1–33.4
Kinderberücksichtigung H 32.1
AfA *s. Absetzung für Abnutzung*
Ähnliche Beteiligung H 17 (2)

Ähnliche Tätigkeit, Ausübung eines freien Berufs H 15.6
Aktive Rechnungsabgrenzung *s. Rechnungsabgrenzung*
Aktivierung
Aufwand R 5.6 (1)
Direktversicherungsanspruch R 4 b (3, 4), H 4 b
Dividendenanspruch H 4.2 (1)
Feldinventar und stehende Ernte R 14 (2, 3)
Forderungen H 4.2 (1)
Halbfertigerzeugnisse R 6.3 (8), H 6.3
Holzvorräte R 34 b.3 (2)
immaterielle Anlagegüter R 5.5, H 5.5
Mietereinbauten H 5.5
Pensionszusagen H 5.5
Umsatzsteuer H 4.2 (1)
Zuwendungen an Pensionskassen R 4 c (4)
Aktivierungsverbot, immaterielle Anlagegüter R 5.5
Aktivitätsklausel, ausländische Verluste R 2 a (3), H 2 a
Alleinerziehende, Entlastungsbetrag H 24 b, H 32.13
Alleingesellschafter, Kapitalerträge H 20.2
Allgemeiner Wirtschaftsverkehr, Einkunftserzielung H 15.4
Alltagskompetenz, Einschränkungen, außergewöhnliche Belastungen R 33.3
Altenheim
außergewöhnliche Belastungen H 33.1–33.4, H 33 a.1
degressive AfA H 7.2
Altenteiler
Einkünfte H 22.1
Sonderausgaben H 10.3
Wohnung R 4.2 (4), H 13.5
Altenwohnheim *s. Altenheim*
Altersentlastungsbetrag R 24 a
Altersgrenze
Freibetrag bei Betriebsveräußerung oder -aufgabe H 16 (13)
Kinderberücksichtigung R 32.9, H 32.9
Pensionsrückstellung R 6 a (8, 11), H 6 a (12)
Zuwendungen an Unterstützungskassen R 4 d (2, 8)
Altersrente, wiederkehrende Leistungen H 22.3
Alterssicherung für Land- und Forstwirte
Beiträge H 10.4
Leistungen H 22.3
Altersteilzeit Rückstellung R 5.7 (4, 5), H 6.11
Altersversorgung, Höchstbeträge für Vorsorgeaufwendungen H 10.4
Altersvorsorge
Leistungen H 22.10
Pensionsrückstellungen H 6 a (1, 10)
Sonderausgaben H 10 a
Zulagen H 79
Zuwendungen an Unterstützungskassen H 4 d (1)
Ambulante Pflege, außergewöhnliche Belastungen R 33.3 (1)
Anbauten, AfA H 7.3, H 7.4
Anbauverzeichnis R 13.6
Änderung
Bescheid, Anrechnung H 36
Bescheid, ausländische Steuern R 34 c (4)
Bescheid, Behinderung H 33 b
Bescheid, Besteuerung im Ausland H 50 d
Bescheid, Betriebsveräußerung oder -aufgabe H 16 (10)
Bescheid, Kürzung des Höchstbetrags für Vorsorgeaufwendungen H 10.11
Bescheid, Progressionsvorbehalt R 32 b (4)
Bescheid, Realsplitting H 10.2
Bescheid, Schmier- oder Bestechungsgelder R 4.14
Bescheid, Sonderausgabenerstattung H 10.1
Bescheid, Übertragung der Freibeträge für Kinder R 32.13 (4)
Bescheid, Verlustabzug R 10 d (3, 5), H 10 d
Einnahmenüberschussrechnung H 4.5 (1)
Gewinnverteilung H 15.8 (3), H 15.9 (3)
Rechtsprechung, Bilanzberichtigung R 4.4 (1), H 4.4
Versorgungszusage R 4 d (9)
Verwaltungsauffassung, Bilanzberichtigung R 4.4 (1)
Anerkennung, Rechtsverhältnis zwischen Angehörigen R 4.8
Anfangsbilanz *s. Übergangsbilanz*

Angehörige
Ausland, Steuerpflicht R 1
außergewöhnliche Belastung durch A. R 33.1
Diplomaten und Konsuln H 3.29
Familiengesellschaft R 15.9
Nutzungsrecht H 4.2 (1)
Pflegebedürftigkeit R 33.3 (5)
Rechtsverhältnis zwischen Angehörigen R 4.8, H 13.4
Unterhaltsaufwendungen H 12.6
Zuwendungen an Pensionskassen R 4 c (4)
Zuwendungen an Unterstützungskassen R 4 d (5)
Angemessenheit
Betriebsausgaben R 4.10 (12)
Bewirtungskosten H 4.10 (5–9)
Fahrten behinderter Menschen H 33.1–33.4
Repräsentationsaufwendungen R 4.10 (12)
Angenommenes Kind, Kinderberücksichtigung H 32.1
Anlagegut *s. Anlagevermögen*
Anlagekartei R 5.4 (4)
Anlagen
Gebäude, Erhaltungsaufwand R 21.1 (1)
Gebäude, Wirtschaftsgut R 4.2 (3–5)
Grund und Boden, Aktivierung R 14 (1)
Anlagevermögen
Begriff R 6.1, R 6 b.3 (1)
Bestandsverzeichnis R 5.4
Bewertung R 6.13
Einnahmenüberschussrechnung R 4.5 (3, 4)
Zuschüsse R 6.5
Anlaufhemmung, Antragsveranlagung H 46.2
Anlaufverluste H 15.3
Anpassung, Vorauszahlungen H 37
Anrechnung
ausländische Steuer R 34 c, R 50
Einkünfte und Bezüge für Unterhaltsfreibetrag H 33 a.1
Sozialversicherungsrenten bei betrieblicher Altersversorgung R 6 a (14)
Steuerabzugsbeträge, Veranlagung R 46.2
Vorauszahlungen H 36
Vordienstzeiten für Pensionsrückstellung R 6 a (10)
Ansammlung, Rückstellung R 6.11 (2)
Anschaffung
privates Veräußerungsgeschäft H 23
Zeitpunkt R 6 b.2 (1), R 7.4 (1)
Anschaffungskosten
anschaffungsnaher Aufwand H 21.1
Aufzählung H 7.3
Begriff H 6.2, H 7.3
Beitrittsgebiet H 5.4
Beteiligung R 17 (5), H 17 (5)
Erbauseinandersetzung H 6.2
Geschenk R 4.10 (3)
Gewinnübertragung R 6.6 (1), R 6.13 (2)
Grund und Boden H 6.4
Investitionsabzugsbetrag R 6.13 (2)
Kapitalvermögen H 20.1
Leibrentenverpflichtung R 4.5 (4)
privates Veräußerungsgeschäft H 23
Umsatzsteuer R 9 b (1)
Verbindlichkeiten H 6.10
vorweggenommene Erbfolge H 6.2
wiederkehrende Leistungen H 7.3
Zuschuss für Anlagegut R 6.5 (2–4), R 6.13 (2)
Zuschuss für Privatgebäude R 21.5 (4)
Anschaffungsnaher Aufwand R 6.4 (1), H 21.1
Anschaffungszeitpunkt H 6 b.1, R 7.4 (1)
Ansparabschreibung H 7 g
Anspruchsberechtigter, Kindergeld H 62
Anteil an Kapitalgesellschaft
Betriebsvermögen H 4.2 (1)
Bewertung H 16 (2)
Einlage H 6.12
freiberufliche Tätigkeit H 18.2
Gewinnrealisierung H 4.2 (1)
Reinvestitionsvergünstigung R 6 b.2 (13), R 6 c (3)
Sonderbetriebsvermögen H 4.2 (2), H 15.7 (4)
Veräußerung R 6 b.2 (12, 13), R 6 b.3 (6), R 17
Wertminderung durch Gewinnausschüttung R 50 c
wesentliche Betriebsgrundlage H 6.14, H 16 (3)
Anteilstausch, Beteiligungen H 17 (7)
Antizipative Posten, Rechnungsabgrenzung R 5.6 (3)

Antrag
Abzug ausländischer Steuern R 34 c (4)
freiwillige Buchführung oder Aufzeichnungen H 13 a.1
Kapitalertragsteuererstattung R 44 b.2, R 45 b
Realsplitting R 10.2 (1), H 10.2
Veranlagung R 46.2
Verlustberücksichtigung R 10 d (3)
Antragsveranlagung R 46.2
Anzahlungen
erhöhte Absetzungen R 7 a (5), H 7 a
Sonderabschreibungen R 7 a (5), H 7 a
Anzeige
Beteiligung an Wahl durch Wählervereinigung H 34 g
maschinelle Spendenbestätigung R 10 b.1 (4)
Arbeitnehmer
Abfindung H 24.1
Auslandstätigkeit H 34 c (6)
Bewirtungskosten R 4.10 (6, 7)
Ehegattenarbeitsverhältnis R 4.8 (1)
Erfindertätigkeit R 18.1 (2)
Geschenke R 4.10 (2), H 4.10 (2–4)
Veranlagung R 46.2 (1, 4)
Verlustabzug R 10 d (4)
Vermietung an Arbeitgeber H 21.2
Vorauszahlungen H 37
Arbeitnehmerpauschbetrag
mehrjährige Tätigkeit R 34.4 (3)
Progressionsvorbehalt R 32 b (2), H 32 b
steuerbegünstigte Einkünfte H 34.1
Arbeitnehmersparzulage, Einkünfte H 2
Arbeitsfreistellung, Rückstellung H 5.7 (5), H 6.11, H 6 a (1)
Arbeitskraft, Einsatz bei außergewöhnlichen Belastungen R 33 a.1 (2)
Arbeitslohn
mehrjähriger A. H 34.4
Zufluss H 11
Arbeitslosengeld
Progressionsvorbehalt R 32 b (1, 5)
steuerfreie Einnahmen R 3.2
Arbeitslosenhilfe, Progressionsvorbehalt R 32 b (5)
Arbeitslosenversicherung, Kürzung des Vorwegabzugs H 10.11
Arbeitslosigkeit
Kinderberücksichtigung H 32.4
Zuwendungen an Unterstützungskassen R 4 d (2)
Arbeitsmittel
Einlage in Betrieb R 6.12 (1)
Sonderausgaben H 10.9
Werbungskosten H 12.1
Arbeitsverhältnis
Ehegatten, Allgemeines R 4.8 (1), H 4.8
Ehegatten, betriebliche Altersversorgung H 6 a (9)
Eltern und Kinder R 4.8 (3)
Personengesellschaft R 4.8 (2)
Arbeitszimmer
Betriebsausgaben H 4.7
degressive AfA R 7.2 (3), H 7.2
Fahrten Wohnung/Betriebsstätte R 4.12 (1)
Sonderausgaben H 10.9
Artistische Tätigkeit, beschränkte Steuerpflicht R 49.1 (3), H 49.1, H 50 a.2
Arzneimittelzulassungen, abnutzbares Wirtschaftsgut H 5.5
Arzt
Einkünfte H 15.6
Fortbildungskosten H 12.2
Praxiswert H 5.5
Selbständigkeit R 18.1 (1)
Versorgungseinrichtungen H 18.2
Zufluss von Honoraren R 11, H 11
Asbestbeseitigung, außergewöhnliche Belastung H 33.1–33.4
Asyl, Wiederbeschaffung von Hausrat und Kleidung H 33.1–33.4
Atypischer stiller Gesellschafter
Mitunternehmer H 15.8 (1, 6)
Verlustausgleich und Verlustabzug H 15.10, H 15 a
Aufbewahrungspflichten
Buchführung H 5.2
Inventur H 5.3
Auffüllrecht, Wirtschaftsgut H 4.2 (1)
Aufgabe
Betrieb *s. Betriebsaufgabe*
Mitunternehmeranteil R 4 a (5)
Tätigkeit, Entschädigung H 24.1
Teilbetrieb R 16 (3)
Aufgabebilanz H 16 (2)
Aufgabeerklärung, Verpachtung H 16 (5)

Auflagen
berufsgerichtlichen Verfahren R 4.13 (1), H 4.13
Gesellschaftsvertrag H 15.9 (2)
Spenden R 10 b.1 (1), H 10 b.1
Strafverfahren H 12.3
Auflösung
Ehe, Splittingverfahren H 32 a
Kapitalgesellschaft, Anteile im Betriebsvermögen H 16 (3)
Kapitalgesellschaft, Anteile im Privatvermögen H 17 (7)
negatives Kapitalkonto H 4.4, R 15 a (5), H 15 a
Pensionsrückstellung R 6 a (21, 22)
Rücklagen, Ansparabschreibung H 16 (9)
Rücklagen, Betriebsveräußerung oder -aufgabe H 16 (9)
Rücklagen, Bewertung von Rückstellungen R 6.11 (3)
Rücklagen, Ersatzbeschaffung R 6.6 (4)
Rücklagen, Veräußerungsgewinn R 6 b.2 (4, 10), H 6 b.2
Rückstellungen R 5.7 (10, 13), H 16 (9)
Verbindlichkeiten H 6.10
Aufmerksamkeiten, Bewirtung R 4.10 (5)
Aufnahme, Gesellschafter H 18.3
Aufrechnung, Abfluss bzw. Zufluss H 11
Aufsichtsrat, Einkünfte H 15.6
Aufteilung
Anschaffungskosten für bebautes Grundstück H 7.3
Anzahlungen R 7 a (5)
Aufwendungen bei gemischtgenutztem Gebäude R 21.1 (5)
Betriebsausgaben und Werbungskosten H 4.7
Bewirtungskosten H 4.10 (5–9)
Computeraufwendungen H 12.1
Einkünfte und Bezüge R 33 a.3 (2)
Freibetrag bei Betriebsveräußerung oder -aufgabe H 16 (13)
Gebäude in Eigentumswohnungen R 6.1
Gebäudeteile R 4.2 (6)
Holznutzungen R 34 b.4 (3), R 34 b.8
Pflege-Pauschbetrag H 33 b
Unterhaltsfreibetrag H 33 a.1
Veräußerungserlös H 17 (7)
Vergütung bei beschränkter Steuerpflicht R 49.3 (3)
Versicherungsbeiträge H 10.5
Werbungskosten bei verbilligter Wohnungsüberlassung H 21.3
wiederkehrende Leistungen H 16 (11)
Aufteilungsverbot, Aufwendungen H 10.9, H 12.2
Aufwandsentschädigungen, Abgeordnete R 22.9
Aufwandsersatz
Entschädigung H 24.1
Spende H 10 b.1
Aufwandsrückstellung H 5.7 (3)
Aufwendungen
behinderungsbedingte A. R 33 b (1)
Wege des Steuerpflichtigen R 4.12, H 4.12
Aufwendungsersatz, Spende H 10 b.1
Aufwendungsersatzanspruch *s. Ausgleichszahlung*
Aufwuchs, Veräußerungsgewinn H 6 b.1, R 6 c
Aufzeichnungen
Arbeitszimmer H 4.11
Aufbewahrungspflichten H 5.2
Bewirtungskosten R 4.10 (9)
freie Berufstätigkeit H 18.2
Geschäftsbücher H 5.2
Holznutzungen R 34 b.3 (1)
Inventur R 5.3
nichtabziehbare Betriebsausgaben R 4.11
Reinvestitionsvergünstigung R 6 b.2 (3)
Ausbau Gebäude
AfA H 7.4
Reinvestitionsvergünstigung R 6 b.2 (1), R 6 b.3 (3)
Ausbeutevertrag, Rechnungsabgrenzung H 5.6
Ausbildung
Lebenshaltungskosten H 12.1
Sonderausgaben H 10.9
Ausbildungsbeihilfen H 3.11
Ausbildungsdienstverhältnis, Kinderberücksichtigung H 32.10
Ausbildungsfreibetrag
Allgemeines R 33 a.2
Übertragung des Kinderfreibetrags H 32.13
Ausbildungshilfe, Anrechnung auf Unterhaltsfreibetrag H 33 a.1
Ausbildungsplatzmangel, Kinderberücksichtigung R 32.7

Ausbildungsverhältnis, Eltern und Kinder R 4.8 (3)
Ausbuchung, Wirtschaftsgut H 4.4
Ausgabeaufgeld, stiller Gesellschafter H 20.1
Ausgaben
Abfluss H 11
Spenden R 10 b.1 (1)
Ausgeschiedener Arbeitnehmer, Pensionsrückstellung R 6 a (19)
Ausgeschiedener Mitunternehmer, Gewinnzurechnung H 15.8 (3)
Ausgleich, Holznutzungen R 34 b.8
Ausgleichsanspruch *s. Ausgleichszahlung*
Ausgleichsbeträge, städtebauliche Sanierungsmaßnahme H 6.4
Ausgleichszahlung
Gesellschafter H 15.8 (1)
Handelsvertreter, Einkünfte H 24.1
Handelsvertreter, Gewinn H 16 (9)
Handelsvertreter, Pensionszusage R 6 a (16)
Handelsvertreter, Rückstellung H 5.7 (5)
unentgeltliche Nutzungsüberlassung H 4.2 (7)
Ausgleichszahlungen, Schadensersatz H 12.3
Aushilfstätigkeit
Abgrenzung H 15.1
Arbeitsverhältnis zwischen Eltern und Kindern H 4.8
Ausland
Beteiligung H 17 (2, 4, 5)
Ehegatte im A. H 26
Entsendung ins A. H 1 a
Geldbußen R 4.13 (2)
Geldstrafen H 4.13, R 12.3
gewerblich geprägte Personengesellschaft H 15.8 (6)
Kinderberücksichtigung H 32.11
Kindergeld H 65
Krankenversicherung H 3.1
Kulturvereinigung im A. H 50
Kurkosten R 33.4 (3)
negative Einkünfte R 2 a
Pauschalierung H 34 c (6)
Pensionskasse im A. R 4 c (2, 3)
Personengesellschaft im A. R 4.1 (4)
Progressionsvorbehalt H 32 b
Reisen und Fachkongresse H 12.2
Schmier- und Bestechungsgelder R 4.14
Schulen im A. R 10.10 (2)
Sozialversicherungsbeiträge H 10.5
Spenden ins A. R 10 b.1 (5)
Steuerrecht im A. H 1 a
Tagegelder H 4.12
Übernachtungskosten H 4.12
Unterhaltsfreibetrag R 33 a.1 (4), H 33 a.1
Versicherungsunternehmen im A. H 10.4
Ausländische Einkünfte
nachträgliche Einkünfte H 34 d
Progressionsvorbehalt H 32 b
Steuerermäßigung bei unbeschränkter Steuerpflicht R 34 c (3)
Ausländische Kulturvereinigung, Freistellung H 50 a.2
Ausländische Steuern
Allgemeines R 34 c
beschränkte Steuerpflicht R 50
Werbungskosten R 20.1 (2)
Ausländische Versicherungsunternehmen, Beiträge an a. V. H 10.4, H 10.5
Auslandskinder, Übertragung des Behinderten- oder Hinterbliebenen-Pauschbetrags R 33 b (3), H 33 b
Auslandskorrespondenten H 50 a.2
Auslandsschullehrer H 1 a
Ausnutzung, Produktionsanlagen, Bewertung H 6.3
Ausscheiden aus Betrieb
höhere Gewalt R 6.6 (2)
Sammelposten R 6.13 (6)
Tonnagebesteuerung H 5 a
s. a. Entnahmen
Ausschluss
Besteuerungsrecht R 4.3 (2)
Pensionsrückstellungen R 6 a (15)
Vermögensminderung bei beschränkter Haftung R 15 a (3)
Zuwendungen an Pensions- und Unterstützungskassen R 6 a (15)
Ausschüttung *s. Gewinnausschüttung*
Außenanlage
AfA H 7.1
Herstellungskosten H 6.4
Außenhaftung, Verlustausgleich und Verlustabzug R 15 a (3), H 15 a
Außergewöhnliche Absetzung für Abnutzung, Gebäude R 7.4 (11), H 7.4

Außergewöhnliche Belastungen
allgemeiner Art R 33.1
besondere Fälle R 33 a.1
Wiederbeschaffung von Hausrat und Kleidung R 33.2
Außerordentliche Holznutzungen R 34 b.1 (2–4), R 34 b.2
Aussiedler, Wiederbeschaffung von Hausrat und Kleidung H 33.1–33.4
Ausstattung
behindertengerechte A. H 33.1–33.4
Geschäftsräume R 4.10 (12)
Aussteuer, außergewöhnliche Belastung H 33.1–33.4
Ausübung, Inland bei beschränkter Steuerpflicht R 49.2, H 49.2
Auswärtige Unterbringung
Ausbildungsfreibetrag R 33 a.2 (2), H 33 a.2
Sonderausgaben R 10.9 (1), H 10.9
Autodidakt, freiberufliche Tätigkeit H 15.6

Bargeschäfte, Verbuchung H 5.2
Bauantrag, Begriff R 7.2 (4), H 7.2
Baudenkmal
erhöhte Absetzungen R 7 i
selbst genutzte Wohnung R 4.2 (10), R 13.5 (3)
Baugenehmigung, Herstellungskosten H 6.4
Bauherrenmodell
erhöhte Absetzungen H 7 h, H 7 i
negative Einkünfte H 21.2
Baumängel
außergewöhnliche AfA H 7.4
Herstellungskosten H 6.4
Baumaßnahmen
Baudenkmal R 7 i
behindertengerechte B. R 33.4 (5)
Dachgeschoss H 7.3, H 7.4
Sanierungsgebiete und städtebauliche Entwicklungsbereiche R 7 h (6)
Zuschuss R 21.5 (1)
Baumbestand
Anlagevermögen H 6.1, H 13.3
Bewertung H 34 b.1
Wirtschaftsgut R 34 b.3 (3)
Baumschule
Abgrenzung Gewerbebetrieb/Land- und Forstwirtschaft H 15.5
Anbauverzeichnis R 13.6
Bewertung von Pflanzenbeständen H 13.3
Bauplankosten, Herstellungskosten H 6.4
Bauschutt, Rückstellung H 5.7 (4)
Bausparzinsen, Einkünfte H 21.2
Bauvorhaben, Beginn der Herstellung R 7.2 (4)
Bauzeitversicherung H 6.4
Bauzeitzinsen, Werbungskosten H 21.2
Beamte, Konsularbeamte H 3.29
Bearbeitung, landwirtschaftliche Rohstoffe R 15.5 (3, 5)
Bedarfsbewertung, Betriebsvermögen H 4.2 (13)
Beendigung, ausländische Tätigkeit R 2 a (3)
Beerdigungskosten *s. Sterbefall*
Beförderungsleistungen, inländische Einkünfte R 49.1 (2)
Befristung, Mitunternehmerstellung H 15.3
Beginn
AfA R 7.4 (1)
ausländische Tätigkeit R 2 a (3)
Berufsausbildung H 32.5
Betriebsaufgabe H 16 (2)
Betriebsaufspaltung H 15.7 (5)
Buchführungspflicht H 13 a.1
Dienstverhältnis für Pensionsrückstellung R 6 a (10)
Gewerbebetrieb bei Strukturwandel R 15.5 (2)
Herstellung H 6 b.1
Rente H 22.4
Begrenzung
Spendenabzug R 10 b.3
Verlustabzug R 10 d (2)
Zuwendungen an Unterstützungskassen R 4 d (6–10)
Begriff, Zuwendungen an Unterstützungskassen H 4 d (1)
Begründung, Besteuerungsrecht R 4.3 (1)
Begünstigungszeitraum, erhöhte Absetzungen und Sonderabschreibungen R 7 a (2)
Beherbergung, Geschäftsfreunde R 4.10 (10, 11)

Beherbergungsbetrieb
Art der Einkünfte R 15.5 (13), R 15.7 (2)
degressive AfA R 7.2 (1)
Beherrschender Einfluss, Zufluss von Kapitalerträgen H 20.2
Behinderte Menschen
Altersgrenze für Pensionsrückstellung R 6 a (8, 11)
außergewöhnliche Belastungen R 33.4, H 33.1–33.4, R 33 b (2)
Fahrten Wohnung/Betriebsstätte H 4.12
Kinderberücksichtigung R 32.2 (3), H 32.2, R 32.5 (2), H 32.5, R 32.9, H 32.9
Pauschbetrag R 33.3 (4), R 33 b
Pflegebedürftigkeit R 33.3 (4)
Progressionsvorbehalt R 32 b (1)
Schulgeld R 33.4 (2)
Verkehrsmittelkosten R 33.4 (4), H 33.1–33.4
Behindertengerechte Ausstattung, außergewöhnliche Belastung H 33.1–33.4, H 33 b
Behinderten-Pauschbetrag, Übertragung H 32.13
Behördlicher Eingriff
Gewinnrealisierung R 6.6 (2), R 6 b.1 (1)
Holznutzung R 34 b.2 (2)
Reinvestitionsvergünstigung R 6 b.3 (4)
Veräußerung von Grund und Boden R 3.0
Beihilfen
förderungswürdige Zwecke H 3.11, H 3.44
Hausrat und Kleidung R 33.2
Hilfsbedürftige H 3.11
Land- und Forstwirtschaft H 13.3
Beirat, gewerblich geprägte Personengesellschaft R 15.8 (6)
Beiträge
Pensionssicherungsverein, Rückstellung H 5.7 (4)
Religionsgemeinschaften R 10.7
Versicherungen, Sonderausgaben R 10.5
Versorgungseinrichtungen H 18.2
Beitritt, Spende H 10 b.1
Beitrittsgebiet
Bestandsverzeichnis über bewegliche Anlagegüter R 5.4 (4)
Durchschnittssatzgewinnermittlung R 13 a.2 (1)
Grund und Boden, selbst genutzte Wohnung oder Altenteilerwohnung R 13.5 (4)
Holznutzungen R 14 (5)
immaterielle Anlagegüter H 5.5
Kinderberücksichtigung H 32.13
Rückstellungen H 6.11
selbst genutzte Wohnung R 13.5 (3)
Unternehmensrückgabe H 4.2 (1)
Verlustabzug H 10 d
Vermögensrückgabe H 6.4, H 21.2, H 24.1
Bekleidung
nichtabziehbare Ausgaben H 12.1
Sachspenden H 10 b.1
Trauerkleidung H 33.1–33.4
Wiederbeschaffung von Kleidung R 33.2
Belastung s. *Außergewöhnliche Belastungen*
Beleg, Bewirtungskosten R 4.10 (8)
Belegablage s. *Ordnungsmäßige Buchführung*
Beleihung
Direktversicherungsanspruch R 4 b (4), H 4 b
Rückdeckungsversicherungen R 4 d (8)
Bemessungsgrundlage
AfA R 7.3
Anrechnung von ausländischer Steuer H 34 c (3)
beschränkte Steuerpflicht R 50
Kürzung des Vorwegabzugs H 10.11
Berechnung
ermäßigter Steuersatz R 34 b.4
Tarifermäßigung R 34.2, R 34.5 (1)
Berechnungsschema, zu versteuerndes Einkommen R 2 (1)
Berichtigung
Bilanz s. *Bilanzberichtigung*
Buchungen R 4.11 (1)
Verlustabzug R 10 d (5), H 10 d
Berufsausbildung
Kinderberücksichtigung H 32.10
selbständige Arbeit H 15.6
Berufsausbildungskosten
Ausbildungsfreibetrag H 33 a.2
Lebenshaltungskosten H 4.8, H 12.1
Sonderausgaben R 10.9, H 10.9
Berufssportler, Selbständigkeit H 15.1
Berufsständische Versorgungseinrichtung, Leistungen H 22.3

Berufsunfähigkeit
Freibetrag bei Betriebsveräußerung oder -aufgabe R 16 (14)
Versicherungsbeiträge H 10.5
Berufsunfähigkeitsrente, Leistungen H 22.4
Beschädigung
Entschädigung für B. bei der Gewinnermittlung R 6.6 (7)
Privatgegenstände R 33.2
Bescheid
Umstellung des Wirtschaftsjahrs H 4 a
s. a. Änderung
Bescheinigung
Abzugsteuer bei beschränkter Steuerpflicht H 50 a.2
ausländische Steuerbehörde H 1 a
Baudenkmal R 7 i (2, 3), H 7 i, H 11 b
Kapitalertragsteuer R 36, H 44 a, H 45 a
Kindergeld H 68
Nichtveranlagung R 44 b.2 (2)
Sanierungs- und Entwicklungsmaßnahmen H 6.4, R 7 h (4, 5), H 7 h, H 11 a
schutzwürdige Kulturgüter R 10 g (1)
Spenden *s. Zuwendungsbestätigung*
Steuerfreiheit von Stipendien R 3.44
Beschränkte Haftung
Gesellschaft des bürgerlichen Rechts H 15.8 (6)
Mitunternehmer H 15.8 (1)
Beschränkte Steuerpflicht
Einkünfte R 49.1
Realsplitting H 10.2
Beschränkungen
Besteuerungsrecht R 4.3 (2)
Reinvestitionsvergünstigung R 6 c (1)
Verlustabzug H 2 a, R 10 d (3, 7), H 10 d
Besenwirtschaft R 15.5 (8)
Besitzzeit, Reinvestitionsvergünstigung R 6 b.3
Besondere Aufzeichnungen *s. Aufzeichnungen*
Besonderer Steuersatz, Progressionsvorbehalt H 32 b
Besondere Veranlagung H 26 c
Besondere Verrechnungskreise, Verlustabzug R 10 d (7), H 10 d
Besonderes Verzeichnis *s. Verzeichnis*
Bestandsaufnahme
bewegliches Anlagevermögen R 5.4
Pensionsverpflichtungen R 6 a (18)
Vorratsvermögen R 5.3
Bestandskraft, Bilanzberichtigung R 4.4 (1)
Bestandsvergleich *s. Betriebsvermögensvergleich*
Bestandsverzeichnis, bewegliche Anlagegüter R 5.4 (1)
Bestattungskosten
außergewöhnliche Belastung H 33.1–33.4
s. a. Sterbefall
Bestechungsgelder
Betriebsausgaben R 4.14
sonstige Einkünfte H 22.8
Besteuerungsmerkmale, Ausland R 49.3
Beteiligung
am allgemeinen wirtschaftlichen Verkehr H 13.5, H 15.4
Ausschüttungen H 20.2
Begriff R 17 (2)
Einnahmenüberschussrechnung H 4.5 (2)
Handel mit B. H 15.7 (1)
Kapitalgesellschaft, Betriebsvermögen H 4.2 (1), H 6.2, R 16 (3)
Kapitalgesellschaft, freiberufliche Tätigkeit H 18.2
Kapitalgesellschaft, Gewinnausschüttung H 15.8 (3)
Kapitalgesellschaft, unentgeltliche Übertragung H 6.14
Kapitalgesellschaft, Veräußerung H 49.1
Teilwert H 6.7
Veräußerung bei beschränkter Steuerpflicht R 49.1 (4), R 49.3 (1)
Veräußerung bei unbeschränkter Steuerpflicht R 17
verdeckte Einlage H 6.12, H 17 (5)
Beteiligungskonto, negatives Kapitalkonto H 15 a
Betreuer
Einkunftsart H 15.6
Vergütung H 4.7, H 21.2, H 33.1–33.4
Betreutes Wohnen
Gebäude-AfA H 7.2
Pflegekindschaftsverhältnis H 32.2
Betreuung
Angehörige, außergewöhnliche Belastungen R 33.4 (1)
Kind, Einkünfte H 3.11

Betreuungsfreibetrag, Kind R 32.13 (4)
Betrieb, Land- und Forstwirtschaft H 13.3
Betriebliche Altersversorgung
Direktversicherung R 4 b
Herstellungskosten R 6.3 (3)
Pensionskassen R 4 c
Unterstützungskassen R 4 d
Betriebliche Veranlassung
Leistungen an Angehörige R 4.8
Zuwendungen an Pensionskassen R 4 c (4)
Zuwendungen an Unterstützungskassen R 4 d (5)
Betriebsaufgabe
Einnahmenüberschussrechnung R 4.5 (6)
Gewerbebetrieb R 16 (2), H 16 (9)
Land- und Forstwirtschaft H 14
nachträgliche Einkünfte H 24.2
Reinvestitionsvergünstigung R 6 b.2 (10)
Schulden H 4.2 (15)
selbständige Arbeit R 18.3 (3)
Steuerermäßigung H 34.1
unentgeltliche Übertragung von Betriebsvermögen H 16 (6)
Wechsel der Gewinnermittlungsart R 4.6 (1), H 4.6
Betriebsaufspaltung
Allgemeines R 15.7 (4–8)
Begriff H 15.7 (4)
Betriebsaufgabe R 16 (2)
Dividendenansprüche H 4.2 (1)
Hinterbliebenenversorgung H 4.2 (1)
Teilbetrieb H 16 (3)
Teilwertabschreibung H 6.7
Wirtschaftsjahr H 4 a
Betriebsausgaben
Abbruchkosten H 6.4
Abfluss R 4.5 (2)
Aktivierung R 5.6 (1)
ausländische Einkünfte R 34 c (3)
ausländische Steuer R 34 c (4)
Begriff R 4.7
beschränkte Steuerpflicht H 50 a.2
betriebliche Nutzung von Privatvermögen R 4.7 (1)
Direktversicherungsbeiträge R 4 b (3)
Durchschnittssatzgewinn H 13 a.2
Einnahmenüberschussrechnung R 6.6 (5)
Entschädigungen H 24.1
Feldinventar und stehende Ernte R 14 (3)
freiberufliche Tätigkeit H 18.2
Holznutzungen R 34 b.3 (2)
Lebensversicherungsbeiträge H 4.2 (1)
Leistungen an Ehegatten H 4.8, H 6 a (9)
mehrjährige Tätigkeit R 34.4 (3)
nachträgliche B. H 24.2
nichtabziehbare B. R 4.10
Nutzungsrecht H 4.2 (1)
Pauschalierung R 34 b.1 (2)
Pensionsleistungen R 6 a (22)
Reinvestitionsvergünstigung R 6 c
Rente R 4.5 (4)
Schätzung H 4.7
Studienreisen und Fachkongresse H 12.2
Umsatzsteuer R 9 b (2)
Zuwendungen an Pensionskassen R 4 c
Zuwendungen an Unterstützungskassen R 4 d
Betriebseinnahmen
Begriff R 4.7
Einnahmenüberschussrechnung R 6.6 (5)
Holznutzungen R 34 b.3 (2)
Kinderbetreuung H 3.11
Miet- und Pachtzinsen R 13 a.2 (4)
Passivierung R 5.6 (1)
Reinvestitionsvergünstigung R 6 c
Umsatzsteuer R 9 b (2)
Zufluss R 4.5 (2)
Zuschuss für Anlagegut R 6.5 (2)
Betriebseröffnung *s. Eröffnung Betrieb*
Betriebsgewöhnliche Nutzungsdauer *s. Nutzungsdauer*
Betriebsgutachten, Forstwirtschaft R 34 b.4 (4), R 34 b.6
Betriebshelfer, Land- und Forstwirtschaft R 15.5 (10)
Betriebsprüfung, Rückstellung für
Kosten H 5.7 (4)
Mehrsteuern H 4.9
Betriebsrente *s. Betriebliche Altersversorgung*
Betriebsschuld *s. Schulden; Verbindlichkeiten*
Betriebsstätte
Fahrten Wohnung/Betriebsstätte R 4.12 (1), H 4.12
negative Einkünfte aus dem Ausland R 2 a (2)
Betriebsstättenprinzip, ausländische Einkünfte R 2 a (2)

Betriebssteuern
Herstellungskosten R 6.3 (6)
nachträgliche Ausgaben H 24.2
Betriebsstoff, Land- und Forstwirtschaft R 15.5 (5)
Betriebsumstellung, Durchschnittssatzgewinn R 13 a.2 (3), H 13 a.2
Betriebsunterbrechung H 16 (2)
Betriebsveräußerung
Einnahmenüberschussrechnung R 4.5 (6)
Gewerbebetrieb R 16
nachträgliche Einkünfte H 24.2
Reinvestitionsvergünstigung R 6 b.2 (10)
Schulden H 4.2 (15)
selbständige Arbeit R 18.3
Wechsel der Gewinnermittlungsart R 4.6 (1), H 4.6
Betriebsverlegung, Gewinnrealisierung H 16 (2)
Betriebsvermögen
Anspruch aus Direktversicherung R 4 b (3)
Begriff und Umfang R 4.2
Beteiligung R 17 (1), H 17 (2)
freiberufliche Tätigkeit H 18.2
Betriebsvermögensvergleich
Allgemeines H 5.1
Gewerbetreibender R 4.1 (2), H 5.1
Land- und Forstwirte R 4.1 (1)
Personengesellschaften R 4.1 (3)
Wechsel der Gewinnermittlungsart R 4.6 (1)
Betriebsverpachtung
Allgemeines H 16 (2, 5)
beschränkte Steuerpflicht H 49.1
Betriebsaufspaltung R 16 (2)
Betriebsumstellung H 13 a.2
Betriebsveräußerer H 14
Durchschnittssatzgewinnermittlung H 13 a.2
Einkünfte R 15.7 (1)
freiberufliche Tätigkeit H 15.6, H 18.3
Wahlrecht H 14
Wirtschaftsjahr R 4 a (3)
Betriebsvorrichtung
AfA R 7.1 (3), H 7.1
Entfernung H 6.4
Wirtschaftsgut R 4.2 (3)
Betriebswerk, Forstwirtschaft R 34 b.4 (4), R 34 b.6
Bevollmächtigter, Zufluss R 11
Bewegliche Anlagegüter
AfA R 7.4 (5)
Begriff R 7.1 (2), H 7.1
Bestandsverzeichnis R 5.4
Mietereinbauten und -umbauten H 4.2 (3)
wesentliche Betriebsgrundlagen H 15.7 (5)
Bewegliche Gegenstände, Vermietung R 15.7 (3)
Bewertung
Baumbestände H 34 b.1
Beteiligung H 16 (2), H 17 (7)
Betriebsaufgabe H 16 (2)
Bewirtungskosten R 4.10 (6)
Einlagen R 6.12 (1)
Entnahmen H 6.12
Feldinventar und stehende Ernte R 14 (2)
Festwert für bewegliche Anlagegüter R 5.4 (3)
Festwert für Vorratsvermögen H 6.8
Holzvorräte R 34 b.1 (1), R 34 b.7 (3)
Kassenvermögen R 4 d (13)
Pflanzenbestände H 13.3
Rückstellungen R 6.11
Verbindlichkeiten H 6.10
Verbrauchsfolgeverfahren R 6.8 (4), R 6.9
Vieh in Steuerbilanz H 13.3
Vorbehalte H 6.2
Vorratsvermögen R 5.3 (2), R 6.8, R 6.9
Bewertungsfreiheit, geringwertige Anlagegüter R 6.13
Bewertungsstetigkeit, Lifo-Methode R 6.9 (5), H 6.9
Bewirtschaftungsvertrag, Land- und Forstwirtschaft H 15.5
Bewirtung
Begriff H 4.10 (5–9)
Betriebseinnahmen R 4.7 (3)
Bewirtungskosten
außergewöhnliche Belastung H 33.1–33.4
Betriebsausgaben R 4.10 (5–9), R 4.11 (1)
Lebenshaltungskosten H 12.1
Umsatzsteuer R 9 b (3)
Bezüge, unterhaltene Person R 33 a.1 (3)
Bezugsrecht
Aktivierung H 4 b
Beteiligung H 17 (2), R 17 (4), H 17 (4, 5)
Reinvestitionsvergünstigung R 6 b.3 (6)

Bilanz, elektronische Übermittlung H 5 b
Bilanzänderung R 4.4 (2)
Bilanzansatz R 4.4 (1), H 6.2
Bilanzberichtigung
Allgemeines R 4.4 (1), H 4.4
Pensionsrückstellung R 6 a (21)
Bilanzierung
Direktversicherungsanspruch R 4 b (3, 4)
immaterielle Anlagegüter R 5.5, H 5.5
Zuwendungen an Pensionskassen R 4 c (4)
Bilanzierungswahlrecht *s. Wahlrecht*
Billigkeitsmaßnahmen, Kalamitätsnutzungen R 34 b.7, H 34 b.7
Bindungswirkung, Bescheinigungen H 7 h, H 7 i, H 10 f, H 11 a, H 11 b
Biogasanlage, Abgrenzung Gewerbebetrieb/Land- und Forstwirtschaft R 15.5 (12)
Biometrische Rechnungsgrundlagen, Pensionsrückstellung H 6 a (10)
Blinde, Behinderten-Pauschbetrag H 33 b
Bodengewinnbesteuerung H 55
Bodenschätze
Absetzung für Substanzverringerung R 7.5, H 7.5
außergewöhnliche AfA H 7.4
Betriebsvermögen H 4.2 (1)
Einkünfte H 21.7
Einlage H 6.12
immaterielles Anlagegut H 5.5
Rechnungsabgrenzung H 5.6
Veräußerungsgewinn H 6 b.1
Botschaftsangehörige
Ausland, Steuerpflicht R 1
Inland, steuerfreie Einnahmen H 3.29
Branchenfremde Verpachtung H 16 (5)
Bruchteilseigentum
Betriebsaufspaltung H 15.7 (4)
Betriebsvermögen R 4.2 (12)
Mitunternehmerschaft H 15.8 (1)
s. a. Miteigentümer
Bücher
abziehbare Ausgaben H 12.1
materielle Wirtschaftsgüter H 5.5
Buchführung
auf Antrag R 13 a.1 (4)
Aufbewahrungsfristen H 5.2
Datenträger H 5.2
freie Berufstätigkeit H 18.2
land- und forstwirtschaftlicher Betrieb H 4.1, R 13.6
ordnungsmäßige B. R 5.2
Reinvestitionsvergünstigung R 6 b.2 (8)
Sonderbetriebsvermögen H 4.1
Buchführungsmängel
Allgemeines R 5.2 (2)
Inventur H 5.4
Buchführungspflicht, Gewerbetreibende H 5.1
Buchführungssystem H 5.2
Buchnachweis
Reinvestitionsvergünstigung R 6 b.2 (3)
s. a. Aufzeichnungen; Buchführung
Buchwert
Baumbestand R 34 b.3 (3)
Veräußerung bestimmter Anlagegüter R 6 b.1
Buchwertabfindung, Mitunternehmer H 15.9 (1, 3)
Buchwertprivileg, Sachspenden R 16 (2), H 16 (2), R 6.12 (3)
Bundeswehr
Kinderberücksichtigung H 32.11
steuerfreie Einnahmen H 3.4-3.6
Versicherungsbeiträge H 10.4
Bundeszentralamt für Steuern, Kapitalertragsteuererstattung R 44 b.1, R 44 b.2, R 45 b
Bürgschaft
Beteiligung H 17 (5)
Betriebsaufspaltung H 15.7 (4)
freiberufliche Tätigkeit H 18.2
negatives Kapitalkonto H 15 a
Provision H 22.8
Bürogemeinschaft, Mitunternehmerschaft H 15.8 (1)

Campingplatzbetrieb, Art der Einkünfte H 15.7 (2)
Cash-Pool, Werbungskosten H 21.2
Computer, abziehbare Ausgaben H 12.1
Computerprogramm, immaterielles Anlagegut R 5.5 (1), H 5.5
Container, AfA H 7.1
Conterganstiftungsgesetz, steuerfreie Einnahmen H 3.0

Dachgeschoss, wesentliche Betriebsgrundlage H 16 (8)
Damnum
Abfluss H 11
Rechnungsabgrenzung H 5.6, H 6.10
Werbungskosten H 21.2
Darbietungen, Inland bei beschränkter Steuerpflicht R 49.1 (3), H 49.1, H 50 a.2
Darlehen
zwischen Angehörigen H 4.8
Ausbildungs- und Studiendarlehen H 10.9
außergewöhnliche Belastung H 33.1–33.4
Betriebsaufspaltung H 15.7 (4)
Betriebsvermögen H 4.2 (1)
Bewertung H 6.10
Einnahmenüberschussrechnung H 4.5 (2)
freiberufliche Tätigkeit H 18.2
Mitunternehmerschaft H 15.9 (2)
negatives Kapitalkonto H 15 a
Sonderausgaben H 10.1
Verlust H 17 (5)
Werbungskosten H 21.2
Zinsen, Rechnungsabgrenzung H 5.6
Datensammlung, immaterielles Anlagegut H 5.5
Datenverarbeitung
Art der Einkünfte H 15.6
Buchführung auf Datenträgern H 5.2
Spendenbestätigung R 10 b.1 (4)
Dauerkultur, AfA H 7.4
Dauerleistungen, Rechnungsabgrenzung H 5.6
Dauernde Berufsunfähigkeit, Freibetrag bei Betriebsveräußerung oder -aufgabe R 16 (14), H 18.3
Dauerndes Getrenntleben R 26 (1), H 26
Dauernde Last, Durchschnittssatzgewinn R 13 a.2 (6)
Dauernde Wertminderung, Teilwertansatz R 6.8
Dauerschuldverhältnis
Drittaufwand H 4.7
Rückstellung H 5.7 (8)
Dauerüberzahler, Kapitalertragsteuerfreistellung H 44 a
Deckungskapital, Unterstützungskasse R 4 d (3, 4)
Degressive Absetzung für Abnutzung
Gebäude R 7.4 (2, 6), H 7.4, H 7 a
Herstellungskosten R 6.3 (4)
Sonderabschreibungen R 7 a (10)
Degressive Leasingraten H 5.6
Denkmalschutz
erhöhte Absetzungen R 7 i
selbst genutzte Wohnung R 13.5 (3)
Deponien, Rückstellung H 6.11
Devisengeschäfte, Art der Einkünfte H 15.7 (9)
Diätverpflegung H 33.1–33.4
Diebstahl
Betriebsausgaben H 4.5 (2)
Pkw H 4.3 (2–4)
Dienstleistungen
Abgrenzung Gewerbebetrieb/Land- und Forstwirtschaft R 15.5 (7, 9, 10), H 15.5
Durchschnittssatzgewinn R 13 a.2 (3, 4)
Dienstverhältnis, Ehegatten H 4.8, H 6 a (9)
Differenzgeschäft, Art der Einkünfte H 15.7 (9)
Dingliche Belastungen, Herstellungskosten H 6.4
Diplomaten
Ausland, Steuerpflicht R 1
Inland, steuerfreie Einnahmen H 3.29
Direktvermarktung R 15.5 (3)
Direktversicherung
Begriff R 4 b (1, 2)
Betriebsausgaben R 4 b
Disagio
Abfluss H 11
Anschaffungskosten H 6.2
Rechnungsabgrenzung H 5.6, H 6.10
Dividenden
Aktivierung H 4.2 (1)
Einkünfte H 20.2
Kapitalertragsteuer H 44 b.1
Zufluss H 44
Dividendenbescheinigung *s. Bescheinigung*
Dokumentation
Bilanzansatz R 4.4 (1)
gewillkürtes Betriebsvermögen H 4.2 (1)
Domain-Name
AfA H 7.1
immaterielles Anlagegut H 5.5

Doppelbesteuerungsabkommen
Abzug von ausländischer Steuer R 34 c (5)
Abzugsteuer bei beschränkter Steuerpflicht H 50 a.2, H 50 d
Anrechnung von ausländischer Steuer R 34 c (5), H 34 c (5)
Einlage R 4.3 (1)
Entnahme R 4.3 (2)
inländische Einkünfte H 1 a
negative ausländische Einkünfte H 2 a
Progressionsvorbehalt H 32 b, R 46.2 (3)
Realsplitting H 10.2
Sonderausgaben R 10.3 (1), H 10.4
Doppelfinanzierung, betriebliche Altersversorgung R 6 a (15)
Doppelstöckige Personengesellschaft H 4 a, R 6 b.2 (7), R 15.8 (2), H 15.10
Doppelte Buchführung H 5.2
Doppelte Haushaltsführung
Betriebsausgaben R 4.12 (3)
Mietverhältnis zwischen Angehörigen H 21.4
Sonderausgaben H 10.9
Dreijahreszeitraum, Strukturwandel R 15.5 (2)
Drittaufwand
außergewöhnliche Belastungen H 33.1–33.4
Beteiligung H 17 (5)
Betriebsausgaben H 4.7, H 7.1
Sonderausgaben H 10.1
Werbungskosten H 4.7
Dritter, Zurechnung der Tätigkeit des D. H 15.2
Drittstaat, negative Einkünfte aus D. H 2 a
Durchgangserwerb, Beteiligung H 17 (2, 4)
Durchlaufende Posten
Betriebsvermögensvergleich H 4.2 (1)
Einnahmenüberschussrechnung R 4.5 (2)
Durchlaufspenden, Spendenempfänger R 10 b.1 (2), H 10 b.1
Durchschnittsbewertung
Lifo-Methode R 6.9 (4)
Vorratsvermögen R 6.8 (3)
Durchschnittssatzgewinnermittlung
Allgemeines R 13 a.1, R 13 a.2
Anwendungsbereich R 13 a.1
Betriebsveräußerung R 14 (1)
Betriebsvermögen R 4.2 (16)
Gewinnübertragung auf Ersatzwirtschaftsgut R 6.6 (6)
Nutzungsänderung R 4.3 (3)
Reinvestitionsvergünstigung R 6 c
Wechsel der Gewinnermittlungsart R 4.6 (1)
Düsseldorfer Tabelle R 32.13 (1)
Dynamisierung
Pensionszusagen H 6 a (17)
Prämien zur Rückdeckungsversicherung R 4 d (9)

EDV
Art der Einkünfte H 15.6
Buchführung auf Datenträgern H 5.2
Spendenbestätigung R 10 b.1 (4)
Eheähnliche Gemeinschaft *s. Eingetragene Lebenspartnerschaft; Nichteheliche Lebensgemeinschaft*
Ehegatten
Altersentlastungsbetrag H 24 a (1)
Anrechnung von ausländischer Steuer R 34 c (3)
Arbeitsverhältnis R 4.8 (1), H 4.8
Ausland, Steuerpflicht R 1
ausländische Einkünfte R 2 a (7)
besondere Veranlagung H 26 c
Betriebsaufspaltung H 15.7 (7)
Direktversicherung R 4 b (1), H 4 b
Drittaufwand H 4.7
Eigenaufwand H 4.2 (7), H 4.7
Freigrenze für Einkünfte aus Leistungen R 22.8
Freigrenze für privates Veräußerungsgeschäft H 23
gewerbliche Tierzucht und Tierhaltung H 15.10
Güterstand H 26 a
Mitunternehmerschaft H 13.4
Nachversteuerung bei Lebensversicherungsvertrag H 10.6
Nichtveranlagungsbescheinigung R 44 b.2 (2)
Nutzungsrecht H 4.2 (1)
Pensionszusage H 6 a (9)
Sonderausgaben R 10.1
tarifliche Einkommensteuer H 32 a
Unterhaltsleistungen R 10.2, R 10.3 (2), H 33 a.1
Unterhaltspflicht H 33 a.1

Veranlagung R 26, R 26 a
Verlustabzug R 10 d (6, 9)
Verlustrücktrag R 10 d (2)
Vorwegabzug H 10.11
Wahlrecht bei ausländischer Steuer R 34 c (4)
Zusammenveranlagung R 26 b
Zuwendungen an E. H 12.6
Zuwendungen an Stiftungen H 10 b.1, R 10 b.3 (2)
Zuwendungen an Unterstützungskassen R 4 d (3)
Ehemalige Tätigkeit
Kürzung des Vorwegabzugs H 10.11
wiederkehrende Leistungen H 22.4
Ehrenamtliche Tätigkeit, steuerfreie Einnahmen H 3.26 a
Eigenaufwand, fremdes Wirtschaftsgut H 4.2 (7), H 4.7, H 7.1
Eigenbetriebliche Nutzung, Gebäudeteil R 4.2 (4)
Eigene Anteile, Privatvermögen H 17 (2)
Eigene Erzeugnisse, Land- und Forstwirtschaft R 15.5 (5–8)
Eigenes Handelsgeschäft, Abgrenzung Gewerbebetrieb/Land- und Forstwirtschaft R 15.5 (6)
Eigengenutzte Wohnung *s. Selbst genutzte Wohnung*
Eigenkapitalvermittlungsprovision H 21.2
Eigenprovisionen
Betriebseinnahmen H 4.7
sonstige Einkünfte H 22.8
Eigentümergemeinschaft, Betriebsaufspaltung H 15.7 (4)
Eigentumswohnung
AfA H 7.4
Aufteilung der Anschaffungskosten H 7.3
Betriebsaufspaltung H 15.7 (4)
Betriebsvermögen R 4.2 (14)
Instandhaltungsrücklage H 4.2 (1), H 21.2
Eigenverantwortlichkeit, Ausübung eines freien Berufs H 15.6
Einbaumöbel, Herstellungskosten H 6.4
Einbauten
AfA R 7.1 (4)
Herstellungskosten H 6.4
Wirtschaftsgut R 4.2 (3–5)
Einbringung
Beteiligung R 17 (2)
Betrieb, Bilanzberichtigung H 4.4
Betrieb, Durchschnittssatzgewinnermittlung H 13 a.1
Betrieb, Einnahmenüberschussrechnung H 4.5 (6)
Betrieb, Gewinnrealisierung H 6.7, H 16 (9)
Betrieb, Reinvestitionsvergünstigung R 6 b.2 (9)
Betrieb, selbständige Arbeit R 18.3 (2), H 18.3
Betrieb, Übergangsgewinn H 4.6
Grundstück, Betriebsvermögen R 4.2 (11)
privates Veräußerungsgeschäft H 23
Wirtschaftsgut H 7.3
Einbringungsgeborene Anteile
Privatvermögen H 17 (2)
Teileinkünfteverfahren R 3.40
Einbuchung
AfA H 7.4
Wirtschaftsgut H 4.4
Einfriedung
AfA H 7.1
Herstellungskosten H 6.4
Eingetragene Lebenspartnerschaft
Berücksichtigung von Kindern H 32.3
Unterhaltsleistungen H 33 a.1
Veranlagung H 26
Zuwendungen an Unterstützungskassen R 4 d (3)
Einheitliche Behandlung, Grundstück H 4.2 (10)
Einheitlicher Betrieb, Abgrenzung Gewerbebetrieb/Land- und Forstwirtschaft R 15.5 (7)
Einheitsbewertung
Betriebsvermögen R 4.2 (13)
Durchschnittssatzgewinn R 13 a.2 (1)
Einkommen, Ermittlung R 2 (1)
Einkommensersatzleistungen, Progressionsvorbehalt R 32 b
Einkommensteuer, nichtabzugsfähige Ausgabe H 12.4
Einkommensteuerersparnis, Gewinnerzielungsabsicht H 15.3
Einkünfte
Ausland, negative E. R 2 a
Ehegatten R 26 b (1)

ehemalige Tätigkeit H 22.4, R 24.2
mehrjährige Tätigkeit R 34.4
unterhaltene Person R 33 a.1 (3)
Einkünfteermittlung, Welteinkünfte H 1 a
Einkünfteerzielung, Einschaltung Dritter bei E. H 15.4
Einkünfteerzielungsabsicht, Vermietung und Verpachtung H 21.2
Einkunftsgrenze, unbeschränkte Steuerpflicht auf Antrag R 1
Einlageminderung, beschränkter Haftung R 15 a (1), H 15 a
Einlagen
AfA H 7.3, R 7.4 (2, 10)
Auflösung einer Rückstellung über E. H 5.7 (13)
Begriff R 4.3
Beteiligung H 17 (8)
Bewertung R 6.12 (1)
erhöhte Absetzungen für Sanierungs- und Entwicklungsmaßnahmen R 7 h (2)
Ersatzbeschaffung H 6.6 (1)
Gebäude H 6.4
geringwertiges Wirtschaftsgut H 6.13
Grundstücksteil von untergeordnetem Wert R 4.2 (8), H 4.2 (8)
immaterielles Anlagegut R 5.5 (3)
Mietvorauszahlung R 21.5 (3)
negatives Kapitalkonto R 15 a (3), H 15 a
Nutzungsänderung R 4.2 (4)
privates Veräußerungsgeschäft H 23
Reinvestitionsvergünstigung H 6 b.2
Rückzahlung von E. bei Kapitalgesellschaft H 20.2
Schulden R 4.2 (15)
Sonderbetriebsvermögen H 4.2 (2)
Wertpapiere H 4.2 (1)
Zeitpunkt H 4.3 (1)
Einmalprämie, Direktversicherung R 4 b (3)
Einnahmen
Entschädigung H 24.1, H 34.3
Kapitalvermögen R 20.2
Mietvorauszahlungen R 21.5 (3)
Pflege-Pauschbetrag R 33 b (7)
Pflegeperson H 33 b
Umsatzsteuer H 9 b
Vermietung und Verpachtung R 21.2
Zufluss R 11
Zuschuss R 21.5 (2)
Einnahmenüberschussrechnung
Allgemeines R 4.5
AfA H 7.4
Aufzeichnungen H 4.2 (16), H 4.11, H 13 a.1
Betriebsausgabenpauschsatz für Holzeinschläge R 34 b.1 (2)
Einbringung einer freiberuflichen Praxis H 18.3
freiwillige E. R 13 a.1 (4)
Gewinnermittlung H 25
Gewinnübertragung auf Ersatzwirtschaftsgut R 6.6 (5)
Holznutzungen R 34 b.2 (2)
immaterielle Anlagegüter H 5.5
Reinvestitionsvergünstigung R 6 c
Teilwertabschreibung H 6.7
Umsatzsteuer H 9 b
Vermögensrückgabe im Beitrittsgebiet H 4.5 (1)
Wechsel der Gewinnermittlungsart R 4.6
Zulässigkeit R 4.1 (2)
Zuschuss für Anlagegut H 6.5
Einrichtungen, Gebäude, Erhaltungsaufwand R 21.1 (1)
Einsatzwechseltätigkeit, Betriebsausgaben H 4.12
Einschränkungen, Alltagskompetenz, außergewöhnliche Belastungen R 33.3
Einspruch, Kindergeldbescheid H 77
Einstellung, freiberufliche Tätigkeit H 18.3
Einstimmigkeitsabrede, Betriebsaufspaltung H 15.7 (6)
Eintragungen, Geschäftsbücher H 5.2
Eintritt, Behinderung, Kinderberücksichtigung R 32.9
Einvernehmen, Umstellung des Wirtschaftsjahrs R 4 a (2)
Einzelantrag, Kapitalertragsteuererstattung R 44 b.2
Einzelbewertung, Vorratsvermögen R 6.8 (3)
Einzelunternehmen, Reinvestitionsvergünstigung R 6 b.2 (6, 7)
Einzelveranlagung R 25
Einzelveräußerungspreis, Teilwert H 6.7, R 6.8 (2)
Einziehung
Aktien H 6.2

Beteiligung H 17 (4)
Gegenstände R 4.13 (1), R 12.3
Eiserne Verpachtung
Allgemeines H 4.2 (1), H 13.3, H 14, H 16 (5)
Feldinventar und stehende Ernte R 14 (3)
Elektroindustrie, Rückstellungen H 5.7 (1)
Elektronisches Verfahren
Bilanz und Gewinn- und Verlustrechnung H 5 b
Kapitalertragsteuererstattung H 45 b
Emissionsberechtigung, immaterielles Anlagegut H 5.5
Energieerzeugung, Abgrenzung Gewerbebetrieb/Land- und Forstwirtschaft R 15.5 (12)
Ensembleschutz, erhöhte Absetzungen R 7 i
Enteignung
Gewinnrealisierung H 6.6 (2)
Holznutzung R 34 b.2 (2)
privates Veräußerungsgeschäft H 23
Entfernungspauschale, Gewinneinkünfte R 4.12, H 4.12
Entfernungsverpflichtung, Rückstellung R 6.11 (2)
Entgehende Einnahmen, Entschädigung H 6.6 (1)
Entgelt, mehrjährige Tätigkeit H 34.4
Entgeltersatzleistungen, Progressionsvorbehalt R 32 b
Entgeltlicher Erwerb, immaterielles Anlagegut R 5.5 (2), H 5.5
Entgeltumwandlung
Pensionsrückstellung R 6 a (11, 12)
Zuwendungen an Unterstützungskassen R 4 d (9)
Entlassungsentschädigungen
Kürzung des Vorwegabzugs H 10.11
Steuerermäßigung H 34.3
Entlastungsbetrag, Alleinerziehende H 24 b, H 32.13
Entnahmen
AfA R 7.3 (6), H 7.3, R 7.4 (8, 10), H 7.4
Begriff R 4.3
Bewertung H 4.3 (2–4), H 6.12
Bilanzberichtigung H 4.4
Entnahmegewinn H 4.3 (2–4)
Entnahmehandlung R 4.3 (2)
Erbauseinandersetzung H 4.3 (2–4)
erhöhte Absetzungen für Sanierungs- und Entwicklungsmaßnahmen R 7 h (2)
Grund und Boden, Altenteilerwohnung R 13.5 (4)
Grund und Boden, selbst genutzte Wohnung R 13.5 (4)
Kapitalanteile H 16 (3)
mit Kredit finanziert H 4.2 (15)
Patent H 18.1
Sachspenden R 10 b.1 (1)
Schulden R 4.2 (15)
selbst genutzte Wohnung H 13.5, H 14
vorweggenommene Erbfolge H 4.3 (2–4)
Wirtschaftsgüter bei Betriebsveräußerung H 16 (1)
Wirtschaftsgüter bei Teilbetriebsveräußerung H 16 (9)
Wirtschaftsgüter bei unentgeltlicher Übertragung H 16 (6)
Entschädigungen
Allgemeines H 24.1
Begriff R 24.1, H 24.1
betriebliche Wirtschaftsgüter H 4.7, R 6.6 (1)
Betriebsveräußerung R 14 (1)
Einkünfte H 22.8
Flüchtlinge und Kriegsopfer H 3.7
Hausrat und Kleidung R 33.2
Herstellungskosten H 6.4
Holznutzungen R 34 b.2 (5), R 34 b.3 (4), R 34 b.7 (3)
Rechnungsabgrenzung H 5.6
Tarifermäßigung R 34.3 (1), H 34.3
Vermietung und Verpachtung H 21.2, H 21.7
Entsorgungsleitungen, Herstellungskosten H 6.4
Entstehung, Veräußerungsgewinn H 17 (4, 7)
Entstrickung
Bewertung R 6.12 (2)
Entnahmen R 4.3 (2)
Entwicklungshelfer, Kinderberücksichtigung H 32.11
Entwicklungsmaßnahmen, erhöhte Absetzungen R 7 h
Erbauseinandersetzung
AfA H 7.3

Besitzzeitanrechnung H 6 b.3
unentgeltliche Betriebsübertragung H 16 (6)
Erbbaurecht
Anlagevermögen H 5.5
Anschaffungskosten H 6.2
Betriebsaufspaltung H 15.7 (5)
Betriebsvermögen H 4.2 (12), R 4.2 (14)
Einnahmen und Werbungskosten H 21.2
Entnahme H 4.3 (2–4)
Rechnungsabgrenzung H 5.6
Sonderausgaben H 10.3
Erbengemeinschaft
Beteiligung H 17 (2)
Betriebsvermögen H 4.2 (12)
Mitunternehmerschaft H 15.8 (1)
Erbfall
Beerdigungskosten H 10.3
Betriebseinnahmen H 4.7
Erfindertätigkeit H 18.1
freiberufliche Tätigkeit H 15.6, H 18.3
Nichtveranlagungsbescheinigung R 44 b.2 (2)
privates Veräußerungsgeschäft H 23
Rechtsverfolgungskosten H 12.1
Unterhaltsleistungen H 10.2
Veranlagungswahlrecht H 26
Verlustabzug R 10 d (9)
s. a. Erbauseinandersetzung
Erbfolge
Betriebsvermögen H 16 (14)
Regelungen H 4.8
Erbschaftsteuer, Sonderausgaben H 10.3
Erbschaftsteuerversicherung, Beiträge H 10.5
Erfinder
Art der Einkünfte H 18.1, H 22.8
Gewinnerzielungsabsicht H 15.3
inländische Einkünfte R 49.2, H 50 a.1
Erfindung
immaterielles Anlagegut H 5.5
Rückstellung R 5.7 (10)
Erfüllungsrückstand, Rückstellung R 5.7 (8)
Ergänzungsbilanz, Übertragung von Wirtschaftsgütern R 6.15
Ergänzungspfleger
Arbeitsverhältnis mit Kindern R 4.8 (3)
Mitunternehmerschaft H 15.9 (2)
sonstiges Rechtsverhältnis mit Kind H 4.8
stille Gesellschaft H 15.9 (4)
Vergütung H 33.1–33.4
Ergänzungsrechnung, Mitunternehmer H 4.5 (1)
Erhaltungsaufwand
Gebäude, Allgemeines H 6.4, R 21.1, H 21.2
Gebäude, Verteilung R 21.1 (6), H 21.1
Gebäude, Zuschuss R 21.5 (1)
Mieter R 21.5 (3)
Sanierungsmaßnahmen, Werbungskosten R 11 a
selbst genutzte Wohnung H 13.5, H 21.2
Erhöhte Absetzungen
Allgemeines R 7 a
Baudenkmal R 7 i
Entwicklungsmaßnahmen R 7 h
Herstellungskosten R 6.3 (4)
Miteigentum R 21.6
Sanierungsmaßnahmen R 7 h
Erhöhte Freibeträge, Kinder R 32.12
Erhöhung
Pensionsrückstellung R 6 a (17)
Rente bei Einnahmenüberschussrechnung R 4.5 (4)
Rente bei sonstigen Einkünften R 22.4 (1), H 22.4
Veräußerungsgewinn bei Reinvestitionsvergünstigung R 6 b.2 (5)
Vorauszahlungen H 37
Erlass, Schulden, Betriebsaufgabe H 16 (9)
Erleichterungen, Buchführung R 5.2 (1), R 5.3 (2), R 5.4 (2, 5)
Ermäßigter Steuersatz *s. Ermäßigung; Steuerermäßigung*
Ermäßigung
Einkommensteuer für außerordentliche Einkünfte R 16 (11), R 34.2, R 34 b.4
Freibetrag bei außergewöhnlichen Belastungen R 33 a.3
Ermittlung
Einkünfte, Ausland H 2 a
Einkünfte, außerordentliche Holznutzungen R 34 b.3
Einkünfte, Land- und Forstwirtschaft R 13.5
Einkünfte, mehrjährige Tätigkeit R 34.4 (3)
Einkünfte, vermögensverwaltende Gesellschaft H 15.7 (1)

Einkünfte, Zusammenveranlagung H 26 b
Fahrten Wohnung/Betriebsstätte H 4.12
festzusetzende Einkommensteuer R 2 (2)
zu versteuerndes Einkommen R 2 (1)
Ermittlungszeitpunkt, Zuwendungen an Unterstützungskassen H 4 d (4)
Eröffnung Betrieb
Bewertung H 6.12
Freibetrag für Land- und Forstwirte R 13.1
Wirtschaftsjahr H 4 a
Eröffnungsbilanz
Einbringung einer freiberuflichen Praxis H 18.3
s. a. Übergangsbilanz
Erpressungsgeld, außergewöhnliche Belastung H 33.1–33.4
Errichtung, Objekte, gewerblicher Grundstückshandel H 15.7 (2)
Ersatzbeschaffung, Übertragung stiller Reserven R 6.6
Ersatzflächenpool, Land- und Forstwirtschaft H 13.5
Ersatzleistungen
außergewöhnliche Belastung H 33.1–33.4
Bewirtungskosten R 4.10 (5)
Entschädigungen H 24.1
Ersatzwirtschaftsgut
Funktionsgleichheit H 6.6 (1)
Gewinnübertragung R 6.6 (1)
Reinvestitionsvergünstigung R 6 b.3 (4)
Ersatzwirtschaftswert, Beitrittsgebiet R 13 a.2 (1)
Erschließungskosten, Herstellungskosten H 6.4
Erstattung
Abtretung des Erstattungsanspruchs H 36
Abzugsteuer bei beschränkter Steuerpflicht H 50 a.2
Aktivierung Steuererstattungsanspruch H 4.2 (1)
Einkommensteuer bei Auslandsbeziehungen H 2
Kapitalertragsteuer R 44 b.1, R 44 b.2
Sonderausgaben H 10.1
Erstattungsüberhang, Sonderausgaben R 2 (1)
Erstaufforstungskosten, Einnahmenüberschussrechnung R 4.5 (3)
Erstmalige Berufsausbildung, Kinderberücksichtigung H 32.10
Erststudium, Kinderberücksichtigung H 32.10
Ertragsanteil, Leibrente R 17 (7), R 22.4, H 22.4
Ertragszuschuss, Privatgebäude R 21.5 (2)
Erweiterte unbeschränkte Steuerpflicht H 1 a, H 17 (4)
Erweiterter Verlustausgleich, beschränkte Haftung R 15 a (3), H 15 a
Erweiterung, Gebäude, Reinvestitionsvergünstigung R 6 b.2 (1), R 6 b.3 (3)
Erwerb
Gebäude, Abbruchkosten H 6.4
teilfertiges Gebäude R 7.3 (1)
Wirtschaftsgut gegen Leibrente R 4.5 (4), H 21.2
Wirtschaftsgut vor Betriebsveräußerung H 32
Erwerbsminderungsrente R 22.4 (5), H 22.4
Erwerbstätigkeit, Kinderberücksichtigung H 32.10
Erzieherische Tätigkeit, Einkünfte H 3.11, H 15.6
Erziehungsbeihilfen H 3.11
Euro
Einführungsschreiben H 6 d
Jahresabschluss H 5.2
Europäische Union
Beteiligung H 49.1
Kirchensteuer H 10.7
Reisen und Fachkongresse H 12.2
Spendenabzug H 10 b.1
steuerfreie Einnahmen H 3.6, R 3.44
Europäische Vereinswettbewerbe, beschränkte Steuerpflicht H 50
Europäische wirtschaftliche Interessenvereinigung H 15.8 (1)
Europäischer Wirtschaftsraum
Beteiligung H 49.1
Kinderberücksichtigung H 63
Kirchensteuer H 10.7
Reisen und Fachkongresse H 12.2
Spendenabzug H 10 b.1
steuerfreie Einnahmen R 3.44
Existenzgründer, Zuschüsse H 3.2
Exterritorialität, steuerfreie Einnahmen H 3.29

Fachkongress H 4.7
Fachliteratur
abziehbare Ausgaben H 12.1
außergewöhnliche Belastungen H 33.1–33.4
Berufsausbildungskosten H 10.9
Werbungskosten R 20.1 (2)
Fahrten
Baustelle H 6.4
wegen Behinderung R 33.4 (4), H 33.1–33.4
Kuraufenthalt H 33.1–33.4
Pflegebedürftigkeit H 33.1–33.4
Fahrten Wohnung/Arbeitsstätte, Mitnahme anderer Personen H 22.8
Fahrten Wohnung/Betriebsstätte, Gewinneinkünfte R 4.12, H 4.12
Faktische Beherrschung, Betriebsaufspaltung H 15.7 (6)
Faktische Gesellschaft H 15.8 (1)
Faktischer Leistungszwang, Rückstellung H 5.7 (3)
Fälligkeit, Abfluss und Zufluss H 11
Familienähnliche Bindung, Pflegekindschaftsverhältnis H 32.2
Familiengerichtliche Genehmigung
Gesellschaftsvertrag H 15.9 (2)
stille Beteiligung H 15.9 (4)
Familiengesellschaft, Mitunternehmerschaft H 13.4, R 15.9
Familienheimfahrten
außergewöhnliche Belastung H 33.1–33.4
Betriebsausgaben H 4.12
Haftpflichtversicherung R 10.5
Familienkasse, Kindergeld R 31 (4)
Familienleistungsausgleich R 31
Fehlbuchungen, Betriebsausgaben H 4.8
Fehlerbeseitigung, Bilanzberichtigung H 4.4
Fehlerhafte Inventur, Vorratsvermögen R 5.3 (4)
Feldinventar, Aktivierung R 14 (2, 3), H 14
Ferienwohnung
Art der Einkünfte H 15.7 (2)
Betriebsausgaben H 4.10 (1, 10–11)
Betriebsvermögen H 4.2 (7)
degressive AfA R 7.2 (1), H 7.2
Einkünfteerzielungsabsicht H 15.3, H 21.2
Kapitaleinkünfte H 20.2
Teilbetrieb H 16 (3)
Fertigstellung
Allgemeines R 7.4 (1), H 7.4
Teile eines Gebäudes R 7.3 (2)
Fertigungsgemeinkosten, Herstellungskosten R 6.3 (1, 2), H 6.3
Festsetzung, ausländische Steuer H 34 c (1–2)
Feststellung
Abzug von ausländischer Steuer R 34 c (4)
Einkünfte bei Ehegatten H 26 a, R 26 b (2), H 26 b
Freibetrag bei Betriebsveräußerung oder -aufgabe R 16 (13)
negative Einkünfte aus dem Ausland H 2 a
Tierbestände R 13.2 (1)
Übergang zur Liebhaberei H 16 (2)
verbleibender Verlustabzug R 10 d (4–7)
verrechenbarer Verlust bei beschränkter Haftung R 15 a (2)
Festwert
Bestandsverzeichnis R 5.4 (1–3)
Bewertung des beweglichen Anlagevermögens R 5.4 (3)
Bewertung des Vorratsvermögens H 6.8
Inventur R 5.4 (3)
Festzusetzende Einkommensteuer, Ermittlung R 2 (2)
Fiktive Betriebseinnahmen und -ausgaben, Reinvestitionsvergünstigung R 6 c (1)
Filiale
Teilbetrieb H 16 (3)
wesentliche Betriebsgrundlagen H 15.7 (5)
Filme
immaterielle Anlagegüter H 5.5
Umlaufvermögen H 6.1
Finanzierungskosten, Werbungskosten H 21.2, H 22.3, H 22.4
Finanzplandarlehen, negatives Kapitalkonto H 15 a
Firmenjubiläum, Rückstellung H 5.7 (1, 4)
Firmenwert
Allgemeines H 6.1
AfA R 4.5 (3), H 7.1, H 7.4
Entnahme H 4.3 (2–4)
immaterielles Anlagegut H 5.5

Mitunternehmerschaft H 15.8 (1), H 15.9 (1)
verdeckte Einlage H 4.3 (1)
Flächen
Durchschnittssatzgewinn R 13 a.2 (1)
Tierzucht und Tierhaltung R 13.2 (2)
Flächenstilllegung, Tierzucht und Tierhaltung H 13.2
Flüchtlinge, steuerfreie Leistungen H 3.7
Flugzeug *s. Luftfahrzeuge*
Fluktuationsabschlag, Rückstellungen H 6.11
Flurbereinigungsverfahren, Gewinnrealisierung H 6 b.1
Fonds
Eigenkapitalvermittlungsprovision H 4.7
geschlossener F. H 4.7
Venture Capital- und Private Equity-Fonds H 15.7 (1)
Förderung
begünstigte Zwecke, Spendenabzug R 10 b.1
Forschung durch Stipendien R 3.44
Kunst durch Stipendien R 3.44
Wissenschaft durch Stipendien R 3.44
Forderungen
Aktivierung H 4.2 (1)
Bewertung H 6.2
buchmäßige Erfassung R 5.2 (1)
Gesellschafter an Personengesellschaft H 15 a, H 16 (4)
Teilwert H 6.7
Fördervereine, Spenden H 10 b.1
Formelmethode, Teilwert für Vorratsvermögen R 6.8 (2), H 6.8
Forstschäden-Ausgleichsgesetz R 34 b.8
Forstwirtschaft
Baumbestand H 6.1, H 13.3
Betriebsausgaben H 13.5
Betriebsvermögen H 4.2 (7)
Durchschnittssatzgewinn R 13 a.2 (3)
Einnahmenüberschussrechnung R 4.5 (3)
Teilbetrieb H 14
Veräußerung von Waldflächen R 14 (5)
Wirtschaftsjahr H 4 a
Zuschüsse R 34 b.3 (4)
s. a. Land- und Forstwirtschaft
Fortbildung, Werbungskosten H 10.9
Fortbildungskosten
Betriebsausgaben H 4.7
Kind H 4.8, H 12.1
Fortlaufendes Bestandsverzeichnis R 5.4 (4)
Fotomodell
Abzugsteuer bei beschränkter Steuerpflicht H 50 a.2
Selbständigkeit H 15.1
Fotovoltaikanlage, Betriebsvermögen R 4.2 (3), R 4.3 (4)
Fraktionsgelder R 22.9
Franchisevertrag, Aufwandsbeiträge H 4.2 (2)
Freiberufliche Tätigkeit
Betriebsaufspaltung H 15.7 (4)
Buchführung H 5.2
Einkünfte H 15.6
gewillkürtes Betriebsvermögen R 4.2 (9), H 4.2 (9)
Personengesellschaft H 15.6
Sonderbetriebsvermögen H 4.2 (2)
Strukturänderung R 4.3 (2)
Wirtschaftsjahr H 4 a
Freibetrag
Kind, Betreuungsfreibetrag R 32.13
Kind, Kinderfreibetrag R 32.13
Land- und Forstwirte, Allgemeines R 13.1
Land- und Forstwirte, Altersentlastungsbetrag R 24 a (1)
Land- und Forstwirte, außerordentliche Einkünfte R 34.1 (1), R 34 b.5 (2)
Veräußerung einer Beteiligung R 17 (9)
Veräußerung oder Aufgabe, Gewerbebetrieb R 15 a (4), H 16 (11), R 16 (13)
Veräußerung oder Aufgabe, Land- und Forstwirtschaft R 14 (6)
Veräußerung oder Aufgabe, Reinvestitionsvergünstigung R 6 b.2 (10)
Veräußerung oder Aufgabe, selbständige Arbeit R 18.3 (4)
Verlustabzug R 10 d (1)
Freie Berufe *s. Freiberufliche Tätigkeit*
Freie Mitarbeit, Art der Einkünfte H 15.1
Freigrenze
Einkünfte aus Leistungen R 22.8
Geschenke R 4.10 (3), R 4.11 (2), R 9 b (2), H 9 b
privates Veräußerungsgeschäft H 23

Freistellung
Abzugsteuern bei Doppelbesteuerungsabkommen H 50 d
Kapitalertragsteuer H 44 a
Freistellungsauftrag, Muster H 44 a
Freiwillige Buchführung, Land- und Forstwirt R 13 a.1 (4)
Freiwillige Einnahmenüberschussrechnung, Land- und Forstwirt R 13 a.1 (4)
Freiwillige Leistungen, Sonderausgaben R 10.3 (2)
Freiwilliges ökologisches Jahr, Kinderberücksichtigung H 32.8
Freiwilliges soziales Jahr
Ausbildungsfreibetrag H 33 a.2
Kinderberücksichtigung H 32.8
Freiwillige Zuwendungen, Angehörige R 10.3 (2)
Freiwilligendienst, Kinderberücksichtigung H 32.8
Fremdbetriebliche Nutzung, Gebäudeteil R 4.2 (4)
Fremde Erzeugnisse
Abgrenzung Gewerbebetrieb/Land- und Forstwirtschaft R 15.5 (5, 6)
Be- oder Verarbeitung R 15.5 (3)
Fremdenbeherbergung, Art der Einkünfte R 15.5 (13), R 15.7 (2)
Fremdes Wirtschaftsgut
Drittaufwand H 4.7
Eigenaufwand H 4.2 (7), H 4.7
wirtschaftliches Eigentum H 4.7
Fremdfinanzierung
betriebliche Aufwendungen R 4.2 (15)
Entnahmen H 4.2 (15)
Fremdvergleich
Arbeitsverhältnis zwischen Ehegatten H 4.8
Arbeitsverhältnis zwischen Eltern und Kind H 4.8
betriebliche Altersversorgung des Arbeitnehmer-Ehegatten H 4 b
Gesellschaftsverhältnis mit Kindern H 15.9 (2)
Gewinnverteilung H 15.9 (3)
Mietverhältnis zwischen Angehörigen H 21.4
stille Beteiligung H 15.9 (5)
stille Gesellschaft H 15.9 (4)
Fremdwährungsbeteiligung, Veräußerung H 17 (7)
Fremdwährungsdarlehen
Betriebsausgaben und Betriebseinnahmen H 4.5 (2)
Bewertung H 6.10
Frist
Antragsveranlagung R 46.2 (2)
Aufbewahrung der Buchführung H 5.2
Bodengewinnbesteuerung H 55
Ersatzbeschaffung R 6.6 (4)
Mitteilung über Wegfall der Durchschnittssatzgewinnermittlung H 13 a.1
Reinvestitionen R 6 c (1)
Veräußerungsfrist H 23
Führerscheinkosten H 12.1, H 33 b
Fuhrleistungen, Abgrenzung Gewerbebetrieb/Land- und Forstwirtschaft R 15.5 (9)
Fürsorgefonds, Ärzte H 18.2

Garage
degressive AfA R 7.2 (2)
selbständiges Wirtschaftsgut H 7.1
Garantiegebühr, Rechnungsabgrenzung H 5.6
Garantierückstellung H 5.7 (5)
Gartenanlage, Herstellungskosten H 6.4, R 21.1 (3)
Gartenbau, Anbauverzeichnis R 13.6
Gartenfläche, Entnahme H 13.5
Gartengestaltung, Abgrenzung Gewerbebetrieb/Land- und Forstwirtschaft R 15.5 (7)
Gärtnerei *s. Gartenbau*
Gästehäuser, betriebliche Nutzung R 4.10 (10–11)
Gaststätte
Fremdenbeherbergung R 15.7 (2)
Verpachtung H 16 (5)
Gaststättenrechnung, Bewirtungskosten R 4.10 (8)
Gebäude
AfA R 7.2, R 7.4 (3, 4), H 7.4
Anzahlungen R 7 a (5), H 7 a
Begriff R 7.1 (5), H 7.1
Erhaltungsaufwand R 21.1 (6)
erhöhte Absetzungen, Sanierungsgebiete und städtebauliche Entwicklungsbereiche R 7 h
Gewinnübertragung R 6.6 (3)

Herstellungskosten R 6.4
Nutzungsrecht H 4.2 (7)
Restwertabsetzung nach erhöhten Absetzungen R 7 a (9)
Restwertabsetzung nach Sonderabschreibungen R 7 a (9), H 7 a
Teilherstellungskosten R 7 a (6)
Veräußerungsgewinn R 6 b.3 (3), R 6 c
Gebäudeteile
Abgrenzung Erhaltungsaufwand/Herstellungsaufwand R 21.1 (4), H 21.1
AfA R 7.1 (6), H 7.1, R 7.4 (6, 10), H 7.4
Herstellungskosten H 6.4
Wirtschaftsgut R 4.2 (3–5)
Gebrauchtes Wirtschaftsgut
Lifo-Methode H 6.9
privates Veräußerungsgeschäft H 23
Reinvestitionsvergünstigung R 6 b.3 (2)
Gebühren, verbindliche Auskunft H 12.4
Gegenleistung, Spendenbestätigung H 10 b.1
Gegenrechnung, Vorteile bei Rückstellungsbewertung R 6.11 (1)
Gegenwert, außergewöhnliche Belastung H 33.1–33.4
Gehaltsumwandlung, Ehegatten-Arbeitsverhältnis H 4.8
Geldbeschaffungskosten
Herstellungskosten H 6.3
Rechnungsabgrenzung H 6.10
Geldbußen, Betriebsausgaben R 4.13 (1–3)
Geldgeschäft, freiberufliche Tätigkeit H 18.2
Geldspielautomaten, Gewinnermittlung H 9 b
Geldstrafen, Abzugsfähigkeit H 4.13, R 12.3
Geldverlust, Betriebsausgaben H 4.5 (2)
Gelegentliche Tätigkeit, Arbeitsverhältnis zwischen Eltern und Kindern H 4.8
Gemälde
AfA H 7.1
nichtabziehbare Ausgaben H 12.1
Gemeiner Wert, *Betriebsaufgabe H 16 (2, 10)*
Gemeinkosten
Anschaffungskosten H 6.2
Herstellungskosten R 6.3 (1)
Gemeinschaften
AfA H 7.2
Nebenbetrieb R 15.5 (3)
Gemeinschaftliche Tierhaltung, Land- und Forstwirtschaft R 13.2 (4)
Gemeinschaftspraxis, Art der Einkünfte H 15.8 (5)
Gemeinschaftsunterkünfte, degressive AfA R 7.2 (1)
Gemischte Aufwendungen, Abzugsfähigkeit H 12.1
Gemischte Schenkung *s. Teilentgeltliche Veräußerung*
Gemischte Tätigkeit
Einkünfte R 15.5 (11), H 15.6
Personengesellschaft H 15.8 (5)
Gemischtgenutztes Wirtschaftsgut
Bemessungsgrundlage für AfA R 7.3 (2), H 7.3
Betriebsausgaben R 4.7 (1), H 4.7
Betriebseinnahmen R 4.7 (1)
Entnahmegewinn H 4.3 (2–4)
Schuldzinsen H 4.2 (15)
Generalagent, Selbständigkeit H 15.1
Genossenschaft
Beteiligung an G. R 17
Betriebsaufspaltung H 15.7 (6)
Genossenschaftsanteile
Betriebsvermögen H 4.2 (1)
Einnahmenüberschussrechnung R 4.5 (3)
Genussrecht
Beteiligung H 17 (2)
Kapitalertragsteuer R 44 b.2 (3)
Gerichtskosten, außergewöhnliche Belastung H 33.1–33.4
Geringfügig Beschäftigte, Kinderberücksichtigung H 32.4, H 32.10
Geringfügige gewerbliche Tätigkeit H 15.8 (5)
Geringwertige Wirtschaftsgüter
Beitrittsgebiet H 5.4
Bestandsverzeichnis R 5.4 (3)
Bewertung R 6.13
Einlage H 6.12
Umsatzsteuer R 9 b (2)
Wechsel der Gewinnermittlungsart H 7.4
Gesamtanlage, Bestandsverzeichnis R 5.4 (2)

Gesamthandseigentum
Beteiligung H 17 (2)
Betriebsvermögen R 4.2 (2, 11)
Bodengewinnbesteuerung H 55
Ehegatten R 26 (2)
erhöhte Absetzungen H 7 a
Reinvestitionsvergünstigung R 6 b.2 (7)
Sonderabschreibungen H 7 a
Gesamthandsvermögen *s. Gesamthandseigentum*
Gesamtrechtsnachfolge, AfA-Bemessungsgrundlage R 7.3 (3)
Geschäftlicher Anlass, Bewirtungskosten R 4.10 (6)
Geschäftsbücher, Eintragungen H 5.2
Geschäftsreise, Betriebsausgaben R 4.12 (2)
Geschäftswert
Allgemeines H 6.1
AfA R 4.5 (3), H 7.1, H 7.4
Betriebsaufspaltung H 15.7
Betriebsverpachtung H 16 (5), H 34.1
Entnahme H 4.3 (2–4)
immaterielles Anlagegut H 5.5
Mitunternehmerschaft H 15.8 (1), H 15.9 (1)
verdeckte Einlage H 4.3 (1)
Geschäftswertbildende Faktoren, immaterielle Anlagegüter R 5.5 (1), H 5.5
Geschenke
Begriff R 4.10 (4)
Betriebsausgaben R 4.10 (2–4), R 4.11 (1, 2)
Umsatzsteuer R 9 b (2), H 9 b
Geschiedene Ehegatten
Beteiligung an Grundstückserträgen H 21.2
Unterhaltsfreibetrag H 33 a.1
Unterhaltsleistungen R 10.2, H 22.1
Geschwister, Pflegekindschaftsverhältnis R 32.2 (3)
Gesellschaft des bürgerlichen Rechts
Beteiligung H 17 (2)
Haftungsbeschränkung H 15.8 (6)
Mieteinkünfte H 21.6
Mitunternehmerschaft H 15.8 (1)
s. a. Kapitalgesellschaft; Personengesellschaft
Gesellschafter
erhöhte Absetzungen H 7 a
Sondertätigkeit neben Personengesellschaft H 15.8 (5)
s. a. Kapitalgesellschaft; Mitunternehmer; Stiller Gesellschafter
Gesellschafter-Geschäftsführer
Direktversicherung H 4 b
Kürzung des Höchstbetrags für Vorsorgeaufwendungen H 10.11
Pensionszusage R 6 a (8)
Gesellschaftliche Veranstaltung, Abzugsfähigkeit von Aufwendungen H 12.1
Gesellschaftsvermögen *s. Gesamthandseigentum*
Gesetzliche Rentenversicherung, Einkünfte H 22.3
Gesetzliche Unfallversicherung, Leistungen H 3.1
Gesetzliche Unterhaltspflicht, Begriff H 33 a.1
Gesonderte Feststellung *s. Feststellung*
Gesonderte Gewinnteile, Durchschnittssatzgewinn R 13 a.2 (3)
Gestaltungsmissbrauch *s. Missbrauch*
Gesundheitsgefährdung, außergewöhnliche Belastung R 33.2, H 33.1–33.4
Getränkeausschank R 15.5 (8)
Getrennte Veranlagung
Allgemeines R 26 a
außergewöhnliche Belastung H 33.1–33.4
Nachversteuerung H 10.6
Verfahren R 25
Wahlrecht H 26
Getrennte Verbuchung, nichtabziehbare Betriebsausgaben R 4.11
Gewährleistungen, Rückstellung R 5.7 (5, 12)
Gewerbebetrieb
Abgrenzung zur Land- und Forstwirtschaft R 15.5
Abgrenzung zur selbständigen Arbeit H 15.6
Abgrenzung zur Vermögensverwaltung R 15.7
ausländische Einkünfte H 34 d
Betriebsaufgabe R 16
Betriebsveräußerung R 16
Betriebsvermögensvergleich R 4.1 (2), H 5.1
gewillkürtes Betriebsvermögen R 4.2 (9), H 4.2 (9)

inländische Einkünfte R 49.1
Schätzung des Gewinns R 4.1 (2), H 4.1
Verpachtung R 4 a (3)
Wirtschaftsjahr R 4 a (2–4)
Gewerbeobjekt, Einkünfteerzielungsabsicht H 21.2
Gewerbesteuer
Herstellungskosten R 6.3 (6)
Rückstellung R 5.7 (1)
Gewerbetreibender *s. Gewerbebetrieb*
Gewerblich geprägte Personengesellschaft
Begriff R 15.8 (6)
Betriebsaufspaltung R 16 (2)
Betriebsveräußerung H 16 (1)
Gewerblicher Grundstückshandel
Allgemeines H 15.7 (1)
Betriebsaufgabe H 16 (2)
Gewinn H 16 (9)
Land- und Forstwirtschaft H 15.5
Nachhaltigkeit H 15.2
Umlaufvermögen H 6.1
Gewerbliche Schutzrechte, beschränkte Steuerpflicht R 49.3 (2), R 50 a.1
Gewerbliche Tierzucht und Tierhaltung R 13.2 (2), H 15.5, R 15.10
Gewerbliches Unternehmen *s. Gewerbebetrieb*
Gewillkürtes Betriebsvermögen
Begriff R 4.2 (1, 2)
Einnahmenüberschussrechnung R 4.2 (1)
freiberufliche Tätigkeit H 18.2
Grundstücke und Grundstücksteile R 4.2 (9)
Land- und Forstwirtschaft H 4.2 (9)
Nachweis H 4.2 (9)
Sonderbetriebsvermögen R 4.2 (12)
Gewinn
Durchschnittssatzgewinn R 13 a.1, R 13 a.2
Land- und Forstwirtschaft R 13.5
Steuerersparnis als Gewinn H 15.3
Veräußerung bestimmter Anlagegüter R 6 b.1, R 6 c
Veräußerung oder Aufgabe des Betriebs, Gewerbebetrieb H 16 (2, 9)
Gewinn- und Verlustrechnung, elektronische Übermittlung H 5 b
Gewinnabsicht *s. Gewinnerzielungsabsicht*
Gewinnabzug, Reinvestitionen R 6 b.2 (1), R 6 c
Gewinnausschüttung
Aktivierung H 4.2 (1)
Beteiligung im Betriebsvermögen H 6.2
Betriebsaufspaltung H 15.7 (4)
Einkünfte H 20.2
Wertminderung von Anteilen R 50 c
Gewinnberichtigung, Wechsel der Gewinnermittlungsart R 4.6 (1), Anl. 1
Gewinneinkünfte
private PC-Nutzung H 3.45
Vergütung für mehrjährige Tätigkeit H 34.4
Gewinnermittlung
ausländische Personengesellschaft R 4.1 (4)
Beteiligung H 17 (5)
Betriebsveräußerung H 16 (1)
Handelsschiffe H 4.1
Kommanditgesellschaft auf Aktien H 15.8 (4)
Sonderbetriebsvermögen H 4.1
Zeitraum R 4 a
Gewinnermittlung nach Durchschnittssätzen *s. Durchschnittssatzgewinnermittlung*
Gewinnermittlungszeitraum *s. Wirtschaftsjahr*
Gewinnerzielungsabsicht
Allgemeines H 15.3, H 18.1
Personengesellschaft H 15.8 (5, 6)
Gewinnkorrekturen
Durchschnittssatzgewinn R 13 a.2 (3)
Wechsel der Gewinnermittlungsart R 4.6
Gewinnobligation, Kapitalertragsteuer R 44 b.2 (3)
Gewinnrealisierung
Entnahmen H 4.3 (2–4), H 6.6 (1), R 6 b.1 (1)
Ersatzbeschaffung R 6.6
freiberufliche Tätigkeit H 5.2
Privatnutzung H 4.7
Tausch H 4.2 (1)
Veräußerung H 4.2 (1), R 4 a (5), R 6 b.1 (1)
Gewinnschätzung *s. Schätzung*
Gewinnverteilung
Bilanzberichtigung H 4.4
Familiengesellschaft R 15.9 (3)
Mitunternehmerschaft H 15.8 (3)
stille Gesellschaft H 15.8 (3), H 15.9 (5)

Gewinnverwirklichung *s. Gewinnrealisierung*
Gewinnzuschlag
Durchschnittssatzgewinn R 13 a.2 (2)
Reinvestitionsvergünstigung R 6 b.2 (5), H 6 b.2
Girosammelverwahrung, Anschaffungskosten R 17 (5)
Gleichgestellte Dienste, Kinderberücksichtigung H 32.11
Gleichgestellte Personen, Unterhaltsleistungen H 33 a.1
Gold, Betriebsvermögen H 4.2 (1)
Grabpflege, Abgrenzung Gewerbebetrieb/Land- und Forstwirtschaft R 15.5 (7)
Gratifikation, Rückstellung H 6.11
Gratisaktien, Beteiligung H 17 (5)
Grenze
Dienstleistungen als Land- und Forstwirtschaft R 15.5 (9, 11)
Zukauf R 15.5 (11)
Grenzpendler, unbeschränkte Steuerpflicht H 1 a
Grünanlage Herstellungskosten R 21.1 (3)
Grund und Boden
Anschaffungskosten H 6.4
Betriebsvermögen R 4.2 (7–9), H 13.3
Einnahmenüberschussrechnung R 4.5 (3)
Entnahme allgemein H 4.3 (2–4)
Entnahme für selbst genutzte Wohnung oder Altenteilerwohnung R 13.5 (4)
Gewinnübertragung R 6.6 (3)
Umlaufvermögen H 6.1
Veräußerungsgewinn H 6 b.1
Wert zum 1. 7. 1970 H 55
Wertansatz in Übergangsbilanz R 4.6 (1, 2)
Grundbetrag, Durchschnittssatzgewinn R 13 a.2 (1)
Grundbuchaufzeichnungen, Belegablage H 5.2
Grundbücher
Buchführung H 5.2
Kontokorrentkonto R 5.2 (1)
Grunderwerbsteuer, Anschaffungskosten H 6.2, H 6.4, H 6.12
Grundfreibetrag, Progressionsvorbehalt H 32 b
Grundlagenbescheid, Pflegekindschaftsverhältnis H 32.2
Grundsätze, ordnungsmäßige Buchführung R 5.2
Grundschuld, Kapitaleinkünfte H 20.2
Grundsteuer, Betriebsausgaben H 13 a.2
Grundstück
Aufwendungen R 6.4
Betriebseinnahmen und -ausgaben R 4.7 (2)
Betriebsvermögen R 4.2 (7–10)
Entnahme H 4.3 (2–4)
gewillkürtes Betriebsvermögen R 4.2 (9)
Gewinnrealisierung H 4.2 (1)
Gewinnübertragung R 6.6 (3)
Handel mit Grundstücken H 49.1
notwendiges Betriebsvermögen R 4.2 (7, 8)
Personengesellschaft R 4.2 (11, 12)
privates Veräußerungsgeschäft H 23
Teilwert H 6.7
Umlegungsverfahren H 4.2 (7)
Vermietung und Verpachtung R 15.7 (2)
wesentliche Betriebsgrundlage H 15.7 (5), H 16 (8)
Grundstücksteil
Betriebsvermögen R 4.2 (7–10)
Entnahme H 4.3 (2–4)
gewillkürtes Betriebsvermögen R 4.2 (9)
notwendiges Betriebsvermögen R 4.2 (7, 8)
Personengesellschaft R 4.2 (11, 12)
Gründung, fehlgeschlagene G. H 17 (7)
Grundvermögen
Durchschnittssatzgewinn R 13 a.2 (1)
Vermietung und Verpachtung R 15.7 (2)
Gruppenbewertung
Feldinventar und stehende Ernte R 14 (2)
Lifo-Methode R 6.9 (3)
Vorratsvermögen R 6.8 (4)
Gruppenkasse, Zuwendungen an G. R 4 d (14)
Günstigerprüfung, Kürzung des Vorwegabzugs H 10.11
Gutachten
Anschaffungskosten bei Kapitalvermögen H 20.1
außergewöhnliche Belastung H 33.1–33.4
Werbungskosten H 21.2
Gütergemeinschaft
Betriebsaufspaltung H 15.7 (6)

Betriebsvermögen H 4.2 (12)
Ehegatten H 26 a
Mitunternehmerschaft H 15.8 (1), H 15.9 (1)
Güterstand, Ehegatten H 26 a
Gutscheine, Rückstellung H 5.7 (5)
Gutschrift, Zufluss H 11

Habilitationskosten H 10.9
Haftpflichtversicherung, Beiträge R 10.5
Haftung
Spenden H 10 b.1
Verluste, Unternehmen R 15 a
Haftungsminderung, beschränkte Haftung R 15 a (1)
Halber Steuersatz, Holznutzungen R 34 b.4 (3)
Halbfertige Bauten
Bewertung H 6.7
Bilanzierung H 6.1
Halbfertigerzeugnisse, Herstellungskosten R 6.3 (8), H 6.3
Halbteilung
Kinderfreibetrag H 32.13
Kindergeld R 31 (3)
Handelsbetrieb, Gewinnerzielungsabsicht H 15.3
Handelsbilanz
Betriebsvermögensvergleich H 5.2
Lifo-Methode R 6.9 (1)
Rückstellungen R 5.7 (1)
Handelsgeschäft, Abgrenzung Gewerbebetrieb/Land- und Forstwirtschaft R 15.5 (6)
Handelsrecht
ordnungsmäßige Buchführung H 5.2
Wahlrecht bei Rückstellung H 5.7 (1, 11)
Handelsregistereintrag
Annahme eines Gewerbebetriebs H 5.1
erweiterter Verlustausgleich R 15 a (3)
Handelsschiffe, Gewinnermittlung R 4.1 (2), H 5 a
Handelsvertreter
AfA auf Vertreterrecht H 7.4
Ausgleichszahlung H 16 (9), H 24.1, H 34.3
Betriebsaufgabe H 16 (2)
Direktversicherung R 4 b (5)
Pensionszusage R 6 a (16)
Provisionen H 4.2 (1)
Selbständigkeit H 15.1
Teilbetrieb H 16 (3)
Vertreterrecht H 5.5
Zuwendungen an Unterstützungskassen R 4 d (15)
Handelswaren, Abgrenzung Gewerbebetrieb/Land- und Forstwirtschaft R 15.5 (5), H 15.5
Härteausgleich, Arbeitnehmerveranlagung H 25, H 46.3
Hausanschlusskosten, Herstellungskosten H 6.4
Hausgarten, Entnahme H 13.5
Hausgewerbetreibender, Selbständigkeit R 15.1 (2), H 15.1
Haushaltsaufnahme Kind
Kinderberücksichtigung H 32.2
Kindergeld H 64
Haushaltsaufwendungen, Wiederbeschaffung von Hausrat R 33.2
Haushaltsersparnis
Heimunterbringung R 33.3 (2)
Krankenhausaufenthalt H 33.1–33.4
Kuraufenthalt R 33.4 (3)
Haushaltsgemeinschaft
außergewöhnliche Belastung H 33 a.1
Pflegekindschaftsverhältnis H 32.2
Haushaltsnahe Tätigkeiten, Steuerermäßigung H 35 a
Haushaltszugehörigkeit, unterhaltene Person R 33 a.1 (1)
Häusliches Arbeitszimmer *s. Arbeitszimmer*
Hausratsversicherung, Beiträge H 10.5
Heilberufe, Einkünfte H 15.6
Heilhilfsberufe, Einkünfte H 15.6
Heimarbeiter, Art der Einkünfte R 15.1 (2), H 15.1
Heimerziehung, Einkünfte H 3.11
Heimfall, Erbbaurecht H 21.2
Heimunterbringung, außergewöhnliche Belastungen R 33.3 (2), H 33.1–33.4, H 33 a.1
Heizungsanlage
Betriebsvorrichtung H 6.4
Erhaltungsaufwand R 21.1 (1)
Hektarberechnung
Durchschnittssatzgewinnermittlung H 13 a.2
Tierzucht und Tierhaltung H 13.2

Hektarwert, Durchschnittssatzgewinn R 13 a.2 (1)
Herabsetzung Rente R 22.4 (2), H 22.4
Herstellung, Zeitpunkt R 7.4 (1)
Herstellungskosten
Allgemeines R 6.3
Begriff H 6.3, R 21.1 (2)
Beitrittsgebiet H 5.4
Einbauten in Gebäude R 4.2 (3)
Gebäude R 6.4, R 21.1
Geschenk R 4.10 (3)
Gewinnübertragung R 6.6 (1), R 6.13 (2)
Investitionsabzugsbetrag R 6.13 (2)
Umsatzsteuer R 9 b (1), H 9 b
Zuschuss für Anlagegut R 6.5 (2–4), R 6.13 (2)
Zuschuss für Privatgebäude R 21.5 (1, 4)
Herstellungszeitpunkt R 7.4 (1)
Hiebsatz, Forstwirtschaft R 34 b.4 (3)
Hilflosigkeit, Behinderten-Pauschbetrag H 33 b
Hilfsbedürftigkeit, Beihilfen und Unterstützungen H 3.11
Hilfsmittel
außergewöhnliche Belastung R 33.4 (1)
nichtabziehbare Ausgaben H 12.1
Hilfsstoff, Land- und Forstwirtschaft R 15.5 (5)
Hinterbliebene
Direktversicherung H 4 b
Pauschbetrag R 33 b
Pensionszusage R 6 a (3), H 6 a (1)
Zuwendungen an Pensionskassen H 4 c
Zuwendungen an Unterstützungskassen H 4 d (1), R 4 d (2)
Hinterbliebenen-Pauschbetrag
Allgemeines H 33 b
Übertragung H 32.13
Hinterziehungszinsen, Abzugsfähigkeit H 12.4
Hinterzogene Steuern, Rückstellung H 5.7 (6)
Hinzuerwerb, Beteiligung H 17 (2)
Hinzurechnung
zu ausländischen Einkünften H 2 a
Gewerbesteuerrückstellung R 5.7 (1)
Tonnagebesteuerung H 5 a, H 16 (9)
Wechsel der Gewinnermittlungsart R 4.5 (6), R 4.6 (1, 2)
Hinzurechnungsbetrag, Außensteuergesetz H 3 c
Höchstbeträge
Reinvestitionen R 6 b.2 (12)
Rückstellungen R 6.11 (3)
Spenden R 10 b.3
Vorsorgeaufwendungen H 10.11
Hochzinsanleihen, Kapitaleinkünfte H 20.2
Hofübergabe, Entschädigung H 13.4, H 22.8
Höhere Gewalt
außergewöhnliche AfA H 7.4
außergewöhnliche Belastung R 33.2
Gewinnrealisierung R 6.6 (2), R 6 b.1 (1)
Holznutzungen R 34 b.2 (4), H 34 b.2
Reinvestitionsvergünstigung R 6 b.3 (4)
Höherer Teilwert, Grund und Boden H 55
Holding, Einkünfte H 15.6
Holznutzungen
Einkünfte R 34 b.1, R 34 b.2, H 34 b.4
Reinvestitionsvergünstigung H 6 b.1
Veräußerungsgewinn R 14 (5)
Holzvorräte, Bewertung R 34 b.1 (1), R 34 b.7 (3)
Honorare
Herstellungskosten H 6.4
Rechnungsabgrenzung H 5.6
Werbungskosten H 21.2

Immaterielle Anlagegüter
AfA H 7.1
Aktivierung R 5.5
Begriff R 5.5 (1)
Bodengewinnbesteuerung H 55
Durchschnittssatzgewinn R 13 a.2 (3)
Entnahme R 4.3 (4)
wesentliche Betriebsgrundlagen H 15.7 (5), H 16 (8)
Incentive-Reisen, ertragsteuerliche Behandlung H 4.7
Inland, unbeschränkte Steuerpflicht H 1 a
Innengesellschaft
Kapitalgesellschaft H 15.10, H 15 a
Mitunternehmerschaft H 15.8 (1)
Verluste bei beschränkter Haftung H 15 a
Insichgeschäfte, Verträge mit Angehörigen H 4.8
Insolvenz
Betriebsaufspaltung H 15.7 (6)

Nichtveranlagungsbescheinigung H 44 a
Verlustabzug H 10 d
Insolvenzgeld, Progressionsvorbehalt H 32 b
Insolvenzverwalter, Einkünfte H 15.6
Instandhaltungsrücklage, Eigentumswohnung R 21.2 (2), H 21.2
Instandsetzungsmaßnahmen
Allgemeines R 21.1 (1)
erhöhte Absetzungen R 7 h
Rückstellung R 5.7 (11)
Integrationsmaßnahmen, Aufwendungen R 33.4 (6)
Internationale Betriebsgemeinschaft, inländische Einkünfte R 49.1 (2)
Invaliditätsversorgung, Zuwendungen an Unterstützungskassen R 4 d (2)
Inventar, Vorratsvermögen R 5.3 (1)
Inventur
bewegliche Anlagegüter R 5.4
Pensionsverpflichtungen R 6 a (18)
Unterlagen H 5.2
Vorratsvermögen R 5.3, H 6.8
Investitionsabzugsbetrag H 7 g
Investitionszulage
Einkünfte H 2
Zuschuss H 6.5
Investitionszuschuss
Betriebsgegenstände R 6.5, H 6.5
Privatgebäude R 21.5 (1)
Investmentanteile H 20.2
Isolierende Betrachtungsweise
ausländische Einkünfte H 2 a
inländische Einkünfte R 49.3 (1)

Jahresabschluss
Handelsbilanz H 5.2
Rückstellung H 5.7 (4)
Jahreserbschaftsteuer, Sonderausgaben H 10.3
Jahreszusatzleistungen Rückstellung H 5.7 (5), H 6.11, H 6 a (1)
Journalist, Bewirtungskosten H 4.10 (5–9)
Jubiläumsrückstellung H 5.7 (1, 5)
Jubiläumszuwendungen, Vergütung für mehrjährige Tätigkeit H 34.4
Juristische Person des öffentlichen Rechts, Spendenempfänger R 10 b.1 (2)

Kabelanschluss, Erhaltungsaufwand R 21.1 (1)
Kalamitätsfolgehiebe H 34 b.2
Kalamitätsnutzungen R 34 b.2 (4), R 34 b.7
Kalkulatorische Kosten, Herstellungskosten H 6.3
Kanalanschluss H 6.4
Kantine, Bewirtungskosten R 4.10 (6)
Kapitalabfindung
außergewöhnliche Belastung H 33.1–33.4, H 33 a.1
Rente H 22.4
Kapitaleinkünfte *s. Kapitalvermögen*
Kapitalerhöhung
Beteiligung R 17 (5), H 17 (3, 7)
Betriebsaufspaltung H 15.7 (4)
Reinvestitionsvergünstigung R 6 b.3 (6)
Kapitalertrag *s. Kapitalvermögen*
Kapitalertragsteuer
Allgemeines H 43
Anrechnung R 36
Erstattung R 44 b.1, R 44 b.2
Freistellung H 44 a
Kapitalgesellschaft, Beteiligung an K. R 17
Kapitalherabsetzung
Beteiligung im Betriebsvermögen H 6.2
Beteiligung im Privatvermögen H 17 (5, 7)
Kapitalkonto, Verzinsung H 15.8 (2)
Kapitalrücklage H 6.2, H 17 (5)
Kapitalvermögen
Altersentlastungsbetrag R 24 a (1)
Bezüge R 33 a.1 (3)
Durchschnittssatzgewinnermittlung R 13 a.2 (5)
Einnahmen R 20.2
Kommanditgesellschaft auf Aktien H 15.8 (4)
Steuersatz R 32 d
Werbungskosten R 20.1
Kapitalwahlrecht, Rentenversicherung H 10.5
Kaskoversicherung
Beiträge H 10.5
Betriebseinnahmen R 4.7 (1)
Kasseneinnahmen, Aufzeichnung H 5.2
Kassenvermögen, Unterstützungskasse R 4 d (13, 14)

Kaufpreisraten
Anschaffungskosten R 6.2
Betriebsveräußerung H 16 (11)
Einnahmenüberschussrechnung R 4.5 (5)
sonstige Einkünfte R 22.1 (1)
Kilometerpauschbetrag, Reisekosten R 4.12 (2)
Kinder
Arbeitsverhältnis mit Eltern R 4.8 (3)
Ausbildungsfreibetrag R 33 a.2 (1)
außergewöhnliche Belastungen R 33.4 (2), H 33.1–33.4
Berücksichtigung von K. R 32.3, H 32.3
Betriebsaufspaltung R 15.7 (8), R 16 (2)
Kinderzuschüsse H 3.11
Kranken- und Pflegeversicherungsbeiträge R 10.4
Mitunternehmer R 15.9 (2), H 15.9 (2)
Pflegebedürftigkeit R 32.2 (3)
Schulgeld R 10.10 (1)
stille Gesellschafter H 15.9 (4)
Übertragung des Behinderten- oder Hinterbliebenen-Pauschbetrags R 33 b (2, 3), H 33 b
Kinderbetreuung, steuerfreie Einnahmen H 3.11
Kinderbetreuungskosten
getrennte Veranlagung H 26 a
Sonderausgaben H 10.8
Kinderentlastung *s. Freibetrag; Kinderfreibetrag*
Kinderfreibetrag
Allgemeines R 32.1–32.13
s. a. Freibetrag
Kindergeld
Allgemeines R 31, H 31, H 62–78
Anrechnung auf Einkommensteuer R 31
vergleichbare Leistungen R 31 (2)
Kinderspielplatz, Herstellungskosten R 6.4 (2)
Kindertagespflege
Betriebsausgaben H 18.2
Einkünfte H 18.1
Kirchenbeiträge, Sonderausgaben R 10.7
Kirchensteuer, Sonderausgaben R 10.7
Klärschlammbeseitigung, Abgrenzung Gewerbebetrieb/Land- und Forstwirtschaft H 15.5
Klärschlammverwertung R 15.5 (4)
Klinik *s. Krankenhaus*
Know how
beschränkte Steuerpflicht R 49.3 (2), H 50 a.1
immaterielle Anlagegüter H 5.5
Kommanditgesellschaft
auf Aktien, Gewinnanteil des Komplementärs H 15.8 (4)
s. a. Personengesellschaft
Kommanditist
Gewinnverteilung H 15.9 (3)
Mitunternehmer H 15.8 (1), H 15.9 (1)
Verlustausgleich und Verlustabzug R 15 a
Kommunale Beitragsleistungen, Grund und Boden H 6.4
Komplementär
Kommanditgesellschaft auf Aktien, Einkünfte H 15.8 (4)
Mitunternehmer H 15.8 (1)
Pensionszusage H 6 a (1)
Kompostierung, Land- und Forstwirtschaft R 15.5 (3)
Kongress *s. Fachkongress*
Konkurs *s. Insolvenz*
Konsulatsangehörige
Ausland, Steuerpflicht R 1
Inland, steuerfreie Einnahmen H 3.29
Kontaktpflege, außergewöhnliche Belastungen H 33.1–33.4
Kontokorrentbuch, Kreditgeschäfte R 5.2 (1)
Kontokorrentkonto, Kreditgeschäfte R 5.2 (1), H 5.2
Konzernkasse, Zuwendungen an K. R 4 d (14)
Konzessionen, AfA H 5.5
Körperliche Bestandsaufnahme *s. Bestandsaufnahme*
Korrektur, Bemessungsgrundlage für Kapitalertragsteuer H 45 b
Kost und Wohnung, Arbeitsverhältnis zwischen Eltern und Kindern R 4.8 (3)
Kosten
Abzugsfähigkeit H 12.4
der Lebensführung als Betriebsausgaben R 4.10
Kostenersatz, außergewöhnliche Belastung H 33.1–33.4
Kostenpflege, Kinderberücksichtigung R 32.2 (1)
Kostkind R 32.2 (1), H 32.2

Kraftfahrzeug
außergewöhnliche AfA H 7.4
Betriebsausgaben H 4.10 (12)
Fahrten behinderter Menschen H 33.1–33.4
Fahrten, Geschäftsreise R 4.12 (2)
Fahrten, Kuraufenthalt H 33.1–33.4
Fahrten Wohnung/Arbeitsstätte R 10.5
Fahrten Wohnung/Betriebsstätte R 4.12 (1)
Haftpflichtversicherung R 10.5
private Kfz-Nutzung H 4.3 (2–4)
Kraftfahrzeugsteuer Rechnungsabgrenzung H 5.6
Krankengeld, Progressionsvorbehalt R 32 b (4)
Krankenhaus
Einkünfte H 15.6
Zuschüsse H 6.5
Krankenversicherung
Beiträge H 10.5
Leistungen H 3.1, R 32 b (1), H 32 b
Rentnerkrankenversicherung H 3.14
unterhaltene Person R 33 a.1 (5)
Krankheit
Aufwendungen R 33.4, H 33.1–33.4
Ausbildungsplatzmangel R 32.7 (4)
Fahrtkosten H 33.1–33.4
Kostenersatz H 33.1–33.4
Nachweis R 33.4 (1)
Versicherungsbeiträge H 10.5
Kreditgeschäfte, Eintragungen R 5.2 (1)
Kreditgrundlage, Betriebsvermögen H 4.2 (1)
Kreditinstitut, Spenden H 10 b.3
Kreditkarte, Abfluss bzw. Zufluss H 11
Kulanzleistungen Rückstellung R 5.7 (12)
Kulturgüter, Steuerbegünstigung R 10 g
Kulturvereinigung, ausländische K. H 50
Kumulierungsverbot
erhöhte Absetzungen und Sonderabschreibungen R 7 a (7)
Veräußerungsfreibetrag R 14 (6), R 16 (13), R 18.3 (4)
Künstler
Gewinnerzielungsabsicht H 15.3
Selbständigkeit H 15.1
Künstlerische Tätigkeit
beschränkte Steuerpflicht R 49.1 (3), H 49.1, H 50 a.2
Einkünfte H 15.6
Künstliche Befruchtung, außergewöhnliche Belastung H 33.1–33.4
Kuraufenthalt, außergewöhnliche Belastung R 33.4 (1, 3), H 33.1–33.4, H 33 b
Kurzfristige Beteiligung, Kapitalgesellschaft H 17 (2)
Kurzfristige Vermietung, Art der Einkünfte R 15.7 (2)
Kürzung
Berufsausbildungskosten um steuerfreie Bezüge R 10.9 (1)
Freibeträge bei außergewöhnlichen Belastungen R 33 a.3
Höchstbeträge für Vorsorgeaufwendungen H 10.11
Vorwegabzug H 10.11
Zuwendungen an Unterstützungskassen R 4 d (9)

Laborgemeinschaft H 15.6
Laborleistungen, freiberufliche Tätigkeit H 15.6
Lagerbücher, permanente Inventur H 5.3
Lagerkarteien, permanente Inventur H 5.3
Land- und Forstwirtschaft
Abgrenzung zum Gewerbebetrieb R 15.5
Alterssicherung H 22.3
Begriff R 15.5 (1)
Bestandsaufnahme des Vorratsvermögens R 5.3 (5)
Bestandsverzeichnis über bewegliche Anlagegüter R 5.4 (1)
Betriebsaufgabe R 14 (1), H 14, H 16 (2)
Betriebsveräußerung R 14, H 34.1
Betriebsvermögen R 4.2 (9), H 4.2 (7, 9), H 13.3
Betriebsvermögensvergleich R 4.1 (1)
Betriebsverpachtung H 4 a
Bewertung des Umlaufvermögens R 6.8 (1), H 6.8
Bilanzberichtigung R 4.4 (1)
Durchschnittssatzgewinnermittlung R 13 a.1, R 13 a.2
Einkünfte H 5.1

Einnahmenüberschussrechnung R 4.5 (1)
Entnahme H 4.3 (2–4)
Entschädigung H 24.1, H 34.3
Freibetrag für Einkünfte R 13.1
gewerbliche Tierzucht und Tierhaltung H 15.10
Gewinnerzielungsabsicht H 15.3
Grund und Boden H 6.1
immaterielle Anlagegüter H 5.5
Rechnungsabgrenzung H 5.6
Rechtsverhältnisse zwischen Angehörigen H 13.4
Reinvestitionsvergünstigung H 6b.1, H 6b.3, R 6c
Rückstellung H 5.7 (1)
Sonderbetriebsvermögen H 4.2 (2)
steuerbegünstigte Einkünfte R 34.1 (1)
Strukturänderung R 4.3 (2), H 4.6
Unterhaltsleistungen H 33a.1
Verpachtung des Betriebs H 4a
Vorsorgeaufwendungen H 10.4
Wertpapiere H 4.2 (1)
Wirtschaftsjahr H 4a
Ländergruppeneinteilung, außergewöhnliche Belastungen R 33a.1 (4), H 33a.1
Landwirtschaft *s. Land- und Forstwirtschaft*
Landwirtschaftliche Tierzucht und Tierhaltung, Zuordnung der Tierbestände R 13.2 (2)
Lastenausgleich, steuerfreie Leistungen H 3.7
Layer, Lifo-Methode R 6.9 (4)
Leasing
Rechnungsabgrenzung H 5.6
Zurechnung H 4.2 (1)
Lebenslänglich laufende Leistungen, Unterstützungskasse R 4d (2)
Lebenslänglich laufende Renten R 22.3 (2)
Lebenspartnerschaft *s. Nichteheliche Lebensgemeinschaft*
Lebensversicherung
Beiträge H 10.5
Betriebsvermögen H 4.2 (1), H 18.2
Direktversicherung R 4b (1)
Erträge R 20.2, H 20.2
Nachversteuerung R 10.6
Policendarlehen H 10.5
Leergut, Anlagevermögen H 6.1
Leerstehendes Gebäude, Werbungskosten R 21.2 (3)
Lehrtätigkeit, Art der Einkünfte H 18.1
Leibrente
Begriff H 22.3, R 22.4 (7)
Betriebsveräußerung gegen L. R 16 (11)
Einnahmenüberschussrechnung R 4.5 (4)
freiberufliche Tätigkeit H 18.2
Krankengeld R 32b (4)
mehrjährige Bezüge R 34.4 (1)
Patentveräußerung H 18.1
Progressionsvorbehalt H 32b
Veräußerung einer Beteiligung gegen L. R 17 (7)
wiederkehrende Leistungen R 22.3, H 22.3, R 22.4
Leihe, Betriebsaufspaltung H 15.7 (5)
Leistungen
Altersvorsorgevertrag H 22.10
Einkünfte aus L. R 22.8, H 22.8
Kinder H 65
Leistungs-AfA R 7.4 (5)
Leistungsanwärter, Unterstützungskasse R 4d (5)
Leistungsempfänger, Unterstützungskasse R 4d (3)
Leistungsentnahme, Begriff R 4.3 (4), H 4.3 (2–4)
Leitende Tätigkeit, Ausübung eines freien Berufs H 15.6
Leitungsanlagen, selbständige Wirtschaftsgüter H 4.2 (1)
Liebhaberei
Betriebsaufgabe H 16 (2)
Gewinnerzielungsabsicht H 15.3
Land- und Forstwirtschaft H 13.5, H 13a.2
Übersicht H 2
Lieferung, AfA R 7.4 (1), H 7.4
Lifo-Methode
Allgemeines R 6.9
Inventur R 5.3 (2)
Lineare Absetzung für Abnutzung H 7.2, R 7.4 (4)
Liquiditätsreserve, Betriebsvermögen H 4.2 (1)
Listenpreis, private Kfz-Nutzung H 12.4
Lizenzgebühren, Steuerabzug bei beschränkter Steuerpflicht R 50a.1

Lohn- und Gehaltssumme, Zuwendungen an Unterstützungskassen R 4 d (12, 15)
Lohnersatzleistungen, Progressionsvorbehalt R 32 b
Losveranstaltungen, Betriebseinnahmen und -ausgaben H 4.7
Lotse, Betriebsstätte R 4.12 (1)
Luftfahrzeuge
Betriebsausgaben R 4.10 (12)
inländische Einkünfte R 49.1 (2), H 49.1
Vermietung R 15.7 (3), H 15.7 (3)

Mängel, Buchführung R 5.2 (2)
Mangelfall, Kinderberücksichtigung H 32.3
Manöverschäden, vorzeitige Holznutzungen R 34 b.2 (5)
Maschinell erstellte Zuwendungsbestätigung R 10 b.1 (4)
Maschineneinsatz außerhalb Betrieb R 15.5 (9)
Maßgeblichkeit, Handelsbilanz H 5.1, R 6 a (1)
Materialgemeinkosten, Herstellungskosten R 6.3 (1, 2)
Medienberufe, Einkünfte H 15.6
Mehraufwendungen
bei doppelter Haushaltsführung, Betriebsausgaben R 4.12 (3)
für Verpflegung, Sonderausgaben H 10.9
Mehrbedarf, Behinderung H 33 a.1
Mehrbestände, Lifo-Methode R 6.9 (4)
Mehrentschädigung, Gewinnübertragung auf Ersatzwirtschaftsgut H 6.6 (3)
Mehrere Baulichkeiten, Betriebsvermögen H 4.2 (4)
Mehrere Beschäftigungsverhältnisse, Kürzung des Vorwegabzugs H 10.11
Mehrere Betriebe
außerordentliche Holznutzungen R 34 b.1 (4)
Betriebsvermögen R 4.2 (1), H 4.2 (4)
gewerbliche Tierzucht und Tierhaltung R 15.10
Wirtschaftsjahr R 4 a (1)
Mehrere Dienstverhältnisse, Veranlagung R 46.1
Mehrere Pauschbeträge, außergewöhnliche Belastungen R 33 b (1)
Mehrere Unterstützungskassen, Zuwendungen H 4 d (14)
Mehrere Verträge mit Angehörigen H 4.8
Mehrerlöse, Abschöpfung R 4.13 (1–3)
Mehrjährige Tätigkeit, Vergütung R 34.4
Mehrstöckige Personengesellschaft H 15.6, R 15.8 (2), R 16 (13), R 34.5 (2)
Meldedatenabgleich, Kindergeld H 69
Mengennachweis, Holznutzungen R 34 b.6 (5)
Metallindustrie, Rückstellungen H 5.7 (1)
Mieter, Zuschuss H 6.5, R 21.5 (3)
Mietereinbauten
AfA R 7.1 (6), H 7.1, R 7.4 (3)
Aktivierung H 5.5
Wirtschaftsgut R 4.2 (3–5)
Mieterzuschuss
Anlagegut H 6.5
Privatgebäude R 21.5 (3)
Mietverhältnis mit Angehörigen H 4.8, R 21.4
Mietwohnneubauten
degressive AfA R 7.2
Nutzungsdauer R 7.4 (3)
Mietzahlungen, außergewöhnliche Belastungen H 33.1–33.4
Mietzinsen, Durchschnittssatzgewinn R 13 a.2 (4), H 13 a.2
Mikrofilm-Buchführung H 5.2
Milchlieferrecht, Durchschnittssatzgewinn R 13 a.2 (3)
Minderbestände, Lifo-Methode R 6.9 (4)
Minderung
Anschaffungs- oder Herstellungskosten R 7 a (4)
Steuern vom Einkommen als Gewinnerzielungsabsicht H 15.3
Mindestalter, Pensionszusage R 6 a (10)
Mindestpensionsalter, Pensionsrückstellung H 6 a (8)
Mindestvertragsdauer
Lebensversicherungen H 10.5
Rückdeckungsversicherungen R 4 d (8)
Missbrauch
Beteiligung H 17 (2, 7)
Erfindung R 18.1 (2)

Gewinnverteilung H 15.8 (3), H 15.9 (3)
Grundstückshandel H 15.7 (1)
Steuerabzug bei beschränkter Steuerpflicht H 50 d
Umstellung des Wirtschaftsjahrs H 4 a
Vermietung H 21.4
Miteigentümer
Betriebsvermögen H 4.2 (1), R 4.2 (7–10)
Bodengewinnbesteuerung H 55
erhöhte Absetzungen, Allgemeines H 7 a
erhöhte Absetzungen, Sanierungs- und Entwicklungsmaßnahmen R 7 h (1)
Mieteinkünfte H 21.2, R 21.6
Sonderabschreibungen H 7 a
unterschiedliche Gebäudenutzung H 4.2 (4)
Mitgliedsbeitrag
Sonderausgabe R 10 b.1 (1–3)
Steuerabzugsbetrag H 34 g
Mithilfe anderer Personen bei freiberuflicher Tätigkeit H 15.6
Mitteilung
Altersvorsorge H 22.10
Angaben zu Kindern R 31 (4)
Bestechungs- und Schmiergelder H 4.14
Bilanzberichtigung R 4.4 (1)
Kalamitätsschäden R 34 b.6 (6)
Kindergeld H 68
Rentenbezüge H 22 a
Wegfall der Durchschnittssatzgewinnermittlung R 13 a.1, H 13 a.1
Mittelbare Beteiligung
Betriebsaufspaltung H 15.7 (6)
Kapitalgesellschaft H 17 (2)
Mittelbare Grundstücksschenkung, Reinvestitionsvergünstigung H 6 b.2
Mitunternehmer
Begriff R 15.8
Beteiligung H 17 (2)
Einnahmenüberschussrechnung H 4.5 (1), R 4.5 (6)
Freibetrag bei Veräußerung oder Aufgabe des Mitunternehmeranteils R 16 (13)
Gewinnzurechnung H 15.8 (3)
Grundstücke und Grundstücksteile R 4.2 (11, 12)
nachträgliche Einkünfte R 24.2, H 24.2
Nebenbetrieb H 15.5
Reinvestitionsvergünstigung R 6 b.2 (6, 7, 12), H 6 b.2
Sonderbetriebsvermögen R 4.2 (2, 12), H 4.2 (2)
Spendenabzug R 10 b.3 (1)
Steuerermäßigung bei Veräußerung oder Aufgabe des Mitunternehmeranteils R 34.5 (2)
unentgeltliche Übertragung eines Mitunternehmeranteils H 6.14, H 15 a, H 16 (6)
Veräußerung oder Aufgabe des Mitunternehmeranteils R 4 a (5), R 6 b.2 (10), H 16 (3, 9), H 18.3
Wahlrechte H 4.4
s. a. Atypischer stiller Gesellschafter
Mitunternehmerinitiative H 15.8 (1)
Mitunternehmerische Betriebsaufspaltung H 15.7 (4)
Mitunternehmerrisiko H 15.8 (1)
Mitunternehmerschaft *s. Personengesellschaft*
Mobilfunk
Betriebseinnahmen H 4.7
Rechnungsabgrenzung H 5.6
Möbliertes Zimmer, Art der Mieteinkünfte H 15.7 (2)
Modernisierungsmaßnahmen
AfA H 7.4
erhöhte Absetzungen R 7 h
Motorboot, Fahrten Wohnung/Betriebsstätte H 4.12
Muster, Bescheinigung für Kapitalertragsteuer H 45 a
Musterhäuser
AfA H 7.4
Anlagevermögen H 6.1
Nachbetreuungsleistungen Rückstellung H 5.7 (5, 8), H 6.11
Nachhaltigkeit
Allgemeines H 15.2
Erfinder H 18.1
Nachholung
Absetzungen für Abnutzung H 4.5 (3), H 7.4
Absetzungen für Substanzverringerung R 7.5, H 7.5
Abzug ausländischer Steuern R 34 c (4)
erhöhte Absetzungen für Sanierungs- und Entwicklungsmaßnahmen R 7 h (3)
Instandhaltungsmaßnahmen, Rückstellung R 5.7 (11)

Rücklage für Ersatzbeschaffung R 6.6 (4)
Sofortabschreibung für geringwertiges Wirtschaftsgut H 6.13
Nachholverbot, Pensionsrückstellungen R 6 a (11), H 6 a (20)
Nachlaufende Studiengebühren, Sonderausgaben R 10.9 (2)
Nachsteuer
Lebensversicherungsvertrag R 10.6
s. a. Nachversteuerung
Nachträgliche Anschaffungskosten
AfA H 7.3, R 7.4 (9), H 7.4
Beteiligung H 17 (5)
erhöhte Absetzungen R 7 a (3), H 7 a
geringwertiges Wirtschaftsgut R 6.13 (4)
Reinvestitionsvergünstigung R 6 b.2 (1)
Sammelposten R 6.13 (5)
Sonderabschreibungen R 7 a (3)
Nachträgliche Ausgaben H 24.2
Nachträgliche Betriebsausgaben, Einnahmenüberschussrechnung H 4.5 (6)
Nachträgliche Einkünfte
Allgemeines R 24.2
ausländische Einkünfte H 34 d
Betriebsveräußerung gegen wiederkehrende Leistungen R 16 (11)
Freibetrag für Land- und Forstwirte R 13.1
Nachträgliche Einnahmen H 24.2
Nachträgliche Herstellungskosten
AfA R 7.3 (5), H 7.3, R 7.4 (9), H 7.4
erhöhte Absetzungen R 7 a (3)
geringwertiges Wirtschaftsgut R 6.13 (4)
Reinvestitionsvergünstigung R 6 b.2 (1), R 6 b.3 (3)
Sammelposten R 6.13 (5)
Sonderabschreibungen R 7 a (3)
Nachträgliche Werbungskosten H 21.2
Nachträgliche Zuschüsse
Abzug von Anschaffungs- oder Herstellungskosten R 7.3 (4)
Anlagevermögen R 6.5 (3)
Privatgebäude R 21.5 (1)
Nachversteuerung
ausländische Einkünfte R 2 a (4), H 2 a
Lebensversicherungsvertrag R 10.6
negatives Kapitalkonto H 15.8 (1), R 15 a (5)
Nachweis
Anschaffungskosten, Kapitalvermögen H 17 (5)
arbeitssuchende Kinder H 32.4
Ausbildungsplatzmangel R 32.7 (1, 2)
außergewöhnliche Belastung R 33.4 (1, 2, 5), H 33.1–33.4
Behinderung H 4.12, H 32.9, R 33 b (9), H 33 b
Berufsausbildung H 15.6
Berufsunfähigkeit R 16 (14), R 34.5 (3)
Bewirtungskosten R 4.10 (8, 9), H 4.10 (5–9)
Entnahme H 4.3 (2–4)
freiwilliges ökologisches Jahr R 32.8
gewillkürtes Betriebsvermögen H 4.2 (9)
Holznutzungen R 34 b.6 (5)
Kapitalertragsteuererstattung R 44 b.2 (1), R 45 b (2)
Kongressteilnahme H 12.2, H 12.3
Nichtbeschäftigung R 46.2 (4)
Pflegebedürftigkeit R 33.3 (1), H 33 b
Progressionsvorbehalt R 32 b (5)
Rückdeckungsversicherung bei Unterstützungskassen R 4 d (10)
Spenden R 10 b.1 (2–5), R 10 b.2
steuerfreie Einnahmen, Stipendien R 3.44
Teilwert R 6.7
Nachzahlung
Kindergeld H 68
Renten H 22.3
Näherungsverfahren, Berücksichtigung von gesetzlichen Renten bei betrieblicher Altersversorgung H 4 d (4), H 6 a (14)
Nahestehende Person, Steuersatz für Kapitaleinkünfte R 32 d (2)
Nato-Bedienstete, Ruhegehalt H 22.4
Nebenberufliche Tätigkeit, steuerfreie Einnahmen R 3.26 a (1)
Nebenbetrieb
Gewerbebetrieb H 15.10
Land- und Forstwirtschaft R 15.5 (3), H 15.5
Nebengeschäfte, Abgrenzung Gewerbebetrieb/Land- und Forstwirtschaft H 15.5
Nebenkosten, Anschaffungskosten H 6.2
Nebenleistungen, Steuern H 12.4
Nebenräume, degressive AfA R 7.2 (2)
Nebentätigkeit H 15.1, H 18.1

Negative ausländische Einkünfte
Allgemeines R 2 a
ausländische Steuer R 34 c (2, 3)
Negatives Kapitalkonto
beschränkte Haftung H 15.8 (1)
Gewinnerzielungsabsicht H 15.3
nachträgliche Auflösung H 4.4
teilentgeltliche Veräußerung H 16 (7)
Übernahme H 15 a
Übertragung des Mitunternehmeranteils H 16 (4)
Negativer Progressionsvorbehalt R 32 b (3), H 34.2
Negativer Unterschiedsbetrag, Entfernungspauschale R 4.12 (1)
Neue Anlagegüter, Reinvestitionsvergünstigung R 6 b.3 (3)
Neue Gebäude
degressive AfA H 7.3, R 7.4 (9), H 7.4
erhöhte Absetzungen, Baudenkmale H 7 i
erhöhte Absetzungen, Sanierungs- und Entwicklungsmaßnahmen H 7 h
Neugründung, Betrieb, Durchschnittssatzgewinnermittlung H 13 a.1
Neuzusagen, Pensionsverpflichtung H 6 a (1)
Nichtabnutzbares Anlagevermögen
Begriff R 6.1 (1)
Einnahmenüberschussrechnung R 4.5 (3)
Teilwert H 6.7
Nichtabziehbare Betriebsausgaben
Allgemeines R 4.10 (1)
Vorsteuerbeträge R 9 b (3)
Nichtabziehbare Steuern H 12.4
Nichtausschüttung, Gewinn, Anschaffungskosten H 17 (5)
Nichtausübung, Tätigkeit, Entschädigung H 24.1
Nichtbeschäftigung, Nachweis R 46.2 (4)
Nichteheliches Kind
Freibeträge für Kinder R 32.12
Unterhaltsanspruch der Mutter H 33 a.1
Nichteheliche Lebensgemeinschaft
Anerkennung von Verträgen H 4.8, R 21.4
s. a. Eingetragene Lebenspartnerschaft
Nichtentnommener Gewinn H 34 a
Nichtlebenslänglich laufende Leistungen, Unterstützungskassen R 4 d (11)
Nichtselbständige Arbeit, Vergütung für mehrjährige Tätigkeit R 34.4 (2), H 34.4
Nichtveranlagungsbescheinigung R 44 b.2 (2)
Niedrigerer Teilwert
Beteiligung H 2 a
Feldinventar und stehende Ernte R 14 (2)
Grund und Boden H 55
Lifo-Methode R 6.9 (6)
Teilwertvermutung R 6.7
Vorratsvermögen R 6.8 (1), R 6.9 (6)
Nießbrauch
Ablösung H 10.3
Beteiligung H 17 (5)
Betriebsvermögen H 4.3 (2–4), H 4.7, H 16 (6)
Einlage H 4.3 (1)
Entnahme H 4.3 (2–4)
Grundstück H 21.2
Mitunternehmer H 15.8 (1)
Übernahme einer Nießbrauchslast H 16 (10)
Notwendiges Betriebsvermögen
Begriff R 4.2 (1, 2)
Betriebsaufspaltung H 15.7 (4)
Grundstücke und Grundstücksteile R 4.2 (7–12)
Notwendiges Privatvermögen
Begriff R 4.2 (1)
Entnahme R 4.3 (3)
Grundstücke oder Grundstücksteile R 4.2 (9–12)
Novation, Zufluss bzw. Abfluss H 11
Nullbescheinigung, ausländische Steuerbehörde H 1 a
Nur-Pension, Rückstellung H 6 a (1)
Nutzfläche
Gebäude R 4.2 (6)
Grundstück R 4.2 (8)
Nutzgarten, Wohngebäude R 21.1 (3)
Nutzungsänderung
AfA R 7.3 (6), R 7.4 (10), H 7.4
Durchschnittssatzgewinn R 13 a.2 (3)
Entnahme H 4.2 (4), R 4.3 (3), H 4.3 (2–4)
gewillkürtes Betriebsvermögen R 4.2 (16)
Nutzungsbefugnisse, Bodengewinnbesteuerung R 55
Nutzungsdauer
AfA R 7.4 (3)

Gartenanlage R 21.1 (3)
Gebäude H 7.4
Kinderspielplatz R 6.4 (2)
Nutzungsentnahme
Begriff R 4.3 (4), H 4.3 (2–4)
Bewertung H 6.12
Entnahmegewinn H 4.3 (2–4)
Entstrickung R 4.3 (2)
Privatnutzung R 4.7 (1)
Nutzungsrecht
AfA H 7.1
Baumaßnahmen H 4.2 (7)
Belastung eines Grundstücks H 4.3 (2–4)
Betriebsvermögen H 4.2 (1), H 4.7
Einlage H 4.3 (1)
Herstellungskosten H 6.4
Wohnrecht H 7.3, H 22.3, H 22.8, H 24.1
Nutzungssatz, Forstwirtschaft R 34 b.4 (4), R 34 b.6 (4)
Nutzungsüberlassung
Betriebsvermögen H 4.2 (1)
Einlage H 4.3 (1)
Land- und Forstwirtschaft R 13 a.2 (3, 4), H 13.4
Nutzungsuntersagung, außergewöhnliche AfA H 7.4
Nutzungsvergütung
beschränkte Steuerpflicht R 49.3 (2), R 50 a.1
öffentliche Zwecke R 34.3 (2), H 34.3
Nutzungsvorteil H 4.2 (1), H 4.3 (1)
Nutzungswert, Wohnung des Land- und Forstwirts H 13.5
Nutzungswertbesteuerung, Wohnung des Land- und Forstwirts R 13.5 (3), H 13.5, R 13 a.2 (6)
Nutzungszusammenhang, Anlagegüter R 6.13 (1)

Obhuts- und Pflegeverhältnis, Kind H 32.2
Obligatorischer Vertrag, Rechtswirksamkeit R 7.2 (5), H 7.2
Offene Handelsgesellschaft *s. Personengesellschaft*
Offene-Posten-Buchhaltung R 5.2 (1), H 5.2
Öffentlich Private Partnerschaft, Rechnungsabgrenzung H 5.6
Öffentliche Kassen, Bezüge von mehreren ö. K. R 46.1
Öffentliche Stiftung, steuerfreie Einnahmen H 3.11
Öffentlicher Dienst, Kindergeld H 72
Öffentlicher Zuschuss, Privatgebäude R 21.5 (1)
Öffentlich-rechtliche Verpflichtung, Rückstellung R 5.7 (4), H 5.7 (4)
Öffnungsklausel, sonstige Einkünfte H 22.3
Opfergrenze, Unterhaltsleistungen H 33 a.1
Optionsgeschäft
Art der Einkünfte H 15.7 (9)
Beteiligung H 17 (4)
Betriebsvermögen H 4.2 (1)
Passivierung H 4.2 (15)
Optionsrecht, Beteiligung H 17 (2, 7)
Ordnungsgelder, Betriebsausgaben R 4.13 (1, 4)
Ordnungsmäßige Buchführung
Allgemeines R 4.1 (5), R 5.2
Inventur R 5.3 (4)
Lifo-Methode R 6.9 (2), H 6.9
Organschaft
Mitunternehmerschaft H 15.8 (1)
Spenden H 10 b.3
Teilbetriebsveräußerung H 16 (9)
Verlustrücktrag R 10 d (2)

Pächter, Durchschnittssatzgewinn R 13 a.2 (1, 4)
Pachtverhältnis mit Angehörigen H 4.8, R 21.4, H 21.4
Pachtzinsen
Durchschnittssatzgewinn R 13 a.2 (4, 6)
Einkünfte H 11
Parteispenden, Sonderausgaben R 10 b.2
Partenreederei, Einkünfte R 15.8 (5)
Partnerschaftsgesellschaft, Mitunternehmerschaft H 15.8 (1)
Parzellenweise Verpachtung H 16 (5)
Parzellierung, Grund und Boden R 6.1
Passive Rechnungsabgrenzung *s. Rechnungsabgrenzung*
Passivierung
Einnahmen R 5.6 (1)
Pensionsverpflichtungen R 6 a (1)

Verbindlichkeiten H 4.2 (15)
Zuwendungen an Pensionskassen R 4 c (5)
Patentrecht
beschränkte Steuerpflicht R 50 a.1
immaterielles Anlagegut H 5.5
inländische Einkünfte R 49.2
Rückstellung R 5.7 (10)
Veräußerung H 18.1
Patronatserklärung, Rückstellung H 5.7 (6)
Pauschal besteuerte Einkünfte
ausländische Einkünfte R 34 c (3)
Bezüge R 33 a.1 (3)
Pauschale Gewinnermittlung, Land- und Forstwirt R 13 a.1, R 13 a.2
Pauschalierung
Betriebsausgaben bei Holznutzung R 34 b.1 (2), R 34 b.3 (3)
Einkommensteuer auf ausländische Einkünfte R 34 c (3)
Steuer auf ausländische Einkünfte H 34 c (6)
Pauschalrückstellung, Gewährleistungen H 5.7 (5)
Pauschbeträge
Ausgaben bei Bezügen R 33 a.1 (3)
behinderte Menschen R 33 b
Hinterbliebene R 33 b
Pflegepersonen R 33 b
Werbungskosten R 9 a, R 21.5 (3)
Pauschsatz, Betriebsausgaben bei Holzeinschlägen H 13.5, R 34 b.1 (2)
Pension, Fremdenpension H 15.7 (2)
Pensionsalter, Pensionsrückstellung R 6 a (11), H 6 a (12)
Pensionsfonds, Begriff H 4 e
Pensionskassen, Betriebsausgaben R 4 c
Pensionsrückstellung
Allgemeines R 6 a
Rechnungsgrundlagen H 6 a (10)
Pensionstierhaltung, Durchschnittssatzgewinn H 13 a.2
Pensionszusage, Personengesellschaft H 15.8 (3)
Perioden-Lifo R 6.9 (4)
Permanente Inventur R 5.3 (3), H 5.3
Permanente Lifo-Methode R 6.9 (4)
Personal Computer, abziehbare Ausgaben H 12.1
Personelle Verflechtung, Betriebsaufspaltung H 15.7 (6)
Personengesellschaft
AfA H 7.2
Anteilserwerb H 6.2, H 6.12, R 15 a (5)
Arbeitsverhältnis mit Ehegatten des Gesellschafters R 4.8 (2), H 4.8
Art der Einkünfte H 5.1, H 15.6
ausländische P. R 4.1 (4), H 15.8 (3)
ausländische Verluste H 2 a
Beteiligung H 17 (2)
Betriebsaufgabe H 4.2 (15)
Betriebsaufspaltung H 15.7 (4)
Betriebsveräußerung H 16 (1)
Betriebsvermögen R 4.2 (2)
Betriebsvermögensvergleich R 4.1 (3)
Bilanzänderung R 4.4 (2), H 4.4
Bilanzberichtigung H 4.4
Buchführungspflicht H 5.1
Einbringung H 4.3 (1), H 7.3, H 16 (9), R 18.3 (2), H 18.3
Entnahme H 4.3 (2–4)
erhöhte Absetzungen H 7 a
Familiengesellschaft R 15.9
Freibetrag bei Betriebsveräußerung oder Betriebsaufgabe R 16 (13)
Freibetrag bei Land- und Forstwirten R 13.1
gewerblich geprägte P. R 15.8 (6)
gewerbliche Tierzucht und Tierhaltung H 15.10
Gewinnerzielungsabsicht H 15.3, H 15.8 (5)
Grundstücke und Grundstücksteile R 4.2 (11, 12)
Land- und Forstwirtschaft H 13.4, R 15.5 (1)
Lebensversicherung H 4.2 (1)
Mitunternehmer R 15.8
nachträgliche Einkünfte R 24.2
Nutzungsrecht H 4.2 (1)
Pensionszusage H 6 a (1), H 16 (9)
Progressionsvorbehalt H 32 b
Reinvestitionsvergünstigung R 6 b.2 (6–9)
Schuldzinsenabzug H 4.7
Sonderabschreibungen H 7 a
Sondertätigkeit des Gesellschafters H 15.8 (5)
Spendenabzug R 10 b.3 (1)
Teilbetrieb H 16 (3)
Tierzucht und Tierhaltung R 13.2 (4)

Tonnagebesteuerung H 5 a
Umwandlung R 15 a (6)
Veräußerung oder Aufgabe des Mitunternehmeranteils H 4.5 (6), H 15.8 (3)
Veräußerungsgeschäft zwischen Gesellschaft und Gesellschafter H 6 b.1
Veräußerungsgewinn H 16 (9)
Verluste bei beschränkter Haftung R 15 a
Verlustrücktrag R 10 d (2)
Verpachtung H 16 (5)
Wirtschaftsjahr H 4 a
Zwischenbilanz H 5.2
Personenkonten, Kreditgeschäfte R 5.2 (1)
Personenkraftwagen
behindertengerechte Umrüstung R 33.4 (4)
Betriebsausgaben R 4.10 (12)
Diebstahl bei Privatfahrt H 4.3 (2–4)
Fahrten Wohnung/Betriebsstätte R 4.12
privates Veräußerungsgeschäft H 23
Privatnutzung H 4.3 (2–4)
Zerstörung auf Privatfahrt R 4.7 (1)
Personensteuern, nichtabzugsfähige Ausgaben H 12.4
Personenübersichten, Kreditgeschäfte H 5.2
Persönlich haftender Gesellschafter, Kommanditgesellschaft auf Aktien, Einkünfte H 15.8 (4)
Pfandrückstellungen H 5.7 (3, 5)
Pfändung
Erstattungsanspruch H 46.2
Kindergeld H 76
Pferdehaltung, Art der Einkünfte H 13.2, H 15.5
Pflanzen, Reinvestitionsvergünstigung H 6 b.1
Pflanzenanlage, Bewertung H 13.3
Pflege von Menschen
außergewöhnliche Belastungen R 33.3 (2), H 33.1–33.4
Einkünfte H 15.6
Pflegeaufwendungen, außergewöhnliche Belastungen R 33.3 (2), H 33.1–33.4
Pflegebedürftigkeit
außergewöhnliche Belastungen R 33.3
Kinder R 32.2 (3)
Pflegeerlaubnis, Kinderberücksichtigung H 32.2
Pflegegeld
sonstige Einkünfte H 22.8
steuerfreie Einnahmen H 3.11
Pflegekind, Begriff R 32.2, H 32.2
Pflegepauschbetrag R 33 b (4–6), H 33 b
Pflegeversicherung
Beiträge H 10.5
Bezüge für Unterhaltsfreibetrag R 33 a.1 (3)
unterhaltene Person R 33 a.1 (5)
Zuschuss zu Beiträgen H 3.14
Pflegezimmer, Gebäude-AfA H 7.2
Pflichtteilsanspruch, Verzicht gegen wiederkehrende Leistungen H 20.2
Pflichtversicherte, Kürzung des Höchstbetrags für Vorsorgeaufwendungen H 10.11
Policendarlehen
Direktversicherung H 4 b
Lebensversicherungsbeiträge H 10.5
Politische Parteien *s. Parteispenden*
Pool-Abkommen, inländische Einkünfte R 49.1 (2)
PPP *s. Öffentlich Private Partnerschaft*
Praktikum, Kinderberücksichtigung H 32.5
Prämien
Land- und Forstwirtschaft H 13.3
Stilllegungsprämien R 13 a.2 (4)
Verbesserungsvorschläge H 34.4
Praxisausfallversicherung, Betriebsausgaben H 4.7
Praxisgebühr
Betriebseinnahmen H 4.5 (2)
Sonderausgaben H 10.4
Praxisgemeinschaft, Mitunternehmerschaft H 15.8 (1)
Praxisveräußerung, Veräußerungsgewinn R 18.3
Praxiswert
Allgemeines H 6.1
AfA R 4.5 (3), H 7.1, H 7.4
Anlagevermögen H 5.5
Preisgelder, Einnahmen H 2, H 22.8
Preisnachlass, Anschaffungskosten H 6.2
Private Equity-Fonds H 15.7 (1)
Privatgebäude, Zuschuss R 21.5
Privatnutzung
Aufwendungen R 4.7 (1)
Entnahmegewinn H 4.3 (2–4)

geringwertiges Anlagegut H 6.13
Kfz H 6.12
Veräußerungsgewinn H 4.7
Privatschule, Schulgeld R 33.4 (2), H 33.1–33.4
Privatvermögen, Begriff R 4.2 (1, 7)
Produkt-/Warenverkostungen, Bewirtung R 4.10 (5)
Progressionsvorbehalt
Allgemeines R 32b
Härteausgleich H 46.3
negative Einkünfte aus dem Ausland H 2a
Steuersatzeinkommen H 32b
Umrechnung des Gewinns H 4.1
Veranlagung R 46.2 (3)
Promotionskosten, Kinderberücksichtigung H 32.5
Provisionen
Betriebseinnahmen H 4.7
Rechnungsabgrenzung H 5.6
Rückstellung H 5.7 (3)
sonstige Einkünfte H 22.8
Zufluss H 11
Prozesskosten
außergewöhnliche Belastung H 33.1–33.4
Betriebsausgaben H 4.7
Erbfall H 12.1
Herstellungskosten H 6.4
Rückstellung H 5.7 (5)
Prüfungstätigkeit, Art der Einkünfte H 18.1

Quotentreuhand, Beteiligung H 17 (2)

Rabatt, Anschaffungskosten H 6.2
Rangrücktritt, Passivierung H 4.2 (15)
Ratenkauf, Anschaffungskosten R 6.2
Ratierliche Rückstellungsbildung R 6.11 (2)
Realsplitting
außergewöhnliche Belastung H 10.2
Sonderausgaben R 10.2
Realteilung
Allgemeines H 6.14, H 16 (2)
Reinvestitionsvergünstigung R 6b.2 (9)
Rechnungsabgrenzung
Allgemeines R 5.6
Geldbeschaffungskosten H 6.10
Rechnungslegung *s. Buchführung*
Rechnungszinsfuß, Betriebsveräußerung gegen wiederkehrende Leistungen R 16 (11)
Rechte
Reinvestitionsvergünstigung H 6b.1
Überlassung H 50a.1
Wirtschaftsgüter R 5.5
Rechtliche Pflicht, außergewöhnliche Belastungen H 33.1–33.4
Rechts- und wirtschaftsberatende Berufe, Einkünfte H 15.6
Rechtsanwalt
Bewirtungskosten H 4.10 (5–9)
Einkünfte H 15.6
Gewinnerzielungsabsicht H 15.3
Rechtsformwechsel *s. Einbringung; Umwandlung*
Rechtsnachfolge
Kranken- und Unfallversicherung H 3.1
nachträgliche Einkünfte R 24.2, H 24.2
Rechtsnachteile, Abzugsfähigkeit R 12.3
Rechtsschutzversicherung, Beiträge H 10.5
Rechtsverbindliche Verpflichtung, Pensionszusage R 6a (2)
Rechtsverhältnisse mit Angehörigen R 4.8, H 13.4
Reederei, Einkünfte R 15.8 (5)
Regelmäßig wiederkehrende Einnahmen und Ausgaben H 11
Reinvestitionsvergünstigung
Allgemeines R 6b.1, R 6b.2, R 6c
ermäßigter Steuersatz R 6b.2 (10)
Reisekosten
außergewöhnliche Belastungen H 33.1–33.4
Betriebsausgaben H 4.10 (12), R 4.12 (2)
Kapitaleinkünfte R 20.1 (2)
Reisevertreter, Selbständigkeit H 15.1
Rekultivierung, Rückstellung R 6.11 (2)
Renovierungskosten, Anschaffungskosten H 6.4
Rente
Abfindung H 22.1
Bewertung H 6.10
Bezüge R 33a.1 (3)
mehrjährige Bezüge R 34.4 (1)
nachträgliche Einkünfte H 24.2
Progressionsvorbehalt H 32b

Rentenbezugsmitteilungen H 22 a
Veräußerungsrente R 16 (11)
Versorgungsrente H 24.2
Rentenbezugsmitteilungen H 22 a
Rentenverpflichtung
Anschaffungskosten R 6.2
Betriebsvermögen H 4.2 (15)
Bewertung H 6.10
Rentenversicherung
sonstige Einkünfte H 22.3, H 22.4
Zuschüsse zur Krankenversicherung H 3.14
Reparationsschäden, steuerfreie Leistungen H 3.7
Reparaturen, Entschädigung bei der Gewinnermittlung R 6.6 (7)
Repräsentationsaufwendungen, Betriebsausgaben H 4.10 (12)
Reservepolster, Unterstützungskasse R 4 d (4)
Restnutzungsdauer R 7.4 (9), H 7.4
Restwertabsetzung
Einnahmenüberschussrechnung R 4.5 (3)
Sonderabschreibungen R 7 a (9, 10)
Retrograde Berechnung
Anschaffungskosten H 6.2
Teilwert H 6.7, H 6.8
Reugeld H 22.8
Richtigstellung, Bilanzansatz H 4.4
Richtsätze
Gewinnschätzung H 13.5
s. a. Schätzung
Richttafeln, Pensionsrückstellung H 6 a (10)
Rohgewinnaufschlag, Teilwertermittlung R 6.8 (2)
Rohstoff
Land- und Forstwirtschaft R 15.5 (5)
Umlaufvermögen H 6.1
Rotfäule, Kalamitätsnutzungen H 34 b.2
Rückabwicklung
privates Veräußerungsgeschäft H 23
Rückstellung H 5.7 (1)
Rückbeziehung, Anschaffungskosten H 17 (5)
Rückdeckungsversicherung
Pensionszusage H 6 a (9), R 6 a (23), H 6 a (23)
Unterstützungskassen R 4 d (6–10)
Rückforderung
Kindergeld H 68
Schenkung H 21.2
Zuschüsse R 7 a (4), R 21.5 (1)
s. a. Rückzahlung
Rückgängigmachung
Anschaffung H 7.4
Gewinnausschüttung H 20.2
Rückgedeckte Unterstützungskasse R 4 d (6–10)
Rückgriffsanspruch, Bewertung einer Rückstellung H 6.11
Rückkaufsrecht, Beteiligung H 17 (7)
Rückkehr, Durchschnittssatzgewinnermittlung R 13 a.1 (3)
Rücklage
Bewertung von Rückstellungen R 6.11 (3)
Ersatzbeschaffung R 6.6 (4, 7)
Forstwirtschaft R 34 b.8
Veräußerung bestimmter Anlagegüter R 6 b.2 (2–4)
Zuschuss für Anlagegut R 6.5 (4)
Rücknahme, Verwaltungsakt H 7 h
Rückstellung
Allgemeines R 5.7
Beitrittsgebiet H 6.11
Betriebsveräußerung H 16 (1)
Bewertung R 6.11
drohende Verluste H 4.2 (15)
Gewerbesteuer R 5.7 (1)
Höchstansatz R 6.11 (3)
Pensionszusage H 4.8, R 6 a
Verletzung von Schutzrechten R 5.7 (10)
Verrechnungsverpflichtung H 5.7 (8)
Zuwendungen an Pensionskassen R 4 c (5)
Rücktrag, Verlust R 10 d (2)
Rücktrittsrecht, Gewinnrealisierung H 4.2 (1)
Rückübertragung
Beteiligung H 17 (4)
privates Veräußerungsgeschäft H 23
Rückverkaufsoption
immaterielles Anlagegut H 5.5
Passivierung H 4.2 (15)
Rückverpachtung, Betrieb H 14
Rückwirkender Wegfall, Entgelt-, Lohn- oder Einkommensersatzleistungen R 32 b (4)
Rückwirkung, Verträge mit Angehörigen H 4.8

Rückzahlung
Abfindung H 34.3
Dividenden H 17 (5), H 20.2, H 44 b.1
Einnahmen H 22.8, H 34.3
Entgelt-, Lohn- oder Einkommensersatzleistungen R 32 b (3)
Kapital, Beteiligung H 17 (5)
Kapital, Bewertung H 6.2
Zuschüsse R 7 a (4), R 21.5 (1)
s. a. Rückforderung
Rückzahlungsverpflichtung, Rückstellung H 5.7 (3)
Rumpfwirtschaftsjahr
Durchschnittssatzgewinn R 13 a.2 (7)
Umstellung des Wirtschaftsjahrs H 4 a

Sachbezüge, Arbeitsverhältnis zwischen Eltern und Kindern R 4.8 (3)
Sacheinlage
Allgemeines H 4.3 (1)
Beteiligung R 17 (2)
Sachgüter, Veräußerungspreis H 16 (10)
Sachleistungen, Leibrente R 22.3 (1)
Sachliche Verflechtung, Betriebsaufspaltung H 15.7 (5)
Sachspenden
Sonderausgaben R 10 b.1 (1, 3), H 10 b.1
Steuerabzugsbetrag H 34 g
Sachversicherung, Beiträge H 10.5
Sachverständiger, Einkünfte H 15.6
Sachzuwendungen, Pauschalierung der Einkommensteuer H 37 b
Saldierung, Gewinne und Verluste bei beschränkter Haftung H 15 a
Sammelantrag, Kapitalertragsteuererstattung R 45 b
Sammelbuchung, Geschenke R 4.11 (2)
Sammelposten, abnutzbare Anlagegüter R 5.4 (1), R 6.13, R 9 b (2)
Sammel-Steuerbescheinigung, Kapitalertragsteuer H 44 a
Sanierungsgewinn, negatives Kapitalkonto H 15 a
Sanierungsmaßnahmen
Ausgleichsbeträge H 6.4
erhöhte Absetzungen R 7 h
selbstgenutzte Wohnung H 33.1–33.4
Sanierungssatzung, erhöhte Absetzungen R 7 h (7)
Sanierungsverpflichtung, Schadstoffbelastung H 5.7 (4)
Sanktionen, Abzugsverbot R 4.13, R 12.3
Säumniszuschläge, Abzugsfähigkeit H 12.4
Schadensbeseitigungskosten, außergewöhnliche Belastungen R 33.2
Schadensersatz
Abzugsfähigkeit H 12.3
außergewöhnliche Belastung H 33.1–33.4
Betriebsaufgabe H 16 (10)
Betriebseinnahmen R 4.7 (1), H 4.7
Einkünfte H 24.1
Entnahme H 4.3 (2–4)
Rente H 22.1
Rückstellung H 5.7 (6, 13)
Schadensmeldung, Kalamitätsnutzungen R 34 b.6 (6)
Schadstoffbelastetes Grundstück, Rückstellung und Teilwertabschreibung H 6.7
Schätzung
Antragsveranlagung H 46.2
Betriebsausgaben H 4.7
Gewinn, Betriebsvermögen R 4.2 (16)
Gewinn, Einnahmenüberschussrechnung H 4.5 (1)
Gewinn, Gewerbebetrieb R 4.1 (2), H 4.1
Gewinn, Land- und Forstwirtschaft R 13.5 (1)
Gewinn, Nutzungsänderung R 4.3 (3)
Gewinn, Reinvestitionsvergünstigung R 6 b.2 (4), R 6 c (2)
Gewinn, Richtsätze H 13.5
Gewinn, Wirtschaftsjahr R 4 a (1)
Gewinn, Zuschätzung R 5.2 (2)
Wert für Vorratsvermögen R 6.8 (3)
Scheck, Abfluss bzw. Zufluss H 11
Scheidung
außergewöhnliche Belastung H 33.1–33.4
Zuwendungen an Unterstützungskassen R 4 d (3)
Scheinbestandteil
AfA R 7.1 (4), H 7.1
Wirtschaftsgut R 4.2 (3–5)
Schema
Ermittlung der festzusetzenden Einkommensteuer R 2 (2)

Ermittlung des zu versteuernden Einkommens R 2 (1)
Schenkung
Beteiligung H 17 (2)
Gesellschaftsanteil R 15.9 (2)
Kapitaleinkünfte H 20.2
privates Veräußerungsgeschäft H 23
stille Beteiligung H 15.9 (4, 5)
Wirtschaftsgut, Einlage H 6.12
Wirtschaftsgut, Entnahme H 4.3 (2–4)
Schiedsrichter, steuerfreie Einnahmen R 3.26 a (1)
Schiffe
AfA R 7.1 (2), H 7.3
Betriebsausgaben H 4.10 (1)
inländische Einkünfte R 49.1 (2), H 49.1
Teilbetrieb H 16 (3)
unbeschränkte Steuerpflicht H 1 a
Vermietung und Verpachtung R 15.7 (3)
Schlachtwert
Berücksichtigung bei AfA H 7.4
Berücksichtigung bei Sofortabschreibung H 6.13
Schmerzensgeld, Rente H 22.1
Schmiergelder, Betriebsausgaben R 4.14
Schneeballsystem, Kapitaleinkünfte H 11, H 20.2
Schriftform, Pensionszusage R 6 a (7), H 6 a (7)
Schriftstellerische Tätigkeit
Einkünfte H 15.6
Gewinnerzielungsabsicht H 15.3
inländische Einkünfte R 49.2, H 49.2
Schulbesuch, Kinderberücksichtigung H 32.5
Schulden
Betriebsvermögen R 4.2 (15)
Bewertung H 6.10
buchmäßige Erfassung R 5.2 (1)
Tilgung, Sonderausgaben H 10.9
Schuldfreistellung, Veräußerungspreis H 16 (10)
Schuldscheindarlehen, Teilwert H 6.7
Schuldübernahme
Anschaffungskosten H 6.2
Veräußerungspreis H 16 (1, 10)
Schuldzinsen
Ausgabenabzug H 10.3
Bauherren- und Erwerbermodell H 21.2
Betriebsausgaben H 4.7, H 4.8, H 25
Durchschnittssatzgewinn R 13 a.2 (6), H 13 a.2
Erbfallschulden H 4.7
Herstellungskosten R 6.3 (5), H 6.3
nachträgliche Ausgaben H 24.2
privates Veräußerungsgeschäft H 23
Rechnungsabgrenzung H 5.6
Werbungskosten H 21.2
Zugewinnausgleichsschulden H 4.7
Zuschuss zu Sch. R 21.5 (1)
Schulgeld
außergewöhnliche Belastungen R 33.4 (2), H 33.1–33.4, H 33 b
Sonderausgaben R 10.10, H 10.10
Schwankungen, Rente R 22.3 (1)
Schwarzarbeit, Art der Einkünfte H 15.1
Schwebend unwirksame Verträge mit Angehörigen H 4.8
Schwebendes Geschäft, Rückstellung R 5.7 (7–8)
Schweiz, Schulgeld an Privatschulen in der Sch. H 10.10
Schwerbehinderte Menschen *s. Behinderte Menschen*
Schwesterpersonengesellschaften, Vermietung zwischen Sch. H 15.8 (1)
Sechsjahresfrist, Reinvestitionsvergünstigung R 6 b.3
Selbständige Arbeit
Einkünfte H 15.6
inländische Einkünfte R 49.2
Selbständigkeit R 15.1
Selbst bewirtschaftete Flächen, Durchschnittssatzgewinn R 13 a.2 (1)
Selbst genutzte Wohnung
Betriebsvermögen R 4.2 (9–11)
gemischtgenutztes Gebäude R 21.1 (5)
Land- und Forstwirtschaft H 13.5
Sanierungsmaßnahmen H 33.1–33.4
Teilvermietung R 21.2 (1)
Wirtschaftsgut R 4.2 (4)
Zuschuss R 21.5 (4)
Selbst geschaffenes immaterielles Anlagegut H 5.5
Sicherheiten, Sonderbetriebsvermögen H 4.2 (2)
Sicherungsnießbrauch, Vermietung und Verpachtung H 21.4
Sittenwidrige Betätigung, Abgrenzung der Einkunftsart H 15.4

Sittliche Pflicht, außergewöhnliche Belastungen H 33.1–33.4
Skonto, Anschaffungskosten H 6.2
Sofortabschreibung, geringwertige Wirtschaftsgüter R 6.13
Software H 5.5
Soldaten
Kinderberücksichtigung H 32.5, H 32.11
steuerfreie Einnahmen H 3.5
Versicherungsbeiträge H 10.4
Sonderabschreibungen
Allgemeines R 7 a
Bilanzänderung H 4.4
Herstellungskosten R 6.3 (4)
Miteigentum R 21.6
Sonderausgaben R 10.1
Sonderbedarf, Berufsausbildung Kind R 33 a.2
Sonderbetriebsvermögen
Aufwendungen und Erträge H 4.7
Begriff R 4.2 (2)
Betriebsaufspaltung H 15.7 (4)
Betriebsverpachtung H 16 (5)
Buchführungspflicht H 5.1
doppelstöckige Personengesellschaft R 15.8 (2)
Entnahme H 4.3 (2–4), H 16 (9)
Gewinnermittlung H 4.1
Grundstücke und Grundstücksteile R 4.2 (12)
Kapitalanteil H 4.2 (2)
Kommanditgesellschaft auf Aktien H 15.8 (4)
Reinvestitionsvergünstigung R 6 b.2 (6, 7)
Teilbetrieb H 16 (3)
Übertragung von Wirtschaftsgütern H 6.14, H 16 (4, 6)
Veräußerung oder Aufgabe des Mitunternehmeranteils H 16 (4)
Verlustverrechnung R 15 a (2, 3), H 15 a
Sonderbilanz, Wahlrechte H 4.4
Sondergewinne, Durchschnittssatzgewinnermittlung R 13 a.2 (3)
Sonderkulturen, Durchschnittssatzgewinn R 13 a.2 (1)
Sondernutzungen, Durchschnittssatzgewinn R 13 a.2 (2)
Sondertätigkeit, Vergütung für mehrjährige Tätigkeit R 34.4 (2), H 34.4
Sondervergütung, Mitunternehmer H 15.8 (2, 3)
Sonderzahlung, Vergütung für mehrjährige Tätigkeit H 34.4
Sonderzuwendungen, mitarbeitende Angehörige H 4.8
Sonstige land- und forstwirtschaftliche Nutzung, Durchschnittssatzgewinn R 13 a.2 (2)
Sonstige selbständige Arbeit, Einkünfte H 15.6
Sozialeinrichtungen
Betriebsausgaben H 4.10 (1)
Herstellungskosten R 6.3 (3)
Sozialhilfe, Bezüge für Unterhaltsfreibetrag R 33 a.1 (3)
Sozialleistungen
Arbeitnehmer, Herstellungskosten R 6.3 (3)
Zuwendungen an Unterstützungskassen R 4 d (2)
Sozialpädagogische Lebensgemeinschaft, Aufteilung der Raumnutzung H 21.2
Sozialplan, Rückstellung R 5.7 (9)
Sozialversicherung
Beiträge H 10.4, H 10.5, H 32 b
Pensionsrückstellung R 6 a (14)
Sozietät
Praxiswert H 6.1
Veräußerungsgewinn H 18.3
Sparprämien, Rückstellung H 6.11
Spenden
Empfänger R 10 b.1 (2)
Lebenshaltungskosten R 12.5
Schulgeld H 10.10
Sonderausgaben R 10 b.1, R 10 b.2
Spendenbestätigung *s. Zuwendungsbestätigung*
Sperrkonto, Zufluss H 11
Spezialagent, Selbständigkeit R 15.1 (1)
Spielplatz, Herstellungskosten R 6.4 (2)
Sponsoring, ertragsteuerliche Behandlung H 4.7
Sportliche Tätigkeit, beschränkte Steuerpflicht R 49.1 (3), H 49.1, H 50 a.2
Sprachkurs
Ausbildungsfreibetrag H 33 a.2
außergewöhnliche Belastung R 33.4 (6)
Kinderberücksichtigung H 32.5

Lebenshaltungskosten H 12.2
Sonderausgaben H 10.9
Staatsangehörigkeit, Steuerpflicht H 1 a
Staatswirtschaftliche Gründe, Holznutzung R 34 b.2 (3)
Städtebauliche Maßnahmen, erhöhte Absetzungen R 7 h
Ständiger Vertreter, inländische Einkünfte R 49.1 (1), H 49.1
Stehende Ernte, Aktivierung R 14 (2, 3)
Sterbefall
außergewöhnliche Belastung H 33.1–33.4
Sonderausgaben H 10.3
Steuerabzug
Bauleistungen H 48
beschränkte Steuerpflicht R 50 a.1
Steueranrechnung, ausländische Steuer R 34 c (3), H 34 c (3)
Steuerbefreiungen außerhalb Einkommensteuergesetz H 3.0
Steuerbegünstigte Einkünfte
Antragsveranlagung H 46.3
Umfang R 34.1
Steuerbegünstigte Zwecke
nebenberufliche Tätigkeit R 3.26 a (1)
Spenden R 10 b.1
Steuerbegünstigung, schutzwürdige Kulturgüter R 10 g
Steuerberater
Einkünfte H 15.6
Gewinnerzielungsabsicht H 15.3
Praxisveräußerung H 18.3
Steuerberatungskosten, Zuordnung H 4.7, H 12.1, H 12.2
Steuerbescheinigung *s. Bescheinigung*
Steuerbilanz, ausländische Personengesellschaft R 4.1 (4)
Steuerermäßigung
ausländische Einkünfte R 50
außerordentliche Einkünfte, Allgemeines H 16 (13), R 34.1 (4), R 34.2, R 34.5
außerordentliche Einkünfte, Forstwirtschaft R 34 b.4
außerordentliche Einkünfte, Veräußerung gegen Leibrente R 16 (11)
Einkünfte aus Gewerbebetrieb H 35
haushaltsnahe Tätigkeiten H 35 a
Steuerersparnis, Gewinnerzielungsabsicht H 15.3
Steuererstattungsansprüche, Aktivierung H 4.2 (1)
Steuerfahndung, Rückstellung für Mehrsteuern H 4.9
Steuerfreie Einnahmen
Berufsausbildung R 10.9 (1)
Betriebsausgaben H 3 c
Bezüge R 33 a.1 (3)
Kürzung des Vorwegabzugs/Höchstbetrags für Vorsorgeaufwendungen H 10.11
Progressionsvorbehalt R 32 b
Sonderausgaben R 10.3 (1)
Vorsorgeaufwendungen H 10.4
Steuern
Betriebseinnahmen H 4.7
Herstellungskosten R 6.3 (6)
Steuerpflicht H 1 a
Steuersatz
Kalamitätsnutzungen R 34 b.4, R 34 b.7 (1)
Progressionsvorbehalt H 32 b
Steuerstundungsmodell, Verlustverrechnung H 15 b
Stichtagsprinzip
Bewertung von Rückstellungen H 6.11
Pensionsverpflichtung R 6 a (17)
Teilwertabschreibung H 6.7
Zuwendungen an Unterstützungskassen R 4 d (4)
Stiftung
Leistungen aus St. H 20.2
Zuwendungen an St. R 10 b.3 (2)
Stiller Gesellschafter
Angehöriger H 15.9 (4)
Beteiligung H 17 (2)
Betriebsausgaben H 4.7
Einnahmen H 20.2
Verlustausgleich und Verlustabzug bei typischer stiller Gesellschaft H 20.1
Zufluss H 11
Stilllegung
Betrieb H 16 (2)
landwirtschaftliche Nutzflächen R 13 a.2 (4)
Stimmrechte
Betriebsaufspaltung R 15.7 (8)
Mitunternehmer H 15.8 (1)
Stipendien, steuerfreie Einnahmen R 3.44, H 3.44

Strafverteidigungskosten
Allgemeines H 12.3
außergewöhnliche Belastungen H 33.1–33.4
Straßenanliegerbeitrag, Herstellungskosten H 6.4
Straßenbaukosten H 6.4
Straußwirtschaft R 15.5 (8)
Streikunterstützungen H 22.8, H 24.1
Stromerzeugung, Einkünfte R 15.5 (12)
Strukturänderung
Allgemeines H 15.5
Betrieb, Betriebsaufgabe H 16 (2)
Betrieb, Entnahme R 4.3 (2)
Betrieb, Tierzucht und Tierhaltung R 13.2 (2)
Betrieb, Wechsel der Gewinnermittlungsart H 4.6
Strukturwandel s. *Strukturänderung*
Stückzinsen, Einkünfte H 20.2
Studienkosten
außergewöhnliche Belastung H 33.1–33.4, H 33 a.2
Sonderausgaben R 10.9
Studienzuschuss, Einkünfte R 22.1 (1)
Stundung, Kaufpreis bei Betriebsveräußerung R 16 (11)
Substanzausbeuterecht, Einkünfte H 21.7
Substanzbetrieb R 15.5 (3)
Substanzverringerung, Absetzungen R 7.5
Subtraktionsmethode, Teilwert für Vorratsvermögen R 6.8 (2), H 6.8

Tabelle
AfA-Tabelle H 7.4
Düsseldorfer T. R 32.13 (1)
Tagegelder
Abgeordnete R 22.9
EU-Bedienstete H 32 b
Tagesmutter
Betriebsausgaben H 18.2
Einkünfte H 18.1
Tarif, Kapitaleinkünfte R 32 d
Tarifbegünstigte Einkünfte, außerordentliche Holznutzungen R 34 b.3, R 34 b.5, R 34 b.6
Tarifermäßigung s. *Steuerermäßigung*
Tätigkeitsvergütung, Mitunternehmer H 6.4, H 15.8 (2, 3),
Tatsächliches Kassenvermögen, Unterstützungskasse R 4 d (13, 14)
Tausch
Beteiligungen H 17 (7)
Bilanzberichtigung H 4.4
Einnahmenüberschussrechnung H 4.5 (2)
Gewinnrealisierung H 4.2 (1), H 6.6 (2), R 6 b.1 (1)
Mitunternehmeranteil H 16 (4)
Taxonomie, elektronische Übermittlung des Jahresabschlusses H 5 b
Technische Abnutzung H 7.4
Technischer Rentner, Pensionsrückstellung R 6 a (22)
Teilabbruch, Herstellungskosten H 6.4
Teilbetrieb
Begriff R 14 (4), H 14, R 16 (3)
Einnahmenüberschussrechnung R 4.5 (6)
freiberufliche Tätigkeit H 18.3
Reinvestitionsvergünstigung R 6 b.3 (5)
Veräußerung des land- und forstwirtschaftlichen T. R 14
Veräußerungsgewinn H 16 (9)
Verpachtung H 15.7 (1)
Teileigentum
Betriebsvermögen R 4.2 (14)
Herstellungsaufwand H 21.1
Teileinkünfteverfahren
ausländische Steuern R 34 c (2, 3)
Betriebsaufspaltung H 15.7 (4)
einbringungsgeborene Anteile R 3.40
Verlustverrechnung R 2 a (8)
Teilentgeltlicher Erwerb, anschaffungsnaher Aufwand R 6.4 (1)
Teilentgeltliche Überlassung, Betriebseinnahmen R 4.7 (2)
Teilentgeltliche Veräußerung
Beteiligung H 17 (4)
Betrieb, Teilbetrieb, Mitunternehmeranteil H 16 (7, 13)
Teilfertiges Gebäude, Erwerb R 7.3 (1)
Teilhaberversicherung, H 4.2 (1), H 18.2
Teilherstellungskosten
erhöhte Absetzungen, Allgemeines R 7 a (6), H 7 a
erhöhte Absetzungen, Baudenkmale H 7 i
Sonderabschreibungen, R 7 a (6)

Teilkindergeld H 65
Teilrente, Pensionsrückstellung H 6 a (11)
Teilschuldverschreibung, Kapitalertragsteuer R 44 b.2 (3)
Teilwert
Begriff H 6.7
Einlage mit Abbruchabsicht H 6.4
Pensionsverpflichtung R 6 a (11, 14)
s. a. Höherer Teilwert; Niedrigerer Teilwert
Teilwertabschreibung
Allgemeines H 6.7
Beteiligung H 17 (8)
Drohverlustrückstellung H 5.7 (1)
Ersatzwirtschaftsgut H 6.6 (3)
Fehlmaßnahme R 6.7
Herstellungskosten R 6.3 (4)
Rückdeckungsanspruch bei Pensionszusage H 6 a (23)
Sammelposten R 6.13 (6)
Teilzahlung, Einnahmenüberschussrechnung R 4.5 (2)
Telefonkosten H 12.1
Termingeschäft
Art der Einkünfte H 15.7 (9)
Betriebsvermögen H 4.2 (1)
privates Veräußerungsgeschäft H 23
Tiere
AfA H 7.3, H 7.4
Bewertung H 13.3
Durchschnittssatzgewinn R 13 a.1 (1)
geringwertiges Anlagegut H 6.13
Tierzucht und Tierhaltung
Abgrenzung R 13.2, H 15.5
gewerbliche T. R 15.10
Tilgung Schulden
Beteiligung H 17 (5)
Sonderausgaben H 10.9
Tipps (werthaltige), sonstige Einkünfte H 22.8
Tod
Ehegatte, Veranlagungswahlrecht H 26
Steuerpflichtiger, außergewöhnliche Belastung H 33.1–33.4
Tonträger, materielles Wirtschaftsgut H 5.5
Totalgewinn, Gewinnerzielungsabsicht H 15.3
Trägerunternehmen
Pensionskasse R 4 c (4)
Unterstützungskasse R 4 d
Transitorische Posten, Rechnungsabgrenzung R 5.6 (1)
Trennung, Tätigkeiten H 15.1, R 15.5 (1), H 15.6
Treu und Glauben, Gewinnerzielungsabsicht H 15.3
Treuhänder
Beteiligung H 17 (2, 4)
Einkünfte H 15.6
erweiterter Verlustausgleich R 15 a (3)
Mitunternehmerschaft H 15.8 (1)
Vermietung und Verpachtung H 21.2
Treuhandkonten und -depots, Kapitaleinkünfte H 20.2
Trinkgelder, außergewöhnliche Belastungen H 33.1–33.4
Trivialprogramm, immaterielles Anlagegut R 5.5 (1)

Überbrückungsgelder, Unterstützungskasse R 4 d (2)
Überführung Wirtschaftsgut
Allgemeines R 6.15, H 6.15
AfA H 7.3
Einlage R 4.3 (1)
Entnahme R 4.3 (2)
Reinvestitionsvergünstigung R 6 b.1 (1)
Teilbetrieb H 16 (3)
Übergang
AfA-Methode R 7.4 (7), H 7.4
andere Gewinnermittlung *s. Wechsel*
anderes Wirtschaftsjahr *s. Umstellung*
Lifo-Methode R 6.9 (7)
Übergangsbilanz
Reinvestitionsvergünstigung R 6 b.2 (11)
Wertansatz R 4.6 (1, 2), H 13.3, R 13.5 (2)
Übergangsgelder, Progressionsvorbehalt R 32 b (1)
Übergangsgewinn *s. Wechsel (Gewinnermittlungsart)*
Übergangsregelung
Abgrenzung Gewerbebetrieb/Land- und Forstwirtschaft R 15.5 (14)
Herstellungskosten R 6.3 (9)
Übergangszeit, Kinderberücksichtigung H 32.6
Überlassung Rechte
beschränkte Steuerpflicht R 50 a.1
Einkünfte H 50 a.1

Übernachtungskosten, Betriebsausgaben H 4.10 (12)
Übernahme
Betrieb mit Durchschnittssatzgewinnermittlung H 13 a.1
betriebliche Altersversorgung H 6 a (1), R 6 a (13)
schuldrechtliche Verpflichtungen H 5.1
Überpreis, Teilwertabschreibung H 6.7
Überprüfung, Betriebsgutachten oder Betriebswerk R 34 b.6 (1)
Überschuss Betriebseinnahmen/Betriebsausgaben *s. Einnahmenüberschussrechnung*
Überschuss Einnahmen/Werbungskosten, Umsatzsteuer H 9 b
Überschussanteile
Rentenerhöhung R 22.4 (1)
Rentenversicherung H 22.4
Überschusserzielungsabsicht, Rentenversicherung H 22.4
Überschussrechnung *s. Einnahmenüberschussrechnung*
Übersicht
ausländische dem Kindergeld vergleichbare Leistungen H 31
ausländische Versicherungsunternehmen H 10.4
Gewinnkorrekturen bei Wechsel der Gewinnermittlungsart R Anl. 1
Übersiedler, Wiederbeschaffung von Hausrat und Kleidung H 33.1–33.4
Überstaatliche Einrichtungen, Kindergeld R 31 (2)
Übertragung
Behinderten-Pauschbetrag, getrennte Veranlagung H 26 a
Freibeträge für Kinder R 31 (3), R 32.13
Grundstück, Mietverhältnis zwischen Angehörigen H 21.4
Mitunternehmeranteil H 16 (3)
Pensionsverpflichtung H 4 e, H 6 a (1, 3, 12)
Sonderbetriebsvermögen H 16 (4)
stille Reserven bei Ersatzbeschaffung R 6.6
stille Reserven bei Veräußerung H 6 b.2
Unterstützungskassenzusagen H 4 d (1)
Veräußerungsgewinn R 6 b.2, R 6 c
Wirtschaftsgut H 4.3 (2–4), R 6.15, H 6.15
Überversorgung, betriebliche Altersversorgung H 4 b, H 4 d (1), H 6 a (17)
Überweisung, Abfluss bzw. Zufluss H 11
Umbau
AfA H 7.3, H 7.4
außergewöhnliche Belastung H 33.1–33.4
Reinvestitionsvergünstigung R 6 b.2 (1), R 6 b.3 (3)
Umbaumaßnahmen, Mieterumbauten H 5.5
Umdeutung, Vereinbarung mit Angehörigen H 4.8
Umfang
Besteuerung bei unbeschränkter Steuerpflicht H 1 a, R 2
steuerbegünstigte Einkünfte R 34.1, R 34 b.5, H 34 b.5
Umfassend gewerbliche Personengesellschaft
Begriff R 15.8 (5)
Betriebsaufspaltung H 15.7 (4)
Umgekehrte Maßgeblichkeit H 6 b.2
Umgestaltung
Betriebsverpachtung H 16 (5)
Grundbesitz H 4.2 (9)
Umlagen, Vermietung H 21.2
Umlaufvermögen
Begriff R 6.1
Betriebsaufgabe H 16 (9)
Bewertung R 6.8 (1)
Einnahmenüberschussrechnung R 4.5 (4, 5), R 4.6 (1)
Teilwert H 6.7
wesentliche Betriebsgrundlagen H 16 (8)
Umlegungsverfahren
Betriebsvermögen H 4.2 (7)
Gewinnrealisierung H 6 b.1
Umqualifizierung
ausländische Einkünfte H 2 a
Schulden H 4.2 (15)
Umrechnung
Anschaffungskosten in ausländischer Währung H 6.2
ausländische Beteiligungen R 17 (7)
ausländische Steuern R 34 c (1), H 34 c (1–2)
Gewinn bei ausländischer Personengesellschaft R 4.1 (4)
Umrüstungsmaßnahmen, außergewöhnliche Belastungen H 33.1–33.4
Umsätze, Spendenhöchstbetrag H 10 b.3

Umsatzsteuer
Abgrenzung Gewerbebetrieb/Land- und Forstwirtschaft R 15.5 (11)
Auswirkung auf Einkommensteuer R 9 b, H 12.4
Bewirtungskosten R 4.10 (5)
Durchschnittssatzgewinn R 13 a.2 (3)
geringwertiges Wirtschaftsgut R 9 b (2)
Geschenk R 4.10 (3)
Herstellungskosten R 6.3 (6)
nichtabzugsfähige Ausgabe H 12.4
Passivierung H 4.2 (15)
regelmäßig wiederkehrende Einnahmen und Ausgaben H 11
Sachspenden R 10 b.1 (1)
Teil der Entschädigung H 6.6 (1)
Umschichtung, Wertpapiere H 15.7 (9)
Umschuldung
Betriebsvermögen H 4.2 (15)
Rechnungsabgrenzung H 6.10
Umschulungskosten H 10.9, H 33.1–33.4
Umstellung
Betrieb, Durchschnittssatzgewinn H 13 a.2
Wirtschaftsjahr R 4 a (1), H 4 a
Umstellungsrente R 22.5
Umstrukturierungsmaßnahmen, Gewinnerzielungsabsicht H 15.3
Umtauschanleihen, Kapitaleinkünfte H 20.2
Umwandlung
ausländische Verluste R 2 a (4, 5), H 2 a
Entgelt in Pensionszusage R 6 a (11, 12)
Personengesellschaft R 15 a (6), H 15 a
Reinvestitionsvergünstigung R 6 b.2 (9)
Rente R 22.4 (5)
Rücklagen H 2
Verluste bei beschränkter Haftung H 15 a
Wirtschaftsjahr H 4 a
s. a. Einbringung
Umwidmung
AfA H 7.4
Schuldzinsenabzug H 4.2 (15)
Sonderausgabenabzug H 4.2 (15)
Umzäunung, Gebäude H 6.4
Umzugskosten, außergewöhnliche Belastung H 33.1–33.4
Unabhängige Wählervereinigungen, Spenden H 34 g
Unabwendbares Ereignis, außergewöhnliche Belastung R 33.2
Unbebaute Grundstücke, Werbungskosten H 21.2
Unbeschränkte Steuerpflicht
auf Antrag H 1 a
Berücksichtigung von Kindern R 32.3
Pauschbeträge für Werbungskosten R 9 a
Umfang H 1 a
Unbewegliche Anlagegüter, Mietereinbauten und -umbauten H 4.2 (3)
Unbewegliches Vermögen, AfA H 7.1
Unentgeltlicher Erwerb
AfA-Bemessungsgrundlage R 7.3 (3)
Beteiligung R 17 (3)
Betrieb, Gewinnermittlungsart H 13 a.1
Betrieb, Gewinnkorrekturen H 4.6
Betrieb, immaterielle Anlagegüter R 5.5 (3)
Betrieb, Reinvestitionsvergünstigung R 6 b.3 (5)
Betrieb, Verpachtung H 16 (5)
Erhaltungsaufwand R 21.1 (6)
Nutzungsrecht, Betriebsvermögen H 4.2 (1)
Nutzungsrecht, Einlage H 4.3 (1)
privates Veräußerungsgeschäft H 23
Unentgeltliche Überlassung
Betrieb H 16 (5)
Wohnung, Betriebsvermögen R 4.2 (9, 10)
Unentgeltliche Übertragung von Betriebsvermögen
Bilanzberichtigung H 4.4
Einnahmenüberschussrechnung H 4.6
Entnahme H 4.3 (2–4)
immaterielle Anlagegüter R 5.5 (3)
Nutzungsvorbehalt H 4.7
Personengesellschaft H 6.14, R 6.15
Reinvestitionsvergünstigung R 6 b.3 (5)
Unfallversicherung
Beiträge H 10.5
Direktversicherung R 4 b (1)
Leistungen H 3.1
Ungewisse Verbindlichkeiten, Rückstellung R 5.7 (2–6)
Unterbeteiligung
erweiterter Verlustausgleich R 15 a (3)
Kapitalertragsteuer H 43
Mitunternehmerschaft H 15.8 (1, 2), R 15.9 (2)

stille Gesellschaft H 20.2
Verlustabzug H 15.10, H 15 a
an vermögensverwaltender Gesellschaft H 21.6
Unterbliebene AfA *s. Unterlassene AfA*
Unterbliebene Gewinnkorrekturen H 4.6
Unterbrechung, Steuerpflicht, Verlustabzug R 10 d (8)
Unterbrechungszeiten, Kinderberücksichtigung H 32.5
Unterbringung
Heim oder zur dauernden Pflege H 33.1–33.4
s. a. Auswärtige Unterbringung
Untergeordnete Bedeutung, Grundstücksteile R 4.2 (8, 11, 12)
Unterhaltende Tätigkeit, inländische Einkünfte R 49.1 (3), H 50 a.2
Unterhaltsanspruch, außergewöhnliche Belastung R 33 a.1 (1)
Unterhaltsaufwendungen *s. Unterhaltsleistungen*
Unterhaltsleistungen
Anrechnung als Bezüge R 33 a.1 (3)
außergewöhnliche Belastungen H 33.1–33.4, R 33 a.1
Begriff H 33 a.1
besondere Veranlagung H 26 c
Freibeträge für Kinder H 32.3, R 32.13 (1–3), H 32.13
mitarbeitendes Kind R 4.8 (3)
Sonderausgaben R 10.2
wiederkehrende Leistungen H 22.1
Unterhaltsvorschuss, Übertragung der Freibeträge für Kinder R 32.13 (4)
Unterlagen, Einkommensteuererklärung H 4.2 (16)
Unterlassene AfA H 4.5 (3), H 7.4
Unterlassene Bilanzierung, Einbuchung H 4.3 (1), H 4.4
Unterlassene Instandhaltung, Rückstellung R 5.7 (11)
Unternehmensrückgabe, Beitrittsgebiet H 4.2 (1)
Unternehmerinitiative H 15.1, H 15.8 (1)
Unternehmerlohn, Herstellungskosten H 6.3
Unternehmerrisiko H 15.1, H 15.8 (1)
Unterrichtende Tätigkeit, Einkünfte H 15.6
Unterschiedliche Einkunftsarten, Aufteilung der Aufwendungen H 4.7
Unterschiedliche Nutzung, Gebäude R 4.2 (4)
Unterschrift
Bewirtungsrechnung H 4.10 (5–9)
Einkommensteuererklärung H 25
Unterstützungskassen
Allgemeines H 4 d (1)
Betriebsausgaben R 4 d
Untervermietung
Art der Einkünfte H 15.7 (2)
Betriebsvermögen H 4.2 (12)
Teile einer selbst genutzten Wohnung R 21.2 (1)
Unverzinsliche Leistung, Kaufpreisraten H 20.2
Unwahrscheinlichkeit der Haftungsinanspruchnahme, negatives Kapitalkonto R 15 a (3)
Urheberrechte
beschränkte Steuerpflicht R 49.2, R 50 a.1
Einkunftsart H 18.1
immaterielle Anlagegüter H 5.5
Rückstellung R 5.7 (10)
Urlaubsverpflichtung, Rückstellung H 6.11

Variabler Kaufpreis, Betriebsveräußerung gegen v. K. H 16 (11)
Venture Capital-Fonds H 15.7 (1)
Veranlagung
Allgemeines R 25
Ehegatten, Allgemeines R 26
Ehegatten, besondere Veranlagung H 26 c
Ehegatten, getrennte Veranlagung R 26 a, H 26 a
Ehegatten, Zusammenveranlagung R 26 b (1)
Kapitaleinkünfte R 32 d (3)
Vorauszahlungen R 37
Veranlagungswahlrecht, Ehegatten R 26, H 32 a
Verarbeitung, landwirtschaftliche Rohstoffe R 15.5 (3, 5)
Verausgabung *s. Abfluss*
Veräußerung
Anlagegüter, AfA R 7.4 (8)

Anlagegüter, Durchschnittssatzgewinnermittlung R 6 c
Anlagegüter, Einnahmenüberschussrechnung R 4.5 (3, 5), H 4.5 (3), R 6 c
Anlagegüter, Reinvestitionsvergünstigung H 6.6 (1), R 6 b.1
Baudenkmal, erhöhte Absetzungen H 7 i
Beteiligung R 17, R 49.1 (4), R 49.3 (1)
Betrieb, Einnahmenüberschussrechnung R 4.5 (6)
Betrieb, Gewerbebetrieb R 16
Betrieb, Land- und Forstwirtschaft R 14
Betrieb, nachträgliche Einkünfte H 24.2
Betrieb, Progressionsvorbehalt H 32 b
Betrieb, Reinvestitionsvergünstigung R 6 b.2 (10)
Betrieb, Schulden H 4.2 (15)
Betrieb, selbständige Arbeit R 18.3
Betrieb, Wechsel der Gewinnermittlungsart R 4.6 (1)
Gebäude, Mietvorauszahlung R 21.5 (3)
Gebäude, Werbungskosten H 21.2
zwischen Gesellschaft und Gesellschafter H 4.3 (2–4)
Grund und Boden, Anlagevermögen R 6.1
Grund und Boden, Deckung des Landbedarfs R 3.0
Grundstücke H 49.1
Holz mit Grund und Boden R 34 b.2 (1)
Lebensversicherungsansprüche H 10.6, H 20.2
Mitunternehmeranteil R 4 a (5)
Privatvermögen H 23
Teilbetrieb R 16 (3)
Umlaufvermögen R 4.5 (5)
Wertpapiere, Gewerbebetrieb H 15.7 (9)
Wirtschaftsgut, Mitunternehmer H 15.8 (3)
Wirtschaftsgut, nichtabziehbare Betriebsausgaben H 4.10 (1)
Veräußerungserlös, Reinvestitionsvergünstigung H 6 b.2
Veräußerungsgewinn
Beteiligung R 17 (7)
ermäßigter Steuersatz R 34.1 (2), R 34.5 (2)
Gewerbebetrieb H 16 (9)
Holznutzungen R 14 (5)
Land- und Forstwirtschaft R 14 (1)
Leibrente R 16 (11)
negatives Kapitalkonto H 15.3, R 15 a (4, 5)
nicht entnommener Gewinn R 34.1 (1), H 34.1
selbständige Arbeit R 18.3
teilentgeltliche Veräußerung H 16 (7)
Totalgewinn H 15.3
wiederkehrende Leistungen R 16 (11)
Veräußerungskosten
Allgemeines R 34.1 (4)
Beteiligung R 17 (6)
Betriebsveräußerung oder -aufgabe H 16 (12)
Veräußerungspreis
Begriff R 17 (7)
nachträgliche Änderung H 16 (10)
privates Veräußerungsgeschäft H 23
Veräußerungsrente, Einnahmenüberschussrechnung R 4.5 (5)
Veräußerungsverpflichtung, Rückstellung H 5.7 (8)
Verbesserungsvorschlag, Prämie H 34.4
Verbilligte Wohnungsüberlassung R 21.3, H 21.3, H 21.4
Verbindlichkeiten
Betriebsaufgabe H 15.3, H 16 (9)
Betriebsvermögen R 4.2 (15)
Bewertung H 6.10
Bilanzberichtigung H 4.4
Rückstellung R 5.7, R 6.11
Verbleibender Verlustvortrag, Feststellung R 10 d (4–7)
Verbuchung, Bargeschäfte H 5.2
Vercharterung, Gewinnerzielungsabsicht H 15.3
Verdeckte Einlage
Allgemeines H 4.3 (1)
Beteiligung H 6.12, H 17 (5)
Betriebsveräußerung H 16 (1, 6)
Geschäftswert H 5.5
Verdeckte Gewinnausschüttung, Einkünfte H 20.2
Verdeckte Mitunternehmerschaft H 15.8 (1)
Verdienstausfall, Entschädigung H 24.1
Verein, Spenden an Wählerverein H 34 g
Vereinfachungsregelung
Feldinventar und stehende Ernte R 14 (2)
Herstellungsaufwand R 21.1 (2)
Nutzungssatz R 34 b.6 (3)

Vereinnahmung *s. Zufluss*
Verfahren
Nachversteuerung R 10.6
Übertragung der Freibeträge für Kinder R 32.13 (4)
Verlustabzug R 10 d (4)
Verfahrenskosten
Kapitalvermögen R 20.1 (2)
Sanktionen H 4.13, H 12.3
Verfall, Gegenstände R 4.13 (1), R 12.3
Verfolgte, Wiederbeschaffung von Hausrat und Kleidung R 33.2
Verfügungsbeschränkungen, Gesellschaftsvertrag H 15.9 (2, 3)
Vergebliche Aufwendungen, Werbungskosten H 21.2
Vergleichsrechnung, Familienleistungsausgleich H 31
Vergütung
Komplementär einer KGaA H 15.8 (4)
mehrjährige Tätigkeit R 34.4
Verheiratetes Kind, Berücksichtigung bei Eltern H 32.3
Verkaufsstelle, Land- und Forstwirtschaft R 15.5 (6)
Verlagswert H 4.3 (2–4)
Verlängerungszeitraum, Kinderberücksichtigung H 32.11
Verletzung, Schutzrecht, Rückstellung R 5.7 (10)
Verlust
Ausland H 32 b, R 46.2 (3)
beschränkte Haftung, Allgemeines R 15 a
beschränkte Haftung, Übergangsregelung R 15 a (5)
beschränkte Steuerpflicht R 49.1 (4)
Beteiligung H 17 (7)
Bodengewinnbesteuerung H 55
Darlehen und Beteiligungen H 4.5 (2)
Durchschnittssatzgewinnermittlung R 13 a.2 (6)
gewerbliche Tierzucht und Tierhaltung R 15.10
Gewinnerzielungsabsicht H 15.3
Kapitaleinkünfte R 32 d (1)
Privatgegenstände R 33.2
schwebendes Geschäft, Rückstellung R 5.7 (7, 8)
Steuerermäßigung R 34.1 (3)
stille Beteiligung H 15.9 (4)
Tonnagebesteuerung H 5 a, H 15 a
Übertragung im Erbfall R 10 d (9)
Unternehmen R 15 a
Verlustabzug
ausländische Einkünfte R 2 a (1), H 2 a, H 32 b
Sonderausgaben R 10 d
Verlustausgleich
Einkünfte aus Ausland R 2 a (1, 2, 6)
Erbfall R 10 d (9)
Verlustabzug R 10 d (6)
Verlustbringende Wirtschaftsgüter, Einlage H 4.2 (1)
Verlustklausel
Bodengewinnbesteuerung H 55
Durchschnittssatzgewinnermittlung R 13 a.2 (6)
erhöhte Absetzungen R 7 a (8)
Sonderabschreibungen H 7 a
Verlustprodukte, Teilwert H 6.7
Verlustrücktrag
Allgemeines R 10 d (2), H 10 d
Progressionsvorbehalt H 32 b
Verlustvortrag
ausländische Einkünfte H 2 a
Begrenzung H 10 d
Progressionsvorbehalt H 32 b
Verlustzuweisungsgesellschaft
AfA-Tabellen H 7.4
Einkunftserzielungsabsicht H 15.3
Vermächtnis, Spenden H 10 b.1
Vermächtnisnießbrauch, AfA H 4.7
Vermarktung, Land- und Forstwirtschaft R 15.5 (6)
Vermietung
Durchschnittssatzgewinn R 13 a.2 (4)
Parkplatz H 15.7 (2)
Schwesterpersonengesellschaften H 15.8 (1)
Unterhaltsberechtigte H 21.4
Vermietung und Verpachtung
Betriebsaufspaltung R 15.7 (4–8)
Durchschnittssatzgewinnermittlung R 13 a.2 (4)
Fahrtkosten R 21.2 (4)
Gebäudeteil R 4.2 (4)
Grundvermögen R 15.7 (2)
Haftungsbeschränkung H 15 a, H 21.2
inländische Einkünfte H 49.1
Teile einer selbst genutzten Wohnung R 21.2 (1)
Umsatzsteuer H 9 b

Verminderte Erwerbsfähigkeit, Rente R 22.4 (5), H 22.4
Vermisster Ehegatte, Veranlagungswahlrecht R 26 (1)
Vermisstes Kind, Kinderberücksichtigung R 32.3
Vermittlungsprovision
Betriebseinnahmen H 4.7
Rechnungsabgrenzung H 6.10
sonstige Einkünfte H 22.8
Vermögen, außergewöhnlichen Belastungen R 33 a.1 (2), H 33 a.1
Vermögensübergabe *s. Vorweggenommene Erbfolge*
Vermögensübergang *s. Einbringung; Umwandlung*
Vermögensverwaltende Personengesellschaft
Beteiligung H 17 (2)
Betriebsaufspaltung H 15.7 (4)
Vermögensverwaltung
Abgrenzung zum Gewerbebetrieb R 15.7
Aufwendungen für V. H 20.1
Begriff R 15.7 (1)
Personengesellschaft R 15.8 (5), H 21.2
Teilbetrieb H 16 (3)
Vermögenszuwachs, Beteiligung R 49.1 (4)
Verpächter
Durchschnittssatzgewinn R 13 a.2 (4), H 13 a.2
Feldinventar und stehende Ernte R 14 (3)
Verpachtung
Betrieb *s. Betriebsverpachtung*
Flächen, Betriebsvermögen H 13.3
Flächen, Durchschnittssatzgewinn R 13 a.1 (1), R 13 a.2 (4)
Verpfändung
Erstattungsanspruch H 46.2
Kindergeld H 74
Rückdeckungsversicherung R 4 d (6, 8)
Wertpapiere H 4.2 (1)
Verpflegungsmehraufwendungen
außergewöhnliche Belastung R 33.4 (3)
Sonderausgaben H 10.9
Verpflichtung
Ausweis als Rückstellung R 5.7 (3, 4), H 5.7 (8)
Übernahme schuldrechtliche V. H 5.1
Verrechenbarer Verlust, beschränkte Haftung R 15 a
Verrechnung
Einnahmen bei Rückstellungen H 5.7 (8), R 6.11 (1)
Verlust, beschränkte Haftung R 15 a (2, 3)
Verlust, gewerbliche Tierzucht und Tierhaltung R 15.10
Verlust, Kapitaleinkünfte R 32 d (1)
Verlust, Steuerermäßigung R 34.1 (3)
Verrechnungsverpflichtungen, bilanzielle Behandlung H 5.6, H 5.7 (8)
Verschollener Ehegatte, Veranlagungswahlrecht H 26
Versicherungen
Direktversicherung R 4 b
Ersatzleistungen bei außergewöhnlicher Belastung H 33.1–33.4
Rückdeckungsversicherung bei Unterstützungskasse R 4 d (6–10)
Versicherungsbeiträge
außergewöhnliche Belastung H 33.1–33.4, H 33 a.1
Betriebsausgaben H 4.7
Kind für Unterhaltsfreibetrag R 33 a.1 (3)
Sonderausgaben H 10.1, R 10.5
Zuwendungen an Unterstützungskassen R 4 d (8)
Versicherungsvertreter
Betriebseinnahmen H 4.7
Selbständigkeit R 15.1 (1), H 15.1
Versorgungsausgleich
Pensionszusage H 6 a (1)
Sonderausgaben H 10.3
Zuwendungen an Unterstützungskassen H 4 d (1)
Versorgungsbezüge
Bezüge für Unterhaltsfreibetrag R 33 a.1 (3)
mehrjährige Bezüge R 34.4 (1), H 34.4
Versorgungseinrichtungen
Ärzte H 18.2
Rückstellung H 5.7 (5)
Versorgungsfreibetrag, mehrjährige Bezüge R 34.4 (3)
Versorgungskasse
Beiträge von Ärzten H 18.2
Beiträge von Selbständigen H 10.5
Versorgungsleistungen
Sonderausgaben R 10.3
wiederkehrende Leistungen H 22.3, H 22.4

Versorgungsleitungen
Herstellungskosten H 6.4
selbständige Wirtschaftsgüter H 4.2 (1)
Versorgungsrente, nachträgliche Einkünfte H 24.2
Verspätungszuschlag H 12.4
Verstorbener Ehegatte, Einkommensteuertarif H 32 a
Verstrickung, ins Ausland überführtes Wirtschaftsgut R 4.3 (1)
Verteilung
Berufsausbildungskosten H 10.9
Betriebsausgaben, Einnahmenüberschussrechnung R 4.5 (5)
Erhaltungsaufwand H 11 b, R 21.1 (6), H 21.1, R 21.5 (1)
Geldbeschaffungskosten H 6.10
Spenden H 10 b.3
Übergangsgewinn beim Wechsel der Gewinnermittlungsart H 4.5 (6), R 4.6 (1, 2), H 4.6
Vorauszahlungen H 37
Verträge mit Angehörigen R 4.8, R 21.4
Vertragseintritt, Lebensversicherung H 10.5
Vertragsstrafe, vorweggenommene Betriebsausgabe H 4.7
Vertrauensschutz, Spendenbestätigung H 10 b.1
Vertretbare Wirtschaftsgüter, Bewertung R 6.8 (3)
Vertreterrecht, AfA H 7.4
Vertriebskosten, Herstellungskosten R 6.3 (6)
Veruntreuung, Gelder H 4.7
Verwaltung, Wertpapiere, An- und Verkauf H 15.7 (9)
Verwaltungskosten, Herstellungskosten R 6.3 (3)
Verwarnungsgelder, Betriebsausgaben R 4.13 (1, 5)
Verwendung, Wirtschaftsgüter außerhalb des Betriebs R 15.5 (9)
Verwertung
Abfälle R 15.5 (3, 4)
ausländische Künstler H 18.1
Erfindung R 18.1 (2)
Holz R 34 b.2 (2)
Inland bei beschränkter Steuerpflicht H 49.1, R 49.2, R 50 a.1, H 50 a.1
Verwitwete, Splittingverfahren H 32 a
Verzeichnis
Abweichung von Handelsbilanz R 6.8 (1), R 6.9 (1), R 6 b.2 (1, 2)
Anbauverzeichnis R 13.6
Anlagegüter, Einnahmenüberschussrechnung R 4.5 (3)
Anlagegüter, Ersatzbeschaffung R 6.6 (1, 4)
Anlagegüter, Zuschüsse R 6.5 (2, 4)
ausländische Steuern H 34 c (1–2)
ausländische Versicherungsunternehmen H 10.4
bewegliche Anlagegüter R 5.4 (1)
Bilanzierungswahlrecht H 5.1
erhöhte Absetzungen H 7 a
Sonderabschreibungen H 7 a
Versicherungsunternehmen im Ausland H 10.4
s. a. Aufzeichnungen
Verzicht, Aktivierung von Holzvorräten R 34 b.3 (2)
Verzinsung
Kapitalkonten H 15.8 (3)
Veräußerungsgewinn R 6 b.2 (5)
Vieheinheiten, Land- und Forstwirtschaft R 13.2 (1)
Viertelsteuersatz, Holznutzungen R 34 b.4 (3)
VIP-Logen, Betriebsausgabenabzug H 4.7, H 4.10 (1)
Volkswirtschaftliche Gründe, Holznutzung R 34 b.2 (3)
Volle Freibeträge, Kinder R 32.12
Vollmacht, Kapitalertragsteuererstattung R 45 b (1)
Vollschätzung *s. Schätzung*
Volontärtätigkeit, Kinderberücksichtigung H 32.5
Vorabentschädigung, Ausgleichsanspruch H 34.3
Vorausgewährter Zuschuss, Anlagevermögen R 6.5 (4)
Vorauszahlungen
Anschaffungs- oder Herstellungskosten H 6.4
Einkommensteuer R 37
Mietvorauszahlungen R 21.5 (3)
Vorbehalt
Leistung aus Unterstützungskasse R 4 d (2)
Pensionszusage R 6 a (3–6)

Vorbehaltsnießbrauch
Beteiligung H 17 (4)
Einlage H 4.3 (1)
Übertragung von Betriebsvermögen gegen V. H 4.3 (2–4)
Vermietung und Verpachtung H 21.4
Vorbesitzzeiten Reinvestitionsvergünstigung R 6 b.3
Vorbezugskosten *s. Vorkosten*
Vordienstzeiten, Pensionszusage R 6 a (10)
Vordrucke, Einnahmenüberschussrechnung H 4.5 (1)
Vorfälligkeitsentschädigung
Veräußerungskosten H 16 (12)
Werbungskosten H 21.2, H 23
Vorführgegenstände, Anlagevermögen H 6.1
Vorkaufsrecht, Entgelt H 22.8
Vorkosten, selbst genutzte Wohnung H 21.2
Vorläufiger Bescheid
Freibeträge für Kinder R 31 (4)
Gewinnerzielungsabsicht H 15.3
Vorratsvermögen
Anschaffungskosten H 6.2
Bewertung R 6.8, R 6.9
Inventur R 5.3
Vorschuss, Einnahmenüberschussrechnung R 4.5 (2), H 11
Vorsorgeaufwendungen
Allgemeines R 10.4
Versicherungsbeiträge R 10.5
Vorsteuer, Auswirkung auf Einkommensteuer R 9 b
Vorteile
Bestechungs- und Schmiergelder R 4.14
Bewirtung R 4.7 (3)
Gegenrechnung bei Rückstellungen R 6.11 (1)
Reisen H 4.7
Vortragstätigkeit
Fachkongress H 12.2
inländische Einkünfte R 49.2
Vorübergehende Vermietung, Teile einer selbst genutzten Wohnung R 21.2 (1)
Vorweggenommene Betriebsausgaben H 4.7
Vorweggenommene Erbfolge
AfA H 7.3
Besitzzeitanrechnung H 6 b.3
teilentgeltliche Veräußerung H 16 (7)
unentgeltliche Betriebsübertragung H 16 (6)
Versorgungsleistungen H 10.3
wiederkehrende Leistungen H 22.1, H 22.4
Vorweggenommene Werbungskosten R 21.2 (3), H 21.2
Vorzeitige Altersrente R 22.4 (5)
Vorzeitige Holznutzungen, Manöverschäden R 34 b.2 (5)

Waffengeschäfte, Ausland H 2 a
Wählervereinigungen, Spenden H 34 g
Wahlkampfkosten
Betriebsausgaben H 4.7
Werbungskosten H 22.9
Wahlkonsuln, steuerfreie Einnahmen R 3.29
Wahlrecht
AfA R 7.4 (5)
ausländische Steuer R 34 c (4)
Beteiligung H 17 (5)
Betriebsveräußerung gegen wiederkehrende Leistungen R 16 (11)
Betriebsvermögenszugehörigkeit R 4.2 (8, 12)
Betriebsverpachtung H 14, H 16 (5)
Bewertung R 6.3 (5), R 6.8 (1), R 6.9, H 13.3
Bilanzänderung R 4.4 (2)
Einbringung R 18.3 (2)
Einnahmenüberschussrechnung R 6.6 (5)
Erhaltungsaufwand H 21.1
Gewinnermittlungsart R 4.5 (1), R 13.5 (1), R 13 a.1 (4)
Gewinnübertragung H 6 c
Herstellungskosten R 6.3
Land- und Forstwirte R 14 (1), H 14
Mitunternehmer H 4.4
Pensionsalter R 6 a (11)
Pensionsrückstellungen R 6 a (1)
Rückstellung H 5.7 (1)
Übergang zur Buchführung H 4.6
Veranlagung von Ehegatten R 26, H 32 a
Veräußerungsgewinn R 16 (13)
Verlustabzug R 10 d (3)
Wirtschaftsjahr R 4 a (2)

Zuschuss für Anlagegut R 6.5 (2), H 6.5
Zuwendungen an Unterstützungskassen R 4 d (3, 4)

Wahrscheinlichkeit der Inanspruchnahme
für Pensionsverpflichtung H 6 a (9), R 6 a (19)
für Verbindlichkeiten R 5.7 (6)

Waisenrente
Allgemeines H 22.4
Unterstützungskasse R 4 d (2)

Wald, Anlagevermögen H 6.1

Wandelanleihe, Kapitalertragsteuer R 44 b.2 (3)

Waren
Anschaffungskosten H 6.2
Betriebsaufgabe H 16 (9)
Lifo-Methode R 6.9 (7)
niedrigerer Teilwert R 6.8 (1, 2)
schwimmende Ware H 5.3
Teilwert H 6.7
wesentliche Betriebsgrundlage H 16 (8)
s. a. Vorratsvermögen

Warenzeichen, AfA H 5.5, H 7.1

Wärmeerzeugung, Einkünfte R 15.5 (12)

Waschmaschine, Herstellungskosten H 6.4

Wechsel
Abfluss bzw. Zufluss H 11
AfA-Methode R 7.4 (7), H 7.4
Arbeitgeber und Pensionszusage R 6 a (13)
Bewertungsmethode R 6.9 (5, 7)
Gewinnermittlungsart, AfA R 7.3 (6), R 7.4 (10), H 7.4
Gewinnermittlungsart, Allgemeines R 4.6
Gewinnermittlungsart, Einnahmenüberschussrechnung R 4.5 (6)
Gewinnermittlungsart, gewillkürtes Betriebsvermögen R 4.2 (16)
Gewinnermittlungsart, Gewinnberichtigung R Anl. 1
Gewinnermittlungsart, Land- und Forstwirtschaft R 13.5 (2)
Gewinnermittlungsart, Reinvestitionsvergünstigung R 6 b.2 (11)
Gewinnermittlungsart, Rücklage für Ersatzbeschaffung H 6.6 (5)
Gewinnermittlungsart, Viehbewertung H 13.3
Rechtsstellung des Gesellschafters H 15 a
Steuerpflicht, Beteiligung H 17 (4)
Zahlungsmittel H 7 a

Wechselseitige Vermietung, Wohnungen H 21.4

Wege des Steuerpflichtigen
Gewinneinkünfte R 4.12, H 4.12
Sonderausgaben H 10.9

Wegfall
Betriebsaufspaltung R 16 (2)
Durchschnittssatzgewinnermittlung R 13 a.1
Nutzungsrecht H 4.2 (1)
Rentenverpflichtung bei Betriebsvermögensvergleich H 4.2 (15)
Rentenverpflichtung bei Einnahmenüberschussrechnung R 4.5 (4)

Wehrdienst *s. Bundeswehr; Soldaten*

Wehrsold *s. Bundeswehr*

Weinbau, Einkünfte R 15.5 (8)

Weisungen
im berufsgerichtlichen Verfahren R 4.13 (1), H 4.13
im Strafverfahren H 12.3

Weiterbildungskosten, Betriebsausgaben H 4.7

Werbeaufwand, Betriebsausgaben R 4.10 (5)

Werbetätigkeit, Art der Einkünfte H 15.1

Werbungskosten
Abgeordnete H 22.9
ausländische Einkünfte R 34 c (3)
ausländische Steuer R 34 c (4)
beschränkte Steuerpflicht H 50 a.2
Drittaufwand und Eigenaufwand H 4.7
Einkünfte aus Leistungen H 22.8
Entschädigungen H 24.1
Kapitaleinkünfte R 20.1, R 32 d (3)
mehrjährige Tätigkeit R 34.4 (3)
nachträgliche W. H 24.2
Pauschbeträge R 33 a.3 (2)
privates Veräußerungsgeschäft H 23
Progressionsvorbehalt H 32 b
Studienreisen und Fachkongresse H 12.2
Umsatzsteuer H 9 b
Vermietung und Verpachtung R 21.2, H 21.6
wiederkehrende Leistungen H 22.3, H 22.4

Werbungskosten-Pauschbetrag R 9 a, H 9 a
Werkswohnung
Betriebsvermögen R 4.2 (4)
degressive AfA R 7.2 (1)
Wert
Arbeitsleistung, Herstellungskosten H 6.3, H 6.4
stille Beteiligung H 15.9 (5)
Wertaufholungsgebot
Kapitalanteil H 6.2
Teilwertabschreibung H 6.7
Wertberichtigung, Forderungen H 6.7
Wertminderung
Anteile durch Gewinnausschüttung R 50 c
Bewertung eines Wirtschaftsguts R 6.8
Grund und Boden H 21.7, H 55
Vorratsvermögen R 6.8 (2)
Wertpapiere
An- und Verkauf H 15.2, H 15.7 (9)
Betriebsvermögen H 4.2 (1)
privates Veräußerungsgeschäft H 23
Teilwert H 6.7
Wertsicherungsklausel bei Rente
Anschaffungskosten H 6.2
Einnahmenüberschussrechnung R 4.5 (4)
sonstigen Einkünften H 22.3, R 22.4 (1)
Wertverzehr *s. Absetzung für Abnutzung*
Wesentliche Betriebsgrundlagen
Begriff H 16 (8)
Betriebsaufspaltung H 15.7 (5)
Betriebsverpachtung H 16 (5)
Wesentliche Verbesserung, Gebäude H 6.4
Wettbewerbsverbot
Beteiligung H 17 (7)
Betriebsveräußerung H 16 (9)
Entnahme H 4.3 (2–4)
Entschädigung H 24.1
sonstige Einkünfte H 22.8
Widerruf
Erklärung über Wahl der Veranlagungsart H 26
Pensionszusage R 6 a (3–6), H 10.11
Zustimmung, Realsplitting R 10.2 (2), H 10.2
Wiederanlage, Veräußerungsgewinn R 6 b.2
Wiederaufforstungskosten, Betriebsausgaben R 34 b.3 (3)
Wiederauflebensrente H 22.4
Wiederbeschaffung, Hausrat und Kleidung R 33.2
Wiederbeschaffungskosten
Anschaffungsnebenkosten H 6.7
Teilwert R 6.7, R 6.8 (2)
Wiedergutmachungsleistungen
Betriebsausgaben R 4.13 (1)
steuerfreie Einnahmen H 3.8
Strafverfahren H 12.3
Wiederheirat, Einkommensteuertarif H 32 a
Wiederholungsabsicht, Nachhaltigkeit H 15.2
Wiederkehrende Leistungen
Betriebsveräußerung R 16 (11)
Einkünfte R 22.1, H 22.1, H 22.4
Sonderausgaben R 10.3
Werbungskosten-Pauschbetrag R 24 a (1)
Willkürlichkeit, Anzahlungen R 7 a (5), H 7 a
Windkraftanlage
AfA H 7.4
Wirtschaftsgut H 4.2 (1)
Wirtschaftliches Eigentum
Beteiligung H 17 (4)
fremdes Wirtschaftsgut H 4.7
Mietereinbauten und -umbauten H 4.2 (3)
Mitunternehmer H 15.8 (1)
Scheidungsklausel H 4.8
Veräußerungsgewinn H 6 b.1, H 16 (4)
Wirtschaftlicher Verkehr, Einkunftserzielung H 15.4
Wirtschaftliche Verursachung, Rückstellung R 5.7 (5)
Wirtschaftsgebäude, AfA R 7.2, R 7.4 (3)
Wirtschaftsgut
Begriff H 4.2 (1)
Gebäudeteil R 4.2 (3–5)
Wirtschaftsjahr
abweichendes W. H 4.5 (2), R 4 a
Durchschnittssatzgewinn R 13 a.2 (7)
Kommanditgesellschaft auf Aktien H 15.8 (4)
Reinvestitionsvergünstigung H 6 b.2
Zu- und Abfluss H 11
Wirtschaftsprüfer, Einkünfte H 15.6

Wirtschaftsüberlassungsvertrag
Allgemeines H 4.8
AfA-Berechtigung H 7.1
Begriff H 13.4
Wissenschaftliche Tätigkeit, Einkünfte H 15.6
Witwen- und Witwerrente H 22.3, R 22.4 (6)
Wochenendwohnung, Entnahme H 4.3 (2–4)
Wohneigentum *s. Eigentumswohnung; Selbst genutzte Wohnung*
Wohngebäude
Einkünfteerzielungsabsicht H 21.2
Erhaltungsaufwand R 21.1 (6)
Gartenanlage R 21.1 (3)
Wohngeld R 33 a.1 (3)
Wohnmobil, Vermietung H 15.7 (3), H 22.8
Wohnrecht *s. Nutzungsrecht*
Wohnung
außergewöhnliche Belastung R 33.2
Betriebsvermögen R 4.2 (4, 9, 10), H 4.2 (7)
Land- und Forstwirt, Nutzungswert R 13.5 (3)
unentgeltlich überlassene W. H 10.2
s. a. Eigentumswohnung; Selbst genutzte Wohnung
Wohnungsbaudarlehen, Abzinsung H 6.10
Wohnungsbauprämie, Einkünfte H 2
Wohnzwecke R 7.2 (1–3), H 7.2

Zählkinder, Kindergeld H 66
Zahnarzt
Betriebsausgaben H 4.5 (2)
Betriebsvermögen H 4.2 (1)
Zeitanteilige AfA R 7.4 (2, 8), H 7.4
Zeitbezogene Leistung, Rechnungsabgrenzung R 5.6 (2), H 5.6
Zeitliche Zurechnung
ausschüttungsbedingte Gewinnminderungen R 50 c
außerordentliche Holznutzungen R 34 b.2 (2)
Betriebseinnahmen und -ausgaben R 4.5 (2)
Einnahmen und Ausgaben H 11
steuerbegünstigte Einkünfte H 34 b.1
Veräußerungsgewinn R 4 a (5), H 16 (4)
Zeitraum
Betriebsaufgabe H 16 (2)
Gewinnübertragung auf Reinvestitionen R 6 b.2 (13)
Zeitrente
Begriff H 22.4
Betriebsveräußerung gegen Z. H 16 (11)
Einkünfte H 22.1
Zeitung, abziehbare Ausgaben H 12.1
Zeitverschobene Inventur
Nichtanwendung R 5.4 (1)
Pensionsverpflichtungen R 6 a (18)
Vorratsvermögen R 5.3 (2, 3)
Zeitweise unbeschränkte Steuerpflicht, Progressionsvorbehalt H 32 b
Zerstörung, Wirtschaftsgut bei Privatnutzung R 4.7 (1)
Zinsanteil Rente
Beteiligungsveräußerung R 17 (7)
Betriebsausgaben R 4.5 (4)
Betriebsveräußerung H 16 (11)
Zinsen
Ausbildungsdarlehen H 10.9
außergewöhnliche Belastung H 33.1–33.4
Bausparzinsen H 21.2
Betriebsausgaben H 4.8
Erstattungszinsen H 20.2
Forderung auf Nutzungsvergütung oder Entschädigung R 34.3 (2)
Herstellungskosten R 6.3 (5), H 6.3
Instandhaltungsrücklage R 21.2 (2)
Lebensversicherung R 20.2, H 20.2
Rechnungsabgrenzung H 5.6
Rückstellung H 5.7 (5)
Zinsinformationsverordnung H 45 e
Zinszuschlag, Veräußerungsgewinn R 6 b.2 (5)
Zinszuschuss, Rechnungsabgrenzung H 5.6
Zivildienst
Kinderberücksichtigung H 32.11
steuerfreie Einnahmen H 3.5
Versicherungsbeiträge H 10.4
Zubehörräume, Gebäude R 4.2 (8), H 4.2 (8), H 4.7, R 7.2 (2)
Zufließen *s. Zufluss*
Zufluss
Betriebseinnahmen R 4.5 (2)
Einnahmen R 11
Kapitalerträge H 20.2, H 44

Zuführung, Pensionsrückstellung R 6 a (11, 20)
Zugangsvoraussetzungen, Durchschnittssatzgewinnermittlung R 13 a.1 (1)
Zugewinngemeinschaft
Auseinandersetzung H 16 (4)
Zurechnung von Einkünften H 26 a
Zukauf, Land- und Forstwirtschaft R 15.5 (5)
Zukunftssicherung, Kürzung des Vorwegabzugs/Höchstbetrags für Vorsorgeaufwendungen H 10.11
Zulässiges Kassenvermögen, Unterstützungskassen R 4 d (13, 14)
Zumutbare Belastung
getrennte Veranlagung H 26 a
Übertragung des Kinderfreibetrags H 32.13
Zuordnung
Entschädigungen und Zuschüsse R 34 b.3 (4)
steuerbegünstigte Einkünfte R 34 b.5 (2)
Tierbestände R 13.2 (2)
Verlust R 10 d (7)
Zupachtung, Flächen, Durchschnittssatzgewinn R 13 a.2 (1)
Zurechnung
Einkünfte bei beschränkter Haftung H 15 a
Einkünfte bei Ehegatten R 26 (2), R 26 b (1)
Einkünfte bei Miteigentum R 21.6, H 21.6
Entgelt-, Lohn- oder Einkommensersatzleistungen R 32 b (3)
Kindergeld R 31 (3), H 31
Zurückbehaltung von Wirtschaftsgütern
bei Betriebsveräußerung H 16 (1)
bei Teilbetriebsveräußerung H 16 (3)
bei unentgeltlicher Betriebsübertragung H 16 (6)
Zusammenballung, Einkünfte H 34.3, R 34.4 (1), H 34.4
Zusammenhang
Bilanzberichtigung und Bilanzänderung R 4.4 (2)
steuerfreie Einnahmen und Betriebsausgaben H 3 c
Zusammenrechnung, Einkünfte R 26 b (1)
Zusammentreffen
Einlage- und Haftungsminderung R 15 a (1)
mehrerer Ansprüche bei Kindergeld H 64
Steuerermäßigungen R 34.1 (1), R 34.2 (2), R 34 b.5 (2)
verschiedener Holznutzungsarten H 34 b.4
Zusammenveranlagung
Allgemeines R 26 b
Altersentlastungsbetrag H 24 a (1)
Anrechnung von ausländischer Steuer R 34 c (3)
ausländische Einkünfte R 2 a (7)
Freibetrag bei Land- und Forstwirten H 13.1
Freigrenze für Einkünfte aus Leistungen R 22.8
Freigrenze für privates Veräußerungsgeschäft H 23
gewerbliche Tierzucht und Tierhaltung H 15.10
Sonderausgaben R 10.1
Verlustabzug R 10 d (6, 9)
Verlustrücktrag R 10 d (2)
Wahlrecht bei ausländischer Steuer R 34 c (4)
Wahlrecht bei Veranlagungsart H 26
Zusätzliche Altersvorsorge
Sonderausgaben H 10 a
Zulagen H 79
Zusatzversorgung
Pensionskassen H 4 c
Rente H 22.4
Zuschätzung, Gewinn R 5.2 (2)
Zuschlag
Durchschnittssatzgewinn R 13 a.2 (2)
Gewinn bei Reinvestitionsvergünstigung R 6 b.2 (5)
Schätzung, Einkünfte mit Auslandsbezug H 12.4
Sonntags-, Feiertags- oder Nachtarbeit, Zuwendungen an Unterstützungskassen R 4 d (12)
Zuschuss
Abzug von Anschaffungs- oder Herstellungskosten R 7.3 (4)
Anlagegut R 6.5

Baudenkmal R 7 i (2), H 10 f
erhöhte Absetzungen R 7 a (4)
Forstwirtschaft R 34 b.3 (4)
Gästehäuser R 4.10 (11)
Privatgebäude H 21.2, R 21.5
Rechnungsabgrenzung H 5.6
Rentnerkrankenversicherung H 3.14, H 10.4
Sanierungs- und Entwicklungsfördermittel R 7 h (4), H 10 f
selbst genutzte Wohnung H 10 f
Sonderabschreibungen R 7 a (4)
Studienkosten R 22.1 (1)
wiederkehrende Leistungen R 22.1
Zuständigkeit
Abzugsteuern bei beschränkter Steuerpflicht H 50 a.2, H 50 d
Bescheinigung H 7 i, H 10 f, H 10 g, H 11 b
Kapitalertragsteuererstattung H 43 b
Kapitalertragsteuerfreistellung H 43 b
Kindergeld H 67
Zustimmung
Realsplitting R 10.2 (2), H 10.2
Umstellung des Wirtschaftsjahrs R 4 a (2), H 4 a
Wegfall der Lifo-Methode R 6.9 (5)
Zu versteuerndes Einkommen, Ermittlung R 2 (1)
Zuwendungen
Angehörige R 10.3 (2), H 12.6
besondere Veranlagung H 26 c
Geschenk R 4.10 (4)
nichtabzugsfähige Ausgaben R 4.14, H 4.14
Pensionskassen R 4 c
Spenden, Sonderausgaben R 10 b.1, H 10 b.1, R 12.5
Spenden, Steuerabzugsbetrag R 12.5, H 34 g
Unterstützungskassen R 4 d
Zuwendungsbestätigung R 10 b.1 (2–5), H 10 b.1, R 10 b.2, H 10 b.2
Zuzahlungen, Veräußerung H 6.2
Zwangsgeld
Betriebsausgaben R 4.13 (4)
Lebenshaltungskosten H 12.4
Zwangsläufigkeit R 33.1, H 33.1–33.4
Zwangsräumung, Anschaffungs- oder Herstellungskosten H 6.4
Zwangsversteigerung
Anschaffungskosten H 6.2
privates Veräußerungsgeschäft H 23
Zinsen H 34.3
Zwangsverwalter, Einkünfte H 15.6
Zweigniederlassung, Teilbetrieb H 16 (3)
Zweiterschließung, Herstellungskosten H 6.4
Zwischenbilanz, Personengesellschaft H 5.2
Zwischenmeister, Direktversicherung R 4 b (5)
Zwischenstaatliche Übereinkommen
Kindergeld R 31 (2), H 31
steuerfreie Einnahmen H 3.0

20. Lohnsteuer-Richtlinien 2015/2021 (LStR 2015/2021)

Allgemeine Verwaltungsvorschrift zum Steuerabzug vom Arbeitslohn

Vom 10.12.2007 (BStBl. I Sondernummer 1)
in der Fassung der LStÄR 2011 vom 23.11.2010 (BStBl. I 2010, 1325), der LStÄR 2013 vom 8. Juli 2013 (BStBl. I S. 851), der LStÄR 2015 vom 22. Oktober 2014 (BStBl. I S. 1344) und der LStÄR 2021 vom 3.6.2021 (BStBl. I 2021, 776)[1)]

Mit den Lohnsteuer-Hinweisen 2022

Nach Artikel 108 Abs. 7 des Grundgesetzes wird folgende Allgemeine Verwaltungsvorschrift erlassen:

Inhaltsverzeichnis

Seite

Einführung 6

Zu § 1 EStG

H 1 6

Zu § 2 EStG

H 2 7

Zu § 3 EStG

(§ 2 Abs. 2 Nr. 3 LStDV)

H 3.0 7

R 3.2 Leistungen nach dem Dritten Buch Sozialgesetzbuch (§ 3 Nr. 2 EStG); H 3.2 7

R 3.4 Überlassung von Dienstkleidung und anderen Leistungen an bestimmte Angehörige des öffentlichen Dienstes (§ 3 Nr. 4 EStG) 8

R 3.5 Geld- und Sachbezüge an Wehrpflichtige und Zivildienstleistende (§ 3 Nr. 5 EStG) *(unbesetzt)*

R 3.6 Gesetzliche Bezüge der Wehr- und Zivildienstbeschädigten, Kriegsbeschädigten, ihrer Hinterbliebenen und der ihnen gleichgestellten Personen (§ 3 Nr. 6 EStG); H 3.6 8

R 3.11 Beihilfen und Unterstützungen, die wegen Hilfsbedürftigkeit gewährt werden (§ 3 Nr. 11 EStG); H 3.11 10

R 3.12 Aufwandsentschädigungen aus öffentlichen Kassen (§ 3 Nr. 12 Satz 2 EStG); H 3.12 13

R 3.13 Reisekostenvergütungen, Umzugskostenvergütungen und Trennungsgelder aus öffentlichen Kassen (§ 3 Nr. 13 EStG); H 3.13 17

H 3.15 Zu § 3 Nr. 15 EStG 18

R 3.16 Steuerfreie Leistungen für Reisekosten, Umzugskosten und Mehraufwendungen bei doppelter Haushaltsführung außerhalb des öffentlichen Dienstes (§ 3 Nr. 16 EStG); H 3.16 19

R 3.26 Steuerbefreiung für nebenberufliche Tätigkeiten (§ 3 Nr. 26 EStG); H 3.26 19

[1)] Die LStÄR 2021 enthalten lediglich punktuelle Änderungen von R 3.12 Abs. 3 und Abs. 5 LStR.

		Seite
H 3.26a	Zu § 3 Nr. 26a EStG	24
R 3.28	Leistungen nach dem Altersteilzeitgesetz (AltTZG) (§ 3 Nr. 28 EStG); H 3.28	24
R 3.30	Werkzeuggeld (§ 3 Nr. 30 EStG); H 3.30	26
R 3.31	Überlassung typischer Berufskleidung (§ 3 Nr. 31 EStG); H 3.31	27
R 3.32	Sammelbeförderung von Arbeitnehmern zwischen Wohnung und erster Tätigkeitsstätte (§ 3 Nr. 32 EStG); H 3.32	28
R 3.33	Unterbringung und Betreuung von nicht schulpflichtigen Kindern (§ 3 Nr. 33 EStG); H 3.33	28
H 3.34	Zu § 3 Nr. 34 EStG	29
H 3.34a	Zu § 3 Nr. 34a EStG	29
H 3.37	Zu § 3 Nr. 37 EStG	30
H 3.39	Zu § 3 Nr. 39 EStG	30
R 3.45	Betriebliche Datenverarbeitungs- und Telekommunikationsgeräte (§ 3 Nr. 45 EStG); H 3.45	31
H 3.46	Zu § 3 Nr. 46 EStG	32
R 3.50	Durchlaufende Gelder, Auslagenersatz (§ 3 Nr. 50 EStG); H 3.50	32
H 3.51	Zu § 3 Nr. 51 EStG	33
H 3.55	Zu § 3 Nr. 55 EStG	34
H 3.55a	Zu § 3 Nr. 55a EStG	34
H 3.55b	Zu § 3 Nr. 55b EStG	34
H 3.55c	Zu § 3 Nr. 55c EStG	34
H 3.56	Zu § 3 Nr. 56 EStG	34
R 3.58	Zuschüsse und Zinsvorteile aus öffentlichen Haushalten (§ 3 Nr. 58 EStG); H 3.58	34
R 3.59	Steuerfreie Mietvorteile (§ 3 Nr. 59 EStG); H 3.59	34
R 3.62	Zukunftssicherungsleistungen (§ 3 Nr. 62 EStG, § 2 Abs. 2 Nr. 3 LStDV); H 3.62	35
H 3.63	Zu § 3 Nr. 63 EStG	41
H 3.63a	Zu § 3 Nr. 63a EStG	41
R 3.64	Kaufkraftausgleich (§ 3 Nr. 64 EStG); H 3.64	41
R 3.65	Insolvenzsicherung (§ 3 Nr. 65 EStG); H 3.65	43
H 3.66	Zu § 3 Nr. 66 EStG	43
H 3.67	Zu § 3 Nr. 67 EStG	44
	Zu § 3b EStG	
R 3b	Steuerfreiheit der Zuschläge für Sonntags-, Feiertags- oder Nachtarbeit (§ 3b EStG); H 3b	44
	Zu § 8 EStG (§ 4 Abs. 3 LStDV)	
R 8.1	Bewertung der Sachbezüge (§ 8 Abs. 2 EStG); H 8.1	53
R 8.2	Bezug von Waren und Dienstleistungen (§ 8 Abs. 3 EStG); H 8.2	72
	Zu § 9 EStG	
R 9.1	Werbungskosten; H 9.1	77
R 9.2	Aufwendungen für die Aus- und Fortbildung; H 9.2	85
R 9.3	Ausgaben im Zusammenhang mit Berufsverbänden; H 9.3	87
R 9.4	Reisekosten; H 9.4	88
R 9.5	Fahrtkosten als Reisekosten; H 9.5	89
R 9.6	Verpflegungsmehraufwendungen als Reisekosten; H 9.6	92
R 9.7	Übernachtungskosten; H 9.7	94
R 9.8	Reisenebenkosten; H 9.8	95
R 9.9	Umzugskosten; H 9.9	97
R 9.10	Aufwendungen für Wege zwischen Wohnung und erster Tätigkeitsstätte sowie Fahrten nach § 9 Abs. 1 Satz 3 Nr. 4a Satz 3 EStG; H 9.10	100
R 9.11	Mehraufwendungen bei doppelter Haushaltsführung; H 9.11	105

		Seite
R 9.12	Arbeitsmittel; H 9.12	114
R 9.13	Werbungskosten bei Heimarbeitern	117
H 9.14	Häusliches Arbeitszimmer	117
	Zu § 9a EStG	
H 9a		117
	Zu § 10 EStG	
H 10		117
	Zu § 11 EStG	
H 11		118
	Zu § 19 EStG (§§ 1 und 2 LStDV)	
H 19.0	Arbeitnehmer	118
R 19.1	Arbeitgeber; H 19.1	122
R 19.2	Nebentätigkeit und Aushilfstätigkeit; H 19.2	123
R 19.3	Arbeitslohn; H 19.3	126
R 19.4	Vermittlungsprovisionen; H 19.4	134
R 19.5	Zuwendungen bei Betriebsveranstaltungen; H 19.5	135
R 19.6	Aufmerksamkeiten; H 19.6	138
R 19.7	Berufliche Fort- oder Weiterbildungsleistungen des Arbeitgebers; H 19.7	139
R 19.8	Versorgungsbezüge; H 19.8	141
R 19.9	Zahlung von Arbeitslohn an die Erben oder Hinterbliebenen eines verstorbenen Arbeitnehmers; H 19.9	145
	Zu § 19a EStG	
R 19a	Steuerbegünstigte Überlassung von Vermögensbeteiligungen; H 19a	147
	Zu § 24a EStG	
H 24a		147
	Zu § 24b EStG	
H 24b		147
	Zu § 32 EStG	
H 32		147
	Zu § 32b EStG	
H 32b		147
	Zu § 33 EStG	
H 33		147
	Zu § 33a EStG	
H 33a		148
	Zu § 33b EStG	
H 33b		148
	Zu § 34 EStG	
H 34		148
	Zu § 34g EStG	
H 34g		149
	Zu § 35a EStG	
H 35a		149

	Zu § 37a EStG	Seite
H 37a	....	149
	Zu § 37b EStG	
H 37b	....	149
	Zu § 38 EStG	
R 38.1	Steuerabzug vom Arbeitslohn; H 38.1	149
R 38.2	Zufluss von Arbeitslohn; H 38.2	150
R 38.3	Einbehaltungspflicht des Arbeitgebers; H 38.3	154
R 38.4	Lohnzahlung durch Dritte; H 38.4	155
R 38.5	Lohnsteuerabzug durch Dritte	156
	Zu § 38b EStG	
H 38b	....	157
	Zu § 39 EStG	
R 39.1	*(unbesetzt);* H 39.1	157
R 39.2	Änderungen und Ergänzungen der Lohnsteuerabzugsmerkmale	157
R 39.3	Bescheinigung für den Lohnsteuerabzug	158
R 39.4	Lohnsteuerabzug bei beschränkter Einkommensteuerpflicht; H 39.4	159
	Zu § 39a EStG	
R 39a.1	Verfahren bei der Bildung eines Freibetrags oder eines Hinzurechnungsbetrags; H 39a.1	161
R 39a.2	Freibetrag wegen negativer Einkünfte; H 39a.2	165
R 39a.3	Freibeträge bei Ehegatten; H 39a.3	166
	Zu § 39b EStG	
R 39b.1	*(unbesetzt)*	
R 39b.2	Laufender Arbeitslohn und sonstige Bezüge	167
R 39b.3	Freibeträge für Versorgungsbezüge	168
R 39b.4	Altersentlastungsbetrag beim Lohnsteuerabzug	168
R 39b.5	Einbehaltung der Lohnsteuer vom laufenden Arbeitslohn; H 39b.5	169
R 39b.6	Einbehaltung der Lohnsteuer von sonstigen Bezügen; H 39b.6	171
R 39b.7	*(unbesetzt);* H 39b.7	174
R 39b.8	Permanenter Lohnsteuer-Jahresausgleich	175
R 39b.9	Besteuerung des Nettolohns; H 39b.9	176
R 39b.10	Anwendung von Doppelbesteuerungsabkommen; H 39b.10	177
	Zu § 39c EStG	
R 39c	Lohnsteuerabzug durch Dritte ohne Lohnsteuerabzugsmerkmale; H 39c	179
	Zu § 39d EStG	
R 39d	Durchführung des Lohnsteuerabzugs für beschränkt einkommensteuerpflichtige Arbeitnehmer *(unbesetzt)*	
	Zu § 39e EStG	
H 39e	....	179
	Zu § 40 EStG	
R 40.1	Bemessung der Lohnsteuer nach besonderen Pauschsteuersätzen (§ 40 Abs. 1 EStG); H 40.1	180
R 40.2	Bemessung der Lohnsteuer nach einem festen Pauschsteuersatz (§ 40 Abs. 2 EStG); H 40.2	183

		Seite
	Zu § 40a EStG	
R 40a.1	Kurzfristig Beschäftigte und Aushilfskräfte in der Land- und Forstwirtschaft; H 40a.1	187
R 40a.2	Geringfügig entlohnte Beschäftigte; H 40a.2	191
	Zu § 40b EStG	
R 40b.1	Pauschalierung der Lohnsteuer bei Beiträgen zu Direktversicherungen und Zuwendungen an Pensionskassen für Versorgungszusagen, die vor dem 1.1.2005 erteilt wurden; H 40b.1	192
R 40b.2	Pauschalierung der Lohnsteuer bei Beiträgen zu einer Gruppenunfallversicherung; H 40b.2	202
	Zu § 41 EStG (§§ 4, 5 LStDV)	
R 41.1	Aufzeichnungserleichterungen, Aufzeichnung der Religionsgemeinschaft	203
R 41.2	Aufzeichnung des Großbuchstaben U	204
R 41.3	Betriebsstätte; H 41.3	204
	Zu § 41a EStG	
R 41a.1	Lohnsteuer-Anmeldung; H 41a.1	209
R 41a.2	Abführung der Lohnsteuer	211
	Zu § 41b EStG	
R 41b.	Abschluss des Lohnsteuerabzugs; H 41b	211
	Zu § 41c EStG	
R 41c.1	Änderung des Lohnsteuerabzugs; H 41c.1	212
R 41c.2	Anzeigepflichten des Arbeitgebers	214
R 41c.3	Nachforderung von Lohnsteuer; H 41c.3	215
	Zu § 42b EStG	
R 42b	Durchführung des Lohnsteuer-Jahresausgleichs durch den Arbeitgeber; H 42b	218
	Zu § 42d EStG	
R 42d.1	Inanspruchnahme des Arbeitgebers; H 42d.1	219
R 42d.2	Haftung bei Arbeitnehmerüberlassung; H 42d.2	227
R 42d.3	Haftung bei Lohnsteuerabzug durch einen Dritten; H 42d.3	231
	Zu § 42e EStG	
R 42e	Anrufungsauskunft; H 42e	231
	Zu § 42f EStG	
R 42f	Lohnsteuer-Außenprüfung; H 42f	232
	Zu § 42g EStG	
H 42g		233
	Zu § 46 EStG	
H 46		234
	Zu § 100 EStG	
H 100		234

Einführung[1)]

(1) Die Lohnsteuer-Richtlinien in der geänderten Fassung (Lohnsteuer-Richtlinien 2015 – LStR 2015 –)[2)] enthalten im Interesse einer einheitlichen Anwendung des Lohnsteuerrechts durch die Finanzbehörden Erläuterungen der Rechtslage, Weisungen zur Auslegung des Einkommensteuergesetzes und seiner Durchführungsverordnungen sowie Weisungen zur Vermeidung unbilliger Härten und zur Verwaltungsvereinfachung.

(2) [1] Die LStR 2015 sind beim Steuerabzug vom Arbeitslohn für Lohnzahlungszeiträume anzuwenden, die nach dem 31.12.2014 enden, und für sonstige Bezüge, die dem Arbeitnehmer nach dem 31.12.2014 zufließen. [2] Sie gelten auch für frühere Zeiträume, soweit sie geänderte Vorschriften des Einkommensteuergesetzes betreffen, die vor dem 1.1.2015 anzuwenden sind. [3] Die LStR 2015 sind auch für frühere Jahre anzuwenden, soweit sie lediglich eine Erläuterung der Rechtslage darstellen. [4] R 19a ist nur bis zum 31.12.2015 anzuwenden. [5] Die obersten Finanzbehörden der Länder können mit Zustimmung des Bundesministeriums der Finanzen (BMF) die in den Lohnsteuer-Richtlinien festgelegten Höchst- und Pauschbeträge ändern, wenn eine Anpassung an neue Rechtsvorschriften oder an die wirtschaftliche Entwicklung geboten ist.

(3) Sämtliche Regelungen dieser Richtlinien zu Ehegatten und Ehen gelten entsprechend auch für Lebenspartner und Lebenspartnerschaften.

(4) Anordnungen, die mit den nachstehenden Richtlinien im Widerspruch stehen, sind nicht mehr anzuwenden.

(5) Diesen Richtlinien liegt, soweit im Einzelnen keine andere Fassung angegeben ist, das Einkommensteuergesetz i. d. F. der Bekanntmachung vom 8.10.2009 (BGBl. I S. 3366, S. 3862, BStBl. I S. 1346), zuletzt geändert durch Artikel 1 bis 3 des Gesetzes zur Anpassung des nationalen Steuerrechts an den Beitritt Kroatiens zur EU und zur Änderung weiterer steuerlicher Vorschriften vom 25.7.2014 (BGBl. I S. 1266), zu Grunde.

Zu § 1 EStG

H 1

Erweiterte unbeschränkte Steuerpflicht und unbeschränkte Steuerpflicht auf Antrag. → R 1 EStR, H 1a EStH.

[1)] **Anwendung der LStH 2022** (aus dem Vorwort zum Amtlichen LSt-Handbuch 2022): Die für den Lohnsteuerabzug in 2022 maßgeblichen Hinweise wurden von den obersten Finanzbehörden des Bundes und der Länder beschlossen. Sie machen den Rechtsanwender aufmerksam auf höchstrichterliche Rechtsprechung, BMF-Schreiben und Rechtsquellen außerhalb des Einkommensteuerrechts, die in das Einkommensteuerrecht hineinwirken. Sie enthalten den ausgewählten aktuellen Stand (18.11.2021) der höchstrichterlichen Rechtsprechung und der im Bundessteuerblatt veröffentlichten BMF-Schreiben.

Die im Bundessteuerblatt veröffentlichten Urteile und Beschlüsse des BFH sind in gleich gelagerten Fällen anzuwenden, soweit hierzu kein „Nichtanwendungserlass" ergangen ist.

[2)] Die LStÄR 2021, BStBl. I 2021, 776, enthalten lediglich punktuelle Änderungen von R 3.12 Abs. 3 und Abs. 5 LStR.

Zu § 2 EStG

H 2 → R 2 EStR, H 2 EStH.[1]

Zu § 3 EStG
(§ 2 Abs. 2 Nr. 3 LStDV)

H 3.0

Steuerbefreiungen nach anderen Gesetzen, Verordnungen und Verträgen. → R 3.0 EStR, H 3.0 EStH.[1]

R 3.2 Leistungen nach dem Dritten Buch Sozialgesetzbuch (§ 3 Nr. 2 EStG)

(1) [1]Steuerfrei sind das Arbeitslosengeld und das Teilarbeitslosengeld nach dem Dritten Buch Sozialgesetzbuch.[2] [2]Etwaige spätere Zahlungen des Arbeitgebers an die Agentur für Arbeit auf Grund des gesetzlichen Forderungsübergangs (§ 115 SGB X)[2] sind ebenfalls steuerfrei, wenn über das Vermögen des Arbeitgebers das Insolvenzverfahren eröffnet worden ist oder einer der Fälle des § 165 Abs. 1 Satz 2 Nr. 2 oder 3 SGB III[2] vorliegt. [3]Hat die Agentur für Arbeit in den Fällen der § 157 Abs. 3 und § 158 Abs. 4 SGB III[2] zunächst Arbeitslosengeld gezahlt und zahlt der Arbeitnehmer dieses auf Grund dieser Vorschriften der Agentur für Arbeit zurück, bleibt die Rückzahlung mit Ausnahme des Progressionsvorbehalts (→ R 32b EStR)[1] ohne steuerliche Auswirkung (§ 3c EStG); der dem Arbeitnehmer vom Arbeitgeber nachgezahlte Arbeitslohn ist grundsätzlich steuerpflichtig.

(2) Steuerfrei sind außerdem das Insolvenzgeld (§ 165 SGB III)[2] und Leistungen des Insolvenzverwalters oder des ehemaligen Arbeitgebers auf Grund von § 169 Satz 1 SGB III an die Bundesagentur oder Leistungen der Einzugsstelle an die Agentur für Arbeit auf Grund von § 175 Abs. 2 SGB III.

(3) Zu den steuerfreien Leistungen nach dem SGB III[2] gehört auch das Wintergeld, das als Mehraufwands-Wintergeld zur Abgeltung der witterungsbedingten Mehraufwendungen bei Arbeit und als Zuschuss-Wintergeld für jede aus Arbeitszeitguthaben ausgeglichene Ausfallstunde (zur Vermeidung der Inanspruchnahme des Saison-Kurzarbeitergeldes) gezahlt wird (§ 102 SGB III).

(4) Steuerfrei sind auch das Übergangsgeld und der Gründungszuschuss, die behinderten oder von Behinderung bedrohten Menschen nach den §§ 45 bis 52 SGB IX[2] bzw. § 33 Abs. 3 Nr. 5 SGB IX geleistet werden, weil es sich um Leistungen im Sinne des SGB III,[2] SGB VI,[2] SGB VII[2] oder des Bundesversorgungsgesetzes (BVG) handelt.

H 3.2

Zahlungen des Arbeitgebers an die Agentur für Arbeit. Leistet der Arbeitgeber auf Grund des gesetzlichen Forderungsübergangs nach § 115

[1] Nr. **1.**
[2] **Aichberger SGB** Nr. **3,** Nr. **6,** Nr. **7,** Nr. **9** bzw. Nr. **10.**

SGB X[1] eine Lohnnachzahlung unmittelbar an die Arbeitsverwaltung, führt dies beim Arbeitnehmer zum Zufluss von Arbeitslohn (→ BFH vom 15.11.2007 – BStBl. 2008 II S. 375). Sind die Voraussetzungen von R 3.2 Abs. 1 Satz 2 nicht erfüllt, d.h. liegt kein Konkurs-, Gesamtvollstreckungs- oder Insolvenzverfahren vor, sind die Zahlungen des Arbeitgebers steuerpflichtiger Arbeitslohn (→ BFH vom 16.3.1993 – BStBl. II S. 507); in diesen Fällen ist R 39b.6 Abs. 3 zu beachten.

R 3.4 Überlassung von Dienstkleidung und anderen Leistungen an bestimmte Angehörige des öffentlichen Dienstes (§ 3 Nr. 4 EStG)

[1]Die Steuerfreiheit nach § 3 Nr. 4 Buchstaben a und b EStG gilt für sämtliche Dienstbekleidungsstücke, die die Angehörigen der genannten Berufsgruppen nach den jeweils maßgebenden Dienstbekleidungsvorschriften zu tragen verpflichtet sind. [2]Zu den Angehörigen der Bundeswehr oder der Bundespolizei i. S. d. § 3 Nr. 4 EStG gehören nicht die Zivilbediensteten.

R 3.5 Geld- und Sachbezüge an Wehrpflichtige und Zivildienstleistende (§ 3 Nr. 5 EStG)[2] *(unbesetzt)*

R 3.6 Gesetzliche Bezüge der Wehr- und Zivildienstbeschädigten, Kriegsbeschädigten, ihrer Hinterbliebenen und der ihnen gleichgestellten Personen (§ 3 Nr. 6 EStG)

(1) [1]Steuerfreie Bezüge nach § 3 Nr. 6 EStG sind die Leistungen nach dem BVG ohne Rücksicht darauf, ob sie sich unmittelbar aus diesem oder aus Gesetzen, die es für anwendbar erklären, ergeben, ferner Leistungen nach den § 41 Abs. 2, §§ 63, 63a, 63b, 63e, 63f, 85 und 86 des Soldatenversorgungsgesetzes (SVG)[3] sowie nach § 35 Abs. 5 und nach § 50 des Zivildienstgesetzes (ZDG).[4] [2]Zu den Gesetzen, die das BVG für anwendbar erklären, gehören

1. das SVG (§§ 80, 81b, 81e, 81f des Gesetzes),
2. das ZDG (§§ 47, 47b des Gesetzes),
3. das Häftlingshilfegesetz (§§ 4 und 5 des Gesetzes, § 8 des Gesetzes i. V. m. § 86 BVG),[5]
4. das Gesetz über die Unterhaltsbeihilfe für Angehörige von Kriegsgefangenen (§ 3 des Gesetzes i. V. m. § 86 BVG),
5. das Gesetz über den Bundesgrenzschutz vom 18.8.1972 in der jeweils geltenden Fassung (§ 59 Abs. 1 des Gesetzes i. V. m. dem SVG),

---

[1] **Aichberger SGB** Nr. **10.**

[2] § 3 Nr. 5 EStG neugef. durch „JStG 2019" v. 12.12.2019, BGBl. I 2019, 2451, mWv 1.1.2020.

[3] **Sartorius** Nr. **625.**

[4] **Bundesversorgungsgesetz** Nr. **200.**

[5] **Bundesversorgungsgesetz** Nr. **150.**

6. das Gesetz zur Regelung der Rechtsverhältnisse der unter Artikel 131 des Grundgesetzes fallenden Personen (§§ 66, 66a des Gesetzes) unter Beachtung der Anwendungsregelung des § 2 Dienstrechtliches Kriegsfolgen-Abschlussgesetz,
7. das Gesetz zur Einführung des BVG im Saarland vom 16.8.1961 (§ 5 Abs. 1 des Gesetzes),
8. das Gesetz über die Entschädigung für Opfer von Gewalttaten (§§ 1, 10a des Gesetzes),[1]
9. das Infektionsschutzgesetz (§ 60 des Gesetzes),[2]
10. das Strafrechtliche Rehabilitierungsgesetz (§§ 21, 22 des Gesetzes),[3]
11. das Verwaltungsrechtliche Rehabilitierungsgesetz (§§ 3, 4 des Gesetzes).[4]

(2) Zu den nach § 3 Nr. 6 EStG versorgungshalber gezahlten Bezügen, die nicht auf Grund der Dienstzeit gewährt werden, gehören auch

1. Bezüge der Berufssoldaten der früheren Wehrmacht, der Angehörigen des Vollzugsdienstes der Polizei, des früheren Reichswasserschutzes, der Beamten der früheren Schutzpolizei der Länder sowie der früheren Angehörigen der Landespolizei und ihrer Hinterbliebenen,
2. die Unfallfürsorgeleistungen an Beamte auf Grund der §§ 32 bis 35, 38, 40, 41, 43 und 43a des Beamtenversorgungsgesetzes (BeamtVG),[5] Unterhaltsbeiträge nach § 38a BeamtVG oder vergleichbarem Landesrecht, die einmalige Unfallentschädigung und die entsprechende Entschädigung für Hinterbliebene nach § 20 Abs. 4 und 5 des Einsatz-Weiterverwendungsgesetzes,
3. die Dienstbeschädigungsvollrenten und die Dienstbeschädigungsteilrenten nach den Versorgungsordnungen der Nationalen Volksarmee (VSO-NVA), der Volkspolizei, der Feuerwehr und des Strafvollzugs des Ministeriums des Innern (VSO-MdI), der DDR-Zollverwaltung (VSO-Zoll) und des Ministeriums für Staatssicherheit/Amtes für Nationale Sicherheit (VSO-MfS/AfNS) sowie der Dienstbeschädigungsausgleich, der ab dem 1.1.1997 nach dem Gesetz über einen Ausgleich für Dienstbeschädigungen im Beitrittsgebiet vom 11.11.1996 (BGBl. I S. 1676) anstelle der vorbezeichneten Renten gezahlt wird.

H 3.6

Bezüge aus EU-Mitgliedstaaten. § 3 Nr. 6 EStG ist auch auf Bezüge von Kriegsbeschädigten und gleichgestellten Personen anzuwenden, die aus öffentlichen Mitteln anderer EU-Mitgliedstaaten gezahlt werden (→ BFH vom 22.1.1997 – BStBl. II S. 358).

---

[1] **Habersack II** Nr. **93a.**
[2] **Aichberger SGB** Nr. **20/30.**
[3] **Sartorius III** Nr. **90.**
[4] **Sartorius III** Nr. **92.**
[5] **Sartorius** Nr. **155.**

Erhöhtes Unfallruhegehalt nach § 37 BeamtVG[1] ist ein Bezug, der auf Grund der Dienstzeit gewährt wird, und somit nicht nach § 3 Nr. 6 EStG steuerbefreit ist (→ BFH vom 29.5.2008 – BStBl. 2009 II S. 150).

Unterhaltsbeitrag nach § 38 BeamtVG ist ein Bezug, der „versorgungshalber" gezahlt wird und somit nach § 3 Nr. 6 EStG steuerbefreit ist (→ BFH vom 16.1.1998 – BStBl. II S. 303).

R 3.11 Beihilfen und Unterstützungen, die wegen Hilfsbedürftigkeit gewährt werden (§ 3 Nr. 11 EStG)

Beihilfen und Unterstützungen aus öffentlichen Mitteln

(1) [1] Steuerfrei sind

1. Beihilfen in Krankheits-, Geburts- oder Todesfällen nach den Beihilfevorschriften des Bundes oder der Länder sowie Unterstützungen in besonderen Notfällen, die aus öffentlichen Kassen gezahlt werden;
2. Beihilfen in Krankheits-, Geburts- oder Todesfällen oder Unterstützungen in besonderen Notfällen an Arbeitnehmer von Körperschaften, Anstalten oder Stiftungen des öffentlichen Rechts auf Grund von Beihilfevorschriften (Beihilfegrundsätzen) oder Unterstützungsvorschriften (Unterstützungsgrundsätzen) des Bundes oder der Länder oder von entsprechenden Regelungen;
3. Beihilfen und Unterstützungen an Arbeitnehmer von Verwaltungen, Unternehmen oder Betrieben, die sich überwiegend in öffentlicher Hand befinden, wenn
   a) die Verwaltungen, Unternehmen oder Betriebe einer staatlichen oder kommunalen Aufsicht und Prüfung der Finanzgebarung bezüglich der Entlohnung und der Gewährung der Beihilfen unterliegen und
   b) die Entlohnung sowie die Gewährung von Beihilfen und Unterstützungen für die betroffenen Arbeitnehmer ausschließlich nach den für Arbeitnehmer des öffentlichen Dienstes geltenden Vorschriften und Vereinbarungen geregelt sind;
4. Beihilfen und Unterstützungen an Arbeitnehmer von Unternehmen, die sich nicht überwiegend in öffentlicher Hand befinden, z. B. staatlich anerkannte Privatschulen, wenn
   a) hinsichtlich der Entlohnung, der Reisekostenvergütungen und der Gewährung von Beihilfen und Unterstützungen nach den Regelungen verfahren wird, die für den öffentlichen Dienst gelten,
   b) die für die Bundesverwaltung oder eine Landesverwaltung maßgeblichen Vorschriften über die Haushalts-, Kassen- und Rechnungsführung und über die Rechnungsprüfung beachtet werden und
   c) das Unternehmen der Prüfung durch den Bundesrechnungshof oder einen Landesrechnungshof unterliegt.

---

[1] **Sartorius** Nr. **155.**

Unterstützungen an Arbeitnehmer im privaten Dienst

(2)[1] [1]Unterstützungen, die von privaten Arbeitgebern an einzelne Arbeitnehmer gezahlt werden, sind steuerfrei, wenn die Unterstützungen dem Anlass nach gerechtfertigt sind, z.B. in Krankheits- und Unglücksfällen. [2]Voraussetzung für die Steuerfreiheit ist, dass die Unterstützungen

1. aus einer mit eigenen Mitteln des Arbeitgebers geschaffenen, aber von ihm unabhängigen und mit ausreichender Selbständigkeit ausgestatteten Einrichtung gewährt werden. [2]Das gilt nicht nur für bürgerlich-rechtlich selbständige Unterstützungskassen, sondern auch für steuerlich selbständige Unterstützungskassen ohne bürgerlich-rechtliche Rechtspersönlichkeit, auf deren Verwaltung der Arbeitgeber keinen maßgebenden Einfluss hat;
2. aus Beträgen gezahlt werden, die der Arbeitgeber dem Betriebsrat oder sonstigen Vertretern der Arbeitnehmer zu dem Zweck überweist, aus diesen Beträgen Unterstützungen an die Arbeitnehmer ohne maßgebenden Einfluss des Arbeitgebers zu gewähren;
3. vom Arbeitgeber selbst erst nach Anhörung des Betriebsrats oder sonstiger Vertreter der Arbeitnehmer gewährt oder nach einheitlichen Grundsätzen bewilligt werden, denen der Betriebsrat oder sonstige Vertreter der Arbeitnehmer zugestimmt haben.

[3]Die Voraussetzungen des Satzes 2 Nr. 1 bis 3 brauchen nicht vorzuliegen, wenn der Betrieb weniger als fünf Arbeitnehmer beschäftigt. [4]Die Unterstützungen sind bis zu einem Betrag von 600 Euro je Kalenderjahr steuerfrei. [5]Der 600 Euro übersteigende Betrag gehört nur dann nicht zum steuerpflichtigen Arbeitslohn, wenn er aus Anlass eines besonderen Notfalls gewährt wird. [6]Bei der Beurteilung, ob ein solcher Notfall vorliegt, sind auch die Einkommensverhältnisse und der Familienstand des Arbeitnehmers zu berücksichtigen; drohende oder bereits eingetretene Arbeitslosigkeit begründet für sich keinen besonderen Notfall im Sinne dieser Vorschrift. [7]Steuerfrei sind auch Leistungen des Arbeitgebers zur Aufrechterhaltung und Erfüllung eines Beihilfeanspruchs nach beamtenrechtlichen Vorschriften sowie zum Ausgleich von Beihilfeaufwendungen früherer Arbeitgeber im Falle der Beurlaubung oder Gestellung von Arbeitnehmern oder des Übergangs des öffentlich-rechtlichen Dienstverhältnisses auf den privaten Arbeitgeber, wenn Versicherungsfreiheit in der gesetzlichen Krankenversicherung nach § 6 Abs. 1 Nr. 2 SGB V[2] besteht.

H 3.11

Beamte bei Postunternehmen. → § 3 Nr. 35 EStG.

Beihilfen aus öffentlichen Haushalten. Für nicht nach R 3.11 Abs. 1 Nr. 3 oder 4 steuerfreie Beihilfen kann eine Steuerfreiheit in Betracht kommen, soweit die Mittel aus einem öffentlichen Haushalt stammen und über die Gelder nur nach Maßgabe der haushaltsrechtlichen Vorschriften

[1] Zur Steuerbefreiung für Beihilfen und Unterstützungen nach § 3 Nr. 11a EStG für Arbeitnehmer in der Corona-Krise siehe BMF v. 26.10.2020, BStBl. I 2020, 1227; § 3 Nr. 11a EStG Anwendung verlängert bis 31.3.2022 durch G v. 2.6.2021, BGBl. I 2021, 1259.

[2] **Aichberger SGB** Nr. **5**.

des öffentlichen Rechts verfügt werden kann und ihre Verwendung einer gesetzlich geregelten Kontrolle unterliegt (→ BFH vom 15.11.1983 – BStBl. 1984 II S. 113); ist das Verhältnis der öffentlichen Mittel zu den Gesamtkosten im Zeitpunkt des Lohnsteuerabzugs nicht bekannt, so muss das Verhältnis ggf. geschätzt werden.

Beihilfen von einem Dritten gehören regelmäßig zum steuerpflichtigen Arbeitslohn, wenn dies durch eine ausreichende Beziehung zwischen dem Arbeitgeber und dem Dritten gerechtfertigt ist (→ BFH vom 27.1.1961 – BStBl. III S. 167).

Erholungsbeihilfen und andere Beihilfen gehören grundsätzlich zum steuerpflichtigen Arbeitslohn, soweit sie nicht ausnahmsweise als Unterstützungen anzuerkennen sind (→ BFH vom 14.1.1954 – BStBl. III S. 86, vom 4.2.1954 – BStBl. III S. 111, vom 5.7.1957 – BStBl. III S. 279 und vom 18.3.1960 – BStBl. III S. 237).

Öffentliche Kassen. Öffentliche Kassen sind die Kassen der inländischen juristischen Personen des öffentlichen Rechts und solche Kassen, die einer Dienstaufsicht und Prüfung der Finanzgebarung durch die inländische öffentliche Hand unterliegen (→ BFH vom 7.8.1986 – BStBl. II S. 848). Zu den öffentlichen Kassen gehören danach neben den Kassen des Bundes, der Länder und der Gemeinden insbesondere auch die Kassen der öffentlich-rechtlichen Religionsgemeinschaften, die Ortskrankenkassen, Landwirtschaftliche Krankenkassen, Innungskrankenkassen und Ersatzkassen sowie die Kassen des Bundeseisenbahnvermögens, der Deutschen Bundesbank, der öffentlich-rechtlichen Rundfunkanstalten, der Berufsgenossenschaften, Gemeindeunfallversicherungsverbände, der Deutschen Rentenversicherung (Bund, Knappschaft-Bahn-See, Regionalträger) und die Unterstützungskassen der Postunternehmen sowie deren Nachfolgeunternehmen → § 3 Nr. 35 EStG.

Öffentliche Stiftung. → H 3.11 EStH.[1]

Sterbegeld. Das nach beamtenrechtlichen Grundsätzen gezahlte pauschale, nach den Dienstbezügen bzw. dem Ruhegehalt des Verstorbenen bemessene Sterbegeld ist nicht nach § 3 Nr. 11 EStG steuerfrei (→ BFH vom 19.4.2021 – BStBl. II S. 909).

Steuerfreiheit nach § 3 Nr. 11 EStG.

– Voraussetzung ist eine offene Verausgabung nach Maßgabe der haushaltsrechtlichen Vorschriften und unter gesetzlicher Kontrolle (→ BFH vom 9.4.1975 – BStBl. II S. 577 und vom 15.11.1983 – BStBl. 1984 II S. 113).
– Empfänger einer steuerfreien Beihilfe können nur Personen sein, denen sie im Hinblick auf den Zweck der Leistung bewilligt worden ist (→ BFH vom 19.6.1997 – BStBl. II S. 652).
– Zu den steuerfreien Erziehungs- und Ausbildungsbeihilfen gehören die Leistungen nach dem BAföG sowie die Ausbildungszuschüsse nach § 5 Abs. 4 SVG.

---

[1] Nr. **1**.

– Zu den steuerfreien Erziehungs- und Ausbildungsbeihilfen gehören **nicht** die Unterhaltszuschüsse an Beamte im Vorbereitungsdienst – Beamtenanwärter (→ BFH vom 12.8.1983 – BStBl. II S. 718), die zur Sicherstellung von Nachwuchskräften gezahlten Studienbeihilfen und die für die Fertigung einer Habilitationsschrift gewährten Beihilfen (→ BFH vom 4.5.1972 – BStBl. II S. 566).

Stipendien. → R 3.44 EStR, H 3.44 EStH.[1]

R 3.12 Aufwandsentschädigungen aus öffentlichen Kassen (§ 3 Nr. 12 Satz 2 EStG)

(1) [1] Öffentliche Dienste leisten grundsätzlich alle Personen, die im Dienst einer juristischen Person des öffentlichen Rechts stehen und hoheitliche (einschl. schlichter Hoheitsverwaltung) Aufgaben ausüben, die nicht der Daseinsvorsorge zuzurechnen sind. [2] Keine öffentlichen Dienste im Sinne dieser Vorschrift leisten hingegen Personen, die in der fiskalischen Verwaltung tätig sind.

(2) [1] Voraussetzung für die Anerkennung als steuerfreie Aufwandsentschädigung nach § 3 Nr. 12 Satz 2 EStG ist, dass die gezahlten Beträge dazu bestimmt sind, Aufwendungen abzugelten, die steuerlich als Werbungskosten oder Betriebsausgaben abziehbar wären. [2] Eine steuerfreie Aufwandsentschädigung liegt deshalb insoweit nicht vor, als die Entschädigung für Verdienstausfall oder Zeitverlust oder zur Abgeltung eines Haftungsrisikos gezahlt wird oder dem Empfänger ein abziehbarer Aufwand nicht oder offenbar nicht in Höhe der gewährten Entschädigung erwächst. [3] Das Finanzamt hat das Recht und die Pflicht zu prüfen, ob die als Aufwandsentschädigung gezahlten Beträge tatsächlich zur Bestreitung eines abziehbaren Aufwands erforderlich sind. [4] Dabei ist nicht erforderlich, dass der Steuerpflichtige alle seine dienstlichen Aufwendungen bis ins kleinste nachweist. [5] Entscheidend ist auch nicht, welche Aufwendungen einem einzelnen Steuerpflichtigen in einem einzelnen Jahr tatsächlich erwachsen sind, sondern ob Personen in gleicher dienstlicher Stellung im Durchschnitt der Jahre abziehbare Aufwendungen etwa in Höhe der Aufwandsentschädigung erwachsen. [6] Eine Nachprüfung ist nur geboten, wenn dazu ein Anlass von einigem Gewicht besteht. [7] Werden im kommunalen Bereich ehrenamtlich tätigen Personen Bezüge unter der Bezeichnung Aufwandsentschädigung gezahlt, so sind sie nicht nach § 3 Nr. 12 Satz 2 EStG steuerfrei, soweit sie auch den Aufwand an Zeit und Arbeitsleistung sowie den entgangenen Arbeitsverdienst und das Haftungsrisiko abgelten oder den abziehbaren Aufwand offensichtlich übersteigen.

(3) [1] Zur Erleichterung der Feststellung, inwieweit es sich in den Fällen des § 3 Nr. 12 Satz 2 EStG um eine steuerfreie Aufwandsentschädigung handelt, ist wie folgt zu verfahren:

[2] Sind die Anspruchsberechtigten und der Betrag oder auch ein Höchstbetrag der aus einer öffentlichen Kasse gewährten Aufwandsentschädigung durch Gesetz oder Rechtsverordnung bestimmt, so ist die Aufwandsentschädigung

---

[1] Nr. **1**.

1. bei hauptamtlich tätigen Personen in voller Höhe steuerfrei,
2. bei ehrenamtlich tätigen Personen in Höhe von $^1/_3$ der gewährten Aufwandsentschädigung, mindestens 250 Euro[1)] monatlich steuerfrei.

[3]Sind die Anspruchsberechtigten und der Betrag oder auch ein Höchstbetrag nicht durch Gesetz oder Rechtsverordnung bestimmt, so kann bei hauptamtlich und ehrenamtlich tätigen Personen in der Regel ohne weiteren Nachweis ein steuerlich anzuerkennender Aufwand von 250 Euro[1)] monatlich angenommen werden. [4]Ist die Aufwandsentschädigung niedriger als 250 Euro[1)] monatlich, so bleibt nur der tatsächlich geleistete Betrag steuerfrei. [5]Bei Personen, die für mehrere Körperschaften des öffentlichen Rechts tätig sind, sind die steuerfreien monatlichen Mindest- und Höchstbeträge auf die Entschädigung zu beziehen, die von der einzelnen öffentlich-rechtlichen Körperschaft an diese Personen gezahlt wird. [6]Aufwandsentschädigungen für mehrere Tätigkeiten bei einer Körperschaft sind für die Anwendung der Mindest- und Höchstbeträge zusammenzurechnen. [7]Bei einer gelegentlichen ehrenamtlichen Tätigkeit sind die steuerfreien monatlichen Mindest- und Höchstbeträge nicht auf einen weniger als einen Monat dauernden Zeitraum der ehrenamtlichen Tätigkeit umzurechnen. [8]Soweit der steuerfreie Monatsbetrag von 250 Euro[1)] nicht ausgeschöpft wird, ist eine Übertragung in andere Monate dieser Tätigkeiten im selben Kalenderjahr möglich. [9]Maßgebend für die Ermittlung der Anzahl der in Betracht kommenden Monate ist die Dauer der ehrenamtlichen Funktion bzw. Ausübung im Kalenderjahr. [10]Die für die Finanzverwaltung zuständige oberste Landesbehörde kann im Benehmen mit dem Bundesministerium der Finanzen und den obersten Finanzbehörden der anderen Länder Anpassungen an die im Lande gegebenen Verhältnisse vornehmen.

(4) [1]Die Empfänger von Aufwandsentschädigungen können dem Finanzamt gegenüber einen höheren steuerlich abziehbaren Aufwand glaubhaft machen; der die Aufwandsentschädigung übersteigende Aufwand ist als Werbungskosten oder Betriebsausgaben abziehbar. [2]Wenn einer hauptamtlich tätigen Person neben den Aufwendungen, die durch die Aufwandsentschädigung ersetzt werden sollen, andere beruflich veranlasste Aufwendungen entstehen, sind diese unabhängig von der Aufwandsentschädigung als Werbungskosten abziehbar; in diesem Fall ist aber Absatz 3 nicht anzuwenden, sondern nach Absatz 2 Satz 3 bis 6 zu verfahren. [3]Bei ehrenamtlich tätigen Personen sind alle durch die Tätigkeit veranlassten Aufwendungen als durch die steuerfreie Aufwandsentschädigung ersetzt anzusehen, so dass nur ein die Aufwandsentschädigung übersteigender Aufwand als Werbungskosten oder Betriebsausgaben abziehbar ist.

(5) [1]Von Pauschalentschädigungen, die Gemeinden oder andere juristische Personen des öffentlichen Rechts für eine gelegentliche ehrenamtliche Tätigkeit zahlen, darf ein Betrag bis zu 8 Euro[2)] täglich ohne nähere Prüfung als steuerfrei anerkannt werden. [2]Bei höheren Pauschalentschädigungen hat das Finanzamt zu prüfen, ob auch ein Aufwand an Zeit und Arbeitsleistung sowie ein entgangener Verdienst abgegolten worden ist. [3]Anstelle dieser Regelung kann auch Absatz 3 angewendet werden.

---

1) Erhöhung auf **250 €** durch LStÄR 2021 mWv 1.1.2021.
2) Erhöhung auf **8 €** durch LStÄR 2021 mWv 1.1.2021.

H 3.12[1)]

Allgemeines zu § 3 Nr. 12 Satz 2 EStG. Aufwandsentschädigungen, bei denen die Voraussetzungen des § 3 Nr. 12 Satz 1 EStG nicht vorliegen, sind nach § 3 Nr. 12 Satz 2 EStG nur steuerfrei, wenn sie aus öffentlichen Kassen (→ H 3.11) an Personen gezahlt werden, die öffentliche Dienste für einen inländischen Träger öffentlicher Gewalt leisten (→ BFH vom 3.12.1982 – BStBl. 1983 II S. 219). Dabei kann es sich auch um eine Nebentätigkeit handeln. Aufwandsentschädigungen können nicht nur bei Personen steuerfrei sein, die öffentlich-rechtliche (hoheitliche) Dienste leisten, sondern auch bei Personen, die im Rahmen des öffentlichen Dienstes Aufgaben der schlichten Hoheitsverwaltung erfüllen (→ BFH vom 15.3.1968 – BStBl. II S. 437, vom 1.4.1971 – BStBl. II S. 519 und vom 27.2.1976 – BStBl. II S. 418).

Beamte bei Postunternehmen. → § 3 Nr. 35 EStG.

Begriff der Aufwandsentschädigung.

- Zur Abgeltung von Werbungskosten/Betriebsausgaben → BFH vom 9.7.1992 (BStBl. 1993 II S. 50) und vom 29.11.2006 (BStBl. 2007 II S. 308).
- Zur Prüfung dieser Voraussetzung durch das Finanzamt → BFH vom 3.8.1962 (BStBl. III S. 425) und vom 9.6.1989 (BStBl. 1990 II S. 121 und 123).

Daseinsvorsorge.

Beispiel:
Ein kirchlicher Verein erbringt Pflegeleistungen im Rahmen der Nachbarschaftshilfe.
Die den Pflegekräften gewährten Entschädigungen sind nicht nach § 3 Nr. 12 Satz 2 EStG steuerbefreit, da Pflegeleistungen zur Daseinsvorsorge gehören; ggf. kann eine Steuerbefreiung nach § 3 Nr. 26 oder Nr. 26a EStG in Betracht kommen.

Entschädigungen für Zeitaufwand nach § 41 Abs. 3 Satz 2 SGB IV. Die den ehrenamtlich tätigen Versichertenberatern und Mitgliedern eines Widerspruchsausschusses gewährten Entschädigungen für Zeitaufwand nach § 41 Abs. 3 Satz 2 SGB IV sind nicht nach § 3 Nr. 12 Satz 2 EStG steuerfrei (→ BFH vom 3.7.2018 – BStBl. II S. 715).

Fiskalische Verwaltung. Keine öffentlichen Dienste i. S. d. § 3 Nr. 12 Satz 2 EStG leisten Personen, die in der fiskalischen Verwaltung tätig sind (→ BFH vom 13.8.1971 – BStBl. II S. 818, vom 9.5.1974 – BStBl. II S. 631 und vom 31.1.1975 – BStBl. II S. 563). Dies ist insbesondere dann der Fall, wenn sich die Tätigkeit für die juristische Person des öffentlichen Rechts ausschließlich oder überwiegend auf die Erfüllung von Aufgaben

1. in einem land- oder forstwirtschaftlichen Betrieb einer juristischen Person des öffentlichen Rechts oder
2. in einem **Betrieb gewerblicher Art** einer juristischen Person des öffentlichen Rechts i. S. d. § 1 Abs. 1 Nr. 6 KStG bezieht.

---

1) Die Aufwandsentschädigungen für die ehrenamtlichen Erhebungsbeauftragten nach § 20 Abs. 3 Zensusgesetz 2022 v. 26.11.2019, BGBl. I 2019, 1851, unterliegen nicht der Besteuerung nach dem EStG.

Ob es sich um einen Betrieb gewerblicher Art einer juristischen Person des öffentlichen Rechts handelt, beurteilt sich nach dem Körperschaftsteuerrecht (§ 4 KStG und R 4.1 KStR 2015).[1] Hierbei kommt es nicht darauf an, ob der Betrieb gewerblicher Art von der Körperschaftsteuer befreit ist. Zu den Betrieben gewerblicher Art in diesem Sinne gehören insbesondere die von einer juristischen Person des öffentlichen Rechts unterhaltenen Betriebe, die der Versorgung der Bevölkerung mit Wasser, Gas, Elektrizität oder Wärme (→ BFH vom 19.1.1990 – BStBl. II S. 679), dem öffentlichen Verkehr oder dem Hafenbetrieb dienen, sowie die in der Rechtsform einer juristischen Person des öffentlichen Rechts betriebenen Sparkassen (→ BFH vom 13.8.1971 – BStBl. II S. 818).

Öffentliche Dienste. Ehrenamtliche Vorstandsmitglieder eines Versorgungswerks leisten öffentliche Dienste i. S. d. § 3 Nr. 12 Satz 2 EStG, wenn sich das Versorgungswerk als juristische Person des öffentlichen Rechts im Rahmen seiner gesetzlichen Aufgabenzuweisungen auf die Gewährleistung der Alters-, Invaliden- und Hinterbliebenenversorgung für seine Zwangsmitglieder beschränkt und dabei die insoweit bestehenden Anlagegrundsätze beachtet (→ BFH vom 27.8.2013 – BStBl. 2014 II S. 248).

Öffentliche Kassen. → H 3.11.

Steuerlicher Aufwand. Zur Voraussetzung der Abgeltung steuerlich zu berücksichtigender Werbungskosten/Betriebsausgaben → BFH vom 3.8.1962 (BStBl. III S. 425), vom 9.6.1989 (BStBl. 1990 II S. 121 und 123), vom 9.7.1992 (BStBl. 1993 II S. 50) und vom 29.11.2006 (BStBl. 2007 II S. 308).

Übertragung nicht ausgeschöpfter steuerfreier Monatsbeträge (Beispiel):

Für öffentliche Dienste in einem Ehrenamt in der Zeit vom 1. 1. bis 31. 5. werden folgende Aufwandsentschädigungen im Sinne von § 3 Nr. 12 Satz 2 EStG und R 3.12 Abs. 3 Satz 3 LStR gezahlt:
Januar 275 €, Februar 75 €, März 205 €, April 325 €, Mai 500 €; Zeitaufwand wird nicht vergütet. Für den Lohnsteuerabzug können die nicht ausgeschöpften steuerfreien Monatsbeträge i. H. v. 250 € wie folgt mit den steuerpflichtigen Aufwandsentschädigungen der anderen Lohnzahlungszeiträume dieser Tätigkeit verrechnet werden:

	Gezahlte Aufwandsentschädigung	Steuerliche Behandlung nach R 3.12 Abs. 3 Satz 3 LStR		Steuerliche Behandlung bei Übertragung nicht ausgeschöpfter steuerfreier Monatsbeträge	
		Steuerfrei sind:	Steuerpflichtig sind:	Steuerfreier Höchstbetrag:	Steuerpflichtig sind:
Januar	275 €	250 €	25 €	250 €	25 €
Februar	75 €	75 €	0 €	2 × 250 € = 500 €	0 € (275 + 75 – 500), Aufrollung des Januar

[1] Nr. **100**.

	Gezahlte Aufwandsent-schädigung	Steuerliche Behandlung nach R 3.12 Abs. 3 Satz 3 LStR		Steuerliche Behandlung bei Übertragung nicht ausgeschöpfter steuerfreier Monatsbeträge	
		Steuerfrei sind:	Steuer-pflichtig sind:	Steuer-freier Höchst-betrag:	Steuerpflichtig sind:
März	205 €	205 €	0 €	3×250 € = 750 €	0 € (275 + 75 + 205 – 750)
April	325 €	250 €	75 €	4×250 € = 1 000 €	0 € (275 + 75 + 205 + 325 – 1000)
Mai	500 €	250 €	250 €	5×250 € = 1000 €	130 € (275 + 75 + 205 + 325 + 500 – 1250)
Summe	1 380 €	1 030 €	350 €	5×250 € = 1250 €	130 €

Bei Verrechnung des nicht ausgeschöpften Freibetragsvolumens mit abgelaufenen Lohnzahlungszeiträumen ist im Februar der Lohnsteuereinbehalt für den Monat Januar zu korrigieren.

Werbungskostenabzug bei Dienstaufwandsentschädigungen. Sollen steuerfrei gewährte Dienstaufwandsentschädigungen den gesamten beruflich veranlassten Aufwand ersetzen, können Werbungskosten nur insoweit berücksichtigt werden, als diese die Entschädigung übersteigen. Dies gilt auch für die nicht durch die steuerfreie Reisekostenvergütung nach § 3 Nr. 13 EStG abgegoltenen Reisekosten, wenn auch diese durch die Dienstaufwandsentschädigung abgegolten werden (→ BFH vom 19.10.2016 – BStBl. 2017 II S. 345).

R 3.13 Reisekostenvergütungen, Umzugskostenvergütungen und Trennungsgelder aus öffentlichen Kassen (§ 3 Nr. 13 EStG)

(1) [1]Nach § 3 Nr. 13 EStG sind Leistungen (Geld und Sachbezüge) steuerfrei, die als Reisekostenvergütungen, Umzugskostenvergütungen oder Trennungsgelder aus einer öffentlichen Kasse gewährt werden; dies gilt nicht für Mahlzeiten, die dem Arbeitnehmer während einer beruflichen Auswärtstätigkeit oder im Rahmen einer doppelten Haushaltsführung vom Arbeitgeber oder auf dessen Veranlassung von einem Dritten zur Verfügung gestellt werden. [2]Die Steuerfreiheit von Verpflegungszuschüssen ist auf die nach § 9 Abs. 4a EStG maßgebenden Beträge begrenzt. [3]R 3.16 Satz 1 bis 3 ist entsprechend anzuwenden.

(2) [1]Reisekostenvergütungen sind die als solche bezeichneten Leistungen, die dem Grunde und der Höhe nach unmittelbar nach Maßgabe der reisekostenrechtlichen Vorschriften des Bundes oder der Länder gewährt werden. [2]Reisekostenvergütungen liegen auch vor, soweit sie auf Grund von Tarifverträgen oder anderen Vereinbarungen (z. B. öffentlich-rechtliche Satzung) gewährt werden, die den reisekostenrechtlichen Vorschriften des Bundes oder eines Landes dem Grund und der Höhe nach vollumfänglich entsprechen. [3]§ 12 Nr. 1 EStG bleibt unberührt.

(3) [1]Werden bei Reisekostenvergütungen aus öffentlichen Kassen die reisekostenrechtlichen Vorschriften des Bundes oder der Länder nicht oder nur teilweise angewendet, können auf diese Leistungen die zu § 3 Nr. 16 EStG erlassenen Verwaltungsvorschriften angewendet werden. [2]Im Übrigen kann auch eine Steuerbefreiung nach § 3 Nr. 12, 26, 26a oder 26b EStG in Betracht kommen; → R 3.12 und 3.26.

(4) [1]Die Absätze 2 und 3 gelten sinngemäß für Umzugskostenvergütungen und Trennungsgelder nach Maßgabe der umzugskosten- und reisekostenrechtlichen Vorschriften des Bundes und der Länder. [2]Werden anlässlich eines Umzugs Verpflegungszuschüsse nach dem Bundesumzugskostengesetz (BUKG)[1)] gewährt, sind diese nur im Rahmen der zeitlichen Voraussetzungen des § 9 Abs. 4a EStG steuerfrei. [3]Trennungsgeld, das bei täglicher Rückkehr zum Wohnort gewährt wird, ist nur in den Fällen des § 9 Abs. 1 Satz 3 Nr. 4a Satz 1 EStG steuerfrei. [4]Trennungsgeld, das bei Bezug einer Unterkunft am Beschäftigungsort gewährt wird, ist regelmäßig nach Maßgabe von § 9 Abs. 1 Satz 3 Nr. 5 und Abs. 4a EStG steuerfrei. [5]R 9.9 Abs. 2 Satz 1 ist entsprechend anzuwenden.

H 3.13

Beamte bei Postunternehmen. → § 3 Nr. 35 EStG.

Klimabedingte Kleidung. Der Beitrag zur Beschaffung klimabedingter Kleidung (§ 19 AUV) sowie der Ausstattungsbeitrag (§ 21 AUV) sind nicht nach § 3 Nr. 13 Satz 1 EStG steuerfrei (→ BFH vom 27.5.1994 – BStBl. 1995 II S. 17 und vom 12.4.2007 – BStBl. II S. 536).

Mietbeiträge anstelle eines Trennungsgelds sind nicht nach § 3 Nr. 13 EStG steuerfrei (→ BFH vom 16.7.1971 – BStBl. II S. 772).

Öffentliche Kassen. → H 3.11.

Pauschale Reisekostenvergütungen. Nach einer öffentlich-rechtlichen Satzung geleistete pauschale Reisekostenvergütungen können bei Beachtung von R 3.13 Abs. 2 Satz 2 auch ohne Einzelnachweis steuerfrei sein, sofern die Pauschale die tatsächlich entstandenen Reiseaufwendungen nicht ersichtlich übersteigt (→ BFH vom 8.10.2008 – BStBl. 2009 II S. 405).

Prüfung, ob Werbungskosten vorliegen. Es ist nur zu prüfen, ob die ersetzten Aufwendungen vom Grundsatz her Werbungskosten sind (→ BFH vom 12.4.2007 – BStBl. II S. 536). Daher sind z. B. Arbeitgeberleistungen im Zusammenhang mit Incentive-Reisen nicht nach § 3 Nr. 13 EStG steuerfrei (→ R 3.13 Abs. 2 Satz 3), soweit diese dem Arbeitnehmer als geldwerter Vorteil zuzurechnen sind (→ H 19.7).

H 3.15 Zu § 3 Nr. 15 EStG

Allgemeine Grundsätze. → BMF vom 15.8.2019 (BStBl. I S. 875).

Zusätzlichkeitsvoraussetzung. → § 8 Abs. 4 EStG.

---

1) Nr. **29**.

R 3.16 Steuerfreie Leistungen für Reisekosten, Umzugskosten und Mehraufwendungen bei doppelter Haushaltsführung außerhalb des öffentlichen Dienstes (§ 3 Nr. 16 EStG)

[1] Zur Ermittlung der steuerfreien Leistungen (Geld und Sachbezüge) für Reisekosten dürfen die einzelnen Aufwendungsarten zusammengefasst werden; die Leistungen sind steuerfrei, soweit sie die Summe der nach § 9 Abs. 1 Satz 3 Nr. 4a Satz 1, 2 und 4, Nr. 5a und Abs. 4a EStG[1)] sowie R 9.8 zulässigen Leistungen nicht übersteigen.[2)] [2] Hierbei können mehrere Reisen zusammengefasst abgerechnet werden. [3] Dies gilt sinngemäß für Umzugskosten und für Mehraufwendungen bei einer doppelten Haushaltsführung. [4] Wegen der Höhe der steuerfrei zu belassenden Leistungen für Reisekosten, Umzugskosten und Mehraufwendungen bei einer doppelten Haushaltsführung → § 9 Abs. 1 Satz 3 Nr. 5 EStG und R 9.7 bis 9.9 und 9.11.

H 3.16

Gehaltsumwandlung. Vergütungen zur Erstattung von Reisekosten können auch dann steuerfrei sein, wenn sie der Arbeitgeber aus umgewandeltem Arbeitslohn zahlt. Voraussetzung ist, dass Arbeitgeber und Arbeitnehmer die Lohnumwandlung vor der Entstehung des Vergütungsanspruchs vereinbaren (→ BFH vom 27.4.2001 – BStBl. II S. 601).

R 3.26 Steuerbefreiung für nebenberufliche Tätigkeiten (§ 3 Nr. 26 EStG)

Begünstigte Tätigkeiten[3)]

(1)[4)] [1] Die Tätigkeiten als Übungsleiter, Ausbilder, Erzieher oder Betreuer haben miteinander gemeinsam, dass sie auf andere Menschen durch persönlichen Kontakt Einfluss nehmen, um auf diese Weise deren geistige und körperliche Fähigkeiten zu entwickeln und zu fördern. [2] Gemeinsames Merkmal der Tätigkeiten ist eine pädagogische Ausrichtung. [3] Zu den begünstigten Tätigkeiten gehören z. B. die Tätigkeit eines Sporttrainers, eines Chorleiters oder Orchesterdirigenten, die Lehr- und Vortragstätigkeit im Rahmen der allgemeinen Bildung und Ausbildung, z. B. Kurse und Vorträge an Schulen und Volkshochschulen, Mütterberatung, Erste-Hilfe-Kurse, Schwimm-Unterricht, oder im Rahmen der beruflichen Ausbildung und Fortbildung, nicht dagegen die Ausbildung von Tieren, z. B. von Rennpferden oder Diensthunden. [4] Die Pflege alter, kranker oder behinderter Menschen umfasst außer der Dauerpflege auch Hilfsdienste bei der häuslichen Betreuung durch ambulante Pflegedienste, z. B. Unterstützung bei der Grund- und Behandlungspflege, bei häuslichen Verrichtungen und Einkäufen, beim Schriftverkehr, bei der Altenhilfe entsprechend § 71 SGB XII,[5)] z. B. Hilfe bei der Wohnungs- und Heimplatz-

---

1) Siehe ab VZ 2020 auch § 9 Abs. 1 Satz 3 Nr. 5b EStG i.d.F. des G v. 12.12.2019, BGBl. I 2019, 2451.

2) Gilt auch für die unmittelbare Zuwendung der Leistung; siehe BFH v. 19.11.2008 VI R 80/06, BStBl. II 2009, 547.

3) Zu Einzelfällen siehe ausführlich OFD Ffm v. 2.9.2019 – S 2245 A – 002 – St 29, StEd 2019, 617.

4) Die Tätigkeit als gerichtlich bestellte(r) Dolmetscher(in)/Übersetzer(in) fällt nicht darunter; siehe BFH v. 11.5.2005 VI R 25/04, BStBl. II 2005, 791.

5) **Aichberger SGB** Nr. 12.

beschaffung, in Fragen der Inanspruchnahme altersgerechter Dienste, und bei Sofortmaßnahmen gegenüber Schwerkranken und Verunglückten, z.B. durch Rettungssanitäter und Ersthelfer. [5]Eine Tätigkeit, die ihrer Art nach keine übungsleitende, ausbildende, erzieherische, betreuende oder künstlerische Tätigkeit und keine Pflege alter, kranker oder behinderter Menschen ist, ist keine begünstigte Tätigkeit, auch wenn sie die übrigen Voraussetzungen des § 3 Nr. 26 EStG erfüllt, z. B. eine Tätigkeit als Vorstandsmitglied, als Vereinskassierer oder als Gerätewart bei einem Sportverein bzw. als ehrenamtlich tätiger Betreuer (§ 1896 Abs. 1 Satz 1, § 1908i Abs. 1 BGB), Vormund (§ 1773 Abs. 1 Satz 1 BGB) oder Pfleger (§§ 1909 ff., 1915 Abs. 1 Satz 1 BGB); ggf. ist § 3 Nr. 26a bzw. 26b EStG anzuwenden.

Nebenberuflichkeit

(2) [1]Eine Tätigkeit wird nebenberuflich ausgeübt, wenn sie – bezogen auf das Kalenderjahr – nicht mehr als ein Drittel der Arbeitszeit eines vergleichbaren Vollzeiterwerbs in Anspruch nimmt.[1)] [2]Es können deshalb auch solche Personen nebenberuflich tätig sein, die im steuerrechtlichen Sinne keinen Hauptberuf ausüben, z.B. Hausfrauen, Vermieter, Studenten, Rentner oder Arbeitslose. [3]Übt ein Steuerpflichtiger mehrere verschiedenartige Tätigkeiten im Sinne des § 3 Nr. 26 EStG aus, ist die Nebenberuflichkeit für jede Tätigkeit getrennt zu beurteilen. [4]Mehrere gleichartige Tätigkeiten sind zusammenzufassen, wenn sie sich nach der Verkehrsanschauung als Ausübung eines einheitlichen Hauptberufs darstellen, z.B. Unterricht von jeweils weniger als dem dritten Teil des Pensums einer Vollzeitkraft in mehreren Schulen. [5]Eine Tätigkeit wird nicht nebenberuflich ausgeübt, wenn sie als Teil der Haupttätigkeit anzusehen ist.

Arbeitgeber/Auftraggeber

(3) [1]Der Freibetrag wird nur gewährt, wenn die Tätigkeit im Dienst oder im Auftrag einer der in § 3 Nr. 26 EStG genannten Personen erfolgt. [2]Als juristische Personen des öffentlichen Rechts kommen beispielsweise in Betracht Bund, Länder, Gemeinden, Gemeindeverbände, Industrie- und Handelskammern, Handwerkskammern, Rechtsanwaltskammern, Steuerberaterkammern, Wirtschaftsprüferkammern, Ärztekammern, Universitäten oder die Träger der Sozialversicherung. [3]Zu den Einrichtungen i.S.d. § 5 Abs. 1 Nr. 9 KStG gehören Körperschaften, Personenvereinigungen, Stiftungen und Vermögensmassen, die nach der Satzung oder dem Stiftungsgeschäft und nach der tatsächlichen Geschäftsführung ausschließlich und unmittelbar gemeinnützige, mildtätige oder kirchliche Zwecke verfolgen. [4]Nicht zu den begünstigten Einrichtungen gehören beispielsweise Berufsverbände (Arbeitgeberverband, Gewerkschaft) oder Parteien. [5]Fehlt es an einem begünstigten Auftraggeber/Arbeitgeber, kann der Freibetrag nicht in Anspruch genommen werden.

Förderung gemeinnütziger, mildtätiger und kirchlicher Zwecke

(4) [1]Die Begriffe der gemeinnützigen, mildtätigen und kirchlichen Zwecke ergeben sich aus den §§ 52 bis 54 der Abgabenordnung (AO).[2)] [2]Eine Tätig-

---

[1)] **[Amtl. Anm.:]** → H 3.26 (Nebenberuflichkeit).

[2)] **Steuergesetze** Nr. **800.** – Siehe auch AEAO zu §§ 51–54 AO (Nr. **800**).

keit dient auch dann der selbstlosen Förderung begünstigter Zwecke, wenn sie diesen Zwecken nur mittelbar zugute kommt.

(5) [1] Wird die Tätigkeit im Rahmen der Erfüllung der Satzungszwecke einer juristischen Person ausgeübt, die wegen Förderung gemeinnütziger, mildtätiger oder kirchlicher Zwecke steuerbegünstigt ist, so ist im Allgemeinen davon auszugehen, dass die Tätigkeit ebenfalls der Förderung dieser steuerbegünstigten Zwecke dient. [2] Dies gilt auch dann, wenn die nebenberufliche Tätigkeit in einem so genannten Zweckbetrieb i. S. d. §§ 65 bis 68 AO ausgeübt wird, z. B. als nebenberuflicher Übungsleiter bei sportlichen Veranstaltungen nach § 67a Abs. 1 AO, als nebenberuflicher Erzieher in einer Einrichtung über Tag und Nacht (Heimerziehung) oder sonstigen betreuten Wohnform nach § 68 Nr. 5 AO. [3] Eine Tätigkeit in einem steuerpflichtigen wirtschaftlichen Geschäftsbetrieb einer im Übrigen steuerbegünstigten juristischen Person (§§ 64, 14 AO) erfüllt dagegen das Merkmal der Förderung gemeinnütziger, mildtätiger oder kirchlicher Zwecke nicht.

(6) [1] Der Förderung begünstigter Zwecke kann auch eine Tätigkeit für eine juristische Person des öffentlichen Rechts dienen, z. B. nebenberufliche Lehrtätigkeit an einer Universität, nebenberufliche Ausbildungstätigkeit bei der Feuerwehr, nebenberufliche Fortbildungstätigkeit für eine Anwalts- oder Ärztekammer. [2] Dem steht nicht entgegen, dass die Tätigkeit in den Hoheitsbereich der juristischen Person des öffentlichen Rechts fallen kann.

Gemischte Tätigkeiten

(7) [1] Erzielt der Stpfl. Einnahmen, die teils für eine Tätigkeit, die unter § 3 Nr. 26 EStG fällt, und teils für eine andere Tätigkeit gezahlt werden, ist lediglich für den entsprechenden Anteil nach § 3 Nr. 26 EStG der Freibetrag zu gewähren. [2] Die Steuerfreiheit von Bezügen nach anderen Vorschriften, z. B. nach § 3 Nr. 12, 13, 16 EStG, bleibt unberührt; wenn auf bestimmte Bezüge sowohl § 3 Nr. 26 EStG als auch andere Steuerbefreiungsvorschriften anwendbar sind, sind die Vorschriften in der Reihenfolge anzuwenden, die für den Stpfl. am günstigsten ist.

Höchstbetrag

(8) [1] Der Freibetrag nach § 3 Nr. 26 EStG ist ein Jahresbetrag. [2] Dieser wird auch dann nur einmal gewährt, wenn mehrere begünstigte Tätigkeiten ausgeübt werden. [3] Er ist nicht zeitanteilig aufzuteilen, wenn die begünstigte Tätigkeit lediglich wenige Monate ausgeübt wird.

Werbungskosten- bzw. Betriebsausgabenabzug

(9) [1] Ein Abzug von Werbungskosten bzw. Betriebsausgaben, die mit den steuerfreien Einnahmen nach § 3 Nr. 26 EStG in einem unmittelbaren wirtschaftlichen Zusammenhang stehen, ist nur dann möglich, wenn die Einnahmen aus der Tätigkeit und gleichzeitig auch die jeweiligen Ausgaben den Freibetrag übersteigen.[1)] [2] In Arbeitnehmerfällen ist in jedem Fall der Arbeitnehmer-Pauschbetrag anzusetzen, soweit er nicht bei anderen Dienstverhältnissen verbraucht ist.

---

1) **[Amtl. Anm.:]** → H 3.26 (Verluste aus einer ehrenamtlichen Tätigkeit).

Lohnsteuerverfahren

(10) [1]Beim Lohnsteuerabzug ist eine zeitanteilige Aufteilung des steuerfreien Höchstbetrags nicht erforderlich; das gilt auch dann, wenn feststeht, dass das Dienstverhältnis nicht bis zum Ende des Kalenderjahres besteht. [2]Der Arbeitnehmer hat dem Arbeitgeber jedoch schriftlich zu bestätigen, dass die Steuerbefreiung nicht bereits in einem anderen Dienst- oder Auftragsverhältnis berücksichtigt worden ist oder berücksichtigt wird. [3]Diese Erklärung ist zum Lohnkonto zu nehmen.

H 3.26

Abgrenzung der Einkunftsart. → R 19.2, H 19.2.

Aufteilung des steuerfreien Höchstbetrags im Lohnsteuerverfahren.

Beispiel 1:

Ein beim Verein A beschäftigter Jugendtrainer beendet zum 31.5. seine begünstigte Tätigkeit und nimmt ab 1.6. beim Verein B eine neue begünstigte Tätigkeit auf. Der Verein A hat den Arbeitslohn nach Abzug von insgesamt 1250 Euro (= $^5/_{12}$ des steuerfreien Höchstbetrags von 3000 Euro) dem Lohnsteuerabzug unterworfen.
Auch der Verein B kann den Arbeitslohn nach Abzug von bis zu 1750 Euro (= $^7/_{12}$ des steuerfreien Höchstbetrags von 3000 Euro) dem Lohnsteuerabzug unterwerfen. Voraussetzung ist, dass der Jugendtrainer dem Verein B schriftlich bestätigt, dass der Jahresbetrag in diesem Umfang nicht bereits in anderen Dienst- oder Auftragsverhältnissen berücksichtigt worden ist oder berücksichtigt wird.

Beispiel 2:

Der Jugendtrainer ist zeitgleich bei den Vereinen A und B beschäftigt. Er bestätigt den Vereinen A und B jeweils schriftlich, dass die Steuerbefreiung im Umfang eines Teilbetrags von 1500 Euro nicht bereits in einem anderen Dienst- oder Auftragsverhältnis berücksichtigt worden ist oder berücksichtigt wird. Eine alternative Aufteilung des steuerfreien Jahreshöchstbetrags von 3000 Euro ist ebenfalls zulässig.

Begrenzung der Steuerbefreiung. Die Steuerfreiheit ist auch bei Einnahmen aus mehreren nebenberuflichen Tätigkeiten, z. B. Tätigkeit für verschiedene gemeinnützige Organisationen, und bei Zufluss von Einnahmen aus einer in mehreren Jahren ausgeübten Tätigkeit i. S. d. § 3 Nr. 26 EStG in einem Jahr auf einen einmaligen Jahresbetrag von 3000 Euro begrenzt (→ BFH vom 23.6.1988 – BStBl. II S. 890 und vom 15.2.1990 – BStBl. II S. 686).

Entschädigungen für Zeitaufwand nach § 41 Abs. 3 Satz 2 SGB IV. Die den ehrenamtlich tätigen Versichertenberatern und Mitgliedern eines Widerspruchsausschusses gewährten Entschädigungen für Zeitaufwand nach § 41 Abs. 3 Satz 2 SGB IV sind nicht nach § 3 Nr. 26 EStG steuerfrei (→ BFH vom 3.7.2018 – BStBl. II S. 715).

Künstlerische Tätigkeit. Eine nebenberufliche künstlerische Tätigkeit liegt auch dann vor, wenn sie die eigentliche künstlerische (Haupt-)Tätigkeit nur unterstützt und ergänzt, sofern sie Teil des gesamten künstlerischen Geschehens ist (→ BFH vom 18.4.2007 – BStBl. II S. 702).

Mittelbare Förderung. Die mittelbare Förderung eines begünstigten Zwecks reicht für eine Steuerfreiheit aus, wenn es sich um eine begünstigte Tätigkeit

(→ R 3.26 Abs. 1) handelt. So dient die Unterrichtung eines geschlossenen Kreises von Pflegeschülern an einem Krankenhaus mittelbar dem Zweck der Gesundheitspflege (→ BFH vom 26.3.1992 – BStBl. 1993 II S. 20).

Nebenberuflichkeit.[1)]

– Selbst bei dienstrechtlicher Verpflichtung zur Übernahme einer Tätigkeit im Nebenamt unter Fortfall von Weisungs- und Kontrollrechten des Arbeitgebers kann Nebenberuflichkeit vorliegen (→ BFH vom 29.1.1987 – BStBl. II S. 783).
– Zum zeitlichen Umfang → BFH vom 30.3.1990 (BStBl. II S. 854).
– **Beispiel 1:**

Ein ehrenamtlicher Helfer wird je nach Bedarf wöchentlich für 13 Stunden als Sanitäter oder Altenpfleger eingesetzt, für deren Tätigkeitsbereiche unterschiedliche tarifliche Arbeitszeiten vereinbart sind (41-Stunden-Woche bzw. 38,5-Stunden-Woche).
Bei der Prüfung der Ein-Drittel-Grenze sind die tariflichen Arbeitszeiten aus Vereinfachungsgründen unbeachtlich. Daher ist bei einer regelmäßigen Wochenarbeitszeit von maximal 14 Stunden pauschalierend von einer nebenberuflichen Tätigkeit auszugehen. Im Einzelfall kann auch eine höhere tarifliche Arbeitszeit nachgewiesen werden.

– **Beispiel 2:**

Ein hauptberuflich beschäftigter Arbeitnehmer reduziert für einen befristeten Zeitraum seine Arbeitszeit auf 12 Stunden wöchentlich, um neben seiner Berufstätigkeit seine pflegebedürftige Mutter zu versorgen.
Eine nebenberufliche Tätigkeit liegt nicht vor. Eine vorübergehende Reduzierung der regelmäßigen Wochenarbeitszeit führt nicht dazu, dass eine hauptberufliche Tätigkeit während des Zeitraums, für den die Reduzierung der Arbeitszeit gilt, als nebenberuflich angesehen werden kann.

– **Beispiel 3:**

Ein Lehrer ist zu 50 % teilzeitbeschäftigt (14 Pflichtstunden wöchentlich). Eine nebenberufliche Tätigkeit liegt nicht vor, da bei Lehrern zur Prüfung der Ein-Drittel-Grenze auf die Pflichtstunden (Deputat) bei Vollzeitbeschäftigung abzustellen ist.

– **Beispiel 4:**

Ein Arbeitnehmer wird für einen Zeitraum von zwei Monaten als Lehrkraft in Vollzeit beschäftigt.
Eine nebenberufliche Tätigkeit liegt nicht vor. Eine typischerweise hauptberuflich ausgeübte Tätigkeit kann nicht wegen ihrer zeitlichen Befristung als nebenberuflich angesehen werden.

Prüfer. Die Tätigkeit als Prüfer bei einer Prüfung, die zu Beginn, im Verlaufe oder als Abschluss einer Ausbildung abgenommen wird, ist mit der Tätigkeit eines Ausbilders vergleichbar (→ BFH vom 23.6.1988 – BStBl. II S. 890).

Rundfunkessays. Die Tätigkeit als Verfasser und Vortragender von Rundfunkessays ist nicht nach § 3 Nr. 26 EStG begünstigt (→ BFH vom 17.10.1991 – BStBl. 1992 II S. 176).

Vergebliche Aufwendungen. Aufwendungen für eine Tätigkeit i. S. d. § 3 Nr. 26 EStG sind auch dann als vorweggenommene Betriebsausgaben abzugsfähig, wenn es nicht mehr zur Ausübung der Tätigkeit kommt; das Ab-

---

1) Zu Einzelfällen siehe ausführlich OFD Ffm v. 2.9.2019 – S 2245 A – 002 – St 29, StEd 2019, 617. – Zur Tätigkeit in regionalen Impf-/Testzentren und mobilen Impf-/Testteams siehe OFD Ffm v. 15.3.2021 – S 2331 A – 49 – St 210, DStR 2021, 870.

zugsverbot des § 3c EStG steht dem nicht entgegen (→ BFH vom 6.7.2005 – BStBl. 2006 II S. 163).

Verluste aus einer ehrenamtlichen Tätigkeit. Aufwendungen für eine Tätigkeit i. S. d. § 3 Nr. 26 EStG sind auch insoweit abzugsfähig, als sie die unterhalb des maßgebenden Höchstbetrags steuerfreien Einnahmen übersteigen, wenn hinsichtlich der Tätigkeit eine Einkunftserzielungsabsicht vorliegt (→ BFH vom 20.12.2017 – BStBl. 2019 II S. 469 und vom 20.11.2018 – BStBl. 2019 II S. 422).

H 3.26a Zu § 3 Nr. 26a EStG[1]

Allgemeine Grundsätze. → BMF vom 21.11.2014 (BStBl. I S. 1581).

R 3.28 Leistungen nach dem Altersteilzeitgesetz (AltTZG)[2] (§ 3 Nr. 28 EStG)

(1) [1] Aufstockungsbeträge und zusätzliche Beiträge zur gesetzlichen Rentenversicherung i. S. d. § 3 Abs. 1 Nr. 1 sowie Aufwendungen i. S. d. § 4 Abs. 2 AltTZG sind steuerfrei, wenn die Voraussetzungen des § 2 AltTZG, z. B. Vollendung des 55. Lebensjahres, Verringerung der tariflichen regelmäßigen wöchentlichen Arbeitszeit auf die Hälfte, vorliegen. [2] Die Vereinbarung über die Arbeitszeitverminderung muss sich zumindest auf die Zeit erstrecken, bis der Arbeitnehmer eine Rente wegen Alters beanspruchen kann. [3] Dafür ist nicht erforderlich, dass diese Rente ungemindert ist. [4] Der frühestmögliche Zeitpunkt, zu dem eine Altersrente in Anspruch genommen werden kann, ist die Vollendung des 60. Lebensjahres. [5] Die Steuerfreiheit kommt nicht mehr in Betracht mit Ablauf des Kalendermonats, in dem der Arbeitnehmer die Altersteilzeitarbeit beendet oder die für ihn geltende gesetzliche Altersgrenze für die Regelaltersrente erreicht hat (§ 5 Abs. 1 Nr. 1 AltTZG).

(2) [1] Die Leistungen sind auch dann steuerfrei, wenn der Förderanspruch des Arbeitgebers an die Bundesagentur für Arbeit nach § 5 Abs. 1 Nr. 2 und 3, Abs. 2 bis 4 Altersteilzeitgesetz erlischt, nicht besteht oder ruht, z. B. wenn der frei gewordene Voll- oder Teilarbeitsplatz nicht wieder besetzt wird. [2] Die Leistungen sind auch dann steuerfrei, wenn mit der Altersteilzeit erst nach dem 31.12.2009 begonnen wurde und diese nicht durch die Bundesagentur für Arbeit nach § 4 AltTZG gefördert wird (§ 1 Abs. 3 Satz 2 AltTZG). [3] Durch eine vorzeitige Beendigung der Altersteilzeit (Störfall) ändert sich der Charakter der bis dahin erbrachten Arbeitgeberleistungen nicht, weil das Altersteilzeitgesetz keine Rückzahlung vorsieht. [4] Die Steuerfreiheit der Aufstockungsbeträge bleibt daher bis zum Eintritt des Störfalls erhalten.[3]

(3) [1] Aufstockungsbeträge und zusätzliche Beiträge zur gesetzlichen Rentenversicherung sind steuerfrei, auch soweit sie über die im AltTZG genannten Mindestbeträge hinausgehen. [2] Dies gilt nur, soweit die Aufstockungsbeträge

---

[1] Erhöhung des Freibetrags **ab VZ 2021 auf 840 €/Jahr;** § 3 Nr. 26a EStG i. d. F. des JStG 2020 (BGBl. I 2020, 3096).

[2] **Aichberger SGB** Nr. **3/30.**

[3] Zur zeitversetzten Auszahlung von Zuschlägen für Sonntags-, Feiertags- oder Nachtarbeit vgl. R 3b Abs. 8 LStR.

zusammen mit dem während der Altersteilzeit bezogenen Nettoarbeitslohn monatlich 100% des maßgebenden Arbeitslohns nicht übersteigen. [3]Maßgebend ist bei laufendem Arbeitslohn der Nettoarbeitslohn, den der Arbeitnehmer im jeweiligen Lohnzahlungszeitraum ohne Altersteilzeit üblicherweise erhalten hätte; bei sonstigen Bezügen ist auf den unter Berücksichtigung des nach R 39b.6 Abs. 2 ermittelten voraussichtlichen Jahresnettoarbeitslohn unter Einbeziehung der sonstigen Bezüge bei einer unterstellten Vollzeitbeschäftigung abzustellen. [4]Unangemessene Erhöhungen vor oder während der Altersteilzeit sind dabei nicht zu berücksichtigen. [5]Aufstockungsbeträge, die in Form von Sachbezügen gewährt werden, sind steuerfrei, wenn die Aufstockung betragsmäßig in Geld festgelegt und außerdem vereinbart ist, dass der Arbeitgeber anstelle der Geldleistung Sachbezüge erbringen darf.

H **3.28**

Begrenzung auf 100% des Nettoarbeitslohns.

Beispiel 1 (laufend gezahlter Aufstockungsbetrag):

Ein Arbeitnehmer mit einem monatlichen Vollzeit-Bruttogehalt in Höhe von 8750 € nimmt von der Vollendung des 62. bis zur Vollendung des 64. Lebensjahres Altersteilzeit in Anspruch. Danach scheidet er aus dem Arbeitsverhältnis aus.
Der Mindestaufstockungsbetrag nach § 3 Abs. 1 Nr. 1 Buchst. a Altersteilzeitgesetz beträgt 875 €. Der Arbeitgeber gewährt eine weitere freiwillige Aufstockung in Höhe von 3000 € (Aufstockungsbetrag insgesamt 3875 €). Der steuerfreie Teil des Aufstockungsbetrags ist wie folgt zu ermitteln:

a) Ermittlung des maßgebenden Arbeitslohns

Bruttoarbeitslohn bei fiktiver Vollarbeitszeit	8750 €
./. gesetzliche Abzüge (Lohnsteuer, Solidaritätszuschlag, Kirchensteuer, Sozialversicherungsbeiträge)	3750 €
= maßgebender Nettoarbeitslohn	5000 €

b) Vergleichsberechnung

Bruttoarbeitslohn bei Altersteilzeit	4375 €
./. gesetzliche Abzüge (Lohnsteuer, Solidaritätszuschlag, Kirchensteuer, Sozialversicherungsbeiträge)	1725 €
= Zwischensumme	2650 €
+ Mindestaufstockungsbetrag	875 €
+ freiwilliger Aufstockungsbetrag	3000 €
= Nettoarbeitslohn	6525 €

Durch den freiwilligen Aufstockungsbetrag von 3000 € ergäbe sich ein Nettoarbeitslohn bei der Altersteilzeit, der den maßgebenden Nettoarbeitslohn um 1525 € übersteigen würde. Demnach sind steuerfrei:

Mindestaufstockungsbetrag		875 €
+ freiwilliger Aufstockungsbetrag	3000 €	
abzgl.	1525 €	1475 €
= steuerfreier Aufstockungsbetrag		2350 €

c) Abrechnung des Arbeitgebers

Bruttoarbeitslohn bei Altersteilzeit	4375 €
+ steuerpflichtiger Aufstockungsbetrag	1525 €
= steuerpflichtiger Arbeitslohn	5900 €
./. gesetzliche Abzüge (Lohnsteuer, Solidaritätszuschlag, Kirchensteuer, Sozialversicherungsbeiträge)	2300 €
= Zwischensumme	3600 €
+ steuerfreier Aufstockungsbetrag	2350 €
= Nettoarbeitslohn	5950 €

Beispiel 2 (sonstiger Bezug als Aufstockungsbetrag):

Ein Arbeitnehmer in Altersteilzeit hätte bei einer Vollzeitbeschäftigung Anspruch auf ein monatliches Bruttogehalt in Höhe von 4000 € sowie im März auf einen sonstigen Bezug (Ergebnisbeteiligung) in Höhe von 1500 € (brutto).

Nach dem Altersteilzeitvertrag werden im März folgende Beträge gezahlt:

– laufendes Bruttogehalt	2000 €
– laufende steuerfreie Aufstockung (einschließlich freiwilliger Aufstockung des Arbeitgebers)	650 €
– Brutto-Ergebnisbeteiligung (50 % der vergleichbaren Vergütung auf Basis einer Vollzeitbeschäftigung)	750 €
– Aufstockungsleistung auf die Ergebnisbeteiligung	750 €

a) Ermittlung des maßgebenden Arbeitslohns

jährlicher laufender Bruttoarbeitslohn bei fiktiver Vollarbeitszeitbeschäftigung	48 000 €
+ sonstiger Bezug bei fiktiver Vollzeitbeschäftigung	1500 €
./. gesetzliche jährliche Abzüge (Lohnsteuer, Solidaritätszuschlag, Kirchensteuer, Sozialversicherungsbeiträge)	18 100 €
= maßgebender Jahresnettoarbeitslohn	31 400 €

b) Vergleichsberechnung

jährlicher laufender Bruttoarbeitslohn bei Altersteilzeit	24 000 €
+ steuerpflichtiger sonstiger Bezug bei Altersteilzeit	750 €
./. gesetzliche jährliche Abzüge (Lohnsteuer, Solidaritätszuschlag, Kirchensteuer, Sozialversicherungsbeiträge)	6000 €
= Zwischensumme	18 750 €
+ Aufstockung Ergebnisbeteiligung	750 €
+ steuerfreie Aufstockung (12 × 650)	7800 €
= Jahresnettoarbeitslohn	27 300 €

Durch die Aufstockung des sonstigen Bezugs wird der maßgebende Jahresnettoarbeitslohn von 31 400 € nicht überschritten. Demnach kann die Aufstockung des sonstigen Bezugs (im Beispiel: Aufstockung der Ergebnisbeteiligung) in Höhe von 750 € insgesamt steuerfrei bleiben.

Progressionsvorbehalt. Die Aufstockungsbeträge unterliegen dem Progressionsvorbehalt (→ § 32b Abs. 1 Satz 1 Nr. 1 Buchstabe g EStG). Zur Aufzeichnung und Bescheinigung → § 41 Abs. 1 Satz 4 und § 41b Abs. 1 Satz 2 Nr. 5 EStG.

R 3.30 Werkzeuggeld (§ 3 Nr. 30 EStG)

[1]Die Steuerbefreiung beschränkt sich auf die Erstattung der Aufwendungen, die dem Arbeitnehmer durch die betriebliche Benutzung eigener Werkzeuge entstehen. [2]Als Werkzeuge sind allgemein nur Handwerkzeuge anzusehen, die zur leichteren Handhabung, zur Herstellung oder zur Bearbeitung eines Gegenstands verwendet werden; Musikinstrumente und deren Einzelteile gehören ebenso wie Datenverarbeitungsgeräte o. Ä. nicht dazu. [3]Eine betriebliche Benutzung der Werkzeuge liegt auch dann vor, wenn die Werkzeuge im Rahmen des Dienstverhältnisses außerhalb einer Betriebsstätte des Arbeitgebers eingesetzt werden, z. B. auf einer Baustelle. [4]Ohne Einzelnachweis der tatsächlichen Aufwendungen sind pauschale Entschädigungen steuerfrei, soweit sie

1. die regelmäßigen Absetzungen für Abnutzung der Werkzeuge,
2. die üblichen Betriebs-, Instandhaltungs- und Instandsetzungskosten der Werkzeuge sowie
3. die Kosten der Beförderung der Werkzeuge

abgelten. [5] Soweit Entschädigungen für Zeitaufwand des Arbeitnehmers gezahlt werden, z. B. für die ihm obliegende Reinigung und Wartung der Werkzeuge, gehören sie zum steuerpflichtigen Arbeitslohn.

H 3.30

Musikinstrumente sind keine Werkzeuge (→ BFH vom 21.8.1995 – BStBl. II S. 906).

R 3.31 Überlassung typischer Berufskleidung (§ 3 Nr. 31 EStG)

(1) [1] Steuerfrei ist nach § 3 Nr. 31 erster Halbsatz EStG nicht nur die Gestellung, sondern auch die Übereignung typischer Berufskleidung durch den Arbeitgeber. [2] Erhält der Arbeitnehmer die Berufskleidung von seinem Arbeitgeber zusätzlich zum ohnehin geschuldeten Arbeitslohn (→ R 3.33 Abs. 5), ist anzunehmen, dass es sich um typische Berufskleidung handelt, wenn nicht das Gegenteil offensichtlich ist. [3] Zur typischen Berufskleidung gehören Kleidungsstücke, die

1. als Arbeitsschutzkleidung auf die jeweils ausgeübte Berufstätigkeit zugeschnitten sind oder
2.[1] nach ihrer z. B. uniformartigen Beschaffenheit oder dauerhaft angebrachten Kennzeichnung durch Firmenemblem objektiv eine berufliche Funktion erfüllen,

wenn ihre private Nutzung so gut wie ausgeschlossen ist. [4] Normale Schuhe und Unterwäsche sind z. B. keine typische Berufskleidung.

(2) [1] Die Steuerbefreiung nach § 3 Nr. 31 zweiter Halbsatz EStG beschränkt sich auf die Erstattung der Aufwendungen, die dem Arbeitnehmer durch den beruflichen Einsatz typischer Berufskleidung in den Fällen entstehen, in denen der Arbeitnehmer z. B. nach Unfallverhütungsvorschriften, Tarifvertrag oder Betriebsvereinbarung einen Anspruch auf Gestellung von Arbeitskleidung hat, der aus betrieblichen Gründen durch die Barvergütung abgelöst wird. [2] Die Barablösung einer Verpflichtung zur Gestellung von typischer Berufskleidung ist z. B. betrieblich begründet, wenn die Beschaffung der Kleidungsstücke durch den Arbeitnehmer für den Arbeitgeber vorteilhafter ist. [3] Pauschale Barablösungen sind steuerfrei, soweit sie die regelmäßigen Absetzungen für Abnutzung und die üblichen Instandhaltungs- und Instandsetzungskosten der typischen Berufskleidung abgelten. [4] Aufwendungen für die Reinigung gehören regelmäßig nicht zu den Instandhaltungs- und Instandsetzungskosten der typischen Berufsbekleidung.

H 3.31

Abgrenzung zwischen typischer Berufskleidung und bürgerlicher Kleidung. → BFH vom 18.4.1991 (BStBl. II S. 751).[2]

---

[1] Siehe BFH v. 22.6.2006 VI R 21/05, BStBl. II 2006, 915 (Gestellung einheitlicher bürgerlicher Kleidung ist nicht zwangsläufig Arbeitslohn), siehe auch H 19.3 LStH „Beispiele: Nicht zum Arbeitslohn gehören".

[2] Überlassung exklusiver Kleidung zu Repräsentationszwecken ist Arbeitslohn; siehe BFH v. 11.4.2006 VI R 60/02, BStBl. II 2006, 691, siehe auch H 19.3 LStH „Beispiele: Zum Arbeitslohn gehören".

Lodenmantel ist keine typische Berufskleidung (→ BFH vom 19.1.1996 – BStBl. II S. 202).

R 3.32 Sammelbeförderung von Arbeitnehmern zwischen Wohnung und erster Tätigkeitsstätte (§ 3 Nr. 32 EStG)

Die Notwendigkeit einer Sammelbeförderung ist z. B. in den Fällen anzunehmen, in denen

1. die Beförderung mit öffentlichen Verkehrsmitteln nicht oder nur mit unverhältnismäßig hohem Zeitaufwand durchgeführt werden könnte oder
2. der Arbeitsablauf eine gleichzeitige Arbeitsaufnahme der beförderten Arbeitnehmer erfordert.

H 3.32

Lohnsteuerbescheinigung. Bei steuerfreier Sammelbeförderung zwischen Wohnung und erster Tätigkeitsstätte sowie bei Fahrten nach § 9 Abs. 1 Satz 3 Nr. 4a Satz 3 EStG ist der Großbuchstabe F anzugeben → BMF-Schreiben zur Ausstellung von Lohnsteuerbescheinigungen.[1)]

Sammelbeförderung. Sammelbeförderung i. S. d. § 3 Nr. 32 EStG ist die durch den Arbeitgeber organisierte oder zumindest veranlasste Beförderung mehrerer Arbeitnehmer; sie darf nicht auf dem Entschluss eines Arbeitnehmers beruhen. Das Vorliegen einer Sammelbeförderung bedarf grundsätzlich einer besonderen Rechtsgrundlage. Dies kann ein Tarifvertrag oder eine Betriebsvereinbarung sein (→ BFH vom 29.1.2009 – BStBl. 2010 II S. 1067).[2)]

R 3.33 Unterbringung und Betreuung von nicht schulpflichtigen Kindern (§ 3 Nr. 33 EStG)

(1)[3)] [1]Steuerfrei sind zusätzliche Arbeitgeberleistungen (→ Absatz 5) zur Unterbringung, einschließlich Unterkunft und Verpflegung, und Betreuung von nicht schulpflichtigen Kindern des Arbeitnehmers in Kindergärten oder vergleichbaren Einrichtungen. [2]Dies gilt auch, wenn der nicht beim Arbeitgeber beschäftigte Elternteil die Aufwendungen trägt. [3]Leistungen für die Vermittlung einer Unterbringungs- und Betreuungsmöglichkeit durch Dritte sind nicht steuerfrei.[4)] [4]Zuwendungen des Arbeitgebers an einen Kindergarten oder vergleichbare Einrichtung, durch die er für die Kinder seiner Arbeitnehmer ein Belegungsrecht ohne Bewerbungsverfahren und Wartezeit erwirbt, sind den Arbeitnehmern nicht als geldwerter Vorteil zuzurechnen.

(2) [1]Es ist gleichgültig, ob die Unterbringung und Betreuung in betrieblichen oder außerbetrieblichen Kindergärten erfolgt. [2]Vergleichbare Einrichtungen

---

[1)] Siehe BMF v. 9.9.2019, BStBl. I 2019, 911, v. 9.9.2020, BStBl. I 2020, 926 (Muster für 2021) u. v. 18.8.2021, BStBl. I 2021, 1079 (Muster für 2022).

[2)] Die unentgeltliche bzw. verbilligte Überlassung eines Dienstwagens durch den Arbeitgeber an den Arbeitnehmer für dessen Privatnutzung führt zum Lohnzufluss (Ls. 1 des zitierten BFH-Urteils v. 29.1.2009 VI R 56/07, BStBl. II 2010, 1067).

[3)] Als Sonderausgaben abziehbare Kinderbetreuungskosten sind um steuerfreie Arbeitgeberzuschüsse zu kürzen, siehe BFH v. 14.4.2021 III R 30/20, BStBl. II 2021, 772.

[4)] Ab VZ 2015 siehe aber § 3 Nr. 34a EStG.

sind z. B. Schulkindergärten, Kindertagesstätten, Kinderkrippen, Tagesmütter, Wochenmütter und Ganztagspflegestellen. [3]Die Einrichtung muss gleichzeitig zur Unterbringung und Betreuung von Kindern geeignet sein. [4]Die alleinige Betreuung im Haushalt, z. B. durch Kinderpflegerinnen, Hausgehilfinnen oder Familienangehörige, genügt nicht. [5]Soweit Arbeitgeberleistungen auch den Unterricht eines Kindes ermöglichen, sind sie nicht steuerfrei. [6]Das Gleiche gilt für Leistungen, die nicht unmittelbar der Betreuung eines Kindes dienen, z. B. die Beförderung zwischen Wohnung und Kindergarten.

(3) [1]Begünstigt sind nur Leistungen zur Unterbringung und Betreuung von nicht schulpflichtigen Kindern. [2]Ob ein Kind schulpflichtig ist, richtet sich nach dem jeweiligen landesrechtlichen Schulgesetz. [3]Die Schulpflicht ist aus Vereinfachungsgründen nicht zu prüfen bei Kindern, die

1. das 6. Lebensjahr noch nicht vollendet haben oder
2. im laufenden Kalenderjahr das 6. Lebensjahr nach dem 30. Juni vollendet haben, es sei denn, sie sind vorzeitig eingeschult worden, oder
3. im laufenden Kalenderjahr das 6. Lebensjahr vor dem 1. Juli vollendet haben, in den Monaten Januar bis Juli dieses Jahres.

[4]Den nicht schulpflichtigen Kindern stehen schulpflichtige Kinder gleich, solange sie mangels Schulreife vom Schulbesuch zurückgestellt oder noch nicht eingeschult sind.

(4) [1]Sachleistungen an den Arbeitnehmer, die über den nach § 3 Nr. 33 EStG steuerfreien Bereich hinausgehen, sind regelmäßig mit dem Wert nach § 8 Abs. 2 Satz 1 EStG dem Arbeitslohn hinzuzurechnen. [2]Barzuwendungen an den Arbeitnehmer sind nur steuerfrei, soweit der Arbeitnehmer dem Arbeitgeber die zweckentsprechende Verwendung nachgewiesen hat. [3]Der Arbeitgeber hat die Nachweise im Original als Belege zum Lohnkonto aufzubewahren.

(5) [1]Die Zusätzlichkeitsvoraussetzung erfordert, dass die zweckbestimmte Leistung zu dem Arbeitslohn hinzukommt, den der Arbeitgeber arbeitsrechtlich schuldet. [2]Wird eine zweckbestimmte Leistung unter Anrechnung auf den arbeitsrechtlich geschuldeten Arbeitslohn oder durch dessen Umwandlung gewährt, liegt keine zusätzliche Leistung vor. [3]Eine zusätzliche Leistung liegt aber dann vor, wenn sie unter Anrechnung auf eine andere freiwillige Sonderzahlung, z. B. freiwillig geleistetes Weihnachtsgeld, erbracht wird. [4]Unschädlich ist es, wenn der Arbeitgeber verschiedene zweckgebundene Leistungen zur Auswahl anbietet oder die übrigen Arbeitnehmer die freiwillige Sonderzahlung erhalten.

H 3.33

Zusätzlichkeitsvoraussetzung. → § 8 Abs. 4 EStG.

H 3.34 Zu § 3 Nr. 34 EStG

Umsetzungshilfe. → BMF vom 20.4.2021 (BStBl. I S. 700).

Zusätzlichkeitsvoraussetzung. → § 8 Abs. 4 EStG.

H 3.34a Zu § 3 Nr. 34a EStG

Zusätzlichkeitsvoraussetzung. → § 8 Abs. 4 EStG.

H 3.37 Zu § 3 Nr. 37 EStG

Zusätzlichkeitsvoraussetzung.
- → § 8 Abs. 4 EStG.
- Zur Bewertung der steuerpflichtigen Fahrradgestellung in den Fällen der Gehaltsumwandlung → Gleich lautende Ländererlasse vom 9.1.2020 (BStBl. I S. 174).

H 3.39 Zu § 3 Nr. 39 EStG

Allgemeine Grundsätze. → BMF vom 16.11.2021 (BStBl. I S. 2308).

Darlehensforderung. Darlehensforderungen i. S. d. § 2 Abs. 1 Nr. 1 Buchstabe k des 5. VermBG können in der Regel dann unter dem Nennwert bewertet werden, wenn die Forderung unverzinslich ist (→ R B 12.1 Abs. 1 Nr. 1 ErbStR); eine Bewertung über dem Nennwert ist im Allgemeinen dann gerechtfertigt, wenn die Forderung hochverzinst und von Seiten des Schuldners (Arbeitgebers) für längere Zeit unkündbar ist (→ R B 12.1 Abs. 1 Nr. 2 ErbStR).

Wert der Vermögensbeteiligung.
- Veräußerungssperren mindern den Wert der Vermögensbeteiligung nicht (→ BMF vom 16.11.2021 – BStBl. I S. 2308, Tz. 1.3).
- Der gemeine Wert nicht börsennotierter Aktien lässt sich nicht i. S. d. § 11 Abs. 2 Satz 2 BewG aus Verkäufen ableiten, wenn nach den Veräußerungen, aber noch vor dem Bewertungsstichtag weitere objektive Umstände hinzutreten, die dafür sprechen, dass diese Verkäufe nicht mehr den gemeinen Wert der Aktien repräsentieren, und es an objektiven Maßstäben für Zu- und Abschläge fehlt, um von den festgestellten Verkaufspreisen der Aktien auf deren gemeinen Wert zum Bewertungsstichtag schließen zu können (→ BFH vom 29.7.2010 – BStBl. 2011 II S. 68).
- Der gemäß § 11 Abs. 2 Satz 2 BewG zu ermittelnde gemeine Wert nicht börsennotierter Aktien ist vorrangig aus der Wertbestätigung am Markt abzuleiten, also von dem Preis, der bei einer Veräußerung im gewöhnlichen Geschäftsverkehr tatsächlich erzielt wurde. Bei nicht börsennotierten Aktien kann der gemeine Wert grundsätzlich vom Wert der börsennotierten gattungsgleichen Aktien abgeleitet werden. Die grundsätzlich auf den Zeitpunkt des Lohnzuflusses stichtagsbezogen vorzunehmende Bewertung von Sachlohn gebietet es, den gemeinen Wert nicht börsennotierter Aktien aus Verkäufen abzuleiten, die am Bewertungsstichtag oder, wenn solche Verkäufe nicht feststellbar sind, möglichst in zeitlicher Nähe zum Bewertungsstichtag getätigt wurden (→ BFH vom 1.9.2016 – BStBl. 2017 II S. 149).

Zuflusszeitpunkt der Vermögensbeteiligung. → BMF vom 16.11.2021 *(BStBl. I S. 2308), Tz. 1.6.*

R 3.45[1)] Betriebliche Datenverarbeitungs- und Telekommunikationsgeräte (§ 3 Nr. 45 EStG)

[1] Die Privatnutzung betrieblicher Datenverarbeitungs- und Telekommunikationsgeräte durch den Arbeitnehmer ist unabhängig vom Verhältnis der beruflichen zur privaten Nutzung steuerfrei. [2] Die Steuerfreiheit umfasst auch die Nutzung von Zubehör und Software. [3] Sie ist nicht auf die private Nutzung im Betrieb beschränkt, sondern gilt beispielsweise auch für Mobiltelefone im Auto oder Personalcomputer in der Wohnung des Arbeitnehmers. [4] Die Steuerfreiheit gilt nur für die Überlassung zur Nutzung durch den Arbeitgeber oder auf Grund des Dienstverhältnisses durch einen Dritten. [5] In diesen Fällen sind auch die vom Arbeitgeber getragenen Verbindungsentgelte (Grundgebühr und sonstige laufende Kosten) steuerfrei. [6] Für die Steuerfreiheit kommt es nicht darauf an, ob die Vorteile zusätzlich zum ohnehin geschuldeten Arbeitslohn[2)] oder auf Grund einer Vereinbarung mit dem Arbeitgeber über die Herabsetzung von Arbeitslohn erbracht werden.

H 3.45

Anwendungsbereich. Die auf Arbeitnehmer beschränkte Steuerfreiheit für die Vorteile aus der privaten Nutzung von betrieblichen Personalcomputern und Telekommunikationsgeräten (§ 3 Nr. 45 EStG) verletzt nicht den Gleichheitssatz (→ BFH vom 21.6.2006 – BStBl. II S. 715).

Beispiele für die Anwendung des § 3 Nr. 45 EStG:

Beispiel 1:

Der Arbeitgeber least einen PC und überlässt dieses Gerät dem Arbeitnehmer zur ausschließlich privaten Nutzung. Gegenüber dem Leasinggeber schuldet der Arbeitgeber die Leasingraten. In entsprechender Höhe wird eine Herabsetzung des Bruttogehalts vereinbart (Gehaltsumwandlung).

Da die Steuerbefreiungsvorschrift des § 3 Nr. 45 EStG keine Zusätzlichkeitsvoraussetzung enthält, ist die Herabsetzung des Bruttogehalts im Wege der Gehaltsumwandlung anzuerkennen; die Vereinbarung einer etwaigen Rückfallklausel/Ausstiegsklausel steht der Anerkennung nicht entgegen.

Beispiel 2:

Der Arbeitgeber „kauft" vom Arbeitnehmer ein Mobiltelefon zu einem nicht marktüblichen Preis von z. B. 1 Euro und stellt es anschließend dem Arbeitnehmer zur privaten Nutzung zur Verfügung. Die Verbindungsentgelte des Arbeitnehmers werden nach dem „Kauf" vom Arbeitgeber übernommen.

Eine Steuerbefreiung der Verbindungsentgelte nach § 3 Nr. 45 EStG kommt nicht in Betracht, da der Kaufvertrag einem Fremdvergleich nicht standhält und es sich somit bei der Zurverfügungstellung des Mobiltelefons nicht um ein betriebliches Telekommunikationsgerät des Arbeitgebers handelt.

Beispiele für begünstigte Geräte und Leistungen:

– **Betriebliche Datenverarbeitungsgeräte und Telekommunikationsgeräte.** Begünstigt sind u. a. Personalcomputer, Laptop, Handy, Smartphone, Smartwatch, Tablet, Autotelefon.

Regelmäßig nicht begünstigt sind Smart TV, Konsole, MP3-Player, Spielautomat, E-Book-Reader, Gebrauchsgegenstand mit eingebautem Mikrochip, Digitalkamera und

---

1) Zur betriebsgewöhnlichen Nutzungsdauer von Computerhardware und Software siehe BMF v. 22.2.2022, BStBl. I 2022, 187.

2) Siehe § 8 Abs. 4 EStG.

digitaler Videocamcorder, weil es sich nicht um betriebliche Geräte des Arbeitgebers handelt. Nicht begünstigt ist auch ein vorinstalliertes Navigationsgerät im Pkw (→ BFH vom 16.2.2005 – BStBl. II S. 563).

- **System- und Anwendungsprogramme.** Begünstigt sind u. a. im Betrieb des Arbeitgebers eingesetzte Betriebssysteme, Browser, Virenscanner, Softwareprogramme (z. B. Home-Use-Programme, Volumenlizenzvereinbarungen).
  Regelmäßig nicht begünstigt sind mangels Einsatz im Betrieb des Arbeitgebers u. a. Computerspiele.
- **Zubehör.** Begünstigt sind u. a. betriebliche Monitore, Drucker, Beamer, Scanner, Modems, Netzwerkswitches, Router, Hubs, Bridges, ISDN-Karten, Sim-Karten, UMTS-Karte, LTE-Karten, Ladegeräte und Transportbehältnisse.
- **Dienstleistung.** Begünstigt ist insbesondere die Installation oder Inbetriebnahme der begünstigten Geräte und Programme i. S. d. § 3 Nr. 45 EStG durch einen IT-Service des Arbeitgebers.

H 3.46 Zu § 3 Nr. 46 EStG

Anwendungsbereich. → BMF vom 29.9.2020 (BStBl. I S. 972).

Zusätzlichkeitsvoraussetzung. → § 8 Abs. 4 EStG.

R 3.50 Durchlaufende Gelder, Auslagenersatz (§ 3 Nr. 50 EStG)

(1) [1]Durchlaufende Gelder oder Auslagenersatz liegen vor, wenn

1. der Arbeitnehmer die Ausgaben für Rechnung des Arbeitgebers macht, wobei es gleichgültig ist, ob das im Namen des Arbeitgebers oder im eigenen Namen geschieht und
2. über die Ausgaben im Einzelnen abgerechnet wird.

[2]Dabei sind die Ausgaben des Arbeitnehmers bei ihm so zu beurteilen, als hätte der Arbeitgeber sie selbst getätigt. [3]Die Steuerfreiheit der durchlaufenden Gelder oder des Auslagenersatzes nach § 3 Nr. 50 EStG ist hiernach stets dann ausgeschlossen, wenn die Ausgaben durch das Dienstverhältnis des Arbeitnehmers veranlasst sind (→ R 19.3). [4]Durchlaufende Gelder oder Auslagenersatz werden immer zusätzlich gezahlt, da sie ihrem Wesen nach keinen Arbeitslohn darstellen. [5]Sie können daher auch keinen anderen Arbeitslohn ersetzen.

(2) [1]Pauschaler Auslagenersatz führt regelmäßig zu Arbeitslohn. [2]Ausnahmsweise kann pauschaler Auslagenersatz steuerfrei bleiben, wenn er regelmäßig wiederkehrt und der Arbeitnehmer die entstandenen Aufwendungen für einen repräsentativen Zeitraum von drei Monaten im Einzelnen nachweist. [3]Dabei können bei Aufwendungen für Telekommunikation auch die Aufwendungen für das Nutzungsentgelt einer Telefonanlage sowie für den Grundpreis der Anschlüsse entsprechend dem beruflichen Anteil der Verbindungsentgelte an den gesamten Verbindungsentgelten (Telefon und Internet) steuerfrei ersetzt werden. [4]Fallen erfahrungsgemäß beruflich veranlasste Telekommunikationsaufwendungen an, können aus Vereinfachungsgründen ohne Einzelnachweis bis zu 20% des Rechnungsbetrags, höchstens 20 Euro monatlich steuerfrei ersetzt werden. [5]Zur weiteren Vereinfachung kann der monatliche Durchschnittsbetrag, der sich aus den Rechnungsbeträgen für einen repräsentativen Zeitraum von drei Monaten ergibt, für den pauschalen Auslagenersatz fortgeführt werden. [6]Der pauschale Auslagenersatz bleibt grundsätzlich so

lange steuerfrei, bis sich die Verhältnisse wesentlich ändern. [7]Eine wesentliche Änderung der Verhältnisse kann sich insbesondere im Zusammenhang mit einer Änderung der Berufstätigkeit ergeben.

H 3.50

Allgemeines.

- **Nicht** nach § 3 Nr. 50 EStG **steuerfrei:**
  - Ersatz von Werbungskosten
  - Ersatz von Kosten der privaten Lebensführung des Arbeitnehmers.[1)]
- **Steuerfrei** ist z. B. der Ersatz von Gebühren für ein geschäftliches Telefongespräch, das der Arbeitnehmer für den Arbeitgeber außerhalb des Betriebs führt.

Ersatz von Reparaturkosten. Ersetzt der Arbeitgeber auf Grund einer tarifvertraglichen Verpflichtung dem als Orchestermusiker beschäftigten Arbeitnehmer die Kosten der Instandsetzung des dem Arbeitnehmer gehörenden Musikinstruments, so handelt es sich dabei um steuerfreien Auslagenersatz (→ BFH vom 28.3.2006 – BStBl. II S. 473).

Garagenmiete. Stellt der Arbeitnehmer den Dienstwagen in einer von ihm angemieteten Garage unter, handelt es sich bei der vom Arbeitgeber erstatteten Garagenmiete um steuerfreien Auslagenersatz (→ BFH vom 7.6.2002 – BStBl. II S. 829).

Pauschaler Auslagenersatz führt regelmäßig zu Arbeitslohn (→ BFH vom 10.6.1966 – BStBl. III S. 607). Er ist nur dann steuerfrei, wenn der Steuerpflichtige nachweist, dass die Pauschale den tatsächlichen Aufwendungen im Großen und Ganzen entspricht (→ BFH vom 2.10.2003 – BStBl. 2004 II S. 129).
→ BMF vom 29.9.2020 (BStBl. I S. 972), Rdnr. 22–26.

H 3.51 Zu § 3 Nr. 51 EStG

Freiwillige Sonderzahlungen an Arbeitnehmer eines konzernverbundenen Unternehmens sind keine steuerfreien Trinkgelder (→ BFH vom 3.5.2007 – BStBl. II S. 712).

Notarassessoren. Freiwillige Zahlungen von Notaren an Notarassessoren für deren Vertretungstätigkeit sind keine steuerfreien Trinkgelder (→ BFH vom 10.3.2015 – BStBl. II S. 767).

Spielbank.

- Aus dem Spielbanktronc finanzierte Zahlungen an die Arbeitnehmer der Spielbank sind keine steuerfreien Trinkgelder (→ BFH vom 18.12.2008 – BStBl. 2009 II S. 820).
- Freiwillige Zahlungen von Spielbankkunden an die Saalassistenten einer Spielbank für das Servieren von Speisen und Getränken können steuerfreie Trinkgelder sein. Die Steuerfreiheit entfällt nicht dadurch, dass der Arbeitgeber als eine Art Treuhänder bei der Aufbewahrung und Verteilung der Gelder eingeschaltet ist (→ BFH vom 18.6.2015 – BStBl. 2016 II S. 751).

[1)] Kein steuerfreier Auslagenersatz für Zuschuss zu Sicherheitsmaßnahmen am Wohnhaus des Arbeitnehmers; siehe BFH v. 5.4.2006 IX R 109/00, BStBl. II 2006, 541.

H 3.55 Zu § 3 Nr. 55 EStG

Übertragung der betrieblichen Altersversorgung. → BMF vom 12.8.2021 (BStBl. I S. 1050), Rn. 57–62.

H 3.55a Zu § 3 Nr. 55a EStG

Allgemeine Grundsätze. → BMF vom 21.12.2017 (BStBl. 2018 I S. 93), Rz. 319; → BMF vom 19.8.2013 (BStBl. I S. 1087), Rz. 270 ff.

H 3.55b Zu § 3 Nr. 55b EStG

Allgemeine Grundsätze. → BMF vom 21.12.2017 (BStBl. 2018 I S. 93), Rz. 323–324; → BMF vom 19.8.2013 (BStBl. I S. 1087), Rz. 270 ff.

H 3.55c Zu § 3 Nr. 55c EStG

Allgemeine Grundsätze. → BMF vom 12.8.2021 (BStBl. I S. 1050), Rn. 63; → BMF vom 21.12.2017 (BStBl. 2018 I S. 93), Rz. 150 ff.

H 3.56 Zu § 3 Nr. 56 EStG

Allgemeine Grundsätze. → BMF vom 12.8.2021 (BStBl. I S. 1050), Rn. 76–82.

R 3.58 Zuschüsse und Zinsvorteile aus öffentlichen Haushalten (§ 3 Nr. 58 EStG)

Öffentliche Haushalte i. S. d. § 3 Nr. 58 EStG sind die Haushalte des Bundes, der Länder, der Gemeinden, der Gemeindeverbände, der kommunalen Zweckverbände und der Sozialversicherungsträger.

H 3.58 Zu § 3 Nr. 58 EStG

Öffentliche Haushalte. Die Handwerkskammer führt als Körperschaft des öffentlichen Rechts einen öffentlichen Haushalt i. S. d. § 3 Nr. 58 EStG (→ BFH vom 3.7.2019 – BStBl. 2020 II S. 241).

Steuerfreiheit von Zinsvergünstigungen. Eine Steuerbefreiung nach § 3 Nr. 58 EStG kann nur gewährt werden, wenn die Einkommensgrenzen des im Einzelfall einschlägigen Wohnraumförderungsgesetzes oder des Landesgesetzes zur Wohnraumförderung eingehalten sind (→ BFH vom 3.7.2019 – BStBl. 2020 II S. 241).

R 3.59 Steuerfreie Mietvorteile (§ 3 Nr. 59 EStG)

[1] Steuerfrei sind Mietvorteile, die im Rahmen eines Dienstverhältnisses gewährt werden und die auf der Förderung nach dem Zweiten Wohnungsbaugesetz, dem Wohnungsbaugesetz für das Saarland, nach dem Wohnraumförderungsgesetz (WoFG) oder den Landesgesetzen zur Wohnraumförderung beruhen. [2] Mietvorteile, die sich aus dem Einsatz von Wohnungsfürsorgemitteln aus öffentlichen Haushalten ergeben, sind ebenfalls steuerfrei. [3] Bei einer Wohnung, die ohne Mittel aus öffentlichen Haushalten errichtet worden ist, gilt Folgendes: [4] Die Mietvorteile im Rahmen eines Dienstverhältnisses sind steuerfrei, wenn die Wohnung im Zeitpunkt ihres Bezugs durch den Arbeitnehmer für eine Förderung mit Mitteln aus öffentlichen Haushalten in Be-

tracht gekommen wäre. [5] § 3 Nr. 59 EStG ist deshalb nur auf Wohnungen anwendbar, die im Geltungszeitraum der in Satz 1 genannten Gesetze errichtet worden sind, d. h. auf Baujahrgänge ab 1957. [6] Es muss nicht geprüft werden, ob der Arbeitnehmer nach seinen Einkommensverhältnissen als Mieter einer geförderten Wohnung in Betracht kommt. [7] Der Höhe nach ist die Steuerbefreiung auf die Mietvorteile begrenzt, die sich aus der Förderung nach den in Satz 1 genannten Gesetzen ergeben würden. [8] § 3 Nr. 59 EStG ist deshalb nicht anwendbar auf Wohnungen, für die der Förderzeitraum abgelaufen ist. [9] Wenn der Förderzeitraum im Zeitpunkt des Bezugs der Wohnung durch den Arbeitnehmer noch nicht abgelaufen ist, ist ein Mietvorteil bis zur Höhe des Teilbetrags steuerfrei, auf den der Arbeitgeber gegenüber der Vergleichsmiete verzichten müsste, wenn die Errichtung der Wohnung nach den in Satz 1 genannten Gesetzen gefördert worden wäre. [10] Der steuerfreie Teilbetrag verringert sich in dem Maße, in dem der Arbeitgeber nach den Förderregelungen eine höhere Miete verlangen könnte. [11] Mit Ablauf der Mietbindungsfrist läuft auch die Steuerbefreiung aus. [12] Soweit später zulässige Mieterhöhungen z. B. nach Ablauf des Förderzeitraums im Hinblick auf das Dienstverhältnis unterblieben sind, sind sie in den steuerpflichtigen Mietvorteil einzubeziehen.

H 3.59

Steuerfreie Mietvorteile im Zusammenhang mit einem Arbeitsverhältnis. R 3.59 Sätze 2 bis 4 LStR sind unabhängig vom BFH-Urteil vom 16.2.2005 (BStBl. II S. 750) weiterhin anzuwenden (→ BMF vom 10.10.2005 – BStBl. I S. 959).

R 3.62 Zukunftssicherungsleistungen (§ 3 Nr. 62 EStG, § 2 Abs. 2 Nr. 3 LStDV)

Leistungen auf Grund gesetzlicher Verpflichtungen

(1) [1] Zu den nach § 3 Nr. 62 EStG steuerfreien Ausgaben des Arbeitgebers für die Zukunftssicherung des Arbeitnehmers (§ 2 Abs. 2 Nr. 3 Satz 1 und 2 LStDV) gehören insbesondere die Beitragsanteile des Arbeitgebers am Gesamtsozialversicherungsbeitrag (Rentenversicherung, Krankenversicherung, Pflegeversicherung, Arbeitslosenversicherung), Beiträge des Arbeitgebers nach § 172a SGB VI[1)] zu einer berufsständischen Versorgungseinrichtung für Arbeitnehmer, die nach § 6 Abs. 1 Satz 1 Nr. 1 SGB VI von der Versicherungspflicht in der gesetzlichen Rentenversicherung befreit sind, und Beiträge des Arbeitgebers nach § 249b SGB V[1)] und nach §§ 168 Abs. 1 Nr. 1b oder 1c, 172 Abs. 3 oder 3a, 276a Abs. 1 SGB VI für geringfügig Beschäftigte. [2] Dies gilt auch für solche Beitragsanteile, die auf Grund einer nach ausländischen Gesetzen bestehenden Verpflichtung an ausländische Sozialversicherungsträger, die den inländischen Sozialversicherungsträgern vergleichbar sind, geleistet werden. [3] Steuerfrei sind nach § 3 Nr. 62 EStG auch vom Arbeitgeber nach § 3 Abs. 3 Satz 3 SvEV[2)] übernommene Arbeitnehmeranteile am Gesamtsozialversicherungsbeitrag sowie Krankenversicherungsbeiträge, die der Arbeitgeber nach § 9 der Mutterschutz-

---

1) **Aichberger SGB** Nr. **5** bzw. Nr. **6**.
2) **Steuergesetze** Nr. **21**.

und Elternzeitverordnung oder nach entsprechenden Rechtsvorschriften der Länder erstattet. [4]Zukunftssicherungsleistungen auf Grund einer tarifvertraglichen Verpflichtung sind dagegen nicht nach § 3 Nr. 62 EStG steuerfrei.

(2) Für Ausgaben des Arbeitgebers zur Kranken- und Pflegeversicherung des Arbeitnehmers gilt Folgendes:

1. [1]Die Beitragsteile und Zuschüsse des Arbeitgebers zur gesetzlichen Krankenversicherung und zur sozialen Pflegeversicherung eines gesetzlich krankenversicherungspflichtigen Arbeitnehmers sind steuerfrei, soweit der Arbeitgeber zur Tragung der Beiträge verpflichtet ist (§ 249 SGB V,[1)] § 58 SGB XI).[1)] [2]Der Zusatzbeitrag (§ 242 SGB V)[1)·2)] sowie der Beitragszuschlag für Kinderlose i. H. v. 0,25 %[3)] (§ 55 Abs. 3 SGB XI) sind vom Arbeitnehmer allein zu tragen und können deshalb vom Arbeitgeber nicht steuerfrei erstattet werden.
2. [1]Zuschüsse des Arbeitgebers zur gesetzlichen Krankenversicherung und zur sozialen Pflegeversicherung oder privaten Pflege-Pflichtversicherung eines nicht gesetzlich krankenversicherungspflichtigen Arbeitnehmers, der in der gesetzlichen Krankenversicherung freiwillig versichert ist, sind nach § 3 Nr. 62 EStG steuerfrei, soweit der Arbeitgeber nach § 257 Abs. 1 SGB V[1)] und nach § 61 Abs. 1 SGB XI[1)] zur Zuschussleistung verpflichtet ist. [2]Soweit bei Beziehern von Kurzarbeitergeld ein fiktives Arbeitsentgelt maßgebend ist, bleiben die Arbeitgeberzuschüsse in voller Höhe steuerfrei (§ 257 Abs. 1 i. V. m. § 249 Abs. 2 SGB V). [3]Übersteigt das Arbeitsentgelt nur auf Grund von einmalig gezahltem Arbeitsentgelt die Beitragsbemessungsgrenze und hat der Arbeitnehmer deshalb für jeden Monat die Höchstbeiträge an die Kranken- und Pflegekasse zu zahlen, sind die Arbeitgeberzuschüsse aus Vereinfachungsgründen entsprechend der Höchstbeiträge steuerfrei. [4]Dies gilt auch dann, wenn das im Krankheitsfall fortgezahlte Arbeitsentgelt die monatliche Beitragsbemessungsgrenze unterschreitet und der Arbeitnehmer dennoch für die Dauer der Entgeltfortzahlung die Höchstbeiträge an die Kranken- und Pflegekasse zu zahlen hat.
3. [1]Zuschüsse des Arbeitgebers zu den Kranken- und Pflegeversicherungsbeiträgen eines nicht gesetzlich krankenversicherungspflichtigen Arbeitnehmers, der eine private Kranken- und Pflege-Pflichtversicherung abgeschlossen hat, sind ebenfalls nach § 3 Nr. 62 EStG steuerfrei, soweit der Arbeitgeber nach § 257 Abs. 2 SGB V[1)] sowie nach § 61 Abs. 2 SGB XI[1)] zur Zuschussleistung verpflichtet ist. [2]Der Anspruch auf den Arbeitgeberzuschuss an den bei einem privaten Krankenversicherungsunternehmen versicherten Arbeitnehmer setzt voraus, dass der private Krankenversicherungsschutz Leistungen zum Inhalt hat, die ihrer Art nach auch den Leistungen des SGB V entsprechen. [3]Die Höhe des Arbeitgeberzuschusses bemisst sich nach § 257 Abs. 2 Satz 2 SGB V. [4]Eine leistungsbezogene Begrenzung des Zuschusses sieht § 257 Abs. 2 Satz 2 SGB V

[1)] **Aichberger SGB** Nr. **5** bzw. Nr. **11**.

[2)] **[Amtl. Anm.:]** Seit 2019 wird der Zusatzbeitrag vom Arbeitgeber und Arbeitnehmer je zur Hälfte getragen (GKV-Versichertenentlastungsgesetz). Ein Beitragsanteil des Arbeitnehmers am Zusatzbeitrag kann vom Arbeitgeber nicht steuerfrei erstattet werden.

[3)] **[Amtl. Anm.:]** Ab 2022 0,35% (Gesundheitsversorgungsweiterentwicklungsgesetz v. 11.7.2021, BGBl. I 2021, 2754).

nicht vor, so dass Beiträge zur privaten Krankenversicherung im Rahmen des § 257 SGB V zuschussfähig sind, auch wenn der Krankenversicherungsvertrag Leistungserweiterungen enthält (§ 11 Abs. 1, § 257 Abs. 2 Satz 1 SGB V). [5]Die für Zwecke des Sonderausgabenabzugs bestehenden Regelungen der Krankenversicherungsbeitragsanteils-Ermittlungsverordnung (KVBEVO) bilden keine Grundlage für die Bemessung des Arbeitgeberzuschusses. [6]Nummer 2 Satz 4 und 5 gilt entsprechend. [7]Für die private Pflege-Pflichtversicherung gilt, dass der Versicherungsschutz Leistungen zum Inhalt haben muss, die nach Art und Umfang den Leistungen der sozialen Pflegeversicherung nach dem SGB XI entsprechen (§ 61 Abs. 2 Satz 1 SGB XI). [8]Die Höhe des Arbeitgeberzuschusses bemisst sich nach § 61 Abs. 2 Satz 2 SGB XI. [9]Der Arbeitgeber darf Zuschüsse zu einer privaten Krankenversicherung und zu einer privaten Pflege-Pflichtversicherung des Arbeitnehmers nur dann steuerfrei lassen, wenn der Arbeitnehmer eine Bescheinigung des Versicherungsunternehmens vorlegt, in der bestätigt wird, dass die Voraussetzungen des § 257 Abs. 2a SGB V und des § 61 Abs. 6 SGB XI vorliegen und dass es sich bei den vertraglichen Leistungen um Leistungen i. S. d. SGB V und SGB XI handelt. [10]Die Bescheinigung muss außerdem Angaben über die Höhe des für die vertraglichen Leistungen i. S. d. SGB V und SGB XI zu zahlenden Versicherungsbeitrags enthalten. [11]Der Arbeitgeber hat die Bescheinigung als Unterlage zum Lohnkonto aufzubewahren. [12]Soweit der Arbeitgeber die steuerfreien Zuschüsse unmittelbar an den Arbeitnehmer auszahlt, hat der Arbeitnehmer die zweckentsprechende Verwendung durch eine Bescheinigung des Versicherungsunternehmens über die tatsächlichen Kranken- und Pflege-Pflichtversicherungsbeiträge nach Ablauf eines jeden Kalenderjahrs nachzuweisen; der Arbeitgeber hat diese Bescheinigung als Unterlage zum Lohnkonto aufzubewahren. [13]Diese Bescheinigung kann mit der Bescheinigung nach den Sätzen 9 und 10 verbunden werden.

Den gesetzlichen Pflichtbeiträgen gleichgestellte Zuschüsse

(3)[1)] [1]Nach § 3 Nr. 62 Satz 2 EStG sind den Ausgaben des Arbeitgebers für die Zukunftssicherung des Arbeitnehmers, die auf Grund gesetzlicher Verpflichtung geleistet werden, die Zuschüsse des Arbeitgebers gleichgestellt, die zu den Beiträgen des Arbeitnehmers für eine Lebensversicherung – auch für die mit einer betrieblichen Pensionskasse abgeschlossene Lebensversicherung –, für die freiwillige Versicherung in der gesetzlichen Rentenversicherung oder für eine öffentlich-rechtliche Versicherungs- oder Versorgungseinrichtung der Berufsgruppe geleistet werden, wenn der Arbeitnehmer von der Versicherungspflicht in der gesetzlichen Rentenversicherung nach einer der folgenden Vorschriften auf eigenen Antrag befreit worden ist:

[1)] Kein Arbeitslohn bei Sonderzahlungen an Zusatzversorgungskasse, siehe BFH v. 14.9.2005 VI R 32/04, BStBl. II 2006, 500, u. VI R 148/98, BStBl. II 2006, 532; ebenso bei Gegenwertzahlungen beim Ausscheiden eines öffentlichen Arbeitgebers aus Versorgungssystem, siehe BFH v. 15.2.2006 VI R 92/04, BStBl. II 2006, 528. – Zur freiwilligen Rentenversicherung für Kirchenbeamte siehe BFH v. 5.9.2006 VI R 38/04, BStBl. II 2007, 181, und Nichtanwendungserlass BMF v. 13.2.2007, BStBl. I 2007, 270.

1. § 18 Abs. 3 des Gesetzes über die Erhöhung der Einkommensgrenzen in der Sozialversicherung und der Arbeitslosenversicherung und zur Änderung der Zwölften Verordnung zum Aufbau der Sozialversicherung vom 13.8.1952 (BGBl. I S. 437),
2. Artikel 2 § 1 des Angestelltenversicherungs-Neuregelungsgesetzes vom 23.2.1957 (BGBl. I S. 88, 1074) oder Artikel 2 § 1 des Knappschaftsrentenversicherungs-Neuregelungsgesetzes vom 21.5.1957 (BGBl. I S. 533), jeweils in der bis zum 30.6.1965 geltenden Fassung,
3. § 7 Abs. 2 des Angestelltenversicherungsgesetzes (AVG) i. d. F. des Artikels 1 des Angestelltenversicherungs-Neuregelungsgesetzes vom 23.2.1957 (BGBl. I S. 88, 1074),
4. Artikel 2 § 1 des Angestelltenversicherungs-Neuregelungsgesetzes oder Artikel 2 § 1 des Knappschaftsrentenversicherungs-Neuregelungsgesetzes, jeweils i. d. F. des Rentenversicherungs-Änderungsgesetzes vom 9.6.1965 (BGBl. I S. 476),
5. Artikel 2 § 1 des Zweiten Rentenversicherungs-Änderungsgesetzes vom 23.12.1966 (BGBl. I S. 745),
6. Artikel 2 § 1 des Angestelltenversicherungs-Neuregelungsgesetzes oder Artikel 2 § 1 des Knappschaftsrentenversicherungs-Neuregelungsgesetzes, jeweils i. d. F. des Finanzänderungsgesetzes 1967 vom 21.12.1967 (BGBl. I S. 1259),
7. Artikel 2 § 1 Abs. 2 des Angestelltenversicherungs-Neuregelungsgesetzes oder Artikel 2 § 1 Abs. 1a des Knappschaftsrentenversicherungs-Neuregelungsgesetzes, jeweils i. d. F. des Dritten Rentenversicherungs-Änderungsgesetzes vom 28.7.1969 (BGBl. I S. 956),
8. § 20 des Gesetzes über die Sozialversicherung vom 28.6.1990 (GBl. der Deutschen Demokratischen Republik I Nr. 38 S. 486) i. V. m. § 231a SGB VI i. d. F. des Gesetzes zur Herstellung der Rechtseinheit in der gesetzlichen Renten- und Unfallversicherung (Renten-Überleitungsgesetz – RÜG) vom 25.7.1991 (BGBl. I S. 1606).

[2] Zuschüsse des Arbeitgebers im Sinne des § 3 Nr. 62 Satz 2 EStG liegen nicht vor, wenn der Arbeitnehmer kraft Gesetzes in der gesetzlichen Rentenversicherung versicherungsfrei ist. [3] Den Beiträgen des Arbeitnehmers für eine freiwillige Versicherung in der allgemeinen Rentenversicherung stehen im Übrigen Beiträge für die freiwillige Versicherung in der knappschaftlichen Rentenversicherung oder für die Selbstversicherung/Weiterversicherung in der gesetzlichen Rentenversicherung gleich.

Höhe der steuerfreien Zuschüsse, Nachweis

(4) [1] Die Steuerfreiheit der Zuschüsse beschränkt sich nach § 3 Nr. 62 Satz 3 EStG im Grundsatz auf den Betrag, den der Arbeitgeber als Arbeitgeberanteil zur gesetzlichen Rentenversicherung aufzuwenden hätte, wenn der Arbeitnehmer nicht von der gesetzlichen Versicherungspflicht befreit worden wäre. [2] Soweit der Arbeitgeber die steuerfreien Zuschüsse unmittelbar an den Arbeitnehmer auszahlt, hat dieser die zweckentsprechende Verwendung durch eine entsprechende Bescheinigung des Versicherungsträgers bis zum 30. April des folgenden Kalenderjahres nachzuweisen. [3] Die Bescheinigung ist als Unterlage zum Lohnkonto aufzubewahren.

H 3.62

Ausländische Krankenversicherung. Die nach § 3 Nr. 62 Satz 1 EStG für die Steuerfreiheit vorausgesetzte gesetzliche Verpflichtung zu einer Zukunftssicherungsleistung des Arbeitgebers ergibt sich für einen Arbeitgeberzuschuss zu einer privaten Krankenversicherung aus § 257 Abs. 2a Satz 1 SGB V. § 257 Abs. 2a SGB V findet auch auf Steuerpflichtige Anwendung, die eine Krankenversicherung bei einem Versicherungsunternehmen abgeschlossen haben, das in einem anderen Land der EU seinen Sitz hat und ist vom Steuerpflichtigen nachzuweisen. Die Vorlage der Bescheinigung nach § 257 Abs. 2a SGB V ist nicht konstitutive Voraussetzung der Steuerbefreiung (→ BFH vom 22.7.2008 – BStBl. II S. 894).

Ausländische Versicherungsunternehmen. Zahlungen des Arbeitgebers an ausländische Versicherungsunternehmen sind nicht steuerfrei, wenn sie auf vertraglicher Grundlage entrichtet werden (→ BFH vom 28.5.2009 – BStBl. II S. 857).

Ausländischer Sozialversicherungsträger.

- Arbeitgeberanteile zur ausländischen Sozialversicherung sind nicht steuerfrei, wenn sie auf vertraglicher Grundlage und damit freiwillig entrichtet werden (→ BFH vom 18.5.2004 – BStBl. II S. 1014).
- Zu Zuschüssen zu einer ausländischen gesetzlichen Krankenversicherung → BMF vom 30.1.2014 (BStBl. I S. 210).
- Bei Beiträgen zu einer ausländischen gesetzlichen Rentenversicherung ist die Anwendung des § 3 Nr. 62 EStG nicht durch die inländische Beitragsbemessungsgrenze begrenzt (→ BMF vom 27.7.2016 – BStBl. I S. 759).

Beitragszuschlag. Der Beitragszuschlag für Kinderlose in der sozialen Pflegeversicherung i. H. v. 0,35% ist vom Arbeitnehmer allein zu tragen und kann deshalb vom Arbeitgeber nicht steuerfrei erstattet werden (→ § 55 Abs. 3 i. V. m. § 58 Abs. 1 SGB XI).[1)]

Entscheidung des Sozialversicherungsträgers. Bei der Frage, ob die Ausgaben des Arbeitgebers für die Zukunftssicherung des Arbeitnehmers auf einer gesetzlichen Verpflichtung beruhen, ist der Entscheidung des zuständigen Sozialversicherungsträgers des Arbeitnehmers zu folgen, wenn sie nicht offensichtlich rechtswidrig ist (→ BFH vom 6.6.2002 – BStBl. 2003 II S. 34 und vom 21.1.2010 – BStBl. II S. 703).

Gegenwärtiger Versicherungsstatus. Für die Steuerfreiheit von Arbeitgeberzuschüssen zu einer Lebensversicherung des Arbeitnehmers ist dessen gegenwärtiger Versicherungsstatus maßgeblich. Die Zuschüsse sind nicht nach § 3 Nr. 62 Satz 2 EStG steuerfrei, wenn der Arbeitnehmer als nunmehr beherrschender Gesellschafter-Geschäftsführer kraft Gesetzes rentenversicherungsfrei geworden ist, auch wenn er sich ursprünglich auf eigenen Antrag von der Rentenversicherungspflicht hatte befreien lassen (→ BFH vom 10.10.2002 – BStBl. II S. 886).

[1)] **Aichberger SGB** Nr. **11**.

Gesetzliche Verpflichtung.

– Beiträge für eine Krankenversicherung der Arbeitnehmer können steuerfrei sein, wenn der Arbeitgeber nach einer zwischenstaatlichen Verwaltungsvereinbarung, die ihrerseits auf einer gesetzlichen Ermächtigung beruht, zur Leistung verpflichtet ist (§ 3 Nr. 62 Satz 1 3. Alternative EStG; → BFH vom 14.4.2011 – BStBl. II S. 767).
– Zuschüsse, die eine AG Vorstandsmitgliedern zur freiwilligen Weiterversicherung in der gesetzlichen Rentenversicherung oder einem Versorgungswerk gewährt, sind nicht nach § 3 Nr. 62 Satz 1 EStG steuerfrei (→ BFH vom 24.9.2013 – BStBl. 2014 II S. 124).

Gesetzlicher Beitragszuschuss des Arbeitgebers in der Pflege-Pflichtversicherung.[1)]

Beispiel:
Ein Arbeitgeber zahlt für Juli 2022 einem privat krankenversicherten Arbeitnehmer einen Zuschuss zur privaten Pflege-Pflichtversicherung in Höhe von 50 % des Gesamtbeitrags von 100 €. Die Beitragsbemessungsgrenze 2022 beträgt 58 050 € (mtl. 4837,50 €). Der steuerfreie Betrag errechnet sich wie folgt:

a) Die Betriebsstätte befindet sich in Sachsen (Arbeitgeberanteil: 1,025 %):

1. Begrenzung		
4837,50 € × 1,025 % = 49,58 € mtl. Arbeitgeberanteil		
2. Begrenzung		
Privater Pflege-Pflichtversicherungsbeitrag mtl.	100,00 €	
davon 50 %	50,00 €	
Vergleich		
1. Begrenzung	49,58 €	
2. Begrenzung	50,00 €	
damit steuerfreier Zuschuss des Arbeitgebers nach § 3 Nr. 62 EStG		49,58 €
somit steuerpflichtiger Zuschuss des Arbeitgebers		0,42 €

b) Die Betriebsstätte befindet sich im übrigen Bundesgebiet (Arbeitgeberanteil: 1,525 %):

1. Begrenzung		
4837,50 € × 1,525 % = 73,77 € mtl. Arbeitgeberanteil		
2. Begrenzung		
Privater Pflege-Pflichtversicherungsbeitrag mtl.	100,00 €	
davon 50 %	50,00 €	
Vergleich		
1. Begrenzung		73,77 €
2. Begrenzung		50,00 €
damit steuerfreier Zuschuss des Arbeitgebers nach § 3 Nr. 62 EStG		50,00 €

Rückzahlung von Beitragsanteilen an den Arbeitgeber. Beitragsanteile am Gesamtsozialversicherungsbeitrag, die der Arbeitgeber ohne gesetzliche Verpflichtung übernommen hat, sind kein Arbeitslohn, wenn sie dem Arbeitgeber zurückgezahlt worden sind und der Arbeitnehmer keine Versicherungsleistungen erhalten hat (→ BFH vom 27.3.1992 – BStBl. II S. 663).

Umlagezahlungen. Umlagezahlungen des Arbeitgebers an die VBL sind Arbeitslohn (→ § 19 Abs. 1 Satz 1 Nr. 3 Satz 1 EStG); sie sind nicht nach § 3 Nr. 62 EStG steuerfrei (→ BFH vom 7.5.2009 – BStBl. 2010 II S. 194).
Zur Steuerfreistellung → § 3 Nr. 56 EStG.

---

1) Beitragsbemessungsgrenze **2022: 58 050 €;** Beitragssatz: **3,05 % (3,4%).**

H 3.63 Zu § 3 Nr. 63 EStG

Allgemeine Grundsätze. → BMF vom 12.8.2021 (BStBl. I S. 1050), Rn. 23–50; → BMF vom 8.8.2019 (BStBl. I S. 834).

Beiträge des Arbeitgebers. → BMF vom 12.8.2021 (BStBl. I S. 1050), Rn. 26.

Umlagezahlungen.

– Zur Abgrenzung gegenüber dem Kapitaldeckungsverfahren → BMF vom 12.8.2021 (BStBl. I S. 1050), Rn. 74, 77–82.
– → § 3 Nr. 56 EStG.

H 3.63a Zu § 3 Nr. 63a EStG

Allgemeine Grundsätze. → BMF vom 12.8.2021 (BStBl. I S. 1050), Rn. 51–52.

R 3.64 Kaufkraftausgleich (§ 3 Nr. 64 EStG)

(1) [1]Wird einem Arbeitnehmer außerhalb des öffentlichen Dienstes von einem inländischen Arbeitgeber ein Kaufkraftausgleich gewährt, so bleibt er im Rahmen des Absatzes 2 steuerfrei, wenn der Arbeitnehmer aus dienstlichen Gründen in ein Gebiet außerhalb des Inlands entsandt wird und dort für einen begrenzten Zeitraum einen Wohnsitz i. S. d. § 8 AO oder gewöhnlichen Aufenthalt i. S. d. § 9 AO hat. [2]Eine Entsendung für einen begrenzten Zeitraum ist anzunehmen, wenn eine Rückkehr des Arbeitnehmers nach Beendigung der Tätigkeit vorgesehen ist. [3]Es ist unerheblich, ob der Arbeitnehmer tatsächlich zurückkehrt oder nicht.

(2) [1]Der Umfang der Steuerfreiheit des Kaufkraftausgleichs bestimmt sich nach den Sätzen des Kaufkraftzuschlags zu den Auslandsdienstbezügen im öffentlichen Dienst. [2]Die für die einzelnen Länder in Betracht kommenden Kaufkraftzuschläge werden im BStBl. Teil I bekannt gemacht.[1)]

(3) [1]Die Zuschläge beziehen sich jeweils auf den Auslandsdienstort einer Vertretung der Bundesrepublik Deutschland und gelten, sofern nicht im Einzelnen andere Zuschläge festgesetzt sind, jeweils für den gesamten konsularischen Amtsbezirk der Vertretung. [2]Die konsularischen Amtsbezirke der Vertretungen ergeben sich vorbehaltlich späterer Änderungen, die im Bundesanzeiger veröffentlicht werden, aus dem Verzeichnis der Vertretungen der Bundesrepublik Deutschland im Ausland.

(4) [1]Die regionale Begrenzung der Zuschlagssätze gilt auch für die Steuerbefreiung nach § 3 Nr. 64 EStG. [2]Für ein Land, das von einer Vertretung der Bundesrepublik Deutschland nicht erfasst wird, kann jedoch der Zuschlagssatz angesetzt werden, der für einen vergleichbaren konsularischen Amtsbezirk eines Nachbarlandes festgesetzt worden ist.

(5) [1]Die Zuschlagssätze werden im öffentlichen Dienst auf 60% der Dienstbezüge, die bei Verwendung im Inland zustehen, und der Auslandsdienstbe-

---

[1)] Gesamtübersicht: Stand 1.1.2022 siehe BMF v. 4.1.2022, BStBl. I 2022, 123, Stand 1.4.2022: BMF v. 13.4.2022.

züge angewendet. [2]Da eine vergleichbare Bemessungsgrundlage außerhalb des öffentlichen Dienstes regelmäßig nicht vorhanden ist, ist der steuerfreie Teil des Kaufkraftausgleichs durch Anwendung eines entsprechenden Abschlagssatzes nach den Gesamtbezügen einschließlich des Kaufkraftausgleichs zu bestimmen. [3]Dabei ist es gleichgültig, ob die Bezüge im Inland oder im Ausland ausgezahlt werden. [4]Der Abschlagssatz errechnet sich nach folgender Formel:

$$\frac{\text{Zuschlagssatz} \times 600}{1000 + 6 \times \text{Zuschlagssatz.}}$$

[5]Ergibt sich durch Anwendung des Abschlagssatzes ein höherer Betrag als der tatsächlich gewährte Kaufkraftausgleich, so ist nur der niedrigere Betrag steuerfrei. [6]Zu den Gesamtbezügen, auf die der Abschlagssatz anzuwenden ist, gehören nicht steuerfreie Reisekostenvergütungen und steuerfreie Vergütungen für Mehraufwendungen bei doppelter Haushaltsführung.

(6) [1]Wird ein Zuschlagssatz rückwirkend erhöht, so ist der Arbeitgeber berechtigt, die bereits abgeschlossenen Lohnabrechnungen insoweit wiederaufzurollen und bei der jeweils nächstfolgenden Lohnzahlung die gegebenenfalls zu viel einbehaltene Lohnsteuer zu erstatten. [2]Dabei ist § 41c Abs. 2 und 3 EStG anzuwenden. [3]Die Herabsetzung eines Zuschlagssatzes ist erstmals bei der Lohnabrechnung des Arbeitslohns zu berücksichtigen, der für einen nach der Veröffentlichung der Herabsetzung beginnenden Lohnzahlungszeitraum gezahlt wird.

H 3.64

Abschlagssätze.

Zuschlags-satz	Abschlags-satz	Zuschlags-satz	Abschlags-satz	Zuschlags-satz	Abschlags-satz
5	2,91	40	19,35	75	31,03
10	5,66	45	21,26	80	32,43
15	8,26	50	23,08	85	33,77
20	10,71	55	24,81	90	35,06
25	13,04	60	26,47	95	36,31
30	15,25	65	28,06	100	37,50
35	17,36	70	29,58		

EU-Recht. Eine Anwendung des § 3 Nr. 64 EStG auf die dem Kaufkraftausgleich vergleichbaren Auslandszahlungen ist aus EU-rechtlichen Gründen nicht erforderlich (→ EuGH vom 15.9.2011 – BStBl. 2013 II S. 56).

EU-Tagegeld. Das EU-Tagegeld ist Arbeitslohn. Es bleibt jedoch steuerfrei, soweit es auf steuerfreie Auslandsdienstbezüge angerechnet wird (→ BMF vom 12.4.2006 – BStBl. I S. 340).[1)]

Wohnungsgestellung am ausländischen Dienstort. → R 8.1 Abs. 6 Satz 10.

[1)] Abgedruckt in **Doppelbesteuerungsabkommen** unter DBA-Allg. Nr. **15.7.**

R 3.65 Insolvenzsicherung (§ 3 Nr. 65 EStG)

(1) [1]Die Steuerbefreiung gilt für etwaige Beiträge des Trägers der Insolvenzsicherung an eine Pensionskasse oder an ein Lebensversicherungsunternehmen zur Versicherung seiner Verpflichtungen im Sicherungsfall. [2]Sie gilt auch für die Übertragung von Direktzusagen oder für Zusagen, die von einer Unterstützungskasse erbracht werden sollen, wenn die Betriebstätigkeit eingestellt und das Unternehmen liquidiert wird (§ 4 Abs. 4 des Betriebsrentengesetzes – BetrAVG).1) [3]Im Falle der Liquidation einer Kapitalgesellschaft greift die Steuerbefreiung auch bei der Übertragung von Versorgungszusagen, die an Gesellschafter-Geschäftsführer gegeben worden sind; dies gilt auch dann, wenn es sich um Versorgungszusagen an beherrschende Gesellschafter-Geschäftsführer handelt. [4]Die Sätze 2 und 3 gelten nicht bei einer Betriebsveräußerung, wenn das Unternehmen vom Erwerber fortgeführt wird.

(2) [1]Die Mittel für die Durchführung der Insolvenzsicherung werden auf Grund öffentlich-rechtlicher Verpflichtung durch Beiträge aller Arbeitgeber aufgebracht, die Leistungen der betrieblichen Altersversorgung unmittelbar zugesagt haben oder eine betriebliche Altersversorgung über eine Unterstützungskasse, eine Direktversicherung oder einen Pensionsfonds durchführen (§ 10 BetrAVG).1) [2]Die Beiträge an den Träger der Insolvenzsicherung gehören damit als Ausgaben des Arbeitgebers für die Zukunftssicherung des Arbeitnehmers, die auf Grund gesetzlicher Verpflichtung geleistet werden, zu den steuerfreien Einnahmen i. S. d. § 3 Nr. 62 EStG.

(3) [1]Durch die Insolvenzsicherung der betrieblichen Altersversorgung werden nicht neue oder höhere Ansprüche geschaffen, sondern nur bereits vorhandene Ansprüche gegen Insolvenz geschützt. [2]Die in Insolvenzfällen zu erbringenden Versorgungsleistungen des Trägers der Insolvenzsicherung bzw. bei Rückversicherung der Pensionskasse oder des Lebensversicherungsunternehmens behalten deshalb grundsätzlich ihren steuerlichen Charakter, als wäre der Insolvenzfall nicht eingetreten. [3]Das bedeutet z. B., dass Versorgungsleistungen an einen Arbeitnehmer, die auf einer Pensionszusage beruhen oder die über eine Unterstützungskasse durchgeführt werden sollten, auch nach Eintritt des Insolvenzfalles und Übernahme der Leistungen durch ein Versicherungsunternehmen zu den Einnahmen aus nichtselbständiger Arbeit gehören.

(4) § 3 Nr. 65 Satz 1 Buchstabe c EStG ist in den Fällen der Übertragung oder Umwandlung einer Rückdeckungsversicherung (→ R 40b.1 Abs. 3) nicht anwendbar.2)

H 3.65

Allgemeine Grundsätze. → BMF vom 12.8.2021 (BStBl. I S. 1050), Rn. 53–55.

H 3.66 Zu § 3 Nr. 66 EStG

Allgemeines. → BMF vom 12.8.2021 (BStBl. I S. 1050), Rn. 56.

---

1) **Steuergesetze** Nr. **70**.
2) **[Amtl. Anm.:]** Siehe aber § 3 Nr. 65 Satz 1 Buchstabe d EStG.

H **3.67** **Zu § 3 Nr. 67 EStG**

Allgemeine Grundsätze. Wird einem Stpfl. für die Erziehung eines vor dem 1. Januar 2015 geborenen Kindes oder für die vor dem 1. Januar 2015 begonnene Pflege einer pflegebedürftigen Person ein Zuschlag nach den §§ 50a bis 50e BeamtVG oder nach den §§ 70 bis 74 SVG oder nach vergleichbaren Regelungen der Länder gewährt, sind für diesen Stpfl. sämtliche Zuschläge, die nach diesen Vorschriften für Zeiten nach dem 31. Dezember 2014 anzurechnen sind, nach § 3 Nr. 67 Buchstabe d EStG steuerfrei (→ BMF vom 8.3.2016 – BStBl. I S. 278).

Zu § 3b EStG

R **3b.** Steuerfreiheit der Zuschläge für Sonntags-, Feiertags- oder Nachtarbeit (§ 3b EStG)

Allgemeines

(1) [1]Die Steuerfreiheit setzt voraus, dass neben dem Grundlohn tatsächlich ein Zuschlag für Sonntags-, Feiertags- oder Nachtarbeit gezahlt wird. [2]Ein solcher Zuschlag kann in einem Gesetz, einer Rechtsverordnung, einem Tarifvertrag, einer Betriebsvereinbarung oder einem Einzelarbeitsvertrag geregelt sein. [3]Bei einer Nettolohnvereinbarung ist der Zuschlag nur steuerfrei, wenn er neben dem vereinbarten Nettolohn gezahlt wird. [4]Unschädlich ist es, wenn neben einem Zuschlag für Sonntags-, Feiertags- oder Nachtarbeit, die gleichzeitig Mehrarbeit ist, keine gesonderte Mehrarbeitsvergütung oder ein Grundlohn gezahlt wird, mit dem die Mehrarbeit abgegolten ist. [5]Auf die Bezeichnung der Lohnzuschläge kommt es nicht an. [6]Die Barabgeltung eines Freizeitanspruchs oder eines Freizeitüberhangs oder Zuschläge wegen Mehrarbeit oder wegen anderer als durch die Arbeitszeit bedingter Erschwernisse oder Zulagen, die lediglich nach bestimmten Zeiträumen bemessen werden, sind keine begünstigten Lohnzuschläge.[1)] [7]§ 3b EStG ist auch bei Arbeitnehmern anwendbar, deren Lohn nach § 40a EStG pauschal versteuert wird.

Grundlohn[2)]

(2) [1]Grundlohn ist nach § 3b Abs. 2 EStG der auf eine Arbeitsstunde entfallende Anspruch auf laufenden Arbeitslohn, den der Arbeitnehmer für den jeweiligen Lohnzahlungszeitraum auf Grund seiner regelmäßigen Arbeitszeit erwirbt. [2]Im Einzelnen gilt Folgendes:

1. Abgrenzung des Grundlohns
   a) [1]Der Anspruch auf laufenden Arbeitslohn ist nach R 39b.2 vom Anspruch auf sonstige Bezüge abzugrenzen. [2]Soweit Arbeitslohn-Nachzahlungen oder -Vorauszahlungen zum laufenden Arbeitslohn gehören, erhöhen sie den laufenden Arbeitslohn der Lohnzahlungszeiträume, für die sie nach- oder vorausgezahlt werden; § 41c EStG ist anzuwenden.

---

1) Siehe auch BFH v. 9.6.2005 IX R 68/03, BFH/NV 2006, 37, zur finanziellen Abgeltung des durch Arbeit erworbenen Freizeitanspruchs.

2) Nach § 3b Abs. 2 Satz 1 EStG beträgt der Grundlohn höchstens 50 €, nach § 1 Nr. 1 SvEV (BGBl. I 2006, 3385 – **Steuergesetze** Nr. **21**) höchstens 25 €.

b) [1]Ansprüche auf Sachbezüge, Aufwendungszuschüsse und vermögenswirksame Leistungen gehören zum Grundlohn, wenn sie laufender Arbeitslohn sind. [2]Das Gleiche gilt für Ansprüche auf Zuschläge und Zulagen, die wegen der Besonderheit der Arbeit in der regelmäßigen Arbeitszeit gezahlt werden, z. B. Erschwerniszulagen oder Schichtzuschläge, sowie für Lohnzuschläge für die Arbeit in der nicht durch § 3b EStG begünstigten Zeit. [3]Regelmäßige Arbeitszeit ist die für das jeweilige Dienstverhältnis vereinbarte Normalarbeitszeit.

c) [1]Nicht zum Grundlohn gehören Ansprüche auf Vergütungen für Überstunden (Mehrarbeitsvergütungen), Zuschläge für Sonntags-, Feiertags- oder Nachtarbeit in der nach § 3b EStG begünstigten Zeit, und zwar auch insoweit, als sie wegen Überschreitens der dort genannten Zuschlagssätze steuerpflichtig sind. [2]Dies gilt auch für steuerfreie und nach § 40 EStG pauschal besteuerte Bezüge. [3]Zum Grundlohn gehören aber die nach § 3 Nr. 56 oder 63 EStG steuerfreien Beiträge des Arbeitgebers, soweit es sich um laufenden Arbeitslohn handelt.

2. Ermittlung des Grundlohnanspruchs für den jeweiligen Lohnzahlungszeitraum

a) [1]Es ist der für den jeweiligen Lohnzahlungszeitraum vereinbarte Grundlohn i. S. d. Nummer 1 zu ermitteln (Basisgrundlohn). [2]Werden die für den Lohnzahlungszeitraum zu zahlenden Lohnzuschläge nach den Verhältnissen eines früheren Lohnzahlungszeitraums bemessen, ist auch der Ermittlung des Basisgrundlohns der frühere Lohnzahlungszeitraum zugrunde zu legen. [3]Werden die Zuschläge nach der Arbeitsleistung eines früheren Lohnzahlungszeitraums aber nach dem Grundlohn des laufenden Lohnzahlungszeitraums bemessen, ist der Basisgrundlohn des laufenden Lohnzahlungszeitraums zugrunde zu legen. [4]Soweit sich die Lohnvereinbarung auf andere Zeiträume als auf den Lohnzahlungszeitraum bezieht, ist der Basisgrundlohn durch Vervielfältigung des vereinbarten Stundenlohns mit der Stundenzahl der regelmäßigen Arbeitszeit im Lohnzahlungszeitraum zu ermitteln. [5]Bei einem monatlichen Lohnzahlungszeitraum ergibt sich die Stundenzahl der regelmäßigen Arbeitszeit aus dem 4,35fachen der wöchentlichen Arbeitszeit. [6]Arbeitszeitausfälle, z. B. durch Urlaub oder Krankheit, bleiben außer Betracht.

b) [1]Zusätzlich ist der Teil des für den jeweiligen Lohnzahlungszeitraum zustehenden Grundlohns i. S. d. Nummer 1 zu ermitteln, dessen Höhe nicht von im voraus bestimmbaren Verhältnissen abhängt (Grundlohnzusätze), z. B. der nur für einzelne Arbeitsstunden bestehende Anspruch auf Erschwerniszulagen oder Spätarbeitszuschläge oder der von der Zahl der tatsächlichen Arbeitstage abhängende Anspruch auf Fahrtkostenzuschüsse. [2]Diese Grundlohnzusätze sind mit den Beträgen anzusetzen, die dem Arbeitnehmer für den jeweiligen Lohnzahlungszeitraum tatsächlich zustehen.

3. Umrechnung des Grundlohnanspruchs

[1]Basisgrundlohn (Nummer 2 Buchstabe a) und Grundlohnzusätze (Nummer 2 Buchstabe b) sind zusammenzurechnen und durch die Zahl der Stunden der regelmäßigen Arbeitszeit im jeweiligen Lohnzahlungszeitraum

zu teilen. [2]Bei einem monatlichen Lohnzahlungszeitraum ist der Divisor mit dem 4,35fachen der wöchentlichen Arbeitszeit anzusetzen. [3]Das Ergebnis ist der Grundlohn; er ist für die Berechnung des steuerfreien Anteils der Zuschläge für Sonntags-, Feiertags- und Nachtarbeit maßgebend, soweit er die Stundenlohnhöchstgrenze nach § 3b Abs. 2 Satz 1 EStG nicht übersteigt.[1)] [4]Ist keine regelmäßige Arbeitszeit vereinbart, sind der Ermittlung des Grundlohns die im Lohnzahlungszeitraum tatsächlich geleisteten Arbeitsstunden zugrunde zu legen. [5]Bei Stücklohnempfängern kann die Umrechnung des Stücklohns auf einen Stundenlohn unterbleiben.

4. Wird ein Zuschlag für Sonntags-, Feiertags- oder Nachtarbeit von weniger als einer Stunde gezahlt, so ist bei der Ermittlung des steuerfreien Zuschlags für diesen Zeitraum der Grundlohn entsprechend zu kürzen.
5. Bei einer Beschäftigung nach dem AltTZG ist der Grundlohn nach § 3b Abs. 2 EStG so zu berechnen, als habe eine Vollzeitbeschäftigung bestanden.

Nachtarbeit an Sonntagen und Feiertagen

(3) [1]Wird an Sonntagen und Feiertagen oder in der zu diesen Tagen nach § 3b Abs. 3 Nr. 2 EStG gehörenden Zeit Nachtarbeit geleistet, kann die Steuerbefreiung nach § 3b Abs. 1 Nr. 2 bis 4 EStG neben der Steuerbefreiung nach § 3b Abs. 1 Nr. 1 EStG in Anspruch genommen werden. [2]Dabei ist der steuerfreie Zuschlagssatz für Nachtarbeit mit dem steuerfreien Zuschlagssatz für Sonntags- oder Feiertagsarbeit auch dann zusammenzurechnen, wenn nur ein Zuschlag gezahlt wird. [3]Zu den gesetzlichen Feiertagen i. S. d. § 3b Abs. 1 Nr. 3 EStG gehören der Oster- und der Pfingstsonntag auch dann, wenn sie in den am Ort der Arbeitsstätte geltenden Vorschriften nicht ausdrücklich als Feiertage genannt werden. [4]Wenn für die einem Sonn- oder Feiertag folgende oder vorausgehende Nachtarbeit ein Zuschlag für Sonntags- oder Feiertagsarbeit gezahlt wird, ist dieser als Zuschlag für Nachtarbeit zu behandeln.

Feiertagsarbeit an Sonntagen

(4) [1]Ist ein Sonntag zugleich Feiertag, kann ein Zuschlag nur bis zur Höhe des jeweils in Betracht kommenden Feiertagszuschlags steuerfrei gezahlt werden. [2]Das gilt auch dann, wenn nur ein Sonntagszuschlag gezahlt wird.

Zusammentreffen mit Mehrarbeitszuschlägen

(5) [1]Hat der Arbeitnehmer arbeitsrechtlich Anspruch auf Zuschläge für Sonntags-, Feiertags- oder Nachtarbeit und auf Zuschläge für Mehrarbeit und wird Mehrarbeit als Sonntags-, Feiertags- oder Nachtarbeit geleistet, sind folgende Fälle zu unterscheiden:

1. es werden sowohl die in Betracht kommenden Zuschläge für Sonntags-, Feiertags- oder Nachtarbeit als auch für Mehrarbeit gezahlt;
2. es wird nur der in Betracht kommende Zuschlag für Sonntags-, Feiertags- oder Nachtarbeit gezahlt, der ebenso hoch oder höher ist als der Zuschlag für Mehrarbeit;

---

1) Nach § 3b Abs. 2 Satz 1 EStG beträgt der Grundlohn höchstens 50 €, nach § 1 Nr. 1 SvEV (BGBl. I 2006, 3385 – **Steuergesetze** Nr. **21**) höchstens 25 €.

3. es wird nur der Zuschlag für Mehrarbeit gezahlt;
4. es wird ein einheitlicher Zuschlag (Mischzuschlag) gezahlt, der höher ist als die jeweils in Betracht kommenden Zuschläge, aber niedriger als ihre Summe;
5. es wird ein einheitlicher Zuschlag (Mischzuschlag) gezahlt, der höher ist als die Summe der jeweils in Betracht kommenden Zuschläge.

[2]In den Fällen des Satzes 1 Nr. 1 und 2 ist von den gezahlten Zuschlägen der Betrag als Zuschlag für Sonntags-, Feiertags- oder Nachtarbeit zu behandeln, der dem arbeitsrechtlich jeweils in Betracht kommenden Zuschlag entspricht. [3]Im Fall des Satzes 1 Nr. 3 liegt ein Zuschlag i. S. d. § 3b EStG nicht vor. [4]In den Fällen des Satzes 1 Nr. 4 und 5 ist der Mischzuschlag im Verhältnis der in Betracht kommenden Einzelzuschläge in einen nach § 3b EStG begünstigten Anteil und einen nicht begünstigten Anteil aufzuteilen. [5]Ist für Sonntags-, Feiertags- oder Nachtarbeit kein Zuschlag vereinbart, weil z. B. Pförtner oder Nachtwächter ihre Tätigkeit regelmäßig zu den begünstigten Zeiten verrichten, so bleibt von einem für diese Tätigkeiten gezahlten Mehrarbeitszuschlag kein Teilbetrag nach § 3b EStG steuerfrei.

Nachweis der begünstigten Arbeitszeiten

(6) [1]Steuerfrei sind nur Zuschläge, die für tatsächlich geleistete Sonntags-, Feiertags- oder Nachtarbeit gezahlt werden. [2]Zur vereinbarten und vergüteten Arbeitszeit gehörende Waschzeiten, Schichtübergabezeiten und Pausen gelten als begünstigte Arbeitszeit i. S. d. § 3b EStG, soweit sie in den begünstigten Zeitraum fallen. [3]Die tatsächlich geleistete Sonntags-, Feiertags- oder Nachtarbeit ist grundsätzlich im Einzelfall nachzuweisen. [4]Wird eine einheitliche Vergütung für den Grundlohn und die Zuschläge für Sonntags-, Feiertags- oder Nachtarbeit, gegebenenfalls unter Einbeziehung der Mehrarbeit und Überarbeit, gezahlt, weil Sonntags-, Feiertags- oder Nachtarbeit üblicherweise verrichtet wird, und werden deshalb die sonntags, feiertags oder nachts tatsächlich geleisteten Arbeitsstunden nicht aufgezeichnet, so bleiben die in der einheitlichen Vergütung enthaltenen Zuschläge für Sonntags-, Feiertags- oder Nachtarbeiten grundsätzlich nicht nach § 3b EStG steuerfrei. [5]Zu einem erleichterten Nachweis → Absatz 7. [6]Sind die Einzelanschreibung und die Einzelbezahlung der geleisteten Sonntags-, Feiertags- oder Nachtarbeit wegen der Besonderheiten der Arbeit und der Lohnzahlungen nicht möglich, so darf das Betriebsstättenfinanzamt den Teil der Vergütung, der als steuerfreier Zuschlag für Sonntags-, Feiertags- oder Nachtarbeit anzuerkennen ist, von Fall zu Fall feststellen. [7]Im Interesse einer einheitlichen Behandlung der Arbeitnehmer desselben Berufszweigs darf das Betriebsstättenfinanzamt die Feststellung nur auf Weisung der vorgesetzten Behörde treffen. [8]Die Weisung ist der obersten Landesfinanzbehörde vorbehalten, wenn die für den in Betracht kommenden Berufszweig maßgebende Regelung nicht nur im Bezirk der für das Betriebsstättenfinanzamt zuständigen vorgesetzten Behörde gilt. [9]Eine Feststellung nach Satz 6 kommt für solche Regelungen nicht in Betracht, durch die nicht pauschale Zuschläge festgesetzt, sondern bestimmte Teile eines nach Zeiträumen bemessenen laufenden Arbeitslohns als Zuschläge für Sonntags-, Feiertags- oder Nachtarbeit erklärt werden.

Pauschale Zuschläge

(7) [1] Werden Zuschläge für Sonntags-, Feiertags- oder Nachtarbeit als laufende Pauschale, z.B. Monatspauschale, gezahlt und wird eine Verrechnung mit den Zuschlägen, die für die einzeln nachgewiesenen Zeiten für Sonntags-, Feiertags- oder Nachtarbeit auf Grund von Einzelberechnungen zu zahlen wären, erst später vorgenommen, kann die laufende Pauschale oder ein Teil davon steuerfrei belassen werden, wenn

1. der steuerfreie Betrag nicht nach höheren als den in § 3b EStG genannten Prozentsätzen berechnet wird,
2. der steuerfreie Betrag nach dem durchschnittlichen Grundlohn und der durchschnittlichen im Zeitraum des Kalenderjahres tatsächlich anfallenden Sonntags-, Feiertags- oder Nachtarbeit bemessen wird,
3. die Verrechnung mit den einzeln ermittelten Zuschlägen jeweils vor der Erstellung der Lohnsteuerbescheinigung und somit regelmäßig spätestens zum Ende des Kalenderjahres oder beim Ausscheiden des Arbeitnehmers aus dem Dienstverhältnis erfolgt. [2] Für die Ermittlung der im Einzelnen nachzuweisenden Zuschläge ist auf den jeweiligen Lohnzahlungszeitraum abzustellen. [3] Dabei ist auch der steuerfreie Teil der einzeln ermittelten Zuschläge festzustellen und die infolge der Pauschalierung zu wenig oder zu viel einbehaltene Lohnsteuer auszugleichen,
4. bei der Pauschalzahlung erkennbar ist, welche Zuschläge im Einzelnen – jeweils getrennt nach Zuschlägen für Sonntags-, Feiertags- oder Nachtarbeit – abgegolten sein sollen und nach welchen Prozentsätzen des Grundlohns die Zuschläge bemessen worden sind,
5. die Pauschalzahlung tatsächlich ein Zuschlag ist, der neben dem Grundlohn gezahlt wird; eine aus dem Arbeitslohn rechnerisch ermittelte Pauschalzahlung ist kein Zuschlag.

[2] Ergibt die Einzelfeststellung, dass der dem Arbeitnehmer auf Grund der tatsächlich geleisteten Sonntags-, Feiertags- oder Nachtarbeit zustehende Zuschlag höher ist als die Pauschalzahlung, kann ein höherer Betrag nur steuerfrei sein, wenn und soweit der Zuschlag auch tatsächlich zusätzlich gezahlt wird; eine bloße Kürzung des steuerpflichtigen Arbeitslohns um den übersteigenden Steuerfreibetrag ist nicht zulässig. [3] Diese Regelungen gelten sinngemäß, wenn lediglich die genaue Feststellung des steuerfreien Betrags im Zeitpunkt der Zahlung des Zuschlags schwierig ist und sie erst zu einem späteren Zeitpunkt nachgeholt werden kann.

Zeitversetzte Auszahlung

(8) [1] Die Steuerfreiheit von Zuschlägen für Sonntags-, Feiertags- oder Nachtarbeit bleibt auch bei zeitversetzter Auszahlung grundsätzlich erhalten. [2] Voraussetzung ist jedoch, dass vor der Leistung der begünstigten Arbeit bestimmt wird, dass ein steuerfreier Zuschlag – ggf. teilweise – als Wertguthaben auf ein Arbeitszeitkonto genommen und getrennt ausgewiesen wird. [3] Dies gilt z.B. in Fällen der Altersteilzeit bei Aufteilung in Arbeits- und Freistellungsphase (so genannte Blockmodelle).

H 3b

Abgrenzung Sonntags-/Feiertagszuschlag – Nachtzuschlag.

Beispiel:

Ein Arbeitnehmer beginnt seine Nachtschicht am Sonntag, dem 1. 5. um 22 Uhr und beendet sie am 2. 5. um 7 Uhr.

Für diesen Arbeitnehmer sind Zuschläge zum Grundlohn bis zu folgenden Sätzen steuerfrei:

- 175 % für die Arbeit am 1. 5. in der Zeit von 22 Uhr bis 24 Uhr (25 % für Nachtarbeit und 150 % für Feiertagsarbeit),
- 190 % für die Arbeit am 2. 5. in der Zeit von 0 Uhr bis 4 Uhr (40 % für Nachtarbeit und 150 % für Feiertagsarbeit),
- 25 % für die Arbeit am 2. 5. in der Zeit von 4 Uhr bis 6 Uhr.

Abgrenzung Spätarbeitszuschlag – andere Lohnzuschläge.

Beispiel:

Auf Grund tarifvertraglicher Vereinbarung erhält ein Arbeitnehmer für die Arbeit in der Zeit von 18 bis 22 Uhr einen Spätarbeitszuschlag und für die in der Zeit von 19 bis 21 Uhr verrichteten Arbeiten eine Gefahrenzulage. Der für die Zeit von 20 bis 22 Uhr gezahlte Spätarbeitszuschlag ist ein nach § 3b EStG begünstigter Zuschlag für Nachtarbeit. Die Gefahrenzulage wird nicht für die Arbeit zu einer bestimmten Zeit gezahlt und ist deshalb auch insoweit kein Nachtarbeitszuschlag i. S. d. § 3b EStG, als sie für die Arbeit in der Zeit von 20 bis 21 Uhr gezahlt wird.

Aufteilung von Mischzuschlägen. → BFH vom 13.10.1989 (BStBl. 1991 II S. 8).

Bereitschaftsdienste.

- Ein Zeitzuschlag für ärztliche Bereitschaftsdienste wird auch dann nicht für tatsächlich geleistete Sonntags-, Feiertags- oder Nachtarbeit gezahlt, wenn die Bereitschaftsdienste überwiegend zu diesen Zeiten anfallen. Auch wenn die auf Sonntage, Feiertage und Nachtzeit entfallenden Bereitschaftsdienste festgestellt werden können, ist die Bereitschaftsdienstvergütung deshalb nicht steuerfrei (→ BFH vom 24.11.1989 – BStBl. 1990 II S. 315).
- Ist in begünstigten Zeiten des § 3b EStG Bereitschaft angeordnet, sind Zuschläge zur Bereitschaftsdienstvergütung steuerfrei, soweit sie die in § 3b EStG vorgesehenen Prozentsätze, gemessen an der Bereitschaftsdienstvergütung, nicht übersteigen (→ BFH vom 27.8.2002 – BStBl. II S. 883).
- Werden Bereitschaftsdienste pauschal zusätzlich zum Grundlohn ohne Rücksicht darauf vergütet, ob die Tätigkeit an einem Samstag oder einem Sonntag erbracht wird, handelt es sich nicht um steuerfreie Zuschläge für Sonntags-, Feiertags- oder Nachtarbeit i. S. d. § 3b Abs. 1 EStG (→ BFH vom 29.11.2016 – BStBl. 2017 II S. 718).

Durchschnittlicher Auszahlungsbetrag. Die Vereinbarung eines durchschnittlichen Auszahlungsbetrags pro tatsächlich geleisteter Arbeitsstunde steht der Steuerbefreiung nicht entgegen; der laufende Arbeitslohn kann der Höhe nach schwanken und durch eine Grundlohnergänzung aufgestockt werden (→ BFH vom 17.6.2010 – BStBl. 2011 II S. 43).

Einkünfte aus nichtselbständiger Arbeit.

- Die Steuerfreiheit nach § 3b EStG setzt voraus, dass die Zuschläge ohne diese Vorschrift den Einkünften aus nichtselbständiger Arbeit zuzurechnen wären (→ BFH vom 19.3.1997 – BStBl. II S. 577).

– Zahlt eine Kapitalgesellschaft ihrem Gesellschafter-Geschäftsführer zusätzlich zu seinem Festgehalt Vergütungen für Sonntags-, Feiertags- und Nachtarbeit, liegt nur in Ausnahmefällen keine verdeckte Gewinnausschüttung vor (→ BFH vom 14.7.2004 – BStBl. 2005 II S. 307).
– Bezieht ein nicht beherrschender Gesellschafter, der zugleich leitender Angestellter der GmbH ist, neben einem hohen Festgehalt, Sonderzahlungen und einer Gewinntantieme zusätzlich Zuschläge für Sonntags-, Feiertags-, Mehr- und Nachtarbeit, können diese als verdeckte Gewinnausschüttung zu erfassen sein (→ BFH vom 13.12.2006 – BStBl. 2007 II S. 393).

Gefahrenzulage. Es ist von Verfassungs wegen nicht geboten, die Steuerbefreiung für Zuschläge, die für tatsächlich geleistete Sonntags-, Feiertags- oder Nachtarbeit gezahlt werden, auf Gefahrenzulagen und Zulagen im Kampfmittelräumdienst auszudehnen (→ BFH vom 15.9.2011 – BStBl. 2012 II S. 144).

Grundlohn.

Beispiel 1:

Ein Arbeitnehmer in einem Drei-Schicht-Betrieb hat eine tarifvertraglich geregelte Arbeitszeit von 38 Stunden wöchentlich und einen monatlichen Lohnzahlungszeitraum. Er hat Anspruch – soweit es den laufenden Arbeitslohn ohne Sonntags-, Feiertags- oder Nachtarbeitszuschläge angeht – auf

– einen Normallohn von 17,00 € für jede im Lohnzahlungszeitraum geleistete Arbeitsstunde,
– einen Schichtzuschlag von 0,50 € je Arbeitsstunde,
– einen Zuschlag für Samstagsarbeit von 1,00 € für jede Samstagsarbeitsstunde,
– einen Spätarbeitszuschlag von 1,70 € für jede Arbeitsstunde zwischen 18.00 Uhr und 20.00 Uhr,
– einen Überstundenzuschlag von 5,00 € je Überstunde,
– eine Gefahrenzulage für unregelmäßig anfallende gefährliche Arbeiten von 3,00 € je Stunde,
– einen steuerpflichtigen, aber nicht pauschal versteuerten Fahrtkostenzuschuss von 6,00 € je Arbeitstag,
– eine vermögenswirksame Leistung von 40,00 € monatlich,
– Beiträge des Arbeitgebers zu einer Direktversicherung von 100,00 € monatlich.

Im Juni hat der Arbeitnehmer infolge Urlaubs nur an 10 Tagen insgesamt 80 Stunden gearbeitet. In diesen 80 Stunden sind enthalten:

– Regelmäßige Arbeitsstunden	76
– Überstunden insgesamt	4
– Samstagsstunden insgesamt	12
– Überstunden an Samstagen	2
– Spätarbeitsstunden insgesamt	16
– Überstunden mit Spätarbeit	2
– Stunden mit gefährlichen Arbeiten insgesamt	5
– Überstunden mit gefährlichen Arbeiten	1

Hiernach betragen

a) der Basisgrundlohn

17,00 € Stundenlohn × 38 Stunden × 4,35	2810,10 €
0,50 € Schichtzuschlag × 38 Stunden × 4,35	82,65 €
Vermögenswirksame Leistungen	40,00 €
Beiträge zur Direktversicherung	100,00 €
insgesamt	3032,75 €

b) die Grundlohnzusätze

1,00 € Samstagsarbeitszuschlag × 10 Stunden	10,00 €
1,70 € Spätarbeitszuschlag × 14 Stunden	23,80 €
3,00 € Gefahrenzulage × 4 Stunden	12,00 €
6,00 € Fahrtkostenzuschuss × 10 Arbeitstage	60,00 €
insgesamt	105,80 €

c) der Grundlohn des Lohnzahlungszeitraums insgesamt 3138,55 €

d) der für die Begrenzung des steuerfreien Anteils der begünstigten Lohnzuschläge maßgebende Grundlohn

$$\frac{3138{,}55\ €}{38 \times 4{,}35} = 18{,}99\ €.$$

Beispiel 2:

Bei einem Arbeitnehmer mit tarifvertraglich geregelter Arbeitszeit von 37,5 Stunden wöchentlich und einem monatlichen Lohnzahlungszeitraum, dessen Sonntags-, Feiertags- und Nachtarbeitszuschläge sowie nicht im Voraus feststehende Bezüge sich nach den Verhältnissen des Vormonats bemessen, betragen für den Lohnzahlungszeitraum März

– der Basisgrundlohn	3277,28 €
– die Grundlohnzusätze (bemessen nach den Verhältnissen im Monat Februar)	280,72 €
Im Februar betrug der Basisgrundlohn	2936,16 €.

Für die Ermittlung des steuerfreien Anteils der Zuschläge für Sonntags-, Feiertags- oder Nachtarbeit, die dem Arbeitnehmer auf Grund der im Februar geleisteten Arbeit für den Lohnzahlungszeitraum März zustehen, ist von einem Grundlohn auszugehen, der sich aus

– dem Basisgrundlohn des Lohnzahlungszeitraums Februar (R 3b Abs. 2 Satz 2 Nr. 2 Buchst. a Satz 2) von 2936,16 €

– und den Grundlohnzusätzen des Lohnzahlungszeitraums März (bemessen nach den Verhältnissen im Februar) 280,72 €

zusammensetzt.

Der für die Berechnung des steuerfreien Anteils der begünstigten Lohnzuschläge maßgebende Grundlohn beträgt also

$$\frac{2936{,}16\ € + 280{,}72\ €}{37{,}5 \times 4{,}35} = 19{,}72\ €.$$

Pauschale Zuschläge.

– Die Steuerbefreiung setzt grundsätzlich Einzelaufstellungen der tatsächlich erbrachten Arbeitsstunden an Sonn- und Feiertagen oder zur Nachtzeit voraus (→ BFH vom 28.11.1990 – BStBl. 1991 II S. 293). Demgegenüber können pauschale Zuschläge dann steuerfrei sein, wenn und soweit sie als bloße Abschlagszahlungen oder Vorschüsse auf später einzeln abzurechnende Zuschläge geleistet werden (→ BFH vom 23.10.1992 – BStBl. 1993 II S. 314).

– Pauschale Zuschläge können steuerfrei sein, wenn sie als Abschlagszahlungen oder Vorschüsse für tatsächlich geleistete Sonntags-, Feiertags- oder Nachtarbeit gezahlt werden. Der fehlende Nachweis tatsächlich erbrachter Arbeitsleistungen kann nicht durch eine Modellrechnung ersetzt werden (→ BFH vom 25.5.2005 – BStBl. II S. 725).

– Pauschale Zuschläge sind nicht steuerfrei, wenn sie nicht als Abschlagszahlungen oder Vorschüsse auf Zuschläge für tatsächlich geleistete Sonntags-, Feiertags- oder Nachtarbeit gezahlt werden, sondern Teil einer einheitlichen Tätigkeitsvergütung sind (→ BFH vom 16.12.2010 – BStBl. 2012 II S. 288).

– Pauschale Zuschläge, die der Arbeitgeber ohne Rücksicht auf die Höhe der tatsächlich erbrachten Sonntags-, Feiertags- oder Nachtarbeit an den Arbeitnehmer leistet, sind nur dann nach § 3b EStG begünstigt, wenn sie nach dem übereinstimmenden Willen von Arbeitgeber und Arbeitnehmer als Abschlagszahlungen oder Vorschüsse auf eine spätere Einzelabrechnung gemäß § 41b EStG geleistet werden. Diese Einzelabrechnung zum jährlichen Abschluss des Lohnkontos ist grundsätzlich unverzichtbar.[1] Auf sie kann im Einzelfall nur verzichtet werden, wenn die Arbeitsleistungen fast ausschließlich zur Nachtzeit zu erbringen und die pauschal geleisteten Zuschläge so bemessen sind, dass sie auch unter Einbeziehung von Urlaub und sonstigen Fehlzeiten – aufs Jahr bezogen – die Voraussetzungen der Steuerfreiheit erfüllen (→ BFH vom 8.12.2011 – BStBl. 2012 II S. 291).

Tatsächliche Arbeitsleistung. Soweit Zuschläge gezahlt werden, ohne dass der Arbeitnehmer in der begünstigten Zeit gearbeitet hat, z. B. bei Lohnfortzahlung im Krankheits- oder Urlaubsfall, bei Lohnfortzahlung an von der betrieblichen Tätigkeit freigestellte Betriebsratsmitglieder oder bei der Lohnfortzahlung nach dem Mutterschutzgesetz, sind sie steuerpflichtig (→ BFH vom 3.5.1974 – BStBl. II S. 646 und vom 26.10.1984 – BStBl. 1985 II S. 57 und vom 27.5.2009 – BStBl. II S. 730).

Wechselschichtzuschlag.

– Zuschläge für Wechselschichtarbeit, die der Arbeitnehmer für seine Wechselschicht regelmäßig und fortlaufend bezieht, sind dem steuerpflichtigen Grundlohn zugehörig; sie sind auch während der durch § 3b EStG begünstigten Nachtzeit nicht steuerbefreit (→ BFH vom 7.7.2005 – BStBl. II S. 888).

– Die einem Polizeibeamten gezahlte Zulage für Dienst zu wechselnden Zeiten nach § 17a EZulV ist nicht nach § 3b EStG steuerfrei (→ BFH vom 15.2.2017 – BStBl. II S. 644).

Zeitwertkonto. Bei zeitversetzter Auszahlung bleibt die Steuerfreiheit nur für den Zuschlag als solchen erhalten (→ R 3b Abs. 8). Eine darauf beruhende etwaige Verzinsung oder Wertsteigerung ist hingegen nicht steuerfrei (→ BMF vom 17.6.2009 – BStBl. I S. 1286).

Zuschlag zum Grundlohn. Ein Zuschlag wird nicht neben dem Grundlohn gezahlt, wenn er aus dem arbeitsrechtlich geschuldeten Arbeitslohn rechnerisch ermittelt wird, selbst wenn im Hinblick auf eine ungünstig liegende Arbeitszeit ein höherer Arbeitslohn gezahlt werden sollte (→ BFH vom 28.11.1990 – BStBl. 1991 II S. 296); infolgedessen dürfen auch aus einer Umsatzbeteiligung keine Zuschläge abgespalten und nach § 3b EStG steuerfrei gelassen werden.

---

[1] Fehler beim Lohnsteuerabzug (vom Arbeitgeber nicht steuerfrei gestellte Zuschläge) können bei der Einkommensteuerveranlagung berichtigt werden; siehe BFH v. 29.11.2017 VI B 45/17, BFH/NV 2018, 333.

Zu § 8 EStG
(§ 4 Abs. 3 LStDV)

R 8.1 Bewertung der Sachbezüge (§ 8 Abs. 2 EStG)[1]

R 8.1 (1–4)

Allgemeines[2]

(1) [1] Fließt dem Arbeitnehmer Arbeitslohn in Form von Sachbezügen zu, so sind diese ebenso wie Barlohnzahlungen entweder dem laufenden Arbeitslohn oder den sonstigen Bezügen zuzuordnen (→ R 39b.2). [2] Für die Besteuerung unentgeltlicher Sachbezüge ist deren Geldwert maßgebend. [3] Erhält der Arbeitnehmer die Sachbezüge nicht unentgeltlich, so ist der Unterschiedsbetrag zwischen dem Geldwert des Sachbezugs und dem tatsächlichen Entgelt zu versteuern. [4] Der Geldwert ist entweder durch Einzelbewertung zu ermitteln (→ Absatz 2) oder mit einem amtlichen Sachbezugswert anzusetzen (→ Absatz 4). [5] Besondere Bewertungsvorschriften gelten nach § 8 Abs. 3 EStG für den Bezug von Waren oder Dienstleistungen, die vom Arbeitgeber nicht überwiegend für den Bedarf seiner Arbeitnehmer hergestellt, vertrieben oder erbracht werden, soweit diese Sachbezüge nicht nach § 40 EStG pauschal versteuert werden (→ R 8.2), sowie nach § 19a Abs. 2 EStG in der am 31.12.2008 geltenden Fassung (→ R 19a) und § 3 Nr. 39 Satz 4 EStG für den Bezug von Vermögensbeteiligungen. [6] Die Auszahlung von Arbeitslohn in Fremdwährung ist kein Sachbezug.

Einzelbewertung von Sachbezügen

(2) [1] Sachbezüge, für die keine amtlichen Sachbezugswerte (→ Absatz 4) festgesetzt sind, die nicht nach § 8 Abs. 2 Satz 2 bis 5 EStG (→ Absatz 9 und 10) zu bewerten sind, und die nicht nach § 8 Abs. 3 EStG bewertet werden, sind nach § 8 Abs. 2 Satz 1 EStG mit den um übliche Preisnachlässe geminderten üblichen Endpreisen am Abgabeort im Zeitpunkt der Abgabe anzusetzen. [2] Bei einem umfangreichen Warenangebot, von dem fremde Letztverbraucher ausgeschlossen sind, kann der übliche Preis einer Ware auch auf Grund repräsentativer Erhebungen über die relative Preisdifferenz für die gängigsten Einzelstücke jeder Warengruppe ermittelt werden. [3] Erhält der Arbeitnehmer eine Ware oder Dienstleistung, die nach § 8 Abs. 2 Satz 1 EStG zu bewerten ist, so kann sie aus Vereinfachungsgründen mit 96% des Endpreises bewertet werden, zu dem sie der Abgebende oder dessen Abnehmer fremden Letztverbrauchern im allgemeinen Geschäftsverkehr anbietet. [4] Satz 3 gilt nicht, wenn als Endpreis der günstigste Preis am Markt angesetzt, ein Sachbezug durch eine (zweckgebundene) Geldleistung des Arbeitgebers verwirklicht oder ein Warengutschein mit Betragsangabe hingegeben wird.[3]

---

[1] Zur Abgrenzung zwischen Geldleistung und Sachbezug siehe BMF v. 15.3.2022, BStBl. I 2022, 242.

[2] Zum Verhältnis von § 8 Abs. 2 zu Abs. 3 EStG siehe H 8.2 LStH „Wahlrecht".

[3] Zur Berechnung der *44 €*-Freigrenze bei Sachbezügen (Versandkosten) siehe BFH v. 6.6.2018 VI R 32/16, BStBl. II 2018, 764.

Freigrenze nach § 8 Abs. 2 Satz 11 EStG

(3) [1]Bei der Prüfung der Freigrenze bleiben die nach § 8 Abs. 2 Satz 1 EStG zu bewertenden Vorteile, die nach §§ 37b, 40 EStG pauschal versteuert werden, außer Ansatz.[1)] [2]Für die Feststellung, ob die Freigrenze des § 8 Abs. 2 Satz 11 EStG überschritten ist, sind die in einem Kalendermonat zufließenden und nach § 8 Abs. 2 Satz 1 EStG zu bewertenden Vorteile – auch soweit hierfür Lohnsteuer nach § 39b Abs. 2 und 3 EStG einbehalten worden ist – zusammenzurechnen. [3]Außer Ansatz bleiben Vorteile, die nach § 8 Abs. 2 Satz 2 bis 10 oder Abs. 3, § 3 Nr. 39 EStG oder nach § 19a EStG a. F. i. V. m. § 52 Abs. 27 EStG zu bewerten sind. [4]Auf Zukunftssicherungsleistungen des Arbeitgebers i. S. d. § 2 Abs. 2 Nr. 3 LStDV ist die Freigrenze nicht anwendbar. [5]Bei der monatlichen Überlassung einer Monatsmarke oder einer monatlichen Fahrberechtigung für ein Job-Ticket, das für einen längeren Zeitraum gilt, ist die Freigrenze anwendbar.

Amtliche Sachbezugswerte

(4) [1]Amtliche Sachbezugswerte werden durch die SvEV[2)] oder durch Erlasse der obersten Landesfinanzbehörden nach § 8 Abs. 2 Satz 10 EStG festgesetzt. [2]Die amtlichen Sachbezugswerte sind, soweit nicht zulässigerweise § 8 Abs. 3 EStG angewandt wird, ausnahmslos für die Sachbezüge maßgebend, für die sie bestimmt sind. [3]Die amtlichen Sachbezugswerte gelten auch dann, wenn in einem Tarifvertrag, einer Betriebsvereinbarung oder in einem Arbeitsvertrag für Sachbezüge höhere oder niedrigere Werte festgesetzt worden sind. [4]Sie gelten ausnahmsweise auch für Barvergütungen, wenn diese nur gelegentlich oder vorübergehend gezahlt werden, z. B. bei tageweiser auswärtiger Beschäftigung, für die Dauer einer Krankheit oder eines Urlaubs, und wenn mit der Barvergütung nicht mehr als der tatsächliche Wert der Sachbezüge abgegolten wird; geht die Barvergütung über den tatsächlichen Wert der Sachbezüge hinaus, so ist die Barvergütung der Besteuerung zugrunde zu legen.

H **8.1** (1–4)

50-Euro-Freigrenze.

- Vorteile aus der Überlassung eines zinslosen oder zinsverbilligten Arbeitgeberdarlehens sind bei der Zusammenrechnung einzubeziehen (→ BMF vom 19.5.2015 – BStBl. I S. 484, Rdnr. 10).
- Zu den Aufzeichnungserleichterungen für Sachbezüge i. S. d. § 8 Abs. 2 Satz 11 EStG → § 4 Abs. 3 Satz 2 LStDV.
- *→ BMF vom 13.4.2021 (BStBl. I S. 624), Rdnr. 4.*[3)]

Aktienoptionen. → H 38.2; → H 9.1.

Arbeitgeberdarlehen. → BMF vom 19.5.2015 (BStBl. I S. 484).

Ausländische Währung. Lohnzahlungen in einer gängigen ausländischen Währung sind Einnahmen in Geld und kein Sachbezug. Die Freigrenze des

[1)] **[Amtl. Anm.:]** Zur Anwendung der Freigrenze bei Gutscheinen und Geldkarten i. S. d. § 8 Abs. 1 Satz 3 EStG → § 8 Abs. 2 Satz 11 zweiter Halbsatz EStG.

[2)] **Steuergesetze** Nr. **21.**

[3)] Siehe jetzt BMF v. 15.3.2022, BStBl. I 2022, 242.

§ 8 Abs. 2 Satz 11 EStG findet auf sie keine Anwendung (→ BFH vom 27.10.2004 – BStBl. 2005 II S. 135 und vom 11.11.2010 – BStBl. 2011 II S. 383, 386 und 389). Umrechnungsmaßstab ist – soweit vorhanden – der auf den Umrechnungszeitpunkt bezogene Euro-Referenzkurs der Europäischen Zentralbank. Lohnzahlungen sind bei Zufluss des Arbeitslohns anhand der von der Europäischen Zentralbank veröffentlichten monatlichen Durchschnittsreferenzkurse umzurechnen, denen die im BStBl. I veröffentlichten Umsatzsteuer-Umrechnungskurse[1] entsprechen (→ BFH vom 3.12.2009 – BStBl. 2010 II S. 698).

Durchschnittswerte der von Luftfahrtunternehmen gewährten Flüge. → Gleich lautende Ländererlasse vom 12.5.2021 (BStBl. I S. 774).

Fahrrad.[2]

– Zur Ermittlung des geldwerten Vorteils bei Überlassung von (Elektro-) Fahrrädern → Gleich lautende Ländererlasse vom 9.1.2020 (BStBl. I S. 174).
– Zur lohnsteuerlichen Behandlung der Überlassung von (Elektro-)Fahrrädern an Arbeitnehmer in Leasingfällen → BMF vom 17.11.2017 (BStBl. I S. 1546).

Firmenfitnessprogramm.

– Zur Bewertung einer konkreten Ware oder Dienstleistung, die nicht zu vergleichbaren Bedingungen an Endverbraucher am Markt angeboten wird → BMF vom 16.5.2013 (BStBl. I S. 729) unter Berücksichtigung der Änderungen durch BMF vom 11.2.2021 (BStBl. I S. 311), Rdnr. 4a.
– Zum Zufluss → H 38.2 (Zufluss von Arbeitslohn).

Gehaltsumwandlung.

– Die Umwandlung von Barlohn in Sachlohn (Gehaltsumwandlung) setzt voraus, dass der Arbeitnehmer unter Änderung des Anstellungsvertrages auf einen Teil seines Barlohns verzichtet und ihm der Arbeitgeber stattdessen Sachlohn gewährt. Ob ein Anspruch auf Barlohn oder Sachlohn besteht, ist auf den Zeitpunkt bezogen zu entscheiden, zu dem der Arbeitnehmer über seinen Lohnanspruch verfügt (→ BFH vom 6.3.2008 – BStBl. II S. 530).
– → § 8 Abs. 4 EStG.

Geldleistung oder Sachbezug.

– *BMF vom 13.4.2021 (BStBl. I S. 624), Rdnr. 5ff.*[3]
– Leistet der Arbeitgeber im Rahmen eines ausgelagerten Optionsmodells zur Vermögensbeteiligung der Arbeitnehmer Zuschüsse an einen Dritten als Entgelt für die Übernahme von Kursrisiken, führt dies bei den Arbeitnehmern zu Sachlohn, wenn die Risikoübernahme des Dritten auf einer vertraglichen Vereinbarung mit dem Arbeitgeber beruht; die Freigrenze des § 8 Abs. 2 Satz 11 EStG ist anwendbar (→ BFH vom 13.9. 2007 – BStBl. 2008 II S. 204).

---

[1] Vgl. die Zusammenstellungen in **Steuererlasse** Nr. **500** § 16/6 und § 16/7.

[2] Siehe auch § 40 Abs. 2 Satz 1 Nr. 7 EStG i. d. F. des „JStG 2019" v. 12.12.2019, BGBl. I 2019, 2451, zur Möglichkeit der Pauschalversteuerung bei Übereignung betrieblicher Fahrräder.

[3] Siehe jetzt BMF v. 15.3.2022, BStBl. I 2022, 242.

Geldsurrogate.
– → *BMF vom 13.4.2021 (BStBl. I S. 624), Rdnr. 23ff.*[1]

Geltung der Sachbezugswerte.
– Die Sachbezugswerte nach der SvEV[2] gelten nach § 8 Abs. 2 Satz 7 EStG auch für Arbeitnehmer, die nicht der gesetzlichen Rentenversicherungspflicht unterliegen.
– Die Sachbezugswerte gelten nicht, wenn die vorgesehenen Sachbezüge durch Barvergütungen abgegolten werden; in diesen Fällen sind grundsätzlich die Barvergütungen zu versteuern (→ BFH vom 16.3.1962 – BStBl. III S. 284).

GmbH-Anteile. Veräußert der Arbeitgeber oder eine diesem nahestehende Person eine Beteiligung an einer Kapitalgesellschaft an einen Arbeitnehmer oder umgekehrt, handelt es sich in der Regel nicht um eine Veräußerung im gewöhnlichen Geschäftsverkehr, da ein Einfluss des Arbeitsverhältnisses auf die Verkaufsmodalitäten jedenfalls nahe liegt. Eine Ableitung des gemeinen Werts aus Verkäufen kommt in diesem Fall regelmäßig nicht in Betracht. Er ist ggf. anhand eines Sachverständigengutachtens zu schätzen (→ BFH vom 15.3.2018 – BStBl. II S. 550).

Job-Ticket.[3]
– → BMF vom 15.8.2019 (BStBl. I S. 875).
– Ein geldwerter Vorteil ist nicht anzunehmen, wenn der Arbeitgeber seinen Arbeitnehmern ein Job-Ticket zu dem mit dem Verkehrsträger vereinbarten Preis überlässt (→ BMF vom 27.1.2004 – BStBl. I S. 173, Tz. II.1).
– Die Steuerbefreiung nach § 3 Nr. 15 EStG kommt bei einer Gehaltsumwandlung nicht in Betracht. In diesem Fall liegt ein Sachbezug vor, soweit der Arbeitnehmer das Job-Ticket verbilligt oder unentgeltlich vom Arbeitgeber erhält. § 8 Abs. 2 Satz 11 EStG (50-Euro-Freigrenze) findet Anwendung.

Beispiel zu einer Gehaltsumwandlung i. H. v. 50,40 €:

Üblicher Preis für eine Monatsfahrkarte	56,00 €
Vom Verkehrsträger eingeräumte Job-Ticketermäßigung 10 %	5,60 €
Differenz	50,40 €
davon 96 % (→ R 8.1 Abs. 2 Satz 3)	48,38 €
Vorteil	48,38 €

Unter der Voraussetzung, dass keine weiteren Sachbezüge im Sinne von § 8 Abs. 2 Satz 1 EStG im Monat gewährt werden, die zu einer Überschreitung der 50-Euro-Grenze führen, bleibt der Vorteil von 48,38 € außer Ansatz.

– Gilt das Job-Ticket für einen längeren Zeitraum (z. B. Jahreskarte), fließt der Vorteil insgesamt bei Überlassung des Job-Tickets zu (→ BFH vom 12.4.2007 – BStBl. II S. 719). Zum Zuflusszeitpunkt → H 38.2 (Zufluss

[1] Siehe jetzt BMF v. 15.3.2022, BStBl. I 2022, 242.
[2] VO v. 21.12.2006, BGBl. I 2006, 3385, zuletzt geänd. durch VO v. 6.12.2021, BGBl. I 2021, 5187 **(Steuergesetze** Nr. **21).**
[3] Zur lohnsteuerlichen Behandlung und zum Zuflusszeitpunkt des Sachbezugs „Job-Ticket" siehe BayLfSt v. 12.8.2015 – S 2334.2.1 – 98/5 St 32, DStR 2015, 2287.

von Arbeitslohn). Zur Minderung der Entfernungspauschale → BMF vom 15.8.2019 (BStBl. I S. 875).

Nachträgliche Kostenerstattung.
– → *BMF vom 13.4.2021 (BStBl. I S. 624), Rdnr. 23ff.*[1)]

Rabatte von dritter Seite. → BMF vom 20.1.2015 (BStBl. I S. 143).

Sachbezugswerte im Bereich der Seeschifffahrt und Fischerei. → Gleich lautende Erlasse der Länder Bremen, Hamburg, Mecklenburg-Vorpommern, Niedersachsen und Schleswig-Holstein vom 15.6.2015 (BStBl. I S. 512).

Üblicher Endpreis.
– → BMF vom 16.5.2013 (BStBl. I S. 729, Tz. 3.1) unter Berücksichtigung der Änderungen durch BMF vom 11.2.2021 (BStBl. I S. 311).
– Beim Erwerb eines Gebrauchtwagens vom Arbeitgeber ist nicht auf den Händlereinkaufspreis abzustellen, sondern auf den Preis, den das Fahrzeug unter Berücksichtigung der vereinbarten Nebenleistungen auf dem Gebrauchtwagenmarkt tatsächlich erzielen würde (Händlerverkaufspreis). Wird zur Bestimmung des üblichen Endpreises eine Schätzung erforderlich, kann sich die Wertermittlung an den im Rechtsverkehr anerkannten Marktübersichten für gebrauchte Pkw orientieren (→ BFH vom 17.6.2005 – BStBl. II S. 795).
– Der Wert einer dem Arbeitnehmer durch den Arbeitgeber zugewandten Reise kann grundsätzlich anhand der Kosten geschätzt werden, die der Arbeitgeber für die Reise aufgewendet hat (→ BFH vom 18.8.2005 – BStBl. 2006 II S. 30).
– Zur Einbeziehung von Versandkosten → BFH vom 6.6.2018 (BStBl. II S. 764).

Wandeldarlehensvertrag. Der geldwerte Vorteil bemisst sich im Falle der Ausübung des Wandlungsrechts aus der Differenz zwischen dem Börsenpreis der Aktien an dem Tag, an dem der Arbeitnehmer die wirtschaftliche Verfügungsmacht über die Aktien erlangt, und den Erwerbsaufwendungen (→ BFH vom 23.6.2005 – BStBl. II S. 770 und vom 20.5.2010 – BStBl. II S. 1069).

Wandelschuldverschreibung. → H 38.2.

Warengutscheine.
– → *BMF vom 13.4.2021 (BStBl. I S. 624).*[1)]
– Zum Zuflusszeitpunkt bei Warengutscheinen → R 38.2 Abs. 3.

Zinsersparnisse. → Arbeitgeberdarlehen.

Zukunftssicherungsleistungen.
– → *BMF vom 13.4.2021 (BStBl. I S. 624), Rdnr. 6f., 18.*[1)]

Zusätzlichkeitsvoraussetzung. → § 8 Abs. 4 EStG.

Zweckgebundene Geldleistung. → *BMF vom 13.4.2021 (BStBl. I S. 624), Rdnr. 20, 22.*[1)]

[1)] Siehe jetzt BMF v. 15.3.2022, BStBl. I 2022, 242.

R 8.1 (5, 6)

Unterkunft oder Wohnung

(5) [1]Für die Bewertung einer Unterkunft, die keine Wohnung ist (→ Absatz 6 Satz 2 bis 4), ist der amtliche Sachbezugswert nach der SvEV[1)] maßgebend, soweit nicht zulässigerweise § 8 Abs. 3 EStG angewandt wird. [2]Dabei ist der amtliche Sachbezugswert grundsätzlich auch dann anzusetzen, wenn der Arbeitgeber die dem Arbeitnehmer überlassene Unterkunft gemietet und gegebenenfalls mit Einrichtungsgegenständen ausgestattet hat. [3]Eine Gemeinschaftsunterkunft liegt vor, wenn die Unterkunft beispielsweise durch Gemeinschaftswaschräume oder Gemeinschaftsküchen Wohnheimcharakter hat oder Zugangsbeschränkungen unterworfen ist.

(6) [1]Soweit nicht zulässigerweise § 8 Abs. 3 EStG angewandt wird, ist für die Bewertung einer Wohnung der ortsübliche Mietwert maßgebend.[2)] [2]Eine Wohnung ist eine in sich geschlossene Einheit von Räumen, in denen ein selbständiger Haushalt geführt werden kann. [3]Wesentlich ist, dass eine Wasserversorgung und -entsorgung, zumindest eine einer Küche vergleichbare Kochgelegenheit sowie eine Toilette vorhanden sind. [4]Danach stellt z. B. ein Einzimmerappartement mit Küchenzeile und WC als Nebenraum eine Wohnung dar, dagegen ist ein Wohnraum bei Mitbenutzung von Bad, Toilette und Küche eine Unterkunft. [5]Als ortsüblicher Mietwert ist die Miete anzu_setzen, die für eine nach Baujahr, Art, Größe, Ausstattung, Beschaffenheit und Lage vergleichbare Wohnung üblich ist (Vergleichsmiete). [6]In den Fällen, in denen der Arbeitgeber vergleichbare Wohnungen in nicht unerheblichem Umfang an fremde Dritte zu einer niedrigeren als der üblichen Miete vermietet, ist die niedrigere Miete anzusetzen. [7]Die Vergleichsmiete gilt unabhängig davon, ob die Wohnung z. B. als Werks- oder Dienstwohnung im Eigentum des Arbeitgebers oder dem Arbeitgeber auf Grund eines Belegungsrechts zur Verfügung steht oder von ihm angemietet worden ist. [8]Gesetzliche Mietpreisbeschränkungen sind zu beachten. [9]Stehen solche einem Mieterhöhungsverlangen entgegen, gilt dies jedoch nur, soweit die maßgebliche Ausgangsmiete den ortsüblichen Mietwert oder die gesetzlich zulässige Höchstmiete nicht unterschritten hat. [10]Überlässt der Arbeitgeber dem Arbeitnehmer im Rahmen einer Auslandstätigkeit eine Wohnung im Ausland, deren ortsübliche Miete 18% des Arbeitslohns ohne Kaufkraftausgleich übersteigt, so ist diese Wohnung mit 18% des Arbeitslohns ohne Kaufkraftausgleich zuzüglich 10% der darüber hinausgehenden ortsüblichen Miete zu bewerten.[3)]

[1)] VO v. 21.12.2006, BGBl. I 2006, 3385, zuletzt geänd. durch VO v. 6.12.2021, BGBl. I 2021, 5187 **(Steuergesetze** Nr. **21).**

[2)] **[Amtl. Anm.:]** Zum Bewertungsabschlag auf den ortsüblichen Mietwert → § 8 Abs. 2 Satz 12 EStG.

[3)] **[Amtl. Anm.:]** Für die Anwendung des § 8 Abs. 2 Satz 12 EStG gilt der nach R 8.1 Abs. 6 Satz 10 LStR ermittelte Wert als ortsüblicher Mietwert.

H 8.1 (5, 6)

Bewertungsabschlag nach § 8 Abs. 2 Satz 12 EStG.

Beispiel 1:

Ein Arbeitgeber überlässt seinem Arbeitnehmer eine Wohnung zu eigenen Wohnzwecken gegen ein monatliches Entgelt von 1560 € (120 qm x 13 €/qm). Der ortsübliche Mietwert (Kaltmiete plus umlagefähige Nebenkosten) beträgt 20 €/qm.
Der monatliche geldwerte Vorteil (Mietvorteil) ist wie folgt zu berechnen:

Ortsüblicher Mietwert (120 qm x 20 €/qm)	2400 €
./. Bewertungsabschlag (1/3)	800 €
= verbleibender Betrag	1600 €
./. Zahlung des Arbeitnehmers	1560 €
Geldwerter Vorteil	40 €

Der geldwerte Vorteil von 40 € bleibt aber aufgrund der monatlichen 50-Euro-Freigrenze für Sachbezüge gem. § 8 Abs. 2 Satz 11 EStG außer Ansatz, wenn er zusammen mit anderen gem. § 8 Abs. 2 Satz 1 EStG zu bewertenden Sachbezügen die Freigrenze nicht überschreitet.

Beispiel 2:

Ein Wohnungsunternehmen überlässt seinem Arbeitnehmer unentgeltlich eine 120 qm-Wohnung zu eigenen Wohnzwecken. Der ortsübliche Mietwert (Kaltmiete plus umlagefähige Nebenkosten) beträgt 20 €/qm.
Wie im Beispiel 1 liegen die Voraussetzungen für den Bewertungsabschlag gem. § 8 Abs. 2 Satz 12 EStG vor.

Da der Arbeitgeber Wohnungen überwiegend an fremde Dritte vermietet, besteht ein Wahlrecht zwischen den Bewertungsmethoden nach § 8 Abs. 2 und Abs. 3 EStG (→ BMF vom 16.5.2013 – BStBl. I S. 729). Die Bewertung kann entweder nach § 8 Abs. 2 EStG (mit Bewertungsabschlag nach Satz 12) oder nach § 8 Abs. 3 EStG (mit Rabatt-Freibetrag) erfolgen.

Erholungsheim. Wird ein Arbeitnehmer in einem Erholungsheim des Arbeitgebers oder auf Kosten des Arbeitgebers zur Erholung in einem anderen Beherbergungsbetrieb untergebracht oder verpflegt, so ist die Leistung mit dem entsprechenden Pensionspreis eines vergleichbaren Beherbergungsbetriebs am selben Ort zu bewerten; dabei können jedoch Preisabschläge in Betracht kommen, wenn der Arbeitnehmer z.B. nach der Hausordnung Bedingungen unterworfen wird, die für Hotels und Pensionen allgemein nicht gelten (→ BFH vom 18.3.1960 – BStBl. III S. 237).

Ortsüblicher Mietwert.

– Überlässt der Arbeitgeber seinem Arbeitnehmer eine Wohnung zu einem Mietpreis, der innerhalb der Mietpreisspanne des örtlichen Mietspiegels für vergleichbare Wohnungen liegt, scheidet die Annahme eines geldwerten Vorteils regelmäßig aus (→ BFH vom 17.8.2005 – BStBl. 2006 II S. 71 und vom 11.5.2011 – BStBl. II S. 946).

– Überlässt ein Arbeitgeber seinen Arbeitnehmern Wohnungen und werden Nebenkosten (z.T.) nicht erhoben, liegt eine verbilligte Überlassung und damit ein Sachbezug nur vor, soweit die tatsächlich erhobene Miete zusammen mit den tatsächlich abgerechneten Nebenkosten die ortsübliche Miete (Kaltmiete plus umlagefähige Nebenkosten) unterschreitet (→ BFH vom 11.5.2011 – BStBl. II S. 946).

Persönliche Bedürfnisse des Arbeitnehmers. Persönliche Bedürfnisse des Arbeitnehmers, z. B. hinsichtlich der Größe der Wohnung, sind bei der Höhe des Mietwerts nicht zu berücksichtigen (→ BFH vom 8.3.1968 – BStBl. II S. 435 und vom 2.10.1968 – BStBl. 1969 II S. 73).

Steuerfreie Mietvorteile. → R 3.59.

R 8.1 (7)

Kantinenmahlzeiten und Essenmarken

(7) Für die Bewertung von Mahlzeiten, die arbeitstäglich an die Arbeitnehmer abgegeben werden, gilt Folgendes:

1. [1]Mahlzeiten, die durch eine vom Arbeitgeber selbst betriebene Kantine, Gaststätte oder vergleichbare Einrichtung abgegeben werden, sind mit dem maßgebenden amtlichen Sachbezugswert nach der SvEV[1)] zu bewerten. [2]Alternativ kommt eine Bewertung mit dem Endpreis i. S. d. § 8 Abs. 3 EStG in Betracht, wenn die Mahlzeiten überwiegend nicht für die Arbeitnehmer zubereitet werden.
2. [1]Mahlzeiten, die die Arbeitnehmer in einer nicht vom Arbeitgeber selbst betriebenen Kantine, Gaststätte oder vergleichbaren Einrichtung erhalten, sind vorbehaltlich der Nummer 4 ebenfalls mit dem maßgebenden amtlichen Sachbezugswert zu bewerten, wenn der Arbeitgeber auf Grund vertraglicher Vereinbarung durch Barzuschüsse oder andere Leistungen an die die Mahlzeiten vertreibende Einrichtung, z. B. durch verbilligte Überlassung von Räumen, Energie oder Einrichtungsgegenständen zur Verbilligung der Mahlzeiten beiträgt. [2]Es ist nicht erforderlich, dass die Mahlzeiten im Rahmen eines Reihengeschäfts zunächst an den Arbeitgeber und danach von diesem an die Arbeitnehmer abgegeben werden.
3. In den Fällen der Nummern 1 und 2 ist ein geldwerter Vorteil als Arbeitslohn zu erfassen, wenn und soweit der vom Arbeitnehmer für eine Mahlzeit gezahlte Preis (einschließlich Umsatzsteuer) den maßgebenden amtlichen Sachbezugswert unterschreitet.
4. [2)] Bestehen die Leistungen des Arbeitgebers im Falle der Nummer 2 aus Barzuschüssen in Form von Essenmarken (Essensgutscheine, Restaurantschecks), die vom Arbeitgeber an die Arbeitnehmer verteilt und von einer Gaststätte oder vergleichbaren Einrichtung (Annahmestelle) bei der Abgabe einer Mahlzeit in Zahlung genommen werden, so gilt Folgendes:
   a) [1]Es ist nicht die Essenmarke mit ihrem Verrechnungswert, sondern vorbehaltlich des Buchstaben b die Mahlzeit mit dem maßgebenden Sachbezugswert zu bewerten, wenn
      aa) tatsächlich eine Mahlzeit abgegeben wird. [2]Lebensmittel sind nur dann als Mahlzeit anzuerkennen, wenn sie zum unmittelbaren Ver-

[1)] VO v. 21.12.2006, BGBl. I 2006, 3385, zuletzt geänd. durch VO v. 6.12.2021, BGBl. I 2021, 5187 **(Steuergesetze Nr. 21).**

[2)] Siehe BMF v. 18.1.2019, BStBl. I 2019, 66, zu arbeitstäglichen Zuschüssen zu Mahlzeiten. Siehe auch BMF v. 13.4.2021, BStBl. I 2021, 624.

zehr geeignet oder zum Verbrauch während der Essenpausen bestimmt sind,

bb) für jede Mahlzeit lediglich eine Essenmarke täglich in Zahlung genommen wird,

cc) der Verrechnungswert der Essenmarke den amtlichen Sachbezugswert einer Mittagsmahlzeit um nicht mehr als 3,10 Euro übersteigt und

dd) die Essenmarke nicht an Arbeitnehmer ausgegeben wird, die eine Auswärtstätigkeit ausüben.[1)]

[2]Dies gilt auch dann, wenn zwischen dem Arbeitgeber und der Annahmestelle keine unmittelbaren vertraglichen Beziehungen bestehen, weil ein Unternehmen eingeschaltet ist, das die Essenmarken ausgibt. [3]Zur Erfüllung der Voraussetzungen nach Doppelbuchstabe bb hat der Arbeitgeber für jeden Arbeitnehmer die Tage der Abwesenheit z. B. infolge von Auswärtstätigkeiten, Urlaub oder Erkrankung festzustellen und die für diese Tage ausgegebenen Essenmarken zurückzufordern oder die Zahl der im Folgemonat auszugebenden Essenmarken um die Zahl der Abwesenheitstage zu vermindern. [4]Die Pflicht zur Feststellung der Abwesenheitstage und zur Anpassung der Zahl der Essenmarken im Folgemonat entfällt für Arbeitnehmer, die im Kalenderjahr durchschnittlich an nicht mehr als drei Arbeitstagen je Kalendermonat Auswärtstätigkeiten ausüben, wenn keiner dieser Arbeitnehmer im Kalendermonat mehr als 15 Essenmarken erhält.

b) Bestehen die Leistungen des Arbeitgebers ausschließlich in der Hingabe von Essenmarken, so ist auch unter den Voraussetzungen des Buchstaben a der Verrechnungswert der Essenmarke als Arbeitslohn anzusetzen, wenn dieser Wert den geldwerten Vorteil nach Nummer 3 unterschreitet.

c) [1]Wird der Arbeitsvertrag dahingehend geändert, dass der Arbeitnehmer anstelle von Barlohn Essenmarken erhält, so vermindert sich dadurch der Barlohn in entsprechender Höhe. [2]Die Essenmarken sind mit dem Wert anzusetzen, der sich nach den Buchstaben a oder b ergibt. [3]Ohne Änderung des Arbeitsvertrags führt der Austausch von Barlohn durch Essenmarken nicht zu einer Herabsetzung des steuerpflichtigen Barlohns. [4]In diesem Fall ist der Betrag, um den sich der ausgezahlte Barlohn verringert, als Entgelt für die Mahlzeit oder Essenmarke anzusehen und von dem nach Nummer 4 Buchstabe a oder b maßgebenden Wert abzusetzen.

d) [1]Die von Annahmestellen eingelösten Essenmarken brauchen nicht an den Arbeitgeber zurückgegeben und von ihm nicht aufbewahrt zu werden, wenn der Arbeitgeber eine Abrechnung erhält, aus der sich ergibt, wie viel Essenmarken mit welchem Verrechnungswert eingelöst worden sind, und diese aufbewahrt. [2]Dasselbe gilt, wenn ein Essenmarkenemittent eingeschaltet ist und der Arbeitgeber von diesem eine entsprechende Abrechnung erhält und aufbewahrt.

5. [1]Wenn der Arbeitgeber unterschiedliche Mahlzeiten zu unterschiedlichen Preisen teilentgeltlich oder unentgeltlich an die Arbeitnehmer abgibt oder

---

1) **[Amtl. Anm.:]** Siehe aber H 8.1 (7) Essenmarken nach Ablauf der Dreimonatsfrist bei Auswärtstätigkeit.

Leistungen nach Nummer 2 zur Verbilligung der Mahlzeiten erbringt und die Lohnsteuer nach § 40 Abs. 2 EStG pauschal erhebt, kann der geldwerte Vorteil mit dem Durchschnittswert der Pauschalbesteuerung zugrunde gelegt werden. [2]Die Durchschnittsbesteuerung braucht nicht tageweise durchgeführt zu werden, sie darf sich auf den gesamten Lohnzahlungszeitraum erstrecken. [3]Bietet der Arbeitgeber bestimmte Mahlzeiten nur einem Teil seiner Arbeitnehmer an, z. B. in einem Vorstandskasino, so sind diese Mahlzeiten nicht in die Durchschnittsberechnung einzubeziehen. [4]Unterhält der Arbeitgeber mehrere Kantinen, so ist der Durchschnittswert für jede einzelne Kantine zu ermitteln. [5]Ist die Ermittlung des Durchschnittswerts wegen der Menge der zu erfassenden Daten besonders aufwendig, kann die Ermittlung des Durchschnittswerts für einen repräsentativen Zeitraum und bei einer Vielzahl von Kantinen für eine repräsentative Auswahl der Kantinen durchgeführt werden.

6. [1]Der Arbeitgeber hat die vom Arbeitnehmer geleistete Zahlung grundsätzlich in nachprüfbarer Form nachzuweisen. [2]Der Einzelnachweis der Zahlungen ist nur dann nicht erforderlich,
   a) wenn gewährleistet ist, dass
      aa) die Zahlung des Arbeitnehmers für eine Mahlzeit den anteiligen amtlichen Sachbezugswert nicht unterschreitet oder
      bb) nach Nummer 4 der Wert der Essenmarke als Arbeitslohn zu erfassen ist oder
   b) wenn der Arbeitgeber die Durchschnittsberechnung nach Nummer 5 anwendet.

H **8.1** (7)

Arbeitstägliche Zuschüsse zu Mahlzeiten. → BMF vom 18.1.2019 (BStBl. I S. 66).[1]

Begriff der Mahlzeit. Zu den Mahlzeiten gehören alle Speisen und Lebensmittel, die üblicherweise der Ernährung dienen, einschließlich der dazu üblichen Getränke (→ BFH vom 21.3.1975 – BStBl. II S. 486 und vom 7.11.1975 – BStBl. 1976 II S. 50).

Essenmarken.

Beispiele zu R 8.1 Abs. 7 Nr. 4 Buchst. b

Beispiel 1:

Ein Arbeitnehmer erhält eine Essenmarke mit einem Wert von 1 €. Die Mahlzeit kostet 2 €.

Preis der Mahlzeit	2,00 €
./. Wert der Essenmarke	1,00 €
Zahlung des Arbeitnehmers	1,00 €
Sachbezugswert der Mahlzeit	3,57 €
./. Zahlung des Arbeitnehmers	1,00 €
Verbleibender Wert	2,57 €
Anzusetzen ist der niedrigere Wert der Essenmarke	1,00 €

Beispiel 2:

Ein Arbeitnehmer erhält eine Essenmarke mit einem Wert von 4 €. Die Mahlzeit kostet 4 €.

---

[1] Siehe auch BMF v. 13.4.2021, BStBl. I 2021, 624.

Preis der Mahlzeit	4,00 €
./. Wert der Essenmarke	4,00 €
Zahlung des Arbeitnehmers	0,00 €
Sachbezugswert der Mahlzeit	3,57 €
./. Zahlung des Arbeitnehmers	0,00 €
Verbleibender Wert	3,57 €
Anzusetzen ist der Sachbezugswert	3,57 €

Beispiel 3:

Ein Arbeitnehmer erhält eine Essenmarke mit einem Wert von 6,67 €. Die vom Arbeitnehmer in einer Gaststätte eingenommene Mahlzeit kostet 10,30 €.

Wert der Essenmarke	6,67 €
Anzusetzender Sachbezugswert	3,57 €
./. Zahlung des Arbeitnehmers	3,63 €
Geldwerter Vorteil	0,00 €

Essenmarken nach Ablauf der Dreimonatsfrist bei Auswärtstätigkeit. Üben Arbeitnehmer eine längerfristige berufliche Auswärtstätigkeit an derselben Tätigkeitsstätte aus, sind nach Ablauf von drei Monaten (§ 9 Abs. 4a Satz 6 und 7 EStG) an diese Arbeitnehmer ausgegebene Essenmarken (Essensgutscheine, Restaurantschecks) abweichend von R 8.1 Abs. 7 Nr. 4 Buchstabe a Satz 1 Doppelbuchstabe dd und Rz. 76 des BMF-Schreibens vom 25.11.2020 (BStBl. I S. 1228) mit dem maßgebenden Sachbezugswert zu bewerten. Der Ansatz des Sachbezugswerts setzt voraus, dass die übrigen Voraussetzungen des R 8.1 Abs. 7 Nr. 4 Buchstabe a vorliegen.

Essenmarken und Gehaltsumwandlung.

– **Änderung des Arbeitsvertrags.** Wird der Arbeitsvertrag dahingehend geändert, dass der Arbeitnehmer anstelle von Barlohn Essenmarken erhält, so vermindert sich dadurch der Barlohn in entsprechender Höhe (→ BFH vom 20.8.1997 – BStBl. II S. 667).

Beispiel:

Der Arbeitgeber gibt dem Arbeitnehmer monatlich 15 Essenmarken. Im Arbeitsvertrag ist der Barlohn von 3500 € im Hinblick auf die Essenmarken um 60 € auf 3440 € herabgesetzt worden.

a) Beträgt der Verrechnungswert der Essenmarken jeweils 5 €, so ist dem Barlohn von 3440 € der Wert der Mahlzeit mit dem Sachbezugswert (15 × 3,57 € =) 53,55 € hinzuzurechnen.

b) Beträgt der Verrechnungswert der Essenmarken jeweils 7 €, so ist dem Barlohn von 3440 € der Verrechnungswert der Essenmarken (15 × 7 € =) 105 € hinzuzurechnen.

– **Keine Änderung des Arbeitsvertrags.** Ohne Änderung des Arbeitsvertrags führt der Austausch von Barlohn durch Essenmarken nicht zu einer Herabsetzung des steuerpflichtigen Barlohns. In diesem Fall ist der Betrag, um den sich der ausgezahlte Barlohn verringert, als Entgelt für die Mahlzeit oder Essenmarke anzusehen und von dem für die Essenmarke maßgebenden Wert abzusetzen.

Beispiel:

Ein Arbeitnehmer mit einem monatlichen Bruttolohn von 3500 € erhält von seinem Arbeitgeber monatlich 15 Essenmarken. Der Arbeitsvertrag bleibt unverändert. Der Arbeitnehmer zahlt für die Essenmarken monatlich 60 €.

a) Auf den Essenmarken ist jeweils ein Verrechnungswert von 7 € ausgewiesen.
Der Verrechnungswert der Essenmarke übersteigt den Sachbezugswert von 3,57 € um mehr als 3,10 €. Die Essenmarken sind deshalb mit ihrem Verrechnungswert anzusetzen:

15 Essenmarken × 7 €	105,00 €
./. Entgelt des Arbeitnehmers	60,00 €
Vorteil	45,00 €

Dieser ist dem bisherigen Arbeitslohn von 3500 € hinzuzurechnen.

b) Auf den Essenmarken ist jeweils ein Verrechnungswert von 5 € ausgewiesen. Der Verrechnungswert der Essenmarke übersteigt den Sachbezugswert von 3,57 € um nicht mehr als 3,10 €. Es ist deshalb nicht der Verrechnungswert der Essenmarken, sondern der Wert der erhaltenen Mahlzeiten mit dem Sachbezugswert anzusetzen:

15 Essenmarken × Sachbezugswert 3,57 €	53,55 €
./. Entgelt des Arbeitnehmers	60,00 €
Vorteil	0,00 €

Dem bisherigen Arbeitslohn von 3500 € ist nichts hinzuzurechnen.

Frühstück. Zu den Anforderungen an einen lohnsteuerpflichtigen Sachbezug in Form eines Frühstücks → BFH vom 3.7.2019 (BStBl. 2020 II S. 788).

Sachbezugsbewertung.

– Bewertung einer einzelnen Mahlzeit → BMF vom 28.12.2020 (BStBl. 2021 I S. 59) für 2021 und vom 20.12.2021 (BStBl. 2022 I S. 60) für 2022.

– **Beispiel zu R 8.1 Abs. 7 Nr. 3:**

Der Arbeitnehmer zahlt 2 € für ein Mittagessen im Wert von 4 €.

Sachbezugswert der Mahlzeit	3,57 €
./. Zahlung des Arbeitnehmers	2,00 €
geldwerter Vorteil	1,57 €

Hieraus ergibt sich, dass die steuerliche Erfassung der Mahlzeiten entfällt, wenn gewährleistet ist, dass der Arbeitnehmer für jede Mahlzeit mindestens einen Preis in Höhe des amtlichen Sachbezugswerts zahlt.

R 8.1 (8)

Mahlzeiten aus besonderem Anlass

(8) Für die steuerliche Erfassung und Bewertung von Mahlzeiten, die der Arbeitgeber oder auf dessen Veranlassung ein Dritter aus besonderem Anlass an Arbeitnehmer abgibt, gilt Folgendes:

1. [1]Mahlzeiten, die im ganz überwiegenden betrieblichen Interesse des Arbeitgebers an die Arbeitnehmer abgegeben werden, gehören nicht zum Arbeitslohn. [2]Dies gilt für Mahlzeiten im Rahmen herkömmlicher Betriebsveranstaltungen nach Maßgabe der R 19.5,[1)] für ein sog. Arbeitsessen i. S. d. R 19.6 Abs. 2 sowie für die Beteiligung von Arbeitnehmern an einer geschäftlich veranlassten Bewirtung i. S. d. § 4 Abs. 5 Satz 1 Nr. 2 EStG.
2. [1]Mahlzeiten, die der Arbeitgeber als Gegenleistung für das Zurverfügungstellen der individuellen Arbeitskraft an seine Arbeitnehmer abgibt, sind mit ihrem tatsächlichen Preis anzusetzen. [2]Dies gilt z. B. für eine während einer beruflich veranlassten Auswärtstätigkeit oder doppelten Haushaltsführung gestellte Mahlzeit, deren Preis die 60-Euro-Grenze i. S. d. § 8 Abs. 2 Satz 8 EStG übersteigt. [3]Ein vom Arbeitnehmer an den Arbeitgeber oder an den Dritten gezahltes Entgelt ist auf den tatsächlichen Preis anzurechnen. [4]Wird vom Arbeitgeber oder auf dessen Veranlassung von einem

[1)] **[Amtl. Anm.:]** Überholt ab 2015 durch § 19 Abs. 1 Satz 1 Nr. 1a EStG.

Dritten nur ein Essen, aber kein Getränk gestellt, ist das Entgelt, das der Arbeitnehmer für ein Getränk bei der Mahlzeit zahlt, nicht auf den tatsächlichen Preis der Mahlzeit anzurechnen.

H 8.1 (8)

Allgemeines. Zur Behandlung der Mahlzeitengestellung nach der Reform des steuerlichen Reisekostenrechts → BMF vom 25.11.2020 (BStBl. I S. 1228).

Individuell zu versteuernde Mahlzeiten. Mahlzeiten, die im Rahmen regelmäßiger Geschäftsleitungssitzungen abgegeben werden, sind mit dem tatsächlichen Preis anzusetzen (→ BFH vom 4.8.1994 – BStBl. 1995 II S. 59).

Reisekostenabrechnungen. → BMF vom 25.11.2020 (BStBl. I S. 1228), Rz. 77 Beispiel 50 und Rz. 58 ff.

R 8.1 (9, 10)

Gestellung von Kraftfahrzeugen[1)]

(9) Überlässt der Arbeitgeber oder auf Grund des Dienstverhältnisses ein Dritter dem Arbeitnehmer ein Kraftfahrzeug zur privaten Nutzung, gilt Folgendes:

1. [1]Der Arbeitgeber hat den privaten Nutzungswert mit monatlich 1% des inländischen Listenpreises des Kraftfahrzeugs anzusetzen. [2]Kann das Kraftfahrzeug auch zu Fahrten zwischen Wohnung und erster Tätigkeitsstätte genutzt werden, ist grundsätzlich diese Nutzungsmöglichkeit unabhängig von der Nutzung des Fahrzeugs zu Privatfahrten zusätzlich mit monatlich 0,03% des inländischen Listenpreises des Kraftfahrzeugs für jeden Kilometer der Entfernung zwischen Wohnung und erster Tätigkeitsstätte zu bewerten und dem Arbeitslohn zuzurechnen. [3]Wird das Kraftfahrzeug zu Familienheimfahrten im Rahmen einer doppelten Haushaltsführung genutzt, erhöht sich der Wert nach Satz 1 für jeden Kilometer der Entfernung zwischen dem Beschäftigungsort und dem Ort des eigenen Hausstands um 0,002% des inländischen Listenpreises für jede Fahrt, für die der Werbungskostenabzug nach § 9 Abs. 1 Satz 3 Nr. 5 Satz 5 EStG ausgeschlossen ist. [4]Die Monatswerte nach den Sätzen 1 und 2 sind auch dann anzusetzen, wenn das Kraftfahrzeug dem Arbeitnehmer im Kalendermonat nur zeitweise zur Verfügung steht. [5]Kürzungen der Werte, z.B. wegen einer Beschriftung des Kraftwagens, oder wegen eines privaten Zweitwagens, sind nicht zulässig. [6]Listenpreis i.S.d. Sätze 1 bis 3 ist – auch bei gebraucht erworbenen oder geleasten Fahrzeugen – die auf volle hundert Euro abgerundete unverbindliche Preisempfehlung des Herstellers für das genutzte Kraftfahrzeug im Zeitpunkt seiner Erstzulassung zuzüglich der Kosten für werkseitig im Zeitpunkt der Erstzulassung eingebaute Sonderausstattungen (z.B. Naviga-

---

1) **[Amtl. Anm.:]** Zur Sonderregelung für Elektro- und Hybridelektrofahrzeuge siehe § 6 Abs. 1 Nr. 4 Satz 2 ff. EStG.

tionsgeräte, Diebstahlsicherungssysteme) und der Umsatzsteuer; der Wert eines Autotelefons einschl. Freisprecheinrichtung sowie der Wert eines weiteren Satzes Reifen einschl. Felgen bleiben außer Ansatz. [7]Bei einem Kraftwagen, der aus Sicherheitsgründen gepanzert ist, kann der Listenpreis des leistungsschwächeren Fahrzeugs zugrunde gelegt werden, das dem Arbeitnehmer zur Verfügung gestellt würde, wenn seine Sicherheit nicht gefährdet wäre. [8]Kann das Kraftfahrzeug auch im Rahmen einer anderen Einkunftsart genutzt werden, ist diese Nutzungsmöglichkeit mit dem Nutzungswert nach Satz 1 abgegolten. [9]Nummer 2 Satz 9 bis 16 gilt entsprechend.

2. [1]Der Arbeitgeber kann den privaten Nutzungswert abweichend von Nummer 1 mit den für das Kraftfahrzeug entstehenden Aufwendungen ansetzen, die auf die nach Nummer 1 zu erfassenden privaten Fahrten entfallen, wenn die Aufwendungen durch Belege und das Verhältnis der privaten zu den übrigen Fahrten durch ein ordnungsgemäßes Fahrtenbuch nachgewiesen werden. [2]Dabei sind die dienstlich und privat zurückgelegten Fahrtstrecken gesondert und laufend im Fahrtenbuch nachzuweisen. [3]Für dienstliche Fahrten sind grundsätzlich die folgenden Angaben erforderlich:

   a) Datum und Kilometerstand zu Beginn und am Ende jeder einzelnen Auswärtstätigkeit,

   b) Reiseziel und bei Umwegen auch die Reiseroute,

   c) Reisezweck und aufgesuchte Geschäftspartner.

   [4]Für Privatfahrten genügen jeweils Kilometerangaben; für Fahrten zwischen Wohnung und erster Tätigkeitsstätte genügt jeweils ein kurzer Vermerk im Fahrtenbuch. [5]Die Führung des Fahrtenbuchs kann nicht auf einen repräsentativen Zeitraum beschränkt werden, selbst wenn die Nutzungsverhältnisse keinen größeren Schwankungen unterliegen. [6]Anstelle des Fahrtenbuchs kann ein Fahrtenschreiber eingesetzt werden, wenn sich daraus dieselben Erkenntnisse gewinnen lassen. [7]Der private Nutzungswert ist der Anteil an den Gesamtkosten des Kraftwagens, der dem Verhältnis der Privatfahrten zur Gesamtfahrtstrecke entspricht. [8]Die insgesamt durch das Kraftfahrzeug entstehenden Aufwendungen i. S. d. § 8 Abs. 2 Satz 4 EStG (Gesamtkosten) sind als Summe der Nettoaufwendungen zuzüglich Umsatzsteuer zu ermitteln; dabei bleiben vom Arbeitnehmer selbst getragene Kosten außer Ansatz.[1)] [9]Zu den Gesamtkosten gehören nur solche Kosten, die dazu bestimmt sind, unmittelbar dem Halten und dem Betrieb des Kraftfahrzeugs zu dienen und im Zusammenhang mit seiner Nutzung typischerweise entstehen. [10]Absetzungen für Abnutzung sind stets in die Gesamtkosten einzubeziehen; ihnen sind die tatsächlichen Anschaffungs- oder Herstellungskosten einschließlich der Umsatzsteuer zugrunde zu legen. [11]Nicht zu den Gesamtkosten gehören z. B. Beiträge für einen auf den Namen des Arbeitnehmers ausgestellten Schutzbrief, Straßen- oder Tunnelbenutzungsgebühren und Unfallkosten. [12]Verbleiben nach Erstattungen

---

1) **[Amtl. Anm.:]** → BMF v. 4.4.2018, BStBl. I 2018, 592, Rdnrn. 54–55. – *Anm. d. Red.:* Siehe jetzt BMF v. 3.3.2022, BStBl. I 2022, 232, Rdnrn. 54–55.

durch Dritte Unfallkosten bis zur Höhe von 1000 Euro (zuzüglich Umsatzsteuer) je Schaden ist es aber nicht zu beanstanden, wenn diese als Reparaturkosten in die Gesamtkosten einbezogen werden; Satz 15 ist sinngemäß anzuwenden. [13]Ist der Arbeitnehmer gegenüber dem Arbeitgeber wegen Unfallkosten nach allgemeinen zivilrechtlichen Regeln schadensersatzpflichtig (z. B. Privatfahrten, Trunkenheitsfahrten) und verzichtet der Arbeitgeber (z. B. durch arbeitsvertragliche Vereinbarungen) auf diesen Schadensersatz, liegt in Höhe des Verzichts ein gesonderter geldwerter Vorteil vor (§ 8 Abs. 2 Satz 1 EStG). [14]Erstattungen durch Dritte (z. B. Versicherung) sind unabhängig vom Zahlungszeitpunkt zu berücksichtigen, so dass der geldwerte Vorteil regelmäßig in Höhe des vereinbarten Selbstbehalts anzusetzen ist. [15]Hat der Arbeitgeber auf den Abschluss einer Versicherung verzichtet oder eine Versicherung mit einem Selbstbehalt von mehr als 1000 Euro abgeschlossen, ist aus Vereinfachungsgründen so zu verfahren, als bestünde eine Versicherung mit einem Selbstbehalt in Höhe von 1000 Euro, wenn es bei bestehender Versicherung zu einer Erstattung gekommen wäre. [16]Liegt keine Schadensersatzpflicht des Arbeitnehmers vor (z. B. Fälle höherer Gewalt, Verursachung des Unfalls durch einen Dritten) oder ereignet sich der Unfall auf einer beruflich veranlassten Fahrt (Auswärtstätigkeit, die wöchentliche Familienheimfahrt bei doppelter Haushaltsführung oder Fahrten zwischen Wohnung und erster Tätigkeitsstätte), liegt vorbehaltlich Satz 13 kein geldwerter Vorteil vor.

3. [1]Der Arbeitgeber muss in Abstimmung mit dem Arbeitnehmer die Anwendung eines der Verfahren nach den Nummern 1 und 2 für jedes Kalenderjahr festlegen; das Verfahren darf bei demselben Kraftfahrzeug während des Kalenderjahrs nicht gewechselt werden.[1)] [2]Soweit die genaue Erfassung des privaten Nutzungswerts nach Nummer 2 monatlich nicht möglich ist, kann der Erhebung der Lohnsteuer monatlich ein Zwölftel des Vorjahresbetrags zugrunde gelegt werden. [3]Nach Ablauf des Kalenderjahres oder nach Beendigung des Dienstverhältnisses ist der tatsächlich zu versteuernde Nutzungswert zu ermitteln und eine etwaige Lohnsteuerdifferenz nach Maßgabe der § 41c, 42b EStG auszugleichen. [4]Bei der Veranlagung zur Einkommensteuer ist der Arbeitnehmer nicht an das für die Erhebung der Lohnsteuer gewählte Verfahren gebunden; Satz 1 2. Halbsatz gilt entsprechend.
4. [1]Zahlt der Arbeitnehmer an den Arbeitgeber oder auf dessen Weisung an einen Dritten zur Erfüllung einer Verpflichtung des Arbeitgebers (abgekürzter Zahlungsweg) für die außerdienstliche Nutzung (Nutzung zu privaten Fahrten, zu Fahrten zwischen Wohnung und erster Tätigkeitsstätte und zu Familienheimfahrten im Rahmen einer doppelten Haushaltsführung) des Kraftfahrzeugs ein Nutzungsentgelt, mindert dies den Nutzungswert. [2]Zuschüsse des Arbeitnehmers zu den Anschaffungskosten können im Zahlungsjahr ebenfalls auf den privaten Nutzungswert angerechnet werden; in den Fällen der Nummer 2 gilt dies nur, wenn die für die AfA-Ermittlung maßgebenden Anschaffungskosten nicht um die Zuschüsse gemindert wor-

---

1) Siehe auch BFH v. 3.8.2000 III R 2/00, BStBl. II 2001, 332, zur 1%-Regelung bei Führung von Fahrtenbüchern nur für einzelne von mehreren auch privat genutzten betrieblichen Kfz.

den sind. [3]Nach der Anrechnung im Zahlungsjahr verbleibende Zuschüsse können in den darauf folgenden Kalenderjahren auf den privaten Nutzungswert für das jeweilige Kraftfahrzeug angerechnet werden.[1)] [4]Zuschussrückzahlungen sind Arbeitslohn, soweit die Zuschüsse den privaten Nutzungswert gemindert haben.

5. Die Nummern 1 bis 4 gelten bei Fahrten nach § 9 Abs. 1 Satz 3 Nr. 4a Satz 3 EStG entsprechend.

Gestellung eines Kraftfahrzeugs mit Fahrer

(10) [1]Wenn ein Kraftfahrzeug mit Fahrer zur Verfügung gestellt wird, ist der geldwerte Vorteil aus der Fahrergestellung zusätzlich zum Wert nach Absatz 9 Nr. 1 oder 2 als Arbeitslohn zu erfassen. [2]Dieser geldwerte Vorteil bemisst sich grundsätzlich nach dem Endpreis i. S. d. § 8 Abs. 2 Satz 1 EStG einer vergleichbaren von fremden Dritten erbrachten Leistung. [3]Es ist aus Vereinfachungsgründen nicht zu beanstanden, wenn der geldwerte Vorteil abweichend von Satz 2 wie folgt ermittelt wird:

1. [1]Stellt der Arbeitgeber dem Arbeitnehmer für Fahrten zwischen Wohnung und erster Tätigkeitsstätte oder Fahrten nach § 9 Abs. 1 Satz 3 Nr. 4a Satz 3 EStG ein Kraftfahrzeug mit Fahrer zur Verfügung, ist der für diese Fahrten nach Absatz 9 Nr. 1 oder 2 ermittelte Nutzungswert des Kraftfahrzeugs um 50% zu erhöhen. [2]Für die zweite und jede weitere Familienheimfahrt im Rahmen einer beruflich veranlassten doppelten Haushaltsführung erhöht sich der auf die einzelne Familienheimfahrt entfallende Nutzungswert nur dann um 50%, wenn für diese Fahrt ein Fahrer in Anspruch genommen worden ist.
2. Stellt der Arbeitgeber dem Arbeitnehmer für andere Privatfahrten ein Kraftfahrzeug mit Fahrer zur Verfügung, ist der entsprechende private Nutzungswert des Kraftfahrzeugs wie folgt zu erhöhen:
   a) um 50%, wenn der Fahrer überwiegend in Anspruch genommen wird,
   b) um 40%, wenn der Arbeitnehmer das Kraftfahrzeug häufig selbst steuert,
   c) um 25%, wenn der Arbeitnehmer das Kraftfahrzeug weit überwiegend selbst steuert.[2)]
3. Bei Begrenzung des pauschalen Nutzungswertes i. S. d. § 8 Abs. 2 Satz 2, 3 und 5 EStG auf die Gesamtkosten, ist der anzusetzende Nutzungswert um 50 % zu erhöhen, wenn das Kraftfahrzeug mit Fahrer zur Verfügung gestellt worden ist.
4. [1]Wenn einem Arbeitnehmer aus Sicherheitsgründen ein sondergeschütztes (gepanzertes) Kraftfahrzeug, das zum Selbststeuern nicht geeignet ist, mit Fahrer zur Verfügung gestellt wird, ist von der steuerlichen Erfassung der Fahrergestellung abzusehen. [2]Es ist dabei unerheblich, in welcher Gefährdungsstufe der Arbeitnehmer eingeordnet ist.

[1)] **[Amtl. Anm.:]** Satz 2 und 3 teilweise überholt durch BFH vom 16.12.2020 VI R 19/18 (BStBl. 2021 II S. 761), → H 8.1 (9, 10) Zeitraumbezogene Zuzahlungen.

[2)] **[Amtl. Anm.:]** Dies gilt auch, wenn der Arbeitnehmer das Kfz ausschließlich selbst steuert (→ BMF v. 4.4.2018, BStBl. I 2018, 592, Rdnr. 40). – *Anm. d. Red.:* Jetzt BMF v. 3.3.2022, BStBl. I 2022, 232, Rdnr. 40.

H 8.1 (9, 10)

1%-Regelung. Die 1%-Regelung ist verfassungsrechtlich nicht zu beanstanden (→ BFH vom 13.12.2012 – BStBl. 2013 II S. 385).
→ Gebrauchtwagen.

Abgrenzung Kostenerstattung – Nutzungsüberlassung.
- Erstattet der Arbeitgeber dem Arbeitnehmer für dessen eigenen PKW sämtliche Kosten, wendet er Barlohn und nicht einen Nutzungsvorteil i. S. d. § 8 Abs. 2 EStG zu (→ BFH vom 6.11.2001 – BStBl. 2002 II S. 164).
- Eine nach § 8 Abs. 2 Satz 2 bis 5 EStG zu bewertende Nutzungsüberlassung liegt vor, wenn der Arbeitnehmer das Kraftfahrzeug auf Veranlassung des Arbeitgebers least, dieser sämtliche Kosten des Kraftfahrzeugs trägt und im Innenverhältnis allein über die Nutzung des Kraftfahrzeugs bestimmt (→ BFH vom 6.11.2001 – BStBl. 2002 II S. 370).
- Eine nach § 8 Abs. 2 Satz 2 bis 5 EStG zu bewertende Nutzungsüberlassung liegt nicht vor, wenn das vom Arbeitgeber geleaste Fahrzeug dem Arbeitnehmer auf Grund einer Sonderrechtsbeziehung im Innenverhältnis zuzurechnen ist, weil er gegenüber dem Arbeitgeber die wesentlichen Rechte und Pflichten des Leasingnehmers hat. Gibt der Arbeitgeber in diesem Fall vergünstigte Leasingkonditionen an den Arbeitnehmer weiter, liegt hierin ein nach § 8 Abs. 2 Satz 1 EStG zu bewertender geldwerter Vorteil (→ BFH vom 18.12.2014 – BStBl. 2015 II S. 670 – sog. Behördenleasing). Zur Dienstwagenbesteuerung in Leasingfällen, insbesondere bei Gehaltsumwandlung → *BMF vom 4.4.2018 (BStBl. I S. 592), Rdnr. 46ff.*[1]

Allgemeine Grundsätze. → *BMF vom 4.4.2018 (BStBl. I S. 592).*[1]

Anscheinsbeweis.
- Die unentgeltliche oder verbilligte Überlassung eines Dienstwagens durch den Arbeitgeber an den Arbeitnehmer für dessen Privatnutzung führt unabhängig davon, ob und in welchem Umfang der Arbeitnehmer das Fahrzeug tatsächlich privat nutzt, zu einem lohnsteuerlichen Vorteil. Ob der Arbeitnehmer den Beweis des ersten Anscheins, dass dienstliche Fahrzeuge, die zu privaten Zwecken zur Verfügung stehen, auch tatsächlich privat genutzt werden, durch die substantiierte Darlegung eines atypischen Sachverhalts zu entkräften vermag, ist für die Besteuerung des Nutzungsvorteils nach § 8 Abs. 2 Satz 2 EStG unerheblich (→ BFH vom 21.3.2013 – BStBl. II S. 700).
- → Nutzungsmöglichkeit.

Elektro- und Hybridelektrofahrzeug.
- → § 6 Abs. 1 Nr. 4 Satz 2ff. EStG.
- → BMF vom 5.11.2021 (BStBl. I S. 2205).
- → BMF vom 29.9.2020 (BStBl. I S. 972).

[1] Siehe jetzt BMF v. 3.3.2022, BStBl. I 2022, 232.

Feuerwehreinsatzfahrzeug. Die Überlassung eines Einsatzfahrzeugs (Kommandowagen) an den Leiter der Freiwilligen Feuerwehr während seiner – wenn auch „ständigen" – Bereitschaftszeiten führt nicht zu Arbeitslohn (→ BFH vom 19.4.2021 – BStBl. II S. 605).

Garage für den Dienstwagen. Wird ein Dienstwagen in der eigenen oder angemieteten Garage des Arbeitnehmers untergestellt und trägt der Arbeitgeber hierfür die Kosten, so ist bei der 1%-Regelung kein zusätzlicher geldwerter Vorteil für die Garage anzusetzen (→ BFH vom 7.6.2002 – BStBl. II S. 829).

Gebrauchtwagen. Die 1%-Regelung auf Grundlage des Bruttolistenneupreises begegnet insbesondere im Hinblick auf die dem Steuerpflichtigen zur Wahl gestellte Möglichkeit, den Nutzungsvorteil auch nach der Fahrtenbuchmethode zu ermitteln und zu bewerten, keinen verfassungsrechtlichen Bedenken (→ BFH vom 13.12.2012 – BStBl. 2013 II S. 385).[1]

Kraftfahrzeuge i. S. d. § 8 Abs. 2 EStG sind auch:[2]
- Campingfahrzeuge (→ BFH vom 6.11.2001 – BStBl. 2002 II S. 370),
- Elektrofahrräder, die verkehrsrechtlich als Kraftfahrzeug einzuordnen sind → Gleich lautende Ländererlasse vom 9.1.2020 (BStBl. I S. 174),
- Kombinationskraftwagen, z. B. Geländewagen (→ BFH vom 13.2.2003 – BStBl. II S. 472), siehe aber auch → Werkstattwagen,
- Elektrokleinstfahrzeuge i. S. d. § 1 Elektrokleinstfahrzeuge-Verordnung vom 6.6.2019 (BGBl. I S. 756) z. B. E-Scooter, Elektro-Tretroller.

Nutzungsentgelt. Die zwingend vorgeschriebene Bewertung nach der 1%-Regelung, sofern nicht von der Möglichkeit, ein Fahrtenbuch zu führen, Gebrauch gemacht wird, kann nicht durch Zahlung eines Nutzungsentgelts vermieden werden, selbst wenn dieses als angemessen anzusehen ist. Das vereinbarungsgemäß gezahlte Nutzungsentgelt ist von dem entsprechend ermittelten privaten Nutzungswert in Abzug zu bringen (→ BFH vom 7.11.2006 – BStBl. 2007 II S. 269).

Nutzungsmöglichkeit.
- Die unentgeltliche oder verbilligte Überlassung eines Dienstwagens durch den Arbeitgeber an den Arbeitnehmer für dessen Privatnutzung führt unabhängig davon, ob und in welchem Umfang der Arbeitnehmer das Fahrzeug tatsächlich privat nutzt, zu einem lohnsteuerlichen Vorteil (→ BFH vom 21.3.2013 – BStBl. II S. 700).
- Bei der Beurteilung der Nutzungsmöglichkeit ist unter Berücksichtigung sämtlicher Umstände des Einzelfalls zu entscheiden, ob und welches betriebliche Fahrzeug dem Arbeitnehmer ausdrücklich oder doch zumindest konkludent auch zur privaten Nutzung überlassen ist. Steht nicht fest, dass der Arbeitgeber dem Arbeitnehmer einen Dienstwagen zur privaten Nutzung überlassen hat, kann auch der Beweis des ersten Anscheins diese fehlende Feststellung nicht ersetzen (→ BFH vom 21.3.2013 – BStBl. II S. 918 und S. 1044 und vom 18.4.2013 – BStBl. II S. 920).

---

[1] Bestätigt durch BFH v. 15.5.2018 X R 28/15, BFH/NV 2018, 1107.
[2] Siehe hierzu BMF v. 3.3.2022, BStBl. I 2022, 232, Rn. 3.

Ordnungsgemäßes Fahrtenbuch.

- Ein ordnungsgemäßes Fahrtenbuch muss zeitnah und in geschlossener Form geführt werden und die zu erfassenden Fahrten einschließlich des an ihrem Ende erreichten Gesamtkilometerstands vollständig und in ihrem fortlaufenden Zusammenhang wiedergeben (→ BFH vom 9.11.2005 – BStBl. 2006 II S. 408). Kleinere Mängel führen nicht zur Verwerfung des Fahrtenbuchs, wenn die Angaben insgesamt plausibel sind (→ BFH vom 10.4.2008 – BStBl. II S. 768).
- Die erforderlichen Angaben müssen sich dem Fahrtenbuch selbst entnehmen lassen. Ein Verweis auf ergänzende Unterlagen ist nur zulässig, wenn der geschlossene Charakter der Fahrtenbuchaufzeichnungen dadurch nicht beeinträchtigt wird (→ BFH vom 16.3.2006 – BStBl. II S. 625).
- Ein ordnungsgemäßes Fahrtenbuch muss insbesondere Datum und hinreichend konkret bestimmt das Ziel der jeweiligen Fahrt ausweisen. Dem ist nicht entsprochen, wenn als Fahrtziele nur Straßennamen angegeben sind und diese Angaben erst mit nachträglich erstellten Aufzeichnungen präzisiert werden (→ BFH vom 1.3.2012 – BStBl. II S. 505).
- Mehrere Teilabschnitte einer einheitlichen beruflichen Reise können miteinander zu einer zusammenfassenden Eintragung verbunden werden, wenn die einzelnen aufgesuchten Kunden oder Geschäftspartner im Fahrtenbuch in der zeitlichen Reihenfolge aufgeführt werden (→ BFH vom 16.3.2006 – BStBl. II S. 625).
- Der Übergang von der beruflichen zur privaten Nutzung des Fahrzeugs ist im Fahrtenbuch durch Angabe des bei Abschluss der beruflichen Fahrt erreichten Gesamtkilometerstands zu dokumentieren (→ BFH vom 16.3.2006 – BStBl. II S. 625).
- Kann der Arbeitnehmer den ihm überlassenen Dienstwagen auch privat nutzen und wird über die Nutzung des Dienstwagens kein ordnungsgemäßes Fahrtenbuch geführt, ist der zu versteuernde geldwerte Vorteil nach der 1%-Regelung zu bewerten. Eine Schätzung des Privatanteils anhand anderer Aufzeichnungen kommt nicht in Betracht (→ BFH vom 16.11.2005 – BStBl. 2006 II S. 410).[1]

Schätzung des Privatanteils. Kann der Arbeitnehmer den ihm überlassenen Dienstwagen auch privat nutzen und wird über die Nutzung des Dienstwagens kein ordnungsgemäßes Fahrtenbuch geführt, ist der zu versteuernde geldwerte Vorteil nach der 1%-Regelung zu bewerten. Eine Schätzung des Privatanteils anhand anderer Aufzeichnungen kommt nicht in Betracht (→ BFH vom 16.11.2005 – BStBl. 2006 II S. 410).

Schutzbrief. Übernimmt der Arbeitgeber die Beiträge für einen auf seinen Arbeitnehmer ausgestellten Schutzbrief, liegt darin die Zuwendung eines geldwerten Vorteils, der nicht von der Abgeltungswirkung der 1%-Regelung erfasst wird (→ BFH vom 14.9.2005 – BStBl. 2006 II S. 72).

Straßenbenutzungsgebühren. Übernimmt der Arbeitgeber die Straßenbenutzungsgebühren für die mit einem Firmenwagen unternommenen Privatfahrten seines Arbeitnehmers, liegt darin die Zuwendung eines

---

[1] Siehe auch BFH v. 21.3.2013 VI R 26/10, BFH/NV 2013, 1396, u. VI R 49/11, BFH/NV 2013, 1399.

geldwerten Vorteils, der nicht von der Abgeltungswirkung der 1%-Regelung erfasst wird (→ BFH vom 14.9.2005 – BStBl. 2006 II S. 72).

Verzicht auf Schadensersatz. Verzichtet der Arbeitgeber gegenüber dem Arbeitnehmer auf Schadensersatz nach einem während einer beruflichen Fahrt alkoholbedingt entstandenen Schaden am auch zur privaten Nutzung überlassenen Firmen-Pkw, so ist der dem Arbeitnehmer aus dem Verzicht entstehende Vermögensvorteil nicht durch die 1%-Regelung abgegolten. Der als Arbeitslohn zu erfassende Verzicht auf Schadensersatz führt nur dann zu einer Steuererhöhung, wenn die Begleichung der Schadensersatzforderung nicht zum Werbungskostenabzug berechtigt. Ein Werbungskostenabzug kommt nicht in Betracht, wenn das auslösende Moment für den Verkehrsunfall die alkoholbedingte Fahruntüchtigkeit war (→ BFH vom 24.5.2007 – BStBl. II S. 766).

Werkstattwagen. Die 1%-Regelung gilt nicht für Fahrzeuge, die auf Grund ihrer objektiven Beschaffenheit und Einrichtung typischerweise so gut wie ausschließlich nur zur Beförderung von Gütern bestimmt sind (→ BFH vom 18.12.2008 – BStBl. 2009 II S. 381).[1]

Zeitraumbezogene Zuzahlungen.[2] Zeitraumbezogene (Einmal-)Zahlungen des Arbeitnehmers für die außerdienstliche Nutzung eines betrieblichen Kfz sind bei der Bemessung des geldwerten Vorteils auf den Zeitraum, für den sie geleistet werden, gleichmäßig zu verteilen und vorteilsmindernd zu berücksichtigen. Dies gilt auch bei zeitraumbezogenen Zuzahlungen des Arbeitnehmers zu den Anschaffungskosten eines ihm auch zur Privatnutzung überlassenen betrieblichen Kfz (→ BFH vom 16.12.2020 – BStBl. 2021 II S. 761).

R 8.2 Bezug von Waren und Dienstleistungen (§ 8 Abs. 3 EStG)[3]

(1) [1]Die steuerliche Begünstigung bestimmter Sachbezüge der Arbeitnehmer nach § 8 Abs. 3 EStG setzt Folgendes voraus:

1. [1]Die Sachbezüge müssen dem Arbeitnehmer auf Grund seines Dienstverhältnisses zufließen. [2]Steht der Arbeitnehmer im Kalenderjahr nacheinander oder nebeneinander in mehreren Dienstverhältnissen, so sind die Sachbezüge aus jedem Dienstverhältnis unabhängig voneinander zu beurteilen. [3]Auf Sachbezüge, die der Arbeitnehmer nicht unmittelbar vom Arbeitgeber erhält, ist § 8 Abs. 3 EStG grundsätzlich nicht anwendbar.
2. [1]Die Sachbezüge müssen in der Überlassung von Waren oder in Dienstleistungen bestehen. [2]Zu den Waren gehören alle Wirtschaftsgüter, die im Wirtschaftsverkehr wie Sachen (§ 90 BGB) behandelt werden, also auch elektrischer Strom und Wärme. [3]Als Dienstleistungen kommen alle anderen Leistungen in Betracht, die üblicherweise gegen Entgelt erbracht werden.

---

[1] Ebenso BFH v. 17.2.2016 X R 32/11, BStBl. II 2016, 708, zu einem Transporter mit abgetrennter Ladefläche.

[2] Siehe auch BMF v. 3.3. 2022, BStBl. I 2022, 232, Rn. 57, 65 ff.

[3] Zur Abgrenzung zwischen Geldleistung und Sachbezug siehe BMF v. 13.4.2021, BStBl. I 2021, 624.

3. [1] Auf Rohstoffe, Zutaten und Halbfertigprodukte ist die Begünstigung anwendbar, wenn diese mengenmäßig überwiegend in die Erzeugnisse des Betriebs eingehen. [2] Betriebs- und Hilfsstoffe, die mengenmäßig überwiegend nicht an fremde Dritte abgegeben werden, sind nicht begünstigt.
4. Bei jedem einzelnen Sachbezug, für den die Voraussetzungen des § 8 Abs. 3 und des § 40 Abs. 1 oder Abs. 2 Satz 1 Nr. 1, 2 oder 5 Satz 1 EStG gleichzeitig vorliegen, kann zwischen der Pauschalbesteuerung, der Anwendung des § 8 Abs. 3 EStG (mit Bewertungsabschlag und Rabatt-Freibetrag) und der Anwendung des § 8 Abs. 2 EStG (ohne Bewertungsabschlag und Rabatt-Freibetrag) gewählt werden.

[2] Die Begünstigung gilt sowohl für teilentgeltliche als auch für unentgeltliche Sachbezüge. [3] Sie gilt deshalb z. B. für den Haustrunk im Brauereigewerbe, für die Freitabakwaren in der Tabakwarenindustrie und für die Deputate im Bergbau sowie in der Land- und Forstwirtschaft. [4] Nachträgliche Gutschriften sind als Entgeltsminderung zu werten, wenn deren Bedingungen bereits in dem Zeitpunkt feststehen, in dem der Arbeitnehmer die Sachbezüge erhält. [5] Zuschüsse eines Dritten sind nicht als Verbilligung zu werten, sondern gegebenenfalls als Lohnzahlungen durch Dritte zu versteuern.

(2) [1] Der steuerlichen Bewertung des Sachbezugs, der die Voraussetzungen des Absatzes 1 erfüllt, ist grundsätzlich der Endpreis (einschl. der Umsatzsteuer) zugrunde zu legen, zu dem der Arbeitgeber die konkrete Ware oder Dienstleistung fremden Letztverbrauchern im allgemeinen Geschäftsverkehr am Ende von Verkaufsverhandlungen durchschnittlich anbietet. [2] Bei der Gewährung von Versicherungsschutz sind es die Beiträge, die der Arbeitgeber als Versicherer von fremden Versicherungsnehmern für diesen Versicherungsschutz durchschnittlich verlangt. [3] Tritt der Arbeitgeber mit Letztverbrauchern außerhalb des Arbeitnehmerbereichs nicht in Geschäftsbeziehungen, ist grundsätzlich der Endpreis zugrunde zu legen, zu dem der dem Abgabeort des Arbeitgebers nächstansässige Abnehmer die konkrete Ware oder Dienstleistung fremden Letztverbrauchern anbietet. [4] Dies gilt auch in den Fällen, in denen der Arbeitgeber nur als Kommissionär tätig ist. [5] R 8.1 Abs. 2 Satz 2 ist sinngemäß anzuwenden. [6] Für die Preisfeststellung ist grundsätzlich jeweils der Kalendertag maßgebend, an dem die Ware oder Dienstleistung an den Arbeitnehmer abgegeben wird. [7] Fallen Bestell- und Liefertag auseinander, sind die Verhältnisse am Bestelltag für die Ermittlung des Angebotspreises maßgebend. [8] Der um 4% geminderte Endpreis ist der Geldwert des Sachbezugs; als Arbeitslohn ist der Unterschiedsbetrag zwischen diesem Geldwert und dem vom Arbeitnehmer gezahlten Entgelt anzusetzen. [9] Arbeitslöhne dieser Art aus demselben Dienstverhältnis bleiben steuerfrei, soweit sie insgesamt den Rabatt-Freibetrag nach § 8 Abs. 3 EStG[1)] nicht übersteigen.

[1)] Ab 1.1.2004: 1080 €.

H 8.2

Allgemeines. Die Regelung des § 8 Abs. 3 EStG gilt nicht für
- Waren, die der Arbeitgeber überwiegend für seine Arbeitnehmer herstellt, z. B. Kantinenmahlzeiten, oder überwiegend an seine Arbeitnehmer vertreibt, und Dienstleistungen, die der Arbeitgeber überwiegend für seine Arbeitnehmer erbringt,
- Sachbezüge, die nach § 40 Abs. 1 oder Abs. 2 Nr. 1 oder 2 EStG pauschal versteuert werden.

In diesen Fällen ist die Bewertung nach § 8 Abs. 2 EStG vorzunehmen.

Anwendung des Rabatt-Freibetrags. Der Rabatt-Freibetrag findet Anwendung bei
- Waren oder Dienstleistungen, die vom Arbeitgeber hergestellt, vertrieben oder erbracht werden (→ BFH vom 15.1.1993 – BStBl. II S. 356),
- Leistungen des Arbeitgebers, auch wenn sie nicht zu seinem üblichen Geschäftsgegenstand gehören (→ BFH vom 7.2.1997 – BStBl. II S. 363),
- der verbilligten Abgabe von Medikamenten an die Belegschaft eines Krankenhauses, wenn Medikamente dieser Art mindestens im gleichen Umfang an Patienten abgegeben werden (→ BFH vom 27.8.2002 – BStBl. II S. 881 und BStBl. 2003 II S. 95),
- Waren, die ein Arbeitgeber im Auftrag und nach den Plänen und Vorgaben eines anderen produziert und damit Hersteller dieser Waren ist (→ BFH vom 28.8.2002 – BStBl. 2003 II S. 154 betr. Zeitungsdruck),
- Waren, die ein Arbeitgeber auf eigene Kosten nach seinen Vorgaben und Plänen von einem Dritten produzieren lässt oder zu deren Herstellung er damit vergleichbare sonstige gewichtige Beiträge erbringt (→ BFH vom 1.10.2009 – BStBl. 2010 II S. 204),
- verbilligter Überlassung einer Hausmeisterwohnung, wenn der Arbeitgeber Wohnungen zumindest in gleichem Umfang an Dritte vermietet und sich die Hausmeisterwohnung durch ihre Merkmale nicht in einem solchen Maße von anderen Wohnungen unterscheidet, dass sie nur als Hausmeisterwohnung genutzt werden kann (→ BFH vom 16.2.2005 – BStBl. II S. 529),
- Überlassung eines zinslosen oder zinsverbilligten Arbeitgeberdarlehens, wenn Darlehen gleicher Art und zu gleichen Konditionen überwiegend an betriebsfremde Dritte vergeben werden (→ BMF vom 19.5.2015 – BStBl. I S. 484),
- Mahlzeitengestellung im Rahmen einer Auswärtstätigkeit, wenn aus der Küche eines Flusskreuzfahrtschiffes neben den Passagieren auch die Besatzungsmitglieder verpflegt werden (→ BFH vom 21.1.2010 – BStBl. II S. 700),
- Fahrvergünstigungen, die die Deutsche Bahn AG (ehemaligen) Arbeitnehmern gewährt. Dies gilt auch dann, wenn die unentgeltlich oder verbilligt gewährten Freifahrtscheine aufgrund besonderer Nutzungsbestimmungen fremden Letztverbrauchern nicht angeboten werden, da Bewertungsgegenstand nicht der Fahrschein als solcher, sondern die darin verkörperte Beförderungsleistung ist (→ BFH vom 26.9.2019 –

BStBl. 2020 II S. 162), soweit die übrigen Voraussetzungen des § 8 Abs. 3 EStG erfüllt sind.

Der Rabatt-Freibetrag findet **keine Anwendung** bei

- Arbeitgeberdarlehen, wenn der Arbeitgeber lediglich verbundenen Unternehmen Darlehen gewährt (→ BFH vom 18.9.2002 – BStBl. 2003 II S. 371),
- Arbeitgeberdarlehen, wenn der Arbeitgeber Darlehen dieser Art nicht an Fremde vergibt (→ BFH vom 9.10.2002 – BStBl. 2003 II S. 373 betr. Arbeitgeberdarlehen einer Landeszentralbank).

Aufteilung eines Sachbezugs. Die Aufteilung eines Sachbezugs zum Zwecke der Lohnsteuerpauschalierung ist nur zulässig, wenn die Pauschalierung der Lohnsteuer beantragt wird und die Pauschalierungsgrenze des § 40 Abs. 1 Satz 3 EStG überschritten wird (→ BMF vom 19.5.2015 – BStBl. I S. 484, Rdnr. 21 f.).

Berechnung des Rabatt-Freibetrags.

Beispiel 1:

Ein Möbelhandelsunternehmen überlässt einem Arbeitnehmer eine Schrankwand zu einem Preis von 3000 €; der durch Preisauszeichnung angegebene Endpreis dieser Schrankwand beträgt 4500 €.

Zur Ermittlung des Sachbezugswerts ist der Endpreis um 4% = 180 € zu kürzen, so dass sich nach Anrechnung des vom Arbeitnehmer gezahlten Entgelts ein Arbeitslohn von 1320 € ergibt. Dieser Arbeitslohn überschreitet den Rabatt-Freibetrag von 1080 € um 240 €, so dass dieser Betrag zu versteuern ist.

Würde der Arbeitnehmer im selben Kalenderjahr ein weiteres Möbelstück unter denselben Bedingungen beziehen, so käme der Rabatt-Freibetrag nicht mehr in Betracht; es ergäbe sich dann ein zu versteuernder Betrag von 1320 € (Unterschiedsbetrag zwischen dem um 4% = 180 € geminderten Endpreis von 4500 € und dem Abgabepreis von 3000 €).

Beispiel 2:

Der Arbeitnehmer eines Reisebüros hat für eine vom Arbeitgeber vermittelte Pauschalreise, die im Katalog des Reiseveranstalters zum Preis von 2000 € angeboten wird, nur 1500 € zu zahlen. Vom Preisnachlass entfallen 300 € auf die Reiseleistung des Veranstalters und 200 € auf die Vermittlung des Arbeitgebers, der insoweit keine Vermittlungsprovision erhält.

Die unentgeltliche Vermittlungsleistung ist nach § 8 Abs. 3 EStG mit ihrem um 4% = 8 € geminderten Endpreis von 200 € zu bewerten, so dass sich ein Arbeitslohn von 192 € ergibt, der im Rahmen des Rabatt-Freibetrags von 1080 € jährlich steuerfrei ist.

Auf die darüber hinausgehende Verbilligung der Pauschalreise um 300 € ist der Rabatt-Freibetrag nicht anwendbar, weil die Reiseveranstaltung nicht vom Arbeitgeber durchgeführt wird; sie ist deshalb nach § 8 Abs. 2 EStG zu bewerten. Nach R 8.1 Abs. 2 Satz 3 kann der für die Reiseleistung maßgebende Preis mit 1728 € (96% von 1800 €) angesetzt werden, so dass sich ein steuerlicher Preisvorteil von 228 € ergibt.

Dienstleistungen. Die leih- oder mietweise Überlassung von Grundstücken, Wohnungen, möblierten Zimmern oder von Kraftfahrzeugen, Maschinen und anderen beweglichen Sachen sowie die Gewährung von Darlehen sind Dienstleistungen (→ BFH vom 4.11.1994 – BStBl. 1995 II S. 338).

Weitere Beispiele für Dienstleistungen sind:

- Beförderungsleistungen,
- Beratung,
- Datenverarbeitung,
- Kontenführung,
- Reiseveranstaltungen,

– Versicherungsschutz,
– Werbung.

Endpreis

– i. S. d. § 8 Abs. 3 EStG ist der am Ende von Verkaufsverhandlungen als letztes Angebot stehende Preis und umfasst deshalb auch die Rabatte (→ BFH vom 26.7.2012 – BStBl. 2013 II S. 400). Zur Anwendung → BMF vom 16.5.2013 (BStBl. I S. 729, Tz. 3.2),
– beim Erwerb von Kraftfahrzeugen vom Arbeitgeber in der Automobilbranche → BMF vom 18.12.2009 (BStBl. 2010 I S. 20) unter Berücksichtigung der Änderung durch → BMF vom 16.5.2013 (BStBl. I S. 729, Rdnr. 8),
– i. S. d. § 8 Abs. 3 EStG stellt auf den Endpreis für die konkret zu bewertende Leistung ab. Werden mehrere Leistungen zugewandt (Ware zzgl. Versand- bzw. Überführungskosten), ist für jede Leistung gesondert eine Verbilligung und ein damit einhergehender Vorteil zu ermitteln (→ BFH vom 16.1.2020 – BStBl. II S. 591),
– bei Überlassung eines zinslosen oder zinsverbilligten Arbeitgeberdarlehens → BMF vom 19.5.2015 (BStBl. I S. 484).

Job-Ticket. Zum Vorrang der Steuerfreistellung nach § 3 Nr. 15 EStG → BMF vom 15.8.2019 (BStBl. I S. 875).

Sachbezüge an ehemalige Arbeitnehmer. Sachbezüge, die dem Arbeitnehmer ausschließlich wegen seines früheren oder künftigen Dienstverhältnisses zufließen, können nach § 8 Abs. 3 EStG bewertet werden (→ BFH vom 8.11.1996 – BStBl. 1997 II S. 330).

Sachbezüge von dritter Seite.

– Erfassung und Bewertung → BMF vom 20.1.2015 (BStBl. I S. 143),
– Einschaltung eines Dritten. Die Einschaltung eines Dritten ist für die Anwendung des § 8 Abs. 3 EStG unschädlich, wenn der Arbeitnehmer eine vom Arbeitgeber hergestellte Ware auf dessen Veranlassung und Rechnung erhält (→ BFH vom 4.6.1993 – BStBl. II S. 687).[1]

Vermittlungsprovision.

– Ein Arbeitgeber, der den Abschluss von Versicherungsverträgen vermittelt, kann seinen Arbeitnehmern auch dadurch einen geldwerten Vorteil i. S. d. § 8 Abs. 3 Satz 1 EStG gewähren, dass er im Voraus auf die ihm zustehende Vermittlungsprovision verzichtet, sofern das Versicherungsunternehmen auf Grund dieses Verzichts den fraglichen Arbeitnehmern den Abschluss von Versicherungsverträgen zu günstigeren Tarifen gewährt, als das bei anderen Versicherungsnehmern der Fall ist (→ BFH vom 30.5.2001 – BStBl. 2002 II S. 230).
– Gibt der Arbeitgeber seine Provisionen, die er von Dritten für die Vermittlung von Versicherungsverträgen seiner Arbeitnehmer erhalten hat, an diese weiter, gewährt er Bar- und nicht Sachlohn (→ BFH vom 23.8.2007 – BStBl. 2008 II S. 52).

---

[1] Siehe weiter BFH v. 26.4.2018 VI R 39/16, BStBl. II 2019, 286.

Wahlrecht. Liegen die Voraussetzungen des § 8 Abs. 3 EStG vor, kann der geldwerte Vorteil wahlweise nach § 8 Abs. 2 EStG ohne Bewertungsabschlag und ohne Rabattfreibetrag oder mit diesen Abschlägen auf der Grundlage des Endpreises des Arbeitgebers nach § 8 Abs. 3 EStG bewertet werden (→ BFH vom 26.7.2012 – BStBl. 2013 II S. 400 und 402). Dieses Wahlrecht ist sowohl im Lohnsteuerabzugsverfahren als auch im Veranlagungsverfahren anwendbar (→ BMF vom 16.5.2013 – BStBl. I S. 729, Tz. 3.3).

Waren und Dienstleistungen vom Arbeitgeber.

– Die Waren oder Dienstleistungen müssen vom Arbeitgeber hergestellt, vertrieben oder erbracht werden (→ BFH vom 15.1.1993 – BStBl. II S. 356).
– Es ist nicht erforderlich, dass die Leistung des Arbeitgebers zu seinem üblichen Geschäftsgegenstand gehört (→ BFH vom 7.2.1997 – BStBl. II S. 363).

Zu § 9 EStG

R 9.1 Werbungskosten

(1) [1] Zu den Werbungskosten gehören alle Aufwendungen, die durch den Beruf veranlasst sind.[1)] [2] Werbungskosten, die die Lebensführung des Arbeitnehmers oder anderer Personen berühren, sind nach § 9 Abs. 5 i. V. m. § 4 Abs. 5 Satz 1 Nr. 7 EStG insoweit nicht abziehbar, als sie nach der allgemeinen Verkehrsauffassung als unangemessen anzusehen sind. [3] Dieses Abzugsverbot betrifft nur seltene Ausnahmefälle; die Werbungskosten müssen erhebliches Gewicht haben und die Grenze der Angemessenheit erheblich überschreiten, wie z. B. Aufwendungen für die Nutzung eines Privatflugzeugs zu einer Auswärtstätigkeit.

(2) [1] Aufwendungen für Ernährung, Kleidung und Wohnung sowie Repräsentationsaufwendungen sind in der Regel Aufwendungen für die Lebensführung im Sinne des § 12 Nr. 1 EStG. [2] Besteht bei diesen Aufwendungen ein Zusammenhang mit der beruflichen Tätigkeit des Arbeitnehmers, so ist zu prüfen, ob und in welchem Umfang die Aufwendungen beruflich veranlasst sind. [3] Hierbei gilt Folgendes:

1. Sind die Aufwendungen so gut wie ausschließlich beruflich veranlasst, z. B. Aufwendungen für typische Berufskleidung (→ R 3.31), sind sie in voller Höhe als Werbungskosten abziehbar.
2. Sind die Aufwendungen nur zum Teil beruflich veranlasst und lässt sich dieser Teil der Aufwendungen nach objektiven Merkmalen leicht und ein-

[1)] Zum Arbeitnehmeranteil zur Winterbeschäftigungszulage siehe OFD Münster v. 15.6.2007, DStR 2007, 1165. – Zur Zuordnung von Steuerberatungskosten zu den Werbungskosten oder den Kosten der Lebensführung siehe BMF v. 21.12.2007, BStBl. I 2008, 256. – Zu Unterkunftskosten im Rahmen eines Studiums als vorweg entstandene Werbungskosten siehe BFH v. 19.9.2012 VI R 78/10, BStBl. II 2013, 284. – Zum Abzug von Telefonkosten bei mindestens einwöchiger Auswärtstätigkeit siehe BFH v. 5.7.2012 VI R 50/10, BStBl. II 2013, 282. – Schadensersatzleistungen an den Arbeitgeber aufgrund strafbarer Handlung sind nicht als Erwerbsaufwendungen abzugsfähig, siehe BFH v. 20.10.2016 VI R 27/15, BStBl. II 2018, 441. – Zu Aufwendungen eines Fußballtrainers für ein Sky-Bundesliga-Abo siehe BFH v. 16.1.2019 VI R 24/16, BStBl. II 2019, 376.

wandfrei von den Aufwendungen trennen, die ganz oder teilweise der privaten Lebensführung dienen, so ist dieser Teil der Aufwendungen als Werbungskosten abziehbar; er kann gegebenenfalls geschätzt werden.

3. [1]Ein Abzug der Aufwendungen kommt insgesamt nicht in Betracht, wenn die – für sich gesehen jeweils nicht unbedeutenden – beruflichen und privaten Veranlassungsbeiträge so ineinander greifen, dass eine Trennung nicht möglich und eine Grundlage für die Schätzung nicht erkennbar ist. [2]Das ist insbesondere der Fall, wenn es an objektivierbaren Kriterien für eine Aufteilung fehlt.

4. [1]Aufwendungen für die Ernährung gehören grundsätzlich zu den nach § 12 Nr. 1 EStG nicht abziehbaren Aufwendungen für die Lebensführung. [2]Das Abzugsverbot nach § 12 Nr. 1 EStG gilt jedoch nicht für Verpflegungsmehraufwendungen, die z. B. als Reisekosten (→ R 9.6) oder wegen einer aus beruflichem Anlass begründeten doppelten Haushaltsführung (→ R 9.11) so gut wie ausschließlich durch die berufliche Tätigkeit veranlasst sind.

(3) Die Annahme von Werbungskosten setzt nicht voraus, dass im selben Kalenderjahr, in dem die Aufwendungen geleistet werden, Arbeitslohn zufließt.

(4) [1]Ansparleistungen für beruflich veranlasste Aufwendungen, z. B. Beiträge an eine Kleiderkasse zur Anschaffung typischer Berufskleidung, sind noch keine Werbungskosten; angesparte Beträge können erst dann abgezogen werden, wenn sie als Werbungskosten verausgabt worden sind. [2]Hat ein Arbeitnehmer beruflich veranlasste Aufwendungen dadurch erspart, dass er entsprechende Sachbezüge erhalten hat, so steht der Wert der Sachbezüge entsprechenden Aufwendungen gleich; die Sachbezüge sind vorbehaltlich der Abzugsbeschränkungen nach § 9 Abs. 1 Satz 3 Nr. 5, 7 und Abs. 5 EStG mit dem Wert als Werbungskosten abziehbar, mit dem sie als steuerpflichtiger Arbeitslohn erfasst worden sind. [3]Steuerfreie Bezüge, auch soweit sie von einem Dritten – z. B. der Agentur für Arbeit – gezahlt werden, schließen entsprechende Werbungskosten aus.

(5) [1]Telekommunikationsaufwendungen sind Werbungskosten, soweit sie beruflich veranlasst sind. [2]Weist der Arbeitnehmer den Anteil der beruflich veranlassten Aufwendungen an den Gesamtaufwendungen für einen repräsentativen Zeitraum von drei Monaten im Einzelnen nach, kann dieser berufliche Anteil für den gesamten Veranlagungszeitraum zugrunde gelegt werden. [3]Dabei können die Aufwendungen für das Nutzungsentgelt der Telefonanlage sowie für den Grundpreis der Anschlüsse entsprechend dem beruflichen Anteil der Verbindungsentgelte an den gesamten Verbindungsentgelten (Telefon und Internet) abgezogen werden. [4]Fallen erfahrungsgemäß beruflich veranlasste Telekommunikationsaufwendungen an, können aus Vereinfachungsgründen ohne Einzelnachweis bis zu 20% des Rechnungsbetrags, jedoch höchstens 20 Euro monatlich als Werbungskosten anerkannt werden. [5]Zur weiteren Vereinfachung kann der monatliche Durchschnittsbetrag, der sich aus den Rechnungsbeträgen für einen repräsentativen Zeitraum von drei Monaten ergibt, für den gesamten Veranlagungszeitraum zugrunde gelegt werden. [6]Nach

R 3.50 Abs. 2 steuerfrei ersetzte Telekommunikationsaufwendungen mindern den als Werbungskosten abziehbaren Betrag.

H 9.1

Aktienoptionen. Erhält ein Arbeitnehmer von seinem Arbeitgeber nicht handelbare Aktienoptionsrechte, können die von ihm getragenen Aufwendungen im Zahlungszeitpunkt nicht als Werbungskosten berücksichtigt werden; sie mindern erst im Jahr der Verschaffung der verbilligten Aktien den geldwerten Vorteil. Verfällt das Optionsrecht, sind die Optionskosten im Jahr des Verfalls als vergebliche Werbungskosten abziehbar (→ BFH vom 3.5.2007 – BStBl. II S. 647).

Arbeitsgerichtlicher Vergleich. Es spricht regelmäßig eine Vermutung dafür, dass Aufwendungen für aus dem Arbeitsverhältnis folgende zivil- und arbeitsgerichtliche Streitigkeiten einen den Werbungskostenabzug rechtfertigenden hinreichend konkreten Veranlassungszusammenhang zu den Lohneinkünften aufweisen. Dies gilt grundsätzlich auch, wenn sich Arbeitgeber und Arbeitnehmer über solche streitigen Ansprüche im Rahmen eines arbeitsgerichtlichen Vergleichs einigen (→ BFH vom 9.2.2012 – BStBl. II S. 829).

Aufteilung von Aufwendungen bei mehreren Einkunftsarten. Erzielt ein Arbeitnehmer sowohl Einnahmen aus selbständiger als auch aus nichtselbständiger Arbeit, sind die durch diese Tätigkeiten veranlassten Aufwendungen den jeweiligen Einkunftsarten, ggf. nach einer im Schätzungswege vorzunehmenden Aufteilung der Aufwendungen, als Werbungskosten oder Betriebsausgaben zuzuordnen (→ BFH vom 10.6.2008 – BStBl. II S. 937).

Aufteilungs- und Abzugsverbot. → Gemischte Aufwendungen.

Ausgleichszahlungen. Ausgleichszahlungen, die ein Arbeitnehmer, dem eine Altersversorgung nach beamtenrechtlichen Grundsätzen zugesagt worden ist, leistet, um bei einem Arbeitgeberwechsel die Anrechnung von Dienstzeiten durch den neuen Arbeitgeber zu erreichen, sind als Werbungskosten abziehbar (→ BFH vom 19.10.2016 – BStBl. 2017 II S. 999).

Auslandstätigkeit. Die auf eine Auslandstätigkeit entfallenden Werbungskosten, die nicht eindeutig den steuerfreien oder steuerpflichtigen Bezügen zugeordnet werden können, sind regelmäßig zu dem Teil nicht abziehbar, der dem Verhältnis der steuerfreien Einnahmen zu den Gesamteinnahmen während der Auslandstätigkeit entspricht (→ BFH vom 11.2.1993 – BStBl. II S. 450 und vom 11.2.2009 – BStBl. 2010 II S. 536 – zu Aufwendungen eines Referendars).

Berufliche Veranlassung. Eine berufliche Veranlassung setzt voraus, dass objektiv ein → Zusammenhang mit dem Beruf besteht und in der Regel subjektiv die Aufwendungen zur Förderung des Berufs gemacht werden (→ BFH vom 28.11.1980 – BStBl. 1981 II S. 368).

Berufskrankheit. Aufwendungen zur Wiederherstellung der Gesundheit können dann beruflich veranlasst sein, wenn es sich um eine typische Berufskrankheit handelt oder der Zusammenhang zwischen der Erkrankung und dem Beruf eindeutig feststeht (→ BFH vom 11.7.2013 – BStBl. II S. 815).

Beteiligung am Arbeitgeberunternehmen.

– Aufwendungen eines Arbeitnehmers zum Erwerb einer Beteiligung an seinem (ggf. künftigen) Arbeitgeber sind regelmäßig auch dann nicht als (vorab entstandene) Werbungskosten bei den Einkünften aus nichtselbständiger Arbeit abzugsfähig, wenn die Zahlung Voraussetzung für den Abschluss des Anstellungsvertrags ist (→ BFH vom 17.5.2017 – BStBl. II S. 1073).
– Schuldzinsen für Darlehen, mit denen Arbeitnehmer den Erwerb von Gesellschaftsanteilen an ihrer Arbeitgeberin finanzieren, um damit die arbeitsvertragliche Voraussetzung für die Erlangung einer höher dotierten Position zu erfüllen, sind regelmäßig nicht bei den Einkünften aus nichtselbständiger Arbeit als Werbungskosten zu berücksichtigen (→ BFH vom 5.4.2006 – BStBl. II S. 654).

Bewirtungskosten.

– Aufwendungen für die Feier eines Arbeitnehmers anlässlich eines persönlichen Ereignisses (z.B. Geburtstag) sind regelmäßig auch durch die gesellschaftliche Stellung veranlasst und nicht als Werbungskosten abziehbar (→ BFH vom 19.2.1993 – BStBl. II S. 403 und vom 15.7.1994 – BStBl. II S. 896). Allerdings kann sich trotz des herausgehobenen persönlichen Ereignisses aus den übrigen Umständen des einzelnen Falls ergeben, dass die Kosten für eine solche Feier ausnahmsweise ganz oder teilweise beruflich veranlasst sind (→ BFH vom 10.11.2016 – BStBl. 2017 II S. 409).
– Bewirtungskosten, die einem Offizier für einen Empfang aus Anlass der Übergabe der Dienstgeschäfte (Kommandoübergabe) und der Verabschiedung in den Ruhestand entstehen, können als Werbungskosten zu berücksichtigen sein (→ BFH vom 11.1.2007 – BStBl. II S. 317).
– Bewirtungskosten eines angestellten Geschäftsführers mit variablen Bezügen anlässlich einer ausschließlich für Betriebsangehörige im eigenen Garten veranstalteten Feier zum 25-jährigen Dienstjubiläum können Werbungskosten sein (→ BFH vom 1.2.2007 – BStBl. II S. 459).
– Beruflich veranlasste Bewirtungskosten können ausnahmsweise auch dann vorliegen, wenn der Arbeitnehmer nicht variabel vergütet wird (→ BFH vom 24.5.2007 – BStBl. II S. 721).
– Aufwendungen für eine betriebsinterne Feier anlässlich eines berufsbezogenen Ereignisses (z.B. Dienstjubiläum) können (nahezu) ausschließlich beruflich veranlasst und damit als Werbungskosten zu berücksichtigen sein, wenn der Arbeitnehmer die Gäste nach abstrakten berufsbezogenen Kriterien einlädt (→ BFH vom 20.1.2016 – BStBl. II S. 744).
– Bewirtungskosten sind nur in Höhe von 70% als Werbungskosten abzugsfähig (→ § 4 Abs. 5 Satz 1 Nr. 2 i.V.m. § 9 Abs. 5 EStG). Diese Abzugsbeschränkung gilt nur, wenn der Arbeitnehmer Bewirtender ist (→ BFH vom 19.6.2008 – BStBl. II S. 870). Sie gilt nicht, wenn der Arbeitnehmer nur Arbeitnehmer des eigenen Arbeitgebers bewirtet (→ BFH vom 19.6.2008 – BStBl. 2009 II S. 11).

Bürgerliche Kleidung. Aufwendungen für bürgerliche Kleidung sind auch bei außergewöhnlich hohen Aufwendungen nicht als Werbungskosten abziehbar (→ BFH vom 6.7.1989 – BStBl. 1990 II S. 49).

Bürgschaftsverpflichtung.

– Tilgungskosten aus einer Bürgschaftsverpflichtung durch den Arbeitnehmer einer Gesellschaft können zu Werbungskosten bei den Einkünften aus nichtselbständiger Arbeit führen, wenn eine Gesellschafterstellung zwar vereinbart, aber nicht zustande gekommen ist (→ BFH vom 16.11.2011 – BStBl. 2012 II S. 343).

– Erwerbsaufwand ist den Einkünften zuzurechnen, zu denen der engere und wirtschaftlich vorrangige Veranlassungszusammenhang besteht. Es kann nicht ausgeschlossen werden, dass auch im Fall einer gegenwärtig ausgeübten Erwerbstätigkeit die Inanspruchnahme aus einer Bürgschaftsverpflichtung wirtschaftlich vorrangig durch eine zunächst nur angestrebte andere Erwerbstätigkeit veranlasst und dementsprechend dieser zuzurechnen ist. Eine solche Zurechnung setzt allerdings voraus, dass diese künftige Erwerbstätigkeit schon hinreichend konkret feststeht; nur dann kann zwischen dieser und den Aufwendungen auch ein hinreichend konkreter und objektiv feststellbarer Veranlassungszusammenhang bestehen, der eine entsprechende Zurechnung rechtfertigt (→ BFH vom 8.7.2015 – BStBl. 2016 II S. 60 und vom 3.9.2015 – BStBl. 2016 II S. 305).

Einbürgerung. Aufwendungen für die Einbürgerung sind nicht als Werbungskosten abziehbar (→ BFH vom 18.5.1984 – BStBl. II S. 588).

Ernährung. Aufwendungen für die Ernährung am Ort der ersten Tätigkeitsstätte sind auch dann nicht als Werbungskosten abziehbar, wenn der Arbeitnehmer berufsbedingt arbeitstäglich überdurchschnittlich oder ungewöhnlich lange von seiner Wohnung abwesend ist (→ BFH vom 21.1.1994 – BStBl. II S. 418).

Erziehungsurlaub/Elternzeit. Aufwendungen während eines Erziehungsurlaubs/einer Elternzeit können vorab entstandene Werbungskosten sein. Der berufliche Verwendungsbezug ist darzulegen, wenn er sich nicht bereits aus den Umständen von Umschulungs- oder Qualifizierungsmaßnahmen ergibt (→ BFH vom 22.7.2003 – BStBl. 2004 II S. 888).

Geldauflagen. Geldauflagen sind nicht als Werbungskosten abziehbar, soweit die Auflagen nicht der Wiedergutmachung des durch die Tat verursachten Schadens dienen (→ BFH vom 22.7.2008 – BStBl. 2009 II S. 151 und vom 15.1.2009 – BStBl. 2010 II S. 111).

Geldbußen. Geldbußen sind nicht als Werbungskosten abziehbar (→ BFH vom 22.7.2008 – BStBl. 2009 II S. 151).

Gemischte Aufwendungen.

– Bei gemischt veranlassten Aufwendungen besteht kein generelles Aufteilungs- und Abzugsverbot (→ BFH vom 21.9.2009 – BStBl. 2010 II S. 672); zu den Folgerungen → BMF vom 6.7.2010 (BStBl. I S. 614).

– Gemischt veranlasste Aufwendungen für eine Feier aus beruflichem und privatem Anlass können teilweise als Werbungskosten abziehbar sein. Der als Werbungskosten abziehbare Betrag kann dabei anhand der Herkunft der Gäste aus dem beruflichen/privaten Umfeld abgegrenzt werden (→ BFH vom 8.7.2015 – BStBl. II S. 1013).

– → H 9.2 (Auslandsgruppenreise).

Geschenke. Geschenke eines Arbeitnehmers anlässlich persönlicher Feiern sind nicht als Werbungskosten abziehbar (→ BFH vom 1.7.1994 – BStBl. 1995 II S. 273).

Körperpflege und Kosmetika. Aufwendungen für Körperpflege und Kosmetika sind auch bei außergewöhnlich hohen Aufwendungen nicht als Werbungskosten abziehbar (→ BFH vom 6.7.1989 – BStBl. 1990 II S. 49).

Kontoführungsgebühren. Kontoführungsgebühren sind Werbungskosten, soweit sie durch Gutschriften von Einnahmen aus dem Dienstverhältnis und durch beruflich veranlasste Überweisungen entstehen. Pauschale Kontoführungsgebühren sind ggf. nach dem Verhältnis beruflich und privat veranlasster Kontenbewegungen aufzuteilen (→ BFH vom 9.5.1984 – BStBl. II S. 560).

Krankheitskosten. Aufwendungen in Zusammenhang mit der Beseitigung oder Linderung von Körperschäden, die durch einen Unfall auf einer beruflich veranlassten Fahrt zwischen Wohnung und erster Tätigkeitsstätte eingetreten sind, können gemäß § 9 Abs. 1 Satz 1 EStG als Werbungskosten abgezogen werden (→ BFH vom 19.12.2019 – BStBl. 2020 II S. 291).

Kunstgegenstände. Aufwendungen für die Ausschmückung eines Dienstzimmers sind nicht als Werbungskosten abziehbar (→ BFH vom 12.3.1993 – BStBl. II S. 506).

Nachträgliche Werbungskosten. Werbungskosten können auch im Hinblick auf ein früheres Dienstverhältnis entstehen (→ BFH vom 14.10.1960 – BStBl. 1961 III S. 20).

Psychoseminar.[1] Aufwendungen für die Teilnahme an psychologischen Seminaren, die nicht auf den konkreten Beruf zugeschnittene psychologische Kenntnisse vermitteln, sind auch dann nicht als Werbungskosten abziehbar, wenn der Arbeitgeber für die Teilnahme an den Seminaren bezahlten Bildungsurlaub gewährt (→ BFH vom 6.3.1995 – BStBl. II S. 393).

Reinigung von typischer Berufskleidung in privater Waschmaschine. → H 9.12 (Berufskleidung).

Sammelbeförderung. → BMF vom 18.11.2021 (BStBl. I S. 2315).

Schulgeld. Schulgeldzahlungen an eine fremdsprachige Schule im Inland sind auch dann nicht als Werbungskosten abziehbar, wenn sich die ausländischen Eltern aus beruflichen Gründen nur vorübergehend im Inland aufhalten (→ BFH vom 23.11.2000 – BStBl. 2001 II S. 132).

Statusfeststellungsverfahren. Aufwendungen im Zusammenhang mit dem Anfrageverfahren nach § 7a SGB IV[2] (sog. Statusfeststellungsverfahren) sind durch das Arbeitsverhältnis veranlasst und deshalb als Werbungskosten bei den Einkünften aus nichtselbständiger Arbeit zu berücksichtigen (→ BFH vom 6.5.2010 – BStBl. II S. 851).

---

[1] Vgl. auch *H 9.2 „Fortbildung"* zu Supervisionsseminaren bzw. zu Kommunikationskursen („NLP").

[2] **Aichberger SGB** Nr. **4.**

Strafverteidigungskosten. Aufwendungen für die Strafverteidigung können Werbungskosten sein, wenn der Schuldvorwurf durch berufliches Verhalten veranlasst war (→ BFH vom 19.2.1982 – BStBl. II S. 467 und vom 18.10.2007 – BStBl. 2008 II S. 223).

Übernachtung an der ersten Tätigkeitsstätte. Die Kosten für gelegentliche Hotelübernachtungen am Ort der erster Tätigkeitsstätte sind Werbungskosten, wenn sie beruflich veranlasst sind. Für eine Tätigkeit an diesem Ort sind Verpflegungsmehraufwendungen nicht zu berücksichtigen (→ BFH vom 5.8.2004 – BStBl. II S. 1074).

Verlorener Zuschuss eines Gesellschafter-Geschäftsführers. Gewährt der Gesellschafter-Geschäftsführer einer GmbH, an der er nicht nur unwesentlich beteiligt ist, einen verlorenen Zuschuss, ist die Berücksichtigung als Werbungskosten regelmäßig abzulehnen (→ BFH vom 26.11.1993 – BStBl. 1994 II S. 242).

Verlust einer Beteiligung am Unternehmen des Arbeitgebers.
- Der Verlust einer Beteiligung an einer GmbH kann selbst dann nicht als Werbungskosten berücksichtigt werden, wenn die Beteiligung am Stammkapital der GmbH Voraussetzung für die Beschäftigung als Arbeitnehmer der GmbH war (→ BFH vom 12.5.1995 – BStBl. II S. 644).
- Der Veräußerungsverlust aus einer Kapitalbeteiligung am Unternehmen des Arbeitgebers führt nur dann zu Werbungskosten, wenn ein erheblicher Veranlassungszusammenhang zum Dienstverhältnis besteht und nicht auf der Nutzung der Beteiligung als Kapitalertragsquelle beruht (→ BFH vom 17.9.2009 – BStBl. 2010 II S. 198).

Verlust einer Darlehensforderung gegen den Arbeitgeber.
- Der Verlust einer Darlehensforderung gegen den Arbeitgeber ist als Werbungskosten zu berücksichtigen, wenn der Arbeitnehmer das Risiko, die Forderung zu verlieren, aus beruflichen Gründen bewusst auf sich genommen hat (→ BFH vom 7.5.1993 – BStBl. II S. 663).
- Die berufliche Veranlassung eines Darlehens wird nicht zwingend dadurch ausgeschlossen, dass der Darlehensvertrag mit dem alleinigen Gesellschafter-Geschäftsführer der Arbeitgeberin (GmbH) statt mit der insolvenzbedrohten GmbH geschlossen worden und die Darlehensvaluta an diesen geflossen ist. Maßgeblich sind der berufliche Veranlassungszusammenhang und der damit verbundene konkrete Verwendungszweck des Darlehens (→ BFH vom 7.2.2008 – BStBl. 2010 II S. 48).
- Auch wenn ein Darlehen aus im Gesellschaftsverhältnis liegenden Gründen gewährt wurde, kann der spätere Verzicht darauf durch das zugleich bestehende Arbeitsverhältnis veranlasst sein und dann insoweit zu Werbungskosten bei den Einkünften aus nichtselbständiger Arbeit führen, als die Darlehensforderung noch werthaltig ist (→ BFH vom 25.11.2010 – BStBl. 2012 II S. 24).
- Der Verlust einer aus einer Gehaltsumwandlung entstandenen Darlehensforderung eines Arbeitnehmers gegen seinen Arbeitgeber kann insoweit zu Werbungskosten bei den Einkünften aus nichtselbständiger Arbeit führen, als der Arbeitnehmer ansonsten keine Entlohnung für seine Ar-

beitsleistung erhalten hätte, ohne seinen Arbeitsplatz erheblich zu gefährden. Dabei ist der Umstand, dass ein außenstehender Dritter, insbesondere eine Bank, dem Arbeitgeber kein Darlehen mehr gewährt hätte, lediglich ein Indiz für eine beruflich veranlasste Darlehenshingabe, nicht aber unabdingbare Voraussetzung für den Werbungskostenabzug eines Darlehensverlustes (→ BFH vom 10.4.2014 – BStBl. II S. 850).

Versorgungszuschlag. Zahlt der Arbeitgeber bei beurlaubten Beamten ohne Bezüge einen Versorgungszuschlag, handelt es sich um steuerpflichtigen Arbeitslohn. In gleicher Höhe liegen beim Arbeitnehmer Werbungskosten vor; dies gilt auch, wenn der Arbeitnehmer den Versorgungszuschlag zahlt (→ BMF vom 22.2.1991 – BStBl. I S. 951).

Vertragsstrafe. Die Zahlung einer in einem Ausbildungsverhältnis begründeten Vertragsstrafe kann zu Werbungskosten führen (→ BFH vom 22.6.2006 – BStBl. 2007 II S. 4).

Videorecorder. Aufwendungen für einen Videorecorder sind – ohne Nachweis der weitaus überwiegenden beruflichen Nutzung – nicht als Werbungskosten abziehbar (→ BFH vom 27.9.1991 – BStBl. 1992 II S. 195).

Vorweggenommene Werbungskosten.[1] Werbungskosten können auch im Hinblick auf ein künftiges Dienstverhältnis entstehen (→ BFH vom 4.8.1961 – BStBl. 1962 III S. 5 und vom 3.11.1961 – BStBl. 1962 III S. 123). Der Berücksichtigung dieser Werbungskosten steht es nicht entgegen, dass der Arbeitnehmer Arbeitslosengeld oder sonstige für seinen Unterhalt bestimmte steuerfreie Leistungen erhält (→ BFH vom 4.3.1977 – BStBl. II S. 507), ggf. kommt ein Verlustabzug nach § 10d EStG in Betracht.

Werbegeschenke. Aufwendungen eines Arbeitnehmers für Werbegeschenke an Kunden seines Arbeitgebers sind Werbungskosten, wenn er sie tätigt, um die Umsätze seines Arbeitgebers und damit seine erfolgsabhängigen Einkünfte zu steigern (→ BFH vom 13.1.1984 – BStBl. II S. 315). Aufwendungen für Werbegeschenke können ausnahmsweise auch dann Werbungskosten sein, wenn der Arbeitnehmer nicht variabel vergütet wird (→ BFH vom 24.5.2007 – BStBl. II S. 721). Die nach § 4 Abs. 5 Satz 1 Nr. 1 EStG maßgebende Wertgrenze von 35 Euro ist zu beachten (§ 9 Abs. 5 EStG).

Werbungskosten bei Insolvenzgeld. Werbungskosten, die auf den Zeitraum entfallen, für den der Arbeitnehmer Insolvenzgeld erhält, sind abziehbar, da kein unmittelbarer wirtschaftlicher Zusammenhang zwischen den Aufwendungen und dem steuerfreien Insolvenzgeld i. S. d. § 3c EStG besteht (→ BFH vom 23.11.2000 – BStBl. 2001 II S. 199).

Wohnungsnutzung zu beruflichen Zwecken. Nutzt ein Miteigentümer allein eine Wohnung zu beruflichen Zwecken und werden die Darlehen zum Erwerb der Wohnung gemeinsam aufgenommen und Zins und Tilgung von einem gemeinsamen Konto beglichen, kann er AfA und Schuldzinsen nur entsprechend seinem Miteigentumsanteil als Werbungskosten geltend machen.

---

[1] Zu Unterkunftskosten im Rahmen eines Studiums als vorab entstandene Werbungskosten siehe BFH v. 19.9.2012 VI R 78/10, BStBl. II 2013, 284.

Entsprechendes gilt für gemeinschaftlich getragene andere grundstücksorientierte Aufwendungen, z. B. Grundsteuer, allgemeine Reparaturkosten, Versicherungsprämien (→ BFH vom 6.12.2017 – BStBl. 2018 II S. 355).

Zusammenhang mit dem Beruf. Ein Zusammenhang mit dem Beruf ist gegeben, wenn die Aufwendungen in einem wirtschaftlichen Zusammenhang mit der auf Einnahmeerzielung gerichteten Tätigkeit des Arbeitnehmers stehen (→ BFH vom 1.10.1982 – BStBl. 1983 II S. 17).

R 9.2 Aufwendungen für die Aus- und Fortbildung[1)]

[1] Aufwendungen für den erstmaligen Erwerb von Kenntnissen, die zur Aufnahme eines Berufs befähigen, beziehungsweise für ein erstes Studium (Erstausbildung) sind Kosten der Lebensführung und nur als Sonderausgaben im Rahmen von § 10 Abs. 1 Nr. 7 EStG abziehbar.[2)] [2] Werbungskosten liegen dagegen vor, wenn die erstmalige Berufsausbildung oder das Erststudium Gegenstand eines Dienstverhältnisses (Ausbildungsdienstverhältnis) ist. [3] Unabhängig davon, ob ein Dienstverhältnis besteht, sind die Aufwendungen für die Fortbildung in dem bereits erlernten Beruf und für die Umschulungsmaßnahmen, die einen Berufswechsel vorbereiten, als Werbungskosten abziehbar. [4] Das gilt auch für die Aufwendungen für ein weiteres Studium, wenn dieses in einem hinreichend konkreten, objektiv feststellbaren Zusammenhang mit späteren steuerpflichtigen Einnahmen aus der angestrebten beruflichen Tätigkeit steht.

H 9.2

Allgemeine Grundsätze. → BMF vom 22.9.2010 (BStBl. I S. 721).

Allgemein bildende Schulen. Aufwendungen für den Besuch allgemein bildender Schulen sind regelmäßig keine Werbungskosten (→ BFH vom 22.6.2006 – BStBl. II S. 717).

Ausbildungsdienstverhältnis.[3)]

Beispiele:

- Referendariat zur Vorbereitung auf das zweite Staatsexamen (→ BFH vom 10.12.1971 – BStBl. 1972 II S. 251)
- Beamtenanwärter (→ BFH vom 21.1.1972 – BStBl. II S. 261)
- zum Studium abkommandierte oder beurlaubte Bundeswehroffiziere (→ BFH vom 7.11.1980 – BStBl. 1981 II S. 216 und vom 28.9.1984 – BStBl. 1985 II S. 87)
- zur Erlangung der mittleren Reife abkommandierte Zeitsoldaten (→ BFH vom 28.9.1984 – BStBl. 1985 II S. 89)
- für ein Promotionsstudium beurlaubte Geistliche (→ BFH vom 7.8.1987 – BStBl. II S. 780).

---

1) **[Amtl. Anm.:]** Beachte auch § 9 Abs. 6 EStG in der ab 2015 geltenden Fassung („erstmalige Berufsausbildung").

2) Die Vorschrift des § 9 Abs. 6 EStG (Ausschluss des Werbungskostenabzugs für Aufwendungen für die erstmalige Berufsausbildung oder für ein Erststudium) ist mit dem GG vereinbar, siehe BVerfG-Beschl. v. 19.11.2019 2 BvL 22–27/14, DStR 2020, 93.

3) Zur Behandlung der Übernahme von Studiengebühren für ein berufsbegleitendes Studium durch den Arbeitgeber siehe BMF v. 13.4.2012, BStBl. I 2012, 531.

Auslandsgruppenreise.

– Aufwendungen für Reisen, die der beruflichen Fortbildung dienen, sind als Werbungskosten abziehbar, wenn sie unmittelbar beruflich veranlasst sind (z. B. das Aufsuchen eines Kunden des Arbeitgebers, das Halten eines Vortrags auf einem Fachkongress oder die Durchführung eines Forschungsauftrags) und die Verfolgung privater Interessen nicht den Schwerpunkt der Reise bildet (→ BFH vom 21.9.2009 – BStBl. 2010 II S. 672).

– Ein unmittelbarer beruflicher Anlass liegt nicht vor, wenn der Arbeitnehmer mit der Teilnahme an der Auslandsgruppenreise eine allgemeine Verpflichtung zur beruflichen Fortbildung erfüllt oder die Reise von einem Fachverband angeboten wird (→ BFH vom 19.1.2012 – BStBl. II S. 416); zur Abgrenzung gegenüber der konkreten beruflichen Verpflichtung zur Reiseteilnahme → BFH vom 9.12.2010 (BStBl. 2011 II S. 522). Zur Aufteilung gemischt veranlasster Aufwendungen bei auch beruflicher Veranlassung der Auslandsgruppenreise → H 9.1 (Gemischte Aufwendungen).

Deutschkurs. Aufwendungen eines in Deutschland lebenden Ausländers für das Erlernen der deutschen Sprache gehören regelmäßig auch dann zu den nicht abziehbaren Kosten der Lebensführung, wenn ausreichende Deutschkenntnisse für einen angestrebten Ausbildungsplatz förderlich sind (→ BFH vom 15.3.2007 – BStBl. II S. 814).

Erziehungsurlaub/Elternzeit. Aufwendungen während eines Erziehungsurlaubs/einer Elternzeit können vorab entstandene Werbungskosten sein. Der berufliche Verwendungsbezug ist darzulegen, wenn er sich nicht bereits aus den Umständen von Umschulungs- oder Qualifizierungsmaßnahmen ergibt (→ BFH vom 22.7.2003 – BStBl. 2004 II S. 888).

Fortbildung.

– Aufwendungen von Führungskräften für Seminare zur Persönlichkeitsentfaltung können Werbungskosten sein (→ BFH vom 28.8.2008 – BStBl. 2009 II S. 108).

– Aufwendungen einer leitenden Redakteurin zur Verbesserung beruflicher Kommunikationsfähigkeit sind Werbungskosten (→ BFH vom 28.8.2008 – BStBl. 2009 II S. 106).

– Aufwendungen für den Erwerb des Verkehrsflugzeugführerscheins einschließlich Musterberechtigung können vorab entstandene Werbungskosten sein (→ BFH vom 27.10.2011 – BStBl. 2012 II S. 825 zum Rettungssanitäter). Die Aufwendungen für den Erwerb des Privatflugzeugführerscheins führen regelmäßig nicht zu Werbungskosten (→ BFH vom 27.5.2003 – BStBl. 2005 II S. 202). Bei einer durchgehenden Ausbildung zum Verkehrsflugzeugführer sind aber auch die Aufwendungen für den Erwerb des Privatflugzeugführerscheins als Werbungskosten abziehbar (→ BFH vom 30.9.2008 – BStBl. 2009 II S. 111).

Fremdsprachenunterricht.

– Der Abzug der Aufwendungen für einen Sprachkurs kann nicht mit der Begründung versagt werden, er habe in einem anderen Mitgliedstaat der Europäischen Union stattgefunden (→ BFH vom 13.6.2002 – BStBl.

2003 II S. 765). Dies gilt auch für Staaten, auf die das Abkommen über den europäischen Wirtschaftsraum Anwendung findet (Island, Liechtenstein, Norwegen), und wegen eines bilateralen Abkommens, das die Dienstleistungsfreiheit festschreibt, auch für die Schweiz (→ BMF vom 26.9.2003 – BStBl. I S. 447).

– Ein Sprachkurs kann auch dann beruflich veranlasst sein, wenn er nur Grundkenntnisse oder allgemeine Kenntnisse in einer Fremdsprache vermittelt, diese aber für die berufliche Tätigkeit ausreichen. Die Kursgebühren sind dann als Werbungskosten abziehbar. Der Ort, an dem der Sprachkurs durchgeführt wird, kann ein Indiz für eine private Mitveranlassung sein. Die Reisekosten sind dann grundsätzlich in Werbungskosten und Kosten der privaten Lebensführung aufzuteilen (→ H 9.1 – Gemischte Aufwendungen). Dabei kann auch ein anderer als der zeitliche Aufteilungsmaßstab anzuwenden sein (→ BFH vom 24.2.2011 – BStBl. II S. 796 zum Sprachkurs in Südafrika).
– Aufwendungen für eine zur Erteilung von Fremdsprachenunterricht in den eigenen Haushalt aufgenommene Lehrperson sind selbst bei einem konkreten Bezug zur Berufstätigkeit keine Fortbildungskosten (→ BFH vom 8.10.1993 – BStBl. 1994 II S. 114).

Klassenfahrt. Aufwendungen eines Berufsschülers für eine im Rahmen eines Ausbildungsdienstverhältnisses als verbindliche Schulveranstaltung durchgeführte Klassenfahrt sind in der Regel Werbungskosten (→ BFH vom 7.2.1992 – BStBl. II S. 531).

Ski- und Snowboardkurse. Aufwendungen von Lehrern für Snowboardkurse können als Werbungskosten bei den Einkünften aus nichtselbständiger Arbeit abziehbar sein, wenn ein konkreter Zusammenhang mit der Berufstätigkeit besteht (→ BFH vom 22.6.2006 – BStBl. II S. 782). Zu den Merkmalen der beruflichen Veranlassung → BFH vom 26.8.1988 (BStBl. 1989 II S. 91).

Studienreisen und Fachkongresse. → R 12.2 EStR, H 12.2 EStH.[1)]

R 9.3 Ausgaben im Zusammenhang mit Berufsverbänden

(1) [1]Ausgaben bei Veranstaltungen des Berufsstands, des Berufsverbands, des Fachverbands oder der Gewerkschaft eines Arbeitnehmers, die der Förderung des Allgemeinwissens der Teilnehmer dienen, sind nicht Werbungskosten, sondern Aufwendungen für die Lebensführung. [2]Um nicht abziehbare Aufwendungen für die Lebensführung handelt es sich insbesondere stets bei den Aufwendungen, die der Arbeitnehmer aus Anlass von gesellschaftlichen Veranstaltungen der bezeichneten Organisation gemacht hat, und zwar auch dann, wenn die gesellschaftlichen Veranstaltungen im Zusammenhang mit einer rein fachlichen oder beruflichen Tagung oder Sitzung standen.

(2) [1]Bestimmte Veranstaltungen von Berufsständen und Berufsverbänden dienen dem Zweck, die Teilnehmer im Beruf fortzubilden, z. B. Vorlesungen

1) Nr. 1.

bei Verwaltungsakademien oder Volkshochschulen, Fortbildungslehrgänge, fachwissenschaftliche Lehrgänge, fachliche Vorträge. [2]Ausgaben, die dem Teilnehmer bei solchen Veranstaltungen entstehen, können Werbungskosten sein.

H 9.3

Ehrenamtliche Tätigkeit. Aufwendungen eines Arbeitnehmers im Zusammenhang mit einer ehrenamtlichen Tätigkeit für seine Gewerkschaft oder seinen Berufsverband können Werbungskosten sein (→ BFH vom 28.11.1980 – BStBl. 1981 II S. 368 und vom 2.10.1992 – BStBl. 1993 II S. 53).

Mitgliedsbeiträge an einen Interessenverband. Mitgliedsbeiträge an einen Interessenverband sind Werbungskosten, wenn dieser als Berufsverband auch die spezifischen beruflichen Interessen des Arbeitnehmers vertritt. Dies ist nicht nur nach der Satzung, sondern auch nach der tatsächlichen Verbandstätigkeit zu beurteilen (→ BFH vom 13.8.1993 – BStBl. 1994 II S. 33).

Reiseaufwendungen für einen Berufsverband. Reiseaufwendungen eines Arbeitnehmers im Zusammenhang mit einer ehrenamtlichen Tätigkeit für seine Gewerkschaft oder seinen Berufsverband sind keine Werbungskosten, wenn der Schwerpunkt der Reise allgemeintouristischen Zwecken dient (→ BFH vom 25.3.1993 – BStBl. II S. 559).

R 9.4 Reisekosten

[1]Reisekosten sind Fahrtkosten (→ § 9 Abs. 1 Satz 3 Nr. 4a EStG, R 9.5), Verpflegungsmehraufwendungen (→ § 9 Abs. 4a EStG, R 9.6), Übernachtungskosten (→ § 9 Abs. 1 Satz 3 Nr. 5a EStG, R 9.7) und Reisenebenkosten (→ R 9.8), soweit diese durch eine beruflich veranlasste Auswärtstätigkeit (→ § 9 Abs. 4a Satz 2 und 4 EStG) des Arbeitnehmers entstehen. [2]Eine beruflich veranlasste Auswärtstätigkeit ist auch der Vorstellungsbesuch eines Stellenbewerbers. [3]Erledigt der Arbeitnehmer im Zusammenhang mit der beruflich veranlassten Auswärtstätigkeit auch in einem mehr als geringfügigen Umfang private Angelegenheiten, sind die beruflich veranlassten von den privat veranlassten Aufwendungen zu trennen. [4]Ist das nicht – auch nicht durch Schätzung – möglich, gehören die gesamten Aufwendungen zu den nach § 12 EStG nicht abziehbaren Aufwendungen für die Lebensführung (z.B. Bekleidungskosten oder Aufwendungen für andere allgemeine Reiseausrüstungen).[1)] [5]Die berufliche Veranlassung der Auswärtstätigkeit, die Reisedauer und den Reiseweg hat der Arbeitnehmer aufzuzeichnen und anhand geeigneter Unterlagen, z.B. Fahrtenbuch (→ R 8.1 Abs. 9 Nr. 2 Satz 3), Tankquittungen, Hotelrechnungen, Schriftverkehr, nachzuweisen oder glaubhaft zu machen.

---

1) Zur steuerlichen Beurteilung gemischter Aufwendungen siehe BFH v. 21.9.2009 GrS 1/06, BStBl. II 2010, 672, und BMF v. 6.7.2010, BStBl. I 2010, 614.

H 9.4

Erstattung durch den Arbeitgeber.

– Steuerfrei → § 3 Nr. 13, 16 EStG, → R 3.13, 3.16.
– Steuerfreie Arbeitgebererstattungen mindern die abziehbaren Werbungskosten auch dann, wenn sie erst im Folgejahr geleistet werden (→ BFH vom 20.9.2006 – BStBl. 2007 II S. 756).

Erste Tätigkeitsstätte.

– Bestimmung der ersten Tätigkeitsstätte → BMF vom 25.11.2020 (BStBl. I S. 1228), Rz. 2 ff.
– bei Gerichtsvollziehern → BFH vom 16.12.2020 (BStBl. 2021 II S. 525),
– bei grenzüberschreitender Arbeitnehmerentsendung → BFH vom 17.12.2020 (BStBl. 2021 II S. 506),
– bei Piloten und Flugbegleitern → BFH vom 11.4.2019 (BStBl. II S. 546),
– bei Polizeibeamten im Einsatz- und Streifendienst → BFH vom 4.4.2019 (BStBl. II S. 536),
– bei Postzustellern → BFH vom 30.9.2020 (BStBl. 2021 II S. 306),
– bei Rettungsassistenten → BFH vom 30.9.2020 (BStBl. 2021 II S. 308),
– bei vollzeitigen Bildungsmaßnahmen → BMF vom 25.11.2020 (BStBl. I S. 1228), Rz. 33 ff.

Weiträumiges Tätigkeitsgebiet.[1] → BMF vom 25.11.2020 (BStBl. I S. 1228), Rz. 41 ff.

R 9.5 Fahrtkosten als Reisekosten

Allgemeines

(1) [1]Fahrtkosten sind die tatsächlichen Aufwendungen, die dem Arbeitnehmer durch die persönliche Benutzung eines Beförderungsmittels entstehen. [2]Bei öffentlichen Verkehrsmitteln ist der entrichtete Fahrpreis einschließlich etwaiger Zuschläge anzusetzen. [3]Benutzt der Arbeitnehmer sein Fahrzeug, so ist der Teilbetrag der jährlichen Gesamtkosten dieses Fahrzeugs anzusetzen, der dem Anteil der zu berücksichtigenden Fahrten an der Jahresfahrleistung entspricht. [4]Der Arbeitnehmer kann auf Grund der für einen Zeitraum von zwölf Monaten ermittelten Gesamtkosten für das von ihm gestellte Fahrzeug einen Kilometersatz errechnen, der so lange angesetzt werden darf, bis sich die Verhältnisse wesentlich ändern, z. B. bis zum Ablauf des Abschreibungszeitraums oder bis zum Eintritt veränderter Leasingbelastungen. [5]Abweichend von Satz 3 können die Fahrtkosten auch mit den pauschalen Kilometersätzen gemäß § 9 Abs. 1 Satz 3 Nr. 4a Satz 2 EStG angesetzt werden. [6]Aufwendungen für Fahrten nach § 9 Abs. 1 Satz 3 Nr. 4a Satz 3 EStG gehören nicht zu den Reisekosten.

Erstattung durch den Arbeitgeber

(2) [1]Der Arbeitnehmer hat seinem Arbeitgeber Unterlagen vorzulegen, aus denen die Voraussetzungen für die Steuerfreiheit der Erstattung und, soweit

---

[1] Zur Abgrenzung bei einem Forstbetrieb siehe auch BFH v. 12.7.2021 VI R 1/19, BFH/NV 2022, 19.

die Fahrtkosten bei Benutzung eines privaten Fahrzeugs nicht mit den pauschalen Kilometersätzen nach Absatz 1 Satz 5 erstattet werden, auch die tatsächlichen Gesamtkosten des Fahrzeugs ersichtlich sein müssen. [2]Der Arbeitgeber hat diese Unterlagen als Belege zum Lohnkonto aufzubewahren. [3]Wird dem Arbeitnehmer für die Auswärtstätigkeit im Rahmen seines Dienstverhältnisses ein Kraftfahrzeug zur Verfügung gestellt, darf der Arbeitgeber die pauschalen Kilometersätze nicht – auch nicht teilweise – steuerfrei erstatten.

H 9.5

Allgemeines. → BMF vom 25.11.2020 (BStBl. I S. 1228), Rz. 36 ff.

- **Als Reisekosten** können die Aufwendungen für folgende Fahrten angesetzt werden:
  1. Fahrten zwischen Wohnung oder erster Tätigkeitsstätte und auswärtiger Tätigkeitsstätte oder Unterkunft i. S. d. Nummer 3 einschließlich sämtlicher Zwischenheimfahrten (→ BFH vom 17.12.1976 – BStBl. 1977 II S. 294 und vom 24.4.1992 – BStBl. II S. 664); zur Abgrenzung dieser Fahrten von den Fahrten zwischen Wohnung und erster Tätigkeitsstätte → H 9.10 (Dienstliche Verrichtungen auf der Fahrt, Fahrtkosten),
  2. innerhalb desselben Dienstverhältnisses Fahrten zwischen mehreren auswärtigen Tätigkeitsstätten oder innerhalb eines weiträumigen Tätigkeitsgebietes (§ 9 Abs. 1 Satz 3 Nr. 4a Satz 4 EStG) und
  3. Fahrten zwischen einer Unterkunft am Ort der auswärtigen Tätigkeitsstätte oder in ihrem Einzugsbereich und auswärtiger Tätigkeitsstätte (→ BFH vom 17.12.1976 – BStBl. 1977 II S. 294).
- **Nicht als Reisekosten,** sondern mit der Entfernungspauschale sind die Aufwendungen für folgende Fahrten anzusetzen:
  1. Fahrten von der Wohnung zu einem bestimmten Sammelpunkt → § 9 Abs. 1 Satz 3 Nr. 4a Satz 3 EStG, → BMF vom 25.11.2020 (BStBl. I S. 1228), Rz. 38 ff.
  2. Fahrten von der Wohnung zu einem weiträumigen Tätigkeitsgebiet → § 9 Abs. 1 Satz 3 Nr. 4a Satz 3 EStG, → BMF vom 25.11.2020 (BStBl. I S. 1228), Rz. 41 ff.[1)]

Einzelnachweis.

- Zu den Gesamtkosten eines Fahrzeugs gehören die Betriebsstoffkosten, die Wartungs- und Reparaturkosten, die Kosten einer Garage am Wohnort, die Kraftfahrzeugsteuer, die Aufwendungen für die Halterhaftpflicht- und Fahrzeugversicherungen, die Absetzungen für Abnutzung, wobei Zuschüsse nach der Kraftfahrzeughilfe-Verordnung für die Beschaffung eines Kraftfahrzeugs oder den Erwerb einer behinderungsbedingten Zusatzausstattung die Anschaffungskosten mindern (→ BFH vom 14.6.2012 – BStBl. II S. 835), sowie die Zinsen für ein Anschaffungsdarlehen

[1)] Zur Abgrenzung bei einem Forstbetrieb siehe auch BFH v. 12.7.2021 VI R 1/19, BFH/NV 2022, 19.

(→ BFH vom 1.10.1982 – BStBl. 1983 II S. 17). Dagegen gehören nicht zu den Gesamtkosten z. B. Aufwendungen infolge von Verkehrsunfällen, Park- und Straßenbenutzungsgebühren, Aufwendungen für Insassen- und Unfallversicherungen sowie Verwarnungs-, Ordnungs- und Bußgelder; diese Aufwendungen sind mit Ausnahme der Verwarnungs-, Ordnungs- und Bußgelder ggf. als Reisenebenkosten abziehbar (→ H 9.8).

- Bei einem geleasten Fahrzeug gehört eine Leasingsonderzahlung zu den Gesamtkosten (→ BFH vom 5.5.1994 – BStBl. II S. 643 und vom 15.4.2010 – BStBl. II S. 805).
- Den Absetzungen für Abnutzung ist bei Personenkraftwagen und Kombifahrzeugen grundsätzlich eine Nutzungsdauer von 6 Jahren zugrunde zu legen. Bei einer hohen Fahrleistung kann auch eine kürzere Nutzungsdauer anerkannt werden. Bei Kraftfahrzeugen, die im Zeitpunkt der Anschaffung nicht neu gewesen sind, ist die entsprechende Restnutzungsdauer unter Berücksichtigung des Alters, der Beschaffenheit und des voraussichtlichen Einsatzes des Fahrzeugs zu schätzen (→ BMF vom 15.12.2000 – BStBl. I S. 1532).
- Ein Teilnachweis der tatsächlichen Gesamtkosten ist möglich. Der nicht nachgewiesene Teil der Kosten kann geschätzt werden. Dabei ist von den für den Steuerpflichtigen ungünstigsten Umständen auszugehen (→ BFH vom 7.4.1992 – BStBl. II S. 854).
- Nicht zu den Gesamtkosten gehören die nach § 3 Nr. 46 EStG steuerfreien Vorteile sowie die nach § 40 Abs. 2 Satz 1 Nr. 6 EStG pauschal besteuerten Leistungen und Zuschüsse (→ BMF vom 29.9.2020 – BStBl. I S. 972, Rdnr. 33).

Pauschale Kilometersätze.

- → BMF vom 25.11.2020 (BStBl. I S. 1228), Rz. 37.
- Die pauschalen Kilometersätze können aus Vereinfachungsgründen auch dann angesetzt werden, wenn der Arbeitnehmer nach § 3 Nr. 46 EStG steuerfreie Vorteile oder nach § 40 Abs. 2 Satz 1 Nr. 6 EStG pauschal besteuerte Leistungen und Zuschüsse vom Arbeitgeber für dieses Elektrofahrzeug oder Hybridelektrofahrzeug erhält (→ BMF vom 29.9.2020 – BStBl. I S. 972, Rdnr. 32).
- Neben den pauschalen Kilometersätzen (→ BMF vom 25.11.2020 – BStBl. I S. 1228, Rz. 37) können etwaige außergewöhnliche Kosten angesetzt werden, wenn diese durch Fahrten entstanden sind, für die die Kilometersätze anzusetzen sind. Außergewöhnliche Kosten sind nur die nicht voraussehbaren Aufwendungen für Reparaturen, die nicht auf Verschleiß (→ BFH vom 17.10.1973 – BStBl. 1974 II S. 186) oder die auf Unfallschäden beruhen, und Absetzungen für außergewöhnliche technische Abnutzung und Aufwendungen infolge eines Schadens, der durch den Diebstahl des Fahrzeugs entstanden ist (→ BFH vom 25.5.1992 – BStBl. 1993 II S. 44); dabei sind entsprechende Schadensersatzleistungen auf die Kosten anzurechnen.
- Kosten, die mit dem laufenden Betrieb eines Fahrzeugs zusammenhängen, wie z. B. Aufwendungen für eine Fahrzeug-Vollversicherung, sind keine außergewöhnlichen Kosten (→ BFH vom 21.6.1991 – BStBl. II

S. 814 und vom 8.11.1991 – BStBl. 1992 II S. 204). Mit den pauschalen Kilometersätzen ist auch eine Leasingsonderzahlung abgegolten (→ BFH vom 15.4.2010 – BStBl. II S. 805).
– Dienstreise-Kaskoversicherung → BMF vom 9.9.2015 (BStBl. I S. 734): Seit dem 1.1.2014 sind die pauschalen Kilometersätze für die Benutzung von Kraftfahrzeugen im Rahmen von Auswärtstätigkeiten in § 9 Abs. 1 Satz 3 Nr. 4a EStG gesetzlich geregelt und gelten demzufolge unvermindert auch dann, wenn der Arbeitnehmer keine eigene Fahrzeug-Vollversicherung, sondern der Arbeitgeber eine Dienstreise-Kaskoversicherung für ein Kraftfahrzeug des Arbeitnehmers abgeschlossen hat. Das zum 2. Leitsatz des BFH-Urteils vom 27.6.1991 (BStBl. 1992 II S. 365) ergangene BMF-Schreiben vom 31.3.1992 (BStBl. I S. 270) „Dienstreise-Kaskoversicherung des Arbeitgebers für Kraftfahrzeuge des Arbeitnehmers und steuerfreier Fahrtkostenersatz" wird daher im Einvernehmen mit den obersten Finanzbehörden der Länder mit sofortiger Wirkung aufgehoben. Hat der Arbeitgeber eine Dienstreise-Kaskoversicherung für die seinen Arbeitnehmern gehörenden Kraftfahrzeuge abgeschlossen, führt die Prämienzahlung des Arbeitgebers auch weiterhin nicht zum Lohnzufluss bei den Arbeitnehmern (→ BFH-Urteil vom 27.6.1991 – BStBl. 1992 II S. 365 – 1. Leitsatz).

Werbungskostenabzug und Erstattung durch den Arbeitgeber.
– Die als Reisekosten erfassten Fahrtkosten können als Werbungskosten abgezogen werden, soweit sie nicht vom Arbeitgeber steuerfrei erstattet worden sind (§ 3c EStG).
– Die Erstattung der Fahrtkosten durch den Arbeitgeber ist nach § 3 Nr. 16 EStG steuerfrei, soweit höchstens die als Werbungskosten abziehbaren Beträge erstattet werden (→ BFH vom 21.6.1991 – BStBl. II S. 814).
– Bei Sammelbeförderung durch den Arbeitgeber scheidet mangels Aufwands des Arbeitnehmers ein Werbungskostenabzug für diese Fahrten aus (→ BFH vom 11.5.2005 – BStBl. II S. 785).
– Aufwendungen für Besuchsfahrten eines Ehegatten zur auswärtigen Tätigkeitsstätte des anderen Ehegatten/Lebenspartners sind auch bei einer längerfristigen Auswärtstätigkeit des anderen Ehegatten/Lebenspartners grundsätzlich nicht als Werbungskosten abziehbar (→ BFH vom 22.10.2015 – BStBl. 2016 II S. 179).

R 9.6 Verpflegungsmehraufwendungen als Reisekosten

Allgemeines

(1) [1]Die dem Arbeitnehmer tatsächlich entstandenen, beruflich veranlassten Mehraufwendungen für Verpflegung sind unter den Voraussetzungen des § 9 Abs. 4a EStG mit den dort genannten Pauschbeträgen anzusetzen. [2]Der Einzelnachweis von Verpflegungsmehraufwendungen berechtigt nicht zum Abzug höherer Beträge.

Konkurrenzregelung

(2) Soweit für denselben Kalendertag Verpflegungsmehraufwendungen wegen einer Auswärtstätigkeit oder wegen einer doppelten Haushaltsführung

(→ R 9.11 Abs. 7) anzuerkennen sind, ist jeweils nur der höchste Pauschbetrag anzusetzen (→ § 9 Abs. 4a Satz 12 zweiter Halbsatz EStG).

Besonderheiten bei Auswärtstätigkeiten im Ausland

(3) [1] Für den Ansatz von Verpflegungsmehraufwendungen bei Auswärtstätigkeiten im Ausland gelten nach Staaten unterschiedliche Pauschbeträge (Auslandstagegelder), die vom BMF im Einvernehmen mit den obersten Finanzbehörden der Länder auf der Grundlage der höchsten Auslandstagegelder nach dem BRKG bekannt gemacht werden. [2] Für die in der Bekanntmachung nicht erfassten Staaten ist der für Luxemburg geltende Pauschbetrag maßgebend; für die in der Bekanntmachung nicht erfassten Übersee- und Außengebiete eines Staates ist der für das Mutterland geltende Pauschbetrag maßgebend. [3] Werden an einem Kalendertag Auswärtstätigkeiten im In- und Ausland durchgeführt, ist für diesen Tag das entsprechende Auslandstagegeld maßgebend, selbst dann, wenn die überwiegende Zeit im Inland verbracht wird. [4] Im Übrigen ist beim Ansatz des Auslandstagegeldes Folgendes zu beachten:

1. [1] Bei Flugreisen gilt ein Staat in dem Zeitpunkt als erreicht, in dem das Flugzeug dort landet; Zwischenlandungen bleiben unberücksichtigt, es sei denn, dass durch sie Übernachtungen notwendig werden. [2] Erstreckt sich eine Flugreise über mehr als zwei Kalendertage, so ist für die Tage, die zwischen dem Tag des Abflugs und dem Tag der Landung liegen, das für Österreich geltende Tagegeld maßgebend.
2. [1] Bei Schiffsreisen ist das für Luxemburg geltende Tagegeld maßgebend. [2] Für das Personal auf deutschen Staatsschiffen sowie für das Personal auf Schiffen der Handelsmarine unter deutscher Flagge auf Hoher See gilt das Inlandstagegeld. [3] Für die Tage der Einschiffung und Ausschiffung ist das für den Hafenort geltende Tagegeld maßgebend.

H 9.6

Allgemeines. → BMF vom 25.11.2020 (BStBl. I S. 1228), Rz. 47 ff.

Dreimonatsfrist. → BMF vom 25.11.2020 (BStBl. I S. 1228), Rz. 53 ff.

Erstattung durch den Arbeitgeber.

- **Steuerfrei** → § 3 Nr. 13, 16 EStG, → R 3.13, 3.16.
  Die Erstattung der Verpflegungsmehraufwendungen durch den Arbeitgeber ist steuerfrei, soweit keine höheren Beträge erstattet werden, als nach → § 9 Abs. 4a EStG, → BMF vom 25.11.2020 (BStBl. I S. 1228), Rz. 47 ff. als Reisekosten angesetzt werden dürfen. Eine zusammengefasste Erstattung unterschiedlicher Aufwendungen ist möglich → R 3.16 Satz 1. Zur Erstattung im Zusammenhang mit Mahlzeitengestellungen bei Auswärtstätigkeit → BMF vom 25.11.2020 (BStBl. I S. 1228), Rz. 73 ff.
- **Pauschale Versteuerung**
  bei Mahlzeitengestellungen → § 40 Abs. 2 Satz 1 Nr. 1a EStG und BMF vom 25.11.2020 (BStBl. I S. 1228), Rz. 94 ff.,
  bei Vergütungen für Verpflegungsmehraufwendungen → § 40 Abs. 2 Satz 1 Nr. 4 EStG und BMF vom 25.11.2020 (BStBl. I S. 1228), Rz. 58 ff.

– **Nachweise.** Der Arbeitnehmer hat seinem Arbeitgeber Unterlagen vorzulegen, aus denen die Voraussetzungen für den Erstattungsanspruch ersichtlich sein müssen. Der Arbeitgeber hat diese Unterlagen als Belege zum Lohnkonto aufzubewahren (→ BFH vom 6.3.1980 – BStBl. II S. 289).

Mahlzeitengestellung und Verpflegungsmehraufwendungen. → BMF vom 25.11.2020 (BStBl. I S. 1228), Rz. 64 ff. und 73 ff.

Pauschbeträge bei Auslandsreisen. → BMF vom 3.12.2020 (BStBl. I S. 1256) ab 1.1.2021;[1] → R 9.6 Abs. 3.

Verpflegungsmehraufwendungen.
– Arbeitnehmer haben bei einer beruflichen Auswärtstätigkeit einen Rechtsanspruch darauf, dass die gesetzlichen Pauschbeträge berücksichtigt werden (→ BFH vom 4.4.2006 – BStBl. II S. 567).
– Kürzung der Verpflegungspauschalen → § 9 Abs. 4a Satz 8 ff. EStG und BMF vom 25.11.2020 (BStBl. I S. 1228), Rz. 73 ff.

Werbungskostenabzug bei Reisekostenerstattung durch den Arbeitgeber. Wurden Reisekosten vom Arbeitgeber – ggf. teilweise – erstattet, ist der Werbungskostenabzug insgesamt auf den Betrag beschränkt, um den die Summe der abziehbaren Aufwendungen die steuerfreie Erstattung übersteigt (→ BFH vom 15.11.1991 – BStBl. 1992 II S. 367). Dabei ist es gleich, ob die Erstattung des Arbeitgebers nach § 3 Nr. 13, 16 EStG oder nach anderen Vorschriften steuerfrei geblieben ist, z. B. durch Zehrkostenentschädigungen i. S. d. § 3 Nr. 12 EStG (→ BFH vom 28.1.1988 – BStBl. II S. 635).

R 9.7 Übernachtungskosten

Allgemeines

(1) [1]Übernachtungskosten sind die tatsächlichen Aufwendungen, die dem Arbeitnehmer für die persönliche Inanspruchnahme einer Unterkunft zur Übernachtung entstehen. [2]Ist die Unterkunft am auswärtigen Tätigkeitsort die einzige Wohnung/Unterkunft des Arbeitnehmers, liegt kein beruflich veranlasster Mehraufwand i. S. d. § 9 Abs. 1 Satz 3 Nr. 5a EStG vor.

Werbungskostenabzug

(2) Die tatsächlichen Übernachtungskosten können bei einer Auswärtstätigkeit als Reisekosten angesetzt und als Werbungskosten abgezogen werden, soweit sie nicht vom Arbeitgeber nach § 3 Nr. 13 oder 16 EStG steuerfrei ersetzt werden.

Erstattung durch den Arbeitgeber

(3) [1]Für jede Übernachtung im Inland darf der Arbeitgeber ohne Einzelnachweis einen Pauschbetrag von 20 Euro steuerfrei erstatten. [2]Bei Übernachtungen im Ausland dürfen die Übernachtungskosten ohne Einzelnachweis der

[1] Weitergeltung auch für 2022 lt. Mitteilung des BMF v. 27.9.2021.

tatsächlichen Aufwendungen mit Pauschbeträgen (Übernachtungsgelder) steuerfrei erstattet werden. [3]Die Pauschbeträge werden vom Bundesministerium der Finanzen im Einvernehmen mit den obersten Finanzbehörden der Länder auf der Grundlage der höchsten Auslandsübernachtungsgelder nach dem Bundesreisekostengesetz bekannt gemacht. [4]Sie richten sich nach dem Ort, der nach R 9.6 Abs. 3 Satz 4 Nummer 1 und 2 maßgebend ist. [5]Für die in der Bekanntmachung nicht erfassten Länder und Gebiete ist R 9.6 Abs. 3 Satz 2 anzuwenden. [6]Die Pauschbeträge dürfen nicht steuerfrei erstatten werden, wenn dem Arbeitnehmer die Unterkunft vom Arbeitgeber oder auf Grund seines Dienstverhältnisses von einem Dritten unentgeltlich oder teilweise unentgeltlich zur Verfügung gestellt wurde. [7]Auch bei Übernachtung in einem Fahrzeug ist die steuerfreie Zahlung der Pauschbeträge nicht zulässig. [8]Bei Benutzung eines Schlafwagens oder einer Schiffskabine dürfen die Pauschbeträge nur dann steuerfrei gezahlt werden, wenn die Übernachtung in einer anderen Unterkunft begonnen oder beendet worden ist.

H 9.7

Allgemeines. → BMF vom 25.11.2020 (BStBl. I S. 1228), Rz. 115 ff.

Steuerfreiheit der Arbeitgebererstattungen. Die Erstattung der Übernachtungskosten durch den Arbeitgeber ist steuerfrei
- aus öffentlichen Kassen in voller Höhe → § 3 Nr. 13 EStG,
- bei Arbeitgebern außerhalb des öffentlichen Dienstes nach § 3 Nr. 16 EStG bis zur Höhe der tatsächlichen Aufwendungen oder bis zur Höhe der maßgebenden Pauschbeträge, d. h. bei Übernachtung im Inland 20 Euro, bei Übernachtung im Ausland → BMF vom 3.12.2020 (BStBl. I S. 1256) ab 1.1.2021.

Übernachtungskosten.
- Die Übernachtungskosten sind für den Werbungskostenabzug grundsätzlich im Einzelnen nachzuweisen. Sie können geschätzt werden, wenn sie dem Grunde nach zweifelsfrei entstanden sind (→ BFH vom 12.9.2001 – BStBl. II S. 775).
- Übernachtet ein Kraftfahrer in der Schlafkabine seines LKW, sind die Pauschalen für Übernachtungen nicht anzuwenden (→ BFH vom 28.3.2012 – BStBl. II S. 926); zu Reisenebenkosten → H 9.8 (LKW-Fahrer).

R 9.8 Reisenebenkosten

Allgemeines

(1) Reisenebenkosten werden unter den Voraussetzungen von R 9.4 in tatsächlicher Höhe berücksichtigt und können als Werbungskosten abgezogen werden, soweit sie nicht vom Arbeitgeber steuerfrei erstattet wurden.

Werbungskostenabzug

(2) *(unbesetzt)*

Steuerfreiheit der Arbeitgebererstattungen

(3) [1]Die Erstattung der Reisenebenkosten durch den Arbeitgeber ist nach § 3 Nr. 16 EStG steuerfrei, soweit sie die tatsächlichen Aufwendungen nicht überschreitet. [2]Der Arbeitnehmer hat seinem Arbeitgeber Unterlagen vorzulegen, aus denen die tatsächlichen Aufwendungen ersichtlich sein müssen. [3]Der Arbeitgeber hat diese Unterlagen als Belege zum Lohnkonto aufzubewahren.

H **9.8**

Allgemeines. → BMF vom 25.11.2020 (BStBl. I S. 1228), Rz. 129 ff.

Diebstahl. Wertverluste bei einem Diebstahl des für die Reise notwendigen persönlichen Gepäcks sind Reisenebenkosten (→ BFH vom 30.6.1995 – BStBl. II S. 744). Dies gilt nicht für den Verlust von → Geld oder → Schmuck.

Geld. Der Verlust einer Geldbörse führt nicht zu Reisenebenkosten (→ BFH vom 4.7.1986 – BStBl. II S. 771).

Geldbußen. → R 4.13 EStR.

LKW-Fahrer. Zu den Reisenebenkosten bei LKW-Fahrern, die in ihrer Schlafkabine übernachten, → § 9 Abs. 1 Satz 3 Nr. 5b EStG und BMF vom 25.11.2020 (BStBl. I S. 1228), Rz. 131 oder zur Berücksichtigung höherer Mehraufwendungen → BMF vom 4.12.2012 (BStBl. I S. 1249).

Ordnungsgelder. → R 4.13 EStR.

Reisegepäckversicherung. Kosten für eine Reisegepäckversicherung, soweit sich der Versicherungsschutz auf eine beruflich bedingte Abwesenheit von einer ersten Tätigkeitsstätte beschränkt, sind Reisenebenkosten; zur Aufteilung der Aufwendungen für eine gemischte Reisegepäckversicherung → BFH vom 19.2.1993 (BStBl. II S. 519).

Schaden. Wertverluste auf Grund eines Schadens an mitgeführten Gegenständen, die der Arbeitnehmer auf seiner Reise verwenden musste, sind Reisekosten, wenn der Schaden auf einer reisespezifischen Gefährdung beruht (→ BFH vom 30.11.1993 – BStBl. 1994 II S. 256).

Schmuck. Der Verlust von Schmuck führt nicht zu Reisenebenkosten (→ BFH vom 26.1.1968 – BStBl. II S. 342).

Telefonkosten. Zu den Reisenebenkosten gehören auch die tatsächlichen Aufwendungen für private Telefongespräche, soweit sie der beruflichen Sphäre zugeordnet werden können (→ BFH vom 5.7.2012 – BStBl. 2013 II S. 282).

Unfallversicherung. Beiträge zu Unfallversicherungen sind Reisenebenkosten, soweit sie Berufsunfälle außerhalb einer ersten Tätigkeitsstätte abdecken; wegen der steuerlichen Behandlung von Unfallversicherungen, die das Unfallrisiko sowohl im beruflichen als auch im außerberuflichen Bereich abdecken → BMF vom 28.10.2009 (BStBl. I S. 1275).

Verwarnungsgelder. → R 4.13 EStR.[1]

---

[1] Nr. **1**.

R 9.9 Umzugskosten

Allgemeines

(1) Kosten, die einem Arbeitnehmer durch einen beruflich veranlassten Wohnungswechsel entstehen, sind Werbungskosten.

Höhe der Umzugskosten

(2) [1]Bei einem beruflich veranlassten Wohnungswechsel können die tatsächlichen Umzugskosten grundsätzlich bis zur Höhe der Beträge als Werbungskosten abgezogen werden, die nach dem BUKG[1)] und der Auslandsumzugskostenverordnung (AUV)[2)] in der jeweils geltenden Fassung als Umzugskostenvergütung höchstens gezahlt werden könnten, mit Ausnahme der Pauschalen nach §§ 19, 21 AUV und der Auslagen (insbesondere Maklergebühren) für die Anschaffung einer eigenen Wohnung (Wohneigentum) nach § 9 Abs. 1 BUKG; die Pauschbeträge für Verpflegungsmehraufwendungen nach § 9 Abs. 4a EStG sind zu beachten. [2]Werden die umzugskostenrechtlich festgelegten Grenzen eingehalten, ist nicht zu prüfen, ob die Umzugskosten Werbungskosten darstellen. [3]Werden höhere Umzugskosten im Einzelnen nachgewiesen, so ist insgesamt zu prüfen, ob und inwieweit die Aufwendungen Werbungskosten oder nicht abziehbare Kosten der Lebensführung sind, z. B. bei Aufwendungen für die Neuanschaffung von Einrichtungsgegenständen. [4]Anstelle der in § 10 BUKG pauschal erfassten Umzugskosten können auch die im Einzelfall nachgewiesenen höheren Umzugskosten als Werbungskosten abgezogen werden. [5]Ein Werbungskostenabzug entfällt, soweit die Umzugskosten vom Arbeitgeber steuerfrei erstattet worden sind (§ 3c EStG).

Erstattung durch den Arbeitgeber

(3) [1]Die Erstattung der Umzugskosten durch den Arbeitgeber ist steuerfrei, soweit keine höheren Beträge erstattet werden, als nach Absatz 2 als Werbungskosten abziehbar wären. [2]Der Arbeitnehmer hat seinem Arbeitgeber Unterlagen vorzulegen, aus denen die tatsächlichen Aufwendungen ersichtlich sein müssen. [3]Der Arbeitgeber hat diese Unterlagen als Belege zum Lohnkonto aufzubewahren.

H 9.9

Aufgabe der Umzugsabsicht. Wird vom Arbeitgeber eine vorgesehene Versetzung rückgängig gemacht, sind die dem Arbeitnehmer durch die Aufgabe seiner Umzugsabsicht entstandenen vergeblichen Aufwendungen als Werbungskosten abziehbar (→ BFH vom 24.5.2000 – BStBl. II S. 584).

Berufliche Veranlassung. Ein Wohnungswechsel ist z. B. beruflich veranlasst,

1. wenn durch ihn eine → erhebliche Verkürzung der Entfernung zwischen Wohnung und Tätigkeitsstätte eintritt und die verbleibende Wegezeit im Berufsverkehr als normal angesehen werden kann (→ BFH vom

---

[1)] Nr. **29**.

[2)] AUV v. 26.11.2012, BGBl. I 2012, 2349, zuletzt geänd. durch VO v. 27.6.2018, BGBl. I 2018, 891.

6.11.1986 – BStBl. 1987 II S. 81). Es ist nicht erforderlich, dass der Wohnungswechsel mit einem Wohnortwechsel oder mit einem Arbeitsplatzwechsel verbunden ist,

2. wenn er im ganz überwiegenden betrieblichen Interesse des Arbeitgebers durchgeführt wird, insbesondere beim Beziehen oder Räumen einer Dienstwohnung, die aus betrieblichen Gründen bestimmten Arbeitnehmern vorbehalten ist, um z. B. deren jederzeitige Einsatzmöglichkeit zu gewährleisten (→ BFH vom 28.4.1988 – BStBl. II S. 777), oder
3. wenn er aus Anlass der erstmaligen Aufnahme einer beruflichen Tätigkeit, des Wechsels des Arbeitgebers oder im Zusammenhang mit einer Versetzung durchgeführt wird oder
4. wenn der eigene Hausstand zur Beendigung einer doppelten Haushaltsführung an den Beschäftigungsort verlegt wird (→ BFH vom 21.7.1989 – BStBl. II S. 917).

Die privaten Motive für die Auswahl der neuen Wohnung sind grundsätzlich unbeachtlich (→ BFH vom 23.3.2001 – BStBl. 2002 II S. 56).

Doppelte Haushaltsführung. → R 9.11.

Doppelter Mietaufwand. Wegen eines Umzugs geleistete doppelte Mietzahlungen können beruflich veranlasst und deshalb in voller Höhe als Werbungskosten abziehbar sein. Diese Mietaufwendungen können jedoch nur zeitanteilig, und zwar für die neue Familienwohnung ab dem Kündigungs- bis zum Umzugstag und für die bisherige Wohnung ab dem Umzugstag, längstens bis zum Ablauf der Kündigungsfrist des bisherigen Mietverhältnisses, als Werbungskosten abgezogen werden (→ BFH vom 13.7.2011 – BStBl. 2012 II S. 104).

Eheschließung/Begründung einer Lebenspartnerschaft. Erfolgt ein Umzug aus Anlass einer Eheschließung von getrennten Wohnorten in eine gemeinsame Familienwohnung, so ist die berufliche Veranlassung des Umzugs eines jeden Ehegatten gesondert zu beurteilen (→ BFH vom 23.3.2001 – BStBl. II S. 585). Entsprechendes gilt für Lebenspartnerschaften (→ § 2 Abs. 8 EStG).

Erhebliche Fahrzeitverkürzung.

– Eine erhebliche Verkürzung der Entfernung zwischen Wohnung und Tätigkeitsstätte ist anzunehmen, wenn sich die Dauer der täglichen Hin- und Rückfahrt insgesamt wenigstens zeitweise um mindestens eine Stunde ermäßigt (→ BFH vom 22.11.1991 – BStBl. 1992 II S. 494 und vom 16.10.1992 – BStBl. 1993 II S. 610).
– Die Fahrzeitersparnisse beiderseits berufstätiger Ehegatten/Lebenspartner sind weder zusammenzurechnen (→ BFH vom 27.7.1995 – BStBl. II S. 728) noch zu saldieren (→ BFH vom 21.2.2006 – BStBl. II S. 598).
– Steht bei einem Umzug eine arbeitstägliche Fahrzeitersparnis von mindestens einer Stunde fest, sind private Gründe (z. B. Gründung eines gemeinsamen Haushalts aus Anlass einer Eheschließung/Begründung einer Lebenspartnerschaft, erhöhter Wohnbedarf wegen Geburt eines Kindes) unbeachtlich (→ BFH vom 23.3.2001 – BStBl. II S. 585 und BStBl. 2002 II S. 56).

Höhe der Umzugskosten.

- Zur Höhe der maßgebenden Beträge für umzugsbedingte Unterrichtskosten und sonstige Umzugsauslagen ab 1.4.2021 sowie 1.4.2022 → BMF vom 21.7.2021 (BStBl. I S. 1021).
- Die dienstrechtliche Beschränkung des § 13 Abs. 2 Nr. 4 BUKG[1] hat für den Bereich des Werbungskostenabzugs keine Gültigkeit. Auch im Fall des Umzugs vom Ausland ins Inland können die dem Arbeitnehmer entstandenen sonstigen Umzugsauslagen als Werbungskosten nach § 9 Abs. 1 Satz 1 EStG in Höhe der sich aus § 18 Abs. 1 und 2 AUV ergebenden Pauschbeträge für Auslandsumzüge vergleichbarer Beamter geschätzt werden. Die Werbungskosten sind nicht in entsprechender Anwendung des § 18 Abs. 4 AUV zu kürzen (→ BFH vom 6.11.1986 – BStBl. II 1987 S. 188).
- Die umzugskostenrechtliche Beschränkung einer Mietausfallentschädigung für den bisherigen Wohnungsvermieter gilt nicht für den Werbungskostenabzug (→ BFH vom 1.12.1993 – BStBl. 1994 II S. 323).
- Nicht als Werbungskosten abziehbar sind die bei einem Grundstückskauf angefallenen Maklergebühren, auch soweit sie auf die Vermittlung einer vergleichbaren Mietwohnung entfallen würden (→ BFH vom 24.5.2000 – BStBl. II S. 586) sowie Aufwendungen für die Anschaffung von klimabedingter Kleidung und Wohnungsausstattung i. S. d. §§ 19 und 21 AUV (→ BFH vom 20.3.1992 – BStBl. 1993 II S. 192, vom 27.5.1994 – BStBl. 1995 II S. 17 und vom 12.4.2007 – BStBl. II S. 536).
- Der Werbungskostenabzug setzt eine Belastung mit Aufwendungen voraus. Das ist bei einem in Anlehnung an § 8 Abs. 3 BUKG ermittelten Mietausfall nicht der Fall. Als entgangene Einnahme erfüllt er nicht den Aufwendungsbegriff (→ BFH vom 19.4.2012 – BStBl. 2013 II S. 699).
- Zur steuerfreien Arbeitgebererstattung → R 9.9 Abs. 3.
- Aufwendungen auf Grund der Veräußerung eines Eigenheims anlässlich eines beruflich bedingten Umzugs sind keine Werbungskosten bei den Einkünften aus nichtselbständiger Arbeit (→ BFH vom 24.5.2000 – BStBl. II S. 476).
- Veräußerungsverluste aus dem Verkauf eines Eigenheims einschließlich zwischenzeitlich angefallener Finanzierungskosten anlässlich eines beruflich bedingten Umzugs sind keine Werbungskosten bei den Einkünften aus nichtselbständiger Arbeit (→ BFH vom 24.5.2000 – BStBl. II S. 474).[2]
- Bei einem beruflich veranlassten Umzug sind Aufwendungen für die Ausstattung der neuen Wohnung (z. B. Renovierungsmaterial, Gardinen, Rollos, Lampen, Telefonanschluss, Anschaffung und Installation eines Wasserboilers) nicht als Werbungskosten abziehbar (→ BFH vom 17.12.2002 – BStBl. 2003 II S. 314). Die Berücksichtigung der Pauschale nach § 10 BUKG[1] bleibt unberührt → R 9.9 Abs. 2 Satz 2.

---

[1] Nr. **29**.

[2] Siehe auch Stichwort „Aufgabe der Umzugsabsicht".

Rückumzug ins Ausland. Der Rückumzug ins Ausland ist bei einem ausländischen Arbeitnehmer, der unbefristet ins Inland versetzt wurde und dessen Familie mit ins Inland umzog und der bei Erreichen der Altersgrenze ins Heimatland zurückzieht, nicht beruflich veranlasst (→ BFH vom 8.11.1996 – BStBl. 1997 II S. 207); anders bei einer von vornherein befristeten Tätigkeit im Inland (→ BFH vom 4.12.1992 – BStBl. 1993 II S. 722).

Umzug ins Ausland. Umzugskosten im Zusammenhang mit einer beabsichtigten nichtselbständigen Tätigkeit im Ausland sind bei den inländischen Einkünften nicht als Werbungskosten abziehbar, wenn die Einkünfte aus der beabsichtigten Tätigkeit nicht der deutschen Besteuerung unterliegen (→ BFH vom 20.9.2006 – BStBl. 2007 II S. 756). Zum Progressionsvorbehalt → H 32b (Zeitweise unbeschränkte Steuerpflicht) EStH.[1)]

Zwischenumzug. Die berufliche Veranlassung eines Umzugs endet regelmäßig mit dem Einzug in die erste Wohnung am neuen Arbeitsort. Die Aufwendungen für die Einlagerung von Möbeln für die Zeit vom Bezug dieser Wohnung bis zur Fertigstellung eines Wohnhauses am oder in der Nähe vom neuen Arbeitsort sind daher keine Werbungskosten (→ BFH vom 21.9.2000 – BStBl. 2001 II S. 70).

R 9.10 Aufwendungen für Wege zwischen Wohnung und erster Tätigkeitsstätte sowie Fahrten nach § 9 Abs. 1 Satz 3 Nr. 4a Satz 3 EStG

Maßgebliche Wohnung

(1) [1]Als Ausgangspunkt für die Wege kommt jede Wohnung des Arbeitnehmers in Betracht, die er regelmäßig zur Übernachtung nutzt und von der aus er seine erste Tätigkeitsstätte aufsucht. [2]Als Wohnung ist z. B. auch ein möbliertes Zimmer, eine Schiffskajüte, ein Gartenhaus, ein auf eine gewisse Dauer abgestellter Wohnwagen oder ein Schlafplatz in einer Massenunterkunft anzusehen. [3]Hat ein Arbeitnehmer mehrere Wohnungen, können Wege von und zu der von der ersten Tätigkeitsstätte weiter entfernt liegenden Wohnung nach § 9 Abs. 1 Satz 3 Nr. 4 Satz 6 EStG nur dann berücksichtigt werden, wenn sich dort der Mittelpunkt der Lebensinteressen des Arbeitnehmers befindet und sie nicht nur gelegentlich aufgesucht wird. [4]Der Mittelpunkt der Lebensinteressen befindet sich bei einem verheirateten Arbeitnehmer regelmäßig am tatsächlichen Wohnort seiner Familie. [5]Die Wohnung kann aber nur dann ohne nähere Prüfung berücksichtigt werden, wenn sie der Arbeitnehmer mindestens sechsmal im Kalenderjahr aufsucht. [6]Bei anderen Arbeitnehmern befindet sich der Mittelpunkt der Lebensinteressen an dem Wohnort, zu dem die engeren persönlichen Beziehungen bestehen. [7]Die persönlichen Beziehungen können ihren Ausdruck besonders in Bindungen an Personen, z. B. Eltern, Verlobte, Freundes- und Bekanntenkreis, finden, aber auch in Vereinszugehörigkeiten und anderen Aktivitäten. [8]Sucht der Arbeitnehmer diese Wohnung im Durchschnitt mindestens zweimal monatlich auf, ist davon auszugehen, dass sich dort der Mit-

[1)] Nr. **1**.

telpunkt seiner Lebensinteressen befindet. [9]Die Sätze 4 bis 8 gelten unabhängig davon, ob sich der Lebensmittelpunkt im Inland oder im Ausland befindet.

Fahrten mit einem zur Nutzung überlassenen Kraftfahrzeug

(2) [1]Ein Kraftfahrzeug ist dem Arbeitnehmer zur Nutzung überlassen, wenn es dem Arbeitnehmer vom Arbeitgeber unentgeltlich oder teilentgeltlich überlassen worden ist (→ R 8.1 Abs. 9) oder wenn es der Arbeitnehmer von dritter Seite geliehen, gemietet oder geleast hat. [2]Wird ein Kraftfahrzeug von einer anderen Person als dem Arbeitnehmer, dem das Kraftfahrzeug von seinem Arbeitgeber zur Nutzung überlassen ist, für Wege zwischen Wohnung und erster Tätigkeitsstätte benutzt, kann die andere Person die Entfernungspauschale nach § 9 Abs. 1 Satz 3 Nr. 4 EStG geltend machen; Entsprechendes gilt für den Arbeitnehmer, dem das Kraftfahrzeug von seinem Arbeitgeber überlassen worden ist, für Wege zwischen Wohnung und erster Tätigkeitsstätte im Rahmen eines anderen Dienstverhältnisses.

Behinderte Menschen i. S. d. § 9 Abs. 2 Satz 3 EStG[1)]

(3) [1]Ohne Einzelnachweis der tatsächlichen Aufwendungen können die Fahrtkosten nach den Regelungen in § 9 Abs. 1 Satz 3 Nr. 4a Satz 2 EStG angesetzt werden. [2]Wird ein behinderter Arbeitnehmer im eigenen oder ihm zur Nutzung überlassenen Kraftfahrzeug arbeitstäglich von einem Dritten, z. B. dem Ehegatten, zu seiner ersten Tätigkeitsstätte gefahren und wieder abgeholt, können auch die Kraftfahrzeugkosten, die durch die Ab- und Anfahrten des Fahrers – die so genannten Leerfahrten – entstehen, in tatsächlicher Höhe oder in sinngemäßer Anwendung von § 9 Abs. 1 Satz 3 Nr. 4a Satz 2 EStG als Werbungskosten abgezogen werden. [3]Für den Nachweis der Voraussetzungen des § 9 Abs. 2 Satz 3 EStG ist § 65 EStDV entsprechend anzuwenden.[2)] [4]Für die Anerkennung der tatsächlichen Aufwendungen oder der Kilometersätze aus § 9 Abs. 1 Satz 3 Nr. 4a Satz 2 EStG und für die Berücksichtigung von Leerfahrten ist bei rückwirkender Festsetzung oder Änderung des Grads der Behinderung das Gültigkeitsdatum des entsprechenden Nachweises maßgebend.

Sammelpunkt oder weiträumiges Tätigkeitsgebiet i. S. d. § 9 Abs. 1 Satz 3 Nr. 4a Satz 3 EStG

(4) Die Absätze 1 bis 3 gelten bei Fahrten nach § 9 Abs. 1 Satz 3 Nr. 4a Satz 3 EStG entsprechend.

H 9.10

Allgemeine Grundsätze. → BMF vom 18.11.2021 (BStBl. I S. 2315).

Anrechnung von Arbeitgeberleistungen auf die Entfernungspauschale.
- → BMF vom 18.11.2021 (BStBl. I S. 2315), Tz. 1.9.
- → BMF vom 15.8.2019 (BStBl. I S. 875).

Benutzung verschiedener Verkehrsmittel. → BMF vom 18.11.2021 (BStBl. I S. 2315), Tz. 1.6.

---

1) **[Amtl. Anm.:]** Jetzt Menschen mit Behinderungen.

2) Zum Nachweis siehe auch BMF v. 1.3.2021, BStBl. I 2021, 300.

Dienstliche Verrichtungen auf der Fahrt. Eine Fahrt zwischen Wohnung und erster Tätigkeitsstätte liegt auch vor, wenn diese gleichzeitig zu dienstlichen Verrichtungen für den Arbeitgeber genutzt wird, z. B. Abholen der Post, sich dabei aber der Charakter der Fahrt nicht wesentlich ändert und allenfalls ein geringer Umweg erforderlich wird; die erforderliche Umwegstrecke ist als Auswärtstätigkeit zu werten (→ BFH vom 12.10.1990 – BStBl. 1991 II S. 134).

Fahrgemeinschaften. → BMF vom 18.11.2021 (BStBl. I S. 2315), Tz. 1.5.

Fahrtkosten

- **bei Antritt einer Auswärtstätigkeit von der ersten Tätigkeitsstätte.** Hat der Arbeitnehmer eine erste Tätigkeitsstätte, ist die Entfernungspauschale auch dann anzusetzen, wenn der Arbeitnehmer seine erste Tätigkeitsstätte deshalb aufsucht, um von dort eine Auswärtstätigkeit anzutreten (→ BFH vom 18.1.1991 – BStBl. II S. 408);
- **bei einfacher Fahrt.** Die Entfernungspauschale für Wege zwischen Wohnung und erster Tätigkeitsstätte gilt arbeitstäglich zwei Wege (einen Hin- und einen Rückweg) ab. Legt ein Arbeitnehmer nur einen Weg zurück, so ist nur die Hälfte der Entfernungspauschale je Entfernungskilometer und Arbeitstag als Werbungskosten zu berücksichtigen. Dies gilt, wenn sich z. B. an die Hinfahrt eine Auswärtstätigkeit anschließt, die an der Wohnung des Arbeitnehmers endet (→ BFH vom 26.7.1978 – BStBl. II S. 661); wenn Hin- und Rückfahrt sich auf unterschiedliche Wohnungen beziehen (→ BFH vom 9.12.1988 – BStBl. 1989 II S. 296) oder wenn die Rückfahrt erst an einem späteren Tag erfolgt (→ BFH vom 12.2.2020 – BStBl. II S. 473);
- **bei mehreren ersten Tätigkeitsstätten.** Zum Ansatz der Entfernungspauschale bei mehreren ersten Tätigkeitsstätten in **mehreren Dienstverhältnissen** → BMF vom 18.11.2021 (BStBl. I S. 2315), Tz. 1.8;
- **bei Nutzung verschiedener Verkehrsmittel.** → BMF vom 18.11.2021 (BStBl. I S. 2315), Tz. 1.6;
- **zu einem bestimmten Sammelpunkt.**[1] → § 9 Abs. 1 Satz 3 Nr. 4a Satz 3 EStG und BMF vom 25.11.2020 (BStBl. I S. 1228), Rz. 38 ff.;
- **zu einem weiträumigen Tätigkeitsgebiet.**[1] → § 9 Abs. 1 Satz 3 Nr. 4a Satz 3 EStG und BMF vom 25.11.2020 (BStBl. I S. 1228), Rz. 41 ff.

Leasingsonderzahlung. Durch die Entfernungspauschale wird auch eine Leasingsonderzahlung abgegolten (→ BFH vom 15.4.2010 – BStBl. II S. 805).

Leerfahrten.

- Wird ein Arbeitnehmer im eigenen Kraftfahrzeug von einem Dritten zu seiner ersten Tätigkeitsstätte gefahren oder wieder abgeholt, so sind die so genannten Leerfahrten selbst dann nicht zu berücksichtigen, wenn die Fahrten wegen schlechter öffentlicher Verkehrsverhältnisse erforderlich sind (→ BFH vom 7.4.1989 – BStBl. II S. 925).
- Bei Menschen mit Behinderungen i. S. d. § 9 Abs. 2 Satz 3 EStG → R 9.10 Abs. 3.

---

[1] Die Anwendung der Entfernungspauschale setzt typischerweise arbeitstägliches (nicht fahrtägliches) dauerhaftes Aufsuchen eines vom Arbeitgeber festgelegten Sammelpunkts voraus; siehe BFH v. 19.4.2021 VI R 6/19, BStBl. II 2021, 727.

Mehrere Dienstverhältnisse. → BMF vom 18.11.2021 (BStBl. I S. 2315), Tz. 1.8.

Mehrere Wege an einem Arbeitstag.

- → BMF vom 18.11.2021 (BStBl. I S. 2315), Tz. 1.7.
- Die Abgeltungswirkung der Entfernungspauschale greift auch dann ein, wenn wegen atypischer Dienstzeiten Wege zwischen Wohnung und erster Tätigkeitsstätte zweimal arbeitstäglich erfolgen (→ BFH vom 11.9.2003 – BStBl. II S. 893).

Menschen mit Behinderungen.

- → BMF vom 18.11.2021 (BStBl. I S. 2315), Tz. 3.
- Auch bei Arbeitnehmern mit Behinderungen darf grundsätzlich nur eine Hin- und Rückfahrt arbeitstäglich, gegebenenfalls zusätzlich eine Rück- und Hinfahrt als Leerfahrt, berücksichtigt werden (→ BFH vom 2.4.1976 – BStBl. II S. 452).
- Zur Ermittlung der Absetzungen für Abnutzung sind die Anschaffungskosten um Zuschüsse nach der Kraftfahrzeughilfe-Verordnung zu mindern (→ BFH vom 14.6.2012 – BStBl. II S. 835).
- Wird bei Menschen mit Behinderungen der Grad der Behinderung herabgesetzt und liegen die Voraussetzungen des § 9 Abs. 2 Satz 3 EStG nach der Herabsetzung nicht mehr vor, ist dies ab dem im Bescheid genannten Zeitpunkt zu berücksichtigen. Aufwendungen für Wege zwischen Wohnung und erster Tätigkeitsstätte sowie für Fahrten nach § 9 Abs. 1 Satz 3 Nr. 4a Satz 3 EStG können daher ab diesem Zeitpunkt nicht mehr nach § 9 Abs. 2 Satz 3 EStG bemessen werden (→ BFH vom 11.3.2014 – BStBl. II S. 525).

Parkgebühren. → BMF vom 18.11.2021 (BStBl. I S. 2315), Tz. 4.

Park and ride. → BMF vom 18.11.2021 (BStBl. I S. 2315), Tz. 1.6.

Umwegfahrten. → Dienstliche Verrichtungen auf der Fahrt; → Fahrgemeinschaften.

Unfallschäden. Neben der Entfernungspauschale **können** nur Aufwendungen **berücksichtigt werden** für die Beseitigung von Unfallschäden bei einem Verkehrsunfall

- auf der Fahrt zwischen Wohnung und erster Tätigkeitsstätte (→ BFH vom 23.6.1978 – BStBl. II S. 457 und vom 14.7.1978 – BStBl. II S. 595),
- auf einer Umwegfahrt zum Betanken des Fahrzeugs (→ BFH vom 11.10.1984 – BStBl. 1985 II S. 10),
- unter einschränkenden Voraussetzungen auf einer Leerfahrt des Ehegatten/Lebenspartners zwischen der Wohnung und der Haltestelle eines öffentlichen Verkehrsmittels oder auf der Abholfahrt des Ehegatten/Lebenspartners (→ BFH vom 26.6.1987 – BStBl. II S. 818 und vom 11.2.1993 – BStBl. II S. 518),
- auf einer Umwegstrecke zur Abholung der Mitfahrer einer Fahrgemeinschaft unabhängig von der Gestaltung der Fahrgemeinschaft (→ BFH vom 11.7.1980 – BStBl. II S. 655).

Nicht berücksichtigt werden können die Folgen von Verkehrsunfällen

- auf der Fahrt unter Alkoholeinfluss (→ BFH vom 6.4.1984 – BStBl. II S. 434),
- auf einer Probefahrt (→ BFH vom 23.6.1978 – BStBl. II S. 457),
- auf einer Fahrt, die nicht von der Wohnung aus angetreten oder an der Wohnung beendet wird (→ BFH vom 25.3.1988 – BStBl. II S. 706),
- auf einer Umwegstrecke, wenn diese aus privaten Gründen befahren wird, z.B. zum Einkauf von Lebensmitteln oder um ein Kleinkind unmittelbar vor Arbeitsbeginn in den Hort zu bringen (→ BFH vom 13.3.1996 – BStBl. II S. 375).

Zu den **berücksichtigungsfähigen Unfallkosten** gehören auch **Schadensersatzleistungen,** die der Arbeitnehmer unter Verzicht auf die Inanspruchnahme seiner gesetzlichen Haftpflichtversicherung selbst getragen hat.

Nicht berücksichtigungsfähig sind dagegen

- die in den Folgejahren erhöhten Beiträge für die Haftpflicht- und Fahrzeugversicherung, wenn die Schadensersatzleistungen von dem Versicherungsunternehmen erbracht worden sind (→ BFH vom 11.7.1986 – BStBl. II S. 866),
- Finanzierungskosten, und zwar auch dann, wenn die Kreditfinanzierung des Fahrzeugs wegen Verlusts eines anderen Kraftfahrzeugs auf einer Fahrt von der Wohnung zur ersten Tätigkeitsstätte erforderlich geworden ist (→ BFH vom 1.10.1982 – BStBl. 1983 II S. 17),
- der so genannte merkantile Minderwert eines reparierten und weiterhin benutzten Fahrzeugs (→ BFH vom 31.1.1992 – BStBl. II S. 401),
- Reparaturaufwendungen infolge der Falschbetankung eines Kraftfahrzeugs auf der Fahrt zwischen Wohnung und erster Tätigkeitsstätte sowie auf Fahrten nach § 9 Abs. 1 Satz 3 Nr. 4a Satz 3 EStG (→ BFH vom 20.3.2014 – BStBl. II S. 849).

Lässt der Arbeitnehmer das unfallbeschädigte Fahrzeug nicht reparieren, kann die Wertminderung durch Absetzungen für außergewöhnliche Abnutzung (§ 7 Abs. 1 letzter Satz i.V.m. § 9 Abs. 1 Satz 3 Nr. 7 EStG) berücksichtigt werden (→ BFH vom 21.8.2012 – BStBl. 2013 II S. 171); Absetzungen sind ausgeschlossen, wenn die gewöhnliche Nutzungsdauer des Fahrzeugs bereits abgelaufen ist (→ BFH vom 21.8.2012 – BStBl. 2013 II S. 171).

→ H 9.12 (Absetzung für Abnutzung).

Soweit die unfallbedingte Wertminderung durch eine Reparatur behoben worden ist, sind nur die tatsächlichen Reparaturkosten zu berücksichtigen (→ BFH vom 27.8.1993 – BStBl. 1994 II S. 235).

Verkehrsgünstigere Strecke.

- → BMF vom 18.11.2021 (BStBl. I S. 2315), Tz. 1.4.
- Für die Entfernungspauschale ist die kürzeste Straßenverbindung auch dann maßgeblich, wenn diese mautpflichtig ist oder mit dem vom Arbeitnehmer verwendeten Verkehrsmittel straßenverkehrsrechtlich nicht benutzt werden darf (→ BFH vom 24.9.2013 – BStBl. 2014 II S. 259).

Wohnung.

- Ein Hotelzimmer oder eine fremde Wohnung, in denen der Arbeitnehmer nur kurzfristig aus privaten Gründen übernachtet, ist nicht Wohnung i.S.d. § 9 Abs. 1 EStG (→ BFH vom 25.3.1988 – BStBl. II S. 706).
- Der Mittelpunkt der Lebensinteressen befindet sich bei einem verheirateten Arbeitnehmer regelmäßig am tatsächlichen Wohnort seiner Familie (→ BFH vom 10.11.1978 – BStBl. 1979 II S. 219 und vom 3.10.1985 – BStBl. 1986 II S. 95).
- Aufwendungen für Wege zwischen der ersten Tätigkeitsstätte und der Wohnung, die den örtlichen Mittelpunkt der Lebensinteressen des Arbeitnehmers darstellt, sind auch dann als Werbungskosten i.S.d. § 9 Abs. 1 Satz 3 Nr. 4 EStG zu berücksichtigen, wenn die Fahrt an der näher zur ersten Tätigkeitsstätte liegenden Wohnung unterbrochen wird (→ BFH vom 20.12.1991 – BStBl. 1992 II S. 306).
- Ob ein Arbeitnehmer seine weiter entfernt liegende Familienwohnung nicht nur gelegentlich aufsucht, ist anhand einer Gesamtwürdigung zu beurteilen. Fünf Fahrten im Kalenderjahr können bei entsprechenden Umständen ausreichend sein (→ BFH vom 26.11.2003 – BStBl. 2004 II S. 233; → R 9.10 Abs. 1 Satz 5).

R 9.11 Mehraufwendungen bei doppelter Haushaltsführung[1)]

R 9.11 (1–4)

Doppelte Haushaltsführung

(1) [1]Eine doppelte Haushaltsführung liegt nur vor, wenn der Arbeitnehmer außerhalb des Ortes seiner ersten Tätigkeitsstätte einen eigenen Hausstand unterhält und auch am Ort der ersten Tätigkeitsstätte wohnt; die Anzahl der Übernachtungen ist dabei unerheblich. [2]Eine doppelte Haushaltsführung liegt nicht vor, solange die auswärtige Beschäftigung als Auswärtstätigkeit anzuerkennen ist.

Berufliche Veranlassung

(2) [1]Das Beziehen einer Zweitwohnung ist regelmäßig bei einem Wechsel des Beschäftigungsorts auf Grund einer Versetzung, des Wechsels oder der erstmaligen Begründung eines Dienstverhältnisses beruflich veranlasst. [2]Beziehen beiderseits berufstätige Ehegatten am gemeinsamen Beschäftigungsort eine gemeinsame Zweitwohnung, liegt ebenfalls eine berufliche Veranlassung vor. [3]Auch die Mitnahme des nicht berufstätigen Ehegatten an den Beschäftigungsort steht der beruflichen Veranlassung einer doppelten Haushaltsführung nicht entgegen. [4]Bei Zuzug aus dem Ausland kann das Beziehen einer Zweitwohnung auch dann beruflich veranlasst sein, wenn der Arbeitnehmer politisches Asyl beantragt oder erhält. [5]Eine aus beruflichem Anlass begründete doppelte Haushaltsführung liegt auch dann vor, wenn ein Arbeitnehmer sei-

1) Zur doppelten Haushaltsführung, wenn die Hauptwohnung am Beschäftigungsort liegt, siehe BFH v. 16.11.2017 VI R 31/16, BStBl. II 2018, 404.

nen Haupthausstand aus privaten Gründen vom Beschäftigungsort wegverlegt und er darauf in einer Wohnung am Beschäftigungsort einen Zweithaushalt begründet, um von dort seiner Beschäftigung weiter nachgehen zu können. [6]In den Fällen, in denen bereits zum Zeitpunkt der Wegverlegung des Lebensmittelpunktes vom Beschäftigungsort ein Rückumzug an den Beschäftigungsort geplant ist oder feststeht, handelt es sich hingegen nicht um eine doppelte Haushaltsführung i. S. d. § 9 Abs. 1 Satz 3 Nr. 5 EStG.

Eigener Hausstand

(3) [1]Ein eigener Hausstand setzt eine eingerichtete, den Lebensbedürfnissen entsprechende Wohnung des Arbeitnehmers sowie die finanzielle Beteiligung an den Kosten der Lebensführung (laufende Kosten der Haushaltsführung) voraus. [2]In dieser Wohnung muss der Arbeitnehmer einen Haushalt unterhalten, das heißt, er muss die Haushaltsführung bestimmen oder wesentlich mitbestimmen. [3]Es ist nicht erforderlich, dass in der Wohnung am Ort des eigenen Hausstands hauswirtschaftliches Leben herrscht, z. B. wenn der Arbeitnehmer seinen nicht berufstätigen Ehegatten an den auswärtigen Beschäftigungsort mitnimmt oder der Arbeitnehmer nicht verheiratet ist. [4]Die Wohnung muss außerdem der auf Dauer angelegte Mittelpunkt der Lebensinteressen des Arbeitnehmers sein. [5]Bei größerer Entfernung zwischen dieser Wohnung und der Zweitwohnung, insbesondere bei einer Wohnung im Ausland, reicht bereits eine Heimfahrt im Kalenderjahr aus, um diese als Lebensmittelpunkt anzuerkennen, wenn in der Wohnung auch bei Abwesenheit des Arbeitnehmers hauswirtschaftliches Leben herrscht, an dem sich der Arbeitnehmer sowohl durch persönliche Mitwirkung als auch finanziell maßgeblich beteiligt. [6]Bei Arbeitnehmern mit einer Wohnung in weit entfernt liegenden Ländern, z. B. Australien, Indien, Japan, Korea, Philippinen, gilt Satz 5 mit der Maßgabe, dass innerhalb von zwei Jahren mindestens eine Heimfahrt unternommen wird.

Ort der Zweitwohnung

(4) Eine Zweitwohnung in der Nähe des Beschäftigungsorts steht einer Zweitwohnung am Beschäftigungsort gleich.

H **9.11** (1–4)

Beibehaltung der Wohnung.

– Ist der doppelte Haushalt beruflich begründet worden, ist es unerheblich, ob in der Folgezeit auch die Beibehaltung beider Wohnungen beruflich veranlasst ist (→ BFH vom 30.9.1988 – BStBl. 1989 II S. 103) oder ob der gemeinsame Wohnsitz beiderseits berufstätiger Ehegatten/Lebenspartner über die Jahre gleich bleibt oder verändert wird (→ BFH vom 30.10.2008 – BStBl. 2009 II S. 153).
– Nach einer mehrmonatigen Beurlaubung kann in der alten Wohnung am früheren Beschäftigungsort auch erneut eine doppelte Haushaltsführung begründet werden (→ BFH vom 8.7.2010 – BStBl. 2011 II S. 47).

Berufliche Veranlassung.

– → R 9.11 Abs. 2 und BMF vom 25.11.2020 (BStBl. I S. 1228), Rz. 104.

– Eine beruflich begründete doppelte Haushaltsführung liegt vor, wenn aus beruflicher Veranlassung in einer Wohnung am Beschäftigungsort ein zweiter (doppelter) Haushalt zum Hausstand des Stpfl. hinzutritt. Der Haushalt in der Wohnung am Beschäftigungsort ist beruflich veranlasst, wenn ihn der Stpfl. nutzt, um seinen Arbeitsplatz von dort aus erreichen zu können (→ BFH vom 5.3.2009 – BStBl. II S. 1012 und 1016).
– Eine aus beruflichem Anlass begründete doppelte Haushaltsführung kann auch dann vorliegen, wenn ein Stpfl. seinen Haupthausstand aus privaten Gründen vom Beschäftigungsort wegverlegt und er darauf in einer Wohnung am Beschäftigungsort einen Zweithaushalt begründet, um von dort seiner bisherigen Beschäftigung weiter nachgehen zu können (→ BFH vom 5.3.2009 – BStBl. II S. 1012 und 1016).
– Der berufliche Veranlassungszusammenhang einer doppelten Haushaltsführung wird nicht allein dadurch beendet, dass ein Arbeitnehmer seinen Familienhausstand innerhalb desselben Ortes verlegt (→ BFH vom 4.4.2006 – BStBl. II S. 714).

Beschäftigung am Hauptwohnsitz. Aufwendungen eines Arbeitnehmers für eine Zweitwohnung an einem auswärtigen Beschäftigungsort sind auch dann wegen doppelter Haushaltsführung als Werbungskosten abziehbar, wenn der Arbeitnehmer zugleich am Ort seines Hausstandes beschäftigt ist (→ BFH vom 24.5.2007 – BStBl. II S. 609).

Ehegatten/Lebenspartner. Bei verheirateten Arbeitnehmern kann für jeden Ehegatten eine doppelte Haushaltsführung beruflich veranlasst sein, wenn die Ehegatten außerhalb des Ortes ihres gemeinsamen Hausstands an verschiedenen Orten beschäftigt sind und am jeweiligen Beschäftigungsort eine Zweitwohnung beziehen (→ BFH vom 6.10.1994 – BStBl. 1995 II S. 184). Entsprechendes gilt für Lebenspartnerschaften (§ 2 Abs. 8 EStG).

Eheschließung/Begründung einer Lebenspartnerschaft. Eine beruflich veranlasste doppelte Haushaltsführung liegt auch in den Fällen vor, in denen der eigene Hausstand nach der Eheschließung am Beschäftigungsort des ebenfalls berufstätigen Ehegatten begründet (→ BFH vom 6.9.1977 – BStBl. 1978 II S. 32, vom 20.3.1980 – BStBl. II S. 455 und vom 4.10.1989 – BStBl. 1990 II S. 321) oder wegen der Aufnahme einer Berufstätigkeit des Ehegatten an dessen Beschäftigungsort verlegt und am Beschäftigungsort eine Zweitwohnung des Arbeitnehmers begründet worden ist (→ BFH vom 2.10.1987 – BStBl. II S. 852). Entsprechendes gilt für Lebenspartnerschaften (§ 2 Abs. 8 EStG).

Eigener Hausstand.
– Die Wohnung muss grundsätzlich aus eigenem Recht, z. B. als Eigentümer oder als Mieter genutzt werden, wobei auch ein gemeinsames oder abgeleitetes Nutzungsrecht ausreichen kann (→ BFH vom 5.10.1994 – BStBl. 1995 II S. 180 und BMF vom 25.11.2020 (BStBl. I S. 1228, Rz. 101). Ein eigener Hausstand wird auch anerkannt, wenn die Wohnung zwar allein vom Lebensgefährten des Arbeitnehmers angemietet wurde, dieser sich aber mit Duldung seines Lebensgefährten dauerhaft dort aufhält und sich finanziell in einem Umfang an der Haushaltsfüh-

rung beteiligt, dass daraus auf eine gemeinsame Haushaltsführung geschlossen werden kann (→ BFH vom 12.9.2000 – BStBl. 2001 II S. 29).

- Bei einem alleinstehenden Arbeitnehmer ist zu prüfen, ob er einen eigenen Hausstand unterhält oder in einen fremden Haushalt eingegliedert ist; er muss sich an den Kosten auch finanziell beteiligen (→ BMF vom 25.11.2020 – BStBl. I S. 1228, Rz. 101).
- Ein eigener Hausstand liegt nicht vor bei Arbeitnehmern, die – wenn auch gegen Kostenbeteiligung – in den Haushalt der Eltern eingegliedert sind oder in der Wohnung der Eltern lediglich ein Zimmer bewohnen (→ BFH vom 5.10.1994 – BStBl. 1995 II S. 180).[1]
- Ein Vorbehaltsnießbrauch zu Gunsten der Eltern an einem Zweifamilienhaus eines unverheirateten Arbeitnehmers schließt nicht aus, dass dieser dort einen eigenen Hausstand als Voraussetzung für eine doppelte Haushaltsführung unterhält, wenn gesichert ist, dass er die Wohnung nicht nur vorübergehend nutzen kann; bei dieser Prüfung kommt es auf den Fremdvergleich nicht an (→ BFH vom 4.11.2003 – BStBl. 2004 II S. 16).
- Unterhält ein unverheirateter Arbeitnehmer am Ort des Lebensmittelpunkts seinen Haupthausstand, so kommt es für das Vorliegen einer doppelten Haushaltsführung nicht darauf an, ob die ihm dort zur ausschließlichen Nutzung zur Verfügung stehenden Räumlichkeiten den bewertungsrechtlichen Anforderungen an eine Wohnung gerecht werden (→ BFH vom 14.10.2004 – BStBl. 2005 II S. 98).

Mittelpunkt der Lebensinteressen. Ob die außerhalb des Beschäftigungsortes belegene Wohnung des Arbeitnehmers als Mittelpunkt seiner Lebensinteressen anzusehen ist und deshalb seinen Hausstand darstellt, ist anhand einer Gesamtwürdigung aller Umstände des Einzelfalls festzustellen (→ BFH vom 8.10.2014 – BStBl. 2015 II S. 511 zu beiderseits berufstätigen Lebensgefährten).

Nutzung der Zweitwohnung. Es ist unerheblich, wie oft der Arbeitnehmer tatsächlich in der Zweitwohnung übernachtet (→ BFH vom 9.6.1988 – BStBl. II S. 990).

Private Veranlassung. → R 9.11 Abs. 2 Satz 6.

Zeitlicher Zusammenhang. Es ist gleichgültig, ob die → Zweitwohnung in zeitlichem Zusammenhang mit dem Wechsel des Beschäftigungsorts, nachträglich (→ BFH vom 9.3.1979 – BStBl. II S. 520) oder im Rahmen eines Umzugs aus einer privat begründeten → Zweitwohnung (→ BFH vom 26.8.1988 – BStBl. 1989 II S. 89) bezogen worden ist.

Zweitwohnung am Beschäftigungsort.

- Als Zweitwohnung am Beschäftigungsort kommt jede dem Arbeitnehmer entgeltlich oder unentgeltlich zur Verfügung stehende Unterkunft in Betracht, z. B. auch eine Eigentumswohnung, ein möbliertes Zimmer, ein Hotelzimmer, eine Gemeinschaftsunterkunft (→ BFH vom 3.10.1985

[1] Zur doppelten Haushaltsführung in einem Mehrgenerationenhaushalt siehe BFH v. 26.7.2012 VI R 10/12, BStBl. II 2013, 208.

– BStBl. 1986 II S. 369) oder bei Soldaten die Unterkunft in der Kaserne (→ BFH vom 20.12.1982 – BStBl. 1983 II S. 269).
– → BMF vom 25.11.2020 (BStBl. I S. 1228), Rz. 103f.

R 9.11 (5–10)

Notwendige Mehraufwendungen

(5) [1]Als notwendige Mehraufwendungen wegen einer doppelten Haushaltsführung kommen in Betracht:

1. die Fahrtkosten aus Anlass der Wohnungswechsel zu Beginn und am Ende der doppelten Haushaltsführung sowie für wöchentliche Heimfahrten an den Ort des eigenen Hausstands (→ Absatz 6) oder Aufwendungen für wöchentliche Familien-Ferngespräche,
2. Verpflegungsmehraufwendungen (→ Absatz 7),
3. Aufwendungen für die Zweitwohnung (→ Absatz 8) und
4. Umzugskosten (→ Absatz 9).

[2]Führt der Arbeitnehmer mehr als eine Heimfahrt wöchentlich durch, so kann er wählen, ob er die nach Satz 1 in Betracht kommenden Mehraufwendungen wegen doppelter Haushaltsführung oder die Fahrtkosten nach R 9.10 geltend machen will. [3]Der Arbeitnehmer kann das Wahlrecht bei derselben doppelten Haushaltsführung für jedes Kalenderjahr nur einmal ausüben. [4]Hat der Arbeitgeber die Zweitwohnung unentgeltlich oder teilentgeltlich zur Verfügung gestellt, so sind die abziehbaren Fahrtkosten um diesen Sachbezug mit dem nach R 8.1 Abs. 5 und 6 maßgebenden Wert zu kürzen.

Notwendige Fahrtkosten

(6) Als notwendige Fahrtkosten sind anzuerkennen

1. die tatsächlichen Aufwendungen für die Fahrten anlässlich der Wohnungswechsel zu Beginn und am Ende der doppelten Haushaltsführung. [2]Für die Ermittlung der Fahrtkosten ist § 9 Abs. 1 Satz 3 Nr. 4a Satz 1 und 2 EStG, R 9.5 Abs. 1 anzuwenden; zusätzlich können etwaige Nebenkosten nach Maßgabe von R 9.8 berücksichtigt werden,
2. die Entfernungspauschale nach § 9 Abs. 1 Satz 3 Nr. 5 Satz 6 EStG[1)] für jeweils eine tatsächlich durchgeführte Heimfahrt wöchentlich. [2]Aufwendungen für Fahrten mit einem im Rahmen des Dienstverhältnisses zur Nutzung überlassenen Kraftfahrzeug können nicht angesetzt werden (→ Absatz 10 Satz 7 Nr. 1).

Notwendige Verpflegungsmehraufwendungen

(7) [1]Die dem Arbeitnehmer im Rahmen einer doppelten Haushaltsführung tatsächlich entstandenen, beruflich veranlassten Mehraufwendungen für Verpflegung sind unter den Voraussetzungen des § 9 Abs. 4a Satz 12 und 13 EStG mit den dort genannten Pauschbeträgen anzusetzen. [2]Ist der Tätigkeit am Be-

---

1) **[Amtl. Anm.:]** Für 2021 bis 2026 → Satz 9.

schäftigungsort eine Auswärtstätigkeit an diesen Beschäftigungsort unmittelbar vorausgegangen, ist deren Dauer auf die Dreimonatsfrist anzurechnen (→ § 9 Abs. 4a Satz 13 EStG). [3]Verlegt der Arbeitnehmer seinen Lebensmittelpunkt i. S. d. Absatzes 3 aus privaten Gründen (→ Absatz 2 Satz 5) vom Beschäftigungsort weg und begründet in seiner bisherigen Wohnung oder einer anderen Unterkunft am Beschäftigungsort einen Zweithaushalt, um von dort seiner Beschäftigung weiter nachgehen zu können, liegen notwendige Verpflegungsmehraufwendungen nur vor, wenn und soweit der Arbeitnehmer am Beschäftigungsort zuvor nicht bereits drei Monate gewohnt hat; die Dauer eines unmittelbar der Begründung des Zweithaushalts am Beschäftigungsort vorausgegangenen Aufenthalts am Ort des Zweithaushalts ist auf die Dreimonatsfrist anzurechnen.[1)]

Notwendige Aufwendungen für die Zweitwohnung

(8) [1]Bei einer doppelten Haushaltsführung im Inland sind die tatsächlichen Kosten für die Zweitwohnung im Rahmen des Höchstbetrags nach § 9 Abs. 1 Satz 3 Nr. 5 Satz 4 EStG anzuerkennen. [2]Aufwendungen für eine im Ausland gelegene Zweitwohnung sind zu berücksichtigen, soweit sie notwendig und angemessen sind. [3]Steht die Zweitwohnung im Ausland im Eigentum des Arbeitnehmers, sind die Aufwendungen in der Höhe als notwendig anzusehen, in der sie der Arbeitnehmer als Mieter für eine nach Größe, Ausstattung und Lage angemessene Wohnung tragen müsste.

Umzugskosten

(9) [1]Umzugskosten anlässlich der Begründung, Beendigung oder des Wechsels einer doppelten Haushaltsführung sind vorbehaltlich des Satzes 4 Werbungskosten, wenn der Umzug beruflich veranlasst ist. [2]Der Nachweis der Umzugskosten i. S. d. § 10 BUKG[2)] ist notwendig, weil für sie keine Pauschalierung möglich ist. [3]Dasselbe gilt für die sonstigen Umzugsauslagen i. S. d. § 18 AUV bei Beendigung einer doppelten Haushaltsführung durch den Rückumzug eines Arbeitnehmers in das Ausland. [4]Verlegt der Arbeitnehmer seinen Lebensmittelpunkt i. S. d. Absatzes 3 aus privaten Gründen (→ Absatz 2 Satz 5) vom Beschäftigungsort weg und begründet in seiner bisherigen Wohnung am Beschäftigungsort einen Zweithaushalt, um von dort seiner Beschäftigung weiter nachgehen zu können, sind diese Umzugskosten keine Werbungskosten, sondern Kosten der privaten Lebensführung; Entsprechendes gilt für Umzugskosten, die nach Wegverlegung des Lebensmittelpunktes vom Beschäftigungsort durch die endgültige Aufgabe der Zweitwohnung am Beschäftigungsort entstehen; es sei denn, dass dieser Umzug wie z. B. im Falle eines Arbeitsplatzwechsels ausschließlich beruflich veranlasst ist. [5]Für Umzugskosten, die nach Wegverlegung des Lebensmittelpunktes vom Beschäftigungsort für den Umzug in eine andere, ausschließlich aus beruflichen Gründen genutzte Zweitwohnung am Beschäftigungsort entstehen, gelten die Sätze 1 bis 3 entsprechend.

---

1) **[Amtl. Anm.:]** Überholt durch BFH vom 8.10.2014 (BStBl. 2015 II S. 336); → H 9.11 (5–10) Verpflegungsmehraufwendungen.

2) Nr. **29**.

Erstattung durch den Arbeitgeber oder Werbungskostenabzug

(10) [1]Die notwendigen Mehraufwendungen nach den Absätzen 5 bis 9 können als Werbungskosten abgezogen werden, soweit sie nicht vom Arbeitgeber nach den folgenden Regelungen steuerfrei erstattet werden. [2]Die Erstattung der Mehraufwendungen bei doppelter Haushaltsführung durch den Arbeitgeber ist nach § 3 Nr. 13 oder 16 EStG steuerfrei, soweit keine höheren Beträge erstattet werden, als nach Satz 1 als Werbungskosten abgezogen werden können. [3]Dabei kann der Arbeitgeber bei Arbeitnehmern in den Steuerklassen III, IV oder V ohne weiteres unterstellen, dass sie einen eigenen Hausstand haben, an dem sie sich auch finanziell beteiligen. [4]Bei anderen Arbeitnehmern darf der Arbeitgeber einen eigenen Hausstand nur dann anerkennen, wenn sie schriftlich erklären, dass sie neben einer Zweitwohnung am Beschäftigungsort außerhalb des Beschäftigungsorts einen eigenen Hausstand unterhalten, an dem sie sich auch finanziell beteiligen, und die Richtigkeit dieser Erklärung durch Unterschrift bestätigen. [5]Diese Erklärung ist als Beleg zum Lohnkonto aufzubewahren. [6]Das Wahlrecht des Arbeitnehmers nach Absatz 5 hat der Arbeitgeber nicht zu beachten. [7]Darüber hinaus gilt Folgendes:

1. Hat der Arbeitgeber oder für dessen Rechnung ein Dritter dem Arbeitnehmer einen Kraftwagen zur Durchführung der Heimfahrten unentgeltlich überlassen, so kommen ein Werbungskostenabzug und eine Erstattung von Fahrtkosten nicht in Betracht.
2. Verpflegungsmehraufwendungen dürfen nur bis zu den nach Absatz 7 maßgebenden Pauschbeträgen steuerfrei erstattet werden.
3. [1]Die notwendigen Aufwendungen für die Zweitwohnung an einem Beschäftigungsort im Inland dürfen ohne Einzelnachweis für einen Zeitraum von drei Monaten mit einem Pauschbetrag von 20 Euro und für die Folgezeit mit einem Pauschbetrag von 5 Euro je Übernachtung steuerfrei erstattet werden, wenn dem Arbeitnehmer die Zweitwohnung nicht unentgeltlich oder teilentgeltlich zur Verfügung gestellt worden ist. [2]Bei einer Zweitwohnung im Ausland können die notwendigen Aufwendungen ohne Einzelnachweis für einen Zeitraum von drei Monaten mit dem für eine Auswärtstätigkeit geltenden ausländischen Übernachtungspauschbetrag und für die Folgezeit mit 40% dieses Pauschbetrags steuerfrei erstattet werden.
4. Bei der Erstattung der Mehraufwendungen durch den Arbeitgeber dürfen unter Beachtung von Nummer 1 bis 3 die einzelnen Aufwendungsarten zusammengefasst werden; in diesem Falle ist die Erstattung steuerfrei, soweit sie die Summe der nach Absatz 5 Nr. 1 bis 4 zulässigen Einzelerstattungen nicht übersteigt.

H 9.11 (5–10)[1]

Drittaufwand. Der Abzug der Aufwendungen für die Zweitwohnung ist ausgeschlossen, wenn die Aufwendungen auf Grund eines Dauerschuldver-

[1] Zum Abzug von Stellplatz- und Garagenkosten als Werbungskosten im Rahmen der doppelten Haushaltsführung siehe BFH v. 13.11.2012 VI R 50/11, BStBl. II 2013, 286.

hältnisses (z. B. Mietvertrag) von einem Dritten getragen werden (→ BFH vom 13.3.1996 – BStBl. II S. 375 und vom 24.2.2000 – BStBl. II S. 314).

Eigene Zweitwohnung. Bei einer im Eigentum des Arbeitnehmers stehenden Zweitwohnung gilt Folgendes:
- Zu den Aufwendungen gehören auch die Absetzungen für Abnutzung, Hypothekenzinsen und Reparaturkosten (→ BFH vom 3.12.1982 – BStBl. 1983 II S. 467).
- → BMF vom 25.11.2020 (BStBl. I S. 1228), Rz. 107 ff.

Erstattung durch den Arbeitgeber.
- Steuerfrei → § 3 Nr. 13, 16 EStG, → R 3.13, 3.16 und BMF vom 25.11.2020 (BStBl. I S. 1228), Rz. 113.
- Steuerfreie Arbeitgebererstattungen mindern die abziehbaren Werbungskosten auch dann, wenn sie erst im Folgejahr geleistet werden (→ BFH vom 20.9.2006 – BStBl. 2007 II S. 756).

Familienheimfahrten.
- Tritt der den doppelten Haushalt führende Ehegatte die wöchentliche Familienheimfahrt aus privaten Gründen nicht an, sind die Aufwendungen für die stattdessen durchgeführte Besuchsfahrt des anderen Ehegatten zum Beschäftigungsort keine Werbungskosten (→ BFH vom 2.2.2011 – BStBl. II S. 456). Ist der den doppelten Haushalt führende Ehegatte aus beruflichen Gründen an einer Familienheimfahrt gehindert, sind die Aufwendungen für die Besuchsfahrt des anderen Ehegatten zum Beschäftigungsort bis zur Höhe der für die unterlassene Familienheimfahrt berücksichtigungsfähigen Aufwendungen als Werbungskosten abziehbar (→ BFH vom 21.8.1974 – BStBl. 1975 II S. 64). Entsprechendes gilt für die Besuchsfahrten des Lebenspartners (→ § 2 Abs. 8 EStG).
- Die Entfernungspauschale für eine wöchentliche Familienheimfahrt im Rahmen einer doppelten Haushaltsführung kann aufwandsunabhängig in Anspruch genommen werden. Steuerfrei geleistete Reisekostenvergütungen und steuerfrei gewährte Freifahrten sind jedoch mindernd auf die Entfernungspauschale anzurechnen (→ BFH vom 18.4.2013 – BStBl. II S. 735).
- Aufwendungen für Familienheimfahrten des Arbeitnehmers mit einem vom Arbeitgeber überlassenen Dienstwagen berechtigen nach § 9 Abs. 1 Satz 3 Nr. 5 Satz 8 EStG nicht zum Werbungskostenabzug (→ BFH vom 28.2.2013 – BStBl. II S. 629).
- Wird bei Menschen mit Behinderungen der Grad der Behinderung herabgesetzt und liegen die Voraussetzungen des § 9 Abs. 2 Satz 3 EStG nach der Herabsetzung nicht mehr vor, ist dies ab dem im Bescheid genannten Zeitpunkt zu berücksichtigen. Aufwendungen für Familienheimfahrten können daher ab diesem Zeitpunkt nicht mehr nach § 9 Abs. 2 Satz 3 EStG bemessen werden (→ BFH vom 11.3.2014 – BStBl. II S. 525).

Kostenarten. Zu den einzelnen Kostenarten bei Vorliegen einer doppelten Haushaltsführung → BFH vom 4.4.2006 (BStBl. II S. 567).

Pauschbeträge bei doppelter Haushaltsführung im Ausland. → BMF vom 3.12.2020 (BStBl. I S. 1256) ab 1.1.2021; zur Begrenzung auf 40% → R 9.11 Abs. 10 Satz 7 Nr. 3 Satz 2.

Telefonkosten. Anstelle der Aufwendungen für eine Heimfahrt an den Ort des eigenen Hausstands können die Gebühren für ein Ferngespräch bis zu einer Dauer von 15 Minuten mit Angehörigen, die zum eigenen Hausstand des Arbeitnehmers gehören, berücksichtigt werden (→ BFH vom 18.3.1988 – BStBl. II S. 988).

Übernachtungskosten. Die Übernachtungskosten sind für den Werbungskostenabzug grundsätzlich im Einzelnen nachzuweisen. Sie können geschätzt werden, wenn sie dem Grunde nach zweifelsfrei entstanden sind (→ BFH vom 12.9.2001 – BStBl. II S. 775).

Umzugskosten.
- → R 9.11 Abs. 9.
- Zu den notwendigen Mehraufwendungen einer doppelten Haushaltsführung gehören auch die durch das Beziehen oder die Aufgabe der Zweitwohnung verursachten tatsächlichen Umzugskosten (→ BFH vom 29.4.1992 – BStBl. II S. 667).
- → H 9.9 (Doppelter Mietaufwand).

Unfallschäden. → H 9.10.

Unterkunftskosten.
- Bei doppelter Haushaltsführung **im Inland** → BMF vom 25.11.2020 (BStBl. I S. 1228), Rz. 106 ff.
- Bei doppelter Haushaltsführung **im Ausland** sind die tatsächlichen Mietkosten anzusetzen, soweit sie nicht überhöht sind (→ BFH vom 16.3.1979 – BStBl. II S. 473). Entsprechendes gilt für die tatsächlich angefallenen Unterkunftskosten im eigenen Haus (→ BFH vom 24.5.2000 – BStBl. II S. 474). Nicht überhöht sind Aufwendungen, die sich für eine Wohnung von 60 qm bei einem ortsüblichen Mietzins je qm für eine nach Lage und Ausstattung durchschnittliche Wohnung (Durchschnittsmietzins) ergeben würden (→ BFH vom 9.8.2007 – BStBl. II S. 820).
- Ein **häusliches Arbeitszimmer** in der Zweitwohnung am Beschäftigungsort ist bei der Ermittlung der abziehbaren Unterkunftskosten nicht zu berücksichtigen; der Abzug der hierauf entfallenden Aufwendungen richtet sich nach § 4 Abs. 5 Satz 1 Nr. 6b EStG (→ BFH vom 9.8.2007 – BStBl. 2009 II S. 722).
- Die Vorschriften über den Abzug notwendiger Mehraufwendungen wegen einer aus beruflichem Anlass begründeten doppelten Haushaltsführung stehen dem allgemeinen Werbungskostenabzug umzugsbedingt geleisteter Mietzahlungen nicht entgegen (→ BFH vom 13.7.2011, BStBl. 2012 II S. 104); → H 9.9 (Doppelter Mietaufwand).
- Zur Abziehbarkeit von Aufwendungen für **Einrichtungsgegenstände und Hausrat** im Rahmen der doppelten Haushaltsführung (→ BFH vom 4.4.2019 – BStBl. II S. 449).

Verpflegungsmehraufwendungen.
- → R 9.11 Abs. 7 und BMF vom 25.11.2020 (BStBl. I S. 1228), Rz. 57.

– Die Begrenzung des Abzugs von Mehraufwendungen für die Verpflegung auf drei Monate bei einer aus beruflichem Anlass begründeten doppelten Haushaltsführung ist verfassungsgemäß (→ BFH vom 8.7.2010 – BStBl. 2011 II S. 32).
– Verlegt ein Arbeitnehmer seinen Haupthausstand aus privaten Gründen vom Beschäftigungsort weg und nutzt daraufhin eine bereits vorhandene Wohnung am Beschäftigungsort aus beruflichen Gründen als Zweithaushalt (sog. Wegverlegungsfall), wird die doppelte Haushaltsführung mit Umwidmung der bisherigen Wohnung in einen Zweithaushalt begründet. Mit dem Zeitpunkt der Umwidmung beginnt in sog. Wegverlegungsfällen die Dreimonatsfrist für die Abzugsfähigkeit von Verpflegungsmehraufwendungen (→ BFH vom 8.10.2014 – BStBl. 2015 II S. 336).

Wahlrecht. Wählt der Arbeitnehmer den Abzug der Fahrtkosten nach R 9.10, kann er Verpflegungsmehraufwendungen nach R 9.11 Abs. 7 und Aufwendungen für die Zweitwohnung nach R 9.11 Abs. 8 auch dann nicht geltend machen, wenn ihm Fahrtkosten nicht an jedem Arbeitstag entstanden sind, weil er sich in **Rufbereitschaft** zu halten oder mehrere Arbeitsschichten nacheinander abzuleisten hatte (→ BFH vom 2.10.1992 – BStBl. 1993 II S. 113).

R 9.12 Arbeitsmittel

[1]Die Anschaffungs- oder Herstellungskosten von Arbeitsmitteln einschließlich der Umsatzsteuer können im Jahr der Anschaffung oder Herstellung in voller Höhe als Werbungskosten abgesetzt werden, wenn sie ausschließlich der Umsatzsteuer für das einzelne Arbeitsmittel die Grenze für geringwertige Wirtschaftsgüter nach § 9 Abs. 1 Satz 3 Nr. 7 Satz 2 EStG nicht übersteigen. [2]Höhere Anschaffungs- oder Herstellungskosten sind auf die Kalenderjahre der voraussichtlichen gesamten Nutzungsdauer des Arbeitsmittels zu verteilen und in jedem dieser Jahre anteilig als Werbungskosten zu berücksichtigen. [3]Wird ein als Arbeitsmittel genutztes Wirtschaftsgut veräußert, so ist ein sich eventuell ergebender Veräußerungserlös bei den Einkünften aus nichtselbständiger Arbeit nicht zu erfassen.

H 9.12

Absetzung für Abnutzung.
– Außergewöhnliche technische oder wirtschaftliche Abnutzungen sind zu berücksichtigen (→ BFH vom 29.4.1983 – BStBl. II S. 586 – im Zusammenhang mit einem Diebstahl eingetretene Beschädigung an einem als Arbeitsmittel anzusehenden PKW).
– Eine technische Abnutzung kann auch dann in Betracht kommen, wenn wirtschaftlich kein Wertverzehr eintritt (→ BFH vom 31.1.1986 – BStBl. II S. 355 – als Arbeitsmittel ständig in Gebrauch befindliche Möbelstücke, → BFH vom 26.1.2001 – BStBl. II S. 194 – im Konzertalltag regelmäßig bespielte Meistergeige).

– Wird ein Wirtschaftsgut nach einer Nutzung außerhalb der Einkunftsarten als Arbeitsmittel verwendet, so sind die weiteren AfA von den Anschaffungs- oder Herstellungskosten einschließlich Umsatzsteuer nach der voraussichtlichen gesamten Nutzungsdauer des Wirtschaftsguts in gleichen Jahresbeträgen zu bemessen. Der auf den Zeitraum vor der Verwendung als Arbeitsmittel entfallende Teil der Anschaffungs- oder Herstellungskosten des Wirtschaftsguts (fiktive AfA) gilt als abgesetzt (→ BFH vom 14.2.1989 – BStBl. II S. 922 und vom 2.2.1990 – BStBl. II S. 684). Dies gilt auch für geschenkte Wirtschaftsgüter (→ BFH vom 16.2.1990 – BStBl. II S. 883).
– Der Betrag, der nach Umwidmung eines erworbenen oder geschenkten Wirtschaftsguts zu einem Arbeitsmittel nach Abzug der fiktiven AfA von den Anschaffungs- oder Herstellungskosten einschließlich Umsatzsteuer verbleibt, kann aus Vereinfachungsgründen im Jahr der erstmaligen Verwendung des Wirtschaftsguts als Arbeitsmittel in voller Höhe als Werbungskosten abgezogen werden, wenn er 800 Euro (für Anschaffungen nach dem 31.12.2017) nicht übersteigt (→ BFH vom 16.2.1990 – BStBl. II S. 883).
– Bei Computerhardware und Software zur Dateneingabe und -verarbeitung kann eine betriebsgewöhnliche Nutzungsdauer von einem Jahr zugrunde gelegt werden (→ *BMF vom 26.2.2021 – BStBl. I S. 298*).[1]

Angemessenheit. Aufwendungen für ein Arbeitsmittel können auch dann Werbungskosten sein, wenn sie zwar ungewöhnlich hoch, aber bezogen auf die berufliche Stellung und die Höhe der Einnahmen nicht unangemessen sind; → BFH vom 10.3.1978 (BStBl. II S. 459) – Anschaffung eines Flügels durch eine am Gymnasium Musik unterrichtende Lehrerin; → BFH vom 21.10.1988 (BStBl. 1989 II S. 356) – Anschaffung eines Flügels durch eine Musikpädagogin.

Aufteilung der Anschaffungs- oder Herstellungskosten.
– Betreffen Wirtschaftsgüter sowohl den beruflichen als auch den privaten Bereich des Arbeitnehmers, ist eine Aufteilung der Anschaffungs- oder Herstellungskosten in nicht abziehbare Aufwendungen für die Lebensführung und in Werbungskosten nur zulässig, wenn objektive Merkmale und Unterlagen eine zutreffende und leicht nachprüfbare Trennung ermöglichen und wenn außerdem der berufliche Nutzungsanteil nicht von untergeordneter Bedeutung ist (→ BFH vom 19.10.1970 – BStBl. 1971 II S. 17).
– Die Aufwendungen sind voll abziehbar, wenn die Wirtschaftsgüter ausschließlich oder ganz überwiegend der Berufsausübung dienen; → BFH vom 18.2.1977 (BStBl. II S. 464) – Schreibtisch im Wohnraum eines Gymnasiallehrers; → BFH vom 21.10.1988 (BStBl. 1989 II S. 356) – Flügel einer Musikpädagogin.
– Ein privat angeschaffter und in der privaten Wohnung aufgestellter Personalcomputer kann ein Arbeitsmittel sein. Eine private Mitbenutzung ist unschädlich, soweit sie einen Nutzungsanteil von etwa 10% nicht übersteigt. Die Kosten eines gemischt genutzten PC sind aufzuteilen. § 12

[1] Ersetzt durch BMF v. 22.2.2022, BStBl. I 2022, 187.

Nr. 1 Satz 2 EStG steht einer solchen Aufteilung nicht entgegen (→ BFH vom 19.2.2004 – BStBl. II S. 958).

Ausstattung eines häuslichen Arbeitszimmers mit Arbeitsmitteln. → BMF vom 6.10.2017 (BStBl. I S. 1320).

Berufskleidung.
- Begriff der typischen Berufskleidung → R 3.31;
- Reinigung von typischer Berufskleidung in privater Waschmaschine: Werbungskosten sind neben den unmittelbaren Kosten des Waschvorgangs (Wasser- und Energiekosten, Wasch- und Spülmittel) auch die Aufwendungen in Form der Abnutzung sowie Instandhaltung und Wartung der für die Reinigung eingesetzten Waschmaschine. Die Aufwendungen können ggf. geschätzt werden (→ BFH vom 29.6.1993 – BStBl. II S. 837 und 838).

Diensthund. Die Aufwendungen eines Polizei-Hundeführers für den ihm anvertrauten Diensthund sind Werbungskosten (→ BFH vom 30.6.2010 – BStBl. 2011 II S. 45).

Fachbücher und Fachzeitschriften. Bücher und Zeitschriften sind Arbeitsmittel, wenn sichergestellt ist, dass die erworbenen Bücher und Zeitschriften ausschließlich oder ganz überwiegend beruflichen Zwecken dienen.
Die allgemeinen Grundsätze zur steuerlichen Behandlung von Arbeitsmitteln gelten auch, wenn zu entscheiden ist, ob Bücher als Arbeitsmittel eines **Lehrers** zu würdigen sind. Die Eigenschaft eines Buchs als Arbeitsmittel ist bei einem Lehrer nicht ausschließlich danach zu bestimmen, in welchem Umfang der Inhalt eines Schriftwerks in welcher Häufigkeit Eingang in den abgehaltenen Unterricht gefunden hat. Auch die Verwendung der Literatur zur Unterrichtsvorbereitung oder die Anschaffung von Büchern und Zeitschriften für eine Unterrichtseinheit, die nicht abgehalten worden ist, kann eine ausschließliche oder zumindest weitaus überwiegende berufliche Nutzung der Literatur begründen (→ BFH vom 20.5.2010 – BStBl. 2011 II S. 723).

Medizinische Hilfsmittel. Aufwendungen für die Anschaffung medizinischer Hilfsmittel sind selbst dann nicht als Werbungskosten abziehbar, wenn sie ausschließlich am Arbeitsplatz benutzt werden; → BFH vom 23.10.1992 (BStBl. 1993 II S. 193) – Bildschirmbrille.

Nachweis der beruflichen Nutzung. Bei der Anschaffung von Gegenständen, die nach der Lebenserfahrung ganz überwiegend zu Zwecken der Lebensführung angeschafft werden, gelten erhöhte Anforderungen an den Nachweis der beruflichen Nutzung; → BFH vom 27.9.1991 (BStBl. 1992 II S. 195) – Videorecorder; → BFH vom 15.1.1993 (BStBl. II S. 348) – Spielecomputer.

Schulhund. Aufwendungen für einen Schulhund können bei Lehrern bis zu 50% als Werbungskosten abgezogen werden, wenn der Hund innerhalb einer regelmäßig fünftägigen Unterrichtswoche arbeitstäglich in der Schule eingesetzt wird. Aufwendungen für die Ausbildung eines Schulhundes zum Therapiehund sind regelmäßig in voller Höhe beruflich veranlasst und damit als Werbungskosten abziehbar (→ BFH vom 14.1.2021 – BStBl. II S. 453).

Transport. Anteilige Aufwendungen für den Transport von Arbeitsmitteln bei einem privat veranlassten Umzug sind nicht als Werbungskosten abziehbar (→ BFH vom 21.7.1989 – BStBl. II S. 972).

R 9.13 Werbungskosten bei Heimarbeitern

(1) Bei Heimarbeitern i. S. d. Heimarbeitsgesetzes können Aufwendungen, die unmittelbar durch die Heimarbeit veranlasst sind, z. B. Miete und Aufwendungen für Heizung und Beleuchtung der Arbeitsräume, Aufwendungen für Arbeitsmittel und Zutaten sowie für den Transport des Materials und der fertiggestellten Waren, als Werbungskosten anerkannt werden, soweit sie die Heimarbeiterzuschläge nach Absatz 2 übersteigen.

(2) [1] Lohnzuschläge, die den Heimarbeitern zur Abgeltung der mit der Heimarbeit verbundenen Aufwendungen neben dem Grundlohn gezahlt werden, sind insgesamt aus Vereinfachungsgründen nach § 3 Nr. 30 und 50 EStG steuerfrei, soweit sie 10% des Grundlohns nicht übersteigen. [2] Die oberste Finanzbehörde eines Landes kann mit Zustimmung des BMF den Prozentsatz für bestimmte Gruppen von Heimarbeitern an die tatsächlichen Verhältnisse anpassen.

H 9.14 Häusliches Arbeitszimmer[1)]

Allgemeine Grundsätze. → BMF vom 6.10.2017 (BStBl. I S. 1320).

Drittaufwand. → H 4.7 (Drittaufwand) und (Eigenaufwand für ein fremdes Wirtschaftsgut) EStH.[2)]

Vermietung an den Arbeitgeber. → BMF vom 18.4.2019 (BStBl. I S. 461).

Zu § 9a EStG

H 9a

Allgemeines. → R 9a EStR, H 9a EStH.[2)]

Der Arbeitnehmer-Pauschbetrag ist auch dann nicht zu kürzen, wenn feststeht, dass keine oder nur geringe Werbungskosten angefallen sind (→ BFH vom 10.6.2008 – BStBl. II S. 937).

Zu § 10 EStG

H 10

Sonderausgaben. → R 10.1 bis 10.11 EStR, H 10.1 bis 10.11 EStH.[2)]

[1)] Zum Abzug der sog. Homeofficepauschale in VZ 2020 und 2021 siehe § 4 Abs. 5 Satz 1 Nr. 6b Satz 4 EStG.

[2)] Nr. **1**.

Zu § 11 EStG

H 11

Allgemeines. → H 11 EStH.[1]

Rückzahlung von Arbeitslohn. Arbeitslohnrückzahlungen sind nur dann anzunehmen, wenn der Arbeitnehmer an den Arbeitgeber die Leistungen, die bei ihm als Lohnzahlungen zu qualifizieren waren, zurückzahlt (→ BFH vom 10.8.2010 – BStBl. II S. 1074). Zurückgezahlter Arbeitslohn ist erst im Zeitpunkt des Abflusses steuermindernd zu berücksichtigen (→ BFH vom 4.5.2006 – BStBl. II S. 830 und 832); das gilt auch dann, wenn sich die Rückzahlung im Folgejahr steuerlich nicht mehr auswirkt (→ BFH vom 7.11.2006 – BStBl. 2007 II S. 315). Auch bei beherrschenden Gesellschaftern ist der Abfluss einer Arbeitslohnrückzahlung erst im Zeitpunkt der Leistung und nicht bereits im Zeitpunkt der Fälligkeit der Rückforderung anzunehmen (→ BFH vom 14.4.2016 – BStBl. II S. 778).

Zufluss von Arbeitslohn. → R 38.2.

Zu § 19 EStG
(§§ 1 und 2 LStDV)

H 19.0 Arbeitnehmer

Allgemeines. Wer Arbeitnehmer ist, ist unter Beachtung der Vorschriften des § 1 LStDV nach dem Gesamtbild der Verhältnisse zu beurteilen. Die arbeitsrechtliche und sozialversicherungsrechtliche Behandlung ist unmaßgeblich (→ BFH vom 2.12.1998 – BStBl. 1999 II S. 534). Wegen der Abgrenzung der für einen Arbeitnehmer typischen fremdbestimmten Tätigkeit von selbständiger Tätigkeit → BFH vom 14.6.1985 (BStBl. II S. 661) und vom 18.1.1991 (BStBl. II S. 409). Danach können für eine Arbeitnehmereigenschaft insbesondere folgende Merkmale sprechen:
- persönliche Abhängigkeit,
- Weisungsgebundenheit hinsichtlich Ort, Zeit und Inhalt der Tätigkeit,
- feste Arbeitszeiten,
- Ausübung der Tätigkeit gleich bleibend an einem bestimmten Ort,
- feste Bezüge,
- Urlaubsanspruch,
- Anspruch auf sonstige Sozialleistungen,
- Fortzahlung der Bezüge im Krankheitsfall,
- Überstundenvergütung,
- zeitlicher Umfang der Dienstleistungen,
- Unselbständigkeit in Organisation und Durchführung der Tätigkeit,
- kein Unternehmerrisiko,
- keine Unternehmerinitiative,

[1] Nr. **1**.

- kein Kapitaleinsatz,
- keine Pflicht zur Beschaffung von Arbeitsmitteln,
- Notwendigkeit der engen ständigen Zusammenarbeit mit anderen Mitarbeitern,
- Eingliederung in den Betrieb,
- Schulden der Arbeitskraft und nicht eines Arbeitserfolges,
- Ausführung von einfachen Tätigkeiten, bei denen eine Weisungsabhängigkeit die Regel ist.

Diese Merkmale ergeben sich regelmäßig aus dem der Beschäftigung zugrunde liegenden Vertragsverhältnis, sofern die Vereinbarungen ernsthaft gewollt sind und tatsächlich durchgeführt werden (→ BFH vom 14.12.1978 – BStBl. 1979 II S. 188, vom 20.2.1979 – BStBl. II S. 414 und vom 24.7.1992 – BStBl. 1993 II S. 155). Dabei sind die für oder gegen ein Dienstverhältnis sprechenden Merkmale ihrer Bedeutung entsprechend gegeneinander abzuwägen. Die arbeitsrechtliche Fiktion eines Dienstverhältnisses ist steuerrechtlich nicht maßgebend (→ BFH vom 8.5.2008 – BStBl. II S. 868).

Arbeitnehmereigenschaft.

a) **Beispiele für Arbeitnehmereigenschaft:**[1]

Amateursportler können Arbeitnehmer sein, wenn die für den Trainings- und Spieleinsatz gezahlten Vergütungen nach dem Gesamtbild der Verhältnisse als Arbeitslohn zu beurteilen sind (→ BFH vom 23.10.1992 – BStBl. 1993 II S. 303),

Apothekervertreter; ein selbständiger Apotheker, der als Urlaubsvertreter eines anderen selbständigen Apothekers gegen Entgelt tätig wird, ist Arbeitnehmer (→ BFH vom 20.2.1979 – BStBl. II S. 414),

Artist ist Arbeitnehmer, wenn er seine Arbeitskraft einem Unternehmer für eine Zeitdauer, die eine Reihe von Veranstaltungen umfasst – also nicht lediglich für einige Stunden eines Abends – ausschließlich zur Verfügung stellt (→ BFH vom 16.3.1951 – BStBl. III S. 97),

AStA-Mitglieder → BFH vom 22.7.2008 (BStBl. II S. 981),

Buchhalter → BFH vom 6.7.1955 (BStBl. III S. 256) und vom 13.2.1980 (BStBl. II S. 303),

Büfettier → BFH vom 31.1.1963 (BStBl. III S. 230),

Chefarzt; ein angestellter Chefarzt, der berechtigt ist, Privatpatienten mit eigenem Liquidationsrecht ambulant zu behandeln und die wahlärztlichen Leistungen im Rahmen seines Dienstverhältnisses erbringt, [*Anm. d. Red.:* bezieht i. d. R. Arbeitslohn] (→ BFH vom 5.10.2005 – BStBl. 2006 II S. 94),

Gelegenheitsarbeiter, die zu bestimmten, unter Aufsicht durchzuführenden Verlade- und Umladearbeiten herangezogen werden, sind auch dann Arbeitnehmer, wenn sie die Tätigkeit nur für wenige Stunden ausüben (→ BFH vom 18.1.1974 – BStBl. II S. 301),

Heimarbeiter → R 15.1 Abs. 2 EStR,[2]

Helfer von Wohlfahrtsverbänden; ehrenamtliche Helfer, die Kinder und Jugendliche auf Ferienreisen betreuen, sind Arbeitnehmer (→ BFH vom 28.2.1975 – BStBl. 1976 II S. 134),

Musiker; nebenberuflich tätige Musiker, die in Gaststätten auftreten, sind nach der allgemeinen Lebenserfahrung Arbeitnehmer des Gastwirts; dies gilt nicht, wenn die Kapelle gegenüber Dritten als selbständige Gesellschaft oder der Kapellenleiter als Arbeitgeber der Musiker auftritt bzw. der Musiker oder die Kapelle nur gelegentlich spielt (→ BFH vom 10.9.1976 – BStBl. 1977 II S. 178),

---

[1] Zur Tätigkeit in regionalen Impf-/Testzentren und mobilen Impf-/Testteams siehe OFD Ffm v. 15.3.2021 – S 2231 A – 49 – St 210, DStR 2021, 870.

[2] Nr. **1**.

Oberarzt; ein in einer Universitätsklinik angestellter Oberarzt ist hinsichtlich der Mitarbeit in der Privatpraxis des Chefarztes dessen Arbeitnehmer (→ BFH vom 11.11.1971 – BStBl. 1972 II S. 213),

Reisevertreter kann auch dann Arbeitnehmer sein, wenn er erfolgsabhängig entlohnt wird und ihm eine gewisse Bewegungsfreiheit eingeräumt ist, die nicht Ausfluss seiner eigenen Machtvollkommenheit ist (→ BFH vom 7.12.1961 – BStBl. 1962 III S. 149); → H 15.1 (Reisevertreter) EStH,[1)]

Sanitätshelfer des Deutschen Roten Kreuzes sind Arbeitnehmer, wenn die gezahlten Entschädigungen nicht mehr als pauschale Erstattung der Selbstkosten beurteilt werden können, weil sie die durch die ehrenamtliche Tätigkeit veranlassten Aufwendungen der einzelnen Sanitätshelfer regelmäßig nicht nur unwesentlich übersteigen (→ BFH vom 4.8.1994 – BStBl. II S. 944),

Servicekräfte in einem Warenhaus → BFH vom 20.11.2008 (BStBl. 2009 II S. 374),

Stromableser können auch dann Arbeitnehmer sein, wenn die Vertragsparteien „freie Mitarbeit" vereinbart haben und das Ablesen in Ausnahmefällen auch durch einen zuverlässigen Vertreter erfolgen darf (→ BFH vom 24.7.1992 – BStBl. 1993 II S. 155),

Telefoninterviewer → BFH vom 29.5.2008 (BStBl. II S. 933) und BFH vom 18.6.2015 (BStBl. II S. 903),

Vorstandsmitglied einer Aktiengesellschaft → BFH vom 11.3.1960 (BStBl. III S. 214),

Vorstandsmitglied einer Familienstiftung → BFH vom 31.1.1975 (BStBl. II S. 358),

Vorstandsmitglied einer Genossenschaft → BFH vom 2.10.1968 (BStBl. 1969 II S. 185).

b) Beispiele für fehlende Arbeitnehmereigenschaft:

Arztvertreter → BFH vom 10.4.1953 (BStBl. III S. 142),

Beratungsstellenleiter eines Lohnsteuerhilfevereins ist kein Arbeitnehmer, wenn er die Tätigkeit als freier Mitarbeiter ausübt (→ BFH vom 10.12.1987 – BStBl. 1988 II S. 273),

Bezirksstellenleiter bei Lotto- und Totogesellschaften → BFH vom 14.9.1967 (BStBl. 1968 II S. 193),

Diakonissen sind keine Arbeitnehmerinnen des Mutterhauses (→ BFH vom 30.7.1965 – BStBl. III S. 525),

Fahrlehrer, die gegen eine tätigkeitsbezogene Vergütung unterrichten, sind in der Regel keine Arbeitnehmer, auch wenn ihnen keine Fahrschulerlaubnis erteilt worden ist → BFH vom 17.10.1996 (BStBl. 1997 II S. 188),

Fotomodell; ein Berufsfotomodell ist kein Arbeitnehmer, wenn es nur von Fall zu Fall vorübergehend zu Aufnahmen herangezogen wird (→ BFH vom 8.6.1967 – BStBl. III S. 618); Entsprechendes gilt für ausländische Fotomodelle, die zur Produktion von Werbefilmen kurzfristig im Inland tätig werden (→ BFH vom 14.6.2007 – BStBl. 2009 II S. 931),

Gerichtsreferendar, der neben der Tätigkeit bei Gericht für einen Rechtsanwalt von Fall zu Fall tätig ist, steht zu dem Anwalt in der Regel nicht in einem Arbeitsverhältnis (→ BFH vom 22.3.1968 – BStBl. II S. 455),

Gutachter → BFH vom 22.6.1971 (BStBl. II S. 749),

Hausgewerbetreibender → R 15.1 Abs. 2 EStR,[1)]

Hausverwalter, die für eine Wohnungseigentümergemeinschaft tätig sind, sind keine Arbeitnehmer (→ BFH vom 13.5.1966 – BStBl. III S. 489),

Knappschaftsarzt → BFH vom 3.7.1959 (BStBl. III S. 344),

Künstler; zur Frage der Selbständigkeit von Künstlern und verwandten Berufen → BMF vom 5.10.1990 (BStBl. I S. 638),

Lehrbeauftragte → BFH vom 17.7.1958 (BStBl. III S. 360),

Lotsen → BFH vom 21.5.1987 (BStBl. II S. 625),

---

1) Nr. **1**.

Nebenberufliche Lehrkräfte sind in der Regel keine Arbeitnehmer (→ BFH vom 4.10.1984 – BStBl. 1985 II S. 51); zur Abgrenzung zwischen nichtselbständiger und selbständiger Arbeit → R 19.2 und H 19.2 (Nebenberufliche Lehrtätigkeit),

Notariatsverweser → BFH vom 12.9.1968 (BStBl. II S. 811),

Rundfunkermittler, die im Auftrage einer Rundfunkanstalt Schwarzhörer aufspüren, sind keine Arbeitnehmer, wenn die Höhe ihrer Einnahmen weitgehend von ihrem eigenen Arbeitseinsatz abhängt und sie auch im Übrigen – insbesondere bei Ausfallzeiten – ein Unternehmerrisiko in Gestalt des Entgeltrisikos tragen; dies gilt unabhängig davon, dass sie nur für einen einzigen Vertragspartner tätig sind (→ BFH vom 2.12.1998 – BStBl. 1999 II S. 534),

Schwarzarbeiter; ein Bauhandwerker ist bei nebenberuflicher „Schwarzarbeit" in der Regel kein Arbeitnehmer des Bauherrn (→ BFH vom 21.3.1975 – BStBl. II S. 513),

Tutoren → BFH vom 21.7.1972 (BStBl. II S. 738) und vom 28.2.1978 (BStBl. II S. 387),

Versicherungsvertreter ist selbständig tätig und kein Arbeitnehmer, wenn er ein ins Gewicht fallendes Unternehmerrisiko trägt; die Art seiner Tätigkeit, ob werbende oder verwaltende, ist in der Regel nicht von entscheidender Bedeutung (→ BFH vom 19.2.1959 – BStBl. III S. 425, vom 10.9.1959 – BStBl. III S. 437, vom 3.10.1961 – BStBl. III S. 567 und vom 13.4.1967 – BStBl. III S. 398), → R 15.1 Abs. 1 EStR, H 15.1 (Generalagent, Versicherungsvertreter) EStH,[1)]

Vertrauensleute einer Buchgemeinschaft; nebenberufliche Vertrauensleute einer Buchgemeinschaft sind keine Arbeitnehmer des Buchclubs (→ BFH vom 11.3.1960 – BStBl. III S. 215),

Werbedamen, die von ihren Auftraggebern von Fall zu Fall für jeweils kurzfristige Werbeaktionen beschäftigt werden, können selbständig sein (→ BFH vom 14.6.1985 – BStBl. II S. 661).

Ehegatten-Arbeitsverhältnis.[2)] → R 4.8 EStR und H 4.8 EStH.[1)]

Einkunftserzielungsabsicht. Zur Abgrenzung der Einkunftserzielungsabsicht von einer einkommensteuerrechtlich unbeachtlichen Liebhaberei → BFH vom 28.8.2008 (BStBl. 2009 II S. 243).

Eltern-Kind-Arbeitsverhältnis. Zur steuerlichen Anerkennung von Dienstverhältnissen zwischen Eltern und Kindern → BFH vom 9.12.1993 (BStBl. 1994 II S. 298), → R 4.8 Abs. 3 EStR.[1)]

Gesellschafter-Geschäftsführer. Ein Gesellschafter-Geschäftsführer einer Kapitalgesellschaft ist nicht allein auf Grund seiner Organstellung Arbeitnehmer. Es ist anhand der allgemeinen Merkmale (→ Allgemeines) zu entscheiden, ob die Geschäftsführungsleistung selbständig oder nichtselbständig erbracht wird (→ BMF vom 31.5.2007 – BStBl. I S. 503 unter Berücksichtigung der Änderungen durch BMF vom 2.5.2011 – BStBl. I S. 490).

Mitunternehmer. Zur Frage, unter welchen Voraussetzungen ein Arbeitnehmer Mitunternehmer i.S.d. § 15 Abs. 1 Nr. 2 EStG ist, → H 15.8 Abs. 1 (Verdeckte Mitunternehmerschaft) EStH.[1)]

Nichteheliche Lebensgemeinschaft.
– → H 4.8 EStH.[1)]

---

1) Nr. **1**.

2) **[Amtl. Anm.:]** Die dort aufgeführten Grundsätze gelten bei Lebenspartnern entsprechend (→ § 2 Abs. 8 EStG).

– Ein hauswirtschaftliches Beschäftigungsverhältnis mit der nichtehelichen Lebensgefährtin kann nicht anerkannt werden, wenn diese zugleich Mutter des gemeinsamen Kindes ist (→ BFH vom 19.5.1999 – BStBl. II S. 764).

Selbständige Arbeit. Zur Abgrenzung einer Tätigkeit als Arbeitnehmer von einer selbständigen Tätigkeit → R 15.1 und 18.1 EStR.[1)]

Weisungsgebundenheit. Die in § 1 Abs. 2 LStDV genannte Weisungsgebundenheit kann auf einem besonderen öffentlich-rechtlichen Gewaltverhältnis beruhen, wie z. B. bei Beamten und Richtern, oder Ausfluss des Direktionsrechts sein, mit dem ein Arbeitgeber die Art und Weise, Ort, Zeit und Umfang der zu erbringenden Arbeitsleistung bestimmt. Die Weisungsbefugnis kann eng, aber auch locker sein, wie z. B. bei einem angestellten Chefarzt, der fachlich weitgehend eigenverantwortlich handelt; entscheidend ist, ob die beschäftigte Person einer etwaigen Weisung bei der Art und Weise der Ausführung der geschuldeten Arbeitsleistung zu folgen verpflichtet ist oder ob ein solches Weisungsrecht nicht besteht. Maßgebend ist das Innenverhältnis; die Weisungsgebundenheit muss im Auftreten der beschäftigten Person nach außen nicht erkennbar werden (→ BFH vom 15.7.1987 – BStBl. II S. 746). Die Eingliederung in einen Betrieb kann auch bei einer kurzfristigen Beschäftigung gegeben sein, wie z. B. bei einem Apothekervertreter als Urlaubsvertretung. Sie ist aber eher bei einfachen als bei gehobenen Arbeiten anzunehmen, z. B. bei einem Gelegenheitsarbeiter, der zu bestimmten unter Aufsicht durchzuführenden Arbeiten herangezogen wird. Die vorstehenden Kriterien gelten auch für die Entscheidung, ob ein so genannter Schwarzarbeiter Arbeitnehmer des Auftraggebers ist.

R 19.1 Arbeitgeber

[1] Neben den in § 1 Abs. 2 LStDV genannten Fällen kommt als Arbeitgeber auch eine natürliche oder juristische Person, ferner eine Personenvereinigung oder Vermögensmasse in Betracht, wenn ihr gegenüber die Arbeitskraft geschuldet wird. [2] Die Nachfolgeunternehmen der Deutschen Bundespost sind Arbeitgeber der bei ihnen Beschäftigten. [3] Arbeitgeber ist auch, wer Arbeitslohn aus einem früheren oder für ein künftiges Dienstverhältnis zahlt. [4] Bei internationaler Arbeitnehmerentsendung ist das in Deutschland ansässige Unternehmen, das den Arbeitslohn für die ihm geleistete Arbeit wirtschaftlich trägt, inländischer Arbeitgeber.[1)] [5] Arbeitgeber ist grundsätzlich auch, wer einem Dritten (Entleiher) einen Arbeitnehmer (Leiharbeitnehmer) zur Arbeitsleistung überlässt (Verleiher). [6] Zahlt im Fall unerlaubter Arbeitnehmerüberlassung der Entleiher anstelle des Verleihers den Arbeitslohn an den Arbeitnehmer, so ist der Entleiher regelmäßig nicht Dritter, sondern Arbeitgeber im Sinne von § 38 Abs. 1 Satz 1 Nr. 1 EStG (→ R 42d.2 Abs. 1). [7] Im Übrigen kommt es nicht darauf an, ob derjenige, dem die Arbeitskraft geschuldet wird, oder ein Dritter Arbeitslohn zahlt (→ R 38.4).

---

1) **[Amtl. Anm.:]** Zum wirtschaftlichen Arbeitgeberbegriff → § 38 Abs. 1 Satz 2 EStG.

H 19.1

Arbeitgeber.
- Eine **GbR** kann Arbeitgeber im lohnsteuerlichen Sinne sein (→ BFH vom 17.2.1995 – BStBl. II S. 390).
- Ein **Sportverein** kann Arbeitgeber der von ihm eingesetzten Amateursportler sein (→ BFH vom 23.10.1992 – BStBl. 1993 II S. 303).
- Ein **Verein** ist auch dann Arbeitgeber, wenn nach der Satzung des Vereins Abteilungen mit eigenem Vertreter bestehen und diesen eine gewisse Selbständigkeit eingeräumt ist, so genannter Verein im Verein (→ BFH vom 13.3.2003 – BStBl. II S. 556).
- Arbeitgeber **kraft gesetzlicher Fiktion** ist für die in § 3 Nr. 65 Satz 2 und 3 EStG bezeichneten Leistungen die sie erbringende Pensionskasse oder das Unternehmen der Lebensversicherung (→ § 3 Nr. 65 Satz 4 EStG) und in den Fällen des § 3 Nr. 53 EStG die Deutsche Rentenversicherung Bund (→ § 38 Abs. 3 Satz 3 EStG).
- Arbeitslohn auszahlende **öffentliche Kasse** → § 38 Abs. 3 Satz 2 EStG.
- Bei **Arbeitnehmerentsendung** ist Arbeitgeber das in Deutschland ansässige aufnehmende Unternehmen, das den Arbeitslohn für die ihm geleistete Arbeit wirtschaftlich trägt oder nach dem Fremdvergleichsgrundsatz hätte tragen müssen → § 38 Abs. 1 Satz 2 EStG.

Kein Arbeitgeber. Die **Obergesellschaft eines Konzerns** (Organträger) ist auch dann nicht Arbeitgeber der Arbeitnehmer ihrer Tochtergesellschaften, wenn sie diesen Arbeitnehmern Arbeitslohn zahlt (→ BFH vom 21.2.1986 – BStBl. II S. 768).

R 19.2 Nebentätigkeit und Aushilfstätigkeit

[1] Bei einer nebenberuflichen Lehrtätigkeit an einer Schule oder einem Lehrgang mit einem allgemein feststehenden und nicht nur von Fall zu Fall aufgestellten Lehrplan sind die nebenberuflich tätigen Lehrkräfte in der Regel Arbeitnehmer, es sei denn, dass sie in den Schul- oder Lehrgangsbetrieb nicht fest eingegliedert sind. [2] Hat die Lehrtätigkeit nur einen geringen Umfang, so kann das ein Anhaltspunkt dafür sein, dass eine feste Eingliederung in den Schul- oder Lehrgangsbetrieb nicht vorliegt. [3] Ein geringer Umfang in diesem Sinne kann stets angenommen werden, wenn die nebenberuflich tätige Lehrkraft bei der einzelnen Schule oder dem einzelnen Lehrgang in der Woche durchschnittlich nicht mehr als sechs Unterrichtsstunden erteilt. [4] Auf nebenberuflich tätige Übungsleiter, Ausbilder, Erzieher, Betreuer oder ähnliche Personen sind die Sätze 1 bis 3 sinngemäß anzuwenden.

H 19.2

Allgemeines.
- Ob eine Nebentätigkeit oder Aushilfstätigkeit in einem Dienstverhältnis oder selbständig ausgeübt wird, ist nach den allgemeinen Abgrenzungsmerkmalen (§ 1 Abs. 1 und 2 LStDV) zu entscheiden. Dabei ist die Nebentätigkeit oder Aushilfstätigkeit in der Regel für sich allein zu beurteilen. Die Art einer etwaigen Haupttätigkeit ist für die Beurteilung

nur wesentlich, wenn beide Tätigkeiten unmittelbar zusammenhängen (→ BFH vom 24.11.1961 – BStBl. 1962 III S. 37).

- Zu der Frage, ob eine nebenberufliche oder ehrenamtliche Tätigkeit mit Überschusserzielungsabsicht ausgeübt wird, → BFH vom 23.10.1992 (BStBl. 1993 II S. 303 – Amateurfußballspieler) und vom 4.8.1994 (BStBl. II S. 944 – Sanitätshelfer).
- Gelegenheitsarbeiter, die zu bestimmten, unter Aufsicht durchzuführenden Arbeiten herangezogen werden, sind auch dann Arbeitnehmer, wenn sie die Tätigkeit nur für einige Stunden ausüben (→ BFH vom 18.1.1974 – BStBl. II S. 301).
- Bei nebenberuflich tätigen Musikern, die in Gaststätten auftreten, liegt ein Arbeitsverhältnis zum Gastwirt regelmäßig nicht vor, wenn der einzelne Musiker oder die Kapelle, der er angehört, nur gelegentlich – etwa nur für einen Abend oder an einem Wochenende – von dem Gastwirt verpflichtet wird. Ein Arbeitsverhältnis zum Gastwirt ist in der Regel auch dann zu verneinen, wenn eine Kapelle selbständig als Gesellschaft oder der Kapellenleiter als Arbeitgeber der Musiker aufgetreten ist (→ BFH vom 10.9.1976 – BStBl. 1977 II S. 178).

Nebenberufliche Lehrtätigkeit.

- Bei **Lehrkräften,** die im Hauptberuf eine nichtselbständige Tätigkeit ausüben, liegt eine Lehrtätigkeit im Nebenberuf nur vor, wenn diese Lehrtätigkeit nicht zu den eigentlichen Dienstobliegenheiten des Arbeitnehmers aus dem Hauptberuf gehört. Die Ausübung der Lehrtätigkeit im Nebenberuf ist in der Regel als Ausübung eines freien Berufs anzusehen (→ BFH vom 24.4.1959 – BStBl. III S. 193), es sei denn, dass gewichtige Anhaltspunkte – z. B. Arbeitsvertrag unter Zugrundelegung eines Tarifvertrags, Anspruch auf Urlaubs- und Feiertagsvergütung – für das Vorliegen einer Arbeitnehmertätigkeit sprechen (→ BFH vom 28.4.1972 – BStBl. II S. 617 und vom 4.5.1972 – BStBl. II S. 618).
- Auch bei nur geringem Umfang der Nebentätigkeit sind die **Lehrkräfte** als Arbeitnehmer anzusehen, wenn sie auf Grund eines als Arbeitsvertrag ausgestalteten Vertrags tätig werden oder wenn eine an einer Schule vollbeschäftigte Lehrkraft zusätzliche Unterrichtsstunden an derselben Schule oder an einer Schule gleicher Art erteilt (→ BFH vom 4.12.1975 – BStBl. 1976 II S. 291, 292).
- Die nebenberufliche Lehrtätigkeit von **Handwerksmeistern** an Berufs- und Meisterschulen ist in aller Regel keine nichtselbständige Tätigkeit.
- Bei **Angehörigen der freien Berufe** stellt eine Nebentätigkeit als Lehrbeauftragte an Hochschulen regelmäßig eine selbständige Tätigkeit dar (→ BFH vom 4.10.1984 – BStBl. 1985 II S. 51).

Nebenberufliche Prüfungstätigkeit. Eine Prüfungstätigkeit als Nebentätigkeit ist in der Regel als Ausübung eines freien Berufs anzusehen (→ BFH vom 14.3.1958 – BStBl. III S. 255, vom 2.4.1958 – BStBl. III S. 293 und vom 29.1.1987 – BStBl. II S. 783 wegen nebenamtlicher Prüfungstätigkeit eines Hochschullehrers).

Nebentätigkeit bei demselben Arbeitgeber. Einnahmen aus der Nebentätigkeit eines Arbeitnehmers, die er im Rahmen des Dienstverhältnisses für denselben Arbeitgeber leistet, für den er die Haupttätigkeit ausübt, sind Arbeitslohn, wenn dem Arbeitnehmer aus seinem Dienstverhältnis Nebenpflichten obliegen, die zwar im Arbeitsvertrag nicht ausdrücklich vorgesehen sind, deren Erfüllung der Arbeitgeber aber nach der tatsächlichen Gestaltung des Dienstverhältnisses und nach der Verkehrsauffassung erwarten darf, auch wenn er die zusätzlichen Leistungen besonders vergüten muss (→ BFH vom 25.11.1971 – BStBl. 1972 II S. 212).

Vermittlungsprovisionen. → R 19.4.

Zuordnung in Einzelfällen.

- Vergütungen, die **Angestellte eines Notars** für die Übernahme der Auflassungsvollmacht von den Parteien eines beurkundeten Grundstücksgeschäfts erhalten, können Arbeitslohn aus ihrem Dienstverhältnis sein (→ BFH vom 9.12.1954 – BStBl. 1955 III S. 55).
- Die Tätigkeit der bei Universitätskliniken angestellten **Assistenzärzte als Gutachter** ist unselbständig, wenn die Gutachten den Auftraggebern als solche der Universitätsklinik zugehen (→ BFH vom 19.4.1956 – BStBl. III S. 187).
- **Gemeindedirektor,** der auf Grund des Gesetzes betreffend die Oldenburgische Landesbrandkasse vom 6.8.1938 Mitglied der **Schätzungskommission** ist, bezieht aus dieser Tätigkeit keine Einkünfte aus nichtselbständiger Arbeit (→ BFH vom 8.2.1972 – BStBl. II S. 460).
- **Orchestermusiker,** die neben ihrer nichtselbständigen Haupttätigkeit im Orchester gelegentlich für ihren Arbeitgeber eine künstlerische Nebentätigkeit ausüben, können insoweit Einkünfte aus selbständiger Arbeit haben, als die Tätigkeit nicht zu den Nebenpflichten aus dem Dienstvertrag gehört (→ BFH vom 25.11.1971 – BStBl. 1972 II S. 212).
- Übernimmt ein **Richter** ohne Entlastung in seinem Amt zusätzlich die **Leitung einer Arbeitsgemeinschaft** für Rechtsreferendare, so besteht zwischen Haupt- und Nebentätigkeit kein unmittelbarer Zusammenhang. Ob die Nebentätigkeit selbständig ausgeübt wird, ist deshalb nach dem Rechtsverhältnis zu beurteilen, auf Grund dessen sie ausgeübt wird (→ BFH vom 7.2.1980 – BStBl. II S. 321).
- Einnahmen, die angestellte **Schriftleiter** aus freiwilliger **schriftstellerischer Nebentätigkeit** für ihren Arbeitgeber erzielen, können Einnahmen aus selbständiger Tätigkeit sein (→ BFH vom 3.3.1955 – BStBl. III S. 153).
- Das **Honorar,** das ein (leitender) Angestellter von seinem Arbeitgeber dafür erhält, dass er diesen bei **Verhandlungen über den Verkauf des Betriebes** beraten hat, gehört zu den Einnahmen aus nichtselbständiger Tätigkeit (→ BFH vom 20.12.2000 – BStBl. 2001 II S. 496).
- Prämien, die ein Verlagsunternehmen seinen **Zeitungsausträgern** für die **Werbung neuer Abonnenten** gewährt, sind dann kein Arbeitslohn, wenn die Zeitungsausträger weder rechtlich noch faktisch zur Anwerbung neuer Abonnenten verpflichtet sind (→ BFH vom 22.11.1996 – BStBl. 1997 II S. 254).

R **19.3** Arbeitslohn

(1) [1]Arbeitslohn ist die Gegenleistung für das Zurverfügungstellen der individuellen Arbeitskraft. [2]Zum Arbeitslohn gehören deshalb auch

1. die Lohnzuschläge für Mehrarbeit und Erschwerniszuschläge, wie Hitzezuschläge, Wasserzuschläge, Gefahrenzuschläge, Schmutzzulagen usw.,
2. Entschädigungen, die für nicht gewährten Urlaub gezahlt werden,
3. der auf Grund des § 7 Abs. 5 SVG gezahlte Einarbeitungszuschuss,
4. pauschale Fehlgeldentschädigungen, die Arbeitnehmern im Kassen- und Zähldienst gezahlt werden, soweit sie 16 Euro im Monat übersteigen,
5. Trinkgelder, Bedienungszuschläge und ähnliche Zuwendungen, auf die der Arbeitnehmer einen Rechtsanspruch hat.

(2) Nicht als Gegenleistung für das Zurverfügungstellen der individuellen Arbeitskraft und damit nicht als Arbeitslohn sind u. a. anzusehen

1. der Wert der unentgeltlich zur beruflichen Nutzung überlassenen Arbeitsmittel,
2. die vom Arbeitgeber auf Grund gesetzlicher Verpflichtung nach § 3 Abs. 2 Nr. 1 und Abs. 3 des Gesetzes über die Durchführung von Maßnahmen des Arbeitsschutzes zur Verbesserung der Sicherheit und des Gesundheitsschutzes der Beschäftigten bei der Arbeit (ArbSchG) i. V. m. § 6 der Verordnung über Sicherheit und Gesundheitsschutz bei der Arbeit an Bildschirmgeräten (BildscharbV) sowie der Verordnung zur arbeitsmedizinischen Vorsorge (ArbMedVV) übernommenen angemessenen Kosten für eine spezielle Sehhilfe, wenn auf Grund einer Untersuchung der Augen und des Sehvermögens durch eine fachkundige Person i. S. d. ArbMedVV[1)] die spezielle Sehhilfe notwendig ist, um eine ausreichende Sehfähigkeit in den Entfernungsbereichen des Bildschirmarbeitsplatzes zu gewährleisten,
3. übliche Sachleistungen des Arbeitgebers aus Anlass der Diensteinführung, eines Amts- oder Funktionswechsels, eines runden Arbeitnehmerjubiläums (→ R 19.5 Abs. 2 Satz 4 Nr. 3) oder der Verabschiedung eines Arbeitnehmers; betragen die Aufwendungen des Arbeitgebers einschl. Umsatzsteuer mehr als 110 Euro[2)] je teilnehmender Person, sind die Aufwendungen dem Arbeitslohn des Arbeitnehmers hinzuzurechnen; auch Geschenke bis zu einem Gesamtwert von 60 Euro sind in die 110-Euro-Grenze[2)] einzubeziehen,
4. übliche Sachleistungen bei einem Empfang anlässlich eines runden Geburtstages eines Arbeitnehmers, wenn es sich unter Berücksichtigung aller Umstände des Einzelfalls um ein Fest des Arbeitgebers (betriebliche Veranstaltung) handelt. [2]Die anteiligen Aufwendungen des Arbeitgebers,

---

[1)] Fachkundige Person ist nur ein Arzt, kein Optiker; die ärztliche Verordnung muss vor der Anschaffung der Sehhilfe ausgestellt sein; siehe FSen Berlin v. 28.9.2009 – III B – S 2332 – 10/2008, StEd. 2009, 681.

[2)] **[Amtl. Anm.:]** Die Regelungen sind ungeachtet von § 19 Abs. 1 Satz 1 Nr. 1a EStG ab 2015 weiterhin anzuwenden.

die auf den Arbeitnehmer selbst, seine Familienangehörigen sowie private Gäste des Arbeitnehmers entfallen, gehören jedoch zum steuerpflichtigen Arbeitslohn, wenn die Aufwendungen des Arbeitgebers mehr als 110 Euro[1] je teilnehmender Person betragen; auch Geschenke bis zu einem Gesamtwert von 60 Euro sind in die 110 Euro-Grenze[1] einzubeziehen,

5. pauschale Zahlungen des Arbeitgebers an ein Dienstleistungsunternehmen, das sich verpflichtet, alle Arbeitnehmer des Auftraggebers kostenlos in persönlichen und sozialen Angelegenheiten zu beraten und zu betreuen, beispielsweise durch die Übernahme der Vermittlung von Betreuungspersonen für Familienangehörige.[2]

(3) [1] Leistungen des Arbeitgebers, mit denen er Werbungskosten des Arbeitnehmers ersetzt, sind nur steuerfrei, soweit dies gesetzlich bestimmt ist. [2] Somit sind auch steuerpflichtig

1. Vergütungen des Arbeitgebers zum Ersatz der dem Arbeitnehmer berechneten Kontoführungsgebühren,
2. Vergütungen des Arbeitgebers zum Ersatz der Aufwendungen des Arbeitnehmers für Fahrten zwischen Wohnung und erster Tätigkeitsstätte.

H **19.3**

Abgrenzung zu anderen Einkunftsarten.

- Abgrenzung des Arbeitslohns von den Einnahmen aus Kapitalvermögen → BFH vom 31.10.1989 (BStBl. 1990 II S. 532).[3]
- Zahlungen im Zusammenhang mit einer fehlgeschlagenen Hofübergabe sind kein Arbeitslohn, sondern Einkünfte nach § 22 Nr. 3 EStG (→ BFH vom 8.5.2008 – BStBl. II S. 868).
- Zur Abgrenzung von Arbeitslohn und privater Vermögensebene bei einem Gesellschafter-Geschäftsführer → BFH vom 19.6.2008 (BStBl. II S. 826).
- Veräußerungsgewinn aus einer Kapitalbeteiligung an einem Unternehmen des Arbeitgebers → BFH vom 17.6.2009 (BStBl. 2010 II S. 69) und BFH vom 4.10.2016 (BStBl. 2017 II S. 790).
- Veräußerungsverluste aus einer Kapitalbeteiligung am Unternehmen des Arbeitgebers sind keine negativen Einnahmen bei den Einkünften aus nichtselbständiger Arbeit, wenn es an einem Veranlassungszusammenhang zum Dienstverhältnis mangelt (→ BFH vom 17.9.2009 – BStBl. 2010 II S. 198).
- Arbeitslohn im Zusammenhang mit der Veräußerung von GmbH-Anteilen (→ BFH vom 30.6.2011 – BStBl. II S. 948).
- Abgrenzung zwischen Arbeitslohn und gewerblichen Einkünften eines Fußballspielers (→ BFH vom 22.2.2012 – BStBl. II S. 511).

---

[1] **[Amtl. Anm.:]** Die Regelungen sind ungeachtet von § 19 Abs. 1 Satz 1 Nr. 1a EStG ab 2015 weiterhin anzuwenden.

[2] **[Amtl. Anm.:]** Zu individuellen Zahlungen siehe § 3 Nr. 34a EStG.

[3] Zu „Arbeitslohn" im Zusammenhang mit der Verzinsung von Genussrechten siehe BFH v. 21.10.2014 VIII R 44/11, BStBl. II 2015, 593.

– Abgrenzung zwischen einer verdeckten Gewinnausschüttung und Arbeitslohn bei vertragswidriger Kraftfahrzeugnutzung durch den Gesellschafter-Geschäftsführer einer Kapitalgesellschaft → BMF vom 3.4.2012 (BStBl. I S. 478).
– Abgrenzung des Arbeitslohns von den Einnahmen aus Kapitalvermögen beim Rückverkauf von Genussrechten im Zusammenhang mit der Beendigung des Dienstverhältnisses (→ BFH vom 5.11.2013 – BStBl. 2014 II S. 275).
– Zur Aufteilung einer Zahlung in Arbeitslohn und sonstige Einkünfte → BFH vom 11.7.2017 (BStBl. 2018 II S. 86).

Allgemeines zum Arbeitslohnbegriff.[1)] Welche Einnahmen zum Arbeitslohn gehören, ist unter Beachtung der Vorschriften des § 19 Abs. 1 EStG und § 2 LStDV sowie der hierzu ergangenen Rechtsprechung zu entscheiden. Danach sind Arbeitslohn grundsätzlich alle Einnahmen in Geld oder Geldeswert, die durch ein individuelles Dienstverhältnis veranlasst sind. Ein **Veranlassungszusammenhang zwischen Einnahmen und einem Dienstverhältnis** ist anzunehmen, wenn die Einnahmen dem Empfänger nur mit Rücksicht auf das Dienstverhältnis zufließen und sich als Ertrag seiner nichtselbständigen Arbeit darstellen. Die letztgenannte Voraussetzung ist erfüllt, wenn sich die Einnahmen im weitesten Sinne als Gegenleistung für das Zurverfügungstellen der individuellen Arbeitskraft erweisen (→ BFH vom 24.9.2013 – BStBl. 2014 II S. 124). Eine solche Gegenleistung liegt nicht vor, wenn die Vergütungen die mit der Tätigkeit zusammenhängenden Aufwendungen nur unwesentlich übersteigen (→ BFH vom 23.10.1992 – BStBl. 1993 II S. 303). Die Zurechnung des geldwerten Vorteils zu einem erst künftigen Dienstverhältnis ist zwar nicht ausgeschlossen, bedarf aber der Feststellung eines eindeutigen Veranlassungszusammenhangs, wenn sich andere Ursachen für die Vorteilsgewährung als Veranlassungsgrund aufdrängen (→ BFH vom 20.5.2010 – BStBl. II S. 1069).
Ebenfalls keine Gegenleistung sind Vorteile, die sich bei objektiver Würdigung aller Umstände nicht als Entlohnung, sondern lediglich als notwendige Begleiterscheinung betriebsfunktionaler Zielsetzungen erweisen. Ein rechtswidriges Tun ist keine beachtliche Grundlage einer solchen betriebsfunktionalen Zielsetzung (→ BFH vom 14.11.2013 – BStBl. 2014 II S. 278). Vorteile besitzen danach keinen Arbeitslohncharakter, wenn sie im ganz überwiegend eigenbetrieblichen Interesse des Arbeitgebers gewährt werden. Das ist der Fall, wenn sich aus den Begleitumständen wie zum Beispiel Anlass, Art und Höhe des Vorteils, Auswahl der Begünstigten, freie oder nur gebundene Verfügbarkeit, Freiwilligkeit oder Zwang zur Annahme des Vorteils und seine besondere Geeignetheit für den jeweils verfolgten betrieblichen Zweck ergibt, dass diese Zielsetzung ganz im Vordergrund steht und ein damit einhergehendes eigenes Interesse des Arbeitnehmers, den betreffenden Vorteil zu erlangen, vernachlässigt werden kann (→ BFH vom 24.9.2013 – BStBl. 2014 II S. 124 und die dort zitierte Rechtsprechung). Im Ergebnis

---

[1)] Zur Umrechnung von in fremder Währung vereinnahmtem Arbeitslohn siehe BFH v. 3.12.2009 VI R 4/08, BStBl. II 2010, 698.

handelt es sich um Leistungen des Arbeitgebers, die er im ganz überwiegenden betrieblichen Interesse erbringt. Ein ganz überwiegendes betriebliches Interesse muss über das an jeder Lohnzahlung bestehende betriebliche Interesse deutlich hinausgehen (→ BFH vom 2.2.1990 – BStBl. II S. 472). Gemeint sind Fälle, z. B. in denen ein Vorteil der Belegschaft als Gesamtheit zugewendet wird oder in denen dem Arbeitnehmer ein Vorteil aufgedrängt wird, ohne dass ihm eine Wahl bei der Annahme des Vorteils bleibt und ohne dass der Vorteil eine Marktgängigkeit besitzt (→ BFH vom 25.7.1986 – BStBl. II S. 868).

Beispiele:

Zum Arbeitslohn gehören[1)]

- der verbilligte Erwerb von **Aktien vom Arbeitgeber** (oder einem Dritten), wenn der Vorteil dem Arbeitnehmer oder einem Dritten für die Arbeitsleistung des Arbeitnehmers gewährt wird (→ BFH vom 7.5.2014 – BStBl. II S. 904),
- die Übernahme der Umlage für die Einrichtung des besonderen elektronischen **Anwaltspostfachs** einer angestellten Rechtsanwältin durch den Arbeitgeber (→ BFH vom 1.10.2020 – BStBl. 2021 II S. 352),
- die vom Arbeitgeber übernommenen Beiträge einer angestellten Rechtsanwältin zum deutschen **Anwaltverein** (→ BFH vom 12.2.2009 – BStBl. II S. 462),
- **Arbeitnehmeranteile** zur Arbeitslosen-, Kranken-, Pflege- und Rentenversicherung (Gesamtsozialversicherung), wenn der Arbeitnehmer hierdurch einen eigenen Anspruch gegen einen Dritten erwirbt (→ BFH vom 16.1.2007 – BStBl. II S. 579),
- die vom Arbeitgeber übernommenen Beiträge zur **Berufshaftpflichtversicherung** von Rechtsanwälten (→ BFH vom 26.7.2007 – BStBl. II S. 892). Übernimmt eine Rechtsanwaltssozietät den Versicherungsbeitrag einer angestellten Rechtsanwältin, die im Außenverhältnis nicht für eine anwaltliche Pflichtverletzung haftet, liegt Arbeitslohn regelmäßig nur in Höhe des übernommenen Prämienanteils vor, der auf die in § 51 Abs. 4 BRAO vorgeschriebene Mindestversicherungssumme entfällt und den die Rechtsanwältin zur Erfüllung ihrer Versicherungspflicht nach § 51 Abs. 1 Satz 1 BRAO benötigt (→ BFH vom 1.10.2020 – BStBl. 2021 II S. 352 und 356),
- der geldwerte Vorteil aus dem verbilligten **Erwerb einer GmbH-Beteiligung** durch einen leitenden Arbeitnehmer des Arbeitgebers, selbst wenn nicht der Arbeitgeber, sondern ein Gesellschafter des Arbeitgebers die Beteiligung veräußert (→ BFH vom 15.3.2018 – BStBl. II S. 550); zur Bewertung → H 8.1 (1–4) GmbH-Anteile. Gleiches gilt für den verbilligten Erwerb einer Beteiligung, der im Hinblick auf eine spätere Beschäftigung als Geschäftsführer gewährt wird (→ BFH vom 26.6.2014 – BStBl. II S. 864) sowie den verbilligten Erwerb einer GmbH-Beteiligung durch eine vom Geschäftsführer des Arbeitgebers beherrschte GmbH, wenn nicht der Arbeitgeber selbst, sondern ein Gesellschafter des Arbeitgebers die Beteiligung veräußert (→ BFH vom 1.9.2016 – BStBl. 2017 II S. 69).
- die vom Arbeitgeber übernommenen **Bußgelder,** die gegen bei ihm angestellte Fahrer wegen Verstoßes gegen die Lenk- und Ruhezeit verhängt worden sind (→ BFH vom 14.11.2013 – BStBl. 2014 II S. 278),
- die unentgeltliche bzw. verbilligte **Überlassung eines Dienstwagens** durch den Arbeitgeber an den Arbeitnehmer für dessen Privatnutzung (→ BFH vom 29.1.2009 – BStBl. 2010 II S. 1067),
- **Entschädigungszahlungen,** die ein Feuerwehrbeamter **für rechtswidrig geleistete Mehrarbeit** erhält (→ BFH vom 14.6.2016 – BStBl. II S. 901),
- der **Forderungsverzicht** eines Gesellschafters einer Kapitalgesellschaft auf eine erdiente und werthaltige Pensionsanwartschaft in Höhe des Teilwerts, soweit mit dem Verzicht eine verdeckte Einlage erbracht wird (→ BFH vom 9.6.1997 – BStBl. 1998 II S. 307 und BFH vom 23.8.2017 – BStBl. 2018 II S. 208),

---

1) Zum Zufluss und zur Bewertung von Aktienoptionsrechten für Arbeitnehmer siehe BFH v. 18.9.2012 VI R 90/10, BStBl. II 2013, 289.

- die vom Arbeitgeber übernommenen **Geldbußen und Geldauflagen** bei nicht ganz überwiegend eigenbetrieblichem Interesse (→ BFH vom 22.7.2008 – BStBl. 2009 II S. 151),
- die vom Arbeitgeber übernommenen Beiträge für die Mitgliedschaft in einem **Golfclub** (→ BFH vom 21.3.2013 – BStBl. II S. 700); zur Abgrenzung → BFH vom 17.7.2014 (BStBl. 2015 II S. 41).
- Beiträge des Arbeitgebers zu einer privaten **Gruppenkrankenversicherung,** wenn der Arbeitnehmer einen eigenen unmittelbaren und unentziehbaren Rechtsanspruch gegen den Versicherer erlangt (→ BFH vom 14.4.2011 – BStBl. II S. 767),
- die vom Arbeitgeber übernommenen **Kammerbeiträge** für Geschäftsführer von Wirtschaftsprüfungs-/Steuerberatungsgesellschaften (→ BFH vom 17.1.2008 – BStBl. II S. 378),
- die kostenlose oder verbilligte Überlassung von qualitativ und preislich **hochwertigen Kleidungsstücken** durch den Arbeitgeber (→ BFH vom 11.4.2006 – BStBl. II S. 691), soweit es sich nicht um typische Berufskleidung handelt → R 3.31 Abs. 1; zum überwiegend eigenbetrieblichen Interesse bei Überlassung einheitlicher Kleidung → BFH vom 22.6.2006 (BStBl. II S. 915),
- monatliche Zahlungen nach einer Betriebsvereinbarung (Sozialplan) zum **Ausgleich der durch Kurzarbeit** entstehenden Nachteile (→ BFH vom 20.7.2010 – BStBl. 2011 II S. 218); Entsprechendes gilt für den Zuschuss einer Beschäftigungsgesellschaft zum **Transferkurzarbeitergeld** (→ BFH vom 12.3.2019 – BStBl. II S. 574),
- die innerhalb eines Dienstverhältnisses erzielten **Liquidationseinnahmen** eines angestellten Chefarztes aus einem eingeräumten Liquidationsrecht für gesondert berechenbare wahlärztliche Leistungen (→ BFH vom 5.10.2005 – BStBl. 2006 II S. 94),
- **Lohnsteuerbeträge,** soweit sie vom Arbeitgeber übernommen werden und kein Fall des § 40 Abs. 3 EStG vorliegt (→ BFH vom 28.2.1992 – BStBl. II S. 733). Bei den ohne entsprechende Nettolohnvereinbarung übernommenen Lohnsteuerbeträgen handelt es sich um Arbeitslohn des Kalenderjahres, in dem sie entrichtet worden sind und der Arbeitgeber auf den Ausgleichsanspruch gegen den Arbeitnehmer verzichtet (→ BFH vom 29.10.1993 – BStBl. 1994 II S. 197). Entsprechendes gilt für übernommene Kirchensteuerbeträge sowie für vom Arbeitgeber zu Unrecht angemeldete und an das Finanzamt endgültig abgeführte Lohnsteuerbeträge (→ BFH vom 17.6.2009 – BStBl. 2010 II S. 72),
- vom Arbeitgeber **nachträglich** an das Finanzamt **abgeführte Lohnsteuer** für zunächst als steuerfrei behandelten Arbeitslohn (→ BFH vom 29.11.2000 – BStBl. 2001 II S. 195),
- freiwillige Zahlungen von Notaren an **Notarassessoren** für deren Vertretungstätigkeit (→ BFH vom 10.3.2015 – BStBl. II S. 767),
- von einem Dritten verliehene **Preise,** die den Charakter eines leistungsbezogenen Entgelts haben und nicht eine Ehrung der Persönlichkeit des Preisträgers darstellen (→ BFH vom 23.4.2009 – BStBl. II S. 668),
- die vom Arbeitgeber übernommenen Kosten einer **Regenerationskur;** keine Aufteilung einer einheitlich zu beurteilenden Zuwendung (→ BFH vom 11.3.2010 – BStBl. II S. 763),
- geldwerte Vorteile anlässlich von **Reisen** (→ H 19.7),
- **Zuschüsse,** die eine AG Vorstandsmitgliedern zur **freiwilligen Weiterversicherung in der gesetzlichen Rentenversicherung** oder einem **Versorgungswerk** gewährt (→ BFH vom 24.9.2013 – BStBl. 2014 II S. 124),
- Überschüsse aus dem **Rückverkauf** der vom Arbeitgeber erworbenen **Genussrechte,** wenn der Arbeitnehmer sie nur an den Arbeitgeber veräußern kann (→ BFH vom 5.11.2013 – BStBl. 2014 II S. 275),
- **Sachbezüge,** soweit sie zu geldwerten Vorteilen des Arbeitnehmers aus seinem Dienstverhältnis führen (→ R 8.1 und 8.2),
- der **Erlass einer Schadensersatzforderung** des Arbeitgebers (→ BFH vom 27.3.1992 – BStBl. II S. 837), siehe auch H 8.1 (9, 10) Verzicht auf Schadensersatz,
- Aufwendungen des Arbeitgebers für eine **„Sensibilisierungswoche"** der Arbeitnehmer (→ BFH vom 21.11.2018 – BStBl. 2019 II S. 404),
- Aufwendungen des Arbeitgebers für **Sicherheitsmaßnahmen** bei abstrakter berufsbedingter Gefährdung (→ BFH vom 5.4.2006 – BStBl. II S. 541); → aber BMF vom 30.6.1997 (BStBl. I S. 696),

- vom Arbeitgeber übernommene **Steuerberatungskosten** → BMF vom 22.4.2020 (BStBl. I S. 483), Rdnr. 303; anders aber bei Steuerberatungskosten im Rahmen einer Nettolohnvereinbarung → BMF vom 22.4.2020 (BStBl. I S. 483), Rdnr. 303a,
- **Surrogatleistungen** des Arbeitgebers auf Grund des Wegfalls von Ansprüchen im Rahmen der betrieblichen Altersversorgung (→ BFH vom 7.5.2009 – BStBl. 2010 II S. 130),
- die vom Arbeitgeber übernommenen festen und laufenden Kosten für einen **Telefonanschluss** in der Wohnung des Arbeitnehmers oder für ein **Mobiltelefon,** soweit kein betriebliches Gerät genutzt wird (→ R 3.45), es sich nicht um Auslagenersatz nach R 3.50 handelt und die Telefonkosten nicht zu den Reisenebenkosten (→ R 9.8), Umzugskosten (→ R 9.9) oder Mehraufwendungen wegen doppelter Haushaltsführung (→ R 9.11) gehören,
- die Nutzung vom Arbeitgeber gemieteter **Tennis- und Squashplätze** (→ BFH vom 27.9.1996 – BStBl. 1997 II S. 146),
- **Umlagezahlungen** des Arbeitgebers an die Versorgungsanstalt des Bundes und der Länder (→ BFH vom 7.5.2009 – BStBl. 2010 II S. 194),
- ggf. Beiträge für eine und Leistungen aus einer **Unfallversicherung** (→ BMF vom 28.10.2009 – BStBl. I S. 1275),[1)]
- Leistungen aus **Unterstützungskassen** (→ BFH vom 28.3.1958 – BStBl. III S. 268), soweit sie nicht nach R 3.11 Abs. 2 steuerfrei sind,
- **Vermittlungsprovisionen** (→ R 19.4),
- **Verzinsungen von Genussrechten,** wenn die Höhe der Verzinsung völlig unbestimmt ist und von einem aus Arbeitgeber und einem Vertreter der Arbeitnehmer bestehenden Partnerschaftsausschuss bestimmt wird (→ BFH vom 21.10.2014 – BStBl. 2015 II S. 593),
- Ausgleichszahlungen, die der Arbeitnehmer für seine in der Arbeitsphase erbrachten **Vorleistungen** erhält, wenn ein im Blockmodell geführtes Altersteilzeitarbeitsverhältnis vor Ablauf der vertraglich vereinbarten Zeit beendet wird (→ BFH vom 15.12.2011 – BStBl. 2012 II S. 415).

Nicht zum Arbeitslohn gehören

- **Aufmerksamkeiten** (→ R 19.6),
- **Arbeitnehmeranteile am Gesamtsozialversicherungsbeitrag,** die der Arbeitgeber wegen der gesetzlichen Beitragslastverschiebung nachzuentrichten und zu übernehmen hat (§ 3 Nr. 62 EStG), es sei denn, dass Arbeitgeber und Arbeitnehmer eine Nettolohnvereinbarung getroffen haben oder der Arbeitgeber zwecks Steuer- und Beitragshinterziehung die Unmöglichkeit einer späteren Rückbelastung beim Arbeitnehmer bewusst in Kauf genommen hat (→ BFH vom 29.10.1993 – BStBl. 1994 II S. 194 und vom 13.9.2007 – BStBl. 2008 II S. 58),
- **Beiträge zur eigenen Berufshaftpflichtversicherung** des Arbeitgebers (→ BFH vom 19.11.2015 – BStBl. 2016 II S. 301 zur Betriebshaftpflichtversicherung eines Krankenhauses, → BFH vom 19.11.2015 – BStBl. 2016 II S. 303 zur Berufshaftpflichtversicherung einer Rechtsanwalts-GmbH und → BFH vom 10.3.2016 – BStBl. II S. 621 zur Berufshaftpflichtversicherung einer Rechtsanwalts-GbR).
- Beiträge des Bundes nach **§ 15 FELEG**[2)] (→ BFH vom 14.4.2005 – BStBl. II S. 569),
- **Fort- oder Weiterbildungsleistungen** (→ R 19.7),
- **Gestellung einheitlicher,** während der Arbeitszeit zu tragender **bürgerlicher Kleidung,** wenn das eigenbetriebliche Interesse des Arbeitgebers im Vordergrund steht bzw. kein geldwerter Vorteil des Arbeitnehmers anzunehmen ist (→ BFH vom 22.6.2006 – BStBl. II S. 915); zur Überlassung hochwertiger Kleidung → BFH vom 11.4.2006 (BStBl. II S. 691),
- **Leistungen zur Verbesserung der Arbeitsbedingungen,** z. B. die Bereitstellung von Aufenthalts- und Erholungsräumen sowie von betriebseigenen Dusch- und Badeanlagen; sie werden der Belegschaft als Gesamtheit und damit in überwiegendem betrieblichen Interesse zugewendet (→ BFH vom 25.7.1986 – BStBl. II S. 868),
- **Maßnahmen des Arbeitgebers** zur Vorbeugung spezifisch berufsbedingter Beeinträchtigungen der **Gesundheit,** wenn die Notwendigkeit der Maßnahmen zur Verhinderung krankheitsbedingter Arbeitsausfälle durch Auskünfte des medizinischen Dienstes

---

1) Siehe auch BMF v. 15.3.2022, BStBl. I 2022, 242.

2) **Aichberger SGB** Nr. **30/40.**

einer Krankenkasse bzw. Berufsgenossenschaft oder durch Sachverständigengutachten bestätigt wird (→ BFH vom 30.5.2001 – BStBl. II S. 671),
- **Mietzahlungen des Arbeitgebers** für ein im Haus bzw. in der Wohnung des Arbeitnehmers gelegenes Arbeitszimmer, das der Arbeitnehmer für die Erbringung seiner Arbeitsleistung nutzt, wenn die Nutzung des Arbeitszimmers in vorrangigem Interesse des Arbeitgebers erfolgt (→ BMF vom 18.4.2019 – BStBl. I S. 461),
- **Nutzungsentgelt** für eine dem Arbeitgeber überlassene eigene **Garage,** in der ein Dienstwagen untergestellt wird (→ BFH vom 7.6.2002 – BStBl. II S. 829),
- **Rabatte,** die der Arbeitgeber nicht nur seinen Arbeitnehmern, sondern **auch fremden Dritten** üblicherweise einräumt (→ BFH vom 26.7.2012 – BStBl. 2013 II S. 402 zu Mitarbeiterrabatten in der Automobilbranche und BFH vom 10.4.2014 – BStBl. 2015 II S. 191 zu Rabatten beim Abschluss von Versicherungsverträgen),
- **übliche Sachleistungen** des Arbeitgebers anlässlich einer betrieblichen Veranstaltung im Zusammenhang mit einem runden Geburtstag des Arbeitnehmers im Rahmen des R 19.3 Abs. 2 Nr. 4 LStR; zur Abgrenzung einer betrieblichen Veranstaltung von einem privaten Fest des Arbeitnehmers → BFH vom 28.1.2003 (BStBl. II S. 724),
- **Schadensersatzleistungen,** soweit der Arbeitgeber zur Leistung gesetzlich verpflichtet ist oder soweit der Arbeitgeber einen zivilrechtlichen Schadensersatzanspruch des Arbeitnehmers wegen schuldhafter Verletzung arbeitsvertraglicher Fürsorgepflichten erfüllt (→ BFH vom 20.9.1996 – BStBl. 1997 II S. 144 und BFH vom 25.4.2018 – BStBl. II S. 600); zur Aufteilung einer einheitlichen Zahlung in Arbeitslohn und Schadensersatz → BFH vom 9.1.2018 (BStBl. I S. 582),
- **Steuerberatungskosten,** die der Arbeitgeber, der mit dem Arbeitnehmer unter Abtretung der Steuererstattungsansprüche eine Nettolohnvereinbarung abgeschlossen hat, für die Erstellung der Einkommensteuererklärungen des Arbeitnehmers übernimmt (→ BMF vom 22.4.2020 – BStBl. I S. 483, Rdnr. 303a f.),
- **Vergütungen eines Sportvereins an Amateursportler,** wenn die Vergütungen die mit der Tätigkeit zusammenhängenden Aufwendungen nur unwesentlich übersteigen (→ BFH vom 23.10.1992 – BStBl. 1993 II S. 303),
- **Vergütungen für Sanitätshelfer des DRK,** wenn sie als pauschale Erstattung der Selbstkosten beurteilt werden können, weil sie die durch die ehrenamtliche Tätigkeit veranlassten Aufwendungen regelmäßig nur unwesentlich übersteigen (→ BFH vom 4.8.1994 – BStBl. II S. 944),
- vom Arbeitnehmer **veruntreute Beträge** (→ BFH vom 13.11.2012 – BStBl. 2013 II S. 929),
- vom Arbeitgeber gezahlte **Verwarnungsgelder,** die er gem. § 56 Abs. 1 Satz 1 OWiG (Halterhaftung) als eigene Schuld leistet (→ BFH vom 13.8.2020 – BStBl. 2021 II S. 103),
- **Vorsorgeuntersuchungen leitender Angestellter** → BFH vom 17.9.1982 (BStBl. 1983 II S. 39),
- **Zuwendungen aus persönlichem Anlass** (→ R 19.6).

Steuerfrei sind
- die Leistungen nach dem **AltTZG** nach § 3 Nr. 28 EStG (→ R 3.28),
- **Aufwandsentschädigungen** nach § 3 Nr. 12 (→ R 3.12) und Einnahmen bis zum Höchstbetrag nach § 3 Nr. 26 und 26a EStG (→ R 3.26),
- durchlaufende Gelder und **Auslagenersatz** nach § 3 Nr. 50 EStG (→ R 3.50),
- **Beihilfen und Unterstützungen,** die wegen Hilfsbedürftigkeit gewährt werden nach § 3 Nr. 11 EStG (→ R 3.11),
- der Wert der unentgeltlich oder verbilligt überlassenen **Berufskleidung** sowie die Barablösung des Anspruchs auf Gestellung typischer Berufskleidung nach § 3 Nr. 31 EStG (→ R 3.31),
- die Erstattung von Mehraufwendungen bei **doppelter Haushaltsführung** nach § 3 Nr. 13 und 16 EStG (→ R 3.13, 3.16 und 9.11),
- Arbeitgeberleistungen für **Fahrten i. S. d. § 3 Nr. 15 EStG,**
- **Fürsorgeleistungen** des Arbeitgebers zur besseren Vereinbarkeit von Familie und Beruf *nach* § 3 Nr. 34a EStG,
- die Maßnahmen der **Gesundheitsförderung** bis zum Höchstbetrag nach § 3 Nr. 34 EStG,

- der **Kaufkraftausgleich** nach § 3 Nr. 64 EStG (→ R 3.64),
- Leistungen des Arbeitgebers für die Unterbringung und Betreuung von nicht schulpflichtigen **Kindern** nach § 3 Nr. 33 EStG (→ R 3.33),
- der Ersatz von **Reisekosten** nach § 3 Nr. 13 und 16 EStG (→ R 3.13, 3.16 und 9.4 bis 9.8),
- die betrieblich notwendige **Sammelbeförderung** des Arbeitnehmers nach § 3 Nr. 32 EStG (→ R 3.32),
- **Studienbeihilfen und Stipendien** nach § 3 Nr. 11 und 44 EStG (→ R 4.1 und R 3.44 EStR),[1)]
- vom Arbeitgeber nach R 3.50 Abs. 2 ersetzte Aufwendungen für **Telekommunikation,**
- geldwerte Vorteile aus der privaten Nutzung betrieblicher Personalcomputer und **Datenverarbeitungsgeräte** nach § 3 Nr. 45 EStG (→ R 3.45),
- **Trinkgelder** nach § 3 Nr. 51 EStG,
- der Ersatz von **Umzugskosten** nach § 3 Nr. 13 und 16 EStG (→ R 3.13, 3.16 und 9.9),
- der Ersatz von **Unterkunftskosten** sowie die unentgeltliche oder teilentgeltliche Überlassung einer Unterkunft nach § 3 Nr. 13 EStG (→ R 3.13), § 3 Nr. 16 EStG (→ R 9.7 und 9.11),
- der Ersatz von **Verpflegungskosten** nach § 3 Nr. 4 Buchstabe c EStG (→ R 3.4), § 3 Nr. 12 EStG (→ R 3.12), § 3 Nr. 13 EStG (→ R 3.13), § 3 Nr. 16 EStG (→ R 9.6 und 9.11), § 3 Nr. 26 EStG (→ R 3.26),
- **Werkzeuggeld** nach § 3 Nr. 30 EStG (→ R 3.30),
- **Zukunftssicherungsleistungen** des Arbeitgebers auf Grund gesetzlicher Verpflichtung und gleichgestellte Zuschüsse nach § 3 Nr. 62 EStG (→ § 2 Abs. 2 Nr. 3 LStDV und R 3.62),
- **Zuschläge** für Sonntags-, Feiertags- oder Nachtarbeit nach § 3b EStG (→ R 3b).

Gehaltsverzicht. → R 3.33 und 38.2.

Lohnverwendungsabrede. Arbeitslohn fließt nicht nur dadurch zu, dass der Arbeitgeber den Lohn auszahlt oder überweist, sondern auch dadurch, dass der Arbeitgeber eine mit dem Arbeitnehmer getroffene Lohnverwendungsabrede (eine konstitutive Verwendungsauflage) erfüllt. Keinen Lohn erhält der Arbeitnehmer hingegen dann, wenn der Arbeitnehmer auf Lohn verzichtet und keine Bedingungen an die Verwendung der freigewordenen Mittel knüpft (→ BFH vom 23.9.1998 – BStBl. 1999 II S. 98).

Lohnzahlung durch Dritte. Die Zuwendung eines Dritten kann Arbeitslohn sein, wenn sie als Entgelt für eine Leistung beurteilt werden kann, die der Arbeitnehmer im Rahmen seines Dienstverhältnisses für seinen Arbeitgeber erbringt, erbracht hat oder erbringen soll (→ BFH vom 28.2.2013 – BStBl. II S. 642). Bei Zuflüssen von dritter Seite können die Einnahmen insbesondere dann Ertrag der nichtselbständigen Arbeit sein, wenn sie

- auf Grund konkreter Vereinbarungen mit dem Arbeitgeber beruhen (→ BFH vom 28.3.1958 – BStBl. III S. 268 und vom 27.1.1961 – BStBl. III S. 167 zu Leistungen aus einer **Unterstützungskasse**),
- auf Grund gesellschaftsrechtlicher oder geschäftlicher Beziehungen des Dritten zum Arbeitgeber gewährt werden (→ BFH vom 21.2.1986 – BStBl. II S. 768 zur unentgeltlichen oder teilentgeltlichen Überlassung von **Belegschaftsaktien** an Mitarbeiter verbundener Unternehmen und vom 1.9.2016 – BStBl. 2017 II S. 69 zum verbilligten Erwerb einer

---

1) Nr. **1**.

GmbH-Beteiligung durch eine vom Geschäftsführer des Arbeitgebers beherrschte GmbH),
- dem Empfänger mit Rücksicht auf das Dienstverhältnis zufließen (→ BFH vom 19.8.2004 – BStBl. II S. 1076 zur Wohnungsüberlassung),
- → H 38.4 (Lohnzahlung durch Dritte).

Negativer Arbeitslohn. Wird ein fehlgeschlagenes Mitarbeiterbeteiligungsprogramm rückgängig gemacht, indem zuvor vergünstigt erworbene Aktien an den Arbeitgeber zurückgegeben werden, liegen negative Einnahmen bzw. Werbungskosten vor (→ BFH vom 17.9.2009 – BStBl. 2010 II S. 299).

Pensionszusage, Ablösung. → BMF vom 4.7.2017 (BStBl. I S. 883); zur Übertragung der betrieblichen Altersversorgung → § 3 Nr. 55, Nr. 65 und Nr. 66 EStG und BMF vom 12.8.2021 (BStBl. I S. 1050), Rn. 53 ff.

Rabattgewährung durch Dritte. → BMF vom 20.1.2015 (BStBl. I S. 143).[1]

Rückzahlung von Arbeitslohn. Arbeitslohnrückzahlungen sind nur dann anzunehmen, wenn der Arbeitnehmer an den Arbeitgeber die Leistungen, die bei ihm als Lohnzahlungen zu qualifizieren waren, zurückzahlt. Der Veranlassungszusammenhang zum Arbeitsverhältnis darf aber nicht beendet worden sein (→ BFH vom 10.8.2010 – BStBl. II S. 1074 zum fehlgeschlagenen Grundstückserwerb vom Arbeitgeber). → H 11.

Zinsen. Soweit die Arbeitnehmer von Kreditinstituten und ihre Angehörigen auf ihre Einlagen beim Arbeitgeber höhere Zinsen erhalten als betriebsfremde Anleger, sind die zusätzlichen Zinsen durch das Dienstverhältnis veranlasst und dem Lohnsteuerabzug zu unterwerfen. Aus Vereinfachungsgründen ist es jedoch nicht zu beanstanden, wenn der Zusatzzins als Einnahmen aus Kapitalvermögen behandelt wird, sofern der dem Arbeitnehmer und seinen Angehörigen eingeräumte Zinssatz nicht mehr als 1 Prozentpunkt über dem Zinssatz liegt, den die kontoführende Stelle des Arbeitgebers betriebsfremden Anlegern im allgemeinen Geschäftsverkehr anbietet (→ BMF vom 2.3.1990 – BStBl. I S. 141).

Zufluss von Arbeitslohn. → R 38.2.

Zum Lohnsteuerabzug. → R 38.4.

R 19.4 Vermittlungsprovisionen

(1) [1]Erhalten Arbeitnehmer von ihren Arbeitgebern Vermittlungsprovisionen, so sind diese grundsätzlich Arbeitslohn. [2]Das Gleiche gilt für Provisionen, die ein Dritter an den Arbeitgeber zahlt und die dieser an den Arbeitnehmer weiterleitet.

(2) [1]Provisionszahlungen einer Bausparkasse oder eines Versicherungsunternehmens an Arbeitnehmer der Kreditinstitute für Vertragsabschlüsse, die wäh-

[1] Siehe auch BFH v. 18.10.2012 VI R 64/11, BStBl. II 2015, 184, v. 10.4.2014 VI R 62/11, BStBl. II 2015, 191, v. 16.2.2022 VI R 53/18.

rend der Arbeitszeit vermittelt werden, sind als Lohnzahlungen Dritter dem Lohnsteuerabzug zu unterwerfen. [2]Wenn zum Aufgabengebiet des Arbeitnehmers der direkte Kontakt mit dem Kunden des Kreditinstituts gehört, z. B. bei einem Kunden- oder Anlageberater, gilt dies auch für die Provisionen der Vertragsabschlüsse außerhalb der Arbeitszeit.

H 19.4

Lohnsteuerabzug bei Vermittlungsprovisionen von Dritten. → R 38.4.

Provisionen für Vertragsabschlüsse mit dem Arbeitnehmer.

- Preisnachlässe des Arbeitgebers bei Geschäften, die mit dem Arbeitnehmer als Kunden abgeschlossen werden, sind als Preisvorteile nach § 8 Abs. 3 EStG zu erfassen, auch wenn sie als Provisionszahlungen bezeichnet werden (→ BFH vom 22.5.1992 – BStBl. II S. 840).
- Provisionszahlungen einer Bausparkasse oder eines Versicherungsunternehmens an Arbeitnehmer der Kreditinstitute bei Vertragsabschlüssen im Verwandtenbereich und für eigene Verträge unterliegen als Rabatte von dritter Seite dem Lohnsteuerabzug (→ BMF vom 20.1.2015 (BStBl. I S. 143).

Provisionen für im Innendienst Beschäftigte. Provisionen, die Versicherungsgesellschaften ihren im Innendienst beschäftigten Arbeitnehmern für die gelegentliche Vermittlung von Versicherungen zahlen, und Provisionen im Bankgewerbe für die Vermittlung von Wertpapiergeschäften sind Arbeitslohn, wenn die Vermittlungstätigkeit im Rahmen des Dienstverhältnisses ausgeübt wird (→ BFH vom 7.10.1954 – BStBl. 1955 III S. 17).

R 19.5 Zuwendungen bei Betriebsveranstaltungen[1)]

Allgemeines

(1) Zuwendungen des Arbeitgebers an die Arbeitnehmer bei Betriebsveranstaltungen gehören als Leistungen im ganz überwiegenden betrieblichen Interesse des Arbeitgebers nicht zum Arbeitslohn, wenn es sich um herkömmliche (übliche) Betriebsveranstaltungen und um bei diesen Veranstaltungen übliche Zuwendungen handelt.

Begriff der Betriebsveranstaltung

(2) [1]Betriebsveranstaltungen sind Veranstaltungen auf betrieblicher Ebene, die gesellschaftlichen Charakter haben und bei denen die Teilnahme allen Betriebsangehörigen offen steht, z. B. Betriebsausflüge, Weihnachtsfeiern, Jubiläumsfeiern. [2]Ob die Veranstaltung vom Arbeitgeber, Betriebsrat oder Personalrat durchgeführt wird, ist unerheblich. [3]Veranstaltungen, die nur für einen beschränkten Kreis der Arbeitnehmer von Interesse sind, sind Betriebsveranstaltungen, wenn sich die Begrenzung des Teilnehmerkreises nicht als eine Bevorzugung bestimmter Arbeitnehmergruppen darstellt. [4]Als Betriebsveranstaltungen sind deshalb auch solche Veranstaltungen anzuerkennen, die z. B.

[1)] **[Amtl. Anm.:]** R 19.5 LStR ist für alle nach dem 31.12.2014 endenden Lohnzahlungszeiträume sowie für VZ ab dem Jahr 2015 nicht mehr anzuwenden → BMF vom 14.10.2015 (BStBl. I S. 832).

1. *jeweils nur für eine Organisationseinheit des Betriebs, z. B. Abteilung, durchgeführt werden, wenn alle Arbeitnehmer dieser Organisationseinheit an der Veranstaltung teilnehmen können,*
2. *nur für alle im Ruhestand befindlichen früheren Arbeitnehmer des Unternehmens veranstaltet werden (Pensionärstreffen),*
3. *nur für solche Arbeitnehmer durchgeführt werden, die bereits im Unternehmen ein rundes (10-, 20-, 25-, 30-, 40-, 50-, 60-jähriges) Arbeitnehmerjubiläum gefeiert haben oder in Verbindung mit der Betriebsveranstaltung feiern (Jubilarfeiern). [2] Dabei ist es unschädlich, wenn neben den Jubilaren auch ein begrenzter Kreis anderer Arbeitnehmer, wie z. B. die engeren Mitarbeiter des Jubilars, eingeladen wird. [3] Der Annahme eines 40-, 50- oder 60-jährigen Arbeitnehmerjubiläums steht nicht entgegen, wenn die Jubilarfeier zu einem Zeitpunkt stattfindet, der höchstens fünf Jahre vor den bezeichneten Jubiläumsdienstzeiten liegt.*

[5] Die Ehrung eines einzelnen Jubilars oder eines einzelnen Arbeitnehmers bei dessen Ausscheiden aus dem Betrieb, auch unter Beteiligung weiterer Arbeitnehmer, ist keine Betriebsveranstaltung; zu Sachzuwendungen aus solchen Anlässen →R 19.3 Abs. 2 Nr. 3. [6] Auch ein so genanntes Arbeitsessen ist keine Betriebsveranstaltung (→R 19.6 Abs. 2).

Herkömmlichkeit (Üblichkeit) der Betriebsveranstaltung

(3) [1] Abgrenzungsmerkmale für die Herkömmlichkeit (Üblichkeit) sind Häufigkeit oder besondere Ausgestaltung der Betriebsveranstaltung. [2] In Bezug auf die Häufigkeit ist eine Betriebsveranstaltung üblich, wenn nicht mehr als zwei Veranstaltungen jährlich durchgeführt werden; auf die Dauer der einzelnen Veranstaltung kommt es nicht an. [3] Das gilt auch für Veranstaltungen i. S. d. Absatzes 2 Satz 4 Nr. 2 und 3, die gesondert zu werten sind. [4] Bei mehr als zwei gleichartigen Veranstaltungen kann der Arbeitgeber die beiden Veranstaltungen auswählen, die als übliche Betriebsveranstaltungen durchgeführt werden. [5] Unschädlich ist, wenn ein Arbeitnehmer an mehr als zwei unterschiedlichen Veranstaltungen teilnimmt, z. B. ein Jubilar, der noch im selben Jahr in den Ruhestand tritt, nimmt an der Jubilarfeier, an einem Pensionärstreffen und an einem Betriebsausflug teil. [6] Die Teilnahme eines Arbeitnehmers an mehr als zwei gleichartigen Betriebsveranstaltungen ist unschädlich, wenn sie der Erfüllung beruflicher Aufgaben dient, z. B. wenn der Personalchef oder Betriebsratsmitglieder die Veranstaltungen mehrerer Abteilungen besuchen.

Übliche Zuwendungen

(4) [1] Übliche Zuwendungen bei einer Betriebsveranstaltung sind insbesondere

1. *Speisen, Getränke, Tabakwaren und Süßigkeiten,*
2. *die Übernahme von Übernachtungs- und Fahrtkosten, auch wenn die Fahrt als solche schon einen Erlebniswert hat,*
3. *Eintrittskarten für kulturelle und sportliche Veranstaltungen, wenn sich die Betriebsveranstaltung nicht im Besuch einer kulturellen oder sportlichen Veranstaltung erschöpft,*
4. *Geschenke (→Absatz 6 Satz 3). [2] Üblich ist auch die nachträgliche Überreichung der Geschenke an solche Arbeitnehmer, die aus betrieblichen oder persönlichen Gründen nicht an der Betriebsveranstaltung teilnehmen konnten, nicht aber eine deswegen gewährte Barzuwendung,*
5. *Aufwendungen für den äußeren Rahmen, z. B. für Räume, Musik, Kegelbahn, für künstlerische und artistische Darbietungen, wenn die Darbietungen nicht der wesentliche Zweck der Betriebsveranstaltung sind.*

[2] Betragen die Aufwendungen des Arbeitgebers einschließlich Umsatzsteuer für die üblichen Zuwendungen i. S. d. Satzes 1 Nr. 1 bis 5 an den einzelnen Arbeitnehmer insgesamt mehr als 110 Euro je Veranstaltung, so sind die Aufwendungen dem Arbeitslohn hinzuzurechnen.[1)]

(5) Im Übrigen gilt Folgendes:

1. *Zuwendungen an den Ehegatten oder einen Angehörigen des Arbeitnehmers, z. B. Kind, Verlobte, sind dem Arbeitnehmer zuzurechnen.*
2. *Barzuwendungen, die statt der in Absatz 4 Satz 1 Nr. 1 bis 3 genannten Sachzuwendungen gewährt werden, sind diesen gleichgestellt, wenn ihre zweckentsprechende Verwendung sichergestellt ist.*

Besteuerung der Zuwendungen

(6) [1] Bei einer nicht herkömmlichen (unüblichen) Betriebsveranstaltung gehören die gesamten Zuwendungen an die Arbeitnehmer, einschließlich der Aufwendungen für den äußeren Rahmen (Absatz 4 Satz 1 Nr. 5), zum Arbeitslohn. [2] Für die Erhebung der Lohnsteuer gelten die allgemeinen Vorschriften; § 40 Abs. 2 EStG ist anwendbar. [3] Das gilt auch für ihrer Art nach übliche Zuwendungen, bei denen die 110-Euro-Grenze des Absatzes 4 Satz 2 überschritten wird, sowie für nicht übliche Zuwendungen, z. B. Geschenke, deren Gesamtwert 60 Euro übersteigt, oder Zuwendungen an einzelne Arbeitnehmer, aus Anlass – nicht nur bei Gelegenheit – einer Betriebsveranstaltung.

H 19.5

Allgemeines. → BMF vom 14.10.2015 (BStBl. I S. 832).[2)]

Gemischt veranlasste Veranstaltung. Sachzuwendungen an Arbeitnehmer anlässlich einer Veranstaltung, die sowohl Elemente einer Betriebsveranstaltung als auch einer sonstigen betrieblichen Veranstaltung enthält, sind grundsätzlich aufzuteilen (→ BFH vom 16.11.2005 – BStBl. 2006 II S. 444 und vom 30.4.2009 – BStBl. II S. 726).

Incentive-Reisen. Incentive-Reisen, die der Arbeitgeber veranstaltet, um bestimmte Arbeitnehmer für besondere Leistungen zu entlohnen und zu weiteren Leistungen zu motivieren, sind keine Betriebsveranstaltungen (→ BFH vom 9.3.1990 – BStBl. II S. 711).[3)]

Verlosungsgewinne. Gewinne aus einer Verlosung, die gelegentlich einer Betriebsveranstaltung durchgeführt wurde, gehören zum Arbeitslohn, wenn an der Verlosung nicht alle an der Betriebsveranstaltung teilnehmenden Arbeitnehmer beteiligt werden, sondern die Verlosung nur einem bestimmten, herausgehobenen Personenkreis vorbehalten ist (→ BFH vom 25.11.1993 – BStBl. 1994 II S. 254).

[1)] Zur Ermittlung der Kosten einer Betriebsveranstaltung, zur Bedeutung der (damaligen) Freigrenze und zur typisierenden Gesetzesauslegung siehe BFH v. 12.12.2012 VI R 79/10, DStR 2013, 397.

[2)] Zur Bewertung von Arbeitslohn anlässlich von Betriebsveranstaltungen siehe BFH v. 29.4.2021 VI R 31/18, BStBl. II 2021, 606: Die Gesamtkosten des Arbeitgebers sind auf die bei der Betriebsveranstaltung anwesenden Arbeitnehmer aufzuteilen.

[3)] Vgl. auch BMF v. 14.10.1996, BStBl. I S. 1192.

Zuschuss.

Beispiel:

Die Arbeitnehmer organisieren als einzige Betriebsveranstaltung in diesem Jahr ein Sommerfest, an dem 100 Arbeitnehmer teilnehmen; der Arbeitgeber zahlt dafür als Zuschuss 10 000 € in die Gemeinschaftskasse der Arbeitnehmer ein. Bei einer Verteilung des Zuschusses ergibt sich ein Pro-Kopf-Anteil von 100 €, der nach § 19 Abs. 1 Satz 1 Nr. 1a Satz 3 EStG nicht zu versteuern ist (→ BFH vom 16.11.2005 – BStBl. 2006 II S. 437).

R **19.6** Aufmerksamkeiten

(1) [1] Sachleistungen des Arbeitgebers, die auch im gesellschaftlichen Verkehr üblicherweise ausgetauscht werden und zu keiner ins Gewicht fallenden Bereicherung der Arbeitnehmer führen, gehören als bloße Aufmerksamkeiten nicht zum Arbeitslohn. [2] Aufmerksamkeiten sind Sachzuwendungen bis zu einem Wert von 60 Euro, z. B. Blumen, Genussmittel, ein Buch oder ein Tonträger, die dem Arbeitnehmer oder seinen Angehörigen aus Anlass eines besonderen persönlichen Ereignisses zugewendet werden. [3] Geldzuwendungen gehören stets zum Arbeitslohn, auch wenn ihr Wert gering ist.

(2) [1] Als Aufmerksamkeiten gehören auch Getränke und Genussmittel, die der Arbeitgeber den Arbeitnehmern zum Verzehr im Betrieb unentgeltlich oder teilentgeltlich überlässt, nicht zum Arbeitslohn. [2] Dasselbe gilt für Speisen, die der Arbeitgeber den Arbeitnehmern anlässlich und während eines außergewöhnlichen Arbeitseinsatzes, z. B. während einer außergewöhnlichen betrieblichen Besprechung oder Sitzung, im ganz überwiegenden betrieblichen Interesse an einer günstigen Gestaltung des Arbeitsablaufs unentgeltlich oder teilentgeltlich überlässt und deren Wert 60 Euro nicht überschreitet.

H **19.6**

Bewirtung von Arbeitnehmern.

- Zur Gewichtung des Arbeitgeberinteresses an der Überlassung von Speisen und Getränken anlässlich und während eines außergewöhnlichen Arbeitseinsatzes (→ BFH vom 5.5.1994 – BStBl. II S. 771).
- Ein mit einer gewissen Regelmäßigkeit stattfindendes Arbeitsessen in einer Gaststätte am Sitz des Unternehmens führt bei den teilnehmenden Arbeitnehmern zu einem Zufluss von Arbeitslohn (→ BFH vom 4.8.1994 – BStBl. 1995 II S. 59).
- Zur Erfassung und Bewertung von Mahlzeiten, die der Arbeitgeber oder auf dessen Veranlassung ein Dritter aus besonderem Anlass an Arbeitnehmer abgibt (→ R 8.1 Abs. 8).
- Die Verpflegung der Besatzungsmitglieder an Bord eines Flusskreuzfahrtschiffes ist dann kein Arbeitslohn, wenn das eigenbetriebliche Interesse des Arbeitgebers an einer Gemeinschaftsverpflegung wegen besonderer betrieblicher Abläufe den Vorteil der Arbeitnehmer bei weitem überwiegt (→ BFH vom 21.1.2010 – BStBl. II S. 700).
- Stellt der Arbeitgeber seinen Arbeitnehmern unbelegte Backwaren nebst Heißgetränken zum sofortigen Verzehr im Betrieb bereit, handelt es sich bei den zugewandten Vorteilen grundsätzlich um nicht steuerbare Aufmerksamkeiten (→ BFH vom 3.7.2019 – BStBl. 2020 II S. 788).

Gelegenheitsgeschenke. Freiwillige Sonderzuwendungen (z. B. Lehrabschlussprämien) des Arbeitgebers an einzelne Arbeitnehmer gehören grundsätzlich zum Arbeitslohn, und zwar auch dann, wenn mit ihnen soziale Zwecke verfolgt werden oder wenn sie dem Arbeitnehmer anlässlich besonderer persönlicher Ereignisse zugewendet werden; das gilt sowohl für Geld- als auch für Sachgeschenke (→ BFH vom 22.3.1985 – BStBl. II S. 641).

R 19.7 Berufliche Fort- oder Weiterbildungsleistungen des Arbeitgebers

(1) [1]Berufliche Fort- oder Weiterbildungsleistungen des Arbeitgebers führen nicht zu Arbeitslohn, wenn diese Bildungsmaßnahmen im ganz überwiegenden betrieblichen Interesse des Arbeitgebers durchgeführt werden. [2]Dabei ist es gleichgültig, ob die Bildungsmaßnahmen am Arbeitsplatz, in zentralen betrieblichen Einrichtungen oder in außerbetrieblichen Einrichtungen durchgeführt werden. [3]Sätze 1 und 2 gelten auch für Bildungsmaßnahmen fremder Unternehmer, die für Rechnung des Arbeitgebers erbracht werden. [4]Ist der Arbeitnehmer Rechnungsempfänger, ist dies für ein ganz überwiegend betriebliches Interesse des Arbeitgebers unschädlich, wenn der Arbeitgeber die Übernahme bzw. den Ersatz der Aufwendungen allgemein oder für die besondere Bildungsmaßnahme vor Vertragsabschluss schriftlich zugesagt hat.

(2) [1]Bei einer Bildungsmaßnahme ist ein ganz überwiegendes betriebliches Interesse des Arbeitgebers anzunehmen, wenn sie die Einsatzfähigkeit des Arbeitnehmers im Betrieb des Arbeitgebers erhöhen soll. [2]Für die Annahme eines ganz überwiegenden betrieblichen Interesses des Arbeitgebers ist nicht Voraussetzung, dass der Arbeitgeber die Teilnahme an der Bildungsmaßnahme zumindest teilweise auf die Arbeitszeit anrechnet. [3]Rechnet er die Teilnahme an der Bildungsmaßnahme zumindest teilweise auf die Arbeitszeit an, ist die Prüfung weiterer Voraussetzungen eines ganz überwiegenden betrieblichen Interesses des Arbeitgebers entbehrlich, es sei denn, es liegen konkrete Anhaltspunkte für den Belohnungscharakter der Maßnahme vor. [4]Auch sprachliche Bildungsmaßnahmen sind unter den genannten Voraussetzungen dem ganz überwiegenden betrieblichen Interesse zuzuordnen, wenn der Arbeitgeber die Sprachkenntnisse in dem für den Arbeitnehmer vorgesehenen Aufgabengebiet verlangt. [5]Von einem ganz überwiegenden betrieblichen Interesse ist auch bei dem SGB III entsprechenden Qualifikations- und Trainingsmaßnahmen auszugehen, die der Arbeitgeber oder eine zwischengeschaltete Beschäftigungsgesellschaft im Zusammenhang mit Auflösungsvereinbarungen erbringt. [6]Bildet sich der Arbeitnehmer nicht im ganz überwiegenden betrieblichen Interesse des Arbeitgebers fort, so gehört der nach § 8 Abs. 2 EStG zu ermittelnde Wert der vom Arbeitgeber erbrachten Fort- oder Weiterbildungsleistungen zum Arbeitslohn.[1)] [7]Der Arbeitnehmer kann ggf. den Wert einer beruflichen Fort- und Weiterbildung im Rahmen des § 9 Abs. 1 Satz 1 EStG als Werbungskosten (→ R 9.2) oder im Rahmen des § 10 Abs. 1 Nr. 7 EStG als Sonderausgaben geltend machen.

---

1) **[Amtl. Anm.:]** Ggf. steuerfrei → § 3 Nr. 19 EStG.

(3)[1] Auch wenn Fort- oder Weiterbildungsleistungen nach den vorstehenden Regelungen nicht zu Arbeitslohn führen, können die Aufwendungen des Arbeitgebers, wie z. B. Reisekosten, die neben den Kosten für die eigentliche Fort- und Weiterbildungsleistung anfallen und durch die Teilnahme des Arbeitnehmers an der Bildungsveranstaltung veranlasst sind, nach § 3 Nr. 13, 16 EStG (→ R 9.4 bis R 9.8 und R 9.11) zu behandeln sein.

H 19.7

Deutschkurse. Berufliche Fort- oder Weiterbildungsleistungen des Arbeitgebers führen nach R 19.7 nicht zu Arbeitslohn, wenn diese Bildungsmaßnahmen im ganz überwiegenden betrieblichen Interesse des Arbeitgebers durchgeführt werden. Bei Flüchtlingen und anderen Arbeitnehmern, deren Muttersprache nicht Deutsch ist, sind Bildungsmaßnahmen zum Erwerb oder zur Verbesserung der deutschen Sprache dem ganz überwiegenden betrieblichen Interesse des Arbeitgebers zuzuordnen, wenn der Arbeitgeber die Sprachkenntnisse in dem für den Arbeitnehmer vorgesehenen Aufgabengebiet verlangt. Arbeitslohn kann bei solchen Bildungsmaßnahmen nur dann vorliegen, wenn konkrete Anhaltspunkte für den Belohnungscharakter der Maßnahme vorliegen (→ BMF vom 4.7.2017 – BStBl. I S. 882).

Incentive-Reisen.

– Veranstaltet der Arbeitgeber so genannte Incentive-Reisen, um bestimmte Arbeitnehmer für besondere Leistungen zu belohnen und zu weiteren Leistungssteigerungen zu motivieren, erhalten die Arbeitnehmer damit einen steuerpflichtigen geldwerten Vorteil, wenn auf den Reisen ein Besichtigungsprogramm angeboten wird, das einschlägigen Touristikreisen entspricht, und der Erfahrungsaustausch zwischen den Arbeitnehmern demgegenüber zurücktritt (→ BFH vom 9.3.1990 – BStBl. II S. 711).
– Ein geldwerter Vorteil entsteht nicht, wenn die Betreuungsaufgaben das Eigeninteresse des Arbeitnehmers an der Teilnahme des touristischen Programms in den Hintergrund treten lassen (→ BFH vom 5.9.2006 – BStBl. 2007 II S. 312).
– Selbst wenn ein Arbeitnehmer bei einer von seinem Arbeitgeber veranstalteten so genannten Händler-Incentive-Reise Betreuungsaufgaben hat, ist die Reise Arbeitslohn, wenn der Arbeitnehmer auf der Reise von seinem Ehegatten/Lebenspartner begleitet wird (→ BFH vom 25.3.1993 – BStBl. II S. 639).
– Eine Aufteilung von Sachzuwendungen an Arbeitnehmer in Arbeitslohn und Zuwendungen im eigenbetrieblichen Interesse ist grundsätzlich möglich (→ BFH vom 18.8.2005 – BStBl. 2006 II S. 30).
– → BMF vom 14.10.1996 (BStBl. I S. 1192).
– Zum Begriff der Incentive-Reise → BMF vom 19.5.2015 (BStBl. I S. 468), Rdnr. 10.

---

[1] **[Amtl. Anm.:]** → R 9.11 (Mehraufwendungen bei doppelter Haushaltsführung), da die Bildungsstätte eine erste Tätigkeitsstätte darstellt.

Studiengebühren. Zur lohnsteuerlichen Behandlung der Übernahme von Studiengebühren für ein berufsbegleitendes Studium durch den Arbeitgeber → BMF vom 13.4.2012 (BStBl. I S. 531).

Studienreisen, Fachkongresse. → R 12.2 EStR, H 12.2 EStH.[1)]

R **19.8** Versorgungsbezüge

(1) Zu den nach § 19 Abs. 2 EStG steuerbegünstigten Versorgungsbezügen gehören auch:

1. Sterbegeld i. S. d. § 18 Abs. 1, Abs. 2 Nr. 1 und Abs. 3 BeamtVG sowie entsprechende Bezüge im privaten Dienst. [2]Nicht zu den steuerbegünstigten Versorgungsbezügen gehören Bezüge, die für den Sterbemonat auf Grund des Arbeitsvertrags als Arbeitsentgelt gezahlt werden; besondere Leistungen an Hinterbliebene, die über das bis zum Erlöschen des Dienstverhältnisses geschuldete Arbeitsentgelt hinaus gewährt werden, sind dagegen Versorgungsbezüge,
2. Übergangsversorgung, die nach dem BAT oder diesen ergänzenden, ändernden oder ersetzenden Tarifverträgen sowie Übergangszahlungen nach § 47 Nr. 3 des Tarifvertrags für den öffentlichen Dienst der Länder (TV-L) an Angestellte im militärischen Flugsicherungsdienst, bei der Bundesanstalt für Flugsicherung im Flugsicherungsdienst, im Justizvollzugsdienst und im kommunalen feuerwehrtechnischen Dienst sowie an Luftfahrzeugführer von Messflugzeugen und an technische Luftfahrzeugführer gezahlt wird, einschl. des an Hinterbliebene zu zahlenden monatlichen Ausgleichsbetrags und einschl. des Ausgleichs, der neben der Übergangsversorgung zu zahlen ist, sowie die Übergangsversorgung, die nach § 7 des Tarifvertrags vom 30.11.1991 über einen sozialverträglichen Personalabbau im Bereich des Bundesministeriums der Verteidigung gezahlt wird,
3. die Bezüge der Beamten im einstweiligen Ruhestand,
4. die nach § 47 Abs. 4 Satz 2 des Bundesbeamtengesetzes (BBG) sowie entsprechender Vorschriften der Beamtengesetze der Länder gekürzten Dienstbezüge,
5. die Unterhaltsbeiträge nach den §§ 15 und 26 BeamtVG sowie nach § 69 BeamtVG oder entsprechenden landesrechtlichen Vorschriften,
6. die Versorgungsbezüge der vorhandenen, ehemals unter das G 131 und das Gesetz zur Regelung der Wiedergutmachung nationalsozialistischen Unrechts für Angehörige des öffentlichen Dienstes (BWGöD) fallenden früheren Angehörigen des öffentlichen Dienstes und ihrer Hinterbliebenen nach § 2 Abs. 1 Nr. 1 des Dienstrechtlichen Kriegsfolgen-Abschlussgesetzes (DKfAG) i. V. m. den §§ 69, 69a BeamtVG,
7. die Versorgungsbezüge der politischen Wahlbeamten auf Zeit,
8. das Ruhegehalt und der Ehrensold der ehemaligen Regierungsmitglieder einschließlich der entsprechenden Hinterbliebenenbezüge, nicht dagegen

---

1) Nr. **1**.

das Übergangsgeld nach § 14 des Bundesministergesetzes sowie entsprechende Leistungen auf Grund von Gesetzen der Länder,

9. *(unbesetzt)*
10. Verschollenheitsbezüge nach § 29 Abs. 2 BeamtVG sowie entsprechende Leistungen nach den Beamtengesetzen der Länder,
11. Abfindungsrenten nach § 69 BeamtVG oder entsprechenden landesrechtlichen Vorschriften,
12. Unterhaltsbeihilfen nach den §§ 5 und 6 des baden-württembergischen Gesetzes zur einheitlichen Beendigung der politischen Säuberung vom 13.7.1953 (GBl. S. 91),
13. Ehrensold der früheren ehrenamtlichen Bürgermeister und ihrer Hinterbliebenen nach § 6 des baden-württembergischen Gesetzes über die Aufwandsentschädigung der ehrenamtlichen Bürgermeister und der ehrenamtlichen Ortsvorsteher vom 19.6.1987 (GBl. S. 281),
14. Ehrensold der früheren Bürgermeister und früheren Bezirkstagspräsidenten nach Artikel 59 des bayerischen Gesetzes über kommunale Wahlbeamte und Wahlbeamtinnen,
15. das Ruhegeld der vorhandenen, ehemals unter das G 131 und das BWGöD fallenden früheren Angestellten und Arbeiter der Freien und Hansestadt Hamburg nach § 2 Abs. 1 Nr. 5 DKfAG i. V. m. dem Hamburgischen Zusatzversorgungsgesetz,
16. Ehrensold der früheren ehrenamtlichen Bürgermeister und Kassenverwalter und ihrer Hinterbliebenen nach dem hessischen Gesetz über die Aufwandsentschädigungen und den Ehrensold der ehrenamtlichen Bürgermeister und der ehrenamtlichen Kassenverwalter der Gemeinden vom 7.10.1970 (GVBl. I S. 635),
17. Ehrensold der früheren ehrenamtlichen Bürgermeister, Beigeordneten und Ortsvorsteher nach dem rheinland-pfälzischen Ehrensoldgesetz vom 18.12.1972 (GVBl. S. 376),
18. Ruhegehalt und Versorgungsbezüge, die auf Grund des Artikels 3 der Anlage 1 des Saarvertrags (BGBl. 1956 II S. 1587) an Personen gezahlt werden, die aus Anlass der Rückgliederung des Saarlandes in den Ruhestand versetzt worden sind,
19. die Bezüge der im Saarland nach dem 8.5.1945 berufenen Amtbürgermeister und Verwaltungsvorsteher, die nach dem Gesetz zur Ergänzung der Gemeindeordnung vom 10.7.1953 (Amtsbl. S. 415) in den Ruhestand versetzt worden sind,
20. Ehrensold der früheren ehrenamtlichen Bürgermeister, Beigeordneten und Amtsvorsteher nach dem saarländischen Gesetz Nr. 987 vom 6.3.1974 (Amtsbl. S. 357),
21. Vorruhestandsleistungen, z. B. i. S. d. Vorruhestandsgesetzes, soweit der Arbeitnehmer im Lohnzahlungszeitraum das 63., bei Schwerbehinderten das 60. Lebensjahr vollendet hat.

(2) Nicht zu den nach § 19 Abs. 2 EStG steuerbegünstigten Versorgungsbezügen gehören insbesondere

1. das Übergangsgeld nach § 47 BeamtVG i.V.m. dessen § 67 Abs. 4 und entsprechende Leistungen auf Grund der Beamtengesetze der Länder sowie das Übergangsgeld nach § 47a BeamtVG,
2. das Übergangsgeld nach § 14 des Bundesministergesetzes und entsprechende Leistungen auf Grund der Gesetze der Länder.

(3) [1]Bezieht ein Versorgungsberechtigter Arbeitslohn aus einem gegenwärtigen Dienstverhältnis und werden deshalb, z.B. nach § 53 BeamtVG, die Versorgungsbezüge gekürzt, so sind nur die gekürzten Versorgungsbezüge nach § 19 Abs. 2 EStG steuerbegünstigt; das Gleiche gilt, wenn Versorgungsbezüge nach der Ehescheidung gekürzt werden (§ 57 BeamtVG). [2]Nachzahlungen von Versorgungsbezügen an nichtversorgungsberechtigte Erben eines Versorgungsberechtigten sind nicht nach § 19 Abs. 2 EStG begünstigt.

H 19.8

Altersgrenze. Die in § 19 Abs. 2 Satz 2 Nr. 2 Halbsatz 2 EStG für Versorgungsbezüge im privaten Dienst vorgesehenen Altersgrenzen sind verfassungsgemäß (→ BFH vom 7.2.2013 – BStBl. II S. 576).

Altersteilzeit. Bezüge, die in der Freistellungsphase im Rahmen der Altersteilzeit nach dem sog. Blockmodell erzielt werden, sind keine Versorgungsbezüge (→ BFH vom 21.3.2013 – BStBl. II S. 611).

Beamte – vorzeitiger Ruhestand. Bezüge nach unwiderruflicher Freistellung vom Dienst bis zur Versetzung in den Ruhestand gehören zu den Versorgungsbezügen (→ BFH vom 12.2.2009 – BStBl. II S. 460).

Beamtenrechtliche Grundsätze. Eine Versorgung nach beamtenrechtlichen Grundsätzen gem. § 19 Abs. 2 Satz 2 Nr. 1 Buchst. b EStG liegt vor, wenn dem Arbeitnehmer nach einer Ruhelohnordnung, Satzung, Dienstordnung oder einem (Tarif-)Vertrag von einer öffentlich-rechtlichen Körperschaft eine lebenslängliche Alters- oder Dienstunfähigkeits- und Hinterbliebenenversorgung auf der Grundlage seines Arbeitsentgelts und der Dauer seiner Dienstzeit gewährt wird; die zugesagte Versorgung muss nach Voraussetzung, Art und Umfang ungeachtet gewisser Abweichungen einer beamtenrechtlichen Versorgung in wesentlichen Grundzügen gleichstehen; Versorgungsbezüge nach § 19 Abs. 2 Satz 2 Nr. 1 Buchst. b EStG setzen nicht voraus, dass auch das vorangegangene Dienstverhältnis beamtenrechtlichen Grundsätzen entsprach (→ BFH vom 16.12.2020 – BStBl. 2021 II S. 399).

Beihilfen. Die an nichtbeamtete Versorgungsempfänger gezahlten Beihilfen im Krankheitsfall sind bei Erfüllung der altersmäßigen Voraussetzungen Versorgungsbezüge i.S.d. § 19 Abs. 2 Satz 2 Nr. 2 EStG (→ BFH vom 6.2.2013 – BStBl. II S. 572).

Emeritenbezüge entpflichteter Hochschullehrer. Zu den Versorgungsbezügen gehören auch Emeritenbezüge entpflichteter Hochschullehrer (→ BFH vom 19.6.1974 – BStBl. 1975 II S. 23 und vom 5.11.1993 – BStBl. 1994 II S. 238).

Fahrvergünstigungen. Fahrvergünstigungen für Ruhestandsbeamte des Bundeseisenbahnvermögens sind Versorgungsbezüge, da sie keine Gegenleistung für Dienstleistungen des Ruhestandsbeamten darstellen, die im gleichen Zeitraum geschuldet und erbracht werden. Dies gilt auch, wenn die Fahrvergünstigungen aufgrund eines vor Erreichens der Altersgrenze abgeschlossenen privatrechtlichen Vertrags geleistet werden (→ BFH vom 11.3.2020 – BStBl. II S. 565).

Internationale Organisationen. Zu der Frage, welche Zahlungen internationaler Organisationen zu den Versorgungsbezügen gehören → BMF vom 19.8.2013 (BStBl. I S. 1087), geändert durch BMF vom 1.6.2015 (BStBl. I S. 475), Rz. 168, vom 4.7.2016 (BStBl. I S. 645), vom 19.12.2016 (BStBl. I S. 1433) und vom 24.5.2017 (BStBl. I S. 820).

NATO-Bedienstete. Ruhegehaltsbezüge an ehemalige NATO-Bedienstete sind Versorgungsbezüge (→ BFH vom 22.11.2006 – BStBl. 2007 II S. 402).

Sterbegeld. Das nach den tarifvertraglichen und beamtenrechtlichen Vorschriften im öffentlichen Dienst gezahlte Sterbegeld ist ein Versorgungsbezug (→ BFH vom 8.2.1974 – BStBl. II S. 303) und vom 19.4.2021 – BStBl. II S. 909.

Übergangsgeld. Übergangsgeld, das nach den tarifvertraglichen Vorschriften im öffentlichen Dienst gewährt wird, ist ein Versorgungsbezug, wenn es wegen Berufsunfähigkeit oder Erwerbsunfähigkeit oder wegen Erreichens der tariflichen oder der so genannten flexiblen Altersgrenze gezahlt wird; beim Übergangsgeld, das wegen Erreichens einer Altersgrenze gezahlt wird, ist Voraussetzung, dass der Angestellte im Zeitpunkt seines Ausscheidens das 63., bei Schwerbehinderten das 60. Lebensjahr vollendet hat (→ BFH vom 21.8.1974 – BStBl. 1975 II S. 62).

Umfang der Besteuerung. Versorgungsbezüge sind in voller Höhe und nicht nur mit einem niedrigeren Betrag (z. B. Besteuerungsanteil nach § 22 EStG) als Arbeitslohn anzusetzen (→ BFH vom 7.2.2013 – BStBl. II S. 573).

Versorgungsbeginn. → BMF vom 19.8.2013 (BStBl. I S. 1087), geändert durch BMF vom 10.4.2015 (BStBl. I S. 256), Rz. 171a und 185.

Versorgungsbezüge.
- Bezüge und Vorteile aus früheren Dienstleistungen wegen Erreichens einer Altersgrenze i. S. d. § 19 Abs. 2 Satz 2 Nr. 2 EStG setzen voraus, dass der Steuerpflichtige wegen Erreichens der Altersgrenze von der Verpflichtung zu Dienstleistungen entbunden ist (→ BFH vom 11.3.2020 – BStBl. II S. 565).
- → BMF vom 19.8.2013 (BStBl. I S. 1087), geändert durch BMF vom 10.4.2015 (BStBl. I S. 256), vom 1.6.2015 (BStBl. I S. 475), Rz. 168 ff., vom 4.7.2016 (BStBl. I S. 645), vom 19.12.2016 (BStBl. I S. 1433) und vom 24.5.2017 (BStBl. I S. 820).

Versorgungsfreibetrag.

Beispiel zur Bemessungsgrundlage des Versorgungsfreibetrags bei Sachbezügen:
Ein Arbeitnehmer scheidet zum 31.3. aus dem aktiven Dienst aus und erhält ab dem 1.4. eine Werkspension in Höhe von 300 €. Im April erhält er zusätzlich einen einmaligen Sachbezug in Höhe von 400 €.

Sachbezüge, die ein Arbeitnehmer nach dem Ausscheiden aus dem aktiven Dienst zusammen mit dem Ruhegehalt erhält, gehören zu den Versorgungsbezügen i. S. d. § 19 Abs. 2 Satz 2 EStG. Die Bemessungsgrundlage beträgt:

– laufender Bezug im ersten Versorgungsmonat 300 € × 12 Monate	3600 €
– Sachbezug	400 €
Bemessungsgrundlage	4000 €

R 19.9 Zahlung von Arbeitslohn an die Erben oder Hinterbliebenen eines verstorbenen Arbeitnehmers

(1) [1] Arbeitslohn, der nach dem Tod des Arbeitnehmers gezahlt wird, darf grundsätzlich unabhängig vom Rechtsgrund der Zahlung nicht mehr nach den steuerlichen Merkmalen des Verstorbenen versteuert werden. [2] Bei laufendem Arbeitslohn, der im Sterbemonat oder für den Sterbemonat gezahlt wird, kann der Steuerabzug aus Vereinfachungsgründen noch nach den steuerlichen Merkmalen des Verstorbenen vorgenommen werden; die Lohnsteuerbescheinigung ist jedoch auch in diesem Falle für den Erben auszustellen und zu übermitteln.

(2) [1] Zahlt der Arbeitgeber den Arbeitslohn an einen Erben oder einen Hinterbliebenen aus, so ist der Lohnsteuerabzug vorbehaltlich des Absatzes 1 Satz 2 nur nach dessen Besteuerungsmerkmalen durchzuführen. [2] Die an die übrigen Anspruchsberechtigten weitergegebenen Beträge stellen im Kalenderjahr der Weitergabe negative Einnahmen dar. [3] Handelt es sich dabei um Versorgungsbezüge i. S. d. § 19 Abs. 2 EStG, so ist für die Berechnung der negativen Einnahmen zunächst vom Bruttobetrag der an die anderen Anspruchsberechtigten weitergegebenen Beträge auszugehen; dieser Bruttobetrag ist sodann um den Unterschied zwischen den beim Lohnsteuerabzug berücksichtigten Freibeträgen für Versorgungsbezüge und den auf den verbleibenden Anteil des Zahlungsempfängers entfallenden Freibeträgen für Versorgungsbezüge zu kürzen. [4] Die Auseinandersetzungszahlungen sind bei den Empfängern – gegebenenfalls vermindert um die Freibeträge für Versorgungsbezüge (§ 19 Abs. 2 EStG) – als Einkünfte aus nichtselbständiger Arbeit im Rahmen einer Veranlagung zur Einkommensteuer zu erfassen (§ 46 Abs. 2 Nr. 1 EStG).

(3) Für den Steuerabzug durch den Arbeitgeber gilt im Übrigen Folgendes:

1. Beim Arbeitslohn, der noch für die aktive Tätigkeit des verstorbenen Arbeitnehmers gezahlt wird, ist, wie dies bei einer Zahlung an den Arbeitnehmer der Fall gewesen wäre, zwischen laufendem Arbeitslohn, z. B. Lohn für den Sterbemonat oder den Vormonat, und sonstigen Bezügen, z. B. Erfolgsbeteiligung, zu unterscheiden.
2. [1] Der Arbeitslohn für den Sterbemonat stellt, wenn er arbeitsrechtlich für den gesamten Lohnzahlungszeitraum zu zahlen ist, keinen Versorgungsbezug i. S. d. § 19 Abs. 2 EStG dar. [2] Besteht dagegen ein Anspruch auf Lohnzahlung nur bis zum Todestag, handelt es sich bei den darüber hinausgehenden Leistungen an die Hinterbliebenen um Versorgungsbezüge. [3] Dies gilt entsprechend für den Fall, dass die arbeitsrechtlichen Vereinbarungen für den Sterbemonat lediglich die Zahlung von Hinterbliebenenbezügen vorsehen oder keine vertraglichen Abmachungen über die Arbeitslohn-

bemessung bei Beendigung des Dienstverhältnisses im Laufe des Lohnzahlungszeitraums bestehen. [4]Auch in diesen Fällen stellt nur der Teil der Bezüge, der auf die Zeit nach dem Todestag entfällt, einen Versorgungsbezug dar. [5]In den Fällen des Absatzes 1 Satz 2 sind die Freibeträge für Versorgungsbezüge nicht zu berücksichtigen.

3. [1]Das Sterbegeld ist ein Versorgungsbezug und stellt grundsätzlich einen sonstigen Bezug dar. [2]Dies gilt auch für den Fall, dass als Sterbegeld mehrere Monatsgehälter gezahlt werden, weil es sich hierbei dem Grunde nach nur um die ratenweise Zahlung eines Einmalbetrags handelt. [3]Die laufende Zahlung von Witwen- oder Hinterbliebenengeldern i. S. d. § 19 Abs. 1 Satz 1 Nr. 2 EStG durch den Arbeitgeber ist demgegenüber regelmäßig als laufender Arbeitslohn (Versorgungsbezug) zu behandeln.
4. [1]Soweit es sich bei den Zahlungen an die Erben oder Hinterbliebenen nicht um Versorgungsbezüge handelt, ist zu prüfen, ob der Altersentlastungsbetrag (§ 24a EStG) zum Ansatz kommt. [2]Dabei ist auf das Lebensalter des jeweiligen Zahlungsempfängers abzustellen. [3]Absatz 2 ist entsprechend anzuwenden.
5. [1]Soweit Zahlungen an im Ausland wohnhafte Erben oder Hinterbliebene erfolgen, bei denen die Voraussetzungen des § 1 Abs. 2 oder 3, § 1a EStG nicht vorliegen, ist bei beschränkt steuerpflichtigen Arbeitnehmern beim Steuerabzug nach den für Lohnzahlungen geltenden Vorschriften zu verfahren; wegen der Besonderheiten wird auf § 38b Abs. 1 Satz 2 Nr. 1 Buchstabe b, § 39 Abs. 2 und 3, § 39a Abs. 2 und 4, § 39b Abs. 1 und 2, § 39c Abs. 2 EStG hingewiesen. [2]Dabei ist jedoch zu beachten, dass auf Grund eines Doppelbesteuerungsabkommens das Besteuerungsrecht dem Ansässigkeitsstaat zustehen kann.[1)]

H 19.9

Erben als Arbeitnehmer. Durch die Zahlung von dem Erblasser zustehenden Arbeitslohn an die Erben oder Hinterbliebenen werden diese steuerlich zu Arbeitnehmern; der Lohnsteuerabzug ist nach den Lohnsteuerabzugsmerkmalen (ggf. Steuerklasse VI) der Erben oder Hinterbliebenen durchzuführen (§ 1 Abs. 1 Satz 2 LStDV).

Weiterleitung von Arbeitslohn an Miterben.

Beispiel:

Nach dem Tod des Arbeitnehmers A ist an die Hinterbliebenen B, C, D und E ein Sterbegeld von 4000 € zu zahlen. Der Arbeitgeber zahlt den Versorgungsbezug an B im Jahr 2022 aus. Dabei wurde die Lohnsteuer nach den Lohnsteuerabzugsmerkmalen des B unter Berücksichtigung der Freibeträge für Versorgungsbezüge von 900 € (14,4% von 4000 € = 576 € zuzüglich 324 €) erhoben. B gibt im Jahr 2023 je 1/4 des Bruttoversorgungsbezugs an C, D und E weiter (insgesamt 3000 €).

Im Jahr 2022 ergeben sich lohnsteuerpflichtige Versorgungsbezüge:

Versorgungsbezüge	4000 €
./. Versorgungsfreibetrag	576 €
./. Zuschlag zum Versorgungsfreibetrag	324 €
lohnsteuerpflichtige Versorgungsbezüge	3100 €

---

1) Alle DBA abgedruckt in der Loseblattsammlung **Doppelbesteuerungsabkommen.**

Durch die Weiterleitung im Jahr 2023 verbleibt B ein Anteil an den Versorgungsbezügen von 1000 €. Hierauf entfällt ein Versorgungsfreibetrag in Höhe von 144 € (14,4% von 1000 €) zuzüglich eines Zuschlags zum Versorgungsfreibetrag von 324 €, also steuerpflichtige Versorgungsbezüge von 532 €. Bei B sind in 2023 negative Einnahmen in Höhe von 2568 € (3100 € ./. 532 €) anzusetzen.

Zu § 19a EStG

R 19a. Steuerbegünstigte Überlassung von Vermögensbeteiligungen[1)]

Soweit § 19a EStG nach der Übergangsregelung in § 52 Abs. 27 EStG weiter anzuwenden ist, gelten die Anweisungen in R 19a LStR 2008 fort.

H 19a

Allgemeines → BMF vom 16.11.2021 (BStBl. I S. 2308).

Zu § 24a EStG

H 24a

Allgemeines. → R 24a EStR, H 24a EStH.[2)]

Zu § 24b EStG

H 24b

Allgemeine Grundsätze. → BMF vom 23.10.2017 (BStBl. I S. 1432).

Freibetrag bei mehreren Kindern. → H 39a.1 (Beispiele).

Zu § 32 EStG

H 32

Berücksichtigung von Kindern. → R 32 EStR, H 32 EStH.[2)]

Zu § 32b EStG

H 32b

Progressionsvorbehalt. → R 32b EStR, H 32b EStH.[2)]

Zu § 33 EStG

H 33

Außergewöhnliche Belastungen allgemeiner Art. → R 33 EStR, H 33 EStH.[2)]

---

1) Überholt.
2) Nr. **1**.

Zu § 33a EStG[1]

H 33a

Außergewöhnliche Belastung in besonderen Fällen. → R 33a EStR, H 33a EStH.[1]

Zu § 33b EStG

H 33b

Nachweis des Merkmals der „Hilflosigkeit". → BMF vom 19.8.2016 (BStBl. I S. 804).

Pauschbeträge für Menschen mit Behinderung, Hinterbliebene und Pflegepersonen. → R 33b EStR, H 33b EStH.[2]

Zu § 34 EStG

H 34

Abzug des Arbeitnehmer-Pauschbetrags. → H 34.1 EStH.[2]

Allgemeines. → BMF vom 1.11.2013 (BStBl. I S. 1326) unter Berücksichtigung der Änderung durch BMF vom 4.3.2016 (BStBl. I S. 277).

Arbeitslohn für mehrere Jahre. → H 34.4 EStH.[2]

Arbeitslohn für mehrjährige Tätigkeiten.[3] → R 34.4 EStR und H 34.4 EStH.[1]

Entschädigungen. → R 34.3 EStR und H 34.3 EStH.[2]

Ermittlung der Einkünfte. → R 34.4 EStR.[2]

Fünftelungsregelung im Lohnsteuerabzugsverfahren. → H 39b.6 (Fünftelungsregelung).

Jubiläumszuwendungen. → H 34.4 EStH.[2]

Tantiemen. → H 34.4 EStH.[2]

Verbesserungsvorschläge. → H 34.4 EStH.[2]

Versorgungsbezüge, Nachzahlungen von V. → H 34.4 EStH.[2]

Zusammenballung von Einkünften. → H 34.4 EStH.[2]

---

[1] Zur Berücksichtigung ausländischer Verhältnisse (Ländergruppeneinteilung ab 1.1.2021) vgl. BMF v. 11.11.2020, BStBl. I 2020, 1212; zur Berücksichtigung von Unterhaltsaufwendungen vgl. BMF v. 6.4.2022; zur Berücksichtigung von Aufwendungen für den Unterhalt von Personen im Ausland vgl. BMF v. 6.4.2022.

[2] Nr. **1**.

[3] Zu einer Prämie für einen Verbesserungsvorschlag und zu anstelle einer Bonusleistung gewährten Versorgungsleistungen siehe BFH v. 31.8.2016 VI R 53/14, BStBl. II 2017, 322. – Vergütungen für eine mehrjährige Tätigkeit i. S. d. § 34 Abs. 2 Nr. 4 EStG setzen die zweckbestimmte Verknüpfung der Vergütung mit der Tätigkeitsdauer voraus, siehe BFH v. 16.12.2021 VI R 10/18, BFH/NV 2022, 325.

Zu § 34g EStG

H 34g

Zuwendungen an politische Parteien. → H 34g EStH.[1]

Zu § 35a EStG

H 35a

Allgemeine Grundsätze. → H 35a EStH.[1]

Zu § 37a EStG

H 37a

Kirchensteuer bei Pauschalierung der Lohn- und Einkommensteuer. → Gleich lautende Ländererlasse vom 8.8.2016 (BStBl. I S. 773).

Zu § 37b EStG

H 37b

Bemessungsgrundlage. In die Bemessungsgrundlage nach § 37b Abs. 1 Satz 2 EStG sind alle der Zuwendung direkt zuzuordnenden Aufwendungen (Einzelkosten) einzubeziehen, ungeachtet, ob sie beim Zuwendungsempfänger einen Vorteil begründen können (→ BFH vom 13.5.2020 – BStBl. 2021 II S. 395).

Geldleistung oder Sachbezug. → *BMF vom 13.4.2021 (BStBl. I S. 624).*[2]

Kirchensteuer bei Pauschalierung der Lohn- und Einkommensteuer. → Gleich lautende Ländererlasse vom 8.8.2016 (BStBl. I S. 773).

Sachzuwendungen an Arbeitnehmer. → BMF vom 19.5.2015 (BStBl. I S. 468) unter Berücksichtigung der Änderungen durch BMF vom 28.6.2018 (BStBl. I S. 814).

Zusätzlichkeitsvoraussetzung. → § 8 Abs. 4 EStG

Zu § 38 EStG[3]

R 38.1 Steuerabzug vom Arbeitslohn

[1]Der Lohnsteuer unterliegt grundsätzlich jeder von einem inländischen Arbeitgeber oder ausländischen Verleiher gezahlte Arbeitslohn (→ R 38.3). [2]Es ist gleichgültig, ob es sich um laufende oder einmalige Bezüge handelt und in welcher Form sie gewährt werden. [3]Der Arbeitgeber hat Lohnsteuer unabhängig davon einzubehalten, ob der Arbeitnehmer zur Einkommensteuer

---

[1] Nr. **1**.

[2] Siehe jetzt BMF v. 15.3.2022, BStBl. I 2022, 242.

[3] Zur Festsetzung von ESt-Vorauszahlungen neben LSt-Abzug für ausschließliche Einkünfte aus nichtselbstständiger Arbeit siehe BFH v. 20.12.2004 VI R 182/97, BStBl. II 2005, 358.

veranlagt wird oder nicht. [4]Bei laufendem Arbeitslohn kommt es für die Beurteilung, ob Lohnsteuer einzubehalten ist, allein auf die Verhältnisse des jeweiligen Lohnzahlungszeitraums an; eine Ausnahme gilt, wenn der so genannte permanente Lohnsteuer-Jahresausgleich nach § 39b Abs. 2 Satz 12 EStG[1)] durchgeführt wird (→ R 39b.8).

H 38.1

Lohnsteuerabzug.

- **Keine Befreiung durch Stundung oder Aussetzung der Vollziehung.** Der Arbeitgeber kann von seiner Verpflichtung zur Einbehaltung der Lohnsteuer nicht – auch nicht durch Stundung oder Aussetzung der Vollziehung – befreit werden (→ BFH vom 8.2.1957 – BStBl. III S. 329).
- **Keine Prüfung, ob Jahreslohnsteuer voraussichtlich anfällt.** Der Arbeitgeber hat die Frage, ob Jahreslohnsteuer voraussichtlich anfällt, nicht zu prüfen (→ BFH vom 24.11.1961 – BStBl. 1962 III S. 37).
- **Unzutreffender Steuerabzug.** Ein unzutreffender Lohnsteuerabzug kann durch Einwendungen gegen die Lohnsteuerbescheinigung nicht berichtigt werden (→ BFH vom 13.12.2007 – BStBl. 2008 II S. 434).
- **Verhältnis Einbehaltungspflicht/Anzeigeverpflichtung.** Die Anzeige des Arbeitgebers nach § 38 Abs. 4 Satz 2 EStG ersetzt die Erfüllung der Einbehaltungspflichten. Bei unterlassener Anzeige hat der Arbeitgeber die Lohnsteuer mit den Haftungsfolgen nicht ordnungsgemäß einbehalten (→ BFH vom 9.10.2002 – BStBl. II S. 884).

R 38.2 Zufluss von Arbeitslohn

(1) [1]Der Lohnsteuerabzug setzt den Zufluss von Arbeitslohn voraus. [2]Hat der Arbeitgeber eine mit dem Arbeitnehmer getroffene Lohnverwendungsabrede erfüllt, ist Arbeitslohn zugeflossen.

(2) Die besondere Regelung für die zeitliche Zuordnung des – zugeflossenen – Arbeitslohns (§ 11 Abs. 1 Satz 4 i.V.m. § 38a Abs. 1 Satz 2 und 3 EStG) bleibt unberührt.

(3)[2)] [1]Der Zufluss des Arbeitslohns erfolgt bei einem Gutschein, der bei einem Dritten einzulösen ist, mit Hingabe des Gutscheins, weil der Arbeitnehmer zu diesem Zeitpunkt einen Rechtsanspruch gegenüber dem Dritten erhält. [2]Ist der Gutschein beim Arbeitgeber einzulösen, fließt Arbeitslohn erst bei Einlösung des Gutscheins zu.

H 38.2

Aktienoptionen.

- Bei nicht handelbaren Aktienoptionsrechten liegt weder bei Einräumung noch im Zeitpunkt der erstmaligen Ausübbarkeit ein Zufluss von Arbeitslohn vor (→ BFH vom 20.6.2001 – BStBl. II S. 689).

---

1) **[Amtl. Anm.:]** Jetzt § 39b Abs. 2 Satz 12 ff. EStG.
2) Siehe auch BMF v. 13.4.2021, BStBl. I 2021, 624.

– Auch bei handelbaren Optionsrechten fließt ein geldwerter Vorteil grundsätzlich erst zu, wenn die Aktien unentgeltlich oder verbilligt in das wirtschaftliche Eigentum des Arbeitnehmers gelangen (→ BFH vom 20.11.2008 – BStBl. 2009 II S. 382).
– Bei einem entgeltlichen Verzicht auf ein Aktienankaufs- oder Vorkaufsrecht fließt ein geldwerter Vorteil nicht zum Zeitpunkt der Rechtseinräumung, sondern erst zum Zeitpunkt des entgeltlichen Verzichts zu (→ BFH vom 19.6.2008 – BStBl. II S. 826).
– Ein geldwerter Vorteil fließt nicht zu, solange dem Arbeitnehmer eine Verfügung über die im Rahmen eines Aktienoptionsplans erhaltenen Aktien rechtlich unmöglich ist (→ BFH vom 30.6.2011 – BStBl. II S. 923 zu vinkulierten Namensaktien). Im Gegensatz dazu stehen Sperr- und Haltefristen einem Zufluss nicht entgegen (→ BFH vom 30.9.2008 – BStBl. 2009 II S. 282).
– Der Vorteil aus einem vom Arbeitgeber eingeräumten Aktienoptionsrecht fließt dem Arbeitnehmer zu, wenn er das Recht ausübt oder anderweitig verwertet. Eine solche Verwertung liegt insbesondere vor, wenn der Arbeitnehmer das Recht auf einen Dritten überträgt. Der Vorteil bemisst sich nach dem Wert des Rechts im Zeitpunkt der Verfügung darüber (→ BFH vom 18.9.2012 – BStBl. 2013 II S. 289).

Betriebliche Altersversorgung.
– Allgemeines → BMF vom 12.8.2021 (BStBl. I S. 1050), Rn. 1–7.
– Ablösung einer Pensionszusage → BMF vom 4.7.2017 (BStBl. I S. 883).
– Zur Übertragung der betrieblichen Altersversorgung → § 3 Nr. 55, Nr. 65 und Nr. 66 EStG und BMF vom 12.8.2021 (BStBl. I S. 1050), Rn. 53–63.
– Beitragsleistungen des Arbeitgebers für eine Direktversicherung seines Arbeitnehmers fließen in dem Zeitpunkt zu, in dem er seiner Bank einen entsprechenden Überweisungsauftrag erteilt (→ BFH vom 7.7.2005 – BStBl. II S. 726).
– Arbeitslohn aus Beiträgen des Arbeitgebers zu einer Direktversicherung des Arbeitnehmers für eine betriebliche Altersversorgung fließt dem Arbeitnehmer nicht schon mit Erteilung der Einzugsermächtigung durch den Arbeitgeber zugunsten des Versicherungsnehmers zu; der Zufluss erfolgt erst, wenn der Arbeitgeber den Versicherungsbeitrag tatsächlich leistet (→ BFH vom 24.8.2017 – BStBl. 2018 II S. 72).

Einräumung eines Wohnungsrechts. Die Einräumung eines dinglichen Wohnungsrechts führt zu einem laufenden monatlichen Zufluss von Arbeitslohn (→ BFH vom 19.8.2004 – BStBl. II S. 1076).

Gesellschafter-Geschäftsführer.[1] Zum Zufluss von Gehaltsbestandteilen bei Nichtauszahlung → BMF vom 12.5.2014 (BStBl. I S. 860).

Gutscheine und Geldkarten. → *BMF vom 13.4.2021 (BStBl. I S. 624), Rdnr. 26.*[2]

---

[1] Siehe auch BFH v. 28.4.2020 VI R 44/17, BStBl. II 2021, 392, zum Zufluss von Tantiemen bei verspäteter Feststellung des Jahresabschlusses.

[2] Siehe jetzt BMF v. 15.3.2022, BStBl. I 2022, 242.

Kein Zufluss von Arbeitslohn. Arbeitslohn fließt nicht zu bei
- Verzicht des Arbeitnehmers auf Arbeitslohnanspruch, wenn er nicht mit einer Verwendungsauflage hinsichtlich der freiwerdenden Mittel verbunden ist (→ BFH vom 30.7.1993 – BStBl. II S. 884);
- Verzicht des Arbeitnehmers auf Arbeitslohnanspruch zugunsten von Beitragsleistungen des Arbeitgebers an eine Versorgungseinrichtung, die dem Arbeitnehmer keine Rechtsansprüche auf Versorgungsleistungen gewährt (→ BFH vom 27.5.1993 – BStBl. 1994 II S. 246);
- Gutschriften beim Arbeitgeber zugunsten des Arbeitnehmers auf Grund eines Gewinnbeteiligungs- und Vermögensbildungsmodells, wenn der Arbeitnehmer über die gutgeschriebenen Beträge wirtschaftlich nicht verfügen kann (→ BFH vom 14.5.1982 – BStBl. II S. 469);
- Verpflichtung des Arbeitgebers im Rahmen eines arbeitsgerichtlichen Vergleichs zu einer Spendenzahlung, ohne dass der Arbeitnehmer auf die Person des Spendenempfängers Einfluss nehmen kann; diese Vereinbarung enthält noch keine zu Einkünften aus nichtselbständiger Arbeit führende Lohnverwendungsabrede (→ BFH vom 23.9.1998 – BStBl. 1999 II S. 98);
- Einräumung eines Anspruchs gegen den Arbeitgeber, sondern grundsätzlich erst durch dessen Erfüllung. Das gilt auch für den Fall, dass der Anspruch – wie ein solcher auf die spätere Verschaffung einer Aktie zu einem bestimmten Preis (Aktienoptionsrecht) – lediglich die Chance eines zukünftigen Vorteils beinhaltet (→ BFH vom 24.1.2001 – BStBl. II S. 509 und 512). Das gilt grundsätzlich auch bei handelbaren Optionsrechten (→ BFH vom 20.11.2008 – BStBl. 2009 II S. 382);
- Einbehalt eines Betrags vom Arbeitslohn durch den Arbeitgeber und Zuführung zu einer Versorgungsrückstellung (→ BFH vom 20.7.2005 – BStBl. II S. 890);
- rechtlicher Unmöglichkeit der Verfügung des Arbeitnehmers über Aktien (→ BFH vom 30.6.2011 – BStBl. II S. 923 zu vinkulierten Namensaktien); im Gegensatz dazu stehen Sperr- und Haltefristen einem Zufluss nicht entgegen (→ BFH vom 30.9.2008 – BStBl. 2009 II S. 282).

Verschiebung der Fälligkeit. Arbeitgeber und Arbeitnehmer können den Zeitpunkt des Zuflusses einer Abfindung oder eines Teilbetrags einer solchen beim Arbeitnehmer in der Weise steuerwirksam gestalten, dass sie deren ursprünglich vorgesehene Fälligkeit vor ihrem Eintritt auf einen späteren Zeitpunkt verschieben (→ BFH vom 11.11.2009 – BStBl. 2010 II S. 746).

Wandelschuldverschreibung.
- Wird im Rahmen eines Arbeitsverhältnisses durch Übertragung einer nicht handelbaren Wandelschuldverschreibung ein Anspruch auf die Verschaffung von Aktien eingeräumt, liegt ein Zufluss von Arbeitslohn nicht bereits durch die Übertragung der Wandelschuldverschreibung vor. Bei Ausübung des Wandlungsrechts fließt ein geldwerter Vorteil erst dann zu, wenn durch Erfüllung des Anspruchs das wirtschaftliche Eigentum an den Aktien verschafft wird. Geldwerter Vorteil ist die Differenz zwischen dem Börsenpreis der Aktien und den Erwerbsaufwendungen (→ BFH vom 23.6.2005 – BStBl. II S. 766).

– Bei Verkauf eines Darlehens, das mit einem Wandlungsrecht zum Bezug von Aktien ausgestattet ist, fließt der geldwerte Vorteil im Zeitpunkt des Verkaufs zu (→ BFH vom 23.6.2005 – BStBl. II S. 770).[1]

Zeitwertkonten. → BMF vom 17.6.2009 (BStBl. I S. 1286) unter Berücksichtigung der Änderungen durch BMF vom 8.8.2019 (BStBl. I S. 874).

Zufluss von Arbeitslohn.[2] Arbeitslohn fließt zu bei

– wirtschaftlicher Verfügungsmacht des Arbeitnehmers über den Arbeitslohn (→ BFH vom 30.4.1974 – BStBl. II S. 541); dies gilt auch bei Zahlungen ohne Rechtsgrund (→ BFH vom 4.5.2006 – BStBl. II S. 832) sowie versehentlicher Überweisung, die der Arbeitgeber zurückfordern kann (→ BFH vom 4.5.2006 – BStBl. II S. 830); zur Rückzahlung von Arbeitslohn → H 11,
– Zahlung, Verrechnung oder Gutschrift (→ BFH vom 10.12.1985 – BStBl. 1986 II S. 342),
– Entgegennahme eines Schecks oder Verrechnungsschecks, wenn die bezogene Bank im Fall der sofortigen Vorlage den Scheckbetrag auszahlen oder gutschreiben würde und der sofortigen Vorlage keine zivilrechtlichen Abreden entgegenstehen (→ BFH vom 30.10.1980 – BStBl. 1981 II S. 305)
– Einlösung oder Diskontierung eines zahlungshalber hingegebenen Wechsels (→ BFH vom 5.5.1971 – BStBl. II S. 624)
– Verzicht des Arbeitgebers auf eine ihm zustehende Schadenersatzforderung gegenüber dem Arbeitnehmer in dem Zeitpunkt, in dem der Arbeitgeber zu erkennen gibt, dass er keinen Rückgriff nehmen wird (→ BFH vom 27.3.1992 – BStBl. II S. 837)
– Überlassung einer Jahresnetzkarte mit uneingeschränktem Nutzungsrecht in voller Höhe im Zeitpunkt der Überlassung (→ BFH vom 12.4.2007 – BStBl. II S. 719) oder im Zeitpunkt der Ausübung des Bezugsrechts durch Erwerb der Jahresnetzkarte (→ BFH vom 14.11.2012 – BStBl. 2013 II S. 382)
– Freifahrtscheinen mit dem Bezug unabhängig vom konkreten Fahrtantritt (→ BFH vom 26.9.2019 – BStBl. 2020 II S. 162)
– Teilnahme an einem Firmenfitnessprogramm mit der laufenden Einräumung der tatsächlichen Nutzungsmöglichkeit und nicht bereits bei Aushändigung des Mitgliedsausweises (→ BFH vom 7.7.2020 – BStBl. 2021 II S. 232),
– Ausgleichszahlungen, die der Arbeitnehmer für seine in der Arbeitsphase erbrachten Vorleistungen erhält, wenn ein im Blockmodell geführtes Altersteilzeitarbeitsverhältnis vor Ablauf der vertraglich vereinbarten Zeit beendet wird (→ BFH vom 15.12.2011 – BStBl. 2012 II S. 415)
– → Wandelschuldverschreibung.

---

[1] Siehe auch BFH v. 20.5.2010 VI R 12/08, BStBl. II 2010, 1069.

[2] Siehe auch BFH v. 17.9.2009 VI R 17/08, BStBl. II 2010, 299, und H 19.3 LStH „Negativer Arbeitslohn". – Zur Rückzahlung von Arbeitslohn durch beherrschenden Gesellschafter-Geschäftsführer siehe BFH v. 14.4.2016 VI R 13/14, BStBl. II 2016, 778. – Zum Gehaltsverzicht als – im Wege einer verdeckten Einlage – zugeflossenem Arbeitslohn siehe BFH v. 15.6.2016 VI R 6/13, BStBl. II 2016, 903.

R 38.3 Einbehaltungspflicht des Arbeitgebers

(1) 1 Zur Einbehaltung der Lohnsteuer vom Arbeitslohn ist jeder inländische Arbeitgeber verpflichtet. 2 Für die Einbehaltung der Lohnsteuer seiner Leiharbeitnehmer hat der ausländische Verleiher nach § 38 Abs. 1 Satz 1 Nr. 2 EStG auch dann die gleichen Pflichten wie ein inländischer Arbeitgeber zu erfüllen, wenn er selbst nicht inländischer Arbeitgeber ist.

(2) Neben den im § 12 Satz 2 AO aufgeführten Einrichtungen sind Betriebsstätten auch Landungsbrücken (Anlegestellen von Schifffahrtsgesellschaften), Kontore und sonstige Geschäftseinrichtungen, die dem Unternehmer oder Mitunternehmer oder seinem ständigen Vertreter, z. B. einem Prokuristen, zur Ausübung des Gewerbes dienen.

(3) 1 Ständiger Vertreter nach § 13 AO kann hiernach z. B. auch eine Person sein, die eine Filiale leitet oder die Aufsicht über einen Bautrupp ausübt. 2 Ständiger Vertreter ist jedoch z. B. nicht ein einzelner Monteur, der von Fall zu Fall Montagearbeiten im Inland ausführt.

(4) 1 Bei Bauausführungen oder Montagen ausländischer Arbeitgeber im Inland, die länger als sechs Monate (→ § 12 Satz 2 Nr. 8 AO) dauern, ist der ausländische Arbeitgeber zugleich als inländischer Arbeitgeber i. S. d. § 38 Abs. 1 Satz 1 Nr. 1 EStG anzusehen, gleichgültig ob die Bauausführung oder Montage nach dem Doppelbesteuerungsabkommen eine Betriebsstätte begründet. 2 Begründet die Bauausführung oder Montage nach dem anzuwendenden Doppelbesteuerungsabkommen keine Betriebsstätte, so sind die Arbeitslöhne, die an die im Inland eingesetzten ausländischen Arbeitnehmer gezahlt werden, in der Regel von der Lohnsteuer freizustellen, wenn sie sich höchstens an 183 Tagen im Kalenderjahr, bei bestimmten Doppelbesteuerungsabkommen in einem Zwölfmonatszeitraum, im Inland aufhalten.

(5) 1 In den Fällen der Arbeitnehmerentsendung ist inländischer Arbeitgeber auch das in Deutschland ansässige Unternehmen, das den Arbeitslohn für die ihm geleistete Arbeit wirtschaftlich trägt.[1] 2 Hiervon ist insbesondere dann auszugehen, wenn die von dem anderen Unternehmen gezahlte Arbeitsvergütung dem deutschen Unternehmen weiterbelastet wird. 3 Die Erfüllung der Arbeitgeberpflichten setzt nicht voraus, dass das inländische Unternehmen den Arbeitslohn im eigenen Namen und für eigene Rechnung auszahlt. 4 Die Lohnsteuer entsteht bereits im Zeitpunkt der Arbeitslohnzahlung an den Arbeitnehmer, wenn das inländische Unternehmen auf Grund der Vereinbarung mit dem ausländischen Unternehmen mit einer Weiterbelastung rechnen kann; in diesem Zeitpunkt ist die Lohnsteuer vom inländischen Unternehmen zu erheben.

H 38.3

Arbeitgeberbegriff.
- → R 19.1, H 19.1.
- Wirtschaftlicher Arbeitgeber bei Arbeitnehmerentsendung zwischen international verbundenen Unternehmen → BMF vom 3.5.2018 (BStBl. I S. 643), Tz. 4.3.3.

---

[1] **[Amtl. Anm.:]** Zum wirtschaftlichen Arbeitgeberbegriff → § 38 Abs. 1 Satz 2 EStG.

Inländischer Arbeitgeber.

– Auch ein im Ausland ansässiger Arbeitgeber, der im Inland eine Betriebsstätte oder einen ständigen Vertreter hat, ist nach § 38 Abs. 1 Satz 1 Nr. 1 EStG inländischer Arbeitgeber (→ BFH vom 5.10.1977 – BStBl. 1978 II S. 205).
– Bei Arbeitnehmerentsendung ist Arbeitgeber das in Deutschland ansässige aufnehmende Unternehmen, das den Arbeitslohn für die ihm geleistete Arbeit wirtschaftlich trägt oder nach dem Fremdvergleichsgrundsatz hätte tragen müssen → § 38 Abs. 1 Satz 2 EStG.

Leiharbeitnehmer. Nach besonderen Regelungen in den Abkommen zur Vermeidung der Doppelbesteuerung ist entweder die 183-Tage-Klausel auf Leiharbeitnehmer nicht anwendbar oder mehrere Vertragsstaaten haben das Besteuerungsrecht (→ BMF vom 3.5.2018 – BStBl. I S. 643, Tz. 4.3.4).

Zuständiges Finanzamt für ausländische Verleiher → H 41.3.

R **38.4** Lohnzahlung durch Dritte

Unechte Lohnzahlung durch Dritte

(1) [1]Eine unechte Lohnzahlung eines Dritten ist dann anzunehmen, wenn der Dritte lediglich als Leistungsmittler fungiert. [2]Das ist z. B. der Fall, wenn der Dritte im Auftrag des Arbeitgebers leistet oder die Stellung einer Kasse des Arbeitgebers innehat. [3]Der den Dritten als Leistungsmittler einsetzende Arbeitgeber bleibt der den Arbeitslohn Zahlende und ist daher zum Lohnsteuerabzug verpflichtet (§ 38 Abs. 1 Satz 1 EStG).

Echte Lohnzahlung durch Dritte

(2) [1]Eine echte Lohnzahlung eines Dritten liegt dann vor, wenn dem Arbeitnehmer Vorteile von einem Dritten eingeräumt werden, die ein Entgelt für eine Leistung sind, die der Arbeitnehmer im Rahmen seines Dienstverhältnisses für den Arbeitgeber erbringt; hierzu gehören z. B. geldwerte Vorteile, die der Leiharbeitnehmer auf Grund des Zugangs zu Gemeinschaftseinrichtungen oder -diensten des Entleihers erhält (§ 13b AÜG). [2]In diesen Fällen hat der Arbeitgeber die Lohnsteuer einzubehalten und die damit verbundenen sonstigen Pflichten zu erfüllen, wenn er weiß oder erkennen kann, dass derartige Vergütungen erbracht werden (§ 38 Abs. 1 Satz 3 EStG). [3]Die dem Arbeitgeber bei der Lohnzahlung durch Dritte auferlegte Lohnsteuerabzugspflicht erfordert, dass dieser seine Arbeitnehmer auf ihre gesetzliche Verpflichtung (§ 38 Abs. 4 Satz 3 EStG) hinweist, ihm am Ende des jeweiligen Lohnzahlungszeitraums die von einem Dritten gewährten Bezüge anzugeben. [4]Kommt der Arbeitnehmer seiner Angabepflicht nicht nach und kann der Arbeitgeber bei der gebotenen Sorgfalt aus seiner Mitwirkung an der Lohnzahlung des Dritten oder aus der Unternehmensverbundenheit mit dem Dritten erkennen, dass der Arbeitnehmer zu Unrecht keine Angaben macht oder seine Angaben unzutreffend sind, hat der Arbeitgeber die ihm bekannten Tatsachen zur Lohnzahlung von dritter Seite dem Betriebsstättenfinanzamt anzuzeigen (§ 38 Abs. 4 Satz 3 zweiter Halbsatz EStG). [5]Die Anzeige hat unverzüglich zu erfolgen.

H 38.4

Abgrenzung zwischen echter und unechter Lohnzahlung durch Dritte. → R 38.4 und BFH vom 30.5.2001 (BStBl. 2002 II S. 230).

Lohnsteuerabzug. Der Arbeitgeber ist insbesondere dann zum Lohnsteuerabzug verpflichtet (unechte Lohnzahlung durch Dritte → R 38.4 Abs. 1), wenn
- er in irgendeiner Form tatsächlich oder rechtlich in die Arbeitslohnzahlung eingeschaltet ist (→ BFH vom 13.3.1974 – BStBl. II S. 411),
- ein Dritter in der praktischen Auswirkung nur die Stellung einer zahlenden Kasse hat, z. B. selbständige Kasse zur Zahlung von Unterstützungsleistungen (→ BFH vom 28.3.1958 – BStBl. III S. 268) oder von Erholungsbeihilfen (→ BFH vom 27.1.1961 – BStBl. III S. 167).

Lohnzahlung durch Dritte.
- Nachwuchsförderpreis des Arbeitgeberverbandes für die fachlichen Leistungen im Arbeitsverhältnis (→ BFH vom 23.4.2009 – BStBl. II S. 668).
- Bonuszahlung der Konzernmutter an die Arbeitnehmer der veräußerten Konzerntochter als Anerkennung für die geleistete Arbeit (→ BFH vom 28.2.2013 – BStBl. II S. 642).
- Verbilligter Erwerb von Vermögensbeteiligungen im Hinblick auf ein künftiges Beschäftigungsverhältnis (→ BFH vom 26.6.2014 – BStBl. II S. 864).
- Freiwillige Zahlungen von Notaren an Notarassessoren für deren Vertretungstätigkeit (→ BFH vom 10.3.2015 – BStBl. II S. 767).
- Verbilligte Pauschalreise an Reisebüromitarbeiter → H 8.2 (Berechnung des Rabatt-Freibetrags), Beispiel 2.
- → H 19.3 (Lohnzahlung durch Dritte).

Metergelder im Möbeltransportgewerbe unterliegen in voller Höhe dem Lohnsteuerabzug, wenn auf sie ein Rechtsanspruch besteht (→ BFH vom 9.3.1965 – BStBl. III S. 426).

Rabatte von dritter Seite. Zur steuerlichen Behandlung der Rabatte, die Arbeitnehmern von dritter Seite eingeräumt werden → BMF vom 20.1.2015 (BStBl. I S. 143).[1]

Unerlaubte Arbeitnehmerüberlassung. → R 19.1 Satz 6.

R 38.5 Lohnsteuerabzug durch Dritte

[1]Die Übertragung der Arbeitgeberpflichten nach § 38 Abs. 3a Satz 2ff. EStG auf einen Dritten kann vom Finanzamt auf schriftlichen Antrag zugelassen werden. [2]Die Zustimmung kann nur erteilt werden, wenn der Dritte für den gesamten Arbeitslohn des Arbeitnehmers die Lohnsteuerabzugsverpflichtung übernimmt.

[1] Siehe hierzu und zur Abgrenzung BFH v. 18.10.2012 VI R 64/11, BStBl. II 2015, 184, v. 10.4.2014 VI R 62/11, BStBl. II 2015, 191, v. 16.2.2022 VI R 53/18.

Zu § 38b EStG

H 38b

Familienstand. → R 26 EStR, H 26 EStH.[1]

Lebenspartner und Lebenspartnerschaften. → § 2 Abs. 8 EStG, H 2 EStH.[1]

Zu § 39 EStG

R 39.1 *(unbesetzt)*

H 39.1

Allgemeines.

Elektronische Lohnsteuerabzugsmerkmale (ELStAM).

- Lohnsteuerabzug im Verfahren der elektronischen Lohnsteuerabzugsmerkmale → BMF vom 8.11.2018 (BStBl. I S. 1137).
- Abruf der Lohnsteuerabzugsmerkmale im ELStAM-Verfahren für gemäß § 1 Abs. 4 EStG beschränkt einkommensteuerpflichtige Arbeitnehmer ab dem 1.1.2020 → BMF vom 7.11.2019 (BStBl. I S. 1087).

Bescheinigung der Religionsgemeinschaft.

- Die Bescheinigung der Religionsgemeinschaft ist verfassungsgemäß (→ BVerfG vom 25.5.2001 – 1 BvR 2253/00).[2] Dies gilt auch für die Eintragung „--", aus der sich ergibt, dass der Steuerpflichtige keiner kirchensteuererhebungsberechtigten Religionsgemeinschaft angehört (→ BVerfG vom 30.9.2002 – 1 BvR 1744/02).[3]
- **Beispiele:**

Konfessionszugehörigkeit		Eintragung im Feld
Arbeitnehmer	Ehegatte	Kirchensteuerabzug
ev	rk	ev rk
ev	ev	ev
rk	--	rk
--	ev	--
--	--	--

R 39.2 Änderungen und Ergänzungen der Lohnsteuerabzugsmerkmale

Änderung der Steuerklassen

(1) [1]Wird die Ehe eines Arbeitnehmers durch Scheidung oder Aufhebung aufgelöst oder haben die Ehegatten die dauernde Trennung herbeigeführt,

---

[1] Nr. **1**.

[2] HFR 2001, 907, NJW 2001, 2874.

[3] Vgl. HFR 2003, 79.

dürfen die gebildeten Steuerklassen im laufenden Kalenderjahr nicht geändert werden; es kommt nur ein Steuerklassenwechsel nach Absatz 2 in Betracht. [2]Das gilt nicht, wenn bei einer durch Scheidung oder Aufhebung aufgelösten Ehe der andere Ehegatte im selben Kalenderjahr wieder geheiratet hat, von seinem neuen Ehegatten nicht dauernd getrennt lebt und er und sein neuer Ehegatte unbeschränkt einkommensteuerpflichtig sind; in diesen Fällen ist die beim nicht wieder verheirateten Ehegatten gebildete Steuerklasse auf Antrag in Steuerklasse III zu ändern, wenn die Voraussetzungen des § 38b Satz 2 Nr. 3 Buchstabe c Doppelbuchstabe aa EStG erfüllt sind.

Steuerklassenwechsel[1)]

(2) [1]Bei Ehegatten, die beide Arbeitslohn beziehen, sind auf gemeinsamen Antrag der Ehegatten die gebildeten Steuerklassen wie folgt zu ändern:

1. Ist bei beiden Ehegatten die Steuerklasse IV gebildet worden, kann diese bei einem Ehegatten in Steuerklasse III und beim anderen Ehegatten in Steuerklasse V geändert werden.
2. Ist bei einem Ehegatten die Steuerklasse III und beim anderen Ehegatten die Steuerklasse V gebildet worden, können diese bei beiden Ehegatten in Steuerklasse IV geändert werden.
3. Ist bei einem Ehegatten die Steuerklasse III und beim anderen Ehegatten die Steuerklasse V gebildet worden, kann die Steuerklasse III des einen Ehegatten in Steuerklasse V und die Steuerklasse V des anderen Ehegatten in Steuerklasse III geändert werden.

[2]In einem Kalenderjahr kann jeweils nur ein Antrag gestellt werden. [3]Neben dem in § 39 Abs. 6 Satz 4 EStG geregelten Fall ist ein weiterer Antrag möglich, wenn ein Ehegatte keinen steuerpflichtigen Arbeitslohn mehr bezieht oder verstorben ist, wenn sich die Ehegatten auf Dauer getrennt haben oder wenn ein Dienstverhältnis wieder aufgenommen wird, z.B. nach einer Arbeitslosigkeit oder einer Elternzeit.

Zahl der Kinderfreibeträge in den Fällen des § 32 Abs. 6 Satz 4 EStG

(3) Bei der Zahl der Kinderfreibeträge sind ermäßigte Kinderfreibeträge für nicht unbeschränkt einkommensteuerpflichtige Kinder nicht zu berücksichtigen.

R **39.3** Bescheinigung für den Lohnsteuerabzug[2)]

[1]Ein Antrag nach § 39 Abs. 3 Satz 1 oder § 39e Abs. 8 Satz 1 EStG ist bis zum 31.12. des Kalenderjahres zu stellen, für das die Bescheinigung für den Lohnsteuerabzug gilt. [2]Die Bescheinigung der Steuerklasse I kann auch der Arbeitgeber beantragen, wenn dieser den Antrag nach § 39 Abs. 3 Satz 1 EStG im Namen des Arbeitnehmers stellt (§ 39 Abs. 3 Satz 3 EStG). [3]Bezieht ein Arbeitnehmer gleichzeitig Arbeitslohn aus mehreren gegenwärtigen oder

---

1) **[Amtl. Anm.:]** Teilweise überholt → § 39 Abs. 6 Satz 3 EStG (entfallene Kriterien: Arbeitslohnbezug durch beide Ehegatten, gemeinsamer Antrag, einmaliger Antrag im Kalenderjahr); zum einseitigen Antragsrecht eines Ehegatten → § 38b Abs. 3 Satz 2 und 3 EStG.

2) **[Amtl. Anm.:]** § 39 Abs. 3 Satz 1 EStG wurde neu gefasst durch „JStG 2019“ v. 12.12.2019, BGBl. I 2019, 2451, mWv 1.1.2020.

früheren Dienstverhältnissen, mit dem er der beschränkten Einkommensteuerpflicht unterliegt, hat das Finanzamt in der Bescheinigung für das zweite und jedes weitere Dienstverhältnis zu vermerken, dass die Steuerklasse VI anzuwenden ist. [4]Bei Nichtvorlage der Bescheinigung hat der Arbeitgeber den Lohnsteuerabzug nach Maßgabe des § 39c Abs. 1 und 2 EStG vorzunehmen.

R 39.4 Lohnsteuerabzug bei beschränkter Einkommensteuerpflicht

Freibetrag oder Hinzurechnungsbetrag bei beschränkter Einkommensteuerpflicht

(1) [1]Nach § 39a Abs. 2 Satz 8 i. V. m. Abs. 4 EStG ist ein vom Arbeitnehmer zu beantragender Freibetrag oder Hinzurechnungsbetrag durch Aufteilung in Monatsbeträge, erforderlichenfalls in Wochen- und Tagesbeträge, jeweils auf die voraussichtliche Dauer des Dienstverhältnisses im Kalenderjahr gleichmäßig zu verteilen. [2]Dabei sind ggf. auch die im Kalenderjahr bereits abgelaufenen Zeiträume desselben Dienstverhältnisses einzubeziehen, es sei denn, der Arbeitnehmer beantragt die Verteilung des Betrags auf die restliche Dauer des Dienstverhältnisses. [3]Bei beschränkt einkommensteuerpflichtigen Arbeitnehmern, bei denen § 50 Abs. 1 Satz 4 EStG anzuwenden ist, sind Werbungskosten und Sonderausgaben insoweit einzutragen, als sie die zeitanteiligen Pauschbeträge (→ § 50 Abs. 1 Satz 5 EStG) übersteigen.

Ausübung oder Verwertung (§ 49 Abs. 1 Nr. 4 Buchstabe a EStG)

(2) [1]Die nichtselbständige Arbeit wird im Inland ausgeübt, wenn der Arbeitnehmer im Geltungsbereich des EStG persönlich tätig wird. [2]Sie wird im Inland verwertet, wenn der Arbeitnehmer das Ergebnis einer außerhalb des Geltungsbereichs des EStG ausgeübten Tätigkeit im Inland seinem Arbeitgeber zuführt. [3]Zu der im Inland ausgeübten oder verwerteten nichtselbständigen Arbeit gehört nicht die nichtselbständige Arbeit, die auf einem deutschen Schiff während seines Aufenthalts in einem ausländischen Küstenmeer, in einem ausländischen Hafen von Arbeitnehmern ausgeübt wird, die weder einen Wohnsitz noch ihren gewöhnlichen Aufenthalt im Inland haben. [4]Unerheblich ist, ob der Arbeitslohn zu Lasten eines inländischen Arbeitgebers gezahlt wird. [5]Arbeitgeber i. S. d. Satzes 2 ist die Stelle im Inland, z. B. eine Betriebsstätte oder der inländische Vertreter eines ausländischen Arbeitgebers, die unbeschadet des formalen Vertragsverhältnisses zu einem möglichen ausländischen Arbeitgeber die wesentlichen Rechte und Pflichten eines Arbeitgebers tatsächlich wahrnimmt; inländischer Arbeitgeber ist auch ein inländisches Unternehmen bezüglich der Arbeitnehmer, die bei rechtlich unselbständigen Betriebsstätten, Filialen oder Außenstellen im Ausland beschäftigt sind.

Befreiung von der beschränkten Einkommensteuerpflicht

(3) Einkünfte aus der Verwertung einer außerhalb des Geltungsbereichs des EStG ausgeübten nichtselbständigen Arbeit bleiben bei der Besteuerung außer Ansatz,

1. wenn zwischen der Bundesrepublik Deutschland und dem Wohnsitzstaat ein Doppelbesteuerungsabkommen besteht und nach R 39b.10 der Lohnsteuerabzug unterbleiben darf oder

2. in anderen Fällen, wenn nachgewiesen oder glaubhaft gemacht wird, dass von diesen Einkünften in dem Staat, in dem die Tätigkeit ausgeübt worden ist, eine der deutschen Einkommensteuer entsprechende Steuer tatsächlich erhoben wird. [2] Auf diesen Nachweis ist zu verzichten bei Arbeitnehmern, bei denen die Voraussetzungen des Auslandstätigkeitserlasses vorliegen.

Künstler, Berufssportler, unterhaltend und ähnlich darbietende Personen sowie Artisten

(4) [1] Bezüge von beschränkt einkommensteuerpflichtigen Berufssportlern, darbietenden Künstlern (z. B. Musikern), werkschaffenden Künstlern (z. B. Schriftstellern, Journalisten und Bildberichterstattern), anderen unterhaltend oder ähnlich Darbietenden sowie Artisten unterliegen dem Lohnsteuerabzug, wenn sie zu den Einkünften aus nichtselbständiger Arbeit gehören und von einem inländischen Arbeitgeber i. S. d. § 38 Abs. 1 Satz 1 Nr. 1 EStG gezahlt werden. [2] Von den Vergütungen der Berufssportler, darbietenden Künstler, Artisten und unterhaltend oder ähnlich darbietenden Personen (§ 50a Abs. 1 Nr. 1 EStG) wird die Einkommensteuer nach Maßgabe der §§ 50a, 50d EStG erhoben, wenn diese nicht von einem inländischen Arbeitgeber gezahlt werden.

H 39.4

Arbeitnehmer mit Wohnsitz

- **in Belgien.** → Grenzgängerregelung nach dem Zusatzabkommen zum DBA Belgien (BGBl. 2003 II S. 1615);[1)]
- **in Frankreich.** Zur Verständigungsvereinbarung zur 183-Tage-Regelung und zur Anwendung der Grenzgängerregelung → BMF vom 3.4.2006 (BStBl. I S. 304);
- **in Luxemburg.** Verständigungsvereinbarung betreffend die Besteuerung von Berufskraftfahrern; Erweiterung der Verständigungsvereinbarung auf Lokomotivführer und Begleitpersonal → BMF vom 19.9.2011 (BStBl. I S. 849);
- **in den Niederlanden.** Zur steuerlichen Behandlung von Alterseinkünften → BMF vom 24.1.2017 (BStBl. I S. 147);[1)]
- **in Österreich.** Zur Anwendung der Grenzgängerregelung → BMF vom 18.4.2019 (BStBl. I S. 456);
- **in der Schweiz.** → Artikel 3 des Zustimmungsgesetzes vom 30.9.1993 (BStBl. I S. 927);[1)] → Einführungsschreiben zur Neuregelung der Grenzgängerbesteuerung vom 19.9.1994 (BStBl. I S. 683) unter Berücksichtigung der Änderungen durch BMF vom 18.12.2014 (BStBl. 2015 I S. 22); → BMF vom 7.7.1997 (BStBl. I S. 723) unter Berücksichtigung der Änderungen durch BMF vom 30.9.2008 (BStBl. I S. 935).[1)] → Zur Verständigungsvereinbarung zur Behandlung von Arbeitnehmern im internationalen Transportgewerbe → BMF vom 29.6.2011 (BStBl. I S. 621). → Zur Verständigungsvereinbarung zur Behandlung über die Besteuerung von fliegendem Personal → BMF vom 23.7.2012 (BStBl. I S. 863);
- **in der Türkei.** Zur steuerlichen Behandlung von Alterseinkünften → BMF vom 11.12.2014 (BStBl. 2015 I S. 92).

[1)] Abgedruckt in **Doppelbesteuerungsabkommen** bei den jeweiligen Ländern.

Auslandstätigkeitserlass. → BMF vom 31.10.1983 (BStBl. I S. 470).[1)·2)]

Entschädigung. → BMF vom 3.5.2018 (BStBl. I S. 643), Tz. 5.5.5.

Künstler. → BMF vom 31.7.2002 (BStBl. I S. 707) unter Berücksichtigung der Änderungen durch BMF vom 28.3.2013 (BStBl. I S. 443).

Öffentliche Kassen. → H 3.11.

Verwertungstatbestand.
– → BFH vom 12.11.1986 (BStBl. 1987 II S. 377, 379, 381, 383).
– **Beispiel:**

Ein lediger Wissenschaftler wird im Rahmen eines Forschungsvorhabens in Südamerika tätig. Seinen inländischen Wohnsitz hat er aufgegeben. Er übergibt entsprechend den getroffenen Vereinbarungen seinem inländischen Arbeitgeber einen Forschungsbericht. Der Arbeitgeber sieht von einer kommerziellen Auswertung der Forschungsergebnisse ab. Der Wissenschaftler ist mit den Bezügen, die er für die Forschungstätigkeit von seinem Arbeitgeber erhält, beschränkt einkommensteuerpflichtig nach § 1 Abs. 4 i. V. m. § 49 Abs. 1 Nr. 4 Buchstabe a EStG; sie unterliegen deshalb dem Lohnsteuerabzug.

Zu § 39a EStG

R 39a.1 Verfahren bei der Bildung eines Freibetrags oder eines Hinzurechnungsbetrags

Allgemeines

(1) Soweit die Gewährung eines Freibetrags wegen der Aufwendungen für ein Kind davon abhängt, dass der Arbeitnehmer für dieses Kind einen Anspruch auf einen Freibetrag nach § 32 Abs. 6 EStG oder auf Kindergeld erhält, ist diese Voraussetzung auch erfüllt, wenn dem Arbeitnehmer im Lohnsteuer-Abzugsverfahren ein Kinderfreibetrag zusteht, er aber auf die an sich mögliche Bildung einer Kinderfreibetragszahl für dieses Kind verzichtet hat oder Anspruch auf einen ermäßigten Freibetrag nach § 32 Abs. 6 EStG besteht.

Antragsgrenze

(2) Für die Feststellung, ob die Antragsgrenze nach § 39a Abs. 2 EStG[3)] überschritten wird, gilt Folgendes:

1. Soweit für Werbungskosten bestimmte Beträge gelten, z. B. für Verpflegungsmehraufwendungen und pauschale Kilometersätze bei Auswärtstätigkeit, für Wege zwischen Wohnung und erster Tätigkeitsstätte (→ § 9 EStG) sind diese maßgebend.
2. [1]Bei Sonderausgaben i. S. d. § 10 Abs. 1 Nr. 1a, 1b und 4 EStG[4)] sind die tatsächlichen Aufwendungen anzusetzen, auch wenn diese Aufwendungen

---

[1)] Geändert durch BMF v. 14.3.2017, BStBl. I 2017, 473; siehe auch BMF v. 13.11.2019, BStBl. I 2019, 1082, zum Begriff der inländischen öffentlichen Kasse.

[2)] Zu den durch den ATE begünstigten Tätigkeiten siehe BFH v. 5.10.2021 I B 18/21, BFH/NV 2022, 323 (hier: Restaurierung von historischen Gebäuden).

[3)] Antragsgrenze: 600 €.

[4)] Jetzt § 10 Abs. 1 Nr. 4 und Abs. 1a Nr. 2 bis 4 EStG.

geringer sind als der Pauschbetrag. [2]Für Sonderausgaben i. S. d. § 10 Abs. 1 Nr. 1, 5, 7 und 9 EStG[1)] sind höchstens die nach diesen Vorschriften berücksichtigungsfähigen Aufwendungen anzusetzen.

3. Zuwendungen an politische Parteien sind als Sonderausgaben auch zu berücksichtigen, soweit eine Steuerermäßigung nach § 34g Satz 1 Nr. 1 EStG in Betracht kommt, nicht hingegen Zuwendungen an Vereine i. S. d. § 34g Satz 1 Nr. 2 EStG.
4. Bei außergewöhnlichen Belastungen nach § 33 EStG ist von den dem Grunde und der Höhe nach anzuerkennenden Aufwendungen auszugehen; bei außergewöhnlicher Belastung nach § 33a und § 33b Abs. 6 EStG sind dagegen nicht die Aufwendungen, sondern die wegen dieser Aufwendungen abziehbaren Beträge maßgebend.
5. Vorsorgeaufwendungen (§ 10 Abs. 1 Nr. 2, 3 und 3a EStG) bleiben in jedem Fall außer Betracht, auch soweit sie die Vorsorgepauschale (§ 39b Abs. 2 Satz. 5 Nr. 3 EStG) übersteigen.
6. [1]Bei Anträgen von Ehegatten, die beide unbeschränkt einkommensteuerpflichtig sind und nicht dauernd getrennt leben, ist die Summe der für beide Ehegatten in Betracht kommenden Aufwendungen und abziehbaren Beträge zugrunde zu legen. [2]Die Antragsgrenze ist bei Ehegatten nicht zu verdoppeln.
7. Ist für beschränkt antragsfähige Aufwendungen bereits ein Freibetrag gebildet worden, ist bei einer Änderung dieses Freibetrags die Antragsgrenze nicht erneut zu prüfen.

(3) Die Antragsgrenze gilt nicht, soweit es sich um die Bildung eines Freibetrags für die in § 39a Abs. 1 Satz 1 Nr. 4 bis 7 EStG bezeichneten Beträge handelt.

(4) [1]Wird die Antragsgrenze überschritten oder sind Beträge i. S. d. Absatzes 3 zu berücksichtigen, hat das Finanzamt den Jahresfreibetrag festzustellen. [2]Bei der Berechnung des Jahresfreibetrags sind Werbungskosten nur zu berücksichtigen, soweit sie den maßgebenden Pauschbetrag für Werbungskosten nach § 9a Satz 1 Nr. 1 EStG übersteigen, Sonderausgaben mit Ausnahme der Vorsorgeaufwendungen nur anzusetzen, soweit sie den Sonderausgaben-Pauschbetrag (§ 10c EStG) übersteigen, und außergewöhnliche Belastungen (§ 33 EStG) nur einzubeziehen, soweit sie die zumutbare Belastung (→ Absatz 5) übersteigen. [3]Zuwendungen an politische Parteien sind auch zu berücksichtigen, soweit eine Steuerermäßigung nach § 34g Satz 1 Nr. 1 EStG in Betracht kommt, nicht hingegen Zuwendungen an Vereine i. S. d. § 34g Satz 1 Nr. 2 EStG.

Freibetrag wegen außergewöhnlicher Belastung

(5) [1]Die zumutbare Belastung ist vom voraussichtlichen Jahresarbeitslohn des Arbeitnehmers und ggf. seines von ihm nicht dauernd getrennt lebenden, unbeschränkt einkommensteuerpflichtigen Ehegatten gekürzt um den Altersentlastungsbetrag (§ 24a EStG), die Freibeträge für Versorgungsbezüge (§ 19

[1)] Jetzt § 10 Abs. 1 Nr. 5, 7 und 9 sowie Abs. 1a Nr. 1 EStG.

Abs. 2 EStG) und die Werbungskosten (§§ 9, 9a und *§ 9c EStG*)[1)] zu berechnen. [2]Steuerfreie Einnahmen sowie alle Bezüge, für die die Lohnsteuer mit einem Pauschsteuersatz nach den §§ 37a, 37b, 40 bis 40b EStG erhoben wird, und etwaige weitere Einkünfte des Arbeitnehmers und seines Ehegatten bleiben außer Ansatz. [3]Bei der Anwendung der Tabelle in § 33 Abs. 3 EStG zählen als Kinder des Stpfl. die Kinder, für die er einen Anspruch auf einen Freibetrag nach § 32 Abs. 6 EStG oder auf Kindergeld erhält. [4]Bei der zumutbaren Belastung sind auch Kinder zu berücksichtigen, für die der Arbeitnehmer auf die Bildung einer Kinderfreibetragszahl verzichtet hat oder Anspruch auf einen ermäßigten Freibetrag nach § 32 Abs. 6 EStG besteht. [5]Ist im Kalenderjahr eine unterschiedliche Zahl von Kindern zu berücksichtigen, so ist von der höheren Zahl auszugehen.

Freibetrag und Hinzurechnungsbetrag nach § 39a Abs. 1 Satz 1 Nr. 7 EStG

(6) [1]Arbeitnehmer mit mehr als einem Dienstverhältnis, deren Arbeitslohn aus dem ersten Dienstverhältnis niedriger ist als der Betrag, bis zu dem nach der Steuerklasse des ersten Dienstverhältnisses keine Lohnsteuer zu erheben ist, können die Übertragung bis zur Höhe dieses Betrags als Freibetrag im zweiten Dienstverhältnis mit der Steuerklasse VI beantragen. [2]Dabei kann der Arbeitnehmer den zu übertragenden Betrag selbst bestimmen. [3]Eine Verteilung auf mehrere weitere Dienstverhältnisse des Arbeitnehmers ist zulässig. [4]Für das erste Dienstverhältnis wird in diesen Fällen ein Hinzurechnungsbetrag in Höhe der abgerufenen Freibeträge nach den Sätzen 1 bis 3 gebildet oder ggf. mit einem Freibetrag nach § 39a Abs. 1 Satz 1 Nr. 1 bis 6 und 8 EStG verrechnet.

Umrechnung des Jahresfreibetrags oder des Jahreshinzurechnungsbetrags

(7) [1]Für die Umrechnung des Jahresfreibetrags in einen Freibetrag für monatliche Lohnzahlung ist der Jahresfreibetrag durch die Zahl der in Betracht kommenden Kalendermonate zu teilen. [2]Der Wochenfreibetrag ist mit $^{7}/_{30}$ und der Tagesfreibetrag mit $^{1}/_{30}$ des Monatsbetrags anzusetzen. [3]Der sich hiernach ergebende Monatsbetrag ist auf den nächsten vollen Euro-Betrag, der Wochenbetrag auf den nächsten durch 10 teilbaren Centbetrag und der Tagesbetrag auf den nächsten durch 5 teilbaren Centbetrag aufzurunden. [4]Die Sätze 1 bis 3 gelten für die Umrechnung des Jahreshinzurechnungsbetrags entsprechend.

Änderung eines gebildeten Freibetrags oder Hinzurechnungsbetrags

(8) [1]Ist bereits ein Jahresfreibetrag gebildet worden und beantragt der Arbeitnehmer im Laufe des Kalenderjahres die Berücksichtigung weiterer Aufwendungen oder abziehbarer Beträge, wird der Jahresfreibetrag unter Berücksichtigung der gesamten Aufwendungen und abziehbaren Beträge des Kalenderjahres neu festgestellt; für die Berechnung des Monatsfreibetrags,

---

[1)] Ab VZ 2012 § 9c EStG aufgeh., § 10 Abs. 1 Nr. 5 EStG eingef. durch SteuervereinfachungsG v. 1.11.2011, BGBl. I 2011, 2131.

Wochenfreibetrags usw. ist der Freibetrag um den Teil des bisherigen Freibetrags zu kürzen, der für den Zeitraum bis zur Wirksamkeit des neuen Freibetrags zu berücksichtigen war. [2]Der verbleibende Betrag ist auf die Zeit vom Beginn des auf die Antragstellung folgenden Kalendermonats bis zum Schluss des Kalenderjahres gleichmäßig zu verteilen. [3]Die Sätze 1 und 2 gelten für den Hinzurechnungsbetrag entsprechend.

H 39a.1

Allgemeines.

Elektronische Lohnsteuerabzugsmerkmale (ELStAM);
- Lohnsteuerabzug im Verfahren der elektronischen Lohnsteuerabzugsmerkmale → BMF vom 8.11.2018 (BStBl. I S. 1137).
- Abruf der Lohnsteuerabzugsmerkmale im ELStAM-Verfahren für gemäß § 1 Abs. 4 EStG beschränkt einkommensteuerpflichtige Arbeitnehmer ab dem 1.1.2020 → BMF vom 7.11.2019 (BStBl. I S. 1087).

Altersvorsorgeaufwendungen. Für Einzahlungen in einen Basisrentenvertrag (Rürup-Vertrag) kann kein Freibetrag gebildet werden (→ BFH vom 10.11.2016 – BStBl. 2017 II S. 715).

Beispiele:
- **Umrechnung des Jahresfreibetrags**
  Ein monatlich entlohnter Arbeitnehmer beantragt am 2.5. die Berücksichtigung eines Freibetrags. Es wird vom Finanzamt ein Freibetrag von 1555 € festgestellt, der auf die Monate Juni bis Dezember (7 Monate) zu verteilen ist. Außer dem Jahresfreibetrag von 1555 € ist ab 1.6. ein Monatsfreibetrag von 223 € zu berücksichtigen.
- **Erhöhung eines berücksichtigten Freibetrags**
  Ein monatlich entlohnter Arbeitnehmer, für den mit Wirkung vom 1.1. an ein Freibetrag von 2400 € (monatlich 200 €) berücksichtigt worden ist, macht am 10.3. weitere Aufwendungen von 963 € geltend. Es ergibt sich ein neuer Jahresfreibetrag von (2400 € + 963 € =) 3363 €. Für die Berechnung des neuen Monatsfreibetrags ab April ist der Jahresfreibetrag um die bei der Lohnsteuerberechnung bisher zu berücksichtigenden Monatsfreibeträge Januar bis März von (3 × 200 € =) 600 € zu kürzen. Der verbleibende Betrag von (3363 € ./. 600 € =) 2763 € ist auf die Monate April bis Dezember zu verteilen, so dass ab 1. 4. ein Monatsfreibetrag von 307 € zu berücksichtigen ist. Für die abgelaufenen Lohnzahlungszeiträume Januar bis März bleibt der Monatsfreibetrag von 200 € unverändert.
- **Herabsetzung eines Freibetrags**
  Ein monatlich entlohnter Arbeitnehmer, für den mit Wirkung vom 1.1. an ein Freibetrag von 4800 € (monatlich 400 €) berücksichtigt worden ist, teilt dem Finanzamt am 10.3. mit, dass sich die Aufwendungen um 975 € vermindern. Es ergibt sich ein neuer Jahresfreibetrag von (4800 € ./. 975 € =) 3825 €. Für die Berechnung des neuen Monatsfreibetrags ab April ist der Jahresfreibetrag um die bei der Lohnsteuerberechnung bisher zu berücksichtigenden Monatsfreibeträge Januar bis März von (3 × 400 € =) 1200 € zu kürzen. Der verbleibende Betrag von (3825 € ./. 1200 € =) 2625 € ist auf die Monate April bis Dezember zu verteilen, so dass ab 1.4. ein Monatsfreibetrag von 292 € zu berücksichtigen ist. Für die abgelaufenen Lohnzahlungszeiträume Januar bis März bleibt der Monatsfreibetrag von 400 € unverändert.
- **Zweijährige Geltungsdauer des Freibetrags**
  Ein monatlich entlohnter Arbeitnehmer beantragt im Februar 01 die Berücksichtigung eines Freibetrags für die Dauer von zwei Jahren. Es wird vom Finanzamt ein Freibetrag von 3000 € ermittelt, der für die Kalenderjahre 01 und 02 wie folgt zu verteilen ist:

Für 01 ergibt sich für die Monate März bis Dezember ein Monatsfreibetrag von 300 € (3000 € verteilt auf zehn Monate) und für 02 ergibt sich für die Monate Januar bis Dezember ein Monatsfreibetrag von 250 € (3000 € verteilt auf zwölf Monate).
Im Februar 02 teilt der Arbeitnehmer dem Finanzamt pflichtgemäß mit, dass sich für das Kalenderjahr 02 der Freibetrag auf 2500 € verringert. Das Finanzamt ändert daraufhin den Jahresfreibetrag für 02 auf 2500 €. Für die Berechnung des neuen Monatsfreibetrags ab März 02 ist der Jahresfreibetrag um die bei der Lohnsteuerberechnung bisher zu berücksichtigenden Monatsfreibeträge für Januar und Februar 02 von (2 × 250 € =) 500 € zu kürzen. Der verbleibende Betrag von (2500 € ./. 500 € =) 2000 € ist auf die Monate März bis Dezember 02 zu verteilen, so dass sich nunmehr ein herabgesetzter Monatsfreibetrag von 200 € ergibt (2000 € verteilt auf zehn Monate). Für die abgelaufenen Lohnzahlungszeiträume Januar und Februar 02 bleibt der Monatsfreibetrag von 250 € unverändert.

– **Entlastungsbetrag für Alleinerziehende**
Eine Alleinerziehende hat drei zu ihrem Haushalt gehörende minderjährige Kinder und beantragt im Januar den Entlastungsbetrag nach § 24b EStG für ihre drei Kinder.
Für den Entlastungsbetrag für das erste Kind in Höhe von 4008 € wird die Steuerklasse II gebildet. Für die beiden weiteren Kinder ist jeweils ein Erhöhungsbetrag von 240 € als Freibetrag zu berücksichtigen. Es ergibt sich somit ein Jahresfreibetrag von 480 € (2 × 240 €), der auf die Monate Januar bis Dezember zu verteilen ist, so dass ein Monatsbetrag von 40 € (480 € verteilt auf zwölf Monate) zu berücksichtigen ist. Die Antragsgrenze von 600 € ist insoweit nicht zu beachten (§ 39a Abs. 2 Satz 4 EStG).

Freibetrag für energetische Gebäudesanierung. → BMF vom 14.1.2021 (BStBl. I S. 103) Rn. 66.

Freibetrag wegen haushaltsnaher Beschäftigungsverhältnisse und haushaltsnaher Dienstleistungen. → BMF vom 9.11.2016 (BStBl. I S. 1213) unter Berücksichtigung der Änderungen durch BMF vom 1.9.2021 (BStBl. I S. 1494).

Freibetrag wegen Anrechnung ausländischer Abzugsteuer. → BMF vom 3.5.2018 (BStBl. I S. 643), Rn. 23 und 177.

Freibetrag wegen negativer Einkünfte. → R 39a.2.

R **39a.2** Freibetrag wegen negativer Einkünfte

[1] In die Ermittlung eines Freibetrags wegen negativer Einkünfte sind sämtliche Einkünfte aus Land- und Forstwirtschaft, Gewerbebetrieb, selbständiger Arbeit, Vermietung und Verpachtung und die sonstigen Einkünfte einzubeziehen, die der Arbeitnehmer und sein von ihm nicht dauernd getrennt lebender unbeschränkt einkommensteuerpflichtiger Ehegatte voraussichtlich erzielen werden; negative Einkünfte aus Kapitalvermögen werden nur berücksichtigt, wenn sie nicht unter das Verlustausgleichsverbot des § 20 Abs. 6 Satz 2 EStG fallen (→ § 32d Abs. 2 EStG). [2] Das bedeutet, dass sich der Betrag der negativen Einkünfte des Arbeitnehmers z. B. um die positiven Einkünfte des Ehegatten vermindert. [3] Außer Betracht bleiben stets die Einkünfte aus nichtselbständiger Arbeit und positive Einkünfte aus Kapitalvermögen.

H **39a.2**

Vermietung und Verpachtung. Negative Einkünfte aus Vermietung und Verpachtung eines Gebäudes können grundsätzlich erstmals für das Kalenderjahr berücksichtigt werden, das auf das Kalenderjahr der Fertigstellung oder

der Anschaffung des Gebäudes folgt (§ 39a Abs. 1 Satz 1 Nr. 5 i. V. m. § 37 Abs. 3 EStG). Das Objekt ist angeschafft, wenn der Kaufvertrag abgeschlossen worden ist und Besitz, Nutzungen, Lasten und Gefahr auf den Erwerber übergegangen sind. Das Objekt ist fertiggestellt, wenn es nach Abschluss der wesentlichen Bauarbeiten bewohnbar ist; die Bauabnahme ist nicht erforderlich (→ H 7.4 (Fertigstellung) EStH).[1] Wird ein Objekt vor der Fertigstellung angeschafft, ist der Zeitpunkt der Fertigstellung maßgebend.

R **39a.3** Freibeträge bei Ehegatten

Werbungskosten

(1) [1] Werbungskosten werden für jeden Ehegatten gesondert ermittelt. [2] Von den für den einzelnen Ehegatten ermittelten Werbungskosten ist jeweils der maßgebende Pauschbetrag für Werbungskosten nach § 9a Satz 1 Nr. 1 EStG abzuziehen.

Sonderausgaben

(2) [1] Sonderausgaben i. S. d. § 10 Abs. 1 Nr. 1, 1a, 1b, 4, 5, 7 und 9 und § 10b EStG[2] sind bei Ehegatten, die beide unbeschränkt einkommensteuerpflichtig sind und nicht dauernd getrennt leben, einheitlich zu ermitteln. [2] Hiervon ist der Sonderausgaben-Pauschbetrag für Ehegatten abzuziehen.

Außergewöhnliche Belastungen

(3) Bei Ehegatten, die beide unbeschränkt einkommensteuerpflichtig sind und nicht dauernd getrennt leben, genügt es für die Anwendung der §§ 33, 33a und 33b Abs. 6 EStG (außergewöhnliche Belastungen), dass die Voraussetzungen für die Eintragung eines Freibetrags in der Person eines Ehegatten erfüllt sind.

Behinderten-Pauschbetrag

(4) [1] Für die Gewährung eines Behinderten-Pauschbetrags nach § 33b EStG ist es bei Ehegatten, die beide unbeschränkt einkommensteuerpflichtig sind und nicht dauernd getrennt leben, unerheblich, wer von ihnen die Voraussetzungen erfüllt. [2] Liegen bei beiden Ehegatten die Voraussetzungen für die Gewährung eines Behinderten-Pauschbetrags vor, ist für jeden Ehegatten der in Betracht kommende Pauschbetrag zu gewähren; dies gilt auch, wenn nur einer von ihnen Arbeitnehmer ist.

Aufteilung des Freibetrags

(5) [1] Bei Ehegatten, die beide unbeschränkt einkommensteuerpflichtig sind und nicht dauernd getrennt leben, ist der Freibetrag grundsätzlich je zur Hälfte aufzuteilen; auf Antrag der Ehegatten ist aber eine andere Aufteilung vorzunehmen (§ 39a Abs. 3 Satz 3 EStG). [2] Eine Ausnahme gilt für einen Freibetrag wegen erhöhter Werbungskosten; dieser darf bei dem Ehegatten berücksichtigt werden, dem die Werbungskosten entstanden sind. [3] Pauschbeträge für behinderte Menschen[3] und Hinterbliebene dürfen abweichend von Satz 1 bei

---

[1] Nr. 1.
[2] Jetzt § 10 Abs. 1 Nr. 4, 5, 7 und 9 sowie Abs. 1a und § 10b EStG.
[3] **[Amtl. Anm.:]** Jetzt Menschen mit Behinderungen.

demjenigen als Freibetrag bebildet werden, der die Voraussetzungen für den Pauschbetrag erfüllt. [4]Der Freibetrag bei Ehegatten ist vor der Berücksichtigung des Hinzurechnungsbetrags nach § 39a Abs. 1 Satz 1 Nr. 7 EStG aufzuteilen; der Hinzurechnungsbetrag selbst darf nicht aufgeteilt werden.

H 39a.3

Pauschbeträge für Kinder mit Behinderungen. Wegen der Übertragung der Pauschbeträge für Kinder mit Behinderungen auf deren Eltern → R 33b EStR, H 33b EStH.[1)]

Zu § 39b EStG

R 39b.1 *(unbesetzt)*

R 39b.2 Laufender Arbeitslohn und sonstige Bezüge

(1) Laufender Arbeitslohn ist der Arbeitslohn, der dem Arbeitnehmer regelmäßig fortlaufend zufließt, insbesondere:

1. Monatsgehälter,
2. Wochen- und Tagelöhne,
3. Mehrarbeitsvergütungen,
4. Zuschläge und Zulagen,
5. geldwerte Vorteile aus der ständigen Überlassung von Dienstwagen zur privaten Nutzung,
6. Nachzahlungen und Vorauszahlungen, wenn sich diese ausschließlich auf Lohnzahlungszeiträume beziehen, die im Kalenderjahr der Zahlung enden,
7. Arbeitslohn für Lohnzahlungszeiträume des abgelaufenen Kalenderjahres, der innerhalb der ersten drei Wochen des nachfolgenden Kalenderjahres zufließt.

(2) [1]Ein sonstiger Bezug ist der Arbeitslohn, der nicht als laufender Arbeitslohn gezahlt wird. [2]Zu den sonstigen Bezügen gehören insbesondere einmalige Arbeitslohnzahlungen, die neben dem laufenden Arbeitslohn gezahlt werden, z. B.:

1. dreizehnte und vierzehnte Monatsgehälter,
2. einmalige Abfindungen und Entschädigungen,
3. Gratifikationen und Tantiemen, die nicht fortlaufend gezahlt werden,
4. Jubiläumszuwendungen,
5. Urlaubsgelder, die nicht fortlaufend gezahlt werden, und Entschädigungen zur Abgeltung nicht genommenen Urlaubs,
6. Vergütungen für Erfindungen,
7. Weihnachtszuwendungen,
8. Nachzahlungen und Vorauszahlungen, wenn sich der Gesamtbetrag oder ein Teilbetrag der Nachzahlung oder Vorauszahlung auf Lohnzahlungs-

---

1) Nr. **1**.

zeiträume bezieht, die in einem anderen Jahr als dem der Zahlung enden, oder wenn Arbeitslohn für Lohnzahlungszeiträume des abgelaufenen Kalenderjahres später als drei Wochen nach Ablauf dieses Jahres zufließt,

9. Ausgleichszahlungen für die in der Arbeitsphase erbrachten Vorleistungen auf Grund eines Altersteilzeitverhältnisses im Blockmodell, das vor Ablauf der vereinbarten Zeit beendet wird,
10. Zahlungen innerhalb eines Kalenderjahres als viertel- oder halbjährliche Teilbeträge.

R **39b.3** Freibeträge für Versorgungsbezüge[1)]

(1) [1]Werden Versorgungsbezüge als sonstige Bezüge gezahlt, so ist § 39b Abs. 3 EStG anzuwenden. [2]Danach dürfen die Freibeträge für Versorgungsbezüge von dem sonstigen Bezug nur abgezogen werden, soweit sie bei der Feststellung des maßgebenden Jahresarbeitslohns nicht verbraucht sind. [3]Werden laufende Versorgungsbezüge erstmals gezahlt, nachdem im selben Kalenderjahr bereits Versorgungsbezüge als sonstige Bezüge gewährt worden sind, so darf der Arbeitgeber die maßgebenden Freibeträge für Versorgungsbezüge bei den laufenden Bezügen nur berücksichtigen, soweit sie sich bei den sonstigen Bezügen nicht ausgewirkt haben. [4]Von Arbeitslohn, von dem die Lohnsteuer nach §§ 40 bis 40b EStG mit Pauschsteuersätzen erhoben wird, dürfen die Freibeträge für Versorgungsbezüge nicht abgezogen werden.

(2) Durch die Regelungen des Absatzes 1 wird die steuerliche Behandlung der Versorgungsbezüge beim Lohnsteuer-Jahresausgleich durch den Arbeitgeber oder bei einer Veranlagung zur Einkommensteuer nicht berührt.

R **39b.4** Altersentlastungsbetrag beim Lohnsteuerabzug

(1) Der Altersentlastungsbetrag ist auch bei beschränkt einkommensteuerpflichtigen Arbeitnehmern abzuziehen (→ § 50 Abs. 1 Satz 3 EStG).

(2) [1]Wird Arbeitslohn als sonstiger Bezug gezahlt, so ist § 39b Abs. 3 EStG anzuwenden. [2]Danach darf der Altersentlastungsbetrag von dem sonstigen Bezug nur abgezogen werden, soweit er bei der Feststellung des maßgebenden Jahresarbeitslohns nicht verbraucht ist. [3]Wird laufender Arbeitslohn erstmals gezahlt, nachdem im selben Kalenderjahr ein Altersentlastungsbetrag bereits bei sonstigen Bezügen berücksichtigt worden ist, so darf der Arbeitgeber den maßgebenden steuerfreien Höchstbetrag bei den laufenden Bezügen nur berücksichtigen, soweit er sich bei den sonstigen Bezügen nicht ausgewirkt hat. [4]Von Arbeitslohn, von dem die Lohnsteuer nach §§ 40 bis 40b EStG mit Pauschsteuersätzen erhoben wird, darf der Altersentlastungsbetrag nicht abgezogen werden.

[1)] Siehe auch BMF v. 19.8.2013, BStBl. I 2013, 1087, geänd. durch BMF v. 10.1.2014, BStBl. I 2014, 70, v. 10.4.2015, BStBl. I 2015, 256, v. 1.6.2015, BStBl. I 2015, 475, v. 4.7.2016, BStBl. I 2016, 645, v. 19.12.2016, BStBl. I 2016, 1433, v. 24.5.2017, BStBl. I 2017, 820, v. 6.11.2017, BStBl. I 2017, 1455, 28.9.2021, BStBl. I 2021, 1831, v. 10.1.2022, BStBl. I 2022, 36.

(3) Durch die Regelungen der Absätze 1 und 2 wird die steuerliche Behandlung des Altersentlastungsbetrags beim Lohnsteuer-Jahresausgleich durch den Arbeitgeber oder bei einer Veranlagung zur Einkommensteuer nicht berührt.

R **39b.5** Einbehaltung der Lohnsteuer vom laufenden Arbeitslohn

Allgemeines

(1) [1]Der Arbeitgeber hat die Lohnsteuer grundsätzlich bei jeder Zahlung vom Arbeitslohn einzubehalten (→ § 38 Abs. 3 EStG). [2]Reichen die dem Arbeitgeber zur Verfügung stehenden Mittel zur Zahlung des vollen vereinbarten Arbeitslohns nicht aus, hat er die Lohnsteuer von dem tatsächlich zur Auszahlung gelangenden niedrigeren Betrag zu berechnen und einzubehalten. [3]Der Lohnsteuerermittlung sind jeweils die Lohnsteuerabzugsmerkmale (→ § 39 EStG) zugrunde zu legen, die für den Tag gelten, an dem der Lohnzahlungszeitraum endet; dies gilt auch bei einem Wechsel des ersten Arbeitgebers (Hauptarbeitgeber) im Laufe des Lohnzahlungszeitraums. [4]Für Lohnzahlungen vor Ende des betreffenden Lohnzahlungszeitraums sind zunächst die zu diesem Zeitpunkt bereitgestellten Lohnsteuerabzugsmerkmale (§ 39e Abs. 5 EStG) zugrunde zu legen. [5]Werden nach einer solchen Lohnzahlung Lohnsteuerabzugsmerkmale bekannt, die auf den Lohnzahlungszeitraum zurückwirken, ist § 41c Abs. 1 Satz 1 Nr. 1 EStG anzuwenden.

Lohnzahlungszeitraum

(2) [1]Der Zeitraum, für den jeweils der laufende Arbeitslohn gezahlt wird, ist der Lohnzahlungszeitraum. [2]Ist ein solcher Zeitraum nicht feststellbar, so tritt an seine Stelle die Summe der tatsächlichen Arbeitstage oder der tatsächlichen Arbeitswochen (→ § 39b Abs. 5 Satz 4 EStG). [3]Solange das Dienstverhältnis fortbesteht, sind auch solche in den Lohnzahlungszeitraum fallende Arbeitstage mitzuzählen, für die der Arbeitnehmer keinen steuerpflichtigen Arbeitslohn bezogen hat.

(3) [1]Wird der Arbeitslohn für einen Lohnzahlungszeitraum gezahlt, für den der steuerfreie Betrag oder der Hinzurechnungsbetrag den Lohnsteuerabzugsmerkmalen nicht unmittelbar entnommen werden kann, hat der Arbeitgeber für diesen Lohnzahlungszeitraum den zu berücksichtigenden Betrag selbst zu berechnen. [2]Er hat dabei von dem für den monatlichen Lohnzahlungszeitraum geltenden – also aufgerundeten – steuerfreien Betrag auszugehen.

Nachzahlungen, Vorauszahlungen

(4) [1]Stellen Nachzahlungen oder Vorauszahlungen laufenden Arbeitslohn dar (→ R 39b.2 Abs. 1), ist die Nachzahlung oder Vorauszahlung für die Berechnung der Lohnsteuer den Lohnzahlungszeiträumen zuzurechnen, für die sie geleistet werden. [2]Es bestehen jedoch keine Bedenken, diese Nachzahlungen und Vorauszahlungen als sonstige Bezüge nach R 39b.6 zu behandeln, wenn nicht der Arbeitnehmer die Besteuerung nach Satz 1 verlangt; die Pauschalierung nach § 40 Abs. 1 Satz 1 Nr. 1 EStG ist nicht zulässig.

Abschlagszahlungen

(5) [1] Zahlt der Arbeitgeber den Arbeitslohn für den üblichen Lohnzahlungszeitraum nur in ungefährer Höhe (Abschlagszahlung) und nimmt er eine genaue Lohnabrechnung für einen längeren Zeitraum vor, so braucht er nach § 39b Abs. 5 EStG die Lohnsteuer erst bei der Lohnabrechnung einzubehalten, wenn der Lohnabrechnungszeitraum fünf Wochen nicht übersteigt und die Lohnabrechnung innerhalb von drei Wochen nach Ablauf des Lohnabrechnungszeitraums erfolgt. [2] Die Lohnabrechnung gilt als abgeschlossen, wenn die Zahlungsbelege den Bereich des Arbeitgebers verlassen haben; auf den zeitlichen Zufluss der Zahlung beim Arbeitnehmer kommt es nicht an. [3] Wird die Lohnabrechnung für den letzten Abrechnungszeitraum des abgelaufenen Kalenderjahres erst im nachfolgenden Kalenderjahr, aber noch innerhalb der 3-Wochen-Frist vorgenommen, so handelt es sich um Arbeitslohn und einbehaltene Lohnsteuer dieses Lohnabrechnungszeitraums; der Arbeitslohn und die Lohnsteuer sind deshalb im Lohnkonto und in den Lohnsteuerbelegen des abgelaufenen Kalenderjahres zu erfassen. [4] Die einbehaltene Lohnsteuer ist aber für die Anmeldung und Abführung als Lohnsteuer des Kalendermonats bzw. Kalendervierteljahres zu erfassen, in dem die Abrechnung tatsächlich vorgenommen wird.

H 39b.5

Abschlagszahlungen.

Beispiele zum Zeitpunkt der Lohnsteuereinbehaltung:

A. Ein Arbeitgeber mit monatlichen Abrechnungszeiträumen leistet jeweils am 20. eines Monats eine Abschlagszahlung. Die Lohnabrechnung wird am 10. des folgenden Monats mit der Auszahlung von Spitzenbeträgen vorgenommen.
Der Arbeitgeber ist berechtigt, auf eine Lohnsteuereinbehaltung bei der Abschlagszahlung zu verzichten und die Lohnsteuer erst bei der Schlussabrechnung einzubehalten.

B. Ein Arbeitgeber mit monatlichen Abrechnungszeiträumen leistet jeweils am 28. für den laufenden Monat eine Abschlagszahlung und nimmt die Lohnabrechnung am 28. des folgenden Monats vor.
Die Lohnsteuer ist bereits von der Abschlagszahlung einzubehalten, da die Abrechnung nicht innerhalb von drei Wochen nach Ablauf des Lohnabrechnungszeitraums erfolgt.

C. Auf den Arbeitslohn für Dezember werden Abschlagszahlungen geleistet. Die Lohnabrechnung erfolgt am 15.1.
Die dann einzubehaltende Lohnsteuer ist spätestens am 10.2. als Lohnsteuer des Monats Januar anzumelden und abzuführen. Sie gehört gleichwohl zum Arbeitslohn des abgelaufenen Kalenderjahres und ist in die Lohnsteuerbescheinigung für das abgelaufene Kalenderjahr aufzunehmen.

Nachzahlungen.

Beispiel zur Berechnung der Lohnsteuer:

Ein Arbeitnehmer mit einem laufenden Bruttoarbeitslohn von 2000 € monatlich erhält im September eine Nachzahlung von 400 € für die Monate Januar bis August.
Von dem Monatslohn von 2000 € ist nach der maßgebenden Steuerklasse eine Lohnsteuer von 100 € einzubehalten. Von dem um die anteilige Nachzahlung erhöhten Monatslohn von 2050 € ist eine Lohnsteuer von 115 € einzubehalten. Auf die anteilige monatliche Nachzahlung von 50 € entfällt mithin eine Lohnsteuer von 15 €. Dieser Betrag, vervielfacht mit der Zahl der in Betracht kommenden Monate, ergibt dann die Lohnsteuer für die Nachzahlung (15 € × 8 =) 120 €.

R 39b.6 Einbehaltung der Lohnsteuer von sonstigen Bezügen

Allgemeines

(1) [1]Von einem sonstigen Bezug ist die Lohnsteuer stets in dem Zeitpunkt einzubehalten, in dem er zufließt. [2]Der Lohnsteuerermittlung sind die Lohnsteuerabzugsmerkmale zugrunde zu legen, die zum Ende des Kalendermonats des Zuflusses gelten. [3]Der maßgebende Arbeitslohn (§ 39b Abs. 3 EStG) kann nach Abzug eines Freibetrags auch negativ sein.

Voraussichtlicher Jahresarbeitslohn

(2) [1]Zur Ermittlung der von einem sonstigen Bezug einzubehaltenden Lohnsteuer ist jeweils der voraussichtliche Jahresarbeitslohn des Kalenderjahres zugrunde zu legen, in dem der sonstige Bezug dem Arbeitnehmer zufließt. [2]Dabei sind der laufende Arbeitslohn, der für die im Kalenderjahr bereits abgelaufenen Lohnzahlungszeiträume zugeflossen ist, und die in diesem Kalenderjahr bereits gezahlten sonstigen Bezüge mit dem laufenden Arbeitslohn zusammenzurechnen, der sich voraussichtlich für die Restzeit des Kalenderjahres ergibt. [3]Statt dessen kann der voraussichtlich für die Restzeit des Kalenderjahres zu zahlende laufende Arbeitslohn durch Umrechnung des bisher zugeflossenen laufenden Arbeitslohns ermittelt werden. [4]Künftige sonstige Bezüge, deren Zahlung bis zum Ablauf des Kalenderjahres zu erwarten ist, sind nicht zu erfassen.

Sonstige Bezüge nach Ende des Dienstverhältnisses

(3) [1]Werden sonstige Bezüge gezahlt, nachdem der Arbeitnehmer aus dem Dienstverhältnis ausgeschieden ist, sind der Lohnsteuerermittlung die Lohnsteuerabzugsmerkmale zugrunde zu legen, die zum Ende des Kalendermonats des Zuflusses gelten. [2]Der voraussichtliche Jahresarbeitslohn ist auf der Grundlage der Angaben des Arbeitnehmers zu ermitteln. [3]Macht der Arbeitnehmer keine Angaben, ist der beim bisherigen Arbeitgeber zugeflossene Arbeitslohn auf einen Jahresbetrag hochzurechnen. [4]Eine Hochrechnung ist nicht erforderlich, wenn mit dem Zufließen von weiterem Arbeitslohn im Laufe des Kalenderjahres, z. B. wegen Alters oder Erwerbsunfähigkeit, nicht zu rechnen ist.

Zusammentreffen regulär und ermäßigt besteuerter sonstiger Bezüge

(4) Trifft ein sonstiger Bezug im Sinne von § 39b Abs. 3 Satz 1 bis 7 EStG mit einem sonstigen Bezug i. S. d. § 39b Abs. 3 Satz 9 EStG zusammen, so ist zunächst die Lohnsteuer für den sonstigen Bezug im Sinne des § 39b Abs. 3 Satz 1 bis 7 EStG und danach die Lohnsteuer für den anderen sonstigen Bezug zu ermitteln.

Regulär zu besteuernde Entschädigungen

(5) [1]Liegen bei einer Entschädigung im Sinne des § 24 Nr. 1 EStG die Voraussetzungen für die Steuerermäßigung nach § 34 EStG nicht vor, ist die Entschädigung als regulär zu besteuernder sonstiger Bezug zu behandeln. [2]Es ist aus Vereinfachungsgründen nicht zu beanstanden, wenn dieser sonstige Bezug bei der Anwendung des § 39b Abs. 2 Satz 5 Nr. 3 Buchstabe a bis c EStG berücksichtigt wird.

H **39b.6**

Beispiele:

A. Berechnung des voraussichtlichen Jahresarbeitslohnes

Ein Arbeitgeber X zahlt im September einen sonstigen Bezug von 1200 € an einen Arbeitnehmer. Der Arbeitnehmer hat seinem Arbeitgeber zwei Ausdrucke der elektronischen Lohnsteuerbescheinigungen seiner vorigen Arbeitgeber vorgelegt:

a) Dienstverhältnis beim Arbeitgeber A vom 1.1. bis 31.3., Arbeitslohn	8400 €,
b) Dienstverhältnis beim Arbeitgeber B vom 1.5. bis 30.6., Arbeitslohn	4200 €.

Der Arbeitnehmer war im April arbeitslos. Beim Arbeitgeber X steht der Arbeitnehmer seit dem 1.7. in einem Dienstverhältnis; er hat für die Monate Juli und August ein Monatsgehalt von 2400 € bezogen, außerdem erhielt er am 20.8. einen sonstigen Bezug von 500 €. Vom ersten September an erhält er ein Monatsgehalt von 2800 € zuzüglich eines weiteren halben (13.) Monatsgehalts am 1.12.

Der vom Arbeitgeber im September zu ermittelnde voraussichtliche Jahresarbeitslohn (ohne den sonstigen Bezug, für den die Lohnsteuer ermittelt werden soll) beträgt hiernach:

Arbeitslohn 1.1. bis 30.6. (8400 € + 4200 €)	12 600 €
Arbeitslohn 1.7. bis 31.8. (2 × 2400 € + 500 €)	5 300 €
Arbeitslohn 1.9. bis 31.12. (voraussichtlich 4 × 2800 €)	11 200 €
	29 100 €

Das halbe 13. Monatsgehalt ist ein zukünftiger sonstiger Bezug und bleibt daher außer Betracht.

Abwandlung 1:

Legt der Arbeitnehmer seinem Arbeitgeber X zwar den Nachweis über seine Arbeitslosigkeit im April, nicht aber die Ausdrucke der elektronischen Lohnsteuerbescheinigungen der Arbeitgeber A und B vor, ergibt sich folgender voraussichtlicher Jahresarbeitslohn:

Arbeitslohn 1.1. bis 30.6. (5 × 2800 €)	14 000 €
Arbeitslohn 1.7. bis 31.8. (2 × 2400 € + 500 €)	5 300 €
Arbeitslohn 1.9. bis 31.12. (voraussichtlich 4 × 2800 €)	11 200 €
	30 500 €

Abwandlung 2:

Ist dem Arbeitgeber X nicht bekannt, dass der Arbeitnehmer im April arbeitslos war, ist der Arbeitslohn für die Monate Januar bis Juni mit 6 × 2800 € = 16 800 € zu berücksichtigen.

B. Berechnung des voraussichtlichen Jahresarbeitslohns bei Versorgungsbezügen i. V. m. einem sonstigen Bezug

Ein Arbeitgeber zahlt im April einem 65jährigen Arbeitnehmer einen sonstigen Bezug (Umsatzprovision für das vorangegangene Kalenderjahr) in Höhe von 5000 €. Der Arbeitnehmer ist am 28.2.2022 in den Ruhestand getreten. Der Arbeitslohn betrug bis dahin monatlich 2300 €. Seit dem 1.3.2022 erhält der Arbeitnehmer neben dem Altersruhegeld aus der gesetzlichen Rentenversicherung Versorgungsbezüge i. S. d. § 19 Abs. 2 EStG von monatlich 900 €. Außerdem hat das Finanzamt einen Jahresfreibetrag von 750 € festgesetzt.

Der maßgebende Jahresarbeitslohn, der zu versteuernde Teil des sonstigen Bezugs und die einzubehaltende Lohnsteuer sind wie folgt zu ermitteln:

I. Neben dem Arbeitslohn für die Zeit vom 1.1. bis 28.2. von (2 × 2300 € =)	4 600 €
gehören zum voraussichtlichen Jahresarbeitslohn die Versorgungsbezüge vom 1.3. an mit monatlich 900 €; voraussichtlich werden gezahlt (10 × 900 €)	9 000 €
Der voraussichtliche Jahresarbeitslohn beträgt somit	13 600 €

II. Vom voraussichtlichen Jahresarbeitslohn sind folgende Beträge abzuziehen (→ § 39b Abs. 3 Satz 3 EStG):	
a) der zeitanteilige Versorgungsfreibetrag und der Zuschlag zum Versorgungsfreibetrag, unabhängig von der Höhe der bisher berücksichtigten Freibeträge für Versorgungsbezüge (14,4 % von 10 800 €[1)] = 1555,20 €, höchstens 1080 € zuzüglich 324 € = 1404 €, davon $^{10}/_{12}$)	1170,00 €
b) der Altersentlastungsbetrag unabhängig von der Höhe des bisher berücksichtigten Betrags (14,4 % von 4600 € = 662,40 €, höchstens 684 €)	662,40 €
c) vom Finanzamt festgesetzter Freibetrag von jährlich	750,00 €
Gesamtabzugsbetrag somit	2 582,40 €
III. Der maßgebende Jahresarbeitslohn beträgt somit (13 600 € ./. 2582,40 €)	11017,60 €
IV. Von dem sonstigen Bezug in Höhe von	5 000 €
ist der Altersentlastungsbetrag in Höhe von 14,4 %, höchstens jedoch der Betrag, um den der Jahreshöchstbetrag von 684 € den bei Ermittlung des maßgebenden Jahresarbeitslohns abgezogenen Betrag überschreitet, abzuziehen	
V. (14,4 % von 5000 € = 720 €, höchstens 684 € abzüglich 662,40 €)	21,60 €
Der zu versteuernde Teil des sonstigen Bezugs beträgt somit	4 978,40 €
VI. Der maßgebende Jahresarbeitslohn einschließlich des sonstigen Bezugs beträgt somit (11 017,60 € + 4978,40 €)	15 996,00 €

C. Berechnung der Lohnsteuer beim gleichzeitigen Zufluss eines regulär und eines ermäßigt besteuerten sonstigen Bezugs

Ein Arbeitgeber zahlt seinem Arbeitnehmer, dessen Jahresarbeitslohn 40 000 € beträgt, im Dezember einen sonstigen Bezug (Weihnachtsgeld) in Höhe von 3000 € und daneben eine Jubiläumszuwendung von 2500 €, von dem die Lohnsteuer nach § 39b Abs. 3 Satz 9 i. V. m. § 34 EStG einzubehalten ist.

Die Lohnsteuer ist wie folgt zu ermitteln:

		darauf entfallende Lohnsteuer		
Jahresarbeitslohn	40 000 €	9 000 €		
zzgl. Weihnachtsgeld	3 000 €			
	43 000 €	10 000 € =	LSt auf das Weihnachtsgeld	1000 €
zzgl. $^1/_5$ der Jubiläumszuwendung	500 €			
	43 500 €	10 150 € =	LSt auf $^1/_5$ der Jubiläumszuwendung = 150 € × 5	750 €
			LSt auf beide sonstigen Bezüge =	1750 €

D. Berechnung der Lohnsteuer bei einem ermäßigt besteuerten sonstigen Bezug im Zusammenspiel mit einem Freibetrag

Ein Arbeitgeber zahlt seinem ledigen Arbeitnehmer, dessen Jahresarbeitslohn 78 000 € beträgt, im Dezember eine steuerpflichtige Abfindung von 62 000 €, von der die Lohnsteuer nach § 39b Abs. 3 Satz 9 i. V. m. § 34 EStG einzubehalten ist. Das Finanzamt hat einen Freibetrag (Verlust V+V) i. H. v. 80 000 € festgesetzt.

---

1) **[Amtl. Anm.:]** Maßgebend ist der erste Versorgungsbezug (900 €) × 12 Monate, → § 19 Abs. 2 Satz 4 EStG.

Die Lohnsteuer ist wie folgt zu ermitteln:

Jahresarbeitslohn	78 000 €
abzüglich Freibetrag	80 000 €
	./. 2 000 €
zuzüglich Abfindung	62 000 €
Zwischensumme	60 000 €
Davon 1/5	12 000 €
darauf entfallende Lohnsteuer	200 €
Lohnsteuer auf die Abfindung (5 × 200 €)	1 000 €

Fünftelungsregelung.

– → BMF vom 1.11.2013 (BStBl. I S. 1326), geändert durch BMF vom 4.3.2016 (BStBl. I S. 277).

– Die Fünftelungsregelung ist nicht anzuwenden, wenn sie zu einer höheren Steuer führt als die Besteuerung als nicht begünstigter sonstiger Bezug (→ BMF vom 10.1.2000 – BStBl. I S. 138).

– Bei Jubiläumszuwendungen kann der Arbeitgeber im Lohnsteuerabzugsverfahren eine Zusammenballung unterstellen, wenn die Zuwendung an einen Arbeitnehmer gezahlt wird, der voraussichtlich bis Ende des Kalenderjahres nicht aus dem Dienstverhältnis ausscheidet (→ BMF vom 10.1.2000 – BStBl. I S. 138).

– Bei Aktienoptionsprogrammen kann die Fünftelungsregelung angewendet werden, wenn die Laufzeit zwischen Einräumung und Ausübung der Optionsrechte mehr als 12 Monate beträgt und der Arbeitnehmer in dieser Zeit auch bei seinem Arbeitgeber beschäftigt ist. Dies gilt auch dann, wenn dem Arbeitnehmer wiederholt Aktienoptionen eingeräumt worden sind und die jeweilige Option nicht in vollem Umfang in einem Kalenderjahr ausgeübt worden ist (→ BFH vom 18.12.2007 – BStBl. 2008 II S. 294).

Regelmäßig wiederkehrende Einnahmen. Nach § 11 Abs. 1 Satz 2 EStG gelten regelmäßig wiederkehrende Einnahmen, die dem Stpfl. kurze Zeit vor Beginn oder kurze Zeit nach Beendigung des Kalenderjahres zugeflossen sind, als in dem Kalenderjahr bezogen, zu dem sie wirtschaftlich gehören. Diese Regelung ist auf sonstige Bezüge nicht anwendbar (→ BFH vom 24.8.2017 – BStBl. 2018 II S. 72).

Vergütung für eine mehrjährige Tätigkeit. → R 34.4 EStR, H 34.4 EStH.[1]

Wechsel der Art der Steuerpflicht. Bei der Berechnung der Lohnsteuer für einen sonstigen Bezug, der einem (ehemaligen) Arbeitnehmer nach einem Wechsel von der unbeschränkten in die beschränkte Steuerpflicht in diesem Kalenderjahr zufließt, ist der während der Zeit der unbeschränkten Steuerpflicht gezahlte Arbeitslohn im Jahresarbeitslohn zu berücksichtigen (→ BFH vom 25.8.2009 – BStBl. 2010 II S. 150).

R 39b.7 *(unbesetzt)*

[1] Nr. **1**.

H **39b.7**

Ermittlung der Vorsorgepauschale im Lohnsteuerabzugsverfahren. → BMF vom 26.11.2013 (BStBl. I S. 1532).

R **39b.8 Permanenter Lohnsteuer-Jahresausgleich**[1)]

[1]Nach § 39b Abs. 2 Satz 12 EStG darf das Betriebsstättenfinanzamt zulassen, dass die Lohnsteuer nach dem voraussichtlichen Jahresarbeitslohn ermittelt wird (so genannter permanenter Lohnsteuer-Jahresausgleich). [2]Voraussetzung für den permanenten Lohnsteuer-Jahresausgleich ist, dass

1. der Arbeitnehmer *unbeschränkt einkommensteuerpflichtig* ist,[2)]
2. der Arbeitnehmer seit Beginn des Kalenderjahres ständig in einem Dienstverhältnis gestanden hat,[3)]
3. die zutreffende Jahreslohnsteuer (→ § 38a Abs. 2 EStG) nicht unterschritten wird,
4. bei der Lohnsteuerberechnung kein Freibetrag oder Hinzurechnungsbetrag zu berücksichtigen war,
5. das Faktorverfahren nicht angewandt wurde,
6. der Arbeitnehmer kein Kurzarbeitergeld einschl. Saison-Kurzarbeitergeld, keinen Zuschuss zum Mutterschaftsgeld nach dem Mutterschutzgesetz oder § 3 der Mutterschutz- und Elternzeitverordnung oder einer entsprechenden Landesregelung, keine Entschädigung für Verdienstausfall nach dem Infektionsschutzgesetz, keine Aufstockungsbeträge nach dem AltTZG und keine Zuschläge auf Grund § 6 Abs. 2 des Bundesbesoldungsgesetzes (BBesG) bezogen hat,
7. im Lohnkonto oder in der Lohnsteuerbescheinigung kein Großbuchstabe U eingetragen ist,
8. im Kalenderjahr im Rahmen der Vorsorgepauschale jeweils nicht nur zeitweise Beträge nach § 39b Abs. 2 Satz 5 Nr. 3 Buchstabe a bis d EStG oder der Beitragszuschlag nach § 39b Abs. 2 Satz 5 Nr. 3 Buchstabe c EStG berücksichtigt wurden und – bezogen auf den Teilbetrag der Vorsorgepauschale für die Rentenversicherung – der Arbeitnehmer innerhalb des Kalenderjahres durchgängig zum Anwendungsbereich nur einer Beitragsbemessungsgrenze (West oder Ost) gehörte und – bezogen auf den Teilbetrag der Vorsorgepauschale für die Rentenversicherung oder die gesetzliche Kranken- und soziale Pflegeversicherung – innerhalb des Kalenderjahres durchgängig ein Beitragssatz anzuwenden war,
9. der Arbeitnehmer keinen Arbeitslohn bezogen hat, der nach einem Doppelbesteuerungsabkommen oder nach dem Auslandstätigkeitserlass von der deutschen Lohnsteuer freigestellt ist.

---

1) **[Amtl. Anm.:]** Zum permanenten Lohnsteuer-Jahresausgleich bei kurzfristig Beschäftigten in Steuerklasse VI siehe § 39b Abs. 2 Satz 13 ff. EStG.

2) **[Amtl. Anm.:]** Der Lohnsteuer-Jahresausgleich ist auch für beschränkt steuerpflichtige Arbeitnehmer zulässig → § 42b Abs. 1 Satz 1 EStG.

3) Permanenter LSt-Jahresausgleich nur bei Bestehen eines durchgängigen Dienstverhältnisses zu demselben Arbeitgeber seit Beginn des Kj., siehe R 42b Abs. 1 Nr. 1 LStR.

[3] Auf die Steuerklasse des Arbeitnehmers kommt es nicht an. [4] Sind die in Satz 2 bezeichneten Voraussetzungen erfüllt, so gilt die Genehmigung des Betriebsstättenfinanzamts grundsätzlich als erteilt, wenn sie nicht im Einzelfall widerrufen wird. [5] Die besondere Lohnsteuerermittlung nach dem voraussichtlichen Jahresarbeitslohn beschränkt sich im Übrigen auf den laufenden Arbeitslohn; für die Lohnsteuerermittlung von sonstigen Bezügen sind stets § 39b Abs. 3 EStG und R 39b.6 anzuwenden. [6] Zur Anwendung des besonderen Verfahrens ist nach Ablauf eines jeden Lohnzahlungszeitraums oder – in den Fällen des § 39b Abs. 5 EStG – Lohnabrechnungszeitraums der laufende Arbeitslohn der abgelaufenen Lohnzahlungs- oder Lohnabrechnungszeiträume auf einen Jahresbetrag hochzurechnen, z. B. der laufende Arbeitslohn für die Monate Januar bis April × 3. [7] Von dem Jahresbetrag sind die Freibeträge für Versorgungsbezüge (→ § 19 Abs. 2 EStG) und der Altersentlastungsbetrag (→ § 24a EStG) abzuziehen, wenn die Voraussetzungen für den Abzug jeweils erfüllt sind. [8] Für den verbleibenden Jahreslohn ist die Jahreslohnsteuer zu ermitteln. [9] Dabei ist die für den Lohnzahlungszeitraum geltende Steuerklasse maßgebend. [10] Sodann ist der Teilbetrag der Jahreslohnsteuer zu ermitteln, der auf die abgelaufenen Lohnzahlungs- oder Lohnabrechnungszeiträume entfällt. [11] Von diesem Steuerbetrag ist die Lohnsteuer abzuziehen, die von dem laufenden Arbeitslohn der abgelaufenen Lohnzahlungs- oder Lohnabrechnungszeiträume bereits erhoben worden ist; der Restbetrag ist die Lohnsteuer, die für den zuletzt abgelaufenen Lohnzahlungs- oder Lohnabrechnungszeitraum zu erheben ist. [12] In den Fällen, in denen die maßgebende Steuerklasse während des Kalenderjahres gewechselt hat, ist anstelle der Lohnsteuer, die vom laufenden Arbeitslohn der abgelaufenen Lohnzahlungs- oder Lohnabrechnungszeiträume erhoben worden ist, die Lohnsteuer abzuziehen, die nach der zuletzt maßgebenden Steuerklasse vom laufenden Arbeitslohn bis zum vorletzten abgelaufenen Lohnzahlungs- oder Lohnabrechnungszeitraum zu erheben gewesen wäre.

R **39b.9** Besteuerung des Nettolohns

(1) [1] Will der Arbeitgeber auf Grund einer Nettolohnvereinbarung die auf den Arbeitslohn entfallende Lohnsteuer, den Solidaritätszuschlag, die Kirchensteuer und den Arbeitnehmeranteil am Gesamtsozialversicherungsbeitrag selbst tragen, sind die von ihm übernommenen Abzugsbeträge Teile des Arbeitslohns, die dem Nettolohn zur Steuerermittlung hinzugerechnet werden müssen. [2] Die Lohnsteuer ist aus dem Bruttoarbeitslohn zu berechnen, der nach Minderung um die übernommenen Abzugsbeträge den Nettolohn ergibt. [3] Dies gilt sinngemäß, wenn der Arbeitgeber nicht alle Abzugsbeträge übernehmen will. [4] Ein beim Lohnsteuerabzug zu berücksichtigender Freibetrag, die Freibeträge für Versorgungsbezüge, der Altersentlastungsbetrag und ein Hinzurechnungsbetrag sind beim Bruttoarbeitslohn zu berücksichtigen. [5] Führen mehrere Bruttoarbeitslöhne zum gewünschten Nettolohn, kann der niedrigste Bruttoarbeitslohn zugrunde gelegt werden.

(2) [1] Sonstige Bezüge, die netto gezahlt werden, z. B. Nettogratifikationen, sind nach § 39b Abs. 3 EStG zu besteuern. [2] R 39b.6 ist mit der Maßgabe anzuwenden, dass bei der Ermittlung des maßgebenden Jahresarbeitslohns der

voraussichtliche laufende Jahresarbeitslohn und frühere, netto gezahlte sonstige Bezüge mit den entsprechenden Bruttobeträgen nach Absatz 1 anzusetzen sind. [3]Diese Bruttobeträge sind auch bei späterer Zahlung sonstiger Bezüge im selben Kalenderjahr bei der Ermittlung des maßgebenden Jahresarbeitslohns zugrunde zu legen.

(3) [1]Bei der manuellen Berechnung der Lohnsteuer anhand von Lohnsteuertabellen wird eine Nettolohnvereinbarung mit steuerlicher Wirkung nur anerkannt, wenn sich gegenüber der maschinellen Lohnsteuerberechnung keine Abweichungen ergeben. [2]Geringfügige Abweichungen auf Grund des Lohnstufenabstands (§ 51 Abs. 4 Nr. 1a EStG) sind hier jedoch unbeachtlich.

(4) Im Lohnkonto und in den Lohnsteuerbescheinigungen sind die nach den Absätzen 1 und 2 ermittelten Bruttoarbeitslöhne anzugeben.

H **39b.9**

Anerkennung einer Nettolohnvereinbarung. Eine Nettolohnvereinbarung mit steuerlicher Wirkung kann nur bei einwandfreier Gestaltung anerkannt werden (→ BFH vom 18.1.1957 – BStBl. III S. 116, vom 18.5.1972 – BStBl. II S. 816, vom 12.12.1979 – BStBl. 1980 II S. 257 und vom 28.2.1992 – BStBl. II S. 733).

Einkommensteuernachzahlung bei Nettolohnvereinbarung. Leistet der Arbeitgeber bei einer Nettolohnvereinbarung für den Arbeitnehmer eine Einkommensteuernachzahlung für einen vorangegangenen VZ, wendet er dem Arbeitnehmer Arbeitslohn zu, der dem Arbeitnehmer als sonstiger Bezug im Zeitpunkt der Zahlung zufließt. Der in der Tilgung der persönlichen Einkommensteuerschuld des Arbeitnehmers durch den Arbeitgeber liegende Vorteil unterliegt der Einkommensteuer. Er ist deshalb auf einen Bruttobetrag hochzurechnen (→ BFH vom 3.9.2015 – BStBl. 2016 II S. 31).

Finanzrechtsweg bei Nettolohnvereinbarung. Bei einer Nettolohnvereinbarung ist für Streitigkeiten über die Höhe des in der Lohnsteuerbescheinigung auszuweisenden Bruttoarbeitslohns der Finanzrechtsweg nicht gegeben. Ein unzutreffender Lohnsteuerabzug kann durch Einwendungen gegen die Lohnsteuerbescheinigung nicht berichtigt werden (→ BFH vom 13.12.2007 – BStBl. 2008 II S. 434).

Steuerschuldner bei Nettolohnvereinbarung bleibt der Arbeitnehmer (→ BFH vom 19.12.1960 – BStBl. 1961 III S. 170).

R **39b.10 Anwendung von Doppelbesteuerungsabkommen**

[1]Ist die Steuerbefreiung nach einem Doppelbesteuerungsabkommen antragsunabhängig, hat das Betriebsstättenfinanzamt gleichwohl auf Antrag eine Freistellungsbescheinigung zu erteilen. [2]Das Finanzamt hat in der Bescheinigung den Zeitraum anzugeben, für den sie gilt. [3]Dieser Zeitraum darf grundsätzlich 3 Jahre nicht überschreiten und soll mit Ablauf eines Kalenderjahres enden. [4]Die Bescheinigung ist vom Arbeitgeber als Beleg zum Lohnkonto

aufzubewahren. [5]Der Verzicht auf den Lohnsteuerabzug schließt die Berücksichtigung des Progressionsvorbehalts (→ § 32b EStG) bei einer Veranlagung des Arbeitnehmers zur Einkommensteuer nicht aus. [6]Die Nachweispflicht nach § 50d Abs. 8 EStG betrifft nicht das Lohnsteuerabzugsverfahren.

H 39b.10

Abfindungen. → § 50d Abs. 12 EStG; → BMF vom 3.5.2018 (BStBl. I S. 643), Tz. 5.5.5 (Rn. 220 ff.).

Antragsabhängige Steuerbefreiung nach DBA. Der Lohnsteuerabzug darf nur dann unterbleiben, wenn das Betriebsstättenfinanzamt bescheinigt, dass der Arbeitslohn nicht der deutschen Lohnsteuer unterliegt (→ BFH vom 10.5.1989 – BStBl. II S. 755).

Anwendung der 183-Tage-Klausel. → BMF vom 3.5.2018 (BStBl. I S. 643), Tz. 4 (Rn. 80 ff.).

Aufteilung des Arbeitslohns. → BMF vom 14.3.2017 (BStBl. I S. 473) zur Ermittlung des steuerfreien und steuerpflichtigen Arbeitslohns nach den DBA und dem Auslandstätigkeitserlass.[1]

Doppelbesteuerungsabkommen. Stand 1.1.2021 → BMF vom 18.2.2021 (BStBl. I S. 295); Stand 1.1.2022 → BMF vom 19.1.2022 (BStBl. I S. 147).

EU-Tagegeld. → BMF vom 12.4.2006 (BStBl. I S. 340).

Gastlehrkräfte. → BMF vom 10.1.1994 (BStBl. I S. 14).

Organe einer Kapitalgesellschaft. → BMF vom 3.5.2018 (BStBl. I S. 643), Tz. 6.1 (Rn. 307 ff.).

Rückfallklausel. Die Rückfallklausel nach § 50d Abs. 8 EStG ist für das Lohnsteuerabzugsverfahren und die Fälle des Auslandstätigkeitserlasses nicht anzuwenden (→ BMF vom 3.5.2018 – BStBl. I S. 643, Rn. 49). Das gilt auch für die Anwendung des § 50d Abs. 9 EStG (→ BMF vom 14.3.2017 – BStBl. I S. 473, Rdnr. 27).

Steuerabzugsrecht trotz DBA. Nach Art. 29 Abs. 1 DBA-USA wird das deutsche Recht zur Vornahme des Lohnsteuerabzugs nach innerstaatlichem Recht nicht berührt. Gemäß Art. 29 Abs. 2 DBA-USA ist die im Abzugsweg erhobene Steuer auf Antrag zu erstatten (→ H 41c.1 Erstattungsantrag), soweit das DBA-USA ihre Erhebung einschränkt. Daher kann der Arbeitgeber ohne eine Freistellungsbescheinigung des Betriebsstättenfinanzamts nicht vom Steuereinbehalt absehen. Das gilt entsprechend für alle anderen DBA, die vergleichbare Regelungen enthalten (→ BMF vom 25.6.2012 – BStBl. I S. 692).[2]

---

[1] BMF v. 31.10.1983, BStBl. I 1983, 470, geänd. durch BMF v. 14.3.2017, BStBl. I 2017, 473. Zur öffentlichen Kasse i. S. d. des Auslandstätigkeitserlasses siehe BMF v. 13.11.2019, BStBl. I 2019, 1082, Rz. 22.

[2] **Doppelbesteuerungsabkommen USA** Nr. **15.1.**

Zu § 39c EStG

R 39c. Lohnsteuerabzug durch Dritte ohne Lohnsteuerabzugsmerkmale

[1] Ist ein Dritter zum Lohnsteuerabzug verpflichtet, weil er tarifvertragliche Ansprüche eines Arbeitnehmers eines anderen Arbeitgebers unmittelbar zu erfüllen hat (§ 38 Abs. 3a Satz 1 EStG), kann der Dritte die Lohnsteuer für einen sonstigen Bezug unter den Voraussetzungen des § 39c Abs. 3 EStG mit 20% unabhängig von den für den Arbeitnehmer geltenden Lohnsteuerabzugsmerkmalen ermitteln. [2] Es handelt sich dabei nicht um eine pauschale Lohnsteuer i. S. d. §§ 40 ff. EStG. [3] Schuldner der Lohnsteuer bleibt im Falle des § 39c Abs. 3 EStG der Arbeitnehmer. [4] Der versteuerte Arbeitslohn ist im Rahmen einer Einkommensteuerveranlagung des Arbeitnehmers zu erfassen und die pauschal erhobene Lohnsteuer auf die Einkommensteuerschuld anzurechnen. [5] Der Dritte hat daher dem Arbeitnehmer eine Lohnsteuerbescheinigung auszustellen und die einbehaltene Lohnsteuer zu bescheinigen (§ 41b EStG).

H 39c

Fehlerhafte Bescheinigung. → H 41c.3 (Einzelfälle).

Lohnsteuer-Ermäßigungsverfahren. Im Lohnsteuer-Ermäßigungsverfahren kann auf die Bestätigung der ausländischen Steuerbehörde in der Anlage Grenzpendler EU/EWR bzw. Anlage Grenzpendler außerhalb EU/EWR verzichtet werden, wenn für einen der beiden vorangegangenen Veranlagungszeiträume bereits eine von der ausländischen Steuerbehörde bestätigte Anlage vorliegt und sich die Verhältnisse nach Angaben des Steuerpflichtigen nicht geändert haben (→ BMF vom 25.11.1999 – BStBl. I S. 990).[1)]

Zu § 39d EStG[2)]

R 39d. Durchführung des Lohnsteuerabzugs für beschränkt einkommensteuerpflichtige Arbeitnehmer *(unbesetzt)*

Zu § 39e EStG

H 39e

Allgemeines.

Elektronische Lohnsteuerabzugsmerkmale (ELStAM);

– Lohnsteuerabzug im Verfahren der elektronischen Lohnsteuerabzugsmerkmale → BMF vom 8.11.2018 (BStBl. I S. 1137);
– Abruf der Lohnsteuerabzugsmerkmale im ELStAM-Verfahren für gemäß § 1 Abs. 4 EStG beschränkt einkommensteuerpflichtige Arbeitnehmer ab dem 1.1.2020 → BMF vom 7.11.2019 (BStBl. I S. 1087).

Antragsfrist. → R 39.3 Satz 1.

---

1) Die LStH geben hier bereits die Regelung des BMF-Schreibens wieder.

2) § 39d EStG aufgeh. mWv 1.1.2012 durch BeitrRLUmsG v. 7.12.2011, BGBl. I 2011, 2592.

Zu § 40 EStG

R 40.1 Bemessung der Lohnsteuer nach besonderen Pauschsteuersätzen (§ 40 Abs. 1 EStG)

Größere Zahl von Fällen

(1) [1]Eine größere Zahl von Fällen ist ohne weitere Prüfung anzunehmen, wenn gleichzeitig mindestens 20 Arbeitnehmer in die Pauschalbesteuerung einbezogen werden. [2]Wird ein Antrag auf Lohnsteuerpauschalierung für weniger als 20 Arbeitnehmer gestellt, so kann unter Berücksichtigung der besonderen Verhältnisse des Arbeitgebers und der mit der Pauschalbesteuerung angestrebten Vereinfachung eine größere Zahl von Fällen auch bei weniger als 20 Arbeitnehmern angenommen werden.

Beachtung der Pauschalierungsgrenze

(2) [1]Der Arbeitgeber hat anhand der Aufzeichnungen im Lohnkonto (→ § 4 Abs. 2 Nr. 8 Satz 1 LStDV) vor jedem Pauschalierungsantrag zu prüfen, ob die Summe aus den im laufenden Kalenderjahr bereits gezahlten sonstigen Bezügen, für die die Lohnsteuer mit einem besonderen Steuersatz erhoben worden ist, und aus dem sonstigen Bezug, der nunmehr an den einzelnen Arbeitnehmer gezahlt werden soll, die Pauschalierungsgrenze nach § 40 Abs. 1 Satz 3 EStG übersteigt. [2]Wird diese Pauschalierungsgrenze durch den sonstigen Bezug überschritten, ist der übersteigende Teil nach § 39b Abs. 3 EStG zu besteuern. [3]Hat der Arbeitgeber die Pauschalierungsgrenze mehrfach nicht beachtet, sind Anträge auf Lohnsteuerpauschalierung nach § 40 Abs. 1 Satz 1 Nr. 2 EStG nicht zu genehmigen.

Berechnung des durchschnittlichen Steuersatzes

(3) [1]Die Verpflichtung, den durchschnittlichen Steuersatz zu errechnen, kann der Arbeitgeber dadurch erfüllen, dass er

1. den Durchschnittsbetrag der pauschal zu versteuernden Bezüge,
2. die Zahl der betroffenen Arbeitnehmer nach Steuerklassen getrennt in folgenden drei Gruppen:
   a) Arbeitnehmer in den Steuerklassen I, II und IV,
   b) Arbeitnehmer in der Steuerklasse III und
   c) Arbeitnehmer in den Steuerklassen V und VI sowie
3. die Summe der Jahresarbeitslöhne der betroffenen Arbeitnehmer, gemindert um die nach § 39b Abs. 3 Satz 3 EStG abziehbaren Freibeträge und den Entlastungsbetrag für Alleinerziehende bei der Steuerklasse II,[1)] erhöht um den Hinzurechnungsbetrag,

ermittelt. [2]Hierbei kann aus Vereinfachungsgründen davon ausgegangen werden, dass die betroffenen Arbeitnehmer in allen Zweigen der Sozialversicherung versichert sind und keinen Beitragszuschlag für Kinderlose (§ 55 Abs. 3

[1)] **[Amtl. Anm.:]** Ab 2022 = 4008 Euro (ohne Erhöhungsbeträge für weitere Kinder).

SGB XI) leisten; die individuellen Verhältnisse auf Grund des Faktorverfahrens nach § 39f EStG bleiben unberücksichtigt. [3]Außerdem kann für die Ermittlungen nach Satz 1 Nr. 2 und 3 eine repräsentative Auswahl der betroffenen Arbeitnehmer zugrunde gelegt werden. [4]Zur Festsetzung eines Pauschsteuersatzes für das laufende Kalenderjahr können für die Ermittlung nach Satz 1 Nr. 3 auch die Verhältnisse des Vorjahrs zugrunde gelegt werden. [5]Aus dem nach Satz 1 Nr. 3 ermittelten Betrag hat der Arbeitgeber den durchschnittlichen Jahresarbeitslohn der erfassten Arbeitnehmer zu berechnen. [6]Für jede der in Satz 1 Nr. 2 bezeichneten Gruppen hat der Arbeitgeber so dann den Steuerbetrag zu ermitteln, dem der Durchschnittsbetrag der pauschal zu versteuernden Bezüge unterliegt, wenn er dem durchschnittlichen Jahresarbeitslohn hinzugerechnet wird. [7]Dabei ist für die Gruppe nach Satz 1 Nr. 2 Buchstabe a die Steuerklasse I, für die Gruppe nach Satz 1 Nr. 2 Buchstabe b die Steuerklasse III und für die Gruppe nach Satz 1 Nr. 2 Buchstabe c die Steuerklasse V maßgebend; der Durchschnittsbetrag der pauschal zu besteuernden Bezüge ist auf den nächsten durch 216 ohne Rest teilbaren Euro-Betrag aufzurunden. [8]Durch Multiplikation der Steuerbeträge mit der Zahl der in der entsprechenden Gruppe erfassten Arbeitnehmer und Division der sich hiernach ergebenden Summe der Steuerbeträge durch die Gesamtzahl der Arbeitnehmer und den Durchschnittsbetrag der pauschal zu besteuernden Bezüge ist hiernach die durchschnittliche Steuerbelastung zu berechnen, der die pauschal zu besteuernden Bezüge unterliegen. [9]Das Finanzamt hat den Pauschsteuersatz nach dieser Steuerbelastung so zu berechnen, dass unter Berücksichtigung der Übernahme der pauschalen Lohnsteuer durch den Arbeitgeber insgesamt nicht zu wenig Lohnsteuer erhoben wird. [10]Die Prozentsätze der durchschnittlichen Steuerbelastung und des Pauschsteuersatzes sind mit einer Dezimalstelle anzusetzen, die nachfolgenden Dezimalstellen sind fortzulassen.

H 40.1

Berechnung des durchschnittlichen Steuersatzes. Die in R 40.1 Abs. 3 dargestellte Berechnung des durchschnittlichen Steuersatzes ist nicht zu beanstanden (→ BFH vom 11.3.1988 – BStBl. II S. 726). Kinderfreibeträge sind nicht zu berücksichtigen (→ BFH vom 26.7.2007 – BStBl. II S. 844).

Beispiel:

1. Der Arbeitgeber ermittelt für rentenversicherungspflichtige Arbeitnehmer
   a) den durchschnittlichen Betrag der pauschal zu besteuernden Bezüge mit 550 €,
   b) die Zahl der betroffenen Arbeitnehmer
      – in den Steuerklassen I, II und IV mit 20,
      – in der Steuerklasse III mit 12 und
      – in den Steuerklassen V und VI mit 3,
   c) die Summe der Jahresarbeitslöhne der betroffenen Arbeitnehmer nach Abzug aller Freibeträge mit 610 190 €; dies ergibt einen durchschnittlichen Jahresarbeitslohn von (610 190 € : 35 =) 17 434 €.
2. Die Erhöhung des durchschnittlichen Jahresarbeitslohns um den auf 648 € aufgerundeten Durchschnittsbetrag (→ R 40.1 Abs. 3 Satz 7 zweiter Halbsatz) der pauschal zu besteuernden Bezüge ergibt für diesen Betrag folgende Jahreslohnsteuerbeträge:
   – in der Steuerklasse I = 160 €,
   – in der Steuerklasse III = 80 €,
   – in der Steuerklasse V = 180 €.

3. Die durchschnittliche Steuerbelastung der pauschal zu besteuernden Bezüge ist hiernach wie folgt zu berechnen:

$$\frac{20 \times 160 + 12 \times 80 + 3 \times 180}{35 \times 648} = 20{,}7\,\%.$$

4. Der Pauschsteuersatz beträgt demnach

$$\frac{100 \times 20{,}7\,\%}{100 - 20{,}7} = 26{,}1\,\%.$$

Bindung des Arbeitgebers an den Pauschalierungsbescheid. Der Arbeitgeber ist an seinen rechtswirksam gestellten Antrag auf Pauschalierung der Lohnsteuer gebunden, sobald der Lohnsteuer-Pauschalierungsbescheid wirksam wird (→ BFH vom 5.3.1993 – BStBl. II S. 692).

Bindung des Finanzamts an den Pauschalierungsbescheid. Wird auf den Einspruch des Arbeitgebers ein gegen ihn ergangener Lohnsteuer-Pauschalierungsbescheid aufgehoben, so kann der dort berücksichtigte Arbeitslohn bei der Veranlagung des Arbeitnehmers erfasst werden (→ BFH vom 18.1.1991 – BStBl. II S. 309).

Bindung des Finanzamts an eine Anrufungsauskunft. Hat der Arbeitgeber eine Anrufungsauskunft eingeholt und ist er danach verfahren, ist das Betriebsstättenfinanzamt im Lohnsteuer-Abzugsverfahren daran gebunden. Eine Nacherhebung der Lohnsteuer ist auch dann nicht zulässig, wenn der Arbeitgeber nach einer Lohnsteuer-Außenprüfung einer Pauschalierung nach § 40 Abs. 1 Satz 1 Nr. 2 EStG zugestimmt hat (→ BFH vom 16.11.2005 – BStBl. 2006 II S. 210).

Entstehung der pauschalen Lohnsteuer. In den Fällen des § 40 Abs. 1 Satz 1 Nr. 2 EStG ist der geldwerte Vorteil aus der Steuerübernahme des Arbeitgebers nicht nach den Verhältnissen im Zeitpunkt der Steuernachforderung zu versteuern. Vielmehr muss der für die pauschalierten Löhne nach den Verhältnissen der jeweiligen Zuflussjahre errechnete Bruttosteuersatz (→ Beispiel Nr. 1 bis 3) jeweils auf den Nettosteuersatz (→ Beispiel Nr. 4) der Jahre hochgerechnet werden, in denen die pauschalierten Löhne zugeflossen sind und in denen die pauschale Lohnsteuer entsteht (→ BFH vom 6.5.1994 – BStBl. II S. 715).

Kirchensteuer bei Pauschalierung der Lohn- und Einkommensteuer. → Gleich lautende Ländererlasse vom 8.8.2016 (BStBl. I S. 773).

Pauschalierungsantrag. Derjenige, der für den Arbeitgeber im Rahmen der Lohnsteuer-Außenprüfung auftritt, ist in der Regel dazu befugt, einen Antrag auf Lohnsteuer-Pauschalierung zu stellen (→ BFH vom 10.10.2002 – BStBl. 2003 II S. 156).

Pauschalierungsbescheid. Die pauschalen Steuerbeträge sind im Pauschalierungsbescheid auf die einzelnen Jahre aufzuteilen (→ BFH vom 18.7.1985 – BStBl. 1986 II S. 152).

Pauschalierungsvoraussetzungen. Die pauschalierte Lohnsteuer darf nur für solche Einkünfte aus nichtselbstständiger Arbeit erhoben werden, die dem Lohnsteuerabzug unterliegen, wenn der Arbeitgeber keinen Pauschalierungsantrag gestellt hätte (→ BFH vom 10.5.2006 – BStBl. II S. 669).

Wirkung einer fehlerhaften Pauschalbesteuerung. Eine fehlerhafte Pauschalbesteuerung ist für die Veranlagung zur Einkommensteuer nicht bindend (→ BFH vom 10.6.1988 – BStBl. II S. 981).

R 40.2 Bemessung der Lohnsteuer nach einem festen Pauschsteuersatz (§ 40 Abs. 2 EStG)

Allgemeines

(1) Die Lohnsteuer kann mit einem Pauschsteuersatz von 25% erhoben werden

1. nach § 40 Abs. 2 Satz 1 Nr. 1 EStG für den Unterschiedsbetrag zwischen dem amtlichen Sachbezugswert und dem niedrigeren Entgelt, das der Arbeitnehmer für die Mahlzeiten entrichtet (→ R 8.1 Abs. 7 Nr. 1 bis 3); gegebenenfalls ist der nach R 8.1 Abs. 7 Nr. 5 ermittelte Durchschnittswert der Besteuerung zugrunde zu legen. [2]Bei der Ausgabe von Essenmarken ist die Pauschalversteuerung nur zulässig, wenn die Mahlzeit mit dem maßgebenden Sachbezugswert zu bewerten ist (→ R 8.1 Abs. 7 Nr. 4 Buchstabe a) oder der Verrechnungswert der Essenmarke nach R 8.1 Abs. 7 Nr. 4 Buchstabe b anzusetzen ist;

1a. nach § 40 Abs. 2 Satz 1 Nr. 1a EStG für Mahlzeiten, die der Arbeitgeber oder auf seine Veranlassung ein Dritter den Arbeitnehmern bei einer Auswärtstätigkeit zur Verfügung stellt, wenn die Mahlzeit mit dem Sachbezugswert anzusetzen ist, z. B., weil die Abwesenheit von mehr als 8 Stunden nicht erreicht oder nicht dokumentiert wird (eintägige Auswärtstätigkeit) oder der Dreimonatszeitraum abgelaufen ist;

2. *nach § 40 Abs. 2 Satz 1 Nr. 2 EStG für Zuwendungen bei Betriebsveranstaltungen, wenn die Betriebsveranstaltung oder die Zuwendung nicht üblich ist (→ R 19.5);*[1)]

3. nach § 40 Abs. 2 Satz 1 Nr. 3 EStG für Erholungsbeihilfen, soweit sie nicht ausnahmsweise als steuerfreie Unterstützungen anzusehen sind und wenn sie nicht die in § 40 Abs. 2 Satz 1 Nr. 3 EStG genannten Grenzen übersteigen;

4. nach § 40 Abs. 2 Satz 1 Nr. 4 EStG für Vergütungen für Verpflegungsmehraufwendungen, die anlässlich einer Auswärtstätigkeit mit einer Abwesenheitsdauer von mehr als 8 Stunden oder für den An- und Abreisetag einer mehrtägigen Auswärtstätigkeit mit Übernachtung gezahlt werden, soweit die Vergütungen die in § 9 Abs. 4a Satz 3 bis 6 EStG bezeichneten ungekürzten Pauschbeträge um nicht mehr als 100% übersteigen; die Pauschalversteuerung gilt nicht für die Erstattung von Verpflegungsmehraufwendungen wegen einer doppelten Haushaltsführung;

5. nach § 40 Abs. 2 Satz 1 Nr. 5 EStG für zusätzlich zum ohnehin geschuldeten Arbeitslohn unentgeltlich oder verbilligt übereignete Datenverarbeitungsgeräte, Zubehör und Internetzugang sowie für zusätzlich zum ohnehin geschuldeten Arbeitslohn gezahlte Zuschüsse des Arbeitgebers zu den Aufwendungen des Arbeitnehmers für die Internetnutzung.

---

1) **[Amtl. Anm.:]** Überholt durch BMF v. 14.10.2015 (BStBl. I S. 832), Tz. 5.

Verhältnis zur Pauschalierung nach § 40 Abs. 1 Satz 1 Nr. 1

(2) Die nach § 40 Abs. 2 EStG pauschal besteuerten sonstigen Bezüge werden nicht auf die Pauschalierungsgrenze (→ R 40.1 Abs. 2) angerechnet.

Erholungsbeihilfen

(3) [1]Bei der Feststellung, ob die im Kalenderjahr gewährten Erholungsbeihilfen zusammen mit früher gewährten Erholungsbeihilfen die in § 40 Abs. 2 Satz 1 Nr. 3 EStG bezeichneten Beträge übersteigen, ist von der Höhe der Zuwendungen im Einzelfall auszugehen. [2]Die Jahreshöchstbeträge für den Arbeitnehmer, seinen Ehegatten und seine Kinder sind jeweils gesondert zu betrachten. [3]Die Erholungsbeihilfen müssen für die Erholung dieser Personen bestimmt sein und verwendet werden. [4]Davon kann in der Regel ausgegangen werden, wenn die Erholungsbeihilfe im zeitlichen Zusammenhang mit einem Urlaub des Arbeitnehmers gewährt wird. [5]Übersteigen die Erholungsbeihilfen im Einzelfall den maßgebenden Jahreshöchstbetrag, so ist auf sie insgesamt entweder § 39b Abs. 3 EStG mit Ausnahme des Satzes 9 oder § 40 Abs. 1 Satz 1 Nr. 1 EStG anzuwenden.

Reisekosten

(4) [1]Die Pauschalversteuerung mit einem Pauschsteuersatz von 25% nach § 40 Abs. 2 Satz 1 Nr. 4 EStG ist auf einen Vergütungsbetrag bis zur Summe der ungekürzten Verpflegungspauschalen nach § 9 Abs. 4a Satz 3 bis 6 EStG begrenzt. [2]Für den darüber hinausgehenden Vergütungsbetrag kann weiterhin eine Pauschalversteuerung mit einem besonderen Pauschsteuersatz nach § 40 Abs. 1 Satz 1 Nr. 1 EStG in Betracht kommen. [3]Zur Ermittlung des steuerfreien Vergütungsbetrags dürfen die einzelnen Aufwendungsarten zusammengefasst werden (→ R 3.16 Satz 1). [4]Aus Vereinfachungsgründen bestehen auch keine Bedenken, den Betrag, der den steuerfreien Vergütungsbetrag übersteigt, einheitlich als Vergütung für Verpflegungsmehraufwendungen zu behandeln, die in den Grenzen des § 40 Abs. 2 Satz 1 Nr. 4 EStG mit 25% pauschal versteuert werden kann.

Datenverarbeitungsgeräte und Internet

(5) [1]Die Pauschalierung nach § 40 Abs. 2 Satz 1 Nr. 5 Satz 1 EStG kommt bei Sachzuwendungen des Arbeitgebers in Betracht. [2]Hierzu rechnet die Übereignung von Hardware einschließlich technischem Zubehör und Software als Erstausstattung oder als Ergänzung, Aktualisierung und Austausch vorhandener Bestandteile. [3]Die Pauschalierung ist auch möglich, wenn der Arbeitgeber ausschließlich technisches Zubehör oder Software übereignet. [4]Telekommunikationsgeräte, die nicht Zubehör eines Datenverarbeitungsgerätes sind oder nicht für die Internetnutzung verwendet werden können, sind von der Pauschalierung ausgeschlossen. [5]Hat der Arbeitnehmer einen Internetzugang, sind die Barzuschüsse des Arbeitgebers für die Internetnutzung des Arbeitnehmers nach § 40 Abs. 2 Satz 1 Nr. 5 Satz 2 EStG pauschalierungsfähig. [6]Zu den Aufwendungen für die Internetznutzung in diesem Sinne gehören sowohl die laufenden Kosten (z. B. Grundgebühr für den Internetzugang, laufende Gebühren für die Internetnutzung, Flatrate), als auch die Kosten der Einrichtung des Internetzugangs (z. B. Anschluss, Modem, Personalcomputer). [7]Aus Vereinfachungsgründen

kann der Arbeitgeber den vom Arbeitnehmer erklärten Betrag für die laufende Internetnutzung (Gebühren) pauschal versteuern, soweit dieser 50 Euro im Monat nicht übersteigt. [8]Der Arbeitgeber hat diese Erklärung als Beleg zum Lohnkonto aufzubewahren. [9]Bei höheren Zuschüssen zur Internetnutzung und zur Änderung der Verhältnisse gilt R 3.50 Abs. 2 sinngemäß. [10]Soweit die pauschal besteuerten Bezüge auf Werbungskosten entfallen, ist der Werbungskostenabzug grundsätzlich ausgeschlossen. [11]Zu Gunsten des Arbeitnehmers sind die pauschal besteuerten Zuschüsse zunächst auf den privat veranlassten Teil der Aufwendungen anzurechnen. [12]Aus Vereinfachungsgründen unterbleibt zu Gunsten des Arbeitnehmers eine Anrechnung auf seine Werbungskosten bei Zuschüssen bis zu 50 Euro im Monat.

Fahrten zwischen Wohnung und erster Tätigkeitsstätte[1)]

(6) [1]Die Lohnsteuer kann nach § 40 Abs. 2 Satz 2 EStG mit einem Pauschsteuersatz von 15% erhoben werden. [2]Maßgeblich für die Höhe des pauschalierbaren Betrages sind die tatsächlichen Aufwendungen des Arbeitnehmers für die Fahrten zwischen Wohnung und erster Tätigkeitsstätte oder Fahrten nach § 9 Abs. 1 Satz 3 Nr. 4a Satz 3 EStG, jedoch höchstens der Betrag, den der Arbeitnehmer nach § 9 Abs. 1 Satz 3 Nr. 4, Abs. 2 EStG als Werbungskosten geltend machen könnte.

H 40.2

Abwälzung der pauschalen Lohnsteuer

- bei bestimmten Zukunftssicherungsleistungen → H 40b.1 (Abwälzung der pauschalen Lohnsteuer);
- bei Fahrtkosten (→ BMF vom 10.1.2000 – BStBl. I S. 138);

Beispiel:

Ein Arbeitnehmer hat Anspruch auf einen Zuschuss zu seinen Pkw-Kosten für Fahrten zwischen Wohnung und erster Tätigkeitsstätte in Höhe der gesetzlichen Entfernungspauschale, so dass sich für den Lohnabrechnungszeitraum ein Fahrtkostenzuschuss von insgesamt 210 € ergibt. Arbeitgeber und Arbeitnehmer haben vereinbart, dass diese Arbeitgeberleistung pauschal besteuert werden und der Arbeitnehmer die pauschale Lohnsteuer tragen soll.
Bemessungsgrundlage für die Anwendung des gesetzlichen Pauschsteuersatzes von 15% ist der Bruttobetrag von 210 €.
Als pauschal besteuerte Arbeitgeberleistung ist der Betrag von 210 € zu bescheinigen. Dieser Betrag mindert den nach § 9 Abs. 1 Satz 3 Nr. 4 EStG als Werbungskosten abziehbaren Betrag von 210 € auf 0 €;

- bei Teilzeitbeschäftigten → H 40a.1 (Abwälzung der pauschalen Lohnsteuer).

Bescheinigungspflicht für Fahrgeldzuschüsse. → § 41b Abs. 1 Satz 2 Nr. 7 EStG.

Betriebsveranstaltung.

– Zum Begriff → BMF vom 14.10.2015 (BStBl. I S. 832).

---

1) **[Amtl. Anm.:]** Zur Erweiterung der Pauschalierungsmöglichkeiten → § 40 Abs. 2 Satz 2 EStG, zur Höhe der gestaffelten Entfernungspauschale → § 9 Abs. 1 Satz 3 Nr. 4 EStG.

– Zur Pauschalversteuerung → BMF vom 14.10.2015 (BStBl. I S. 832), Tz. 5.
– Eine nur Führungskräften eines Unternehmens vorbehaltene Abendveranstaltung ist mangels Offenheit des Teilnehmerkreises keine Betriebsveranstaltung i. S. d. § 40 Abs. 2 Satz 1 Nr. 2 EStG (→ BFH vom 15.1.2009 – BStBl. II S. 476).
– Im Rahmen einer Betriebsveranstaltung an alle Arbeitnehmer überreichte Goldmünzen unterliegen nicht der Pauschalierungsmöglichkeit des § 40 Abs. 2 Satz 1 Nr. 2 EStG (→ BFH vom 7.11.2006 – BStBl. 2007 II S. 128).
– Während einer Betriebsveranstaltung überreichte Geldgeschenke, die kein zweckgebundenes Zehrgeld sind, können nicht nach § 40 Abs. 2 EStG pauschal besteuert werden (→ BFH vom 7.2.1997 – BStBl. II S. 365).

Erholungsbeihilfen. → H 3.11 (Erholungsbeihilfen und andere Beihilfen).

Fahrten zwischen Wohnung und erster Tätigkeitsstätte. → *BMF vom 4.4.2018 (BStBl. I S. 592).*[1]

Fahrtkostenzuschüsse

– als zusätzlich erbrachte Leistung → § 8 Abs. 4 EStG;
– können auch bei Anrechnung auf andere freiwillige Sonderzahlungen pauschal versteuert werden (→ BFH vom 1.10.2009 – BStBl. 2010 II S. 487);
– sind auch bei Teilzeitbeschäftigten i. S. d. § 40a EStG unter Beachtung der Abzugsbeschränkung bei der Entfernungspauschale nach § 40 Abs. 2 Satz 2 EStG pauschalierbar. Die pauschal besteuerten Beförderungsleistungen und Fahrtkostenzuschüsse sind in die Prüfung der Arbeitslohngrenzen des § 40a EStG nicht einzubeziehen (→ § 40 Abs. 2 Satz 3 EStG).
– Zur Pauschalbesteuerung von Fahrtkostenzuschüssen → BMF vom 18.11.2021 (BStBl. I S. 2315).

Fehlerhafte Pauschalversteuerung. → H 40a.1 (Fehlerhafte Pauschalversteuerung).

Gestellung von Kraftfahrzeugen.

– Die Vereinfachungsregelung von 15 Arbeitstagen monatlich gilt nicht bei der Einzelbewertung einer Kraftfahrzeuggestellung nach der sog. 0,002%-Methode → *BMF vom 4.4.2018 (BStBl. I S. 592), Rdnr. 10.*[2]
– Zur Pauschalbesteuerung bei der Gestellung von Kraftfahrzeugen → BMF vom 18.11.2021 (BStBl. I S. 2315).

Kirchensteuer bei Pauschalierung der Lohn- und Einkommensteuer. → Gleich lautende Ländererlasse vom 8.8.2016 (BStBl. I S. 773).

Ladevorrichtung. Zur Pauschalversteuerung → BMF vom 29.9.2020 (BStBl. I S. 972), Rdnr. 27–31.

---

[1] Siehe jetzt BMF v. 3.3.2022, BStBl. I 2022, 232.
[2] Siehe jetzt BMF v. 3.3.2022, BStBl. I 2022, 232, Rdnr. 10.

Pauschalversteuerung von Reisekosten.
– → BMF vom 25.11.2020 (BStBl. I S. 1228), Rz. 58 ff.

– **Beispiel:**
Ein Arbeitnehmer erhält wegen einer Auswärtstätigkeit von Montag 11 Uhr bis Mittwoch 20 Uhr mit kostenloser Übernachtung mit Frühstück lediglich pauschalen Fahrtkostenersatz von 250 €, dem eine Fahrstrecke mit eigenem Pkw von 500 km zugrunde liegt.

Steuerfrei sind	
– eine Fahrtkostenvergütung von (500 × 0,30 € =)	150,00 €
– Verpflegungspauschalen von (14 € + 22,40 € [28 € ./. 5,60 €] + 8,40 € [14 € ./. 5,60 €]=)	44,80 €
insgesamt	194,80 €.

Der Mehrbetrag von (350 € ./. 194,80 € =) 155,20 € kann mit einem Teilbetrag von 56 € pauschal mit 25 % versteuert werden. Bei einer Angabe in der Lohnsteuerbescheinigung sind 44,80 € in die Zeile 20 „steuerfreie Verpflegungszuschüsse bei Auswärtstätigkeit" einzutragen (→ § 41b Abs. 1 Satz 2 Nr. 10 EStG).

Wahlrecht. Das Wahlrecht des Arbeitgebers, die Lohnsteuer für geldwerte Vorteile bei Fahrten zwischen Wohnung und erster Tätigkeitsstätte nach § 40 Abs. 2 Satz 2 EStG zu pauschalieren, wird nicht durch einen Antrag, sondern durch Anmeldung der mit einem Pauschsteuersatz erhobenen Lohnsteuer ausgeübt. Ein dahingehender Antrag, der im finanzgerichtlichen Verfahren gestellt wird, ist unbeachtlich (→ BFH vom 24.9.2015 – BStBl. 2016 II S. 176).

Zu § 40a EStG

R 40a.1 Kurzfristig Beschäftigte und Aushilfskräfte in der Land- und Forstwirtschaft

Allgemeines

(1) [1]Die Pauschalierung der Lohnsteuer nach § 40a Abs. 1 und 3 EStG ist sowohl für unbeschränkt als auch für beschränkt einkommensteuerpflichtige Aushilfskräfte zulässig. [2]Bei der Prüfung der Voraussetzungen für die Pauschalierung ist von den Merkmalen auszugehen, die sich für das einzelne Dienstverhältnis ergeben. [3]Es ist nicht zu prüfen, ob die Aushilfskraft noch in einem Dienstverhältnis zu einem anderen Arbeitgeber steht. [4]Der Arbeitgeber darf die Pauschalbesteuerung nachholen, solange keine Lohnsteuerbescheinigung ausgeschrieben ist, eine Lohnsteuer-Anmeldung noch berichtigt werden kann und noch keine Festsetzungsverjährung eingetreten ist. [5]Der Arbeitnehmer kann Aufwendungen, die mit dem pauschal besteuerten Arbeitslohn zusammenhängen, nicht als Werbungskosten abziehen.

Gelegentliche Beschäftigung

(2) [1]Als gelegentliche, nicht regelmäßig wiederkehrende Beschäftigung ist eine ohne feste Wiederholungsabsicht ausgeübte Tätigkeit anzusehen. [2]Tatsächlich kann es zu Wiederholungen der Tätigkeit kommen. [3]Entscheidend ist, dass die erneute Tätigkeit nicht bereits von vornherein vereinbart worden ist. [4]Es kommt dann nicht darauf an, wie oft die Aushilfskräfte tatsächlich im Laufe des Jahres tätig werden. [5]Ob sozialversicherungsrechtlich eine kurzfristi-

ge Beschäftigung vorliegt oder nicht, ist für die Pauschalierung nach § 40a Abs. 1 EStG ohne Bedeutung.

Unvorhersehbarer Zeitpunkt

(3) [1] § 40a Abs. 1 Satz 2 Nr. 2 EStG setzt voraus, dass das Dienstverhältnis dem Ersatz einer ausgefallenen oder dem akuten Bedarf einer zusätzlichen Arbeitskraft dient. [2] Die Beschäftigung von Aushilfskräften, deren Einsatzzeitpunkt längere Zeit vorher feststeht, z. B. bei Volksfesten oder Messen, kann grundsätzlich nicht als unvorhersehbar und sofort erforderlich angesehen werden; eine andere Beurteilung ist aber z. B. hinsichtlich solcher Aushilfskräfte möglich, deren Einstellung entgegen dem vorhersehbaren Bedarf an Arbeitskräften notwendig geworden ist.

Bemessungsgrundlage für die pauschale Lohnsteuer

(4) [1] Zur Bemessungsgrundlage der pauschalen Lohnsteuer gehören alle Einnahmen, die dem Arbeitnehmer aus der Aushilfsbeschäftigung zufließen (→ § 2 LStDV). [2] Steuerfreie Einnahmen bleiben außer Betracht. [3] Der Arbeitslohn darf für die Ermittlung der pauschalen Lohnsteuer nicht um den Altersentlastungsbetrag (§ 24a EStG) gekürzt werden.

Pauschalierungsgrenzen

(5) [1] Bei der Prüfung der Pauschalierungsgrenzen des § 40a Abs. 1 und 3 EStG ist Absatz 4 entsprechend anzuwenden. [2] Pauschal besteuerte Bezüge mit Ausnahme des § 40 Abs. 2 Satz 2 EStG sind bei der Prüfung der Pauschalierungsgrenzen zu berücksichtigen. 3Zur Beschäftigungsdauer gehören auch solche Zeiträume, in denen der Arbeitslohn wegen Urlaubs, Krankheit oder gesetzlicher Feiertage fortgezahlt wird.

Aushilfskräfte in der Land- und Forstwirtschaft

(6) [1] Eine Pauschalierung der Lohnsteuer nach § 40a Abs. 3 EStG für Aushilfskräfte in der Land- und Forstwirtschaft ist nur zulässig, wenn die Aushilfskräfte in einem Betrieb i. S. d. § 13 Abs. 1 EStG beschäftigt werden. [2] Für Aushilfskräfte, die in einem Gewerbebetrieb im Sinne des § 15 EStG tätig sind, kommt die Pauschalierung nach § 40a Abs. 3 EStG selbst dann nicht in Betracht, wenn sie mit typisch land- und forstwirtschaftlichen Arbeiten beschäftigt werden; eine Pauschalierung der Lohnsteuer ist grundsätzlich zulässig, wenn ein Betrieb, der Land- und Forstwirtschaft betreibt, nur wegen seiner Rechtsform oder der Abfärbetheorie (§ 15 Abs. 3 Nr. 1 EStG) als Gewerbebetrieb gilt. [3] Werden die Aushilfskräfte zwar in einem land- und forstwirtschaftlichen Betrieb i. S. d. § 13 Abs. 1 EStG beschäftigt, üben sie aber keine typische land- und forstwirtschaftliche Tätigkeit aus, z. B. Blumenbinder, Verkäufer, oder sind sie abwechselnd mit typisch land- und forstwirtschaftlichen und anderen Arbeiten betraut, z. B. auch im Gewerbebetrieb oder Nebenbetrieb desselben Arbeitgebers tätig, ist eine Pauschalierung der Lohnsteuer nach § 40a Abs. 3 EStG nicht zulässig.

H **40a.1**

Abwälzung der pauschalen Lohnsteuer. → BMF vom 10.1.2000 (BStBl. I S. 138).

Arbeitstag. Als Arbeitstag i. S. d. § 40a Abs. 1 Satz 2 Nr. 1 EStG ist grundsätzlich der Kalendertag zu verstehen. Arbeitstag kann jedoch auch eine auf zwei Kalendertage fallende Nachtschicht sein (→ BFH vom 28.1.1994 – BStBl. II S. 421).

Arbeitsstunde. Arbeitsstunde i. S. d. § 40a Abs. 4 Nr. 1 EStG ist die Zeitstunde. Wird der Arbeitslohn für kürzere Zeiteinheiten gezahlt, z. B. für 45 Minuten, ist der Lohn zur Prüfung der Pauschalierungsgrenze nach § 40a Abs. 4 Nr. 1 EStG entsprechend umzurechnen (→ BFH vom 10.8.1990 – BStBl. II S. 1092).

Aufzeichnungspflichten.

– → § 4 Abs. 2 Nr. 8 vorletzter Satz LStDV.
– Als Beschäftigungsdauer ist jeweils die Zahl der tatsächlichen Arbeitsstunden (= 60 Minuten) in dem jeweiligen Lohnzahlungs- oder Lohnabrechnungszeitraum aufzuzeichnen (→ BFH vom 10.9.1976 – BStBl. 1977 II S. 17).
– Bei fehlenden oder fehlerhaften Aufzeichnungen ist die Lohnsteuerpauschalierung zulässig, wenn die Pauschalierungsvoraussetzungen auf andere Weise, z. B. durch Arbeitsnachweise, Zeitkontrollen, Zeugenaussagen, nachgewiesen oder glaubhaft gemacht werden (→ BFH vom 12.6.1986 – BStBl. II S. 681).

Fehlerhafte Pauschalversteuerung. Eine fehlerhafte Pauschalbesteuerung ist für die Veranlagung zur Einkommensteuer nicht bindend (→ BFH vom 10.6.1988 – BStBl. II S. 981).

Kirchensteuer bei Pauschalierung der Lohn- und Einkommensteuer. → Gleich lautende Ländererlasse vom 8.8.2016 (BStBl. I S. 773).

Land- und Forstwirtschaft.

– Abgrenzung Gewerbebetrieb – Betrieb der Land- und Forstwirtschaft → R 15.5 EStR.[1)]
– Die Pauschalierung nach § 40a Abs. 3 EStG ist zulässig, wenn ein Betrieb, der Land- und Forstwirtschaft betreibt, ausschließlich wegen seiner Rechtsform als Gewerbebetrieb gilt (→ BFH vom 5.9.1980 – BStBl. 1981 II S. 76). Entsprechendes gilt, wenn der Betrieb nur wegen § 15 Abs. 3 Nr. 1 EStG (Abfärbetheorie) als Gewerbebetrieb anzusehen ist (→ BFH vom 14.9.2005 – BStBl. 2006 II S. 92).
– Die Pauschalierung der Lohnsteuer nach § 40a Abs. 3 EStG ist nicht zulässig, wenn der Betrieb infolge erheblichen Zukaufs fremder Erzeugnisse aus dem Tätigkeitsbereich des § 13 Abs. 1 EStG ausgeschieden und einheitlich als Gewerbebetrieb zu beurteilen ist. Etwas anderes gilt auch nicht für Neben- oder Teilbetriebe, die für sich allein die Merkmale eines land- und forstwirtschaftlichen Betriebs erfüllen (→ BFH vom 3.8.1990 – BStBl. II S. 1002).

Land- und forstwirtschaftliche Arbeiten. Das Schälen von Spargel durch Aushilfskräfte eines landwirtschaftlichen Betriebs zählt nicht zu den typisch

---

[1)] Nr. **1**.

land- und forstwirtschaftlichen Arbeiten i. S. d. § 40a Abs. 3 Satz 1 EStG (→ BFH vom 8.5.2008 – BStBl. 2009 II S. 40).

Land- und forstwirtschaftliche Fachkraft.

– Ein Arbeitnehmer, der die Fertigkeiten für eine land- oder forstwirtschaftliche Tätigkeit im Rahmen einer Berufsausbildung erlernt hat, gehört zu den Fachkräften, ohne dass es darauf ankommt, ob die durchgeführten Arbeiten den Einsatz einer Fachkraft erfordern (→ BFH vom 25.10.2005 – BStBl. 2006 II S. 208).
– Hat ein Arbeitnehmer die erforderlichen Fertigkeiten nicht im Rahmen einer Berufsausbildung erworben, gehört er nur dann zu den land- und forstwirtschaftlichen Fachkräften, wenn er anstelle einer Fachkraft eingesetzt ist (→ BFH vom 25.10.2005 – BStBl. 2006 II S. 208).
– Ein Arbeitnehmer ist anstelle einer land- und forstwirtschaftlichen Fachkraft eingesetzt, wenn mehr als 25% der zu beurteilenden Tätigkeit Fachkraft-Kenntnisse erfordern (→ BFH vom 25.10.2005 – BStBl. 2006 II S. 208).
– Traktorführer sind jedenfalls dann als Fachkräfte und nicht als Aushilfskräfte zu beurteilen, wenn sie den Traktor als Zugfahrzeug mit landwirtschaftlichen Maschinen führen (→ BFH vom 25.10.2005 – BStBl. 2006 II S. 204).

Land- und forstwirtschaftliche Saisonarbeiten.

– Land- und forstwirtschaftliche Arbeiten fallen nicht ganzjährig an, wenn sie wegen der Abhängigkeit vom Lebensrhythmus der produzierten Pflanzen oder Tiere einen erkennbaren Abschluss in sich tragen. Dementsprechend können darunter auch Arbeiten fallen, die im Zusammenhang mit der Viehhaltung stehen (→ BFH vom 25.10.2005 – BStBl. 2006 II S. 206).
– Wenn die Tätigkeit des Ausmistens nicht laufend, sondern nur im Zusammenhang mit dem einmal jährlich erfolgenden Vieh-Austrieb auf die Weide möglich ist, handelt es sich um eine nicht ganzjährig anfallende Arbeit. Unschädlich ist, dass ähnliche Tätigkeiten bei anderen Bewirtschaftungsformen ganzjährig anfallen können (→ BFH vom 25.10.2005 – BStBl. 2006 II S. 206).
– Reinigungsarbeiten, die ihrer Art nach während des ganzen Jahres anfallen (hier: Reinigung der Güllekanäle und Herausnahme der Güllespalten), sind nicht vom Lebensrhythmus der produzierten Pflanzen oder Tiere abhängig und sind daher keine saisonbedingten Arbeiten (→ BFH vom 25.10.2005 – BStBl. 2006 II S. 204).
– Die Unschädlichkeitsgrenze von 25% der Gesamtbeschäftigungsdauer bezieht sich auf ganzjährig anfallende land- und forstwirtschaftliche Arbeiten. Für andere land- und forstwirtschaftliche Arbeiten gilt sie nicht (→ BFH vom 25.10.2005 – BStBl. 2006 II S. 206).

Nachforderung pauschaler Lohnsteuer. Die Nachforderung pauschaler Lohnsteuer beim Arbeitgeber setzt voraus, dass dieser der Pauschalierung zustimmt (→ BFH vom 20.11.2008 – BStBl. 2009 II S. 374).

Nebenbeschäftigung für denselben Arbeitgeber. Übt der Arbeitnehmer für denselben Arbeitgeber neben seiner Haupttätigkeit eine Nebentätigkeit mit den Merkmalen einer kurzfristigen Beschäftigung oder Aushilfskraft aus, ist die Pauschalierung der Lohnsteuer nach § 40a Abs. 1 und 3 EStG ausgeschlossen (→ § 40a Abs. 4 Nr. 2 EStG).

Ruhegehalt neben kurzfristiger Beschäftigung. In einer kurzfristigen Beschäftigung kann die Lohnsteuer auch dann pauschaliert werden, wenn der Arbeitnehmer vom selben Arbeitgeber ein betriebliches Ruhegeld bezieht, das dem normalen Lohnsteuerabzug unterliegt (→ BFH vom 27.7.1990 – BStBl. II S. 931).

R 40a.2 Geringfügig entlohnte Beschäftigte

[1] Die Erhebung der einheitlichen Pauschsteuer nach § 40a Abs. 2 EStG knüpft allein an die sozialversicherungsrechtliche Beurteilung[1)] als geringfügige Beschäftigung an und kann daher nur dann erfolgen, wenn der Arbeitgeber einen pauschalen Beitrag zur gesetzlichen Rentenversicherung von 15% bzw. 5% (geringfügig Beschäftigte im Privathaushalt) zu entrichten hat. [2] Die Pauschalierung der Lohnsteuer nach § 40a Abs. 2a EStG kommt in Betracht, wenn der Arbeitgeber für einen geringfügig Beschäftigten nach §§ 8 Abs. 1 Nr. 1, 8a SGB IV keinen pauschalen Beitrag zur gesetzlichen Rentenversicherung zu entrichten hat (z.B. auf Grund der Zusammenrechnung mehrerer geringfügiger Beschäftigungsverhältnisse). [3] Bemessungsgrundlage für die einheitliche Pauschsteuer (§ 40a Abs. 2 EStG) und den Pauschsteuersatz nach § 40a Abs. 2a EStG ist das sozialversicherungsrechtliche Arbeitsentgelt, unabhängig davon, ob es steuerpflichtiger oder steuerfreier Arbeitslohn ist. [4] Für Lohnbestandteile, die nicht zum sozialversicherungsrechtlichen Arbeitsentgelt gehören, ist die Lohnsteuerpauschalierung nach § 40a Abs. 2 und 2a EStG nicht zulässig; sie unterliegen der Lohnsteuererhebung nach den allgemeinen Regelungen.

H 40a.2

Wechsel zwischen Pauschalversteuerung und Regelbesteuerung.

– Es ist nicht zulässig, im Laufe eines Kalenderjahres zwischen der Regelbesteuerung und der Pauschalbesteuerung zu wechseln, wenn dadurch allein die Ausnutzung der mit Einkünften aus nichtselbständiger Arbeit verbundenen Frei- und Pauschbeträge erreicht werden soll (→ BFH vom 20.12.1991 – BStBl. 1992 II S. 695).
– Ein Arbeitgeber ist weder unter dem Gesichtspunkt des Rechtsmissbrauchs noch durch die Zielrichtung des § 40a EStG gehindert, nach Ablauf des Kalenderjahres die Pauschalversteuerung des Arbeitslohnes für die in seinem Betrieb angestellte Ehefrau rückgängig zu machen und zur Regelbesteuerung überzugehen (→ BFH vom 26.11.2003 – BStBl. 2004 II S. 195).

[1)] Zum sozialversicherungsrechtlichen „Entstehungsprinzip" und zum steuerrechtlichen „Zuflussprinzip" siehe BFH v. 29.5.2008 VI R 57/05, BStBl. II 2009, 147.

Zu § 40b EStG

R 40b.1 Pauschalierung der Lohnsteuer bei Beiträgen zu Direktversicherungen und Zuwendungen an Pensionskassen für Versorgungszusagen, die vor dem 1.1.2005 erteilt wurden

Direktversicherung

(1) [1] Eine Direktversicherung ist eine Lebensversicherung auf das Leben des Arbeitnehmers, die durch den Arbeitgeber bei einem inländischen oder ausländischen Versicherungsunternehmen abgeschlossen worden ist und bei der der Arbeitnehmer oder seine Hinterbliebenen hinsichtlich der Versorgungsleistungen des Versicherers ganz oder teilweise bezugsberechtigt sind (→ § 1b Abs. 2 Satz 1 BetrAVG).[1)] [2] Dasselbe gilt für eine Lebensversicherung auf das Leben des Arbeitnehmers, die nach Abschluss durch den Arbeitnehmer vom Arbeitgeber übernommen worden ist. [3] Der Abschluss einer Lebensversicherung durch eine mit dem Arbeitgeber verbundene Konzerngesellschaft schließt die Anerkennung als Direktversicherung nicht aus, wenn der Anspruch auf die Versicherungsleistungen durch das Dienstverhältnis veranlasst ist und der Arbeitgeber die Beitragslast trägt. [4] Als Versorgungsleistungen können Leistungen der Alters-, Invaliditäts- oder Hinterbliebenenversorgung in Betracht kommen.

(2) [1] Es ist grundsätzlich gleichgültig, ob es sich um Kapitalversicherungen einschließlich Risikoversicherungen, um Rentenversicherungen oder fondsgebundene Lebensversicherungen handelt. [2] Kapitallebensversicherungen mit steigender Todesfallleistung sind als Direktversicherung anzuerkennen, wenn zu Beginn der Versicherung eine Todesfallleistung von mindestens 10% der Kapitalleistung im Erlebensfall vereinbart und der Versicherungsvertrag vor dem 1.8.1994 abgeschlossen worden ist. [3] Bei einer nach dem 31.7.1994 abgeschlossenen Kapitallebensversicherung ist Voraussetzung für die Anerkennung, dass die Todesfallleistung über die gesamte Versicherungsdauer mindestens 50% der für den Erlebensfall vereinbarten Kapitalleistung beträgt. [4] Eine nach dem 31.12.1996 abgeschlossene Kapitallebensversicherung ist als Direktversicherung anzuerkennen, wenn die Todesfallleistung während der gesamten Laufzeit des Versicherungsvertrags mindestens 60% der Summe der Beiträge beträgt, die nach dem Versicherungsvertrag für die gesamte Vertragsdauer zu zahlen sind. [5] Kapitalversicherungen mit einer Vertragsdauer von weniger als 5 Jahren können nicht anerkannt werden, es sei denn, dass sie im Rahmen einer Gruppenversicherung nach dem arbeitsrechtlichen Grundsatz der Gleichbehandlung abgeschlossen worden sind.[2)] [6] Dasselbe gilt für Rentenversicherungen mit Kapitalwahlrecht, bei denen das Wahlrecht innerhalb von 5 Jahren nach Vertragsabschluss wirksam werden kann, und für Beitragserhöhungen bei bereits bestehenden Kapitalversicherungen mit einer Restlaufzeit von weniger als 5 Jahren; aus Billigkeitsgründen können Beitragserhöhungen anerkannt werden, wenn sie im Zusammenhang mit der Anhebung der Pauschalierungsgrenzen durch das Steuer-Euroglättungsgesetz erfolgt sind. [7] Unfallversicherungen sind keine

---

1) **Steuergesetze** Nr. **70.**

2) Siehe hierzu aber auch BFH v. 7.9.2007 VI R 9/03, n. v., zur Mindestvertragsdauer.

Lebensversicherungen, auch wenn bei Unfall mit Todesfolge eine Leistung vorgesehen ist. [8]Dagegen gehören Unfallzusatzversicherungen und Berufsunfähigkeitszusatzversicherungen, die im Zusammenhang mit Lebensversicherungen abgeschlossen werden, sowie selbständige Berufsunfähigkeitsversicherungen und Unfallversicherungen mit Prämienrückgewähr, bei denen der Arbeitnehmer Anspruch auf die Prämienrückgewähr hat, zu den Direktversicherungen. [9]Die Bezugsberechtigung des Arbeitnehmers oder seiner Hinterbliebenen muss vom Versicherungsnehmer (Arbeitgeber) der Versicherungsgesellschaft gegenüber erklärt werden (→ § 159 des Versicherungsvertragsgesetzes – VVG).[1)] [10]Die Bezugsberechtigung kann widerruflich oder unwiderruflich sein; bei widerruflicher Bezugsberechtigung sind die Bedingungen eines Widerrufs steuerlich unbeachtlich. [11]Unbeachtlich ist auch, ob die Anwartschaft des Arbeitnehmers arbeitsrechtlich bereits unverfallbar ist.

Rückdeckungsversicherung[2)]

(3) [1]Für die Abgrenzung zwischen einer Direktversicherung und einer Rückdeckungsversicherung, die vom Arbeitgeber abgeschlossen wird und die nur dazu dient, dem Arbeitgeber die Mittel zur Leistung einer dem Arbeitnehmer zugesagten Versorgung zu verschaffen, sind regelmäßig die zwischen Arbeitgeber und Arbeitnehmer getroffenen Vereinbarungen (Innenverhältnis) maßgebend und nicht die Abreden zwischen Arbeitgeber und Versicherungsunternehmen (Außenverhältnis). [2]Deshalb kann eine Rückdeckungsversicherung steuerlich grundsätzlich nur anerkannt werden, wenn die nachstehenden Voraussetzungen sämtlich erfüllt sind:

1. Der Arbeitgeber hat dem Arbeitnehmer eine Versorgung aus eigenen Mitteln zugesagt, z. B. eine Werkspension.
2. Zur Gewährleistung der Mittel für diese Versorgung hat der Arbeitgeber eine Versicherung abgeschlossen, zu der der Arbeitnehmer keine eigenen Beiträge i. S. d. § 2 Abs. 2 Nr. 2 Satz 2 LStDV leistet.
3. [1]Nur der Arbeitgeber, nicht aber der Arbeitnehmer erlangt Ansprüche gegen die Versicherung. [2]Unschädlich ist jedoch die Verpfändung der Ansprüche aus der Rückdeckungsversicherung an den Arbeitnehmer, weil dieser bei einer Verpfändung gegenwärtig keine Rechte erwirbt, die ihm einen Zugriff auf die Versicherung und die darin angesammelten Werte ermöglichen. [3]Entsprechendes gilt für eine aufschiebend bedingte Abtretung des Rückdeckungsanspruchs, da die Abtretung rechtlich erst wirksam wird, wenn die Bedingung eintritt (§ 158 Abs. 1 des Bürgerlichen Gesetzbuches – BGB), und für die Abtretung des Rückdeckungsanspruchs zahlungshalber im Falle der Liquidation oder der Vollstreckung in die Versicherungsansprüche durch Dritte.

[3]Wird ein Anspruch aus einer Rückdeckungsversicherung ohne Entgelt auf den Arbeitnehmer übertragen oder eine bestehende Rückdeckungsversicherung

---

[1)] **Habersack** Nr. **62.**

[2)] Nach der Abtretung von Ansprüchen aus einer Rückdeckungsversicherung an den Arbeitnehmer sind danach geleistete Beträge Arbeitslohn; siehe BFH v. 5.7.2012 VI R 11/11, BStBl. II 2013, 190.

in eine Direktversicherung umgewandelt, fließt dem Arbeitnehmer im Zeitpunkt der Übertragung bzw. Umwandlung ein lohnsteuerpflichtiger geldwerter Vorteil zu, der grundsätzlich dem geschäftsplanmäßigen Deckungskapital zuzüglich einer bis zu diesem Zeitpunkt zugeteilten Überschussbeteiligung i. S. d. § 153 VVG[1)] der Versicherung entspricht; § 3 Nr. 65 Satz 1 Buchstabe c EStG ist nicht anwendbar.[2)] [4]Entsprechendes gilt, wenn eine aufschiebend bedingte Abtretung rechtswirksam wird (→ Satz 2 Nr. 3).

Pensionskasse

(4) [1]Als Pensionskassen sind sowohl rechtsfähige Versorgungseinrichtungen i. S. d. § 1b Abs. 3 Satz 1 BetrAVG[3)] als auch nicht rechtsfähige Zusatzversorgungseinrichtungen des öffentlichen Dienstes i. S. d. § 18 BetrAVG anzusehen, die den Leistungsberechtigten, insbesondere Arbeitnehmern und deren Hinterbliebenen, auf ihre Versorgungsleistungen einen Rechtsanspruch gewähren. [2]Es ist gleichgültig, ob die Kasse ihren Sitz oder ihre Geschäftsleitung innerhalb oder außerhalb des Geltungsbereichs des Einkommensteuergesetzes hat. [3]Absatz 1 Satz 4 gilt sinngemäß.

Barlohnkürzung

(5) Für die Lohnsteuerpauschalierung nach § 40b EStG kommt es nicht darauf an, ob Beiträge oder Zuwendungen zusätzlich zum ohnehin geschuldeten Arbeitslohn oder auf Grund einer Vereinbarung mit dem Arbeitnehmer durch Herabsetzung des individuell zu besteuernden Arbeitslohns erbracht werden.

Voraussetzungen der Pauschalierung

(6) Die Lohnsteuerpauschalierung setzt bei Beiträgen für eine Direktversicherung voraus, dass

1. die Versicherung nicht auf den Erlebensfall eines früheren als des 60. Lebensjahrs des Arbeitnehmers abgeschlossen,
2. die Abtretung oder Beleihung eines dem Arbeitnehmer eingeräumten unwiderruflichen Bezugsrechts in dem Versicherungsvertrag ausgeschlossen und
3. eine vorzeitige Kündigung des Versicherungsvertrags durch den Arbeitnehmer ausgeschlossen

worden ist. [2]Der Versicherungsvertrag darf keine Regelung enthalten, nach der die Versicherungsleistung für den Erlebensfall vor Ablauf des 59. Lebensjahrs fällig werden könnte. [3]Lässt der Versicherungsvertrag z. B. die Möglichkeit zu, Gewinnanteile zur Abkürzung der Versicherungsdauer zu verwenden, so muss die Laufzeitverkürzung bis zur Vollendung des 59. Lebensjahrs begrenzt sein. [4]Der Ausschluss einer vorzeitigen Kündigung des Versicherungsvertrags ist anzunehmen, wenn in dem Versicherungsvertrag zwischen dem Arbeitgeber als Versicherungsnehmer und dem Versicherer folgende Vereinbarung getroffen worden ist:

---

1) **Habersack** Nr. **62.**

2) **[Amtl. Anm.:]** S. aber ggf. § 3 Nr. 65 Satz 1 Buchst. d EStG.

3) **Steuergesetze** Nr. **70.**

„Es wird unwiderruflich vereinbart, dass während der Dauer des Dienstverhältnisses eine Übertragung der Versicherungsnehmer-Eigenschaft und eine Abtretung von Rechten aus diesem Vertrag auf den versicherten Arbeitnehmer bis zu dem Zeitpunkt, in dem der versicherte Arbeitnehmer sein 59. Lebensjahr vollendet, insoweit ausgeschlossen ist, als die Beiträge vom Versicherungsnehmer (Arbeitgeber) entrichtet worden sind."

5 Wird anlässlich der Beendigung des Dienstverhältnisses die Direktversicherung auf den ausscheidenden Arbeitnehmer übertragen, bleibt die Pauschalierung der Direktversicherungsbeiträge in der Vergangenheit hiervon unberührt. 6 Das gilt unabhängig davon, ob der Arbeitnehmer den Direktversicherungsvertrag auf einen neuen Arbeitgeber überträgt, selbst fortführt oder kündigt. 7 Es ist nicht Voraussetzung, dass die Zukunftssicherungsleistungen in einer größeren Zahl von Fällen erbracht werden.

Bemessungsgrundlage der pauschalen Lohnsteuer

(7) 1 Die pauschale Lohnsteuer bemisst sich grundsätzlich nach den tatsächlichen Leistungen, die der Arbeitgeber für den einzelnen Arbeitnehmer erbringt. 2 Bei einer Verrechnung des Tarifbeitrags mit Überschussanteilen stellt deshalb der ermäßigte Beitrag die Bemessungsgrundlage für die pauschale Lohnsteuer dar. 3 Wird für mehrere Arbeitnehmer gemeinsam eine pauschale Leistung erbracht, bei der der Teil, der auf den einzelnen Arbeitnehmer entfällt, nicht festgestellt werden kann, so ist dem einzelnen Arbeitnehmer der Teil der Leistung zuzurechnen, der sich bei einer Aufteilung der Leistung nach der Zahl der begünstigten Arbeitnehmer ergibt (→ § 2 Abs. 2 Nr. 3 Satz 3 LStDV). 4 Werden Leistungen des Arbeitgebers für die tarifvertragliche Zusatzversorgung der Arbeitnehmer mit einem Prozentsatz der Bruttolohnsumme des Betriebs erbracht, so ist die Arbeitgeberleistung Bemessungsgrundlage der pauschalen Lohnsteuer. 5 Für die Feststellung der Pauschalierungsgrenze (→ Absatz 8) bei zusätzlichen pauschal besteuerbaren Leistungen für einzelne Arbeitnehmer ist die Arbeitgeberleistung auf die Zahl der durch die tarifvertragliche Zusatzversorgung begünstigten Arbeitnehmer aufzuteilen.

Pauschalierungsgrenze

(8) 1 Die Pauschalierungsgrenze von 1752 Euro nach § 40b Abs. 2 Satz 1 EStG i. d. F. am 31.12.2004 kann auch in den Fällen voll ausgeschöpft werden, in denen feststeht, dass dem Arbeitnehmer bereits aus einem vorangegangenen Dienstverhältnis im selben Kalenderjahr pauschal besteuerte Zukunftssicherungsleistungen zugeflossen sind. 2 Soweit pauschal besteuerbare Leistungen den Grenzbetrag von 1752 Euro überschreiten, müssen sie dem normalen Lohnsteuerabzug unterworfen werden.

Durchschnittsberechnung

(9) 1 Wenn mehrere Arbeitnehmer gemeinsam in einem Direktversicherungsvertrag oder in einer Pensionskasse versichert sind, so ist für die Feststellung der Pauschalierungsgrenze eine Durchschnittsberechnung anzustellen. 2 Ein gemeinsamer Direktversicherungsvertrag liegt außer bei einer Gruppenversicherung auch dann vor, wenn in einem Rahmenvertrag mit einem oder

mehreren Versicherern sowohl die versicherten Personen als auch die versicherten Wagnisse bezeichnet werden und die Einzelheiten in Zusatzvereinbarungen geregelt sind. [3] Ein Rahmenvertrag, der z. B. nur den Beitragseinzug und die Beitragsabrechnung regelt, stellt keinen gemeinsamen Direktversicherungsvertrag dar. [4] Bei der Durchschnittsberechnung bleiben Beiträge des Arbeitgebers unberücksichtigt, die nach § 3 Nr. 63 EStG steuerfrei sind oder wegen der Ausübung des Wahlrechts nach § 3 Nr. 63 Satz 2 zweite Alternative EStG individuell besteuert werden. [5] Im Übrigen ist wie folgt zu verfahren:

1. [1] Sind in der Direktversicherung oder in der Pensionskasse Arbeitnehmer versichert, für die pauschal besteuerbare Leistungen von jeweils insgesamt mehr als 2148 Euro (§ 40b Abs. 2 Satz 2 EStG i. d. F. am 31.12.2004) jährlich erbracht werden, so scheiden die Leistungen für diese Arbeitnehmer aus der Durchschnittsberechnung aus. [2] Das gilt z. B. auch dann, wenn mehrere Direktversicherungsverträge bestehen und die Beitragsanteile für den einzelnen Arbeitnehmer insgesamt 2148 Euro übersteigen. [3] Die Erhebung der Lohnsteuer auf diese Leistungen richtet sich nach Absatz 8 Satz 2.

2. [1] Die Leistungen für die übrigen Arbeitnehmer sind zusammenzurechnen und durch die Zahl der Arbeitnehmer zu teilen, für die sie erbracht worden sind. [2] Bei einem konzernumfassenden gemeinsamen Direktversicherungsvertrag ist der Durchschnittsbetrag durch Aufteilung der Beitragszahlungen des Arbeitgebers auf die Zahl seiner begünstigten Arbeitnehmer festzustellen; es ist nicht zulässig, den Durchschnittsbetrag durch Aufteilung des Konzernbeitrags auf alle Arbeitnehmer des Konzerns zu ermitteln.

   a) [1] Übersteigt der so ermittelte Durchschnittsbetrag nicht 1752 Euro, so ist dieser für jeden Arbeitnehmer der Pauschalbesteuerung zugrunde zu legen. [2] Werden für den einzelnen Arbeitnehmer noch weitere pauschal besteuerbare Leistungen erbracht, so dürfen aber insgesamt nur 1752 Euro pauschal besteuert werden; im Übrigen gilt Absatz 8 Satz 2.

   b) [1] Übersteigt der Durchschnittsbetrag 1752 Euro, so kommt er als Bemessungsgrundlage für die Pauschalbesteuerung nicht in Betracht. [2] Der Pauschalbesteuerung sind die tatsächlichen Leistungen zugrunde zu legen, soweit sie für den einzelnen Arbeitnehmer 1752 Euro nicht übersteigen; im Übrigen gilt Absatz 8 Satz 2.

3. [1] Ist ein Arbeitnehmer

   a) in mehreren Direktversicherungsverträgen gemeinsam mit anderen Arbeitnehmern,

   b) in mehreren Pensionskassen oder

   c) in Direktversicherungsverträgen gemeinsam mit anderen Arbeitnehmern und in Pensionskassen

   versichert, so ist jeweils der Durchschnittsbetrag aus der Summe der Beiträge für mehrere Direktversicherungen, aus der Summe der Zuwendungen an mehrere Pensionskassen oder aus der Summe der Beiträge zu Direktversicherungen und der Zuwendungen an Pensionskassen zu ermitteln. [2] In diese gemeinsame Durchschnittsbildung dürfen jedoch solche Verträge nicht einbezogen werden, bei denen wegen der 2148 Euro-Grenze

(→ Nummer 1) nur noch ein Arbeitnehmer übrig bleibt; in diesen Fällen liegt eine gemeinsame Versicherung, die in die Durchschnittsberechnung einzubeziehen ist, nicht vor.

(10) Werden die pauschal besteuerbaren Leistungen nicht in einem Jahresbetrag erbracht, gilt Folgendes:

1. Die Einbeziehung der auf den einzelnen Arbeitnehmer entfallenden Leistungen in die Durchschnittsberechnung nach § 40b Abs. 2 Satz 2 EStG entfällt von dem Zeitpunkt an, in dem sich ergibt, dass die Leistungen für diesen Arbeitnehmer voraussichtlich insgesamt 2148 Euro im Kalenderjahr übersteigen werden.
2. Die Lohnsteuerpauschalierung auf der Grundlage des Durchschnittsbetrags entfällt von dem Zeitpunkt an, in dem sich ergibt, dass der Durchschnittsbetrag voraussichtlich 1752 Euro im Kalenderjahr übersteigen wird.
3. [1]Die Pauschalierungsgrenze von 1752 Euro ist jeweils insoweit zu vermindern, als sie bei der Pauschalbesteuerung von früheren Leistungen im selben Kalenderjahr bereits ausgeschöpft worden ist. [2]Werden die Leistungen laufend erbracht, so darf die Pauschalierungsgrenze mit dem auf den jeweiligen Lohnzahlungszeitraum entfallenden Anteil berücksichtigt werden.

Vervielfältigungsregelung

(11) [1]Die Vervielfältigung der Pauschalierungsgrenze nach § 40b Abs. 2 Satz 3 EStG steht in Zusammenhang mit der Beendigung des Dienstverhältnisses; ein solcher Zusammenhang ist insbesondere dann zu vermuten, wenn der Direktversicherungsbeitrag innerhalb von 3 Monaten vor dem Auflösungszeitpunkt geleistet wird. [2]Die Vervielfältigungsregelung gilt auch bei der Umwandlung von Arbeitslohn (→ Absatz 5); nach Auflösung des Dienstverhältnisses kann sie ohne zeitliche Beschränkung angewendet werden, wenn die Umwandlung spätestens bis zum Zeitpunkt der Auflösung des Dienstverhältnisses vereinbart wird. [3]Die Gründe, aus denen das Dienstverhältnis beendet wird, sind für die Vervielfältigung der Pauschalierungsgrenze unerheblich. [4]Die Vervielfältigungsregelung kann daher auch in den Fällen angewendet werden, in denen ein Arbeitnehmer wegen Erreichens der Altersgrenze aus dem Dienstverhältnis ausscheidet. [5]Auf die vervielfältigte Pauschalierungsgrenze sind die für den einzelnen Arbeitnehmer in dem Kalenderjahr, in dem das Dienstverhältnis beendet wird, und in den sechs vorangegangenen Kalenderjahren tatsächlich entrichteten Beiträge und Zuwendungen anzurechnen, die nach § 40b Abs. 1 EStG pauschal besteuert wurden. [6]Dazu gehören auch die 1752 Euro übersteigenden personenbezogenen Beiträge, wenn sie nach § 40b Abs. 2 Satz 2 EStG in die Bemessungsgrundlage für die Pauschsteuer einbezogen worden sind. [7]Ist bei Pauschalzuweisungen ein personenbezogener Beitrag nicht feststellbar, ist als tatsächlicher Beitrag für den einzelnen Arbeitnehmer der Durchschnittsbetrag aus der Pauschalzuweisung anzunehmen.

Rückzahlung pauschal besteuerbarer Leistungen

(12) *(unbesetzt)*

(13)[1] [1]Eine Arbeitslohnrückzahlung (negative Einnahme) ist anzunehmen, wenn der Arbeitnehmer sein Bezugsrecht aus einer Direktversicherung (z. B. bei vorzeitigem Ausscheiden aus dem Dienstverhältnis) ganz oder teilweise ersatzlos verliert und das Versicherungsunternehmen als Arbeitslohn versteuerte Beiträge an den Arbeitgeber zurückzahlt. [2]Zahlungen des Arbeitnehmers zum Wiedererwerb des verlorenen Bezugsrechts sind der Vermögenssphäre zuzurechnen; sie stellen keine Arbeitslohnrückzahlung dar.

(14) [1]Sind nach Absatz 13 Arbeitslohnrückzahlungen aus pauschal versteuerten Beitragsleistungen anzunehmen, mindern sie die gleichzeitig (im selben Kalenderjahr) anfallenden pauschal besteuerbaren Beitragsleistungen des Arbeitgebers. [2]Übersteigen in einem Kalenderjahr die Arbeitslohnrückzahlungen betragsmäßig die Beitragsleistungen des Arbeitgebers, ist eine Minderung der Beitragsleistungen im selben Kalenderjahr nur bis auf Null möglich. [3]Eine Minderung von Beitragsleistungen des Arbeitgebers aus den Vorjahren ist nicht möglich. [4]Der Arbeitnehmer kann negative Einnahmen aus pauschal versteuerten Beitragsleistungen nicht geltend machen.

(15)[1] [1]Wenn Arbeitslohnrückzahlungen nach Absatz 13 aus teilweise individuell und teilweise pauschal versteuerten Beitragsleistungen herrühren, ist der Betrag entsprechend aufzuteilen. [2]Dabei kann aus Vereinfachungsgründen das Verhältnis zugrunde gelegt werden, das sich nach den Beitragsleistungen in den vorangegangenen fünf Kalenderjahren ergibt. [3]Maßgebend sind die tatsächlichen Beitragsleistungen; § 40b Abs. 2 Satz 2 EStG ist nicht anzuwenden. [4]Die lohnsteuerliche Berücksichtigung der dem Arbeitnehmer zuzurechnenden Arbeitslohnzahlung richtet sich nach folgenden Grundsätzen:

1. Besteht im Zeitpunkt der Arbeitslohnrückzahlung noch das Dienstverhältnis zu dem Arbeitgeber, der die Versicherungsbeiträge geleistet hat, kann der Arbeitgeber die Arbeitslohnrückzahlung mit dem Arbeitslohn des Kalenderjahres der Rückzahlung verrechnen und den so verminderten Arbeitslohn der Lohnsteuer unterwerfen.
2. [1]Soweit der Arbeitgeber von der vorstehenden Möglichkeit nicht Gebrauch macht oder machen kann, kann der Arbeitnehmer die Arbeitslohnrückzahlung wie Werbungskosten – ohne Anrechnung des maßgebenden Pauschbetrags für Werbungskosten nach § 9a Satz 1 Nr. 1 EStG – als Freibetrag (→ § 39a EStG) bilden lassen oder bei der Veranlagung zur Einkommensteuer geltend machen. [2]Erzielt der Arbeitnehmer durch die Arbeitslohnrückzahlung bei seinen Einkünften aus nichtselbständiger Arbeit einen Verlust, kann er diesen mit Einkünften aus anderen Einkunftsarten ausgleichen oder unter den Voraussetzungen des § 10d EStG den Verlustabzug beanspruchen.

(16) Die Absätze 13 bis 15 gelten für Zuwendungen an Pensionskassen sinngemäß.

---

[1] Gewinnausschüttungen einer Versorgungskasse sind keine Arbeitslohnrückzahlungen; siehe *BFH* v. 12.11.2009 VI R 20/07, BStBl. II 2010, 845, und BMF v. 28.9.2010, BStBl. I 2010, 760. – Keine Festsetzung negativer pauschaler Lohnsteuer; siehe BFH v. 28.4.2016 VI R 18/15, BStBl. II 2016, 898.

H 40b.1

§ 40b Abs. 1 und Abs. 2 in der am 31.12.2004 geltenden Fassung:[1)]

„(1) [1] Der Arbeitgeber kann die Lohnsteuer von den Beiträgen für eine Direktversicherung des Arbeitnehmers und von den Zuwendungen an eine Pensionskasse mit einem Pauschsteuersatz von 20 vom Hundert der Beiträge und Zuwendungen erheben. [2] Die pauschale Erhebung der Lohnsteuer von Beiträgen für eine Direktversicherung ist nur zulässig, wenn die Versicherung nicht auf den Erlebensfall eines früheren als des 60. Lebensjahres abgeschlossen und eine vorzeitige Kündigung des Versicherungsvertrages durch den Arbeitnehmer ausgeschlossen worden ist.

(2) [1] Absatz 1 gilt nicht, soweit die zu besteuernden Beiträge und Zuwendungen des Arbeitgebers für den Arbeitnehmer 1752 Euro im Kalenderjahr übersteigen oder nicht aus seinem ersten Dienstverhältnis bezogen werden. [2] Sind mehrere Arbeitnehmer gemeinsam in einem Direktversicherungsvertrag oder in einer Pensionskasse versichert, so gilt als Beitrag oder Zuwendung für den einzelnen Arbeitnehmer der Teilbetrag, der sich bei einer Aufteilung der gesamten Beiträge oder der gesamten Zuwendungen durch die Zahl der begünstigten Arbeitnehmer ergibt, wenn dieser Teilbetrag 1752 Euro nicht übersteigt; hierbei sind Arbeitnehmer, für die Beiträge und Zuwendungen von mehr als 2148 Euro im Kalenderjahr geleistet werden, nicht einzubeziehen. [3] Für Beiträge und Zuwendungen, die der Arbeitgeber für den Arbeitnehmer aus Anlass der Beendigung des Dienstverhältnisses erbracht hat, vervielfältigt sich der Betrag von 1752 Euro mit der Anzahl der Kalenderjahre, in denen das Dienstverhältnis des Arbeitnehmers zu dem Arbeitgeber bestanden hat; in diesem Fall ist Satz 2 nicht anzuwenden. [4] Der vervielfältigte Betrag vermindert sich um die nach Absatz 1 pauschal besteuerten Beiträge und Zuwendungen, die der Arbeitgeber in dem Kalenderjahr, in dem das Dienstverhältnis beendet wird, und in den sechs vorangegangenen Kalenderjahren erbracht hat."

Abwälzung der pauschalen Lohnsteuer. → BMF vom 10.1.2000 (BStBl. I S. 138).

Beispiel:
Der Arbeitnehmer erhält eine Sonderzuwendung von 2500 €. Er vereinbart mit dem Arbeitgeber, dass hiervon 1752 € für eine vor 2005 abgeschlossene Direktversicherung verwendet werden, die eine Kapitalauszahlung vorsieht. Der Direktversicherungsbeitrag soll pauschal versteuert werden. Der Arbeitnehmer trägt die pauschale Lohnsteuer.

Sonderzuwendung	2500 €
abzüglich Direktversicherungsbeitrag	1752 €
nach den Lohnsteuerabzugsmerkmalen als sonstiger Bezug zu besteuern	748 €
Bemessungsgrundlage für die pauschale Lohnsteuer	1752 €

Allgemeines.

- Der Lohnsteuerpauschalierung unterliegen nur die Arbeitgeberleistungen i. S. d. § 40b EStG zugunsten von Arbeitnehmern oder früheren Arbeitnehmern und deren Hinterbliebenen (→ BFH vom 7.7.1972 – BStBl. II S. 890).
- Die Pauschalierung der Lohnsteuer nach § 40b EStG ist auch dann zulässig, wenn die Zukunftssicherungsleistung erst nach Ausscheiden des Arbeitnehmers aus dem Betrieb erbracht wird und er bereits in einem neuen Dienstverhältnis steht (→ BFH vom 18.12.1987 – BStBl. 1988 II S. 554).

---

1) **[Amtl. Anm.:]** Zur Anwendungsregelung → § 52 Abs. 40 EStG. Die Anwendungsregelung wurde durch das Gesetz zur Vermeidung von Umsatzsteuerausfällen beim Handel mit Waren im Internet und zur Änderung weiterer steuerlicher Vorschriften angepasst (G v. 11.12.2018, BGBl. I 2018, 2338).

Zur Aufzeichnungspflicht bei Weiteranwendung von § 40b in einer vor dem 1.1.2005 geltenden Fassung → § 5 Abs. 1 LStDV.

– Pauschalbesteuerungsfähig sind jedoch nur Zukunftssicherungsleistungen, die der Arbeitgeber auf Grund ausschließlich eigener rechtlicher Verpflichtung erbringt (→ BFH vom 29.4.1991 – BStBl. II S. 647).
– Die Pauschalierung der Lohnsteuer nach § 40b EStG ist ausgeschlossen, wenn der Arbeitgeber für den Ehegatten eines verstorbenen früheren Arbeitnehmers eine Lebensversicherung abschließt oder wenn bei einer Versicherung das typische Todesfallwagnis und – bereits bei Vertragsabschluss – das Rentenwagnis ausgeschlossen worden sind. Hier liegt begrifflich keine Direktversicherung i. S. d. § 40b EStG vor (→ BFH vom 9.11.1990 – BStBl. 1991 II S. 189).
– Die Pauschalierung setzt allgemein voraus, dass die Zukunftssicherungsleistungen aus einem ersten Dienstverhältnis bezogen werden. Sie ist demnach bei Arbeitnehmern nicht anwendbar, bei denen der Lohnsteuerabzug nach der Steuerklasse VI vorgenommen wird (→ BFH vom 12.8.1996 – BStBl. 1997 II S. 143). Bei pauschal besteuerten Teilzeitarbeitsverhältnissen (→ § 40a EStG) ist die Pauschalierung zulässig, wenn es sich dabei um das erste Dienstverhältnis handelt (→ BFH vom 8.12.1989 – BStBl. 1990 II S. 398).
– Für Zukunftssicherungsleistungen i. S. d. § 40b EStG kann die Lohnsteuerpauschalierung nach § 40 Abs. 1 Satz 1 Nr. 1 EStG nicht vorgenommen werden, selbst wenn sie als sonstige Bezüge gewährt werden (→ § 40b Abs. 5 Satz 2 EStG).
– Zum Zeitpunkt der Beitragsleistung des Arbeitgebers für eine Direktversicherung → H 38.2 (Zufluss von Arbeitslohn).
– Die Pauschalierung setzt voraus, dass es sich bei den Beiträgen um Arbeitslohn handelt, der den Arbeitnehmern im Zeitpunkt der Abführung durch den Arbeitgeber an die Versorgungseinrichtung zufließt (→ BFH vom 12.4.2007 – BStBl. II S. 619).

Arbeitnehmerfinanzierte betriebliche Altersversorgung. → BMF vom 12.8.2021 (BStBl. I S. 1050).

Ausscheiden des Arbeitgebers aus der VBL. Das Ausscheiden des Arbeitgebers aus der VBL und die damit verbundenen Folgen für die Zusatzversorgung des Arbeitnehmers führen nicht zur Rückzahlung von Arbeitslohn und damit weder zu negativem Arbeitslohn noch zu Werbungskosten bei den Einkünften aus nichtselbständiger Arbeit (→ BFH vom 7.5.2009 – BStBl. 2010 II S. 133 und S. 135).

Barlohnkürzung.

Beispiel:

Der Anspruch auf das 13. Monatsgehalt entsteht gemäß Tarifvertrag zeitanteilig nach den vollen Monaten der Beschäftigung im Kalenderjahr und ist am 1.12. fällig. Die Barlohnkürzung vom 13. Monatsgehalt zu Gunsten eines Direktversicherungsbeitrags wird im November des laufenden Kalenderjahres vereinbart.

Der Barlohn kann vor Fälligkeit, also bis spätestens 30.11., auch um den Teil des 13. Monatsgehalts, der auf bereits abgelaufene Monate entfällt, steuerlich wirksam gekürzt werden. Auf den Zeitpunkt der Entstehung kommt es nicht an (→ R 40b.1 Abs. 5).

Beendigung einer betrieblichen Altersversorgung. → BMF vom 12.8. 2021 (BStBl. I S. 1050), Rn. 166.

Dienstverhältnis zwischen Ehegatten.[1] Zur Anerkennung von Zukunftssicherungsleistungen bei Dienstverhältnissen zwischen Ehegatten → H 6a (9) EStH.[2]

Durchschnittsberechnung nach § 40b Abs. 2 Satz 2 EStG:

- „Eigenbeiträge" des Arbeitnehmers, die aus versteuertem Arbeitslohn stammen, sind in die Durchschnittsberechnung nicht einzubeziehen (→ BFH vom 12.4.2007 – BStBl. II S. 619).
- Beiträge zu Direktversicherungen können nur dann in die Durchschnittsberechnung einbezogen werden, wenn ein gemeinsamer Versicherungsvertrag vorliegt. Direktversicherungen, die nach einem Wechsel des Arbeitgebers beim neuen Arbeitgeber als Einzelversicherungen fortgeführt werden, erfüllen diese Voraussetzung nicht (→ BFH vom 11.3.2010 – BStBl. 2011 II S. 183).
- **Beispiel:**

Es werden ganzjährig laufend monatliche Zuwendungen an eine Pensionskasse (Altverträge mit Kapitalauszahlung)

a) für 2 Arbeitnehmer je 250 €	=	500 €
b) für 20 Arbeitnehmer je 175 €	=	3500 €
c) für 20 Arbeitnehmer je 125 €	=	2500 €
insgesamt		6500 € geleistet.

Die Leistungen für die Arbeitnehmer zu a) betragen jeweils mehr als 2148 € jährlich; sie sind daher in eine Durchschnittsberechnung nicht einzubeziehen. Die Leistungen für die Arbeitnehmer zu b) und c) übersteigen jährlich jeweils nicht 2148 €; es ist daher der Durchschnittsbetrag festzustellen. Der Durchschnittsbetrag beträgt 150 € monatlich; er übersteigt hiernach 1752 € jährlich und kommt deshalb als Bemessungsgrundlage nicht in Betracht. Der Pauschalbesteuerung sind also in allen Fällen die tatsächlichen Leistungen zugrunde zu legen. Der Arbeitgeber kann dabei

in den Fällen zu a) im 1. bis 7. Monat je 250 € und im 8. Monat noch 2 €
oder monatlich je 146 €,
in den Fällen zu b) im 1. bis 10. Monat je 175 € und im 11. Monat noch 2 €
oder monatlich je 146 €,
in den Fällen zu c) monatlich je 125 €
pauschal versteuern.

Kirchensteuer bei Pauschalierung der Lohn- und Einkommensteuer. → Gleich lautende Ländererlasse vom 8.8.2016 (BStBl. I S. 773).

Mindesttodesfallschutz. → R 40b.1 Abs. 2; → BMF vom 22.8.2002 (BStBl. I S. 827), Rdnr. 23–30.

Negative pauschale Lohnsteuer. Die Festsetzung einer negativen Einkommensteuer und damit auch einer negativen pauschalen Lohnsteuer ist gesetzlich nicht vorgesehen (→ BFH vom 28.4.2016 – BStBl. II S. 898). Bei Rückzahlung pauschal versteuerter Leistungen → R 40b.1 Abs. 13 ff. LStR.

Rückdeckungsversicherung.
– → R 40b.1 Abs. 3.

---

[1] **[Amtl. Anm.:]** Die dort aufgeführten Grundsätze gelten bei Lebenspartnern entsprechend (→ § 2 Abs. 8 EStG).
[2] Nr. 1.

– Verzichtet der frühere Arbeitnehmer auf seine Rechte aus einer Versorgungszusage des Arbeitgebers, tritt im Gegenzug der Arbeitgeber sämtliche Rechte aus der zur Absicherung der Versorgungszusage abgeschlossenen Rückdeckungsversicherung an den vom Arbeitnehmer nunmehr getrennt lebenden Ehegatten/Lebenspartner ab und zahlt die Versicherung daraufhin das angesammelte Kapital an den Ehegatten/Lebenspartner aus, beinhaltet dies einen den früheren Arbeitnehmer bereichernden Lohnzufluss (→ BFH vom 9.10.2002 – BStBl. II S. 884).
– Tritt ein Arbeitgeber Ansprüche aus einer von ihm mit einem Versicherer abgeschlossenen Rückdeckungsversicherung an den Arbeitnehmer ab und leistet der Arbeitgeber im Anschluss hieran Beiträge an den Versicherer, sind diese Ausgaben Arbeitslohn (→ BFH vom 5.7.2012 – BStBl. 2013 II S. 190).

Rückzahlung von Arbeitslohn.
– Der Verlust des durch eine Direktversicherung eingeräumten Bezugsrechts bei Insolvenz des Arbeitgebers führt wegen des Ersatzanspruchs nicht zu einer Arbeitslohnrückzahlung (→ BFH vom 5.7.2007 – BStBl. II S. 774).
– → R 40b.1 Abs. 13 ff. und → Ausscheiden des Arbeitgebers aus der VBL.

Verhältnis von § 3 Nr. 63 EStG und § 40b EStG. → BMF vom 12.8.2021 (BStBl. I S. 1050), Rn. 85 ff.

Vervielfältigungsregelung. Die Beendigung des Dienstverhältnisses i. S. d. § 40b Abs. 2 Satz 3 1. Halbsatz EStG ist die nach bürgerlichem (Arbeits-) Recht wirksame Beendigung. Ein Dienstverhältnis kann daher auch dann beendet sein, wenn der Arbeitnehmer und sein bisheriger Arbeitgeber im Anschluss an das bisherige Dienstverhältnis ein neues vereinbaren, sofern es sich nicht als Fortsetzung des bisherigen erweist. Es liegt keine solche Beendigung vor, wenn das neue Dienstverhältnis mit demselben Arbeitgeber in Bezug auf den Arbeitsbereich, die Entlohnung und die sozialen Besitzstände im Wesentlichen dem bisherigen Dienstverhältnis entspricht (→ BFH vom 30.10.2008 – BStBl. 2009 II S. 162).

Wahlrecht. → BMF vom 12.8.2021 (BStBl. I S. 1050), Rn. 93.

Wirkung einer fehlerhaften Pauschalbesteuerung. Eine fehlerhafte Pauschalbesteuerung ist für die Veranlagung zur Einkommensteuer nicht bindend (→ BFH vom 10.6.1988 – BStBl. II S. 981).

Zukunftssicherungsleistungen i. S. d. § 40b EStG n. F. → BMF vom 12.8.2021 (BStBl. I S. 1050), Rn. 83–84.

R 40b.2 Pauschalierung der Lohnsteuer bei Beiträgen zu einer Gruppenunfallversicherung

[1] Die Lohnsteuerpauschalierung nach § 40b Abs. 3 EStG ist nicht zulässig, wenn der steuerpflichtige Durchschnittsbeitrag – ohne Versicherungsteuer –

62 Euro[1] jährlich übersteigt; in diesem Fall ist der steuerpflichtige Durchschnittsbeitrag dem normalen Lohnsteuerabzug zu unterwerfen. [2]Bei konzernumfassenden Gruppenunfallversicherungen ist der Durchschnittsbeitrag festzustellen, der sich bei Aufteilung der Beitragszahlungen des Arbeitgebers auf die Zahl seiner begünstigten Arbeitnehmer ergibt; es ist nicht zulässig, den Durchschnittsbeitrag durch Aufteilung des Konzernbeitrags auf alle Arbeitnehmer des Konzerns zu ermitteln. [3]Ein gemeinsamer Unfallversicherungsvertrag i. S. d. § 40b Abs. 3 EStG liegt außer bei einer Gruppenversicherung auch dann vor, wenn in einem Rahmenvertrag mit einem oder mehreren Versicherern sowohl die versicherten Personen als auch die versicherten Wagnisse bezeichnet werden und die Einzelheiten in Zusatzvereinbarungen geregelt sind. [4]Ein Rahmenvertrag, der z. B. nur den Beitragseinzug und die Beitragsabrechnung regelt, stellt keinen gemeinsamen Unfallversicherungsvertrag dar.

H 40b.2

Allgemeine Grundsätze. Zur Ermittlung des steuerpflichtigen Beitrags für Unfallversicherungen, die das Unfallrisiko sowohl im beruflichen als auch im außerberuflichen Bereich abdecken, → BMF vom 28.10.2009 (BStBl. I S. 1275).

Geldleistung oder Sachbezug. → *BMF vom 13.4.2021 (BStBl. I S. 624), Rdnr. 7, 29.*[2]

Zu § 41 EStG
(§§ 4, 5 LStDV)

R 41.1 Aufzeichnungserleichterungen, Aufzeichnung der Religionsgemeinschaft

(1) [1]Die nach §§ 40 Abs. 1 Satz 1 Nr. 1 und 40b EStG pauschal besteuerten Bezüge und die darauf entfallende pauschale Lohnsteuer sind grundsätzlich in dem für jeden Arbeitnehmer zu führenden Lohnkonto aufzuzeichnen. [2]Soweit die Lohnsteuerpauschalierung nach § 40b EStG auf der Grundlage des Durchschnittsbetrags durchgeführt wird (→ § 40b Abs. 2 Satz 2 EStG), ist dieser aufzuzeichnen.

(2) [1]Das Betriebsstättenfinanzamt kann nach § 4 Abs. 3 Satz 1 LStDV Ausnahmen von der Aufzeichnung im Lohnkonto zulassen, wenn die Möglichkeit zur Nachprüfung in anderer Weise sichergestellt ist. [2]Die Möglichkeit zur Nachprüfung ist in den bezeichneten Fällen nur dann gegeben, wenn die Zahlung der Bezüge und die Art ihrer Aufzeichnung im Lohnkonto vermerkt werden.

(3) [1]Das Finanzamt hat Anträgen auf Befreiung von der Aufzeichnungspflicht nach § 4 Abs. 3 Satz 2 LStDV im Allgemeinen zu entsprechen, wenn es im Hinblick auf die betrieblichen Verhältnisse nach der Lebenserfahrung so gut wie ausgeschlossen ist, dass der Rabattfreibetrag (→ § 8 Abs. 3 EStG) oder

---

[1] Ab 1.1.2020 100 EUR, siehe § 40b Abs. 3 EStG i. d. F. des G v. 22.11.2019, BGBl. I 2019, 1746.

[2] Siehe jetzt BMF v. 15.3.2022, BStBl. I 2022, 242.

die Freigrenze nach § 8 Abs. 2 Satz 11 EStG im Einzelfall überschritten wird. [2]Zusätzlicher Überwachungsmaßnahmen durch den Arbeitgeber bedarf es in diesen Fällen nicht.

(4) [1]Der Arbeitgeber hat die Religionsgemeinschaft im Lohnkonto aufzuzeichnen (§ 4 Abs. 1 Nr. 1 LStDV). [2]Erhebt der Arbeitgeber von pauschal besteuerten Bezügen (§§ 37b, 40, 40a Abs. 1, 2a und 3, § 40b EStG) keine Kirchensteuer, weil der Arbeitnehmer keiner Religionsgemeinschaft angehört, für die die Kirchensteuer von den Finanzbehörden erhoben wird, hat er die Unterlage hierüber als Beleg zu den nach § 4 Abs. 2 Nr. 8 Satz 3 und 4 LStDV zu führenden Unterlagen zu nehmen (§ 4 Abs. 2 Nr. 8 Satz 5 LStDV). [3]In den Fällen des § 37b EStG und des § 40a Abs. 1, 2a und 3 EStG kann der Arbeitgeber auch eine Erklärung zur Religionszugehörigkeit nach amtlichem Muster als Beleg verwenden.

R 41.2[1)] Aufzeichnung des Großbuchstabens U

[1]Der Anspruch auf Arbeitslohn ist im Wesentlichen weggefallen, wenn z. B. lediglich vermögenswirksame Leistungen oder Krankengeldzuschüsse gezahlt werden, oder wenn während unbezahlter Fehlzeiten (z. B. Elternzeit) eine Beschäftigung mit reduzierter Arbeitszeit aufgenommen wird. [2]Der Großbuchstabe U ist je Unterbrechung einmal im Lohnkonto einzutragen. [3]Wird Kurzarbeitergeld einschl. Saison-Kurzarbeitergeld, der Zuschuss zum Mutterschaftsgeld nach dem Mutterschutzgesetz, der Zuschuss nach § 3 der Mutterschutz- und Elternzeitverordnung oder einer entsprechenden Landesregelung, die Entschädigung für Verdienstausfall nach dem Infektionsschutzgesetz oder werden Aufstockungsbeträge nach dem AltTZG gezahlt, ist kein Großbuchstabe U in das Lohnkonto einzutragen.

R 41.3 Betriebsstätte

[1]Die lohnsteuerliche Betriebsstätte ist der im Inland gelegene Betrieb oder Betriebsteil des Arbeitgebers, an dem der Arbeitslohn insgesamt ermittelt wird, d. h. wo die einzelnen Lohnbestandteile oder bei maschineller Lohnabrechnung die Eingabewerte zu dem für die Durchführung des Lohnsteuerabzugs maßgebenden Arbeitslohn zusammengefasst werden. [2]Es kommt nicht darauf an, wo einzelne Lohnbestandteile ermittelt, die Berechnung der Lohnsteuer vorgenommen wird und die für den Lohnsteuerabzug maßgebenden Unterlagen aufbewahrt werden. [3]Bei einem ausländischen Arbeitgeber mit Wohnsitz und Geschäftsleitung im Ausland, der im Inland einen ständigen Vertreter (§ 13 AO) hat, aber keine Betriebsstätte unterhält, gilt als Mittelpunkt der geschäftlichen Leitung der Wohnsitz oder der gewöhnliche Aufenthalt des ständigen Vertreters. [4]Ein selbständiges Dienstleistungsunternehmen, das für einen Arbeitgeber tätig wird, kann nicht als Betriebsstätte dieses Arbeitgebers angesehen werden. [5]Bei einer Arbeitnehmerüberlassung (→ R 42d.2) kann nach § 41 Abs. 2 Satz 2 EStG eine abweichende lohnsteuerliche Betriebsstätte in Be-

[1)] Zur Aufzeichnung des Großbuchstabens S vgl. § 41 Abs. 1 Satz 7 EStG.

tracht kommen. [6]Erlangt ein Finanzamt von Umständen Kenntnis, die auf eine Zentralisierung oder Verlegung von lohnsteuerlichen Betriebsstätten in seinem Zuständigkeitsbereich hindeuten, hat es vor einer Äußerung gegenüber dem Arbeitgeber die anderen betroffenen Finanzämter unverzüglich hierüber zu unterrichten und sich mit ihnen abzustimmen.

H 41.3

Zuständige Finanzämter für ausländische Bauunternehmer. Für ausländische Bauunternehmer sind die in der Umsatzsteuerzuständigkeitsverordnung[1] genannten Finanzämter für die Verwaltung der Lohnsteuer zuständig (→ BMF vom 27.12.2002 – BStBl. I S. 1399, Tz. 100).

Ansässigkeitsstaat	Finanzamt	Adresse
Belgien	Trier	Hubert-Neuerburg-Str. 1 54290 Trier
Bulgarien	Neuwied	Augustastr. 54 56564 Neuwied
Dänemark	Flensburg	Duburger Str. 58–64 24939 Flensburg
Estland	Rostock	Möllner Str. 13 18109 Rostock
Finnland	Bremen	Rudolf-Hilferding-Platz 1 28195 Bremen
Frankreich und Monaco	Offenburg	Zeller Straße 1–3 77654 Offenburg
Großbritannien (einschließlich Nordirland sowie Insel Man)	Hannover-Nord	Vahrenwalder Str. 206 30165 Hannover
Griechenland	Neukölln	Thiemannstraße 1 12059 Berlin
Irland	Hamburg-Nord	Borsteler Chaussee 45 22453 Hamburg
Italien	München	Finanzamt München Abteilung IV 80276 München
Kroatien	Kassel II – Hofgeismar	Altmarkt 1 34125 Kassel
Lettland	Bremen	Rudolf-Hilferding-Platz 1 28195 Bremen
Liechtenstein	Konstanz	Byk-Gulden-Str. 2a 78467 Konstanz
Litauen	Mühlhausen	Martinistr. 22 99974 Mühlhausen

[1] VO v. 20.12.2001, BGBl. I 2001, 3794, zuletzt geänd. durch Art. 24 JStG 2020 v. 21.12.2020, BGBl. I 2020, 3096 (**Steuergesetze** Nr. **519**).

Ansässigkeitsstaat	Finanzamt	Adresse
Luxemburg	Saarbrücken	Am Stadtgraben 2–4 66111 Saarbrücken
Mazedonien	Neukölln	Thiemannstraße 1 12059 Berlin
Niederlande	Kleve	Emmericher Str. 182 47533 Kleve
Norwegen	Bremen	Rudolf-Hilferding-Platz 1 28195 Bremen
Österreich	München	Finanzamt München Abteilung IV 80276 München
Polen	Hameln (Nach- bzw. Firmenname A bis G)	Süntelstraße 2 31785 Hameln
	Oranienburg (Nach- bzw. Firmenname H bis L)	Heinrich-Grüber-Platz 3 16515 Oranienburg
	Cottbus (Nach- bzw. Firmenname M bis R sowie für alle Unternehmer, auf die das Verfahren nach § 18 Abs 4e UStG anzuwenden ist)	Vom-Stein-Straße 29 03050 Cottbus
	Nördlingen (Nach- bzw. Firmenname S bis Z)	Tändelmarkt 1 86720 Nördlingen
Portugal	Kassel II – Hofgeismar	Altmarkt 1 34125 Kassel
Rumänien	Chemnitz-Süd	Paul-Bertz-Straße 1 09120 Chemnitz
Russland	Magdeburg	Tessenowstraße 10 39114 Magdeburg
Schweden	Hamburg-Nord	Borsteler Chaussee 45 22453 Hamburg
Schweiz	Konstanz	Byk-Gulden-Str. 2 a 78467 Konstanz
Slowakei	Chemnitz-Süd	Paul-Bertz-Straße 1 09120 Chemnitz
Spanien	Kassel II – Hofgeismar	Altmarkt 1 34125 Kassel
Slowenien	Oranienburg	Heinrich-Grüber-Platz 3 16515 Oranienburg
Tschechische Republik	Chemnitz-Süd	Paul-Bertz-Straße 1 09120 Chemnitz

Ansässigkeitsstaat	Finanzamt	Adresse
Türkei	Dortmund-Unna	Trakehnerweg 4 44143 Dortmund
Ukraine	Magdeburg	Tessenowstraße 10 39114 Magdeburg
Ungarn	Zentralfinanzamt Nürnberg	Thomas-Mann-Straße 50 90471 Nürnberg
Vereinigte Staaten von Amerika	Bonn-Innenstadt	Welschnonnenstr. 15 53111 Bonn
Weißrussland	Magdeburg	Tessenowstraße 10 39114 Magdeburg
Übriges Ausland	Neukölln	Thiemannstraße 1 12059 Berlin

Zuständige Finanzämter für ausländische Verleiher. Die Zuständigkeit für ausländische Verleiher (ohne Bauunternehmen) ist in den Ländern bei folgenden Finanzämtern zentralisiert:

Land	Finanzamt	Adresse
Baden-Württemberg	Offenburg	Zellerstraße 1–3 77654 Offenburg
Bayern	München	Finanzamt München Abteilung IV 80276 München
	Zentralfinanzamt Nürnberg	Thomas-Mann-Straße 50 90471 Nürnberg
Berlin	für Körperschaften III	Volkmarstraße 13 12099 Berlin
Brandenburg	Oranienburg	Heinrich-Grüber-Platz 3 16515 Oranienburg
Bremen	Bremen	Rudolf-Hilferding-Platz 1 28195 Bremen
Hamburg	Hamburg-Eimsbüttel	Hugh-Greene-Weg 6 22529 Hamburg
Hessen	Kassel II – Hofgeismar	Altmarkt 1 34125 Kassel
Mecklenburg-Vorpommern	Greifswald	Am Gorzberg Haus 11 17489 Greifswald
Niedersachsen	Bad Bentheim	Heinrich-Böll-Straße 2 48455 Bad Bentheim
Nordrhein-Westfalen	Düsseldorf-Altstadt	Oberrather Str. 2–4 40472 Düsseldorf
Rheinland-Pfalz	Kaiserslautern	Eisenbahnstraße 56 67655 Kaiserslautern

Land	Finanzamt	Adresse
Saarland	Saarbrücken	Am Stadtgraben 2–4 66111 Saarbrücken
Sachsen	Chemnitz-Süd	Paul-Bertz-Straße 1 09120 Chemnitz
Sachsen-Anhalt	Magdeburg	Tessenowstraße 10 39114 Magdeburg
Schleswig-Holstein	Kiel	Feldstraße 23 24105 Kiel
Thüringen	Mühlhausen	Martinistraße 22 99974 Mühlhausen

Zuständige Finanzämter für ausländische Werkvertragsunternehmer. Die Zuständigkeit für ausländische Werkvertragsunternehmer ist in den Ländern bei folgenden Finanzämtern zentralisiert:

Land	Finanzamt	Adresse
Baden-Württemberg	Finanzamt Offenburg Außenstelle Kehl	Ludwig-Trick-Str. 1 77694 Kehl
Bayern	Finanzamt München für die Regierungsbezirke: Oberbayern, Niederbayern und Schwaben	Deroystr. 20 80335 München
	Zentralfinanzamt Nürnberg für die Regierungsbezirke: Oberpfalz, Mittel-, Ober- und Unterfranken	Thomas-Mann-Str. 50 90471 Nürnberg
Berlin	Finanzamt für Körperschaften III	Volkmarstraße 13 12099 Berlin
Brandenburg	Finanzamt Oranienburg	Heinrich-Grüber-Platz 3 16515 Oranienburg
Bremen	Finanzamt für Außenprüfung Bremen – Zentrale Arbeitgeberstelle –	Rudolf-Hilferding-Platz 1 28195 Bremen
Hamburg	Finanzamt Hamburg-Eimsbüttel	Hugh-Greene-Weg 6 22529 Hamburg
Hessen	Finanzamt Kassel II-Hofgeismar	Altmarkt 1 34125 Kassel
Mecklenburg-Vorpommern	Finanzamt Greifswald	Am Gorzberg Haus 11 17489 Greifswald
Niedersachsen	–	keine zentrale Zuständigkeit
Nordrhein-Westfalen	Oberfinanzbezirk Düsseldorf: Finanzamt Kleve für die Bezirke aller Finanzämter des Oberfinanzbezirks Düsseldorf	Emmericher Str. 182 47533 Kleve

Land	Finanzamt	Adresse
	Oberfinanzbezirk Köln: Finanzamt Bonn-Innenstadt für die Bezirke aller Finanzämter des Oberfinanzbezirks Köln	Welschnonnenstraße 15 53111 Bonn
	Oberfinanzbezirk Münster: Finanzamt Dortmund-Unna für die Bezirke aller Finanzämter des Oberfinanzbezirks Münster	Trakehnerweg 4 44143 Dortmund
Rheinland-Pfalz	–	keine zentrale Zuständigkeit
Saarland	Finanzamt Saarbrücken	Am Stadtgraben 2–4 66111 Saarbrücken
Sachsen	Finanzamt Chemnitz-Süd	Paul-Bertz-Str. 1 09120 Chemnitz
Sachsen-Anhalt	Finanzamt Magdeburg	Tessenowstraße 10 39114 Magdeburg
Schleswig-Holstein	–	keine zentrale Zuständigkeit
Thüringen	Finanzamt Mühlhausen	Martinistr. 22 99974 Mühlhausen

Zu § 41a EStG

R 41a.1 Lohnsteuer-Anmeldung

(1) [1]Der Arbeitgeber ist von der Verpflichtung befreit, eine weitere Lohnsteuer-Anmeldung einzureichen, wenn er dem Betriebsstättenfinanzamt mitteilt, dass er im Lohnsteuer-Anmeldungszeitraum keine Lohnsteuer einzubehalten oder zu übernehmen hat, weil der Arbeitslohn nicht steuerbelastet ist. [2]Dies gilt auch, wenn der Arbeitgeber nur Arbeitnehmer beschäftigt, für die er lediglich die Pauschsteuer nach § 40a Abs. 2 EStG an die Deutsche Rentenversicherung Knappschaft-Bahn-See entrichtet.

(2) [1]Für jede Betriebsstätte (→ § 41 Abs. 2 EStG) und für jeden Lohnsteuer-Anmeldungszeitraum ist eine einheitliche Lohnsteuer-Anmeldung einzureichen. [2]Die Abgabe mehrerer Lohnsteuer-Anmeldungen für dieselbe Betriebsstätte und denselben Lohnsteuer-Anmeldungszeitraum, etwa getrennt nach den verschiedenen Bereichen der Lohnabrechnung, z. B. gewerbliche Arbeitnehmer, Gehaltsempfänger, Pauschalierungen nach den §§ 37a, 37b, 40 bis 40b EStG, ist nicht zulässig.

(3) Der für den Lohnsteuer-Anmeldungszeitraum maßgebende Betrag der abzuführenden Lohnsteuer (→ § 41a Abs. 2 EStG) ist die Summe der nach § 38 Abs. 3 EStG im Zeitpunkt der Zahlung einbehaltenen und übernommenen Lohnsteuer ohne Kürzung um das ihr entnommene Kindergeld (→ § 72 Abs. 7 EStG).

(4) [1]Das Betriebsstättenfinanzamt hat den rechtzeitigen Eingang der Lohnsteuer-Anmeldung zu überwachen. [2]Es kann bei nicht rechtzeitigem Eingang

der Lohnsteuer-Anmeldung einen Verspätungszuschlag nach § 152 AO festsetzen oder erforderlichenfalls die Abgabe der Lohnsteuer-Anmeldung mit Zwangsmitteln nach §§ 328 bis 335 AO durchsetzen. [3]Wird eine Lohnsteuer-Anmeldung nicht eingereicht, kann das Finanzamt die Lohnsteuer im Schätzungswege ermitteln und den Arbeitgeber durch Steuerbescheid in Anspruch nehmen (→ §§ 162, 167 Abs. 1 AO). [4]Pauschale Lohnsteuer kann im Schätzungswege ermittelt und in einem Steuerbescheid festgesetzt werden, wenn der Arbeitgeber mit dem Pauschalierungsverfahren einverstanden ist.

(5) [1]Bemessungsgrundlage für den Steuereinbehalt nach § 41a Abs. 4 EStG ist die Lohnsteuer, die auf den für die Tätigkeit an Bord von Schiffen gezahlten Arbeitslohn entfällt, wenn der betreffende Arbeitnehmer mehr als 183 Tage bei dem betreffenden Reeder beschäftigt ist.[1)] [2]Der Lohnsteuereinbehalt durch den Reeder nach § 41a Abs. 4 EStG gilt für den Kapitän und alle Besatzungsmitglieder – einschl. des Servicepersonals –, die über ein Seefahrtsbuch[2)] verfügen und deren Arbeitgeber er ist. [3]Der Lohnsteuereinbehalt kann durch Korrespondent- oder Vertragsreeder nur vorgenommen werden, wenn diese mit der Bereederung des Schiffes in ihrer Eigenschaft als Mitgesellschafter an der Eigentümergesellschaft beauftragt sind. [4]Bei Vertragsreedern ist dies regelmäßig nicht der Fall. [5]Bei Korrespondentreedern ist der Lohnsteuereinbehalt nur für die Heuern der Seeleute zulässig, die auf den Schiffen tätig sind, bei denen der Korrespondentreeder auch Miteigentümer ist.

H 41a.1

Änderung der Lohnsteuer-Anmeldung durch das Finanzamt. Eine Erhöhung der Lohnsteuer-Entrichtungsschuld ist unter den Voraussetzungen des § 164 Abs. 2 Satz 1 AO auch nach Übermittlung oder Ausschreibung der Lohnsteuerbescheinigung zulässig (→BFH vom 30.10.2008 – BStBl. 2009 II S. 354).[3)]

Anfechtung der Lohnsteuer-Anmeldung durch den Arbeitnehmer. Ein Arbeitnehmer kann die Lohnsteuer-Anmeldung des Arbeitgebers aus eigenem Recht anfechten, soweit sie ihn betrifft (→BFH vom 20.7.2005 – BStBl. II S. 890).

Elektronische Abgabe der Lohnsteuer-Anmeldung. Die Verpflichtung eines Arbeitgebers, seine Steueranmeldung dem Finanzamt grundsätzlich elektronisch zu übermitteln, ist verfassungsgemäß (→BFH vom 14.3.2012 – BStBl. II S. 477).

Förderbetrag zur betrieblichen Altersversorgung. → BMF vom 12.8. 2021 (BStBl. I S. 1050), Rn. 100 ff.

Härtefallregelung. Ein Härtefall liegt vor, wenn dem Arbeitgeber die elektronische Datenübermittlung wirtschaftlich oder persönlich unzumutbar ist. Dies ist z. B. der Fall, wenn ihm nicht zuzumuten ist, die technischen

---

1) **[Amtl. Anm.:]** Überholt durch Neufassung des § 41a Abs. 4 Satz 1 EStG.
2) **[Amtl. Anm.:]** Jetzt: eine Dienstbescheinigung.
3) Ebenso BFH v. 13.11.2012 VI R 38/11, BStBl. II 2013, 929.

Voraussetzungen für die elektronische Übermittlung einzurichten (→BFH vom 14.3.2012 – BStBl. II S. 477).

Lohnsteuereinbehalt durch Reeder.

– Arbeitgeber i. S. d. § 41a Abs. 4 EStG ist der zum Lohnsteuereinbehalt nach § 38 Abs. 3 EStG Verpflichtete. Dies ist regelmäßig der Vertragspartner des Arbeitnehmers aus dem Dienstvertrag (→BFH vom 13.7.2011 – BStBl. II S. 986).
– Eine Kürzung der einbehaltenen Lohnsteuer nach § 41a Abs. 4 Sätze 1 und 2 EStG kommt nicht in Betracht, wenn das Schiff im maßgebenden Lohnzahlungszeitraum nicht im internationalen Verkehr betrieben wird. Ein qualifizierter Betrieb an wenigen Tagen im Jahr reicht nicht aus, um die einbehaltene Lohnsteuer für das gesamte Wirtschaftsjahr zu kürzen (→BFH vom 18.12.2019 – BStBl. 2020 II S. 289).
– Zur Anwendung der Neuregelung des § 41a Abs. 4 EStG →BMF vom 29.6.2021 (BStBl. I S. 854).

Schätzungsbescheid. Wenn ein Arbeitgeber die Lohnsteuer trotz gesetzlicher Verpflichtung nicht anmeldet und abführt, kann das Finanzamt sie durch Schätzungsbescheid festsetzen. Die Möglichkeit, einen Haftungsbescheid zu erlassen, steht dem nicht entgegen (→ BFH vom 7.7.2004 – BStBl. II S. 1087).

R 41a.2 Abführung der Lohnsteuer

[1]Der Arbeitgeber hat die Lohnsteuer in einem Betrag an die Kasse des Betriebsstättenfinanzamts (→ § 41 Abs. 2 EStG) oder an eine von der obersten Finanzbehörde des Landes bestimmte öffentliche Kasse (→ § 41a Abs. 3 EStG) abzuführen. [2]Der Arbeitgeber muss mit der Zahlung angeben oder durch sein Kreditinstitut angeben lassen: die Steuernummer, die Bezeichnung der Steuer und den Lohnsteuer-Anmeldungszeitraum. [3]Eine Stundung der einzubehaltenden oder einbehaltenen Lohnsteuer ist nicht möglich (→ § 222 Satz 3 und 4 AO).

Zu § 41b EStG

R 41b. Abschluss des Lohnsteuerabzugs

Lohnsteuerbescheinigungen

(1) Die Lohnsteuerbescheinigung richtet sich nach § 41b EStG und der im Bundessteuerblatt Teil I bekannt gemachten Datensatzbeschreibung für die elektronische Übermittlung sowie dem entsprechenden Vordruckmuster.

Lohnsteuerbescheinigungen von öffentlichen Kassen

(2) [1]Wird ein Arbeitnehmer, der den Arbeitslohn im Voraus für einen Lohnzahlungszeitraum erhalten hat, während dieser Zeit einer anderen Dienststelle zugewiesen und geht die Zahlung des Arbeitslohns auf die Kasse dieser Dienststelle über, hat die früher zuständige Kasse in der Lohnsteuerbescheinigung (→ Absatz 1) den vollen von ihr gezahlten Arbeitslohn und die davon einbehaltene Lohnsteuer auch dann aufzunehmen, wenn ihr ein Teil des Arbeitslohns von der nunmehr zuständigen Kasse erstattet wird; der Arbeitslohn

darf nicht um die Freibeträge für Versorgungsbezüge (→ § 19 Abs. 2 EStG) und den Altersentlastungsbetrag (→ § 24a EStG) gekürzt werden. [2]Die nunmehr zuständige Kasse hat den der früher zuständigen Kasse erstatteten Teil des Arbeitslohns nicht in die Lohnsteuerbescheinigung aufzunehmen.

H 41b

Ausstellung von elektronischen Lohnsteuerbescheinigungen für Kalenderjahre ab 2020; Ausstellung von Besonderen Lohnsteuerbescheinigungen durch den Arbeitgeber ohne maschinelle Lohnabrechnung für Kalenderjahre ab 2020.[1] → BMF vom 9.9.2019 (BStBl. I S. 911).

Bekanntmachung des Musters für den Ausdruck der elektronischen Lohnsteuerbescheinigung 2022. → BMF vom 18.8.2021 (BStBl. I S. 1079).

Berichtigung der Lohnsteuerbescheinigung.
- Der Arbeitnehmer kann nach Übermittlung oder Ausschreibung der Lohnsteuerbescheinigung deren Berichtigung nicht mehr verlangen (→ BFH vom 13.12.2007 – BStBl. 2008 II S. 434).
- Zur Berichtigung der Lohnsteuerbescheinigung bei Änderung der Lohnsteuer-Anmeldung zu Gunsten des Arbeitgebers → § 41c Abs. 3 Satz 4 und 5 EStG.

Bescheinigung zu Unrecht einbehaltener Lohnsteuer. Wird von steuerfreien Einnahmen aus nichtselbständiger Arbeit (zu Unrecht) Lohnsteuer einbehalten und an ein inländisches Finanzamt abgeführt, ist auch diese Lohnsteuer in der Lohnsteuerbescheinigung einzutragen und auf die für den VZ festgesetzte Einkommensteuerschuld des Arbeitnehmers anzurechnen (→ BFH vom 23.5.2000 – BStBl. II S. 581).

Finanzrechtsweg. Bei einer Nettolohnvereinbarung ist für Streitigkeiten über die Höhe des in der Lohnsteuerbescheinigung auszuweisenden Bruttoarbeitslohns der Finanzrechtsweg nicht gegeben (→ BFH vom 13.12.2007 – BStBl. 2008 II S. 434).

Unzutreffender Steuerabzug. Ein unzutreffender Lohnsteuerabzug kann durch Einwendungen gegen die Lohnsteuerbescheinigung nicht berichtigt werden (→ BFH vom 13.12.2007 – BStBl. 2008 II S. 434).

Zu § 41c EStG

R 41c.1 Änderung des Lohnsteuerabzugs

(1) [1]Unabhängig von der Verpflichtung des Arbeitgebers, nach § 39c Abs. 1 und 2 EStG den Lohnsteuerabzug für vorangegangene Monate zu überprüfen und erforderlichenfalls zu ändern, ist der Arbeitgeber in den in § 41c Abs. 1 EStG bezeichneten Fällen zu einer Änderung des Lohnsteuerabzugs bei der

[1] Zur Aufteilung der an ausländische Sozialversicherungsträger geleisteten Globalbeiträge zu Altersvorsorgeaufwendungen siehe BMF v. 19.11.2021, BStBl. I 2021, 2275.

jeweils nächstfolgenden Lohnzahlung berechtigt. [2]Die Änderung ist zugunsten oder zuungunsten des Arbeitnehmers zulässig, ohne dass es dabei auf die Höhe der zu erstattenden oder nachträglich einzubehaltenden Steuer ankommt. [3]Für die nachträgliche Einbehaltung durch den Arbeitgeber gilt der Mindestbetrag für die Nachforderung durch das Finanzamt (§ 41c Abs. 4 Satz 2 EStG) nicht.

(2) [1]Der Arbeitgeber ist zur Änderung des Lohnsteuerabzugs nur berechtigt, soweit die Lohnsteuer von ihm einbehalten worden ist oder einzubehalten war. [2]Bei Nettolöhnen (→ R 39b.9) gilt dies für die zu übernehmende Steuer.

(3) [1]Die Änderung des Lohnsteuerabzugs auf Grund rückwirkender Lohnsteuerabzugsmerkmale ist nicht auf die Fälle beschränkt, in denen das Finanzamt die Lohnsteuerabzugsmerkmale mit Wirkung von einem zurückliegenden Zeitpunkt an ändert oder ergänzt. [2]Die Änderung des Lohnsteuerabzugs ist ebenso zulässig, wenn der Arbeitgeber wegen fehlender Lohnsteuerabzugsmerkmale den Lohnsteuerabzug gemäß § 39c Abs. 1 Satz 1 bis 3 oder Abs. 2 Satz 1 EStG vorgenommen hat und dem Arbeitgeber erstmals Lohnsteuerabzugsmerkmale zur Verfügung gestellt werden bzw. der Arbeitnehmer erstmals eine Bescheinigung für den Lohnsteuerabzug vorlegt oder wenn bei Vorauszahlung des Arbeitslohns der Geltungsbeginn der Lohnsteuerabzugsmerkmale in einen bereits abgerechneten Lohnzahlungszeitraum fällt.

(4) [1]Die Änderung des Lohnsteuerabzugs ist, sofern der Arbeitgeber von seiner Berechtigung hierzu Gebrauch macht, bei der nächsten Lohnzahlung vorzunehmen, die dem Abruf von rückwirkenden Lohnsteuerabzugsmerkmalen oder auf die Vorlage einer Bescheinigung für den Lohnsteuerabzug mit den rückwirkenden Eintragungen oder dem Erkennen einer nicht vorschriftsmäßigen Lohnsteuereinbehaltung folgt. [2]Der Arbeitgeber darf in Fällen nachträglicher Einbehaltung von Lohnsteuer die Einbehaltung nicht auf mehrere Lohnzahlungen verteilen. [3]Die nachträgliche Einbehaltung ist auch insoweit zulässig, als dadurch die Pfändungsfreigrenzen unterschritten werden; wenn die nachträglich einzubehaltende Lohnsteuer den auszuzahlenden Barlohn übersteigt, ist die nachträgliche Einbehaltung in Höhe des auszuzahlenden Barlohns vorzunehmen und dem Finanzamt für den übersteigenden Betrag eine Anzeige nach § 41c Abs. 4 EStG zu erstatten.

(5) [1]Im Fall der Erstattung von Lohnsteuer hat der Arbeitgeber die zu erstattende Lohnsteuer dem Gesamtbetrag der von ihm abzuführenden Lohnsteuer zu entnehmen. [2]Als Antrag auf Ersatz eines etwaigen Fehlbetrags reicht es aus, wenn in der Lohnsteueranmeldung der Erstattungsbetrag kenntlich gemacht wird. [3]Macht der Arbeitgeber von seiner Berechtigung zur Lohnsteuererstattung nach § 41c Abs. 1 und 2 EStG keinen Gebrauch, kann der Arbeitnehmer die Erstattung beim Finanzamt beantragen.

(6) [1]Nach Ablauf des Kalenderjahres ist eine Änderung des Lohnsteuerabzugs in der Weise vorzunehmen, dass die Jahreslohnsteuer festzustellen und durch Gegenüberstellung mit der insgesamt einbehaltenen Lohnsteuer der nachträglich einzubehaltende oder zu erstattende Steuerbetrag zu ermitteln ist. [2]Eine Erstattung darf aber nur im Lohnsteuer-Jahresausgleich unter den Voraussetzungen des § 42b EStG vorgenommen werden. [3]Wenn der Arbeitgeber nach § 42b Abs. 1 EStG den Lohnsteuer-Jahresausgleich nicht durchführen darf, ist auch eine Änderung des Lohnsteuerabzugs mit Erstattungsfolge nicht möglich; der Arbeit-

nehmer kann in diesen Fällen die Erstattung im Rahmen einer Veranlagung zur Einkommensteuer erreichen. [4]Soweit der Arbeitgeber auf Grund einer Änderung des Lohnsteuerabzugs nach Ablauf des Kalenderjahres nachträglich Lohnsteuer einbehält, handelt es sich um Lohnsteuer des abgelaufenen Kalenderjahres, die zusammen mit der übrigen einbehaltenen Lohnsteuer des abgelaufenen Kalenderjahres in einer Summe in der Lohnsteuerbescheinigung zu übermitteln oder anzugeben ist. [5]Die nachträglich einbehaltene Lohnsteuer ist für den Anmeldungszeitraum anzugeben und abzuführen, in dem sie einbehalten wurde.

(7) [1]Hat der Arbeitgeber die Lohnsteuerbescheinigung übermittelt oder ausgestellt, ist eine Änderung des Lohnsteuerabzuges nicht mehr möglich. [2]Die bloße Korrektur eines zunächst unrichtig übermittelten Datensatzes ist zulässig. [3]Die Anzeigeverpflichtung nach § 41c Abs. 4 Satz 1 Nr. 2 EStG bleibt unberührt.

(8) [1]Bei beschränkt Steuerpflichtigen ist auch nach Ablauf des Kalenderjahres eine Änderung des Lohnsteuerabzugs nur für die Lohnzahlungszeiträume vorzunehmen, auf die sich die Änderungen beziehen. [2]Eine Änderung mit Erstattungsfolge kann in diesem Falle nur das Finanzamt durchführen.

H 41c.1

Änderung der Festsetzung. Eine Erhöhung der Lohnsteuer-Entrichtungsschuld ist unter den Voraussetzungen des § 164 Abs. 2 Satz 1 AO auch nach Übermittlung oder Ausschreibung der Lohnsteuerbescheinigung zulässig (→ BFH vom 30.10.2008 – BStBl. 2009 II S. 354).[1)]

Erstattungsantrag. Erstattungsansprüche des Arbeitnehmers wegen zu Unrecht einbehaltener Lohnsteuer sind nach Ablauf des Kalenderjahres im Rahmen einer Veranlagung zur Einkommensteuer geltend zu machen. Darüber hinaus ist ein Erstattungsantrag gemäß § 37 AO nicht zulässig (→ BFH vom 20.5.1983 – BStBl. II S. 584). Dies gilt auch für zu Unrecht angemeldete und abgeführte Lohnsteuerbeträge, wenn der Lohnsteuerabzug nach § 41c Abs. 3 EStG nicht mehr geändert werden kann (→ BFH vom 17.6.2009 – BStBl. 2010 II S. 72).

Minderung der Lohnsteuer. Steht eine Lohnsteuer-Anmeldung nicht mehr unter dem Vorbehalt der Nachprüfung, hindert § 41c Abs. 3 Satz 4 EStG nicht eine Änderung der Lohnsteuer-Anmeldung nach den allgemeinen Korrekturvorschriften der §§ 172 ff. AO (→ BFH vom 30.9.2020 – BStBl. II S. 446).

R 41c.2 Anzeigepflichten des Arbeitgebers

(1) [1]Der Arbeitgeber hat die Anzeigepflichten nach § 38 Abs. 4, § 41c Abs. 4 EStG unverzüglich zu erfüllen. [2]Sobald der Arbeitgeber erkennt, dass der Lohnsteuerabzug in zu geringer Höhe vorgenommen worden ist, hat er dies dem Betriebsstättenfinanzamt anzuzeigen, wenn er die Lohnsteuer nicht nachträglich einbehalten kann oder von seiner Berechtigung hierzu keinen Gebrauch macht; dies gilt auch bei rückwirkender Gesetzesänderung. [3]Der

[1)] Ebenso BFH v. 13.11.2012 VI R 38/11, BStBl. II 2013, 929.

Arbeitgeber hat die Anzeige über die zu geringe Einbehaltung der Lohnsteuer gegebenenfalls auch für die zurückliegenden vier Kalenderjahre zu erstatten. [4]Die Anzeigepflicht besteht unabhängig von dem Mindestbetrag (§ 41c Abs. 4 Satz 2 EStG) für die Nachforderung durch das Finanzamt.

(2) [1]Die Anzeige ist schriftlich zu erstatten. [2]In ihr sind Name, Anschrift, Geburtsdatum und Identifikationsnummer des Arbeitnehmers, seine Lohnsteuerabzugsmerkmale, nämlich Steuerklasse/Faktor, Zahl der Kinderfreibeträge, Kirchensteuermerkmal und ggf. ein Freibetrag oder Hinzurechnungsbetrag, sowie der Anzeigegrund und die für die Berechnung einer Lohnsteuer-Nachforderung erforderlichen Mitteilungen über Höhe und Art des Arbeitslohns, z. B. Auszug aus dem Lohnkonto, anzugeben.

(3) [1]Das Betriebsstättenfinanzamt hat die Anzeige an das für die Einkommensbesteuerung des Arbeitnehmers zuständige Finanzamt weiterzuleiten, wenn es zweckmäßig erscheint, die Lohnsteuer-Nachforderung nicht sofort durchzuführen, z. B. weil es wahrscheinlich ist, dass der Arbeitnehmer zur Einkommensteuer veranlagt wird. [2]Das ist auch angebracht in Fällen, in denen bei Eingang der Anzeige nicht abzusehen ist, ob sich bei Änderung des Lohnsteuerabzugs nach Ablauf des Kalenderjahres (→ § 41c Abs. 3 Satz 2 EStG) eine Lohnsteuer-Nachforderung ergeben wird.

R **41c.3** Nachforderung von Lohnsteuer

(1) In den Fällen des § 38 Abs. 4 und des § 41c Abs. 4 EStG ist das Betriebsstättenfinanzamt für die Nachforderung dann zuständig, wenn die zu wenig erhobene Lohnsteuer bereits im Laufe des Kalenderjahres nachgefordert werden soll.

(2) [1]Im Falle des § 41c Abs. 4 EStG gilt für die Berechnung der nachzufordernden Lohnsteuer nach Ablauf des Kalenderjahres R 41c.1 Abs. 6 Satz 1 und Abs. 8 Satz 1 entsprechend. [2]In anderen Fällen ist die Jahreslohnsteuer wie folgt zu ermitteln:

1		Bruttoarbeitslohn
2	+	ermäßigt besteuerte Entschädigungen und ermäßigte besteuerte Vergütungen für mehrjährige Tätigkeit i. S. d. § 34 EStG
3	=	Jahresarbeitslohn
4	–	Freibeträge für Versorgungsbezüge (§ 19 Abs. 2 EStG)
5	–	Werbungskosten, maßgebender Pauschbetrag für Werbungskosten (§§ 9, 9a EStG)
6	–	Altersentlastungsbetrag (§ 24a EStG)
7	–	Entlastungsbetrag für Alleinerziehende (§ 24b EStG)[1)]
8	=	Gesamtbetrag der Einkünfte (§ 2 Abs. 3 EStG)
9	–	Sonderausgaben (§§ 10, 10b, 10c, 39b Abs. 2 Satz 5 Nr. 3 EStG)
10	–	außergewöhnliche Belastungen (§§ 33 bis 33b EStG)

1) **[Amtl. Anm.:]** Ab 2015 die Summe der Beträge nach § 24b Abs. 2 EStG.

11	=	Einkommen (§ 2 Abs. 4 EStG)
12	–	Freibeträge für Kinder (nur für Kinder, für die kein Anspruch auf Kindergeld besteht; § 39a Abs. 1 Nr. 6 EStG)
13	=	zu versteuerndes Einkommen (§ 2 Abs. 5 EStG)
14	–	Entschädigungen und Vergütungen i. S. d. § 34 EStG (Zeile 2)
15	=	verbleibendes zu versteuerndes Einkommen
16	+	ein Fünftel der Entschädigungen und Vergütungen i. S. d. § 34 EStG (Zeile 2)
17	=	Summe
18	=	Steuerbetrag für die Summe (Zeile 17) laut Grundtarif/Splittingtarif
19	–	Steuerbetrag für das verbleibende zu versteuernde Einkommen (Zeile 15) laut Grundtarif/Splittingtarif
20	=	Unterschiedsbetrag

[3]Hat der Arbeitnehmer keine Entschädigungen und Vergütungen i. S. d. § 34 EStG bezogen, so ist der für das zu versteuernde Einkommen (Zeile 13) nach dem Grundtarif/Splittingtarif ermittelte Steuerbetrag die Jahreslohnsteuer (tarifliche Einkommensteuer – § 32a Abs. 1, 5 EStG). [4]Hat der Arbeitnehmer Entschädigungen und Vergütungen i. S. d. § 34 EStG bezogen, ist der Steuerbetrag für das verbleibende zu versteuernde Einkommen (Zeile 19) zuzüglich des Fünffachen des Unterschiedsbetrags (Zeile 20) die Jahreslohnsteuer (tarifliche Einkommensteuer – § 32a Abs. 1, 5 EStG).

(3) [1]Will das Finanzamt zu wenig einbehaltene Lohnsteuer vom Arbeitnehmer nachfordern, erlässt es gegen diesen einen Steuerbescheid. [2]Nach Ablauf des Kalenderjahres kommt eine Nachforderung von Lohnsteuer oder Einkommensteuer ggf. auch durch erstmalige oder geänderte Veranlagung zur Einkommensteuer in Betracht. [3]Die Nachforderung von Lohnsteuer oder Einkommensteuer erfolgt durch erstmalige oder geänderte Veranlagung zur Einkommensteuer, wenn ein Hinzurechnungsbetrag als Lohnsteuerabzugsmerkmal gebildet wurde (→ § 46 Abs. 2 Nr. 2 EStG).

(4) [1]Außer im Fall des § 38 Abs. 4 EStG unterbleibt die Nachforderung, wenn die nachzufordernde Lohnsteuer den Mindestbetrag nach § 41c Abs. 4 Satz 2 EStG nicht übersteigt. [2]Bezieht sich die Nachforderung auf mehrere Kalenderjahre, so ist für jedes Kalenderjahr gesondert festzustellen, ob der Mindestbetrag überschritten wird. [3]Treffen in einem Kalenderjahr mehrere Nachforderungsgründe zusammen, so gilt der Mindestbetrag für die insgesamt nachzufordernde Lohnsteuer.

H 41c.3

Einzelfälle. Das Finanzamt hat die zu wenig einbehaltene Lohnsteuer vom Arbeitnehmer nachzufordern, wenn

– der Barlohn des Arbeitnehmers zur Deckung der Lohnsteuer nicht ausreicht und die Steuer weder aus zurückbehaltenen anderen Bezügen des Arbeitnehmers noch durch einen entsprechenden Barzuschuss des Arbeitnehmers aufgebracht werden kann (→ § 38 Abs. 4 EStG),

– eine Änderung der Lohnsteuerabzugsmerkmale erforderlich war, diese aber unterblieben ist,
– in den Fällen des § 39a Abs. 5 EStG ein Freibetrag rückwirkend herabgesetzt worden ist und der Arbeitgeber die zu wenig erhobene Lohnsteuer nicht nachträglich einbehalten kann,
– die rückwirkende Änderung eines Pauschbetrags für behinderte Menschen und Hinterbliebene (→ § 33b EStG) wegen der bereits erteilten Lohnsteuerbescheinigung nicht zu einer Nacherhebung von Lohnsteuer durch den Arbeitgeber führen kann (→ BFH vom 24.9.1982 – BStBl. 1983 II S. 60),
– der Arbeitgeber dem Finanzamt angezeigt hat, dass er von seiner Berechtigung, Lohnsteuer nachträglich einzubehalten, keinen Gebrauch macht, oder die Lohnsteuer nicht nachträglich einbehalten kann (→ § 41c Abs. 4 EStG),
– der Arbeitnehmer in den Fällen des § 42d Abs. 3 Satz 4 EStG für die nicht vorschriftsmäßig einbehaltene oder angemeldete Lohnsteuer in Anspruch zu nehmen ist; wegen der Wahl der Inanspruchnahme → R 42d.1 Abs. 3 und 4 oder
– die Voraussetzungen der unbeschränkten Einkommensteuerpflicht nach § 1 Abs. 3 EStG nicht vorgelegen haben und es dies bereits bei Erteilung der Bescheinigung hätte bemerken können (→ § 50 Abs. 2 Satz 2 Nr. 2 EStG); auch bei einer fehlerhaft erteilten Bescheinigung kann das Finanzamt die zu wenig erhobene Lohnsteuer nachfordern (→ BFH vom 23.9.2008 – BStBl. 2009 II S. 666).

Erkenntnisse aus rechtswidriger Außenprüfung. → BFH vom 9.11.1984 (BStBl. 1985 II S. 191).

Festsetzungsfrist gegenüber dem Arbeitnehmer. Durch eine Anzeige des Arbeitgebers nach § 41c Abs. 4 Satz 1 Nr. 1 EStG wird der Anlauf der Festsetzungsfrist für die Lohnsteuer gegenüber dem Arbeitnehmer gemäß § 170 Abs. 2 Satz 1 Nr. 1 AO gehemmt (→ BFH vom 5.7.2012 – BStBl. 2013 II S. 190).

Freibeträge, rückwirkende Änderung. Wird Lohnsteuer nach Ablauf des Kalenderjahres wegen der rückwirkenden Änderung eines Pauschbetrags für behinderte Menschen und Hinterbliebene (→ § 33b EStG) und einer bereits erteilten Lohnsteuerbescheinigung nachgefordert, bedarf es keiner förmlichen Berichtigung des Freibetrags; es genügt, wenn die Inanspruchnahme des Arbeitnehmers ausdrücklich mit der rückwirkenden Änderung des Freibetrags begründet wird (→ BFH vom 24.9.1982 – BStBl. 1983 II S. 60).

Zuständigkeit. Für die Nachforderung ist im Allgemeinen das für die Einkommensbesteuerung des Arbeitnehmers zuständige Finanzamt zuständig. Ist keine Pflicht- oder Antragsveranlagung nach § 46 Abs. 2 EStG durchzuführen, ist die Nachforderung vom Betriebsstättenfinanzamt vorzunehmen (→ BFH vom 21.2.1992 – BStBl. II S. 565); Entsprechendes gilt, wenn zu wenig erhobene Lohnsteuer nach §§ 38 Abs. 4 und 41c Abs. 4 EStG bereits im Laufe des Kalenderjahres nachgefordert werden soll. Für die Nachforderung zu wenig einbehaltener Lohnsteuer von beschränkt einkommensteuerpflichtigen Arbeitnehmern ist stets das Betriebsstättenfinanzamt zuständig (→ BFH vom 20.6.1990 – BStBl. 1992 II S. 43).

Zu § 42b EStG

R 42b. Durchführung des Lohnsteuer-Jahresausgleichs durch den Arbeitgeber[1)]

(1) [1]Der Arbeitgeber darf den Lohnsteuer-Jahresausgleich nur für *unbeschränkt einkommensteuerpflichtige* Arbeitnehmer durchführen,

1. die während des Ausgleichsjahres ständig in einem zu ihm bestehenden Dienstverhältnis gestanden haben,
2. die am 31. Dezember des Ausgleichsjahres in seinen Diensten stehen oder zu diesem Zeitpunkt von ihm Arbeitslohn aus einem früheren Dienstverhältnis beziehen und
3. bei denen kein Ausschlusstatbestand nach § 42b Abs. 1 Satz 3 EStG vorliegt.

[2]Beginnt oder endet die unbeschränkte Einkommensteuerpflicht im Laufe des Kalenderjahres, darf der Arbeitgeber den Lohnsteuer-Jahresausgleich nicht durchführen.

(2) Beantragt der Arbeitnehmer, Entschädigungen oder Vergütungen für mehrjährige Tätigkeit i. S. d. § 34 EStG in den Lohnsteuer-Jahresausgleich einzubeziehen (→ § 42b Abs. 2 Satz 2 EStG), gehören die Entschädigungen und Vergütungen zum Jahresarbeitslohn, für den die Jahreslohnsteuer zu ermitteln ist.

(3) [1]Bei Arbeitnehmern, für die der Arbeitgeber nach § 42b Abs. 1 EStG einen Lohnsteuer-Jahresausgleich durchführen darf, darf der Arbeitgeber den Jahresausgleich mit der Ermittlung der Lohnsteuer für den letzten im Ausgleichsjahr endenden Lohnzahlungszeitraum zusammenfassen (→ § 42b Abs. 3 Satz 1 EStG). [2]Hierbei ist die Jahreslohnsteuer nach § 42b Abs. 2 Satz 1 bis 3 EStG zu ermitteln und der Lohnsteuer, die von dem Jahresarbeitslohn erhoben worden ist, gegenüberzustellen. [3]Übersteigt die ermittelte Jahreslohnsteuer die erhobene Lohnsteuer, so ist der Unterschiedsbetrag die Lohnsteuer, die für den letzten Lohnzahlungszeitraum des Ausgleichsjahrs einzubehalten ist. [4]Übersteigt die erhobene Lohnsteuer die ermittelte Jahreslohnsteuer, so ist der Unterschiedsbetrag dem Arbeitnehmer zu erstatten; § 42b Abs. 3 Satz 2 und 3 sowie Abs. 4 EStG ist hierbei anzuwenden.

H 42b

Vorsorgepauschale. Zum Ausschluss des Lohnsteuer-Jahresausgleichs → § 42b Abs. 1 Satz 3 Nr. 5 EStG und → BMF vom 26.11.2013 (BStBl. I S. 1532), Tz. 8.

---

1) **[Amtl. Anm.:]** Einschränkung auf unbeschränkt einkommensteuerpflichtige Arbeitnehmer überholt → § 42b Abs. 1 Satz 1 EStG.

Zu § 42d EStG

R **42d.1** Inanspruchnahme des Arbeitgebers

Allgemeines

(1) [1]Der Arbeitnehmer ist – vorbehaltlich § 40 Abs. 3 EStG – Schuldner der Lohnsteuer (§ 38 Abs. 2 EStG), dies gilt auch für den Fall einer Nettolohnvereinbarung (→ R 39b.9). [2]Für diese Schuld kann der Arbeitgeber als Haftender in Anspruch genommen werden, soweit seine Haftung reicht (§ 42d Abs. 1 und 2 EStG); die Haftung entfällt auch in den vom Arbeitgeber angezeigten Fällen des § 38 Abs. 4 Satz 3 EStG. [3]Dies gilt auch bei Lohnzahlung durch Dritte, soweit der Arbeitgeber zur Einbehaltung der Lohnsteuer verpflichtet ist (§ 38 Abs. 1 Satz 3 EStG) und in Fällen des § 38 Abs. 3a EStG.

Haftung anderer Personen

(2) [1]Soweit Dritte für Steuerleistungen in Anspruch genommen werden können, z. B. gesetzliche Vertreter juristischer Personen, Vertreter, Bevollmächtigte, Vermögensverwalter, Rechtsnachfolger, haften sie als Gesamtschuldner neben dem Arbeitgeber als weiterem Haftenden und neben dem Arbeitnehmer als Steuerschuldner (§ 44 AO). [2]Die Haftung kann sich z. B. aus §§ 69 bis 77 AO ergeben.

Gesamtschuldner

(3) [1]Soweit Arbeitgeber, Arbeitnehmer und gegebenenfalls andere Personen Gesamtschuldner sind, schuldet jeder die gesamte Leistung (§ 44 Abs. 1 Satz 2 AO). [2]Das Finanzamt muss die Wahl, an welchen Gesamtschuldner es sich halten will, nach pflichtgemäßem Ermessen unter Beachtung der durch Recht und Billigkeit gezogenen Grenzen und unter verständiger Abwägung der Interessen aller Beteiligten treffen.

Ermessensprüfung

(4) [1]Die Haftung des Arbeitgebers ist von einem Verschulden grundsätzlich nicht abhängig. [2]Ein geringfügiges Verschulden oder ein schuldloses Verhalten des Arbeitgebers ist aber bei der Frage zu würdigen, ob eine Inanspruchnahme des Arbeitgebers im Rahmen des Ermessens liegt. [3]Die Frage, ob der Arbeitgeber vor dem Arbeitnehmer in Anspruch genommen werden darf, hängt wesentlich von den Gesamtumständen des Einzelfalls ab, wobei von dem gesetzgeberischen Zweck des Lohnsteuerverfahrens, durch den Abzug an der Quelle den schnellen Eingang der Lohnsteuer in einem vereinfachten Verfahren sicherzustellen, auszugehen ist. [4]Die Inanspruchnahme des Arbeitgebers kann ausgeschlossen sein, wenn er den individuellen Lohnsteuerabzug ohne Berücksichtigung von Gesetzesänderungen durchgeführt hat, soweit es ihm in der kurzen Zeit zwischen der Verkündung des Gesetzes und den folgenden Lohnabrechnungen bei Anwendung eines strengen Maßstabs nicht zumutbar war, die Gesetzesänderungen zu berücksichtigen.

Haftungsbescheid

(5) [1]Wird der Arbeitgeber nach § 42d EStG als Haftungsschuldner in Anspruch genommen, so ist, vorbehaltlich § 42d Abs. 4 Nr. 1 und 2 EStG, ein

Haftungsbescheid zu erlassen. [2]Darin sind die für das Entschließungs- und Auswahlermessen maßgebenden Gründe anzugeben. [3]Hat der Arbeitgeber nach Abschluss einer Lohnsteuer-Außenprüfung eine Zahlungsverpflichtung schriftlich anerkannt, steht die Anerkenntniserklärung einer Lohnsteuer-Anmeldung gleich (§ 167 Abs. 1 Satz 3 AO). [4]Ein Haftungsbescheid lässt die Lohnsteuer-Anmeldungen unberührt.

Nachforderungsbescheid

(6) [1]Wird pauschale Lohnsteuer nacherhoben, die der Arbeitgeber zu übernehmen hat (§ 40 Abs. 3 EStG), so ist ein Nachforderungsbescheid (Steuerbescheid) zu erlassen; Absatz 5 Satz 3 und 4 gilt entsprechend. [2]Der Nachforderungsbescheid bezieht sich auf bestimmte steuerpflichtige Sachverhalte. [3]Die Änderung ist hinsichtlich der ihm zugrunde liegenden Sachverhalte – außer in den Fällen der §§ 172 und 175 AO – wegen der Änderungssperre des § 173 Abs. 2 AO nur bei Steuerhinterziehung oder leichtfertiger Steuerverkürzung möglich.

Zahlungsfrist

(7) Für die durch Haftungsbescheid (→ Absatz 5) oder Nachforderungsbescheid (→ Absatz 6) angeforderten Steuerbeträge ist eine Zahlungsfrist von einem Monat zu setzen.

H 42d.1

Allgemeines zur Arbeitgeberhaftung.

– Wegen der Einschränkung der Haftung in den Fällen, in denen sich der Arbeitgeber und der Arbeitnehmer über die Zugehörigkeit von Bezügen zum Arbeitslohn und damit auch über die Notwendigkeit der Eintragung der mit diesen Bezügen zusammenhängenden Werbungskosten irrten und irren konnten, → BFH vom 5.11.1971 (BStBl. 1972 II S. 137).
– Die Lohnsteuer ist nicht vorschriftsmäßig einbehalten, wenn der Arbeitgeber im Lohnsteuer-Jahresausgleich eine zu hohe Lohnsteuer erstattet (→ BFH vom 24.1.1975 – BStBl. II S. 420).
– Wurde beim Arbeitgeber eine Lohnsteuer-Außenprüfung durchgeführt, bewirkt dies zugleich eine Hemmung der Verjährungsfrist in Bezug auf den Steueranspruch gegen den Arbeitnehmer (→ § 171 Abs. 15 AO); dies gilt für alle Fälle, in denen die Festsetzungsfrist für den Arbeitnehmer am 30.6.2013 noch nicht abgelaufen war (→ Artikel 97 § 10 Abs. 11 EGAO).
– Der Arbeitgeber hat den Arbeitslohn vorschriftsmäßig gekürzt, wenn er die Lohnsteuer entsprechend den Lohnsteuerabzugsmerkmalen berechnet hat und wenn er der Berechnung der Lohnsteuer die für das maßgebende Jahr gültigen Lohnsteuertabellen zugrunde gelegt hat (→ BFH vom 9.3.1990 – BStBl. II S. 608).
– Die Lohnsteuer ist dann vorschriftsmäßig einbehalten, wenn in der betreffenden Lohnsteuer-Anmeldung die mit dem Zufluss des Arbeitslohns entstandene Lohnsteuer des Anmeldungszeitraums erfasst wurde. Maßgebend für das Entstehen der Lohnsteuer sind dabei nicht die Kenntnisse und Vorstellungen des Arbeitgebers, sondern die Verwirklichung des

Tatbestandes, an den das Gesetz die Besteuerung knüpft (→ BFH vom 4.6.1993 – BStBl. II S. 687).

- Bei einer fehlerhaft ausgestellten Lohnsteuerbescheinigung beschränkt sich die Haftung des Arbeitgebers auf die Lohnsteuer, die sich bei der Einkommensteuerveranlagung des Arbeitnehmers ausgewirkt hat (→ BFH vom 22.7.1993 – BStBl. II S. 775).
- Führt der Arbeitgeber trotz fehlender Kenntnis der individuellen Lohnsteuerabzugsmerkmale des Arbeitnehmers den Lohnsteuerabzug nicht nach der Steuerklasse VI, sondern nach der Steuerklasse I bis V durch, kann der Arbeitgeber auch nach Ablauf des Kalenderjahres grundsätzlich nach Steuerklasse VI (§ 42d Abs. 1 Nr. 1 EStG) in Haftung genommen werden (→ BFH vom 12.1.2001 – BStBl. 2003 II S. 151).
- Die Anzeige des Arbeitgebers nach § 38 Abs. 4 Satz 2 EStG ersetzt die Erfüllung der Einbehaltungspflichten. Bei unterlassener Anzeige hat der Arbeitgeber die Lohnsteuer mit den Haftungsfolgen nicht ordnungsgemäß einbehalten (→ BFH vom 9.10.2002 – BStBl. II S. 884).
- Hat der Arbeitgeber auf Grund unrichtiger Angaben in den Lohnkonten oder den Lohnsteuerbescheinigungen vorsätzlich Lohnsteuer verkürzt, ist ihm als Steuerstraftäter der Einwand verwehrt, das Finanzamt hätte statt seiner die Arbeitnehmer in Anspruch nehmen müssen (→ BFH vom 12.2.2009 – BStBl. II S. 478).

Ermessensausübung.

- Die Grundsätze von Recht und Billigkeit verlangen keine vorrangige Inanspruchnahme des Arbeitnehmers (→ BFH vom 6.5.1959 – BStBl. III S. 292).
- Eine vorrangige Inanspruchnahme des Arbeitgebers vor dem Arbeitnehmer kann unzulässig sein, wenn die Lohnsteuer ebenso schnell und ebenso einfach vom Arbeitnehmer nacherhoben werden kann, weil z. B. der Arbeitnehmer ohnehin zu veranlagen ist (→ BFH vom 30.11.1966 – BStBl. 1967 III S. 331 und vom 12.1.1968 – BStBl. II S. 324); das gilt insbesondere dann, wenn der Arbeitnehmer inzwischen aus dem Betrieb ausgeschieden ist (→ BFH vom 10.1.1964 – BStBl. III S. 213).
- Zur Ermessensprüfung bei geringfügigem Verschulden → BFH vom 21.1.1972 (BStBl. II S. 364).
- Der Inanspruchnahme des Arbeitgebers steht nicht entgegen, dass das Finanzamt über einen längeren Zeitraum von seinen Befugnissen zur Überwachung des Lohnsteuerabzugs und zur Beitreibung der Lohnabzugsbeträge keinen Gebrauch gemacht hat (→ BFH vom 11.8.1978 – BStBl. II S. 683).
- War die Inanspruchnahme des Arbeitgebers nach der Ermessensprüfung unzulässig, so kann er trotzdem in Anspruch genommen werden, wenn der Versuch des Finanzamts, die Lohnsteuer beim Arbeitnehmer nachzuerheben, erfolglos verlaufen ist (→ BFH vom 18.7.1958 – BStBl. III S. 384) und § 173 Abs. 2 AO dem Erlass eines Haftungsbescheids nicht entgegensteht (→ BFH vom 17.2.1995 – BStBl. II S. 555).
- Eine vorsätzliche Steuerstraftat prägt das Auswahlermessen für die Festsetzung der Lohnsteuerhaftungsschuld; eine besondere Begründung der

Ermessensentscheidung ist entbehrlich (→ BFH vom 12.2.2009 – BStBl. II S. 478).

Eine Inanspruchnahme des Arbeitgebers **kann ausgeschlossen** sein, wenn z. B.

– der Arbeitgeber eine bestimmte Methode der Steuerberechnung angewendet und das Finanzamt hiervon Kenntnis erlangt und nicht beanstandet hat oder wenn der Arbeitgeber durch Prüfung und Erörterung einer Rechtsfrage durch das Finanzamt in einer unrichtigen Rechtsauslegung bestärkt wurde (→ BFH vom 20.7.1962 – BStBl. 1963 III S. 23),
– der Arbeitgeber einem entschuldbaren Rechtsirrtum unterlegen ist, weil das Finanzamt eine unklare oder falsche Auskunft gegeben hat (→ BFH vom 24.11.1961 – BStBl. 1962 III S. 37) oder weil er den Angaben in einem Manteltarifvertrag über die Steuerfreiheit vertraut hat (→ BFH vom 18.9.1981 – BStBl. II S. 801),
– der Arbeitgeber den Lohnsteuerabzug entsprechend der von einer vorgesetzten Landesfinanzbehörde in einem Erlass oder einer Verfügung geäußerten Auffassung durchführt, auch wenn er die Verwaltungsanweisung nicht gekannt hat (→ BFH vom 25.10.1985 – BStBl. 1986 II S. 98); das gilt aber nicht, wenn dem Arbeitgeber bekannt war, dass das für ihn zuständige Betriebsstättenfinanzamt eine andere Auffassung vertritt,
– der Arbeitgeber entsprechend einer Billigkeitsregelung der Finanzbehörden Lohnsteuer materiell unzutreffend einbehält (→ BFH vom 13.6.2013 – BStBl. 2014 II S. 340).

Die Inanspruchnahme des Arbeitgebers ist in aller Regel **ermessensfehlerfrei,** wenn

– die Einbehaltung der Lohnsteuer in einem rechtlich einfach und eindeutig vorliegenden Fall nur deshalb unterblieben ist, weil der Arbeitgeber sich über seine Verpflichtungen nicht hinreichend unterrichtet hat (→ BFH vom 5.2.1971 – BStBl. II S. 353),
– das Finanzamt auf Grund einer fehlerhaften Unterlassung des Arbeitgebers aus tatsächlichen Gründen nicht in der Lage ist, die Arbeitnehmer als Schuldner der Lohnsteuer heranzuziehen (→ BFH vom 7.12.1984 – BStBl. 1985 II S. 164),
– im Falle einer Nettolohnvereinbarung der Arbeitnehmer nicht weiß, dass der Arbeitgeber die Lohnsteuer nicht angemeldet hat (→ BFH vom 8.11.1985 – BStBl. 1986 II S. 186),
– sie der Vereinfachung dient, weil gleiche oder ähnliche Berechnungsfehler bei einer größeren Zahl von Arbeitnehmern gemacht worden sind (→ BFH vom 16.3.1962 – BStBl. III S. 282, vom 6.3.1980 – BStBl. II S. 289 und vom 24.1.1992 – BStBl. II S. 696: regelmäßig bei mehr als 40 Arbeitnehmern),
– die individuelle Ermittlung der Lohnsteuer schwierig ist und der Arbeitgeber bereit ist, die Lohnsteuerschulden seiner Arbeitnehmer endgültig zu tragen und keinen Antrag auf Pauschalierung stellt. In diesen und vergleichbaren Fällen kann die nachzufordernde Lohnsteuer unter Anwendung eines durchschnittlichen Bruttosteuersatzes – gegebenenfalls im Schätzungswege – ermittelt werden (→ BFH vom 7.12.1984 – BStBl.

1985 II S. 170, vom 12.6.1986 – BStBl. II S. 681 und vom 29.10.1993 – BStBl. 1994 II S. 197),
- der Arbeitgeber in schwierigen Fällen, in denen bei Anwendung der gebotenen Sorgfalt Zweifel über die Rechtslage kommen müssen, einem Rechtsirrtum unterliegt, weil er von der Möglichkeit der Anrufungsauskunft (§ 42e EStG) keinen Gebrauch gemacht hat (→ BFH vom 18.8.2005 – BStBl. 2006 II S. 30 und vom 29.5.2008 – BStBl. II S. 933).

Ermessensbegründung.
- Die Ermessensentscheidung des Finanzamts muss im Haftungsbescheid, spätestens aber in der Einspruchsentscheidung begründet werden, andernfalls ist sie im Regelfall fehlerhaft. Dabei müssen die bei der Ausübung des Verwaltungsermessens angestellten Erwägungen – die Abwägung des Für und Wider der Inanspruchnahme des Haftungsschuldners – aus der Entscheidung erkennbar sein. Insbesondere muss zum Ausdruck kommen, warum der Haftungsschuldner anstatt des Steuerschuldners oder an Stelle anderer ebenfalls für die Haftung in Betracht kommender Personen in Anspruch genommen wird (→ BFH vom 8.11.1988 – BStBl. 1989 II S. 219).
- Enthält der Haftungsbescheid keine Aufgliederung des Haftungsbetrags auf die Anmeldungszeiträume, so ist er nicht deshalb nichtig (→ BFH vom 22.11.1988 – BStBl. 1989 II S. 220).
- Nimmt das Finanzamt sowohl den Arbeitgeber nach § 42d EStG als auch den früheren Gesellschafter-Geschäftsführer u. a. wegen Lohnsteuer-Hinterziehung nach § 71 AO in Haftung, so hat es insoweit eine Ermessensentscheidung nach § 191 Abs. 1 i. V. m. § 5 AO zu treffen und die Ausübung dieses Ermessens regelmäßig zu begründen (→ BFH vom 9.8.2002 – BStBl. 2003 II S. 160).

Haftung anderer Personen.
- Zur Frage der Pflichtverletzung bei der Abführung von Lohnsteuer durch den Geschäftsführer einer GmbH → BFH vom 20.4.1982 (BStBl. II S. 521).
- Zur Frage der Pflichtverletzung des Geschäftsführers bei Zahlung von Arbeitslohn aus dem eigenen Vermögen → BFH vom 22.11.2005 (BStBl. 2006 II S. 397).
- Die steuerrechtlich und die insolvenzrechtlich unterschiedliche Bewertung der Lohnsteuer-Abführungspflicht des Arbeitgebers in insolvenzreifer Zeit kann zu einer Pflichtenkollision führen. Eine solche steht der Haftung des Geschäftsführers wegen Nichtabführung der Lohnsteuer aber jedenfalls dann nicht entgegen, wenn der Insolvenzverwalter die Beträge im gedachten Falle der pflichtgemäßen Zahlung der Lohnsteuer vom FA deshalb nicht herausverlangen kann, weil die Anfechtungsvoraussetzungen nach §§ 129 ff. InsO nicht vorliegen (→ BFH vom 27.2.2007 – BStBl. 2009 II S. 348).
- Der Geschäftsführer einer GmbH kann als Haftungsschuldner für die von der GmbH nicht abgeführte Lohnsteuer auch insoweit in Anspruch genommen werden, als die Steuer auf seinen eigenen Arbeitslohn entfällt (→ BFH vom 15.4.1987 – BStBl. 1988 II S. 167).

– Zu den Anforderungen an die inhaltliche Bestimmtheit von Lohnsteuerhaftungsbescheiden bei der Haftung von Vertretern → BFH vom 8.3.1988 (BStBl. II S. 480).
– Zum Umfang der Haftung bei voller Auszahlung der Nettolöhne → BFH vom 26.7.1988 (BStBl. II S. 859).
– Durch privatrechtliche Vereinbarungen im Gesellschaftsvertrag kann die Haftung der Gesellschafter einer Gesellschaft bürgerlichen Rechts nicht auf das Gesellschaftsvermögen beschränkt werden (→ BFH vom 27.3.1990 – BStBl. II S. 939).
– Das Auswahlermessen für die Inanspruchnahme eines von zwei jeweils alleinvertretungsberechtigten GmbH-Geschäftsführern als Haftungsschuldner ist in der Regel nicht sachgerecht ausgeübt, wenn das Finanzamt hierfür allein auf die Beteiligungsverhältnisse der Geschäftsführer am Gesellschaftskapital abstellt (→ BFH vom 29.5.1990 – BStBl. II S. 1008).
– Zum Zeitpunkt der Anmeldung und Fälligkeit der einzubehaltenden Lohnsteuer und seiner Auswirkung auf die Geschäftsführerhaftung → BFH vom 17.11.1992 (BStBl. 1993 II S. 471).
– Ein ehrenamtlich und unentgeltlich tätiger Vorsitzender eines Vereins, der sich als solcher wirtschaftlich betätigt und zur Erfüllung seiner Zwecke Arbeitnehmer beschäftigt, haftet für die Erfüllung der steuerlichen Verbindlichkeiten des Vereins grundsätzlich nach denselben Grundsätzen wie ein Geschäftsführer einer GmbH (→ BFH vom 23.6.1998 – BStBl. II S. 761).
– Eine unzutreffende, jedoch bestandskräftig gewordene Lohnsteuer-Anmeldung muss sich der als Haftungsschuldner in Anspruch genommene Geschäftsführer einer GmbH dann nicht nach § 166 AO entgegenhalten lassen, wenn er nicht während der gesamten Dauer der Rechtsbehelfsfrist Vertretungsmacht und damit das Recht hatte, namens der GmbH zu handeln (→ BFH vom 24.8.2004 – BStBl. 2005 II S. 127).

Haftungsbefreiende Anzeige.
– Die haftungsbefreiende Wirkung der Anzeige nach § 41c Abs. 4 EStG setzt voraus, dass die nicht vorschriftsmäßige Einbehaltung der Lohnsteuer vom Arbeitgeber erkannt worden ist. Weicht der Arbeitgeber von einer erteilten Anrufungsauskunft ab, kann er nicht dadurch einen Haftungsausschluss bewirken, indem er die Abweichung dem Betriebsstättenfinanzamt anzeigt (→ BFH vom 4.6.1993 – BStBl. II S. 687).
– Der Haftungsausschluss nach § 42d Abs. 2 i. V. m. § 41c Abs. 4 EStG setzt stets eine Korrekturberechtigung i. S. d. § 41c Abs. 1 EStG voraus. Daran fehlt es, wenn eine Lohnsteuer-Anmeldung vorsätzlich fehlerhaft abgegeben worden war und dies dem Arbeitgeber zuzurechnen ist (→ BFH vom 21.4.2010 – BStBl. II S. 833).

Haftungsverfahren.
– Wurde nach einer ergebnislosen Lohnsteuer-Außenprüfung der Vorbehalt der Nachprüfung aufgehoben, steht einer Änderung der Lohnsteuer-Anmeldung nach § 173 Abs. 1 AO durch Erlass eines Lohnsteuer-Haftungsbescheides die Änderungssperre des § 173 Abs. 2 AO entgegen, es sei denn, es liegt eine Steuerhinterziehung oder eine leichtfertige Steuerverkürzung vor (→ BFH vom 15.5.1992 – BStBl. 1993 II S. 840

und vom 7.2.2008 – BStBl. 2009 II S. 703). Gleiches gilt, wenn nach einer Lohnsteuer-Außenprüfung bereits ein Lohnsteuer-Haftungsbescheid ergangen ist und der Vorbehalt der Nachprüfung für die betreffenden Lohnsteuer-Anmeldungen aufgehoben worden ist (→ BFH vom 15.5.1992 – BStBl. 1993 II S. 829).

– Wird im Anschluss an eine Außenprüfung pauschale Lohnsteuer fälschlicherweise durch einen Haftungsbescheid geltend gemacht, kann mit der Aufhebung des Haftungsbescheides die Unanfechtbarkeit i. S. d. § 171 Abs. 4 Satz 1 AO und damit das Ende der Ablaufhemmung für die Festsetzungsfrist eintreten. Der Eintritt der Festsetzungsverjährung kann nur vermieden werden, wenn der inkorrekte Haftungsbescheid erst dann aufgehoben wird, nachdem zuvor der formell korrekte Nachforderungsbescheid erlassen worden ist (→ BFH vom 6.5.1994 – BStBl. II S. 715).
– Wird vom Arbeitgeber Lohnsteuer in einer Vielzahl von Fällen nachgefordert, ist die Höhe der Lohnsteuer trotz des damit verbundenen Arbeitsaufwands grundsätzlich individuell zu ermitteln. Etwas anderes gilt dann, wenn entweder die Voraussetzungen des § 162 AO für eine Schätzung der Lohnsteuer vorliegen oder der Arbeitgeber der Berechnung der Haftungsschuld mit einem durchschnittlichen Steuersatz zugestimmt hat (→ BFH vom 17.3.1994 – BStBl. II S. 536).
– Auch die Ansprüche gegenüber dem Haftenden unterliegen der Verjährung (→ § 191 Abs. 3 AO). Die Festsetzungsfrist für einen Lohnsteuer-Haftungsbescheid endet nicht vor Ablauf der Festsetzungsfrist für die Lohnsteuer (§ 191 Abs. 3 Satz 4 1. Halbsatz AO). Der Beginn der Festsetzungsfrist für die Lohnsteuer richtet sich nach § 170 Abs. 2 Satz 1 Nr. 1 AO. Für den Beginn der die Lohnsteuer betreffenden Festsetzungsfrist ist die Lohnsteuer-Anmeldung (Steueranmeldung) und nicht die Einkommensteuererklärung der betroffenen Arbeitnehmer maßgebend (→ BFH vom 6.3.2008 – BStBl. II S. 597). Bei der Berechnung der für die Lohnsteuer maßgebenden Festsetzungsfrist sind Anlauf- und Ablaufhemmungen nach §§ 170, 171 AO zu berücksichtigen, soweit sie gegenüber dem Arbeitgeber wirken (→ AEAO § 191 Nr. 9).[1)]
– Wenn ein Arbeitgeber die Lohnsteuer trotz gesetzlicher Verpflichtung nicht anmeldet und abführt, kann das Finanzamt sie durch Schätzungsbescheid festsetzen. Die Möglichkeit, einen Haftungsbescheid zu erlassen, steht dem nicht entgegen (→ BFH vom 7.7.2004 – BStBl. II S. 1087).
– Hat das Finanzamt einen Haftungsbescheid erlassen, darf das Finanzgericht diesen Bescheid nicht aufheben und stattdessen einen (niedrigeren) Nachforderungsbetrag festsetzen (→ BFH vom 24.9.2015 – BStBl. 2016 II S. 176).

Inanspruchnahme des Arbeitnehmers.
– Die Beschränkung der Inanspruchnahme des Arbeitnehmers innerhalb des Lohnsteuerabzugsverfahrens nach § 42d Abs. 3 Satz 4 EStG steht einer uneingeschränkten Inanspruchnahme im Einkommensteuerveranlagungsverfahren nicht entgegen (→ BFH vom 13.1.2011 – BStBl. II S. 479).

1) Nr. **800**.

– Im Rahmen des Lohnsteuerabzugsverfahrens kann das Wohnsitzfinanzamt die vom Arbeitgeber auf Grund einer (unrichtigen) Anrufungsauskunft nicht einbehaltene und abgeführte Lohnsteuer vom Arbeitnehmer nicht nach § 42d Abs. 3 Satz 4 Nr. 1 EStG nachfordern (→ BFH vom 17.10.2013 – BStBl. 2014 II S. 892).
– Wurde beim Arbeitgeber eine Lohnsteuer-Außenprüfung durchgeführt, bewirkt dies zugleich eine Hemmung der Verjährungsfrist in Bezug auf den Steueranspruch gegen den Arbeitnehmer (→ § 171 Abs. 15 AO).

Nachforderungsverfahren.
– Hat der Arbeitgeber Arbeitslohn nach § 40a Abs. 3 EStG pauschal versteuert, obwohl nicht die Voraussetzungen dieser Vorschrift, sondern die des § 40a Abs. 2 EStG erfüllt sind, kann ein Nachforderungsbescheid nur erlassen werden, wenn sich der Arbeitgeber eindeutig zu einer Pauschalierung nach § 40a Abs. 2 EStG bereit erklärt hat (→ BFH vom 25.5.1984 – BStBl. II S. 569).
– Wird Lohnsteuer für frühere Kalenderjahre nachgefordert, braucht die Steuerschuld nur nach Kalenderjahren aufgegliedert zu werden (→ BFH vom 18.7.1985 – BStBl. 1986 II S. 152).
– Die Nachforderung pauschaler Lohnsteuer beim Arbeitgeber setzt voraus, dass der Arbeitgeber der Pauschalierung zustimmt (→ BFH vom 20.11.2008 – BStBl. 2009 II S. 374).

Rechtsbehelf gegen den Haftungsbescheid.
– Der Arbeitnehmer hat gegen diesen Haftungsbescheid insoweit ein Einspruchsrecht, als er persönlich für die nachgeforderte Lohnsteuer in Anspruch genommen werden kann (→ BFH vom 29.6.1973 – BStBl. II S. 780).
– Wird der Arbeitgeber nach dem Entscheidungssatz des Bescheids als Haftender in Anspruch genommen, ist der Bescheid unwirksam, wenn nach seiner Begründung pauschale Lohnsteuer nachgefordert wird (→ BFH vom 15.3.1985 – BStBl. II S. 581).
– Wird Lohnsteuer für frühere Kalenderjahre nachgefordert, braucht der Haftungsbetrag nur nach Kalenderjahren aufgegliedert zu werden (→ BFH vom 18.7.1985 – BStBl. 1986 II S. 152).
– Der Haftungsbetrag ist grundsätzlich auf die einzelnen Arbeitnehmer aufzuschlüsseln; wegen der Ausnahmen → BFH vom 8.11.1985 (BStBl. 1986 II S. 274) und die dort genannten Urteile.
– Werden zu verschiedenen Zeiten und auf Grund unterschiedlicher Tatbestände entstandene Haftungsschulden in einem Haftungsbescheid festgesetzt und ficht der Haftungsschuldner diesen Sammelhaftungsbescheid nur hinsichtlich ganz bestimmter Haftungsfälle an, erwächst der restliche Teil des Bescheids in Bestandskraft (→ BFH vom 4.7.1986 – BStBl. II S. 921).
– Der Arbeitnehmer kann sich als Steuerschuldner nicht darauf berufen, dass die haftungsweise Inanspruchnahme des Arbeitgebers wegen Nichtbeanstandung seines Vorgehens bei einer vorangegangenen Außenprüfung gegen Treu und Glauben verstoßen könnte (→ BFH vom 27.3.1991 – BStBl. II S. 720).

– In einem allein vom Arbeitnehmer veranlassten Einspruchsverfahren ist der Arbeitgeber hinzuzuziehen (→ § 360 AO).

Zusammengefasster Steuer- und Haftungsbescheid.

– Steuerschuld und Haftungsschuld können äußerlich in einer Verfügung verbunden werden (→ BFH vom 16.11.1984 – BStBl. 1985 II S. 266).
– Wird vom Arbeitgeber pauschale Lohnsteuer nacherhoben und wird er zugleich als Haftungsschuldner in Anspruch genommen, ist die Steuerschuld von der Haftungsschuld zu trennen. Dies kann im Entscheidungssatz des zusammengefassten Steuer- und Haftungsbescheids, in der Begründung dieses Bescheids oder in dem dem Arbeitgeber bereits bekannten oder beigefügten Bericht einer Lohnsteuer-Außenprüfung, auf den zur Begründung Bezug genommen ist, geschehen (→ BFH vom 1.8.1985 – BStBl. II S. 664).

R **42d.2** Haftung bei Arbeitnehmerüberlassung

Allgemeines

(1) [1]Bei Arbeitnehmerüberlassung ist steuerrechtlich grundsätzlich der Verleiher Arbeitgeber der Leiharbeitnehmer (→ R 19.1 Satz 5). [2]Dies gilt für einen ausländischen Verleiher (→ R 38.3 Abs. 1 Satz 2) selbst dann, wenn der Entleiher Arbeitgeber im Sinne eines Doppelbesteuerungsabkommens ist; die Arbeitgebereigenschaft des Entleihers nach einem Doppelbesteuerungsabkommen hat nur Bedeutung für die Zuweisung des Besteuerungsrechts. [3]Wird der Entleiher als Haftungsschuldner in Anspruch genommen, so ist wegen der unterschiedlichen Voraussetzungen und Folgen stets danach zu unterscheiden, ob er als Arbeitgeber der Leiharbeitnehmer oder als Dritter nach § 42d Abs. 6 EStG neben dem Verleiher als dem Arbeitgeber der Leiharbeitnehmer haftet.

Inanspruchnahme des Entleihers nach § 42d Abs. 6 EStG

(2) [1]Der Entleiher haftet nach § 42d Abs. 6 EStG wie der Verleiher (Arbeitgeber), jedoch beschränkt auf die Lohnsteuer für die Zeit, für die ihm der Leiharbeitnehmer überlassen worden ist. [2]Die Haftung des Entleihers richtet sich deshalb nach denselben Grundsätzen wie die Haftung des Arbeitgebers. [3]Sie scheidet aus, wenn der Verleiher als Arbeitgeber nicht haften würde. [4]Die Haftung des Entleihers kommt nur bei Arbeitnehmerüberlassung nach § 1 des Arbeitnehmerüberlassungsgesetzes (AÜG)[1)] in Betracht. [5]Arbeitnehmerüberlassung liegt nicht vor, wenn das Überlassen von Arbeitnehmern als Nebenleistung zu einer anderen Leistung anzusehen ist, wenn z. B. im Falle der Vermietung von Maschinen und Überlassung des Bedienungspersonals der wirtschaftliche Wert der Vermietung überwiegt. [6]In den Fällen des § 1 Abs. 1 Satz 3 und Abs. 3 AÜG ist ebenfalls keine Arbeitnehmerüberlassung anzunehmen.

(3) [1]Zur rechtlichen Würdigung eines Sachverhalts mit drittbezogener Tätigkeit als Arbeitnehmerüberlassung und ihre Abgrenzung insbesondere ge-

---

[1)] AÜG v. 3.2.1995, BGBl. I 1995, 158, zuletzt geänd. durch G v. 10.8.2021, BGBl. I 2021, 3436 (**Aichberger SGB** Nr. **3/70**).

genüber einem Werkvertrag ist entscheidend auf das Gesamtbild der Tätigkeit abzustellen. [2]Auf die Bezeichnung des Rechtsgeschäfts, z.B. als Werkvertrag, kommt es nicht entscheidend an. [3]Auf Arbeitnehmerüberlassung weisen z.B. folgende Merkmale hin:

1. Der Inhaber der Drittfirma (Entleiher) nimmt im Wesentlichen das Weisungsrecht des Arbeitgebers wahr;
2. der mit dem Einsatz des Arbeitnehmers verfolgte Leistungszweck stimmt mit dem Betriebszweck der Drittfirma überein;
3. das zu verwendende Werkzeug wird im Wesentlichen von der Drittfirma gestellt, es sei denn auf Grund von Sicherheitsvorschriften;
4. die mit anderen Vertragstypen, insbesondere Werkvertrag, verbundenen Haftungsrisiken sind ausgeschlossen oder beschränkt worden;
5. die Arbeit des eingesetzten Arbeitnehmers gegenüber dem entsendenden Arbeitgeber wird auf der Grundlage von Zeiteinheiten vergütet.

[4]Bei der Prüfung der Frage, ob Arbeitnehmerüberlassung vorliegt, ist die Auffassung der Bundesagentur für Arbeit zu berücksichtigen. [5]Eine Inanspruchnahme des Entleihers kommt regelmäßig nicht in Betracht, wenn die Bundesagentur für Arbeit gegenüber dem Entleiher die Auffassung geäußert hat, bei dem verwirklichten Sachverhalt liege Arbeitnehmerüberlassung nicht vor.

(4) [1]Ausnahmen von der Entleiherhaftung enthält § 42d Abs. 6 Satz 2 und 3 EStG. [2]Der Überlassung liegt eine Erlaubnis nach § 1 AÜG[1)] i.S.d. § 42d Abs. 6 Satz 2 EStG immer dann zugrunde, wenn der Verleiher eine Erlaubnis nach § 1 AÜG zur Zeit des Verleihs besessen hat oder die Erlaubnis in dieser Zeit nach § 2 Abs. 4 AÜG als fortbestehend gilt, d.h. bis zu zwölf Monaten nach Erlöschen der Erlaubnis für die Abwicklung der erlaubt abgeschlossenen Verträge. [3]Der Überlassung liegt jedoch keine Erlaubnis zugrunde, wenn Arbeitnehmer im Rahmen einer wirtschaftlichen Tätigkeit an Betriebe des Baugewerbes für Arbeiten überlassen werden, die üblicherweise von Arbeitern verrichtet werden, weil dies nach § 1b AÜG unzulässig ist und sich die Erlaubnis nach § 1 AÜG auf solchen Verleih nicht erstreckt, es sei denn, die Überlassung erfolgt zwischen Betrieben des Baugewerbes, die von denselben Rahmen- und Sozialkassentarifverträgen oder von der Allgemeinverbindlichkeit erfasst werden. [4]Bei erlaubtem Verleih durch einen inländischen Verleiher haftet der Entleiher nicht. [5]Der Entleiher trägt die Feststellungslast, wenn er sich darauf beruft, dass er über das Vorliegen einer Arbeitnehmerüberlassung ohne Verschulden irrte (§ 42d Abs. 6 Satz 3 EStG). [6]Bei der Inanspruchnahme des Entleihers ist Absatz 3 zu berücksichtigen. [7]Im Bereich unzulässiger Arbeitnehmerüberlassung sind wegen des Verbots in § 1b AÜG strengere Maßstäbe anzulegen, wenn sich der Entleiher darauf beruft, ohne Verschulden einem Irrtum erlegen zu sein. [8]Dies gilt insbesondere, wenn das Überlassungsentgelt deutlich günstiger ist als dasjenige von anderen Anbietern. [9]Ob der Verleiher eine Erlaubnis nach § 1 AÜG hat, muss der Verleiher in dem schriftlichen Überlassungsvertrag nach § 12 Abs. 1 AÜG erklären und

[1)] AÜG v. 3.2.1995, BGBl. I 1995, 158, zuletzt geänd. durch G v. 10.8.2021, BGBl. I 2021, 3436 (**Aichberger SGB** Nr. **3/70**).

kann der Entleiher selbst oder das Finanzamt durch Anfrage bei der Regionaldirektion der Bundesagentur für Arbeit erfahren oder überprüfen.

(5) [1]Die Höhe des Haftungsbetrags ist auf die Lohnsteuer begrenzt, die vom Verleiher gegebenenfalls anteilig für die Zeit einzubehalten war, für die der Leiharbeitnehmer dem Entleiher überlassen war. [2]Hat der Verleiher einen Teil der von ihm insgesamt einbehaltenen und angemeldeten Lohnsteuer für den entsprechenden Lohnsteuer-Anmeldungszeitraum gezahlt, wobei er auch die Lohnsteuer des dem Entleiher überlassenen Leiharbeitnehmers berücksichtigt hat, so mindert sich der Haftungsbetrag im Verhältnis von angemeldeter zu gezahlter Lohnsteuer.

(6) [1]Der Haftungsbescheid kann gegen den Entleiher ergehen, wenn die Voraussetzungen der Haftung erfüllt sind. [2]Auf Zahlung darf er jedoch erst in Anspruch genommen werden nach einem fehlgeschlagenen Vollstreckungsversuch in das inländische bewegliche Vermögen des Verleihers oder wenn die Vollstreckung keinen Erfolg verspricht (§ 42d Abs. 6 Satz 6 EStG). [3]Eine vorherige Zahlungsaufforderung an den Arbeitnehmer oder ein Vollstreckungsversuch bei diesem ist nicht erforderlich (entsprechende Anwendung des § 219 Satz 2 AO).

Inanspruchnahme des Verleihers nach § 42d Abs. 7 EStG

(7) [1]Nach § 42d Abs. 7 EStG kann der Verleiher, der steuerrechtlich nicht als Arbeitgeber zu behandeln ist, wie ein Entleiher nach § 42d Abs. 6 EStG als Haftender in Anspruch genommen werden. [2]Insoweit kann er erst nach dem Entleiher auf Zahlung in Anspruch genommen werden. [3]Davon zu unterscheiden ist der Erlass des Haftungsbescheids, der vorher ergehen kann. [4]Gegen den Haftungsbescheid kann sich der Verleiher deswegen nicht mit Erfolg darauf berufen, der Entleiher sei auf Grund der tatsächlichen Abwicklung einer unerlaubten Arbeitnehmerüberlassung als Arbeitgeber aller oder eines Teils der überlassenen Leiharbeitnehmer zu behandeln.

Sicherungsverfahren nach § 42d Abs. 8 EStG

(8) [1]Als Sicherungsmaßnahme kann das Finanzamt den Entleiher verpflichten, einen bestimmten Euro-Betrag oder einen als Prozentsatz bestimmten Teil des vereinbarten Überlassungsentgelts einzubehalten und abzuführen. [2]Hat der Entleiher bereits einen Teil der geschuldeten Überlassungsvergütung an den Verleiher geleistet, so kann der Sicherungsbetrag mit einem bestimmten Euro-Betrag oder als Prozentsatz bis zur Höhe des Restentgelts festgesetzt werden. [3]Die Sicherungsmaßnahme ist nur anzuordnen in Fällen, in denen eine Haftung in Betracht kommen kann. [4]Dabei darf berücksichtigt werden, dass sie den Entleiher im Ergebnis weniger belasten kann als die nachfolgende Haftung, wenn er z. B. einen Rückgriffsanspruch gegen den Verleiher nicht durchsetzen kann.

Haftungsverfahren

(9) Wird der Entleiher oder Verleiher als Haftungsschuldner in Anspruch genommen, so ist ein Haftungsbescheid zu erlassen (→ R 42d.1 Abs. 5).

Zuständigkeit

(10) [1]Zuständig für den Haftungsbescheid gegen den Entleiher oder Verleiher ist das Betriebsstättenfinanzamt des Verleihers (§ 42d Abs. 6 Satz 9 EStG). [2]Wird bei einem Entleiher festgestellt, dass seine Inanspruchnahme als Haftungsschuldner nach § 42d Abs. 6 EStG in Betracht kommt, ist das Betriebsstättenfinanzamt des Verleihers einzuschalten. [3]Bei Verleih durch einen ausländischen Verleiher (→ § 38 Abs. 1 Satz 1 Nr. 2 EStG) ist das Betriebsstättenfinanzamt des Entleihers zuständig, wenn dem Finanzamt keine andere Überlassung des Verleihers im Inland bekannt ist, da es zugleich Betriebsstättenfinanzamt des Verleihers nach § 41 Abs. 2 Satz 2 EStG ist. [4]Dies gilt grundsätzlich auch für eine Sicherungsmaßnahme nach § 42d Abs. 8 EStG. [5]Darüber hinaus ist für eine Sicherungsmaßnahme jedes Finanzamt zuständig, in dessen Bezirk der Anlass für die Amtshandlung hervortritt, insbesondere bei Gefahr im Verzug (§§ 24, 29 AO).

H **42d.2**

Abgrenzungsfragen. Zur Abgrenzung zwischen Arbeitnehmerüberlassung und Werk- oder Dienstverträgen bei Einsatz hochqualifizierter Mitarbeiter des Auftragnehmers → BFH vom 18.1.1991 (BStBl. II S. 409).

Arbeitnehmerüberlassung im Baugewerbe. Die Haftung des Entleihers nach § 42d Abs. 6 EStG sowie die Anordnung einer Sicherungsmaßnahme nach § 42d Abs. 8 EStG sind ausgeschlossen, soweit der zum Steuerabzug nach § 48 Abs. 1 EStG verpflichtete Leistungsempfänger den Abzugsbetrag einbehalten und abgeführt hat bzw. dem Leistungsempfänger im Zeitpunkt der Abzugsverpflichtung eine Freistellungsbescheinigung des Leistenden vorliegt, auf deren Rechtmäßigkeit er vertrauen durfte (→ § 48 Abs. 4 Nr. 2, § 48b Abs. 5 EStG).

Arbeitnehmerüberlassung im Konzern. Überlässt eine im Ausland ansässige Kapitalgesellschaft von ihr eingestellte Arbeitnehmer an eine inländische Tochtergesellschaft gegen Erstattung der von ihr gezahlten Lohnkosten, ist die inländische Tochtergesellschaft nicht Arbeitgeber im lohnsteuerlichen Sinne.[1)] Sie haftet daher für nicht einbehaltene Lohnsteuer nur unter den Voraussetzungen des § 42d Abs. 6 EStG (→ BFH vom 24.3.1999 – BStBl. 2000 II S. 41).

Steuerrechtlicher Arbeitgeber. Der Verleiher ist grundsätzlich auch bei unerlaubter Arbeitnehmerüberlassung Arbeitgeber der Leiharbeitnehmer, da § 10 Abs. 1 AÜG, der den Entleiher bei unerlaubter Arbeitnehmerüberlassung als Arbeitgeber der Leiharbeitnehmer bestimmt, steuerrechtlich nicht maßgebend ist. Der Entleiher kann jedoch nach dem Gesamtbild der tatsächlichen Gestaltung der Beziehungen zu den für ihn tätigen Leiharbeitnehmern und zum Verleiher, insbesondere bei Entlohnung der Leiharbeitnehmer, steuerrechtlich Arbeitgeber sein (→ BFH vom 2.4.1982 – BStBl. II S. 502).

Zuständige Finanzämter für ausländische Verleiher. → H 41.3.

[1)] Vgl. aber § 38 Abs. 1 Satz 2 EStG i. d. F. des StÄndG 2003, BGBl. I 2003, 2645.

R 42d.3 Haftung bei Lohnsteuerabzug durch einen Dritten

[1]In den Fällen der Lohnzahlung durch Dritte haftet der Dritte in beiden Fallgestaltungen des § 38 Abs. 3a EStG neben dem Arbeitgeber (§ 42d Abs. 9 EStG). [2]Es besteht eine Gesamtschuldnerschaft zwischen Arbeitgeber, dem Dritten und dem Arbeitnehmer. [3]Das Finanzamt muss die Wahl, an welchen Gesamtschuldner es sich halten will, nach pflichtgemäßem Ermessen unter Beachtung der durch Recht und Billigkeit gezogenen Grenzen und unter verständiger Abwägung der Interessen aller Beteiligten treffen. [4]Eine Haftungsinanspruchnahme des Arbeitgebers unterbleibt, wenn beim Arbeitnehmer selbst eine Nachforderung unzulässig ist, weil der Mindestbetrag nach § 42d Abs. 5 EStG nicht überschritten wird. [5]Für die durch Haftungsbescheid angeforderten Steuerbeträge ist eine Zahlungsfrist von einem Monat zu setzen.

H 42d.3

Ermessensausübung. Eine Haftung des Arbeitgebers bei einer Lohnsteuerabzugspflicht Dritter kommt nach § 42d Abs. 9 Satz 4 i. V. m. Abs. 3 Satz 4 Nr. 1 EStG nur in Betracht, wenn der Dritte die Lohnsteuer für den Arbeitgeber nicht vorschriftsmäßig vom Arbeitslohn einbehalten hat. An einem derartigen Fehlverhalten fehlt es, wenn beim Lohnsteuerabzug entsprechend einer Lohnsteueranrufungsauskunft oder in Übereinstimmung mit den Vorgaben der zuständigen Finanzbehörden der Länder oder des Bundes verfahren wird (→ BFH vom 20.3.2014 – BStBl. II S. 592).

Zu § 42e EStG

R 42e. Anrufungsauskunft

(1) [1]Einen Anspruch auf gebührenfreie Auskunft haben sowohl der Arbeitgeber,[1)] der die Pflichten des Arbeitgebers erfüllende Dritte i. S. d. § 38 Abs. 3a EStG als auch der Arbeitnehmer. [2]In beiden Fällen ist das Betriebsstättenfinanzamt für die Erteilung der Auskunft zuständig; bei Anfragen eines Arbeitnehmers soll es jedoch seine Auskunft mit dessen Wohnsitzfinanzamt abstimmen. [3]Das Finanzamt soll die Auskunft unter ausdrücklichem Hinweis auf § 42e EStG schriftlich erteilen und kann sie befristen; das gilt auch, wenn der Beteiligte die Auskunft nur formlos erbeten hat.

(2) [1]Hat ein Arbeitgeber mehrere Betriebsstätten, so hat das zuständige Finanzamt seine Auskunft mit den anderen Betriebsstättenfinanzämtern abzustimmen soweit es sich um einen Fall von einigem Gewicht handelt und die Auskunft auch für die anderen Betriebsstätten von Bedeutung ist. [2]Bei Anrufungsauskünften grundsätzlicher Art informiert das zuständige Finanzamt die übrigen betroffenen Finanzämter.

(3) [1]Sind mehrere Arbeitgeber unter einer einheitlichen Leitung zusammengefasst (Konzernunternehmen), so bleiben für den einzelnen Arbeitgeber

---

[1)] Zur Vorwerfbarkeit (kein entschuldbarer Rechtsirrrum) einer unterlassenen Anrufungsauskunft durch Arbeitgeber vgl. BFH v. 18.8.2005 VI R 32/03, BStBl. II 2006, 30, und v. 29.5.2008 VI R 11/07, BStBl. II 2008, 933.

entsprechend der Regelung des § 42e Satz 1 und 2 EStG das Betriebsstättenfinanzamt bzw. das Finanzamt der Geschäftsleitung für die Erteilung der Anrufungsauskunft zuständig. [2]Sofern es sich bei einer Anrufungsauskunft um einen Fall von einigem Gewicht handelt und erkennbar ist, dass die Auskunft auch für andere Arbeitgeber des Konzerns von Bedeutung ist oder bereits Entscheidungen anderer Finanzämter vorliegen, ist insbesondere auf Antrag des Auskunftsersuchenden die zu erteilende Auskunft mit den übrigen betroffenen Finanzämtern abzustimmen. [3]Dazu informiert das für die Auskunftserteilung zuständige Finanzamt das Finanzamt der Konzernzentrale. [4]Dieses koordiniert daraufhin die Abstimmung mit den Finanzämtern der anderen Arbeitgeber des Konzerns, die von der zu erteilenden Auskunft betroffen sind. [5]Befindet sich die Konzernzentrale im Ausland, koordiniert das Finanzamt die Abstimmung, das als erstes mit der Angelegenheit betraut war.

(4) [1]In Fällen der Lohnzahlung durch Dritte, in denen der Dritte die Pflichten des Arbeitgebers trägt, ist die Anrufungsauskunft bei dem Betriebsstättenfinanzamt des Dritten zu stellen. [2]Fasst der Dritte die dem Arbeitnehmer in demselben Lohnzahlungszeitraum aus mehreren Dienstverhältnissen zufließenden Arbeitslöhne zusammen, ist die Anrufungsauskunft bei dem Betriebsstättenfinanzamt des Dritten zu stellen. [3]Dabei hat das Betriebsstättenfinanzamt seine Auskunft in Fällen von einigem Gewicht mit den anderen Betriebsstättenfinanzämtern abzustimmen.

H 42e

Allgemeine Grundsätze. → BMF vom 12.12.2017 (BStBl. I S. 1656).[1)]

Zu § 42f EStG

R 42f. Lohnsteuer-Außenprüfung

(1) [1]Für die Lohnsteuer-Außenprüfung gelten die §§ 193 bis 207 AO. [2]Die §§ 5 bis 12, 20 bis 24, 29 und 30 Betriebsprüfungsordnung[2)] sind mit Ausnahme des § 5 Abs. 4 Satz 2 sinngemäß anzuwenden.

(2) [1]Der Lohnsteuer-Außenprüfung unterliegen sowohl private als auch öffentlich-rechtliche Arbeitgeber. [2]Prüfungen eines öffentlich-rechtlichen Arbeitgebers durch die zuständige Aufsichts- und Rechnungsprüfungsbehörde stehen der Zulässigkeit einer Lohnsteuer-Außenprüfung nicht entgegen.

(3) [1]Die Lohnsteuer-Außenprüfung hat sich hauptsächlich darauf zu erstrecken, ob sämtliche Arbeitnehmer, auch die nicht ständig beschäftigten, erfasst wurden und alle zum Arbeitslohn gehörigen Einnahmen, gleichgültig in welcher Form sie gewährt wurden, dem Steuerabzug unterworfen wurden und ob bei der Berechnung der Lohnsteuer von der richtigen Lohnhöhe ausgegangen wurde. [2]Privathaushalte, in denen nur gering entlohnte Hilfen beschäftigt werden, sind in der Regel nicht zu prüfen.

---

1) Kein Anspruch auf einen bestimmten rechtmäßigen Inhalt einer verbindlichen Auskunft; *siehe BFH* v. 29.2.2012 IX R 11/11, BStBl. II 2012, 651. – Zur Aufhebung einer Anrufungsauskunft siehe BFH v. 2.9.2021 VI R 19/19, BStBl. II 2022, 136.

2) **Steuererlasse** Nr. **800** § 193/1.

(4) [1]Über das Ergebnis der Außenprüfung ist dem Arbeitgeber ein Prüfungsbericht zu übersenden (→ § 202 Abs. 1 AO). [2]Führt die Außenprüfung zu keiner Änderung der Besteuerungsgrundlagen, genügt es, wenn dies dem Arbeitgeber schriftlich mitgeteilt wird (→ § 202 Abs. 1 Satz 3 AO). [3]In den Fällen, in denen ein Nachforderungsbescheid oder ein Haftungsbescheid nicht zu erteilen ist (→ § 42d Abs. 4 EStG), kann der Arbeitgeber auf die Übersendung eines Prüfungsberichts verzichten.

(5) Das Recht auf Anrufungsauskunft nach § 42e EStG steht dem Recht auf Erteilung einer verbindlichen Zusage auf Grund einer Außenprüfung nach § 204 AO nicht entgegen.

H 42f

Aufhebung des Vorbehalts der Nachprüfung. → § 164 Abs. 3 Satz 3 AO.

Digitale LohnSchnittstelle. Nach § 41 Abs. 1 Satz 7 EStG i. V. m. § 4 Abs. 2a LStDV haben Arbeitgeber die ab dem 1.1.2018 aufzuzeichnenden lohnsteuerrelevanten Daten der Finanzbehörde nach einer amtlich vorgeschriebenen einheitlichen digitalen Schnittstelle elektronisch bereitzustellen. Dies gilt unabhängig von dem vom Arbeitgeber eingesetzten Lohnabrechnungsprogramm. Zur Vermeidung unbilliger Härten können in begründeten Fällen die lohnsteuerlichen Daten auch in einer anderen auswertbaren Form bereitgestellt werden. Die amtlich vorgeschriebene Digitale LohnSchnittstelle (DLS) ist ein Standarddatensatz mit einer einheitlichen Strukturierung und Bezeichnung von elektronischen Dateien und Datenfeldern. Die jeweils aktuelle Version der DLS mit weitergehenden Informationen steht auf der Internetseite des Bundeszentralamts für Steuern unter www.bzst.bund.de zum Download bereit. Das Datenzugriffsrecht nach § 147 Abs. 6 Satz 2 AO auf prüfungsrelevante steuerliche Daten bleibt von der Anwendung der DLS unberührt (→ BMF vom 26.5.2017 – BStBl. I S. 789).

Festsetzungsverjährung. Wurde beim Arbeitgeber eine Lohnsteuer-Außenprüfung durchgeführt, bewirkt dies zugleich eine Hemmung der Verjährungsfrist in Bezug auf den Steueranspruch gegen den Arbeitnehmer (→ § 171 Abs. 15 AO).

Rechte und Mitwirkungspflichten des Arbeitgebers. → BMF vom 24.10.2013 (BStBl. I S. 1264).

Zu § 42g EStG

H 42g

Allgemeines. → BMF vom 16.10.2014 (BStBl. I S. 1408).

Zu § 46 EStG

H 46

Antragsveranlagung.[1] → R 46.2 EStR, H 46.2 EStH.[2]

Härteausgleich. → H 46.3 EStH.[2]

Zu § 100 EStG[3]

H 100

Allgemeines. → BMF vom 12.8.2021 (BStBl. I S. 1050), Rn. 100 ff.

Zusätzlichkeitsvoraussetzung. → § 8 Abs. 4 EStG.

---

[1] Zur Fortgeltung der Antragsveranlagung ungeachtet der Antragsfrist siehe BFH v. 12.11.2009 VI R 1/09, BStBl. II 2010, 406. – Keine Veranlagung nach bestandskräftiger Ablehnung, siehe BFH v. 9.2.2012 VI R 34/11, BStBl. II 2012, 750.

[2] Nr. **1**.

[3] § 100 EStG (Förderbetrag zur betrieblichen Altersversorgung) angef. durch Betriebsrentenstärkungsgesetz v. 17.8.2017, BGBl. I 2017, 3214.

20/100. Sachregister zu den Lohnsteuer-Richtlinien 2015

Ziffern mit R bezeichnen die Einzelrichtlinien der LStR, Ziffern mit H die Einzelhinweise der LStH, Ziffern in Klammern bezeichnen die jeweiligen Absätze.

Abfindungsrenten nach Beamtenversorgungsgesetz, Versorgungsbezüge R 19.8 (1 Nr. 11)
Abführung der Lohnsteuer R 41a.2
Abschlagssätze, Kaufkraftausgleich H 3.64
Abschlagszahlung, Lohnsteuer R 39b.5 (5); H 39b.5
Absetzung für Abnutzung, Arbeitsmittel H 9.12; Pkw und Kombifahrzeuge H 9.5
Abwälzung der pauschalen Lohnsteuer H 40.2; H 40a.1; H 40b.1
Agentur für Arbeit, Zahlungen des Arbeitgebers H 3.2
Aktien, Vermögensbeteiligung H 19a
Aktienoptionen, Werbungskosten H 9.1; Zufluss von Arbeitslohn H 38.2
Altenhilfe, Aufwandsentschädigungen R 3.26
Altersentlastungsbetrag R 39b.4
Altersteilzeit, Blockmodell R 3b (8)
Altersteilzeitgesetz, steuerfreie Leistungen R 3.28
Amateursportler, Arbeitnehmer H 19.0
Ambulante Pflegedienste, Aufwandsentschädigungen R 3.26
Amtliche Sachbezugswerte R 8.1 (4)
Angemessenheit, Arbeitsmittel H 9.12
Anmeldung der Lohnsteuer R 41a.1
Annehmlichkeiten für Arbeitnehmer R 19.6
Anrufungsauskunft H 42d.3; R 42e; Änderung H 42e; Bindungswirkung H 40.1; H 42e; Überprüfung durch Finanzgericht H 42e
Anschaffungs- oder Herstellungskosten, Aufteilung H 9.12
Ansparleistungen R 9.1 (4)
Antragsgrenze für Bildung von Freibeträgen R 39a.1 (2 ff.)
Anzeigepflichten des Arbeitgebers R 41c.2
Apothekervertreter, Arbeitnehmer H 19.0
Arbeitgeber, Abführung der Lohnsteuer R 41a.2; Änderung des Lohnsteuerabzugs R 41c.1; Anspruch auf Anrufungsauskunft R 42e; Anzeigepflichten R 41c.2; bei Arbeitnehmerüberlassung R 42d.2 (1); H 42d.2; Begriff R 19.1; H 38.3; begünstigter, steuerfreie Aufwandsentschädigungen R 3.26 (3); beschränkte Einkommensteuerpflicht R 39.4 (2); Durchführung des Lohnsteuer-Jahresausgleichs R 42b; Einbehaltungspflicht der Lohnsteuer R 38.3; Haftung R 42d.1 f.; – bei Arbeitnehmerüberlassung R 42d.2; Haftungsverfahren H 42d.1; Herausgabe der Lohnsteuerkarte H 39b.1; Lohnsteuer-Anmeldung R 41a.1; Nachforderungsverfahren H 42d.1; Pensionsfonds H 3.66; Zahlungen an die Agentur für Arbeit H 3.2; zusätzlich zum geschuldeten Arbeitslohn erbrachte Leistungen R 3.33 (5)
Arbeitgeberhaftung R 42d.1 f.; *s. a. Haftung*
Arbeitnehmer, Anspruch auf Anrufungsauskunft R 42e; Begriff H 19.0; Beihilfen und Unterstützungen R 3.11; Beispiele für Zuordnung H 19.0; Jubiläum usw. R 19.3 (2); Lohnsteuernachforderungen R 41c.3; Vermögensbeteiligungen R 19a
Arbeitnehmeranteile zur Sozialversicherung H 19.3
Arbeitnehmerentsendung, Arbeitgeber H 19.1; R 38.3 (5)

Arbeitnehmer-Pauschbetrag H 9a
Arbeitnehmerüberlassung, Abgrenzung zum Werkvertrag R 42d.2 (3); Arbeitgeber R 19.1; R 42d.2 (1); im Baugewerbe H 42d.2; Betriebsstätte R 41.3; Haftung des Arbeitgebers R 42d.2; im Konzern H 42d.2
Arbeitskleidung, steuerfreie Überlassung R 3.31
Arbeitslohn, Aufzeichnungspflicht bei Anspruchsunterbrechung R 41.2; Ausnahmen H 19.3; Begriff R 19.3 (1); H 19.3; Beispiele für Zuordnung H 19.3; Geschenke R 19.6; laufender R 39b.2; –, Einbehaltung der Lohnsteuer R 39b.5; Mahlzeiten R 8.1 (8); Rückzahlung H 11; H 40b.1; – an Arbeitgeber R 40b.1 (13ff.); Steuerabzug vom A. R 38.1; Umwandlung in Vermögensbeteiligung H 19a; Zahlung an Erben bzw. Hinterbliebene R 19.9; Zahlung in ausländischer Währung H 8.1 (1–4); Zufluss R 38.2; H 38.2; zusätzliche Arbeitgeberleistungen R 3.33 (5)
Arbeitslosengeld R 3.2 (1)
Arbeitsmittel, Werbungskosten R 9.12
Arbeitsstunde, Aushilfskräfte H 40a.1
Arbeitstag, Aushilfskräfte H 40a.1
Arbeitsverhältnis und Nebentätigkeit H 19.2
Arbeitszeit, Nachweis für Sonntags-, Feiertags- und Nachtarbeitszuschläge R 3b (6)
Arbeitszeitkonto, Gutschrift künftigen Arbeitslohns H 38.2; steuerfreier Zuschlag als Wertguthaben R 3b (8)
Arbeitszimmer, abziehbare Aufwendungen H 9.14; räumliche Voraussetzungen H 9.14; Werbungskosten H 9.14; Zahlungen des Arbeitgebers H 19.3
Artisten, Arbeitnehmer H 19.0
Ärztlicher Bereitschaftsdienst, Zuschläge H 3b
Arztvertreter, kein Arbeitnehmer H 19.0
Assistenzarzt, Gutachter H 19.2
Aufbewahrung der Lohnsteuerkarte H 39b.1
Aufmerksamkeiten des Arbeitgebers R 19.6
Aufstockungsbeträge nach dem Altersteilzeitgesetz R 3.28
Aufteilung des Freibetrags bei Ehegatten R 39a.3 (5)
Auftraggeber, begünstigter, steuerfreie Aufwandsentschädigungen R 3.26 (3)
Aufwandsentschädigungen, Begriff H 3.12; nebenberufliche Tätigkeiten R 3.26; aus öffentlichen Kassen, Voraussetzungen der Steuerfreiheit R 3.12
Aufzeichnungserleichterungen, Lohnkonto R 41.1
Aufzeichnungspflichten bei Lohnsteuerpauschalierung R 41.1; – für Aushilfskräfte H 40a.1; für Zeiträume ohne Arbeitslohn R 41.2
Ausbilder, Aufwandsentschädigungen R 3.26
Ausbildungsbeihilfen H 3.11
Ausbildungsdienstverhältnis R 9.2; H 9.2
Ausbildungskosten, Abgrenzung zu Fortbildungskosten R 9.2
Auseinandersetzungszahlungen zwischen Erben R 19.9 (2)
Aushilfskräfte in der Land- und Forstwirtschaft, Lohnsteuerpauschalierung R 40a.1 (6)
Aushilfstätigkeit R 19.2; H 19.2
Auslagenersatz für Arbeitnehmer, Steuerfreiheit R 3.50
Ausland, Arbeitnehmerentsendung, inländischer Arbeitgeber R 19.1; R 38.3 (5); Arbeitslohnzahlung an Erben des Arbeitnehmers R 19.9 (3); Auswärtstätigkeit, Übernachtungskosten R 9.7 (3); –, Verpflegungsmehraufwendungen R 9.6 (3); doppelte Haushaltsführung ausländischer Arbeitnehmer R 9.11 (3); inländischer Arbeitgeber H 38.3; Kaufkraftausgleich R 3.64; Umzugskosten H 9.9; Werbungskosten H 9.1; Zweitwohnungskosten R 9.11 (8)
Ausländische Bauunternehmer, zuständige Finanzämter H 41.3
Ausländische Krankenversicherung, Zahlungen des Arbeitgebers H 3.62
Ausländische Sozialversicherungsträger H 3.62
Ausländische Verleiher, zuständige Finanzämter H 41.3

Ausländische Versicherungsunternehmen, Zahlungen des Arbeitgebers H 3.62
Ausländische Währung, Lohnzahlungen H 8.1 (1–4)
Auslandstagegelder R 9.6 (3)
Auslandstätigkeitserlass R 39.4 (3)
Auslösungen, Steuerfreiheit R 3.13; R 3.16
Außenprüfung R 42f
Außergewöhnliche Belastungen, Bildung eines Freibetrags R 39a.1 (5); Freibetrag bei Ehegatten R 39a.3 (3)
Außerhäusliches Arbeitszimmer H 9.14
Ausstattung, häusliches Arbeitszimmer H 9.14
Ausübung nichtselbständiger Arbeit im Inland R 39.4 (2)
Auswärtstätigkeit, Dreimonatsfrist H 9.6; Übernachtungskosten R 9.7; Verpflegungsmehraufwendungen R 9.6

Bankgewerbe, Vermittlungsprovisionen R 19.4
Barlohnkürzung R 40b.1 (5); H 40b.1
Bauausführungen, Arbeitgeber R 38.3 (4)
Baugewerbe, Arbeitnehmerüberlassung H 42d.2
Bauunternehmer, ausländische, zuständige Finanzämter H 41.3
Beamte im einstweiligen Ruhestand, Versorgungsbezüge R 19.8 (1 Nr. 3)
Beamtenanwärterbezüge, Steuerpflicht H 3.11
Beamtenversorgungsgesetz, Leistungen R 3.6
Beanstandungsgrenze für Sachzuwendungen des Arbeitgebers R 19.6
Behinderte, Fahrtkosten zwischen Wohnung und erster Tätigkeitsstätte R 9.10 (3); Übergangsgeld und Gründungszuschuss R 3.2 (4)
Behinderten-Pauschbetrag, Freibetrag bei Ehegatten R 39a.3 (4)
Beihilfen an Arbeitnehmer in besonderen Notfällen, Steuerfreiheit R 3.11
Beitragszuschlag für Kinderlose in der Pflegeversicherung H 3.62
Belgien, Arbeitnehmer mit Wohnsitz in B. H 39.4
Bemessungsgrundlage der pauschalen Lohnsteuer R 40a.1 (4); R 40b.1 (7)
Bereitschaftsdienst, Zuschläge H 3b
Berufliche Nutzung, Nachweis H 9.12
Berufliche Veranlassung für Wohnungswechsel H 9.9; Zweitwohnungsbezug R 9.11 (2); H 9.11 (1–4)
Berufsausbildung, Werbungskosten R 9.2
Berufsgenossenschaft, öffentliche Kasse H 3.11
Berufshaftpflichtversicherung von Rechtsanwälten H 19.3
Berufskleidung, Aufwendungen H 9.12; Beschaffung durch Arbeitnehmer R 3.31 (2); steuerfreie Überlassung R 3.31
Berufskrankheit H 9.1
Berufsstand, Ausgaben bei Veranstaltungen als Werbungskosten R 9.3
Berufsverband, Ausgaben bei Veranstaltungen als Werbungskosten R 9.3
Bescheinigung, Lohnsteuerabzug R 39.3
Beschränkte Einkommensteuerpflicht H 39b.6; Ausübung/Verwertung im Inland R 39.4 (2); Befreiung R 39.4 (3); Lohnsteuerabzug R 39.4; –, Änderung R 41c.1 (8); –, Bescheinigung R 39.3
Betreuer, Aufwandsentschädigungen R 3.26
Betreutes Wohnen, nebenberufliche Tätigkeit R 3.26 (5)
Betreuungsleistungen, kein Arbeitslohn R 19.3 (2)
Betrieb gewerblicher Art, juristische Person des öffentlichen Rechts, kein öffentlicher Dienst H 3.12
Betriebliche Altersversorgung, Grundsätze H 3.63; Steuerfreiheit für Insolvenzsicherung R 3.65; Übertragung H 3.55
Betriebsausflug, Zuwendungen des Arbeitgebers R 19.5
Betriebsausgaben bei nebenberuflichen Tätigkeiten R 3.26 (9)

Betriebskindergarten, steuerfreie Arbeitgeberleistungen R 3.33
Betriebsprüfungsordnung, Lohnsteuer-Außenprüfung R 42f (1)
Betriebsrente neben Aushilfstätigkeit H 40a.1
Betriebsstätte, Begriff R 38.3 (2); R 41.3; Lohnsteuer-Anmeldung R 41a.1
Betriebsveranstaltung, Begriff R 19.5 (2); Geldgeschenke H 40.2; Pauschsteuersatz R 40.2 (1); Zuwendungen des Arbeitgebers R 19.5
Bewertung von Sachbezügen R 8.1 f.; von Vermögensbeteiligungen H 19a
Bewirtung von Arbeitnehmern R 19.6 (2); H 19.6
Bewirtungskosten H 9.1
Bildschirmbrille H 9.12; kein Arbeitslohn R 19.3 (2)
Bildungsmaßnahmen des Arbeitgebers R 19.7
Brauereigewerbe, Haustrunk an Arbeitnehmer R 8.2 (1)
Bundesausbildungsförderungsgesetz, Leistungen nach dem B. H 3.11
Bundeseisenbahnvermögen, öffentliche Kasse H 3.11
Bundesgrenzschutzgesetz, Leistungen R 3.6
Bundespolizei, steuerfreie Dienstkleidung R 3.4
Bundesversorgungsgesetz, Leistungen R 3.6
Bundeswehr, steuerfreie Bezüge H 3.5; steuerfreie Dienstkleidung R 3.4; steuerpflichtige Bezüge H 3.5
Bürgermeister, Versorgungsbezüge ehrenamtlicher B. R 19.8 (1)
Bußgeld, Reisenebenkosten H 9.8
Chefarzt, Arbeitnehmer H 19.0; Liquidationseinnahmen H 19.3
Chorleiter, Aufwandsentschädigungen R 3.26
Computer *s. Personalcomputer*

Darlehensforderung gegen den Arbeitgeber, Verlust H 9.1; Bewertung H 19a
Datenverarbeitungsgeräte, keine Werkzeuge R 3.30; Pauschsteuersatz H 40.2 (5); steuerfreie Privatnutzung R 3.45
Deputate als Arbeitslohn R 8.2 (1)
Deutsche Bundesbank, öffentliche Kasse H 3.11
Deutsche Post AG, Arbeitgeber R 19.1; Aufwandsentschädigungen H 3.12; Reisekostenvergütungen usw. H 3.13; Unterstützungskasse H 3.11
Deutsche Postbank AG *s. Deutsche Post AG*
Deutsche Telekom AG *s. Deutsche Post AG*
Deutschkurs, keine Werbungskosten H 9.2
Diakonissen, keine Arbeitnehmer H 19.0
Diebstahl, Reisenebenkosten H 9.8
Dienstbeschädigungsrenten, ehemalige DDR R 3.6
Diensteinführung, Sachleistungen R 19.3 (2)
Diensthund, Werbungskosten H 9.12
Dienstkleidung von Bundeswehr, Polizei usw., Steuerfreiheit R 3.4
Dienstleistungen, Bezug aufgrund des Dienstverhältnisses R 8.2; H 8.2
Dienstreise *s. Auswärtstätigkeit*
Dienstverhältnis, sonstige Bezüge nach Beendigung R 39b.6 (3)
Dingliches Wohnungsrecht, Arbeitslohn H 38.2
Direktversicherung, Begriff R 40b.1 (1 f.); Insolvenzsicherung R 3.65; Lohnsteuerpauschalierung R 40b.1 (1 f.); Unwiderruflichkeitsvereinbarung R 40b.1 (6)
Dirigent, Aufwandsentschädigungen R 3.26
Doppelbesteuerungsabkommen R 39.4 (3); R 39b.10; 183-Tage-Klausel H 38.3
Doppelte Haushaltsführung, Begriff R 9.11 (1); eigener Hausstand R 9.11 (3); Mehraufwendungen R 9.11; Steuerfreiheit R 3.16; Verpflegungsmehraufwendungen R 9.11 (7); Werbungskosten R 9.11 (10)
Dreimonatsfrist, Auswärtstätigkeit H 9.6
Drittaufwand, Arbeitszimmer H 9.14

Durchlaufende Gelder bei Arbeitnehmern, Steuerfreiheit R 3.50
Durchschnittlicher Steuersatz, Pauschalierungsfälle R 40.1 (3)

Ehegatten, dauerndes Getrenntleben, Änderung der Steuerklasse R 39.2 (1 f.); doppelte Haushaltsführung H 9.11 (1–4); Steuerklassenwechsel R 39.2 (2); Werbungskostenfreibetrag R 39a.3
Eheschließung, doppelte Haushaltsführung H 9.11 (1–4); Umzugskosten H 9.9
Ehrenamtliche Tätigkeit, Aufwandsentschädigungen R 3.12 (3 ff.)
Eigener Hausstand R 9.11 (3, 10); H 9.11 (1–4)
Einbehaltungspflicht des Arbeitgebers für Lohnsteuer H 38.1; R 38.3
Einbürgerung, keine Werbungskosten H 9.1
Einheitliche Lohnsteuer-Anmeldung R 41a.1 (2)
Einheitliche Pauschsteuer bei geringfügiger Beschäftigung R 40a.2
Einkommensteuerveranlagung, keine Bindungswirkung der Anrufungsauskunft H 42e; Lohnsteuererstattung H 41c.1
Ein-Prozent-Regelung, Kraftfahrzeugnutzung R 8.1 (9); H 8.1 (9 f.)
Einsatz-Weiterverwendungsgesetz R 3.6
Einzelbewertung von Sachbezügen R 8.1 (2)
Elektronische Abgabe der Lohnsteuer-Anmeldung H 41a.1
Elektronische Lohnsteuerbescheinigung R 41b; H 41b
Eltern-Kind-Arbeitsverhältnis H 19.0
Elternzeit, Fortbildungskosten H 9.2; Werbungskosten H 9.1
Emeritenbezüge entpflichteter Hochschullehrer, Versorgungsbezüge H 19.8
Endpreis, Sachbezüge H 8.2; üblicher H 8.1 (1–4)
Entfernungspauschale H 9.10
Entleiher, Arbeitgeber R 42d.2 (1); Haftung R 42d.2 (2 ff.)
Entlohnungsabsicht, Abgrenzung bei Betriebsveranstaltungen H 19.5
Entschädigung, sonstiger Bezug R 39b.6 (5)
Entstehung der pauschalen Lohnsteuer H 40.1
Erben als Arbeitnehmer H 19.9; Zahlung von Arbeitslohn an E. des verstorbenen Arbeitnehmers R 19.9
Erholungsbeihilfen, Pauschsteuersatz R 40.2 (1); Steuerpflicht und Steuerfreiheit H 3.11; Zusammenrechnung R 40.2 (3)
Erholungsheim, Unterbringung des Arbeitnehmers auf Kosten des Arbeitgebers H 8.1 (5 f.)
Ermessen, Arbeitgeberhaftung R 42d.1 (3 f.); H 42d.1; H 42d.3
Ermittlungsschema, Jahreslohnsteuer R 41c.3 (2)
Ersatzkasse, öffentliche Kasse H 3.11
Erschwerniszuschläge, Arbeitslohn R 19.3 (1)
Erstattung, Lohnsteuer H 41c.1
Erste Tätigkeitsstätte H 9.4
Erweiterte unbeschränkte Steuerpflicht H 39c
Erzieher, Aufwandsentschädigungen R 3.26
Erziehungsbeihilfen H 3.11
Erziehungsurlaub, Fortbildungskosten H 9.2; Werbungskosten H 9.1
Essenmarken R 8.1 (7); H 8.1 (7); Pauschsteuersatz R 40.2 (1)
EU/EWR-Fälle, Grenzpendler H 39c; Steuerklasse H 38b
EU-Mitgliedstaaten, steuerfreie Bezüge für Kriegsbeschädigte H 3.6
EU-Tagegeld H 3.64

Fachbücher, Arbeitsmittel H 9.12
Fachkongresse H 9.2
Fachverband, Ausgaben bei Veranstaltungen als Werbungskosten R 9.3
Fahrausweise, Arbeitgeberzuschüsse H 8.1 (1–4)
Fahrergestellung R 8.1 (10); H 8.1 (9 f.)
Fahrgemeinschaft H 9.10
Fahrlehrer, kein Arbeitnehmer H 19.0
Fahrrad, geldwerter Vorteil H 8.1 (1–4)

Fahrtenbuch R 8.1 (9); H 8.1 (9 f.)

Fahrten zwischen Wohnung und erster Tätigkeitsstätte, Aufwendungsersatz als Arbeitslohn R 19.3 (3); pauschale Nutzungswertermittlung H 8.1 (9 f.); Sammelbeförderung R 3.32; Werbungskosten R 9.10

Fahrtkosten bei doppelter Haushaltsführung R 9.11 (6); Erstattung durch Arbeitgeber R 9.5 (2); Fahrten zwischen Wohnung und erster Tätigkeitsstätte R 9.10; R 19.3 (3); Reisekosten R 9.5; H 9.5

Fahrtkostenzuschüsse durch Arbeitgeber H 8.1 (1–4); Lohnsteuerpauschalierung R 40.2 (6); H 40.2

Fahrzeitverkürzung, Umzugskosten H 9.9

Fahrzeugpool, Nutzungswertermittlung H 8.1 (9 f.)

Familienheimfahrten mit betrieblichem Kraftfahrzeug H 8.1 (9 f.); bei doppelter Haushaltsführung H 9.11 (5–10)

Fehlgeldentschädigung R 19.3 (1)

Feiertagsarbeitszuschläge, Steuerfreiheit R 3b

Festsetzungsverjährung, Lohnsteuer-Außenprüfung H 42f

Feuerwehr, steuerfreie Dienstkleidung R 3.4

Finanzamt, Lohnsteuer-Außenprüfung R 42f; Lohnsteuernachforderungsfälle H 41c.3; Zuständigkeit für ausländische Bauunternehmer und Verleiher H 41.3; – im Haftungsverfahren bei Arbeitnehmerüberlassung R 42d.2 (10)

Fiskalische Verwaltung, keine öffentlichen Dienste H 3.12

Förderung gemeinnütziger, mildtätiger, kirchlicher Zwecke R 3.26 (4 ff.)

Forschungsbeihilfen H 3.11

Fortbildungskosten, Übernahme durch Arbeitgeber R 19.7; als Werbungskosten R 9.2

Fotomodell, kein Arbeitnehmer H 19.0

Frankreich, Arbeitnehmer mit Wohnsitz in F. H 39.4

Freibetrag bei beschränkter Einkommensteuerpflicht R 39.4 (1); Bildung von F. R 39a.1; –, Antragsgrenze R 39a.1 (2 ff.); bei Ehegatten R 39a.3; ehrenamtliche Tätigkeit R 3.12 (3); nebenberufliche Tätigkeit R 3.26; negative Einkünfte R 39a.2; rückwirkende Änderung H 41c.3

Freigrenze, Sachbezüge R 8.1 (3); H 8.1 (1–4); Zukunftssicherungsleistungen H 40b.1

Freistellungsbescheinigung, Doppelbesteuerungsabkommen R 39b.10

Freitabakwaren an Arbeitnehmer in der Tabakindustrie R 8.2 (1)

Freiwilligendienst, steuerfreie Bezüge H 3.5

Fremdsprachenunterricht, Fortbildungskosten H 9.2

Fünftelungsregelung H 39b.6

G 131, Leistungen R 3.6; Versorgungsbezüge R 19.8 (1 Nr. 6, 15)

Garagenmiete, kein zusätzlicher geldwerter Vorteil H 8.1 (9 f.); Nutzungsentgelt H 19.3; steuerfreier Auslagenersatz H 3.50

Gefahrenzulage, Arbeitslohn R 19.3 (1)

Gehaltsumwandlung H 8.1 (1–4); Lohnsteuerpauschalierung R 40b.1; und Reisekostenerstattung H 3.16

Geldbußen, keine Werbungskosten H 9.1; Reisenebenkosten H 9.8

Geldleistungen, zweckgebundene G. des Arbeitgebers H 8.1 (1–4)

Gelegenheitsarbeiter, Arbeitnehmer H 19.0

Gelegenheitsgeschenke H 19.6

Gelegentliche Beschäftigung R 40a.1 (2)

Gemeindeunfallversicherungsverband, öffentliche Kasse H 3.11

Gemeinnützige Zwecke, Tätigkeit zur Förderung R 3.26 (4 ff.)

Gemischte Aufwendungen H 9.1

Genussmittel, Abgabe an Arbeitnehmer als Aufmerksamkeit R 19.6

Genussschein, Begriff H 19a

Gepanzerte Fahrzeuge, Nutzungswert H 8.1 (9 f.)

Geringfügig Beschäftigte, Lohnsteuerpauschalierung R 40a.2

Gesamtschuldner, Arbeitgeber und Arbeitnehmer als G. R 42d.1; –, Inan-

spruchnahme R 42d.1 (3); Lohnsteuerabzug durch Dritte R 42d.3
Geschenke, Aufmerksamkeiten R 19.6; Betriebsveranstaltung H 19.5
Gesellschaft des bürgerlichen Rechts, Arbeitgeber H 19.1
Gesellschafter-Geschäftsführer, Arbeitnehmereigenschaft H 19.0; verlorener Zuschuss H 9.1; zusätzliche Vergütungen für Sonntags-, Feiertags- und Nachtarbeit H 3b
Getränke, Abgabe an Arbeitnehmer als Aufmerksamkeit R 19.6
Gewerkschaft, Ausgaben bei Veranstaltungen als Werbungskosten R 9.3
Gewinnschuldverschreibung, Begriff H 19a
GmbH-Beteiligung, Verlust einer G. H 9.1
GmbH-Geschäftsführer, Lohnsteuerhaftung H 42d.1
Grenzpendler H 39c
Großbritannien, Arbeitnehmer mit Wohnsitz in G. H 39.4
Großbuchstabe U, Aufzeichnung im Lohnkonto R 41.2
Grundlohn R 3b (2); Berechnungsbeispiele H 3b
Gruppenunfallversicherung, Lohnsteuerpauschalierung R 40b.2
Gutachter, Assistenzärzte H 19.2; kein Arbeitnehmer H 19.0
Gutschein, Sachbezug, Beispiele H 8.1 (1–4); Zufluss von Arbeitslohn R 38.2 (3)

Häftlingshilfegesetz, Leistungen R 3.6
Haftung des Arbeitgebers R 42d.1; – bei Arbeitnehmerüberlassung R 42d.2; Lohnsteuerabzug durch Dritte R 42d.3
Haftungsbescheid R 42d.1 (5); R 42d.2 (9); bei Nichtabgabe der Lohnsteuer-Anmeldung H 41a.1; H 42d.1; Verbindung mit Steuerbescheid H 42d.1
Haftungsverfahren, Lohnsteuer H 42d.1; R 42d.2 (9)
Handelsschiffe, Einbehalt von Lohnsteuer durch Reeder R 41a.1 (5)
Häusliches Arbeitszimmer H 9.14; *s. a. Arbeitszimmer*
Hausstand, eigener *s. Eigener Hausstand*
Haustrunk an Arbeitnehmer im Brauereigewerbe R 8.2 (1)
Hausverwalter, kein Arbeitnehmer H 19.0
Heimarbeiter, steuerfreie Heimarbeiterzuschläge R 9.13; Werbungskosten R 9.13
Heimerziehung, nebenberufliche Tätigkeit R 3.26 (5)
Herkömmlichkeit *s. Üblichkeit*
Hilfsbedürftigkeit, Beihilfen R 3.11
Hinterbliebene, Zahlung von Arbeitslohn an H. des verstorbenen Arbeitnehmers R 19.9
Hinzurechnung bei beschränkter Einkommensteuerpflicht R 39.4 (1)
Hinzurechnungsbetrag, Bildung von H. R 39a.1 (6 ff.); keine Aufteilung R 39a.3 (5)
Hochschullehrer, Emeritenbezüge H 19.8
Höchstbetrag für steuerfreie Aufwandsentschädigungen R 3.26 (8)
Hopfentreter, kein Arbeitnehmer H 19.0

Incentive-Reisen H 19.5; H 19.7
Infektionsschutzgesetz R 3.6
Inländische Arbeitgeber *s. Arbeitgeber*
Innungskrankenkasse, öffentliche Kasse H 3.11
Insolvenzgeld R 3.2 (2); Werbungskosten H 9.1
Insolvenzsicherung für betriebliche Altersversorgung, Steuerfreiheit R 3.65
Insolvenzverwalter, Leistungen an Arbeitsamt nach Forderungsübergang R 3.2 (2)
Internetzugang, Pauschsteuersatz R 40.2 (1, 5)

Jahresarbeitslohn, voraussichtlicher R 39b.6 (2); H 39b.6
Jahreslohnsteuer, Ermittlungsschema R 41c.3 (2)
Jahresnetzkarte, Zufluss von Arbeitslohn H 38.2
Job-Tickets, Arbeitgeberzuschüsse H 8.1 (1–4)
Jubilar, Ehrung R 19.3 (2)

Jubiläumsfeier, Zuwendungen des Arbeitgebers R 19.3 (2); R 19.5
Juristische Person des öffentlichen Rechts, Betrieb gewerblicher Art H 3.12; nebenberufliche Tätigkeiten R 3.26 (3)

Kantinenmahlzeiten, Sachbezugswert R 8.1 (7 f.)
Kaufkraftausgleich für Arbeitnehmer, Steuerfreiheit R 3.64
Kilometersätze, Fahrtkosten H 9.5
Kinder, nicht schulpflichtige, steuerfreie Arbeitgeberleistungen R 3.33
Kinderbetreuungskosten, nicht schulpflichtige Kinder R 3.33
Kinderfreibetrag, nicht unbeschränkt einkommensteuerpflichtige Kinder R 39.2 (3)
Kindergarten, steuerfreie Arbeitgeberleistungen R 3.33
Kinderlose, Beitragszuschlag in der Pflegeversicherung H 3.62
Kindertagesstätte, steuerfreie Arbeitgeberleistungen R 3.33
Kirchensteuer bei Lohnsteuerpauschalierung H 40.1; H 40.2; H 40a.1; H 40b.1; Pauschalierung H 37b
Kirchliche Zwecke, Tätigkeit zur Förderung R 3.26 (4 ff.)
Klassenfahrt, Berufsschüler H 9.2
Kleidung, klimabedingte H 3.13; Überlassung durch Arbeitgeber H 19.3; Werbungskosten R 9.1 (2)
Kleinbetragsgrenze, nachzufordernde Lohnsteuer R 41c.3 (4)
Knappschaft, öffentliche Kasse H 3.11
Knappschaftsarzt, kein Arbeitnehmer H 19.0
Kombifahrzeuge, Nutzungsdauer für AfA H 9.5
Kommunale Verwaltungen, Aufwandsentschädigungen R 3.12 (3 ff.)
Kontoführungsgebühren H 9.1; Vergütung als Arbeitslohn R 19.3 (3)
Konzernunternehmen, Anrufungsauskunft R 42e (3)
Kosmetika, Werbungskosten H 9.1
Kraftfahrzeug i. S. d. § 8 Abs. 2 EStG H 8.1 (9 f.); abzugsfähige Reisekosten bei Fahrten mit dem eigenen K. R 9.5; Fahrten zwischen Wohnung und erster Tätigkeitsstätte, Werbungskosten R 9.10
Kraftfahrzeug-Gestellung, privater Nutzungswert R 8.1 (9 f.); H 8.1 (9 f.)
Krankenversicherung, Ausgaben des Arbeitgebers zur K. des Arbeitnehmers, Steuerfreiheit R 3.62 (2)
Krankenversicherungsbeitrag, zusätzlicher H 3.62
Kreditinstitute, höhere Zinsen an Arbeitnehmer H 19.3; Vermittlungsprovisionen R 19.4
Kriegsbeschädigte, gesetzliche Versorgungsbezüge R 3.6
Kriegshinterbliebene, gesetzliche Versorgungsbezüge R 3.6
Kunstgegenstände, Arbeitszimmer H 9.14; Dienstzimmer H 9.1
Künstler, kein Arbeitnehmer H 19.0; nebenberufliche Tätigkeit H 3.26
Kurzfristig Beschäftigte, Lohnsteuerpauschalierung R 40a.1

Land- und Forstwirtschaft, Deputate R 8.2 (1); Lohnsteuerpauschalierung für Aushilfskräfte R 40a.1 (6); H 40a.1
Landwirtschaftliche Krankenkasse, öffentliche Kasse H 3.11
Laufender Arbeitslohn R 39b.2; Einbehaltung der Lohnsteuer R 39b.5
Leasingsonderzahlung, Entfernungspauschale H 9.10
Lebensmittelpunkt R 9.11 (3)
Lebenspartner, doppelte Haushaltsführung H 9.11 (1–4); *s. a. Ehegatten*
Lebenspartnerschaft, Umzugskosten H 9.9
Lebensversicherung, steuerfreie Zuschüsse des Arbeitgebers zu einer befreienden L. R 3.62 (3)
Leerfahrten, Werbungskosten H 9.10
Lehrbeauftragter, kein Arbeitnehmer H 19.0
Lehrtätigkeit im Hauptberuf und im Nebenberuf R 19.2; nebenberufliche, Arbeitnehmer H 19.2
Leiharbeit, Arbeitgeber R 19.1
Leiharbeitnehmer H 38.3; Haftung des Verleihers R 42d.2; Lohnzahlung durch Dritte R 38.4

Leistungen aus öffentlichen Kassen R 3.13
Liquidationseinnahmen *s. Chefarzt*
Listenpreis, reimportierte Fahrzeuge H 8.1 (9 f.)
Lodenmantel, keine Berufskleidung H 3.31
Lohnfortzahlung H 3b
Lohnkonto, Aufzeichnungserleichterungen R 41.1
Lohnsteuer, Abführung R 41a.2; Arbeitslohn bei Übernahme durch Arbeitgeber H 19.3; Einbehaltung vom laufenden Arbeitslohn R 39b.5; Einbehaltung von sonstigen Bezügen R 39b.6; Einbehaltungspflicht des Arbeitgebers R 38.3; Erstattung R 41c.1 (5 ff.); fester Pauschsteuersatz R 40.2; Nachforderung R 41c.3; Nettolohn R 39b.9; Pauschalierung R 40.1 ff.; –, besondere Pauschsteuersätze R 40.1; –, fester Pauschsteuersatz R 40.2
Lohnsteuerabzug R 38.1; H 38.1; Altersentlastungsbetrag R 39b.4; Änderung R 41c.1; Arbeitgeberwechsel R 39b.5 (1); Bescheinigung R 39.3; bei beschränkter Einkommensteuerpflicht R 39.3; R 39.4; trotz Doppelbesteuerungsabkommen H 39b.10; durch Dritte R 38.5; R 39c; –, Haftung R 42d.3; erweiterte unbeschränkte Steuerpflicht H 39c; Künstler, Sportler, Artisten usw. R 39.4 (4); Lohnzahlung an Erben R 19.9; Lohnzahlung durch Dritte H 38.4
Lohnsteuerabzugsmerkmale, Änderungen und Ergänzungen R 39.2
Lohnsteuer-Anmeldung R 41a.1; elektronische Abgabe H 41a.1; Zwangsmittel R 41a.1 (4)
Lohnsteuer-Außenprüfung R 42f
Lohnsteuerbescheinigungen R 41b; von öffentlichen Kassen R 41b (2); Sammelbeförderung H 3.32; zu Unrecht einbehaltene Lohnsteuer H 41b
Lohnsteuerhaftung R 42d.1; bei Arbeitnehmerüberlassung R 42d.2; *s. a. Arbeitnehmerüberlassung; Haftung*
Lohnsteuer-Jahresausgleich, Durchführung durch den Arbeitgeber R 42b; permanenter R 39b.8
Lohnsteuerkarte, Aufbewahrung H 39b.1
Lohnsteuerpauschalierung R 40.1 ff.; *s. a. Pauschalierung der Lohnsteuer*
Lohnsteuerverfahren bei nebenberuflichen Tätigkeiten R 3.26 (10)
Lohnverwendungsabrede H 19.3
Lohnzahlung in ausländischer Währung H 8.1 (1–4); durch Dritte H 19.3; R 38.4; –, Anrufungsauskunft R 42e (4)
Lohnzahlungszeitraum R 39b.5 (2 f.)
Lohnzuschläge, Arbeitslohn R 19.3 (1)
Luxemburg, Arbeitnehmer mit Wohnsitz in L. H 39.4

Mahlzeiten, Begriff H 8.1 (7); unentgeltliche bzw. verbilligte R 8.1 (8); –, Pauschsteuersatz R 40.2 (1)
Mankogeld R 19.3 (1)
Medizinische Hilfsmittel, keine Werbungskosten H 9.12
Mehrarbeitszuschläge, Arbeitslohn R 19.3 (1); Zusammentreffen mit Sonntags-, Feiertags- und Nachtarbeitszuschlägen R 3b (5)
Mehraufwendungen, doppelte Haushaltsführung R 9.11; –, notwendige M. R 9.11 (5)
Metergeld, Möbeltransportgewerbe H 38.4
Mietbeiträge statt Trennungsgeld H 3.13
Mietvorteile, steuerfreie R 3.59; H 3.59
Mietwert, Sachbezug R 8.1 (6)
Mitgliedsbeiträge an Interessenverbände als Werbungskosten H 9.3
Mitunternehmer, Arbeitnehmer H 19.0
Möbeltransportgewerbe, Metergeld H 38.4
Mobiltelefon, Arbeitslohn H 19.3; steuerfreie Privatnutzung R 3.45
Monatsbetrag für steuerfreie Aufwandsentschädigungen R 3.12 (3)
Montagen, Arbeitgeber R 38.3 (4)
Musiker, Arbeitnehmer H 19.0; selbständige Tätigkeit H 19.2
Musikinstrumente, keine Werkzeuge R 3.30; H 3.30

Nachforderung von Lohnsteuer R 41c.3; –, Einzelfälle H 41c.3

Nachforderungsbescheid R 42d.1 (6)
Nachforderungsverfahren H 42d.1
Nachtarbeit an Sonn- und Feiertagen R 3b (3)
Nachtarbeitszuschläge, Steuerfreiheit R 3b
Nachweis der zuschlagbegünstigten Arbeitszeiten R 3b (6); der zweckentsprechenden Verwendung steuerfreier Arbeitgeberzuschüsse R 3.62 (4)
Nachzahlung, Lohnsteuer R 39b.5 (4); H 39b.5
NATO-Bedienstete, Versorgungsbezüge H 19.8
Navigationsgerät bei Kraftfahrzeugen R 8.1 (9); Listenpreis H 8.1 (9 f.)
Nebenberufliche Tätigkeit R 19.2; H 19.2; Aufwandsentschädigungen R 3.26; Begriff R 3.26 (2); Beispiele für Zuordnung H 19.2
Nebenbeschäftigung und Aushilfstätigkeit H 40a.1
Nebentätigkeit *s. Nebenberufliche Tätigkeit*
Negative Einkünfte, Freibetrag R 39a.2
Nettoarbeitslohn, Altersteilzeitgesetz H 3.28
Nettogratifikationen, Besteuerung R 39b.9 (2)
Nettolohn, Besteuerung R 39b.9
Nettolohnvereinbarung H 39b.9; Lohnsteuerschuldner R 42d.1 (1)
Nichteheliche Lebensgemeinschaft, Arbeitsverhältnis H 19.0
Niederlande, Arbeitnehmer mit Wohnsitz in N. H 39.4
Notariatsverweser, kein Arbeitnehmer H 19.0
Notwendige Fahrtkosten R 9.11 (6)
Notwendige Verpflegungsmehraufwendungen R 9.11 (7)
Nutzungsdauer von Pkw und Kombifahrzeugen für AfA H 9.5
Nutzungswert bei Überlassung von Kraftfahrzeugen R 8.1 (9 f.); H 8.1 (9 f.)

Oberarzt, Arbeitnehmer H 19.0
Öffentliche Haushalte, steuerfreie Zuschüsse und Zinsvorteile R 3.58
Öffentliche Kassen, Aufwandsentschädigungen R 3.12; Begriff H 3.11; Lohnsteuerbescheinigungen R 41b; Steuerfreiheit von Reisekostenvergütungen und Umzugskostenvergütungen R 3.13
Öffentlicher Dienst, Beihilfen und Unterstützungen R 3.11 (1); erweiterte unbeschränkte Steuerpflicht H 39c; Versorgungswerk H 3.12
Opferentschädigungsgesetz R 3.6
Ordnungsgemäßes Fahrtenbuch H 8.1 (9 f.)
Organträger, Arbeitgebereigenschaft H 19.1
Ortskrankenkasse, öffentliche Kasse H 3.11
Österreich, Arbeitnehmer mit Wohnsitz in Ö. H 39.4

Park and Ride H 8.1 (9 f.); H 9.10
Partiarisches Darlehen, Abgrenzung zur stillen Beteiligung H 19a
Pauschale Abschlagszahlungen für Sonntags-, Feiertags- und Nachtarbeit R 3b (7); H 3b
Pauschale Kilometersätze, Fahrtkosten H 9.5
Pauschalentschädigung für ehrenamtliche Tätigkeit R 3.12 (5)
Pauschaler Auslagenersatz R 3.50 (2); H 3.50
Pauschalierung der Lohnsteuer, Aufzeichnungserleichterungen R 41.1; in besonderen Fällen R 40.1; fester Pauschsteuersatz R 40.2; für geringfügig Beschäftigte R 40a.2; für kurzfristig Beschäftigte R 40a.1; bei Zukunftssicherungsleistungen R 40b.1; –, Pauschalierungsgrenze, Durchschnittsberechnung R 40b.1 (9 f.)
Pauschalierungsantrag H 40.1
Pauschalierungsbescheid H 40.1
Pauschalierungsgrenze, Zukunftssicherungsleistungen R 40b.1 (8 ff.)
Pauschbeträge, Übernachtungskosten R 9.7 (3); für Verpflegungsmehraufwendungen R 9.6
Pauschsteuer, einheitliche, bei geringfügiger Beschäftigung R 40a.2
Pauschsteuersatz, besonderer R 40.1; fester R 40.2
Pensionsfonds, steuerfreie Arbeitgeberleistungen H 3.66

Pensionskasse, Insolvenzsicherung R 3.65; Lohnsteuerpauschalierung bei Zuwendungen des Arbeitgebers an P. R 40b.1 (4)
Pensionszusage, Ablösung H 19.3
Permanenter Lohnsteuer-Jahresausgleich R 39b.8
Personalcomputer, Pauschsteuersatz R 40.2 (1, 5); privater PC als Arbeitsmittel H 9.12; steuerfreie Privatnutzung R 3.45
Personenkraftwagen, Nutzungsdauer für AfA H 9.5
Pflegetätigkeit, Aufwandsentschädigungen R 3.26
Pflegeversicherung, Ausgaben des Arbeitgebers zur P. des Arbeitnehmers, Steuerfreiheit R 3.62 (2); Beitragszuschlag für Kinderlose H 3.62
Polizei, steuerfreie Dienstkleidung R 3.4
Privatfahrten mit betrieblichem Kraftfahrzeug H 8.1 (9 f.)
Privathaushalt, geringfügig Beschäftigte R 40a.2
Progressionsvorbehalt, Aufstockungsbeträge nach dem Altersteilzeitgesetz H 3.28; bei Doppelbesteuerungsabkommen R 39b.10
Provisionen, Arbeitslohn R 19.4; H 19.4
Prüfer, Aufwandsentschädigungen H 3.26
Prüfungsbericht, Lohnsteuer-Außenprüfung R 42f (4)
Prüfungstätigkeit, nebenberufliche H 19.2
Psychoseminar, Werbungskosten H 9.1

Rabatt-Freibetrag bei Sachbezügen R 8.2 (2); H 8.2
Rabattgewährung durch Dritte H 19.3; H 38.4
Rechtsanwalt, Berufshaftpflichtversicherung H 19.3
Rechtsbehelf gegen Haftungsbescheid H 42d.1
Reeder, Einbehalt von Lohnsteuer R 41a.1 (5)
Regierungsmitglieder, Ruhegehalt und Ehrensold R 19.8 (1 Nr. 8)
Rehabilitierungsgesetze, Leistungen R 3.6
Reimportierte Fahrzeuge, Listenpreis H 8.1 (9 f.)
Reinigungskosten, Berufskleidung R 3.31 (2)
Reisegepäckversicherung, Reisenebenkosten H 9.8
Reisekosten, Abrechnungen H 8.1 (8); Abzug als Werbungskosten H 9.5; Begriff R 9.4; Pauschalversteuerung R 40.2 (4); H 40.2
Reisekostenvergütungen, Steuerfreiheit R 3.13; R 3.16
Reisenebenkosten R 9.8
Reisevertreter, Arbeitnehmer H 19.0
Religionsgemeinschaft, Aufzeichnung bei Lohnsteuerpauschalierung R 41.1 (4); Bescheinigung H 39.1; öffentlich-rechtliche, öffentliche Kasse H 3.11
Rentenversicherung, Ausgaben des Arbeitgebers zur R. des Arbeitnehmers, Steuerfreiheit R 3.62
Rentenversicherungsträger, öffentliche Kasse H 3.11
Reparaturkosten, steuerfreier Auslagenersatz H 3.50
Repräsentationsaufwendungen, keine Werbungskosten R 9.1 (2)
Rückdeckungsversicherung R 40b.1 (3)
Rückfallklausel nach § 50d Abs. 8 EStG H 39b.10
Rückumzug ins Ausland H 9.9
Rückzahlung von Arbeitslohn H 11; H 19.3; H 40b.1; von pauschalbesteuerten Leistungen an Arbeitgeber R 40b.1 (13 ff.)
Ruhegehalt neben Aushilfstätigkeit H 40a.1; ehemaliger Regierungsmitglieder, Versorgungsbezüge R 19.8 (1 Nr. 8)
Rundfunkanstalt, öffentlich-rechtliche, öffentliche Kasse H 3.11
Rundfunkermittler, kein Arbeitnehmer H 19.0
Rundfunkessays, keine begünstigte Tätigkeit H 3.26

Saarland, steuerfreie Versorgungsbezüge R 19.8 (1 Nr. 18 ff.)

Sachbezüge R 8.2; H 8.2; Abgrenzung H 8.1 (1–4); Arbeitslohn H 19.3; Bewertung R 8.1 f.; Essenmarken H 8.1 (7); Rabatt-Freibetrag R 8.2 (2)
Sachbezugswerte, amtliche R 8.1 (4)
Sachleistungen des Arbeitgebers R 19.6
Saisonarbeiten, Land- und Forstwirtschaft H 40a.1
Sammelbeförderung von Arbeitnehmern zur ersten Tätigkeitsstätte R 3.32; H 3.32
Sanitätshelfer, Arbeitnehmer H 19.0
Schadensersatz, Verzicht auf S. H 8.1 (9 f.)
Schadensersatzforderung, Erlass durch Arbeitgeber als Arbeitslohn H 19.3
Schadensersatzleistung des Arbeitgebers H 19.3
Schätzungsbescheid bei Nichtabgabe der Lohnsteuer-Anmeldung H 41a.1; H 42d.1
Scheidung, Steuerklassenänderung R 39.2 (2)
Schmutzzulage, Arbeitslohn R 19.3 (1)
Schulgeldzahlungen, Werbungskosten H 9.1
Schwarzarbeiter, kein Arbeitnehmer H 19.0
Schweiz, Arbeitnehmer mit Wohnsitz in der S. H 39.4; *s. a. EU/EWR-Fälle*
Seeleute, erste Tätigkeitsstätte H 9.4
Sehhilfe, kein Arbeitslohn R 19.3 (2)
Selbständiger, Beispiele für Zuordnung H 19.0
SGB III, Leistungen R 3.2
Sicherheitsgeschützte Fahrzeuge H 8.1 (9 f.)
Sicherungsverfahren, Haftung bei Arbeitnehmerüberlassung R 42d.2 (8)
Skikurse für Lehrer H 9.2
Snowboardkurse für Lehrer H 9.2
Soldatenversorgungsgesetz, Einarbeitungszuschuss als Arbeitslohn R 19.3 (1); Leistungen R 3.6
Sonderausgaben, Bildung eines Freibetrags R 39a.1 (2 ff.); Freibetrag bei Ehegatten R 39a.3 (2)
Sonderausstattung bei Kraftfahrzeugen R 8.1 (9)
Sonderzahlungen, freiwillige H 3.51
Sonntagsarbeitszuschläge, Steuerfreiheit R 3b
Sonstige Bezüge, Begriff R 39b.2; Einbehaltung der Lohnsteuer R 39b.6; Pauschalierung der Lohnsteuer R 40.1
Sozialversicherungsbeiträge, Arbeitgeberzuschüsse H 19.3
Spielbanktronc, Trinkgelder H 3.51
Sporttrainer, Aufwandsentschädigungen R 3.26
Sportverein, Arbeitgeber H 19.1
Sprachunterricht, Werbungskosten H 9.2
Ständiger Vertreter, Begriff R 38.3 (3)
Sterbegeld, Versorgungsbezug R 19.8 (1 Nr. 1); H 19.8; R 19.9 (3)
Sterbemonat, Arbeitslohn R 19.9 (3)
Steuerabzug *s. Lohnsteuerabzug*
Steuerbefreiungen aufgrund zwischenstaatlicher Vereinbarungen H 3.0
Steuerfreie Aufwandsentschädigungen R 3.26; ehrenamtliche Tätigkeit R 3.12 (3 ff.)
Steuerfreie Beihilfen und Unterstützungen R 3.11
Steuerfreie Bezüge, Werbungskosten R 9.1 (4)
Steuerfreie Leistungen nach dem SGB III R 3.2
Steuerklasse, Änderung der St. R 39.2 (1 f.); EU/EWR-Fälle H 38b; Wechsel R 39.2 (2)
Steuerschuldner, Nettolohnvereinbarung H 39b.9
Stille Beteiligung, Abgrenzung zum partiarischen Darlehen H 19a
Stipendium H 3.11; Steuerfreiheit H 19.3
Strafverteidigungskosten, Werbungskosten H 9.1
Straßenbenutzungsgebühren, Übernahme durch Arbeitgeber H 8.1 (9 f.)
Stromableser, Arbeitnehmer H 19.0
Studienbeihilfen, Steuerfreiheit H 19.3
Studiengebühren, Übernahme durch Arbeitgeber H 19.7
Studienreisen H 9.2

Tabakwaren, Freitabakwaren an Arbeitnehmer in der Tabakindustrie R 8.2 (1)

Tagegeld, Auslandstagegeld R 9.6 (3); EU-Bedienstete H 3.64
Teilarbeitslosengeld R 3.2 (1)
Teilzeitbeschäftigte *s. Aushilfskräfte; Geringfügig Beschäftigte; Kurzfristig Beschäftigte*
Telearbeitsplatz H 9.14
Telefonanschluss, Kostentragung durch Arbeitgeber als Arbeitslohn H 19.3
Telefonkosten bei doppelter Haushaltsführung H 9.11 (5–10)
Telefonkostenersatz durch Arbeitgeber H 3.50
Telekommunikationsaufwendungen, Werbungskosten R 9.1 (5)
Telekommunikationsgeräte, Pauschsteuersatz R 40.2 (5); steuerfreie Privatnutzung R 3.45
Theaterkarten anlässlich Betriebsveranstaltungen H 19.5
Trainer, Aufwandsentschädigungen R 3.26
Trennungsgelder, Steuerfreiheit R 3.13
Trennung von Ehegatten, Änderung der Steuerklasse R 39.2 (1, 2)
Trinkgelder, Arbeitslohn R 19.3 (1); kein Arbeitslohn H 19.3
Tutor, kein Arbeitnehmer H 19.0

Überbrückungsgeld für Behinderte R 3.2 (4)
Übergangsgeld nach BAT, Versorgungsbezug H 19.8; nach BeamtVG R 19.8 (2); für Behinderte R 3.2 (4)
Übergangsversorgung nach BAT R 19.8 (1 Nr. 2)
Übernachtungskosten an erster Tätigkeitsstätte H 9.1; Nachweis H 9.7; Reisekosten R 9.7
Üblichkeit, Betriebsveranstaltung R 19.5 (3); Zuwendungen R 19.5 (4)
Übungsleiter, Aufwandsentschädigungen R 3.26
Umlagezahlungen des Arbeitgebers H 3.62; H 3.63
Umrechnung, Jahresfreibetrag R 39a.1 (7); –, Beispiele H 39a.1
Umsatzsteuer, Arbeitsmittel R 9.12
Umzugskosten bei doppelter Haushaltsführung R 9.11 (9); Höhe R 9.9 (2); H 9.9; Werbungskosten R 9.9
Umzugskostenvergütungen, Steuerfreiheit R 3.13; R 3.16
Unfallschäden, Werbungskosten H 9.10
Unfallversicherung, Reisenebenkosten H 9.8; steuerpflichtiger Beitrag H 40b.2
Uniform, Berufskleidung R 3.31
Unterkunft, Sachbezugswerte R 8.1 (5 f.)
Unterkunftskosten bei doppelter Haushaltsführung H 9.11 (5–10)
Unterstützungen an Arbeitnehmer in besonderen Notfällen, Steuerfreiheit R 3.11
Unterstützungskasse, Leistungen an Arbeitnehmer R 3.11 (2); –, Arbeitslohn H 19.3
Unvorhersehbarer Zeitpunkt, Aushilfskräfte R 40a.1 (3)
Urlaubsabgeltung, Arbeitslohn R 19.3 (1)

Verein, Arbeitgeber H 19.1
Vergebliche Aufwendungen, nebenberufliche Tätigkeit H 3.26
Verkehrsunfall, Werbungskosten H 9.10
Verleiher, Arbeitgeber R 19.1; R 42d.2 (1); ausländische, zuständige Finanzämter H 41.3; Haftung R 42d.2 (7)
Verlosungsgewinne anlässlich Betriebsveranstaltungen H 19.5
Vermietung und Verpachtung, negative Einkünfte H 39a.2
Vermittlungsprovisionen R 19.4; Verzicht als geldwerter Vorteil H 8.2
Vermögensbeteiligung, Begriff H 19a; geldwerter Vorteil H 19a; steuerbegünstigte Überlassung R 19a; Wert H 19a
Verpflegung, Bewertung R 8.1 (7 f.)
Verpflegungsmehraufwendungen als abzugsfähige Reisekosten R 9.6; bei doppelter Haushaltsführung R 9.11 (7); H 9.11 (5–10); Werbungskosten R 9.1 (2); H 9.6
Verpflegungszuschüsse, Steuerfreiheit R 3.13
Verschollenheitsbezüge nach Beamtenversorgungsgesetz, Versorgungsbezüge R 19.8 (1 Nr. 10)

Versicherungsgesellschaften, Vermittlungsprovisionen R 19.4
Versicherungsstatus des Arbeitnehmers H 3.62
Versicherungsvertreter, kein Arbeitnehmer H 19.0
Versorgungsausgleich, externe Teilung H 3.55b; interne Teilung H 3.55a
Versorgungsbezüge R 19.8; gekürzte R 19.8 (3); als laufender Arbeitslohn R 39b.3; aus öffentlichen Mitteln R 3.6; Zahlung von Arbeitslohn an Erben R 19.9
Versorgungsfreibetrag R 39b.3
Vertragsstrafe, Werbungskosten H 9.1
Vertreter, ständiger R 38.3 (3)
Vervielfältigungsregelung, Pauschalierungsgrenze R 40b.1 (11)
Verwarnungsgelder, Übernahme durch Arbeitgeber H 19.3
Verwertung nichtselbständiger Arbeit im Inland R 39.4 (2)
Verwertungstatbestand *s. Verwertung*
Videorecorder, Werbungskosten H 9.1
Vorauszahlung, Lohnsteuer R 39b.5 (4)
Vorruhestandsleistungen, Versorgungsbezüge R 19.8 (1 Nr. 21)
Vorsorgepauschale, Lohnsteuer-Jahresausgleich H 42b
Vorsorgeuntersuchung, Kostenübernahme durch Arbeitgeber H 19.3
Vorstandsmitglied, Arbeitnehmer H 19.0
Vorweggenommene Aufwendungen, Arbeitszimmer H 9.14

Wahlbeamte, Versorgungsbezüge R 19.8 (1 Nr. 7)
Wandeldarlehensvertrag, geldwerter Vorteil H 8.1 (1–4)
Wandelschuldverschreibung, Arbeitslohn H 38.2
Waren, Bezug aufgrund des Dienstverhältnisses R 8.2; H 8.2
Warengutschein, Sachbezug, Beispiele H 8.1 (1–4); *s. a. Gutschein*
Wechsel zwischen Pauschal- und Regelbesteuerung H 40a.2
Wechselschichtzuschlag, Steuerpflicht H 3b
Wehrsold, Steuerfreiheit H 3.5
Weihnachtsfeier, Zuwendungen des Arbeitgebers R 19.5
Weisungsgebundenheit, Arbeitnehmer H 19.0
Weiterbildungskosten *s. Fortbildungskosten*
Weiträumiges Tätigkeitsgebiet H 9.4; R 9.10 (4)
Werbegeschenke H 9.1
Werbungskosten R 9.1 ff.; Abgrenzung zu Kosten der Lebensführung R 9.1; Arbeitsmittel R 9.12; Arbeitszimmer H 9.14; Aufteilung R 9.1 (2); und Aufwandsentschädigungen R 3.12 (4); Aufwendungen für Aus- und Fortbildung R 9.2; beruflicher Zusammenhang H 9.1; Bildung eines Freibetrags R 39a.1 (2 ff.); doppelte Haushaltsführung R 9.11 (10); Fahrtkosten R 9.5; – zwischen Wohnung und erster Tätigkeitsstätte R 9.10; Freibetrag bei Ehegatten R 39a.3 (1); Heimarbeit R 9.13; bei nebenberuflichen Tätigkeiten R 3.26 (9); Reisekosten R 9.4 ff.; Reisenebenkosten R 9.8; und steuerfreie Bezüge R 9.1 (4); Übernachtungskosten R 9.7 (2); Umzugskosten R 9.9; Veranstaltungen von Berufsverbänden usw. R 9.3; Verpflegungsmehraufwendungen R 9.1 (2); H 9.6; vorweggenommene bzw. nachträgliche R 9.1 (3); H 9.1
Werkstattwagen H 8.1 (9 f.)
Werkvertrag, Abgrenzung zur Arbeitnehmerüberlassung R 42d.2 (3)
Werkzeuggeld R 3.30
Wertermittlung von Vermögensbeteiligungen H 19a
Wintergeld, Leistungen nach SGB III R 3.2 (3)
Wissenschaftsbeihilfen H 3.11
Wohlfahrtsverband, ehrenamtliche Helfer als Arbeitnehmer H 19.0
Wohnraumförderung, steuerfreie Mietvorteile R 3.59
Wohnung, Begriff R 8.1 (6); H 9.10; maßgebliche W. für Fahrtkosten R 9.10 (1); Sachbezugswerte R 8.1 (5 f.)
Wohnungsrecht, Arbeitslohn H 38.2

Wohnungswechsel, berufliche Veranlassung H 9.9

Zahlungsfrist, Lohnsteuernachzahlung R 42d.1 (7)
Zinsvorteile bei Arbeitnehmern von Kreditinstituten H 19.3; bei Darlehen aus öffentlichen Haushalten R 3.58
Zivildienstgesetz, gesetzliche Versorgungsbezüge R 3.6
Zufluss von Arbeitslohn R 38.2; H 38.2; der Vermögensbeteiligung H 19a
Zukunftssicherung, Insolvenzsicherung R 3.65; Leistungen des Arbeitgebers zur Z. des Arbeitnehmers, Steuerfreiheit R 3.62
Zukunftssicherungsleistungen, Barlohn H 8.1 (1–4); Lohnsteuerpauschalierung R 40b.1
Zusammenfassung, Steuer- und Haftungsbescheid H 42d.1
Zusätzliche Arbeitgeberleistungen R 3.33 (5)
Zusätzlicher Krankenversicherungsbeitrag H 3.62
Zuschlag, Kaufkraftausgleich R 3.64; für Sonntags-, Feiertags- und Nachtarbeit, Steuerfreiheit R 3b
Zuschlagssätze, Kaufkraftausgleich R 3.64
Zuschüsse des Arbeitgebers zu Betriebsveranstaltungen H 19.5; aus öffentlichen Haushalten R 3.58
Zuständigkeit *s. Finanzamt*
Zuwendungen bei Betriebsveranstaltungen *s. Betriebsveranstaltung*
Zuzahlungen des Arbeitnehmers zu Kraftfahrzeug H 8.1 (9 f.)
Zwangsmittel bei nicht rechtzeitiger Lohnsteuer-Anmeldung R 41a.1 (4)
Zweckbetrieb, nebenberufliche Tätigkeit R 3.26 (5)
Zweitwohnung, berufliche Veranlassung R 9.11 (2); H 9.11 (1–4); notwendige Aufwendungen R 9.11 (8); Ort R 9.11 (4)
Zwischenstaatliche Vereinbarungen, Steuerbefreiungen H 3.0
Zwischenumzug H 9.9

29. Gesetz über die Umzugskostenvergütung für die Bundesbeamten, Richter im Bundesdienst und Soldaten (Bundesumzugskostengesetz – BUKG)[1]

In der Fassung der Bekanntmachung vom 11. Dezember 1990 (BGBl. I S. 2682)

Geändert durch Gesetz vom 24.2.1997 (BGBl. I S. 322), vom 21.8.2002 (BGBl. I S. 3322), vom 4.11.2004 (BGBl. I S. 2686), vom 15.12.2004 (BGBl. I S. 3396), vom 17.6.2008 (BGBl. I S. 1010), vom 5.2.2009 (BGBl. I S. 160), Art. 46 VO vom 31.8.2015 (BGBl. I S. 1474), Gesetz vom 5.1.2017 (BGBl. I S. 17) und Art. 7 Gesetz vom 9.12.2019 (BGBl. I S. 2053)

BGBl. III/FNA 2032-3

§ 1 Anwendungsbereich. (1) [1]Dieses Gesetz regelt Art und Umfang der Erstattung von Auslagen aus Anlaß der in den §§ 3 und 4 bezeichneten Umzüge und der in § 12 genannten Maßnahmen. [2]Berechtigte sind:

1. Bundesbeamte und in den Bundesdienst abgeordnete Beamte,
2. Richter im Bundesdienst und in den Bundesdienst abgeordnete Richter,
3. Berufssoldaten und Soldaten auf Zeit,
4. Beamte und Richter (Nummern 1 und 2) und Berufssoldaten im Ruhestand,
5. frühere Beamte und Richter (Nummern 1 und 2) und Berufssoldaten, die wegen Dienstunfähigkeit oder Erreichens der Altersgrenze entlassen worden sind,
6. Hinterbliebene der in den Nummern 1 bis 5 bezeichneten Personen.

(2)[2] Hinterbliebene sind der Ehegatte, Lebenspartner, Verwandte bis zum vierten Grade, Verschwägerte bis zum zweiten Grade, Pflegekinder und Pflegeeltern, wenn diese Personen zur Zeit des Todes zur häuslichen Gemeinschaft des Verstorbenen gehört haben.

(3) Eine häusliche Gemeinschaft im Sinne dieses Gesetzes setzt ein Zusammenleben in gemeinsamer Wohnung oder in enger Betreuungsgemeinschaft in demselben Hause voraus.

§ 2 Anspruch auf Umzugskostenvergütung. (1)[3] [1]Voraussetzung für den Anspruch auf Umzugskostenvergütung ist die schriftliche oder elektronische Zusage. [2]Sie soll gleichzeitig mit der den Umzug veranlassenden Maßnahme erteilt werden. [3]In den Fällen des § 4 Abs. 3 muß die Umzugskostenvergütung vor dem Umzug zugesagt werden.

(2)[3] [1]Die Umzugskostenvergütung wird nach Beendigung des Umzuges gewährt. [2]Sie ist innerhalb einer Ausschlußfrist von einem Jahr bei der Be-

---

[1] Die Neufassung des BUKG wurde verkündet als Art. 1 des G v. 11.12.1990, BGBl. I S. 2682. – Diese Fassung gilt mWv 1.7.1990 (Art. 11 des o. a. Gesetzes).

[2] § 1 Abs. 2 geänd. durch G v. 15.12.2004, BGBl. I S. 3396, mWv 1.1.2005.

[3] § 2 Abs. 1 Satz 1 und Abs. 2 Satz 2 geänd. durch G v. 21.8.2002, BGBl. I S. 3322, mWv 1.2.2003.

schäftigungsbehörde, in den Fällen des § 4 Abs. 3 bei der letzten Beschäftigungsbehörde, schriftlich oder elektronisch zu beantragen. [3]Die Frist beginnt mit dem Tage nach Beendigung des Umzuges, in den Fällen des § 11 Abs. 3 Satz 1 mit der Bekanntgabe des Widerrufs.

(3) [1]Umzugskostenvergütung wird nicht gewährt, wenn nicht innerhalb von fünf Jahren nach Wirksamwerden der Zusage der Umzugskostenvergütung umgezogen wird. [2]Die oberste Dienstbehörde kann diese Frist in besonders begründeten Ausnahmefällen um längstens zwei Jahre verlängern. [3]§ 4 Abs. 3 Satz 2 bleibt unberührt.

§ 3 Zusage der Umzugskostenvergütung. (1) Die Umzugskostenvergütung ist zuzusagen für Umzüge

1. aus Anlaß der Versetzung aus dienstlichen Gründen an einen anderen Ort als den bisherigen Dienstort, es sei denn, daß
   a) mit einer baldigen weiteren Versetzung an einen anderen Dienstort zu rechnen ist,
   b) der Umzug aus besonderen Gründen nicht durchgeführt werden soll,
   c) die Wohnung auf einer üblicherweise befahrenen Strecke weniger als 30 Kilometer von der neuen Dienststätte entfernt ist oder im neuen Dienstort liegt (Einzugsgebiet) oder
   d) der Berechtigte auf die Zusage der Umzugskostenvergütung unwiderruflich verzichtet und dienstliche Gründe den Umzug nicht erfordern,
2. auf Anweisung des Dienstvorgesetzten, die Wohnung innerhalb bestimmter Entfernung von der Dienststelle zu nehmen oder eine Dienstwohnung zu beziehen,
3. aus Anlaß der Räumung einer Dienstwohnung auf dienstliche Weisung,
4. aus Anlaß der Aufhebung einer Versetzung nach einem Umzug mit Zusage der Umzugskostenvergütung.

(2) Absatz 1 Nr. 1 gilt entsprechend für Umzüge aus Anlaß

1. der Verlegung der Beschäftigungsbehörde,
2. der nicht nur vorübergehenden Zuteilung aus dienstlichen Gründen zu einem anderen Teil der Beschäftigungsbehörde,
3. der Übertragung eines anderen Richteramtes nach § 32 Abs. 2 des Deutschen Richtergesetzes oder eines weiteren Richteramtes nach § 27 Abs. 2 des vorgenannten Gesetzes.

(3)[1)] [1]Die oberste Dienstbehörde kann festlegen, dass die Zusage der Umzugskostenvergütung erst drei Jahre nach der Personalmaßnahme wirksam wird; dies gilt nicht für Ledige ohne eigene Wohnung. [2]Voraussetzung ist, dass

---

1) § 3 Abs. 3 angef. durch G v. 5.1.2017, BGBl. I S. 17, mWv 11.1.2017; Abs. 3 Satz 2 Nr. 2 neugef. durch G v. 9.12.2019, BGBl. I S. 2053, mWv 1.6.2020.

1. der festgelegte Bereich
   a) eine besondere Versetzungshäufigkeit aufweist oder
   b) von wesentlichen Restrukturierungen betroffen ist und
2. es sich nicht um Auslandsumzüge nach § 13 handelt; abweichend davon ist bei Umzügen vom Inland ins Ausland eine Festlegung nach Satz 1 möglich, soweit dienstliche Gründe einen Umzug nicht erfordern.

³Die Festlegung nach Satz 1 bedarf des Einvernehmens des Bundesministeriums der Finanzen insbesondere im Hinblick auf dessen Gesamtverantwortung für die Ausführung des Haushaltsplans. ⁴Erklärt der Berechtigte innerhalb von drei Jahren nach dem Wirksamwerden der Personalmaßnahme schriftlich oder elektronisch, dass er umzugswillig ist, wird die Zusage der Umzugskostenvergütung mit dem Zeitpunkt des Zugangs der Erklärung wirksam, wenn die Voraussetzungen nach den Absätzen 1 und 2 noch gegeben sind.

(4)[1] Absatz 3 gilt auch im Falle einer erneuten Personalmaßnahme ohne Dienstortwechsel, bei der der Verbleib am Dienstort aus zwingenden dienstlichen Gründen notwendig ist.

§ 4 Zusage der Umzugskostenvergütung in besonderen Fällen.

(1) Die Umzugskostenvergütung kann in entsprechender Anwendung des § 3 Abs. 1 Nr. 1 zugesagt werden für Umzüge aus Anlaß

1. der Einstellung,
2. der Abordnung oder Kommandierung,
3. der vorübergehenden Zuteilung aus dienstlichen Gründen zu einem anderen Teil der Beschäftigungsbehörde,
4. der vorübergehenden dienstlichen Tätigkeit bei einer anderen Stelle als einer Dienststelle.

(2)[2] ¹Die Umzugskostenvergütung kann ferner zugesagt werden für Umzüge aus Anlaß

1. der Aufhebung oder Beendigung einer Maßnahme nach Absatz 1 Nr. 2 bis 4 nach einem Umzug mit Zusage der Umzugskostenvergütung,
2. der Räumung einer bundeseigenen oder im Besetzungsrecht des Bundes stehenden Mietwohnung, wenn sie auf Veranlassung der obersten Dienstbehörde oder der von ihr ermächtigten Behörde im dienstlichen Interesse geräumt werden soll,
3. einer Versetzung oder eines Wohnungswechsels wegen des Gesundheitszustandes des Berechtigten, des mit ihm in häuslicher Gemeinschaft lebenden Ehegatten oder Lebenspartners oder der mit ihm in häuslicher Gemeinschaft lebenden, beim Familienzuschlag nach dem Bundesbesoldungsgesetz berücksichtigungsfähigen Kinder, wobei die Notwendigkeit des Umzuges amts- oder vertrauensärztlich bescheinigt sein muß,

---

[1] § 3 Abs. 4 angef. durch G v. 5.1.2017, BGBl. I S. 17, mWv 11.1.2017.

[2] § 4 Abs. 2 Nr. 3 geänd. durch G v. 15.12.2004, BGBl. I S. 3396, mWv 1.1.2005; Abs. 2 Nr. 3 und 4 geänd. durch G v. 5.2.2009, BGBl. I S. 160, 265, mWv 12.2.2009.

4. eines Wohnungswechsels, der notwendig ist, weil die Wohnung wegen der Zunahme der Zahl der zur häuslichen Gemeinschaft gehörenden, beim Familienzuschlag nach dem Bundesbesoldungsgesetz berücksichtigungsfähigen Kinder unzureichend geworden ist. [2] Unzureichend ist eine Wohnung, wenn die Zimmerzahl der bisherigen Wohnung um mindestens zwei hinter der zustehenden Zimmerzahl zurückbleibt. [3] Dabei darf für jede vor und nach dem Umzug zur häuslichen Gemeinschaft des Berechtigten gehörende Person (§ 6 Abs. 3 Satz 2 und 3) nur ein Zimmer zugebilligt werden.

(3) [1] Die Umzugskostenvergütung kann ferner für Umzüge aus Anlaß der Beendigung des Dienstverhältnisses Berechtigten nach § 1 Abs. 1 Satz 2 Nr. 4 bis 6 zugesagt werden, wenn

1. ein Verbleiben an Grenzorten, kleineren abgelegenen Plätzen oder Inselorten nicht zumutbar ist oder
2. in den vorausgegangenen zehn Jahren mindestens ein Umzug mit Zusage der Umzugskostenvergütung an einen anderen Ort durchgeführt wurde.

[2] Die Umzugskostenvergütung wird nur gewährt, wenn innerhalb von zwei Jahren nach Beendigung des Dienstverhältnisses umgezogen wird. [3] Sie wird nicht gewährt, wenn das Dienstverhältnis aus Disziplinargründen oder zur Aufnahme einer anderen Tätigkeit beendet wurde.

(4)[1)] Der Abordnung nach Absatz 1 Nr. 2 stehen die Zuweisung nach § 29 des Bundesbeamtengesetzes oder nach § 20 des Beamtenstatusgesetzes gleich.

§ 5 Umzugskostenvergütung. (1) Die Umzugskostenvergütung umfaßt

1. Beförderungsauslagen (§ 6),
2. Reisekosten (§ 7),
3. Mietentschädigung (§ 8),
4. andere Auslagen (§ 9),
5. Pauschvergütung für sonstige Umzugsauslagen (§ 10),
6. Auslagen nach § 11.

(2) Zuwendungen, die für denselben Umzug von einer anderen Dienst- oder Beschäftigungsstelle gewährt werden, sind auf die Umzugskostenvergütung insoweit anzurechnen, als für denselben Zweck Umzugskostenvergütung nach diesem Gesetz gewährt wird.

(3)[2)] [1] Die aufgrund einer Zusage nach § 4 Abs. 1 Nr. 1 oder Abs. 2 Nr. 3 oder 4 gewährte Umzugskostenvergütung ist zurückzuzahlen, wenn der Berechtigte vor Ablauf von zwei Jahren nach Beendigung des Umzuges aus einem von ihm zu vertretenden Grunde aus dem Bundesdienst ausscheidet. [2] Die oberste Dienstbehörde kann hiervon Ausnahmen zulassen, wenn der Berechtigte unmittelbar in ein Dienst- oder Beschäftigungsverhältnis zu einem anderen öffentlich-rechtlichen Dienstherrn im Geltungsbereich dieses Gesetzes oder zu einer in § 40 Abs. 6 Satz 2 und 3 des Bundesbesoldungsgesetzes bezeichneten Einrichtung übertritt.

---

1) § 4 Abs. 4 geänd. durch G v. 17.6.2008, BGBl. I S. 1010, mWv 1.4.2009.

2) § 5 Abs. 3 Satz 2 geänd. durch G v. 5.2.2009, BGBl. I S. 160, 265, mWv 12.2.2009.

§ 6 Beförderungsauslagen. (1) [1]Die notwendigen Auslagen für das Befördern des Umzugsgutes von der bisherigen zur neuen Wohnung werden erstattet. [2]Liegt die neue Wohnung im Ausland, so werden in den Fällen des § 3 Abs. 1 Nr. 3, § 4 Abs. 2 Nr. 2 und Abs. 3 Satz 1 die Beförderungsauslagen bis zum inländischen Grenzort erstattet.

(2) Auslagen für das Befördern von Umzugsgut, das sich außerhalb der bisherigen Wohnung befindet, werden höchstens insoweit erstattet, als sie beim Befördern mit dem übrigen Umzugsgut erstattungsfähig wären.

(3)[1)] [1]Umzugsgut sind die Wohnungseinrichtung und in angemessenem Umfang andere bewegliche Gegenstände und Haustiere, die sich am Tage vor dem Einladen des Umzugsgutes im Eigentum, Besitz oder Gebrauch des Berechtigten oder anderer Personen befinden, die mit ihm in häuslicher Gemeinschaft leben. [2]Andere Personen im Sinne des Satzes 1 sind der Ehegatte, der Lebenspartner sowie die ledigen Kinder, Stief- und Pflegekinder. [3]Es gehören ferner dazu die nicht ledigen in Satz 2 genannten Kinder und Verwandte bis zum vierten Grade, Verschwägerte bis zum zweiten Grade und Pflegeeltern, wenn der Berechtigte diesen Personen aus gesetzlicher oder sittlicher Verpflichtung nicht nur vorübergehend Unterkunft und Unterhalt gewährt, sowie Hausangestellte und solche Personen, deren Hilfe der Berechtigte aus beruflichen oder gesundheitlichen Gründen nicht nur vorübergehend bedarf.

§ 7 Reisekosten. (1) [1]Die Auslagen für die Reise des Berechtigten und der zur häuslichen Gemeinschaft gehörenden Personen (§ 6 Abs. 3 Satz 2 und 3) von der bisherigen zur neuen Wohnung werden wie bei Dienstreisen des Berechtigten erstattet, in den Fällen des § 4 Abs. 3 Satz 1 Nr. 1 wie sie bei Dienstreisen im letzten Dienstverhältnis zu erstatten wären. [2]Tagegeld wird vom Tage des Einladens des Umzugsgutes an bis zum Tage des Ausladens mit der Maßgabe gewährt, daß auch diese beiden Tage als volle Reisetage gelten. [3]Übernachtungsgeld wird für den Tag des Ausladens des Umzugsgutes nur gewährt, wenn eine Übernachtung außerhalb der neuen Wohnung notwendig gewesen ist.

(2) [1]Absatz 1 Satz 1 gilt entsprechend für zwei Reisen einer Person oder eine Reise von zwei Personen zum Suchen oder Besichtigen einer Wohnung mit der Maßgabe, daß die Fahrkosten bis zur Höhe der billigsten Fahrkarte der allgemein niedrigsten Klasse eines regelmäßig verkehrenden Beförderungsmittels erstattet werden. [2]Tage- und Übernachtungsgeld wird je Reise für höchstens zwei Reise- und zwei Aufenthaltstage gewährt.

(3) [1]Für eine Reise des Berechtigten zur bisherigen Wohnung zur Vorbereitung und Durchführung des Umzuges werden Fahrkosten gemäß Absatz 2 Satz 1 erstattet. [2]Die Fahrkosten einer anderen Person für eine solche Reise werden im gleichen Umfang erstattet, wenn sich zur Zeit des Umzuges am bisherigen Wohnort weder der Berechtigte noch eine andere Person (§ 6 Abs. 3 Satz 2 und 3) befunden hat, der die Vorbereitung und Durchführung

---

[1)] § 6 Abs. 3 Satz 2 geänd. durch G v. 15.12.2004, BGBl. I S. 3396, mWv 1.1.2005.

des Umzuges zuzumuten war. [3]Wird der Umzug vor dem Wirksamwerden einer Maßnahme nach den §§ 3, 4 Abs. 1 durchgeführt, so werden die Fahrkosten für die Rückreise von der neuen Wohnung zum Dienstort, in den Fällen des § 4 Abs. 1 Nr. 1 zur bisherigen Wohnung, gemäß Absatz 2 Satz 1 erstattet.

(4) § 6 Abs. 1 Satz 2 gilt entsprechend.

§ 8 Mietentschädigung. (1) [1]Miete für die bisherige Wohnung wird bis zu dem Zeitpunkt, zu dem das Mietverhältnis frühestens gelöst werden konnte, längstens jedoch für sechs Monate, erstattet, wenn für dieselbe Zeit Miete für die neue Wohnung gezahlt werden mußte. [2]Ferner werden die notwendigen Auslagen für das Weitervermieten der Wohnung innerhalb der Vertragsdauer bis zur Höhe der Miete für einen Monat erstattet. [3]Die Sätze 1 und 2 gelten auch für die Miete einer Garage.

(2) [1]Miete für die neue Wohnung, die nach Lage des Wohnungsmarktes für eine Zeit gezahlt werden mußte, während der die Wohnung noch nicht benutzt werden konnte, wird längstens für drei Monate erstattet, wenn für dieselbe Zeit Miete für die bisherige Wohnung gezahlt werden mußte. [2]Entsprechendes gilt für die Miete einer Garage.

(3) [1]Die bisherige Wohnung im eigenen Haus oder die Eigentumswohnung steht der Mietwohnung gleich mit der Maßgabe, daß die Mietentschädigung längstens für ein Jahr gezahlt wird. [2]Die oberste Dienstbehörde kann diese Frist in besonders begründeten Ausnahmefällen um längstens sechs Monate verlängern. [3]An die Stelle der Miete tritt der ortsübliche Mietwert der Wohnung. [4]Entsprechendes gilt für die eigene Garage. [5]Für die neue Wohnung im eigenen Haus oder die neue Eigentumswohnung wird Mietentschädigung nicht gewährt.

(4) Miete nach den Absätzen 1 bis 3 wird nicht für eine Zeit erstattet, in der die Wohnung oder die Garage ganz oder teilweise anderweitig vermietet oder benutzt worden ist.

§ 9 Andere Auslagen. (1) Die notwendigen ortsüblichen Maklergebühren für die Vermittlung einer Mietwohnung und einer Garage oder die entsprechenden Auslagen bis zu dieser Höhe für eine eigene Wohnung werden erstattet.

(2)[1] Die Auslagen für einen durch den Umzug bedingten zusätzlichen Unterricht der Kinder des Berechtigten (§ 6 Absatz 3 Satz 2) werden erstattet, pro Kind jedoch höchstens 20 Prozent des am Tag vor dem Einladen des Umzugsgutes maßgeblichen Endgrundgehaltes der Besoldungsgruppe A 13.

(3)[1] *(aufgehoben)*

[1] § 9 Abs. 2 neugef., Abs. 3 aufgeh. durch G v. 9.12.2019, BGBl. I S. 2053, mWv 1.6.2020.

§ 10[1] Pauschvergütung für sonstige Umzugsauslagen. (1) [1]Berechtigte, die am Tage vor dem Einladen des Umzugsgutes eine Wohnung hatten und nach dem Umzug wieder eine Wohnung eingerichtet haben, erhalten eine Pauschvergütung für sonstige Umzugsauslagen. [2]Sie beträgt

1. für Berechtigte 15 Prozent,
2. für jede andere Person im Sinne des § 6 Absatz 3 Satz 1, die auch nach dem Umzug mit dem Berechtigten in häuslicher Gemeinschaft lebt, 10 Prozent

des am Tag vor dem Einladen des Umzugsgutes maßgeblichen Endgrundgehaltes der Besoldungsgruppe A 13.

(2) [1]Bei Berechtigten, die die Voraussetzungen des Absatzes 1 Satz 1 nicht erfüllen, beträgt die Pauschvergütung 3 Prozent des am Tag vor dem Einladen des Umzugsgutes maßgeblichen Endgrundgehaltes der Besoldungsgruppe A 13. [2]Die Pauschvergütung nach Satz 2 wird gewährt, wenn das Umzugsgut aus Anlass einer vorangegangenen Auslandsverwendung untergestellt war.

(3) [1]Eine Wohnung im Sinne des Absatzes 1 besteht aus einer geschlossenen Einheit von mehreren Räumen, in der ein Haushalt geführt werden kann, darunter stets eine Küche oder ein Raum mit Kochgelegenheit. [2]Zu einer Wohnung gehören außerdem Wasserversorgung, Ausguß und Toilette.

(4) In den Fällen des § 11 Abs. 3 werden die nachgewiesenen notwendigen Auslagen bis zur Höhe der Pauschvergütung erstattet.

(5) Ist innerhalb von fünf Jahren ein Umzug mit Zusage der Umzugskostenvergütung nach den §§ 3, 4 Abs. 1 Nr. 2 bis 4 oder Abs. 2 Nr. 1 vorausgegangen, so wird ein Häufigkeitszuschlag in Höhe von 50 vom Hundert der Pauschvergütung nach Absatz 1 gewährt, wenn beim vorausgegangenen und beim abzurechnenden Umzug die Voraussetzungen des Absatzes 1 Satz 1 vorgelegen haben.

(6) [1]Für eine umziehende Person kann für denselben Umzug nur eine Pauschvergütung gewährt werden. [2]Ist eine Person zugleich Berechtigter und andere Person im Sinne des § 6 Absatz 3 Satz 1, wird der Pauschbetrag nach Absatz 1 Satz 2 Nummer 1 gewährt.

§ 11 Umzugskostenvergütung in Sonderfällen. (1)[2] [1]Ein Beamter mit Wohnung im Sinne des § 10 Abs. 3, dem Umzugskostenvergütung für einen Umzug nach § 3 Abs. 1 Nr. 1, 3 oder 4, § 4 Abs. 1 Nr. 1 bis 4, Abs. 2 Nr. 1 zugesagt ist, kann für den Umzug in eine vorläufige Wohnung Umzugskostenvergütung erhalten, wenn die zuständige Behörde diese Wohnung vorher schriftlich oder elektronisch als vorläufige Wohnung anerkannt hat. [2]Bis zum Umzug in die endgültige Wohnung darf eine Wohnung nur einmal als vorläufige Wohnung anerkannt werden.

---

[1] § 10 Abs. 1 und Abs. 2 neugef., bish. Abs. 4 aufgeh., bish. Abs. 5 und Abs. 6 werden Abs. 4 und Abs. 5, bish. Abs. 7 wird Abs. 6 und neugef. durch G v. 9.12.2019, BGBl. I S. 2053, mWv 1.6.2020.

[2] § 11 Abs. 1 Satz 1 geänd. durch G v. 21.8.2002, BGBl. I S. 3322, mWv 1.2.2003.

(2)[1] [1]In den Fällen des § 4 Abs. 2 Nr. 3 und 4 werden höchstens die Beförderungsauslagen (§ 6) und die Reisekosten (§ 7) erstattet, die bei einem Umzug über eine Entfernung von fünfundzwanzig Kilometern entstanden wären. [2]Im Falle des § 4 Abs. 3 Satz 1 Nr. 2 werden nur die Beförderungsauslagen (§ 6) erstattet. [3]Satz 2 gilt auch für das Befördern des Umzugsgutes des Ehegatten oder Lebenspartners, wenn der Berechtigte innerhalb von sechs Monaten nach dem Tag geheiratet oder die Lebenspartnerschaft begründet hat, an dem die Umzugskostenvergütung nach § 3 Abs. 1 Nr. 1 oder 2 oder Abs. 2 oder § 4 Abs. 1 oder Abs. 2 Nr. 1 zugesagt worden ist.

(3) [1]Wird die Zusage der Umzugskostenvergütung aus von dem Berechtigten nicht zu vertretenden Gründen widerrufen, so werden die durch die Vorbereitung des Umzuges entstandenen notwendigen, nach diesem Gesetz erstattungsfähigen Auslagen erstattet. [2]Muß in diesem Fall ein anderer Umzug durchgeführt werden, so wird dafür Umzugskostenvergütung gewährt; Satz 1 bleibt unberührt. [3]Die Sätze 1 und 2 gelten entsprechend, wenn die Zusage der Umzugskostenvergütung zurückgenommen, anderweitig aufgehoben wird oder sich auf andere Weise erledigt.

§ 12 Trennungsgeld. (1)[2] Trennungsgeld wird gewährt

1. in den Fällen des § 3 Abs. 1 Nr. 1, 3 und 4 sowie Abs. 2, ausgenommen bei Vorliegen der Voraussetzungen des § 3 Abs. 1 Nr. 1 Buchstaben c und d,
2. wenn eine Festlegung nach § 3 Absatz 3 Satz 1 erfolgt ist und der Berechtigte die Umzugswilligkeit nicht erklärt hat,
3. in den Fällen des § 4 Abs. 1 Nr. 2 bis 4 und Abs. 2 Nr. 1 oder 3, soweit der Berechtigte an einen anderen Ort als den bisherigen Dienstort versetzt wird, und
4. bei der Einstellung mit Zusage der Umzugskostenvergütung

für die dem Berechtigten durch die getrennte Haushaltsführung, das Beibehalten der Wohnung oder der Unterkunft am bisherigen Wohnort oder das Unterstellen des zur Führung eines Haushalts notwendigen Teils der Wohnungseinrichtung entstehenden notwendigen Auslagen unter Berücksichtigung der häuslichen Ersparnis.

(2) [1]Ist dem Berechtigten die Umzugskostenvergütung zugesagt worden, so darf Trennungsgeld nur gewährt werden, wenn er uneingeschränkt umzugswillig ist und nachweislich wegen Wohnungsmangels am neuen Dienstort einschließlich des Einzugsgebietes (§ 3 Abs. 1 Nr. 1 Buchstabe c) nicht umziehen kann. [2]Diese Voraussetzungen müssen seit dem Tage erfüllt sein, an dem die Umzugskostenvergütung zugesagt worden oder, falls für den Berechtigten günstiger, die Maßnahme wirksam geworden oder die Dienstwohnung geräumt worden ist.

---

[1] § 11 Abs. 2 Satz 3 geänd. durch G v. 15.12.2004, BGBl. I S. 3396, mWv 1.1.2005.

[2] § 12 Abs. 1 neue Nr. 2 eingef., bish. Nrn. 2 und 3 werden Nrn. 3 und 4 durch G v. 5.1.2017, BGBl. I S. 17, mWv 11.1.2017.

(3)[1] [1]Nach Wegfall des Wohnungsmangels darf Trennungsgeld nur weitergewährt werden, wenn und solange dem Umzug des umzugswilligen Berechtigten einer der folgenden Hinderungsgründe entgegensteht:

1. Vorübergehende schwere Erkrankung des Berechtigten oder eines seiner Familienangehörigen (§ 6 Abs. 3 Satz 2 und 3) bis zur Dauer von einem Jahr;
2. Beschäftigungsverbote für die Berechtigte oder eine Familienangehörige (§ 6 Abs. 3 Satz 2 und 3) für die Zeit vor oder nach einer Entbindung nach mutterschutzrechtlichen Vorschriften;
3. Schul- oder Berufsausbildung eines Kindes (§ 6 Abs. 3 Satz 2 und 3) bis zum Ende des Schul- oder Ausbildungsjahres. [2]Befindet sich das Kind in der Jahrgangsstufe 12 einer Schule, so verlängert sich die Gewährung des Trennungsgeldes bis zum Ende des folgenden Schuljahres; befindet sich das Kind im vorletzten Ausbildungsjahr eines Berufsausbildungsverhältnisses, so verlängert sich die Gewährung des Trennungsgeldes bis zum Ende des folgenden Ausbildungsjahres;
4. Schul- oder Berufsausbildung eines schwerbehinderten Kindes (§ 6 Abs. 3 Satz 2 und 3). [2]Trennungsgeld wird bis zur Beendigung der Ausbildung gewährt, solange diese am neuen Dienst- oder Wohnort oder in erreichbarer Entfernung davon wegen der Behinderung nicht fortgesetzt werden kann;
5. Akute lebensbedrohende Erkrankung eines Elternteiles des Berechtigten, seines Ehegatten oder Lebenspartners, wenn dieser in hohem Maße Hilfe des Ehegatten, Lebenspartners oder Familienangehörigen des Berechtigten erhält;
6. Schul- oder erste Berufsausbildung des Ehegatten oder Lebenspartners in entsprechender Anwendung der Nummer 3.

[2]Trennungsgeld darf auch gewährt werden, wenn zum Zeitpunkt des Wirksamwerdens der dienstlichen Maßnahme kein Wohnungsmangel, aber einer dieser Hinderungsgründe vorliegt. [3]Liegt bei Wegfall des Hinderungsgrundes ein neuer Hinderungsgrund vor, kann mit Zustimmung der obersten Dienstbehörde Trennungsgeld bis zu längstens einem Jahr weiterbewilligt werden. [4]Nach Wegfall des Hinderungsgrundes darf Trennungsgeld auch bei erneutem Wohnungsmangel nicht gewährt werden.

(4)[2] [1]Im Anschluss an die Zeit, für die Trennungsgeld nach Absatz 1 Nummer 2 gewährt worden ist, wird auf Antrag des Berechtigten für weitere fünf Jahre Trennungsgeld gewährt. [2]Der Antrag ist vor Ablauf des Zeitraums nach § 3 Absatz 3 Satz 1 zu stellen. [3]Die Zusage der Umzugskostenvergütung erlischt bei Gewährung des Trennungsgeldes nach Satz 1 und kann nicht erneut erteilt werden.

---

[1] § 12 Abs. 3 Satz 1 Nr. 2 neugef. durch G v. 5.2.2009, BGBl. I 2009, 160, 264, mWv 12.2.2009; Nr. 5 neugef., Nr. 6 geänd. durch G v. 15.12.2004, BGBl. I S. 3396, mWv 1.1.2005.

[2] § 12 neuer Abs. 4 eingef., bish. Abs. 4 wird Abs. 5 durch G v. 5.1.2017, BGBl. I S. 17, mWv 11.1.2017.

(5)[1] [1]Das Bundesministerium des Innern, für Bau und Heimat wird ermächtigt, durch Rechtsverordnung, die nicht der Zustimmung des Bundesrates bedarf, Vorschriften über die Gewährung des Trennungsgeldes zu erlassen. [2]Dabei kann bestimmt werden, daß Trennungsgeld auch bei der Einstellung ohne Zusage der Umzugskostenvergütung gewährt wird und daß in den Fällen des § 3 Abs. 1 Nr. 1 Buchstabe d der Berechtigte für längstens ein Jahr Reisebeihilfen für Heimfahrten erhält.

§ 13 Auslandsumzüge. (1) Auslandsumzüge sind Umzüge zwischen Inland und Ausland sowie im Ausland.

(2) [1]Als Auslandsumzüge gelten nicht die Umzüge

1. der im Grenzverkehr tätigen Beamten, und zwar auch dann nicht, wenn sie im Anschluß an die Tätigkeit im Grenzverkehr in das Inland oder in den Fällen des § 3 Abs. 1 Nr. 3, § 4 Abs. 2 Nr. 2 bis 4, Abs. 3 Satz 1 im Ausland umziehen,
2. in das Ausland in den Fällen des § 3 Abs. 1 Nr. 3, § 4 Abs. 2 Nr. 2 bis 4, Abs. 3 Satz 1,
3. in das Inland in den Fällen des § 3 Abs. 1 Nr. 2 und 3,
4. aus Anlaß einer Einstellung, Versetzung, Abordnung oder Kommandierung und der in § 3 Abs. 2, § 4 Abs. 1 Nr. 3, Abs. 2 Nr. 2 bis 4 bezeichneten Maßnahmen im Inland einschließlich ihrer Aufhebung, wenn die bisherige oder die neue Wohnung im Ausland liegt.

[2]In den Fällen des Satzes 1 Nr. 2 bis 4 wird für die Umzugsreise (§ 7 Abs. 1) Tage- und Übernachtungsgeld nur für die notwendige Reisedauer gewährt; § 7 Abs. 2 und 3 findet keine Anwendung.

§ 14 Sondervorschriften für Auslandsumzüge. (1)[2] [1]Das Auswärtige Amt wird ermächtigt, im Einvernehmen mit dem Bundesministerium des Innern, für Bau und Heimat, dem Bundesministerium der Verteidigung und dem Bundesministerium der Finanzen für Auslandsumzüge durch Rechtsverordnungen, die nicht der Zustimmung des Bundesrates bedürfen, nähere Vorschriften über die notwendige Umzugskostenvergütung (Auslandsumzugskostenverordnung, Absatz 2) sowie das notwendige Trennungsgeld (Auslandstrennungsgeldverordnung, Absatz 3) zu erlassen, soweit die besonderen Bedürfnisse des Auslandsdienstes und die besonderen Verhältnisse im Ausland es erfordern. [2]Soweit aufgrund dieser Ermächtigung keine Sonderregelungen ergangen sind, finden auch auf Auslandsumzüge die §§ 6 bis 12 Anwendung.

(2) In der Auslandsumzugskostenverordnung[3] sind insbesondere zu regeln:

1. Erstattung der Auslagen für Umzugsvorbereitungen einschließlich Wohnungsbesichtigungsreisen,

---

[1] § 12 neuer Abs. 4 eingef., bish. Abs. 4 wird Abs. 5 durch G v. 5.1.2017, BGBl. I S. 17, mWv 11.1.2017; Abs. 5 Satz 1 geänd. durch G v. 9.12.2019, BGBl. I S. 2053, mWv 1.6.2020.

[2] § 14 Abs. 1 Satz 1 geänd. durch G v. 9.12.2019, BGBl. I S. 2053, mWv 1.6.2020.

[3] AuslandsumzugskostenVO (AUV) v. 26.11.2012, BGBl. I S. 2349.

2. Erstattung der Beförderungsauslagen,
3. Berücksichtigung bis zu 50 vom Hundert der eingesparten Beförderungsauslagen für zurückgelassene Personenkraftfahrzeuge,
4. Erstattung der Auslagen für die Umzugsreise des Berechtigten und der zu seiner häuslichen Gemeinschaft gehörenden Personen,
5. Gewährung von Beihilfen zu den Fahrkosten von Personen, die mit der Reise in die häusliche Gemeinschaft aufgenommen werden, und zu den Kosten des Beförderns des Heiratsgutes an den Auslandsdienstort, wenn der Anspruchsberechtigte nach seinem Umzug in das Ausland heiratet,
6. Gewährung von Beihilfen zu den Fahrkosten sowie zu den Kosten der Beförderung des anteiligen Umzugsgutes eines Mitglieds der häuslichen Gemeinschaft, wenn es sich vom Berechtigten während seines Auslandsdienstes auf Dauer trennt, bis zur Höhe der Kosten für eine Rückkehr an den letzten Dienstort im Inland,
7. Gewährung der Mietentschädigung,
8. Gewährung der Pauschvergütung für sonstige Umzugsauslagen und Aufwand,
9. Erstattung der nachgewiesenen sonstigen Umzugsauslagen,
10. Erstattung der Lagerkosten oder der Auslagen für das Unterstellen zurückgelassenen Umzugsgutes,
11. Berücksichtigung bis zu 50 vom Hundert der eingesparten Lagerkosten für zurückgelassenes Umzugsgut,
12. Erstattung der Kosten für das Beibehalten der Wohnung im Inland in den Fällen des Absatzes 5,
13. Erstattung der Auslagen für umzugsbedingten zusätzlichen Unterricht,
14. Erstattung der Mietvertragsabschluß-, Gutachter-, Makler- oder vergleichbarer Kosten für die eigene Wohnung,
15. Beiträge zum Beschaffen oder Instandsetzen von Wohnungen,
16. Beiträge zum Beschaffen technischer Geräte und Einrichtungen, die aufgrund der örtlichen Gegebenheiten notwendig sind,
17. Beitrag zum Beschaffen klimabedingter Kleidung,
18. Ausstattungsbeitrag bei Auslandsverwendung,
19. Einrichtungsbeitrag für Leiter von Auslandsvertretungen und funktionell selbständigen Delegationen, die von Botschaftern geleitet werden, sowie für ständige Vertreter und Leiter von Außenstellen von Auslandsvertretungen,
20. Erstattung der Auslagen für die Rückführung von Personen und Umzugsgut aus Sicherheitsgründen,
21. Erstattung der Auslagen für Umzüge in besonderen Fällen,
22. Erstattung der Auslagen für Umzüge in eine vorläufige Wohnung,
23. Erstattung der Umzugsauslagen beim Ausscheiden aus dem Dienst im Ausland.

(3) In der Auslandstrennungsgeldverordnung[1] sind insbesondere zu regeln:

1. Entschädigung für getrennte Haushaltsführung,
2. Entschädigung für getrennte Haushaltsführung aus zwingenden persönlichen Gründen,
3. Entschädigung bei täglicher Rückkehr zum Wohnort,
4. Mietersatz,
5. Gewährung von Trennungsgeld, wenn keine Auslandsdienstbezüge gewährt werden,
6. Gewährung von Trennungsgeld im Einzelfall aus Sicherheitsgründen oder wegen anderer außergewöhnlicher Verhältnisse im Ausland (Trennungsgeld in Krisenfällen),
7. Gewährung von Reisebeihilfen für Heimfahrten für je drei Monate, in besonderen Fällen für je zwei Monate der Trennung. [2]Dies gilt auch für längstens ein Jahr, wenn der Berechtigte auf die Zusage der Umzugskostenvergütung unwiderruflich verzichtet und dienstliche Gründe den Umzug nicht erfordern.

(4) Abweichend von § 2 Abs. 2 Satz 1 entsteht der Anspruch auf die Pauschvergütung, den Beitrag zum Beschaffen klimabedingter Kleidung, den Ausstattungsbeitrag und den Einrichtungsbeitrag zu dem Zeitpunkt, an dem die Umzugskostenvergütung nach § 3 oder § 4 zugesagt wird.

(5) Abweichend von den §§ 3 und 4 kann die Umzugskostenvergütung auch in Teilen zugesagt werden, wenn dienstliche Gründe es erfordern.

(6) [1]Abweichend von § 2 Abs. 2 Satz 2 beträgt die Ausschlußfrist bei Auslandsumzügen zwei Jahre. [2]Wird in den Fällen des Absatzes 2 Nr. 16 die Beitragsfähigkeit erst nach Beendigung des Umzuges anerkannt, beginnt die Ausschlußfrist mit der Anerkennung. [3]In den Fällen des Absatzes 2 Nr. 5 und 6 beginnt sie mit dem Eintreffen am beziehungsweise der Abreise vom Dienstort. [4]Bei laufenden Zahlungen muß die erste Zahlung innerhalb der Frist geleistet werden. [5]Auf einen vor Fristablauf gestellten Antrag können in besonderen Fällen auch später geleistete Zahlungen berücksichtigt werden.

(7) Die oberste Dienstbehörde kann die Umzugskostenvergütung allgemein oder im Einzelfall ermäßigen, soweit besondere Verhältnisse es rechtfertigen.

§ 15[2] Dienstortbestimmung, Verwaltungsvorschriften. (1) Die oberste Dienstbehörde wird ermächtigt, im Einvernehmen mit dem Bundesministerium des Innern, für Bau und Heimat benachbarte Gemeinden zu einem Dienstort zu bestimmen, wenn sich Liegenschaften derselben Dienststelle über das Gebiet mehrerer Gemeinden erstrecken.

---

[1] AuslandstrennungsgeldVO i. d. F. der Bek. v. 22.1.1998, BGBl. I S. 189.

[2] § 15 Abs. 1 geänd., Abs. 2 neugef. durch G v. 9.12.2019 (BGBl. I S. 2053) mWv 1.6.2020.

(2) Die allgemeinen Verwaltungsvorschriften[1] zu diesem Gesetz erlässt das Bundesministerium des Innern, für Bau und Heimat im Einvernehmen mit dem Bundesministerium der Justiz und für Verbraucherschutz und dem Bundesministerium der Verteidigung.

§ 16 Übergangsvorschrift.[2] Ist ein Mietbeitrag vor der Verkündung dieses Gesetzes[3] bewilligt worden, wird er nach bisherigem Recht weiter gewährt.

---

[1] Siehe BUKGVwV, GMBl. 2000 S. 306, zuletzt geänd. durch 7. ÄndVwV v. 25.8.2020, GMBl. S. 782.

[2] § 16 neugef. durch G v. 4.11.2004, BGBl. I S. 2686.

[3] Das ÄnderungsG v. 4.11.2004 (BGBl. I S. 2686) ist am 9.11.2004 verkündet worden.

52. Wohnungsbau-Prämienrichtlinien 2002 (WoPR 2002)

Allgemeine Verwaltungsvorschrift zur Ausführung des Wohnungsbau-Prämiengesetzes

Vom 22. Oktober 2002 (BStBl. I S. 1044)

Nichtamtliche Inhaltsübersicht

Seite

Einführung ... 2

Zu § 1 und § 2 a des Gesetzes

1. Begünstigter Personenkreis ... 2
2. Einkommensgrenzen ... 3

Zu § 2 und § 5 des Gesetzes

3. Prämienbegünstigte Aufwendungen (Allgemeines) ... 3
4. Beiträge an Bausparkassen zur Erlangung eines Baudarlehens ... 4
5. Aufwendungen für den ersten Erwerb von Anteilen an Bau- und Wohnungsgenossenschaften ... 6
6. Beiträge auf Grund von Wohnbau-Sparverträgen und auf Grund von Baufinanzierungsverträgen (Allgemeines) ... 6
7. Besonderheiten bei Wohnbau-Sparverträgen ... 7
8. Besonderheiten bei Baufinanzierungsverträgen ... 7
9. Bindung der prämienbegünstigten Aufwendungen und Prämien ... 8

Zu § 3 des Gesetzes

10. Höhe der Prämie ... 13

Zu § 4 des Gesetzes

11. Antrag auf Wohnungsbauprämie ... 13

Zu § 4 a des Gesetzes

12. Prämienverfahren im Fall des § 2 Abs. 1 Nr. 1 WoPG ... 14

Zu § 4 b des Gesetzes

13. Prämienverfahren in den Fällen des § 2 Abs. 1 Nr. 2 bis 4 WoPG ... 15

Zu § 5 des Gesetzes

14. Prüfung der Verwendung zu dem vertragsmäßigen Zweck, Anzeigepflichten des Unternehmens ... 17

Zu § 8 des Gesetzes

15. Festsetzungsverjährung, Unanfechtbarkeit ... 17

Nach Artikel 85 Abs. 2 des Grundgesetzes wird die folgende allgemeine Verwaltungsvorschrift zur Ausführung des Wohnungsbau-Prämiengesetzes erlassen:

Einführung

[1]Die Wohnungsbau-Prämienrichtlinien 2002 (WoPR 2002) enthalten im Interesse einer einheitlichen Anwendung des Wohnungsbau-Prämienrechts Weisungen zur Auslegung des Wohnungsbau-Prämiengesetzes 1996 (WoPG 1996) in der Fassung der Bekanntmachung vom 30. Oktober 1997 (BGBl. I S. 2678)[1)], zuletzt geändert durch Artikel 13 des Gesetzes vom 23. Juli 2002 (BGBl. I S. 2715), und seiner Durchführungsverordnung (WoPDV 1996) in der Fassung der Bekanntmachung vom 30. Oktober 1997 (BGBl. I S. 2684)[1)], zuletzt geändert durch Artikel 14 des Gesetzes vom 23. Juli 2002 (BGBl. I S. 2715), und behandeln Zweifelsfragen und Auslegungsfragen von allgemeiner Bedeutung. [2]Die Wohnungsbau-Prämienrichtlinien 2002 sind auf die prämienbegünstigten Aufwendungen für Sparjahre anzuwenden, die nach dem 31. Dezember 2001 begonnen haben. [3]Vor den Wohnungsbau-Prämienrichtlinien 2002 ergangene sonstige Verwaltungsanweisungen zum Wohnungsbauprämienrecht sind nicht mehr anzuwenden.

Zu § 1 und § 2 a des Gesetzes

1. Begünstigter Personenkreis

(1) [1]Eine Prämie erhalten natürliche Personen,
- die unbeschränkt einkommensteuerpflichtig im Sinne des § 1 Abs. 1 oder 2 Einkommensteuergesetz (EStG) sind oder nach § 1 Abs. 3 EStG auf Antrag als unbeschränkt einkommensteuerpflichtig zu behandeln sind und dabei in einem Dienstverhältnis zu einer inländischen juristischen Person des öffentlichen Rechts stehen und dafür Arbeitslohn aus einer inländischen öffentlichen Kasse beziehen,
- spätestens am Ende des Sparjahrs das 16. Lebensjahr vollendet haben oder Vollwaisen sind und
- Aufwendungen zur Förderung des Wohnungsbaus gemacht haben (§ 1 WoPG).

[2]Es ist unschädlich, wenn der Prämienberechtigte nicht während des gesamten Sparjahrs unbeschränkt einkommensteuerpflichtig ist oder als unbeschränkt einkommensteuerpflichtig behandelt wird. [3]Die Voraussetzungen der Prämienberechtigung müssen in der Person des Vertragsinhabers gegeben sein; dies gilt auch, wenn der Vertrag einen Dritten begünstigt (Abschnitt 3 Abs. 3 Satz 1).

(2) [1]Zusammenschlüsse natürlicher Personen, die als solche nicht einkommensteuerpflichtig sind – z. B. nichtrechtsfähige Vereine, Erbengemeinschaften, Personengesellschaften –, sind nicht prämienberechtigt; Partner einer eingetragenen Lebenspartnerschaft und Partner einer nichtehelichen Lebensgemeinschaft gelten als Alleinstehende. [2]Jedoch kann der einzelne Beteiligte nach Maßgabe seiner persönlichen Verhältnisse mit den ihm nachweislich zuzurechnenden Aufwendungen prämienberechtigt sein (BFH vom 10. 2. 1961 – BStBl. III S. 224). [3]Für die Zuordnung der aufgrund eines Vertrags zur Förderung des Wohnungsbaus geleisteten prämienbegünstigten Aufwendungen

[1)] **Steuergesetze** Nr. **52** bzw. Nr. **53**.

auf die einzelnen Beteiligten ist auf das bei Vertragsabschluss im Innenverhältnis festgelegte Verhältnis abzustellen. [4]Bei Partnern einer eingetragenen Lebenspartnerschaft und Partnern einer nichtehelichen Lebensgemeinschaft kann – soweit nicht ausdrücklich etwas anderes bestimmt ist – von einer hälftigen Zurechnung ausgegangen werden.

(3) Wegen des Begriffs „Aufwendungen zur Förderung des Wohnungsbaus“ vgl. Abschnitte 3 bis 8.

2. Einkommensgrenzen

(1) [1]Für die Prämienberechtigung sind die Einkommensverhältnisse des Sparjahrs maßgebend. [2]Die Einkommensgrenze beträgt für Alleinstehende (Abschnitt 10 Abs. 2) 25 600 Euro und für Ehegatten (Abschnitt 10 Abs. 3) 51 200 Euro. [3]Bei der Ermittlung des zu versteuernden Einkommens sind für jedes Kind im Sinne des § 32 EStG die jeweils in Betracht kommenden Freibeträge nach § 32 Abs. 6 EStG zu berücksichtigen (§ 2 Abs. 5 EStG); dabei sind stets die Freibeträge für das gesamte Sparjahr zugrunde zu legen. [4]Im Übrigen erhöht sich das zu versteuernde Einkommen um die nach § 3 Nr. 40 EStG steuerfreien Beträge und mindert sich um die nach § 3 c Abs. 2 EStG nicht abziehbaren Beträge (§ 2 Abs. 5 a EStG).

(2) Zu den Folgen einer nachträglichen Änderung des zu versteuernden Einkommens wird auf § 19 Abs. 1 WoPDV, Abschnitt 11 Abs. 2 Satz 1, Abschnitt 12 Abs. 4, Abschnitt 13 Abs. 5 Satz 1 Nr. 3 hingewiesen.

Zu § 2 und § 5 des Gesetzes

3. Prämienbegünstigte Aufwendungen (Allgemeines)

(1) [1]Die prämienbegünstigten Aufwendungen ergeben sich abschließend aus § 2 Abs. 1 WoPG. [2]Aufwendungen, die vermögenswirksame Leistungen darstellen, sind nur prämienbegünstigt, soweit kein Anspruch auf Arbeitnehmer-Sparzulage nach § 13 des 5. Vermögensbildungsgesetzes (5. VermBG) besteht (§ 1 Nr. 1 WoPG). [3]Bei Änderungen des Anspruchs auf Arbeitnehmer-Sparzulage ist § 19 Abs. 2 WoPDV zu beachten. [4]Die Wohnungsbauprämie gehört nicht zu den prämienbegünstigten Aufwendungen. [5]Von dem Unternehmen gutgeschriebene Zinsen abzüglich etwaiger Steuern, z. B. des Zinsabschlags, können als prämienbegünstigte Aufwendungen verwendet werden. [6]Beiträge an dieselbe Bausparkasse, die nach Abzug des Betrags, für den Anspruch auf Arbeitnehmer-Sparzulage besteht, im Sparjahr weniger als 50 Euro betragen, sind keine prämienbegünstigten Aufwendungen (§ 2 Abs. 1 Nr. 1 WoPG).

(2) [1]Rückwirkende Vertragsvereinbarungen sind nicht anzuerkennen. [2]Die Vereinbarung über die Erhöhung der Bausparsumme ist als selbständiger Vertrag (Zusatzvertrag) zu behandeln (BFH vom 7. 3. 1975 – BStBl. II S. 532); eine aus Anlass der Umstellung auf den Euro vorgenommene Aufrundung der Bausparsumme auf den nächsten glatten durch 1000 Euro teilbaren Betrag stellt keine Vertragserhöhung in diesem Sinne dar. [3]Werden Bausparverträge zusammengelegt, wird die Bausparsumme herabgesetzt oder der Vertrag geteilt, so liegt lediglich eine Änderung des bisherigen Vertrags vor, die das Abschlussdatum nicht berührt.

(3) [1]Der Prämienberechtigte kann prämienbegünstigte Aufwendungen im Sinne des § 2 Abs. 1 Nr. 1, 3 und 4 WoPG auch zu Gunsten Dritter erbringen. [2]Soweit die angesammelten Beträge als Voraussetzung für die Prämie zu dem vertragsmäßigen Zweck verwendet werden müssen, tritt der Begünstigte an die Stelle des Prämienberechtigten. [3]Stirbt der Prämienberechtigte vor dem Ende der Einzahlungsdauer, so kann der Vertrag von seinem Rechtsnachfolger fortgesetzt werden. [4]Das gilt auch, wenn der Vertrag im Wege einer Erbauseinandersetzung auf einen Miterben übertragen worden ist (BFH vom 15. 6. 1973 – BStBl. II S. 737). [5]Die am Ende des Todesjahres gutgeschriebenen Zinsen gehören zu den Bausparbeiträgen des Rechtsnachfolgers. [6]Für die Prämienbegünstigung der Aufwendungen, die vom Fortsetzenden erbracht werden, kommt es allein auf dessen persönliche Verhältnisse an.

(4) [1]Haben Ehegatten einen Vertrag gemeinsam abgeschlossen, so kommt es in bestimmten Fällen – z. B. bei vorzeitiger Verfügung wegen Arbeitslosigkeit oder bei Ehegatten, die als Alleinstehende zu behandeln sind (Abschnitt 10 Abs. 2), oder bei Fortsetzung des Vertrags nach Scheidung der Ehe – darauf an, welcher der Ehegatten die Aufwendungen geleistet hat. [2]Für diese Feststellung kann den Angaben der Ehegatten im Allgemeinen gefolgt werden, es sei denn, dass sich aus den Unterlagen, wie es z. B. bei vermögenswirksamen Leistungen der Fall sein kann, etwas anderes ergibt.

4. Beiträge an Bausparkassen zur Erlangung eines Baudarlehens

(1) [1]Baudarlehen sind Darlehen, die bestimmt sind

1. zum Bau, zum Erwerb oder zu einer – gemessen am Verkehrswert nicht unerheblichen – Verbesserung
   a) eines Wohngebäudes,
   b) eines anderen Gebäudes, soweit es Wohnzwecken dient, oder
   c) einer Eigentumswohnung;
2. zur Ausstattung eines Wohngebäudes mit Einbaumöbeln, zur Einrichtung oder zum Einbau von Heizungsanlagen sowie für Maßnahmen zur Wärmedämmung und zur Nutzung erneuerbarer Energien (Energie aus Biomasse, Geothermie, solarer Strahlung, Wasser- und Windkraft). [2]Voraussetzung ist, dass die Einrichtungen wesentliche Bestandteile eines Gebäudes sind oder ein Nebengebäude oder eine Außenanlage (§ 89 Bewertungsgesetz; Abschnitt 45 der Richtlinien für die Bewertung des Grundvermögens)[1] darstellen;
3. zum Erwerb eines eigentumsähnlichen Dauerwohnrechts (zur Definition vgl. Abschnitt 6 Abs. 4 Satz 2);
4. zum Erwerb von Rechten zur dauernden Selbstnutzung von Wohnraum in Alten-, Altenpflege- und Behinderteneinrichtungen oder -anlagen;
5. zur Beteiligung an der Finanzierung des Baues oder Erwerbs eines Gebäudes gegen Überlassung einer Wohnung;
6. zum Erwerb von Bauland, das der Bausparer in der Absicht erwirbt, ein Wohngebäude darauf zu errichten. [2]Soll das zu errichtende Gebäude nur

[1] Nr. **200**.

zum Teil Wohnzwecken dienen, so ist der Erwerb nur für den Teil des Baulandes begünstigt, der Wohnzwecken dienen soll. [3]Auf die Baureife des Grundstücks kommt es nicht an;

7. zum Erwerb eines Grundstücks, auf dem der Bausparer als Erbbauberechtigter bereits ein Wohngebäude errichtet hat. [2]Nummer 6 Satz 2 gilt entsprechend;
8. zur Durchführung baulicher Maßnahmen des Mieters oder anderer nutzungsberechtigter Personen zur Modernisierung ihrer Wohnung;
9. zum ersten Erwerb von Anteilen an Bau- oder Wohnungsgenossenschaften (Abschnitt 5);
10. zur völligen oder teilweisen Ablösung von Verpflichtungen, z. B. von Hypotheken, die im Zusammenhang mit den in Nummer 1 bis 9 bezeichneten Vorhaben eingegangen worden sind, oder von Erbbauzinsreallasten. [2]Das gilt auch dann, wenn der Bausparer bereits mit Hilfe fremden Kapitals gebaut hat. [3]Nicht als Ablösung von Verpflichtungen gilt die Zahlung von laufenden Tilgungs- und Zinsbeträgen, von aufgelaufenen Tilgungs- und Zinsbeträgen (sog. Nachtilgung) und von vorausgezahlten Tilgungs- und Zinsraten (sog. Voraustilgung). [4]Eine unschädliche Verwendung des Bausparguthabens zur Ablösung von Verbindlichkeiten, die im Zusammenhang mit dem Erwerb eines Wohngebäudes eingegangen worden sind, liegt nur vor, soweit es sich um Verpflichtungen gegenüber Dritten handelt, nicht aber bei der Verpflichtung mehrerer Erwerber untereinander (BFH vom 29. 11. 1973 – BStBl. 1974 II S. 126).

[2]Die Bausparsumme (Bausparguthaben und Baudarlehen) muss grundsätzlich für ein Objekt im Inland verwendet werden; begünstigt sind auch Ferien- oder Wochenendwohnungen. [3]Ausnahmen gelten für Bauvorhaben von Bediensteten der Europäischen Union an ihrem ausländischen Wohnsitz, von dem aus sie ihrer Amtstätigkeit nachgehen (BFH vom 1. 3. 1974 – BStBl. II S. 374).

(2) [1]Als Bausparbeiträge sind die Beiträge, die bis zur vollen oder teilweisen Auszahlung der Bausparsumme entrichtet wurden, zu berücksichtigen, höchstens aber bis zum Erreichen der vereinbarten Bausparsumme; auf den Zeitpunkt der Zuteilung kommt es nicht an (BFH vom 25. 7. 1958 – BStBl. III S. 368). [2]Neben den vertraglich vereinbarten Beiträgen gehören dazu u. a.
- Abschlussgebühren, auch wenn sie zunächst auf einem Sonderkonto gutgeschrieben worden sind,
- freiwillige Beiträge,
- gutgeschriebene Zinsen, die zur Beitragszahlung verwendet werden,
- Umschreibegebühren,
- Zinsen für ein Bausparguthaben, das aus einem Auffüllungskredit entstanden ist (BFH vom 5. 5. 1972 – BStBl. II S. 732).

[3]Keine Bausparbeiträge sind Tilgungsbeträge, Bereitstellungszinsen, Darlehenszinsen, Verwaltungskostenbeiträge und Zuteilungsgebühren. [4]Hat der Bausparer vor der Zuteilung des Baudarlehens einen Zwischenkredit erhalten, sind die Beiträge, die er bis zur Auszahlung der Bausparsumme entrichtet, prämienbegünstigt. [5]Hat der Bausparer jedoch den Zwischenkredit unter Beleihung von Ansprüchen aus einem Bausparvertrag vor Ablauf der Sperrfrist erhalten, so gilt

dies nur, wenn er den Zwischenkredit unverzüglich und unmittelbar zu begünstigten Zwecken verwendet. [6] Werden Bausparbeiträge vor Ablauf des Sparjahrs, für das sie geleistet wurden, zurückgezahlt, so gelten sie als nicht geleistet.

5. Aufwendungen für den ersten Erwerb von Anteilen an Bau- und Wohnungsgenossenschaften

(1) [1] Bau- und Wohnungsgenossenschaften im Sinne von § 2 Abs. 1 Nr. 2 WoPG, § 3 WoPDV müssen eingetragene Genossenschaften im Sinne des § 1 des Genossenschaftsgesetzes (GenG) sein. [2] Aufwendungen für den Erwerb von Mitgliedschaftsrechten an Personenvereinigungen anderer Rechtsform, z. B. an Vereinen, sind nicht prämienbegünstigt (BFH vom 23. 1. 1959 – BStBl. III S. 145).

(2) [1] Aufwendungen für den ersten Erwerb von Anteilen an Bau- und Wohnungsgenossenschaften sind alle Einzahlungen des Prämienberechtigten auf seinen Geschäftsanteil. [2] Erster Erwerb ist jeder unmittelbare Erwerb von der Genossenschaft. [3] Ein Genosse kann mehrere Anteile an der Genossenschaft prämienbegünstigt erwerben; die Geschäftsanteile müssen nicht gleichzeitig erworben werden. [4] Prämienbegünstigt sind hiernach z. B. auch Einzahlungen auf den Geschäftsanteil, die geleistet werden, nachdem das Geschäftsguthaben durch Verlustabschreibung gemindert oder der Geschäftsanteil durch Beschluss der Generalversammlung erhöht worden ist. [5] Darüber hinaus gehören zu den Aufwendungen für den ersten Erwerb die Eintrittsgelder. [6] Zahlungen, die an den ausscheidenden Genossen für die Übernahme seines Geschäftsguthabens geleistet werden, sind keine Aufwendungen für den ersten Erwerb von Anteilen an Bau- und Wohnungsgenossenschaften.

6. Beiträge auf Grund von Wohnbau-Sparverträgen und auf Grund von Baufinanzierungsverträgen (Allgemeines)

(1) [1] Bei Sparverträgen mit festgelegten Sparraten (§ 2 Abs. 1 Nr. 3 und 4 WoPG) kann der Prämienberechtigte die im laufenden Kalenderjahr fällig werdenden Sparraten im Voraus einzahlen. [2] Die vorausgezahlten Sparraten werden jedoch erst im Zeitpunkt der Fälligkeit Sparbeiträge im Sinne des Gesetzes. [3] Werden vorausgezahlte Sparraten vor Eintritt ihrer vertraglichen Fälligkeit wieder zurückgezahlt, so gelten sie als nicht geleistet. [4] Übersteigen im Kalenderjahr die Einzahlungen des Prämienberechtigten die Summe der auf dieses Kalenderjahr entfallenden Sparraten, so können sie als zusätzliche Einzahlungen im Rahmen des § 6 Abs. 3 WoPDV prämienbegünstigt sein.

(2) [1] Voraussetzung für die Festsetzung und Auszahlung einer Prämie ist, dass die Sparbeiträge vor Ablauf der Festlegungsfrist nicht zurückgezahlt werden (§§ 9, 15 Abs. 4 WoPDV). [2] Auch bei einer Unterbrechung (§ 8 Abs. 2, § 15 Abs. 2 WoPDV) bleibt die ursprüngliche Festlegungsfrist bestehen.

(3) [1] Der vertragsmäßige Zweck ist erfüllt, wenn die Beiträge und Prämien innerhalb der Verwendungsfrist (§ 10 Abs. 1, § 16 Abs. 1 WoPDV) zu den gesetzmäßigen Zwecken verwendet werden. [2] Eine Rückzahlung vor Ablauf *der Festlegungsfrist* (§§ 5, 7 WoPDV) oder vor dem Zeitpunkt, in dem nach dem Vertrag die letzte Zahlung zu leisten ist, ist auch dann prämienschädlich, wenn die Beiträge zu dem vertragsmäßigen Zweck verwendet werden.

(4) [1]Der Begriff selbst genutztes Wohneigentum ergibt sich aus § 17 Abs. 2 Wohnraumförderungsgesetz. [2]Ein Dauerwohnrecht (§ 31 Wohnungseigentumsgesetz) ist als eigentumsähnlich anzusehen, wenn der Dauerwohnberechtigte in seinen Rechten und Pflichten einem Wohnungseigentümer wirtschaftlich gleichgestellt ist (BFH vom 11. 9. 1964 – BStBl. 1965 III S. 8) und der Dauerwohnberechtigte auf Grund des Dauerwohnrechtsvertrags bei einem Heimfall des Dauerwohnrechts eine angemessene Entschädigung erhält. [3]Entspricht der Dauerwohnrechtsvertrag dem Mustervertrag über die Bestellung eines eigentumsähnlichen Dauerwohnrechts (Bundesbaublatt 1956 S. 615), so kann ohne weitere Prüfung anerkannt werden, dass der Dauerwohnberechtigte wirtschaftlich einem Wohnungseigentümer gleichsteht.

7. Besonderheiten bei Wohnbau-Sparverträgen

(1) [1]Eine vertragsmäßige Verwendung liegt auch in einer Beseitigung von Schäden an Gebäuden von selbst genutztem Wohneigentum unter wesentlichem Bauaufwand, durch die die Gebäude auf Dauer zu Wohnzwecken nutzbar gemacht werden. [2]Der Erwerb von Bauland kann bereits als Baumaßnahme angesehen werden, wenn er in zeitlichem Zusammenhang mit dem Bau von Wohnraum im eigenen Haus steht. [3]Das ist stets anzunehmen, wenn mit dem Bau spätestens innerhalb eines Jahres nach dem Grundstückserwerb begonnen wird (BFH vom 28. 7. 1972 – BStBl. II S. 923). [4]Mit dem Bau kann schon vor Beginn der Frist begonnen werden, die nach § 10 Abs. 1 WoPDV für die Verwendung der Mittel maßgebend ist, jedoch dürfen auch in diesen Fällen die Sparbeiträge und die Prämien erst nach Ablauf der Sperrfrist (§§ 5, 7 WoPDV) für das Bauvorhaben verwendet werden. [5]Der Verwendung zum Bau wird die Ablösung von Verbindlichkeiten gleichgestellt, die im Zusammenhang mit dem Bauvorhaben entstanden sind. [6]Voraussetzung ist, dass das selbst genutzte Wohneigentum bei Abschluss des Wohnbau-Sparvertrags noch nicht fertig gestellt oder noch nicht wiederhergestellt waren (vgl. das vorgenannte BFH-Urteil).

(2) [1]Eine Verwendung zum Erwerb selbst genutzten Wohneigentums oder eines eigentumsähnlichen Dauerwohnrechts liegt auch vor, wenn die Sparbeiträge und Prämien zur Tilgung von Verbindlichkeiten, die im Zusammenhang mit dem Erwerb entstanden sind, verwendet werden. [2]Voraussetzung ist, dass das selbst genutzte Wohneigentum erst nach Abschluss des Wohnbau-Sparvertrags erworben worden ist (BFH vom 31. 1. 1964 – BStBl. III S. 258).

8. Besonderheiten bei Baufinanzierungsverträgen

(1) Bei Verträgen mit Wohnungs- und Siedlungsunternehmen oder Organen der staatlichen Wohnungspolitik (Baufinanzierungsverträge – § 2 Abs. 1 Nr. 4 WoPG, § 13 WoPDV) muss neben den Verpflichtungen des Prämienberechtigten auch die Verpflichtung des Unternehmens, die vertraglichen Leistungen zu erbringen (§ 16 WoPDV), von vornherein festgelegt sein (BFH vom 17. 3. 1972 – BStBl. II S. 601).

(2) [1]Das Bauvorhaben (selbst genutztes Wohneigentum) muss von dem Wohnungs- und Siedlungsunternehmen oder von dem am 31. 12. 1989 anerkannten Organ der staatlichen Wohnungspolitik für Rechnung des Prä-

mienberechtigten, der in dem Vertrag bezeichneten anderen Person oder des in § 15 Abgabenordnung (AO) bezeichneten Angehörigen dieser Person durchgeführt, technisch und wirtschaftlich im Wesentlichen betreut werden. ²Begünstigt ist danach sowohl der Trägerbau als auch der Betreuungsbau, nicht aber der Bau ohne Einschaltung des Unternehmens (BFH vom 8. 3. 1967 – BStBl III S. 353 und vom 13. 7. 1967 – BStBl. III S. 590). ³Mit dem Bau kann schon vor Beginn der Verwendungsfrist (§ 16 Abs. 1 WoPDV) begonnen werden, jedoch dürfen der angesammelte Betrag und die dafür gewährten Prämien erst nach Ablauf der Ansammlungsfrist (§ 13 Abs. 1 WoPDV) für das Bauvorhaben verwendet werden. ⁴Abschnitt 7 Abs. 1 Satz 5 und 6 wird angewendet.

(3) ¹Beim Erwerb selbst genutzten Wohneigentums oder eines eigentumsähnlichen Dauerwohnrechts muss der Prämienberechtigte, die im Vertrag bezeichnete andere Person oder der in § 15 AO bezeichnete Angehörige dieser Person das Eigenheim usw. von dem Wohnungs- und Siedlungsunternehmen oder von dem am 31. 12. 1989 anerkannten Organ der staatlichen Wohnungspolitik erwerben. ²Der angesammelte Betrag und die dafür gewährten Prämien dürfen nur zur Leistung des bar zu zahlenden Teils des Kaufpreises verwendet werden (§ 16 Abs. 3 WoPDV). ³Auf den Zeitpunkt des Erwerbs kommt es dabei nicht an.

9. Bindung der prämienbegünstigten Aufwendungen und Prämien

(1) ¹Der Prämienberechtigte muss bei Bausparverträgen, Wohnbau-Sparverträgen und Baufinanzierungsverträgen (§ 2 Abs. 1 Nr. 1, 3 und 4 WoPG) die prämienbegünstigten Aufwendungen und die Prämien zu dem vertragsmäßigen Zweck verwenden (§ 5 Abs. 2 WoPG, Abschnitte 4 Abs. 1 und 6 Abs. 3). ²Diese Bindung an den vertragsmäßigen Zweck endet bei Bausparverträgen mit Ablauf der Sperrfrist; für Bausparbeiträge, für die eine Zusatzförderung in Anspruch genommen worden ist, besteht weiterhin eine unbefristete Zweckbindung (§ 10 Abs. 2 WoPG). ³Bei Wohnbau-Sparverträgen und Baufinanzierungsverträgen besteht eine unbefristete Zweckbindung. ⁴Bei Bausparverträgen kann bei Tod oder völliger Erwerbsunfähigkeit (§ 2 Abs. 2 Satz 2 Nr. 3 WoPG) und bei länger andauernder Arbeitslosigkeit (§ 2 Abs. 2 Satz 2 Nr. 4 WoPG) über die prämienbegünstigten Aufwendungen und Prämien unschädlich verfügt werden; Gleiches gilt für Wohnbau-Sparverträge und Baufinanzierungsverträge.

(2) ¹Die Prämien für Aufwendungen zum ersten Erwerb von Anteilen an Bau- und Wohnungsgenossenschaften (§ 2 Abs. 1 Nr. 2 WoPG) bleiben bei der Genossenschaft gebunden, bis das Geschäftsguthaben anlässlich des Ausscheidens des Prämienberechtigten ausgezahlt wird (§ 5 Abs. 3 WoPG). ²Dabei ist es ohne Bedeutung, ob die Prämie zur Auffüllung des Geschäftsguthabens gedient hat oder ob sie anderweitig gutgeschrieben worden ist, weil z. B. das Geschäftsguthaben bereits die Höhe des Geschäftsanteils erreicht hat. ³Kündigt der Prämienberechtigte einzelne Geschäftsanteile, ohne aus der Genossenschaft auszuscheiden (§ 67b GenG), so kann in entsprechender Anwendung des § 5 Abs. 3 WoPG die Prämie insoweit ausgezahlt werden, als sie für die Aufwendungen zum Erwerb des gekündigten Geschäftsanteils gezahlt worden

ist. 4 Entsprechendes gilt, wenn im Falle der Verschmelzung von Genossenschaften ein Überhangbetrag nach § 87 Abs. 2 des Umwandlungsgesetzes an den Genossen ausgezahlt wird.

(3) 1 Wird die Bausparsumme nach Zuteilung, aber vor Ablauf der Sperrfrist ausgezahlt, ist dies grundsätzlich prämienschädlich (§ 2 Abs. 2 Satz 1 WoPG), es sei denn, die empfangenen Beträge werden unverzüglich und unmittelbar zum Wohnungsbau für den Prämienberechtigten oder dessen Angehörige (§ 15 AO) verwendet. 2 Wird das Bausparguthaben vor Zuteilung der Bausparsumme ausgezahlt, z. B. nach Kündigung des Bausparvertrags, so handelt es sich um eine Rückzahlung von Beiträgen, die vor Ablauf der Sperrfrist auch dann schädlich ist, wenn die Beiträge zum Wohnungsbau verwendet werden (BFH vom 4. 6. 1975 – BStBl. II S. 757). 3 Wird dabei die Abschlussgebühr einbehalten, liegt lediglich eine Teilrückzahlung vor. 4 Die einbehaltene Abschlussgebühr bleibt begünstigt; eine Rückforderung der Prämie unterbleibt insoweit. 5 Hat der Prämienberechtigte Bausparbeiträge geleistet, die sich nicht als prämienbegünstigte Aufwendungen im Sinne des Wohnungsbau-Prämiengesetzes ausgewirkt haben, so sind die zurückgezahlten Beiträge zunächst mit den Beiträgen zu verrechnen, die ohne Auswirkung geblieben sind (§ 2 Abs. 1 Satz 3 WoPDV).

(4) 1 Werden Ansprüche aus dem Bausparvertrag beliehen, ist dies grundsätzlich prämienschädlich (§ 2 Abs. 2 Satz 1 WoPG). 2 Ansprüche sind beliehen, wenn sie sicherungshalber abgetreten oder verpfändet sind und die zu sichernde Schuld entstanden ist. 3 Wird der Bausparvertrag zur Stellung einer Kaution beliehen, ist auf den Zeitpunkt abzustellen, zu dem die durch die Kaution zu sichernde Verbindlichkeit entsteht. 4 Die Beleihung ist prämienunschädlich, wenn die auf Grund der Beleihung empfangenen Beträge unverzüglich und unmittelbar zum Wohnungsbau für den Prämienberechtigten oder dessen Angehörige (§ 15 AO) verwendet werden (BFH vom 15. 6. 1973 – BStBl. II S. 719 und vom 11. 10. 1989 – BFHE 158, 491). 5 Die Pfändung des Bausparguthabens im Wege der Zwangsvollstreckung ist – im Gegensatz zur Verpfändung des Bausparguthabens – keine Beleihung. 6 Die Pfändung ist erst dann und nur insoweit prämienschädlich, als das Bausparguthaben vor Ablauf der Sperrfrist an den Pfändungsgläubiger ausgezahlt oder zu seinen Gunsten verrechnet wird. 7 Soweit die Prämien gepfändet werden, führt die Verwertung vor Ablauf der Sperrfrist zum Wegfall des Prämienanspruchs, weil auch die Prämien zu dem vertragsmäßigen Zweck verwendet werden müssen (§ 5 Abs. 2 WoPG). 8 Bei Wohnbau-Sparverträgen und Baufinanzierungsverträgen ist die Beleihung der Ansprüche aus diesen Verträgen stets prämienunschädlich.

(5) 1 Werden Ansprüche aus dem Bausparvertrag abgetreten, ist dies grundsätzlich prämienschädlich (§ 2 Abs. 2 Satz 1 WoPG). 2 Bei einer sicherungshalben Abtretung gilt Absatz 4. 3 Die Abtretung ist prämienunschädlich, wenn der Abtretungsempfänger die Mittel unverzüglich nach Auszahlung und unmittelbar zum Wohnungsbau für den Abtretenden oder dessen Angehörige (§ 15 AO) verwendet (§ 2 Abs. 2 WoPDV, BFH vom 17. 10. 1980 – BStBl. 1981 II S. 141). 4 Verwendet der Abtretungsempfänger nach Ablauf der Sperrfrist die Bausparmittel nicht zu begünstigten Zwecken, bleiben die von ihm geleisteten Bausparbeiträge prämienbegünstigt; der Prämienanspruch für Auf-

wendungen des Abtretenden entfällt dagegen. [5]Bei Wohnbau-Sparverträgen und Baufinanzierungsverträgen ist die Abtretung der Ansprüche aus diesen Verträgen wegen der Zweckbindung ebenfalls prämienschädlich, es sei denn, der Abtretungsempfänger ist ein Angehöriger (§ 15 AO) oder die im Vertrag bezeichnete andere Person (§ 8 Abs. 2, § 15 Abs. 2 WoPDV). [6]Eine Abtretung unter Ehegatten ist stets prämienunschädlich.

(6) [1]Eine unverzügliche Verwendung zum Wohnungsbau liegt grundsätzlich nur dann vor, wenn innerhalb von zwölf Monaten, nachdem über die Mittel verfügt werden kann, mit dem Wohnungsbau begonnen wird (BFH vom 29. 11. 1973 – BStBl. 1974 II S. 227). [2]Eine vorzeitige Auszahlung der Bausparsumme oder der auf Grund einer Beleihung empfangenen Beträge ist auch dann schädlich, wenn das beabsichtigte Vorhaben aus Gründen scheitert, die der Bausparer nicht zu vertreten hat und er die empfangenen Mittel wieder zurückzahlt (BFH vom 29. 11. 1973 – BStBl. 1974 II S. 202). [3]Eine unmittelbare Verwendung zum Wohnungsbau liegt vor, wenn direkt durch die Hingabe der empfangenen Beträge Rechte an einem begünstigten Objekt erworben werden. [4]Dies ist z. B. bei dem Erwerb von Immobilienzertifikaten der Fall, wenn der Bausparer wirtschaftlicher Eigentümer der durch den Immobilienfonds angeschafften oder hergestellten Objekte wird, die von ihm für den Erwerb aufgewendeten Mittel unverzüglich und unmittelbar zu den begünstigten Zwecken verwendet werden und der Fonds in Form einer bürgerlichrechtlichen Gemeinschaft als Bruchteilsgemeinschaft geführt wird (§§ 741 ff. BGB). [5]Eine unmittelbare Verwendung zum Wohnungsbau liegt dagegen nicht vor, wenn Bausparmittel zur Beteiligung an einer juristischen Person oder Personengesellschaft eingesetzt werden, die diese Mittel ihrerseits zum Wohnungsbau verwendet, weil der Bausparer primär einen Anteil an einer Gesellschaft und nicht an einem Grundstück erwirbt (BFH vom 6. 5. 1977 – BStBl. II S. 633). [6]Eine unmittelbare Verwendung zum Wohnungsbau liegt auch dann nicht vor, wenn der Bausparer Beträge, die er unter Beleihung von Ansprüchen aus dem Bausparvertrag erlangt hat, zur Auffüllung seines Bausparguthabens verwendet, um eine schnellere Zuteilung zu erreichen (BFH vom 22. 3. 1968 – BStBl II S. 404). [7]Bei Ehegatten im Sinne des § 26 Abs. 1 EStG ist es unerheblich, ob der Bausparer oder sein Ehegatte vorzeitig empfangene Beträge zum Wohnungsbau verwenden. [8]Die Vorfinanzierung einer begünstigten Baumaßnahme mit Eigenmitteln ist vom Zuteilungstermin an unschädlich, es sei denn, die Bausparsumme wird anschließend in einen Betrieb des Bausparers eingelegt (BFH vom 29. 11. 1973 – BStBl. 1974 II S. 126).

(7) [1]Ist die ausgezahlte Bausparsumme (Absatz 3) höher als die zum Wohnungsbau verwandten Beträge, so ist zunächst das Verhältnis der zum Wohnungsbau verwandten Beträge zur ausgezahlten Bausparsumme festzustellen (BFH vom 27. 11. 1964 – BStBl. 1965 III S. 214). [2]Für den Teilbetrag der insgesamt geleisteten Bausparbeiträge, der dem zum Wohnungsbau verwandten Anteil entspricht, bleibt die Prämienbegünstigung erhalten.

Beispiel:

Der Prämienberechtigte hat einen Bausparvertrag über 50 000 Euro abgeschlossen. Die eingezahlten Beiträge von insgesamt 20 000 Euro waren in voller Höhe prämienbegünstigt. Die volle Bausparsumme wird vor Ablauf der Sperrfrist ausgezahlt. Der Prämienberechtigte verwendet sie unverzüglich und unmittelbar zum Bau eines Gebäudes, das nur zum Teil Wohn-

zwecken dient. Die Baukosten betragen insgesamt 200 000 Euro. Davon entfallen 40 000 Euro auf den Teil des Gebäudes, der Wohnzwecken dient.
Zwischen dem für den Wohnungsbau verwendeten Teil der Bausparsumme und der gesamten Bausparsumme besteht somit ein Verhältnis von 40 000 Euro : 50 000 Euro = $^4/_5$ = 80 v. H. Von den geleisteten Bausparbeiträgen in Höhe von 20 000 Euro bleiben demnach 80 v. H. = 16 000 Euro prämienbegünstigt.

[3] Eine entsprechende Aufteilung ist auch in den Fällen der Beleihung (Absatz 4) und der Abtretung (Absatz 5) vorzunehmen.

(8) [1] Bei Bausparverträgen, Wohnbau-Sparverträgen und Baufinanzierungsverträgen ist die vorzeitige Auszahlung, Rückzahlung, Abtretung oder Beleihung unschädlich:

1. bei Tod des Prämienberechtigten oder seines Ehegatten (§ 2 Abs. 2 Satz 2 Nr. 3 WoPG). [2] Dabei kann über die Beiträge vorzeitig verfügt werden, die der Prämienberechtigte vor seinem Tod oder dem Tod seines Ehegatten geleistet hat. [3] Das gilt auch dann, wenn der Vertrag nach dem Todesfall fortgesetzt worden ist (BFH vom 15. 6. 1973 – BStBl. II S. 737). [4] Nach einer Verfügung ist der Vertrag jedoch unterbrochen und kann nicht weiter fortgesetzt werden;
2. bei völliger Erwerbsunfähigkeit des Prämienberechtigten oder seines Ehegatten (§ 2 Abs. 2 Satz 2 Nr. 3 WoPG). [2] Völlige Erwerbsunfähigkeit in diesem Sinne liegt vor bei einer vollen Erwerbsminderung im Sinne des § 43 Abs. 2 des Sechsten Buches Sozialgesetzbuch (SGB VI) oder bei einem Grad der Behinderung von mindestens 95. [3] Liegen die Voraussetzungen für die unschädliche Verfügung vor, so kann der Prämienberechtigte hiervon zu einem beliebigen Zeitpunkt Gebrauch machen. [4] Das gilt für alle vor der Verfügung geleisteten Beiträge;
3. bei Arbeitslosigkeit des Prämienberechtigten (§ 2 Abs. 2 Satz 2 Nr. 4 WoPG); arbeitslos im Sinne dieser Richtlinien sind Personen, die Arbeitslosengeld (§ 117 Drittes Buch Sozialgesetzbuch – SGB III), Arbeitslosenhilfe (§ 190 SGB III), Arbeitslosenbeihilfe oder Arbeitslosenhilfe für ehemalige Soldaten auf Zeit (§ 86 a Soldatenversorgungsgesetz) beziehen oder ohne Bezug dieser Leistungen beim Arbeitsamt arbeitslos gemeldet sind. [2] Als arbeitslos anzusehen sind im Sinne dieser Richtlinien auch
   a) Personen, die als Arbeitslose im Sinne des Satzes 1 erkranken oder Leistungen zur medizinischen Rehabilitation erhalten, für die Dauer der Erkrankung oder der Leistungen zur medizinischen Rehabilitation,
   b) Frauen, die zu Beginn der Schutzfristen nach § 3 Abs. 2, § 6 Abs. 1 des Mutterschutzgesetzes arbeitslos im Sinne des Satzes 1 waren oder als arbeitslos im Sinne des Buchstaben a anzusehen waren, für die Dauer dieser Schutzfristen und der folgenden Monate, für die bei Bestehen eines Arbeitsverhältnisses Erziehungsurlaub nach dem Bundeserziehungsgeldgesetz hätte beansprucht werden können,
   c) Personen, die an einer nach §§ 77 bis 96 SGB III geförderten beruflichen Weiterbildung oder die an einer z. B. nach §§ 97 bis 115 SGB III geförderten beruflichen Weiterbildung im Rahmen der Förderung der Teilhabe behinderter Menschen am Arbeitsleben teilnehmen, wenn sie ohne die Teilnahme an der Maßnahme bzw. ohne die Leistungen arbeitslos wären.

²Bei Verträgen zu Gunsten Dritter (Abschnitt 3 Abs. 3) ist es aus Billigkeitsgründen prämienunschädlich, wenn der Begünstigte stirbt und die Beträge vorzeitig an seine Erben oder Vermächtnisnehmer gezahlt werden oder wenn der Begünstigte völlig erwerbsunfähig wird und die Beträge vorzeitig an ihn gezahlt werden.

(9) Die unschädliche Verfügung ist nachzuweisen:

1. bei Tod durch Vorlage der Sterbeurkunde oder des Erbscheins;
2. bei völliger Erwerbsunfähigkeit
   a) aufgrund einer vollen Erwerbsminderung im Sinne des § 43 Abs. 2 SGB VI durch Vorlage des Rentenbescheids eines Trägers der gesetzlichen Rentenversicherung. ²Besteht kein Anspruch auf Rente wegen voller Erwerbsminderung im Sinne des § 43 Abs. 2 SGB VI, kann der Nachweis in anderer Form geführt werden,
   b) bei einem Grad der Behinderung von mindestens 95 durch Vorlage eines Ausweises nach § 69 Abs. 5 des Neunten Buches Sozialgesetzbuch (SGB IX) oder eines Feststellungsbescheids nach § 69 Abs. 1 SGB IX oder eines vergleichbaren Bescheids nach § 69 Abs. 2 SGB IX; die Vorlage des Rentenbescheids eines Trägers der gesetzlichen Rentenversicherung der Angestellten und Arbeiter genügt nicht (BFH vom 25. 4. 1968 – BStBl. II S. 606);
3. bei Arbeitslosigkeit durch Vorlage von Unterlagen über folgende Zahlungen:
   a) Arbeitslosengeld (§ 117 SGB III),
   b) Arbeitslosenhilfe (§ 190 SGB III),
   c) Arbeitslosenbeihilfe und Arbeitslosenhilfe für ehemalige Soldaten auf Zeit im Sinne des Soldatenversorgungsgesetzes,
   d) Krankengeld nach § 47 b des Fünften Buches Sozialgesetzbuch, Versorgungskrankengeld nach den §§ 16 und 16 a Abs. 1, § 16 b Abs. 5 Buchstabe c des Bundesversorgungsgesetzes, Verletztengeld nach § 47 Abs. 2 des Siebten Buches Sozialgesetzbuch oder Übergangsgeld nach § 21 Abs. 4 SGB VI,
   e) Erziehungsgeld oder
   f) Unterhaltsgeld nach § 153 SGB III bei Teilnahme an beruflichen Weiterbildungsmaßnahmen oder Anschlussunterhaltsgeld nach § 156 SGB III im Anschluss an abgeschlossene berufliche Weiterbildungsmaßnahmen oder Übergangsgeld nach § 45 Abs. 2 SGB IX im Rahmen der Leistungen zur Teilhabe am Arbeitsleben.

   ²Werden solche Zahlungen nicht geleistet, so sind
   - Zeiten der Arbeitslosigkeit im Sinne dieser Richtlinien durch eine entsprechende Bescheinigung der zuständigen Dienststelle der Bundesanstalt für Arbeit (in der Regel: Arbeitsamt) nachzuweisen,
   - Zeiten der Erkrankung oder der Leistungen zur medizinischen Rehabilitation, die als Zeiten der Arbeitslosigkeit anzusehen sind, durch eine Bescheinigung des Kostenträgers oder der Anstalt, in der die Unterbringung erfolgt, oder durch eine ärztliche Bescheinigung nachzuweisen,
   - die Zeit der Schutzfristen, die als Zeit der Arbeitslosigkeit anzusehen ist, durch das Zeugnis eines Arztes oder einer Hebamme nachzuweisen und

die als Zeit der Arbeitslosigkeit anzusehende Zeit, für die bei Bestehen eines Arbeitsverhältnisses Erziehungsurlaub hätte beansprucht werden können, glaubhaft zu machen.

Zu § 3 des Gesetzes

10. Höhe der Prämie

(1) [1]Bei einem Alleinstehenden (Absatz 2) sind Aufwendungen bis zu einem Höchstbetrag von 512 Euro prämienbegünstigt. [2]Ehegatten (Absatz 3) steht ein gemeinsamer Höchstbetrag von 1024 Euro zu (Höchstbetragsgemeinschaft); ihre Aufwendungen sind zusammenzurechnen.

(2) Alleinstehende Personen im Sinne des WoPG sind Ledige, Verwitwete, Geschiedene, Partner einer eingetragenen Lebenspartnerschaft und Partner einer nichtehelichen Lebensgemeinschaft sowie Ehegatten, bei denen die Voraussetzungen des Absatzes 3 nicht erfüllt sind.

(3) [1]Ehegatten im Sinne des WoPG sind Personen, die mindestens während eines Teils des Sparjahrs (§ 4 Abs. 1 WoPG) miteinander verheiratet waren, nicht dauernd getrennt gelebt haben, unbeschränkt einkommensteuerpflichtig (§ 1 Satz 1 WoPG) waren und die für das Sparjahr nicht die getrennte oder besondere Veranlagung zur Einkommensteuer gewählt haben (§ 3 Abs. 3 WoPG). [2]Als unbeschränkt einkommensteuerpflichtig im Sinne des Satzes 1 gilt auch der Ehegatte eines nach § 1 Satz 1 WoPG Prämienberechtigten (Abschnitt 1 Abs. 1), der auf Antrag nach § 1 a Abs. 1 Nr. 2 EStG als unbeschränkt einkommensteuerpflichtig behandelt wird. [3]Auf R 174 EStR wird hingewiesen.

(4) Bei der Berechnung der Prämie ist für jeden Vertrag die Summe der im Kalenderjahr geleisteten Aufwendungen auf volle Euro aufzurunden.

Zu § 4 des Gesetzes

11. Antrag auf Wohnungsbauprämie

(1) [1]Der Antrag auf Wohnungsbauprämie ist nach amtlich vorgeschriebenem Vordruck bis zum Ablauf des zweiten Kalenderjahrs, das auf das Sparjahr folgt, an das Unternehmen zu richten, an das die prämienbegünstigten Aufwendungen geleistet worden sind. [2]Ehegatten (Abschnitt 10 Abs. 3) müssen einen gemeinsamen Antrag abgeben. [3]Beansprucht der Prämienberechtigte Prämien für Aufwendungen, die er an verschiedene Unternehmen geleistet hat, so ist an jedes dieser Unternehmen ein Antrag zu richten; dabei ist in jedem Antrag anzugeben, inwieweit für andere Aufwendungen Prämien beantragt worden sind. [4]Ist ein Bausparvertrag, Wohnbau-Sparvertrag oder Baufinanzierungsvertrag vor der Antragstellung auf ein anderes Unternehmen übertragen worden (§§ 1b, 12 Abs. 1 und § 18 Abs. 1 WoPDV), so ist der Antrag an dieses Unternehmen zu richten. [5]Das Unternehmen hat auf dem Antrag die Höhe der Aufwendungen zu bescheinigen, die der Prämienberechtigte geleistet hat. [6]Die zeitliche Zuordnung vermögenswirksamer Leistungen richtet sich nach den für die Zuordnung von Arbeitslohn geltenden Vorschriften.

(2) [1]Wird auf Grund eines geänderten Einkommensteuerbescheids die Einkommensgrenze (§ 2a WoPG) unterschritten, kann der Prämienberechtigte in-

nerhalb eines Jahres nach Bekanntgabe der Änderung die Prämie erstmalig oder erneut beantragen (§ 19 Abs. 1 Nr. 1 WoPDV). [2]Besteht für Aufwendungen, die vermögenswirksame Leistungen darstellen, kein Anspruch auf Arbeitnehmer-Sparzulage und liegen die Voraussetzungen für den Anspruch auf Wohnungsbauprämie vor, kann der Prämienberechtigte im Antrag auf Wohnungsbauprämie verlangen, die vermögenswirksamen Leistungen in die prämienbegünstigten Aufwendungen einzubeziehen, oder er kann einen Prämienantrag innerhalb eines Jahres nach Bekanntgabe des Bescheids über die Arbeitnehmer-Sparzulage stellen (§ 19 Abs. 2 Nr. 1 WoPDV). [3]Nimmt der Prämienberechtigte das besondere Antragsrecht nach Satz 1 oder 2 in Anspruch, hat er dem Unternehmen das Vorliegen der Antragsvoraussetzungen formlos zu versichern.

Zu § 4a des Gesetzes

12. Prämienverfahren im Fall des § 2 Abs. 1 Nr. 1 WoPG

(1) [1]Die Bausparkasse ermittelt nach Ablauf des Sparjahrs auf Grund der Angaben im Antrag des Prämienberechtigten die Höhe der Prämie und teilt das Ergebnis dem Prämienberechtigten mit. [2]Fehlende oder unschlüssige Angaben im Antrag lässt die Bausparkasse vom Prämienberechtigten ergänzen. [3]Hat der Prämienberechtigte mehrere Verträge bei derselben Bausparkasse und ist seine nach § 4 Abs. 2 Satz 2 WoPG abgegebene Erklärung nicht eindeutig, so kann die Bausparkasse die Prämie vorrangig den Verträgen mit dem älteren Vertragsdatum zuordnen.

(2) [1]Die Bausparkasse fordert fällige Prämien mit der Wohnungsbauprämien-Anmeldung bei dem Finanzamt an, das für ihre Besteuerung nach dem Einkommen zuständig ist (§ 20 AO, Geschäftsleitungsfinanzamt). [2]Prämien sind fällig, wenn
- der Bausparvertrag zugeteilt worden ist,
- die Sperrfrist abgelaufen ist (§ 2 Abs. 2 Satz 1 WoPG) oder
- über Ansprüche aus dem Vertrag unschädlich verfügt worden ist (§ 2 Abs. 2 Satz 2 WoPG).

[3]Die Bausparkasse hat die erhaltenen Prämien unverzüglich dem Prämienberechtigten gutzuschreiben oder auszuzahlen. [4]Gepfändete Prämien (Abschnitt 9 Abs. 4 Satz 7), die nach Ablauf der Sperrfrist oder nach unschädlicher Verfügung verwertet werden, hat die Bausparkasse als Drittschuldner an den Pfändungsgläubiger auszuzahlen.

(3) [1]Bei der nach § 4a Abs. 3 WoPG vorgeschriebenen Datenübermittlung hat die Bausparkasse auch die Datensätze für Prämienanträge zu berücksichtigen, die auf Grund der besonderen Antragsfristen des § 19 WoPDV (Abschnitt 11 Abs. 2) nach Ablauf der allgemeinen Antragsfrist des § 4 Abs. 2 Satz 1 WoPG bis zum Zeitpunkt der Datenträgererstellung eingegangen sind. [2]Die nach diesem Zeitpunkt eingehenden Prämienanträge sowie Prämienanträge, die zwar vor diesem Zeitpunkt eingegangen sind, bei denen aber erst danach eine Wohnungsbauprämie ermittelt werden konnte, sind nicht nachzumelden. [3]Die Prämienermittlung für diese Fälle ist von den Bausparkassen gesondert festzuhalten.

(4) [1]Erfährt die Bausparkasse durch eigene Erkenntnis oder durch Mitteilung von anderer Seite, dass die Prämienermittlung unzutreffend ist, muss sie das bisherige Ermittlungsergebnis ändern und den Prämienberechtigten entsprechend unterrichten. [2]Eine Prämienfestsetzung des Wohnsitzfinanzamts (Absatz 7) bindet die Bausparkasse; gegebenenfalls hat die Bausparkasse eine Änderung der Prämienfestsetzung beim Wohnsitzfinanzamt anzuregen. [3]Sind unzutreffend ermittelte Prämien bereits angemeldet worden (Absatz 2), so hat die Bausparkasse diese vom Prämienberechtigten zurückzufordern; hierzu kann sie auch das betreffende Vertragskonto belasten. [4]Soweit die Rückforderung auf diesem Weg nicht möglich ist, gilt Abschnitt 13 Abs. 6 entsprechend. [5]Die auf Grund der Rückforderung empfangenen Beträge sind in der Wohnungsbauprämien-Anmeldung des Folgemonats abzusetzen. [6]Bleibt die Rückforderung erfolglos, muss die Bausparkasse unverzüglich das Wohnsitzfinanzamt des Prämienberechtigten (§ 19 AO) unterrichten.

(5) [1]Der Prämienberechtigte hat Einwände gegen das Ermittlungsergebnis gegenüber der Bausparkasse geltend zu machen. [2]Kann die Bausparkasse nicht abhelfen, hat sie schriftliche Eingaben dem Wohnsitzfinanzamt des Prämienberechtigten zuzuleiten. [3]Die schriftliche Eingabe ist in diesem Fall als Antrag auf Festsetzung der Prämie im Sinne des § 4a Abs. 5 WoPG zu werten. [4]Hat die Bausparkasse das Ermittlungsergebnis auf Grund einer Mitteilung der Zentralstelle der Länder nach § 4a Abs. 3 Satz 2 WoPG geändert, so kann sie Einwendungen des Prämienberechtigten hiergegen nicht selbst abhelfen.

(6) [1]Das Geschäftsleitungsfinanzamt (Absatz 2) veranlasst die Auszahlung der angemeldeten Prämien. [2]Daneben ist es dafür zuständig,
- auf Anfrage der Bausparkasse Auskunft zum Prämienverfahren zu geben (§ 4a Abs. 7 WoPG),
- bei der Bausparkasse Außenprüfungen durchzuführen (§ 4a Abs. 8 WoPG),
- die Bausparkasse erforderlichenfalls als Haftungsschuldner in Anspruch zu nehmen (§ 4a Abs. 6 WoPG).

(7) Das Wohnsitzfinanzamt des Prämienberechtigten ist dafür zuständig,
- auf Antrag einen Bescheid über die Festsetzung der Prämie zu erlassen (§ 4a Abs. 5 WoPG),
- Prämien zurückzufordern, soweit entsprechende Versuche der Bausparkasse fehlgeschlagen sind (§ 4a Abs. 4 WoPG),
- Rechtsbehelfsverfahren im Zusammenhang mit Prämienfestsetzungen und Rückforderungen zu führen,
- über einen vom Prämienberechtigten gestellten Antrag auf Wiedereinsetzung in den vorigen Stand (§110 AO) zu entscheiden, wenn der Prämienberechtigte den Antrag auf Wohnungsbauprämie verspätet gestellt hat. Das Finanzamt hat der Bausparkasse die Entscheidung über den Antrag auf Wiedereinsetzung mitzuteilen.

Zu § 4b des Gesetzes

13. Prämienverfahren in den Fällen des § 2 Abs. 1 Nr. 2 bis 4 WoPG

(1) [1]Das Unternehmen leitet den Prämienantrag an das Wohnsitzfinanzamt des Prämienberechtigten weiter (§ 4b Abs. 1 WoPG). [2]Zur Vereinfachung

des Verfahrens können die Unternehmen die Anträge listenmäßig zusammenfassen (Sammellisten) und die Listen in zweifacher Ausfertigung beim Finanzamt einreichen.

(2) [1]Über den Antrag auf Wohnungsbauprämie kann das Finanzamt stets erst nach Ablauf des Sparjahrs entscheiden, in dem die Aufwendungen geleistet worden sind (§ 4 Abs. 1 WoPG). [2]Das gilt auch, wenn über die Aufwendungen bereits vor Ablauf dieses Sparjahrs prämienunschädlich verfügt worden ist.

(3) [1]Das Finanzamt unterrichtet das Unternehmen von der Entscheidung über den Prämienantrag und teilt die Höhe der festgesetzten und an das Unternehmen auszuzahlenden Prämie mit. [2]Es ist Sache des Unternehmens, den Prämienberechtigten von der Entscheidung über seinen Prämienantrag zu unterrichten. [3]Einen förmlichen Bescheid erteilt das Finanzamt dem Prämienberechtigten von Amts wegen, wenn es den Antrag in vollem Umfang ablehnt; in allen anderen Fällen geschieht dies nur auf Antrag des Prämienberechtigten (§ 4b Abs. 2 WoPG). [4]Der Antrag kann beim Finanzamt bis zum Eintritt der Unanfechtbarkeit der Prämienfestsetzung gestellt werden (vgl. Abschnitt 15 Abs. 2).

(4) Das Finanzamt hat die Prämie unmittelbar nach ihrer Festsetzung zugunsten des Prämienberechtigten über die zuständige Bundeskasse zur Auszahlung an das Unternehmen anzuweisen.

(5) [1]Das Finanzamt hat Prämien vom Prämienberechtigten zurückzufordern, wenn

1. die Voraussetzungen für die Prämienfestsetzung von vornherein nicht vorgelegen haben (§ 4b Abs. 2 Satz 3 WoPG), z.B. wenn eine spätere Überprüfung der Einkommensgrenzen ergibt, dass die Einkommensgrenzen bereits im Zeitpunkt der Prämienfestsetzung überschritten waren;
2. die Voraussetzungen für die Prämienfestsetzung nachträglich weggefallen sind (§ 4b Abs. 2 Satz 3 WoPG);
3. infolge einer Änderung der Besteuerungsgrundlagen die maßgebende Einkommensgrenze überschritten wird (§ 19 Abs. 1 Nr. 2 WoPDV);
4. sich für Aufwendungen nachträglich ein Anspruch auf Arbeitnehmer-Sparzulage nach dem 5. VermBG ergibt und der Prämienanspruch insoweit entfällt (§ 19 Abs. 2 Nr. 2 WoPDV).

[2]Wegen der Festsetzungsverjährung vgl. Abschnitt 15 Abs. 3.

(6) [1]Die Prämien werden nur zurückgefordert, wenn die Rückforderung mindestens 10 Euro beträgt (§ 5 KBV)[1)]. [2]Für diese Grenze ist allein der Gesamtbetrag des Rückforderungsbescheids maßgebend. [3]Ob der jeweilige Rückforderungsbescheid einen oder mehrere Verträge oder ein oder mehrere Kalenderjahre berührt, ist dabei unerheblich.

(7) [1]Über die Rückforderung ist stets ein förmlicher Bescheid mit Rechtsbehelfsbelehrung zu erteilen. [2]Die Rückzahlungsverpflichtung des Prämienberechtigten ist dem Unternehmen mitzuteilen. [3]Ist das Guthaben dem Prämienberechtigten noch nicht ausgezahlt worden, so ist vom Unternehmen ein

---

1) **Steuergesetze** Nr. **800 b**.

Betrag in Höhe der Rückzahlungsforderung und etwa zu erwartender Nebenforderungen bis zur Erfüllung aller Forderungen zurückzubehalten.

Zu § 5 des Gesetzes

14. Prüfung der Verwendung zu dem vertragsmäßigen Zweck, Anzeigepflichten des Unternehmens

(1) 1 Das Unternehmen hat die Verwendung der prämienbegünstigten Aufwendungen und der Prämien zu dem vertragsmäßigen Zweck vor der Auszahlung zu prüfen. 2 Die Art der Prüfung bleibt dem pflichtgemäßen Ermessen des Unternehmens überlassen. 3 Es wird sich in der Regel nicht mit der bloßen Erklärung des Prämienberechtigten über die beabsichtigte Verwendung dieser Mittel begnügen können, sondern muss aus vorgelegten Unterlagen die Überzeugung gewinnen, dass eine vertragsmäßige Verwendung zu erwarten ist. 4 Ist vor der Auszahlung eine abschließende Beurteilung nicht möglich, so muss sich das Unternehmen die Verwendung der prämienbegünstigten Aufwendungen und der Prämien nach der Auszahlung nachweisen lassen.

(2) 1 Erkennt das Unternehmen in den Fällen des § 4b WoPG nach abschließender Prüfung, dass die prämienbegünstigten Aufwendungen nicht vertragsmäßig verwendet werden, oder hat es Bedenken, ob eine vertragsmäßige Verwendung gewährleistet ist, so muss es dies dem Finanzamt unverzüglich mitteilen. 2 Sind die prämienbegünstigten Aufwendungen und die Prämien noch nicht ausgezahlt, so hat das Unternehmen die Prämien zurückzuhalten.

(3) 1 Das Finanzamt prüft auf Grund der Mitteilung, ob eine Verwendung zu dem vertragsmäßigen Zweck gegeben ist. 2 Ist eine Verwendung zu dem vertragsmäßigen Zweck gegeben, so genügt eine formlose Benachrichtigung des Unternehmens, dass gegen die Auszahlung keine Bedenken bestehen. 3 Andernfalls ändert das Finanzamt die Prämienfestsetzung und fordert Prämien vom Prämienberechtigten zurück (Abschnitt 13 Abs. 5).

(4) Wegen der Anzeigepflichten der Unternehmen wird im Übrigen auf § 4a Abs. 4 Satz 5 WoPG und die §§ 11, 17 WoPDV hingewiesen.

Zu § 8 des Gesetzes

15. Festsetzungsverjährung, Unanfechtbarkeit

(1) 1 Der Anspruch auf Wohnungsbauprämie unterliegt der Festsetzungsverjährung (§ 8 Abs. 1 WoPG in Verbindung mit § 155 Abs. 4, §§ 169 bis 171 AO). 2 Die Festsetzungsfrist beträgt vier Jahre (§ 169 Abs. 2 Nr. 2 AO). 3 Sie beginnt mit Ablauf des Kalenderjahrs, in dem die Aufwendungen erbracht worden sind. 4 Beantragt der Prämienberechtigte in den Fällen des § 19 Abs. 1 Nr. 1 und Abs. 2 Nr. 1 WoPDV erstmals oder erneut die Prämie, tritt insoweit eine Ablaufhemmung der Festsetzungsfrist nach § 171 Abs. 3 AO ein. 5 Wird dieser Antrag nach Ablauf der regulären Festsetzungsfrist, aber noch innerhalb der Jahresfrist gemäß § 19 Abs. 1 Nr. 1 und Abs. 2 Nr. 1 WoPDV gestellt, gilt § 171 Abs. 3a Satz 1 zweiter Halbsatz AO entsprechend. 6 Die Festsetzungsfrist läuft nicht ab, bevor über den Antrag unanfechtbar entschieden worden ist.

(2) [1]In den Fällen des § 4b WoPG wird die Entscheidung über den Prämienantrag, solange ein förmlicher Bescheid nicht erteilt wird (Abschnitt 13 Abs. 3), mit der Übersendung der Mitteilung über die Gutschrift der Prämie, z. B. Kontoauszug, durch das Unternehmen an den Prämienberechtigten bekannt gegeben. [2]Sofern kein Rechtsbehelf eingelegt worden ist, wird die Prämienfestsetzung mit Ablauf eines Monats nach ihrer Bekanntgabe (§ 355 Abs. 1 AO) unanfechtbar. [3]Bis zum Eintritt der Unanfechtbarkeit, im Rechtsbehelfsverfahren spätestens im Verfahren vor dem Finanzgericht (BFH vom 27. 3. 1958 – BStBl. III S. 227 und vom 1. 2. 1966 – BStBl. III S. 321), kann der Prämienberechtigte nachträglich alle Tatsachen vorbringen, die für die Höhe der Prämie maßgebend sind, er kann innerhalb des prämienbegünstigten Höchstbetrages eine anderweitige Aufteilung der Prämie beantragen (§ 4 Abs. 2 Satz 2 WoPG) oder seinen Prämienantrag ganz oder zum Teil zurücknehmen.

(3) [1]Sind Prämien ausgezahlt worden, obwohl die Voraussetzungen von vornherein nicht vorgelegen haben oder nachträglich entfallen sind, so erlischt nach § 4 Abs. 4 WoPG ein etwaiger Rückforderungsanspruch, wenn er nicht bis zum Ablauf des vierten Kalenderjahrs geltend gemacht worden ist, das auf das Kalenderjahr folgt, in dem der Prämienberechtigte die Prämie verwendet hat (Abschnitt 13 Abs. 5 Satz 1 Nr. 1 und 2). [2]Diese Regelung geht den Vorschriften der Abgabenordnung über die Festsetzungsverjährung vor. [3]Wird die maßgebliche Einkommensgrenze infolge einer Änderung der Besteuerungsgrundlagen überschritten (Abschnitt 13 Abs. 5 Satz 1 Nr. 3) oder entfällt der Prämienanspruch, weil sich nachträglich ein Anspruch auf Arbeitnehmer-Sparzulage ergeben hat (Abschnitt 13 Abs. 5 Satz 1 Nr. 4), so beginnt nach § 175 Abs. 1 Satz 2 AO die Festsetzungsfrist für den Rückforderungsanspruch mit Ablauf des Kalenderjahrs, in dem das prämienschädliche Ereignis eingetreten ist.

100. Körperschaftsteuer-Richtlinien 2015 (KStR 2015)

Allgemeine Verwaltungsvorschrift zur Anwendung des Körperschaftsteuerrechts

Vom 6. April 2016 (BStBl. I 2016 Sondernummer 1 S. 2)

Mit den Körperschaftsteuer-Hinweisen 2015

Nach Artikel 108 Absatz 7 des Grundgesetzes erlässt die Bundesregierung folgende Allgemeine Verwaltungsvorschrift:

Inhaltsverzeichnis

		Seite
Einführung		4
	Zu § 1 KStG	
R 1.1	Unbeschränkte Steuerpflicht; H 1.1	5
R 1.2	Familienstiftungen	7
	Zu § 2 KStG	
R 2.	Beschränkte Steuerpflicht; H 2	7
	Zu § 3 KStG	
H 3		8
	Zu § 4 KStG	
R 4.1	Betriebe gewerblicher Art von juristischen Personen des öffentlichen Rechts; H 4.1	8
R 4.2	Zusammenfassung von Betrieben gewerblicher Art	11
R 4.3	Verpachtungsbetriebe gewerblicher Art; H 4.3	11
R 4.4	Hoheitsbetriebe; H 4.4	11
R 4.5	Abgrenzung in Einzelfällen; H 4.5	12
	Zu § 5 KStG (§§ 1–4 KStDV)	
R 5.1	Kapitalertragsteuer bei wirtschaftlichen Geschäftsbetrieben *(unbesetzt);* H 5.1	16
R 5.2	Allgemeines zu Pensions-, Sterbe-, Kranken- und Unterstützungskassen; H 5.2	16
R 5.3	Leistungsempfänger bei Pensions-, Sterbe-, Kranken- und Unterstützungskassen; H 5.3	17
R 5.4	Vermögensbindung bei Pensions-, Sterbe-, Kranken- und Unterstützungskassen; H 5.4	18
R 5.5	Leistungsbegrenzung; H 5.5	20
R 5.6	Kleinere Versicherungsvereine; H 5.6	22
R 5.7	Berufsverbände ohne öffentlich-rechtlichen Charakter; H 5.7	22
R 5.8	Gemeinnützige, mildtätige und kirchliche Körperschaften *(unbesetzt);* H 5.8	25

		Seite
R 5.9	Vermietungsgenossenschaften und -vereine *(unbesetzt);* H 5.9	25
R 5.10	Gemeinnützige Siedlungsunternehmen	25
R 5.11	Allgemeines über die Steuerbefreiung von Erwerbs- und Wirtschaftsgenossenschaften und Vereinen im Bereich der Land- und Forstwirtschaft; H 5.11	26
R 5.12	Molkereigenossenschaften	30
R 5.13	Winzergenossenschaften	32
R 5.14	Pfropfrebengenossenschaften	32
R 5.15	Andere Erwerbs- und Wirtschaftsgenossenschaften	33
R 5.16	Vereine im Bereich der Land- und Forstwirtschaft	33
R 5.17	Wirtschaftsförderungsgesellschaften *(unbesetzt);* H 5.17	33
R 5.18	Steuerbefreiung außerhalb des Körperschaftsteuergesetzes	33

Zu § 6 KStG

R 6.	Einschränkung der Befreiung von Pensions-, Sterbe-, Kranken- und Unterstützungskassen; H 6	34

Zu § 7 KStG

R 7.1	Ermittlung des zu versteuernden Einkommens; H 7.1	36
R 7.2	Ermittlung der festzusetzenden und verbleibenden Körperschaftsteuer	39
R 7.3	Vom Kalenderjahr abweichendes Wirtschaftsjahr	40

Zu § 8 KStG

R 8.1	Anwendung einkommensteuerrechtlicher Vorschriften; H 8.1	40
R 8.2	Einkommensermittlung bei Betrieben gewerblicher Art; H 8.2	43
R 8.3	Gewinnermittlung bei Körperschaften, die Land- und Forstwirtschaft betreiben	47
R 8.4	Zuwendungen an Pensions- und Unterstützungskassen *(unbesetzt)*	47
R 8.5	Verdeckte Gewinnausschüttungen; H 8.5	47
R 8.6	Wert der verdeckten Gewinnausschüttungen, Beweislast, Rückgängigmachung; H 8.6	58
R 8.7	Rückstellungen für Pensionszusagen an Gesellschafter-Geschäftsführer von Kapitalgesellschaften; H 8.7	60
R 8.8	Tantiemen *(unbesetzt);* H 8.8	63
R 8.9	Verdeckte Einlage; H 8.9	64
R 8.10	Verluste bei Körperschaften *(unbesetzt);* H 8.10	69
R 8.11	Mitgliedsbeiträge; H 8.11	70
R 8.12	Haus- und Grundeigentümervereine, Mietervereine; H 8.12	71
R 8.13	Sonstige Vereine und Einrichtungen; H 8.13	73

Zu § 8 a KStG

H 8 a		74

Zu § 8 b KStG

H 8 b		74

Zu § 8 c KStG

H 8 c		75

Zu § 9 KStG

R 9.	Ausgaben i. S. d. § 9 Abs. 1 Nr. 1 und 2 KStG; H 9	76

Zu § 10 KStG

R 10.1	Nichtabziehbare Steuern und Nebenleistungen; H 10.1	79
R 10.2	Geldstrafen und ähnliche Rechtsnachteile; H 10.2	79
R 10.3	Vergütungen für die Überwachung der Geschäftsführung; H 10.3	80

Seite

Zu § 11 KStG

R 11. Liquidationsbesteuerung; H 11 81

Zu § 12 KStG

R 12. Beschränkte Steuerpflicht der übertragenden Körperschaft; H 12 82

Zu § 13 KStG

R 13.1 Beginn einer Steuerbefreiung; H 13.1 82
R 13.2 Erlöschen einer Steuerbefreiung 83
R 13.3 Schlussbilanz, Anfangsbilanz; H 13.3 84
R 13.4 Sonderregelung für bestimmte steuerbegünstigte Körperschaften; H 13.4 84

Zu § 14 KStG

R 14.1 Organträger, Begriff des gewerblichen Unternehmens *(unbesetzt);* H 14.1 85
R 14.2 Finanzielle Eingliederung; H 14.2 85
R 14.3 Personengesellschaften als Organträger; H 14.3 86
R 14.4 Zeitliche Voraussetzungen 87
R 14.5 Gewinnabführungsvertrag; H 14.5 88
R 14.6 Zuzurechnendes Einkommen der Organgesellschaft; H 14.6 91
R 14.7 Einkommensermittlung beim Organträger; H 14.7 92
R 14.8 Bildung und Auflösung besonderer Ausgleichsposten beim Organträger; H 14.8 93

Zu § 15 KStG

R 15. Einkommensermittlung bei der Organgesellschaft; H 15 95

Zu § 16 KStG

R 16. Ausgleichszahlungen; H 16 95

Zu § 17 KStG

R 17. Andere Kapitalgesellschaften als Organgesellschaft; H 17 96

Zu § 19 KStG

R 19. Anwendung besonderer Tarifvorschriften 97

Zu § 20 KStG

H 20 97

Zu § 21 KStG

H 21 97

Zu § 22 KStG

R 22. Genossenschaftliche Rückvergütung; H 22 98

Zu § 23 KStG

R 23. Ermäßigte Besteuerung bei Einkünften aus außerordentlichen Holznutzungen infolge höherer Gewalt 103

Zu § 24 KStG

R 24. Freibetrag für bestimmte Körperschaften; H 24 103

Zu § 25 KStG

R 25. Freibetrag für Erwerbs- und Wirtschaftsgenossenschaften sowie Vereine, die Land- und Forstwirtschaft betreiben 104

Seite

Zu § 26 KStG
(§ 5 KStDV)

R 26. Steuerermäßigung bei ausländischen Einkünften 104

Zu § 27 KStG

H 27 105

Zu § 28 KStG

H 28 106

Zu § 29 KStG

H 29 107

Zu § 30 KStG

R 30. Entstehung der Körperschaftsteuer 107

Zu § 31 KStG

R 31.1 Besteuerung kleiner Körperschaften 107
R 31.2 Steuererklärungspflicht, Veranlagung und Erhebung von Körperschaftsteuer *(unbesetzt);* H 31.2 107

Zu § 32 a KStG

H 32 a 108

Zu § 35 KStG

R 35. Sondervorschriften für Körperschaften, Personenvereinigungen oder Vermögensmassen in dem in Artikel 3 des Einigungsvertrags genannten Gebiet 108

Zu § 36 KStG

H 36 109

Zu § 37 KStG

H 37 109

Zu § 38 KStG

H 38 110

Anlage 1 Gegenüberstellung KStR 2004 – KStR 2015 .... **100** Anl. 1

Einführung[1)]

(1) [1]Die Körperschaftsteuer-Richtlinien 2015 (KStR 2015) behandeln Anwendungs- und Auslegungsfragen von allgemeiner Bedeutung, um eine einheitliche Anwendung des Körperschaftsteuerrechts durch die Behörden der Finanzverwaltung sicherzustellen. [2]Sie geben außerdem zur Vermeidung unbilliger Härten und aus Gründen der Verwaltungsvereinfachung Anweisungen an die Finanzämter, wie in bestimmten Fällen verfahren werden soll.

---

1) [**Amtl. Anm.** zu den Körperschaftsteuer-Hinweisen:] Redaktionsschluss für die KStH 2015: 21. 3. 2016.

(2) Die Körperschaftsteuer-Richtlinien 2015 gelten, soweit sich aus ihnen nichts anderes ergibt, vom VZ 2015 an.

(3) Anordnungen, die mit den nachstehenden Richtlinien im Widerspruch stehen, sind nicht mehr anzuwenden.

(4) Diese Allgemeine Verwaltungsvorschrift tritt am Tag nach ihrer Veröffentlichung in Kraft.[1)]

Zu § 1 KStG

R 1.1 Unbeschränkte Steuerpflicht

(1) [1]Die Aufzählung der Körperschaften, Personenvereinigungen und Vermögensmassen in § 1 Abs. 1 KStG ist abschließend. [2]Sie kann nicht im Wege der Auslegung erweitert werden.

(2) [1]Zu den sonstigen juristischen Personen des privaten Rechts i. S. d. § 1 Abs. 1 Nr. 4 KStG gehören eingetragene Vereine (§ 21 BGB), wirtschaftliche Vereine (§ 22 BGB) und rechtsfähige privatrechtliche Stiftungen (§ 80 BGB). [2]Rechtsfähige Stiftungen des öffentlichen Rechts (§ 89 BGB) fallen nicht unter § 1 Abs. 1 Nr. 4 KStG; insoweit ist ggf. § 1 Abs. 1 Nr. 6 KStG zu prüfen.

(3) [1]§ 1 Abs. 1 Nr. 6 KStG bezieht sich ausschließlich auf inländische jPöR. [2]Die Steuerpflicht ausländischer jPöR richtet sich nach § 2 Nr. 1 KStG.

(4) [1]Die Steuerpflicht beginnt bei Genossenschaften (§ 1 Abs. 1 Nr. 2 KStG) nicht erst mit der Erlangung der Rechtsfähigkeit durch die Eintragung in das Genossenschaftsregister (§ 13 GenG), sondern erstreckt sich auch auf die mit Abschluss des Statuts (§ 5 GenG) errichtete Vorgenossenschaft, d. h. die Genossenschaft im Gründungsstadium. [2]Für rechtsfähige Vereine sind die vorgenannten Grundsätze sinngemäß anzuwenden. [3]Genossenschaften i. S. d. § 1 Abs. 1 Nr. 2 KStG sind sowohl eingetragene als auch nichtrechtsfähige Genossenschaften. [4]Bei Versicherungsvereinen auf Gegenseitigkeit (§ 1 Abs. 1 Nr. 3 KStG) beginnt die Steuerpflicht mit der aufsichtsbehördlichen Erlaubnis zum Geschäftsbetrieb, bei den anderen juristischen Personen des privaten Rechts (§ 1 Abs. 1 Nr. 4 KStG) durch staatliche Genehmigung, Anerkennung oder Verleihung. [5]Nichtrechtsfähige Vereine, Anstalten, Stiftungen oder andere Zweckvermögen des privaten Rechts (§ 1 Abs. 1 Nr. 5 KStG) entstehen durch Errichtung, Feststellung der Satzung oder Aufnahme einer geschäftlichen Tätigkeit. [6]JPöR werden mit ihren BgA (§ 1 Abs. 1 Nr. 6 KStG) mit der Aufnahme der wirtschaftlichen Tätigkeit unbeschränkt steuerpflichtig.

(5) [1]Ein Zweckvermögen des Privatrechts i. S. d. § 1 Abs. 1 Nr. 5 KStG liegt vor, wenn ein selbständiges Sondervermögen gebildet wird, das durch Widmung einem bestimmten Zweck dient. [2]Dazu gehören u. a. Sammelvermögen i. S. d. § 1914 BGB, inländische Investmentfonds in der Rechtsform eines Sondervermögens (§ 11 Abs. 1 Satz 1 InvStG) und inländische Kapital-Investitionsgesellschaften in der Rechtsform eines Sondervermögens (§ 19 Abs. 1 Satz 2 InvStG).

---

1) Veröffentlicht am 14. April 2016, BStBl. I 2016 Sondernummer 1 S. 2.

H 1.1

Ausländische Gesellschaften, Typenvergleich. Tabellen 1 und 2 zu → BMF vom 24.12.1999, BStBl. I S. 1076 ff. (insbes. S. 1114 und 1119) unter Berücksichtigung der Änderungen durch BMF vom 20.11.2000 (BStBl. I S. 1509), BMF vom 29.9.2004 (BStBl. I S. 917) und BMF vom 25.8.2009 (BStBl. I S. 888)[1] und → BMF vom 19.3.2004, BStBl. I S. 411 unter Berücksichtigung der Änderungen durch → BMF vom 26.9.2014, BStBl. I S. 1258 Rn. 4.1.4.2.

Beginn der Steuerpflicht. Die Steuerpflicht beginnt bei Kapitalgesellschaften (§ 1 Abs. 1 Nr. 1 KStG) nicht erst mit der Erlangung der Rechtsfähigkeit durch die Eintragung in das Handelsregister (§§ 41, 278 AktG, § 11 GmbHG), sondern erstreckt sich auch auf die mit Abschluss des notariellen Gesellschaftsvertrags (§ 2 GmbHG) oder durch notarielle Feststellung der Satzung (§ 23 Abs. 1, § 280 Abs. 1 AktG) errichtete Vorgesellschaft, d. h. die Kapitalgesellschaft im Gründungsstadium (→ BFH vom 13.12.1989, I R 98–99/86, BStBl. 1990 II S. 468; → BFH vom 14.10.1992, I R 17/92, BStBl. 1993 II S. 352).
Von Todes wegen errichtete Stiftungen sind im Falle ihrer Anerkennung auf Grund der in § 84 BGB angeordneten Rückwirkung bereits ab dem Zeitpunkt des Vermögensanfalls subjektiv körperschaftsteuerpflichtig nach § 1 Abs. 1 Nr. 4 KStG (→ BFH vom 17.9.2003, I R 85/02, BStBl. 2005 II S. 149).

GmbH & Co. KG. Eine GmbH & Co. KG, deren alleiniger persönlich haftender Gesellschafter eine GmbH ist, ist nicht als Kapitalgesellschaft i. S. v. § 1 Abs. 1 Nr. 1 KStG anzusehen. Eine Publikums-GmbH & Co. KG ist kein nichtrechtsfähiger Verein i. S. v. § 1 Abs. 1 Nr. 5 KStG. Sie ist auch nicht als nichtrechtsfähige Personenvereinigung nach § 3 Abs. 1 KStG körperschaftsteuerpflichtig, da ihr Einkommen bei den Gesellschaftern zu versteuern ist (→ BFH vom 25.6.1984, GrS 4/82, BStBl. II S. 751).

Kameradschaft einer Freiwilligen Feuerwehr. Die Kameradschaft einer Freiwilligen Feuerwehr kann ein nichtrechtsfähiger Verein i. S. d. § 1 Abs. 1 Nr. 5 KStG sein, sofern ein Personenzusammenschluss für Zwecke gebildet wurde, die über die Aufgaben der gemeindlichen Einrichtung hinausgehen, z. B. Einrichtung einer Kameradschaftskasse zum Zwecke der Kameradschaftspflege und Veranstaltung jährlicher Feste (→ BFH vom 18.12.1996, I R 16/96, BStBl. 1997 II S. 361).

Limited. Steuerliche Folgen der Löschung einer britischen Limited aus dem britischen Handelsregister → BMF vom 6.1.2014, BStBl. I S. 111.[2]

REIT-AG. → REITG vom 28.5.2007 (BGBl. I S. 914) und → BMF vom 10.7.2007, BStBl. I S. 527.

Stiftung. → H 1.1 Beginn der Steuerpflicht.

Unechte Vorgesellschaft. Eine unechte Vorgesellschaft unterliegt mangels zivilrechtlicher Rechtsform einer Körperschaft i. S. d. § 1 Abs. 1 KStG nicht der Körperschaftsteuerpflicht. Um eine unechte Vorgesellschaft handelt es sich, wenn die Gründer nicht die Absicht haben, die Eintragung ins Han-

---

[1] *Weiter geänd. durch* BMF v. 16.4.2010, BStBl. I 2010, 354, v. 20.6.2013, BStBl. I 2013, 980, u. v. 26.9.2014, BStBl. I 2014, 1258.

[2] Geänd. durch BMF v. 19.10.2017, BStBl. I 2018, 1437.

delsregister zu erreichen, wenn die Eintragungsabsicht wegfällt, jedoch die werbende Tätigkeit fortgesetzt wird, wenn aufgrund von Eintragungshindernissen die Vorgesellschaft zum Dauerzustand wird oder wenn nach Ablehnung des Eintragungsantrags eine Auseinandersetzung unter den Gesellschaftern nicht erfolgt (→ BFH vom 7.4.1998, VII R 82/97, BStBl. II S. 531 und → BFH vom 18.3.2010, IV R 88/06, BStBl. II S. 991).

Vorgesellschaft. → H 1.1 Beginn der Steuerpflicht; → H 1.1 Unechte Vorgesellschaft.

Vorgründungsgesellschaft. Die Vorgründungsgesellschaft erstreckt sich auf die Zeit zwischen der Vereinbarung über die Errichtung einer Kapitalgesellschaft bis zur notariellen Beurkundung des Gesellschaftsvertrags bzw. der Satzung. Sie ist weder mit der Vorgesellschaft noch mit der später entstehenden Kapitalgesellschaft identisch. Es handelt sich, von Ausnahmen abgesehen, nicht um ein körperschaftsteuerpflichtiges Gebilde (→ BFH vom 8.11.1989, I R 174/86, BStBl. 1990 II S. 91). Die Vorgründungsgesellschaft kann als nichtrechtsfähiger Verein oder Personenvereinigung i. S. d. § 3 Abs. 1 KStG steuerpflichtig sein, wenn ein größerer Kreis von Personen, eine Verfassung und besondere Organe vorhanden sind (→ BFH vom 6.5.1952, I 8/52 U, BStBl. III S. 172).

R 1.2 Familienstiftungen

[1] Die Verordnung über die Steuerbegünstigung von Stiftungen, die an die Stelle von Familienfideikommissen getreten sind, vom 13.2.1926 (RGBl. I S. 101) ist noch anzuwenden. [2] Da die Verordnung sich auf einen Sondertatbestand bezieht, kann sie auf andere als die in ihr bezeichneten Stiftungen nicht entsprechend angewendet werden.

Zu § 2 KStG

R 2. Beschränkte Steuerpflicht

(1) [1] Die beschränkte Körperschaftsteuerpflicht beginnt bei Personen i. S. d. § 2 Nr. 1 KStG, sobald inländische Einkünfte i. S. d. § 49 EStG vorliegen; bei Personen i. S. d. § 2 Nr. 2 KStG, sobald inländische Einkünfte insbesondere i. S. d. § 43 EStG vorliegen, von denen ein Steuerabzug vorzunehmen ist. [2] Sie endet, wenn keine inländischen Einkünfte mehr erzielt werden.

(2) § 2 Nr. 2 KStG gilt aufgrund der Vorschrift des § 3 Abs. 2 KStG nicht für Hauberg-, Wald-, Forst- und Laubgenossenschaften und ähnliche Realgemeinden.

H 2

Ausländische Gesellschaften, Typenvergleich. Tabellen 1 und 2 zu → BMF vom 24.12.1999, BStBl. I S. 1076 ff. (insbes. S. 1114 und 1119) unter Berücksichtigung der Änderungen durch BMF vom 20.11.2000 (BStBl. I S. 1509), BMF vom 29.9.2004 (BStBl. I S. 917) und BMF vom 25.8.2009 (BStBl. I S. 888)[1] und → BMF vom 19.3.2004, BStBl. I S. 411 unter Berücksichtigung der Änderungen durch → BMF vom 26.9.2014, BStBl. I S. 1258 Rn. 4.1.4.2.

---

[1] Weiter geänd. durch BMF v. 16.4.2010, BStBl. I 2010, 354, v. 20.6.2013, BStBl. I 2013, 980, u. v. 26.9.2014, BStBl. I 2014, 1258.

Zu § 3 KStG

H 3

GmbH & Co. KG. Eine Publikums-GmbH & Co. KG ist weder als nichtrechtsfähiger Verein i. S. v. § 1 Abs. 1 Nr. 5 KStG noch als nichtrechtsfähige Personenvereinigung nach § 3 Abs. 1 KStG körperschaftsteuerpflichtig (→ BFH vom 25.6.1984, GrS 4/82, BStBl. II S. 751).

Steuerpflicht einer Vorgründungsgesellschaft. → H 1.1 Vorgründungsgesellschaft.

Zu § 4 KStG

R 4.1 Betriebe gewerblicher Art von juristischen Personen des öffentlichen Rechts

Betrieb gewerblicher Art

(1) [1]JPöR sind insbesondere die Gebietskörperschaften (Bund, Länder, Gemeinden, Gemeindeverbände), Zweckverbände, die öffentlich-rechtlichen Religionsgesellschaften, die Innungen, Handwerkskammern, Industrie- und Handelskammern und sonstige Gebilde, die aufgrund öffentlichen Rechts eigene Rechtspersönlichkeit besitzen. [2]Dazu gehören neben Körperschaften auch Anstalten und Stiftungen des öffentlichen Rechts, z. B. Rundfunkanstalten des öffentlichen Rechts.

(2) [1]Der Begriff → Einrichtung setzt nicht voraus, dass die Tätigkeit im Rahmen einer im Verhältnis zur sonstigen Betätigung verselbständigten Abteilung ausgeübt wird; sie kann auch innerhalb des allgemeinen Betriebs miterledigt werden. [2]Die Beteiligung einer jPöR an einer Kapitalgesellschaft begründet grundsätzlich keinen eigenständigen BgA. [3]Die Beteiligung einer jPöR an einer Kapitalgesellschaft stellt einen BgA dar, wenn mit ihr tatsächlich ein entscheidender Einfluss auf die laufende Geschäftsführung des Unternehmens ausgeübt wird. [4]Eine geringfügige Beteiligung stellt einen BgA dar, wenn die jPöR zusammen mit anderen jPöR die Kapitalgesellschaft beherrscht und im Zusammenwirken mit diesen jPöR tatsächlich einen entscheidenden Einfluss auf die Geschäftsführung der Gesellschaft ausübt. [5]Die Beteiligung an einer ausschließlich vermögensverwaltend tätigen Kapitalgesellschaft ist kein BgA.[1)]

(3) [1]Die verschiedenen Tätigkeiten der jPöR sind für sich zu beurteilen. [2]Lässt sich eine Tätigkeit nicht klar dem hoheitlichen oder dem wirtschaftlichen Bereich zuordnen, ist nach § 4 Abs. 5 KStG auf die → überwiegende Zweckbestimmung der Tätigkeit abzustellen. [3]Verschiedene wirtschaftliche Tätigkeiten sind als Einheit zu behandeln, wenn dies der Verkehrsauffassung entspricht.

(4) [1]Eine Einrichtung kann auch dann angenommen werden, wenn Betriebsmittel, z. B. Maschinen oder Personal, sowohl im hoheitlichen als auch im wirtschaftlichen Bereich eingesetzt werden, sofern eine zeitliche Abgrenzung (zeitlich abgegrenzter Einsatz für den einen oder anderen Bereich) möglich ist. [2]Ein wichtiges Merkmal für die wirtschaftliche Selbständigkeit der

---

[1)] Siehe auch BFH v. 29.11.2017 I R 83/15, BStBl. II 2018, 495.

ausgeübten Tätigkeit und damit für die Annahme einer Einrichtung ist darin zu sehen, dass der Jahresumsatz i. S. v. § 1 Abs. 1 Nr. 1 UStG aus der wirtschaftlichen Tätigkeit den Betrag von 130 000 Euro übersteigt. [3]Für die wirtschaftliche Selbständigkeit der Einrichtung ist es unerheblich, wenn die Bücher bei einer anderen Verwaltung geführt werden.

(5) [1]In der Tatsache, dass der Jahresumsatz i. S. v. § 1 Abs. 1 Nr. 1 UStG 35 000 Euro nachhaltig übersteigt, ist ein wichtiger Anhaltspunkt dafür zu sehen, dass die Tätigkeit von einigem → wirtschaftlichen Gewicht ist. [2]I. d. R. kann deshalb bei diesem Jahresumsatz davon ausgegangen werden, dass die Tätigkeit sich innerhalb der Gesamtbetätigung der jPöR wirtschaftlich heraushebt. [3]Dagegen kommt es für das Gewicht der ausgeübten Tätigkeit weder auf das im BFH-Urteil vom 11.1.1979 (V R 26/74, BStBl. II S. 746) angesprochene Verhältnis der Einnahmen aus der wirtschaftlichen Tätigkeit zum Gesamthaushalt der jPöR noch auf das im BFH-Urteil vom 14.4.1983 (V R 3/79, BStBl. II S. 491) angesprochene Verhältnis der Einnahmen aus der wirtschaftlichen Tätigkeit zu einem bestimmten Teil des Gesamthaushalts der jPöR an. [4]Wird ein nachhaltiger Jahresumsatz von über 35 000 Euro im Einzelfall nicht erreicht, ist ein BgA nur anzunehmen, wenn hierfür besondere Gründe von der Körperschaft vorgetragen werden. [5]Solche Gründe sind insbesondere gegeben, wenn die jPöR mit ihrer Tätigkeit zu anderen Unternehmen unmittelbar in Wettbewerb tritt. [6]In den Fällen der Verpachtung eines BgA ist darauf abzustellen, ob die Einrichtung beim Verpächter einen BgA darstellen würde. [7]Dabei kommt es für die Frage, ob die Tätigkeit von einigem Gewicht ist, auf die Umsätze des Pächters an.

(6) [1]Zu den BgA gehören nicht → land- und forstwirtschaftliche Betriebe von jPöR. [2]Den land- und forstwirtschaftlichen Betrieben zuzurechnen sind auch die land- und forstwirtschaftlichen Nebenbetriebe. [3]Auch die Verpachtung eines land- und forstwirtschaftlichen Betriebs durch eine jPöR begründet keinen BgA. [4]Dagegen sind Einkünfte aus land- und forstwirtschaftlicher Tätigkeit, die in einem BgA anfallen, steuerpflichtig.

Kapitalgesellschaften

(7) Kapitalgesellschaften, an denen die jPöR beteiligt ist, werden nach den für diese Rechtsform geltenden Vorschriften besteuert.

H 4.1

Allgemeines. Nach § 1 Abs. 1 Nr. 6 KStG sollen im Grundsatz alle Einrichtungen der öffentlichen Hand der Körperschaftsteuer unterworfen werden, die das äußere Bild eines Gewerbebetriebs haben (→ BFH vom 22.9.1976, I R 102/74, BStBl. II S. 793). Hat die jPöR mehrere BgA, ist sie Subjekt der Körperschaftsteuer wegen jedes einzelnen Betriebs (→ BFH vom 13.3.1974, I R 7/71, BStBl. II S. 391 und → BFH vom 8.11.1989, I R 187/85, BStBl. 1990 II S. 242).

Anwendungsfragen zur Besteuerung von BgA und Eigengesellschaften von jPöR. → BMF vom 12.11.2009, BStBl. I S. 1303.[1)]

Beteiligungen von jPöR an Personengesellschaften. Die Beteiligung einer jPöR an einer Mitunternehmerschaft führt zu einem BgA (BFH vom

---

[1)] Geänd. durch BMF v. 6.7.2021, BStBl. I 2021, 914, und v. 15.12.2021, BStBl. I 2021, 2483, mit Anwendungsregelung.

25.3.2015, I R 52/13, BStBl. 2016 II S. 172).[1] Wegen Anwendungsfragen zu dieser Entscheidung → BMF vom 8.2.2016, BStBl. I S. 237.[2]

Einkommensermittlung bei BgA. → R 8.2.

Einrichtung.

– Die Einrichtung kann sich aus einer besonderen Leitung, aus einem geschlossenen Geschäftskreis, aus der Buchführung oder aus einem ähnlichen, auf eine Einheit hindeutenden Merkmal ergeben (→ BFH vom 26.5.1977, V R 15/74, BStBl. II S. 813).

– Sie kann auch dann gegeben sein, wenn nicht organisatorische, sondern andere Merkmale vorliegen, die die wirtschaftliche Selbständigkeit verdeutlichen (→ BFH vom 13.3.1974, I R 7/71, BStBl. II S. 391).

– Insbesondere kann die Einrichtung gegeben sein, wenn der Jahresumsatz i. S. v. § 1 Abs. 1 Nr. 1 UStG aus der wirtschaftlichen Tätigkeit beträchtlich ist bzw. wegen des Umfangs der damit verbundenen Tätigkeit eine organisatorische Abgrenzung geboten erscheint (→ RFH vom 20.1.1942, I 235/41, RStBl. S. 405 und → BFH vom 26.2.1957, I 327/56 U, BStBl. III S. 146).

– Die Einbeziehung der wirtschaftlichen Tätigkeit in einen überwiegend mit hoheitlichen Aufgaben betrauten, organisatorisch gesondert geführten Betrieb schließt es nicht aus, die einbezogene Tätigkeit gesondert zu beurteilen und rechtlich als eigenständige Einheit von dem sie organisatorisch tragenden Hoheitsbetrieb zu unterscheiden (→ BFH vom 26.5.1977, V R 15/74, BStBl. II S. 813 und → BFH vom 14.4.1983, V R 3/79, BStBl. II S. 491).

Kapitalertragsteuer bei BgA. → H 8.2 Kapitalertragsteuer sowie → *BMF vom 9.1.2015, BStBl. I S. 111.*[3]

Kirchliche Orden. Kirchliche Orden können Körperschaften des öffentlichen Rechts sein (→ BFH vom 8.7.1971, V R 1/68, BStBl. 1972 II S. 70).

Kriterien zur Abgrenzung hoheitlicher von wirtschaftlicher Tätigkeit einer jPöR. → BMF vom 11.12.2009, BStBl. I S. 1597.

Land- und forstwirtschaftliche Betriebe. Abgrenzung zum Gewerbebetrieb → R 15.5 EStR.[4]

Überwiegende Zweckbestimmung.[5] Eine überwiegend hoheitliche Zweckbestimmung liegt nur vor, wenn die beiden Tätigkeitsbereiche derart ineinander greifen, dass eine genaue Abgrenzung nicht möglich oder nicht zumutbar ist, wenn also die wirtschaftliche Tätigkeit unlösbar mit der hoheitlichen Tätigkeit verbunden ist und eine Art Nebentätigkeit im Rahmen der einheitlichen, dem Wesen nach hoheitlichen Tätigkeit darstellt (→ BFH vom 26.5.1977, V R 15/74, BStBl. II S. 813).

Wirtschaftliches Gewicht. Ein BgA ist nur anzunehmen, wenn es sich um eine Tätigkeit von einigem wirtschaftlichem Gewicht handelt (→ BFH vom

---

[1] Siehe aber auch BFH v. 29.11.2017 I R 83/15, BStBl. II 2018, 495, zu einer gewerblich geprägten vermögensverwaltenden Personengesellschaft.

[2] Ergänzt durch BMF v. 21.6.2017, BStBl. I 2017, 880, mit Anwendungsregelung.

[3] Siehe jetzt BMF v. 28.1.2019, BStBl. *I 2019*, 97, mit Anwendungsregelung, geänd. durch *BMF v. 4.4.2022*, BStBl. I 2022, 645 (Anpassung an BFH v. 30.9.2020 I R 12/17, BStBl. II 2022, 269).

[4] Nr. **1**.

[5] Zur steuerrechtlichen Behandlung der Gutachterausschüsse siehe OFD Magdeburg v. 27.1.2012 – S 2706-39 – St 217, StEd 2012, 142.

26.2.1957, I 327/56 U, BStBl. III S. 146 und → BFH vom 24.10.1961, I 105/60 U, BStBl. III S. 552).

R 4.2 Zusammenfassung von Betrieben gewerblicher Art[1)]

[1]Die Zusammenfassung mehrerer gleichartiger BgA ist unter den Voraussetzungen des § 4 Abs. 6 KStG zulässig. [2]Das gilt auch für die Zusammenfassung von gleichartigen Einrichtungen, die mangels Gewicht keinen BgA darstellen, zu einem BgA, und die Zusammenfassung solcher Einrichtungen mit BgA. [3]Die Zusammenfassung von Verpachtungsbetrieben ist ausschließlich nach § 4 Abs. 6 Satz 1 Nr. 1 KStG zulässig; hierfür ist die jeweilige Tätigkeit des Pächters maßgeblich. [4]Ein BgA, der auch Dauerverlustgeschäfte i. S. d. § 8 Abs. 7 KStG ausübt, kann Organträger sein, wenn er insgesamt ein gewerbliches Unternehmen i. S. d. § 14 Abs. 1 KStG ist. [5]Eine Zusammenfassung von Gewinn- und Verlustbetrieben mittels Organschaft ist auch in diesen Fällen nur zulässig, wenn diese als BgA nach § 4 Abs. 6 KStG hätten zusammengefasst werden können.

R 4.3 Verpachtungsbetriebe gewerblicher Art[2)]

Verpachtet die jPöR einen BgA gegen Entgelt und erhält der Pächter einen Zuschuss mindestens in Höhe der Pacht, liegt keine entgeltliche Verpachtung und damit kein Verpachtungs-BgA vor, wenn zwischen der Pacht und dem Zuschuss eine rechtliche und tatsächliche Verknüpfung besteht.

H 4.3

Aufgabe des Verpachtungsbetriebs. Ein Verpachtungsbetrieb gewerblicher Art kann nur dadurch mit der Folge der Auflösung der in dem verpachteten Betriebsvermögen enthaltenen stillen Reserven aufgegeben werden, dass der Verpachtungsbetrieb eingestellt oder veräußert wird (→ BFH vom 1.8.1979, I R 106/76, BStBl. II S. 716).

Einkunftsart. → H 8.2 Einkunftsart.

Inventar. Zu den Grundsätzen der Verpachtung → BMF vom 12.11.2009, BStBl. I S. 1303,[3)] Rdnr. 15 ff. Sind keine Räume, sondern nur Inventar verpachtet, kommt es für die Steuerpflicht auf die Umstände des Einzelfalls an (→ BFH vom 6.10.1976, I R 115/75, BStBl. 1977 II S. 94). Das gilt auch für die Verpachtung eines einer Gemeinde gehörenden Campingplatzes (→ BFH vom 7.5.1969, I R 106/66, BStBl. II S. 443).

Wirtschaftliches Gewicht. → R 4.1 Abs. 5 Satz 6 und 7.

R 4.4 Hoheitsbetriebe

(1) [1]*Eine Ausübung der öffentlichen* Gewalt kann insbesondere anzunehmen sein, wenn es sich um Leistungen handelt, zu deren Annahme der Leis-

---

1) Zur Zusammenfassung nach § 4 Abs. 6 Satz 1 Nr. 2 KStG mittels eines Blockheizkraftwerks (Energieversorgungs-BgA mit Bad-BgA) siehe BMF v. 11.5.2016, BStBl. I 2016, 479; siehe hierzu Arbeitshilfe der OFD Karlsruhe v. 27.3.2017 – S 270.6/265 – St 213.

2) BFH v. 10.12.2019 I R 58/17, BStBl. II 2021, 945: Entgeltlichkeit liegt nicht vor, wenn bei wirtschaftlicher Betrachtung nicht der Pächter, sondern der Verpächter die wirtschaftliche Last des vereinbarten Pachtzinses zu tragen hat.

3) Geänd. durch BMF v. 6.7.2021, BStBl. I 2021, 914, und v. 15.12.2021, BStBl. I 2021, 2483, mit Anwendungsregelung.

tungsempfänger aufgrund gesetzlicher oder behördlicher Anordnung verpflichtet ist. [2]Zu den Hoheitsbetrieben können z. B. gehören: Wetterwarten, Schlachthöfe in Gemeinden mit Schlachtzwang, Anstalten zur Lebensmitteluntersuchung, zur Desinfektion, zur Straßenreinigung und zur Abführung von Abwässern und Abfällen.

(2) [1]Die Verwertung bzw. Veräußerung von Material oder Gegenständen aus dem hoheitlichen Bereich einer jPöR (sog. Hilfsgeschäfte) ist dem hoheitlichen Bereich zuzuordnen. [2]Das gilt z. B. für den An- und Verkauf von Dienstkraftfahrzeugen auch dann, wenn die Veräußerung regelmäßig vor Ablauf der wirtschaftlichen Nutzungsdauer erfolgt. [3]Die Anzahl der von der Beschaffungsstelle vorgenommenen An- und Verkäufe ist dabei unbeachtlich.

H 4.4

Beistandsleistung. Eine ihrem Inhalt nach wirtschaftliche Tätigkeit wird auch nicht dadurch zur Ausübung hoheitlicher Gewalt, dass sie im Wege der Amtshilfe für den wirtschaftlichen Bereich eines anderen Hoheitsträgers erfolgt (→ BFH vom 14.3.1990, I R 156/87, BStBl. II S. 866).

Hoheitsbetrieb.

- **Ausübung öffentlicher Gewalt.** Ausübung öffentlicher Gewalt ist eine Tätigkeit, die der öffentlich-rechtlichen Körperschaft eigentümlich und vorbehalten ist. Kennzeichnend für die Ausübung öffentlicher Gewalt ist die Erfüllung öffentlich-rechtlicher Aufgaben, die aus der Staatsgewalt abgeleitet sind und staatlichen Zwecken dienen (→ BFH vom 21.11.1967, I 274/64, BStBl. 1968 II S. 218). Dies ist nicht schon dann der Fall, wenn der jPöR Tätigkeiten durch Gesetz zugewiesen werden (→ BFH vom 30.6.1988, V R 79/84, BStBl. II S. 910). Ausübung öffentlicher Gewalt liegt nicht vor, wenn sich die Körperschaft durch ihre Einrichtungen in den wirtschaftlichen Verkehr einschaltet und eine Tätigkeit entfaltet, die sich ihrem Inhalt nach von der Tätigkeit eines privaten gewerblichen Unternehmens nicht wesentlich unterscheidet (→ BFH vom 21.11.1967, I 274/64, BStBl. 1968 II S. 218, → BFH vom 18.2.1970, I R 157/67, BStBl. II S. 519 und → BFH vom 25.1.2005, I R 63/03, BStBl. II S. 501).
- **BgA im Rahmen eines Hoheitsbetriebs.** Besteht im Rahmen eines Hoheitsbetriebs auch ein BgA (z. B. Kantine, Verkaufsstelle, Erholungsheim), ist die jPöR insoweit steuerpflichtig (→ BFH vom 26.5.1977, V R 15/74, BStBl. II S. 813).

Kriterien zur Abgrenzung hoheitlicher von wirtschaftlicher Tätigkeit einer jPöR. → BMF vom 11.12.2009, BStBl. I S. 1597.

R 4.5 Abgrenzung in Einzelfällen

(1) [1]Die Behandlung der Mitglieder eines → Trägers der Sozialversicherung in seinen eigenen Rehabilitationseinrichtungen ist eine hoheitliche Tätigkeit. [2]An dieser Zuordnung zum Hoheitsbereich ändert sich nichts, wenn die Tätigkeit von einem anderen Sozialversicherungsträger übernommen wird. [3]Eine wirtschaftliche Tätigkeit, die unter den Voraussetzungen des R 4.1 Abs. 2 bis 5 ein BgA ist, liegt jedoch dann vor, wenn ein Sozialversicherungsträger in sei-

nen Rehabilitationseinrichtungen gegen Entgelt auch Mitglieder privater Versicherungen oder Privatpersonen behandelt. [4]Von der Prüfung dieser Frage kann abgesehen werden, wenn die Anzahl der Behandlungen von Mitgliedern privater Versicherungen oder von Privatpersonen 5% der insgesamt behandelten Fälle nicht übersteigt.

(2) Sind Schülerheime öffentlicher Schulen erforderlich, um den Unterrichts- oder Erziehungszweck zu erreichen, ist der Betrieb der Schülerheime als Erfüllung einer öffentlich-rechtlichen Aufgabe anzusehen.

(3) Gemeindeeigene Schlachtviehmärkte sind im Gegensatz zu gemeindeeigenen (Nutz- und Zucht-) → Viehmärkten Hoheitsbetriebe.

(4) [1]Der Betrieb von Parkuhren oder von Parkscheinautomaten ist als Ausübung öffentlicher Gewalt anzusehen, soweit er im Rahmen der Straßenverkehrsordnung durchgeführt wird. [2]Die Bereitstellung von öffentlichen Parkflächen in Parkhäusern, Tiefgaragen oder zusammenhängenden Parkflächen außerhalb öffentlicher Straßen ist dagegen als wirtschaftliche Tätigkeit anzusehen (Verkehrsbetrieb i. S. d. § 4 Abs. 3 KStG); dies gilt auch dann, wenn sich die jPöR aufgrund einer Benutzungssatzung oder einer Widmung zum öffentlichen Verkehr der Handlungsform des öffentlichen Rechts bedient. [3]Die Parkraumüberlassung durch eine jPöR an ihre Bediensteten bzw. durch eine öffentlich-rechtliche Hochschule an ihre Studenten ist als Vermögensverwaltung anzusehen, soweit sie ohne weitere Leistungen erfolgt.

(5)[1)] [1]Wird ein gemeindliches Schwimmbad sowohl für das Schulschwimmen als auch für den öffentlichen Badebetrieb genutzt, ist unabhängig davon, welche Nutzung überwiegt, die Nutzung für den öffentlichen Badebetrieb grundsätzlich als wirtschaftlich selbständige Tätigkeit i. S. d. R 4.1 Abs. 4 anzusehen. [2]Unter den Voraussetzungen des R 4.1 Abs. 5 ist ein BgA anzunehmen.

(6) [1]Die Verwertung und Beseitigung von in ihrem Gebiet anfallenden und überlassenen Abfällen aus privaten Haushaltungen durch öffentlich-rechtliche Entsorgungsträger nach § 20 Abs. 1 Kreislaufwirtschaftsgesetz (Abfallentsorgung) ist eine hoheitliche Tätigkeit. [2]Für Abfälle aus anderen Herkunftsbereichen als privaten Haushaltungen (sog. Gewerbemüll) gilt dies nur, soweit es sich um Abfälle zur Beseitigung handelt. [3]Deshalb ist auch die entgeltliche Abgabe dieser Abfälle selbst oder der aus diesen Abfällen gewonnenen Stoffe oder Energie steuerlich dem hoheitlichen Bereich zuzuordnen und als hoheitliches Hilfsgeschäft (→ R 4.4 Abs. 2) anzusehen. [4]Eine wirtschaftliche Tätigkeit, die unter den Voraussetzungen des R 4.1 Abs. 2 bis 5 zur Annahme eines BgA führt, liegt allerdings dann vor, wenn die veräußerten Stoffe oder die veräußerte Energie nicht überwiegend aus Abfällen gewonnen werden. [5]Bei der Abgrenzung ist vom Brennwert der eingesetzten Abfälle und sonstigen Brennstoffe auszugehen. [6]Das getrennte Einsammeln wiederverwertbarer Abfälle und die entgeltliche Veräußerung dieser Abfälle oder der aus den Abfällen gewonnenen Stoffe oder Energie durch die auf Grund von Vorgaben aus Abfallverordnungen entsorgungspflichtige Körperschaft ist steuerlich ebenfalls als hoheitliche Tätigkeit anzusehen. [7]Dagegen sind die entsorgungspflichtigen

[1)] Zum Schulschwimmen im Rahmen der Spartenrechnung kommunaler Eigengesellschaften siehe BFH v. 16.12.2020 I R 50/17, BStBl. I 2021, 443.

Körperschaften wirtschaftlich tätig, wenn sie aufgrund von privatrechtlichen Vereinbarungen Aufgaben im Rahmen des in § 6 Abs. 3 Satz 1 Verpackungsverordnung vom 21.8.1998 (BGBl. I S. 2379 – „Duales System") bezeichneten Systems durchführen. [8] Dies gilt auch für die folgenden Leistungen, die die entsorgungspflichtigen Körperschaften für das Duale System erbringen: Erfassung von Verkaufsverpackungen, Öffentlichkeitsarbeit, Wertstoffberatung, Zurverfügungstellung und Reinigung von Containerstellplätzen. [9] Soweit der öffentlich-rechtliche Entsorgungsträger sich gegenüber dem Gewerbetreibenden vertraglich dazu verpflichtet, den bei diesem anfallenden Gewerbemüll zu verwerten, liegt insoweit kein Abfall zur Beseitigung vor, so dass insoweit eine wirtschaftliche Tätigkeit anzunehmen ist.[1)]

(7) [1] → Kurbetriebe einer Gemeinde stellen unter den Voraussetzungen der R 4.1 Abs. 2 bis 5 BgA dar. [2] Das gilt unabhängig davon, ob eine Kurtaxe z. B. als öffentlich-rechtliche Abgabe erhoben wird.

(8) [1] Die entgeltliche Übertragung des Rechts, Werbung an Fahrzeugen des Fuhrparks einer jPöR anzubringen, stellt grundsätzlich keine einen BgA begründende Tätigkeit dar. [2] Das Entgelt erhöht jedoch die Einnahmen eines BgA, wenn die Fahrzeuge diesem zugeordnet sind. [3] Ein eigenständiger BgA kann im Einzelfall vorliegen, wenn im Zusammenhang mit der Werbung Leistungen erbracht werden, die über die bloße Zurverfügungstellung der Werbeflächen hinausgehen.

(9) Bei der Tätigkeit der Gutachterausschüsse i. S. d. §§ 192 ff. BauGB für Privatpersonen (z. B. Wertermittlungstätigkeit) handelt es sich um eine wirtschaftliche Tätigkeit.[2)]

H 4.5

Arbeitsbetriebe von Straf- und Untersuchungshaftanstalten. Arbeitsbetriebe einer Strafvollzugsanstalt entfalten keine wirtschaftliche Tätigkeit, weil die Beschäftigung von Strafgefangenen zur hoheitlichen Tätigkeit gehört. Für Arbeitsbetriebe einer Untersuchungshaftvollzugsanstalt gilt entsprechendes, wenn die Gefangenen nur in derselben Weise wie Strafgefangene beschäftigt werden (→ BFH vom 14.10.1964, I 80/62 U, BStBl. 1965 III S. 95).

Auftragsforschung. → § 5 Abs. 1 Nr. 23 KStG.

Campingplatz. Die Unterhaltung eines Zeltplatzes oder Campingplatzes (→ H 4.3 Inventar) stellt eine wirtschaftliche Tätigkeit dar (→ BFH vom 20.5.1960, III 440/58 S, BStBl. III S. 368).

Friedhofsverwaltung, Grabpflegeleistungen u. ä. Die Friedhofsverwaltung ist ein Hoheitsbetrieb, soweit Aufgaben des Bestattungswesens wahrgenommen werden. Dazu gehören neben dem eigentlichen Vorgang der Bestattung die Grabfundamentierung, das Vorhalten aller erforderlichen Einrichtungen und Vorrichtungen sowie die notwendigerweise anfallenden Dienstleistungen wie Wächterdienste, Sargaufbewahrung, Sargtransportdienste im Friedhofsbereich, Totengeleit, Kranzannahme, Graben der Gruft

1) Zur steuerlichen Behandlung der Abfallentsorgung durch die öffentliche Hand siehe OFD Karlsruhe v. 3.7.2020 – S 270.6/256 – St 213.

2) Zur Abgrenzung siehe auch OFD Magdeburg v. 27.1.2012 – S 2706-39 – St 217, StEd 2012, 142.

und ähnliche Leistungen. Ferner sind dem Hoheitsbetrieb solche Leistungen zuzuordnen, die kraft Herkommens oder allgemeiner Übung allein von der Friedhofsverwaltung erbracht oder allgemein als ein unverzichtbarer Bestandteil einer würdigen Bestattung angesehen werden, z. B. Läuten der Glocken, übliche Ausschmückung des ausgehobenen Grabes, musikalische Umrahmung der Trauerfeier. Dagegen sind Blumenverkäufe und Grabpflegeleistungen wirtschaftliche, vom Hoheitsbetrieb abgrenzbare Tätigkeiten (→ BFH vom 14.4.1983, V R 3/79, BStBl. II S. 491).

Kindergärten und Kindertagesstätten. Von einer Kommune betriebene Kindergärten sind unbeschadet des Rechtsanspruchs von Kindern ab dem vollendeten dritten Lebensjahr auf Förderung in Tageseinrichtungen nach § 24 SGB VIII keine Hoheitsbetriebe, sondern BgA (→ BFH vom 12.7.2012, I R 106/10, BStBl. II S. 837).

Kommunales Krematorium. Auch wenn eine wirtschaftliche Betätigung durch landesrechtliche Regelungen in einem einzelnen Land ausschließlich der öffentlichen Hand vorbehalten ist, handelt es sich nur dann um einen Hoheitsbetrieb i. S. v. § 4 Abs. 5 Satz 1 KStG, wenn der Markt für die angebotene Leistung örtlich so eingegrenzt ist, dass eine Wettbewerbsbeeinträchtigung steuerpflichtiger Unternehmen in anderen Ländern oder EU-Mitgliedstaaten ausgeschlossen werden kann (→ BFH vom 29.10.2008, I R 51/07, BStBl. 2009 II S. 1022).
Hierzu nachfolgend → BMF vom 11.12.2009, BStBl. I S. 1597.

Kurbetriebe. Die Gemeinde kann Parkwege, soweit sie öffentlich-rechtlich gewidmet sind, nicht dem Kurbetrieb als BgA zuordnen (→ BFH vom 26.4.1990, V R 166/84, BStBl. II S. 799).

Marktveranstaltungen (Wochen- und Krammärkte). Die Überlassung von Standplätzen an die Beschicker von Wochen- und Krammärkten stellt einen BgA der Gemeinde dar (→ BFH vom 26.2.1957, I 327/56 U, BStBl. III S. 146). Das gilt auch dann, wenn die Marktveranstaltungen auf öffentlichen Straßenflächen stattfinden (→ BFH vom 17.5.2000, I R 50/98, BStBl. 2001 II S. 558).

Parkraumbewirtschaftung.
- **Bewachte Parkplätze.** Die Unterhaltung von bewachten Parkplätzen erfüllt die Merkmale eines BgA (→ BFH vom 22.9.1976, I R 102/74, BStBl. II S. 793).
- **Öffentliche Tiefgarage.** Eine von einer jPöR betriebene öffentliche Tiefgarage ist ein dem öffentlichen Verkehr dienender Betrieb i. S. d. § 4 Abs. 3 KStG (→ BFH vom 8.11.1989, I R 187/85, BStBl. 1990 II S. 242).

Träger der Sozialversicherung. Die öffentlich-rechtlichen Träger der Sozialversicherung werden in Ausübung öffentlicher Gewalt tätig (→ BFH vom 4.2.1976, I R 200/73, BStBl. II S. 355).

Vermittlungstätigkeit gesetzlicher Krankenversicherungen. Gesetzliche Krankenversicherungen unterhalten einen BgA, wenn sie ihren Mitgliedern private Zusatzversicherungsverträge vermitteln und dafür von den privaten Krankenversicherungen einen Aufwendungsersatz erhalten (→ BFH vom 3.2.2010, I R 8/09, BStBl. II S. 502).

Viehmärkte. Der Betrieb von städtischen Nutz- und Zuchtviehmärkten ist als BgA anzusehen (→ BFH vom 10.5.1955, I 124/53 U, BStBl. III S. 176).

Wasserbeschaffung, Wasserversorgung. Bei der Wasserversorgung handelt eine Gemeinde, anders als bei der Wasserbeschaffung, nicht in Ausübung öffentlicher Gewalt (→ BFH vom 15.3.1972, I R 232/71, BStBl. II S. 500 und → BFH vom 28.1.1988, V R 112/86, BStBl. II S. 473). Wird die Wasserbeschaffung zusammen mit der Wasserversorgung durchgeführt, liegt eine einheitliche, untrennbare wirtschaftliche Tätigkeit vor (→ BFH vom 30.11.1989, I R 79–80/86, BStBl. 1990 II S. 452).

Zu § 5 KStG
(§§ 1–4 KStDV)

R 5.1 Kapitalertragsteuer bei wirtschaftlichen Geschäftsbetrieben

– unbesetzt –

H 5.1

Kapitalertragsteuer bei wirtschaftlichen Geschäftsbetrieben. → *BMF vom 10.11.2005, BStBl. I S. 1029.*[1)]

R 5.2 Allgemeines zu Pensions-, Sterbe-, Kranken- und Unterstützungskassen

(1) [1] Als Pensionskassen sind sowohl die in § 1b Abs. 3 Satz 1 BetrAVG als solche bezeichneten rechtsfähigen Versorgungseinrichtungen als auch rechtlich unselbständige Zusatzversorgungseinrichtungen des öffentlichen Dienstes i. S. d. § 18 BetrAVG anzusehen, die den Leistungsberechtigten (Arbeitnehmer und Personen i. S. d. § 17 Abs. 1 Satz 2 BetrAVG sowie deren Hinterbliebene) auf ihre Leistungen einen Rechtsanspruch gewähren. [2] Bei Sterbekassen handelt es sich um Einrichtungen, welche die Versicherung auf den Todesfall unter Gewährung eines Rechtsanspruchs auf die Leistung betreiben. [3] Krankenkassen fallen unter die Vorschrift, wenn sie das Versicherungsgeschäft betriebsbezogen wahrnehmen. [4] Eine Unterstützungskasse ist eine rechtsfähige Versorgungseinrichtung, die auf ihre Leistungen keinen Rechtsanspruch gewährt (§ 1b Abs. 4 BetrAVG).

(2) Für die Steuerbefreiung genügt es, wenn die Voraussetzungen des § 5 Abs. 1 Nr. 3 Buchstabe d KStG am Ende des VZ erfüllt sind.

(3) [1] Die Art der Anlage oder Nutzung des Kassenvermögens darf nicht dazu führen, dass die Kasse sich durch die mit der Vermögensverwaltung verbundene Tätigkeit selbst einen weiteren satzungsgemäß nicht bestimmten Zweck gibt. [2] Kassen, die als Bauherr auftreten, werden körperschaftsteuerpflichtig, wenn sie sich durch diese Tätigkeit einen neuen Zweck setzen.

H 5.2

Abgrenzung einer Pensionskasse und einer Unterstützungskasse. → BFH vom 5.11.1992, I R 61/89, BStBl. 1993 II S. 185.

Einschränkung der Befreiung. → § 6 KStG und → R 6.

---

1) Ersetzt – soweit sich aus gesetzl. Vorgaben für VZ vor 2015 nichts anderes ergibt – durch BMF v. 2.2.2016, BStBl. I 2016, 200, ergänzt durch BMF v. 21.7.2016, BStBl. I 2016, 685.

R 5.3 Leistungsempfänger bei Pensions-, Sterbe-, Kranken- und Unterstützungskassen

(1) [1]Steuerbefreite Kassen müssen sich auf Zugehörige oder frühere Zugehörige einzelner oder mehrerer wirtschaftlicher Geschäftsbetriebe oder der Spitzenverbände der freien Wohlfahrtspflege einschließlich deren Untergliederungen, Einrichtungen und Anstalten und sonstiger gemeinnütziger Wohlfahrtsverbände oder auf Arbeitnehmer sonstiger Körperschaften, Personenvereinigungen oder Vermögensmassen beschränken. [2]Unter dem Begriff der Zugehörigen sind einerseits Arbeitnehmer und die in einem arbeitnehmerähnlichen Verhältnis stehenden Personen zu verstehen, andererseits aber auch solche Personen, für die der Betrieb durch ihre soziale Abhängigkeit oder eine sonstige enge Bindung als Mittelpunkt der Berufstätigkeit anzusehen ist (z. B. Unternehmer und Gesellschafter). [3]Frühere Zugehörige müssen die Zugehörigkeit zu der Kasse durch ihre Tätigkeit in den betreffenden Betrieben oder Verbänden erworben haben. [4]Es ist nicht notwendig, dass die Kasse schon während der Zeit der Tätigkeit des Betriebsangehörigen bestanden hat. [5]Als arbeitnehmerähnliches Verhältnis ist i. d. R. ein Verhältnis von einer gewissen Dauer bei gleichzeitiger sozialer Abhängigkeit, ohne dass Lohnsteuerpflicht besteht, anzusehen. [6]Arbeitnehmer, die über den Zeitpunkt der Pensionierung hinaus im Betrieb beschäftigt werden, sind Zugehörige i. S. d. Gesetzes.

(2) Nach § 1 Nr. 1 KStDV darf die Mehrzahl der Personen, denen die Leistungen der Kasse zugutekommen sollen (Leistungsempfänger), sich nicht aus dem Unternehmer oder dessen Angehörigen und bei Gesellschaften nicht aus den Gesellschaftern oder deren Angehörigen zusammensetzen.

(3) [1]Der Pensions- oder Unterstützungskasse eines inländischen Unternehmens geht die Steuerfreiheit nicht dadurch verloren, dass zu ihren Leistungsempfängern Arbeitnehmer gehören, die das inländische Unternehmen zur Beschäftigung bei seinen ausländischen Tochtergesellschaften oder Betriebsstätten abgeordnet hat. [2]Auch die Mitgliedschaft anderer, auch ausländischer, Arbeitnehmer der ausländischen Tochtergesellschaften oder Betriebsstätten des inländischen Unternehmens ist für die Kasse steuerunschädlich, wenn für diese Arbeitnehmer von der ausländischen Tochtergesellschaft oder Betriebsstätte entsprechende Beiträge (Zuwendungen) an die Kasse des inländischen Unternehmens abgeführt werden.

(4) Bei Unterstützungskassen muss den Leistungsempfängern oder den Arbeitnehmervertretungen des Betriebs oder der Dienststelle satzungsgemäß und tatsächlich das Recht zustehen, an der Verwaltung sämtlicher Beträge, die der Kasse zufließen, beratend mitzuwirken.

H 5.3

Angehörige. → BMF vom 25.7.2002, BStBl. I S. 706, → BMF vom 8.1.2003, BStBl. I S. 93 sowie → BMF vom 10.11.2011, BStBl. I S. 1084.

Bevorzugung des Unternehmers. Eine rechtsfähige Unterstützungskasse ist nur dann nach § 5 Abs. 1 Nr. 3 KStG von der Körperschaftsteuer befreit, wenn sie eine soziale Einrichtung ist. Das ist nicht der Fall, wenn Unterstützungsempfänger auch die Unternehmer sind und die Leistungen der Kasse an die Unternehmer unverhältnismäßig hoch sind (→ BFH vom 24.3.1970, I R 73/68, BStBl. II S. 473).

Mitwirkungsrecht. Das satzungsmäßige Recht zur beratenden Mitwirkung darf nicht eingeschränkt sein. Insbesondere macht § 87 Abs. 1 Nr. 1 Betriebsverfassungsgesetz, der dem Betriebsrat das Recht zur Mitbestimmung bei der Verwaltung der Sozialeinrichtungen einräumt, die Voraussetzung des § 3 Nr. 2 KStDV nicht überflüssig (→ BFH vom 20.9.1967, I 62/63, BStBl. 1968 II S. 24). Das Recht zu einer beratenden Mitwirkung kann auch in der Weise eingeräumt werden, dass satzungsmäßig und tatsächlich bei der Unterstützungskasse ein Beirat gebildet wird, dem Arbeitnehmer angehören. Diese müssen jedoch die Gesamtheit der Betriebszugehörigen repräsentieren, d. h. sie müssen von diesen unmittelbar oder mittelbar gewählt worden sein (→ BFH vom 24.6.1981, I R 143/78, BStBl. II S. 749). Diese Voraussetzung ist nicht erfüllt, wenn die Beiratsmitglieder letztlich von der Geschäftsleitung des Trägerunternehmens bestimmt werden. Eine Bestimmung durch die Geschäftsleitung des Trägerunternehmens ist auch gegeben, wenn der Beirat zwar durch die Mitgliederversammlung der Unterstützungskasse aus dem Kreis der Betriebsangehörigen gewählt wird, über die Zusammensetzung der Mitgliederversammlung jedoch der von der Geschäftsleitung des Trägerunternehmens eingesetzte Vorstand entscheidet (→ BFH vom 10.6.1987, I R 253/83, BStBl. 1988 II S. 27).

Versorgungsausgleich. Zur Auswirkung einer internen Teilung beim Versorgungsausgleich auf die Steuerfreiheit einer Unterstützungskasse; Ehegatte des Ausgleichsberechtigten als begünstigter Angehöriger i. S. d. § 5 Abs. 1 Nr. 3 KStG → BMF vom 10.11.2011, BStBl. I S. 1084.

R 5.4[1] Vermögensbindung bei Pensions-, Sterbe-, Kranken- und Unterstützungskassen

(1) [1]Bei Kassen, deren Vermögen bei ihrer Auflösung vorbehaltlich der Regelung in § 6 KStG satzungsgemäß für ausschließlich gemeinnützige oder mildtätige Zwecke zu verwenden ist, gilt § 61 Abs. 1 AO sinngemäß. [2]Bei einer Unterstützungskasse in der Rechtsform einer privatrechtlichen Stiftung ist es nicht zu beanstanden, wenn die Stiftung in ihre Verfassung die Bestimmung aufnimmt, dass das Stiftungskapital ungeschmälert zu erhalten ist, um dadurch zu verhindern, dass sie neben ihren Erträgen und den Zuwendungen vom Trägerunternehmen auch ihr Vermögen uneingeschränkt zur Erbringung ihrer laufenden Leistungen einsetzen muss. [3]In einer solchen Bestimmung ist kein Verstoß gegen das Erfordernis der dauernden Vermögenssicherung für Zwecke der Kasse zu erblicken. [4]Durch die satzungsgemäß abgesicherte Vermögensbindung ist nämlich gewährleistet, dass das Stiftungsvermögen im Falle der Auflösung der Stiftung nicht an den Stifter zurückfließt, sondern nur den Leistungsempfängern oder deren Angehörigen zugutekommt oder für ausschließlich gemeinnützige oder mildtätige Zwecke zu verwenden ist.

(2) [1]Bei einer Darlehensgewährung der Unterstützungskasse an das Trägerunternehmen muss gewährleistet sein, dass die wirtschaftliche Leistungsfähigkeit des Betriebs in ausreichendem Maße für die Sicherheit der Mittel bürgt. [2]Ist diese Voraussetzung nicht gegeben, müssen die Mittel der Kasse in

[1] Zur Übertragung von Vermögenswerten in Folge des Ausscheidens eines Trägerunternehmens siehe BMF v. 18.2.2020, BStBl. I 2020, 221.

angemessener Frist aus dem Betrieb ausgesondert und in anderer Weise angelegt werden.

(3) [1] Nach § 1 b Abs. 4 BetrAVG[1)] wird ein aus dem Betrieb vor Eintritt des Versorgungsfalles ausscheidender Arbeitnehmer, der seine betriebliche Altersversorgung von der Unterstützungskasse des Betriebs erhalten sollte, bei Erfüllung der Voraussetzungen hinsichtlich der Leistungen so gestellt, wie wenn er weiterhin zum Kreis der Begünstigten der Unterstützungskasse des Betriebs gehören würde. [2] Bei Eintritt des Versorgungsfalles hat die Unterstützungskasse dem früheren Arbeitnehmer und seinen Hinterbliebenen mindestens den nach § 2 Abs. 1 BetrAVG berechneten Teil der Versorgung zu gewähren (§ 2 Abs. 4 BetrAVG) oder den gem. § 2 Abs. 5 a BetrAVG berechneten Teil der Versorgung bei ab dem 1. 1. 2001 erteilten Versorgungszusagen. [3] Diese Verpflichtung zur Gewährung von Leistungen an den vorzeitig ausgeschiedenen Arbeitnehmer bei Eintritt des Versorgungsfalles (§ 2 Abs. 4 BetrAVG) kann von der Unterstützungskasse wie folgt abgelöst werden:

1. Unter den Voraussetzungen des § 3 Abs. 2 bis 5 BetrAVG können nach § 2 BetrAVG unverfallbare Anwartschaften abgefunden werden. [2] Soweit unverfallbare Anwartschaften über den gesetzlichen Umfang hinaus vertraglich zugesichert wurden, ist eine Abfindung zulässig.
2. Unter den Voraussetzungen des § 4 Abs. 2, 4 und 5 BetrAVG kann die Verpflichtung mit Zustimmung des ausgeschiedenen Arbeitnehmers von jedem Unternehmen, bei dem der ausgeschiedene Arbeitnehmer beschäftigt wird, von einem Pensionsfonds, von einer Pensionskasse, von einem Unternehmen der Lebensversicherung oder einem öffentlich-rechtlichen Versorgungsträger übernommen werden.

[4] Vermögensübertragungen im Zusammenhang mit diesen Maßnahmen verstoßen nicht gegen die Voraussetzungen des § 5 Abs. 1 Nr. 3 Buchstabe c KStG.

(4) [1] Der Grundsatz der ausschließlichen und unmittelbaren Verwendung des Vermögens und der Einkünfte der Unterstützungskasse für die Zwecke der Kasse gilt nach § 6 Abs. 6 KStG nicht für den Teil des Vermögens, der am Schluss des Wj. den in § 5 Abs. 1 Nr. 3 Buchstabe e KStG bezeichneten Betrag übersteigt. [2] Auch für den Fall, dass ein Unternehmen den Arbeitnehmern, die bisher von der Unterstützungskasse versorgt werden sollten, eine Pensionszusage erteilt oder bisher von der Unterstützungskasse gewährte Leistungen von Fall zu Fall aufgrund einer entsprechenden Betriebsvereinbarung übernimmt, oder wenn eine Unterstützungskasse durch Änderung des Leistungsplans die Versorgungsleistungen einschränkt, gelten die Grundsätze des Satzes 1 nur für den überdotierten Teil des gesamten Kassenvermögens der Unterstützungskasse. [3] Insoweit ist eine Übertragung von Vermögen einer Unterstützungskasse auf das Trägerunternehmen zulässig. [4] Werden Versorgungsleistungen einer Unterstützungskasse durch Satzungsbeschluss in vollem Umfang ersatzlos aufgehoben, d. h., liegt kein Fall des Satzes 2 vor, entfällt die Steuerfreiheit der Kasse auch mit Wirkung für die Vergangenheit, soweit Steuerbescheide nach den Vorschriften der AO noch änderbar sind.

---

1) **Steuergesetze** Nr. **70**.

H 5.4

Aufhebung der satzungsmäßigen Vermögensbindung. Wird die satzungsgemäße Vermögensbindung einer Kasse aufgehoben oder durch Übertragung nahezu des gesamten Vermögens verletzt, entfällt die Steuerfreiheit der Kasse auch mit Wirkung für die Vergangenheit (→ BFH vom 15. 12. 1976, I R 235/75, BStBl. 1977 II S. 490 und → BFH vom 14. 11. 2012, I R 78/11, BStBl. 2014 II S. 44).

Mittelüberlassung an Träger der Kasse. Die Mittel einer Unterstützungskasse können gegen angemessene Verzinsung auch dem Betrieb zur Verfügung gestellt werden, der Träger der Kasse ist (→ BFH vom 24. 5. 1973, IV R 39/68, BStBl. II S. 632 und → BFH vom 27. 1. 1977, I B 60/76, BStBl. II S. 442). Ob die Verzinsung der Darlehensforderung angemessen ist, hängt von den Umständen des Einzelfalls ab. Wurde einer Unterstützungskasse vom Trägerunternehmen eine Darlehensforderung zugewendet, beruht die Darlehensforderung also nicht auf Leistungen der Kasse an das Trägerunternehmen, dann ist die Unverzinslichkeit oder unangemessen niedrige Verzinsung der Forderung für die Steuerbefreiung unschädlich, solange die Unterstützungskasse aus rechtlichen Gründen gehindert ist, eine angemessene Verzinsung durchzusetzen (→ BFH vom 30. 5. 1990, I R 64/86, BStBl. II S. 1000).

Mitunternehmerschaft einer Unterstützungskasse. Eine Kasse macht ihr Vermögen oder ihre Einkünfte anderen als ihren satzungsgemäßen Zwecken dienstbar, wenn sie sich als Mitunternehmer eines Gewerbebetriebs betätigt. Das Vermögen ist nämlich dann nicht dauernd gesichert, wenn es zu einem nicht unerheblichen Teil aus einem Mitunternehmeranteil besteht, da der Mitunternehmer die sich aus dem Handels- und Insolvenzrecht ergebenden Risiken trägt (→ BFH vom 17. 10. 1979, I R 14/76, BStBl. 1980 II S. 225).

Satzungsmäßige Festlegung der Verwendung des Vermögens. Eine ausreichende Vermögensbindung i. S. d. § 1 Nr. 2 KStDV liegt nicht vor, wenn die Satzung sich auf die allgemeine Bestimmung beschränkt, dass zur Verteilung des Vermögens der Kasse die Zustimmung des Finanzamts erforderlich ist (→ BFH vom 20. 9. 1967, I 62/63, BStBl. 1968 II S. 24). Wird eine Unterstützungskasse in der Rechtsform einer GmbH betrieben, ist wegen der satzungsgemäß abzusichernden Vermögensbindung für den Fall der Liquidation der Unterstützungskassen-GmbH eine Rückzahlung der eingezahlten Stammeinlagen an das Trägerunternehmen ausgeschlossen (→ BFH vom 25. 10. 1972, GrS 6/71, BStBl. 1973 II S. 79).

R 5.5 Leistungsbegrenzung

(1) [1]Bei der Prüfung, ob die erreichten Rechtsansprüche der Leistungsempfänger in nicht mehr als 12% aller Fälle auf höhere als die in § 2 Abs. 1 KStDV bezeichneten Beträge gerichtet sind (§ 2 Abs. 2 KStDV), ist von den auf Grund der Satzung, des Geschäftsplans oder des Leistungsplans insgesamt bestehenden Rechtsansprüchen, also von den laufenden tatsächlich gewährten Leistungen und den Anwartschaften auszugehen. [2]Dabei ist jede in § 2 KStDV

genannte einzelne Leistungsgruppe (Pensionen, Witwengelder, Waisengelder und Sterbegelder) für sich zu betrachten. [3]Nur bei Beschränkung auf die Höchstbeträge kann die Kasse als Sozialeinrichtung anerkannt werden.

(2) [1]Unterstützungskassen sind als Kassen ohne Rechtsanspruch der Leistungsempfänger zur Aufstellung eines Geschäftsplans i. S. d. VAG nicht verpflichtet. [2]Unterstützungskassen dürfen auch laufende Leistungen, z. B. zur Altersversorgung, gewähren, wenn die Voraussetzungen des § 5 Abs. 1 Nr. 3 Buchstabe b KStG und des § 3 Nr. 3 KStDV erfüllt sind. [3]Dabei dürfen Altersrenten, Witwengeld, Waisengeld und Sterbegeld ohne Rücksicht auf die wirtschaftlichen Verhältnisse des Leistungsempfängers gewährt werden. [4]Die laufenden Leistungen und das Sterbegeld dürfen die in § 2 KStDV bezeichneten Beträge nicht übersteigen. [5]Dagegen hat eine Unterstützungskasse, die jedem Zugehörigen eines Betriebs ohne Rücksicht auf seine wirtschaftlichen Verhältnisse einmalige Zuwendungen macht, keinen Anspruch auf die Steuerbefreiung. [6]Leistungsempfänger i. S. d. Vorschrift sind nach § 5 Abs. 1 Nr. 3 KStG die Personen, denen die Leistungen der Kasse zugutekommen oder zugutekommen sollen, also auch die Leistungsanwärter. [7]Daher gilt die Begrenzung der laufenden Leistungen nach § 3 Nr. 3 KStDV für die tatsächlich gezahlten Renten und die sich aus dem Leistungsplan ergebenden tatsächlichen Rentenanwartschaften. [8]Die Rentenanwartschaften sind mit den jeweils erreichten Beträgen anzusetzen.

(3) [1]Eine steuerbefreite Pensionskasse oder Unterstützungskasse kann anstelle einer laufenden Rente auch eine Kapitalabfindung zahlen. [2]Voraussetzung ist, dass die zu kapitalisierende Rente sich in den Grenzen der Höchstbeträge der §§ 2 und 3 KStDV hält und der Leistungsempfänger durch die Kapitalisierung nicht mehr erhält, als er insgesamt erhalten würde, wenn die laufende Rente gezahlt würde. [3]Der Berechnung der Kapitalabfindung darf daher nur ein Zinsfuß zugrunde gelegt werden, der auf die Dauer gesehen dem durchschnittlichen Zinsfuß entspricht. [4]Bei der Prüfung, ob sich die kapitalisierte Rente in den Grenzen der vorgenannten Höchstbeträge hält, ist von einem Zinssatz von 5,5% auszugehen. [5]Im Übrigen ist die Kapitalabfindung nach den sonst steuerlich anerkannten Rechnungsgrundlagen zu berechnen.

H 5.5

Gesamtleistung beim Sterbegeld. Zur Gesamtleistung einer Sterbekasse gehören auch Gewinnzuschläge, auf die die Berechtigten einen Rechtsanspruch haben (→ BFH vom 20. 11. 1969, I R 107/67, BStBl. 1970 II S. 227).

Nachweis als soziale Einrichtung. Es genügt, wenn bei Unterstützungskassen in anderer Weise als durch Aufstellung eines Geschäftsplans sichergestellt ist, dass die Kassen nach Art und Höhe ihrer Leistungen eine soziale Einrichtung darstellen, z. B. durch Aufnahme entsprechender Bestimmungen in die Satzung oder – bei Unterstützungskassen mit laufenden Leistungen – durch Aufstellung eines Leistungsplans (→ BFH vom 18. 7. 1990, I R 22–23/87, BStBl. II S. 1088).

Zuwendungen nach §§ 4 c und 4 d EStG. → R 4 c und 4 d EStR.[1)]

[1)] Nr. **1**.

R 5.6 Kleinere Versicherungsvereine

Hat ein Mitglied einer Sterbekasse mit der Kasse mehrere Versicherungsverträge für sich selbst abgeschlossen, sind die für das Mitglied aufgrund dieser Versicherungsverträge in Betracht kommenden Versicherungsleistungen bei der Ermittlung der Gesamtleistung i. S. d. § 4 Nr. 2 KStDV zusammenzurechnen.

H 5.6

Gewinnzuschläge bei einer Sterbekasse. Zur Gesamtleistung einer Sterbekasse i. S. d. § 5 Abs. 1 Nr. 4 KStG gehören auch Gewinnzuschläge, auf die die Beteiligten einen Anspruch haben (→ BFH vom 20. 11. 1969, I R 107/67, BStBl. 1970 II S. 227).

R 5.7 Berufsverbände ohne öffentlich-rechtlichen Charakter

(1) [1]Berufsverbände sind Vereinigungen von natürlichen Personen oder von Unternehmen, die allgemeine, aus der beruflichen oder unternehmerischen Tätigkeit erwachsende ideelle und wirtschaftliche Interessen des Berufsstandes oder Wirtschaftszweiges wahrnehmen. [2]Es müssen die allgemeinen wirtschaftlichen Belange aller Angehörigen eines Berufes, nicht nur die besonderen wirtschaftlichen Belange einzelner Angehöriger eines bestimmten Geschäftszweiges wahrgenommen werden. [3]Die Zusammenschlüsse derartiger Vereinigungen sind ebenfalls Berufsverbände. [4]Ein Berufsverband ist auch dann gegeben, wenn er die sich aus der Summe der Einzelinteressen der Mitglieder ergebenden allgemeinen wirtschaftlichen Belange eines Berufsstandes oder Wirtschaftszweiges vertritt und die Ergebnisse der Interessenvertretung dem Berufsstand oder Wirtschaftszweig als solchem unabhängig von der Mitgliedschaft der Angehörigen des Berufsstandes oder Wirtschaftszweiges beim Verband zugutekommen. [5]Die Unterhaltung eines wirtschaftlichen Geschäftsbetriebs (z. B. Rechtsberatung) führt grundsätzlich nicht zum Verlust der Steuerbefreiung des Berufsverbands, auch wenn er in der Satzung des Verbands aufgeführt ist. [6]Die Steuerbefreiung entfällt, wenn nach dem Gesamtbild der tatsächlichen Geschäftsführung die nicht dem Verbandszweck dienende wirtschaftliche Tätigkeit dem Verband das Gepräge gibt.

(2) Zu den Berufsverbänden ohne öffentlich-rechtlichen Charakter i. S. d. § 5 Abs. 1 Nr. 5 KStG können Berufsverbände der Arbeitgeber und der Arbeitnehmer, z. B. Arbeitgeberverbände und Gewerkschaften, und andere Berufsverbände, z. B. Wirtschaftsverbände, Bauernvereine und Hauseigentümervereine, gehören.

(3) [1]Verwendet ein Berufsverband Mittel von mehr als 10% seiner Einnahmen für die unmittelbare oder mittelbare Unterstützung oder Förderung politischer Parteien, ist die Steuerbefreiung ausgeschlossen. [2]Dabei ist es ohne Bedeutung, ob die Mittel aus Beitragseinnahmen oder aus anderen Quellen, z. B. aus wirtschaftlichen Geschäftsbetrieben, aus Vermögensanlagen oder aus Zuschüssen, stammen. [3]Zu den Mitteln gehört bei Beteiligung an einer Personengesellschaft der Gewinnanteil an der Personengesellschaft, bei Beteiligung an einer Kapitalgesellschaft die Gewinnausschüttung sowie Veräußerungsge-

winne aus diesen Beteiligungen. [4]Der Besteuerung unterliegt in diesem Fall neben dem Einkommen die Verwendung von Mitteln für die Unterstützung oder Förderung politischer Parteien nach § 5 Abs. 1 Nr. 5 Satz 4 KStG. [5]Eine Mittelüberlassung liegt auch bei verdeckten Zuwendungen vor, z. B. bei Leistungen ohne ausreichende Gegenleistung. [6]Das gilt auch bei einer unentgeltlichen oder verbilligten Raumüberlassung und bei einer zinslosen oder zinsverbilligten Darlehensgewährung. [7]Eine mittelbare Unterstützung oder Förderung politischer Parteien ist anzunehmen, wenn der Berufsverband z. B. den Wahlkampf eines Abgeordneten finanziert.

(4) [1]Der Begriff des wirtschaftlichen Geschäftsbetriebs ergibt sich aus § 14 AO. [2]Danach ist Voraussetzung für die Annahme eines wirtschaftlichen Geschäftsbetriebs, dass durch die Tätigkeit Einnahmen oder andere wirtschaftliche Vorteile erzielt werden. [3]Das ist nicht der Fall, wenn für die Tätigkeit ausschließlich (echte) Mitgliederbeiträge nach § 8 Abs. 5 KStG erhoben werden. [4]Zu den Mitgliederbeiträgen gehören auch Umlagen, die von allen Mitgliedern in gleicher Höhe oder nach einem bestimmten Maßstab, der von dem Maßstab der Mitgliederbeiträge abweichen kann, erhoben werden. [5]Solche beitragsähnlichen Umlagen liegen z. B. bei der Gemeinschaftswerbung und bei der Durchführung von Betriebsvergleichen vor. [6]Dagegen ist ein wirtschaftlicher Geschäftsbetrieb anzunehmen, wenn mehr als 20% der Mitglieder des Berufsverbandes oder der Mitglieder eines zu dem Berufsverband gehörenden Berufs- oder Wirtschaftszweiges, der an der Gemeinschaftswerbung oder an der Durchführung von Betriebsvergleichen beteiligt ist, nicht zu der Umlage herangezogen werden. [7]Es kann im Einzelfall notwendig sein, zu prüfen, ob die von dem Berufsverband erhobenen Beiträge in vollem Umfang als Mitgliederbeiträge anzusehen oder ob darin Entgelte für die Gewährung besonderer wirtschaftlicher Vorteile enthalten sind. [8]Die Gewährung derartiger Vorteile gegen Entgelt begründet einen wirtschaftlichen Geschäftsbetrieb. [9]Vgl. z. B. → R 8.12 und 8.13. [10]Zu den wirtschaftlichen Geschäftsbetrieben gehören z. B. die Vorführung und der Verleih von Filmen, die Beratung der Angehörigen des Berufsstandes oder Wirtschaftszweiges einschließlich der Hilfe bei der Buchführung, bei der Ausfüllung von Steuererklärungen und sonstigen Vordrucken, die Unterhaltung einer Buchstelle, die Einrichtung eines Kreditschutzes, die Unterhaltung von Sterbekassen, der Abschluss oder die Vermittlung von Versicherungen, die Unterhaltung von Laboratorien und Untersuchungseinrichtungen, die Veranstaltung von Märkten, Leistungsschauen und Fachausstellungen, die Unterhaltung einer Kantine für die Arbeitskräfte der Verbandsgeschäftsstelle, die nachhaltige Vermietung von Räumen für regelmäßig kurze Zeit, z. B. für Stunden oder einzelne Tage, an wechselnde Benutzer. [11]Die Herausgabe, das Verlegen oder der Vertrieb von Fachzeitschriften, Fachzeitungen und anderen fachlichen Druckerzeugnissen des Berufsstandes oder Wirtschaftszweiges, einschließlich der Aufnahme von Fachanzeigen, stellt ebenfalls einen wirtschaftlichen Geschäftsbetrieb dar. [12]Verbandszeitschriften, in denen die Mitglieder über die Verbandstätigkeit und über allgemeine Fragen des Berufsstandes unterrichtet werden, sind kein wirtschaftlicher Geschäftsbetrieb. [13]Betreibt ein Berufsverband in seiner Verbandszeitschrift jedoch Anzeigen- oder Annoncenwerbung, liegt insoweit ein wirtschaftlicher Geschäftsbetrieb vor.

(5) [1]Unter den Begriff des wirtschaftlichen Geschäftsbetriebs fällt nicht die Vermögensverwaltung. [2]Wegen des Begriffs der Vermögensverwaltung vgl. § 14 AO. [3]Die → Beteiligung eines Berufsverbandes an einer Kapitalgesellschaft ist im Regelfall Vermögensverwaltung. [4]Die Grundsätze von R 4.1 Abs. 2 Satz 2 bis 5 gelten entsprechend.

(6) [1]Die Tätigkeit der Geschäftsstelle des Berufsverbandes stellt keinen wirtschaftlichen Geschäftsbetrieb dar. [2]Der Verkauf von Altmaterial, Einrichtungsgegenständen, Maschinen, Kraftfahrzeugen und dgl. bildet eine Einheit mit der Tätigkeit der Geschäftsstelle. [3]Es fehlt insoweit an der für die Begründung eines wirtschaftlichen Geschäftsbetriebs erforderlichen Selbständigkeit. [4]Das gilt auch für den Fall, dass Entgelte für die Mitbenutzung der Geschäftsstelle oder einzelner Räume oder Einrichtungsgegenstände der Geschäftsstelle durch einen anderen Berufsverband vereinnahmt werden. [5]Entsprechendes gilt auch hinsichtlich der Vereinnahmung von Entgelten für die Zurverfügungstellung von Personal für einen anderen Berufsverband.

(7) [1]Steuerpflichtig ist nicht der einzelne wirtschaftliche Geschäftsbetrieb, sondern der Berufsverband. [2]Die Ergebnisse der wirtschaftlichen Geschäftsbetriebe werden für die Besteuerung zusammengefasst. [3]Die Freibetragsregelung des § 24 KStG bezieht sich auf das Einkommen des Berufsverbandes. [4]Sie ist nicht auf die Bemessungsgrundlage für die besondere Körperschaftsteuer i. S. d. § 5 Abs. 1 Nr. 5 Satz 4 KStG anzuwenden.

H 5.7

Abgrenzung. Keine Berufsverbände sind z. B.
- eine Abrechnungsstelle von Apothekeninhabern (→ BFH vom 26. 4. 1954, I 110/53 U, BStBl. III S. 204),
- eine Güteschutzgemeinschaft (→ BFH vom 11. 8. 1972, III R 114/71, BStBl. 1973 II S. 39),
- ein Lohnsteuerhilfeverein (→ BFH vom 29. 8. 1973, I R 234/71, BStBl. 1974 II S. 60 und → BFH vom 16. 12. 1998, I R 36/98, BStBl. 1999 II S. 366),
- ein Mieterverein (→ BFH vom 17. 5. 1966, III 190/64, BStBl. III S. 525),
- ein Rabattsparverein (→ BFH vom 29. 11. 1967, I 67/65, BStBl. 1968 II S. 236),
- ein Warenzeichenverband (→ BFH vom 8. 6. 1966, I 151/63, BStBl. III S. 632),
- ein Werbeverband (→ BFH vom 15. 7. 1966, III 179/64, BStBl. III S. 638).

Beteiligung eines Berufsverbands an einer Kapitalgesellschaft. Die Beteiligung an einer Kapitalgesellschaft stellt einen wirtschaftlichen Geschäftsbetrieb dar, wenn mit ihr tatsächlich ein entscheidender Einfluss auf die laufende Geschäftsführung des Unternehmens ausgeübt wird (→ BFH vom 30. 6. 1971, I R 57/70, BStBl. II S. 753).

Beteiligung eines Berufsverbands an einer Personengesellschaft. Ob die Beteiligung an einer Personengesellschaft als wirtschaftlicher Geschäftsbetrieb oder als Vermögensverwaltung anzusehen ist, ist im Rahmen der gesonderten und einheitlichen Gewinnfeststellung für die Personengesellschaft zu entscheiden (→ BFH vom 27.7.1988, I R 113/84, BStBl. 1989 II S. 134).

Einkommensermittlung bei Berufsverbänden. → R 8.11 bis 8.13.

Kapitalertragsteuer bei wirtschaftlichen Geschäftsbetrieben. → BMF vom 10.11.2005, BStBl. I S. 1029 und BMF vom 2.2.2016, BStBl. I S. 200.

Wahrnehmung allgemeiner Interessen eines Wirtschaftszweiges.[1] Ein Verband nimmt auch dann allgemeine Interessen eines Wirtschaftszweiges wahr, wenn er lediglich die in einem eng begrenzten Bereich der unternehmerischen Tätigkeit bestehenden gemeinsamen Interessen eines Wirtschaftszweiges vertritt (→ BFH vom 4.6.2003, I R 45/02, BStBl. II S. 891).

R 5.8 Gemeinnützige, mildtätige und kirchliche Körperschaften

– *unbesetzt* –

H 5.8

Kapitalertragsteuer bei wirtschaftlichen Geschäftsbetrieben. → BMF vom 10.11.2005, BStBl. I S. 1029 und BMF vom 2.2.2016, BStBl. I S. 200.[2]

Steuerbegünstigte Zwecke. → AEAO zu §§ 51 bis 68.[3, 4]

R 5.9 Vermietungsgenossenschaften und -vereine – *unbesetzt* –

H 5.9

Vermietungsgenossenschaften und -vereine.[5] Zur Steuerbefreiung für Vermietungsgenossenschaften und -vereine sowie zur Übergangsregelung für gemeinnützige Wohnungsunternehmen → BMF vom 22.11.1991 (BStBl. I S. 1014) und die entsprechenden Erlasse der obersten Finanzbehörden der Länder.

R 5.10 Gemeinnützige Siedlungsunternehmen

[1]Gemeinnützige Siedlungsunternehmen sind insoweit von der Körperschaftsteuer befreit, als sie im ländlichen Raum Siedlungs-, Agrarstrukturverbesserungs- und Landentwicklungsmaßnahmen mit Ausnahme des Wohnungsbaus durchführen. [2]Die Durchführung von Siedlungs-, Agrarstruktur-

[1] Siehe auch BFH v. 13.12.2018 V R 45/17, BStBl. II 2019, 460.

[2] Geänd. durch BMF v. 21.7.2016, BStBl. I 2016, 685.

[3] Nr. **800**.

[4] Zum Crowdfunding siehe BMF v. 15.12.2017, BStBl. I 2018, 246. – Zu Ökopunkten in der Gemeinnützigkeit siehe BFH v. 24.1.2019 V R 63/16, BStBl. II 2019, 392. – Zur Gewinnpauschalierung bei wissenschaftlichen Tagungen siehe BFH v. 26.6.2019 V R 70/17, BStBl. II 2019. 654. – Zu steuerlichen Maßnahmen zur Förderung der Hilfe für von der Corona-Krise Betroffene siehe BMF v. 9.4.2020, BStBl. I 2020, 498, geänd. durch BMF v. 26.5.2020, BStBl. I 2020, 543, und v. 18.12.2020, BStBl. I 2021, 57.

[5] Zur steuerlichen Behandlung der Unterbringung von Kriegsflüchtlingen aus der Ukraine durch Vermietungsgenossenschaften und Vermietungsvereine siehe BMF v. 31.3.2022, BStBl. I 2022, 345.

verbesserungs- und Landentwicklungsmaßnahmen ist auch dann begünstigt, wenn sie nicht ausdrücklich durch Gesetz zugewiesen ist. [3]Landentwicklungsmaßnahmen sind Maßnahmen im öffentlichen Interesse, die wegen des sich vollziehenden Strukturwandels zur Unterstützung und Ergänzung der Siedlungs- und Agrarstrukturverbesserung im ländlichen Raum erforderlich sind und vornehmlich zum Gegenstand haben

– die Planung und Durchführung von Maßnahmen der Ortssanierung, Ortsentwicklung, Bodenordnung und der Agrarstrukturverbesserung,
– die Durchführung von Umsiedlungen und Landtauschen, weil Land für öffentliche und städtebauliche Zwecke in Anspruch genommen wird.

[4]Die Durchführung umfasst alle Tätigkeiten gemeinnütziger Siedlungsunternehmen, die der Verwirklichung dieser Maßnahme dienen, insbesondere auch die erforderliche Landbeschaffung. [5]Soweit die gemeinnützigen Siedlungsunternehmen als Bauträger oder Baubetreuer im Wohnungsbau tätig sind oder andere Tätigkeiten ausüben, z. B. das Betreiben von Land- und Forstwirtschaft, besteht partielle Steuerpflicht, wenn diese Tätigkeiten nicht überwiegen. [6]Übersteigen die Einnahmen aus diesen Tätigkeiten die Einnahmen aus den in Satz 1 bezeichneten Tätigkeiten, wird das Unternehmen in vollem Umfang steuerpflichtig.

R 5.11 Allgemeines über die Steuerbefreiung von Erwerbs- und Wirtschaftsgenossenschaften und Vereinen im Bereich der Land- und Forstwirtschaft

(1) [1]Erwerbs- und Wirtschaftsgenossenschaften sowie Vereine sind nach § 5 Abs. 1 Nr. 14 KStG grundsätzlich von der Körperschaftsteuer befreit, soweit sich ihr Geschäftsbetrieb auf die dort genannten Tätigkeiten beschränkt und im Bereich der Land- und Forstwirtschaft liegt. [2]Unter den Begriff „Vereine" fallen sowohl rechtsfähige als auch nichtrechtsfähige Vereine i. S. v. § 1 Abs. 1 Nr. 4 und 5 KStG. [3]Üben die Genossenschaften und Vereine auch Tätigkeiten aus, die nicht nach § 5 Abs. 1 Nr. 14 KStG begünstigt sind, und betragen die Einnahmen aus diesen Tätigkeiten nicht mehr als 10% der gesamten Einnahmen, sind die Genossenschaften und Vereine mit den Gewinnen aus den nicht begünstigten Tätigkeiten partiell steuerpflichtig. [4]Die nicht begünstigten Tätigkeiten bilden einen einheitlichen steuerpflichtigen Gewerbebetrieb. [5]Hinsichtlich der begünstigten Tätigkeiten bleibt die Steuerfreiheit erhalten. [6]Übersteigen die Einnahmen aus den nicht begünstigten Tätigkeiten in einem VZ 10% der Gesamteinnahmen, entfällt die Steuerbefreiung für diesen VZ insgesamt.

(2) [1]Der Begriff und die Höhe der Einnahmen (Einnahmen einschließlich Umsatzsteuer) bestimmen sich nach den Grundsätzen über die steuerliche Gewinnermittlung. [2]Der Zufluss i. S. d. § 11 EStG ist nicht maßgebend. [3]Wegen der Ermittlung der Einnahmen aus nicht begünstigten Tätigkeiten bei Verwertungsgenossenschaften vgl. Absatz 8.

(3) [1]Eine Ausnahme von der 10%-Grenze enthält § 5 Abs. 1 Nr. 14 KStG für Genossenschaften und Vereine, deren Geschäftsbetrieb sich überwiegend auf die Durchführung von Milchqualitätsprüfungen und/oder Milchleistungsprüfungen oder auf die Tierbesamung beschränkt. [2]Zur ersten Gruppe gehören danach grundsätzlich die nach Landesrecht zugelassenen Untersuchungsstellen i. S. d. § 2 Abs. 7 der Milch-Güteverordnung, die insbesondere im öffentlichen Interesse Milchqualitätsprüfungen für Mitglieder und Nichtmitglieder sowie

für Nichtlandwirte durchführen. [3]Auch die Tierbesamungsstationen tätigen, insbesondere bei Ausbruch einer Seuche, neben Zweckgeschäften mit Mitgliedern in größerem Umfang auch solche mit Nichtmitgliedern und Nichtlandwirten. [4]Die Einnahmen aus diesen Tätigkeiten bleiben bei der Berechnung der 10%-Grenze, d.h. sowohl bei der Berechnung der Einnahmen aus den steuerlich nicht begünstigten Tätigkeiten als auch bei der Berechnung der gesamten Einnahmen, außer Ansatz. [5]Die Gewinne aus diesen Tätigkeiten unterliegen jedoch der Körperschaftsteuer.

(4) [1]Die Ausübung mehrerer begünstigter Tätigkeiten nebeneinander ist für die Steuerbefreiung unschädlich. [2]Zu den begünstigten Tätigkeiten gehört auch die Vermittlung von Leistungen im Bereich der Land- und Forstwirtschaft, z.B. von Mietverträgen für Maschinenringe einschließlich der Gestellung von Personal. [3]Der Begriff „Verwertung" umfasst auch die Vermarktung und den Absatz, wenn die Tätigkeit im Bereich der Land- und Forstwirtschaft liegt. [4]Nicht unter die Steuerbefreiung fällt dagegen die Rechts- und Steuerberatung.

(5) [1]Beteiligungen an anderen Unternehmen sind grundsätzlich zulässig. [2]Die Einnahmen aus Beteiligungen an anderen Unternehmen sind jedoch als Einnahmen aus nicht begünstigten Tätigkeiten anzusehen. [3]Einnahmen aus der Beteiligung an einer Körperschaft, deren Leistungen bei den Empfängern zu den Einnahmen i.S.d. § 20 Abs. 1 Nr. 1 oder 2 EStG gehören, sind in voller Höhe als Einnahmen aus nicht begünstigten Tätigkeiten anzusehen. [4]Dies gilt nicht für Beteiligungen an Genossenschaften und Vereinen, die nach § 5 Abs. 1 Nr. 14 KStG befreit sind. [5]Bei der Beteiligung an einer Personengesellschaft sind die anteiligen Einnahmen anzusetzen. [6]Rückvergütungen i.S.d. § 22 KStG sind den Einnahmen aus den Geschäften zuzurechnen, für die die Rückvergütungen gewährt worden sind.

(6) Für die Besteuerung der Erwerbs- und Wirtschaftsgenossenschaften sind die folgenden Arten von Geschäften zu unterscheiden:

1. Zweckgeschäfte;
   [1]Zweckgeschäfte sind alle Geschäfte, die der Erfüllung des satzungsmäßigen Gegenstandes des Unternehmens der Genossenschaft dienen und die Förderung des Erwerbs oder der Wirtschaft der Mitglieder bezwecken (§ 1 GenG).
   [2]Sie können sein
   a) Mitgliedergeschäfte;
      [1]Mitgliedergeschäfte sind Zweckgeschäfte, die mit den Mitgliedern der Genossenschaft als Vertragspartnern durchgeführt werden. [2]Mitglieder sind die in die Mitgliederliste eingetragenen Personen. [3]Es genügt, wenn der Genossenschaft zur Zeit des Geschäftsabschlusses die Beitrittserklärung vorliegt;
   b) Nichtmitgliedergeschäfte;
      Nichtmitgliedergeschäfte sind Zweckgeschäfte, die mit Nichtmitgliedern als Vertragspartnern der Genossenschaft durchgeführt werden;
2. Gegengeschäfte;
   Gegengeschäfte sind Geschäfte, die zur Durchführung der Zweckgeschäfte erforderlich sind, z.B. bei Bezugsgenossenschaften der Einkauf der Waren,

bei Nutzungsgenossenschaften der Ankauf eines Mähdreschers, bei Absatzgenossenschaften der Verkauf der Waren;

3. Hilfsgeschäfte;
[1] → Hilfsgeschäfte sind Geschäfte, die zur Abwicklung der Zweckgeschäfte und Gegengeschäfte notwendig sind und die der Geschäftsbetrieb der Genossenschaft mit sich bringt, z. B. Einkauf von Büromaterial, der Verkauf von überflüssig gewordenem Inventar oder Verpackungsmaterial, die Lieferung von Molkereibedarfsartikeln, z. B. Hofbehälter, Milchbehälter oder Milchkühlbehälter, durch eine Molkereigenossenschaft an ihre Mitglieder, die Vermietung von Wohnräumen an Betriebsangehörige, wenn die Vermietung aus betrieblichen Gründen (im eigenen betrieblichen Interesse der Genossenschaft) veranlasst ist. [2] Die Führung von Mitgliederkonten für Anzahlungen und Guthaben, die als reine Geldanlagekonten anzusehen sind, ist als Hilfsgeschäft anzusehen, wenn die Guthaben auf die Gesamthöhe des Warenbezugs des betreffenden Mitglieds im vorangegangenen Jahr begrenzt werden. [3] Auch die Veräußerung eines Betriebsgrundstücks oder des Teils eines Betriebsgrundstücks kann ein Hilfsgeschäft sein. [4] Dagegen gehören Geschäfte aus der Veräußerung von Anlagevermögen im Zuge der Betriebseinstellung (wie z. B. die Veräußerung eines Betriebsgrundstücks, der Betriebsvorrichtungen oder anderer Wirtschaftsgüter) zu den Nebengeschäften;
4. Nebengeschäfte;
→ Nebengeschäfte sind alle sonstigen Geschäfte.

(7) Für die Besteuerung der Vereine gilt die in Absatz 6 vorgenommene Unterscheidung von Arten von Geschäften bei Erwerbs- und Wirtschaftsgenossenschaften sinngemäß.

(8) [1] Begünstigt sind nur → Zweckgeschäfte mit Mitgliedern, → Gegengeschäfte und → Hilfsgeschäfte, die sich auf den nach § 5 Abs. 1 Nr. 14 KStG steuerfreien Geschäftsbereich beziehen (begünstigte Tätigkeiten). [2] Die Einnahmen (Einnahmen einschließlich Umsatzsteuer) aus Zweckgeschäften mit Nichtmitgliedern und Nebengeschäften sind den Einnahmen aus nicht begünstigten Tätigkeiten zuzurechnen. [3] Bei Verwertungsgenossenschaften sind die Einnahmen aus begünstigten und nicht begünstigten Tätigkeiten nach dem Verhältnis der Ausgaben für bezogene Waren von Mitgliedern und Nichtmitgliedern aus den Gesamteinnahmen zu ermitteln, soweit eine unmittelbare Zuordnung nicht möglich ist. [4] Dabei ist von den Ausgaben im gleichen Wj. auszugehen. [5] Die durch diese zeitliche Zuordnung mögliche Verschiebung im Einzelfall, soweit Ausgaben für bezogene Waren und Einnahmen aus dem Verkauf dieser Waren in verschiedenen Wj. anfallen, wird zugunsten einer einfachen Handhabung hingenommen. [6] Bei Zukauf landwirtschaftlicher Erzeugnisse ermitteln sich die Einnahmen aus nichtbegünstigten Tätigkeiten aus der Verwertung des Endproduktes im Verhältnis der zugekauften zu den von den Mitgliedern selbst erzeugten Produkten. [7] Wegen der Auswirkungen auf die partielle oder volle Steuerpflicht der Genossenschaften oder Vereine vgl. Absätze 1 und 2.

(9) [1] Die wechselseitigen Hilfen von Erwerbs- und Wirtschaftsgenossenschaften aufgrund eines Beistandsvertrages sind begünstigte Zweckgeschäfte,

wenn beide Genossenschaften die gleiche Zweckbestimmung haben und gegenseitig als Mitglied beteiligt sind. [2]Das gilt sinngemäß für Vereine und für Leistungen von Beratungsringen an die an ihnen beteiligten Erzeugergemeinschaften, soweit deren Mitglieder gleichzeitig Mitglieder des Beratungsrings sind.

(10) [1]Begünstigte Zweckgeschäfte i. S. v. R 5.11 Abs. 6 liegen vor, wenn der Zukauf von einer anderen Genossenschaft (Anschluss- oder Lieferungsgenossenschaft) erfolgt, die ihrerseits Mitglied der Verwertungsgenossenschaft ist. [2]Dies gilt jedoch nur für land- und forstwirtschaftliche Erzeugnisse, die von Mitgliedern der Anschluss- oder Liefergenossenschaft selbst erzeugt sind. [3]Umfasst werden auch Teilanlieferungen. [4]Die Abrechnung wird zwischen der Verwertungsgenossenschaft und der Lieferungsgenossenschaft oder unmittelbar zwischen der Verwertungsgenossenschaft und den Mitgliedern der Lieferungsgenossenschaften vorgenommen. [5]Das gilt sinngemäß auch für Vereine.

H 5.11

Biogasanlagen und Erzeugung von Energie aus Biogas. → BMF vom 6. 3. 2006, BStBl. I S. 248.

Genossenschaftszentralen. Wegen der steuerlichen Behandlung von Zentralen landwirtschaftlicher Nutzungs- und Verwertungsgenossenschaften wird auf das BFH-Gutachten vom 2. 12. 1950 (I D 3/50 S, BStBl. 1951 III S. 26) hingewiesen. Danach sind die Genossenschaftszentralen wie folgt zu behandeln:

1. Werden die Zentralen in der Form von Kapitalgesellschaften geführt, gilt die persönliche Steuerbefreiung des § 5 Abs. 1 Nr. 14 KStG für sie nicht.
2. Werden die Zentralen in der Form von Genossenschaften oder Vereinen betrieben, ist § 5 Abs. 1 Nr. 14 KStG für sie anwendbar. Voraussetzung ist, dass die angeschlossenen Genossenschaften vorbehaltlich des Satzes 3 die in § 5 Abs. 1 Nr. 14 KStG geforderten Voraussetzungen erfüllen und die Zentralen lediglich Erzeugnisse dieser Genossenschaften bearbeiten oder verwerten. Ist eine der Mitgliedergenossenschaften nicht nach § 5 Abs. 1 Nr. 14 KStG befreit, sind die Umsätze mit dieser Genossenschaft Einnahmen aus nicht begünstigten Tätigkeiten.

Hilfsgeschäfte. Ein Hilfsgeschäft ist insbesondere dann anzunehmen, wenn der Erlös aus dem Verkauf eines Betriebsgrundstücks zur Finanzierung neuer Betriebsanlagen verwendet wird (→ BFH vom 14. 10. 1970, I R 67/68, BStBl. 1971 II S. 116) oder wenn der Verkauf im Rahmen einer Rationalisierungsmaßnahme erfolgt, z. B. bei einer Verschmelzung, bei einer Betriebsumstellung, bei Einstellung eines Betriebszweiges oder wenn der Bestand an Betriebsgrundstücken dem Bedarf der Genossenschaft angepasst wird. Der Annahme eines Hilfsgeschäfts steht i. d. R. nicht entgegen, dass der Erlös aus dem Verkauf an die Mitglieder ausgeschüttet wird; ein Hilfsgeschäft entfällt jedoch, wenn die Veräußerung dazu dient, eine Ausschüttung an die Mitglieder einer untergehenden Genossenschaft im Zusammenhang mit einer Verschmelzung zu finanzieren (→ BFH vom 10. 12. 1975, I R 192/73, BStBl. 1976 II S. 351).

Land- und Forstwirtschaft. → R 15.5 EStR.[1)]

Nebengeschäfte. Zu den Nebengeschäften gehört auch die Vermietung oder Verpachtung eines Betriebs oder von Betriebsteilen (→ BFH vom 9. 3. 1988, I R 262/83, BStBl. II S. 592). Bei der Frage, ob steuerlich schädliche, den satzungsmäßigen Aufgabenbereich überschreitende Nebengeschäfte vorliegen, kommt es auf die Person, mit der diese Geschäfte abgewickelt werden, nicht an. Das gilt auch für Nebengeschäfte mit anderen nach § 5 Abs. 1 Nr. 14 KStG steuerbefreiten Erwerbs- und Wirtschaftsgenossenschaften sowie Vereinen (→ BFH vom 18. 5. 1988, II R 238/81, BStBl. II S. 753).

Reservenbildung. Die Steuerbefreiung ist nicht ausgeschlossen, wenn die Genossenschaft oder der Verein die Gewinne ganz oder überwiegend thesauriert und zur Bildung von Reserven verwendet (→ BFH vom 11. 2. 1998, I R 26/97, BStBl. II S. 576).

R 5.12 Molkereigenossenschaften

(1) [1]Bei Molkereigenossenschaften fällt z.B. in den folgenden Fällen die Bearbeitung oder Verwertung in den Bereich der Landwirtschaft, auch wenn hierbei Zutaten, z.B. Salz oder Bindemittel, im gesetzlich festgelegten oder nachstehend enger begrenzten Umfang verwendet werden:

1. Standardisierung (Einstellung) der Milch auf einen gewünschten Fett- und ggf. Eiweißgehalt ohne Rücksicht auf seine Höhe, vgl. VO (EG) 1234/2007;
2. Herstellung von ultrahocherhitzter Milch (H-Milch);
3. Herstellung von Konsummilch gem. VO (EG) 1234/2007 Anhang 8 Abschnitt III;
4. Vitaminieren von Milch, auch von Magermilch;
5. Herstellung von Milchmischerzeugnissen, wenn der Anteil aus Milch oder Milcherzeugnissen mindestens 75% des Fertigerzeugnisses beträgt;
6. Herstellung von Sauermilcherzeugnissen;
7. Herstellung von Joghurt, Joghurtpulver und Bioghurt, auch mit Fruchtzusätzen. [2]Wird zugekauftes Milchpulver oder Magermilchpulver zugesetzt, darf dieser Zusatz 3% der Joghurtmilch nicht übersteigen;
8. Herstellung von Butter;
9. Herstellung von Käse aller Art, auch mit beigegebenen Lebensmitteln, sowie geschäumt und Quarkmischungen für Backzwecke;
10. Herstellung von Schmelzkäse nur, wenn dies ausschließlich zur Verwertung der im eigenen Betrieb angefallenen Fehlproduktionen erfolgt;
11. Herstellung von Molkensirup (eingedickter Molke) und eingedickter Magermilch mittels Vakuumverdampfer;

---

1) Nr. 1.

12. Herstellung und Vitaminieren von Magermilchpulver, auch im Werklohnverfahren; Herstellung und Vitaminieren von aufgefetteter Magermilch oder aufgefettetem Magermilchpulver zu Fütterungszwecken und von Sauermilchquarkpulver, auch im Werklohnverfahren; Denaturierung von Magermilch und Magermilchpulver entsprechend Artikel 6 der Verordnung (EG) Nr. 2799/99 der Kommission vom 17. 12. 1999 nach den dort festgelegten Verfahren durch Beifügung geringer Mengen von Fremdstoffen, Luzernegrünmehl, Stärke, durch Säuerung der Magermilch oder durch Beifügung von 30% eingedickter Molke. [2]Der Zukauf der zur Denaturierung vorgeschriebenen Zusatzmittel ist als ein steuerunschädliches Hilfsgeschäft anzusehen;
13. Herstellung von Speisemolke durch Erhitzen und Tiefkühlen der Molke und Ausfällen von Molkeneiweiß;
14. Herstellung von Trinkmolke mit Fruchtzusätzen, wenn der Anteil der Molke mindestens 75% des Fertigerzeugnisses beträgt;
15. Verwertung der Molke zu Futterzwecken;
16. Herstellung von Molkepulver;
17. Lieferung von Molke an andere Betriebe;
18. Herstellung von Schlagsahne ohne Zusätze;
19. Herstellung von Industriesahne ohne Zusätze.

[2]Ein von einer nach § 5 Abs. 1 Nr. 14 KStG steuerbefreiten Molkereigenossenschaft erteilter Werklohnauftrag zur Herstellung von Milcherzeugnissen ist nicht steuerschädlich i. S. d. § 5 Abs. 1 Nr. 14 KStG, wenn die Bearbeitung bei eigener Durchführung in den Bereich der Landwirtschaft fallen würde und das Zukaufsverbot nicht verletzt wird.

(2) Nicht in den Bereich der Landwirtschaft fallen z. B.:

1. Herstellung von Laktrone, Lakreme, Milone, Germola und ähnlichen Erzeugnissen;
2. Herstellung kondensierter Milch;
3. Gewinnung von Eiweiß mit Zusätzen, Herstellung von Essigaustauschstoffen und Gewinnung von Milchpulver, Ausnahme vgl. Absatz 1 Satz 1 Nr. 12;
4. Verhefung von Molke zu Nährhefe und Kefirpulver;
5. Herstellung von Heilmitteln wie Milchzucker, Albumin- und Vitaminpräparaten, Molkenseren und Mineralpräparaten;
6. Herstellung von Speiseeis;
7. Herstellung von Kunsteis;
8. Herstellung von Saure-Sahne-Dressing.

(3) [1]Sind Geschäfte, die eine Molkereigenossenschaft auf Grund gesetzlicher Vorschriften oder behördlicher Anordnungen mit Nichtmitgliedern abschließen muss, Zweckgeschäfte, kann die Lieferung von Molkereibedarfsartikeln an diese Nichtmitglieder als Hilfsgeschäft angesehen werden. [2]Gewährt eine Molkereigenossenschaft einem Milchversorgungsbetrieb ein Darlehen zur

Finanzierung der Kapazitätserweiterung eines Trockenmilchwerkes und räumt der Milchversorgungsbetrieb der Molkereigenossenschaft dafür ein sog. Milchanlieferungsrecht ein, kann die Darlehensgewährung als ein Hilfsgeschäft angesehen werden.

R 5.13 Winzergenossenschaften

(1) [1]In den Bereich der Landwirtschaft fallen insbesondere die nachstehend bezeichneten Tätigkeiten. [2]Voraussetzung ist, dass die Tätigkeiten Erzeugnisse der Weinbaubetriebe der Genossen betreffen und die Tätigkeiten keine gewerblichen Formen annehmen:

1. Zucht und Unterhaltung der Weinreben;
2. Weinbereitung;
3. Weinbehandlung;
4. Absatz der Trauben, des Traubenmostes und des Weins. [2]Der Zukauf von fremden Weinen, Traubenmost oder Trauben im Rahmen des Weinerzeugungsprozesses ist nach R 15.5 Abs. 5 Satz 4 EStR als Hilfsstoff zulässig, wenn diese Waren nicht als überwiegender Bestandteil in die jeweiligen eigenen Erzeugnisse eingehen. [3]Der Verkauf durch Ausschank liegt nicht im Bereich der Landwirtschaft, wenn er gewerbliche Formen annimmt;
5. Herstellung von Branntwein aus Wein oder aus Rückständen, die bei der Weinbereitung anfallen, z. B. Trester, Hefe.

(2) [1]Eine Winzergenossenschaft, die Winzersekt aus Grundwein herstellt, der ausschließlich aus dem Lesegut ihrer Mitglieder gewonnen wurde, betätigt sich mit der Herstellung und dem Vertrieb des Winzersekts noch im Bereich der Landwirtschaft, wenn der Sekt beim Vertrieb durch die Genossenschaft unter Angabe der ggfs. verschiedenen Rebsorten, des Jahrgangs, der geographischen Herkunft und als Erzeugnis der Genossenschaft in sinngemäßer Anwendung der bezeichnungsrechtlichen Vorschriften für Wein bezeichnet ist. [2]Dabei darf der Wein weder von den Mitgliedern noch von der Genossenschaft zugekauft sein. [3]Lässt eine Winzergenossenschaft Winzersekt im Wege einer Werkleistung (sog. Lohnversektung) durch eine gewerbliche Sektkellerei herstellen und vermarktet sie ihn als eigenes Erzeugnis der Genossenschaft, gilt die Regelung entsprechend.

(3) Nicht in den Bereich der Landwirtschaft fallen z. B.:

1. Mitverkauf fremder Erzeugnisse;
2. Herstellung von Branntweinerzeugnissen und ihr Verkauf;
3. Betrieb oder Verpachtung eines Ausschanks oder einer Gastwirtschaft, wenn andere Getränke als Weine, die von der Genossenschaft hergestellt worden sind, kalte oder warme Speisen oder sonstige Genussmittel abgegeben werden.

R 5.14 Pfropfrebengenossenschaften

[1]Die Verpflanzung von Pfropfreben zur Gewinnung von Rebstecklingen durch Winzergenossenschaften und ihr Absatz an Mitglieder fallen in den Be-

reich der Landwirtschaft. [2]Es bestehen deshalb keine Bedenken, auch reine Pfropfrebengenossenschaften als befreite Genossenschaften i. S. d. § 5 Abs. 1 Nr. 14 KStG zu behandeln, obwohl es sich nicht um reine Verwertungsgenossenschaften im Sinne dieser Vorschrift handelt.

R 5.15 Andere Erwerbs- und Wirtschaftsgenossenschaften

In den Bereich der Landwirtschaft fallen z. B. unter der Voraussetzung, dass es sich um die Bearbeitung von Erzeugnissen der land- und forstwirtschaftlichen Betriebe der Mitglieder handelt:

1. Herstellung von Kartoffelflocken und Stärkemehl;
2. Herstellung von Branntwein;
3. Herstellung von Apfel- und Traubenmost;
4. Herstellung von Sirup aus Zuckerrüben;
5. Herstellung von Mehl aus Getreide, nicht dagegen Herstellung von Backwaren;
6. Herstellung von Brettern oder anderen Sägewerkserzeugnissen, nicht dagegen Herstellung von Möbeln.

R 5.16 Vereine im Bereich der Land- und Forstwirtschaft

Die R 5.12 bis 5.15 sind auf Vereine i. S. d. § 5 Abs. 1 Nr. 14 KStG entsprechend anzuwenden.

R 5.17 Wirtschaftsförderungsgesellschaften – *unbesetzt* –

H 5.17

Schädliche Tätigkeiten einer Wirtschaftsförderungsgesellschaft. Eine Wirtschaftsförderungsgesellschaft, deren hauptsächliche Tätigkeit sich darauf erstreckt, Grundstücke zu erwerben, hierauf Gebäude nach den Wünschen und Vorstellungen ansiedlungswilliger Unternehmen zu errichten und an diese zu verleasen, ist nicht nach § 5 Abs. 1 Nr. 18 KStG steuerbefreit (→ BFH vom 3.8.2005, I R 37/04, BStBl. 2006 II S. 141).

Steuerbefreiung von Wirtschaftsförderungsgesellschaften.[1)] → BMF vom 4.1.1996, BStBl. I S. 54.

R 5.18 Steuerbefreiung außerhalb des Körperschaftsteuergesetzes[2)]

Von der Körperschaftsteuer sind aufgrund anderer Gesetze u. a. befreit:

1. Inländische Investmentfonds in der Rechtsform von Sondervermögen und Investmentaktiengesellschaften mit veränderlichem Kapital nach *§ 11 Abs. 1*

[1)] Zur ausschließlichen und unmittelbaren Förderung von Unternehmen siehe BFH v. 26.2.2003 I R 49/01, BStBl. II 2003, 723, und hierzu OFD Koblenz v. 5.1.2005, DB 2005, 308. – Zu Bürgschaftsbanken siehe BFH v. 21.10.1999 I R 14/98, BStBl. II 2000, 325.

[2)] Steuerbefreit sind auch Unterstützungskassen nach § 15 Abs. 2 des PostpersonalrechtsG v. 14.9.1994, BGBl. I 1994, 2325, 2353, und REIT-Aktiengesellschaften nach § 16 REITG.

Satz 2 InvStG[1] (beachte hinsichtlich Investmentaktiengesellschaften mit veränderlichem Kapital jedoch *§ 11 Abs. 1 Satz 4 InvStG*),[1]

2. Ausgleichskassen und gemeinsame Einrichtungen der Tarifvertragsparteien nach § 12 Abs. 3 des Vorruhestandsgesetzes vom 13.4.1984 (BGBl. I S. 601, BStBl. I S. 332) in der jeweils geltenden Fassung.

Zu § 6 KStG

R 6. Einschränkung der Befreiung von Pensions-, Sterbe-, Kranken- und Unterstützungskassen

Allgemeines

(1) [1] § 6 KStG regelt die teilweise Steuerpflicht überdotierter Pensions-, Sterbe-, Kranken- und Unterstützungskassen. [2] Steuerpflichtig ist der Teil des Einkommens, der auf das den zulässigen Betrag übersteigende Vermögen entfällt.

Pensions-, Sterbe- und Krankenkassen

(2) [1] Bei Pensions-, Sterbe- und Krankenkassen ist das zulässige Vermögen nach § 5 Abs. 1 Nr. 3 Buchstabe d KStG zu errechnen. [2] Es entspricht bei einer in der Rechtsform des VVaG betriebenen Kasse dem Betrag der Verlustrücklage nach *§ 37 VAG*.[2] [3] Maßgebend ist der Soll-Betrag der Verlustrücklage. [4] Soll-Betrag der Verlustrücklage ist der in der Satzung bestimmte und von der Versicherungsaufsichtsbehörde genehmigte Mindestbetrag der Verlustrücklage i. S. d. *§ 37 VAG*. [5] Diese Rücklage dient zur Deckung eines außergewöhnlichen Verlustes aus dem Geschäftsbetrieb. [6] Zu anderen Zwecken, z. B. zu Zahlungen an das Trägerunternehmen, darf die Rücklage nicht verwendet werden. [7] Wird die Kasse nicht in der Rechtsform eines VVaG betrieben, tritt an die Stelle der Verlustrücklage i. S. v. *§ 37 VAG* der dieser Rücklage entsprechende Teil des Vermögens, der zur Deckung eines Verlustes dient. [8] Ist die Ansammlung von Reserven nicht vorgeschrieben, wie z. B. bei öffentlich-rechtlichen Unternehmen, ist i. d. R. darauf abzustellen, ob die Satzung eine der Verlustrücklage des *§ 37 VAG* entsprechende Rücklagenbildung vorsieht.

(3) [1] Nach dem Wortlaut des § 5 Abs. 1 Nr. 3 Buchstabe d KStG ist bei der Prüfung der Überdotierung einer Pensionskasse das Vermögen zugrunde zu legen, das sich nach den handelsrechtlichen Grundsätzen ordnungsmäßiger Buchführung unter Berücksichtigung des Geschäftsplans sowie der allgemeinen Versicherungsbedingungen und der fachlichen Geschäftsunterlagen i. S. d. *§ 5 Abs. 3 Nr. 2 Halbsatz 2 VAG*[2] ergibt. [2] Die Bindung an die handelsrechtlichen Grundsätze gilt aber nicht uneingeschränkt. [3] Eine handelsrechtlich zulässigerweise gebildete Rückstellung für Beitragsrückerstattung darf nur insoweit berücksichtigt werden, als den Leistungsempfängern ein Anspruch auf die Überschussbeteiligung zusteht. [4] Der Rückstellung für Beitragsrückerstattung gleichzusetzen ist die Rückstellung für satzungsgemäße Überschussbeteiligung, wenn durch Satzung, geschäftsplanmäßige Erklärung oder Beschluss des zu-

---

[1] *InvStG 2004 aufgeh. durch G v. 19.7.2016,* BGBl. I 2016, 1730, mWv 1.1.2018; **ab 1.1.2018** siehe InvStG v. 19.7.2016, BGBl. I 2016, 1730 (**Steuergesetze** Nr. **120a**).

[2] VAG 1992 aufgeh. mWv 1.1.2016; siehe jetzt VAG v. 1.4.2015, BStBl. I 2015, 434.

ständigen Organs festgelegt ist, dass die Überschüsse in vollem Umfang den Leistungsempfängern und Mitgliedern der Kasse zustehen. [5]Dabei kommt es nicht darauf an, welche Form der Beitragsrückerstattung gewählt wird. [6]Handelt es sich bei den Anspruchsberechtigten um die Leistungsempfänger der Kasse, gilt hinsichtlich der Verwendungsfrist der Rückstellung für Beitragsrückerstattung die für Lebensversicherungsunternehmen getroffene Regelung (§ 21 Abs. 2 KStG) entsprechend. [7]Soweit jedoch das Trägerunternehmen anspruchsberechtigt ist, müssen die Mittel der Beitragsrückerstattung innerhalb der in § 6 Abs. 2 KStG genannten Frist verwendet werden.

(4) [1]Über die Überdotierung einer Pensions-, Sterbe- und Krankenkasse i. S. d. § 5 Abs. 1 Nr. 3 KStG ist nach steuerlichen Gesichtspunkten zu entscheiden. [2]Eine Bindung der Finanzbehörden an Entscheidungen der Versicherungsaufsichtsbehörde besteht nicht. [3]Der Geschäftsplan sowie die allgemeinen Versicherungsbedingungen und die fachlichen Geschäftsunterlagen i. S. d. *§ 5 Abs. 3 Nr. 2 Halbsatz 2 VAG* dienen lediglich als Grundlage für die Prüfung der Überdotierung. [4]Die Prüfung, ob eine Pensions-, Sterbe- und Krankenkasse wegen Überdotierung teilweise steuerpflichtig ist, hat zu den Bilanzstichtagen zu erfolgen, zu denen der Wert der Deckungsrückstellung versicherungsmathematisch zu berechnen ist oder freiwillig berechnet wird. [5]Die teilweise Steuerpflicht beginnt und endet vorbehaltlich des § 6 Abs. 2 KStG nur zu den Bilanzstichtagen, zu denen eine versicherungsmathematische Berechnung durchgeführt worden ist. [6]Tritt die Steuerpflicht z. B. für einen Zeitraum von drei Jahren ein, bleibt während dieser Zeit der Aufteilungsschlüssel unverändert, d. h. das Einkommen ist zwar für jedes Jahr gesondert nach den allgemeinen Vorschriften unter Berücksichtigung des § 6 Abs. 4 KStG zu ermitteln, jedoch nach dem unveränderten Verhältnis in den steuerfreien und den steuerpflichtigen Anteil aufzuteilen.

Unterstützungskassen[1)]

(5) [1]Bei Unterstützungskassen ist das Vermögen nach § 5 Abs. 1 Nr. 3 Buchstabe e KStG zu errechnen. [2]Im Gegensatz zu den Pensionskassen ist bei der Ermittlung nicht von handelsrechtlichen Bewertungsmaßstäben auszugehen. [3]Im Einzelnen sind anzusetzen:

a) der Grundbesitz mit 200% des Einheitswerts (§ 4d Abs. 1 Satz 1 Nr. 1 Satz 3 EStG), der zu dem Feststellungszeitpunkt maßgebend ist, der auf den Schluss des Wj. folgt,

b) der noch nicht fällige Anspruch aus einer Versicherung mit dem Wert des geschäftsplanmäßigen Deckungskapitals zuzüglich des Guthabens aus Beitragsrückerstattung am Schluss des Wj.; soweit die Berechnung des Deckungskapitals nicht zum Geschäftsplan gehört, tritt an die Stelle des geschäftsplanmäßigen Deckungskapitals der nach § 169 Abs. 3 des VVG berechnete Rückkaufswert bzw. der nach § 169 Abs. 4 VVG berechnete Zeitwert,

c) das übrige Vermögen mit dem gemeinen Wert am Schluss des Wj.

(6) [1]Abweichend von der Regelung für Pensionskassen ist für Unterstützungskassen ein rückwirkender Wegfall der Steuerpflicht nicht vorgesehen. [2]Die teilweise Steuerpflicht ist nach Ablauf jedes Jahres zu prüfen. [3]Sie besteht

---

1) Zur Einkommensermittlung bei voll steuerpflichtigen Unterstützungskassen siehe § 6a KStG.

deshalb jeweils nur für ein Jahr. [4]Die teilweise Steuerpflicht kann jedoch nach § 6 Abs. 6 Satz 2 KStG von vornherein z. B. durch entsprechende Rückübertragung von Deckungsmitteln auf das Trägerunternehmen vermieden werden.

H 6

Abstandnahme vom Kapitalertragsteuerabzug. → H 20.1 Abgeltungsteuer Allgemeines EStH.[1)]

Beispiel zur Berechnung des Einkommens bei partieller Steuerpflicht:

Das steuerpflichtige Einkommen einer überdotierten Pensionskasse wird wie folgt berechnet:

	€
Aktiva	5000000
Passiva	3500000
Vermögen der Kasse	1500000
Verlustrücklage	500000
übersteigendes Vermögen (Überdotierung)	1000000
Einkommen der Kasse	100000
steuerpflichtiges Einkommen: $\frac{100000 \times 1000000}{1500000} =$	66667

Anrechnung von Steuerabzugsbeträgen. Bezieht eine Kasse, die partiell steuerpflichtig ist, Einkünfte, die dem Steuerabzug unterliegen, sind diese Einkünfte im Verhältnis des überdotierten zum Gesamtvermögen der Kasse in die Veranlagung einzubeziehen; nur insoweit ist die auf die Kapitalerträge entfallende Kapitalertragsteuer auf die eigene Körperschaftsteuer der Kasse anzurechnen (→ BFH vom 31.7.1991, I R 4/89, BStBl. 1992 II S. 98).

Zuwendungen nach §§ 4c und 4d EStG. → R 4c und 4d EStR.[1)]

Zu § 7 KStG

R 7.1 Ermittlung des zu versteuernden Einkommens

(1) [1]Bemessungsgrundlage für die tarifliche Körperschaftsteuer ist das zu versteuernde Einkommen. [2]Bei Körperschaften, die nur gewerbliche Einkünfte haben können, ist das zu versteuernde Einkommen wie folgt zu ermitteln:

1. Gewinn/Verlust lt. Steuerbilanz bzw. nach § 60 Abs. 2 EStDV korrigierter Jahresüberschuss/Jahresfehlbetrag lt. Handelsbilanz unter Berücksichtigung der besonderen Gewinnermittlung bei Handelsschiffen nach § 5a EStG
2. \+ Hinzurechnung nicht ausgleichsfähiger Verluste u. a. nach § 15 Abs. 4 Satz 1, 3 und 6, § 15a Abs. 1 und 1a, § 15b Abs. 1 Satz 1 EStG, § 2 Abs. 4 Satz 1, § 20 Abs. 6 Satz 4 UmwStG
3. \+ Hinzurechnung nach § 15a Abs. 3 EStG
4. – Kürzungen nach § 15 Abs. 4 Satz 2, 3 und 7, § 15a Abs. 2, Abs. 3 Satz 4, § 15b Abs. 1 Satz 2 EStG

[1)] Nr. 1.

5.	+	Gewinnzuschlag nach § 6b Abs. 7 EStG
6.	+/–	Bildung und Auflösung von Investitionsabzugsbeträgen i. S. d. § 7g EStG
7.	+	Hinzurechnung von → vGA (§ 8 Abs. 3 Satz 2 KStG) und Ausschüttungen auf Genussrechte i. S. d. § 8 Abs. 3 Satz 2 KStG
8.	–	Abzug von Gewinnerhöhungen im Zusammenhang mit bereits in vorangegangenen VZ versteuerten → vGA
9.	–	verdeckte Einlagen (§ 8 Abs. 3 Satz 3 bis 6 KStG), Einlagen (§ 4 Abs. 1 Satz 8 EStG)
10.	+	nichtabziehbare Aufwendungen (z. B. § 10 KStG, § 4 Abs. 5 bis 8 EStG, § 160 AO)
11.	+	Gesamtbetrag der Zuwendungen nach § 9 Abs. 1 Nr. 2 KStG
12.	–	sonstige inländische steuerfreie Einnahmen
13.	+	Hinzurechnungen nach § 3c EStG
14.	+/–	Hinzurechnungen und Kürzungen bei Umwandlung u. a. – nach § 4 Abs. 6 bzw. § 12 Abs. 2 Satz 1 UmwStG nicht zu berücksichtigender Übernahmeverlust oder -gewinn, – Einbringungsgewinn I nach § 22 Abs. 1 UmwStG
15.	+/–	Hinzurechnungen und Kürzungen bei ausländischen Einkünften u. a. – Korrektur um nach DBA steuerfreie Einkünfte unter Berücksichtigung des § 3c Abs. 1 EStG, – Abzug ausländischer Steuern nach § 26 KStG oder § 12 Abs. 3 AStG, – Hinzurechnungsbetrag nach § 10 AStG einschließlich Aufstockungsbetrag nach § 12 Abs. 1 AStG, – Hinzurechnungen und Kürzungen von nicht nach DBA steuerfreien negativen Einkünften nach § 2a Abs. 1 EStG
16.	+	Berichtigungsbetrag nach § 1 AStG
17.	+/–	Kürzungen/Hinzurechnungen nach § 8b KStG
18.	+/–	Korrekturen bei Organschaft i. S. d. §§ 14 und 17 KStG (z. B. gebuchte Gewinnabführung, Verlustübernahme, Ausgleichszahlungen i. S. d. § 16 KStG)
19.	+/–	Hinzurechnung der nicht abziehbaren Zinsen und Kürzung um den abziehbaren Zinsvortrag nach § 4h EStG i. V. m. § 8a KStG
20.	+/–	sonstige Hinzurechnungen und Kürzungen
21.	=	steuerlicher Gewinn (Summe der Einkünfte in den Fällen der R 7.1 Abs. 2 Satz 1)
22.	–	Zuwendungen und Zuwendungsvortrag, soweit nach § 9 Abs. 1 Nr. 2 KStG abziehbar
23.	+	Sonstige Hinzurechnungen bei ausländischen Einkünften – Hinzurechnung nach § 52 Abs. 2 EStG i. V. m. § 2a Abs. 3 und 4 EStG 1997, – Hinzurechnung nach § 8 Abs. 5 Satz 2 AuslInvG

24.	+	nicht zu berücksichtigender/wegfallender Verlust des laufenden VZ, soweit Hinzurechnungen nach § 8c KStG ggf. i. V. m. § 2 Abs. 4 Satz 1 und 2 , § 20 Abs. 6 Satz 4 UmwStG oder im Falle einer Abspaltung nach § 15 Abs. 3, § 16 UmwStG vor den Korrekturen nach Nr. 25 oder 26 vorzunehmen sind
25.	+/–	bei Organträgern: – Zurechnung des Einkommens von Organgesellschaften (§§ 14 und 17 KStG), – Kürzungen/Hinzurechnungen bezogen auf das dem Organträger zugerechnete Einkommen von Organgesellschaften (§ 15 KStG), – Abzug des der Organgesellschaft nach § 16 Satz 2 KStG zuzurechnenden Einkommens des Organträgers
26.	+/–	bei Organgesellschaften: – Zurechnung von Einkommen des Organträgers nach § 16 Satz 2 KStG, – Abzug des dem Organträger zuzurechnenden Einkommens (§§ 14 und 17 KStG)
27.	+	nicht zu berücksichtigender/wegfallender Verlust des laufenden VZ, soweit Hinzurechnungen nach § 8c KStG ggf. i. V. m. § 2 Abs. 4 Satz 1 und 2, § 20 Abs. 6 Satz 4 UmwStG oder im Falle einer Abspaltung nach § 15 Abs. 3, § 16 UmwStG nicht bereits nach Nr. 24 vorzunehmen sind
28.	+	Hinzurechnung der nach § 2 Abs. 4 Satz 3 und 4 UmwStG nicht ausgleichsfähigen Verluste des laufenden VZ des übernehmenden Rechtsträgers
29.	=	Gesamtbetrag der Einkünfte i. S. d. § 10d EStG
30.	–	Verlustabzug nach § 10d EStG
31.	=	Einkommen
32.	–	Freibetrag für bestimmte Körperschaften (§ 24 KStG)
33.	–	Freibetrag für Erwerbs- und Wirtschaftsgenossenschaften sowie Vereine, die Land- und Forstwirtschaft betreiben (§ 25 KStG)
34.	=	zu versteuerndes Einkommen.

[3]Bei Körperschaften i. S. d. § 8 Abs. 9 KStG ist zunächst für jede Sparte ein Gesamtbetrag der Einkünfte entsprechend dem Schema nach Satz 2 zu ermitteln. [4]Der Verlustabzug ist in Fällen von Satz 3 spartenbezogen vorzunehmen. [5]Die Summe der sich hiernach ergebenden positiven Spartenergebnisse bildet das Einkommen.

(2) [1]Für Körperschaften, die auch andere Einkünfte als gewerbliche haben können, gilt Absatz 1 entsprechend. [2]Von der Summe der Einkünfte ist bei Vorliegen der Voraussetzungen der Abzug bei Einkünften aus Land- und Forstwirtschaft (§ 13 Abs. 3 EStG) vorzunehmen.

H 7.1

Beteiligungserträge/Phasengleiche Aktivierung. Eine phasengleiche Aktivierung von Dividendenansprüchen aus einer zum Bilanzstichtag noch nicht beschlossenen Gewinnverwendung einer nachgeschalteten Gesellschaft scheidet steuerlich grundsätzlich aus (→ BFH vom 7.8.2000, GrS 2/99, BStBl. II S. 632 und → BFH vom 20.12.2000, I R 50/95, BStBl. 2001 II S. 409).

Betriebe gewerblicher Art. Zu Besonderheiten der Einkommensermittlung → R 8.2.

Doppelbesteuerungsabkommen. Stand zum 1.1.2016 → BMF vom 19.1.2016, BStBl. I S. 76.[1]

Gewinnermittlung bei Handelsschiffen. Zu körperschaftsteuerlichen Fragen bei der Gewinnermittlung von Handelsschiffen im internationalen Verkehr nach § 5a EStG → BMF vom 24.3.2000, BStBl. I S. 453.

Gewinnermittlung bei Körperschaften, die Land- und Forstwirtschaft betreiben. → R 8.3.

Inkongruente Gewinnausschüttungen. → BMF vom 17.12.2013, BStBl. 2014 I S. 63.

Körperschaftsteuerguthaben. → BMF vom 14.1.2008, BStBl. I S. 280.

Mindestgewinnbesteuerung. Die Mindestgewinnbesteuerung des § 10d Abs. 2 EStG verstößt in ihrer Grundkonzeption einer zeitlichen Streckung des Verlustvortrags nicht gegen Verfassungsrecht (→ BFH vom 22.8.2012, I R 9/11, BStBl. 2013 II S. 512).[2] · [3]

Organschaft. Zu Besonderheiten der Einkommensermittlung bei Organgesellschaften und Organträgern → R 14.6 bis 16.

Spartentrennung bei Kapitalgesellschaften, für die § 8 Abs. 7 Satz 1 Nr. 2 KStG anzuwenden ist. Zu Besonderheiten der Einkommensermittlung bei Kapitalgesellschaften, für die § 8 Abs. 7 Satz 1 Nr. 2 KStG anzuwenden ist → BMF vom 12.11.2009, BStBl. I S. 1303.[4]

Verdeckte Gewinnausschüttung. Die vGA führt im Rahmen der Hinzurechnung nach § 8 Abs. 3 Satz 2 KStG zu einer außerbilanziellen Korrektur des Jahresüberschusses/-fehlbetrags als Ausgangsgröße der steuerlichen Einkommensermittlung (→ BFH vom 29.6.1994, I R 137/93, BStBl. 2002 II S. 366 und → BFH vom 12.10.1995, I R 27/95, BStBl. 2002 II S. 367). Zur Darstellung im Einzelnen und zum Abzug von Gewinnerhöhungen im Zusammenhang mit bereits früher versteuerten vGA → BMF vom 28.5.2002, BStBl. I S. 603.

---

[1] Stand 1.1.2021 siehe BMF v. 18.2.2021, BStBl. I 2021, 265, Stand 1.1.2022 siehe BMF v. 19.1.2022, BStBl. I 2022, 147.

[2] **[Amtl. Anm.:]** Verfassungsbeschwerde anhängig, 2 BvR 2998/12.

[3] **[Amtl. Anm.:]** Vgl. auch Normenkontrollverfahren 2 BvL 19/14 (→ BFH vom 26.2.2014, I R 59/12, BStBl. II S. 1016).

[4] Geänd. durch BMF v. 6.7.2021, BStBl. I 2021, 914, und v. 15.12.2021, BStBl. I 2021, 2483, mit Anwendungsregelung.

R 7.2 Ermittlung der festzusetzenden und verbleibenden Körperschaftsteuer

[1]Die festzusetzende und die verbleibende Körperschaftsteuer sind wie folgt zu ermitteln:

1.		Steuerbetrag nach Regelsteuersatz (§ 23 Abs. 1 KStG) bzw. Sondersteuersätzen
2.	–	anzurechnende ausländische Steuern nach § 26 Abs. 1 KStG, § 12 AStG
3.	=	Tarifbelastung
	+	Körperschaftsteuererhöhung nach § 38 Abs. 2 i. V. m. § 34 Abs. 13 KStG
4.	=	festzusetzende Körperschaftsteuer
5.	–	anzurechnende Kapitalertragsteuer
6.	=	verbleibende Körperschaftsteuer

[2]Bei Berufsverbänden unterliegen Mittel, die für die Unterstützung und Förderung von Parteien verwendet werden, einer besonderen Körperschaftsteuer von 50 % (§ 5 Abs. 1 Nr. 5 Satz 4 KStG).

R 7.3 Vom Kalenderjahr abweichendes Wirtschaftsjahr

(1) Auf kleine Betriebe, Stiftungen, Verbände und Vereine, die einer jPöR angeschlossen sind oder von ihr verwaltet werden, sowie auf technische Überwachungsvereine kann, soweit sie gezwungen sind, ihre Abschlüsse abweichend vom Kj. aufzustellen, § 7 Abs. 4 KStG entsprechend angewendet werden.

(2) Bei Körperschaften i. S. d. § 5 Abs. 1 Nr. 9 KStG mit einem vom Kj. abweichenden Wj., die ohne Verpflichtung nach den Vorschriften des HGB ordnungsmäßig Bücher führen und regelmäßig Abschlüsse machen, kann in entsprechender Anwendung des § 7 Abs. 4 KStG auf Antrag das Wj. der Besteuerung des wirtschaftlichen Geschäftsbetriebs zugrunde gelegt werden.

Zu § 8 KStG

R 8.1 Anwendung einkommensteuerrechtlicher Vorschriften

(1) Bei Körperschaften sind nach § 8 Abs. 1, § 26 und § 31 Abs. 1 KStG anzuwenden:

1. die folgenden Vorschriften des EStG i. d. F. der Bekanntmachung vom 8.10.2009 (BGBl. I S. 3366, S. 3862, BStBl. I S. 1346) unter Berücksichtigung der Änderungen bis einschließlich durch Artikel 3 des Gesetzes vom 2. November 2015 (BGBl. I S. 1834, BStBl. I S. 846):
   § 2 Abs. 1 bis 4, 6 und 7 Satz 3. [2]Auf R 7.1 wird hingewiesen;
   § 2a,
   § 3 Nr. 7, 8 Satz 1, Nr. 11 Satz 1 und 3, Nr. 18, 40a, 41, 42, 44, 54 und 70,
   § 3c Abs. 1, § 3c Abs. 2 i. V. m. § 3 Nr. 40a, § 3c Abs. 3,
   § 4 Abs. 1 bis 4, Abs. 5 Satz 1 Nr. 1 bis 4, 7 bis 13, Satz 2, Abs. 5b bis 8,
   § 4a Abs. 1 Satz 2 Nr. 1 und 3, Abs. 2,
   § 4b,

§ 4c,
§ 4d,
§ 4e,
§ 4f,
§ 4g,
§ 4h,
§ 5,
§ 5a,
§ 5b,
§ 6,
§ 6a,
§ 6b,
§ 6c,
§ 6d,
§ 7,
§ 7a,
§ 7g,
§ 7h,
§ 7i,
§ 8 Abs. 1 und 2,
§ 9 Abs. 1 Satz 3 Nr. 1 bis 3 und 7 und Abs. 5,
§ 9a Satz 1 Nr. 3 und Satz 2. [3] Auf Absatz 2 wird hingewiesen;
§ 9b,
§ 10d,
§ 10g,
§ 11,
§ 11a,
§ 11b,
§ 13 Abs. 1, 2 Nr. 1, Abs. 3 Satz 1 und 2, Abs. 6 und 7,
§ 13a,
§ 14 Satz 1,
§ 15,
§ 15a,
§ 15b,
§ 16 Abs. 1 bis 3b und 5,
§ 17. [4] Auf Absätze 2 und 3 wird hingewiesen;
§ 18 Abs. 1 Nr. 2, 3 und 4, Abs. 2, 3, 4 Satz 2,
§ 20. [5] Auf Absatz 2 wird hingewiesen;
§ 21 Abs. 1 und 3,
§ 22 Nr. 1, 2 und 3,
§ 23,
§ 24,
§ 25 Abs. 1 und 3 Satz 1,
§ 32d Abs. 2 Satz 1 Nr. 1 Satz 1 und Nr. 3 Satz 1 und Satz 3 bis 6 (die Anwendung erfolgt i. V. m. § 8 Abs. 10 KStG),
§ 34b Abs. 1 Nr. 2 (die Anwendung erfolgt i. V. m. R 23),
§ 34c (die Anwendung erfolgt i. V. m. § 26 KStG),
§ 34d Nr. 1 bis 4 und 6 bis 8,

§ 36 Abs. 2 Nr. 2, Abs. 3 bis 5,
§ 37 Abs. 1, Abs. 3 Satz 1 bis 3 sowie 8 bis 11, Abs. 4 und 5,
§ 37b,
§ 43,
§ 43a,
§ 43b,
§ 44,
§ 44a,
§ 44b,
§ 45,
§ 45a,
§ 45d,
§ 48,
§ 48a,
§ 48b,
§ 48c,
§ 48d,
§ 49,
§ 50 Abs. 1 Satz 1, Abs. 2 Satz 1, 2, 7 und 8, Abs. 3 und 4,
§ 50a Abs. 1 Nr. 1 bis 3, Abs. 2 bis 7,
§ 50b,
§ 50d Abs. 1 bis 6 und 9 bis 11,
§ 50e,
§ 50f,
§ 50g,
§ 50h,
§ 50i,
§ 51,
§ 51a Abs. 1 und 3 bis 5,
§ 52,
§ 55,
§ 56,
§ 57,
§ 58;

2. die folgenden Vorschriften der EStDV i. d. F. der Bekanntmachung vom 10.5.2000 (BGBl. I S. 717, BStBl. I S. 595), zuletzt geändert durch die Verordnung vom 31.8.2015 (BGBl. I S. 1474):
§ 6,
§ 8b,
§ 8c,
§ 9a,
§ 10,
§ 11c,
§ 11d,
§ 15,
§ 50,
§ 51,
§ 53,

§ 54,
§ 56 Satz 2,
§ 60,
§ 68a,
§ 68b,
§ 73a Abs. 2 und 3,
§ 73c,
§ 73d,
§ 73e,
§ 73f,
§ 73g,
§ 81,
§ 82a,
§ 82f,
§ 82g,
§ 82i,
§ 84.

(2) [1]Unbeschränkt Körperschaftsteuerpflichtige i. S. d. § 1 Abs. 1 Nr. 4 und 5 KStG können grundsätzlich Bezieher sämtlicher Einkünfte i. S. d. § 2 Abs. 1 EStG sein. [2]Bei der Ermittlung der Einkünfte aus Kapitalvermögen ist die Vorschrift des § 20 Abs. 9 Satz 1 und 4 EStG (Sparer-Pauschbetrag) zu berücksichtigen. [3]In den Fällen des § 8 Abs. 10 KStG ist § 20 Abs. 6 und 9 EStG nicht anzuwenden. [4]Ferner ist die Freibetragsregelung des § 17 Abs. 3 EStG zu beachten.

(3) Bei Körperschaftsteuerpflichtigen, bei denen alle Einkünfte als Einkünfte aus Gewerbebetrieb zu behandeln sind (§ 8 Abs. 2 KStG), ist die Freibetragsregelung des § 17 Abs. 3 EStG nicht anzuwenden.

H 8.1

Gewinnermittlung bei Handelsschiffen. Zu körperschaftsteuerlichen Fragen bei der Gewinnermittlung von Handelsschiffen im internationalen Verkehr nach § 5a EStG → BMF vom 24.3.2000, BStBl. I S. 453.

Steuerberatungskosten. Zum Abzug von Steuerberatungskosten als Betriebsausgaben oder Werbungskosten → BMF vom 21.12.2007, BStBl. 2008 I S. 256.

R 8.2 Einkommensermittlung bei Betrieben gewerblicher Art

(1) [1]Für die Zwecke der Ermittlung des körperschaftsteuerpflichtigen Einkommens wird der BgA der jPöR verselbständigt. [2]Das schließt grundsätzlich die steuerrechtliche Anerkennung von Regelungen der jPöR in Bezug auf den BgA ein, z. B. über verzinsliche Darlehen oder Konzessionsabgaben. [3]Diese Regelungen müssen jedoch klar und eindeutig sein und können nur für die Zukunft, nicht aber mit Wirkung für die Vergangenheit getroffen werden.

(2)[1)] [1]Regelungen der jPöR in Bezug auf den BgA über verzinsliche Darlehen sind steuerrechtlich nur anzuerkennen, soweit der BgA mit einem ange-

1) Zur Eigenkapitalausstattung bei Betrieben gewerblicher Art als jPöR siehe LfSt Niedersachsen v. 29.9.2020 – S 2706 – 153 – St 241, DStR 2020, 2732.

messenen Eigenkapital ausgestattet ist. [2]Ein Anhaltspunkt ist die Kapitalstruktur gleichartiger Unternehmen in privatrechtlicher Form. [3]Ein BgA ist grundsätzlich mit einem angemessenen Eigenkapital ausgestattet, wenn das Eigenkapital mindestens 30% des Aktivvermögens beträgt. [4]Für die Berechnung der Eigenkapitalquote ist von den Buchwerten in der steuerrechtlichen Gewinnermittlung am Anfang des Wj. auszugehen. [5]Das Aktivvermögen ist um Baukostenzuschüsse und passive Wertberichtigungsposten zu kürzen. [6]Von der jPöR gewährte unverzinsliche Darlehen sind als Eigenkapital zu behandeln. [7]Pensionsrückstellungen rechnen als echte Verpflichtungen nicht zum Eigenkapital. [8]Soweit der BgA nicht mit einem angemessenen Eigenkapital ausgestattet ist, ist ein von der jPöR ihrem BgA gewährtes Darlehen als Eigenkapital zu behandeln mit der Folge, dass die insoweit angefallenen Zinsen als vGA anzusehen sind. [9]Die Angemessenheit des Eigenkapitals ist für jeden VZ neu zu prüfen.

(3) [1]Auch ohne besondere Regelung sind Aufwendungen der jPöR, die dieser aus der Unterhaltung des BgA erwachsen, in angemessenem Umfang als Betriebsausgaben des BgA abziehbar. [2]Wegen vGA → R 8.5 und wegen der Abgrenzung der Spenden zur vGA → R 9 Abs. 6.

(4) [1]Werden Wirtschaftsgüter anlässlich der Veräußerung eines BgA nicht mit veräußert, kommt es zur → Überführung dieser Wirtschaftsgüter in das Hoheitsvermögen der Trägerkörperschaft. [2]Sie können danach einem anderen BgA zugeführt werden. [3]Eine Zusammenfassung von BgA führt nicht zur Überführung der in den bisherigen BgA enthaltenen Wirtschaftsgüter in das Hoheitsvermögen mit anschließender Zuführung in den zusammengefassten BgA.

(5) Eine von außersteuerlichen Verpflichtungen abgeleitete steuerliche → Buchführungspflicht i. S. d. § 140 AO kann sich für BgA von jPöR aufgrund der landesspezifischen Eigenbetriebsgesetze sowie bei kaufmännischen Betrieben auch aufgrund einer unmittelbaren Anwendung der handelsrechtlichen Rechnungslegungsvorschriften (§§ 238 ff. HGB) ergeben.

H 8.2

Anwendungsfragen zur Besteuerung von BgA und Eigengesellschaften von jPöR. → BMF vom 12.11.2009, BStBl. I S. 1303.[1)]

Betriebsvermögen. Zum Begriff des notwendigen Betriebsvermögens → R 4.2 EStR.[2)]

Wesentliche Betriebsgrundlagen sind auch ohne eine entsprechende Widmung stets als notwendiges Betriebsvermögen des BgA zu behandeln (→ BFH vom 14.3.1984, I R 223/80, BStBl. II S. 496). Der Annahme notwendigen Betriebsvermögens des BgA steht nicht entgegen, dass sich das Wirtschaftsgut räumlich im hoheitlichen Bereich der Trägerkörperschaft befindet (→ BFH vom 27.6.2001, I R 82–85/00, BStBl. II S. 773). Die Annahme von Betriebsvermögen des BgA ist hingegen ausgeschlossen, wenn das Wirtschaftsgut zum Hoheitsbereich der Trägerkörperschaft gehört; dies gilt

---

1) Geänd. durch BMF v. 6.7.2021, BStBl. I 2021, 914, und v. 15.12.2021, BStBl. I 2021, 2483, mit Anwendungsregelung.

2) Nr. **1**.

auch dann, wenn das Wirtschaftsgut eine wesentliche Betriebsgrundlage des BgA darstellt (→ BFH vom 17.5.2000, I R 50/98, BStBl. 2001 II S. 558). Hoheitsvermögen kann kein gewillkürtes Betriebsvermögen darstellen (→ BFH vom 7.11.2007, I R 52/06, BStBl. 2009 II S. 248).

Buchführungspflicht. → BMF vom 3.1.2013, BStBl. I S. 59.

Angemessene Eigenkapitalausstattung. → BFH vom 9.7.2003, I R 48/02, BStBl. 2004 II S. 425.

Eigenkapitalausstattung und Darlehensgewährung. → BFH vom 1.9.1982, I R 52/78, BStBl. 1983 II S. 147.[1]

Einkunftsart. Einkünfte eines BgA stellen stets gewerbliche Einkünfte i.S.d. § 15 EStG dar. Das gilt auch im Fall der Verpachtung eines BgA (→ BFH vom 1.8.1979, I R 106/76, BStBl. II S. 716).

Kapitalertragsteuer. Zur Kapitalertragsteuer auf Leistungen eines mit eigener Rechtspersönlichkeit ausgestatteten BgA bzw. auf den Gewinn eines BgA ohne eigene Rechtspersönlichkeit, die zu einer beschränkten Steuerpflicht der Trägerkörperschaft nach § 2 Nr. 2 KStG mit abgeltendem Steuerabzug (§ 32 Abs. 1 Nr. 2 KStG) führt → *BMF vom 9.1.2015, BStBl. I S. 111.*[2]

Konzessionsabgaben. Zur Abziehbarkeit von Konzessionsabgaben → BMF vom 9.2.1998, BStBl. I S. 209 und → BMF vom 27.9.2002, BStBl. I S. 940 sowie (insbesondere in der Anlaufphase) → BFH vom 6.4.2005, I R 15/04, BStBl. 2006 II S. 196. Zur Bestimmung der Einwohnerzahl → BFH vom 31.1.2012, I R 1/11, BStBl. II S. 694 und → BMF vom 24.8.2012, BStBl. I S. 904.

Miet- oder Pachtverträge. Die fiktive Verselbständigung des BgA im Rahmen der Einkommensermittlung lässt grundsätzlich auch die steuerliche Berücksichtigung von Miet- und Pachtvereinbarungen des BgA mit seiner Trägerkörperschaft zu. Miet- oder Pachtverträge zwischen der jPöR und ihrem BgA können allerdings im Hinblick auf den Besteuerungszweck des § 1 Abs. 1 Nr. 6 i.V.m. § 4 KStG nicht der Besteuerung zugrunde gelegt werden, soweit Wirtschaftsgüter überlassen werden, die für den BgA eine wesentliche Grundlage bilden (→ BFH vom 14.3.1984, I R 223/80, BStBl. II S. 496). Dies gilt auch dann, wenn das Wirtschaftsgut – wie z.B. eine öffentliche Straßenfläche – zum Hoheitsbereich der jPöR gehört und die Annahme von → Betriebsvermögen des BgA ausscheidet (→ BFH vom 17.5.2000, I R 50/98, BStBl. 2001 II S. 558).

Rechnungsprüfung. Angemessene Aufwendungen eines BgA für gesetzlich vorgesehene Rechnungs- und Kassenprüfungen durch das Rechnungsprüfungsamt der Trägerkörperschaft sind als Betriebsausgaben abziehbar (→ BFH vom 28.2.1990, I R 137/86, BStBl. II S. 647).

---

[1] Keine Anerkennung interner Darlehen zwischen Trägerkörperschaft und BgA zur Refinanzierung wesentlicher Betriebsgrundlagen, BFH v. 10.12.2019 I R 24/17, DStR 2020, 1610.

[2] Siehe jetzt BMF v. 28.1.2019, BStBl. I 2019, 97, geänd. durch BMF v. 4.4.2022, BStBl. I 2022, 645 (Anpassung an BFH v. 30.9.2020 I R 12/17, BStBl. II 2022, 269).

Sondernutzungsentgelte. Soweit hoheitliches Vermögen auf Grund von Sondernutzungsentgelten genutzt wird, kann dies zu Betriebsausgaben führen (→ BFH vom 6.11.2007, I R 72/06, BStBl. 2009 II S. 246).

Steuerrechtssubjekt i. S. d. § 1 Abs. 1 Nr. 6 KStG. Die Trägerkörperschaft ist Steuerrechtssubjekt i. S. d. § 1 Abs. 1 Nr. 6 KStG wegen jedes einzelnen von ihr unterhaltenen BgA. Für jeden einzelnen BgA ist das Einkommen gesondert zu ermitteln und die Körperschaftsteuer gesondert gegen die Trägerkörperschaft festzusetzen (→ BFH vom 13.3.1974, I R 7/71, BStBl. II S. 391, → BFH vom 8.11.1989, I R 187/85, BStBl. 1990 II S. 242 und → BFH vom 17.5.2000, I R 50/98, BStBl. 2001 II S. 558).

Überführung von Wirtschaftsgütern. Werden Wirtschaftsgüter in einen anderen BgA derselben Trägerkörperschaft überführt, ist dieser Vorgang infolge der fiktiven Verselbständigung des rechtlich unselbständigen BgA im Rahmen der Einkommensermittlung als vGA des abgebenden sowie als verdeckte Einlage bei dem aufnehmenden Betrieb zu berücksichtigen (→ BFH vom 24.4.2002, I R 20/01, BStBl. 2003 II S. 412). Zur Bewertung der vGA mit dem gemeinen Wert → H 8.6 Hingabe von Wirtschaftsgütern und zur Bewertung der verdeckten Einlage mit dem Teilwert → § 8 Abs. 1 KStG i. V. m. § 6 Abs. 1 Nr. 5 und 6 EStG und → R 8.9 Abs. 4.

Vereinbarungen. Vereinbarungen zwischen dem rechtlich unselbständigen BgA und seiner Trägerkörperschaft sind aufgrund der fiktiven Verselbständigung des BgA im Rahmen der Einkommensermittlung steuerlich grundsätzlich zu berücksichtigen, zur Ausnahme bei Miet- und Pachtverträgen über wesentliche Betriebsgrundlagen → Miet- oder Pachtverträge. Aufgrund der engen Beziehung zwischen Trägerkörperschaft und rechtlich unselbständigem BgA sind für eine steuerliche Anerkennung der Vereinbarungen die für beherrschende Anteilseigner einer Kapitalgesellschaft geltenden Grundsätze maßgebend. Soweit bei der Ermittlung des Einkommens Minderungen des dem BgA zuzuordnenden Vermögens zugunsten des übrigen Vermögens der Trägerkörperschaft zu beurteilen sind, ist das Einkommen zu ermitteln, als ob der BgA ein selbständiges Steuersubjekt in der Rechtsform einer Kapitalgesellschaft und die Trägerkörperschaft deren Alleingesellschafter ist (→ BFH vom 3.2.1993, I R 61/91, BStBl. II S. 459, → BFH vom 10.7.1996, I R 108–109/95, BStBl. 1997 II S. 230 und → BFH vom 17.5.2000, I R 50/98, BStBl. 2001 II S. 558).

Zuwendungen.

– **Zuwendungen an Trägerkörperschaft.** Die fiktive Verselbständigung des BgA im Rahmen der Einkommensermittlung schließt die steuerrechtliche Anerkennung sowohl von Vereinbarungen als auch von sonstigen Geschäftsvorfällen zwischen der Trägerkörperschaft und dem unselbständigen BgA ein. Die Rspr. erkennt demzufolge grundsätzlich auch eine gewinnmindernde Berücksichtigung von Zuwendungen i. S. d. § 9 Abs. 1 Nr. 2 KStG an, die der rechtlich unselbständige BgA zugunsten der Trägerkörperschaft leistet (→ BFH vom 5.6.1962, I 31/61, BStBl. III S. 355 und → BFH vom 12.10.1978, I R 149/75, BStBl. 1979 II S. 192).

– **Auswirkung von Zuwendungen auf den Gewinn.** Zuwendungen zugunsten seiner Trägerkörperschaft kann der BgA nur dann gewinnmindernd berücksichtigen, wenn er die Zuwendung auch bei Anwendung der Sorgfalt eines ordentlichen und gewissenhaften Geschäftsleiters geleistet hätte und die Zuwendung ihre Ursache nicht in der engen Bindung des BgA an die Trägerkörperschaft, mithin in der trägerschaftlichen Beziehung findet; andernfalls kommt es zu einer vGA (→ BFH vom 21.1.1970, I R 23/68, BStBl. II S. 468, → BFH vom 12.10.1978, I R 149/75, BStBl. 1979 II S. 192 und → BFH vom 1.12.1982, I R 101/79, BStBl. 1983 II S. 150).

→ H 9 Zuwendungen und Spenden an den Träger der Sparkasse (Gewährträger).

R 8.3 Gewinnermittlung bei Körperschaften, die Land- und Forstwirtschaft betreiben

[1] Im Interesse der Gleichmäßigkeit der Besteuerung bestehen keine Bedenken, dass auch Körperschaften, bei denen alle Einkünfte als Einkünfte aus Gewerbebetrieb zu behandeln sind (§ 8 Abs. 2 KStG) und die daher ihren Gewinn nicht nach § 4 Abs. 1 EStG, sondern nach § 5 EStG ermitteln, die Steuervergünstigungen des § 6b EStG für Gewinne aus der Veräußerung von Aufwuchs oder Anlagen im Grund und Boden mit dem dazugehörigen Grund und Boden in Anspruch nehmen. [2] Das gilt auch für die Vereinfachungsregelung i. S. d. R 14 Abs. 3 Satz 1 EStR.[1)] [3] Voraussetzung ist in diesen Fällen, dass sich der Betrieb der Körperschaft auf die Land- und Forstwirtschaft beschränkt oder der land- und forstwirtschaftliche Betrieb als organisatorisch verselbständigter Betriebsteil (Teilbetrieb) geführt wird.

R 8.4 Zuwendungen an Pensions- und Unterstützungskassen – *unbesetzt* –

R 8.5 Verdeckte Gewinnausschüttungen

Grundsätze der verdeckten Gewinnausschüttung

(1) [1] Eine vGA i. S. d. § 8 Abs. 3 Satz 2 KStG ist eine Vermögensminderung oder verhinderte Vermögensmehrung, die durch das Gesellschaftsverhältnis veranlasst ist, sich auf die Höhe des Unterschiedsbetrags i. S. d. § 4 Abs. 1 Satz 1 EStG auswirkt und nicht auf einem den gesellschaftsrechtlichen Vorschriften entsprechenden Gewinnverteilungsbeschluss beruht. [2] Bei nicht buchführungspflichtigen Körperschaften ist auf die Einkünfte abzustellen. [3] Eine → Veranlassung durch das Gesellschaftsverhältnis ist auch dann gegeben, wenn die Vermögensminderung oder verhinderte Vermögensmehrung bei der Körperschaft zugunsten einer → nahestehenden Person erfolgt.

(2) [1] Im Verhältnis zwischen Gesellschaft und beherrschendem Gesellschafter ist eine Veranlassung durch das Gesellschaftsverhältnis i. d. R. auch dann anzunehmen, wenn es an einer zivilrechtlich wirksamen, klaren, eindeutigen und im Voraus abgeschlossenen Vereinbarung darüber fehlt, ob und in welcher

---

1) Nr. 1.

Höhe ein Entgelt für eine Leistung des Gesellschafters zu zahlen ist, oder wenn nicht einer klaren Vereinbarung entsprechend verfahren wird. [2]Die beherrschende Stellung muss im Zeitpunkt der Vereinbarung oder des Vollzugs der Vermögensminderung oder verhinderten Vermögensmehrung vorliegen.

H 8.5

I. Grundsätze

Auslegung von Vereinbarungen. Zur Auslegung von Vereinbarungen zwischen einer Kapitalgesellschaft und ihrem Gesellschafter-Geschäftsführer im Zusammenhang mit einer Pensionszusage → BMF vom 28.8.2001, BStBl. I S. 594.

BgA. Eine vGA kann auch bei BgA von jPöR vorliegen (→ BFH vom 29.5.1968, I 46/65, BStBl. II S. 692, → BFH vom 13.3.1974, I R 7/71, BStBl. II S. 391 und → BFH vom 10.7.1996, I R 108–109/95, BStBl. 1997 II S. 230).
Zum Verhältnis zwischen dem BgA und der Trägerkörperschaft → H 8.2 Vereinbarungen.
Zur Frage vGA bei Dauerverlustgeschäften → § 8 Abs. 7 KStG und → BMF vom 12.11.2009, BStBl. I S. 1303.[1]

Dauerschuldverhältnisse. → H 8.5 I zivilrechtliche Wirksamkeit.

Genossenschaften. Eine vGA kann auch bei Genossenschaften vorliegen (→ BFH vom 11.10.1989, I R 208/85, BStBl. 1990 II S. 88 und → R 22 Abs. 13). Eingetragene Genossenschaften haben keine außerbetriebliche Sphäre (→ BFH vom 24.4.2007, I R 37/06, BStBl. 2015 II S. 1056).

Korrektur innerhalb oder außerhalb der Steuerbilanz. → BMF vom 28.5.2002, BStBl. I S. 603.

Mündliche Vereinbarung. Wer sich auf die Existenz eines mündlich abgeschlossenen Vertrags beruft, einen entsprechenden Nachweis aber nicht führen kann, hat den Nachteil des fehlenden Nachweises zu tragen, weil er sich auf die Existenz des Vertrags zur Begründung des Betriebsausgabenabzugs beruft (→ BFH vom 29.7.1992, I R 28/92, BStBl. 1993 II S. 247).
→ H 8.5 I zivilrechtliche Wirksamkeit.

Nichtkapitalgesellschaften und vGA. Die Annahme einer vGA setzt voraus, dass der Empfänger der Ausschüttung ein mitgliedschaftliches oder mitgliedschaftsähnliches Verhältnis zur ausschüttenden Körperschaft hat (→ BFH vom 13.7.1994, I R 112/93, BStBl. 1995 II S. 198). Entscheidend für eine vGA ist ihre Veranlassung durch das mitgliedschaftliche oder mitgliedschaftsähnliche Verhältnis. Aus diesem Grund kann eine vGA auch vorliegen, wenn im Zeitpunkt der Ausschüttung das mitgliedschaftliche oder mitgliedschaftsähnliche Verhältnis noch nicht oder nicht mehr besteht (→ BFH vom 24.1.1989, VIII R 74/84, BStBl. II S. 419).

Realgemeinden und Vereine. Eine vGA kann auch bei Realgemeinden und Vereinen vorliegen (→ BFH vom 23.9.1970, I R 22/67, BStBl. 1971 II

---

[1] Geänd. durch BMF v. 6.7.2021, BStBl. I 2021, 914, und v. 15.12.2021, BStBl. I 2021, 2483, mit Anwendungsregelung.

S. 47). Ein eingetragener Verein hat eine außersteuerliche Sphäre (→ BFH vom 15.1.2015, I R 48/13, BStBl. II S. 713).

Stiftungen. Destinatäre einer Stiftung haben kein mitgliedschaftliches oder mitgliedschaftsähnliches Verhältnis zur Stiftung (→ BFH vom 22.9.1959, I 5/59 U, BStBl. 1960 III S. 37 und → BFH vom 12.10.2011, I R 102/10, BStBl. 2014 II S. 484). Stiftungen verfügen über eine außerbetriebliche Sphäre (→ BFH vom 12.10.2011, I R 102/10, BStBl. 2014 II S. 484).

Tatsächliche Durchführung von Vereinbarungen. Das Fehlen der tatsächlichen Durchführung ist ein gewichtiges Indiz dafür, dass die Vereinbarung nicht ernstlich gemeint ist. Leistungen der Gesellschaft an ihren Gesellschafter aufgrund einer nicht ernstlich gemeinten Vereinbarung führen zu vGA (→ BFH vom 28.10.1987, I R 110/83, BStBl. 1988 II S. 301 und → BFH vom 29.7.1992, I R 28/92, BStBl. 1993 II S. 247).

Tatsächliche Handlungen. Eine vGA setzt nicht voraus, dass die Vermögensminderung oder verhinderte Vermögensmehrung auf einer Rechtshandlung der Organe der Kapitalgesellschaft beruht. Auch tatsächliche Handlungen können den Tatbestand der vGA erfüllen (→ BFH vom 14.10.1992, I R 17/92, BStBl. 1993 II S. 352).

VVaG. Eine vGA kann auch bei VVaG vorliegen (→ BFH vom 14.7.1976, I R 239/73, BStBl. II S. 731).

Zivilrechtliche Wirksamkeit. Verträge mit beherrschenden Gesellschaftern müssen zivilrechtlich wirksam sein, um steuerlich anerkannt zu werden. Eine Wirksamkeitsvoraussetzung ist ein evtl. bestehendes Schriftformerfordernis (→ BFH vom 17.9.1992, I R 89–98/91, BStBl. 1993 II S. 141). Rechtsgeschäfte, welche der durch das Gesetz vorgeschriebenen Form ermangeln, sind gem. § 125 Satz 1 BGB nichtig. Der Mangel einer durch Rechtsgeschäft vorgeschriebenen Form hat gem. § 125 Satz 2 BGB „im Zweifel" gleichfalls Nichtigkeit zur Folge. Maßgeblich für die Beurteilung der zivilrechtlichen Wirksamkeit ist, ob die Einhaltung der Schriftform Gültigkeitsvoraussetzung für den geänderten Vertrag sein soll (konstitutive Schriftform) oder ob der Inhalt des Vertrags lediglich zu Beweiszwecken schriftlich niedergelegt werden soll (deklaratorische Schriftform).

Änderungen des Gesellschaftsvertrags einer GmbH bedürfen gem. § 53 Abs. 2 GmbHG der notariellen Beurkundung. Die Befreiung eines Alleingesellschafters vom Selbstkontrahierungsverbot des § 181 BGB bedarf zu ihrer Wirksamkeit einer ausdrücklichen Gestattung im Gesellschaftsvertrag und der Eintragung im Handelsregister. Wird die Befreiung erst nach Abschluss von In-sich-Geschäften in der Satzung geregelt und ins Handelsregister eingetragen, sind diese als nachträglich genehmigt anzusehen. Das steuerliche Rückwirkungsverbot steht dem dann nicht entgegen, wenn den In-sich-Geschäften klare und von vornherein abgeschlossene Vereinbarungen zugrunde liegen (→ BFH vom 17.9.1992, I R 89–98/91, BStBl. 1993 II S. 141 und → BFH vom 23.10.1996, I R 71/95, BStBl. 1999 II S. 35).

Miet- und Pachtverträge bedürfen nicht notwendig der Schriftform (§§ 550, 578, 581 BGB). Grundstückskaufverträge bedürfen der notariellen Beurkundung (§ 311b BGB).

Für **Dienstverträge** (z. B. mit Geschäftsführern) ist keine Schriftform vorgeschrieben. Gibt es Beweisanzeichen dafür, dass die Vertragsparteien eine mündlich getroffene Abrede gelten lassen wollen, obwohl sie selbst für alle Vertragsänderungen Schriftform vereinbart hatten, ist der Vertrag trotzdem wirksam geändert. Solche Beweisanzeichen liegen bei Dauerschuldverhältnissen vor, wenn aus gleichförmigen monatlichen Zahlungen und Buchungen erhöhter Gehälter sowie aus der Abführung von Lohnsteuer und Sozialversicherungsbeiträgen auf die Vereinbarung erhöhter Gehälter geschlossen werden kann (→ BFH vom 24.1.1990, I R 157/86, BStBl. II S. 645 und → BFH vom 29.7.1992, I R 18/91, BStBl. 1993 II S. 139). Stark schwankende Leistungen sprechen für eine vGA (→ BFH vom 14.3.1990, I R 6/89, BStBl. II S. 795). Ist vertraglich ausdrücklich festgelegt, dass ohne Schriftform vorgenommene Änderungen unwirksam sein sollen, tritt ein diesbezüglicher Wille klar zu Tage (→ BFH vom 31.7.1991, I S 1/91, BStBl. II S. 933). Ist die Zivilrechtslage zweifelhaft, durfte ein ordentlicher und gewissenhafter Geschäftsleiter aber von der Wirksamkeit ausgehen, liegt keine vGA vor (→ BFH vom 17.9.1992, I R 89–98/91, BStBl. 1993 II S. 141).

Zuflusseignung/Vorteilsgeneigtheit. Die Minderung des Unterschiedsbetrags i. S. d. § 4 Abs. 1 Satz 1 EStG (→ R 8.5 Abs. 1) muss geeignet sein, beim Gesellschafter einen sonstigen Bezug i. S. d. § 20 Abs. 1 Nr. 1 Satz 2 EStG auszulösen (→ BFH vom 7.8.2002, I R 2/02, BStBl. 2004 II S. 131 und → BFH vom 10.4.2013, I R 45/11, BStBl. II S. 771).

II. Vermögensminderung oder verhinderte Vermögensmehrung

Darlehenszinsen. Zur Ermittlung der Vermögensminderung oder der verhinderten Vermögensmehrung bei vGA im Zusammenhang mit Darlehenszinsen (→ BFH vom 28.2.1990, I R 83/87, BStBl. II S. 649 und → BFH vom 19.1.1994, I R 93/93, BStBl. II S. 725).

Erstattungsanspruch. Zivilrechtliche Ansprüche der Gesellschaft gegen den Gesellschafter, die sich aus einem als vGA zu qualifizierenden Vorgang ergeben, sind stets als Einlageforderung gegen den Gesellschafter zu behandeln, die erfolgsneutral zu aktivieren und somit nicht geeignet ist, die durch die vorangegangene vGA eintretende Vermögensminderung auszugleichen (→ BFH vom 29.4.2008, I R 67/06, BStBl. 2011 II S. 55).

Vorteilsausgleich. Eine vGA liegt nicht vor, wenn die Kapitalgesellschaft bei Anwendung der Sorgfalt eines ordentlichen und gewissenhaften Geschäftsleiters die Vermögensminderung oder verhinderte Vermögensmehrung unter sonst gleichen Umständen auch gegenüber einem Nichtgesellschafter hingenommen hätte. Dies kann der Fall sein, wenn zwischen Gesellschaft und Gesellschafter ein angemessenes Entgelt in anderer Weise vereinbart worden ist. Voraussetzungen für die Anerkennung eines derartigen Vorteilsausgleichs ist, dass eine rechtliche Verknüpfung von Leistung und Gegenleistung aus einem gegenseitigen Vertrag besteht (→ BFH vom 8.6.1977, I R 95/75, BStBl. II S. 704 und → BFH vom 1.8.1984, I R 99/80, BStBl. *1985 II S. 18*). Bei einem beherrschenden Gesellschafter bedarf es zur Anerkennung eines Vorteilsausgleichs zudem einer im Voraus getroffenen klaren und eindeutigen Vereinbarung (→ BFH vom 7.12.1988, I R 25/82, BStBl. 1989 II S. 248 und → BFH vom 8.11.1989, I R 16/86, BStBl. 1990 II S. 244).

Zum Vorteilsausgleich bei international verbundenen Unternehmen → *BMF vom 23.2.1983, BStBl. I S. 218 (Tz. 2.3)*[1] und → BMF vom 24.12.1999, BStBl. I S. 1076, (insbes. S. 1114 und 1119), unter Berücksichtigung der Änderungen durch BMF vom 20.11.2000 (BStBl. I S. 1509), BMF vom 29.9.2004 (BStBl. I S. 917) und BMF vom 25.8.2009 (BStBl. I S. 888).[2]

III. Veranlassung durch das Gesellschaftsverhältnis

Allgemeines. Eine Veranlassung durch das Gesellschaftsverhältnis liegt dann vor, wenn ein ordentlicher und gewissenhafter Geschäftsleiter (§ 93 Abs. 1 Satz 1 AktG, § 43 Abs. 1 GmbHG, § 34 Abs. 1 Satz 1 GenG) die Vermögensminderung oder verhinderte Vermögensmehrung gegenüber einer Person, die nicht Gesellschafter ist, unter sonst gleichen Umständen nicht hingenommen hätte (Fremdvergleich, → BFH vom 11.2.1987, I R 177/83, BStBl. II S. 461, → BFH vom 29.4.1987, I R 176/83, BStBl. II S. 733, → BFH vom 10.6.1987, I R 149/83, BStBl. 1988 II S. 25, → BFH vom 28.10.1987, I R 110/83, BStBl. 1988 II S. 301, → BFH vom 27.7.1988, I R 68/84, BStBl. 1989 II S. 57, → BFH vom 7.12.1988, I R 25/82, BStBl. 1989 II S. 248 und → BFH vom 17.5.1995, I R 147/93, BStBl. 1996 II S. 204). Der Fremdvergleich erfordert auch die Einbeziehung des Vertragspartners. Auch wenn ein Dritter einer für die Gesellschaft vorteilhaften Vereinbarung nicht zugestimmt hätte, kann deren Veranlassung im Gesellschaftsverhältnis liegen (→ BFH vom 17.5.1995, I R 147/93, BStBl. 1996 II S. 204). Bei der Prüfung des sog. doppelten Fremdvergleichs ist nicht nur auf den – die Interessen der Gesellschaft im Auge behaltenden – ordentlichen und gewissenhaften Geschäftsleiter, sondern ebenso auf die Interessenlage des objektiven und gedachten Vertragspartners abzustellen (→ BFH vom 11.9.2013, I R 28/13, BStBl. 2014 II S. 726).

Beherrschender Gesellschafter.

– **Begriff.** Eine beherrschende Stellung eines GmbH-Gesellschafters liegt im Regelfall vor, wenn der Gesellschafter die Mehrheit der Stimmrechte besitzt und deshalb bei Gesellschafterversammlungen entscheidenden Einfluss ausüben kann (→ BFH vom 13.12.1989, I R 99/87, BStBl. 1990 II S. 454).
– **Beteiligungsquote.** Eine Beteiligung von 50% oder weniger reicht zur Annahme einer beherrschenden Stellung aus, wenn besondere Umstände hinzutreten, die eine Beherrschung der Gesellschaft begründen (→ BFH vom 8.1.1969, I R 91/66, BStBl. II S. 347, → BFH vom 21.7.1976, I R 223/74, BStBl. II S. 734 und → BFH vom 23.10.1985, I R 247/81, BStBl. 1986 II S. 195).

---

[1] Siehe jetzt BMF v. 14.7.2021, BStBl. I 2021, 1098 – Verwaltungsgrundsätze Verrechnungspreise (**Steuererlasse** Nr. **725** § 1/1).

[2] Betriebsstättenerlass, zuletzt geänd. durch BMF v. 22.12.2016, BStBl. I 2017, 182 (**Steuererlasse** Nr. **800** § 12/1).

- **Bilanzierung.** Ein Rechtsgeschäft zwischen einer Kapitalgesellschaft und ihrem alleinigen Gesellschafter-Geschäftsführer ist als vGA zu werten, wenn es in der Bilanz der Gesellschaft nicht zutreffend abgebildet wird und ein ordentlicher und gewissenhafter Geschäftsführer den Fehler bei sorgsamer Durchsicht der Bilanz hätte bemerken müssen (→ BFH vom 13.6.2006, I R 58/05, BStBl. II S. 928).
- **Gleichgerichtete Interessen.** Wenn mehrere Gesellschafter einer Kapitalgesellschaft mit gleichgerichteten Interessen zusammenwirken, um eine ihren Interessen entsprechende einheitliche Willensbildung herbeizuführen, ist auch ohne Hinzutreten besonderer Umstände eine beherrschende Stellung anzunehmen (→ BFH vom 26.7.1978, I R 138/76, BStBl. II S. 659, → BFH vom 29.4.1987, I R 192/82, BStBl. II S. 797, → BFH vom 29.7.1992, I R 28/92, BStBl. 1993 II S. 247 und → BFH vom 25.10.1995, I R 9/95, BStBl. 1997 II S. 703).
  Gleichgerichtete wirtschaftliche Interessen liegen vor, wenn die Gesellschafter bei der Bemessung der dem einzelnen Gesellschafter jeweils zuzubilligenden Tantieme im Zusammenwirken gemeinsame Interessen verfolgen (→ BFH vom 11.12.1985, I R 164/82, BStBl. 1986 II S. 469). Als Indiz für ein solches Zusammenwirken reichen die übereinstimmende Höhe der Gehälter und das zeitliche Zusammenfallen der Beschlussfassung aus (→ BFH vom 10.11.1965, I 178/63 U, BStBl. 1966 III S. 73).
  Die Tatsache, dass die Gesellschafter nahe Angehörige sind, reicht allein nicht aus, um gleichgerichtete Interessen anzunehmen; vielmehr müssen weitere Anhaltspunkte hinzutreten (→ BVerfG vom 12.3.1985, 1 BvR 571/81, 1 BvR 494/82, 1 BvR 47/83, BStBl. II S. 475 und → BFH vom 1.2.1989, I R 73/85, BStBl. II S. 522).
- **Klare und eindeutige Vereinbarung.** Vereinbarungen mit beherrschenden Gesellschaftern müssen, um steuerlich wirksam zu sein, im Vorhinein klar und eindeutig getroffen sein. Ohne eine klare und eindeutige Vereinbarung kann eine Gegenleistung nicht als schuldrechtlich begründet angesehen werden. Das gilt selbst dann, wenn ein Vergütungsanspruch aufgrund gesetzlicher Regelung bestehen sollte, wie z. B. bei einer Arbeitsleistung (§ 612 BGB) oder einer Darlehensgewährung nach Handelsrecht (§§ 352, 354 HGB, → BFH vom 2.3.1988, I R 63/82, BStBl. II S. 590).
  Eine vGA kommt bei beherrschenden Gesellschaftern in Betracht, wenn nicht von vornherein klar und eindeutig bestimmt ist, ob und in welcher Höhe – einerlei ob laufend oder einmalig – ein Entgelt gezahlt werden soll. Auch eine getroffene Vereinbarung über Sondervergütungen muss zumindest erkennen lassen, nach welcher Bemessungsgrundlage (Prozentsätze, Zuschläge, Höchst- und Mindestbeträge) die Vergütung errechnet werden soll.
  Es muss ausgeschlossen sein, dass bei der Berechnung der Vergütung ein Spielraum verbleibt; die Berechnungsgrundlagen müssen so bestimmt sein, dass allein durch Rechenvorgänge die Höhe der Vergütung ermittelt werden kann, ohne dass es noch der Ausübung irgendwelcher Ermessensakte seitens der Geschäftsführung oder Gesellschafterversammlung

bedarf (→ BFH vom 24.5.1989, I R 90/85, BStBl. II S. 800 und → BFH vom 17.12.1997, I R 70/97, BStBl. 1998 II S. 545).

Leistungen an den beherrschenden Gesellschaftern nahe stehende Personen bedürfen zu ihrer steuerlichen Anerkennung einer im Voraus getroffenen klaren und eindeutigen Vereinbarung (→ BFH vom 22.2.1989, I R 9/85, BStBl. II S. 631).

- **Pensionszusagen.** Rückstellung für Pensionszusagen an beherrschende Gesellschafter-Geschäftsführer → R 8.7, → H 8.7 (Erdienbarkeit).
- **Rückwirkende Vereinbarung.** Rückwirkende Vereinbarungen zwischen der Gesellschaft und dem beherrschenden Gesellschafter sind steuerrechtlich unbeachtlich (→ BFH vom 23.9.1970, I R 116/66, BStBl. 1971 II S. 64, → BFH vom 3.4.1974, I R 241/71, BStBl. II S. 497 und → BFH vom 21.7.1976, I R 223/74, BStBl. II S. 734).
- **Sperrwirkung des abkommensrechtlichen Grundsatzes des „dealing at arm's length".** Der abkommensrechtliche Grundsatz des „dealing at arm's length" entfaltet Sperrwirkung gegenüber den sog. Sonderbedingungen, denen beherrschende Gesellschafter bei Annahme einer vGA unterworfen sind (→ BFH vom 11.10.2012, I R 75/11, BStBl. 2013 II S. 1046).
- **Stimmrechtsausschluss.** Der Vorschrift des § 47 Abs. 4 GmbHG über einen Stimmrechtsausschluss des Gesellschafters bei Rechtsgeschäften zwischen ihm und der Gesellschaft kommt für die Frage der Beherrschung der Gesellschaft keine Bedeutung zu (→ BFH vom 26.1.1989, IV R 151/86, BStBl. II S. 455 und → BFH vom 21.8.1996, X R 25/93, BStBl. 1997 II S. 44).

Nahestehende Person.

- **International verbundene Unternehmen.** Zum Begriff des Nahestehens bei international verbundenen Unternehmen → *BMF vom 23.2. 1983, BStBl. I S. 218 (Tz. 1.4 und 1.5)*[1] sowie → BFH vom 10.4.2013, I R 45/11, BStBl. II S. 771.
- **Kreis der nahestehenden Personen.** Zur Begründung des „Nahestehens" reicht jede Beziehung eines Gesellschafters der Kapitalgesellschaft zu einer anderen Person aus, die den Schluss zulässt, sie habe die Vorteilszuwendung der Kapitalgesellschaft an die andere Person beeinflusst. Ehegatten können als nahestehende Personen angesehen werden (→ BFH vom 2.3.1988, I R 103/86, BStBl. II S. 786 und → BFH vom 10.4.2013, I R 45/11, BStBl. II S. 771). Beziehungen, die ein Nahestehen begründen, können familienrechtlicher, gesellschaftsrechtlicher, schuldrechtlicher oder auch rein tatsächlicher Art sein (→ BFH vom 18.12.1996, I R 139/94, BStBl. 1997 II S. 301). Eine beherrschende Stellung ist für ein Nahestehen nicht erforderlich (→ BFH vom 8.10.2008, I R 61/07, BStBl. 2011 II S. 62). Eine Person, die an einer vermögensverwaltenden Personengesellschaft beteiligt ist, welche ihrerseits Gesellschafterin einer Kapitalgesellschaft ist, ist bei Prüfung einer vGA nicht als „Anteilseigner"

[1] Siehe jetzt BMF v. 14.7.2021, BStBl. I 2021, 1098 – Verwaltungsgrundsätze Verrechnungspreise (**Steuererlasse** Nr. **725** § 1/1).

der zuwendenden Kapitalgesellschaft zu behandeln. Die dem Anteilseigner nahestehende Person ist selbst kein Anteilseigner (→ BFH vom 21.10.2014, VIII R 22/11, BStBl. 2015 II S. 687).

Zum Kreis der dem Gesellschafter nahestehenden Personen zählen sowohl natürliche als auch juristische Personen, unter Umständen auch Personenhandelsgesellschaften (→ BFH vom 6.12.1967, I 98/65, BStBl. 1968 II S. 322, → BFH vom 23.10.1985, I R 247/81, BStBl. 1986 II S. 195 und → BFH vom 1.10.1986, I R 54/83, BStBl. 1987 II S. 459).

- **Schwestergesellschaften.** Zur Beurteilung von vGA zwischen Schwestergesellschaften → BFH vom 26.10.1987, GrS 2/86, BStBl. 1988 II S. 348 und → BFH vom 10.4.2013, I R 45/11, BStBl. II S. 771.
- **Verhältnis zum beherrschenden Gesellschafter.** Bei dem beherrschenden Gesellschafter nahestehenden Personen bedarf eine Vereinbarung über die Höhe eines Entgelts für eine Leistung der vorherigen und eindeutigen Regelung, die auch tatsächlich durchgeführt werden muss (→ BFH vom 29.4.1987, I R 192/82, BStBl. II S. 797, → BFH vom 2.3.1988, I R 103/86, BStBl. II S. 786 und → BFH vom 22.2.1989, I R 9/85, BStBl. II S. 631).
- **Zurechnung der vGA.** Wenn eine vGA einer Person zufließt, die einem Gesellschafter nahesteht, ist diese vGA steuerrechtlich stets dem Gesellschafter als Einnahme zuzurechnen, es sei denn, die nahestehende Person ist selbst Gesellschafter. Darauf, dass der betreffende Gesellschafter selbst einen Vermögensvorteil erlangt, kommt es nicht an (→ BFH vom 29.9.1981, VIII R 8/77, BStBl. 1982 II S. 248 und → BFH vom 18.12.1996, I R 139/94, BStBl. 1997 II S. 301, sowie → BMF vom 20.5.1999, BStBl. I S. 514).

IV. Vergütung der Gesellschafter-Geschäftsführer

Angemessenheit der Gesamtausstattung. → BMF vom 14.10.2002, BStBl. I S. 972.

Private Kfz-Nutzung. → BMF vom 3.4.2012, BStBl. I S. 478 zur Anwendung der Urteile → BFH vom 23.1.2008, I R 8/06, BStBl. 2012 II S. 260, → BFH vom 23.4.2009, VI R 81/06, BStBl. 2012 II S. 262 und → BFH vom 11.2.2010, VI R 43/09, BStBl. 2012 II S. 266.

Überstundenvergütung, Sonn-, Feiertags- und Nachtzuschläge. Die Zahlung einer Überstundenvergütung an den Gesellschafter-Geschäftsführer ist regelmäßig eine vGA, da die gesonderte Vergütung von Überstunden nicht dem entspricht, was ein ordentlicher und gewissenhafter Geschäftsleiter einer GmbH mit einem Fremdgeschäftsführer vereinbaren würde. Dies gilt erst recht dann, wenn die Vereinbarung von vorneherein auf die Vergütung von Überstunden an Sonntagen, Feiertagen und zur Nachtzeit beschränkt ist (→ BFH vom 19.3.1997, I R 75/96, BStBl. II S. 577 und → BFH vom 27.3.2001, I R 40/00, BStBl. II S. 655). Sofern eine Vereinbarung von Zuschlägen an Sonn- und Feiertagen und zur Nachtzeit im Einzelfall durch überzeugende betriebliche Gründe gerechtfertigt wird, die geeignet sind, die Regelvermutung für eine Veranlassung durch das Gesellschaftsverhältnis zu entkräften, kann eine vGA ausnahmsweise zu verneinen sein (→ BFH vom 14.7.2004, I R 111/03, BStBl. 2005 II S. 307). Auch Zuschläge für Sonntagsarbeit, Feiertagsarbeit, Mehrarbeit und Nachtarbeit an den nicht beherrschenden, aber als leitenden Angestellten tätigen Gesellschafter können eine vGA sein (→ BFH vom 13.12.2006, VIII R 31/05, BStBl. 2007 II S. 393).

Urlaub, Abgeltungszahlungen für nicht beanspruchte Tage. Soweit klare und eindeutige Vereinbarungen hinsichtlich des Urlaubsanspruches getroffen worden sind, stellen Abgeltungszahlungen für nicht in Anspruch genommenen Urlaub an den Gesellschafter-Geschäftsführer keine vGA dar, wenn der Nichtwahrnehmung des Urlaubsanspruches betriebliche Gründe zugrunde lagen. Dies ist insbesondere dann der Fall, wenn der Umfang der von ihm geleisteten Arbeit sowie seine Verantwortung für das Unternehmen die Gewährung von Freizeit im Urlaubsjahr ausgeschlossen haben. Gleiches kann für eine im Unternehmen beschäftige nahe stehende Person gelten, wenn diese gegenüber den übrigen Angestellten eine leitende Stellung innehat und die den Geschäftsführer betreffenden betrieblichen Gründe gleichermaßen einschlägig sind, den Jahresurlaub nicht antreten zu können (→ BFH vom 28.1.2004, I R 50/03, BStBl. 2005 II S. 524).

Zeitwertkonten-Modelle. Zu Zeitwertkonten bei Organen von Körperschaften → BMF vom 17.6.2009, BStBl. I S. 1286, Tz. A. IV. 2. Buchstabe b[1] und Tz. F II.

V. Einzelfälle

Aktien/Anteile.

– Zur Anwendung von § 8b KStG auf die Übertragung von Anteilen → BMF vom 28.4.2003, BStBl. I S. 292.
– Zum Erwerb eigener Anteile → BMF vom 27.11.2013, BStBl. I S. 1615.

Darlehensgewährung. Die Hingabe eines Darlehens an den Gesellschafter stellt eine vGA dar, wenn schon bei der Darlehenshingabe mit der Uneinbringlichkeit gerechnet werden muss (→ BFH vom 16.9.1958, I 88/57 U, BStBl. III S. 451 und → BFH vom 14.3.1990, I R 6/89, BStBl. II S. 795). Ein unvollständiger Darlehensvertrag zwischen Kapitalgesellschaft und beherrschendem Gesellschafter kann nicht in die Zuführung von Eigenkapital umgedeutet werden (→ BFH vom 29.10.1997, I R 24/97, BStBl. 1998 II S. 573). Eine vGA kann auch bei Wertberichtigungen auf Darlehensforderungen gegenüber einem Gesellschafter vorliegen, wenn die Gesellschaft im Zeitpunkt der Darlehensgewährung auf dessen ausreichende Besicherung verzichtet hat; auf einen tatsächlichen Mittelabfluss bei der Gesellschaft kommt es nicht an (→ BFH vom 14.7.2004, I R 16/03, BStBl. II S. 1010 und → BFH vom 8.10.2008, I R 61/07, BStBl. 2011 II S. 62). Darlehensgewährungen im Konzern können nicht allein deshalb als vGA beurteilt werden, weil für sie keine Sicherheit vereinbart wurde (→ BFH vom 29.10.1997, I R 24/97, BStBl. 1998 II S. 573).[2]

---

[1] Buchst. b neugef. durch BMF v. 8.8.2019, BStBl. I 2019, 874; siehe auch BFH v. 11.11.2015 I R 26/15, BStBl. II 2016, 489; v. 22.2.2018 IV R 17/16, BStBl. II 2019, 496.

[2] Geänderte Rspr. zu unbesichert im Konzern begebenen Darlehensforderungen durch BFH v. 27.2.2019 I R 73/16, BStBl. II 2019, 394, durch BVerfG v. 4.3.2021 2 BvR 1161/19 aufgehoben; das Verfahren wird nun unter I R 15/21 fortgeführt.

Darlehenszinsen. Erhält ein Gesellschafter ein Darlehen von der Gesellschaft zinslos oder zu einem außergewöhnlich geringen Zinssatz, liegt eine vGA vor (→ BFH vom 25.11.1964, I 116/63 U, BStBl. 1965 III S. 176 und → BFH vom 23.6.1981, VIII R 102/80, BStBl. 1982 II S. 245).
Gibt ein Gesellschafter der Gesellschaft ein Darlehen zu einem außergewöhnlich hohen Zinssatz, liegt eine vGA vor (→ BFH vom 28.10.1964, I 198/62 U, BStBl. 1965 III S. 119 und → BFH vom 25.11.1964, I 116/63 U, BStBl. 1965 III S. 176).

Einbringung einer GmbH in eine KG. Bringt eine GmbH ihr Unternehmen unentgeltlich in eine KG ein, führt dies zu einer vGA in Höhe des fremdüblichen Entgelts für das eingebrachte Unternehmen, wenn am Vermögen der KG ausschließlich der beherrschende Gesellschafter der GmbH beteiligt ist (→ BFH vom 15.9.2004, I R 7/02, BStBl. 2005 II S. 867).

Einkünfteabgrenzung bei international verbundenen Unternehmen. → AStG, GAufzV, FVerlV; → BMF vom 23.2.1983, BStBl. I S. 218; Verwaltungsgrundsätze Kostenumlagen → BMF vom 30.12.1999, BStBl. I S. 1122; Verwaltungsgrundsätze Arbeitnehmerentsendung → BMF vom 9.11.2001, BStBl. I S. 796; Verwaltungsgrundsätze-Verfahren → BMF vom 12.4.2005, BStBl. I S. 570; Verwaltungsgrundsätze Funktionsverlagerung → BMF vom 13.10.2010, BStBl. I S. 774.

Erstausstattung der Kapitalgesellschaft. Bei Rechtsverhältnissen, die im Rahmen der Erstausstattung einer Kapitalgesellschaft zustande gekommen sind, liegt eine vGA schon dann vor, wenn die Gestaltung darauf abstellt, den Gewinn der Kapitalgesellschaft nicht über eine angemessene Verzinsung des eingezahlten Nennkapitals und eine Vergütung für das Risiko des nicht eingezahlten Nennkapitals hinaus zu steigern (→ BFH vom 5.10.1977, I R 230/75, BStBl. 1978 II S. 234, → BFH vom 23.5.1984, I R 294/81, BStBl. II S. 673 und → BFH vom 2.2.1994, I R 78/92, BStBl. II S. 479).

Geburtstag. Gibt eine GmbH aus Anlass des Geburtstags ihres Gesellschafter-Geschäftsführers einen Empfang, an dem nahezu ausschließlich Geschäftsfreunde teilnehmen, liegt eine vGA vor (→ BFH vom 28.11.1991, I R 13/90, BStBl. 1992 II S. 359).

Gesellschafterversammlung. Zur Frage der steuerlichen Behandlung der Fahrtkosten, Sitzungsgelder, Verpflegungs- und Übernachtungskosten anlässlich einer Hauptversammlung oder Gesellschafterversammlung bzw. einer Vertreterversammlung → BMF vom 26.11.1984, BStBl. I S. 591.

Gewinnverteilung. Stimmt die an einer Personengesellschaft beteiligte Kapitalgesellschaft rückwirkend oder ohne rechtliche Verpflichtung einer Neuverteilung des Gewinns zu, die ihre Gewinnbeteiligung zugunsten ihres gleichfalls an der Personengesellschaft beteiligten Gesellschafters einschränkt, liegt eine vGA vor (→ BFH vom 12.6.1980, IV R 40/77, BStBl. II S. 723).

Gründungskosten. → BMF vom 25.6.1991, BStBl. I S. 661.

Irrtum über Leistungspflicht. Leistet der Geschäftsführer einer Kapitalgesellschaft in der irrtümlichen Annahme einer vertraglichen Leistungspflicht eine Zahlung an einen vormaligen Gesellschafter, liegt hierin jedenfalls dann eine vGA, wenn die Begründung der nach der Vorstellung des Geschäftsführers bestehenden Leistungspflicht als vGA zu beurteilen wäre (→ BFH vom 29.4.2008, I R 67/06, BStBl. 2011 II S. 55).

Kapitalerhöhungskosten. → BFH vom 19.1.2000, I R 24/99, BStBl. II S. 545.

Konzernkasse. Besteht für die Unternehmen eines Konzerns eine gemeinsame Unterstützungskasse (Konzernkasse), können bei einem Missverhältnis der Zuwendungen der einzelnen Unternehmen an die Konzernkasse unter bestimmten Voraussetzungen vGA vorliegen (→ BFH vom 29.1.1964, I 209/62 U, BStBl. 1965 III S. 27).

Markteinführungskosten. Ein ordentlicher und gewissenhafter Geschäftsleiter einer Kapitalgesellschaft wird für die Gesellschaft nur dann ein neues Produkt am Markt einführen und vertreiben, wenn er daraus bei vorsichtiger und vorheriger kaufmännischer Prognose innerhalb eines überschaubaren Zeitraums und unter Berücksichtigung der voraussichtlichen Marktentwicklung einen angemessenen Gesamtgewinn erwarten kann (→ BFH vom 17.2.1993, I R 3/92, BStBl. II S. 457 und → *BMF vom 23.2.1983, BStBl. I S. 218 Tz. 3.4 und 3.5).*[1]

Nutzungsüberlassungen

- Eine vGA liegt vor bei Mietverhältnissen oder Nutzungsrechtsüberlassungen zwischen Gesellschafter und Kapitalgesellschaft zu einem unangemessenen Preis (→ BFH vom 16.8.1955, I 160/54 U, BStBl. III S. 353 und → BFH vom 3.2.1971, I R 51/66, BStBl. II S. 408).
- Die Nutzung eines betrieblichen Kfz durch den Gesellschafter-Geschäftsführer ohne fremdübliche Überlassungs- oder Nutzungsvereinbarung führt zur vGA (→ BMF vom 3.4.2012, BStBl. I S. 478 zur Anwendung der Urteile → BFH vom 23.1.2008, I R 8/06, BStBl. 2012 II S. 260, → BFH vom 23.4.2009, VI R 81/06, BStBl. 2012 II S. 262 und → BFH vom 11.2.2010, VI R 43/09, BStBl. 2012 II S. 266).

Rechtsverzicht. Verzichtet eine Gesellschaft auf Rechte, die ihr einem Gesellschafter gegenüber zustehen, liegt eine vGA vor (→ BFH vom 3.11.1971, I R 68/70, BStBl. 1972 II S. 227, → BFH vom 13.10.1983, I R 4/81, BStBl. 1984 II S. 65 und → BFH vom 7.12.1988, I R 25/82, BStBl. 1989 II S. 248).

Reisekosten des Gesellschafter-Geschäftsführers. Von der Kapitalgesellschaft getragene Aufwendungen für eine Auslandsreise des Gesellschafter-Geschäftsführers können eine vGA begründen, wenn die Reise durch private Interessen des Gesellschafters veranlasst oder in nicht nur untergeordnetem Maße mitveranlasst ist (→ BFH vom 6.4.2005, I R 86/04, BStBl. II S. 666). Zum Abzugsverbot nach § 12 Nr. 1 EStG → BFH vom 21.9.2009, GrS 1/06, BStBl. 2010 II S. 672 sowie → BMF vom 6.7.2010, BStBl. I S. 614.

---

[1] Siehe jetzt BMF v. 14.7.2021, BStBl. I 2021, 1098 – Verwaltungsgrundsätze Verrechnungspreise (**Steuererlasse** Nr. **725** § 1/1).

Risikogeschäfte. Tätigt eine Kapitalgesellschaft Risikogeschäfte (Devisentermingeschäfte), so rechtfertigt dies im Allgemeinen nicht die Annahme, die Geschäfte würden im privaten Interesse des (beherrschenden) Gesellschafters ausgeübt. Die Gesellschaft ist grundsätzlich darin frei, solche Geschäfte und die damit verbundenen Chancen, zugleich aber auch Verlustgefahren wahrzunehmen. Die Übernahme der Risiken wird sich deswegen allenfalls bei ersichtlich privater Veranlassung als Verlustverlagerung zuungunsten der Gesellschaft darstellen, beispielsweise dann, wenn die Gesellschaft sich verpflichtet, Spekulationsverluste zu tragen, Spekulationsgewinne aber an den Gesellschafter abzuführen, oder wenn sie sich erst zu einem Zeitpunkt zur Übernahme der in Rede stehenden Geschäfte entschließt, in dem sich die dauerhafte Verlustsituation bereits konkret abzeichnet (→ BFH vom 8.8.2001, I R 106/99, BStBl. 2003 II S. 487).

Rückstellung bei Mietzahlungen. Eine Rückstellung für die Verpflichtung einer Kapitalgesellschaft, einer Schwestergesellschaft die von dieser geleisteten Mietzahlungen nach den Grundsätzen der eigenkapitalersetzenden Gebrauchsüberlassung zu erstatten, führt zu einer vGA (→ BFH vom 20.8.2008, I R 19/07, BStBl. 2011 II S. 60).

Schuldübernahme. Eine vGA liegt vor, wenn eine Gesellschaft eine Schuld oder sonstige Verpflichtung eines Gesellschafters übernimmt (→ BFH vom 19.3.1975, I R 173/73, BStBl. II S. 614 und → BFH vom 19.5.1982, I R 102/79, BStBl. II S. 631).

Stille Gesellschaft. Beteiligt sich ein Gesellschafter an der Gesellschaft als stiller Gesellschafter und erhält dafür einen unangemessen hohen Gewinnanteil, liegt eine vGA vor (→ BFH vom 6.2.1980, I R 50/76, BStBl. II S. 477).

Träger der Sparkasse, Zinsaufbesserungen. Zu der Frage, ob vGA an den Träger der Sparkasse vorliegen, wenn eine Sparkasse diesem Zinsaufbesserungen für Einlagen und Zinsrückvergütungen für ausgereichte Darlehen gewährt → BFH vom 1.12.1982, I R 69–70/80, BStBl. 1983 II S. 152.

Verlustgeschäfte. Ein ordentlicher und gewissenhafter Geschäftsleiter würde die Übernahme von Aufgaben, die vorrangig im Interesse des Alleingesellschafters liegen, davon abhängig machen, ob sich der Gesellschaft die Chance zur Erzielung eines angemessenen Gewinns stellt (→ BFH vom 2.2.1994, I R 78/92, BStBl. II S. 479). Bei Dauerverlustgeschäften bei der öffentlichen Hand → § 8 Abs. 7 KStG und → BMF vom 12.11.2009, BStBl. I S. 1303.

(Zinslose) Vorschüsse auf Tantieme. Zahlt eine GmbH ihrem Gesellschafter ohne eine entsprechende klare und eindeutige Abmachung einen unverzinslichen Tantiemevorschuss, ist der Verzicht auf eine angemessene Verzinsung eine vGA (→ BFH vom 22.10.2003, I R 36/03, BStBl. 2004 II S. 307).

Waren. Liefert ein Gesellschafter an die Gesellschaft, erwirbt er von der Gesellschaft Waren und sonstige Wirtschaftsgüter zu ungewöhnlichen Preisen, oder erhält er besondere Preisnachlässe und Rabatte, liegt eine vGA vor (→ BFH vom 12.7.1972, I R 203/70, BStBl. II S. 802, → BFH vom

21.12.1972, I R 70/70, BStBl. 1973 II S. 449, → BFH vom 16.4.1980, I R 75/78, BStBl. 1981 II S. 492 und → BFH vom 6.8.1985, VIII R 280/81, BStBl. 1986 II S. 17).

Zur Lieferung von Gütern oder Waren bei international verbundenen Unternehmen → *BMF vom 23.2.1983, BStBl. I S. 218 Tz. 3.1.*[1]

R 8.6 Wert der verdeckten Gewinnausschüttungen, Beweislast, Rückgängigmachung

Löst eine vGA Umsatzsteuer oder nicht abziehbare Vorsteuer aus, ist diese bei der Gewinnermittlung nicht zusätzlich nach § 10 Nr. 2 KStG hinzuzurechnen.

H 8.6

Beweislast.

- **Grundsätze.** Die objektive Beweislast für das Vorliegen von vGA obliegt dem Finanzamt (→ BFH vom 27.10.1992, VIII R 41/89, BStBl. 1993 II S. 569). Andererseits hat die Körperschaft die objektive Beweislast für die betriebliche Veranlassung der in der Buchführung als Betriebsvermögensminderung behandelten Aufwendungen. Sprechen nahezu alle erheblichen Beweisanzeichen dafür, dass eine Zuwendung an den Gesellschafter ihre Grundlage im Gesellschaftsverhältnis hat, geht ein verbleibender Rest an Ungewissheit zulasten der Körperschaft. Spricht der Maßstab des Handelns eines ordentlichen und gewissenhaften Geschäftsleiters für die Veranlassung einer Vorteilszuwendung im Gesellschaftsverhältnis, hat die Körperschaft die Umstände darzulegen, aus denen sich eine andere Beurteilung ergeben kann (→ BFH vom 19.3.1997, I R 75/96, BStBl. II S. 577).
- **Beweislast bei beherrschendem Gesellschafter.** Der beherrschende Gesellschafter hat das Vorliegen einer im Voraus geschlossenen klaren und eindeutigen Vereinbarung nachzuweisen (→ BFH vom 29.7.1992, I R 28/92, BStBl. 1993 II S. 247).
- **Beweislast bei international verbundenen Unternehmen.** Zur Mitwirkungs- und Nachweispflicht bei international verbundenen Unternehmen → BMF vom 12.4.2005, BStBl. I S. 570. § 90 Abs. 3 AO bzw. die GAufzV[2] sind zu beachten.

Fremdvergleich von Preisen bei Handel zwischen verbundenen Unternehmen. Zur Bemessung der vGA bei grenzüberschreitenden Geschäftsbeziehungen zwischen verbundenen Unternehmen → BFH-Urteile vom 17.10.2001, I R 103/00, BStBl. 2004 II S. 171 und → BFH vom 6.4.2005, I R 22/04, BStBl. 2007 II S. 658. Zur Anwendung des BFH-Urteils vom 17.10.2001 (a. a. O.) → BMF vom 26.2.2004, BStBl. I S. 270.

---

[1] Siehe jetzt BMF v. 14.7.2021, BStBl. I 2021, 1098 – Verwaltungsgrundsätze Verrechnungspreise (**Steuererlasse** Nr. **725** § 1/1).

[2] GewinnabgrenzungsaufzeichnungsV v. 12.7.2017, BGBl. I 2017, 2367 (**Steuergesetze** Nr. **800b**).

Hingabe von Wirtschaftsgütern. Für die Bemessung der vGA ist bei Hingabe von Wirtschaftsgütern von deren gemeinem Wert, der durch den erzielbaren Erlös bestimmt wird, auszugehen (→ BFH vom 18.10.1967, I 262/63, BStBl. 1968 II S. 105 und → BFH vom 27.11.1974, I R 250/72, BStBl. 1975 II S. 306).

Nutzungsüberlassungen. Für die Bemessung der vGA ist bei Nutzungsüberlassungen von der erzielbaren Vergütung auszugehen (→ BFH vom 27.11.1974, I R 250/72, BStBl. 1975 II S. 306, → BFH vom 6.4.1977, I R 86/75, BStBl. II S. 569 und → BFH vom 28.2.1990, I R 83/87, BStBl. II S. 649). Zur Bemessung der vGA bei der Überlassung eines betrieblichen Kfz → BMF vom 3.4.2012, BStBl. I S. 478.

Rückgängigmachung. Die Rückgängigmachung von vGA ist nur in besonders gelagerten Ausnahmefällen möglich (→ BFH vom 10.4.1962, I 65/61 U, BStBl. III S. 255 und → BFH vom 23.5.1984, I R 266/81, BStBl. II S. 723 und → BMF vom 6.8.1981, BStBl. I S. 599).

Steuerbilanzgewinn. Die Gewinnerhöhung aufgrund einer vGA i. S.d. § 8 Abs. 3 Satz 2 KStG ist dem Steuerbilanzgewinn außerhalb der Steuerbilanz im Rahmen der Ermittlung des Einkommens der Körperschaft hinzuzurechnen (→ BMF vom 28.5.2002, BStBl. I S. 603).

Verdeckte Gewinnausschüttung und Kapitalertrag nach § 20 EStG. Für die Anwendung des § 8 Abs. 3 Satz 2 KStG kommt es nicht darauf an, ob und in welcher Höhe die vGA beim Gesellschafter tatsächlich einen Kapitalertrag nach § 20 Abs. 1 Nr. 1 Satz 2, Nr. 9 oder Nr. 10 Buchstabe a oder b EStG auslöst (→ BFH vom 29.4.1987, I R 176/83, BStBl. II S. 733, → BFH vom 22.2.1989, I R 44/85, BStBl. II S. 475, → BFH vom 14.3.1989, I R 8/85, BStBl. II S. 633 und → BFH vom 26.6.2013, I R 39/12, BStBl. II 2014 S. 174).

Beachte hierzu → H 8.5. I. Zuflusseignung/Vorteilsgeneigtheit.

Zur Kapitalertragsteuerpflicht bei BgA → *BMF vom 9.1.2015, BStBl. I S. 111.*[1]

R 8.7 Rückstellungen für Pensionszusagen an Gesellschafter-Geschäftsführer von Kapitalgesellschaften

[1]Bei Pensionsverpflichtungen ist in einem ersten Schritt zu prüfen, ob und in welchem Umfang eine Rückstellung gebildet werden darf. [2]Ist eine Pensionszusage bereits zivilrechtlich unwirksam, ist die Pensionsrückstellung in der Handelsbilanz erfolgswirksam aufzulösen, dies ist maßgeblich für die steuerrechtliche Gewinnermittlung. [3]Daneben müssen die Voraussetzungen des § 6a EStG erfüllt sein; sind sie nicht erfüllt, ist die Pensionsrückstellung insoweit innerhalb der steuerrechtlichen Gewinnermittlung erfolgswirksam aufzulösen. [4]Die Regelungen in R 6a EStR[2] sind für den Ansatz der Pensionsrückstellungen in der steuerrechtlichen Gewinnermittlung dem Grunde und der Höhe nach zu berücksichtigen. [5]Ist die Pensionsrückstellung dem Grunde und der

---

[1] Siehe *jetzt BMF v. 28.1.2019*, BStBl. I 2019, 97, mit Anwendungsregelung, geänd. durch BMF v. 4.4.2022, BStBl. I 2022, 645.

[2] Nr. **1**.

Höhe nach zutreffend bilanziert, ist in einem zweiten Schritt zu prüfen, ob und inwieweit die Pensionsverpflichtung auf einer vGA beruht. [6]Bei dieser Prüfung sind insbesondere die Aspekte Ernsthaftigkeit, → Erdienbarkeit und → Angemessenheit zu prüfen.

H **8.7**

Angemessenheit. In die Prüfung der Angemessenheit der Gesamtbezüge des Gesellschafter-Geschäftsführers ist auch die ihm erteilte Pensionszusage einzubeziehen. Diese ist mit der fiktiven Jahresnettoprämie nach dem Alter des Gesellschafter-Geschäftsführers im Zeitpunkt der Pensionszusage anzusetzen, die er selbst für eine entsprechende Versicherung zu zahlen hätte, abzüglich etwaiger Abschluss- und Verwaltungskosten. Sieht die Pensionszusage spätere Erhöhungen vor oder wird sie später erhöht, ist die fiktive Jahresnettoprämie für den Erhöhungsbetrag auf den Zeitpunkt der Erhöhung der Pensionszusage zu berechnen; dabei ist von den Rechnungsgrundlagen auszugehen, die für die Berechnung der Pensionsrückstellung verwendet werden. Das gilt nicht für laufende Anpassungen an gestiegene Lebenshaltungskosten. Zur Ermittlung der Angemessenheitsgrenze für die Gesamtbezüge → BMF vom 14.10.2002, BStBl. I S. 972. Zur Überversorgung wegen überdurchschnittlich hoher Versorgungsanwartschaften und bei Nur-Pension → BMF vom 3.11.2004, BStBl. I S. 1045, Rn. 7, → BMF vom 13.12.2012, BStBl. 2013 I S. 35, → BFH vom 31.3.2004, I R 70/03, BStBl. II S. 937, und → BFH vom 28.4.2010, I R 78/08, BStBl. 2013 II S. 41.

Erdienbarkeit.[1)] Die Zusage einer Pension an einen beherrschenden Gesellschafter-Geschäftsführer führt zu einer vGA, wenn der Zeitraum zwischen

(Fortsetzung S. 61)

[1)] Zur Erdienbarkeit bei Barlohnumwandlung siehe BFH v. 7.3.2018 I R 89/15, BStBl. II 2019, 70.

[illegible]

dem Zeitpunkt der Zusage der Pension und dem vorgesehenen Zeitpunkt des Eintritts in den Ruhestand weniger als 10 Jahre beträgt (→ BFH vom 21.12.1994, I R 98/93, BStBl. 1995 II S. 419 sowie → BMF vom 1.8.1996, BStBl. I S. 1138 und → BMF vom 9.12.2002, BStBl. I S. 1393).

Die Zusage einer Pension an einen nicht beherrschenden Gesellschafter-Geschäftsführer führt zu einer vGA, wenn

- der Zeitraum zwischen dem Zeitpunkt der Zusage der Pension und dem vorgesehenen Zeitpunkt des Eintritts in den Ruhestand weniger als 10 Jahre beträgt, oder
- dieser Zeitraum zwar mindestens drei Jahre beträgt, der Gesellschafter-Geschäftsführer dem Betrieb aber weniger als 12 Jahre angehörte (→ BFH vom 24.1.1996, I R 41/95, BStBl. 1997 II S. 440 und → BFH vom 15.3.2000, I R 40/99, BStBl. II S. 504 und → BMF vom 7.3.1997, BStBl. I S. 637).

Eine Pensionszusage muss zur Vermeidung einer vGA vor der Vollendung des 60. Lebensjahres des Gesellschafter-Geschäftsführers erteilt worden sein (→ BFH vom 5.4.1995, I R 138/93, BStBl. II S. 478).

Diese Grundsätze sind auch bei einer nachträglichen Erhöhung der Zusage anzuwenden (→ BFH vom 23.9.2008, I R 62/07, BStBl. 2013 II S. 39). Um eine nachträgliche Erhöhung kann es sich auch handeln, wenn ein endgehaltsabhängiges Pensionsversprechen infolge einer Gehaltsaufstockung mittelbar erhöht wird und das der Höhe nach einer Neuzusage gleichkommt (→ BFH vom 20.5.2015, I R 17/14, BStBl. 2015 II S. 1022).

Finanzierbarkeit. Zur Finanzierbarkeit von Pensionszusagen gegenüber Gesellschafter-Geschäftsführern → BFH vom 8. 11. 2000, I R 70/99, BStBl. 2005 II S. 653, → BFH vom 20.12.2000, I R 15/00, BStBl. 2005 II S. 657, → BFH vom 7.11.2001, I R 79/00, BStBl. 2005 II S. 659, → BFH vom 4.9.2002, I R 7/01, BStBl. 2005 II S. 662 und → BFH vom 31.3.2004, I R 65/03, BStBl. 2005 II S. 664 sowie → BMF vom 6.9.2005, BStBl. I S. 875.

Fortführung eines Dienstverhältnisses.[1] Zur vGA bei Fortführung eines Dienstverhältnisses nach Eintritt des Versorgungsfalls → BFH vom 5.3.2008, I R 12/07, BStBl. 2015 II S. 409 und → BFH vom 23.10.2013, I R 60/12, BStBl. 2015 II S. 413.

Invaliditätsversorgung – dienstzeitunabhängig. Die Zusage einer dienstzeitunabhängigen Invaliditätsversorgung zugunsten eines Gesellschafter-Geschäftsführers i. H. v. 75% des Bruttogehalts führt wegen Unüblichkeit zur vGA (→ BFH vom 28.1.2004, I R 21/03, BStBl. 2005 II S. 841).

Kapitalabfindung. Sagt eine Kapitalgesellschaft ihrem beherrschenden Gesellschafter-Geschäftsführer anstelle der monatlichen Rente „spontan" die Zahlung einer Kapitalabfindung der Versorgungsanwartschaft zu, so ist die gezahlte Abfindung regelmäßig vGA (→ BFH vom 11.9.2013, I R 28/13, BStBl. 2014 II S. 726 und → BFH vom 23.10.2013, I R 89/12, BStBl. 2014 II S. 729). Bei nicht beherrschenden Gesellschafter-Geschäftsführern → BFH vom 28.4.2010, I R 78/08, BStBl. 2013 II S. 41.

Lebenshaltungskosten. Zur Pensionserhöhung wegen gestiegener Lebenshaltungskosten → BFH vom 27.7.1988, I R 68/84, BStBl. 1989 II S. 57.

---

[1] Siehe auch BMF v. 18.9.2017, BStBl. I 2017, 1293.

Lebensgefährtin. Zur Pensionszusage zugunsten einer nichtehelichen Lebensgefährtin → BFH vom 29.11.2000, I R 90/99, BStBl. 2001 II S. 204 sowie → BMF vom 25.7.2002, BStBl. I S. 706 und → BMF vom 8.1.2003, BStBl. I S. 93.

Rückdeckungsversicherung. Beiträge, die eine GmbH für eine Lebensversicherung entrichtet, die sie zur Rückdeckung einer ihrem Gesellschafter-Geschäftsführer zugesagten Pension abgeschlossen hat, stellen auch dann keine vGA dar, wenn die Pensionszusage durch das Gesellschaftsverhältnis veranlasst ist (→ BFH vom 7.8.2002, I R 2/02, BStBl. 2004 II S. 131).

Tatsächliche Durchführung. Scheidet der beherrschende Gesellschafter-Geschäftsführer einer GmbH vor Ablauf der Erdienenszeit aus dem Unternehmen als Geschäftsführer aus, wird der Versorgungsvertrag tatsächlich nicht durchgeführt. Die jährlichen Zuführungen zu der für die Versorgungszusage gebildeten Rückstellung stellen deswegen regelmäßig vGA dar (→ BFH vom 25.6.2014, I R 76/13, BStBl. 2015 II S. 665).

Überversorgung

– **Nur-Pension.** Sog. Nur-Pensionszusagen führen regelmäßig zur sog. Überversorgung, so dass eine Rückstellung nach § 6a EStG zu Lasten des Steuerbilanzgewinns nicht gebildet werden darf (→ BFH vom 9.11.2005, I R 89/04, BStBl. 2008 II S. 523 und → BFH vom 28.4.2010, I R 78/08, BStBl. 2013 II S. 41 sowie → BMF vom 13.12.2012, BStBl. 2013 I S. 35). Die Zusage einer Nur-Pension ist im Übrigen durch das Gesellschaftsverhältnis veranlasst (→ BFH vom 17.5.1995, I R 147/93, BStBl. 1996 II S. 204 und → BFH vom 28.4.2010, I R 78/08, BStBl. 2013 II S. 41 sowie → BMF vom 28.1.2005, BStBl. I S. 387).
– **Reduzierung der Aktivbezüge.** → BFH vom 27.3.2012, I R 56/11, BStBl. II S. 665 sowie → BMF vom 3.11.2004, BStBl. I S. 1045.
– **Rentendynamik.** Zu fest zugesagten prozentualen Erhöhungen von Renten und Rentenanwartschaften → H 6a (17) Steigerungen der Versorgungsansprüche EStH.

Unverfallbarkeit. Zu Vereinbarungen über eine Unverfallbarkeit in Zusagen auf Leistungen der betrieblichen Altersversorgung an Gesellschafter-Geschäftsführer → BMF vom 9.12.2002, BStBl. I S. 1393 sowie → BFH vom 26.6.2013, I R 39/12, BStBl. 2014 II S. 174.

Warte-/Probezeit. Die Erteilung einer Pensionszusage unmittelbar nach der Anstellung und ohne die unter Fremden übliche Wartezeit ist in aller Regel durch das Gesellschaftsverhältnis veranlasst. Eine derartige Wartezeit ist bei bereits erprobten Geschäftsführern insbesondere in Fällen der Umwandlung nicht erforderlich (→ BFH vom 15.10.1997, I R 42/97, BStBl. 1999 II S. 316, → BFH vom 29.10.1997, I R 52/97, BStBl. 1999 II S. 318, → BFH vom 24.4.2002, I R 18/01, BStBl. II S. 670, → BFH vom 23.2.2005, I R 70/04, BStBl. II S. 882, → BFH vom 28.4.2010, I R 78/08, BStBl. 2013 II S. 41 und → BFH vom 26.6.2013, I R 39/12, BStBl. 2014 II S. 174 sowie → BMF vom 14.12.2012, BStBl. 2013 I S. 58). Eine unter Verstoß gegen eine angemessene Probezeit erteilte Pensionszusage wächst auch nach Ablauf der angemessenen Probezeit nicht in eine fremdvergleichsgerechte Pensionszusage hinein (→ BFH vom 28. 4. 2010, I R 78/08, BStBl. 2013 II S. 41 sowie → BMF vom 14. 12. 2012, BStBl. 2013 I S. 58).

Eine vGA kann bei einer unberechtigten Einbeziehung von Vordienstzeiten bei der Teilwertberechnung einer Pensionsrückstellung zu verneinen sein, wenn die Pensionszusage dem Grunde und der Höhe nach einem Fremdvergleich standhält (→ BFH vom 18. 4. 2002, III R 43/00, BStBl. 2003 II S. 149).

Wegfall einer Pensionsverpflichtung. Eine wegen Wegfalls der Verpflichtung gewinnerhöhend aufgelöste Pensionsrückstellung ist im Wege einer Gegenkorrektur nur um die tatsächlich bereits erfassten vGA der Vorjahre außerbilanziell zu kürzen (→ BFH vom 21. 8. 2007, I R 74/06, BStBl. 2008 II S. 277 sowie → BMF vom 28. 5. 2002, BStBl. I S. 603).

R 8.8 Tantiemen – *unbesetzt* –

H 8.8

Allgemeines. Vereinbart eine GmbH mit ihrem beherrschenden Gesellschafter-Geschäftsführer eine Gewinntantieme, liegt darin eine vGA, wenn der nach Ablauf des jeweiligen Geschäftsjahres entstehende gesellschaftsrechtliche Gewinnanspruch lediglich der Form nach in einen Gehaltsanspruch gekleidet ist (→ BFH vom 2. 12. 1992, I R 54/91, BStBl. 1993 II S. 311).

Grundsätze. → BMF vom 1. 2. 2002, BStBl. I S. 219.

Nach der sog. 75/25-Regelvermutung ist zu beachten, dass die Bezüge im Allgemeinen wenigstens zu 75% aus einem festen und höchstens zu 25% aus erfolgsabhängigen Bestandteilen (Tantiemen) bestehen. Übersteigt der variable Anteil der Vergütung diese Grenze, ist im Einzelfall zu ermitteln, ob die gewählte Gestaltung betrieblich oder gesellschaftsrechtlich veranlasst ist (→ BFH vom 27. 2. 2003, I R 46/01, BStBl. 2004 II S. 132 und → BFH vom 4. 6. 2003, I R 24/02, BStBl. 2004 II S. 136).

Unerwartete Erhöhung der Bemessungsgrundlage für die Gewinntantieme. → BFH vom 10. 7. 2002, I R 37/01, BStBl. 2003 II S. 418.

Umsatztantieme. Umsatzabhängige Vergütungen an Geschäftsführer sind steuerlich nur anzuerkennen, wenn besondere Gründe dafür vorliegen, dass die mit dem Vergütungsanreiz angestrebten Ziele mit einer gewinnabhängigen Vergütung nicht zu erreichen sind. Besondere Gründe sind in der Branchenüblichkeit und der Aufbauphase der Gesellschaft gegeben (→ BFH vom 5. 10. 1977, I R 230/75, BStBl. 1978 II S. 234, → BFH vom 28. 6. 1989, I R 89/85, BStBl. II S. 854 und → BFH vom 19. 2. 1999, I R 105–107/97, BStBl. II S. 321).

Voraussetzung der Anerkennung der Umsatztantieme ist aber die vertragliche, zeitliche und höhenmäßige Begrenzung der Umsatztantieme. Eine derartige Begrenzung ist zur Vermeidung einer künftigen Gewinnabsaugung und einer die Rendite vernachlässigenden Umsatzsteigerung notwendig (→ BFH vom 19. 2. 1999, I R 105–107/97, BStBl. II S. 321). Die Beweislast für die Anerkennung der für eine umsatzabhängige Tantieme sprechenden Umstände trägt der Steuerpflichtige (→ BFH vom 28. 6. 1989, I R 89/85, BStBl. II S. 854).

Verlustvorträge. Ist der gewinntantiemeberechtigte Gesellschafter-Geschäftsführer für einen bestehenden Verlustvortrag verantwortlich oder zumindest teilverantwortlich, ist der Verlustvortrag in die Bemessungsgrundlage der Gewinntantieme einzubeziehen (→ BFH vom 17. 12. 2003, I R 22/03, BStBl. 2004 II S. 524). Jahresfehlbeträge müssen regelmäßig vorgetragen und durch zukünftige Jahresüberschüsse ausgeglichen werden; eine vorhergehende Verrechnung mit einem etwa bestehenden Gewinnvortrag laut Handelsbilanz darf i. d. R. nicht vorgenommen werden (→ BFH vom 18. 9. 2007, I R 73/06, BStBl. 2008 II S. 314).

Verspätete Auszahlung. Wird eine klar und eindeutig vereinbarte Gewinntantieme an einen beherrschenden Gesellschafter-Geschäftsführer nicht bereits bei Fälligkeit ausgezahlt, führt dies nicht notwendigerweise zu einer vGA. Entscheidend ist, ob unter Würdigung aller Umstände die verspätete Auszahlung Ausdruck mangelnder Ernsthaftigkeit der Tantiemevereinbarung ist (→ BFH vom 29. 7. 1992, I R 28/92, BStBl. 1993 II S. 247 und → BFH vom 29. 6. 1994, I R 11/94, BStBl. II S. 952).

(Zinslose) Vorschüsse auf Tantieme. Zahlt eine GmbH ihrem Gesellschafter ohne eine entsprechende klare und eindeutige Abmachung einen unverzinslichen Tantiemevorschuss, ist der Verzicht auf eine angemessene Verzinsung eine vGA (→ BFH vom 22. 10. 2003, I R 36/03, BStBl. 2004 II S. 307).

Zustimmungsvorbehalt. Steht eine im Übrigen klare Tantiemevereinbarung mit einem beherrschenden Gesellschafter-Geschäftsführer unter dem Vorbehalt, dass die Gesellschafterversammlung die Tantieme anderweitig höher oder niedriger festsetzen kann, dann besteht Unsicherheit und damit auch Unklarheit, ob der Tantiemeanspruch des Gesellschafter-Geschäftsführers letztlich Bestand haben wird. Deshalb ist in Höhe des Betrags der gebildeten Rückstellung für die Tantieme eine vGA anzunehmen (→ BFH vom 29. 4. 1992, I R 21/90, BStBl. II S. 851).

R 8.9 Verdeckte Einlage

(1) Eine verdeckte Einlage i. S. d. § 8 Abs. 3 Satz 3 KStG liegt vor, wenn ein Gesellschafter oder eine ihm → nahestehende Person der Körperschaft außerhalb der gesellschaftsrechtlichen Einlagen einen → einlagefähigen Vermögensvorteil zuwendet und diese Zuwendung durch das Gesellschaftsverhältnis veranlasst ist.

(2) § 4 Abs. 1 Satz 1, § 6 Abs. 1 Nr. 5 EStG finden gem. § 8 Abs. 1 KStG auch auf Kapitalgesellschaften Anwendung, obwohl hier Einlegender und Empfänger der Einlage verschiedene Rechtsträger sind (finaler Einlagebegriff).

(3) [1] Voraussetzung für die Annahme einer verdeckten Einlage ist stets, dass die Zuwendung des Gesellschafters oder einer ihm → nahestehenden Person durch das Gesellschaftsverhältnis veranlasst ist. [2] Eine Veranlassung durch das Gesellschaftsverhältnis ist nur dann gegeben, wenn ein Nichtgesellschafter bei

Anwendung der Sorgfalt eines ordentlichen Kaufmanns den Vermögensvorteil der Gesellschaft nicht eingeräumt hätte, was grundsätzlich durch Fremdvergleich festzustellen ist.

(4) [1] Die Bewertung verdeckter Einlagen hat grundsätzlich mit dem Teilwert zu erfolgen (§ 8 Abs. 1 KStG i. V. m. § 6 Abs. 1 Nr. 5 und Abs. 6 EStG). [2] § 6 Abs. 1 Nr. 5 Satz 1 Buchstabe b EStG findet keine Anwendung, weil die verdeckte Einlage von Anteilen an einer Kapitalgesellschaft i. S. d. § 17 Abs. 1 Satz 1 EStG in eine Kapitalgesellschaft gem. § 17 Abs. 1 Satz 2 EStG beim Einlegenden einer Veräußerung gleichgestellt wird und es somit bei ihm zum Einlagezeitpunkt zu einer Besteuerung der stillen Reserven kommt. [3] Entsprechendes gilt in Fällen des § 20 Abs. 2 Satz 2 EStG für § 6 Abs. 1 Nr. 5 Satz 1 Buchstabe c EStG. [4] § 6 Abs. 1 Nr. 5 Satz 1 Buchstabe a EStG ist in den Fällen zu beachten, in denen das eingelegte Wirtschaftsgut innerhalb der letzten drei Jahre vor dem Zeitpunkt der Zuführung angeschafft oder hergestellt worden ist, es sich aber nicht um eine verdeckte Einlage in eine Kapitalgesellschaft gem. § 23 Abs. 1 Satz 1 oder § 20 Abs. 2 Satz 2 EStG handelt, die als Veräußerung gilt und folglich im Einlagezeitpunkt ebenfalls zu einer Besteuerung der stillen Reserven führt.

(5) [1] Für die Qualifizierung von Leistungen als verdeckte Einlagen sind die Umstände maßgebend, die bestanden, als der Verpflichtete seine Zusage auf die Leistung gegeben hat. [2] Ändern sich diese Umstände durch das Ausscheiden nicht, dann sind die Leistungen auch nach dem Ausscheiden des bisherigen Gesellschafters weiterhin als verdeckte Einlagen zu qualifizieren.

H 8.9

Anwachsung. Scheiden die Kommanditisten einer GmbH & Co. KG, die zugleich Gesellschafter der Komplementär-GmbH sind, ohne Entschädigung mit der Folge aus, dass ihr Anteil am Gesellschaftsvermögen gem. §§ 736, 738 BGB der Komplementär-GmbH zuwächst, erbringen die Kommanditisten eine verdeckte Einlage in die Komplementär-GmbH. Dabei bemisst sich der Wert der verdeckten Einlage nach der Wertsteigerung, die die GmbH einschließlich des anteiligen Geschäftswerts durch die Anwachsung erfährt (→ BFH vom 12. 2. 1980, VIII R 114/77, BStBl. II S. 494 und → BFH vom 24. 3. 1987, I R 202/83, BStBl. II S. 705 sowie → *BMF vom 25. 3. 1998, BStBl. I S. 268).*[1)]

Anwendungsbereich. Der Anwendungsbereich verdeckter Einlagen ist auf solche Körperschaften beschränkt, die ihren Anteilseignern oder Mitgliedern kapitalmäßige oder mitgliedschaftsähnliche Rechte gewähren (→ BFH vom 21. 9. 1989, IV R 115/88, BStBl. 1990 II S. 86).

Behandlung beim Gesellschafter. Die verdeckte Einlage eines Wirtschaftsguts in das Betriebsvermögen einer Kapitalgesellschaft führt auf der Ebene des Gesellschafters grundsätzlich zu nachträglichen Anschaffungskosten auf die Beteiligung an dieser Gesellschaft (→ BFH vom 12. 2. 1980, VIII R 114/77, BStBl. II S. 494 und → BFH vom 29. 7. 1997, VIII R 57/94, BStBl. 1998 II S. 652).

---

1) Siehe jetzt BMF v. 11. 11. 2011, BStBl. I 2011, 1314 (**Steuererlasse** Nr. **130**).

Zu Anschaffungskosten einer Beteiligung bei verdeckter Einlage → § 6 Abs. 6 Satz 2 und 3 EStG.

Bürgschaftsübernahme des Gesellschafters zu Gunsten der Gesellschaft. Mangels einlagefähigem Wirtschaftsgut sind die Voraussetzungen zur Annahme einer verdeckten Einlage durch die bloße Abgabe des Bürgschaftsversprechens noch nicht erfüllt (→ BFH vom 19. 5. 1982, I R 102/79, BStBl. II S. 631).

Wird der Gesellschafter aber aus der Bürgschaft in Anspruch genommen und war diese gesellschaftsrechtlich veranlasst, liegt eine verdeckte Einlage vor, soweit der Gesellschafter auf seine dadurch entstandene Regressforderung verzichtet. Dabei ist die verdeckte Einlage bei der Kapitalgesellschaft mit dem Teilwert der Forderung zu bewerten (→ BFH vom 18. 12. 2001, VIII R 27/00, BStBl. 2002 II S. 733).

Einlage von Beteiligungen i. S. d. § 17 Abs. 1 Satz 1 EStG. Die Bewertung der verdeckten Einlage einer Beteiligung i. S.d. § 17 Abs. 1 Satz 1 EStG bei der aufnehmenden Körperschaft erfolgt mit dem Teilwert (→ BMF vom 2. 11. 1998, BStBl. I S. 1227).

Einlagefähiger Vermögensvorteil. Gegenstand einer verdeckten Einlage kann nur ein aus Sicht der Gesellschaft bilanzierungsfähiger Vermögensvorteil sein. Dieser muss in der steuerrechtlichen Gewinnermittlung der Gesellschaft entweder

– zum Ansatz bzw. zur Erhöhung eines Aktivpostens oder
– zum Wegfall bzw. zur Minderung eines Passivpostens

geführt haben (→ BFH vom 24. 5. 1984, I R 166/78, BStBl. II S. 747).

Gegenstand einer verdeckten Einlage kann auch ein immaterielles Wirtschaftsgut, wie z. B. ein nicht entgeltlich erworbener Firmenwert sein. Wegen der Notwendigkeit der Abgrenzung der gesellschaftsrechtlichen von der betrieblichen Sphäre einer Kapitalgesellschaft tritt hier das Aktivierungsverbot des § 5 Abs. 2 EStG zurück (→ BFH vom 24. 3. 1987, I R 202/83, BStBl. II S. 705).

→ H 8.9 Nutzungsvorteile; → H 8.9 Verzicht auf Tätigkeitsvergütungen.

Erbfall. Vererbt ein Gesellschafter Wirtschaftsgüter seines Privatvermögens an seine Kapitalgesellschaft, handelt es sich um einen unentgeltlichen, nicht auf ihrer unternehmerischen Tätigkeit beruhenden Erwerb, der wie eine Einlage zu behandeln ist. Nachlassschulden sowie durch den Erbfall entstehende Verbindlichkeiten (z. B. Vermächtnisse) mindern die Höhe des Werts der Einlage (→ BFH vom 24. 3. 1993, I R 131/90, BStBl. II S. 799).

Forderungsverzicht. Ein auf dem Gesellschaftsverhältnis beruhender Verzicht eines Gesellschafters auf seine nicht mehr vollwertige Forderung gegenüber seiner Kapitalgesellschaft führt bei dieser zu einer Einlage in Höhe des Teilwerts der Forderung. Dies gilt auch dann, wenn die entsprechende Verbindlichkeit auf abziehbare Aufwendungen zurückgeht. Der Verzicht des Gesellschafters auf eine Forderung gegenüber seiner Kapitalgesellschaft im Wege der verdeckten Einlage führt bei ihm zum Zufluss des noch werthaltigen Teils der Forderung. Eine verdeckte Einlage bei der Kapitalgesellschaft kann auch dann anzunehmen sein, wenn der Forderungsverzicht von einer dem Gesellschafter nahestehenden Person ausgesprochen wird (→ BFH vom 9. 6. 1997, GrS 1/94, BStBl. 1998 II S. 307).

Die vorgenannten Grundsätze gelten auch dann, wenn auf eine Forderung verzichtet wird, die kapitalersetzenden Charakter hat (→ BFH vom 16. 5. 2001, I B 143/00, BStBl. 2002 II S. 436).

Bei Darlehensverlust → BMF vom 21. 10. 2010, BStBl. I S. 832.

Forderungsverzicht gegen Besserungsschein. Verzichtet ein Gesellschafter auf eine Forderung gegen seine GmbH unter der auflösenden Bedingung, dass im Besserungsfall die Forderung wieder aufleben soll und ist der Verzicht durch das Gesellschaftsverhältnis veranlasst, liegt in Höhe des werthaltigen Teils der Forderung eine (verdeckte) Einlage vor. Die Erfüllung der Forderung nach Bedingungseintritt ist keine vGA, sondern gilt als zurückgewährte Einlage (→ BMF vom 2. 12. 2003, BStBl. I S. 648).

Umfasst der Forderungsverzicht auch den Anspruch auf Darlehenszinsen, sind nach Bedingungseintritt Zinsen auch für die Dauer der Krise als Betriebsausgaben anzusetzen (→ BFH vom 30. 5. 1990, I R 41/87, BStBl. 1991 II S. 588).

Gesellschaftsrechtliches Interesse. → BFH vom 29. 7. 1997, VIII R 57/94, BStBl. 1998 II S. 652.

Für die Prüfung der Frage, ob die Zuwendung gesellschaftsrechtlich veranlasst ist, ist ausschließlich auf den Zeitpunkt des Eingehens der Verpflichtung, nicht auf den Zeitpunkt des späteren Erfüllungsgeschäfts abzustellen. Eine gesellschaftsrechtliche Veranlassung kann somit selbst dann anzunehmen sein, wenn zum Zeitpunkt der Erfüllung der Verpflichtung ein Gesellschaftsverhältnis nicht mehr besteht (analog zur vGA; → BFH vom 14. 11. 1984, I R 50/80, BStBl. 1985 II S. 227).

Gesellschaftsrechtliche Veranlassung. Die Veranlassung durch das Gesellschaftsverhältnis ist gegeben, wenn ein Nichtgesellschafter bei Anwendung der Sorgfalt eines ordentlichen Kaufmanns den Vermögensvorteil der Gesellschaft nicht eingeräumt hätte (→ BFH vom 28. 2. 1956, I 92/54 U, BStBl. III S. 154, → BFH vom 19. 2. 1970, I R 24/67, BStBl. II S. 442, → BFH vom 26. 11. 1980, I R 52/77, BStBl. 1981 II S. 181, → BFH vom 9. 3. 1983, I R 182/78, BStBl. II S. 744, → BFH vom 11. 4. 1984, I R 175/79, BStBl. II S. 535, → BFH vom 14. 11. 1984, I R 50/80, BStBl. 1985 II S. 227, → BFH vom 24. 3. 1987, I R 202/83, BStBl. II S. 705 und → BFH vom 26. 10. 1987, GrS 2/86, BStBl. 1988 II S. 348).

Immaterielle Wirtschaftsgüter. → H 8.9 Einlagefähiger Vermögensvorteil.

Nachträgliche Preissenkungen. Nachträgliche Preissenkungen durch den Gesellschafter beim Verkauf von Wirtschaftsgütern an seine Kapitalgesellschaft stellen i. d. R. verdeckte Einlagen dar (→ BFH vom 14. 8. 1974, I R 168/72, BStBl. 1975 II S. 123).

Nahestehende Person. Die als verdeckte Einlage zu qualifizierende Zuwendung kann auch durch eine dem Gesellschafter nahestehende Person erfolgen, z. B. durch eine andere Tochtergesellschaft (→ BFH vom 30. 4. 1968, I 161/65, BStBl. II S. 720, → BFH vom 9. 6. 1997, GrS 1/94, BStBl. 1998

II S. 307 und → BFH vom 12. 12. 2000, VIII R 62/93, BStBl. 2001 II S. 234).
→ H 8.5 III. Nahestehende Person.

Nutzungsvorteile. Die Überlassung eines Wirtschaftsguts zum Gebrauch oder zur Nutzung kann mangels Bilanzierbarkeit des Nutzungsvorteils nicht Gegenstand einer Einlage sein (→ BFH vom 8. 11. 1960, I 131/59 S, BStBl. III S. 513, → BFH vom 9. 3. 1962, I 203/61 S, BStBl. III S. 338, → BFH vom 3. 2. 1971, I R 51/66, BStBl. II S. 408, → BFH vom 24. 5. 1984, I R 166/78, BStBl. II S. 747 und → BFH vom 26. 10. 1987, GrS 2/86, BStBl. 1988 II S. 348). Das gilt auch, wenn der Gesellschafter ein verzinsliches Darlehen aufnimmt, um der Kapitalgesellschaft ein zinsloses Darlehen zu gewähren (→ BFH vom 26. 10. 1987, GrS 2/86, BStBl. 1988 II S. 348).
Keine einlagefähigen Nutzungsvorteile sind insbesondere
– eine ganz oder teilweise unentgeltliche Dienstleistung (→ BFH vom 14. 3. 1989, I R 8/85, BStBl. II S. 633),
– eine unentgeltliche oder verbilligte Gebrauchs- oder Nutzungsüberlassung eines Wirtschaftsguts und
– der Zinsvorteil bei unverzinslicher oder geringverzinslicher Darlehensgewährung (→ BFH vom 26. 10. 1987, GrS 2/86, BStBl. 1988 II S. 348).

Rückgewähr einer vGA. Die Rückgewähr einer vGA führt regelmäßig zur Annahme einer Einlage. Das gilt unabhängig davon, ob sich die Rückzahlungsverpflichtung aus einer Satzungsklausel oder aus gesetzlichen Vorschriften (z.B. §§ 30, 31 GmbHG) ergibt, oder ob sie seitens des Gesellschafters freiwillig erfolgt (→ BFH vom 29. 5. 1996, I R 118/93, BStBl. 1997 II S. 92, → BFH vom 31. 5. 2005, I R 35/04, BStBl. 2006 II S. 132, sowie → BMF vom 6. 8. 1981, BStBl. I S. 599).
→ H 8.6 Rückgängigmachung.

Verdecktes Leistungsentgelt. Gleicht ein Gesellschafter durch Zuwendungen Nachteile einer Kapitalgesellschaft aus, die diese durch die Übernahme von Aufgaben erleidet, die eigentlich der Gesellschafter zu erfüllen hat, ist das Gesellschaftsverhältnis für die Leistung nicht ursächlich. Folglich liegt keine steuerfreie Vermögensmehrung in Form einer verdeckten Einlage, sondern vielmehr eine steuerpflichtige Betriebseinnahme vor (→ BFH vom 9. 3. 1983, I R 182/78, BStBl. II S. 744).

Verzicht auf Pensionsanwartschaftsrechte. Verzichtet der Gesellschafter aus Gründen des Gesellschaftsverhältnisses auf einen bestehenden Anspruch aus einer ihm gegenüber durch die Kapitalgesellschaft gewährten Pensionszusage, liegt hierin eine verdeckte Einlage begründet. Dies gilt auch im Falle eines Verzichts vor Eintritt des vereinbarten Versorgungsfalles hinsichtlich des bis zum Verzichtszeitpunkt bereits erdienten (Anteils des) Versorgungsanspruches. Der durch die Ausbuchung der Pensionsrückstellung bei der Kapitalgesellschaft zu erfassende Gewinn ist im Rahmen der Einkommensermittlung in Höhe des Werts der verdeckten Einlage wieder in Abzug zu bringen. Aus der Annahme einer verdeckten Einlage folgt andererseits beim Gesellschafter zwingend die Annahme eines Zuflusses von Arbeitslohn bei gleichzeitiger Erhöhung der Anschaffungskosten für die Anteile an der Kapitalgesellschaft (→ BFH vom 9. 6. 1997, GrS 1/94, BStBl. 1998 II S. 307).

Sowohl hinsichtlich der Bewertung der verdeckten Einlage als auch hinsichtlich des Zuflusses beim Gesellschafter ist auf den Teilwert der Pensionszusage abzustellen und nicht auf den gem. § 6a EStG ermittelten Teilwert der Pensionsrückstellung der Kapitalgesellschaft. Bei der Ermittlung des Teilwerts ist die Bonität der zur Pensionszahlung verpflichteten Kapitalgesellschaft zu berücksichtigen (→ BFH vom 15.10.1997, I R 58/93, BStBl. 1998 II S. 305).

Zum Verzicht auf künftig noch zu erdienende Pensionsanwartschaften (sog. Future Service) → BMF vom 14.8.2012, BStBl. I S. 874.

Verzicht auf Tätigkeitsvergütungen. Verzichtet der Gesellschafter (z. B. wegen der wirtschaftlichen Lage der Kapitalgesellschaft) als Geschäftsführer auf seine Tätigkeitsvergütungen, ist wie folgt zu unterscheiden:

– **Verzicht nach Entstehung:** Verzichtet der Gesellschafter-Geschäftsführer nach Entstehung seines Anspruchs auf die Tätigkeitsvergütungen, wird damit der Zufluss der Einnahmen, verbunden mit der Verpflichtung zur Lohnversteuerung, nicht verhindert. Die Tätigkeitsvergütungen sind als Einnahmen aus nichtselbständiger Arbeit zu versteuern. Der Verzicht stellt demgegenüber eine – die steuerlichen Anschaffungskosten des Gesellschafters erhöhende – verdeckte Einlage dar (→ BFH vom 19.7.1994, VIII R 58/92, BStBl. 1995 II S. 362).
  Bestehen zum Zeitpunkt des Gehaltsverzichts Liquiditätsschwierigkeiten, berührt dies die Werthaltigkeit der Gehaltsforderung, so dass die verdeckte Einlage unter dem Nennwert ggf. sogar mit 0 Euro zu bewerten ist (→ BFH vom 19.5.1993, I R 34/92, BStBl. II S. 804, → BFH vom 19.7.1994, VIII R 58/92, BStBl. 1995 II S. 362 und → BFH vom 9.6.1997, GrS 1/94, BStBl. 1998 II S. 307).

– **Verzicht vor Entstehung:** Verzichtet der Gesellschafter-Geschäftsführer auf noch nicht entstandene Gehaltsansprüche, ergeben sich hieraus weder bei der Kapitalgesellschaft noch beim Gesellschafter-Geschäftsführer ertragsteuerliche Folgen (→ BFH vom 24.5.1984, I R 166/78, BStBl. II S. 747 und → BFH vom 14.3.1989, I R 8/85, BStBl. II S. 633).

– **Folgen eines Verzichts:** Zur verdeckten Einlage in eine Kapitalgesellschaft und Zufluss von Gehaltsbestandsteilen bei einem Gesellschafter-Geschäftsführer einer Kapitalgesellschaft → BFH-Urteile vom 3.2.2011, VI R 4/10, BStBl. 2014 II S. 493 und VI R 66/09, BStBl. 2014 II S. 491 und → BFH vom 15.5.2013, VI R 24/12, BStBl. 2014 II S. 495[1] sowie → BMF vom 12.5.2014, BStBl. I S. 860).

Zuschuss zur Abdeckung eines Bilanzverlustes. Der zur Abdeckung eines Bilanzverlustes der Kapitalgesellschaft durch den Gesellschafter-Geschäftsführer geleistete Zuschuss stellt eine verdeckte Einlage dar (→ BFH vom 12.2.1980, VIII R 114/77, BStBl. II S. 494).

R 8.10 Verluste bei Körperschaften – *unbesetzt* –

[1] Siehe hierzu auch BFH v. 15.6.2016 VI R 6/13, BStBl. II 2016, 903.

H 8.10

Sanierungsfälle (§ 8 Abs. 4 Satz 3 KStG a. F.).[1] In Sanierungsfällen nach § 8 Abs. 4 Satz 3 KStG a. F. → BMF vom 16.4.1999, BStBl. I S. 455.

R 8.11 Mitgliedsbeiträge

(1) [1]Mitgliedsbeiträge i. S. v. § 8 Abs. 5 KStG sind Beiträge, die die Mitglieder einer Personenvereinigung lediglich in ihrer Eigenschaft als Mitglieder nach der Satzung zu entrichten haben. [2]Sie dürfen der Personenvereinigung nicht für die Wahrnehmung besonderer geschäftlicher Interessen oder für Leistungen zugunsten ihrer Mitglieder zufließen. [3]Der Beurteilung als echter Mitgliedsbeitrag steht es entgegen, wenn die Beitragshöhe von der tatsächlichen Inanspruchnahme für Leistungen durch die Mitglieder abhängt.

(2) [1]Mitgliedsbeiträge, die auf Grund der Satzung erhoben werden, bleiben bei der Ermittlung des Einkommens von unbeschränkt oder beschränkt körperschaftsteuerpflichtigen Personenvereinigungen außer Ansatz (§ 8 Abs. 5 KStG). [2]Es genügt, dass eine der folgenden Voraussetzungen erfüllt ist:

1. Die Satzung bestimmt Art und Höhe der Mitgliedsbeiträge.
2. Die Satzung sieht einen bestimmten Berechnungsmaßstab vor.
3. Die Satzung bezeichnet ein Organ, das die Beiträge der Höhe nach erkennbar festsetzt.

[3]Bei den nicht zur Führung von Büchern verpflichteten Personenvereinigungen zählen echte Mitgliedsbeiträge bereits mangels Zurechenbarkeit zu einer Einkunftsart nicht zu den steuerpflichtigen Einkünften. [4]Das gilt auch für die mit ihnen in Verbindung stehenden Ausgaben, die mithin regelmäßig dem ideellen Bereich der Körperschaft zuzurechnen sind und demzufolge die steuerpflichtigen Einkünfte nicht mindern.

(3) [1]Dient eine Personenvereinigung auch der wirtschaftlichen Förderung der Einzelmitglieder, sind die Beiträge an diese Vereinigung insoweit keine Mitgliedsbeiträge i. S. v. § 8 Abs. 5 KStG, sondern pauschalierte Gegenleistungen für die Förderung durch die Vereinigung, und zwar auch dann, wenn die Vereinigung keinen wirtschaftlichen Geschäftsbetrieb ausübt. [2]In diesem Fall sind die Mitgliedsbeiträge durch Schätzung in einen steuerfreien Teil (reine Mitgliedsbeiträge) und in einen steuerpflichtigen Teil (pauschalierte Gegenleistungen) aufzuteilen.

(4) [1]Bei Versicherungsunternehmen ist § 8 Abs. 5 KStG auf Leistungen der Mitglieder, die ein Entgelt für die Übernahme der Versicherung darstellen, nicht anzuwenden. [2]Bei → VVaG können jedoch steuerfreie Mitgliedsbeiträge in Betracht kommen, z. B. Eintrittsgelder unter besonderen Voraussetzungen.

H 8.11

Abgrenzung zu Leistungsentgelten. Vereinsbeiträge, die ein Entgelt für bestimmte Leistungen des Vereins zugunsten seiner Mitglieder darstellen, sind keine Mitgliedsbeiträge i. S. v. § 8 Abs. 5 KStG. Beschränkt sich

---

[1] Siehe auch Rz. 67 ff. BMF v. 28.11.2017, BStBl. I 2017, 1645.

die Tätigkeit des Vereins darauf, seinen Mitgliedern preisgünstige Reisen zu vermitteln und zinsgünstige Darlehen zu gewähren, sind die gesamten Beiträge Entgelt für diese Leistungen, auch wenn diese pauschal erhoben werden (→ BFH vom 28.6.1989, I R 86/85, BStBl. 1990 II S. 550).

Nichtabzugsfähigkeit des mit Mitgliedsbeiträgen in Verbindung stehenden Aufwands. Zahlt ein Mitglied beim Eintritt in eine Kreditgenossenschaft zur Abgeltung des mit dem Eintritt verbundenen Aufwands ein einmaliges Eintrittsgeld, kann dieses in vollem Umfang als Mitgliedsbeitrag nach § 8 Abs. 5 KStG steuerfrei sein. Ist das der Fall, ist der mit dem Eintritt in wirtschaftlichem Zusammenhang stehende Aufwand gem. § 3c EStG nicht abzugsfähig (→ BFH vom 19.2.1964, I 179/62 U, BStBl. III S. 277).
Ein bloß mittelbarer Zusammenhang reicht aber zur Anwendung des § 3c EStG nicht aus (→ BFH vom 11.10.1989, I R 208/85, BStBl. 1990 II S. 88).

Schätzung des Leistungsentgelts bei Erhebung nicht kostendeckender Entgelte für Sonderleistungen. Werden für Sonderleistungen der Personenvereinigung an die einzelnen Mitglieder keine oder keine kostendeckenden Entgelte gefordert, kann in den allgemeinen Mitgliedsbeiträgen teilweise ein ggf. im Wege der Schätzung zu ermittelndes Leistungsentgelt enthalten sein (→ BFH vom 9.2.1965, I 25/63 U, BStBl. III S. 294).
Die Umlagebeträge, die Interessengemeinschaften zur gemeinsamen Bewirtschaftung von Gemeindewaldungen von den beteiligten Gemeinden nach dem Verhältnis ihres flächenmäßigen Waldbesitzes zur Gesamtfläche des betreuten Waldes erheben, sind (ggf. im Wege der Schätzung) in Entgelte für Einzelleistungen und echte Mitgliedsbeiträge für Gemeinschaftsleistungen aufzuteilen (→ BFH vom 22.11.1963, V 47/61 U, BStBl. 1964 III S. 147).

VVaG. Bei den Mitgliederleistungen an VVaG ist zwischen steuerpflichtigen Versicherungsbeiträgen und steuerfreien Einlagen zu unterscheiden. Im Allgemeinen werden Eintrittsgelder insoweit, als ein Rückzahlungsanspruch beim Austritt besteht, der in seiner Höhe genau festgelegt ist und nicht vom Betriebsergebnis abhängt, steuerfreie Einlagen darstellen (→ BFH vom 21.4.1953, I 32/53 U, BStBl. III S. 175).

Werbeverband. Umlagen, die pauschalierte Entgelte der einzelnen Mitglieder für die Förderung ihrer wirtschaftlichen Einzelinteressen durch zusammengefasste Werbung darstellen, sind keine Mitgliedsbeiträge i.S.d. § 8 Abs. 5 KStG (→ BFH vom 8.6.1966, I 151/63, BStBl. III S. 632).

R 8.12 Haus- und Grundeigentümervereine, Mietervereine

(1) [1]Die Mitgliedsbeiträge zu Haus- und Grundeigentümervereinen sowie zu Mietervereinen enthalten i.d.R. Entgelte für die Gewährung besonderer wirtschaftlicher Vorteile, z.B. Rechtsberatung, Prozessvertretung. [2]Sie sind deshalb keine reinen Mitgliedsbeiträge i.S.v. § 8 Abs. 5 KStG. [3]Um eine einfache und gleichmäßige Besteuerung der in Satz 1 bezeichneten Vereine zu gewährleisten, ist bei der Abgrenzung der steuerfreien Mitgliedsbeiträge von den steuerpflichtigen Beträgen sowie bei der Berechnung der hiervon abzuziehenden Ausgaben wie folgt zu verfahren:

1. [1]Von den eigenen Beitragseinnahmen (= gesamte Beitragseinnahmen abzüglich der an übergeordnete Verbände abgeführten Beträge) sind 20% als

steuerpflichtige Einnahmen anzusehen. [2]Erhebt der Verein neben den Beiträgen besondere Entgelte, z. B. für Prozessvertretungen, sind diese Entgelte den steuerpflichtigen Einnahmen voll hinzuzurechnen.

2. [1]Von den Ausgaben des Vereins, die mit den eigenen Beitragseinnahmen und den daneben erhobenen besonderen Entgelten in unmittelbarem Zusammenhang stehen, ist der Teil abzuziehen, der dem Verhältnis der steuerpflichtigen Einnahmen zu den eigenen Beitragseinnahmen zuzüglich der daneben erhobenen besonderen Entgelte entspricht. [2]Werden jedoch die mit den steuerpflichtigen Einnahmen zusammenhängenden Ausgaben gesondert ermittelt, sind die gesondert ermittelten Ausgaben abzuziehen.
3. [1]Übersteigen die abzuziehenden Ausgaben die steuerpflichtigen Einnahmen ständig, d. h. in mehreren aufeinanderfolgenden Jahren, ist erkennbar, dass der als steuerpflichtig behandelte Betrag von 20% der eigenen Beitragseinnahmen zu niedrig ist. [2]Er ist dann angemessen zu erhöhen, dass im Durchschnitt mehrerer Jahre die abziehbaren Ausgaben nicht höher als die steuerpflichtigen Einnahmen sind.

(2) Die übrigen steuerpflichtigen Einkünfte, z. B. aus dem Verkauf von Vordrucken und Altmaterial, aus Kapitalvermögen und aus Vermietung und Verpachtung, sind nach den allgemeinen steuerrechtlichen Grundsätzen zu ermitteln.

H 8.12

Aufteilung der Mitgliedsbeiträge bei Haus- und Grundbesitzervereinen sowie Mietervereinen. Zur Zulässigkeit der von der Finanzverwaltung vorgesehenen pauschalen Aufteilung der Mitgliedsbeiträge in echte Mitgliedsbeiträge und Leistungsentgelte → BFH vom 5.6.1953, I 104/52 U, BStBl. III S. 212.

Zur Notwendigkeit des Ansatzes eines höheren prozentualen Einnahmeanteils für steuerpflichtige Leistungen bei ansonsten anhaltender Erzielung von Verlusten → BFH vom 9.2.1965, I 25/63 U, BStBl. III S. 294.

Beispiel zur Aufteilung:

	€	€
Vereinnahmte Mitgliedsbeiträge		130000
An den Landesverband sind abgeführt		– 30000
Eigene Beitragseinnahmen		100000
Steuerpflichtige Einnahmen:		
20% von 100.000 €	20000	
Entgelte für Prozessvertretungen	+ 4000	24000

Die Ausgaben, die mit den eigenen Beitragseinnahmen (100.000 €) und den Entgelten für Prozessvertretungen (4.000 €) zusammenhängen, betragen 90.000 €.

	€	€
Abzuziehen sind	$\frac{90000 \times 24000}{104000}$	– 20769
Überschuss		3231

Würden die gesondert festgestellten abziehbaren Ausgaben 27.000 € betragen und würde sich weiter ergeben, dass die Ausgaben auch in den vorangegangenen Jahren die steuerpflichtigen Einnahmen überstiegen haben, müsste der Satz von 20% angemessen erhöht werden.

R 8.13 Sonstige Vereine und Einrichtungen

(1) ¹Die von Obst- und Gartenbauvereinen erhobenen Mitgliedsbeiträge enthalten i. d. R. Entgelte für die Gewährung besonderer wirtschaftlicher Vorteile. ²Sie sind deshalb keine reinen Mitgliedsbeiträge i. S. v. § 8 Abs. 5 KStG. ³Bei der Abgrenzung der steuerfreien Mitgliedsbeiträge von den steuerpflichtigen Beträgen ist R 8.12 entsprechend anzuwenden.

(2) ¹Die von den Kleingärtner- und Siedlervereinen erhobenen Beiträge enthalten i. d. R. keine Entgelte für die Gewährung besonderer wirtschaftlicher Vorteile. ²Im Allgemeinen bestehen deshalb aus Gründen der Verwaltungsvereinfachung keine Bedenken, diese Beiträge ohne Prüfung als Mitgliedsbeiträge i. S. v. § 8 Abs. 5 KStG anzusehen.

(3) ¹Sind Tierzuchtverbände oder Vatertierhaltungsvereine nicht steuerbegünstigt und infolgedessen nicht nur mit ihren wirtschaftlichen Geschäftsbetrieben, sondern in vollem Umfang steuerpflichtig, dann werden die Beiträge der Mitglieder zum großen Teil keine steuerfreien Mitgliedsbeiträge i. S. v. § 8 Abs. 5 KStG sein, weil sie Entgelte der Mitglieder für wirtschaftliche Leistungen enthalten. ²Aus Vereinfachungsgründen ist bei der Abgrenzung der steuerfreien Mitgliedsbeiträge von den steuerpflichtigen Beträgen wie folgt zu verfahren: ³Die Beitragseinnahmen sind nur i. H. v. 50% als steuerpflichtig zu behandeln. ⁴Die mit den Beitragseinnahmen in unmittelbarem Zusammenhang stehenden Ausgaben sind dementsprechend nur mit 50% zu berücksichtigen. ⁵Zu den Beitragseinnahmen gehören außer den Mitgliedsbeiträgen auch die Beträge, die nicht laufend, sondern einmalig als sog. Gebühren entrichtet werden, z. B. für die Herdbucheintragungen, für den Nachweis der Abstammung, für die Anerkennung und Umschreibung, für die Vermittlung des Absatzes von Zuchttieren, für das Brennen von Vieh, für Ohrmarken und Geflügelringe und Deckgelder von Mitgliedern. ⁶Voraussetzung ist, dass diese Gebühren nach Art und Höhe in der Satzung oder in der Gebührenordnung genau bestimmt sind. ⁷Im Übrigen sind die steuerpflichtigen Einkünfte, z. B. aus Gewerbebetrieb, Kapitalvermögen, Vermietung und Verpachtung, sonstige Einkünfte i. S. d. § 22 EStG, nach den allgemeinen steuerrechtlichen Grundsätzen zu ermitteln.

(4) Die Bestimmungen in Absatz 3 gelten nicht für die Verbände und Vereine der Pelztierzüchter.

(5) ¹Einrichtungen zur Förderung des Fremdenverkehrs können BgA von jPöR oder Personenvereinigungen sein. ²Im ersten Fall können sie eine Steuerbefreiung für Mitgliedsbeiträge nicht in Anspruch nehmen. ³Im zweiten Fall sind die Beiträge oft keine reinen Mitgliedsbeiträge (§ 8 Abs. 5 KStG), weil sie auch Entgelte der Mitglieder für wirtschaftliche Vorteile enthalten. ⁴Aus Vereinfachungsgründen bestehen keine Bedenken, in diesen Fällen nur 25% der Beitragseinnahmen als steuerpflichtige Einnahmen zu behandeln. ⁵Die Ausgaben, die mit den Beitragseinnahmen in unmittelbarem wirtschaftlichen Zusammenhang stehen, sind dementsprechend nur mit 25% abzuziehen. ⁶R 8.12 ist entsprechend anzuwenden. ⁷Im Übrigen sind die steuerpflichtigen Einkünfte, z. B. aus dem Verkauf von Zeitungen oder Fahrkarten, nach den allgemeinen steuerrechtlichen Grundsätzen zu ermitteln. ⁸Die Zuschüsse, die

gemeindliche Fremdenverkehrseinrichtungen von den Gemeinden erhalten, sind steuerfrei zu lassen.

H 8.13

Lohnsteuerhilfevereine. Die von Lohnsteuerhilfevereinen (→ H 5.1 Abgrenzung) erhobenen Beiträge sind in vollem Umfang steuerpflichtige Entgelte für Gegenleistungen der Vereine an ihre Mitglieder. § 8 Abs. 5 KStG findet keine Anwendung (→ BFH vom 29.8.1973, I R 234/71, BStBl. 1974 II S. 60).

Zu § 8a KStG

H 8a

Zinsschranke. Zu § 8a KStG i. d. F. des Unternehmensteuerreformgesetzes vom 14.8.2007 (BGBl. I S. 1912; BStBl. I S. 630), sog. Zinsschranke → BMF vom 4.7.2008, BStBl. I S. 718.[1]

Zu § 8b KStG

H 8b

Abzugsverbot von Gewinnminderungen im Zusammenhang mit Gesellschafterdarlehen. Das in § 8b Abs. 3 Satz 4 KStG angeordnete Abzugsverbot erfordert nur, dass der Gesellschafter, der das Darlehen oder die Sicherheit gewährt, zu irgendeinem Zeitpunkt während der Darlehenslaufzeit die Beteiligungsvoraussetzungen erfüllt. Auf den alleinigen Zeitpunkt der Darlehensbegebung oder den Eintritt der Gewinnminderung kommt es nicht an (→ BFH vom 12.3.2014, I R 87/12, BStBl. II S. 859).

Aktieneigenhandel nach § 8b Abs. 7 KStG. → BMF vom 25.7.2002, BStBl. I S. 712.

Der Begriff des Eigenhandelserfolges gem. § 8b Abs. 7 Satz 2 KStG bestimmt sich nach eigenständigen körperschaftsteuerrechtlichen Maßstäben. Er umfasst den Erfolg aus jeglichem „Umschlag" von Anteilen i. S. d. § 8b Abs. 1 KStG auf eigene Rechnung und erfordert nicht das Vorliegen eines Eigenhandels als Finanzdienstleistung i. S. v. § 1 Abs. 1a Satz 1 Nr. 4 KWG. Die Absicht, einen kurzfristigen Eigenhandelserfolg zu erzielen, bezieht sich auf den Zeitpunkt des Anteilserwerbs. Spätere Maßnahmen des Erwerbers, um den Wert der Anteile bis zum Weiterverkauf zu beeinflussen, stehen einer solchen Absicht nicht entgegen (→ BFH vom 14.1.2009, I R 36/08, BStBl. II S. 671).

Allgemeine Fragen zur Auslegung des § 8b KStG. → BMF vom 28.4.2003, BStBl. I S. 292.

---

[1] Zur schädlichen Gesellschafter-Fremdfinanzierung bei Anwendung der Zinsschranke siehe aber BFH v. 11.11.2015 I R 57/13, BStBl. II 2017, 319. Zur Verfassungsmäßigkeit der Zinsschranke siehe Vorlagebeschluss BFH v. 14.10.2015 I R 20/15, BStBl. II 2017, 1240 (Az. BVerfG 2 BvL 1/16).

Ausschüttungen aus dem steuerlichen Einlagekonto. Ausschüttungen aus dem steuerlichen Einlagekonto, die den Beteiligungsbuchwert übersteigen, fallen unter § 8b Abs. 2 KStG (→ BMF vom 28.4.2003, BStBl. I S. 292, Rn. 6 und → BFH vom 28.10.2009, I R 116/08, BStBl. 2011 II S. 898).

Beteiligung in einem eingebrachten Betriebsvermögen (§ 8b Abs. 4 KStG a. F.). → BMF vom 5.1.2004, BStBl. I S. 44.

Stillhalterprämien. Sog. Stillhalterprämien aus Optionsgeschäften im Zusammenhang mit dem Erwerb und der Veräußerung von Anteilen i. S. d. § 8b Abs. 2 KStG werden nicht von § 8b Abs. 2 KStG erfasst (→ BFH vom 6.3.2013, I R 18/12, BStBl. II S. 588).

Veräußerungskosten/nachträgliche Kaufpreisänderungen. → BMF vom 24.7.2015, BStBl. I S. 612.

„Vergebliche" Kosten für die sog. Due-Diligence-Prüfung aus Anlass des gescheiterten Erwerbs einer Kapitalbeteiligung unterfallen nicht dem Abzugsverbot des § 8b Abs. 3 KStG (→ BFH vom 9.1.2013, I R 72/11, BStBl. II S. 343).

Zu den Veräußerungskosten i. S. d. § 8b Abs. 2 Satz 2 KStG gehören alle Aufwendungen, welche durch die Veräußerung der Anteile veranlasst sind. Das können auch die Verluste aus der Veräußerung von Zertifikaten auf die entsprechenden Aktien aus Wertpapiertermingeschäften sein (→ BFH vom 9.4.2014, I R 52/12, BStBl. II S. 861).

Verfassungsmäßigkeit des § 8b Abs. 3 und 5 KStG.[1] Die Pauschalierung eines Betriebsausgabenabzugsverbots durch die Hinzurechnung von 5% des Veräußerungsgewinns und der Bezüge aus Beteiligungen nach § 8b Abs. 3 Satz 1 und Abs. 5 Satz 1 KStG ist verfassungsgemäß. Dies gilt auch dann, wenn die Körperschaft nachweisen kann, dass im Zusammenhang mit der Beteiligung keine oder nur sehr geringe Aufwendungen angefallen sind (→ BVerfG vom 12.10.2010, 1 BvL 12/07, BGBl. I S. 1766).

Das Abzugsverbot des § 8b Abs. 3 Satz 3 KStG für Veräußerungsverluste und Teilwertabschreibungen und das in § 8b Abs. 3 Satz 4 KStG enthaltene Abzugsverbot sind verfassungsgemäß (→ BFH vom 12.3.2014, I R 87/12, BStBl. II S. 859).

Wertaufholungen bei vorangegangenen Teilwertabschreibungen.[2] Wertaufholungen sind zuerst mit unmittelbar vorangegangenen Teilwertabschreibungen zu kompensieren (→ BFH vom 19.8.2009, I R 2/09, BStBl. 2010 II S. 760).

Zu § 8c KStG[3]

H 8c

Aussetzung der Vollziehung bei Mindestgewinnbesteuerung.[4] → BMF vom 19.10.2011, BStBl. I S. 974.

---

[1] Sog. Schachtelstrafe gem. § 8b Abs. 3 Satz 1 KStG setzt inländ. Betriebsstätte voraus; siehe BFH v. 31.5.2017 I R 37/15, BStBl. II 2018, 144; siehe auch BFH v. 17.11.2020 I R 72/16, BStBl. II 2021, 484.

[2] Siehe aber BFH v. 13.2.2019 I R 21/17, BStBl. II 2019, 567, und hierzu FM Schl-H v. 5.11.2020 VI 313 – S 2750a – 039.

[3] Zu § 8c Satz 2 a. F. (§ 8c Abs. 1 Satz 2 n. F.) siehe Vorlagebeschluss des FG Hamburg v. 29.8.2017 2 K 245/17, DStR 2017, 2377 (Az. BVerfG 2 BvL 19/17).

[4] **[Amtl. Anm.:]** Vgl. auch → H 7.1 Mindestgewinnbesteuerung.

Verlustnutzungsbeschränkung. → *BMF vom 4.7.2008, BStBl. I S. 736.*[1]

Zu § 9 KStG

R 9. Ausgaben i. S. d. § 9 Abs. 1 Nr. 1 und 2 KStG

(1) Für die Frage der Abziehbarkeit der Ausgaben i. S. d. § 9 Abs. 1 Nr. 2 KStG gelten § 50 EStDV sowie R 10b.1 und 10b.3 EStR[2] entsprechend.

(2) [1] Aufwendungen i. S. d. § 9 Abs. 1 Nr. 1 KStG sind bereits bei der Einkunftsermittlung zu berücksichtigen. [2] Die Ausgaben i. S. d. § 9 Abs. 1 Nr. 2 KStG sind vorbehaltlich des § 8 Abs. 3 KStG in der im Gesetz genannten Höhe bei der Ermittlung des Gesamtbetrags der Einkünfte abzuziehen.

(3) § 9 Abs. 1 Nr. 2 KStG bezieht sich auch im Fall eines vom Kj. abweichenden Wj. auf die Ausgaben im Wj.

(4) Für die Berechnung des Höchstbetrags der abziehbaren Zuwendungen ist das Einkommen des VZ oder die Summe der gesamten Umsätze und der im Kalenderjahr aufgewendeten Löhne und Gehälter maßgebend.

(5) [1] In Organschaftsfällen ist § 9 Abs. 1 Nr. 2 KStG bei der Ermittlung des dem Organträger zuzurechnenden Einkommens der Organgesellschaft eigenständig anzuwenden. [2] Dementsprechend bleibt beim Organträger das zugerechnete Einkommen der Organgesellschaft für die Ermittlung des Höchstbetrags der abziehbaren Zuwendungen außer Betracht. [3] Als Summe der gesamten Umsätze i. S. d. § 9 Abs. 1 Nr. 2 KStG gelten beim Organträger und bei der Organgesellschaft auch in den Fällen, in denen umsatzsteuerrechtlich ein Organschaftsverhältnis vorliegt (§ 2 Abs. 2 Nr. 2 UStG), jeweils nur die eigenen Umsätze. [4] Für die Ermittlung des Höchstbetrags der abziehbaren Zuwendungen beim Organträger sind die Umsätze der Organgesellschaft demnach dem Organträger nicht zuzurechnen. [5] Andererseits sind bei der Organgesellschaft für die Ermittlung des Höchstbetrags der abziehbaren Zuwendungen ihre eigenen Umsätze maßgebend, obwohl die Organgesellschaft nicht Unternehmer i. S. v. § 2 UStG ist und daher umsatzsteuerrechtlich keine steuerbaren Umsätze hat.

(6) [1] Zuwendungen einer Kapitalgesellschaft können vGA sein. [2] Die Entscheidung hängt von den Umständen des einzelnen Falles ab. [3] Dabei ist insbesondere Voraussetzung, dass die Zuwendung durch ein Näheverhältnis zwischen dem Empfänger und dem Gesellschafter der zuwendenden Kapitalgesellschaft veranlasst ist.

(7) Auch Zuwendungen eines BgA an seine Trägerkörperschaft können unter den Voraussetzungen des § 9 Abs. 1 Nr. 2 KStG abziehbar sein, soweit es sich nicht um eine vGA handelt.

(8) [1] Der wirtschaftliche Geschäftsbetrieb einer Körperschaft, Personenvereinigung oder Vermögensmasse, die im Übrigen wegen Gemeinnützigkeit steuerbegünstigt ist (§ 5 Abs. 1 Nr. 9 KStG), ist kein selbständiges Steuersubjekt. [2] Zuwendungen, die ein solcher wirtschaftlicher Geschäftsbetrieb an diese Körperschaft, Personenvereinigung oder Vermögensmasse zur Förderung deren gemeinnütziger Zwecke gibt, sind deshalb Gewinnverwendung. [3] Die Zu-

[1] Siehe jetzt BMF v. 28.11.2017, BStBl. I 2017, 1645.

[2] Nr. **1**.

wendungen dürfen deshalb die Einkünfte aus dem wirtschaftlichen Geschäftsbetrieb nicht mindern.

H 9

Aufwendungen für die Erfüllung von Satzungszwecken. Zur Abgrenzung von Spenden und Zahlungen für satzungsmäßige Zwecke → BFH vom 12. 10. 2011, I R 102/10, BStBl. 2014 II S. 484.

Ausländischer Zuwendungsempfänger. Zum Nachweis des Vorliegens der Voraussetzungen des § 9 Abs. 1 Nr. 2 Satz 2 Buchstabe c KStG → BMF vom 16. 5. 2011, BStBl. I S. 559 und → BFH vom 17. 9. 2013, I R 16/12, BStBl. 2014 II S. 440.

Auswirkung von Zuwendungen auf den Gewinn. Abzugsfähige Zuwendungen mindern den körperschaftsteuerpflichtigen Gewinn und erhöhen einen vortragsfähigen Verlust einer Kapitalgesellschaft (→ BFH vom 21. 10. 1981, I R 149/77, BStBl. 1982 II S. 177).

Haftung. Eine Körperschaft haftet nicht nach § 10b Abs. 4 Satz 2 2. Alt. EStG, § 9 Abs. 3 Satz 2 2. Alt. KStG wegen Fehlverwendung, wenn sie die Zuwendungen zwar zu dem in der Zuwendungsbestätigung angegebenen Zweck verwendet, selbst aber rückwirkend nicht als steuerbegünstigt anerkannt ist (→ BFH vom 10. 9. 2003, XI R 58/01, BStBl. 2004 II S. 352).

Höchstbetrag für den Zuwendungsabzug in Organschaftsfällen. Ist ein Steuerpflichtiger an einer Personengesellschaft beteiligt, die Organträger einer körperschaftsteuerrechtlichen Organschaft ist, bleibt bei der Berechnung des Höchstbetrags der abziehbaren Zuwendungen nach § 10b Abs. 1 EStG auf Grund des Gesamtbetrags der Einkünfte das dem Steuerpflichtigen anteilig zuzurechnende Einkommen der Organgesellschaft außer Ansatz (→ BFH vom 23. 1. 2002, XI R 95/97, BStBl. 2003 II S. 9).

Minderung des zu versteuernden Einkommens einer teilweise steuerbefreiten Körperschaft durch Zuwendungen. Das zu versteuernde Einkommen einer teilweise von der Körperschaftsteuer befreiten Körperschaft darf nicht durch Zuwendungen gemindert werden, die aus dem steuerfreien Bereich der Körperschaft stammen (→ BFH vom 13. 3. 1991, I R 117/88, BStBl. II S. 645).

Sponsoring. → BMF vom 18. 2. 1998, BStBl. I S. 212.

Zuschüsse einer Sparkasse zur Zinsverbilligung eines Darlehens an Gemeinden und Schulverbände. Zuschüsse einer Sparkasse zur Zinsverbilligung von Darlehen an Gemeinden und Schulverbände können abziehbare Spenden sein (→ BFH vom 15. 5. 1968, I 158/63, BStBl. II S. 629).

Zuwendungen an die Trägergemeinde. Zuwendungen, die ein Eigenbetrieb seiner Trägergemeinde gibt, mindern bei Vorliegen der im Gesetz näher angeführten Voraussetzungen das Einkommen des laufenden Geschäftsjahres. Sie können aber wegen der engen Bindung des Eigenbetriebs an die Trägergemeinde eine vGA sein (→ BFH vom 12. 10. 1978, I R 149/75, BStBl. 1979 II S. 192).

Zuwendungen aus wirtschaftlichem Geschäftsbetrieb an Empfänger, die gleichartige Zwecke verfolgen. Zuwendungen, die gemeinnützige Körperschaften, Personenvereinigungen oder Vermögensmassen (§ 5 Abs. 1 Nr. 9 KStG) aus ihrem der Besteuerung unterliegenden Einkommen aus wirtschaftlichen Geschäftsbetrieben Empfängern zuwenden, die die Voraussetzungen des § 10b Abs. 1 Satz 2 Nr. 1 bis 3 EStG bzw. des § 9 Abs. 1 Nr. 2 Satz 2 Buchstabe a bis c KStG erfüllen, sind auch abziehbar, wenn die Empfänger der Zuwendungen gleichartige steuerbegünstigte Zwecke wie die Zuwendenden verfolgen (→ BFH vom 3. 12. 1963, I 121/62 U, BStBl. 1964 III S. 81).

Zuwendungen und Spenden an Träger der Sparkasse (Gewährträger).
- Macht eine Sparkasse ihrem Gewährträger oder einer dem Gewährträger nahestehenden Person eine Zuwendung, liegt keine abziehbare Zuwendung, sondern eine vGA vor, wenn die Sparkasse bei Anwendung der Sorgfalt eines ordentlichen und gewissenhaften Geschäftsleiters die Zuwendung einer fremden Körperschaft nicht gegeben hätte (→ BFH vom 21. 1. 1970, I R 23/68, BStBl. II S. 468 und → BFH vom 1. 12. 1982, I R 101/79, BStBl. 1983 II S. 150). Eine vGA ist anzunehmen, soweit die an den Gewährträger geleisteten Zuwendungen den durchschnittlichen Betrag an Zuwendungen übersteigen, den die Sparkasse an Dritte zugewendet hat. Dabei ist grundsätzlich auf die Fremdspenden des Wj., in dem die Zuwendung an den Gewährträger geleistet wurde, und der beiden vorangegangenen Wj. abzustellen. Lediglich für den Fall, dass sich aus der Einbeziehung eines weiter zurückreichenden Zeitraums von nicht mehr als fünf Wj. eine höhere Summe an durchschnittlichen Fremdzuwendungen ergibt, ist dieser Zeitraum maßgebend. Eine Einbeziehung eines Zeitraums, der nach Ablauf des zu beurteilenden Wj. liegt, ist nicht möglich (→ BFH vom 9. 8. 1989, I R 4/84, BStBl. 1990 II S. 237).
- Ausgaben, die als Einkommensverteilung anzusehen sind, bleiben bei der Vergleichsrechnung unberücksichtigt (→ BFH vom 1. 2. 1989, I R 98/84, BStBl. II S. 471). Gibt eine Sparkasse die Zuwendung an einen Dritten und erfüllt sie damit eine Aufgabe, die sich der Gewährträger – wenn auch ohne gesetzliche Verpflichtung – in rechtsverbindlicher Weise gestellt hat, kann darin eine vGA an den Gewährträger durch mittelbare Zuwendung liegen (→ BFH vom 19. 6. 1974, I R 94/71, BStBl. II S. 586 und → BFH vom 8. 4. 1992, I R 126/90, BStBl. II S. 849).
- Ist ein Landkreis Gewährträger, sind bei der Prüfung, ob die Zuwendungen an den Gewährträger die an Dritte übersteigen, die Zuwendungen zugunsten der kreisangehörigen Gemeinden grundsätzlich als Fremdzuwendungen zu berücksichtigen (→ BFH vom 8. 4. 1992, I R 126/90, BStBl. II S. 849).

Zuwendungsbestätigung. → BMF vom 7. 11. 2013, BStBl. I S. 1333, ergänzt durch → BMF vom 26. 3. 2014, BStBl. I S. 791.[1]

[1] Nr. **1 Anl. 4**.

Zu § 10 KStG

R 10.1 Nichtabziehbare Steuern und Nebenleistungen

(1) Zur körperschaftsteuerlichen Behandlung der Umsatzsteuer für Umsätze, die vGA sind, → R 8.6.

(2) [1]Das Abzugsverbot des § 10 Nr. 2 KStG gilt auch für die auf die dort genannten Steuern entfallenden Nebenleistungen, z. B. Zinsen (§§ 233a bis 235, 237 AO), Säumniszuschläge (§ 240 AO), Verspätungszuschläge (§ 152 AO), Zwangsgelder (§ 329 AO), Verzögerungsgelder (§ 146 Abs. 2b AO), Zuschläge gem. § 162 Abs. 4 AO und Kosten (§§ 89, 178, 178a und 337 bis 345 AO). [2]Gleichwohl gehören von der Körperschaft empfangene Erstattungszinsen i. S. d. § 233a AO zu den steuerpflichtigen Einnahmen. [3]Daher sind Erstattungszinsen zu unterscheiden von an den Steuerpflichtigen zurückgezahlten Nachzahlungszinsen, welche erfolgsneutral zu behandeln sind.

H 10.1

Erfüllung von Satzungszwecken. Aufwendungen für die Erfüllung von Zwecken, die in der Satzung vorgeschrieben sind, sind nichtabziehbar und können auch nicht aufgrund einer „Auflage" als abziehbare Betriebsausgaben behandelt werden (→ BMF vom 24. 3. 2005, BStBl. I S. 608 und zur Nichtanwendung → BFH vom 5. 6. 2003, I R 76/01, BStBl. 2005 II S. 305).

Erstattungs- und Nachzahlungszinsen, Aussetzungszinsen.
- → BFH vom 16. 12. 2009, I R 43/08, BStBl. 2012 II S. 688 und → BFH vom 15. 2. 2012, I B 97/11, BStBl. II S. 697.
- Billigkeitsregelung → BMF vom 5. 10. 2000, BStBl. I S. 1508.

Nichtabziehbare Steuern. Zu den Steuern i. S. d. § 10 Nr. 2 KStG gehören auch
- die **ausländische Quellensteuer** (→ BFH vom 16. 5. 1990, I R 80/87, BStBl. II S. 920),
- die **Erbschaftsteuer** und die **Erbersatzsteuer** (→ BFH vom 14. 9. 1994, I R 78/94, BStBl. 1995 II S. 207) sowie
- der **Solidaritätszuschlag** (→ BFH vom 9. 11. 1994, I R 67/94, BStBl. 1995 II S. 305).

Prozesszinsen. Prozesszinsen (§ 236 AO) gehören zu den steuerpflichtigen Einnahmen (→ BFH vom 18. 2. 1975, VIII R 104/70, BStBl. II S. 568).

R 10.2 Geldstrafen und ähnliche Rechtsnachteile

[1]Das steuerrechtliche Abzugsverbot für Geldstrafen und ähnliche Rechtsnachteile betrifft in einem Strafverfahren festgesetzte Geldstrafen, sonstige Rechtsfolgen vermögensrechtlicher Art, bei denen der Strafcharakter überwiegt, und Leistungen zur Erfüllung von Auflagen oder Weisungen, soweit die Auflagen oder Weisungen nicht lediglich der Wiedergutmachung des durch die Tat verursachten Schadens dienen (→ R 12.3 EStR).[1)] [2]Geldstrafen sowie

1) Nr. 1.

Auflagen oder Weisungen sind nach deutschem Strafrecht gegenüber juristischen Personen nicht zulässig. [3]Gegen juristische Personen können jedoch sonstige Rechtsfolgen vermögensrechtlicher Art, bei denen der Strafcharakter überwiegt, verhängt werden (§ 75 StGB). [4]In Betracht kommt insbesondere die Einziehung von Gegenständen nach § 74 StGB. [5]Nicht unter das Abzugsverbot fallen die mit den Rechtsnachteilen zusammenhängenden Verfahrenskosten, insbesondere Gerichts- und Anwaltskosten.

H 10.2

Nichtabziehbarkeit von Geldbußen. → § 4 Abs. 5 Satz 1 Nr. 8 EStG.

R 10.3 Vergütungen für die Überwachung der Geschäftsführung

(1) [1]Vergütungen für die Überwachung der Geschäftsführung (Aufsichtsratsvergütungen) sind alle Leistungen, die als Entgelt für die Tätigkeit gewährt werden. [2]Hierzu gehören auch Tagegelder, Sitzungsgelder, Reisegelder und sonstige Aufwandsentschädigungen. [3]Unter das hälftige Abzugsverbot des § 10 Nr. 4 KStG fällt jedoch nicht der dem einzelnen Aufsichtsratsmitglied aus der Wahrnehmung seiner Tätigkeit erwachsene Aufwand, soweit ihm dieser Aufwand gesondert erstattet worden ist.

(2) [1]Unterliegt die Aufsichtsratsvergütung bei der Umsatzsteuer der Regelbesteuerung und nimmt die Körperschaft den Vorsteuerabzug nach § 15 UStG in Anspruch, ist bei der Ermittlung des Einkommens der Körperschaft die Hälfte des Nettobetrags der Aufsichtsratsvergütung – ohne Umsatzsteuer – nach § 10 Nr. 4 KStG hinzuzurechnen. [2]Ist die Körperschaft nicht oder nur verhältnismäßig zum Vorsteuerabzug berechtigt, ist außerdem die Hälfte der gesamten oder der den Vorsteuerabzug übersteigenden Umsatzsteuer dem Einkommen hinzuzurechnen. [3]In den übrigen Fällen ist stets die Hälfte des Gesamtbetrags der Aufsichtsratsvergütung (einschl. Umsatzsteuer) nach § 10 Nr. 4 KStG hinzuzurechnen.

(3) [1]Der Begriff der Überwachung ist weit auszulegen. [2]Unter das hälftige Abzugsverbot fällt jede Tätigkeit eines Aufsichtsratsmitglieds, die innerhalb des möglichen Rahmens seiner Aufgaben liegt.

H 10.3

Beamtenrechtliche Ablieferungspflicht einer Aufsichtsratsvergütung. Der einem Beamten erwachsene tatsächliche Aufwand bemisst sich nicht nach den beamtenrechtlichen Vorschriften über die Ablieferungspflicht der Vergütung (→ BFH vom 12. 1. 1966, I 185/63, BStBl. III S. 206).

Doppelfunktion von Vertretern im Aufsichtsrat und Kreditausschuss. Gehören dem Kreditausschuss eines Unternehmens neben Vertretern der Darlehensgeber und mittelverwaltender Behörden und neben den Geschäftsführern auch Mitglieder des Aufsichtsrats des Unternehmens an, schließt deren Doppelfunktion die volle Abziehbarkeit der ihnen als Mitglieder des Kreditausschusses gewährten Sitzungsgelder aus (→ BFH vom 15. 11. 1978, I R 65/76, BStBl. 1979 II S. 193).

Finanzierungsberatung einer AG. Die Finanzierungsberatung einer AG durch eines ihrer Aufsichtsratsmitglieder ist keine aus dem Rahmen der

Aufsichtsratstätigkeit fallende Sondertätigkeit. Die dafür geleisteten Zahlungen sind als Aufsichtsratsvergütungen zu behandeln (→ BFH vom 20. 9. 1966, I 265/62, BStBl. III S. 688).

Geschäftsführeraufgaben. Eine Vergütung, die eine Kapitalgesellschaft einem Mitglied ihres Aufsichtsrats dafür zahlt, dass dieser sich in die Wahrnehmung von Aufgaben der Geschäftsführung einschaltet, unterliegt dem hälftigen Abzugsverbot des § 10 Nr. 4 KStG (→ BFH vom 12. 9. 1973, I R 249/71, BStBl. II S. 872).

Sachverständige. Die Vergütungen, die eine Gesellschaft an den vom Aufsichtsrat zur Unterstützung seiner Kontrollfunktion beauftragten Sachverständigen zahlt, unterliegen nicht dem hälftigen Abzugsverbot des § 10 Nr. 4 KStG (→ BFH vom 30. 9. 1975, I R 46/74, BStBl. 1976 II S. 155).

Zu § 11 KStG

R 11. Liquidationsbesteuerung

(1) [1]Der Zeitraum der Abwicklung beginnt mit der Auflösung. [2]Der Besteuerungszeitraum beginnt mit dem Wj., in das die Auflösung fällt. [3]Erfolgt die Auflösung im Laufe eines Wj., so kann ein Rumpfwirtschaftsjahr gebildet werden. [4]Dieses Wahlrecht besteht nicht bei Eröffnung eines Insolvenzverfahrens (§ 155 Abs. 2 Satz 1 InsO). [5]Das Rumpfwirtschaftsjahr reicht vom Schluss des vorangegangenen Wj. bis zur Auflösung. [6]Es ist nicht in den Abwicklungszeitraum einzubeziehen. [7]Bei einer Überschreitung des Dreijahreszeitraums sind die danach beginnenden weiteren Besteuerungszeiträume grundsätzlich jeweils auf ein Jahr begrenzt.

(2) [1]Die Steuerpflicht endet erst, wenn die Liquidation rechtsgültig abgeschlossen ist. [2]Zum rechtsgültigen Abschluss der Liquidation gehört bei Kapitalgesellschaften auch der Ablauf des → Sperrjahres. [3]Auch wenn die Kapitalgesellschaft vor Ablauf des Sperrjahres ihr Gesellschaftsvermögen vollständig ausgeschüttet hat, ist sie damit noch nicht erloschen. [4]Die Löschung im Handelsregister ist für sich allein ohne Bedeutung.

(3) [1]Wird der Abwicklungszeitraum in mehrere Besteuerungszeiträume unterteilt (§ 11 Abs. 1 Satz 2 KStG), ist die besondere Gewinnermittlung nach § 11 Abs. 2 KStG nur für den letzten Besteuerungszeitraum vorzunehmen. [2]Dabei ist das Abwicklungs-Anfangsvermögen aus der Bilanz zum Schluss des letzten vorangegangenen Besteuerungszeitraums abzuleiten. [3]Für die vorangehenden Besteuerungszeiträume ist die Gewinnermittlung nach allgemeinen Grundsätzen durchzuführen. [4]Auf den Schluss jedes Besteuerungszeitraums ist eine Steuerbilanz zu erstellen.

(4) Bei den Körperschaftsteuer-Veranlagungen für Besteuerungszeiträume innerhalb des Abwicklungszeitraums handelt es sich nicht um bloße Zwischenveranlagungen, die nach Ablauf des Liquidationszeitraums durch eine Veranlagung für den gesamten Liquidationszeitraum zu ersetzen sind.

H **11**

Beginn der Liquidation. Ein Beschluss der Gesellschafter einer Kapitalgesellschaft über die Auflösung wird mit dem Tag der Beschlussfassung wirksam, sofern sich aus dem Beschluss nichts anderes ergibt (→ BFH vom 9. 3. 1983, I R 202/79, BStBl. II S. 433).

Besteuerungszeitraum.

- Zieht sich die Liquidation einer Kapitalgesellschaft über mehr als drei Jahre hin, so darf das Finanzamt nach Ablauf dieses Zeitraums regelmäßig auch dann gegenüber der Kapitalgesellschaft einen Körperschaftsteuerbescheid erlassen, wenn für eine Steuerfestsetzung vor Abschluss der Liquidation kein besonderer Anlass besteht (→ BFH vom 18. 9. 2007, I R 44/06, BStBl. 2008 II S. 319).
- Zur Abweichung des Besteuerungszeitraums bei der Körperschaftsteuer und der Gewerbesteuer → BMF vom 4. 4. 2008, BStBl. I S. 542.

Sperrjahr. Das Sperrjahr beginnt mit dem Tag, an dem der Aufruf an die Gläubiger zum dritten Mal bekannt gemacht bzw. veröffentlicht worden ist (§ 272 Abs. 1 AktG oder § 73 GmbHG).

Verlustabzug. Auch im mehrjährigen Besteuerungszeitraum der Abwicklung einer Kapitalgesellschaft ist der sog. Sockelbetrag der Mindestgewinnbesteuerung von 1 Mio. Euro (§ 10d Abs. 2 Satz 1 EStG) nur einmal anzusetzen (→ BFH vom 23. 1. 2013, I R 35/12, BStBl. II S. 508).

Zu § 12 KStG

R **12**. Beschränkte Steuerpflicht der übertragenden Körperschaft

– unbesetzt –

H **12**

Finale Entnahme und finale Betriebsaufgabe. Zur Beschränkung der BFH-Urteile vom 17. 7. 2008, I R 77/06, BStBl. 2009 II S. 464 und vom 28. 10. 2009, I R 99/08, BStBl. 2011 II S. 1019 auf die entschiedenen Einzelfälle → BMF vom 18. 11. 2011, BStBl. I S. 1278.

Zu § 13 KStG

R **13.1** Beginn einer Steuerbefreiung

(1) § 13 Abs. 1 KStG erfasst die Fälle, in denen eine bisher in vollem Umfang steuerpflichtige Körperschaft, Personenvereinigung oder Vermögensmasse in vollem Umfang von der Körperschaftsteuer befreit wird.

(2) [1]Die Pflicht zur Aufstellung einer Schlussbilanz besteht nur insoweit, als die betreffende Körperschaft, Personenvereinigung oder Vermögensmasse Einkünfte aus Gewerbebetrieb, aus Land- und Forstwirtschaft oder aus selbständiger Arbeit bezieht. [2]Die Bilanzierungspflicht besteht demnach für Körperschaften i. S. d. § 8 Abs. 2 KStG in vollem Umfang (→ R 8.1 Abs. 3), für andere Körperschaften (→ R 8.1 Abs. 2) nur hinsichtlich des Bereichs der vorgenann-

ten Einkünfte (zur Anwendung des § 13 KStG auf Beteiligungen i. S. d. § 17 EStG außerhalb des Betriebsvermögens → R 13.4 Abs. 3).

H 13.1

Beispiele für den Wechsel zwischen Steuerpflicht und Steuerbefreiung.

1. Eine bisher wegen schädlicher Tätigkeiten i. S. d. → H 5.4 steuerpflichtige Unterstützungskassen-GmbH beendet diese Tätigkeiten und fällt anschließend, da sie nicht überdotiert ist, unter die Befreiung des § 5 Abs. 1 Nr. 3 KStG.
2. Eine Krankenhaus-GmbH, die bisher nicht die Voraussetzungen des § 67 AO erfüllte und deshalb steuerpflichtig war, erfüllt nunmehr die Voraussetzungen dieser Vorschrift und ist nach § 5 Abs. 1 Nr. 9 KStG in vollem Umfang von der Körperschaftsteuer befreit.
3. Eine Wohnungsgenossenschaft, der bisher aufgrund der Beteiligung an einer Personengesellschaft Einnahmen von mehr als 10 % ihrer Gesamteinnahmen zuzurechnen waren, veräußert die Beteiligung an der Personengesellschaft und erzielt anschließend ausschließlich Einnahmen i. S. d. § 5 Abs. 1 Nr. 10 Satz 1 KStG, so dass sie in vollem Umfang unter diese Befreiungsvorschrift fällt.

Teilweiser Beginn einer Steuerbefreiung (§ 13 Abs. 5 KStG).

→ R 13.2 Abs. 3.

R 13.2 Erlöschen einer Steuerbefreiung

(1) § 13 Abs. 2 KStG erfasst die Fälle, in denen eine bisher in vollem Umfang steuerbefreite Körperschaft, Personenvereinigung oder Vermögensmasse in vollem Umfang steuerpflichtig wird.

(2) [1] Zusätzliche Voraussetzung ist, dass die Körperschaft, Personenvereinigung oder Vermögensmasse ihren Gewinn nach Eintritt in die Steuerpflicht durch Betriebsvermögensvergleich ermittelt. [2] Körperschaften i. S. d. § 8 Abs. 2 KStG fallen stets unter den Anwendungsbereich der Vorschrift, andere Körperschaften nur dann, wenn sie zur Buchführung verpflichtet sind oder freiwillig Bücher führen. [3] Bei diesen anderen Körperschaften erstreckt sich die Bilanzierungspflicht nur auf den Bereich der Gewinneinkünfte (→ R 13.1 Abs. 2). [4] Zur Anwendung des § 13 KStG auf Beteiligungen i. S. d. § 17 EStG außerhalb des Betriebsvermögens → R 13.4 Abs. 3.

(3) [1] Nach § 13 Abs. 5 KStG gelten die Absätze 1 bis 4 dieser Vorschrift bei nur teilweisem Erlöschen der Steuerpflicht für die entsprechenden Teile des Betriebsvermögens. [2] Der teilweise Beginn einer Steuerbefreiung ist in drei Varianten denkbar:

1. Wechsel von voller zu nur noch partieller Steuerpflicht
   Eine bisher wegen Überschreitens der 10%-Grenze in § 5 Abs. 1 Nr. 10 Satz 2 KStG in vollem Umfang steuerpflichtige Wohnungsgenossenschaft verringert die Einnahmen aus den schädlichen Tätigkeiten durch Vermietung frei werdender, bisher an Nichtmitglieder vermieteter Wohnungen an Mitglieder auf weniger als 10% der Gesamteinnahmen und ist daher nur noch partiell steuerpflichtig.

2. Verringerung der partiellen Steuerpflicht
Bei einer Unterstützungskassen-GmbH, die wegen ihrer Überdotierung nach § 6 Abs. 5 KStG partiell steuerpflichtig ist, verringert sich das prozentuale Ausmaß der Überdotierung.
3. Wechsel von partieller Steuerpflicht zu voller Steuerbefreiung
Bei einer nach § 5 Abs. 1 Nr. 9 KStG wegen Verfolgung gemeinnütziger Zwecke steuerbefreiten GmbH wird eine bisher als steuerpflichtiger wirtschaftlicher Geschäftsbetrieb (§ 64 AO) beurteilte Tätigkeit als steuerfreier Zweckbetrieb (§ 65 AO) anerkannt.

R 13.3 Schlussbilanz, Anfangsbilanz

(1) [1]Durch den Ansatz der Wirtschaftsgüter in der Schlussbilanz mit dem Teilwert wird erreicht, dass eine steuerpflichtige Körperschaft, die von der Körperschaftsteuer befreit wird, vorbehaltlich des § 13 Abs. 4 KStG die während des Bestehens der Steuerpflicht gebildeten stillen Reserven des Betriebsvermögens aufzudecken und der Besteuerung zuzuführen hat, bevor sie aus der Steuerpflicht ausscheidet. [2]Ermittelt sie ihren Gewinn durch Betriebsvermögensvergleich, hat sie auf den Zeitpunkt, in dem die Steuerpflicht endet, eine Schlussbilanz aufzustellen. [3]Für die aufzustellende Schlussbilanz sind die steuerlichen Gewinnermittlungsvorschriften zu beachten. [4]Ermittelt sie ihren Gewinn durch Einnahmenüberschussrechnung, ist R 4.5 Abs. 6 EStR entsprechend anzuwenden.

(2) [1]Umgekehrt wird durch den Ansatz der Wirtschaftsgüter in der Anfangsbilanz mit dem Teilwert bei Wegfall der Steuerbefreiung erreicht, dass die im Zeitraum der Steuerfreiheit gebildeten stillen Reserven nicht bei einer späteren Realisierung besteuert werden müssen. [2]Zum Erfordernis der Bilanzierung → R 13.2 Abs. 2.

H 13.3

Firmenwert. Das Aktivierungsverbot des § 5 Abs. 2 EStG gilt auch für die gem. § 13 Abs. 1 bzw. 2 KStG aufzustellende Schluss- bzw. Anfangsbilanz (→ BFH vom 9. 8. 2000, I R 69/98, BStBl. 2001 II S. 71).

R 13.4 Sonderregelung für bestimmte steuerbegünstigte Körperschaften

(1) [1]Nach § 13 Abs. 4 Satz 1 KStG wird bei bisher steuerpflichtigen Körperschaften, die nach § 5 Abs. 1 Nr. 9 KStG steuerbefreit werden und steuerbegünstigte Zwecke i. S. d. § 9 Abs. 1 Nr. 2 KStG verfolgen, auf die Schlussbesteuerung der in der Zeit der früheren Steuerpflicht gebildeten stillen Reserven verzichtet. [2]Verfolgt eine solche Körperschaft neben den vorgenannten Zwecken auch andere gemeinnützige Zwecke, kommt § 13 Abs. 4 Satz 1 KStG nur für diejenigen Wirtschaftsgüter in Betracht, die einem Zweck i. S. d. § 9 Abs. 1 Nr. 2 KStG dienen.

(2) [1]Erlischt bei einer Körperschaft, die steuerbegünstigte Zwecke i. S. d. § 9 Abs. 1 Nr. 2 KStG verfolgt, die Steuerbefreiung, ist für die Wirtschaftsgüter, die in der Anfangsbilanz zu Beginn der Steuerbefreiung nach § 13 Abs. 4

Satz 1 KStG mit dem Buchwert anzusetzen waren, der Wert anzusetzen, der sich bei ununterbrochener Steuerpflicht nach den Vorschriften über die steuerliche Gewinnermittlung ergeben würde. [2]Dadurch wird die steuerliche Erfassung später realisierter stiller Reserven dieser Wirtschaftsgüter aus der Zeit der früheren Steuerpflicht wieder ermöglicht. [3]Für Wirtschaftsgüter, die erst im Zeitraum der Steuerbefreiung angeschafft oder hergestellt worden sind, gilt § 13 Abs. 4 Satz 2 KStG nicht. [4]Für diese Wirtschaftsgüter ist der Teilwert nach § 13 Abs. 3 Satz 1 KStG anzusetzen (→ R 13.3 Abs. 2).

(3) Durch § 13 Abs. 6 KStG wird der Anwendungsbereich der Vorschrift über den Bereich des Betriebsvermögens hinaus auf Beteiligungen i. S. d. § 17 EStG der Körperschaft, Personenvereinigung oder Vermögensmasse an einer Kapitalgesellschaft ausgedehnt.

H 13.4

Teilweises Erlöschen einer Steuerbefreiung (§ 13 Abs. 5 KStG). → R 13.2 Abs. 3.

Überführung eines Betriebs oder Teilbetriebs aus dem steuerpflichtigen in den steuerbefreiten Bereich einer Körperschaft unter Ansatz der Buchwerte nach § 13 Abs. 4 Satz 1 KStG. → BMF vom 1. 2. 2002, BStBl. I S. 221.

Zu § 14 KStG

R 14.1 Organträger, Begriff des gewerblichen Unternehmens

– unbesetzt –

H 14.1

Begriff des gewerblichen Unternehmens. → BMF vom 26. 8. 2003, BStBl. I S. 437 Rn. 2ff.

Steuerbefreite Körperschaft als Organträgerin. Mit der die Organschaft ausschließenden Steuerbefreiung i. S. v. § 14 Abs. 1 Satz 1 Nr. 2 Satz 1 KStG ist nur eine persönliche Steuerbefreiung gemeint, die den Rechtsträger als solchen insgesamt von der Steuerpflicht ausschließt (unbeschränkte persönliche Steuerbefreiung). Körperschaften, die nur im Hinblick auf einen bestimmten Teil ihrer Tätigkeit oder ihres Ertrags von der Steuerpflicht ausgenommen sind (sog. beschränkte persönliche oder sachliche Steuerbefreiung), kommen demgegenüber als Organträger grundsätzlich in Betracht, soweit nicht die Beteiligung an der Organgesellschaft den steuerbefreiten Aktivitäten zuzuordnen ist (→ BFH vom 10. 3. 2010, I R 41/09, BStBl. 2011 II S. 181).

R 14.2 Finanzielle Eingliederung

[1]Der Organträger ist i. S. d. finanziellen Eingliederung an der Organgesellschaft beteiligt, wenn ihm Anteile an der Organgesellschaft – einschließlich der Stimmrechte daraus – steuerrechtlich in dem für die finanzielle Eingliede-

rung erforderlichen Umfang zuzurechnen sind. [2]Entsprechendes gilt für die → mittelbare Beteiligung (§ 14 Abs. 1 Satz 1 Nr. 1 Satz 2 KStG). [3]Unmittelbare und mittelbare Beteiligungen (bzw. mehrere mittelbare Beteiligungen) dürfen zusammengefasst werden. [4]Es sind nur solche mittelbaren Beteiligungen zu berücksichtigen, die auf Beteiligungen des Organträgers an vermittelnden (Kapital- oder Personen-) Gesellschaften beruhen, an denen der Organträger jeweils die Mehrheit der Stimmrechte hat und die jeweils die Voraussetzungen des § 14 Abs. 1 Satz 1 Nr. 2 Satz 4 und 5 KStG erfüllen.

Beispiele:

In den Beispielen wird unterstellt, dass die Stimmrechtsverhältnisse den Beteiligungsverhältnissen entsprechen und alle Beteiligungen inländischen Betriebsstätten zuzuordnen sind:

1. Die Gesellschaft M ist an der Gesellschaft E unmittelbar zu 50% beteiligt. Über die Gesellschaft T (Beteiligung der T an E 50%), an der die M ebenfalls zu 50% beteiligt ist, hält M mittelbar weitere 25% der Anteile an der E. Die Gesellschaft E ist in die Gesellschaft M nicht finanziell eingegliedert, weil die unmittelbare und die mittelbare Beteiligung der M an der E aufgrund der fehlenden Stimmrechtsmehrheit der M an T nicht zusammenzurechnen sind und die unmittelbare Beteiligung allein die Voraussetzung der finanziellen Eingliederung nicht erfüllt.
2. Die Gesellschaft M ist an der Gesellschaft T 1 zu 100% und an der Gesellschaft T 2 zu 49% beteiligt; die Gesellschaften T 1 und T 2 sind an der Gesellschaft E zu je 50% beteiligt. M besitzt an T 2 nicht die Mehrheit der Stimmrechte. Damit sind die Voraussetzungen des § 14 Abs. 1 Satz 1 Nr. 1 Satz 2 KStG für eine Zusammenrechnung der beiden mittelbaren Beteiligungen nicht erfüllt. Die Gesellschaft E ist in die Gesellschaft M nicht finanziell eingegliedert.
3. Die Gesellschaft M ist zu 20% unmittelbar an E beteiligt. Zugleich ist M am Vermögen der Gesellschaft P zu 80% beteiligt, die ihrerseits 80% der Anteile an E hält. Die Gesellschaft E ist in die Gesellschaft M finanziell eingegliedert, da die unmittelbare und die mittelbare Beteiligung aufgrund der Stimmrechtsmehrheit der M an P zu addieren sind (20% + 64%).

H 14.2

Mittelbare Beteiligung. Eine mittelbare Beteiligung kann auch über eine Gesellschaft bestehen, die nicht selbst Organgesellschaft sein kann (→ BFH vom 2. 11. 1977, I R 143/75, BStBl. 1978 II S. 74).

Rückwirkende Begründung eines Organschaftsverhältnisses bei Umwandlung. Zur rückwirkenden Begründung eines Organschaftsverhältnisses bei Umwandlungen → BFH vom 28. 7. 2010, I R 89/09, BStBl. 2011 II S. 528 sowie → BMF vom 11. 11. 2011, BStBl. I S. 1314 Rn. Org.01 ff.

Stimmrechtsverbot. Stimmrechtsverbote für einzelne Geschäfte zwischen Organträger und Organgesellschaft stehen der finanziellen Eingliederung nicht entgegen (→ BFH vom 26. 1. 1989, IV R 151/86, BStBl. II S. 455).

R 14.3 Personengesellschaften als Organträger

[1]Eine Personengesellschaft i. S. d. § 15 Abs. 1 Satz 1 Nr. 2 EStG kann Organträger sein, wenn die Voraussetzung der → finanziellen Eingliederung im Verhältnis zur Personengesellschaft selbst erfüllt ist (§ 14 Abs. 1 Satz 1 Nr. 2 Satz 3 KStG), sie eine gewerbliche Tätigkeit i. S. d. § 15 Abs. 1 Satz 1 Nr. 1 EStG ausübt (§ 14 Abs. 1 Satz 1 Nr. 2 Satz 2 KStG) und die Beteiligungen, die die finanzielle Eingliederung vermitteln, während der gesamten Dauer der

Organschaft einer inländischen Betriebsstätte des Organträgers zuzurechnen sind. [2]Dies gilt sowohl für unmittelbare Beteiligungen an der Organgesellschaft als auch für Beteiligungen an Gesellschaften, über die eine mittelbare Beteiligung des Organträgers an der Organgesellschaft besteht (§ 14 Abs. 1 Satz 1 Nr. 2 Satz 4, 5 und 7 KStG). [3]In diesen Fällen hat die Veräußerung eines Mitunternehmeranteils bzw. die Veränderung im Gesellschafterbestand der Organträger-Personengesellschaft während des Wj. der Organgesellschaft keine Auswirkungen auf das bestehende Organschaftsverhältnis, da der Personengesellschaft im Hinblick auf das Organschaftsverhältnis eine rechtliche Eigenständigkeit eingeräumt wird. [4]Dem entspricht auch, dass die wirtschaftliche Identität der Personengesellschaft gewahrt und die rechtliche Gebundenheit des Gesellschaftsvermögens gleich bleibt, auch wenn die am Vermögen insgesamt Beteiligten wechseln. [5]Gehören die Anteile an der Organgesellschaft nicht zum Vermögen der Personengesellschaft, reicht es für die finanzielle Eingliederung in die Personengesellschaft nicht aus, dass die Anteile notwendiges Sonderbetriebsvermögen der Gesellschafter der Personengesellschaft sind.

H 14.3

Personengesellschaft als Organträger. → BMF vom 10. 11. 2005, BStBl. I S. 1038 Rn. 13ff.

Vermögensverwaltende Personengesellschaft. Eine Personengesellschaft, die Besitzunternehmen im Rahmen einer Betriebsaufspaltung und ansonsten nur vermögensverwaltend tätig ist, kann Organträgerin sein (→ BFH vom 24. 7. 2013, I R 40/12, BStBl. 2014 II S. 272).

Zeitpunkt einer gewerblichen Betätigung des Organträgers i. S. d. § 15 Abs. 1 Satz 1 Nr. 1 EStG. Der Organträger einer ertragsteuerlichen Organschaft muss nicht bereits zu Beginn des Wj. der Organgesellschaft gewerblich tätig sein (→ BFH vom 24. 7. 2013, I R 40/12, BStBl. 2014 II S. 272). → BMF vom 10. 11. 2005, BStBl. I S. 1038 Rn. 21 ist damit überholt.

R 14.4 Zeitliche Voraussetzungen

(1) [1]Nach § 14 Abs. 1 Satz 1 Nr. 1 KStG muss die Organgesellschaft vom Beginn ihres Wj. an ununterbrochen finanziell in das Unternehmen des Organträgers eingegliedert sein. [2]Ununterbrochen bedeutet, dass diese Eingliederung vom Beginn ihres Wj. an ohne Unterbrechung bis zum Ende des Wj. bestehen muss. [3]Das gilt auch im Falle eines Rumpfwirtschaftsjahres.

(2) [1]Veräußert der Organträger seine Beteiligung an der Organgesellschaft zum Ende des Wj. der Organgesellschaft an ein anderes gewerbliches Unternehmen, bedeutet dies, dass der Organträger das Eigentum an den Anteilen an der Organgesellschaft bis zum letzten Tag, 24 Uhr, des Wj. der Organgesellschaft behält und das andere Unternehmen dieses Eigentum am ersten Tag, 0 Uhr, des anschließenden Wj. der Organgesellschaft erwirbt. [2]In diesen Fällen ist deshalb die Voraussetzung der finanziellen Eingliederung der Organgesellschaft beim Veräußerer der Anteile bis zum Ende des Wj. der Organgesellschaft und beim Erwerber der Anteile vom Beginn des anschließenden

Wj. der Organgesellschaft an erfüllt. [3]Veräußert der Organträger seine Beteiligung an der Organgesellschaft während des Wj. der Organgesellschaft, und stellt die Organgesellschaft mit Zustimmung des Finanzamts ihr Wj. auf den Zeitpunkt der Veräußerung der Beteiligung um, ist die finanzielle Eingliederung der Organgesellschaft beim Veräußerer der Anteile bis zum Ende des entstandenen Rumpfwirtschaftsjahres der Organgesellschaft und beim Erwerber der Anteile vom Beginn des anschließenden Wj. der Organgesellschaft an gegeben.

(3) [1]Wird im Zusammenhang mit der Begründung oder Beendigung eines Organschaftsverhältnisses i. S. d. § 14 KStG das Wj. der Organgesellschaft auf einen vom Kj. abweichenden Zeitraum umgestellt, ist dafür die nach § 7 Abs. 4 Satz 3 KStG erforderliche Zustimmung zu erteilen. [2]Bei der Begründung eines Organschaftsverhältnisses gilt das auch, wenn das Wj. der Organgesellschaft im selben VZ ein zweites Mal umgestellt wird, um den Abschlussstichtag der Organgesellschaft dem im Organkreis üblichen Abschlussstichtag anzupassen. [3]Weicht dabei das neue Wj. vom Kj. ab, ist für die zweite Umstellung ebenfalls die Zustimmung nach § 7 Abs. 4 Satz 3 KStG zu erteilen.

R 14.5 Gewinnabführungsvertrag

Wirksamwerden des Gewinnabführungsvertrags

(1) [1]Nach § 14 Abs. 1 Satz 2 KStG kann die Einkommenszurechnung erstmals für das Wj. der Organgesellschaft erfolgen, in dem der GAV wirksam wird. [2]Bei einer nicht nach §§ 319 bis 327 AktG eingegliederten AG oder KGaA wird der GAV i. S. d. § 291 Abs. 1 AktG zivilrechtlich erst wirksam, wenn sein Bestehen in das Handelsregister des Sitzes der Organgesellschaft eingetragen ist (§ 294 Abs. 2 AktG). [3]Bei einer nach den §§ 319 bis 327 AktG eingegliederten AG oder KGaA tritt die zivilrechtliche Wirksamkeit des GAV ein, sobald er in Schriftform abgeschlossen ist (§ 324 Abs. 2 AktG).

Mindestlaufzeit

(2) [1]Der GAV muss nach § 14 Abs. 1 Satz 1 Nr. 3 Satz 1 KStG auf einen Zeitraum von mindestens fünf Zeitjahren abgeschlossen sein. [2]Der Zeitraum beginnt mit dem Anfang des Wj., für das die Rechtsfolgen des § 14 Abs. 1 Satz 1 KStG erstmals eintreten.

Vollzug des Gewinnabführungsvertrags

(3) [1]Nach § 14 Abs. 1 Satz 1 KStG muss sich die Organgesellschaft aufgrund eines GAV i. S. d. § 291 Abs. 1 AktG verpflichten, ihren ganzen Gewinn an ein anderes gewerbliches Unternehmen abzuführen. [2]Die Abführung des ganzen Gewinns setzt hierbei voraus, dass der Jahresabschluss keinen Bilanzgewinn (§ 268 Abs. 1 HGB, § 158 AktG) mehr ausweist. [3]Wegen der nach § 14 Abs. 1 Satz 1 Nr. 4 KStG zulässigen Bildung von Gewinn- oder Kapitalrücklagen → Absatz 5 Nr. 3. [4]§ 301 AktG bestimmt als Höchstbetrag der Gewinnabführung für eine nicht eingegliederte Organgesellschaft in der Rechtsform der AG oder der KGaA:

1. in seinem Satz 1 den ohne die Gewinnabführung entstehenden Jahresüberschuss, vermindert um einen Verlustvortrag aus dem Vorjahr und um den

Betrag, der nach § 300 AktG in die gesetzliche Rücklage einzustellen ist und um den nach § 268 Abs. 8 HGB ausschüttungsgesperrten Betrag;
2. in seinem Satz 2 zusätzlich die Entnahmen aus in vertraglicher Zeit gebildeten und wieder aufgelösten Gewinnrücklagen.

[5]Nach § 275 Abs. 4 HGB dürfen Veränderungen der Gewinnrücklagen in der Gewinn- und Verlustrechnung erst nach dem Posten „Jahresüberschuss/Jahresfehlbetrag" ausgewiesen werden und verändern dadurch nicht den Jahresüberschuss. [6]Bei Verlustübernahme (§ 302 AktG) hat der Organträger einen sonst entstehenden Jahresfehlbetrag auszugleichen, soweit dieser nicht dadurch ausgeglichen wird, dass den anderen Gewinnrücklagen Beträge entnommen werden, die während der Vertragsdauer in sie eingestellt worden sind.

Abführung/Ausschüttung vorvertraglicher Rücklagen

(4) [1]Bei einer nicht eingegliederten Organgesellschaft in der Rechtsform der AG oder der KGaA ist der GAV steuerlich als nicht durchgeführt anzusehen, wenn vorvertragliche Gewinnrücklagen entgegen §§ 301 und 302 Abs. 1 AktG aufgelöst und an den Organträger abgeführt werden. [2]Da der Jahresüberschuss i. S. d. § 301 AktG nicht einen Gewinnvortrag (§ 158 Abs. 1 Nr. 1 AktG, § 266 Abs. 3 A HGB) umfasst, darf ein vor dem Inkrafttreten des GAV vorhandener Gewinnvortrag weder abgeführt noch zum Ausgleich eines aufgrund des GAV vom Organträger auszugleichenden Jahresfehlbetrags (Verlustübernahme) verwendet werden. [3]Ein Verstoß gegen das Verbot, Erträge aus der Auflösung vorvertraglicher Rücklagen an den Organträger abzuführen, liegt auch vor, wenn die Organgesellschaft Aufwand – dazu gehören auch die steuerrechtlich nichtabziehbaren Ausgaben, z. B. Körperschaftsteuer, Aufsichtsratsvergütungen – über eine vorvertragliche Rücklage verrechnet und dadurch den Gewinn erhöht, der an den Organträger abzuführen ist. [4]Ein Verstoß gegen die §§ 301 und 302 Abs. 1 AktG ist nicht gegeben, wenn die Organgesellschaft vorvertragliche Rücklagen auflöst und den entsprechenden Gewinn außerhalb des GAV an ihre Anteilseigner ausschüttet. [5]Insoweit ist § 14 KStG nicht anzuwenden; für die Gewinnausschüttung gelten die allgemeinen Grundsätze.

Durchführung des Gewinnabführungsvertrags

(5) Der Durchführung des GAV steht es nicht entgegen, wenn z. B.

1. der an den Organträger abzuführende Gewinn entsprechend dem gesetzlichen Gebot in § 301 AktG durch einen beim Inkrafttreten des GAV vorhandenen Verlustvortrag gemindert wird. [2]Der Ausgleich vorvertraglicher Verluste durch den Organträger ist steuerrechtlich als Einlage zu werten;
2. der ohne die Gewinnabführung entstehende Jahresüberschuss der Organgesellschaft nach § 301 AktG um den Betrag vermindert wird, der nach § 300 AktG in die gesetzliche Rücklage einzustellen ist. [2]Zuführungen zur gesetzlichen Rücklage, die die gesetzlich vorgeschriebenen Beträge übersteigen, sind steuerrechtlich wie die Bildung von Gewinnrücklagen zu beurteilen;
3. die Organgesellschaft nach § 14 Abs. 1 Satz 1 Nr. 4 KStG Gewinnrücklagen i. S. d. § 272 Abs. 3 und 4 HGB mit Ausnahme der gesetzlichen Rücklagen, aber einschließlich der satzungsmäßigen Rücklagen (§ 266 Abs. 3 A III HGB) bildet, die bei vernünftiger kaufmännischer Beurteilung wirtschaft-

lich begründet sind. [2]Die Bildung einer Kapitalrücklage i. S. d. § 272 Abs. 2 Nr. 4 HGB beeinflusst die Höhe der Gewinnabführung nicht und stellt daher keinen Verstoß gegen § 14 Abs. 1 Satz 1 Nr. 4 KStG dar. [3]Für die Bildung der Rücklagen muss ein konkreter Anlass gegeben sein, der es auch aus objektiver unternehmerischer Sicht rechtfertigt, eine Rücklage zu bilden, wie z. B. eine geplante Betriebsverlegung, Werkserneuerung, Kapazitätsausweitung. [4]Die Beschränkung nach § 14 Abs. 1 Satz 1 Nr. 4 KStG ist nicht auf die Bildung stiller Reserven anzuwenden;

4. die Organgesellschaft ständig Verluste erwirtschaftet.

Beendigung des Gewinnabführungsvertrags

(6) [1]Wird der GAV, der noch nicht fünf aufeinanderfolgende Jahre durchgeführt worden ist, durch Kündigung oder im gegenseitigen Einvernehmen beendet, bleibt der Vertrag für die Jahre, für die er durchgeführt worden ist, steuerrechtlich wirksam, wenn die Beendigung auf einem wichtigen Grund beruht. [2]Ein wichtiger Grund kann insbesondere in der Veräußerung oder Einbringung der Organbeteiligung durch den Organträger, der Verschmelzung, Spaltung oder Liquidation des Organträgers oder der Organgesellschaft gesehen werden. [3]Stand bereits im Zeitpunkt des Vertragsabschlusses fest, dass der GAV vor Ablauf der ersten fünf Jahre beendet werden wird, ist ein wichtiger Grund nicht anzunehmen. [4]Liegt ein wichtiger Grund nicht vor, ist der GAV von Anfang an als steuerrechtlich unwirksam anzusehen.

(7) Ist der GAV bereits mindestens fünf aufeinanderfolgende Jahre durchgeführt worden, bleibt er für diese Jahre steuerrechtlich wirksam.

Nichtdurchführung des Gewinnabführungsvertrags

(8) [1]Wird ein GAV in einem Jahr nicht durchgeführt, ist er

1. von Anfang an als steuerrechtlich unwirksam anzusehen, wenn er noch nicht fünf aufeinander folgende Jahre durchgeführt worden ist;
2. erst ab diesem Jahr als steuerrechtlich unwirksam anzusehen, wenn er bereits mindestens fünf aufeinander folgende Jahre durchgeführt worden ist. [2]Soll die körperschaftsteuerrechtliche Organschaft ab einem späteren Jahr wieder anerkannt werden, bedarf es einer erneuten mindestens fünfjährigen Laufzeit und ununterbrochenen Durchführung des Vertrags.

[2]Ist der GAV als steuerrechtlich unwirksam anzusehen, ist die Organgesellschaft nach den allgemeinen steuerrechtlichen Vorschriften zur Körperschaftsteuer zu veranlagen.

H 14.5

Änderung des § 301 AktG und § 249 HGB durch das BilMoG. → BMF vom 14. 1. 2010, BStBl. I S. 65.

Auflösung und Abführung vorvertraglicher versteuerter Rücklagen. Zur Auflösung und Abführung vorvertraglicher versteuerter Rücklagen bei einer nach den §§ 319 bis 327 AktG eingegliederten Organgesellschaft in der Rechtsform der AG oder KGaA → R 14.6 Abs. 3.

Auflösung von in organschaftlicher Zeit gebildeten Kapitalrücklagen. Eine in organschaftlicher Zeit gebildete und aufgelöste Kapitalrücklage kann an die Gesellschafter ausgeschüttet werden; sie unterliegt nicht der Gewinnabführung (→ BFH vom 8.8.2001, I R 25/00, BStBl. 2003 II S. 923 und → BMF vom 27.11.2003, BStBl. I S. 647).

Beendigung des Gewinnabführungsvertrags. Die Beendigung des GAV, weil er aus Sicht der Parteien seinen Zweck der Konzernverlustverrechnung erfüllt hat, ist kein wichtiger Grund i. S. d. § 14 Abs. 1 Satz 1 Nr. 3 Satz 2 KStG (→ BFH vom 13.11.2013, I R 45/12, BStBl. 2014 II S. 486).

Bildung einer Rücklage. Zur Zulässigkeit der Bildung einer Rücklage in der Bilanz einer Organgesellschaft aus Gründen der Risikovorsorge → BFH vom 29.10.1980, I R 61/77, BStBl. 1981 II S. 336.

Mindestlaufzeit.[1] Die fünfjährige Mindestlaufzeit des GAV bei der körperschaftsteuerlichen Organschaft bemisst sich nach Zeitjahren und nicht nach Wj. (→ BFH vom 12.1.2011, I R 3/10, BStBl. II S. 727). Unabhängig von einer Umstellung des Wj. der Organgesellschaft und der damit einhergehenden Bildung eines Rumpfwirtschaftsjahres ist für die steuerliche Anerkennung der Organschaft die Mindestlaufzeit des GAV von fünf Zeitjahren einzuhalten (→ BFH vom 13.11.2013, I R 45/12, BStBl. 2014 II S. 486). Zur Voraussetzung der Mindestlaufzeit → BMF vom 10.11.2005, BStBl. I S. 1038 Rn. 4.

Verzinsung des Anspruchs auf Verlustübernahme nach § 302 AktG. Die unterlassene oder unzutreffende Verzinsung eines Verlustausgleichsanspruchs steht einer tatsächlichen Durchführung des GAV nicht entgegen (→ BMF vom 15.10.2007, BStBl. I S. 765).

Wirksamwerden des Gewinnabführungsvertrags. Bei einem lediglich mit der Vorgründungsgesellschaft (→ H 1.1) abgeschlossenen GAV gehen die sich daraus ergebenden Rechte und Pflichten nicht automatisch auf die später gegründete und eingetragene Kapitalgesellschaft über (→ BFH vom 8.11.1989, I R 174/86, BStBl. 1990 II S. 91).

R 14.6 Zuzurechnendes Einkommen der Organgesellschaft

(1) [1] Als zuzurechnendes Einkommen ist das Einkommen der Organgesellschaft vor Berücksichtigung des an den Organträger abgeführten Gewinns oder des vom Organträger zum Ausgleich eines sonst entstehenden Jahresfehlbetrags (§ 302 Abs. 1 AktG) geleisteten Betrags zu verstehen. [2] Bei der Ermittlung des Einkommens des Organträgers bleibt demnach der von der Organgesellschaft an den Organträger abgeführte Gewinn außer Ansatz; ein vom Organträger an die Organgesellschaft zum Ausgleich eines sonst entstehenden Jahresfehlbetrags geleisteter Betrag darf nicht abgezogen werden.

(2) [1] Gewinne der Organgesellschaft, die aus der Auflösung vorvertraglicher unversteuerter stiller Reserven herrühren, sind Teil des Ergebnisses des Wj. der Organgesellschaft, in dem die Auflösung der Reserven erfolgt. [2] Handelsrechtlich unterliegen diese Gewinne deshalb der vertraglichen Abführungsver-

---

[1] Zur Mindestlaufzeit siehe auch BFH v. 10.5.2017 I R 19/15, BStBl. II 2019, 81 (umwandlungssteuerrechtl. Rückwirkungsfiktion). – Zur Anerkennung einer körperschaftsteuerrechtl. Organschaft bei fehlender finanzieller Eingliederung in den Vorjahren siehe BFH v. 10.5.2017 I R 51/15, BStBl. II 2018, 30.

pflichtung. [3]Steuerrechtlich gehören sie zu dem Einkommen, das nach § 14 KStG dem Organträger zuzurechnen ist.

(3) [1]Bei einer nach den §§ 319 bis 327 AktG eingegliederten AG oder KGaA als Organgesellschaft sind nach § 324 Abs. 2 AktG die §§ 293 bis 296, 298 bis 303 AktG nicht anzuwenden. [2]Löst diese Organgesellschaft vorvertragliche Gewinn- oder Kapitalrücklagen zugunsten des an den Organträger abzuführenden Gewinns auf, verstößt sie handelsrechtlich nicht gegen das Abführungsverbot. [3]In diesen Fällen ist deshalb → R 14.5 Abs. 8 nicht anzuwenden. [4]Steuerrechtlich fällt die Abführung der Gewinne aus der Auflösung dieser Rücklagen an den Organträger nicht unter § 14 KStG; sie unterliegt somit den allgemeinen steuerrechtlichen Vorschriften.

(4) [1]VGA an den Organträger sind im Allgemeinen vorweggenommene Gewinnabführungen; sie stellen die tatsächliche Durchführung des GAV nicht in Frage. [2]Das gilt auch, wenn eine Personengesellschaft der Organträger ist (→ R 14.3) und Gewinn verdeckt an einen Gesellschafter der Personengesellschaft ausgeschüttet wird. [3]Ein solcher Vorgang berührt lediglich die Gewinnverteilung innerhalb der Personengesellschaft. [4]VGA an außen stehende Gesellschafter sind wie Ausgleichszahlungen i. S. d. § 16 KStG zu behandeln.

(5) Der Gewinn aus der Veräußerung eines Teilbetriebs unterliegt der vertraglichen Gewinnabführungsverpflichtung; er ist bei der Ermittlung des dem Organträger zuzurechnenden Einkommens zu berücksichtigen.

(6) [1]Die Höhe des nach § 14 KStG dem Organträger zuzurechnenden Einkommens der Organgesellschaft sowie weitere Besteuerungsgrundlagen werden gesondert und einheitlich festgestellt mit Bindungswirkung für die Steuerbescheide der Organgesellschaft und des Organträgers. [2]Einspruchsberechtigt gegen den Bescheid über die gesonderte und einheitliche Feststellung sind sowohl der Organträger als auch die Organgesellschaft.

(7) Gewinnabführungen stellen auch dann keine Gewinnausschüttungen dar, wenn sie erst nach Beendigung des GAV abfließen.

H 14.6

Einstellung der gewerblichen Tätigkeit. Stellt eine Organgesellschaft ohne förmlichen Auflösungsbeschluss ihre gewerbliche Tätigkeit nicht nur vorübergehend ein und veräußert sie ihr Vermögen, fällt der Gewinn, den sie während der tatsächlichen Abwicklung erzielt, nicht mehr unter die Gewinnabführungsverpflichtung (→ BFH vom 17.2.1971, I R 148/68, BStBl. II S. 411).

Gewinn im Zeitraum der Abwicklung. Der im Zeitraum der Abwicklung erzielte Gewinn (§ 11 KStG, → R 11) unterliegt nicht der vertraglichen Gewinnabführungsverpflichtung und ist deshalb von der Organgesellschaft zu versteuern (→ BFH vom 18.10.1967, I 262/63, BStBl. 1968 II S. 105).

R 14.7 Einkommensermittlung beim Organträger

(1) Ausgaben im Zusammenhang mit der Organbeteiligung, z. B. Zinsen für Schulden, die der Organträger zum Erwerb der Beteiligung aufgenommen hat, dürfen bei der Ermittlung des Einkommens des Organträgers abgezogen werden.

(2) [1]VGA der Organgesellschaft sind beim Organträger zur Vermeidung der Doppelbelastung aus dem Einkommen auszuscheiden, wenn die Vorteilszuwendung den Bilanzgewinn des Organträgers erhöht oder dessen Bilanzverlust gemindert hat. [2]Entgegen → BFH vom 20.8.1986 (I R 150/82, BStBl. 1987 II S. 455) ist jedoch nicht das zuzurechnende Organeinkommen, sondern das eigene Einkommen des Organträgers zu kürzen.

(3) [1]Der Organträger kann seine Beteiligung an der Organgesellschaft auf den niedrigeren Teilwert abschreiben, wenn die nach dem geltenden Recht hierfür erforderlichen Voraussetzungen erfüllt sind. [2]Eine Abschreibung auf den niedrigeren Teilwert ist jedoch nicht schon deshalb gerechtfertigt, weil die Organgesellschaft ständig Verluste erwirtschaftet.

(4) Übernimmt der Organträger die Verpflichtung, einen vorvertraglichen Verlust der Organgesellschaft auszugleichen, stellt der Verlustausgleich steuerrechtlich eine Einlage des Organträgers in die Organgesellschaft dar.

H 14.7

Veranlagungszeitraum der Zurechnung. Das Einkommen der Organgesellschaft ist dem Organträger für das Kj. (VZ) zuzurechnen, in dem die Organgesellschaft das Einkommen erzielt hat (→ BFH vom 29.10.1974, I R 240/72, BStBl. 1975 II S. 126).
Das Einkommen einer Organgesellschaft ist entsprechend dem allgemeinen Gewinnverteilungsschlüssel nur den Gesellschaftern einer Organträger-Personengesellschaft zuzurechnen, die im Zeitpunkt der Einkommenszurechnung an der Organträgerin beteiligt sind (→ BFH vom 28.2.2013, IV R 50/09, BStBl. II S. 494).

Verlustausgleich durch den Organträger. Der aus der gesetzlichen Verpflichtung (§ 301 AktG, § 30 Abs. 1 GmbHG) des Organträgers resultierende Ausgleich von vorvertraglichen Verlusten der Organgesellschaft führt beim Organträger zu nachträglichen Anschaffungskosten für die Anteile an der Organgesellschaft und ist auf dem Beteiligungskonto zu aktivieren (→ BFH vom 8.3.1955, I 73/54 U, BStBl. III S. 187).

Verlustübernahme. Der Organträger darf steuerrechtlich keine Rückstellung für drohende Verluste aus der Übernahme des Verlustes der Organgesellschaft bilden (→ BFH vom 26.1.1977, I R 101/75, BStBl. II S. 441).

R 14.8 Bildung und Auflösung besonderer Ausgleichsposten beim Organträger

(1) [1]Stellt die Organgesellschaft aus dem Jahresüberschuss (§ 275 Abs. 2 Nr. 20 oder Abs. 3 Nr. 19 HGB) Beträge in die Gewinnrücklagen i. S. d. § 272 Abs. 3 HGB ein oder bildet sie steuerlich nicht anzuerkennende stille Reserven, werden die Rücklagen mit dem zuzurechnenden Einkommen beim Organträger oder, wenn er eine Personengesellschaft ist, bei seinen Gesellschaftern versteuert. [2]Der steuerrechtliche Wertansatz der Beteiligung des Organträgers an der Organgesellschaft bleibt unberührt. [3]Um sicherzustellen, dass nach einer Veräußerung der Organbeteiligung die bei der Organgesellschaft so gebildeten Rücklagen nicht noch einmal beim Organträger steuer-

rechtlich erfasst werden, ist in der Steuerbilanz des Organträgers, in die der um die Rücklage verminderte Jahresüberschuss der Organgesellschaft eingegangen ist, ein besonderer aktiver Ausgleichsposten in Höhe des Teils der versteuerten Rücklagen einkommensneutral zu bilden, der dem Verhältnis der Beteiligung des Organträgers am Nennkapital der Organgesellschaft entspricht. [4] Löst die Organgesellschaft die Rücklagen in den folgenden Jahren ganz oder teilweise zugunsten des an den Organträger abzuführenden Gewinns auf, ist der besondere aktive Ausgleichsposten entsprechend einkommensneutral aufzulösen.

(2) Weicht der an den Organträger abgeführte Gewinn der Organgesellschaft aus anderen Gründen als infolge der Auflösung einer Rücklage i. S. d. Absatzes 1 von dem Steuerbilanzgewinn ab, z. B. wegen Änderung des Wertansatzes von Aktiv- oder Passivposten in der Bilanz, und liegt die Ursache in vertraglicher Zeit, ist in der Steuerbilanz des Organträgers nach § 14 Abs. 4 Satz 1, 2 und 6 KStG ein besonderer aktiver oder passiver Ausgleichsposten in Höhe des Unterschieds einkommensneutral zu bilden, der dem Verhältnis der Beteiligung des Organträgers am Nennkapital der Organgesellschaft entspricht.

(3) [1] Die besonderen Ausgleichsposten sind bei Beendigung des GAV nicht gewinnwirksam aufzulösen, sondern bis zur Veräußerung der Organbeteiligung weiterzuführen. [2] Im Zeitpunkt der Veräußerung der Organbeteiligung oder eines der Veräußerung gleichgestellten Vorgangs sind die besonderen Ausgleichsposten aufzulösen (§ 14 Abs. 4 Satz 2 und 5 KStG). [3] Dadurch erhöht oder verringert sich das Einkommen des Organträgers; § 8b KStG sowie § 3 Nr. 40 und § 3c Abs. 2 EStG sind anzuwenden. [4] Für die Anwendung des § 8b KStG bzw. der § 3 Nr. 40, § 3c Abs. 2 EStG sind die Ausgleichsposten mit dem in der Steuerbilanz ausgewiesenen Buchwert der Organbeteiligung zusammenzufassen. [5] Dadurch kann sich rechnerisch auch ein negativer Buchwert ergeben. [6] Die Sätze 4 und 5 sind bei der Ermittlung eines Übernahmeergebnisses i. S. d. § 4 Abs. 4 Satz 1 oder § 12 Abs. 2 Satz 1 UmwStG entsprechend anzuwenden. [7] Bei mittelbarer Beteiligung an der Organgesellschaft sind die Ausgleichsposten aufzulösen, wenn der Organträger die Beteiligung an der Zwischengesellschaft veräußert.

H 14.8

Allgemeine Fragen zu organschaftlichen Mehr- und Minderabführungen. → BMF vom 26.8.2003, BStBl. I S. 437 Rn. 40 ff.

Berechnung der Mehrabführung. Die Mehrabführung der Organgesellschaft an den Organträger ist ein rein rechnerischer Differenzbetrag zweier Vergleichswerte und kann auch in einer sog. Minderverlustübernahme bestehen. Auf einen tatsächlichen Vermögensabfluss kommt es nicht an (→ BFH vom 6.6.2013, I R 38/11, BStBl. 2014 II S. 398, → BFH vom 27.11.2013, I R 36/13, BStBl. 2014 II S. 651).

Passiver Ausgleichsposten im Falle außerbilanzieller Zurechnung bei der Organgesellschaft. Ein passiver Ausgleichsposten i. S. d. § 14 Abs. 4 KStG für Mehrabführungen ist nicht zu bilden, wenn die auf die Organgesellschaft entfallenden Beteiligungsverluste aus einem KG-Anteil aufgrund außerbilanzieller Zurechnung gem. § 15a EStG neutralisiert werden und damit das dem Organträger zuzurechnende Einkommen nicht mindern (→ BFH vom 29.8.2012, I R 65/11, BStBl. 2013 II S. 555). Mit Ausnahme des Anwendungsfalls des § 15a EStG ist in allen anderen Fällen bei der Bildung organschaftlicher Ausgleichsposten weiterhin nach dem Wortlaut des § 14 Abs. 4 Satz 6 KStG auf die Abweichung des an den Organträger abgeführten Gewinns vom Steuerbilanzgewinn der Organgesellschaft abzustellen. Die organschaftlichen Ausgleichsposten sind aufgrund der gesetzlichen Vorgabe des § 14 Abs. 4 Satz 1 KStG in der Steuerbilanz zu aktivieren oder zu passivieren (→ BMF vom 15.7.2013, BStBl. I S. 921).[1)]

Steuerliches Einlagekonto. → BMF vom 4.6.2003, BStBl. I S. 366 Rn. 28.

Zu § 15 KStG

R 15. Einkommensermittlung bei der Organgesellschaft

Ein Verlustabzug aus der Zeit vor dem Abschluss des GAV darf das Einkommen der Organgesellschaft, das sie während der Geltungsdauer des GAV bezieht, nicht mindern (§ 15 Satz 1 Nr. 1 KStG).

H 15

Anwendung der Zinsschranke im Organkreis. → BMF vom 4.7.2008, BStBl. I S. 718.

Beteiligungserträge der Organgesellschaft. Zu den steuerfreien Beteiligungserträgen der Organgesellschaft → BMF vom 26.8.2003, BStBl. I S. 437 Rn. 21 ff.

Dauerverlustgeschäft der Organgesellschaft (§ 8 Abs. 7 KStG). → BMF vom 12.11.2009, BStBl. I S. 1303 Rn. 90 ff.[2)]

Spartenrechnung für die Organgesellschaft (§ 8 Abs. 9 KStG). → BMF vom 12.11.2009, BStBl. I S. 1303 Rn. 90 ff.[2)]

Zu § 16 KStG

R 16. Ausgleichszahlungen

(1) [1]Ausgleichszahlungen, die in den Fällen der §§ 14, 17 KStG an außen stehende Anteilseigner gezahlt werden, dürfen nach § 4 Abs. 5 Satz 1 Nr. 9 EStG weder den Gewinn der Organgesellschaft noch den Gewinn des Organträgers mindern. [2]Die Organgesellschaft hat ihr Einkommen i. H. v. 20/17 der geleisteten Ausgleichszahlungen stets selbst zu versteuern, auch wenn die Verpflichtung zum Ausgleich von dem Organträger erfüllt worden oder ihr Einkommen negativ ist.

---

1) Zu einem Ertragszuschuss als organschaftliche Mehrabführung i. S. v. § 27 Abs. 6 Satz 1 KStG siehe BFH v. 15.3.2017 I R 67/15, DStR 2017, 1650.

2) Geänd. durch BMF v. 6.7.2021, BStBl. I 2021, 914, und v. 15.12.2021, BStBl. I 2021, 2483, mit Anwendungsregelung.

(2) [1] Hat die Organgesellschaft selbst die Ausgleichszahlungen zu Lasten ihres Gewinns geleistet, ist dem Organträger das um 20/17 der Ausgleichszahlungen verminderte Einkommen der Organgesellschaft zuzurechnen. [2] Leistet die Organgesellschaft trotz eines steuerlichen Verlustes die Ausgleichszahlungen, erhöht sich ihr dem Organträger zuzurechnendes negatives Einkommen; die Organgesellschaft hat 20/17 der Ausgleichszahlungen als (positives) Einkommen selbst zu versteuern. [3] Hat dagegen der Organträger die Ausgleichszahlungen geleistet, gilt Folgendes:

1. Das Einkommen des Organträgers wird um die Ausgleichszahlungen vermindert.
2. Die Organgesellschaft hat 20/17 der Ausgleichszahlungen zu versteuern.
3. Das von der Organgesellschaft erwirtschaftete Einkommen ist dem Organträger nach § 14 Abs. 1 Satz 1 KStG zuzurechnen.

[4] Satz 3 gilt auch, wenn der Organträger die Ausgleichszahlungen trotz eines steuerlichen Verlustes geleistet hat.

H 16

Festbetrag und weitere (feste oder variable) Zuzahlungen. → BFH vom 4.3.2009, I R 1/08, BStBl. 2010 II S. 407 und → BMF vom 20.4.2010, BStBl. I S. 372.

Zu § 17 KStG

R 17. Andere Kapitalgesellschaften als Organgesellschaft

(1) [1] Ist die Organgesellschaft eine GmbH, ist der GAV zivilrechtlich nur wirksam, wenn die Gesellschafterversammlungen der beherrschten und der herrschenden Gesellschaft dem Vertrag zustimmen und seine Eintragung in das Handelsregister der beherrschten Gesellschaft erfolgt. [2] Der Zustimmungsbeschluss der Gesellschafterversammlung der beherrschten Gesellschaft bedarf der notariellen Beurkundung.

(2) Nach § 17 KStG ist Voraussetzung für die steuerliche Anerkennung einer anderen als der in § 14 Abs. 1 Satz 1 KStG bezeichneten Kapitalgesellschaft als Organgesellschaft, dass diese sich wirksam verpflichtet, ihren ganzen Gewinn an ein anderes Unternehmen i. S. d. § 14 KStG abzuführen, und die Gewinnabführung den in § 301 AktG genannten Betrag nicht überschreitet.

(3) Die Verlustübernahme muss durch den Verweis auf die Vorschriften des § 302 AktG in seiner jeweils gültigen Fassung vereinbart werden.

(4) → R 14.5 gilt entsprechend.

H 17

Verweis auf § 302 AktG in allen vor dem 27.2.2013 geschlossenen Gewinnabführungsverträgen. Bei einer GmbH als Organgesellschaft muss in allen vor der Verkündung des „Gesetzes zur Änderung und Vereinfachung der Unternehmensbesteuerung und des steuerlichen Reisekostenrechts“ vom 26.2.2013 (BStBl. I S. 188) geschlossenen GAV die Verlustübernahme entsprechend § 302 AktG ausdrücklich vereinbart sein (→ BFH vom 17.12.1980, I R 220/78, BStBl. 1981 II S. 383 und → BFH vom 15.9.2010, I B 27/10, BStBl. II S. 935). Zu den Übergangsregelungen für alle vor dem 27.2.2013 abgeschlossenen Verträge → § 34 Abs. 10b Satz 2 ff. KStG).[1]

Die Notwendigkeit eines Hinweises auf die Verjährungsregelung des § 302 Abs. 4 AktG[2] im GAV besteht für alle ab dem 1.1.2006 geschlossenen Verträge (→ BMF vom 16.12.2005, BStBl. 2006 I S. 12).[3]

Zivilrechtlich unwirksamer Gewinnabführungsvertrag. Entgegen § 41 Abs. 1 Satz 1 AO ist ein zivilrechtlich nicht wirksamer GAV steuerlich auch dann unbeachtlich, wenn die Vertragsparteien den Vertrag als wirksam behandelt und tatsächlich durchgeführt haben (→ BFH vom 30.7.1997, I R 7/97, BStBl. 1998 II S. 33).

Zu § 19 KStG

R 19. Anwendung besonderer Tarifvorschriften

(1) [1]Eine besondere Tarifvorschrift i. S. d. § 19 Abs. 1 KStG ist z. B. § 26 KStG. [2]Die Voraussetzungen der Steuerermäßigung müssen bei der Organgesellschaft erfüllt sein. [3]Der Abzug von der Steuer ist beim Organträger vorzunehmen. [4]Ist die Steuerermäßigung der Höhe nach auf einen bestimmten Betrag begrenzt, richtet sich dieser Höchstbetrag nach den steuerlichen Verhältnissen beim Organträger.

(2) Ist in dem zugerechneten Einkommen der Organgesellschaft (→ R 14.6) ein Veräußerungsgewinn i. S. d. § 16 EStG enthalten, kann der Organträger, auch wenn er eine natürliche Person ist, dafür die Steuervergünstigung des § 34 EStG nicht in Anspruch nehmen.

Zu § 20 KStG

H 20

Abzinsung der Schadenrückstellungen. Anwendung des § 6 Abs. 1 Nr. 3a EStG, Pauschalverfahren → BMF vom 16.8.2000, BStBl. I S. 1218 und → BMF vom 8.12.2015, BStBl. I S. 1027.

Bewertung der Schadenrückstellungen. Ermittlung des Minderungsbetrags nach § 20 Abs. 2 KStG → BMF vom 5.5.2000, BStBl. I S. 487.

Zu § 21 KStG

H 21

Beitragsrückerstattung bei Versicherungsunternehmen. → *BMF vom 7.3.1978, BStBl. I S. 160*[4] und → BMF vom 14.12.1984, BStBl. 1985 I S. 11.

---

[1] **[Amtl. Anm.:]** I. d. F. des AIFM-Steuer-Anpassungsgesetzes vom 18.12.2013 (BGBl. I S. 4318).

[2] **[Amtl. Anm.:]** Eingefügt durch das „Gesetz zur Anpassung von Verjährungsvorschriften an das Gesetz zur Modernisierung des Schuldrechts" vom 9.12.2004 (BGBl I S. 3214).

[3] Siehe aber BFH v. 10.5.2017 I R 93/15, BStBl. II 2019, 278, und BMF v. 3.4.2019, BStBl. I 2019, 457, mit Übergangsregelung. – Zur Anpassung von GAV aufgrund der Änderung des § 302 AktG zum 1.1.2021 siehe BMF v. 24.3.2021, BStBl. I 2021, 379.

[4] Zu § 21 n. F. siehe BMF v. 12.12.2019, BStBl. I 2019, 1376; zur Anwendung von § 21 n. F. siehe § 34 Abs. 8 Satz 2 KStG.

Erfolgsabhängige Beitragsrückerstattungen. Beitragsrückerstattungen in der Lebens- und Krankenversicherung, die sich nach dem Jahresüberschuss bemessen, sind nach § 21 KStG nur beschränkt abziehbar (→ BFH vom 7.3.2007, I R 61/05, BStBl. II S. 589).

Erfolgsunabhängige Beitragsrückerstattungen. Durch § 21 Abs. 3 KStG werden nur erfolgsabhängige, nicht aber erfolgsunabhängige Beitragsrückerstattungen vom Abzinsungsgebot des § 6 Abs. 1 Nr. 3a Buchstabe e EStG ausgeschlossen. Rückstellungen für erfolgsunabhängige Beitragsrückerstattungen sind abzuzinsen (→ BFH vom 25.11.2009, I R 9/09, BStBl. 2010 II S. 304).

Zu § 22 KStG

R 22. Genossenschaftliche Rückvergütung

(1) Von dem Vorliegen einer Erwerbs- und Wirtschaftsgenossenschaft ist von der Eintragung bis zur Löschung im Genossenschaftsregister auszugehen.

(2) [1] Preisnachlässe (Rabatte, Boni), die sowohl Mitgliedern als auch Nichtmitgliedern gewährt werden, gehören nicht zu den genossenschaftlichen Rückvergütungen. [2] Sie sind abziehbare Betriebsausgaben. [3] Der Unterschied zwischen dem Preisnachlass und der genossenschaftlichen Rückvergütung besteht darin, dass der Preisnachlass bereits vor oder bei Abschluss des Rechtsgeschäfts vereinbart wird, während die genossenschaftliche Rückvergütung erst nach Ablauf des Wj. beschlossen wird.

(3) Eine Verpflichtung zur Einzahlung auf die Geschäftsanteile wird durch eine Regelung in der Satzung auch dann begründet, wenn die Bestimmung über Zeitpunkt und Betrag der Leistungen der Generalversammlung übertragen ist.

(4) [1] Die genossenschaftlichen Rückvergütungen sind bei der Ermittlung des Gewinns des Wj., für das sie gewährt werden, auch dann abzuziehen bzw. in der Jahresschlussbilanz durch eine Rückstellung zu berücksichtigen, wenn sie nach Ablauf des Wj. – spätestens bei Feststellung des Jahresabschlusses durch die Generalversammlung – dem Grunde nach beschlossen werden. [2] Sie müssen aber, ohne dass es dabei auf den Zeitpunkt der Aufstellung oder Errichtung der steuerlichen Gewinnermittlung ankommt, spätestens bis zum Ablauf von zwölf Monaten nach dem Ende des Wj. gezahlt oder gutgeschrieben worden sein. [3] In besonders begründeten Einzelfällen kann das Finanzamt diese Frist nach Anhörung des Prüfungsverbands verlängern. [4] Werden die genossenschaftlichen Rückvergütungen nicht innerhalb dieser Frist gezahlt oder gutgeschrieben, können sie auch im Wj. der Zahlung nicht abgezogen werden. [5] Die Gewährung von genossenschaftlichen Rückvergütungen darf nicht von bestimmten Voraussetzungen abhängig gemacht werden, z. B. davon, dass das Mitglied seine Zahlungsverpflichtungen gegenüber der Genossenschaft stets pünktlich erfüllt und keinen Kredit in Anspruch nimmt. [6] Die Aufrechnung von genossenschaftlichen Rückvergütungen mit Schulden der Genossen an die Genossenschaft wird dadurch nicht berührt.

(5) [1]Genossenschaftliche Rückvergütungen sind nach § 22 KStG nur dann abziehbare Betriebsausgaben, wenn sie – von der für Geschäftssparten zugelassenen Ausnahme abgesehen – nach der Höhe des Umsatzes (Warenbezugs) bemessen und allen Mitgliedern in gleichen Prozentsätzen des Umsatzes gewährt werden. [2]Eine Abstufung nach der Art der umgesetzten Waren (Warengruppen) oder nach der Höhe des Umsatzes mit den einzelnen Mitgliedern (Umsatzgruppen) ist nicht zulässig. [3]Das gilt nicht für die Umsätze der Konsumgenossenschaften in Tabakwaren, weil nach dem Tabaksteuergesetz auf die Tabakwaren im Einzelhandel weder Rabatte noch genossenschaftliche Rückvergütungen gewährt werden dürfen. [4]Die in der Regelung des Satzes 2 zum Ausdruck kommende Auffassung steht auch einer Bemessung der genossenschaftlichen Rückvergütung nach zeitlichen Gesichtspunkten entgegen. [5]Die Abziehbarkeit der genossenschaftlichen Rückvergütung setzt u.a. voraus, dass die Rückvergütung nach einem einheitlichen, für das ganze Wj. geltenden Prozentsatz berechnet wird. [6]Die genossenschaftlichen Rückvergütungen dürfen indessen für solche Geschäftssparten nach unterschiedlichen Prozentsätzen des Umsatzes bemessen werden, die als Betriebsabteilungen im Rahmen des Gesamtbetriebs der Genossenschaft eine gewisse Bedeutung haben, z.B. Bezugsgeschäft, Absatzgeschäft, Kreditgeschäft, Produktion, Leistungsgeschäft. [7]Dabei ist in der Weise zu verfahren, dass zunächst der im Gesamtbetrieb erzielte Überschuss i.S.v. § 22 Abs. 1 KStG im Verhältnis der Mitgliederumsätze zu den Nichtmitgliederumsätzen aufgeteilt wird. [8]Bei der Feststellung dieses Verhältnisses scheiden die → Nebengeschäfte, die → Hilfsgeschäfte und die → Gegengeschäfte aus. [9]Der errechnete Anteil des Überschusses, der auf Mitgliederumsätze entfällt, bildet die Höchstgrenze für die an Mitglieder ausschüttbaren steuerlich abziehbaren genossenschaftlichen Rückvergütungen. [10]Die Genossenschaft darf den so errechneten Höchstbetrag der steuerlich abziehbaren Rückvergütungen nach einem angemessenen Verhältnis auf die einzelnen Geschäftssparten verteilen und in den einzelnen Geschäftssparten verschieden hohe Rückvergütungen gewähren. [11]Es ist nicht zulässig, für jede einzelne Geschäftssparte die höchstzulässige abziehbare Rückvergütung an Mitglieder unter Zugrundelegung der in den einzelnen Geschäftssparten erwirtschafteten Überschüsse zu berechnen, es sei denn, es treffen verschiedenartige Umsätze, z.B. Provisionen und Warenumsätze, zusammen mit der Folge, dass in den einzelnen Geschäftssparten sowohl das Verhältnis des in der Geschäftssparte erwirtschafteten Überschusses zu dem in der Geschäftssparte erzielten Umsatz als auch das Verhältnis des in der Geschäftssparte erzielten Mitgliederumsatzes zu dem in der Geschäftssparte insgesamt erzielten Umsatz große Unterschiede aufweist. [12]In diesen Fällen kann wie folgt verfahren werden: [13]Der im Gesamtbetrieb erzielte Überschuss i.S.v. § 22 Abs. 1 KStG wird in einem angemessenen Verhältnis auf die einzelnen Geschäftssparten aufgeteilt. [14]Von dem danach auf die einzelne Geschäftssparte entfallenden Betrag (Spartenüberschuss) wird der auf das Mitgliedergeschäft entfallende Anteil errechnet, als ob es sich bei der Geschäftssparte um eine selbständige Genossenschaft handelte. [15]Die Summe der in den Geschäftssparten auf das → Mitgliedergeschäft entfallenden Anteile bildet die Höchstgrenze für die an die Mitglieder ausschüttbaren steuerlich abziehbaren genossenschaftlichen Rückvergütungen.

(6) [1]Wird der Gewinn einer Genossenschaft z. B. auf Grund einer Betriebsprüfung nachträglich erhöht, kann die nachträgliche Ausschüttung des Mehrgewinns – soweit sich dieser in den Grenzen des § 22 KStG hält – als genossenschaftliche Rückvergütung steuerlich als Betriebsausgabe behandelt werden, wenn der Mehrgewinn in einer nach dem GenG geänderten Handelsbilanz ausgewiesen ist und die Rückvergütung ordnungsgemäß beschlossen worden ist. [2]Gewinnanteile, die schon bisher in der Handelsbilanz ausgewiesen, aber in Reserve gestellt waren, dürfen mit steuerlicher Wirkung nachträglich nicht ausgeschüttet werden. [3]Das Ausschüttungsrecht ist verwirkt. [4]Wird eine bisher nach § 5 Abs. 1 Nr. 14 KStG steuerbefreite land- oder forstwirtschaftliche Nutzungs- oder Verwertungsgenossenschaft später, z. B. aufgrund der Feststellungen durch eine Betriebsprüfung, körperschaftsteuerpflichtig, können auch die bisher von der Genossenschaft in Reserve gestellten Gewinne nachträglich mit gewinnmindernder Wirkung als genossenschaftliche Rückvergütungen ausgeschüttet werden. [5]Die nachträglich gewährten genossenschaftlichen Rückvergütungen müssen innerhalb von drei Monaten, vom Zeitpunkt des Ausschüttungsbeschlusses an gerechnet, bezahlt werden. [6]Das Finanzamt kann die Frist nach Anhörung des Prüfungsverbands angemessen verlängern.

(7) [1]Der Gewinn aus → Nebengeschäften ist, wenn er buchmäßig nachgewiesen wird, mit dem buchmäßig nachgewiesenen Betrag zu berücksichtigen. [2]Kann der Gewinn aus → Nebengeschäften buchmäßig nicht nachgewiesen werden, ist der um die anteiligen Gemeinkosten geminderte Rohgewinn anzusetzen. [3]Welche Kosten den Gemeinkosten und welche Kosten den mit den → Nebengeschäften zusammenhängenden Einzelkosten zuzurechnen sind, ist nach den im Einzelfall gegebenen Verhältnissen zu entscheiden. [4]Die anteiligen Gemeinkosten können aus Vereinfachungsgründen mit dem Teilbetrag berücksichtigt werden, der sich bei Aufteilung der gesamten Gemeinkosten nach dem Verhältnis der Roheinnahmen aus → Nebengeschäften zu den gesamten Roheinnahmen ergibt. [5]Unter den als Aufteilungsmaßstab für die gesamten Gemeinkosten dienenden Roheinnahmen ist der Umsatz zu verstehen. [6]In Einzelfällen, z. B. bei Warengenossenschaften, können die gesamten Gemeinkosten statt nach den Roheinnahmen (Umsätzen) aus → Nebengeschäften nach den entsprechenden Rohgewinnen aufgeteilt werden, wenn dadurch ein genaueres Ergebnis erzielt wird. [7]Soweit Verluste aus einzelnen → Nebengeschäften erzielt worden sind, sind sie bei der Ermittlung des gesamten Gewinns aus → Nebengeschäften mindernd zu berücksichtigen.

(8) [1]Bei Absatz- und Produktionsgenossenschaften ist der Überschuss im Verhältnis des Wareneinkaufs bei Mitgliedern zum gesamten Wareneinkauf aufzuteilen. [2]Beim gesamten Wareneinkauf sind zu berücksichtigen:

Einkäufe bei Mitgliedern
Einkäufe bei Nichtmitgliedern } (im Rahmen von → Zweckgeschäften)

[3]→ Hilfsgeschäfte und → Nebengeschäfte bleiben außer Ansatz.

(9) [1]Gesamtumsatz bei den übrigen Erwerbs- und Wirtschaftsgenossenschaften (§ 22 Abs. 1 Satz 2 Nr. 2 KStG) ist die Summe der Umsätze aus → Zweckgeschäften mit Mitgliedern und Nichtmitgliedern. [2]Umsätze aus → Nebengeschäften und aus → Hilfsgeschäften bleiben außer Ansatz.

(10) Bei Bezugs- und Absatzgenossenschaften ist der Überschuss im Verhältnis der Summe aus dem Umsatz mit Mitgliedern im Bezugsgeschäft und dem Wareneinkauf bei Mitgliedern im Absatzgeschäft zur Summe aus dem Gesamtumsatz im Bezugsgeschäft und dem gesamten Wareneinkauf im Absatzgeschäft aufzuteilen.

(11) Wird Mitgliedern, die der Genossenschaft im Laufe des Geschäftsjahres beigetreten sind, eine genossenschaftliche Rückvergütung auch auf die Umsätze (Einkäufe) gewährt, die mit ihnen vom Beginn des Geschäftsjahres an bis zum Eintritt getätigt worden sind, sind aus Gründen der Vereinfachung auch diese Umsätze (Einkäufe) als Mitgliederumsätze(-einkäufe) anzusehen.

(12) [1] Übersteigt der Umsatz aus → Nebengeschäften weder 2% des gesamten Umsatzes der Genossenschaft noch 5 200 Euro im Jahr, ist bei der Ermittlung der Höchstgrenze für die an Mitglieder ausschüttbaren steuerlich abziehbaren genossenschaftlichen Rückvergütungen der Gewinn aus → Nebengeschäften nicht abzusetzen. [2] Hierbei ist es gleichgültig, ob der Reingewinnsatz bei → Nebengeschäften von dem Reingewinnsatz bei den übrigen Geschäften wesentlich abweicht. [3] In diesen Fällen sind die → Nebengeschäfte als → Zweckgeschäfte mit Nichtmitgliedern zu behandeln.

(13) Genossenschaftliche Rückvergütungen, die nach den vorstehenden Anordnungen nicht abziehbar sind, sind vGA (→ Abgrenzung).

H 22

Abfluss der Rückvergütung. Genossenschaftliche Rückvergütungen können nur dann als bezahlt i. S. d. § 22 Abs. 2 KStG angesehen werden, wenn der geschuldete Betrag bei der Genossenschaft abfließt und in den Herrschaftsbereich des Empfängers gelangt (→ BFH vom 1. 2. 1966, I 275/62, BStBl. III S. 321).
→ H 22 Darlehen; → H 22 Gutschriften.

Abgrenzung zur vGA. Im Rahmen der Prüfung des Vorliegens einer vGA bei Zahlungen der Genossenschaft an ihre Mitglieder kann auf eine Angemessenheitsprüfung nicht verzichtet werden. § 22 KStG berührt nicht die grundsätzlichen Voraussetzungen einer vGA (→ BFH vom 9. 3. 1988, I R 262/83, BStBl. II S. 592).

Beispiel zu Absatz- und Produktionsgenossenschaften (§ 22 Abs. 1 Satz 2 Nr. 1 KStG).

Der Wareneinkauf einer Absatzgenossenschaft im Rahmen von Zweckgeschäften entfällt zu 60 % auf Einkäufe bei Mitgliedern:

	€
Einkommen vor Abzug aller genossenschaftlichen Rückvergütungen an Mitglieder und vor Berücksichtigung des Verlustabzugs sowie des zuzurechnenden Einkommens der Organgesellschaften	55000
Davon ab: Gewinn aus Nebengeschäften	– 7000
Überschuss i. S. d. § 22 Abs. 1 KStG	48000

Als Rückvergütung an Mitglieder kann ein Betrag bis zu 60% von 48000 € = 28800 € vom Gewinn abgezogen werden. Wird z. B. in der Generalversammlung, die den Jahresüberschuss verteilt, beschlossen, über eine bereits im abgelaufenen Wj. gewährte Rückvergütung an Mitglieder von 12000 € hinaus den Mitgliedern einen weiteren Betrag von 18000 € als Rückvergütung zuzuwenden, ist das Einkommen wie folgt zu berechnen:

	€
Einkommen vor Abzug aller Rückvergütungen an Mitglieder und vor Berücksichtigung des Verlustabzugs sowie des zuzurechnenden Einkommens der Organgesellschaften	55000
Rückvergütungen an Mitglieder (12000 € + 18000 € = 30000 €) nur mit dem nach der obigen Berechnung zulässigen Höchstbetrag von	– 28800
Es verbleiben	26200
Verlustabzug nach § 10 d EStG	10000
Einkommen (evtl. zuzüglich des zuzurechnenden Einkommens der Organgesellschaften)	16200

Die Rückvergütungen an Mitglieder sind in diesem Fall bis zur Höhe von 60% des Überschusses abzuziehen.

Bilanzierung der Rückvergütung. Mindert eine nach Ablauf des Wj. beschlossene Warenrückvergütung den Gewinn des Wj., für das die Ausschüttung der Warenrückvergütung beschlossen wird, muss in der Schlussbilanz dieses Wj. eine Rückstellung passiviert und ein sich ergebender Umsatzsteuererstattungsanspruch aktiviert werden (→ BFH vom 8. 11. 1960, I 152/59 U, BStBl. III S. 523).

Darlehen. Belassen die Mitglieder die zur Ausschüttung gelangenden genossenschaftlichen Rückvergütungen der Genossenschaft als Darlehen, können die Rückvergütungen als bezahlt i. S. v. § 22 KStG angesehen werden, wenn die folgenden Voraussetzungen erfüllt sind (→ BFH vom 28. 2. 1968, I 260/64, BStBl. II S. 458):

– Es muss für jede für ein Wj. ausgeschüttete genossenschaftliche Rückvergütung ein besonderer Darlehensvertrag abgeschlossen werden.
– Der Darlehensvertrag muss über eine bestimmte Summe lauten. Es genügt nicht, wenn lediglich auf die Rückvergütungen des betreffenden Jahres Bezug genommen wird.
– Jeder einzelne Genosse muss frei entscheiden können, ob er den Darlehensvertrag abschließen will oder nicht.

Gutschriften. Wird die Rückvergütung dem Mitglied gutgeschrieben, gilt sie nur dann als bezahlt i. S. d. § 22 KStG, wenn das Mitglied über den gutgeschriebenen Betrag jederzeit nach eigenem Ermessen verfügen kann, bei Gutschriften auf nicht voll eingezahlte Geschäftsanteile nur dann, wenn das Mitglied dadurch von einer sonst bestehenden Verpflichtung zur Einzahlung auf seine Geschäftsanteile befreit wird (→ BFH vom 21. 7. 1976, I R 147/74, BStBl. 1977 II S. 46).

Molkereigenossenschaft. Für die Abgrenzung der Milchgeldnachzahlungen von den genossenschaftlichen Rückvergütungen ist von den gleichen Grundsätzen auszugehen, wie sie für vGA gelten. Es kommt grundsätzlich darauf an, ob die Nachzahlungen an Nichtmitglieder und Mitglieder zu denselben Bedingungen geleistet werden und die Nichtmitglieder über die gutgeschriebenen Nachzahlungen frei verfügen dürfen (→ BFH vom 18. 12. 1963, I 187/62 U, BStBl. 1964 III S. 211).

Unterscheidung und Bestimmung von Gegen-, Hilfs-, Mitglieder-, Neben- und Zweckgeschäft. → R 5.11 Abs. 6.

Zu § 23 KStG

R 23. Ermäßigte Besteuerung bei Einkünften aus außerordentlichen Holznutzungen infolge höherer Gewalt

[1]Bei Körperschaften, Personenvereinigungen und Vermögensmassen kann die Körperschaftsteuer, soweit sie auf Kalamitätsnutzungen i. S. d. § 34 b Abs. 1 Nr. 2 EStG entfällt, auf die Hälfte ermäßigt werden, wenn die volle Besteuerung zu Härten führen würde. [2]Die R 34 b.1 bis 34 b.3 und 34 b.5 bis 34 b.8 EStR[1)] sind sinngemäß anzuwenden.

Zu § 24 KStG

R 24. Freibetrag für bestimmte Körperschaften

(1) [1]§ 24 KStG findet Anwendung bei steuerpflichtigen Körperschaften, Personenvereinigungen und Vermögensmassen, deren Leistungen bei den Empfängern nicht zu den Einnahmen i. S. d. § 20 Abs. 1 Nr. 1 und 2 EStG gehören, es sei denn, dass sie den Freibetrag nach § 25 KStG beanspruchen können. [2]Die Regelung des § 24 KStG gilt auch in den Fällen einer teilweisen Steuerpflicht, z. B. bei:

1. JPöR mit ihren BgA, Versicherungsvereinen auf Gegenseitigkeit, Stiftungen.
2. Gemeinnützigen Körperschaften i. S. d. § 5 Abs. 1 Nr. 9 KStG mit steuerpflichtigen wirtschaftlichen Geschäftsbetrieben, außer wenn sie die Rechtsform einer Kapitalgesellschaft, einer Genossenschaft oder eines wirtschaftlichen Vereins haben, der Mitgliedschaftsrechte gewährt, die einer kapitalmäßigen Beteiligung gleichstehen.
3. Steuerbefreiten Pensions- oder Unterstützungskassen, die die Rechtsform eines Vereins oder einer Stiftung haben und wegen Überdotierung teilweise zu besteuern sind (§ 5 Abs. 1 Nr. 3 i. V. m. § 6 KStG). [2]Obwohl es sich zumindest bei einer Pensionskasse um einen wirtschaftlichen Verein handelt, kommt hier ein Freibetrag in Betracht, weil sie keine mitgliedschaftlichen Rechte gewährt, die einer kapitalmäßigen Beteiligung gleichstehen.

[3]Wegen der Anwendung der Freibetragsregelung des § 24 KStG auf das Einkommen eines Berufsverbands und der Nichtanwendung auf die Bemessungsgrundlage für die besondere Körperschaftsteuer i. S. d. § 5 Abs. 1 Nr. 5 Satz 4 KStG → R 5.7 Abs. 7. [4]Ausgeschlossen ist die Anwendung des Freibetrags nach § 24 KStG z. B. in den Fällen von:

1. Gemeinnützigen Körperschaften i. S. d. § 5 Abs. 1 Nr. 9 KStG mit steuerpflichtigen wirtschaftlichen Geschäftsbetrieben, wenn sie die Rechtsform einer Kapitalgesellschaft haben.
2. Steuerbefreiten Pensions- oder Unterstützungskassen, die die Rechtsform einer Kapitalgesellschaft haben und wegen Überdotierung teilweise zu besteuern sind (§ 5 Abs. 1 Nr. 3 i. V. m. § 6 KStG).

[1)] Nr. **1**.

3. Vermietungsgenossenschaften oder Siedlungsunternehmen mit teilweiser Steuerpflicht (§ 5 Abs. 1 Nr. 10 und 12 KStG). [2]Das gilt auch, wenn diese Unternehmen in der Rechtsform eines Vereins betrieben werden, da es sich um einen wirtschaftlichen Verein handelt, der seinen Mitgliedern beteiligungsähnliche Rechte gewährt.

(2) [1]Körperschaften, Personenvereinigungen und Vermögensmassen i. S. d. Absatzes 1, deren Einkommen den Freibetrag von 5 000 Euro nicht übersteigt, sind nicht zu veranlagen (NV-Fall) und haben Anspruch auf Erteilung einer NV-Bescheinigung. [2]Das gilt auch für die Fälle der → R 31 Abs. 1.

H 24

Nichtanwendung des Freibetrags nach § 24 KStG. § 24 KStG ist bei steuerpflichtigen Körperschaften, Personenvereinigungen und Vermögensmassen, deren Leistungen bei den Empfängern zu den Einnahmen i. S. d. § 20 Abs. 1 Nr. 1 und 2 EStG gehören, nicht anzuwenden (→ BFH vom 5. 6. 1985, I R 163/81, BStBl. II S. 634). Das gilt auch, wenn die Körperschaften auf Dauer keine Ausschüttungen vornehmen oder nur teilweise steuerpflichtig sind (→ BFH vom 24. 1. 1990, I R 33/86, BStBl. II S. 470).

Zu § 25 KStG

R 25. Freibetrag für Erwerbs- und Wirtschaftsgenossenschaften sowie Vereine, die Land- und Forstwirtschaft betreiben

Genossenschaften sowie Vereine, deren Einkommen den nach § 25 KStG zu gewährenden Freibetrag von 15 000 Euro nicht übersteigt, sind nicht zu veranlagen (NV-Fall) und haben Anspruch auf Erteilung einer NV-Bescheinigung.

Zu § 26 KStG
(§ 5 KStDV)

R 26. Steuerermäßigung bei ausländischen Einkünften

(1) [1]Bei der Steueranrechnung nach § 26 KStG, die keinen Antrag voraussetzt, handelt es sich um die Anrechnung ausländischer Steuern vom Einkommen, zu denen eine unbeschränkt steuerpflichtige Körperschaft, Personenvereinigung oder Vermögensmasse im Ausland herangezogen wurde oder die für ihre Rechnung einbehalten worden sind, auf die deutsche Körperschaftsteuer. [2]Für die Ermittlung der auf die ausländischen Einkünfte entfallenden deutschen Körperschaftsteuer ist die Tarifbelastung vor Abzug der anzurechnenden ausländischen Steuern zugrunde zu legen; die Summe der Einkünfte ist entsprechend dem in → R 7.1 enthaltenen Berechnungsschema zu ermitteln. [3]Zur direkten Steueranrechnung bei beschränkter Steuerpflicht → Absatz 4.

(2) Die Pauschalierung der anzurechnenden Körperschaftsteuer nach dem Pauschalierungserlass vom 10. 4. 1984 (BStBl. I S. 252) ist nicht zulässig.

(3) [1]Stammen Einkünfte aus einem ausländischen Staat, mit dem ein DBA besteht, kann eine Steueranrechnung (§ 26 Abs. 1 KStG) oder ein wahlweiser Abzug der ausländischen Steuern bei der Ermittlung der Einkünfte nur unter Beachtung der Vorschriften des maßgeblichen DBA vorgenommen werden. [2]Ggfs. kann auch die Anrechnung fiktiver Steuerbeträge in Betracht kommen. [3]Sieht ein DBA nur die Anrechnung ausländischer Steuern vor, kann dennoch auf Antrag das nach innerstaatlichem Recht eingeräumte Wahlrecht eines Abzugs der ausländischen Steuern bei der Ermittlung der Einkünfte beansprucht werden. [4]Das Wahlrecht muss für die gesamten Einkünfte aus einem ausländischen Staat einheitlich ausgeübt werden.[1)] [5]Über den Rahmen bestehender DBA hinaus kann eine Anrechnung oder ein Abzug ausländischer Steuern in Betracht kommen, wenn das DBA die Doppelbesteuerung nicht beseitigt oder sich nicht auf die fragliche Steuer vom Einkommen dieses Staates bezieht. [6]Bei negativen ausländischen Einkünften i. S. d. § 2a EStG aus einem ausländischen Staat, mit dem ein DBA besteht, ist auf Antrag anstelle einer im DBA vorgesehenen Anrechnung ein Abzug der ausländischen Steuern entsprechend § 34c Abs. 2 EStG möglich.

(4) Sind Körperschaften, Personenvereinigungen und Vermögensmassen beschränkt steuerpflichtig (§ 2 Nr. 1 KStG), ist nach § 26 Abs. 1 KStG i. V. m. § 50 Abs. 3 EStG unter den dort genannten Voraussetzungen die direkte Steueranrechnung (§ 34c Abs. 1 EStG) oder der Steuerabzug (§ 34c Abs. 2 und 3 EStG) möglich.

Zu § 27 KStG

H 27

Abflusszeitpunkt. Eine Gewinnausschüttung ist verwirklicht, wenn bei der Körperschaft der Vermögensminderung entsprechende Mittel abgeflossen sind oder eine Vermögensmehrung verhindert worden ist (→ BFH vom 20.8.1986, I R 87/83, BStBl. 1987 II S. 75, → BFH vom 9.12.1987, I R 260/83, BStBl. 1988 II S. 460, → BFH vom 14.3.1989, I R 8/85, BStBl. II S. 633, → BFH vom 12.4.1989, I R 142–143/85, BStBl. II S. 636, → BFH vom 28.6.1989, I R 89/85, BStBl. II S. 854 und → BFH vom 30.1.2013, I R 35/11, BStBl. II S. 560).

Bei einer verhinderten Vermögensmehrung tritt der Vermögensabfluss in dem Augenblick ein, in dem die verhinderte Vermögensmehrung bei einer unterstellten angemessenen Entgeltvereinbarung sich nach den allgemeinen Realisationsgrundsätzen gewinnerhöhend ausgewirkt hätte (→ BFH vom 23.6.1993, I R 72/92, BStBl. II S. 801).

Eine Gewinnausschüttung kann auch in der Umwandlung eines Dividendenanspruchs in eine Darlehensforderung liegen (→ BFH vom 9.12.1987, I R 260/83, BStBl. 1988 II S. 460). Eine Gewinnausschüttung ist grundsätzlich auch dann abgeflossen, wenn die Gewinnanteile dem Gesellschafter auf Verrechnungskonten, über die die Gesellschafter vereinbarungsgemäß

---

1) Zur Ausübung des Wahlrechts auf Abzug ausländ. Steuern im Organkreis siehe OFD Frankfurt/M. v. 15.1.2018 – S 2770 A – 58 – St 51, DB 2018, 347.

frei verfügen können, bei der Gesellschaft gutgeschrieben worden sind (→ BFH vom 11.7.1973, I R 144/71, BStBl. II S. 806).

Eine Gewinnausschüttung ist grundsätzlich auch dann abgeflossen, wenn die Gesellschafter ihre Gewinnanteile im Zusammenhang mit der Ausschüttung aufgrund vertraglicher Vereinbarungen z. B. als Einlage in die Körperschaft zur Erhöhung des Geschäftsguthabens bei einer Genossenschaft verwenden (→ BFH vom 21.7.1976, I R 147/74, BStBl. 1977 II S. 46).

Bindung an die Feststellungen des Bestands des steuerlichen Einlagekontos auf Ebene der Gesellschafter. Die gesonderte Feststellung des Bestands des steuerlichen Einlagekontos einer Kapitalgesellschaft gem. § 27 Abs. 2 KStG entfaltet grundsätzlich keine unmittelbare Bindungswirkung i. S. d. § 182 AO, aber über § 20 Abs. 1 Nr. 1 Satz 3 EStG materiellrechtliche Bindungswirkung für die Anteilseigner (→ BFH vom 19.5.2010, I R 51/09, BStBl. 2014 II S. 937).

Regiebetrieb. Umfang und Zeitpunkt des Zugangs zu dem steuerlichen Einlagekonto bei Jahresverlust eines BgA, der als Regiebetrieb geführt wird (→ BFH vom 11.9.2013, I R 77/11, BStBl. 2015 II S. 161).

Steuerliches Einlagekonto. → BMF vom 4.6.2003, BStBl. I S. 366.

Steuerliches Einlagekonto bei Betrieben gewerblicher Art. → *BMF vom 9.1.2015, BStBl. I S. 111.*[1]

Verluste, die ein als Regiebetrieb geführter BgA erzielt, gelten im Verlustjahr als durch die Trägerkörperschaft ausgeglichen und führen zu einem Zugang in entsprechender Höhe im steuerlichen Einlagekonto (→ BFH vom 23.1.2008, I R 18/07, BStBl. II S. 573).

In die Differenzrechnung des § 27 Abs. 1 Satz 3 KStG sind – von Kapitalherabsetzungen abgesehen – sämtliche Transferleistungen des Eigenbetriebs an seine Trägerkörperschaft, die nicht auf der Grundlage eines steuerlich anzuerkennenden (fiktiven) gegenseitigen Vertrages erbracht werden, einzubeziehen. Allein der Ausschüttungsbeschluss führt zu einem Abfluss der entsprechenden Leistung beim BgA und damit zu einer Minderung des steuerlichen Einlagekontos (→ BFH vom 16.11.2011, I R 108/09, BStBl. 2013 II S. 328).

Steuerliches Einlagekonto bei Gewinnausschüttungen im Rückwirkungszeitraum (§ 2 UmwStG). → BMF vom 11.11.2011, BStBl. I S. 1314, Rn. 02.27 und 02.34.[2]

Steuerliches Einlagekonto bei wirtschaftlichen Geschäftsbetrieben. → *BMF vom 10.11.2005, BStBl. I S. 1029.*[3]

Unterjährige Zugänge. Unterjährige Zugänge zum steuerlichen Einlagekonto stehen nicht für Leistungen im gleichen Jahr zur Verfügung (→ BFH vom 30.1.2013, I R 35/11, BStBl. II S. 560).

Verluste in dem in Artikel 3 des Einigungsvertrags genannten Gebiet. → R 35 KStR.

---

[1] Siehe jetzt BMF v. 28.1.2019, BStBl. I 2019, 97, geänd. durch BMF v. 4.4.2022, BStBl. I 2022, 645 (Anpassung an BFH v. 30.9.2020 I R 12/17, BStBl. II 2022, 269).

[2] **Steuererlasse** Nr. **130**.

[3] Siehe jetzt BMF v. 2.2.2016, BStBl. I 2016, 200, geänd. durch BMF v. 21.7.2016, BStBl. I 2016, 685.

Zu § 28 KStG

H 28

Allgemeines. → BMF vom 4.6.2003, BStBl. I S. 366.
Liquidation. → BMF vom 26.8.2003, BStBl. I S. 434.

(Fortsetzung S. 107)

Steuerrechtliche Behandlung des Erwerbs eigener Anteile. → BMF vom 27.11.2013, BStBl. I S. 1615.

Zu § 29 KStG

H **29**

Auswirkungen von Umwandlungen auf den Bestand des steuerlichen Einlagekontos und den Sonderausweis. → BMF vom 11.11.2011, BStBl. I S. 1314, Rn. K.01 ff.[1)]

Zu § 30 KStG

R **30**. Entstehung der Körperschaftsteuer

[1] Die Körperschaftsteuer entsteht hinsichtlich des Körperschaftsteuererhöhungsbetrags nach § 38 KStG mit Ablauf des VZ, in dem die Leistung erbracht wird, die die Körperschaftsteuererhöhung auslöst. [2] Das gilt entsprechend für die besondere Körperschaftsteuer nach § 5 Abs. 1 Nr. 5 Satz 4 KStG.

Zu § 31 KStG

R **31.1** Besteuerung kleiner Körperschaften

(1) [1] Nach § 156 Abs. 2 AO kann die Festsetzung von Steuern unterbleiben, wenn feststeht, dass die Kosten der Einziehung einschließlich der Festsetzung außer Verhältnis zu dem festzusetzenden Betrag stehen. [2] Diese Voraussetzung kann im Einzelfall bei kleinen Körperschaften erfüllt sein, die einen Freibetrag nach § 24 oder § 25 KStG nicht beanspruchen können, insbesondere bei kleinen Genossenschaften. [3] Bei diesen Körperschaften kann das in Satz 1 bezeichnete Missverhältnis vorliegen, wenn das Einkommen im Einzelfall offensichtlich 500 Euro nicht übersteigt. [4] Dementsprechend kann in diesen Fällen von einer Veranlagung zur Körperschaftsteuer und von den gesonderten Feststellungen nach §§ 27, 28 KStG abgesehen werden. [5] Dies gilt nicht im Fall von Komplementär-Kapitalgesellschaften, da der auf sie entfallende Gewinnanteil im Rahmen der gesonderten Gewinnfeststellung zu ermitteln ist.

(2) Die Veranlagung und die gesonderten Feststellungen für die in Absatz 1 bezeichneten Körperschaften sind auch durchzuführen, wenn die Körperschaften dies beantragen.

(3) Bei der erstmaligen gesonderten Feststellung nach § 27 KStG ist davon auszugehen, dass das in der Steuerbilanz ausgewiesene Eigenkapital ausschließlich aus ausschüttbarem Gewinn (§ 27 Abs. 1 Satz 5 KStG) und gezeichnetem Kapital besteht, soweit die Körperschaft nicht nachweist, dass es aus Einlagen stammt.

R **31.2** Steuererklärungspflicht, Veranlagung und Erhebung von Körperschaftsteuer – *unbesetzt* –

---

1) **Steuererlasse** Nr. **130**.

H **31.2**

Anwendung des EStG. Hinsichtlich der Steuererklärungspflicht sind in entsprechender Anwendung des § 25 Abs. 3 Satz 1 und 4 EStG die ergänzenden Bestimmungen in § 5b EStG, § 56 Satz 2 und § 60 Abs. 1 bis 4 EStDV zu beachten.

Nichtanwendung § 37b EStG auf verdeckte Gewinnausschüttungen. VGA i. S. d. § 8 Abs. 3 Satz 2 KStG sind von der Pauschalierung nach § 37b EStG ausgenommen (→ BMF vom 29.4.2008, BStBl. I S. 566 Rn. 9).

Verpflichtung zur elektronischen Übermittlung von Steuererklärungen, Bilanzen sowie Gewinn- und Verlustrechnungen. Die Verpflichtung zur elektronischen Übermittlung von Steuererklärungen (§ 31 Abs. 1a KStG) besteht erstmals für den VZ 2011. Zur Entscheidung über den Antrag zur Anwendung der Härtefallregelung (§ 31 Abs. 1a Satz 2 KStG) vgl. § 150 Abs. 8 AO sowie zur technischen Umsetzung → BMF vom 16.11.2011, BStBl. I S. 1063.

In entsprechender Anwendung des § 5bEStG hat die elektronische Übermittlung von Bilanzen sowie Gewinn- und Verlustrechnungen (Anlage zur elektronischen Steuererklärung) im Regelfall erstmals für Wj. zu erfolgen, die nach dem 31.12.2011 beginnen. Auf Körperschaften, Personenvereinigungen und Vermögensmassen, die persönlich und vollumfänglich von der Körperschaftsteuer befreit sind, findet § 5b EStG keine Anwendung.

→ BMF vom 19.1.2010, BStBl. I S. 47 (zu den allgemeinen Grundsätzen);

→ BMF vom 28.9.2011, BStBl. I S. 855 (Ausnahmen und Nichtbeanstandungsregelungen);

→ BMF vom 13.6.2014, BStBl. I S. 886 (Datenschema und Umfang der Übermittlungspflichten bei steuerbegünstigten Körperschaften sowie bei jPöR und deren BgA).

Zu § 32a KStG

H **32a**[1)]

Fehlende Bindungswirkung. Der aufgrund der Erfassung einer vGA ergangene Körperschaftsteuerbescheid ist für den die vGA erfassenden Einkommensteuerbescheid eines Anteilseigners kein Grundlagenbescheid (→ BFH vom 18.9.2012, VIII R 9/09, BStBl. 2013 II S. 149).

Zu § 35 KStG

R **35. Sondervorschriften für Körperschaften, Personenvereinigungen oder Vermögensmassen in dem in Artikel 3 des Einigungsvertrags genannten Gebiet**

[1] Im Jahr des Verlustabzugs (§ 10d EStG) erhöht der vom Einkommen abgezogene Verlust das steuerliche Einlagekonto. [2] Ist ein Verlustabzug in einem VZ zu berücksichtigen, dessen Einkommen sich aus dem Gewinn von zwei Wj. zusammensetzt, ist er für die Erhöhung des Einlagekontos auf die beiden Wj. aufzuteilen.

---

1) Siehe auch BFH v. 12.6.2018 VIII R 38/14, BFH/NV 2018, 1141, zur Ablaufhemmung bei Änderung eines Einkommensteuerbescheids des Gesellschafters aufgrund einer vGA.

Zu § 36 KStG

H 36

Umgliederungsvorschriften.
- Die gesetzlichen Regelungen zur Umrechnung des am 31.12.2001 vorhandenen verwendbaren Eigenkapitals einer Kapitalgesellschaft in ein Körperschaftsteuerguthaben (→ § 36 KStG i. d. F. des StSenkG vom 23.10.2000) sind (entgegen → BFH vom 31.5.2005, I R 107/04, BStBl. II S. 884) mit dem Grundgesetz nicht vereinbar. § 36 KStG ist in allen Fällen, in denen die Endbestände i. S. d. § 36 Abs. 7 KStG noch nicht bestandskräftig festgestellt sind, i. d. F. des § 34 Abs. 12 KStG (§ 34 Abs. 13f KStG i. d. F. des JStG 2010 vom 8.12.2010, BStBl. I S. 1394) anzuwenden.
- Die Erhöhung des Körperschaftsteuerguthabens auf der Grundlage der Neufassung des § 36, § 37 Abs. 1 KStG durch das JStG 2010 ist rechtlich nicht möglich, wenn der Bescheid über die Feststellung der Endbestände gem. § 36 Abs. 7 KStG bereits vor Inkrafttreten des JStG 2010 in Bestandskraft erwachsen war (→ BFH vom 30.7.2014, I R 56/13, BStBl. II S. 940).[1]
- Die durch das JStG 2010 getroffenen Regelungen zur Umgliederung der Teilbeträge des vEK in ein Körperschaftsteuerguthaben sind mit dem Grundgesetz vereinbar. Das betrifft auch die in § 36 Abs. 4 KStG 1999 i. d. F. des StSenkG angeordnete und insoweit fortgeltende Verrechnung von negativem nicht belastetem vEK mit belastetem vEK. Diese gesetzliche Anordnung bleibt unberührt davon, dass das BVerfG im Beschluss vom 17.11.2009 (1 BvR 2192/05, BGBl. I 2010 S. 326) die in § 36 Abs. 3 KStG 1999 i. d. F. des StSenkG bestimmte Umgliederung von EK 45 in EK 40 verworfen hat (→ BFH vom 20.4.2011, I R 65/05, BStBl. II S. 983).

Zu § 37 KStG

H 37

Allgemeines. In den Fällen des § 34 Abs. 11 KStG ist § 37 Abs. 1 KStG i. d. F. des § 34 Abs. 12 KStG anzuwenden (→ H 36 Umgliederungsvorschriften).

Abflusszeitpunkt. → H 27 Abflusszeitpunkt.

Bilanzierung. Bilanzielle Behandlung des Körperschaftsteuerguthabens nach Änderung durch das SEStEG → BMF vom 14.1.2008, BStBl. I S. 280.

Jahresgleiche Realisierung des Körperschaftsteuerguthabens. → BFH vom 28.11.2007, I R 42/07, BStBl. 2008 II S. 390.

---

[1] Siehe auch BFH v. 29.1.2015 I R 84/12, BFH/NV 2015, 1007, Vb. eingelegt (BVerfG 2 BvR 928/15).

Körperschaftsteuerminderung bei Auskehrung von Liquidationsraten. → BMF vom 4.4.2008, BStBl. I S. 542.

Zu § 38 KStG

H 38

Abflusszeitpunkt. → H 27 Abflusszeitpunkt.

Körperschaftsteuererhöhungsbetrag. In die Bemessungsgrundlage für den Körperschaftsteuererhöhungsbetrag nach § 38 Abs. 5 Satz 2 KStG i. d. F. des JStG 2008 ist das Nennkapital nicht einzubeziehen (→ BFH vom 12.10.2011, I R 107/10, BStBl. 2012 II S. 10).

Körperschaftsteuererhöhung nach vorangegangener Kapitalerhöhung. Die Ausschüttung von Rücklagen aus dem Alt-EK 02 führt im Übergangszeitraum nach § 38 Abs. 2 KStG zu einer Körperschaftsteuererhöhung. Ob eine Ausschüttung aus dem Alt-EK 02 erfolgt, richtet sich gem. § 38 Abs. 1 Satz 4 KStG danach, ob der Ausschüttungsbetrag den um den Bestand des Alt-EK 02 verminderten ausschüttbaren Gewinn übersteigt. Der ausschüttbare Gewinn ist nach § 38 Abs. 1 Satz 4 KStG nur insoweit um den Bestand des Alt-EK 02 zu vermindern, als das Alt-EK 02 nicht bereits aufgrund einer vorangegangenen Kapitalerhöhung aus Gesellschaftsmitteln als Abzugsposten bei der Ermittlung des ausschüttbaren Gewinns (§ 27 Abs. 1 Satz 4 KStG) berücksichtigt worden ist (→ BFH vom 11.2.2009, I R 67/07, BStBl. 2010 II S. 57).

100/Anlage 1. Gegenüberstellung KStR 2004 – KStR 2015[1]

KStR 2004			KStR 2015	
R	2	→	R	1.1
R	3	→	R	1.2
R	4	→	R	2
R	5	→		–
R	6	→	R	4.1
R	7	→	R	4.2
R	8	→	R	4.3
R	9	→	R	4.4
R	10	→	R	4.5
R	11	→	R	5.2
R	12	→	R	5.3
R	13	→	R	5.4
R	14	→	R	5.5
R	15	→	R	5.6
R	16	→	R	5.7
R	17	→	R	5.8
R	18	→	R	5.9
R	19	→	R	5.10
R	20	→	R	5.11
R	21	→	R	5.12
R	22	→	R	5.13
R	23	→	R	5.14
R	24	→	R	5.15
R	25	→	R	5.16
R	26	→	R	5.17
R	27	→	R	5.18

[1] Quelle: Amtliches Körperschaftsteuer-Handbuch 2015.

KStR 2004			KStR 2015	
R	28	→	R	6
R	29	→	R	7
R	30	→	R	7.2
R	31	→	R	7.3
R	32	→	R	8.1
R	33	→	R	8.2
R	34	→	R	8.3
R	35	→	R	8.4
R	36	→	R	8.5
R	37	→	R	8.6
R	38	→	R	8.7
R	39	→	R	8.8
R	40	→	R	8.9
R	41	→	R	8.10
R	42	→	R	8.11
R	43	→	R	8.12
R	44	→	R	8.13
R	45			–
R	46			–
R	46 a			–
R	47	→	R	9
R	48	→	R	10.1
R	49	→	R	10.2
R	50	→	R	10.3
R	51	→	R	11
R	52	→	R	13.1
R	53	→	R	13.2
R	54	→	R	13.3
R	55	→	R	13.4
R	56	→	R	14.1
R	57	→	R	14.2

KStR 2004		→	KStR 2015	
R	58	→	R	14.3
R	59	→	R	14.4
R	60	→	R	14.5
R	61	→	R	14.6
R	62	→	R	14.7
R	63	→	R	14.8
R	64	→	R	15
R	65	→	R	16
R	66	→	R	17
R	67	→	R	19
R	68			–
R	69			–
R	70	→	R	22
R	71	→	R	23
R	72	→	R	24
R	73	→	R	25
R	74	→	R	26
R	75			–
R	76			–
R	77			–
R	78	→	R	30
R	79	→	R	31.1
R	80			–
R	81			–
R	82	→	R	35
R	83			–
R	84			–
R	85			–

100/100. Sachregister zu den Körperschaftsteuer-Richtlinien 2015

Ziffern mit R bezeichnen die Einzelrichtlinien der KStR, Ziffern mit H die Einzelhinweise der KStH, Ziffern in Klammern bezeichnen die jeweiligen Absätze.

Abfallentsorgung, steuerliche Behandlung R 4.5 (6)
Abflusszeitpunkt, Gewinnausschüttung H 27; Rückvergütungen H 22
Absatzgenossenschaften, Aufteilung des Überschusses R 22 (8), (10); Berechnungsbeispiel H 22
Abschreibungen, Teilwertabschreibungen auf die Organbeteiligung R 14.7 (3)
Abweichendes Wirtschaftsjahr R 7.3
Abwicklung, Besteuerung R 11; – des Gewinns bei Gewinnabführungsvertrag H 14.6
Abzugsverbot, Gewinnminderungen bei Gesellschafterdarlehen H 8 b
Aktien, verdeckte Gewinnausschüttung H 8.5 V
Aktieneigenhandel H 8 b
Aktiengesellschaft als Organgesellschaft, Auflösung und Abführung vorvertraglicher Rücklagen an den Organträger R 14.6 (3)
Altersgrenze für Pensionszusage an Gesellschafter-Geschäftsführer H 8.7
Amtshilfe und wirtschaftliche Tätigkeit H 4.4
Anfangsbilanz bei Körperschaften mit mildtätigen usw. Zwecken R 13.4 (2); Wegfall einer Steuerbefreiung R 13.3 (2)
Angemessenheit der Bezüge des Gesellschafter-Geschäftsführer H 8.7
Anrechnung ausländischer Steuern R 26
Anschlussgenossenschaften R 5.11 (10)
Anstalt, Steuerpflicht R 1.1 (4)
Anteile, verdeckte Gewinnausschüttung H 8.5 V
Anwachsung, verdeckte Einlage in Komplementär-GmbH H 8.9
Anwaltskosten, Abziehbarkeit R 10.2
Anwendung einkommensteuerrechtlicher Vorschriften R 8.1
Arbeitgeberverband, Berufsverband R 5.7 (2)
Aufgabe von Verpachtungsbetrieben bei juristischen Personen des öffentlichen Rechts H 4.3
Auflösung der Kapitalgesellschaft R 11
Aufsichtsratsvergütungen, Begriff R 10.3; Einzelfälle H 10.3
Aufteilung, Mitgliedsbeiträge H 8.12
Aufwendungen, nichtabziehbare R 10.1 f.
Ausgleichskassen, Steuerbefreiung R 5.18
Ausgleichsposten, Bildung und Auflösung besonderer A. beim Organträger R 14.8
Ausgleichszahlungen bei Organschaft R 16
Ausland, ausländische Gesellschaften, Typenvergleich H 1.1; H 2; Besteuerung ausländischer Einkunftsteile R 26; juristische Person des öffentlichen Rechts, Steuerpflicht R 1.1 (3); nichtabziehbare ausländische Quellensteuer H 10.1; Spendenempfänger im A. H 9; Verluste aus einer ausländischen Betriebsstätte, Gliederung des verwendbaren Eigenkapitals *s. Steuer, ausländische*
Ausländische Steuern, Berücksichtigung R 26; *s. a. Steuer, ausländische*
Ausschüttungen aus steuerlichem Einlagekonto H 8 b

Bauernverein, Berufsverband R 5.7 (2)
Beginn der Steuerpflicht R 1.1 (4); H 1.1
Beherrschender Gesellschafter, Begriff H 8.5 III; gleichgerichtete Interessen H 8.5 III; klare und eindeutige Vereinbarungen H 8.5 III; Rückstellungen für

Pensionszusagen R 8.7; Stimmrechtsausschluss H 8.5 III
Beistandsvertrag, Erwerbs- und Wirtschaftsgenossenschaften R 5.11 (9)
Beitragsrückerstattungen bei Versicherungsunternehmen H 21
Berufsverband, Abgrenzung H 5.7; Begriff R 5.7 (1); Beteiligung an Kapitalgesellschaft bzw. Personengesellschaft H 5.7
Beschränkte Steuerpflicht R 2; übertragende Körperschaft H 12
Besserungsschein, Forderungsverzicht gegen B., verdeckte Einlage H 8.9
Bestattungswesen, Hoheitsbetrieb H 4.5
Besteuerung kleiner Körperschaften R 31.1
Besteuerungsgrundlagen, gesonderte Feststellung bei kleinen Körperschaften R 31.1
Beteiligung einer jPöR an Kapitalgesellschaft R 4.1 (2), (7)
Beteiligung einer jPöR an Personengesellschaft H 4.1
Beteiligungserträge, phasengleiche Aktivierung H 7.1
Betrieb gewerblicher Art R 4.1; Betriebsausgaben R 8.2 (3); Eigenkapital R 8.2 (2); Einkommensermittlung R 8.2; im Rahmen eines Hoheitsbetriebs H 4.4; von juristischen Personen des öffentlichen Rechts, Steuerpflicht R 1.1 (3 f.); Miet- oder Pachtverträge H 8.2; steuerliches Einlagekonto H 27; verdeckte Gewinnausschüttung H 8.5 I; Vereinbarungen mit Trägerkörperschaft H 8.2; Zusammenfassung R 4.2; Zuwendungen an Trägerkörperschaft H 8.2
Betrieb, land- und forstwirtschaftlicher von juristischen Personen des öffentlichen Rechts R 4.1 (6)
Betriebliche Altersversorgung, ausscheidender Arbeitnehmer R 5.4 (3); Pensions- und Unterstützungskassen R 5.2
Betriebsausgaben, Abzugsverbot H 8 b; bei Betrieben gewerblicher Art R 8.2 (3); genossenschaftliche Rückvergütungen R 22
Betriebsvermögen bei Betrieben gewerblicher Art H 8.2
Beweislast, verdeckte Gewinnausschüttung H 8.6
Bewertung, verdeckte Einlage R 8.9 (4); H 8.9
Bezugsgenossenschaften, Aufteilung des Überschusses R 22 (10)
Bilanzierung, Rückvergütungen bei Genossenschaften H 22
Bilanzverlust, Zuschuss zur Abdeckung H 8.9
Biogasanlagen H 5.11
Bürgschaft, verdeckte Einlage H 8.9

Campingplatz, gemeindeeigener, kein Hoheitsbetrieb H 4.5

Darlehen, genossenschaftliche Rückvergütungen H 22; verdeckte Einlage H 8.9
Darlehensgewährung, verdeckte Gewinnausschüttung H 8.5 V
Darlehenszinsen, verdeckte Gewinnausschüttung H 8.5 II
Dauerverlustbetrieb, Betrieb gewerblicher Art R 4.2
„dealing at arm's length" H 8.5 III
Desinfektionsanstalt, Hoheitsbetrieb R 4.4 (1)
Destinatäre, Verhältnis zur Stiftung H 8.5 I
Dienstverträge, Formvorschriften H 8.5 I
Dividendenansprüche, phasengleiche Aktivierung H 7.1
Doppelbesteuerungsabkommen, Berücksichtigung ausländischer Steuern R 26 (3)
Duales System, wirtschaftliche Tätigkeit der entsorgungspflichtigen Körperschaften R 4.5 (6)

Eigenbetrieb, Zuwendungen an Trägergemeinde H 9
Eigenhandelserfolg, Begriff H 8 b
Eigenkapital bei Betrieben gewerblicher Art R 8.2 (2); H 8.2
Eingetragener Verein, juristische Person des privaten Rechts R 1.1 (2)
Einkommen, Berechnung bei partieller Steuerpflicht H 6; Ermittlung des E.

beim Organträger R 14.7; Ermittlungsschema des zu versteuernden E. R 7.1; zuzurechnendes E. der Organgesellschaft R 14.6; –, Veranlagungszeitraum H 14.7
Einkommensermittlung bei Betrieben gewerblicher Art von juristischen Personen des öffentlichen Rechts R 8.2
Einkommensteuer-Durchführungsverordnung, Anwendung von Vorschriften bei der Körperschaftsteuer R 8.1 (1)
Einkommensteuergesetz, Anwendung von Vorschriften bei der Körperschaftsteuer R 8.1 (1)
Einkünfte eines Betriebs gewerblicher Art H 8.2
Einkünfteabgrenzung bei international verbundenen Unternehmen H 8.5 V
Einkünfte, ausländische, Besteuerung R 26
Einlage *s. Verdeckte Einlage*
Einlagefähiger Vermögensvorteil H 8.9
Einlagekonto *s. Steuerliches Einlagekonto*
Einnahmen, Begriff für LuF-Genossenschaften und -Vereine R 5.11
Einrichtung, Begriff R 4.1 (2 ff.); H 4.1
Ende der Steuerpflicht bei Liquidation R 11 (2)
Entstehung der Körperschaftsteuer R 30
Erbersatzsteuer, Nichtabziehbarkeit H 10.1
Erbfall, Vererbung von Wirtschaftsgütern des Privatvermögens an Kapitalgesellschaft H 8.9
Erbschaftsteuer, Nichtabziehbarkeit H 10.1
Erdienbarkeit der Ansprüche aus einer Pensionszusage H 8.7
Ermittlungsschema der festzusetzenden und verbleibenden Körperschaftsteuer R 7.2; des zu versteuernden Einkommens R 7.1
Ersatzerbschaftsteuer, Nichtabziehbarkeit H 10.1
Erstattungsaustausch der Gesellschaft gegen Gesellschafter H 8.5 II
Erwerbs- und Wirtschaftsgenossenschaften, Beginn der Steuerpflicht R 1.1 (4); Gesamtumsatz R 22 (9); in der Land- und Forstwirtschaft R 5.11; –, Beteiligungen R 5.11 (5); –, Freibetrag R 25; –, Geschäftsarten R 5.11 (6); –, Geschäftsarten, steuerbegünstigte R 5.11 (8); –, sonstige Verarbeitungsgenossenschaften R 5.15; Rückvergütungen R 22; unbeschränkte Steuerpflicht R 1.1 (4)

Fahrtkosten, Gesellschafterversammlung H 8.5 V
Fahrzeugwerbung, steuerliche Behandlung R 4.5 (8)
Familienfideikommiss, Steuerbegünstigung von Stiftungen, die an die Stelle von F. getreten sind R 1.2
Familienstiftungen R 1.2
Festzusetzende Körperschaftsteuer, Ermittlungsschema R 7.2
Finanzielle Eingliederung bei Organschaftsverhältnissen R 14.2; in eine Personengesellschaft als Organträger H 14.3; Stimmrechtsverbote H 14.2
Firmenwert, Aktivierungsverbot H 13.3
Fonds-Sondervermögen, Steuerpflicht R 1.1 (5)
Forderungsverzicht, verdeckte Einlage H 8.9
Forschungsanstalt, Hoheitsbetrieb R 4.4 (1)
Forstgenossenschaften, Steuerpflicht R 2 (2)
Freibetrag für bestimmte Körperschaften R 24; für Erwerbs- und Wirtschaftsgenossenschaften sowie Vereine in der Land- und Forstwirtschaft R 25
Freiwillige Feuerwehr, Kameradschaft/Verein H 1.1
Fremdenverkehrseinrichtungen, Mitgliedsbeiträge R 8.13 (5)
Fremdgeschäfte bei Erwerbs- und Wirtschaftsgenossenschaften R 5.11 (6)
Friedhofsverwaltung, Hoheitsbetrieb H 4.5
Frist für Auszahlung/Gutschrift genossenschaftlicher Rückvergütung R 22 (4)

Gebietskörperschaft, juristische Person des öffentlichen Rechts R 4.1 (1)
Geburtstagsfeier, verdeckte Gewinnausschüttung H 8.5 V

Gegengeschäfte bei Erwerbs- und Wirtschaftsgenossenschaften R 5.11 (6)
Geldbußen, Abzugsverbot H 10.2
Geldstrafen, Abzugsverbot R 10.2
Gemeinnützige Körperschaften, abweichendes Wirtschaftsjahr R 7.3 (2); Freibetrag nach § 24 KStG R 24; Spenden aus wirtschaftlichem Geschäftsbetrieb H 9
Gemeinnützige Siedlungsunternehmen R 5.10
Gemeinnützige Zwecke, Ausgaben zur Förderung R 9; Unterstützungskassen R 5.4 (1)
Genossenschaft, Besteuerung kleiner G. R 31.1; Mitgliedsbeiträge H 8.11; Rückvergütungen R 22; –, Abgrenzung zur vGA H 22; Rückvergütungen als Darlehen H 22; verdeckte Gewinnausschüttung H 8.5 I
Genossenschaftszentralen H 5.11
Gerichtskosten, Abziehbarkeit R 10.2
Gesamtumsatz bei Erwerbs- und Wirtschaftsgenossenschaften R 22 (9)
Geschäftsstelle eines Berufsverbandes R 5.7 (6)
Gesellschaft, ausländische *s. Ausland*
Gesellschafterdarlehen, Abzugsverbot von Gewinnminderungen H 8b
Gesellschafter-Geschäftsführer, Rückstellungen für Pensionszusagen R 8.7; Tantiemen H 8.8; Vergütung H 8.5 IV
Gesellschafterversammlung, Fahrtkosten, Sitzungsgelder usw. H 8.5 V
Gesellschaftsrechtliche Veranlassung H 8.9
Gesellschaftsverträge, Formvorschriften H 8.5 I
Gesonderte Feststellung von Besteuerungsgrundlagen bei kleinen Körperschaften R 31.1
Gesonderte und einheitliche Feststellung, zuzurechnendes Einkommen der Organgesellschaft R 14.6 (6)
Gewährträger, Zinsaufbesserungen an G. H 8.5 V
Gewährträgerzuwendungen, steuerliche Behandlung H 9
Gewerkschaft, Berufsverband R 5.7 (2)
Gewinn aus Nebengeschäften bei Genossenschaften R 22 (7)
Gewinnabführungsvertrag, Abwicklung und Versteuerung des Gewinns H 14.6; Beendigung R 14.5 (6f.); H 14.5; Durchführung R 14.5 (5); GmbH als Organgesellschaft R 17; Mindestlaufzeit R 14.5 (2); H 14.5; Nichtdurchführung R 14.5 (8); Vollzug R 14.5 (3); Wirksamwerden R 14.5 (1); H 14.5
Gewinnausschüttungen, Abflusszeitpunkt H 27; verdeckte R 8.5, *s. a. Verdeckte Gewinnausschüttungen*
Gewinntantiemen H 8.8
Gewinnthesaurierung bei Genossenschaften und Vereinen H 5.11
Gleichgerichtete Interessen, Gesellschafter einer Kapitalgesellschaft H 8.5 III
GmbH als Organgesellschaft, Gewinnabführungsvertrag R 17
GmbH & Co. KG, Anwachsung als verdeckte Einlage H 8.9; Besteuerung H 1.1; H 3
Grabpflegeleistungen, wirtschaftliche Tätigkeit H 4.5
Grundbesitz, Wertansatz bei Unterstützungskassen R 6 (5)
Grundeigentümerverein, Mitgliedsbeiträge R 8.12
Gründungskosten H 8.5 V
Gutachterausschüsse, wirtschaftliche Tätigkeit R 4.5 (9)
Gutschrift, genossenschaftliche Rückvergütungen H 22

Haftung, Spenden H 9
Haftvollzugsanstalt, Arbeitsbetriebe H 4.5
Handelsschiffe im internationalen Verkehr, Gewinnermittlung H 7.1; H 8.1
Handwerkskammer, juristische Person des öffentlichen Rechts R 4.1 (1)
Hauberggenossenschaften, Steuerpflicht R 2 (2)
Hauseigentümerverein, Berufsverband R 5.7 (2); Mitgliedsbeiträge R 8.12
Hilfsgeschäfte bei Erwerbs- und Wirtschaftsgenossenschaften R 5.11 (6); H 5.11; bei Hoheitsbetrieben R 4.4 (2); bei Molkereigenossenschaften R 5.12 (3)

Hingabe von Wirtschaftsgütern, verdeckte Gewinnausschüttung, Wert H 8.6
Hinterziehungszinsen, Abzugsverbot R 10.1 (2)
Höchstbetrag der abziehbaren Spenden, Berechnung R 9 (4)
Hoheitliche Tätigkeit, Abgrenzung zur wirtschaftlichen Tätigkeit R 4.1 (3 ff.)
Hoheitliche Zweckbestimmung H 4.1
Hoheitsbetrieb, Begriff R 4.4
Holznutzung, außerordentliche R 23

Immaterielles Wirtschaftsgut, verdeckte Einlage H 8.9
Industrie- und Handelskammer, juristische Person des öffentlichen Rechts R 4.1 (1)
Inland, Fonds-Sondervermögen, unbeschränkte Steuerpflicht R 1.1 (5)
Innung, juristische Person des öffentlichen Rechts R 4.1 (1)
Interessenwahrnehmung durch Berufsverband H 5.7
International verbundene Unternehmen, Begriff H 8.5 III; Einkünfteabgrenzung H 8.5 V
Inventar, Betriebsverpachtung H 4.3
Investmentaktiengesellschaften, Steuerbefreiung R 5.18
Investmentfonds, Steuerbefreiung R 5.18; Steuerpflicht R 1.1 (5)
Irrtum über Leistungspflicht, verdeckte Gewinnausschüttung H 8.5 V

Jahresumsatz, Einrichtung R 4.1 (4); wirtschaftliches Gewicht R 4.1 (5)
Juristische Person des öffentlichen Rechts, Begriff R 4.1 (1); Beteiligung an Kapitalgesellschaft R 4.1 (7); Betrieb gewerblicher Art R 1.1 (3 f.); R 4.1, *s. a. Betrieb gewerblicher Art;* Einkommensermittlung bei Betrieben gewerblicher Art R 8.2; Freibetrag nach § 24 KStG R 24; Miet- oder Pachtverträge mit Betrieb gewerblicher Art H 8.2; Steuerrechtssubjekt H 8.2; unbeschränkte Steuerpflicht R 1.1 (3); verdeckte Gewinnausschüttungen H 8.5 I
Juristische Person des privaten Rechts, Beginn der Steuerpflicht R 1.1 (4)

Kalamitätsnutzung R 23
Kapitalabfindung durch Pensions- oder Unterstützungskassen R 5.5 (3)
Kapitalbeteiligung, verdeckte Einlage, Bewertung R 8.9 (4); H 8.9
Kapitalerhöhungskosten H 8.5 V
Kapitalertragsteuer, Abstandnahme vom Abzug H 6; Betrieb gewerblicher Art H 8.2
Kapitalgesellschaft, ausländische *s. Ausland;* Beginn der Steuerpflicht R 1.1 (4); Erstausstattung und verdeckte Gewinnausschüttung H 8.5 V; GmbH als Organgesellschaft R 17; Liquidationsbesteuerung R 11; Rückstellungen für Pensionszusagen an Gesellschafter-Geschäftsführer R 8.7; unbeschränkte Steuerpflicht R 1.1 (1); verdeckte Einlage R 8.9
Kapital-Investitionsgesellschaft, Steuerpflicht R 1.1 (5)
Kirchliche Orden H 4.1
Kirchliche Zwecke, Ausgaben zur Förderung R 9
Kleingärtner- und Siedlervereine, Mitgliedsbeiträge R 8.13 (2)
Kommanditgesellschaft auf Aktien, abziehbare Aufwendungen R 9 (2)
Konzernunterstützungskasse, verdeckte Gewinnausschüttung H 8.5 V
Konzessionsabgaben H 8.2
Körperschaft, Beginn einer Steuerbefreiung R 13.1 (1); beschränkte Steuerpflicht R 2 (1); Besteuerung kleiner K. R 31.1; Freibetrag für bestimmte K. R 24; hälftiges Abzugsverbot für Aufsichtsratsvergütungen R 10.3; in der Land- und Forstwirtschaft, Gewinnermittlung bei Buchführungspflicht R 8.3; unbeschränkte Steuerpflicht R 1.1 (1)
Körperschaftsteuer, Anwendung einkommensteuerrechtlicher Vorschriften R 8.1; Entstehung R 30; festzusetzende und verbleibende, Ermittlungsschema R 7.2; Pauschalierung R 26 (2)

Körperschaftsteuererhöhung, Entstehung R 30; nach vorangegangener Kapitalerhöhung H 38
Körperschaftsteuererhöhungsbetrag H 38
Krankenkassen, Steuerbefreiung R 5.2; steuerpflichtiges Einkommen R 6 (1–4)
Krematorium, (kein) Hoheitsbetrieb H 4.5
Kurbetrieb, Betrieb gewerblicher Art R 4.5 (7)

Land- und Forstwirtschaft, Abgrenzung zum Gewerbebetrieb H 4.1; Betriebe der L. u. F. bei juristischen Personen des öffentlichen Rechts R 4.1 (6); Gewinnermittlung bei buchführungspflichtigen Körperschaften in L. u. F. R 8.3; Steuerbefreiung für Erwerbs- und Wirtschaftsgenossenschaften sowie für Vereine R 5.11
Landwirtschaft, Molkereigenossenschaften R 5.12 (1); sonstige Verarbeitungsgenossenschaften R 5.15; Winzergenossenschaften R 5.13 (1)
Laubgenossenschaften, Steuerpflicht R 2 (2)
Lebensgefährtin, Pensionszusage H 8.7
Lebenshaltungskosten, Pensionserhöhung H 8.7
Lebensmitteluntersuchungsanstalt, Hoheitsbetrieb R 4.4 (1)
Leistungsbegrenzung, Unterstützungskassen R 5.5 (1 ff.)
Leistungsempfänger bei steuerbefreiten Kassen R 5.3 (1 ff.)
Leistungsentgelt, Abgrenzung zu Mitgliedsbeiträgen H 8.11
Lieferungsgenossenschaften R 5.11 (10)
Limited, Löschung aus Handelsregister H 1.1
Liquidation H 28; Beginn H 11; Besteuerung R 11
Lohnsteuerhilfeverein, steuerpflichtige Mitgliedsbeiträge H 8.13

Markteinführungskosten, verdeckte Gewinnausschüttung H 8.5 V
Marktveranstaltungen, gemeindliche H 4.5
Maschinenring, Personalgestellung R 5.11 (4)
Mehrabführung der Organgesellschaft an Organträger H 14.8
Mehrgewinn, nachträgliche Ausschüttung des M. als genossenschaftliche Rückvergütung R 22 (6)
Mieterverein, Mitgliedsbeiträge R 8.12
Miet- oder Pachtverträge, Betrieb gewerblicher Art H 8.2; Formvorschriften H 8.5 I
Milchqualitätsuntersuchungsstellen, Steuerbefreiung R 5.11 (3)
Mildtätige Zwecke, Ausgaben zur Förderung R 9; Unterstützungskassen R 5.4 (1)
Mindestgewinnbesteuerung H 7.1; Abwicklung einer Kapitalgesellschaft H 11
Mindestlaufzeit, Gewinnabführungsvertrag H 14.5
Mitgliedsbeiträge, Abgrenzung zu Leistungsentgelten H 8.11; Begriff R 8.11 (1); bei Haus- und Grundeigentümervereinen sowie Mietervereinen R 8.12; und Umlagen R 5.7 (4)
Mittelbare Beteiligung, Organschaft R 14.2; H 14.2
Mittelüberlassung an Träger der Unterstützungskasse H 5.4
Mitunternehmerschaft einer Unterstützungskasse H 5.4
Molkereigenossenschaften, Besteuerung R 5.12; Milchgeldnachzahlungen H 22

Nachforderungszinsen, Abziehbarkeit R 10.1 (2)
Nachträgliche genossenschaftliche Rückvergütungen nach Verlust der Steuerfreiheit R 22 (6)
Nachträgliche Kaufpreisänderungen H 8b
Nachträgliche Preissenkungen, verdeckte Einlage H 8.9
Nahestehende Person, Begriff H 8.5 III; verdeckte Einlage H 8.9; Zurechnung der verdeckten Gewinnausschüttung H 8.5 III
Nebengeschäfte bei Erwerbs- und Wirtschaftsgenossenschaften R 5.11 (6);

H 5.11; –, Gewinn aus N. R 22 (7), (12)
Nichtabziehbare Steuern R 10.1
Notwendiges Betriebsvermögen bei Betrieben gewerblicher Art H 8.2
Nur-Pension, verdeckte Gewinnausschüttung H 8.7
Nutzungsüberlassungen, verdeckte Gewinnausschüttung H 8.5 V; –, Wert H 8.6
Nutzungsvorteile, verdeckte Einlage H 8.9
NV-Bescheinigung R 24 (2); R 25

Obst- und Gartenbauvereine, Mitgliedsbeiträge R 8.13 (1)
Öffentliche Gewalt, Begriff H 4.4
Optionsgeschäfte, Stillhalterprämien H 8 b
Orden, kirchliche H 4.1
Organgesellschaft, Abführung/Ausschüttung vorvertraglicher Rücklagen an den Organträger R 14.5 (4); abziehbare Spenden R 9 (5); Ausgleichszahlungen R 16; Erfüllung der Voraussetzungen der Steuerermäßigung R 19 (1); finanzielle Eingliederung R 14.2; GmbH R 17; Veräußerung eines Teilbetriebs R 14.6 (5); verdeckte Gewinnausschüttungen an den Organträger R 14.6 (4); R 14.7 (2); Verlustabzug aus der vorvertraglichen Zeit R 15; zeitliche Voraussetzung für Eingliederung R 14.4; zuzurechnendes Einkommen R 14.6; R 14.6 (6); –, Veranlagungszeitraum H 14.7
Organschaft, abziehbare Spenden R 9 (5); –, Höchstbetrag H 9; Ausgleichszahlungen R 16; finanzielle Eingliederung R 14.2; Gewinnabführungsvertrag R 14.5; GmbH als Organgesellschaft R 17; keine Drohverlustrückstellungen für Verlustübernahme H 14.7; steuerbefreite Körperschaft H 14.1; Teilwertabschreibungen auf die Organbeteiligung R 14.7 (3); verdeckte Gewinnausschüttungen R 14.6 (4); R 14.7 (2); Verlustabzug aus der vorvertraglichen Zeit R 15; zeitliche Voraussetzungen R 14.4
Organträger, Anwendung besonderer Tarifvorschriften R 19; Bildung und Auflösung besonderer Ausgleichsposten beim O. R 14.8; Einkommensermittlung R 14.7; mittelbare Beteiligungen R 14.2; H 14.2; Personengesellschaft als O. R 14.3; Teilwertabschreibungen auf die Organbeteiligung R 14.7 (3); zuzurechnendes Einkommen der Organgesellschaft R 14.6 (6)

Parkhäuser, kein Hoheitsbetrieb R 4.5 (4)
Parkscheinautomaten, Betrieb von P. als Hoheitsbetrieb R 4.5 (4)
Parkuhren, Betrieb von P. als Hoheitsbetrieb R 4.5 (4)
Pauschalierung der Steuer R 26 (2)
Pelztierzüchterverein, Mitgliedsbeiträge R 8.13 (4)
Pensionsanwartschaft, Verzicht, verdeckte Einlage H 8.9
Pensionskassen, ausländische Arbeitnehmer als Leistungsempfänger R 5.3 (3); Begriff R 5.2 (1); Freibetrag nach § 24 KStG R 24; Kapitalabfindung R 5.5 (3); Steuerbefreiung R 5.2; steuerpflichtiges Einkommen R 6 (1–4)
Pensionsrückstellungen bei Betrieben gewerblicher Art R 8.2 (2)
Pensionszusagen, Rückstellungen für P. an Gesellschafter-Geschäftsführer von Kapitalgesellschaften R 8.7
Personalgestellung, Maschinenring R 5.11 (4)
Personengesellschaft als Organträger R 14.3
Personenvereinigung R 8.11; Beginn einer Steuerbefreiung R 13.1 (1); beschränkte Steuerpflicht R 2 (1); unbeschränkte Steuerpflicht R 1.1 (1)
Pfropfrebengenossenschaften, Steuerbefreiung R 5.14
Preisnachlässe, Abgrenzung zu genossenschaftlichen Rückvergütungen R 22 (2)
Produktionsgenossenschaften, Aufteilung des Überschusses R 22 (8); Berechnungsbeispiel H 22
Prozesszinsen auf Erstattungsbeträge H 10.1
Publikums-GmbH & Co. KG, Besteuerung H 1.1

Rabatte, verdeckte Gewinnausschüttung H 8.5 V
Realgemeinden, Steuerpflicht R 2 (2); verdeckte Gewinnausschüttung H 8.5 I
Rechnungsprüfung, Betrieb gewerblicher Art H 8.2
Rechtsfähiger Verein, Beginn der Steuerpflicht R 1.1 (4)
Rechtsverzicht, verdeckte Gewinnausschüttung H 8.5 V
Regiebetrieb, steuerliches Einlagekonto H 27
Rehabilitationseinrichtung eines Sozialversicherungsträgers R 4.5 (1)
REIT-AG H 1.1
Religionsgesellschaft, juristische Person des öffentlichen Rechts R 4.1 (1)
Religiöse Zwecke, Ausgaben zur Förderung R 9
Reservenbildung, Gewinnthesaurierung bei Genossenschaften und Vereinen H 5.11
Risikogeschäfte, verdeckte Gewinnausschüttung H 8.5 V
Rückdeckungsversicherung für Lebensversicherung H 8.7
Rückgängigmachung von verdeckten Gewinnausschüttungen H 8.6
Rückgewähr von verdeckten Gewinnausschüttungen H 8.9
Rücklagen, Bildung und Auflösung besonderer Ausgleichsposten beim Organträger R 14.8; Bildung von R., Gewinnabführungsvertrag R 14.5 (5); vorvertragliche, Abführung/Ausschüttung an Organträger R 14.5 (4)
Rückstellungen für Pensionszusagen an Gesellschafter-Geschäftsführer von Kapitalgesellschaften R 8.7
Rückvergütungen bei Genossenschaften R 22; –, Abfluss H 22; –, Bemessung R 22 (5); –, Bilanzierung H 22; –, Darlehen H 22; –, Voraussetzungen für die Abziehbarkeit von R. R 22 (4 ff.)
Rückwirkende Gewinnverteilung zwischen Gesellschaft und Gesellschafter H 8.5 V
Rückwirkende Organschaft bei Umwandlung H 14.2
Rückwirkende Vereinbarungen zwischen Gesellschaft und Gesellschafter H 8.5 III
Rumpfwirtschaftsjahr R 11 (1)
Rundfunkanstalt des öffentlichen Rechts R 4.1 (1)

Sammelvermögen, Steuerpflicht R 1.1 (5)
Sanierungsfälle H 8.10
Satzungszwecke, Abgrenzung von Spenden H 9; nichtabziehbare Aufwendungen H 10.1
Säumniszuschläge, Abzugsverbot R 10.1 (2)
Schadenrückstellungen, Versicherungsunternehmen H 20
Schlachthof, Hoheitsbetrieb R 4.4 (1)
Schlachtviehmarkt, gemeindeeigener, Hoheitsbetrieb R 4.5 (3)
Schlussbilanz, Beginn einer Steuerbefreiung R 13.1 (2); R 13.3 (1); bei Körperschaften mit mildtätigen usw. Zwecken R 13.4 (1)
Schriftformerfordernis bei Verträgen H 8.5 I
Schuldübernahme, verdeckte Gewinnausschüttung H 8.5 V
Schülerheim einer öffentlichen Schule R 4.5 (2)
Schwestergesellschaften, verdeckte Gewinnausschüttung H 8.5 III
Schwimmbad, gemeindliches R 4.5 (5)
Selbstkontrahierungsverbot, verdeckte Gewinnausschüttung H 8.5 I
Siedlungsunternehmen, gemeinnützige, Steuerbefreiung und Steuerpflicht R 5.10
Sitzungsgelder, Gesellschafterversammlung H 8.5 V
Solidaritätszuschlag, Nichtabziehbarkeit H 10.1
Sondervermögen, selbständiges, Steuerpflicht R 1.1 (5); Steuerbefreiung R 5.18
Sozialversicherung, Betriebe der öffentlich-rechtlichen Träger der S. R 4.5 (1)
Sparkasse, Spenden an Gewährträger H 9; zinsverbilligtes Darlehen an Gemeinde H 9

Spenden, Abziehbarkeit R 9; des Betriebs gewerblicher Art an Trägerkörperschaft R 9 (7); einer Kapitalgesellschaft R 9 (6)
Spendenhaftung der Körperschaft H 9
Sperrjahr H 11
Sponsoring H 9
Sterbegeld, Gesamtleistung H 5.5
Sterbekassen, Gesamtleistung R 5.6; Steuerbefreiung R 5.2; steuerpflichtiges Einkommen R 6 (1–4)
Steuerabzugsbeträge, Kapitalertragsteuer H 6
Steueranrechnung, ausländische Einkünfte R 26 (1)
Steuer, ausländische, Berücksichtigung bei beschränkter Steuerpflicht R 26 (4); Berücksichtigung bei Bestehen von Doppelbesteuerungsabkommen R 26 (3)
Steuerbefreiung, Beginn R 13.1; Einschränkung der Befreiung von Pensions-, Sterbe-, Kranken- und Unterstützungskassen R 6; Erlöschen R 13.2; außerhalb des KStG R 5.18; steuerbefreite Körperschaft als Organträgerin H 14.1; teilweiser Beginn R 13.2 (3)
Steuerbilanzgewinn, Gewinnerhöhung durch verdeckte Gewinnausschüttung H 8.6
Steuerliches Einlagekonto H 27; Ausschüttungen H 8b; Auswirkung von Umwandlungen H 29; Sondervorschrift für Körperschaften im Beitrittsgebiet R 35
Steuerpflicht, beschränkte R 2; Berücksichtigung ausländischer Steuern R 26 (4)
Steuerpflicht, unbeschränkte R 1.1; Beginn R 1.1 (4)
Stiftung, Destinatäre H 8.5 I; rechtsfähige öffentlich-rechtliche R 1.1 (2); rechtsfähige privatrechtliche R 1.1 (2); Steuerbegünstigung von St., die an die Stelle von Familienfideikommissen getreten sind R 1.2
Stille Reserven, Aufdeckungspflicht bei Beginn einer Steuerbefreiung R 13.3 (1); Bildung und Auflösung besonderer Ausgleichsposten beim Organträger R 14.8
Stiller Gesellschafter, verdeckte Gewinnausschüttung H 8.5 V
Stillhalterprämien aus Optionsgeschäften H 8b
Stimmrechtsausschluss, beherrschender Gesellschafter H 8.5 III
Stimmrechtsverbote, finanzielle Eingliederung bei Organschaft H 14.2
Strafvollzugsanstalt, Arbeitsbetriebe H 4.5
Straßenreinigungsanstalt, Hoheitsbetrieb R 4.4 (1)

Tabakwaren, keine genossenschaftlichen Rückvergütungen R 22 (5)
Tantiemen H 8.8; 75/25-Regelvermutung H 8.8
Tantiemevorschuss, unverzinslicher, verdeckte Gewinnausschüttung H 8.5 V; H 8.8
Tätigkeitsvergütung, Verzicht, verdeckte Einlage H 8.9
Tatsächliche Durchführung von Vereinbarungen H 8.5 I
Technische Überwachungsvereine, abweichendes Wirtschaftsjahr R 7.3 (1)
Teilbetrieb, Veräußerung eines T. durch Organgesellschaft R 14.6 (5)
Teilweise Steuerpflicht, Freibetrag für bestimmte Körperschaften R 24
Teilwertabschreibung, Wertaufholung H 8b
Tierbesamungsstationen, Steuerbefreiung R 5.11 (3)
Tierzuchtverband, Mitgliedsbeiträge R 8.13 (3)
Typenvergleich, ausländische Gesellschaften H 1.1; H 2

Überdotierte Pensionskassen usw., Einschränkung der Steuerbefreiung R 6
Überführung von Wirtschaftsgütern, Betrieb gewerblicher Art R 8.2 (4); H 8.2
Überstundenvergütung, Gesellschafter-Geschäftsführer H 8.5 IV
Überwachung der Geschäftsführung, Begriff R 10.3 (3)
Umgliederungsvorschriften H 36
Umlagen und Mitgliedsbeiträge R 5.7 (4); H 8.11

Umsatz, Bemessung der genossenschaftlichen Rückvergütungen nach dem U. R 22 (5)
Umsatzsteuer zur verdeckten Gewinnausschüttung R 8.6
Umsatztantiemen H 8.8
Umwandlung H 28; Auswirkung auf steuerliches Einlagekonto H 29; rückwirkende Organschaft H 14.2
Unbeschränkte Steuerpflicht *s. Steuerpflicht, unbeschränkte*
Unterstützungskassen, Anerkennung als Sozialeinrichtung R 5.5 (1 ff.); ausländische Arbeitnehmer als Leistungsempfänger R 5.3 (3); Begriff R 5.2 (1); einmalige Zuwendungen R 5.5 (3); Freibetrag nach § 24 KStG R 24; Kapitalabfindung R 5.5 (3); laufende Leistungen R 5.5 (2); satzungsmäßiges Recht zur beratenden Mitwirkung R 5.3 (4); H 5.3; Steuerbefreiung R 5.2; steuerpflichtiges Einkommen R 6 (5 f.); Vermögensübertragungen R 5.4 (3 f.)
Untersuchungshaftanstalt, Arbeitsbetriebe H 4.5
Unverfallbarkeit, Pensionszusage H 8.7
Urlaubsabgeltung, Gesellschafter-Geschäftsführer H 8.5 IV

Vatertierhaltungsverein, Mitgliedsbeiträge R 8.13 (3)
Veranlassung durch das Gesellschaftsverhältnis, verdeckte Gewinnausschüttungen H 8.5 III
Veräußerungskosten H 8b
Verdeckte Einlage, Begriff R 8.9 (1); Bewertung R 8.9 (4); H 8.9; Bürgschaftsübernahme H 8.9; Voraussetzung R 8.9 (3)
Verdeckte Gewinnausschüttungen, Aktien und Anteile H 8.5 V; Begriff R 8.5 (1); beherrschender Gesellschafter H 8.5 III; Beispiele H 8.5 V; Betrieb gewerblicher Art H 8.5 I; Beweislast H 8.6; Darlehensgewährung H 8.5 V; Einkommensermittlung H 7.1; Erstausstattung einer Kapitalgesellschaft H 8.5 V; genossenschaftliche Rückvergütungen R 22 (13); H 22; Gewährträgerzuwendungen H 9; Grundsätze R 8.5; Hinzurechnung zum Steuerbilanzgewinn H 8.6; bei juristischen Personen des öffentlichen Rechts H 8.5 I; und Kapitalertrag nach § 20 EStG H 8.6; klare und eindeutige Vereinbarungen H 8.5 III; Körperschaftsteuerbescheid H 32 a; Milchgeldnachzahlungen bei Molkereigenossenschaften H 22; mitgliedschaftliches Verhältnis H 8.5 I; mündliche Vereinbarungen H 8.5 I; nahestehende Person H 8.5 III; Nichtkapitalgesellschaften H 8.5 I; Nutzungsüberlassung H 8.6; bei Organschaft R 14.6 (4); R 14.7 (2); Rückgängigmachung H 8.6; H 8.9; rückwirkende Gewinnverteilung H 8.5 V; rückwirkende Vereinbarungen H 8.5 III; Schwestergesellschaften H 8.5 III; Spenden des Betriebs gewerblicher Art an Trägerkörperschaft R 9 (7); Tantiemen H 8.8; Überführung von Wirtschaftsgütern bei Betrieben gewerblicher Art H 8.2; Veranlassung durch das Gesellschaftsverhältnis H 8.5 III; Vermögensminderung H 8.5 II; Vorteilsausgleich H 8.5 II; Wert R 8.6; Zinsaufbesserungen H 8.5 V
Verdecktes Leistungsentgelt H 8.9
Vereinbarungen zwischen Betrieb gewerblicher Art und Trägerkörperschaft H 8.2; zivilrechtliche Wirksamkeit H 8.5 I
Vereine in der Land- und Forstwirtschaft R 5.16; –, Begriff R 5.11 (1); –, Freibetrag R 25; –, Steuerbefreiung R 5.11; verdeckte Gewinnausschüttung H 8.5 I
Vergebliche Kosten H 8b
Vergütung der Gesellschafter-Geschäftsführer H 8.5 IV
Verlustabzug, Einkommen der Organgesellschaft R 15
Verlustausgleich durch Organträger, nachträgliche Anschaffungskosten H 14.7
Verlustgeschäfte, verdeckte Gewinnausschüttung H 8.5 V
Verlustübernahme, GmbH als Organgesellschaft R 17 (3); H 17; Organschaft, keine Drohverlustrückstellungen H 14.7
Verlustvortrag, Einbeziehung in Gewinntantieme H 8.8

Vermietungsgenossenschaften, Freibetrag nach § 24 KStG R 24; Steuerbefreiung H 5.9
Vermögensbindung, Unterstützungskassen R 5.4 (1 ff.)
Vermögensmasse, Beginn einer Steuerbefreiung R 13.1 (1); beschränkte Steuerpflicht R 2 (1); unbeschränkte Steuerpflicht R 1.1 (1)
Vermögensverwaltung bei Berufsverbänden R 5.7 (5)
Verpachtung eines Betriebs, Steuerpflicht R 4.1 (5 f.)
Verpachtungsbetrieb von juristischen Personen des öffentlichen Rechts R 4.2
Verpachtungsbetrieb gewerblicher Art R 4.3
Versicherungsunternehmen, Beitragsrückerstattungen H 21; Schadenrückstellungen H 20
Versicherungsverein auf Gegenseitigkeit, Mitgliedsbeiträge R 8.11 (4); H 8.11; unbeschränkte Steuerpflicht R 1.1 (4); verdeckte Gewinnausschüttung H 8.5 I
Versicherungsverein, kleinerer R 5.6
Versorgungsausgleich, Steuerfreiheit einer Unterstützungskasse H 5.3
Verspätete Auszahlung einer Gewinntantieme H 8.8
Verspätungszuschläge, Abzugsverbot R 10.1 (2)
Verzicht auf Pensionsanwartschaft, verdeckte Einlage H 8.9; auf Tätigkeitsvergütung, verdeckte Einlage H 8.9
Viehmarkt, gemeindeeigener, kein Hoheitsbetrieb R 4.5 (3)
Vollstreckungskosten, Abzugsverbot R 10.1 (2)
Vorgenossenschaft, Steuerpflicht R 1.1 (4)
Vorgesellschaft, Besteuerung H 1.1
Vorgründungsgesellschaft, Besteuerung H 1.1
Vorruhestand, Steuerbefreiung von Ausgleichskassen usw. R 5.18
Vorteilsausgleich, verdeckte Gewinnausschüttung H 8.5 II

Wahlkampf, Finanzierung durch Berufsverband R 5.7 (3)
Waldgenossenschaften, Steuerpflicht R 2 (2)
Warenbezug, Bemessung der genossenschaftlichen Rückvergütungen nach dem W. R 22 (5)
Wartezeit für Pensionszusage H 8.7
Wasserbeschaffung durch Gemeinde, Hoheitsbetrieb H 4.5
Wasserversorgung durch Gemeinde, kein Hoheitsbetrieb H 4.5
Wechsel zwischen Steuerpflicht und Steuerbefreiung H 13.1
Weinausschank, Landwirtschaft R 5.13 (3)
Werbeverband, pauschalierte Entgelte H 8.11
Wertansatz der Wirtschaftsgüter in der Anfangsbilanz R 13.3 (2); der Wirtschaftsgüter in der Schlussbilanz R 13.3 (1)
Wertaufholung, Teilwertabschreibungen H 8 b
Wettbewerbsverbot, verdeckte Gewinnausschüttung H 8.5 V
Wetterwarte, Hoheitsbetrieb R 4.4 (1)
Winzergenossenschaften, Besteuerung R 5.13
Winzersekt R 5.13 (2)
Wirtschaftlicher Geschäftsbetrieb, abzugsfähige Spenden bei w. G. gemeinnütziger Körperschaften, Personenvereinigungen oder Vermögensmassen R 9 (8); H 9; bei Berufsverbänden R 5.7 (4–7)
Wirtschaftlicher Verein, juristische Person des privaten Rechts R 1.1 (2)
Wirtschaftliche Selbständigkeit R 4.1 (4 f.)
Wirtschaftliches Gewicht, Betrieb gewerblicher Art R 4.1 (5); H 4.1
Wirtschaftliche Tätigkeit, Abgrenzung zur hoheitlichen Tätigkeit R 4.1 (3 ff.)
Wirtschaftsförderungsgesellschaften, Steuerbefreiung H 5.17
Wirtschaftsjahr, abweichendes R 7.3
Wirtschaftsverband, Berufsverband R 5.7 (2)
Wissenschaftliche Zwecke, Ausgaben zur Förderung R 9
Wochenmarkt, kein Hoheitsbetrieb H 4.5

Wohnungsunternehmen, gemeinnützige, Übergangsregelung H 5.9

Zeitpunkt für Begründung bzw. Beendigung eines Organschaftsverhältnisses R 14.4 (2)

Zeltplatz, gemeindeeigener, kein Hoheitsbetrieb H 4.5

Zinsen, nichtabziehbare Aufwendungen R 10.1 (2)

Zinsschranke H 8 a

Zivilrechtliche Wirksamkeit des Gewinnabführungsvertrages R 17; H 17; von Vereinbarungen H 8.5 I

Zukauf, landwirtschaftliche Erzeugnisse R 5.11 (8)

Zusammenfassung von Betrieben gewerblicher Art R 4.2; –, Überführung von Wirtschaftsgütern R 8.2 (4)

Zuschuss zur Abdeckung des Bilanzverlustes, verdeckte Einlage H 8.9

Zustimmungsvorbehalt bei Tantiemevereinbarung H 8.8

Zuwendungen des Betriebs gewerblicher Art an Trägerkörperschaft H 8.2; *s. a. Spenden*

Zwangsgelder, Abzugsverbot R 10.1 (2)

Zweckbestimmung, überwiegende R 4.1 (3); H 4.1

Zweckgeschäfte bei Erwerbs- und Wirtschaftsgenossenschaften R 5.11 (6 ff.); bei Molkereigenossenschaften R 5.12 (3)

Zweckverband, juristische Person des öffentlichen Rechts R 4.1 (1)

Zweckvermögen, Steuerpflicht R 1.1 (4 f.)

200. Richtlinien für die Bewertung des Grundvermögens (BewRGr)[1]

Allgemeine Verwaltungsvorschrift über die Richtlinien zur Bewertung des Grundvermögens

Vom 19. September 1966 (BAnz. Nr. 183, Beilage; BStBl. I S. 890)

Nach Artikel 108 Abs. 6 des Grundgesetzes wird mit Zustimmung des Bundesrates zur Durchführung der Hauptfeststellung der Einheitswerte des Grundvermögens auf den 1. Januar 1964 die folgende allgemeine Verwaltungsvorschrift erlassen:

Inhaltsübersicht

Einführung 3

A. Allgemeines

1. Begriff des Grundvermögens (§ 68 BewG) 4
2. Abgrenzung des Grundvermögens vom land- und forstwirtschaftlichen Vermögen (§ 69 BewG) 5
3. Abgrenzung des Grundvermögens vom Betriebsvermögen (§ 99 BewG) 10
4. Grundstück (§ 70 BewG) 11
5. Gebäude und Gebäudeteile für den Bevölkerungsschutz (§ 71 BewG) 13

B. Unbebaute Grundstücke

6. Begriff des unbebauten Grundstücks (§ 72 Abs. 1 BewG) 14
7. Wertermittlung bei unbebauten Grundstücken (§ 9 BewG) 14
8. Getrennte Wertermittlung für Vorderland und Hinterland 15
9. Wertermittlung bei Eckgrundstücken 16
10. Sonstige Besonderheiten bei der Wertermittlung 19
11. Grundstücke mit Gebäuden von untergeordneter Bedeutung (§ 72 Abs. 2 und § 9 BewG) 19
12. Grundstücke mit zerstörten oder dem Verfall preisgegebenen Gebäuden (§ 72 Abs. 3 und § 9 BewG) 20
13. Baureife Grundstücke (§ 73 BewG) 20

C. Bebaute Grundstücke, Allgemeines

14. Begriff der bebauten Grundstücke (§ 74 BewG) 20
15. Arten der bebauten Grundstücke (§ 75 BewG) 21
16. Bewertung der bebauten Grundstücke (§ 76 BewG) 24
17. Mindestwert (§ 77 BewG) 27

D. Ertragswertverfahren

I. Allgemeines

18. Überblick über das Verfahren 28
19. Bewirtschaftungskosten 29
20. Bodenwertanteil 29

[1] Für das Beitrittsgebiet siehe die als Anlage 18 begefügte Zusammenstellung der Rechtsgrundlagen und Verwaltungsanweisungen.

II. Jahresrohmiete (§ 79 BewG)

21. Allgemeines (§ 79 Abs. 1 BewG) 32
22. Schönheitsreparaturen 34
23. Ansatz der üblichen Miete (§ 79 Abs. 2 Satz 1 BewG) 35
24. Schätzung der üblichen Miete bei Einfamilienhäusern und Zweifamilienhäusern (§ 79 Abs. 2 Satz 2 BewG) 35
25. Miete bei Grundsteuervergünstigung (§ 79 Abs. 3 BewG) 36

III. Vervielfältiger (§ 80 BewG)

26. Regelmäßige Vervielfältiger (§ 80 Abs. 1 und 2 BewG) 37
27. Vervielfältiger bei wesentlicher Verlängerung oder Verkürzung der Lebensdauer des Gebäudes (§ 80 Abs. 3 BewG) 37
28. Vervielfältiger bei Gebäuden oder Gebäudeteilen verschiedener Bauart oder verschiedenen Alters (§ 80 Abs. 4 BewG) 38
29. Vervielfältiger bei Wiederaufbau von kriegsbeschädigten Gebäuden 39

IV. Außergewöhnliche Grundsteuerbelastung

30. Ermittlung der Belastungszahl; Berücksichtigung der außergewöhnlichen Grundsteuerbelastung (§ 81 BewG) 40

V. Ermäßigung und Erhöhung des Grundstückswerts (§ 82 BewG)

31. Ermäßigung des Grundstückswerts (§ 82 Abs. 1 BewG) 42
32. Erhöhung des Grundstückswerts (§ 82 Abs. 2 BewG) 44
33. Höchstmaß der Ermäßigung und Erhöhung des Grundstückswerts (§ 82 Abs. 3 BewG) 46

E. Sachwertverfahren

I. Grundstückswert (§ 83 BewG)

34. Ermittlung des Grundstückswerts 50

II. Bodenwert (§ 84 BewG)

35. Ermittlung des Bodenwerts 51

III. Gebäudewert (§ 85 BewG)

36. Ermittlung des Gebäudewerts 52
37. Berechnung des umbauten Raumes 53
38. Raummeterpreise 53
39. Ermäßigung oder Erhöhung des nach dem Raummeterpreis errechneten Werts 55
40. Umrechnung der durchschnittlichen Herstellungskosten des Jahres 1958 nach den Baupreisverhältnissen im Hauptfeststellungszeitpunkt 56
41. Wertminderung wegen Alters (§ 86 BewG) 56

a) Wertminderung im Regelfall
b) Berechnung der Wertminderung bei Gebäuden mit Gebäudeteilen verschiedenen Alters
c) Berechnung der Wertminderung bei Verkürzung der gewöhnlichen Lebensdauer
d) Berechnung der Wertminderung bei Verlängerung der restlichen Lebensdauer
e) Restwert

42. Wertminderung wegen baulicher Mängel und Schäden (§ 87 BewG) 60
43. Zusammentreffen von Wertminderungen infolge Verkürzung der Lebensdauer und von Wertminderungen infolge schlechten baulichen Zustandes 60

44. Ermäßigung und Erhöhung des Gebäudesachwerts (§ 88 BewG) 61
a) Allgemeines
b) Ermäßigung wegen der Lage des Grundstücks
c) Ermäßigung wegen wirtschaftlicher Überalterung
d) Ermäßigung wegen der Notwendigkeit vorzeitigen Abbruchs
e) Ermäßigung wegen unorganischen Aufbaus
f) Ermäßigung wegen übermäßiger Raumhöhe
g) Erhöhungen
h) Abschläge und Zuschläge am Gebäudesachwert sämtlicher oder einzelner Gebäude

IV. Wert der Außenanlagen (§ 89 BewG)

45. Ermittlung des Werts der Außenanlagen 65

V. Angleichung an den gemeinen Wert (§ 90 BewG)

46. Anzuwendende Wertzahl 67

F. Sonderfälle der Bewertung bebauter Grundstücke

47. Grundstücke im Zustand der Bebauung (§ 91 BewG) 67
48. Erbbaurecht (§ 92 BewG) 68
49. Wohnungseigentum und Teileigentum (§ 93 BewG) 74
50. Gebäude auf fremdem Grund und Boden (§ 94 BewG) 77

Anlagen

Anl. 1 bis 8	Vervielfältigertabellen	81
Anlage 9	Tabelle für Abschläge im Falle der Notwendigkeit baldigen Abbruchs des Gebäudes und im Falle der Verpflichtung zum Abbruch des Gebäudes	89
Anlage 9a	Berücksichtigung der Abbruchverpflichtung beim Erbbaurecht	90
Anlage 10	Darstellung der Ermittlung des Grundstückswerts im Sachwertverfahren	92
Anlage 11	Baunebenkosten	93
Anlage 12	Berechnung des umbauten Raumes nach DIN 277	94
Anlage 13	Merkmale für die Beurteilung der baulichen Ausstattung bei Gebäuden	104
Anlage 14	Gebäudeklasseneinteilung und Raummeterpreise 1958, umgerechnet auf den Hauptfeststellungszeitpunkt 1. Januar 1964, für Fabrikgrundstücke	108
Anlage 15	Gebäudeklasseneinteilung und Raummeterpreise 1958, umgerechnet auf den Hauptfeststellungszeitpunkt 1. Januar 1964, für bestimmte andere Geschäftsgrundstücke und für sonstige bebaute Grundstücke in bestimmten Fällen	117
Anlage 16	Bauteil-Preistabelle für die im Sachwertverfahren zu bewertenden Einfamilienhäuser und Zweifamilienhäuser	124
Anlage 17	Durchschnittspreise 1958, umgerechnet auf den Hauptfeststellungszeitpunkt 1. Januar 1964, für einzelne Außenanlagen	129
Anlage 17a	Ergänzung und Untergliederung der in den Anlagen 14–17 angegebenen Preise	131
Anlage 18	Einheitswertfeststellung des Grundvermögens im Beitrittsgebiet	137

Einführung

[1] Die Richtlinien für die Bewertung des Grundvermögens behandeln Zweifelsfragen und Auslegungsfragen von allgemeiner Bedeutung, um eine einheitliche Anwendung des Bewertungsrechts durch die Behörden der Finanzverwaltung sicherzustellen. [2] Die Richtlinien geben außerdem aus Gründen der Verwaltungsvereinfachung Anweisungen an die Finanzämter, wie in bestimmten Fällen verfahren werden soll. [3] Sie gelten für die auf den 1. Januar 1964

durchzuführende Hauptfeststellung der Einheitswerte des Grundvermögens und der Betriebsgrundstücke.[1)]

A. Allgemeines

1. Begriff des Grundvermögens (§ 68 BewG)

(1)[2)] [1]§ 68 BewG bestimmt den Begriff des Grundvermögens. [2]Nach Absatz 1 Nr. 1 gehören dazu der Grund und Boden, die Gebäude, die sonstigen Bestandteile und das Zubehör. [3]Zum Grundvermögen gehören ebenso das Erbbaurecht (vgl. Abschnitt 48) sowie das Wohnungseigentum und verwandte Rechte nach dem Wohnungseigentumsgesetz (vgl. Abschnitt 49). [4]Die Begriffe „Bestandteile" und „Zubehör" sind dem bürgerlichen Recht entnommen und daher nach bürgerlichem Recht auszulegen.

(2)[3)] [1]Ein Bauwerk ist als Gebäude anzusehen, wenn es Menschen oder Sachen durch räumliche Umschließung Schutz gegen äußere Einflüsse gewährt, den Aufenthalt von Menschen gestattet, fest mit dem Grund und Boden verbunden, von einiger Beständigkeit und ausreichend standfest ist (BFH-Urteil vom 24.5.1963, BStBl. III S. 376). [2]Zu den wesentlichen Bestandteilen des Gebäudes gehören die zu seiner Herstellung eingefügten Sachen (§ 94 Abs. 2 BGB). [3]Das „Einfügen zur Herstellung" bedeutet, daß eine Sache zwischen Teile eines Gebäudes gebracht und durch Einpassen an eine für sie bestimmte Stelle mit den sie umschließenden Stücken vereinigt und damit ihrer Zweckbestimmung zugeführt wird (BFH-Urteil vom 4.5.1962, BStBl. III S. 333). [4]Das sind z. B. Türen, Treppen, Fenster, eingebaute Möbel und Öfen, Badeeinrichtungen, Zentralheizungs-, Warmwasser- und Brennstoffversorgungsanlagen und Aufzüge, auch wenn sie nachträglich eingebaut worden sind. [5]In das Gebäude eingefügte Sachen, die Betriebsvorrichtungen sind, sind nach bürgerlichem Recht ebenfalls wesentliche Bestandteile des Gebäudes. [6]Bei der Einheitsbewertung des Grundvermögens sind sie aber auszuscheiden (vgl. Absatz 6). [7]Sachen, die nur zu einem vorübergehenden Zweck in das Gebäude eingefügt sind, gehören nach § 95

[1)] Zur Verfassungswidrigkeit der Vorschriften zur Einheitsbewertung für die Bemessung der Grundsteuer für Stichtage ab 1.1.2002 siehe BVerfG v. 10.4.2018 1 BvL 11/14, 1 BvL 12/14, 1 BvL 1/15, 1 BvR 639/11, 1 BvR 889/12, DStR 2018, 791. – Zur vorläufigen Einheitswertfeststellung und vorläufigen Festsetzung des Grundsteuermessbetrags nach Ergehen des BVerfG-Urteils v. 10.4.2018 siehe gleich lautende Ländererlasse v. 17.1.2019, BStBl. I 2019, 28. Zur Zurückweisung der wegen Zweifeln an der Verfassungsmäßigkeit der Einheitsbewertung des Grundvermögens eingelegten Einsprüche siehe AllgVfg. der Obersten Finanzbehörden der Länder v. 18.1.2019, BStBl. I 2019, 26, und v. 3.6.2019, BStBl. I 2019, 470. – Zur Korrektur eines Einheitswertbescheids nach Ablauf der Feststellungsfrist siehe BFH v. 11.11.2009 II R 14/08, BStBl. II 2010, 723. – Zur Bekanntgabe von Einheitswertbescheiden (und Bedarfswertbescheiden) in Fällen von Bruchteils- und Gesamthandsgemeinschaften siehe LfSt Rheinland-Pfalz v. 25.1.2017 – S 3106/S 3192 A – St 32 4.

[2)] Zur Vermögensart eines Grundstücks bei Mehrfachnutzung (Freizeit- und Erholungszwecke einerseits, Sportfischerei andererseits) vgl. BFH v. 17.1.2007 II B 43/06, BFH/NV 2007, 653. – Zur Einordnung einer massiven Zwischendecke im Teilbereich eines Logistikzentrums als Gebäudebestandteil siehe FG Thüringen v. 2.12.2004 II 1368/02, EFG 2005, 764 (Rev. unbegründet, BFH v. 11.7.2007 II R 15/05, n. v.).

[3)] Zur Abgrenzung bei einer sog. City-Toilette vgl. BFH v. 24.5.2007 II R 68/05, BStBl. II 2008, 12. – Zur Einstufung eines Kfz-Towers als Gebäude trotz Regalsystems ohne feste Böden vgl. BFH v. 9.7.2009 II R 7/08, BFH/NV 2009, 1609.

BGB nicht zu den Bestandteilen des Gebäudes (BFH-Urteil vom 22.10.1965, BStBl. 1966 III S. 5).

(3) [1] Außer den Gebäuden gehören zum Grundvermögen auch andere Bestandteile wie z. B. die Außenanlagen. [2] Dazu gehören insbesondere Platz- und Wegebefestigungen, Terrassen, Gartenanlagen, Umzäunungen sowie Leitungen und sonstige Anlagen außerhalb der Gebäude, welche der Versorgung und der Kanalisation dienen. [3] Auch subjektiv dingliche Rechte – d. s. Rechte, die mit dem Eigentum an einem Grundstück verbunden sind und seinem jeweiligen Eigentümer zustehen – gehören als rechtliche Bestandteile (§ 96 BGB) zum Grundvermögen. [4] Das sind in der Regel die Überbaurechte (§ 912 BGB) und die Grunddienstbarkeiten (§ 1018 BGB), z. B. Wegerechte, Fensterrechte.

(4) [1] Zubehör sind nach § 97 BGB bewegliche Sachen, die, ohne Bestandteile der Hauptsache zu sein, dem wirtschaftlichen Zweck der Hauptsache zu dienen bestimmt sind und zu ihr in einem Verhältnis wirtschaftlicher Unterordnung stehen. [2] Zubehör sind danach z. B. die dem Grundstückseigentümer gehörenden Treppenläufer, Beleuchtungskörper, Mülltonnen. [3] Auch vom Grundstückseigentümer mitvermietete oder den Mietern zur Verfügung gestellte Waschmaschinen, Kühlschränke, Herde, Öfen u. ä. sind Zubehör. [4] Zu beachten ist jedoch, daß eine Sache nicht Zubehör ist, wenn sie im Verkehr nicht als Zubehör angesehen wird.

(5)[1)] *[1] Nicht in das Grundvermögen einzubeziehen sind nach § 68 Abs. 2 Nr. 1 BewG die Mineralgewinnungsrechte, auch wenn sie als subjektiv dingliche Rechte Bestandteile des Grundstücks sind (vgl. hierzu § 100 BewG und Abschnitt 23 VStR 1963). [2] Damit scheiden für eine Bewertung als Grundvermögen auch die Vorkommen an Mineralien aus, die Gegenstand des Mineralgewinnungsrechts sind. [3] Das gleiche gilt für das Vorkommen von Mineralien, die der Eigentümer des Grundstücks auf Grund seines Eigentums abbauen kann. [4] Dieser Teil des Eigentumsrechts ist kraft ausdrücklicher Bestimmung des § 100 Abs. 2 BewG wie ein Mineralgewinnungsrecht selbständig zu bewerten.*

(6)[2)] [1] Nicht in das Grundvermögen einzubeziehen sind nach § 68 Abs. 2 Nr. 2 BewG Maschinen und sonstige Vorrichtungen aller Art, die zu einer Betriebsanlage gehören (Betriebsvorrichtungen), auch wenn sie wesentliche Bestandteile eines Gebäudes oder, ohne Bestandteil eines Gebäudes zu sein, Bestandteile des Grundstücks sind. [2] Solche Vorrichtungen sind aber nur dann Betriebsvorrichtungen, wenn mit ihnen unmittelbar ein Gewerbe betrieben wird (BFH-Urteil vom 14.8.1958, BStBl. III S. 400). [3] Zu beachten ist jedoch § 68 Abs. 2 letzter Satz BewG. [4] Danach rechnen Verstärkungen von Decken, die durch eine Betriebsvorrichtung bedingt sind, sowie Stützen und andere Bauteile, z. B. Mauervorlagen und Verstrebungen, die sowohl einer Betriebs-

---

[1)] Gem. § 68 Abs. 2 Nr. 1 BewG i. d. F. des G v. 9.11.1992 (BGBl. I S. 1853) sind die **Bodenschätze** vom Grundvermögen ausgenommen; Abschn. 1 Abs. 5 BewR Gr ist überholt.

[2)] Zur Abgrenzung des Grundvermögens von den Betriebsvorrichtungen vgl. gleich lautende Ländererlasse v. 5.6.2013, BStBl. I 2013, 734 (**Steuererlasse** Nr. **200** § 68/1) – Zur Einordnung einer Aufzugsanlage (hier: Bäckerei) als BVo siehe BFH v. 28.2.2013 III R 35/12, BStBl. II 2013, 606. – Zu einer Zuwegung zu einer Windenergieanlage als Betriebsvorrichtung siehe BFH v. 11.4.2019 IV R 3/17, BFH/NV 2019, 1076.

vorrichtung wie dem Gebäude dienen, immer zum Gebäude. [5]Es ist ohne Bedeutung, in welchem Umfang ein solcher Bauteil der Betriebsvorrichtung oder dem Gebäude dient.

2. Abgrenzung des Grundvermögens vom land- und forstwirtschaftlichen Vermögen (§ 69 BewG)

(1)[1)] [1]§ 68 Abs. 1 BewG enthält zusammen mit § 33 Abs. 1 BewG die allgemeine Regel für die Abgrenzung zwischen Grundvermögen und land- und forstwirtschaftlichem Vermögen; § 69 betrifft trotz seiner allgemein gehaltenen Überschrift nur Sonderfälle. [2]Nach § 33 Abs. 1 BewG gehört zum land- und forstwirtschaftlichen Vermögen, was einem Betrieb der Land- und Forstwirtschaft dauernd zu dienen bestimmt ist. [3]Nach § 68 Abs. 1 BewG setzt die Annahme von Grundvermögen voraus, daß es sich nicht um land- und forstwirtschaftliches Vermögen handelt. [4]Ob eine Fläche oder ein Gebäude zum Grundvermögen oder zum land- und forstwirtschaftlichen Vermögen gehört, ist demnach bei der Feststellung des Einheitswerts des Betriebs der Land- und Forstwirtschaft zu entscheiden.

(2) [1]Nach § 69 BewG gehören im Feststellungszeitpunkt noch land- und forstwirtschaftlich genutzte Flächen – abweichend von der grundsätzlichen Regelung in § 33 Abs. 1 und § 68 Abs. 1 BewG – unter bestimmten Voraussetzungen zum Grundvermögen. [2]In § 69 Abs. 1 und 2 BewG handelt es sich um Fälle, für die in Zukunft mit einer Verwendung der Flächen für andere als land- und forstwirtschaftliche Zwecke zu rechnen ist. [3]In § 69 Abs. 3 BewG handelt es sich darum, daß eine in einem rechtsverbindlichen Bebauungsplan als Bauland ausgewiesene Fläche unter näher bestimmten Voraussetzungen in jedem Fall als Grundvermögen zu bewerten ist. [4]Liegt eine im Feststellungszeitpunkt land- und forstwirtschaftlich genutzte Fläche im Gebiet eines Bebauungsplans (Plangebiet) und ist sie in diesem als Bauland ausgewiesen, so kann eine Zurechnung zum Grundvermögen nicht nur nach § 69 Abs. 3 BewG, sondern u. U. auch nach § 69 Abs. 1 oder 2 BewG in Betracht kommen. [5]Es empfiehlt sich in der Regel, zunächst zu prüfen, ob die Voraussetzungen des § 69 Abs. 3 BewG vorliegen.

(3)[2)] [1]Land- und forstwirtschaftlich genutzte Flächen werden nach § 69 Abs. 3 BewG in jedem Fall zum Grundvermögen gerechnet, wenn die folgenden Voraussetzungen sämtlich erfüllt sind:

1. Die Flächen müssen in einem rechtsverbindlichen Bebauungsplan *(§§ 8 ff. BBauG)*[3)] als Bauland ausgewiesen sein;
2. die sofortige Bebauung muß rechtlich und tatsächlich möglich sein;

[1)] Zur Abgrenzung des Grundvermögens vom land- und forstwirtschaftlichen Vermögen bei Grundstücken für Freizeit- und Erholungszwecke sowie Kleingärten siehe OFD Frankfurt/M. v. 23.10.2017 – S 3191 A – 006 – St 116, StEd 2017, 731.

[2)] *Kursiv* gesetzte Texte in Abschnitt 2 Abs. 3, 4 und 5 BewRGr kennzeichnen die nicht an den aktuellen Wortlaut des § 69 Abs. 2 angepassten Anweisungen über die Zuordnung von weinbaulich und gärtnerisch genutzten sowie gepachteten Flächen. Die Finanzverwaltung wendet die Vorschrift des § 69 Abs. 3 Satz 2 auch auf § 69 Abs. 1 und 2 BewG an.

[3)] Jetzt §§ 8 ff., § 14 sowie § 30 BauGB.

3. die Bebauung muß innerhalb des Plangebiets in einem benachbarten Bereich begonnen haben oder schon durchgeführt sein;
4. die Flächen dürfen nicht Hofstelle oder mit ihr in räumlichem Zusammenhang stehende *Hof-, Garten- und Weideflächen* sein;
5. *weinbaulich oder gärtnerisch genutzte Flächen dürfen nicht zu einem ihrem Eigentümer als Existenzgrundlage dienenden Betrieb gehören, bei dem der Weinbau oder der Gartenbau den Hauptzweck darstellt.*

[2] Hierzu ist noch folgendes zu bemerken:

Zu Nr. 2: [1] Ob eine sofortige Bebauung möglich ist, kann insbesondere von der Größe und dem Zuschnitt der Fläche abhängen. [2] So kann eine Fläche für jede (nicht etwa nur für eine geplante) Bebauung zu klein oder zu ungünstig geschnitten sein. [3] Auch die Bodenverhältnisse (z.B. Sumpf) können eine sofortige Bebauung ausschließen. [4] In rechtlicher Hinsicht ist vor allem entscheidend, ob die sofortige Bebauung nach öffentlich-rechtlichen Vorschriften zulässig ist. [5] Als Hinderungsgründe öffentlich-rechtlicher Art kommen insbesondere Veränderungssperren *(§ 14 BBauG),*[1] die Unzulässigkeit von Bauvorhaben (vor allem nach *§ 30 BBauG)*[1] und nicht sofort erfüllbare Vorschriften über die Bebauung in Betracht – letzteres z.B. in Fällen, in denen die Grundstücksfläche für die vorgeschriebene offene Bebauung zu klein ist.

(Fortsetzung S. 7)

---

[1] Jetzt §§ 8 ff., § 14 sowie § 30 BauGB.

Zu Nr. 3: [1]Ob in benachbarten Bereichen die Bebauung schon begonnen hat oder durchgeführt ist, ist allein auf das jeweilige Plangebiet abzustellen. [2]Die Bebauung von Flächen außerhalb des Plangebiets kommt selbst dann, wenn diese Flächen unmittelbar an das Plangebiet anschließen, nicht als Bebauung in einem benachbarten Bereich in Betracht. [3]Andererseits ist hierfür nicht zu fordern, daß die Bebauung in der nächsten Nachbarschaft der zu bewertenden Fläche begonnen hat. [4]Was als benachbarter Bereich anzusehen ist, richtet sich nach den örtlichen Verhältnissen. [5]Bei Baulücken in geschlossener Ortslage ist die geforderte Voraussetzung stets erfüllt.

Zu Nr. 4:[1)] [1]*Unter den im räumlichen Zusammenhang mit der Hofstelle stehenden Garten- und Weideflächen, die ebenso wie die Hofflächen nicht nach § 69 Abs. 3 BewG zum Grundvermögen gerechnet werden dürfen, sind der Hausgarten und die sog. Hofweide zu verstehen.* [2]*Nicht darunter fallen die zur gärtnerischen Nutzung gehörenden Flächen (abgesehen von Hausgärten über 10 Ar, welche nach § 40 Abs. 3 Satz 2 BewG zur gärtnerischen Nutzung gehören können) sowie Wiesen und nicht mehr als Hofweide anzusprechende Weideflächen.* [3]Der räumliche Zusammenhang mit der Hofstelle kann auch dann anerkannt werden, *wenn die Garten- oder Weideflächen* durch kleinere Straßen, durch Wege *oder durch kleinere Ackerflächen* von der Hofstelle getrennt sind.

Zu Nr. 5:[1)] [1]*Ob der Weinbau oder der Gartenbau den Hauptzweck eines Betriebs der Land- und Forstwirtschaft bildet, ist danach zu beurteilen, welche Nutzung (§ 34 Abs. 2 BewG) bei der Erzielung der Erträge im Vordergrund steht.* [2]*Im allgemeinen wird das die Nutzung sein, die auch wertmäßig überwiegt.* [3]*Eine weinbauliche oder gärtnerische Nutzung schließt aber eine Zurechnung zum Grundvermögen nach § 69 Abs. 3 BewG nur dann aus, wenn die Flächen im Eigentum des Betriebsinhabers stehen und der Betrieb die Existenzgrundlage des Betriebsinhabers bildet; zur Frage der Existenzgrundlage vgl. Absatz 5 zu Nr. 1.*

(4)[1)] [1]Nach § 69 Abs. 1 oder 2 BewG sind alle Fälle abzugrenzen, bei denen eines der folgenden Merkmale zutrifft:

1. Fehlen eines Bebauungsplanes;
2. Einstufung im Bebauungsplan nicht als Bauland, aber z. B. als Grünfläche oder als Verkehrsfläche;
3. fehlende Möglichkeit der sofortigen Bebauung;
4. noch keine im benachbarten Bereich begonnene oder durchgeführte Bebauung;
5. Hoffläche oder in räumlichem Zusammenhang dazu stehende *Garten- oder Weidefläche;*
6. *weinbauliche oder gärtnerische Nutzung, wenn sie Hauptzweck eines dem Eigentümer als Existenzgrundlage dienenden Betriebs ist.*

[2]In diesen Fällen ist daher die innerhalb bestimmter Zeit zu erwartende Verwendung für andere als für land- und forstwirtschaftliche Zwecke zu prüfen.

[3]Eine Abgrenzung nach § 69 Abs. 1 oder 2 BewG kann darüber hinaus in Betracht kommen, wenn dies zweckmäßiger ist als eine Abgrenzung nach

[1)] Vgl. FN zu Abschn. 2 Abs. 3 BewRGr.

§ 69 Abs. 3 BewG. [4]Das trifft beispielsweise zu, wenn das in einem Bebauungsplan als Bauland ausgewiesene Gelände mit Sicherheit schon in Kürze in unbebautem Zustand für gewerbliche Zwecke genutzt werden wird, auf der anderen Seite aber die Möglichkeit einer sofortigen Bebauung zweifelhaft oder mindestens schwer festzustellen ist.

(5) [1]Die Zurechnung der im Feststellungszeitpunkt land- und forstwirtschaftlich genutzten Flächen zum Grundvermögen nach § 69 Abs. 1 BewG setzt lediglich voraus, daß eine künftige Verwendung der Flächen für andere als land- und forstwirtschaftliche Zwecke anzunehmen ist und daß die Änderung der Nutzungsweise in absehbarer Zeit erwartet wird. [2]Für die Zurechnung zum Grundvermögen nach § 69 Abs. 2 BewG gelten dagegen strengere Voraussetzungen. [3]Hiernach muß eine große Wahrscheinlichkeit bestehen, daß die Flächen spätestens nach zwei Jahren anderen als land- und forstwirtschaftlichen Zwecken dienen werden. [4]§ 69 Abs. 2 BewG stellt als eine Spezialvorschrift gegenüber § 69 Abs. 1 BewG eine Anzahl zusätzlicher Tatbestandsmerkmale auf, die die im Feststellungszeitpunkt noch land- und forstwirtschaftlich genutzten Flächen aufweisen müssen:

1. Der Betrieb der Land- und Forstwirtschaft, zu dem die Flächen gehören, muß die Existenzgrundlage des Betriebsinhabers bilden;
2.[1] es muß sich *entweder* um Flächen im Eigentum des Betriebsinhabers *oder – nach § 69 Abs. 2 Satz 2 BewG – um Flächen handeln,* die vom Betriebsinhaber nicht nur vorübergehend mitbewirtschaftet werden;
3.[2] es muß eine ordnungsgemäße nachhaltige Bewirtschaftung von einer Stelle aus vorliegen.

[5]Diese Merkmale liegen bei den land- und forstwirtschaftlich genutzten Flächen meistens vor. [6]Deshalb ist zweckmäßig vor der Anwendung von § 69 Abs. 1 BewG zu prüfen, ob § 69 Abs. 2 BewG anzuwenden ist. [7]Zu den Merkmalen ist noch folgendes zu bemerken:

Zu Nr. 1: [1]Eine Existenzgrundlage im Sinne dieser Vorschrift liegt dann vor, wenn der Betrieb den Lebensbedarf des Betriebsinhabers überwiegend decken kann. [2]Dies kann auch bei Nebenerwerbsstellen der Fall sein, grundsätzlich dagegen nicht bei solchen Flächen, die nur zur Deckung des Eigenbedarfs bewirtschaftet werden. [3]Ebensowenig dient ein Betrieb der Existenzgrundlage, der aus Liebhaberei, um der Jagd willen oder als Versuchsbetrieb für den eigenen Gewerbebetrieb unterhalten wird. [4]Im Falle der Dauerpacht (vgl. zu Nr. 2) ist entscheidend, ob die Flächen die Existenzgrundlage des Pächters bilden. [5]Dabei sind dessen eigene Flächen und die Pachtflächen als eine Einheit anzusehen (§ 69 Abs. 2 Satz 2 BewG).

Zu Nr. 2:[1] [1]*Eine nicht nur vorübergehende Bewirtschaftung von Pachtflächen setzt nicht einen für längere Dauer geschlossenen Pachtvertrag oder ähnlichen Vertrag voraus.*

---

[1] Vgl. FN zu Abschn. 2 Abs. 3 BewRGr.

[2] Die bloße Verpachtung eines Grundstücks ist keine „ordnungsgemäße und nachhaltige" Bewirtschaftung, vgl. BFH v. 13. 8. 2003 II R 48/01, BStBl. II 2003, 908.

[2] Eine alljährliche Verlängerung des Pachtverhältnisses reicht aus. [3] Liegt danach eine dauernde Pacht vor, so ist eine nicht nur vorübergehende Bewirtschaftung auch dann noch anzuerkennen, wenn im Feststellungszeitpunkt wegen des bevorstehenden Baues einer Brückenauffahrt, einer Autobahn oder aus ähnlichen Gründen ein Ende der Pacht und Bewirtschaftung abzusehen ist. [4] Dagegen handelt es sich um eine nur vorübergehende Bewirtschaftung, wenn ein baldiges Ende des Pachtverhältnisses schon bei seiner Begründung abzusehen ist. [5] Im übrigen ist es für die Anwendung von § 69 Abs. 2 BewG ohne Bedeutung, ob der Betrieb des Pächters insgesamt oder nur teilweise aus Pachtland besteht.

Zu Nr. 3: [1] Mit der Bewirtschaftung von einer Stelle aus ist die Bewirtschaftung von einer Hofstelle aus oder – wenn bei einer Nutzungsart wie bei der forstwirtschaftlichen Nutzung die Bezeichnung „Hofstelle" nicht üblich ist – von einem entsprechenden Betriebszentrum aus gemeint. [2] Eine in größerer Entfernung liegende Fläche, die für Rechnung des Betriebsinhabers durch eine dritte Person bewirtschaftet wird, genießt daher nicht den Schutz des § 69 Abs. 2 BewG.

(6) [1] Die bei § 69 Abs. 2 BewG – ebenso wie bei § 69 Abs. 1 BewG – vorausgesetzte Erwartung einer künftigen Verwendung der Fläche für andere als land- und forstwirtschaftliche Zwecke kann sich auf viele Umstände gründen: Die Möglichkeit einer künftigen Verwendung als Bauland oder einen Erwerb zu Baulandpreisen, wenn die Fläche nicht als Ersatzland (z. B. bei Enteignungen) oder zur Abrundung eines Betriebs der Land- und Forstwirtschaft dienen soll; den Erwerb durch einen Nichtlandwirt, z. B. durch eine Grundstücksgesellschaft, ein Wohnungsunternehmen oder auch ein Industrieunternehmen, die die Fläche vorläufig noch in der land- und forstwirtschaftlichen Nutzung des Veräußerers belassen (RFH-Urteil vom 25. 7. 1940, RStBl. 1941 S. 277); Landverkäufe, die eine beginnende Parzellierung erkennen lassen; die Fläche wird für eine Brückenauffahrt benötigt; ein in Richtung auf die Fläche fortschreitender Straßenbau u. a. [2] Der Wille des Eigentümers, die Fläche weiterhin land- und forstwirtschaftlich zu nutzen, ist nicht von Bedeutung, wenn nach der Lage, den Verwertungsmöglichkeiten oder den sonstigen Umständen anzunehmen ist, daß sie anderen als land- und forstwirtschaftlichen Zwecken dienen wird (BFH-Urteil vom 28. 7. 1961, BStBl. III S. 420). [3] Bei § 69 Abs. 2 BewG genügt aber anders als bei § 69 Abs. 1 BewG nicht die Erwartung einer Nutzungsänderung in absehbarer Zeit. [4] Vielmehr wird hier eine große Wahrscheinlichkeit für eine solche Nutzungsänderung in spätestens zwei Jahren verlangt. [5] Diese strengeren Voraussetzungen sind beispielsweise erfüllt, wenn die Fläche schon vor dem Feststellungszeitpunkt für die Erweiterung eines Fabrikgrundstücks veräußert und dem Veräußerer nur noch eine Nutzung bis zur Einbringung der ersten Ernte nach dem Feststellungszeitpunkt zugestanden worden ist. [6] Die besonderen Voraussetzungen des § 69 Abs. 2 BewG sind aber z. B. nicht erfüllt, wenn es bei einem sich nähernden Straßenbau ungewiß ist, ob die Fläche schon innerhalb von zwei Jahren oder erst später in Anspruch genommen wird.

(7) Unter dem Begriff „absehbare Zeit" in § 69 Abs. 1 BewG ist in Übereinstimmung mit der bisherigen Rechtsprechung ein Zeitraum von 6 Jahren (normale Dauer des Hauptfeststellungszeitraums) zu verstehen, der jeweils vom Feststellungszeitpunkt an gerechnet wird.

(8)[1] Für die Abgrenzung der Flächen, die als Kleingartenland oder als Dauerkleingartenland genutzt werden, gilt folgendes:

1. [1]Kleingartenland sind Flächen, die der Kleingarten- und Kleinpachtlandordnung vom 31. Juli 1919 (RGBl. S. 1371) und den Vorschriften des Gesetzes zur Ergänzung der Kleingarten- und Kleinpachtlandordnung vom 26. Juni 1935 (RGBl. I S. 809) in der Fassung des Änderungsgesetzes vom 2. August 1940 (RGBl. I S. 1074) unterliegen. [2]Sind diese Flächen in einem Bebauungsplan als Bauland festgesetzt, so sind sie nach § 69 Abs. 3 BewG dann Grundvermögen, wenn ihre sofortige Bebauung möglich ist und die Bebauung innerhalb des Plangebiets in benachbarten Bereichen begonnen hat. [3]Treffen diese Voraussetzungen nicht zu, so sind die Flächen wegen des weitgehenden Pachtschutzes in der Regel als land- und forstwirtschaftliches Vermögen zu bewerten (RFH-Urteile vom 7. 12. 1939, RStBl. 1940 S. 9, und vom 4. 4. 1940, RStBl. S. 509, BFH-Urteil vom 10. 2. 1956, BStBl. III S. 78).
2. [1]Dauerkleingartenland sind Flächen, die einer Bebauung entzogen und für eine dauernde kleingärtnerische Nutzung bestimmt sind. [2]Sie sind also in jedem Fall als land- und forstwirtschaftliches Vermögen zu bewerten (RFH-Urteil vom 7. 12. 1939, RStBl. 1940 S. 9).

3. Abgrenzung des Grundvermögens vom Betriebsvermögen (§ 99 BewG)[2]

(1) [1]Die Abgrenzung zwischen Grundvermögen und dem zum Betriebsvermögen gehörenden Grundbesitz (Betriebsgrundstücke) ergibt sich aus § 68 Abs. 1 in Verbindung mit § 99 BewG. [2]Ob ein Grundstück Betriebsgrundstück ist und zu welchem gewerblichen Betrieb es gehört, ist bei der Feststellung des Einheitswerts des Grundstücks nach *§ 216 Abs. 1 Nr. 1 AO*[3] zu entscheiden (BFH-Urteil vom 24. 10. 1958, BStBl. 1959 III S. 2). [3]Ist im Einheitswertbescheid für das Grundstück eine Feststellung als Betriebsgrundstück unterlassen worden, so kann dies für die Zurechnung zum gewerblichen Betrieb unschädlich sein, wenn die wirtschaftliche Zugehörigkeit offensichtlich und auch unter den Beteiligten unstreitig ist (RFH-Urteil vom 19. 6. 1935, RStBl. S. 1121). [4]In derartigen Fällen sollte die Art des Grundstücks durch Ergänzungsbescheid nach *§ 216 Abs. 2 AO*[4] richtiggestellt werden.

(2)[5] [1]*Die Regelung in § 99 Abs. 2 Sätze 1 und 2 BewG gilt nur in den Fällen, in denen ein Grundstück, das losgelöst von dem gewerblichen Betrieb Grundvermögen wäre, im Eigentum einer einzelnen Person steht.* [2]*Gehört ein solches Grundstück mehreren Personen, von denen eine Person nicht gleichzeitig Mitinhaber des Gewerbebetriebs ist, so wird das ganze Grundstück dem Grundvermögen zugerechnet (§ 99 Abs. 2 Satz 3 BewG).* [3]*Gehört das Grundstück dagegen mehreren Personen, die alle*

[1] Vgl. jetzt §§ 1 und 3 Bundeskleingartengesetz (BKleingG) vom 28. 2. 1983, BGBl. I 1983, 210.

[2] Vgl. auch den Abgrenzungserlass v. 5. 6. 2013, BStBl. I 2013, 734. – Schwimmende Anlage ist bewertungsrechtlich kein Gebäude; vgl. BFH v. 26. 10. 2011 II R 27/10, BStBl. II 2012, 274.

[3] Jetzt § 19 Abs. 3 Nr. 1 Buchst. b BewG.

[4] Jetzt § 179 Abs. 3 AO.

[5] § 99 Abs. 2 aufgeh. durch ErbStRG 2009 mWv 1. 1. 2009.

an dem Gewerbebetrieb beteiligt sind, so ist das Grundstück stets ein Betriebsgrundstück. 4 Ohne Rücksicht auf die Regelung in § 99 Abs. 2 Sätze 1 bis 3 BewG ist ein Grundstück, das den in § 97 Abs. 1 BewG bezeichneten Körperschaften usw. gehört, stets ein Betriebsgrundstück (§ 99 Abs. 2 Satz 4 BewG); hierbei ist es gleichgültig, ob das Grundstück dem Betrieb der Körperschaft usw. dient oder nicht. 5 Dies gilt auch in den Fällen, in denen die Körperschaft usw. nur Miteigentümerin des Grundstücks ist, für deren Grundstücksanteil. 6 Dient das Grundstück dem Gewerbebetrieb einer aus der Gesamtheit der Grundstückseigentümer bestehenden Gesellschaft, so ist es in jedem Falle ein Betriebsgrundstück.[1] *7 Das gleiche gilt, wenn das Grundstück nur einer oder einigen an der Gesellschaft beteiligten Personen gehört, ohne daß nicht an der Gesellschaft beteiligte Personen Miteigentümer des Grundstücks sind.*

Beispiele:

A. A, B und C sind zu je 1/3 Miteigentümer eines Grundstücks. B betreibt als Einzelunternehmer auf diesem Grundstück einen Gewerbebetrieb. A und C sind nicht an dem Gewerbebetrieb beteiligt; sie haben ihren Grundstücksanteil an B verpachtet. Das Grund-stück gehört zum Grundvermögen, und zwar zu je 1/3 Anteil des Einheitswerts dem A, B und C.

B. A, B und OHG C (bestehend aus den Gesellschaftern X und Y) sind zu je 1/3 Miteigentümer eines Grundstücks. Die Anteile von A und B gehören zum Grundvermögen. Der Anteil der OHG C ist stets Betriebsvermögen, gleichgültig, ob das Grundstück dem Betrieb der OHG dient oder nicht.

C. A, B und C betreiben eine Offene Handelsgesellschaft auf einem Grundstück, das A und B zu je 1/2 gehört. Das Grundstück ist Betriebsvermögen der Offenen Handelsgesellschaft, weil es der Gesellschaft dient und im ausschließlichen Eigentum von Gesellschaftern steht.

D. A, B und C sind zu je 1/3 Miteigentümer eines Grundstücks. A und B betreiben auf diesem Grundstück eine Offene Handelsgesellschaft. Das Grundstück gehört nicht zum Betriebsvermögen der Offenen Handelsgesellschaft, sondern zum Grundvermögen des A, B und C zu je 1/3 des Einheitswerts; denn das Grundstück steht, obwohl es dem Betrieb der Gesellschaft dient, im Miteigentum von C, der an der Gesellschaft nicht beteiligt ist.

(3) Betriebsgrundstücke, die ohne ihre Zugehörigkeit zu einem Gewerbebetrieb zum Grundvermögen gehören würden, sind in derselben Weise wie Grundvermögen zu bewerten (§ 99 Abs. 3 BewG).

4. Grundstück (§ 70 BewG)

(1) 1 Die wirtschaftliche Einheit des Grundvermögens ist das Grundstück. 2 Der Begriff „Grundstück" ist dabei nicht gleichbedeutend mit dem Begriff des Grundstücks im Sinne des bürgerlichen Rechts. 3 Maßgebend ist nach § 2 BewG allein, was als wirtschaftliche Einheit nach den Anschauungen des Verkehrs anzusehen ist.[2] 4 Dabei ist zu beachten, daß sich die Verkehrsanschauung mit der wirtschaftlichen Entwicklung weiterentwickelt. 5 Zu einer Wohnung gehört oft eine räumlich von ihr getrennt liegende Garage. 6 Das die Wohnung enthaltende Gebäude und die Garage sind als ein Grundstück zu bewerten,

---

1) Zur Behandlung eines Grundstücks, das zu mehr als 50% seines Wertes dem Betrieb einer Rechtsanwaltssozietät dient und zum Gesamthandsvermögen einer vermögensverwaltenden GbR aus Sozien und ihren Ehefrauen gehört, vgl. BFH v. 18. 5. 1995 IV R 127/92, BStBl. II 1996, 126.

2) Zur wirtschaftlichen Einheit bei getrennter Veräußerbarkeit von Grundstücken vgl. BFH v. 2. 9. 2004 II B 105/03, BFH/NV 2005, 164. – Zur Behandlung von Windkraftanlagen als wirtschaftliche Einheit iSd § 2 Abs. 1 BewG vgl. BFH v. 25. 1. 2012 II R 25/10, BStBl. II 2012, 403.

wenn die räumliche Trennung nicht zu groß ist, so daß die Verkehrsanschauung beide als eine wirtschaftliche Einheit ansieht.

(2) 1 Nach § 2 Abs. 2 BewG darf, abgesehen von § 26 BewG, zu einer wirtschaftlichen Einheit nur Grundbesitz zusammengefaßt werden, der demselben Eigentümer gehört. 2 Flächen, die im Eigentum eines Eigentümers stehen, und Flächen, die ihm und anderen Personen gemeinsam – gesamthänderisch oder nach Bruchteilen – gehören, können daher grundsätzlich nicht eine wirtschaftliche Einheit bilden. 3 Der Grundsatz des § 2 Abs. 2 BewG wird jedoch durch § 70 Abs. 2 BewG durchbrochen. 4 Bei Umlegungen, aber auch in anderen Fällen, wird für gemeinschaftliche Hofräume, Einstellplätze, Garagen, Zuwege und sonstiges gemeinschaftliches Eigentum, das den Zwecken der im Alleineigentum der einzelnen beteiligten Personen stehenden Hauptgrundstücke untergeordnet ist, manchmal die Rechtsform des Miteigentums gewählt. 5 In derartigen Fällen sind die gemeinschaftlichen, wirtschaftlich zugleich mehreren Hauptgrundstücken untergeordneten Flächen, Gebäude usw. abweichend von § 2 Abs. 2 BewG nicht als besondere wirtschaftliche Einheiten anzusehen; der Miteigentumsanteil oder ein sich aus der Beteiligung an der Gesamthand ergebender Anteil ist nach § 70 Abs. 2 BewG in die wirtschaftliche Einheit des Hauptgrundstücks einzubeziehen. 6 § 70 Abs. 2 BewG ist entsprechend anzuwenden, wenn die Hauptgrundstücke, die verschiedene wirtschaftliche Einheiten bilden, und die diesen untergeordneten Flächen, Gebäude usw. demselben Eigentümer gehören (z. B. ein Waschhaus für eine aus mehreren Einheiten bestehende Wohnhausgruppe einer Wohnungsgesellschaft).

(3) 1 Ein Gebäude, das auf fremdem Grund und Boden errichtet ist, gilt als Grundstück im Sinne des Bewertungsgesetzes, also als selbständige wirtschaftliche Einheit des Grundvermögens. 2 Dabei ist es unerheblich, ob es wesentlicher Bestandteil des Grund und Bodens geworden (§ 94 BGB) oder nur zu einem vorübergehenden Zweck mit ihm verbunden ist (§ 95 BGB). 3 Auf fremdem Grund und Boden ist ein Gebäude errichtet, wenn es einem anderen als dem Eigentümer des Grund und Bodens gehört. 4 Für die steuerliche Zurechnung ist in der Regel nach *§ 11 Ziff. 4 StAnpG*[1)] entscheidend, wer Eigenbesitzer des Gebäudes ist (BFH-Urteil vom 30. 4. 1954, BStBl. III S. 194). 5 Eigenbesitzer ist, wer den Besitz so ausübt, als stehe ihm die alleinige Herrschaftsgewalt zu. 6 Dies ist z. B. der Fall, wenn der Pächter eines unbebauten Grundstücks berechtigt ist, Einbauten und Umbauten an dem von ihm errichteten Gebäude ohne Genehmigung des Verpächters durchzuführen oder das Gebäude vor oder bei Ablauf der Pachtzeit abzureißen (RFH-Urteil vom 30. 11. 1933, RStBl. 1934 S. 166). 7 Allerdings kann aus dem Umstand, daß nach dem Pachtvertrag das Gebäude bei Ablauf der Pachtzeit nicht entfernt werden darf, nicht ohne weiteres geschlossen werden, daß wirtschaftliches Eigentum des Pächters nicht vorliegt. 8 Maßgebend sind die Vertragsgestaltung und der Wille der Parteien. 9 Dabei können von Bedeutung sein die Vertragsdauer, die Vereinbarungen über den Pachtzins (Mietzins) und die Frage, wer die technische und wirtschaftliche Abnutzung des Gebäudes sowie das Risiko des zufälligen Untergangs zu tragen hat. 10 Beschränkt sich der Pachtzins (Miet-

---

1) Jetzt § 39 Abs. 2 Nr. 1 AO.

zins) auf den Grund und Boden oder unterschreitet er im Hinblick auf das entschädigungslose Überlassen des Gebäudes den normalen Bodenzinssatz, so kann Eigenbesitz des Pächters (Mieters) anzunehmen sein. 11 Die schuldrechtliche Forderung des Verpächters auf das entschädigungslose Überlassen des Gebäudes muß ggf. beim Betriebsvermögen oder sonstigen Vermögen erfaßt werden (RFH-Urteil vom 30. 3. 1944, RStBl. S. 507). 12 Erstreckt sich der Pachtzins (Mietzins) dagegen auch auf das Gebäude, so wird wirtschaftliches Eigentum des Pächters (Mieters) nicht vorliegen. 13 Der Pachtzins (Mietzins) erstreckt sich auch dann auf das Gebäude, wenn die vom Pächter (Mieter) aufgewendeten Baukosten als Baukostenzuschuß anzusehen sind. 14 In besonderen Fällen kann ein Gebäude auch einem anderen als dem zugerechnet werden, der es errichtet hat. 15 Das wird dann der Fall sein, wenn zwischen dem Erbauer des Gebäudes und einem Dritten ein Rechtsverhältnis besteht, das unter *§ 11 Ziff. 3 StAnpG*[1] fällt (BFH-Urteil vom 19. 9. 1958, BStBl. III S. 440). 16 Wegen der Bewertung vgl. Abschnitt 50.

5. Gebäude und Gebäudeteile für den *Bevölkerungsschutz*[2] (§ 71 BewG)

(1) 1 Die §§ 8 und 12 des Schutzbaugesetzes vom 9. September 1965 (BGBl. I S. 1232, BStBl. I S. 543)[3] gelten erst vom 16. September 1965 an. 2 Für die Hauptfeststellung auf den 1. Januar 1964 ist deshalb nur § 71 BewG anzuwenden.

(2) 1 Die Gebäude, Gebäudeteile und Anlagen, die bei der Bewertung außer Betracht bleiben, müssen wegen der begünstigten Zwecke geschaffen sein. 2 Sie müssen den Anforderungen nach § 3 des Schutzbaugesetzes genügen. 3 Die Gebäude oder Gebäudeteile dürfen ferner im Frieden nicht für andere Zwecke benutzt werden. 4 Eine nur gelegentliche oder geringfügige Benutzung ist indessen unbeachtlich. 5 Eine nur gelegentliche Nutzung liegt z.B. vor, wenn in einem für die begünstigten Zwecke geschaffenen Raum von Zeit zu Zeit Veranstaltungen abgehalten werden, zu deren Durchführung der Raum nicht besonders hergerichtet zu werden braucht. 6 Werden in einem Keller lediglich Gartengeräte abgestellt, so handelt es sich um eine geringfügige Nutzung.

(3) 1 Bei einem nach dem Ertragswertverfahren zu bewertenden Grundstück muß die auf begünstigte Gebäude oder Gebäudeteile und ggf. auch auf Einrichtungsgegenstände entfallende Miete aus der Jahresrohmiete ausgeschieden werden. 2 Im Sachwertverfahren bleibt der auf begünstigte Räume entfallende umbaute Raum außer Ansatz.

---

[1] Jetzt § 39 Abs. 2 Nr. 1 Satz 2 AO.

[2] Nunmehr „Zivilschutz", vgl. § 71 BewG i.d.F. des G v. 20.12. 2001, BGBl. I 2001, 3794.

[3] Aufgehoben durch Zivilschutzneuordnungsgesetz v. 25. 3. 1997, BGBl. I 1997, 726 (jetzt Zivilschutz- und Katastrophenhilfegesetz) mit Ausnahme der §§ 7 und 12 Abs. 3. – Zur ErbSt vgl. § 197 BewG, zur GrESt vgl. § 150 BewG.

B. Unbebaute Grundstücke

6. Begriff des unbebauten Grundstücks (§ 72 Abs. 1 BewG)

(1) [1]Unbebaute Grundstücke sind Grundstücke, auf denen sich keine benutzbaren (bezugsfertigen) Gebäude befinden. [2]Flächen, die zu einem im Erbbaurecht bezugsfertig errichteten Gebäude oder zu einem bezugsfertigen Gebäude auf fremdem Grund und Boden gehören, gelten mit Rücksicht auf die vorhandenen Gebäude nicht als unbebaute Grundstücke (§ 92 Abs. 1, § 94 Abs. 1 BewG).

(2)[1)] [1]Die Entscheidung, ob ein Gebäude bezugsfertig ist, ist auf das ganze Gebäude und nicht auf einzelne Wohnungen oder Räume abzustellen. [2]Sind z.B. die Wohnungen im Erdgeschoß bereits vor einem Feststellungszeitpunkt, die übrigen Wohnungen jedoch erst danach bezugsfertig geworden, so ist das Gebäude erst zu dem darauffolgenden Feststellungszeitpunkt bezugsfertig. [3]Bis dahin ist das Grundstück noch als unbebautes Grundstück zu bewerten. [4]Wird dagegen ein Gebäude in Bauabschnitten errichtet, so gilt jeder in einem beendeten Bauabschnitt errichtete Teil des Gebäudes als ein bezugsfertiges Gebäude (§ 74 BewG). [5]Ein Gebäude wird z.B. dann in Bauabschnitten errichtet, wenn wegen der Schwierigkeiten der Kreditbeschaffung von einem mehrstöckigen Gebäude zunächst nur das Erdgeschoß fertiggestellt wird. [6]Werden dagegen die Bauarbeiten unterbrochen, weil eine Fortführung vorübergehend technisch nicht möglich ist (z.B. wegen einer Frostperiode), so schließt die Unterbrechung nicht einen Bauabschnitt ab.

(3) [1]Die Bezugsfertigkeit ist davon abhängig, ob den zukünftigen Bewohnern oder Benutzern zugemutet werden kann, die Wohnungen oder Räume zu benutzen. [2]Es kommt also nicht darauf an, wann die Wohnungen oder Räume tatsächlich bezogen werden. [3]Auch der Zeitpunkt der Abnahme durch die Bauaufsichtsbehörde ist nicht entscheidend. [4]Bei der Entscheidung, wann im einzelnen Falle eine Benutzung zumutbar ist, sind die sich ändernden Zeitumstände zu berücksichtigen (Urteil des OVG Lüneburg vom 21. 1. 1956, Bundesbaubl. 1957 S. 13). [5]Nach den heutigen Wohngewohnheiten ist die Zumutbarkeit nach strengen Maßstäben zu messen. [6]Mitunter werden Wohnungen oder Räume bereits bezogen, obwohl noch wesentliche Bauarbeiten (z.B. die Herstellung von Fußböden in einzelnen Zimmern) verrichtet werden müssen. [7]In diesen Fällen ist das Gebäude trotz seiner Benutzung in der Regel noch nicht bezugsfertig. [8]Andererseits kommt es vor, daß die zukünftigen Bewohner das Beziehen hinausschieben, obwohl nur noch geringfügige Restarbeiten auszuführen sind. [9]Das Gebäude ist dann, auch wenn die zukünftigen Bewohner es noch nicht benutzen, als bezugsfertig anzusehen.

---

1) Zur Bezugsfertigkeit eines zur Vermietung vorgesehenen Bürogebäudes vgl. BFH v. 18. 4. 2012 II R 58/10, BStBl. II 2012, 874, sowie v. 25. 4. 2013 II R 44/11, BFH/NV 2013, 1544.

7. Wertermittlung bei unbebauten Grundstücken (§ 9 BewG)

(1)[1] [1]Für unbebaute Grundstücke ist das Verfahren, in dem der als Einheitswert festzustellende gemeine Wert (§ 9 Abs. 1 BewG) zu ermitteln ist, im Gesetz nicht besonders geregelt. [2]In § 9 Abs. 2 und 3 BewG sind le-

(Fortsetzung S. 15)

---

[1] Zum „innerlandwirtschaftlichen Verkehrswert" von Golfplätzen vgl. BFH v. 20. 10. 2004 II R 34/02, BStBl. II 2005, 256.

diglich allgemeine Bewertungsgrundsätze aufgestellt, die bei seiner Ermittlung zu beachten sind.

(2) [1]Der Wert unbebauter Grundstücke umfaßt den Wert des Grund und Bodens (Bodenwert) und den Wert der Außenanlagen. [2]Bei der Ermittlung der Bodenwerte ist im allgemeinen von durchschnittlichen Werten auszugehen, die sich für ein Gebiet, eine Straße oder einen Straßenabschnitt ohne Beachtung der Grundstücksgrenzen und ohne Rücksicht auf die besonderen Eigenschaften der einzelnen Grundstücke je Quadratmeter ergeben. [3]Aus den durchschnittlichen Werten sind die Bodenwerte der Grundstücke abzuleiten, indem im Einzelfall die Größe des Grundstücks sowie seine Besonderheiten und seine Abweichungen gegenüber den durchschnittlichen Verhältnissen berücksichtigt werden. [4]Als Besonderheiten und Abweichungen kommen vor allem der Anteil des Vorderlandes und des Hinterlandes (vgl. Abschnitt 8 Abs. 2), die besondere Lage, z.B. die Ecklage (vgl. Abschnitt 9), sowie die Größe, der Zuschnitt, die Oberflächenbeschaffenheit und der Baugrund (vgl. Abschnitt 10) in Betracht.

(3) [1]Durch die Erschließung *(§§ 123ff. BBauG)*[1] wird der Wert des Grundstücks erhöht. [2]Die Erschließung ist jedoch regelmäßig kein werterhöhendes Merkmal des einzelnen Grundstücks, sondern werterhöhendes Merkmal sämtlicher Grundstücke an einer Straße oder in einer Gegend. [3]Sie wird daher bereits im durchschnittlichen Wert berücksichtigt. [4]Die Werterhöhung tritt ein, wenn die Erschließungsanlagen ganz oder in einem Bauabschnitt endgültig hergestellt sind. [5]Es ist für den Wert des Grundstücks ohne Bedeutung, ob die Gemeinde Erschließungsbeiträge bereits angefordert hat oder ob sie Vorauszahlungen *(§ 133 Abs. 3 BBauG)*[1] verlangt hat; ebenso ist es ohne Bedeutung, ob der Eigentümer des Grundstücks vor Abschluß der Erschließung Vorauszahlungen geleistet hat. [6]Hierdurch können u. U. Forderungen oder Schulden begründet sein.

(4) Für die Ermittlung des Werts der Außenanlagen gilt Abschnitt 45 sinngemäß.

8. Getrennte Wertermittlung für Vorderland und Hinterland

(1) [1]Bei der Ermittlung des Bodenwerts ist eine Grundstücksfläche nur dann in Vorderland und Hinterland aufzuteilen, wenn dies auch zuvor bei der Ermittlung des durchschnittlichen Werts geschehen ist. [2]Bezieht sich der durchschnittliche Wert dagegen auf die Gesamtfläche, z.B. in der Regel bei Rohbauland, Industrieland, Verkehrsflächen und bei Grünflächen, unterbleibt die Aufteilung.

(2) [1]Ist die Grundstücksfläche in Vorderland und Hinterland aufzuteilen, so ist sie nach ihrer Tiefe in Zonen zu gliedern, deren Abgrenzung sich nach den örtlichen Verhältnissen richtet. [2]Gelten keine örtlichen Besonderheiten, so kann dabei im allgemeinen von folgendem ausgegangen werden:

---

[1] Jetzt §§ 123ff. bzw. § 133 Abs. 3 BauGB.

3 Die Fläche bis 40 m Tiefe ist Vorderland (Zone I),
die Fläche über 40 m bis 80 m Tiefe ist Hinterland (Zone II),
die Fläche über 80 m Tiefe, soweit sie baulich ausnutzbar ist, ist Hinterland (Zone III a),
die Fläche über 80 m Tiefe, soweit sie baulich nicht ausnutzbar ist, ist Hinterland (Zone III b).

4 Die Wertansätze für das Hinterland betragen dann in der Regel in

Zone II etwa die Hälfte des Werts des Vorderlandes,
Zone III a etwa ein Viertel des Werts des Vorderlandes,
Zone III b weniger als ein Viertel des Werts des Vorderlandes.

(3) Ist die Grundstücksfläche so geschnitten, daß eine Aufteilung der Gesamtfläche in Vorderland und Hinterland nach den vorstehenden Grundsätzen nicht ohne weiteres möglich ist, so sind die auf Vorderland und Hinterland entfallenden Flächenanteile zu schätzen.

9. Wertermittlung bei Eckgrundstücken

(1) Bei Eckgrundstücken ist in der Regel von dem höheren der Werte auszugehen, die für die begrenzenden Straßen gelten.

(2) 1 Eckgrundstücke können wertvoller, aber auch geringwertiger als Reihengrundstücke sein. 2 Ein höherer Wert ist in erster Linie durch die größere bauliche Ausnutzbarkeit der Eckgrundstücke begründet. 3 Bei Eckgrundstücken an Geschäftsstraßen wirkt außerdem eine höhere Ertragsfähigkeit werterhöhend (z. B. durch Eckläden).

(3) 1 Eckgrundstücke an Geschäftsstraßen haben infolge der bevorzugten Geschäftslage und der entsprechend höheren Ertragsfähigkeit einen wesentlich höheren Wert als andere Grundstücke der Geschäftsstraßen. 2 Dieser höhere Wert ist dadurch bedingt, daß gegenüber den Mehrerträgen, die infolge der bevorzugten Geschäftslage zu erwarten sind, die Bewirtschaftungskosten nicht in demselben Ausmaß steigen.

(4) 1 Eckgrundstücke am Schnittpunkt von Wohnstraßen haben gegenüber Reihengrundstücken nur dann einen höheren Wert, wenn auf ihnen ein Gebäude mit gewerblich genutzten Räumen (vor allem mit Eckläden oder einer Gastwirtschaft) errichtet werden kann. 2 Sind sie dagegen nur durch eine größere bauliche Ausnutzbarkeit bevorzugt, so ist ein höherer Wert im allgemeinen nicht anzunehmen, weil dieser Vorteil durch die erhöhten Bewirtschaftungskosten aufgehoben wird.

(5) 1 Bei Eckgrundstücken an Straßen, die für eine offene Bauweise oder für die Errichtung von Einfamilienhäusern und Zweifamilienhäusern vorgesehen sind, bedingt die Ecklage keinen Vorteil für das Grundstück. 2 Der Wert solcher Eckgrundstücke kann im Einzelfall sogar geringer sein als der Wert der Reihengrundstücke.

(6) 1 Ein höherer Wert auf Grund der Ecklage ist nur durch einen Zuschlag zu dem Wert des „engeren Eckgrundstücks" zu berücksichtigen. 2 Der Zuschlag ist nach einem Vomhundertsatz des durchschnittlichen

Werts für die wertvollere Straße zu bemessen. 3Die ortsübliche Vorderlandtiefe bestimmt an beiden Straßenfronten, von der Ecke aus gerechnet, die Abmessungen des „engeren Eckgrundstücks". 4Dabei dürfen als Straßenfront höchstens je 30 m angesetzt werden. 5Alle über diese Abmessungen hinausgehenden Grundstücksteile sind wie Grundstücke mit nur einer Straßenfront zu bewerten. 6Als Anhalt für die Zuschläge können folgende Rahmensätze dienen:

am Schnittpunkt von Wohnstraßen	5 bis 10 v. H.,
am Schnittpunkt einer Geschäftsstraße mit einer Wohnstraße	15 bis 25 v. H.,
am Schnittpunkt zweier Geschäftsstraßen	25 bis 45 v. H.

7Die unteren Rahmensätze sind anzuwenden, wenn der durchschnittliche Wert für die weniger wertvolle Straße erheblich geringer als der Wert für die wertvollere Straße ist oder wenn es sich um eine weniger bevorzugte Geschäftslage handelt. 8Die oberen Rahmensätze sind anzuwenden, wenn die durchschnittlichen Werte für die Straßen annähernd gleich sind und wenn es sich um eine besonders gute Geschäftslage handelt.

Beispiel:

Ein Eckgrundstück liegt an zwei Geschäftsstraßen mit einer besonders guten Geschäftslage. Die durchschnittlichen Werte für die Straßen sind 100 DM und 90 DM. Die ortsübliche Vorderlandtiefe beträgt 25 m. Zum Wert des „engeren Eckgrundstücks" ($25 \text{ m} \times 25 \text{ m} = 625 \text{ m}^2$) ist ein Zuschlag, der an der oberen Grenze der Rahmensätze liegt, von 45 v. H. = 45 DM zu machen. Der Wert des „engeren Eckgrundstücks" beträgt dann 145 DM/m^2.

(7) 1Spitzwinklige Eckgrundstücke haben einen geringeren Wert als rechtwinklige Eckgrundstücke, wenn sie von einer Wohnstraße oder von zwei Wohnstraßen begrenzt werden. 2Werden sie dagegen von zwei Geschäftsstraßen begrenzt, so hebt der Vorteil, daß die Gebäude größere Schaufensterfronten haben können, in der Regel die Nachteile einer ungünstigen Grundrißgestaltung und einer geringeren Nutzfläche auf.

(8) 1Gehen die Abmessungen des gesamten Grundstücks an beiden Straßenfronten über das „engere Eckgrundstück" hinaus, ist die restliche Fläche von den beiden Straßenfronten aus in zwei Teilflächen aufzuteilen. 2Für jede der beiden Teilflächen ist zunächst die Größe des Vorderlandes zu berechnen. 3Das verbleibende Hinterland ist anteilig den beiden Teilflächen zuzurechnen. 4Die Zurechnung eines Anteils zum „engeren Eckgrundstück" unterbleibt, weil dieses nur aus Vorderland besteht.

Beispiel:

Ein Eckgrundstück liegt am Schnittpunkt zweier Geschäftsstraßen, deren Geschäftslage unterschiedlich ist. Es hat Abmessungen von 60 m und 40 m. Die durchschnittlichen Werte für die beiden Straßen betragen 120 DM und 60 DM. Die Vorderlandtiefe beträgt 30 m. Zum Wert für das „engere Eckgrundstück" ($30 \text{ m} \times 30 \text{ m} = 900 \text{ m}^2$) ist ein Zuschlag von 25 v. H. = 30 DM zu machen. Der Wert für das „engere Eckgrundstück" beträgt danach 150 DM/m^2.

Für die Ermittlung des Bodenwerts ist das Grundstück in drei Teilgrundstücke zu zerlegen, für die die Werte getrennt zu berechnen sind. Die Summe dieser drei Werte ergibt dann den Bodenwert des Grundstücks.

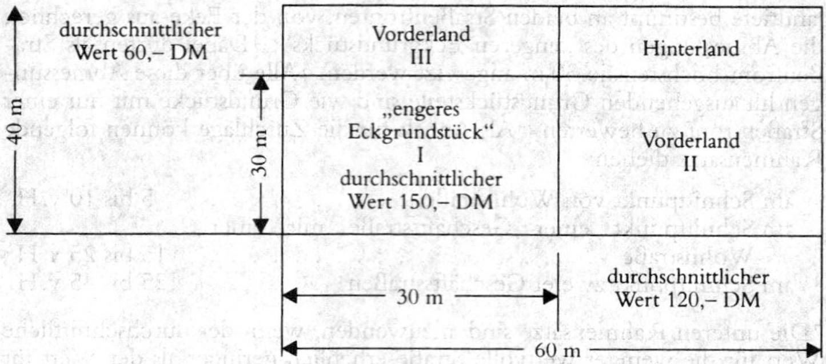

Teilgrundstück I

Das „engere Eckgrundstück" besteht nur aus Vorderland. Seine Größe beträgt 30 m × 30 m = 900 m².

Teilgrundstück II

Das Grundstück hat an der wertvolleren Straße eine Straßenfront von 60 m. Davon entfallen auf das „engere Eckgrundstück" 30 m, so daß noch eine Straßenfront von 30 m für das Teilgrundstück II verbleibt. Die Größe des Vorderlandes dieses Teilgrundstücks beträgt dann 30 m × 30 m = 900 m².

Teilgrundstück III

Das Grundstück hat an der weniger wertvollen Straße eine Straßenfront von 40 m. Davon entfallen auf das „engere Eckgrundstück" 30 m, so daß noch eine Straßenfront von 10 m für das Teilgrundstück III verbleibt. Die Größe des Vorderlandes dieses Teilgrundstücks beträgt dann 10 m × 30 m = 300 m².

Das verbleibende Hinterland von 300 m² (2400 m² Gesamtgröße – 900 m² Teilgrundstück I – 900 m² Teilgrundstück II – 300 m² Teilgrundstück III = 300 m²) ist auf die Teilgrundstücke II und III entsprechend dem Verhältnis der Vorderlandgröße dieser Teilgrundstücke zu verteilen. Von dem Vorderland beider Teilgrundstücke (900 m² + 300 m² = 1200 m²) entfallen auf Teilgrundstück II

$$\frac{900 \times 100}{1200} = 75 \text{ v. H.}$$

auf Teilgrundstück III

$$\frac{300 \times 100}{1200} = 25 \text{ v. H.}$$

Es sind also 75 v. H. von 300 m² Hinterland = 225 m² dem Teilgrundstück II und 25 v. H. von 300 m² Hinterland = 75 m² dem Teilgrundstück III zuzurechnen.
Die Einzelwerte sind wie folgt zu berechnen:

Teilgrundstück I

900 (m² Vorderland) × 150 DM . . . . 135 000 DM

Teilgrundstück II

900 (m² Vorderland) + $\frac{225}{2}$ (m² Hinterland) × 120 DM . . . . 121 500 DM

Teilgrundstück III

300 (m² Vorderland) + $\frac{75}{2}$ (m² Hinterland) × 60 DM . . . . 20 250 DM

Gesamtwert des Eckgrundstücks . . . . 276 750 DM

10. Sonstige Besonderheiten bei der Wertermittlung

(1) 1 Die Größe und der Zuschnitt eines Grundstücks sind für seine Ausnutzbarkeit wesentlich. 2 Der Umstand, daß ein Grundstück zu klein oder zu groß ist, mindert seinen Wert gegenüber dem Wert der in der betreffenden Gegend liegenden Grundstücke mit üblicher Größe. 3 Schmale und tiefgeschnittene Grundstücke haben meist einen geringeren Wert. 4 Ein gut geschnittenes Grundstück wird den unregelmäßig geschnittenen Grundstücken vorgezogen werden. 5 Die Verwendbarkeit eines tiefgeschnittenen Grundstücks, insbesondere seines Hinterlandes, für gewerbliche Zwecke erhöht seinen Wert. 6 Andererseits wird Hinterland, das weder baulich noch gewerblich, sondern nur als Gartenland nutzbar ist, u. U. nur mit dem Wert von gärtnerisch genutztem Land anzusetzen sein.

(2) 1 Die Oberflächenbeschaffenheit und der Baugrund (vgl. Abschnitt 35 Abs. 3) wirken sich nur dann auf den Bodenwert aus, wenn die besondere Beschaffenheit des Grund und Bodens, die z. B. eine außergewöhnliche Gründung erfordert, nur einzelne Grundstücke betrifft. 2 Werden im Vergleich zum Bodenwert erhebliche Kosten erforderlich, um das Grundstück baureif zu machen, so mindert dieser Umstand den Bodenwert. 3 Das kann auch für Trümmergrundstücke in Betracht kommen. 4 Die Höhe des Abschlags bestimmt sich nach den Umständen des Einzelfalls.

(3) 1 Die Lage eines Grundstücks kann sich auf den Bodenwert auswirken. 2 Wegen weiterer Einzelheiten vgl. Abschnitt 35 Abs. 3.

(4) 1 Ist der Eigentümer in der Nutzung seines Grundstücks wesentlich beschränkt, insbesondere zugunsten des Eigentümers eines anderen Grundstücks, z. B. durch eine Grunddienstbarkeit (§ 1018 BGB), so wird hierdurch der Bodenwert gegenüber dem Wert der Nachbargrundstücke gemindert. 2 Die Höhe des Abschlags bestimmt sich nach den Umständen des Einzelfalles. 3 Der Wert des berechtigten Grundstücks ist im allgemeinen entsprechend zu erhöhen.

(5) 1 Ist Kleingartenland als Grundvermögen zu bewerten (vgl. Abschnitt 2 Abs. 8), so sind im Hinblick auf die erheblichen Beschränkungen, denen das Kleingartenland unterliegt, von den sich aus den durchschnittlichen Werten ergebenden Werten die Beträge abzuziehen, die im allgemeinen als Räumungsentschädigung zu zahlen sind. 2 Ferner ist ein Betrag in Höhe von 20 v. H. zur Abgeltung der übrigen Beschränkungen zu berücksichtigen. 3 Der sich nach Abzug dieser Beträge ergebende Wert ist der Bodenwert.

11. Grundstücke mit Gebäuden von untergeordneter Bedeutung (§ 72 Abs. 2 und § 9 BewG)

(1) 1 Grundstücke mit Gebäuden von untergeordneter Bedeutung gelten nach § 72 Abs. 2 BewG auch dann, wenn die Gebäude benutzbar sind, als unbebaute Grundstücke. 2 Ein solcher Fall liegt z. B. dann vor, wenn auf einem größeren Grundstück ein geringwertiges Wochenendhaus errichtet ist oder auf einem wertvollen Grundstück, das für ein Geschäftshaus geeignet ist, Kioske oder Baracken stehen oder auf einem Zeltplatz die Gebäude von geringem Umfang und Wert sind.

(2) Handelt es sich jedoch um Gebäude mit einigem Wert auf einem größeren Grundstück, so kann das Gebäude zwar nach seiner Zweckbestimmung angesichts der Größe des Grundstücks von untergeordneter Bedeutung sein, der Wert der Gebäude steht aber einer Bewertung als unbebautes Grundstück entgegen.

12. Grundstücke mit zerstörten oder dem Verfall preisgegebenen Gebäuden (§ 72 Abs. 3 und § 9 BewG)

(1) [1]Sind auf dem Grundstück keine auf die Dauer benutzbaren Räume vorhanden, weil die Gebäude zerstört oder dem Verfall preisgegeben worden sind, so ist das Grundstück nach § 72 Abs. 3 BewG als unbebautes Grundstück zu bewerten. [2]Das gilt insbesondere auch für die Grundstücke, die auf Grund des Fortschreibungsgesetzes vom 10. März 1949 (Gesetzblatt der Verwaltung des Vereinigten Wirtschaftsgebietes S. 25) bisher als bebaute Grundstücke der vor der Zerstörung der Gebäude in Betracht kommenden Grundstücksart gegolten haben. [3]Sind jedoch noch Keller vorhanden, die zu gewerblichen oder zu Wohnzwecken ausgebaut und deshalb auf die Dauer benutzbar sind, so muß das Grundstück weiter als ein bebautes Grundstück behandelt werden.

(2) Für die noch vorhandenen Gebäudereste mindert sich der Bodenwert um die Kosten, die im Hauptfeststellungszeitpunkt zu ihrer Beseitigung hätten aufgewendet werden müssen.

13. Baureife Grundstücke (§ 73 BewG)

[1]§ 73 BewG erlangt erst dann Bedeutung, wenn für die baureifen Grundstücke in einem künftigen Steuergesetz eine andere Besteuerung (z. B. eine andere Steuermeßzahl oder ein anderer Hebesatz bei der Grundsteuer) als für die nicht unter diese Grundstücksart fallenden unbebauten Grundstücke bestimmt werden sollte. [2]Nach *§ 216 AO*[1] sind erst von diesem Zeitpunkt an in den Einheitswertbescheiden Feststellungen zu treffen, daß es sich bei einem unbebauten Grundstück um ein baureifes Grundstück handelt. [3]Soweit Einheitswertbescheide dann bereits ergangen sind, müssen Ergänzungsbescheide erlassen werden *(§ 216 Abs. 2 AO)*.[2] [4]Für einen derartigen künftigen Fall ist die Grundstücksart der baureifen Grundstücke schon jetzt innerhalb der unbebauten Grundstücke im Gesetz abgegrenzt.

C. Bebaute Grundstücke, Allgemeines

14. Begriff der bebauten Grundstücke (§ 74 BewG)

[1]Der Begriff des Gebäudes ist in Abschnitt 1 Abs. 2 erläutert. [2]Wegen der Frage der Benutzbarkeit und Bezugsfertigkeit von Gebäuden vgl. Abschnitt 6.

---

[1] Jetzt § 19 Abs. 3 BewG.
[2] Jetzt § 179 Abs. 3 AO 1977.

15. Arten der bebauten Grundstücke (§ 75 BewG)

(1) [1]Die Arten der bebauten Grundstücke sind in § 75 Abs. 1 Nr. 1 bis 6 BewG erschöpfend aufgezählt. [2]Bebaute Grundstücke, die sich nicht in eine der Grundstücksarten nach den Nummern 1 bis 5 einordnen lassen, gehören zu der Grundstücksart „sonstige bebaute Grundstücke".

(2) [1]Die Einordnung eines Grundstücks in eine der drei Grundstücksarten „Mietwohngrundstücke", „Geschäftsgrundstücke" und „gemischtgenutzte Grundstücke" richtet sich nach der tatsächlichen Nutzung im Feststellungszeitpunkt. [2]Bei verschiedenartiger Nutzung ist die gesamte Jahresrohmiete in die Miete für Wohnungen einerseits und in die Miete für die gewerblichen oder öffentlichen Zwecken dienenden Grundstücksteile andererseits aufzuteilen. [3]Für grundsteuerbegünstigte Teile des Grundstücks ist dabei die nach § 79 Abs. 3 BewG um 12 v.H., für Arbeiterwohnstätten die nach § 79 Abs. 4 BewG um 14 v.H. erhöhte Jahresrohmiete anzusetzen. [4]Zu den Wohnungen sind auch solche Gebäude und Gebäudeteile zu rechnen, die als Zubehörräume der Wohnungen anzusehen sind (z.B. Garagen, Schuppen, Stallgebäude). [5]Gewerblichen Zwecken dienen Grundstücke oder Grundstücksteile, wenn sie zu eigenen oder fremden gewerblichen Zwecken oder für einen wirtschaftlichen Geschäftsbetrieb verwendet werden (z.B. Werkstätten, Verkaufsläden, Büroräume). [6]Das gilt auch für einzelne Räume innerhalb einer Wohnung, wenn sie ausschließlich gewerblich benutzt werden. [7]Die Verwendung für gewerbliche Zwecke setzt eine selbständige nachhaltige Betätigung voraus, die mit Gewinnabsicht unternommen wird und sich als Beteiligung am allgemeinen wirtschaftlichen Verkehr darstellt (vgl. *§ 1 der GewStDV 1961;*[1)] RFH-Urteil vom 24. 4. 1928, RStBl. S. 195). [8]Dem Betrieb eines Gewerbes steht die Ausübung eines freien Berufes gleich (§ 96 BewG). [9]Wohnräume, die gewerblich oder beruflich nur mitbenutzt werden, sind nicht als gewerblichen Zwecken dienende Räume zu behandeln. [10]Öffentlichen Zwecken dienen vor allem Grundstücke, auf denen sich Dienstgebäude der öffentlichen Verwaltung befinden. [11]Ist ein solches Grundstück von der Grundsteuer *(§§ 4 bis 6 GrStG)*[2)] und von den anderen einheitswertabhängigen Steuern ganz oder teilweise befreit, so ist ein Einheitswert insoweit nicht festzustellen. [12]In diesem Fall bleibt der steuerbefreite Teil bei der Entscheidung, welcher Grundstücksart das Grundstück zuzurechnen ist, außer Betracht. [13]Ist dagegen das ganze Grundstück steuerpflichtig, so ist bei seiner Einordnung in eine Grundstücksart und bei seiner Bewertung auch der öffentlichen Zwecken dienende Teil zu erfassen. [14]Das Grundstück kann dann entsprechend dem Verhältnis der Jahresrohmieten ein Geschäftsgrundstück, ein gemischtgenutztes Grundstück oder ein Mietwohngrundstück sein. [15]Dienstwohnungen und andere Wohnungen in einem sonst wegen Steuerfreiheit nicht zu bewertenden Dienstgebäude sind ohne Rücksicht auf ihre Anzahl wie ein Mietwohngrundstück zu behandeln. [16]Ist die Befreiung bei den einzelnen einheitswertabhängigen Steuern unter-

---

1) Vgl. jetzt § 15 Abs. 2 EStG.
2) Jetzt §§ 3–8 GrStG.

schiedlich, so sind für die einzelnen Steuern Einheitswerte festzustellen *(§ 214 Nr. 3 Buchstabe b AO),*[1] bei denen die Grundstücksart unterschiedlich sein kann.

(3)[2] 1 Für die Einordnung eines Wohngrundstücks in die Grundstücksart „Einfamilienhäuser" ist allein maßgebend, ob es nur eine Wohnung enthält; Wohnungen des Hauspersonals bleiben außer Betracht. 2 Ohne Bedeutung ist, ob das Gebäude im Feststellungszeitpunkt vom Eigentümer selbst bewohnt wird oder an Dritte vermietet ist. 3 Eine Wohnung ist eine Zusammenfassung von Wohnraum und Nebengelaß. 4 Der Inhaber der Wohnung muß in der Lage sein, in den ihm zur Verfügung stehenden Räumen einen eigenen Haushalt zu führen. 5 Das ist in der Regel dann der Fall, wenn eine eigene Küche oder zumindest eine Kochgelegenheit und eine Toilette vorhanden sind (vgl. hierzu das zur Grundsteuer ergangene Urteil des BFH vom 16. 12. 1955, BStBl. 1956 III S. 47). 6 Bei der Prüfung der Frage, ob eine Wohnung vorliegt, sind die Verkehrsauffassung und die besonderen örtlichen Verhältnisse zu berücksichtigen (BFH-Urteil vom 1. 8. 1952, BStBl. III S. 251). 7 *Zum Begriff einer Wohnung gehört jedoch nicht allgemein, daß sie gegen andere Wohnungen und Wohnräume abgeschlossen ist und einen selbständigen Zugang hat* (BFH-Urteil vom 16. 12. 1955 a. a. O.).[3] 8 Einzelräume, die leer oder möbliert vermietet werden, erfüllen demnach die Voraussetzungen, die an den Begriff einer Wohnung gestellt werden, regelmäßig nicht (vgl. hierzu BFH-Urteil vom 1. 8. 1952 a. a. O.). 9 Unter den hier genannten Voraussetzungen sind auch Wochenendhäuser, die während des ganzen Jahres bewohnbar sind, als Einfamilienhäuser zu behandeln. 10 Ob die teilweise Nutzung eines Wohngrundstücks zu gewerblichen oder öffentlichen Zwecken ihm die Eigenart als Einfamilienhaus nimmt, hängt von der Verkehrsauffassung ab; dabei ist das Ausmaß der gewerblichen (öffentlichen) Nutzung von Bedeutung, doch kann es nicht allein entscheidend sein (BFH-Urteil vom 3. 2. 1956, BStBl. III S. 78). 11 Ein Wohngrundstück mit nur einer Wohnung, dessen Gebäude zu weniger als der Hälfte seiner Wohn- und Nutzfläche zu gewerblichen (öffentlichen) Zwecken benutzt wird, kann demnach in der Regel als Einfamilienhaus behandelt werden.

(4) 1 Zu der Grundstücksart „Zweifamilienhäuser" gehören außer den eigentlichen Zweifamilienhäusern mit zwei gleichwertigen Wohnungen auch die Wohngrundstücke, die eine Hauptwohnung und eine Einliegerwohnung enthalten. 2 Dabei ist es gleichgültig, ob eine Wohnung vermietet ist, ob beide Wohnungen vermietet oder ob beide Wohnungen eigengenutzt sind.

(5) 1 Für die Behandlung von nur einem Eigentümer gehörenden Doppelhäusern und Reihenhäusern als Einfamilienhäuser, Zweifamilienhäuser oder Mietwohngrundstücke ist maßgebend, ob die einzelnen Wohngrund-

---

[1] Jetzt § 19 Abs. 2 Satz 2 BewG.

[2] Zum Wohnungsbegriff vgl. Ländererlaß v. 15. 5. 1985, BStBl. I S. 201 (**Steuererlasse** Nr. **200** § 75/1).

[3] Vgl. aber BFH v. 8. 2. 1985, BStBl. II S. 319, und Ländererlaß v. 15. 5. 1985, BStBl. I S. 201 (**Steuererlasse** Nr. **200** § 75/1).

stücke als selbständige wirtschaftliche Einheiten im Sinne des § 2 BewG anzusehen sind. [2]Falls die Doppelhäuser und Reihenhäuser durch Brandmauern oder Trennwände voneinander getrennt sind und einen gesonderten Eingang usw. haben und damit nach ihrer baulichen Gestaltung und Einrichtung unabhängig voneinander veräußert werden können, ist jedes Grundstück als selbständige wirtschaftliche Einheit zu behandeln (RFH-Urteil vom 29. 10. 1942, RStBl. 1943 S. 7; BFH-Urteil vom 7. 2. 1964, BStBl. III S. 180).

(6) [1]Zu den sonstigen bebauten Grundstücken gehören bebaute Grundstücke, die weder Wohnzwecken noch gewerblichen oder öffentlichen Zwecken dienen. [2]Hierunter fallen z.B. Clubhäuser, Vereinshäuser, Bootshäuser, studentische Verbindungshäuser, Turnhallen, Schützenhallen und Jagdhütten. [3]Kindererholungsheime sind nicht als Mietwohngrundstücke, sondern als sonstige bebaute Grundstücke zu behandeln; der wesentliche Zweck dieser Heime ist nicht die Befriedigung des Wohnbedürfnisses, sondern in erster Linie das Bestreben, die aufgenommenen Kinder gesundheitlich zu fördern (RFH-Urteil vom 25. 6. 1931, RStBl. S. 867). [4]Voraussetzung ist hier jedoch, daß sich der Betrieb der Kindererholungsheime im einzelnen Fall nicht als Gewerbebetrieb darstellt (vgl. die Ausführungen zu Absatz 2). [5]In diesem Falle ist ein solches Grundstück als Geschäftsgrundstück zu behandeln. [6]Auch selbständige Garagengrundstücke sind sonstige bebaute Grundstücke, falls sie nicht gewerblich genutzt werden. [7]Wochenendhäuser, die nicht Einfamilienhäuser sind (vgl. Absatz 3), sind ebenfalls den sonstigen bebauten Grundstücken zuzurechnen.

(7) [1]In § 75 BewG ist nichts Besonderes über die Bestimmung der Grundstücksart in den Fällen vorgeschrieben, in denen ein Grundstück Wohnzwecken, gewerblichen oder öffentlichen Zwecken und „sonstigen Zwecken" dient. [2]In Betracht kommen hier drei Gruppen von Fällen. [3]Das Grundstück dient

1. teils Wohnzwecken, teils „sonstigen Zwecken",
2. teils gewerblichen oder öffentlichen Zwecken, teils „sonstigen Zwecken",
3. teils Wohnzwecken, teils gewerblichen oder öffentlichen Zwecken, teils „sonstigen Zwecken".

[4]Da sich die Einordnung eines Grundstücks in eine der im Gesetz bezeichneten Grundstücksarten vor allem nach seiner überwiegenden Nutzung für bestimmte Zwecke richtet, ist in diesen Fällen die in § 75 Abs. 2 und 3 BewG für die Mietwohngrundstücke und die Geschäftsgrundstücke getroffene Regelung entsprechend anzuwenden. [5]Bebaute Grundstücke, die zu mehr als 80 v.H. der Jahresmiete oder, wenn sie nicht ganz vermietet sind, zu mehr als 80 v.H. der Wohn- und Nutzfläche „sonstigen Zwecken" dienen, sind als sonstige bebaute Grundstücke zu behandeln. [6]Andernfalls sind sie entsprechend ihrer tatsächlichen Nutzung als Mietwohngrundstücke, als Geschäftsgrundstücke oder als gemischtgenutzte Grundstücke zu bewerten. [7]Dabei ist die Nutzung für „sonstige Zwecke" der Nutzung für gewerbliche oder öffentliche Zwecke gleichzuachten, da sie der Nutzung für gewerbliche oder öffentliche Zwecke am nächsten kommt. [8]Grundstücksteile, die wegen ihrer Steuerfreiheit nicht zu bewerten sind, bleiben sowohl bei der Entscheidung,

ob ein sonstiges bebautes Grundstück oder ein bebautes Grundstück einer der in § 75 Abs. 1 Nr. 1 bis 5 BewG bezeichneten Arten vorliegt, als auch bei der Entscheidung, welche dieser Grundstücksarten ggf. zutrifft, außer Betracht.

Beispiel A:

In einem Vereinshaus, das ein Tennisverein auf dem ihm gehörenden Grundstück errichtet hat, befinden sich die Vereinsräume, die Wohnung des Platzwartes und ein kleines Ladengeschäft. Bei der Entscheidung der Frage, in welche Grundstücksart das Grundstück einzuordnen ist, bleiben die von der Grundsteuer befreiten Grundstücksteile *(§ 4 Ziff. 4 GrStG, § 8 Abs. 1, 2 und 4 GrStDV)*[1] außer Betracht. Das Gebäude wird – gemessen nach seiner restlichen Wohn- und Nutzfläche – zu 85 v. H. für „sonstige Zwecke", zu 10 v. H. für Wohnzwecke und zu 5 v. H. für gewerbliche Zwecke genutzt. Das Grundstück ist daher ein sonstiges bebautes Grundstück.

Beispiel B:

Ein bebautes Grundstück enthält ein Ladengeschäft, Wohnungen und Räume, die an eine studentische Verbindung vermietet sind. Die an sie vermieteten Räume nehmen eins der vier Vollgeschosse ein. Nach dem Verhältnis der Jahresrohmieten wird das Grundstück zu 30 v. H. für gewerbliche Zwecke, zu 45 v. H. für Wohnzwecke und zu 25 v. H. für die „sonstigen Zwecke" der Verbindung genutzt. Da es zu 55 v. H. gewerblichen und ihnen gleichgeachteten „sonstigen Zwecken" und zu 45 v. H. Wohnzwecken dient, ist es als ein gemischtgenutztes Grundstück zu bewerten.

16. Bewertung der bebauten Grundstücke (§ 76 BewG)

(1)[2] [1]§ 76 BewG sieht für die Wertermittlung bei den bebauten Grundstücken zwei Verfahren vor, deren Anwendung sich hauptsächlich nach der Art des in Betracht kommenden Grundstücks richtet. [2]Wegen des Ertragswertverfahrens vgl. die Abschnitte 18 bis 33, wegen des Sachwertverfahrens vgl. die Abschnitte 34 bis 46.

(2)[3] [1]Einfamilienhäuser und Zweifamilienhäuser werden nach § 76 Abs. 1 BewG grundsätzlich im Ertragswertverfahren bewertet. [2]Eine Ausnahme bilden solche Grundstücke, die besonders gestaltet oder ausgestattet sind. [3]Diese werden nach § 76 Abs. 3 Nr. 1 BewG im Sachwertverfahren bewertet.

(3)[4] Eine besondere Gestaltung liegt vor allem dann vor, wenn das Gebäude wegen der Größe der Wohnfläche, der Form oder der Anordnung der Wohnräume oder in anderer Weise so stark von der üblichen Gestaltung abweicht, daß im Falle der Vermietung eine dem Wert des Grundstücks angemessene Miete nicht erzielt werden könnte.

(4) [1]Ob eine besondere Ausstattung vorliegt, ist nach dem Gesamtcharakter des Grundstücks zu entscheiden. [2]Die folgenden Merkmale können für diese Entscheidung als Anhaltspunkte herangezogen werden. [3]Ein einzelnes Merkmal genügt jedoch nicht, vielmehr müssen mehrere solcher Merkmale bei im übrigen guter Ausstattung gleichzeitig vorliegen.

---

[1] Vgl. jetzt § 3 Abs. 1 Nr. 1 und 3 GrStG.

[2] Keine Schätzung des Einheitswerts; vgl. BFH v. 17. 3. 2004 II R 57/01, BFH/NV 2004, 1219.

[3] Die Wertverhältnisse 1. 1. 1964 sind maßgebend; vgl. BFH v. 11. 1. 2006 II R 12/04, BStBl. II 2006, 615.

[4] Zur Wohnflächengröße (220 m^2) als Merkmal besonderer Gestaltung vgl. BFH v. 30. 1. 2004 II B 105/02, BFH/NV 2004, 763, 2005, v. 22. 7. 2005 II B 121/04, BFH/NV 2005, 1979, und v. 23. 8. 2007 II B 71/06, BFH/NV 2007, 2247.

Merkmale:

1. Dach mit Kupfer oder Blei gedeckt.
2. Fassade aus Naturstein oder anderen wertvollen Baustoffen.
3. Treppen aus besonders wertvollem Material, z.B. Marmor oder Naturstein; Geländer kunstgeschmiedet, geschnitzt oder aus wertvollem Metall.
4. Türen aus Eiche (massiv) oder Edelholz (massiv oder furniert).
5. Verglasung aus Spiegelglas, Isolier- oder Bleiverglasung.
6. Räume mit wertvoller Vertäfelung der Wände oder Decken, eingebauten Wandschränken mit Türen aus Edelholz oder massiver Eiche, sonstige kostbare Wand- und Deckenbehandlung, wie z.B. kostbare Stoff- oder Lederbespannung, wertvolle Wand- und Deckenmalereien.
7. Wertvoller Fußbodenbelag, z.B. Parkett aus verschiedenen Holzarten oder aus Edelholz, Marmorböden, Solnhofer Platten, Veloursböden.
8. Klimaanlage.
9. Je Wohnung mehr als 2 Bäder oder zusätzlich zu einem Bad mehrere Duschen.
10. Offener Kamin aus wertvollem Baustoff.
11. Schwimmbecken.
12. Aufwendige Nebengebäude oder Außenanlagen, z.B. Reithalle, Tennisplatz, Wasserspiele.

(5) 1 Mietwohngrundstücke, gemischtgenutzte Grundstücke und Geschäftsgrundstücke werden ebenfalls grundsätzlich im Ertragswertverfahren bewertet. 2 Jedoch sind bei den Geschäftsgrundstücken bestimmte Gruppen (Absätze 6 und 7) und bei allen drei Grundstücksarten bestimmte Einzelfälle (Absatz 8) ausgenommen und ins Sachwertverfahren verwiesen.

(6) 1 Nach dem Sachwertverfahren werden solche Gruppen von Geschäftsgrundstücken bewertet, für die weder eine Jahresrohmiete ermittelt noch die übliche Miete nach § 79 Abs. 2 BewG geschätzt werden kann (§ 76 Abs. 3 Nr. 2 BewG). 2 Es handelt sich hierbei um meist eigengenutzte Geschäftsgrundstücke mit Gebäuden, die mit Rücksicht auf ihre Verwendung innerhalb bestimmter gewerblicher Betriebe besonders gestaltet und auch bei den gewerblichen Betrieben derselben Art von Fall zu Fall sehr unterschiedlich sind. 3 Danach werden insbesondere folgende Gruppen von Geschäftsgrundstücken im Sachwertverfahren bewertet:[1] Fabrikgrundstücke, Theatergrundstücke, Lichtspielhäuser, Sanatorien, Kliniken, Privatschulen, Grundstücke mit größeren Verwaltungsgebäuden, Grundstücke für Bank- und Kreditinstitute,[2] Grundstücke für Versicherungsunternehmen sowie Werkstätten, Bahngrundstücke, Hafengrundstücke, Garagengrundstücke, Tankstellengrundstücke, Molkereigrundstücke, Kühlhäuser, Trockenhäuser, Markthallen, Verkaufsstände, Ausstellungs- und Messehallen, Trinkhallen, Hallenbäder, Badehäuser

[1] Zur grundsätzlichen Bewertung von Einkaufszentren im Sachwertverfahren vgl. BFH v. 17. 5. 1990 II R 32/87, BStBl. II 1990, 732, und FM NRW v. 28. 3. 1995, DB 1995, 1052.

[2] Zu Bank- und Kreditinstituten vgl. BFH v. 21. 2. 2002 II R 66/99, BStBl. II 2002, 378.

und Transformatorenhäuser. [4] Von den Verwaltungsgebäuden, Versicherungsgebäuden u.ä. sind die nach dem Ertragswertverfahren zu bewertenden Bürohäuser zu unterscheiden. [5] Bürohäuser sind nach ihrer baulichen Gestaltung dazu bestimmt oder geeignet, zu Bürozwecken vermietet zu werden.[1)]

(7) [1] Im Sachwertverfahren werden auch Hotelgrundstücke, Zeltplätze (Campinggrundstücke), Warenhausgrundstücke und Lagerhausgrundstücke bewertet. [2] Hotelgrundstücke sind Grundstücke, die der Beherbergung dienen. [3] Zu ihnen gehören auch Fremdenheime. [4] Das Sachwertverfahren ist dagegen nicht bei Grundstücken anzuwenden, bei denen die Beherbergung nur eine untergeordnete Rolle spielt. [5] Zeltplätze sind als Geschäftsgrundstücke im Sachwertverfahren zu bewerten, wenn sie als bebaute Grundstücke anzusehen sind und für gewerbliche Zwecke genutzt werden. [6] Die Behandlung der Zeltplätze als bebaute Grundstücke setzt voraus, daß sich auf ihnen Gebäude mit einigem Wert befinden (vgl. Abschnitt 11 Abs. 1), z.B. ein oder mehrere Gebäude mit Gaststätten, Aufenthaltsräumen, Läden, Waschräumen o.ä. [7] Als Warenhausgrundstücke werden Geschäftsgrundstücke bewertet, die im ganzen oder weit überwiegend dem Betrieb eines Einzelhandelsunternehmens dienen und die üblichen Ladengrundstücke an Umfang übertreffen.[2)] [8] Auf die Art des Betriebs kommt es hierbei nicht an. [9] Als Warenhäuser sind auch die – hinsichtlich der Art der angebotenen Waren beschränkten – Kaufhäuser und Spezialkaufhäuser größeren Umfangs anzusehen. [10] Lagerhausgrundstücke dienen überwiegend dem Handel und dem Speditionsgewerbe. [11] Wie Lagerhäuser sind auch Auslieferungslager von Fabrikationsbetrieben sowie Umschlagsschuppen und Lagergebäude zu behandeln, die von Handelsbetrieben (Holzhandel, Schrotthandel, Baustoffhandel u.a.) benutzt werden.

(8) [1] Für die Anwendung des Sachwertverfahrens im Einzelfall kommen nach § 76 Abs. 3 Nr. 2 BewG z.B. zusammen mit dem Betriebsinventar vermietete Geschäftsgrundstücke in Betracht, bei denen die einheitlich bemessene Gesamtmiete eine Aufteilung in das auf die Benutzung des Grundstücks entfallende Entgelt und in das auf die Überlassung des Inventars entfallende Entgelt auch im Wege der Schätzung nicht zuläßt (vgl. hierzu RFH-Urteil vom 14. 2. 1935, RStBl. S. 723). [2] Das gleiche gilt in den Fällen eigengenutzter Mietwohngrundstücke, Geschäftsgrundstücke und gemischtgenutzter Grundstücke, bei denen für die Schätzung der üblichen Miete Vergleichsgrundstücke nicht zur Verfügung stehen.

(9) [1] Grundstücke mit Behelfsbauten, die nach § 76 Abs. 3 Nr. 3 BewG im Sachwertverfahren bewertet werden, sowie Grundstücke, für die das Sachwertverfahren vorgeschrieben ist, weil die Vervielfältigertabellen in den Anlagen 3 bis 8 zum Bewertungsgesetz keinen für diese Fälle im Ertragswertverfahren anzuwendenden Vervielfältiger enthalten, können zu jeder der in § 76 Abs. 1 BewG aufgezählten fünf Grundstücksarten gehören. [2] Bei den Behelfsbauten handelt es sich vor allem um solche Gebäude, die nur für einen vorübergehenden Zweck errichtet worden sind oder deren

1) Zum Verfahren bei der Bewertung eines Bürogebäudes und dazu gehörender Tiefgaragen vgl. BFH v. 16. 5. 2007 II R 36/05, DStRE 2007, 1263.

2) Zur Bewertung eines Lebensmittelmarktes als Warenhaus vgl. BFH v. 30. 6. 2010 II R 60/08, BStBl. II 2010, 897.

Lebensdauer infolge ihrer Bauart, ihrer Bauausführung oder infolge der Verwendung bestimmter Baustoffe verhältnismäßig gering ist. [3] Zu ihnen gehören z.B. Behelfsheime und behelfsmäßige Ladengebäude. [4] Zu den Grundstücken, die in Ermangelung eines im Ertragswertverfahren anzuwendenden Vervielfältigers im Sachwertverfahren bewertet werden, gehören u.a. Grundstücke mit Gebäuden in Holzfachwerk, die ohne massive Fundamente errichtet sind, oder Grundstücke mit Gebäuden aus Wellblech, soweit die Gebäude nicht unter den Begriff der Behelfsbauten fallen.

17. Mindestwert (§ 77 BewG)

(1) [1] Die Mindestbewertung setzt voraus, daß Grund und Boden und Gebäude zusammen eine wirtschaftliche Einheit bilden. [2] Sie ist daher bei der Bewertung von Gebäuden auf fremdem Grund und Boden (§ 94 BewG) nicht anzuwenden, weil hier Grund und Boden und Gebäude getrennt bewertet werden.

(2) [1] Die Regelung über die Mindestbewertung stellt nur darauf ab, ob der gemeine Wert des Grund und Bodens ohne Außenanlagen – *ggf. aber unter Berücksichtigung von Abbruchkosten (vgl. Absatz 4)* – höher ist als der Wert, der sich nach den Vorschriften über die Bewertung bebauter Grundstücke ergibt. [2] Ist dies der Fall, so ist der höhere Bodenwert – Mindestwert – als Einheitswert festzustellen. [3] Weitere Voraussetzungen bestehen für die Mindestbewertung nicht. [4] Der Einheitswert umfaßt aber – wie auch sonst bei der Bewertung der bebauten Grundstücke – den Grund und Boden, die aufstehenden Gebäude und die Außenanlagen (vgl. hierzu BFH-Urteil vom 15. 3. 1963, BStBl. III S. 252).

(3) [1] Die Mindestbewertung kommt hauptsächlich in Fällen der an sich nach dem Ertragswertverfahren vorgeschriebenen Bewertung in Betracht, bei der der Einheitswert unabhängig vom Wert des Grund und Bodens ermittelt wird. [2] Auch beim Sachwertverfahren kann die Mindestbewertung in Betracht kommen. [3] Dies trifft z.B. in den Fällen zu, in denen der Bodenwert hoch ist, dagegen die Wertzahl (§ 90 BewG) sowie der Wert der Gebäude und Außenanlagen (§§ 85 und 89 BewG) gering sind. [4] Unter diesen Umständen kann sich im Sachwertverfahren nach § 83 BewG für das Grundstück ein Grundstückswert ergeben, der unter dem Wert des Grund und Bodens liegt.

(4)[1)] [1] *Die Berücksichtigung von Abbruchkosten nach § 77 Satz 2 BewG setzt voraus, daß auf dem Grundstück einzelne Gebäude oder Gebäudeteile (z.B. ein Gebäudeflügel oder die oberen Stockwerke eines Gebäudes) nicht mehr benutzbar sind und daher aus bautechnischen Gründen abgebrochen werden müssen.* [2] *Dagegen sind die Kosten unberücksichtigt zu lassen, die durch einen gleichzeitigen Abbruch noch benutzbarer Gebäude oder Gebäudeteile entstehen.* [3] *Kosten, die dadurch entstehen, daß Gebäude oder Gebäudeteile abgebrochen werden, um das Grundstück entsprechend seinem Bodenwert wirtschaftlich sinnvoller auszunutzen, können ebenfalls bei der Ermittlung des Grundstückswerts nicht abgezogen werden.*

---

1) Gegenstandslos wegen der derzeitigen Fassung von § 77 BewG.

D. Ertragswertverfahren[1)]

I. Allgemeines

18. Überblick über das Verfahren

(1) [1]Die Ermittlung des Grundstückswerts auf der Grundlage des Ertragswertverfahrens ist in den §§ 78 bis 82 BewG geregelt. [2]Der Grundstückswert ergibt sich nach diesem Verfahren durch Anwendung eines Vervielfältigers (vgl. Abschnitte 26 bis 29) auf die Jahresrohmiete (vgl. Abschnitte 21 bis 25) und umfaßt den Bodenwert, den Gebäudewert und den Wert der Außenanlagen.

(2) [1]Die durch Vervielfachung der Jahresrohmiete ermittelten Grundstückswerte werden nach § 81 BewG in solchen Gemeinden allgemein ermäßigt oder erhöht, in denen infolge besonders hoher oder niedrigerer Hebesätze die Grundsteuerbelastung erheblich von der in den Vervielfältigern berücksichtigten durchschnittlichen Belastung abweicht (vgl. Abschnitt 30). [2]Ferner sind Grundstückswerte nach § 82 BewG in Einzelfällen zu ermäßigen oder zu erhöhen, wenn besondere Umstände tatsächlicher Art vorliegen, die den Wert beeinflussen (vgl. Abschnitte 31 bis 33).

(3) [1]In seiner äußeren Anwendungsform gleicht das Ertragswertverfahren dem bei der Hauptfeststellung 1935 angewendeten Jahresrohmietverfahren. [2]Bei beiden Verfahren wird der Grundstückswert durch Anwendung eines Vervielfältigers auf die Jahresrohmiete ermittelt. [3]Im Gegensatz zu dem früheren Jahresrohmietverfahren handelt es sich aber bei dem Ertragswertverfahren um ein Verfahren, bei dem der Einheitswert auf der Grundlage des Reinertrags ermittelt wird. [4]Zwar wird der Reinertrag bei der Wertermittlung des einzelnen zu bewertenden Grundstücks nicht besonders festgestellt; er ist jedoch die Grundlage bei der Bildung der auf die Rohmiete anzuwendenden Vervielfältiger gewesen. [5]Den Vervielfältigern liegen Reinerträge zugrunde, die unter Berücksichtigung pauschalierter Bewirtschaftungskosten (vgl. Abschnitt 19) und pauschalierter Bodenertragsanteile (vgl. Abschnitt 20), aufgegliedert nach Grundstücksarten, Baujahrgruppen und Gemeindegrößenklassen, ermittelt worden sind. [6]Die Vervielfältiger ergeben sich aus den Tabellen der Anlagen 3 bis 8 des Gesetzes.[2)]

(4) Zur Vereinfachung der praktischen Bewertungsarbeit sind diesen Richtlinien als Anlagen 1 bis 8 Vervielfältigertabellen beigefügt, die nicht wie im Gesetz nach Grundstücksarten, sondern nach Gemeindegrößen gegliedert sind.[3)]

[1)] Der Ansatz der Einheitswerte im Ertragswertverfahren ist (noch) verfassungskonform; vgl. BFH v. 2. 2. 2005 II R 36/03, BStBl. II 2005, 428; siehe aber BVerfG v. 10.4.2018 1 BvL 11/14, 1 BvL 12/14, 1 BvL 1/15, 1 BvR 639/11, 1 BvR 889/12, DStR 2018, 791, zur Verfassungswidrigkeit der grundsteuerlichen Einheitsbewertung für Stichtage ab 1.1.2002.

[2)] **Steuergesetze** Nr. **200** Anl. 3–8.

[3)] Abgedruckt als Anlagen 1–8.

19. Bewirtschaftungskosten

(1) 1 Die Pauschalierung der Bewirtschaftungskosten schließt ihre Berücksichtigung in abweichender Höhe nach Lage des einzelnen Falles aus. 2 Bewirtschaftungskosten sind die zur ordnungsmäßigen Bewirtschaftung von Grundstücken laufend erforderlichen Kosten. 3 Das sind, abgesehen von der Abschreibung, die bereits außerhalb der Pauschalierung der Bewirtschaftungskosten bei der Berechnung der Vervielfältiger berücksichtigt ist:

1. die Verwaltungskosten,
2. die Instandhaltungskosten,
3. das Mietausfallwagnis,
4. die Betriebskosten.

(2) 1 Verwaltungskosten sind die Kosten der zur Verwaltung von Grundstücken erforderlichen Arbeitskräfte und Einrichtungen, die Kosten der Aufsicht sowie der Wert der vom Eigentümer (Vermieter) geleisteten Verwaltungsarbeit. 2 Zu den Verwaltungskosten gehören auch die Kosten für die gesetzlichen oder freiwilligen Prüfungen des Jahresabschlusses und der Geschäftsführung.

(3) Instandhaltungskosten sind die Kosten, die während der Nutzungsdauer zur Erhaltung des bestimmungsmäßigen Gebrauchs der baulichen Anlagen aufgewendet werden müssen, um die durch Abnutzung, Alterung und Witterungseinflüsse entstehenden baulichen oder sonstigen Mängel ordnungsgemäß zu beseitigen.

(4) 1 Mietausfallwagnis ist das Wagnis einer Ertragsminderung, die durch uneinbringliche Mietrückstände oder Leerstehen von Raum, der zur Vermietung bestimmt ist, entsteht. 2 Es dient auch zur Deckung der Kosten einer Rechtsverfolgung auf Zahlung, Aufhebung eines Mietverhältnisses oder Räumung.

(5) 1 Betriebskosten sind die Kosten, die dem Eigentümer durch das Eigentum am Grundstück oder durch den bestimmungsmäßigen Gebrauch des Gebäudes laufend entstehen. 2 Hierzu gehören insbesondere die Kosten für Wasserversorgung, Müllabfuhr, Straßenreinigung, Entwässerung, Hauswart, Beleuchtung, Schornsteinreinigung, Sach- und Haftpflichtversicherung, Hausreinigung, Gartenpflege sowie die laufenden öffentlichen Lasten des Grundstücks mit Ausnahme der Hypothekengewinnabgabe. 3 Die Kosten für den Betrieb der zentralen Heizungs-, Warmwasserversorgungs- und Brennstoffversorgungsanlage sowie des Fahrstuhls sind zwar Bewirtschaftungskosten, sie sind aber nicht bei der Pauschalierung berücksichtigt worden, weil sie nach § 79 Abs. 1 BewG nicht zur Jahresrohmiete gehören (vgl. Abschnitt 21).

20. Bodenwertanteil

(1) 1 Der durch Anwendung des Vervielfältigers auf die Jahresrohmiete ermittelte Grundstückswert umfaßt auch den Bodenwert. 2 Der Bodenwert

ist dabei im Grundstückswert entsprechend dem bei der Bildung der Vervielfältiger zugrunde gelegten Anteil des Bodenertrags am Grundstücksertrag enthalten. [3]Dieser Anteil ist nach Grundstücksarten, Baujahrgruppen und Gemeindegrößenklassen unterschiedlich pauschaliert worden.

(2) [1]In den besonderen Fällen, in denen der Grundstückswert in einen Gebäudewertanteil (einschl. des Werts der Außenanlagen) und einen Bodenwertanteil aufgeteilt werden muß, muß deshalb der Bodenwertanteil aus dem im Vervielfältiger berücksichtigten Bodenertragsanteil errechnet werden. [2]Das gilt

1. beim Abschlag wegen der Notwendigkeit baldigen Abbruchs des Gebäudes (vgl. Abschnitt 31 Abs. 4),
2. in bestimmten Fällen einer wesentlichen Verkürzung der Lebensdauer (vgl. Abschnitt 31 Abs. 5),
3. bei Grundstücken im Zustand der Bebauung (vgl. Abschnitt 47),
4. beim Erbbaurecht (vgl. Abschnitt 48),
5. beim Wohnungseigentum und Teileigentum (vgl. Abschnitt 49) und
6. bei Gebäuden auf fremdem Grund und Boden (vgl. Abschnitt 50).

[3]Die Pauschalierung des Bodenertragsanteils schließt die gesonderte Ermittlung des Bodenwerts im einzelnen Fall aus, soweit nicht nach § 82 BewG ein Zuschlag wegen der Größe der Fläche in Betracht kommt (vgl. Abschnitt 32).

(3) Die Bodenertragsanteile sind der nachstehenden Tabelle zu entnehmen:

Gemeindegrößenklasse	Mietwohngrundstücke			Gemischtgenutzte Grundstücke bis 50 v. H. gewerbl. Mietanteil			Gemischtgenutzte Grundstücke über 50 v. H. gewerbl. Mietanteil		
Einwohner	Im Vervielfältiger zu berücksichtigender Bodenertragsanteil in den Baujahrgruppen in v. H. der Jahresrohmiete								
	A[1] v. H.	B[2] v. H.	C[3] v. H.	A v. H.	B v. H.	C v. H.	A v. H.	B v. H.	C v. H.
1	2	3	4	5	6	7	8	9	10
bis 2 000	5	5	5	5	5	5	5	5	5
über 2 000 bis 5 000	5	5	5	5	5	5	5	5	5
über 5 000 bis 10 000	5	5	5	5	5	5	10	10	5
über 10 000 bis 50 000	10	10	5	10	10	10	15	15	10
über 50 000 bis 100 000	10	10	5	10	10	10	15	15	10
über 100 000 bis 200 000	10	10	5	10	10	10	15	15	15
über 200 000 bis 500 000	10	10	5	10	10	10	15	15	15
über 500 000 Einwohner	10	10	10	15	15	15	15	15	15

1) A = Altbauten, bezugsfertig bis zum 31. März 1924.
2) B = Neubauten, bezugsfertig in der Zeit vom 1. April 1924 bis zum 20. Juni 1948.
3) C = Nachkriegsbauten, bezugsfertig nach dem 20. Juni 1948.

Gemeindegrößenklasse	Geschäftsgrundstücke			Einfamilienhäuser			Zweifamilienhäuser		
Einwohner	Im Vervielfältiger zu berücksichtigender Bodenertragsanteil in den Baujahrgruppen in v. H. der Jahresrohmiete								
	A v. H.	B v. H.	C v. H.	A v. H.	B v. H.	C v. H.	A v. H.	B v. H.	C v. H.
1	11	12	13	14	15	16	17	18	19
bis 2 000	10	10	10	10	10	5	10	10	5
über 2 000 bis 5 000	10	10	10	10	10	5	10	10	5
über 5 000 bis 10 000	10	10	10	10	10	5	10	10	5
über 10 000 bis 50 000	15	15	15	10	10	10	10	10	10
über 50 000 bis 100 000	20	20	15	15	15	10	15	15	10
über 100 000 bis 200 000	20	20	15	15	15	10	15	15	10
über 200 000 bis 500 000	20	20	20	15	15	10	15	15	10
über 500 000 Einwohner	20	20	20	15	15	15	15	15	15

(4) [1]Die sich aus der vorstehenden Übersicht ergebenden Bodenertragsanteile sind mit folgenden, der jeweiligen Grundstücksart und Gemeindegrößenklasse entsprechenden Kapitalisierungsfaktoren zu multiplizieren. [2]Das Ergebnis ist der im Grundstückswert enthaltene Bodenwertanteil.

Grundstücksart	Kapitalisierungsfaktoren für Altbauten und Neubauten in Gemeinden bis 5000 Einwohner	Kapitalisierungsfaktoren für Grundstücke aller Baujahrgruppen in Gemeinden über 5000 Einwohner und Nachkriegsbauten in Gemeinden bis 5000 Einwohner
Mitwohngrundstücke	20	18,1818
Gemischtgen. Grundst. mit einem gewerbl. Mietanteil bis 50 v. H.	18,1818	16,6666
Gemischtgen. Grundst. mit einem gewerbl. Mietanteil über 50 v. H.	16,6666	15,3846
Geschäftsgrundstücke	15,3846	14,2857
Einfamilienhäuser	25	22,2222
Zweifamilienhäuser	22,2222	20

[3]Diese Kapitalisierungsfaktoren ergeben sich aus den Sollzinssätzen für die ewige Rente, die bei der Berechnung des Teils des Vervielfältigers, der auf den Bodenwert entfällt, zugrunde gelegt worden sind.

(5) **Beispiel** für die Berechnung des Bodenwertanteils nach den Absätzen 3 und 4:

Grundstücksart	Geschäftsgrundstück
Gemeindegröße	50 000 bis 100 000 Einwohner
Baujahr	1930 (Neubau)
Bauart	Holzfachwerk mit Ziegelsteinausmauerung
Jahresrohmiete	20 000 DM
Grundstückswert 20 000 DM × 7,6 (vgl. Anlage 5) =	152 000 DM.

Als Bodenertragsanteil sind im Vervielfältiger 20 v. H. der Jahresrohmiete berücksichtigt (vgl. Absatz 3).
20 v. H. von 20 000 DM (Jahresrohmiete) = 4000 DM.
Der Kapitalisierungsfaktor (vgl. Absatz 4) beträgt = 14,2857 (abgerundet 14,3).

Als Bodenwertanteil ergibt sich somit ein Betrag von 14,3 × 4000 = 57 200 DM

Als Gebäudewertanteil verbleibt dann 152 000 DM (Grundstückswert)
./. 57 200 DM (Bodenwertanteil)
= 94 800 DM.

(6) 1 Zur Vereinfachung des Rechenvorgangs sind die Bodenertragsanteile (Absatz 3) und die Kapitalisierungsfaktoren (Absatz 4) in der folgenden Tabelle zu einheitlichen Multiplikatoren zusammengefaßt worden. 2 Der Bodenwertanteil ergibt sich durch die Anwendung dieser Multiplikatoren auf die Jahresrohmiete.

Multiplikatoren der Jahresrohmiete zur Errechnung der Bodenwertanteile bei

Gemeindegrößenklasse Einwohner	Mietwohngrundstücken			Gemischtgenutzten Grundstücken bis 50 v. H. gewerbl. Mietanteil			Gemischtgenutzten Grundstücken über 50 v. H. gewerbl. Mietanteil		
	A[1]	B[2]	C[3]	A	B	C	A	B	C
1	2	3	4	5	6	7	8	9	10
bis 2 000	1	1	0,91	0,91	0,91	0,83	0,83	0,83	0,77
über 2 000 bis 5 000	1	1	0,91	0,91	0,91	0,83	0,83	0,83	0,77
über 5 000 bis 10 000	0,91	0,91	0,91	0,83	0,83	0,83	1,54	1,54	0,77
über 10 000 bis 50 000	1,82	1,82	0,91	1,67	1,67	1,67	2,31	2,31	1,54
über 50 000 bis 100 000	1,82	1,82	0,91	1,67	1,67	1,67	2,31	2,31	1,54
über 100 000 bis 200 000	1,82	1,82	0,91	1,67	1,67	1,67	2,31	2,31	2,31
über 200 000 bis 500 000	1,82	1,82	0,91	1,67	1,67	1,67	2,31	2,31	2,31
über 500 000 Einwohnern	1,82	1,82	1,82	2,49	2,49	2,49	2,31	2,31	2,31

Gemeindegrößenklasse Einwohner	Geschäftsgrundstücken			Einfamilienhäusern			Zweifamilienhäusern		
	A	B	C	A	B	C	A	B	C
1	11	12	13	14	15	16	17	18	19
bis 2 000	1,54	1,54	1,43	2,5	2,5	1,11	2,22	2,22	1
über 2 000 bis 5 000	1,54	1,54	1,43	2,5	2,5	1,11	2,22	2,22	1
über 5 000 bis 10 000	1,43	1,43	1,43	2,22	2,22	1,11	2	2	1
über 10 000 bis 50 000	2,14	2,14	2,14	2,22	2,22	2,22	2	2	2
über 50 000 bis 100 000	2,86	2,86	2,14	3,33	3,33	2,22	3	3	2
über 100 000 bis 200 000	2,86	2,86	2,14	3,33	3,33	2,22	3	3	2
über 200 000 bis 500 000	2,86	2,86	2,86	3,33	3,33	2,22	3	3	2
über 500 000 Einwohnern	2,86	2,86	2,86	3,33	3,33	3,33	3	3	3

1) A = Altbauten, bezugsfertig bis zum 31. März 1924.
2) B = Neubauten, bezugsfertig in der Zeit vom 1. April 1924 bis zum 20. Juni 1948.
3) C = Nachkriegsbauten, bezugsfertig nach dem 20. Juni 1948.

Beispiel wie in Absatz 5 mit Berechnung des Bodenwertanteils nach dem sich aus der vorstehenden Tabelle (Spalte 12) ergebenden Multiplikator:

Jahresrohmiete . . . . 20 000 DM
Multiplikator 2,86
Bodenwertanteil 2,86 × 20 000 DM = ... 57 200 DM

(7) Die Multiplikatoren für den Bodenwertanteil sind auch in den nach Gemeindegrößen geordneten Vervielfältigertabellen, die als Anlagen 1 bis 8 beigefügt sind, aufgeführt.

II. Jahresrohmiete (§ 79 BewG)

21. Allgemeines (§ 79 Abs. 1 BewG)

(1) [1]Jahresrohmiete ist das gesamte Entgelt, das die Mieter (Pächter) für die Benutzung des Grundstücks oder Grundstücksteils zu entrichten haben. [2]Nach § 68 Abs. 1 Nr. 1 BewG gehören zum Grundstück – der wirtschaftlichen Einheit des Grundvermögens (§ 70 Abs. 1 BewG) – der Grund und Boden, die Bestandteile (insbesondere Gebäude) und das Zubehör. [3]Zur Jahresrohmiete gehören daher auch die Entgelte für die Benutzung von Nebengebäuden (z. B. Garagen, Ställe, Schuppen) und für Grundstücksflächen (z. B. Stellplätze und Hausgarten). [4]Ebenso ist das Entgelt für die Benutzung der Möbel und der sonstigen Einrichtungsgegenstände, die Bestandteile oder Zubehör des Gebäudes sind, Teil der Jahresrohmiete (vgl. Abschnitt 1).

(2) [1]Betriebsvorrichtungen gehören nicht zum Grundvermögen (§ 68 Abs. 2 Nr. 2 BewG, vgl. Abschnitt 1). [2]Beträge, die für die Benutzung solcher Vorrichtungen entrichtet werden, sind deshalb bei der Ermittlung der Jahresrohmiete auszuscheiden. [3]Das gilt z. B. für den Fall, daß eine Gastwirtschaft mit Inventar verpachtet ist und in der Pacht ein Betrag für die Benutzung des Inventars enthalten ist.

(3) [1]Jahresrohmiete ist die Sollmiete; Mietausfälle sind nicht zu berücksichtigen. [2]Auf die Miete anzurechnende Baukostenzuschüsse und Mietvorauszahlungen gehören zur Jahresrohmiete. [3]Die Kosten für die Umbauten und Einbauten, die der Mieter vorgenommen hat, sind bei der Ermittlung der Jahresrohmiete wie Mietvorauszahlungen zu berücksichtigen, wenn die Umbauten und Einbauten nach der Beendigung des Mietverhältnisses nicht wieder beseitigt werden dürfen, den Mietwert aber erhöhen. [4]Das gilt nicht, wenn der Vermieter dem Mieter bei Beendigung des Mietverhältnisses für die Umbauten und Einbauten einen angemessenen Ausgleich zu zahlen hat. [5]In Zweifelsfällen sind die Mietverträge einzusehen.

(4) [1]Umlagen und alle sonstigen Leistungen des Mieters, mit Ausnahme der in § 79 Abs. 1 Satz 4 BewG aufgeführten Zuschläge und Kosten (vgl. Absatz 5), sind in die Miete einzubeziehen. [2]Haben die Mieter außer der „eigentlichen" Miete bestimmte Bewirtschaftungskosten, insbesondere Betriebskosten, zu tragen, so gehören diese zur Jahresrohmiete. [3]Bei Abgaben oder Gebühren, die zu den vom Mieter zu tragenden Betriebskosten gehören, ist es gleichgültig, ob diese an den Hauseigentümer oder unmittelbar an die Gemeinde, die Wasser- oder die Elektrizitätswerke zu zahlen sind. [4]In Betracht kommen insbesondere Grundsteuern, Wassergeld, Schornsteinfegergebühren, Kosten für Müllabfuhr, Fäkalienabfuhr, die Kosten für Treppen- und Flurbeleuchtung sowie für die Beleuchtung der Räume, die für die gemeinsame Benutzung bestimmt sind, Versicherungskosten, Straßenreinigungskosten, Deich- und Sielgebühren.

(5) Untermietzuschläge und Kosten für den Betrieb der zentralen Heizungs-, Warmwasserversorgungs- und Brennstoffversorgungsanlage sowie des

Fahrstuhls, ferner alle Vergütungen für außergewöhnliche Nebenleistungen des Vermieters, die nicht die Raumnutzung betreffen (z. B. Bereitstellung von Wasserkraft, Dampfkraft, Preßluft, Kraftstrom), sowie Nebenleistungen des Vermieters (z. B. Spiegelglasversicherung), die nur einzelnen Mietern zugute kommen, gehören nicht zur Jahresrohmiete.

(6) [1]Als Jahresrohmiete ist die Miete maßgebend, die der Mieter vertragsgemäß nach dem Stand vom Hauptfeststellungszeitpunkt, umgerechnet auf ein Jahr, zu zahlen hat (§ 79 Abs. 1 Satz 1 BewG). [2]Das ist das Zwölffache der für Januar 1964 geltenden Monatsmiete. [3]In den besonderen Fällen, in denen die Jahresrohmiete auf Grund der Mietpreisfreigabe nach § 15 des Zweiten Bundesmietengesetzes in der Fassung des Artikels 1 Nr. 1 des Gesetzes zur Änderung von Fristen des Gesetzes über den Abbau der Wohnungszwangswirtschaft und über ein soziales Miet- und Wohnrecht vom 29. Juli 1963 (Bundesgesetzbl. I S. 524) in der Zeit vom 1. November 1963 bis zum 1. Januar 1964 erhöht worden ist, gilt die Miete vor der Mieterhöhung als Jahresrohmiete vom Hauptfeststellungszeitpunkt (vgl. Artikel 2 Abs. 1 Satz 2 des Gesetzes zur Änderung des Bewertungsgesetzes vom 13. August 1965, Bundesgesetzbl. I S. 851, BStBl. I S. 375).

22. Schönheitsreparaturen

(1) [1]Zu den sonstigen Leistungen des Mieters, die in die Miete einzubeziehen sind, gehört auch die Übernahme der Schönheitsreparaturen durch den Mieter. [2]Ohne die Übernahme wäre der Vermieter nach § 536 BGB verpflichtet, dem Mieter die Mietsache in einem zu dem vertragsmäßigen Gebrauch geeigneten Zustand zu erhalten. [3]Hierzu gehört auch die Ausführung der Schönheitsreparaturen.

(2)[1)] [1]Bei der Berechnung der Vervielfältiger sind die Kosten für die Schönheitsreparaturen im Hinblick auf die gesetzliche Verpflichtung des Vermieters in die Bewirtschaftungskosten des Grundstücks eingerechnet worden. [2]Werden die Kosten für die Schönheitsreparaturen vom Mieter getragen, so ist die Jahresrohmiete um folgende Hundertsätze zu erhöhen, und zwar bei

Einfamilienhäusern, Zweifamilienhäusern und Mietwohngrundstücken	um je	5 v. H.,
bei gemischtgenutzten Grundstücken	um	4 v. H.,
und bei Geschäftsgrundstücken	um	3 v. H.

der Jahresrohmiete.

(3)[2)] [1] *Ist die Jahresrohmiete nach § 79 Abs. 3 BewG (vgl. Abschnitt. 25) um 12 v. H. oder nach § 79 Abs. 4 BewG um 14 v. H. zu erhöhen, so bemißt sich der Zuschlag*

---

1) Gem. BFH v. 28.6.1974 III R 62/73, BStBl. II 1974, 670, richten sich die Zuschläge zur Jahresrohmiete für Kosten der Schönheitsreparaturen nicht nach der Grundstücksart, sondern nach der jeweiligen **Nutzung** der einzelnen Räume. Sie sind auf die jeweiligen Teile der Jahresrohmiete getrennt anzuwenden und zwar mit **3 v. H.** für gewerblich oder öffentlich genutzte und mit **5 v. H.** für zu Wohnzwecken genutzte Räume. Die Beispielsrechnung in Abs. 3 ist insofern überholt. – Siehe auch OFD Frankfurt/M. v. 1.9.2017 – S 3202A – 003 – St 116, ofix HE BewG/70/1.

2) Abs. 3 gegenstandslos; § 79 Abs. 3 BewG aufgeh. durch G v. 20.12.2001, BGBl. I 2001, 3794.

für Schönheitsreparaturen nach Absatz 2 nach der Grundstücksart, die sich nach der Erhöhung der Miete ergibt. [2]Wird das Grundstück teils zu Wohnzwecken, teils zu gewerblichen Zwecken genutzt, so kann sich in Grenzfällen durch den Zuschlag nach Absatz 2 die Grundstücksart ändern. [3]In diesen Fällen bestimmt sich die Höhe des Zuschlags nach der Grundstücksart, der das Grundstück nach § 75 BewG ohne Berücksichtigung dieses Zuschlags zuzuordnen wäre, die Art des Grundstücks jedoch nach dem Verhältnis der Jahresrohmieten, das sich nach Berücksichtigung des Zuschlags ergibt.

Beispiel:

Das Grundstück wird teils zu Wohnzwecken, teils zu gewerblichen Zwecken genutzt. Die Wohnungen sind grundsteuerbegünstigt. Kosten für die Schönheitsreparaturen werden für die gewerblichen Räume von den Mietern übernommen, für die Wohnungen vom Vermieter getragen.

Jahresrohmiete des Wohnzwecken dienenden Teils	*36 200 DM*
+ 12 v. H. Zuschlag wegen Grundsteuervergünstigung	*4 344 DM*
	40 544 DM
Jahresrohmiete des gewerblichen Zwecken dienenden Teils	*10 000 DM*
Jahresrohmiete	*50 544 DM*

Die Jahresrohmiete des Wohnzwecken dienenden Teils beträgt 80,2 v. H. der gesamten Jahresrohmiete. Das Grundstück wäre danach ein Mietwohngrundstück. Da die Mieter der gewerblichen Räume die Schönheitsreparaturen übernommen haben, muß die Jahresrohmiete dieser Räume um 5 v. H. erhöht werden.

Jahresrohmiete des Wohnzwecken dienenden Teils		*40 544 DM*
Jahresrohmiete des gewerblichen Zwecken dienenden Teils	*10 000 DM*	
+ 5 v. H. Schönheitsreparaturen	*500 DM*	*10 500 DM*
Gesamte Jahresrohmiete		*51 044 DM*

Die Jahresrohmiete des Wohnzwecken dienenden Teils beträgt nunmehr 79,4 v. H. der gesamten Jahresrohmiete. Das Grundstück ist durch die Verschiebung der Anteile der Jahresrohmiete zu einem gemischtgenutzten Grundstück geworden. Diese Grundstücksart ist bei der Bewertung festzustellen. Es verbleibt jedoch bei dem Zuschlag für Schönheitsreparaturen von 5 v. H.

23. Ansatz der üblichen Miete (§ 79 Abs. 2 Satz 1 BewG)

(1) [1]Ist die übliche Miete nach § 79 Abs. 2 Nr. 2 BewG anzusetzen, so braucht nicht geprüft zu werden, ob die abweichende tatsächliche Miete mit Rücksicht auf persönliche oder wirtschaftliche Verhältnisse oder mit Rücksicht auf ein Arbeitsverhältnis zugebilligt worden ist. [2]Die Gründe, die zu der Abweichung der tatsächlichen Miete von der üblichen Miete um mehr als 20 v. H. geführt haben, sind unbeachtlich. [3]Die übliche Miete für Wohnraum, der mietpreisrechtlichen Vorschriften unterliegt, darf die nach diesen Vorschriften zulässige Miete nicht überschreiten.

(2) Soweit bei der Ermittlung der üblichen Miete die Wohnfläche von Bedeutung ist, ist sie nach den Grundsätzen der §§ 42 bis 44 der Zweiten Berechnungsverordnung vom 1. August 1963 (Bundesgesetzbl. I S. 594) zu berechnen.

24. Schätzung der üblichen Miete bei Einfamilienhäusern und Zweifamilienhäusern (§ 79 Abs. 2 Satz 2 BewG)[1)]

(1) Bei den nach dem Ertragswertverfahren zu bewertenden Einfamilienhäusern und Zweifamilienhäusern sind bei der Schätzung der üblichen Miete grundsätzlich Vergleichsmieten heranzuziehen.

---

1) Zur Unzulässigkeit der Rückrechnung der bei der Bewertung im Ertragswertverfahren zugrunde zu legenden Mieten aus aktuellen Mietspiegeln siehe BFH v. 16.5.2018 II R 37/14, BStBl. II 2018, 692. Zur Verwendung eines Mietspiegels zwecks Schätzung der üblichen Miete im Ertragswertverfahren siehe zudem BFH v. 19.9.2018 II R 20/15, BFH/NV 2019, 193.

(2) [1]Bei der Mehrzahl der Einfamilienhäuser handelt es sich um kleine und einfach ausgestattete Wohngebäude oder serienmäßig hergestellte Siedlungshäuser sowie um Wohngebäude mittlerer Ausstattung. [2]Soweit bei diesen Häusern keine Vergleichsmieten vorhanden sind, ist die Miete entsprechend der Lage des Grundstücks, der baulichen Ausstattung, der Größe und dem Alter des Gebäudes zu schätzen. [3]Auch bei Reihenhäusern werden Vergleichsmieten vorhanden sein. [4]Bei vielen Einfamilienhäusern, die nach individuellen Gesichtspunkten und nach persönlichem Geschmack gebaut worden sind, wird kein Vergleich mit vermieteten Einfamilienhäusern möglich sein. [5]In diesen Fällen ist die Jahresrohmiete unter Berücksichtigung der Lage des Grundstücks sowie der Art, der Ausstattungsmerkmale, der Größe und des Alters des Gebäudes zu schätzen. [6]Bei der Schätzung ist außerdem von Bedeutung, ob und ggf. welche mietpreisrechtlichen Vorschriften im Falle der Vermietung gelten würden.

(3) [1]Ist in einem Zweifamilienhaus die eigengenutzte Wohnung mit der vermieteten Wohnung vergleichbar, so ist die übliche Miete für die eigengenutzte Wohnung aus der Miete für die andere Wohnung abzuleiten. [2]Dabei ist zu beachten, daß die Miete für die Wohnung im Obergeschoß oft geringfügig höher ist als die Miete für die Wohnung im Erdgeschoß. [3]Andererseits ist von Bedeutung, daß die Benutzung des Hausgartens die Höhe der tatsächlichen Miete beeinflußt und sich daher auch in der Schätzung der üblichen Miete auswirkt. [4]Sind die Wohnungen nicht vergleichbar, so ist wie bei Einfamilienhäusern zu verfahren.

(4) Bei der Schätzung der üblichen Miete sind die Vorschriften des § 79 Abs. 3 und 4 BewG zu beachten.

25. Miete bei Grundsteuervergünstigung (§ 79 Abs. 3 BewG)[1)]

[1]*Aus der in den Fällen der Grundsteuervergünstigung zu berichtigenden Jahresrohmiete ist der auf den Grund und Boden entfallende Anteil nicht auszuscheiden, obwohl der Grund und Boden nach dem Ersten Wohnungsbaugesetz, dem Zweiten Wohnungsbaugesetz und nach den im Saarland geltenden Vorschriften nicht begünstigt ist.* [2]*Dieser Umstand ist bei der Festsetzung des Pauschsatzes von 12 v. H. bereits berücksichtigt worden.* [3]*Bei voll steuerbegünstigten Grundstücken ist deshalb die gesamte Jahresrohmiete um 12 v. H. zu erhöhen.* [4]*Bei teilweise begünstigten Grundstücken ist die Jahresrohmiete, die auf den begünstigten Teil entfällt, zu erhöhen.*

Beispiel:

Jahresrohmiete		*10 000 DM*
davon entfallen auf begünstigte Wohnungen		*4 000 DM*
nichtbegünstigte Wohnungen und sonstige Grundstücksteile		*6 000 DM*
Bei der Bewertung sind anzusetzen	*4 000 DM*	
zuzüglich 12 v. H.	*+ 480 DM*	
	+ 6 000 DM	
Anzusetzende Jahresrohmiete	*= 10 480 DM.*	

1) Gegenstandslos; § 79 Abs. 3 BewG aufgeh. durch G v. 20. 12. 2001, BGBl. I S. 3794.

III. Vervielfältiger (§ 80 BewG)

26. Regelmäßige Vervielfältiger (§ 80 Abs. 1 und 2 BewG)

(1) [1] Für die Gemeindegrößenklasse, nach der sich der im einzelnen Fall anzuwendende Vervielfältiger u.a. bestimmt, ist die Einwohnerzahl der politischen Gemeinde (gemeindefreien Gebiete) im Hauptfeststellungszeitpunkt maßgebend. [2] Diese Einwohnerzahl gilt auch für Fortschreibungen und Nachfeststellungen, und zwar auch dann, wenn der Gebietsumfang der Gemeinde sich inzwischen geändert hat. [3] Bei Fortschreibungen und Nachfeststellungen des Einheitswertes von Grundstücken in Ortsteilen, die im Hauptfeststellungszeitpunkt noch selbständige Gemeinden waren (Eingemeindungen), sind die Vervielfältiger deshalb nach der Gemeindegröße zu bestimmen, die der Ortsteil als selbständige Gemeinde im Hauptfeststellungszeitpunkt gehabt hat. [4] Genau so ist zu verfahren, wenn Gemeindeteile umgemeindet werden. [5] Auch hier bleibt die Einwohnerzahl sowohl der vergrößerten als auch der verkleinerten Gemeinde im Hauptfeststellungszeitpunkt maßgebend.

(2) Die Eingliederung von Gemeinden oder Gemeindeteilen in eine andere Gemeindegrößenklasse, als es ihrer Einwohnerzahl entspricht (§ 80 Abs. 2 BewG), gilt hinsichtlich der Anwendung abweichender Vervielfältiger ebenfalls für den ganzen Hauptfeststellungszeitraum.

27. Vervielfältiger bei wesentlicher Verlängerung oder Verkürzung der Lebensdauer des Gebäudes (§ 80 Abs. 3 BewG)

(1) § 80 Abs. 3 BewG behandelt die Fälle einer wesentlichen Verlängerung oder Verkürzung der Lebensdauer eines Gebäudes.

(2) [1] Eine Verlängerung der Lebensdauer setzt voraus, daß das Gebäude durchgreifend erneuert oder verbessert worden ist. [2] Bauliche Maßnahmen an nicht tragenden Bauteilen (z.B. Neugestaltung der Fassade) verlängern dagegen die Lebensdauer nicht. [3] Ist die verlängerte Lebensdauer eines Gebäudes bei der Bewertung zu berücksichtigen, so darf der Vervielfältiger nicht mehr nach dem tatsächlichen Baujahr bestimmt werden. [4] Es ist vielmehr von einem der Verlängerung der Lebensdauer entsprechenden späteren Baujahr (fiktiven Baujahr) auszugehen.

Beispiel A:

Das Gebäude eines Mietwohngrundstücks in einer Gemeinde mit über 500 000 Einwohnern ist im Jahre 1910 errichtet worden. Es handelt sich um einen Holzfachwerkbau mit Ziegelsteinausmauerung. Der Vervielfältiger wäre demnach 5,1 (Teil B der Anlage 3 des Gesetzes, Teil B der Anlage 8 der Richtlinien). Infolge durchgreifender Erneuerungsarbeiten ist die restliche Lebensdauer um 20 Jahre verlängert worden. Der nunmehr anzuwendende Vervielfältiger ist weiterhin dem Teil B derselben Vervielfältigertabelle zu entnehmen, bei seiner Bestimmung ist lediglich von einem um 20 Jahre jüngeren Baujahr (fiktiven Baujahr) des Gebäudes (1910 + 20 Jahre) = 1930 auszugehen. Die Jahresrohmiete des Grundstücks ist also mit 7,0 zu vervielfachen.

(3) [1] Eine entsprechende Regelung ist für solche Fälle vorgesehen, in denen die Lebensdauer des Gebäudes infolge nicht behebbarer Baumängel oder Bauschäden (z.B. Gründungsmängel, Kriegsschäden, Bergschäden)

verkürzt worden ist. [2] Nicht behebbar ist ein Baumangel oder Bauschaden, der auch durch Ausbesserung nicht auf die Dauer beseitigt werden kann. [3] Auch hier bleibt die nach der Bauart und Bauausführung des Gebäudes in Betracht kommende Vervielfältigertabelle weiterhin maßgebend; der Verkürzung der Lebensdauer ist insoweit Rechnung zu tragen, als von einem der Verkürzung entsprechenden früheren Jahr als Baujahr (fiktiven Baujahr) auszugehen ist.

Beispiel B:

Das Gebäude eines Mietwohngrundstücks in einer Gemeinde mit über 500 000 Einwohnern ist im Jahre 1925 errichtet worden. Es handelt sich um einen Massivbau. Der Vervielfältiger wäre demnach 7,5 (Teil A der Anlage 3 des Gesetzes, Teil A der Anlage 8 der Richtlinien). Infolge nicht behebbarer Bergschäden ist die restliche Lebensdauer um 20 Jahre verkürzt. Als zugrunde zu legendes fiktives Baujahr ergibt sich (1925 ./. 20) = 1905. Die Jahresrohmiete des Grundstücks ist also mit 5,8 zu vervielfachen.

(4) Die Verkürzung der Lebensdauer infolge nicht behebbarer Baumängel und Bauschäden kann zu einem fiktiven Baujahr führen, das sich nicht in einer Verringerung der Vervielfältiger auswirkt (vgl. hierzu Abschnitt 31 Abs. 5).

28. Vervielfältiger bei Gebäuden oder Gebäudeteilen verschiedener Bauart oder verschiedenen Alters (§ 80 Abs. 4 BewG)

(1) [1] Befinden sich auf einem Grundstück Gebäude oder Gebäudeteile von einer gewissen Selbständigkeit, die eine verschiedene Bauart oder Bauausführung aufweisen oder die in verschiedenen Jahren bezugsfertig geworden sind, so sind für jedes Gebäude oder jeden Gebäudeteil die nach der Bauart und Bauausführung und nach dem Baujahr maßgebenden Vervielfältiger anzuwenden. [2] Die Summe der sich so ergebenden Beträge ist der Grundstückswert. [3] Von einer verschiedenen Bewertung der Gebäudeteile kann jedoch abgesehen werden, wenn ein Teil im Verhältnis zum ganzen Gebäude geringfügig ist.

Beispiel A:

Für ein Mietwohngrundstück in einer Gemeinde mit 60 000 Einwohnern beträgt die Jahresrohmiete 6000 DM. Von dieser Jahresrohmiete entfallen 4000 DM auf das Vorderhaus, das im Jahre 1910 als Holzfachwerkbau mit Ziegelsteinausmauerung errichtet worden ist, und 2000 DM auf das im Jahre 1920 als Massivbau bezugsfertig gewordene Hinterhaus. Die Ermittlung des Grundstückswerts ist wie folgt durchzuführen:

Vorderhaus	4000 × 5,5	= 22 000 DM
Hinterhaus	2000 × 6,5	= 13 000 DM
Grundstückswert		= 35 000 DM.

(2) [1] Anbauten teilen im allgemeinen auf Grund ihrer Bauart oder Nutzung das Schicksal des Hauptgebäudes, als Vervielfältiger ist der für das Hauptgebäude maßgebende Vervielfältiger anzuwenden. [2] Ist dagegen anzunehmen, daß ein Erweiterungsbau nach Größe, Bauart oder Nutzung eine andere Lebensdauer als das Hauptgebäude haben wird, so ist der auf ihn entfallende Anteil der Jahresrohmiete mit dem seiner Bauart und Bauausführung und seinem Baujahr entsprechenden Vervielfältiger zu multiplizieren. [3] Für Aufstockungen ist im allgemeinen das Baujahr der unteren

Geschosse zugrunde zu legen. [4]Es ist jedoch zu prüfen, ob durch die baulichen Maßnahmen die restliche Lebensdauer des Gebäudes verlängert worden ist.

(3) [1]Die Anwendung eines Vervielfältigers nach einem durchschnittlichen Baujahr nach § 80 Abs. 4 Satz 2 BewG kommt in Betracht, wenn sich die Mieten von Gebäudeteilen verschiedener Bauart und Bauausführung nicht oder nur schwer abgrenzen lassen und deshalb anteilige Werte der Gebäudeteile nur schwer ermittelt werden können. [2]Dann wird vor allem der Umfang und ggf. auch die unterschiedliche Beschaffenheit der in verschiedenen Jahren bezugsfertig gewordenen Gebäudeteile zu berücksichtigen sein.

Beispiel B:

Von einem im Jahre 1910 als Massivbau errichteten Geschäftsgebäude mit Ladengeschäften, Lagerräumen und einer Gastwirtschaft in einer Gemeinde von 60 000 Einwohnern ist der rechte Gebäudeflügel durch Brand zerstört und im Jahre 1956 wiederaufgebaut worden. Die nach dem Wiederaufbau zu zahlenden Mieten lassen sich nicht aufteilen. Beträgt der nicht zerstörte Teil etwa $2/3$ und der wiederaufgebaute Teil etwa $1/3$ des ganzen Gebäudes, so kommt als durchschnittliches Baujahr in Betracht:

Nicht zerstörter Teil, errichtet 1910, somit bisherige Lebensdauer
bis zum Hauptfeststellungszeitpunkt 54 Jahre
wiederaufgebauter Teil, errichtet 1956, somit bisherige Lebensdauer
bis zum Hauptfeststellungszeitpunkt 8 Jahre
(Das Jahr, in dem das Gebäude bezugsfertig geworden ist, rechnet als volles Jahr.)

$54 \times 2/3 = 36$
$8 \times 1/3 = 3$

bisherige durchschnittliche Lebensdauer des gesamten Gebäudes = 39 Jahre
durchschnittliches Baujahr: 1964 (Hauptfeststellungszeitpunkt) ./. 39 Jahre = 1925
Vervielfältiger = 8,0.

29. Vervielfältiger bei Wiederaufbau von kriegsbeschädigten Gebäuden

(1) Ist ein völlig zerstörtes Gebäude unter Verwendung erhalten gebliebener Fundamente oder Keller wieder aufgebaut worden, so ist für die Bestimmung des Vervielfältigers grundsätzlich das Jahr des Wiederaufbaus maßgebend.

(2) [1]Sind beim Wiederaufbau eines zerstörten Gebäudes in erheblichem Umfang stehengebliebene Bauteile verwertet worden, so ist im allgemeinen für die Bestimmung des Vervielfältigers ebenfalls das Jahr des Wiederaufbaus maßgebend. [2]Es ist jedoch zu prüfen, ob wegen der Verwendung stehengebliebener Bauteile und einer etwa dadurch bedingten Beeinträchtigung der Lebensdauer ein fiktives Baujahr in Betracht kommt. [3]In diesen Fällen ist Abschnitt 27 Abs. 3 und 4 sinngemäß anzuwenden.

(3) Sind bei einem teilweise zerstörten Gebäude, bei dem der nicht zerstörte Teil benutzbar geblieben ist, vertikal abgrenzbare Gebäudeteile (z. B. ein Gebäudeflügel) oder horizontal abgrenzbare Gebäudeteile (z. B. ein oder mehrere Geschosse) wiederaufgebaut worden, so ist Abschnitt 28 Abs. 2 sinngemäß anzuwenden.

(4) Lassen sich nach dem Wiederaufbau eines teilweise zerstörten Gebäudes die Mieten für den erhalten gebliebenen Teil und den wiederauf-

gebauten Teil des Gebäudes nur schwer abgrenzen, so ist der Vervielfältiger entsprechend den Ausführungen in Abschnitt 28 Abs. 3 zu ermitteln.

IV. Außergewöhnliche Grundsteuerbelastung

30. Ermittlung der Belastungszahl; Berücksichtigung der außergewöhnlichen Grundsteuerbelastung (§ 81 BewG)

(1) [1]Die Grundsteuerbelastung in einer Gemeinde wird durch eine Belastungszahl ausgedrückt, die nach § 2 der Verordnung zur Durchführung des § 81 BewG vom 2. September 1966 (Bundesgesetzbl. I S. 550) ermittelt wird. [2]Das gilt auch für die Grundsteuerbelastung in gemeindefreien Gebieten.

Beispiel:

Die Gemeinde gehört zum Bezirk III des ehemaligen Landesfinanzamts Kassel und nach § 29 in Verbindung mit § 30 Abs. 1 und 2 GrStDV zur Gemeindegruppe a.

Der Vervielfältiger nach § 2 Abs. 2 der o.a. Verordnung beträgt demnach	81.
Der Hebesatz der Gemeinde am 1. Januar 1964 beträgt	250 v.H.
Die Belastungszahl ist dann 81 × 250	= 20250.

Nach § 3 der o.a. Verordnung ist weder ein Abschlag noch ein Zuschlag zu machen, weil die Belastungszahl mehr als 11000 und weniger als 23000 beträgt.

(2) [1]Für eine Gemeinde ist in jedem Fall nur eine Belastungszahl zu ermitteln. [2]Das gilt nach § 2 Abs. 3 oder o.a. Verordnung auch in den Fällen,

1. in denen nach dem 1. Januar 1935[1)] Umgemeindungen rechtswirksam geworden sind und die betroffenen Gemeinden oder Gemeindeteile weiterhin zu der Gemeindegruppe gehören, der sie ohne die Umgemeindung zuzurechnen sind (§ 30 Abs. 3 GrStDV),
2. in denen für die Hauptfeststellung auf den 1. Januar 1935[1)] für einzelne Teile von Gemeinden in den Verordnungen der Präsidenten der Landesfinanzämter vom 17. Dezember 1934[2)] (Reichsministerialblatt S. 785 ff., RStBl. S. 1641 ff.) andere Vervielfältiger festgesetzt worden sind,
3. in denen innerhalb einer Gemeinde verschiedene Hebesätze gelten (§ 4 EinfGRealStG).

[3]Der Bestand der wirtschaftlichen Einheiten hat sich aber in den betroffenen Gemeinden oder Gemeindeteilen bis zum 1. Januar 1964 regelmäßig in erheblichem Umfang verändert. [4]Durch diese Veränderungen hat sich auch das Verhältnis des Aufkommens an Grundsteuer der einzelnen Gemeindeteile zueinander wesentlich verschoben. [5]Das muß bei Ermittlung der Belastungszahl der Gemeinde berücksichtigt werden. [6]§ 2 Abs. 3 Satz 2 der o.a. Verordnung bestimmt deshalb, daß bei der Ermittlung der durchschnittlichen Belastungszahl die Einwohnerzahlen der betroffenen Gemeindeteile am Hauptfeststellungszeitpunkt als Maßstab für das veränderte Verhältnis des Grundsteueraufkommens zu berücksichtigen sind. [7]Die

---

1) Im Saarland: 1. Januar 1936.
2) Im Saarland: VO v. 29. Februar 1936 (RMBl. S. 54, RStBl. S. 193).

Einwohnerzahlen sind von den Gemeinden zu erfragen. [8]Sie sind auf volle Tausend nach unten abzurunden.

Beispiel:

In die Gemeinde A ist eine Gemeinde (nunmehr Gemeindeteil B) nach dem 1. Januar 1935 eingemeindet worden. Für einen besonderen Teil der ursprünglichen Gemeinde A (Gemeindeteil C) ist zum 1. Januar 1935 ein anderer Vervielfältiger festgesetzt worden.

Die Gemeinde A – ohne die Gemeindeteile B und C – gehört zum Bezirk II des ehemaligen Landesfinanzamts Nordmark und nach § 29 in Verbindung mit § 30 Abs. 1 GrStDV zur Gemeindegruppe b.

Der Vervielfältiger beträgt 63,5.

Der Gemeindeteil B gehört zum Bezirk V des ehemaligen Landesfinanzamts Nordmark und nach § 29 in Verbindung mit § 30 Abs. 3 GrStDV zur Gemeindegruppe a.

Der Vervielfältiger beträgt 85,5.

Der Gemeindeteil C gehört zum Bezirk III des ehemaligen Landesfinanzamts Nordmark und nach § 29 in Verbindung mit § 30 Abs. 1 GrStDV zur Gemeindegruppe b.

Der Vervielfältiger beträgt 68.

Die Hebesätze am 1. Januar 1964 betragen

in der Gemeinde A	250 v. H.
im Gemeindeteil B	180 v. H.
im Gemeindeteil C	250 v. H.

Die Einwohnerzahlen am 1. Januar 1964 betragen

in der Gemeinde A	56 000 (abgerundet)
im Gemeindeteil B	15 000 (abgerundet)
im Gemeindeteil C	6 000 (abgerundet)

Die durchschnittliche Belastungszahl errechnet sich wie folgt (die Einwohnerzahlen sind dabei nur mit den Tausendern anzusetzen):

A	63,5 × 250 × 56	=	889 000
B	85,5 × 180 × 15	=	230 850
C	68 × 250 × 6	=	102 000
	77		1 221 850
1 221 850 : 77 (Einwohnerzahl insges.)		=	15 868.

Nach § 3 der o. a. Verordnung ist für die ganze Gemeinde weder ein Abschlag noch ein Zuschlag zu machen, weil die Belastungszahl mehr als 11 000 und weniger als 23 000 beträgt.

(3) Hat eine Gemeinde oder ein Gemeindeteil am 1. Januar 1935[1)] zum Gebiet eines anderen Landesfinanzamts gehört, so ist der Vervielfältiger dem Teil der Tabelle in § 2 Abs. 2 der o. a. Verordnung zu entnehmen, der für das Gebiet des anderen Landesfinanzamts gilt.

(4) [1]Grundstücke, die grundsteuerbegünstigt sind, erhalten keinen Abschlag oder Zuschlag, weil die Erhöhung der Jahresrohmiete um 12 v. H. nach § 79 Abs. 3 BewG (vgl. Abschnitt 25) sich so auswirkt, als wenn für das Grundstück eine durchschnittliche Grundsteuerbelastung vorläge. [2]Ist ein Grundstück nur teilweise begünstigt, so ist der Abschlag oder Zuschlag nur auf den Teil des Grundstückswerts anzuwenden, der nicht grundsteuerbegünstigt ist. [3]Das erfolgt zweckmäßig durch entsprechende Ermäßigung oder Erhöhung der Jahresrohmiete für den nichtbegünstigten Teil.

1) Im Saarland: 1. Januar 1936.

Beispiel:
Die Grundstückswerte in einer Gemeinde sind um 10 v.H. zu erhöhen, weil die Grundsteuerbelastung in der Gemeinde besonders niedrig ist.

Jahresrohmiete		10 000 DM
davon entfallen auf begünstigte Wohnungen		4 000 DM
nichtbegünstigte Wohnungen		6 000 DM
Bei der Bewertung sind anzusetzen für begünstigte Wohnungen	4 000 DM	
+ 12 v.H. (vgl. Abschnitt 25)	480 DM	
nichtbegünstigte Wohnungen	6 000 DM	
+ 10 v.H. wegen außergewöhnlicher Grundsteuerbelastung	600 DM	11 080 DM

[4]Auf die so ermittelte Miete ist der Vervielfältiger und ggf. in den Fällen der Aufteilung des Einheitswerts (vgl. Abschnitt 20 Abs. 2) der Multiplikator für den Bodenwertanteil anzuwenden. [5]Entsprechend ist bei Grundstücken zu verfahren, bei denen die Jahresrohmiete nach § 79 Abs. 4 BewG um 14 v.H. zu erhöhen ist.

V. Ermäßigung und Erhöhung des Grundstückswerts (§ 82 BewG)

31. Ermäßigung des Grundstückswerts (§ 82 Abs. 1 BewG)[1)]

(1) [1]Der sich nach den §§ 78 bis 81 BewG ergebende Grundstückswert kann nur dann ermäßigt werden, wenn sich die wertmindernden Umstände weder in der Höhe der Jahresrohmiete noch in der Höhe des Vervielfältigers ausgewirkt haben. [2]Das bedeutet, daß alle Umstände, die in den Vervielfältigern pauschal berücksichtigt worden sind (z.B. einzelne bzw. die gesamten Bewirtschaftungskosten), nicht mehr durch einen Abschlag nach den individuellen Gegebenheiten des einzelnen Falls berücksichtigt werden können. [3]Danach kommen als wertmindernde Umstände nur solche in Betracht, die ihrer Art nach in Einzelfällen bedeutsam sind. [4]§ 82 Abs. 1 BewG zählt die in Betracht kommenden Ermäßigungsgründe zwar nicht erschöpfend auf, jedoch betreffen die in der Vorschrift angeführten Beispiele die wichtigsten und am häufigsten vorkommenden wertmindernden Umstände.

(2) [1]In § 82 Abs. 1 Nr. 1 BewG sind zunächst die von außen her einwirkenden Belästigungen durch Lärm, Rauch und Gerüche genannt. [2]Derartige Einwirkungen führen jedoch nur dann zu einem Abschlag, wenn es sich um ungewöhnlich starke Beeinträchtigungen handelt. [3]Für eine solche Beeinträchtigung kommen z.B. die Lage eines Wohngrundstücks in unmittelbarer Nähe der Müllkippe einer Gemeinde oder seine Lage in der Einflugschneise in unmittelbarer Nähe eines Flugplatzes in Betracht. [4]Der heute übliche Verkehrslärm kann dagegen nicht als eine Beeinträchtigung von außergewöhnlicher Stärke aufgefaßt werden. [5]Liegt eine Beeinträchtigung von außergewöhnlicher Stärke vor, muß geprüft werden, ob sich die wertmindernden Umstände nicht bereits in der Jahresmiete ausgewirkt haben. [6]Das gilt insbesondere bei Wohngrundstücken in Gebieten, in denen starke Beeinträchtigungen allgemein vorkommen.

---

1) Zu einem Bewertungsabschlag wegen Nähe zu Windkraftanlagen vgl. BFH v. 22. 6. 2006 II B 171/05, BFH/NV 2006, 1805. – Nicht unterkellertes Einfamilienhaus rechtfertigt keine Ermäßigung des Grundstückswerts nach § 82 Abs. 1 BewG; vgl. BFH v. 13. 2. 2008 II R 72/06, BFH/NV 2008, 1123.

(3) [1]Als weitere Ermäßigungsgründe sind in § 82 Abs. 1 Nr. 2 BewG die behebbaren Baumängel und Bauschäden genannt. [2]Baumängel beruhen in der Regel auf einer mangelhaften Bauausführung. [3]Behebbare Baumängel können z.B. auf eine ungenügende Isolierung, die jedoch nachträglich verbessert werden kann, oder auf die Verwendung von schlechten, aber auswechselbaren Baustoffen zurückzuführen sein. [4]Bauschäden treten dagegen erst nach der Fertigstellung des Gebäudes durch äußere Einwirkungen auf, z.B. als Wasser-, Erschütterungs-, Schwamm- oder Bergschäden. [5]Unter Umständen kann auch ein aufgestauter erheblicher Reparaturbedarf zu einem behebbaren Bauschaden führen. [6]Auch bei behebbaren Baumängeln oder Bauschäden ist wie bei den in Absatz 2 genannten äußeren Einwirkungen zu prüfen, ob die Schäden nicht bereits in der Jahresrohmiete berücksichtigt sind. [7]Bauschäden können ebenso wie die in Absatz 2 genannten Einwirkungen in bestimmten Gegenden besonders häufig auftreten. [8]Das ist vor allem in Industrie- und Gewerbegebieten der Fall. [9]Dann kann sich der Umstand, daß bestimmte Schäden am Gebäude immer wieder auftreten (z.B. Wasser-, Erschütterungs- oder Bergschäden) und für den Benutzer des Grundstücks eine Belästigung darstellen, schon im allgemeinen Mietniveau der Gegend und damit auch in der Miethöhe für das einzelne Grundstück ausgewirkt haben. [10]Wenn ein Schaden immer wieder auftritt, sind auch Fälle denkbar, in denen § 80 Abs. 3 BewG und § 82 Abs. 1 BewG nebeneinander angewendet werden müssen. [11]So kann bei Bergschäden die ständige Wiederholung zu einem nicht behebbaren Schaden führen, der nach § 80 Abs. 3 BewG (vgl. Abschnitt 27 Abs. 3) entsprechend der Verkürzung der Lebensdauer des Gebäudes zu berücksichtigen ist; ein einzelner am Feststellungszeitpunkt noch zu beseitigender Schaden, der in nächster Zeit hohe Reparaturkosten erfordert, kann aber daneben durch eine Ermäßigung nach § 82 Abs. 1 BewG zu berücksichtigen sein.

(4) [1]Wegen der Notwendigkeit baldigen Abbruchs des Gebäudes (§ 82 Abs. 1 Nr. 3 BewG) ist regelmäßig ein Abschlag zu machen, wenn das Gebäude innerhalb eines Zeitraums von zehn Jahren nach dem Feststellungszeitpunkt abgebrochen werden muß. [2]Die Höhe dieses Abschlags richtet sich nach der noch verbleibenden Nutzungsdauer und nach der Bauart und Bauausführung des Gebäudes, jedoch nicht nach der Grundstücksart. [3]Der Abschlag ergibt sich aus den Spalten 1 bis 3 der Anlage 9. [4]Die dort aufgeführten Abschläge beziehen sich nur auf den Gebäudewert. [5]Vor Anwendung des Abschlags ist also der Bodenwertanteil aus dem Grundstückswert auszuscheiden.

Beispiel:

Das Gebäude eines Mietwohngrundstücks in einer Gemeinde mit mehr als 500 000 Einwohnern ist im Jahre 1895 errichtet worden.
Es handelt sich um einen Massivbau. Die Jahresrohmiete beträgt 10 000 DM. Das Gebäude muß in 6 Jahren abgerissen werden.

10 000 × 5,4 (Vervielfältiger – Anlage 8)	= 54 000 DM
10 000 × 1,82 (Bodenwertanteil – Anlage 8)	= 18 200 DM
Gebäudewert	= 35 800 DM
Abschlag (Anlage 9) 60 v.H.	= 21 480 DM

Restgebäudewert	= 14 320 DM
Bodenwertanteil	= 18 200 DM
ermäßigter Grundstückswert	= 32 520 DM
Einheitswert	= 32 500 DM

(5) [1]Andere als die in § 82 Abs. 1 Nr. 1 bis 3 BewG aufgeführten Umstände führen verhältnismäßig selten zu einer Ermäßigung. [2]Eine ungünstige Gestaltung der Grundstücksfläche oder eine wirtschaftlich überholte Anordnung und Gestaltung der Gebäude wird sich häufig in der Jahresrohmiete ausdrücken. [3]Ist das Maß der baulichen Nutzung herabgesetzt worden (Herabzonung), so berührt das den Bodenwert, der als Bodenwertanteil an der Miete bei der Berechnung der Vervielfältiger pauschaliert worden ist. [4]Ein Abschlag wird deshalb nicht gewährt. [5]Eher kommt als wertmindernder Umstand eine auf dem Grundstück ruhende Grunddienstbarkeit (z. B. Wegerecht, Fensterrecht) in Betracht, wenn die Grundstücksbenutzung erheblich eingeschränkt ist und dies in der Miete – insbesondere in einer bei Eigennutzung geschätzten Miete – nicht zum Ausdruck kommt. [6]Ein Grund für eine Ermäßigung neben den in § 82 Abs. 1 Nr. 1 bis 3 BewG genannten Umständen kann z. B. auch gegeben sein, wenn sich die Lebensdauer eines Gebäudes infolge nicht behebbarer Baumängel und Bauschäden so verkürzt, daß sich nach § 80 Abs. 3 BewG ein fiktives Baujahr ergibt, das sich nicht in einer Verringerung des Vervielfältigers auswirkt (vgl. Abschnitt 27 Abs. 4). [7]Ist am Feststellungszeitpunkt anzunehmen, daß das Gebäude innerhalb eines Zeitraums von 10 Jahren abgebrochen werden muß, ist stets ein Abschlag zu gewähren. [8]Der Abschlag ist wie in den Fällen der Notwendigkeit baldigen Abbruchs (vgl. Absatz 4) zu berechnen. [9]In den übrigen Fällen ist nach den Umständen des Einzelfalls zu entscheiden, ob, ggf. in welcher Höhe, ein Abschlag zu gewähren ist.

32. Erhöhung des Grundstückswerts (§ 82 Abs. 2 BewG)

(1) [1]Erhöhungen des nach den §§ 78 bis 81 BewG ermittelten Grundstückswerts kommen nur aus zwei Gründen in Betracht:

1. wegen der Größe der nicht bebauten Fläche (Absätze 2 bis 4),
2. wegen einer nachhaltigen Ausnutzung des Grundstücks für Reklamezwecke gegen Entgelt (Absatz 5).

[2]Voraussetzung für eine Erhöhung des Grundstückswerts ist, daß die werterhöhenden Umstände nicht bereits in der Höhe der Jahresrohmiete berücksichtigt worden sind.

(2) Für einen Zuschlag wegen der Größe der nicht bebauten Fläche müssen außerdem die folgenden Voraussetzungen erfüllt sein:

1. [1]Auf dem Grundstück darf sich kein Hochhaus befinden. [2]Als Hochhaus gilt jedes Gebäude, in dem der Fußboden mindestens eines zum dauernden Aufenthalt von Menschen dienenden Raumes mehr als 22 m über Gelände liegt,
2. die gesamte Fläche muß bei Einfamilienhäusern und Zweifamilienhäusern mehr als 1500 m^2 betragen; bei den übrigen Grundstücksarten muß sie mehr als das Fünffache der bebauten Fläche betragen.

(3) 1 Bei der Berechnung des Zuschlags wegen der Größe der nicht bebauten Fläche ist wie folgt zu verfahren: 2 Zunächst ist der Bodenwert des Grundstücks nach den Abschnitten 7 bis 10 zu ermitteln. 3 Von diesem ist der tatsächliche Wert von 1500 m² bzw. von dem Fünffachen der bebauten Fläche abzuziehen. 4 Dabei ist der Bodenwertanteil am Grundstückswert (vgl. Abschnitt 20) ohne Bedeutung. 5 Die Aufteilung in Vorderland und Hinterland (vgl. Abschnitt 8) ist zu berücksichtigen. 6 Unbeachtlich ist, auf welchem Teil des Grundstücks sich das Gebäude befindet.

Beispiel:

Ein Einfamilienhaus hat eine Grundstücksfläche von 2000 m², so daß bei der Wertermittlung eine Fläche von 500 m² besonders zu berücksichtigen ist. Zunächst ist der gesamte Bodenwert zu ermitteln, wobei der Grund und Boden in Vorderland und Hinterland aufgeteilt werden muß. Entfallen von der gesamten Fläche von 2000 m² auf das Vorderland (Zone I) 800 m² mit einem Wert von 40 DM/m², auf das Hinterland (Zone II) 800 m² mit einem Wert von 20 DM/m² und auf das Hinterland (Zone III a) 400 m² mit einem Wert von 10 DM/m², so beträgt der gesamte Bodenwert

Vorderland Zone I	800 (m²) × 40 (DM)	=	32 000 DM
Hinterland Zone II	800 (m²) × 20 (DM)	=	16 000 DM
Hinterland Zone III a	400 (m²) × 10 (DM)	=	4000 DM
	Bodenwert		52 000 DM.

Der Wert von 1500 m² Fläche beträgt dann:

Vorderland Zone I	800 (m²) × 40 (DM)	=	32 000 DM
Hinterland Zone II	700 (m²) × 20 (DM)	=	14 000 DM
	1500 (m²)	=	46 000 DM.

Der Unterschied zwischen dem gesamten Bodenwert und dem Wert von 1500 m² Fläche ist der Betrag, um den der Grundstückswert zu erhöhen ist:

Gesamter Bodenwert	=	52 000 DM
Wert von 1500 m² Fläche	=	46 000 DM
Zuschlag	=	6 000 DM.

(4) 1 Bei Grundstücken mit übergroßer Fläche ist zunächst zu prüfen, ob die wirtschaftliche Einheit richtig abgegrenzt ist. 2 Die übergroße Fläche eines Grundstücks kann z. B. dadurch entstanden sein, daß der Eigentümer eines Einfamilienhauses eine benachbarte Grundstücksfläche, die nach der Verkehrsanschauung als besondere Bauparzelle (z. B. Baulücke) anzusehen ist, als Hausgarten benutzt. 3 Diese besondere Bauparzelle ist dann als selbständige wirtschaftliche Einheit zu bewerten.

(5) 1 Die Nutzung eines Grundstücks für Reklamezwecke ist dann als werterhöhender Umstand anzusehen, wenn sie nachhaltig gegen Entgelt erfolgt. 2 Eine Eigenreklame des Grundstückseigentümers darf deshalb nicht berücksichtigt werden. 3 Ein Zuschlag kommt auch z. B. nicht in Betracht, wenn der Mieter von Geschäftsräumen die Außenwände des gemieteten Gebäudeteils zu Reklamezwecken benutzt, weil in diesen Fällen ein besonderes Entgelt für die Reklamenutzung nicht gezahlt wird. 4 Auch wenn ein Mieter seinen Gewerbebetrieb im Hinterhaus ausübt, wird ein Entgelt für die Anbringung eines Firmenschildes oder Werbeschildes am Vorderhaus im allgemeinen neben der Raummiete nicht gezahlt werden. 5 Werden dagegen andere mit den gemieteten Räumen nicht im Zusammenhang stehende Flächen von einem Mieter genutzt, z. B. Giebelwände, Dachflächen oder Pfeiler von Arkaden, so ist zu prüfen, ob für die Benut-

zung ein besonderes Entgelt neben der Geschäftsraummiete vereinbart ist. [6]Ein Zuschlag kommt immer in Betracht, wenn der Grundstückseigentümer Flächen des Gebäudes an Personen vermietet, die nicht Mieter des Grundstücks sind. [7]Für die Höhe des Zuschlags kann im allgemeinen das *Neunfache*[1)] des jährlichen Reinertrags zugrunde gelegt werden.

33. Höchstmaß der Ermäßigung und Erhöhung des Grundstückswerts (§ 82 Abs. 3 BewG)

(1) Das Ausmaß der Ermäßigung oder Erhöhung richtet sich danach, welche Bedeutung dem besonderen Umstand bei einem Verkauf des Grundstücks nach Lage des Grundstücksmarkts beigemessen werden würde (RFH-Urteil vom 30. 3. 1939, RStBl. S. 724).

(2) [1]Die Abschläge für

1. ungewöhnlich starke Beeinträchtigungen durch Lärm, Rauch oder Gerüche (vgl. Abschnitt 31 Abs. 2),
2. behebbare Baumängel und Bauschäden (vgl. Abschnitt 31 Abs. 3)

und die Zuschläge für

1. die Größe der nicht bebauten Fläche (vgl. Abschnitt 32 Abs. 2 und 3),
2. die Ausnutzung des Grundstücks für Reklamezwecke (vgl. Abschnitt 32 Abs. 5)

dürfen insgesamt 30 v.H. des Grundstückswerts nicht übersteigen. [2]Andere Abschläge wie insbesondere wegen der Notwendigkeit baldigen Abbruchs (vgl. Abschnitt 31 Abs. 4) oder der Verkürzung der Lebensdauer des Gebäudes, wenn das in Betracht kommende fiktive Baujahr sich nicht in einer Verringerung des Vervielfältigers auswirkt (vgl. Abschnitt 31 Abs. 5), können ohne Höchstgrenze gewährt werden. [3]Die Zuschläge sind dagegen ausnahmslos auf 30 v.H. des Grundstückswerts begrenzt.

(3) [1]Bei einem Zusammentreffen von wertmindernden und werterhöhenden Umständen ist der Höchstsatz von 30 v.H. nur auf das Ergebnis des Ausgleichs anzuwenden. [2]Das gilt jedoch nur, soweit die in Absatz 2 jeweils unter den Nummern 1 und 2 genannten Gründe in Betracht kommen. [3]Die Abschläge wegen der in der Höhe nicht begrenzten Ermäßigungen sind in jedem Falle neben dem getrennt berechneten Abschlag oder Zuschlag, der auch das Ergebnis eines Ausgleichs sein kann, für diese Gründe zu gewähren.

Beispiel:

Abschlag wegen Beeinträchtigung durch Lärm	10 v.H.
Abschlag wegen Bauschäden	30 v.H.
Summe der Abschläge	40 v.H.
Zuschlag wegen der Größe der nicht bebauten Fläche	5 v.H.
	35 v.H.
Als Abschlag dürfen nur gewährt werden	30 v.H.

[1)] Nach FM Bayern vom 5. 6. 1975 – 34–S 3204–11/20–31 947 – das **Vierfache** des jährlichen Reinertrags.

(4) [1]Die Abschläge betreffen im Fall der Beeinträchtigungen durch Lärm, Rauch oder Gerüche (§ 82 Abs. 1 Nr. 1 BewG) sowohl den Wert des Grund und Bodens (Bodenwert) als auch den Wert des Gebäudes. [2]Die Abschläge für behebbare Baumängel und Bauschäden (§ 82 Abs. 1 Nr. 2 BewG) und für die Notwendigkeit baldigen Abbruchs (§ 82 Abs. 1 Nr. 3 BewG) betreffen dagegen nur den Gebäudewert. [3]Der Zuschlag für die Ausnutzung eines Grundstücks für Reklamezwecke (§ 82 Abs. 2 Nr. 2 BewG) betrifft ebenfalls nur den Gebäudewert, der Zuschlag für die Größe der nicht bebauten Fläche (§ 82 Abs. 2 Nr. 1 BewG) dagegen nur den Bodenwert.

(5) [1]Auch die Reihenfolge der Anwendung der Abschläge und Zuschläge auf den Grundstückswert ist von Bedeutung. [2]Es sind zunächst die auf das Höchstmaß von 30 v.H. dieses Werts begrenzten Abschläge und Zuschläge zu ermitteln und danach erst die weiteren nicht begrenzten Abschläge, insbesondere wegen der Notwendigkeit baldigen Abbruchs, nach dem Gebäudewert zu berechnen. [3]Ist ausnahmsweise ein nicht begrenzter Abschlag zu gewähren, der sich sowohl auf den Gebäudewert als auch auf den Bodenwert bezieht – z.B. für eine Grunddienstbarkeit –, so sind die Anteile des Gebäudes und des Grund und Bodens am Grundstückswert zunächst – ggf. unter Berücksichtigung von Zuschlägen und anderen Abschlägen – zu berechnen und beide Anteile entsprechend zu kürzen.

(6) [1]Die Anwendung der Abschläge und Zuschläge beim Bodenwert und beim Gebäudewert und die Reihenfolge ihrer Anwendung sind beim Erbbaurecht von besonderer Bedeutung. [2]Muß beim Erbbaurecht der Gesamtwert in einem Bodenwertanteil und einen Gebäudewertanteil aufgeteilt werden (vgl. Abschnitt 48), so dürfen die Abschläge und Zuschläge nur bei dem Anteil berücksichtigt werden, den sie betreffen.

Beispiel A:

An einem Grundstück in einer Gemeinde mit über 500 000 Einwohnern ist ein Erbbaurecht bestellt worden. Das Gebäude auf dem Grundstück ist ein als Massivbau errichtetes Einfamilienhaus (Baujahr 1930). Die Jahresrohmiete beträgt 10 000 DM. Für eine vorhandene übergroße Fläche muß der Gesamtwert nach § 82 Abs. 2 Nr. 1 BewG (vgl. Abschnitt 32 Abs. 3) um 6000 DM erhöht werden.

Der Gesamtwert errechnet sich wie folgt:

10 000 × 10,2 (Anlage 8)	102 000 DM
Zuschlag wegen übergroßer Fläche (= rd. 5,9 v.H. des sich nach §§ 78 bis 81 BewG ergebenden Gesamtwerts)	+ 6 000 DM
Gesamtwert	108 000 DM

Der Gesamtwert ist wie folgt aufzuteilen:

Bodenwertanteil	
10 000 × 3,33 (Anlage 8)	33 300 DM
Zuschlag wegen übergroßer Fläche (Der Zuschlag betrifft nur den Bodenwert. Er ist also bei der Aufteilung voll dem Bodenwertanteil zuzurechnen)	+ 6 000 DM
Bodenwertanteil	39 300 DM
Gesamtwert	108 000 DM
./. Bodenwertanteil	39 300 DM
Gebäudewertanteil	68 700 DM

Beispiel B:

Das Beispiel A wird dahin abgewandelt, daß der Gesamtwert noch um 10 v. H. wegen ungewöhnlich starker Beeinträchtigung durch Lärm infolge der Lage des Grundstücks in der Einflugschneise in unmittelbarer Nähe eines Flugplatzes (vgl. Abschnitt 31 Abs. 2) ermäßigt werden muß. Die Ermäßigung betrifft sowohl den Bodenwert als auch den Gebäudewert.

Der Gesamtwert errechnet sich wie folgt:

10 000 × 10,2		102 000 DM
Abschlag wegen der Beeinträchtigung (10 v. H. des Gesamtwerts)	10 200 DM	
Zuschlag wegen übergroßer Fläche (rd. 5,9 v. H. des Gesamtwerts)	6 000 DM	– 4 200 DM
Gesamtwert		97 800 DM

Der Gesamtwert ist wie folgt aufzuteilen:

Bodenwertanteil 10 000 × 3,33		33 300 DM
Abschlag wegen der Beeinträchtigung (Der Abschlag betrifft sowohl den Bodenwert als auch den Gebäudewert. Er ist also bei der Ermittlung des Bodenwertanteils in Höhe von 10 v. H. auf diesen Anteil zu beziehen) 10 v. H. von 33 300 DM	3 330 DM	
Zuschlag wegen übergroßer Fläche (vgl. Beispiel A)	6 000 DM	+ 2 670 DM
Bodenwertanteil		35 970 DM
Gesamtwert		97 800 DM
./. Bodenwertanteil		35 970 DM
Gebäudewertanteil		61 830 DM

[3] Treffen Abschläge und Zuschläge zusammen und muß das Ergebnis des Ausgleichs auf 30 v. H. begrenzt werden (vgl. Absatz 3), so ist bei der Berechnung des Bodenwertanteils jeder Abschlag und Zuschlag, der den Bodenwert betrifft, in demselben Verhältnis zu mindern, in dem die tatsächliche Höhe des Ausgleichs der Abschläge und Zuschläge auf 30 v. H. (Höchstmaß) zu begrenzen ist. [4] Bei der Berechnung des Gebäudewertanteils wirkt sich das auf die den Gebäudewertanteil betreffenden Abschläge und Zuschläge in gleicher Weise aus.

Beispiel C:

Das Beispiel B wird dahin abgewandelt, daß der Gesamtwert wegen der Nutzung des Grundstücks für Reklamezwecke (vgl. Abschnitt 32 Abs. 5) um 40 v. H. erhöht werden muß. Dieser Zuschlag betrifft jedoch nur den Gebäudewert.

Der Gesamtwert errechnet sich wie folgt:

10 000 × 10,2		102 000 DM
Abschlag wegen der Beeinträchtigung	10 v. H.	
Zuschlag wegen übergroßer Fläche	5,9 v. H.	
Zuschlag wegen Reklamenutzung	40 v. H.	
Gesamtzuschlag	35,9 v. H.	
Begrenzt auf 30 v. H. des Gesamtwerts		+ 30 600 DM
Gesamtwert		132 600 DM

Der Gesamtwert ist wie folgt aufzuteilen:

Bodenwertanteil 10 000 × 3,33		33 300 DM

Abschlag wegen der Beeinträchtigung 10 v. H. vermindert auf 8,35 v. H. ($\frac{30}{35,9}$ von 10 v. H.) von 33 300 DM	2 780 DM	
Zuschlag wegen übergroßer Fläche 6 000 DM (rd. 5,9 v. H.) vermindert auf $\frac{30}{35,9}$ von 6 000 DM	5 014 DM	+ 2 234 DM
Bodenwertanteil		35 534 DM
Gesamtwert		132 600 DM
./. Bodenwertanteil		35 534 DM
Gebäudewertanteil		97 066 DM

[5] Ein Abschlag wegen der Notwendigkeit baldigen Abbruchs des Gebäudes und ein anderer nicht durch § 82 Abs. 3 BewG auf 30 v. H. begrenzter Abschlag sind von den nach den Beispielen A bis C ermittelten Anteilen am Gesamtwert zu machen, und zwar bei dem Anteil, den sie jeweils betreffen.

(7) [1] In anderen Fällen als dem Erbbaurecht, in denen Abschläge nach § 82 Abs. 1 Nr. 1 und 2 BewG und Zuschläge nach § 82 Abs. 2 Nr. 1 und 2 BewG zu machen sind und außerdem ein weiterer Abschlag z. B. wegen der Notwendigkeit baldigen Abbruchs des Gebäudes in Betracht kommt, ist der Gebäudewert wie in den Beispielen A bis C in Absatz 6 zu berechnen. [3] Da in diesen Fällen der Bodenwertanteil nicht gesondert ermittelt zu werden braucht, kann der Gebäudewert auch wie folgt berechnet werden:

Beispiel D:

Das Beispiel B wird dahin abgewandelt, daß das Grundstück nicht mit einem Erbbaurecht belastet ist.

Grundstückswert (= Gesamtwert wie im Beispiel B)	97 800 DM
Gebäudewertanteil 10,2 (Vervielfältiger) 3,33 (Multiplikator für den Bodenwertanteil) 6,87 × 10 000 DM	68 700 DM
Abschlag wegen der Beeinträchtigung (Der Abschlag betrifft sowohl den Bodenwert als auch den Gebäudewert. Er ist also bei der Ermittlung des Gebäudewertanteils in Höhe von 10 v. H. auf diesen Anteil zu beziehen) 10 v. H. von 68 700 DM	– 6 870 DM
Gebäudewertanteil	61 830 DM
Nach diesem Gebäudewertanteil ist z. B. ein Abschlag wegen der Notwendigkeit baldigen Abbruchs des Gebäudes von 70 v. H. zu berechnen. 70 v. H. von 61 830 DM	43 281 DM
Um diesen Betrag ist der Grundstückswert zu ermäßigen Der Einheitswert errechnet sich wie folgt:	
Grundstückswert	97 800 DM
Abschlag wegen der Notwendigkeit baldigen Abbruchs	– 43 281 DM
	54 519 DM
Einheitswert	54 500 DM

Beispiel E:

Das Beispiel C wird dahin abgewandelt, daß das Grundstück nicht mit einem Erbbaurecht belastet ist.

Grundstückswert (= Gesamtwert wie im Beispiel C)		132 600 DM
Gebäudewertanteil 10,2 (Vervielfältiger) 3,33 (Multiplikator für den Bodenwertanteil) 6,87 × 10 000 DM		68 700 DM
Abschlag wegen der Beeinträchtigung 10 v. H. vermindert auf 8,35 v. H. ($\frac{30}{35,9}$ von 10 v. H.) von 68 700 DM	5 736 DM	
Zuschlag wegen Reklamenutzung 40 v. H. vermindert auf 33,42 v. H. ($\frac{30}{35,9}$ von 40 v. H.) von 102 000 DM (Der Zuschlag betrifft nur den Gebäudewert, ist jedoch auf den Grundstückswert vor Anwendung der Abschläge und Zuschläge bezogen)	34 088 DM	+ 28 352 DM
Gebäudewertanteil		97 052 DM

Der Unterschied zum Gebäudewertanteil im Beispiel C ergibt sich durch Abrundungen.

Nach diesem Gebäudewertanteil ist z. B. ein Abschlag wegen der Notwendigkeit baldigen Abbruchs des Gebäudes von 70 v. H. zu berechnen.

70 v. H. von 97 052 DM	67 936 DM

Um diesen Betrag ist der Grundstückswert zu ermäßigen.

Der Einheitswert errechnet sich wie folgt:

Grundstückswert	132 600 DM
Abschlag wegen der Notwendigkeit baldigen Abbruchs	– 67 936 DM
	64 664 DM
Einheitswert	64 600 DM

E. Sachwertverfahren

I. Grundstückswert (§ 83 BewG)

34. Ermittlung des Grundstückswerts

(1) [1]Die Ermittlung des Grundstückswerts im Sachwertverfahren ist in den §§ 83 bis 90 BewG geregelt. [2]Danach wird zunächst der Ausgangswert ermittelt. [3]Dieser Ausgangswert setzt sich aus dem Bodenwert (vgl. Abschnitt 35), dem Gebäudewert (vgl. Abschnitte 36 bis 44) und dem Wert der Außenanlagen (vgl. Abschnitt 45) zusammen. [4]Der Ausgangswert ist durch eine Wertzahl an den gemeinen Wert anzugleichen (vgl. Abschnitt 46).

(2) Einen Überblick über das Sachwertverfahren enthält die Anlage 10.

(3) Die Vorschriften über den Mindestwert (§ 77 BewG) sind auch bei einer Bewertung im Sachwertverfahren zu beachten (vgl. Abschnitt 17).

II. Bodenwert (§ 84 BewG)

35. Ermittlung des Bodenwerts

(1) 1 Als Bodenwert ist der gemeine Wert anzusetzen, den der Grund und Boden als unbebautes Grundstück haben würde (§ 84 BewG). 2 Der Umstand, daß das Grundstück bebaut ist, bleibt bei der Wertbemessung des Grund und Bodens außer Betracht. 3 Er drückt sich in der Angleichung des Ausgangswerts an den gemeinen Wert aus (vgl. Abschnitt 46).

(2) Der Bodenwert ist nach den Abschnitten 7 bis 10 zu ermitteln.

(3) 1 Bei den Fabrikgrundstücken und den anderen gewerblich genutzten Grundstücken kann sich eine besonders günstige Lage zum öffentlichen Verkehrsnetz werterhöhend auswirken, z.B. bei der Anschlußmöglichkeit an das Eisenbahnnetz, Lage an schiffbaren Gewässern und in Hafengebieten. 2 Schlechter Baugrund wirkt sich auf den gemeinen Wert des Grund und Bodens wertmindernd aus. 3 Mit diesem wertmindernden Umstand können werterhöhende Umstände zusammentreffen; trotz schlechten Baugrunds besteht z.B. ein Interesse an der Lage des Grundstücks an einem Gewässer (Fluß, See). 4 Dabei kann auch die Möglichkeit, Wasser günstig zu erwerben und abzuleiten, ein werterhöhender Umstand sein. 5 Kann der gemeine Wert nicht von Werten für gleichartige Grundstücke an einem Gewässer abgeleitet werden, sondern stehen nur Werte für Grundstücke mit gutem Baugrund, die nicht am Wasser liegen, als Vergleichswerte zur Verfügung, so ist ggf. der Umstand, daß der Baugrund nur bedingt tragfähig ist, durch einen Abschlag und die Lage am Wasser durch einen Zuschlag zu berücksichtigen. 6 Bei besonders günstigen Industrieanlagen (z.B. in Hafengebieten) kann der Zuschlag wegen der Lage höher sein als der Abschlag wegen des schlechten Baugrunds. 7 Aufgefüllter Boden ist nicht als tragfähiger Baugrund anzusehen; reicht er unter die normale Gründungstiefe (vgl. DIN 277, Ausgabe November 1950 x, Abschnitt 1.344 – Anlage 12), so wirkt er sich wertmindernd aus.

(4) 1 Bei Grundstücken mit Arkaden, die auf Grund einer baubehördlichen Auflage erstellt worden sind und für die sich dieser Umstand nicht schon im Richtwert ausgedrückt hat, ist folgendes zu beachten:

1. 1 Ist das Eigentum an der Gehfläche der Arkaden in privater Hand geblieben, so ist zu prüfen, ob und in welcher Höhe der Wert des Grund und Bodens wegen der Ausnutzungsbeschränkung des Grundstücks gemindert ist. 2 Im allgemeinen kann die Grundfläche der Arkaden vom Eigentümer nicht genutzt werden. 3 Diese Minderausnutzung beeinträchtigt den Wert des Grund und Bodens und ist deshalb bei der Ermittlung des Bodenwerts für das Arkadengrundstück durch einen Abschlag zu berücksichtigen. 4 Die Höhe des Abschlags ergibt sich aus dem Verhältnis des von den Arkaden umschlossenen Rauminhalts zum gesamten Rauminhalt des Gebäudes einschließlich der Arkaden. 5 Der Wertminderung durch den Bau der Arkaden können aber Werterhöhungen gegenüberstehen. 6 Oft wird der Arkadenraum durch das Aufstellen von Schaukästen, Vorführeinrichtungen, Vitrinen und dgl. ge-

nutzt. [7]Soweit in solchen Fällen eine weitgehende Raumausnutzung besteht, kann der errechnete Abschlag wegfallen.

2. [1]Gehört die Gehfläche der Arkaden der Gemeinde, so ist der Wert des Grund und Bodens wegen der erhöhten baulichen Ausnutzung des restlichen Grund und Bodens durch Über- und Unterbebauung der der Gemeinde gehörenden Grundstücksfläche zu erhöhen. [2]Die Höhe des Mehrwerts ist zu berechnen nach dem Verhältnis des durch die Arkaden gewonnenen Rauminhalts zum Rauminhalt, der sich bei normaler Nutzung (ohne Arkaden) ergeben hätte.

[2]Hat der Grundstückseigentümer die Arkaden freiwillig errichtet, so kann eine Wertminderung in der Regel nicht anerkannt werden.

(5) [1]Bei Grundstücken mit Passagen (überbaute oder mit einem Glasdach versehene Flächen, die dem öffentlichen Verkehr dienen) kann regelmäßig das Hinterland ebenso genützt werden wie das Vorderland. [2]Durch die bessere Ausnutzung der als Hinterland zu bewertenden Flächen wird ein Minderwert des Grund und Bodens der dem Verkehr dienenden Passage ausgeglichen. [3]Deshalb kommt ein Abschlag wegen geringer baulicher Ausnutzung durch den Passagebau in der Regel nicht in Betracht.

III. Gebäudewert (§ 85 BewG)

36. Ermittlung des Gebäudewerts

(1) [1]Zur Ermittlung des Gebäudewerts wird zunächst der Gebäudenormalherstellungswert berechnet. [2]Dabei werden Herstellungskosten nach den Baupreisverhältnissen des Jahres 1958 zugrunde gelegt. [3]Diese Herstellungskosten, zu denen auch die in der Anlage 11 bezeichneten Baunebenkosten gehören, ergeben sich durch die Vervielfachung der Anzahl der Kubikmeter des umbauten Raumes (vgl. Abschnitt 37) mit einem durchschnittlichen Preis für einen Kubikmeter umbauten Raumes (vgl. Abschnitt 38). [4]Der sich danach ergebende Wert wird ggf. wegen der bei der Berechnung des umbauten Raumes nicht erfaßten Bauteile erhöht (vgl. Abschnitt 39 Abs. 1). [5]Ebenso müssen besondere Umstände, die im Raummeterpreis nicht zum Ausdruck kommen, durch Abschläge oder Zuschläge berücksichtigt werden (vgl. Abschnitt 39 Abs. 2). [6]Bei Überdachungen werden die Herstellungskosten nach Durchschnittspreisen je Quadratmeter überdachter Fläche ermittelt. [7]Die so ermittelten durchschnittlichen Herstellungskosten des Jahres 1958 werden nach den Baupreisverhältnissen im Hauptfeststellungszeitpunkt umgerechnet und ergeben den Gebäudenormalherstellungswert (vgl. Abschnitt 40).

(2) Zur Ermittlung des Gebäudesachwerts werden vom Gebäudenormalherstellungswert die Wertminderungen wegen Alters (vgl. Abschnitt 41) und wegen etwaiger Baumängel und Bauschäden (vgl. Abschnitt 42) abgezogen.

(3) [1]Der Gebäudesachwert stimmt im Regelfall mit dem Gebäudewert überein. [2]Ausnahmsweise kann der Gebäudesachwert wegen besonderer Umstände ermäßigt oder erhöht werden; vgl. im einzelnen Abschnitt 44.

37. Berechnung des umbauten Raumes

(1) [1]Der umbaute Raum ist nach DIN 277 (November 1950 ×) zu berechnen (vgl. auch Anlage 12). [2]Danach werden Vollgeschosse, Keller und ausgebaute Dachgeschosse mit dem vollen Rauminhalt angesetzt. [3]Nicht ausgebaute Dachräume werden mit einem Drittel ihres Rauminhalts berücksichtigt.[1] [4]Das gilt auch dann, wenn die Decke über dem obersten Vollgeschoß nicht begehbar ist (z. B. unterhalb des Daches aufgehängte Staubdecken). [5]Im einzelnen vergleiche die Zeichnungen der Anlage 12.

(2) Bei der Anwendung der Abschnitte 1.1 bis 1.36 der DIN 277 muß insbesondere folgendes beachtet werden:

1. [1]Einzelne Stützen vor dem Außenmauerwerk eines Gebäudes sind als Wandpfeiler zu behandeln. [2]Ihr Rauminhalt ist nicht dem umbauten Raum des Gebäudes zuzurechnen (Abschnitt 1.343 der DIN 277). [3]Liegen dagegen bei einer Fassade die Fenster und Brüstungen oder das Außenmauerwerk gegenüber der Vorderfläche der Stützen vertieft und sind diese Stützen für die Bauart und Konstruktion des Gebäudes charakteristisch, wie z. B. bei modernen Gebäuden in Skelettbauart, so rechnet die Gebäudegrundfläche bis zu den Vorderflächen der Stützen. [4]Dieser Vorderflächen gelten als Außenflächen der Umfassungen (Abschnitt 1.11 der DIN 277). [5]Die Rücksprünge des Außenmauerwerks gegenüber der Vorderfläche der Stützen sind als Nischen zu behandeln, die bei der Ermittlung des umbauten Raumes nicht abgezogen werden (Abschnitt 1.331 der DIN 277).
2. [1]Für selbständige kleinere Gebäude im Innern von größeren Gebäuden (z. B. Materiallager, Meisterbüros, Kioske) sind die Gebäudenormalherstellungskosten getrennt zu ermitteln. [2]Der Rauminhalt des kleineren Gebäudes ist vom Rauminhalt des größeren Gebäudes nicht abzuziehen.
3. [1]Ist für einzelne Geschosse oder Räume eines Gebäudes ein von den übrigen Geschossen oder Räumen abweichender Raummeterpreis anzusetzen, so ist der umbaute Raum dieser Geschosse oder Räume getrennt zu berechnen (Abschnitt 1.36 der DIN 277). [2]Das wird beispielsweise bei Gebäuden erforderlich sein, die Räume verschiedener Zweckbestimmung (z. B. neben Fabrikationsräumen auch Büroräume) enthalten. [3]Eine getrennte Raumberechnung kommt ferner in Betracht, wenn bei Gebäuden mit Gebäudeteilen verschiedenen Alters die Wertminderung wegen Alters für jeden Gebäudeteil getrennt berechnet wird; vgl. Abschnitt 41 Abs. 4.

[1] Zwischen Dach und abgehängten Decken des Obergeschosses existierender Raum ist „nicht ausgebauter Dachraum"; vgl. BFH v. 4.2.2010 II R 1/09, BFH/NV 2010, 1244. – Zur Ermittlung des Gebäudenormalherstellungswerts eines Flachdachgebäudes (Supermarkt) im Altbundesgebiet ist das von den Außenwänden des Gebäudes gänzlich umschlossene Raumvolumen voll anzurechnen; vgl. BFH v. 14.10.2020 II R 27/18, DStRE 2021, 798.

38. Raummeterpreise

(1)[1] [1]Die Raummeterpreise sind nach Erfahrungswerten anzusetzen. [2]Maßgebend sind Raummeterpreise, die erfahrungsgemäß im Durchschnitt für Gebäude bestimmter Nutzung, Bauart und Bauweise aufzuwenden sind. [3]Solche Erfahrungswerte sind für bestimmte Geschäftsgrundstücke und für bestimmte Fälle von sonstigen bebauten Grundstücken in den Anlagen 14 und 15 in Verbindung mit der Anlage 13 enthalten. [4]Die Gebäudeklasseneinteilung für Fabrikgrundstücke (Anlage 14) ist auch anzuwenden auf Zechen, Werkstätten des Handwerks, Lagerhausgrundstücke, Molkereigrundstücke, Schlachthäuser und Mühlengrundstücke. [5]Den angegebenen Raummeterpreisen liegt die DIN 277 (November 1950 ×) zugrunde. [6]In den Preisen, die bereits auf die Baupreisverhältnisse im Hauptfeststellungszeitpunkt (1. Januar 1964) umgerechnet worden sind, sind auch die Baunebenkosten enthalten. [7]Die Raummeterpreise können ermäßigt oder erhöht werden, wenn bestimmte Umstände vorliegen. [8]Diese Umstände sind in den Gebäudeklasseneinteilungen (Anlagen 14 und 15) aufgeführt.

(2) [1]In Teil B der Gebäudeklasseneinteilung für Fabrikgrundstücke (Anlage 14) werden die Gebäudeklassen u.a. nach Geschoßhöhen unterschieden. [2]Als Geschoßhöhe gilt der Abstand von Fußbodenoberfläche bis Deckenunterkante zuzüglich Deckenstärke. [3]Läßt sich im Einzelfall die Deckenstärke nicht ermitteln, so ist sie mit 25 cm anzunehmen. [4]Im einzelnen vergleiche die Zeichnungen in der Anlage 12. [5]Für Gebäude mit verschiedenen Geschoßhöhen kann ein durchschnittlicher Raummeterpreis für das ganze Gebäude angesetzt werden, wenn nicht die Geschosse für sich berechnet werden.

Beispiel:
Ein Fabrikgebäude der Gebäudeklasse 2.56 hat ein Geschoß von 5m Höhe (Raummeterpreis 56,00 DM) und zwei Geschosse von je 3,50m Höhe (Raummeterpreis 63,50 DM). Der durchschnittliche Raummeterpreis für das Gebäude beträgt

$$\frac{56{,}00 \times 1 + 63{,}50 \times 2}{3} = 61{,}00 \text{ DM}$$

(3) [1]Bei Gebäuden, deren Geschoßhöhe die in der Gebäudeklasseneinteilung vorgesehenen Grenzen von vier Metern oder sechs Metern bis zu 80 cm überschreiten, ist ein der Geschoßhöhe entsprechender Zwischenwert zu berechnen und anzusetzen. [2]Dabei sind zu den Raummeterpreisen, die nach der Geschoßhöhe in Betracht kommen, folgende Zuschläge oder Abschläge zu machen:

Bei einer Überschreitung der Höhe von 4,00m und 6,00m um

bis zu 20 cm	mehr als 20 cm bis zu 40 cm	mehr als 40 cm bis zu 60 cm	mehr als 60 cm bis zu 80 cm
9/10	8/10	7/10	6/10

des Preisunterschieds zwischen dem höheren und dem niedrigeren Raummeterpreis.[2]

[1] Lebensmittelmärkte sind der Gebäudeklasse 4 „Warenhäuser" der Anl. 15 BewRGr zuzurechnen; vgl. BFH v. 30.6.2010 II R 60/08, BStBl. II 2010, 897.

[2] Satz 2 i. d. F. des koord. Erlasses FM Schl-H v. 23.8.1967 – S 3208 – 17 VI 33.

Beispiel:

Ein Fabrikgebäude der Gebäudeklasse 2.56 hat eine Geschoßhöhe von 4,20 m. Der Raummeterpreis beträgt bis zu 4 m = 63,50 DM und bis zu 6 m = 56,00 DM. Der Zwischenwert für die Geschoßhöhe von 4,20 m beträgt dann

$$56,00 + \frac{7,50 \times 9}{10} = 62,75 \text{ DM}$$

(4) [1] Für Einfamilienhäuser und Zweifamilienhäuser ist der Raummeterpreis nach der Anlage 16 zu ermitteln. [2] Die angegebenen Preise sind

(Fortsetzung S. 55)

bereits auf die Baupreisverhältnisse im Hauptfeststellungszeitpunkt (1. Januar 1964) umgerechnet. 3Dieser Bauteil-Preistabelle ist auch bei den zur wirtschaftlichen Einheit eines Einfamilienhauses oder Zweifamilienhauses gehörenden Wohngebäuden für das Hauspersonal anzuwenden. 4Ist für Bauteile ein Preisrahmen angegeben, so richtet sich der anzusetzende Preis nach der Güte der Ausstattung und nach der Anzahl der vorhandenen Bauteile. 5Der anzusetzende Raummeterpreis ist auf volle Deutsche Mark nach unten abzurunden.

39. Ermäßigung oder Erhöhung des nach dem Raummeterpreis errechneten Werts

(1)[1] 1Nach Abschnitt 1.4 der DIN 277 (vgl. auch Anlage 12) werden bestimmte Bauteile nicht bei der Berechnung des umbauten Raumes erfaßt. 2Sie müssen vielmehr bei der Ermittlung des Gebäudenormalherstellungswerts besonders berücksichtigt werden. 3Bei der Anwendung dieses Abschnitts der DIN 277 ist nicht kleinlich zu verfahren. 4So sind Dachaufbauten mit vorderen Ansichtsflächen bis zu je 5 m², Dachreiter, Vordächer bis zu je 1 m Ausladung oder bis zu je 10 m² Fläche, Balkonplatten, Brüstungen von Balkonen, vorgelagerte Treppenstufen (ausgenommen größere Freitreppen), Füchse und Hausschornsteine außer Betracht zu lassen. 5Dagegen sind die in enger baulicher Verbindung mit dem Gebäude stehenden Rampen und Terrassen sowie die außergewöhnlichen Gründungen und die wasserdruckhaltenden Dichtungen von Kellergeschossen bei der Ermittlung des Gebäudenormalherstellungswerts zu berücksichtigen. 6Das gleiche gilt für Überdachungen auf Flachdächern (z. B. Überdachungen von Dachgärten). 7Befinden sich Gebäude auf Grundstücken, bei denen Oberflächenveränderungen (z. B. durch Bergbau) zu befürchten sind, dürfen die Zuschläge für außergewöhnliche Gründungen, soweit durch sie etwaige Schäden infolge der zu erwartenden Oberflächenveränderungen verhindert werden sollen, die Abschläge vom Bodenwert wegen des schlechten Baugrunds nicht übersteigen. 8Auch für Unterfahrten und Arkaden sind die Herstellungskosten besonders zu berechnen. 9Dabei können folgende Erfahrungswerte nach den Baupreisverhältnissen im Hauptfeststellungszeitpunkt (1. Januar 1964) als Anhalt zugrunde gelegt werden:

für 1 m²	Stahlbetondecke oder Stahlbetonschale	33 DM;
für 1 m³	Mauerwerk	100 DM;
für 1 m³	Stahlbeton	120 DM.

(2) 1Der sich durch die Vervielfachung der Anzahl der Kubikmeter umbauten Raumes mit dem Raummeterpreis ergebende Wert ist ferner zu ermäßigen oder zu erhöhen, wenn besondere Umstände vorliegen, die in der Höhe des Raummeterpreises nicht zum Ausdruck kommen. 2So sind beispielsweise für fehlende Außenwände Abschläge zu machen. 3Ein Abschlag kommt aber nicht in Betracht, wenn mehrere Gebäude aneinandergebaut sind und dadurch gegenüber freistehenden Gebäuden eine Außenwand eingespart

[1] Zu besonders zu berechnenden Bauteilen siehe Erlaß FSen. Berlin v. 2. 8. 1967, StZBl. Bln. 1967, 809 (Anl. **17 a**).

worden ist. [4]Die Ersparnis an Kosten für die Außenwand wird regelmäßig durch größere Aufwendungen für die konstruktive Durchbildung der aneinandergereihten Gebäude ausgeglichen. [5]Die Ersparnis beim Mauerwerk kann auch durch Aufwendungen für andere durch das Aneinanderfügen der Baukörper notwendig gewordene bauliche Maßnahmen ausgeglichen sein. [6]Zuschläge sind beispielsweise bei Gebäuden mit geringen bebauten Flächen zu machen. [7]Näheres über diese Abschläge und Zuschläge ergibt sich aus den Gebäudeklasseneinteilungen (Anlagen 14 und 15).

40. Umrechnung der durchschnittlichen Herstellungskosten des Jahres 1958 nach den Baupreisverhältnissen im Hauptfeststellungszeitpunkt

(1) [1]Die Umrechnung der durchschnittlichen Herstellungskosten des Jahres 1958 (vgl. Abschnitt 36 Abs. 1) nach den Baupreisverhältnissen im Hauptfeststellungszeitpunkt erfolgt mit Hilfe des amtlichen Baupreisindex des Statistischen Bundesamtes mit der Bezugsgrundlage 1958 = 100. [2]Maßgebend ist der Baupreisindex des Kalenderjahres, das dem Hauptfeststellungszeitpunkt vorangeht.

(2) [1]Für die Hauptfeststellung auf den Beginn des Kalenderjahres 1964 wird bei Einfamilienhäusern und bei Zweifamilienhäusern ein Baupreisindex von 140 (1958 = 100), bei allen übrigen Gebäuden ein Baupreisindex von 135 (1958 = 100) zugrunde gelegt. [2]Die in den Anlagen 14 bis 16 angegebenen Preise sind bereits unter Berücksichtigung dieser Baupreisindices auf die Baupreisverhältnisse im Hauptfeststellungszeitpunkt (1. Januar 1964) umgerechnet.

41. Wertminderung wegen Alters (§ 86 BewG)[1)]

a) Wertminderung im Regelfall

(1) [1]Die Wertminderung wegen Alters bestimmt sich nach dem Alter des Gebäudes im Hauptfeststellungszeitpunkt und der gewöhnlichen Lebensdauer von Gebäuden gleicher Art und Nutzung (§ 86 Abs. 1 BewG). [2]Für die Berechnung des Alters des Gebäudes ist vom 1. Januar des Jahres auszugehen, in dem das Gebäude bezugsfertig geworden ist. [3]Zum Begriff der Bezugsfertigkeit vgl. Abschnitt 6. Bei wiederaufgebauten Gebäuden ist das Jahr des Wiederaufbaus auch dann maßgebend, wenn sie unter Verwendung stehengebliebener Gebäudeteile oder Bauteile wiedererrichtet worden sind. [4]Die gewöhnliche Lebensdauer eines Gebäudes hängt von dessen Bauart und Nutzung ab. [5]Sie läßt sich im voraus nicht mit Sicherheit bestimmen. [6]Deshalb müssen allgemeine Erfahrungssätze zugrunde gelegt werden.

(2) [1]Die Wertminderung wegen Alters wird stets in einem Hundertsatz des Gebäudenormalherstellungswerts ausgedrückt. [2]Dabei darf nur von einer gleichbleibenden jährlichen Wertminderung ausgegangen werden; andere Verfahren sind nicht zulässig (§ 86 Abs. 1 letzter Satz BewG). [3]Als Lebensdauer und jährliche Wertminderung sind zugrunde zu legen: *(siehe Tabelle auf S. 57)*

[1)] Nach dem Hauptfeststellungszeipunkt keine Wertminderung wegen Alters nach § 86 BewG; vgl. BFH v. 21. 2. 2006 II R 31/04, DStRE 2006, 1221.

Bauart	Lebensdauer und jährliche Wertminderung für Fabrikgebäude, Werkstattgebäude, Lagergebäude, Kühlhäuser, Trockenhäuser, Molkereigebäude, Tankstellengebäude, Transformatorenhäuser, Hallenbäder, Badehäuser in Jahren	in v. H.	die übrigen Gebäude in Jahren	in v. H.
1. Massivgebäude und Gebäude in Stahl- oder Stahlbetonskelettkonstruktion	80	1,25	100	1,00
2. Holzfachwerkgebäude mit Ziegelsteinausmauerung	60	1,67	70	1,43
3. Holzgebäude und Holzfachwerkgebäude mit Lehmausfachung oder mit Verschalung, Massivgebäude aus großformatigen Betonplatten (Fertigteile)	50	2,00	60	1,67
4. Massivschuppen, Stahlfachwerkgebäude mit Plattenverkleidung, Gebäude in leichter Bauart, bei denen die Außenmauern – ohne Putz gemessen – weniger als 20 cm stark sind (ausgenommen Skelettbauten und Rahmenbauten), Fertigteilbauten aus Holz	40	2,50	40	2,50
5. Holzgebäude in Tafelbauart mit massiven Fundamenten	30	3,33	30	3,33
6. Wellblechschuppen, Holzschuppen, Holzgebäude in Tafelbauart ohne massive Fundamente	20	5	20	5

(3) [1]Für Fabrikgebäude der in Absatz 2 unter Nummer 1 genannten Art, die im Zusammenhang mit dem Industriezweig, für den sie verwendet werden, der zerstörenden Einwirkung von Dampf oder Chemikalien ausgesetzt sind und trotz laufender baulicher Unterhaltung besonders starkem Verschleiß unterliegen, ist eine Lebensdauer von 60 Jahren zugrunde zu legen. [2]In Betracht kommen bestimmte Gebäude von chemischen Betrieben und Säurebetrieben, wie z.B. der Leder- oder Kunstdüngerindustrie, ferner der Beizereien, Färbereien, Verzinkereien, Verzinnereien, Appreturanstalten, Papierfabriken, wenn bestimmte wesentliche Bauteile (Dach, Fußboden, Putz usw.) kurzfristig zerstört werden. [3]Sind die Zerstörungen nachweislich so stark, daß bei normaler baulicher Unterhaltung eine Lebensdauer von 60 Jahren nicht erreicht wird, so kann in diesen Einzelfällen eine kürzere Lebensdauer zugrunde gelegt werden.

b) Berechnung der Wertminderung bei Gebäuden mit Gebäudeteilen verschiedenen Alters

(4) [1] Anbauten teilen regelmäßig auf Grund ihrer Bauart oder Nutzung das Schicksal des Hauptgebäudes. [2] Der Berechnung der Wertminderung wegen Alters ist deshalb für das gesamte Gebäude das Alter des Hauptgebäudes zugrunde zu legen. [3] Ist dagegen anzunehmen, daß ein Erweiterungsbau nach Größe, Bauart oder Nutzung eine andere Lebensdauer als das Hauptgebäude haben wird, so ist die Wertminderung wegen Alters jeweils getrennt zu berechnen. [4] Das gleiche gilt, wenn für die einzelnen Gebäudeteile unterschiedliche Raummeterpreise anzusetzen sind; vgl. hierzu Abschnitt 37 Abs. 2 Nr. 3.

(5) [1] Für Aufstockungen ist die Wertminderung wegen Alters im allgemeinen nach dem Alter der unteren Geschosse zu bemessen. [2] Es ist jedoch zu prüfen, ob durch die baulichen Maßnahmen die restliche Lebensdauer des Gebäudes verlängert worden ist; vgl. hierzu Absatz 7.

c) Berechnung der Wertminderung bei Verkürzung der gewöhnlichen Lebensdauer

(6) [1] Die gewöhnliche Lebensdauer eines Gebäudes (Absätze 2 und 3) kann durch Baumängel oder Bauschäden verkürzt sein. [2] Dies trifft dann zu, wenn es sich um erhebliche nicht behebbare oder nur mit unverhältnismäßig hohen Kosten zu beseitigende Baumängel (z.B. Gründungsmängel) oder Bauschäden (z.B. Bergschäden, Erschütterungsschäden und dgl.) handelt. [3] In diesen Fällen ist zur Errechnung der Wertminderung wegen Alters die voraussichtliche tatsächliche Lebensdauer von Gebäuden mit derartigen Baumängeln oder Bauschäden zugrunde zu legen. [4] Das ergibt sich aus dem Zusammenhang der Vorschriften in § 86 Abs. 1 BewG und der Vorschriften in § 87 BewG. [5] Die voraussichtliche tatsächliche Lebensdauer wird errechnet, indem die voraussichtliche Restlebensdauer im Hauptfeststellungszeitpunkt zu dem tatsächlichen Gebäudealter in diesem Zeitpunkt hinzugerechnet wird.

Beispiel:

Ein Gebäude mit einer gewöhnlichen Lebensdauer von 100 Jahren und einem Alter im Hauptfeststellungszeitpunkt von 40 Jahren hat einen nicht behebbaren Bergschaden, der die Lebensdauer des Gebäudes wesentlich verkürzt. Die voraussichtliche Restlebensdauer im Hauptfeststellungszeitpunkt beträgt nur noch 20 Jahre. Voraussichtliche Lebensdauer im Hauptfeststellungszeitpunkt (Alter + voraussichtliche Restlebensdauer) 40 + 20 = 60 Jahre. Die jährliche Wertminderung beträgt demnach 100 : 60 = 1,67 v.H. Die Gesamtwertminderung beträgt mithin 40 × 1,67 = rund 67 v.H.

[6] Bauliche Mängel und Schäden, die hiernach nicht bei der Berechnung der Wertminderung wegen Alters berücksichtigt werden können (behebbare Mängel und Schäden), berechtigen nur zur Gewährung eines Abschlags nach § 87 BewG (vgl. Abschnitt 42).

(7) [1] Ob und inwieweit bei wiederaufgebauten Gebäuden wegen der Verwendung stehengebliebener Gebäude- oder Bauteile eine Verkürzung der gewöhnlichen Lebensdauer anzunehmen ist, ist nach den gegebenen Umständen des Einzelfalles zu entscheiden. [2] Dabei sind Umfang, Alter und Zustand der beim Wiederaufbau verwendeten Gebäude- oder Bauteile zu berücksichtigen.

d) Berechnung der Wertminderung bei Verlängerung der restlichen Lebensdauer

(8) [1]Nach § 86 Abs. 4 BewG ist der nach dem tatsächlichen Alter errechnete Hundertsatz der Wertminderung wegen Alters zu mindern, wenn die restliche Lebensdauer eines Gebäudes durch bauliche Maßnahmen verlängert wird. [2]Eine Verlängerung der Restlebensdauer wird nur dann anzunehmen sein, wenn das Gebäude durchgreifend erneuert oder verbessert worden ist. [3]Bauliche Maßnahmen an nicht tragenden Bauteilen (z.B. Neugestaltung der Fassade) bewirken keine Verlängerung der Restlebensdauer des Gebäudes. [4]Bei einer Verlängerung der restlichen Lebensdauer ist nicht das tatsächliche Alter des Gebäudes, sondern ein dem Ausmaß der baulichen Erneuerung angemessenes geringeres Alter zugrunde zu legen.

Beispiel:

Bei einem Gebäude mit einer gewöhnlichen Lebensdauer von 80 Jahren beträgt der jährliche Wertminderungssatz (100 : 80 =) 1,25 v. H. Ist das Gebäude im Hauptfeststellungszeitpunkt 30 Jahre alt, so sind im Regelfall nach § 86 Abs. 1 BewG (30 × 1,25 =) 37,5 v. H. vom Gebäudenormalherstellungswert abzusetzen. Bei durchgreifender baulicher Erneuerung ist der mit 37,5 v. H. errechnete Wertminderungssatz entsprechend der Verjüngung des Gebäudes zu vermindern. Tritt eine Verlängerung der Restlebensdauer um 20 Jahre ein, so sind nur 10 × 1,25 = 12,5 v. H. als Wertminderung wegen Alters abzusetzen.

e) Restwert

(9) [1]Nach § 86 Abs. 3 Satz 1 BewG darf als Wertminderung wegen Alters vom Gebäudenormalherstellungswert insgesamt kein höherer Betrag abgesetzt werden, als sich bei einem Alter von siebzig vom Hundert der Lebensdauer und dem Hundertsatz der jährlichen Wertminderung (Absatz 2) ergibt.

Beispiel:

Ein Gebäude hat auf Grund seiner Bauart eine gewöhnliche Lebensdauer von 80 Jahren. Der jährliche Wertminderungssatz beträgt danach (100 : 80 =) 1,25 v. H. Ist das Gebäude im Hauptfeststellungszeitpunkt 60 Jahre alt, so sind nach § 86 Abs. 1 BewG (60 × 1,25 =) 75 v. H. vom Gebäudenormalherstellungswert abzusetzen. Nach Absatz 3 Satz 1 des § 86 BewG darf jedoch höchstens der Betrag abgesetzt werden, der sich bei einem Alter von 70 v. H. der Lebensdauer ergibt. Das sind (70 v. H. von 80 Jahren =) 56 Jahre; abzusetzen sind 56 × 1,25 = 70 v. H.

[2]Auch bei jeder anderen Lebensdauer nach Absatz 2 als bei den im Beispiel angewendeten 80 Jahren ergibt sich höchstens eine Minderung des Gebäudenormalherstellungswerts um 70 v. H. [3]Der nach Abzug der Wertminderung wegen Alters verbleibende Wert (Restwert) darf somit grundsätzlich 30 v. H. des Gebäudenormalherstellungswerts nicht unterschreiten. [4]Eine Ausnahme ist nur zu machen, wenn eine außergewöhnliche Wertminderung vorliegt (§ 86 Abs. 3 Satz 2 BewG). [5]Das kann z. B. in außergewöhnlichen Fällen des Absatzes 6 der Fall sein. [6]In derartigen Fällen darf der Restwert von 30 v. H. aber nur unterschritten werden, wenn im Feststellungszeitpunkt feststeht, daß das Gebäude innerhalb eines Zeitraums von 10 Jahren abgebrochen werden muß.

42. Wertminderung wegen baulicher Mängel und Schäden (§ 87 BewG)

(1) 1 Für bauliche Mängel und Schäden ist ein Abschlag nur zulässig, wenn die Mängel und Schäden weder im Gebäudenormalherstellungswert noch bei der Wertminderung wegen Alters berücksichtigt worden sind (§ 87 BewG). 2 Baumängel und Bauschäden, die die gewöhnliche Lebensdauer eines Gebäudes verkürzen, werden schon bei der Berechnung der Wertminderung wegen Alters berücksichtigt (vgl. Abschnitt 41 Abs. 6). 3 Ein Abschlag nach § 87 BewG kann daneben für diese Schäden nicht gewährt werden. 4 Der Abschlag ist daher nur für solche baulichen Mängel und Schäden zu gewähren, die behebbar und deshalb bei der Ermittlung der Lebensdauer nicht berücksichtigt sind. 5 In Betracht kommen in erster Linie, sofern der Schaden nach Lage des Falles behoben werden kann, fehlerhafte Bauausführung, Fehlen von Bauteilen sowie die Folgen äußerer Schadenseinwirkungen (z. B. Kriegs-, Rauch- oder Wassereinwirkungen).

(2) 1 Die Höhe des Abschlags richtet sich bei fehlenden Bauteilen nach dem Wertanteil des fehlenden Bauteils am Gesamtwert des Gebäudes. 2 Wegen eines zur Zeit nur vorhandenen Notdaches ist z. B. ein Abschlag zu machen, der dem Wertanteil entspricht, den der fehlende Bauteil am Gesamtwert des Gebäudes haben würde. 3 Im übrigen ist die Höhe des Abschlags nach dem Ausmaß des Schadens an dem jeweiligen Bauteil zu bemessen.

43. Zusammentreffen von Wertminderungen infolge Verkürzung der Lebensdauer und von Wertminderungen infolge schlechten baulichen Zustandes

1 Trifft eine besondere Wertminderung wegen Alters infolge Verkürzung der Lebensdauer (vgl. Abschnitt 41 Abs. 6 und 7) mit einer Wertminderung wegen schlechten baulichen Zustandes (vgl. Abschnitt 42) zusammen, so ist zunächst die Wertminderung wegen Alters vorzunehmen. 2 Von dem dann verbleibenden Wert ist der nach Abschnitt 42 zulässige Abschlag wegen noch nicht berücksichtigter Schäden nach § 87 BewG zu machen.

Beispiel:

Ein Gebäude mit einer gewöhnlichen Lebensdauer von 100 Jahren und einem Alter von 40 Jahren im Hauptfeststellungszeitpunkt muß infolge eines nicht behebbaren Bergschadens mit Sicherheit in 10 Jahren abgebrochen werden. Außerdem liegt ein behebbarer Bauschaden von 20 v. H. vor.

Die Wertminderung wegen Alters beträgt:

Tatsächliche Lebensdauer (Alter + tatsächliche Restlebensdauer) 40 + 10 = 50 Jahre.

Jährlicher Wertminderungssatz $\frac{100}{50}$ = 2 v. H.

Wertminderung wegen Alters insgesamt (40 × 2 =) 80 v. H.

Um diesen Hundertsatz ist der Gebäudenormalherstellungswert zu kürzen. Der verbleibende Wert ist um weitere 20 v. H. wegen des behebbaren Bauschadens zu mindern.

44. Ermäßigung und Erhöhung des Gebäudesachwerts (§ 88 BewG)

a) Allgemeines

(1) [1]Der Gebäudesachwert kann bei der Ermittlung des Gebäudewerts in Einzelfällen nach § 88 BewG ermäßigt oder erhöht werden, wenn Umstände tatsächlicher Art vorliegen, die weder bei der Ermittlung des Gebäudenormalherstellungswerts noch durch die Wertminderungen wegen Alters oder wegen baulicher Mängel und Schäden bei der Ermittlung des Gebäudesachwerts berücksichtigt worden sind. [2]Umstände, die nicht nur Einzelfälle betreffen, sondern den Wert ganzer Gruppen von Grundstücken beeinflussen (z.B. Industriezweige im Zonengrenzgebiet), betreffen regelmäßig nicht allein das Gebäude. [3]Sie werden daher bei der Angleichung des Ausgangswerts des Grundstücks an den gemeinen Wert berücksichtigt; vgl. Abschnitt 46.

(2) [1]Die Gründe für eine Ermäßigung oder Erhöhung können verschiedener Art sein. [2]Die im Gesetz genannten Gründe stellen nur Beispiele dar. [3]Nur Umstände objektiver Art, die den gemeinen Wert des Grundstücks nachhaltig beeinflussen, können eine Ermäßigung oder Erhöhung rechtfertigen. [4]Rein persönliche oder ungewöhnliche Verhältnisse sind unbeachtlich, da diese den gemeinen Wert nicht beeinflussen (§ 9 BewG). [5]Das Ausmaß der Ermäßigung oder Erhöhung hängt von den Umständen des Einzelfalles ab.

b) Ermäßigung wegen der Lage des Grundstücks

(3) [1]Der Gebäudesachwert kann wegen der Lage des Grundstücks ermäßigt werden, wenn besondere Verhältnisse im Einzelfall nicht nur den Bodenwert, sondern auch den Wert des Gebäudes beeinflussen. [2]Das kann z.B. bei einem Einfamilienhaus der Fall sein, das in unmittelbarer Nähe einer Fabrik mit starker Rußentwicklung liegt. [3]Räumliche Abgelegenheit und sonstige Besonderheiten der Lage führen aber auch in Einzelfällen nicht zu einer Wertminderung des Gebäudes, wenn die Zweckbestimmung des Grundstücks eine derartige Abgelegenheit erforderlich macht oder wenn die Abgelegenheit sich nicht nachhaltig auf die Nutzung auswirkt (RFH-Urteil vom 14. 6. 1939, RStBl. S. 863). [4]Das gilt insbesondere für Fabrikgrundstücke.

c)[1] Ermäßigung wegen wirtschaftlicher Überalterung

(4) [1]Ein Gebäude kann auch wirtschaftlich veralten. [2]Ist die wirtschaftliche Wertminderung größer als der Betrag, um den sich der Wert des Gebäudes wegen seines Alters vermindert, so kann eine Ermäßigung wegen wirtschaftlicher Überalterung vorgenommen werden. [3]Voraussetzung ist jedoch, daß das Gebäude nicht nur für den derzeitigen Eigentümer, sondern auch für einen Erwerber des Grundstücks seine volle wirtschaftliche Verwertbarkeit verloren hat. [4]Entscheidend für die Gewährung eines Abschlags ist deshalb, ob aus wirtschaftlich zwingenden objektiven Gründen anzunehmen ist, daß der

[1] Zur Ermäßigung wegen wirtschaftlicher Überalterung bei Abweichen der tatsächlichen Nutzungsdauer eines Gebäudes aus objektiven, wirtschaftlich zwingenden Gründen gegenüber der gewöhnlichen (technischen) Nutzungsdauer vgl. BFH v. 21. 2. 2006 II R 31/04, DStRE 2006, 1221.

Zeitraum der tatsächlichen Verwendung des Gebäudes gegenüber der gewöhnlichen Lebensdauer verkürzt ist und daß deshalb das Gebäude vorzeitig abgebrochen werden muß (RFH-Urteil vom 16. 11. 1939, RStBl. 1940 S. 492).

Beispiel:

Bei einem Braunkohlenbergwerk beträgt die künftige Abbaumöglichkeit im Hauptfeststellungszeitpunkt nur noch 15 Jahre. Die dem Bergbau dienenden Gebäude sind bei Erschöpfung der Abbausubstanz für andere Zwecke nicht verwertbar. Ein Abschlag wegen wirtschaftlicher Überalterung ist gerechtfertigt.

(5) 1 Die Höhe des Abschlags bemißt sich nach der Verkürzung der Lebensdauer, die wegen der Überalterung für das Gebäude anzunehmen ist. 2 Sie ist gleich dem Unterschied, der sich für die Wertminderung bei Zugrundelegung der gewöhnlichen oder der nach Abschnitt 41 Abs. 6 und 7 verkürzten Lebensdauer gegenüber der Wertminderung bei Zugrundelegung der kürzeren Lebensdauer ergibt.

Beispiel:

Ein Gebäude hat infolge wirtschaftlicher Überalterung statt einer gewöhnlichen Lebensdauer von 80 Jahren nur eine Lebensdauer von 60 Jahren. Es ist im Hauptfeststellungszeitpunkt 50 Jahre alt. Die Wertminderung wegen Alters beträgt

bei gewöhnlicher Lebensdauer	50 × 1,25	=	62,5 v. H.
bei verkürzter Lebensdauer	50 × 1,67	=	83,5 v. H.
	Unterschied	=	21 Punkte.

Der Gebäudesachwert ist wegen wirtschaftlicher Überalterung um 21 v. H. des Gebäudenormalherstellungswertes zu ermäßigen.

(6) 1 Ein Abschlag wegen wirtschaftlicher Überalterung kann nur insoweit gewährt werden, als er über die Wertminderung hinausgeht, die wegen des Alters ggf. unter Berücksichtigung einer verkürzten gewöhnlichen Lebensdauer (vgl. Abschnitt 41 Abs. 6 und 7) bereits berücksichtigt worden ist. 2 Kein Abschlag ist zu gewähren, wenn Gebäude aus Zweckmäßigkeitsgründen früher abgebrochen werden sollen, als es dem baulichen Zustand entspricht oder für die Erhaltung der Wirtschaftlichkeit erforderlich ist. 3 Auch geplante bauliche Veränderungen (Ein- und Umbauten) rechtfertigen nicht die Annahme einer wirtschaftlichen Überalterung.

d) Ermäßigung wegen der Notwendigkeit vorzeitigen Abbruchs

(7) 1 Eine Ermäßigung des Gebäudesachwerts kann auch in Betracht kommen, wenn einwandfrei feststeht, daß ein Gebäude aus anderen Gründen, z. B. aus städtebaulichen Gründen, in den nächsten 10 Jahren abgebrochen werden muß. 2 Als Anhaltspunkt für die Höhe der Ermäßigung kann der Betrag zugrunde gelegt werden, der sich aus dem Unterschied zwischen der nach der gewöhnlichen oder der nach Abschnitt 41 Abs. 6 und 7 verkürzten Lebensdauer errechneten Wertminderung wegen Alters und der Wertminderung bei Zugrundelegung der infolge des vorzeitigen Abbruchs verkürzten Lebensdauer ergibt.

Beispiel:

Ein Gebäude mit einer gewöhnlichen Lebensdauer von 100 Jahren muß in 5 Jahren abgebrochen werden. Es ist im Hauptfeststellungszeitpunkt 40 Jahre alt. Der Gebäudenormalherstellungswert beträgt 90 000 DM, der Gebäudesachwert

$$\left(90\,000 - \frac{90\,000 \times 40}{100} =\right) 54\,000 \text{ DM.}$$

Die Ermäßigung wegen vorzeitigen Abbruchs errechnet sich wie folgt:
Berücksichtigte Alterswertminderung = 40 v. H.
Die verkürzte Lebensdauer beträgt:
40 Jahre (Alter) + 5 Jahre (restliche Lebensdauer) = 45 Jahre.
Danach ergibt sich ein Absetzungssatz von $\frac{40 \times 100}{45}$ = 89 v. H.

Die Ermäßigung beträgt somit $\left(\frac{90\,000 \times 49}{100} =\right)$ 44 100 DM.

3 Eine Ermäßigung wegen vorzeitigen Abbruchs kommt nicht in Betracht, wenn ein Gebäude aus subjektiven Gründen vorzeitig abgebrochen werden soll. 4 Zur Frage der Ermittlung des Gebäudesachwerts wegen vorzeitigen Abbruchs von Gebäuden auf fremdem Grund und Boden vgl. Abschnitt 50.

e) Ermäßigung wegen unorganischen Aufbaus

(8) 1 Ein Abschlag wegen unorganischen Aufbaus kommt im allgemeinen nur bei Fabrikgrundstücken in Betracht. 2 Ein Fabrikbetrieb ist unorganisch aufgebaut, wenn durch die ungünstige Anordnung aller oder einzelner Betriebsgebäude die Werkstoffe bei ihrer Verarbeitung unnötige Wege zurücklegen müssen und dadurch den Betrieb gegenüber einem organisch aufgebauten Betrieb nennenswerte Mehrkosten entstehen. 3 Um festzustellen, ob ein unorganischer Aufbau vorliegt, ist der auf dem Grundstück geführte Betrieb mit einem Normalbetrieb und nicht mit einem Muster- oder Idealbetrieb zu vergleichen (RFH-Urteile vom 3. 11. 1939, RStBl. 1940 S. 319, und vom 15. 5. 1941 RStBl. S. 589). 4 Ein unorganischer Aufbau kann durch den nach und nach erfolgten Aufbau der Fabrikgebäude entstehen. 5 Er kann ferner darauf beruhen, daß infolge Produktionssteigerung einzelner Abteilungen die vorhandene Nutzfläche nicht mehr ausreicht und der notwendige Erweiterungsbau an anderer Stelle errichtet werden muß. 6 Ein Abschlag ist nicht vorzunehmen, wenn die Mehrkosten offensichtlich auf Organisationsfehler, auf die Verwendung veralteter Maschinen oder auf Mängel an Betriebsvorrichtungen oder ihre für den Betriebsvorgang unzweckmäßige Anordnung zurückzuführen sind. 7 Dagegen kann eine unzweckmäßige Anordnung der Betriebsvorrichtungen einen Abschlag wegen unorganischen Aufbaus begründen, wenn sie durch die Abmessung und die Lage der Gebäude bedingt ist.

(9) 1 Ein unorganischer Aufbau liegt nicht vor, wenn ein für den Betrieb notwendiges Gebäude fehlt (RFH-Urteil vom 27. 7. 1938, RStBl. S. 921). 2 Ältere Fabrikgebäude entsprechen nicht immer dem letzten Stand der Entwicklung und des Fortschritts. 3 Trotzdem ist nicht schon aus diesem Grunde ein Abschlag wegen unorganischen Aufbaus gerechtfertigt (RFH-Urteil vom 3. 11. 1939, RStBl. 1940 S. 319). 4 Bei einem einstufigen Betrieb, dessen Betriebsgebäude sich auf zwei voneinander entfernt liegenden Grundstücken befinden, kann wegen der verstreuten Lage der

Fabrikgebäude ein Abschlag wegen unorganischen Aufbaus in Betracht kommen, wenn der einheitliche Organismus der Fabrik gestört ist (RFH-Urteil vom 11. 7. 1940, RStBl. S. 918). 5Anders sind die Verhältnisse bei mehrstufigen Betrieben eines Werkes zu beurteilen. 6Liegen bei einem Werk mit mehreren Erzeugungsstufen die Grundstücke und damit die Fabrikgebäude der einzelnen Stufenbetriebe unorganisch zueinander, so wird dieser Umstand nur dann einen Abschlag wegen unorganischen Aufbaus rechtfertigen, wenn die Grundstücke der Stufenbetriebe zusammen eine wirtschaftliche Einheit des Grundbesitzes bilden (RFH-Urteil vom 5. 3. 1942, RStBl. S. 810).

(10) 1Der Eigentümer hat an Hand eines Lageplanes nachzuweisen, welche Wege der Werkstoff bei seiner Verarbeitung zurücklegen muß. 2Ergibt sich, daß die Linienführung in dem ganzen Betrieb oder in einem Teil unzweckmäßig ist und daß unnötige Wege zurückzulegen sind, die bei einem normalen Fabrikbetrieb vermieden werden, so ist ein Abschlag gerechtfertigt. 3Die Höhe des Abschlags ist zu schätzen. 4Einen Anhalt für die Bemessung kann der Hundertsatz bieten, um den die tatsächlichen Produktionskosten von den Produktionskosten abweichen, die in einem Normalbetrieb entstehen würden. 5Dieser Vergleich setzt voraus, daß der Eigentümer an Hand von Kalkulationsunterlagen die durch die Lage der (des) Gebäude(s) entstehenden Produktionsverteuerung nachweist.

f) Ermäßigung wegen übermäßiger Raumhöhe

(11) 1Eine Ermäßigung wegen übermäßiger Raumhöhe kann in Betracht kommen, wenn Gebäude Räume mit übergroßen Höhen aufweisen, die bei neuen Bauten nicht mehr üblich sind. 2Bei Fabrikgebäuden ist jedoch Voraussetzung, daß das Gebäude mit den übergroßen Raumhöhen auch für andere Industriezweige nicht verwendbar ist.

Beispiel:

Eine Fabrik benötigte zur Herstellung ihrer Waren große Maschinen. Die Gebäude mußten daher eine beträchtliche Höhe haben. Durch Fortentwicklung der Technik haben sich die Dimensionen der Maschinen wesentlich geändert. Das Unternehmen war gezwungen, die alten Maschinen durch neuzeitliche mit geringen Höhenabmessungen zu ersetzen. Die große Höhe der Gebäude ist nicht mehr erforderlich.

3Der Abschlag wird ausschließlich für das Übermaß an Raumhöhe zugestanden. 4Bei den in der Anlage 14 Teil B aufgeführten Gebäuden ist eine Geschoßhöhe (vgl. Abschnitt 38 Abs. 2) bis 4 m jedoch ohne Rücksicht auf die in den betreffenden Räumen untergebrachte Betriebsart stets als normal anzusehen. 5Bei einem Gebäude mit offenem Dachstuhl ist für die Frage, ob eine übergroße Raumhöhe vorhanden ist, der Raum zwischen den Dachbindern nicht mit einzubeziehen.

(12) 1Die Höhe des Abschlags bemißt sich nach dem Unterschied zwischen dem Sachwert des Gebäudes in seiner tatsächlichen Höhe und dem Sachwert des Gebäudes in der Höhe, die für die neue Verwendung zugrunde zu legen ist; mindestens ist bei der Ermittlung des Gebäudesachwerts der in der Anlage 14 Teil B aufgeführten Gebäude eine für den

neuen Verwendungszweck benötigte Höhe von 4 m anzunehmen (vgl. Abs. 11). [2]Bei der Berechnung des Abschlags ist zu beachten, daß sich bei der angenommenen geringeren Höhe die Gebäudeklasse oder innerhalb der Gebäudeklasse der Raummeterpreis ändern kann.

g) Erhöhungen

(13) [1]Nach § 88 Abs. 3 BewG ist der Gebäudesachwert zu erhöhen, wenn das Grundstück nachhaltig gegen Entgelt für Reklamezwecke genutzt wird. [2]Wegen der Voraussetzungen und Einzelheiten vgl. die in Abschnitt 32 Abs. 5 beim Ertragswertverfahren gemachten Ausführungen. [3]Sie gelten entsprechend auch beim Sachwertverfahren. [4]Neben diesem Zuschlag können auch weitere Zuschläge aus anderen Gründen in Betracht kommen.

h) Abschläge und Zuschläge am Gebäudesachwert sämtlicher oder einzelner Gebäude

(14) [1]Der Abschlag wegen unorganischen Aufbaus ist regelmäßig vom Gebäudesachwert sämtlicher Gebäude einer wirtschaftlichen Einheit vorzunehmen, ebenso der Abschlag wegen ungünstiger Lage des Grundstücks, es sei denn, daß die einzelnen Gebäude räumlich sehr weit voneinander entfernt liegen und nur ein Teil von ihnen durch die ungünstige Lage betroffen ist. [2]Die Abschläge wegen wirtschaftlicher Überalterung, wegen der Notwendigkeit vorzeitigen Abbruchs und wegen übermäßiger Raumhöhe sowie der Zuschlag wegen nachhaltiger entgeltlicher Reklamenutzung sind jeweils am Gebäudesachwert des einzelnen Gebäudes oder des einzelnen Gebäudeteils zu machen, das diese wertmindernden oder werterhöhenden Umstände betreffen. [3]Ob die Abschläge oder Zuschläge aus sonstigen Gründen am Gebäudesachwert sämtlicher oder nur einzelner Gebäude oder einzelner Gebäudeteile einer wirtschaftlichen Einheit zu machen sind, hängt davon ab, ob die wertmindernden oder werterhöhenden Umstände sämtliche Gebäude einer wirtschaftlichen Einheit im gleichen Umfang oder nur einzelne Gebäude oder Gebäudeteile betreffen.

IV. Wert der Außenanlagen (§ 89 BewG)

45.[1)] Ermittlung des Werts der Außenanlagen

(1) [1]Zu den Außenanlagen gehören insbesondere die Einfriedungen, Tore, Stützmauern, Brücken, Unterführungen, Wegebefestigungen, Platzbefestigungen, Schwimmbecken, Tennisplätze, Gartenanlagen sowie die außerhalb des Gebäudes gelegenen Versorgungsanlagen und Abwasseranlagen innerhalb der Grundstücksgrenzen. [2]Diese Anlagen rechnen grundsätzlich zum Grundvermögen; wegen der Abgrenzung gegenüber den Betriebsvorrichtungen vgl. Abschnitt 1 Abs. 6.

1) Zur Ermittlung des Werts der Außenanlagen bei der Bewertung unbebauter Grundstücke vgl. *Vfg. OFD Düsseldorf vom 6. 12. 1994 – S 3194 – 10 – St 214 (DB 1995 S. 71):* Es bestehen keine Bedenken, zur Anpassung an den gemeinen Wert den für die Außenanlagen ermittelten Wert pauschal um 20 v. H. zu kürzen.

(2)[1] [1]Der Wert der Außenanlagen wird neben dem Gebäudewert gesondert erfaßt (§ 83 BewG). [2]Bei Geschäftsgrundstücken wird im allgemeinen bei der Bewertung der Außenanlagen von ins einzelne gehenden Ermittlungen abgesehen werden können. [3]In vielen Fällen wird es genügen, als Wert der Außenanlagen 2 bis 8 v. H. des gesamten Gebäudewerts anzusetzen. [4]Andernfalls muß auf Erfahrungswerte zurückgegriffen werden. [5]Solche Erfahrungswerte können für oft vorkommende Außenanlagen aus der Anlage 17 entnommen werden. [6]Die angegebenen Preise sind bereits unter Berücksichtigung eines Baupreisindex von 135 (1958 = 100) auf die Baupreisverhältnisse im Hauptfeststellungszeitpunkt (1. Januar 1964) umgerechnet worden. [7]Von dem Normalherstellungswert ist die Wertminderung wegen Alters abzuziehen. [8]Sie bestimmt sich nach dem Alter der einzelnen Außenanlagen im Hauptfeststellungszeitpunkt und ihrer Lebensdauer. [9]Die Ausführungen in Abschnitt 41 gelten entsprechend. [10]Als gewöhnliche Lebensdauer und jährliche Wertminderung sind zugrunde zu legen:

	Lebensdauer in Jahren	Jährliche Wertminderung in v. H.
1. Einfriedungen		
Holz- und Drahtzäune	10 bis 20	10 bis 5
Plattenwände und Einfriedigungsmauern	20 bis 50	5 bis 2
2. Wege- und Platzbefestigungen		
Leichte Decken und Plattenwege	10 bis 20	10 bis 5
Sonstige Bodenbefestigungen	20 bis 50	5 bis 2
3. Rampen und Stützmauern	20 bis 50	5 bis 2
4. Schwimmbecken	10 bis 20	10 bis 5
5. Entwässerungs- und Versorgungsleitungen	20 bis 50	5 bis 2

(3) [1]Auch bei jeder einzelnen Außenanlage ist in der Regel ein Restwert von 30 v. H. des Normalherstellungswerts anzusetzen; vgl. hierzu Abschnitt 41 Abs. 9. [2]Neben der Wertminderung wegen Alters kommen noch Abschläge wegen etwaiger baulicher Mängel und Schäden in Betracht. [3]Darüber hinaus können in Einzelfällen weitere Abschläge vorzunehmen sein; die Ausführungen in den Abschnitten 42 bis 44 mit Ausnahme des Abschnitts 44 Abs. 11 und 12 gelten entsprechend.

[1] Ergänzend hierzu siehe Erlaß des FinSen. Berlin v. 2. 8. 1967 (StZBlBln. 1967 S. 809):
„. . . **Lebensdauer in Jahren und jährliche Wertminderung in v. H. für Außenanlagen**

	Lebensdauer in Jahren	Jährliche Wertminderung in v. H.
Für aufwendige Gartengestaltung	10	10
Für Tennisplätze mittlerer Ausführung	10	10
Für Brückenbauten auf bebauten Grundstücken für mittlere Spannweiten	50–100	2–1.“

V. Angleichung an den gemeinen Wert (§ 90 BewG)

46. Anzuwendende Wertzahl

[1]Nach § 90 Abs. 1 BewG ist der Ausgangswert (vgl. Abschnitt 34) an den gemeinen Wert anzugleichen. [2]Diese Angleichung erfolgt durch Wertzahlen. [3]Die Wertzahlen werden in einer Rechtsverordnung festgelegt.[1)]

F. Sonderfälle der Bewertung bebauter Grundstücke

47. Grundstücke im Zustand der Bebauung (§ 91 BewG)

(1) [1]Grundstücke, die sich an einem Feststellungszeitpunkt im Zustand der Bebauung befinden, können entweder bebaute oder unbebaute Grundstücke sein. [2]Sie werden für die Grundsteuer (§ 91 Abs. 1 BewG) *und für die Vermögensbesteuerung (§ 91 Abs. 2 BewG)*[2)] unterschiedlich behandelt. [3]Die Vorschriften des § 91 BewG sind auch für Gebäude auf fremdem Grund und Boden (§ 70 Abs. 3, § 94 BewG) anzuwenden.

(2) [1]Für die Zwecke der Grundsteuer bleiben die nicht bezugsfertigen Gebäude oder Gebäudeteile außer Ansatz. [2]Das gleiche gilt für die nicht fertiggestellten Außenanlagen. [3]Wegen der Errichtung eines Gebäudes in Bauabschnitten vgl. § 74 Satz 2 BewG, Abschnitt 6 Abs. 2. [4]Hier bleiben die noch nicht bezugsfertig erstellten Teile des Gebäudes außer Betracht. [5]Die vorstehende Regelung gilt sowohl für die Bestimmung der Grundstücksart als auch für die Ermittlung des Grundstückswerts. [6]Bei der Bewertung nach § 91 Abs. 1 BewG wird der zuletzt festgestellte Einheitswert im allgemeinen maßgebend bleiben. [7]In manchen Fällen ist der Beginn der Bebauung jedoch Anlaß, den Einheitswert zu überprüfen und ihn ggf. auf einen vor dem Beginn der Bebauung liegenden Feststellungszeitpunkt fortzuschreiben. [8]Ein solcher Fall liegt vor allem vor, wenn ein bisher als Rohbauland zu behandelndes unbebautes Grundstück zu einem baureifen Grundstück geworden ist, mag auch eine Fortschreibung der Grundstücksart bis auf weiteres nicht durchzuführen sein (§ 73 BewG, Abschnitt 13). [9]Ein Anlaß zur Überprüfung des Einheitswerts liegt auch dann vor, wenn sich der Wert eines unbebauten Grundstücks infolge einer auf besonderen Umständen beruhenden Änderung der Verkehrslage erhöht hat.

(3)[2)] [1]Für die Zwecke der Vermögensbesteuerung ist neben dem Einheitswert nach § 91 Abs. 1 BewG ein besonderer Einheitswert im Wege der Nachfeststellung festzustellen (§ 23 Abs. 1 Nr. 3 BewG). [2]Eine Feststellung des besonderen Einheitswerts schon auf den Hauptfeststellungszeitpunkt kommt erst bei Hauptfeststellungen nach der Hauptfeststellung 1964 in Betracht. [3]Nachfeststellungen des besonderen Einheitswerts nach § 91 Abs. 2 BewG sind erstmals auf den Zeitpunkt vorzunehmen, von dem an die Einheitswerte der Hauptfeststellung 1964 erstmals bei der Vermögensbesteuerung

---

1) VO v. 2. 9. 1966, BGBl. I S. 553 (**Steuergesetze** Nr. **213**).

2) § 91 Abs. 2 BewG aufgeh. durch G v. 20. 12. 1996, BGBl. I S. 2049.

zugrunde gelegt werden (Artikel 2 Abs. 2 des Gesetzes zur Änderung des Bewertungsgesetzes vom 13. August 1965 – Bundesgesetzbl. I S. 851). [4] Auf Bewertungsstichtage, die vor diesem Zeitpunkt liegen, ist der besondere Einheitswert nach Artikel 2 Abs. 4 des oben bezeichneten Gesetzes noch nach den bisher geltenden Bewertungsvorschriften (§ 33 a Abs. 3 BewDV) festzustellen. [5] Ist z. B. mit der Bebauung eines Grundstücks im Jahre 1963 begonnen worden, so wird auf den 1. Januar 1964 der Einheitswert nach § 91 Abs. 1 BewG im Wege der Hauptfeststellung festgestellt; gleichzeitig wird auf diesen Zeitpunkt ein besonderer Einheitswert noch nach § 33 a Abs. 3 BewDV festgestellt.

48. Erbbaurecht (§ 92 BewG)

(1) [1] Das Erbbaurecht gilt als ein selbständiges Grundstück im Sinne des Bewertungsgesetzes (§ 68 Abs. 1 Nr. 2, § 70 Abs. 1 BewG). [2] Bei Grundstücken, die mit einem Erbbaurecht belastet sind, bilden das Erbbaurecht und das belastete Grundstück zwei selbständige wirtschaftliche Einheiten, für die je ein Einheitswert festzustellen ist. [3] Erstreckt sich das Erbbaurecht nur auf den Teil eines Grundstücks im Sinne des bürgerlichen Rechts, so scheidet dieser Teil als selbständige wirtschaftliche Einheit aus dem Grundstück aus.

(2)[1)] [1] Der Gesamtwert, der für das Grundstück einschließlich der Gebäude und Außenanlagen ohne Rücksicht auf die Belastung mit dem Erbbaurecht zu ermitteln ist, ist eine reine Rechnungsgröße. [2] Für seine Verteilung auf die wirtschaftlichen Einheiten des Erbbaurechts und des belasteten Grundstücks ist die Dauer des Erbbaurechts im Feststellungszeitpunkt maßgebend (§ 92 Abs. 2 und 3 BewG). [3] Im allgemeinen entfällt auf die wirtschaftliche Einheit des Erbbaurechts der Gebäudewert einschließlich des Werts der Außenanlagen und ein bestimmter Anteil am Bodenwert; der restliche Bodenwert entfällt auf die wirtschaftliche Einheit des belasteten Grundstücks (§ 92 Abs. 3 BewG). [4] Ist der Gesamtwert jedoch in vollem Umfang dem Erbbauberechtigten zuzurechnen (§ 92 Abs. 2 BewG), so kann die Feststellung eines Einheitswerts für das belastete Grundstück unterbleiben.

(3) [1] Die Verteilung des Gesamtwerts nach § 92 Abs. 3 BewG macht die Berechnung von Anteilen am Bodenwert und mitunter auch die Berechnung von Anteilen am Gebäudewert, die auf die wirtschaftlichen Einheiten des Erbbaurechts und des belasteten Grundstücks entfallen, und damit die vorherige Aufspaltung des Gesamtwerts in einen Bodenwertanteil und einen Gebäudewertanteil erforderlich. [2] Der Bodenwertanteil ergibt sich im Falle der Ermittlung des Gesamtwerts im Ertragswertverfahren aus den Anlagen 1 bis 8. [3] Der sich nach den §§ 79 bis 81 BewG ergebende Gesamtwert (Grundstückswert) ist ggf. wegen der nach § 82 BewG vorgenommenen Ermäßigungen und Erhöhungen zu korrigieren, soweit sie den Wert des Grund und Bodens betreffen (vgl. Abschnitt 33 Abs. 6). [4] Im Falle der Ermittlung des Gesamtwerts im Sachwertverfahren ergibt sich der Bodenwertanteil durch die Anwendung der Wertzahl (§ 90 BewG) auf den Bodenwert (§ 84 BewG). [5] In den Fällen der Mindestbewertung nach

---

1) Zum „innerlandwirtschaftlichen Verkehrswert" als Untergrenze bei Golfplätzen vgl. BFH v. 17. 11. 2004 II R 35/02, BFH/NV 2005 S. 837.

§ 77 BewG ist der im Gesamtwert enthaltene Bodenwertanteil, wenn der nur den Grund und Boden berücksichtigende Gesamtwert (Mindestwert) an die Stelle eines im Ertragswertverfahren ermittelten Grundstückswerts tritt, nach der folgenden Formel zu berechnen:

Bodenwertanteil im Mindestwert =

$$\text{Mindestwert} \times \frac{\text{Bodenwertanteil im Grundstückswert}}{\text{Grundstückswert}}$$

Beispiel A:

Auf einem mit einem Erbbaurecht belasteten Grundstück in einer Gemeinde von 300 000 Einwohnern hat der Erbbauberechtigte im Jahre 1963 ein Mietwohngebäude errichtet. Es betragen

die Jahresrohmiete	10 000 DM,
der Vervielfältiger	9 (vgl. Anlage 7),
der Grundstückswert	10 000 DM × 9 = 90 000 DM,

der Multiplikator für den Bodenwertanteil 0,91 (vgl. Anlage 7),
der Wert des Grund und Bodens (Mindestwert) 100 000 DM.

Demnach beträgt der im Gesamtwert (Mindestwert) enthaltene Bodenwertanteil

$$100\,000 \text{ DM} \times \frac{10000 \times 0{,}91}{90000 \text{ DM}} = 10111 \text{ DM.}$$

Für das Sachwertverfahren ist in den Fällen der Mindestbewertung der im Gesamtwert enthaltene Bodenwertanteil nach der folgenden Formel zu berechnen:

Bodenwertanteil im Mindestwert =

$$\text{Mindestwert} \times \frac{\text{Bodenwert (Mindestwert)}}{\text{Ausgangswert (§ 83 BewG)}}$$

Beispiel B:

Bei einem mit einem Erbbaurecht belasteten Grundstück, auf dem der Erbbauberechtigte ein Gebäude errichtet hat, betragen der

Bodenwert	80 000 DM
Gebäudewert	55 000 DM
Wert der Außenanlagen	5 000 DM
Ausgangswert	140 000 DM
Angleichung an den gemeinen Wert (angenommene Wertzahl 55)	77 000 DM

Der Gesamtwert ist also mit dem Wert des Grund und Bodens (Mindestwert) anzusetzen. Demnach beträgt der im Gesamtwert (Mindestwert) enthaltene Bodenwertanteil

$$80\,000 \text{ DM} \times \frac{80000 \text{ DM}}{80000 \text{ DM} + 55000 \text{ DM} + 5000 \text{ DM}} = \underline{45714 \text{ DM.}}$$

[6]Der im Gesamtwert (Mindestwert) enthaltene Gebäudewertanteil einschließlich des Werts der Außenanlagen ergibt sich stets aus dem Unterschied des Bodenwertanteils zum Gesamtwert.

(4) [1]Abweichend von der Regelung in § 92 Abs. 3 Nr. 1 und 2 BewG entfällt auch ein Anteil des Gebäudewerts auf die wirtschaftliche Einheit des belasteten Grundstücks, wenn besondere Vereinbarungen zwischen dem Eigentümer des belasteten Grundstücks und dem Eigentümer des Gebäudes es rechtfertigen. [2]Hauptfall einer solchen Vereinbarung ist der Übergang des Eigentums am Gebäude auf den Eigentümer des belasteten Grundstücks bei Erlöschen des Erbbaurechts durch Zeitablauf, ohne daß

eine dem Wert des Gebäudes entsprechende Entschädigung gezahlt wird. [3] Im Falle des entschädigungslosen Eigentumsübergangs ist der Gesamtwert in der gleichen Weise wie sonst der Bodenwert zu verteilen; Bodenwert und Gebäudewert brauchen hier also nicht besonders berechnet zu werden.

Beispiel:

Beträgt die Dauer des Erbbaurechts im Feststellungszeitpunkt noch 23 Jahre, so entfallen vom Bodenwert 70 v. H. auf die wirtschaftliche Einheit des Erbbaurechts und 30 v. H. auf die wirtschaftliche Einheit des belasteten Grundstücks. Dementsprechend ist auch der Gebäudewert einschließlich des Werts der Außenanlagen und damit der Gesamtwert mit 70 v. H. dem Erbbauberechtigten und mit 30 v. H. dem Eigentümer des belasteten Grundstücks zuzurechnen, wenn ein entschädigungsloser Übergang des Eigentums am Gebäude auf den Eigentümer des belasteten Grundstücks vereinbart worden ist.

[4] Beträgt dagegen die Entschädigung für das Gebäude nur einen Bruchteil des Gebäudewerts, so bezieht sich die Verteilung nur auf den nicht zu entschädigenden Teil des Gebäudewerts. [5] Es müssen also als Teil des Gesamtwerts ein Bodenwert und ein Gebäudewert und aus diesem ein nicht zu entschädigender Teil des Gebäudewerts berechnet werden.

Beispiel A:

Der Erbbauverpflichtete hat mit dem Erbbauberechtigten vereinbart, daß das Eigentum an dem Gebäude mit dem Erlöschen des Erbbaurechts durch Zeitablauf auf den Eigentümer des belasteten Grundstücks übergeht, wobei nur die Hälfte des Gebäudewerts entschädigt wird. Im Jahre 1926 ist ein Mietwohngebäude errichtet worden. Am Hauptfeststellungszeitpunkt (1. Januar 1964) beträgt die Dauer des Erbbaurechts noch 27 Jahre. Das Mietwohngrundstück wird im Ertragswertverfahren bewertet. Die Jahresrohmiete beträgt 15 000 DM, der Vervielfältiger (Massivbau, Gemeindegröße 630 000 Einwohner) beträgt 7,5 (vgl. Anlage 8).

Gesamtwert 15 000 DM × 7,5 = ...	112 500 DM
Bodenwertanteil (vgl. Anlage 8): 15 000 DM × 1,82 = ...	27 300 DM
Gebäudewertanteil:	85 200 DM
nicht zu entschädigender Teil des Gebäudewerts	42 600 DM

Nach der Tabelle in § 92 Abs. 3 Nr. 1 BewG beträgt der Anteil am oben berechneten Bodenwert für die wirtschaftliche Einheit des Erbbaurechts 80 v. H., für die wirtschaftliche Einheit des belasteten Grundstücks 20 v. H. In demselben Verhältnis ist der nicht zu entschädigende Teil des Gebäudewerts aufzuteilen.

Von dem Gesamtwert von . . . . 112 500 DM

entfallen bei der Hauptfeststellung der Einheitswerte auf den 1. Januar 1964 nach § 92 Abs. 3 BewG auf die

1. wirtschaftliche Einheit des Erbbaurechts:	
80 v. H. des Bodenwerts von 27 300 DM = ...	21 840 DM
80 v. H. des halben, später nicht zu entschädigenden Gebäudewerts von 42 600 DM = ...	34 080 DM
100 v. H. des halben, später zu entschädigenden Gebäudewerts von 42 600 DM = ...	42 600 DM
Einheitswert (abgerundet)	98 500 DM
2. wirtschaftliche Einheit des belasteten Grundstücks	
20 v. H. des Bodenwerts von 27 300 DM = ...	5 460 DM
20 v. H. des halben, später nicht zu entschädigenden Gebäudewerts von 42 600 DM = ...	8 520 DM
Einheitswert (abgerundet)	13 900 DM

Beispiel B:

Das Beispiel A wird dahin abgewandelt, daß im Jahre 1936 ein Warenhaus errichtet worden ist. Ein Viertel des Gebäudewerts soll entschädigt werden. Am Hauptfeststellungszeitpunkt (1. Januar 1964) beträgt die Dauer des Erbbaurechts noch 32 Jahre.

Der Gesamtwert am 1. Januar 1964 errechnet sich wie folgt:

Bodenwert	250 000 DM
Gebäudewert	650 000 DM
Ausgangswert	900 000 DM
Angleichung an den gemeinen Wert (Wertzahl 80):	
Gesamtwert	720 000 DM
Anteil des Gebäudewerts am Gesamtwert	
650 000 DM × $\frac{80}{100}$ =	520 000 DM
Zu entschädigender Teil des Gebäudewerts	130 000 DM
nicht zu entschädigender Teil des Gebäudewerts	390 000 DM

Nach der Tabelle in § 92 Abs. 3 Nr. 1 BewG beträgt der Anteil am Bodenwert für die wirtschaftliche Einheit des Erbbauberechtigten 85 v. H., für die wirtschaftliche Einheit des belasteten Grundstücks 15 v. H. In demselben Verhältnis ist der nicht zu entschädigende Teil des Gebäudewerts aufzuteilen.

Von dem Gesamtwert von 720 000 DM entfallen bei der Hauptfeststellung der Einheitswerte auf den 1. Januar 1964 nach § 92 Abs. 3 BewG auf die

1. wirtschaftliche Einheit des Erbbaurechts

85 v. H. des Bodenwerts von 250 000 DM × $\frac{80}{100}$ =	170 000 DM
85 v. H. des später nicht zu entschädigenden Gebäudewerts von 390 000 DM	331 500 DM
100 v. H. des später zu entschädigenden Gebäudewerts von 130 000 DM	130 000 DM
Einheitswert	631 500 DM

2. wirtschaftliche Einheit des belasteten Grundstücks

15 v. H. des Bodenwerts von 250 000 DM × $\frac{80}{100}$ =	30 000 DM
15 v. H. des später nicht zu entschädigenden Gebäudewerts von 390 000 DM	58 500 DM
Einheitswert	88 500 DM

(5)[1] [1]Die Verpflichtung des Erbbauberechtigten, das Gebäude – ggf. auch die Außenanlagen – bei Beendigung des Erbbaurechts abzubrechen, ist durch einen Abschlag zu berücksichtigen (§ 92 Abs. 4 BewG). [2]Im Falle der Bewertung im Ertragswertverfahren bemißt sich die Höhe dieses Abschlags im allgemeinen nach den Spalten 4 bis 7 der Anlage 9.[2] [3]Muß das Gebäude innerhalb eines Zeitraums von zehn Jahren nach dem Feststellungszeitpunkt abgebrochen werden, ist ein Abschlag jedoch nur nach § 82 Abs. 1 Nr. 3 BewG zu gewähren (vgl. Abschnitt 31 Abs. 4). [4]Die Höhe des Abschlags ergibt sich daher in diesen Fällen nur aus den Spalten 1 bis 3 der Anlage 9. [5]Der als Abschlag abzusetzende Betrag ist vom Gebäudewert abzuziehen. [6]Der Gesamtwert mindert sich dann entsprechend. [7]Wegen der Höhe des Abschlags

[1] Zur Berücksichtigung einer Abbruchverpflichtung beim Erbbaurecht sowie bei Gebäuden auf fremdem Grund und Boden vgl. OFD Frankfurt/Main v. 28.12.2017, ofix HE BewG/92/3.

[2] Siehe auch die als Anlage 9 a abgedruckte erweiterte Tabelle.

im Falle der Bewertung im Sachwertverfahren vgl. Abschnitt 44 Abs. 7 und Abschnitt 45 Abs. 3 letzter Satz.

(6) [1]Die Bewertung des Wohnungserbbaurechts und des Teilerbbaurechts (§ 30 des Wohnungseigentumsgesetzes vom 15. März 1951 – Bundesgesetzbl. I S. 175) entspricht der Bewertung des Erbbaurechts. [2]Für jedes Wohnungserbbaurecht (Teilerbbaurecht) ist ein Gesamtwert zu ermitteln. [3]Die Verteilung der Gesamtwerte auf die wirtschaftlichen Einheiten des Wohnungserbbaurechts (Teilerbbaurechts) und des belasteten Grundstücks erfolgt nach der Regelung in § 92 Abs. 3 BewG. [4]Die in den einzelnen Gesamtwerten enthaltenen Anteile am Bodenwert sind nicht zu einem Einheitswert zusammenzufassen.

(7)[1)] [1]*Änderungen der Verteilung des Gesamtwerts sind – wie eine Änderung des Einheitswerts auch sonst – im Wege der Fortschreibung der Einheitswerte für das Erbbaurecht und für das belastete Grundstück zu berücksichtigen.* [2]*§ 92 Abs. 7 BewG, der Wertfortschreibungen ohne Beachtung einer Fortschreibungsgrenze zuläßt, gilt in allen Fällen, in denen sich der Verteilungsschlüssel für den Gesamtwert infolge Zeitablaufs ändert.* [3]*Treffen Änderungen des Gesamtwerts mit einer Änderung der Verteilung des Gesamtwerts zusammen, so sind sie – und zwar gesondert für jede wirtschaftliche Einheit – durch eine Wertfortschreibung nach § 22 BewG zu berücksichtigen, wenn sie allein oder bei gleichzeitiger Änderung der Verteilung des Gesamtwerts die Fortschreibungsgrenzen überschreiten.* [4]*Werden in diesen Fällen die Fortschreibungsgrenzen nicht überschritten, so ist eine Wertfortschreibung nur durchzuführen, soweit sie auf einer Änderung der Verteilung des Gesamtwerts nach § 92 Abs. 7 BewG beruht.*

Beispiel A:

Im Jahre 1960 ist auf einem mit einem Erbbaurecht belasteten unbebauten Grundstück ein Lagerhaus errichtet worden. Am Hauptfeststellungszeitpunkt (1. Januar 1964) betrug die Laufzeit des Erbbaurechts noch 45 Jahre. Das bebaute Grundstück wird im Sachwertverfahren bewertet (§ 76 Abs. 2 BewG). Am 1. Januar 1964 errechnet sich der Gesamtwert wie folgt:

Bodenwert	*25 000 DM*
Gebäudewert	*95 000 DM*
Ausgangswert	*120 000 DM*
Angleichung an den gemeinen Wert (Wertzahl 80):	
Gesamtwert	*96 000 DM*

Von diesem Gesamtwert entfallen bei der Feststellung der Einheitswerte auf den 1. Januar 1964 nach § 92 Abs. 3 BewG auf die

1. wirtschaftliche Einheit des Erbbaurechts:

Bodenwert	
95 v. H. von 25 000 DM $\times \frac{80}{100} =$	*19 000 DM*
Gebäudewert	
95 000 DM $\times \frac{80}{100} =$	*76 000 DM*
Einheitswert	*95 000 DM*

2. wirtschaftliche Einheit des belasteten Grundstücks:

5 v. H. des Bodenwerts von 25 000 DM $\times \frac{80}{100} =$	*1 000 DM*
Einheitswert	*1 000 DM*

1) Abschn. 48 Abs. 7 ist gegenstandslos, vgl. Abschn. 9 Abs. 1 Fortschreibungs-Richtlinien (Nr. **200**/3).

Im Jahre 1968 hat sich der Gebäudewert durch einen Anbau um 10 000 DM auf 105 000 DM erhöht; der Bodenwert ist unverändert geblieben.
Der Gesamtwert am 1. Januar 1969 errechnet sich wie folgt:

Bodenwert	*25 000 DM*
Gebäudewert	*105 000 DM*
Ausgangswert	*130 000 DM*
Angleichung an den gemeinen Wert (Wertzahl 80):	
Gesamtwert	*104 000 DM*

Bei einer Verteilung dieses Gesamtwerts, bei der der Verteilungsschlüssel nach § 92 Abs. 3 BewG für den 1. Januar 1964 und den 1. Januar 1969 noch derselbe ist, würden bei der Feststellung der Einheitswerte auf den 1. Januar 1969 an sich entfallen auf die

1. wirtschaftliche Einheit des Erbbaurechts:

Bodenwert	
95 v. H. von 25 000 DM $\times \frac{80}{100} =$	*19 000 DM*
Gebäudewert	
105 000 DM $\times \frac{80}{100} =$	*84 000 DM*
Wert am 1. Januar 1969	*103 000 DM*

2. wirtschaftliche Einheit des belasteten Grundstücks:

5 v. H. des Bodenwerts von 25 000 DM $\times \frac{80}{100} =$	*1 000 DM*
Wert am 1. Januar 1969	*1 000 DM*

Für die wirtschaftliche Einheit des Erbbaurechts unterbleibt jedoch eine Fortschreibung des auf den 1. Januar 1964 festgestellten Einheitswerts von 95 000 DM. Der Verteilungsschlüssel hat sich nicht geändert. Der sich infolge der Änderung des Gebäudewerts für den 1. Januar 1969 ergebende höhere Wert von 103 000 DM weicht von dem zuletzt festgestellten Einheitswert nur um 8000 DM und damit nicht um mehr als 10 v. H. ab. Bei dem belasteten Grundstück hat sich ohnehin nichts geändert.

Beispiel B:

Das Beispiel A wird dahin abgewandelt, daß sich der Gebäudewert erstmals durch einen Anbau im Jahre 1969 um 13 000 DM auf 108 000 DM erhöht hat.
Der Gesamtwert ist am 1. Januar 1970 infolge der Änderung des Verteilungsschlüssels (§ 92 Abs. 3 BewG) anderweitig zu verteilen. Mit Rücksicht auf eine Laufzeit des Erbbaurechts von nur noch 39 Jahren betragen die Anteile am Bodenwert für das Erbbaurecht und für das belastete Grundstück jetzt 90 v. H. und 10 v. H. statt 95 v. H. und 5 v. H.
Der Gesamtwert am 1. Januar 1970 errechnet sich wie folgt:

Bodenwert	*25 000 DM*
Gebäudewert	*108 000 DM*
Ausgangswert	*133 000 DM*
Angleichung an den gemeinen Wert (Wertzahl 80):	
Gesamtwert	*106 400 DM*

Von diesem sich für den 1. Januar 1970 ergebenden Gesamtwert würden an sich entfallen auf die

1. wirtschaftliche Einheit des Erbbaurechts:

Bodenwert	
90 v. H. von 25 000 DM $\times \frac{80}{100} =$	*18 000 DM*
Gebäudewert	
108 000 DM $\times \frac{80}{100} =$	*86 400 DM*
Wert am 1. Januar 1970	*104 400 DM*

2. wirtschaftliche Einheit des belasteten Grundstücks:
10 v. H. des Bodenwerts von

25 000 DM × $\frac{80}{100}$ =	*2 000 DM*
Wert am 1. Januar 1970	*2 000 DM*

Bei einem bebauten Grundstück, dessen Gebäude nicht im Erbbaurecht errichtet ist, würde wegen des Anbaus eine Wertfortschreibung nach § 22 BewG auf den 1. Januar 1970 von 96 000 DM auf 106 400 DM durchgeführt werden. Dagegen werden bei der wirtschaftlichen Einheit des Erbbaurechts durch den Anbau und durch die gleichzeitige Änderung der Verteilung des Gesamtwerts zum 1. Januar 1970 die Fortschreibungsgrenzen nach § 22 Abs. 1 Nr. 1 Satz 1 BewG nicht überschritten. In diesem Fall ist daher eine Wertfortschreibung nur wegen der Änderung der Verteilung des Gesamtwerts nach § 92 Abs. 7 BewG durchzuführen. Die Erhöhung des Gebäudewerts infolge des Anbaus wird nicht berücksichtigt. Für das belastete Grundstück wird ohnehin nur eine Wertfortschreibung infolge der Änderung der Verteilung des Gesamtwerts nach § 92 Abs. 7 BewG durchgeführt.
Von dem Gesamtwert von 106 400 DM entfallen daher bei der Feststellung der Einheitswerte auf den 1. Januar 1970 nach § 92 Abs. 3 BewG auf die

1. wirtschaftliche Einheit des Erbbaurechts:
Bodenwert

90 v. H. von 25 000 DM × $\frac{80}{100}$ =	*18 000 DM*
Gebäudewert (wie am 1. Januar 1964)	*76 000 DM*
Einheitswert	*94 000 DM*

2. wirtschaftliche Einheit des belasteten Grundstücks:

Einheitswert	*2 000 DM*

49.[1)] Wohnungseigentum und Teileigentum (§ 93 BewG)

(1) [1]Jedes Wohnungseigentum und jedes Teileigentum gilt als ein Grundstück im Sinne des Bewertungsgesetzes (§ 68 Abs. 1 Nr. 3, § 70 Abs. 1 BewG). [2]Wohnungseigentum ist das Sondereigentum an einer Wohnung in Verbindung mit dem Miteigentumsanteil an dem gemeinschaftlichen Eigentum, zu dem es gehört (§ 1 Abs. 2 des Wohnungseigentumsgesetzes – WEG) vom 15. März 1951 – Bundesgesetzbl. I S. 175). [3]Teileigentum ist das Sondereigentum an nicht Wohnzwecken dienenden Räumen eines Gebäudes in Verbindung mit dem Miteigentumsanteil an dem gemeinschaftlichen Eigentum, zu dem es gehört (§ 1 Abs. 3 WEG). [4]Gemeinschaftliches Eigentum sind der Grund und Boden sowie die Teile, Anlagen und Einrichtungen des Gebäudes, die nicht im Sondereigentum oder Eigentum eines Dritten stehen (§ 1 Abs. 4 WEG). [5]Zum gemeinschaftlichen Eigentum können eine Hausmeisterwohnung, vermietete Wohnungen, Läden usw. gehören. [6]Die wirtschaftliche Einheit besteht danach aus dem Wohnungseigentum einschließlich des Miteigentumsanteils oder dem Teileigentum einschließlich des Miteigentumsanteils.

(2) [1]Die Grundstücksart, in die das Wohnungseigentum oder das Teileigentum einzuordnen ist, richtet sich nach der Nutzung des auf das Wohnungseigentum oder auf das Teileigentum entfallenden Gebäudeteils (§ 93 Abs. 1 Satz 2 BewG). [2]Gehört zu der wirtschaftlichen Einheit des

[1)] Vgl. Erlaß v. 26. 11. 1992, BStBl. 1993 I S. 104 (Nr. **200**/20).

Wohnungseigentums nur eine Wohnung, so ist es ein Einfamilienhaus (§ 75 Abs. 5 BewG). 3Die Mitbenutzung der Eigentumswohnung zu gewerblichen oder öffentlichen Zwecken steht der Einordnung in die Grundstücksart „Einfamilienhäuser" (§ 75 Abs. 5 Satz 4 BewG) nicht notwendig entgegen (vgl. Abschnitt 15 Abs. 3). 4Gehört zum Wohnungseigentum ein Anteil an einer im gemeinschaftlichen Eigentum stehenden Hausmeisterwohnung, so bleibt der Charakter des Wohnungseigentums als Einfamilienhaus ebenfalls gewahrt. 5Gehört zu dem Wohnungseigentum ein Anteil an einer oder mehreren im gemeinschaftlichen Eigentum stehenden sonstigen Wohnungen, so ist es in die Grundstücksart „Mietwohngrundstücke" einzuordnen (§ 75 Abs. 2 BewG). 6Gehört zum Wohnungseigentum ein Anteil an im gemeinschaftlichen Eigentum stehenden Räumen, die gewerblichen (öffentlichen) Zwecken dienen, und wird dadurch die Eigenart des Wohnungseigentums als Einfamilienhaus wesentlich beeinträchtigt, so ist es entsprechend dem gewerblichen Anteil der Miete ein gemischtgenutztes Grundstück (§ 75 Abs. 4 BewG) oder – in Ausnahmefällen – ein Geschäftsgrundstück (§ 75 Abs. 3 BewG). 7Das Teileigentum ist im allgemeinen in die Grundstücksart „Geschäftsgrundstücke" einzuordnen. 8Gehört zum Teileigentum ein Anteil an im gemeinschaftlichen Eigentum stehenden Wohnungen oder Wohnräumen, so ist es entsprechend dem auf sie entfallenden Anteil der Miete ein Geschäftsgrundstück oder ein gemischtgenutztes Grundstück.

(3) 1Nach welchen Vorschriften das Wohnungseigentum und das Teileigentum zu bewerten sind, richtet sich grundsätzlich nach der allgemeinen Vorschrift des § 76 BewG. 2Das Wohnungseigentum, das zu 20 v.H. oder mehr Wohnzwecken dient, ist jedoch im Wege des Ertragswertverfahrens stets nach den Vorschriften für gemischtgenutzte Grundstücke oder für Mietwohngrundstücke zu bewerten (§ 93 Abs. 2 BewG). 3Dies gilt stets dann, wenn das Wohnungseigentum in die Grundstücksart „Einfamilienhäuser" einzuordnen ist. 4Für die Bewertung eines solchen Wohnungseigentums ist demnach der für Mietwohngrundstücke geltende Vervielfältiger anzuwenden, wenn es zu mehr als 80 v.H. Wohnzwecken dient. 5Andernfalls ist der für gemischtgenutzte Grundstücke geltende Vervielfältiger anzuwenden. 6Wenn das Wohnungseigentum in Ausnahmefällen zu mehr als 80 v.H. gewerblichen oder öffentlichen Zwecken dient, richtet sich die Bewertung nach den für Geschäftsgrundstücke maßgebenden Vorschriften (§ 76 Abs. 1 Nr. 2 BewG). 7Das Teileigentum ist nach den Vorschriften zu bewerten, die für die im einzelnen Fall in Betracht kommende Grundstücksart gelten.

(4) 1Die Miete, die bei der Bewertung des Wohnungseigentums und des Teileigentums zugrunde gelegt wird, umfaßt in ähnlicher Weise wie die Miete, die für eine vermietete Wohnung oder für gewerblich genutzte Räume angesetzt wird, auch das Entgelt für die gemeinsam genutzten Grundstücksteile (z.B. bebaute Flächen, Hofflächen, Flure, Treppen und Dachböden) und das Nutzungsentgelt für die sonstigen im gemeinschaftlichen Eigentum der Wohnungseigentümer befindlichen Teile des Grundstücks. 2Die zutreffende Erfassung des Mietwerts eines Miteigentumsanteils

in dem Mietwert der Eigentumswohnung setzt voraus, daß das Verhältnis, in dem die Miteigentumsanteile zueinander stehen, mit dem Verhältnis übereinstimmt oder etwa dem Verhältnis entspricht, in welchem die Eigentumswohnungen nach ihrem Mietwert zueinander stehen. [3]Deshalb kann bei der Berechnung der Miete, die bei der Bewertung eines Wohnungseigentums zugrunde gelegt wird, anders verfahren werden, wenn die im Grundbuch eingetragenen Miteigentumsanteile der Wohnungseigentümer am gemeinschaftlichen Eigentum (vgl. die §§ 7 und 10 WEG) nicht dem Verhältnis des Mietwerts der Eigentumswohnungen zueinander entsprechen (§ 93 Abs. 3 Satz 1 BewG). [4]Dieses abweichende Verfahren ist jedoch nur in den Fällen anzuwenden, in denen die Miteigentumsanteile von dem Verhältnis der Mietwerte der einzelnen Eigentumswohnungen zueinander erheblich abweichen. [5]Diese Fälle werden jedoch nur sehr selten sein.

(5) [1]Gehören zum Wohnungseigentum oder Teileigentum einzelne im gemeinschaftlichen Eigentum stehende vermietete Wohnungen oder sonstige Räume (z.B. Laden, Garage, Hausmeisterwohnung, Dachgeschoßwohnung), so ist die sich hierdurch ergebende Werterhöhung nach den allgemeinen Grundsätzen zu erfassen und entsprechend den im Grundbuch eingetragenen Miteigentumsanteilen auf die einzelnen wirtschaftlichen Einheiten zu verteilen (§ 93 Abs. 3 Satz 2 BewG). [2]Der Miete für das Sondereigentum ist jeweils die anteilige Miete für das gemeinschaftliche Eigentum, das aus dem Laden usw. besteht, hinzuzurechnen. [3]Auf die gesamte Miete ist der Vervielfältiger für die Grundstücksart anzuwenden, die sich nach § 75 BewG aus dem Verhältnis der auf Wohnzwecke entfallenden Mietanteile zu den auf gewerbliche Zwecke entfallenden Mietanteilen ergibt.

Beispiel:

Ein bebautes Grundstück besteht aus 4 Eigentumswohnungen sowie aus einer Dachgeschoßwohnung und einem Ladenraum, die beide im gemeinschaftlichen Eigentum der Wohnungseigentümer stehen und vermietet sind. Für jeden Wohnungseigentümer ist im Grundbuch ein Miteigentumsanteil von einem Viertel eingetragen. Die folgenden Jahresrohmieten sind ermittelt worden:

Eigentumswohnung A	3600 DM
Eigentumswohnung B	3600 DM
Eigentumswohnung C	3300 DM
Eigentumswohnung D	3300 DM
Dachgeschoßwohnung	1800 DM
Ladenraum	4000 DM

Die Einheitswerte sind wie folgt festzustellen

1. Wohnungseigentum A und B:

Jahresrohmiete	
Eigentumswohnung	3600 DM
1/4 von 1800 DM =	450 DM
1/4 von 4000 DM =	1000 DM
	5050 DM

Von der Jahresrohmiete von 5050 DM entfallen jeweils ein Anteil von 4050 DM auf Wohnungen und jeweils ein Anteil von 1000 DM auf den gewerblichen Zwecken dienenden Ladenraum. Der Anteil der Wohnungen beträgt jeweils

$$\frac{4050 \times 100}{5050} = 80{,}1 \text{ v. H.}$$

Das Wohnungseigentum A und das Wohnungseigentum B sind also Mietwohngrundstücke und entsprechend zu bewerten. Der Vervielfältiger (Nachkriegsbau, Massivbau, Gemeindegröße von 8000 Einwohnern) beträgt 9,5 (vgl. Anlage 3). Der Einheitswert (abgerundet) beträgt 5050 DM × 9,5 = 47 900 DM

2. Wohnungseigentum C und D

Jahresrohmiete Eigentumswohnung	3300 DM
1/4 von 1800 DM =	450 DM
1/4 von 4000 DM =	1000 DM
	4750 DM

Von der Jahresrohmiete von 4750 DM entfallen jeweils ein Anteil vom 3750 DM auf Wohnungen und jeweils ein Anteil von 1000 DM auf den gewerblichen Zwecken dienenden Ladenraum. Der Anteil der Wohnungen beträgt jeweils

$$\frac{3750 \times 100}{4750} = 79 \text{ v. H.}$$

Das Wohnungseigentum C und das Wohnungseigentum D sind also gemischtgenutzte Grundstücke und entsprechend zu bewerten.
Vervielfältiger (vgl. Anlage 3) 9,2
Einheitswert 4750 DM × 9,2 = 43 700 DM.

(6) Die einzelne wirtschaftliche Einheit des Wohnungseigentums oder des Teileigentums ist ein Betriebsgrundstück im Sinne von § 99 BewG, wenn die wirtschaftliche Einheit dem gewerblichen Betrieb des Wohnungseigentümers oder Teileigentümers zu mehr als der Hälfte ihres Werts dient.

(7) 1 Das Dauerwohnrecht (§ 31 WEG) gilt grundsätzlich nicht als Grundstück im Sinne des Bewertungsgesetzes. 2 Wie ein Wohnungseigentum ist es nur dann zu behandeln, wenn der Dauerwohnberechtigte auf Grund der zwischen ihm und dem Grundstückseigentümer getroffenen Vereinbarungen wirtschaftlich einem Wohnungseigentümer gleichsteht *(vgl. § 11 Ziff. 4 StAnpG).*[1] 3 Das setzt voraus, daß die Rechte und Pflichten des Dauerwohnberechtigten bei wirtschaftlicher Betrachtung den Rechten und Pflichten eines Wohnungseigentümers entsprechen und daß der Dauerwohnberechtigte auf Grund des Dauerwohnrechtsvertrags bei einem Heimfall des Dauerwohnrechts eine angemessene Entschädigung erhält.

50. Gebäude auf fremdem Grund und Boden (§ 94 BewG)

(1)[2] 1 Das Gebäude auf fremden Grund und Boden und der Grund und Boden bilden zwei wirtschaftliche Einheiten des Grundvermögens. 2 Für beide wirtschaftliche Einheiten ist daher je ein Einheitswert festzustellen. 3 Sie sind selbständig und unabhängig voneinander zu bewerten. 4 Ungeachtet der für die Bewertung maßgeblichen Grundsätze gilt der Grund und Boden als bebautes Grundstück derjenigen Grundstücksart, in die die wirtschaftliche Einheit des Gebäudes nach § 75 BewG einzuordnen ist. 5 In den Fällen, in denen der Eigentümer des Gebäudes eine größere, dem Eigentümer des Grund und Bodens gehörende Fläche nur teilweise nutzt, ist daher nur die von ihm ge-

[1] Jetzt § 39 Abs. 2 Nr. 1 AO.

[2] Zur bewertungsrechtlichen Behandlung von Gebäuden von untergeordneter Bedeutung im Rahmen des § 94 BewG siehe OFD Frankfurt/M. v. 22.12.2017 – S 3217 A – 003 – St 116.

nutzte Fläche als (bebauter) „Grund und Boden“ im Sinne von § 94 Abs. 1 BewG und damit als besondere wirtschaftliche Einheit des Grundvermögens (§ 2 BewG) anzusehen. [6]Sie ist demnach aus der die gesamte Bodenfläche umfassenden wirtschaftlichen Einheit – ggf. im Wege der Nachfeststellung (§ 23 Abs. 1 Nr. 1 BewG) – herauszulösen. [7]Bei einer solchen, durch eine Änderung der tatsächlichen Verhältnisse bedingten Nachfeststellung ist es ohne Bedeutung, ob für die verbleibende wirtschaftliche Einheit (Stammeinheit) der Einheitswert fortgeschrieben werden kann. [8]In diesen Fällen sind drei wirtschaftliche Einheiten vorhanden: das Gebäude als bebautes Grundstück, der wirtschaftlich zu dem Gebäude gehörende Grund und Boden ebenfalls als bebautes Grundstück und die nach der Abtrennung des vom Eigentümer des Gebäudes genutzten Grund und Bodens verbleibende Stammeinheit, die im allgemeinen ein unbebautes Grundstück sein wird.

(2) [1]Der Grund und Boden ist mit dem Wert anzusetzen, der sich ergeben würde, wenn das Grundstück unbebaut wäre. [2]Die Bewertung erfolgt nach den Abschnitten 7 bis 10. [3]Der Umstand, daß auf dem Grundstück ein Gebäude steht, ist im allgemeinen nicht zu berücksichtigen. [4]Eine Ermäßigung des Bodenwerts kommt ausnahmsweise dann in Betracht, wenn die Nutzungsbehinderung, die sich aus dem Vorhandensein des Gebäudes ergibt, den Bodenwert beeinträchtigt. [5]Dies setzt voraus, daß im Feststellungszeitpunkt ein zwischen dem Eigentümer des Grund und Bodens und dem Eigentümer des Gebäudes abgeschlossener, für und gegen einen etwaigen Erwerber des Grund und Bodens geltender Pachtvertrag (vgl. § 581 Abs. 2, § 571 Abs. 1 BGB) noch für längere Zeit besteht, ohne daß ein dem Bodenwert entsprechender Pachtzins gezahlt wird. [6]Die Minderung des Bodenwerts richtet sich dann ebenfalls nach der Dauer und dem Ausmaß der Nutzungsbehinderung.

(3)[1)] [1]Für die Bewertung des Gebäudes gelten die allgemeinen Vorschriften des § 76 BewG. [2]Wegen der Ermittlung des auszuscheidenden Bodenwertanteils im Falle der Bewertung im Ertragswertverfahren vgl. die Anlagen 1 bis 8. [3]Die Verpflichtung, das Gebäude nach Ablauf der Miet- oder Pachtzeit abzubrechen, mindert den Gebäudewert (§ 94 Abs. 3 Satz 3 Halbsatz 1 BewG). [4]Die Höhe des Abschlags ist im Falle der Bewertung im Ertragswertverfahren im allgemeinen den Spalten 4 bis 7 der Anlage 9[2)] zu entnehmen. [5]Wenn das Gebäude innerhalb eines Zeitraums von zehn Jahren nach dem Feststellungszeitpunkt abgebrochen werden muß, so ist die Höhe des Abschlags jedoch nur den Spalten 1 bis 3 der Anlage 9[2)] zu entnehmen. [6]Wegen der Bemessung des Abschlags im Falle der Bewertung im Sachwertverfahren vgl. Abschnitt 44 Abs. 7. [7]In vielen Fällen läßt sich am Feststellungszeitpunkt noch nicht übersehen, ob der Eigentümer des Grund und Bodens von seinem Recht, den Abbruch des Gebäudes zu verlangen, Gebrauch machen wird oder ob der Pachtvertrag verlängert werden wird. [8]In diesen Fällen kann ein Abschlag nach § 94 Abs. 3 BewG nur gewährt werden, wenn der Gebäudewert infolge der bestehenden Unsicherheit wesentlich gemindert wird. [9]Die Höhe des Abschlags bemißt sich hier nach den Umständen des einzelnen Falles. [10]Ist

[1)] Siehe gleich lautenden Ländererlass v. 8.10.1982, BStBl. I 1982, 771.

[2)] Siehe auch die als Anlage 9 a abgedruckte erweiterte Tabelle.

jedoch am Feststellungszeitpunkt vorauszusehen, daß das Gebäude trotz der Verpflichtung nicht abgebrochen werden wird, so kommt ein Abschlag – auch wegen der bestehenden Unsicherheit – nicht in Betracht (§ 94 Abs. 3 Satz 3 Halbsatz 2 BewG). [11]Ein solcher Fall liegt z.B. vor, wenn der Pachtvertrag bereits einmal verlängert wurde und anzunehmen ist, daß er auch in Zukunft verlängert werden wird, ohne daß Gründe tatsächlicher Art für eine bevorstehende Beendigung des Pachtvertrages sprechen.

(4) [1]In § 94 BewG ist – anders als in der Regelung des Erbbaurechts in den Fällen des § 92 Abs. 2 BewG – nichts Besonderes über die Bewertung des Gebäudes in den Fällen bestimmt, in denen das Eigentum an dem Gebäude nach Ablauf der Miet- oder Pachtzeit entschädigungslos auf den Eigentümer des Grund und Bodens übergeht. [2]Die Forderung des Eigentümers des Grund und Bodens auf die entschädigungslose Überlassung des Gebäudes und die ihr entsprechende Verpflichtung des Eigentümers des Gebäudes wirken sich daher in den Fällen des § 94 BewG weder in der Bewertung des Grund und Bodens noch in der Bewertung des Gebäudes aus. [3]Die Forderung des Eigentümers des Grund und Bodens und die Verpflichtung des Eigentümers des Gebäudes sind vielmehr allein bei der Ermittlung des Gesamtvermögens – beim Betriebsvermögen oder beim sonstigen Vermögen – anzusetzen.

(5)[1)] [1]Der Abbruch eines Gebäudes auf fremdem Grund und Boden ist bei den beiden wirtschaftlichen Einheiten „Grund und Boden" und „Gebäude", ggf. auch bei der verbleibenden wirtschaftlichen Einheit (Stammeinheit), zu berücksichtigen. [2]Das Gebäude fällt als selbständige wirtschaftliche Einheit weg; sein Einheitswert ist aufzuheben (§ 24 Abs. 1 Nr. 1 BewG). [3]Durch den Abbruch des Gebäudes ist der bisher als bebautes Grundstück geltende Grund und Boden ein unbebautes Grundstück geworden; diese Änderung ist durch eine Artfortschreibung (§ 22 Abs. 2 BewG) zu berücksichtigen. [4]Eine etwaige Wertminderung, die sich aus der Nutzungsbehinderung infolge der Bebauung des Grund und Bodens ergab, entfällt. [5]Falls der Grund und Boden aus der verbleibenden wirtschaftlichen Einheit (Stammeinheit) infolge der Errichtung des Gebäudes herausgelöst wurde, wird er in der Regel in die Stammeinheit als unselbständiger Teil – ggf. im Wege der Wertfortschreibung – wiedereinbezogen werden. [6]Der Grund und Boden fällt dann regelmäßig als selbständige wirtschaftliche Einheit mit der Folge weg, daß sein Einheitswert ebenfalls nach § 24 Abs. 1 Nr. 1 BewG aufzuheben ist.

(6) [1]Der Übergang des Eigentums an einem Gebäude auf fremden Grund und Boden auf den Eigentümer des Grund und Bodens führt dazu, daß die bisher bestehenden zwei wirtschaftlichen Einheiten „Grund und Boden" und „Gebäude" nunmehr in der Regel eine wirtschaftliche Einheit „bebautes Grundstück" bilden. [2]Die bisherige wirtschaftliche Einheit „Gebäude" fällt dann als selbständige wirtschaftliche Einheit weg; ihr Einheitswert ist aufzuhe-

---

[1)] Zur Berechnung des Abschlags wegen einer Abbruchverpflichtung siehe BayLfSt v. 27.6.2018 – S 3149.1.1 – 2/2 St 34, DB 2018, 1832. – Zum bewertungsrechtlichen Abschlag wegen einer Abbruchverpflichtung für Gebäude auf fremdem Grund und Boden und der Frage der Voraussehbarkeit eines Nichtabbruchs siehe BFH v. 16.1.2019 II R 19/16, BFHE 264, 40.

ben (§ 24 Abs. 1 Nr. 1 BewG). [3]Für die jetzt aus dem Grund und Boden und dem Gebäude bestehende wirtschaftliche Einheit „bebautes Grundstück" ist der Einheitswert fortzuschreiben, wenn infolge des Übergangs des Eigentums an dem Gebäude auf den Eigentümer des Grund und Bodens die Wertgrenzen des § 22 BewG überschritten werden. [4]Hätte vorher noch eine dritte wirtschaftliche Einheit (Stammeinheit) bestanden, so richtet sich die Abgrenzung der wirtschaftlichen Einheiten nach den Umständen des Einzelfalles. [5]In vielen Fällen wird die nunmehr aus dem Grund und Boden und dem Gebäude bestehende wirtschaftliche Einheit „bebautes Grundstück" mit der Stammeinheit zu einer einzigen wirtschaftlichen Einheit zu vereinigen sein. [6]In der Regel wird dann der Einheitswert für die Stammeinheit fortgeschrieben werden. [7]In anderen Fällen wird das „bebaute Grundstück" neben der Stammeinheit als selbständige wirtschaftliche Einheit bestehen bleiben.

Anlage 1: Gemeindegröße: bis 2000 Einwohner

Baujahrgruppe	Vervielfältiger für					
	Einfamilienhäuser	Zweifamilienhäuser	Mietwohngrundstücke	gemischtgen. Grundstücke bis zu 50 v. H. gewerbl. Anteil	gemischtgen. Grundstücke über 50 v. H. gewerbl. Anteil	Geschäftsgrundstücke
A. bei Massivbauten mit Mauerwerk aus Ziegelsteinen, Natursteinen, Kalksandsteinen, Schwemmsteinen oder ähnlichen Steinen sowie bei Stahl- und Stahlbetonskelettbauten außer bei solchen Bauten, die unter B fallen.						
Altbauten						
vor 1895	9,5	8,6	7,2	7,6	7,6	7,8
1895 bis 1899	9,8	8,8	7,4	7,8	7,8	8,0
1900 bis 1904	10,3	9,3	7,8	8,2	8,2	8,3
1905 bis 1915	11,0	9,8	8,3	8,7	8,6	8,7
1916 bis 31. 3. 1924	11,6	10,3	8,7	9,1	9,0	9,0
Neubauten						
1. 4. 1924 bis 31. 12. 1934	13,1	11,6	9,8	10,2	9,7	9,4
1. 1. 1935 bis 20. 6. 1948	13,5	11,9	10,2	10,5	10,0	9,6
Nachkriegsbauten						
nach dem 20. 6. 1948	13,0	11,4	9,8	9,9	9,6	9,4
B. bei Holzfachwerkbauten mit Ziegelsteinausmauerung, Gebäuden aus großformatigen Bimsbetonplatten oder ähnlichen Platten sowie bei anderen eingeschossigen massiven Gebäuden in leichter Bauausführung.						
Altbauten						
vor 1908	8,7	7,9	6,6	7,0	7,0	7,3
1908 bis 1915	9,1	8,3	6,9	7,3	7,3	7,6
1916 bis 31. 3. 1924	10,2	9,1	7,7	8,1	8,1	8,2
Neubauten						
1. 4. 1924 bis 31. 12. 1934	11,9	10,6	9,0	9,3	9,0	8,8
1. 1. 1935 bis 20. 6. 1948	12,7	11,2	9,6	9,9	9,5	9,2
Nachkriegsbauten						
nach dem 20. 6. 1948	12,5	11,0	9,5	9,6	9,3	9,1
C. bei Holzfachwerkbauten mit Lehmausfachung und besonders haltbaren Holzbauten mit massiven Fundamenten.						
Altbauten						
vor dem 1. 4. 1924	7,7	7,0	5,7	6,1	6,2	6,6
Neubauten						
1. 4. 1924 bis 31. 12. 1934	9,6	8,7	7,3	7,7	7,4	7,5
1. 1. 1935 bis 20. 6. 1948	11,1	10,0	8,5	8,8	8,5	8,4
Nachkriegsbauten						
nach dem 20. 6. 1948	11,5	10,2	8,9	9,0	8,8	8,7
A, B und C	Multiplikator für Bodenwertanteil in Sonderfällen					
Altbauten und Neubauten	2,5	2,22	1,0	0,91	0,83	1,54
Nachkriegsbauten	1,11	1,0	0,91	0,83	0,77	1,43

Anlage 2: Gemeindegröße: über 2000 bis 5000 Einwohner

Baujahrgruppe	Vervielfältiger für Einfamilienhäuser	Zweifamilienhäuser	Mietwohngrundstücke	gemischtgen. Grundstücke bis zu 50 v. H. gewerbl. Anteil	gemischtgen. Grundstücke über 50 v. H. gewerbl. Anteil	Geschäftsgrundstücke
A. bei Massivbauten mit Mauerwerk aus Ziegelsteinen, Natursteinen, Kalksandsteinen, Schwemmsteinen oder ähnlichen Steinen sowie bei Stahl- und Stahlbetonskelettbauten außer bei solchen Bauten, die unter B fallen.						
Altbauten						
vor 1895	9,0	8,1	6,9	7,3	7,2	7,5
1895 bis 1899	9,3	8,4	7,1	7,6	7,4	7,7
1900 bis 1904	9,8	8,8	7,5	7,9	7,8	7,9
1905 bis 1915	10,4	9,3	7,9	8,4	8,2	8,3
1916 bis 31. 3. 1924	11,0	9,7	8,4	8,8	8,6	8,6
Neubauten						
1. 4. 1924 bis 31. 12. 1934	12,4	11,0	9,5	9,6	9,1	9,0
1. 1. 1935 bis 20. 6. 1948	12,9	11,3	9,8	9,8	9,4	9,2
Nachkriegsbauten						
nach dem 20. 6. 1948	12,4	11,0	9,7	9,6	9,3	9,2
B. bei Holzfachwerkbauten mit Ziegelsteinausmauerung, Gebäuden aus großformatigen Bimsbetonplatten oder ähnlichen Platten sowie bei anderen eingeschossigen massiven Gebäuden in leichter Bauausführung.						
Altbauten						
vor 1908	8,3	7,5	6,3	6,7	6,7	7,0
1908 bis 1915	8,7	7,8	6,6	7,0	7,0	7,2
1916 bis 31. 3. 1924	9,6	8,6	7,4	7,8	7,7	7,8
Neubauten						
1. 4. 1924 bis 31. 12. 1934	11,3	10,1	8,7	8,8	8,4	8,4
1. 1. 1935 bis 20. 6. 1948	12,1	10,7	9,3	9,3	8,9	8,8
Nachkriegsbauten						
nach dem 20. 6. 1948	11,9	10,6	9,4	9,3	9,0	9,0
C. bei Holzfachwerkbauten mit Lehmausfachung und besonders haltbaren Holzbauten mit massiven Fundamenten.						
Altbauten						
vor dem 1. 4. 1924	7,3	6,7	5,5	5,9	5,9	6,3
Neubauten						
1. 4. 1924 bis 31. 12. 1934	9,1	8,3	7,0	7,2	7,0	7,2
1. 1. 1935 bis 20. 6. 1948	10,6	9,5	8,2	8,3	8,0	8,0
Nachkriegsbauten						
nach dem 20. 6. 1948	10,9	9,8	8,7	8,7	8,5	8,6
A, B und C	Multiplikator für Bodenwertanteil in Sonderfällen					
Altbauten und Neubauten	2,5	2,22	1,0	0,91	0,83	1,54
Nachkriegsbauten	1,11	1,0	0,91	0,83	0,77	1,43

Anlage 3: Gemeindegröße: über 5000 bis 10000 Einwohner

Baujahrgruppe	Vervielfältiger für Einfamilienhäuser	Zweifamilienhäuser	Mietwohngrundstücke	gemischtgen. Grundstücke bis zu 50 v. H. gewerbl. Anteil	gemischtgen. Grundstücke über 50 v. H. gewerbl. Anteil	Geschäftsgrundstücke
A. bei Massivbauten mit Mauerwerk aus Ziegelsteinen, Natursteinen, Kalksandsteinen, Schwemmsteinen oder ähnlichen Steinen sowie bei Stahl- und Stahlbetonskelettbauten außer bei solchen Bauten, die unter B fallen.						
Altbauten						
vor 1895	7,7	6,9	5,8	6,4	6,4	6,7
1895 bis 1899	7,9	7,1	6,0	6,6	6,6	6,9
1900 bis 1904	8,3	7,4	6,2	6,9	6,8	7,1
1905 bis 1915	8,7	7,8	6,6	7,2	7,1	7,4
1916 bis 31. 3. 1924	9,1	8,2	6,9	7,6	7,4	7,7
Neubauten						
1. 4. 1924 bis 31. 12. 1934	10,6	9,5	8,3	8,4	8,0	8,0
1. 1. 1935 bis 20. 6. 1948	10,9	9,7	8,6	8,6	8,2	8,1
Nachkriegsbauten						
nach dem 20. 6. 1948	12,0	10,6	9,5	9,2	8,9	9,0
B. bei Holzfachwerkbauten mit Ziegelsteinausmauerung, Gebäuden aus großformatigen Bimsbetonplatten oder ähnlichen Platten sowie bei anderen eingeschossigen massiven Gebäuden in leichter Bauausführung.						
Altbauten						
vor 1908	7,1	6,4	5,3	5,9	6,0	6,3
1908 bis 1915	7,4	6,7	5,6	6,2	6,2	6,5
1916 bis 31. 3. 1924	8,1	7,3	6,1	6,8	6,7	7,0
Neubauten						
1. 4. 1924 bis 31. 12. 1934	9,7	8,7	7,7	7,7	7,5	7,5
1. 1. 1935 bis 20. 6. 1948	10,3	9,2	8,2	8,2	7,8	7,8
Nachkriegsbauten						
nach dem 20. 6. 1948	11,5	10,2	9,2	9,0	8,6	8,7
C. bei Holzfachwerkbauten mit Lehmausfachung und besonders haltbaren Holzbauten mit massiven Fundamenten.						
Altbauten						
vor dem 1. 4. 1924	6,3	5,8	4,7	5,2	5,5	5,7
Neubauten						
1. 4. 1924 bis 31. 12. 1934	8,0	7,3	6,4	6,4	6,4	6,5
1. 1. 1935 bis 20. 6. 1948	9,2	8,3	7,3	7,3	7,2	7,2
Nachkriegsbauten						
nach dem 20. 6. 1948	10,6	9,5	8,6	8,4	8,1	8,3
A, B und C	Multiplikator für Bodenwertanteil in Sonderfällen					
Altbauten und Neubauten	2,22	2,0	0,91	0,83	1,54	1,43
Nachkriegsbauten	1,11	1,0	0,91	0,83	0,77	1,43

Anlage 4: Gemeindegröße: über 10 000 bis 50 000 Einwohner

Baujahrgruppe	Vervielfältiger für Einfamilienhäuser	Zweifamilienhäuser	Mietwohngrundstücke	gemischtgen. Grundstücke bis zu 50 v. H. gewerbl. Anteil	gemischtgen. Grundstücke über 50 v. H. gewerbl. Anteil	Geschäftsgrundstücke
A. bei Massivbauten mit Mauerwerk aus Ziegelsteinen, Natursteinen, Kalksandsteinen, Schwemmsteinen oder ähnlichen Steinen sowie bei Stahl- und Stahlbetonskelettbauten außer bei solchen Bauten, die unter B fallen.						
Altbauten						
vor 1895	7,4	6,7	5,8	6,4	6,6	6,9
1895 bis 1899	7,6	6,9	5,9	6,5	6,8	7,0
1900 bis 1904	7,9	7,1	6,2	6,8	7,0	7,2
1905 bis 1915	8,4	7,5	6,5	7,1	7,2	7,5
1916 bis 31. 3. 1924	8,8	7,8	6,7	7,4	7,5	7,8
Neubauten						
1. 4. 1924 bis 31. 12. 1934 . . .	10,2	9,1	8,2	8,1	8,1	8,0
1. 1. 1935 bis 20. 6. 1948 . . .	10,5	9,3	8,4	8,3	8,3	8,2
Nachkriegsbauten						
nach dem 20. 6. 1948	11,8	10,5	9,2	9,1	8,9	9,0
B. bei Holzfachwerkbauten mit Ziegelsteinausmauerung, Gebäuden aus großformatigen Bimsbetonplatten oder ähnlichen Platten sowie bei anderen eingeschossigen massiven Gebäuden in leichter Bauausführung.						
Altbauten						
vor 1908	6,8	6,2	5,4	6,0	6,3	6,5
1908 bis 1915	7,1	6,4	5,6	6,2	6,5	6,7
1916 bis 31. 3. 1924	7,8	7,0	6,1	6,7	6,9	7,2
Neubauten						
1. 4. 1924 bis 31. 12. 1934 . . .	9,4	8,4	7,6	7,6	7,6	7,6
1. 1. 1935 bis 20. 6. 1948 . . .	9,9	8,9	8,0	8,0	7,9	7,9
Nachkriegsbauten						
nach dem 20. 6. 1948	11,4	10,1	8,9	8,9	8,7	8,8
C. bei Holzfachwerkbauten mit Lehmausfachung und besonders haltbaren Holzbauten mit massiven Fundamenten.						
Altbauten						
vor dem 1. 4. 1924	6,1	5,6	4,9	5,4	5,8	6,0
Neubauten						
1. 4. 1924 bis 31. 12. 1934 . . .	7,7	7,0	6,4	6,5	6,7	6,7
1. 1. 1935 bis 20. 6. 1948 . . .	8,9	8,0	7,2	7,3	7,3	7,3
Nachkriegsbauten						
nach dem 20. 6. 1948	10,6	9,5	8,3	8,4	8,2	8,4
A, B und C	Multiplikator für Bodenwertanteil in Sonderfällen					
Altbauten und Neubauten . . .	2,22	2,0	1,82	1,67	2,31	2,14
Nachkriegsbauten	2,22	2,0	0,91	1,67	1,54	2,14

Anlage 5: Gemeindegröße: über 50 000 bis 100 000 Einwohner

Baujahrgruppe	Vervielfältiger für Einfamilienhäuser	Zweifamilienhäuser	Mietwohngrundstücke	gemischtgen. Grundstücke bis zu 50 v. H. gewerbl. Anteil	gemischtgen. Grundstücke über 50 v. H. gewerbl. Anteil	Geschäftsgrundstücke
A. bei Massivbauten mit Mauerwerk aus Ziegelsteinen, Natursteinen, Kalksandsteinen, Schwemmsteinen oder ähnlichen Steinen sowie bei Stahl- und Stahlbetonskelettbauten außer bei solchen Bauten, die unter B fallen.						
Altbauten						
vor 1895	7,8	7,0	5,7	6,1	6,4	6,8
1895 bis 1899	8,0	7,1	5,8	6,3	6,5	7,0
1900 bis 1904	8,2	7,4	6,0	6,5	6,7	7,1
1905 bis 1915	8,6	7,7	6,3	6,8	7,0	7,4
1916 bis 31. 3. 1924	8,9	8,0	6,5	7,1	7,2	7,6
Neubauten						
1. 4. 1924 bis 31. 12. 1934	10,2	9,0	8,0	8,0	7,9	8,0
1. 1. 1935 bis 20. 6. 1948	10,4	9,2	8,2	8,2	8,1	8,1
Nachkriegsbauten						
nach dem 20. 6. 1948	11,8	10,5	9,0	9,0	8,7	8,9
B. bei Holzfachwerkbauten mit Ziegelsteinausmauerung, Gebäuden aus großformatigen Bimsbetonplatten oder ähnlichen Platten sowie bei anderen eingeschossigen massiven Gebäuden in leichter Bauausführung.						
Altbauten						
vor 1908	7,3	6,6	5,3	5,7	6,1	6,5
1908 bis 1915	7,6	6,8	5,5	5,9	6,2	6,7
1916 bis 31. 3. 1924	8,1	7,3	6,0	6,4	6,7	7,1
Neubauten						
1. 4. 1924 bis 31. 12. 1934	9,4	8,5	7,5	7,5	7,5	7,6
1. 1. 1935 bis 20. 6. 1948	9,9	8,8	7,8	7,8	7,8	7,8
Nachkriegsbauten						
nach dem 20. 6. 1948	11,4	10,1	8,7	8,7	8,5	8,7
C. bei Holzfachwerkbauten mit Lehmausfachung und besonders haltbaren Holzbauten mit massiven Fundamenten.						
Altbauten						
vor dem 1. 4. 1924	6,7	6,1	4,8	6,2	5,6	6,1
Neubauten						
1. 4. 1924 bis 31. 12. 1934	8,0	7,3	6,3	6,4	6,5	6,8
1. 1. 1935 bis 20. 6. 1948	9,0	8,1	7,1	7,1	7,2	7,3
Nachkriegsbauten						
nach dem 20. 6. 1948	10,6	9,5	8,1	8,2	8,1	8,3
A, B und C	Multiplikator für Bodenwertanteil in Sonderfällen					
Altbauten und Neubauten	3,33	3,0	1,82	1,67	2,31	2,86
Nachkriegsbauten	2,22	2,0	0,91	1,67	1,54	2,14

Anlage 6: Gemeindegröße: über 100 000 bis 200 000 Einwohner

Baujahrgruppe	Vervielfältiger für					
	Ein-familien-häuser	Zwei-familien-häuser	Mietwohn-grund-stücke	gemischtgen. Grundstücke bis zu 50 v. H. gewerbl. Anteil	gemischtgen. Grundstücke über 50 v. H. gewerbl. Anteil	Geschäfts-grund-stücke
A. bei Massivbauten mit Mauerwerk aus Ziegelsteinen, Natursteinen, Kalksandsteinen, Schwemmsteinen oder ähnlichen Steinen sowie bei Stahl- und Stahlbetonskelettbauten außer bei solchen Bauten, die unter B fallen.						
Altbauten						
vor 1895	7,8	6,8	5,5	6,0	6,4	6,8
1895 bis 1899	8,0	7,0	5,7	6,2	6,5	7,0
1900 bis 1904	8,2	7,2	5,9	6,4	6,7	7,1
1905 bis 1915	8,6	7,5	6,2	6,7	7,0	7,4
1916 bis 31. 3. 1924	8,9	7,8	6,4	6,9	7,2	7,6
Neubauten						
1. 4. 1924 bis 31. 12. 1934	10,2	9,0	7,8	7,8	7,9	8,0
1. 1. 1935 bis 20. 6. 1948	10,4	9,2	8,0	8,0	8,1	8,1
Nachkriegsbauten						
nach dem 20. 6. 1948	11,8	10,5	9,0	9,0	8,8	8,9
B. bei Holzfachwerkbauten mit Ziegelsteinausmauerung, Gebäuden aus großformatigen Bimsbetonplatten oder ähnlichen Platten sowie bei anderen eingeschossigen massiven Gebäuden in leichter Bauausführung.						
Altbauten						
vor 1908	7,3	6,5	5,2	5,6	6,1	6,5
1908 bis 1915	7,6	6,7	5,4	5,8	6,2	6,7
1916 bis 31. 3. 1924	8,1	7,1	5,8	6,3	6,7	7,1
Neubauten						
1. 4. 1924 bis 31. 12. 1934	9,4	8,5	7,3	7,3	7,5	7,6
1. 1. 1935 bis 20. 6. 1948	9,9	8,8	7,7	7,7	7,8	7,8
Nachkriegsbauten						
nach dem 20. 6. 1948	11,4	10,1	8,7	8,7	8,6	8,7
C. bei Holzfachwerkbauten mit Lehmausfachung und besonders haltbaren Holzbauten mit massiven Fundamenten.						
Altbauten						
vor dem 1. 4. 1924	6,7	6,0	4,7	5,1	5,6	6,1
Neubauten						
1. 4. 1924 bis 31. 12. 1934	8,0	7,3	6,2	6,3	6,5	6,8
1. 1. 1935 bis 20. 6. 1948	9,0	8,1	7,0	7,0	7,2	7,3
Nachkriegsbauten						
nach dem 20. 6. 1948	10,6	9,5	8,1	8,2	8,2	8,3
A, B und C	Multiplikator für Bodenwertanteil in Sonderfällen					
Altbauten und Neubauten	3,33	3,0	1,82	1,67	2,31	2,86
Nachkriegsbauten	2,22	2,0	0,91	1,67	2,31	2,14

Anlage 7: Gemeindegröße: über 200 000 bis 500 000 Einwohner

Baujahrgruppe	Vervielfältiger für Einfamilienhäuser	Zweifamilienhäuser	Mietwohngrundstücke	gemischtgen. Grundstücke gewerbl. Anteil bis zu 50 v. H.	gemischtgen. Grundstücke gewerbl. Anteil über 50 v. H.	Geschäftsgrundstücke
A. bei Massivbauten mit Mauerwerk aus Ziegelsteinen, Natursteinen, Kalksandsteinen, Schwemmsteinen oder ähnlichen Steinen sowie bei Stahl- und Stahlbetonskelettbauten außer bei solchen Bauten, die unter B fallen.						
Altbauten						
vor 1895	7,8	6,8	5,4	5,9	6,4	6,8
1895 bis 1899	8,0	7,0	5,5	6,0	6,5	7,0
1900 bis 1904	8,2	7,2	5,7	6,3	6,7	7,1
1905 bis 1915	8,6	7,5	6,0	6,5	7,0	7,4
1916 bis 31. 3. 1924	8,9	7,8	6,2	6,8	7,2	7,6
Neubauten						
1. 4. 1924 bis 31. 12. 1934	10,2	9,0	7,7	7,7	7,9	8,0
1. 1. 1935 bis 20. 6. 1948	10,4	9,2	7,9	7,9	8,1	8,1
Nachkriegsbauten						
nach dem 20. 6. 1948	11,8	10,5	9,0	9,0	8,8	8,9
B. bei Holzfachwerkbauten mit Ziegelsteinausmauerung, Gebäuden aus großformatigen Bimsbetonplatten oder ähnlichen Platten sowie bei anderen eingeschossigen massiven Gebäuden in leichter Bauausführung.						
Altbauten						
vor 1908	7,3	6,5	5,1	5,5	6,1	6,5
1908 bis 1915	7,6	6,7	5,3	5,7	6,2	6,7
1916 bis 31. 3. 1924	8,1	7,1	5,7	6,2	6,7	7,1
Neubauten						
1. 4. 1924 bis 31. 12. 1934	9,4	8,5	7,2	7,2	7,5	7,6
1. 1. 1935 bis 20. 6. 1948	9,9	8,8	7,5	7,5	7,8	7,8
Nachkriegsbauten						
nach dem 20. 6. 1948	11,4	10,1	8,7	8,7	8,6	8,7
C. bei Holzfachwerkbauten mit Lehmausfachung und besonders haltbaren Holzbauten mit massiven Fundamenten.						
Altbauten						
vor dem 1. 4. 1924	6,7	6,0	4,6	5,0	5,6	6,1
Neubauten						
1. 4. 1924 bis 31. 12. 1934	8,0	7,3	6,1	6,1	6,5	6,8
1. 1. 1935 bis 20. 6. 1948	9,0	8,1	6,8	6,9	7,2	7,3
Nachkriegsbauten						
nach dem 20. 6. 1948	10,6	9,5	8,1	8,2	8,2	8,4
A, B und C	Multiplikator für Bodenwertanteil in Sonderfällen					
Altbauten und Neubauten	3,33	3,0	1,82	1,67	2,31	2,86
Nachkriegsbauten	2,22	2,0	0,91	1,67	2,31	2,86

Anlage 8: Gemeindegröße: über 500 000 Einwohner

Baujahrgruppe	Vervielfältiger für: Ein-familien-häuser	Zwei-familien-häuser	Mietwohn-grund-stücke	gemischtgen. Grundstücke bis zu 50 v. H. gewerbl. Anteil	gemischtgen. Grundstücke über 50 v. H. gewerbl. Anteil	Geschäfts-grund-stücke
A. bei Massivbauten mit Mauerwerk aus Ziegelsteinen, Natursteinen, Kalksandsteinen, Schwemmsteinen oder ähnlichen Steinen sowie bei Stahl- und Stahlbetonskelettbauten außer bei solchen Bauten, die unter B fallen.						
Altbauten						
vor 1895	7,8	6,8	5,3	6,1	6,4	6,8
1895 bis 1899	8,0	7,0	5,4	6,3	6,5	7,0
1900 bis 1904	8,2	7,2	5,6	6,4	6,7	7,1
1905 bis 1915	8,6	7,5	5,8	6,7	7,0	7,4
1916 bis 31. 3. 1924	8,9	7,8	6,1	6,9	7,2	7,6
Neubauten						
1. 4. 1924 bis 31. 12. 1934	10,2	9,0	7,5	7,8	7,9	8,0
1. 1. 1935 bis 20. 6. 1948	10,4	9,2	7,7	7,9	8,1	8,1
Nachkriegsbauten						
nach dem 20. 6. 1948	11,9	10,5	9,1	9,0	8,8	8,9
B. bei Holzfachwerkbauten mit Ziegelsteinausmauerung, Gebäuden aus großformatigen Bimsbetonplatten oder ähnlichen Platten sowie bei anderen eingeschossigen massiven Gebäuden in leichter Bauausführung.						
Altbauten						
vor 1908	7,3	6,5	5,0	5,8	6,1	6,5
1908 bis 1915	7,6	6,7	5,1	6,0	6,2	6,7
1916 bis 31. 3. 1924	8,1	7,1	5,5	6,4	6,7	7,1
Neubauten						
1. 4. 1924 bis 31. 12. 1934	9,4	8,5	7,0	7,3	7,5	7,6
1. 1. 1935 bis 20. 6. 1948	9,9	8,8	7,4	7,6	7,8	7,8
Nachkriegsbauten						
nach dem 20. 6. 1948	11,5	10,2	8,8	8,8	8,6	8,7
C. bei Holzfachwerkbauten mit Lehmausfachung und besonders haltbaren Holzbauten mit massiven Fundamenten.						
Altbauten						
vor dem 1. 4. 1924	6,7	6,0	4,5	5,4	5,6	6,1
Neubauten						
1. 4. 1924 bis 31. 12. 1934	8,0	7,3	6,0	6,4	6,5	6,8
1. 1. 1935 bis 20. 6. 1948	9,0	8,1	6,7	7,1	7,2	7,3
Nachkriegsbauten						
nach dem 20. 6. 1948	10,8	9,7	8,3	8,4	8,2	8,4
A, B und C	Multiplikator für Bodenwertanteil in Sonderfällen					
Altbauten und Neubauten	3,33	3,0	1,82	2,49	2,31	2,86
Nachkriegsbauten	3,33	3,0	1,82	2,49	2,31	2,86

Anlage 9: Abschläge im Falle der Notwendigkeit baldigen Abbruchs des Gebäudes (§ 82 Abs. 1 Nr. 3 BewG) und im Falle der Verpflichtung zum Abbruch des Gebäudes (§ 92 Abs. 4, § 94 Abs. 3 Satz 3 BewG) in v. H. des Gebäudewerts

Baujahrgruppe	§ 82 Abs. 1 Nr. 3 BewG		§ 92 Abs. 4, § 94 Abs. 3 Satz 3 BewG			
	restliche Lebensdauer					
	bis 5 Jahre	6 bis 10 Jahre	11 bis 15 Jahre	16 bis 20 Jahre	21 bis 25 Jahre	26 bis 30 Jahre
1	2	3	4	5	6	7
A. bei Massivbauten mit Mauerwerk aus Ziegelsteinen, Natursteinen, Kalksandsteinen, Schwemmsteinen oder ähnlichen Steinen sowie bei Stahl- und Stahlbetonskelettbauten außer bei solchen Bauten, die unter B fallen.						
Altbauten						
vor 1895	85	60	40	25	15	5
1895 bis 1899	85	60	40	30	20	10
1900 bis 1904	85	65	45	30	20	15
1905 bis 1915	90	65	50	35	25	20
1916 bis 31. 3. 1924	90	65	50	40	30	20
Neubauten						
1. 4. 1924 bis 31. 12. 1934	90	70	50	40	30	25
1. 1. 1935 bis 20. 6. 1948	90	70	55	40	35	25
Nachkriegsbauten						
nach dem 20. 6. 1948	90	70	55	45	35	30
B. bei Holzfachwerkbauten mit Ziegelsteinausmauerung, Gebäuden aus großformatigen Bimsbetonplatten oder ähnlichen Platten sowie bei anderen eingeschossigen massiven Gebäuden in leichter Bauausführung.						
Altbauten						
vor 1908	85	55	35	15	5	–
1908 bis 1915	85	55	35	20	10	–
1916 bis 31. 3. 1924	85	60	45	30	20	10
Neubauten						
1. 4. 1924 bis 31. 12. 1934	90	65	50	35	25	20
1. 1. 1935 bis 20. 6. 1948	90	65	50	40	30	20
Nachkriegsbauten						
nach dem 20. 6. 1948	90	70	55	40	35	25
C. bei Holzfachwerkbauten mit Lehmausfachung und besonders haltbaren Holzbauten mit massiven Fundamenten.						
Altbauten						
vor dem 1. 4. 1924	80	45	20	–	–	–
Neubauten						
1. 4. 1924 bis 31. 12. 1934	85	55	35	20	–	–
1. 1. 1935 bis 20. 6. 1948	85	60	45	30	20	10
Nachkriegsbauten						
nach dem 20. 6. 1948	90	65	50	35	30	20

Anlage 9a
(Zu § 92 Abs. 4, § 94 Abs. 3 BewG)

Anlage 9a: Entschließung betr. Berücksichtigung der Abbruchverpflichtung beim Erbbaurecht; Erweiterung der Tabelle in Anlage 9

Vom 10. Januar 1968

(FM Bayern S 3215 –2/20 – 69 889)
(Bew.-Kartei OFD München-Nürnberg § 92 Abs. 4 BewG Karte 1)

Nach § 92 Abs. 4 BewG ist die Verpflichtung des Erbbauberechtigten, das Gebäude bei Beendigung des Erbbaurechts abzubrechen, durch einen Abschlag zu berücksichtigen. Für Gebäude auf fremdem Grund und Boden gilt eine entsprechende Regelung nach § 94 Abs. 3 BewG. In den Fällen einer Bewertung im Ertragswertverfahren ist die Höhe des Abschlags der Anlage 9 der BewRGr zu entnehmen (Abschnitt 48 Abs. 5, Abschnitt 50 Abs. 3 BewRGr). Diese Tabelle endet bei einer restlichen Lebensdauer des Gebäudes von 30 Jahren.

Hierzu ist die Frage gestellt worden, ob bei einer restlichen Lebensdauer des Gebäudes von mehr als 30 Jahren ein Abschlag zu unterbleiben habe. Diese Frage wird verneint. Dem Erbbauberechtigten wird nach § 92 Abs. 3 Satz 5 BewG in Verbindung mit der Tabelle in Satz 2 ein Anteil am Gebäudewert zugerechnet, wenn das Erbbaurecht noch mehr als 30, aber weniger als 50 Jahre dauert und das Gebäude bei seinem Ablauf entschädigungslos an den Eigentümer des belasteten Grundstücks fällt. Bei dieser Rechtslage kann dem Erbbauberechtigten in dem wirtschaftlich für ihn ähnlich liegenden Fall, in dem er das Gebäude bei dem nach 30, aber früher als in 50 Jahren bevorstehenden Ablauf des Erbbaurechts abbrechen muß, ebenfalls nicht der volle Gebäudewert, sondern nur ein um einen Abschlag verminderter Gebäudewert zugerechnet werden. Bei einem Gebäude auf fremdem Grund und Boden ist entsprechend zu entscheiden. Der Abschlag bei einer Bewertung im Ertragswertverfahren ist folgender Tabelle zu entnehmen, die an die Hundertsätze in der Anlage 9 BewRGr anschließt.

Baujahrgruppe	§ 92 Abs. 4, § 94 Abs. 3 Satz 3 BewG			
	restliche Lebensdauer			
	31 bis 35 Jahre	36 bis 40 Jahre	41 bis 45 Jahre	46 bis 49 Jahre
1	2	3	4	5
A. bei Massivbauten mit Mauerwerk aus Ziegelsteinen, Natursteinen, Kalksandsteinen, Schwemmsteinen oder ähnlichen Steinen sowie bei Stahl- und Stahlskelettbauten außer bei solchen Bauten, die unter B fallen.				
Altbauten				
vor 1895	–	–	–	–
1895 bis 1899	5	–	–	–
1900 bis 1904	10	5	–	–
1905 bis 1915	15	10	5	–
1916 bis 31. 3. 1924	15	10	5	–
Neubauten				
1. 4. 1924 bis 31. 12. 1934	20	15	10	5
1. 1. 1935 bis 20. 6. 1948	20	15	10	5
Nachkriegsbauten				
nach dem 20. 6. 1948	25	20	15	10
B. bei Holzfachwerkbauten mit Ziegelsteinausmauerung, Gebäuden aus großformatigen Bimsbetonplatten oder ähnlichen Platten sowie bei anderen eingeschossigen massiven Gebäuden in leichter Bauausführung.				
Altbauten				
1916 bis 31. 3. 1924	5	–	–	–
Neubauten				
1. 4. 1924 bis 31. 12. 1934	15	10	5	–
1. 1. 1935 bis 20. 6. 1948	15	10	5	–
Nachkriegsbauten				
nach dem 20. 6. 1948	15	10	5	–
C. bei Holzfachwerkbauten mit Lehmausfachung und besonders haltbaren Holzbauten mit massiven Fundamenten.				
Neubauten				
1. 1. 1935 bis 20. 6. 1948	5	–	–	–
Nachkriegsbauten				
nach dem 20. 6. 1948	15	10	5	–

Bei der Bewertung im Sachwertverfahren ist nach Abschnitt 48 Abs. 5 letzter Satz bzw. Abschnitt 50 Abs. 3 Satz 6 BewRGr zu verfahren.
Ein Abschlag ist jedoch dann nicht veranlaßt, wenn die restliche Lebensdauer mehr als 49 Jahre beträgt.

Anlage 10
(Zu Abschnitt 34 Abs. 2)

Darstellung der Ermittlung des Grundstückswerts im Sachwertverfahren

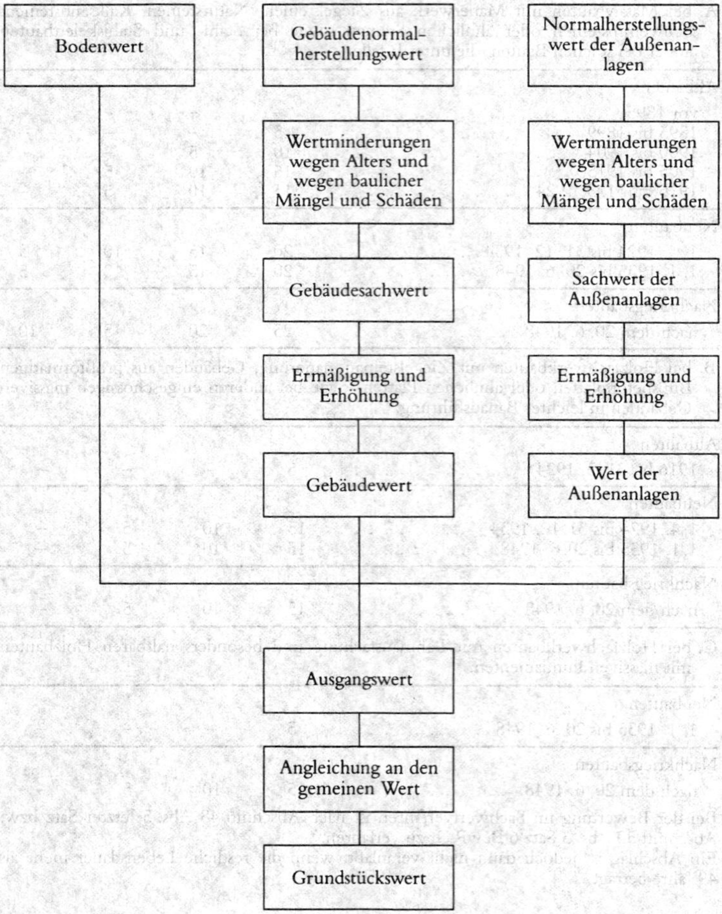

Anlage 11
(Zu Abschnitt 36 Abs. 1)

Baunebenkosten

Baunebenkosten sind:

1. die Kosten der Architekten- und Ingenieurleistungen (vgl. DIN 276 Abschnitt 2.31),
2. die Kosten der Verwaltungsleistungen (vgl. DIN 276 Abschnitt 2.32),
3. die Kosten der Behördenleistungen (vgl. DIN 276 Abschnitt 2.33),
4. die sonstigen Nebenkosten (vgl. DIN 276 Abschnitt 2.35).

Anlage 12
(Zu Abschnitt 37 u. 38)

1. Berechnung des umbauten Raumes nach DIN 277 (November 1950 x)

(Zu Abschnitt 37)

Zeichenerklärung:

Voll anzurechnender umbauter Raum

Mit einem Drittel anzurechnender umbauter Raum

Nicht hinzuzurechnender umbauter Raum

Getrennt (mit anderen Raummeterpreisen) zu berechnender umbauter Raum

Nicht erfaßter umbauter Raum (besonders zu veranschlagen)

2. Geschoßhöhen für die Ermittlung der durchschnittlichen Raummeterpreise nach Anlage 14 Teil B

Der Buchstabe h gibt die Bemessung der Geschoßhöhe an.
(Zu Abschnitt 38 Abs. 2)

1. Ermittlung des umbauten Raumes für geplante und für ausgeführte Hochbauten

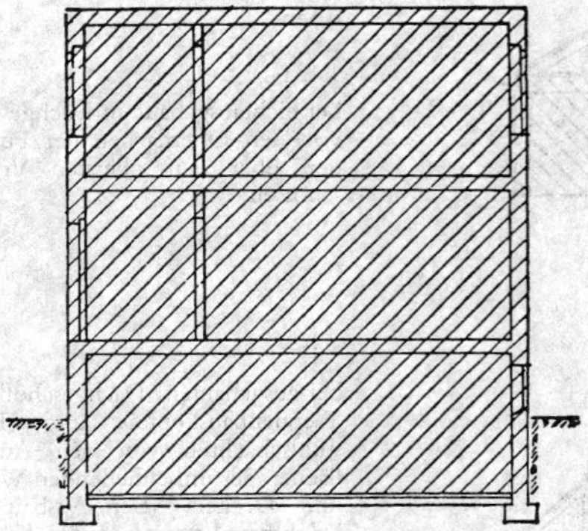

Der umbaute Raum ist in m³ anzugeben

1.1

Voll anzurechnen ist der umbaute Raum eines Gebäudes, der umschlossen wird:

1.11

seitlich von den Außenflächen der Umfassungen,

1.12

unten

1.121

bei unterkellerten Gebäuden von den Oberflächen der untersten Geschoßfußböden,

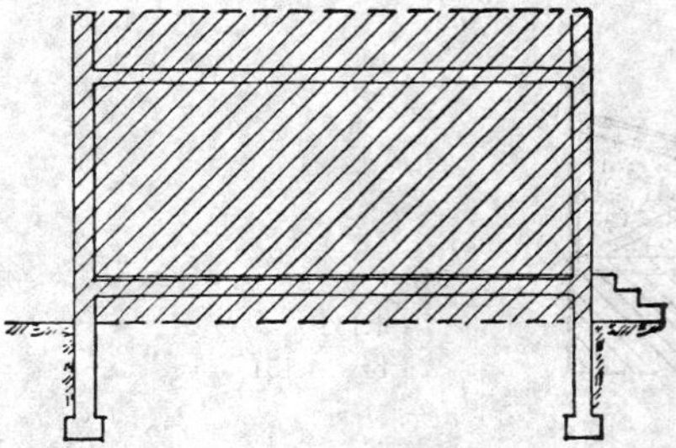

1.122

bei nicht unterkellerten Gebäuden von der Oberfläche des Geländes.

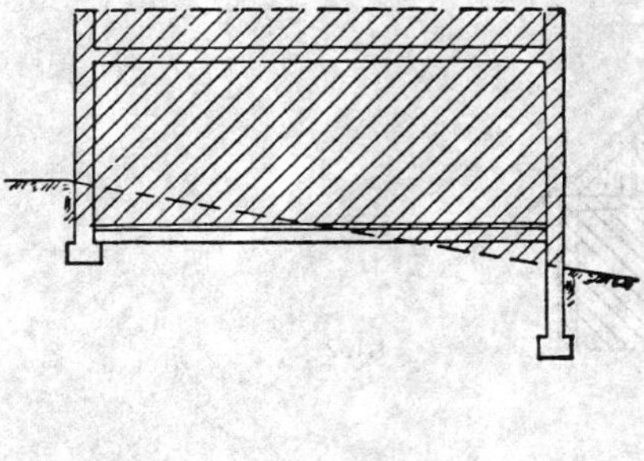

Liegt der Fußboden des untersten Geschosses tiefer als das Gelände, gilt Abschnitt 1.121

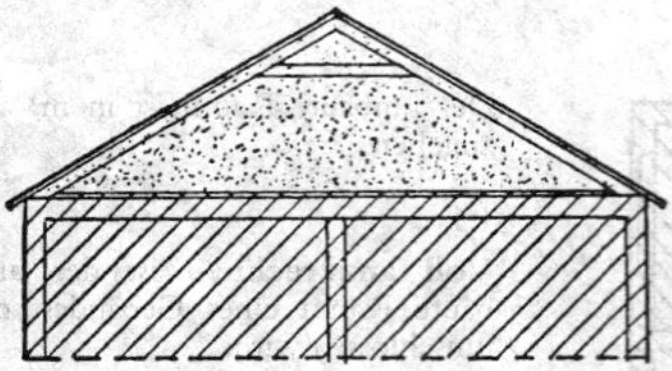

1.13
oben

1.131
bei nichtausgebautem Dachgeschoß von den Oberflächen der Fußböden über den obersten Vollgeschossen,

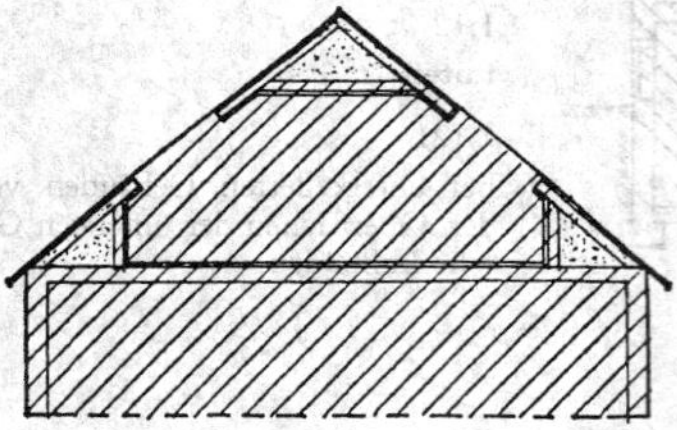

1.132
bei ausgebautem Dachgeschoß, bei Treppenhausköpfen und Fahrstuhlschächten von den Außenflächen der umschließenden Wände und Decken. (Bei Ausbau mit Leichtbauplatten sind die begrenzenden Außenflächen durch die Außen- oder Oberkante der Teile zu legen, welche diese Platten unmittelbar tragen),

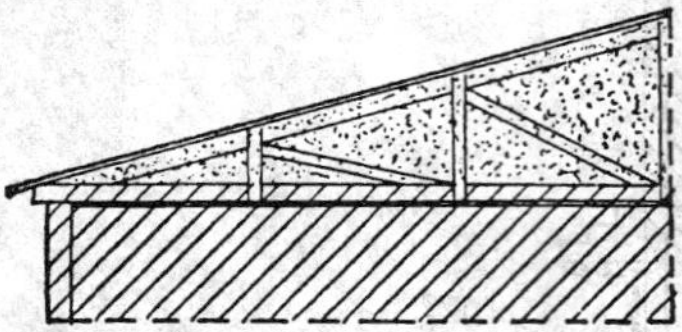

1.132
bzw. 1.131

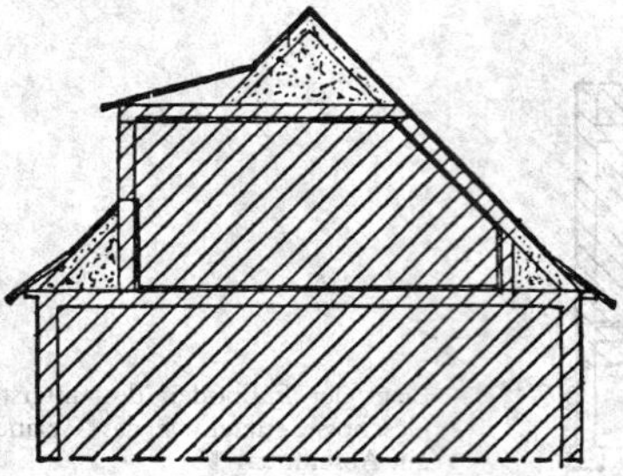

1.132

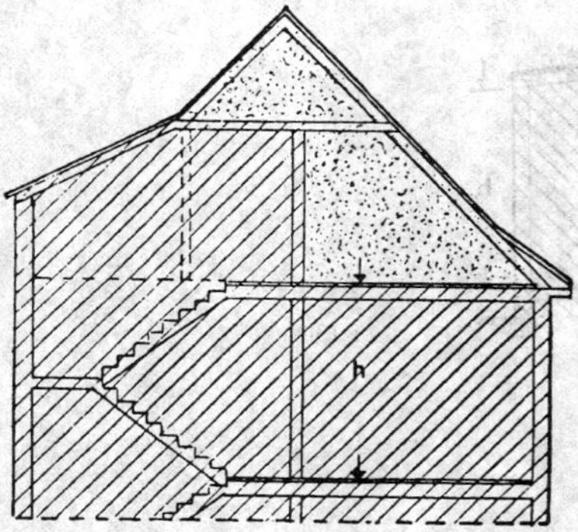

1.132

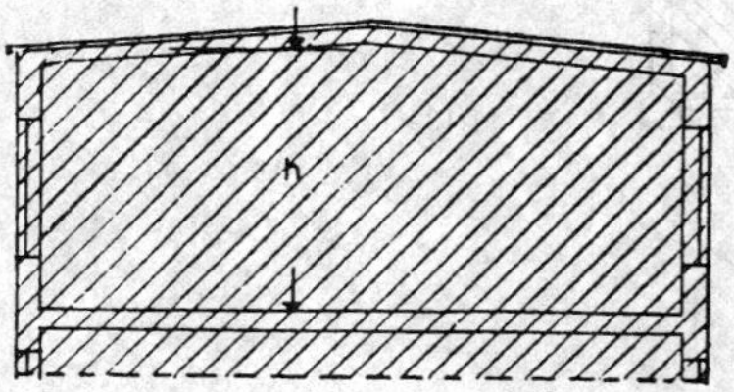

1.133

bei Dachdecken, die gleichzeitig die Decke des obersten Vollgeschosses bilden, von den Oberflächen der Tragdecke oder Balkenlage,

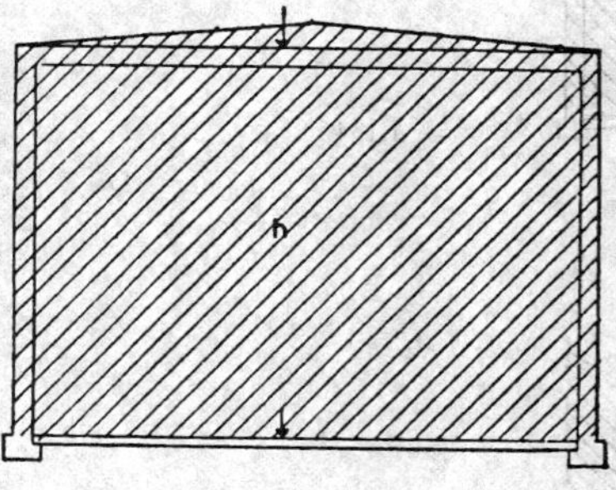

1.134

bei Gebäuden oder Bauteilen ohne Geschoßdecken von den Außenflächen des Daches, vgl. Abschnitt 1.35

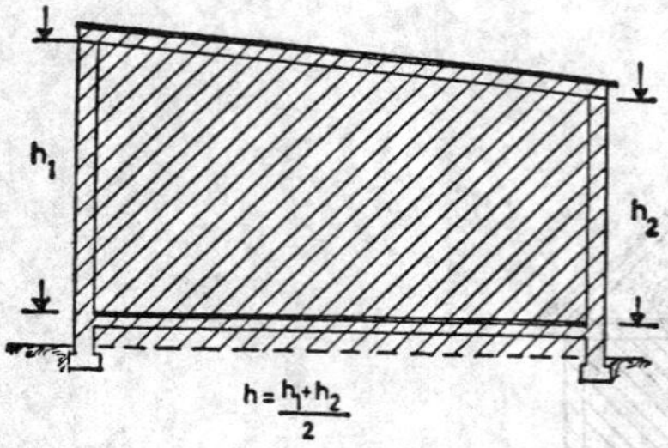

1.134

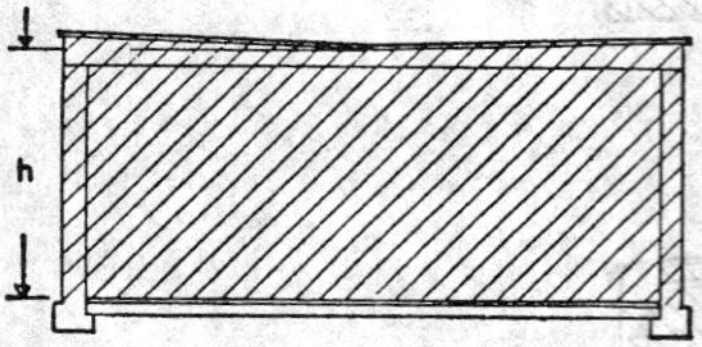

1.134

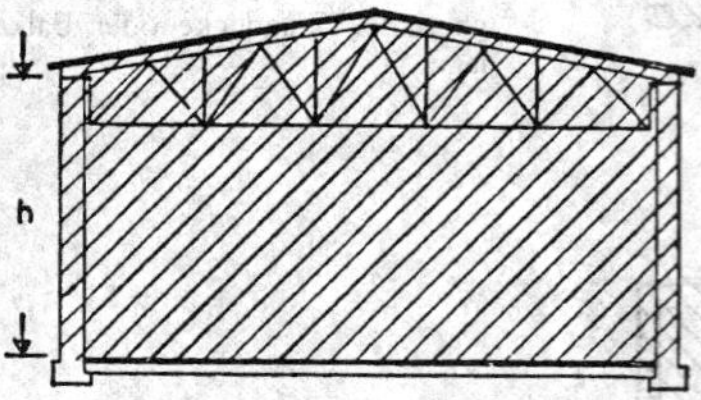

1.134

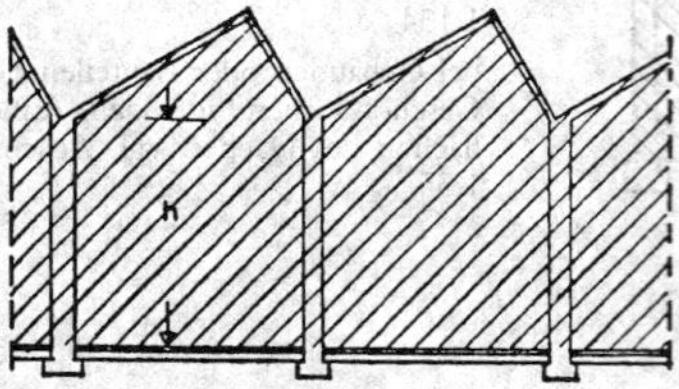

1.134

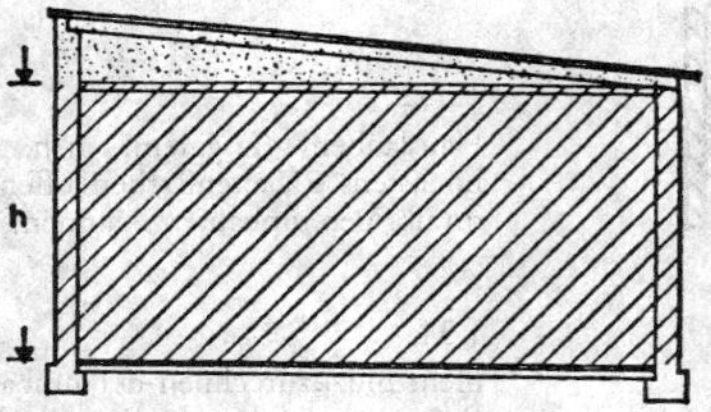

1.2

Mit einem Drittel anzurechnen ist der umbaute Raum des nicht ausgebauten Dachraumes, der umschlossen wird von den Flächen nach Abschnitt 1.131 oder 1.132 und den Außenflächen des Daches.

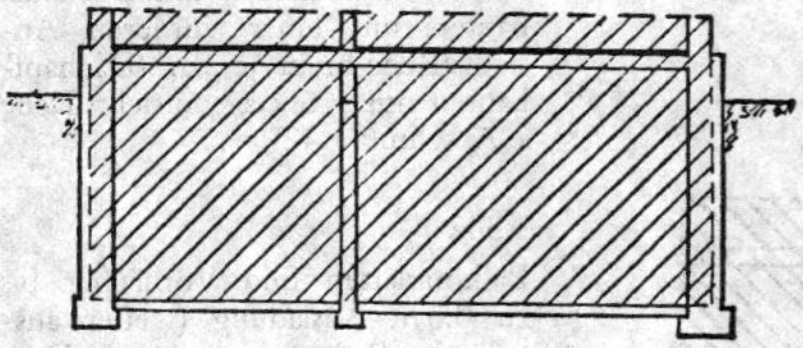

1.3

Bei den Ermittlungen nach Abschnitt 1.1 und 1.2 ist:

1.31

die Gebäudegrundfläche nach den Rohbaumaßen des Erdgeschosses zu berechnen,

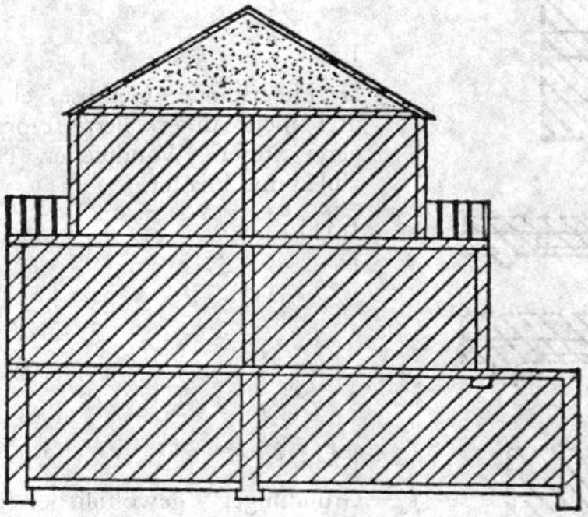

1.32

bei wesentlich verschiedenen Geschoßgrundflächen der umbaute Raum geschoßweise zu berechnen,

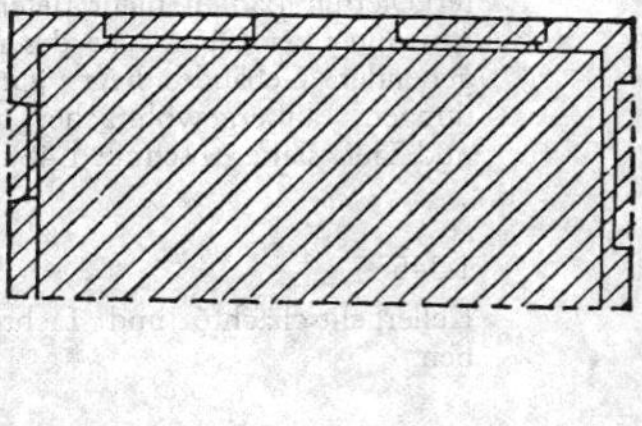

1.33

nicht abzuziehen der umbaute Raum, der gebildet wird von:

1.331

äußeren Leibungen von Fenstern und Türen und äußeren Nischen in den Umfassungen.

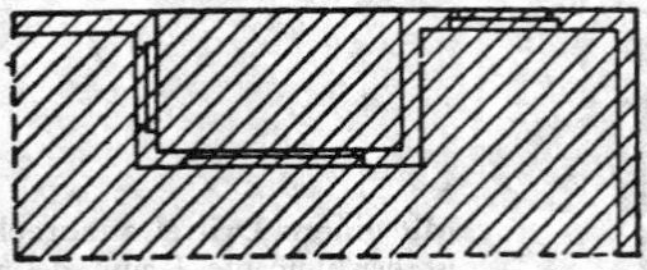

1.332

Hauslauben (Loggien), d. h. an höchstens 2 Seitenflächen offenen, im übrigen umbauten Räumen,

1.34

nicht hinzuzurechnen der umbaute Raum, den folgende Bauteile bilden:

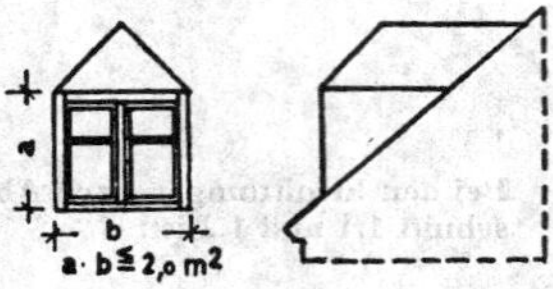

1.341

stehende Dachfenster und Dachaufbauten mit einer vorderen Ansichtsfläche bis zu je 2 m² (Dachaufbauten mit größerer Ansichtsfläche s. Abschnitt 1.42),

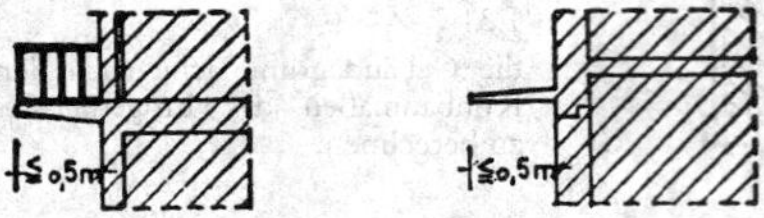

1.342

Balkonplatten und Vordächer bis zu 0,5 m Ausladung (weiter ausladende Balkonplatten und Vordächer s. Abschnitt 1.44),

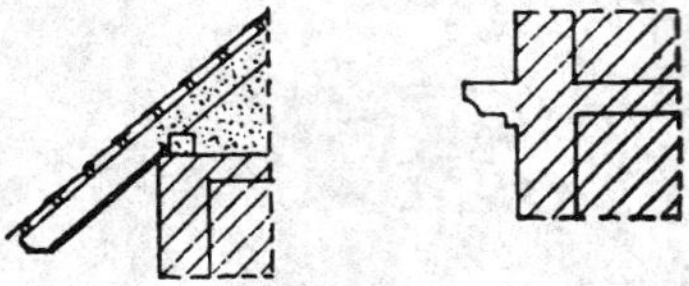

1.343

Dachüberstände, Gesimse, ein bis drei nicht unterkellerte, vorgelagerte Stufen, Wandpfeiler, Halbsäulen und Pilaster,

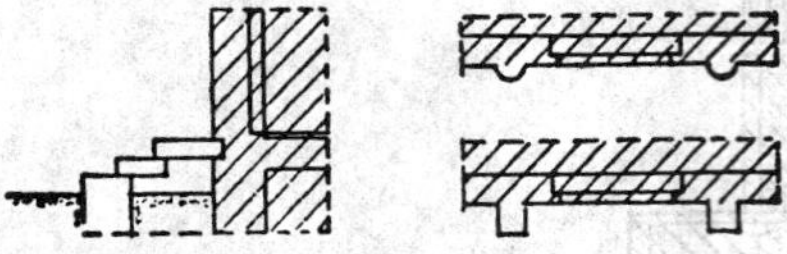

1.343

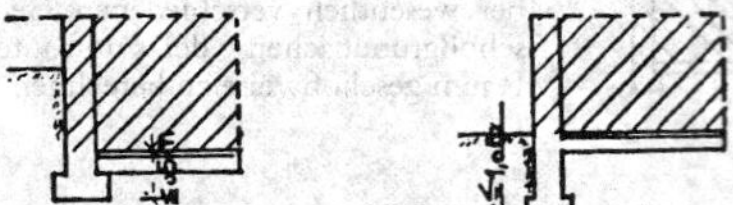

1.344

Gründungen gewöhnlicher Art, deren Unterfläche bei unterkellerten Bauten nicht tiefer als 0,5 m unter der Oberfläche des Kellergeschoßfußbodens, bei nicht unterkellerten Bauten nicht tiefer als 1 m unter der Oberfläche des umgebenden Gebäudes liegt. (Gründungen außergewöhnlicher Art und Tiefe siehe Abschnitt 1.48),

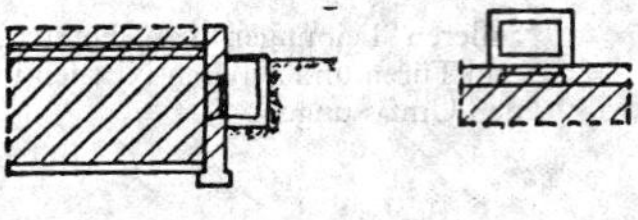

1.345

Kellerlichtschächte und Lichtgräben,

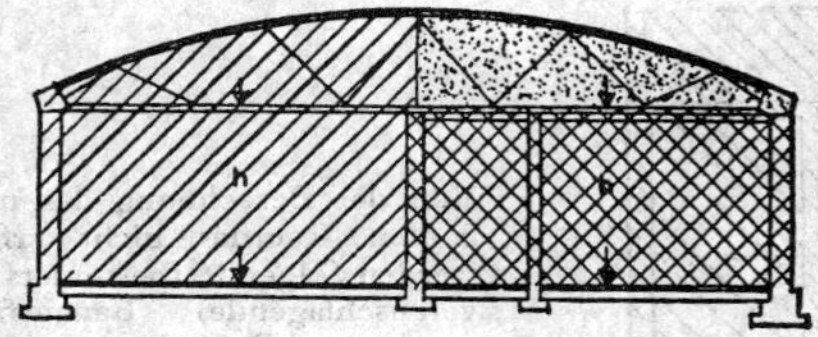

1.35

für Teile eines Baues, deren Innenraum ohne Zwischendecken bis zur Dachfläche durchgeht, der umbaute Raum getrennt zu berechnen, vgl. Abschnitt 1.134,

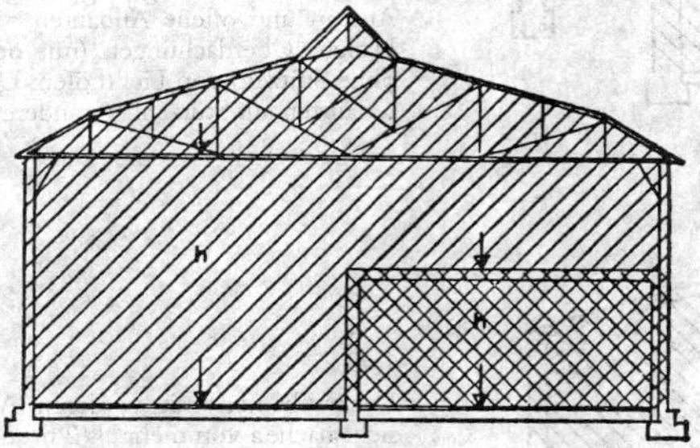

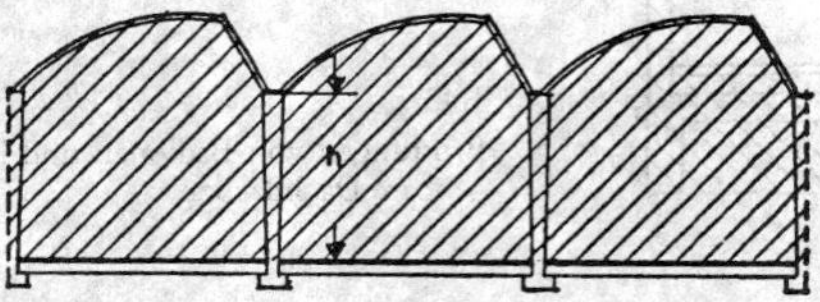

1.36

für zusammenhängende Teile eines Baues, die sich nach dem Zweck und deshalb in der Art des Ausbaues wesentlich von den übrigen Teilen unterscheiden, der umbaute Raum getrennt zu berechnen.

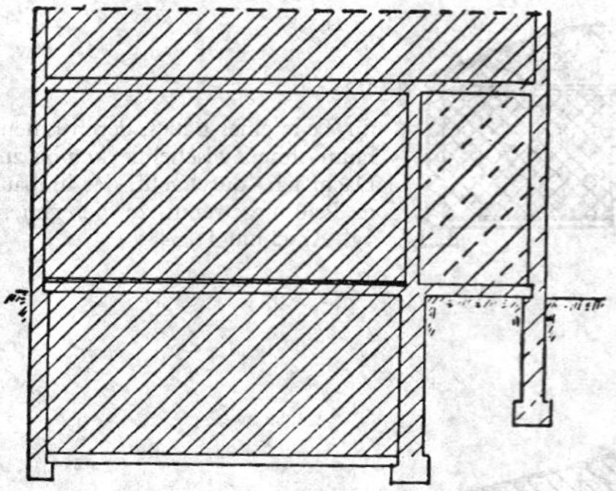

1.4

Von der Berechnung des umbauten Raumes nicht erfaßt werden folgende (besonders zu veranschlagende) Bauausführungen und Bauteile:

1.41

geschlossene Anbauten in leichter Bauart und mit geringwertigem Ausbau und offene Anbauten, wie Hallen, Überdachungen (mit oder ohne Stützen) von Lichthöfen, Unterfahrten auf Stützen, Veranden,

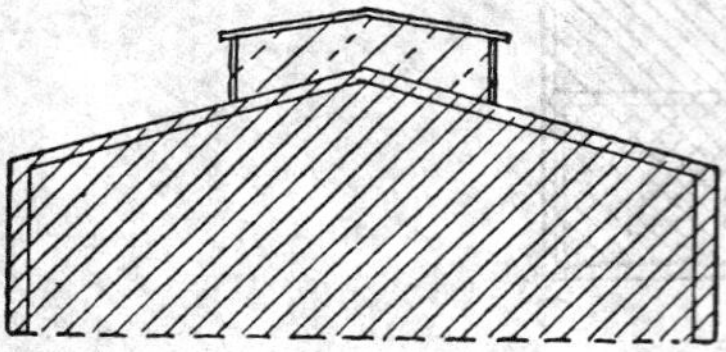

1.42

Dachaufbauten mit vorderen Ansichtsflächen von mehr als 2 m² und Dachreiter,

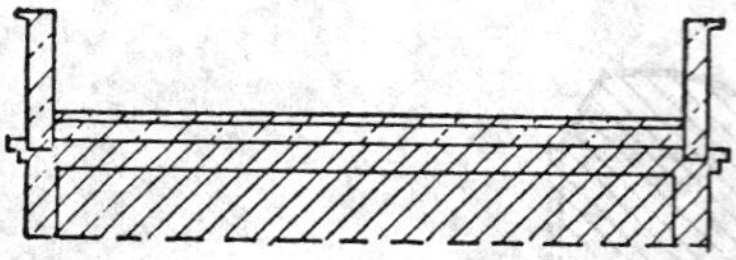

1.43

Brüstungen von Balkonen und begehbare Dachflächen,

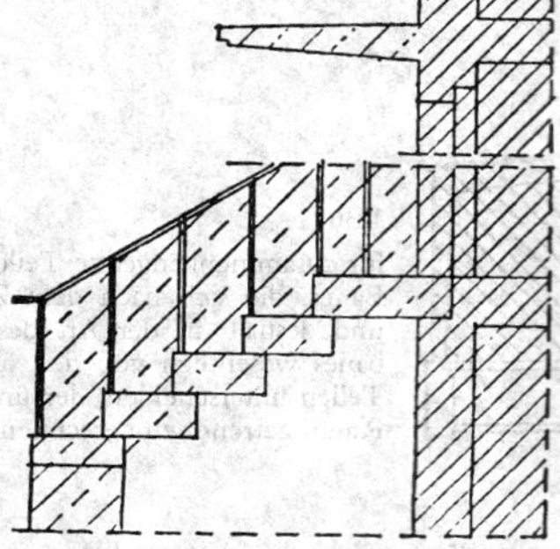

1.44

Balkonplatten und Vordächer mit mehr als 0,5 m Ausladung,

1.45

Freitreppen mit mehr als 3 Stufen und Terrassen (und ihre Brüstungen).

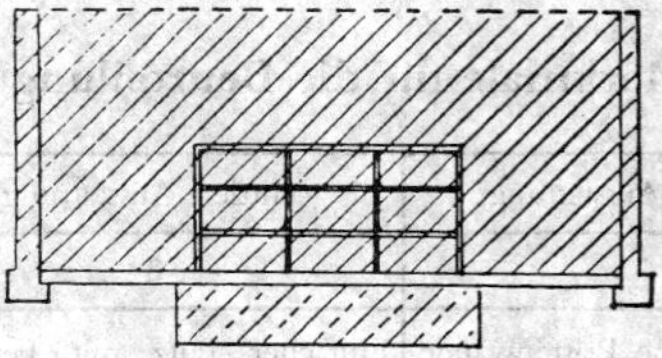

1.46

Füchse, Gründungen für Kessel und Maschinen,

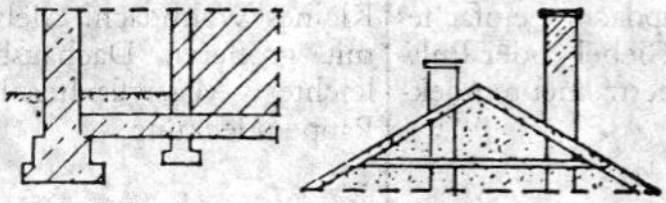

1.47

freistehende Schornsteine und der Teil von Hausschornsteinen, der mehr als 1 m über den Dachfirst hinausragt,

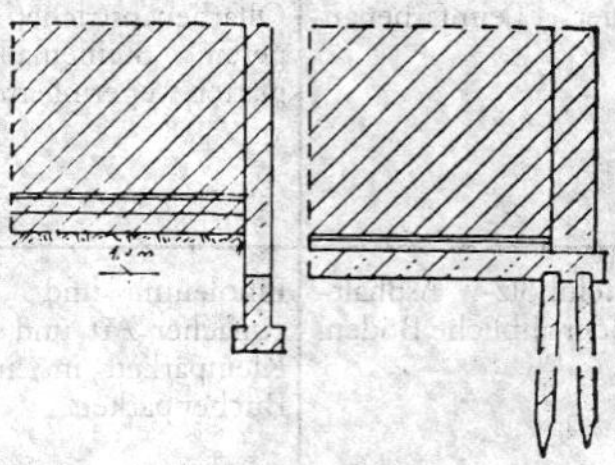

1.48

als Gründungen außergewöhnlicher Art, wie Pfahlgründungen und Gründungen außergewöhnlicher Tiefe, deren Unterfläche tiefer liegt als im Abschnitt 1.344 angegeben,

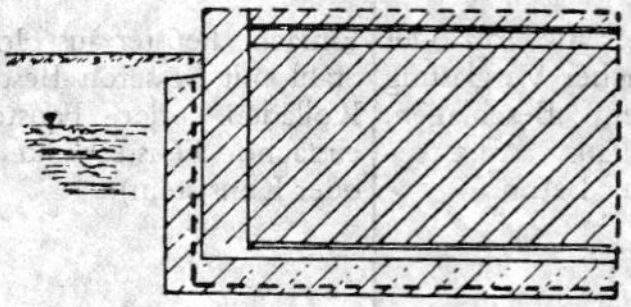

1.49

wasserdruckhaltende Dichtungen.

Anlage 13
(Zu Abschnitt 38)

Merkmale für die Beurteilung der

Bau- und Gebäudeteil	Einfache Ausstattung	Mittlere Ausstattung
1	2	3
1. Fassadenausführung	Schwemmsteine, Plattenwände, Hintermauersteine oder Kalksandsteine gefugt; einfacher glatter Putz. Holzfachwerk mit einfacher Ausfachung.	Einfacher Putz mit Fenster- und Türeinfassung; gefugte Vormauersteine. Holzfachwerk mit Klinkerausfachung.
2. Dachausführung	Flaches Pappdach; einfaches Ziegeldach (Giebel- oder Pultdach); Asbestzementeindekkung.	Kleines Walmdach; Giebeldach mit größeren Dachausbauten; leichtes Massivflachdach mit Pappeindeckung.
3. Deckenbehandlung	Einfacher Deckenputz; unverputzte Holzfaserplatten oder ähnliche Platten.	Decken, gerieben und gefilzt.
4. Wandbehandlung	Kalk- oder Leimfarbenanstriche.	Ölfarbenanstriche; einfache Tapeten; Steinemaille; Wandplatten in geringem Ausmaß.
5. Fußböden	Dielen, Steinholz-, Asphalt-, Spachtel- oder ähnliche Böden.	Linoleum und PVC-Böden einfacher Art und Ausführung; Kleinparkett in einem Raum; Buchenparkett.
6. Treppen	Einfache Treppen, Betontreppe mit PVC-Belag einfacher Art; einfache Geländer.	Massivtreppen mit Kunststeinbelag, Linoleumbelag oder gutem PVC-Belag; Hartholztreppen; einfache Geländer.
7. Fenster	Einfache Fenster aus Holz oder Stahl mit einfacher Verglasung und einfachen Beschlägen. Fensterbänke aus Asbestzement, Holz oder Beton.	Einfache Fenster aus Holz oder Stahl mit besseren Beschlägen; Rolläden oder Fensterläden; einfache Fensterbänke (Holz oder Kunststein).

baulichen Ausstattung bei Gebäuden

Gute Ausstattung	Sehr gute Ausstattung	Aufwendige Ausstattung
4	5	6
Edelputz mit Fenster- und Türeinfassungen in Kunststein; Sockel mit Klinkerverblendung oder Waschputz. Holzfachwerk aus Lärche oder Eiche mit Klinkerausfachung.	Edelputz mit Fenster- und Türeinfassungen aus Naturstein; Keramikplatten; Kunststeinverkleidung; Glasverkleidung; Klinkerfassade aus holländischen oder bunten Klinkern.	Natursteinfassade; Spaltklinker oder Mosaik; Kupfer, Eloxal oder ähnl.
Größeres Walmdach mit Dachausbauten; Oberlichte besonderer Ausführung; schweres Massivflachdach mit Pappeindeckung.	Sattel- oder Walmdach mit besonderen Ausbauten; Schieferdachdeckung. Dächer mit bes. Wärmeisolierung.	Flachdach mit Kupfer- oder Bleideckung und mit Wärmeisolierung.
Deckenputz teilweise mit Stuck; schalldämmende Platten.	Bessere Stuckdecken; Deckenvertäfelung in 1 oder 2 Räumen; Decken m. indirekt. Beleuchtung.	Beste Stuckarbeiten; Vertäfelungen in mehreren Räumen.
Gute Tapeten; Wandplatten aus Naturstein in geringem Ausmaß; Keramikplatten in reicherem Ausmaß; Holzvertäfelungen in einfachen Ausführungen.	Abwaschbare Tapeten; Vertäfelungen und Heizkörperverkleidungen aus Edelhölzern oder Rohrbespannungen. Stoffbespannungen; Natursteinplatten in größerem Ausmaß.	Beste Tapeten (Seidentapeten, Ledertapeten); Vertäfelungen u. Heizkörperverkleidungen aus ausländischen Edelhölzern (Mahagoni und ähnl.); Wandbemalungen.
Linoleum besserer Qualität; teilweise Natursteinplatten; beste PVC-Böden; Kleinparkett I. Wahl in mehr. Räumen; Bespannungen (Bouclé, Haargarn und ähnl.).	Parkett in guter Ausführung, versiegelt; Veloursbespannungen in mehreren Räumen.	Parkett aus besten Hölzern, versiegelt; beste Bespannungen (Nylon, Perlon); Naturstein in mehreren Räumen.
Massivtreppen mit Plattenbelag aus Qualitätskunststein oder aus Naturstein einfacher Qualität; bessere Geländer.	Massivtreppen mit Natursteinauflage und besserem Geländer (z. B. schmiedeeisernes oder geschnitztes Geländer).	Marmortreppen und wertvolle Treppen mit künstlerisch gestaltetem Geländer.
Doppelfenster mit einfacher Verglasung und besseren Beschlägen; Blumenfenster mit besserer Verglasung; Fensterbänke aus Kunststein bzw. Klinker oder einfachem Naturstein; Rolläden.	Verbundfenster mit Spiegelglas, Isolierglas; besondere Beschläge; Schiebefenster und dgl.; Blumenfenster mit Bleiverglasung; Fensterbänke aus deutschem Marmor bzw. ähnlichem Naturstein; Rolläden bzw. Markisen.	Besonders große teure Fenster mit bester Verglasung; versenkbare Fenster; eingebaute Markisen und dgl.; beste Blumenfenster mit Marmorfensterbänken oder ähnliche Fenster.

Noch: Merkmale für die Beurteilung der

Bau- und Gebäudeteil	Einfache Ausstattung	Mittlere Ausstattung
1	2	3
8. Türen	Einfache glatte Türen oder Füllungstüren mit einfachen Beschlägen.	Bessere glatte Türen oder Füllungstüren mit besseren Beschlägen.
9. Elektroinstallation	Einfache Ausstattung, wenige Brennstellen, einfache Beleuchtungskörper.	Mehrere Brennstellen und Steckdosen; mittlere Beleuchtungskörper.
10. Sanitäre Installation	Einfache und wenige sanitäre Einrichtungsgegenstände in Wasch- und Toilettenräumen.	Sanitäre Einrichtungsgegenstände in einfacher Ausführung, aber größerer Anzahl.
11. Boden- und Wandfliesen	Geringfügig (Wand nur teilw.); Boden- und Wandplatten in einfacher Ausführung (Keramikplatten II. – III. Wahl).	Keramische Boden- und Wandplatten I. – II. Wahl in einigen Räumen.
12. Heizung	Öfen.	Warmluftheizung.
13. Anteil der besonderen Räume (z. B. Empfangsräume, Direktionsräume, Sitzungszimmer, Gesellschaftszimmer und ähnliches)	Keine.	Geringe Anzahl.

baulichen Ausstattung bei Gebäuden

Gute Ausstattung	Sehr gute Ausstattung	Aufwendige Ausstattung
4	5	6
Türen mit Glasfüllungen und guten Beschlägen; Schleiflacktüren; Türen mit Edelholz in geringem Ausmaß; Eingangstüren Eiche oder ähnl.	Türen aus Edelhölzern; Schleiflacktüren mit besten Beschlägen und Ornamentglas; Schiebetüren; Doppeltüren; Metalleingangstüren.	Edelholztüren; Türen in künstlerischer Form; Metalleingangstür in Bronze oder ähnl. Ausführung.
Mehrere Brennstellen, Lichtbänder und dgl.; gute Beleuchtungskörper.	Indirekte Beleuchtungskörper, Wandbeleuchtung und gute Beleuchtungskörper.	Aufwendige Ausstattung, beste Beleuchtungskörper.
Wie vor, jedoch in besserer Ausführung und außer in Toiletten- und Waschräumen auch in anderen Räumen.	Beste Ausführung in Waschräumen, Bädern und Toiletten; in anderen Räumen größere Objekte.	Besonders reiche Ausstattung in bester Qualität.
Keramische Boden- und Wandplatten I. Wahl in mehreren Räumen; teilweise Naturstein-Bodenplatten	In mehreren Räumen Mosaikbodenfliesen; Majolikawandplatten; inländische Natursteinplatten.	In mehreren Räumen japanisches Mosaik oder ausländische Natursteine (z. B. Marmor).
Warmwasserheizung mit festen Brennstoffen und einfacher Regelung.	Warmwasserheizung mit flüssigen Brennstoffen oder Gas bzw. Fernheizung; Thermostatregelung.	Klimaanlage
Mehrere kleine Räume.	Kleine und größere Räume in größerer Anzahl.	Besonders große Anzahl.

Anlage 14
(Zu Abschnitt 38)

Gebäudeklasseneinteilung und Raummeterpreise 1958, umgerechnet auf den Hauptfeststellungszeitpunkt 1. Januar 1964, für Fabrikgrundstücke

Teil A. Verwaltungsgebäude, Sozialgebäude, Laboratorien, Pförtnergebäude und Wohngebäude

Vorbemerkung

Teil A gilt nur für die in der Überschrift genannten Gebäude, wenn sie zur wirtschaftlichen Einheit eines Fabrikgrundstücks gehören. Laboratorien können auch den Gebäuden des Teils B der Gebäudeklasseneinteilung zugerechnet werden. Im allgemeinen werden Forschungslaboratorien unter Teil A und Betriebslaboratorien unter Teil B fallen.

In den Raummeterpreisen und Quadratmeterpreisen sind alle Bestandteile und das Zubehör des Gebäudes erfaßt, soweit dafür keine besonderen Zuschläge zu machen sind.

Die Merkmale für die Beurteilung der baulichen Ausstattung, von der die Anwendung der aufgeführten Raummeterpreise abhängt, ergeben sich aus der Anlage 13. Diese Tabelle ist auf die bei allen Gebäuden möglichen Merkmale eingerichtet. Soweit bei einzelnen Gebäudearten üblicherweise einzelne Merkmale nicht vorhanden sind, müssen diese bei der Eingruppierung außer Betracht gelassen werden. Maßgebend ist die im Durchschnitt zutreffende Güte der Ausstattung. Innerhalb des Rahmensatzes, der für diese Ausstattung gilt, richtet sich der Raummeterpreis nach der besseren oder geringeren Güte der Ausstattung im einzelnen Fall.

Die Art der Konstruktion und die Güte der inneren und äußeren Ausstattung (z. B. Außenputz, Verblendung und dgl.) ist im Rahmenpreis berücksichtigt. Bei Fehlen von Teilen, die in der Gebäudeklasse gewöhnlich vorhanden sind – insbesondere von Teilen der Innenausstattung-, und bei Geschoßhöhen über 4 m ist innerhalb des Rahmenpreises ein niedrigerer Raummeterpreis anzusetzen. Besondere Einrichtungen (Aufzüge) sind durch die dafür vorgesehenen Zuschläge zu berücksichtigen.

Die für das Gebäude anzusetzenden Raummeterpreise gelten auch für die Keller. Sind für das Gebäude unterschiedliche Raummeterpreise anzusetzen (DIN 277 Abschn. 1.36), so ist der niedrigste Preis maßgebend.

Gebäudeklassen und Raummeterpreise

Gebäudeklassen		Raummeterpreise
		DM
1.1	**Eingeschossige Gebäude**	
1.11	**Holzgebäude und Holzfachwerkgebäude**	
1.111	einfache Ausstattung	25.– bis 40.–
1.112	mittlere Ausstattung	40.– bis 55.–
1.113	gute Ausstattung	55.– bis 70.–
1.114	sehr gute Ausstattung	70.– bis 100.–
1.115	aufwendige Ausstattung	100.– bis 130.–
1.12	**Massivgebäude,[1] Stahl- oder Stahlbetonskelettgebäude[2]**	
1.121	einfache Ausstattung	45.– bis 70.–
1.122	mittlere Ausstattung	70.– bis 105.–
1.123	gute Ausstattung	105.– bis 145.–
1.124	sehr gute Ausstattung	145.– bis 190.–
1.125	aufwendige Ausstattung	190.– bis 215.–
1.2	**Mehrgeschossige Gebäude**	
1.21	**Holzgebäude und Holzfachwerkgebäude**	
1.211	einfache Ausstattung	30.– bis 50.–
1.212	mittlere Ausstattung	50.– bis 65.–
1.213	gute Ausstattung	65.– bis 85.–
1.214	sehr gute Ausstattung	85.– bis 105.–
1.215	aufwendige Ausstattung	105.– bis 145.–
1.22	**Massivgebäude,[1] Stahl- oder Stahlbetonskelettgebäude[2]**	
1.221	einfache Ausstattung	55.– bis 80.–
1.222	mittlere Ausstattung	80.– bis 120.–
1.223	gute Ausstattung	120.– bis 160.–
1.224	sehr gute Ausstattung	160.– bis 200.–
1.225	aufwendige Ausstattung	200.– bis 240.–

[1] Als Gebäude in Massivkonstruktion gelten Gebäude, deren Außenmauern aus Ziegel-, Kalksand-, Schlacken-, Schwemm-, Schaumbeton-, Gärbeton-, Natursteinen oder ähnlichen Steinen bestehen und bei denen dieses Mauerwerk das Dach und ggf. die Geschoßdecken trägt.

[2] Als Gebäude in Stahl- oder Stahlbetonskelettkonstruktion gelten Gebäude, bei denen die tragende Konstruktion aus Stahl oder Stahlbeton hergestellt wurde.

Erhöhung des Raummeterpreises

1. Hochhäuser

Liegt der Fußboden mindestens eines Geschosses mehr als 22 m über dem Gelände, so ist für jeden weiteren vollen Meter zu den Raummeterpreisen aller Geschosse (einschließlich Kellergeschoß) ein Zuschlag von 0,5 v. H. zu machen. Maßgebend ist der Unterschied zwischen 22 m und Oberkante Decke des obersten Vollgeschosses. Der Zuschlag ist nur auf den als Hochhaus errichteten Teil des Gebäudes anzuwenden.

Erhöhungen und Ermäßigungen des errechneten Wertes

2. Gründungen außergewöhnlicher Art (DIN 277, Abschn. 1.48)

Der Zuschlag beträgt in der Regel 5 bis 10 v. H.

3. Wasserdruckhaltende Dichtungen (DIN 277, Abschn. 1.49)

Für wasserdruckhaltende Dichtungen (Isolierwannen) ist ein Zuschlag von 50 DM bis 80 DM je m² isolierter bebauter Fläche zu machen.

4. Aufzugsanlagen[1)]

Der Zuschlag beträgt

a) für Personenaufzüge (einfache Ausführung im Mauerschacht)

für eine Nutzlast von	300 kg (4)	450 kg (6)	750 kg (10 Pers.)
	DM	DM	DM
bei 2 Haltestellen	17 200	19 900	25 200
für jede weitere Haltestelle	1 600	1 600	1 700

Bei Aufzügen in Glasschächten sind die vorstehenden Preise um 10 bis 15 v. H. zu erhöhen.

b) für Lastenaufzüge

für eine Nutzlast von	500 kg	1000 kg	1500 kg	2000 kg	3000 kg
	DM	DM	DM	DM	DM
bei 2 Haltestellen	9700	12 200	14 300	18 900	22 800
für jede weitere Haltestelle	1 000	1 200	1 200	1 300	1 400

c) für Paternoster

bei 7 Geschossen . . . . 80 000 DM
für jedes weitere Geschoß . . . . 6 700 DM

d) für Rolltreppen

je Geschoßtreppenlauf der einzelnen Rolltreppe . . . . . 54 000 DM

1) Siehe Ergänzung im Erlaß FSen. Berlin v. 2. 8. 1967, StZBl. Bln. 1967 S. 809 (Anl. **17 a**).

5. Gebäude mit übergroßen oder geringen bebauten Flächen

Bei übergroßen bebauten Flächen von Einzelgebäuden beträgt der Abschlag bei bebauten Flächen von

2001 bis 5000 m²	4 v. H.
5001 bis 10000 m²	6 v. H.
10001 bis 20000 m²	8 v. H.
20001 bis 30000 m²	10 v. H.
mehr als 30000 m²	12 v. H.

Bei Gebäuden mit bebauten Flächen von weniger als 50 m² ist für je volle 5 m² Fläche, die 50 m² unterschreitet, ein Zuschlag von 5 v. H. zu machen.

Der Abschlag oder der Zuschlag ist von dem ggf. nach den Nummern 2 und 3 erhöhten Wert zu berechnen.

Teil B.[1] Fabrikgebäude, Werkstattgebäude, Lagergebäude und andere nicht unter Teil A fallende Gebäude, die zur wirtschaftlichen Einheit eines Fabrikgrundstücks gehören

Vorbemerkung

In den Raummeterpreisen sind alle Bestandteile und das Zubehör des Gebäudes erfaßt, soweit dafür keine besonderen Zuschläge zu machen sind.

Die Preise sind auf reine Zweckbauten in bekannter Konstruktion abgestellt, deren Ausstattung sich im allgemeinen Rahmen hält. Eine bessere Außenausstattung[1] ist durch einen Zuschlag nur insoweit zu berücksichtigen, als sie den gemeinen Wert beeinflußt (z. B. bei Spaltklinkerverkleidung, Verglasung besonderer Art, Glasbausteinwänden und dgl.). Eine bessere Innenausstattung wird in der Regel durch die unter den Nummern 2 und 7 aufgeführten Zuschläge angemessen berücksichtigt. Für neu aufkommende Konstruktionen sind die Raummeterpreise ggf. zu ermäßigen oder zu erhöhen.

Das Vorhandensein von Brandmauern genügt allein nicht für eine Zurechnung zu Gebäuden mit Raumaufteilung.

Die für ein mehrgeschossiges Gebäude maßgebenden Raummeterpreise gelten auch für die Keller. Sind für das Gebäude Raummeterpreise verschiedener Gebäudeklassen anzusetzen (DIN 277 Abschn. 1.36), so sind die Raummeterpreise der Gebäudeklasse mit den niedrigsten Raummeterpreisen maßgebend.

[1] Siehe Ergänzungen im Erlaß FSen. Berlin v. 2. 8. 1967, StZBl. Bln. 1967 S. 809 (Anl. **17 a**).

Gebäudeklassen, Raummeterpreise und Quadratmeterpreise

Gebäudeklassen		Raummeterpreise bei Geschoßhöhen bis zu		
		4 m[1)]	6 m[1)]	8 m
		DM	DM	DM
2.1	**Unterkellerungen**			
2.11	Gebäudekeller eingeschossiger Gebäude	45.–	51.–	60.50
2.12[2)]	Keller ohne aufstehende Gebäude (Hofkeller)	81.–	89.–	101.–
2.2	**Schuppen**			
2.21	Einfache Holzschuppen, Wellblechschuppen	12.–	11.–	9.50
2.22	Einseitig offene Massivschuppen	13.50	12.–	11.–
2.23	Holzfachwerkschuppen, Massivschuppen	20.50	17.50	16.50
2.3	**Eingeschossige Gebäude (außer Shedbauten)**			
2.31	Stahlfachwerkgebäude mit Plattenverkleidungen	19.–	16.50	15.–
2.32	Holzgebäude und Holzfachwerkgebäude ohne Raumaufteilung	23.50	20.50	18.50
2.33	Holzgebäude und Holzfachwerkgebäude mit Raumaufteilung	26.–	22.50	20.50
2.34	Massiv-,[3)] Stahl- oder Stahlbetonskelettgebäude[4)] ohne Raumaufteilung und ohne Decke	34.50	30.50	27.50
2.35	Massiv-,[3)] Stahl- oder Stahlbetonskelettgebäude[4)] mit Raumaufteilung und ohne Decke	37.–	32.50	29.50
2.36	Massiv-,[3)] Stahl- oder Stahlbetonskelettgebäude[4)] ohne Raumaufteilung und mit Decke	43.–	37.50	35.–
2.37	Massiv-,[3)] Stahl- oder Stahlbetonskelettgebäude[4)] mit Raumaufteilung und mit Decke	45.50	40.50	36.00
2.4	**Shedbauten**			
2.41	Shedbauten mit Holzbindern	33.–	29.–	26.–
2.42	Shedbauten in Massivbauart mit Stahlbindern	36.–	31.50	29.–
2.43	Shedbauten in Stahl- oder Stahlbetonkonstruktion	38.50	34.–	30.–

1) Zu Zwischenwerten vgl. Abschn. 38 Abs. 3 BewRGr.
2) Siehe Ergänzung im Erlaß FSen. Berlin v. 2. 8. 1967, StzBl. Bln. 1967 S. 809 (Anl. **17a**).
3) Vgl. Fußn. 1 auf S. 109.
4) Vgl. Fußn. 2 auf S. 109.

	Gebäudeklassen	Raummeterpreise bei Geschoßhöhen bis zu 4 m[1)]	6 m[1)]	8 m
		DM	DM	DM
2.44	Shedbauten wie 2.43, jedoch in besonderen Konstruktionen (Spannbeton mit Zwischendecken und dgl.)	44.50	39.–	35.–
2.5	**Mehrgeschossige Gebäude**			
2.51	Holzgebäude und Holzfachwerkgebäude ohne Raumaufteilung	45.–	39.50	36.–
2.52	Holzgebäude und Holzfachwerkgebäude mit Raumaufteilung	48.–	43.–	38.–
2.53	Holzfachwerkgebäude mit massivem Erdgeschoß ohne Raumaufteilung	51.–	47.–	41.–
2.54	Holzfachwerkgebäude mit massivem Erdgeschoß mit Raumaufteilung	54.–	47.–	41.–
2.55	Massivgebäude[2)] ohne Raumaufteilung	59.–	52.–	47.–
2.56	Massivgebäude[2)] mit Raumaufteilung	63.50	56.–	51.–
2.57	Stahl- oder Stahlbetonskelettgebäude[3)] ohne Raumaufteilung	68.–	59.–	54.50
2.58	Stahl- oder Stahlbetonskelettgebäude[3)] mit Raumaufteilung	70.50	62.–	56.50
2.6	**Gebäude mit Geschoßhöhen über 8 m[4)]**	bei Geschoßhöhen bis zu 10 m	12 m	üb. 12 m
		DM	DM	DM
2.61	Holzgebäude und Holzfachwerkgebäude mit Stützen	13.50	12.50	10.–
		bei Geschoßhöhen bis zu 10 m	12 m	14 m
		DM	DM	DM
2.62	Massivgebäude, Gebäude in Stahl- oder Stahlbetonkonstruktion	24.50	23.50	22.–
		bei Geschoßhöhen bis zu 16 m	18 m	20 m
		DM	DM	DM
		21.50	20.50	20.–
		bei Geschoßhöhen bis zu 24 m	30 m	üb. 30 m
		DM	DM	DM
		19.50	18.50	18.–

1) Zu Zwischenwerten vgl. Abschn. 38 Abs. 3 BewRGr.

2) Als Gebäude in Massivkonstruktion gelten Gebäude, deren Außenmauern aus Ziegel-, Kalksand-, Schlacken-, Schwemm-, Schaumbeton-, Gärbeton-, Natursteinen oder ähnlichen Steinen bestehen und bei denen dieses Mauerwerk das Dach und ggf. die Geschoßdecken trägt.

3) Als Gebäude in Stahl- oder Stahlbetonskelettkonstruktion gelten Gebäude, bei denen die tragende Konstruktion aus Stahl oder Stahlbeton hergestellt wurde.

4) Die Preise gelten auch für einzelne Geschosse, deren Höhe 8 m übersteigt.

Gebäudeklassen		Raummeterpreise bei Geschoßhöhen bis zu 4 m	6 m	8 m
		Preis je Quadratmeter überdachter Fläche[1] bei einer Höhe[2] bis zu 4 m	6 m	üb. 6 m
2.7	**Überdachungen mit eigenen Stützen**	DM	DM	DM
2.71	in Holzkonstruktionen	81.–	87.50	91.50
2.72	in Stahl- oder Stahlbetonkonstruktion	94.50	101.–	105.–
		Preis je Quadratmeter überdachter Fläche[1]		
2.8	**Überdachungen ohne eigene Stützen**			
2.81	in Holzkonstruktion bis 3 m auskragend	54.– DM		
2.82	in Holzkonstruktion über 3 m auskragend	67.50 DM		
2.83	in Stahl- oder Stahlbetonkonstruktion bis 3 m auskragend	67.50 DM		
2.84	in Stahl- oder Stahlbetonkonstruktion über 3 m auskragend	89.– DM		

Ermäßigungen und Erhöhungen des Raummeterpreises

1. Fußboden

Für fehlenden Fußboden (einschließlich Unterlage) beträgt der Abschlag

bis	4 m Geschoßhöhe	3.30 DM
bis	6 m Geschoßhöhe	2.10 DM
bis	8 m Geschoßhöhe	1.60 DM
über	8 m Geschoßhöhe	1.30 DM

2. Heizungsanlagen

a) Ist eine Sammelheizungsanlage, die an der Kesselanlage des Betriebs oder an einer Fernheizung angeschlossen ist, dem Grundstück zuzurechnen, so ist je nach Art und Umfang der Leitungen und Heizkörper ein Zuschlag von 3 v. H. bis 6 v. H. zu machen.
Ist eine eigene Kesselanlage für die Raumbeheizung vorhanden, so erhöht sich der Zuschlag bei jedem von dieser Anlage versorgten Gebäude um 5 Punkte.

b) Erfolgt die Raumbeheizung durch Wand- oder Deckenlufterhitzer, so ist je nach Anzahl, Größe und Ausführung ein Zuschlag bis zu 5 v. H. zu machen.

3. Hochhäuser

Liegt der Fußboden mindestens eines Geschosses mehr als 22 m über dem Gelände, so ist für jeden weiteren vollen Meter zu den Raummeter-

[1] Als Quadratmeter der überdachten Fläche sind die Quadratmeter der Grundstücksfläche anzusetzen, die sich bei senkrechter Projizierung der Dachfläche auf eine waagerechte Ebene ergeben. Vorgehängte Rinnen bleiben unberücksichtigt.

[2] Die Höhe rechnet von Fußbodenoberkante bis zum Auflager der Überdachung auf den Stützen.

preisen aller Geschosse (einschl. Kellergeschoß) ein Zuschlag von 0,5 v. H. zu machen. Maßgebend ist der Unterschied zwischen 22 m und Oberkante Decke des obersten Vollgeschosses. Der Zuschlag ist nur auf den als Hochhaus errichteten Teil des Gebäudes anzuwenden.

4. Verstärkungen von Stützen und Fundamenten

Der Zuschlag beträgt je nach Tragfähigkeit und Ausführung 2.70 bis 6.70 DM/m³.

Ermäßigungen und Erhöhungen des errechneten Wertes

5. Außenwände DM/m²

Für fehlende Außenwände beträgt der Abschlag je Quadratmeter Wandfläche

bei Gebäudeklassen 2.21 bis 2.23	13.50
bei Gebäudeklassen 2.31 bis 2.34, 2.51 bis 2.54 und 2.61	20.–
bei Gebäudeklassen 2.35 bis 2.44, 2.55 bis 2.58 und 2.62	24.–

6. Gebäude mit Decken von großer Tragfähigkeit

Der Zuschlag beträgt je m² Deckenfläche:

für Nutzlasten in kg/m²	je nach Konstruktion und Spannweite DM/m²
mehr als 1000 bis 2000	5 bis 13
mehr als 2000 bis 3000	13 bis 27
mehr als 3000 bis 4000	27 bis 37
mehr als 4000 bis 5000	37 bis 47
mehr als 5000 bis 7500	47 bis 60
mehr als 7500 bis 10000	60 bis 75

7. Besondere Innenausstattung

Der Zuschlag beträgt: DM/m²

a)[1] Bessere Fußböden:	
Kunstharzböden, Linoleum, Asphaltplatten	10 bis 27
Steinzeugfliesen, Industrieestrich	13 bis 20
Holzpflaster	13 bis 27
Parkett	16 bis 32
b)[1] Wandverkleidungen:	
Wandplattenbelag	24 bis 40
einfache Holzverkleidung	20 bis 33
Holzvertäfelung	ab 40
schalldämmende Platten	13 bis 20
c)[1] Deckenverkleidung:	
schalldämmende Platten	20 bis 33
Staubdecken (Glas)	33 bis 54

[1] Siehe Ergänzungen im Erlaß FSen. Berlin v. 2. 8. 1967, StZBl. Bln. 1967 S. 809 (Anl. **17 a**).

d)[1] Sanitäre Einrichtungen und Warmwasserversorgung: DM je Stück

Wannenbäder	500 bis 800
Brausebäder	200 bis 400
Heißwasserspeicher je nach Größe	500 bis 1200

8. Gründungen außergewöhnlicher Art (DIN 277 Abschn. 1.48)

Der Zuschlag beträgt in der Regel 5 bis 10 v.H.

9. Wasserdruckhaltende Dichtungen (DIN 277 Abschn. 1.49)

Für wasserdruckhaltende Dichtungen (Isolierwannen) ist ein Zuschlag von 50 DM bis 80 DM je m² isolierter bebauter Fläche zu machen.

10. Rampen (in baulicher Verbindung mit dem Gebäude)

Der Zuschlag beträgt für

auskragende Rampen je m² Grundfläche	25 bis 40 DM
untermauerte Rampen je m² Grundfläche	33 bis 47 DM

Rampenüberdachungen werden mit den Preisen der Gebäudeklassen 2.7 und 2.8 angesetzt.

11.[1] Aufzugsanlagen

Der Zuschlag beträgt für

Personenaufzüge (einfache Ausführung im Mauerschacht)

für eine Nutzlast von	300 kg (4)	450 kg (6)	750 kg (10 Pers.)
	DM	DM	DM
bei 2 Haltestellen	17200	19900	25200
für jede weitere Haltestelle	1600	1600	1700

Bei Aufzügen in Glasschächten sind die vorstehenden Preise um 10 bis 15 v.H. zu erhöhen.

12. Gebäude mit übergroßen oder geringen bebauten Flächen

Bei übergroßen bebauten Flächen von Einzelgebäuden beträgt der Abschlag bei bebauten Flächen von

2001 bis 5000 m²	4 v.H.
5001 bis 10000 m²	6 v.H.
10001 bis 20000 m²	8 v.H.
20001 bis 30000 m²	10 v.H.
mehr als 30000 m²	12 v.H.

Bei Gebäuden mit bebauten Flächen von weniger als 50 m² ist je volle 5 m² Fläche, die 50 m² unterschreitet, ein Zuschlag von 5 v.H. zu machen.

Der Abschlag oder Zuschlag ist von einem Ausgangsbetrag vorzunehmen, bei dem die Abschläge und Zuschläge bis einschließlich Nummer 10 berücksichtigt sind.

[1] Siehe Ergänzungen im Erlaß FSen. Berlin v. 2. 8. 1967, StZBl. Bln. 1967 S. 809 (Anl. **17a**).

Anlage 15
(Zu Abschnitt 38)

Gebäudeklasseneinteilung und Raummeterpreise 1958, umgerechnet auf den Hauptfeststellungszeitpunkt 1. Januar 1964, für bestimmte andere Geschäftsgrundstücke und für sonstige bebaute Grundstücke in bestimmten Fällen[1)]

Vorbemerkung

In den Raummeterpreisen und Quadratmeterpreisen sind alle Bestandteile und das Zubehör des Gebäudes erfaßt, soweit dafür keine besonderen Zuschläge zu machen sind. Für besondere bauliche Anlagen (z. B. Schwimmbecken im Gebäude) sind die Zuschläge nach den durchschnittlichen Herstellungskosten zu bemessen.

Die Merkmale für die Beurteilung der baulichen Ausstattung, von der die Anwendung der aufgeführten Raummeterpreise abhängt, ergeben sich aus der Anlage 13. Diese Tabelle ist auf die bei allen Gebäuden möglichen Merkmale eingerichtet. Soweit bei einzelnen Gebäudearten üblicherweise einzelne Merkmale nicht vorhanden sind, müssen diese bei der Eingruppierung außer Betracht gelassen werden. Maßgebend ist die im Durchschnitt zutreffende Güte der Ausstattung. Innerhalb des Rahmensatzes, der für diese Ausstattung gilt, richtet sich der Raummeterpreis nach der besseren oder geringeren Güte der Ausstattung im einzelnen Fall.

Die für das Gebäude anzusetzenden Raummeterpreise gelten auch für die Keller. Sind für das Gebäude unterschiedliche Raummeterpreise anzusetzen (DIN 277 Abschn. 1.36), so ist der niedrigste Preis maßgebend.

3. Hotelgrundstücke

Gebäudeklasse		Raummeterpreise
3.1	**Eingeschossige Gebäude**	DM
3.11	**Holzgebäude und Holzfachwerkgebäude**	
3.111	einfache Ausstattung	45.– bis 60.–
3.112	mittlere Ausstattung	60.– bis 80.–
3.113	gute Ausstattung	80.– bis 100.–
3.114	sehr gute Ausstattung	100.– bis 120.–
3.115	aufwendige Ausstattung	120.– bis 160.–
3.12	**Massivgebäude, Stahl- oder Stahlbetonskelettgebäude**	
3.121	einfache Ausstattung	65.– bis 85.–
3.122	mittlere Ausstattung	85.– bis 105.–
3.123	gute Ausstattung	105.– bis 145.–
3.124	sehr gute Ausstattung	145.– bis 190.–
3.125	aufwendige Ausstattung	190.– bis 215.–

1) Siehe Ergänzungen im Erlaß FSen. Berlin v. 2. 8. 1967, StZBl. Bln. 1967 S. 809 (Anl. **17 a**).

Gebäudeklasse		Raummeterpreise
		DM
3.2	**Mehrgeschossige Gebäude**	
3.21	**Holzgebäude und Holzfachwerkgebäude**	
3.211	einfache Ausstattung	55.– bis 70.–
3.212	mittlere Ausstattung	70.– bis 95.–
3.213	gute Ausstattung	95.– bis 130.–
3.214	sehr gute Ausstattung	130.– bis 175.–
3.215	aufwendige Ausstattung	175.– bis 200.–
3.22	**Massivgebäude, Stahl- oder Stahlbetonskelettgebäude**	
3.221	einfache Ausstattung	70.– bis 95.–
3.222	mittlere Ausstattung	95.– bis 115.–
3.223	gute Ausstattung	115.– bis 145.–
3.224	sehr gute Ausstattung	145.– bis 190.–
3.225	aufwendige Ausstattung	190.– bis 240.–
3.3.	**Nebengebäude (Garagen, Waschhäuser usw.)**	
3.31	einfache Ausstattung	25.– bis 40.–
3.32	mittlere Ausstattung	40.– bis 60.–
3.33	gute Ausstattung	60.– bis 80.–

4. Warenhäuser

Gebäudeklasse		Raummeterpreise
		DM
4.1	einfache Ausstattung	55.– bis 80.–
4.2	mittlere Ausstattung	80.– bis 105.–
4.3	gute Ausstattung	105.– bis 145.–
4.4	sehr gute Ausstattung	145.– bis 180.–
4.5	aufwendige Ausstattung	180.– bis 240.–

5. Lichtspielhäuser

Gebäudeklasse		Raummeterpreise
		DM
5.1	einfache Ausstattung	25.– bis 45.–
5.2	mittlere Ausstattung	45.– bis 65.–
5.3	gute Ausstattung	65.– bis 85.–
5.4	sehr gute Ausstattung	85.– bis 105.–
5.5	aufwendige Ausstattung	105.– bis 130.–

6. Sanatorien und Kliniken[1]

Gebäudeklasse		Raummeterpreise
		DM
6.1	einfache Ausstattung	65.– bis 85.–
6.2	mittlere Ausstattung	85.– bis 105.–
6.3	gute Ausstattung	105.– bis 130.–
6.4	sehr gute Ausstattung	130.– bis 175.–
6.5	aufwendige Ausstattung	175.– bis 215.–

7. Bank-, Versicherungs- und Verwaltungsgebäude

Gebäudeklasse		Raummeterpreise
		DM
7.1	einfache Ausstattung	55.– bis 80.–
7.2	mittlere Ausstattung	80.– bis 120.–
7.3	gute Ausstattung	120.– bis 160.–
7.4	sehr gute Ausstattung	160.– bis 200.–
7.5	aufwendige Ausstattung	200.– bis 240.–

8. Tankstellengrundstücke und Garagengrundstücke

Gebäudeklasse (Gebäudeart)		Raummeterpreise
		DM
8.1	**Tankwärterräume (einschl. Waschräume, Toiletten, Personalwohnräume)**	
8.11	einfache Ausstattung	45.– bis 65.–
8.12	mittlere Ausstattung	65.– bis 95.–
8.13	gute Ausstattung	95.– bis 120.–
8.14	sehr gute Ausstattung	120.– bis 130.–
8.15	aufwendige Ausstattung	130.– bis 175.–
8.2	**Wagenwasch- und Wagenpflegeräume, Werkstatträume, Lagerräume**	
8.21	einfache Ausstattung	30.– bis 45.–
8.22	mittlere Ausstattung	45.– bis 60.–
8.23	gute Ausstattung	60.– bis 80.–
8.3	**Garagen**	
8.31	einfache Ausstattung	25.– bis 40.–
8.32	mittlere Ausstattung	40.– bis 55.–
8.33	gute Ausstattung	55.– bis 65.–

[1] Waschhäuser und Garagen sind mit den Preisen der Gebäudeklasse 3.3 zu bewerten. Für Schwesternheime gelten die Preise der Altersheime (vgl. unter 9).

Gebäudeklasse (Gebäudeart)		Raummeterpreise
		DM
8.4	**Übernachtungsräume und Restaurationsräume**	
8.41	einfache Ausstattung	60.– bis 80.–
8.42	mittlere Ausstattung	80.– bis 100.–
8.43	gute Ausstattung	100.– bis 120.–
8.44	sehr gute Ausstattung	120.– bis 160.–
8.45	aufwendige Ausstattung	160.– bis 200.–
8.5	**Parkhäuser (Hochgaragen)**	
8.51	einfache Ausstattung	40.– bis 60.–
8.52	mittlere Ausstattung	60,– bis 80.–
8.53	gute Ausstattung	80.– bis 105.–
8.6	**Parkhäuser (Tiefgaragen)**	
8.61	einfache Ausstattung	45.– bis 65.–
8.62	mittlere Ausstattung	65.– bis 95.–
8.63	gute Ausstattung	95.– bis 120.–
8.7	**Sammelgaragen**	
8.71	einfache Ausstattung	30.– bis 40.–
8.72	mittlere Ausstattung	40.– bis 60.–
8.73	gute Ausstattung	60.– bis 80.–

Gebäudeklasse (Gebäudeart)		Preise je m^2 überdachter Fläche
		DM
8.8	**Überdachungen**	
8.81	**Überdachungen mit eigenen Stützen**	
8.811	in Holzkonstruktion	81.–
8.812	in Stahl- oder Stahlbetonkonstruktion	94.50
8.82	**Überdachungen ohne eigene Stützen**	
8.821	in Holzkonstruktion bis 3 m auskragend	54.–
8.822	in Holzkonstruktion über 3 m auskragend	67.50
8.823	in Stahl- oder Stahlbetonkonstruktion bis 3 m auskragend	67.50
8.824	in Stahl- oder Stahlbetonkonstruktion über 3 m auskragend	89.–

9.[1] Andere Geschäftsgrundstücke und sonstige bebaute Grundstücke

Gebäudeklasse (Gebäudeart)		Raummeterpreise
		DM
9.11	**Altersheime, Pflegeheime**	
9.111	einfache Ausstattung	65.– bis 80.–
9.112	mittlere Ausstattung	80.– bis 95.–

[1] Siehe Ergänzungen im Erlaß FSen. Berlin v. 2. 8. 1967, StZBl. Bln. 1967 S. 809 (Anl. **17 a**).

Gebäudeklasse (Gebäudeart)		Raummeterpreise
		DM
9.113	gute Ausstattung	95.– bis 105.–
9.114	sehr gute Ausstattung	105.– bis 120.–
9.115	aufwendige Ausstattung	120.– bis 160.–
9.12	**Kinderheime, Ferienheime, Kindergärten**	
9.121	einfache Ausstattung	60.– bis 70.–
9.122	mittlere Ausstattung	70.– bis 85.–
9.123	gute Ausstattung	85.– bis 100.–
9.124	sehr gute Ausstattung	100.– bis 120.–
9.13	**Privatschulen**	
9.131	einfache Ausstattung	80.– bis 95.–
9.132	mittlere Ausstattung	95.– bis 105.–
9.133	gute Ausstattung	105.– bis 120.–
9.134	sehr gute Ausstattung	120.– bis 145.–
9.135	aufwendige Ausstattung	145.– bis 175.–
9.14	**Hallenbäder**	
9.141	einfache Ausstattung	95.– bis 105.–
9.142	mittlere Ausstattung	105.– bis 120.–
9.143	gute Ausstattung	120.– bis 130.–
9.144	sehr gute Ausstattung	130.– bis 175.–
9.145	aufwendige Ausstattung	175.– bis 200.–
9.15	**Badehäuser**	
9.151	einfache Ausstattung	55.– bis 70.–
9.152	mittlere Ausstattung	70.– bis 95.–
9.153	gute Ausstattung	95.– bis 120.–
9.154	sehr gute Ausstattung	120.– bis 145.–
9.155	aufwendige Ausstattung	145.– bis 190.–
9.21	**Markthallen, Messehallen und dgl.**	
9.211	einfache Ausstattung	40.– bis 55.–
9.212	mittlere Ausstattung	55.– bis 65.–
9.213	gute Ausstattung	65.– bis 80.–
9.214	sehr gute Ausstattung	80.– bis 105.–
9.215	aufwendige Ausstattung	105.– bis 130.–
9.22	**Trinkhallen**	
9.221	einfache Ausstattung	65.– bis 85.–
9.222	mittlere Ausstattung	85.– bis 105.–
9.223	gute Ausstattung	105.– bis 120.–
9.224	sehr gute Ausstattung	120.– bis 145.–
9.225	aufwendige Ausstattung	145.– bis 175.–
9.23	**Verkaufsstände bis 30 m²**	
9.231	einfache Ausstattung	105.– bis 130.–
9.232	mittlere Ausstattung	130.– bis 175.–
9.233	gute Ausstattung	175.– bis 200.–

Gebäudeklasse (Gebäudeart)	Raummeterpreise
	DM
9.234 sehr gute Ausstattung	200.– bis 240.–
9.235 aufwendige Ausstattung	240.– bis 300.–
9.24 **Verkaufsstände über 30 m²**	
9.241 einfache Ausstattung	80.– bis 105.–
9.242 mittlere Ausstattung	105.– bis 130.–
9.243 gute Ausstattung	130.– bis 160.–
9.244 sehr gute Ausstattung	160.– bis 190.–
9.245 aufwendige Ausstattung	190.– bis 215.–
9.25 **Kühlhäuser**[1]	
9.251 einfache Ausstattung	30.– bis 45.–
9.252 mittlere Ausstattung	45.– bis 65.–
9.253 gute Ausstattung	65.– bis 95.–
9.26 **Trockenhäuser**	
9.261 einfache Ausstattung	25.– bis 40.–
9.262 mittlere Ausstattung	40.– bis 55.–
9.263 gute Ausstattung	55.– bis 80.–
9.27 **Transformatorenhäuser**	
9.271 einfache Ausstattung	40.– bis 55.–
9.272 mittlere Ausstattung	55.– bis 65.–
9.273 gute Ausstattung	65.– bis 80.–
9.274 sehr gute Ausstattung	80.– bis 120.–

Erhöhung des Raummeterpreises

1. Hochhäuser

Liegt der Fußboden mindestens eines Geschosses mehr als 22 m über dem Gelände, so ist für jeden weiteren vollen Meter zu den Raummeterpreisen aller Geschosse (einschließlich Kellergeschoß) ein Zuschlag von 0,5 v. H. zu machen. Maßgebend ist der Unterschied zwischen 22 m und Oberkante Decke des obersten Vollgeschosses. Der Zuschlag ist nur auf den als Hochhaus errichteten Teil des Gebäudes anzuwenden.

[1] In den Preisen sind die Kosten für die Kälteisolierungen nicht enthalten.

Erhöhungen und Ermäßigungen des errechneten Wertes

2. Aufzugsanlagen[1])

Der Zuschlag beträgt:

a) für Personenaufzüge (einfache Ausführung im Mauerschacht)

für eine Nutzlast von	300 kg (4)	450 kg (6)	750 kg (10 Pers.)
	DM	DM	DM
bei 2 Haltestellen	17200	19900	25200
für jede weitere Haltestelle	1600	1600	1700

Bei Aufzügen in Glasschächten sind die vorstehenden Preise um 10 bis 15 v. H. zu erhöhen.

b) für Lastenaufzüge (soweit nicht Betriebsvorrichtungen)

für eine Nutzlast von	500 kg	1000 kg	1500 kg	2000 kg	3000 kg
	DM	DM	DM	DM	DM
bei 2 Haltestellen	9700	12200	14300	18400	22800
für jede weitere Haltestelle	1000	1200	1200	1300	1400

c) für Paternoster

bei 7 Geschossen	80000 DM
für jedes weitere Geschoß	6700 DM

d) für Rolltreppen

je Geschoßtreppenlauf der einzelnen Rolltreppe	54000 DM

3. Gründungen außergewöhnlicher Art (DIN 277 Abschn. 1.48)

Der Zuschlag beträgt in der Regel 5 bis 10 v. H.

4. Wasserdruckhaltende Dichtungen (DIN 277 Abschn. 1.49)

Für wasserdruckhaltende Dichtungen (Isolierungen) ist ein Zuschlag von 50 DM bis 80 DM je m² isolierter bebauter Fläche zu machen.

5. Gebäude mit übergroßen oder geringen bebauten Flächen

Bei übergroßen bebauten Flächen von Einzelgebäuden beträgt der Abschlag bei bebauten Flächen von

2001 bis 5000 m²	4 v. H.
5001 bis 10000 m²	6 v. H.
10001 bis 20000 m²	8 v. H.
20001 bis 30000 m²	10 v. H.
mehr als 30000 m²	12 v. H.

Bei Gebäuden mit bebauten Flächen von weniger als 50 m² ist für je volle 5 m² Fläche, die 50 m² unterschreitet, ein Zuschlag von 5 v. H. zu machen.

Der Abschlag oder Zuschlag ist von dem ggf. nach den Nummern 3 und 4 erhöhten Wert zu berechnen.

[1]) Siehe Ergänzung im Erlaß FSen. Berlin v. 2. 8. 1967, StZBl. Bln. 1967 S. 809 (Anl. **17 a**).

Anlage 16
(Zu Abschnitt 38 Abs. 4)

Bauteil-Preistabelle
für die im Sachwertverfahren zu bewertenden Einfamilienhäuser und Zweifamilienhäuser[1)]
(zugleich Berechnungsbogen zur Ermittlung des Raummeterpreises auf den Hauptfeststellungszeitpunkt 1. Januar 1964)

Bauteil bzw. Handwerkszweig	Ausführungsarten					anzusetzen
1	2	3	4	5	6	7
1. Dach mit Dachentwässerung und Isolierungen	Holzdach mit Wellplatten; Flachdach (Brettbinder) mit Pappe 8.40 – 12.60 DM	Deckung aus Ziegel, Biberschwänzen und dgl.; Massivflachdach mit Pappe 12.60 – 16.80 DM	Deckung aus Schiefer; Massivflachdach mit Korkisolierung; Zinkdeckung 16.80 – 21.00 DM	Massivflachdach mit mehreren Isolierungen; Kupferdeckung 21.00 – 25.20 DM	Steildach mit Kupferdeckung, Holzschindeln und ähnl. 25.20 – 29.40 DM	. . . . DM
2. Fassadenausführung	Glatt-, Spritz- u. Kratzputz mit Klinkersockel 4.20 – 6.30 DM	Edelputz mit Klinkersockel; Fensterumrahmung aus Kunststein 6.30 – 8.40 DM	Verblendung mit Hartbrandstein bzw. einfachen Klinkern; Fensterumrahmung aus Naturstein 8.40 – 11.20 DM	Verblendung aus besonderen Klinkern bzw. Kunststeinplatten 11.20 – 14.00 DM	Natursteinverblendung 14.00 – 15.80 DM	. . . . DM
3. Außenmauerwerk	Schwemmsteine, Blocksteine, Kalksandsteine 16.80 – 19.60 DM	wie vor, jedoch teilweise Ziegelmauerwerk 19.60 – 22.40 DM	Ziegelmauerwerk bis 24 cm 22.40 – 25.20 DM	Ziegelmauerwerk über 24 cm und Natursteine 25.20 – 30.80 DM		. . . . DM
4. Innenmauerwerk einschl. Putz	Schwemmsteine, Blocksteine, Kalksandsteine; einfacher Putz 12.60 – 15.40 DM	Kalksandsteine, Ziegelsteine; besserer Putz 15.40 – 18.20 DM	Ziegelsteine; Putz mit Gipsüberzug 18.20 – 21.00 DM	Ziegelsteine in der Hauptsache 24 cm; Gipsputz 21.00 – 22.40 DM		. . . . DM

[1)] Siehe Ergänzung im Erlaß FSen. Berlin v. 2. 8. 1967, StZBl. Bln. 1967 S. 809 (Anl. **17 a**).

Bauteil bzw. Handwerkszweig	Ausführungsarten					anzusetzen
1	2	3	4	5	6	7
5. Decken einschl. Deckenputz	Hohlkörperdecke, Holzbalkendecke; einfacher Putz 12.60 – 18.20 DM	Beton oder Stahlbetondecke; einfacher Putz u. wenig Stuck 14.00 – 19.60 DM	wie vor, jedoch Stuckanwendung in mehreren Räumen 16.80 – 22.40 DM	wie vor, jedoch besondere Schallschluckdecke in 1-2 Räumen 22.40 – 28.00 DM		. . . . DM
6. Treppen	Weichholztreppe; Massivtreppe mit Kunststoffbelag 0.70 – 2.10 DM	Hartholztreppe; Kunststeintreppe 2.10 – 2.80 DM	Treppe aus ausländischen Hölzern; Kunststeintreppe mit Naturstein 2.80 – 4.90 DM	Natursteintreppe 4.90 – 8.40 DM		. . . . DM
7. Fußbodenbelag ohne Fliesen	Dielen, Linoleum, Kunststoffbeläge, Kleinparkett 2.10 – 5.60 DM	Kleinparkett bzw. Parkett; bessere Kunststoffbeläge 5.60 – 8.40 DM	Parkett bzw. Gummi; beste Kunststoffbeläge 8.40 – 11.20 DM	besseres Parkett (Rauchparkett); teilweise Natursteinplatten 11.20 – 14.00 DM	Marmorböden, Nylon- oder Perlonbespannungen 14.00 – 16.80 DM	. . . . DM
8. Fenster einschl. Verglasung und Beschlag	Einfache und Doppelfenster bzw. Verbundfenster mit einfachen Beschlägen u. einf. Verglasung bis 2,00 m^2 2.80 – 5.60 DM	wie vor, jedoch größere Fensterflächen einschl. Stahlfenster mit besseren Beschlägen bis 4,00 m^2 4.20 – 7.00 DM	Fenster in besserer Ausführung mit Isolierglas 7.00 – 9.80 DM	Fenster in großer Ausführung über 4,00 m^2 9.80 – 14.00 DM	Fenster wie vor, jedoch teilweise versenkbar 14.00 – 22.40 DM	. . . . DM
9. Türen	Sperrholz oder einfache Füllungstüren 2.10 – 3.50 DM	Sperrholztüren, teilweise Schiebetüren 3.50 – 5.60 DM	Eichenholztüren, Sperrholztüren in Edelholz mit guten Beschlägen 5.60 – 7.70 DM	Edelholztüren, größere Anzahl mit guten Beschlägen 7.70 – 9.80 DM	Edelholztüren und Harmonikatüren bester Ausführung 9.80 – 12.60 DM	. . . . DM

Bauteil bzw. Handwerkszweig	Ausführungsarten					anzusetzen
1	2	3	4	5	6	7
10. Sanitäre Installation ohne Fliesen	Bad, Waschbecken in normaler Ausführung 2.80 – 5.60 DM	Bad mit Wanne und Dusche, 1–2 WC, Handwaschbecken, bes. Warmwasserbereiter 5.60 – 8.40 DM	wie vor, jedoch bessere Objekte, teilweise farbig und groß 8.40 - 11.20 DM	2 Bäder, 1–2 Duschen, 2–3 WC in guter Ausführung 11.20 – 14.00 DM	wie vor, jedoch 2–4 Bäder, mehrere WC, Waschbecken in mehreren Räumen 14.00 – 16.80 DM	. . . . DM
11. Elektr. Installation	Anlage in normaler Ausführung 1.40 – 2.80 DM	Ausführung reichhaltiger, z.B. mehrere Steckdosen, Schalter in allen Räumen, Kraftanschluß 2.80 – 4.20 DM	darüber hinausgehende aufwendige elektr. Ausstattung, z.B. Sprechanlage, Heißwasserspeicher 4.20 – 5.60 DM	wie vor, jedoch mit Haustelefon, Sicherungsanlage usw. 5.60 – 8.40 DM		. . . . DM
12. Heizung	Warmluftheizung moderner Ausführung, Sammelheizung mit festen Brennstoffen 8.40 – 9.80 DM	Sammelheizung mit Ölfeuerung 9.80 – 12.60 DM	wie vor, jedoch mit Warmwasserversorgung und Isolierung 12.60 – 16.80 DM	wie vor, in 1 Raum Fußboden- oder Deckenstrahlungsheizung 16.80 – 21.00 DM	in mehreren Räumen Heizung wie vor 21.00 – 25.20 DM	. . . . DM
13. Anstriche und Tapeten	Öl- oder Kunstharzanstriche; einfache bis mittlere Tapeten 2.10 – 2.80 DM	wie vor, jedoch bessere Tapeten 3.50 – 5.60 DM	Türen in Schleiflack; beste Tapeten, z.B. Lincrusta usw. 5.60 – 8.40 DM	Ausführung wie vor, jedoch Anstrich von Vertäfelungen und Einbaumöbeln in geringem Umfang 8.40 – 11.20 DM	Ausführung wie vor, jedoch Kunstleder- oder Seidentapeten in 1–2 Räumen; Anstrich von mehreren Einbaumöbeln 11.20 – 16.80 DM	. . . . DM

Bauteil bzw. Handwerkszweig	Ausführungsarten					anzusetzen
1	2	3	4	5	6	7
14. Schmiede- und Schlosserarbeiten	Gitter und Stahltüren in geringem Umfang. Einfaches Treppengeländer 0.40 – 1.40 DM	Mehrere Vergitterungen, Stahltüren größerer Ausmaße 1.10 – 2.10 DM	schmiedeeiserne Gitter und Verzierungen, sonst wie vor 2.10 – 4.20 DM	Gitter und Treppengeländer in guter Ausführung, teilweise Messing 4.20 – 7.00 DM	Gitter und Treppengeländer in künstlerischer Gestaltung 7.00 – 11.20 DM	. . . . DM
15. Wand- und Bodenfliesen in Küche, Bad, WC	Küche, Bad (Einbauwanne), Toilette, Installationswände gefliest; Bodenplatten 1.40 – 3.50 DM	Wand- und Bodenplatten auf größeren Flächen, tlw. Natursteinplatten 3.50 – 5.60 DM	wie vor, jedoch bessere Qualität, z.B. farbig oder Mosaikboden 5.60 – 7.70 DM	Wand- und Bodenplatten in Mosaik (tlw. italienisch); Wände ganz gefliest 7.00 – 9.80 DM	wie vor, jedoch in 1 Raum Marmorplatten oder japanische Mosaikplatten 9.80 – 16.80 DM	. . . . DM
16. Wandbekleidung, Deckenvertäfelung, Heizkörperverkleidung	Heizkörperverkleidung in 1–2 Räumen; geringe Wand- bzw. Deckenvertäfelungen einfacher Art einschl. Schallschluckdecken 0.70 – 2.80 DM	wie vor, jedoch größere Flächen in einfacher Ausführung 2.80 – 5.60 DM	Ausführung in besserer Qualität und große Flächen 4.90 – 7.00 DM	Vertäfelungen ganzer Räume, teilweise mit ausländischen Hölzern 7.00 – 11.20 DM		. . . . DM
17. Einbaumöbel	Einbauküche, geringe Anzahl von Einbauschränken 1.40 – 2.80 DM	größere Anzahl von Einbaumöbeln 2.80 – 5.60 DM	Einbaumöbel in Edelholz 5.60 – 8.40 DM	mehrere Zimmer mit Einbaumöbeln in Edelholz 8.40 – 12.60 DM	Einbaumöbel in fast allen Räumen 12.60 – 16.80 DM	. . . . DM

Bauteil bzw. Handwerkszweig	Ausführungsarten					anzusetzen
1	2	3	4	5	6	7
18. Fensterläden, Rolläden, Jalousien	Fensterläden und Rolläden in geringer Anzahl 1.40 – 2.80 DM	desgl. in größerer Anzahl 2.80 – 4.20 DM	Rolläden mit elektr. Winde und Sonnenjalousien 4.20 – 8.40 DM			. . . . DM
19. Sonstige Ausstattung, Blumenfenster, Fensterbänke, Balkone	kleine Blumenfenster, Balkone, Vordächer, Fensterbänke, Solnhofener Platten 1.40 – 2.80 DM	größere Blumenfenster, Balkone usw., Fensterbänke, Naturstein je nach Ausführung 2.80 – 8.40 DM				. . . . DM
20. Kellerausbau	gering, ohne bes. Aufwand 5 v. H.	mehrere Räume ausgebaut als Wohnräume oder gut ausgestattete Bar u. dgl. 10 v. H.	Ausbau bis 10/10 bis 20 v. H.			. . . . DM
					Summe:	. . . . DM
					Raummeterpreis (abger.)	. . . . DM

Erhöhungen des nach dem Raummeterpreis errechneten Werts

Die Zuschläge betragen je nach Ausführung

a) für jeden Kamin	420 bis 1600 DM
b) für Schwimmbecken im Gebäude je m^2	420 bis 1400 DM
Nebengebäude	
Garagen	50 bis 80 DM je m^3
Stallgebäude	20 bis 40 DM je m^3
Treibhäuser	80 bis 120 DM je m^2 überd. Fläche

Anlage 17[1]
(Zu Abschnitt 45)

Durchschnittspreise 1958, umgerechnet auf den Hauptfeststellungszeitpunkt 1. Januar 1964, für einzelne Außenanlagen[1]

Einfriedungen		Höhe bis 1 m	Höhe bis 2 m	Höhe bis 3 m
		DM	DM	DM
Waldlattenzaun	je lfdm.	9,–	–	–
Maschendrahtzaun mit Beton- oder Stahlpfosten	je lfdm.	6,50 bis 12,–	10,– bis 16,–	13,– bis 19,–
Wellendrahtgitter mit Beton- oder Stahlpfosten	je lfdm.	16,– bis 20,–	19,– bis 22,–	21,– bis 27,–
Zaun aus gehobelten Brettern	je lfdm.	10,– bis 13,–	12,– bis 16,–	14,50 bis 19,–
Plattenwände, geputzt	je lfdm.	16,50	24,–	32,–
Einfriedungsmauer aus Ziegelstein, 11,5 cm stark	je lfdm.	28,–	44,50	56,50
Einfriedungsmauer aus Ziegelstein, 24 cm stark	je lfdm.	40,–	60,–	70,–
Einfriedungsmauer aus Ziegelstein, 36,5 cm stark	je lfdm.	56,50	85,–	115,–
Holzzaun auf massivem Sockel	je lfdm.	29,50	37,50	43,–
Stahlgitter auf massivem Sockel	je lfdm.	37,50	48,50	55,–
Einfriedungsmauer aus Beton, Kunststein und dgl.	je lfdm.	30,–	55,–	65,–
Einfriedungsmauer aus Naturstein mit Abdeckplatten	je lfdm.	80,–	105,–	130,–

Tore, Türen

		DM
aus Holz	je m²	30 bis 80
aus Stahl	je m²	55 bis 120

[1] Siehe Ergänzungen im Erlaß FSen. Berlin v. 2. 8. 1967, StZBl. Bln. 1967 S. 809 (Anl. **17 a**).

Wege- und Platzbefestigungen

		DM
Wassergebundene, leichte Decke auf leichter Packlage	je m²	6 bis 10
Zementplattenbelag	je m²	13 bis 24
sonstiger Plattenbelag	je m²	16 bis 27
Asphalt-, Teereinstreu-, Beton- oder ähnliche Decke auf Pack- oder Kieslage	je m²	13 bis 19
Kopfstein- oder Kleinsteinpflaster	je m²	21 bis 27
Wege mit Bruchsteinplattenbelag mit Unterbeton	je m²	20 bis 24
Freitreppen	je lfdm. Stufe	20 bis 40

Be- und Entwässerungsanlagen
(nur Anhaltspunkte)

Wasseranschluß ohne Gräben	je lfdm.	9 bis 17
Wasseranschluß mit Gräben	je lfdm.	30 bis 65
Entwässerungsleitungen	je lfdm.	40 bis 80

Rampen

(freistehend, ohne bauliche Verbindung mit einem Gebäude, sofern sie zum Grundstück rechnen)	je m² Grundfläche	40,–

Stützmauern

je m² vordere Ansichtsfläche
(die Kosten der Fundamente sind eingerechnet)

aus Beton	40,–
aus Bruchstein in Mörtel oder als Trockenmauerwerk	55,–
aus Werkstein in Schichtenmauerwerk	105,–

Schwimmbecken

je m² und je nach Ausführung	80 bis 350

Anlage 17a

Erlaß betr. Ergänzung und Untergliederung der in den Anlagen 14 bis 17 BewRGr angegebenen Preise

Vom 2. August 1967 (StZBl. Bln. 1967 S. 809)

(FSen. Berlin III D 12 – S 3014 – 1/67)

Zur Erzielung einer gleichmäßigen Bewertung der Sachwertgrundstücke werden die in den Anlagen 14 bis 17 BewRGr angegebenen Preise wie folgt ergänzt und untergliedert:

Zu Anlage 14 – Teil A – BewRGr

Zu Nr. 4 Aufzugsanlagen

Der Zuschlag beträgt

a) für Personenaufzüge (einfache Ausführung im Mauerschacht)

für eine Nutzlast von	1025 kg	1650 kg	2250 kg
(Personen)	(15)	(22)	(30)
bei 2 Haltestellen	40000 DM	50000 DM	75000 DM
für jede weitere Haltestelle	2500 DM	2500 DM	3000 DM

c) für Paternoster bei 7 Geschossen 80000 DM. Bei Gebäuden mit weniger als 7 Geschossen ist dieser Zuschlag für jedes fehlende Geschoß um 6700 DM zu ermäßigen.

Zu Anlage 14 – Teil B – BewRGr

Zu Gebäudeklasse 2.12

Die Raummeterpreise gelten auch für Untertunnelungen.

Zu Nr. 7a bessere Fußböden

	DM/m²
Kunstharz- und Spachtelböden mit hoher Festigkeit; Asphaltplatten, Linoleum	10–12
Linoleum besonderer Stärke	13–15
Dielung (besonderer Qualität wie Redpine, Pitchpine)	20–24
PVC-Fußböden auf schwimmendem Estrich	18–23
Gummibelag	22–27
Klinkerflachschicht	15
Industrieestrich	13
Terrazzo	16–18
Steinzeugfliesen	18–20
Kunststeinplatten	25
Solnhofener Platten, Mosaikboden	25–30
Stahlplattenbelag, 5 mm stark (soweit nicht Betriebsvorrichtung)	60

	DM/m^2
Holzpflaster je nach Stärke und Qualität	13–27
Parkettböden	16–32
davon: Kleinparkett	16–22
normales Parkett je nach Holzart	20–32

Zu Nr. 7b Wandverkleidungen

Wandplattenbelag	24–40
davon: Elfenbeinfliesen, Industriefliesen	24–28
farbige Fliesen, säurefeste Fliesen	30–36
Mosaikverkleidungen	36–40
Einfache Holzverkleidung je nach Holzqualität	20–33
Holzvertäfelung je nach Holzqualität	ab 40
davon: Eiche, Ahorn, Rüster	bis 70
ausländische Hölzer (z.B. Teak, Palisander)	ab 70
Schalldämmende Platten	13–20
davon: Langloch-, Langschlitz-, Kreuzschlitzplatten	15–18
geschlitzte Spanplatten (furniert)	20

Zu Nr. 7c Deckenverkleidungen

Schalldämmende Platten	20–33
davon: Loch-, Langschlitz-, Kreuzschlitzplatten	22
geschlitzte Spanplatten (furniert)	30
Staubdecken je nach Konstruktion u. Glasart	33–54

Zu Nr. 7d Heißwasserspeicher

Der in den Richtlinien angegebene Zuschlag für Heißwasserspeicher von 500 bis 1200 DM je nach Größe gilt nicht für kleinere Heißwasserspeicher (10 Liter) und Kochendwasser-Automaten (5 Liter-Durchlauferhitzer). Sind in einem Gebäude 10 und mehr kleine Heißwasserspeicher vorhanden, so ist für jeden Kleinspeicher ein Zuschlag von 100 DM vorzunehmen.

Zu Nr. 11 Aufzugsanlagen

Der Zuschlag beträgt
für Personenaufzüge (einfache Ausführung im Mauerschacht)

für eine Nutzlast von	1025 kg	1650 kg	2250 kg
(Personen)	(15)	(22)	(30)
bei 2 Haltestellen	40000 DM	50000 DM	75000 DM
für jede weitere Haltestelle	2500 DM	2500 DM	3000 DM

Zuschlag wegen besserer Außenausstattung
(Vorbemerkung Abs. 2)

	DM/m^2
Kunststeinplattenverkleidung	30–35
Spaltklinker	30–38
Spaltklinkerriemchen	40–45

	DM/m²
Klinkerverblendung	40–50
Mosaikverkleidung	50–55
Natursteinverkleidung (auch Marmor)	70–95
Glasbausteinwände	75–110
Isolierverglasung	80–100

Besonders zu berechnende Bauteile

(Abschn. 39 Abs. 1 BewRGr)	DM/m³
Größere Dachlaternenaufbauten	15–30
Dachaufbauten mit Ansichtsflächen über 5 m²	20–40
	DM/m²
Lichtkuppeln je nach Ausführung und Größe	200–350

Zu Anlage 15 BewRGr

Andere Geschäftsgrundstücke und sonstige bebaute Grundstücke

Gebäudeklasse (Gebäudeart)	Raummeterpreise DM
Vergnügungsstätten, Gaststätten[1]	
Eingeschossige Gebäude	
Holzgebäude und Holzfachwerkgebäude	
einfache Ausstattung	45–60
mittlere Ausstattung	60–80
gute Ausstattung	80–110
sehr gute Ausstattung	110–140
aufwendige Ausstattung	140–170
Massivgebäude, Stahl- oder Stahlbetonskelettgebäude	
einfache Ausstattung	55–75
mittlere Ausstattung	75–100
gute Ausstattung	100–135
sehr gute Ausstattung	135–175
aufwendige Ausstattung	175–210
Mehrgeschossige Gebäude	
Holzgebäude und Holzfachwerkgebäude	
einfache Ausstattung	50–70
mittlere Ausstattung	70–90
gute Ausstattung	90–130
sehr gute Ausstattung	130–170
aufwendige Ausstattung	170–200

[1] Nebengebäude (z. B. Garagen) sind mit den Preisen der Gebäudeklassen 3.3 zu bewerten.

Gebäudeklasse (Gebäudeart)	Raummeterpreise DM
Massivgebäude, Stahl- oder Stahlbetonskelettgebäude	
einfache Ausstattung	60–80
mittlere Ausstattung	80–110
gute Ausstattung	110–140
sehr gute Ausstattung	140–180
aufwendige Ausstattung	180–220
Saalbauten als Hauptgebäude[1]	
Holzgebäude und Holzfachwerkgebäude	
einfache Ausstattung	30–40
mittlere Ausstattung	40–60
gute Ausstattung	60–75
sehr gute Ausstattung	75–90
aufwendige Ausstattung	90–110
Massivgebäude, Stahl- oder Stahlbetonskelettgebäude	
einfache Ausstattung	35–45
mittlere Ausstattung	45–70
gute Ausstattung	70–85
sehr gute Ausstattung	85–100
aufwendige Ausstattung	100–130
Theatergebäude[1]	
einfache Ausstattung	85–105
mittlere Ausstattung	105–130
gute Ausstattung	130–155
sehr gute Ausstattung	155–180
aufwendige Ausstattung	180–220
Klub- und Vereinshäuser	
einfache Ausstattung	65–80
mittlere Ausstattung	80–95
gute Ausstattung	95–105
sehr gute Ausstattung	105–120
aufwendige Ausstattung	120–160
Bootshäuser	
Holzgebäude und Holzfachwerkgebäude	
einfache Ausstattung	25–40
mittlere Ausstattung	40–55
gute Ausstattung	55–80
Massivgebäude, Stahl- oder Stahlbetonskelettgebäude	
einfache Ausstattung	30–45
mittlere Ausstattung	45–65
gute Ausstattung	65–95

[1] Nebengebäude (z.B. Garagen) sind mit den Preisen der Gebäudeklasse 3.3 zu bewerten.

Gebäudeklasse (Gebäudeart)	Raummeterpreise DM
Wochenendhäuser	
einfache Ausstattung	30–50
mittlere Ausstattung	50–70
gute Ausstattung	70–100
sehr gute Ausstattung	100–140
aufwendige Ausstattung	140–180

Zu Nr. 2 Aufzugsanlagen

Der Zuschlag beträgt

a) für Personenaufzüge (einfache Ausführung im Mauerschacht)

für eine Nutzlast von	1025 kg	1650 kg	2250 kg
(Personen)	(15)	(22)	(30)
bei 2 Haltestellen	40000 DM	50000 DM	75000 DM
für jede weitere Haltestelle	2500 DM	2500 DM	3000 DM

c) für Paternoster bei 7 Geschossen 80000 DM. Bei Gebäuden mit weniger als 7 Geschossen ist dieser Zuschlag für jedes fehlende Geschoß um 6700 DM zu ermäßigen.

Zu Anlage 16 BewRGr

Bei Holzgebäuden und Holzfachwerkgebäuden ist für Außen- und Innenmauerwerk stets der unterste Rahmensatz der Spalte 2 anzusetzen.

Zu Anlage 17 BewRGr

	DM/m²
1. Aufwendige Gartengestaltung	5–20
2. Tennisplätze mittlerer Ausführung ggf. pro Spielfeld (800 m²)	12–14 rd. 10000 DM
3. Brückenbauten auf bebauten Grundstücken für mittlere Spannweiten	1000–3000 Fahrbahnfläche

Zu Abschnitt 45 Abs. 2 BewRGr

Lebensdauer in Jahren und jährliche Wertminderung in v. H. für Außenanlagen

	Lebensdauer in Jahren	Jährliche Wertminderung in v. H.
Für aufwendige Gartengestaltung . . .	10	10
Für Tennisplätze mittlerer Ausführung	10	10
Für Brückenbauten auf bebauten Grundstücken für mittlere Spannweiten	50–100	2–1

Regelmäßiger Betrag DM	Gebäudeart, Gebäudeteile
	Wochenendhäuser
30–50	einfache Ausstattung
50–70	mittlere Ausstattung
70–100	gute Ausstattung
100–140	sehr gute Ausstattung
140–180	aufwendige Ausstattung

Zu Nr. 2 Aufzugsanlagen

Je Zugang ist [illegible]

a) Für Personenaufzüge (einfache Ausführung für Mietershaus)

für eine Nutzlast von	1 075 kg	500 kg	1 250 kg
(Personen)	(15)	(22)	(30)
bei 2 Haltestellen	40 000 DM	50 000 DM	75 000 DM
für jede weitere Haltestelle	2 500 DM	3 500 DM	5 000 DM

c) für Paternosteraufzug Grundkosten 80 000 DM. Bei Geschoßen mit mehr als 2 Geschossen ist dieser Zuschlag für jedes weitere Geschoß um 20 000 DM zu erhöhen.

Zu Anlage 16 BewRGr

Bei Holzgebäuden und Holzfachwerkgebäuden ist für Außen- und Innenmauerwerk stets der unterste Rahmensatz der Spalte 2 anzusetzen.

Zu Anlage 17 BewRGr

	DM je
1. Aufwendige Gartengestaltung	5–30
2. Tennisplätze mit einer Ausführungsart pro Spielfeld (600 m²)	12–14 [illegible] 10 000 DM
3. Brückenbauten in Landschaft [illegible] Grundstücken für mittlere Spannweiten	1 000–2 000 [illegible] Fahrbahnfläche

Zu Abschnitt 45 Abs. 2 BewRGr

Lebensdauer in Jahren und jährliche Wertminderung in v. H. für Außenanlagen

Jährliche Wertminderung in v. H.	Lebensdauer in Jahren	
10	10	5. Aufwendige Gartengestaltung z. B. [illegible]
7	14	[illegible]
		Anpflanzungen
		Für Rückbaumaßnahmen auf bebauten Grundstücken [illegible]
2–[illegible]	50–[illegible]	[illegible]

Anlage 18

Einheitswertfeststellung des Grundvermögens im Beitrittsgebiet

Redaktionelle Zusammenstellung der Rechtsgrundlagen und Verwaltungsanweisungen

Stand: 1. 7. 2011

I. Gesetze und Verordnungen

1. Bewertungsgesetz (BewG) i. d. F. der Bek. vom 1. 2. 1991, BGBl. I S. 230 (§§ 129–133)
2. Bewertungsgesetz der Deutschen Demokratischen Republik (BewG-DDR) i. d. F. vom 18. 9. 1970, GBl. Sonderdruck Nr. 678 (§§ 10, 11, 50, 51, 52, 53)
3. Durchführungsverordnung zum Reichsbewertungsgesetz (RBewDV) vom 2. 2. 1935, RGBl. I S. 81 (§§ 3a, 32, 33, 33a, 34, 35, 36, 37, 39, 40, 42, 43, 44, 45, 46)
4. Acht Verordnungen der ehemaligen Landesfinanzämter (Berlin, Brandenburg, Magdeburg, Nordmark, Schlesien, Stettin, Thüringen und Dresden/Leipzig) über die Bewertung bebauter Grundstücke vom 17. 12. 1934, RMBl. S. 785 ff. (abgedruckt im Veranlagungshandbuch „Erbschaftsteuer und Bewertung", Beck-Verlag)

II. Gleichlautende Ländererlasse

Datum	Regelungsinhalt, Fundstelle
20. 11. 1990 geändert 21. 4. 1992	Verfahrensrechtliche Anweisungen zur Bewertung des Grundvermögens und der Betriebsgrundstücke sowie zur Festsetzung der Grundsteuer; Bewertungsverfahren für bebaute und unbebaute Grundstücke (BStBl. I 1990, 827 und BStBl. I 1992, 371)
6. 11. 1991 geändert 22. 7. 1994 und 17. 12. 2008	Bewertung von Einfamilienhäusern (BStBl. I 1991, 968, BStBl. I 1994, 499 und BStBl. I 2009, 342)
8. 9. 1992	Bewertung von Grundstücken mit Bank-, Versicherungs-, Verwaltungs- und Bürogebäuden sowie Hotelgebäuden und vergleichbaren Gebäuden (BStBl. I 1992, 572)
9. 11. 1992	Bewertung von Tankstellengrundstücken (BStBl. I 1992, 712)

Datum	Regelungsinhalt, Fundstelle
23. 11. 1992	Abgrenzung der wirtschaftlichen Einheit bei Einfamilienhäusern mit räumlich getrennt liegenden Garagengrundstücken (BStBl. I 1992, 724)
24. 11. 1992	Bewertung von Garagengrundstücken (BStBl. I 1992, 725)
19. 1. 1993	Bewertung von Mietwohngrundstücken und gemischtgenutzten Grundstücken (BStBl. I 1993, 173)
21. 5. 1993 geändert 20. 5. 1996	Bewertung von Fabrikgrundstücken, Lagerhausgrundstücken, Grundstücken mit Werkstätten und vergleichbaren Gebäuden (Gewerbegrundstücke) (BStBl. I 1993, 467 und BStBl. I 1996, 1118)
25. 6. 1993 geändert 16. 2. 2011	Bewertung von Warenhausgrundstücken, Einkaufszentren sowie Grundstücken mit Großmärkten, SB-Märkten und Verbrauchermärkten und mit Messehallen (BStBl. I 1993, 528 und BStBl. I 2011, 283)
22. 12. 1993	Abgrenzung des Grundvermögens von land- und forstwirtschaftlichen Vermögen (BStBl. I 1994, 96)
21. 7. 1994	Bewertung von übrigen Geschäftsgrundstücken und sonstigen bebauten Grundstücken (BStBl. I 1994, 480)
25. 7. 1994	Abgrenzung, Entstehung und Grundstückshauptgruppe der wirtschaftlichen Einheit „Wohnungs- und Teileigentum“ (BStBl. I 1994, 502)
7. 3. 1995	Bewertung von Grundstücken mit aufstehenden Gebäuden, die dem Verfall preisgegeben sind (BStBl. I 1995, 247)
11. 2. 1998	Berücksichtigung von Bodenverunreinigungen bei der Einheitsbewertung des Grundvermögens und der Betriebsgrundstücke (abgedruckt im Veranlagungshandbuch „Erbschaftsteuer und Bewertung“, Beck-Verlag)

200/3. Richtlinien für die Bewertung des Grundbesitzes im Hauptfeststellungszeitraum 1964 (Fortschreibungs-Richtlinien)

Vom 2. Dezember 1971 (BStBl. I S. 638)

Diese Richtlinien gelten für die auf den 1. Januar 1974 oder auf einen späteren Zeitpunkt durchzuführenden Fortschreibungen, Nachfeststellungen und Aufhebungen der Einheitswerte für die wirtschaftlichen Einheiten des Grundbesitzes im Hauptfeststellungszeitraum 1964. Sie ergänzen die Richtlinien für die Bewertung des Grundvermögens (BewR Gr) vom 19. September 1966 (Beilage zum Bundesanzeiger Nr. 183 vom 29. September 1966)[1] sowie die Richtlinien für die Bewertung des land- und forstwirtschaftlichen Vermögens (BewR L) vom 17. November 1967 (Beilage zum Bundesanzeiger Nr. 224 vom 30. November 1967)[2] und vom 17. Januar 1968 (Beilage zum Bundesanzeiger Nr. 17 vom 25. Januar 1968).[3]

1. Allgemeines

Die Einheitswerte des Grundbesitzes der Hauptfeststellung 1964 werden vom 1. Januar 1974 an der Besteuerung zugrunde gelegt (Artikel 1 Abs. 1 Satz 1 BewÄndG 1971).[4] Auf diesen Zeitpunkt sind daher erstmals Fortschreibungen, Nachfeststellungen und Aufhebungen von Einheitswerten nach neuem Bewertungsrecht durchzuführen (Artikel 1 Abs. 2 BewÄndG 1971). Dabei sind anzuwenden die Vorschriften des Bewertungsgesetzes in der Fassung der Bekanntmachung vom 10. Dezember 1965 (Bundesgesetzbl. I S. 1861), die Vorschriften des Artikels 7 § 1 des Steueränderungsgesetzes 1969 vom 18. August 1969 (Bundesgesetzbl. I S. 1211), die Vorschriften des Artikels 1 des Gesetzes zur Änderung und Ergänzung bewertungsrechtlicher Vorschriften und des Einkommensteuergesetzes vom 22. Juli 1970 (Bundesgesetzbl. I S. 1118), die Vorschriften des Bewertungsänderungsgesetzes 1971 (BewÄndG 1971) vom 27. Juli 1971 (Bundesgesetzbl. I S. 1157), die Vorschriften des Artikels 3 des Zweiten Steueränderungsgesetzes 1971 vom 10. August 1971 (Bundesgesetzbl. I S. 1266) sowie die zum Bewertungsgesetz 1965 ergangenen Durchführungsvorschriften.[5]

2. Fortschreibungen (§ 22 BewG 1965)

(1) Eine Wertfortschreibung ist vorzunehmen, wenn der nach § 30 BewG 1965 abgerundete neue Wert vom Einheitswert des letzten Feststel-

---

[1] BStBl. 1966 I S. 890 (Nr. **200**).
[2] BStBl. 1967 I S. 397.
[3] BStBl. 1968 I S. 223.
[4] Loseblattsammlung **Steuergesetze** Nr. **204**.
[5] **Steuergesetze** Nr. **212–214**.

lungszeitpunkts nach oben entweder um mehr als den zehnten Teil, mindestens aber um 5000 DM, oder um mehr als 100000 DM, nach unten entweder um mehr als den zehnten Teil, mindestens aber um 500 DM, oder um mehr als 5000 DM abweicht (§ 22 Abs. 1 Nr. 1 BewG 1965 in der Fassung des Artikels 3 Nr. 1 des Bewertungsänderungsgesetzes 1971). Mehrere bis zu einem Fortschreibungszeitpunkt eingetretene Wertabweichungen sind zusammenzufassen. Beträgt der nach § 30 BewG 1965 abgerundete neue Wert Null Deutsche Mark, so ist der Einheitswert nur dann auf Null Deutsche Mark fortzuschreiben, wenn die Wertgrenze des § 22 Abs. 1 Nr. 1 BewG 1965 überschritten sind.

(2) Eine Artfortschreibung setzt eine Änderung in der Art einer wirtschaftlichen Einheit voraus (§ 22 Abs. 2 BewG 1965). Die Art eines Grundstücks ändert sich z. B., wenn aus einem Einfamilienhaus ein Zweifamilienhaus wird. Eine Änderung in der Art liegt auch vor, wenn ein Grundstück in einen gewerblichen Betrieb einbezogen ist und damit zum Betriebsgrundstück wird. Bei der Artfortschreibung sind Wertgrenzen nicht zu beachten. Sie setzt jedoch voraus, daß die Änderung in der Art steuerlich von Bedeutung ist.

(3) Eine Zurechnungsfortschreibung (§ 22 Abs. 2 BewG 1965) setzt voraus, daß sich die Eigentumsverhältnisse geändert haben. Das ist z. B. der Fall, wenn sich Alleineigentum an einem Grundstück in Miteigentum verwandelt oder wenn sich die Miteigentumsverhältnisse ändern. Eine Zurechnungsfortschreibung ist auch dann vorzunehmen, wenn das wirtschaftliche Eigentum auf einen anderen als den bürgerlich-rechtlichen Eigentümer übergeht. Wirtschaftliches Eigentum kann auch an ideellen Grundstücksanteilen bestehen (BFH-Urteil vom 20. 2. 1953, BStBl. III S. 74). Bei der Zurechnungsfortschreibung sind Wertgrenzen nicht zu beachten.

(4) Die Verteilung des Einheitswerts nach § 49 Abs. 1 BewG 1965 wird im Wege der Zurechnung durchgeführt. Dabei ist in den Feststellungsbescheid der Zusatz aufzunehmen, daß diese Verteilung nicht für Zwecke der Grundsteuer gilt. Ändern sich die Verhältnisse für die Verteilung, ist eine Zurechnungsfortschreibung nur vorzunehmen, wenn sie für die Veranlagung eines Beteiligten, z. B. zur Vermögensteuer, Bedeutung hat.

(5) Die drei Arten der Fortschreibung (Absätze 1 bis 3) bestehen selbständig nebeneinander. Auf denselben Feststellungszeitpunkt sind deshalb Fortschreibungen der verschiedenen Art zulässig. Sie sind möglichst zu verbinden. Eine bereits auf einen bestimmten Feststellungszeitpunkt vorgenommene Fortschreibung der einen Art schließt eine nachfolgende Fortschreibung einer anderen Art auf denselben Zeitpunkt nicht aus (BFH-Urteil vom 9. 1. 1959, BStBl. III S. 110). Nochmalige Fortschreibungen derselben Art auf denselben Feststellungszeitpunkt sind dagegen nicht zulässig.

(6) Eine Fortschreibung zur Beseitigung eines Fehlers (§ 22 Abs. 3 Satz 1 BewG 1965) ist nur zulässig, wenn ein einwandfrei feststellbarer Fehler vorliegt (BFH-Urteil vom 7. 10. 1955, BStBl. III S. 375). Soll eine

fehlerhafte Wertfeststellung durch Wertfortschreibung geändert werden, so müssen außerdem die in Absatz 1 bezeichneten Wertgrenzen des § 22 Abs. 1 Nr. 1 BewG 1965 überschritten werden. Eine auf eine Änderung der Rechtsprechung des Bundesfinanzhofs gegründete fehlerbeseitigende Fortschreibung ist für solche Feststellungszeitpunkte unzulässig, die vor dem Erlaß der Entscheidung des Bundesfinanzhofs liegen (§ 22 Abs. 3 Satz 2 BewG 1965).

(7) Ein Fortschreibungsbescheid kann schon vor dem maßgebenden Fortschreibungszeitpunkt erteilt werden (§ 24a Satz 1 BewG 1965). Etwaige Änderungen, die an der wirtschaftlichen Einheit bis zum Fortschreibungszeitpunkt eintreten, sind durch eine Änderung oder eine Aufhebung des Bescheids von Amts wegen zu berücksichtigen (§ 24a Satz 2 BewG 1965).

3. Nachfeststellungen (§ 23 BewG 1965)

(1) Eine Nachfeststellung des Einheitswerts ist durchzuführen, wenn eine wirtschaftliche Einheit neu gegründet wird (§ 23 Abs. 1 Nr. 1 BewG 1965). Dies ist z.B. der Fall, wenn von einem Grundstück eine Teilfläche veräußert oder abgetrennt und nicht mit einer bereits bestehenden wirtschaftlichen Einheit verbunden wird, wenn ein Gebäude auf fremdem Grund und Boden errichtet wird oder wenn eine land- und forstwirtschaftlich genutzte Fläche aus dem Betrieb der Land- und Forstwirtschaft ausscheidet und eine selbständige wirtschaftliche Einheit des Grundvermögens bildet (§ 69 BewG 1965). Dabei ist es ohne Bedeutung, ob der Einheitswert für die wirtschaftliche Einheit, aus der die neue Einheit ausscheidet, fortgeschrieben werden kann. Eine Nachfeststellung, die auf Grund einer anderen rechtlichen Beurteilung der Abgrenzung einer wirtschaftlichen Einheit erfolgen soll, ohne daß die neue wirtschaftliche Einheit veräußert worden ist, setzt jedoch eine gleichzeitige Wertfortschreibung voraus (BFH-Urteil vom 5. 4. 1957, BStBl. III S. 190). Erhält ein Steuerpflichtiger aus Anlaß der Umlegung von Grundstücken an Stelle seines für Umlegungszwecke in Anspruch genommenen Grundstücks ein anderes Grundstück, so ist ebenfalls eine Nachfeststellung durchzuführen (BFH-Urteil vom 24. 2. 1961, BStBl. III S. 205); Nachfeststellungszeitpunkt ist jeweils der 1. Januar des Kalenderjahrs, das dem Tag der Besitzeinweisung (Erwerb des wirtschaftlichen Eigentums) folgt.

(2) Eine Nachfeststellung des Einheitswerts ist auch durchzuführen, wenn der Grund für die Befreiung von einer der laufend veranlagten einheitswertabhängigen Steuern, wie Grundsteuer und Vermögensteuer, ganz oder teilweise wegfällt (§ 23 Abs. 1 Nr. 2 BewG 1965).

(3) Wegen der Nachfeststellung des besonderen Einheitswerts nach § 23 Abs. 1 Nr. 3 BewG 1965 vgl. Abschnitt 8 Abs. 1.

(4) Ein Nachfeststellungsbescheid kann schon vor dem maßgebenden Nachfeststellungszeitpunkt erteilt werden (§ 24a Satz 1 BewG 1965). Etwaige Änderungen, die an der wirtschaftlichen Einheit bis zum Nachfeststellungszeitpunkt eintreten, sind durch eine Änderung oder eine Auf-

hebung des Bescheids von Amts wegen zu berücksichtigen (§ 24a Satz 2 BewG 1965).

4. Aufhebung eines Einheitswerts (§ 24 BewG 1965)

(1) Der Einheitswert ist aufzuheben, wenn eine wirtschaftliche Einheit wegfällt (§ 24 Abs. 1 Nr. 1 BewG 1965). Dies ist z.B. der Fall, wenn eine wirtschaftliche Einheit mit einer anderen verbunden wird; dabei ist es gleichgültig, ob im Zusammenhang damit der Einheitswert der anderen wirtschaftlichen Einheit fortzuschreiben ist. Verbunden werden Grundstücke auch dann, wenn das Eigentum an einem auf fremdem Grund und Boden errichteten Gebäude auf den Eigentümer des Grund und Bodens übergeht (Abschnitt 50 Abs. 6 BewR Gr).

(2) Der Einheitswert ist auch aufzuheben, wenn er infolge von Befreiungsgründen keiner einheitswertabhängigen Steuer mehr zugrunde gelegt wird (§ 24 Abs. 1 Nr. 2 BewG 1965). Der Aufhebungszeitpunkt richtet sich in diesen Fällen nach den in Betracht kommenden Steuergesetzen. Danach ist der Einheitswert in der Regel erst auf den Beginn des Kalenderjahrs aufzuheben, das auf den Wegfall der Steuerpflicht folgt.

(3) Wegen der Aufhebung des besonderen Einheitswerts nach § 24 Abs. 1 Nr. 3 BewG 1965 vgl. Abschnitt 8 Abs. 4.

5. Wertverhältnisse und tatsächliche Verhältnisse bei der Bewertung des land- und forstwirtschaftlichen Vermögen (§ 27 BewG 1965)

(1) Bei Fortschreibungen und Nachfeststellungen der Einheitswerte für das land- und forstwirtschaftliche Vermögen sind die Wertverhältnisse vom 1. Januar 1964 und die tatsächlichen Verhältnisse im Fortschreibungszeitpunkt oder im Nachfeststellungszeitpunkt zugrunde zu legen.

(2) Wertverhältnisse sind der Ausdruck des Ertrags-Aufwands-Gefüges, das für die Ermittlung der Ertragswerte auf den 1. Januar 1964 zugrunde gelegt wurde. Bei Fortschreibungen der Einheitswerte sind daher

die Ertragswerte je 100 Vergleichszahlen (§ 40 Abs. 2 und 5 BewG 1965),

die Normalwerte für die Bewertungsgebiete (§ 55 Abs. 3 und 9 BewG 1965)

sowie die Ausgangswerte für die Arten der sonstigen land- und forstwirtschaftlichen Nutzung (Abschnitte 7.05, 7.12, 7.16, 7.23, 7.28, 7.32, 7.37 und 7.43 BewR L)

unverändert anzuwenden. Das auf den Hauptfeststellungszeitpunkt ermittelte Ertrags-Aufwands-Gefüge ist auch bei der Feststellung der Ertragsfähigkeit nach dem Einzelertragswertverfahren (Abschnitt 1.18 BewR L) zugrunde zu legen. Ebenso sind die im Rahmen des vergleichenden Verfahrens für die Beurteilung abweichender Ertragsbedingungen ermittelten, in den BewR L festgesetzten Ansätze für Zu- und Abrechnungen unverändert zu übernehmen.

(3) Fortschreibungsgründe sind allein die seit dem Hauptfeststellungszeitpunkt eingetretenen Änderungen bei den tatsächlichen Verhältnissen,

die in der Folge als tatsächliche Betriebsverhältnisse bezeichnet werden. Zu den Änderungen der tatsächlichen Betriebsverhältnisse gehören:

1. beim Wirtschaftsteil
   a) Flächenänderungen (Zu- oder Abnahme der Fläche des Betriebs),
   b) Änderungen von Flächen innerhalb eines Betriebs zwischen den Nutzungen, Nutzungsteilen, Arten der sonstigen land- und forstwirtschaftlichen Nutzung und nicht zu einer Nutzung gehörenden Wirtschaftsgütern (vgl. § 34 Abs. 2 BewG 1965),
   c) Änderungen des Tierbestandes,
   d) Veränderungen bei den ertragsteigernden Anlagen, z.B. Zunahme der Glasflächen und Änderung der Ausbauform im Weinbau,
   e) Änderung sonstiger Bewertungsgrunddaten, z.B. der Altersklassen bei Obstbau (Abschnitt 6.29 Nr. 3 BewR L) und des Waldzustandes (Abschnitt 4.09 Abs. 2 BewR L);
2. beim Wohnteil die Änderungen, die bei der Fortschreibung der Einheitswerte der Mietwohngrundstücke zu berücksichtigen sind.

(4) Die in Absatz 3 aufgeführten Änderungen der tatsächlichen Betriebsverhältnisse können sich auch auf die natürlichen und wirtschaftlichen Ertragsbedingungen auswirken. Auswirkungen auf wirtschaftliche Ertragsbedingungen, für die gegendübliche Verhältnisse zugrunde zu legen sind (§ 38 Abs. 2 Nr. 2 BewG 1965), bleiben jedoch unberücksichtigt. Folgewirkungen auf Grund von Änderungen der tatsächlichen Betriebsverhältnisse können sich insbesondere ergeben

1. bei den Ertragsmeßzahlen (EMZ),
2. bei den Ausgangszahlen der gärtnerischen und der weinbaulichen Nutzung,
3. beim Ansatz der Normalwerte nach § 2 der Verordnung zur Durchführung des § 55 Abs. 3 und 4 BewG 1965 vom 27. Juli 1967 (Bundesgesetzbl. I S. 805) und
4. bei den von den EMZ oder Ausgangszahlen mitbestimmten Ansätzen für wirtschaftliche Ertragsbedingungen.

(5) Bei Nachfeststellungen (§ 23 BewG 1965) sind die Absätze 2 bis 4 entsprechend anzuwenden.

6. Wertverhältnisse und tatsächliche Verhältnisse bei der Bewertung des Grundvermögens (§ 27 BewG 1965)

(1) Bei Fortschreibungen und Nachfeststellungen der Einheitswerte für das Grundvermögen sind die Wertverhältnisse vom 1. Januar 1964 und die tatsächlichen Verhältnisse im Fortschreibungszeitpunkt oder im Nachfeststellungszeitpunkt zugrunde zu legen.

(2) Beim Grundvermögen umfaßt der Begriff der Wertverhältnisse vor allem die wirtschaftlichen Verhältnisse, die ihren Niederschlag in den Grundstücks- und Baupreisen und im allgemeinen Mietniveau gefunden

haben. Bei der Bewertung unbebauter Grundstücke ist von den durchschnittlichen Werten auszugehen, die zum 1. Januar 1964 für vergleichbare Grundstücke ermittelt worden sind. Wertänderungen, die auf einem Bebauungsplan, auf Erschließungsmaßnahmen oder auf einer Änderung der besonderen Verkehrsverhältnisse beruhen, sind als Änderungen der tatsächlichen Verhältnisse zu berücksichtigen. Bei der Bewertung bebauter Grundstücke im Ertragswertverfahren ist von dem am 1. Januar 1964 geltenden Mietniveau auszugehen. Dabei sind die Vorschriften des Artikels 2 Abs. 1 Satz 2 des Gesetzes zur Änderung des Bewertungsgesetzes vom 13. August 1965 (Bundesgesetzbl. I S. 851) zu beachten. Bei der Bewertung bebauter Grundstücke im Sachwertverfahren sind die für die Hauptfeststellung 1964 maßgebenden Preise zugrunde zu legen.

(3) Bei der Bewertung bebauter Grundstücke im Ertragswertverfahren ist nicht die im Fortschreibungszeitpunkt oder Nachfeststellungszeitpunkt geltende Miete, sondern diejenige Miete zugrunde zu legen, die für das Grundstück am 1. Januar 1964 unter Berücksichtigung des tatsächlichen Zustandes des Grundstücks im Feststellungszeitpunkt anzusetzen gewesen wäre. Für öffentlich geförderte Wohnungen ist demnach von der preisrechtlich zulässigen Miete auszugehen, die am 1. Januar 1964 gegolten hätte.

(4) Die für das jeweilige Baujahr geltenden Vervielfältiger der Anlagen 3 bis 8 zu § 80 BewG 1965 müssen grundsätzlich bei Fortschreibungen und Nachfeststellungen beibehalten werden. Hat sich die Lebensdauer eines Gebäudes durch nach dem 1. Januar 1964 eingetretene Umstände wesentlich verlängert oder verkürzt (§ 80 Abs. 3 BewG 1965), so ist das fiktive Baujahr nach Abschnitt 27 BewR Gr zu ermitteln. Bei einem Gebäude, das nach dem 1. Januar 1964 errichtet worden ist, ist im Fall der Verkürzung für die Ermittlung des fiktiven Baujahrs vom tatsächlichen Baujahr, nicht vom 1. Januar 1964 auszugehen.

Beispiel:

Das Gebäude eines Mietwohngrundstücks in einer Gemeinde über 500 000 Einwohner ist im Jahre 1968 errichtet worden. Es handelt sich um einen Massivbau. Der Vervielfältiger wäre demnach 9,1 (Teil A der Anlage 3 des Gesetzes, Teil A der Anlage 8 der BewR Gr). Infolge nichtbehebbarer Schäden ist die restliche Lebensdauer um 30 Jahre verkürzt. Als zugrunde zu legendes fiktives Baujahr ergibt sich (1968 ./. 30 =) 1938. Die Jahresrohmiete des Grundstücks ist demnach mit 7,7 zu vervielfachen.

Ist der Vervielfältiger nach einem durchschnittlichen Baujahr zu bestimmen (§ 80 Abs. 4 Satz 2 BewG 1965), so ist dieses Baujahr nach Abschnitt 28 Abs. 3 BewR Gr zu ermitteln. Bei einem nach dem 1. Januar 1964 errichteten Gebäude oder Gebäudeteil sind dabei als bisherige Lebensdauer Null Jahre anzusetzen.

Beispiel:

Von einem im Jahr 1910 als Massivbau errichteten Geschäftsgebäude mit Läden, Lagerräumen und einer Gastwirtschaft in einer Gemeinde von 60 000 Einwohnern ist der rechte Gebäudeflügel durch Brand zerstört und im Jahre 1967 wiederaufgebaut worden. Die nach dem Wiederaufbau zu zahlenden Mieten lassen sich nicht aufteilen. Beträgt der nichtzerstörte Teil etwa 2/3 und der wiederaufgebaute Teil etwa 1/3 des ganzen Gebäudes, so kommt als durchschnittliches Baujahr in Betracht:

Nichtzerstörter Teil, errichtet 1910, somit bisheriger Lebensdauer bis zum Hauptfeststellungszeitpunkt 54 Jahre.
Wiederaufgebauter Teil, errichtet 1967, somit bisherige Lebensdauer bis zum Hauptfeststellungszeitpunkt 0 Jahre.
Bisherige durchschnittliche Lebensdauer des gesamten Gebäudes:

$$54 \times 2/3 = 36$$
$$0 \times 1/3 = 0$$
$$= 36 \text{ Jahre.}$$

Durchschnittliches Baujahr: 1964 (Hauptfeststellungszeitpunkt) ./. 36 Jahre = 1928.
Vervielfältiger 8.

(5) Die Vervielfältiger bestimmen sich auch bei Fortschreibungen und Nachfeststellungen nach der Einwohnerzahl der Belegenheitsgemeinde oder des gemeindefreien Gebiets am 1. Januar 1964. Eine Änderung der Einwohnerzahl nach dem 1. Januar 1964 bleibt deshalb ebenso unbeachtlich wie eine Eingemeindung oder die Zusammenlegung von mehreren Gemeinden zu einer neuen Gemeinde.

(6) Bei der Bewertung bebauter Grundstücke im Sachwertverfahren ist für die seit dem 1. Januar 1964 bis zum Fortschreibungszeitpunkt oder Nachfeststellungszeitpunkt abgelaufene Zeit keine Alterswertminderung zu berücksichtigen (§ 86 Abs. 1 Satz 1 BewG 1965). Ist die gewöhnliche Lebensdauer eines vor dem 1. Januar 1964 errichteten Gebäudes durch nicht behebbare oder nur mit unverhältnismäßig hohen Kosten zu beseitigende Baumängel oder Bauschäden verkürzt (Abschnitt 41 Abs. 6 BewR Gr), so ist die Wertminderung wegen Alters nach der tatsächlichen Lebensdauer des Gebäudes und seinem Alter am 1. Januar 1964 zu berechnen. Die tatsächliche Lebensdauer ergibt sich dadurch, daß die voraussichtliche Restlebensdauer im Feststellungszeitpunkt dem Alter des Gebäudes in diesem Zeitpunkt hinzugerechnet wird.

Beispiel:

Bei einem Gebäude mit einer gewöhnlichen Lebensdauer von 100 Jahren und einem Alter im Hauptfeststellungszeitpunkt vom 1. Januar 1964 von 40 Jahren hat sich im Jahre 1973 ein nicht behebbarer Bergschaden ergeben. Dadurch ist die Lebensdauer des Gebäudes verkürzt. Die voraussichtliche Restlebensdauer im Fortschreibungszeitpunkt 1. Januar 1974 beträgt nur noch 30 Jahre. Tatsächliche Lebensdauer (voraussichtliche Restlebensdauer + Alter im Fortschreibungszeitpunkt) 30 + 50 = 80 Jahre. Die Wertminderung wegen Alters

beträgt demnach $\frac{100}{80} \times 40 = 50$ v. H. des Gebäudenormalherstellungswerts.

(7) Ist die restliche Lebensdauer eines vor dem 1. Januar 1964 errichteten Gebäudes durch bauliche Maßnahmen verlängert worden, so ist Abschnitt 41 Abs. 8 BewR Gr entsprechend anzuwenden. Dabei ist ein dem Ausmaß der baulichen Erneuerung entsprechendes geringeres Alter, bezogen auf den 1. Januar 1964, zugrunde zu legen.

Beispiel:

Ein Gebäude mit einer gewöhnlichen Lebensdauer von 80 Jahren und einem Alter im Hauptfeststellungszeitpunkt 1. Januar 1964 von 30 Jahren ist im Jahre 1973 durchgreifend erneuert worden. Dadurch ist das Gebäude um 20 Jahre verjüngt. Die Wertminderung wegen Alters beträgt demnach nur noch

$\frac{100}{80} \times 10 = 12{,}5$ v. H. des Gebäudenormalherstellungswerts.

(8) Bei einem nach dem 1. Januar 1964 errichteten Gebäude kann bei der Alterswertminderung weder eine Verkürzung noch eine Verlängerung der Lebensdauer berücksichtigt werden. Für nicht behebbare oder nur mit unverhältnismäßig hohen Kosten zu beseitigende Baumängel und Bauschäden kann deshalb nur ein Abschlag nach § 87 BewG 1965 in Betracht kommen. Wegen der Höhe des Abschlags vgl. Abschnitt 42 Abs. 2 BewR Gr.

7.[1] Besonderheiten bei der Bewertung bebauter Grundstücke

(1) Ein Abschlag wegen der Notwendigkeit baldigen Abbruchs ist zu machen, wenn das Gebäude innerhalb eines Zeitraums von 10 Jahren nach dem Feststellungszeitpunkt abzubrechen ist (Abschnitt 31 Abs. 4 und Abschnitt 44 Abs. 7 BewR Gr). *Ein einmal gewährter Abschlag ist wegen der sich durch den Zeitablauf verringernden Restlebensdauer des Gebäudes innerhalb des Hauptfeststellungszeitraums nicht neu zu berechnen.*

(2) Bei einer Bewertung im Ertragswertverfahren ergibt sich der Abschlag wegen der Notwendigkeit baldigen Abbruchs aus der Anlage 9 der BewR Gr. Dies setzt voraus, daß die restliche Lebensdauer des Gebäudes, vom Feststellungszeitpunkt an gerechnet, nicht mehr als 10 Jahre beträgt. *Die Höhe des Abschlags nach der Anlage 9 der BewR Gr bemißt sich nach der Zeit vom 1. Januar 1964 bis zum Zeitpunkt des Abbruchs. Dies gilt auch für Gebäude, die nach dem 31. Dezember 1963 bezugsfertig geworden sind.* Ergibt sich danach ein Zeitraum von mehr als 10 Jahren, so sind die Spalten 4 bis 6 der Anlage 9 BewR Gr anzuwenden.

Beispiel:

Das Gebäude eines Mietwohngrundstücks in einer Gemeinde mit mehr als 500 000 Einwohnern ist im Jahre 1895 errichtet worden. Es handelt sich um einen Massivbau. Die Jahresrohmiete beträgt 10 000 DM. Das Gebäude muß im Jahre 1978 abgerissen werden. Die restliche Lebensdauer beträgt somit, vom Fortschreibungszeitpunkt 1. Januar 1974 an gerechnet, nicht mehr als 10 Jahre.

10 000 × 5,4 (Vervielfältiger – Anlage 8 der BewR Gr)	= 54 000 DM
10 000 × 1,82 (Bodenwertanteil – Anlage 8 der BewR Gr)	= 18 200 DM
Gebäudewert	35 800 DM

Die Lebensdauer des Gebäudes beträgt am 1. Januar 1964 noch 14 Jahre (das Jahr des Abbruchs ist nicht mitzurechnen); somit Abschlag nach der

Spalte 4 der Anlage 9 der BewR Gr $\frac{35800 \times 40}{100}$	*= 14 320 DM*
Restgebäudewert	*21 480 DM*
Bodenwertanteil	*18 200 DM*
Ermäßigter Grundstückswert	*39 680 DM*
Einheitswert	*39 600 DM*

[1] Abschnitt 7 ist überholt durch gleichlautenden Ländererlaß v. 8. 10. 1982, BStBl. I S. 771 (Nr. **200**/6).

(3) Bei einer Bewertung im Sachwertverfahren ist der Abschlag wegen der Notwendigkeit baldigen Abbruchs nach Abschnitt 44 Abs. 7 Satz 2 BewR Gr zu berechnen. *Dabei ist bei einem vor dem 1. Januar 1964 errichteten Gebäude die verkürzte Lebensdauer in der Weise zu errechnen, daß die restliche Lebensdauer im Feststellungszeitpunkt dem Alter des Gebäudes in diesem Zeitpunkt hinzugerechnet wird.*

Beispiel:

Ein Gebäude mit einer gewöhnlichen Lebensdauer von 80 Jahren muß am 1. Januar 1974 in 7 Jahren abgebrochen werden. Es ist am Hauptfeststellungszeitpunkt 1. Januar 1964 20 Jahre alt gewesen. Der Gebäudenormalherstellungswert beträgt 90 000 DM, der Gebäudesachwert (90 000 – $\frac{90000 \times 25}{100}$ =) 67 500 DM.

Die Ermäßigung wegen vorzeitigen Abbruchs errechnet sich wie folgt:

Berücksichtigte Alterswertminderung = *25 v. H.*

Die verkürzte Lebensdauer beträgt: 7 Jahre (restliche Lebensdauer im Fortschreibungszeitpunkt) + 30 Jahre (Alter im Fortschreibungszeitpunkt) = 37 Jahre.

Danach ergibt sich ein Absetzungssatz von $20 \times \frac{100}{37}$ = *55 v. H.*

Die Ermäßigung beträgt somit ($\frac{90000 \times 30}{100}$ *=) 27 000 DM.*

Bei einem Gebäude, das erst nach dem 31. Dezember 1963 bezugsfertig geworden ist, ist der Abschlag in Anlehnung an die Regelung in Absatz 2 zu schätzen. Bei einer Ermäßigung wegen wirtschaftlicher Überalterung eines vor dem 1. Januar 1964 errichteten Gebäudes ist der Abschlag entsprechend der Regelung in Abschnitt 44 Abs. 5 BewR Gr zu bemessen. Dabei ist von der verkürzten Lebensdauer im Feststellungszeitpunkt und dem Alter des Gebäudes am 1. Januar 1964 auszugehen.

Beispiel:

Ein Gebäude hat auf Grund einer im Jahre 1970 eingetretenen wirtschaftlichen Überalterung statt einer gewöhnlichen Lebensdauer von 100 Jahren im Feststellungszeitpunkt 1. Januar 1974 nur eine Lebensdauer von 80 Jahren. Das Gebäude ist am Hauptfeststellungszeitpunkt 1. Januar 1964 50 Jahre alt gewesen.

Die Wertminderung wegen Alters beträgt

bei gewöhnlicher Lebensdauer	*50 × 1,00*	*= 50 v. H.*
bei verkürzter Lebensdauer	*50 × 1,25*	*= 62,5 v. H.*
	Unterschied	*12,5 Punkte.*

Der Gebäudesachwert ist wegen wirtschaftlicher Überalterung um 12,5 v. H. des Gebäudenormalherstellungswerts zu mindern.

Ist das wirtschaftlich überalterte Gebäude erst nach dem 31. Dezember 1963 bezugsfertig geworden, so ist der Abschlag zu schätzen. Er darf höchstens 10 v. H. des Gebäudenormalherstellungswerts betragen.

(4) Für die Ermittlung des Abschlags wegen einer Abbruchverpflichtung in den Fällen des § 92 Abs. 4 BewG 1965 und des § 94 Abs. 3 Satz 3 BewG 1965 ist bei einer Bewertung im Ertragswertverfahren Absatz 2, bei einer Bewertung im Sachwertverfahren Absatz 3 Sätze 1 bis 3 anzuwenden.

8. Feststellung des besonderen Einheitswerts (§ 23 Abs. 1 Nr. 3, § 91 Abs. 2 BewG 1965)

(1) Für Grundstücke, die sich an einem Feststellungszeitpunkt im Zustand der Bebauung befinden, ist für die Vermögensbesteuerung neben dem Einheitswert nach § 91 Abs. 1 BewG 1965 im Wege der Nachfeststellung ein besonderer Einheitswert festzustellen, der auch die noch nicht bezugsfertigen Gebäude (Gebäudeteile) berücksichtigt (§ 23 Abs. 1 Nr. 3, § 91 Abs. 2 BewG 1965). Die Feststellung eines besonderen Einheitswerts unterbleibt, wenn der nach § 91 Abs. 1 BewG 1965 festgestellte Einheitswert nach Fertigstellung der Gebäude (Gebäudeteile) nicht fortgeschrieben werden kann, weil die Wertgrenzen des § 22 Abs. 1 Nr. 1 BewG 1965 nicht überschritten sind, oder sich im Falle einer Fortschreibung ein niedrigerer Wert, z.B. der Mindestwert, ergibt. Die Feststellung eines besonderen Einheitswerts schließt die Fortschreibung des allgemeinen Einheitswerts nicht aus.

(2) In dem Bescheid über den besonderen Einheitswert ist nur die Artfeststellung „Grundstück im Zustand der Bebauung", ggf. auch die Artfeststellung „Betriebsgrundstück" zu treffen.

(3) Für die Feststellung des besonderen Einheitswerts ist der Wert der noch nicht bezugsfertigen Gebäude (Gebäudeteile) zu erfassen und dem nach § 91 Abs. 1 BewG 1965 festgestellten Wert hinzuzurechnen. Dagegen bleibt der Wert von Gebäuden (Gebäudeteilen) außer Betracht, die bis zum Feststellungszeitpunkt bezugsfertig erstellt waren, aber wegen der Wertgrenzen des § 22 Abs. 1 Nr. 1 BewG 1965 nicht im Wege einer Wertfortschreibung erfaßt werden können oder konnten. Der Betrag, der dem nach § 91 Abs. 1 BewG 1965 festgestellten Einheitswert hinzuzurechnen ist, entspricht dem Grad der Fertigstellung der Gebäude (Gebäudeteile). Der Grad der Fertigstellung eines noch nicht bezugsfertigen Gebäudes (Gebäudeteils) richtet sich nach dem Anteil des Werts der im Feststellungszeitpunkt bereits vorhandenen Bauteile am Wert des bezugsfertigen Gebäudes (Gebäudeteils). Der Fertigstellungsgrad kann auch nach dem Verhältnis der bis zum maßgeblichen Feststellungszeitpunkt entstandenen Baukosten zu den gesamten Herstellungskosten errechnet werden. Im Falle der Bewertung im Ertragswertverfahren sind der Bodenwertanteil und der Gebäudewertanteil aus dem Einheitswert nach Fertigstellung der Gebäude (Gebäudeteile) zu errechnen; im Falle der Bewertung im Sachwertverfahren sind die Außenanlagen nicht anzusetzen.

Beispiel A:

In einer Gemeinde mit 120 000 Einwohnern ist auf einem unbebauten Grundstück mit einem bei der Hauptfeststellung 1964 festgestellten Einheitswert von 50 000 DM im Jahre 1973 mit dem Bau eines Wohnzwecken dienenden Gebäudes mit fünf Wohnungen begonnen worden. Bis zum 1. Januar 1974 ist das Gebäude zu 40 v.H. fertiggestellt worden. Es wird 1974 bezugsfertig. Es betragen Jahresrohmiete 30 000 DM, Vervielfältiger 9 (Anlage 3 zu § 80 BewG 1965, Anlage 6 der BewR Gr).

Der für das Mietwohngrundstück auf den 1. Januar 1975 fortzuschreibende Einheitswert beträgt 270 000 DM.

Zur Ermittlung des besonderen Einheitswerts ist zunächst der Einheitswert in den Bodenwert und den Gebäudewert aufzuteilen.

Bodenwertanteil (Abschnitt 20 Abs. 6 BewR Gr):	
30 000 DM × 0,91 (Anlage 6 der BewR Gr)	= 27 300 DM
Gebäudewertanteil:	
Einheitswert	270 000 DM
./. Bodenwertanteil	27 300 DM
	242 700 DM
Dem nach § 91 Abs. 1 BewG 1965 für das unbebaute Grundstück festgestellten Einheitswert von	50 000 DM
sind also $\frac{40}{100}$ × 242 700 DM hinzuzurechnen	= 97 080 DM
Der abgerundete, auf den 1. Januar 1974 festzustellende besondere Einheitswert beträgt	147 000 DM

Beispiel B:

Das Beispiel A wird dahin abgewandelt, daß auf dem unbebauten Grundstück im Jahre 1973 mit dem Bau eines im Sachwertverfahren zu bewertenden Einfamilienhauses begonnen worden ist.

Es betragen:	
Bodenwert (wie für das unbebaute Grundstück)	50 000 DM
Gebäudewert	330 000 DM
Wert der Außenanlagen	20 000 DM
Ausgangswert	400 000 DM
Der unter Angleichung an den gemeinen Wert (Wertzahl 75) für das Einfamilienhaus auf den 1. Januar 1975 fortzuschreibende Einheitswert beträgt	300 000 DM
Dem nach § 91 Abs. 1 BewG 1965 für das unbebaute Grundstück festgestellten Einheitswert von	50 000 DM
sind also $\frac{40}{100} \times \frac{330000 \times 75}{100}$ hinzuzurechnen.	= 99 000 DM
Der auf den 1. Januar 1974 festzustellende besondere Einheitswert beträgt	149 000 DM

Oberste Grenze für den besonderen Einheitswert ist der für das bebaute Grundstück nach Fertigstellung der Gebäude (Gebäudeteile) festzustellende Einheitswert.

Beispiel C:

Ein in einer Gemeinde von 120 000 Einwohnern im Jahre 1936 errichtetes Einfamilienhaus wird im Jahre 1973 baulich erweitert. Der Erweiterungsbau ist am 1. Januar 1974 zu 60 v. H. fertiggestellt. Durch den Erweiterungsbau wird das Einfamilienhaus zu einem Zweifamilienhaus.

Feststellung des Einheitswerts nach § 91 Abs. 1 BewG 1965

Jahresrohmiete: 4000 DM	
Vervielfältiger 10,4 (Anlage 7 zu § 80 BewG 1965, Anlage 6 der BewR Gr) 4000 DM × 10,4	= 41 600 DM
Mindestwert: 1000 qm × 120 DM, hiervon 50 v. H.	= 60 000 DM
Einheitswert (Mindestwert)	= 60 000 DM

Feststellung des späteren Einheitswerts

Alter Gebäudeteil: 4000 DM × 9,2	= 36 800 DM
Neuer Gebäudeteil: 4000 DM × 10,5	= 42 000 DM
Späterer Einheitswert	= 78 800 DM

Feststellung des Einheitswerts nach § 91 Abs. 1 BewG 1965

Zur Ermittlung des besonderen Einheitswerts ist der neu hinzugekommene Gebäudewert zu errechnen. Hierzu ist der auf den Erweiterungsbau entfallende Teil des späteren Einheitswerts in den Bodenwertanteil und den Gebäudewertanteil aufzuteilen.

Bodenwertanteil (Abschnitt 20 Abs. 6 BewR Gr):		
4000 DM × 2,0 (Anlage 6 der BewR Gr)		= 8 000 DM
Wert des Erweiterungsbaus	42 000 DM	
./. Bodenwertanteil	8 000 DM	
Gebäudewertanteil	34 000 DM	
Dem nach § 91 Abs. 1 BewG 1965 festgestellten Einheitswert von		60 000 DM
sind also $\frac{60}{100} \times 34\,000$ DM		= 20 400 DM
hinzuzurechnen. Das ergibt		80 400 DM

Der Höchstbetrag nach § 91 Abs. 2 BewG 1965 von 78 800 DM ist überschritten. Der besondere Einheitswert ist auf diesen Betrag zu begrenzen.

Der auf den 1. Januar 1974 festzustellende besondere Einheitswert beträgt 78 800 DM.

(4) Der besondere Einheitswert kann gegebenenfalls fortgeschrieben werden, falls sich die Bebauung eines Grundstücks über mehrere Feststellungszeitpunkte erstreckt. Er wird aufgehoben, wenn die Bebauung abgeschlossen ist und deshalb der nach § 91 Abs. 1 BewG 1965 festgestellte Einheitswert fortgeschrieben und auch der Vermögensbesteuerung zugrunde gelegt wird (§ 24 Abs. 1 Nr. 3 BewG 1965).

9. Fortschreibung des Einheitswerts von Erbbaugrundstücken (§ 92 Abs. 7 BewG 1965)

(1) Die Vorschrift des § 92 Abs. 7 BewG 1965 über die Fortschreibung der Einheitswerte der wirtschaftlichen Einheiten des Erbbaurechts und des belasteten Grundstücks ist durch Artikel 3 Nr. 10 des Bewertungsänderungsgesetzes 1971 geändert worden. Danach ist die nach § 22 Abs. 1 Nr. 1 BewG 1965 für die Durchführung von Wertfortschreibungen erforderliche Wertabweichung nicht mehr an den Einheitswerten der wirtschaftlichen Einheiten des Erbbaurechts und des belasteten Grundstücks, sondern am Gesamtwert zu messen. Der Gesamtwert des letzten Feststellungszeitpunkts und der Gesamtwert im Fortschreibungszeitpunkt sind dabei auf volle hundert Deutsche Mark nach unten abzurunden (§ 92 Abs. 7 Satz 2 BewG 1965). Abschnitt 48 Abs. 7 BewR Gr ist als gegenstandslos anzusehen.

(2) § 92 Abs. 7 Satz 3 BewG 1965, der Wertfortschreibungen ohne Beachtung einer Fortschreibungsgrenze zuläßt, gilt in allen Fällen, in denen sich der Verteilungsschlüssel für den Gesamtwert infolge Zeitablaufs ändert.

Beispiel A:

Im Jahre 1960 ist auf einem mit einem Erbbaurecht belasteten unbebauten Grundstück ein Lagerhaus errichtet worden. Am Hauptfeststellungszeitpunkt 1. Januar 1964 betrug die Laufzeit des Erbbaurechts noch 45 Jahre. Das bebaute Grundstück wird im Sachwertverfahren bewertet (§ 76 Abs. 2 BewG 1965).

Am 1. Januar 1964 errechnete sich der Gesamtwert wie folgt:

Bodenwert	25 000 DM
Gebäudewert	95 000 DM
Ausgangswert	120 000 DM
Angleichung an den gemeinen Wert (Wertzahl 80):	
Gesamtwert	96 000 DM

Von diesem Gesamtwert entfielen bei der Feststellung der Einheitswerte auf den 1. Januar 1964 nach § 92 Abs. 3 BewG 1965 auf die

1. wirtschaftliche Einheit des Erbbaurechts:

Bodenwert	
95 v. H. von 25 000 DM × $\frac{80}{100}$ =	19 000 DM
95 000 DM × $\frac{80}{100}$ =	76 000 DM
Einheitswert	95 000 DM

2. wirtschaftliche Einheit des belasteten Grundstücks:

5 v. H. des Bodenwerts von 25 000 × $\frac{80}{100}$ =	1 000 DM
Einheitswert	1 000 DM

Am 1. Januar 1974 beträgt die Laufzeit des Erbbaurechts nur noch 35 Jahre. Der Gesamtwert ist deshalb am 1. Januar 1974 infolge der Änderung des Verteilungsschlüssels (§ 92 Abs. 3 BewG 1965) anderweitig zu verteilen. Die Anteile am Bodenwert betragen für das Erbbaurecht 90 v. H. und für das belastete Grundstück 10 v. H.

Von dem Gesamtwert von 96 000 DM entfallen bei der Feststellung der Einheitswerte auf den 1. Januar 1974 nach § 92 Abs. 3 BewG 1965 auf die

1. wirtschaftliche Einheit des Erbbaurechts:

Bodenwert	
90 v. H. von 25 000 DM × $\frac{80}{100}$ =	18 000 DM
Gebäudewert (wie am 1. Januar 1964) =	76 000 DM
Einheitswert	94 000 DM

2. wirtschaftliche Einheit des belasteten Grundstücks:

10 v. H. des Bodenwerts von 25 000 DM × $\frac{80}{100}$ =	2 000 DM
Einheitswert	2000 DM

Treffen Änderungen des Gesamtwerts mit einer Änderung der Verteilung des Gesamtwerts zusammen, so sind die Änderungen des Gesamtwerts durch eine Wertfortschreibung nach § 22 BewG 1965 zu berücksichtigen, wenn sie für sich allein die Fortschreibungsgrenzen überschreiten. Werden die Fortschreibungsgrenzen nicht überschritten, so ist eine Wertfortschreibung nur durchzuführen, soweit sie auf einer Änderung der Verteilung des Gesamtwerts nach § 92 Abs. 7 Satz 3 BewG 1965 beruht.

Beispiel B:

Das Beispiel A wird dahin abgewandelt, daß sich der Gebäudewert durch einen Anbau im Jahre 1973 um 13 000 DM auf 108 000 DM erhöht

Der Gesamtwert am 1. Januar 1974 errechnet sich wie folgt:

Bodenwert	25 000 DM
Gebäudewert	108 000 DM
Ausgangswert	133 000 DM

Angleichung an den gemeinen Wert (Wertzahl 80):

Gesamtwert	106 400 DM

Die Fortschreibungsgrenzen des § 22 Abs. 1 Nr. 1 BewG 1965 sind überschritten. Von dem Gesamtwert von 106 400 DM entfallen bei der Feststellung der Einheitswerte auf den 1. Januar 1974 nach § 92 Abs. 3 BewG 1965 auf die

1. wirtschaftliche Einheit des Erbbaurechts:

Bodenwert	
90 v. H. von 25 000 DM × $\frac{80}{100}$ =	18 000 DM
Gebäudewert	
108 000 DM × $\frac{80}{100}$ =	86 400 DM
Einheitswert	104 400 DM

2. wirtschaftliche Einheit des belasteten Grundstücks:

10 v. H. des Bodenwerts von 25 000 × $\frac{80}{100}$ =	2 000 DM
Einheitswert	2 000 DM

Beispiel C:

Das Beispiel A wird dahin abgewandelt, daß sich der Gebäudewert durch einen Anbau im Jahre 1973 um 10 000 DM auf 105 000 DM erhöht.

Der Gesamtwert am 1. Januar 1974 errechnet sich wie folgt:

Bodenwert	25 000 DM
Gebäudewert	105 000 DM
Ausgangswert	130 000 DM
Angleichung an den gemeinen Wert (Wertzahl 80):	
Gesamtwert	104 000 DM

Die Fortschreibungsgrenzen des § 22 Abs. 1 Nr. 1 BewG 1965 sind nicht überschritten. Eine Wertfortschreibung ist daher nur durchzuführen, soweit sie auf der Änderung des Verteilungsschlüssels für den Gesamtwert infolge Zeitablaufs beruht. Die Einheitswerte sind auf den 1. Januar 1974 wie im Beispiel A festzustellen.

200/100. Sachregister zu den Bewertungsrichtlinien für das Grundvermögen

Die Ziffern verweisen auf die Abschnitte der BewRGr, die in Klammern gesetzten Ziffern auf die Absätze innerhalb der einzelnen Abschnitte. Die Abkürzung „Anl." verweist auf die amtlichen Anlagen.

Abbruch, Ermäßigung des Gebäudesachwerts wegen Notwendigkeit baldigen A. 44 (7); Gebäude auf fremdem Grund und Boden 50 (5); Notwendigkeit des baldigen A. eines Gebäudes, Abschlag 31 (4)

Abbruchverpflichtung, Abschlag bei Erbbaurecht 48 (5); –, Tabelle Anl. 9, 9a

Abgeschlossenheit einer Wohnung 15 (3)

Abgrenzung des Grundvermögens vom Betriebsvermögen 3; des Grundvermögens vom land- und forstwirtschaftlichen Vermögen 2

Abschlag wegen Abbruchverpflichtung beim Erbbaurecht 48 (5); –, Tabelle Anl. 9, 9a; wegen der Notwendigkeit baldigen Abbruchs 31 (4), 44 (7); –, Tabelle Anl. 9; wegen übermäßiger Raumhöhe 44 (11, 12); wegen ungünstiger Grundstückslage 44 (3); wegen unorganischen Aufbaus 44 (8–10); wertmindernde Umstände beim Grundstückswert 31; Wertminderung für behebbare Baumängel 42, 43; wegen wirtschaftlicher Überalterung 44 (4–6)

Absehbare Zeit 2 (7)

Abwasseranlagen, Lebensdauer 45

Altersheime, Raummeterpreise Anl. 15

Anbauten, Vervielfältiger 28 (2); Wertminderung wegen Alters 41 (4)

Arkaden, Raummeterpreis 39 (1)

Arkadengrundstück, Bodenwert 35 (4)

Arten der bebauten Grundstücke 15

Aufstockungen von Gebäuden, Lebensdauer 41 (5)

Aufzugsanlagen, Raummeterpreise Anl. 15; –, Zuschlag Anl. 14

Ausgangswert, Angleichung an gemeinen Wert 46; Sachwertverfahren 34

Auslieferungslager, Sachwertverfahren 16 (7)

Außenanlagen, Durchschnittspreise Anl. 17; Grundvermögen 1 (3); Wertermittlung 45

Außergewöhnliche Grundsteuerbelastung, Belastungszahl 30

Ausstattung von Gebäuden Anl. 13

Ausstellungshalle, Sachwertverfahren 16 (6)

Badehäuser, Lebensdauer 41; Raummeterpreise Anl. 15; Sachwertverfahren 16 (6)

Bahngrundstück, Sachwertverfahren 16 (6)

Bank, Sachwertverfahren 16 (6)

Bankgebäude, Raummeterpreise Anl. 15

Bauabschnitte, Errichtung eines Gebäudes in B. 6 (2)

Bauland, Grundvermögen 2 (2, 3)

Bauliche Ausstattung von Gebäuden Anl. 13

Baumangel, Ermäßigung des Grundstückswerts 31 (3); Wertminderung für behebbare B. 42, 43; Wertminderung wegen Verkürzung der gewöhnlichen Lebensdauer 41 (6), 43

Baunebenkosten, Zusammenstellung Anl. 11

Baupreisindex 40

Baupreisverhältnisse im Hauptfeststellungszeitpunkt 40

Baureifes Grundstück 13

Bauschaden, Ermäßigung des Grundstückswerts 31 (3); Wertminderung für behebbare B. 42, 43; Wertminderung wegen Verkürzung der gewöhnlichen Lebensdauer 41 (6), 43
Bauteil-Preistabelle für Ein- und Zweifamilienhäuser 38 (4); Sachwertverfahren Anl. 16
Bauwerk, Gebäude 1 (2)
Bebautes Grundstück 14 ff.; Begriff 14; Bewertung 16 ff.
Bebauungsplan, Abgrenzung des Grundvermögens von land- und forstwirtschaftlichen Vermögen 2 (2–4)
Behelfsbauten, Sachwertverfahren 16 (9)
Belastungszahl, außergewöhnliche Grundsteuerbelastung 30
Benachbarter Bereich 2 (3)
Berechnung des umbauten Raumes 37
Besondere Gestaltung, Sachwertverfahren 16 (3, 4)
Besonderer Einheitswert, Grundstücke im Zustand der Bebauung 47 (3)
Bestandteile, Grundvermögen 1 (1); wesentliche B. des Gebäudes 1 (2)
Betriebsgrundstück, Begriff 3
Betriebskosten, Begriff 19 (5)
Betriebsvermögen, Abgrenzung von Grundvermögen 3
Betriebsvorrichtungen, Begriff 1 (6)
Bevölkerungsschutz, Gebäude 5
Bewässerungsanlagen, Durchschnittspreise Anl. 17
Bewirtschaftungskosten, Begriff 19
Bezugsfertigkeit von Gebäuden 6 (2, 3)
Bodenbefestigungen, Lebensdauer 45
Bodenertragsanteil, Tabelle 20 (3)
Bodenwert, Ermittlung 7 ff.; Ermittlung der Bodenertragsanteile 20 (2, 3); Sachwertverfahren 35
Bodenwertanteil, Ermittlung 20; Kapitalisierungsfaktoren 20 (4); Multiplikatoren der Jahresrohmiete 20 (6)
Bootshaus, Grundstücksart 15 (6)
Brücken, Lebensdauer 45
Bürohaus, Ertragswertverfahren 16 (6)
Campinggrundstück, Sachwertverfahren 16 (7)
Chemische Betriebe, Lebensdauer 41 (3)
Clubhaus, Grundstücksart 15 (6)

Dauerkleingartenland 2 (8)
Deckenverkleidungen, Quadratmeterpreise Anl. 14
Deckenverstärkungen, Gebäude 1 (6)
Dienstbarkeit, Bodenwert 10 (4)
DIN 277, Berechnung des umbauten Raumes 37, Anl. 12
Doppelhäuser, Grundstücksart 15 (5)
Drahtzäune, Lebensdauer 45

Eckgrundstück, Wertermittlung 9; Zuschlag 9 (6)
Eigenbesitz 4 (3)
Eigentumswohnung *s. Wohnungseigentum*
Einfamilienhaus, Ertragswertverfahren 16 (2); Grundstücksart 15 (3); Raummeterpreis 38 (4), Anl. 16; Schätzung der üblichen Miete 24
Einfriedungen, Durchschnittspreise Anl. 17; Lebensdauer 45
Einfügen zur Herstellung 1 (2)
Einheitswert, besonderer E. für Grundstücke im Zustand der Bebauung 47 (3); Erbbaurecht 48; Gebäude auf fremdem Grund und Boden 50
Einliegerwohnung, Grundstücksart 15 (4)
Entwässerungsanlagen, Durchschnittspreise Anl. 17
Entwässerungsleitungen, Lebensdauer 45
Erbbaurecht, Abbruchverpflichtung, Abschlag Anl. 9 a; Abschlag für Abbruchverpflichtung 48 (5); Ab- und Zuschläge beim Grundstückswert, Reihenfolge 33 (6); Gesamtwert 48; Grundvermögen 1 (1)
Erhöhung des Grundstückswerts; 32; –, Höchstmaß 33; des Raummeterpreises 39, Anl. 14
Ermäßigung des Gebäudesachwerts 44 (1–12); des Grundstückswerts 31; –, Höchstmaß 33; des Raummeterpreises 39, Anl. 14

Ermittlung des Gebäudewerts im Sachwertverfahren 36 ff.
Erschließung, Wertermittlung 7 (3)
Ertragswertverfahren 18 ff.; Erbbaurecht 48 (3); Ermäßigung und Erhöhung des Grundstückswerts 31 ff.; Gebäude für Bevölkerungsschutz 5 (3); Gebäude auf fremdem Grund und Boden 50 (3); Grundsatz 16 (2, 5); Überblick 18; Vervielfältiger 26 ff.; –, durchschnittliches Baujahr 28 (3); – bei Gebäuden verschiedener Bauart oder Alters 28; – nach Gemeindegrößenklassen Anl. 1–8; –, regelmäßige 26; – bei Verlängerung oder Verkürzung der Lebensdauer eines Gebäudes 27; – bei Wiederaufbau kriegsbeschädigter Gebäude 29
Existenzgrundlage, land- und Forstwirtschaft 2 (3, 5)

Fabrikgebäude, Lebensdauer 41
Fabrikgrundstücke, Bodenwert, Erhöhung bei guter Verkehrsanbindung 35 (3); Gebäudeklasseneinteilung 38 (1–3); Raummeterpreise Anl. 14; Sachwertverfahren 16 (6)
Ferienheime, Raummeterpreise Anl. 15
Filmtheater, Raummeterpreise Anl. 15
Fluglärm, Ermäßigung des Grundstückswerts 31 (2)
Fußböden, Quadratmeterpreise Anl. 14

Garage, wirtschaftliche Einheit 4 (1, 2)
Garagengrundstücke, Grundstücksart 15 (6); Raummeterpreise Anl. 15; Sachwertverfahren 16 (6)
Gartenanlage, Lebensdauer 45
Gartenbau, Hauptzweck 2 (3)
Gebäude, Abschlag wegen der Notwendigkeit baldigen Abbruchs 31 (4); –, Tabelle Anl. 9; bauliche Ausstattung, Tabelle Anl. 13
Gebäude für Bevölkerungsschutz 5; Bezugsfertigkeit 6 (2, 3); auf fremdem Grund und Boden 4 (3), 50; Grundvermögen 1 (1); von untergeordneter Bedeutung 11; Vervielfältiger nach einem durchschnittlichen Baujahr 28 (3); Vervielfältiger bei Verlängerung oder Verkürzung der Lebensdauer des G. 27; Vervielfältiger bei verschiedener Bauart oder verschiedenem Alter 28; Vervielfältiger bei Wiederaufbau kriegsbeschädigter G. 29; Wertminderung wegen Alters 41; wesentliche Bestandteile 1 (2); zerstörtes G. 12
Gebäudeklassen, Tabellen Anl. 14, 15
Gebäudeklasseneinteilung, Fabrikgrundstücke 38 (1–3)
Gebäudenormalherstellungswert 36 (1); Restwert 41 (9); Wertminderung wegen Alters 41
Gebäudesachwert, Erhöhung 44 (13); Ermäßigung 44 (1–12)
Gebäudeteile für Bevölkerungsschutz 5
Gebäudewert, Ermittlung im Sachwertverfahren 36 ff.
Gemeindegröße, Vervielfältiger nach G.-Klassen Anl. 1–8
Gemeindegrößenklasse, Vervielfältiger 26
Gemischtgenutztes Grundstück 15 (2); Ertragswertverfahren 16 (5); Sachwertverfahren 16 (8)
Geruchsimmissionen, Ermäßigung des Grundstückswerts 31 (2)
Gesamtwert für belastetes Grundstück und Erbbaurecht 48
Geschäftsgrundstück 15 (2); Ertragswertverfahren 16 (5); Sachwertverfahren 16 (6–9), 16 (8)
Geschoßhöhe 38 (2); Gebäudeklasseneinteilung Anl. 14
Gewerbebetrieb, Betriebsgrundstücke 3 (2)
Gewerbliche Zwecke, Nutzung eines Wohngrundstücks 15 (2, 3)
Grunddienstbarkeit, Bodenwert 10 (4); Grundvermögen 1 (3)
Grundsteuer, Grundstücke im Zustand der Bebauung 47 (2); Jahresrohmiete 21 (4)
Grundsteuerbelastung, Belastungszahl bei außergewöhnlicher G. 30
Grundsteuervergünstigung, Jahresrohmiete 25

Grundstück, baureifes G. 13; Begriff 4; Erbbaurecht 48; Mischnutzung, Grundstücksart 15 (7); Miteigentum bei Gewerbebetrieb 3 (2); Teileigentum 49; unbebautes 6 ff. *s. auch unbebautes Grundstück;* Wohnungseigentum 49; im Zustand der Bebauung 47
Grundstücksart 15; Wohnungseigentum und Teileigentum 49 (2)
Grundstücksfläche, Erhöhung des Grundstückswerts bei Übergröße 32 (2–4)
Grundstücksgröße, Wertermittlung 10 (1)
Grundstücksoberfläche, Wert 10 (2)
Grundstückswert, Erhöhung 32; –, Höchstmaß 33; Ermäßigung 31; –, Höchstmaß 33; Ertragswertverfahren 18; Sachwertverfahren 34 ff.
Grundstückszuschnitt, Wertermittlung 10 (1)
Grund und Boden, Bodenwert 35; Gebäude auf fremdem G. 50; Grundvermögen 1 (1); Wertermittlung 7 ff.; Abgrenzung vom Betriebsvermögen 3
Grundvermögen, Abgrenzung vom land- und forstwirtschaftlichen Vermögen 2; Begriff 1; rechtliche Bestandteile 1 (3); wirtschaftliche Einheit 4

Hafengrundstück, Sachwertverfahren 16 (6)
Hallenbäder, Lebensdauer 41; Raummeterpreise Anl. 15; Sachwertverfahren 16 (6)
Hauptfeststellungszeitpunkt, Baupreisverhältnisse 40
Hausgarten 2 (3)
Heizungsanlagen, Raummeterpreise, Zuschlag Anl. 14
Herstellungskosten für Außenanlagen, Durchschnittspreise Anl. 17; Baunebenkosten Anl. 11
Hinterland, Wertermittlung 8, 9
Hofstelle 2 (3)
Hofweide 2 (3)
Hochhäuser, Raummeterpreise Anl. 14, 15
Höchstmaß der Ermäßigung und Erhöhung des Grundstückswerts 33
Holzzäune, Lebensdauer 45
Hotelgrundstücke, Raummeterpreise Anl. 15; Sachwertverfahren 16 (7)

Immissionen, Ermäßigung des Grundstückswerts 31 (2)
Inländische Körperschaft, Grundbesitz als Betriebsgrundstück 3 (2)
Instandhaltungskosten, Begriff 19 (3)

Jagdhütte, Grundstücksart 15 (6)
Jahresrohmiete, Begriff 21; Grundsteuervergünstigung 25; Multiplikatoren zur Errechnung der Bodenwertanteile 20 (6); Schönheitsreparaturen 22; Sollmiete 21 (3); übliche Miete 23, 24; Umlagen des Mieters 21 (4); Vervielfältiger – Tabellen Anl. 1–8

Kapitalgesellschaft, Grundbesitz als Betriebsgrundstück 3 (2)
Kapitalisierungsfaktoren zur Ermittlung der Bodenwertanteile 20 (4)
Kaufhaus, Sachwertverfahren 16 (7)
Kindererholungsheim, Grundstücksart 15 (6)
Kinderheime, Raummeterpreise Anl. 15
Kino s. Lichtspielhaus
Kleingartenland 2 (8); Wertermittlung 10 (5)
Kliniken, Raummeterpreise Anl. 15; Sachwertverfahren 16 (6)
Körperschaft, Grundbesitz als Betriebsgrundstück 3 (2)
Kreditinstitut, Sachwertverfahren 16 (6)
Kühlhäuser, Lebensdauer 41; Raummeterpreise Anl. 15; Sachwertverfahren 16 (6)

Laboratorien, Raummeterpreise Anl. 14
Lage des Grundstücks, Ermäßigung des Gebäudesachwerts 44 (3)
Lagergebäude, Lebensdauer 41; Raummeterpreise Anl. 14

Lagerhausgrundstück, Sachwertverfahren 16 (7)
Land- und Forstwirtschaft, Existenzgrundlage 2 (3, 5); ordnungsgemäße nachhaltige Bewirtschaftung 2 (5)
Land- und forstwirtschaftliches Vermögen, Abgrenzung vom Grundvermögen 2
Lärm, Ermäßigung des Grundstückswerts 31 (2)
Lebensdauer, Außenanlagen 45; Fabrikgebäude usw. 41; gewöhnliche L. von Gebäuden 41; Verlängerung der Restlebensdauer von Gebäuden 41 (8)
Lichtspielhäuser, Raummeterpreise Anl. 15; Sachwertverfahren 16 (6)

Markthallen, Raummeterpreise Anl. 15; Sachwertverfahren 16 (6)
Mauervorlagen, Gebäude 1 (6)
Messehallen, Raummeterpreise Anl. 15; Sachwertverfahren 16 (6)
Mietausfallwagnis, Begriff 19 (4)
Mieter, Eigenbesitzer 4 (3)
Mietnebenkosten, Jahresrohmiete 21 (4)
Mietwohngrundstück 15 (2); Ertragswertverfahren 16 (5); Sachwertverfahren 16 (8)
Mindestwert 17; Erbbaurecht 48 (3)
Miteigentum an Flächen, wirtschaftliche Einheit 4 (2); Grundstück eines Gewerbebetriebs 3 (2)
Molkereigebäude, Lebensdauer 41
Molkereigrundstück, Sachwertverfahren 16 (6)
Müllabfuhrkosten, Jahresrohmiete 21 (4)
Multiplikatoren der Jahresrohmiete zur Errechnung der Bodenwertanteile 20 (6)

Nachfeststellung, besonderer Einheitswert für Grundstücke im Zustand der Bebauung 47 (3)

Offene Handelsgesellschaft, Grundbesitz als Betriebsgrundstück 3 (2)
Öffentliche Zwecke, Nutzung eines Wohngrundstücks 15 (3)

Pächter, Eigenbesitzer 4 (3)
Pachtfläche, nicht nur vorübergehende Bewirtschaftung 2 (5)
Passage, Bodenwert 35 (5)
Paternoster, Raummeterpreise Anl. 14, 15
Personenaufzüge, Raummeterpreise Anl. 14
Personengesellschaft, Grundbesitz als Betriebsgrundstück 3 (2)
Pflegeheime, Raummeterpreise Anl. 15
Pförtnergebäude, Raummeterpreise Anl. 14
Plattenwände, Durchschnittspreise Anl. 17; Lebensdauer 45
Platzbefestigungen, Lebensdauer 45
Privatschulen, Raummeterpreise Anl. 15; Sachwertverfahren 16 (6)

Quadratmeterpreise Anl. 14

Rampen, Durchschnittspreise Anl. 17; Lebensdauer 45
Rauch, Ermäßigung des Grundstückswerts 31 (2)
Raummeterpreise 38, Anl. 14, 15; Ermäßigung und Erhöhung 39
Reihenhäuser, Grundstücksart 15 (5)
Reklamezwecke, Erhöhung des Grundstückswerts 32 (5)
Restwert des Gebäudenormalherstellungswerts 41 (9)
Rolltreppen, Raummeterpreise Anl. 14, 15

Sachwertverfahren 34 ff.; Anwendung im Einzelfall 16 (8); Ausgangswert 34; –, Angleichung an gemeinen Wert 46; Außenanlagen 45; –, Durchschnittspreise Anl. 17; Bauteil-Preistabelle Anl. 16; Berechnung des umbauten Raumes 37, Anl. 12; besondere Ausstattungsmerkmale 16 (3, 4); Bodenwert 35; Darstellung Anl. 10; Erbbaurecht 48 (3); Gebäude für Bevölkerungsschutz 5 (3); Gebäude auf fremdem Grund und Bo-

den 50 (3); Gebäudewert 36 ff.; Grundstückswert 34 ff.; Raummeterpreise 38, Anl. 14, 15; –, Tabellen Anl. 14–16; Wertminderung wegen Alters 41
Sanatorium, Raummeterpreise Anl. 15; Sachwertverfahren 16 (6)
Säurebetriebe, Lebensdauer 41 (3)
Schönheitsreparaturen, Jahresrohmiete 22
Schornsteinfegergebühren, Jahresrohmiete 21 (4)
Schulen, Raummeterpreise Anl. 15
Schuppen, Raummeterpreise Anl. 14
Schützenhalle, Grundstücksart 15 (6)
Schwimmbecken, Durchschnittspreise Anl. 17; Lebensdauer 45
Shedbauten, Raummeterpreise Anl. 14
Sofortige Bebauung 2 (3)
Sozialgebäude, Raummeterpreise Anl. 14
Sonstige bebaute Grundstücke, Grundstücksart 15 (6, 7)
Stahlbetondecke, Raummeterpreis 39 (1)
Straßenreinigungskosten, Jahresrohmiete 21 (84)
Studentisches Verbindungshaus, Grundstücksart 15 (6)
Stützen, Gebäude 1 (6)
Stützmauern, Durchschnittspreise Anl. 17; Lebensdauer 45
Subjektiv dingliche Rechte, Grundvermögen 1 (3)

Tankstellengebäude, Lebensdauer 41
Tankstellengrundstücke, Raummeterpreise Anl. 15; Sachwertverfahren 16 (6)
Teileigentum *s. auch Wohnungseigentum*
Teilerbbaurecht 48 (6)
Tennisplatz, Lebensdauer 45
Theatergrundstück, Sachwertverfahren 16 (6)
Tore, Lebensdauer 45
Transformatorenhäuser, Lebensdauer 41; Raummeterpreise Anl. 15; Sachwertverfahren 16 (6)
Trinkhallen, Raummeterpreise Anl. 15; Sachwertverfahren 16 (6)
Trockenhäuser, Lebensdauer 41; Raummeterpreise Anl. 15; Sachwertverfahren 16 (6)
Turnhallen, Grundstücksart 15 (6)

Überbaurecht, Grundvermögen 1 (3)
Übergroße Fläche, Erhöhung des Grundstückswerts 32 (2–4)
Übermäßige Raumhöhe, Ermäßigung des Gebäudesachwerts 44 (11, 12)
Übliche Miete, Jahresrohmiete 23, 24
Umbauter Raum, Berechnung 37, Anl. 12
Umlagen des Mieters, Jahresrohmiete, 21 (4)
Unbebautes Grundstück 6 ff.; Begriff 6; Eckgrundstück 9; Gebäude von untergeordneter Bedeutung 11; Hinterland 8, 9; Vorderland 8, 9; Wertermittlung 7 ff.; zerstörte Gebäude 12
Unorganischer Aufbau, Ermäßigung des Gebäudesachwerts 44 (8–10)
Unterfahrt, Raummeterpreis 39 (1)
Unterführungen, Lebensdauer 45
Unterkellerungen, Raummeterpreise Anl. 14
Unzulässigkeit von Bauvorhaben 2 (3)

Veränderungssperre 2 (3)
Vereinshaus, Grundstücksart 15 (6)
Verfallenes Gebäude 12
Verlängerung der Lebensdauer eines Gebäudes, Vervielfältiger 27; der Restlebensdauer von Gebäuden 41 (8)
Verkaufsstände, Raummeterpreise Anl. 15; Sachwertverfahren 16 (6)
Verkehrsanschauung 4
Verkürzung der Lebensdauer eines Gebäudes, Vervielfältiger 27
Vermögensbesteuerung, Grundstücke im Zustand der Bebauung 47 (3)
Versicherungsgebäude, Raummeterpreise Anl. 15
Versicherungsunternehmen, Sachwertverfahren 16 (6)

Versorgungsleitungen, Lebensdauer 45

Vervielfältiger, Anbauten 28 (2); durchschnittliches Baujahr 28 (3); Gemeindegrößenklassen 26, Anl. 1–8; Verlängerung oder Verkürzung der Lebensdauer eines Gebäudes 27; verschiedene Bauart oder verschiedenes Alter bei Gebäuden 28; Wiederaufbau kriegsbeschädigter Gebäude 29

Verwaltungsgebäude, Raummeterpreise Anl. 14, 15; Sachwertverfahren 16 (6)

Verwaltungskosten, Begriff 19 (2)

Vorderland, Wertermittlung 8, 9

Wandverkleidungen, Quadratmeterpreise Anl. 14

Warenhäuser, Raummeterpreise Anl. 15

Warenhausgrundstück, Sachwertverfahren 16 (7)

Wassergeld, Jahresrohmiete 21 (4)

Wege- und Platzbefestigungen, Durchschnittspreise Anl. 17; Lebensdauer 45

Weinbau, Hauptzweck 2 (3)

Werkstattgebäude, Lebensdauer 41; Raummeterpreise Anl. 14

Werkstättengrundstück, Sachwertverfahren 16 (6)

Wertermittlung, Außenanlagen 45; –, Durchschnittspreise Anl. 17; von bebauten Grundstücken 16 ff.; Eckgrundstücke 9; bei Eigentumsbeschränkungen 10 (4); Hinterland 8, 9; unbebaute Grundstücke 7 ff.; Vorderland 8, 9

Wertminderung wegen Alters 41; Außenanlagen 45

Wertzahl, Angleichung des Ausgangswerts an gemeinen Wert 46

Wesentliche Bestandteile, Gebäude 1 (2)

Wiederaufbau kriegsbeschädigter Gebäude, Vervielfältiger 29

Wirtschaftliche Einheit, Gebäude auf fremdem Grund und Boden 50; des Grundvermögens 4; Wohnungseigentum und Teileigentum 49 (1)

Wirtschaftliche Überalterung, Ermäßigung des Gebäudesachwerts 44 (4–6)

Wochenendhaus, Grundstücksart 15 (3, 5)

Wohngebäude, Raummeterpreise Anl. 14

Wohngrundstück, Grundstücksart 15 (3)

Wohnung, Begriff 15 (3)

Wohnungseigentum, Bewertung 49 (3 ff.); Grundstücksart 49 (2); Grundvermögen 1 (1)

Wohnungserbbaurecht 48 (6)

Zäune, Durchschnittspreise Anl. 17; Lebensdauer 45

Zeltplatz, Sachwertverfahren 16 (7)

Zerstörtes Gebäude 12

Zubehör, Begriff 1 (4); Grundvermögen 1 (1)

Zuschlag, werterhöhende Umstände beim Grundstückswert 32

Zweifamilienhaus, Ertragswertverfahren 16 (2); Grundstücksart 15 (4); Raummeterpreis 38 (4), Anl. 16; Schätzung der üblichen Miete 24

250. Erbschaftsteuer-Richtlinien 2019 (ErbStR 2019)

Allgemeine Verwaltungsvorschrift zur Anwendung des Erbschaftsteuer- und Schenkungsteuerrechts

Vom 16. Dezember 2019 (BStBl. I 2019 Sondernummer 1, 2)

Mit den Erbschaftsteuer-Hinweisen 2019[1]

Nach Artikel 108 Absatz 7 des Grundgesetzes wird folgende allgemeine Verwaltungsvorschrift erlassen:

Inhaltsübersicht

I. Einführung

II. Erbschaftsteuer- und Schenkungsteuergesetz[2]

Zu § 1 ErbStG Seite

R E 1.1	Anwendung der Vorschriften über Erwerbe von Todes wegen auf Schenkungen; H E 1.1	12
R E 1.2	Familienstiftungen und Familienvereine; H E 1.2	13

Zu § 2 ErbStG

R E 2.1	Unbeschränkte und beschränkte Steuerpflicht; H E 2.1	14
R E 2.2	Inlandsvermögen; H E 2.2	17

Zu § 3 ErbStG

R E 3.1	Erwerb durch Erbanfall und Teilungsanordnungen oder Ausgleichungen; H E 3.1	19
R E 3.2	Erwerb durch Vermächtnis *(unbesetzt)*; H E 3.2	22
R E 3.3	Schenkung auf den Todesfall; H E 3.3	23
R E 3.4	Gesellschaftsanteil beim Tod eines Gesellschafters; H E 3.4	23
R E 3.5	Hinterbliebenenbezüge des Erblassers; H E 3.5	25
R E 3.6	Erwerbe aus Versicherungen auf verbundene Leben	29
R E 3.7	Verträge zugunsten Dritter im Zusammenhang mit Bankguthaben und -depots sowie Lebensversicherungen; H E 3.7	30
R E 3.8	Übergang von Vermögen auf eine Stiftung von Todes wegen *(unbesetzt)*; H E 3.8	30

Zu § 5 ErbStG

R E 5.1	Erbrechtlicher Zugewinnausgleich; H E 5.1	31
R E 5.2	Güterrechtlicher Zugewinnausgleich; H E 5.2	36

Zu § 6 ErbStG

R E 6	Vermächtnisse und Auflagen, die beim Tod des Beschwerten fällig werden; H E 6	38

[1] Gleich lautender Ländererlass v. 16.12.2019, BStBl. I 2019 Sondernummer 1, 151.

[2] Zur Anwendung der durch das JStG 2020 geänderten Vorschriften des ErbStG für Erwerbe mit einer Steuerentstehung nach dem 28.12.2020 siehe gleich lautenden Ländererlass v. 13.9.2021, BStBl. I 2021, 1837. – Zur Anwendung der Vorschriften des ErbStG nach dem Austritt des Vereinigten Königreichs Großbritannien und Nordirland aus der Europäischen Union siehe gleich lautenden Ländererlass v. 13.12.2021, BStBl. I 2022, 38.

Seite

Zu § 7 ErbStG

R E 7.1	Freigebige Zuwendungen; H E 7.1	39
R E 7.2	Behandlung von unbenannten Zuwendungen unter Ehegatten; H E 7.2	42
R E 7.3	Gegenstand der Schenkung bei Geldhingabe zum Erwerb eines Grundstücks oder zur Errichtung eines Gebäudes; H E 7.3	42
R E 7.4	Gemischte Schenkungen sowie Schenkungen unter einer Auflage; H E 7.4	45
R E 7.5	Schenkungen unter Beteiligung von Kapitalgesellschaften und Genossenschaften; H E 7.5	56
R E 7.6	Vereinbarung der Gütergemeinschaft	64
R E 7.7	Übergang von Vermögen auf eine Stiftung *(unbesetzt);* H E 7.7	65
R E 7.8	Bedingte Beteiligung an den offenen und stillen Reserven einer Personengesellschaft *(unbesetzt);* H E 7.8	65
R E 7.9	Überhöhte Gewinnbeteiligung	66
R E 7.10	Gesellschaftsanteil beim Ausscheiden eines Gesellschafters zu Lebzeiten *(unbesetzt);* H E 7.10	66

Zu § 9 ErbStG

R E 9.1	Zeitpunkt der Ausführung einer Grundstücksschenkung; H E 9.1	67
R E 9.2	Entstehung der Steuer in sonstigen Fällen *(unbesetzt);* H E 9.2	69
R E 9.3	Bewertungsstichtag bei Errichtung einer Stiftung *(unbesetzt);* H E 9.3	69

Zu § 10 ErbStG

R E 10.1	Ermittlung des steuerpflichtigen Erwerbs und der Erbschaftsteuer; H E 10.1	70
R E 10.2	Behandlung von Ansprüchen nach dem Vermögensgesetz	72
R E 10.3	Private Steuererstattungsansprüche des Erblassers; H E 10.3	73
R E 10.4	Übertragung eines Anteils an einer vermögensverwaltenden Personengesellschaft; H E 10.4	74
R E 10.5	Übernahme der Steuer; H E 10.5	75
R E 10.6	Abzug von außergewöhnlichen Unterhaltskosten (sog. Überlast) nach dem Denkmalschutzgesetz; H E 10.6	76
R E 10.7	Nachlassverbindlichkeiten nach § 10 Absatz 5 ErbStG; H E 10.7	77
R E 10.8	Private Steuerschulden des Erblassers; H E 10.8	90
R E 10.9	Pauschbetrag für Nachlassverbindlichkeiten; H E 10.9	90
R E 10.10	Beschränkung des Abzugs von Schulden und Lasten; H E 10.10	92
R E 10.11	Eigene Erbschaftsteuer des Erwerbers *(unbesetzt);* H E 10.11	94
R E 10.12	Auflagen, die dem Beschwerten selbst zugute kommen *(unbesetzt);* H E 10.12	94
R E 10.13	Gesellschaftsanteil beim Tod eines Gesellschafters mit Weiterübertragungsverpflichtung; H E 10.13	94

Zu § 11 ErbStG

R E 11	Rückwirkende Umwandlung einer Personengesellschaft in eine Kapitalgesellschaft und umgekehrt; H E 11	95

Zu § 12 ErbStG

R E 12.1	Bewertungsgrundsätze; H E 12.1	96
R E 12.2	Maßgeblichkeit des Zivilrechts für das Erbschaftsteuerrecht bei im Erbfall noch nicht vollständig erfüllten Grundstückskaufverträgen; H E 12.2	96
R E 12.3	Berücksichtigung von Gewinnansprüchen aus GmbH-Geschäftsanteilen; H E 12.3	101

Zu § 13 ErbStG

R E 13.1	Steuerbefreiungen; Allgemeines	102
R E 13.2	Gegenstände, deren Erhaltung im öffentlichen Interesse liegt; H E 13.2	102
R E 13.3	Lebzeitige Zuwendungen im Zusammenhang mit einem Familienheim; H E 13.3	103
R E 13.4	Erwerb eines Familienheims von Todes wegen; H E 13.4	105

		Seite
R E 13.5	Pflege- und Unterhaltsleistungen; H E 13.5	110
R E 13.6	Rückfall des geschenkten Vermögens; H E 13.6	112
R E 13.7	Zuwendungen an Pensions- und Unterstützungskassen	112
R E 13.8	Gemeinnützige, mildtätige und kirchliche Körperschaften	113
R E 13.9	Gegenseitigkeitserklärungen; H E 13.9	114
R E 13.10	Zuwendungen zu gemeinnützigen, mildtätigen und kirchlichen Zwecken; H E 13.10	115
R E 13.11	Verzicht auf Steuerbefreiung	116
	Zu § 13a ErbStG	
R E 13a.1	Steuerbefreiung für Betriebsvermögen, Betriebe der Land- und Forstwirtschaft und Anteile an Kapitalgesellschaften – Allgemeines	116
R E 13a.2	Schwellenwert von 26 Millionen EUR; H E 13a.2	117
R E 13a.3	Gleitender Abzugsbetrag; H E 13a.3	119
R E 13a.4	Lohnsummenregelung – Allgemeines; H E 13a.4	120
R E 13a.5	Beschreibung der Lohnsumme; H E 13a.5	122
R E 13a.6	Lohnsumme bei mehreren wirtschaftlichen Einheiten; H E 13a.6	122
R E 13a.7	Ermittlung der Ausgangslohnsumme und der Summe der maßgebenden jährlichen Lohnsummen; H E 13a.7	124
R E 13a.8	Ermittlung der Lohnsummen in Umwandlungsfällen; H E 13a.8	141
R E 13a.9	Verstoß gegen die Lohnsummenregelung	149
R E 13a.10	Feststellung der Anzahl der Beschäftigten, der Ausgangslohnsumme und der Summe der maßgebenden jährlichen Lohnsummen	150
R E 13a.11	Folgen einer Weitergabeverpflichtung oder einer Nachlassteilung; H E 13a.11	150
R E 13a.12	Behaltensregelungen – Allgemeines; H E 13a.12	153
R E 13a.13	Behaltensregelungen für Betriebsvermögen; H E 13a.13	154
R E 13a.14	Behaltensregelungen für land- und forstwirtschaftliches Vermögen	155
R E 13a.15	Entnahmebegrenzung; H E 13a.15	156
R E 13a.16	Behaltensregelungen für Anteile an Kapitalgesellschaften; H E 13a.16	160
R E 13a.17	Wegfall der Verfügungsbeschränkung oder Stimmrechtsbindung	162
R E 13a.18	Reinvestitionsklausel	163
R E 13a.19	Durchführung der Nachversteuerung; H E 13a.19	163
R E 13a.20	Vorwegabschlag bei Familienunternehmen; H E 13a.20	169
R E 13a.21	Optionsverschonung; H E 13a.21	176
R E 13a.22	Begünstigte Erwerbe bei Familienstiftungen	177
	Zu § 13b ErbStG	
R E 13b.1	Begünstigter Erwerb von Todes wegen; H E 13b.1	178
R E 13b.2	Begünstigter Erwerb durch Schenkung unter Lebenden; H E 13b.2	180
R E 13b.3	Begünstigungsfähiges Vermögen – Allgemeines	181
R E 13b.4	Begünstigungsfähiges land- und forstwirtschaftliches Vermögen; H E 13b.4	181
R E 13b.5	Begünstigungsfähiges Betriebsvermögen; H E 13b.5	182
R E 13b.6	Begünstigungsfähige Anteile an Kapitalgesellschaften; H E 13b.6	185
R E 13b.7	Begünstigtes Vermögen	190
R E 13b.8	Erwerb unterschiedlicher Arten begünstigten Vermögens; H E 13b.8	190
R E 13b.9	Ermittlung des begünstigten Vermögens und des steuerpflichtigen Vermögens; H E 13b.9	191
R E 13b.10	Übermäßiges Verwaltungsvermögen; H E 13b.10	199
R E 13b.11	Altersversorgungsvermögen; H E 13b.11	200
R E 13b.12	Verwaltungsvermögen – Allgemeines; H E 13b.12	201
R E 13b.13	Überlassung von Grundstücken – Allgemeines	202
R E 13b.14	Grundstücksüberlassung im Rahmen einer Betriebsaufspaltung oder des Sonderbetriebsvermögens; H E 13b.14	202
R E 13b.15	Grundstücksüberlassung im Rahmen einer Betriebsverpachtung im Ganzen	203

		Seite
R E 13b.16	Grundstücksüberlassung im Konzern; H E 13b.16	204
R E 13b.17	Grundstücksüberlassung im Rahmen eines Wohnungsunternehmens	204
R E 13b.18	Grundstücke im Zusammenhang mit Lieferungsverträgen	205
R E 13b.19	Verpachtete land- und forstwirtschaftliche Grundstücke	206
R E 13b.20	Anteile an Kapitalgesellschaften von 25 Prozent oder weniger; H E 13b.20	206
R E 13b.21	Kunstgegenstände und andere besondere Wirtschaftsgüter	209
R E 13b.22	Wertpapiere und vergleichbare Forderungen; H E 13b.22	209
R E 13b.23	Finanzmittel; H E 13b.23	210
R E 13b.24	Investitionsklausel; H E 13b.24	216
R E 13b.25	Nettowert des Verwaltungsvermögens; H E 13b.25	219
R E 13b.26	Unschädliches Verwaltungsvermögen; H E 13b.26	219
R E 13b.27	Junges Verwaltungsvermögen	220
R E 13b.28	Ausschluss der Schuldenverrechnung	221
R E 13b.29	Verbundvermögensaufstellung; H E 13b.29	221
R E 13b.30	Feststellungsverfahren; H E 13b.30	229

Zu § 13c ErbStG

R E 13c.1	Abschmelzmodell – Allgemeines; H E 13c.1	232
R E 13c.2	Verstoß gegen die Verschonungsvoraussetzungen	234
R E 13c.3	Ergänzende Vorschriften beim Abschmelzmodell	234
R E 13c.4	Berücksichtigung mehrerer Erwerbe begünstigten Vermögens; H E 13c.4	235
R E 13c.5	Begünstigte Erwerbe bei Familienstiftungen	237

Zu § 13d ErbStG

R E 13d	Steuerbefreiung für Wohngrundstücke; H E 13d	237

Zu § 14 ErbStG

R E 14.1	Berücksichtigung früherer Erwerbe; Grundsatz; H E 14.1	244
R E 14.2	Berücksichtigung früherer Erwerbe; Zusammentreffen mit Begünstigungen nach §§ 13a, 13c, 19a und 28a ErbStG; H E 14.2	251
R E 14.3	Berücksichtigung früherer Erwerbe; Mindeststeuer und Festsetzungsfrist; H E 14.3	257

Zu § 15 ErbStG

R E 15.1	Steuerklassen *(unbesetzt);* H E 15.1	259
R E 15.2	Maßgebliche Steuerklasse bei Familienstiftungen; H E 15.2	259
R E 15.3	Umfang des begünstigten Vermögens in den Fällen des § 15 Absatz 3 ErbStG; H E 15.3	260
R E 15.4	Steuerklasse bei Zuwendungen von Kapitalgesellschaften oder Genossenschaften	261

Zu § 16 ErbStG

R E 16	Freibeträge *(unbesetzt);* H E 16	262

Zu § 17 ErbStG

R E 17	Besonderer Versorgungsfreibetrag; H E 17	262

Zu § 19 ErbStG

R E 19	Steuersätze *(unbesetzt);* H E 19	264

Zu § 19a ErbStG

R E 19a.1	Tarifbegünstigte Erwerber und tarifbegünstigtes Vermögen	265
R E 19a.2	Berechnung des Entlastungsbetrags; H E 19a.2	266
R E 19a.3	Behaltensregelung; H E 19a.3	268

Seite

Zu § 20 ErbStG

R E 20 Steuerschuldner *(unbesetzt);* H E 20 270

Zu § 21 ErbStG

R E 21 Anrechnung ausländischer Erbschaftsteuer; H E 21 270

Zu § 22 ErbStG

R E 22 Kleinbetragsgrenze *(unbesetzt);* H E 22 275

Zu § 23 ErbStG

R E 23 Besteuerung von Renten, Nutzungen und Leistungen *(unbesetzt);* H E 23 276

Zu § 25 ErbStG

R E 25 Besteuerung bei Nutzungs- und Rentenlast; H E 25 280

Zu § 27 ErbStG

R E 27 Mehrfacher Erwerb desselben Vermögens; H E 27 284

Zu § 28 ErbStG

R E 28 Stundung; H E 28 288

Zu § 28a ErbStG

R E 28a.1 Verschonungsbedarfsprüfung – Allgemeines; H E 28a.1 292
R E 28a.2 Verfügbares Vermögen; H E 28a.2 294
R E 28a.3 Stundung 296
R E 28a.4 Nachträglicher Wegfall der Erlassbedingungen 296
R E 28a.5 Ergänzende Vorschriften bei der Verschonungsbedarfsprüfung 297
R E 28a.6 Begünstigte Erwerbe bei Familienstiftungen 297

Zu § 29 ErbStG

R E 29 Erlöschen der Steuer in besonderen Fällen; H E 29 297

Zu § 30 ErbStG

R E 30 Anzeigepflicht des Erwerbers 298

Zu § 31 ErbStG

R E 31 Steuererklärung *(unbesetzt);* H E 31 299

Zu § 32 ErbStG

R E 32 Bekanntgabe des Steuerbescheids an Vertreter *(unbesetzt);* H E 32 299

Zu §§ 33 und 34 ErbStG

R E 33 Anzeigepflichten *(unbesetzt);* H E 33 300

Zu § 37 ErbStG

R E 37 Anwendung des Gesetzes *(unbesetzt);* H E 37 302

III. Bewertungsgesetz

A. Allgemeine Bewertungsvorschriften

Zu §§ 4 bis 8 BewG

R B 4 Bedingung und Befristung; H B 4 307

Seite

Zu § 9 BewG

R B 9.1 Gemeiner Wert; H B 9.1 ... 308
R B 9.2 Ungewöhnliche oder persönliche Verhältnisse; H B 9.2 ... 308
R B 9.3 Sachleistungsansprüche; H B 9.3 ... 309
R B 9.4 Erfindungen und Urheberrechte; H B 9.4 ... 309
R B 9.5 Übrige körperliche Vermögensgegenstände; H B 9.5 ... 310

Zu § 11 BewG

R B 11.1 Notierte Wertpapiere, Aktien und Anteile sowie Investmentzertifikate; H B 11.1 ... 310
R B 11.2 Nicht notierte Anteile an Kapitalgesellschaften; H B 11.2 ... 311
R B 11.3 Verfügungsbeschränkungen; H B 11.3 ... 312
R B 11.4 Bewertung der Anteile an einer Kapitalgesellschaft in Sonderfällen; H B 11.4 ... 313
R B 11.5 Substanzwert; H B 11.5 ... 315
R B 11.6 Ermittlung des Substanzwerts; H B 11.6 ... 317
R B 11.7 Gemeiner Wert nicht notierter Anteile an Kapitalgesellschaften ... 319
R B 11.8 Paketzuschlag ... 319

Zu § 12 BewG

R B 12.1 Kapitalforderungen und Schulden; H B 12.1 ... 320
R B 12.2 Bundesschatzbriefe, Finanzierungsschätze und Sparbriefe; H B 12.2 ... 321
R B 12.3 Zero-Bonds ... 322
R B 12.4 Einlage des typischen stillen Gesellschafters; H B 12.4 ... 323

Zu §§ 13 bis 16 BewG

R B 13 Renten-, Nießbrauchs- und Nutzungsrechte; H B 13 ... 324

B. Betriebsvermögen

Zu §§ 95 und 96 BewG

R B 95 Begriff und Umfang des Betriebsvermögens; H B 95 ... 324

Zu § 97 BewG

R B 97.1 Betriebsvermögen von Personengesellschaften; H B 97.1 ... 326
R B 97.2 Sonderbetriebsvermögen ... 328
R B 97.3 Nießbrauch an einer Beteiligung an einer Personengesellschaft; H B 97.3 ... 328
R B 97.4 Aufteilung des Werts des Betriebsvermögens von Personengesellschaften; H B 97.4 ... 329
R B 97.5 Besonderheiten bei Kommanditgesellschaften ... 332
R B 97.6 Anteile an Kapitalgesellschaften; H B 97.6 ... 333

Zu § 99 BewG

R B 99 Betriebsgrundstücke; H B 99 ... 336

Zu § 103 BewG

R B 103.1 Schulden und sonstige Abzüge bei bilanzierenden Gewerbetreibenden und freiberuflich Tätigen; H B 103.1 ... 336
R B 103.2 Schulden und sonstige Abzüge bei nicht bilanzierenden Gewerbetreibenden und freiberuflich Tätigen; H B 103.2 ... 337
R B 103.3 Schulden im Zusammenhang mit Grundstücken ... 338

Zu § 109 BewG

R B 109.1 Bewertungsgrundsätze bei Betriebsvermögen ... 338

		Seite
R B 109.2	Bewertung von Beteiligungen an Personengesellschaften in Sonderfällen	339
R B 109.3	Ermittlung des Substanzwerts	339

C. Gesonderte Feststellungen

Zu § 151 BewG

R B 151.1	Durchführung eines Feststellungsverfahrens	340
R B 151.2	Gesonderte Feststellung von Grundbesitzwerten nach § 151 BewG; H B 151.2	341
R B 151.3	Benennung des Erbschaftsteuerfinanzamts und des Erblassers/Schenkers	346
R B 151.4	Gesonderte Feststellung des Werts des Betriebsvermögens oder des Anteils am Betriebsvermögen; H B 151.4	346
R B 151.5	Gesonderte Feststellung des Werts nicht notierter Anteile an Kapitalgesellschaften; H B 151.5	347
R B 151.6	Gesonderte Feststellung des Werts von Genossenschaften	347
R B 151.7	Gesonderte Feststellung bei vermögensverwaltenden Gemeinschaften/Gesellschaften; H B 151.7	347
R B 151.8	Basiswert	349
R B 151.9	Nachrichtliche Angaben zu den Feststellungen nach § 151 Absatz 1 Satz 1 Nummer 2 und 3 BewG *(unbesetzt);* H B 151.9	349
R B 151.10	Mitteilungen der Betriebsfinanzämter *(unbesetzt);* H B 151.10	351

Zu § 152 BewG

R B 152	Örtliche Zuständigkeit; H B 152	351

Zu § 153 BewG

R B 153	Erklärungspflicht	352

Zu § 154 BewG

R B 154	Beteiligte am Feststellungsverfahren und Bekanntgabe des Feststellungsbescheids; H B 154	353

Zu § 155 BewG

R B 155	Rechtsbehelfsbefugnis	358

Zu § 156 BewG

R B 156	Außenprüfung	358

D. Land- und forstwirtschaftliches Vermögen

Zu § 158 BewG

R B 158.1	Begriff des land- und forstwirtschaftlichen Vermögens; H B 158.1	358
R B 158.2	Abgrenzung des land- und forstwirtschaftlichen Vermögens vom Betriebsvermögen; H B 158.2	360
R B 158.3	Abgrenzung des land- und forstwirtschaftlichen Vermögens vom Grundvermögen	361
R B 158.4	Abgrenzung des land- und forstwirtschaftlichen Vermögens vom übrigen Vermögen	361

Zu § 159 BewG

R B 159	Abgrenzung land- und forstwirtschaftlich genutzter Flächen; H B 159	362

Zu § 160 BewG

R B 160.1	Wirtschaftsteil; H B 160.1	365
R B 160.2	Landwirtschaftliche Nutzung; H B 160.2	367

		Seite
R B 160.3	Forstwirtschaftliche Nutzung	368
R B 160.4	Weinbauliche Nutzung	368
R B 160.5	Gärtnerische Nutzung	369
R B 160.6	Nutzungsteile Gemüsebau sowie Blumen- und Zierpflanzenbau	369
R B 160.7	Nutzungsteil Obstbau	370
R B 160.8	Nutzungsteil Baumschulen	370
R B 160.9	Übrige land- und forstwirtschaftliche Nutzungen	371
R B 160.10	Binnenfischerei, Teichwirtschaft und Fischzucht für Binnenfischerei und Teichwirtschaft	371
R B 160.11	Imkerei	372
R B 160.12	Wanderschäferei	372
R B 160.13	Saatzucht	372
R B 160.14	Pilzanbau	373
R B 160.15	Nützlinge	373
R B 160.16	Weihnachtsbaumkulturen	373
R B 160.17	Besamungsstationen	373
R B 160.18	Nebenbetriebe	374
R B 160.19	Abbauland	374
R B 160.20	Geringstland; H B 160.20	374
R B 160.21	Betriebswohnungen	375
R B 160.22	Wohnteil; H B 160.22	375

Zu § 161 BewG

R B 161	Bewertungsstichtag	377

Zu § 162 BewG

R B 162	Bewertung des Wirtschaftsteils; H B 162	377

Zu § 163 BewG

R B 163	Ermittlung der Wirtschaftswerte; H B 163	379

Zu § 164 BewG

R B 164	Ermittlung des Mindestwerts; H B 164	386

Zu § 165 BewG

R B 165	Bewertung des Wirtschaftsteils mit dem Fortführungswert; H B 165	394

Zu § 166 BewG

R B 166	Liquidationswert; H B 166	395

Zu § 167 BewG

R B 167.1	Bewertung der Betriebswohnungen und des Wohnteils; H B 167.1	397
R B 167.2	Ermäßigungen für Besonderheiten; H B 167.2	401
R B 167.3	Öffnungsklausel für die Betriebswohnungen und den Wohnteil; H B 167.3	402

Zu § 168 BewG

R B 168	Grundbesitzwert des Betriebs der Land- und Forstwirtschaft; H B 168	404

E. Grundvermögen

Zu § 176 BewG

R B 176.1	Begriff des Grundvermögens; H B 176.1	407
R B 176.2	Grundstück; H B 176.2	408

Seite

Zu § 177 BewG

R B 177 Bewertungsmaßstab; H B 177 408

Zu § 178 BewG

R B 178 Begriff des unbebauten Grundstücks; H B 178 409

Zu § 179 BewG

R B 179.1 Bewertung von unbebauten Grundstücken; H B 179.1 410
R B 179.2 Ansatz der Bodenrichtwerte; H B 179.2 411
R B 179.3 Ansatz des Bodenwerts; H B 179.3 417

Zu § 180 BewG

R B 180 Begriff des bebauten Grundstücks; H B 180 417

Zu § 181 BewG

R B 181.1 Grundstücksarten; H B 181.1 418
R B 181.2 Wohnungs- und Teileigentum; H B 181.2 420

Zu § 182 BewG

R B 182 Zuordnung zu den Bewertungsverfahren; H B 182 421

Zu § 183 BewG

R B 183 Vergleichswertverfahren; H B 183 422

Zu § 184 BewG

R B 184 Allgemeine Grundsätze des Ertragswertverfahrens; H B 184 425

Zu § 185 BewG

R B 185.1 Bodenwertverzinsung; H B 185.1 426
R B 185.2 Vervielfältiger 427
R B 185.3 Restnutzungsdauer 428
R B 185.4 Grundstück mit mehreren Gebäuden bzw. Gebäudeteilen; H B 185.4 432

Zu § 186 BewG

R B 186.1 Rohertrag; H B 186.1 435
R B 186.2 Betriebskosten; H B 186.2 437
R B 186.3 Vermietung zu gewerblichen, freiberuflichen oder öffentlichen Zwecken 437
R B 186.4 Ansatz der üblichen Miete 438
R B 186.5 Ermittlung der üblichen Miete; H B 186.5 438

Zu § 187 BewG

R B 187 Bewirtschaftungskosten; H B 187 441

Zu § 188 BewG

R B 188 Liegenschaftszinssatz; H B 188 441

Zu § 189 BewG

R B 189 Allgemeine Grundsätze des Sachwertverfahrens; H B 189 443

Zu § 190 BewG

R B 190.1 Regelherstellungskosten; H B 190.1 446
R B 190.2 Gebäudeart; H B 190.2 446
R B 190.3 Gebäudestandard; H B 190.3 448
R B 190.4 Baupreisindex; H B 190.4 450
R B 190.5 Besonders werthaltige Außenanlagen; H B 190.5 451
R B 190.6 Brutto-Grundfläche; H B 190.6 452

		Seite
R B 190.7	Alterswertminderung; H B 190.7	454
R B 190.8	Grundstück mit mehreren Gebäuden bzw. Gebäudeteilen; H B 190.8	459

Zu § 191 BewG

R B 191	Wertzahlen; H B 191	460

Zu § 192 BewG

R B 192.1	Begriff des Erbbaurechts; H B 192.1	461
R B 192.2	Bewertung in Erbbaurechtsfällen	461

Zu § 193 BewG

R B 193	Bewertung des Erbbaurechts; H B 193	462

Zu § 194 BewG

R B 194	Bewertung des Erbbaugrundstücks (belastetes Grundstück); H B 194	469

Zu § 195 BewG

R B 195.1	Gebäude auf fremdem Grund und Boden; H B 195.1	472
R B 195.2	Wertermittlung bei Gebäuden auf fremdem Grund und Boden und belasteten Grundstücken; H B 195.2	473

Zu § 196 BewG

R B 196.1	Grundstücke im Zustand der Bebauung	476
R B 196.2	Wertermittlung bei Grundstücken im Zustand der Bebauung; H B 196.2	477

Zu § 197 BewG

R B 197	Gebäude und Gebäudeteile für den Zivilschutz	480

Zu § 198 BewG

R B 198	Nachweis des niedrigeren gemeinen Werts; H B 198	481

F. Vereinfachtes Ertragswertverfahren

Zu § 199 BewG

R B 199.1	Anwendung des vereinfachten Ertragswertverfahrens	482
R B 199.2	Ausländische Kapitalgesellschaften und ausländisches Betriebsvermögen	484

Zu § 200 BewG

R B 200	Wertermittlung im vereinfachten Ertragswertverfahren; H B 200	484

Zu § 201 BewG

R B 201	Ermittlung des Jahresertrags; H B 201	486

Zu § 202 BewG

R B 202	Betriebsergebnis; H B 202	488

Zu § 203 BewG

R B 203	Kapitalisierungsfaktor	491

Anlagen:

Anlage 1	zu R B 160.2 und 163	250 Anl. 1
Anlage 2	zu R B 163	250 Anl. 2
Anlage 3	Verbraucherpreisindex	250 Anl. 3

I. Einführung

(1) [1]Die Erbschaftsteuer-Richtlinien 2019 sind Weisungen an die Finanzbehörden zur einheitlichen Anwendung des Erbschaftsteuer- und Schenkungsteuerrechts und der dazu notwendigen Regelungen des Bewertungsrechts. [2]Sie dienen der Verwaltungsvereinfachung und der Vermeidung unbilliger Härten.

(2)[1), 2)] [1]Die Erbschaftsteuer-Richtlinien 2019 sind auf alle Erwerbsfälle anzuwenden, für die die Steuer nach dem 21. August 2019 entsteht. [2]Sie gelten auch für Erwerbsfälle, für die die Steuer vor dem 22. August 2019 entstanden ist, soweit sie geänderte Vorschriften des Erbschaftsteuer- und Schenkungsteuergesetzes und des Bewertungsgesetzes betreffen, die vor dem 1. Mai 2019 anzuwenden sind. [3]Bisher ergangene Anweisungen, die mit diesen Richtlinien im Widerspruch stehen, sind nicht mehr anzuwenden.

(3) Diesen Richtlinien liegen, soweit im Einzelnen keine andere Fassung angegeben ist, das Erbschaftsteuer- und Schenkungsteuergesetz in der Fassung der Bekanntmachung vom 27. Februar 1997 (BGBl. I Seite 378), zuletzt geändert durch Artikel 5 des Gesetzes vom 25. März 2019 (BGBl. I S. 357) und das Bewertungsgesetz in der Fassung der Bekanntmachung vom 1. Februar 1991 (BGBl. I Seite 230), zuletzt geändert durch Artikel 2 des Gesetzes vom 4. November 2016 (BGBl. I S. 2464), zugrunde.

(4) Soweit in den nachstehenden Richtlinien auf das Einkommensteuergesetz (EStG) und die Einkommensteuer-Richtlinien (EStR), das Körperschaftsteuergesetz (KStG) und die Körperschaftsteuer-Richtlinien (KStR) sowie die Abgabenordnung (AO) verwiesen wird, ist die am jeweiligen Besteuerungs- bzw. Feststellungszeitpunkt geltende Fassung[3)] maßgebend.

---

1) **Anwendung der ErbStR 2011 v. 19.12.2011:**
Die Erbschaftsteuer-Richtlinien vom 19. Dezember 2011 (BStBl I Sondernummer 1/2011 Seite 2) werden aufgehoben. Sie sind mit den Abweichungen, die sich aus der Änderung von Rechtsvorschriften für die Zeit bis zum 21. August 2019 ergeben, auf Erwerbsfälle weiter anzuwenden, für die die Steuer vor dem 22. August 2019 entstanden ist.

2) **Anwendung der ErbStH 2019 v. 16.12.2019:**
Dieser Erlass gibt Hinweise zur Ergänzung der Erbschaftsteuer-Richtlinien 2019 sowie auf den ausgewählten aktuellen Stand der höchstrichterlichen Rechtsprechung zur Erbschaft- und Schenkungsteuer und zum Bewertungsrecht. Die Stichworte in den Hinweisen sind alphabetisch geordnet. Die Randnummern beziehen sich auf die jeweiligen Abschnitte und Absätze der Erbschaftsteuer-Richtlinien 2019.

Dieser Erlass ist auf alle Erwerbsfälle anzuwenden, für die die Steuer nach dem 21. August 2019 entstanden ist oder entsteht. Die gleich lautenden Ländererlasse vom 19. Dezember 2011 (BStBl I Sondernummer 1/2011 Seite 117), zuletzt geändert durch gleich lautende Ländererlasse vom 8. Januar 2016 (BStBl I Seite 173) werden mit Wirkung vom 22. August 2019 aufgehoben. Bisher ergangene Anweisungen, die mit diesem Erlass im Widerspruch stehen, sind nicht mehr anzuwenden.

3) **[Amtl. Anm.:]** Zitiert werden die EStR 2005, geändert durch die EStÄR 2008 und die EStÄR 2012 und die KStR 2015.

II. Erbschaftsteuer- und Schenkungsteuergesetz

Zu § 1 ErbStG

R E 1.1 Anwendung der Vorschriften über Erwerbe von Todes wegen auf Schenkungen

[1]Die Vorschriften über Erwerbe von Todes wegen gelten, soweit nichts anderes bestimmt ist, auch für Schenkungen unter Lebenden (§ 1 Absatz 2 ErbStG). [2]Bei der Besteuerung von Schenkungen unter Lebenden gelten alle Bestimmungen des Erbschaftsteuer- und Schenkungsteuergesetzes, sofern sie nicht Sachverhalte betreffen, die allein bei Erwerben von Todes wegen vorkommen. [3]Nicht auf Schenkungen anzuwenden sind insbesondere die Vorschriften

1. zum Abzug der Nachlassverbindlichkeiten (→ § 10 Absatz 1 Satz 2 ErbStG),
2. zum Pauschbetrag für Erbfallkosten (→ § 10 Absatz 5 Nummer 3 Satz 2 ErbStG),
3. zum Erwerb eines Familienheims von Todes wegen (→ § 13 Absatz 1 Nummer 4b und 4c ErbStG),
4. zum Rückfall von Vermögensgegenständen an die Eltern (→ § 13 Absatz 1 Nummer 10 ErbStG),
5. zur Investitionsklausel (→ § 13b Absatz 5 ErbStG),
6. zur Steuerklasse der Eltern bei Erwerben von Todes wegen (→ § 15 Absatz 1 ErbStG Steuerklasse I Nummer 4) oder zu Erwerben auf Grund gemeinschaftlicher Testamente von Ehegatten (→ § 15 Absatz 3 ErbStG),
7. zum besonderen Versorgungsfreibetrag für den überlebenden Ehegatten oder die Kinder des Erblassers (→ § 17 ErbStG). [2]Der Versorgungsfreibetrag nach § 17 ErbStG kann ausnahmsweise bei einem nach § 7 Absatz 1 Nummer 5 ErbStG steuerbaren Erwerb gewährt werden, wenn ein Ehegatte als Abfindung für seinen Erbverzicht und aufschiebend bedingt bis zum Tod des anderen Ehegatten ein Leibrentenstammrecht erwirbt,
8. zur Haftung von Kreditinstituten (→ § 20 Absatz 6 Satz 2 ErbStG),
9. zur Steuerermäßigung bei mehrfachem Erwerb desselben Vermögens (→ § 27 ErbStG) und
10. zur Stundung der auf das begünstigte Vermögen i. S. d. § 13b Absatz 2 ErbStG entfallenden Steuer (→ § 28 Absatz 1 ErbStG).

H E 1.1

Anwendbarkeit der Vorschriften über Erwerbe von Todes wegen auf Schenkungen. → BFH vom 8.10.2003 II R 46/01, BStBl. 2004 II S. 234.

Eingetragene Lebenspartnerschaften. Auf Lebenspartner und Lebenspartnerschaften im Sinne des Lebenspartnerschaftsgesetzes sind nach §§ 1 und 21 LPartG die Regelungen zu Ehegatten und Ehen entsprechend anzuwenden.

Mehrfacher Erwerb desselben Vermögens. → BFH vom 2.9.1987 II B 103/87, BStBl. II S. 785 und vom 16.7.1997 II B 99/96, BStBl. II S. 625.

Rückfall von Vermögensgegenständen an die Eltern. → BFH vom 16.4.1986 II R 135/83, BStBl. II S. 622.

R E 1.2 Familienstiftungen und Familienvereine

(1) [1]Vermögen einer inländischen Familienstiftung (§ 1 Absatz 1 Nummer 4, § 2 Absatz 1 Nummer 2 ErbStG) unterliegt in Zeitabständen von je 30 Jahren der Ersatzerbschaftsteuer. [2]Die Steuerpflicht setzt voraus, dass die Stiftung an dem für sie maßgebenden Besteuerungszeitpunkt (→ § 9 Absatz 1 Nummer 4 ErbStG) die Voraussetzungen für eine Familienstiftung erfüllt. [3]Die Steuerpflicht entfällt hiernach, wenn eine Familienstiftung vor diesem Zeitpunkt aufgelöst oder durch Satzungsänderung in eine andere Stiftung (z. B. Unternehmensstiftung) umgewandelt wird. [4]Die Anzeigepflicht nach § 30 ErbStG und die Pflicht zur Abgabe der Steuererklärung nach § 31 ErbStG besteht auch in Fällen der Steuerpflicht nach § 1 Absatz 1 Nummer 4 ErbStG.

(2) [1]Eine Familienstiftung im Sinne des § 1 Absatz 1 Nummer 4 ErbStG ist stets gegeben, wenn nach ihrer Satzung der Stifter, seine Angehörigen und deren Abkömmlinge zu mehr als der Hälfte bezugs- oder anfallsberechtigt (Destinatäre) sind (§ 15 Absatz 2 AStG). [2]Eine Familienstiftung im Sinne des § 1 Absatz 1 Nummer 4 ErbStG ist auch dann gegeben, wenn die genannten Destinatäre zu mehr als einem Viertel bezugs- oder anfallsberechtigt sind und zusätzliche Merkmale ein „wesentliches Familieninteresse" belegen. [3]Dies kann insbesondere dann gegeben sein, wenn die Familie wesentlichen Einfluss auf die Geschäftsführung der Stiftung hat. [4]Bereits die Bezugsberechtigung der in den Satzungen bezeichneten Familienangehörigen prägt das Wesen als Familienstiftung, auch wenn Ausschüttungen bisher nicht vorgenommen worden sind. [5]In welchem Umfang die Stiftung ihre Erträge thesauriert, ist für die Bezugsberechtigung der Destinatäre ohne Bedeutung.

(3) [1]Unter den wesentlichen Familieninteressen sind Vermögensinteressen im weitesten Sinne zu verstehen. [2]Dazu gehören nicht nur Bezugs- und Anfallsrechte, sondern alle Vermögensvorteile, die die begünstigten Familien und ihre Mitglieder aus dem Stiftungsvermögen ziehen. [3]Die Stiftung dient diesen Vermögensinteressen dann wesentlich, wenn nach der Satzung oder dem Stiftungsgeschäft deren Wesen darin besteht, es den Familien zu ermöglichen, das Stiftungsvermögen, soweit es einer Nutzung zu privaten Zwecken zugänglich ist, zu nutzen oder die Stiftungserträge an sich zu ziehen. [4]Darunter fallen insbesondere auch die unentgeltliche oder verbilligte Nutzung des Stiftungsvermögens, wie

1. die Nutzung der stiftungseigenen Immobilien zu Wohnzwecken,
2. der Einsatz des Personals der Stiftung für Arbeiten im Rahmen des eigenen Hausstandes oder
3. bei einer Stiftung mit Kunstbesitz der Vorteil, von diesem Kunstbesitz umgeben zu sein.

[5]Derartige Nutzungs- und Zugriffsmöglichkeiten können sich allein aus der Natur des Stiftungszwecks oder aber in Verbindung mit dem Einfluss der Familien auf die Geschäftsführung ergeben. [6]Inwieweit davon tatsächlich Gebrauch gemacht wird, ist nicht entscheidend.

(4) [1]Die Änderung des Stiftungscharakters einer Familienstiftung durch Satzungsänderung, gleichgültig, ob sie zu Lebzeiten oder erst nach dem Tode des Stifters erfolgt, gilt erbschaftsteuerrechtlich als Errichtung einer neuen Familienstiftung (§ 7 Absatz 1 Nummer 8 ErbStG). [2]Dies gilt entsprechend, wenn durch die Satzungsänderung lediglich bisher nicht bezugs- oder anfallsberechtigte Familienmitglieder oder Dritte in den Kreis der Destinatäre aufgenommen werden und die Errichtung der Stiftung bei bereits damaliger Zugehörigkeit der neu aufgenommenen Destinatäre seinerzeit nach einer ungünstigeren Steuerklasse zu besteuern gewesen wäre. [3]Die durch Satzungsänderung entstandene „neue" Stiftung gilt als Erwerber des Vermögens der „bisherigen" Stiftung (§ 7 Absatz 1 Nummer 8 ErbStG). [4]Sie ist nach dem Verwandtschaftsverhältnis des nach der Stiftungsurkunde entferntest Berechtigten zu dem ursprünglichen Stifter (Erblasser oder Schenker) zu besteuern (§ 15 Absatz 2 Satz 1 ErbStG). [5]Die Aufhebung der bisherigen Stiftung wird dagegen im Aufhebungszeitpunkt nicht gesondert besteuert. [6]Die bei der Errichtung der bisherigen Stiftung festgesetzte Steuer und die bereits entrichtete Ersatzerbschaftsteuer erlischt nicht. [7]Die Behandlung der Satzungsänderung als Errichtung einer neuen Stiftung führt dazu, dass die 30-Jahresfrist für die Entstehung der Ersatzerbschaftsteuer (§ 1 Absatz 1 Nummer 4 in Verbindung mit § 9 Absatz 1 Nummer 4 ErbStG) bei der bisherigen Stiftung endet und bei der neuen Stiftung neu zu laufen beginnt. [8]Eine Anrechnung der bei Errichtung der bisherigen Stiftung festgesetzten Steuer auf die im Zeitpunkt der Satzungsänderung festzusetzende Erbschaftsteuer kommt nicht in Betracht.

(5) Wird die Familienstiftung durch Satzungsänderung in eine gemeinnützige Stiftung umgewandelt, ist deren Erwerb nach § 13 Absatz 1 Nummer 16 Buchstabe b ErbStG steuerfrei.

(6) Die Ausführungen in Absatz 2 bis 4 zu Stiftungen gelten für Vereine, deren Zweck wesentlich im Interesse einer Familie oder bestimmter Familien auf die Bindung von Vermögen gerichtet ist (Familienverein, § 1 Absatz 1 Nummer 4 ErbStG), entsprechend.

H E 1.2

Keine Ersatzerbschaftsteuer bei einer nichtrechtsfähigen Stiftung. → BFH vom 25.1.2017 II R 26/16, BStBl. 2018 II S. 199.

Wesentliches Familieninteresse. → BFH vom 10.12.1997 II R 25/94, BStBl. 1998 II S. 114.

Zustiftung an eine Familienstiftung. → BFH vom 9.12.2009 II R 22/08, BStBl. 2010 II S. 363.

Zu § 2 ErbStG

R E 2.1 Unbeschränkte und beschränkte Steuerpflicht[1)]

(1) [1]Ein Erwerbsvorgang, an dem eine natürliche Person oder eine der in § 2 Absatz 1 Nummer 1 Satz 2 Buchstabe d oder Nummer 2 ErbStG genannten Körperschaften (Inländer) beteiligt ist, unterliegt der unbeschränkten Steuerpflicht, wenn diese zum Besteuerungszeitpunkt (→ § 9 ErbStG) im Bundesgebiet ihren Wohnsitz (§ 8 AO) oder ihren gewöhnlichen Aufenthalt (§ 9 AO) bzw. ihre Geschäftsleitung (§ 10 AO) oder ihren Sitz (§ 11 AO) haben. [2]Entsprechendes gilt, wenn an einem Erwerbsvorgang ein deutscher Staatsangehöriger beteiligt ist, der die Voraussetzungen des § 2 Absatz 1 Nummer 1 Satz 2 Buchstabe b oder c ErbStG erfüllt. [3]Die unbeschränkte Steuerpflicht erstreckt sich auf sämtliches inländisches und ausländisches Vermögen, das zu einem Erwerbsvorgang gehört.

(2) Die beschränkte Steuerpflicht (§ 2 Absatz 1 Nummer 3 ErbStG) erstreckt sich nur auf Vermögen der in § 121 BewG genannten Art, das auf das Inland entfällt (→ R E 2.2).

H E 2.1

Doppelbesteuerungsabkommen auf dem Gebiet der Erbschaft- und Schenkungsteuer. Am 1.1.2018 geltende Abkommen:

Abkommen mit	vom	Fundstelle BGBl. II Jg.	Seite	BStBl. I Jg.	Seite	Inkrafttreten BGBl. II Jg.	Seite	BStBl. I Jg.	Seite	Anwendung grundsätzlich ab
Dänemark	22.11.1995	96	2565	96	1219	97	728	97	624	1.1.1997
Frankreich	12.10.2006	07	1402	09	1258	09	596	09	1266	3.4.2009
Griechenland	18.11.1910/ 1.12.1910	(RGBl.) 12	173	–	–	53	525	53	377	1.1.1953
Schweden[1)]	14.7.1992	94	686	94	422	95	29	95	88	1.1.1995
Schweiz	30.11.1978	80	594	80	243	80	1341	80	786	28.9.1980
Vereinigte Staaten in der Neufassung unter Berücksichtigung des Protokolls	3.12.1980 21.12.2000 14.12.1998	82 01 00	847 65 1170	82 01 01	765 114 110	86 01	860 62	86 01	478 114	1.1.1979 15.12.2000

[1)] Schweden erhebt seit 1.1.2005 keine Erbschaftsteuer mehr.

Erweiterte beschränkte Steuerpflicht. → § 4 AStG und BMF-Schreiben vom 14.5.2004 (BStBl. 2004 I Sondernummer 1/2004 Tz. 4).

Erwerber bei Zuwendungen an und von Personengesellschaften. → BFH vom 14.9.1994 II R 95/92, BStBl. 1995 II S. 81 und vom 15.7.1998 II R 82/96, BStBl. II S. 630.

[1)] Zu den Voraussetzungen für einen inländischen Wohnsitz und damit für die unbeschränkte Steuerpflicht im Hinblick auf freigebige, schenkungsteuerpflichtige Zuwendungen siehe BFH v. 17.7.2019 II B 30, 32–34, 38/18, BStBl. II 2019, 620. – Zur Entstehung inländischer Erbschaftsteuer bei einem Erbfall nach italienischem Recht vgl. BFH v. 17.11.2021 II R 39/19, DStR 2022, 759. – Zur unionsrechtmäßigen Freibetragsminderung und unionsrechtswidrigen Abzugsbegrenzung bei Nachlassverbindlichkeiten im Rahmen der beschränkten Steuerpflicht siehe EuGH v. 21.12.2021 C - 394/20, DStR 2022, 45.

Mitglieder diplomatischer Missionen und konsularischer Vertretungen. Die steuerliche Behandlung der Angehörigen der diplomatischen und berufskonsularischen Vertretungen auswärtiger Staaten in der Bundesrepublik Deutschland richtet sich nach dem Wiener Übereinkommen über diplomatische Beziehungen (WÜD) vom 18.4.1961 (Gesetz vom 6.8.1964, BGBl. II S. 959) und nach dem Wiener Übereinkommen über konsularische Beziehungen (WÜK) vom 24.4.1963 (Gesetz vom 26.8. 1969, BGBl. II S. 1585). Die steuerlichen Vorschriften der beiden Abkommen sind nicht nur im Verhältnis zu den Vertragsstaaten anzuwenden.

Nach dem **Wiener Übereinkommen über diplomatische Beziehungen** gilt Folgendes:

1. Nach Artikel 34 WÜD sind Diplomaten nicht von der Erbschaftsteuer befreit.
2. Nach Artikel 39 Absatz 4 WÜD darf jedoch von beweglichem Vermögen, das sich nur deshalb in Deutschland befindet, weil sich der Verstorbene als Mitglied der Mission in Deutschland aufhielt, keine Erbschaftsteuer erhoben werden. Zum beweglichen Vermögen rechnet nicht Kapitalvermögen.
3. Die zum Haushalt eines Diplomaten gehörenden Familienmitglieder genießen, wenn sie nicht deutsche Staatsangehörige sind, die in Nummer 2 bezeichneten Vorrechte (Artikel 37 Absatz 1 WÜD). Familienmitglieder sind

   a) der Ehegatte und die minderjährigen Kinder, die im Haushalt des Diplomaten leben. Eine vorübergehende Abwesenheit, z. B. zum auswärtigen Studium, ist hierbei ohne Bedeutung;

   b) die volljährigen unverheirateten Kinder sowie die Eltern und Schwiegereltern – unter der Voraussetzung der Gegenseitigkeit –, die mit im Haushalt des Diplomaten leben und von ihm wirtschaftlich abhängig sind. Dies ist nach den jeweiligen Einkommens- und Vermögensverhältnissen aufgrund einer über das Einkommen und das Vermögen abzugebenden Erklärung zu beurteilen.

   Für andere Personen kommt eine Anwendung des Artikels 37 WÜD grundsätzlich nicht in Betracht. In besonderen Fällen prüft das Auswärtige Amt im Einvernehmen mit dem Bundesministerium der Finanzen, ob die besonderen Umstände des Falles eine andere Entscheidung rechtfertigen.
4. Auch Mitglieder des Verwaltungs- und technischen Personals einer diplomatischen Mission, z. B. Kanzleibeamte, Chiffreure, Übersetzer, Stenotypistinnen und die zu ihrem Haushalt gehörenden Familienmitglieder, genießen, wenn sie weder deutsche Staatsangehörige noch im Inland ständig ansässig sind, die in Nummer 2 bezeichneten Vorrechte (Artikel 37 Absatz 2 WÜD). Dies gilt nicht im Verhältnis zu Venezuela (vgl. Vorbehalt Venezuelas bei der Unterzeichnung des Abkommens). Mitgliedern des dienstlichen Hauspersonals, z. B. Kraftfahrer, Pförtner, Boten, Gärtner, Köche, Nachtwächter, und privaten Hausangestellten von Mitgliedern der Mission stehen erbschaftsteuerrechtliche Vorrechte nicht zu.

Nach dem **Wiener Übereinkommen über konsularische Beziehungen** gilt Folgendes:

1. Nach Artikel 49 Absatz 1 Buchstabe c WÜK sind Berufskonsularbeamte und Bedienstete des Verwaltungs- und technischen Personals sowie die mit ihnen im gemeinsamen Haushalt lebenden Familienmitglieder nicht von der Erbschaftsteuer befreit.
2. Nach Artikel 51 Buchstabe b Absatz 4 WÜK darf jedoch von beweglichem Vermögen, das sich nur deshalb in Deutschland befindet, weil sich der Verstorbene als Mitglied der Mission in Deutschland aufhielt, keine Erbschaftsteuer erhoben werden. Zum beweglichen Vermögen rechnet nicht Kapitalvermögen.
3. Die nach Nummer 2 vorgesehene Befreiung von der Erbschaftsteuer steht folgenden Personen nicht zu:
   a) Wahlkonsularbeamten (Artikel 1 Absatz 2, Artikel 58 Absatz 1 und 3 WÜK) und ihren Familienmitgliedern,
   b) Bediensteten des Verwaltungs- oder technischen Personals, die im Inland eine private Erwerbstätigkeit ausüben, und deren Familienmitgliedern (Artikel 57 Absatz 2 Buchstaben a und b WÜK), außerdem den Mitgliedern des dienstlichen Hauspersonals und den privaten Hausangestellten von Mitgliedern der konsularischen Vertretung,
   c) Familienangehörigen eines Mitglieds einer konsularischen Vertretung, die im Inland eine private Erwerbstätigkeit ausüben (Artikel 57 Absatz 2 Buchstabe c WÜK).

R E 2.2 Inlandsvermögen

(1) [1]Zum Inlandsvermögen bei beschränkter Steuerpflicht gehören nur solche Wirtschaftsgüter, die auch bei unbeschränkter Steuerpflicht einem Erwerb zuzurechnen sind. [2]Es werden deshalb auch beim Inlandsvermögen die Wirtschaftsgüter nicht erfasst, die nach den Vorschriften des Erbschaftsteuer- und Schenkungsteuergesetzes oder anderer Gesetze nicht zur Erbschaftsteuer heranzuziehen sind.

(2) [1]Inländisches Betriebsvermögen unterliegt der beschränkten Erbschaftsteuerpflicht nicht nur, wenn in diesem Gebiet eine Betriebsstätte unterhalten wird, sondern auch, wenn lediglich ein ständiger Vertreter (§ 13 AO) für den Gewerbebetrieb bestellt ist. [2]Im Besteuerungsverfahren ist selbstständig darüber zu entscheiden, ob für das im Inland betriebene Gewerbe, dem das Vermögen dient, im Inland eine Betriebsstätte unterhalten wird oder ein ständiger Vertreter bestellt ist.

(3) [1]Die Beteiligung an einer inländischen Kapitalgesellschaft gehört zum Inlandsvermögen, wenn der Erblasser zur Zeit seines Todes oder der Schenker zur Zeit der Ausführung der Schenkung allein oder zusammen mit ihm nahe stehenden Personen im Sinne des § 1 Absatz 2 AStG als Eigentümer der übertragenen Anteile mindestens zu 10 Prozent am Grund oder Stammkapital der inländischen Kapitalgesellschaft beteiligt ist. [2]Wird nur ein Teil einer solchen Beteiligung durch Schenkung zugewendet, sind auch weitere innerhalb der

nächsten zehn Jahre von derselben Person anfallende Erwerbe aus der Beteiligung als Inlandsvermögen zu behandeln, auch wenn im Zeitpunkt ihres Erwerbs die Beteiligung des Erblassers oder Schenkers weniger als 10 Prozent beträgt. [3]Bei der Ermittlung des Umfangs der Beteiligung sind auch lediglich mittelbar gehaltene Anteile zu berücksichtigen. [4]Anteile, die über eine inländische Betriebsstätte des beschränkt Steuerpflichtigen gehalten werden und daher bereits nach § 121 Nummer 3 BewG zum Inlandsvermögen gehören, sind mit Anteilen zusammenzurechnen, die nicht in der Betriebsstätte gehalten werden. [5]Bei Erreichen der Beteiligungsgrenze zählt grundsätzlich nur die jeweils unmittelbar gehaltene Beteiligung zum Inlandsvermögen, auch wenn sie für sich genommen die Beteiligungsgrenze nicht erreicht. [6]Eine mittelbar über eine ausländische Gesellschaft gehaltene Beteiligung zählt zum Inlandsvermögen, soweit es sich bei der Zwischenschaltung der ausländischen Gesellschaft um einen Missbrauch steuerlicher Gestaltungsmöglichkeiten handelt (§ 42 AO). [7]Letzteres kommt in Betracht, wenn für die Einschaltung der ausländischen Gesellschaft wirtschaftliche oder sonst beachtliche Gründe fehlen und sie keine eigene Wirtschaftstätigkeit entfaltet.

(4)[1]Urheberrechte, die weder zu einem inländischen Betriebsvermögen eines beschränkt Steuerpflichtigen gehören noch in ein inländisches Buch oder Register eingetragen sind, gehören nach § 121 Nummer 6 BewG dann zum Inlandsvermögen, wenn sie einem inländischen Gewerbebetrieb überlassen sind. [2]§ 121 Nummer 6 BewG setzt nicht voraus, dass die einem Gewerbebetrieb überlassenen Wirtschaftsgüter diesem für die Dauer oder auf lange Zeit zu dienen bestimmt sind. [3]Es genügt vielmehr, dass sie tatsächlich dem inländischen Gewerbebetrieb zur gewerblichen Verwendung am Stichtag überlassen sind. [4]Zur Bewertung → R B 9.4.

(5) [1]Zum steuerpflichtigen Inlandsvermögen gehört auch die typische stille Beteiligung einer beschränkt steuerpflichtigen Person an einem inländischen Unternehmen. [2]Gewinnanteile aus der stillen Beteiligung gehören jedoch nicht zum Inlandsvermögen. [3]Zur Bewertung von typischen stillen Beteiligungen → R B 12.4.

(6) [1]Nutzungsrechte gehören nur dann zum Inlandsvermögen, wenn sie an einem Wirtschaftsgut bestehen, das in § 121 BewG als Inlandsvermögen aufgeführt ist. [2]Das Nutzungsrecht an einer Beteiligung nach § 121 Nummer 4 BewG kann dem gemäß nur erfasst werden, wenn diese mindestens 10 Prozent des Grund- und Stammkapitals einer inländischen Kapitalgesellschaft ausmacht.

(7)[1)] [1]Schulden und Lasten werden nur insoweit berücksichtigt, als sie mit dem Inlandsvermögen in wirtschaftlichem Zusammenhang stehen (→ R E 10.10) und dieses Vermögen belasten. [2]Einkommensteuerschulden eines Erblassers sind bei der Ermittlung des Inlandsvermögens abzuziehen, wenn die Einkommensteuer durch den Besitz des Inlandsvermögens ausgelöst worden ist (→ R E 10.8). [3]Steuerforderungen eines Erblassers gehören zwar

1) *Zur Berücksichtigung von Pflichtteilsansprüchen sowie des steuerfreien fiktiven Zugewinnausgleichs bei beschränkter Steuerpflicht siehe* BayLfSt v. 9.4.2020 – S 3804.1.1-4/11 St 34, DStR 2020, 883.

grundsätzlich nicht zum Inlandsvermögen, sind aber mit abzugsfähigen Steuerschulden des Erblassers zu saldieren.

(8)[1] War ein Erblasser oder Schenker bei beschränkter Steuerpflicht an einer Gemeinschaft beteiligt, ist sein Anteil an diesem Vermögen in die Ermittlung des steuerpflichtigen Vermögensanfalls einzubeziehen. [2] Die Frage, inwieweit der auf ihn entfallende Anteil zum Inlandsvermögen gehört, wird bei der Veranlagung des Erwerbers entschieden.

H E 2.2

Ansprüche nach dem Vermögensgesetz. Ansprüche nach dem Vermögensgesetz, die auf Rückübertragung von Grundbesitz gerichtet sind, gehören nicht zum Inlandsvermögen. Etwas anderes gilt nach § 121 Nummer 3 BewG nur, wenn ein solcher Anspruch zu einem inländischen Betriebsvermögen gehört (→ R E 10.2 Absatz 2).

Inländische Betriebstätte. → BFH vom 30.1.1981 III R 116/79, BStBl. II S. 560 und vom 8.4.1976 III R 55/74, BStBl. II S. 708.

Gewinnanteile aus einer stillen Beteiligung. → BFH vom 15.1.1971 III R 125/69, BStBl. II S. 379 und vom 17.10.1975 III R 66-67/74, BStBl. 1976 II S. 275.

Nutzungsrecht. Die Erfassung eines Nutzungsrechts wird nicht dadurch ausgeschlossen, dass das Wirtschaftsgut, an dem es besteht, seinerseits steuerfrei bleibt (→ BFH vom 31.5.1957 III 38/57 S, BStBl. III S. 242).

Schulden und Lasten im wirtschaftlichen Zusammenhang mit Inlandsvermögen. Allgemeines → BFH vom 17.12.1965 III 342/60 U, BStBl. 1966 III S. 483 und vom 19.5.1967 III 319/63, BStBl. III S. 596.
Zu Pflichtteilsansprüchen → R E 10.10 Absatz 3.

Sicherungshypothek. Die Vormerkung zur Sicherung eines Anspruchs auf Eintragung einer Sicherungshypothek stellt eine der eingetragenen Hypothek gleichzustellende unmittelbare dingliche Sicherung einer Forderung oder eines Rechts im Sinne des § 121 Nummer 7 BewG dar (→ BFH vom 12.8.1964 II 125/62 U, BStBl. III S. 647).
Ein für mehrere Jahre als Teil eines Kaufpreises vereinbarter Anspruch auf Umsatzbeteiligung ist auch insoweit durch Eintragung einer Höchstbetragshypothek unmittelbar an inländischem Grundbesitz gesichert, als er sich auf die Beteiligung an Umsätzen zukünftiger Jahre erstreckt (→ BFH vom 3.10.1969 III R 90/66, BStBl. 1970 II S. 240).

Übernommene Steuer. → R E 10.5.

Urheberrechte, die einem inländischen Gewerbebetrieb überlassen sind. → BFH vom 11.9.1959 III 201/58 U, BStBl. III S. 476, vom 29.1.1965 III 121/62 U, BStBl. III S. 219 und vom 13.2.1970 III 156/65, BStBl. II S. 369.

Zu § 3 ErbStG

R E 3.1 Erwerb durch Erbanfall und Teilungsanordnungen oder Ausgleichungen[1)]

(1) [1]Teilungsanordnungen (§ 2048 BGB) sind schuldrechtlich im Verhältnis der Miterben zueinander wirkende letztwillige Regelungen des Erblassers über die Zuweisung bestimmter Nachlassgegenstände im Rahmen der Erbauseinandersetzung. [2]Sie sind dem Werte nach auf den jeweiligen Erbteil anzurechnen und führen somit zu keiner Veränderung oder Verschiebung der Erbanteile. [3]Wie eine freie Erbauseinandersetzung sind Teilungsanordnungen für die Ermittlung des Anteils des einzelnen Erben am Nachlass (Erwerb durch Erbanfall, § 3 Absatz 1 Nummer 1 ErbStG) ohne Bedeutung. [4]Der nach den steuerlichen Bewertungsvorschriften ermittelte Reinwert des Nachlasses ist den Erben folglich auch bei Teilungsanordnungen nach Maßgabe der Erbanteile zuzurechnen. [5]Die Sonderregelungen für Teilungsanordnungen und freie Erbauseinandersetzungen bei den Steuerbefreiungen (§ 13 Absatz 1 Nummer 4b Satz 3 und 4 ErbStG, § 13 Absatz 1 Nummer 4c Satz 3 und 4 ErbStG, § 13a Absatz 5 Satz 2 und 3, § 13c Absatz 2 Satz 1 ErbStG in Verbindung mit § 13a Absatz 5 Satz 2 ErbStG sowie § 13d Absatz 2 Satz 2 und 3 ErbStG), der Steuerentlastung nach § 19a Absatz 2 Satz 3 ErbStG sowie der Verschonungsbedarfsprüfung nach § 28a Absatz 1 Satz 3 und 4 ErbStG führen nur zu einer Änderung der Bemessungsgrundlage der Steuerbegünstigung und nicht zu einer Änderung der Zuordnung der Erwerbsgegenstände beim einzelnen Erben.

H E 3.1 (1)

Erbschaftsteuerrechtliche Behandlung einer Teilungsanordnung. → BFH vom 10.11.1982 II R 85-86/78, BStBl. 1983 II S. 329 und vom 1.4.1992 II R 21/89, BStBl. II S. 669.

Beispiel:

Der Erblasser E setzt seine Kinder A und B zu gleichen Teilen als Erben ein. Der Nachlass besteht aus einem zu gewerblichen Zwecken vermieteten Grundstück mit einem Grundbesitzwert von 800 000 EUR und aus Geldvermögen im Wert von 400 000 EUR. E bestimmt, dass A das Grundstück gegen Wertausgleichszahlung an B in Höhe von 200 000 EUR und B das Geldvermögen erhalten soll (Teilungsanordnung).

Als Erwerb durch Erbanfall sind bei A und B ohne Rücksicht auf die Teilungsanordnung jeweils die Hälfte des Steuerwerts des Nachlasses, also je 600 000 EUR, anzusetzen.

R E 3.1 (2)

(2) [1]Enthält die Verfügung von Todes wegen ohne Bestimmung der Erbanteile nur Teilungsanordnungen und ergibt die Auslegung der Willenserklärungen des Erblassers, dass die Teilungsanordnungen zugleich als Erbeinsetzung zu beurteilen sind, richten sich die Erbanteile nach dem Verkehrswert der durch die Teilungsanordnungen zugewiesenen Nachlassgegenstände im Verhältnis zum Verkehrswert des Nachlasses. [2]Auch in diesem Fall sind die Teilungsanordnungen selbst erbschaftsteuerrechtlich unbeachtlich. [3]Der Erwerb durch Erbanfall bestimmt sich nach dem sich aus den errechneten Erbanteilen erge-

---

1) Zur Abfindung für den Verzicht auf eine behauptete Erbenstellung siehe BFH v. 1.12.2021 II B 34/21, BFH/NV 2022, 330. – Zur Entstehung inländischer Erbschaftsteuer bei einem Erbfall nach italienischem Recht vgl. BFH v. 17.11.2021 II R 39/19, DStR 2022, 759.

benden Anteil am nach den steuerlichen Bewertungsvorschriften ermittelten Reinwert des Nachlasses.

H E 3.1 (2)

Erbanteile nach Teilungsanordnungen.

Beispiel:

Der Erblasser E bestimmt in seinem Testament, dass sein Kind A das Grundstück und sein Kind B das Geldvermögen erben soll. Weitere Bestimmungen enthält das Testament nicht. Der Nachlass besteht aus einem Grundstück mit einem Grundbesitzwert von 900 000 EUR und aus Geldvermögen im Wert von 300 000 EUR.

Die letztwilligen Verfügungen sind als Erbeinsetzung von A und B auszulegen. Da ein Wertausgleich nicht vorgesehen ist, richten sich die Erbanteile nach dem Verkehrswert der A und B jeweils zugewiesenen Gegenstände im Verhältnis zum Verkehrswert des Nachlasses.

Erbanteil A (900 000 EUR : 1 200 000 EUR) = $^3/_4$
Erbanteil B (300 000 EUR : 1 200 000 EUR) = $^1/_4$

R E 3.1 (3)

(3) [1] Sonderfälle dinglich wirkender Teilungsanordnungen sind die qualifizierte Nachfolgeklausel im Gesellschaftsvertrag einer Personengesellschaft und die Hoferbenbestimmung nach der Höfeordnung. [2] Trotz der hier eintretenden Sondererbfolge können auch diese Teilungsanordnungen erbschaftsteuerrechtlich unbeachtlich sein, falls insoweit bei Auslegung der Willenserklärungen des Erblassers die Sondererbfolge zu keiner Verschiebung der Erbquoten führt. [3] Absatz 1 Satz 5 gilt entsprechend.

H E 3.1 (3)

Qualifizierte Nachfolgeklausel in Personengesellschaftsanteil. → BFH vom 10.11.1982 II R 85-86/78, BStBl. 1983 II S. 329.

Sondererbfolge nach der Höfeordnung. → BFH vom 1.4.1992 II R 21/89, BStBl. II S. 669.

R E 3.1 (4)

(4) Stellt die Anordnung des Erblassers über die Zuweisung bestimmter Nachlassgegenstände einschließlich der Fälle der Sondererbfolge nach Absatz 3 einen Miterben im Vergleich zum Wert seines Erbanteils besser oder schlechter und ist dies vom Erblasser beabsichtigt, liegt ein Vorausvermächtnis oder eine Auflage vor, die erbschaftsteuerrechtlich werterhöhend oder wertmindernd beim Erwerb dieses Miterben zu berücksichtigen sind.

H E 3.1 (4)

Vorausvermächtnis oder Auflage im Fall einer unechten Teilungsanordnung.

Beispiel:

Der Erblasser E setzt seine Kinder A und B zu gleichen Teilen als Erben ein. Der Nachlass besteht aus einem Grundstück mit einem Grundbesitzwert von 800 000 EUR und aus Geldvermögen im Wert von 400 000 EUR. E bestimmt, dass A das Grundstück ohne Wertausgleichszahlung an B und B das Geldvermögen erhalten soll. Es liegt ein Vorausvermächtnis hinsichtlich des Anteils am Grundstück, für den keine Wertausgleichszahlung zu leisten ist, vor. Das Vorausvermächtnis ist steuerlich wie folgt zu bewerten:

Wert des Vorausvermächtnisses (Grundstücksanteil) ½ von 800 000 EUR	400 000 EUR

Für A und B ergeben sich folgende Erwerbe:

Wert des Nachlasses	1 200 000 EUR
abzüglich Wert des Vorausvermächtnisses A	./. 400 000 EUR
	800 000 EUR

	A	B
Erbanteil je 1/2	400 000 EUR	400 000 EUR
Vorausvermächtnis A	+ 400 000 EUR	+ 0 EUR
	800 000 EUR	400 000 EUR

R E 3.1 (5)

(5) [1]Zuwendungen unter Lebenden sind unter bestimmten Voraussetzungen unter den miterbenden Abkömmlingen auszugleichen. [2]Dies gilt insbesondere, wenn der Schenker die Ausgleichung bei der Zuwendung angeordnet hat (§ 2050 Absatz 3 BGB). [3]Bei der Ausgleichung handelt es sich um eine an die Erbanteilsberechtigung aktiv und passiv gebundene Verpflichtung, die Erbauseinandersetzung unter Berücksichtigung der Ausgleichung vorzunehmen. [4]Sie führt zu Teilungsanteilen, die von den Erbanteilen abweichen. [5]Erbschaftsteuerrechtlich ist der Nachlass mit seinem steuerlichen Wert den Miterben nach diesen Teilungsanteilen zuzurechnen.

H E 3.1 (5)

Erbanteile nach Teilungsanteilen. → RFH vom 21.5.1931 I D 1/30, RStBl S. 559, 560.

Beispiel:

Der Erblasser E setzt seine Kinder A und B zu gleichen Teilen als Erben ein. Der Nachlass hat einen Wert von 1 600 000 EUR. A hat von E zu dessen Lebzeiten ein Grundstück (Grundbesitzwert 800 000 EUR) als ausgleichungspflichtige Zuwendung erhalten.
Die Erwerbe von Todes wegen von A und B berechnen sich wie folgt:

Nachlass	1 600 000 EUR
zuzüglich auszugleichende Zuwendung	+ 800 000 EUR
	2 400 000 EUR
Anteil A (1/2)	1 200 000 EUR
abzüglich auszugleichende Zuwendung	./. 800 000 EUR
	400 000 EUR

Teilungsanteil A im Verhältnis zum Nachlass
(400 000 EUR : 1 600 000 EUR) = 1/4

Teilungsanteil B
(1 200 000 EUR : 1 600 000 EUR) = 3/4

Erwerb A durch Erbanfall: 1/4 von 1 600 000 EUR	400 000 EUR
Erwerb B durch Erbanfall: 3/4 von 1 600 000 EUR	1 200 000 EUR

Ist die auszugleichende Zuwendung innerhalb von zehn Jahren vor Eintritt des Erbfalls ausgeführt worden, ist sie mit ihrem steuerlichen Wert zum Zeitpunkt der Zuwendung mit dem Erwerb von Todes wegen des A von 400 000 EUR nach § 14 ErbStG zusammenzurechnen (→ R E 14.1).

H E 3.1 (6)

Erwerb eines nicht geltend gemachten Pflichtteilsanspruchs durch Erbanfall. → BFH vom 7.12.2016 II R 21/14, BStBl. 2018 II S. 196.

R E 3.2[1] Erwerb durch Vermächtnis – *unbesetzt* –

H E 3.2

Formunwirksames Vermächtnis. → BFH vom 15.3.2000 II R 15/98, BStBl. II S. 588.

Kaufrechtsvermächtnis. → BFH vom 13.8.2008 II R 7/07, BStBl. II S. 982.

Testamentsvollstreckervergütung im Regelfall kein Vermächtnis, auch soweit sie die angemessene Höhe übersteigt. → BFH vom 2.2.2005 II R 18/03, BStBl. II S. 489.

Vermächtnis, das auf einen nicht zum Nachlass gehörenden Gegenstand gerichtet ist. → BFH vom 28.3.2007 II R 25/05, BStBl. II S. 461.

Wahlvermächtnis. → BFH vom 6.6.2001 II R 14/00, BStBl. II S. 725.

R E 3.3 Schenkung auf den Todesfall

[1] Die Schenkung auf den Todesfall (§ 3 Absatz 1 Nummer 2 Satz 1 ErbStG) erfordert trotz der Zuordnung zu den Erwerben von Todes wegen die Tatbestandsmerkmale einer freigebigen Zuwendung (→ R E 7.1). [2] Die vom Erwerber übernommenen Verbindlichkeiten sind nach § 10 Absatz 1 Satz 2 ErbStG vom steuerlichen Wert des Erwerbsgegenstandes abzuziehen.

H E 3.3

Überhöhte Zugewinnausgleichsforderung bei güterrechtlichem Zugewinnausgleich. → R E 5.2.

Objektive und subjektive Voraussetzungen einer Schenkung auf den Todesfall. → BFH vom 5.12.1990 II R 109/86, BStBl. 1991 II S. 181.

Wert des Erwerbs.

Beispiel:

A erwirbt mit dem Tod des Erblassers E durch Schenkung auf den Todesfall ein zum Nachlass des E gehörendes Grundstück mit einem Grundbesitzwert von 900 000 EUR gegen Übernahme der auf dem Grundstück lastenden, mit 300 000 EUR valutierenden Hypothekenschulden.

Wert des Erwerbs des A durch Schenkung auf den Todesfall:

Grundbesitzwert des Grundstücks	900 000 EUR
abzüglich Verbindlichkeiten	./. 300 000 EUR
Bereicherung	600 000 EUR

R E 3.4 Gesellschaftsanteil beim Tod eines Gesellschafters

(1) [1] Geht beim Tode eines Gesellschafters sein Anteil am Gesellschaftsvermögen nicht auf seine Erben, sondern auf die verbleibenden Gesellschafter bzw.

---

[1] Zur Auslegung einer Vermächtnisanordnung siehe BFH v. 25.11.2020 II R 36/18, BFH/NV 2021, 933. – Zur Besteuerung eines beim Tod des Beschwerten fälligen Vermächtnisses siehe BFH v. 31.8.2021 II R 2/20, DStR 2022, 93.

die Gesellschaft selbst über und ist der Wert der Abfindung, die diese dafür zu leisten haben, geringer als der sich nach § 12 ErbStG ergebende Wert des Anteils, gilt die insoweit eintretende Bereicherung der Gesellschafter als Schenkung auf den Todesfall (§ 3 Absatz 1 Nummer 2 Satz 2 ErbStG). [2]Dies betrifft sowohl Anteile an einer Personengesellschaft als auch Anteile an einer Kapitalgesellschaft. [3]Auf das subjektive Merkmal eines Willens zur Unentgeltlichkeit (→ R E 7.1) seitens des verstorbenen Gesellschafters kommt es nicht an.

H E 3.4 (1)

Wille zur Unentgeltlichkeit. → BFH vom 1.7.1992 II R 20/90, BStBl. II S. 912.

R E 3.4 (2)

(2)[1)] [1]Bei Personengesellschaften betrifft der Tatbestand des § 3 Absatz 1 Nummer 2 Satz 2 ErbStG insbesondere den Anwachsungserwerb (§ 738 Absatz 1 BGB, § 105 Absatz 2, § 161 Absatz 2 HGB), aber auch den Übergang des Gesamthandseigentums in das Alleineigentum des übernehmenden Gesellschafters im Fall einer zweigliedrigen Personengesellschaft. [2]Als Erwerber sind stets die verbleibenden Gesellschafter anzusehen.

H E 3.4 (2)

Anwachsungserwerb.

Beispiel:

Gesellschafter der gewerblich tätigen X-OHG sind die natürlichen Personen A, B und C zu je einem Drittel. Beim Tod des Gesellschafters A wird die Gesellschaft durch die verbleibenden Gesellschafter B und C fortgesetzt. Der Gesellschaftsvertrag sieht die Abfindung der Erben zum Buchwert vor. Der Gesellschaftsanteil des A hatte bei seinem Tod einen steuerlichen Wert von 500 000 EUR und einen Buchwert von 300 000 EUR.

Der Anwachsungserwerb von B und C unterliegt als Schenkung auf den Todesfall der Erbschaftsteuer mit folgendem Wert:

Steuerwert des Gesellschaftsanteils A	500 000 EUR
abzüglich Abfindung an die Erben zum Buchwert	./. 300 000 EUR
Übersteigender Wert	200 000 EUR
davon entfallen auf B bzw. C (je $1/2$) =	100 000 EUR

Der Erwerb von B und C ist in Höhe von je 100 000 EUR steuerbegünstigt nach §§ 13a, 19a ErbStG (→ R E 13b.1 Absatz 1 Satz 4 Nummer 3, R E 13b.5, R E 19a.1, H E 13b.1).

Entlastungen beim Erwerb von Betriebsvermögen. → R E 13b.5.

Übernahmeklausel bei zweigliedriger Personengesellschaft. → BFH vom 1.7.1992 II R 12/90, BStBl. II S. 925, 928.

Vermögensanfall an eine Gesamthandsgemeinschaft. → BFH vom 14.9.1994 II R 95/92, BStBl. 1995 II S. 81.

R E 3.4 (3)

(3)[1] Eine Anwachsung auf die verbleibenden Gesellschafter ist bei Anteilen an Kapitalgesellschaften nicht möglich. [2]Im Recht der GmbH kann die Vererblichkeit des Geschäftsanteils durch Gesellschaftsvertrag nicht abbedungen werden (§ 15 GmbHG). [3]§ 3 Absatz 1 Nummer 2 Satz 2 ErbStG erfasst aber

---

1) Zur erbschaftsteuerrechtlichen Behandlung der Anwachsung eines KG-Anteils bei übersteigendem Abfindungsanspruch siehe BFH v. 8.6.2021 II R 2/19, DStR 2021, 2635.

bei Kapitalgesellschaften insbesondere gesellschaftsvertragliche Vereinbarungen, durch die die Erben verpflichtet werden, den durch Erbanfall erworbenen Geschäftsanteil auf die Gesellschafter oder die Gesellschaft gegen eine Abfindung zu übertragen, die geringer ist als der sich nach § 12 Absatz 1 und 2 ErbStG ergebende steuerliche Wert des Anteils. [4]Erwerber im Sinne von § 3 Absatz 1 Nummer 2 Satz 2 ErbStG sind die Gesellschafter oder – bei Erwerb durch die Gesellschaft selbst – die Gesellschaft. [5]War der Erblasser zu mehr als 25 Prozent unmittelbar am Nennkapital der inländischen Kapitalgesellschaft beteiligt, ist der Erwerb der Anteile nach §§ 13a, 13c oder 28a bzw. 19a ErbStG begünstigt. [6]Ist die Kapitalgesellschaft als Erwerber anzusehen, kommen nur die Begünstigungen nach §§ 13a, 13c oder 28a ErbStG in Betracht; § 19a ErbStG erfasst nur den Erwerb durch natürliche Personen und ist daher nicht anwendbar. [7]Wird der Geschäftsanteil eines Gesellschafters einer GmbH bei dessen Tod nach § 34 GmbHG eingezogen, geht der auf die Erben übergegangene Anteil unter. [8]Erhalten die Erben eine Abfindung, die geringer ist als der sich nach § 12 ErbStG ergebende steuerliche Wert des Anteils, unterliegt die dadurch eintretende Werterhöhung der Anteile der verbleibenden Gesellschafter als Schenkung auf den Todesfall des Erblassers an diese Gesellschafter der Besteuerung. [9]Da die Gesellschafter selbst keine Anteile erwerben, ist dieser Erwerb durch die Gesellschafter nicht nach §§ 13a, 13c, 19a oder 28a ErbStG begünstigt.

H E 3.4 (3)

Entlastungen beim Erwerb von Anteilen an Kapitalgesellschaften. → R E 13b.1 Absatz 1 Satz 4 Nummer 3, R E 13b.6, R E 19a.1.

Erwerb eigener Anteile durch die Gesellschaft. → § 33 GmbHG.

R E 3.5 Hinterbliebenenbezüge des Erblassers

(1) [1]Die kraft Gesetzes entstehenden Versorgungsansprüche Hinterbliebener unterliegen nicht der Erbschaftsteuer. [2]Hinterbliebene in diesem Sinne sind nur der mit dem Erblasser bei dessen Tod rechtsgültig verheiratete Ehegatte und die Kinder des Erblassers. [3]Zu den nicht steuerbaren Ansprüchen (Bezügen) gehören insbesondere:

1. Versorgungsbezüge der Hinterbliebenen von Beamten auf Grund der Beamtengesetze des Bundes und der Länder;
2. Versorgungsbezüge, die den Hinterbliebenen von Angestellten und Arbeitern aus der gesetzlichen Rentenversicherung zustehen. [2]Dies gilt auch in den Fällen freiwilliger Weiter- und Höherversicherung;
3. Versorgungsbezüge, die den Hinterbliebenen von Angehörigen der freien Berufe aus einer berufsständischen Pflichtversicherung bei einer berufsständischen Versorgungseinrichtung zustehen. [2]Dies gilt auch für Ansprüche aus einer vom Erblasser fortgeführten Pflichtversicherung, die an die Stelle einer Pflichtversicherung auf Grund einer weiter bestehenden Pflichtmitgliedschaft in der jeweils zuständigen Berufskammer tritt, sowie für Ansprüche, die auf einer freiwilligen Weiter- oder Höherversicherung in der Versorgungseinrichtung beruhen. [3]Bei den letztgenannten Ansprüchen handelt

es sich insbesondere um Fälle, in denen das frühere Pflichtmitglied eine berufsfremde Tätigkeit im Inland ausübt, die zur Versicherungspflicht in der gesetzlichen Rentenversicherung führt, oder eine berufsspezifische Tätigkeit im Ausland ausübt und auf freiwilliger Grundlage Mindestbeiträge an die Versorgungseinrichtung entrichtet;

4. Versorgungsbezüge, die den Hinterbliebenen von Abgeordneten auf Grund der Diätengesetze des Bundes und der Länder zustehen.

(2) [1]Hinterbliebenenbezüge, die auf Tarifvertrag, Betriebsordnung, Betriebsvereinbarung, betrieblicher Übung oder dem Gleichbehandlungsgrundsatz beruhen, unterliegen ebenfalls nicht der Erbschaftsteuer. [2]Hierzu gehören alle Bezüge, die auf ein Dienstverhältnis (§ 1 Absatz 1 LStDV) des Erblassers zurückzuführen sind. [3]Ob ein Dienstverhältnis gegeben war, ist im Einzelfall danach zu entscheiden, wie die Aktivenbezüge des Erblassers bei der Einkommen- bzw. Lohnsteuer behandelt worden sind. [4]War dort ein Arbeitnehmer-Verhältnis angenommen worden, gilt dies auch für die Erbschaftsteuer. [5]In der Regel werden dann auch die Hinterbliebenenbezüge der Lohnsteuer unterliegen (§ 19 Absatz 2 EStG). [6]Es ist aber auch möglich, dass diese Bezüge, wenn sie von einer Pensionskasse oder von der Sozialversicherung gezahlt werden, einkommensteuerrechtlich nach § 22 Nummer 1 EStG als wiederkehrende Bezüge oder als Leibrente zu behandeln sind. [7]Für die Erbschaftsteuer ist diese unterschiedliche ertragsteuerliche Behandlung unerheblich. [8]Steht fest, dass die Versorgungsbezüge auf ein Dienstverhältnis zurückzuführen sind, ist es erbschaftsteuerrechtlich ohne Bedeutung, ob sie vom Arbeitgeber auf Grund einer Pensionszusage, von einer Pensions- oder Unterstützungskasse oder einem Pensionsfonds, auf Grund einer Direktversicherung des Arbeitgebers oder auf Grund einer anderen Rechtsgrundlage gezahlt werden.

(3) [1]Auch Hinterbliebenenbezüge, die auf einem zwischen dem Erblasser und seinem Arbeitgeber geschlossenen Einzelvertrag beruhen, sind, soweit sie angemessen sind, nicht steuerbar. [2]Als „angemessen“ sind solche Hinterbliebenenbezüge anzusehen, die 45 Prozent des Brutto-Arbeitslohnes des verstorbenen Arbeitnehmers nicht übersteigen. [3]Unter diese nicht steuerbaren Hinterbliebenenbezüge fallen auch die Hinterbliebenenbezüge, die ein Gesellschafter-Geschäftsführer mit der GmbH, deren Geschäftsführer er war, vereinbart hat, wenn der Gesellschafter-Geschäftsführer wie ein Nichtgesellschafter als abhängiger Geschäftsführer anzusehen war und die Hinterbliebenenbezüge angemessen sind. [4]War er demgegenüber ein herrschender Geschäftsführer, unterliegen die Hinterbliebenenbezüge der Erbschaftsteuer.

(4) [1]Hinterbliebenenbezüge, die nicht auf ein Arbeitnehmer-Verhältnis des Erblassers zurückgehen, beispielsweise die Bezüge, die den Hinterbliebenen eines verstorbenen persönlich haftenden Gesellschafters einer Personengesellschaft auf Grund des Gesellschaftsvertrags zustehen, unterliegen grundsätzlich nach § 3 Absatz 1 Nummer 4 ErbStG der Erbschaftsteuer. [2]Die Hinterbliebenenbezüge sind jedoch ausnahmsweise nicht steuerbar, wenn der verstorbene persönlich haftende Gesellschafter einer Personenhandelsgesellschaft im Innenverhältnis gegenüber den die Gesellschaft beherrschenden anderen Gesellschaftern wie ein Angestellter gebunden war.

(5) Wegen der Auswirkungen der nicht steuerbaren Hinterbliebenenbezüge auf die Berechnung der fiktiven Zugewinnausgleichsforderung → R E 5.1 und des Versorgungsfreibetrags → R E 17.

H E 3.5

Angemessenheit von Hinterbliebenenbezügen. → BFH vom 20.5.1981 II R 11/81, BStBl. II S. 715.

Erbschaftsteuer auf Erwerb eines Anspruchs aus einer Direktversicherung. Der Erwerb eines Anspruchs aus einer vom Arbeitgeber zugunsten des Erblassers mit dessen Einverständnis abgeschlossenen Direktversicherung unterliegt der Erbschaftsteuer, wenn der Bezugsberechtigte nicht die persönlichen Voraussetzungen für eine Rente aus der gesetzlichen Rentenversicherung des Erblassers erfüllt (→ BFH vom 18.12.2013 II R 55/12, BStBl. 2014 II S. 323).

(Fortsetzung S. 27)

Herrschender Gesellschafter-Geschäftsführer einer GmbH. Für die Annahme einer herrschenden Stellung des Geschäftsführers genügt es bereits, wenn ihm ein so maßgeblicher Einfluss eingeräumt ist, dass die Organe der Kapitalgesellschaft Beschlüsse ohne seine Mitwirkung nicht fassen können. Für die Beurteilung sind die tatsächlichen Verhältnisse in der Kapitalgesellschaft und insbesondere in der Geschäftsführung in dem Zeitpunkt maßgebend, in dem die Hinterbliebenenversorgung vereinbart wurde.

Ein herrschender Gesellschafter-Geschäftsführer ist insbesondere anzunehmen, wenn folgende Voraussetzungen vorliegen:

1. Kapitalanteil mindestens 50 Prozent oder Sperrminorität bei besonderer Vereinbarung im Gesellschaftsvertrag. Unmittelbare und mittelbare Beteiligungen sind zusammenzurechnen. Neben den Anteilen, die dem Erblasser selbst gehören, sind auch die Anteile zu berücksichtigen, bei denen ihm die Ausübung der Gesellschaftsrechte ganz oder teilweise vorbehalten ist. Dazu rechnen auch von Mitgesellschaftern treuhänderisch für den Gesellschafter gehaltene Anteile. Die Anteile des Ehegatten oder von Kindern sind ebenfalls zu berücksichtigen.
2. Kapitalanteil weniger als 50 Prozent, aber mehr als 10 Prozent, und der Gesellschafter-Geschäftsführer verfügt zusammen mit einem oder mehreren anderen Gesellschafter-Geschäftsführern über die Mehrheit, von den anderen aber keiner allein.
3. Unabhängig von einer Kapitalbeteiligung ist eine faktische Beherrschung gegeben, z. B. weil
   a) das Selbstkontrahierungsverbot nach § 181 BGB abbedungen ist;
   b) der Geschäftsführer als einziger über die notwendigen Branchenkenntnisse verfügt;
   c) der Gesellschafter Großgläubiger der Gesellschaft ist.

Entscheidungshilfe zu Nummer 3

Wenn nicht bereits aufgrund des Kapitalanteils ein abhängiges Beschäftigungsverhältnis von vornherein ausgeschlossen ist, sind die Voraussetzungen für ein abhängiges Beschäftigungsverhältnis anhand des Gesamtbilds der tatsächlichen Verhältnisse zu prüfen.

I. Selbstkontrahierung? Abdingung des Selbstkontrahierungsverbots nach § 181 BGB	ja → nein ↓	Indiz gegen ein abhängiges Beschäftigungsverhältnis
II. Branchenkenntnisse? Der Geschäftsführer verfügt als einziger Gesellschafter über für die Führung des Betriebs notwendige Branchenkenntnisse	ja → nein ↓ ↓	Indiz gegen ein abhängiges Beschäftigungsverhältnis, da die anderen Gesellschafter nicht oder kaum in der Lage sind, dem Geschäftsführer Weisungen zu erteilen
III. Bindung an Zeit, Dauer und Ort der Arbeitsleistung? Es kommt nicht allein darauf an, inwieweit die Sachentscheidungsbefugnis begrenzt ist. Wesentlicher ist, ob der äußere Rahmen der Tätigkeit durch einseitige Weisungen geregelt werden kann.	nein → ja ↓ ↓ ↓ ↓ ↓ ↓	Kein abhängiges Beschäftigungsverhältnis

IV. Familien-GmbH?	ja → / nein ↓	Kein abhängiges Beschäftigungsverhältnis, wenn Geschäftsführertätigkeit mehr durch familienhafte Rücksichtnahmen und durch ein gleichberechtigtes Nebeneinander als durch einen für ein Arbeitnehmer-Arbeitgeberverhältnis typischen Interessengegensatz gekennzeichnet ist
V. Firmenumwandlung? Der Geschäftsführer war vor der Umwandlung Alleininhaber einer Einzelfirma	ja → / nein ↓	Kein abhängiges Beschäftigungsverhältnis, wenn der Geschäftsführer „Kopf und Seele" des Betriebs geblieben ist und die gesellschaftsrechtlichen Maßnahmen nur deshalb getroffen worden sind, weil er sich dadurch haftungs- oder steuerrechtlich besser zu stehen glaubt
VI. Erhebliches Unternehmerrisiko?	ja → / nein ↓	Indiz gegen ein abhängiges Beschäftigungsverhältnis; Teilhabe am Arbeitsprozess in diesen Fällen häufig zwar funktionsgerecht, aber nicht „dienender" Natur

abhängiges Beschäftigungsverhältnis

→ BFH vom 13.12.1989 II R 23/85, BStBl. 1990 II S. 322 und vom 20.5.1981 II R 11/81, BStBl. II S. 715 sowie BVerfG vom 9.11.1988 1 BvR 243/86, BStBl. 1989 II S. 938.

Hinterbliebenenbezüge aus einer befreienden Lebensversicherung. → BFH vom 24.10.2001 II R 10/00, BStBl. 2002 II S. 153.

Hinterbliebenenbezüge bei Gesellschaftern einer Personengesellschaft. Beruhen die Hinterbliebenenbezüge nicht auf einem Arbeitnehmer-Verhältnis des Gesellschafters zur Personengesellschaft, unterliegen sie grundsätzlich nach § 3 Absatz 1 Nummer 4 ErbStG der Erbschaftsteuer (→ BFH vom 22.12.1976 II R 58/67, BStBl. 1977 II S. 420, vom 21.9.1983 II R 197/81, BStBl. II S. 775, vom 27.11.1985 II R 148/82, BStBl. 1986 II S. 265, vom 13.12.1989 II R 31/89, BStBl. 1990 II S. 325 und vom 5.5.2010 II R 16/08, BStBl. II S. 923, sowie BVerfG vom 5.5.1994 2 BvR 397/90, BStBl. II S. 547). Bei den Hinterbliebenenbezügen handelt es sich um Sonderbetriebsvermögen der Personengesellschaft (§ 12 Absatz 5 ErbStG i. V. m. § 151 Absatz 1 Satz 1 Nummer 2, § 157 Absatz 5, § 95 Absatz 1 BewG, § 15 Absatz 1 und 2 EStG), da sie nachträgliche Einkünfte aus Gewerbebetrieb bzw. selbstständiger Arbeit nach § 24 Nummer 2 EStG darstellen (→ FH vom 5.5.2010 II R 16/08, BStBl. II S. 923). Dies gilt unabhängig davon, ob der begünstigte Hinterbliebene vor dem Tod des Erblassers bereits an der Gesellschaft beteiligt war, durch den Tod des Erblassers eine Beteiligung an der Gesellschaft erwirbt oder auch nach dem Tod des Erblassers nicht an der Gesellschaft beteiligt ist. Die Hinterbliebenenbezüge sind mit ihrem Kapitalwert zum bewerten (§ 97 Absatz 1 und 1a Nummer 2 i. V. m. §§ 13, 14 BewG). Erwirbt der Hinterbliebene neben dem Sonderbetriebsvermögen von Todes wegen auch eine Beteiligung an der Gesellschaft, gehören der Anspruch auf die Hinterbliebenenbezüge und der Gesellschaftsanteil bei Vorliegen der übrigen Voraussetzungen zum begünstigten Vermögen i. S. d. § 13b Absatz 1 Nummer 2 ErbStG. Werden allein die Hinterbliebenenbezüge übertragen, liegt dagegen kein begünstigtes Vermögen vor (→ R E 13b.5 Absatz 3 Satz 9).

Hinterbliebenenbezüge, die auf Tarifvertrag u. ä. beruhen. → BFH vom 20.5.1981 II R 11/81, BStBl. II S. 715.

Hinterbliebenenbezüge aus Altersvorsorgeverträgen. (§ 1 Absatz 1 Altersvorsorge-Zertifizierungsgesetz) beruhen nicht auf einem Arbeitnehmer-Verhältnis des Erblassers.

R E 3.6 Erwerbe aus Versicherungen auf verbundene Leben

(1) [1]Nach § 3 Absatz 1 Nummer 4 ErbStG ist die Auszahlung einer Versicherungssumme aus einer Lebensversicherung oder einer Leibrente aus einer Leibrentenversicherung steuerpflichtig, wenn sie nicht an den Versicherungsnehmer selbst, sondern an einen bezugsberechtigten Dritten fällt. [2]Erfolgt eine solche Auszahlung an einen Bezugsberechtigten noch zu Lebzeiten des Versicherungsnehmers, ist sie nach § 7 Absatz 1 Nummer 1 ErbStG steuerpflichtig. [3]Dies gilt auch bei Versicherungssummen aus einer verbundenen Lebensversicherung, d. h. auf einer auf das Leben eines zuerst versterbenden Mitversicherungsnehmers – zumeist Ehegatten – abgeschlossenen Lebensversicherung.

(2) [1]Da das Versicherungsvertragsrecht keine Sonderbestimmung für den Fall enthält, dass an einem Versicherungsvertrag mehrere Versicherungsnehmer beteiligt sind, gilt neben den Privatvereinbarungen das allgemeine bürgerliche Recht. [2]Die Versicherungsnehmer sind grundsätzlich Teilhaber einer untereinander bestehenden Gemeinschaft (§ 741 BGB). [3]Sie haften regelmäßig gesamtschuldnerisch für die Versicherungsprämie (§ 427 BGB). [4]Dies schlägt sich auch in der Behandlung des Anspruchs auf die Versicherungsleistung nieder. [5]Die auf Grund des Todes des Erstversterbenden oder im Erlebensfall fällige Versicherungsleistung fällt im Ergebnis zugunsten der Gemeinschaft an. [6]Erfolgt die Leistung ausschließlich an einen (überlebenden) Versicherungsnehmer, erhält dieser die Leistung nur anteilig – entsprechend seinem Anteil an der Gemeinschaft – in seiner Eigenschaft als Versicherungsnehmer und insoweit nicht als unter das ErbStG fallenden Erwerb. [7]Im Übrigen ist die Versicherungssumme nach § 3 Absatz 1 Nummer 4 oder § 7 Absatz 1 Nummer 1 ErbStG zu erfassen. [8]Der Anteil an der Gemeinschaft bemisst sich dabei nach der im Innenverhältnis vereinbarten Prämienzahlungspflicht. [9]Im Zweifel ist anzunehmen, dass Teilhabern gleiche Anteile zustehen (§ 742 BGB).

(3) [1]Bei Ehegatten ist wegen der engen persönlichen Bindungen untereinander und auf Grund gleichberechtigter Interessenlage grundsätzlich von einer im Innenverhältnis vereinbarten hälftigen Zahlungsverpflichtung auszugehen. [2]Dabei kann unterstellt werden, dass persönliche und wirtschaftliche Leistungen eines Ehegatten nicht gegeneinander oder untereinander abgerechnet werden, sondern ersatzlos von demjenigen erbracht werden sollen, der hierzu in der Lage ist.

(4) [1]Bei Versicherungsverträgen mit mehreren Versicherungsnehmern ist eine Anzeige nach § 33 Absatz 3 ErbStG zu erstatten, wenn das Versiche-

rungsunternehmen die Auszahlung nicht an alle Versicherungsnehmer zugleich vornimmt. [2]Die Frage, inwieweit die Versicherungsleistung beim einzelnen Empfänger der Erbschaftsteuer oder Schenkungsteuer unterliegt, kann nur im Besteuerungsverfahren selbst entschieden werden.

R E 3.7 Verträge zugunsten Dritter im Zusammenhang mit Bankguthaben und -depots sowie Lebensversicherungen

(1) [1]Will der Inhaber von Bankguthaben oder -depots die Abwicklung und Verteilung des Nachlasses dadurch erleichtern, dass im Erbfall nur eine Person über die Forderungen gegen das Kreditinstitut verfügen kann, genügt es, ihr eine Bankenvollmacht über den Tod hinaus zu erteilen; die gesetzliche oder testamentarische Erbfolge wird dadurch nicht berührt. [2]Hat der Erblasser dagegen mit der Bank einen Vertrag zugunsten Dritter auf den Todesfall zum Vorteil der dritten Person abgeschlossen, erwirbt der Begünstigte die Bankguthaben außerhalb der Erbfolge unmittelbar auf Grund dieses Vertrags (§§ 328, 331 BGB; § 3 Absatz 1 Nummer 4 ErbStG). [3]Eine Weitergabe von Teilen dieses erworbenen Vermögens ohne rechtliche Verpflichtung an Erben oder Miterben ist regelmäßig als steuerpflichtige Schenkung zu behandeln, es sei denn, der Vertrag wird nach § 333 BGB vom Begünstigten zurückgewiesen.

(2) [1]Leistungen aus einer Lebensversicherung unterliegen beim Erwerb durch einen Bezugsberechtigten der Besteuerung nach § 3 Absatz 1 Nummer 4 ErbStG, wenn im Valutaverhältnis zwischen dem Versprechensempfänger (Versicherungsnehmer und Erblasser) und dem Begünstigten eine freigebige Zuwendung vorliegt. [2]Hat ein Bezugsberechtigter eines Lebensversicherungsvertrags die Prämien ganz oder teilweise gezahlt, ist die Versicherungsleistung nach dem Verhältnis der vom Versicherungsnehmer/Erblasser gezahlten Versicherungsbeiträge zu den insgesamt gezahlten Versicherungsbeiträgen aufzuteilen; nur dieser Teil unterliegt der Erbschaftsteuer. [3]Der Bezugsberechtigte trägt die Beweislast hinsichtlich der von ihm gezahlten Versicherungsbeiträge. [4]Diese Grundsätze gelten auch, wenn ein Anspruch aus einer noch nicht fälligen Lebensversicherung übertragen wird, bei der der Erwerber die Versicherungsbeiträge bisher ganz oder teilweise gezahlt hat.

H E 3.7

Zahlung der Prämien durch den Bezugsberechtigten. Die Grundsätze des BFH-Urteils vom 1.7.2008 II R 38/07, BStBl. II S. 876 und vom 18.9.2013 II R 29/11, BStBl. 2014 II S. 261 gelten entsprechend.

R E 3.8 Übergang von Vermögen auf eine Stiftung von Todes wegen

– unbesetzt –

H E 3.8

Kein Übergang von Vermögen auf eine nichtsrechtsfähige Stiftung. → BFH vom 25.1.2017 II R 26/16, BStBl. 2018 II S. 199.

Zu § 5 ErbStG[1)]

R E 5.1 Erbrechtlicher Zugewinnausgleich

(1) [1]Kommt es mit Beendigung der Zugewinngemeinschaft zur erbrechtlichen Abwicklung, weil die Eheleute bis zum Tod eines Ehegatten im Güterstand der Zugewinngemeinschaft gelebt und der überlebende Ehegatte das Vermögen des verstorbenen Ehegatten ganz oder teilweise durch Erbanfall oder Vermächtnis erworben hat, ist nur für steuerliche Zwecke fiktiv eine steuerfrei zu stellende Ausgleichsforderung zu ermitteln und vom Erwerb des Ehegatten abzuziehen. [2]Ist abzusehen, dass der Erwerb des überlebenden Ehegatten einschließlich etwaiger Vorschenkungen (§ 14 ErbStG) die persönlichen Freibeträge (§§ 16, 17 ErbStG) nicht überschreiten wird, kann eine Berechnung der fiktiven Ausgleichsforderung unterbleiben.

(2)[2)] [1]Die fiktive Ausgleichsforderung ist für die tatsächliche Dauer der Zugewinngemeinschaft nach den Bestimmungen der §§ 1373 bis 1383 und 1390 BGB zu ermitteln; von diesen Vorschriften abweichende ehevertragliche Vereinbarungen bleiben hierbei unberücksichtigt. [2]Für jeden Ehegatten ist das Anfangs- und Endvermögen nach Verkehrswerten gegenüberzustellen. [3]Die Zu- und Abrechnungen nach §§ 1374 ff. BGB sind dabei zu beachten. [4]Bei Überschuldung ist das Vermögen mit seinem negativen Wert anzusetzen (§ 1374 Absatz 1, § 1375 Absatz 1 BGB). [5]Die infolge des Kaufkraftschwunds nur nominale Wertsteigerung des Anfangsvermögens eines Ehegatten während der Ehe stellt keinen Zugewinn dar; das gilt auch in Fällen eines negativen Anfangsvermögens. [6]Für die Wertsteigerung bei Hinzurechnungen zum Anfangsvermögen gilt dies entsprechend.

H E 5.1 (2)

Wertsteigerung infolge des Kaufkraftschwundes. Der auf allgemeiner Geldentwertung beruhende unechte Wertzuwachs des Anfangsvermögens ist aus der Berechnung der Ausgleichsforderung zu eliminieren, indem das Anfangsvermögen der Ehegatten mit dem Lebenshaltungskostenindex (→ Statistisches Jahrbuch für die Bundesrepublik Deutschland) zur Zeit der Beendigung des Güterstandes multipliziert und durch die für den Zeitpunkt des Beginns des Güterstandes geltende Indexzahl dividiert wird (→ BGH vom 14.11.1973 IV ZR 147/72, BGHZ 61 S. 385; BFH vom 27.6.2007 II R 39/05, BStBl. II S. 783).
Sind dem Anfangsvermögen Vermögensgegenstände nach § 1374 Absatz 2 BGB zuzurechnen, ist bei der Berechnung des Vermögenszuwachses der Kaufkraftschwund des Geldes seit dem Zeitpunkt des Erwerbs der Gegenstände zu berücksichtigen (→ BGH vom 20.5.1987 IVb ZR 62/86, BGHZ 101 S. 65). In Fällen einer Hinzurechnung von Vermögensgegenständen zum Endvermögen nach § 1375 Absatz 2 BGB ist bei der Berechnung des Vermögens-

---

1) Zu § 5 Abs. 1 ErbStG siehe gleich lautenden Ländererlass v. 13.9.2021, BStBl. I 2021, 1837.

2) Zur Indizierung eines negativen Anfangsvermögens im Rahmen der Berechnung der Ermittlung des erbrechtlichen Zugewinnausgleichsanspruchs siehe BayLfSt v. 28.12.2020 – S 3804 – 2.1 – 2/5 St 34, ZEV 2021, 127. – Zum Pflichtteilsanspruch bei Berechnung der fiktiven Zugewinnausgleichsforderung siehe BFH v. 22.7.2020 II R 42/18, BStBl. II 2021, 617.

zuwachses der Kaufkraftschwund des Geldes seit dem Zeitpunkt der Minderung des Vermögens um die Gegenstände zu berücksichtigen.

Preisindex für die Lebenshaltung aller privaten Haushalte[1)]

2015 = 100

1958 23,3	**1959** 23,4	**1960** 23,7	**1961** 24,4	**1962** 24,6	**1963** 25,4	**1964** 26,0	**1965** 26,8	**1966** 27,7	**1967** 28,3
1968 28,6	**1969** 29,2	**1970** 30,2	**1971** 31,8	**1972** 33,6	**1973** 35,9	**1974** 38,4	**1975** 40,7	**1976** 42,4	**1977** 44,0
1978 45,2	**1979** 47,1	**1980** 49,6	**1981** 52,7	**1982** 55,5	**1983** 57,2	**1984** 58,7	**1985** 59,9	**1986** 59,9	**1987** 59,9
1988 60,8	**1989** 62,4	**1990** 64,1	**1991** 65,5	**1992** 68,8	**1993** 71,9	**1994** 73,8	**1995** 75,1	**1996** 76,1	**1997** 77,6
1998 78,3	**1999** 78,8	**2000** 79,9	**2001** 81,5	**2002** 82,6	**2003** 83,5	**2004** 84,9	**2005** 86,2	**2006** 87,6	**2007** 89,6
2008 91,9	**2009** 92,2	**2010** 93,2	**2011** 95,2	**2012** 97,1	**2013** 98,5	**2014** 99,5	**2015** 100,0	**2016** 100,5	**2017** 102,0
2018 103,8									

Aktuelle Indexzahlen: Statistisches Bundesamt, Fachserie 17, Reihe 7, Eilbericht (erscheint monatlich, abrufbar unter https: //www.destatis.de)

Beispiel:

Bei Eheschließung 1970 hatte das Anfangsvermögen des Ende 2016 verstorbenen Ehegatten einen Wert von umgerechnet 180 000 EUR.

Der um die allgemeine Geldentwertung bereinigte Wert des Anfangsvermögens ist wie folgt zu berechnen:

$$\frac{180\,000 \text{ EUR} \times 100{,}5}{30{,}2} = 599\,007 \text{ EUR}$$

R E 5.1 (3)

(3) [1]Anfangsvermögen ist das Vermögen, das einem Ehegatten – nach Abzug von Verbindlichkeiten – beim Eintritt des Güterstandes gehörte (§ 1374 Absatz 1 BGB). [2]Im Fall des § 5 Absatz 1 ErbStG gilt als Tag des Eintritts des Güterstands

1. für alle Ehen, die nach dem 1.7.1958 geschlossen wurden oder werden und die nicht durch Ehevertrag einen anderen Güterstand vereinbart haben, der Tag der Eheschließung;
2. für vor dem 1.7.1958 geschlossene Ehen der 1.7.1958 (Art. 8 Abschn. I Nummer 3 und 4 Gleichberechtigungsgesetz);
3. für Ehen, bei denen die Eheleute (aus einem zunächst vertraglich vereinbarten anderen Güterstand) später durch ehevertragliche Vereinbarung in den Güterstand der Zugewinngemeinschaft wechseln, der Tag des Vertragsabschlusses;
4. für Ehen, für die im Beitrittsgebiet der gesetzliche Güterstand nach § 13 des Familiengesetzbuchs der DDR (Errungenschaftsgemeinschaft) galt und die

---

1) **Aktualisierte Werte** siehe Anlage 3 (Nr. **250 Anl. 3**).

Überleitung in den gesetzlichen Güterstand der Zugewinngemeinschaft nicht durch Erklärung eines Ehegatten ausgeschlossen wurde, der 3.10.1990;

5. für Ehen, die durch Umwandlung einer eingetragenen Lebenspartnerschaft im Sinne des Lebenspartnerschaftsgesetzes entstanden sind, der Tag der Begründung der Lebenspartnerschaft im Sinne des Lebenspartnerschaftsgesetzes.

H E 5.1 (3)

Güterrechtswahl nach Artikel 15 Absatz 2 EGBGB. Wählen die Ehegatten nach Artikel 15 Absatz 2 EGBGB für die güterrechtlichen Wirkungen ihrer Ehe in notariell beurkundeter Erklärung deutsches Recht und gilt dann – sofern sie keine weiteren Vereinbarungen treffen – für sie die Zugewinngemeinschaft, ist die Vorschrift des § 5 Absatz 1 Satz 2 bis 4 ErbStG ebenso verbindlich. Der Tag der notariell beurkundeten Erklärung gilt als Zeitpunkt des Eintritts des Güterstands.

R E 5.1 (4)

(4) [1]Bei der Ermittlung der fiktiven Zugewinnausgleichsforderung nach § 5 Absatz 1 ErbStG sind Erwerbe des überlebenden Ehegatten im Sinne des § 3 Absatz 1 Nummer 4 ErbStG dem Endvermögen des verstorbenen Ehegatten zuzurechnen. [2]Dies gilt auch für erbschaftsteuerpflichtige Hinterbliebenenbezüge, die dem überlebenden Ehegatten auf Grund eines privaten Anstellungsvertrags des verstorbenen Ehegatten zustehen, sowie für Lebensversicherungen, die dem überlebenden Ehegatten zustehen, auch soweit es sich dabei um Ansprüche aus einer privaten Rentenversicherung des verstorbenen Ehegatten handelt. [3]Eine Hinzurechnung zum Endvermögen des verstorbenen Ehegatten unterbleibt, soweit es sich um Ansprüche handelt, die zivilrechtlich dem Versorgungsausgleich unterliegen, da diese nicht in den Zugewinnausgleich einbezogen werden.

H E 5.1 (4)

Ansprüche, die dem Versorgungsausgleich unterliegen. → BFH vom 5.5.2010 II R 16/08, BStBl. II S. 923; § 1587 BGB i. V. m. § 2 VersAusglG.

Auswirkung auf den Versorgungsfreibetrag. Der Versorgungsfreibetrag nach § 17 ErbStG ist nicht um den Teilbetrag der Versorgungsbezüge zu kürzen, der im Ergebnis als Zugewinnausgleich erbschaftsteuerfrei bleibt.

Berücksichtigung von Zuwendungen gemäß § 3 Absatz 1 Nummer 4 ErbStG. → BFH vom 22.12.1976 II R 58/67, BStBl. 1977 II S. 420 und vom 12.4.1978 II B 45/76, BStBl. II S. 400.

Steuerfreie Hinterbliebenenbezüge. Hinterbliebenenbezüge, die nicht der Besteuerung nach § 3 Absatz 1 Nummer 4 ErbStG unterliegen (Abgrenzung → R E 3.5), sind nicht dem Endvermögen des Erblassers zuzurechnen (→ BFH vom 20.5.1981 II R 33/78, BStBl. 1982 II S. 27).

R E 5.1 (5)

(5) [1]Zur Umrechnung der fiktiven Ausgleichsforderung in den steuerfreien Betrag ist der Wert des Endvermögens des verstorbenen Ehegatten einschließ-

lich der Hinzurechnungen nach Absatz 4 (maßgebender Nachlass) auch nach steuerlichen Bewertungsgrundsätzen zu ermitteln. [2]Dabei sind alle bei der Ermittlung des Endvermögens berücksichtigten Vermögensgegenstände zu bewerten, auch wenn sie nicht zum steuerpflichtigen Erwerb gehören. [3]Nach §§ 13, 13a, 13c oder 13d ErbStG begünstigtes Vermögen ist in die Berechnung des Ausgleichsbetrags mit seinem Steuerwert vor Abzug der sachlichen Steuerbefreiungen (Bruttowert) einzubeziehen. [4]Ist der sich danach ergebende Steuerwert des Endvermögens niedriger als dessen Verkehrswert, ist die nach zivilrechtlichen Grundsätzen ermittelte fiktive Zugewinnausgleichsforderung entsprechend dem Verhältnis von Steuerwert und Verkehrswert des dem Erblasser zuzurechnenden Endvermögens auf den steuerfreien Betrag zu begrenzen.

H E 5.1 (5)

Änderung der Schenkungsteuerfestsetzung bei Anrechnung auf die fiktive Ausgleichsforderung. → R E 5.1 Absatz 6.

Begrenzung der fiktiven Ausgleichsforderung. → BFH vom 10.3.1993 II R 87/91, BStBl. II S. 510 und vom 29.6.2005 II R 7/01, BStBl. II S. 873.

Berechnung der fiktiven Ausgleichsforderung.

Beispiel:

Bei Eheschließung im Jahr 1965 hatten die Ehegatten Gütertrennung vereinbart. Im Jahr 1995 vereinbarten sie ehevertraglich den Güterstand der Zugewinngemeinschaft. Die Ehefrau wird Alleinerbin ihres im Jahr 2018 verstorbenen Ehemannes. Die Ehefrau erhält zudem aus einem Vertrag zugunsten Dritter 390 000 EUR, die nicht dem Versorgungsausgleich unterliegen (Erwerb nach § 3 Absatz 1 Nummer 4 ErbStG). Das Endvermögen des verstorbenen Ehemannes setzt sich aus den nachstehend aufgeführten Vermögensgegenständen zusammen:

		Steuerwert/ Verkehrswert		steuerpflichtiger Erwerb vor Abzug der persönlichen Freibeträge (§§ 16, 17)
OHG-Anteil		2 810 000 EUR		407 250 EUR[1)]
Zu Wohnzwecken vermietetes Grundstück im Inland		300 000 EUR		270 000 EUR[2)]
unbebautes Grundstück im Inland		780 000 EUR		780 000 EUR
Wertpapiere		400 000 EUR		400 000 EUR
Hausrat		100 000 EUR		59 000 EUR[3)]
Zwischensumme		4 390 000 EUR		1 916 250 EUR
Verbindlichkeiten	./.	80 000 EUR	./.	90 300 EUR[4)]
Summen		4 310 000 EUR		1 825 950 EUR
Erwerb aus Vertrag zugunsten Dritter	+	390 000 EUR	+	390 000 EUR
Endsummen		4 700 000 EUR		2 215 950 EUR

Amtl. Anmerkungen:

1) Steuerwert nach Abzug gem. § 13a Abs. 1 und 2 ErbStG.

2) Steuerwert nach Abzug gem. § 13d Abs. 1 ErbStG.

3) Hausrat bleibt nach § 13 Abs. 1 Nr. 1a ErbStG in Höhe von 41 000 EUR steuerfrei.

4) Beim steuerpflichtigen Erwerb sind die Erbfallverbindlichkeiten in Höhe des Pauschbetrags von 10 300 EUR zusätzlich berücksichtigt.

Der Zugewinn der Ehegatten wird wie folgt ermittelt:

	beim verstorbenen Ehemann	bei der Ehefrau
Endvermögen	4 700 000 EUR	850 000 EUR
Indiziertes Anfangsvermögen des Jahres 1995 → R E 5.1 Absatz 2 Satz 5	2 500 000 EUR	150 000 EUR
Zugewinn	2 200 000 EUR	700 000 EUR

Die fiktive Ausgleichsforderung der Ehefrau beträgt:
½ von (2 200 000 EUR – 700 000 EUR) = 750 000 EUR.

Der Ehefrau sollen aus einem früheren Angestelltenverhältnis des Erblassers steuerfreie Versorgungsbezüge mit einem nach § 14 BewG ermittelten Kapitalwert in Höhe von 156 000 EUR zustehen, um die der Versorgungsfreibetrag nach § 17 ErbStG zu kürzen ist.

Der steuerpflichtige Erwerb der Ehefrau beträgt dann:

Erwerb insgesamt	2 215 950 EUR
steuerfrei nach § 5 Absatz 1 ErbStG	./. 750 000 EUR
Freibetrag § 16 ErbStG	./. 500 000 EUR
verbleibender Freibetrag § 17 ErbStG	./. 100 000 EUR
steuerpflichtiger Erwerb	865 950 EUR

Schenkungen, die auf die Ausgleichsforderung angerechnet werden. Ergibt sich eine Zugewinnausgleichsforderung des überlebenden Ehegatten, sind Schenkungen des verstorbenen Ehegatten im Sinne des § 1380 Absatz 2 BGB dem Zugewinn des verstorbenen Ehegatten mit dem Verkehrswert zur Zeit der Zuwendung hinzuzurechnen. Sie sind im Zugewinn des anderen Ehegatten nicht zu erfassen (Abzug mit dem Verkehrswert im Zeitpunkt der Zuwendung, höchstens mit dem Wert, zu dem der Schenkungsgegenstand noch im Endvermögen des Ehegatten enthalten ist). Vom Ausgleichsbetrag sind die anrechenbaren Schenkungen mit diesem Verkehrswert abzuziehen (§ 1380 Absatz 1 BGB).

Beispiel:

Ausgangsfall wie im vorstehenden Beispiel. Der verstorbene Ehegatte hatte vor 11 Jahren dem anderen Vermögen geschenkt mit der Bestimmung, diese Schenkung auf die Ausgleichsforderung anzurechnen. Das Vermögen hatte zur Zeit der Zuwendung einen Verkehrswert von 300 000 EUR. Von diesem Vermögen sind im Endvermögen des überlebenden Ehegatten noch 200 000 EUR vorhanden.

Erhöhter Zugewinn des verstorbenen Ehegatten:
(2 200 000 EUR + 300 000 EUR =) 2 500 000 EUR

Verminderter Zugewinn des überlebenden Ehegatten:
(700 000 EUR – 200 000 EUR =) 500 000 EUR

Fiktive Ausgleichsforderung der Ehefrau:

½ von (2 500 000 EUR – 500 000 EUR)	1 000 000 EUR
hiervon abzuziehen Wert der Schenkung	./. 300 000 EUR
verbleibende fiktive Ausgleichsforderung	700 000 EUR

Vermögensgegenstände, die nicht zum steuerpflichtigen Erwerb gehören. → BFH vom 10.3.1993 II R 87/91, BStBl. II S. 510.

R E 5.1 (6, 7)

(6) [1]Nach § 29 Absatz 1 Nummer 3 ErbStG ist die Festsetzung der Steuer für frühere Schenkungen an den überlebenden Ehegatten zu ändern, soweit

diese Schenkungen bei der güterrechtlichen Abwicklung der Zugewinngemeinschaft auf die Ausgleichsforderung nach § 5 Absatz 2 ErbStG angerechnet worden sind. 2 Entsprechend ist auch zu verfahren, wenn Schenkungen dieser Art bei der Berechnung der fiktiven Ausgleichsforderung nach § 5 Absatz 1 ErbStG berücksichtigt werden. 3 § 29 Absatz 2 ErbStG ist in diesen Fällen nicht anzuwenden.

(7) Bei Lebenspartnerschaften gilt als Tag des Eintritts des Güterstands

1. für Lebenspartnerschaften, die nach dem 31. Dezember 2004 begründet wurden oder werden und bei denen nicht durch Lebenspartnerschaftsvertrag ein anderer Güterstand vereinbart wurde oder wird, der Tag der Begründung der Lebenspartnerschaft;
2. für Lebenspartnerschaften, die bis zum 31. Dezember 2004 begründet wurden, für die der Güterstand der Ausgleichsgemeinschaft galt und bei denen die Überleitung in den gesetzlichen Güterstand der Zugewinngemeinschaft nicht durch Erklärung eines Lebenspartners ausgeschlossen wurde, der 1. Januar 2005. 2 Als Anfangsvermögen im Sinne des § 6 LPartG in Verbindung mit § 1374 BGB gilt das Vermögen, das einem Lebenspartner bei Begründung des Vermögensstands der Ausgleichsgemeinschaft gehörte.
3. für Lebenspartnerschaften, bei denen die Lebenspartner (aus einem zunächst vertraglich vereinbarten anderen Güterstand) später durch lebenspartnerschaftsvertragliche Vereinbarung in den Güterstand der Zugewinngemeinschaft wechseln, der Tag des Vertragsabschlusses.

R E 5.2 Güterrechtlicher Zugewinnausgleich

(1) 1 Kommt es mit Beendigung der Zugewinngemeinschaft zur güterrechtlichen Abwicklung, gehört eine dabei von Gesetzes wegen entstehende Ausgleichsforderung (§ 1378 Absatz 3 BGB) nicht zum steuerpflichtigen Erwerb (§ 5 Absatz 2 ErbStG). 2 Verzichtet der berechtigte Ehegatte auf die geltend gemachte Ausgleichsforderung, kann, sofern Bereicherung und Wille zur Unentgeltlichkeit gegeben sind, darin eine Schenkung unter Lebenden an den verpflichteten Ehegatten liegen. 3 Erfolgt der Verzicht gegen eine Abfindung, tritt diese an die Stelle der Ausgleichsforderung und ist damit ebenfalls steuerfrei. 4 Dasselbe gilt auch für die Übertragung von Gegenständen unter Anrechnung auf die Ausgleichsforderung (§ 1383 Absatz 1 BGB).

(2) 1 Die Nichtsteuerbarkeit gilt auch hinsichtlich einer durch Ehevertrag (§ 1408 BGB) oder Vertrag im Zusammenhang mit einer Ehescheidung (§ 1378 Absatz 3 Satz 2 BGB) modifizierten Ausgleichsforderung als Ausfluss der bürgerlich-rechtlichen Gestaltungsfreiheit der Ehegatten bei der Ausgestaltung des Zugewinnausgleichs. 2 Soweit durch solche Vereinbarungen einem Ehegatten für den Fall der Beendigung der Zugewinngemeinschaft eine erhöhte güterrechtliche Ausgleichsforderung verschafft wird, liegt eine steuerpflichtige Schenkung auf den Todesfall (§ 3 Absatz 1 Nummer 2 Satz 1 ErbStG) bzw. eine Schenkung unter Lebenden (§ 7 Absatz 1 Nummer 1 ErbStG) vor, wenn mit den Vereinbarungen in erster Linie nicht güterrechtliche, sondern erbrechtliche Wirkungen herbeigeführt werden sollen. 3 Eine überhöhte Ausgleichsforderung kann vorliegen, soweit die tatsächliche Aus-

gleichsforderung, z. B. durch Vereinbarung eines vor dem Zeitpunkt des Vertragsschlusses liegenden Beginns des Güterstands oder eines abweichenden Anfangsvermögens, die sich nach §§ 1373 bis 1383 und 1390 BGB ohne Modifizierung ergebende Ausgleichsforderung übersteigt. [4]Allein die rückwirkende Vereinbarung der Zugewinngemeinschaft begründet keine erhöhte güterrechtliche Ausgleichsforderung. [5]Der Ehegatte, der auf Grund der Vereinbarungen bei Beendigung der Zugewinngemeinschaft die überhöhte Ausgleichsforderung geltend macht, wird entsprechend objektiv bereichert. [6]Der Wille zur Unentgeltlichkeit seitens des zuwendenden Ehegatten ist auf der Grundlage der ihm bekannten Umstände nach den Maßstäben des allgemein Verkehrsüblichen zu bestimmen. [7]Es genügt die Kenntnis, dass der andere Ehegatte keinen Rechtsanspruch auf die Vereinbarungen und die dadurch sich erhöhende Ausgleichsforderung hatte und auch kein rechtlicher Zusammenhang mit einer Gegenleistung des anderen Ehegatten bestand.

(3) § 5 Absatz 2 ErbStG ist nicht anwendbar, wenn Ehegatten durch Ehevertrag den während des bisherigen Bestehens des Güterstands der Zugewinngemeinschaft entstandenen Zugewinn ausgleichen ohne den Güterstand zu beenden, so dass von Gesetzes wegen keine Ausgleichsforderung entstanden ist.

H E 5.2

Erbrechtliche statt güterrechtliche Wirkungen. → BFH vom 29.1.1964 II 78/60 U, BStBl. III S. 202 und vom 25.5.1966 II 159/63, BStBl. III S. 521.

Verschaffung einer überhöhten Ausgleichsforderung. Erbschaftsteuerrechtliche Grenzen der Gestaltungsfreiheit sind dort zu ziehen, wo einem Ehegatten eine überhöhte Ausgleichsforderung verschafft wird (→ BFH vom 28.6.1989 II R 82/86, BStBl. II S. 897).
Objektive Unentgeltlichkeit einer Zuwendung unter Ehegatten und der Wille zur Unentgeltlichkeit (→ R E 7.2) können nicht allein deswegen verneint werden, weil einer Zuwendung besondere ehebezogene oder güterrechtliche Motive zugrunde liegen (→ BFH vom 2.3.1994 II R 59/92, BStBl. II S. 366).

Vertragliche Beendigung der Zugewinngemeinschaft mit anschließender Neugründung. Entsteht von Gesetzes wegen eine Ausgleichsforderung durch ehevertragliche Beendigung des Güterstandes der Zugewinngemeinschaft, ist dies nicht als freigebige Zuwendung schenkungsteuerbar, wenn es tatsächlich zu einer güterrechtlichen Abwicklung der Zugewinngemeinschaft kommt, und zwar auch dann nicht, wenn der Güterstand der Zugewinngemeinschaft im Anschluss an die Beendigung neu begründet wird (→ BFH vom 12.7.2005 II R 29/02, BStBl. II S. 843).

Vorzeitiger Zugewinnausgleich bei fortbestehender Zugewinngemeinschaft. § 5 Absatz 2 ErbStG nimmt nur im Fall der Beendigung des Güterstands der Zugewinngemeinschaft die dabei entstehende Ausgleichsforderung des einen Ehegatten von der Besteuerung aus. Denn eine rechtliche Verpflichtung zur Zahlung des Zugewinnausgleichs entsteht nach

§ 1363 Absatz 2 Satz 2 BGB erst mit der Beendigung des Güterstands. Auch in den Fällen des vorzeitigen Zugewinnausgleichs bei Getrenntleben der Ehegatten oder in den im Gesetz genannten sonstigen Fällen (§§ 1385 ff. BGB) endet die Zugewinngemeinschaft kraft Gesetzes mit der Rechtskraft des Urteils. Vereinbaren die Ehegatten freiwillig einen vorzeitigen Ausgleich des bisher erzielten Zugewinns ohne den gesetzlichen Güterstand zu beenden, ist die dadurch begründete Ausgleichsforderung als steuerbare unentgeltliche Zuwendung gemäß § 7 Absatz 1 Nummer 1 ErbStG zu erfassen (→ BFH vom 28.6.2007 II R 12/06, BStBl. II S. 785). Wird der Güterstand später durch Tod eines Ehegatten oder zu Lebzeiten beendet und die im Weg des vorweggenommenen Zugewinnausgleichs erhaltene Zuwendung auf die Ausgleichsforderung angerechnet (§ 1380 Absatz 1 BGB), erlischt insoweit gemäß § 29 Absatz 1 Nummer 3 ErbStG die Steuer mit Wirkung für die Vergangenheit. Die Korrekturvorschrift des § 29 ErbStG verlöre ihren Sinn, wenn der vorweggenommene Zugewinnausgleich für nicht steuerbar gehalten würde (→ BFH vom 2.3.1994 II R 59/92, BStBl. II S. 366).

Zu § 6 ErbStG

R E 6 Vermächtnisse und Auflagen, die beim Tod des Beschwerten fällig werden

[1]Erbschaftsteuerrechtlich sind Nachvermächtnisse (§ 2191 Absatz 1 BGB) und Vermächtnisse oder Auflagen, die mit dem Tod des Beschwerten fällig werden, den Nacherbschaften gleichgestellt und damit abweichend vom Bürgerlichen Recht als Erwerb vom Vorvermächtnisnehmer oder Beschwerten und nicht als Erwerb vom Erblasser zu behandeln (§ 6 Absatz 4 ErbStG). [2]Ein solcher Fall ist insbesondere gegeben, wenn die Ehegatten in einem gemeinschaftlichen Testament mit gegenseitiger Erbeinsetzung bestimmen, dass ihren ansonsten zu Schlusserben eingesetzten Kindern beim Tod des erstversterbenden Elternteils Vermächtnisse zufallen sollen, die erst beim Tod des überlebenden Elternteils fällig werden. [3]Die Vermächtnisse sind als Erwerb vom überlebenden Elternteil zu versteuern. [4]Folglich liegt insoweit weder beim Tod des erstversterbenden noch beim Tod des überlebenden Ehegatten eine die jeweilige Bereicherung durch Erbanfall mindernde Vermächtnislast nach § 10 Absatz 5 Nummer 2 ErbStG vor; beim Tod des überlebenden Ehegatten ist jedoch eine Erblasserschuld nach § 10 Absatz 5 Nummer 1 ErbStG abzugsfähig. [5]Entsprechendes gilt auch, wenn in einem sog. Berliner Testament (§ 2269 BGB) – um nach dem Tod des erstversterbenden Ehegatten die Geltendmachung von Pflichtteilsansprüchen durch die zu Schlusserben eingesetzten gemeinschaftlichen Kinder zu verhindern – bestimmt wird, dass den Kindern, die den Pflichtteil nicht fordern, als Erwerb vom erstversterbenden Elternteil ein Vermächtnis im Werte des Pflichtteils zufallen soll, das erst mit dem Tod des überlebenden Elternteils fällig wird (sog. Jastrowsche Klausel). [6]Für Nachvermächtnisse und beim Tod des Beschwerten fällige Vermächtnisse und Auflagen findet § 6 Absatz 2 Satz 2 bis 5 ErbStG entsprechende Anwendung.

H E 6

Festsetzung der Erbschaftsteuer für den Vorerbfall nach dem Tod des Vorerben. Die Erbschaftsteuer für den Vorerbfall ist nach dem Tod des Vorerben regelmäßig gegen den Nacherben und nur ausnahmsweise gegen den Erben des Vorerben festzusetzen (→ BFH vom 13.4.2016 II R 55/14, BStBl. II S. 746).

Zu § 7 ErbStG

R E 7.1[1)] Freigebige Zuwendungen

(1) [1]Der steuerliche Schenkungsbegriff unterscheidet sich vom zivilrechtlichen Schenkungsbegriff (§ 516 BGB) darin, dass eine Einigung zwischen Schenker und Beschenktem über die Unentgeltlichkeit der Zuwendung nicht erforderlich ist. [2]Eine freigebige Zuwendung setzt voraus, dass sie unentgeltlich erfolgt und der Empfänger objektiv auf Kosten des Zuwendenden bereichert ist. [3]Der Zuwendende muss diese Unentgeltlichkeit subjektiv gewollt haben.

(2) [1]Bereicherung kann jede Vermögensvermehrung und jede Minderung von Schulden oder Belastungen beim Bedachten sein. [2]Ob eine Bereicherung vorliegt, ist zunächst anhand der gemeinen Werte (Verkehrswerte) der Zuwendungsgegenstände und der gegebenenfalls vom Bedachten zu erfüllenden Gegenleistungen und Auflagen zu beurteilen. [3]Unentgeltlich ist ein Erwerb, soweit er nicht rechtlich abhängig ist von einer den Erwerb ausgleichenden Gegenleistung, die sowohl nach Art eines gegenseitigen Vertrags als auch durch Setzen einer Auflage oder Bedingung begründet sein kann. [4]Eine Bereicherung tritt nicht ein, soweit der Empfänger das Erhaltene rechtlich beanspruchen konnte, z. B. infolge einer entsprechenden Forderung oder als Entlohnung für vereinbarte Dienste.

(3) [1]Der Zuwendende muss in dem Bewusstsein handeln, dass er zu der Vermögenshingabe rechtlich nicht verpflichtet ist, er also seine Leistung ohne rechtlichen Zusammenhang mit einer Gegenleistung oder einem Gemeinschaftszweck erbringt. [2]Ein auf die Bereicherung des Bedachten gerichteter Wille im Sinne einer Bereicherungsabsicht ist nicht erforderlich. [3]Der Wille zur Unentgeltlichkeit ist auf der Grundlage der dem Zuwendenden bekannten Umstände

---

[1)] Zur Würdigung einer Steuerklausel in einem deutsch-niederländischen Schenkungsteuerfall siehe BFH v. 23.5.2019 II B 97/18, ZEV 2019, 654. – Zur steuerlichen Einordnung von Zuwendungen einer Schweizer Stiftung siehe BFH v. 3.7.2019 II R 6/16, BStBl. II 2020, 61. – Zu den Voraussetzungen für einen inländischen Wohnsitz und damit für die unbeschränkte Steuerpflicht im Hinblick auf freigebige, schenkungsteuerpflichtige Zuwendungen siehe BFH v. 17.7.2019 II B 30, 32-34, 38/18, BStBl. II 2019, 620. – Zur Schenkungsteuer bei disquotaler Einlage in das Gesellschaftsvermögen einer KG siehe BFH v. 5.2.2020 II R 9/17, BStBl. II 2020, 658; Vb. nicht zur Entscheidung angenommen, BVerfG v. 19.4.2021 1 BvR 2072/20. – Zur steuerlichen Einordnung von Leistungen ausländischer Stiftungen an inländische Destinatäre siehe BayLfSt v. 5.3.2020 – S 3806.2.1-104/42 St 34, DStR 2020, 599. – Zum Erwerb eines Geschäftsanteils durch Pooltreuhänder im Rahmen eines Managermodells siehe BFH v. 6.5.2020 II R 34/17, BStBl. II 2020, 744. – Zum Zuwendungsgegenstand bei mehrmonatiger Reise mit zugebuchten Leistungen siehe BFH v. 16.9.2020 II R 24/18, BStBl. II 2021, 621. – Zur sog. Bedarfsabfindung für den Scheidungsfall und der Frage einer freigebigen Zuwendung vgl. BFH v. 1.9.2021 II R 40/19, DStR 2022, 148.

nach den Maßstäben des allgemein Verkehrsüblichen festzustellen. [4] Es genügt, wenn der Zuwendende die Tatsachen und Umstände kennt, auf Grund derer eine Zuwendung als objektiv unentgeltlich qualifiziert werden kann.

(4) Liegt eine freigebige Zuwendung vor, richtet sich die Bewertung der zugewendeten Vermögensgegenstände und der gegebenenfalls vom Bedachten zu erfüllenden Gegenleistungen und Auflagen nach § 12 ErbStG.

H E 7.1

Abfindung für den Verzicht auf einen künftigen Pflichtteilsanspruch. → BFH vom 10.5.2017 II R 25/15, BStBl. 2018 II S. 201.

Beginn der Festsetzungsverjährung bei mittelbarer Schenkung. In der unentgeltlichen Übertragung eines Kommanditanteils durch den Schenker und der nachfolgenden Veräußerung des Anteils durch den Bedachten kann die mittelbare Schenkung des Veräußerungserlöses liegen (mittelbare Geldschenkung). Bei einer mittelbaren Schenkung hat die Finanzbehörde erst dann Kenntnis von der vollzogenen Schenkung, wenn sie alle Umstände kennt, die die mittelbare Schenkung begründen. Dazu gehört auch die Kenntnis von der Veräußerung des vom Schenker übertragenen Gegenstands (→ BFH vom 8.3.2017 II R 2/15, BStBl. II S. 751).

Bereicherung in den Fällen des Nießbrauchsverzichts, in denen der Nießbrauch bei früheren Erwerben teilweise einem Abzugsverbot unterlag. → H E 10.1.

Bestellung eines Erbbaurechts ohne oder gegen zu niedrigen Erbbauzins. In der Bestellung eines Erbbaurechts gegen einen unter dem angemessenen Erbbauzins liegenden vertraglichen Erbbauzins liegt eine freigebige Zuwendung nach § 7 Absatz 1 Nummer 1 ErbStG. Bemessungsgrundlage ist der für das eingeräumte Erbbaurecht auf die Laufzeit des Erbbaurechts kapitalisierte Unterschiedsbetrag zwischen dem angemessenen Erbbauzins und dem tatsächlich vereinbarten Erbbauzins.

Einräumung der Gesamtgläubigerstellung an Rentenrechten.[1)] → BFH vom 22.8.2007 II R 33/06, BStBl. 2008 II S. 28.

Einräumung einer typischen Unterbeteiligung noch keine Schenkung. → BFH vom 16.1.2008 II R 10/06, BStBl. II S. 631.

Frei verfügbarer Anspruch aus einem Vertrag zu Gunsten Dritter. → BFH vom 20.1.2005 II R 20/03, BStBl. II S. 408.

Gemischte Schenkung/Schenkungen unter einer Auflage. → R E 7.4.

Missverhältnis von Leistung und Gegenleistung. Stehen bei einer Vermögensübertragung Leistung und Gegenleistung in einem auffallenden Missverhältnis und liegt es nach den Umständen des Falles nahe, anzunehmen, den Vertragschließenden sei dieses Missverhältnis bekannt gewesen, muss derjenige, der behauptet, dass zumindest dem Zuwendenden das Miss-

---

1) Zu den Voraussetzungen einer freigebigen Zuwendung iSd § 7 Abs. 1 Nr. 1 ErbStG bei Verschaffung einer Gesamtgläubigerstellung bezüglich eines Nießbrauchsrechts an den anderen Ehegatten siehe BFH v. 8.6.2021 II R 23/19, BFH/NV 2022, 21.

verhältnis nicht bekannt gewesen sei, dies durch konkreten Vortrag untermauern (→ BFH vom 10.9.1986 II R 81/84, BStBl. 1987 II S. 80).

Mittelbare Schenkung des Erlöses aus dem Verkauf übertragener Gesellschaftsanteile. → BFH vom 23.3.2012 II R 39/10, BStBl. II S. 712.

Nachträgliche entgeltliche Ablösung eines Nießbrauchsrechts. → BFH vom 19.12.2007 II R 34/06, BStBl. 2008 II S. 260.

Übernahme einer Bürgschaft. → BFH vom 12.7.2000 II R 26/98, BStBl. II S. 596.

Unentgeltliche Übertragung eines bebauten Grundstücks nach Errichtung eines Gebäudes durch den Beschenkten. Bei der Ermittlung der Bereicherung des Beschenkten ist der Grundbesitzwert des bebauten Grundstücks anzusetzen und um den Differenzbetrag zwischen diesem und dem Grundbesitzwert für das unbebaute Grundstück zu mindern (→ BFH vom 1.7.2008 II R 38/07, BStBl. II S. 876). Der Grundbesitzwert des bebauten Grundstücks ist gesondert festzustellen (§ 151 Absatz 1 Satz 1 Nummer 1 BewG); der Grundbesitzwert für das unbebaute Grundstück ist

(Fortsetzung S. 41)

vom Lagefinanzamt im Wege der Amtshilfe zu ermitteln. Die Berechnung des Grundbesitzwertes für das unbebaute Grundstück erfolgt ebenso wie beim bebauten Grundstück auf den Stichtag der Ausführung der Grundstücksschenkung. Ergibt sich aus der Wertermittlung für das bebaute Grundstück der Wert des Gebäudes, kann dieser übernommen werden. Entsprechend ist auch zu verfahren, wenn auf einem bereits bebauten Grundstück das vorhandene Gebäude durch Baumaßnahmen des Beschenkten erweitert wird.

Unterhaltsverzicht vor Eheschließung. → BFH vom 17.10.2007 II R 53/05, BStBl. 2008 II S. 256.

Vermögensübertragungen zwischen Trägern der öffentlichen Verwaltung. → BFH vom 1.12.2004 II R 46/02, BStBl. 2005 II S. 311.

Voraussetzungen für eine Kettenschenkung. → BFH vom 10.3.2005 II R 54/03, BStBl. II S. 412 und vom 18.7.2013 II R 37/11, BStBl. II S. 934.

Vorzeitiger unentgeltlicher Verzicht auf ein vorbehaltenes Nießbrauchsrecht. → BFH vom 17.3.2004 II R 3/01, BStBl. II S. 429 und vom 20.5.2014 II R 7/13, BStBl. II S. 896.

Vorzeitiger Zugewinnausgleich bei fortbestehender Zugewinngemeinschaft. → H E 5.2.

Wille zur Unentgeltlichkeit. → BFH vom 2.3.1994 II R 59/92, BStBl. II S. 366 und vom 29.10.1997 II R 60/94. BStBl. II S. 832.

Zahlungen eines Ehegatten auf ein gemeinsames Oder-Konto als Zuwendung an den anderen Ehegatten. → BFH vom 23.11.2011 II R 33/10, BStBl. 2012 II S. 473.

Zahlung von Prämien für eine Lebensversicherung durch einen Dritten. → BFH vom 22.10.2014 II R 26/13, BStBl. 2015 II S. 239.

Zuschüsse aus öffentlichen Kassen. Zuschüsse aus öffentlichen Kassen unterliegen nicht der Schenkungsteuer, da diese Zuschüsse nicht freigebig gewährt werden.

Zuwendender bei Vollzug eines formunwirksamen Schenkungsversprechens eines Erblassers. → BFH vom 23.6.2015 II R 52/13, BStBl. II S. 960.

Zuwendung bei der Übertragung eines Einzelkontos zwischen Ehegatten. → BFH vom 29.6.2016 II R 41/14, BStBl. II S. 865.

Zuwendungen von Sponsoren und Mäzenen. Sponsorentum (Sponsoring) hat in der Regel einen Leistungsaustausch zum Gegenstand und wird meist als Werbevertrag ausgestaltet. Die Gegenleistung besteht dabei in der Überlassung von Werberechten (Rechte zur kommunikativen Nutzung von Namen und Image von Personen und Institutionen). Für den Sponsor steht der Werbeeffekt an erster, die Förderung von Kultur, Sport oder Wissenschaft nur an zweiter Stelle. Mäzenatentum wird dagegen weniger von einem unmittelbar zu erwartenden Nutzen für den Mäzen bestimmt. Im Vordergrund steht vielmehr dessen persönliches Interesse an der Förderung bestimmter Personen, Institutionen oder Zwecke.

Sind Leistung und Gegenleistung gleichwertig, liegt keine freigebige Zuwendung im Sinne des § 7 Absatz 1 Nummer 1 ErbStG vor. Dabei werden jedoch Gegenleistungen, die nicht in Geld veranschlagt werden können, nicht berücksichtigt (§ 7 Absatz 3 ErbStG). Demnach kommt eine steuerpflichtige Zuwendung von Sponsoren und Mäzenen in Betracht, wenn die berücksichtigungsfähigen Gegenleistungen in keinem angemessenen Verhältnis zum Wert der Zuwendungen stehen und der Sponsor/Mäzen sich dessen auch bewusst ist. Freigebigkeit setzt allerdings nicht Uneigennützigkeit voraus. Ein Handeln zum eigenen Nutzen oder Vorteil schließt deshalb die Schenkungsteuerpflicht nicht grundsätzlich aus. Abzustellen ist auf die Motive, wie sie durch die äußeren Umstände erkennbar werden (→ BFH vom 9.8.1989 I R 4/84, BStBl. 1990 II S. 237). Ein wichtiges Indiz ist, ob die Zuwendungen ertragsteuerrechtlich als Betriebsausgaben behandelt worden sind. Diese Behandlung ist jedoch nicht immer allein entscheidend.

R E 7.2 Behandlung von unbenannten Zuwendungen unter Ehegatten

[1]Unbenannte (ehebedingte) Zuwendungen sind nicht deswegen von der Schenkungsteuer ausgenommen, weil sie – wegen ihres spezifisch ehebezogenen Charakters – nach herrschender zivilrechtlicher Auffassung keine Schenkungen im Sinne der §§ 516 ff. BGB darstellen. [2]Die Schenkungsteuerpflicht unbenannter Zuwendungen beurteilt sich – nicht anders als bei sonstigen Zuwendungen – nach den allgemeinen Voraussetzungen des § 7 Absatz 1 Nummer 1 ErbStG. [3]Die danach unter anderem erforderliche objektive Unentgeltlichkeit der Leistung kann nicht allein deswegen verneint werden, weil der unbenannten Zuwendung besondere ehebezogene Motive zugrunde liegen, etwa dahingehend, dass die Zuwendung dem „Ausgleich für geleistete Mitarbeit" des bedachten Ehegatten oder dessen „angemessener Beteiligung an den Früchten des ehelichen Zusammenwirkens" dienen soll. [4]Auf die Art des zugewendeten Vermögens und die Angemessenheit der Zuwendung kommt es grundsätzlich nicht an.

H E 7.2

Unbenannte Zuwendungen unter Ehegatten. → BFH vom 2.3.1994 II R 59/92, BStBl. II S. 366.

Unterhaltszuwendungen. Unterhaltszuwendungen, die auf gesetzlicher Unterhaltspflicht beruhen (§ 1353 BGB) sind nicht freigebig und daher nicht steuerbar.

Zuwendung eines Familienheims. → R E 13.3.

R E 7.3 Gegenstand der Schenkung bei Geldhingabe zum Erwerb eines Grundstücks oder zur Errichtung eines Gebäudes

(1) [1]Die Hingabe von Geld zum Erwerb eines Grundstücks oder zur Errichtung eines Gebäudes kann als Schenkung von Grundbesitz anzusehen sein (mittelbare Grundstücksschenkung), wenn dem Bedachten nach dem erkennbaren Willen des Zuwendenden im Zeitpunkt der Ausführung der Schenkung

ein bestimmtes Grundstück oder Gebäude verschafft werden soll. [2]Das gilt auch dann, wenn nicht die gesamten Kosten der Anschaffung oder Errichtung vom Schenker getragen werden. [3]In diesen Fällen kann eine Schenkung des dem hingegebenen Geldbetrag entsprechenden Teils des Grundstücks vorliegen. [4]Der Geldbetrag muss vom Schenker bereits bis zu dem Zeitpunkt des Erwerbs des Grundstücks oder des Beginns der Baumaßnahme zugesagt sein. [5]Kann dem Finanzamt, insbesondere durch eine schriftliche Erklärung des Schenkers zur Übernahme der Anschaffungs- oder Herstellungskosten, nachgewiesen werden, dass zu diesem Zeitpunkt eine Zusage bestand, kann die Zahlung des vereinbarten Geldbetrags auch nachträglich erfolgen, jedoch nicht nach der Bezahlung der Anschaffungs- oder Herstellungskosten durch den Beschenkten. [6]Zwischen der Bereitstellung des Geldes und seiner bestimmungsmäßigen Verwendung muss ein enger zeitlicher Zusammenhang bestehen. [7]Wegen des Zeitpunkts der Ausführung einer mittelbaren Grundstücksschenkung → R E 9.1 Absatz 2.

(2) [1]In der Hingabe von Geld zum Erwerb eines Grundstücks – sei es in Höhe der vollen oder eines Teils der Anschaffungskosten – ist eine Geldschenkung unter einer Auflage zu sehen, wenn der Schenker dem Beschenkten gegenüber lediglich zum Ausdruck bringt, dass dieser für den zugewendeten Geldbetrag im eigenen Namen und für eigene Rechnung ein Grundstück erwerben soll, ohne dass dabei schon feststeht, um welches Grundstück es sich genau handelt. [2]Entsprechendes gilt, wenn der Schenker den Beschenkten lediglich verpflichtet, auf einem diesem gehörenden Grundstück nach eigenen Vorstellungen ein Gebäude zu errichten bzw. den Geldbetrag für die Errichtung eines solchen Gebäudes mit zu verwenden (Baukostenzuschuss), ohne dass bereits bei Ausführung der Zuwendung ein konkretes Bauvorhaben besteht, belegt z.B. durch eine Bauvoranfrage, einen Kostenvoranschlag oder einen Finanzierungsplan. [3]Die Schenkung gilt mit der Geldhingabe als ausgeführt. [4]Da die Auflage dem Beschenkten selbst zugutekommt, ist sie nicht abzugsfähig (§ 10 Absatz 9 ErbStG). [5]Es unterliegt deshalb der volle Geldbetrag der Besteuerung.

(3) [1]Trägt der Schenker nur einen unbedeutenden Teil der im Übrigen vom Beschenkten aufgebrachten Anschaffungs- oder Herstellungskosten, ist in der Regel davon auszugehen, dass der Schenker lediglich einen Geldzuschuss zu einem vom Beschenkten in vollem Umfang für eigene Rechnung erworbenen Grundstück oder errichteten Gebäude geleistet hat. [2]Grundsätzlich ist ein Anteil bis etwa 10 Prozent des im Übrigen vom Beschenkten aufgebrachten Kaufpreises als unbedeutend anzusehen.

H E 7.3

Darlehenstilgung. → BFH vom 9.11.1994 II R 87/92, BStBl. 1995 II S. 83 und vom 10.11.2004 II R 44/02, BStBl. 2005 II S. 188.

Geldzusage oder Zusage der Umwandlung eines Darlehens in eine Schenkung erst nach Abschluss des Kaufvertrags. → BFH vom 2.2.2005 II R 31/03, BStBl. II S. 531.

Geldzuwendung über Anschaffungs- oder Herstellungskosten hinaus. → BFH vom 4.12.2002 II R 75/00, BStBl. 2003 II S. 273.

Mittelbare Grundstücksschenkung. → BFH vom 3.8.1988 II R 39/86, BStBl. II S. 1025.

Mittelbare Grundstücksschenkung – Einzelfälle.

1. Wird eine mittelbare Grundstücksschenkung ausgeführt, ist das Grundstück mit seinem Grundbesitzwert anzusetzen (§ 12 ErbStG). Übernimmt der Schenker die Kosten für den Erwerb eines bestimmten Grundstücks mit einem Gebäude im Zustand der Bebauung (z. B. einem Rohbau), ohne auch die Kosten für die endgültige Fertigstellung des Gebäudes zu tragen, ist die Zuwendung mit dem Grundbesitzwert für ein Grundstück im Zustand der Bebauung anzusetzen (§ 12 ErbStG, § 196 BewG).
2. Will der Schenker dem Beschenkten nur einen Teil eines bestimmten Grundstücks zuwenden und wird die Schenkung in der Weise ausgeführt, dass der Schenker nur einen Teil des im Übrigen vom Beschenkten aus eigenen Mitteln aufzubringenden Kaufpreises für dieses Grundstück übernimmt, gilt der Teil des Grundstücks als zugewendet, der dem Verhältnis des zugewendeten Geldbetrags zum Gesamtkaufpreis entspricht. Stellt der Schenker dem Beschenkten für die Anschaffung eines mit Hypotheken oder Grundschulden belasteten Grundstücks den Restkaufpreis zur Verfügung, während die Hypotheken und Grundschulden vom Beschenkten übernommen werden, gilt der dem Restkaufpreis entsprechende Teil des Grundstücks als zugewendet. Dabei ist es gleichgültig, ob Gläubiger der Hypothek usw. der Schenker oder ein Dritter ist. Trägt der Schenker nur einen Teil des Restkaufpreises, gilt der diesem Teilbetrag entsprechende Teil des Grundstücks als zugewendet. Trägt der Schenker nur einen unbedeutenden Teil des ansonsten vom Beschenkten aufgebrachten Kaufpreises, ist in der Regel davon auszugehen, dass der Schenker lediglich einen Geldzuschuss zu einem vom Beschenkten in vollem Umfang für eigene Rechnung erworbenen Grundstück geleistet hat. Was als unbedeutender Teil des Kaufpreises anzusehen ist, ist nach den Umständen des Einzelfalles zu entscheiden. Grundsätzlich ist ein Anteil bis etwa 10 Prozent des ansonsten vom Beschenkten aufgebrachten Kaufpreises als unbedeutend anzusehen.
3. Wenn mehrere Schenker gemeinsam Geld für die Anschaffung eines bestimmten Grundstücks zur Verfügung stellen, gelten Nummer 1 und 2 entsprechend. Soweit eine Grundstücksschenkung anzunehmen ist, gilt jeweils von dem einzelnen Schenker der Teil des Grundbesitzwerts des Grundstücks als zugewendet, der dem Verhältnis des von ihm zugewendeten Geldbetrags zum Gesamtkaufpreis entspricht.
4. Wenn der Schenker die Kosten des Erwerbs eines bestimmten unbebauten Grundstücks und der im Anschluss daran auf diesem Grundstück erfolgenden Errichtung des Gebäudes übernimmt, liegt eine einheitliche Zuwendung eines bebauten Grundstücks vor. Maßgebend ist der Grundbesitzwert des bebauten Grundstücks. Das gleiche gilt, wenn der Schenker die Kosten des Erwerbs eines Grundstücks im Zustand der Bebauung und die Restkosten für die Fertigstellung des Gebäudes übernimmt. Übernimmt der Schenker zwar die vollen Kosten des Erwerbs

eines Grundstücks, aber nur einen Teil der Kosten der Errichtung bzw. Fertigstellung des Gebäudes, ist vom Grundbesitzwert des bebauten Grundstücks der Teil anzusetzen, der dem Verhältnis des insgesamt hingegebenen Geldbetrags zu den Gesamtkosten für Grundstückserwerb und Gebäudeerrichtung entspricht.

5. Wenn der Schenker die Kosten der Errichtung eines Gebäudes auf einem dem Beschenkten bereits gehörenden oder von ihm noch zu erwerbenden Grundstück übernimmt, gilt der Teil des Grundbesitzwerts des bebauten Grundstücks als zugewendet, der auf das Gebäude entfällt. Der Gebäudewertanteil ermittelt sich aus der Differenz zwischen dem Grundbesitzwert des bebauten Grundstücks nach Bezugsfertigkeit des Gebäudes (vgl. §§ 181 ff. BewG) und dem Grundbesitzwert des unbebauten Grundstücks (vgl. § 179 BewG). Entsprechend ist zu verfahren, wenn vom Schenker die Kosten der Errichtung eines Gebäudes auf dem Grundstück eines Dritten übernommen werden, das nach Fertigstellung des Gebäudes auf den Beschenkten übertragen werden soll und tatsächlich übertragen wird. Unterbleibt die Grundstücksübertragung, ist Gegenstand der Schenkung ein Gebäude auf fremdem Grund und Boden (§ 195 BewG).
6. Bei teilweiser Übernahme der Baukosten durch den Schenker bzw. bei Übernahme der Baukosten durch mehrere Schenker gelten die Ausführungen in Nummer 2 und 3 sinngemäß.
7. Die Grundsätze der mittelbaren Grundstücksschenkung können auch auf Herstellungskosten für Um-, Aus- oder Anbauten an einem Grundstück bzw. einem Gebäude angewendet werden, wenn der Schenker solche Kosten ganz oder teilweise trägt (→ BFH vom 13.3.1996 II R 51/95, BStBl. II S. 548). Maßgebend ist die Werterhöhung im Grundbesitzwert des Grundstücks nach Durchführung der genannten Maßnahmen. Wenn der Schenker die Kosten für Maßnahmen zur Reparatur, Modernisierung, Renovierung oder andere grundstücksbezogene Verwendungen an einem Grundstück bzw. einem Gebäude übernimmt, ist eine mittelbare Grundstücksschenkung nur dann anzunehmen, wenn diese Zuwendung in wirtschaftlichem Zusammenhang mit der Zuwendung eines bestimmten Grundstücks oder Gebäudes erfolgt und somit ein einheitliches Rechtsgeschäft angenommen werden kann (→ BFH vom 5.2.1986 II R 188/83, BStBl. II S. 460). Maßgebend ist der Grundbesitzwert des Grundstücks nach Durchführung der genannten Maßnahmen.

Zinsloses Darlehen zur Anschaffung eines Grundstücks. → BFH vom 29.6.2005 II R 52/03, BStBl. II S. 800.

R E 7.4 Gemischte Schenkungen sowie Schenkungen unter einer Auflage

(1) [1]Entsprechend § 10 Absatz 1 Satz 1 und 2 ErbStG gilt auch bei der gemischten Schenkung oder Schenkung unter einer Auflage als steuerpflichtiger Erwerb die Bereicherung des Bedachten, soweit sie der Besteuerung nach diesem Gesetz unterliegt. [2]Die Bereicherung wird ermittelt, indem von dem nach § 12 ErbStG zu ermittelnden Steuerwert der Leistung des Schenkers die

Gegenleistungen des Beschenkten und die von ihm übernommenen Leistungs-, Nutzungs- und Duldungsauflagen mit ihrem nach § 12 ErbStG ermittelten Wert abgezogen werden. [3]Hinsichtlich Nutzungs- und Duldungsauflagen gilt dies nur, soweit § 10 Absatz 6 Satz 6 ErbStG den Abzug nicht ausschließt, weil ein Nutzungsrecht sich bereits als Grundstücksbelastung bei der Ermittlung des gemeinen Werts eines Grundstücks ausgewirkt hat (→ R E 10.10 Absatz 6). [4]Als Leistungsauflage ist bei der schenkweisen Übertragung von Grundbesitz auch die Übernahme der außergewöhnlichen Unterhaltslasten nach dem Denkmalschutzgesetz (Überlast; → R E 10.6) zu berücksichtigen, wenn der Grundbesitz oder ein Teil des Grundbesitzes nicht nach § 13 Absatz 1 Nummer 2 ErbStG steuerfrei ist oder der Erwerber auf die Steuerfreiheit verzichtet hat (§ 13 Absatz 3 Satz 2 ErbStG).[1)]

H E 7.4 (1)

Aufschiebend bedingte Gegenleistungspflichten. → BFH vom 8.2.2006 II R 38/04, BStBl. II S. 475.

Bemessungsgrundlage bei der gemischten Schenkung und Schenkung unter Auflage.

Beispiel 1:

Bereicherung bei der gemischten Schenkung oder der Schenkung unter Leistungsauflage

A überträgt im Jahr 01 B ein Grundstück, für das ein Grundbesitzwert von 750 000 EUR festgestellt wird und dessen Verkehrswert 750 000 EUR beträgt. Das Grundstück ist mit einer von B zu übernehmenden Hypothekenschuld belastet, die zur Zeit der Schenkung mit 150 000 EUR valutiert.

Die Bereicherung des B beträgt

Grundbesitzwert	750 000 EUR
Gegenleistung	./. 150 000 EUR
Bereicherung	600 000 EUR

Beispiel 2:

Bereicherung bei der Schenkung unter Nutzungs- oder Duldungsauflage

A überträgt im Jahr 01 B ein Geschäftsgrundstück und behält sich den Nießbrauch an den Erträgen vor. Der Grundbesitzwert beträgt 500 000 EUR, der Kapitalwert des Nießbrauchs unter Berücksichtigung der Begrenzung nach § 16 BewG 120 000 EUR.

Die Bereicherung des B beträgt

Grundbesitzwert	500 000 EUR
Duldungsauflage	./. 120 000 EUR
Bereicherung	380 000 EUR

Bemessungsgrundlage bei der gemischten Schenkung und Schenkung unter Auflage in Mischfällen. → BFH vom 5.7.2018 II B 122/17, BStBl. II S. 660.

Beispiel:

A überträgt im Jahr 01 B Wertpapiere mit einem gemeinen Wert von 750 000 EUR. Aus der Anschaffung resultiert noch eine Verbindlichkeit in Höhe von 150 000 EUR, die B übernimmt. A behält sich den Nießbrauch an den Erträgen vor. Der Kapitalwert des Nießbrauchs unter Berücksichtigung der Begrenzung nach § 16 BewG beträgt 100 000 EUR.

[1)] Überholt durch Änderung des § 10 Abs. 6 ErbStG durch JStG 2020.

Die Bereicherung des B beträgt	
Wertpapiere	750 000 EUR
Verbindlichkeit	./. 150 000 EUR
Duldungsauflage	./. 100 000 EUR
Bereicherung	500 000 EUR

Berücksichtigung von Nießbrauchs- und anderen Nutzungs- oder Duldungsrechten, die sich auf den Grundbesitzwert ausgewirkt haben. Ist ein nach § 198 BewG nachgewiesener gemeiner Wert als Grundbesitzwert festgestellt worden, der aufgrund von Grundstücksbelastungen durch Nutzungs- oder Duldungsrechte, wie z. B. Nießbrauch oder Wohnrecht, gemindert wurde, kann der Erwerber darüber hinaus das Nutzungsrecht nicht zusätzlich bereicherungsmindernd geltend machen (§ 10 Absatz 6 Satz 6 ErbStG). Das für die Erbschaft- oder Schenkungsteuerveranlagung zuständige Finanzamt ist darüber zu unterrichten, dass die Belastung im Rahmen der Feststellung des Grundbesitzwerts berücksichtigt wurde.

Beispiel:

A überträgt im Jahr 01 B ein Mietwohngrundstück und behält sich den Nießbrauch an den Erträgen vor. Der Grundbesitzwert beträgt 380 000 EUR und ist bereits um den Wert des Nießbrauchs gemindert (§ 198 BewG). B übernimmt auf dem Grundstück lastende Schulden von 100 000 EUR.

Die Bereicherung des B beträgt		
Grundbesitzwert		380 000 EUR
Befreiung § 13d ErbStG 10 % von 380 000 EUR		./. 38 000 EUR
Verbleiben		342 000 EUR
Gegenleistung in wirtschaftlichem		
Zusammenhang mit dem Grundstück	100 000 EUR	
Duldungsauflage	+ 0 EUR	
Summe	100 000 EUR	
Nicht abzugsfähig 10 % von 100 000 EUR =	./. 10 000 EUR	
Abzugsfähig	90 000 EUR	./. 90 000 EUR
Bereicherung		252 000 EUR

Bestehen bleibende Grundpfandrechte bei Zuwendung eines Grundstücks.

1. Werden bei der Zuwendung eines Grundstücks vom Erwerber Grundpfandrechte übernommen, die der Sicherung von Darlehen dienen, die er aber bei der Zuwendung nicht persönlich übernommen hat, hängt die Behandlung der Schuld von den vertraglichen Regelungen bzw. der weiteren Entwicklung ab:
   a) Haben der Zuwender und der Erwerber im Übertragungsvertrag vereinbart, dass der Erwerber die Schuld bei Tod des Zuwenders übernimmt, handelt es sich um eine aufschiebend bedingte Last. Sie ist bei der Ermittlung der Bereicherung des Erwerbers nicht zu berücksichtigen (§ 12 Absatz 1 ErbStG i. V. m. § 6 Absatz 1 BewG). Eine zu berücksichtigende Last des Erwerbers tritt erst mit dem Tod des Zuwenders ein.
   b) Wird der Erwerber beim Tod des Zuwenders dessen Erbe, geht die Schuld nach § 1922 BGB auf ihn aufgrund seiner Erbenstellung über. Es handelt sich nicht um eine bei der Schenkungsteuer zu berücksichtigende Last. Die Schuld ist vielmehr bei der Erbschaftsteuer als Nachlassverbindlichkeit abzuziehen.

c) Kommt der Zuwendende seinen Verpflichtungen aus dem Darlehensvertrag nicht nach und macht der Gläubiger der Grundpfandrechte den dinglichen Anspruch auf Befriedigung aus dem Grundstück geltend (vgl. §§ 1142, 1150 BGB), handelt es sich unabhängig von der Ausgestaltung des Vertrages zwischen Zuwender und Erwerber um eine nachträglich bei der Schenkungsteuer zu berücksichtigende Last.

Liegt eine nachträglich bei der Schenkungsteuer zu berücksichtigende Last vor, ist dieser Umstand nach § 6 Absatz 2 i. V. m. § 5 Absatz 2 BewG zu berücksichtigen. Der tatsächlich übernommene Schuldbetrag ist auf den Stichtag der Steuerentstehung abzuzinsen. Der Vervielfältiger für die Abzinsung ist der Tabelle 1 der gleich lautenden Erlasse der obersten Finanzbehörden der Länder vom 10.10.2010 (BStBl. I S. 810) zu entnehmen.

2. Werden bei der Zuwendung eines Grundstücks vom Erwerber Grundpfandrechte übernommen, die der Sicherung von Darlehen dienen, zu deren Rückzahlung einschließlich der Zinsen der Zuwendende (im Innenverhältnis) allein verpflichtet bleibt, übernimmt der Erwerber eine aufschiebend bedingte Last. Sie ist bei der Ermittlung der Bereicherung des Erwerbers nicht zu berücksichtigen (§ 12 Absatz 1 ErbStG i. V. m. § 6 Absatz 1 BewG). Eine zu berücksichtigende Last des Erwerbers tritt erst ein, wenn
   - der Zuwendende seinen Verpflichtungen aus dem Darlehensvertrag nicht nachkommt und der Gläubiger der Grundpfandrechte den dinglichen Anspruch auf Befriedigung aus dem Grundstück geltend macht (vgl. §§ 1142, 1150 BGB) oder
   - beim Tod des Zuwendenden die Rückzahlung der verbleibenden Schuld den Erwerber trifft.

Dieser Umstand ist nach § 6 Absatz 2 i. V. m. § 5 Absatz 2 BewG zu berücksichtigen. Der tatsächlich übernommene Schuldbetrag ist auf den Stichtag **der** Steuerentstehung abzuzinsen. Der Vervielfältiger für die Abzinsung ist der Tabelle 1 der gleich lautenden Erlasse der obersten Finanzbehörden der Länder vom 10.10.2010 (BStBl. I S. 810) zu entnehmen. Entsprechendes gilt, wenn der Beschenkte für auf dem Grundstück abgesicherte Verbindlichkeiten zwar die persönliche Haftung übernimmt, der Schenker (und Vorbehaltsnießbraucher) sich aber verpflichtet, die Verbindlichkeit für die Dauer des Nießbrauchs weiter zu tilgen und zu verzinsen (→ BFH vom 17.10.2001 II R 60/99, BStBl. 2002 II S. 165).

Bewertung von Leistungs-, Nutzungs- und Duldungsauflagen. Die Bewertung von Leistungs-, Nutzungs- und Duldungsauflagen richtet sich ausschließlich nach den allgemeinen Vorschriften des Bewertungsgesetzes (§§ 1 bis 9, 13 bis 16 BewG). Beruht der Wegfall einer Nutzung oder Leistung, die auf die Lebenszeit einer oder mehrerer Personen begrenzt ist, auf dem Tod des Berechtigten oder Verpflichteten, ist § 14 Absatz 2 BewG zu berücksichtigen.

Private Schulden eines Gesellschafters gegenüber einer Personengesellschaft. → R B 97.1 Absatz 2, H B 97.1.

Übernommene Pflegeleistungen als Gegenleistung.

1. Allgemeines

In notariellen Übergabeverträgen und Schenkungsverträgen werden – vor allem bei Grundstücksübertragungen – vielfach Pflegeverpflichtungen im Bedarfsfall vereinbart. Die Pflegeleistung stellt schenkungsteuerrechtlich eine Gegenleistung für die Grundstücksübertragung dar.

Da der Grundstückserwerber erst im Bedarfsfall zur Pflege des Berechtigten verpflichtet ist, liegt insoweit eine aufschiebend bedingte Last vor, die nach § 6 Absatz 1 BewG vor Eintritt der Bedingung nicht zu berücksichtigen ist. Die Pflegeverpflichtung bleibt deshalb zum Zeitpunkt der Ausführung der Schenkung außer Ansatz (zur schenkungsteuerrechtlichen Behandlung aufschiebend bedingter Leistungen → BFH vom 7.6.1989 II R 183/85, BStBl. II S. 814).

2. Begriff der Pflegeleistungen

Pflegeleistungen liegen vor, wenn sie regelmäßig und über eine längere Dauer zu erbringen sind, über ein übliches Maß der zwischenmenschlichen Hilfe hinausgehen und im allgemeinen Verkehr einen Geldwert haben. Zu den Pflegeleistungen zählen – in Anlehnung an die in § 14 Absatz 4 SGB XI angeführten Hilfeleistungen – die Unterstützung und Hilfe bei den gewöhnlichen und regelmäßig wiederkehrenden Verrichtungen im Bereich der Körperpflege (z. B. Waschen, Duschen, Kämmen), der Ernährung (z. B. Zubereiten und Aufnahme der Nahrung), der Mobilität (z. B. selbständiges Aufstehen und Zu-Bett-Gehen, An- und Auskleiden, Gehen, Stehen, Treppensteigen, Verlassen und Wiederaufsuchen der Wohnung) und der hauswirtschaftlichen Versorgung (z. B. Einkaufen, Kochen, Reinigen der Wohnung, Spülen, Wechseln und Waschen der Wäsche und Kleidung). Dazu gehören aber auch weitere, nicht von § 14 Absatz 4 SGB XI erfasste Hilfeleistungen, wie die Erledigung von Botengängen und schriftlichen Angelegenheiten, Besprechungen mit Ärzten, Vorsprachen bei Behörden sowie die seelische Betreuung des Schenkers.

3. Berücksichtigung dem Grunde nach

Pflegeleistungen können erst dann berücksichtigt werden, wenn der Pflegefall tatsächlich eingetreten ist und der Erwerber die Leistungen erbringt. Bei der Schenkungsteuer liegt ab diesem Zeitpunkt eine gemischte Schenkung vor. Die Pflegeverpflichtung wird hierbei mit ihrem Wert im Zeitpunkt der Entstehung der Steuer für die Zuwendung (§ 11 ErbStG) angesetzt. Entsprechendes gilt, wenn sich der Umfang der zu erbringenden Pflegeleistungen nachträglich ändert. Der Schenkungsteuerbescheid ist nach § 175 Absatz 1 Satz 1 Nummer 2 AO zu ändern (BFH vom 7.6.1989 II R 183/85, BStBl. II S. 814). Vom Eintritt des Pflegefalles kann grundsätzlich erst dann ausgegangen werden, wenn der Berechtigte pflegebedürftig i. S. d. § 15 SGB XI ist. Die Voraussetzungen für den Pflegegrad 1 müssen erfüllt sein. Liegen diese nicht vor, hat der Erwerber im Einzelfall in geeigneter Weise zu belegen, dass bereits Pflegeleistungen erforderlich sind und er seiner Verpflichtung nachkommt.

Die Anerkennung der Pflegebedürftigkeit erfordert, dass der Erwerber schlüssig darlegt und glaubhaft macht, dass er Pflegeleistungen je nach der

Hilfsbedürftigkeit des Schenkers nach Art, Dauer, Umfang und Wert zu erbringen hat. Er trägt insoweit die Feststellungslast. Im Hinblick auf die damit verbundenen Nachweisschwierigkeiten sind jedoch keine übersteigerten Anforderungen an die Darlegung und Glaubhaftmachung zu stellen. Der Nachweis kann in Form eines ärztlichen Attests oder vergleichbarer Bescheinigungen oder in anderer geeigneter Weise geführt werden. Insbesondere kann regelmäßig angenommen werden, dass mit zunehmendem Alter eines Menschen auch dessen Hilfsbedürftigkeit zunimmt. So kann, wenn keine gegenteiligen Anhaltspunkte bestehen, schon bei einem über 80 Jahre alten Menschen von einer Hilfsbedürftigkeit auszugehen sein, ohne dass es hierzu eines Nachweises in Form eines ärztlichen Attests oder vergleichbarer Bescheinigungen bedarf (BFH vom 11.9.2013 II R 37/12, BStBl. 2014 II S. 114). Allein die Unterbringung und Versorgung eines Pflegeempfängers in einem Pflegeheim schließen eine Berücksichtigung von Pflegeleistungen nicht aus. Denn diese können auch gegenüber einer Person erbracht werden, die in einem Pflegeheim lebt.

4. Berücksichtigung der Höhe nach

Der Wert der vom Erwerber zu erbringenden Pflegeleistungen bestimmt sich nach den gesamten Umständen des konkreten Einzelfalls, insbesondere den vertraglich vereinbarten Leistungen. Es bestehen keine Bedenken, wenn für erbrachte Leistungen ein pauschaler Satz von 11 EUR je Stunde angesetzt wird. Der pauschale Satz ist anzusetzen unabhängig davon, ob und wenn ja in welchen Pflegegrad die zu pflegende Person eingestuft ist.

Diese Beträge sind zu kürzen, soweit die pflegebedürftige Person Pflegegeld aus der Pflegeversicherung oder einer Pauschalbeihilfe nach den Beihilfevorschriften erhält und diese zu Lebzeiten an die verpflichtete Pflegeperson weitergibt. Die Weitergabe selbst ist nach § 13 Absatz 1 Nummer 9a ErbStG von der Schenkungsteuer befreit.

Dem Erwerber steht es frei, einen höheren Wert seiner Leistungen nachzuweisen.

Die Pflegeleistungen sind mit ihrem Kapitalwert im Zeitpunkt des Eintritts des Pflegefalles zu bewerten. Dieser ist auf den Zeitpunkt der Ausführung der Zuwendung (§ 9 Absatz 1 Nummer 2 ErbStG) abzuzinsen. Der Vervielfältiger für die Abzinsung ist der Tabelle 1 der gleich lautenden Erlasse der obersten Finanzbehörden der Länder vom 10.10.2010 (BStBl. I S. 810) zu entnehmen.

Verpflichtungen aus der Gesellschafterstellung. Verpflichtungen aus der Gesellschafterstellung (Haftung, Mitarbeit, Verlustrisiko) sind keine Gegenleistungen (→ BFH vom 1.7.1992 II R 108/88, BStBl. II S. 923).

Vorzeitiges Ableben eines Rentenberechtigten. → BFH vom 17.10.2001 II R 72/99, BStBl. 2002 II S. 25.

R E 7.4 (2)

(2) Der Abzug der Gegenleistungen, Leistungs-, Nutzungs- und Duldungsauflagen ist nach § 10 Absatz 6 ErbStG beschränkt, soweit der Gegenstand nach §§ 13, 13a, 13c oder 13d ErbStG befreit ist (→ R E 13.1 ff., R E 13a.1 ff., R E 13c.1 ff., R E 13d).

H E 7.4 (2)

Bemessungsgrundlage bei der Inanspruchnahme einer Steuerbefreiung.

Beispiel:

A überträgt im Jahr 01 B ein Mietwohngrundstück mit einem Grundbesitzwert von 750 000 EUR. Aus der Anschaffung resultiert noch eine Verbindlichkeit in Höhe von 150 000 EUR, die B übernimmt. A behält sich den Nießbrauch an den Erträgen vor. Der Kapitalwert des Nießbrauchs unter Berücksichtigung der Begrenzung nach § 16 BewG beträgt 100 000 EUR.

Grundbesitzwert				750 000 EUR
Befreiung § 13d ErbStG 10 % von 750 000 EUR			./.	75 000 EUR
Verbleiben				675 000 EUR
Gegenleistung in wirtschaftlichem Zusammenhang mit dem Grundstück		150 000 EUR		
Nießbrauch	+	100 000 EUR		
Summe		250 000 EUR		
Nicht abzugsfähig 10 % von 250 000 EUR =	./.	25 000 EUR		
Abzugsfähig		225 000 EUR	./.	225 000 EUR
Bereicherung				450 000 EUR

R E 7.4 (3)

(3) [1]Sind mehrere Vermögensgegenstände Gegenstand einer freigebigen Zuwendung, sind unabhängig davon, ob die Gegenstände zu einer oder zu mehreren Vermögensarten gehören, die steuerlichen Einzelwerte zu einem einheitlichen Steuerwert der Gesamtschenkung zusammenzufassen, soweit die einzelnen Zuwendungen nicht zu unterschiedlichen Zeitpunkten ausgeführt wurden. [2]Soweit ein Teil des zugewendeten Vermögens nach §§ 13, 13a, 13c oder 13d ErbStG begünstigt ist (→ R E 13.1 ff., R E 13a.1 ff., R E 13c.1 ff, R E 13d), sind die Befreiungen bei dem einzelnen begünstigten Vermögen vorzunehmen. [3]Absatz 2 ist mit der Maßgabe anzuwenden, dass die Gegenleistungen, Leistungs-, Nutzungs- oder Duldungsauflagen entsprechend ihrem wirtschaftlichen Zusammenhang den einzelnen geschenkten Vermögensgegenständen zuzurechnen sind. [4]Steht eine Gegenleistung, Leistungs-, Nutzungs- oder Duldungsauflage im Zusammenhang mit allen Vermögensgegenständen, ohne dass sie wirtschaftlich einem einzelnen Vermögensgegenstand oder einzelnen Vermögensgegenständen zugeordnet werden kann, ist sie auf die einzelnen Vermögensgegenstände nach dem Verhältnis der Steuerwerte aufzuteilen; Absatz 2 gilt entsprechend.[1)]

H E 7.4 (3)

Bemessungsgrundlage bei der gemischten Schenkung und Schenkung unter Auflage in Mischfällen und Inanspruchnahme einer Steuerbefreiung.

Beispiel 1:

A überträgt im Jahr 01 B ein Mietwohngrundstück mit einem Grundbesitzwert von 750 000 EUR und Aktien im Streubesitz mit einem gemeinen Wert von 500 000 EUR.

1) Nicht mehr anzuwenden für Erwerbe nach dem 28.12.2020, siehe gleich lautenden Ländererlass v. 13.9.2021, BStBl. I 2021, 1837.

Aus der Anschaffung des Grundstücks resultiert noch eine Verbindlichkeit in Höhe von 150 000 EUR, die B übernimmt. A behält sich den Nießbrauch an den Erträgen des Grundstücks vor. Der Kapitalwert des Nießbrauchs unter Berücksichtigung der Begrenzung nach § 16 BewG beträgt 100 000 EUR. Aus der Anschaffung der Aktien resultiert noch eine Verbindlichkeit in Höhe von 120 000 EUR, die B ebenfalls übernimmt.

Grundbesitzwert		750 000 EUR
Aktien		+ 500 000 EUR
Gesamtwert		1 250 000 EUR
Befreiung § 13d ErbStG 10 % von 750 000 EUR		./. 75 000 EUR
Verbleiben		1 175 000 EUR
Gegenleistung in wirtschaftlichem Zusammenhang mit dem Grundstück	150 000 EUR	
Nießbrauch	+ 100 000 EUR	
Summe	250 000 EUR	
Nicht abzugsfähig 10 % von 250 000 EUR =	./. 25 000 EUR	
Abzugsfähig	225 000 EUR	./. 225 000 EUR
Gegenleistung in wirtschaftlichem Zusammenhang mit den Aktien (keine Kürzung)		./. 120 000 EUR
Bereicherung		830 000 EUR

Beispiel 2:[1]

A überträgt im Jahr 01 B ein Mietwohngrundstück mit einem Grundbesitzwert von 750 000 EUR und Aktien im Streubesitz mit einem gemeinen Wert von 500 000 EUR. Aus der Anschaffung des Grundstücks resultiert noch eine Verbindlichkeit in Höhe von 150 000 EUR, die B übernimmt. Aus der Anschaffung der Aktien resultiert noch eine Verbindlichkeit in Höhe von 120 000 EUR, die B ebenfalls übernimmt. Zusätzlich hat sich A ausbedungen, dass B ihm eine lebenslange Rente zahlt, deren Kapitalwert 100 000 EUR beträgt.

Grundbesitzwert		750 000 EUR
Aktien		+ 500 000 EUR
Gesamtwert		1 250 000 EUR
Befreiung § 13d ErbStG 10 % von 750 000 EUR		./. 75 000 EUR
Verbleiben		1 175 000 EUR
Gegenleistung in wirtschaftlichem Zusammenhang mit dem Grundstück	150 000 EUR	
Teil der Leistungsauflage, die auf das Grundstück entfällt 750 000 EUR : 1 250 000 EUR × 100 000 EUR	+ 60 000 EUR	
Summe	210 000 EUR	
Nicht abzugsfähig 10 % von 210 000 EUR =	./. 21 000 EUR	
Abzugsfähig	189 000 EUR	./. 189 000 EUR
Gegenleistung in wirtschaftlichem Zusammenhang mit den Aktien	120 000 EUR	
Teil der Leistungsauflage, die auf die Aktien entfällt 500 000 EUR : 1 250 000 EUR × 100 000 EUR	+ 40 000 EUR	
Summe (keine Kürzung)	160 000 EUR	./. 160 000 EUR
Bereicherung		826 000 EUR

[1] Nicht mehr anzuwenden für Erwerbe nach dem 28.12.2020, siehe gleich lautenden Ländererlass v. 13.9.2021, BStBl. I 2021, 1837.

Bemessungsgrundlage bei der gemischten Schenkung und Schenkung unter Auflage in Mischfällen und Inanspruchnahme mehrerer Steuerbefreiungen.[1)]

Beispiel 1:[1)]

A überträgt im Jahr 01 B ein Mietwohngrundstück mit einem Grundbesitzwert von 750 000 EUR und begünstigungsfähige GmbH-Anteile mit einem gemeinen Wert von 4 500 000 EUR. Das begünstigte Vermögen nach § 13b Absatz 2 ErbStG beträgt 4 000 000 EUR. Ein Antrag nach § 13a Absatz 10 ErbStG wurde nicht gestellt. Aus der Anschaffung des Grundstücks resultiert noch eine Verbindlichkeit in Höhe von 150 000 EUR, die B übernimmt. Aus der Anschaffung der GmbH-Anteile resultiert noch eine Verbindlichkeit in Höhe von 200 000 EUR, die B ebenfalls übernimmt. Zusätzlich hat sich A ausbedungen, dass B ihm eine lebenslange Rente zahlt, deren Kapitalwert 800 000 EUR beträgt.

Grundbesitzwert			750 000 EUR
GmbH-Anteile			+ 4 500 000 EUR
Gesamtwert			5 250 000 EUR
Befreiung § 13d ErbStG 10 % von 750 000 EUR			./. 75 000 EUR
Befreiung § 13a ErbStG 85 % von 4 000 000 EUR			./. 3 400 000 EUR
Verbleiben			1 775 000 EUR
Gegenleistung in wirtschaftlichem Zusammenhang mit dem Grundstück		150 000 EUR	
Teil der Leistungsauflage, die auf das Grundstück entfällt 750 000 EUR : 5 250 000 EUR × 800 000 EUR		+ 114 286 EUR	
Summe		264 286 EUR	
Nicht abzugsfähig 10 % von 264 286 EUR =		./. 26 428 EUR	
Abzugsfähig		237 858 EUR	./. 237 858 EUR
Gegenleistung in wirtschaftlichem Zusammenhang mit den GmbH-Anteilen		200 000 EUR	
Teil der Leistungsauflage, die auf die GmbH-Anteile entfällt 4 500 000 EUR : 5 250 000 EUR × 800 000 EUR		+ 685 714 EUR	
Summe		885 714 EUR	
Nicht abzugsfähig Auf begünstigtes Vermögen entfallen 4 000 000 EUR : 4 500 000 EUR × 885 714 EUR		787 301 EUR	
GmbH-Anteile vor Anwendung des § 13a ErbStG	4 000 000 EUR		
Verschonungsabschlag 85% (§ 13a Absatz 1 i. V. m. § 13 b Absatz 4 ErbStG	./. 3 400 000 EUR		
Vermögen nach Anwendung des § 13a ErbStG	600 000 EUR		

[1)] Nicht mehr anzuwenden für Erwerbe nach dem 28.12.2020, siehe gleich lautenden Ländererlass v. 13.9.2021, BStBl. I 2021, 1837.

Abziehbar 600 000 EUR : 4 000 000 EUR × 787 301 EUR =	118 096 EUR	
Nicht abzugsfähig	669 205 EUR	
Abziehbar 1 100 000 EUR : 4 500 000 EUR × 885 714 EUR	216 508 EUR	./. 216 508 EUR
Bereicherung		1 320 633 EUR

Beispiel 2:[1)]

A überträgt im Jahr 01 seinem Sohn B durch Schenkung einen land- und forstwirtschaftlichen Betrieb. Der festgestellte land- und forstwirtschaftliche Grundbesitzwert des Betriebs (§ 160 BewG) beträgt 3 500 000 EUR. Darin ist der Wirtschaftsteil mit einem Wert von 3 100 000 EUR und der Wohnteil mit einem Wert von 400 000 EUR enthalten. Geldforderungen und Geschäftsguthaben des Betriebs belaufen sich auf 300 000 EUR. B übernimmt die auf den Wirtschaftsteil entfallenden Schulden des Betriebs in Höhe von 100 000 EUR (§ 158 Absatz 5 BewG) und hat Altenteilerleistungen mit einem Kapitalwert von 380 000 EUR zu erbringen.

Die Geldforderungen und Geschäftsguthaben des Betriebs gehören nicht zum land- und forstwirtschaftlichen Vermögen (§ 158 Absatz 4 BewG) und sind nicht im festgestellten Grundbesitzwert enthalten. Der Verkehrswert des land- und forstwirtschaftlichen Betriebs entspricht dem Steuerwert. Die Altenteilerleistungen sind nicht Teil des land- und forstwirtschaftlichen Vermögens.

Als Gegenleistung sind die Altenteilerleistungen in Höhe von 380 000 EUR zu berücksichtigen. Die auf den Wirtschaftsteil entfallenden Schulden in Höhe von 100 000 EUR sind im Fall der Bewertung des Betriebs im Reingewinnverfahren (§ 163 BewG) mit dem Ansatz des Reingewinns abgegolten. Im Falle einer Bewertung mit dem Mindestwert (§ 164 BewG) werden sie bei der Berechnung des Mindestwertes abgezogen. Nachdem die Schulden in beiden Fällen bereits bei der Bewertung des Betriebs der Land- und Forstwirtschaft berücksichtigt sind, stellt die Schuldübernahme schenkungsteuerrechtlich keine Gegenleistung dar.

Wert des Wohnteils	400 000 EUR
Wert des übrigen Vermögens	+ 300 000 EUR
Wert des Wirtschaftsteils	+ 3 100 000 EUR
Gesamtwert	3 800 000 EUR

Befreiung § 13a ErbStG			
Wirtschaftsteil	3 100 000 EUR		
Verschonungsabschlag § 13a Absatz 1 ErbStG 85 %	./. 2 635 000 EUR	2 635 000 EUR	
Verbleiben	465 000 EUR		
Abzugsbetrag § 13a Absatz 2 ErbStG	./. 0 EUR	+ 0 EUR	
Summe der Steuerbefreiung		2 635 000 EUR	./. 2 635 000 EUR
Verbleibender Wert			1 165 000 EUR

Teil der Altenteilerleistung, der auf den Wirtschaftsteil entfällt 3 100 000 EUR: 3 800 000 EUR × 380 000 EUR =	310 000 EUR
Wirtschaftsteil vor Anwendung des § 13a ErbStG	3 100 000 EUR
Steuerbefreiung § 13a ErbStG	./. 2 635 000 EUR

1) Nicht mehr anzuwenden für Erwerbe nach dem 28.12.2020, siehe gleich lautenden Ländererlass v. 13.9.2021, BStBl. I 2021, 1837.

Vermögen nach Anwendung des § 13a ErbStG	465 000 EUR	
Abzugsfähiger Teilbetrag 465 000 EUR : 3 100 000 EUR × 310 000 EUR =		./. 46 500 EUR
Teil der Altenteilerleistung, der auf Wohnteil und übriges Vermögen entfällt (keine Kürzung) 700 000 EUR : 3 800 000 EUR × 380 000 EUR		./. 70 000 EUR
Bereicherung		1 048 500 EUR

Wirtschaftlicher Zusammenhang von Gegenleistungen, übernommenen Schulden, Leistungsauflagen, Nutzungs- und Duldungsauflagen mit der Schenkerleistung. In entsprechender Anwendung des § 10 Absatz 6 ErbStG gilt für Schenkungen Folgendes:

1. Gegenleistungen, die der Beschenkte aufgrund des Schenkungsvertrags erbringen muss, stehen in wirtschaftlichem Zusammenhang mit allen zugewendeten Gegenständen und sind auf diese *nach dem Verhältnis der Steuerwerte* aufzuteilen (→ R E 7.4 Absatz 3).[1]
2. Ein wirtschaftlicher Zusammenhang von Schulden mit einem Vermögensgegenstand liegt nur vor, wenn die Entstehung der Schuld ursächlich und unmittelbar auf Vorgängen beruht, die diesen Vermögensgegenstand betreffen (→ BFH vom 28.1.1972 III R 4/71, BStBl. II S. 416) und die Schuld den Vermögensgegenstand wirtschaftlich belastet (→ BFH vom 19.5.1967 III 319/63, BStBl. III S. 596). Bei der Belastung eines Grundstücks muss die Schuldaufnahme dem Erwerb (z. B. Belegung des Restkaufpreises durch Aufnahme einer Hypothek), der Herstellung, der Erhaltung oder Verbesserung des belasteten Grundstücks gedient haben (→ BFH vom 28.9.1962 III 242/60 U, BStBl. III S. 535). Die hypothekarische Sicherung der Schuld an einem Grundstück begründet eine widerlegbare Vermutung, dass ein solcher wirtschaftlicher Zusammenhang besteht. Der wirtschaftliche Zusammenhang mit dem Vermögensgegenstand muss im Zeitpunkt der Ausführung der Zuwendung bereits bestanden haben; er wird durch die Zuwendung nicht herbeigeführt, wenn er beim Schenker nicht bestanden hat. Das gilt für Schuldverhältnisse aus bereits bestehenden Leistungs- oder Duldungsauflagen entsprechend. Ihr Kapitalwert ist nach §§ 13 ff. BewG auf den Besteuerungszeitpunkt der aktuellen Zuwendung zu ermitteln. Besteht kein wirtschaftlicher Zusammenhang mit nur einem einzelnen Vermögensgegenstand, stehen die Schulden in wirtschaftlichem Zusammenhang mit allen zugewendeten Gegenständen und sind auf diese *nach dem Verhältnis der Steuerwerte* aufzuteilen (→ R E 7.4 Absatz 3).[1]
3. Ein wirtschaftlicher Zusammenhang mit allen zugewendeten Gegenständen ist bei Leistungsauflagen (z. B. Rentenleistungen), die erst mit dem Erwerb begründet werden, stets gegeben. Sie sind auf diese *nach dem Verhältnis der Steuerwerte* aufzuteilen (→ R E 7.4 Absatz 3).[1]

---

[1] Bezüglich der Aufteilung ausschließlich nach dem Verhältnis der Steuerwerte nicht mehr anzuwenden für Erwerbe nach dem 28.12.2020, siehe gleich lautenden Ländererlass v. 13.9.2021, BStBl. I 2021, 1837.

4. Bei Nutzungs- und Duldungsauflagen (Nießbrauch, Wohnrecht), die erst mit dem Erwerb begründet werden, ist ein wirtschaftlicher Zusammenhang mit dem oder den Vermögensgegenständen begründet, auf die sich die Verpflichtung bezieht. Steht die Nutzungs- oder Duldungsauflage in wirtschaftlichem Zusammenhang mit der Gesamtheit der zugewendeten Vermögensgegenstände, ist sie auf diese *nach dem Verhältnis der Steuerwerte* aufzuteilen (→ R E 7.4 Absatz 3).[1)]

R E 7.4 (4)

(4) [1]Im Zusammenhang mit der Ausführung der Schenkung anfallende Erwerbsnebenkosten, z. B. für Notar, Grundbuch oder Handelsregister, sind aus Vereinfachungsgründen unbeschränkt abzugsfähig. [2]Steuerberatungskosten und Rechtsberatungskosten im Vorfeld einer Schenkung sind keine abzugsfähigen Erwerbsnebenkosten.

H E 7.4 (4)

Erwerbsnebenkosten im Zusammenhang mit einer Schenkung. Allgemeine Erwerbsnebenkosten, z. B. für den Notar, das Grundbuch oder Handelsregister, sind keine Gegenleistung, sondern Folgekosten der Schenkung. Im Falle einer gemischten Schenkung oder Schenkung unter Auflage sind sie in vollem Umfang als Minderung der Bereicherung zu berücksichtigen. Ebenso sind Steuerberatungskosten für die Schenkungsteuererklärung und die Feststellungserklärung in vollem Umfang bereicherungsmindernd zu berücksichtigen. Die bei einer gemischten Schenkung oder Schenkung unter Auflage anfallende Grunderwerbsteuer ist vom Abzug ausgeschlossen. → H E 10.7 „Behandlung von Erwerbsnebenkosten und Steuerberatungskosten sowie Rechtsberatungskosten im Zusammenhang mit einer Schenkung".

Beispiel:

A überträgt im Jahr 01 dem Neffen B ein Mietwohngrundstück mit einem Grundbesitzwert von 750 000 EUR. Aus der Anschaffung resultiert noch eine Verbindlichkeit in Höhe von 150 000 EUR, die B übernimmt. A behält sich den Nießbrauch an den Erträgen vor. Der Kapitalwert des Nießbrauchs unter Berücksichtigung der Begrenzung nach § 16 BewG beträgt 100 000 EUR. Die Erwerbsnebenkosten (für Notar, Grundbuch) belaufen sich auf 5 500 EUR, die Grunderwerbsteuer auf 8750 EUR. An Steuerberatungskosten für die Schenkungsteuererklärung sind 2000 EUR angefallen.

Grundbesitzwert			750 000 EUR
Befreiung § 13d ErbStG 10 % v. 750 000 EUR		./.	75 000 EUR
Verbleiben			675 000 EUR
Gegenleistung in wirtschaftlichem Zusammenhang mit dem Grundstück	150 000 EUR		
Nießbrauch	+ 100 000 EUR		
Summe	250 000 EUR		
Nicht abzugsfähig 10 % von 250 000 EUR =	./. 25 000 EUR		
Abzugsfähig	225 000 EUR	./.	225 000 EUR
verbleiben			450 000 EUR

1) Bezüglich der Aufteilung ausschließlich nach dem Verhältnis der Steuerwerte nicht mehr anzuwenden für Erwerbe nach dem 28.12.2020, siehe gleich lautenden Ländererlass v. 13.9.2021, BStBl. I 2021, 1837.

Abzugsfähige Erwerbsnebenkosten (ohne Grunderwerbsteuer)		5500 EUR		
Steuerberatungskosten	+	2000 EUR		
Summe (keine Kürzung)		7500 EUR	./.	7500 EUR
Bereicherung				442 500 EUR

R E 7.5 Schenkungen unter Beteiligung von Kapitalgesellschaften und Genossenschaften

(1) [1]Im Verhältnis einer Kapitalgesellschaft zu ihren Gesellschaftern gibt es neben betrieblich veranlassten Rechtsbeziehungen lediglich offene und verdeckte Gewinnausschüttungen sowie Kapitalrückzahlungen, aber keine nach § 7 Absatz 1 Nummer 1 ErbStG freigebigen Zuwendungen. [2]Bei Leistungen an Kapitalgesellschaften können die Regelungen der § 7 Absatz 8 und § 15

(Fortsetzung S. 57)

Absatz 4 ErbStG zur Anwendung kommen. [3]Nach § 7 Absatz 8 Satz 1 ErbStG kann auch die bloße Werterhöhung von Anteilen an einer Kapitalgesellschaft schenkungsteuerbar sein. [4]§ 7 Absatz 8 Satz 2 ErbStG stellt klar, dass verdeckte Gewinnausschüttungen und verdeckte Einlagen zwischen verbundenen Körperschaften grundsätzlich keine freigebigen Zuwendungen sind. [5]Nach § 7 Absatz 8 Satz 3 ErbStG gelten die Sätze 1 und 2 auch für Genossenschaften. [6]Nach § 15 Absatz 4 ErbStG ist bei einer Schenkung durch eine Kapitalgesellschaft oder Genossenschaft der Besteuerung das persönliche Verhältnis des Erwerbers zu demjenigen unmittelbar oder mittelbar beteiligten Gesellschafter zugrunde zu legen, durch den sie veranlasst ist; dies ist z. B. für die Bestimmung der Steuerklasse oder die Anwendung des § 14 ErbStG von Bedeutung. [7]Wenn ein Erwerb zugleich die Voraussetzungen des § 7 Absatz 1 Nummer 1 ErbStG mit der dazu ergangenen Rechtsprechung als auch des § 7 Absatz 8 Satz 1 ErbStG erfüllt, ist ausschließlich § 7 Absatz 8 Satz 1 ErbStG anzuwenden. [8]Erfüllt ein Erwerb sowohl die Voraussetzungen des § 7 Absatz 7 ErbStG als auch des § 7 Absatz 8 Satz 1 ErbStG, ist ausschließlich § 7 Absatz 7 ErbStG als speziellere Norm anzuwenden.

(2) [1]Führt ein Gesellschafter einer Kapitalgesellschaft im Wege einer offenen oder verdeckten Einlage einen Vermögenswert zu und erhöht sich infolge dieses Vermögenszugangs der gemeine Wert sämtlicher Anteile an der Kapitalgesellschaft, stellt die Werterhöhung der Beteiligungsrechte der anderen Gesellschafter grundsätzlich keine steuerbare Zuwendung i. S. d. § 7 Absatz 1 Nummer 1 ErbStG an diese dar. [2]Es ist jedoch § 7 Absatz 8 Satz 1 ErbStG zu prüfen (→ Absatz 10 bis 13). [3]Erfolgt in zeitlichem Zusammenhang mit einer Einlage eine offene oder verdeckte Ausschüttung, ist regelmäßig der an die anderen Gesellschafter ausgeschüttete Betrag Gegenstand einer Zuwendung des Einlegenden an die Ausschüttungsbegünstigten im Sinne einer Weiterleitung des eingelegten Vermögens an den jeweiligen Beschenkten. [4]Wird eine Kapitalgesellschaft neu gegründet und erbringt ein Gesellschafter seine Stammeinlage, ohne dafür eine gleichwertige Kapitalbeteiligung zu erhalten, bilden die Vereinbarungen ein einheitliches Rechtsgeschäft mit der Folge, dass die Mitgesellschafter ihren Geschäftsanteil an der Kapitalgesellschaft mit dem gemeinen Wert nach der Einbringung des Unternehmens in die Kapitalgesellschaft vom einbringenden Gesellschafter geschenkt erhalten. [5]Die vom jeweiligen Beschenkten geleistete Einlage stellt Erwerbsaufwand dar und ist von dem gemeinen Wert der gewährten Anteile abzuziehen. [6]Erwirbt ein Gesellschafter im Rahmen einer Kapitalerhöhung neue Anteile an einer Kapitalgesellschaft gegen eine Einlage, die den Wert der Anteile übersteigt, kommt regelmäßig die Annahme einer steuerbaren Zuwendung i. S. d. § 7 Absatz 1 Nummer 1 ErbStG an die übrigen Gesellschafter nicht in Betracht. [7]Es ist jedoch § 7 Absatz 8 Satz 1 ErbStG zu prüfen (→ Absatz 8 bis 13). [8]Erwirbt ein Gesellschafter im Rahmen einer Kapitalerhöhung neue Anteile an einer Kapitalgesellschaft gegen eine nach Maßgabe der Wertverhältnisse zu geringe Einlage und ohne weitere Verpflichtungen eingehen zu müssen, ist er mit der Eintragung im Handelsregister auf Kosten der Altgesellschafter bereichert. [9]Hierbei ist der gemeine Wert der Anteile maßgebend. [10]Die Leistung der Einlage stellt Erwerbsaufwand dar und ist von dem gemeinen Wert der ge-

währten Anteile abzuziehen. [11]Übernimmt ein Gesellschafter freigebig eine Einlageverpflichtung eines Mitgesellschafters, unterliegt dies als Zuwendung des Gesellschafters an den Mitgesellschafter mit dem gemeinen Wert der Einlageverpflichtung der Schenkungsteuer. [12]Ein Vermächtnis zugunsten einer Kapitalgesellschaft, deren (mittelbarer) Alleingesellschafter der Erblasser war, unterliegt der Erbschaftsteuer auch dann, wenn auf den mit dem Vermächtnis belasteten Alleinerben im Wege der Gesamtrechtsnachfolge auch die (mittelbare) Alleingesellschafterstellung des Erblassers übergegangen ist.

(3) [1]Wird bei einer Verschmelzung einer Kapitalgesellschaft auf eine andere Kapitalgesellschaft den Gesellschaftern der übertragenden Gesellschaft von der übernehmenden Gesellschaft eine den Wert der übertragenden Gesellschaft übersteigende Beteiligung gewährt, liegt eine steuerbare Zuwendung der Gesellschafter der übernehmenden Gesellschaft an die Gesellschafter der übertragenden Gesellschaft in Höhe des übersteigenden Wertes vor. [2]Unterschreitet die gewährte Beteiligung den Wert der übertragenden Gesellschaft und erhalten die begünstigten Gesellschafter der übernehmenden Gesellschaft bereits vorab als Gesellschafter keine zusätzlichen Anteile, liegen keine freigebigen Zuwendungen i. S. d. § 7 Absatz 1 Nummer 1 ErbStG vor (→ Absatz 5 und 6). [3]Es ist jedoch § 7 Absatz 8 Satz 1 ErbStG zu prüfen (→ Absatz 10 bis 13).

(4) [1]Nimmt ein Gesellschafter an einer Kapitalerhöhung nicht im vollen Umfang des ihm zustehenden Bezugsrechts teil und lässt er dieses Bezugsrecht insoweit verfallen, kann dieser Verzicht als steuerbare Zuwendung i. S. d. § 7 Absatz 1 Nummer 1 ErbStG an den an der Kapitalerhöhung Teilnehmenden zu qualifizieren sein, wenn diesem durch die Kapitalerhöhung eine Wertsteigerung zufließt, die den Wert einer von ihm zu erbringenden Einlage übersteigt (Kapitalerhöhung gegen zu geringes Aufgeld). [2]Erfolgt die Kapitalerhöhung aus Gesellschaftsmitteln und nicht durch Erhöhung des Nennbetrags der Alt-Anteile („Aufstockung", vgl. § 57h GmbHG), erwerben die Gesellschafter die neuen Anteile zwingend im Verhältnis ihrer bisherigen Geschäftsanteile (§ 57j GmbHG, § 212 AktG). [3]Der „Verzicht" eines Gesellschafters auf dieses Bezugsrecht bedeutet deshalb eine Zuwendung i. S. d. § 7 Absatz 1 Nummer 1 ErbStG der neu entstandenen Anteile an die anderen Gesellschafter.

(5) [1]Bleibt im Fall des Übergang eines Anteils eines Gesellschafters auf die Gesellschaft (Erwerb eigener Anteile) die zu leistende Abfindung hinter dem gemeinen Wert der Anteile zurück, ergibt sich eine Bereicherung der Gesellschaft, die nach § 7 Absatz 7 Satz 1 ErbStG steuerpflichtig ist. [2]Veräußert ein Gesellschafter seine Anteile an die Gesellschaft zu einem zu niedrigen Preis, liegt keine freigebige Zuwendung nach § 7 Absatz 1 Nummer 1 ErbStG oder § 7 Absatz 7 Satz 1 ErbStG vor, weder an die Gesellschafter noch an die Gesellschaft. [3]Es ist jedoch § 7 Absatz 8 Satz 1 ErbStG zu prüfen(→ Absatz 10 bis 13).

(6) [1]Wird ein Anteil nach § 34 GmbHG eingezogen, geht er durch die Einziehung unter; der Gesellschafter scheidet durch die Einziehung aus der Gesellschaft aus. [2]Erfolgt die Einziehung gegen eine den gemeinen Wert des Anteils nicht deckende Abfindung, erhöht die Differenz zwischen dem Wert des untergehenden Anteils und der Abfindung den Wert der verbleibenden Anteile und gilt als Zuwendung des ausscheidenden Gesellschafters an die verbleibenden Gesellschafter (§ 7 Absatz 7 Satz 2 ErbStG).

(7) [1]Bei verdeckten Gewinnausschüttungen der Kapitalgesellschaft, die zu einem Vermögensvorteil des Gesellschafters führt, liegt keine freigebige Zuwendung im Verhältnis der Kapitalgesellschaft zum Gesellschafter vor. [2]Zahlt eine Kapitalgesellschaft auf Veranlassung eines Gesellschafters einer diesem nahestehenden Person, die nicht Gesellschafter ist, überhöhte Vergütungen, liegt regelmäßig keine freigebige Zuwendung der Gesellschaft an die nahestehende Person vor. [3]Das Gleiche gilt, wenn auf Veranlassung eines Gesellschafters eine diesem nahestehende Person an die Kapitalgesellschaft für eine erbrachte Leistung eine zu geringe oder keine Vergütung zahlt. [4]Hierbei handelt es sich regelmäßig um verdeckte Gewinnausschüttungen an den Gesellschafter. [5]Das „Nahestehen" einer Person kann auf familienrechtlichen, gesellschaftsrechtlichen, schuldrechtlichen oder auch rein tatsächlichen Beziehungen beruhen. [6]In diesen Fällen liegt regelmäßig eine freigebige Zuwendung i. S. d. § 7 Absatz 1 Nummer 1 ErbStG zwischen dem Gesellschafter und der nahestehenden Person vor. [7]Kommen mehrere Gesellschafter als Schenker in Betracht (z. B. Vater und Onkel des Begünstigten), kann eine quotale Zuwendung der Gesellschafter angenommen werden. [8]Ausnahmsweise liegt keine freigebige Zuwendung i. S. d. § 7 Absatz 1 Nummer 1 ErbStG zwischen dem Gesellschafter und der nahestehenden Person vor, wenn nach der Ausgestaltung der zwischen ihnen bestehenden Rechtsbeziehung eine Gegenleistung für die überhöhte, zu geringe oder fehlende Vergütung vorliegt. [9]Unter den entsprechenden Voraussetzungen des § 29 Absatz 1 Nummer 1 ErbStG erlischt die Steuer in den Fällen der Sätze 1 bis 7. [10]Verzichtet ein Gesellschafter zugunsten eines Mitgesellschafters auf einen bereits entstandenen Gewinnanspruch, liegt regelmäßig eine freigebige Zuwendung i. S. d. § 7 Absatz 1 Nummer 1 ErbStG des Verzichtenden zugunsten des Mitgesellschafters vor. [11]Entsprechendes kann auch in Fällen einer nicht leistungsbezogen bestimmten disquotalen Gewinnausschüttung vorliegen.

(8) Zur mittelbaren Anteilsschenkung gelten die Grundsätze des R E 7.3 entsprechend.

(9) Die Absätze 2 bis 8 gelten bei Beteiligungen an Genossenschaften entsprechend.

(10) [1]§ 7 Absatz 8 Satz 1 ErbStG fingiert eine Schenkung zwischen dem an eine Kapitalgesellschaft Leistenden und der natürlichen Person oder Stiftung, die an der Kapitalgesellschaft unmittelbar oder mittelbar beteiligt ist, und deren Anteile an der Gesellschaft durch die Leistung im gemeinen Wert steigen. [2]Mögliche Bedachte (Zuwendungsempfänger) sind nur natürliche Personen und Stiftungen als die letztendlich Begünstigten. [3]Der Leistende (Zuwendende) kann eine natürliche Person oder eine juristische Person, z. B. auch eine Kapitalgesellschaft, sein; Leistungen einer Personengesellschaft sind den hinter der Personengesellschaft stehenden Gesellschaftern zuzurechnen. [4]Auch Leistungen gesellschaftsfremder Dritter an die Kapitalgesellschaft können den Tatbestand des § 7 Absatz 8 Satz 1 ErbStG erfüllen. [5]Sofern die Leistung auf eine unmittelbare Bereicherung der Kapitalgesellschaft abzielt, liegt stattdessen eine steuerbare Zuwendung im Sinne des § 7 Absatz 1 Nummer 1 ErbStG an die Kapitalgesellschaft selbst vor.

(11) [1]Leistungen i. S. d. § 7 Absatz 8 Satz 1 ErbStG sind insbesondere Sacheinlagen und Nutzungseinlagen. [2]Eine Leistung von Gesellschaftern oder Dritten an die Kapitalgesellschaft führt nicht zu einer steuerbaren Werterhöhung, soweit dieser Leistung eigene Leistungen der (Mit-)Gesellschafter gegenüberstehen. [3]Ob eine Leistung i. S. d. § 7 Absatz 8 Satz 1 ErbStG vorliegt, ist im Rahmen einer Gesamtbetrachtung festzustellen. [4]Sofern auch die anderen Gesellschafter in einem zeitlichen und sachlichen Zusammenhang Leistungen an die Gesellschaft erbringen, die insgesamt zu einer den Beteiligungsverhältnissen entsprechenden Werterhöhung der Anteile aller Gesellschafter führen, ist keine steuerbare Leistung i. S. d. § 7 Absatz 8 Satz 1 ErbStG gegeben. [5]Im Rahmen der Gesamtbetrachtung sind nicht nur Leistungen der anderen Gesellschafter an die Gesellschaft zu berücksichtigen, sondern auch Leistungen der Gesellschafter untereinander, durch die die Werterhöhung ausgeglichen wird. [6]Entsprechendes gilt für den Fall der Leistung fremder Dritter an die Gesellschaft. [7]In derartigen Fällen fällt im Ergebnis keine Schenkungsteuer an, weil die Werterhöhung nach § 7 Absatz 8 Satz 1 ErbStG durch eigene Leistungen ausgeglichen wird. [8]Leistungen einzelner Gesellschafter führen zu keiner nach § 7 Absatz 8 Satz 1 ErbStG steuerbaren Werterhöhung der Anteile von Mitgesellschaftern, soweit der Leistende als Gegenleistung zusätzliche Rechte in der Gesellschaft erlangt, wie z. B. eine Verbesserung seines Gewinnanteils (§ 29 Absatz 3 Satz 2 GmbHG), zusätzliche Anteile an der Gesellschaft oder eine von den Geschäftsanteilen abweichende Verteilung des Vermögens bei späterer Liquidation. [9]Wenn Gesellschafter, z. B. zu Sanierungszwecken, auf Forderungen gegen die Gesellschaft verzichten wollen, das Verhältnis der Nennbeträge der Forderungen aber von den Beteiligungsquoten abweicht, bestehen keine Bedenken gegen einen vorgeschalteten Forderungsverkauf, bei dem der verzichtende Gläubiger (Gesellschafter oder Dritter) in einem ersten Schritt einen Teil seiner Forderung zum Verkehrswert an die (Mit-)Gesellschafter verkauft und die Gesellschafter dann in einem zweiten Schritt beteiligungsproportional auf ihre Forderungen verzichten. [10]Ein Forderungsverzicht unter Besserungsvorbehalt bessert als auflösend bedingter Verzicht die Vermögens- und Ertragslage der Gesellschaft zumindest vorübergehend (und seiner Zwecksetzung nach auch auf Dauer), bewirkt also eine Werterhöhung der Anteile sowohl des Verzichtenden als auch der etwaiger Mitgesellschafter. [11]Grundsätzlich fehlt es jedoch an einem steuerbaren Vorgang, weil der Gläubiger einer wertlosen Forderung nichts aus seinem Vermögen hergibt, sondern lediglich uneinbringbare Werte gegen Erwerbsaussichten umschichtet. [12]Es mangelt insoweit an einer Vermögensverschiebung von dem Verzichtenden an die Mitgesellschafter. [13]Leistungen einzelner Gesellschafter führen zu keiner nach § 7 Absatz 8 Satz 1 ErbStG steuerbaren Werterhöhung der Anteile von Mitgesellschaftern, soweit am Stichtag diesbezüglich zwischen den Gesellschaftern oder mit der Kapitalgesellschaft Zusatzabreden bestehen, die für den einlegenden Gesellschafter gewährleisten, dass seine Leistungen nicht zu einer endgültigen Vermögensverschiebung zugunsten der Mitgesellschafter führen. [14]Gleiches gilt, wenn hinsichtlich der Leistungen gesellschaftsvertraglich eine von den maßgebenden Beteiligungsquoten abweichende Verteilung des Vermögens bei späterer Liquidation der Gesellschaft vereinbart wird oder soweit die Leistung als schuldrechtlich zugunsten des leistenden Gesellschafters gebundene Kapitalrücklage verbucht wird (§ 72 Satz 2 GmbHG).

(12) [1]Die Bereicherung richtet sich nach der Erhöhung des gemeinen Werts der Anteile an der Kapitalgesellschaft, nicht nach dem Wert der Leistung des Zuwendenden. [2]Maßgeblich sind die allgemeinen Regelungen für die Bewertung nicht notierter Anteile (§ 11 Absatz 2 BewG, ggf. i. V. m. §§ 199 ff. BewG). [3]Die Werterhöhung kann damit auch durch eine Verbesserung der Ertragsaussichten bewirkt werden, die durch die Leistung des Zuwendenden verursacht ist. [4]§ 200 Absatz 4 BewG ist zu beachten. [5]Führt die Leistung des Zuwendenden zu keiner Erhöhung des gemeinen Werts der Anteile an der Kapitalgesellschaft, ist keine Bereicherung gegeben. [6]Die Werterhöhung der Anteile muss durch die Leistung kausal veranlasst sein. [7]Sie kann daher nicht höher sein als der gemeine Wert der bewirkten Leistung des Zuwendenden. [8]Maßgeblich sind die Erkenntnismöglichkeiten und Wertvorstellungen der Gesellschafter in dem Zeitpunkt, in dem die Leistung bewirkt wird. [9]Sind die Parteien bei wechselseitigen Leistungen an die Gesellschaft in nachvollziehbarer Weise und unter fremdüblichen Bedingungen übereinstimmend davon ausgegangen, dass die Leistungen insgesamt ausgewogen sind, liegt eine Steuerbarkeit nach § 7 Absatz 8 Satz 1 ErbStG grundsätzlich auch dann nicht vor, wenn sich dies anhand später gewonnener besserer Erkenntnisse als unzutreffend erweist. [10]Die als zutreffend zugrunde gelegten Werte sind dann im gewöhnlichen Geschäftsverkehr (vgl. § 9 Absatz 2 BewG) zustande gekommen. [11]Die Ausgewogenheit der Gesellschafterbeiträge wird aber regelmäßig nicht zu belegen sein, wenn zwischen den Leistungen ein offensichtliches Missverhältnis besteht. [12]Davon ist allgemein bei einer Wertdifferenz von mindestens 20% auszugehen. [13]Wenn an eine Kapitalgesellschaft geleistet wird, an der der Bedachte nur mittelbar über andere Gesellschaften beteiligt ist, kommt es auf die Werterhöhung der Anteile an der unmittelbar begünstigten Kapitalgesellschaft an und nicht auf die Werterhöhung der Anteile an der vermittelnden Kapitalgesellschaft. [14]Maßgeblich ist der Anteil an der unmittelbar begünstigten Kapitalgesellschaft, der bei Durchrechnung der Beteiligungsquoten mittelbar auf den Bedachten entfällt. [15]Leistungen an eine Personengesellschaft, an der eine Kapitalgesellschaft beteiligt ist, sind nach allgemeinen Grundsätzen als solche an die Gesellschafter zu behandeln. [16]Sie sind also i. S. d. § 7 Absatz 8 Satz 1 ErbStG in dem Umfang an die Kapitalgesellschaft erbracht, in dem diese an der Personengesellschaft beteiligt ist. [17]Die Erhöhung des gemeinen Werts der Anteile ist nicht nach § 151 Absatz 1 Satz 1 Nummer 3 BewG gesondert festzustellen. [18]Das Betriebsfinanzamt der Kapitalgesellschaft teilt dem Erbschaftsteuerfinanzamt den im Wege der Amtshilfe ermittelten Wert mit.

(13) [1]Gegenstand der Steuerbegünstigungen nach §§ 13a, 13c, 28a ErbStG ist der Erwerb von Anteilen an Kapitalgesellschaften, nicht aber die Werterhöhung solcher Anteile, die sie aufgrund von Leistungen an die Kapitalgesellschaft i. S. d. § 7 Absatz 8 ErbStG erfahren. [2]Daher ist die Steuerbegünstigung nach §§ 13a, 13c oder 28a ErbStG in den Fällen des § 7 Absatz 8 ErbStG nicht zu gewähren.

(14) [1]§ 7 Absatz 8 Satz 2 ErbStG stellt ergänzend zu Satz 1 der Vorschrift auf den Willen zur Unentgeltlichkeit ab. [2]Die Vorschrift begründet keine gesonderte, über § 7 Absatz 8 Satz 1 ErbStG hinausgehende Steuerbarkeit.

[3]Sie bringt vielmehr zum Ausdruck, dass § 7 Absatz 8 Satz 1 ErbStG bei Leistungen zwischen Kapitalgesellschaften anwendbar ist, wenn dadurch die Anteile von Gesellschaftern im Wert steigen und die Wertverschiebung durch den Willen zur Unentgeltlichkeit, z. B. eines Mitgesellschafters, veranlasst ist. [4]Nach § 7 Absatz 8 Satz 2 Halbsatz 2 ErbStG können Einlagen zwischen Kapitalgesellschaften nicht der Schenkungsteuer unterliegen, soweit an der leistenden und der begünstigten Kapitalgesellschaft unmittelbar oder mittelbar dieselben natürlichen Personen oder Stiftungen im gleichen Beteiligungsverhältnis beteiligt sind.

(15) [1]§ 7 Absatz 8 Satz 1 und 2 ErbStG ist auf Genossenschaften anzuwenden (§ 7 Absatz 8 Satz 3 ErbStG). [2]Auch bei diesen Gesellschaften sind Vermögensverschiebungen zwischen den Gesellschaftern (Genossenschaftsmitgliedern) durch Einlagen möglich. [3]§ 15 Absatz 4 ErbStG ist ebenfalls auf Zuwendungen durch Genossenschaften anwendbar (→ R E 15.4). [4]Die Förderung der Genossenschaftsmitglieder (z. B. durch genossenschaftliche Rückvergütungen) entsprechend dem allgemeinen Förderzweck der Genossenschaft (§ 1 GenG) unter Beachtung des genossenschaftlichen Gleichbehandlungsgebots ist nicht schenkungsteuerbar. [5]Entsprechendes gilt für Leistungen einer Kapitalgesellschaft an die Mitglieder einer Genossenschaft, die alle Anteile an der Kapitalgesellschaft hält.

H E 7.5

Disquotale Einlage von Vermögen in eine GmbH durch Gesellschafter. → BFH vom 9.12.2009 II R 28/08, BStBl. 2010 II S. 566.

Einbringung eines Einzelunternehmens in eine neu gegründete Kapitalgesellschaft. → BFH vom 12.7.2005 II R 8/04, BStBl. II S. 845.

Einziehung eines Anteils (§ 34 GmbHG).

Beispiel:

A und B sind mit Geschäftsanteilen im Betrag von je 50 000 EUR Gesellschafter einer GmbH. Der Gesellschaftsvertrag lässt die Einziehung der Geschäftsanteile zu. Die Gesellschafterversammlung beschließt, dass der Anteil des B ohne Abfindung (oder alternativ: gegen eine Abfindung in Höhe des anteiligen Buchwerts des Betriebsvermögens) eingezogen wird. B stimmt der Einziehung zu.

Folge der Einziehung des Anteils ist, dass das Gesellschaftsvermögen in den nach der Einziehung verbleibenden Geschäftsanteilen verkörpert ist. Deren Wert erhöht sich deshalb, sofern die Abfindung nicht dem gemeinen Wert des auf den eingezogenen Anteil entfallenden Gesellschaftsvermögens entspricht.

Freigebige Zuwendung an Neugesellschafter bei Kapitalerhöhung. → BFH vom 20.12.2000 II R 42/99, BStBl. 2001 II S. 454 und vom 27.8.2014 II R 43/12, BStBl. 2015 II S. 241.

Leistungen an eine Kapitalgesellschaft (§ 7 Absatz 8 Satz 1 ErbStG).

Beispiel 1 (Allgemeines):

Vater V und Sohn S sind zu je $1/2$ an der VS-GmbH beteiligt und haben bei Gründung der Gesellschaft je 50 000 EUR in die Gesellschaft eingezahlt. Nun legt V weitere 200 000 EUR in die Gesellschaft ein. Dadurch erhöht sich der Wert der Beteiligung des S von $1/2$ × (50 000 EUR + 50 000 EUR) = 50 000 EUR auf $1/2$ × (50 000 EUR + 50 000 EUR + 200 000 EUR) = 150 000 EUR. S hat also einen Vermögensvorteil von 100 000 EUR erlangt, der nach der Rechtsprechung des BFH keine freigebige Zuwen-

dung i. S. d. § 7 Absatz 1 Nummer 1 ErbStG darstellt, weil er nicht in einer substanziellen Vermögensverschiebung, sondern lediglich in der Wertsteigerung der Gesellschaftsanteile besteht. Demgegenüber wäre eine Direktzuwendung von V an S in Höhe von 100 000 EUR, wie z. B. auch die Übernahme einer Einlageverpflichtung des S in Höhe von 100 000 EUR, nach Maßgabe der allgemeinen Voraussetzungen des § 7 Absatz 1 Nummer 1 ErbStG schenkungsteuerbar.
Anders als nach § 7 Absatz 1 Nummer 1 ErbStG kommt es im Rahmen des § 7 Absatz 8 Satz 1 ErbStG weder auf die unmittelbare Zuwendung von Sachsubstanz an den Bedachten noch auf den Willen zur Unentgeltlichkeit (R E 7.1) an. Deshalb liegt in dem Beispielsfall eine steuerbare Schenkung des V an den S vor.

Beispiel 2 (Werterhöhung durch die Leistung dem Grunde nach):

Sachverhalt wie in Beispiel 1. Der Sohn S leistet auch eine Einlage von 200 000 EUR in die VS-GmbH. Der Wert der GmbH erhöht sich mithin auf (50 000 EUR + 50 000 EUR + 200 000 EUR + 200 000 EUR) = 500 000 EUR, der Wert der Anteile des S auf 250 000 EUR. Die Wertsteigerung der Anteile des S ist hier durch eigene Einlagen erzielt, beruht also insoweit nicht auf einer nach § 7 Absatz 8 Satz 1 ErbStG steuerbaren Leistung des V.

Beispiel 3 (Höhe der Bereicherung):

An der AB-GmbH sind Vater A zu 40 % und Tochter B zu 60 % beteiligt. A verkauft der GmbH ein Grundstück für 200 000 EUR, der gemeine Wert des Grundstücks beträgt 300 000 EUR. Als Folge der günstigen Lage des Grundstücks erhöht sich der Ertragswert der GmbH um 400 000 EUR.
Die anzusetzende Werterhöhung der Anteile der B kann den Betrag von (300 000 EUR – 200 000 EUR) × 60 % = 60 000 EUR nicht übersteigen.

Leistungen zwischen Kapitalgesellschaften (§ 7 Absatz 8 Satz 2 ErbStG).

Beispiel:

Vater V ist zu 100 % Gesellschafter der T1-GmbH und zu 40 % Gesellschafter der T2-GmbH; die weiteren 60 % der T2-GmbH gehören dem Sohn S. V veranlasst die T1-GmbH, der T2-GmbH verbilligt ein Grundstück zu verkaufen.
Der Vorgang ist schenkungsteuerbar im Verhältnis zwischen T1-GmbH und S (vgl. § 7 Absatz 8 Satz 1 ErbStG), wenn er von dem Willen des V veranlasst ist, den S zu bereichern (§ 7 Absatz 8 Satz 2 ErbStG). Hierfür gelten die Grundsätze des R E 7.1 Absatz 3. Zuwendungsgegenstand ist die durch die Vermögenszuwendung im Umfang von 60 % des Vermögensvorteils bewirkte Werterhöhung der Anteile des S. Für die Berechnung der Steuer ist der Vorgang so zu behandeln, als sei der V Schenker (vgl. § 15 Absatz 4 ErbStG). Wenn der veranlassende und der begünstigte Gesellschafter Angehörige im Sinne des § 15 AO sind, ist bei disquotalen Leistungen regelmäßig von einer privaten freigebigen Veranlassung auszugehen.
Im Verhältnis zwischen T1-GmbH und V liegt keine Schenkung vor. Zwar steigt der Wert der Anteile des V an der T2-GmbH als Folge der Leistung, dafür sinkt allerdings der Wert seiner Anteile an der T1-GmbH in einem mindestens gleichen (hier sogar höheren) Umfang.

Nahestehende Person. → BFH vom 19.6.2007 VIII R 54/05, BStBl. II S. 830.

Offene oder verdeckte Einlage. → BFH vom 9.12.2009 II R 28/08, BStBl. 2010 II S. 566, vom 25.10.1995 II R 67/93, BStBl. 1996 II S. 160 und vom 20.1.2016 II R 40/14, BStBl. 2018 II S. 284.

Rechtlicher Zusammenhang mit Gemeinschaftszweck. → BFH vom 1.7.1992 II R 70/88, II R 108/88, II R 12/90, BStBl. II S. 921, 923, 925.

Übergang des Anteils eines Gesellschafters auf die Gesellschaft (Erwerb eigener Anteile).

Beispiel:

A und S (Sohn des A) sind Gesellschafter einer GmbH. Beide halten je einen Geschäftsanteil in Höhe von 50 000 EUR (nominal). Im Gesellschaftsvermögen sind erhebliche stille Reserven gebunden. A scheidet aus und gibt seinen Anteil an die GmbH zum Buchwert zurück.

Der gemeine Wert des Anteils liegt deutlich über der von der GmbH erhaltenen Abfindung. Da A aus der Gesellschaft ausscheidet, liegt eine Schenkung an die Gesellschaft selbst vor. In diesem Fall richtet sich die Besteuerung nach dem Steuerwert des übertragenen Anteils abzüglich der Abfindungsleistung.

Übertragung von Wirtschaftsgütern einer Personengesellschaft auf eine GmbH. → BFH vom 19.6.1996 II R 83/92, BStBl. II S. 616.

Veräußerung von Anteilen eines Gesellschafters an die Gesellschaft zu einem zu niedrigen Preis. → BFH vom 20.1.2016 II R 40/14, BStBl. 2018 II, S. 284.

Vermächtnis zugunsten einer Kapitalgesellschaft. → BFH vom 17.4.1996 II R 16/93, BStBl. II S. 454.

Verzicht auf die zukünftige Verzinsung eines Gesellschafterdarlehens. → BFH vom 12.7.1979 II R 26/78, BStBl. II S. 631

Zuwendungen an Gesellschafter oder an nahestehende Personen. → BFH vom 30.1.2013 II R 6/12, BStBl. II S. 930, und vom 13.9.2017 II R 54/15, II R 32/16 und II R 42/16, BStBl. 2018 II S. 292, 296, 299.

Beispiel 1:

A ist Alleingesellschafterin einer GmbH. Ihr Bruder B erhält von der GmbH einen Sportwagen zu einem um 100 000 EUR unangemessen zu niedrigen Kaufpreis. Es liegt eine verdeckte Gewinnausschüttung der GmbH an A in Höhe von 100 000 EUR vor. Es liegt keine freigebige Zuwendung der GmbH an B vor. In Höhe von 100 000 EUR liegt eine freigebige Zuwendung von A an B vor.

Beispiel 2:

Sachverhalt wie in Beispiel 1. Im Gegenzug verzichtet der Bruder auf die Rückzahlung eines Darlehens in Höhe von 100 000 EUR, das er gegenüber A hatte. In diesem Fall liegt zwar eine verdeckte Gewinnausschüttung der GmbH an A vor. Es liegt weiterhin keine freigebige Zuwendung der GmbH an B vor. Daneben liegt jedoch weder eine freigebige Zuwendung der A an B noch von B an A vor.

Zuwendungsabsicht. → BFH vom 25.10.1995 II R 67/93, BStBl. 1996 II S. 160.

R E 7.6 Vereinbarung der Gütergemeinschaft

(1) [1]Vereinbaren Ehegatten den Güterstand der Gütergemeinschaft, geht das Gesetz stets davon aus, dass die Bereicherung des weniger vermögenden Ehegatten subjektiv unentgeltlich erfolgt. [2]Auf das Motiv der Vereinbarung kommt es nicht an.

(2) Bei einem Wechsel vom Güterstand der Zugewinngemeinschaft zum Güterstand der Gütergemeinschaft ist grundsätzlich davon auszugehen, dass der ausgleichsberechtigte Ehegatte seine Ausgleichsforderung in das Gesamtgut einbringt.

(3) [1]Es besteht keine Vermutung dafür, dass Zuwendungen an nur einen Ehegatten von Todes wegen oder unter Lebenden gleichzeitig auch für den anderen Ehegatten mitbestimmt sind. [2]Das gilt auch dann, wenn die Ehegatten in Gütergemeinschaft leben und die Zuwendung in das Gesamtgut fällt. [3]Dass hier der Erblasser oder Schenker die Möglichkeit hat, die Zuordnung zum Vorbehaltsgut (§ 1418 Absatz 2 BGB) zu bestimmen, ändert nichts an dieser Beurteilung. [4]Der andere Ehegatte erwirbt auf Grund einer gesetzlichen Vorschrift (§ 1416 BGB), so dass insoweit auch zwischen den Ehegatten keine Schenkung vorliegt. [5]Steuerpflichtige Schenkungen beider Ehegatten aus dem Gesamtgut sind stets als anteilige freigebige Zuwendungen beider Ehegatten zu behandeln.

R E 7.7 Übergang von Vermögen auf eine Stiftung[1)] – *unbesetzt* –

H E 7.7

Kein Übergang von Vermögen auf eine nichtrechtsfähige Stiftung. → BFH vom 25.1.2017 II R 26/16, BStBl. 2018 II S. 199.

R E 7.8 Bedingte Beteiligung an den offenen und stillen Reserven einer Personengesellschaft – *unbesetzt* –

H E 7.8

Bedingte Beteiligung an den offenen und stillen Reserven einer Personengesellschaft. Wird bei der Schenkung eines Anteils für den Fall des Ausscheidens die sog. Buchwertklausel vereinbart, bleibt dies bei der Feststellung der Bereicherung zunächst unberücksichtigt. Die den Buchwert der Beteiligung übersteigende Bereicherung gilt vielmehr als auflösend bedingt erworben. Tritt die Bedingung ein, so kann der Erwerber nach § 5 Absatz 2 BewG eine Berichtigung der Steuerfestsetzung beantragen.
Die Bedingung tritt ein, wenn im Zeitpunkt des Ausscheidens des Gesellschafters der Steuerwert seines Anteils über der Abfindung liegt. Der auflösend bedingte Teil seines Erwerbs entspricht dann dem Steuerwert des bei der Schenkung angesetzten Anteils abzüglich des Buchwerts im Zeitpunkt der Schenkung. Auf Antrag ist in diesem Fall die Steuer zu erstatten, die auf diesen Unterschiedsbetrag entfällt, höchstens jedoch die Steuer, die auf den Unterschiedsbetrag zwischen der Abfindung und dem höheren Steuerwert vom Zeitpunkt des Ausscheidens entfällt. Auf die Identität zwischen den stillen Reserven vom Zeitpunkt der Schenkung und den stillen Reserven vom Zeitpunkt des Ausscheidens des Beschenkten kommt es nicht an.

---

1) Zum Vermögen eines anglo-amerikanischen Trusts als Nachlassvermögen des Errichters siehe BFH v. 25.6.2021 II R 13/19, DStR 2022, 709. – Zum Begriff des Zwischenberechtigten einer ausländischen Vermögensmasse i. S. d. § 7 Abs. 1 Nr. 9 Satz 2 Halbsatz 2 ErbStG siehe BFH v. 25.6.2021 II R 31/19, DStR 2022, 714. – Zum schenkungsteuerrechtlichen Erwerb bei Auflösung eines anglo-amerikanischen Trusts vgl. BFH v. 25.6.2021 II R 40/18, BFH/NV 2022, 327.

Beispiel:

a) Buchwert des Anteils z. Z. der Schenkung	1 000 000 EUR
Steuerwert des Anteils z. Z. der Schenkung	1 200 000 EUR
Unterschiedsbetrag	200 000 EUR
b) Buchwert des Anteils z. Z. des Ausscheidens (Abfindung)	1 500 000 EUR
Steuerwert des Anteils z. Z. des Ausscheidens	2 000 000 EUR
Unterschiedsbetrag	500 000 EUR

Es kann die Steuer erstattet werden, die auf 200 000 EUR entfällt. Würde der Unterschied nach Buchstabe b nur 120 000 EUR betragen, könnte auch die Steuer nur für diesen Betrag erstattet werden. Zur Berechnung des zu erstattenden Betrags ist von der veranlagten Steuer die Steuer abzuziehen, die sich ergeben würde, wenn bei der Veranlagung der Erwerb (1 200 000 EUR) um den jeweils ermittelten Unterschiedsbetrag zwischen Buchwert und Steuerwert des Anteils (200 000 EUR bzw. 120 000 EUR) gekürzt worden wäre. Zu erstatten ist dann der Unterschied zwischen den beiden Steuerbeträgen.

In dem Steuerbescheid über die Schenkung ist der Buchwert des Anteils vom Zeitpunkt der Schenkung zu vermerken. Liegt er über dem angesetzten Steuerwert, so genügt ein Hinweis, dass die Voraussetzungen des § 7 Absatz 5 ErbStG nicht mehr erfüllt werden können.
Dem Ausscheiden stehen die Ausschließung eines Gesellschafters und die Auflösung der Gesellschaft gleich.

R E 7.9 Überhöhte Gewinnbeteiligung

(1) [1]Ist bei den Ertragsteuern eine Entscheidung über das Vorliegen und den Umfang eines überhöhten Gewinnanteils getroffen worden, ist diese Entscheidung in der Regel auch für die Schenkungsteuer zu übernehmen. [2]In anderen Fällen ist der Jahreswert des überhöhten Gewinnanteils selbstständig zu ermitteln. [3]Soweit bei der Gesellschaft eine Änderung der Ertragsaussichten nicht zu erwarten ist, kann er von dem durchschnittlichen Gewinn der letzten drei Wirtschaftsjahre vor der Schenkung abgeleitet werden. [4]Für die Berechnung des Kapitalwerts ist, soweit keine anderen Anhaltspunkte für die Laufzeit gegeben sind, davon auszugehen, dass der überhöhte Gewinnanteil dem Bedachten auf unbestimmte Zeit in gleich bleibender Höhe zufließen wird; der Kapitalwert ist das 9,3fache des Jahreswerts (§ 13 Absatz 2 BewG).

(2) [1]Die nachträgliche Gewährung einer überhöhten Gewinnbeteiligung und die nachträgliche Erhöhung einer bereits zuvor gewährten überhöhten Gewinnbeteiligung sind Sachverhalte, die ebenfalls unter § 7 Absatz 6 ErbStG fallen. [2]Bei der Übertragung einer bereits mit einem Gewinnübermaß ausgestatteten Beteiligung an einer Personengesellschaft kommt § 7 Absatz 6 ErbStG hingegen nicht zusätzlich zur Anwendung. [3]Das Gewinnübermaß wird bereits über § 97 Absatz 1a Nummer 1 Buchstabe b BewG bei der Bewertung der Beteiligung im Rahmen der Besteuerung der Übertragung der Beteiligung berücksichtigt.

(3) Da der Gesellschafter, dem eine erhöhte Gewinnbeteiligung eingeräumt wird, durch diesen Vorgang keine Beteiligung an der Personengesellschaft erhält, ist dieser Erwerb des Gesellschafters nicht nach §§ 13a, 13c, 19a oder 28a ErbStG begünstigt.

R E 7.10 Gesellschaftsanteil beim Ausscheiden eines Gesellschafters zu Lebzeiten – *unbesetzt* –

H E 7.10

Gesellschaftsanteil beim Ausscheiden eines Gesellschafters zu Lebzeiten. § 7 Absatz 7 ErbStG enthält die Parallelvorschrift zu § 3 Absatz 1 Nummer 2 Satz 2 ErbStG für den Fall des Ausscheidens eines Gesellschafters noch zu seinen Lebzeiten (→ R E 3.4). Auf die Absicht des ausscheidenden Gesellschafters, die verbleibenden Gesellschafter oder die Gesellschaft zu bereichern (Bereicherungswille), kommt es hiernach nicht an. Die Vorschrift ist sowohl bei einem freiwilligen als auch bei einem zwangsweisen Ausscheiden des Gesellschafters anzuwenden. Sie betrifft Anteile an einer Personengesellschaft und Anteile an einer Kapitalgesellschaft.

→ BFH vom 1.7.1992 II R 70/88, II R 12/90, BStBl. II S. 921 und 925.[1]

Steuerschuldnerschaft in Fällen des § 7 Absatz 7 ErbStG. → BFH vom 4.3.2015 II R 51/13, BStBl. II S. 672.

Zu § 9 ErbStG

R E 9.1 Zeitpunkt der Ausführung einer Grundstücksschenkung

(1) [1]Eine Grundstücksschenkung gilt als ausgeführt, wenn die Vertragsparteien die für die Eintragung der Rechtsänderung in das Grundbuch erforderlichen Erklärungen in gehöriger Form abgegeben haben und der Beschenkte auf Grund dieser Erklärungen in der Lage ist, beim Grundbuchamt die Eintragung der Rechtsänderung zu bewirken. [2]Der Zeitpunkt der Grundstücksschenkung richtet sich danach, wann die Auflassung im Sinne des § 925 BGB sowie die Eintragungsbewilligung (§ 19 Grundbuchordnung, GBO) vorliegen. [3]Die Erteilung einer dazu berechtigenden Vollmacht, die Auflassung als dinglichen Vertrag später zu erklären, genügt nicht. [4]Denn damit ist der dingliche Rechtsübergang noch nicht unmittelbar eingeleitet. [5]Ein Eintragungsantrag (§ 13 GBO), der die schützenden Wirkungen des § 17 GBO eintreten lässt, ist nicht erforderlich. [6]Sofern die Vertragspartner einen Dritten bevollmächtigt haben, die für die Rechtsänderung erforderlichen Erklärungen abzugeben und entgegenzunehmen, ist die Schenkung ausgeführt, wenn mit der Auflassung auch die Besitzverschaffung des Grundstücks erfolgt sowie Nutzungen und Lasten auf den Beschenkten übergehen. [7]Eine Grundstücksschenkung ist jedoch trotz Vorliegens der genannten Voraussetzungen dann noch nicht ausgeführt, wenn die Übereignung des Grundstücks erst zu einem – von den Beteiligten ausdrücklich bestimmten – späteren Zeitpunkt erfolgen soll oder der Beschenkte von der Eintragungsbewilligung erst zu einem späteren Zeitpunkt Gebrauch machen darf. [8]Dabei kommt es nicht darauf an, ob die Zeitbestimmung die Wirksamkeit des zugrunde liegenden schuldrechtlichen Geschäfts oder lediglich dessen Vollzug betrifft. [9]Die mit Beurkundung der Auflassung und Erteilung der Eintragungsbewilligung entstandene Steuer für eine Grundstücksschenkung entfällt rückwirkend, sobald die Schenkungsabrede vor Umschreibung des Eigentums im Grundbuch aufgehoben wird oder die Eintragungsbewilligung aus anderen Gründen nicht mehr zur Umschreibung führen kann.

[1] Ebenso BFH v. 17.11.2021 II R 21/20, DStR 2022, 1042.

(2) [1]Die Grundsätze zur Ausführung von Grundstücksschenkungen gelten auch bei mittelbaren Grundstücksschenkungen. [2]Bei einer Zuwendung eines Geldbetrags für den Erwerb eines unbebauten oder bebauten Grundstückes ist Absatz 1 entsprechend anzuwenden. [3]Bei der Hingabe eines Geldbetrags zur Errichtung eines Gebäudes ist die mittelbare Grundstücksschenkung im Zeitpunkt der Bezugsfertigkeit des Gebäudes (→ R B 178 Absatz 2 und 3) ausgeführt. [4]Soll dem Bedachten nach dem Willen des Zuwendenden ein Grundstück mit vollständig saniertem und renoviertem Gebäude verschafft werden, ist die Zuwendung erst mit dem Abschluss der Sanierungsarbeiten und Renovierungsarbeiten ausgeführt. [5]Dieser Zeitpunkt ist gleichzeitig auch Stichtag für die Bewertung des Grundstücks. [6]Wenn der Schenker die Kosten für Um-, Aus- oder Anbauten an einem Gebäude trägt, gilt Satz 3 sinngemäß.

(3) [1]Bei einer Grundstücksschenkung, die von einer behördlichen oder privatrechtlichen Genehmigung abhängig ist, tritt die zivilrechtliche Wirksamkeit des Vertrags und der Auflassung erst mit der Erteilung der Genehmigung ein. [2]Die Genehmigung wirkt zwar zivilrechtlich auf den Tag des Vertragsabschlusses zurück (§ 184 BGB). [3]Die zivilrechtliche Rückwirkung einer Genehmigung ist jedoch steuerrechtlich unbeachtlich. [4]Ist der Vertrag oder die Auflassung von einer behördlichen Genehmigung abhängig, ist aber von deren Wirksamkeit auszugehen, wenn die Beteiligten alles getan haben, um die Genehmigung herbeizuführen, insbesondere die erforderlichen Erklärungen in gehöriger Form abgegeben haben. [5]Ist der Vertrag oder die Auflassung von einer privatrechtlichen Genehmigung abhängig, tritt die für eine Ausführung der Schenkung erforderliche Bindung aller Vertragsparteien zueinander jedoch erst im Zeitpunkt der Genehmigung ein, so dass dann auch der Tatbestand der Schenkung verwirklicht sein kann (vgl. § 38 AO).

H E 9.1

Ausführung einer Grundstücksschenkung. → BFH vom 26.9.1990 II R 150/88, BStBl. 1991 II S. 320, vom 24.7.2002 II R 33/01, BStBl. II S. 781, vom 2.2.2005 II R 26/02, BStBl. II S. 312 und vom 27.4.2005 II R 52/02, BStBl. I S. 892.

Ausführung einer mittelbaren Grundstücksschenkung. → BFH vom 23.8.2006 II R 16/06, BStBl. II S. 786.

Privatrechtliche oder behördliche Genehmigung. In Betracht kommen insbesondere die Genehmigung
- eines von einem Minderjährigen oder sonst beschränkt Geschäftsfähigen geschlossenen Vertrags durch den gesetzlichen Vertreter (§ 108 BGB),
- eines von einem Vertreter ohne Vertretungsmacht geschlossenen Vertrags durch den Vertretenen (§ 177 BGB),
- bestimmter Rechtsgeschäfte der Eltern durch das Familiengericht (§ 1365 BGB) bzw. eines Vormunds durch das Vormundschaftsgericht (§ 1821 BGB),
- der Veräußerung land- und forstwirtschaftlicher Grundstücke (§ 2 GrdstVG).

Schenkung einer Grundstücksteilfläche. Bei Schenkung einer Grundstücksteilfläche gilt R E 9.1 Absatz 1 entsprechend, auch wenn das Vermes sungsverfahren zur Bildung einer eigenen Flurnummer noch nicht abgeschlossen wurde.

R E 9.2 Entstehung der Steuer in sonstigen Fällen[1] – *unbesetzt* –

H E 9.2

Erwerb betagter Ansprüche. Die Erbschaftsteuer für betagte Ansprüche, die zu einem bestimmten (feststehenden) Zeitpunkt fällig werden, entsteht dem Regelfall des § 9 Absatz 1 Nummer 1 ErbStG entsprechend bereits im Zeitpunkt des Todes des Erblassers; solche Ansprüche sind ggf. mit ihrem nach § 12 Absatz 3 BewG abgezinsten Wert anzusetzen. Die Erbschaftsteuer für diejenigen betagten Ansprüche, bei denen der Zeitpunkt des Eintritts des zur Fälligkeit führenden Ereignisses unbestimmt ist, entsteht nach § 9 Absatz 1 Nummer 1 Buchstabe a ErbStG erst mit dem Eintritt des Ereignisses (→ BFH vom 27.8.2003 II R 58/01, BStBl. II S. 921 und vom 16.1.2008 II R 30/06, BStBl. II S. 626).

Geltendmachung des Pflichtteilsanspruchs. → BFH vom 19.7.2006 II R 1/05, BStBl. II S. 718.

Schenkung einer Forderung mit Besserungsabrede. → BFH vom 21.4.2009 II R 57/07, BStBl. II S. 606.

Zuwendung eines erst künftig im Rahmen einer Kapitalerhöhung entstehenden Geschäftsanteils. → BFH vom 20.1.2010 II R 54/07, BStBl. II S. 463.

R E 9.3 Bewertungsstichtag bei Errichtung einer Stiftung – *unbesetzt* –

H E 9.3

Bewertungsstichtag bei Errichtung einer Stiftung. Bürgerlich-rechtlich gilt eine erst nach dem Tode des Erblassers anerkannte Stiftung für die Zuwendungen des Stifters als schon vor seinem Tode entstanden (§ 84 BGB). Abweichend hiervon entsteht die Erbschaftsteuer für den Übergang des Vermögens bei einer vom Erblasser errichteten Stiftung mit dem Zeitpunkt der Anerkennung der Stiftung (§ 9 Absatz 1 Nummer 1 Buchstabe c ErbStG). Unter die Vorschrift des § 3 Absatz 2 Nummer 1 ErbStG fallen alle Fälle, in denen Vermögen auf eine vom Erblasser angeordnete Stiftung übergeht. Das gilt unabhängig davon, ob der Erblasser den Erben oder Vermächtnisnehmer mit der Auflage beschwert hat, eine Stiftung durch Rechtsgeschäft unter Lebenden zu errichten oder ob es sich um eine vom Erblasser angeordnete Stiftung, die von diesem zur (Allein-)Erbin eingesetzt ist, handelt (→ BFH vom 25.10.1995 II R 20/92, BStBl. 1996 II S. 99).

Bei einem Stiftungsgeschäft unter Lebenden entsteht die Schenkungsteuer mit dem Zeitpunkt der Ausführung der Schenkung (§ 9 Absatz 1 Nummer 2 ErbStG), also ebenfalls bzw. frühestens mit dem Zeitpunkt der Anerkennung der Stiftung, da die Übertragung des im Stiftungsgeschäft zugesagten Vermögens auf die Stiftung erst mit oder nach diesem Zeitpunkt erfolgen kann (§ 82 BGB).

Besteuerungstatbestand ist in diesen Fällen allein die wirtschaftliche Bereicherung der Stiftung im Zeitpunkt der behördlichen Anerkennung. Die

---

[1] Zum Ausführungszeitpunkt der Schenkung von Gesellschaftsanteilen siehe BFH v. 1.9.2021 II R 8/19, BFH/NV 2022, 236.

steuerlichen Vorschriften haben insoweit Vorrang vor den zivilrechtlichen Grundsätzen. Als wirtschaftliche Bereicherung ist das gesamte zum Zeitpunkt der Stiftungsanerkennung vorhandene Vermögen anzusehen (→ BFH vom 25.10.1995 II R 20/92, BStBl. 1996 II S. 99).

Zu § 10 ErbStG

R E 10.1 Ermittlung des steuerpflichtigen Erwerbs und der Erbschaftsteuer[1)]

(1) Der steuerpflichtige Erwerb ist grundsätzlich wie folgt zu ermitteln:

1. Steuerwert des Wirtschaftsteils des land- und forstwirtschaftlichen Vermögens
+ Steuerwert des Betriebsvermögens
+ Steuerwert der Anteile an Kapitalgesellschaften

Zwischensumme
– Befreiungen nach §§ 13a, 13c ErbStG
– Befreiungen nach § 13 Absatz 1 Nummer 2 und 3 ErbStG
– Befreiung nach § 13d ErbStG
+ Steuerwert des Wohnteils und der Betriebswohnungen des land- und forstwirtschaftlichen Vermögens
– Befreiungen nach § 13 Absatz 1 Nummer 2, 3 und 4b und 4c ErbStG
– Befreiung nach § 13d ErbStG
+ Steuerwert des Grundvermögens
– Befreiungen nach § 13 Absatz 1 Nummer 2, 3 und 4a bis 4c ErbStG
– Befreiung nach § 13d ErbStG
+ Steuerwert des übrigen Vermögens
– Befreiungen nach § 13 Absatz 1 Nummer 1 und 2 ErbStG

= **Vermögensanfall nach Steuerwerten**

2. Steuerwert der Nachlassverbindlichkeiten, soweit nicht vom Abzug ausgeschlossen,
mindestens Pauschbetrag für Erbfallkosten (einmal je Erbfall)

= **abzugsfähige Nachlassverbindlichkeiten**

3. Vermögensanfall nach Steuerwerten (1.)
– abzugsfähige Nachlassverbindlichkeiten (2.)
– weitere Befreiungen nach § 13 ErbStG

= **Bereicherung des Erwerbers**

4. Bereicherung des Erwerbers (3.)
– ggf. steuerfreier Zugewinnausgleich § 5 Absatz 1 ErbStG
+ ggf. hinzuzurechnende Vorerwerbe § 14 ErbStG
– persönlicher Freibetrag § 16 ErbStG
– besonderer Versorgungsfreibetrag § 17 ErbStG

= **steuerpflichtiger Erwerb** (abzurunden auf volle hundert Euro)

1) Zur Erbschaftsbesteuerung des Privatvermögens sowie der Frage eines Verstoßes gegen das Sozialstaatsprinzip und das Beihilfenrecht der Union siehe BFH v. 17.1.2022 II B 49/21, BFH/NV 2022, 420.

(2) Die festzusetzende Erbschaftsteuer ist wie folgt zu ermitteln:

1. Tarifliche Erbschaftsteuer nach § 19 ErbStG
   – Abzugsfähige Steuer nach § 14 Absatz 1 ErbStG
   – Entlastungsbetrag nach § 19a ErbStG

   = Summe 1
2. – Ermäßigung nach § 27 ErbStG (dabei Steuer lt. Summe 1 nach § 27 Absatz 2 ErbStG aufteilen und zusätzlich Kappungsgrenze nach § 27 Absatz 3 ErbStG beachten)
   – Anrechenbare Steuer nach § 6 Absatz 3 ErbStG

   = Summe 2
3. – Anrechenbare Steuer nach § 21 ErbStG (dabei Steuer lt. Summe 2 nach § 21 Absatz 1 Satz 2 ErbStG aufteilen)

   = Summe 3
   mindestens Steuer nach § 14 Absatz 1 Satz 4 ErbStG
   höchstens nach § 14 Absatz 3 ErbStG begrenzte Steuer (Hälfte des Werts des weiteren Erwerbs)

   = **Festzusetzende Erbschaftsteuer**

(3) Ein Steuererlass nach § 28a Absatz 1 Satz 1 ErbStG ist nicht Teil der Steuerfestsetzung; es handelt sich um eine Maßnahme im Erhebungsverfahren.

H E 10.1

Abrundung/Aufrundung.[1] Ergeben sich bei der Ermittlung des steuerpflichtigen Erwerbs oder der Erbschaft- und Schenkungsteuer Euro-Beträge mit Nachkommastellen, sind diese jeweils in der für den Steuerpflichtigen günstigen Weise auf volle Euro-Beträge auf- bzw. abzurunden.

Bereicherung in den Fällen des Nießbrauchsverzichts, in denen der Nießbrauch bei früheren Erwerben teilweise einem Abzugsverbot unterlag. → BFH vom 20.5.2014 II R 7/13, BStBl. II S. 896.

Beispiel:

Vater V schenkte seinem Sohn im August 2016 ein vermietetes Zweifamilienhaus mit einem Grundbesitzwert von 750 000 EUR unter Nießbrauchsvorbehalt. Der Jahreswert des Nießbrauchs beträgt 20 000 EUR. Zum Zeitpunkt der Ausführung der Zuwendung ist V 65 Jahre alt.

Im Jahr 2018 verzichtet er unentgeltlich auf den Nießbrauch. Zum Zeitpunkt der Ausführung dieser Zuwendung ist V 67 Jahre alt. Der Grundbesitzwert und Jahreswert des Nießbrauchs sind unverändert und betragen 750 000 EUR bzw. 20 000 EUR.

Erwerb 2016

Grundbesitzwert	750 000 EUR
Steuerbefreiung § 13d ErbStG	./. 75 000 EUR
Gegenleistung: Kapitalwert Nießbrauch (Jahreswert 20 000 EUR × Vervielfältiger 11,346)	./. 226 920 EUR
davon nicht abzugsfähig (§ 10 Absatz 6 Satz 5 ErbStG)	+ 22 692 EUR
Bereicherung	470 772 EUR
Persönlicher Freibetrag	./. 400 000 EUR

[1] Zur Abrundung nach § 10 Abs. 1 ErbStG in den Fällen der Jahresversteuerung gem. § 23 ErbStG siehe OFD Frankfurt/Main v. 25.6.2020 – S 3800 A – 036 – St 710, DStR 2020, 2378.

Steuerpflichtiger Erwerb	70 772 EUR
abgerundet	70 700 EUR
Steuer bei Steuersatz 7 %	4 949 EUR
Erwerb 2018	
Wert des Nießbrauchsverzichts (Jahreswert 20 000 EUR × Vervielfältiger 10,860)	217 200 EUR
nicht abzugsfähiger Teil des Nießbrauchs 2016	./. 22692 EUR
Bereicherung	194 508 EUR
Wert des Vorerwerbs 2016	+ 470 772 EUR
Persönlicher Freibetrag	./. 400 000 EUR
Steuerpflichtiger Erwerb	265 280 EUR
abgerundet	265 200 EUR
Steuer bei Steuersatz 11 %	29 172 EUR
anrechenbare Steuer aus dem Vorerwerb	./. 4 949 EUR
festzusetzende Steuer	24 223 EUR

R E 10.2 Behandlung von Ansprüchen nach dem Vermögensgesetz

(1) [1]Das Gesetz zur Regelung offener Vermögensfragen – VermG – (in der Fassung der Bekanntmachung vom 9. Februar 2005 (BGBl. I S. 205, mit späteren Änderungen) regelt, unter welchen Voraussetzungen u. a. enteignete oder unter sonstigen in § 1 VermG näher bezeichneten Umständen staatlichen Stellen oder Dritten übertragene Vermögenswerte an den Berechtigten zurückzuübertragen sind (§ 3 VermG). [2]Dabei sind in einschlägigen Fällen Wertausgleiche vorzunehmen (§ 6 Absatz 1; §§ 7, 21 Absatz 3 und 4 VermG) und sonstige Ansprüche Dritter zu erfüllen (§ 19 VermG). [3]Ist eine Rückübertragung ausgeschlossen (§§ 4, 5, 6 Absatz 7 VermG), wird eine Entschädigung nach Maßgabe des Entschädigungsgesetzes – EntSchG – in der Fassung der Bekanntmachung vom 13. Juli 2004 (BGBl. I S. 1658, mit späteren Änderungen) gewährt. [4]Dies gilt auch, wenn der Berechtigte eine Entschädigung nach § 6 Absatz 7 oder § 8 wählt.

(2) [1]Bei Erbfällen nach Inkrafttreten des VermG gehören solche Ansprüche grundsätzlich zum steuerpflichtigen Erwerb. [2]Bei beschränkter Steuerpflicht (§ 2 Absatz 1 Nummer 3 ErbStG) gilt dies nur dann, wenn derartige Ansprüche nach dem VermG zum Inlandsvermögen im Sinne des § 121 BewG gehören. [3]Ansprüche auf Rückübertragung von Grundbesitz, über die bis zum Besteuerungszeitpunkt noch nicht entschieden wurde, sind weder selbst inländischer Grundbesitz (vgl. § 121 Nummer 1 und 2 BewG) noch sind sie Forderungen oder Rechte, die durch inländischen Grundbesitz gesichert sind (§ 121 Nummer 7 BewG). [4]Etwas anderes gilt nur, wenn ein solcher Anspruch zu einem inländischen Betriebsvermögen gehört (§ 121 Nummer 3 BewG). [5]Bei Ansprüchen nach dem VermG handelt es sich um öffentlich-rechtliche Ansprüche, die gegen die Ämter zur Regelung offener Vermögensfragen gerichtet sind.

(3) [1]Der Anspruchsberechtigte hat ab Inkrafttreten des VermG einen Anspruch auf Rückübertragung bzw. Entschädigung. [2]Der Anspruch ist dem Grunde nach im Nachlass zu erfassen, wenn der Berechtigte einen Antrag nach § 30 VermG gestellt hat. [3]Wird der Antrag erst später von einem Rechtsnachfolger eines nach dem 28.9.1990 verstorbenen Berechtigten gestellt, ist der Anspruch bereits im Nachlass des ursprünglich Berechtigten zu erfassen. [4]Dies gilt, wenn zwischenzeitlich mehrere Erbfälle eingetreten sind, für alle diese Erbfälle. [5]Bereits durchgeführte Erbschaftsteuerveranlagungen

sind ggf. zu ändern. [6]Soweit nicht feststeht, wie und in welcher Höhe der Anspruch erfüllt werden wird und welche Gegenansprüche des Verpflichteten dabei zu erfüllen sind (→ Absatz 1 Satz 2 bis 4), ist eine Bewertung des Anspruchs zunächst nicht möglich. [7]Die Erbschaftsteuer ist hinsichtlich des Anspruchs und möglicher Gegenansprüche nach § 165 AO vorläufig zu veranlagen. [8]Die Besteuerung ist endgültig nach derjenigen Sach- und Rechtslage vorzunehmen, wie sie durch die einvernehmliche Regelung zwischen dem Berechtigten und dem Verfügungsberechtigten oder die unanfechtbare Entscheidung der zuständigen Behörde oder des Schiedsgerichts konkretisiert wird, weil sich Art und Inhalt des Anspruchs eines Berechtigten (Rückübertragung bzw. Entschädigung) nicht schon aus § 3 VermG und dem Antrag des Berechtigten ergeben, sondern sich erst mit der endgültigen Entscheidung gemäß §§ 32, 33 VermG konkretisieren lassen. [9]Diese wirkt auf den Stichtag der Steuerentstehung zurück.

(4) [1]Das Vermögen ist dem Rückübertragungsverpflichteten bis zur unanfechtbaren Entscheidung über die Rückübertragung zuzurechnen (§ 34 VermG) und im Nachlass zu erfassen. [2]Hat ein Berechtigter oder ein Rechtsnachfolger einen Antrag nach § 30 VermG gestellt, ist das Vermögen des Verpflichteten ab Inkrafttreten des VermG mit einer Rückübertragungsverpflichtung belastet. [3]Dies gilt, wenn zwischenzeitlich mehrere Erbfälle eingetreten sind, für alle diese Erbfälle. [4]Bereits durchgeführte Erbschaftsteuerveranlagungen sind ggf. zu ändern. [5]Die Belastung ist zunächst mit dem Steuerwert des zurückgeforderten Vermögens abzuziehen. [6]Da nicht feststeht, ob eine Rückübertragung tatsächlich erfolgt und dabei Gegenansprüche des Verpflichteten zu erfüllen sind (→ Absatz 1 Satz 2 bis 4), ist die Erbschaftsteuer hinsichtlich der Rückübertragungsverpflichtung und möglicher Gegenansprüche nach § 165 AO vorläufig zu veranlagen. [7]Die Besteuerung des Verpflichteten ist endgültig nach derjenigen Sach- und Rechtslage vorzunehmen, wie sie durch die einvernehmliche Regelung zwischen dem Berechtigten und dem Verfügungsberechtigten oder die unanfechtbare Entscheidung der zuständigen Behörde oder des Schiedsgerichts konkretisiert wird (→ Absatz 3 Satz 8 und 9).

(5) Absatz 1 bis 4 gilt für die schenkungsteuerrechtliche Behandlung der Ansprüche nach dem VermG entsprechend.

R E 10.3 Private Steuererstattungsansprüche des Erblassers

(1) Die Einkommensteuer entsteht mit Ablauf des Veranlagungszeitraums (§ 36 Absatz 1 in Verbindung mit § 25 Absatz 1 EStG).

(2) [1]Einkommensteuererstattungsansprüche aus Veranlagungszeiträumen, die vor dem Todeszeitpunkt des Erblassers endeten, sind mit Ablauf des jeweiligen Kalenderjahrs entstanden. [2]Sie gehören mit dem materiell-rechtlich zutreffenden Wert zum steuerpflichtigen Erwerb nach § 10 Absatz 1 ErbStG, ohne dass es auf ihre Durchsetzbarkeit (Festsetzung in einem Steuerbescheid) zum Todeszeitpunkt ankommt. [3]Die Überzahlungen, die zu den Steuererstattungsansprüchen geführt haben, muss noch der Erblasser geleistet haben.

(3) [1]Einkommensteuererstattungsansprüche aus dem Veranlagungszeitraum, in den der Todeszeitpunkt des Erblassers fällt, entstehen erst mit Ablauf des

Kalenderjahrs. [2]Sie gehören daher nicht zum steuerpflichtigen Erwerb nach § 10 Absatz 1 ErbStG.[1)]

(4) [1]Erstattungszinsen gehören zum steuerpflichtigen Erwerb nach § 10 Absatz 1 ErbStG, soweit der Bescheid über den zu verzinsenden Steueranspruch vor dem Todestag des Erblassers ergangen ist. [2]Wenn die die Erstattungszinsen auslösenden Bescheide erst nach dem Todestag wirksam geworden sind, sind die Zinsansprüche nicht mehr in der Person des Erblassers, sondern bereits originär in der Person des Gesamtrechtsnachfolgers entstanden und gehören damit nicht zum steuerpflichtigen Erwerb nach § 10 Absatz 1 ErbStG.

H E 10.3

Steuererstattungsansprüche bei Gesamtgläubigern. Stehen Steuererstattungsansprüche mehreren Gläubigern als Gesamtgläubiger zu, z. B. zusammen veranlagte Ehegatten, ist es aus Vereinfachungsgründen nicht zu beanstanden, wenn die Forderung nach Köpfen auf die einzelnen Gläubiger aufgeteilt wird.

Steuererstattungsansprüche für den Veranlagungszeitraum, in den der Todeszeitpunkt des Erblassers fällt.[1)] → BFH vom 16.1.2008 II R 30/06, BStBl. II S. 626.

Steuererstattungsansprüche für Veranlagungszeiträume, die vor dem Todeszeitpunkt des Erblassers endeten. → BFH vom 16.1.2008 II R 30/06, BStBl. II S. 626.

R E 10.4 Übertragung eines Anteils an einer vermögensverwaltenden Personengesellschaft

(1) [1]Bei einem Erwerb eines Gesellschaftsanteils an einer vermögensverwaltenden Personengesellschaft können die Besitzposten und Gesellschaftsschulden der Gesamthandsgemeinschaft nicht zu einer wirtschaftlichen Einheit zusammengefasst werden. [2]Den Gesellschaftern sind die einzelnen Wirtschaftsgüter und sonstigen Besitzposten des Gesamthandsvermögens und die Gesellschaftsschulden anteilig als Bruchteilseigentum zuzurechnen (§ 10 Absatz 1 Satz 4 ErbStG, § 39 Absatz 2 Nummer 2 AO). [3]In Fällen des § 15 Absatz 3 Nummer 2 EStG tritt unter Berücksichtigung zivilrechtlicher Grundsätze für Zwecke der Erbschaft- und Schenkungsteuer erst zum Zeitpunkt der Eintragung der KG im Handelsregister die gewerbliche Prägung ein. [4]Vor der Eintragung ins Handelsregister handelt es sich um eine vermögensverwaltende GbR unabhängig davon, dass ertragsteuerlich rückwirkend von einer gewerblichen Prägung ausgegangen wird.

(2) [1]Der unmittelbare oder mittelbare Erwerb eines solchen Gesellschaftsanteils gilt als Erwerb der Miteigentumsanteile an den zum Gesamthandsvermögen gehörenden Wirtschaftsgütern und sonstigen Besitzposten. [2]Daneben tritt die mit dem Übergang des Gesellschaftsanteils verbundene Verpflichtung des Erwerbers, für die Gesellschaftsschulden einzustehen. [3]Sie kann nicht unmittelbar durch Abzug vom Wert der Besitzposten, sondern nur im Rahmen

---

1) Nicht mehr anzuwenden für Erwerbe nach dem 28.12.2020, siehe gleich lautenden Ländererlass v. 13.9.2021, BStBl. I 2021, 1837.

der Ermittlung der Bereicherung des Erwerbers (§ 10 Absatz 1 Satz 1 ErbStG) berücksichtigt werden. [4]Beim Erwerb von Todes wegen (§ 3 ErbStG) kann der Erwerber die anteiligen Gesellschaftsschulden als Nachlassverbindlichkeiten abziehen (§ 10 Absatz 5 ErbStG). [5]Bei einer Schenkung unter Lebenden (§ 7 ErbStG) können die anteiligen Gesellschaftsschulden die Bereicherung nach den Grundsätzen zur Behandlung von gemischten Schenkungen sowie Schenkungen unter Auflage mindern (→ R E 7.4). [6]Der Erwerb der anteiligen Gesellschaftsschulden ist dabei als Gegenleistung zu behandeln.

H E 10.4

Entlastungen nach §§ 13a, 13c oder 28a bzw. 19a ErbStG für Anteile an Kapitalgesellschaften im Gesellschaftsvermögen. Wird ein Anteil an einer vermögensverwaltenden Personengesellschaft übertragen, zu deren Vermögen Anteile an einer Kapitalgesellschaft i. S. d. § 13b Absatz 1 Nummer 3 ErbStG gehören, ist zwar auch insoweit von einem Erwerb der Miteigentumsanteile an diesen Anteilen auszugehen. Die Entlastungen nach §§ 13a, 13c oder 28a bzw. 19a ErbStG kommen jedoch nicht in Betracht, weil der Erblasser oder Schenker nicht unmittelbar am Nennkapital der Kapitalgesellschaft beteiligt war.

Gewerblich geprägte GmbH & Co KG. → BFH vom 4.2.2009 II R 41/07, BStBl. II S. 600.

R E 10.5 Übernahme der Steuer

Hat der Erblasser die Entrichtung der von dem Erwerber geschuldeten Steuer einem anderen auferlegt oder hat der Schenker die Entrichtung der vom Beschenkten geschuldeten Steuer selbst übernommen oder einem anderen auferlegt, kommt in Fällen der beschränkten Steuerpflicht § 10 Absatz 2 ErbStG nicht zur Anwendung, weil die zu übernehmende Steuerforderung nicht zum Inlandsvermögen im Sinne des § 121 BewG gehört.

H E 10.5

Abrundung im Fall der Steuerübernahme.

Beispiel:

A schenkt seiner Freundin B (Steuerklasse III) 2018 Wertpapiere im Wert von 205 736 EUR und erklärt sich bereit, die Schenkungsteuer zu übernehmen.

Wert der Zuwendung		205 736 EUR
Daraus errechnete Steuer		
Zuwendung	205 736 EUR	
Persönlicher Freibetrag	./. 20 000 EUR	
Verbleiben	185 736 EUR	
Abgerundet	185 700 EUR	
Steuer bei Steuersatz 30 %	55 710 EUR	+ 55 710 EUR
Erwerb einschließlich Steuer		261 446 EUR
Persönlicher Freibetrag		./. 20 000 EUR
Steuerpflichtiger Erwerb		241 446 EUR
Abgerundet		241 400 EUR
Steuer bei Steuersatz 30 %		72 420 EUR

Berechnung der Steuer in den Fällen des § 23 ErbStG und § 10 Absatz 2 ErbStG. → H E 23.

R E 10.6 Abzug von außergewöhnlichen Unterhaltskosten (sog. Überlast) nach dem Denkmalschutzgesetz

(1) [1]Ist Grundbesitz nach dem Denkmalschutzgesetz eines Landes als Baudenkmal unter Schutz gestellt, folgt hieraus eine rechtsverbindliche Verpflichtung des Eigentümers gegenüber der Allgemeinheit, das Baudenkmal instand zu halten, erforderlichenfalls instand zu setzen und vor Gefährdung zu schützen. [2]Bei Schlössern, Burgen und Herrenhäusern wird allgemein davon ausgegangen, dass die zu erhaltende Bausubstanz in einem groben Missverhältnis zu dem durch sie vermittelten Nutzen steht. [3]Unter einem Herrenhaus ist nach dem allgemeinen Sprachgebrauch in der Regel ein freistehendes schlossartiges Gebäude zu verstehen, wie es vor allem in Norddeutschland zu finden ist. [4]Bei der Ermittlung des steuerpflichtigen Erwerbs wird in Höhe der hierdurch verursachten zusätzlichen Instandhaltungskosten eine ernstliche wirtschaftliche Belastung (Überlast) als Nachlassverbindlichkeit (§ 10 Absatz 5 Nummer 1 ErbStG) anerkannt. [5]Eine derartige Überlast ist zu berücksichtigen, soweit nicht der Grundbesitz oder ein Teil des Grundbesitzes nach § 13 Absatz 1 Nummer 2 ErbStG steuerfrei ist oder der Erwerber auf die Steuerfreiheit verzichtet hat (§ 13 Absatz 3 Satz 2 ErbStG). [6]Die Überlast aus der Denkmalpflege bei einem Betriebsgrundstück gehört nach § 95 Absatz 1 BewG nicht zum Betriebsvermögen. [7]Sie ist nach § 10 Absatz 5 Nummer 1 ErbStG als Nachlassverbindlichkeit abzugsfähig, die gegebenenfalls der Abzugsbeschränkung nach § 10 Absatz 6 ErbStG unterliegt.

(2) [1]Für die abzugsfähige Überlast bei Schlössern, Burgen und Herrenhäusern werden als jährliche Pauschalsätze

1. einheitlich 2,30 Euro/m^3 für Objekte, deren Innenräume rein museal genutzt werden,
2. einheitlich 1,15 Euro/m^3 für Objekte, deren Innenräume nicht museal genutzt werden,

festgesetzt. [2]Der Kapitalwert beträgt das 18,6fache des sich nach Nummer 1 und 2 ergebenden Jahreswerts (§ 13 Absatz 2 BewG).

(3) [1]Denkmalgeschützte Patrizierhäuser, Bürgerhäuser, Wohn- und Geschäftsgebäude und dergleichen lassen sich nicht mit den genannten Herrenhäusern vergleichen. [2]Eine pauschale Berechnung der Überlast ist daher nicht möglich. [3]Soweit bei derartigen Gebäuden geltend gemacht wird, dass die Unterhaltungslast aus der Denkmalpflege nicht bereits bei der Bewertung des Grundstücks abgegolten ist, kann eine Überlast nur auf Grund eines Einzelnachweises berücksichtigt werden.

(4) [1]Bei der schenkweisen Übertragung solcher Grundstücke ist die Übernahme dieser Überlast wie eine Leistungsauflage zu behandeln (→ R E 7.4). [2]Absatz 1 Satz 5 gilt sinngemäß.

H E 10.6

Kapitalwert der Überlast.

Beispiel:

Von der Gesamtnutzungsfläche einer Burg entfallen 40 % auf die Wohnräume des Eigentümers. Die übrigen Räume der Burg werden museal genutzt. Der gesamte umbaute Raum der Burg beträgt 20 000 Kubikmeter. Als Jahreswert der Überlast ist anzusetzen:

für den museal genutzten Teil	
20 000 m³ × 60 % × 2,30 EUR/m³ =	27 600 EUR
für den anderweitig genutzten Teil	
20 000 m³ × 40 % × 1,15 EUR/m³ =	+ 9 200 EUR
Jahreswert gesamt	36 800 EUR
Der Kapitalwert beträgt 36 800 EUR × 18,6	684 480 EUR

R E 10.7[1)] Nachlassverbindlichkeiten nach § 10 Absatz 5 ErbStG

[1]Die Übernahme einer Bürgschaft führt für sich allein nicht zum Ansatz einer Verbindlichkeit, da es an einer wirtschaftlichen Belastung fehlt. [2]Es ist insoweit auch keine Forderung des Bürgen gegenüber dem Begünstigten der Bürgschaft anzusetzen.

H E 10.7

Abgeltung Pflichtteilsansprüche durch Abfindung beim Tod des Erben. → BFH vom 27.6.2007 II R 30/05, BStBl. II S. 651.

Baumaßnahmen des Erben auf einem nachlasszugehörigen Grundstück. → BFH vom 1.7.2008 II R 38/07, BStBl. II S. 876.

Behandlung von Erwerbsnebenkosten und Steuerberatungskosten sowie Rechtsberatungskosten im Zusammenhang mit einer Schenkung. Bei Schenkungen unter Lebenden können im Zusammenhang mit der Ausführung der Zuwendung zwangsläufig folgende Kosten anfallen:
- allgemeine Erwerbsnebenkosten (Kosten der Rechtsänderung, z. B. Kosten für Notar- oder Handelsregister),
- Steuer- und Rechtsberatung im Vorfeld der Schenkung,
- Kosten zur Erstellung der Steuer- bzw. Feststellungserklärung,
- Kosten für Rechtsbehelfsverfahren oder Finanzgerichtsverfahren im Steuerfestsetzungs- bzw. Feststellungsverfahren,
- Kosten eines Gutachters für die Ermittlung des gemeinen Werts von Grundbesitz, Betriebsvermögen oder nicht notierten Anteilen an Kapitalgesellschaften,
- Grunderwerbsteuer.

Während für Erwerbe von Todes wegen die Abzugsfähigkeit der Kosten, die dem Erwerber im Zusammenhang mit der Erlangung des Erwerbs entstehen, in § 10 Absatz 5 Nummer 3 ErbStG gesetzlich geregelt ist, fehlt für Schenkungen eine entsprechende gesetzliche Regelung.

---

1) Zur Verpflichtung der Weitergabe der Erbschaft als Nachlassverbindlichkeit siehe BFH v. 11.7.2019 II R 4/17, BStBl. II 2020, 319. – Zum Abzug vergeblicher Rechtsverfolgungskosten als Nachlassverbindlichkeit siehe BFH v. 6.11.2019 II R 29/16, BStBl. II 2020, 505. – Zur Geltendmachung eines Pflichtteilsanspruchs nach dem Tod des Pflichtteilsverpflichteten und der Frage des Abzugs als Nachlassverbindlichkeit siehe BFH v. 5.2.2020 II R 1/16, BStBl. II 2020, 581. – Zur Frage der Einordnung einer Vorfälligkeitsentschädigung als Nachlassverbindlichkeit siehe BFH v. 2.12.2020 II R 17/18, DStR 2021, 1354.

Die Kosten, die im Zusammenhang mit der Ausführung einer Schenkung entstehen, sind bei der Ermittlung des Werts des steuerpflichtigen Erwerbs wie folgt zu behandeln:

1. Allgemeine Erwerbsnebenkosten (Kosten der Rechtsänderung)
Die allgemeinen Erwerbsnebenkosten, wie z. B. für Notar, Grundbuch oder Handelsregister, entstehen erst durch die Schenkung. Hierzu zählen nicht die im Vorfeld einer Schenkung anfallenden Steuerberatungskosten und Rechtsberatungskosten (→ R E 7.4 Absatz 4 Satz 2).

1.1. Kostentragung durch den Beschenkten
Es handelt sich um Folgekosten der Schenkung, die keine Gegenleistung für das übertragene Vermögen darstellen.

1.1.1. Vollschenkung
Die Kosten sind in vollem Umfang vom Steuerwert der Zuwendung abzuziehen.

1.1.2. Gemischte Schenkung und Schenkung unter Leistungs-, Nutzungs- oder Duldungsauflage
Die Kosten sind in vollem Umfang als Minderung der Bereicherung zu berücksichtigen (→ H E 7.4 (4) „Erwerbsnebenkosten im Zusammenhang mit einer Schenkung").

Beispiel:
Der Schenker übereignet dem Beschenkten ein zu gewerblichen Zwecken vermietetes Grundstück mit einem Grundbesitzwert von 500 000 EUR. Die Nebenkosten betragen 8 000 EUR. Der Beschenkte zahlt eine Gegenleistung von 100 000 EUR.

Der Beschenkte hat (500 000 EUR – 100 000 EUR =) 400 000 EUR zu versteuern und kann die Nebenkosten in voller Höhe abziehen. Die Bereicherung des Beschenkten beträgt (400 000 EUR – 8 000 EUR =) 392 000 EUR.

1.1.3. Mittelbare Schenkung
Die Folgekosten einer Schenkung sind auch dann in vollem Umfang vom Steuerwert der Zuwendung abzuziehen, wenn bei einer mittelbaren Schenkung Geld zum Erwerb eines Gegenstandes zugewendet wird. Die Erwerbsnebenkosten bleiben bei der Prüfung, ob der Wert der Zuwendung den Anschaffungskosten des Gegenstandes entspricht, außer Betracht.

1.1.4. Anteilige mittelbare Schenkung
Wird dem Beschenkten bei einer mittelbaren Schenkung nur ein (nicht unwesentlicher) Teil des Kaufpreises zugewendet, der für den Erwerb eines Gegenstandes zu zahlen ist (→ R E 7.3), ist nur der Teil der allgemeinen Erwerbsnebenkosten abzuziehen, der dem Anteil des mittelbar zugewendeten Gegenstandes entspricht. Die Erwerbsnebenkosten bleiben bei der Prüfung, in welchem Verhältnis der Wert der Zuwendung zu den Anschaffungskosten des Gegenstandes steht, außer Betracht.

Beispiel:
Für den Kauf eines Grundstücks, dessen Kaufpreis und Grundbesitzwert 500 000 EUR beträgt, hat der Erwerber 100 000 EUR vom Schenker erhalten; die Nebenkosten in Höhe von 8 000 EUR trägt er selbst.

Die Zuwendung von 100 000 EUR entspricht 20 % der Anschaffungskosten des Grundstücks in Höhe von 500 000 EUR ohne die Nebenkosten. Der Beschenkte hat 20 % des Grundbesitzwertes von 500 000 EUR = 100 000 EUR zu versteuern und kann 20 % der

Nebenkosten in Höhe von 8 000 EUR = 1600 EUR abziehen. Die Bereicherung des Beschenkten beträgt (100 000 EUR – 1600 EUR =) 98 400 EUR.

1.1.5. Übertragung ganz oder teilweise steuerbefreiten Vermögens

1.1.5.1. Vollschenkung ganz oder teilweise steuerbefreiten Vermögens

Gehören zum Erwerb Vermögensgegenstände, für die eine Steuerbefreiung nach §§ 13, 13a, 13c oder 13d ErbStG zur Anwendung kommt, unterliegen die Erwerbsnebenkosten nicht der Kürzung nach § 10 Absatz 6 ErbStG (→ R E 7.4 Absatz 4).

Die Kosten sind in vollem Umfang abzuziehen und nicht nach § 10 Absatz 6 ErbStG zu kürzen.

Beispiel:

Der Schenker überträgt dem Beschenkten ein zu Wohnzwecken vermietetes Grundstück mit einem Grundbesitzwert von 400 000 EUR. Der Beschenkte trägt die Erwerbsnebenkosten in Höhe von 6 000 EUR.

Der Beschenkte hat den Grundbesitzwert des Grundstücks von 400 000 EUR abzüglich des Befreiungsabschlages nach § 13d ErbStG von 10 % = 40 000 EUR zu versteuern und kann die Erwerbsnebenkosten in voller Höhe abziehen. Insoweit erfolgt keine Kürzung nach § 10 Absatz 6 Satz 5 ErbStG. Die Bereicherung des Beschenkten beträgt (400 000 EUR – 40 000 EUR – 6000 EUR =) 354 000 EUR.

1.1.5.2. Gemischte Schenkung und Schenkung unter Leistungs-, Nutzungs- oder Duldungsauflage ganz oder teilweise steuerbefreiten Vermögens

Der Abzug der Gegenleistungen sowie der Leistungs-, Nutzungs- oder Duldungsauflage ist nach § 10 Absatz 6 ErbStG beschränkt, soweit der Gegenstand nach §§ 13, 13a, 13c oder 13d ErbStG befreit ist (→ R E 7.4 Absatz 2). Die Erwerbsnebenkosten sind hingegen in vollem Umfang abzugsfähig und nicht nach § 10 Absatz 6 ErbStG zu kürzen (→ R E 7.4 Absatz 4).

Beispiel:

Der Schenker überträgt dem Beschenkten einen nach §§ 13a, 13b ErbStG begünstigten Anteil von 30 % an einer GmbH, dessen Steuerwert mit 4 000 000 EUR festgestellt wurde. Der GmbH-Anteil zählt in vollem Umfang zum begünstigten Vermögen gemäß § 13b Absatz 2 ErbStG. Er behält sich den Nießbrauch an den Anteilen vor. Der Kapitalwert des Nießbrauchs beträgt 2 000 000 EUR. Der Beschenkte trägt die Erwerbsnebenkosten in Höhe von 20 000 EUR.

Begünstigter GmbH-Anteil	4 000 000 EUR	
Verschonungsabschlag § 13a Absatz 1 ErbStG 85 %	– 3 400 000 EUR	
verbleibender Betrag		600 000 EUR
Abzugsbetrag § 13a Absatz 2 ErbStG		– 0 EUR
		600 000 EUR
Kapitalwert des Nießbrauchs	2 000 000 EUR	
abzugsfähig (§ 10 Absatz 6 Satz 4 ErbStG) 600 000 EUR : 4 000 000 EUR × 2 000 000 EUR		– 300 000 EUR
Erwerbsnebenkosten abzugsfähig in voller Höhe		– 20 000 EUR
Bereicherung		280 000 EUR

1.1.5.3. Mittelbare Schenkung ganz oder teilweise steuerbefreiten Vermögens

Die Kosten sind in vollem Umfang abzugsfähig und nicht nach § 10 Absatz 6 ErbStG zu kürzen.

1.1.5.4. Anteilige mittelbare Schenkung ganz oder teilweise steuerbefreiten Vermögens

Die Kosten sind mit dem Anteil abzugsfähig, der dem Anteil des mittelbar zugewendeten Gegenstandes entspricht. Eine weitere Kürzung nach § 10 Absatz 6 ErbStG erfolgt nicht.

1.2. Kostentragung durch den Schenker

1.2.1. Vollschenkung

Es handelt sich um eine zusätzliche Schenkung, die die Bereicherung des Beschenkten entsprechend erhöht. Der zusätzlichen Bereicherung steht jedoch eine Entreicherung durch die Folgekosten der Schenkung gegenüber. Das gilt nicht nur, wenn der Schenker dem Beschenkten einen Geldbetrag in Höhe der Erwerbsnebenkosten zuwendet, damit dieser sie zahlen kann, sondern auch dann, wenn der Schenker selbst (in Abkürzung des Zahlungswegs) die Erwerbsnebenkosten begleicht.

Beispiel:

Der Schenker übereignet dem Beschenkten ein unbebautes Grundstück mit einem Grundbesitzwert von 300 000 EUR. Die allgemeinen Erwerbsnebenkosten betragen 8000 EUR. Trägt der Schenker – durch Geldzuwendung oder durch eigene Zahlung – die Erwerbsnebenkosten, beträgt der Gesamtwert der Zuwendungen (300 000 EUR + 8000 EUR =) 308 000 EUR. Die Bereicherung des Beschenkten beträgt (308 000 EUR – 8000 EUR =) 300 000 EUR.

1.2.2. Gemischte Schenkung und Schenkung unter Leistungs-, Nutzungs- oder Duldungsauflage

Es handelt sich um eine zusätzliche Schenkung, die die Bereicherung des Beschenkten erhöht. Die Erwerbsnebenkosten sind im vollen Umfang abzugsfähig.

Beispiel:

Der Schenker übereignet dem Beschenkten ein zu gewerblichen Zwecken vermietetes Grundstück mit einem Grundbesitzwert von 500 000 EUR und übernimmt die Nebenkosten in Höhe von 8 000 EUR. Der Beschenkte zahlt eine Gegenleistung von 100 000 EUR.
Der Beschenkte hat (500 000 EUR – 100 000 EUR =) 400 000 EUR zuzüglich der erhaltenen Nebenkosten von 8000 EUR zu versteuern und kann die Nebenkosten in voller Höhe abziehen. Die Bereicherung des Beschenkten beträgt (408 000 EUR – 8000 EUR =) 400 000 EUR.

1.2.3. Mittelbare Schenkung

Die Übernahme der Nebenkosten durch den Schenker stellt eine zusätzliche Bereicherung dar. Der zusätzlichen Bereicherung steht jedoch eine Entreicherung in gleicher Höhe durch die Folgekosten der Schenkung gegenüber. Die Nebenkosten können in vollem Umfang abgezogen werden.

1.2.4. Anteilige mittelbare Schenkung

Die Übernahme der Nebenkosten durch den Schenker stellt eine zusätzliche Bereicherung dar. Die Nebenkosten sind mit dem Anteil abzugsfähig, der dem Verhältnis der Zuwendung ausschließlich der Nebenkosten zu den Anschaffungskosten des Gegenstandes ausschließlich der Nebenkosten entspricht.

1.2.5. Übertragung ganz oder teilweise steuerbefreiten Vermögens

Gehören zum Erwerb Vermögensgegenstände, für die eine Steuerbefreiung nach §§ 13, 13a, 13c oder 13d ErbStG in Anspruch genommen wird, unterliegen die Erwerbsnebenkosten nicht der Kürzung nach § 10 Absatz 6 ErbStG (→ R E 7.4 Absatz 4).

1.2.5.1. Vollschenkung ganz oder teilweise steuerbefreiten Vermögens

Die Kosten sind als zusätzlicher Erwerb anzusetzen und gleichzeitig in vollem Umfang abzuziehen und nicht nach § 10 Absatz 6 ErbStG zu kürzen.

Beispiel:

Der Schenker überträgt dem Beschenkten ein zu Wohnzwecken vermietetes Grundstück mit einem Grundbesitzwert von 400 000 EUR. Der Schenker trägt die Erwerbsnebenkosten in Höhe von 6 000 EUR.

Der Beschenkte hat den Grundbesitzwert des Grundstücks von 400 000 EUR abzüglich des Befreiungsabschlages nach § 13d ErbStG von 10 % = 40 000 EUR zuzüglich der übernommenen Erwerbsnebenkosten zu versteuern und kann die Erwerbsnebenkosten in voller Höhe abziehen. Insoweit erfolgt keine Kürzung nach § 10 Absatz 6 Satz 5 ErbStG. Die Bereicherung des Beschenkten beträgt (400 000 EUR – 40 000 EUR + 6 000 EUR – 6000 EUR =) 360 000 EUR.

1.2.5.2. Gemischte Schenkung und Schenkung unter Leistungs-, Nutzungs- oder Duldungsauflage ganz oder teilweise steuerbefreiten Vermögens

Der Abzug der Gegenleistungen sowie der Leistungs-, Nutzungs- oder Duldungsauflagen ist nach § 10 Absatz 6 ErbStG beschränkt, soweit der Gegenstand nach §§ 13, 13a, 13c oder 13d ErbStG befreit ist (→ R E 7.4 Absatz 2). Die Erwerbsnebenkosten sind hingegen in vollem Umfang abzugsfähig und nicht nach § 10 Absatz 6 ErbStG zu kürzen (→ R E 7.4 Absatz 4).

Beispiel:

Der Schenker überträgt dem Beschenkten einen nach §§ 13a, 13b ErbStG begünstigten Anteil von 30 % an einer GmbH, dessen Steuerwert mit 4 000 000 EUR festgestellt wurde. Der GmbH-Anteil zählt in vollem Umfang zum begünstigten Vermögen gemäß § 13b Absatz 2 ErbStG. Er behält sich den Nießbrauch an diesen Anteilen vor. Der Kapitalwert des Nießbrauchs beträgt 2 000 000 EUR. Der Schenker trägt die Erwerbsnebenkosten in Höhe von 20 000 EUR.

Begünstigter GmbH-Anteil	4 000 000 EUR	
Verschonungsabschlag § 13a Absatz 1 ErbStG 85 %	– 3 400 000 EUR	
verbleibender Betrag		600 000 EUR
Abzugsbetrag § 13a Absatz 2 ErbStG		– 0 EUR
		600 000 EUR
übernommene Erwerbsnebenkosten		+ 20 000 EUR
		620 000 EUR
Kapitalwert des Nießbrauchs	2 000 000 EUR	
abzugsfähig (§ 10 Absatz 6 Satz 4 ErbStG) 600 000 EUR : 4 000 000 EUR × 2 000 000 EUR		– 300 000 EUR
Erwerbsnebenkosten abzugsfähig in voller Höhe		– 20 000 EUR
Bereicherung		300 000 EUR

1.2.5.3. Mittelbare Schenkung ganz oder teilweise steuerbefreiten Vermögens

Die Kosten sind als zusätzlicher Erwerb anzusetzen und gleichzeitig in vollem Umfang abzugsfähig und nicht nach § 10 Absatz 6 ErbStG zu kürzen.

1.2.5.4. Anteilige mittelbare Schenkung ganz oder teilweise steuerbefreiten Vermögens

Die Kosten sind als zusätzlicher Erwerb mit dem Anteil anzusetzen, der dem Anteil des mittelbar zugewendeten Gegenstandes entspricht, und gleichzeitig mit dem Anteil abzugsfähig, der dem Anteil des mittelbar zugewendeten Gegenstandes entspricht. Eine weitere Kürzung nach § 10 Absatz 6 ErbStG erfolgt nicht.

2. Steuerberatungskosten und Rechtsberatungskosten

2.1. Im Vorfeld der Schenkung angefallene Kosten

Die Kosten stehen nicht im unmittelbaren Zusammenhang mit dem schenkweise zugewendeten Vermögen und sind deshalb nicht abziehbar (→ R E 7.4 Absatz 4 Satz 2). Bei einer Übernahme der Kosten durch den Schenker kann es sich um eine zusätzliche Zuwendung handeln, wenn der Beschenkte diese zu tragen hätte.

2.2. Kosten für die Erstellung der Schenkungsteuererklärung und der Erklärung zur gesonderten Feststellung nach § 157 i. V. m. § 151 BewG

Diese Kosten stehen zwar nicht unmittelbar im Zusammenhang mit dem schenkweise zugewendeten Vermögen. Sie fallen jedoch an, weil die Beteiligten durch § 31 ErbStG bzw. § 153 BewG zur Abgabe der Steuersteuer- bzw. Feststellungserklärung verpflichtet sind. Deshalb sind die Kosten im vollen Umfang abzugsfähig. Sie unterliegen nicht der Kürzung nach § 10 Absatz 6 ErbStG (→ H E 7.4 (4) „Erwerbsnebenkosten im Zusammenhang mit einer Schenkung").

Bei Feststellungen im Zusammenhang mit dem Wert des Anteils am Betriebsvermögen (§ 151 Absatz 1 Satz 1 Nummer 2 BewG) und dem Wert nicht notierter Anteile an einer Kapitalgesellschaft (§ 151 Absatz 1 Satz 1 Nummer 3 BewG) ist Folgendes zu beachten:

Ist eine gesonderte Feststellung nach § 151 Absatz 1 BewG durchzuführen, kann das Feststellungsfinanzamt von jedem, für dessen Besteuerung eine gesonderte Feststellung von Bedeutung ist, die Abgabe einer Feststellungserklärung verlangen (§ 153 Absatz 1 BewG).

Anteil am Betriebsvermögen

Bei Feststellungen des Werts von Beteiligungen an Personengesellschaften ist die Feststellungserklärung vorrangig von der Gesellschaft anzufordern (§ 153 Absatz 2 BewG i. V. m. R B 153 Absatz 3 Satz 1). Fordert das Feststellungsfinanzamt die Personengesellschaft zur Abgabe der Erklärung auf, ergibt sich eine unmittelbare gesetzliche Verpflichtung der Gesellschaft zur Abgabe der Feststellungserklärung. Die im Zusammenhang mit der Erstellung der Feststellungserklärung anfallenden Kosten (insbesondere Steuerberatungskosten und Kosten für Verkehrswertgutachten) stehen im Zusammenhang mit der Schenkungsteuer des jeweiligen Gesellschafters und können somit nicht als Betriebsausgaben der Gesellschaft abgezogen werden (§ 12 EStG). Die Kosten sind als Erwerbsnebenkosten bei der Schenkungsteuer abziehbar, soweit sie dem Erwerber bzw. Schenker als Entnahmen zugerechnet werden.

Nicht notierte Anteile an einer Kapitalgesellschaft

Bei Feststellungen des Werts von nicht notierten Anteilen an Kapitalgesellschaften ist nur die Kapitalgesellschaft zur Abgabe der Feststellungserklärung aufzufordern (§ 153 Absatz 3 BewG). Mit der Aufforderung durch das Feststellungsfinanzamt entsteht für die Gesellschaft unmittelbar eine gesetzliche Verpflichtung zur Abgabe der Feststellungserklärung. Die im Zusammenhang mit der Erstellung der Feststellungserklärung entstehenden Kosten (insbesondere Steuerberatungskosten und Kosten für Verkehrswertgutachten) stellen daher für den Erwerber keine abzugsfähigen Erwerbsnebenkosten dar, soweit die Gesellschaft diese nicht an ihn weitergibt.

Die Grundsätze gelten entsprechend auch für den Fall, dass im Rahmen des Feststellungsverfahrens weitere Feststellungen erforderlich sind, weil einzelne Vermögensgegenstände ihrerseits der Feststellung nach § 151 Absatz 1 BewG unterliegen und die Gesellschaft auch für diese Feststellungserklärungen abgabeverpflichtet ist.

2.2.1. Kostentragung durch den Beschenkten

Sowohl bei der

– Vollschenkung,
– gemischten Schenkung,
– Schenkung unter Leistungs-, Nutzungs- oder Duldungsauflage,
– mittelbaren Schenkung und anteiligen mittelbaren Schenkung oder bei
– entsprechenden Übertragungen ganz oder teilweise steuerbefreiten Vermögens

sind die Kosten in vollem Umfang vom Steuerwert der Zuwendung abzugsfähig. Eine Kürzung nach § 10 Absatz 6 ErbStG erfolgt nicht.

2.2.2. Kostentragung durch den Schenker

Sowohl bei der

– Vollschenkung,
– gemischten Schenkung,
– Schenkung unter Leistungs-, Nutzungs- oder Duldungsauflage,
– mittelbaren Schenkung und anteiligen mittelbaren Schenkung oder bei
– entsprechenden Übertragungen ganz oder teilweise steuerbefreiten Vermögens

handelt es sich bei der Kostentragung durch den Schenker um eine zusätzliche Schenkung, die die Bereicherung des Beschenkten entsprechend erhöht. Die Kosten sind in vollem Umfang abzugsfähig. Eine Kürzung nach § 10 Absatz 6 ErbStG erfolgt nicht.

2.3. Kosten für anschließende Rechtsbehelfsverfahren oder finanzgerichtliche Verfahren bzw. Verfahren zur Änderung der Steuerfestsetzung oder Wertfeststellung

Die Kosten sind nicht abziehbar, da es sich hierbei um Rechtsverfolgungskosten zur Abwehr der Entrichtung der eigenen Schenkungsteuer handelt, die unter das Abzugsverbot des § 10 Absatz 8 ErbStG fallen (→ BFH vom 20.6.2007 II R 29/06, BStBl. II S. 722). Werden sie vom Schenker getragen, liegt eine zusätzliche Schenkung vor.

2.4. Kosten eines Gutachtens für die Ermittlung des gemeinen Wertes beim Grundbesitz, beim Betriebsvermögen oder bei nicht notierten Anteilen an Kapitalgesellschaften

Die Kosten sind im vollen Umfang abzugsfähig unabhängig davon, ob sie im Rahmen der Verpflichtung zur Abgabe der Feststellungserklärung angefallen sind oder erst in einem sich an die Wertfeststellung anschließenden Rechtsbehelfsverfahren, einem finanzgerichtlichen Verfahren oder einem Verfahren, in dem die Änderung der Wertfeststellung beantragt wird, angefallen sind. Sie unterliegen nicht der Kürzung nach § 10 Absatz 6 ErbStG.

Werden die Gutachterkosten vom Schenker getragen, liegt eine zusätzliche Zuwendung vor.

3. Grunderwerbsteuer

3.1. Kostentragung durch den Beschenkten

3.1.1. Vollschenkung ganz oder teilweise steuerbefreiten Vermögens

Es fällt keine Grunderwerbsteuer an (§ 3 Nummer 2 GrEStG).

3.1.2. Gemischte Schenkung, Schenkung unter Leistungs-, Nutzungs- oder Duldungsauflage ganz oder teilweise steuerbefreiten Vermögens

Soweit hier Grunderwerbsteuer anfällt, betrifft sie stets nur den entgeltlichen Teil der Zuwendung. Ein Abzug bei der Ermittlung des Werts des steuerpflichtigen Erwerbs ist ausgeschlossen (→ H E 7.4 (4) „Erwerbsnebenkosten im Zusammenhang mit einer Schenkung").

3.1.3. Mittelbare und anteilige mittelbare Grundstücksschenkung ganz oder teilweise steuerbefreiten Vermögens

Die bei der mittelbaren oder anteiligen mittelbaren Grundstücksschenkung für den Erwerb des Grundstücks durch den Beschenkten anfallende Grunderwerbsteuer ist bei nicht befreitem Vermögen in voller Höhe abzugsfähig und bei befreitem Vermögen mit dem Teil abzugsfähig, der dem Anteil des mittelbar zugewendeten Gegenstandes entspricht.

3.2. Kostentragung durch den Schenker

3.2.1. Vollschenkung ganz oder teilweise steuerbefreiten Vermögens

Es fällt keine Grunderwerbsteuer an (§ 3 Nummer 2 GrEStG).

3.2.2. Gemischte Schenkung, Schenkung unter einer Leistungs-, Nutzungs- oder Duldungsauflage ganz oder teilweise steuerbefreiten Vermögens

Es handelt sich um eine zusätzliche Geldschenkung. Ein Abzug ist ausgeschlossen, da nur der entgeltliche Teil der Zuwendung betroffen ist.

3.2.3. Mittelbare und anteilige mittelbare Grundstücksschenkung ganz oder teilweise steuerbefreiten Vermögens

Die bei der mittelbaren oder anteiligen mittelbaren Grundstücksschenkung für den Erwerb des Grundstücks durch den Beschenkten anfallende Grunderwerbsteuer ist in gleicher Weise wie die allgemeinen Erwerbsnebenkosten zu behandeln.

3.2.3.1. Mittelbare Schenkung

Die Übernahme der Grunderwerbsteuer durch den Schenker stellt eine zusätzliche Bereicherung dar. Der zusätzlichen Bereicherung steht jedoch eine Bereicherungsminderung in gleicher Höhe durch die Folgekosten der

Schenkung gegenüber. Die Grunderwerbsteuer kann in voller Höhe abgezogen werden.

3.2.3.2. Anteilige mittelbare Schenkung

Die Übernahme der Grunderwerbsteuer durch den Schenker stellt in voller Höhe eine zusätzliche Bereicherung dar. Die Grunderwerbsteuer ist mit dem Anteil abzugsfähig, der dem Verhältnis der Zuwendung ausschließlich der Nebenkosten zu den Anschaffungskosten des Gegenstandes ausschließlich der Nebenkosten entspricht.

Behandlung von Grabpflegekosten.[1)]

1. Der Erblasser hat mit einer (Friedhofs-)Gärtnerei einen Grabpflegevertrag geschlossen, der Art, Umfang und Kosten der Pflegemaßnahmen bestimmt.

1.1. Wurden die Grabpflegekosten bereits vom Erblasser zu Lebzeiten bezahlt, gehört zu seinem Nachlass ein Sachleistungsanspruch in gleicher Höhe. Dieser Sachleistungsanspruch hat jedoch für die Erben keine Bereicherung zur Folge, weil diese zur Grabpflege bürgerlich-rechtlich nicht verpflichtet sind. Für den Sachleistungsanspruch ist daher kein Wert anzusetzen. Andererseits fallen bei den Erben Grabpflegekosten im Sinne des § 10 Absatz 5 Nummer 3 Satz 1 ErbStG nicht an. Die Erben können daher über dem Pauschbetrag von 10 300 EUR liegende Kosten nur geltend machen, wenn die übrigen Kosten – ohne die vom Erblasser gezahlten Grabpflegekosten – den Pauschbetrag überschreiten (§ 10 Absatz 5 Nummer 3 Satz 2 ErbStG).

1.2. Sind die Grabpflegekosten erst nach dem Tode des Erblassers zu entrichten, haben die Erben insoweit eine abzugsfähige Nachlassverbindlichkeit im Sinne des § 10 Absatz 5 Nummer 1 ErbStG. Erfolgt die Bezahlung der Grabpflegekosten entsprechend den jeweiligen laufenden Pflegeleistungen, sind sie mit dem Kapitalwert (§§ 13, 15 BewG) abzugsfähig. Bei der Ermittlung des Kapitalwerts sind künftige Preissteigerungen nicht zu berücksichtigen. Kann der Grabpflegevertrag von den Erben ersatzlos gekündigt werden, ist – anstelle der vereinbarten – von einer unbestimmten Pflegedauer auszugehen. Bei den Erben fallen – wie im Fall der Zahlung durch den Erblasser – Grabpflegekosten im Sinne des § 10 Absatz 5 Nummer 3 Satz 1 ErbStG nicht an. § 10 Absatz 5 Nummer 3 Satz 2 ErbStG bleibt unberührt.

1.3. Hat der Erblasser zur Bestreitung der Grabpflegekosten ein Sparguthaben angelegt und mit dem Geldinstitut vereinbart, dass dieses oder ein Dritter während der Pflegedauer über das Guthaben verfügungsberechtigt ist, gehört das Guthaben zum Nachlass und damit zum Erwerb des Erben. Die Verfügungsbeschränkung der Erben ist für die Besteuerung ohne Bedeutung (§ 9 Absatz 3 BewG).

1.3.1. Soll ein nach Ablauf der Pflegezeit bestehendes Guthaben den Erben verbleiben, ist ihr Erwerb nur mit der aus dem Vertrag des Erblassers sich ergebenden, gem. § 10 Absatz 5 Nummer 1 ErbStG abzugsfähigen Schuld belastet. Für die Ermittlung des Kapitalwerts der Schuld gelten Num-

1) Zur Behandlung von Pflegekosten für die Grabstätte Dritter als Nachlassverbindlichkeit siehe BFH v. 22.1.2020 II R 41/17, BStBl. II 2020, 459.

mer 1.2 Sätze 2, 3 und 4 entsprechend. Bei den Erben fallen Grabpflegekosten im Sinne des § 10 Absatz 5 Nummer 3 Satz 1 ErbStG nicht an. § 10 Absatz 5 Nummer 3 Satz 2 ErbStG bleibt unberührt.

1.3.2. Soll ein nach Ablauf der Pflegezeit bestehendes Guthaben einem vom Erblasser bestimmten Dritten zustehen oder für einen bestimmten Zweck verwendet werden, ist bei den Erben eine Gesamtverpflichtung in Höhe des Sparguthabens abzugsfähig (§ 10 Absatz 5 Nummer 1 ErbStG). Nummer 1.3.1 Satz 3 gilt entsprechend. Der Erwerb des berechtigten Dritten (§ 3 Absatz 1 Nummer 4 ErbStG) bzw. die Zweckzuwendung (§ 8 ErbStG) ist aufschiebend bedingt und – soweit erforderlich – zu überwachen.

2. Der Erblasser hat einen entgeltlichen Geschäftsbesorgungsvertrag geschlossen, der den Geschäftsbesorger verpflichtet, für die Pflege des Grabes des Erblassers durch Vergabe eines entsprechenden Auftrags an eine bestimmte Gärtnerei und für die Überwachung der Ausführung zu sorgen.

2.1. Hat der Erblasser als Geschäftsherr zur Deckung der entsprechenden Kosten vereinbarungsgemäß ein Sparkonto errichtet, das bei seinem Ableben dem Geschäftsbesorger zur Verfügung stehen soll, liegt in dessen Person grundsätzlich kein Erwerb von Todes wegen vor (→ BFH vom 30.9.1987 II R 122/85, BStBl. II S. 861).

2.2. Soweit die auf dem Sparbuch vorhandenen Beträge lediglich das Entgelt für die Übernahme der Geschäftsbesorgung und (oder) den Ersatz der Aufwendungen darstellen, die dem Geschäftsbesorger bei Durchführung des Geschäftsbesorgungsvertrags entstehen werden, ist nach dem BFH-Urteil vom 30.9.1987 II R 122/85, BStBl. II S. 861 auch keine Zweckzuwendung (§ 8 ErbStG) anzunehmen.

2.3. Den Erben steht gegen den Geschäftsbesorger ein Anspruch auf Herausgabe des Sparguthabens zu (vgl. § 667 1. Alternative BGB i. V. m. § 675 BGB). Dieser Herausgabeanspruch ist mit dem gemeinen Wert im Zeitpunkt des Todes des Erblassers zu bewerten. Als gemeiner Wert des Herausgabeanspruchs ist der Nennwert des Sparguthabens anzusetzen. Die Verfügungsbeschränkung der Erben ist für die Besteuerung ohne Bedeutung (§ 9 Absatz 3 BewG). Die durch die Geschäftsbesorgung veranlassten, das Sparguthaben mindernden Aufwendungen für die Grabpflege sind bei den Erben nach Maßgabe des § 10 Absatz 5 Nummer 3 ErbStG zu berücksichtigen.

2.4. Übersteigen die auf dem Sparkonto vorhandenen Beträge jedoch die zur Ausführung des Auftrags erforderlichen Aufwendungen und (oder) ein für die Geschäftsborgung vereinbartes angemessenes Entgelt und soll dieses verbleibende Guthaben einem vom Erblasser bestimmten Dritten zustehen oder für einen bestimmten Zweck verwendet werden, ist bei den Erben eine Gesamtverpflichtung in Höhe des Sparguthabens abzugsfähig. Der Erwerb des berechtigten Dritten (§ 3 Absatz 1 Nummer 4 ErbStG) bzw. die Zweckzuwendung (§ 8 ErbStG) ist aufschiebend bedingt und – soweit erforderlich – zu überwachen.

2.5. Nummer 2.4 Satz 1 gilt entsprechend, wenn das verbleibende Guthaben nach dem Willen des Erblassers dem Geschäftsbesorger zustehen soll. Vorbehaltlich einer Erfassung dieser Zuwendung als (zusätzliche) einkommensteuerpflichtige Einnahme (Entgelt) ist der Erwerb des Geschäftsbesorgers (§ 3 Absatz 1 Nummer 2 ErbStG) aufschiebend bedingt und – soweit erforderlich – zu überwachen.

3. Der Erblasser hat einem Dritten (z.B. Testamentsvollstrecker) den Auftrag erteilt, dafür zu sorgen, dass die Grabpflege sichergestellt ist, wobei die dafür erforderlichen Mittel aus dem Nachlass zu entnehmen sind.
Es liegt keine Zweckzuwendung vor. Die Grabpflegekosten sind bei den Erben als Nachlassverbindlichkeiten im Sinne des § 10 Absatz 5 Nummer 1 ErbStG abzugsfähig. Nummer 1.2 gilt entsprechend.

4. Der Erblasser hat einem Dritten (z.B. auch Stadtverwaltung, Kirchen) eine konkrete, getrennte Vermögensmasse (z.B. Sparguthaben) durch Vermächtnis mit der Auflage zugewendet, davon die Grabpflege für einen bestimmten Zeitraum zu bestreiten.
Die Zuwendung des Erblassers unter der Auflage der Grabpflege ist keine Zweckzuwendung (→ BFH vom 30.9.1987 II R 122/85, BStBl. II S. 861). Bei der Ermittlung des steuerpflichtigen Erwerbs eines Vermächtnisnehmers ist die Auflage der Grabpflege nach § 10 Absatz 5 Nummer 2 ErbStG abzugsfähig. Für die Ermittlung des Kapitalwerts der Schuld gelten Nummer 1.2 Sätze 2, 3 und 4 und für die Behandlung eines nach Ablauf der Pflegezeit bestehenden Guthabens die Nummern 1.3.1 und 1.3.2 entsprechend.

5. Der Erblasser hat in einer Verfügung von Todes wegen bestimmt, dass ein genau bezeichneter Geldbetrag für die Dauerpflege seines Grabs zu verwenden ist.
Es liegt keine Zweckzuwendung vor. Der für die Grabpflege bestimmte Geldbetrag ist bei den Erben als Nachlassverbindlichkeit im Sinne des § 10 Absatz 5 Nummer 2 ErbStG abzugsfähig, Soweit ein verdecktes Vermächtnis vorliegt, weil der Geldbetrag offensichtlich die Grabpflegeaufwendungen übersteigt, ist der Bedachte damit nach § 3 Absatz 1 Nummer 1 ErbStG steuerpflichtig. Obwohl bei den Erben Grabpflegekosten im Sinne des § 10 Absatz 5 Nummer 3 Satz 1 ErbStG nicht anfallen, bleibt § 10 Absatz 5 Nummer 3 Satz 2 ErbStG (Pauschbetrag 10 300 EUR) unberührt.

Berücksichtigung von Abfindungszahlungen an weichende Erbprätendenten als Nachlassverbindlichkeit. → BFH vom 15.6.2016 II R 24/15, BStBl. 2017 II S. 128.

Berücksichtigung von noch nicht erbrachten Einlagen beim Erwerb von Anteilen an Kapitalgesellschaften. → R B 11.4 Absatz 10.

Berücksichtigung von noch nicht erbrachten Einlagen, Nachschusspflichten, Überentnahmen und einer übersteigenden Außenhaftung beim Erwerb von Kommanditanteilen. → R B 97.5.

Bürgschaften bei Personengesellschaften. → R B 97.1 Absatz 3.

Geltendmachung des Pflichtteils nach Tod des Verpflichteten durch dessen Alleinerben. → BFH vom 19.2.2013 II R 47/11, BStBl. II S. 332.

Kein Abzug einer Abfindungsverpflichtung bei entgeltlichem Verzicht auf Pflichtteil gegenüber dem überlebenden Ehegatten. → BFH vom 27.6.2007 II R 30/05, BStBl. II S. 651.

Kein Abzug von Reparaturaufwendungen für nach dem Erbfall aufgetretene Gebäudeschäden als Nachlassverbindlichkeit. → BFH vom 23.7.2017 II R 33/15, BStBl. 2018 II S. 203.

Kosten der Erbauseinandersetzung. → BFH vom 9.12.2009 II R 37/08, BStBl. 2010 II S. 489.

Kosten der üblichen Grabpflege.[1] Die nach § 10 Absatz 5 Nummer 3 ErbStG abzugsfähigen üblichen Grabpflegekosten sind mit ihrem Kapitalwert für eine unbestimmte Dauer anzusetzen. Dieser ist mit dem 9,3fachen (§ 13 Absatz 2 BewG) der jährlichen ortsüblichen Aufwendungen anzunehmen. Im Hinblick auf das Erfordernis der gleichmäßigen Behandlung aller Steuerpflichtigen und unter Berücksichtigung eines – erfahrungsgemäß vorhandenen – Preisgefälles zwischen größeren und kleineren Gemeinden, sind als übliche Grabpflegekosten die am Bestattungsort allgemein erforderlichen Aufwendungen für die Grabpflege zu verstehen. Soweit die geltend gemachten Kosten über den am Bestattungsort üblichen Rahmen hinausgehen, sind sie zum Abzug nicht zugelassen. Das muss auch dann gelten, wenn höhere Grabpflegekosten etwa auf der gesellschaftlichen bzw. beruflichen Stellung des Erblassers, seinen Vermögensverhältnissen oder auf persönlichen, im Verhältnis des Erblassers zu seinen Erben begründeten Umständen beruhen.

Latente Einkommensteuerlast des Erben auf geerbte Forderung. → BFH vom 17.2.2010 II R 23/09, BStBl. II S. 641.

Private Schulden eines Gesellschafters gegenüber einer Personengesellschaft. → R B 97.1 Absatz 2, H B 97.1.

Steuerberatungskosten für die Steuerangelegenheiten des Erblassers. Vom Erben getragene Steuerberatungskosten, die im Rahmen der Einkommensteuerpflicht des Erblassers anfallen, insbesondere Steuerberatungskosten für die Erstellung der Einkommensteuererklärung des Erblassers, stellen keine Nachlassregelungskosten oder Kosten zur Erlangung des Erwerbs i. S. d. § 10 Absatz 5 Nummer 3 ErbStG dar.

Sie können jedoch als Erblasserschulden abzugsfähige Nachlassverbindlichkeiten i. S. d. § 10 Absatz 5 Nummer 1 ErbStG darstellen, soweit sie vom Erblasser herrühren.

Eine Erblasserschuld setzt voraus, dass der Erblasser noch zu seinen Lebzeiten den Steuerberater beauftragt hat (Verursacherprinzip). Hierunter fällt auch eine über den Tod des Erblassers hinausgehende Beauftragung, solange diese nicht durch eine Kündigung seitens des Erben beendet wird. Beauftragt erst der Erbe nach dem Tod des Erblassers den Steuerberater, liegen keine Erblasserschulden vor.

Diese Grundsätze gelten auch für Steuerberatungskosten, die dem Erben anlässlich einer Berichtigung bzw. Selbstanzeige für ursprünglich vom Erblasser abgegebene Steuererklärungen entstehen. Den Erben trifft als Gesamtrechtsnachfolger gemäß § 153 Absatz 1 AO eine Berichtigungspflicht

---

[1] Zur Behandlung von Pflegekosten für die Grabstätte Dritter als Nachlassverbindlichkeit siehe BFH v. 22.1.2020 II R 41/17, BStBl. II 2020, 459.

hinsichtlich der noch vom Erblasser abgegebenen Steuererklärungen, soweit er deren Unrichtigkeit erkennt. Beauftragt der Erbe zur Erfüllung seiner vom Erblasser herrührenden steuerlichen Pflichten einen Steuerberater, rühren die Beratungskosten, anders als die privaten Steuerschulden des Erblassers (→ BFH vom 4.7.2012 II R 15/11, BStBl. II S. 790), gerade nicht vom Erblasser her, sondern werden erst in der Person des Erben begründet. Sie sind nicht als Erblasserschulden i. S. d. § 10 Absatz 5 Nummer 1 ErbStG abzugsfähig.

Steuerberatungskosten und Rechtsberatungskosten im Rahmen des Besteuerungs- und Wertfeststellungsverfahrens bei der Erbschaftsteuer.[1] Steuerberatungsgebühren für die von den Erben in Auftrag gegebene Erstellung der Erbschaftsteuererklärung oder der Erklärung zur gesonderten Feststellung nach § 157 i. V. m. § 151 BewG sind unter Berücksichtigung der den Erben unmittelbar durch den Erbfall treffenden, von der späteren Verwaltung und Verwertung des Nachlasses unabhängigen öffentlich-rechtlichen Verpflichtung zur Abgabe einer Erbschaftsteuererklärung als Nachlassregelungskosten zum Abzug zugelassen. Gleiches gilt, wenn Kosten eines Gutachtens für die Ermittlung des gemeinen Wertes beim Grundbesitz, beim Betriebsvermögen und bei nicht notierten Anteilen an Kapitalgesellschaften anfallen und vom Erwerber getragen worden sind (→ BFH vom 19.6.2013 II R 20/12, BStBl. II S. 738). Der Abzug dieser Kosten ist nicht nach § 10 Absatz 6 ErbStG zu kürzen, soweit zum Erwerb steuerbefreites oder teilweise steuerbefreites Vermögen gehört.
Bei Feststellungen im Zusammenhang mit dem Wert des Anteils am Betriebsvermögen (§ 151 Absatz 1 Satz 1 Nummer 2 BewG) und dem Wert nicht notierter Anteile an einer Kapitalgesellschaft (§ 151 Absatz 1 Satz 1 Nummer 3 BewG) ist Folgendes zu beachten:
Ist eine gesonderte Feststellung nach § 151 Absatz 1 BewG durchzuführen, kann das Feststellungsfinanzamt von jedem, für dessen Besteuerung eine gesonderte Feststellung von Bedeutung ist, die Abgabe einer Feststellungserklärung verlangen (§ 153 Absatz 1 BewG).

Anteil am Betriebsvermögen
Bei Feststellungen des Werts von Beteiligungen an Personengesellschaften ist die Feststellungserklärung vorrangig von der Gesellschaft anzufordern (§ 153 Absatz 2 BewG i. V. m. R B 153 Absatz 3 Satz 1). Fordert das Feststellungsfinanzamt die Personengesellschaft zur Abgabe der Erklärung auf, ergibt sich eine unmittelbare gesetzliche Verpflichtung der Gesellschaft zur Abgabe der Feststellungserklärung. Die im Zusammenhang mit der Erstellung der Feststellungserklärung anfallenden Kosten (insbesondere Steuerberatungskosten und Kosten für Verkehrswertgutachten) stehen im Zusammenhang mit der Erbschaftsteuer des jeweiligen Gesellschafters und können

[1] Zu Steuerberatungskosten und Räumungskosten als Nachlassregelungskosten siehe BFH v. 14.10.2020 II R 30/19, BStBl. II 2022, 216. – Zur Berücksichtigung von Steuerberatungskosten für die Steuerangelegenheiten des Erblassers sowie von Kosten für Haushaltsauflösung und Räumung einer Wohnung als Nachlassverbindlichkeiten i. S. d. § 10 Abs. 5 Nr. 3 Satz 1 ErbStG siehe gleich lautenden Ländererlass v. 9.2.2022, BStBl. I 2022, 224.

somit nicht als Betriebsausgaben der Gesellschaft abgezogen werden (§ 12 EStG). Die Kosten sind als Nachlassregelungskosten bei der Erbschaftsteuer abziehbar, soweit sie dem Erwerber als Entnahmen zugerechnet werden.

Nicht notierte Anteile an einer Kapitalgesellschaft
Bei Feststellungen des Werts von nicht notierten Anteilen an Kapitalgesellschaften ist nur die Kapitalgesellschaft zur Abgabe der Feststellungserklärung aufzufordern (§ 153 Absatz 3 BewG). Mit der Aufforderung durch das Feststellungsfinanzamt entsteht für die Gesellschaft unmittelbar eine gesetzliche Verpflichtung zur Abgabe der Feststellungserklärung. Die im Zusammenhang mit der Erstellung der Feststellungserklärung entstehenden Kosten (insbesondere Steuerberatungskosten und Kosten für Verkehrswertgutachten) stellen daher für den Erwerber keine abzugsfähigen Nachlassregelungskosten dar, soweit die Gesellschaft diese nicht an ihn weitergibt.
Die Grundsätze gelten entsprechend auch für den Fall, dass im Rahmen des Feststellungsverfahrens weitere Feststellungen erforderlich sind, weil einzelne Vermögensgegenstände ihrerseits der gesonderten Feststellung nach § 151 Absatz 1 BewG unterliegen und die Gesellschaft auch für diese Feststellungserklärungen abgabeverpflichtet ist.
Keine Nachlassregelungskosten sind Steuerberatungs- und Rechtsberatungskosten, die in einem sich an die Steuerfestsetzung oder Wertfeststellung anschließenden Rechtsbehelfsverfahren oder einem finanzgerichtlichen Verfahren anfallen und vom Erwerber getragen worden sind; sie sind – wie auch die festgesetzte Erbschaftsteuer selbst – nicht zum Abzug zugelassen (→ BFH vom 20.6.2007 II R 29/06, BStBl. II S. 722). Das gilt auch für andere Verfahren, in denen Änderungen der Steuerfestsetzung oder Wertfeststellung beantragt werden. Abzugsfähig sind jedoch auch hier Kosten eines Gutachtens, die für die Ermittlung des gemeinen Wertes beim Grundbesitz, beim Betriebsvermögen und bei nicht notierten Anteilen an Kapitalgesellschaften anfallen (→ BFH vom 19.6.2013 II R 20/12, BStBl. II S. 738). Der Abzug dieser Kosten ist nicht nach § 10 Absatz 6 ErbStG zu kürzen, soweit zum Erwerb steuerbefreites oder teilweise steuerbefreites Vermögen gehört.

Zahlungen des Beschenkten zur Abwendung des Herausgabeanspruchs eines Pflichtteilsberechtigten.[1] → BFH vom 8.10.2003 II R 46/01, BStBl. 2004 II S. 234.

Zugewinnausgleichsverbindlichkeit beim Tod des erstversterbenden Ehegatten. → BFH vom 1.7.2008 II R 71/06, BStBl. II S. 874.

R E 10.8[2] Private Steuerschulden des Erblassers

(1) Die Einkommensteuer entsteht mit Ablauf des Veranlagungszeitraums (§ 36 Absatz 1 in Verbindung mit § 25 Absatz 1 EStG).

[1] Zur Abzugsfähigkeit von Zahlungen des Beschenkten zur Abwendung von Ansprüchen des beeinträchtigten Vertragserben bzw. Nacherben siehe BFH v. 6.5.2021 II R 24/19, BStBl. II 2022, 340.

[2] Zur Berücksichtigung der vom Erblasser herrührenden Einkommensteuerschuld als Nachlassverbindlichkeit siehe BFH v. 11.7.2019 II R 36/16, BStBl. II 2020, 391.

(2) [1]Einkommensteuerschulden aus Veranlagungszeiträumen, die vor dem Todeszeitpunkt des Erblassers endeten, sind mit Ablauf des jeweiligen Kalenderjahrs entstanden. [2]Sie sind unabhängig davon, ob sie am Todeszeitpunkt des Erblassers bereits festgesetzt waren oder nicht, mit dem materiell-rechtlich zutreffenden Wert als Nachlassverbindlichkeiten nach § 10 Absatz 5 Nummer 1 ErbStG abzugsfähig. [3]Steuerschulden sind im Falle einer Steuerhinterziehung nur als Nachlassverbindlichkeiten nach § 10 Absatz 5 Nummer 1 ErbStG abzuziehen, soweit sie tatsächlich festgesetzt werden.

(3) Einkommensteuerschulden aus dem Veranlagungszeitraum, in den der Todeszeitpunkt des Erblassers fällt, rühren vom Erblasser her und sind unter den Voraussetzungen des Absatzes 2 ebenfalls abzugsfähig.

(4) [1]Die Einkommensteuer-Vorauszahlungen entstehen jeweils mit Beginn des Kalendervierteljahres, in dem die Vorauszahlungen zu entrichten sind. [2]Soweit bis zum Todeszeitpunkt des Erblassers festgesetzte und entstandene Vorauszahlungsbeträge in diesem Zeitpunkt noch nicht entrichtet sind, sind diese abzugsfähig.

(5) Absatz 2 und 4 gilt für Zinsen nach §§ 233a und 235 AO entsprechend, soweit diese auf den Zeitraum vom Beginn des Zinslaufs bis zum Todestag des Erblassers entfallen.

H E 10.8

Steuerschulden für das Todesjahr als Nachlassverbindlichkeiten. → BFH vom 4.7.2012 II R 15/11, BStBl. II S. 790.

Steuerschulden als Nachlassverbindlichkeiten bei Aussetzung der Vollziehung. → BFH vom 14.11.2018 II R 34/15, BStBl. 2019 II S. 674.

R E 10.9 Pauschbetrag für Nachlassverbindlichkeiten

(1) [1]Für die in § 10 Absatz 5 Nummer 3 ErbStG angeführten Nachlassverbindlichkeiten können insgesamt 10 300 Euro als Pauschbetrag bei der Ermittlung des Werts des Nachlasses abgezogen werden, wenn dem Erwerber dem Grunde nach solche Kosten entstanden sind, ihre Höhe aber nicht nachgewiesen ist. [2]Wird der Pauschbetrag geltend gemacht, können einzelne Kosten daneben nicht mehr selbstständig berücksichtigt werden. [3]Sofern höhere Nachlassverbindlichkeiten der genannten Art angefallen sind, sind sie im Einzelnen nachzuweisen. [4]Der Pauschbetrag ist nicht zu kürzen, soweit zum Nachlass nicht der Besteuerung unterliegendes Vermögen gehört.

(2) [1]Abweichend von § 1968 BGB, wonach die Kosten der standesgemäßen Beerdigung des Erblassers nur den Erben treffen, unterscheidet § 10 ErbStG bei der Ermittlung des steuerpflichtigen Erwerbs nicht zwischen Erwerben durch Erbanfall und anderen Erwerben. [2]Deshalb besteht grundsätzlich für jeden Erwerber, also z.B. auch für den Vermächtnisnehmer oder Pflichtteilsberechtigten, die Möglichkeit, die genannten Kosten steuermindernd geltend zu machen. [3]Voraussetzung für den Abzug beim einzelnen Erwerber ist allerdings, dass eine Verpflichtung zur Kostenübernahme besteht,

wobei neben einer rechtlichen auch eine sittliche Verpflichtung ausreichend ist.

(3) [1]Der Pauschbetrag bezieht sich auf den gesamten Erbfall und kann demzufolge auch von mehreren am Erbfall beteiligten Erwerbern insgesamt nur einmal in Anspruch genommen werden. [2]Dies gilt auch dann, wenn einzelne oder mehrere der am Erbfall beteiligten Erwerber die in § 10 Absatz 5 Nummer 3 ErbStG angeführten Nachlassverbindlichkeiten zu erfüllen haben. [3]Soweit diese Nachlassverbindlichkeiten den Pauschbetrag nicht übersteigen, sind sie damit abgegolten. [4]Die einzelnen Erwerber sind in diesen Fällen in geeigneter Weise, z. B. entsprechend einem gemeinsamen Antrag der Erwerber, an der Pauschbetragsregelung zu beteiligen. [5]Sollen höhere Kosten abgezogen werden, sind sie insgesamt für alle Erwerber nachzuweisen.

(4) [1]Eine beschränkte Steuerpflicht des Erwerbers (§ 2 Absatz 1 Nummer 3 ErbStG) steht dem Abzug des Pauschbetrags nicht entgegen. [2]Ebenso ist der Abzug des Pauschbetrags nicht durch § 10 Absatz 6 Satz 2 ErbStG ausgeschlossen.

(5) Hatte ein Erwerber Aufwendungen, die sich allein auf die Erlangung seines Erwerbs beziehen und nicht den Nachlass belasten, können diese neben dem Pauschbetrag selbstständig abgezogen werden, soweit sie nachgewiesen werden.

H E 10.9

Aufteilung des Pauschbetrags.

Beispiel:

Der Alleinerbe macht Kosten für die Grabstelle geltend in Höhe von	2 000 EUR
Der Vermächtnisnehmer hat aus sittlicher Verpflichtung die Kosten übernommen für den Grabstein in Höhe von	+ 3 300 EUR
Summe der nachgewiesenen Aufwendungen	5 300 EUR
Abzugsfähig sind	
beim Vermächtnisnehmer	3 300 EUR
beim Erben (10 300 EUR – 3 300 EUR)	+ 7 000 EUR
insgesamt (Pauschbetrag)	10 300 EUR

In Betracht kommt auch eine quotenmäßige Aufteilung des Pauschbetrags im Verhältnis der tatsächlich übernommenen Kosten.

Pauschbetrag je Erbfall. → BFH vom 24.2.2010 II R 31/08, BStBl. II S. 491.

R E 10.10[1)] Beschränkung des Abzugs von Schulden und Lasten

(1) Zur Behandlung von Schulden und Lasten, die im Rahmen der Ermittlung des Besteuerungswerts einer gemischten Schenkung oder Schenkung unter Auflage als Gegenleistung/Leistungsauflage oder Duldungsauflage berücksichtigt werden, und von Erwerbsnebenkosten → R E 7.4.

---

1) Zur Berücksichtigung von Pflichtteilsansprüchen sowie des steuerfreien fiktiven Zugewinnausgleichs bei beschränkter Steuerpflicht siehe BayLfSt v. 9.4.2020 – S 3804.1.1-4/11 St 34, DStR 2020, 883.

(2)[1] [1]Der Abzug von Schulden und Lasten ist grundsätzlich nur dann eingeschränkt, wenn diese in wirtschaftlichem Zusammenhang mit Vermögensgegenständen stehen, die bei der Besteuerung nicht angesetzt werden (§ 2 Absatz 1 Nummer 3, § 19 Absatz 2 ErbStG) oder nach § 13 Absatz 1 Nummer 2, Nummer 3, Nummer 4b oder 4c sowie § 13d ErbStG voll oder teilweise befreit sind. [2]Vermögensgegenstände, für die der Erwerber lediglich im Rahmen der Wertermittlung nach § 13 Absatz 1 Nummer 1 ErbStG einen pauschalen Freibetrag erhält, unterliegen dagegen selbst uneingeschränkt der Besteuerung, so dass die Einschränkung des Schuldenabzugs nicht in Betracht kommt. [3]In den Fällen des § 13 Absatz 1 Nummer 4b Sätze 2 bis 4 ErbStG, § 13 Absatz 1 Nummer 4c Sätze 2 bis 4 ErbStG, § 13a Absatz 5 Satz 2 ErbStG, § 13c Absatz 2 Satz 1 ErbStG in Verbindung mit § 13a Absatz 5 Satz 2 ErbStG und des § 13d Absatz 2 ErbStG ist beim Erwerber, dem die entsprechende Steuerbefreiung nicht gewährt wird, keine Kürzung des Abzugs von Schulden und Lasten vorzunehmen.

(3) Bei Pflichtteilsansprüchen und anderen allgemeinen Nachlassverbindlichkeiten (z. B. Konsumentendarlehen, Steuerschulden, Erbfallkosten oder die Pflicht des Erben zur Zahlung des Zugewinnausgleichs) besteht kein wirtschaftlicher Zusammenhang mit den einzelnen erworbenen Vermögensgegenständen.

(4)[1] [1]Schulden und Lasten, die mit dem nach §§ 13a, 13c ErbStG befreiten Vermögen in wirtschaftlichem Zusammenhang stehen, sind nur mit dem Betrag abzugsfähig, der dem Verhältnis des nach Anwendung der §§ 13a und 13c ErbStG anzusetzenden Werts des gesamten begünstigten Vermögens (§ 13b Absatz 2 ErbStG) zu dem Wert dieses Vermögens vor Anwendung der §§ 13a und 13c ErbStG entspricht (§ 10 Absatz 6 Satz 4 ErbStG). [2]Zu diesen Schulden und Lasten können nur solche gehören, die nicht bereits bei der Ermittlung des Werts des begünstigten Vermögens berücksichtigt worden sind. [3]Bei land- und forstwirtschaftlichem begünstigten Vermögen ist § 158 Absatz 5 BewG zu berücksichtigen. [4]Ist das begünstigte Vermögen in vollem Umfang von der Steuer befreit, ist kein Abzug vorzunehmen. [5]Ein Erlass nach § 28a ErbStG führt nicht zu einer Kürzung der Schulden und Lasten nach § 10 Absatz 6 ErbStG. [6]In den Fällen des § 13a Absatz 9 ErbStG in Verbindung mit § 28a ErbStG → R E 13a.20 Absatz 6. [7]Soweit die Befreiung nach §§ 13a, 13c ErbStG wegen Verstoßes gegen die Behaltensvoraussetzungen oder die Lohnsummenregelung nachträglich ganz oder teilweise entfällt, sind die bisher nicht abzugsfähigen Schulden und Lasten entsprechend zum Abzug zuzulassen. [8]Gleiches gilt, soweit sich die Höhe der Steuerbefreiung nach §§ 13a, 13c ErbStG ändert, weil der Vorwegabschlag (§ 13a Absatz 9 ErbStG) ganz oder teilweise wegfällt.

(5)[1] [1]Schulden und Lasten, die mit den nach § 13d ErbStG befreiten Grundstücken oder Grundstücksteilen in wirtschaftlichem Zusammenhang stehen, können nur mit dem Betrag abgezogen werden, der dem Verhältnis des nach Anwendung des § 13d ErbStG anzusetzenden Werts dieses Vermögens zu dem Wert vor Anwendung des § 13d ErbStG entspricht (§ 10 Absatz 6 Satz 5

---

[1] Teilweise überholt durch das JStG 2020, zur Anwendung für Erwerbe nach dem 28.12.2020 siehe gleich lautenden Ländererlass v. 13.9.2021, BStBl. I 2021, 1837.

ErbStG). [2] Somit ergibt sich im Regelfall ein Abzug in Höhe von 90 Prozent; das gilt nicht in den Fällen des § 13d Absatz 2 ErbStG (→ R E 13d).

(6) [1] Für zum Erwerb gehörende wirtschaftliche Einheiten des Grundvermögens kann nach § 198 BewG der niedrigere gemeine Wert u.a. durch ein Gutachten nachgewiesen werden. [2] Da für diese Gutachten grundsätzlich die auf Grund von § 199 Absatz 1 des Baugesetzbuches ergangenen Vorschriften und damit die Immobilienwertermittlungsverordnung gelten, sind auf dem Objekt lastende Nutzungsrechte anders als bei der Bewertung des Grundvermögens nach § 179 und §§ 182 bis 197 BewG bei der Ermittlung des Werts zu berücksichtigen. [3] Auch beim Nachweis eines niedrigeren gemeinen Werts über den Kaufpreis (§ 198 BewG) haben sich auf dem Objekt lastende Nutzungsrechte grundsätzlich bereits auf den Kaufpreis ausgewirkt. [4] Beim Nachweis des niedrigeren gemeinen Werts für Betriebswohnungen und den Wohnteil eines Betriebs der Land- und Forstwirtschaft nach § 167 Absatz 4 BewG gilt Entsprechendes. [5] Da sich die Nutzungsrechte bereits über den festgestellten Grundbesitzwert bereicherungsmindernd ausgewirkt haben, können sie bei der Erbschaftsteuer nicht abgezogen werden (§ 10 Absatz 6 Satz 6 ErbStG). [6] Hierdurch wird eine Doppelberücksichtigung vermieden. [7] Das für die Erbschaft- oder Schenkungsteuerfestsetzung zuständige Finanzamt ist vom Lagefinanzamt darüber zu unterrichten, dass die Belastung im Rahmen der Feststellung des Grundstückswerts berücksichtigt wurde.

H E 10.10

Abzug eines Nutzungsrechts

Beispiel:

A vererbt B ein Grundstück, das mit einer Duldungsauflage belastet ist (lebenslanges Wohnrecht zugunsten der Schwester des A), deren Steuerwert (Kapitalwert) 96 000 EUR beträgt. Für das Grundstück ist ein Grundbesitzwert von 500 000 EUR festgestellt worden, der dem nachgewiesenen, unter Berücksichtigung der Duldungsauflage ermittelten Verkehrswert entspricht.

Steuerlich ist die Bereicherung des B ohne zusätzlichen Abzug des Kapitalwerts des Wohnrechts vom Grundbesitzwert des Grundstücks mit 500 000 EUR zu erfassen.

Kürzung des Schuldenabzugs bei steuerbefreitem Vermögen. → H E 13.4, H E 13a.11, H E 13d; → BFH vom 22.7.2015 II R 21/13, BStBl. 2016 II S. 228 sowie vom 22.7.2015 II R 12/14, BStBl. 2016 II S. 230.[1)]

Wirtschaftlicher Zusammenhang von Schulden und Lasten mit Vermögensgegenständen. Ein wirtschaftlicher Zusammenhang von Schulden (Lasten) mit Vermögensgegenständen im Sinne des § 10 Absatz 6 ErbStG liegt nur vor, wenn die Entstehung der Schuld ursächlich und unmittelbar auf Vorgängen beruht, die diesen Vermögensgegenstand betreffen (→ BFH vom 28.1.1972 III R 4/71, BStBl. II S. 416) und die Schuld den Vermögensgegenstand wirtschaftlich belastet (→ BFH vom 19.5.1967 III 319/63, BStBl. III S. 596). Bei der Belastung eines Grundstücks muss die Schuld-

---

[1)] Urteile überholt durch das JStG 2020, zur Anwendung für Erwerbe nach dem 28.12.2020 siehe gleich lautenden Ländererlass v. 13.9.2021, BStBl. I 2021, 1837.

aufnahme dem Erwerb (z. B. Belegung des Restkaufpreises durch Aufnahme einer Hypothek), der Herstellung, der Erhaltung oder Verbesserung des belasteten Grundstücks gedient haben (→ BFH vom 28.9.1962 III 242/60 U, BStBl. III S. 535). Die hypothekarische Sicherung der Schuld an einem Grundstück reicht deshalb für sich allein noch nicht aus, um den wirtschaftlichen Zusammenhang mit dem Grundstück herbeizuführen (→ BFH vom 28.9.1962 III 242/60 U, BStBl. III S. 535). Der wirtschaftliche Zusammenhang mit dem Vermögensgegenstand muss beim Erbfall bereits bestanden haben; er wird durch die Gesamtrechtsnachfolge nicht herbeigeführt, wenn er beim Erblasser nicht bestanden hat (BFH vom 28.9.1962 III 242/60 U, BStBl. III S. 535). Ein wirtschaftlicher Zusammenhang ist auch gegeben, wenn die Schuld oder Last erst mit dem Erwerb (z. B. Duldungsauflage) begründet wird.

R E 10.11 Eigene Erbschaftsteuer des Erwerbers – *unbesetzt* –

H E 10.11

Ausländische Erbschaftsteuer. Auch ausländische Erbschaftsteuer und Schenkungsteuer einschließlich der deutschen Steuer entsprechende ausländische Steuer ist vom Abzug ausgeschlossen. Abzugsfähig ist dagegen z. B. kanadische „capital gains tax" (→ BFH vom 26.4.1995 II R 13/92, BStBl. II S. 540).

R E 10.12 Auflagen, die dem Beschwerten selbst zugutekommen – *unbesetzt* –

H E 10.12

Auflagen, die dem Beschwerten selbst zugutekommen. → BFH vom 28.6.1995 II R 89/92, BStBl. II S. 786.

R E 10.13 Gesellschaftsanteil beim Tod eines Gesellschafters mit Weiterübertragungsverpflichtung

(1) [1]Kraft Gesetzes sind die Mitgliedschaftsrechte an Personengesellschaften mit Ausnahme der Kommanditistenstellung nicht vererblich. [2]Da es sich dabei um dispositives Recht handelt, können sie jedoch gesellschaftsvertraglich vererblich gestellt werden. [3]Der Gesellschaftsvertrag kann vorsehen, dass Erben aus bestimmten darin festgelegten Gründen (z. B. Nichtzugehörigkeit zum

(Fortsetzung S. 95)

gesellschaftsvertraglich umschriebenen Familienzweig oder fehlende Qualifikation) ihren Anteil unverzüglich an Mitgesellschafter zu übertragen haben und die Erben dabei nur den Anspruch realisieren können, der ihnen bei ihrem Ausscheiden (Abfindungsanspruch) zustehen würde. [4]Überträgt ein Erbe ein auf ihn übergegangenes Mitgliedschaftsrecht an einer Personengesellschaft unverzüglich nach dessen Erwerb auf Grund einer im Zeitpunkt des Todes des Erblassers bestehenden Regelung im Gesellschaftsvertrag an die Mitgesellschafter und ist der Wert, der sich für seinen Anteil zur Zeit des Todes des Erblassers nach § 12 ErbStG ergibt, höher als der gesellschaftsvertraglich festgelegte Abfindungsanspruch, so gehört nur der Abfindungsanspruch zum Vermögensanfall (§ 10 Absatz 10 in Verbindung mit Absatz 1 Satz 2 ErbStG). [5]§§ 13a bis 13c, 19a und 28a ErbStG sind auf den Abfindungsanspruch nicht anzuwenden.

(2) § 10 Absatz 10 ErbStG ist bei mit den in Absatz 1 genannten vergleichbaren Regelungen in Gesellschaftsverträgen von Gesellschaften mit beschränkter Haftung, sofern diese nicht schon die Einziehung des vererbten Geschäftsanteils gegen eine unter dem gemeinen Wert liegende Abfindung vorsehen, entsprechend anzuwenden.

(3) [1]Die in den Fällen des Absatzes 1 und 2 eintretende Bereicherung der Mitgesellschafter gilt als Schenkung unter Lebenden im Sinne des § 7 Absatz 7 ErbStG. [2]Auf die Absicht des ausscheidenden Gesellschafters, die verbleibenden Gesellschafter oder die Gesellschaft zu bereichern (Bereicherungswille), kommt es hierbei nicht an. [3]Die Vorschrift betrifft sowohl Beteiligungen an einer Personengesellschaft als auch Anteile an einer Gesellschaft mit beschränkter Haftung. [4]§§ 13a, 13c oder 28a bzw. 19a ErbStG sind anzuwenden; das gilt nicht, wenn der Geschäftsanteil eines Gesellschafters einer GmbH eingezogen wird, weil die verbleibenden Gesellschafter selbst keine Anteile erwerben (→ R E 3.4 Absatz 3 Satz 9).

H E 10.13

Gesellschaftsanteil beim Ausscheiden eines Gesellschafters. → BFH vom 1.7.1992 II R 70/88, BStBl. II S. 921 und vom 1.7.1992 II R 12/90, BStBl. II S. 925.

Zu § 11 ErbStG

R E 11 Rückwirkende Umwandlung einer Personengesellschaft in eine Kapitalgesellschaft und umgekehrt

[1]Wird nach dem Tod eines Erblassers bzw. nach Ausführung einer Schenkung unter Lebenden eine Umwandlung einer Personengesellschaft in eine Kapitalgesellschaft oder umgekehrt mit steuerlicher Rückwirkung auf einen Übertragungszeitpunkt (vgl. § 2 Absatz 1 UmwStG) beschlossen, der vor dem Zeitpunkt der Steuerentstehung liegt, berührt die ertragsteuerliche Rückwirkung nicht die nach bürgerlich-rechtlichen Grundsätzen zu entscheidende Frage, welches Vermögen zum Nachlass eines Erblassers gehörte bzw. was Gegenstand einer unentgeltlichen Zuwendung war. [2]Sie ist ausschließlich

nach den tatsächlichen Verhältnissen zum Zeitpunkt der Steuerentstehung zu beurteilen (§§ 9, 11 ErbStG).

H E 11

Steuerliche Rückwirkung. Die steuerliche Rückwirkung berührt nicht die Frage nach dem Gegenstand einer Zuwendung (→ BFH vom 4.7.1984 II R 73/81, BStBl. II S. 772).

Umwandlungssteuerrecht. → BMF-Schreiben vom 11.11.2011 (BStBl. I S. 1314), geändert durch BMF-Schreiben vom 26.7.2016 (BStBl. I S. 684) und vom 10.11.2016 (BStBl. I S. 1252).

Zu § 12 ErbStG

R E 12.1 Bewertungsgrundsätze

[1]Die Bereicherung eines Erwerbers (§ 10 Absatz 1 Satz 1 ErbStG) ist, soweit sie der Besteuerung unterliegt, nach den in § 12 ErbStG genannten allgemeinen und besonderen Bewertungsvorschriften des Bewertungsgesetzes zu bewerten. [2]Dies gilt sowohl hinsichtlich der Abgrenzung der zu bewertenden wirtschaftlichen Einheiten als auch der Wertermittlung selbst. [3]Soweit nichts anderes vorgeschrieben ist, ist der gemeine Wert zugrunde zu legen (§ 12 Absatz 1 ErbStG, § 9 BewG).

H E 12.1

Betriebsvermögen. → R B 95 bis B 109.3 sowie B 199.1 bis B 203.

Grundvermögen. → R B 176.1 bis B 198.

Land- und forstwirtschaftliches Vermögen. → R B 158.1 bis B 168.

Übriges Vermögen. → R B 9.1 bis B 13.

R E 12.2 Maßgeblichkeit des Zivilrechts für das Erbschaftsteuerrecht bei im Erbfall noch nicht vollständig erfüllten Grundstückskaufverträgen

(1) [1]Für die Zurechnung eines Grundstücks zum Nachlass bei noch nicht – vollständig – erfüllten Grundstückskaufverträgen ist der Übergang des Eigentums nach dem zivilrechtlichen Eigentumsbegriff entscheidend. [2]Der Übergang des wirtschaftlichen Eigentums im Sinne des § 39 Absatz 2 Nummer 1 AO ist nicht maßgeblich, insbesondere ist nicht auf den Zeitpunkt des Besitz- und Lastenwechsels abzustellen. [3]Zivilrechtlich geht das Eigentum an dem Grundstück gemäß § 873 BGB erst mit der Grundbucheintragung auf den Erwerber über. [4]Weder die Aufgabe des Besitzes noch die Auflassung und Eintragungsbewilligung bewirken bereits einen Wechsel des Eigentums. [5]Bis zur Eintragung obliegen dem bisherigen Eigentümer (ggf. seinen Erben) sowie dem Käufer (ggf. seinen Erben) die Rechte und Pflichten aus dem Kaufvertrag und den weiteren Willenserklärungen.

(2) [1]Die grundsätzliche Anknüpfung an das Zivilrecht gilt nicht nur hinsichtlich des Erbrechts selbst, sondern auch hinsichtlich der Frage, was zum

steuerpflichtigen Erwerb von Todes wegen gehört. [2]Beim Erwerb von Todes wegen ist daher ein Grundstück erbschaftsteuerrechtlich bis zur Eintragung des Eigentumswechsels im Grundbuch bei den Erben nach dem Veräußerer zu erfassen. [3]Außerdem sind die Rechte und Pflichten aus dem Kaufvertrag und den weiteren Willenserklärungen zum Stichtag zu erfassen und zu bewerten. [4]Dabei ist zu beachten, dass Sachleistungsansprüche und -verpflichtungen, soweit sie im Rahmen gegenseitiger Verträge begründet werden, nicht mit dem Steuerwert des Gegenstands, auf den sie gerichtet sind, zu bewerten sind, sondern mit dem gemeinen Wert. [5]Das gilt auch für auf Grundstücke gerichtete vertragliche Sachleistungsansprüche und -verpflichtungen.

(3) [1]Die vorstehenden Grundsätze gelten nur für die Besteuerung des Grundstückserwerbs von Todes wegen. [2]Die vom zivilrechtlichen Eigentumsübergang abweichende Regelung über die Ausführung einer Grundstücksschenkung (→ R E 9.1) bleibt davon unberührt.

H E 12.2

Anknüpfung des Erbschaftsteuerrechts an das Zivilrecht. → BFH vom 10.11.1982 II R 111/80, BStBl. 1983 II S. 116 und vom 15.10.1997 II R 68/95, BStBl. II S. 820.

Behandlung von Sachleistungsansprüchen aus gegenseitigen Verträgen. → BFH vom 10.4.1991 II R 118/86, BStBl. II S. 620, vom 26.6.1991 II R 117/87, BStBl. II S. 749 und vom 15.10.1997 II R 68/95, BStBl. II S. 820.

Einzelfälle. Verstirbt ein Vertragspartner eines Grundstückskaufvertrages vor der Übertragung des Eigentums, ist es für die Erben von Bedeutung, ob das Grundstück – aus der Sicht der Erben des Verkäufers – noch oder – aus der Sicht der Erben des Käufers – schon in den jeweiligen Nachlass gefallen ist.

Beispiel 1:

V ist Eigentümer eines privat genutzten schuldenfreien Grundstücks, Grundbesitzwert 1 000 000 EUR. Er veräußert das Grundstück mit notariell beurkundetem Kaufvertrag vom 1.9.01 an K gegen 1 000 000 EUR in bar, zahlbar in zwei gleichen Raten am 1.12.01 und 1.3.02. V und K vereinbaren den Übergang von Besitz und Gefahr, Nutzungen und Lasten (Lastenwechsel) mit Entrichtung der 1. Rate am 1.12.01. Nach Entrichtung der 2. Rate am 1.3.02 erklären die Beteiligten formgerecht die Auflassung; K erhält zugleich die den Vorschriften der Grundbuchordnung entsprechende Eintragungsbewilligung ausgehändigt. Mit Bescheid vom 5.1.02 führt das Lagefinanzamt auf den 1.1.02 eine Zurechnungsfortschreibung des Einheitswerts des Grundstücks auf K als dessen wirtschaftlicher Eigentümer durch (§ 22 Absatz 2 BewG). Die Eintragung des Eigentumswechsels im Grundbuch erfolgt am 17.5.02.

V verstirbt am I. 10.1.02
II. 10.4.02

Der Tod des V lässt unabhängig vom Todestag (Besteuerungszeitpunkt, → § 9 ErbStG) die bestehenden vertraglichen Verpflichtungen unberührt; sie gehen auf die Erben über (§ 1922 BGB). Dies gilt gemäß § 857 BGB auch für den Besitz.

Die im Sachverhalt genannten Wirtschaftsgüter sind auf den Besteuerungszeitpunkt wie folgt anzusetzen und zu bewerten (§§ 11, 12 ErbStG):

I. Todestag 10.1.02

Das Grundstück ist wegen des fehlenden Eigentumsübergangs auf K am Besteuerungszeitpunkt mit seinem Steuerwert noch dem Nachlass des V zuzurechnen. Daran ändert auch nichts der Umstand, dass auf den 1.1.02 auf K im Einheitswertverfahren bereits eine Zurechnungsfortschreibung erfolgt ist. Denn die Frage, wer Eigentümer des Grundstücks im Besteuerungszeitpunkt war, ist im Erbschaftsteuerverfahren besonders zu prüfen, ohne Rücksicht darauf, wer im vorhergegangenen Einheitswertverfahren als Eigentümer des Grundstücks festgestellt worden war.

Die Anzahlung von 500 000 EUR – ausgewiesen in der Regel im Kapitalvermögen – gehört ebenso zum Nachlass wie der Anspruch auf die Gegenleistung (Kaufpreis), soweit dieser am Besteuerungszeitpunkt (10.1.02) noch valutiert. Da der Anspruch auf die Gegenleistung im Nachlass des V zum übrigen Vermögen gehört, ist er gesondert mit dem gemeinen Wert zu erfassen, hier mit (noch) 500 000 EUR. Als Nachlassverbindlichkeit ist auch die noch nicht erfüllte Sachleistungsverpflichtung zur Verschaffung des Eigentums entsprechend mit dem gemeinen Wert anzusetzen, hier 1 000 000 EUR (→ R B 9.3 Absatz 1).

II. Todestag 10.4.02

Das Grundstück ist wegen des fehlenden Eigentumsübergangs auf K am Besteuerungszeitpunkt mit seinem Steuerwert noch dem Nachlass des V zuzurechnen. Dem Wertzuwachs im Aktivnachlass infolge der vollständigen Kaufpreiszahlung, die die entsprechende Kaufpreisforderung zum Erlöschen gebracht hat, steht als Nachlassverbindlichkeit in gleicher Höhe (1 000 000 EUR) die noch nicht erfüllte Sachleistungsverpflichtung gegenüber.

Beiden Varianten ist folglich gemein, dass das Grundstück noch in den Nachlass des V gefallen ist, während die Ansätze für die Ansprüche und Verbindlichkeiten aus dem Kaufvertrag sich in Verbindung mit den Vermögenszuflüssen wertmäßig ausgleichen.

Beispiel 2:

V ist Eigentümer eines schuldenfreien Grundstücks, das er als Gewerbetreibender oder Freiberufler betrieblich selbst nutzt, Grundbesitzwert 1 000 000 EUR. Er veräußert das Grundstück mit notariell beurkundetem Kaufvertrag vom 1.9.01 an K gegen 1 000 000 EUR in bar, zahlbar in zwei gleichen Raten am 1.12.01 und 1.3.02. V und K vereinbaren den Übergang von Besitz und Gefahr, Nutzungen und Lasten (Lastenwechsel) mit Entrichtung der 1. Rate am 1.12.01. An diesem Tag endet die Selbstnutzung durch V. Nach Entrichtung der 2. Rate am 1.3.02 erklären die Beteiligten formgerecht die Auflassung; K erhält zugleich die den Vorschriften der Grundbuchordnung entsprechende Eintragungsbewilligung ausgehändigt. Mit Bescheid vom 5.1.02 führt das Lagefinanzamt auf den 1.1.02 eine Zurechnungsfortschreibung des Einheitswerts des Grundstücks auf K als dessen wirtschaftlicher Eigentümer durch (§ 22 Absatz 2 BewG). Die Eintragung des Eigentumswechsels im Grundbuch erfolgt am 17.5.02.

V verstirbt am I. 10.1.02
II. 10.4.02

Der Tod des V lässt unabhängig vom Todestag (Besteuerungszeitpunkt, → § 9 ErbStG) die bestehenden vertraglichen Verpflichtungen unberührt; sie gehen auf die Erben über (§ 1922 BGB). Dies gilt gemäß § 857 BGB auch für den Besitz.

Die im Sachverhalt genannten Wirtschaftsgüter sind auf den Besteuerungszeitpunkt wie folgt anzusetzen und zu bewerten (§§ 11, 12 ErbStG):

I. Todestag 10.1.02

Im Hinblick auf den fehlenden Eigentumsübergang auf K zum Besteuerungszeitpunkt gehört das mit dem Steuerwert anzusetzende Grundstück noch zum Nachlass des V. Durch den Übergang des wirtschaftlichen Eigentums auf K liegt keine eigenbetriebliche Nutzung des Grundstücks mehr vor. Es ist ab diesem Zeitpunkt nicht mehr Betriebsgrundstück im Sinne des § 99 BewG und gehört nicht mehr zum Betriebsvermögen, sondern zum Grundvermögen des V. Die vereinnahmte Anzahlung von 500 000 EUR und die Forderung über den Restkaufpreis gehören zum Betriebsvermögen. Als Nachlassverbindlichkeit kann die noch nicht erfüllte Sachleistungsverpflichtung gegenüber K in Höhe von 1 000 000 EUR abgezogen werden.

II. Todestag 10.4.02

Im Hinblick auf den fehlenden Eigentumsübergang auf K zum Besteuerungszeitpunkt gehört das Grundstück noch zum Nachlass des V. Durch den Übergang des wirtschaftlichen

Eigentums auf K liegt keine eigenbetriebliche Nutzung des Grundstücks mehr vor. Es ist ab diesem Zeitpunkt nicht mehr Betriebsgrundstück im Sinne des § 99 BewG und gehört nicht mehr zum Betriebsvermögen, sondern zum Grundvermögen des V. Der vereinnahmte Kaufpreis gehört zum Betriebsvermögen. Als Nachlassverbindlichkeit kann die noch nicht erfüllte Sachleistungsverpflichtung gegenüber K in Höhe von 1 000 000 EUR abgezogen werden.

Beispiel 3:

V ist Eigentümer eines privat genutzten schuldenfreien Grundstücks, Grundbesitzwert 1 000 000 EUR. Er veräußert das Grundstück mit notariell beurkundetem Kaufvertrag vom 1.9.01 an K gegen 1 000 000 EUR in bar, zahlbar in zwei gleichen Raten am 1.12.01 und 1.3.02. V und K vereinbaren den Übergang von Besitz und Gefahr, Nutzungen und Lasten (Lastenwechsel) mit Entrichtung der 1. Rate am 1.12.01. Ab diesem Zeitpunkt nutzt K das Grundstück privat. Nach Entrichtung der 2. Rate am 1.3.02 erklären die Beteiligten formgerecht die Auflassung; der Käufer erhält zugleich die den Vorschriften der Grundbuchordnung entsprechende Eintragungsbewilligung ausgehändigt. Mit Bescheid vom 5.1.02 führt das Lagefinanzamt auf den 1.1.02 eine Zurechnungsfortschreibung des Einheitswerts des Grundstücks auf K als dessen wirtschaftlicher Eigentümer durch (§ 22 Absatz 2 BewG). Die Eintragung des Eigentumswechsels im Grundbuch erfolgt am 17.5.02.

K verstirbt am I. 10.1.02
II. 10.4.02

Der Tod des K lässt unabhängig vom Todestag (Besteuerungszeitpunkt, → § 9 ErbStG) die bestehenden vertraglichen Verpflichtungen unberührt; sie gehen auf die Erben über (§ 1922 BGB). Dies gilt gemäß § 857 BGB auch für den Besitz.

Die im Sachverhalt genannten Wirtschaftsgüter sind auf den Besteuerungszeitpunkt wie folgt anzusetzen und zu bewerten (§§ 11, 12 ErbStG):

I. Todestag 10.1.02

Das Grundstück gehört nicht zum Nachlass des K, weil der Eigentumserwerb erst nach dem Besteuerungszeitpunkt durch die Erben des K erfolgte. Dem steht nicht entgegen, dass dem K außerhalb des Erbschaftsteuerverfahrens im Einheitswertverfahren das Grundstück als wirtschaftlichem Eigentümer auf den 1.1.02 zugerechnet worden ist (→ Beispiel 1). Zum Nachlass gehört jedoch der noch nicht erfüllte Sachleistungsanspruch auf Verschaffung des Eigentums. Er ist mit dem gemeinen Wert (1 000 000 EUR) zu bewerten. Dem stehen die restliche Kaufpreisschuld (500 000 EUR) als Nachlassverbindlichkeit und ein Vermögensabfluss vor dem Besteuerungszeitpunkt durch die erste Ratenzahlung (500 000 EUR) gegenüber.

II. Todestag 10.4.02

Obwohl K die Kaufpreisverpflichtung zum Besteuerungszeitpunkt vollständig erfüllt hat und zu diesem Zeitpunkt bereits Nutzungen und Lasten übergegangen sind, fällt in den Nachlass des K nicht das Grundstück mit dem Grundbesitzwert, sondern der Sachleistungsanspruch auf Verschaffung des Eigentums. Er ist mit dem gemeinen Wert (1 000 000 EUR) zu bewerten. Dieser gleicht den vor dem Besteuerungszeitpunkt eingetretenen Vermögensabfluss durch die Kaufpreiszahlung in Höhe von 1 000 000 EUR aus.

Beispiel 4:

V ist Eigentümer eines privat genutzten schuldenfreien Grundstücks, Grundbesitzwert 1 000 000 EUR. Er veräußert das Grundstück mit notariell beurkundetem Kaufvertrag vom 1.9.01 an K gegen 1 000 000 EUR in bar, zahlbar in zwei gleichen Raten am 1.12.01 und 1.3.02. V und K vereinbaren den Übergang von Besitz und Gefahr, Nutzungen und Lasten (Lastenwechsel) mit Entrichtung der 1. Rate am 1.12.01. K ist Gewerbetreibender oder Freiberufler und nutzt ab diesem Zeitpunkt das Grundstück für eigene betriebliche Zwecke. Nach Entrichtung der 2. Rate am 1.3.02 erklären die Beteiligten formgerecht die Auflassung; der Käufer erhält zugleich die den Vorschriften der Grundbuchordnung entsprechende Eintragungsbewilligung ausgehändigt. Mit Bescheid vom 5.1.02 führt das Lagefinanzamt auf den 1.1.02 eine Zurechnungsfortschreibung des Einheitswerts des Grundstücks auf K als dessen wirtschaftlicher Eigentümer durch (§ 22 Absatz 2 BewG). Die Eintragung des Eigentumswechsels im Grundbuch erfolgt am 17.5.02.

K verstirbt am I. 10.1.02
II. 10.4.02

Der Tod des K lässt unabhängig vom Todestag (Besteuerungszeitpunkt, → § 9 ErbStG) die bestehenden vertraglichen Verpflichtungen unberührt; sie gehen auf die Erben über (§ 1922 BGB). Dies gilt gemäß § 857 BGB auch für den Besitz.

Die im Sachverhalt genannten Wirtschaftsgüter sind auf den Besteuerungszeitpunkt wie folgt anzusetzen und zu bewerten (§§ 11, 12 ErbStG):

I. Todestag 10.1.02

Das Grundstück gehört nicht zum Nachlass des K. Wegen des fehlenden Eigentumsübergangs kann es noch nicht zum Grundvermögen des K gehören und kann damit auch nicht als Betriebsgrundstück nach § 99 BewG erfasst werden. Der zivilrechtliche Sachleistungsanspruch ist jedoch ertragsteuerlich schon als wirtschaftliches Eigentum am Grundstück mit dem gemeinen Wert in Höhe von 1 000 000 EUR als Teil des Betriebsvermögens im Sinne der §§ 95 ff. BewG erfasst und gehört damit zum begünstigungsfähigen Vermögen nach § 13b Absatz 1 Nummer 2 ErbStG. Insoweit liegt kein Verwaltungsvermögen nach § 13b Absatz 4 Nummer 1 ErbStG vor.

Zugleich ist eine entsprechende Verpflichtung zur Erfüllung der Kaufpreisverbindlichkeit von 1 000 000 EUR entstanden, die bei Tilgung der ersten Rate am 10.1.02 auf 500 000 EUR reduziert wird. Durch die Tilgung vermindert sich das Vermögen des Betriebs um 500 000 EUR. Letztlich umfasst das Betriebsvermögen im Sinne der §§ 95 ff. BewG zum Besteuerungsstichtag den als wirtschaftliches Eigentum aktivierten Sachleistungsanspruch auf Eigentumsübertragung mit 1 000 000 EUR und die Restschuld der Kaufpreisverbindlichkeit mit 500 000 EUR.

II. Todestag 10.4.02

Das Grundstück gehört nicht zum Nachlass des K. Wegen des fehlenden Eigentumsübergangs kann es noch nicht zum Grundvermögen des K gehören und kann damit auch nicht als Betriebsgrundstück nach § 99 BewG erfasst werden. Der zivilrechtliche Sachleistungsanspruch ist jedoch ertragsteuerlich schon als wirtschaftliches Eigentum am Grundstück mit dem gemeinen Wert in Höhe von 1 000 000 EUR als Teil des Betriebsvermögens im Sinne der §§ 95 ff. BewG erfasst und gehört damit zum begünstigungsfähigen Vermögen nach § 13b Absatz 1 Nummer 2 ErbStG. Insoweit liegt kein Verwaltungsvermögen nach § 13b Absatz 4 Nummer 1 ErbStG vor.

Zugleich ist eine entsprechende Verpflichtung zur Erfüllung der Kaufpreisverbindlichkeit von 1 000 000 EUR entstanden, die bei Tilgung auf 0 EUR reduziert wird. Durch die Tilgung vermindert sich das Vermögen des Betriebs um 1 000 000 EUR. Letztlich umfasst das Betriebsvermögen im Sinne der §§ 95 ff. BewG zum Besteuerungsstichtag den als wirtschaftliches Eigentum aktivierten Sachleistungsanspruch auf Eigentumsübertragung mit 1 000 000 EUR.

Beispiel 5:

LG (= Leasinggeber) ist zivilrechtlicher Eigentümer eines betrieblich genutzten bebauten Grundstücks. Mit LN (= Leasingnehmer) wird ein Vollamortisationsleasingvertrag abgeschlossen, d. h. LN entrichtet in der Grundmietzeit den vollen Wert des der Leasingvereinbarung zugrunde liegenden Gebäudes. Ertragsteuerlich stellt das Gebäude bei LN zu erfassendes wirtschaftliches Eigentum dar und wird sowohl in der Handelsals auch in der Steuerbilanz bilanziert. Zugleich wird eine Kaufpreis-/Leasingschuld passiviert. Bei LG wird lediglich der Grund und Boden sowie eine kapitalisierte Kaufpreis-/Leasingforderung bzgl. der Raten des Leasingnehmers aktiviert.

Für den Grund und Boden geht kein wirtschaftliches Eigentum über, da es für Grundstücke keine „betriebsgewöhnliche Nutzungsdauer" gibt.

I. LG verstirbt

Das Grundstück gehört aufgrund des Vorrangs des zivilrechtlichen Eigentums zum Nachlass des LG. Das Eigentum am aufstehenden Gebäude folgt dem Grund und Boden. Nachdem das Objekt zu betrieblichen Zwecken des Leasings genutzt wird und entsprechend den ertragsteuerlichen Vorgaben in Form der Kaufpreis-/Leasingforderung auch bilanziert ist, stellt es ein Betriebsgrundstück im Sinne der § 99 BewG und ggf. Verwaltungsvermögen nach § 13b Absatz 4 Nummer 1 ErbStG dar.

II. LN verstirbt

Das Grundstück gehört aufgrund des Vorrangs des zivilrechtlichen Eigentums nicht zum Nachlass des LN. Zum Betriebsvermögen im Sinne der §§ 95 ff. BewG gehört ein aktivierter Sachleistungsanspruch für die Gebäudenutzung während der Leasingdauer sowie eine passivierte Zahlungsverpflichtung der Leasingraten in diesem Zeitraum. Beides stellt kein Verwaltungsvermögen nach § 13b Absatz 4 Nummer 1 ErbStG dar.

Betriebsgrundstücke. → R B 99.

R E 12.3 Berücksichtigung von Gewinnansprüchen aus GmbH-Geschäftsanteilen

(1) [1]Bei einem der Erbschaftsteuer unterliegenden Erwerb von GmbH-Geschäftsanteilen sind Ansprüche auf erwirtschaftete, aber noch nicht ausgeschüttete Gewinne der GmbH beim Erwerb der Beteiligung von Todes wegen gesondert als Kapitalforderung des Erben zu erfassen, wenn der Gewinnverwendungsbeschluss bereits vor dem Zeitpunkt der Steuerentstehung gefasst worden ist. [2]Das Vermögen der Gesellschaft ist bereits entsprechend gemindert. [3]Beim Erwerb durch Schenkung unter Lebenden erfolgt eine gesonderte Erfassung nur, wenn der Gewinnanspruch gesondert abgetreten wird, da er sonst weiterhin dem Schenker zusteht.

(2) Wird der Beschluss über die Gewinnverwendung erst nach dem Zeitpunkt der Steuerentstehung gefasst, kann der Anspruch auf den Gewinn nicht gesondert neben dem gemeinen Wert der Anteile auf den Stichtag erfasst werden, da der vor dem Stichtag erwirtschaftete Gewinn bereits bei der Bewertung der Anteile an der Kapitalgesellschaft berücksichtigt wurde.

(3) [1]Beim Erwerb von GmbH-Geschäftsanteilen durch Schenkung unter Lebenden sind die Gewinne des Wirtschaftsjahrs, in das die Schenkung fällt, nach § 101 Nummer 2 Halbsatz 2 BGB im Innenverhältnis zeitanteilig zwischen Schenker und Beschenktem aufzuteilen. [2]Erfüllt der Beschenkte den zivilrechtlichen Ausgleichsanspruch des Schenkers, ist der Ausgleichsbetrag vom Wert des zugewendeten GmbH-Geschäftsanteils abzuziehen. [3]Treffen die Beteiligten eine davon abweichende Vereinbarung, verzichtet etwa der Schenker ganz oder teilweise auf seinen Anspruch nach § 101 Nummer 2 Halbsatz 2 BGB, entfällt insoweit ein Abzug. [4]Der ersparte Ausgleichsbetrag ist nicht neben dem Wert der übertragenen Anteile zu erfassen.

(4) Noch nicht erfüllte Gewinnansprüche aus einem Nießbrauch an GmbH-Geschäftsanteilen stehen nach dem Tod des Berechtigten dessen Erben zu (→ § 101 BGB) und sind als Erwerb von Todes wegen auch dann zu erfassen, wenn am Besteuerungszeitpunkt die Bilanz der GmbH noch nicht erstellt oder der Gewinnverwendungsbeschluss noch nicht gefasst ist.

H E 12.3

Gewinnverteilung bei Schenkung.

Beispiel:

Der Schenker überträgt dem Beschenkten aufgrund eines notariell beurkundeten Schenkungsvertrags vom 22.8.02 seinen GmbH-Geschäftsanteil. Dem Beschenkten soll das Gewinnbezugsrecht ab 1.1.02 zustehen. Am 22.9.02 fassen die Gesellschafter den Beschluss über die Verwendung des Ergebnisses des Jahres 01. Dabei entfällt auf den Anteil des Beschenkten ein Gewinnanspruch von 120 000 EUR.

Der gemeine Wert des vom Beschenkten erworbenen GmbH-Anteils ist auf den Stichtag 22.8.02 zu ermitteln. Der Gewinnanspruch des Jahres 02 steht nach der Vereinbarung der

Beteiligten dem Beschenkten zu und ist nicht gesondert zu erfassen. Der Gewinnanspruch des Jahres 01 ist gegenüber dem Schenker zu erfüllen. Der Betrag von 120 000 EUR ist vom Wert des Anteils abzuziehen.

Zu § 13 ErbStG[1]

R E 13.1 Steuerbefreiungen; Allgemeines

(1) [1]Die Voraussetzungen für eine Steuerbefreiung müssen, soweit nichts anderes bestimmt ist, im Zeitpunkt der Steuerentstehung erfüllt sein. [2]Sind sie erst nach diesem Zeitpunkt eingetreten, kommt eine Steuerbefreiung grundsätzlich nicht in Betracht.

(2) [1]Jede einzelne Steuerbefreiung ist für sich anzuwenden. [2]Eine Befreiung schließt eine andere, eventuell weitergehende Befreiung grundsätzlich nicht aus. [3]Gehören zum begünstigungsfähigen Vermögen nach § 13b Absatz 1 Nummer 2 ErbStG, für das eine Begünstigung nach §§ 13a, 13c oder 28a ErbStG gewährt wird, Wirtschaftsgüter im Sinne des § 13b Absatz 4 ErbStG, ist eine Begünstigung dieser Wirtschaftsgüter nach § 13 ErbStG ausgeschlossen. [4]Handelt es sich bei diesen Wirtschaftsgütern um junges Verwaltungsvermögen, kommt hingegen eine Begünstigung nach § 13 ErbStG in Betracht.

R E 13.2 Gegenstände, deren Erhaltung im öffentlichen Interesse liegt[2]

(1) [1]Die Steuerbefreiungen nach § 13 Absatz 1 Nummer 2 und 3 ErbStG kommen für Gegenstände in Betracht, die sich im Inland oder in einem Mitgliedstaat der Europäischen Union oder in einem Staat des Europäischen Wirtschaftsraums befinden und für mindestens zehn Jahre dort verbleiben. [2]Sie gelten auch für Grundbesitz und Teile von Grundbesitz. [3]Zum Grundbesitz gehören alle wirtschaftlichen Einheiten des land- und forstwirtschaftlichen Vermögens, des Grundvermögens sowie grundsätzlich die Betriebsgrundstücke (→ R E 13.1 Absatz 2 Sätze 3 und 4). [4]Als Teile von Grundbesitz sind z. B. das Schloss oder die Burg anzusehen, die zu einem landwirtschaftlichen Betrieb gehören.

(2) [1]Die in ein Verzeichnis national wertvollen Kulturgutes eingetragenen Gegenstände sollen nach § 12 Absatz 1 des Kulturgutschutzgesetzes steuerlich begünstigt werden. [2]Demgemäß wird nach § 13 Absatz 1 Nummer 2 ErbStG in diesen Fällen nicht gefordert, dass die Gegenstände sich seit mindestens 20 Jahren im Besitz der Familie befunden haben. [3]Die übrigen Voraussetzungen des § 13 Absatz 1 Nummer 2 ErbStG müssen jedoch auch hier erfüllt sein. [4]Dabei kann unterstellt werden, dass die in § 13 Absatz 1 Nummer 2 ErbStG festgelegten Voraussetzungen stets gegeben sind.

(3) [1]Der Nachweis darüber, dass die Erhaltung bestimmter Grundstücke und beweglicher Gegenstände wegen ihrer Bedeutung für Kunst, Geschichte oder Wissenschaft im öffentlichen Interesse liegt und dass diese Grundstücke und beweglichen Gegenstände in einem den Verhältnissen entsprechenden Umfang den Zwecken der Forschung oder Volksbildung nutzbar gemacht

---

[1] Zur Erweiterung der Befreiungstatbestände in § 13 Abs. 1 ErbStG um eine neue Nummer 19 (Leistungen bestimmter Rechtsträger an Personen, die u. a. von Bediensteten dieser Rechtsträger sexuell missbraucht wurden) siehe Art. 6 des Grundsteuerreform-Umsetzungsgesetzes v. 16.7.2021 (BGBl. I 2021, 2931).

[2] Zur Frage der vollständigen Steuerbefreiung für den Erwerb von Kulturgütern nach § 13 Abs. 1 Nr. 2 Buchst. b ErbStG siehe gleich lautende Ländererlasse v. 19.8.2020, BStBl. I 2020, 924.

werden, ist in Zweifelsfällen durch ein Gutachten der landesrechtlich zuständigen Behörde zu erbringen. [2]Der Nachweis, dass die Erhaltung eines Grundstücks oder eines beweglichen Gegenstandes im öffentlichen Interesse liegt, gilt bei Denkmälern als erbracht, die in die Denkmalliste oder ein entsprechendes Verzeichnis eingetragen sind.

(4) Die Gegenstände müssen in einem den Verhältnissen entsprechenden Umfang der Allgemeinheit, mindestens aber den interessierten Kreisen ohne weiteres zugänglich sein; dies muss allgemein erkennbar sein.

(5) [1]Die Voraussetzung, dass die jährlichen Kosten in der Regel die erzielten Einnahmen übersteigen, ist insbesondere dann erfüllt, wenn im Zusammenhang mit den genannten Gegenständen keinerlei Einnahmen erzielt werden. [2]Zu den Einnahmen rechnet unter anderem auch der Mietwert der eigenen Wohnung. [3]Zu den jährlichen Kosten gehören auch die Absetzungen für Abnutzung. [4]Bei den Kosten kann die Verzinsung des Eigenkapitals nicht berücksichtigt werden.

(6) [1]Auch wenn nur ein Teil einer wirtschaftlichen Einheit begünstigt ist, ist vom gesamten Grundbesitzwert auszugehen. [2]Die Aufteilung des Werts erfolgt im Verhältnis der auf die einzelnen Teile entfallenden Wohn-/Nutzfläche.

H E 13.2

Ausstellung in einem Land außerhalb der EU oder des EWR. Eine vorübergehende Ausstellung der Kunstgegenstände in einem Land außerhalb der EU oder des EWR ist für die Erhaltung der Befreiung unschädlich.

Europäischer Wirtschaftsraum. Dem Europäischen Wirtschaftsraum gehören Island, Liechtenstein und Norwegen sowie die Mitgliedstaaten der Europäischen Union an.

Kulturgutschutzgesetz. → Gesetz vom 31.7.2016 (BGBl. I S. 1914).

Kulturgüter, die nicht der Denkmalpflege unterstellt werden können. Soweit das Denkmalschutzgesetz eines Landes ein Unterschutzstellen von Gegenständen der Art nach nicht vorsieht (z. B. bewegliche Gegenstände), kann die Denkmaleigenschaft durch die Eintragung in das Verzeichnis national wertvollen Kulturguts oder national wertvoller Archive nach dem Kulturgutschutzgesetz (Gesetz vom 31.7.2016, BGBl. I S. 1914, mit späteren Änderungen) erreicht werden. Damit sind zugleich die Voraussetzungen des § 13 Absatz 1 Nummer 2 Buchstabe a Doppelbuchstabe aa und bb ErbStG erfüllt.

Zwanzigjähriger Familienbesitz. → BFH vom 14.11.1980 III R 9/79, BStBl. 1981 II S. 251.

R E 13.3 Lebzeitige Zuwendungen im Zusammenhang mit einem Familienheim

(1) Zuwendungen unter Lebenden im Sinne des Absatzes 4, die ein Ehegatte dem anderen Ehegatten im Zusammenhang mit einem Familienheim macht, sind von der Steuer befreit (§ 13 Absatz 1 Nummer 4a ErbStG).

(2) [1]Als Familienheim gilt ein bebautes Grundstück, soweit darin eine Wohnung gemeinsam zu eigenen Wohnzwecken genutzt wird. [2]Damit kommt auch der Wohnteil des Betriebsinhabers eines Betriebs der Land- und

Forstwirtschaft (§ 160 Absatz 1 Nummer 3, Absatz 9 BewG) als Familienheim in Betracht. [3]Der Wohnungsbegriff des Familienheims bestimmt sich nach der tatsächlichen Nutzung. [4]In der Wohnung muss sich der Mittelpunkt des familiären Lebens befinden. [5]Die Befreiung eines Erwerbs ist deshalb nicht möglich, wenn die Wohnung nur als Ferien- oder Wochenendwohnung genutzt wird oder für einen Berufspendler nur die Zweitwohnung darstellt. [6]Entscheidend ist die Nutzung zu eigenen Wohnzwecken der Eheleute und der zur Familie gehörenden Kinder; eine Mitbenutzung der Wohnung durch Enkelkinder, Eltern oder eine Hausgehilfin ist unschädlich. [7]Die Befreiung ist auf die selbst genutzte Wohnung begrenzt. [8]Sie schließt auch Garagen, Nebenräume und Nebengebäude ein, die sich auf dem Grundstück befinden und mit der Wohnung gemeinsam genutzt werden. [9]Die Nutzung auch zu anderen als Wohnzwecken ist unschädlich, wenn sie von untergeordneter Bedeutung ist (z. B. durch Nutzung eines Arbeitszimmers). [10]Die unentgeltliche gewerbliche oder freiberufliche Mitbenutzung der Wohnung ist grundsätzlich unschädlich, wenn die Wohnnutzung überwiegt. [11]Bei einer entgeltlichen gewerblichen oder freiberuflichen Mitbenutzung der Wohnung ist die Befreiung auf den eigenen Wohnzwecken dienenden Teil der Wohnung begrenzt. [12]Ein begünstigtes Familienheim kann in jeder Art von bebautem Grundstück im Sinne des § 181 Absatz 1 Nummer 1 bis 5 BewG vorhanden sein, mithin z. B. auch in einem Mietwohn- oder Geschäftsgrundstück oder in einem Gebäude, das im Erbbaurecht errichtet worden ist. [13]Eine gewerbliche oder freiberufliche Nutzung (z. B. durch eine Arztpraxis) außerhalb der eigenen Wohnung, eine Fremdvermietung oder die unentgeltliche Überlassung weiterer auf dem Grundstück vorhandener Wohnungen an Kinder oder Eltern ist nicht begünstigt. [14]Die Aufteilung des Werts eines Gebäudes, das neben der eigenen Wohnnutzung weitere Nutzungen aufweist, erfolgt nach der Wohn-/Nutzfläche; Garagen, Nebenräume und Nebengebäude sind hierbei nicht einzubeziehen. [15]Das Lagefinanzamt hat die gesamte Wohn-/Nutzfläche des Grundstücks und die Wohnfläche des Familienheims zu ermitteln und bei der Feststellung des Grundbesitzwerts nachrichtlich mitzuteilen.

(3) Ein begünstigtes Familienheim kann im Inland oder in einem Staat der Europäischen Union oder des Europäischen Wirtschaftsraums belegen sein.

(4) Die Zuwendung im Zusammenhang mit einem Familienheim ist bei folgenden Gestaltungen steuerfrei:

1. Übertragung des Alleineigentums oder Miteigentums an dem einem Ehegatten bereits gehörenden Grundstück,
2. Kauf oder Herstellung aus den Mitteln eines Ehegatten unter Einräumung einer Miteigentümerstellung des anderen Ehegatten,
3. Anschaffung oder Herstellung (ganz oder teilweise) durch einen Ehegatten aus Mitteln, die allein oder überwiegend vom anderen, zuwendenden Ehegatten stammen (mittelbare Grundstückszuwendung),
4. Tilgung eines im Zusammenhang mit dem Kauf oder der Herstellung des Familienheims von einem oder beiden Ehegatten aufgenommenen Darlehens aus Mitteln des zuwendenden Ehegatten,
5. Befreiung von einer Schuld des einen Ehegatten gegenüber dem anderen Ehegatten, die im Zusammenhang mit dem Kauf oder der Herstellung des Familienheims gegenüber dem anderen Ehegatten eingegangen wurde,

6. Begleichung nachträglicher Herstellungs- oder Erhaltungsaufwendungen am Familienheim aus Mitteln eines Ehegatten, wenn der andere Ehegatte Eigentümer oder Miteigentümer ist.

(5) [1]Der Güterstand der Ehegatten ist ohne Bedeutung. [2]Die Befreiung ist wertmäßig nicht begrenzt. [3]Eine Prüfung der Angemessenheit findet nicht statt. [4]Die Steuerbefreiung kann auch für Zuwendungen im Zusammenhang mit dem gegenwärtigen Familienheim in Anspruch genommen werden, auch wenn der Empfänger früher eine steuerbegünstigte Zuwendung im Zusammenhang mit dem damaligen, inzwischen als solches aufgegebenen Familienheim (§ 13 Absatz 1 Nummer 4a ErbStG) erhalten hatte. [5]Für das begünstigt erworbene Grundstück besteht keine Behaltenspflicht. [6]Die spätere Veräußerung oder eine Nutzungsänderung ist unbeachtlich, sofern kein Missbrauch von Gestaltungsmöglichkeiten nach § 42 AO vorliegt.

H E 13.3

Arbeitszimmer. Ein im Wohnbereich belegenes Arbeitszimmer stellt bewertungsrechtlich lediglich einen Raum dar, dem innerhalb der Nutzung zu Wohnzwecken eine dieser Nutzung nicht widersprechende Funktion zugewiesen ist (→ BFH vom 9.11.1988 II R 61/87, BStBl. 1989 II S. 135).
Ein von einem der Ehegatten genutztes häusliches Arbeitszimmer, das im Wohnbereich belegen ist, ist auch dann der Wohnnutzung der Ehegatten zuzurechnen, wenn es an den Arbeitgeber des Ehegatten vermietet ist (→ BFH vom 26.2.2009 II R 69/06, BStBl. II S. 480). Entsprechendes gilt für andere haushaltszugehörige Personen.

Befreiung von einer Schuld gegenüber dem anderen Ehegatten. → BFH vom 27.10.2010 II R 37/09, BStBl. 2011 II S. 134.

Europäischer Wirtschaftsraum. Dem Europäischen Wirtschaftsraum gehören Island, Liechtenstein und Norwegen sowie die Mitgliedstaaten der Europäischen Union an.

Keine Steuerbefreiung für Familienheim bei Zweit- oder Ferienwohnung. → BFH vom 18.7.2013 II R 35/11, BStBl. II S. 1051.

Wohnfläche. → Wohnflächenverordnung vom 25.11.2003 (BGBl. I S. 2346).

R E 13.4[1)] Erwerb eines Familienheims von Todes wegen

(1) Der Erwerb eines Familienheims von Todes wegen durch den überlebenden Ehegatten ist von der Steuer befreit (§ 13 Absatz 1 Nummer 4b ErbStG).

(2) [1]Ein begünstigtes Familienheim liegt unter den weiteren Voraussetzungen des R E 13.3 Absatz 2 vor, soweit der Erblasser bis zu seinem Tod in einem bebauten Grundstück eine Wohnung zu eigenen Wohnzwecken genutzt hat. [2]Es ist unschädlich, wenn der Erblasser aus objektiv zwingenden Grün-

---

1) Zur Steuerbefreiung des Erwerbs eines Familienheims bei Renovierung siehe BFH v. 28.5.2019 II R 37/16, BStBl. II 2019, 678. – Zum Wegfall der Steuerbefreiung für ein Familienheim bei Aufgabe des Eigentums siehe BFH v. 11.7.2019 II R 38/16, BStBl. II 2020, 314. – Zum Begriff des Grundstücks beim Erwerb eines Familienheims siehe BFH v. 23.2.2021 II R 29/19, DStR 2021, 1816. – Zur Steuerbegünstigung für ein Familienheim bei Zuerwerb siehe BFH v. 6.5.2021 II R 46/19, BStBl. II 2022, 342. – Zur Steuerbefreiung für ein Familienheim nach § 13 Abs. 1 Nr. 4b und Nr. 4c ErbStG und zwingenden, an einer Selbstnutzung zu eigenen Wohnzwecken hindernden Gründen siehe gleich lautenden Ländererlass v. 9.2.2022, BStBl. I 2022, 226.

den an einer Selbstnutzung gehindert war. [3]Objektiv zwingende Gründe liegen im Fall einer Pflegebedürftigkeit vor, die die Führung eines eigenen Haushalts nicht mehr zulässt, nicht dagegen z. B. bei einer beruflichen Versetzung. [4]Der überlebende Ehegatte muss in der erworbenen Wohnung unverzüglich, d. h. ohne schuldhaftes Zögern, die Nutzung zu eigenen Wohnzwecken aufnehmen. [5]Die Steuerbefreiung ist auch zu gewähren, wenn der überlebende Ehegatte aus objektiv zwingenden Gründen im Sinne des Satzes 3 bereits im Zeitpunkt des Erwerbs an der Nutzung des Objekts zu eigenen Wohnzwecken gehindert war. [6]Entfallen diese Hinderungsgründe innerhalb des Zehnjahreszeitraums nach dem Erwerb, ist die Nutzung zu eigenen Wohnzwecken unverzüglich aufzunehmen.

(3) Die Ausführungen in R E 13.3 Absatz 2 und 3 zum Wohnungsbegriff, zur Grundstücksart und zur Belegenheit des Familienheims gelten entsprechend.

(4)[1)] Wird das Familienheim steuerfrei erworben, sind die damit in wirtschaftlichem Zusammenhang stehenden Schulden und Lasten nicht abzugsfähig (§ 10 Absatz 6 ErbStG; → R E 10.10).

(5) [1]Der Erwerber kann die Befreiung nicht in Anspruch nehmen, soweit er verpflichtet ist, das begünstigte Familienheim auf Grund einer letztwilligen oder rechtsgeschäftlichen Verfügung des Erblassers auf einen Dritten zu übertragen (Weitergabeverpflichtung). [2]Letztwillige Verfügung ist das Testament, rechtsgeschäftliche Verfügung ist z. B. der Erbvertrag. [3]Anwendungsfälle sind insbesondere

1. Sachvermächtnisse, die auf begünstigtes Vermögen gerichtet sind,
2. Vorausvermächtnisse, die auf begünstigtes Vermögen gerichtet sind,
3. ein Schenkungsversprechen auf den Todesfall oder
4. Auflagen des Erblassers, die auf die Weitergabe begünstigten Vermögens gerichtet sind.

[4]Sind Miterben auf Grund einer Teilungsanordnung des Erblassers verpflichtet, das begünstigte Familienheim auf einen Miterben zu übertragen, können die übertragenden Miterben die Befreiung nicht in Anspruch nehmen; das gilt unabhängig davon, wann die Auseinandersetzungsvereinbarung geschlossen wird. [5]Den übernehmenden Erwerber oder Miterben, der die Begünstigung für das Familienheim oder den Teil des Familienheims in Anspruch nehmen kann, trifft die Pflicht zur Einhaltung der Befreiungsvoraussetzungen (zehnjährige Selbstnutzung); er hat die steuerlichen Folgen eines Verstoßes hiergegen zu tragen. [6]Gibt der nachfolgende Erwerber für den Erwerb des begünstigten Familienheims nicht begünstigtes Vermögen hin, das er vom Erblasser erworben hat, wird er so gestellt, als habe er von Anfang an begünstigtes Vermögen erworben. [7]Als hingegebenes Vermögen gilt nicht die Übernahme von Nachlassverbindlichkeiten, die mit dem begünstigten Vermögen oder Teilen davon in wirtschaftlichem Zusammenhang stehen. [8]Der Steuerwert des begünstigten Familienheims darf jedoch nicht überschritten werden. [9]Durch diese Regelung wird lediglich die Bemessungsgrundlage für die Steuerbefreiung verändert; sie führt nicht zu einer Veränderung der Zurechnung der Erwerbsgegenstände. [10]Der Grundsatz, dass die Erbauseinandersetzung unbeachtlich ist (→ R E 3.1), gilt unverändert fort. [11]Sätze 4 bis 10 gelten entsprechend auch

---

[1)] Teilweise überholt durch JStG 2020, zur Anwendung für Erwerbe nach dem 28.12.2020 siehe gleich lautenden Ländererlass v. 13.9.2021, BStBl. I 2021, 1837.

für die freie Erbauseinandersetzung unter den Erben, wenn diese zeitnah zum Erbfall erfolgt. [12]Erfolgt die Übertragung und Hingabe des Vermögens in diesem Fall nach Ergehen des jeweiligen Erbschaftsteuerbescheids, ist dies als Ereignis mit steuerlicher Rückwirkung auf den Zeitpunkt der Steuerentstehung anzusehen, so dass die Steuerfestsetzungen nach § 175 Absatz 1 Nummer 2 AO zu ändern sind.

(6) [1]Die Steuerbefreiung steht unter einem Nachversteuerungsvorbehalt. [2]Sie verlangt die Selbstnutzung der Wohnung als Eigentümer über einen Zeitraum von zehn Jahren; eine Weiterübertragung unter Nutzungsvorbehalt ist als Verstoß gegen den Nachversteuerungsvorbehalt anzusehen. [3]Veränderungen am Grundstück sind unbeachtlich, wenn der Umfang der Nutzung der Wohnung als Familienheim sich nicht verringert. [4]Gibt der Erwerber die Selbstnutzung innerhalb des Zehnjahreszeitraums durch Verkauf, Vermietung, längeren Leerstand oder unentgeltliche Überlassung ganz oder teilweise auf, entfällt die Befreiung entsprechend mit Wirkung für die Vergangenheit. [5]Der Steuerbescheid ist in diesem Fall nach § 175 Absatz 1 Nummer 2 AO zu ändern (Nachversteuerung). [6]Der Erwerber ist verpflichtet, den Wegfall der Befreiungsvoraussetzungen anzuzeigen. [7]Der Steuerpflichtige ist im Steuerbescheid darauf hinzuweisen, dass Verstöße gegen die Selbstnutzungsverpflichtung nach § 153 Absatz 2 AO anzeigepflichtig sind. [8]Für die Befreiung ist es unschädlich, wenn der Erwerber innerhalb der Zehnjahresfrist aus objektiv zwingenden Gründen an der weiteren Nutzung zu eigenen Wohnzwecken gehindert ist. [9]Objektiv zwingende Gründe liegen z. B. im Fall des Todes oder im Fall einer Pflegebedürftigkeit vor, die die Führung eines eigenen Haushalts nicht mehr zulässt, nicht dagegen bei einer beruflichen Versetzung. [10]Entfallen die Hinderungsgründe innerhalb der Zehnjahresfrist, kann eine Nachversteuerung nur unterbleiben, wenn der Erwerber unverzüglich nach Wegfall der zwingenden Gründe, d. h. ohne schuldhaftes Verzögern, die Nutzung des Familienheims zu eigenen Wohnzwecken aufnimmt und bis zum Ablauf des Zehnjahreszeitraums ausübt bzw. später erneut aus objektiv zwingenden Gründen an der Selbstnutzung des Familienheims gehindert ist. [11]Liegen objektiv zwingende Gründe vor, die eine weitere Nutzung verhindern, ist eine anschließende unentgeltliche Überlassung, Vermietung oder der Verkauf des Familienheims unschädlich. [12]Soweit in den Fällen des Satzes 10 der Erwerber wegen des vorherigen Verkaufs des Familienheims, dessen vorheriger Vermietung oder unentgeltlicher Überlassung, bei Wegfall der objektiv zwingenden Gründe, welche ihn an der Nutzung des Familienheims zu eigenen Wohnzwecken hinderten, die erneute Selbstnutzung des Familienheims nicht oder nicht unverzüglich aufnimmt, fällt die Steuerbefreiung mit Wirkung für die Vergangenheit weg.

(7) [1]Der Erwerb eines Familienheims von Todes wegen durch Kinder im Sinne der Steuerklasse I Nummer 2 oder Kinder vorverstorbener Kinder im Sinne der Steuerklasse I Nummer 2 ist von der Steuer befreit (§ 13 Absatz 1 Nummer 4c ErbStG). [2]Absatz 2 Satz 1 bis 3 gilt entsprechend. [3]Die Befreiung ist auf eine Wohnfläche der selbst genutzten Wohnung des Erblassers von höchstens 200 qm begrenzt. [4]Die begünstigten Erwerber müssen in der erworbenen Wohnung unverzüglich, d. h. ohne schuldhaftes Zögern, die Nut-

zung zu eigenen Wohnzwecken aufnehmen; es ist unschädlich, wenn ein Erwerber aus objektiv zwingenden Gründen an der Selbstnutzung gehindert ist. [5]Objektiv zwingende Gründe liegen im Fall einer Pflegebedürftigkeit vor, die die Führung eines eigenen Haushalts nicht mehr zulässt, oder solange das Kind wegen Minderjährigkeit rechtlich gehindert ist, einen Haushalt selbstständig zu führen, nicht dagegen z. B. bei einer beruflichen Versetzung. [6]Die Ausführungen in R E 13.3 Absatz 2 und 3 zum Wohnungsbegriff, zur Grundstücksart und zur Belegenheit des Familienheims, in Absatz 5 zum Bestehen einer Weitergabeverpflichtung sowie in Absatz 6 zum Nachversteuerungsvorbehalt gelten entsprechend. [7]Die Schuldenkürzung (Absatz 4) betrifft nur den Teil der Verbindlichkeiten, der auf den begünstigten Teil des Familienheims (200 qm Wohnfläche) entfällt.

H E 13.4

Arbeitszimmer. Ein im Wohnbereich belegenes Arbeitszimmer stellt bewertungsrechtlich lediglich einen Raum dar, dem innerhalb der Nutzung zu Wohnzwecken eine dieser Nutzung nicht widersprechende Funktion zugewiesen ist (→ BFH vom 9.11.1988 II R 61/87, BStBl. 1989 II S. 135).
Ein von einem der Ehegatten genutztes häusliches Arbeitszimmer, das im Wohnbereich belegen ist, ist auch dann der Wohnnutzung der Ehegatten zuzurechnen, wenn es an den Arbeitgeber des Ehegatten vermietet ist (→ BFH vom 26.2.2009 II R 69/06, BStBl. II S. 480). Entsprechendes gilt für andere haushaltszugehörige Personen.

Europäischer Wirtschaftsraum. Dem Europäischen Wirtschaftsraum gehören Island, Liechtenstein und Norwegen sowie die Mitgliedstaaten der Europäischen Union an.

Freie Erbauseinandersetzung. In den Fällen der freien Auseinandersetzung von Erbengemeinschaften ist eine steuerliche Rückwirkung auf den Zeitpunkt des Erbfalls als zeitnah in der Regel anzuerkennen, wenn die Auseinandersetzungsvereinbarung innerhalb von sechs Monaten erfolgt (→ vgl. BMF-Schreiben vom 14.3.2006, BStBl. I S. 253, Tz. 8). Erfolgt die Erbauseinandersetzung erst nach mehr als sechs Monaten, kann der Begünstigungstransfer in begründeten Ausnahmefällen (z.B. aufgrund von Erbstreitigkeiten, Erstellung von Gutachten o. Ä.) gewährt werden. Der Steuerpflichtige hat die Gründe darzulegen, die eine Erbauseinandersetzung innerhalb des Sechsmonatszeitraums verhindert haben.
→ BFH vom 23.6.2015 II R 39/13, BStBl. 2016 II S. 225.
Bei der Steuerbefreiung für das Familienheim nach § 13 Absatz 1 Nummer 4b bzw. 4c ErbStG kann von einer unverzüglichen Selbstnutzung des Erwerbers zu eigenen Wohnzwecken ausgegangen werden, wenn die tatsächliche Nutzung zu eigenen Wohnzwecken unverzüglich beginnt, die Erbauseinandersetzung jedoch erst anschließend und nach Ablauf des Sechsmonatszeitraums erfolgt.

Keine Steuerbefreiung für den Erwerb eines Anspruchs auf Verschaffung von Eigentum an einem Familienheim. → BFH vom 29.11.2017 II R 14/16, BStBl. 2018 II S. 362.

Keine Steuerbefreiung für Familienheim bei Zweit- oder Ferienwohnung. → BFH vom 18.7.2013 II R 35/11, BStBl. II S. 1051.

Keine Steuerbefreiung für Familienheim bei Zuwendung eines Wohnungsrechts. → BFH vom 3.6.2014 II R 45/12, BStBl. II S. 806.

Steuerbefreiung – Beispiele.

Beispiel 1:

Erblasser E hinterlässt seinen Kindern A und B je zur Hälfte ein bis dahin von ihm selbstgenutztes Einfamilienhaus mit einem Grundbesitzwert von 450 000 EUR und einer Wohnfläche von 300 m². Eine Grundschuld valutiert in Höhe von 90 000 EUR. Beide Kinder nutzen das Haus nach seinem Tod mehr als zehn Jahre.

Da auf die Wohnung des Erblassers abzustellen ist, sind insgesamt nur 200 m² Wohnfläche begünstigt (das entspricht $^2/_3$ der Gesamtwohnfläche von 300 m²). Bei jedem Kind sind mithin von dem hälftigen Grundbesitzwert von 225 000 EUR nur $^2/_3$ (= 150 000 EUR) befreit. Die hälftige Grundschuld ist bei jedem Kind im Umfang von $^2/_3$ von 45 000 EUR = 30 000 EUR nach § 10 Absatz 6 Satz 3 ErbStG nicht als Nachlassverbindlichkeit abzugsfähig und im Umfang von $^1/_3$ von 45 000 EUR = 15 000 EUR abzugsfähig.

Beispiel 2:

Erblasser E vererbt seiner Ehefrau F und seiner Tochter T je zur Hälfte ein bis dahin selbstgenutztes Einfamilienhaus mit einem Grundbesitzwert von 600 000 EUR und einer Wohnfläche von 300 m². Beide nutzen das Haus nach seinem Tod mehr als zehn Jahre.

Der hälftige Erwerb der F ist in voller Höhe befreit (300 000 EUR), da § 13 Absatz 1 Nummer 4b ErbStG keine Wohnflächenbegrenzung vorsieht. Der hälftige Erwerb der T (300 000 EUR) ist nur zu $^2/_3$ (200 000 EUR) befreit, da § 13 Absatz 1 Nummer 4c ErbStG die Befreiung auf eine Wohnfläche von 200m² (das entspricht $^2/_3$ der Gesamtfläche von 300 m²) begrenzt.

Beispiel 3:

Erblasser E wird von seiner Tochter T und seinem Sohn S je zur Hälfte beerbt. Zum Nachlass gehört ein Grundstück mit einer bis dahin vom Erblasser selbstgenutzten Wohnung von 100 m², einer gewerblichen Nutzfläche von 300 m² und einem Grundbesitzwert von 800 000 EUR. Das Familienheim ist mit einer Grundschuld von 150 000 EUR belastet. Zum Nachlass gehört außerdem ein Bankguthaben von 5 000 000 EUR.

Im Rahmen der Erbauseinandersetzung übernimmt die Tochter auch die andere Hälfte des Grundstücks gegen eine Ausgleichszahlung aus dem Nachlass von 325 000 EUR und eine Schuldübernahme von 75 000 EUR. T nutzt die in dem Grundstück belegene Wohnung mehr als zehn Jahre selbst.

Berechnung des Reinnachlasses		
Steuerwert des Grundstücks		800 000 EUR
Bankguthaben		+ 5 000 000 EUR
Vermögensanfall		5 800 000 EUR
Nachlassverbindlichkeiten		./. 150 000 EUR
Erbfallkostenpauschale		./. 10 300 EUR
Wert des Reinnachlasses		5 639 700 EUR
Davon Erbanteil je $^1/_2$		2 819 850 EUR
Berechnung des Erwerbs für T		
Steuerbefreiung nach § 13 Absatz 1 Nummer 4c ErbStG		
Steuerwert des Grundstücks	800 000 EUR	
Davon steuerbegünstigt $^1/_4$	200 000 EUR	
Davon $^1/_2$-Anteil		100 000 EUR
Werterhöhung Ausgleichszahlung (ohne Schuldübernahme) in Höhe von 325 000 EUR, die zu $^1/_4$ auf das begünstigte Familienheim entfällt (max. 100 000 EUR)		+ 81 250 EUR
Steuerbefreiung des Familienheims		181 250 EUR

Berechnung der nicht abzugsfähigen Schulden für T		
Grundschuld	150 000 EUR	
Davon entfallen auf das steuerbegünstigte Familienheim 1/4	37 500 EUR	
Davon 1/2-Anteil nicht abzugsfähig	18 750 EUR	
Erbanteil T		2 819 850 EUR
Steuerbefreiung Familienheim		./. 181 250 EUR
Nicht abzugsfähiger Teil der Schuld		+ 18 750 EUR
Bereicherung der T		2 657 350 EUR
Berechnung des Erwerbs für S		
Erbanteil S		2 819 850 EUR
Steuerbefreiung Familienheim		./. 0 EUR
Nichtabzugsfähige Schulden		+ 0 EUR
Bereicherung des S		2 819 850 EUR

Unverzügliche Selbstnutzung. → BFH vom 28.5.2019 II R 37/16, BStBl. II S. 678.

Veränderungen am Grundstück. Als unschädliche Veränderungen am Grundstück kommen z. B. in Betracht:
– Dachgeschossausbau,
– Aufstockung,
– Anbau,
– Verkauf oder Schenkung einer unbebauten Teilfläche,
– Begründung von Wohneigentum.

Wohnfläche. → Wohnflächenverordnung vom 25.11.2003 (BGBl. I S. 2346).

R E 13.5 Pflege- und Unterhaltsleistungen

(1) [1]Der Freibetrag nach § 13 Absatz 1 Nummer 9 ErbStG gilt sowohl für Erwerbe von Todes wegen als auch für Erwerbe unter Lebenden. [2]Er kommt auch bei Erwerbern in Betracht, die gesetzlich zur Pflege (z. B. Ehegatten nach § 1353 BGB, Lebenspartner nach § 2 LPartG) oder zum Unterhalt (z. B. Ehegatten nach § 1360 BGB oder Verwandte in gerader Linie nach § 1601 BGB, Lebenspartner nach § 5 LPartG) verpflichtet sind. [3]Voraussetzung für die Gewährung des Freibetrags ist, dass die Pflege- oder Unterhaltsleistungen unentgeltlich oder gegen zu geringes Entgelt im persönlichen oder privaten Bereich erbracht werden oder wurden.

(2) [1]Bei einem Erwerb von Todes wegen kann der Freibetrag für Pflege- oder Unterhaltsleistungen nicht gewährt werden, wenn insoweit ein Abzug als Nachlassverbindlichkeit vorzunehmen ist. [2]§ 13 Absatz 1 Nummer 9 ErbStG ist gegenüber § 10 Absatz 5 ErbStG nachrangig. [3]Dabei kann es sich nur um eine Erblasserschuld (§ 10 Absatz 5 Nummer 1 ErbStG), nicht aber um Kosten zur Erlangung des Erwerbs (§ 10 Absatz 5 Nummer 3 ErbStG) handeln. [4]Eine als Erblasserschuld abzugsfähige Nachlassverbindlichkeit ist nur dann entstanden, wenn die letztwillige Zuwendung ganz oder zum Teil als Entgelt für eine auf Grund eines nachgewiesenen Dienstleistungsverhältnisses (§ 611 BGB) vertraglich geschuldete und erbrachte Dienstleistung (z. B. Pflege) anzusehen ist. [5]Fehlt es bei einem solchen Dienstverhältnis an einer rechtlich bindenden Einigung über die Höhe der Vergütung, ist als Nachlassverbindlichkeit

eine Erblasserschuld nach § 612 BGB in Höhe der taxmäßigen oder üblichen Vergütung anzusetzen.

H E 13.5 (2)

Abzugsfähige Nachlassverbindlichkeit. → BFH vom 28.6.1995 II R 80/94, BStBl. II S. 784 und vom 9.11.1994 II R 110/91, BStBl. 1995 II S. 62.

Bemessung von Pflegeleistungen dem Grunde und der Höhe nach. → H E 7.4 (1) „Übernommene Pflegeleistungen als Gegenleistung".

Freibetrag für Pflegeleistungen. → BFH vom 11.9.2013 II R 37/12, BStBl. 2014 II S. 114.

Nachrangigkeit des Freibetrags gegenüber Nachlassverbindlichkeit. → BFH vom 13.7.1983 II R 105/82, BStBl. 1984 II S. 37.

Pflegefreibetrag für gesetzlich zum Unterhalt verpflichtete Personen. → BFH vom 10.5.2017 II R 37/15, BStBl. II S. 1069.

R E 13.5 (3–5)

(3) [1]Diese Grundsätze gelten bei Zuwendungen unter Lebenden entsprechend. [2]Verpflichtet sich der Erwerber im Rahmen eines Schenkungs- oder Übertragungsvertrags zu Dienstleistungen (z. B. Pflege), kommt es für die steuerliche Beurteilung darauf an, ob die Dienstleistung im Hinblick auf die Zuwendung unentgeltlich erbracht wird oder ob das Zugewendete vereinbarungsgemäß ganz oder zum Teil ein Entgelt für die Dienstleistungsverpflichtung darstellt. [3]Bei unentgeltlicher Dienstleistung ist der Freibetrag nach § 13 Absatz 1 Nummer 9 ErbStG bis zur Höhe von 20 000 Euro zu gewähren. [4]Ist das Zugewendete ganz oder zum Teil vertragliches Entgelt für die geschuldete Dienstleistung, liegt insoweit ein Austauschverhältnis (Gegenleistung) vor, das die Annahme einer unentgeltlichen Zuwendung ausschließt. [5]Bei Teilentgeltlichkeit bestimmt sich die schenkungsteuerrechtliche Bereicherung nach den Grundsätzen der gemischten Schenkung (→ R E 7.4).

(4) [1]Soll die vereinbarte Verpflichtung zur Dienstleistung (z. B. Pflege) erst künftig bei Eintritt einer aufschiebenden Bedingung (z. B. Pflegebedürftigkeit) entstehen, ist zunächst weder ein Freibetrag nach § 13 Absatz 1 Nummer 9 ErbStG zu gewähren, noch eine Gegenleistung zu berücksichtigen. [2]Tritt die Bedingung später ein, ist der Schenkungsteuerbescheid nach § 175 Absatz 1 Satz 1 Nummer 2 AO zu ändern (nachträgliche Gewährung des Freibetrags nach § 13 Absatz 1 Nummer 9 ErbStG oder Berücksichtigung eines Leistungsentgelts als Gegenleistung).

(5) [1]Auslagen im Zusammenhang mit Pflege- oder Unterhaltsleistungen sind bei einem Erwerb von Todes wegen mit dem Freibetrag nach § 13 Absatz 1 Nummer 9 ErbStG abgegolten. [2]Etwas anderes gilt nur, wenn die Auslagen auf Grund eines nachgewiesenen entgeltlichen Geschäftsbesorgungsvertrags (§ 675 BGB) erfolgten und insoweit ein Anspruch auf Ersatz (§ 670 BGB) besteht. [3]Der Ersatzanspruch ist als Nachlassverbindlichkeit (Erblasserschuld gem. § 10 Absatz 5 Nummer 1 ErbStG) zu berücksichtigen. [4]Entsprechendes gilt bei einer Zuwendung unter Lebenden; in Höhe des Anspruchs auf Auslagenersatz ist eine Gegenleistung anzunehmen.

H E 13.5 (6)[1)]

Auslagenersatz. → BFH vom 28.6.1995 II R 80/94, BStBl. II S. 784.

R E 13.6 Rückfall des geschenkten Vermögens

(1) [1]Der von Todes wegen erfolgende Rückfall von Vermögensgegenständen, die Eltern oder Voreltern ihren Abkömmlingen durch Schenkung zugewandt hatten, an den jeweiligen Schenker bleibt für diesen steuerfrei (§ 13 Absatz 1 Nummer 10 ErbStG). [2]Die Vorschrift findet nur beim Rückerwerb von Todes wegen, nicht dagegen bei Rückschenkungen Anwendung.

(2) [1]Die Befreiung kommt nur in Betracht, wenn die zurückfallenden Vermögensgegenstände dieselben sind wie die seinerzeit zugewendeten Gegenstände. [2]Die Befreiung ist damit grundsätzlich ausgeschlossen, wenn ein Erwerb von Vermögensgegenständen erfolgt, die im Austausch der zugewendeten Gegenstände in das Vermögen des Beschenkten gelangt waren. [3]Etwas anderes gilt nur, wenn zwischen dem zugewendeten und dem zurückfallenden Vermögensgegenstand bei objektiver Betrachtung Art- und Funktionsgleichheit besteht. [4]Wertsteigerungen der geschenkten Vermögensgegenstände, die ausschließlich auf der wirtschaftlichen Entwicklung beruhen, stehen der Steuerfreiheit des Rückfalls nicht entgegen. [5]Hat der Bedachte den Wert der zugewendeten Vermögensgegenstände durch Einsatz von Kapital oder Arbeit erhöht, ist der hierdurch entstandene Mehrwert steuerpflichtig. [6]Auch die aus dem zugewendeten Vermögensgegenstand gezogenen Früchte sowie die aus diesen Früchten erworbenen Gegenstände sind bei einem Rückfall nicht befreit.

H E 13.6

Art- und Funktionsgleichheit von zugewendeten und zurückfallenden Gegenständen. → BFH vom 22.6.1994 II R 1/92, BStBl. II S. 656.

Beschränkung auf Erwerbe von Todes wegen. → BFH vom 16.4.1986 II R 135/83, BStBl. II S. 622.

Gezogene Früchte. → BFH vom 22.6.1994 II R 13/90, BStBl. II S. 759.

R E 13.7 Zuwendungen an Pensions- und Unterstützungskassen

(1) [1]Zuwendungen des Trägerunternehmens an die Pensions- oder Unterstützungskasse, die als Betriebsausgaben abzugsfähig sind, fallen nicht unter § 7 Absatz 1 ErbStG und sind nicht steuerbar. [2]Die Steuerbefreiung hat somit nur Bedeutung für Zuwendungen an eine Pensions- oder Unterstützungskasse, die vom Unternehmer von Todes wegen oder von Dritten unter Lebenden oder von Todes wegen gemacht werden.

(2) [1]Ergibt sich für die Pensions- oder Unterstützungskasse am Schluss des Wirtschaftsjahrs eine sog. Überdotierung, erfüllt sie insoweit nicht die Voraus-

---

[1)] *Redaktionsversehen;* jetzt R E 13.5 Abs. 5 zuzuordnen.

setzungen für die Körperschaftsteuerbefreiung nach § 5 Absatz 1 Nummer 3 KStG und es kommt zur partiellen Körperschaftsteuerpflicht (§ 6 KStG). [2]In diesem Fall sind auch die im Wirtschaftsjahr erhaltenen Zuwendungen im Sinne des Absatzes 1 Satz 2 in dem gleichen Verhältnis partiell steuerpflichtig; dabei ist es gleichgültig, ob die Überdotierung gerade durch die Zuwendung oder aus anderen Gründen eingetreten ist. [3]Entsprechend ist zu verfahren, wenn es innerhalb von zehn Jahren nach einer Zuwendung zu einer Überdotierung und als Folge davon zur partiellen Körperschaftsteuerpflicht der Pensions- oder Unterstützungskasse kommt.

R E 13.8 Gemeinnützige, mildtätige und kirchliche Körperschaften

(1) [1]Zuwendungen an eine inländische Körperschaft, Personenvereinigung oder Vermögensmasse im Sinne § 13 Absatz 1 Nummer 16 Buchstabe b ErbStG sind von der Erbschaft- oder Schenkungsteuer befreit, wenn diese im Besteuerungszeitpunkt steuerbegünstigten Zwecken dienen. [2]Die Voraussetzungen der Steuerbefreiung sind nach den §§ 51 ff. AO zu beurteilen. [3]Eine Entscheidung über die Befreiung der Körperschaft von der Körperschaftsteuer ist grundsätzlich zu übernehmen.

(2) [1]Die Steuerbefreiung für eine Zuwendung gemäß § 13 Absatz 1 Nummer 16 Buchstabe b ErbStG wird nicht dadurch ausgeschlossen, dass die begünstigte Körperschaft einen Zweckbetrieb unterhält. [2]Das gilt auch für Zuwendungen, die zur Verwendung in einem Zweckbetrieb bestimmt sind. [3]Unterhält sie einen steuerpflichtigen wirtschaftlichen Geschäftsbetrieb, ist dies ebenfalls für die Steuerfreiheit einer Zuwendung unschädlich, solange die Körperschaft nicht in erster Linie eigenwirtschaftliche Zwecke verfolgt. [4]Bei Zuwendungen, die einem steuerpflichtigen wirtschaftlichen Geschäftsbetrieb der Körperschaft zugutekommen, ist die Steuerbefreiung stets ausgeschlossen. [5]Wird einer begünstigten Körperschaft ein wirtschaftlicher Geschäftsbetrieb zugewendet, bleiben die Voraussetzungen für die Steuerbefreiung für diese und weitere Zuwendungen an die Körperschaft grundsätzlich erhalten. [6]Führt die gemeinnützige Körperschaft den Betrieb fort, ist Voraussetzung, dass der wirtschaftliche Geschäftsbetrieb verpflichtet ist, seine Überschüsse an den ideellen Bereich abzugeben und diese Verpflichtung auch tatsächlich erfüllt.

(3) [1]Zuwendungen an eine ausländische Körperschaft, Personenvereinigung oder Vermögensmasse im Sinne § 13 Absatz 1 Nummer 16 Buchstabe c ErbStG sind von der Erbschaft- oder Schenkungsteuer befreit, wenn

1. sie nach § 5 Absatz 1 Nummer 9 KStG i. V. m. § 5 Absatz 2 Nummer 2 zweiter Halbsatz KStG steuerbefreit wären, wenn sie inländische Einkünfte erzielen würden und
2. der Staat, in dem der Zuwendungsempfänger belegen ist, Amtshilfe und Unterstützung bei der Beitreibung leistet.

[2]Die Voraussetzungen des Satzes 1 Nummer 1 sind erfüllt, wenn der ausländische Zuwendungsempfänger nach der Satzung, dem Stiftungsgeschäft oder der sonstigen Verfassung und nach der tatsächlichen Geschäftsführung ausschließlich und unmittelbar gemeinnützigen, mildtätigen oder kirchlichen Zwecken dient (§§ 51 ff. AO). [3]Den Nachweis, dass der ausländische Zuwendungsemp-

fänger die deutschen gemeinnützigkeitsrechtlichen Vorgaben erfüllt, hat er gegenüber dem zuständigen Finanzamt durch Vorlage geeigneter Belege zu erbringen (§ 90 Absatz 2 AO). [4]Dies wären insbesondere die Satzung, Tätigkeitsberichte, Aufstellungen der Einnahmen und Ausgaben, Kassenberichte, eine Vermögensübersicht mit Nachweisen über die Bildung und Entwicklung der Rücklagen, Aufzeichnungen über die Vereinnahmung von Zuwendungen und deren zweckgerechte Verwendung und Vorstandsprotokolle. [5]Amtshilfe im Sinne des Satzes 1 Nummer 2 ist der Auskunftsaustausch im Sinne oder entsprechend der Amtshilferichtlinie gemäß § 2 Absatz 11 des EU-Amtshilfegesetzes in der für den jeweiligen Stichtag der Steuerentstehung geltenden Fassung oder eines entsprechenden Nachfolgerechtsaktes. [6]Beitreibung im Sinne des Satzes 1 Nummer 2 ist die gegenseitige Unterstützung bei der Beitreibung von Forderungen im Sinne oder entsprechend der Beitreibungsrichtlinie einschließlich der in diesem Zusammenhang anzuwendenden Durchführungsbestimmungen in den für den jeweiligen Stichtag der Steuerentstehung geltenden Fassungen oder eines entsprechenden Nachfolgerechtsaktes. [7]Werden die steuerbegünstigten Zwecke des Zuwendungsempfängers nur im Ausland verwirklicht, setzt die Steuerbefreiung zusätzlich voraus, dass natürliche Personen mit Wohnsitz oder ihren gewöhnlichen Aufenthalt im Inland gefördert werden oder dass die Tätigkeit dieses Zuwendungsempfängers neben der Verwirklichung der steuerbegünstigten Zwecke auch zum Ansehen der Bundesrepublik Deutschland beitragen kann.

R E 13.9 Gegenseitigkeitserklärungen

[1]Durch Artikel 10 Nummer 1 Buchstabe b des Steueränderungsgesetzes 2015 vom 2.11.2015 (BGBl. I S. 1834) wurde § 13 Absatz 1 Nummer 16 Buchstabe c ErbStG geändert. [2]Bei Zuwendungen an ausländische Religionsgesellschaften, Körperschaften, Personenvereinigungen und Vermögensmassen mit Ansässigkeit in einem Staat oder einer Gebietskörperschaft, mit dem eine Gegenseitigkeitserklärung besteht, ist die Steuerbefreiung zu gewähren, wenn die Voraussetzungen des § 13 Absatz 1 Nummer 16 Buchstabe c ErbStG in der bis zum 5.11.2015 geltenden Fassung erfüllt sind. [3]Eine zur Befreiung von der deutschen Erbschaft- oder Schenkungsteuer notwendige Gegenseitigkeit liegt nur dann vor, wenn der ausländische Staat eine Erbschaftsteuer erhebt und seinerseits eine der deutschen Steuerbefreiung entsprechende Befreiung für Zuwendungen an deutsche steuerbegünstigte Körperschaften gewährt. [4]Ob diese Voraussetzungen vorliegen, hat das Bundesministerium der Finanzen durch förmlichen Austausch entsprechender Erklärungen mit dem ausländischen Staat festgestellt.

H E 13.9

Gegenseitigkeitserklärungen. Es bestehen folgende Gegenseitigkeitsregelungen zur Befreiung von Zuwendungen an kirchliche, gemeinnützige oder mildtätige Einrichtungen:
– Dänemark (→ BMF-Schreiben vom 25.9.1953 – IV-S 3805 – 6/53 –)
– Italien (→ BMF-Schreiben vom 29.6.1988 – IV C 5 – S 1301 Ita – 5/88 –)

– Niederlande (DVR 1964 S. 140)
– den Schweizer Kantonen Appenzell-Ausserrhoden, Appenzell-Innerrhoden, Basel-Stadt, Graubünden, Luzern, St. Gallen, Solothurn, Thurgau, Uri, Waadt und Zug (→ BMF-Schreiben vom 25.4.2000, BStBl. I S. 464, 485).

Doppelbesteuerungsabkommen. Besondere Regelungen zur Befreiung von Zuwendungen an kirchliche, gemeinnützige oder mildtätige Einrichtungen enthalten:
– Artikel 10 Absatz 2 des DBA-USA vom 3.12.1980 i. d. F. der Bekanntmachung vom 21.12.2000 (BStBl. 2001 I S. 114)
– Artikel 12 des DBA-Frankreich vom 12.10.2006 (BStBl. 2009 I S. 1258) i. V. m. Artikel 21 des durch das Revisionsprotokoll vom 9.6.1969 sowie die Zusatzabkommen vom 28.9.1989 und vom 20.12.2001 geänderten Abkommens vom 21.7.1959 auf dem Gebiet der Ertragsteuern (BStBl. 1990 I S. 413 und BStBl. 2002 I S. 891)
– Artikel 28 des DBA-Schweden vom 14.7.1992 (BStBl. 1994 I S. 422).[1]

R E 13.10 Zuwendungen zu gemeinnützigen, mildtätigen und kirchlichen Zwecken

(1) [1]Bei Zuwendungen zu gemeinnützigen, mildtätigen und kirchlichen Zwecken richten sich die Voraussetzungen der Steuerbefreiung nach § 13 Absatz 1 Nummer 17 ErbStG nach den §§ 51 ff. AO. [2]Der Erblasser oder Schenker muss die Verwendung zu dem begünstigten Zweck verfügt haben. [3]Die Verwendung muss gesichert sein. [4]Die begünstigten Zwecke können auch im Ausland verfolgt werden.

(2) [1]§ 13 Absatz 1 Nummer 17 ErbStG verlangt grundsätzlich die Bildung eines selbstständigen Zweckvermögens, das der Empfänger im Weg einer Zweckzuwendung (§ 8 ErbStG) erhalten hat. [2]Es genügt jedoch z. B. auch bei einer selbst steuerbegünstigte Zwecke verfolgenden ausländischen Körperschaft, dass die Zuwendung zu satzungseigenen Zwecken verwendet werden soll. [3]Nicht ausreichend ist dagegen, wenn das zugewendete Vermögen zweckfreies Eigenvermögen wird, weil sich sonst die zweckgerechte Verwendung der zugewendeten Mittel nicht überprüfen lässt.

(3) Auf Zweckzuwendungen an ausländische Körperschaften bleibt § 13 Absatz 1 Nummer 17 ErbStG anwendbar, auch wenn die Voraussetzungen des § 13 Absatz 1 Nummer 16 Buchstabe c ErbStG nicht erfüllt sind (→ R E 13.8 Absatz 3).

H E 13.10

Erträgnisse eines zugewendeten Vermögensstamms. → BFH vom 16.1.2002 II R 82/99, BStBl. II S. 303.

---

[1] **[Amtl. Anm.:]** Schweden erhebt seit 1.1.2005 keine Erbschaft- und Schenkungsteuer mehr.

R E 13.11 Verzicht auf Steuerbefreiung

[1]Der Erwerber von nach § 13 Absatz 1 Nummer 2 und 3 ErbStG steuerfreien oder teilweise steuerfreien Gegenständen kann zur Vermeidung von Besteuerungsnachteilen auf Grund des beschränkten Schuldenabzugs gemäß § 10 Absatz 6 ErbStG auf die Steuerbefreiung verzichten (§ 13 Absatz 3 Satz 2 ErbStG). [2]Werden im Rahmen eines einheitlichen Erwerbs mehrere befreite Gegenstände erworben und besteht nur bei einem oder einigen ein Schuldenüberhang, kann der Verzicht auf die Steuerbefreiung auch gegenstandsbezogen erklärt werden.

Zu § 13a ErbStG

R E 13a.1 Steuerbefreiung für Betriebsvermögen, Betriebe der Land- und Forstwirtschaft und Anteile an Kapitalgesellschaften – Allgemeines

(1) [1]§§ 13a bis 13c und 28a ErbStG regeln die zu gewährenden Verschonungen beim Erwerb von begünstigtem Betriebsvermögen, begünstigtem land- und forstwirtschaftlichem Vermögen und begünstigten Anteilen an Kapitalgesellschaften (§ 13b Absatz 2 ErbStG). [2]Die Regelverschonung beträgt 85 Prozent (§ 13a Absatz 1 Satz 1 ErbStG) mit einem zusätzlichen gleitenden Abzugsbetrag von höchstens 150 000 EUR (§ 13a Absatz 2 ErbStG), wenn der Wert des begünstigten Vermögens (§ 13b Absatz 2 ErbStG) den Schwellenwert von 26 Millionen EUR nicht überschreitet (→ R E 13a.2). [3]Auf Antrag wird statt der Regelverschonung eine Befreiung zu 100 Prozent gewährt (Optionsverschonung, § 13a Absatz 10 ErbStG).

(2) [1]Bei der Gewährung der Steuerbefreiung ist von folgenden Grundsätzen auszugehen. [2]Für jede wirtschaftliche Einheit des begünstigungsfähigen Vermögens nach § 13b Absatz 1 ErbStG ist

1. der Umfang des begünstigten Vermögens (§ 13b Absatz 2 ErbStG) gesondert zu prüfen,
2. ein Vorwegabschlag nach § 13a Absatz 9 ErbStG (→ R E 13a.20) zu prüfen,
3. die Lohnsumme (§ 13a Absatz 3 Satz 6 bis 13 ErbStG) gesondert zu ermitteln,
4. zu prüfen, ob und in welcher Weise bereits gegen die Behaltensregelungen (§ 13a Absatz 6 ErbStG) verstoßen wurde.

[3]Umfasst das auf einen Erwerber übertragene begünstigungsfähige Vermögen (→ R E 13b.3 bis 13b.6) mehrere selbstständig zu bewertende wirtschaftliche Einheiten einer Vermögensart (z. B. mehrere Gewerbebetriebe) oder mehrere Arten begünstigungsfähigen Vermögens (land- und forstwirtschaftliches Vermögen, Betriebsvermögen, Anteile an Kapitalgesellschaften), sind die darauf jeweils entfallenden Werte des begünstigten Vermögens vor der Anwendung der §§ 13a, 13c oder 28a ErbStG zusammenzurechnen. [4]Der Schwellenwert von 26 Millionen EUR (§ 13a Absatz 1 Satz 1 und 2 ErbStG; → R E 13a.2) ist bezogen auf den zusammengerechneten Wert des begünstigten Vermögens

zu prüfen. 5 Beim Erwerb mehrerer wirtschaftlicher Einheiten sind auch solche in die Prüfung des Schwellenwerts einzubeziehen, bei denen der Anteil des Verwaltungsvermögens nach § 13b Absatz 3 und 4 ErbStG mehr als 20 Prozent beträgt, sodass eine Optionsverschonung nach § 13a Absatz 10 ErbStG nicht in Betracht kommt. 6 Beim Erwerb mehrerer wirtschaftlicher Einheiten sind wirtschaftliche Einheiten, die wegen des übermäßigen Verwaltungsvermögens nach § 13b Absatz 2 Satz 2 ErbStG nicht zum begünstigten Vermögen gehören, bei der Prüfung des Schwellenwerts nicht mit einzubeziehen. 7 Soweit der Erwerber das erworbene begünstigte Vermögens in Folge einer Weitergabeverpflichtung oder einer Nachlassteilung auf einen Dritten übertragen muss (§ 13a Absatz 5 ErbStG), ist dieses nicht in die Prüfung des Schwellenwerts mit einzubeziehen. 8 Der Verschonungsabschlag nach §§ 13a oder 13c ErbStG und der Abzugsbetrag nach § 13a Absatz 2 ErbStG können nur von einem insgesamt positiven Steuerwert des gesamten begünstigten Vermögens abgezogen werden. 9 Sätze 5 bis 7 gelten für die Verschonungsbedarfsprüfung nach § 28a ErbStG entsprechend. 10 Die Prüfung, ob die Mindestlohnsumme (§ 13a Absatz 3 Satz 1 und 4 ErbStG; → R E 13a.9) erfüllt ist, erfolgt insgesamt für alle erworbenen wirtschaftlichen Einheiten des begünstigten Vermögens.

(3) 1 Eine Inanspruchnahme des Schenkers für die Schenkungsteuer nach § 20 Absatz 1 Satz 1 ErbStG bei einem Verstoß eines Erwerbers gegen die Behaltensregelungen oder die Lohnsummenregelung für begünstigtes Vermögen erfolgt nicht, es sei denn, er hat die Steuer nach § 10 Absatz 2 ErbStG auch für diesen Fall selbst übernommen. 2 Das Gleiche gilt, wenn der Vorwegabschlag nach § 13a Absatz 9 ErbStG rückwirkend entfällt.

R E 13a.2 Schwellenwert von 26 Millionen EUR

(1) 1 Die Regelverschonung (§ 13a Absatz 1 und 2 ErbStG) bzw. die Optionsverschonung (§ 13a Absatz 10 ErbStG) sind ausgeschlossen, wenn der Wert des erworbenen begünstigten Vermögens (§ 13b Absatz 2 ErbStG) den Wert von 26 Millionen EUR überschreitet (Schwellenwert; § 13a Absatz 1 Satz 1 und 2 ErbStG; → Absatz 2). 2 Wird der Schwellenwert durch mehrere innerhalb von zehn Jahren von derselben Person anfallende Erwerbe überschritten, entfällt die für die bis dahin nach § 13a Absatz 1 Satz 1 oder Absatz 10 ErbStG als steuerfrei behandelten früheren Erwerbe gewährte Steuerbefreiung mit Wirkung für die Vergangenheit, wenn auch für die früheren Erwerbe die Steuer nach dem 30. Juni 2016 entstanden ist (§ 13a Absatz 1 Satz 3 in Verbindung mit § 37 Absatz 12 Satz 2 ErbStG) 3 Die Festsetzungsfrist für die Steuer der früheren Erwerbe endet nicht vor dem Ablauf des vierten Jahres, nachdem das für die Erbschaftsteuer zuständige Finanzamt von dem letzten Erwerb Kenntnis erlangt (§ 13a Absatz 1 Satz 4 ErbStG). 4 Der Erwerber kann

1. unwiderruflich beantragen, auf den Erwerb das Abschmelzmodell für den Verschonungsabschlag anzuwenden (§ 13c ErbStG; → R E 13c.1). 2 Eine Verschonungsbedarfsprüfung nach § 28a ErbStG ist dann ausgeschlossen (§ 13c Absatz 2 Satz 6 ErbStG);
2. widerruflich beantragen, die Verschonungsbedarfsprüfung mit vollständigem oder teilweisem Erlass der auf das begünstigte Vermögen entfallenden

Steuer durchzuführen (§ 28a ErbStG; → R E 28a.1). [2]Diese ist ausgeschlossen, wenn er bereits unwiderruflich beantragt hat, das Abschmelzmodell nach § 13c ErbStG anzuwenden (§ 28a Absatz 8 ErbStG).

(2) [1]Zur Prüfung des Schwellenwerts sind mehrere innerhalb von zehn Jahren von derselben Person angefallene Erwerbe begünstigten Vermögens zusammenzurechnen. [2]Die früheren Erwerbe begünstigten Vermögens sind dabei mit ihrem früheren Wert zu berücksichtigen (§ 13a Absatz 1 Satz 2 ErbStG). [3]Kommt es bei den in die Prüfung des Schwellenwerts einzubeziehenden Vorerwerben zu einem Verstoß gegen die Lohnsummenregelung (§ 13a Absatz 3 ErbStG) oder Behaltensregelung (§ 13a Absatz 6 ErbStG), führt dies nicht zu einer Änderung des Ansatzes des Werts des begünstigten Vermögens aus diesen Vorerwerben bei der Einbeziehung in den Schwellenwert, da sich nicht der Wert des begünstigten Vermögens, sondern nur die Höhe der Steuerbefreiung für das begünstigte Vermögen ändert. [4]Bei einem Wegfall des Vorwegabschlags (§ 13a Absatz 9 ErbStG) für einen Vorerwerb ist der erhöhte Wert des begünstigten Vermögens bei der Ermittlung des Schwellenwerts zu Grunde zu legen. [5]Entsprechendes gilt, wenn der Vorwegabschlag für den letzten Erwerb entfällt.

(3) [1]In die Zusammenrechnung sind nicht nur Vorerwerbe begünstigten Vermögens einzubeziehen, für die die Steuer nach dem 30. Juni 2016 entsteht, sondern auch Vorerwerbe begünstigten Vermögens, für die die Steuer nach der jeweils geltenden Gesetzeslage vor dem 1. Juli 2016 bzw. 1. Januar 2009 entstanden ist. [2]§ 37 Absatz 12 ErbStG schränkt die Anwendung des § 13a Absatz 1 Satz 2 ErbStG für die Prüfung, ob mit einem Erwerb nach dem 30. Juni 2016 einschließlich der Erwerbe begünstigten Vermögens innerhalb von zehn Jahren von derselben Person die Prüfschwelle überschritten wird, nicht ein. [3]Die Zusammenrechnung stellt keine unzulässige Rückwirkung dar, denn für die Besteuerung der früheren Erwerbe vor dem 1. Juli 2016 hat das Überschreiten des Schwellenwerts keine nachteiligen Folgen. [4]Diese werden ausschließlich nach der bis zum 31. Dezember 2008 bzw. 30. Juni 2016 anzuwendenden Gesetzeslage besteuert (vgl. § 37 Absatz 1 bis 3 ErbStG). [5]§ 13a Absatz 1 Satz 2 i. V. m. Satz 1 ErbStG trifft keine Rechtsfolgen für die früheren Erwerbe vor dem 1. Juli 2016, sondern nur für Erwerbe nach dem 30. Juni 2016. [6]Ist ein früherer Erwerb einzubeziehen, für den die Steuer vor dem 1. Juli 2016 und nach dem 31. Dezember 2008 entstanden ist, wird als früherer Wert des begünstigten Vermögens der nach § 13b Absatz 1 bis 4 ErbStG in der bis zum 30. Juni 2016 anzuwendenden Fassung ermittelte Wert von 85 Prozent (Regelverschonung) bzw. 100 Prozent (Optionsverschonung) des um den Wert des jungen Verwaltungsvermögens i. S. d. § 13b Absatz 2 Satz 4 ErbStG a. F. verminderten begünstigungsfähigen Vermögens zugrunde gelegt. [7]Im Fall eines früheren Erwerbs, für den die Steuer vor dem 1. Januar 2009 entstanden ist, ist als früherer Wert des begünstigten Vermögens der Wert anzusetzen, der nach § 13a Absatz 4 ErbStG in der bis zum 31. Dezember 2008 anzuwendenden Fassung ermittelt wurde. [8]Der bei der Besteuerung des jeweiligen Erwerbs angesetzte Wert des begünstigten Vermögens kann ohne zusätzliche Ermittlung übernommen werden.

H E 13a.2

Prüfung des Schwellenwerts.

Beispiel 1:

A verschenkt an seine Tochter T am 1.10.2016 einen Gewerbebetrieb mit einem gemeinen Wert von 15 000 000 EUR. Das begünstigte Vermögen beträgt 10 000 000 EUR.

Nach 3 Jahren verstirbt A. Zum Nachlass, der an seine Tochter als Alleinerbin übergeht, gehören 30 % der Anteile an der B-GmbH. Deren gemeiner Wert beträgt 22 000 000 EUR und das begünstigte Vermögen 17 000 000 EUR.

Prüfung Schwellenwert:	
Erwerb vom 1.10.2016	10 000 000 EUR
Erwerb vom 1.10.2019	17 000 000 EUR
	27 000 000 EUR

Nach 4 Jahren (2.10.2020) verkauft T den Gewerbebetrieb.

Für den Erwerb vom 1.10.2016 ist eine Nachversteuerung nach § 13a Absatz 6 ErbStG durchzuführen. Trotz des Verstoßes gegen die Behaltensregelungen überschreitet der Gesamterwerb des begünstigten Vermögens weiterhin mit 27 000 000 EUR den Schwellenwert von 26 000 000 EUR. Für den Erwerb vom 1.10.2019 ist keine Änderung bei der Steuerverschonung vorzunehmen.

Beispiel 2:

C verschenkt an ihren Sohn S 100 % der Anteile an der D-GmbH. Deren gemeiner Wert beträgt 50 000 000 EUR und das begünstigte Vermögen 27 000 000 EUR. Die Voraussetzungen für die Gewährung des Vorwegabschlags sind gegeben. Er beträgt 20 %.

Das nach Abzug des Vorwegabschlags vorhandene begünstigte Vermögen beträgt 21 600 000 EUR (27 000 000 EUR – 5 400 000 EUR (20 % von 27 000 000 EUR)). Damit liegt kein Großerwerb vor, weil der Schwellenwert von 26 000 000 EUR nicht überschritten wird.

Nach 4 Jahren liegen die Voraussetzungen für die Gewährung des Vorwegabschlags nicht mehr vor. Das begünstigte Vermögen beträgt damit 27 000 000 EUR, so dass von einem Großerwerb auszugehen ist. Die Steuerverschonung ist unter Berücksichtigung der geänderten Verhältnisse anzupassen.

R E 13a.3 Gleitender Abzugsbetrag

(1) [1]Von dem Teil des auf einen Erwerber übergegangenen begünstigten Vermögens, der nach Anwendung des Verschonungsabschlags verbleibt, wird ein Betrag von 150 000 EUR abgezogen (Abzugsbetrag). [2]Der Abzugsbetrag von 150 000 EUR verringert sich, wenn der Wert des verbleibenden Vermögens insgesamt die Wertgrenze von 150 000 EUR übersteigt, um 50 Prozent des diese Wertgrenze übersteigenden Betrags. [3]Im Fall der Optionsverschonung nach § 13a Absatz 10 ErbStG ist der Abzugsbetrag ohne Bedeutung.

(2)[1)] [1]Der Abzugsbetrag steht für das von derselben Person innerhalb von zehn Jahren insgesamt zugewendete begünstigte Vermögen nur einmal zur Verfügung (§ 13a Absatz 2 Satz 3 ErbStG). [2]Die Zehnjahresfrist beginnt im Zeitpunkt der Steuerentstehung für den begünstigten Erwerb. [3]Der vollständige Verbrauch des Abzugsbetrags tritt für das übertragene Vermögen insgesamt ein, unabhängig davon, in welcher Höhe er sich bei der Steuerfestsetzung tatsächlich ausgewirkt hat; das gilt auch, wenn sich der Abzugsbetrag aufgrund der Abschmelzung nach § 13a Absatz 2 Satz 2 ErbStG auf null EUR verringert hat. [4]Die Inanspruchnahme eines Abzugsbetrags nach § 13a Absatz 2 ErbStG in der

1) Bestätigt durch BFH v. 23.2.2021 II R 34/19, BStBl. II 2021, 619: Berücksichtigung des Abzugsbetrags nach § 13a Abs. 2 ErbStG innerhalb des Zehnjahreszeitraums nur für den ersten Erwerb, auch wenn er infolge Abschmelzung 0 € betragen hat.

bis 30. Juni 2016 anzuwendenden Fassung auf Grund der begünstigten Zuwendung von Betriebsvermögen, land- und forstwirtschaftlichem Vermögen oder Anteilen an Kapitalgesellschaften vor dem 1. Juli 2016 schließt innerhalb des Zehnjahreszeitraums die erneute Gewährung des Abzugsbetrags aus. [5]Die Inanspruchnahme eines Freibetrags nach § 13a Absatz 1 ErbStG in der bis zum 31. Dezember 2008 anzuwendenden Fassung auf Grund der begünstigten Zuwendung von Betriebsvermögen, land- und forstwirtschaftlichem Vermögen oder Anteilen an Kapitalgesellschaften vor dem 1. Januar 2009 schließt innerhalb des Zehnjahreszeitraums die Gewährung des Abzugsbetrags nicht aus.

H E 13a.3

Auswirkung des Abzugsbetrags. Begünstigtes Vermögen von bis zu 1 000 000 EUR wird im Fall der Regelverschonung durch den Verschonungsabschlag von 85 % und den Abzugsbetrag vollständig befreit. Der Abzugsbetrag verringert sich gleitend bei einem Wert des begünstigten Vermögens zwischen 1 000 001 EUR und 2 999 999 EUR.

Beispiel:

Erblasser E hinterlässt seinem Sohn S einen Gewerbebetrieb mit einem gemeinen Wert von 2 200 000 EUR. Das begünstigte Vermögen hat einen Wert von 2 000 000 EUR.

Für den Abzugsbetrag ergibt sich folgende Berechnung:

begünstigtes Betriebsvermögen		2 000 000 EUR	
Verschonungsabschlag (85 %)		./. 1 700 000 EUR	
Verbleibender Wert		300 000 EUR	
Abzugsbetrag		./. 75 000 EUR	
Steuerpflichtiges begünstigtes Betriebsvermögen			225 000 EUR
Abzugsbetrag		150 000 EUR	
Verbleibender Wert (15 %)	300 000 EUR		
Abzugsbetrag	./. 150 000 EUR		
Unterschiedsbetrag	150 000 EUR		
davon 50 %		./. 75 000 EUR	
Verbleibender Abzugsbetrag		75 000 EUR	

R E 13a.4 Lohnsummenregelung – Allgemeines[1)]

(1) Die Lohnsumme ist nach § 13a Absatz 3 Satz 6 bis 13 ErbStG zu ermitteln.

(2) [1]Die Lohnsummenregelung ist bei Betrieben mit nicht mehr als fünf Beschäftigten oder einer Ausgangslohnsumme von null EUR nicht anzuwenden (§ 13a Absatz 3 Satz 3 ErbStG). [2]Bei der Bestimmung der Mindestanzahl der Beschäftigten ist auf die Anzahl der Beschäftigten abzustellen, die im Besteuerungszeitpunkt im zugewendeten Betrieb oder in der Gesellschaft beschäftigt sind, an der die zugewendete Beteiligung oder der zugewendete Anteil besteht. [3]Dabei ist es unerheblich, zu welchem Anteil der Betrieb oder die Gesellschaft zugewendet wird. [4]Dies gilt jedoch nicht in Fällen, in denen kurz vor der Übertragung eine Reduzierung der Anzahl der Beschäftigten erfolgt (§ 42 AO). [5]Eine Umrechnung nach § 23 Absatz 1 Satz 4 Kündigungsschutz-

---

1) Zu Billigkeitsmaßnahmen im Zusammenhang mit der Summe der jährlich maßgebenden Lohnsummen nach § 13a Abs. 3 Satz 5 ErbStG siehe gleich lautenden Ländererlass v. 30.12.2021, BStBl. I 2022, 156.

gesetz (KSchG) auf der Grundlage der regelmäßigen wöchentlichen Arbeitszeit erfolgt nicht. [6]Einzubeziehen sind grundsätzlich alle Beschäftigten unabhängig von ihrem sozialversicherungsrechtlichen Status. [7]Hierzu zählen auch geringfügig Beschäftigte (§ 8 SGB IV). [8]Nicht einzubeziehen sind Beschäftigte, die

- sich in Mutterschutz befinden,
- sich in einem Ausbildungsverhältnis befinden,
- Krankengeld beziehen,
- Elterngeld beziehen,
- nicht ausschließlich oder überwiegend in dem Betrieb tätig sind (Saisonarbeiter),
- Leiharbeiter sind.

[9]Die an diese Beschäftigten gezahlten Vergütungen bleiben ebenfalls außer Ansatz. [10]Umfasst das auf einen Erwerber übertragene begünstigte Vermögen mehrere selbstständig zu bewertende wirtschaftliche Einheiten einer Vermögensart (z. B. mehrere Gewerbebetriebe) oder mehrere Arten begünstigten Vermögens (land- und forstwirtschaftliches Vermögen, Betriebsvermögen, Anteile an Kapitalgesellschaften), sind die Beschäftigten für jede wirtschaftliche Einheit getrennt zu ermitteln. [11]Bei Anteilen an Kapitalgesellschaften und Beteiligungen an Personengesellschaften ist auf die Beschäftigten der Gesellschaft abzustellen. [12]Wenn die Anzahl der Beschäftigten in einer der wirtschaftlichen Einheiten nicht mehr als fünf beträgt, bleibt deren Ausgangslohnsumme und Summe der maßgebenden jährlichen Lohnsummen außer Betracht. [13]Bei der Prüfung, ob die Mindestbeschäftigtenzahl erreicht wird, sind auch die Beschäftigten nachgeordneter Gesellschaften mit der entsprechenden Beteiligungsquote einzubeziehen (§ 13a Absatz 3 Satz 11 und 12 ErbStG). [14]Dies gilt auch, wenn die Beteiligungen oder Anteile an den nachgeordneten Gesellschaften im Sonderbetriebsvermögen gehalten werden. [15]Im Fall einer Betriebsaufspaltung (→ R E 13b.14 Absatz 1) ist die Anzahl der Beschäftigten der Besitzgesellschaft und der Betriebsgesellschaft zusammenzurechnen (§ 13a Absatz 3 Satz 13 ErbStG). [16]Hierunter fallen nur Betriebsaufspaltungen, bei denen die Beteiligung bzw. der Anteil an der Betriebsgesellschaft nicht zum Betriebsvermögen des Besitzunternehmens gehören und nur hinsichtlich des Besitzunternehmens bzw. der Betriebsgesellschaft eine Übertragung erfolgt.

(3) Zur Mindestlohnsumme → R E 13a.9.

H E 13a.4

Gesellschafter-Geschäftsführer einer Kapitalgesellschaft. Der angestellte Gesellschafter-Geschäftsführer einer Kapitalgesellschaft zählt zu den beschäftigten Arbeitnehmern, selbst wenn er sozialversicherungsrechtlich nicht als Arbeitnehmer behandelt wird. Ist er bei mehreren Arbeitgebern (z. B. mehreren Kapitalgesellschaften) beschäftigt, zählt er bei jedem der Arbeitgeber zu den beschäftigten Arbeitnehmern.

Gesellschafter-Geschäftsführer einer Personengesellschaft. Der angestellte Gesellschafter-Geschäftsführer einer Personengesellschaft zählt nicht zu den beschäftigten Arbeitnehmern, auch wenn er sozialversicherungsrechtlich als Arbeitnehmer behandelt wird.

Geschäftsführer einer Komplementär-GmbH. Ist der angestellte Geschäftsführer einer Komplementär-GmbH gleichzeitig Mitunternehmer der Kommanditgesellschaft, zählt dieser nicht zu den beschäftigten Arbeitnehmern, sofern dessen Vergütung in vollem Umfang als Sondervergütung (§ 15 Absatz 1 Satz 1 Nummer 2 EStG) zu qualizieren ist. Wird die Vergütung des Geschäftsführers ertragsteuerlich nur teilweise als Sondervergütung behandelt, ist der Geschäftsführer bei der Ermittlung der Zahl der Beschäftigten zu berücksichtigen.
Zur Ermittlung der Lohnsumme → H E 13a.5 „Sonderbetriebseinnahmen bei Gesellschaftern einer Personengesellschaft".

R E 13a.5 Beschreibung der Lohnsumme

[1] Die Beschreibung der Lohnsumme orientiert sich an der Definition in Anhang I der Verordnung (EG) Nummer 1503/2006 der Kommission vom 28. September 2006 (ABl. L 281/15). [2] Im Allgemeinen ist es nicht zu beanstanden, wenn bei inländischen Gewerbebetrieben von dem in der Gewinn- und Verlustrechnung ausgewiesenen Aufwand für Löhne und Gehälter (vgl. § 275 Absatz 2 Nummer 6 HGB) ausgegangen wird. [3] Altersvorsorge, die durch Entgeltumwandlung vom Beschäftigten getragen wird, ist einzubeziehen; der Arbeitgeberanteil zu den gesetzlichen Sozialabgaben sowie tariflich vereinbarte, vertraglich festgelegte oder freiwillige Sozialbeiträge durch den Arbeitgeber bleiben ausgenommen. [4] Das dem Arbeitgeber von der Bundesagentur für Arbeit ausgezahlte Kurzarbeitergeld ist von diesem Aufwand nicht abzuziehen, da hierfür das Saldierungsverbot des § 246 Absatz 2 HGB greift.[1)]

H E 13a.5

Überhöhte Vergütungen für Arbeitnehmer einer Kapitalgesellschaft. Überhöhte Vergütungen für den Geschäftsführer oder andere Arbeitnehmer, die als verdeckte Gewinnausschüttung qualifiziert wurden, sind nicht in die Lohnsumme einzubeziehen.

Sonderbetriebseinnahmen bei Gesellschaftern einer Personengesellschaft. In dem Umfang, in dem die Vergütung eines Gesellschafters einer Personengesellschaft als Sondervergütung (§ 15 Absatz 1 Satz 1 Nummer 2 EStG) zu qualifizieren ist, bleibt diese bei der Ermittlung der Ausgangslohnsumme und der Summe der maßgebenden jährlichen Lohnsumme unberücksichtigt.
Zur Ermittlung der Anzahl der Beschäftigten → H E 13a.4 „Geschäftsführer einer Komplementär-GmbH".

R E 13a.6 Lohnsumme bei mehreren wirtschaftlichen Einheiten

[1] Umfasst das auf einen Erwerber übertragene begünstigte Vermögen mehrere selbstständig zu bewertende wirtschaftliche Einheiten einer Vermögensart (z. B. mehrere Gewerbebetriebe) oder mehrere Arten begünstigten Vermögens (land- und forstwirtschaftliches Vermögen, Betriebsvermögen, Anteile an Kapitalgesellschaften), erfolgt die Ermittlung zunächst bezogen auf jede wirtschaftliche Einheit. [2] Zur Ermittlung der Mindestlohnsumme für alle wirt-

---

1) Zur steuerlichen Behandlung des Kurzarbeitergeldes bei der Lohnsumme iSd § 13a Abs. 3 ErbStG siehe gleich lautende Ländererlasse v. 14.10.2020, BStBl. I 2020, 1163.

schaftlichen Einheiten sind die Mindestlohnsummen, die sich für die einzelnen wirtschaftlichen Einheiten auf der Grundlage der jeweiligen Ausgangslohnsummen und der jeweiligen Prozentsätze nach der Beschäftigtenzahl ergeben, zu einer Summe der Mindestlohnsummen zusammenzurechnen. 3 Zur Ermittlung der Summe der maßgebenden jährlichen Lohnsummen sind ebenfalls die Summen der maßgebenden jährlichen Lohnsummen der einzelnen wirtschaftlichen Einheiten zusammenzuzählen. 4 Sind Beteiligungen an einer Personengesellschaft oder Anteile an einer Kapitalgesellschaft (Anteile mehr als 25 Prozent am Nennkapital) in die Ermittlung der Lohnsumme im Sinne des Satzes 2 oder 3 einzubeziehen, ist dabei anteilig auf die Lohnsumme der Gesellschaft selbst abzustellen.

H E 13a.6

Ermittlung der Anzahl der Beschäftigten, der Ausgangslohnsumme und der Mindestlohnsumme.

Beispiel 1:

E ist verstorben und wurde von A als Alleinerben beerbt. Ein Antrag auf Optionsverschonung wurde nicht gestellt. Zum Nachlass gehören 100 % der Anteile an der A-GmbH, 50 % der Anteile an der B-GmbH und 100 % der Anteile an der C-GmbH:

Gesellschaft	Anzahl der Beschäftigten	Ausgangslohnsumme
A-GmbH	9	200 000 EUR
B-GmbH	10	350 000 EUR
C-GmbH	4	80 000 EUR

Die B-GmbH hält wiederum 100 % der Anteile an der D-GmbH. Die D-GmbH hat 6 Beschäftigte und eine Ausgangslohnsumme von 150 000 EUR.

Ermittlung der Ausgangslohnsumme und der Anzahl der Beschäftigten:

Gesellschaft	festzustellende Anzahl der Beschäftigten	festzustellende Ausgangslohnsumme
A-GmbH	9	200 000 EUR
B-GmbH	16 (B-GmbH 10 + D-GmbH 6)	500 000 EUR (B-GmbH 350 000 EUR + D-GmbH 150 000 EUR)
D-GmbH	6	150 000 EUR

Hinsichtlich der B-GmbH ist die Anzahl der Beschäftigten und die Ausgangslohnsumme bezogen auf das gesamte Unternehmen festzustellen, auch wenn der Anteil des E nur 50 % beträgt.
Für die selbstständige wirtschaftliche Einheit „Anteil C-GmbH“ ist keine Ausgangslohnsumme und keine Anzahl der Beschäftigten festzustellen, da die Gesellschaft insgesamt nicht mehr als fünf Beschäftigte hat.

Ermittlung der Mindestlohnsumme:

Gesellschaft	festgestellte Ausgangslohnsumme	jeweiliger Prozentsatz für Mindestlohnsumme	Mindestlohnsumme
A-GmbH	200 000 EUR	250 %	500 000 EUR
B-GmbH	500 000 EUR	400 %	2 000 000 EUR
C-GmbH	–	–	–
Summe der Mindestlohnsumme			2 500 000 EUR

Beispiel 2:

E ist verstorben und wurde von A als Alleinerben beerbt. Ein Antrag auf Optionsverschonung wurde nicht gestellt. Zum Nachlass gehören jeweils 100 % der Anteile an folgenden Gesellschaften:

Gesellschaft	Anzahl der Beschäftigten	Ausgangslohnsumme
A-GmbH	9	200 000 EUR
B-GmbH	12	350 000 EUR

Die B-GmbH hält wiederum 100 % der Anteile an der D-GmbH. Die D-GmbH hat 4 Beschäftigte und eine Ausgangslohnsumme von 150 000 EUR.

Ermittlung der Ausgangslohnsumme und der Anzahl der Beschäftigten:

Gesellschaft	festzustellende Anzahl der Beschäftigten	festzustellende Ausgangslohnsumme
A-GmbH	9	200 000 EUR
B-GmbH	16 (B-GmbH 12 + D-GmbH 4)	500 000 EUR (B-GmbH 350 000 EUR + D-GmbH 150 000 EUR)
D-GmbH	4	150 000 EUR

Obwohl die D-GmbH selbst nicht mehr als fünf Beschäftigte hat, ist die Ausgangslohnsumme und die Anzahl der Beschäftigten festzustellen, da diese Angaben für die Feststellung der Ausgangslohnsumme und die Anzahl der Beschäftigten bei der B-GmbH von Bedeutung sind (→ R E 13a.10 Absatz 3).

Ermittlung der Mindestlohnsumme:

Gesellschaft	festgestellte Ausgangslohnsumme	jeweiliger Prozentsatz für Mindestlohnsumme	Mindestlohnsumme
A-GmbH	200 000 EUR	250 %	500 000 EUR
B-GmbH	500 000 EUR	400 %	2 000 000 EUR
Summe der Mindestlohnsumme			2 500 000 EUR

R E 13a.7 Ermittlung der Ausgangslohnsumme und der Summe der maßgebenden jährlichen Lohnsummen

(1) [1]Bei der Ermittlung der Ausgangslohnsumme sind die letzten fünf vor dem Zeitpunkt der Entstehung der Steuer endenden Wirtschaftsjahre maßgebend. [2]Die Ausgangslohnsumme bezieht sich regelmäßig auf ein volles Wirtschaftsjahr. [3]Werden Beteiligungen an Kapitalgesellschaften von mehr als 25 Prozent oder Beteiligungen an Personengesellschaften in die Ausgangslohnsumme einbezogen, ist grundsätzlich ebenfalls auf die letzten fünf vor dem Zeitpunkt der Entstehung der Steuer endenden Wirtschaftsjahre dieser Gesellschaften abzustellen. [4]Die durchschnittliche Ausgangslohnsumme ist insgesamt zu ermitteln und der Umfang der Beteiligung auszuweisen. [5]Erfolgt vor dem Besteuerungszeitpunkt eine Umstellung auf ein abweichendes Wirtschaftsjahr, bestehen keine Bedenken, die Lohnsumme des Rumpf-Wirtschaftsjahrs in die Lohnsumme eines vollen Wirtschaftsjahrs (mit 12 Monaten) umzurechnen. [6]In Fällen einer Neugründung bestehen keine Bedenken, die durchschnittliche Ausgangslohnsumme aus dem kürzeren Zeitraum zu berechnen und in

einen entsprechenden Jahresbetrag umzurechnen. [7]Änderungen der Rechtsform oder Umsetzungen des Personals innerhalb des Ermittlungszeitraums in einem Unternehmensverbund, deren Gliederungen zum begünstigten Vermögen gehören, sind zur Ermittlung der Ausgangslohnsumme in die Einheiten einzubeziehen, die an die Stelle der früheren Einheiten getreten sind; das Gleiche gilt bei Verschmelzungen oder Einbringungen. [8]Lohnsummen einer im Besteuerungszeitpunkt zum Gewerbebetrieb gehörenden, in einem Drittstaat belegenen Betriebstätte sind nicht einzubeziehen. [9]Im Fall einer Betriebsaufspaltung sind die Lohnsummen der Besitzgesellschaft und der Betriebsgesellschaft zusammenzurechnen (§ 13a Absatz 3 Satz 13 ErbStG). [10]Hierunter fallen nur Betriebsaufspaltungen, bei denen die Beteiligung bzw. der Anteil an der Betriebsgesellschaft nicht zum Betriebsvermögen des Besitzunternehmens gehören und nur hinsichtlich des Besitzunternehmens bzw. der Betriebsgesellschaft eine Übertragung erfolgt.

H E 13a.7 (1)

Abweichende Wirtschaftsjahre.

Beispiel:

A erwirbt Anteile an der A-GmbH (Wirtschaftsjahr = Kalenderjahr) am 1.2.06. Zur A-GmbH gehört eine 100 %-Beteiligung an der B-GmbH, deren Wirtschaftsjahr jeweils am 30.6. endet. Zur B-GmbH gehört eine 50 %-Beteiligung an der C-GmbH, deren Wirtschaftsjahr jeweils am 30.11. endet.

Zur Ermittlung der Ausgangslohnsumme ist auf folgende Zeiträume abzustellen:

A-GmbH	1.1.01 bis 31.12.05
B-GmbH	1.7.00 bis 30.6.05
C-GmbH	1.12.00 bis 30.11.05

Mehrere wirtschaftliche Einheiten.

Beispiel:

A erwirbt sämtliche Anteile an der A-GmbH und ein Einzelunternehmen. Die A-GmbH beschäftigt 23 und das Einzelunternehmen 27 Arbeitnehmer. Im Besteuerungszeitpunkt beträgt die Ausgangslohnsumme der A-GmbH 1 000 000 EUR und im Einzelunternehmen 2 000 000 EUR. Nach 5 Jahren beträgt die Lohnsumme der A-GmbH 3 700 000 EUR, das entspricht 370 % der Ausgangslohnsumme, und im Einzelunternehmen 10 600 000 EUR, das entspricht 530 % der Ausgangslohnsumme.

Die Ausgangslohnsumme des gesamten begünstigt erworbenen Vermögens beträgt 3 000 000 EUR. Nach 5 Jahren beläuft sich die kumulierte Lohnsumme auf 14 300 000 EUR, das entspricht 476 % der Ausgangslohnsumme. Auch für die Anteile an der A-GmbH erfolgt damit keine Nachversteuerung.

R E 13a.7 (2)

(2) [1]Bei der Ermittlung der Ausgangslohnsumme sind die Lohnsummen der im Besteuerungszeitpunkt zum Betrieb gehörenden mittelbaren und unmittelbaren Beteiligungen an Personengesellschaften, die ihren Sitz oder ihre Geschäftsleitung im Inland oder in einem Mitgliedstaat der Europäischen Union oder in einem Staat des Europäischen Wirtschaftsraums haben, unabhängig von der Beteiligungshöhe stets anteilig einzubeziehen (§ 13a Absatz 3 Satz 11 ErbStG), nicht dagegen die Löhne, die in Beteiligungen an Personengesellschaften mit Sitz oder Geschäftsleitung in Drittstaaten gezahlt werden.

[2]Dies gilt auch, wenn die Beteiligungen oder Anteile an den nachgeordneten Gesellschaften im Sonderbetriebsvermögen gehalten werden. [3]Gehört eine Beteiligung nicht innerhalb des gesamten Zeitraums für die Ermittlung der Ausgangslohnsumme zum Betrieb, ist die Lohnsumme nur für den Zeitraum der Zugehörigkeit tagegenau zu diesem Betrieb einzubeziehen. [4]Wenn sich die Beteiligungsquote innerhalb des Zeitraums für die Ermittlung der Ausgangslohnsumme verändert hat, ist die Lohnsumme der Gesellschaft für den jeweiligen Zeitraum in der jeweils bestehenden Beteiligungshöhe einzubeziehen. [5]Eine nur zeitanteilige Ermittlung der Lohnsumme ist ausgeschlossen, wenn dadurch die durchschnittliche Ausgangslohnsumme nicht hinreichend abgebildet wird. [6]Dies kann beispielsweise der Fall sein, wenn ein seit Jahren bestehender Betrieb mit einer großen Anzahl von Beschäftigten und dem entsprechend hohen Lohnsummen in eine Vorratsgesellschaft eingebracht wird.

H E 13a.7 (2)

Ermittlung der Anzahl der Beschäftigten und der Ausgangslohnsumme bei Übertragung begünstigten Betriebsvermögens. Wird ein Einzelunternehmen mit Sitz/Geschäftsleitung im Inland, einem Mitgliedstaat der Europäischen Union oder einem Staat des Europäischen Wirtschaftsraums oder eine Beteiligung an einer Personengesellschaft im Sinne des § 15 Absatz 1 Satz 1 Nummer 2 und Absatz 3 EStG oder § 18 Absatz 4 EStG mit Sitz/Geschäftsleitung im Inland, einem Mitgliedstaat der Europäischen Union oder einem Staat des Europäischen Wirtschaftsraums übertragen, sind bei der Ermittlung der Anzahl der Beschäftigten und der Ausgangslohnsumme folgende Beschäftigte bzw. Löhne und Gehälter zu berücksichtigen:

Zum Vermögen des Einzelunternehmens/der Personengesellschaft gehören	Einbeziehung der Beschäftigten sowie der Löhne und Gehälter
Betriebstätte im Inland	Die Beschäftigten sowie die Löhne und Gehälter sind einzubeziehen (§ 13a Absatz 3 Satz 1 ErbStG).
Betriebstätte in einem Mitgliedstaat der Europäischen Union oder einem Staat des Europäischen Wirtschaftsraums	Die Beschäftigten sowie die Löhne und Gehälter sind einzubeziehen (§ 13a Absatz 3 Satz 1 ErbStG).
Betriebstätte in einem Drittstaat	Da es sich nicht um begünstigungsfähiges Betriebsvermögen handelt (→ R E 13b.5 Absatz 4 Satz 2 und 3), bleiben die in der Betriebstätte eines Drittstaats beschäftigten Arbeitnehmer und die gezahlten Löhne und Gehälter unberücksichtigt.

Zum Vermögen des Einzelunternehmens/der Personengesellschaft gehören	**Einbeziehung der Beschäftigten sowie der Löhne und Gehälter**
Beteiligung an einer Personengesellschaft im Inland	Die Beschäftigten der Personengesellschaft und die von ihr gezahlten Löhne und Gehälter sind unabhängig von der Beteiligungshöhe anteilig einzubeziehen (§ 13a Absatz 3 Satz 11 ErbStG, → R E 13a.7 Absatz 2).
Beteiligung an einer Personengesellschaft in einem Mitgliedstaat der Europäischen Union oder einem Staat des Europäischen Wirtschaftsraums	Die Beschäftigten der Personengesellschaft und die von ihr gezahlten Löhne und Gehälter sind unabhängig von der Beteiligungshöhe anteilig einzubeziehen (§ 13a Absatz 3 Satz 11 ErbStG, → R E 13a.7 Absatz 2).
Beteiligung an einer Personengesellschaft in einem Drittstaat	Die Beteiligung ist zwar Teil des begünstigungsfähigen Betriebsvermögens (→ R E 13b.5 Absatz 4 Satz 1 und 4). Da sich der Sitz bzw. die Geschäftsleitung der Gesellschaft jedoch in einem Drittstaat befindet, sind ihre Beschäftigten und die von ihr gezahlten Löhne und Gehälter nicht mit einzubeziehen (§ 13a Absatz 3 Satz 11 ErbStG).
Anteile an einer Kapitalgesellschaft im Inland	Die Beschäftigten der Kapitalgesellschaft und die von ihr gezahlten Löhne und Gehälter sind anteilig einzubeziehen, wenn im Besteuerungszeitpunkt eine mittelbare bzw. unmittelbare Beteiligung von mehr als 25 % besteht (§ 13a Absatz 3 Satz 12 i. V. m. Satz 11 ErbStG, → R E 13a.7 Absatz 3).
Anteile an einer Kapitalgesellschaft in einem Mitgliedstaat der Europäischen Union oder einem Staat des Europäischen Wirtschaftsraums	Die Beschäftigten der Kapitalgesellschaft und die von ihr gezahlten Löhne und Gehälter sind anteilig einzubeziehen, wenn im Besteuerungszeitpunkt eine mittelbare bzw. unmittelbare Beteiligung von mehr als 25 % besteht (§ 13a Absatz 3 Satz 12 i. V. m. Satz 11 ErbStG, → R E 13a.7 Absatz 3).

Zum Vermögen des Einzelunternehmens/der Personengesellschaft gehören	Einbeziehung der Beschäftigten sowie der Löhne und Gehälter
Anteile an einer Kapitalgesellschaft in einem Drittstaat	Die Beteiligung ist zwar Teil des begünstigungsfähigen Betriebsvermögens (→ R E 13b.5 Absatz 4 Satz 4). Da sich der Sitz bzw. die Geschäftsleitung der Gesellschaft jedoch in einem Drittstaat befindet, sind ihre Beschäftigten und die von ihr gezahlten Löhne und Gehälter nicht mit einzubeziehen (§ 13a Absatz 3 Satz 12 i. V. m. Satz 11 ErbStG).

Beispiel:

Erblasser E war zu 50 % an der E & A OHG mit Sitz in Deutschland beteiligt. Alleinerbin ist seine Tochter T.
Die E & A OHG hatte beim Tod des E 50 Beschäftigte. Sie zahlte in den letzten fünf Wirtschaftsjahren vor dem Tod des E durchschnittlich 1 500 000 EUR an Löhnen und Gehältern. Von den 50 Beschäftigten waren am Stichtag fünf in einer Betriebstätte in Belgien (durchschnittliche Lohnsumme 150 000 EUR) und zehn in einer Betriebstätte in der Ukraine (durchschnittliche Lohnsumme 200 000 EUR) tätig.
Die E & A OHG war zu 20 % an einer Personengesellschaft mit Sitz in Ungarn beteiligt. Die durchschnittliche Lohnsumme dieser Gesellschaft beträgt 550 000 EUR und die Anzahl der Beschäftigten am Stichtag 15. Zudem hielt die E & A OHG eine Beteiligung von 30 % an einer Personengesellschaft in Japan. Die durchschnittliche Lohnsumme dieser Gesellschaft beträgt 700 000 EUR und die Anzahl der Beschäftigten am Stichtag 21. Die E & A OHG hielt 23 % der Anteile einer Kapitalgesellschaft mit Sitz in Deutschland (durchschnittliche Lohnsumme 900 000 EUR, Anzahl der Beschäftigten 30), 30 % der Anteile einer Kapitalgesellschaft mit Sitz in Frankreich (durchschnittliche Lohnsumme 1 000 000 EUR, Anzahl der Beschäftigten 30) und 40 % der Anteile einer Kapitalgesellschaft mit Sitz in Indien (durchschnittliche Lohnsumme 800 000 EUR, Zahl der Beschäftigten 280).

Die Anzahl der Beschäftigten und die Ausgangslohnsumme sind wie folgt zu ermitteln:

	Anzahl der anzusetzenden Beschäftigten	Ausgangslohnsumme
E & A OHG einschl. Betriebsstätten Betriebsstätte in Ukraine	50 ./. 10	1 500 000 EUR ./. 200 000 EUR
Zwischenwert	40	1 300 000 EUR
Beteiligung an Personengesellschaft in Ungarn (20 %)	3	110 000 EUR
Beteiligung an Personengesellschaft in Japan (30 %)	0	0 EUR
Anteile an Kapitalgesellschaft im Inland (23 %)	0	0 EUR
Anteile an Kapitalgesellschaft in Frankreich (30 %)	9	300 000 EUR
Anteile an Kapitalgesellschaft in Indien (40 %)	0	0 EUR
Summe	52	1 710 000 EUR

Die in der Betriebstätte in der Ukraine von der E & A OHG beschäftigten Arbeitnehmer und die von ihr gezahlten Löhne und Gehälter sind nicht einzubeziehen, da die Betriebstätte nicht zum nach § 13b Absatz 1 Nummer 2 ErbStG begünstigungsfähigen Betriebsvermögen gehört. Die auf den Anteil der E & A OHG an der Personengesellschaft mit Sitz in Japan entfallenden Beschäftigten bzw. Löhne und Gehälter bleiben außer Ansatz, da sich der Sitz der Gesellschaft in einem Drittstaat befindet. Die auf den Anteil der E & A OHG an der Kapitalgesellschaft mit Sitz in Deutschland entfallenden Beschäftigten bzw. Löhne und Gehälter sind nicht einzubeziehen, da die Beteiligung weniger als 25 % beträgt. Die auf die Anteile der E & A OHG an der Kapitalgesellschaft mit Sitz in Indien entfallenden Beschäftigten bzw. Löhne und Gehälter bleiben trotz Überschreiten der Mindestbeteiligungsquote unberücksichtigt, da die Gesellschaft ihren Sitz in einem Drittstaat hat.

Vorschalten einer Gesellschaft. Werden vor dem Bewertungsstichtag im Unternehmensverbund bestehende Unternehmen durch Vorschaltung einer Gesellschaft lediglich umstrukturiert, liegt insoweit kein Hinzuerwerb einer Beteiligung vor. Die Lohnsummen dieser Unternehmen sind daher über den gesamten Berechnungszeitraum in die Berechnung der Ausgangslohnsumme mit einzubeziehen, sofern diese Unternehmen bereits zu Beginn dieses Fünfjahreszeitraumes existiert haben.

Beispiel:

Das Traditionsunternehmen A GmbH & Co. KG wird in eine seit mehr als einem Jahr bestehende GmbH eingebracht. Die Anteile an der GmbH werden im selben Jahr von Mutter an Tochter verschenkt.

Übertragungsgegenstand ist die GmbH. In die Ausgangslohnsumme der GmbH sind die Lohnsummen der A GmbH & Co. KG über den gesamten Berechnungszeitraum einzubeziehen.

R E 13a.7 (3)

(3) [1] Bei der Ermittlung der Ausgangslohnsumme sind die Lohnsummen der zum Betrieb gehörenden mittelbaren und unmittelbaren Beteiligungen an Kapitalgesellschaften, die ihren Sitz oder ihre Geschäftsleitung im Inland oder in einem Mitgliedstaat der Europäischen Union oder in einem Staat des Europäischen Wirtschaftsraums haben und im Besteuerungszeitpunkt mehr als 25 Prozent betragen, anteilig einzubeziehen (§ 13a Absatz 3 Satz 12 ErbStG), nicht dagegen Beteiligungen an Kapitalgesellschaften mit Sitz oder Geschäftsleitung in Drittstaaten. [2] Das gilt auch in den Fällen von börsennotierten Kapitalgesellschaften, deren Anteilswerte wegen der Börsennotierung (§ 11 Absatz 1 BewG) nicht nach § 151 BewG festzustellen sind. [3] Feststellungen im Zusammenhang mit der Lohnsumme erfolgen in diesen Fällen dennoch (§ 13a Absatz 4 Satz 2 ErbStG). [4] Beträgt die Anteilsquote nicht mehr als 25 Prozent am Nennkapital, werden die Anzahl der Beschäftigten und die Lohnsummen der durch diese Anteile vermittelten Beteiligungen an Personengesellschaften nicht angesetzt. [5] Bei der Prüfung, ob die Grenze von 25 Prozent überschritten ist, ist stets auf die zum Betrieb gehörenden mittelbaren und unmittelbaren Beteiligungen und nicht auf den übertragenen Anteil abzustellen. [6] Bei Personengesellschaften sind die Anteile im Gesamthandsvermögen und im Sonderbetriebsvermögen aller Gesellschafter stets zusammenzurechnen. [7] Gehört eine solche Beteiligung nicht innerhalb des gesamten Zeitraums für die Ermittlung der Ausgangslohnsumme zum Betriebsvermögen des Betriebs, ist die Lohnsumme nur für den Zeitraum der Zugehörigkeit tagegenau zu diesem Betrieb

einzubeziehen. [8]Eine nur zeitanteilige Ermittlung der Lohnsumme ist ausgeschlossen, wenn dadurch die durchschnittliche Ausgangslohnsumme nicht hinreichend abgebildet wird. [9]Dies kann beispielsweise der Fall sein, wenn ein seit Jahren bestehender Betrieb mit einer großen Anzahl von Beschäftigten und dem entsprechend hohen Lohnsummen in eine Vorratsgesellschaft eingebracht wird. [10]Wenn sich die Beteiligungsquote innerhalb des Zeitraums für die Ermittlung der Ausgangslohnsumme verändert hat, ist die Lohnsumme der Gesellschaft für den jeweiligen Zeitraum in der jeweils bestehenden Beteiligungshöhe einzubeziehen; das gilt auch für Zeiträume, in denen die Beteiligungshöhe 25 Prozent oder weniger betrug.

H E 13a.7 (3)

Ermittlung der Ausgangslohnsumme.

Beispiel 1:

Zum Betriebsvermögen eines Gewerbebetriebs gehören im Besteuerungszeitpunkt 1.1.05 Anteile an einer Kapitalgesellschaft in Höhe von 30%. Die Beteiligung an der Kapitalgesellschaft ist zum 1.1.03 erworben worden. Die durchschnittliche Lohnsumme der Kapitalgesellschaft der vergangenen 5 Wirtschaftsjahre beträgt 1 000 000 EUR.

Die Ausgangslohnsumme bezogen auf die Beteiligung beträgt ((1 000 000 EUR × $^2/_5$) × 30% =) 120 000 EUR.

Beispiel 2:

Zum Betriebsvermögen eines Gewerbebetriebs gehören im Besteuerungszeitpunkt 1.1.05 Anteile an einer Kapitalgesellschaft in Höhe von 30%. In den Jahren 00 bis 04 ergaben sich folgende Lohnsummen und Beteiligungshöhen:

00	500 000 EUR	40%
01	600 000 EUR	20%
02	450 000 EUR	10%
03	500 000 EUR	30%
04	550 000 EUR	30%

Die durchschnittliche Lohnsumme der Kapitalgesellschaft beträgt 520 000 EUR. Der Anteil daran beträgt

$$\frac{1\text{ Jahr} \times 40\,\% + 1\text{ Jahr} \times 20\,\% + 1\text{ Jahr} \times 10\,\% + 2\text{ Jahre} \times 30\,\%}{5\text{ Jahre}} = 26\,\%$$

Die Ausgangslohnsumme bezogen auf die Beteiligung beträgt (520 000 EUR × 26% =) 135 200 EUR.

Beispiel 3:

Zum Betriebsvermögen der A und B OHG gehören im Besteuerungszeitpunkt 1.1.05 Anteile an einer Kapitalgesellschaft:

– im Gesamthandsvermögen 10%
– im Sonderbetriebsvermögen des A 5%
– im Sonderbetriebsvermögen des B 15%.

A überträgt seine Beteiligung einschließlich des Sonderbetriebsvermögens auf seinen Sohn S.

Die unmittelbaren und mittelbaren Beteiligungen an der Kapitalgesellschaft sind zu addieren. Danach beträgt die gesamte Beteiligung der OHG und ihrer Gesellschafter mehr als 25%. Die Lohnsumme der Kapitalgesellschaft ist in die Ermittlung der Ausgangslohnsumme zu 30 % einzubeziehen.

Ermittlung der Anzahl der Beschäftigten und der Ausgangslohnsumme bei Übertragung begünstigungsfähiger Anteile an Kapitalgesellschaften. Werden Anteile an einer Kapitalgesellschaft mit Sitz oder Geschäftsleitung im Inland, einem Mitgliedstaat der Europäischen Union oder einem Staat des Europäischen Wirtschaftsraums übertragen, die die Voraussetzungen des § 13b Absatz 1 Nummer 3 ErbStG erfüllen, sind bei der Ermittlung der Ausgangslohnsumme folgende Löhne und Gehälter zu berücksichtigen:

Zum Vermögen der Kapitalgesellschaft gehören	Einbeziehung der Beschäftigten sowie der Löhne und Gehälter
Betriebstätte im Inland	Die Beschäftigten sowie Löhne und Gehälter sind einzubeziehen (§ 13a Absatz 3 Satz 1 ErbStG).
Betriebstätte in einem Mitgliedstaat der Europäischen Union oder einem Staat des Europäischen Wirtschaftsraums	Die Beschäftigten sowie Löhne und Gehälter sind einzubeziehen (§ 13a Absatz 3 Satz 1 ErbStG).
Betriebstätte in einem Drittstaat	Da sich der Sitz bzw. die Geschäftsleitung der Kapitalgesellschaft im Inland, einem Mitgliedstaat der Europäischen Union oder einem Staat des Europäischen Wirtschaftsraums befindet, liegt auch hinsichtlich der Betriebstätte in einem Drittstaat begünstigungsfähiges Vermögen vor. Die Beschäftigten sowie Löhne und Gehälter sind einzubeziehen (§ 13a Absatz 3 Satz 1 ErbStG).
Beteiligung an einer Personengesellschaft im Inland	Die Beschäftigten der Personengesellschaft und die von ihr gezahlten Löhne und Gehälter sind unabhängig von der Beteiligungshöhe anteilig einzubeziehen (§ 13a Absatz 3 Satz 11 ErbStG, → R E 13a.7 Absatz 2).
Beteiligung an einer Personengesellschaft in einem Mitgliedstaat der Europäischen Union oder einem Staat des Europäischen Wirtschaftsraums	Die Beschäftigten der Personengesellschaft und die von ihr gezahlten Löhne und Gehälter sind unabhängig von der Beteiligungshöhe anteilig einzubeziehen (§ 13a Absatz 3 Satz 11 ErbStG, → R E 13a.7 Absatz 2).
Beteiligung an einer Personengesellschaft in einem Drittstaat	Da sich der Sitz bzw. die Geschäftsleitung der Kapitalgesellschaft im

Zum Vermögen der Kapitalgesellschaft gehören	**Einbeziehung der Beschäftigten sowie der Löhne und Gehälter**
	Inland, einem Mitgliedstaat der Europäischen Union oder einem Staat des Europäischen Wirtschaftsraums befindet, liegt zwar auch hinsichtlich der Beteiligung begünstigungsfähiges Vermögen vor. Die Beschäftigten der Personengesellschaft und die von ihr gezahlten Löhne und Gehälter sind jedoch nicht mit einzubeziehen, da sich ihr Sitz bzw. ihre Geschäftsleitung in einem Drittstaat befindet (§ 13a Absatz 3 Satz 11 ErbStG).
Anteile an einer Kapitalgesellschaft im Inland	Die Beschäftigten der Kapitalgesellschaft und die von ihr gezahlten Löhne und Gehälter sind anteilig einzubeziehen, wenn im Besteuerungszeitpunkt eine mittelbare bzw. unmittelbare Beteiligung von mehr als 25% besteht (§ 13a Absatz 3 Satz 12 i. V. m. Satz 11 ErbStG, → R E 13a.7 Absatz 3).
Anteile an einer Kapitalgesellschaft in einem Mitgliedstaat der Europäischen Union oder einem Staat des Europäischen Wirtschaftsraums	Die Beschäftigten der Kapitalgesellschaft und die von ihr gezahlten Löhne und Gehälter sind anteilig einzubeziehen, wenn im Besteuerungszeitpunkt eine mittelbare bzw. unmittelbare Beteiligung von mehr als 25% besteht (§ 13a Absatz 3 Satz 12 i. V. m Satz 11 ErbStG, → R E 13a.7 Absatz 3).
Anteile an einer Kapitalgesellschaft in einem Drittstaat	Da sich der Sitz bzw. die Geschäftsleitung der Kapitalgesellschaft, deren Anteile übertragen werden, im Inland, einem Mitgliedstaat der Europäischen Union oder einem Staat des Europäischen Wirtschaftsraums befindet, liegt zwar auch hinsichtlich der Anteile an der Kapitalgesellschaft im Drittstaat begünstigungsfähiges Vermögen vor. Die Beschäftigten der Kapitalgesellschaft und die von ihr gezahlten

Zum Vermögen der Kapitalgesellschaft gehören	Einbeziehung der Beschäftigten sowie der Löhne und Gehälter
	Löhne und Gehälter sind jedoch nicht mit einzubeziehen, da sich ihr Sitz bzw. ihre Geschäftsleitung in einem Drittstaat befindet (§ 13a Absatz 3 Satz 12 i. V. m. Satz 11 ErbStG).

Beispiel:

E war zu 50 % an der B-GmbH mit Sitz in Deutschland beteiligt. Alleinerbin ist seine Tochter T. Die B-GmbH hatte beim Tod des E 50 Beschäftigte. Sie zahlte in den letzten fünf Wirtschaftsjahren vor dem Tod des E durchschnittlich 1 500 000 EUR an Löhnen und Gehältern. Von den 50 Beschäftigten waren am Stichtag fünf in einer Betriebstätte in Belgien (durchschnittliche Lohnsumme 150 000 EUR) und zehn in einer Betriebstätte in der Ukraine (durchschnittliche Lohnsumme 200 000 EUR) tätig.

Die B-GmbH war zu 20 % an einer Personengesellschaft mit Sitz in Ungarn beteiligt. Die durchschnittliche Lohnsumme dieser Gesellschaft beträgt 550 000 EUR und die Anzahl der Beschäftigten am Stichtag 15. Zudem hielt die B-GmbH eine Beteiligung von 30 % an einer Personengesellschaft in Japan. Die durchschnittliche Lohnsumme dieser Gesellschaft beträgt 700 000 EUR und die Zahl der Beschäftigten am Stichtag 21. Die B-GmbH hielt 23 % der Anteile einer Kapitalgesellschaft mit Sitz in Deutschland (durchschnittliche Lohnsumme 900 000 EUR, Zahl der Beschäftigten 30), 30 % der Anteile einer Kapitalgesellschaft mit Sitz in Frankreich (durchschnittliche Lohnsumme 1 000 000 EUR, Anzahl der Beschäftigten 30) und 40 % der Anteile einer Kapitalgesellschaft mit Sitz in Indien (durchschnittliche Lohnsumme 800 000 EUR, Anzahl der Beschäftigten 280).

Die Anzahl der Beschäftigten und die Ausgangslohnsumme sind wie folgt zu ermitteln:

	Anzahl der anzusetzenden Beschäftigten	Ausgangslohnsumme
B-GmbH incl. der Betriebsstätten in Belgien und in der Ukraine	50	1 500 000 EUR
Beteiligung an Personengesellschaft in Ungarn (20 %)	3	110 000 EUR
Beteiligung an Personengesellschaft in Japan (30 %)	0	0 EUR
Anteile an Kapitalgesellschaft im Inland (23 %)	0	0 EUR
Anteile an Kapitalgesellschaft in Frankreich (30 %)	9	300 000 EUR
Anteile an Kapitalgesellschaft in Indien (40 %)	0	0 EUR
Summe	62	1 910 000 EUR

Da sich der Sitz der B-GmbH im Inland befindet, liegt auch hinsichtlich der Betriebstätte in einem Drittstaat begünstigtes Vermögen vor. Die Beschäftigten sowie die Löhne und Gehälter sind einzubeziehen. Die auf den Anteil der B-GmbH an der Personengesellschaft mit Sitz in Japan entfallenden Beschäftigten sowie Löhne und Gehälter bleiben außer Ansatz, da sich der Sitz der Gesellschaft in einem Drittstaat befindet. Die auf den Anteil der B-GmbH an der Kapitalgesellschaft mit Sitz in Deutschland entfallenden Beschäftigten sowie Löhne und Gehälter sind nicht einzubeziehen, da die Beteiligung weniger als 25 % beträgt. Die auf die Anteile der B-GmbH an der Kapitalgesellschaft mit Sitz in Indien entfallenden Beschäftigten sowie Löhne und Gehälter bleiben trotz Überschreiten der Mindestbeteiligungsquote unberücksichtigt, da die Gesellschaft ihren Sitz in einem Drittstaat hat.

R E 13a.7 (4)

(4) [1]Gehören zum Betriebsvermögen des Betriebs, bei Beteiligungen an einer Personengesellschaft und Anteilen an einer Kapitalgesellschaft des Betriebs der jeweiligen Gesellschaft, unmittelbar oder mittelbar Anteile an Kapitalgesellschaften, die ihren Sitz oder ihre Geschäftsleitung im Inland, einem Mitgliedstaat der Europäischen Union oder in einem Staat des Europäischen Wirtschaftsraums haben, sind die Lohnsummen dieser Kapitalgesellschaften einzubeziehen zu dem Anteil, zu dem die unmittelbare und mittelbare Beteiligung besteht, wenn die unmittelbare oder mittelbare Beteiligung mehr als 25% beträgt (vgl. § 13a Absatz 3 Satz 12 ErbStG). [2]Unmittelbare Beteiligungen von mehr als 25% sind in jedem Fall zu berücksichtigen. [3]Dies gilt in einem mehrstufigen Feststellungsverfahren auf jeder Stufe. [4]Bei im Betriebsvermögen gehaltenen Anteilen an Kapitalgesellschaften von 25% oder weniger bleiben die Lohnsummen dieser Gesellschaft grundsätzlich unberücksichtigt. [5]Dies gilt auch dann, wenn die Anteile an der nachgeordneten Kapitalgesellschaft die Voraussetzungen einer Poolvereinbarung im Sinne des § 13b Absatz 4 Nummer 2 Satz 2 ErbStG erfüllen. [6]Beträgt die unmittelbare Beteiligung 25% oder weniger, ist die Höhe der mittelbaren Beteiligung zu prüfen. [7]Die Prüfung der mittelbaren Beteiligungshöhe erfolgt auf jeder Stufe ausgehend von der übertragenen wirtschaftlichen Einheit des begünstigungsfähigen Vermögens. [8]In diese Prüfung sind auch unmittelbare Beteiligungen der übertragenen wirtschaftlichen Einheit des begünstigungsfähigen Vermögens mit einzubeziehen. [9]Die Regelung des § 13a Absatz 3 Satz 11 und 12 ErbStG geht davon aus, dass die gesamte Beteiligungsstruktur bekannt ist (z.B. aufgrund eines vorliegenden Konzernverzeichnisses). [10]Der Anforderung einer Feststellung der Ausgangslohnsumme ist eine Übersicht über die Beteiligungen beizufügen. [11]Ist die Beteiligungsstruktur nicht bekannt, kann die Prüfung der mittelbaren Beteiligungen aus Vereinfachungsgründen unterbleiben. [12]Wird nachträglich bekannt (z.B. im Rahmen einer Betriebsprüfung), dass der Verzicht auf die Prüfung der mittelbaren Beteiligung zu einem offensichtlich unzutreffenden Ergebnis führte, ist die Feststellung nachzuholen. [13]Entsprechendes gilt bei der Ermittlung der Anzahl der Beschäftigten.

H E 13a.7 (4)

Ermittlung der Anzahl der Beschäftigten und der Ausgangslohnsumme bei Beteiligungsstrukturen.

Beispiel 1:

Eine natürliche Person A hält 100% der Anteile an der M-GmbH und überträgt diese unentgeltlich auf F. Die M-GmbH hält jeweils 100% der Anteile an den Kapitalgesellschaften T1 bis T5. Die Gesellschaften T1 bis T5 sind zu jeweils 20% an der E-GmbH beteiligt. Die Lohnsummen betragen in der M-GmbH und den Kapitalgesellschaften T1 bis T5 jeweils 0 EUR. Bei der E-GmbH beträgt die Ausgangslohnsumme 1 000 000 EUR.

Die Beteiligungsstruktur ist auf Grund einer vorliegenden Konzernübersicht bekannt.

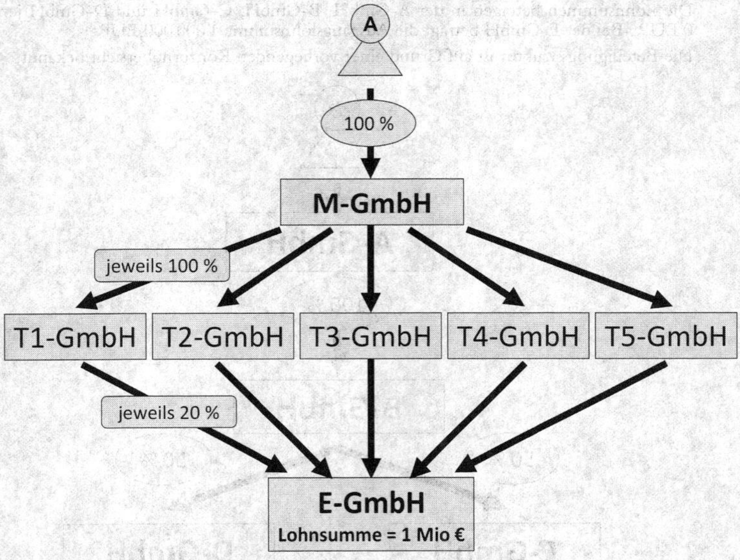

Lösung:

Nach § 13a Absatz 4 ErbStG fordert das Erbschaftsteuerfinanzamt das Betriebsfinanzamt der M-GmbH zur Feststellung der Ausgangslohnsumme und der Anzahl der Beschäftigten auf.

Das Betriebsfinanzamt der M-GmbH fordert die Betriebsfinanzämter der Kapitalgesellschaften T1 bis T5 zur Feststellung auf.

Obwohl die unmittelbaren Beteiligungen der Kapitalgesellschaften T1 bis T5 an der E-GmbH nicht mehr als jeweils 25 % betragen, sondern jeweils nur 20 %, müssen bei der Ermittlung der Ausgangslohnsumme der M-GmbH auch die Löhne einbezogen werden, die in der mittelbar über die Kapitalgesellschaften T1 bis T5 gehaltenen E-Beteiligung gezahlt werden. Aus Sicht der übertragenen wirtschaftlichen Einheit (M-GmbH) ist diese mittelbar zu 100 % (5 × 20 %) an der E-GmbH beteiligt. Deshalb fordern die Betriebsfinanzämter der Kapitalgesellschaften T1 bis T5 das Betriebsfinanzamt der E-GmbH zur Feststellung der Ausgangslohnsumme auf.

Das Betriebsfinanzamt der E-GmbH stellt im Rahmen der Ermittlung des Wertes der Anteile der Kapitalgesellschaften T1 bis T5 die gesamte Ausgangslohnsumme in Höhe von 1 000 000 EUR fest. Die Betriebsfinanzämter der Kapitalgesellschaften T1 bis T5 berücksichtigen jeweils 20 % dieses festgestellten Wertes bei der Ermittlung der Ausgangslohnsumme und stellen jeweils eine Ausgangslohnsumme von 200 000 EUR fest.

Das Betriebsfinanzamt der M-GmbH berücksichtigt jeweils 100 % der festgestellten Werte der Kapitalgesellschaften T1 bis T5 bei der Ermittlung der Ausgangslohnsumme der M-GmbH und stellt mithin eine Ausgangslohnsumme von 1 000 000 EUR fest.

Entsprechendes gilt für die Ermittlung der Anzahl der Beschäftigten.

Beispiel 2:

Eine natürliche Person A hält 100 % der Anteile an der A-GmbH und überträgt diese unentgeltlich auf F. Die A-GmbH hält 100 % der Anteile an der B-GmbH. Die B-GmbH hält 50 % der Anteile an der C-GmbH und außerdem 50 % an der D-GmbH. Die C-GmbH ist an der E-GmbH zu 80 % beteiligt. Die D-GmbH ist an der E-GmbH zu 5 % beteiligt.

Die Lohnsummen betragen in der A-GmbH, B-GmbH, C-GmbH und D-GmbH jeweils 0 EUR. Bei der E-GmbH beträgt die Ausgangslohnsumme 1 000 000 EUR.

Die Beteiligungsstruktur ist auf Grund einer vorliegenden Konzernübersicht bekannt.

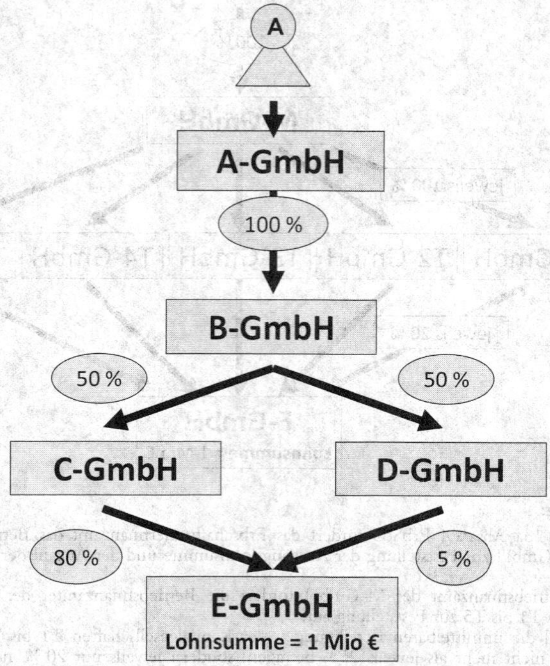

Lösung:

Entsprechend § 13a Absatz 4 ErbStG fordert das Erbschaftsteuerfinanzamt das Betriebsfinanzamt der A-GmbH zur Feststellung der Ausgangslohnsumme und der Anzahl der Beschäftigten auf.

Das Betriebsfinanzamt der A-GmbH fordert das Betriebsfinanzamt der B-GmbH und dieses wiederum die Betriebsfinanzämter der C-GmbH und D-GmbH zur Feststellung auf.

Das Betriebsfinanzamt der C-GmbH fordert das Betriebsfinanzamt der E-GmbH zur Feststellung auf, weil eine unmittelbare Beteiligung von mehr als 25 % (80 %) gegeben ist.

Die D-GmbH hält unmittelbar lediglich 5 % der Anteile an der E-GmbH. Das Betriebsfinanzamt der D-GmbH fordert das Betriebsfinanzamt der E-GmbH dennoch auf, weil die mittelbare Beteiligung der A-GmbH an der E-GmbH mehr als 25 % (42,5 % = 100 % × 50 % × 80 % + 100 % × 50 % × 5 %) beträgt.

Das Betriebsfinanzamt der E-GmbH stellt im Rahmen der Ermittlung des Wertes der Anteile der D-GmbH die gesamte Ausgangslohnsumme in Höhe von 1 000 000 EUR fest. Das Betriebsfinanzamt der D-GmbH berücksichtigt 5 % dieses festgestellten Wertes bei der Ermittlung der Ausgangslohnsumme der D-GmbH und stellt eine Ausgangslohnsumme von 50 000 EUR fest.

Das Betriebsfinanzamt der E-GmbH stellt im Rahmen der Ermittlung des Wertes der Anteile der C-GmbH die gesamte Ausgangslohnsumme in Höhe von 1 000 000 EUR fest. Das Betriebsfinanzamt der C-GmbH berücksichtigt 80 % dieses festgestellten Wertes bei der Ermittlung der Ausgangslohnsumme der C-GmbH und stellt eine Ausgangslohnsumme von 800 000 EUR fest.

Das Betriebsfinanzamt der B-GmbH berücksichtigt jeweils 50 % der festgestellten Werte der C-GmbH und der D-GmbH bei der Ermittlung der Ausgangslohnsumme der B-GmbH und stellt mithin eine Ausgangslohnsumme von 425 000 EUR (50% × 800 000 EUR + 50 % × 50 000 EUR) fest.

Das Betriebsfinanzamt der A-GmbH stellt eine Ausgangslohnsumme von 425 000 EUR (100 % × 425 000 EUR) fest.

Entsprechendes gilt für die Ermittlung der Anzahl der Beschäftigten.

Beispiel 3:

Eine natürliche Person A hält 100 % der Anteile an der A-GmbH und überträgt diese unentgeltlich auf

F. Die A-GmbH hält 50% der Anteile an der B-GmbH und 13% der Anteile an der E-GmbH. Die B-GmbH hält 50 % der Anteile an der C-GmbH und außerdem 50 % an der D-GmbH. Die C-GmbH ist an der E-GmbH zu 46% beteiligt. Die D-GmbH ist an der E-GmbH zu 5% beteiligt.

Die Lohnsummen betragen in der A-GmbH, B-GmbH, C-GmbH und D-GmbH jeweils 0 EUR. Bei der E-GmbH beträgt die Ausgangslohnsumme 1 000 000 EUR.

Die Beteiligungsstruktur ist auf Grund einer vorliegenden Konzernübersicht bekannt.

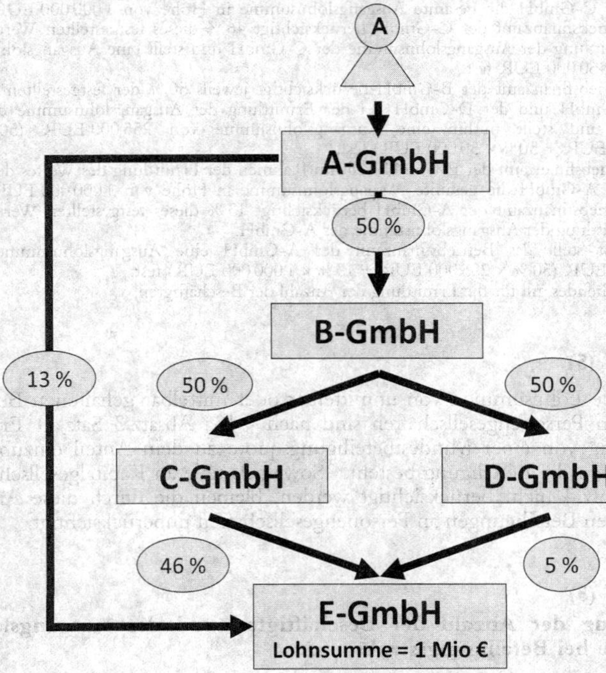

Lösung:

Entsprechend § 13a Absatz 4 ErbStG fordert das Erbschaftsteuerfinanzamt das Betriebsfinanzamt der A-GmbH zur Feststellung der Ausgangslohnsumme und der Anzahl der Beschäftigten auf.

Das Betriebsfinanzamt der A-GmbH fordert das Betriebsfinanzamt der B-GmbH und dieses wiederum die Betriebsfinanzämter der C-GmbH und D-GmbH zur Feststellung auf.
Die A-GmbH hält unmittelbar lediglich 13 % der Anteile an der E-GmbH. Das Betriebsfinanzamt der A-GmbH fordert das Betriebsfinanzamt der E-GmbH dennoch auf, weil die Beteiligung der A-GmbH an der E-GmbH mehr als 25 % (25,75 % = mittelbare Beteiligungen: 50 % × 50 % × 46 % + 50 % × 50 % × 5 % + unmittelbare Beteiligung: 13 %) beträgt.
Das Betriebsfinanzamt der C-GmbH fordert das Betriebsfinanzamt der E-GmbH zur Feststellung auf, weil eine unmittelbare Beteiligung von mehr als 25 % (46 %) gegeben ist.
Die D-GmbH hält unmittelbar lediglich 5 % der Anteile an der E-GmbH. Das Betriebsfinanzamt der D-GmbH fordert das Betriebsfinanzamt der E-GmbH dennoch auf, weil die Beteiligung der A-GmbH an E-GmbH mehr als 25 % (25,75 % = mittelbare Beteiligungen: 50 % × 50 % × 46 % + 50 % × 50 % × 5 % + unmittelbare Beteiligung: 13 %) beträgt.
Das Betriebsfinanzamt der E-GmbH stellt im Rahmen der Ermittlung des Wertes der Anteile der D-GmbH die gesamte Ausgangslohnsumme in Höhe von 1 000 000 EUR fest. Das Betriebsfinanzamt der D-GmbH berücksichtigt 5 % dieses festgestellten Wertes bei der Ermittlung der Ausgangslohnsumme der D-GmbH und stellt eine Ausgangslohnsumme von 50 000 EUR fest.
Das Betriebsfinanzamt der E-GmbH stellt im Rahmen der Ermittlung des Wertes der Anteile der C-GmbH die gesamte Ausgangslohnsumme in Höhe von 1 000 000 EUR fest. Das Betriebsfinanzamt der C-GmbH berücksichtigt 46 % dieses festgestellten Wertes bei der Ermittlung der Ausgangslohnsumme der C-GmbH und stellt eine Ausgangslohnsumme von 460 000 EUR fest.
Das Betriebsfinanzamt der B-GmbH berücksichtigt jeweils 50 % der festgestellten Werte der C-GmbH und der D-GmbH bei der Ermittlung der Ausgangslohnsumme der B-GmbH und stellt mithin eine Ausgangslohnsumme von 255 000 EUR (50 % × 460 000 EUR + 50 % × 50 000 EUR) fest.
Das Betriebsfinanzamt der E-GmbH stellt im Rahmen der Ermittlung des Wertes der Anteile der A-GmbH die gesamte Ausgangslohnsumme in Höhe von 1 000 000 EUR fest. Das Betriebsfinanzamt der A-GmbH berücksichtigt 13 % dieses festgestellten Wertes bei der Ermittlung der Ausgangslohnsumme der A-GmbH.
Insgesamt stellt das Betriebsfinanzamt der A-GmbH eine Ausgangslohnsumme von 257 500 EUR (50 % × 255 000 EUR + 13 % × 1 000 000 EUR) fest.
Entsprechendes gilt für die Ermittlung der Anzahl der Beschäftigten.

R E 13a.7 (5)

(5) [1]Die Lohnsummen von unmittelbar oder mittelbar gehaltenen Beteiligungen an Personengesellschaften sind nach § 13a Absatz 3 Satz 11 ErbStG unabhängig von einer Mindestbeteiligungsquote zu dem Anteil einzubeziehen, zu dem die Beteiligung besteht. [2]Soweit Anteile an Kapitalgesellschaften nach Absatz 4 nicht berücksichtigt werden, bleiben die durch diese Anteile vermittelten Beteiligungen an Personengesellschaften unberücksichtigt.

H E 13a.7 (5)

Ermittlung der Anzahl der Beschäftigten und der Ausgangslohnsumme bei Beteiligungsstrukturen.

Beispiel:

A hält 100 % der Anteile an der A-GmbH und überträgt diese unentgeltlich auf F. Die A-GmbH ist an der B-GmbH zu 10 % beteiligt. Zum Vermögen der B-GmbH gehört eine Beteiligung in Höhe von 90 % an der E-KG.

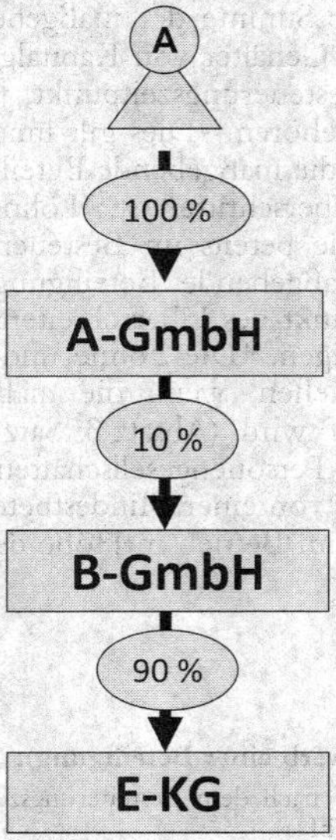

Lösung:

Bei der Ermittlung der Ausgangslohnsumme der A-GmbH bleiben die in der E-KG gezahlten Löhne und Gehälter unberücksichtigt. Die in der B-GmbH gezahlten Löhne und Gehälter bleiben unberücksichtigt, weil die maßgebende Beteiligungsquote nach § 13a Absatz 3 Satz 12 ErbStG nicht überschritten wurde.

R E 13a.7 (6)

(6) Nach Absatz 2 und 3 sind nur solche Beteiligungen an Personen- oder Kapitalgesellschaften in die Ermittlung der Ausgangslohnsumme einzubeziehen, die im Besteuerungszeitpunkt zum Betrieb gehören.

H E 13a.7 (6)

Ermittlung der Anzahl der Beschäftigten und der Ausgangslohnsumme bei Beteiligungsstrukturen.

Beispiel (Verkauf einer Beteiligung vor dem Besteuerungszeitpunkt):

Die X-AG hielt 100 % der Anteile der A-GmbH. Ein Jahr vor dem Besteuerungszeitpunkt 1.1. des Jahres 01 veräußert die X-AG die Beteiligung an der A-GmbH.

Lösung:

Die in der A-GmbH gezahlten Löhne werden nicht bei der Ermittlung der Ausgangslohnsumme der X-AG einbezogen.

R E 13a.7 (7, 8)

(7) Bei Ermittlung der Summe der maßgebenden jährlichen Lohnsummen gelten Absatz 2 bis 5 entsprechend.

(8) [1]Zur Ermittlung der Summe der maßgebenden jährlichen Lohnsummen sind auch Löhne und Gehälter von Kapitalgesellschaften einzubeziehen, die zwar noch nicht im Besteuerungszeitpunkt, jedoch innerhalb der Lohnsummenfrist zum Betrieb gehören. [2]Dies gilt innerhalb der Lohnsummenfrist ab dem Zeitpunkt, zu dem die maßgebende Beteiligungsquote (§ 13a Absatz 3 Satz 12 ErbStG) von 25 % überschritten ist. [3]Löhne und Gehälter von Kapitalgesellschaften, deren Anteile bereits im Besteuerungszeitpunkt zum Betrieb gehörten, die aber die maßgebende Beteiligungsquote nicht überschritten hatten, sind ab dem Zeitpunkt des Überschreitens der maßgebenden Beteiligungsquote zu berücksichtigen. [4]Die Löhne und Gehälter der Kapitalgesellschaft sind auch einzubeziehen, wenn die maßgebende Beteiligungsquote anschließend unterschritten wird (Absatz 3 Satz 10 2. Halbsatz, Absatz 7). [5]Löhne und Gehälter von Personengesellschaften sind nach § 13a Absatz 3 Satz 11 ErbStG unabhängig von einer Mindestbeteiligungsquote ab dem Zeitpunkt der Zugehörigkeit zum Betrieb in Höhe des Anteils einzubeziehen, zu dem die Beteiligung besteht.

H E 13a.7 (8)

Beispiel 1 (Erstmaliger Erwerb einer Beteiligung):

Die X-AG erwirbt drei Jahre nach dem Besteuerungszeitpunkt 1.1. des Jahres 01 einen Anteil von 40 % an der B-GmbH.

Lösung:

Bei der Ermittlung der Summe der maßgebenden jährlichen Lohnsummen der X-AG sind die in der B-GmbH gezahlten Löhne und Gehälter ab dem Zeitpunkt des Überschreitens der maßgebenden Beteiligungsquote des § 13a Absatz 3 Satz 12 ErbStG (→ 25 %) zu berücksichtigen.

Nach Ablauf der Lohnsummenfrist fordert das Betriebsfinanzamt der X-AG das Betriebsfinanzamt der B-GmbH auf, die Summe der maßgebenden jährlichen Lohnsummen ab dem Zeitpunkt des Erwerbs der Anteile an der B-GmbH bis zum Ende der Lohnsummenfrist festzustellen.

Beispiel 2 (Erhöhung einer bestehenden Beteiligung):

Die X-AG hält im Besteuerungszeitpunkt 1.1. des Jahres 01 einen Anteil von 10 % an der B-GmbH. Drei Jahre und sechs Monate (= 180 Tage) nach dem Besteuerungszeitpunkt erhöht sich der Anteil auf 30 %.

Lösung:

Bei der Ermittlung der maßgebenden jährlichen Lohnsummen der X-AG sind die in der B-GmbH gezahlten Löhne und Gehälter ab dem Zeitpunkt des Überschreitens der maßgebenden Beteiligungsquote des § 13a Absatz 3 Satz 12 ErbStG (→ 25 %) taggenau zu berücksichtigen.

Nach Ablauf der Lohnsummenfrist fordert das Betriebsfinanzamt der X-AG das Betriebsfinanzamt der B-GmbH auf, die Summe der maßgebenden jährlichen Lohnsummen ab dem Zeitpunkt des Überschreitens der maßgebenden Beteiligungsquote des § 13a Absatz 3 Satz 12 ErbStG (→ 25 %) bis zum Ende der Lohnsummenfrist festzustellen.

Das Betriebsfinanzamt der B-GmbH stellt die Summe der Lohnsummen für die Jahre 04 und 05 fest. Im Rahmen der Feststellung für die X-AG ist grundsätzlich die Summe der jährlichen Lohnsummen wie folgt anzusetzen:

Jahr 04: 50 % der jährlichen Lohnsumme mit 30 %,
Jahr 05: volle jährliche Lohnsumme mit 30 %.

Beispiel 3 Abwandlung (Erhöhung und anschließende Reduzierung einer bestehenden Beteiligung):

Sachverhalt wie im Ausgangsfall. Vier Jahre nach dem Besteuerungszeitpunkt mindert sich der Anteil auf 10%.

Lösung:

Zunächst wie im Ausgangsfall. Trotz des späteren Unterschreitens der maßgebenden Beteiligungsquote des § 13a Absatz 3 Satz 12 ErbStG (→ 25 %) sind die Löhne und Gehälter weiterhin zu dem Anteil zu berücksichtigen, zu dem die Beteiligung besteht.

Nach Ablauf der Lohnsummenfrist fordert das Betriebsfinanzamt der X-AG das Betriebsfinanzamt der B-GmbH auf, die Summe der maßgebenden jährlichen Lohnsummen ab dem Zeitpunkt des Überschreitens der maßgebenden Beteiligungsquote des § 13a Absatz 3 Satz 12 ErbStG (→ 25 %) bis zum Ende der Lohnsummenfrist festzustellen.

Das Betriebsfinanzamt der B-GmbH stellt die Summe der Lohnsummen für die Jahre 04 und 05 fest. Im Rahmen der Feststellung für die X-AG ist grundsätzlich die Summe der jährlichen Lohnsummen wie folgt anzusetzen:

Jahr 04: 50 % der jährlichen Lohnsumme mit 30 %,

Jahr 05: volle jährliche Lohnsumme mit 10%.

R E **13a.7** (9, 10)

(9) [1]Soweit in der Lohnsumme Löhne aus begünstigtem Vermögen aus einer Betriebstätte in einem Mitgliedstaat der Europäischen Union oder in einem Staat des Europäischen Wirtschaftsraums enthalten sind, bestehen in der Regel keine Bedenken, auf den für inländische Besteuerungszwecke in der Gewinn- und Verlustrechnung ausgewiesenen Lohnaufwand abzustellen. [2]Bei der Ermittlung der Lohnsumme ist regelmäßig der Wechselkurs im Besteuerungszeitpunkt zugrunde zu legen. [3]Maßgebend für den Wechselkurs im Besteuerungszeitpunkt ist der für Zwecke der Umsatzsteuer festgestellte Wechselkurs.

(10) Der bei der Bewertung des Betriebsvermögens gegebenenfalls zu berücksichtigende angemessene Unternehmerlohn im Sinne des § 202 Absatz 1 Satz 2 Nummer 2 Buchstabe d BewG ist weder bei der Ausgangslohnsumme noch bei der Ermittlung der Summe der maßgebenden jährlichen Lohnsummen einzubeziehen, weil insoweit keine Vergütung gezahlt worden ist.

R E **13a.8** Ermittlung der Lohnsummen in Umwandlungsfällen

(1) [1]Besteht im Lohnsummenzeitraum zunächst eine zu berücksichtigende Beteiligung an einer Personengesellschaft von 25% oder weniger und wird diese Beteiligung in eine Kapitalgesellschaft umgewandelt, bestehen keine Bedenken, die Lohnsumme dieser Kapitalgesellschaft zu demselben Anteil zu berücksichtigen. [2]Die Beteiligungsgrenze von nicht mehr als 25% ist insoweit unbeachtlich.

(2) [1]Wird aufgrund von Umstrukturierungsmaßnahmen im Lohnsummenzeitraum eine Gesellschaft für die Steuerbefreiung unschädlich (§ 13a Abs. 6 Satz 1 Nr. 1 Satz 2 und Nr. 4 Satz 2 2. Halbsatz ErbStG) vorgeschaltet, sind dennoch die Lohnsummen dieser Gesellschaft einschließlich der nachgeordneten Gesellschaften einzubeziehen. [2]Auf der Ebene der Obergesellschaft setzt dies jedoch eine Begrenzung der Lohnsumme auf den Umfang der Beteiligungsquote voraus.

H E **13a.8** (2)

Ermittlung der Lohnsummen in Umwandlungsfällen.

Beispiel:

Die natürliche Person A betreibt ein Gewerbe in Form eines Einzelunternehmens. Im Betriebsvermögen dieses Einzelunternehmens befinden sich 100% der Anteile an der A-GmbH. Die A-GmbH hält 30 % der Anteile an der B-GmbH. Zusätzlich ist die A-GmbH zu 10% an der C-OHG beteiligt.
Die Lohnsummen betragen im Einzelunternehmen und in der A-GmbH jeweils 0 EUR, in der B-GmbH 200 000 EUR und in der C-OHG 300 000 EUR.
A überträgt sein Einzelunternehmen unentgeltlich auf S.

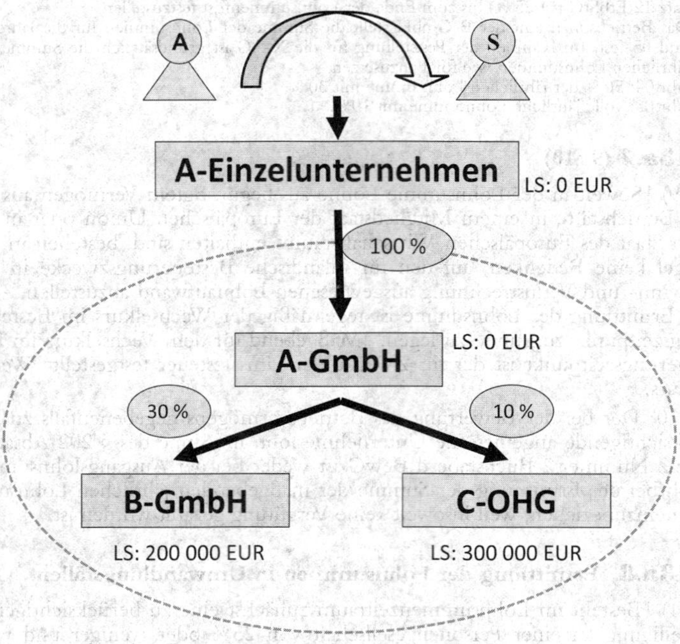

Die Betriebsfinanzämter stellen folgende Ausgangslohnsummen fest:

B-GmbH	200 000 EUR
C-OHG	300 000 EUR
A-GmbH	90 000 EUR (= 200 000 EUR × 30 % + 300 000 EUR × 10 %)
A-Einzelunternehmen	90 000 EUR (= 90 000 EUR × 100 %).

Die Mindestlohnsumme beträgt demnach 360 000 EUR (= 90 000 EUR × 400 %).

Sechs Monate nach der Übertragung bringt S das Einzelunternehmen gegen Gewährung von neuen Anteilen in eine neu geschaffene Holding (H-GmbH) ein. Mitgesellschafter T bringt seine 40 %-Beteiligung an der D-KG ein. Nach der Einbringung ist S an der H-GmbH entsprechend dem Verhältnis der eingebrachten Vermögenswerte zu 20 % beteiligt.

Die jährliche Lohnsumme beträgt:

A-GmbH	0 EUR
B-GmbH	50 000 EUR
C-OHG	100 000 EUR
D-KG	500 000 EUR
H-GmbH	0 EUR

Aus Vereinfachungsgründen wird angenommen, dass die jährlichen Lohnsummen gleichmäßig während des Lohnsummenzeitraums anfallen.

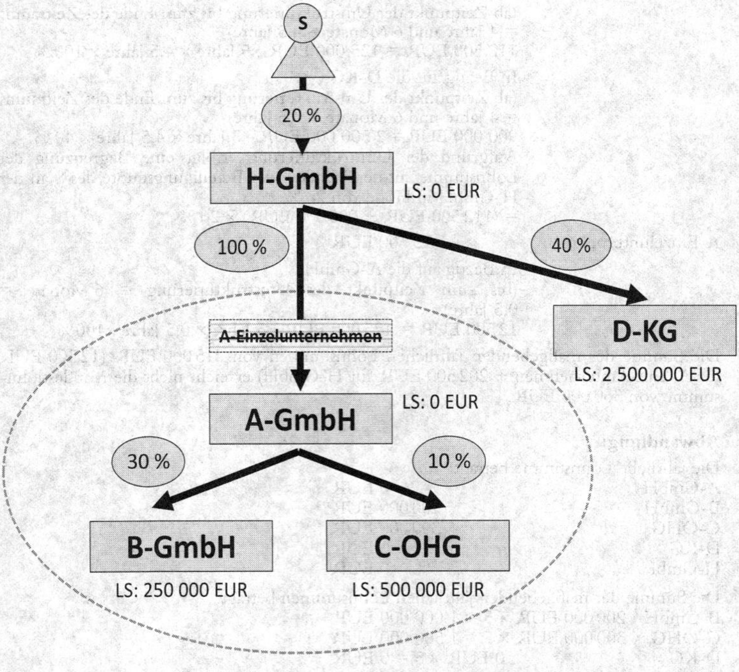

Lösung:

Die Lohnsumme der D-KG ist anzusetzen, da die Beteiligung an der H-GmbH an die Stelle des Einzelunternehmens getreten ist. Die Summe der maßgebenden jährlichen Lohnsummen beträgt:

B-GmbH	50 000 EUR × 5 = 250 000 EUR
C-OHG	100 000 EUR × 5 = 500 000 EUR
D-KG	500 000 EUR × 5 = 2 500 000 EUR

Durch die Umwandlung bleibt der Lohnsummenzeitraum von 5 Jahren unverändert.

Die Betriebsfinanzämter stellen die Summen der maßgeblichen jährlichen Lohnsummen wie folgt fest:

B-GmbH	250 000 EUR
C-OHG	500 000 EUR
D-KG	2 500 000 EUR

A-GmbH	125 000 EUR
	= 250 000 EUR × 30 % + 500 000 EUR × 10 %
H-GmbH	202 500 EUR
	Es ist ohne Bedeutung, dass S an der H-GmbH nicht zu mehr als 25 % beteiligt ist, weil die nach § 13a Absatz 3 Satz 12 ErbStG vorgesehene Mindestbeteiligungsgrenze sich nicht auf unmittelbar von natürlichen Personen gehaltene Beteiligungen bezieht und die H-GmbH an die Stelle des Einzelunternehmens getreten ist. In Bezug auf die A-GmbH (ab Zeitpunkt der Umstrukturierung bis zum Ende des Zeitraums = 4 Jahre und 6 Monate = 4,5 Jahre) 112 500 EUR = 125 000 EUR : 5 Jahre × 4,5 Jahre × 100 % In Bezug auf die D-KG (ab Zeitpunkt der Umstrukturierung bis zum Ende des Zeitraums = 4 Jahre und 6 Monate = 4,5 Jahre) 900 000 EUR= 2 500 000 EUR : 5 Jahre × 4,5 Jahre × 40 % Aufgrund der Umstrukturierung erfolgt eine Begrenzung der Lohnsumme auf den Umfang der Beteiligungsquote des S an der H-GmbH in Höhe von 20 %. = (112 500 EUR + 900 000 EUR) × 20 %
A-Einzelunternehmen	12 500 EUR
	In Bezug auf die A-GmbH (bis zum Zeitpunkt der Umstrukturierung = 6 Monate = 0,5 Jahre) 12 500 EUR = 125 000 EUR : 5 Jahre × 0,5 Jahre ×100 %

Die Summe der maßgebenden jährlichen Lohnsummen von 215 000 EUR (12 500 EUR für A-Einzelunternehmen + 202 500 EUR für H-GmbH) erreicht nicht die Mindestlohnsumme von 360 000 EUR.

Abwandlung:

Die jährliche Lohnsumme beträgt:

A-GmbH	0 EUR
B-GmbH	200 000 EUR
C-OHG	300 000 EUR
D-KG	0 EUR
H-GmbH	0 EUR

Die Summe der maßgebenden jährlichen Lohnsummen beträgt:

B-GmbH	200 000 EUR × 5 = 1 000 000 EUR
C-OHG	300 000 EUR × 5 = 1 500 000 EUR
D-KG	0 EUR × 5 = 0 EUR

Durch die Umwandlung bleibt der Lohnsummenzeitraum von 5 Jahren unverändert.

Die Betriebsfinanzämter stellen die Summen der maßgeblichen jährlichen Lohnsummen wie folgt fest:

B-GmbH	1 000 000 EUR
C-OHG	1 500 000 EUR
D-KG	0 EUR
A-GmbH	450 000 EUR
	= 1 000 000 EUR × 30 % + 1 500 000 EUR × 10 %
H-GmbH	81 000 EUR
	In Bezug auf die A-GmbH (ab Zeitpunkt der Umstrukturierung bis zum Ende des Zeitraums = 4 Jahre und 6 Monate = 4,5 Jahre) 405 000 EUR = 450 000 EUR : 5 Jahre × 4,5 Jahre × 100%

In Bezug auf die D-KG
(ab Zeitpunkt der Umstrukturierung bis zum Ende des Zeitraums = 4 Jahre und 6 Monate = 4,5 Jahre)
0 EUR = 0 EUR : 5 Jahre × 4,5 Jahre × 40 %
= (405 000 EUR + 0 EUR) × 20 %)

A-Einzelunternehmen 45 000 EUR
In Bezug auf die A-GmbH
(bis zum Zeitpunkt der Umstrukturierung = 6 Monate = 0,5 Jahre)
45 000 EUR = 450 000 EUR : 5 Jahre × 0,5 Jahre × 100 %

Die Summe der maßgebenden jährlichen Lohnsummen von 126 000 EUR (45 000 EUR für A-Einzelunternehmen + 81 000 EUR für H-GmbH) erreicht nicht die Mindestlohnsumme von 360 000 EUR.

R E 13a.8 (3)

(3) [1] Werden im Lohnsummenzeitraum Beteiligungen an nachgeordneten Gesellschaften neu strukturiert, sind die Lohnsummen der nachgeordneten Gesellschaften im Rahmen der neuen Beteiligungsstruktur weiter zu berücksichtigen, wenn sie bereits vor der Umstrukturierung einzubeziehen waren (→ R E 13a.7 Absatz 8). [2] Für neu hinzukommende Beteiligungen an Kapitalgesellschaften gilt dies entsprechend, wenn die unmittelbare und mittelbare Beteiligung zusammen mehr als 25 % beträgt (vgl. § 13a Abs. 3 Satz 12 ErbStG).

H E 13a.8 (3)

Umstrukturierung bei nachgeordneten Gesellschaften.

Beispiel:

Ausgangssachverhalt wie in Beispiel zu H 13a.8 (2).
Sechs Monate nach der Übertragung bringt die A-GmbH ihre Anteile an der B-GmbH und die Beteiligung an der C-OHG in eine neu geschaffene Holding (H-GmbH) ein. Mitgesellschafter T bringt seine 40%-Beteiligung an der D-KG ein. Nach der Einbringung ist die A-GmbH an der H-GmbH entsprechend dem Verhältnis der eingebrachten Vermögenswerte zu 20 % beteiligt.
Die jährliche Lohnsumme beträgt:

Einzelunternehmen	0 EUR
A-GmbH	0 EUR
B-GmbH	200 000 EUR
C-OHG	300 000 EUR
D-KG	1 000 000 EUR
H-GmbH	0 EUR

Aus Vereinfachungsgründen wird angenommen, dass die jährlichen Lohnsummen gleichmäßig während des Lohnsummenzeitraums anfallen.

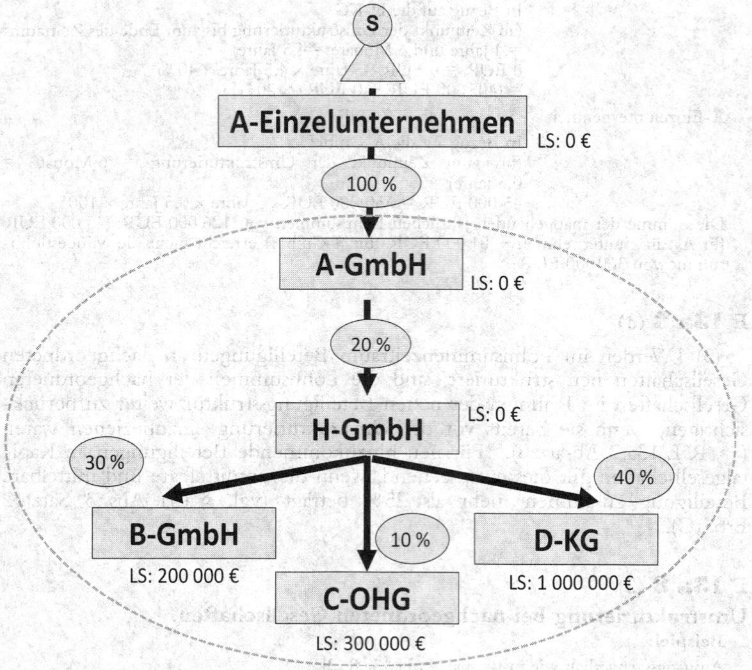

Lösung:

Die Lohnsumme der D-KG ist nicht anzusetzen. Bei Beteiligungen, die innerhalb eines Betriebsvermögens gehalten werden, muss die nach § 13a Absatz 3 Satz 12 ErbStG vorgesehene Mindestbeteiligungsgrenze von mehr als 25% erfüllt sein. Diese Voraussetzung ist bei der Beteiligung der A-GmbH an der H-GmbH nicht gegeben. Außerdem war die D-KG auch bereits vor der Umstrukturierung nicht in die Ermittlung der Lohnsumme der A-GmbH einzubeziehen.

Entsprechendes würde für eine eigene Lohnsumme der H-GmbH gelten.

Die Lohnsummen der B-GmbH und der C-OHG sind für den Zeitraum bis zur Umstrukturierung über die bestehende unmittelbare Beteiligung der A-GmbH zuzuordnen. Die Lohnsummen der B-GmbH und der C-OHG sind für den Zeitraum ab der Umstrukturierung über die bestehende unmittelbare Beteiligung der H-GmbH zuzuordnen. Zwar muss bei Beteiligungen, die innerhalb eines Betriebsvermögens gehalten werden, die nach § 13a Absatz 3 Satz 12 ErbStG vorgesehene Mindestbeteiligungsgrenze von mehr als 25 % erfüllt sein. Diese Voraussetzung ist bei der Beteiligung der A-GmbH an die H-GmbH aber nicht gegeben. Dennoch sind die Lohnsummen der B-GmbH und der C-OHG ab der Umstrukturierung zugunsten des S einzubeziehen, weil die Löhne bereits vor der Umstrukturierung in die Ermittlung der Lohnsumme einzubeziehen waren.

Die Summe der maßgebenden jährlichen Lohnsummen beträgt:

B-GmbH	200 000 EUR × 5 Jahre =	1 000 000 EUR
C-OHG	300 000 EUR × 5 Jahre =	1 500 000 EUR.

Durch die Umwandlung bleibt der Lohnsummenzeitraum von 5 Jahren unverändert.

Die Betriebsfinanzämter stellen die Summen der maßgebenden jährlichen Lohnsummen wie folgt fest:

B-GmbH	1 000 000 EUR
C-OHG	1 500 000 EUR
H-GmbH	405 000 EUR (= 270 000 EUR + 135 000 EUR)
	In Bezug auf die B-GmbH (ab Zeitpunkt der Umstrukturierung bis Ende des Lohnsummenzeitraums = 4 Jahre und 6 Monate = 4,5 Jahre) 270 000 EUR = 1 000 000 EUR : 5 Jahre × 4,5 Jahre × 30 %
	In Bezug auf die C-OHG (ab Zeitpunkt der Umstrukturierung bis Ende des Lohnsummenzeitraums = 4 Jahre und 6 Monate = 4,5 Jahre) 135 000 EUR = 1 500 000 EUR : 5 Jahre × 4,5 Jahre × 10 %
A-GmbH	126 000 EUR (= 30 000 EUR + 15 000 EUR + 81 000 EUR)
	In Bezug auf die B-GmbH (ab Beginn des Lohnsummenzeitraums bis zum Zeitpunkt Umstrukturierung = 6 Monate = 0,5 Jahre) 30 000 EUR = 1 000 000 EUR : 5 Jahre × 0,5 Jahre × 30 %
	In Bezug auf die C-OHG (ab Beginn des Lohnsummenzeitraums bis zum Zeitpunkt der Umstrukturierung = 6 Monate = 0,5 Jahre) 15 000 EUR = 1 500 000 EUR : 5 Jahre × 0,5 Jahre × 10 %
	In Bezug auf die H-GmbH 81 000 EUR = 405 000 EUR × 20 %
Einzelunternehmen	126 000 EUR = 126 000 EUR × 100 %

Die Summe der maßgebenden jährlichen Lohnsummen von 126 000 EUR erreicht nicht die Mindestlohnsumme von 360 000 EUR.

R E 13a.8 (4)

(4) [1]Werden aufgrund von Umstrukturierungsmaßnahmen im Lohnsummenzeitraum Anteile an einer Kapitalgesellschaft für die Steuerbefreiung unschädlich (§ 13a Absatz 6 Satz 1 Nummer 4 Satz 2 2. Halbsatz ErbStG) gegen Gewährung von Gesellschaftsrechten in eine andere Kapitalgesellschaft eingebracht (Anteilstausch), sind die Lohnsummen dieser Gesellschaft einschließlich der nachgeordneten Gesellschaften zu dem Anteil einzubeziehen, zu dem die Beteiligung des Einbringenden an der übernehmenden Gesellschaft besteht. [2]Die Lohnsumme dieser Kapitalgesellschaft ist zu dem jeweiligen Anteil zu berücksichtigen, auch wenn er nicht mehr als 25 % beträgt. [3]Satz 1 gilt für die Einbringung von Anteilen an einer Kapitalgesellschaft im Sinne des § 13b Absatz 1 Nummer 3 ErbStG in eine Personengesellschaft gegen Gewährung von Gesellschaftsrechten, durch die der Einbringende Mitunternehmer wird, entsprechend.

H E 13a.8 (4)

Umstrukturierung gegen Gewährung von Gesellschaftsrechten.

Beispiel:

A ist zu 100 % beteiligt an der A-GmbH. A überträgt die Anteile unentgeltlich auf S. S bringt 6 Monate nach der Übertragung die Anteile an der A-GmbH unschädlich in die B-GmbH gegen Gewährung von Gesellschaftsrechten ein. Auf der Grundlage der gemeinen Werte der Anteile hält S eine Beteiligung von 30 % an der B-GmbH.
Die Ausgangslohnsumme der A-GmbH beträgt 100 000 EUR, die Mindestlohnsumme demnach 400 000 EUR. Die jährlichen Lohnsummen betragen in der A-GmbH 100 000 EUR und in der B-GmbH 200 000 EUR.
Durch die Einbringung bleibt der Lohnsummenzeitraum von 5 Jahren unverändert.

Die Betriebsfinanzämter stellen die Summen der maßgeblichen jährlichen Lohnsummen wie folgt fest:

A-GmbH	500 000 EUR = 100 000 EUR × 5 Jahre
B-GmbH	405 000 EUR (= 135 000 EUR + 270 000 EUR)
	In Bezug auf die A-GmbH
	(ab Zeitpunkt der Umstrukturierung bis Ende des Lohnsummenzeitraums = 4 Jahre und 6 Monate = 4,5 Jahre)
	135 000 EUR = 500 000 EUR : 5 Jahre × 4,5 Jahre × 30 %
	In Bezug auf die B-GmbH
	(ab Zeitpunkt der Umstrukturierung bis Ende des Lohnsummenzeitraums = 4 Jahre und 6 Monate = 4,5 Jahre)
	270 000 EUR = 1 000 000 EUR : 5 Jahre × 4,5 Jahre × 30 %

Ansatz der Summe der maßgebenden jährlichen Lohnsummen durch das Erbschaftsteuerfinanzamt:

In Bezug auf den Zeitraum von Erwerb bis zum Zeitpunkt der Umstrukturierung (6 Monate = 0,5 Jahre) muss das Erbschaftsteuerfinanzamt für die A-GmbH 50 000 EUR (= 500 000 EUR : 5 Jahre × 0,5 Jahre) berücksichtigen.

Die für die B-GmbH festgestellte Summe der maßgebenden jährlichen Lohnsummen (405 000 EUR) ist zu übernehmen.

Die Summe der maßgebenden jährlichen Lohnsummen von 455 000 EUR (= 50 000 EUR + 405 000 EUR) erreicht die Mindestlohnsumme von 400 000 EUR.

R E 13a.8 (5, 6)

(5) [1]Wird aufgrund von Umstrukturierungsmaßnahmen im Lohnsummenzeitraum ein Betrieb, Teilbetrieb oder Mitunternehmeranteil für die Steuerbefreiung unschädlich (§ 13a Absatz 6 Satz 1 Nummer 1 Satz 2 2. Halbsatz ErbStG) gegen Gewährung von Gesellschaftsrechten in eine Kapital- oder Personengesellschaft eingebracht, sind die Lohnsummen dieser Gesellschaft einschließlich der nachgeordneten Gesellschaften zu dem Anteil einzubeziehen, zu dem die Beteiligung des Einbringenden an der übernehmenden Gesellschaft besteht. [2]Im Fall einer Einbringung in eine Kapitalgesellschaft ist die Lohnsumme dieser Kapitalgesellschaft zu dem jeweiligen Anteil zu berücksichtigen, auch wenn er nicht mehr als 25 % beträgt. [3]Im Fall einer Verschmelzung gilt das Vorstehende entsprechend.

(6) [1]Besteht im Lohnsummenzeitraum zunächst eine zu berücksichtigende Beteiligung an einer Personengesellschaft und wird die Personengesellschaft in

eine Kapitalgesellschaft umgewandelt, bestehen keine Bedenken, die Lohnsumme dieser Kapitalgesellschaft zu berücksichtigen, auch wenn die Beteiligung an der Kapitalgesellschaft nicht mehr als 25% beträgt. [2]Stimmt die Höhe der Beteiligung an der Kapitalgesellschaft aufgrund der Umwandlung nicht mit der Beteiligung an der Personengesellschaft überein, ist die Lohnsumme zu dem Anteil zu berücksichtigen, zu dem die Beteiligung an der Kapitalgesellschaft besteht. [3]Wird eine Kapitalgesellschaft umgewandelt, z.B. in eine Personengesellschaft, gilt Satz 2 entsprechend.

R E 13a.9 Verstoß gegen die Lohnsummenregelung

(1) [1]Der Verschonungsabschlag nach § 13a Absatz 1 ErbStG entfällt anteilig, wenn die Summe der maßgebenden jährlichen Lohnsummen innerhalb von fünf Jahren (Lohnsummenfrist) nach dem Erwerb die Mindestlohnsumme unterschreitet (§ 13a Absatz 3 Satz 5 ErbStG). [2]Die Lohnsummenfrist beginnt mit dem Tag nach dem Tag der Steuerentstehung. [3]Die Mindestlohnsumme beträgt
– bei mehr als 15 Beschäftigten 400 Prozent,
– bei mehr als zehn, aber nicht mehr als 15 Beschäftigten 300 Prozent,
– bei mehr als fünf, aber nicht mehr als zehn Beschäftigten 250 Prozent
der Ausgangslohnsumme. [4]Wegen der Ermittlung der Mindestlohnsumme bei mehreren wirtschaftlichen Einheiten → R E 13a.6. [5]Der Verschonungsabschlag entfällt in dem Verhältnis, in dem die Summe der maßgebenden jährlichen Lohnsummen die Mindestlohnsumme unterschreitet. [6]Der Steuerbescheid ist in diesem Fall nach § 175 Absatz 1 Satz 1 Nummer 2 AO zu ändern (Nachversteuerung). [7]Der Steuerpflichtige ist im Steuerbescheid darauf hinzuweisen, dass Verstöße gegen die Lohnsummenregelung innerhalb einer Frist von sechs Monaten nach Ablauf der Lohnsummenfrist schriftlich anzuzeigen sind (§ 13a Absatz 7 ErbStG, § 153 Absatz 2 AO) und eine Anzeige auch dann zu erfolgen hat, wenn der Vorgang zu keiner Besteuerung führt. [8]Die Finanzämter haben die Einhaltung der Lohnsummenregelung in geeigneter Form zu überwachen. [9]In Fällen von geringer Bedeutung, z.B. bei einem gemeinen Wert des erworbenen begünstigten Vermögens bis zu 150000 EUR, ist auf die Überwachung der Lohnsummenregelung zu verzichten. [10]Ein Verstoß gegen die Lohnsummenregelung wirkt sich nicht aus auf

1. den Abzugsbetrag nach § 13a Absatz 2 ErbStG,
2. den Vorwegabschlag für Familienunternehmen nach § 13a Absatz 9 ErbStG,
3. die Höhe des Werts des begünstigten Vermögens bei der Ermittlung des Schwellenwerts nach § 13a Absatz 1 Satz 1 ErbStG (→ R E 13a.2 Absatz 2) und
4. die Höhe des Entlastungsbetrags nach § 19a ErbStG.

(2) [1]Im Fall der Optionsverschonung (§ 13a Absatz 10 ErbStG) beträgt die Mindestlohnsumme
– bei mehr als 15 Beschäftigten 700 Prozent
– bei mehr als zehn, aber nicht mehr als 15 Beschäftigten 565 Prozent
– bei mehr als fünf, aber nicht mehr als zehn Beschäftigten 500 Prozent
der Ausgangslohnsumme und die Lohnsummenfrist 7 Jahre. [2]Im Übrigen gelten die Ausführungen in Absatz 1 und R E 13a.6 entsprechend.

R E 13a.10 Feststellung der Anzahl der Beschäftigten, der Ausgangslohnsumme und der Summe der maßgebenden jährlichen Lohnsummen

(1) [1]Die Ausgangslohnsumme, die Anzahl der Beschäftigten und die Summe der maßgebenden jährlichen Lohnsummen stellt das für die Bewertung der wirtschaftlichen Einheit örtlich zuständige Finanzamt im Sinne des § 152 Nummer 1 bis 3 BewG fest, wenn diese Werte für die Erbschaftsteuer oder eine andere Feststellung im Sinne dieser Vorschrift von Bedeutung sind (§ 13a Absatz 4 ErbStG). [2]Die Feststellungen erfolgen auch dann, wenn es sich um ein börsennotiertes Unternehmen handelt und deshalb keine Feststellung des Werts des Anteils gem. § 11 Absatz 1 BewG erfolgt. [3]Zum Verfahrensrecht → R B 151.1 ff.

(2) [1]Soweit das nach § 152 Nummer 1 bis 3 BewG örtlich zuständige Finanzamt erkennt, dass die Ausgangslohnsumme des Betriebs null EUR beträgt oder der Betrieb nicht mehr als fünf Beschäftigte hat, unterbleibt eine Feststellung der Ausgangslohnsumme, der Anzahl der Beschäftigten und der Summe der maßgebenden jährlichen Lohnsummen, da in diesen Fällen die Angaben für die Erbschaftsteuer nicht von Bedeutung sind. [2]Das Finanzamt teilt dem Steuerpflichtigen und dem zuständigen Erbschaftsteuer-Finanzamt die fehlende steuerliche Bedeutung der Durchführung einer Feststellung mit.

(3) [1]Ist ein mehrstufiges Feststellungsverfahren durchzuführen, hat ein nach § 152 Nummer 1 bis 3 BewG örtlich zuständiges Finanzamt einer nachgeordneten Feststellungsebene regelmäßig die Höhe der Ausgangslohnsumme, die Anzahl der Beschäftigten und die Summe der maßgebenden jährlichen Lohnsummen festzustellen. [2]Dies gilt auch, wenn auf der nachgeordneten Feststellungsebene die Ausgangslohnsumme null EUR beträgt oder dieser Betrieb nicht mehr als fünf Beschäftigte hat, soweit nicht auszuschließen ist, dass die Angaben für eine andere Feststellung nach § 13a Absatz 4 ErbStG in Verbindung mit § 151 Absatz 1 Satz 1 Nummer 1 bis 3 BewG auf einer übergeordneten Feststellungsebene von Bedeutung sind. [3]Die Feststellungen einer nachgeordneten Feststellungsebene sind in dem Umfang der entsprechenden Beteiligungsquote auf der übergeordneten Feststellungsebene zu berücksichtigen. [4]Bei der Berücksichtigung der Anzahl der Beschäftigten ist auf zwei Nachkommastellen abzurunden.

(4) [1]Die Feststellungsfrist für die Feststellung der Summe der maßgebenden jährlichen Lohnsummen beginnt grundsätzlich mit Ablauf des Kalenderjahrs, in dem die Lohnsummenfrist endet. [2]Die Regelungen zur Anlaufhemmung nach § 170 Absatz 2 Satz 1 Nummer 1 AO kommen zur Anwendung.

R E 13a.11 Folgen einer Weitergabeverpflichtung oder einer Nachlassteilung

(1) [1]Ein Erwerber kann die Befreiung nicht in Anspruch nehmen, soweit er verpflichtet ist, das begünstigte Vermögen auf Grund einer letztwilligen oder rechtsgeschäftlichen Verfügung des Erblassers auf einen Dritten zu übertragen (Weitergabeverpflichtung, § 13a Absatz 5 Satz 1 ErbStG). [2]Letztwillige Verfü-

gung ist das Testament, rechtsgeschäftliche Verfügung ist z. B. der Erbvertrag. [3]Anwendungsfälle sind insbesondere

1. Sachvermächtnisse, die auf begünstigtes Vermögen gerichtet sind,
2. Vorausvermächtnisse, die auf begünstigtes Vermögen gerichtet sind,
3. ein Schenkungsversprechen auf den Todesfall oder
4. Auflagen des Erblassers, die auf die Weitergabe begünstigten Vermögens gerichtet sind.

[4]Sind Miterben auf Grund einer Teilungsanordnung des Erblassers verpflichtet das begünstigte Vermögen auf einen Miterben zu übertragen, können die übertragenden Miterben die Befreiung nicht in Anspruch nehmen (§ 13a Absatz 5 Satz 2 ErbStG); das gilt unabhängig davon, wann die Auseinandersetzungsvereinbarung geschlossen wird. [5]Den übernehmenden Erwerber oder Miterben, der die Befreiung in Anspruch nehmen kann, trifft die Pflicht zur Einhaltung der Lohnsummen- und Behaltensregelung und der Voraussetzungen für den Vorwegabschlag auch hinsichtlich des übertragenen Anteils; er hat die steuerlichen Folgen eines Verstoßes hiergegen zu tragen.

(2) [1]Gibt der nachfolgende Erwerber für den Erwerb des begünstigten Vermögens nicht begünstigtes Vermögen hin, das er vom Erblasser erworben hat, wird er so gestellt, als habe er von Anfang an begünstigtes Vermögen erworben (§ 13a Absatz 5 Satz 3 ErbStG). [2]Dies gilt auch dann, wenn die einzelnen Vermögensgegenstände nach derselben Vorschrift, z. B. nach §§ 13a, 13b ErbStG begünstigt sind, da der überlassende Miterbe die Begünstigung nicht mehr in Anspruch nehmen kann (§ 13a Absatz 5 Satz 1 und 2 ErbStG). [3]Als hingegebenes Vermögen gilt nicht die Entlastung der übrigen Erwerber von solchen Nachlassverbindlichkeiten im Innenverhältnis, die mit dem begünstigten Vermögen oder Teilen davon in wirtschaftlichem Zusammenhang stehen. [4]Der gemeine Wert des begünstigten Vermögens darf jedoch nicht überschritten werden. [5]Durch diese Regelung wird lediglich die Bemessungsgrundlage für die Steuerbefreiung verändert; sie führt nicht zu einer Veränderung der Zurechnung der Erwerbsgegenstände. [6]Der Grundsatz, dass die Erbauseinandersetzung unbeachtlich ist (→ R E 3.1), gilt unverändert fort. [7]Sätze 1 bis 6 gelten entsprechend auch für die freie Erbauseinandersetzung unter den Erben, wenn diese zeitnah zum Erbfall erfolgt. [8]Erfolgt die Übertragung und Hingabe des Vermögens in diesem Fall nach Ergehen des jeweiligen Erbschaftsteuerbescheids, ist dies als Ereignis mit steuerlicher Rückwirkung auf den Zeitpunkt der Steuerentstehung anzusehen, so dass die Steuerfestsetzungen nach § 175 Absatz 1 Satz 1 Nummer 2 AO zu ändern sind.

H E 13a.11

Freie Erbauseinandersetzung. In den Fällen der freien Auseinandersetzung von Erbengemeinschaften ist eine steuerliche Rückwirkung auf den Zeitpunkt des Erbfalls als zeitnah in der Regel anzuerkennen, wenn die Auseinandersetzungsvereinbarung innerhalb von sechs Monaten erfolgt (→ vgl. BMF-Schreiben vom 14.3.2006, BStBl. I S. 253, Tz. 8). Erfolgt die Erbauseinandersetzung erst nach mehr als sechs Monaten, kann der Begünsti-

gungstransfer in begründeten Ausnahmefällen (z. B. aufgrund von Erbstreitigkeiten, Erstellung von Gutachten o. ä.) gewährt werden. Der Steuerpflichtige hat die Gründe darzulegen, die eine Erbauseinandersetzung innerhalb des Sechsmonatszeitraums verhindert haben.
→ BFH vom 23.6.2015 II R 39/13, BStBl. 2016 II S. 225.

Schuldenkürzung bei Nachlassteilung.

Beispiel:

Erblasser E wird von seiner Tochter T und seinem Sohn S je zur Hälfte beerbt. Zum Nachlass gehören sämtliche Anteile an einer inländischen Kapitalgesellschaft mit einem Anteilswert von 10 000 000 EUR, der nur aus begünstigtem Vermögen besteht, und ein Bankguthaben von 10 000 000 EUR. Im Zusammenhang mit den Anteilen stehen Nachlassverbindlichkeiten in Höhe von 1 000 000 EUR.

Im Rahmen der Erbauseinandersetzung übernimmt die Tochter auch die andere Hälfte der Anteile gegen eine Ausgleichszahlung aus dem Nachlass von 5 000 000 EUR. Die Schuld tragen beide entsprechend ihren Erbteilen.

Berechnung des Reinnachlasses		
Steuerwert der Anteile		10 000 000 EUR
Bankguthaben		+ 10 000 000 EUR
Vermögensanfall		20 000 000 EUR
Nachlassverbindlichkeiten		./. 1 000 000 EUR
Erbfallkostenpauschale		./. 10 300 EUR
Wert des Reinnachlasses		18 989 700 EUR
Davon Erbanteil je 1/2		9 494 850 EUR
Berechnung des Erwerbs für T		
Steuerbefreiung nach § 13a ErbStG		
Steuerwert der Anteile (begünstigtes Vermögen)	5 000 000 EUR	
Werterhöhung Ausgleichszahlung in Höhe von 5 000 000 EUR	+ 5 000 000 EUR	
Begünstigtes Vermögen insgesamt	10 000 000 EUR	
Verschonungsabschlag (85 %)	./. 8 500 000 EUR	8 500 000 EUR
Verbleiben	1 500 000 EUR	
Abzugsbetrag		+ 0 EUR
Verschonung insgesamt		8 500 000 EUR
Berechnung des Abzugsbetrags	150 000 EUR	
Verbleibender Wert (15%) 1 500 000 EUR		
Abzugsbetrag ./. 150 000 EUR		
Unterschiedsbetrag 1 350 000 EUR		
Davon 50 %	./. 675 000 EUR	
Verbleibender Abzugsbetrag	0 EUR	
Berechnung der nicht abzugsfähigen Schulden für T		
Schuld (1/2 entsprechend Erbteil)	500 000 EUR	
Davon abzugsfähig		

Wert Anteile (begünstigtes Vermögen) nach Anwendung § 13a ErbStG
5 000 000 EUR – 8 500 000 EUR = 0 EUR

$$\frac{\text{Wert Anteile (begünstigtes Vermögen) nach Anwendung des § 13a ErbStG}}{\text{Wert der begünstigten Anteile}}$$

= 0 EUR : 5 000 000 EUR = 0,00 %		
500 000 EUR x 0,00 %	./. 0 EUR	
Nicht abzugsfähig	500 000 EUR	

Erbanteil T	9 494 850 EUR
Steuerbefreiung § 13a ErbStG	./. 8 500 000 EUR
Nicht abzugsfähiger Teil der Schuld	+ 500 000 EUR
Bereicherung der T	1 494 850 EUR
Erbanteil S	9 494 850 EUR
Steuerbefreiung § 13a ErbStG	./. 0 EUR
Nicht abzugsfähiger Teil der Schuld	+ 0 EUR
Bereicherung des S	9 494 850 EUR

R E 13a.12 Behaltensregelungen – Allgemeines

(1) [1]Der Verschonungsabschlag und der Abzugsbetrag fallen mit Wirkung für die Vergangenheit weg, soweit innerhalb von fünf Jahren nach dem Zeitpunkt der Steuerentstehung (Behaltensfrist) gegen eine der Behaltensregelungen für das begünstigte Vermögen verstoßen wird (§ 13a Absatz 6 ErbStG). [2]Die Gründe für den Verstoß gegen die Behaltensregelungen sind unbeachtlich. [3]Die Behaltensfrist ist für jeden Erwerber gesondert zu prüfen. [4]Der Steuerbescheid ist in diesen Fällen nach § 175 Absatz 1 Satz 1 Nummer 2 AO zu ändern (Nachversteuerung). [5]Ein Verstoß gegen die Behaltensregelungen wirkt sich nicht auf den Vorwegabschlag nach § 13a Absatz 9 ErbStG aus. [6]Ein Verstoß gegen die Behaltensregelung führt nicht zu einer Änderung des Ansatzes des Werts des begünstigten Vermögens bei der Ermittlung des Schwellenwerts (§ 13a Absatz 1 Satz 1 ErbStG), da sich nicht der Wert des begünstigten Vermögens, sondern nur die Höhe der Steuerbefreiung für das begünstigte Vermögen ändert. [7]Der Steuerpflichtige ist im Steuerbescheid darauf hinzuweisen, dass Verstöße gegen die Behaltensregelungen innerhalb einer Frist von einem Monat, nachdem der jeweilige Tatbestand verwirklicht wurde, schriftlich anzuzeigen sind (§ 13a Absatz 7 Satz 2 ErbStG, § 153 Absatz 2 AO) und eine Anzeige auch dann zu erfolgen hat, wenn der Vorgang zu keiner Besteuerung führt. [8]Die Finanzämter haben die Einhaltung der Behaltensregelungen in geeigneter Form zu überwachen. [9]In Fällen von geringer Bedeutung, z.B. bei einem gemeinen Wert des erworbenen begünstigten Vermögens bis zu 150 000 EUR, ist die Überwachung auf eine Veräußerung/Aufgabe des begünstigt erworbenen Vermögens zu beschränken. [10]Zum Verstoß durch einen nachfolgenden Erwerber → R E 13a.19 Absatz 5.

(2) Ein Verstoß gegen die Behaltensregelungen liegt nicht vor, wenn begünstigtes Vermögen

1. im Wege des Übergangs von Todes wegen übergeht oder
2. durch Schenkung unter Lebenden weiter übertragen wird. [2]Erfolgt jedoch die Zuwendung teilentgeltlich, gilt dies nur hinsichtlich des unentgeltlichen Teils der Zuwendung (gemischte Schenkung oder Schenkung unter Auflage, → R E 7.4). [3]Der entgeltliche Teil der Zuwendung stellt ungeachtet der ertragsteuerlichen Behandlung einen Verstoß gegen die Behaltensregelungen dar. [4]Eine mit einer Weiterschenkung verbundene Duldungsauflage (z.B. Nießbrauchsvorbehalt) stellt schenkungsteuerrechtlich keine Gegenleistung dar und führt damit insoweit nicht zur Teilentgeltlichkeit der Übertragung. [5]Infolgedessen liegt insoweit auch kein Verstoß gegen die Behaltensregelungen vor.

(3) Ein Verstoß gegen die Behaltensregelungen liegt dagegen vor, wenn begünstigtes Vermögen

1. als Abfindung nach § 3 Absatz 2 Nummer 4 ErbStG übertragen wird oder
2. zur Erfüllung anderer schuldrechtlicher Ansprüche, z. B. auf Grund eines Geldvermächtnisses, Pflichtteils- oder Zugewinnausgleichsanspruchs, hingegeben wird.

H E 13a.12

Einräumung obligatorischer Nutzungsrechte an begünstigtem Vermögen. Das Einräumen eines Nutzungsrechts an begünstigtem Vermögen kann nicht nach § 13a Absatz 6 Satz 1 Nummer 1, 2 und 4, § 19a Absatz 5 ErbStG (Behaltensregelung) zum Wegfall der Entlastungen führen, weil kein begünstigtes Vermögen in seiner Substanz übertragen wird.

Gründe für Verstoß gegen die Behaltensregelungen unbeachtlich. → BFH vom 16.2.2005 II R 39/03, BStBl. II S. 571, und vom 26.2.2014 II R 36/12, BStBl. II S. 581.

Keine Bindung an ertragsteuerliche Beurteilung als unentgeltlicher Vorgang. → BFH vom 2.3.2005 II R 11/02, BStBl. II S. 532.

R E 13a.13 Behaltensregelungen für Betriebsvermögen

(1) [1]Die Veräußerung eines Gewerbebetriebs, eines Teilbetriebs oder eines Anteils an einer Gesellschaft im Sinne des § 15 Absatz 1 Satz 1 Nummer 2 und Absatz 3 oder § 18 Absatz 4 EStG, eines Anteils eines persönlich haftenden Gesellschafters einer KGaA oder eines Anteils daran innerhalb der Behaltensfrist ist ein Verstoß gegen die Behaltensregelungen. [2]Maßgebend ist dabei das obligatorische Rechtsgeschäft und nicht erst die zivilrechtliche Wirksamkeit der Veräußerung. [3]Als Veräußerung gilt auch die Aufgabe eines Gewerbebetriebs, Teilbetriebs oder Mitunternehmeranteils sowie die Eröffnung des Insolvenzverfahrens.[1)] [4]Wegen der bewertungsrechtlichen und erbschaftsteuerrechtlichen Gleichbehandlung des Vermögens, das der Ausübung eines freien Berufs dient, mit einem Gewerbebetrieb (→ § 96 BewG) unterliegt auch begünstigtes Betriebsvermögen in Form von freiberuflichen Praxen und Sozietätsanteilen den Behaltensregelungen. [5]War der Erwerber begünstigter Anteile an einer Gesellschaft im Sinne des § 15 Absatz 1 Satz 1 Nummer 2 und Absatz 3 oder § 18 Absatz 4 EStG vor dem maßgebenden Besteuerungszeitpunkt an dieser Gesellschaft beteiligt, kann bei einer teilweisen Veräußerung seines Anteils regelmäßig davon ausgegangen werden, dass er zunächst die ihm bereits früher gehörenden Anteile veräußert. [6]Zur Reinvestitionsklausel → R E 13a.18.

(2) [1]Ein Verstoß gegen die Behaltensregelungen liegt auch vor, wenn eine, mehrere oder alle im Besteuerungszeitpunkt wesentlichen Betriebsgrundlagen eines Gewerbebetriebs veräußert oder in das Privatvermögen überführt oder anderen betriebsfremden Zwecken zugeführt werden. [2]Absatz 1 Satz 2 gilt entsprechend. [3]Dies gilt nicht, soweit sie zum jungen Verwaltungsvermögen im Sinne des § 13b Absatz 7 Satz 2 ErbStG gehörten. [4]Der Begriff wesentli-

---

[1)] Kein Wegfall des Verschonungsabschlags bei Insolvenzeröffnung; vgl. BFH v. 1.7.2020 II R 19/18, DStR 2020, 2599.

che Betriebsgrundlage ist nach den Grundsätzen des Ertragsteuerrechts (funktionale Betriebsnotwendigkeit) zu beurteilen.[1)] [5]Der Umfang der schädlichen Verfügung bemisst sich nach dem gemeinen Wert des Einzelwirtschaftsguts (z. B. Betriebsgrundstück) im – ursprünglichen – Besteuerungszeitpunkt. [6]Bei Bedarf ist für eine solche wirtschaftliche Untereinheit ein gemeiner Wert noch nach §§ 151 ff. BewG festzustellen. [7]Zur Reinvestitionsklausel → R E 13a.18.

(3) [1]Die Einbringung eines Betriebs, Teilbetriebs oder Mitunternehmeranteils in eine Kapital- oder eine Personengesellschaft (§§ 20, 24 UmwStG) gegen Gewährung von Gesellschaftsanteilen ist selbst kein Verstoß gegen die Behaltensregelungen. [2]Dies gilt auch für die formwechselnde Umwandlung, Verschmelzung oder Realteilung von Personengesellschaften, soweit der Realteiler nicht nur einzelne Wirtschaftsgüter erhält. [3]Aus der Systematik der Befreiungsregelung folgt, dass die übernehmende Gesellschaft ihren Sitz oder ihre Geschäftsleitung im Inland oder in einem Mitgliedstaat der Europäischen Union oder in einem Staat des Europäischen Wirtschaftsraums haben muss. [4]R E 13a.16 Absatz 4 und 5 gilt entsprechend. [5]Eine nachfolgende Veräußerung der dabei erworbenen Anteile an der Kapitalgesellschaft oder Personengesellschaft innerhalb der Behaltensfrist stellt einen Verstoß gegen die Behaltensregelung dar.

(4) Die Absätze 1 bis 3 gelten entsprechend, soweit zum Erwerb begünstigungsfähiges ausländisches Betriebsvermögen im Sinne des R E 13b.5 Absatz 4 gehört.

H E 13a.13

Erzwungene Betriebsaufgabe. → BFH vom 16.2.2005 II R 39/03, BStBl. II S. 571, vom 17.3.2010 II R 3/09, BStBl. II S. 749, und vom 26.2.2014 II R 36/12, BStBl. II S. 581.

Mehrere aufeinanderfolgende Umwandlungen. → BFH vom 16.2.2011 II R 60/09, BStBl. II S. 454.

Wesentliche Betriebsgrundlage. → Begriff: H 16 (5) EStH.

R E 13a.14 Behaltensregelungen für land- und forstwirtschaftliches Vermögen

(1) [1]Die Veräußerung von land- und forstwirtschaftlichem Vermögen im Sinne des § 168 Absatz 1 Nummer 1 BewG (Wirtschaftsteil im Sinne des § 160 Absatz 2 BewG) und selbst bewirtschafteter Grundstücke im Sinne des § 159 BewG innerhalb der Behaltensfrist ist ein Verstoß gegen die Behaltensregelungen (§ 13a Absatz 6 Satz 1 Nummer 2 Satz 1 ErbStG). [2]Maßgebend ist dabei das obligatorische Rechtsgeschäft und nicht erst die zivilrechtliche Wirksamkeit der Veräußerung. [3]Wird der Betrieb, Teilbetrieb oder Mitunternehmeranteil aufgegeben und führt dies dazu, dass der Betrieb als Stückländerei (§ 168 Absatz 2 in Verbindung mit § 160 Absatz 7 BewG) zu qualifizieren ist oder das Vermögen nicht mehr auf Dauer dem Betrieb zu dienen bestimmt ist (z. B. gewerbliche

---

[1)] Zur Frage des Wegfalls des Verschonungsabschlags bei mehrstöckigen Personengesellschaften siehe BFH v. 16.3.2021 II R 10/18, DStR 2021, 1648.

Nutzung), liegt ein Verstoß gegen die Behaltensregelung vor (§ 13a Absatz 6 Satz 1 Nummer 2 Satz 2 ErbStG). [4] Zur Reinvestitionsklausel → R E 13a.18. [5] Wegen der Änderung der Feststellung des gemeinen Werts des Wirtschaftsteils des Betriebs → § 162 Absatz 3 und 4 BewG.

(2) [1] Das Ausscheiden im Besteuerungszeitpunkt wesentlicher Wirtschaftsgüter eines Betriebs der Land- und Forstwirtschaft im Sinne des § 162 Absatz 4 BewG stellt eine schädliche Verwendung dar. [2] Absatz 1 Satz 2 gilt entsprechend. [3] Dies gilt auch, wenn der Erlös aus der Veräußerung solcher Wirtschaftsgüter dazu verwendet wird, Abfindungen an weichende Erben zu zahlen, oder wenn der Hoferbe einzelne Flächen an seine Miterben überträgt, um deren Abfindungsansprüche zu befriedigen.

(3) Als schädliche Verwendung gilt auch der Wegfall der Selbstbewirtschaftung von Flächen im Sinne des § 159 BewG, z.B. auf Grund einer Einstellung der Selbstbewirtschaftung landwirtschaftlich genutzter Flächen, die als Bauland, Industrieland oder Land für Verkehrszwecke dienen werden.

(4) Wenn Pachtverträge über einzelne Flächen über eine Dauer von 15 Jahren und mehr abgeschlossen werden, gilt dies als schädliche Verwendung.

R E 13a.15 Entnahmebegrenzung

(1) [1] Wenn der Erwerber als Inhaber begünstigt erworbenen Betriebsvermögens oder land- und forstwirtschaftlichen Vermögens ab dem Tag nach der Steuerentstehung bis zum Ende des letzten in die Fünfjahresfrist fallenden Wirtschaftsjahrs Entnahmen tätigt, die die Summe seiner Einlagen und der ihm zuzurechnenden Gewinne oder Gewinnanteile seit dem Erwerb um mehr als 150 000 EUR übersteigen (Überentnahmen), stellt dies einen Verstoß gegen die Behaltensregelungen dar. [2] Dies gilt auch, wenn die Entnahmen zur Bezahlung der Erbschaftsteuer getätigt werden. [3] Verluste bleiben unberücksichtigt. [4] Die Begriffe Entnahme, Einlage, Gewinn und Verlust sind nach den Grundsätzen des Ertragsteuerrechts zu beurteilen; maßgebend hierfür ist der Gewinn nach § 4 Absatz 1 oder Absatz 3 EStG. [5] Die Sachentnahme eines Vermögensgegenstands, der im Besteuerungszeitpunkt zum begünstigten Vermögen gehört, ist mit dem ertragsteuerrechtlichen Entnahmewert im Entnahmezeitpunkt anzusetzen. [6] Entnahmen wesentlicher Betriebsgrundlagen, die als Verstoß gegen die Behaltensregelungen nach § 13a Absatz 6 Satz 1 Nummer 1 Satz 2 oder Nummer 2 Satz 2 ErbStG zu beurteilen sind (→ R E 13a.13 Absatz 2, R E 13a.14 Absatz 2), bleiben bei der Prüfung der Entnahmebegrenzung unberücksichtigt. [7] Ebenso bleiben Entnahmen bis zur Höhe des steuerpflichtigen Werts des Verwaltungsvermögens (nicht begünstigtes Vermögen im Sinne des R E 13b.9 Absatz 2 Satz 1 II.4.3) unberücksichtigt. [8] Die Entnahmebegrenzung ist für jeden Betrieb gesondert zu prüfen; bei Gewerbebetrieben mit Beteiligungen ist die Entnahmebegrenzung bei den Beteiligungen nicht gesondert zu prüfen, weil sich die Entnahmen insoweit beim Gewerbebetrieb niederschlagen und dort ggf. zu einem Verstoß gegen die Entnahmebegrenzung führen.

(2) [1] Die Entnahmebegrenzung bezieht sich bei land- und forstwirtschaftlichem Vermögen nur auf solches Vermögen, das ertragsteuerrechtlich zu einem

Betrieb der Land- und Forstwirtschaft gehört. [2]Ist dies der Fall, kommt die Entnahmebegrenzung nur für den Teil des Vermögens in Betracht, das zum nach § 13b Absatz 1 Nummer 1 ErbStG begünstigungsfähigen Vermögen (→ R E 13b.4) gehört. [3]Somit ist die Entnahme von Betriebswohnungen, von Mietwohngrundstücken oder erbbaurechtsbelasteten Flächen und des denkmalgeschützten Wohnteils im Sinne § 13 Absatz 2 Nummer 2 EStG nicht schädlich. [4]Entnahmen bis zur Summe des ertragsteuerlichen Werts der nach § 158 Absatz 4 BewG nicht zum land- und forstwirtschaftlichen Vermögen gehörenden Wirtschaftsgüter im Besteuerungszeitpunkt (Sockelbetrag) sind bei der Prüfung der Entnahmebegrenzung außer Acht zu lassen.

(3) [1]War der Erwerber eines Anteils an einer Personengesellschaft bereits vor dem begünstigten Erwerb an dieser Gesellschaft beteiligt, bezieht sich die Entnahmebegrenzung nur auf den zusätzlich erworbenen Anteil. [2]Entnahmen, soweit sie über sein am Besteuerungszeitpunkt vorhandenes Kapitalkonto hinausgehen, Einlagen und Gewinne während der Behaltensfrist sind anteilig seiner Beteiligung vor dem Erwerb und der neu erworbenen Beteiligung zuzurechnen. [3]Dies gilt entsprechend, wenn der Betrieb einer Personengesellschaft nach Ausscheiden der übrigen Gesellschafter als Einzelunternehmen fortgeführt wird. [4]Der Begriff Kapitalkonto ist nach ertragsteuerlichen Grundsätzen zu beurteilen. [5]Zum Kapitalkonto rechnen danach neben dem Festkapital des Gesellschafters auch der Anteil an einer gesamthänderischen Rücklage, die variablen Kapitalkonten, soweit es sich dabei um Eigenkapital der Gesellschaft handelt, sowie die Kapitalkonten in den Sonderbilanzen und Ergänzungsbilanzen des Gesellschafters. [6]Dieses Kapitalkonto ist grundsätzlich auch für die Berechnung des Verhältnisses maßgebend, nach dem Gewinne, Entnahmen und Einlagen der neu erworbenen Beteiligung und der bereits vorhandenen Beteiligung zuzurechnen sind. [7]Da es sich bei der Bildung einer Gewinnrücklage oder den weiteren Zuführungen um eine Gewinnverwendung handelt, ist der dem Gesellschafter zuzurechnende Gewinn nicht um diese Positionen zu mindern.

(4) [1]Tätigt ein Erwerber gegen Ende der Behaltensfrist im Sinne des Absatzes 1 eine Einlage, um den Betrag von 150 000 EUR übersteigende Entnahmen auszugleichen, liegt darin grundsätzlich kein Gestaltungsmissbrauch. [2]Wird die Einlage jedoch nicht aus vorhandenem privatem Vermögen, sondern unter Aufnahme eines Kredits geleistet, ist zu prüfen, ob der Kredit als betriebliche Schuld oder ggf. als negatives Sonderbetriebsvermögen des Erwerbers zu behandeln ist. [3]Sofern die Prüfung ergibt, dass der Kredit als Betriebsvermögen des Erwerbers zu behandeln ist, liegt keine Einlage vor.

(5) Bei Betrieben der Land- und Forstwirtschaft, die ihren Gewinn nach § 13a EStG ermitteln, ist die Entnahmebegrenzung nicht zu prüfen.

(6) [1]Nach § 13a Absatz 6 Satz 1 Nummer 3 Satz 3 ErbStG ist bei Ausschüttungen an Gesellschafter einer Kapitalgesellschaft § 13a Absatz 6 Satz 1 Nummer 3 Satz 1 ErbStG sinngemäß anzuwenden (Ausschüttungsbeschränkung). [2]Somit können ohne Verstoß gegen die Entnahmebeschränkung in der Behaltensfrist erzielte Gewinne, ggf. erhöht um verdeckte Gewinnausschüttungen, und getätigte offene und verdeckte Einlagen ausgeschüttet werden. [3]Darüber hinaus können nur 150 000 EUR im Fünfjahreszeitraum verdeckt

oder offen ausgeschüttet werden. [4]Ob die Ausschüttung mittelbar oder unmittelbar erfolgt, ist unerheblich.

(7) [1]Ist eine Kapitalgesellschaft in eine Personengesellschaft oder ein Einzelunternehmen umgewandelt worden (§ 13a Absatz 6 Satz 1 Nummer 4 Satz 2 letzter Halbsatz ErbStG), sind für den jeweiligen Anwendungszeitraum die Ausschüttungsbeschränkung und die Entnahmebegrenzung zu berücksichtigen und für die Prüfung der maßgeblichen Grenze von 150 000 EUR zusammenzufassen. [2]Wird eine Personengesellschaft in eine Kapitalgesellschaft umgewandelt, gilt dies entsprechend. [3]Wird ein Einzelunternehmen in eine Personengesellschaft eingebracht oder umgekehrt oder wird eine Kapitalgesellschaft in eine andere Kapitalgesellschaft umgewandelt, gilt die Entnahmebegrenzung oder Ausschüttungsbegrenzung durchgängig.

(8) Die Absätze 1 bis 7 gelten entsprechend, soweit zum Erwerb begünstigungsfähiges ausländisches Betriebsvermögen im Sinne des R E 13b.5 Absatz 4 gehört.

H E 13a.15

Ermittlung der Überentnahmen; nachrichtliche Angaben. Der Umfang der Entnahmen und Einlagen des Erwerbers und die ihm zuzurechnenden Gewinne bzw. Gewinnanteile sind auf Anforderung der Erbschaftsteuerstelle durch das Betriebsfinanzamt zu ermitteln und nachrichtlich mitzuteilen.

Überentnahmen.

Beispiel:

Unternehmer U überträgt begünstigtes Betriebsvermögen mit einem gemeinen Wert von 4 000 000 EUR an seinen Sohn S. Innerhalb der Behaltensfrist tätigt S Überentnahmen von 200 000 EUR

Für S ergibt sich zunächst folgende Steuer:

Betriebsvermögen (begünstigt)		4 000 000 EUR	
Verschonungsabschlag (85 %)		./. 3 400 000 EUR	
Verbleiben		600 000 EUR	
Abzugsbetrag		./. 0 EUR	
Steuerpflichtiges Betriebsvermögen		600 000 EUR	600 000 EUR
Abzugsbetrag		150 000 EUR	
Verbleibender Wert (15 %)	600 000 EUR		
Abzugsbetrag	./. 150 000 EUR		
Unterschiedsbetrag	450 000 EUR		
davon 50 %		./. 225 000 EUR	
Verbleibender Abzugsbetrag		0 EUR	
Persönlicher Freibetrag			./. 400 000 EUR
Steuerpflichtiger Erwerb			200 000 EUR
Steuer nach Stkl. I (11 %)			22 000 EUR

Für S ergibt die Nachversteuerung folgende Steuer:

Betriebsvermögen	4 000 000 EUR	
Überentnahmen	./. 200 000 EUR	200 000 EUR
Betriebsvermögen (begünstigt)	3 800 000 EUR	
Verschonungsabschlag (85 %)	./. 3 230 000 EUR	
Verbleiben	570 000 EUR	
Abzugsbetrag	./. 0 EUR	
Steuerpflichtiges Betriebsvermögen	570 000 EUR	+ 570 000 EUR
		770 000 EUR

Berechnung des Abzugsbetrags		150 000 EUR	
Verbleibender Wert (15%)	570 000 EUR		
Abzugsbetrag	./. 150 000 EUR		
Unterschiedsbetrag	420 000 EUR		
davon 50 %		./. 210 000 EUR	
Verbleibender Abzugsbetrag		0 EUR	
Persönlicher Freibetrag			./. 400 000 EUR
Steuerpflichtiger Erwerb			370 000 EUR
Steuer nach Stkl. I (15 %)			55 500 EUR
Bisher festgesetzt			./. 22 000 EUR
Nachsteuer			33 500 EUR

Überentnahmen zur Schenkungsteuertilgung. → BFH vom 11.11.2009 II R 63/08, BStBl. II S. 305.

Umwandlungsfälle. Wurde eine Beteiligung an einer Personengesellschaft einschließlich des Sonderbetriebsvermögens schenkweise nach § 13a ErbStG begünstigt übertragen und die Personengesellschaft anschließend in eine Kapitalgesellschaft umgewandelt, wobei das Sonderbetriebsvermögen nicht mit eingebracht wurde, gilt Folgendes:

Da der Begriff Entnahme nach den Grundsätzen des Ertragsteuerrechts zu beurteilen ist (→ R E 13a.15 Absatz 1 Satz 4) und danach die bei der Einbringung zurückbehaltenen Wirtschaftsgüter – auch solche des Sonderbetriebsvermögens – als entnommen zu behandeln sind (→ Tz. 20.08 des BMF-Schreibens vom 11.11.2011, BStBl. I S. 1314), müssen diese Entnahmen bei der Prüfung der Entnahmebegrenzung berücksichtigt werden. Entnahmebegrenzung und anschließende Ausschüttungsbegrenzung sind über den gesamten Fünfjahreszeitraum einheitlich zu berechnen.

Wurden Anteile an einer Kapitalgesellschaft schenkweise nach § 13a ErbStG begünstigt übertragen und die Kapitalgesellschaft anschließend in ein Einzelunternehmen oder eine Personengesellschaft umgewandelt, gilt Folgendes:

Ausschüttungsbegrenzung und anschließende Entnahmebegrenzung sind über den gesamten Fünfjahreszeitraum einheitlich zu berechnen

Beispiel:

A erwirbt zum 1.1.00 28 % der Anteile der B-GmbH. Die GmbH erzielt im Jahr 00 einen Gewinn im Sinne von § 4 Absatz 1 EStG von 60 000 EUR, im Jahr 01 von 55 000 EUR und im Jahr 02 von 45 000 EUR. Sie tätigt folgende Ausschüttungen: 01 300 000 EUR und 02 150 000 EUR. Die GmbH wird zum 1.1.03 in eine Personengesellschaft umgewandelt, an der A weiterhin mit 28 % beteiligt ist. Der Wert der Beteiligung, die A hierbei erhält, entspricht dem Wert seiner Anteile an der B-GmbH im Zeitpunkt der Umwandlung. Die Gesellschaft erzielt im Jahr 03 einen Gewinn im Sinne von § 4 Absatz 1 EStG von 50 000 EUR und im Jahr 04 von 75 000 EUR. A entnimmt im Jahr 03 70 000 EUR und im Jahr 04 60 000 EUR.

Ausschüttungsüberschuss des A in den Jahren 00 bis 02
auf A entfallende Ausschüttungen:

01: 28 % von 300 000 EUR	84 000 EUR	
02: 28 % von 150 000 EUR	+ 42 000 EUR	
Summe	126 000 EUR	126 000 EUR

auf A entfallende Gewinne			
00: 28 % von 60 000 EUR	16 800 EUR		
01: 28 % von 55 000 EUR	+ 15 400 EUR		
02: 28 % von 45 000 EUR	+ 12 600 EUR		
Summe	44 800 EUR	./. 44 800 EUR	
Ausschüttungsüberschuss		81 200 EUR	81 200 EUR
Entnahmeüberschuss des A in den Jahren 03 und 04			
Entnahmen des A			
03:	70 000 EUR		
04:	+ 60 000 EUR		
Summe	130 000 EUR	130 000 EUR	
auf A entfallende Gewinne			
03: 28 % von 50 000 EUR	14 000 EUR		
04: 28 % von 75 000 EUR	+ 21 000 EUR		
Summe	35 000 EUR	./. 35 000 EUR	
Entnahmeüberschuss		95 000 EUR	+ 95 000 EUR
Summe			176 200 EUR
abzgl. unschädlicher Überschuss			./. 150 000 EUR
Umfang der schädlichen Verwendung			26 200 EUR

Variable Kapitalkonten als Eigenkapital. → BFH vom 3.11.1993 II R 96/91, BStBl. 1994 II S. 88.

R E 13a.16 Behaltensregelungen für Anteile an Kapitalgesellschaften

(1) [1]Die Veräußerung von Anteilen an einer Kapitalgesellschaft, die zu einem begünstigt erworbenen Vermögen gehören, ist nach § 13a Absatz 6 Satz 1 Nummer 4 ErbStG zu beurteilen. [2]Maßgebend ist dabei das obligatorische Rechtsgeschäft und nicht erst die zivilrechtliche Wirksamkeit der Veräußerung. [3]War der Erwerber begünstigter Anteile an einer Kapitalgesellschaft bereits vor dem maßgeblichen Besteuerungszeitpunkt an dieser Gesellschaft beteiligt, kann bei einer teilweisen Veräußerung seiner Anteile an der Kapitalgesellschaft regelmäßig davon ausgegangen werden, dass er zunächst die ihm bereits früher gehörenden Anteile veräußert.

(2) Im Fall der Herabsetzung des Nennkapitals der Kapitalgesellschaft ist von einer Nachversteuerung abzusehen, wenn es sich um eine nur nominelle Kapitalherabsetzung zum Zweck der Sanierung der Gesellschaft handelt und kein Kapital an die Gesellschafter zurückgezahlt wird.

(3) [1]Die Einbringung von Anteilen an einer Kapitalgesellschaft im Sinne des § 13b Absatz 1 Nummer 3 ErbStG in eine Kapitalgesellschaft gegen Gewährung von Gesellschaftsrechten (Anteilstausch) ist selbst kein Verstoß gegen die Behaltensregelungen nach § 13a Absatz 6 Satz 1 Nummer 4 ErbStG. [2]Ebenso ist die Einbringung von Anteilen an Kapitalgesellschaften im Sinne des § 13b Absatz 1 Nummer 3 ErbStG in eine Personengesellschaft gegen Gewährung von Gesellschaftsrechten, durch die der Einbringende Mitunternehmer wird, selbst kein Verstoß gegen die Behaltensregelungen. [3]Aus der Systematik der Befreiungsregelung der §§ 13a, 13b ErbStG folgt, dass die übernehmende Gesellschaft ihren Sitz oder ihre Geschäftsleitung im Inland oder in einem Mitgliedstaat der Europäischen Union oder in einem Staat des Europäischen Wirtschaftsraums haben muss. [4]Handelt es sich bei der aufnehmenden Gesellschaft um eine Kapitalgesellschaft, ist eine Mindestbeteiligung

des Einbringenden von mehr als 25 Prozent (§ 13b Absatz 1 Nummer 3 ErbStG) an dieser Gesellschaft jedoch nicht erforderlich. [5]Eine nachfolgende Veräußerung der bei den vorgenannten Maßnahmen erworbenen Anteile an der Kapitalgesellschaft oder der erworbenen Beteiligung an einer Personengesellschaft innerhalb der Behaltensfrist stellt einen Verstoß gegen die Behaltensregelung dar.

(4) [1]Ist in den Fällen einer Sacheinlage oder eines Anteilstauschs in diesem Zeitpunkt der gemeine Wert der Anteile, die der Einbringende erhält, geringer als der gemeine Wert des eingebrachten Vermögens oder der Anteile, liegt eine anteilige schädliche Verfügung über das erworbene begünstigte Vermögen vor. [2]Das gilt auch dann, wenn hinsichtlich der Gesellschafter an beiden Gesellschaften Personenidentität besteht.

(5) Ist in den Fällen einer Sacheinlage oder eines Anteilstauschs in diesem Zeitpunkt der gemeine Wert der Anteile, die der Einbringende erhält, nicht niedriger als der gemeine Wert des eingebrachten Vermögens oder der Anteile, liegt keine schädliche Verfügung über das erworbene begünstigte Vermögen vor.

(6) Wird das Vermögen der Kapitalgesellschaft auf eine Personengesellschaft, eine natürliche Person oder eine andere Körperschaft (§§ 3 bis 16 UmwStG) übertragen, gelten die Absätze 3 bis 5 entsprechend.

H E 13a.16

Behaltensregelung in Einbringungs- und Umwandlungsfällen.

Beispiel 1:

Erwerber E hat Anteile an der X-GmbH im Wert von 2 000 000 EUR geschenkt bekommen. Die Steuerbefreiung nach § 13a ErbStG wurde gewährt.
E bringt anschließend die Anteile an der X-GmbH gegen Gewährung neuer Anteile in die Y-GmbH ein. Die Anteile an der X-GmbH haben zum Zeitpunkt der Einbringung einen Wert von 2 000 000 EUR. Die neu erworbenen Anteile an der Y-GmbH haben einen Wert von 1 600 000 EUR.
In Höhe von 20 % ((2 000 000 EUR – 1 600 000 EUR) : 2 000 000 EUR) liegt eine schädliche Verfügung bezüglich der geschenkten Anteile an der X-GmbH vor. Im Umfang von 400 000 EUR (20 % von 2 000 000 EUR) liegt ein Verstoß gegen die Behaltensregelung vor. Die zeitanteilige Nachversteuerung richtet sich nach § 13a Absatz 6 Satz 2 ErbStG (→ H E 13a.19 „Nachversteuerung").

Beispiel 2:

Erwerber E hat Anteile an der X-GmbH im Wert von 2 000 000 EUR geschenkt bekommen. Die Steuerbefreiung nach § 13a ErbStG wurde gewährt.
E bringt anschließend die Anteile an der X-GmbH gegen Gewährung neuer Anteile in die Y-GmbH ein. Die Anteile an der X-GmbH haben zum Zeitpunkt der Einbringung einen Wert von 1 800 000 EUR. Die neu erworbenen Anteile an der Y-GmbH haben einen Wert von 1 350 000 EUR.
In Höhe von 25 % ((1 800 000 EUR – 1 350 000 EUR) : 1 800 000 EUR) liegt eine schädliche Verfügung bezüglich der geschenkten Anteile an der X-GmbH vor. Im Umfang von 500 000 EUR (25 % von 2 000 000 EUR) liegt ein Verstoß gegen die Behaltensregelung vor. Die zeitanteilige Nachversteuerung richtet sich nach § 13a Absatz 6 Satz 2 ErbStG (→ H E 13a.19 „Nachversteuerung").

Beispiel 3:

Erwerber E hat Anteile an der X-GmbH im Wert von 2 000 000 EUR geschenkt bekommen. Die Steuerbefreiung nach § 13a ErbStG wurde gewährt.

E bringt anschließend die Anteile an der X-GmbH gegen Gewährung neuer Anteile in die Y-GmbH ein. Die Anteile an der X-GmbH haben zum Zeitpunkt der Einbringung einen Wert von 2 000 000 EUR. Die neu erworbenen Anteile an der Y-GmbH haben einen Wert von 2 400 000 EUR.
Es liegt keine schädliche Verfügung bezüglich der geschenkten Anteile an der X-GmbH vor.

Mehrere aufeinanderfolgende Umwandlungen. → BFH vom 16.2.2011 II R 60/09, BStBl. II S. 454.

Veräußerung von Anteilen.

Beispiel:

A ist zu 30 % an einer GmbH beteiligt. Durch Erbanfall erwirbt er eine weitere Beteiligung von 30 % an der Gesellschaft. Drei Jahre nach dem Erwerb veräußert er eine Beteiligung von 40 %.
Bei dem Verkauf der Beteiligung ist aus Vereinfachungsgründen davon auszugehen, dass es sich dabei im Umfang von 30 % um die Anteile handelt, mit denen A schon vor dem Erbfall beteiligt war (kein Verstoß gegen Behaltensregelung), und im Umfang von 10 % um Anteile, die A durch Erbanfall erworben hatte (Verstoß gegen Behaltensregelung).

R E 13a.17 Wegfall der Verfügungsbeschränkung oder Stimmrechtsbindung

(1) Die vorauszusetzende einheitliche Verfügung über die Anteile geht nicht schon dann verloren, wenn innerhalb der Behaltensfrist

1. ein Gesellschafter an seinem Anteil einen Nießbrauch bestellt und das Stimmrecht beim Nießbrauchbesteller verbleibt;
2. ein Gesellschafter seinen Anteil verpfändet. [2]Das Mitgliedschafts- und Stimmrecht geht in einem solchen Fall nicht auf den Pfandgläubiger über. [3]Schädlich ist erst die Verwertung des Pfandguts durch den Pfandgläubiger (§ 13a Absatz 6 Satz 1 Nummer 4 ErbStG). [4]Die verbleibenden Poolmitglieder verlieren ihre bisher gewährte Begünstigung nicht;
3. eine Vereinigung aller Anteile bei dem letzten Poolgesellschafter einer Poolgemeinschaft eintritt, weil die Anteile des vorletzten Poolgesellschafters auf ihn übergegangen sind.

(2) Der Wegfall der Begünstigung tritt insbesondere ein, wenn innerhalb der Behaltensfrist

1. ein Poolgesellschafter seine Anteile an andere Poolgesellschafter oder dem Poolvertrag entsprechend an Dritte entgeltlich überträgt (§ 13a Absatz 6 Satz 1 Nummer 4 ErbStG). [2]Die Übertragung eines Anteils durch einen Poolgesellschafter führt nur bei diesem zum Verlust der Begünstigung, solange die verbleibenden Poolmitglieder über mehr als 25 Prozent der Anteile verfügen;
2. die Poolvereinbarung nach dem Besteuerungszeitpunkt aufgehoben wird;
3. die Beteiligung der Poolgesellschafter auf 25 Prozent oder weniger sinkt, z.B. weil ein oder mehrere Poolgesellschafter ausscheiden oder infolge einer Kapitalerhöhung.

(3) [1]Im Fall des R E 13a.16 Absatz 3 bis 5 liegt ein Verstoß gegen die Behaltensregelung nach § 13a Absatz 6 Satz 1 Nummer 5 ErbStG vor, wenn die

Mindestbeteiligung des Erblassers oder Schenkers nur durch eine Poolvereinbarung im Sinne des § 13b Absatz 1 Nummer 3 Satz 2 ErbStG erreicht wurde; das gilt nicht, wenn die übernehmende Gesellschaft in gleicher Weise wie der einbringende Erwerber an die Poolvereinbarung gebunden ist. [2]Sinkt dadurch die Beteiligung der übrigen Poolgesellschafter auf 25 Prozent oder weniger, kann auch insoweit ein Verstoß dieser Gesellschafter gegen die Behaltensregelung vorliegen (→ Absatz 2).

R E 13a.18 Reinvestitionsklausel

[1]Im Fall der Veräußerung von wesentlichen Betriebsgrundlagen oder von wesentlichen Wirtschaftsgütern (→ R B 162 Absatz 4) ist von einer Nachversteuerung abzusehen, wenn der Veräußerungserlös innerhalb der jeweiligen, nach § 13b Absatz 1 Nummer 1 bis 3 ErbStG begünstigungsfähigen Vermögensart (land- und forstwirtschaftliches Vermögen, Betriebsvermögen oder Anteile an Kapitalgesellschaften) verbleibt (§ 13a Absatz 6 Satz 3 ErbStG); bei dem Vermögen darf es sich nicht um nicht begünstigtes Verwaltungsvermögen im Sinne des § 13b Absatz 3 und 4 ErbStG handeln. [2]Dies gilt auch, wenn ein Teilbetrieb oder ein gesamter Betrieb veräußert wird (§ 13a Absatz 6 Satz 3 ErbStG in Verbindung mit § 13a Absatz 6 Satz 1 Nummer 1, 2 und 4 ErbStG). [3]Hierunter fällt somit neben der Anschaffung von Anlagegütern, Betriebsteilen oder von neuen Betrieben, die das veräußerte Vermögen im Hinblick auf den ursprünglichen oder einen neuen Betriebszweck ersetzen, auch beispielsweise die Tilgung betrieblicher Schulden. [4]Die Reinvestition muss innerhalb von sechs Monaten nach der Veräußerung erfolgen. [5]Maßgebend ist dabei das obligatorische Rechtsgeschäft und nicht erst die zivilrechtliche Wirksamkeit der Anschaffung. [6]Da auch Finanzmittel zum Verwaltungsvermögen gehören, ist eine unschädliche Reinvestition in Liquiditätsreserven grundsätzlich nicht möglich. [7]Aus Vereinfachungsgründen ist jedoch von einer Nachversteuerung abzusehen, wenn innerhalb der sechs Monate seit der schädlichen Verwendung eine Reinvestition in Vermögen erfolgt, das nicht zum Verwaltungsvermögen gehört. [8]Soweit der Veräußerungserlös entnommen wird, bleibt die Veräußerung in jedem Fall ein Verstoß gegen die Behaltensregelung. [9]Die bestehenden Behaltensregelungen gelten fort. [10]Die Ermittlung der Summe der maßgebenden jährlichen Lohnsummen des § 13a Absatz 3 Satz 6 bis 13 ErbStG erstreckt sich dann auch auf das reinvestierte begünstigte Vermögen im Sinne des § 13b Absatz 2 ErbStG, soweit dieses in die Ermittlung der Lohnsumme nach § 13a Absatz 3 ErbStG einzubeziehen ist.

R E 13a.19 Durchführung der Nachversteuerung

(1) [1]Soweit ein Erwerber innerhalb der Behaltensfrist nach § 13a Absatz 6 ErbStG in schädlicher Weise über das begünstigte Vermögen verfügt, entfallen der Verschonungsabschlag (§ 13a Absatz 1 ErbStG) und der Abzugsbetrag (§ 13a Absatz 2 ErbStG). [2]Bei der Nachversteuerung ist der erbschaftsteuerrechtliche Wert im Zeitpunkt der Steuerentstehung anzusetzen. [3]Dies gilt auch, wenn bei einer Veräußerung einer wesentlichen Betriebsgrundlage (→ R E 13a.13 Absatz 2, R E 13a.14 Absatz 2) der hierfür erzielte Verkaufserlös entnommen wird. [4]Im Fall von Überentnahmen (→ R E 13a.15) ist auf

den ertragsteuerrechtlichen Wert im Entnahmezeitpunkt abzustellen. [5]Veräußert der Erwerber das gesamte begünstigte Vermögen innerhalb der Behaltensfrist und erfolgt keine Reinvestition nach § 13a Absatz 6 Satz 3 ErbStG, entfällt der Abzugsbetrag insgesamt, während der Verschonungsabschlag für die Jahre erhalten bleibt, in denen keine schädliche Verfügung erfolgt ist (§ 13a Absatz 6 Satz 2 ErbStG). [6]Betrifft die schädliche Verfügung nur einen Teil des begünstigten Vermögens, sind der Verschonungsabschlag und gegebenenfalls der Abzugsbetrag für den weiterhin begünstigten Teil des Vermögens zu gewähren. [7]Kam ein Abzugsbetrag wegen der Kürzung nach § 13a Absatz 2 Satz 2 ErbStG bei der erstmaligen Steuerfestsetzung nicht in Betracht, kann er bei einer Änderung der Steuerfestsetzung zur Anwendung kommen, wenn die Voraussetzungen dafür erfüllt sind. [8]Der Verschonungsabschlag bezüglich des Teils des Vermögens, über das der Erwerber schädlich verfügt hat, bleibt ebenfalls für die Jahre erhalten, in denen keine schädliche Teilverfügung erfolgt ist. [9]Ein Verstoß gegen die Behaltensregelung führt nicht zu einer Änderung des Ansatzes des Werts des begünstigten Vermögens bei der Ermittlung des Schwellenwerts, da sich nicht der Wert des begünstigten Vermögens, sondern nur die Höhe der Steuerbefreiung für das begünstigte Vermögen ändert (§ 13a Absatz 1 Satz 1 ErbStG; → R E 13a.2 Absatz 2).

(2) [1]Bei einem Unterschreiten der Lohnsummenregelung des § 13a Absatz 3 ErbStG im Zeitpunkt des Ablaufs der Lohnsummenfrist von fünf Jahren entfällt der Verschonungsabschlag in dem Verhältnis, in dem die tatsächliche Lohnsumme die Mindestlohnsumme unterschreitet. [2]Der Abzugsbetrag nach § 13a Absatz 2 ErbStG unterliegt bei einem Unterschreiten der Mindestlohnsumme keiner Anpassung.

(3) [1]Führt die Veräußerung oder Aufgabe des gesamten begünstigten Vermögens vor Ablauf der Frist von fünf Jahren ohne entsprechende Reinvestition zugleich dazu, dass die Mindestlohnsumme unterschritten wird, ist der Verschonungsabschlag zu kürzen. [2]Die entfallenden Verschonungsabschläge wegen der Verfügung über das begünstigte Vermögen (§ 13a Absatz 6 ErbStG) und wegen Unterschreitens der Mindestlohnsumme (§ 13a Absatz 3 Satz 1 und 4 ErbStG) sind gesondert zu berechnen; der höhere der sich hierbei ergebenden Beträge wird bei der Kürzung angesetzt. [3]Betrifft die schädliche Verfügung nach § 13a Absatz 6 ErbStG nur einen Teil des begünstigten Vermögens, erfolgt die Berechnung des entfallenden Verschonungsabschlages wegen der Verfügung über das begünstigte Vermögen nur hinsichtlich des schädlich verwendeten Teils.

(4) [1]Die dauerhafte Erhaltung der Vergünstigung ist regelmäßig vom Verhalten desjenigen abhängig, der das begünstigte Vermögen im Sinne des Entlastungszwecks erhält und sichert und in der Nachfolge des Erblassers oder Schenkers fortführt. [2]Sind die Verschonungsregelungen mehreren Erwerbern (Miterben/-beschenkte, Vermächtnisnehmer usw.) zugutegekommen und verstößt nur einer von ihnen gegen die Verschonungsvoraussetzungen, geht dies nur zu Lasten der von ihm in Anspruch genommenen Verschonung.

(5) [1]Wird das begünstigte Vermögen innerhalb der noch laufenden Frist von fünf Jahren im Wege der Schenkung weiter übertragen, wird insoweit nicht gegen die Behaltensregelung verstoßen. [2]Verstößt in diesem Fall der nachfolgende Erwerber gegen die Behaltensregelungen, verliert auch der vor-

angegangene Erwerber die Verschonung, soweit bei ihm die Behaltensfrist noch nicht abgelaufen ist. [3]Hinsichtlich der Lohnsummenregelung sind für die verbleibenden Jahre der Lohnsummenfrist die Verhältnisse des begünstigten Vermögens des Erwerbers einzubeziehen.

(6) Die Behaltensfrist endet im Falle des Todes des Erwerbers ohne Auswirkung auf die Verschonungsvoraussetzungen des § 13a Absatz 3 und Absatz 6 ErbStG.

(7) Ein nachträglicher vollständiger Wegfall des Abzugsbetrags führt dazu, dass damit der Lauf der Sperrfrist rückwirkend entfällt und der Abzugsbetrag bei einer erneuten Zuwendung begünstigten Vermögens sofort neu in Anspruch genommen werden kann.

H E 13a.19

Nachversteuerung.

Beispiel 1 (Veräußerung einer von mehreren wirtschaftlichen Einheiten):

Auf A als Alleinerbin ist ein Gewerbebetrieb (Steuerwert 800 000 EUR) und ein KG-Anteil (Steuerwert 400 000 EUR) übergegangen. Die Betriebe verfügen nur über begünstigtes Vermögen. Ein Antrag nach § 13a Absatz 10 ErbStG wurde nicht gestellt. Beide Betriebe haben jeweils nicht mehr als 5 Beschäftigte.

Betriebsvermögen (begünstigt)	1 200 000 EUR
Verschonungsabschlag (85 %)	./. 1 020 000 EUR
Verbleiben	180 000 EUR
Abzugsbetrag	./. 135 000 EUR
Steuerpflichtiges Betriebsvermögen	45 000 EUR

Abzugsbetrag		150 000 EUR
Verbleibender Wert (15 %)	180 000 EUR	
Abzugsbetrag	./. 150 000 EUR	
Unterschiedsbetrag	30 000 EUR	
davon 50 %		./. 15 000 EUR
Verbleibender Abzugsbetrag		135 000 EUR

Im vierten Jahr veräußert sie den KG-Anteil für 450 000 EUR. Für die Nachversteuerung ergibt sich der Wert des steuerpflichtigen Betriebsvermögens wie folgt:

Betriebsvermögen (begünstigt)		800 000 EUR	
Verschonungsabschlag (85 %)		./. 680 000 EUR	
Verbleiben		120 000 EUR	120 000 EUR
Betriebsvermögen (nicht mehr voll in die Verschonung einzubeziehen)		400 000 EUR	
Verschonungsabschlag (85 %)	340 000 EUR		
zeitanteilig zu gewähren $^3/_5$ =		./. 204 000 EUR	
Verbleiben		196 000 EUR	+ 196 000 EUR
Summe			316 000 EUR
Abzugsbetrag			./. 120 000 EUR
Steuerpflichtiges Betriebsvermögen			196 000 EUR

Abzugsbetrag 150 000 EUR, höchstens Wert des begünstigt verbleibenden Vermögens		120 000 EUR
Verbleibender Wert (15 %)	120 000 EUR	
Abzugsbetrag	./. 120 000 EUR	
Unterschiedsbetrag	0 EUR	
davon 50 %		./. 0 EUR
Verbleibender Abzugsbetrag		120 000 EUR

Bei der Berechnung des Abzugsbetrags ist von 120 000 EUR auszugehen, weil nur insoweit nach Abzug des Verschonungsabschlags begünstigtes Betriebsvermögen verbleibt. Der veräußerte KG-Anteil gehört mit Rückwirkung in vollem Umfang nicht mehr zum begünstigten Vermögen (§ 13a Absatz 6 Satz 2 ErbStG).

Steuerpflichtiges Betriebsvermögen nach schädlicher Verfügung	196 000 EUR
Steuerpflichtiges Betriebsvermögen bisher	./. 45 000 EUR
Die Bemessungsgrundlage erhöht sich mithin um	151 000 EUR

Beispiel 2 (Verstoß gegen Behaltens – und Lohnsummenregelung durch Verkauf des begünstigten Vermögens):

Auf B als Alleinerben ist ein Gewerbebetrieb (Steuerwert 4 000 000 EUR) übergegangen. Der Betrieb verfügt nur über begünstigtes Vermögen. Ein Antrag nach § 13a Absatz 10 ErbStG wurde nicht gestellt. Der Betrieb hat mehr als 15 Beschäftigte.

Betriebsvermögen (begünstigt)			4 000 000 EUR
Verschonungsabschlag (85 %)			./. 3 400 000 EUR
Verbleiben			600 000 EUR
Abzugsbetrag			./. 0 EUR
Steuerpflichtiges Betriebsvermögen			600 000 EUR
Abzugsbetrag		150 000 EUR	
Verbleibender Wert (15 %)	600 000 EUR		
Abzugsbetrag	./. 150 000 EUR		
Unterschiedsbetrag	450 000 EUR		
davon 50 %		./. 225 000 EUR	
Verbleibender Abzugsbetrag		0 EUR	

Im vierten Jahr veräußert B den Gewerbebetrieb. Eine Reinvestition erfolgt nicht. Die tatsächliche Lohnsumme im Zeitpunkt der Veräußerung beläuft sich auf 220 % der Ausgangslohnsumme.

Betriebsvermögen (nicht mehr voll in die Verschonung einzubeziehen)		4 000 000 EUR
1. Kürzung des Verschonungsabschlags wegen Veräußerung		
Verschonungsabschlag (85 %)	3 400 000 EUR	
zeitanteilig zu gewähren $^3/_5$	2 040 000 EUR	
2. Kürzung des Verschonungsabschlags wegen Nichterreichens der Mindestlohnsumme		
Verschonungsabschlag	3 400 000 EUR	
Mindestlohnsumme 400,00 %		
Tatsächliche Lohnsumme 220,00 % unterschreitet Mindestlohnsumme um 180,00 %, das sind 45,00 %		
Kürzung des Verschonungsabschlags 45,00 % von 3 400 000 EUR	./. 1 530 000 EUR	
Verbleibender Verschonungsabschlag	1 870 000 EUR	
Abzugsfähig niedrigerer Betrag		./. 1 870 000 EUR
Verbleiben		2 130 000 EUR
Abzugsbetrag (entfällt weiterhin)		./. 0 EUR
Steuerpflichtiges Betriebsvermögen		2 130 000 EUR
Steuerpflichtiges Betriebsvermögen nach schädlicher Verfügung		2 130 000 EUR
Steuerpflichtiges Betriebsvermögen bisher		./. 600 000 EUR
Die Bemessungsgrundlage erhöht sich mithin um		1 530 000 EUR

Beispiel 3 (Verstoß gegen Behaltensregelung durch Verkauf einer wesentlichen Betriebsgrundlage):

Auf B als Alleinerben ist ein Gewerbebetrieb (Steuerwert 4 000 000 EUR) übergegangen. Der Betrieb verfügt nur über begünstigtes Vermögen. Ein Antrag nach § 13a Absatz 10 ErbStG wurde nicht gestellt. Der Betrieb hat nicht mehr als 5 Beschäftigte. Zum Betrieb gehört als wesentliche Betriebsgrundlage ein Betriebsgrundstück (Grundbesitzwert 1 500 000 EUR).

Betriebsvermögen (begünstigt)			4 000 000 EUR
Verschonungsabschlag (85 %)			./. 3 400 000 EUR
Verbleiben			600 000 EUR
Abzugsbetrag			./. 0 EUR
Steuerpflichtiges Betriebsvermögen			600 000 EUR

Abzugsbetrag		150 000 EUR	
Verbleibender Wert (15 %)	600 000 EUR		
Abzugsbetrag	./. 150 000 EUR		
Unterschiedsbetrag	450 000 EUR		
davon 50 %		./. 225 000 EUR	
Verbleibender Abzugsbetrag		0 EUR	

Im dritten Jahr veräußert B das Betriebsgrundstück und entnimmt den Veräußerungserlös von 1 800 000 EUR. Für die Nachversteuerung ergibt sich der Wert des steuerpflichtigen Betriebsvermögens wie folgt:

Betriebsvermögen (begünstigt)		2 500 000 EUR	
Verschonungsabschlag (85 %)		./. 2 125 000 EUR	
Verbleiben		375 000 EUR	375 000 EUR
Betriebsvermögen (nicht mehr voll in die Verschonung einzubeziehen)		1 500 000 EUR	
Verschonungsabschlag (85 %)	1 275 000 EUR		
zeitanteilig zu gewähren $^2/_5$ =		./. 510 000 EUR	
Verbleiben		990 000 EUR	+ 990 000 EUR
Summe			1 365 000 EUR
Abzugsbetrag			./. 37 500 EUR
Steuerpflichtiges Betriebsvermögen			1 327 500 EUR

Abzugsbetrag		150 000 EUR	
Verbleibender Wert (15 %)	375 000 EUR		
Abzugsbetrag	./. 150 000 EUR		
Unterschiedsbetrag	225 000 EUR		
davon 50 %		./. 112 500 EUR	
Verbleibender Abzugsbetrag		37 500 EUR	

Steuerpflichtiges Betriebsvermögen nach schädlicher Verfügung	1 327 500 EUR
Steuerpflichtiges Betriebsvermögen bisher	./. 600 000 EUR
Die Bemessungsgrundlage erhöht sich mithin um	727 500 EUR

Bei der Nachversteuerung ist vom Grundbesitzwert im Zeitpunkt der Steuerentstehung auszugehen. Auf den Veräußerungserlös oder den (fiktiven) Grundbesitzwert im Zeitpunkt der schädlichen Verfügung ist nicht abzustellen.

Beispiel 4 (Verstoß gegen Behaltens- und Lohnsummenregelung durch Verkauf einer wesentlichen Betriebsgrundlage):

Auf B als Alleinerben ist ein Gewerbebetrieb (Steuerwert 4 000 000 EUR) übergegangen. Der Betrieb verfügt nur über begünstigtes Vermögen. Ein Antrag nach § 13a Absatz 10 ErbStG wurde nicht gestellt. Der Betrieb hat mehr als 15 Beschäftigte. Zum Betrieb gehört als wesentliche Betriebsgrundlage ein Betriebsgrundstück (Grundbesitzwert 1 500 000 EUR).

Betriebsvermögen (begünstigt)	4 000 000 EUR
Verschonungsabschlag (85 %)	./. 3 400 000 EUR
Verbleiben	600 000 EUR
Abzugsbetrag	./. 0 EUR
Steuerpflichtiges Betriebsvermögen	600 000 EUR

Abzugsbetrag		150 000 EUR
Verbleibender Wert (15 %)	600 000 EUR	
Abzugsbetrag	./. 150 000 EUR	
Unterschiedsbetrag	450 000 EUR	
davon 50 %		./. 225 000 EUR
Verbleibender Abzugsbetrag		0 EUR

Im dritten Jahr veräußert B das Betriebsgrundstück und entnimmt den Veräußerungserlös von 1 800 000 EUR. Die tatsächliche Lohnsumme nach Ablauf von fünf Jahren beträgt 300 % der Ausgangslohnsumme.

Betriebsvermögen			4 000 000 EUR

1. Kürzung des Verschonungsabschlags wegen Veräußerung einer wesentlichen Betriebsgrundlage

Betriebsvermögen (begünstigt)	2 500 000 EUR	
Verschonungsabschlag (85 %)	./. 2 125 000 EUR	2 125 000 EUR
Verbleiben	375 000 EUR	
Betriebsvermögen (nicht mehr voll in die Verschonung einzubeziehen)	1 500 000 EUR	
Verschonungsabschlag (85 %) 1 275 000 EUR		
zeitanteilig zu gewähren $^2/_5$	510 000 EUR	+ 510 000 EUR
Verbleibender Verschonungsabschlag		2 635 000 EUR

2. Kürzung des Verschonungsabschlags wegen Nichterreichens der Lohnsumme

Verschonungsabschlag (85 %)	3 400 000 EUR
Mindestlohnsumme 400 %	
Verminderung des Verschonungsabschlags	
Tatsächliche Lohnsumme 300,00 % unterschreitet Mindestlohnsumme um 100,00 %, das sind 25,00 %	
Kürzung des Verschonungsabschlags 25,00 % von 3 400 000 EUR	./. 850 000 EUR
Verbleibender Verschonungsabschlag	2 550 000 EUR

Abzugsfähig niedrigerer Verschonungsabschlag von 1. oder 2.	./. 2 550 000 EUR
Verbleiben	1 450 000 EUR
Abzugsbetrag	./. 37 500 EUR
Steuerpflichtiges Betriebsvermögen	1 412 500 EUR

Abzugsbetrag		150 000 EUR
Verbleibender Wert	375 000 EUR	
Abzugsbetrag	./. 150 000 EUR	
Unterschiedsbetrag	225 000 EUR	
davon 50 %		./. 112 500 EUR
Verbleibender Abzugsbetrag		37 500 EUR

Steuerpflichtiges Betriebsvermögen nach schädlicher Verfügung	1 412 500 EUR
Steuerpflichtiges Betriebsvermögen bisher	./. 600 000 EUR
Die Bemessungsgrundlage erhöht sich mithin um	812 500 EUR

Verstoß gegen die Behaltensregelungen durch einen Miterwerber.

Beispiel:

E und F haben einen Gewerbebetrieb zu gleichen Teilen geerbt und fortgeführt. Der Verschonungsabschlag und Abzugsbetrag wurden jeweils berücksichtigt. Nach drei Jahren veräußert einer der Erben seinen Anteil an dem Gewerbebetrieb.
Die Steuerfestsetzung ist in diesem Fall nur bei dem Erben zu ändern, der gegen die Behaltensregelung verstoßen hat. Die Entlastung des anderen Erben durch Verschonungsabschlag und Abzugsbetrag bleibt unberührt.

R E 13a.20 Vorwegabschlag bei Familienunternehmen

(1) [1]Erwerber von Beteiligungen oder Anteilen an Familienunternehmen in der Rechtsform von Personen- oder Kapitalgesellschaften, die zum begünstigungsfähigen Vermögen (§ 13b Absatz 1 ErbStG) gehören, haben einen Rechtsanspruch auf einen Vorwegabschlag bis zu 30 Prozent vom Wert des begünstigten Vermögens (§ 13a Absatz 9 in Verbindung mit § 13b Absatz 2 ErbStG). [2]Ein Antrag des Erwerbers ist nicht erforderlich, der Erwerber ist aber verpflichtet, die Voraussetzungen nachzuweisen. [3]Der Vorwegabschlag kommt auch in Betracht in den Fällen des § 3 Absatz 1 Nummer 2 Satz 2 und § 7 Absatz 7 Satz 1 ErbStG (→ R E 13b.1 Absatz 1 Satz 4 Nummer 3 und R E 13b.2 Absatz 1 Satz 2 Nummer 7). [4]Der Vorwegabschlag kommt insbesondere nicht in Betracht

1. bei einem Einzelunternehmen,
2. bei Anteilen an einer Aktiengesellschaft, weil das Aktiengesetz keine entsprechenden Einschränkungen in der Satzung zulässt,
3. in den Fällen des § 3 Absatz 1 Nummer 2 Satz 3 und § 7 Absatz 7 Satz 2 ErbStG, weil es sich nicht um einen Erwerb begünstigten Vermögens handelt (→ R E 3.4 Absatz 3 Satz 7 bis 9).

[5]Der Vorwegabschlag ist vorrangig vor Anwendung des Verschonungsabschlags nach § 13a Absatz 1 oder 10 bzw. § 13c ErbStG oder der Verschonungsbedarfsprüfung nach § 28a ErbStG zu berücksichtigen. [6]Daher ist der Wert des begünstigten Vermögens (§ 13b Absatz 2 ErbStG) vor der Prüfung des Schwellenwerts für Großerwerbe von 26 Millionen EUR (§ 13a Absatz 1 Satz 1 bis 3 ErbStG) stets um den sich im Einzelfall ergebenden Vorwegabschlag zu verringern. [7]Bei Vorliegen der Voraussetzungen ist der Vorwegabschlag auch im Fall der Optionsverschonung anwendbar, auch wenn beides zusammen zu einer Vollverschonung des begünstigten Vermögens führt. [8]Es gelten aber unterschiedliche Voraussetzungen und Behaltensregelungen. [9]Hinsichtlich der Voraussetzungen des Vorwegabschlags erfolgt keine Feststellung. [10]Das Betriebsfinanzamt teilt das Vorliegen der Voraussetzungen und den Prozentsatz des Abschlags nachrichtlich mit (→ R E 13b.30 Absatz 5 Satz 1 Nummer 2).[1)]

(2) [1]Der Vorwegabschlag setzt das Vorliegen bestimmter Beschränkungen von Entnahmen/Ausschüttungen, Verfügungsmöglichkeiten und Abfindungen im Gesellschaftsvertrag oder der Satzung voraus (§ 13a Absatz 9 Satz 1 ErbStG); es genügt nicht, wenn diese Regelungen lediglich in einem Poolvertrag enthalten sind. [2]Der Gesellschaftsvertrag oder die Satzung müssen Bestimmungen enthalten, welche

---

1) Sätze 9 und 10 nicht mehr anzuwenden für Erwerbe nach dem 28.12.2020, siehe gleich lautenden Ländererlass v. 13.9.2021, BStBl. I 2021, 1837.

1. die Entnahme oder Ausschüttung auf höchstens 37,5 Prozent des um die auf den Gewinnanteil oder die Ausschüttungen aus der Gesellschaft entfallenden Steuern vom Einkommen gekürzten Betrages des steuerrechtlichen Gewinns im Sinne des § 4 Absatz 1 Satz 1 EStG beschränken. [2] Dabei bleiben bei einem Anteil am Betriebsvermögen Ergebnisse aus den Sonderbilanzen und Ergänzungsbilanzen unberücksichtigt. [3] Wenn in dem Gesellschaftsvertrag oder der Satzung auf den handelsrechtlichen Gewinn abgestellt wird, ist es unschädlich, wenn die nach § 13a Absatz 9 Satz 1 Nummer 1 ErbStG genannte Grenze bezogen auf den steuerrechtlichen Gewinn offensichtlich nicht überschritten wird;
2. die Verfügung zu Lebzeiten oder von Todes wegen über die Beteiligung an der Personengesellschaft oder den Anteil an der Kapitalgesellschaft auf Mitgesellschafter, auf Angehörige im Sinne des § 15 AO oder auf eine inländische Familienstiftung im Sinne des § 1 Absatz 1 Nummer 4 ErbStG oder eine entsprechende ausländische Familienstiftung beschränken. [2] Einzelheiten zu den betroffenen Verfügungen → R E 13b.6 Absatz 4. [3] Die Voraussetzung ist nach dem Wortlaut nicht erfüllt, wenn eine Verfügung auf andere Personen nach Zustimmung der übrigen Gesellschafter möglich ist oder eine Verfügung auf eine vermögensverwaltende Familiengesellschaft, an der Angehörige des Gesellschafters beteiligt sind, vorgesehen ist;
3. für den Fall des Ausscheidens aus der Gesellschaft eine Abfindung vorsehen, die unter dem gemeinen Wert der Beteiligung an der Personengesellschaft oder des Anteils an der Kapitalgesellschaft liegt. [2] Es reicht nicht aus, dass ein Verkauf an die unter Nummer 2 genannten Personen unter dem gemeinen Wert zulässig ist.

[3] Diese Beschränkungen müssen kumulativ vorliegen. [4] Sie müssen in jedem Fall in einem Zeitraum von zwei Jahren vor dem Zeitpunkt der Steuerentstehung (§§ 9, 11 ErbStG) gegeben sein und in dem Zeitraum von 20 Jahren nach diesem Zeitpunkt bestehen und tatsächlich eingehalten werden (§ 13a Absatz 9 Satz 4 und 5 ErbStG).

(3) [1] Maßgebend für die Prüfung der Entnahmebeschränkung ist der Gewinn des jeweiligen Wirtschaftsjahres, in dem die Entnahme erfolgt ist. [2] Bei der Ermittlung der Steuerbemessungsgrundlage auf den Gewinnanteil sind die außerbilanziellen Hinzu- und Abrechnungen zu berücksichtigen. [3] Aus Vereinfachungsgründen kann bei einer Personengesellschaft die auf den Gewinnanteil entfallende Steuer oder bei einer Kapitalgesellschaft die auf die Ausschüttung entfallende Steuer mit einem Steuersatz von 30 Prozent (vgl. § 202 Absatz 3 BewG) angenommen werden, es sei denn, die auf den Gewinn des Jahres entfallende Steuer ist nachgewiesen höher. [4] Entnahmen zur Begleichung der auf den Gewinnanteil oder die Ausschüttungen aus der Gesellschaft entfallenden Steuern vom Einkommen bleiben von der Beschränkung der Entnahme oder Ausschüttung unberücksichtigt; die Steuer nach Satz 3 gilt dabei als unschädliche Entnahme zur Begleichung der Steuer. [5] Bei einem Anteil am Betriebsvermögen bleiben dabei die Steuern auf Ergebnisse aus den Sonderbilanzen und Ergänzungsbilanzen unberücksichtigt. [6] Entnahmen oder Ausschüttungen zur Begleichung der Erbschaft- oder Schenkungsteuer werden dagegen bei der Ermittlung der schädlichen Entnahmen einbezogen. [7] Die Begriffe Entnahme und Ausschüttung sind nach den Grundsätzen des Ertragsteuerrechts zu beurteilen.

(4) [1]Sind die Voraussetzungen nur für einen Teil des begünstigten Vermögens gegeben, ist der Abschlag nur für diesen Teil des begünstigten Vermögens zu gewähren (§ 13a Absatz 9 Satz 2 ErbStG). [2]Bei einer Beteiligung an einer Personengesellschaft trifft dies auf das Gesamthandsvermögen zu, nicht aber auf das Sonderbetriebsvermögen eines Gesellschafters. [3]Für die Anwendung des Vorwegabschlags ist in diesen Fällen zusätzlich das begünstigte Vermögen nur bezogen auf das Gesamthandsvermögen der Gesellschaft zu ermitteln (→ R E 13b.23 Absatz 3 Satz 7). [4]Wegen der nachrichtlichen Angaben des Betriebsfinanzamts → R E 13b.30 Absatz 5 Satz 2.

(5) [1]Die Höhe des Abschlags bemisst sich danach, um wieviel Prozent die laut Gesellschaftsvertrag oder Satzung vorgesehene Höhe der Abfindung unter dem gemeinen Wert der Gesellschaftsbeteiligung oder Anteile liegt. [2]Er darf 30 Prozent nicht übersteigen (§ 13a Absatz 9 Satz 3 ErbStG). [3]Beschränkungen der Entnahme oder Ausschüttung und der Verfügungsmöglichkeiten bleiben bei der Ermittlung der Höhe des Abschlags unberücksichtigt. [4]Sieht die Satzung oder der Gesellschaftsvertrag unterschiedliche Abfindungshöhen abhängig von dem Grund des Ausscheidens vor, ist die höchste in Betracht kommende Abfindung für die Ermittlung des Vorwegabschlags maßgebend. [5]Sieht die Satzung oder der Gesellschaftsvertrag für Gesellschafter unterschiedliche Abfindungshöhen vor, ist die für den jeweiligen Erwerber geltende Abfindung für die Ermittlung des Vorwegabschlags maßgebend.

(6)[1)] [1]Kommt nur der Vorwegabschlag nach § 13a Absatz 9 ErbStG zur Anwendung, unterliegen die mit dem begünstigten Vermögen in wirtschaftlichem Zusammenhang stehenden Schulden der Schuldenkürzung nach § 10 Absatz 6 Satz 4 ErbStG. [2]Dies ist auch der Fall, wenn der Schwellenwert von 26 Millionen EUR überschritten wird und der Erwerber einen Antrag nach § 28a ErbStG gestellt hat oder eine Stundung nach § 28 Absatz 1 ErbStG beantragt hat.

(7) [1]Der Vorwegabschlag fällt mit Wirkung für die Vergangenheit weg, wenn die Voraussetzungen des § 13a Absatz 9 Satz 1 ErbStG nicht über einen Zeitraum von 20 Jahren nach dem Zeitpunkt der Entstehung der Steuer (§§ 9, 11 ErbStG) bestehen bleiben (§ 13a Absatz 9 Satz 5 ErbStG). [2]Dies kann beispielsweise der Fall sein, wenn der Gesellschaftsvertrag oder die Satzung in der Weise geändert werden, dass die Voraussetzungen für den Vorwegabschlag nicht mehr gegeben sind oder gegen die Voraussetzungen verstoßen wird. [3]Dabei ist es unbeachtlich, durch welchen Gesellschafter gegen die Voraussetzungen verstoßen wird. [4]Der Vorwegabschlag fällt auch dann weg, wenn die Änderungen vorgenommen werden, nachdem der Erwerber nicht mehr Gesellschafter ist und unabhängig vom Grund seines Ausscheidens, z. B. auch durch Tod. [5]Wird innerhalb des Zeitraums von 20 Jahren die Abfindungsbeschränkung dergestalt geändert, dass ein niedrigerer Prozentsatz des Vorwegabschlags zur Anwendung kommen würde, ist der Vorwegabschlag entsprechend zu kürzen. [6]Der Erwerber ist verpflichtet, dem für die Erbschaft- oder Schenkungsteuer zuständigen Finanzamt (§ 35 ErbStG) innerhalb einer Frist von einem Monat, nachdem der jeweilige Tatbestand verwirklicht wurde, schriftlich mitzuteilen, wenn sich die Bestimmungen oder die tatsächlichen Verhältnisse geändert haben (§ 13a Absatz 9 Satz 6

[1)] Teilweise überholt durch Änderung des § 10 Abs. 6 ErbStG durch das JStG 2020.

ErbStG). [7] Die Gründe für die Änderung der Bestimmungen oder der tatsächlichen Verhältnisse sind unbeachtlich. [8] Die Frist ist für jeden Erwerber gesondert zu prüfen. [9] Der Steuerbescheid ist in diesen Fällen nach § 175 Absatz 1 Satz 1 Nummer 2 AO zu ändern (Nachversteuerung). [10] Der Steuerpflichtige ist im Steuerbescheid auf seine Anzeigepflicht hinzuweisen (§ 153 Absatz 2 AO) und darauf, dass eine Anzeige auch dann zu erfolgen hat, wenn der Vorgang zu keiner Besteuerung führt. [11] Die Finanzämter haben die Einhaltung der Voraussetzungen für den Vorwegabschlag in geeigneter Form zu überwachen. [12] Im Rahmen der Nachversteuerung ist die Steuer abhängig von der anzuwendenden Verschonungsregelung neu zu berechnen. [13] Wird durch den Wegfall des Vorwegabschlags erstmals der Schwellenwert von 26 Millionen EUR überschritten, entfällt die zunächst in Anspruch genommene Steuerbefreiung nach § 13a Absatz 1 oder Absatz 10 ErbStG rückwirkend. [14] Für den Erwerb kann dann erstmals ein Antrag nach § 13c ErbStG oder § 28a ErbStG gestellt werden. [15] Ein Verstoß gegen die Lohnsummenregelung (§ 13a Absatz 3 ErbStG) oder gegen die Behaltensregelungen (§ 13a Absatz 6 ErbStG) wirkt sich als solcher nicht auf den Vorwegabschlag nach § 13a Absatz 9 ErbStG aus.

(8) [1] Der Vorwegabschlag entfällt nicht, wenn begünstigtes Vermögen

1. im Wege des Übergangs von Todes wegen übergeht,
2. durch Schenkung unter Lebenden übertragen wird oder
3. entgeltlich veräußert wird.

[2] Voraussetzung hierfür ist, dass das begünstigte Vermögen dabei auf Personen im Sinne von § 13a Absatz 9 Satz 1 Nummer 2 ErbStG unter Beachtung der im Zeitpunkt des ursprünglichen Erwerbs geltenden Beschränkungen übergeht. [3] Wird in den Fällen des Satzes 1 beim nachfolgenden Erwerber gegen die Voraussetzungen des Vorwegabschlags verstoßen, verliert auch der vorangegangene Erwerber den Vorwegabschlag, wenn bei ihm die Frist von 20 Jahren noch nicht abgelaufen ist.

(9) Bei einem Wegfall des Vorwegabschlags für einen Erwerb ist der erhöhte Wert des begünstigten Vermögens bei der Ermittlung des Schwellenwerts (§ 13a Absatz 1 Satz 1 ErbStG) zu Grunde zu legen (→ R E 13a.2 Absatz 2).

H E 13a.20

Auswirkungen Verstoß gegen Behaltensregelung auf Vorwegabschlag.

Beispiel:

Auf B als Alleinerben sind 50 % der Anteile an einer GmbH (Wert der erworbenen Anteile = 4 000 000 EUR) übergegangen; davon begünstigtes Vermögen = 3 800 000 EUR. Ein Antrag nach § 13a Absatz 10 ErbStG wurde nicht gestellt. Der Betrieb hat nicht mehr als 5 Beschäftigte. Der Vorwegabschlag beträgt 10 %.

Anteile an der GmbH (begünstigt)	3 800 000 EUR
Vorwegabschlag (10 %)	./. 380 000 EUR
Verbleiben	3 420 000 EUR
Verschonungsabschlag (85 %)	./. 2 907 000 EUR
Verbleiben	513 000 EUR
Abzugsbetrag	./. 0 EUR
Steuerpflichtiges begünstigtes Vermögen	513 000 EUR
Nicht begünstigtes Vermögen	200 000 EUR
Steuerpflichtiges Vermögen	713 000 EUR

Abzugsbetrag		150 000 EUR
Verbleibender Wert (15 %)	513 000 EUR	
Abzugsbetrag	./. 150 000 EUR	
Unterschiedsbetrag	363 000 EUR	
davon 50 %		./. 181 500 EUR
Verbleibender Abzugsbetrag		0 EUR

Im vierten Jahr veräußert B nominal 20 % der Anteile an der GmbH (Wert gesamt 1 600 000 EUR, davon begünstigt = 1 520 000 EUR). Ihm verbleiben nominal 30 % der Anteile an der GmbH (Wert gesamt 2 400 000 EUR, davon begünstigt = 2 280 000 EUR). Eine Reinvestition erfolgt nicht.

Anteile an der GmbH (begünstigt)			2 280 000 EUR
Vorwegabschlag (10 %)			./. 228 000 EUR
Verbleiben			2 052 000 EUR
Verschonungsabschlag (85 %)			./. 1 744 200 EUR
Verbleiben			307 800 EUR
Abzugsbetrag			./. 71 100 EUR
Abzugsbetrag		150 000 EUR	
Verbleibender Wert (15 %)	307 800 EUR		
Abzugsbetrag	./. 150 000 EUR		
Unterschiedsbetrag	157 800 EUR		
davon 50 %		./. 78 900 EUR	
Verbleibender Abzugsbetrag		71 100 EUR	
Verbleiben			236 700 EUR
Anteile an der GmbH (nicht mehr voll in die Verschonung einzubeziehen)			1 520 000 EUR
Vorwegabschlag (10 %)			./. 152 000 EUR
Verbleiben			1 368 000 EUR
Verschonungsabschlag (85 %)		1 162 800 EUR	
Zeitanteilig zu gewähren $^3/_5$			./. 697 680 EUR
Verbleiben			670 320 EUR
Abzugsbetrag			./. 0 EUR
Verbleiben			670 320 EUR
Anteile an der GmbH (begünstigt nach Verschonung)			236 700 EUR
Anteile an der GmbH (nicht begünstigt nach anteiliger Verschonung)			670 320 EUR
Nicht begünstigtes Vermögen			200 000 EUR
Steuerpflichtiges Vermögen nach schädlicher Verfügung			1 107 020 EUR
Steuerpflichtiges Vermögen bisher			./. 713 000 EUR
Die Bemessungsgrundlage erhöht sich mithin um			394 020 EUR

Auswirkungen Verstoß gegen Voraussetzungen für Vorwegabschlag auf Schwellenwert. → H E 13a.2 Beispiel 2.

Vorwegabschlag bei Anteilen an einer Kapitalgesellschaft oder Beteiligung an einer Personengesellschaft ohne mitübertragenes Sonderbetriebsvermögen.

Beispiel:

Der Sachverhalt und die Berechnungen vor dem Vorwegabschlag ergeben sich aus Beispiel 1 zu H E 13b.9.

Der Wert des begünstigten Vermögens nach § 13b Absatz 2 Satz 1 ErbStG ist wie folgt zu ermitteln (vgl. Ziffer II.5 des Beispiels):

	festgestellter Wert des (Anteils) Betriebsvermögens	1 500 000 EUR
–	steuerpflichtiger Wert des Verwaltungsvermögens	30 000 EUR
=	begünstigtes Vermögen	1 470 000 EUR

Das Betriebsfinanzamt teilte nachrichtlich mit, dass der Abschlag nach § 13a Absatz 9 ErbStG 20 % beträgt.
Der Vorwegabschlag nach § 13a Absatz 9 ErbStG ist wie folgt zu berechnen:

	begünstigtes Vermögen	1 470 000 EUR
×	Vorwegabschlag in %, maximal 30 %	20 %
=	Vorwegabschlag	294 000 EUR

Vorwegabschlag bei Beteiligung an einer Personengesellschaft mit mitübertragenem Sonderbetriebsvermögen.

Beispiel:

Der Sachverhalt und die Berechnungen ergeben sich aus Beispiel 2 zu H E 13b.9.
Das Betriebsfinanzamt teilte nachrichtlich mit, dass der Abschlag nach § 13a Absatz 9 ErbStG 20 % beträgt.
Für Zwecke der Bemessungsgrundlage des Vorwegabschlages erfolgt eine Berechnung des begünstigten Vermögens nur für das übertragene Gesamthandsvermögen.

IIa. Berechnung des begünstigten Vermögens

IIa.1. Finanzmitteltest im Sinne des § 13b Absatz 4 Nummer 5 ErbStG

	Wert der Finanzmittel des Gesamthandsvermögens	50 000 EUR
–	Wert der jungen Finanzmittel des Gesamthandsvermögens nach § 13b Absatz 4 Nummer 5 Satz 2 ErbStG; höchstens der Wert der Finanzmittel des Gesamthandsvermögens	20 000 EUR
=	Saldo	30 000 EUR
–	Wert der betrieblichen Schulden des Gesamthandsvermögens	400 000 EUR
=	Saldo	./. 370 000 EUR
–	Sockelbetrag 15 % des Werts der Beteiligung am Gesamthandsvermögen (vorbehaltlich Hauptzweck gemäß § 13b Absatz 4 Nummer 5 Satz 4 ErbStG)	0 EUR
=	verbleibender Wert der Finanzmittel, mindestens 0 EUR (§ 13b Absatz 4 Nummer 5 Satz 1 ErbStG)	0 EUR

IIa.2. Berechnung der verbleibenden Schulden

	Wert der Schulden des Gesamthandsvermögens	400 000 EUR
–	Wert der Schulden, die im Rahmen des Finanzmitteltests verrechnet wurden	30 000 EUR
=	verbleibende Schulden	370 000 EUR

IIa.3 Nettowert des Verwaltungsvermögens

IIa.3.1. Saldo Verwaltungsvermögen

	Wert des Verwaltungsvermögens des Gesamthandsvermögens (§ 13b Absatz 4 Nummer 1 bis 4 ErbStG)	100 000 EUR
–	Wert des jungen Verwaltungsvermögens des Gesamthandsvermögens	10 000 EUR
+	verbleibender Wert der Finanzmittel IIa.1 (§ 13b Absatz 4 Nummer 5 Satz 1 ErbStG)	0 EUR
=	Saldo Verwaltungsvermögen	90 000 EUR

IIa.3.2. Berechnung der anteilig verbleibenden Schulden

	verbleibende Schulden (IIa.2) 370 000 EUR × Saldo Verwaltungsvermögen (IIa.3.1) 90 000 EUR / Wert der Beteiligung am Gesamthandsvermögen 1 500 000 EUR + verbleibende Schulden 370 000 EUR	
=	anteilig verbleibende Schulden	17 808 EUR

IIa.3.3. Berechnung des Nettowertes des Verwaltungsvermögens

	Saldo Verwaltungsvermögen IIa.3.1	90 000 EUR
–	anteilig verbleibende Schulden IIa.3.2	17 808 EUR
=	Nettowert des Verwaltungsvermögens	72 192 EUR

IIa.4. Steuerpflichtiger Wert des Verwaltungsvermögens

IIa.4.1. Berechnung der Bemessungsgrundlage des unschädlichen Verwaltungsvermögens (§ 13b Absatz 7 ErbStG)

	Wert der Beteiligung am Gesamthandsvermögen	1 500 000 EUR
–	Nettowert des Verwaltungsvermögens IIa.	72 192 EUR
–	Wert des jungen Verwaltungsvermögens des Gesamthandsvermögens	10 000 EUR
–	Wert der jungen Finanzmittel des Gesamthandsvermögens	20 000 EUR
=	Bemessungsgrundlage für das unschädliche Verwaltungsvermögen	1 397 808 EUR

IIa.4.2. Gekürzter Nettowert des Verwaltungsvermögens

	Nettowert des Verwaltungsvermögens IIa.3.3	72 192 EUR
–	10 % × Bemessungsgrundlage für das unschädliche Verwaltungsvermögen IIa.4.1 (1 397 808 EUR)	139 781 EUR
=	gekürzter Nettowert des Verwaltungsvermögens	0 EUR

IIa.4.3. Berechnung des steuerpflichtigen Werts des Verwaltungsvermögens

	gekürzter Nettowert des Verwaltungsvermögens IIa.4.2	0 EUR
+	Wert des jungen Verwaltungsvermögens des Gesamthandsvermögens	10 000 EUR
+	Wert der jungen Finanzmittel des Gesamthandsvermögens	20 000 EUR
=	steuerpflichtiger Wert des Verwaltungsvermögens (nicht begünstigtes Vermögen)	30 000 EUR

IIa.5. Begünstigtes Vermögen (§ 13b Absatz 2 Satz 1 ErbStG) – nur Gesamthand –

	Wert der Beteiligung am Gesamthandsvermögen	1 500 000 EUR
–	steuerpflichtiger Wert des Verwaltungsvermögens IIa.4.3	30 000 EUR
=	begünstigtes Vermögen der Gesamthand	1 470 000 EUR

Der Vorwegabschlag nach § 13a Absatz 9 ErbStG ist wie folgt zu berechnen:

	begünstigtes Vermögen	1 470 000 EUR
×	Vorwegabschlag in %, maximal 30 %	20 %
=	Vorwegabschlag	294 000 EUR

R E 13a.21 Optionsverschonung

(1) [1]Der Erwerber kann den Antrag auf Optionsverschonung (§ 13a Absatz 10 ErbStG) im Erbfall insgesamt nur einheitlich für alle Arten des erworbenen begünstigungsfähigen Vermögens (land- und forstwirtschaftliches Vermögen, Betriebsvermögen und Anteile an Kapitalgesellschaften) stellen. [2]Bei Schenkungen mit z. B. mehreren Betriebsübertragungen in mehreren Schenkungsverträgen ist bei Vorliegen eines einheitlichen Schenkungswillens von nur einer Schenkung auszugehen.

(2) [1]Der Erwerber muss die Optionsverschonung bei dem für die Erbschaft- oder Schenkungsteuer zuständigen Finanzamt schriftlich oder zur Niederschrift beantragen. [2]Er kann den Antrag bis zum Eintritt der materiellen Bestandskraft der Festsetzung der Erbschaft- oder Schenkungsteuer stellen. [3]Der Antrag kann nach Zugang dieser Willenserklärung beim Erbschaftsteuerfinanzamt nicht mehr widerrufen werden (§ 13a Absatz 10 ErbStG). [4]Dies gilt auch für den Fall, dass der Erwerber gegen die Behaltensregelungen oder die Lohnsummenregelung des § 13a ErbStG verstößt.

(3) [1]Der Anteil des Verwaltungsvermögens am gemeinen Wert des Betriebs bestimmt sich nach dem Verhältnis der Summe der gemeinen Werte der Einzelwirtschaftsgüter des Verwaltungsvermögens nach § 13b Absatz 3 und 4 ErbStG zum gemeinen Wert des Betriebs. [2]Bei der Ermittlung der Verwaltungsvermögensquote sind die quotale Schuldenverrechnung (§ 13b Absatz 6 ErbStG) und der Freibetrag für das Verwaltungsvermögen (§ 13b Absatz 7 ErbStG) nicht anzuwenden.

(4) [1]Stellt ein Erwerber begünstigten Vermögens einen Antrag auf Optionsverschonung, ist diese nur für die übertragenen wirtschaftlichen Einheiten zu gewähren, bei denen das Verwaltungsvermögen nach § 13b Absatz 3 und Absatz 4 ErbStG die Grenze von 20 Prozent nicht überschreitet. [2]Für wirtschaftliche Einheiten, die über Verwaltungsvermögen nach § 13b Absatz 3 und Absatz 4 ErbStG von mehr als 20 Prozent verfügen, kommt dann weder eine Optionsverschonung noch eine Regelverschonung in Betracht. [3]Der Antrag geht ins Leere, wenn das Verwaltungsvermögen nach § 13b Absatz 3 und 4 ErbStG aller übertragenen wirtschaftlichen Einheiten mehr als 20 Prozent beträgt; in diesem Fall kommt die Regelverschonung nach § 13a Absatz 1 und 2 ErbStG in Betracht. [4]Wird nachträglich ermittelt (z. B. im Rahmen einer Betriebsprüfung), dass die Verwaltungsvermögensgrenze für die Optionsverschonung in allen wirtschaftlichen Einheiten nicht erfüllt ist, erhält der Erwerber für das begünstigte Vermögen die Regelverschonung. [5]Sätze 1 bis 4 gelten auch, wenn nur eine wirtschaftliche Einheit erworben wurde.

(5) Verstößt der Erwerber im Rahmen der zulässigen Optionsverschonung innerhalb der maßgebenden siebenjährigen Behaltensfrist gegen eine der Verschonungsvoraussetzungen, entfällt die gewährte Verschonung ganz oder teilweise und der Umfang der Nachversteuerung richtet sich nach den Regelungen der Optionsverschonung.

H E 13a.21

Ermittlung der Verwaltungsvermögensquote.

Beispiel:

A ist Einzelunternehmer und hat seinen Betrieb an Sohn S übertragen. Der festgestellte Wert des Einzelunternehmens beträgt 2 000 000 EUR. Im Betriebsvermögen sind Wertpapiere von 200 000 EUR enthalten. Der Überbestand an Finanzmitteln beträgt nach Abzug der Schulden und des Sockelbetrags von 15 Prozent 100 000 EUR. Junge Finanzmittel liegen nicht vor.

	festgestellter Wert des Verwaltungsvermögens	200 000 EUR
+	verbleibender Wert der Finanzmittel	100 000 EUR
+	junge Finanzmittel	0 EUR
=	maßgebendes Verwaltungsvermögen	300 000 EUR

$$\frac{\text{maßgebendes Verwaltungsvermögen 300 000 EUR}}{\text{festgestellter Wert Betriebsvermögen 2 000 000 EUR}}$$

= Verwaltungsvermögensquote 15 %

Frist für Antrag auf Optionsverschonung. → BFH vom 10.11.2004 II R 24/03, BStBl. 2005 II S. 182.

Mehrere wirtschaftliche Einheiten bei der Optionsverschonung.

Beispiel:

E hinterlässt seiner Ehefrau F unter anderem folgende Nachlassgegenstände:
- Anteile von 30 % an einer Kapitalgesellschaft (festgestellter Wert 300 000 EUR; Verwaltungsvermögensquote nach § 13b Absatz 2 Satz 2 ErbStG > 90 %; Verwaltungsvermögensquote nach § 13a Absatz 10 ErbStG 20 %);
- Beteiligung von 50 % an einer Personengesellschaft (festgestellter Wert 500 000 EUR; Verwaltungsvermögensquote nach § 13b Absatz 2 Satz 2 ErbStG < 90 %; Verwaltungsvermögensquote nach § 13a Absatz 10 ErbStG 30 %);
- Einzelunternehmen (festgestellter Wert 1 000 000 EUR; Verwaltungsvermögensquote nach § 13b Absatz 2 Satz 2 ErbStG < 90 %; Verwaltungsvermögensquote nach § 13a Absatz 10 ErbStG 10 %)

F stellt einen Antrag auf Optionsverschonung nach § 13a Absatz 10 ErbStG.

Der Wert der Anteile von 30 % an der Kapitalgesellschaft ist vollständig nicht begünstigt, da die nach § 13b Absatz 2 Satz 2 ErbStG zu ermittelnde Verwaltungsvermögensquote mehr als 90 % des begünstigungsfähigen Vermögens beträgt. Für die Anteile ist deshalb keine Verschonung nach § 13a ErbStG zu gewähren.

Der Wert der Beteiligung von 50 % an der Personengesellschaft ist nicht in die Optionsverschonung einzubeziehen, da die Verwaltungsvermögensquote nach § 13a Absatz 10 ErbStG 30 % beträgt und die Grenze von 20 % übersteigt. Die Regelverschonung ist ebenso nicht anwendbar.

Der Wert des Einzelunternehmens ist in die Optionsverschonung einzubeziehen, da die Verwaltungsvermögensquote nach § 13a Absatz 10 ErbStG 10 % beträgt und die Grenze von 20 % nicht übersteigt.

R E 13a.22 Begünstigte Erwerbe bei Familienstiftungen

[1] Die Vergünstigungen durch Verschonungsabschlag (§ 13a Absatz 1 oder 10 oder § 13c ErbStG), Abzugsbetrag (§ 13a Absatz 2 ErbStG) und Vorwegabschlag (§ 13a Absatz 9 ErbStG) sowie die Verschonungsbedarfsprüfung (§ 28a ErbStG) werden auch bei der Bemessung der Ersatzerbschaftsteuer einer Fa-

milienstiftung oder eines Familienvereins (§ 1 Absatz 1 Nummer 4 ErbStG) gewährt, soweit zum Vermögen der Stiftung oder des Vereins begünstigtes Vermögen (§ 13b Absatz 2 ErbStG) gehört. 2 Wegen der Definition der Familienstiftung → R E 1.2. 3 Beim Übergang von Vermögen auf Grund eines Stiftungsgeschäfts unter Lebenden (§ 7 Absatz 1 Nummer 8 ErbStG) kommen die Vergünstigungen ebenfalls in Betracht.

Zu § 13b ErbStG

R E 13b.1 Begünstigter Erwerb von Todes wegen

(1) 1 Begünstigter Erwerb von Todes wegen ist insbesondere der Erwerb durch Erbanfall (§ 3 Absatz 1 Nummer 1 ErbStG, § 1922 BGB) nach gesetzlicher oder gewillkürter Erbfolge. 2 Ist begünstigtes Vermögen Gegenstand einer Vorerbschaft (§ 6 ErbStG), führen der Vor- und der Nacherbfall zu zwei getrennten Erwerbsfällen, für die beide die Vergünstigungen nach §§ 13a, 13c oder 28a ErbStG in Betracht kommen. 3 Die vorzeitige Übertragung des Nacherbschaftsvermögens an den Nacherben stellt keinen Erwerb durch Erbanfall, sondern eine Schenkung unter Lebenden dar (§ 7 Absatz 1 Nummer 7 ErbStG); es handelt sich um eine begünstigungsfähige Schenkung (→ R E 13b.2 Abs. 1 Satz 2 Nr. 4). 4 Als weitere begünstigte Erwerbe kommen in Betracht

1. der Erwerb durch Vermächtnis (Vorausvermächtnis), wenn der Vermächtnisnehmer begünstigtes Vermögen erhält (§ 3 Absatz 1 Nummer 1 ErbStG),
2. der Erwerb durch Schenkung auf den Todesfall (§ 3 Absatz 1 Nummer 2 Satz 1 ErbStG),
3. der Erwerb durch Übergang des Anteils an einer Personengesellschaft auf die überlebenden Mitgesellschafter (Anwachsungserwerb) oder der Erwerb begünstigter Anteile an einer Kapitalgesellschaft auf Grund gesellschaftsvertraglicher Übertragungsverpflichtung (§ 3 Absatz 1 Nummer 2 Satz 2 ErbStG),
4. der Erwerb durch Vertrag zugunsten Dritter (§ 3 Absatz 1 Nummer 4 ErbStG),
5. der Übergang von Vermögen auf eine vom Erblasser angeordnete Stiftung (§ 3 Absatz 2 Nummer 1 ErbStG),
6. der Erwerb infolge Vollziehung einer vom Erblasser angeordneten Auflage oder infolge Erfüllung einer vom Erblasser gesetzten Bedingung (§ 3 Absatz 2 Nummer 2 ErbStG) oder
7. der Erwerb infolge Abfindung für einen Verzicht auf den entstandenen Pflichtteilsanspruch oder für die Ausschlagung einer Erbschaft, eines Erbersatzanspruchs oder eines Vermächtnisses oder für die Zurückweisung eines Rechts aus einem Vertrag zugunsten Dritter auf den Todesfall, anstelle eines anderen in § 3 Absatz 1 ErbStG genannten Erwerbs oder dafür, dass eine Rechtsstellung, insbesondere eine Erbenstellung, oder ein Recht oder ein Anspruch, die zu einem Erwerb nach § 3 Absatz 1 ErbStG führen würden, nicht mehr oder nur noch teilweise geltend gemacht werden (§ 3 Absatz 2 Nummer 4 ErbStG).

(2) [1]Der Übergang einer Beteiligung an einer Personengesellschaft auf Grund einer qualifizierten Nachfolgeklausel wird erbschaftsteuerrechtlich wie ein Erwerb durch Erbanfall behandelt (zu Folgen einer vom Erblasser angeordneten Weitergabeverpflichtung in Form einer Teilungsanordnung → R E 13a.11). [2]Geht eine Beteiligung an einer Personengesellschaft auf einen Erben über, der von einer Eintrittsklausel Gebrauch macht, liegt ein begünstigter Erwerb von Todes wegen vor. [3]Bestimmt eine Eintrittsklausel, dass ein Nichterbe gegen eine Einlage in Höhe des Abfindungsanspruchs des verstorbenen Gesellschafters rückbezüglich auf dessen Tod eintrittsberechtigt ist und ist ihm dieser Abfindungsanspruch vom Erblasser vermächtnisweise zugewendet worden, führt die Ausübung des Eintrittsrechts beim Nichterben zu einem begünstigten Erwerb von Todes wegen nach § 3 Absatz 1 Nummer 4 ErbStG. [4]Setzen die überlebenden Gesellschafter die Gesellschaft allein fort (§ 3 Absatz 1 Nummer 2 Satz 2 ErbStG), ist deren Anwachsungserwerb begünstigt, nicht dagegen der Erwerb der Abfindung, die die Erben von den überlebenden Mitgesellschaftern des Erblassers erhalten. [5]Letzteres gilt auch, wenn der Erbe eines Anteils an einer Kapitalgesellschaft auf Grund des Gesellschaftsvertrags verpflichtet ist, den geerbten Anteil auf die Gesellschaft oder die Gesellschafter zu übertragen.

(3) [1]Die Sondernachfolge nach der Höfeordnung ist bei einer Mehrzahl von Erben entsprechend Absatz 2 Satz 1 zu behandeln, wenn der Erblasser den Hoferben bestimmt hat. [2]Wenn der Erblasser keine Bestimmung getroffen hat, ist der Anfall des Hofes wie ein gesetzliches Vorausvermächtnis zu behandeln.

(4) [1]Der Erblasser selbst muss von ihm stammendes begünstigtes Vermögen dem Erwerber zugewiesen haben. [2]Deshalb sind die Erwerbe nicht begünstigt, die ursprünglich – wie z. B. im Fall des geltend gemachten Pflichtteilsanspruchs oder eines Geldvermächtnisses – auf eine Geldleistung gerichtet sind, auch wenn an Erfüllungs statt begünstigtes Vermögen übertragen wird. [3]Ein Verschaffungsvermächtnis (§ 2170 BGB) ist nicht begünstigt, weil das erworbene Vermögen nicht vom Erblasser stammt.

H E 13b.1

Anwachsungserwerb. Besteuerungstatbestand ist der Steuerwert des Anteils, den der Erblasser am Betriebsvermögen hatte, soweit dieser den Wert der Abfindungsansprüche Dritter (z. B. der Erben) übersteigt (§ 3 Absatz 1 Nummer 2 ErbStG, → R E 3.4). Daraus folgt, dass nur der Nettowert des Erwerbs den Steuertatbestand erfüllt, so dass auch die Entlastungen nach §§ 13a, 13c, 19a oder 28a ErbStG nur von diesem Nettoerwerb vorgenommen werden können. Dies gilt sinngemäß auch für den Erwerb begünstigter Anteile an Kapitalgesellschaften aufgrund gesellschaftsvertraglicher Übertragungsverpflichtungen. Die Entlastungen nach §§ 13a, 13c oder 28a ErbStG sind von diesem Nettowert vorzunehmen.

Beispiel:

Beim Tod des Gesellschafters G wird die E-F-G OHG von den Gesellschaftern E und F fortgesetzt. Der Anteil des G hatte zum Todestag einen Steuerwert von 5 000 000 EUR, der nur aus begünstigtem Vermögen besteht. E und F müssen an den Sohn S des G eine Abfindung in Höhe des Buchwerts des Anteils (3 000 000 EUR) zahlen. Ein Antrag nach § 13a Absatz 10 ErbStG wurde nicht gestellt.

Der Anwachsungserwerb von E und F unterliegt jeweils mit folgenden Werten der Erbschaftsteuer:

Bruttowert des Anteils	2 500 000 EUR	
Abfindung	./. 1 500 000 EUR	
Nettowert	1 000 000 EUR	1 000 000 EUR
Verschonungsabschlag 85 %		./. 850 000 EUR
verbleiben		150 000 EUR
abzgl. Abzugsbetrag		./. 150 000 EUR
steuerpflichtiger Wert		0 EUR

Qualifizierte Nachfolgeklausel in Personengesellschaftsanteil. → BFH vom 10.11.1982 II R 85/78, BStBl. 1983 II S. 329.

Übernahme- oder Kaufrechtsvermächtnis. → BFH vom 13.8.2008 II R 7/07, BStBl. II S. 982.

R E 13b.2 Begünstigter Erwerb durch Schenkung unter Lebenden

(1) [1]Begünstigter Erwerb durch Schenkung unter Lebenden ist insbesondere die freigebige Zuwendung (§ 7 Absatz 1 Nummer 1 ErbStG). [2]Als weitere begünstigte Erwerbe kommen in Betracht

1. der Erwerb infolge Vollziehung einer vom Schenker angeordneten Auflage oder infolge Erfüllung einer vom Schenker gesetzten Bedingung (§ 7 Absatz 1 Nummer 2 ErbStG). [2]Der Auflagenbegünstigte erwirbt insoweit das begünstigte Vermögen vom Schenker. [3]Die Weitergabeverpflichtung führt beim Auflagenbeschwerten dazu, dass er insoweit die Begünstigungen nicht in Anspruch nehmen kann (→ R E 13a.11),
2. die Bereicherung des Ehegatten bei Vereinbarung der Gütergemeinschaft (§ 7 Absatz 1 Nummer 4 ErbStG),
3. die Abfindung für einen Erbverzicht (§ 7 Absatz 1 Nummer 5 ErbStG), wenn der künftige Erblasser selbst die Abfindung in Form begünstigten Vermögens leistet,
4. der Erwerb des Nacherben vom Vorerben mit Rücksicht auf die angeordnete Nacherbschaft vor deren Eintritt (§ 7 Absatz 1 Nummer 7 ErbStG). [2]Auch bei Ausüben des Wahlrechts nach § 7 Absatz 2 Satz 1 ErbStG erwirbt der Nacherbe begünstigtes Vermögen unmittelbar vom Vorerben,
5. der Übergang von Vermögen auf Grund eines Stiftungsgeschäfts unter Lebenden (§ 7 Absatz 1 Nummer 8 ErbStG) und der Erwerb bei Aufhebung einer Stiftung oder bei Auflösung eines Vereins (§ 7 Absatz 1 Nummer 9 ErbStG),
6. die vorzeitige Abfindung für aufschiebend bedingt, betagt oder befristet erworbene Ansprüche (§ 7 Absatz 1 Nummer 10 ErbStG), wenn der Schenker selbst die Abfindung in Form begünstigten Vermögens leistet,
7. der Erwerb durch Übergang des Anteils an einer Personengesellschaft auf die verbleibenden Mitgesellschafter (Anwachsungserwerb) oder der Erwerb begünstigter Anteile an einer Kapitalgesellschaft auf Grund gesellschaftsvertraglicher Übertragungsverpflichtung (§ 7 Absatz 7 ErbStG).

(2) [1]Eine begünstigte Übertragung von Vermögen liegt auch vor, wenn der Schenker dem Beschenkten einen Geldbetrag mit der Auflage zuwendet, dass der Erwerber sich damit am Betriebsvermögen oder land- und forstwirtschaftlichen Vermögen des Schenkers beteiligt oder vom Schenker unmittelbar gehaltene Anteile an einer Personengesellschaft oder einer Kapitalgesellschaft erwirbt (mittelbare Schenkung). [2]Die mittelbare Schenkung ist nicht begünstigt, wenn die Beteiligung am Vermögen eines Dritten erfolgen soll, weil insoweit kein begünstigtes Vermögen vom Schenker auf den Erwerber übergeht. [3]Zum Vorliegen begünstigungsfähigen Vermögens bei Einräumung einer überhöhten Gewinnbeteiligung bei einer Beteiligung an einer Personengesellschaft → R E 7.9 Absatz 3.

H E 13b.2

Keine Begünstigung der Zuwendung von Geld zum Erwerb begünstigungsfähigen Vermögens. → BFH vom 8.5.2019 II R 18/16, BStBl. II S. 681.

R E 13b.3 Begünstigungsfähiges Vermögen – Allgemeines

[1]Die Zugehörigkeit von Vermögensgegenständen zu einer wirtschaftlichen Einheit wird im Rahmen der Bewertung dieser wirtschaftlichen Einheiten bestimmt. [2]Die Vermögensart und der festgestellte Wert sind Gegenstand des Feststellungsbescheids (§ 182 Absatz 1 Satz 1 AO). [3]Die Entscheidung, ob hieraus folgend begünstigtes Vermögen vorliegt, trifft das Erbschaftsteuerfinanzamt. [4]§ 13b Absatz 1 ErbStG umschreibt das begünstigungsfähige Vermögen. [5]Das begünstigte Vermögen ergibt sich nach § 13b Absatz 2 bis 9 ErbStG.

R E 13b.4 Begünstigungsfähiges land- und forstwirtschaftliches Vermögen

(1) [1]Begünstigungsfähig ist der Erwerb von land- und forstwirtschaftlichem Vermögen im Sinne des § 168 Absatz 1 Nummer 1 BewG und selbst bewirtschafteten Grundstücken im Sinne des § 159 BewG, die im Zeitpunkt der Steuerentstehung als solche vom Erblasser oder Schenker auf den Erwerber übergehen und in der Hand des Erwerbers entweder land- und forstwirtschaftliches Vermögen oder selbst bewirtschaftete Grundstücke im Sinne des § 159 BewG bleiben. [2]Auf die ertragsteuerrechtliche Beurteilung als land- und forstwirtschaftliches Betriebsvermögen kommt es nicht an.

(2) [1]Das begünstigungsfähige land- und forstwirtschaftliche Vermögen umfasst den im Inland, in einem Mitgliedstaat der Europäischen Union oder in einem Staat des Europäischen Wirtschaftsraums belegenen Wirtschaftsteil. [2]Hierzu gehören alle Wirtschaftsgüter im Sinne des § 158 Absatz 3 Satz 1 Nummer 1 bis 5 BewG, die einer planmäßigen Nutzung der natürlichen Kräfte des Grund und Bodens zur Erzeugung von Pflanzen und Tieren sowie zur Verwertung der dadurch selbst gewonnenen Erzeugnisse dienen. [3]Soweit selbst bewirtschaftete Flächen auf Grund der Vorschriften des § 159 BewG als Grundvermögen bewertet werden, dienen sie dennoch land- und forstwirtschaftlichen Zwecken im Sinne des Satzes 2 und sind deshalb begünstigungsfähiges Vermögen.

(3) [1]Nicht begünstigungsfähig sind die Betriebswohnungen und der Wohnteil einschließlich der Altenteilerwohnungen, da diese Teile der wirtschaftlichen Einheit nicht originär der land- und forstwirtschaftlichen Tätigkeit im Sinne des § 158 Absatz 1 BewG dienen. [2]Gleiches gilt für langfristig verpachtete Flächen im Sinne des § 160 Absatz 7 BewG (Stückländereien), für Mietwohngrundstücke oder erbbaurechtsbelastete Flächen.

(4) [1]Begünstigungsfähig ist nur der Wirtschaftsteil eines land- und forstwirtschaftlichen Vermögens, der im Zusammenhang mit dem Erwerb des Betriebs der Land- und Forstwirtschaft oder einer Beteiligung an einer land- und forstwirtschaftlich tätigen Personengesellschaft im Sinne des § 158 Absatz 2 BewG auf den Erwerber übergeht. [2]Begünstigungsfähig ist auch die Übertragung eines verkleinerten Betriebs. [3]Übertragungen von Betriebsteilen oder einzelner Wirtschaftsgüter sind nicht begünstigungsfähig, wenn sie für sich betrachtet kein land- und forstwirtschaftliches Vermögen bilden. [4]Auf die ertragsteuerrechtliche Beurteilung einer Übertragung kommt es nicht an.

H E 13b.4

Europäischer Wirtschaftsraum. Dem Europäischen Wirtschaftsraum gehören Island, Liechtenstein und Norwegen sowie die Mitgliedstaaten der Europäischen Union an.

R E 13b.5[1)] Begünstigungsfähiges Betriebsvermögen

(1) [1]Begünstigungsfähig ist der Erwerb inländischen Betriebsvermögens im Sinne des § 12 Absatz 5 ErbStG, welches im Zeitpunkt der Steuerentstehung als solches vom Erblasser oder Schenker auf den Erwerber übergeht und in der Hand des Erwerbers inländisches Betriebsvermögen bleibt. [2]Dazu gehört insbesondere das einem Gewerbebetrieb dienende Vermögen (§ 95 BewG) und das dem Gewerbebetrieb gleichstehende Vermögen, das der Ausübung eines freien Berufs dient (§ 96 BewG), unter der Voraussetzung, dass dieses Vermögen bei der steuerlichen Gewinnermittlung zum Betriebsvermögen gehört. [3]Dazu gehören auch Beteiligungen an Personengesellschaften im Sinne des § 15 Absatz 1 Satz 1 Nummer 2 und Absatz 3 oder § 18 Absatz 4 EStG (§ 97 Absatz 1 Satz 1 Nummer 5 BewG).

(2) [1]Grundstücke oder Grundstücksteile sind Teil des begünstigungsfähigen Betriebsvermögens, soweit sie bei der Bewertung des Betriebsvermögens zum Umfang der wirtschaftlichen Einheit gehören und diese Eigenschaft auf den Erwerber übergeht. [2]Das gilt grundsätzlich auch für den Grundbesitz, der den in § 97 Absatz 1 Satz 1 Nummer 5 BewG bezeichneten Personengesellschaften gehört. [3]Ein zum Gesamthandsvermögen einer Personengesellschaft im Sinne des § 97 Absatz 1 Satz 1 Nummer 5 BewG gehörendes Grundstück kann nach § 99 BewG nicht Betriebsvermögen sein, wenn es ausschließlich oder fast ausschließlich der privaten Lebensführung eines, mehrerer oder aller Gesellschafter dient.

---

1) Zur Begünstigung von Betriebsvermögen bei der Schenkung eines Kommanditanteils unter Vorbehaltsnießbrauch siehe BFH v. 6.11.2019 II R 34/16, BStBl. II 2020, 465.

(3)[1] [1]Das Betriebsvermögen muss im Zusammenhang mit dem Erwerb eines ganzen Gewerbebetriebs, eines Teilbetriebs oder einer Beteiligung an einer Personengesellschaft auf den Erwerber übergehen. [2]Diese Begriffe sind nach ertragsteuerlichen Grundsätzen abzugrenzen. [3]Begünstigungsfähig ist nur der unmittelbare Übergang von Betriebsvermögen. [4]Als Erwerb einer Beteiligung gilt auch, wenn eine Person in ein bestehendes Einzelunternehmen aufgenommen wird oder ein Teil einer Beteiligung an einer Personengesellschaft übertragen wird. [5]Eine begünstigte Übertragung eines Anteils an einer Personengesellschaft oder am Sonderbetriebsvermögen des Gesellschafters ist nicht davon abhängig, dass die Gesellschaftsanteile und das Sonderbetriebsvermögen im gleichen quotalen Umfang auf den Erwerber übergehen. [6]Vielmehr gilt dies auch dann, wenn der Schenker sein Sonderbetriebsvermögen in geringerem Umfang überträgt oder es insgesamt zurückbehält und das zurückbehaltene Sonderbetriebsvermögen weiterhin zum Betriebsvermögen derselben Personengesellschaft gehört, sowie auch dann, wenn der Schenker sein Sonderbetriebsvermögen in größerem Umfang überträgt. [7]Andere Teilübertragungen eines Gewerbebetriebs oder die Übertragung einzelner Wirtschaftsgüter eines Betriebsvermögens sind nicht begünstigt. [8]Dies gilt insbesondere, wenn der Schenker wesentliche Betriebsgrundlagen zurückbehält oder auf andere Erwerber überträgt. [9]Der Erwerb einzelner Wirtschaftsgüter aus dem Sonderbetriebsvermögen des Gesellschafters einer Personengesellschaft ist nur begünstigungsfähig, wenn er unmittelbar mit dem Erwerb einer Gesellschaftsbeteiligung verbunden ist; zum Sonderbetriebsvermögen gehörende Anteile an einer Kapitalgesellschaft können selbstständig begünstigungsfähiges Vermögen im Sinne des § 13b Absatz 1 Nummer 3 ErbStG sein. [10]Das gilt auch, wenn eine Übertragung zwischen zwei Gesellschaftern einer Personengesellschaft erfolgt.

(4) [1]Neben inländischem Betriebsvermögen ist auch entsprechendes Betriebsvermögen begünstigungsfähig, das einer Betriebstätte in einem Mitgliedstaat der Europäischen Union oder in einem Staat des Europäischen Wirtschaftsraums dient. [2]Nicht begünstigungsfähig ist der Erwerb ausländischen Betriebsvermögens in Drittstaaten. [3]Hierzu gehört auch das Betriebsvermögen von Gewerbebetrieben, deren wirtschaftliche Einheit sich ausschließlich auf Drittstaaten erstreckt, und das Vermögen einer in einem Drittstaat belegenen Betriebstätte eines inländischen Gewerbebetriebs, eines Betriebs in einem Mitgliedstaat der Europäischen Union oder in einem Staat des Europäischen Wirtschaftsraums. [4]Begünstigungsfähig ist dagegen ausländisches Betriebsvermögen in Drittstaaten, wenn es als Beteiligung an einer Personengesellschaft oder Anteile an einer Kapitalgesellschaft Teil einer wirtschaftlichen Einheit des Betriebsvermögens im Inland oder in einem Mitgliedstaat der Europäischen Union oder in einem Staat des Europäischen Wirtschaftsraums ist.

H E 13b.5

Begünstigungsfähiges Betriebsvermögen. Wird ein Einzelunternehmen mit Sitz/Geschäftsleitung im Inland, einem Mitgliedstaat der Europäischen

---

[1] Zur steuerbegünstigten Schenkung eines Kommanditanteils in Fällen, in denen vor Übertragung wesentliches Betriebsvermögen entnommen oder in ein anderes Betriebsvermögen überführt wurde, siehe BFH v. 17.6.2020 II R 33/17, BStBl. II 2021, 217.

Union oder einem Staat des Europäischen Wirtschaftsraums oder eine Beteiligung an einer Personengesellschaft im Sinne des § 15 Absatz 1 Satz 1 Nummer 2 und Absatz 3 EStG oder § 18 Absatz 4 EStG mit Sitz/Geschäftsleitung im Inland, einem Mitgliedstaat der Europäischen Union oder einem Staat des Europäischen Wirtschaftsraums übertragen, bestimmt sich der Umfang des begünstigungsfähigen Betriebsvermögen nach § 13b Absatz 1 Nummer 2 ErbStG wie folgt:

Zum Vermögen des Einzelunternehmens/der Personengesellschaft gehören	**begünstigungsfähiges/nicht begünstigungsfähiges Betriebsvermögen**
Betriebstätte im Inland	begünstigungsfähiges Betriebsvermögen (→ R E 13b.5 Absatz 4 Satz 1)
Betriebstätte in einem Mitgliedstaat der Europäischen Union oder einem Staat des Europäischen Wirtschaftsraums	begünstigungsfähiges Betriebsvermögen (→ R E 13b.5 Absatz 4 Satz 1)
Betriebstätte in einem Drittstaat	nicht begünstigungsfähiges Betriebsvermögen (→ R E 13b.5 Absatz 4 Satz 2 und 3)
Beteiligung an einer Personengesellschaft im Inland	begünstigungsfähiges Betriebsvermögen (→ R E 13b.5 Absatz 4 Satz 1), auch soweit die Personengesellschaft eine Betriebstätte in einem Drittstaat unterhält
Beteiligung an einer Personengesellschaft in einem Mitgliedstaat der Europäischen Union oder einem Staat des Europäischen Wirtschaftsraums	begünstigungsfähiges Betriebsvermögen (→ R E 13b.5 Absatz 4 Satz 1), auch soweit die Personengesellschaft eine Betriebstätte in einem Drittstaat unterhält
Beteiligung an einer Personengesellschaft in einem Drittstaat	begünstigungsfähiges Betriebsvermögen (→ R E 13b.5 Absatz 4 Satz 4), auch soweit die Personengesellschaft eine Betriebstätte in einem Drittstaat unterhält
Anteile an einer Kapitalgesellschaft im Inland	begünstigungsfähiges Betriebsvermögen (→ R E 13b.5 Absatz 4 Satz 1)
Anteile an einer Kapitalgesellschaft in einem Mitgliedstaat der Europäischen Union oder einem Staat des Europäischen Wirtschaftsraums	begünstigungsfähiges Betriebsvermögen (→ R E 13b.5 Absatz 4 Satz 1)
Anteile an einer Kapitalgesellschaft in einem Drittstaat	begünstigungsfähiges Betriebsvermögen (→ R E 13b.5 Absatz 4 Satz 4)

Einräumung obligatorischer Nutzungsrechte an begünstigungsfähigem Vermögen. Ein erworbenes Nutzungsrecht an Betriebsvermögen kann begünstigungsfähiges Betriebsvermögen im Sinne des § 13b Absatz 1 Nummer 2 ErbStG darstellen (→ R B 97.3; R E 13b.30).

Europäischer Wirtschaftsraum. Dem Europäischen Wirtschaftsraum gehören Island, Liechtenstein und Norwegen sowie die Mitgliedstaaten der Europäischen Union an.

Hinterbliebenenbezüge bei Gesellschaftern einer Personengesellschaft. → H E 3.5.

Quotaler Nießbrauch bei Schenkung einer Beteiligung an einer Personengesellschaft. → BFH vom 16.5.2013 II R 5/12, BStBl. II S. 635.

Schenkung von Betriebsvermögen unter freiem Widerrufsvorbehalt. Wird eine Beteiligung an einer Personengesellschaft unter freiem Widerrufsvorbehalt geschenkt, wird nach den Grundsätzen des Ertragsteuerrechts der Beschenkte wegen des Widerrufsvorbehalts nicht Mitunternehmer der Personengesellschaft (→ BFH vom 16.5.1989 VIII R 196/84, BStBl. II S. 877). Der Beschenkte erwirbt kein Betriebsvermögen, so dass §§ 13a, 13c oder 28a ErbStG nicht anwendbar sind. Schenkungsteuerrechtlich ist trotz des Widerrufsvorbehalts eine freigebige Zuwendung als ausgeführt anzusehen (→ BFH vom 13.9.1989 II R 67/86, BStBl. II S. 1034). Gegenstand der Zuwendung ist ein Gesellschaftsanteil an einer vermögensverwaltenden Personengesellschaft (§ 10 Absatz 1 Satz 4 ErbStG). Entsprechendes gilt, wenn eine Beteiligung an einer Personengesellschaft geschenkt wird, an der sich der Schenker den Nießbrauch vorbehält, und sofern der Bedachte dabei nicht Mitunternehmer der Personengesellschaft wird (→ BFH vom 1.3.1994 VIII R 35/92, BStBl. 1995 II S. 241 m. w. N.).

Zurückbehalten wesentlicher Betriebsgrundlagen. Überträgt ein Schenker durch Schenkung unter Lebenden sein Einzelunternehmen, behält aber das Grundstück, auf dem der Betrieb ausgeübt wurde und weiter ausgeübt wird, zurück bei gleichzeitiger Verpachtung an den Beschenkten, ist dessen Erwerb nicht begünstigt, weil er das Betriebsvermögen nicht „beim Erwerb eines ganzen Gewerbebetriebs oder Teilbetriebs“ erworben hat.

R E 13b.6 Begünstigungsfähige Anteile an Kapitalgesellschaften

(1) [1]Begünstigungsfähig ist der Erwerb von Anteilen an einer Kapitalgesellschaft (z. B. GmbH, AG, KGaA), wenn die Kapitalgesellschaft zur Zeit der Entstehung der Steuer ihren Sitz oder ihre Geschäftsleitung im Inland oder in einem Mitgliedstaat der Europäischen Union oder in einem Staat des Europäischen Wirtschaftsraums hat und der Erblasser oder Schenker zu diesem Zeitpunkt unmittelbar zu mehr als 25 Prozent am Nennkapital der Kapitalgesellschaft beteiligt ist. [2]Stimmrechtslose Anteile sind bei der Prüfung der Mindestbeteiligungsquote grundsätzlich mit einzubeziehen. [3]Einbringungsgeborene Anteile sind nur begünstigungsfähig, wenn sie allein oder zusammen mit anderen unmittelbar vom Erblasser oder Schenker gehaltenen Anteilen die Mindestbeteiligungshöhe erfüllen. [4]Wird nur ein auf Grund einer Kapitaler-

höhung entstandenes Bezugsrecht übertragen, handelt es sich nicht um einen begünstigungsfähigen Anteil an einer Kapitalgesellschaft.

(2) [1]Nennkapital ist bei der GmbH der Nennbetrag des Stammkapitals und bei der AG der Nennbetrag des Grundkapitals. [2]Soweit die Gesellschaft eigene Anteile hält, mindern sie das Nennkapital der Gesellschaft und erhöhen damit die Beteiligungsquote des Gesellschafters. [3]Unterbeteiligungen oder über eine andere Kapitalgesellschaft oder eine Personengesellschaft gehaltene mittelbare Beteiligungen des Erblassers oder Schenkers sind selbst nicht begünstigt und bleiben bei der Prüfung seiner Beteiligungshöhe vorbehaltlich des Absatzes 3 unberücksichtigt.

(3) [1]Erreicht ein Gesellschafter nicht die erforderliche Mindestbeteiligungsquote von mehr als 25 Prozent, sind die Anteile dennoch in die Verschonungsregelung einzubeziehen, für die die Voraussetzungen der Poolvereinbarung im Sinne des § 13b Absatz 1 Nummer 3 Satz 2 ErbStG erfüllt sind. [2]In diesen Fällen ist die Summe der dem Erblasser oder Schenker unmittelbar zuzurechnenden Anteile und der Anteile weiterer Gesellschafter (Poolmitglieder) bei der Berechnung der Mindestbeteiligungsquote maßgebend. [3]Für eine Poolvereinbarung ist erforderlich, dass der Erblasser oder Schenker und die weiteren Gesellschafter untereinander verpflichtet sind,

1. über die Anteile nur einheitlich zu verfügen oder sie ausschließlich auf andere derselben Verpflichtung unterliegende Anteilseigner zu übertragen und
2. das Stimmrecht gegenüber nichtgebundenen Gesellschaftern einheitlich auszuüben.

[4]Bei Einräumung einer Unterbeteiligung muss auch der Unterbeteiligte den Verpflichtungen der Poolvereinbarung unterliegen.

(4) [1]Verfügung im Sinne des Absatzes 3 Satz 3 Nummer 1 ist die Übertragung des Eigentums an einem Anteil. [2]Eine einheitliche Verfügung setzt voraus, dass in der Poolvereinbarung für die Poolmitglieder die gleichen Verfügungsregeln hinsichtlich der gepoolten Anteile festgelegt sind. [3]Daraus muss sich ergeben, dass die Anteile nur an einen bestimmten Personenkreis, z. B. Familienmitglieder, einen Familienstamm oder eine Familienstiftung, übertragen werden dürfen oder dass eine Übertragung der Zustimmung der Mehrheit der Poolmitglieder bedarf. [4]Es ist nicht erforderlich, dass alle Poolmitglieder zum selben Zeitpunkt über ihre Anteile verfügen oder die Anteile auf dieselbe Person übertragen. [5]Eine Übertragung ausschließlich auf andere derselben Verpflichtung unterliegende Anteilseigner ist auch gegeben, wenn der Erwerber zeitgleich mit der Übertragung der Poolvereinbarung beitreten muss.

(5) [1]Eine einheitliche Stimmrechtsausübung im Sinne des Absatzes 3 Satz 3 Nummer 2 über die im Pool vorhandenen Stimmrechte bedeutet, dass die Einflussnahme einzelner Anteilseigner zum Zwecke einer einheitlichen Willensbildung zurücktreten muss; daraus folgt, dass stimmrechtslose Anteile nicht in eine Poolvereinbarung einbezogen werden können. [2]Die einheitliche Stimmrechtsausübung kann in unterschiedlicher Weise geregelt werden. [3]Neben der Möglichkeit zur gemeinsamen Bestimmung eines Sprechers oder eines Aufsichts- oder Leitungsgremiums kann die einheitliche Stimmrechts-

ausübung auch dadurch erreicht werden, dass einzelne Anteilseigner auf ihr Stimmrecht zugunsten der Poolgemeinschaft verzichten. [4]Voraussetzung für die Einbeziehung der Anteile in die Entlastung ist daher nicht die tatsächliche Stimmrechtsausübung. [5]Ferner ist nicht erforderlich, dass die Einflussnahme auf die Geschicke der Gesellschaft ausschließlich durch Anteilseigner (z.B. Familienmitglieder) erfolgt. [6]Grundsätzlich müssen die Gesellschafter die Poolvereinbarung untereinander treffen; dies ist auch der Fall, wenn der Erwerber oder sein Rechtsvorgänger als Rechtsnachfolger in die Pflichten einer früher geschlossenen Vereinbarung eingetreten ist. [7]Verpflichtet die Gesellschaft alle oder einen Teil der Gesellschafter zur Poolbildung im Sinne des § 13b Absatz 1 Nummer 3 ErbStG, erfüllt auch dies die Voraussetzung für die Verschonungsregelung. [8]Treffen alle Gesellschafter eine Poolvereinbarung, erhalten alle Gesellschafter die Begünstigung, obwohl kein nichtgebundener Gesellschafter im Sinne des § 13b Absatz 1 Nummer 3 ErbStG vorhanden ist. [9]Auch in diesen Fällen ist die einheitliche Stimmrechtsausübung der gebundenen Gesellschafter zwingend. [10]Es bestehen bei entsprechender Dokumentation keine Bedenken, die Beschlussfassung der Poolmitglieder zur einheitlichen Stimmrechtsausübung zu der jeweiligen Beschlussfassung in der Sache selbst im Rahmen einer zeitgleichen Gesellschafterversammlung voranzustellen.

(6) Die Poolvereinbarung kann sich aus dem Gesellschaftsvertrag oder aus anderen schriftlichen Vereinbarungen ergeben und muss im Besteuerungszeitpunkt vorliegen.

H E 13b.6

Begünstigungsfähige Anteile an Kapitalgesellschaften. Werden Anteile an einer Kapitalgesellschaft mit Sitz oder Geschäftsleitung im Inland, einem Mitgliedstaat der Europäischen Union oder einem Staat des Europäischen Wirtschaftsraums übertragen, die die Voraussetzungen des § 13b Absatz 1 Nummer 3 ErbStG erfüllen, bestimmt sich der Umfang des begünstigungsfähigen Vermögens wie folgt:

Zum Vermögen der Kapitalgesellschaft gehören	begünstigungsfähiges/nicht begünstigungsfähiges Vermögen
Betriebstätte im Inland	begünstigungsfähiges Vermögen
Betriebstätte in einem Mitgliedstaat der Europäischen Union oder einem Staat des Europäischen Wirtschaftsraums	begünstigungsfähiges Vermögen
Betriebstätte in einem Drittstaat	begünstigungsfähiges Vermögen, da Sitz bzw. Geschäftsleitung der Kapitalgesellschaft im Inland, einem Mitgliedstaat der Europäischen Union oder einem Staat des Europäischen Wirtschaftsraums

Zum Vermögen der Kapitalgesellschaft gehören	**begünstigungsfähiges/nicht begünstigungsfähiges Vermögen**
Beteiligung an einer Personengesellschaft im Inland	begünstigungsfähiges Vermögen, da Sitz bzw. Geschäftsleitung der Kapitalgesellschaft im Inland, einem Mitgliedstaat der Europäischen Union oder einem Staat des Europäischen Wirtschaftsraums
Beteiligung an einer Personengesellschaft in einem Mitgliedstaat der Europäischen Union oder einem Staat des Europäischen Wirtschaftsraums	begünstigungsfähiges Vermögen, da Sitz bzw. Geschäftsleitung der Kapitalgesellschaft im Inland, einem Mitgliedstaat der Europäischen Union oder einem Staat des Europäischen Wirtschaftsraums
Beteiligung an einer Personengesellschaft in einem Drittstaat	begünstigungsfähiges Vermögen, da Sitz bzw. Geschäftsleitung der Kapitalgesellschaft im Inland, einem Mitgliedstaat der Europäischen Union oder einem Staat des Europäischen Wirtschaftsraums
Anteile an einer Kapitalgesellschaft im Inland	begünstigungsfähiges Vermögen, da Sitz bzw. Geschäftsleitung der Kapitalgesellschaft im Inland, einem Mitgliedstaat der Europäischen Union oder einem Staat des Europäischen Wirtschaftsraums
Anteile an einer Kapitalgesellschaft in einem Mitgliedstaat der Europäischen Union oder einem Staat des Europäischen Wirtschaftsraums	begünstigungsfähiges Vermögen, da Sitz bzw. Geschäftsleitung der Kapitalgesellschaft im Inland, einem Mitgliedstaat der Europäischen Union oder einem Staat des Europäischen Wirtschaftsraums
Anteile an einer Kapitalgesellschaft in einem Drittstaat	begünstigungsfähiges Vermögen, da Sitz bzw. Geschäftsleitung der Kapitalgesellschaft im Inland, einem Mitgliedstaat der Europäischen Union oder einem Staat des Europäischen Wirtschaftsraums

Beteiligungserfordernis für den Schenker bei einer mittelbaren Anteilsschenkung. Auch bei einer mittelbaren Schenkung von Anteilen an einer Kapitalgesellschaft sind die Steuerbegünstigungen des § 13a ErbStG zu versagen, wenn der Schenker nicht zu mehr als einem Viertel am Nennkapital der Gesellschaft beteiligt ist → BFH vom 16.2.2005 II R 6/02, BStBl. II S. 411.

Ermittlung der Beteiligungsquote bei Einziehung von Geschäftsanteilen an einer GmbH und ausstehender Angleichung der Summe der Geschäftsanteile an das Stammkapital. Werden Geschäftsanteile an einer GmbH eingezogen (§ 34 GmbHG), erlöschen diese. Dies führt dazu, dass die Summe der Nennbeträge der Geschäftsanteile der GmbH nicht mehr dem Betrag des Stammkapitals der GmbH entspricht. Diese Divergenz kann durch eine Kapitalherabsetzung, einen Aufstockungsbeschluss oder durch Neubildung eines Geschäftsanteils beseitigt werden.
Steht bei der Übertragung von Geschäftsanteilen an einer GmbH nach einer Einziehung die Angleichung der Summe der Geschäftsanteile an das Stammkapital noch aus, ist das Nennkapital der GmbH um die Summe der Nennbeträge der eingezogenen Geschäftsanteile zu mindern und erhöht damit die Beteiligungsquote des Gesellschafters.

Formerfordernis einer Poolvereinbarung. → BFH vom 20.2.2019 II R 25/16, BStBl. II S. 779.

Stimmrechtslose Vorzugsaktien.

Beispiel 1:

S schenkt B unmittelbar gehaltene stimmrechtslose Vorzugsaktien der S-AG. Seine Beteiligung am Nennkapital (Stammaktien und Vorzugsaktien) beträgt
a) mehr als 25 %
b) weniger als 25 %.
Bei der Beurteilung der Mindestbeteiligung im Sinne des § 13b Absatz 1 Nummer 3 Satz 1 ErbStG kommt es nicht auf die mit den Anteilen verbundenen Stimmrechte an, sodass auch stimmrechtslose Anteile begünstigungsfähiges Vermögen sein können.
a) Die Anteile sind begünstigungsfähiges Vermögen, weil die Beteiligung mehr als 25 % beträgt.
b) Die Anteile sind nicht begünstigungsfähiges Vermögen, weil die Beteiligung nicht mehr als 25 % beträgt.

Beispiel 2:

S schenkt B gleichzeitig unmittelbar gehaltene stimmberechtigte Stammaktien an der S-AG in Höhe von 8 % sowie unmittelbar gehaltene stimmrechtslose Vorzugsaktien in Höhe von 20 %.
Die von S unmittelbar gehaltenen Stamm- und Vorzugsaktien erfüllen die Mindestbeteiligung von mehr als 25 % nach § 13b Absatz 1 Nummer 3 Satz 1 ErbStG. Die übertragenen Anteile (Stamm- und Vorzugsaktien) sind begünstigungsfähiges Vermögen.

Stimmrechtslose Vorzugsaktien und Poolregelung.

Beispiel 1:

S schenkt B gleichzeitig unmittelbar gehaltene stimmberechtigte Stammaktien an der S-AG in Höhe von 8 % sowie unmittelbar gehaltene stimmrechtslose Vorzugsaktien in Höhe von 20 %. Die Stammaktien von 8 % sind mit stimmberechtigten Anteilen anderer Gesellschafter gepoolt; der Pool erfüllt die Mindestbeteiligung von mehr als 25 %. Die stimmrechtslosen Vorzugsaktien sind in den Pool nicht einbezogen.
Die von S unmittelbar gehaltenen Stamm- und Vorzugsaktien erfüllen die Mindestbeteiligung von mehr als 25 % nach § 13b Absatz 1 Nummer 3 Satz 1 ErbStG. Die übertragenen Anteile (Stamm- und Vorzugsaktien) sind begünstigungsfähiges Vermögen. Dass die Stammaktien gepoolt sind, bleibt hierbei ohne Bedeutung.

Beispiel 2:

S schenkt B gleichzeitig unmittelbar gehaltene stimmberechtigte Stammaktien an der S-AG in Höhe von 8 % sowie unmittelbar gehaltene stimmrechtslose Vorzugsaktien in Höhe von 10 %. Die Stammaktien von 8 % sind mit stimmberechtigten Anteilen anderer Gesellschafter gepoolt; der Pool erfüllt die Mindestbeteiligung von mehr als 25 %.

Über die gepoolten stimmberechtigten Stammaktien erfüllt S die Mindestbeteiligung von mehr als 25% nach § 13b Absatz 1 Nummer 3 Satz 2 ErbStG. Die insgesamt übertragenen Anteile (Stamm- und Vorzugsaktien) sind begünstigungsfähiges Vermögen. Dass die stimmrechtslosen Vorzugsaktien nicht in den Pool mit einbezogen werden, bleibt hierbei ohne Bedeutung.

R E 13b.7 Begünstigtes Vermögen

[1]Das begünstigungsfähige Vermögen im Sinne des § 13b Absatz 1 ErbStG ist begünstigt, soweit sein gemeiner Wert den um das unschädliche Verwaltungsvermögen im Sinne des § 13b Absatz 7 ErbStG gekürzten Nettowert des Verwaltungsvermögens im Sinne des § 13b Absatz 6 ErbStG übersteigt (§ 13b Absatz 2 Satz 1 ErbStG). [2]Sämtliches Vermögen, das nicht zum begünstigten Vermögen gehört, ist ohne Verschonungsmöglichkeit steuerpflichtig. [3]Ist der festgestellte Wert des (Anteils des) Betriebsvermögens positiv, aber die Summe der gemeinen Werte des festgestellten Verwaltungsvermögens zuzüglich der festgestellten (jungen) Finanzmittel negativ (→ R E 13b.9 Abs. 2 I), liegt kein Verwaltungsvermögen vor. [4]Damit ist der 90-Prozent-Test bestanden und begünstigtes Vermögen im Sinne des § 13b Absatz 2 ErbStG gegeben. [5]Wenn der Wert des (Anteils des) Betriebsvermögens negativ ist, liegt insoweit kein begünstigtes Vermögen vor.

R E 13b.8 Erwerb unterschiedlicher Arten begünstigten Vermögens

(1) [1]Umfasst das auf einen Erwerber übertragene begünstigte Vermögen (→ R E 13b.7) mehrere selbstständig zu bewertende wirtschaftliche Einheiten einer Vermögensart (z.B. mehrere Gewerbebetriebe) oder mehrere Arten begünstigten Vermögens (land- und forstwirtschaftliches Vermögen, Betriebsvermögen, Anteile an Kapitalgesellschaften), sind deren Werte vor der Anwendung der §§ 13a, 13c und 28a ErbStG zusammenzurechnen. [2]Der Verschonungsabschlag nach § 13a Absatz 1 oder 10 oder § 13c ErbStG und der Abzugsbetrag nach § 13a Absatz 2 ErbStG können nur von einem insgesamt positiven Steuerwert des gesamten begünstigten Vermögens abgezogen werden. [3]Liegt nur eine wirtschaftliche Einheit mit einem negativen gemeinen Wert vor, kommt keine Verschonung in Betracht.

(2)[1)] [1]Soweit Schulden und Lasten mit dem nach § 13a oder § 13c ErbStG befreiten Vermögen in wirtschaftlichem Zusammenhang stehen, sind diese nach § 10 Absatz 6 Satz 4 ErbStG nur mit dem Betrag abzugsfähig, der dem Verhältnis des nach Anwendung des § 13a oder § 13c ErbStG anzusetzenden Werts des gesamten begünstigten Vermögens zu dem Wert vor Anwendung des § 13a oder § 13c ErbStG entspricht (→ R E 10.10 Absatz 4). [2]Zu diesen Schulden und Lasten können nur solche gehören, die nicht bereits bei der Ermittlung des gemeinen Werts berücksichtigt worden sind, und soweit sie dem begünstigten Vermögen wirtschaftlich zugeordnet werden können. [3]Bei begünstigtem land- und forstwirtschaftlichen Vermögen ist § 158 Absatz 5 BewG zu berücksichtigen.

---

1) Teilweise überholt durch das JStG 2020, zur Anwendung für Erwerbe nach dem 28.12.2020 siehe gleich lautenden Ländererlass v. 13.9.2021, BStBl. I 2021, 1837.

H E 13b.8

Entlastungen beim Erwerb mehrerer Arten begünstigten Vermögens.

Beispiel:

M vererbt ihrer Tochter T einen Gewerbebetrieb mit einem Steuerwert von 600 000 EUR (begünstigtes Vermögen 600 000 EUR), eine KG-Beteiligung mit einem negativen Steuerwert von – 400 000 EUR und begünstigungsfähige GmbH-Anteile mit einem Steuerwert von 500 000 EUR (begünstigtes Vermögen 500 000 EUR).

Wert des begünstigten Betriebsvermögens			600 000 EUR
begünstigte GmbH-Anteile			+ 500 000 EUR
begünstigtes Vermögen insgesamt			1 100 000 EUR
Verschonungsabschlag 85 %			935 000 EUR
verbleiben			165 000 EUR
Abzugsbetrag			142 500 EUR
Berechnung des Abzugsbetrags		150 000 EUR	
Verbleibender Wert (15%)	165 000 EUR		
Abzugsbetrag	./. 150 000 EUR		
Unterschiedsbetrag	15 000 EUR		
Davon 50 %		./. 7 500 EUR	
Verbleibender Abzugsbetrag		142 500 EUR	
steuerpflichtiges begünstigtes Vermögen			22 500 EUR
KG-Beteiligung			– 400 000 EUR
verbleiben			– 377 500 EUR

R E 13b.9 Ermittlung des begünstigten Vermögens und des steuerpflichtigen Vermögens

(1) [1]Das begünstigte Vermögen und das steuerpflichtige Vermögen werden durch das zuständige Erbschaftsteuerfinanzamt auf der Grundlage der Feststellungen durch die Betriebsfinanzämter nach § 13b Absatz 10 ErbStG ermittelt. [2]Die Berechnungen des Erbschaftsteuerfinanzamts erstrecken sich nur auf das begünstigungsfähige Vermögen im Sinne des § 13b Absatz 1 ErbStG. [3]Bei Einzelunternehmen und Personengesellschaften ist zur Ermittlung des begünstigten Vermögens der festgestellte Wert nach § 151 Absatz 1 Satz 1 Nummer 2 BewG um das Betriebsvermögen in Drittstaaten-Betriebstätten (→ R E 13b.5 Absatz 4) zu mindern.

(2) [1]Das begünstigte Vermögen ist wie folgt zu ermitteln:

I. 90 %-Test (Prüfung nach § 13b Absatz 2 Satz 2 ErbStG)

	festgestellter Wert des Verwaltungsvermögens (einschließlich junges Verwaltungsvermögen) § 13b Absatz 4 Nummer 1 bis 4 ErbStG
+	festgestellter Wert der Finanzmittel (einschließlich junge Finanzmittel) § 13b Absatz 4 Nummer 5 ErbStG
=	Verwaltungsvermögen für den 90 %-Test

$$\frac{\text{Verwaltungsvermögen für den 90 \%-Test}}{\text{festgestellter Wert des (Anteils) Betriebsvermögens}}$$

= Verwaltungsvermögensquote ≥ 90 %, dann insgesamt kein begünstigtes Vermögen

II. Berechnung des begünstigten Vermögens

II.1 Finanzmitteltest im Sinne des § 13b Absatz 4 Nummer 5 ErbStG

	festgestellter Wert der Finanzmittel
–	festgestellter Wert der jungen Finanzmittel nach § 13b Absatz 4 Nummer 5 Satz 2 ErbStG; höchstens der festgestellte Wert der Finanzmittel
=	Saldo
–	festgestellter Wert der Schulden
=	Saldo
–	Sockelbetrag 15% des festgestellten Werts des (Anteils) Betriebsvermögens (vorbehaltlich Hauptzweck gemäß § 13b Absatz 4 Nummer 5 Satz 4 ErbStG)
=	verbleibender Wert der Finanzmittel, mindestens 0 EUR (§ 13b Absatz 4 Nummer 5 Satz 1 ErbStG)

II.2 Berechnung der verbleibenden Schulden

	festgestellter Wert der Schulden
–	Wert der Schulden, die im Rahmen des Finanzmitteltests verrechnet wurden
=	verbleibende Schulden

II.3 Nettowert des Verwaltungsvermögens

II.3.1 Saldo Verwaltungsvermögen

	festgestellter Wert des Verwaltungsvermögens (§ 13b Absatz 4 Nummer 1 bis 4 ErbStG)
–	festgestellter Wert des jungen Verwaltungsvermögens
+	verbleibender Wert der Finanzmittel II.1 (§ 13b Absatz 4 Nummer 5 Satz 1 ErbStG)
=	Saldo Verwaltungsvermögen

II.3.2 Berechnung der anteilig verbleibenden Schulden

	verbleibende Schulden II.2 × Saldo Verwaltungsvermögen II.3.1
	festgestellter Wert des (Anteils) Betriebsvermögens + verbleibende Schulden II.2
=	anteilig verbleibende Schulden

II.3.3 Berechnung des Nettowertes des Verwaltungsvermögens

	Saldo Verwaltungsvermögen II.3.1
–	anteilig verbleibende Schulden II.3.2
=	Nettowert des Verwaltungsvermögens

II.4 Steuerpflichtiger Wert des Verwaltungsvermögens

II.4.1 Berechnung der Bemessungsgrundlage des unschädlichen Verwaltungsvermögens (§ 13b Absatz 7 ErbStG)

	festgestellter Wert des (Anteils) Betriebsvermögens
–	Nettowert des Verwaltungsvermögens II.3.3
–	festgestellter Wert des jungen Verwaltungsvermögens
–	festgestellter Wert der jungen Finanzmittel
=	Bemessungsgrundlage für das unschädliche Verwaltungsvermögen

II.4.2 Gekürzter Nettowert des Verwaltungsvermögens

	Nettowert des Verwaltungsvermögens II.3.3
–	10 % × Bemessungsgrundlage für das unschädliche Verwaltungsvermögen II.4.1
=	gekürzter Nettowert des Verwaltungsvermögens

II.4.3 Berechnung des steuerpflichtigen Werts des Verwaltungsvermögens

	gekürzter Nettowert des Verwaltungsvermögens II.4.2
+	festgestellter Wert des jungen Verwaltungsvermögens
+	festgestellter Wert der jungen Finanzmittel
=	steuerpflichtiger Wert des Verwaltungsvermögens (nicht begünstigtes Vermögen)

II.5 Begünstigtes Vermögen (§ 13b Absatz 2 Satz 1 ErbStG)

	festgestellter Wert des (Anteils) Betriebsvermögens
–	steuerpflichtiger Wert des Verwaltungsvermögens II.4.3
=	begünstigtes Vermögen

[2]Ergänzend ist das steuerpflichtige Vermögen wie folgt zu ermitteln:

III. Berechnung des Vorwegabschlags nach § 13a Absatz 9 ErbStG [bei Beteiligungen an Personengesellschaften und mitübertragenem Sonderbetriebsvermögen gelten Besonderheiten]

	begünstigtes Vermögen II.5
×	Vorwegabschlag in %, max. 30 %
=	Vorwegabschlag

IV. Steuerpflichtiges Vermögen

	begünstigtes Vermögen II.5
–	Vorwegabschlag III
=	Saldo (→ Satz 3)

–	Verschonungsabschlag [85%, 100% oder abgeschmolzener Prozentsatz; § 13a Absatz 1 oder 10, § 13c ErbStG]
=	Saldo
–	Abzugsbetrag nach § 13a Absatz 2 ErbStG
=	steuerpflichtiges begünstigtes Vermögen
+	steuerpflichtiger Wert des Verwaltungsvermögens II.4.3 (nicht begünstigtes Vermögen)
=	steuerpflichtiges Vermögen

[3]Beim Erwerb von mehreren wirtschaftlichen Einheiten des begünstigungsfähigen Vermögens sind die Werte des begünstigten Vermögens (gegebenenfalls nach dem Vorwegabschlag) zusammenzurechnen.

H E 13b.9

Berechnung des begünstigten Vermögens und des steuerpflichtigen Vermögens.

Beispiel 1:

Einzelunternehmen, Beteiligungen an Personengesellschaften ohne Sonderbetriebsvermögen oder Anteile an Kapitalgesellschaften

Unternehmer U schenkt seiner Tochter T eine Beteiligung an der A und B OHG. Sonderbetriebsvermögen wird nicht mitübertragen. Ein Antrag auf Optionsverschonung wurde nicht gestellt.

Folgende Feststellungen des Betriebsfinanzamts nach § 13b Absatz 10 ErbStG liegen vor:

		davon jung
Wert des (Anteils) Betriebsvermögens	1 500 000 EUR	
Verwaltungsvermögen	100 000 EUR	10 000 EUR
Finanzmittel	50 000 EUR	20 000 EUR
Schulden	400 000 EUR	

Nachrichtlich teilt das Betriebsfinanzamt mit, dass der Abschlag nach § 13a Absatz 9 ErbStG 20 % beträgt.

Berechnungen:

I. 90 %-Test (Prüfung nach § 13b Absatz 2 Satz 2 ErbStG)

	festgestellter Wert des Verwaltungsvermögens (einschließlich junges Verwaltungsvermögen) § 13b Absatz 4 Nummer 1 bis 4 ErbStG	100 000 EUR
+	festgestellter Wert der Finanzmittel (einschließlich junge Finanzmittel) § 13b Absatz 4 Nummer 5 ErbStG	50 000 EUR
=	Verwaltungsvermögen für den 90 %-Test	150 000 EUR

	Verwaltungsvermögen für den 90 %-Test 150 000 EUR
	festgestellter Wert des (Anteils) Betriebsvermögens 1 500 000 EUR
=	Verwaltungsvermögensquote 10,00 %

II. Berechnung des begünstigten Vermögens

II.1. Finanzmitteltest im Sinne des § 13b Absatz 4 Nummer 5 ErbStG

	festgestellter Wert der Finanzmittel	50 000 EUR
–	festgestellter Wert der jungen Finanzmittel nach § 13b Absatz 4 Nummer 5 Satz 2 ErbStG; höchstens der festgestellte Wert der Finanzmittel	20 000 EUR
=	Saldo	30 000 EUR
–	festgestellter Wert der Schulden	400 000 EUR
=	Saldo	– 370 000 EUR
–	Sockelbetrag 15 % des festgestellten Werts des (Anteils) Betriebsvermögens (vorbehaltlich Hauptzweck gemäß § 13b Absatz 4 Nummer 5 Satz 4 ErbStG)	0 EUR
=	verbleibender Wert der Finanzmittel, mindestens 0 EUR (§ 13b Absatz 4 Nummer 5 Satz 1 ErbStG)	0 EUR

II.2. Berechnung der verbleibenden Schulden

	festgestellter Wert der Schulden	400 000 EUR
–	Wert der Schulden, die im Rahmen des Finanzmitteltests verrechnet wurden	30 000 EUR
=	verbleibende Schulden	370 000 EUR

II.3. Nettowert des Verwaltungsvermögens

II.3.1. Saldo Verwaltungsvermögen

	festgestellter Wert des Verwaltungsvermögens (§ 13b Absatz 4 Nummer 1 bis 4 ErbStG)	100 000 EUR
–	festgestellter Wert des jungen Verwaltungsvermögens	10 000 EUR
+	verbleibender Wert der Finanzmittel II.1 (§ 13b Absatz 4 Nummer 5 Satz 1 ErbStG)	0 EUR
=	Saldo Verwaltungsvermögen	90 000 EUR

II.3.2. Berechnung der anteilig verbleibenden Schulden

$$\frac{\text{verbleibende Schulden II.2} \times \text{Saldo Verwaltungsvermögen II.3.1} \quad 370\,000\text{ EUR} \times 90\,000\text{ EUR}}{\text{festgestellter Wert des (Anteils) Betriebsvermögens} + \text{verbleibende Schulden II.2} \quad 1\,500\,000\text{ EUR} + 370\,000\text{ EUR}}$$

=	anteilig verbleibende Schulden	17 808 EUR

II.3.3. Berechnung des Nettowertes des Verwaltungsvermögens

	Saldo Verwaltungsvermögen II.3.1	90 000 EUR
–	anteilig verbleibende Schulden II.3.2	17 808 EUR
=	Nettowert des Verwaltungsvermögens	72 192 EUR

II.4. Steuerpflichtiger Wert des Verwaltungsvermögens

II.4.1. Berechnung der Bemessungsgrundlage des unschädlichen Verwaltungsvermögens (§ 13b Absatz 7 ErbStG)

	festgestellter Wert des (Anteils) Betriebsvermögens	1 500 000 EUR
–	Nettowert des Verwaltungsvermögens II.3.3	72 192 EUR
–	festgestellter Wert des jungen Verwaltungsvermögens	10 000 EUR
–	festgestellter Wert der jungen Finanzmittel	20 000 EUR
=	Bemessungsgrundlage für das unschädliche Verwaltungsvermögen	1 397 808 EUR

II.4.2. Gekürzter Nettowert des Verwaltungsvermögens

	Nettowert des Verwaltungsvermögens II.3.3	72 192 EUR
–	10 % × Bemessungsgrundlage für das unschädliche Verwaltungsvermögen II.4.1	139 781 EUR
=	gekürzter Nettowert des Verwaltungsvermögens	0 EUR

II.4.3. Berechnung des steuerpflichtigen Werts des Verwaltungsvermögens

	gekürzter Nettowert des Verwaltungsvermögens II.4.2	0 EUR
+	festgestellter Wert des jungen Verwaltungsvermögens	10 000 EUR
+	festgestellter Wert der jungen Finanzmittel	20 000 EUR
=	steuerpflichtiger Wert des Verwaltungsvermögens (nicht begünstigtes Vermögen)	30 000 EUR

II.5. Begünstigtes Vermögen (§ 13b Absatz 2 Satz 1 ErbStG)

	festgestellter Wert des (Anteils) Betriebsvermögens	1 500 000 EUR
–	steuerpflichtiger Wert des Verwaltungsvermögens II.4.3	30 000 EUR
=	begünstigtes Vermögen	1 470 000 EUR

III. Berechnung des Vorwegabschlags nach § 13a Absatz 9 ErbStG

	begünstigtes Vermögen II.5	1 470 000 EUR
×	Vorwegabschlag in %, max. 30 %	20 %
=	Vorwegabschlag	294 000 EUR

IV. Steuerpflichtiges Vermögen

	begünstigtes Vermögen II.5	1 470 000 EUR
–	Vorwegabschlag III	294 000 EUR
=	Saldo	1 176 000 EUR
–	Verschonungsabschlag 85 %	999 600 EUR
=	Saldo	176 400 EUR
–	Abzugsbetrag nach § 13a Absatz 2 ErbStG	136 800 EUR
=	steuerpflichtiges begünstigtes Vermögen	39 600 EUR
+	steuerpflichtiger Wert des Verwaltungsvermögens II.4.3 (nicht begünstigtes Vermögen)	30 000 EUR
=	steuerpflichtiges Vermögen	69 600 EUR

Beispiel 2:

Beteiligungen an Personengesellschaften mit Sonderbetriebsvermögen

Unternehmer U schenkt seiner Tochter T eine Beteiligung an der A und B OHG. Sonderbetriebsvermögen (SBV) des U wird mit mitübertragen. Ein Antrag auf Optionsverschonung wurde nicht gestellt.

Folgende Feststellungen des Betriebsfinanzamts nach § 13b Absatz 10 ErbStG liegen vor:

Wert der Beteiligung an der A und B OHG	1 800 000 EUR
Verwaltungsvermögen nach § 13b Absatz 4 Nummer 1 bis 4 ErbStG	125 000 EUR
junges Verwaltungsvermögen	12 500 EUR
Finanzmittel	85 000 EUR
junge Finanzmittel	20 000 EUR
Schulden	490 000 EUR

Nachrichtlich teilt das Betriebsfinanzamt mit, dass der Abschlag nach § 13a Absatz 9 ErbStG 20 % beträgt. Das Betriebsfinanzamt teilt darüber hinaus nachrichtlich Folgendes mit:

	Gesamthand	davon jung	SBV	davon jung
Wert (Anteil)				
Betriebsvermögen	1 500 000 EUR		300 000 EUR	
Verwaltungsvermögen	100 000 EUR	10 000 EUR	25 000 EUR	2 500 EUR
Finanzmittel	50 000 EUR	20 000 EUR	35 000 EUR	0 EUR
Schulden	400 000 EUR		90 000 EUR	0 EUR

Berechnungen:

I. 90 %-Test (Prüfung nach § 13b Absatz 2 Satz 2 ErbStG)

	festgestellter Wert des Verwaltungsvermögens (einschließlich junges Verwaltungsvermögen) § 13b Absatz 4 Nummer 1 bis 4 ErbStG	125 000 EUR
+	festgestellter Wert der Finanzmittel (einschließlich junge Finanzmittel) § 13b Absatz 4 Nummer 5 ErbStG	85 000 EUR
=	Verwaltungsvermögen für den 90 %-Test	210 000 EUR

Verwaltungsvermögen für den 90 %-Test 210 000 EUR
/ festgestellter Wert des (Anteils) Betriebsvermögens 1 800 000 EUR

= Verwaltungsvermögensquote 11,67 %

II. Berechnung des begünstigten Vermögens

II.1. Finanzmitteltest im Sinne des § 13b Absatz 4 Nummer 5 ErbStG

	festgestellter Wert der Finanzmittel	85 000 EUR
–	festgestellter Wert der jungen Finanzmittel nach § 13b Absatz 4 Nummer 5 Satz 2 ErbStG; höchstens der festgestellte Wert der Finanzmittel	20 000 EUR
=	Saldo	65 000 EUR
–	festgestellter Wert der Schulden	490 000 EUR
=	Saldo	– 425 000 EUR
–	Sockelbetrag 15 % des festgestellten Werts des (Anteils) Betriebsvermögens (vorbehaltlich Hauptzweck gemäß § 13b Absatz 4 Nummer 5 Satz 4 ErbStG)	0 EUR
=	verbleibender Wert der Finanzmittel, mindestens 0 EUR (§ 13b Absatz 4 Nummer 5 Satz 1 ErbStG)	0 EUR

II.2. Berechnung der verbleibenden Schulden

	festgestellter Wert der Schulden	490 000 EUR
–	Wert der Schulden, die im Rahmen des Finanzmitteltests verrechnet wurden	65 000 EUR
=	verbleibende Schulden	425 000 EUR

II.3. Nettowert des Verwaltungsvermögens

II.3.1. Saldo Verwaltungsvermögen

	festgestellter Wert des Verwaltungsvermögens (§ 13b Absatz 4 Nummer 1 bis 4 ErbStG)	125 000 EUR
–	festgestellter Wert des jungen Verwaltungsvermögens	12 500 EUR
+	verbleibender Wert der Finanzmittel II.1 (§ 13b Absatz 4 Nummer 5 Satz 1 ErbStG)	0 EUR
=	Saldo Verwaltungsvermögen	112 500 EUR

II.3.2. Berechnung der anteilig verbleibenden Schulden

$$\frac{\text{verbleibende Schulden II.2} \times \text{Saldo Verwaltungsvermögen II.3.1} \atop 425\,000 \text{ EUR} \times 112\,500 \text{ EUR}}{\text{festgestellter Wert des (Anteils) Betriebsvermögens + verbleibende Schulden II.2} \atop 1\,800\,000 \text{ EUR} + 425\,000 \text{ EUR}}$$

=	anteilig verbleibende Schulden	21 489 EUR

II.3.3. Berechnung des Nettowertes des Verwaltungsvermögens

	Saldo Verwaltungsvermögen II.3.1	112 500 EUR
–	anteilig verbleibende Schulden II.3.2	21 489 EUR
=	Nettowert des Verwaltungsvermögens	91 011 EUR

II.4. Steuerpflichtiger Wert des Verwaltungsvermögens

II.4.1. Berechnung der Bemessungsgrundlage des unschädlichen Verwaltungsvermögens (§ 13b Absatz 7 ErbStG)

	festgestellter Wert des (Anteils) Betriebsvermögens	1 800 000 EUR
–	Nettowert des Verwaltungsvermögens II.3.3	91 011 EUR
–	festgestellter Wert des jungen Verwaltungsvermögens	12 500 EUR
–	festgestellter Wert der jungen Finanzmittel	20 000 EUR
=	Bemessungsgrundlage für das unschädliche Verwaltungsvermögen	1 676 489 EUR

II.4.2. Gekürzter Nettowert des Verwaltungsvermögens

	Nettowert des Verwaltungsvermögens II.3.3	91 011 EUR
–	10 % × Bemessungsgrundlage für das unschädliche Verwaltungsvermögen II.4.1	167 649 EUR
=	gekürzter Nettowert des Verwaltungsvermögens	0 EUR

II.4.3. Berechnung des steuerpflichtigen Werts des Verwaltungsvermögens

	gekürzter Nettowert des Verwaltungsvermögens II.4.2	0 EUR
+	festgestellter Wert des jungen Verwaltungsvermögens	12 500 EUR
+	festgestellter Wert der jungen Finanzmittel	20 000 EUR
=	steuerpflichtiger Wert des Verwaltungsvermögens (nicht begünstigtes Vermögen)	32 500 EUR

II.5. Begünstigtes Vermögen (§ 13b Absatz 2 Satz 1 ErbStG)

	festgestellter Wert des (Anteils) Betriebsvermögens	1 800 000 EUR
–	steuerpflichtiger Wert des Verwaltungsvermögens II.4.3	32 500 EUR
=	begünstigtes Vermögen	1 767 500 EUR

Für Zwecke der Bemessungsgrundlage des Vorwegabschlages muss eine zweite Berechnung des begünstigten Vermögens nur für das übertragene Gesamthandsvermögen und ohne das mitübertragene Sonderbetriebsvermögen erfolgen. Hierzu wird auf die Berechnung in Beispiel 1 beziehungsweise H 13a.19 „Vorwegabschlag bei Beteiligung an einer Personengesellschaft mit mitübertragenem Sonderbetriebsvermögen" verwiesen. Das maßgebende begünstigte Vermögen beträgt danach 1 470 000 EUR.

III. Berechnung des Vorwegabschlags nach § 13a Absatz 9 ErbStG

	begünstigtes Vermögen II.5	1 470 000 EUR
×	Vorwegabschlag in %, max. 30 %	20 %
=	Vorwegabschlag	294 000 EUR

IV. Steuerpflichtiges Vermögen

	begünstigtes Vermögen II.5	1 767 500 EUR
–	Vorwegabschlag III	294 000 EUR
=	Saldo	1 473 500 EUR
–	Verschonungsabschlag 85 %	1 252 475 EUR
=	Saldo	221 025 EUR
–	Abzugsbetrag nach § 13a Absatz 2 ErbStG	114 488 EUR
=	steuerpflichtiges begünstigtes Vermögen	106 537 EUR
+	steuerpflichtiger Wert des Verwaltungsvermögens II.4.3 (nicht begünstigtes Vermögen)	32 500 EUR
=	steuerpflichtiges Vermögen	139 037 EUR

R E 13b.10 Übermäßiges Verwaltungsvermögen

[1]Besteht das begünstigungsfähige Vermögen nahezu ausschließlich, das heißt zu mindestens 90 Prozent, aus Verwaltungsvermögen (übermäßiges Verwaltungsvermögen), ist es von jeder Verschonung ausgenommen (§ 13b Absatz 2 Satz 2 ErbStG). [2]Das betrifft die Verschonungen nach § 13a und § 13c ErbStG, die Stundung nach § 28 Absatz 1 ErbStG und die Verschonungsbedarfsprüfung nach § 28a ErbStG. [3]Für die Prüfung, ob übermäßiges Verwaltungsvermögen vorliegt, ist folgendes Verhältnis maßgebend:

$$\frac{\text{Summe aus dem festgestellten Wert des Verwaltungsvermögens einschließlich des jungen Verwaltungsvermögens und dem festgestellten Wert der Finanzmittel einschließlich der jungen Finanzmittel}}{\text{festgestellter Wert des (Anteils) Betriebsvermögens}}$$

[4]Die Schuldenverrechnung mit den Finanzmitteln, der Sockelbetrag beim Finanzmitteltest, die quotale Schuldenverrechnung mit dem Verwaltungsvermögen und das unschädliche Verwaltungsvermögen bleiben unberücksichtigt. [5]Verwaltungsvermögen, das der Erfüllung von Schulden aus Altersversorgungsverpflichtungen dient (§ 13b Absatz 3 ErbStG), ist nicht zu berücksichtigen.

H E 13b.10

Berechnung des übermäßigen Verwaltungsvermögens.

	festgestellter Wert des Verwaltungsvermögens (einschließlich junges Verwaltungsvermögen) § 13b Absatz 4 Nummer 1 bis 4 ErbStG
+	festgestellter Wert der Finanzmittel (einschließlich junge Finanzmittel) § 13b Absatz 4 Nummer 5 ErbStG
=	Verwaltungsvermögen für den 90-%-Test

Verwaltungsvermögen für den 90-%-Test
festgestellter Wert des (Anteils) Betriebsvermögens
= Verwaltungsvermögensquote ≥ 90 %, dann insgesamt kein begünstigtes Vermögen

→ H 13b.9 Beispiel 1 und 2.

R E 13b.11 Altersversorgungsvermögen

(1) Betriebliche Altersversorgungsansprüche und -verpflichtungen liegen vor, wenn der Arbeitgeber seinem Arbeitnehmer aus Anlass eines Arbeitsverhältnisses Versorgungsleistungen bei Alter, Invalidität und/oder Tod im Sinne des § 1 Absatz 1 BetrAVG oder in anderer Weise zusagt.

(2) [1]Teile des begünstigungsfähigen Vermögens, die ausschließlich und dauerhaft der Erfüllung von Schulden aus Altersversorgungsverpflichtungen dienen und dem Zugriff aller übrigen nicht aus den Altersversorgungsverpflichtungen unmittelbar berechtigten Gläubiger entzogen sind, werden nach § 13b Absatz 2 Satz 2 und Absatz 3 ErbStG bis zur Höhe des gemeinen Werts der Schulden aus Altersversorgungsverpflichtungen nicht als Verwaltungsvermögen behandelt. [2]Hierunter fallen nur Wirtschaftsgüter des Verwaltungsvermögens nach § 13b Absatz 4 Nummer 1 bis 4 ErbStG einschließlich des jungen Verwaltungsvermögens und die Finanzmittel nach § 13b Absatz 4 Nummer 5 Satz 1 ErbStG ohne Berücksichtigung der Schuldenverrechnung und des Sockelbetrags. [3]Nicht darunter fallen die jungen Finanzmittel nach § 13b Absatz 4 Nummer 5 Satz 2 ErbStG und die Wirtschaftsgüter, die nicht zum Verwaltungsvermögen nach § 13b Absatz 4 ErbStG gehören. [4]Von der Regelung betroffen sind vor allem sogenannte CTA-Strukturen (Contractual Trust Arrangement). [5]In Betracht kommen auch andere Regelungen, mit denen ein nachhaltiger Insolvenzschutz zugunsten der Anspruchsberechtigten auf Altersversorgung erreicht wird. [6]Eine Rückdeckungsversicherung für die Altersversorgungsverpflichtungen fällt für sich allein nicht hierunter.

(3) Altersversorgungsverpflichtungen wie auch Wirtschaftsgüter des Verwaltungsvermögens sind mit ihrem gemeinen Wert (§ 9 BewG) anzusetzen.

(4) [1]Eine Verrechnung der Wirtschaftsgüter des Verwaltungsvermögens findet nur bis zur Höhe der Altersversorgungsverpflichtungen nach folgender Reihenfolge statt:

1. Junges Verwaltungsvermögen (§ 13b Absatz 7 Satz 2 ErbStG),
2. Verwaltungsvermögen (§ 13b Absatz 4 Nummer 1 bis 4 ErbStG),
3. Finanzmittel (§ 13b Absatz 4 Nummer 5 Satz 1 ErbStG).

[2]Damit bleibt eine Überdotierung und eine übermäßige Aussonderung von originärem Verwaltungsvermögen unberücksichtigt. [3]Bei einer Unterdotierung sind die übersteigenden Altersversorgungsverpflichtungen als Schulden im Rahmen des Finanzmitteltests (§ 13b Absatz 4 Nummer 5 ErbStG) oder der Schuldenverrechnung (§ 13b Absatz 6 ErbStG) zu berücksichtigen.

H E 13b.11

Berechnung des Verwaltungsvermögens bei Altersversorgungsverpflichtungen. → H 13b.30.

Verrechnung der Altersversorgungsverpflichtungen mit Verwaltungsvermögen.

	Altersversorgungsverpflichtungen (§ 13b Absatz 2 Satz 2 und Absatz 3 ErbStG)
–	Junges Verwaltungsvermögen, das den Altersversorgungsverpflichtungen dient (§ 13b Absatz 7 Satz 2 ErbStG), höchstens Wert der Altersversorgungsverpflichtungen
=	Saldo 1
–	sonstiges Verwaltungsvermögen, das den Altersversorgungsverpflichtungen dient (§ 13b Absatz 4 Nummer 1 bis 4 ErbStG), höchstens Saldo 1
=	Saldo 2
–	Finanzmittel, die den Altersversorgungsverpflichtungen dienen (§ 13b Absatz 4 Nummer 5 ErbStG), höchstens Saldo 2
=	Saldo 3

Bei einer Unterdotierung verbleiben zusätzliche verrechenbare Schulden.

R E 13b.12 Verwaltungsvermögen – Allgemeines

(1) [1]Die Zugehörigkeit eines Vermögensgegenstands zum Verwaltungsvermögen ist nicht dadurch ausgeschlossen, dass es sich ertragsteuerrechtlich um notwendiges Betriebsvermögen handelt [2]Das Verwaltungsvermögen ist für jede wirtschaftliche Einheit gesondert zu prüfen. [3]Das gilt auch dann, wenn der gemeine Wert des Betriebs, der Beteiligung an einer Personengesellschaft oder von Anteilen an einer Kapitalgesellschaft aus Verkäufen abgeleitet oder mit einem Gutachtenwert angesetzt worden ist.

(2) [1]Für die Entscheidung, ob Verwaltungsvermögen vorliegt, sind die Verhältnisse im Besteuerungszeitpunkt maßgebend. [2]Dabei ist ausschließlich auf die Verhältnisse beim Erblasser oder Schenker abzustellen. [3]Veränderungen hinsichtlich der Zuordnung zum Verwaltungsvermögen, die nach dem Besteuerungszeitpunkt beim Erwerber eintreten, sind vorbehaltlich der Investitionsklausel nach § 13b Absatz 5 ErbStG (→ R E 13b.24) unbeachtlich. [4]Davon unberührt bleibt das Erfordernis, dass das erworbene Vermögen beim Erwerber die weiteren Verschonungsvoraussetzungen erfüllt und der Erwerb in der Hand des Erwerbers begünstigtes Vermögen bleibt. [5]Vermögen einer im Besteuerungszeitpunkt zum Gewerbebetrieb gehörenden, in einem Drittstaat belegenen Betriebstätte (→ R E 13b.5 Absatz 4 Satz 3) gehört nicht zum Verwaltungsvermögen.

(3) Wirtschaftsgüter des Verwaltungsvermögens sind mit ihrem gemeinen Wert (§ 9 BewG) anzusetzen.

(4) [1]Bei Beteiligungen an Personengesellschaften ist das Verwaltungsvermögen aus dem Gesamthandsvermögen und dem mitübertragenen Sonderbetriebsvermögen zu berücksichtigen. [2]Das Verwaltungsvermögen aus dem Gesamthandsvermögen ist dem Gesellschafter nach dem Wert der Beteiligung des Gesellschafters am Gesamthandsvermögen zum gemeinen Wert des Gesamt-

handsvermögens (§ 97 Absatz 1a Nummer 1 BewG) der Gesellschaft zuzurechnen.[1] [3] Ist der Wert der Beteiligung des Gesellschafters am Gesamthandsvermögen negativ, ist das auf den Anteil am Gesamthandsvermögen entfallende Verwaltungsvermögen mit Null anzusetzen. [4] Bei Anteilen an Kapitalgesellschaften ist das Verwaltungsvermögen nach dem Verhältnis aufzuteilen, das bei der Aufteilung des gemeinen Werts nach § 97 Absatz 1b BewG angewendet wurde.

H E 13b.12

Behandlung von Sachleistungsansprüchen. → R E 12.2, H E 12.2.

R E 13b.13[2] Überlassung von Grundstücken – Allgemeines

[1] Dritten zur Nutzung überlassene Grundstücke, Grundstücksteile, grundstücksgleiche Rechte und Bauten gehören zum Verwaltungsvermögen (§ 13b Absatz 4 Nummer 1 ErbStG). [2] Dabei ist nicht entscheidend, ob die Überlassung entgeltlich oder ganz beziehungsweise teilweise unentgeltlich erfolgt. [3] Werden neben der Überlassung von Grundstücksteilen weitere gewerbliche Leistungen einheitlich angeboten und in Anspruch genommen, führt die Überlassung der Grundstücksteile nicht zu Verwaltungsvermögen, wenn die Tätigkeit nach ertragsteuerlichen Gesichtspunkten insgesamt als originär gewerbliche Tätigkeit einzustufen ist (z. B. bei Beherbergungsbetrieben wie Hotels, Pensionen oder Campingplätzen, vgl. R 15.7 (2) EStR, H 15.7 (2) EStH). [4] Gehört nur ein Grundstücksteil zum Verwaltungsvermögen, ist der gemeine Wert des Grundstücks regelmäßig nach der Wohn-/Nutzfläche aufzuteilen. [5] Zum Befreiungsabschlag nach § 13d ErbStG bei nach § 13b ErbStG begünstigungsfähigem Vermögen → R E 13d Absatz 4.

R E 13b.14 Grundstücksüberlassung im Rahmen einer Betriebsaufspaltung oder des Sonderbetriebsvermögens

(1)[3] [1] Grundstücke im Sinne des R E 13b.13, die im Rahmen einer sog. Betriebsaufspaltung überlassen werden, gehören nicht zum Verwaltungsvermögen (§ 13b Absatz 4 Nummer 1 Buchstabe a ErbStG). [2] Dies gilt nur, soweit die Betriebsgesellschaft das Grundstück unmittelbar nutzt; eine Weiterüberlassung des Grundstücks durch die Betriebsgesellschaft an einen Dritten führt zum Verwaltungsvermögen. [3] § 13b Absatz 4 Nummer 1 Buchstabe a ErbStG erfordert, dass der Erblasser oder Schenker sowohl im überlassenden Betrieb als auch im nutzenden Betrieb allein oder zusammen mit anderen Gesellschaftern einen einheitlichen geschäftlichen Betätigungswillen durchsetzen konnte. [4] Der Maßstab für das Vorliegen eines einheitlichen geschäftlichen Betätigungswillens richtet sich nach den ertragsteuerlichen Grundsätzen. [5] Die sachliche Verflechtung (Überlassung von zumindest einer funktional wesentlichen Betriebs-

[1] Siehe hierzu gleich lautenden Ländererlass v. 11.2.2021, BStBl. I 2021, 355.

[2] Zur Abgrenzung des Verwaltungsvermögens bei Dritten zur Nutzung überlassenen Grundstücken und der Auslegung des R E 13b.13 Satz 3 ErbStR 2019 siehe BayLfSt v. 2.3.2020 – S 3812b.1.1-31/4 St 34, DStR 2020, 556.

[3] Zur Begünstigung von Grundstücken im Betriebsvermögen bei Nutzungsüberlassung an Dritte siehe BFH v. 2.12.2020 II R 22/18, BStBl. II 2022, 66, v. 23.2.2021 II R 26/18, BStBl. II 2022, 72, und v. 16.3.2021 II R 3/19, DStR 2021, 1924.

grundlage) ist grundsätzlich vorauszusetzen, weil andernfalls kein begünstigtes Betriebsvermögen vorliegt. [6]Kann bei einer Grundstücksüberlassung im Rahmen einer Betriebsaufspaltung der einheitliche geschäftliche Betätigungswillen sowohl in Besitz als auch Betriebsgesellschaft unmittelbar durchgesetzt werden, gehört das Grundstück nicht zum Verwaltungsvermögen. [7]Werden Grundstücke im Sinne des R E 13b.13 im Rahmen der so genannten kapitalistischen Betriebsaufspaltung (Besitzkapitalgesellschaft überlässt wesentliche Betriebsgrundlagen an eine Betriebsgesellschaft und beherrscht diese) überlassen, gehören sie, vorbehaltlich der Zugehörigkeit der Kapitalgesellschaften zu einem Konzern im Sinne des § 4h EStG (→ R E 13b.16), zum Verwaltungsvermögen. [8]Bei einer umgekehrten Betriebsaufspaltung (Besitzkapitalgesellschaft überlässt wesentliche Betriebsgrundlagen an eine Betriebspersonengesellschaft und wird von dieser beherrscht) liegt hinsichtlich des überlassenen Grundstücks kein Verwaltungsvermögen vor. [9]Wird die Betriebsaufspaltung erst durch die Übertragung des Betriebs an den Erwerber begründet, handelt es sich bei dem Grundstück um Verwaltungsvermögen.

(2) [1]Gehört ein Grundstück im Sinne des R E 13b.13 zum Sonderbetriebsvermögen eines Gesellschafters einer Personengesellschaft und wird es der Personengesellschaft überlassen, handelt es sich nicht um Verwaltungsvermögen (§ 13b Absatz 4 Nummer 1 Buchstabe a ErbStG). [2]Absatz 1 Satz 2 gilt entsprechend.

(3) Der Ausschluss der Zuordnung zum Verwaltungsvermögen setzt voraus, dass die jeweilige Rechtsstellung sowohl im Fall der Betriebsaufspaltung als auch im Fall des Sonderbetriebsvermögens auf den Erwerber übergeht.

H E 13b.14

Betriebsaufspaltung – personelle Verflechtung. → H 15.7 (6) EStH.

Betriebsaufspaltung – sachliche Verflechtung. → H 15.7 (5) EStH.

R E 13b.15 Grundstücksüberlassung im Rahmen einer Betriebsverpachtung im Ganzen

(1) [1]Grundstücke im Sinne des R E 13b.13, die im Rahmen einer Betriebsverpachtung im Ganzen überlassen werden, gehören nicht zum Verwaltungsvermögen (§ 13b Absatz 4 Nummer 1 Buchstabe b ErbStG), wenn

1. der Erbe, auf den der verpachtete Betrieb übergeht, bereits Pächter des Betriebs ist oder
2. bei einer Schenkung unter Lebenden der Verpächter den Pächter im Zusammenhang mit einer unbefristeten Verpachtung durch eine letztwillige Verfügung oder eine rechtsgeschäftliche Verfügung als Erben eingesetzt hat oder
3. bei einer Schenkung der Beschenkte zunächst den Betrieb noch nicht selber führen kann, weil ihm z. B. die dazu erforderliche Qualifikation noch fehlt und der Schenker im Hinblick darauf den verschenkten Betrieb für eine Übergangszeit von maximal zehn Jahren an einen Dritten verpachtet hat. [2]Die Verpachtung darf nicht über den Zeitpunkt hinausgehen, in dem der Beschenkte das 28. Lebensjahr vollendet, wenn die Schenkung an ein minderjähriges Kind erfolgt ist.

[2]Dies gilt nicht für verpachtete Betriebe, die vor ihrer Verpachtung die Voraussetzungen als begünstigtes Vermögen nach § 13b Absatz 2 Satz 1 ErbStG nicht erfüllt haben. [3]Zur Nutzung überlassene Grundstücke gehören danach immer dann zum Verwaltungsvermögen, wenn der verpachtete Betrieb bereits in der Zeit vor der Verpachtung nicht die Voraussetzungen für die Begünstigung erfüllt hat. [4]Hierdurch wird vermieden, dass ein in der aktiven Zeit nicht begünstigtes Unternehmen über den Weg der Betriebsverpachtung in begünstigtes Vermögen umqualifiziert werden kann.

(2) [1]Die erbschaftsteuerrechtliche Einordnung als Betriebsverpachtung im Ganzen richtet sich nach ertragsteuerrechtlichen Grundsätzen. [2]Liegen bei der Betriebsverpachtung ertragsteuerrechtlich Gewinneinkünfte nach § 2 Absatz 1 Satz 1 Nummer 2 und 3 in Verbindung mit Absatz 2 Nummer 1 EStG vor, handelt es sich auch erbschaftsteuerrechtlich dem Grunde nach um begünstigungsfähiges Betriebsvermögen im Sinne des § 13b Absatz 1 Nummer 2 ErbStG.

(3) Für die Betriebsverpachtung im Ganzen bei einem Betrieb der Land- und Forstwirtschaft gilt § 13b Absatz 4 Nummer 1 Buchstabe f ErbStG (→ R E 13b.19).

R E 13b.16 Grundstücksüberlassung im Konzern

[1]Grundstücke im Sinne des R E 13b.13, die im Rahmen eines Konzerns im Sinne des § 4h EStG zur Nutzung überlassen werden, gehören nicht zum Verwaltungsvermögen (§ 13b Absatz 4 Nummer 1 Buchstabe c ErbStG). [2]Das gilt nur, soweit keine weitere Nutzungsüberlassung an einen nicht zum Konzern gehörenden Dritten erfolgt. [3]Der Konzernbegriff richtet sich nach § 4h Absatz 3 Satz 5 und Satz 6 EStG. [4]Für die Frage, ob und zu welchem Konzern ein Betrieb gehört, ist auf die Verhältnisse im Besteuerungszeitpunkt abzustellen.

H E 13b.16

Konzernbegriff. → BMF-Schreiben vom 4.7.2008 (BStBl. I S. 718, Rz. 59 bis 68).

R E 13b.17 Grundstücksüberlassung im Rahmen eines Wohnungsunternehmens

(1) Grundstücke im Sinne des R E 13b.13, die zum Betriebsvermögen oder gesamthänderisch gebundenen Betriebsvermögen einer Personengesellschaft oder zum Vermögen einer Kapitalgesellschaft gehören, zählen nicht zum Verwaltungsvermögen (§ 13b Absatz 4 Nummer 1 Buchstabe d ErbStG), wenn
– der Hauptzweck des Betriebs in der Vermietung von eigenen Wohnungen im Sinne des § 181 Absatz 9 BewG besteht und
– dessen Erfüllung einen wirtschaftlichen Geschäftsbetrieb (§ 14 AO) erfordert.

(2) [1]Der Hauptzweck des Betriebs besteht in der Vermietung von eigenen Wohnungen, wenn diese den überwiegenden Teil der betrieblichen Tätigkeit

ausmacht. [2]Das gilt auch dann, wenn Grundstücke oder Grundstücksteile vermietet werden, die nicht zu Wohnzwecken, sondern z. B. auch zu gewerblichen, freiberuflichen oder öffentlichen Zwecken genutzt werden. [3]Ist ein zur Vermietung bestimmtes Grundstück oder ein dazu bestimmter Teil eines Grundstücks im Besteuerungszeitpunkt nicht vermietet, z. B. wegen Leerstands bei Mieterwechsel oder wegen Modernisierung, ist die Zweckbestimmung maßgeblich. [4]Maßstab ist die Summe der Grundbesitzwerte der zu Wohnzwecken vermieteten Grundstücke oder Grundstücksteile im Verhältnis zur Summe der Grundbesitzwerte aller vermieteten Grundstücke. [5]Dient der Betrieb danach im Hauptzweck der Vermietung von eigenen Wohnungen, sind auch solche Grundstücke oder Grundstücksteile kein Verwaltungsvermögen, die nicht zu Wohnzwecken, sondern z. B. zu gewerblichen, freiberuflichen oder öffentlichen Zwecken genutzt werden. [6]Die Prüfung dieser Voraussetzungen ist betriebsbezogen und nicht für das gesamte auf den Erwerber übergehende Vermögen vorzunehmen.

(3) [1]Folgende Indizien sprechen für einen wirtschaftlichen Geschäftsbetrieb:
- Umfang der Geschäfte,
- Unterhalten eines Büros,
- Buchführung zur Gewinnermittlung,
- umfangreiche Organisationsstruktur zur Durchführung der Geschäfte,
- Bewerbung der Tätigkeit,
- Anbieten der Dienstleistung/der Produkte einer breiteren Öffentlichkeit gegenüber.

[2]Das Vorliegen eines wirtschaftlichen Geschäftsbetriebs ist regelmäßig anzunehmen, wenn das Unternehmen mehr als 300 eigene Wohnungen hält.

(4) [1]Der notwendige wirtschaftliche Geschäftsbetrieb muss nicht direkt bei dem Betrieb vorliegen, welcher übertragen wird bzw. an dem eine Beteiligung oder Anteile übertragen werden. [2]Erfordert die Vermietung des Wohnungsbestandes des Unternehmens, in dessen Eigentum sich die Immobilien befinden, einen wirtschaftlichen Geschäftsbetrieb, liegt z. B. auch dann ein Wohnungsunternehmen vor, wenn die Vermietung und Verwaltung der eigenen Wohnungen
- im Rahmen einer Betriebsaufspaltung durch das Betriebsunternehmen erfolgt,
- durch ein Unternehmen erfolgt, an dem das Unternehmen, in dessen Eigentum sich die Immobilien befinden, beteiligt ist oder
- einem externen Dienstleistungsunternehmen übertragen wurde.

[3]Wurde die Verwaltung der Immobilien, die nach Art und Umfang im Rahmen der Vermögensverwaltung vorgenommen werden kann, auf ein externes Dienstleistungsunternehmen übertragen, liegt kein Wohnungsunternehmen vor.

R E 13b.18[1)] Grundstücke im Zusammenhang mit Lieferungsverträgen

[1]Grundstücke im Sinne des R E 13b.13, die zum Betriebsvermögen oder gesamthänderisch gebundenen Betriebsvermögen einer Personengesellschaft

---

[1)] Zur Rückausnahme vom Verwaltungsvermögen nach § 13b Abs. 4 Nr. 1 Satz 2 Buchst. e ErbStG und dem Ausschluss der Anwendbarkeit bei Zwischenhändlern siehe BayLfSt v. 5.3.2020 – S 3806.2.1-104/42 St 43, DStR 2020, 600.

oder zum Vermögen einer Kapitalgesellschaft gehören, zählen nicht zum Verwaltungsvermögen (§ 13b Absatz 4 Nummer 1 Buchstabe e ErbStG), wenn sie vorrangig überlassen werden, um im Rahmen von Lieferungsverträgen dem Absatz von eigenen Erzeugnissen und Produkten zu dienen. [2]Hierunter fallen z.B. Brauereigaststätten, die von einer Brauerei an Dritte bei gleichzeitigem Abschluss eines Getränkelieferungsvertrags verpachtet werden und in denen vorrangig die von der Brauerei hergestellten Getränke ausgeschenkt werden. [3]In Betracht kommen auch durch Mineralölunternehmen verpachtete Tankstellengrundstücke mit entsprechenden Belieferungsregelungen. [4]In der Logistikbranche überlassene Grundstücke sind dagegen regelmäßig Verwaltungsvermögen, auch wenn der Verpächter weitere Leistungen für die Beschaffungs- und Vertriebsorganisation seiner Kunden erbringt, es aber an dem Absatz von eigenen Erzeugnissen oder Produkten fehlt.

R E 13b.19 Verpachtete land- und forstwirtschaftliche Grundstücke

(1) [1]Werden aus dem begünstigungsfähigen land- und forstwirtschaftlichen Vermögen Grundstücke, Grundstücksteile oder grundstücksgleiche Rechte an einen Dritten zu land- und forstwirtschaftlichen Zwecken überlassen, führt die Nutzungsüberlassung nicht zu Verwaltungsvermögen (§ 13b Absatz 4 Nummer 1 Buchstabe f ErbStG). [2]Dies gilt auf Grund der bewertungsrechtlichen Abgrenzung auch dann, wenn sämtliche Grundstücke des begünstigungsfähigen Vermögens im Rahmen einer Betriebsverpachtung im Ganzen zur Nutzung überlassen werden. [3]Regelmäßig handelt es sich um land- und forstwirtschaftlich genutzte Flächen, die aus betriebswirtschaftlichen oder betriebstechnischen Gründen im Besteuerungszeitpunkt bis zu 15 Jahre an Dritte zur land- und forstwirtschaftlichen Nutzung überlassen werden.

(2) [1]Werden aus dem begünstigungsfähigen Betriebsvermögen Grundstücke, Grundstücksteile oder grundstücksgleiche Rechte an einen Dritten zu land- und forstwirtschaftlichen Zwecken überlassen, führt die Nutzungsüberlassung ebenfalls nicht zu Verwaltungsvermögen. [2]Regelmäßig handelt es sich hierbei um land- und forstwirtschaftlich genutzte Flächen, die auf Grund der Rechtsform des Betriebs oder infolge der ertragsteuerrechtlichen Abgrenzung als Betriebsvermögen zu bewerten sind. [3]Im Rahmen des Betriebsvermögens ist die Dauer der Nutzungsüberlassung unerheblich. [4]Die Betriebsverpachtung im Ganzen ist in diesen Fällen nach § 13b Absatz 4 Nummer 1 Buchstabe b ErbStG zu beurteilen. [5]Die Sätze 1 bis 4 gelten bei begünstigungsfähigen Anteilen an Kapitalgesellschaften entsprechend.

R E 13b.20 Anteile an Kapitalgesellschaften von 25 Prozent oder weniger

(1) [1]Gehören zum Betriebsvermögen der Betriebe oder Gesellschaften Anteile an Kapitalgesellschaften und beträgt die unmittelbare Beteiligung am Nennkapital dieser Gesellschaften 25 Prozent oder weniger, sind die Anteile dem Verwaltungsvermögen zuzurechnen (§ 13b Absatz 4 Nummer 2 ErbStG). [2]Die Poolregelung (→ R E 13b.6 Absatz 3 bis 6) gilt entsprechend; bei Ge-

sellschaften, die in einem Konzern unter einheitlicher Leitung stehen, ist eine gesonderte Poolvereinbarung im Sinne des § 13b Absatz 4 Nummer 2 ErbStG grundsätzlich nicht erforderlich. [3]Wird eine Poolvereinbarung nach dem Besteuerungszeitpunkt aufgehoben, bedeutet das nicht, dass die bis dahin gepoolten Anteile rückwirkend zum Verwaltungsvermögen gehören.

(2) [1]Gehören zum Sonderbetriebsvermögen eines Gesellschafters einer Personengesellschaft Anteile an einer Kapitalgesellschaft und beträgt die unmittelbare Beteiligung am Nennkapital dieser Gesellschaft 25 Prozent oder weniger, ist der Anteil auch dann dem Verwaltungsvermögen zuzurechnen, wenn die Summe aller zum Sonderbetriebsvermögen der Mitunternehmer gehörenden Anteile über 25 Prozent liegt. [2]Gehören Anteile teilweise zum Gesamthandsvermögen und teilweise zum Sonderbetriebsvermögen, sind die Beteiligungsgrenzen sowohl für das Gesamthandsvermögen als auch für jedes Sonderbetriebsvermögen getrennt zu prüfen. [3]Wegen einer Poolvereinbarung → Absatz 1.

(3) Für Anteile an Kapitalgesellschaften gelten ausschließlich § 13b Absatz 4 Nummer 2 ErbStG, auch wenn die Beteiligung in einem Wertpapier im Sinne des § 13b Absatz 4 Nummer 4 ErbStG verbrieft ist.

(4) [1]Bei mehrstufigen Beteiligungen ist auf jeder Beteiligungsebene zu prüfen, ob die unmittelbare Beteiligung 25 Prozent oder weniger beträgt (§ 13b Absatz 4 Nummer 2 ErbStG). [2]Wegen der Behandlung im Rahmen der Verbundvermögensaufstellung nach § 13b Absatz 9 ErbStG → R E 13b.29.

(5) Anteile an Kapitalgesellschaften von 25 Prozent oder weniger gehören nicht zum Verwaltungsvermögen, wenn sie dem Hauptzweck des Gewerbebetriebs eines Kreditinstitutes oder eines Finanzdienstleistungsinstitutes im Sinne des § 1 Absatz 1 und 1a des Kreditwesengesetzes in der Fassung der Bekanntmachung vom 9. September 1998 (BGBl. I S. 2776), das zuletzt durch Artikel 14 des Gesetzes vom 10. Mai 2016 (BGBl. I S. 1142) geändert worden ist, oder eines Versicherungsunternehmens, das der Aufsicht nach § 1 Absatz 1 Nummer 1 des Versicherungsaufsichtsgesetzes in der Fassung der Bekanntmachung vom 1. April 2015 (BGBl. I S. 434), das zuletzt durch Artikel 13 des Gesetzes vom 10. Mai 2016 (BGBl. I S. 1142) geändert worden ist, unterliegt, zuzurechnen sind.

H E 13b.20

Anteile an Kapitalgesellschaften im Sonderbetriebsvermögen.

Beispiel 1:

Bilanz der AB OHG

30 % Anteile an A-GmbH	300 000 EUR	Kapital A	500 000 EUR
Waren	700 000 EUR	Kapital B	500 000 EUR
	1 000 000 EUR		1 000 000 EUR

Sonderbetriebsvermögen A

11 % Anteile an A-GmbH	110 000 EUR	Kapital A	110 000 EUR
	110 000 EUR		110 000 EUR

			A	(B)
Gemeiner Wert Gesamthandsvermögen		1 200 000 EUR		
Aufteilung			A	(B)
Kapital	./.	1 000 000 EUR	500 000 EUR	500 000 EUR
Unterschiedsbetrag		200 000 EUR		
Verteilung 50 : 50		+	100 000 EUR	100 000 EUR
Wert des Anteils des A am Gesamthandsvermögen			600 000 EUR	
Sonderbetriebsvermögen A		+	110 000 EUR	
Anteil am Betriebsvermögen			710 000 EUR	

Zum Verwaltungsvermögen gehören die Anteile an der A-GmbH, die sich im Sonderbetriebsvermögen des A befinden (110 000 EUR), weil insoweit die unmittelbare Beteiligung des A nicht mehr als 25 % beträgt.
Die Anteile an der A-GmbH, die zum Gesamthandsvermögen gehören (300 000 EUR), rechnen hingegen nicht zum Verwaltungsvermögen.
Das Verwaltungsvermögen und die Schulden der A-GmbH wären insoweit gegebenenfalls im Rahmen der Konsolidierung zu berücksichtigen.

Beispiel 2:

Bilanz der AB OHG

24 % Anteile an A-GmbH	240 000 EUR	Kapital A	500 000 EUR
Waren	760 000 EUR	Kapital B	500 000 EUR
	1 000 000 EUR		1 000 000 EUR

Sonderbetriebsvermögen A

11 % Anteile an A-GmbH	110 000 EUR	Kapital A	110 000 EUR
	110 000 EUR		110 000 EUR

			A	(B)
Gemeiner Wert Gesamthandsvermögen		1 200 000 EUR		
Aufteilung			A	(B)
Kapital	./.	1 000 000 EUR	500 000 EUR	500 000 EUR
Unterschiedsbetrag		200 000 EUR		
Verteilung 50 : 50		+	100 000 EUR	100 000 EUR
Wert des Anteils des A am Gesamthandsvermögen			600 000 EUR	
Sonderbetriebsvermögen A		+	110 000 EUR	
Anteil am Betriebsvermögen			710 000 EUR	

Zum Verwaltungsvermögen gehören die Anteile an der A-GmbH, die sich im Sonderbetriebsvermögen des A befinden (110 000 EUR), weil insoweit die unmittelbare Beteiligung des A nicht mehr als 25 % beträgt.
Zum Verwaltungsvermögen gehören die Anteile an der A-GmbH, die sich im Gesamthandsvermögen befinden (240 000 EUR), weil insoweit die unmittelbare Beteiligung der AB-OHG nicht mehr als 25 % beträgt. Vom Wert der Anteile an der A-GmbH aus dem Gesamthandsvermögen entfallen auf A:

$$\frac{240\,000\text{ EUR} \times 600\,000\text{ EUR}}{1\,200\,000\text{ EUR}} = 120\,000\text{ EUR}$$

Ermittlung der Beteiligungsquote bei Einziehung von Geschäftsanteilen an einer GmbH und ausstehender Angleichung der Summe der Geschäftsanteile an das Stammkapital. Werden Geschäftsanteile an einer GmbH eingezogen (§ 34 GmbHG), erlöschen diese. Dies führt dazu, dass die Summe der Nennbeträge der Geschäftsanteile der GmbH nicht mehr dem Betrag des Stammkapitals der GmbH entspricht. Diese Divergenz kann durch eine Kapitalherabsetzung, einen Aufstockungsbeschluss oder durch Neubildung eines Geschäftsanteils beseitigt werden.
Gehören zum Betriebsvermögen des Betriebs oder der Gesellschaft Geschäftsanteile an einer GmbH, bei der Anteile eingezogen wurden und ist eine Angleichung der Summe der Geschäftsanteile an das Stammkapital nicht erfolgt, ist das Nennkapital der GmbH um den Nennbetrag der eingezogenen Anteile zu mindern.

R E 13b.21 Kunstgegenstände und andere besondere Wirtschaftsgüter

(1) [1] Zum Verwaltungsvermögen gehören Kunstgegenstände, Kunstsammlungen, wissenschaftliche Sammlungen, Bibliotheken und Archive, Münzen, Edelmetalle und Edelsteine, Briefmarkensammlungen, Oldtimer, Yachten, Segelflugzeuge sowie sonstige typischerweise der privaten Lebensführung dienende Gegenstände (§ 13b Absatz 4 Nummer 3 ErbStG). [2] Das gilt nicht, wenn der Handel mit diesen Gegenständen, deren Herstellung oder deren Verarbeitung oder die entgeltliche Nutzungsüberlassung an Dritte der Hauptzweck des Gewerbebetriebs ist. [3] Die Zuordnung dieser Wirtschaftsgüter zum Umlaufvermögen kann ein Indiz hierfür sein.

(2) [1] Diese Gegenstände zählen nicht zum Verwaltungsvermögen, wenn sie Bestandteile eines Museums zur Unternehmensgeschichte und in einer für ein Museum üblichen Art und Weise für die Öffentlichkeit zugänglich sind. [2] Voraussetzung ist, dass die Gegenstände

1. von dem Unternehmen selbst hergestellt, verarbeitet oder gehandelt wurden oder
2. nicht von dem Unternehmen hergestellt, verarbeitet oder gehandelt wurden, aber einen Bezug zur Unternehmensgeschichte aufweisen, indem sie Teil des Herstellungs- oder Verarbeitungsprozesses sind oder Teil der Entstehungsgeschichte der von dem Unternehmen hergestellten, verarbeiteten oder gehandelten Produkte sind.

[3] Zur Steuerbefreiung nach § 13 ErbStG bei nach § 13b ErbStG begünstigungsfähigem Vermögen → R E 13.1 Absatz 2.

R E 13b.22 Wertpapiere und vergleichbare Forderungen

(1) [1] Wertpapiere und vergleichbare Forderungen gehören zum Verwaltungsvermögen (§ 13b Absatz 4 Nummer 4 ErbStG). [2] Wertpapiere im Sinne der erbschaftsteuerrechtlichen Verschonungsvorschriften sind ausschließlich auf dem Markt gehandelte Wertpapiere im Sinne des § 2 Absatz 1 des Wertpapierhandelsgesetzes (WpHG). [3] Vergleichbare Forderungen im Sinne dieser Vorschrift sind solche, über die keine Urkunden ausgegeben wurden, die nach

§ 2 Absatz 1 WpHG aber als Wertpapiere gelten. [4]Keine Wertpapiere in diesem Sinne sind kaufmännische Orderpapiere (§§ 363 bis 365 HGB, Wechsel, Schecks) sowie andere auf Order lautende Anweisungen und Rektapapiere, auch wenn sie zivilrechtlich dem Wertpapierbegriff zugeordnet werden. [5]Die Zuordnung von Anteilen an Kapitalgesellschaften ist abschließend in § 13b Absatz 4 Nummer 2 ErbStG geregelt.

(2) Wertpapiere und vergleichbare Forderungen gehören nicht zum Verwaltungsvermögen, wenn sie dem Hauptzweck des Gewerbebetriebs eines Kreditinstitutes oder eines Finanzdienstleistungsinstitutes im Sinne des § 1 Absatz 1 und 1a des Kreditwesengesetzes in der Fassung der Bekanntmachung vom 9. September 1998 (BGBl. I S. 2776), das zuletzt durch Artikel 14 des Gesetzes vom 10. Mai 2016 (BGBl. I S. 1142) geändert worden ist, oder eines Versicherungsunternehmens, das der Aufsicht nach § 1 Absatz 1 Nummer 1 des Versicherungsaufsichtsgesetzes in der Fassung der Bekanntmachung vom 1. April 2015 (BGBl. I S. 434), das zuletzt durch Artikel 13 des Gesetzes vom 10. Mai 2016 (BGBl. I S. 1142) geändert worden ist, unterliegt, zuzurechnen sind.

H E 13b.22

Wertpapiere und vergleichbare Forderungen.

Beispiele:

Wertpapiere oder vergleichbare Forderungen i. S. d. § 13b Absatz 4 Nummer 4 ErbStG	**Weder Wertpapiere noch vergleichbare Forderungen, jedoch Finanzmittel i. S. d. § 13b Absatz 4 Nummer 5 ErbStG**
Pfandbriefe	Geld
Schuldbuchforderungen	Sichteinlagen
Geldmarktfonds	Sparanlagen
Festgeldfonds	Festgeldkonten
	Forderungen aus Lieferungen und Leistungen
	Forderungen an verbundene Unternehmen
	Ansprüche aus Rückdeckungsversicherungen

R E 13b.23 Finanzmittel

(1) [1]Zum Verwaltungsvermögen gehört der gemeine Wert des nach Abzug des gemeinen Werts der Schulden verbleibenden Bestands an Zahlungsmitteln, Geschäftsguthaben, Geldforderungen und anderen Forderungen (Finanzmittel), soweit er 15 Prozent des anzusetzenden Werts des Betriebsvermögens des Betriebs oder der Gesellschaft übersteigt (Finanzmitteltest, § 13b Absatz 4 Nummer 5 Satz 1 ErbStG). [2]Der Finanzmitteltest ist durch das zuständige Erbschaftsteuerfinanzamt durchzuführen auf der Grundlage der Feststellungen durch die Betriebsfinanzämter nach § 13b Absatz 10 ErbStG.

(2) Zu den Zahlungsmitteln, Geschäftsguthaben, Geldforderungen und anderen Forderungen zählen unter anderem
– Geld,
– Sichteinlagen,
– Sparanlagen,
– Festgeldkonten,
– Forderungen aus Lieferungen und Leistungen,

- Forderungen an verbundene Unternehmen (wegen der Behandlung im Rahmen der Verbundvermögensaufstellung → R E 13b.29),
- Ansprüche aus Rückdeckungsversicherungen (wegen der Zuordnung zu Vermögen, das der Erfüllung von Altersversorgungsverpflichtungen dient → R E 13b.11),
- Forderungen im Sonderbetriebsvermögen eines Gesellschafters einer Personengesellschaft, insbesondere Forderungen des Gesellschafters gegen die Personengesellschaft,
- Forderungen von Personen- oder Kapitalgesellschaften gegen ihre Gesellschafter,
- sonstige auf Geld gerichtete Forderungen aller Art, soweit sie nicht bereits § 13b Absatz 4 Nummer 4 ErbStG zuzuordnen sind, insbesondere geleistete Anzahlungen, Steuerforderungen, Forderungen aus stillen Beteiligungen,
- Kryptowährungen, z. B. Bitcoin.

(3)[1)] [1]Junge Finanzmittel sind der positive Saldo der innerhalb von zwei Jahren vor dem Zeitpunkt der Entstehung der Steuer (§ 9 ErbStG) eingelegten und der entnommenen Finanzmittel. [2]Dies gilt unabhängig davon, ob die eingelegten Finanzmittel am Besteuerungszeitpunkt noch vorhanden sind. [3]Der Wert der jungen Finanzmittel ist begrenzt auf den Wert der Finanzmittel in diesem Zeitpunkt vor Abzug der abzugsfähigen Schulden und des Sockelbetrags. [4]Zur Begrenzung im Rahmen der Verbundvermögensaufstellung → R E 13b.29 Absatz 6. [5]Junge Finanzmittel sind Verwaltungsvermögen und im Rahmen des Finanzmitteltests vom Wert der Finanzmittel abzuziehen. [6]Junge Finanzmittel sind nicht in die Schuldenverrechnung mit dem Verwaltungsvermögen einzubeziehen (§ 13b Absatz 6 in Verbindung mit Absatz 8 Satz 1 ErbStG) und stellen kein unschädliches Verwaltungsvermögen dar (§ 13b Absatz 7 Satz 2 ErbStG). [7]Bei der Ermittlung der Höhe des Vorwegabschlags (§ 13a Absatz 9 ErbStG) erfolgt bei Übertragung von Beteiligungen an Personengesellschaften eine Begrenzung der jungen Finanzmittel auf den Wert der Finanzmittel des Gesamthandsvermögens. [8]Zur Berücksichtigung von jungen Finanzmitteln in der Verbundvermögensaufstellung → R E 13b.29 Absatz 3.

(4) [1]Der gemeine Wert der nach Abzug der jungen Finanzmittel verbleibenden Finanzmittel wird um den gemeinen Wert der abzugsfähigen Schulden gemindert. [2]Zu den abzugsfähigen Schulden zählen:

- alle Schulden, die bei der ertragsteuerlichen Gewinnermittlung zum Betriebsvermögen gehören, nicht dagegen sonstige Abzüge, z. B. Rechnungsabgrenzungsposten; wegen der Behandlung von Verbindlichkeiten gegenüber verbundenen Unternehmen im Rahmen der Verbundvermögensaufstellung → R E 13b.29,
- Rückstellungen, auch wenn für sie ein steuerliches Passivierungsverbot besteht (→ R B 11.5 Absatz 3 Satz 3, R B 109.1 Satz 3),
- Sachleistungsverpflichtungen, soweit sie bei nicht bilanzierenden Gewerbetreibenden und freiberuflich Tätigen abzugsfähig sind (→ R B 103.2 Absatz 5).

[3]Rücklagen gehören nicht zu den abzugsfähigen Schulden (vgl. § 103 Absatz 3 BewG). [4]Darlehenskonten der Gesellschafter sind abzugsfähig, soweit sie ertragsteuerrechtlich als Fremdkapital zu qualifizieren sind; wegen der Behandlung

---

[1)] Zur erbschaftsteuerlichen Behandlung junger Finanzmittel bei Übertragung aus einem Sonderbetriebsvermögen in das Gesamthandsvermögen einer Personengesellschaft siehe BayLfSt v. 19.1.2021 – S 3812b 2.1 – 27/7 St 34, ZEV 2021, 127.

von Verbindlichkeiten gegenüber verbundenen Unternehmen im Rahmen der Verbundvermögensaufstellung → R E 13b.29. [5] Wegen der Behandlung wirtschaftlich nicht belastender Schulden und Schulden, die den durchschnittlichen Schuldenstand der letzten drei Jahre vor dem Zeitpunkt der Entstehung der Steuer übersteigen, → R E 13b.28.

(5) Soweit Finanzmittel und Schulden bei Anwendung von § 13b Absatz 3 Satz 1 ErbStG (Altersversorgungsansprüche/-verpflichtungen; → R E 13b.11) berücksichtigt wurden, bleiben sie bei der Durchführung des Finanzmitteltests außer Betracht.

(6) [1] Ist der Saldo der Finanzmittel abzüglich der Schulden positiv, bleibt davon ein Sockelbetrag in Höhe von 15 Prozent des gemeinen Werts des Betriebsvermögens des Betriebs oder der Gesellschaft von der Zurechnung zum Verwaltungsvermögen ausgenommen. [2] Bei Beteiligungen an Personengesellschaften → Absatz 9. [3] Bei Anteilen an Kapitalgesellschaften ergibt sich der Sockelbetrag aus 15 Prozent des gemeinen Werts des Anteils. [4] Voraussetzung für den Abzug des Sockelbetrags ist, dass das begünstigungsfähige Vermögen des Betriebs oder der nachgeordneten Gesellschaften nach seinem Hauptzweck einer land- und forstwirtschaftlichen, gewerblichen oder freiberuflichen Tätigkeit dient (§ 13 Absatz 1, § 15 Absatz 1 Satz 1 Nummer 1, § 18 Absatz 1 Nummer 1 und 2 EStG). [5] Diese Voraussetzungen sind auch erfüllt, wenn die Tätigkeit durch Gesellschaften im Sinne des § 13 Absatz 7, des § 15 Absatz 1 Satz 1 Nummer 2 oder des § 18 Absatz 4 Satz 2 EStG ausgeübt wird. [6] Ein Abzug des Sockelbetrags ist ausgeschlossen, wenn das begünstigungsfähige Vermögen

1. nach dem Hauptzweck einer vermögensverwaltenden Tätigkeit dient,
2. einer gewerblich geprägten Personengesellschaft im Sinne des § 15 Absatz 3 Nummer 2 EStG dient,
3. einer Gesellschaft dient, die nicht überwiegend eine land- und forstwirtschaftliche, gewerbliche oder freiberufliche Tätigkeit ausübt.

[7] Der den Sockelbetrag übersteigende Wert der Finanzmittel zählt zum Verwaltungsvermögen. [8] Wird der Sockelbetrag nicht ausgeschöpft, kann der nicht ausgeschöpfte Teil nicht mit anderem Verwaltungsvermögen nach § 13b Absatz 4 Nummer 1 bis 4 ErbStG verrechnet werden.

(7) Ist der Saldo der Finanzmittel abzüglich der Schulden negativ, liegen keine Finanzmittel im Sinne des § 13b Absatz 4 Nummer 5 ErbStG vor.

(8) Finanzmittel gehören nach § 13b Absatz 4 Nummer 5 Satz 3 ErbStG nicht zum Verwaltungsvermögen, wenn sie dem Hauptzweck des Gewerbebetriebs eines Kreditinstitutes oder eines Finanzdienstleistungsinstitutes im Sinne des § 1 Absatz 1 und 1a des Kreditwesengesetzes in der Fassung der Bekanntmachung vom 9. September 1998 (BGBl. I S. 2776), das zuletzt durch Artikel 14 des Gesetzes vom 10. Mai 2016 (BGBl. I S. 1142) geändert worden ist, oder eines Versicherungsunternehmens, das der Aufsicht nach § 1 Absatz 1 Nummer 1 des Versicherungsaufsichtsgesetzes in der Fassung der Bekanntmachung vom 1. April 2015 *(BGBl. 1993 I S. 4342),*[1] das zuletzt durch Arti-

[1] *Redaktionsversehen,* richtig: BGBl. 2015 I S. 434, zuletzt geänd. durch G v. 9.12.2020, BGBl. I 2020, 2773.

kel 13 des Gesetzes vom 10. Mai 2016 (BGBl. I S. 1142) geändert worden ist, unterliegt, zuzurechnen sind.

(9) [1]Bei Beteiligungen an Personengesellschaften sind sowohl die Finanzmittel als auch die abzugsfähigen Schulden im Gesamthandsvermögen und im Sonderbetriebsvermögen in die Berechnung des Verwaltungsvermögens im Sinne des § 13b Absatz 4 Nummer 5 ErbStG einzubeziehen. [2]Forderungen und Schulden der Gesellschafter gegenüber der Personengesellschaft sowie der Personengesellschaft gegenüber den Gesellschaftern sind einzubeziehen, soweit sie nach § 97 Absatz 1 Satz 1 Nummer 5 BewG zum Betriebsvermögen gehören (→ R B 97.1 Absatz 2). [3]Die Finanzmittel und die abzugsfähigen Schulden des Gesamthandsvermögens sind dabei nach dem Wert des Anteils des Gesellschafters am Gesamthandsvermögen zum gemeinen Wert des Gesamthandsvermögens (§ 97 Absatz 1a Nummer 1 BewG) dem jeweiligen Gesellschafter zuzurechnen.[1)] [4]Ist der Wert der Beteiligung des Gesellschafters am Gesamthandsvermögen negativ, sind die auf den Anteil am Gesamthandsvermögen entfallenden Finanzmittel und die abzugsfähigen Schulden mit Null anzusetzen. [5]Bei der Ermittlung des Sockelbetrags ist der Wert der Beteiligung an der Gesellschaft zu Grunde zu legen. [6]Bei der Ermittlung der jungen Finanzmittel (→ Absatz 3) sind die Einlagen und Entnahmen aller Gesellschafter anzusetzen, soweit sie das Gesamthandsvermögen betreffen. [7]Diese Einlagen und Entnahmen sind nach dem Wert des Anteils des Gesellschafters am Gesamthandsvermögen zum gemeinen Wert des Gesamthandsvermögens (§ 97 Absatz 1a Nummer 1 BewG) auf die Gesellschafter aufzuteilen.

(10) [1]Junge Finanzmittel sind im übertragenen Sonderbetriebsvermögen nur möglich, wenn Finanzmittel des Sonderbetriebsvermögens mitübertragen werden. [2]Werden die im Sonderbetriebsvermögen unmittelbar gehaltenen Finanzmittel nur zum Teil übertragen, gilt das Verhältnis der übertragenen Finanzmittel des Sonderbetriebsvermögens zum Wert der insgesamt im Sonderbetriebsvermögen vorhandenen Finanzmittel für die jungen Finanzmittel im Sonderbetriebsvermögen entsprechend. [3]Junge Finanzmittel aus übertragenen Beteiligungen/Anteilen des Sonderbetriebsvermögens sind dagegen mit dem jeweils festgestellten Wert anzusetzen.

H E 13b.23

Finanzmitteltest.

	festgestellter Wert der Finanzmittel
–	festgestellter Wert der jungen Finanzmittel nach § 13b Absatz 4 Nummer 5 Satz 2 ErbStG; höchstens der festgestellte Wert der Finanzmittel
=	Saldo
–	festgestellter Wert der Schulden
=	Saldo
–	Sockelbetrag 15% des festgestellten Werts des (Anteils) Betriebsvermögens (vorbehaltlich Hauptzweck gemäß § 13b Absatz 4 Nummer 5 Satz 4 ErbStG)
=	verbleibender Wert der Finanzmittel, mindestens 0 EUR (§ 13b Absatz 4 Nummer 5 Satz 1 ErbStG)

1) Siehe hierzu gleich lautenden Ländererlass v. 11.2.2021, BStBl. I 2021, 355.

Finanzmitteltest bei Einzelunternehmen.

Beispiel 1:

Der gemeine Wert des Gewerbebetriebs wurde mit 12 000 000 EUR, die Finanzmittel mit 9 000 000 EUR und die Schulden mit 1 000 000 EUR festgestellt. Junge Finanzmittel sind nicht vorhanden.

Maschinen	1 000 000 EUR	Eigenkapital	9 000 000 EUR
Finanzmittel	9 000 000 EUR	Schulden	1 000 000 EUR
	10 000 000 EUR		10 000 000 EUR

festgestellter Wert der Finanzmittel		9 000 000 EUR
festgestellter Wert der Schulden		./. 1 000 000 EUR
Saldo		8 000 000 EUR
Sockelbetrag	15 % von 12 000 000 EUR =	./. 1 800 000 EUR
verbleibender Wert der Finanzmittel		6 200 000 EUR

Beispiel 2 (mit jungen Finanzmitteln):

Der gemeine Wert des Gewerbebetriebs wurde mit 10 000 000 EUR, die Finanzmittel mit 3 000 000 EUR, die jungen Finanzmittel mit 100 000 EUR und die Schulden mit 1 000 000 EUR festgestellt.

Maschinen	7 000 000 EUR	Eigenkapital	9 000 000 EUR
Finanzmittel	3 000 000 EUR	Schulden	1 000 000 EUR
	10 000 000 EUR		10 000 000 EUR

festgestellter Wert der Finanzmittel		3 000 000 EUR
festgestellter Wert der jungen Finanzmittel		./. 100 000 EUR
Saldo		2 900 000 EUR
festgestellter Wert der Schulden		./. 1 000 000 EUR
Saldo		1 900 000 EUR
Sockelbetrag	15 % von 10 000 000 EUR =	./. 1 500 000 EUR
verbleibender Wert der Finanzmittel		400 000 EUR

Zusätzlich sind die jungen Finanzmittel mit 100 000 EUR als nicht begünstigtes Vermögen anzusetzen.

Finanzmitteltest bei Personengesellschaften.

Beispiel 1:

Der gemeine Wert des Gesamthandsvermögens der A+B OHG beträgt 1 000 000 EUR. Davon entfallen auf den Gesellschafter A nach § 97 Absatz 1a Nummer 1 BewG 580 000 EUR. Die Finanzmittel betragen 600 000 EUR und die abzugsfähigen Schulden 200 000 EUR.

Zum Sonderbetriebsvermögen des Gesellschafters A gehören Finanzmittel im Wert von 100 000 EUR und eine abzugsfähige Schuld im Wert von 150 000 EUR.

A ist in Höhe von 50 % an der Gesellschaft beteiligt. Die Gewinn- und Verlustverteilung beträgt je 1/2. Der gemeine Wert der Beteiligung des A beträgt 530 000 EUR. A überträgt seine gesamte Beteiligung auf Sohn M.

Finanzmittel im Gesamthandsvermögen	600 000 EUR	
Anteil des A 580 000 EUR : 1 000 000 EUR		348 000 EUR
Finanzmittel im Sonderbetriebsvermögen des A		100 000 EUR
festgestellter Wert der Finanzmittel		448 000 EUR

Schulden im Gesamthandsvermögen	200 000 EUR	
Anteil des A		
580 000 EUR : 1 000 000 EUR		116 000 EUR
Schulden im Sonderbetriebsvermögen des A		150 000 EUR
festgestellter Wert der Schulden		266 000 EUR
festgestellter Wert der Finanzmittel		448 000 EUR
festgestellter Wert der Schulden	./.	266 000 EUR
Saldo		182 000 EUR
Sockelbetrag 15 % des gemeinen Wertes der Beteiligung des A	15 % von 530 000 EUR =	79 500 EUR
verbleibender Wert der Finanzmittel		102 500 EUR

Beispiel 2:

Fortsetzung des Beispiels 1.
Die Gesellschafter haben in das bzw. aus dem Gesamthandsvermögen getätigt:

Einlagen Finanzmittel		200 000 EUR
Entnahmen Finanzmittel	./.	80 000 EUR
		120 000 EUR

Anteil des A	
120 000 EUR × (580 000 EUR : 1 000 000 EUR)	69 600 EUR

A hat in sein bzw. aus seinem Sonderbetriebsvermögen getätigt:

Einlagen Finanzmittel		50 000 EUR		
Entnahmen Finanzmittel	./.	40 000 EUR		
		10 000 EUR	+	10 000 EUR
Junge Finanzmittel				79 600 EUR

Für A ergeben sich somit junge Finanzmittel nach § 13b Absatz 4 Nummer 5 Satz 2 ErbStG in Höhe von insgesamt (69 600 EUR + 10 000 EUR =) 79 600 EUR.

Prüfung der Begrenzung der jungen Finanzmittel auf den Wert der Finanzmittel:

Finanzmittel im Gesamthandsvermögen		348 000 EUR
Finanzmittel im Sonderbetriebsvermögen des A	+	100 000 EUR
Summe		448 000 EUR

Es erfolgt damit keine Begrenzung der jungen Finanzmittel. Festgestellt werden junge Finanzmittel in Höhe von 79 600 EUR.

Finanzmitteltest

festgestellter Wert der Finanzmittel			448 000 EUR
festgestellter Wert der jungen Finanzmittel		./.	79 600 EUR
Saldo			368 400 EUR
festgestellter Wert der Schulden		./.	266 000 EUR
Saldo			102 400 EUR
Sockelbetrag	15 % von 530 000 EUR = 79 500 EUR	./.	79 500 EUR
verbleibender Wert der Finanzmittel			22 900 EUR

Zusätzlich sind die jungen Finanzmittel mit 79 600 EUR als nicht begünstigtes Vermögen anzusetzen.

Junge Finanzmittel im Sonderbetriebsvermögen.

Beispiel 1:

Vater schenkt seinem Sohn einen Teil seiner Beteiligung an einer KG. Im Sonderbetriebsvermögen hat er eine Forderung von 2 000 000 EUR, von der er 1 000 000 EUR mitüberträgt. Die jungen Finanzmittel im Sonderbetriebsvermögen betragen 800 000 EUR. Im Gesamthandsvermögen sind weder Finanzmittel noch junge Finanzmittel vorhanden.

Festzustellende Finanzmittel	
unmittelbar aus dem Sonderbetriebsvermögen übertragene Finanzmittel	1 000 000 EUR
Festzustellende junge Finanzmittel	
unmittelbar aus dem Sonderbetriebsvermögen resultierende junge Finanzmittel	800 000 EUR
davon entfallen auf das mitübertragene Sonderbetriebsvermögen	
800 000 EUR × 1 000 000 EUR/2 000 000 EUR	400 000 EUR

Beispiel 2:

Vater schenkt seinem Sohn einen Teil seiner Beteiligung an einer KG sowie in vollem Umfang den im Sonderbetriebsvermögen gehaltenen GmbH-Anteil. Für die GmbH wurden Finanzmittel in Höhe von 1 000 000 EUR und junge Finanzmittel in Höhe von 800 000 EUR festgestellt. Er hält zugleich im Sonderbetriebsvermögen eine Forderung über 2 000 000 EUR, die er nicht mitüberträgt. Im Gesamthandsvermögen sind weder Finanzmittel noch junge Finanzmittel vorhanden.

Festzustellende Finanzmittel	
unmittelbar aus dem Sonderbetriebsvermögen übertragene Finanzmittel	0 EUR
Finanzmittel aus nachgeordneten Gesellschaften (GmbH-Anteil)	1 000 000 EUR
Festzustellende junge Finanzmittel	
junge Finanzmittel aus nachgeordneten Gesellschaften (GmbH-Anteil)	800 000 EUR

Beispiel 3:

Vater schenkt seinem Sohn einen Teil seiner Beteiligung an einer KG sowie in vollem Umfang den im Sonderbetriebsvermögen gehaltenen GmbH-Anteil. Für die GmbH wurden Finanzmittel in Höhe von 1 000 000 EUR und junge Finanzmittel in Höhe von 800 000 EUR festgestellt. Er hält zugleich im Sonderbetriebsvermögen eine Forderung über 2 000 000 EUR, von der er 500 000 EUR mitüberträgt. Die jungen Finanzmittel im Sonderbetriebsvermögen betragen 600 000 EUR. Im Gesamthandsvermögen sind weder Finanzmittel noch junge Finanzmittel vorhanden.

Festzustellende junge Finanzmittel	
unmittelbar aus dem Sonderbetriebsvermögen übertragene Finanzmittel	500 000 EUR
Finanzmittel aus nachgeordneten Gesellschaften (GmbH-Anteil)	1 000 000 EUR
Summe	1 500 000 EUR

Festzustellende junge Finanzmittel	
unmittelbar aus dem Sonderbetriebsvermögen resultierende junge Finanzmittel	600 000 EUR
davon entfallen auf das mitübertragene Sonderbetriebsvermögen	
600 000 EUR × 500 000 EUR/2 000 000 EUR	150 000 EUR
junge Finanzmittel aus nachgeordneten Gesellschaften (GmbH-Anteil)	800 000 EUR
Summe	950 000 EUR

R E 13b.24 Investitionsklausel

(1) [1]Auch wenn Vermögen nach der schematischen Abgrenzung nach § 13b Absatz 3 und 4 ErbStG grundsätzlich dem Verwaltungsvermögen zugeordnet werden müsste, kann es trotzdem geeignet sein, die Beschäftigung zu

fördern. [2]Dies ist dann der Fall, wenn dieses Vermögen für eine zeitnahe Investition in begünstigtes Vermögen oder die zeitnahe Zahlung von Löhnen und Gehältern an die Beschäftigten in den erworbenen wirtschaftlichen Einheiten vorgesehen ist.

(2) [1]Das Stichtagsprinzip der Erbschaftsteuer (§§ 9, 11 ErbStG) wird durch die Investitionsklausel nach § 13b Absatz 5 Satz 1 und 2 ErbStG durchbrochen, wenn folgende Voraussetzungen kumulativ erfüllt sind:

1. Es muss sich um einen Erwerb von Todes wegen handeln;
2. der Erwerber muss erworbenes nicht begünstigtes Verwaltungsvermögen (§ 13b Absatz 3 und 4 Nummer 1 bis 5 ErbStG) innerhalb des erworbenen begünstigungsfähigen Vermögens in Vermögen investieren, das kein Verwaltungsvermögen ist;
3. die durch die Investition geschaffenen oder angeschafften Gegenstände müssen unmittelbar einer land- und forstwirtschaftlichen oder originär gewerblichen oder freiberuflichen Tätigkeit (§ 13 Absatz 1, § 15 Absatz 1 Satz 1 Nummer 1 oder § 18 Absatz 1 Nummer 1 und 2 EStG) dienen;
4. die Investition muss aufgrund eines im Zeitpunkt der Entstehung der Steuer vorgefassten Plans des Erblassers erfolgen und darf nicht zu neuem Verwaltungsvermögen führen;
5. die Investition muss innerhalb einer Frist von zwei Jahren nach dem Besteuerungszeitpunkt erfolgt sein. [2]Maßgebend ist dabei das obligatorische Rechtsgeschäft und nicht erst die zivilrechtliche Wirksamkeit.

[2]In diesem Fall rechnet das investierte Vermögen rückwirkend nicht (mehr) zum Verwaltungsvermögen. [3]Satz 1 ist bei jungen Finanzmitteln nicht anzuwenden. [4]Wenn Finanzmittel investiert werden, ist die Begrenzung der jungen Finanzmittel auf die Finanzmittel zu überprüfen.

H E 13b.24 (2)

Investition in Umlaufvermögen.

Beispiel:

Maschinenhersteller A betreibt ein Einzelunternehmen. Zum Todeszeitpunkt sind Finanzmittel vorhanden, welche der Erbe unstrittig nach Plan des Erblassers in neue Maschinenteile und Motoren innerhalb von 2 Jahren zur Herstellung von neuen Maschinen (Umlaufvermögen) investiert.

R E 13b.24 (3)

(3) [1]Der Plan des Erblassers muss so konkret sein, dass dieser und die entsprechend vom Erwerber umgesetzte Investition nachvollzogen werden können. [2]Der Plan muss die zu erwerbenden oder herzustellenden Gegenstände beinhalten. [3]Das am Besteuerungszeitpunkt vorhandene Verwaltungsvermögen ist für die Investition zu verwenden, ohne dass der Erblasser vorgegeben haben muss, welche konkreten Gegenstände des Verwaltungsvermögens zur Finanzierung zu verwenden sind. [4]Unschädlich ist eine zusätzliche Finanzierung der Investition aus dem Privatvermögen. [5]In diesem Fall entfällt die Zurechnung zum Verwaltungsvermögen rückwirkend nur für das zur Finanzie-

rung eingesetzte Verwaltungsvermögen. [6]Das eingesetzte Privatvermögen wird nicht rückwirkend zum Besteuerungszeitpunkt als vom Erblasser erworbenes begünstigtes Vermögen behandelt. [7]Hatte der Erblasser, z. B. als ein Minderheitsgesellschafter, keinen Einfluss auf die Geschäftsleitung (Geschäftsführung, Vorstand) des Betriebs, reicht es aus, wenn die Geschäftsleitung zum Zeitpunkt des Todes des Erblassers einen konkreten Investitionsplan gefasst hatte und diesen innerhalb der Frist von zwei Jahren verwirklicht. [8]Dieser Plan und seine Umsetzung werden dem Erblasser zugerechnet. [9]Die Investitionsklausel kann auch auf nachgelagerten Beteiligungsstufen zur Anwendung kommen. [10]Voraussetzung ist, dass der Erblasser seinen Plan auf dieser Beteiligungsstufe tatsächlich durchsetzen konnte. [11]Eine Zurechnung der Entscheidung der Geschäftsleitung erfolgt in diesen Fällen nicht.

H E 13b.24 (3)

Plan des Erblassers.

Beispiel:

Gesellschafter A ist zu 100% an der A-GmbH und die A-GmbH zu 100% an der B-GmbH beteiligt. Die B-GmbH tätigt eine Investition nach Plan des A. Aufgrund der Beteiligungshöhe kann A seinen Willen sowohl in der A-GmbH als auch in der B-GmbH durchsetzen.

R E 13b.24 (4–6)

(4) [1]Das Stichtagsprinzip der Erbschaftsteuer (§§ 9, 11 ErbStG) wird für nicht begünstigte Finanzmittel im Sinne des § 13b Absatz 3 und 4 Nummer 5 ErbStG durchbrochen, wenn folgende Voraussetzungen kumulativ erfüllt sind (§ 13b Absatz 5 Satz 3 und 4 in Verbindung mit Satz 2 ErbStG):

1. Es muss sich um einen Erwerb von Todes wegen handeln;
2. der Erwerber muss erworbene nicht begünstigte Finanzmittel verwenden, um laufende Löhne und Gehälter im Sinne des § 13a Absatz 3 Satz 6 bis 10 ErbStG an die Beschäftigten zu zahlen;
3. ursächlich für diese Mittelverwendung muss sein, dass aufgrund wiederkehrender saisonaler Schwankungen entsprechende Einnahmen fehlen;
4. die Mittelverwendung muss aufgrund eines im Zeitpunkt der Entstehung der Steuer vorgefassten Plans des Erblassers erfolgen;
5. die Mittelverwendung muss innerhalb einer Frist von zwei Jahren nach dem Besteuerungszeitpunkt erfolgt sein.

[2]In diesem Fall rechnen die zur Zahlung verwendeten Finanzmittel rückwirkend nicht (mehr) zum Verwaltungsvermögen. [3]Satz 1 ist bei jungen Finanzmitteln nicht anzuwenden. [4]Wenn Finanzmittel investiert werden, ist die Begrenzung der jungen Finanzmittel auf die Finanzmittel zu überprüfen. [5]Absatz 3 gilt entsprechend.

(5) Die Feststellungslast dafür, dass die Voraussetzungen des Absatzes 2 bis 4 sämtlich erfüllt sind, trägt der Erwerber, der die rückwirkende Aussonderung aus dem Verwaltungsvermögen beansprucht (§ 13b Absatz 5 Satz 5 ErbStG).

(6) [1]Bei Schenkungen unter Lebenden sind Härtefälle aufgrund des Stichtagsprinzips ausgeschlossen, da Schenkungen und deren Vollzug planbar sind. [2]Die Investitionsklausel ist daher auf Erwerbe durch Schenkung unter Lebenden nicht anwendbar. [3]Für die Ersatzerbschaftsteuer nach § 1 Absatz 1 Nummer 4 ErbStG gilt dies entsprechend.

R E 13b.25 Nettowert des Verwaltungsvermögens

[1]Verbleibt nach der Anwendung von § 13b Absatz 3 Satz 1 ErbStG (Altersversorgungsansprüche/-verpflichtungen; → R E 13b.11) und dem Finanzmitteltest (→ R E 13b.23) ein Schuldenüberhang, sind diese Schulden zur Berechnung des Nettowerts des Verwaltungsvermögens anteilig mit dem Verwaltungsvermögen nach § 13b Absatz 4 Nummer 1 bis 4 ErbStG zu verrechnen. [2]Eine direkte Zuordnung von Schulden, die wirtschaftlich mit bestimmten Wirtschaftsgütern zusammenhängen, erfolgt nicht. [3]Die anteiligen Schulden bestimmen sich nach dem Verhältnis des gemeinen Werts des Verwaltungsvermögens zum gemeinen Wert des Betriebsvermögens des Betriebs oder der Gesellschaft zuzüglich der Schulden im Sinne des Satzes 1. [4]Dabei ist das Verwaltungsvermögen um den festgestellten Wert des jungen Verwaltungsvermögens (§ 13b Absatz 8 ErbStG) zu verringern. [5]Als Nettowert des Verwaltungsvermögens ist mindestens der gemeine Wert des jungen Verwaltungsvermögens und der auf den tatsächlichen Bestand der vor Anwendung der Schuldenverrechnung und vor Abzug des Sockelbetrags gedeckelten jungen Finanzmittel anzusetzen (§ 13b Absatz 8 Satz 3 ErbStG).

H E 13b.25

Beispiel:

Der gemeine Wert des Gewerbebetriebs wurde mit 500 000 EUR, das Verwaltungsvermögen nach § 13b Absatz 4 Nummer 1 bis 4 ErbStG mit 25 000 EUR und der Wert des jungen Verwaltungsvermögens mit 10 000 EUR festgestellt. Nach der Anwendung des § 13b Absatz 3 Satz 1 ErbStG und des Finanzmitteltests verbleiben Schulden von 30 000 EUR.

Verwaltungsvermögen		25 000 EUR
junges Verwaltungsvermögen	./.	10 000 EUR
Saldo Verwaltungsvermögen		15 000 EUR

Berechnung der anteilig verbleibenden Schulden:

$$\frac{30\,000\text{ EUR} \times 15\,000\text{ EUR}}{(500\,000\text{ EUR} + 30\,000\text{ EUR})} = 850\text{ EUR}$$

Saldo Verwaltungsvermögen		15 000 EUR
anteilig verbleibende Schulden	./.	850 EUR
Nettowert des Verwaltungsvermögens		14 150 EUR

R E 13b.26 Unschädliches Verwaltungsvermögen

[1]Der Nettowert des Verwaltungsvermögens ist um das unschädliche Verwaltungsvermögen zu kürzen. [2]Unschädliches Verwaltungsvermögen entspricht zehn Prozent des Werts des (Anteils) Betriebsvermögens. [3]Der Wert des (Anteils) Betriebsvermögens ist zu kürzen um
– den Nettowert des Verwaltungsvermögens (→ R E 13b.25),
– den Wert des jungen Verwaltungsvermögens und
– den Wert der jungen Finanzmittel.

[4]Das unschädliche Verwaltungsvermögen wird wie begünstigtes Vermögen behandelt.

H E 13b.26

Berechnung des unschädlichen Verwaltungsvermögens. → R E 13b.9 Absatz 2.

	festgestellter Wert des (Anteils) Betriebsvermögens
–	Nettowert des Verwaltungsvermögens II.3.3
–	festgestellter Wert des jungen Verwaltungsvermögens
–	festgestellter Wert der jungen Finanzmittel
=	Bemessungsgrundlage für das unschädliche Verwaltungsvermögen

	Nettowert des Verwaltungsvermögens II.3.3
–	10% × Bemessungsgrundlage für das unschädliche Verwaltungsvermögen II.4.1
=	gekürzter Nettowert des Verwaltungsvermögens

R E 13b.27[1)] Junges Verwaltungsvermögen

[1]Verwaltungsvermögen im Sinne des § 13b Absatz 4 Nummer 1 bis 4 ErbStG gehört nicht zum begünstigten Vermögen, wenn es dem Betrieb im Besteuerungszeitpunkt weniger als zwei Jahre zuzurechnen war (junges Verwaltungsvermögen, § 13b Absatz 2 Satz 1 in Verbindung mit Absatz 7 Satz 2 ErbStG). [2]Hierzu gehört nicht nur innerhalb des Zweijahreszeitraums eingelegtes Verwaltungsvermögen, sondern auch Verwaltungsvermögen, das innerhalb dieses Zeitraums aus betrieblichen Mitteln angeschafft oder hergestellt worden ist. [3]Vermögensgegenstände, die seit zwei Jahren und mehr zum Betriebsvermögen gehörten, sind auch dann kein junges Verwaltungsvermögen, wenn die in § 13b Absatz 4 ErbStG genannten Kriterien erst innerhalb der letzten beiden Jahre eingetreten sind. [4]Die zum jungen Verwaltungsvermögen im Gesamthandsvermögen der Personengesellschaft gehörenden Wirtschaftsgüter sind nach dem Wert des Anteils des Gesellschafters am Gesamthandsvermögen zum gemeinen Wert des Gesamthandsvermögens (§ 97 Absatz 1a Nummer 1 BewG) dem jeweiligen Gesellschafter zuzurechnen; hinzu kommen die im übertragenen Sonderbetriebsvermögen enthaltenen Wirtschaftsgüter des jungen Verwaltungsvermögens.[2)] [5]Ist der Wert der Beteiligung des Gesellschafters am Gesamthandsvermögen negativ, ist das auf den Anteil am Gesamthandsvermögen entfallende junge Verwaltungsvermögen mit Null anzusetzen. [6]Bei Anteilen an Kapitalgesellschaften ist das junge Verwaltungsvermögen der Gesellschaft nach dem Verhältnis aufzuteilen, das bei der Auftei-

1) Zur erbschaftsteuerlichen Begünstigung des Betriebsvermögens und der Abgrenzung des sog. jungen Verwaltungsvermögens in Fällen des Aktivtausches siehe BFH v. 22.1.2020 II R 18/18, BStBl. II 2020, 573, sowie in Fällen des Aktivtausches und der Verschmelzung siehe BFH v. 22.1.2020 II R 41/18, BStBl. II 2020, 577. – Zur Entstehung von jungem Verwaltungsvermögen in Fällen der Umschichtung (Aktivtausch) und der Einbringung siehe OFD Frankfurt/Main v. 20.10.2020 – S 3812b A – 017 – St 711, ZEV 2021, 127.

2) Siehe hierzu gleich lautenden Ländererlass v. 11.2.2021, BStBl. I 2021, 355.

lung des gemeinen Werts der Gesellschaft nach § 97 Absatz 1b BewG angewendet wurde. [7]Junges Verwaltungsvermögen ist nicht in die Schuldenverrechnung mit dem Verwaltungsvermögen einzubeziehen (§ 13b Absatz 6 in Verbindung mit Absatz 8 Satz 1 ErbStG) und stellt kein unschädliches Verwaltungsvermögen dar (§ 13b Absatz 7 Satz 2 ErbStG). [8]Zur Berücksichtigung von jungem Verwaltungsvermögen in der Verbundvermögensaufstellung → R E 13b.29 Absatz 4.

R E 13b.28 Ausschluss der Schuldenverrechnung

(1) Junges Verwaltungsvermögen und junge Finanzmittel sind von der Verrechnung mit Schulden ausgeschlossen (§ 13b Absatz 8 Satz 1 ErbStG).

(2) [1]Eine Schuldenverrechnung findet nicht statt bei wirtschaftlich nicht belastenden Schulden. [2]Dies ist z. B. der Fall, wenn eine bilanziell überschuldete Gesellschaft nur deshalb nicht Insolvenz beantragen muss, weil der Gläubiger den Rangrücktritt erklärt hat oder wenn die überschuldete Gesellschaft durch eine Unternehmensgruppe und die Forderung durch eine nahestehende Person erworben wird. [3]Übersteigt der im Zeitpunkt der Steuerentstehung vorhandene Schuldenstand den durchschnittlichen Schuldenstand der letzten drei Jahre vor dem Zeitpunkt der Steuerentstehung, ist insoweit eine Schuldenverrechnung ausgeschlossen. [4]Es bestehen aus Vereinfachungsgründen grundsätzlich keine Bedenken, den durchschnittlichen Schuldenstand aus den Schuldenständen am Ende der letzten drei vor dem Zeitpunkt der Entstehung der Steuer abgelaufenen Wirtschaftsjahre abzuleiten; wegen des Umfangs der anzusetzenden Schulden (→ R E 13b.23 Absatz 4). [5]In Fällen einer Neugründung bestehen keine Bedenken, den durchschnittlichen Schuldenstand aus dem kürzeren Zeitraum zu berechnen und in einen entsprechenden Jahresbetrag umzurechnen. [6]Dabei ist der Betrag des durchschnittlichen Schuldenstands zu mindern um den Wert der Altersversorgungsverpflichtungen, der auf den Stichtag der Steuerentstehung nach § 13b Absatz 3 ErbStG mit dem Verwaltungsvermögen verrechnet wurde. [7]Eine Begrenzung der zu berücksichtigenden Schulden erfolgt nicht, soweit die Erhöhung des Schuldenstands durch die Betriebstätigkeit veranlasst ist. [8]Davon ist auszugehen, wenn Schulden durch den laufenden Geschäftsbetrieb veranlasst sind. [9]Keine Betriebstätigkeit in diesem Sinne liegt dagegen vor, wenn z. B. Wirtschaftsgüter des nicht betriebsnotwendigen Betriebsvermögens (§ 200 Absatz 2 BewG) fremdfinanziert werden. [10]Die Begrenzung der Schuldenverrechnung erfolgt im Rahmen der Feststellung der Schulden (§ 13b Absatz 10 ErbStG) durch das Betriebsfinanzamt.

(3) Als Nettowert des Verwaltungsvermögens ist mindestens der gemeine Wert des jungen Verwaltungsvermögens und der auf den tatsächlichen Bestand der vor Anwendung der Schuldenverrechnung und vor Abzug des Sockelbetrags gedeckelten jungen Finanzmittel anzusetzen.

R E 13b.29 Verbundvermögensaufstellung

(1) [1]Gehören zum begünstigungsfähigen Vermögen im Sinne des § 13b Absatz 1 Nummer 2 und 3 ErbStG Beteiligungen an Personengesellschaften oder Anteile an Kapitalgesellschaften, erfolgt die rechentechnische Ermittlung

des begünstigten Vermögens durch eine Verbundvermögensaufstellung (§ 13b Absatz 9 ErbStG). [2]Die Rechentechnik der Verbundvermögensaufstellung ist erforderlich, wenn zum begünstigungsfähigen Vermögen

– unmittelbar oder mittelbar Beteiligungen an Personengesellschaften im Inland oder Beteiligungen an entsprechenden Gesellschaften mit Sitz oder Geschäftsleitung im Ausland oder
– unmittelbar oder mittelbar Anteile an Kapitalgesellschaften im Inland oder Anteile an entsprechenden Kapitalgesellschaften mit Sitz oder Geschäftsleitung im Ausland gehören.

[3]Eine Konzernbilanz bildet keine Grundlage für die Verbundvermögensaufstellung.

(2) [1]In der Verbundvermögensaufstellung sind bei Anwendung des § 13b Absatz 2 bis 8 ErbStG zur Ermittlung des begünstigten Vermögens nicht die gemeinen Werte der Beteiligungen oder Anteile anzusetzen, sondern die gemeinen Werte der diesen Gesellschaften zuzurechnenden Vermögensgegenstände des Verwaltungsvermögens, des jungen Verwaltungsvermögens, der Finanzmittel, der jungen Finanzmittel und der Schulden. [2]Diese sind mit dem Anteil einzubeziehen, zu dem die unmittelbare oder mittelbare Beteiligung besteht. [3]Es sind jeweils die folgenden unmittelbar oder mittelbar gehaltenen Rechengrößen zusammenzufassen:

– Verwaltungsvermögen im Sinne des § 13b Absatz 4 Nummer 1 bis 4 ErbStG,
– junges Verwaltungsvermögen im Sinne des § 13b Absatz 7 Satz 2 ErbStG,
– Finanzmittel im Sinne des § 13b Absatz 4 Nummer 5 ErbStG,
– junge Finanzmittel im Sinne des § 13b Absatz 4 Nummer 5 Satz 2 ErbStG,
– Schulden.

[4]Die Rechentechnik der Verbundvermögensaufstellung ist auf jeder Beteiligungsstufe anzuwenden. [5]Festgestellt werden jeweils die Werte, die sich auf den Anteil beziehen, zu dem jeweils die Beteiligung besteht (→ R E 13b.30).

(3) [1]Legt eine Muttergesellschaft Finanzmittel in eine Tochtergesellschaft ein, werden sie bei der Ermittlung der jungen Finanzmittel der Tochtergesellschaft angesetzt. [2]Im Rahmen der Verbundvermögensaufstellung sind junge Finanzmittel der Tochtergesellschaft auch bei der Muttergesellschaft als junge Finanzmittel anzusetzen. [3]Legt die Tochtergesellschaft Finanzmittel in die Enkelgesellschaft ein, kann das zu einer mehrfachen Erfassung der jungen Finanzmittel bei der Muttergesellschaft führen. [4]§ 13b Absatz 9 ErbStG erfordert die Feststellung der jungen Finanzmittel auf jeder Beteiligungsstufe und ordnet die Weiterleitung auf die jeweils nächste Beteiligungsstufe an. [5]Die Begrenzung der jungen Finanzmittel auf den Wert der vorhandenen jungen Finanzmittel erfolgt nicht auf jeder Beteiligungsstufe, sondern erst auf der obersten Feststellungsebene. [6]Negative junge Finanzmittel werden mit positiven jungen Finanzmitteln aus nachgeordneten Stufen verrechnet.

(4) [1]Zum jungen Verwaltungsvermögen innerhalb der Verbundvermögensaufstellung gehören auch die Wirtschaftsgüter, die innerhalb des Zweijahreszeitraums von einer Gesellschaft in eine andere Gesellschaft im Verbund eingelegt werden oder die von einer anderen Gesellschaft im Verbund erworben werden. [2]Zum jungen Verwaltungsvermögen → R E 13b.27.

(5) [1]Soweit sich in der Verbundvermögensaufstellung Forderungen und Verbindlichkeiten zwischen den Gesellschaften untereinander oder im Verhältnis zu dem übertragenen Betrieb oder der übertragenen Gesellschaft gegenüberstehen, sind diese nicht anzusetzen. [2]Damit scheidet der Ansatz einer Forderung als Finanzmittel aus, soweit der Forderung eine Verbindlichkeit innerhalb der zum übertragenen Vermögen gehörenden Beteiligungsstruktur gegenübersteht; das gilt in gleicher Weise für die Verbindlichkeit. [3]Sofern der Steuerpflichtige nach § 13b Absatz 9 Satz 3 ErbStG den Nichtansatz einer Forderung und damit einen niedrigeren Wertansatz der Finanzmittel begehrt, hat er dies dem Betriebsfinanzamt durch geeignete Unterlagen nachzuweisen. [4]Das Betriebsfinanzamt, das für die Feststellung der Finanzmittel zuständig ist, teilt dem Betriebsfinanzamt, das für die Feststellung der Schulden zuständig ist, mit, in welcher Höhe die entsprechenden Forderungen nicht als Finanzmittel behandelt wurden. [5]Das Betriebsfinanzamt, das für die Feststellung der Schulden zuständig ist, teilt dem Betriebsfinanzamt, das für die Feststellung der Finanzmittel zuständig ist, mit, in welcher Höhe die entsprechenden Schulden gekürzt wurden. [6]Forderungen und Verbindlichkeiten, die sich zwischen Gesamthandsvermögen und Sonderbetriebsvermögen einer Personengesellschaft gegenüberstehen, sind nicht zu kürzen, weil es sich nicht um eine Beteiligung handelt. [7]Daneben sind Forderungen und Verbindlichkeiten zwischen den Gesellschaften im Gesamthandsvermögen und im Sonderbetriebsvermögen untereinander nicht zu kürzen. [8]Gleiches gilt auch für Forderungen und Verbindlichkeiten zwischen Gesellschaften im Sonderbetriebsvermögen.

(6) [1]Auf jeder Beteiligungsstufe sind folgende Vorschriften anzuwenden:
- Das Ausscheiden von Verwaltungsvermögen und Schulden im Zusammenhang mit Altersversorgungsverpflichtungen (§ 13b Absatz 3 ErbStG);
- die Begrenzung der Schulden nach § 13b Absatz 8 ErbStG (Nichtansatz der wirtschaftlich nicht belastenden Schulden und der über den durchschnittlichen Schuldenstand hinausgehenden Schulden).

[2]Die Begrenzung der jungen Finanzmittel auf den Wert der Finanzmittel erfolgt nicht auf jeder Beteiligungsstufe, sondern erst auf der obersten Feststellungsebene. [3]Zur Investitionsklausel (§ 13b Absatz 5 ErbStG) im Verbund → R E 13b.24 Absatz 3 Satz 9 bis 11.

(7) [1]Nicht Teil der Berechnungen im Rahmen der Verbundvermögensaufstellung und des Feststellungsverfahrens sind:
- die Schuldenverrechnung bei Finanzmitteln nach § 13b Absatz 4 Nummer 5 ErbStG;
- der Abzug des Sockelbetrags von 15 Prozent nach § 13b Absatz 4 Nummer 5 ErbStG;
- der Abzug der anteilig verbleibenden Schulden zur Ermittlung des Nettowerts des Verwaltungsvermögens nach § 13b Absatz 6 ErbStG;
- die Berücksichtigung des Werts des unschädlichen Verwaltungsvermögens nach § 13b Absatz 7 ErbStG;
- das Saldierungsverbot von Schulden mit jungen Finanzmitteln und jungem Verwaltungsvermögen nach § 13b Absatz 8 ErbStG.

[2]Diese Berechnungen erfolgen bei der Veranlagung zur Erbschaft- oder Schenkungsteuer.

(8) [1] Gehören zum übertragenen Vermögen unmittelbar gehaltene Anteile an einer Kapitalgesellschaft, die die Beteiligungsquote von mehr als 25 Prozent des § 13b Absatz 4 Nummer 2 ErbStG unterschreiten, wird – abweichend von § 13b Absatz 9 Satz 1 bis 4 ErbStG – der gemeine Wert der Anteile an der Kapitalgesellschaft als Verwaltungsvermögen angesetzt. [2] Für diese Gesellschaften sind die Werte im Sinne des Absatzes 2 Satz 3 nicht festzustellen.

H E 13b.29

Forderung/Schulden über mehrere Stufen im Verbund.

Beispiel 1:

Die M-GmbH hält jeweils alle Anteile an der T1-GmbH und der T2-GmbH. Die T2-GmbH hält alle Anteile an der E-GmbH. Die M-GmbH hat eine Forderung gegenüber der E-GmbH. Die Forderung der M-GmbH ist nicht in die Ermittlung der Finanzmittel einzubeziehen, weil die Forderung nach § 13b Absatz 9 Satz 3 ErbStG nicht anzusetzen ist. Die Schuld der E-GmbH ist nicht in die Feststellung der Schulden einzubeziehen, weil sie nach § 13b Absatz 9 Satz 3 ErbStG nicht anzusetzen ist.

Beispiel 2:

→ Verbundvermögensaufstellung.

Junge Finanzmittel im Verbund. R E 13b.29 Absatz 3 Sätze 3 bis 5 ErbStR beschreibt den Fall mehrerer zeitlich hintereinander erfolgter Einlagen von Finanzmitteln in nachgelagerte Beteiligungsgesellschaften (Einlage von einer Muttergesellschaft in eine Tochtergesellschaft und anschließend von der Tochtergesellschaft in die Enkelgesellschaft usw.). Soweit diese Einlagen zu einer mehrfachen Erfassung von jungen Finanzmitteln führen, sind die jungen Finanzmittel auf der Ebene der Muttergesellschaft um den Betrag der mehrfach erfassten jungen Finanzmittel zu kürzen.

Beispiel:

A ist zu 100 % an der M GmbH (Muttergesellschaft) beteiligt. Die M GmbH hält 100 % der Anteile an der T GmbH (Tochtergesellschaft). Die T GmbH hält 100 % der Anteile an der E GmbH (Enkelgesellschaft). Die M GmbH legt 100 EUR in die T GmbH ein, im Anschluss legt die T GmbH 100 EUR in die E GmbH ein.

	Finanzmittel § 13b Absatz 4 Nummer 5 ErbStG EUR	**junge Finanzmittel** EUR
M GmbH	300	0
T GmbH	500	100
E GmbH	500	100

Ablauf des Feststellungsverfahrens:

E GmbH

Finanzmittel			
eigene	500 EUR		500 EUR
junge Finanzmittel			
eigene	100 EUR		100 EUR

T GmbH

Finanzmittel			
eigene	500 EUR		
E GmbH	500 EUR	× 100 %	
			1 000 EUR

Junge Finanzmittel

eigene	100 EUR		
E GmbH	100 EUR	× 100 %	
			200 EUR

M GmbH

Finanzmittel

eigene	300 EUR	
T GmbH	1 000 EUR	
		1 300 EUR

junge Finanzmittel

eigene	0 EUR	
T GmbH	200 EUR	
		200 EUR
Kürzungsbetrag (Mehrfach erfasste junge Finanzmittel)		100 EUR
Festzustellende junge Finanzmittel (Begrenzung R E 13b.29 Absatz 3 Satz 5 ErbStR)		100 EUR

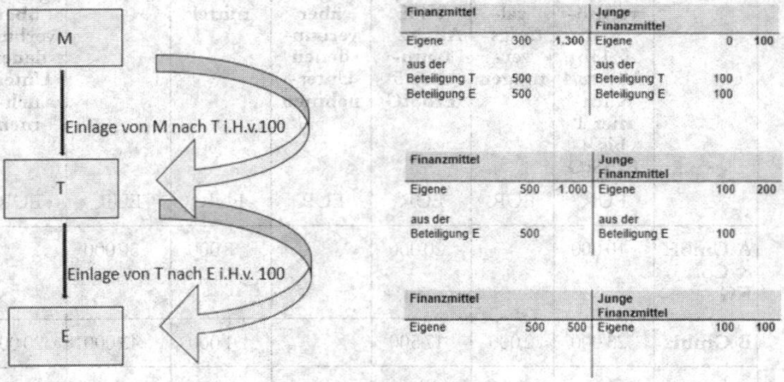

Die hintereinander erfolgten Einlagen von M nach T (i. H. v. 100 EUR) und von T nach E (von den 100 EUR i. H. v. 100 EUR) führen zu einer Begrenzung der jungen Finanzmittel auf 100 EUR, da sich die hintereinander erfolgten Einlagen von Finanzmitteln in der Beteiligungsstruktur nur einmal auswirken.

Junges Verwaltungsvermögen im Verbund.

Beispiel 1:

Die M-GmbH hält jeweils alle Anteile an der T1-GmbH und der T2-GmbH. Die T1-GmbH veräußert ein seit vielen Jahren zum Betriebsvermögen gehörendes und Dritten zur Nutzung überlassenes Grundstück an die T2-GmbH. Das Grundstück bildet bei der T2-GmbH junges Verwaltungsvermögen.

Beispiel 2:

Die T2-GmbH hält alle Anteile an der neu gegründeten E-GmbH. Die T1-GmbH veräußert ein Dritten zur Nutzung überlassenes Grundstück innerhalb von zwei Jahren nach der Neugründung an die E-GmbH. Das Grundstück bildet bei der E-GmbH junges Verwaltungsvermögen.

Beispiel 3:

Die M-GmbH hält jeweils alle Anteile an der T1-GmbH. Sie legt ein ihr gehörendes, an einen Dritten zur Nutzung überlassenes Grundstück in das Betriebsvermögen der T1-GmbH ein. Das Grundstück gehört bei der T1-GmbH zum jungen Verwaltungsvermögen.

Verbundvermögensaufstellung.

Beispiel 1:

A ist zu 100 % an der A GmbH & Co. KG beteiligt. Die A GmbH & Co. KG hält 100 % der Anteile an der B GmbH und 60 % der Anteile an der C AG. Die C AG ist zu 50 % an der D OHG beteiligt. Alle Gesellschaften haben ihren Sitz oder ihre Geschäftsleitung im Inland.

Im Sonderbetriebsvermögen des A befindet sich ein Darlehen gegenüber der A GmbH & Co. KG in Höhe von 1 000 EUR. Die D OHG hat gegenüber der B GmbH eine Forderung in Höhe von 20 000 EUR bzw. die B GmbH gegenüber der D OHG eine Verbindlichkeit in Höhe von 20 000 EUR.

	Verwaltungsvermögen § 13b Absatz 4 Nummer 1 bis 4 ErbStG EUR	**junges Verwaltungsvermögen** EUR	**Finanzmittel § 13b Absatz 4 Nummer 5 ErbStG** EUR	**Davon gegenüber verbundenen Unternehmen** EUR	**junge Finanzmittel** EUR	**Schulden** EUR	**Davon gegenüber verbundenen Unternehmen** EUR
A GmbH & Co. KG	10 000		20 000		8 000	30 000	
B GmbH	23 000	2 000	17 500		1 000	43 000	20 000
C AG	12 000	2 000	6 000			12 000	
D OHG	1 000		100 000	20 000	10 000	1 500	
SBV A			1 000				

Ablauf des Feststellungsverfahrens:

D OHG

Verwaltungsvermögen 1 000 EUR × 50 % 500 EUR

Finanzmittel zunächst 100 000 EUR

Die Forderung gegenüber der B GmbH stellt eine Forderung gegenüber verbundenen Unternehmen dar. Die A GmbH & Co KG ist zu 30 % (60 % × 50 %) mittelbar an der D OHG und zu 100 % unmittelbar an der B GmbH beteiligt. Es besteht Beteiligungsidentität im Umfang von 30 %.

Der Prozentsatz der Beteiligungsidentität entspricht dem Prozentsatz der mittelbaren Beteiligung. Deshalb ist die Forderung gegenüber der B GmbH in voller Höhe nicht anzusetzen.		./. 20 000 EUR	
gekürzte Finanzmittel		80 000 EUR	
× 50 %			40 000 EUR
junge Finanzmittel 10 000 EUR × 50 %			5 000 EUR
Schulden 1 500 EUR × 50 %			750 EUR

C AG

Verwaltungsvermögen			
eigenes	12 000 EUR		
D OHG	+ 500 EUR		
	12 500 EUR	× 60 % =	7 500 EUR
junges Verwaltungsvermögen			
eigenes	2 000 EUR		
D OHG	+ 0 EUR		
	2 000 EUR	× 60 % =	1 200 EUR
Finanzmittel			
eigene	6 000 EUR		
D OHG	+ 40 000 EUR		
	46 000 EUR	× 60 % =	27 600 EUR
junge Finanzmittel			
eigene	0 EUR		
D OHG	+ 5 000 EUR		
	5 000 EUR	× 60 % =	3 000 EUR
Schulden			
eigene	12 000 EUR		
D OHG	+ 750 EUR		
	12 750 EUR	× 60 % =	7 650 EUR

B GmbH

Verwaltungsvermögen 23 000 EUR × 100 %		23 000 EUR
Junges Verwaltungsvermögen 2 000 EUR × 100 %		2 000 EUR
Finanzmittel 17 500 EUR × 100 %		17 500 EUR
Junge Finanzmittel 1 000 EUR × 100 %		1 000 EUR
Schulden zunächst	43 000 EUR	

Die Schuld gegenüber der D OHG stellt eine Verbindlichkeit gegenüber verbundenen Unternehmen dar. Sie ist, soweit Beteiligungsidentität besteht (30 % durchgerechneter Anteil), zu kürzen. Der

Prozentsatz der Beteiligungsidentität entspricht dem Prozentsatz der mittelbaren Beteiligung.			
20 000 EUR × 30 % =		6 000 EUR	
		37 000 EUR	
× 100 %			37 000 EUR

A GmbH & Co. KG

Verwaltungsvermögen			
eigenes		10 000 EUR	
B GmbH	+	23 000 EUR	
C AG	+	7 500 EUR	
		40 500 EUR	
100 %			40 500 EUR
Junges Verwaltungsvermögen			
eigenes		0 EUR	
B GmbH	+	2 000 EUR	
C AG	+	1 200 EUR	
		3 200 EUR	
100 %			3 200 EUR
Finanzmittel			
eigene		20 000 EUR	
B GmbH	+	17 500 EUR	
C AG	+	27 600 EUR	
		65 100 EUR	
100 % = Finanzmittel aus dem Gesamthandsvermögen			65 100 EUR

Die miterworbene Forderung des A im SBV ist zusätzlich in Höhe von 1 000 EUR außerhalb der Verbundvermögensaufstellung anzusetzen.

junge Finanzmittel			
eigene		8 000 EUR	
B GmbH	+	1 000 EUR	
C AG	+	3 000 EUR	
		12 000 EUR	
100 %			12 000 EUR
Schulden			
eigene		30 000 EUR	
B GmbH	+	37 000 EUR	
C AG	+	7 650 EUR	
		74 650 EUR	
100 % = Schulden aus dem Gesamthandsvermögen			74 650 EUR

Die Verbindlichkeit gegenüber A in Höhe von 1 000 EUR ist nicht Teil der Verbundvermögensaufstellung und daher nicht vom Ansatz auszuschließen (§ 13b Absatz 9 Satz 3 ErbStG).

Beispiel 2:

Sachverhalt wie in Beispiel 1. Zudem hält die A GmbH & Co. KG noch 10% der Anteile an der Z GmbH. Die Anteile haben einen Wert von 16500 EUR. Die Z GmbH hat Finanzmittel in Höhe von 25000 EUR.

Da die A GmbH & Co. KG nicht zu mehr als 25% an der Z GmbH beteiligt ist, gehören die Anteile an der Z GmbH im vollen Umfang zum Verwaltungsvermögen der A GmbH & Co. KG (§ 13b Absatz 4 Nummer 2 ErbStG).

A GmbH & Co. KG

Verwaltungsvermögen			
eigenes		10000 EUR	
Anteil an der Z GmbH	+	16500 EUR	
B GmbH	+	23000 EUR	
C AG	+	7500 EUR	
		57000 EUR	
100%			57000 EUR

Hinsichtlich des jungen Verwaltungsvermögens, der Finanzmittel, der jungen Finanzmittel und der Schulden ergeben sich bei der A GmbH & Co. KG keine Änderungen.

R E 13b.30 Feststellungsverfahren

(1) [1] Festzustellen sind gemäß § 13b Absatz 10 ErbStG die Summe der gemeinen Werte
- der Finanzmittel,
- der jungen Finanzmittel,
- des Verwaltungsvermögens,
- des jungen Verwaltungsvermögens und
- der Schulden.

[2] Eine Feststellung erfolgt, wenn und soweit diese Werte für die Erbschaftsteuer oder eine andere Feststellung im Sinne des § 13b Absatz 10 ErbStG von Bedeutung sind. [3] Die Entscheidung, ob die Werte von Bedeutung sind, trifft das für die Erbschaftsteuer oder das für die andere Feststellung zuständige Finanzamt. [4] Die Feststellungen erfolgen auch dann, wenn es sich um ein börsennotiertes Unternehmen (§ 11 Absatz 1 BewG) handelt und deshalb keine Feststellung des Wertes des Anteils nach § 151 Absatz 1 Satz 1 Nummer 3 BewG erfolgt.

(2) Bei einer Beteiligung an einer Personengesellschaft erfolgen die Feststellungen bezogen auf den übertragenen Teil der Beteiligung, bei einem Anteil an einer Kapitalgesellschaft auf den übertragenen Anteil.

(3) [1] Festzustellen sind die Summen der gemeinen Werte der Finanzmittel, des Verwaltungsvermögens und des jungen Verwaltungsvermögens; maßgebend sind die Werte nach Anwendung des § 13b Absatz 3 ErbStG (Altersversorgungsverpflichtungen). [2] Bei der Feststellung der Summe der gemeinen Werte der Schulden ist der Wert nach Anwendung von § 13b Absatz 3 und Absatz 8 Satz 2 ErbStG anzusetzen. [3] Eine Verrechnung von Altersversorgungsverpflichtungen mit jungen Finanzmitteln erfolgt nicht (→ R E 13b.11 Absatz 2 Satz 3). [4] Der Wert der Finanzmittel und des Verwaltungsvermögens beinhaltet jeweils die jungen Finanzmittel beziehungsweise das junge Verwaltungsvermögen. [5] Der Wert der festzustellenden jungen Finanzmittel ist auf den Wert der festzustellenden Finanzmittel zu begrenzen. [6] Bei mehrstufigen Beteiligungsverhältnissen findet die Begrenzung ausschließlich auf der obers-

ten Feststellungsebene statt. 7 Feststellungen aus nachgeordneten Feststellungsebenen sind einzubeziehen. 8 Auf der obersten Feststellungsebene erfolgen die Feststellungen auf Basis der Verbundvermögensaufstellung.

(4) Wegen der nicht in das Feststellungsverfahren einzubeziehenden Berechnungen → R E 13b.29 Absatz 7.

(5) 1 Zusätzlich zu den in Absatz 1 genannten Feststellungen teilt das Betriebsfinanzamt dem Erbschaftsteuerfinanzamt folgende Angaben nachrichtlich mit:

1.[1] Das Vorliegen der Voraussetzungen für die Inanspruchnahme eines Sockelbetrags im Sinne des § 13b Absatz 4 Nummer 5 Satz 4 ErbStG. 2 Bei mehrstufigen Beteiligungsverhältnissen ist auf jeder Beteiligungsstufe zu prüfen, ob das Vermögen des jeweiligen Unternehmens nach seinem Hauptzweck einer land- und forstwirtschaftlichen, gewerblichen oder freiberuflichen Tätigkeit dient (§ 13 Absatz 1, § 15 Absatz 1 Satz 1 Nummer 1, § 18 Absatz 1 Nummer 1 und 2 EStG). 3 Dabei sind die nachrichtlichen Mitteilungen der nachgeordneten Feststellungsebenen einzubeziehen. 4 Liegt ein Hauptzweck in diesem Sinne vor, ist dies nachrichtlich dem Betriebsfinanzamt auf der darüber liegenden Feststellungsebene mitzuteilen. 5 Auf der Ebene des übertragenen Unternehmens, der übertragenen Beteiligung an einer Personengesellschaft oder der übertragenen Anteile an einer Kapitalgesellschaft erfolgt eine Zusammenfassung inklusive der eigenen Tätigkeit. 6 Zum Hauptzweck → R E 13b.23 Absatz 6.

2.[1] Das Vorliegen der Voraussetzungen und den Prozentsatz des Vorwegabschlags nach § 13a Absatz 9 ErbStG.

3.[1] Bei Einzelunternehmen bzw. Beteiligungen an Personengesellschaften den Umfang und den Wert des ausländischen Vermögens, welches im festgestellten Wert des Betriebsvermögens enthalten ist, jedoch einer Betriebstätte in einem Drittstaat dient (→ R E 13b.5 Absatz 4).

4. Bei Einzelunternehmen bzw. Beteiligungen an Personengesellschaften für Grundstücke, die sowohl dem Betriebsvermögen als auch dem Grundvermögen zuzuordnen sind, den Wert des dem Grundvermögen zuzuordnenden Anteils.

2 Erfolgt die Feststellung auf der obersten Feststellungsebene hinsichtlich einer Personengesellschaft, teilt das Betriebsfinanzamt mit, welche Teilbeträge der festgestellten Werte auf den übertragenen Anteil am Gesamthandsvermögen und das übertragene Sonderbetriebsvermögen entfallen.

(6) 1 Wenn ein Nutzungsrecht an einer Beteiligung an einer Personengesellschaft erworben wird, liegt begünstigungsfähiges Betriebsvermögen im Sinne des § 13b Absatz 1 Nummer 2 ErbStG vor, wenn es so ausgestaltet ist, dass der Nießbraucher ertragsteuerrechtlich als Mitunternehmer der Personengesellschaft anzusehen ist (→ R B 97.3). 2 Satz 1 gilt entsprechend, wenn ein Nießbraucher auf seinen Nießbrauch verzichtet und dadurch eine Mitunternehmerstellung des Nießbrauchers auf den Gesellschafter übergeht. 3 In diesen

[1] Nicht mehr anzuwenden für Erwerbe nach dem 28.12.2020, siehe gleich lautenden Ländererlass v. 13.9.2021, BStBl. I 2021, 1837.

Fällen sind das Verwaltungsvermögen, das junge Verwaltungsvermögen, die Finanzmittel, die jungen Finanzmittel und die Schulden, die auf das Nießbrauchsrecht entfallen, wie folgt zu ermitteln. [4]Ist der zivilrechtliche Eigentümer des Gesellschaftsanteils Mitunternehmer der Gesellschaft, erfolgt die Ermittlung auch hinsichtlich des Nießbrauchsrechts anhand des damit belasteten Anteils, da der Nießbraucher berechtigt ist, die Nutzungen aus diesem Anteil zu ziehen. [5]Die Werte sind für den belasteten Anteil zu ermitteln und nach dem Verhältnis des Kapitalwerts des Nießbrauchsrechts zum Wert des Anteils dem Nießbrauchsrecht zuzuordnen. [6]Besteht das Nießbrauchsrecht nur an einem Teil des Anteils, ist der entsprechende Teil des Anteils zugrunde zu legen. [7]Gehört zum Mitunternehmeranteil des zivilrechtlichen Eigentümers des Gesellschaftsanteils Sonderbetriebsvermögen und erstreckt sich das Nießbrauchsrecht nicht auch hierauf, bleiben das Verwaltungsvermögen, das junge Verwaltungsvermögen, die Finanzmittel, die jungen Finanzmittel und die Schulden aus dem Sonderbetriebsvermögen und dieses Sonderbetriebsvermögen selbst unberücksichtigt. [8]Handelt es sich beim zivilrechtlichen Eigentümer des Gesellschaftsanteils nicht um einen Mitunternehmer der Personengesellschaft, sind das Verwaltungsvermögen, das junge Verwaltungsvermögen, die Finanzmittel und die jungen Finanzmittel und die Schulden, die auf das Nießbrauchsrecht entfallen, wie folgt zu ermitteln. [9]Das Verwaltungsvermögen, das junge Verwaltungsvermögen, die Finanzmittel, die jungen Finanzmittel und die Schulden des Gesamthandvermögens sind dem Nießbrauch nach dem Verhältnis des Kapitalwerts des Nießbrauchs zum Wert des Gesamthandsvermögens zuzuordnen.

H E 13b.30

Feststellungen gemäß § 13b Absatz 10 ErbStG.

Beispiel:

Unternehmer A verstirbt. Erbin wird seine Tochter T. Das Einzelunternehmen hat einen gemeinen Wert von 1 500 000 EUR.

Verwaltungsvermögen (VV) im Sinne des § 13b Absatz 4 Nummer 1 bis 4 ErbStG ist in Höhe von 150 000 EUR vorhanden, davon sind 30 000 EUR junges VV (§ 13b Absatz 7 Satz 2 ErbStG).

Die Finanzmittel (FM) im Sinne des § 13b Absatz 4 Nummer 5 Satz 1 ErbStG betragen 70 000 EUR, davon sind 20 000 EUR junge Finanzmittel (jFM) im Sinne des § 13b Absatz 4 Nummer 5 Satz 2 ErbStG.

Der gemeine Wert (§ 9 BewG) der Altersversorgungsverpflichtungen (AVV) nach § 13b Absatz 2 Satz 2 bzw. Absatz 3 ErbStG beträgt 75 000 EUR.

Die Altersversorgungsverpflichtungen werden durch Wirtschaftsgüter in Höhe von 70 000 EUR abgesichert. Davon entfallen

- 50 000 EUR auf Verwaltungsvermögen im Sinne des § 13b Absatz 4 Nummer 1 bis 4 ErbStG;
  - davon 20 000 EUR auf junges Verwaltungsvermögen im Sinne des § 13b Absatz 7 ErbStG und
- 20 000 EUR auf Finanzmittel im Sinne des § 13b Absatz 4 Nummer 5 Satz 1 ErbStG (die jFM können als reine Stromgröße aus Einlagen abzüglich Entnahmen, → R E 13b.23 Absatz 3, nicht zur Absicherung der AVV dienen).

Neben den Altersversorgungsverpflichtungen sind weitere betriebliche Schulden in Höhe 395 000 EUR vorhanden.

Berechnung:

	Bestand	Wirtschaftsgüter des VV (Spalte 1), die der Absicherung von AVV dienen	Abzug der Schulden aus AVV von den Werten des VV	Entwicklung der festzustellenden Schulden	maßgebende Werte für die Feststellung
Spalte 1	Spalte 2 EUR	Spalte 3 EUR	Spalte 4 EUR	Spalte 5 EUR	Spalte 6 EUR
Schulden gesamt (75 000 EUR + 395 000 EUR)	470 000			470 000	
davon AVV	75 000		75 000		
junges VV	30 000	20 000	./. 20 000	./. 20 000	10 000
Differenz 1			55 000	450 000	
VV (ohne junges VV)	120 000	30 000	./. 30 000	./. 30 000	90 000
Differenz 2			25 000	420 000	
Summe Verwaltungsvermögen					100 000
FM	70 000	20 000	./. 20 000	./. 20 000	50 000
Differenz 3			5 000	400 000	400 000

Feststellungen nach § 151 Absatz 1 Satz 1 Nummer 2 BewG und § 13b Absatz 10 ErbStG:

Wert des Betriebsvermögens	1 500 000 EUR
Verwaltungsvermögen	100 000 EUR
junges Verwaltungsvermögen	10 000 EUR
Finanzmittel	50 000 EUR
junge Finanzmittel	20 000 EUR
Schulden	400 000 EUR

Zu § 13c ErbStG

R E 13c.1 Abschmelzmodell – Allgemeines

(1) [1]Wenn der Wert des erworbenen begünstigten Vermögens im Sinne des § 13b Absatz 2 ErbStG den Schwellenwert von 26 Millionen EUR überschreitet, ist § 13a Absatz 1 Satz 1 ErbStG mit der Maßgabe anzuwenden, dass sich auf Antrag des Erwerbers der nach § 13a Absatz 1 Satz 1 ErbStG anzuwendende Prozentsatz des Verschonungsabschlags von 85 Prozent oder der nach § 13a Absatz 10 Satz 1 Nummer 1 ErbStG anzuwendende Prozentsatz des Verschonungsabschlags von 100 Prozent um jeweils einen Prozentpunkt für jede vollen 750 000 EUR verringert, die der Wert des begünstigten

Vermögens den Schwellenwert von 26 Millionen EUR übersteigt (Abschmelzmodell; § 13c Absatz 1 Satz 1 ErbStG). 2 Der Vorwegabschlag bis zu 30 Prozent nach § 13a Absatz 9 ErbStG ist vor Prüfung des Schwellenwerts von 26 Millionen EUR und vor Anwendung des Abschmelzmodells zu berücksichtigen (§ 13c Absatz 2 Satz 1 ErbStG; → R E 13a.20). 3 Soll das Abschmelzmodell für die Optionsverschonung angewendet werden, muss der Erwerber zusätzlich einen entsprechenden Antrag nach § 13a Absatz 10 ErbStG stellen.

(2) 1 Der Erwerber muss den Antrag bei dem für die Erbschaft- oder Schenkungsteuer zuständigen Finanzamt schriftlich stellen oder zur Niederschrift erklären. 2 Er kann den Antrag bis zum Eintritt der materiellen Bestandskraft der Festsetzung der Erbschaft- oder Schenkungsteuer stellen. 3 Der Antrag schließt einen Antrag für denselben Erwerb aus, die Verschonungsbedarfsprüfung nach § 28a ErbStG durchzuführen. 4 Der Antrag kann nach Zugang der Willenserklärung beim zuständigen Finanzamt nicht mehr widerrufen werden (§ 13c Absatz 2 Satz 6 ErbStG). 5 Dies gilt auch für den Fall, dass der Erwerber gegen die Behaltensregelungen oder die Lohnsummenregelung des § 13c Absatz 2 Satz 1 in Verbindung mit § 13a Absatz 3 oder 6 ErbStG verstößt.

(3) 1 Der Erwerber kann den Antrag auf Durchführung des Abschmelzmodells nach § 13c Absatz 1 ErbStG insgesamt nur einheitlich für alle Arten des erworbenen begünstigungsfähigen Vermögens (land- und forstwirtschaftliches Vermögen, Betriebsvermögen und Anteile an Kapitalgesellschaften) stellen. 2 Maßgeblich ist das insgesamt erworbene begünstigte Vermögen. 3 Das begünstigte Vermögen mehrerer wirtschaftlicher Einheiten ist zusammenzurechnen. 4 Bei Schenkungen mit z. B. mehreren Betriebsübertragungen in mehreren Schenkungsverträgen ist bei Vorliegen eines einheitlichen Schenkungswillens von nur einer Schenkung auszugehen.

(4) 1 Das Abschmelzmodell ist in den Fällen der Regelverschonung (§ 13a Absatz 1 ErbStG) bis zu einem Wert des begünstigten Vermögens von 89 750 000 EUR und in den Fällen der Optionsverschonung (§ 13a Absatz 10 ErbStG) bis zu einem Wert des begünstigten Vermögens von 89 999 999 EUR anzuwenden. 2 Bei Überschreiten dieser Beträge verringert sich der Verschonungsabschlag auf null Prozent. 3 Die Möglichkeit, einen Antrag auf Verschonungsbedarfsprüfung nach § 28a ErbStG zu stellen, bleibt unberührt. 4 Wegen der Berücksichtigung mehrerer Erwerbe begünstigten Vermögens → R E 13c.4.

H E 13c.1

Berechnung des Verschonungsabschlags.

Beispiel 1:

Vater V schenkt seinem Sohn S begünstigtes Vermögen im Wert von 50 000 000 EUR. Ein Antrag auf Optionsverschonung wurde nicht gestellt.

begünstigtes Vermögen	50 000 000 EUR		50 000 000 EUR
Verschonungsabschlag bei der Regelverschonung in %		85 %	
Schwellenwert	./. 26 000 000 EUR		
übersteigender Wert	24 000 000 EUR		

Minderung des Verschonungsabschlags 24 000 000 EUR : 750 000 EUR =	./. 32 %	
zu gewährender Verschonungsabschlag in %	53 %	
Verschonungsabschlag in EUR 53 % von 50 000 000 EUR		./. 26 500 000 EUR
verbleiben		23 500 000 EUR
Abzugsbetrag		./. 0 EUR
steuerpflichtiges Vermögen		23 500 000 EUR

Beispiel 2:

Sachverhalt wie in Beispiel 1. Ein Antrag auf Optionsverschonung wurde gestellt.

begünstigtes Vermögen	50 000 000 EUR		50 000 000 EUR
Verschonungsabschlag bei der Optionsverschonung in %		100 %	
Schwellenwert	./. 26 000 000 EUR		
übersteigender Wert	24 000 000 EUR		
Minderung des Verschonungsabschlags 24 000 000 EUR : 750 000 EUR =		./. 32 %	
zu gewährender Verschonungsabschlag in %		68 %	
Verschonungsabschlag in EUR 68 % von 50 000 000 EUR			./. 34 000 000 EUR
verbleiben			16 000 000 EUR
Abzugsbetrag			./. 0 EUR
steuerpflichtiges Vermögen			16 000 000 EUR

R E 13c.2 Verstoß gegen die Verschonungsvoraussetzungen

[1] Verstößt der Erwerber im Rahmen des Abschmelzmodells innerhalb der maßgebenden, für die Regelverschonung oder die Optionsverschonung geltenden Lohnsummen- oder Behaltensfrist (→ R E 13a.9, 13a.12 und 13a.21) gegen eine der Verschonungsvoraussetzungen, entfällt die gewährte Verschonung ganz oder teilweise (§ 13c Absatz 2 Satz 1 ErbStG). [2] Der Umfang der Nachversteuerung richtet sich nach den Regelungen der Regel- oder Optionsverschonung (→ R E 13a.9 und 13a.19). [3] Ein Verstoß gegen die Behaltensregelungen nach § 13c Absatz 2 Satz 1 in Verbindung mit § 13a Absatz 6 ErbStG hat dagegen keine Auswirkungen auf die Ermittlung des begünstigten Vermögens (§ 13b Absatz 2 ErbStG) und beeinflusst daher die Prüfung des Schwellenwertes und die Ermittlung des anzuwendenden Prozentsatzes des Verschonungsabschlags nicht, da sich nicht der Wert des begünstigten Vermögens, sondern nur die Höhe der Steuerbefreiung für das begünstigte Vermögen ändert.

R E 13c.3 Ergänzende Vorschriften beim Abschmelzmodell

Folgende ergänzende Vorschriften sind zu beachten:

1. Zu den Folgen einer Weitergabeverpflichtung oder einer Nachlassteilung: § 13c Absatz 2 Satz 1 in Verbindung mit § 13a Absatz 5 ErbStG (→ R E 13a.11);
2. zu den Anzeigepflichten des Erwerbers in den Fällen eines Verstoßes gegen die Lohnsummen- oder Behaltensregelungen und Hinausschieben des Endes der Festsetzungsfrist bei Verstoß gegen diese Regelungen: § 13c Absatz 2 Satz 1 in Verbindung mit § 13a Absatz 7 ErbStG;

3. zu den erhöhten Mitwirkungs- und Nachweispflichten des Erwerbers bei Auslandssachverhalten: § 13c Absatz 2 Satz 1 in Verbindung mit § 13a Absatz 8 ErbStG.

R E 13c.4 Berücksichtigung mehrerer Erwerbe begünstigten Vermögens

(1) [1]Wenn bei einem Erwerb, für den die Steuer nach dem 30. Juni 2016 entstanden ist, der Schwellenwert für begünstigtes Vermögen von 26 Millionen EUR infolge des Zusammenrechnens mit früheren Erwerben innerhalb des Zehnjahreszeitraums überschritten wird (§ 13a Absatz 1 Satz 2 ErbStG; → R E 13a.2), entfällt die zunächst in Anspruch genommene Steuerbefreiung nach § 13a Absatz 1 oder Absatz 10 ErbStG für die früheren Erwerbe mit Wirkung für die Vergangenheit (§ 13c Absatz 2 Satz 4 und 5 ErbStG), wenn auch für die früheren Erwerbe die Steuer nach dem 30. Juni 2016 entstanden ist (§ 37 Absatz 12 Satz 3 ErbStG). [2]Entsprechendes gilt für eine zunächst gewährte Steuerbefreiung nach § 13c Absatz 1 ErbStG. [3]Der Steuerbescheid ist nach § 175 Absatz 1 Satz 1 Nummer 2 AO zu ändern. [4]Erwerbe, für die die Steuer vor dem 1. Juli 2016 entstanden ist, werden bei der Prüfung des Schwellenwerts berücksichtigt (→ R E 13a.2 Absatz 2). [5]Ein Wegfall der gewährten Steuerbefreiung für den früheren Erwerb nach Satz 4 tritt nicht ein, wenn durch einen nachfolgenden Erwerb nach dem 30. Juni 2016 der Schwellenwert überschritten wird.

(2) [1]Stellt der Erwerber einen Antrag nach § 13c Absatz 1 Satz 1 ErbStG und entfällt wegen des Überschreitens des Schwellenwerts die Steuerbefreiung für einen früheren Erwerb, wird die weggefallene Steuerbefreiung ersetzt durch eine neue Steuerbefreiung auf der Grundlage des abgeschmolzenen Prozentsatzes des Verschonungsabschlags, der sich bezogen auf den zusammengerechneten Wert des begünstigten Vermögens ergibt. [2]Die Minderung des Verschonungsabschlags ist sowohl auf den letzten Erwerb als auch auf die früheren Erwerbe anzuwenden. [3]Das gilt unabhängig davon, ob für den früheren Erwerb erstmals die Steuerbefreiung nach § 13c Absatz 1 ErbStG gewährt wird oder für den früheren Erwerb nunmehr ein geringerer Verschonungsabschlag nach § 13c Absatz 1 ErbStG zu gewähren ist, und unabhängig davon, ob jeweils die Regelverschonung oder die Optionsverschonung in Anspruch genommen wurde. [4]In diesen Fällen wird zuerst die zu dem früheren Erwerb ergangene Steuerfestsetzung geändert. [5]Sodann wird die erstmalige Steuerfestsetzung für den aktuellen Erwerb unter Berücksichtigung des § 14 ErbStG durchgeführt. [6]Soweit bei dem früheren Erwerb innerhalb der jeweiligen Fristen gegen die Lohnsummen- oder Behaltensregelungen verstoßen und eine Nachsteuer erhoben wurde, ist auch insoweit eine Neuberechnung der Erbschaft- oder Schenkungsteuer auf der Grundlage des abgeschmolzenen Verschonungsabschlags durchzuführen.

H E 13c.4

Berücksichtigung früherer Erwerbe.

Beispiel 1:

Vater V schenkt seinem Sohn S am 1.8.01 begünstigtes Vermögen im Wert von 10 000 000 EUR (Erwerb 1). Ein Antrag auf Optionsverschonung wurde nicht gestellt.

begünstigtes Vermögen	10 000 000 EUR
Verschonungsabschlag 85 % von 10 000 000 EUR	./. 8 500 000 EUR
verbleiben	1 500 000 EUR
Abzugsbetrag	./. 0 EUR
steuerpflichtiges Vermögen	1 500 000 EUR

Am 1.4.02 schenkt er ihm weiteres begünstigtes Vermögen im Wert von 20 000 000 EUR (Erwerb 2). Ein Antrag auf Optionsverschonung wurde nicht gestellt.

Änderung des Erwerbs 1:

Begünstigtes Vermögen Erwerb 1	10 000 000 EUR	
begünstigtes Vermögen Erwerb 2	+ 20 000 000 EUR	
Summe	30 000 000 EUR	
Schwellenwert	./. 26 000 000 EUR	
übersteigender Wert	4 000 000 EUR	
Verschonungsabschlag bei der Regelverschonung in %		85 %
Minderung des Verschonungsabschlags 4 000 000 EUR : 750 000 EUR = 5,3333 abgerundet		./. 5 %
zu gewährender Verschonungsabschlag in %		80 %

begünstigtes Vermögen	10 000 000 EUR
Verschonungsabschlag 80 % von 10 000 000 EUR	./. 8 000 000 EUR
verbleiben	2 000 000 EUR
Abzugsbetrag	./. 0 EUR
steuerpflichtiges Vermögen	2 000 000 EUR

Besteuerung des Erwerbs 2:

begünstigtes Vermögen	20 000 000 EUR
Verschonungsabschlag 80 % von 20 000 000 EUR	./. 16 000 000 EUR
verbleiben	4 000 000 EUR
Abzugsbetrag	./. 0 EUR
steuerpflichtiges Vermögen	4 000 000 EUR

Beispiel 2:

Vater V schenkt seinem Sohn S am 1.8.01 begünstigtes Vermögen im Wert von 1 500 000 EUR (Erwerb 1). Ein Antrag auf Optionsverschonung wurde nicht gestellt.

begünstigtes Vermögen			1 500 000 EUR
Verschonungsabschlag 85 % von 1 500 000 EUR			./. 1 275 000 EUR
verbleiben			225 000 EUR
Abzugsbetrag			./. 112 500 EUR
Abzugsbetrag		150 000 EUR	
Verbleibender Wert (15 %)	225 000 EUR		
Abzugsbetrag	./. 150 000 EUR		
Unterschiedsbetrag	75 000 EUR		
davon 50 %		37 500 EUR	
Verbleibender Abzugsbetrag		112 500 EUR	
steuerpflichtiges Vermögen			112 500 EUR

Am 1.4.02 schenkt er ihm weiteres begünstigtes Vermögen im Wert von 28 500 000 EUR (Erwerb 2). Ein Antrag auf Optionsverschonung wurde gestellt.

Änderung des Erwerbs 1:

Begünstigtes Vermögen Erwerb 1	1 500 000 EUR
begünstigtes Vermögen Erwerb 2	+ 28 500 000 EUR
Summe	30 000 000 EUR
Schwellenwert	./. 26 000 000 EUR
übersteigender Wert	4 000 000 EUR

Verschonungsabschlag bei der Regelverschonung in %		85 %	
Minderung des Verschonungsabschlags 4 000 000 EUR : 750 000 EUR = 5,3333 abgerundet		./. 5 %	
zu gewährender Verschonungsabschlag in %		80 %	
begünstigtes Vermögen			1 500 000 EUR
Verschonungsabschlag 80 % von 1 500 000 EUR			./. 1 200 000 EUR
verbleiben			300 000 EUR
Abzugsbetrag			./. 75 000 EUR
Abzugsbetrag		150 000 EUR	
Verbleibender Wert (20 %)	300 000 EUR		
Abzugsbetrag	./. 150 000 EUR		
Unterschiedsbetrag	150 000 EUR		
davon 50 %		75 000 EUR	
Verbleibender Abzugsbetrag		75 000 EUR	
steuerpflichtiges Vermögen			225 000 EUR

Verschonung des Erwerbs 2:

Verschonungsabschlag bei der Optionsverschonung in %	100 %	
Minderung des Verschonungsabschlags (wie beim Erwerb 1)	./. 5 %	
zu gewährender Verschonungsabschlag in %	95 %	
begünstigtes Vermögen		28 500 000 EUR
Verschonungsabschlag 95 % von 28 500 000 EUR		./. 27 075 000 EUR
verbleiben		1 425 000 EUR
Abzugsbetrag		./. 0 EUR
steuerpflichtiges Vermögen		1 425 000 EUR

R E 13c.5 Begünstigte Erwerbe bei Familienstiftungen

[1]Das Abschmelzmodell nach § 13c ErbStG wird auf Antrag auch bei der Bemessung der Ersatzerbschaftsteuer einer Familienstiftung oder eines Familienvereins (§ 1 Absatz 1 Nummer 4 ErbStG) gewährt, soweit zum Vermögen der Stiftung oder des Vereins begünstigtes Vermögen (§ 13b Absatz 2 ErbStG) gehört. [2]Wegen der Definition der Familienstiftung → R E 1.2. [3]Beim Übergang von Vermögen auf Grund eines Stiftungsgeschäfts unter Lebenden (§ 7 Absatz 1 Nummer 8 ErbStG) kommt die Vergünstigung ebenfalls in Betracht.

Zu § 13d ErbStG

R E 13d Steuerbefreiung für Wohngrundstücke

(1) Der gemeine Wert von vermieteten bebauten Grundstücken oder Grundstücksteilen (begünstigtes Vermögen) ist um einen Befreiungsabschlag von 10 Prozent zu kürzen (§ 13d Absatz 1 ErbStG), wenn sie

1. zu Wohnzwecken vermietet werden,
2. im Inland, einem Mitgliedstaat der Europäischen Union oder in einem Staat des Europäischen Wirtschaftsraums belegen sind und

3. nicht zum begünstigten Betriebsvermögen oder begünstigten Vermögen eines Betriebs der Land- und Forstwirtschaft im Sinne des § 13a ErbStG gehören.

(2) [1]Maßgebend sind die Verhältnisse zum Besteuerungszeitpunkt. [2]Eine Behaltensverpflichtung oder eine Verpflichtung zur weiteren Vermietung zu Wohnzwecken besteht nicht.

(3) Wird ein Familienheim im Sinne des § 13 Absatz 1 Nummer 4b und 4c ErbStG vom Erwerber nach Beendigung der Selbstnutzung innerhalb des zehnjährigen Behaltenszeitraums zu Wohnzwecken vermietet, mit der Folge, dass die zunächst gewährte Steuerbefreiung rückwirkend entfällt, kann für dieses Grundstück oder diesen Grundstücksteil nicht nachträglich der Befreiungsabschlag nach § 13d ErbStG in Anspruch genommen werden.

(4) [1]Wenn zu Wohnzwecken vermietete Wohnungen im Sinne des Absatzes 1 zum Betriebsvermögen (Einzelunternehmen, Beteiligungen an Personengesellschaften) gehören, die Anwendung des § 13a ErbStG jedoch vollständig ausgeschlossen ist, weil die Verwaltungsvermögensquote im Sinne des § 13b Absatz 2 Satz 2 ErbStG mindestens 90 Prozent beträgt, kann bei Vorliegen der übrigen Voraussetzungen der Befreiungsabschlag nach § 13d ErbStG in Anspruch genommen werden. [2]Ein Befreiungsabschlag nach § 13d ErbStG kann nicht gewährt werden, wenn das Grundstück zum Verwaltungsvermögen gehört, es sei denn, dass es sich um junges Verwaltungsvermögen handelt, da junges Verwaltungsvermögen nach § 13b Absatz 8 Satz 3 ErbStG stets ungekürzt der Besteuerung unterliegt. [3]Gehören zum Betriebsvermögen zu Wohnzwecken vermietete Wohnungen im Sinne des Absatzes 1, kann jedoch bei Vorliegen von begünstigtem Vermögen im Sinne des § 13b Absatz 2 ErbStG im Fall einer Steuerbefreiung für den nach Anwendung des Verschonungsabschlags (§ 13a Absatz 1 ErbStG) und des Abzugsbetrags (§ 13a Absatz 2 ErbStG) verbleibenden steuerpflichtigen Teil des begünstigten Vermögens kein Befreiungsabschlag nach § 13d ErbStG gewährt werden. [4]Gleiches gilt für Erwerbe, die den Schwellenwert von 26 Millionen Euro übersteigen, für die ein Antrag nach § 13c ErbStG gestellt wird. [5]§ 13d ErbStG und § 28a ErbStG schließen sich gegenseitig nicht aus. [6]Betriebswohnungen im Sinne des § 160 Absatz 1 Nummer 2 und Absatz 8 BewG sowie andere vermietete Grundstücke, die nach § 158 Absatz 4 Nummer 1 BewG nicht zum land- und forstwirtschaftlichen Vermögen, sondern zum Grundvermögen gehören, können nach § 13d ErbStG begünstigt sein. [7]Fällt für begünstigtes Betriebsvermögen im Sinne der §§ 13a, 13b Absatz 2 ErbStG die Verschonung nach § 13a Absatz 6 ErbStG bzw. § 13c Absatz 2 Satz 1 in Verbindung mit § 13a Absatz 6 ErbStG nur zum Teil rückwirkend weg, kann der Befreiungsabschlag nach § 13d ErbStG für ein zum Betriebsvermögen gehörendes, zu Wohnzwecken vermietetes Grundstück, nicht in Anspruch genommen werden. [8]Erfolgt eine schädliche Verfügung im Sinne des § 13a Absatz 6 ErbStG bzw. § 13c Absatz 2 Satz 1 in Verbindung mit § 13a Absatz 6 ErbStG jedoch bereits im ersten Jahr nach dem Zeitpunkt der Steuerentstehung, so dass eine Steuerbefreiung nach § 13a ErbStG mit Wirkung für die Vergangenheit vollständig entfällt, kommt für das zu Wohnzwecken vermietete Grundstück ein Befreiungsabschlag nach § 13d ErbStG in Betracht.

(5) Gehören zum Vermögen einer Kapitalgesellschaft, deren Anteile erworben werden, zu Wohnzwecken vermietete Grundstücke oder Grundstücksteile, ist die Anwendung des § 13d ErbStG stets ausgeschlossen, weil Gegenstand des Erwerbs der Anteil an der Kapitalgesellschaft ist und nicht die von der Kapitalgesellschaft zu Wohnzwecken vermieteten Grundstücke oder Grundstücksteile.

(6) [1]Zu den bebauten Grundstücken oder Grundstücksteilen, die zu Wohnzwecken vermietet werden, gehören z. B. Ein- und Zweifamilienhäuser, Mietwohngrundstücke, Wohnungseigentum oder entsprechende Grundstücksteile anderer Grundstücksarten (vgl. § 181 BewG); dies schließt auch Garagen, Nebenräume und Nebengebäude ein, die sich auf dem Grundstück befinden und mit den vermieteten Wohnungen gemeinsam genutzt werden. [2]Vermietet ist ein Grundstück, wenn für die Nutzungsüberlassung ein Entgelt, unabhängig von dessen Höhe, geschuldet wird. [3]Die unentgeltliche Überlassung ist nicht begünstigt. [4]Ist ein zur Vermietung zu Wohnzwecken bestimmtes Grundstück oder ein dazu bestimmter Teil eines Grundstücks im Besteuerungszeitpunkt nicht vermietet, z. B. wegen Leerstands bei Mieterwechsel oder wegen Modernisierung, kann für das Grundstück oder den Grundstücksteil der Befreiungsabschlag in Anspruch genommen werden. [5]Befinden sich in einem Gebäude neben zu Wohnzwecken vermieteten Grundstücksteilen andere Teile, die z. B. zu eigenen Wohnzwecken oder zu gewerblichen, freiberuflichen oder zu öffentlichen Zwecken genutzt werden, sind diese nicht begünstigt. [6]Der Befreiungsabschlag ist nach den tatsächlichen Nutzungsverhältnissen zum Besteuerungszeitpunkt nur auf den Teil des Grundbesitzwerts zu gewähren, der auf den zu Wohnzwecken vermieteten Teil des Gebäudes entfällt. [7]Die Aufteilung erfolgt nach dem Verhältnis der zu Wohnzwecken vermieteten Wohnfläche des Gebäudes zur gesamten Wohn-/Nutzfläche; Garagen, Nebenräume und Nebengebäude sind hierbei nicht einzubeziehen. [8]Das Lagefinanzamt hat die gesamte Wohn-/Nutzfläche des Grundstücks und die zu Wohnzwecken vermietete Fläche zu ermitteln und bei der Feststellung des Grundbesitzwerts nachrichtlich mitzuteilen.

(7) [1]Die Nutzung der vermieteten Wohnung auch zu anderen als Wohnzwecken ist unschädlich, wenn sie von untergeordneter Bedeutung ist, z. B. durch Nutzung eines Arbeitszimmers. [2]Eine gewerbliche oder freiberufliche Mitbenutzung einer Wohnung ist unschädlich, wenn die Wohnnutzung überwiegt.

(8) [1]Der Erwerber kann die Befreiung nicht in Anspruch nehmen, soweit er verpflichtet ist, das begünstigte Vermögen auf Grund einer letztwilligen Verfügung des Erblassers oder einer rechtsgeschäftlichen Verfügung des Erblassers oder Schenkers auf einen Dritten zu übertragen (Weitergabeverpflichtung). [2]Letztwillige Verfügung ist das Testament, rechtsgeschäftliche Verfügung ist z. B. der Erbvertrag des Erblassers oder der Schenkungsvertrag. [3]Anwendungsfälle sind insbesondere

1. Sachvermächtnisse, die auf begünstigtes Vermögen gerichtet sind,
2. Vorausvermächtnisse, die auf begünstigtes Vermögen gerichtet sind,
3. ein Schenkungsversprechen auf den Todesfall oder

4. Auflagen des Erblassers oder Schenkers, die auf die Weitergabe begünstigten Vermögens gerichtet sind.

[4] Sind Miterben auf Grund einer Teilungsanordnung des Erblassers verpflichtet, das begünstigte Vermögen auf einen Miterben zu übertragen, können die übertragenden Miterben die Befreiung nicht in Anspruch nehmen; das gilt unabhängig davon, wann die Auseinandersetzungsvereinbarung geschlossen wird. [5] Gibt der nachfolgende Erwerber für den Erwerb des begünstigten Vermögens nicht begünstigtes Vermögen hin, das er vom Erblasser erworben hat, wird er so gestellt, als habe er von Anfang an begünstigtes Vermögen erworben. [6] Dies gilt auch dann, wenn die einzelnen Vermögensgegenstände nach derselben Vorschrift, z. B. nach § 13d ErbStG, begünstigt sind, da der überlassende Miterbe die Begünstigung nicht mehr in Anspruch nehmen kann (§ 13d Absatz 2 ErbStG). [7] Als hingegebenes Vermögen gilt nicht die Übernahme von Nachlassverbindlichkeiten, die mit dem begünstigten Vermögen in wirtschaftlichem Zusammenhang stehen. [8] Der gemeine Wert des begünstigten Vermögens darf jedoch nicht überschritten werden. [9] Durch diese Regelung wird lediglich die Bemessungsgrundlage für die Steuerbefreiung verändert; sie führt nicht zu einer Veränderung der Zurechnung der Erwerbsgegenstände. [10] Der Grundsatz, dass die Erbauseinandersetzung unbeachtlich ist (→ R E 3.1), gilt unverändert fort. [11] Satz 4 bis 10 gelten entsprechend auch für die freie Erbauseinandersetzung unter den Erben, wenn diese zeitnah zum Erbfall erfolgt. [12] Erfolgt die Übertragung und Hingabe des Vermögens in diesem Fall nach Ergehen des jeweiligen Erbschaftsteuerbescheids, ist dies als Ereignis mit steuerlicher Rückwirkung auf den Zeitpunkt der Steuerentstehung anzusehen, so dass die Steuerfestsetzungen nach § 175 Absatz 1 Nummer 2 AO zu ändern sind.

(9) [1] Muss der Erwerber im Zusammenhang mit dem Erwerb begünstigten Vermögens einem Dritten ein Nutzungsrecht, z. B. den Nießbrauch, an dem Grundstück oder einem Teil des Grundstücks einräumen, kann der Erwerber des Vermögens den Befreiungsabschlag in Anspruch nehmen, soweit eine Vermietung zu Wohnzwecken vorliegt. [2] Entsprechendes gilt auch, wenn sich der Schenker ein solches Nutzungsrecht vorbehalten hat. [3] Der Befreiungsabschlag ist auch in einem solchen Fall nach den tatsächlichen Nutzungsverhältnissen im Besteuerungszeitpunkt nur auf den Teil des Grundbesitzwerts zu gewähren, der auf den zu Wohnzwecken vermieteten Teil des Gebäudes entfällt. [4] Absatz 6 Satz 7 und 8 gilt entsprechend. [5] Der Erwerb des Nutzungsrechts ist nicht begünstigt, weil kein begünstigtes Vermögen in seiner Substanz übertragen wird.

(10)[1] Soweit das begünstigte Vermögen steuerfrei erworben wird, sind die damit in wirtschaftlichem Zusammenhang stehenden Schulden und Lasten nicht abzugsfähig (§ 10 Absatz 6 Satz 5 ErbStG; → R E 10.10 Absatz 5).

H E 13d

Aufteilung des Grundbesitzwerts.

Beispiel:

Im Nachlass des H befindet sich ein bebautes Grundstück. In dem Gebäude sind drei Wohnungen zu Wohnzwecken vermietet. Außerdem befindet sich in dem Gebäude eine

[1] Teilweise überholt durch das JStG 2020, zur Anwendung für Erwerbe nach dem 28.12.2020 siehe gleich lautenden Ländererlass v. 13.9.2021, BStBl. I 2021, 1837.

Arztpraxis. Der festgestellte Grundbesitzwert beträgt 1 200 000 EUR. Die Summe der Wohnflächen der drei Wohnungen beträgt 300 m². Die Arztpraxis hat eine Nutzfläche von 100 m².

Auf die vermieteten Wohnungen entfällt ein Anteil von
300 m² : 400 m² = 0,75
begünstigter Teil des Grundbesitzwerts
1 200 000 EUR × 0,75 = 900 000 EUR
Der Befreiungsabschlag beträgt 10 % von 900 000 EUR 90 000 EUR

Erwerb eines Erbbaugrundstücks. Beim Erwerb eines mit einem Erbbaurecht belasteten Grundstücks (Erbbaugrundstück) kommt der Befreiungsabschlag nach § 13d ErbStG nicht in Betracht (→ BFH vom 11.12.2014 II R 25/14, BStBl. 2015 II S. 343).

Europäischer Wirtschaftsraum. Dem Europäischen Wirtschaftsraum gehören Island, Liechtenstein und Norwegen sowie die Mitgliedstaaten der Europäischen Union an.

Freie Erbauseinandersetzung. In den Fällen der freien Auseinandersetzung von Erbengemeinschaften ist eine steuerliche Rückwirkung auf den Zeitpunkt des Erbfalls als zeitnah in der Regel anzuerkennen, wenn die Auseinandersetzungsvereinbarung innerhalb von sechs Monaten erfolgt (→ vgl. BMF-Schreiben vom 14.3.2006, BStBl. I S. 253, Tz. 8). Erfolgt die Erbauseinandersetzung erst nach mehr als sechs Monaten, kann der Begünstigungstransfer in begründeten Ausnahmefällen (z. B. aufgrund von Erbstreitigkeiten, Erstellung von Gutachten o. ä.) gewährt werden. Der Steuerpflichtige hat die Gründe darzulegen, die eine Erbauseinandersetzung innerhalb des Sechsmonatszeitraums verhindert haben.
→ BFH vom 23.6.2015 II R 39/13, BStBl. 2016 II S. 225.

Nicht bezugsfertiges Gebäude. Beim Erwerb eines Grundstücks mit einem nicht bezugsfertigen Gebäude kommt der Befreiungsabschlag nach § 13d ErbStG nicht in Betracht (→ BFH vom 11.12.2014 II R 30/14, BStBl. 2015 II S. 344).

Nutzungsrecht.

Beispiel:

Im Nachlass des H befindet sich ein ausschließlich zu Wohnzwecken vermietetes Grundstück. Erbe E muss vermächtnisweise der Tante T ein unentgeltliches Nutzungsrecht an einer darin belegenen Wohnung einräumen.

Der Erwerb des Grundstücks durch E ist teilweise begünstigt. Die Einräumung eines unentgeltlichen Nutzungsrechts ist nicht der Vermietung zu Wohnzwecken gleichzustellen.

Schuldenkürzung.

Beispiel 1:

Tochter T erbt von ihrem Vater V ein ausschließlich zu Wohnzwecken vermietetes Grundstück mit einem Grundbesitzwert von 2 000 000 EUR. Im Zusammenhang mit der Anschaffung steht eine Darlehensschuld, die noch mit 500 000 EUR valutiert.

Zu Wohnzwecken vermietetes Grundstück (begünstigt)		2 000 000 EUR
Befreiungsabschlag 10 % von 2 000 000 EUR =		./. 200 000 EUR
Nachlassverbindlichkeit	500 000 EUR	
Nicht abzugsfähig 10 % von 500 000 EUR =	./. 50 000 EUR	
Abzugsfähig	450 000 EUR	./. 450 000 EUR
Bereicherung		1 350 000 EUR

Beispiel 2:

Erblasser E wird von seiner Tochter T und seinem Sohn S je zur Hälfte beerbt. Zum Nachlass gehört ein Grundstück mit einem zu Wohnzwecken vermieteten Grundstück und einem Grundbesitzwert von 1 000 000 EUR. Das Grundstück ist mit einer Grundschuld von 100 000 EUR belastet. Zum Nachlass gehört außerdem ein Bankguthaben von 1 000 000 EUR.

Im Rahmen der Erbauseinandersetzung übernimmt die Tochter auch die andere Hälfte des Grundstücks gegen eine Ausgleichszahlung aus dem Nachlass von 500 000 EUR. Die Grundschuld tragen beide entsprechend ihren Erbteilen.

Berechnung des Reinnachlasses	
Steuerwert des Grundstücks	1 000 000 EUR
Bankguthaben	+ 1 000 000 EUR
Vermögensanfall	2 000 000 EUR
Nachlassverbindlichkeiten	./. 100 000 EUR
Erbfallkostenpauschale	./. 10 300 EUR
Wert des Reinnachlasses	1 889 700 EUR
Davon Erbanteil je $^1/_2$	944 850 EUR

Berechnung des Erwerbs für T		
Steuerbefreiung nach § 13d ErbStG		
Steuerwert des Grundstücks	500 000 EUR	
Davon steuerbegünstigt 10 %		50 000 EUR
Werterhöhung Ausgleichszahlung in Höhe von 500 000 EUR,		
Davon steuerbegünstigt 10 %		+ 50 000 EUR
Steuerbefreiung § 13d ErbStG		100 000 EUR

Berechnung der nicht abzugsfähigen Schulden für T

Grundschuld ($^1/_2$ entsprechend Erbteil)	50 000 EUR

Davon abzugsfähig nach dem Verhältnis

$$\frac{\text{Wert des Grundstücks nach Anwendung des § 13d ErbStG}}{\text{Wert des Grundstücks}}$$

400 000 EUR : 500 000 EUR = 80,00 %	
50 000 EUR × 80,00 %	./. 40 000 EUR
Nicht abzugsfähig	10 000 EUR

Erbanteil T	944 850 EUR
Steuerbefreiung § 13d ErbStG	./. 100 000 EUR
Nicht abzugsfähiger Teil der Schuld	+ 10 000 EUR
= Bereicherung der T	854 850 EUR
Erbanteil S	944 850 EUR
Steuerbefreiung § 13d ErbStG	./. 0 EUR
Nicht abzugsfähiger Teil der Schuld	+ 0 EUR
Bereicherung des S	944 850 EUR

Vermietungsabsicht. Beim Erwerb eines Grundstücks, das zum Besteuerungszeitpunkt weder zu Wohnzwecken vermietet noch zu einer solchen Vermietung bestimmt ist, kommt der Befreiungsabschlag nach § 13d ErbStG nicht in Betracht (→ BFH vom 11.12.2014 II R 24/14, BStBl. 2015 II S. 340).

Verschonungsabschlag. § 13d Absatz 3 Nummer 3 ErbStG lässt ausschließlich dann einen Befreiungsabschlag zu, wenn das Grundstück nicht zum nach § 13a ErbStG begünstigten Betriebsvermögen oder zum nach § 13a ErbStG begünstigten Vermögen eines Betriebs der Land- und Forstwirtschaft gehört. Danach schließt jede Gewährung einer Steuerbefreiung nach

§ 13a ErbStG die Anwendung des § 13d ErbStG aus. Somit lässt selbst ein auf 1 % abgeschmolzener Verschonungsabschlag im Sinne des § 13c ErbStG i. V. m. § 13a ErbStG keinen Befreiungsabschlag nach § 13d ErbStG zu.

Weitergabeverpflichtung.

Beispiel 1:

Erblasser E hat seine Frau F zur Alleinerbin eingesetzt. Sein Neffe N soll das ausschließlich zu Wohnzwecken vermietete Grundstück mit einem gemeinen Wert von 2 000 000 EUR durch Vermächtnis erhalten. Neben dem Grundstück gehört zum Nachlass Kapitalvermögen von 1 500 000 EUR.

Besteuerung der Alleinerbin F

Nach § 13d Absatz 1 ErbStG würde ihr zunächst der Verschonungsabschlag von 10 % zustehen. Wegen der Weitergabeverpflichtung auf Grund des Vermächtnisses kann sie diesen jedoch nicht in Anspruch nehmen. Die sich aus ihrem Erwerb ergebende Bereicherung ist wie folgt zu ermitteln:

Zu Wohnzwecken vermietetes Grundstück (nicht begünstigt)	2 000 000 EUR
Übriges Vermögen	+ 1 500 000 EUR
Vermächtnislast	./. 2 000 000 EUR
Bereicherung	1 500 000 EUR

Besteuerung des Vermächtnisnehmers N

Nach § 13d Absatz 1 ErbStG steht ihm der Verschonungsabschlag von 10 % zu. Seine Bereicherung berechnet sich wie folgt:

Zu Wohnzwecken vermietetes Grundstück (begünstigt)	2 000 000 EUR
Befreiungsabschlag 10 % von 2 000 000 EUR	./. 200 000 EUR
Bereicherung	1 800 000 EUR

Beispiel 2:

Die Kinder K1 und K2 sind Erben zu je 1/2. Der Nachlass besteht aus einem ausschließlich zu Wohnzwecken vermieteten Grundstück mit einem Grundbesitzwert von 1 000 000 EUR sowie Kapitalvermögen im Wert von 1 500 000 EUR. Im Rahmen der Erbauseinandersetzung übernimmt Kind K1 auch die andere Hälfte des Grundstücks gegen eine Ausgleichszahlung aus dem Nachlass von 500 000 EUR.

Berechnung des Reinnachlasses		
Steuerwert des Grundstücks		1 000 000 EUR
Bankguthaben		+ 1 500 000 EUR
Vermögensanfall		2 500 000 EUR
Davon Erbanteil je 1/2		1 250 000 EUR
Berechnung des Erwerbs für K1		
Steuerbefreiung nach § 13d ErbStG		
Steuerwert des Grundstücks	1 000 000 EUR	
Davon 1/2-Anteil		500 000 EUR
Werterhöhung gegen Ausgleichszahlung in Höhe von		+ 500 000 EUR
Summe		1 000 000 EUR
Befreiungsabschlag 10 % von 1 000 000 EUR		100 000 EUR
Erbanteil K1		1 250 000 EUR
Verschonungsabschlag		./. 100 000 EUR
Bereicherung des K1		1 150 000 EUR
Berechnung des Erwerbs für K2		
Erbanteil K2		1 250 000 EUR
Befreiungsabschlag		./. 0 EUR
Bereicherung des K2		1 250 000 EUR

Wohnfläche. → Wohnflächenverordnung vom 25.11.2003 (BGBl. I S. 2346).

Zu § 14 ErbStG

R E 14.1 Berücksichtigung früherer Erwerbe; Grundsatz

(1)[1)] [1]Mehrere innerhalb von zehn Jahren von derselben Person anfallende Erwerbe sind bei der Besteuerung des jeweils letzten Erwerbs im Zehnjahreszeitraum mit diesem letzten Erwerb zusammenzurechnen. [2]Dabei verlieren die einzelnen Erwerbe aber nicht ihre Selbstständigkeit. [3]Es geht lediglich darum, die Steuer für den letzten Erwerb zutreffend zu ermitteln. [4]Der für die Berücksichtigung von Vorerwerben maßgebliche Zehnjahreszeitraum ist rückwärts zu berechnen. [5]Dabei ist der Tag des letzten Erwerbs mitzuzählen. [6]Fällt bei der Berechnung das Ende des Zehnjahreszeitraums auf einen Sonntag, einen gesetzlichen Feiertag oder einen Sonnabend, erfolgt keine Verschiebung, § 108 Absatz 3 AO findet keine Anwendung. [7]In die Zusammenrechnung sind, sofern die Voraussetzungen dafür erfüllt sind, auch Erwerbe aus der Zeit vor dem 1.1.2009 einzubeziehen.

H E 14.1 (1)

Ansatz der Vorerwerbe. → BFH vom 17.4.1991 II R 121/88, BStBl. II S. 522.

Berechnung des Zehnjahreszeitraums. → BFH vom 28.3.2012 II R 43/11, BStBl. I S. 599.

Selbständigkeit der Vorerwerbe und des Letzterwerbs. → BFH vom 7.10.1998 II R 64/96, BStBl. 1999 II S. 25.

Zusammenrechnung bei mehreren Erwerben eines Nacherben vom Vorerben. → BFH vom 3.11.2010 II R 65/09, BStBl. 2011 II S. 123.

Beispiel:

Erblasser E hat seine Kinder A und B je zu 1/2 als Vorerben eingesetzt. Beim Tod beider Vorerben soll sein Enkel C, der Sohn von A, Nacherbe werden. E verstirbt in 2012.

Im Januar 2017 überträgt B dem Neffen C seinen Anteil am Nachlass des E (Steuerwert 290 000 EUR). C stellt einen Antrag nach § 7 Absatz 2 ErbStG. Im August 2018 verstirbt B und wird von C beerbt. Der Wert des Nachlasses beträgt 70 000 EUR.

Erwerb 2017

Übertragenes Vermögen	290 000 EUR
Persönlicher Freibetrag aufgrund eines Antrags nach § 7 Absatz 2 i. V. m. § 6 Absatz 2 Satz 3 bis 5 ErbStG nach Steuerklasse I, da Erwerb vom Großvater	./. 200 000 EUR
Steuerpflichtiger Erwerb	90 000 EUR
Steuer: 11 %	9 900 EUR

Erwerb 2018

Erwerb von Todes wegen	70 000 EUR
Vorerwerb 2017	+ 290 000 EUR
	360 000 EUR

Steuerberechnung	
Vorerwerb (§ 7 Absatz 2 ErbStG)	290 000 EUR
Persönlicher Freibetrag	./. 200 000 EUR
	90 000 EUR

---

1) Keine Steueranrechnung im Billigkeitswege wegen Aufgabe der Rechtsprechung zur „Überprogression", siehe BFH v. 22.7.2020 II R 42/17, BFH/NV 2021, 633.

Erwerb von Todes wegen		70 000 EUR
Erbfallkostenpauschale		./. 10 300 EUR
persönlicher Freibetrag kein Abzug (§ 6 Absatz 2 Satz 5 ErbStG)		./. 0 EUR
		59 700 EUR
Summe steuerpflichtiger Erwerb: 90 000 EUR + 59 700 EUR =		149 700 EUR
Steuer		
Vorerwerb: 11 %		9 900 EUR
Erwerb von Todes wegen: 20 %		+ 11 940 EUR
		21 840 EUR
abzgl. Steuer auf den Vorerwerb		./. 9 900 EUR
Die fiktive Steuer entspricht der tatsächlichen Steuer		11 940 EUR
Mindeststeuer		
Erwerb von Todes wegen	70 000 EUR	
Erbfallkostenpauschale	./. 10 300 EUR	
Persönlicher Freibetrag	./. 20 000 EUR	
Steuerpflichtiger Erwerb	39 700 EUR	
Steuer: 15 %	5 955 EUR	
Festzusetzende Steuer 2018		11 940 EUR

Zusammenrechnung beim Verzicht auf Renten- oder Nutzungsrechte in den Fällen des § 25 ErbStG a. F. Hat der Schenker sich bei der Übertragung des Vermögens einen Nießbrauch oder ein Rentenrecht ausbedungen und verzichtet er hierauf zu einem späteren Zeitpunkt, ist der beim Verzicht zu veranlagende Erwerb mit dem nicht um die Belastung gekürzten ursprünglichen Erwerb (Bruttoerwerb) zusammenzurechnen (→ H E 14.1 (3) „Einbeziehung von Vorerwerben mit Anwendung des § 25 ErbStG a. F.“). Verzichtet nicht der Schenker, sondern ein Dritter, dem das Rechts eingeräumt worden war, kann die in dem Verzicht liegende Schenkung nur mit früheren Zuwendungen des Verzichtenden zusammengerechnet werden.

R E 14.1 (2, 3)

(2) [1]Für die früheren Erwerbe bleibt deren früherer steuerlicher Wert maßgebend. [2]Ein Erwerb von Grundbesitz vor dem 1.1.2009 ist mit dem maßgebenden Grundbesitzwert (§ 138 BewG) anzusetzen. [3]Vorerwerbe mit negativem Steuerwert sind von der Zusammenrechnung ausgenommen.

(3) [1]Die Steuer für den Gesamtbetrag ist auf der Grundlage der geltenden Tarifvorschriften im Zeitpunkt des Letzterwerbs zu berechnen. [2]Die Steuerklasse, die persönlichen Freibeträge und der Steuertarif richten sich deshalb nach dem geltenden Recht. [3]Von der Steuer für den Gesamtbetrag wird die Steuer abgezogen, welche für die früheren Erwerbe nach den persönlichen Verhältnissen und auf der Grundlage der Tarifvorschriften (§§ 14 bis 19 ErbStG) zur Zeit des letzten Erwerbs zu erheben gewesen wäre (fiktive Abzugssteuer). [4]Dies gilt auch dann, wenn für den Vorerwerb ein Steuererlass nach § 28a ErbStG erfolgte. [5]Die Steuer ist so zu berechnen, dass sich der dem Steuerpflichtigen zustehende persönliche Freibetrag tatsächlich auswirkt, soweit er nicht innerhalb von zehn Jahren vor diesem Erwerb verbraucht worden ist. [6]Statt der fiktiven Steuer ist die seinerzeit für die Vorerwerbe tatsäch-

lich zu entrichtende Steuer abzuziehen (tatsächliche Abzugssteuer), wenn sie höher ist. [7] Erfolgte beim Vorerwerb ein Erlass der Steuer nach § 28a ErbStG, ist als tatsächlich zu entrichtende Steuer die Steuer vor Anwendung von § 28a ErbStG zu berücksichtigen. [8] Ist die Steuer für den Vorerwerb unzutreffend festgesetzt worden (z. B. fehlerhafter Wertansatz, fehlerhafte Steuerklasse), bleibt die Festsetzung für den Vorerwerb unverändert. [9] Als tatsächlich zu entrichtende Abzugssteuer ist jedoch die Steuer zu berücksichtigen, die sich nach den tatsächlichen Verhältnissen zur Zeit der Steuerentstehung für den Vorerwerb unter Berücksichtigung der geltenden Rechtsprechung und Verwaltungsauffassung zur Zeit der Steuerentstehung für den Letzterwerb ergeben hätte. [10] Ist die auf die Vorerwerbe entfallende Steuer höher als die für den Gesamterwerb errechnete Steuer, kann es nicht zu einer Erstattung dieser Mehrsteuer kommen.

H E 14.1 (3)

Abzugssteuer. → BFH vom 2.3.2005 II R 43/03, BStBl. II S. 728.

Beispiel:

S hatte 2012 seiner damaligen Lebensgefährtin 150 000 EUR geschenkt. Nach der Heirat 2018 schenkt er ihr weitere 800 000 EUR.

Erwerb 2012		
Barvermögen	150 000 EUR	
Persönlicher Freibetrag Steuerklasse III	./. 20 000 EUR	
Steuerpflichtiger Erwerb	130 000 EUR	
Steuersatz 30 %		
Steuer 2012	39 000 EUR	
Erwerb 2018		
Barvermögen 2018		800 000 EUR
Barvermögen 2012		+ 150 000 EUR
Gesamterwerb		950 000 EUR
Persönlicher Freibetrag Steuerklasse I Nummer 1		./. 500 000 EUR
Steuerpflichtiger Erwerb		450 000 EUR
Steuersatz 15 %		
Steuer auf Gesamterwerb		67 500 EUR
Fiktive Abzugssteuer 2018 auf Vorerwerb 2012		
Barvermögen 2012	150 000 EUR	
Persönlicher Freibetrag 2018 (500 000 EUR), höchstens beim Erwerb 2012 verbrauchter Freibetrag der Steuerklasse III	./. 20 000 EUR	
Steuerpflichtiger Erwerb	130 000 EUR	
Steuersatz 2018 11 %		
Fiktive Steuer 2018	14 300 EUR	
Anzurechnen ist die höhere tatsächliche Steuer 2012		./. 39 000 EUR
Festzusetzende Steuer 2018		28 500 EUR
Mindeststeuer 2018 (§ 14 Absatz 1 Satz 4 ErbStG, → H E 14.3)		
Erwerb 2018	800 000 EUR	
Persönlicher Freibetrag	./. 500 000 EUR	
Steuerpflichtiger Erwerb	300 000 EUR	
Steuersatz 11 %		
Mindeststeuer	33 000 EUR	
Festzusetzende Steuer 2018		33 000 EUR

Einbeziehung von Vorerwerben mit Anwendung des § 25 ErbStG a. F. Ist bei der Besteuerung des aktuellen Erwerbs ein Vorerwerb mit Anwendung von § 25 ErbStG a. F. einzubeziehen, ergibt sich die tatsächliche Steuer nach § 14 Absatz 1 Satz 3 ErbStG aus der Summe der sofort fälligen Steuer und der zu stundenden Steuer.

Beispiel:

Vater V schenkte seiner Tochter T im Dezember 2008 unter Nießbrauchsvorbehalt Vermögen mit einem Steuerwert von 405 000 EUR. Der Kapitalwert der Belastung betrug bei der Zuwendung 155 000 EUR. Im Zeitpunkt der Zuwendung war V 65 Jahre alt; mit Abgabe der Schenkungsteuererklärung wurde auch die sofortige Ablösung der zu stundenden Steuer beantragt. Im Januar 2018 schenkt er ihr weiteres Vermögen mit einem Wert von 450 000 EUR.

Erwerb 2008		
Bruttowert des Erwerbs	405 000 EUR	
Persönlicher Freibetrag	./. 205 000 EUR	
Steuerpflichtiger Erwerb	200 000 EUR	
Steuersatz 11 %		
Steuer 2008		22 000 EUR
Bruttowert des Erwerbs	405 000 EUR	
Kapitalwert Nutzung	./. 155 000 EUR	
Nettoerwerb	250 000 EUR	
Persönlicher Freibetrag	./. 205 000 EUR	
Steuerpflichtiger Nettoerwerb	45 000 EUR	
Sofort fällige Steuer		
7 % von 45 000 EUR		./. 3 150 EUR
Zu stundender Betrag		18 850 EUR

Die gestundete Steuer ist abgelöst worden zum Barwert von (18 850 EUR × 0,427 =) 8 048 EUR.

Erwerb 2018		
Vermögenserwerb 2018		450 000 EUR
Bruttowert Erwerb 2008		+ 405 000 EUR
Gesamterwerb		855 000 EUR
Persönlicher Freibetrag		./. 400 000 EUR
Steuerpflichtiger Gesamterwerb		455 000 EUR
Steuersatz 15 %		
Steuer auf Gesamterwerb		68 250 EUR
Abzuziehende Steuer auf Vorerwerb		
Fiktive Steuer 2018 auf Vorerwerb 2008		
Bruttowert Erwerb 2008	405 000 EUR	
Persönlicher Freibetrag 2018 (400 000 EUR), höchstens beim Erwerb 2008 verbrauchter Freibetrag	./. 205 000 EUR	
Steuerpflichtiger Erwerb	200 000 EUR	
Steuersatz 2018 11 %		
Fiktive Steuer 2018	22 000 EUR	
Tatsächliche Steuer 2008		
Summe aus sofort fälliger Steuer und gestundeter Steuer (3 150 EUR + 18 850 EUR =)	22 000 EUR	
Abzuziehen sind		./. 22 000 EUR
Verbleiben		46 250 EUR
Mindeststeuer nach § 14 Absatz 1 Satz 4 ErbStG		
Erwerb 2018	450 000 EUR	
Persönlicher Freibetrag	./. 400 000 EUR	
Steuerpflichtiger Erwerb	50 000 EUR	

Steuersatz 2018 7 %		
Mindeststeuer	3 500 EUR	
Festzusetzende Steuer 2018		46 250 EUR

Keine Erstattung der Mehrsteuer. → BFH vom 17.10.2001 II R 17/00, BStBl. 2002 II S. 52.

Beispiel:

Vater V hatte seiner Tochter im Oktober 2008 400 000 EUR geschenkt. Im Mai 2018 schenkt er ihr weitere 50 000 EUR.

Erwerb 2008		
Barvermögen	400 000 EUR	
Persönlicher Freibetrag	./. 205 000 EUR	
Steuerpflichtiger Erwerb	195 000 EUR	
Steuersatz 11 %		
Steuer 2008	21 450 EUR	
Erwerb 2018		
Barvermögen 2018		50 000 EUR
Barvermögen 2008		+ 400 000 EUR
Gesamterwerb		450 000 EUR
Persönlicher Freibetrag		./. 400 000 EUR
Steuerpflichtiger Gesamterwerb		50 000 EUR
abgerundet		50 000 EUR
Steuersatz 7 %		
Steuer auf Gesamterwerb		3 500 EUR
Fiktive Abzugssteuer 2018 auf Vorerwerb 2008		
Barvermögen 2008	400 000 EUR	
Persönlicher Freibetrag 2018 (400 000 EUR), höchstens beim Erwerb 2008 verbrauchter Freibetrag	./. 205 000 EUR	
Steuerpflichtiger Erwerb	195 000 EUR	
abgerundet	195 000 EUR	
Steuersatz 2018 11 %		
Fiktive Abzugssteuer 2018	21 450 EUR	
Tatsächliche Steuer 2008 (gleicher Betrag)	21 450 EUR	
Abzuziehen sind		./. 21 450 EUR
Steuer 2018		0 EUR
Mindeststeuer nach § 14 Absatz 1 Satz 4 ErbStG		
Barvermögen 2018	50 000 EUR	
Persönlicher Freibetrag	./. 400 000 EUR	
Steuerpflichtiger Erwerb	0 EUR	
Mindeststeuer	0 EUR	
Festzusetzende Steuer 2018		0 EUR

Eine Erstattung der „Mehrsteuer" aus dem Jahr 2008 in Höhe von (21 450 EUR – 3 500 EUR =) 17 950 EUR ist ausgeschlossen.

Einbeziehung von Vorerwerben mit Anwendung des § 28a ErbStG.

Beispiel:

M schenkt ihrem Sohn im Jahr 2017 ihre Anteile von 100 % an der M-GmbH (Steuerwert 95 000 000 EUR, begünstigtes Vermögen 95 000 000 EUR). S hat eigenes, nicht begünstigtes Vermögen von 20 000 000 EUR. Er stellt einen Antrag nach § 28a ErbStG. M verstirbt im Jahr 2018. S erhält als Vermächtnis 5 000 000 EUR.

Erwerb 2017			
GmbH-Anteile			95 000 000 EUR
Persönlicher Freibetrag			./. 400 000 EUR
Steuerpflichtiger Erwerb			94 600 000 EUR
Steuersatz 30 %			
Steuer 2017			28 380 000 EUR
Verfügbares Vermögen			
Miterworbenes, nicht begünstigtes Vermögen	0 EUR		
Davon 50 %		0 EUR	
eigenes Vermögen	20 000 000 EUR		
Davon 50 %		+ 10 000 000 EUR	
Verfügbares Vermögen		10 000 000 EUR	./. 10 000 000 EUR
Zu erlassende Steuer			18 380 000 EUR
Erwerb 2018			
Barvermögen 2018			5 000 000 EUR
GmbH-Anteile 2017			+ 95 000 000 EUR
Gesamterwerb			100 000 000 EUR
Persönlicher Freibetrag			./. 400 000 EUR
Steuerpflichtiger Gesamterwerb			99 600 000 EUR
Steuersatz 30 %			
Steuer auf Gesamterwerb			29 880 000 EUR
Fiktive Abzugssteuer 2018 auf Vorerwerb 2017			
GmbH-Anteile 2017		95 000 000 EUR	
Persönlicher Freibetrag 2018 (400 000 EUR), höchstens beim Erwerb 2017 verbrauchter Freibetrag		./. 400 000 EUR	
Steuerpflichtiger Erwerb		94 600 000 EUR	
Steuersatz 2018 30 %			
Fiktive Abzugssteuer 2018		28 380 000 EUR	
Tatsächliche Steuer 2017 (Steuer vor Erlass)		28 380 000 EUR	
Abzuziehen sind			./. 28 380 000 EUR
Steuer 2018			1 500 000 EUR
Mindeststeuer nach § 14 Absatz 1 Satz 4 ErbStG			
Barvermögen 2018		5 000 000 EUR	
Persönlicher Freibetrag		./. 400 000 EUR	
Steuerpflichtiger Erwerb		4 600 000EUR	
Steuersatz 19 %			
Mindeststeuer		874 000 EUR	
Festzusetzende Steuer 2018			1 500 000 EUR

Für den Erwerb 2017 ist aufgrund des Vermächtnisses aus dem Jahr 2018 der Erlass zu widerrufen (§ 28a Absatz 4 Satz 1 Nummer 3 und Satz 2 ErbStG). S kann jedoch einen erneuten Antrag auf Erlass nach § 28a Absatz 1 ErbStG stellen (§ 28a Absatz 4 Satz 1 Nummer 3 Satz 2 ErbStG). In diesem Fall wird bei der Ermittlung des verfügbaren Vermögens das Barvermächtnis mitberücksichtigt (§ 28a Absatz 4 Satz 1 Nummer 3 Satz 3 ErbStG).

Unzutreffend festgesetzte Steuer für den Vorerwerb. → BFH vom 9.7.2009 II R 55/08, BStBl. II S. 969 und vom 8.5.2019 II R 18/16, BStBl. II S. 681.

R E 14.1 (4)

(4) [1]Reicht eine Schenkungskette über einen Zeitraum von mehr als zehn Jahren, ist die Steuer für den letzten Erwerb nach den Grundsätzen des Absat-

zes 3 zu berechnen. [2]Ein „wiederauflebender Freibetrag" ist nicht zu berücksichtigen.

H E 14.1 (4)

Schenkungskette über einen Zeitraum von mehr als zehn Jahren. → BFH vom 2.3.2005 II R 43/03, BStBl. II S. 728 und vom 14.1.2009 II R 48/07, BStBl. II S. 538.

Beispiel:

Vater V schenkt seiner Tochter am 3.1.1998 einen Geldbetrag von 600 000 DM, das entspricht 306 775 EUR. Am 2.1.2008 erhält sie weitere 300 000 EUR und am 1.1.2018 schließlich 500 000 EUR.

	1. Zehnjahreszeitraum			
		2. Zehnjahreszeitraum		
Besteuerungszeitpunkt	3.1.1998	2.1.2008		1.1.2018
Zuwendung	600 000 DM		300 000 EUR	500 000 EUR
Vorschenkung innerhalb des Zehnjahreszeitraums		+	306 775 EUR	+ 300 000 EUR
Gesamtbetrag	600 000 DM		606 775 EUR	800 000 EUR
Persönlicher Freibetrag	./. 400 000 DM	./.	205 000 EUR	./. 400 000 EUR
Steuerpflichtiger Erwerb (abgerundet)	200 000 DM		401 700 EUR	400 000 EUR
Steuersatz	11 %		15 %	15 %
Steuer	22 000 DM		60 255 EUR	60 000 EUR

anzurechnende Steuer 2008 aus Schenkung 1998		
Wert der Vorschenkung 1998		306 775 EUR
Persönlicher Freibetrag 2008 (205 000 EUR) höchstens beim Erwerb 1998 verbrauchter Freibetrag (400 000 DM = 204 516 EUR)	./.	204 516 EUR
Nettobetrag des Vorerwerbs (abgerundet)		102 200 EUR
Steuersatz 2008 11 %		
Fiktive Abzugssteuer 2008		11 242 EUR
Tatsächlich zu entrichtende Steuer 1998 (22 000 DM = 11 249 EUR)		11 249 EUR
Abzuziehen ist die höhere tatsächliche Steuer		11 249 EUR
Steuer 2008 (60 225 EUR – 11 249 EUR =)		49 006 EUR
anzurechnende Steuer 2018 aus Schenkung 2008		
Wert der Vorschenkung 2008		300 000 EUR
Persönlicher Freibetrag 2018 (400 000 EUR), höchstens 2008 verbrauchter Freibetrag 205 000 EUR – verbrauchter Freibetrag 1998 204 516 EUR = 484 EUR	./.	484 EUR
Steuerpflichtiger Erwerb		299 516 EUR
abgerundet		299 500 EUR
Steuer 11%		32 945 EUR

Abzuziehen ist die höhere tatsächliche Steuer 49 006 EUR

Steuer 2018	60 000 EUR
Abzuziehen sind	./. 49 006 EUR
Steuer 2018	10 994 EUR

Mindeststeuer nach § 14 Absatz 1 Satz 4 ErbStG		
Barvermögen 2018	500 000 EUR	
Persönlicher Freibetrag	./. 400 000 EUR	
Steuerpflichtiger Erwerb	100 000 EUR	
Mindeststeuer 11%	11 000 EUR	
Festzusetzende Steuer 2018		11 000 EUR

R E 14.1 (5)

(5) Treffen in einem Steuerfall § 14 Absatz 3, § 21 und § 27 ErbStG zusammen, ist die sich für den steuerpflichtigen Erwerb ergebende Steuer zunächst nach § 27 ErbStG zu ermäßigen, auf die ermäßigte Steuer die ausländische Steuer nach Maßgabe des § 21 ErbStG anzurechnen und auf die danach festzusetzende Steuer die Begrenzung des § 14 Absatz 3 ErbStG anzuwenden (→ R E 10.1 Absatz 2).

R E 14.2 Berücksichtigung früherer Erwerbe; Zusammentreffen mit Begünstigungen nach §§ 13a, 13c, 19a und 28a ErbStG

(1) Die Zusammenrechnung mehrerer Erwerbe, bei denen für einzelne Erwerbe der Verschonungsabschlag und Abzugsbetrag nach §§ 13a oder 13c ErbStG, die Tarifbegrenzung nach § 19a ErbStG oder ein Erlass nach § 28a ErbStG zur Anwendung kommen, erfolgt unter Berücksichtigung der nachfolgenden Absätze.

(2) [1]Die §§ 13a, 13c, 19a ErbStG sind bei der Ermittlung der Steuer auf den Gesamterwerb nur auf das in die Zusammenrechnung einbezogene begünstigte Vermögen anzuwenden, das nach dem 31.12.2008 zugewendet wurde. [2]Ein bei einem Vorerwerb in Anspruch genommener Abzugsbetrag nach § 13a Absatz 2 ErbStG ist verbraucht (→ R E 13a.3). [3]Deshalb kann ein bei dem Vorerwerb nicht vollständig ausgeschöpfter Abzugsbetrag auch im Fall der Zusammenrechnung nicht bei einem späteren Erwerb begünstigten Vermögens abgezogen werden. [4]Zum Verbrauch des Abzugsbetrags bei voller Abschmelzung → R E 13a.3 Absatz 2 Satz 3. [5]Vorerwerbe, für die keine Befreiung nach §§ 13a oder 13c ErbStG zu gewähren war, können auch bei der Berechnung der Steuer für den Gesamtbetrag nicht als begünstigtes Vermögen behandelt werden. [6]Dies gilt auch für Vorerwerbe, bei denen ein Antrag nach § 28a ErbStG gestellt wurde.

H E 14.2 (2)

Entlastungen nach § 13a ErbStG bei der Zusammenrechnung.

Beispiel:

Vater V hat im Jahr 2011 seiner Tochter Betriebsvermögen mit einem Steuerwert von 200 000 EUR (begünstigtes Vermögen 200 000 EUR) geschenkt. Ein Antrag nach § 13a Absatz 8 ErbStG wurde nicht gestellt. Im Jahr 2018 schenkt er ihr weiteres Betriebsvermögen mit einem Steuerwert von 4 000 000 EUR (begünstigtes Vermögen 3 500 000 EUR). Ein Antrag nach § 13a Absatz 10 ErbStG wurde nicht gestellt.

Erwerb 2011

Betriebsvermögen			200 000 EUR	200 000 EUR
Verschonungsabschlag (85 %)			./. 170 000 EUR	./. 170 000 EUR
Verbleiben			30 000 EUR	30 000 EUR
Abzugsbetrag				./. 30 000 EUR
Abzugsbetrag		150 000 EUR		
Verbleibender Wert (15 %)	30 000 EUR			
Abzugsbetrag	./. 150 000 EUR			
Unterschiedsbetrag	0 EUR			
davon 50 %		./. 0 EUR		
Verbleibender Abzugsbetrag		150 000 EUR		
Maximal verbleibender Wert		30 000 EUR		
Steuerpflichtiges Betriebsvermögen				0 EUR
Persönlicher Freibetrag				./. 400 000 EUR
Steuerpflichtiger Erwerb				0 EUR
Steuer				0 EUR

Erwerb 2018

Betriebsvermögen			4 000 000 EUR
Betriebsvermögen (begünstigt)		3 500 000 EUR	
Verschonungsabschlag (85 %)		./. 2 975 000 EUR	./. 2 975 000 EUR
Verbleiben		525 000 EUR	
Abzugsbetrag			./. 0 EUR
Steuerpflichtiges Betriebsvermögen 2018			1 025 000 EUR
Abzugsbetrag		150 000 EUR	
Verbleibender Wert (15 %)	525 000 EUR		
Abzugsbetrag	./. 150 000 EUR		
Unterschiedsbetrag	375 000 EUR		
Davon 50 %		./. 187 500 EUR	
Verbleibender Abzugsbetrag		0 EUR	
Steuerpflichtiges Betriebsvermögen 2011			+ 0 EUR
Gesamterwerb			1 025 000 EUR
Persönlicher Freibetrag			./. 400 000 EUR
Steuerpflichtiger Gesamterwerb			625 000 EUR
Steuer (Härteausgleich) auf Gesamterwerb 2018			102 500 EUR
Fiktive Abzugssteuer 2018 auf Vorerwerb 2011			
Steuerpflichtiges Betriebsvermögen 2011		0 EUR	
Persönlicher Freibetrag 2018 (400 000 EUR), höchstens beim Erwerb 2011 verbrauchter Freibetrag		./. 0 EUR	
Steuerpflichtiger Erwerb		0 EUR	
Abgerundet		0 EUR	
Fiktive Abzugssteuer auf Vorerwerb		0 EUR	
Anzurechnen ist die fiktive Abzugssteuer 2018			./. 0 EUR
Steuer 2018			102 500 EUR
Mindeststeuer nach § 14 Absatz 1 Satz 4 ErbStG			
Steuerpflichtiges Betriebsvermögen 2018		1 025 000 EUR	
Persönlicher Freibetrag		./. 400 000 EUR	
Steuerpflichtiger Erwerb		625 000 EUR	
Steuer (Härteausgleich) 2018		102 500 EUR	
Mindeststeuer			102 500 EUR
Festzusetzende Steuer 2018			102 500 EUR

R E 14.2 (3)

(3) [1]Die Befreiung nach §§ 13a oder 13c ErbStG hat zur Folge, dass begünstigtes Vermögen nur in Höhe des die Befreiung übersteigenden Betrags in die Zusammenrechnung einbezogen werden kann. [2]Die Tarifbegrenzung nach § 19a ErbStG wirkt sich nur aus, soweit zum Letzterwerb tarifbegünstigtes Vermögen gehört. [3]Ein Erlass nach § 28a ErbStG ist nur möglich, soweit zum Letzterwerb begünstigtes Vermögen gehört und hierfür ein Antrag nach § 28a Absatz 1 ErbStG gestellt wurde.

H E 14.2 (3)

Tarifbegrenzung nach § 19a ErbStG bei der Zusammenrechnung.

Beispiel 1:

Unternehmerin U hatte 2010 einen Neffen schenkweise an ihrem Unternehmen beteiligt. Die Beteiligung hatte einen Steuerwert von 1 200 000 EUR (begünstigtes Vermögen 1 200 000 EUR). Ein Antrag nach § 13a Absatz 8 ErbStG wurde nicht gestellt. Im Jahr 2018 schenkt sie ihm Kapitalvermögen mit einem Steuerwert von 500 000 EUR.

Erwerb 2010		
Betriebsvermögen		1 200 000 EUR
Verschonungsabschlag (85 %)		./. 1 020 000 EUR
Verbleiben		180 000 EUR
Abzugsbetrag		./. 135 000 EUR
Steuerpflichtiges Betriebsvermögen 2010		45 000 EUR
Abzugsbetrag		150 000 EUR
Verbleibender Wert (15 %)	180 000 EUR	
Abzugsbetrag	./. 150 000 EUR	
Unterschiedsbetrag	30 000 EUR	
Davon 50 %		./. 15 000 EUR
Verbleibender Abzugsbetrag		135 000 EUR
Steuerpflichtiges Betriebsvermögen 2010		45 000 EUR
Persönlicher Freibetrag		./. 20 000 EUR
Steuerpflichtiger Erwerb		25 000 EUR
abgerundet		25 000 EUR
Steuer nach Stkl. II 15 %	3 750 EUR	3 750 EUR
Steuer nach Stkl. I 7 %	./. 1 750 EUR	
Differenzbetrag	2 000 EUR	
Entlastungsbetrag nach § 19a ErbStG		./. 2 000 EUR
Steuer 2010		1 750 EUR
Erwerb 2018		
Kapitalvermögen		500 000 EUR
Steuerpflichtiges Betriebsvermögen 2010		+ 45 000 EUR
Gesamterwerb		545 000 EUR
Persönlicher Freibetrag		./. 20 000 EUR
Steuerpflichtiger Gesamterwerb		525 000 EUR
abgerundet		525 000 EUR
Steuer 2018 auf Gesamterwerb 25 %		131 250 EUR
Fiktive Abzugssteuer 2018 auf Vorerwerb 2010		
Steuerpflichtiges Betriebsvermögen	45 000 EUR	
Persönlicher Freibetrag 2018 (20 000 EUR), höchstens beim Erwerb 2010 verbrauchter Freibetrag	./. 20 000 EUR	
Steuerpflichtiger Erwerb	25 000 EUR	

abgerundet		25 000 EUR	
Steuersatz 2018 Stkl. II 15 %			
Fiktive Abzugssteuer auf Vorerwerb (ohne Tarifbegrenzung nach § 19a ErbStG)		3 750 EUR	
Tatsächliche Steuer 2010 (ohne Tarifbegrenzung nach § 19a ErbStG)		3 750 EUR	
Abzuziehen ist die Steuer ohne Tarifbegrenzung nach § 19a ErbStG			./. 3 750 EUR
Steuer 2018			127 500 EUR
Mindeststeuer nach § 14 Absatz 1 Satz 4 ErbStG			
Kapitalvermögen 2018		500 000 EUR	
Persönlicher Freibetrag		./. 20 000 EUR	
Steuerpflichtiger Erwerb		480 000 EUR	
Steuersatz 25 %			
Mindeststeuer 2018		120 000 EUR	
Festzusetzende Steuer 2018			127 500 EUR

Beispiel 2:

Unternehmerin U hatte 2010 einem Neffen Kapitalvermögen geschenkt mit einem Steuerwert von 500 000 EUR. Im Jahr 2018 schenkt sie ihm eine Beteiligung an ihrem Unternehmen mit einem Steuerwert von 1 200 000 EUR (begünstigtes Vermögen 1 100 000 EUR). Ein Antrag nach § 13a Absatz 10 ErbStG wurde nicht gestellt.

Erwerb 2010

Kapitalvermögen		500 000 EUR	
Persönlicher Freibetrag		./. 20 000 EUR	
Steuerpflichtiger Erwerb		480 000 EUR	
abgerundet		480 000 EUR	
Steuer nach Stkl. II 25 %		120 000 EUR	

Erwerb 2018

Betriebsvermögen			1 200 000 EUR
Betriebsvermögen (begünstigt)			1 100 000 EUR
Verschonungsabschlag (85 %)			./. 935 000 EUR
Verbleiben			165 000 EUR
Abzugsbetrag			./. 142 500 EUR
Steuerpflichtiges Betriebsvermögen 2018			22 500 EUR
Abzugsbetrag		150 000 EUR	
Verbleibender Wert (15 %)	165 000 EUR		
Abzugsbetrag	./. 150 000 EUR		
Unterschiedsbetrag	15 000 EUR		
Davon 50 %		./. 7 500 EUR	
Verbleibender Abzugsbetrag		142 500 EUR	
Kapitalvermögen 2010			+ 500 000 EUR
Gesamterwerb			622 500 EUR
Persönlicher Freibetrag			./. 20 000 EUR
Steuerpflichtiger Gesamterwerb			602 500 EUR
Steuer 2018 auf Gesamterwerb (Härteausgleich)			151 250 EUR
Fiktive Abzugssteuer 2018 auf Vorerwerb 2010			
Kapitalvermögen 2010		500 000 EUR	
Persönlicher Freibetrag 2018 (20 000 EUR), höchstens beim Erwerb 2010 verbrauchter Freibetrag		./. 20 000 EUR	
Steuerpflichtiger Erwerb		480 000 EUR	
abgerundet		480 000 EUR	

Steuersatz 2018 Stkl. II 25 %			
Fiktive Abzugssteuer auf Vorerwerb		120 000 EUR	
tatsächliche Steuer 2010		120 000 EUR	./. 120 000 EUR
			31 250 EUR
Steuer auf begünstigtes Vermögen $\frac{31\,250\text{ EUR} \times 22\,500\text{ EUR}}{122\,500\text{ EUR}}$		5 740 EUR	
Steuer 2018 nach Stkl. I Steuer auf stpfl. Gesamterwerb von 602 500 EUR (Härteausgleich)	91 250 EUR		
Abzuziehende fiktive Steuer auf Vorerwerb 15 % von 480 000 EUR	./. 72 000 EUR		
	19 250 EUR		
Steuer auf begünstigtes Vermögen $\frac{19\,250\text{ EUR} \times 22\,500\text{ EUR}}{122\,500\text{ EUR}}$		./. 3 535 EUR	
Entlastungsbetrag nach § 19a ErbStG		2 205 EUR	./. 2 205 EUR
Steuer 2011			29 045 EUR
Mindeststeuer nach § 14 Absatz 1 Satz 4 ErbStG			
Steuerpflichtiges Betriebsvermögen 2018	122 500 EUR		
Persönlicher Freibetrag	./. 20 000 EUR		
Steuerpflichtiger Erwerb	102 500 EUR		
Steuersatz 20 %		20 500 EUR	
Steuer auf begünstigtes Vermögen $\frac{20\,500\text{ EUR} \times 22\,500\text{ EUR}}{122\,500\text{ EUR}}$	3 766 EUR		
Steuer 2018 nach Stkl. I 11 % von 102 500 EUR = 11 275 EUR			
Steuer auf begünstigtes Vermögen $\frac{11\,275\text{ EUR} \times 22\,500\text{ EUR}}{122\,500\text{ EUR}}$	./. 2 070 EUR		
Entlastungsbetrag nach § 19a ErbStG	1 696 EUR	./. 1 696 EUR	
Mindeststeuer 2018		18 804 EUR	
Festzusetzende Steuer 2018			29 045 EUR

Beispiel 3:

Unternehmer U hat seinem Großneffen G (Steuerklasse III) im November 2008 einen KG-Anteil (Steuerwert 1 225 000 EUR, begünstigtes Vermögen 1 225 000 EUR)) und Kapitalvermögen von 600 000 EUR geschenkt. Im Juni 2018 verstirbt U. G wird Alleinerbe. Zum Nachlass gehört ein KG-Anteil (Steuerwert 2 000 000 EUR, begünstigtes Vermögen 2 000 000 EUR) und weiteres Vermögen mit einem Steuerwert von 900 000 EUR. Ein Antrag nach § 13a Absatz 10 ErbStG wurde nicht gestellt.

Erwerb 2008

Betriebsvermögen (begünstigt)	1 225000 EUR	
Freibetrag § 13a ErbStG	./. 225 000 EUR	
Verbleiben	1 000 000 EUR	
Bewertungsabschlag 35 %	./. 350 000 EUR	650 000 EUR
Kapitalvermögen		+ 600 000 EUR
Gesamter Vermögensanfall		1 250 000 EUR
Persönlicher Freibetrag Stkl. III		./. 5 200 EUR
Steuerpflichtiger Erwerb		1 244 800 EUR

Anteil des begünstigten Vermögens: 650 000 EUR : 1 250 000 EUR = 52,00 %			
Steuer nach Stkl. III 35 %			
Auf begünstigtes Vermögen entfällt			435 680 EUR
435 680 EUR × 52,00 %		226 554 EUR	
Steuer nach Stkl. I 19 % = 236 512 EUR			
Auf begünstigtes Vermögen entfällt			
236 512 EUR × 52,00 %		./. 122 986 EUR	
Unterschiedsbetrag		103 568 EUR	
Entlastungsbetrag 88 %		91 140 EUR	./. 91 140 EUR
Festzusetzende Steuer			344 540 EUR
Erwerb 2018			
Betriebsvermögen			2 000 000 EUR
Verschonungsabschlag (85 %)			./. 1 700 000 EUR
Verbleiben			300 000 EUR
Abzugsbetrag			./. 75 000 EUR
Steuerpflichtiges Betriebsvermögen 2018			225 000 EUR
Abzugsbetrag		150 000 EUR	
Verbleibender Wert (15 %)	300 000 EUR		
Abzugsbetrag	./. 150 000 EUR		
Unterschiedsbetrag	150 000 EUR		
Davon 50 %		./. 75 000 EUR	
Verbleibender Abzugsbetrag		75 000 EUR	
Steuerpflichtiges Betriebsvermögen 2018			225 000 EUR
Weiteres Vermögen			+ 900 000 EUR
Gesamter Vermögensanfall 2018			1 125 000 EUR
Anteil des begünstigten Vermögens: 225 000 EUR : 1 125 000 EUR = 20,00 %			
Vorerwerb 2008			+ 1 250 000 EUR
Gesamterwerb			2 375 000 EUR
Bestattungskosten usw. pauschal			./. 10 300 EUR
Persönlicher Freibetrag Stkl. III			./. 20 000 EUR
Steuerpflichtiger Gesamterwerb			2 344 700 EUR
Steuer nach Stkl. III 30 %			703 410 EUR
Fiktive Abzugssteuer 2018 auf Vorerwerb 2008			
Vermögensanfall 2008		1 250 000 EUR	
Persönlicher Freibetrag 2018 (20 000 EUR), höchstens beim Erwerb 2008 verbrauchter Freibetrag der Steuerklasse III		./. 5 200 EUR	
Steuerpflichtiger Erwerb		1 244 800 EUR	
abgerundet		1 244 800 EUR	
Steuersatz 2018 30 %			
Fiktive Abzugssteuer 2018		373 440 EUR	
Abzuziehen ist die höhere tatsächliche Steuer 2008 vor Tarifbegrenzung nach § 19a ErbStG a. F. (s. o.)			./. 435 680 EUR
Verbleibende Steuer 2018			267 730 EUR
Auf begünstigtes Vermögen entfällt 267 730 EUR × 20,00 %		53 546 EUR	
Steuer 2011 nach Stkl. I			
Steuer auf stpfl. Gesamterwerb 19 % von 2 344 700 EUR	445 493 EUR		
Anzurechnende fiktive Steuer auf Vorerwerb 2006 19 % von 1 244 800 EUR	./. 236 512 EUR		
Verbleibende Steuer 2018	208 981 EUR		

Auf begünstigtes Vermögen entfällt			
208 981 EUR × 20,00 %		./. 41 796 EUR	
Unterschiedsbetrag		11 750 EUR	./. 11 750 EUR
Steuer 2018			255 980 EUR
Mindeststeuer nach § 14 Absatz 1 Satz 4 ErbStG			
Steuerpflichtiges Betriebsvermögen	225 000 EUR		
Weiteres Vermögen	+ 900 000 EUR		
Gesamterwerb	1 125 000 EUR		
Bestattungskosten usw. pauschal	./. 10 300 EUR		
Persönlicher Freibetrag	./. 20 000 EUR		
Steuerpflichtiger Erwerb	1 094 700 EUR		
Anteil des begünstigten Vermögens: 225 000 EUR : 1 125 000 EUR = 20,00 %			
Steuersatz 30 %		328 410 EUR	
Auf begünstigtes Vermögen entfällt			
328 410 EUR × 20,00 %	65 682 EUR		
Steuer 2018 nach Stkl. I 19 % von 1 094 700 EUR = 207 993 EUR			
Auf begünstigtes Vermögen entfällt			
207 993 EUR × 20,00 %	./. 41 598 EUR		
Entlastungsbetrag nach § 19a ErbStG	24 084 EUR	./. 24 084 EUR	
Mindeststeuer 2018		304 326 EUR	
Festzusetzende Steuer 2018			304 326 EUR

R E 14.3 Berücksichtigung früherer Erwerbe; Mindeststeuer und Festsetzungsfrist

(1) Nach § 14 Absatz 1 Satz 4 ErbStG darf durch den Abzug der fiktiven Steuer auf den Vorerwerb (§ 14 Absatz 1 Satz 2 ErbStG) oder den Abzug der tatsächlich zu entrichtenden Steuer (§ 14 Absatz 1 Satz 3 ErbStG) die Steuer, die sich für den letzten Erwerb allein ergeben würde, nicht unterschritten werden (Mindeststeuer).

(2) [1]Die Aufhebung oder Änderung des Schenkungsteuerbescheides für den Vorerwerb stellt für sich bei der Besteuerung des Letzterwerbs kein Ereignis mit steuerlicher Rückwirkung nach § 175 Absatz 1 Satz 1 Nummer 2 AO dar.[1)] [2]Hat sich jedoch der Wert des früheren Erwerbs durch den Eintritt eines Ereignisses mit steuerlicher Rückwirkung geändert, ist auch der Bescheid über den Letzterwerb nach § 175 Absatz 1 Satz 1 Nummer 2 AO zu ändern. [3]Die Festsetzungsfrist endet nach § 14 Absatz 2 ErbStG nicht vor Ablauf der Festsetzungsfrist für den früheren Erwerb.

H E 14.3

Änderung der Schenkungsteuerfestsetzung für den Vorerwerb für sich kein rückwirkendes Ereignis. → BFH vom 12.7.2017 II R 45/15, BStBl. II S. 1120.[1)]

Festsetzungsfrist. Grundsätzlich beginnt die Festsetzungsfrist bei einem rückwirkenden Ereignis gemäß § 175 Absatz 1 Satz 2 AO mit dem Ein-

[1)] Nicht mehr anzuwenden für Erwerbe nach dem 28.12.2020, siehe gleich lautenden Ländererlass v. 13.9.2021, BStBl. I 2021, 1837.

tritt des Ereignisses. Der Beginn wird jedoch in Fällen des Unterschreitens der Lohnsummengrenze und des Verstoßes gegen die Behaltensregelungen gemäß § 13a Absatz 6 Satz 3 ErbStG a. F. bzw. § 13a Absatz 7 Satz 3 ErbStG und § 19a Absatz 5 Satz 3 ErbStG auf den Zeitpunkt der Kenntnis der Finanzbehörde hinausgeschoben. Für diese Fälle wird analog in § 14 Absatz 2 ErbStG auch die Festsetzungsfrist für den Nacherwerb hinausgeschoben.

Beispiel:

Ein Unternehmer verschenkt in 2015 einen nach §§ 13a, 13b ErbStG a. F. begünstigten Betrieb. In 2018 überträgt er weiteres nicht begünstigtes Vermögen an denselben Erwerber. Der Erwerber veräußert 2019 (während der Behaltensfrist) den in 2015 erworbenen Betrieb und verstößt damit gegen die Behaltensregelung des § 13a Absatz 5 ErbStG.

Die Steuerfestsetzung für den Erwerb 2015 ist zu ändern. Auch die Steuerfestsetzung für den Erwerb 2018 ist zu ändern, soweit sich die Verminderung der Verschonung für den Erwerb 2015 auf den Wert des Vorerwerbs auswirkt. Die Festsetzungsfrist für eine Änderung der Steuerfestsetzung zum Erwerb 2018 endet nicht vor Ablauf der Festsetzungsfrist für eine Änderung der Steuerfestsetzung zum Vorerwerb 2015.

Mindeststeuer.

Beispiel:

S hatte 2015 seiner damaligen Lebensgefährtin Barvermögen von 120 000 EUR geschenkt. Nach der Heirat 2018 schenkt er ihr weiteres Barvermögen von 550 000 EUR.

Erwerb 2015		
Barvermögen 2015		120 000 EUR
Persönlicher Freibetrag (§ 16 Absatz 1 Nummer 5 ErbStG)		./. 20 000 EUR
Steuerpflichtiger Erwerb		100 000 EUR
Steuersatz 30 %		
Steuer 2015		30 000 EUR
Erwerb 2018		
Barvermögen 2018		550 000 EUR
Barvermögen 2015		+ 120 000 EUR
Gesamterwerb		670 000 EUR
Persönlicher Freibetrag (§ 16 Absatz 1 Nummer 1 ErbStG)		./. 500 000 EUR
Steuerpflichtiger Erwerb		170 000 EUR
Steuersatz 11 %		
Steuer auf Gesamterwerb		18 700 EUR
Fiktive Abzugssteuer 2018 auf Vorerwerb 2015		
Barvermögen 2015	120 000 EUR	
Persönlicher Freibetrag 2018 (500 000 EUR), höchstens beim Erwerb 2015 verbrauchter Freibetrag	./. 20 000 EUR	
Steuerpflichtiger Erwerb	100 000 EUR	
Steuersatz 11 %		
Fiktive Abzugssteuer 2018	11 000 EUR	
Abzuziehen ist die höhere tatsächliche Steuer 2015		./. 30 000 EUR
Steuer 2018		0 EUR
Mindeststeuer nach § 14 Absatz 1 Satz 4 ErbStG		
Barvermögen 2018	550 000 EUR	
Persönlicher Freibetrag	./. 500 000 EUR	
Steuerpflichtiger Erwerb	50 000 EUR	
Steuersatz 7 %		
Mindeststeuer 2018	3 500 EUR	
Festzusetzende Steuer 2018		3 500 EUR

Zu § 15 ErbStG

R E 15.1 Steuerklassen – *unbesetzt* –

H E 15.1[1)]

Steuerklasse bei Adoptivkindern und Stiefkindern von Kindern und Geschwistern. Als Abkömmlinge i. S. d. § 15 ErbStG (Steuerklasse I Nummer 3 und Steuerklasse II Nummer 3) sind auch Adoptivkinder und Stiefkinder anzusehen.

Steuerklasse bei ehemaligem Adoptionsverhältnis. → BFH vom 17.3.2010 II R 46/08, BStBl. II S. 554.

Steuerklasse bei Ehegatten von Stiefkindern und Stiefkinder von Geschwistern. Der Begriff „Kind" wird im Erbschaftsteuer- und Schenkungsteuergesetz als eigenständiger Begriff verwendet. Er setzt, wie die Einbeziehung der mit dem Stiefelternteil nur verschwägerten Stiefkinder in die Steuerklasse I Nummer 2 zeigt, das Bestehen verwandtschaftlicher Verhältnisse im zivilrechtlichen Sinne nicht zwingend voraus.
Die Stiefkinder von Geschwistern sind als „Abkömmlinge" i. S. d. Steuerklasse II Nummer 3 anzusehen.
Zu den Schwiegerkindern i. S. d. § 15 Absatz 1 Steuerklasse II Nummer 5 ErbStG sind deshalb auch die Ehegatten von Stiefkindern (Stiefschwiegerkinder) zu rechnen (→ BFH vom 6.9.1989 II R 87/87, BStBl. II S. 898).

Steuerklasse beim Erwerb einer Abfindung für den Verzicht auf einen künftigen Pflichtteilsanspruch. → BFH vom 10.5.2017 II R 25/15, BStBl. 2018 II S. 201.

Steuerklasse bei Verlobten. → BFH vom 23.3.1998 II R 41/96, BStBl. II S. 396.

Steuerklasse des Schlusserben aus einem gemeinschaftlichen Testament. → BFH vom 16.6.1999 II R 57/96, BStBl. II S. 789 und vom 27.8.2008 II R 23/06, BStBl. 2009 II S. 47.

R E 15.2 Maßgebliche Steuerklasse bei Familienstiftungen

(1) [1]Bei der Errichtung einer Familienstiftung richtet sich die Steuerklasse nach dem Verwandtschaftsverhältnis des nach der Stiftungsurkunde entferntest Berechtigten zu dem Erblasser oder Schenker (§ 15 Absatz 2 Satz 1 ErbStG). [2]Bei der Bestimmung der Steuerklasse ist daher auf den nach der Satzung möglichen entferntest Berechtigten abzustellen, auch wenn dieser im Zeitpunkt der Errichtung der Familienstiftung noch nicht unmittelbar bezugsberechtigt ist, sondern es erst in der Generationenfolge wird. [3]Bei der Errichtung einer Familienstiftung ist deshalb als „entferntest Berechtigter" derjenige anzusehen, der – ohne einen klagbaren Anspruch haben zu müssen – nach der Satzung Vermögensvorteile aus der Stiftung erlangen kann.

---

1) Zur maßgebenden Steuerklasse beim Erwerb vom biologischen Vater siehe BFH v. 5.12.2019 II R 5/17, BStBl. II 2020, 322.

(2) Die nach Absatz 1 geltende Steuerklasse ist auch für den anzuwendenden Freibetrag nach § 16 ErbStG maßgebend.

(3) Überträgt der Stifter nach Errichtung einer Familienstiftung später weiteres Vermögen auf die Stiftung, wird die Zustiftung nach Steuerklasse III besteuert.

H E 15.2

Entferntest Berechtigter. → RFH vom 23.1.1930 (RStBl S. 115).

Freibetrag bei Errichtung einer Familienstiftung. Der Übergang von Vermögen auf eine zu errichtende Familienstiftung ist nach der Steuerklasse I Nummer 2 i. V. m. § 16 Absatz 1 Nummer 2 ErbStG zu versteuern, wenn (neben dem Stifter) nur die Kinder sowie Kinder vorverstorbener Kinder bezugsberechtigt sein sollen. Sollen Enkel des Stifters bereits zu Lebzeiten ihrer Eltern oder entferntere Abkömmlinge des Stifters – unabhängig davon, ob ihre Eltern jeweils noch leben oder nicht – bezugsberechtigt sein, ist dagegen die Besteuerung der Errichtung der Familienstiftung nach der Steuerklasse I Nummer 3 i. V. m. § 16 Absatz 1 Nummer 3 oder 4 ErbStG durchzuführen. Erfolgt die Errichtung der Familienstiftung nur allgemein zugunsten der Familie des Stifters und ihrer Angehörigen, ist für ihre Besteuerung die Steuerklasse III i. V. m. § 16 Absatz 1 Nummer 7 ErbStG maßgebend.

Steuerklasse bei Auflösung einer Familienstiftung. → BFH vom 30.11.2009 II R 6/07, BStBl. 2010 II S. 237.

Steuerklasse bei einer Zustiftung. → BFH vom 9.12.2009 II R 22/08, BStBl. 2010 II S. 363.

R E 15.3 Umfang des begünstigten Vermögens in den Fällen des § 15 Absatz 3 ErbStG

[1]Nach § 15 Absatz 3 ErbStG sind im Falle des § 2269 BGB und soweit der überlebende Ehegatte an die Verfügung gebunden ist, die mit dem verstorbenen Ehegatten näher verwandten Erben und Vermächtnisnehmer als seine Erben anzusehen, soweit sein Vermögen beim Tode des überlebenden Ehegatten noch vorhanden ist. [2]Das beim Tod des länger lebenden Ehegatten dem Werte nach noch vorhandene Vermögen des zuerst verstorbenen Ehegatten ist im Rahmen der Bindungswirkung der getroffenen Verfügungen erbschaftsteuerrechtlich vorrangig und ohne weitere Quotelung den mit dem Erstverstorbenen näher verwandten Schlusserben zuzuordnen. [3]Im Einzelnen gilt Folgendes:

1. [1]Wertsteigerungen und reine Vermögensumschichtungen des noch vorhandenen Vermögens zwischen dem Todestag des Erstversterbenden und dem des Letztversterbenden sind auf Grund des Surrogationsprinzips wie bei § 6 Absatz 2 ErbStG auch bei § 15 Absatz 3 ErbStG begünstigt. [2]Es ist deshalb auf den Wert dieses Vermögens am Todestag des Letztversterbenden abzustellen.
2. Erträge des Vermögens zwischen dem Todestag des Erstversterbenden und dem des Letztversterbenden sind erst in der Person des Letztversterbenden

entstanden und deshalb, soweit sie nicht verbraucht wurden, nicht im begünstigten Vermögen zu berücksichtigen.

3. Die Erbfallkostenpauschale nach § 10 Absatz 5 Nummer 3 ErbStG muss dem begünstigten Vermögen anteilig zugeordnet werden.

H E 15.3

Umfang des begünstigten Vermögens in den Fällen des § 15 Absatz 3 ErbStG. → BFH vom 27.8.2008 II R 23/06, BStBl. 2009 II S. 47.

R E 15.4 Steuerklasse bei Zuwendungen von Kapitalgesellschaften oder Genossenschaften

(1) [1]In den Fällen des § 7 Absatz 8 ErbStG richtet sich bei Zuwendungen von Kapitalgesellschaften bzw. Genossenschaften die Steuerklasse nach § 15 Absatz 4 ErbStG. [2]Danach ist das persönliche Verhältnis des Erwerbers (unmittelbar oder mittelbar an der Kapitalgesellschaft oder Genossenschaft beteiligte natürliche Person oder Stiftung) zu der die Zuwendung veranlassenden Person maßgebend. [3]Diese Regelung betrifft nur die Rechtsfolgen der Steuerermittlung. [4]Die Kapitalgesellschaft bzw. Genossenschaft bleibt Zuwendende.

(2) [1]Bei der Zusammenrechnung mit früheren Erwerben nach § 14 ErbStG ist ebenfalls auf die Verhältnisse zu dem veranlassenden Gesellschafter abzustellen. [2]Die Zuwendung der Kapitalgesellschaft ist ebenso bei späteren Schenkungen des veranlassenden Gesellschafters, der Kapitalgesellschaft oder Genossenschaft oder anderer Kapitalgesellschaften oder Genossenschaften, an der der veranlassende Gesellschafter beteiligt ist, nach § 14 ErbStG zu berücksichtigen.

(3) [1]Kommen mehrere Personen als Veranlassende in Betracht (z. B. Vater und Onkel des Begünstigten), kann eine quotale Mitveranlassung aller Beteiligten angenommen werden. [2]Es kann jedoch konkret dargelegt werden, welche Person die Zuwendung veranlasst hat.

(4) [1]Das für die Besteuerung der Zuwendung einer Kapitalgesellschaft oder Genossenschaft zuständige Erbschaftsteuerfinanzamt hat sich für Zwecke der Anwendung des § 15 Absatz 4 ErbStG mit dem Erbschaftsteuerfinanzamt in Verbindung zu setzen, das für die Besteuerung einer Direktzuwendung des veranlassenden Gesellschafters nach § 35 ErbStG zuständig wäre. [2]Das letztgenannte Finanzamt teilt dem für die Besteuerung zuständigen Finanzamt die Vorschenkungen und die für die Zusammenrechnung notwendigen Informationen mit und ist in ein etwaiges Rechtsbehelfsverfahren, soweit es um die Anwendung des § 15 Absatz 4 ErbStG geht, von dem zuständigen Finanzamt im Wege der Amtshilfe einzubinden. [3]Zum Zweck der künftigen zutreffenden Zusammenrechnung aller Vorerwerbe i. S. d. § 14 ErbStG sind die Erkenntnisse bei dem Finanzamt zusammenzuführen, das für eine Direktzuwendung des veranlassenden Gesellschafters zuständig wäre. [4]Das für die Besteuerung der Zuwendung der Kapitalgesellschaft oder Genossenschaft zuständige Finanzamt teilt diesem daher die insoweit benötigten Veranlagungsdaten mit. [5]Zudem haben alle beteiligten Finanzämter einander zeitnah über eventuell später eintretende Änderungen zu unterrichten, die Auswirkungen im Rahmen des § 14 ErbStG haben können.

Zu § 16 ErbStG

R E 16 Freibeträge[1] – *unbesetzt* –

H E 16

Freibetrag bei beschränkter Steuerpflicht.

Beispiel:

E und F sind verheiratet und leben beide seit 20 Jahren in Spanien. Im Jahr 2017 hat E seiner Frau ein Familienheim in Spanien geschenkt. Das Grundstück hat einen Wert von 200 000 EUR.

Im Jahr 2018 stirbt E und hinterlässt F ein Grundstück in Spanien im Wert von 400 000 EUR sowie ein zu Wohnzwecken vermietetes Grundstück in Deutschland im Wert von 800 000 EUR.

Erwerb 2017

Der Erwerb unterliegt in Deutschland nicht der Steuerpflicht, da es sich nicht um einen Fall der unbeschränkten Steuerpflicht handelt und auch kein Inlandsvermögen im Sinne von § 121 BewG vorliegt.

Erwerb 2018

Der Erwerb des inländischen Grundstücks unterliegt in Deutschland der beschränkten Steuerpflicht gemäß § 2 Absatz 1 Nummer 3 ErbStG, da es sich um Inlandsvermögen im Sinne von § 121 BewG handelt.

Ermittlung des Kürzungsbetrags nach § 16 Absatz 2 ErbStG

$$\frac{\text{Nicht beschränkt steuerpflichtiges Vermögen (10 Jahreszeitraum)} \times \text{Freibetrag § 16 Absatz 1 ErbStG}}{\text{Gesamter Vermögensanfall (10 Jahreszeitraum)}}$$

600 000 EUR × 500 000 EUR : 1 400 000 EUR = 214 285 EUR (Kürzungsbetrag)

Grundstück (Inland)		800 000 EUR
Steuerbefreiung nach § 13d ErbStG		80 000 EUR
Vermögensanfall (beschränkte Steuerpflicht)		720 000 EUR
Erbfallkostenpauschale		./. 10 300 EUR
Persönlicher Freibetrag (§ 16 Absatz 1 ErbStG)	500 000 EUR	
Persönlicher Freibetrag (Kürzungsbetrag)	./. 214 285 EUR	
Persönlicher Freibetrag (abzugsfähiger Teil)	285 715 EUR	./. 285 715 EUR
Steuerpflichtiger Erwerb (abgerundet)		423 900 EUR
Steuersatz 15 %		
Steuer		63 585 EUR

Bei der Kürzung des Freibetrags nach § 16 Absatz 2 ErbStG bleibt unberücksichtigt, dass das im Jahr 2017 geschenkte Familienheim in Spanien nach § 13 Absatz 1 Nummer 4a ErbStG steuerfrei wäre, wenn es sich um einen Fall der unbeschränkten Steuerpflicht handeln würde. Auch die für das zu Wohnzwecken vermietete Grundstück vom Erwerb 2018 gewährte Steuerbefreiung nach § 13d ErbStG bleibt bei der Kürzung des Freibetrags unberücksichtigt.

Zu § 17 ErbStG

R E 17 Besonderer Versorgungsfreibetrag

(1) [1]Der besondere Versorgungsfreibetrag für den überlebenden Ehegatten und für Kinder ist um den Kapitalwert der nicht der Erbschaftsteuer unterlie-

[1] Zum Schenkungsteuerfreibetrag für Urenkel siehe BFH v. 27.7.2020 II B 39/20, BStBl. II 2021, 28.

genden Versorgungsbezüge zu kürzen. [2]Zu den nicht der Erbschaftsteuer unterliegenden Bezügen (→ R E 3.5) gehören insbesondere

1. Versorgungsbezüge der Hinterbliebenen von Beamten auf Grund der Beamtengesetze des Bundes und der Länder,
2. Versorgungsbezüge, die den Hinterbliebenen von Angestellten und Arbeitern aus der gesetzlichen Rentenversicherung zustehen; dies gilt auch in den Fällen freiwilliger Weiter- und Höherversicherung,
3. Versorgungsbezüge, die den Hinterbliebenen von Angehörigen der freien Berufe aus einer berufsständischen Pflichtversicherung zustehen; dies gilt auch in den Fällen freiwilliger Weiter- und Höherversicherung,
4. Versorgungsbezüge, die den Hinterbliebenen von Abgeordneten auf Grund der Diätengesetze des Bundes und der Länder zustehen,
5. Hinterbliebenenbezüge, die auf Tarifvertrag, Betriebsordnung, Betriebsvereinbarung, betrieblicher Übung oder dem Gleichbehandlungsgrundsatz beruhen und
6. Hinterbliebenenbezüge auf Grund eines zwischen dem Erblasser und seinem Arbeitgeber geschlossenen Einzelvertrags, soweit diese angemessen sind (→ R E 3.5 Absatz 3).

(2) Bei der Kürzung des Versorgungsfreibetrags sind alle von der Erbschaftsteuer nicht erfassten Versorgungsleistungen zu berücksichtigen, und zwar unabhängig davon, ob es sich bei den Versorgungsleistungen um lebenslängliche Leistungen, um Leistungen auf eine bestimmte Zeit oder um Leistungen in einem Einmalbetrag handelt.

(3) [1]Bei der Berechnung des Kapitalwerts der Versorgungsbezüge ist von der Höhe der jährlichen Bruttobezüge auszugehen, die dem Hinterbliebenen unmittelbar nach dem Tod des Erblassers gezahlt werden. [2]Handelt es sich dabei um eine Rente aus der gesetzlichen Rentenversicherung, ist grundsätzlich auf den Rentenbetrag abzustellen, der dem Berechtigten nach Ablauf des Sterbevierteljahrs zusteht. [3]Dieser kann den Rentenberechnungen der Rentenversicherungsträger entnommen werden. [4]Zusätzliche Leistungen (z. B. 13. Monatsgehalt) sind zu berücksichtigen. [5]Anzurechnen sind auch Einmalbeträge (z. B. Sterbegelder oder die Summe der Zahlungen für das Sterbevierteljahr), Kapitalabfindungen sowie Leistungen nach § 107 SGB VI (Abfindung bei Wiederverheiratung) und § 210 SGB VI (Beitragserstattung bei nicht erfüllter Wartezeit). [6]Der Umstand, dass die Versorgungsbezüge beim Hinterbliebenen dem Lohnsteuerabzug oder der Einkommensteuer unterliegen, bleibt bei der Ermittlung der jährlichen Bruttobezüge unberücksichtigt. [7]Spätere Änderungen in der Höhe dieser Bezüge sind nur zu berücksichtigen, wenn sie schon zur Zeit des Todes des Erblassers mit Sicherheit vorauszusehen waren. [8]Soweit auf die Versorgungsbezüge des Hinterbliebenen eigenes Einkommen anzurechnen ist, ruhen für einen ungewissen Zeitraum die Bezüge in Höhe des angerechneten Einkommens. [9]Als jährliche Bruttobezüge sind die entsprechend geminderten Bezüge anzusetzen, die dem Hinterbliebenen unmittelbar nach dem Tod des Erblassers bzw. nach Ablauf des Sterbevierteljahrs zustehen.

(4) [1]Nach § 17 Absatz 3 ErbStG wird einem Kind sowie dem überlebenden Ehegatten des Erblassers der besondere Versorgungsfreibetrag auch in den Fällen der beschränkten Steuerpflicht gewährt. [2]Der Erwerber ist verpflichtet, die für die Prüfung der Steuerbefreiung notwendigen Angaben zu machen und zu belegen. [3]Die Gewährung des Versorgungsfreibetrags setzt voraus, dass der Ansässigkeitsstaat des Erblassers bzw. Erwerbers Amtshilfe leistet. [4]Die Einholung von Informationen beim ausländischen Staat im Wege der Amtshilfe ist insbesondere in Fällen bedeutsam, in denen Anzeichen bestehen, dass der Erwerber unvollständige Angaben gemacht hat.

H E 17

Anwendung auf Schenkungen. → R E 1.1 Satz 3 Nummer 7.

Einmalbeträge als anrechenbare Versorgungsleistungen. → BFH vom 2.7.1997 II R 43/94, BStBl. II S. 623.

Zugewinnausgleich. Die Vorschrift des § 17 ErbStG wird durch die Einbeziehung der erbschaftsteuerpflichtigen privaten Versorgungsbezüge in die Berechnung der fiktiven Zugewinnausgleichsforderung nach § 5 Absatz 1 ErbStG (→ R E 5.1) nicht berührt. Der Versorgungsfreibetrag ist deshalb auch nicht um den Teil der Versorgungsbezüge zu kürzen, der als Zugewinnausgleich im Ergebnis erbschaftsteuerfrei bleibt. Die Vorschrift in § 17 Absatz 1 Satz 2 ErbStG ist insoweit nicht anzuwenden.

Zu § 19 ErbStG

R E 19[1)] Steuersätze – *unbesetzt* –

H E 19

Doppelbesteuerungsabkommen mit Progressionsvorbehalt. Ein Progressionsvorbehalt i. S. d. § 19 Absatz 2 ErbStG muss im Doppelbesteuerungsabkommen selbst vorgesehen sein (→ BFH vom 9.11.1966 I 29/65, BStBl. 1967 III S. 88). Das ist gegenwärtig in Artikel 10 Absatz 1 des DBA-Schweiz (→ H E 2.1) teilweise der Fall. Bei DBA, die das Anrechnungsverfahren vorsehen, ist der Progressionsvorbehalt ohne Bedeutung.

Härteausgleich. Der Härteausgleich nach § 19 Absatz 3 ErbStG ist fester Bestandteil der Tarifvorschrift. Er ist in allen Fällen anzuwenden, in denen eine Steuerberechnung tatsächlich oder fiktiv erfolgt, d. h. auch in Fällen der § 6 Absatz 2, § 10 Absatz 2, § 14, § 15 Absatz 3 sowie §§ 19a und 23 ErbStG.

[1)] Keine Erbschaftsteuerpause: Die Regelungen des ErbStG i. d. F. des Wachstumsbeschleunigungsgesetzes 2009 betr. den Erwerb von Privatvermögen und den Steuersatz sind über den 30.6.2016 hinaus weiter anwendbar; vgl. hierzu BFH v. 6.5.2021 II R 1/19, BStBl. II 2022, 77.

Tabelle der maßgebenden Grenzwerte für die Anwendung des Härteausgleichs.

Wertgrenze gemäß § 19 Absatz 1 ErbStG	Härteausgleich gemäß § 19 Absatz 3 ErbStG bei Überschreiten der letztvorhergehenden Wertgrenze bis einschließlich … EUR in Steuerklasse		
EUR	I	II	III
75 000	–	–	–
300 000	82 600	87 400	–
600 000	334 200	359 900	–
6 000 000	677 400	749 900	–
13 000 000	6 888 800	6 749 900	10 799 900
26 000 000	15 260 800	14 857 100	–
über 26 000 000	29 899 900	28 437 400	–

Zu § 19a ErbStG

R E **19a.1** Tarifbegünstigte Erwerber und tarifbegünstigtes Vermögen

(1) [1]Die Tarifbegrenzung kommt nur beim Erwerb durch eine natürliche Person der Steuerklasse II oder III in Betracht (§ 19a Absatz 1 ErbStG). [2]Erwerbe durch juristische Personen und Vermögensmassen (vgl. auch § 97 Absatz 2 BewG) sind nicht begünstigt.

(2) [1]Der Entlastungsbetrag wird nur für den Teil des zu einem Erwerb gehörenden begünstigten Vermögens im Sinne des § 13b Absatz 2 ErbStG gewährt, für den kein Verschonungsabschlag nach §§ 13a oder 13c ErbStG gewährt wird (tarifbegünstigtes Vermögen). [2]Das ist bei der Regelverschonung nach § 13a Absatz 1 ErbStG der nach Abzug des Verschonungsabschlags von 85 Prozent verbleibende Betrag des begünstigen Vermögens im Sinne des § 13b Absatz 1 und 2 ErbStG (→ R E 13a.1 ff.). [3]Bei der Optionsverschonung nach § 13a Absatz 10 ErbStG kommt die Tarifbegrenzung nicht zum Tragen. [4]Beim Abschmelzmodell nach § 13c ErbStG wird der Entlastungsbetrag für den nach Abzug des geminderten Verschonungsabschlags verbleibenden Betrag des begünstigten Vermögens im Sinne des § 13b Absatz 1 und 2 ErbStG (→ R E 13a.1 ff.) gewährt. [5]Im Fall der Verschonungsbedarfsprüfung nach § 28a ErbStG wird der Entlastungsbetrag für das gesamte begünstigte Vermögen gewährt. [6]In den Fällen, in denen die 90-Prozent-Grenze des § 13b Absatz 2 Satz 2 ErbStG überschritten wird, kann der Entlastungsbetrag nicht gewährt werden. [7]Der Entlastungsbetrag kommt auch nicht für das nach Abzug des unschädlichen Verwaltungsvermögens verbleibende Nettoverwaltungsvermögen (§ 13b Abs. 2 Satz 1 ErbStG) zur Anwendung. [8]Umfasst das auf einen Erwerber übertragene tarifbegünstigte Vermögen mehrere selbstständig zu bewertende wirtschaftliche Einheiten einer Vermögensart (z. B. mehrere Gewerbebetriebe) oder mehrere Arten begünstigten Vermögens (Betriebsvermögen, land- und forstwirtschaftliches Vermögen, Anteile an Kapitalgesellschaften), ist vor der Anwendung des § 19a Absatz 3 ErbStG die Summe des tarifbegünstigten Vermögens zu bilden.

(3) [1] Wenn ein Erwerber tarifbegünstigtes Vermögen auf Grund einer letztwilligen Verfügung des Erblassers oder einer rechtsgeschäftlichen Verfügung des Erblassers oder Schenkers auf einen Dritten übertragen muss, kommt insoweit für ihn der Entlastungsbetrag nicht in Betracht; R E 13a.11 ist entsprechend anzuwenden. [2] Der zur Weitergabe des begünstigten Vermögens verpflichtete Erwerber ist so zu besteuern, als sei das herauszugebende Vermögen auf ihn als nicht tarifbegünstigtes Vermögen übergegangen. [3] Muss der Erwerber nicht das gesamte auf ihn übergegangene tarifbegünstigte Vermögen, sondern nur einen Teil davon weiter übertragen, ist der Entlastungsbetrag zu gewähren, soweit das ihm verbleibende tarifbegünstigte Vermögen einen insgesamt positiven Wert hat.

R E 19a.2 Berechnung des Entlastungsbetrags

(1)[1)] [1] Der auf das tarifbegünstigte Vermögen entfallende Teil der tariflichen Steuer ergibt sich aus dem Verhältnis des Werts des tarifbegünstigten Vermögens nach Anwendung der §§ 13a oder 13c ErbStG und nach Abzug der mit diesem Vermögen in wirtschaftlichem Zusammenhang stehenden abzugsfähigen Schulden und Lasten (§ 10 Absatz 5 und 6 ErbStG) zum Wert des gesamten Vermögensanfalls nach Abzug der mit diesem Vermögen in wirtschaftlichem Zusammenhang stehenden abzugsfähigen Schulden und Lasten. [2] Maßgebend ist der Vermögensanfall, soweit er der Besteuerung nach diesem Gesetz unterliegt (§ 10 Absatz 1 Satz 2 ErbStG). [3] Dazu ist der Steuerwert des gesamten übertragenen Vermögens um die Befreiungen nach §§ 13, 13a, 13c und 13d ErbStG und die Nachlassverbindlichkeiten oder die bei Schenkungen abzugsfähigen Schulden und Lasten zu kürzen, die im wirtschaftlichen Zusammenhang mit einzelnen Vermögensgegenständen stehen. [4] Nachlassverbindlichkeiten oder die bei Schenkungen abzugsfähigen Schulden und Lasten einschließlich der abzugsfähigen Erwerbsnebenkosten (→ R E 7.4), die nicht mit einzelnen Vermögensgegenständen des erworbenen Vermögens im wirtschaftlichen Zusammenhang stehen, sowie die persönlichen Freibeträge sind nicht abzuziehen.

(2) [1] In den Fällen des § 28a ErbStG gilt Absatz 1 entsprechend. [2] Ein Verschonungsabschlag nach §§ 13a und 13c ErbStG kommt dabei nicht zur Anwendung.

(3) [1] Der Entlastungsbetrag ergibt sich als Unterschiedsbetrag zwischen der auf das tarifbegünstigte Vermögen entfallenden tariflichen Steuer nach den Steuersätzen der tatsächlichen Steuerklasse des Erwerbers und nach den Steuersätzen der Steuerklasse I. [2] In beiden Fällen ist die Härteausgleichsregelung nach § 19 Absatz 3 ErbStG zu beachten. [3] Für die Höhe des persönlichen Freibetrags bleibt im Rahmen der Ermittlung des steuerpflichtigen Erwerbs die tatsächliche Steuerklasse des Erwerbers maßgebend.

H E 19a.2

Berechnung des Entlastungsbetrags.

Beispiel:

Unternehmer U hat seinen Großneffen G (Steuerklasse III) zum Alleinerben eingesetzt. Zum Nachlass gehört ein Gewerbebetrieb (Steuerwert 800 000 EUR) und ein Anteil von

---

1) Teilweise überholt durch das JStG 2020, zur Anwendung für Erwerbe nach dem 28.12.2020 siehe gleich lautenden Ländererlass v. 13.9.2021, BStBl. I 2021, 1837.

30 % an der A-GmbH (Steuerwert 400 000 EUR). Das begünstigte Vermögen des Gewerbebetriebs beträgt 800 000 EUR und des GmbH-Anteils 350 000 EUR. Ein Antrag nach § 13a Absatz 10 ErbStG wurde nicht gestellt. Zum Nachlass gehört Kapitalvermögen mit einem Wert von 750 000 EUR. Der im Zusammenhang mit der Anschaffung der GmbH-Anteile aufgenommene Kredit valutiert noch in Höhe von 200 000 EUR.

Für G ergibt sich folgende Steuerberechnung:

Betriebsvermögen			800 000 EUR
GmbH-Anteil			400 000 EUR
Kapitalvermögen			750 000 EUR
			1 950 000 EUR
Steuerbefreiung			
Betriebsvermögen (begünstigt)	800 000 EUR		
GmbH-Anteil (begünstigt)	350 000 EUR		
begünstigtes Vermögen	1 150 000 EUR	1 150 000 EUR	
Verschonungsabschlag (85 %)		./. 977 500 EUR	./. 977 500 EUR
Verbleiben		172 500 EUR	
Abzugsbetrag		./. 138 750 EUR	./. 138 750 EUR
		33 750 EUR	
Abzugsbetrag		150 000 EUR	
Verbleibender Wert (15 %)	172 500 EUR		
Abzugsbetrag	./. 150 000 EUR		
Unterschiedsbetrag	22 500 EUR		
Davon 50 %		./. 11 250 EUR	
Verbleibender Abzugsbetrag		138 750 EUR	
Gesamter Vermögensanfall			833 750 EUR
Schuld aus der GmbH-Beteiligung		200 000 EUR	
Auf begünstigtes Vermögen entfallen			
200 000 EUR × 350 000 EUR / 400 000 EUR	175 000 EUR		
Kürzung nach § 10 Absatz 6 ErbStG			
Abziehbare Schuld			
175 000 EUR × 33 750 EUR : 1 150 000 EUR =		./. 5 136 EUR	
Auf nicht begünstigtes Vermögen entfallen			
200 000 EUR × 50 000 EUR / 400 000 EUR		25 000 EUR	
		30 136 EUR	./. 30 136 EUR
Vermögensanfall nach Abzug der Schulden (§ 19a Absatz 3 ErbStG)			803 614 EUR
Erbfallkostenpauschale			./. 10 300 EUR
Persönlicher Freibetrag			./. 20 000 EUR
Steuerpflichtiger Erwerb			773 314 EUR
Gerundet			773 300 EUR
Anteil des tarifbegünstigten Vermögens: (33 750 EUR – 5 136 EUR) : 803 614 EUR = 3,57 %			
Steuer nach Stkl. III (30 %)			231 990 EUR
Auf begünstigtes Vermögen entfällt 231 990 EUR × 3,57 %.		8 283 EUR	
Steuer nach Stkl. I (19 %) = 146 927 EUR			
Auf begünstigtes Vermögen entfällt 146 927 EUR × 3,57 %		./. 5 245 EUR	
Unterschiedsbetrag		3 038 EUR	./. 3 038 EUR
Festzusetzende Steuer			228 952 EUR

R E 19a.3 Behaltensregelung

(1) [1]Der Entlastungsbetrag fällt mit Wirkung für die Vergangenheit weg, soweit der Erwerber innerhalb von fünf Jahren beziehungsweise in Fällen eines Antrags auf Optionsverschonung oder eines Antrags auf Verschonungsbedarfsprüfung innerhalb von sieben Jahren nach dem Zeitpunkt der Steuerentstehung (Behaltenszeit) gegen eine der Behaltensregelungen des § 13a Absatz 6 ErbStG verstößt (→ R E 13a.12ff.). [2]Die Einhaltung der Lohnsummenregelung des § 13a Absatz 3 ErbStG hat für die gewährte Tarifbegrenzung dagegen keine Bedeutung. [3]Liegt gleichzeitig ein Verstoß gegen die Behaltensregelungen und die Lohnsummenregelung vor, ist bei der Berechnung des Entlastungsbetrags nur der gekürzte Verschonungsabschlag aufgrund des Verstoßes gegen die Behaltensregelungen zu berücksichtigen. [4]Ein Verstoß gegen die Voraussetzungen des Vorwegabschlags nach § 13a Absatz 9 ErbStG führt nicht zum Wegfall des Entlastungsbetrags. [5]Bei der Ermittlung des Entlastungsbetrags ist der erhöhte Wert des begünstigten Vermögens zu Grunde zu legen. [6]Der Steuerbescheid ist bei einem Verstoß gegen die Behaltensregelungen nach § 175 Absatz 1 Satz 1 Nummer 2 AO zu ändern (Nachversteuerung). [7]Der Steuerpflichtige ist im Steuerbescheid darauf hinzuweisen, dass Verstöße gegen die Behaltensregelungen nach § 153 Absatz 2 AO anzeigepflichtig sind. [8]Die Finanzämter haben die Einhaltung der Behaltensregelungen in geeigneter Form zu überwachen.

(2) [1]In den Fällen des Absatzes 1 ist der Erwerber so zu besteuern, als sei der tarifbegünstigte Teil des Vermögens mit dem erbschaftsteuerrechtlichen Wert im Besteuerungszeitpunkt von Anfang an auf ihn als nicht tarifbegünstigtes Vermögen übergegangen. [2]Dies gilt auch, wenn bei einer Veräußerung einer wesentlichen Betriebsgrundlage (→ R E 13a.13 Absatz 2, R E 13a.14 Absatz 2) der hierfür erlangte Verkaufserlös entnommen wird. [3]R E 13a.15 gilt sinngemäß.

H E 19a.3

Verringerung des Entlastungsbetrags bei Verstoß gegen Behaltensregelungen.

Beispiel:

Unternehmer U hat seinen Großneffen G (Steuerklasse III) zum Alleinerben eingesetzt. Zum Nachlass gehört ein Gewerbebetrieb (Steuerwert 1 200 000 EUR) und ein Anteil von 30 % an der A-GmbH (Steuerwert 400 000 EUR). Das begünstigte Vermögen des Gewerbebetriebs beträgt 1 200 000 EUR und des GmbH-Anteils 400 000 EUR. Ein Antrag nach § 13a Absatz 10 ErbStG wurde nicht gestellt. Zum Nachlass gehört Kapitalvermögen mit einem Wert von 750 000 EUR.

Für G ergibt sich folgende Steuerberechnung:

Betriebsvermögen (begünstigt)	1 200 000 EUR	
GmbH-Anteil (begünstigt)	+ 400 000 EUR	
begünstigtes Vermögen	1 600 000 EUR	1 600 000 EUR
Verschonungsabschlag (85 %)		./. 1 360 000 EUR
Verbleiben		240 000 EUR
Abzugsbetrag		./. 105 000 EUR
Steuerpflichtiges Unternehmensvermögen		135 000 EUR

Abzugsbetrag		150 000 EUR	
Verbleibender Wert (15 %)	240 000 EUR		
Abzugsbetrag	./. 150 000 EUR		
Unterschiedsbetrag	90 000 EUR		
davon 50 %		./. 45 000 EUR	
Verbleibender Abzugsbetrag		105 000 EUR	
Kapitalvermögen			+ 750 000 EUR
Gesamter Vermögensanfall			885 000 EUR
Erbfallkostenpauschale			./. 10 300 EUR
Persönlicher Freibetrag			./. 20 000 EUR
Steuerpflichtiger Erwerb			854 700 EUR
Anteil des tarifbegünstigten Vermögens: 135 000 EUR : 885 000 EUR = 15,26 %			
Steuer nach Stkl. III (30 %)			256 410 EUR
Auf begünstigtes Vermögen entfällt 256 410 EUR × 15,26 %		39 129 EUR	
Steuer nach Stkl. I (19 %) = 162 393 EUR			
Auf begünstigtes Vermögen entfällt 162 393 EUR × 15,26 %		./. 24 781 EUR	
Unterschiedsbetrag		14 348 EUR	./. 14 348 EUR
Festzusetzende Steuer			242 062 EUR

Im vierten Jahr verkauft G den GmbH-Anteil.

Nachversteuerung			
Betriebsvermögen begünstigt		1 200 000 EUR	
Verschonungsabschlag (85 %)		./. 1 020 000 EUR	
verbleiben		180 000 EUR	180 000 EUR
GmbH-Anteil (nicht begünstigt)		400 000 EUR	
Verschonungsabschlag (85 %)		340 000 EUR	
zeitanteilig zu gewähren zu $^3/_5$		./. 204 000 EUR	
verbleiben		196 000 EUR	+ 196 000 EUR
			376 000 EUR
Abzugsbetrag			./. 135 000 EUR
steuerpflichtiges Unternehmensvermögen			241 000 EUR
Abzugsbetrag		150 000 EUR	
Verbleibender Wert (15 %)	180 000 EUR		
Abzugsbetrag	./. 150 000 EUR		
Unterschiedsbetrag	30 000 EUR		
davon 50 %		./. 15 000 EUR	
Verbleibender Abzugsbetrag		135 000 EUR	
Kapitalvermögen			+ 750 000 EUR
Gesamter Vermögensanfall			991 000 EUR
Erbfallkostenpauschale			./. 10 300 EUR
Persönlicher Freibetrag			./. 20 000 EUR
Steuerpflichtiger Erwerb			960 700 EUR
Anteil des tarifbegünstigten Vermögens (der GmbH-Anteil ist insgesamt nicht mehr als tarifbegünstigtes Vermögen anzusehen) (180 000 EUR – 135 000 EUR) : 991 000 EUR = 4,55 %			
Steuer nach Stkl. III (30 %)			288 210 EUR
Auf begünstigtes Vermögen entfällt 288 210 EUR × 4,55 %		13 114 EUR	
Steuer nach Stkl. I (19 %) = 182 533 EUR			

Auf begünstigtes Vermögen entfällt		
182 533 EUR × 4,55 %	./. 8 305 EUR	
Unterschiedsbetrag	4 809 EUR	./. 4 809 EUR
Festzusetzende Steuer		283 401 EUR

Zu § 20 ErbStG

R E 20[1)] Steuerschuldner – *unbesetzt* –

H E 20

Festsetzung der Erbschaftsteuer für den Vorerbfall nach dem Tod des Vorerben. → H E 6.

Steuerschuldner bei Verstoß gegen die Behaltensregelungen oder die Lohnsummenregelung für begünstigtes Vermögen. → R E 13a.1 Absatz 3.

Zu § 21 ErbStG

R E 21 Anrechnung ausländischer Erbschaftsteuer

(1) [1]Bei einer ausländischen Erbschaftsteuer, die als Nachlasssteuer erhoben wird, ist als die auf den Erwerber entfallende ausländische Steuer im Sinne des § 21 Absatz 1 ErbStG diejenige Steuer anzusehen, die anteilig auf die von ihm als Nachlassbegünstigten (Erbbegünstigten) erworbene Rechtsposition entfällt. [2]Dabei reicht es aus, dass diese Nachlasssteuer den Nachlass als solchen und damit alle Nachlassteile gleichmäßig belastet. [3]Eine unmittelbare wirtschaftliche Belastung des Erwerbers ist für eine Anrechnung nicht erforderlich. [4]Diese Grundsätze gelten auch, wenn ein Pflichtteil von dem um die ausländische Nachlasssteuer verminderten Nachlasswert berechnet worden ist oder ein Vermächtnis nach dem Testament des Erblassers nicht um die anteilige ausländische Nachlasssteuer gekürzt werden darf. [5]Die anteilige ausländische Nachlasssteuer ist dann allerdings nach § 10 Absatz 2 ErbStG dem Erwerb des Pflichtteilsberechtigten oder des Vermächtnisnehmers hinzuzurechnen.

(2) [1]In Fällen, in denen zunächst die deutsche Erbschaft- oder Schenkungsteuer und sodann erst die vergleichbare ausländische Steuer entsteht, ist § 21 ErbStG ebenfalls anzuwenden. [2]Voraussetzung ist, dass zwischen der Entstehung der deutschen Steuer und der ausländischen Steuer ein Zeitraum von nicht mehr als fünf Jahren liegt.

(3) Die auf die deutsche Steuer anzurechnende gezahlte ausländische Steuer ist – ebenso wie der Wert des steuerpflichtigen Erwerbs – nach dem auf den Zeitpunkt der Entstehung der deutschen Steuer ermittelten Devisenkurs (maßgeblich ist – sofern ermittelt – jeweils der Briefkurs) umzurechnen.

(4) Die nach Eintritt der Bestandskraft eines deutschen Schenkungsteuerbescheids erfolgte Zahlung einer nach § 21 Absatz 1 ErbStG anrechenbaren ausländischen Steuer stellt ein rückwirkendes Ereignis im Sinne des § 175 Absatz 1 Satz 1 Nummer 2 AO dar.

[1)] Zur Haftung der Geldinstitute, wenn sie beim Vorhandensein ausländischer Erben Nachlasswerte an den inländischen Testamentsvollstrecker aushändigen, siehe BayLfSt v. 11.1.2021, DStR 2021, 422.

H E 21

Anrechnung ausländischer Erbschaftsteuer.

Beispiel 1:

Der Erblasser E wird von seinem Sohn S allein beerbt. E hinterlässt Kapitalvermögen im Wert von 500 000 EUR, ein von ihm selbst genutztes Familienheim (die Wohnfläche beträgt unter 200 m²) mit einem Grundbesitzwert von 300 000 EUR, in das S unverzüglich einzieht, und ein Geschäftsgrundstück in Spanien mit einem gemeinen Wert von 150 000 EUR. Auf dem Grundstück in Spanien lasten Grundschulden mit einer Valuta von 50 000 EUR. S wird in Spanien zu einer Erbschaftsteuer von 20 000 EUR herangezogen.

Inländisches Familienheim		300 000 EUR		
Befreiung nach § 13 Absatz 1 Nummer 4c ErbStG	./.	300 000 EUR		
		0 EUR		0 EUR
Grundstück in Spanien			+	150 000 EUR
Kapitalvermögen			+	500 000 EUR
Gesamter Vermögensanfall				650 000 EUR
Nachlassverbindlichkeit (Grundschuld in Spanien)			./.	50 000 EUR
Steuerpflichtiges Gesamtvermögen				600 000 EUR
Erbfallkostenpauschale			./.	10 300 EUR
Persönlicher Freibetrag			./.	400 000 EUR
Steuerpflichtiger Erwerb				189 700 EUR
Steuersatz 11 %				
Steuer				20 867 EUR
Ausländische Steuer		20 000 EUR		
Abzugsfähiger Anteil nach § 21 Absatz 1 Satz 2 ErbStG				

$$\frac{\text{Steuer vor Anrechnung ausländischer Steuer} \times \text{steuerpflichtiges Auslandsvermögen}}{\text{steuerpflichtiges Gesamtvermögen}}$$

Grundstück in Spanien		150 000 EUR		
direkt zuzuordnende Grundschulden	./.	50 000 EUR		
Steuerpflichtiges Auslandsvermögen		100 000 EUR		
20 867 EUR × 100 000 EUR : 600 000 EUR =		3 478 EUR	./.	3 478 EUR
Festzusetzende Erbschaftsteuer				17 389 EUR

Beispiel 2:

Der Erblasser E wird von seinem Sohn S allein beerbt. E hinterlässt Kapitalvermögen im Wert von 500 000 EUR und ein Geschäftsgrundstück in Spanien mit einem gemeinen Wert von 300 000 EUR. Die Tochter T macht einen Pflichtteil von 200 000 EUR geltend. S wird in Spanien zu einer Erbschaftsteuer von 60 000 EUR herangezogen.

Grundstück in Spanien		300 000 EUR
Kapitalvermögen	+	500 000 EUR
Steuerpflichtiges Gesamtvermögen		800 000 EUR
Pflichtteil	./.	200 000 EUR
Erbfallkostenpauschale	./.	10 300 EUR
Persönlicher Freibetrag	./.	400 000 EUR
Steuerpflichtiger Erwerb		189 700 EUR

Steuersatz 11 %		
Steuer		20 867 EUR
Ausländische Steuer	60 000 EUR	
Abzugsfähiger Anteil nach § 21 Absatz 1 Satz 2 ErbStG		

$$\frac{\text{Steuer vor Anrechnung ausländischer Steuer} \times \text{steuerpflichtiges Auslandsvermögen}}{\text{steuerpflichtiges Gesamtvermögen}}$$

Auf eine Zurechnung der anteiligen Pflichtteilslast auf das Auslandsvermögen und das weitere Vermögen kann verzichtet werden, da sich rechnerisch daraus keine Auswirkung auf den abzugsfähigen Teil der ausländischen Steuer ergibt.

20 867 EUR × 300 000 EUR : 800 000 EUR =	7826 EUR	./. 7826 EUR
Festzusetzende Erbschaftsteuer		13 041 EUR

Beispiel 3:

Der Erblasser E hat seinen Wohnsitz in Spanien und setzt seinem in Deutschland wohnenden Sohn S ein Vermächtnis aus. Dieses beinhaltet das Familienheim (die Wohnfläche beträgt unter 200 m²) in Spanien, in das S unverzüglich einzieht und ein weiteres selbst genutztes Einfamilienhaus im Inland. Das Grundstück in Spanien hat einen gemeinen Wert von 300 000 EUR und das Grundstück im Inland einen Grundbesitzwert von 600 000 EUR. S hat Kosten zur Erlangung des Erwerbs von 10 300 EUR. S wird in Spanien zu einer Erbschaftsteuer von 60 000 EUR herangezogen.

Inländisches Grundstück		600 000 EUR
Familienheim in Spanien	300 000 EUR	
Befreiung nach § 13 Absatz 1 Nummer 4c ErbStG	./. 300 000 EUR	
Steuerpflichtiges Auslandsvermögen	0 EUR	+ 0 EUR
Steuerpflichtiges Gesamtvermögen		600 000 EUR
Kosten zur Erlangung des Erwerbs		./. 10 300 EUR
Persönlicher Freibetrag		./. 400 000 EUR
Steuerpflichtiger Erwerb		189 700 EUR
Steuersatz 11 %		
Steuer		20 867 EUR
Ausländische Steuer	60 000 EUR	
Abzugsfähiger Anteil nach § 21 Absatz 1 Satz 2 ErbStG		

$$\frac{\text{Steuer vor Anrechnung ausländischer Steuer} \times \text{steuerpflichtiges Auslandsvermögen}}{\text{steuerpflichtiges Gesamtvermögen}}$$

20 867 EUR × 0 EUR : 600 000 EUR =	0 EUR	./. 0 EUR
Festzusetzende Erbschaftsteuer		20 867 EUR

Anrechnung ausländischer Erbschaftsteuer bei der Zusammenrechnung nach § 14 ErbStG. → BFH vom 7.9.2011 II R 58/09, BStBl. 2012 II S. 40.

Beispiel 1:

E hat seiner Lebensgefährtin L 500 000 EUR im Jahr 2010 geschenkt. Im Jahr 2018 stirbt E. Erben sind seine Kinder. In seinem Testament hat E der L ein Geschäftsgrundstück in Spanien vermacht; der gemeine Wert beträgt 150 000 EUR. L wird in Spanien zu einer

Erbschaftsteuer von 23 000 EUR herangezogen, die sie umgehend bezahlt. L beantragt die Anrechnung der ausländischen Steuer.

Erwerb 2010

Barvermögen	500 000 EUR	
Persönlicher Freibetrag 2010	./. 20 000 EUR	
Steuerpflichtiger Erwerb	480 000 EUR	
Steuersatz 30 %		
Steuer 2010	144 000 EUR	

Erwerb 2018

Grundstück Spanien		150 000 EUR
Barvermögen 2010		+ 500 000 EUR
Gesamterwerb		650 000 EUR
Persönlicher Freibetrag 2018		./. 20 000 EUR
Steuerpflichtiger Gesamterwerb		630 000 EUR
Steuersatz 30 %		
Steuer auf Gesamterwerb		189 000 EUR
Fiktive Abzugssteuer 2018 auf Vorerwerb 2010		
Barvermögen 2010	500 000 EUR	
Persönlicher Freibetrag 2018 (20 000 EUR), höchstens beim Erwerb 2010 verbrauchter Freibetrag	./. 20 000 EUR	
Steuerpflichtiger Erwerb	480 000 EUR	
Steuersatz 30 %		
Fiktive Abzugssteuer 2018	144 000 EUR	
Die fiktive Steuer entspricht der tatsächlichen Steuer		./. 144 000 EUR
Steuer für den Erwerb 2018		45 000 EUR
Abzugsfähige ausländische Steuer		./. 23 000 EUR
Da der Erwerb ausschließlich in Auslandsvermögen besteht, entfällt eine Aufteilung nach § 21 Absatz 1 Satz 2 ErbStG.		
Steuer für den Erwerb 2018		22 000 EUR
Mindeststeuer nach § 14 Absatz 1 Satz 4 ErbStG		
Erwerb 2018	150 000 EUR	
Persönlicher Freibetrag	./. 20 000 EUR	
Steuerpflichtiger Erwerb	130 000 EUR	
Steuersatz 30 %		
Steuer	39 000 EUR	
Abzugsfähige ausländische Steuer	./. 23 000 EUR	
Mindeststeuer	16 000 EUR	
Festzusetzende Steuer 2018		22 000 EUR

Beispiel 2:

Die in den Niederlanden lebende A hat ihrem Neffen B mit Wohnsitz in Deutschland im Jahr 2012 100 000 EUR geschenkt. B zahlte dafür in den Niederlanden eine Schenkungsteuer von 20 000 EUR. Im Jahr 2018 schenkt A dem B weitere 200 000 EUR. B zahlte in den Niederlanden eine Schenkungsteuer von 35 000 EUR.

Erwerb 2012

Barvermögen	100 000 EUR	
Persönlicher Freibetrag 2012	./. 20 000 EUR	
Steuerpflichtiger Erwerb	80 000 EUR	

Steuersatz 20 %		
Steuer (Härteausgleich) 2012		13 750 EUR
Ausländische Steuer	20 000 EUR	
Abzugsfähige ausländische Steuer		./. 13 750 EUR
Da der Erwerb ausschließlich in Auslandsvermögen besteht, entfällt eine Aufteilung nach § 21 Absatz 1 Satz 2 ErbStG.		
Steuer für den Erwerb 2012		0 EUR
Die in den Niederlanden gezahlte Mehrsteuer von 6 250 EUR wird nicht erstattet.		
Erwerb 2018		
Barvermögen		200 000 EUR
Barvermögen 2012		+ 100 000 EUR
Gesamterwerb		300 000 EUR
Persönlicher Freibetrag 2018		./. 20 000 EUR
Steuerpflichtiger Gesamterwerb		280 000 EUR
Steuersatz 20 %		
Steuer auf Gesamterwerb		56 000 EUR
Fiktive Abzugssteuer 2018 auf Vorerwerb 2012		
Barvermögen 2012	100 000 EUR	
Persönlicher Freibetrag 2018 (20 000 EUR), höchstens beim Erwerb 2012 verbrauchter Freibetrag	./. 20 000 EUR	
Steuerpflichtiger Erwerb	80 000 EUR	
Steuersatz 20 %		
Fiktive Abzugssteuer (Härteausgleich) 2018 (ohne Anrechung nach § 21 ErbStG)	13 750 EUR	
Tatsächliche Steuer 2005 (ohne Anrechung nach § 21 ErbStG)	13 750 EUR	
Die fiktive Steuer entspricht der tatsächlichen Steuer		./. 13 750 EUR
Steuer für den Erwerb 2018		42 250 EUR
Abzugsfähige ausländische Steuer		./. 35 000 EUR
Da der Erwerb ausschließlich in Auslandsvermögen besteht, entfällt eine Aufteilung nach § 21 Absatz 1 Satz 2 ErbStG. Es ist jedoch nur die für die Schenkung 2018 erhobene niederländische Steuer anzurechnen.		
Steuer für den Erwerb 2018		7 250 EUR
Mindeststeuer nach § 14 Absatz 1 Satz 4 ErbStG		
Erwerb 2018	200 000 EUR	
Persönlicher Freibetrag	./. 20 000 EUR	
Steuerpflichtiger Erwerb	180 000 EUR	
Steuersatz 20 %		
Steuer	36 000 EUR	
Abzugsfähige ausländische Steuer	./. 35 000 EUR	
Mindeststeuer	1 000 EUR	
Festzusetzende Steuer 2018		7 250 EUR

Anrechnung ausländischer Nachlasssteuer bei Pflichtteilen oder Vermächtnissen. Wird die ausländische Steuer als Nachlasssteuer erhoben, ist als die auf den Erwerber entfallende ausländische Steuer diejenige anzusehen, die anteilig auf die von ihm als Nachlassbegünstigten (Erbbegünstigten) erworbene Rechtsposition entfällt (→ BFH vom 6.3.1990 II R 32/86, BStBl. II S. 786).

Ausländische Erbschaftsteuer auf Kapitalvermögen eines inländischen Erblassers. Die Erbschaftsteuer, die ein ausländischer Staat auf den Erwerb von Kapitalvermögen erhebt, das ein inländischer Erblasser in dem Staat angelegt hatte, ist bei Fehlen eines DBA weder auf die deutsche Erbschaftsteuer anzurechnen noch als Nachlassverbindlichkeit zu berücksichtigen (→ BFH vom 19.6.2013 II R 10/12, BStBl. II S. 746).

Capital gains tax. Die kanadische „capital gains tax" ist nicht auf die deutsche Erbschaftsteuer anrechenbar, sondern nur als Nachlassverbindlichkeit abzugsfähig (→ BFH vom 26.4.1995 II R 13/92, BStBl. II S. 540). Dies gilt auch für entsprechende Steuern in anderen Staaten.

Italienische Erbschaftsteuer. Die Hypothekarsteuer (imposta ipotecaria) für eine Änderung der Eintragung einer Hypothek im Immobilienregister, die Katastersteuer (imposta catastale) für die Änderung des Katastereintrages sowie die Hypothekargebühr (tassa ipotecaria) und Stempelsteuer (imposta di bollo) sind keine der Erbschaft- und Schenkungsteuer entsprechende Steuern.

Liechtensteinische Widmungssteuer. Die liechtensteinische Widmungssteuer ist keine der Erbschaft- und Schenkungsteuer vergleichbare Steuer. Sie ist vielmehr eine Art Vermögensteuer, die der Übertragende zu entrichten hat.

Maßgebender Umrechnungskurs. Die anzurechnende ausländische Erbschaftsteuer ist nach dem amtlichen Briefkurs für den Tag der Entstehung der deutschen Erbschaftsteuer in Euro umzurechnen (→ BFH vom 19.3.1991 II R 134/88, BStBl. II S. 521).

Österreichische Kapitalertragsteuer. Die österreichische Kapitalertragsteuer mit Abgeltungscharakter für die Erbschaftsteuer ist im Hinblick auf ihre Erhebungsform eine Steuer auf das Einkommen und keine Erbschaftsteuer.

US-amerikanische Nachlasssteuer. → BFH vom 6.3.1990 II R 32/86, BStBl. II S. 786.

Zahlung ausländischer Schenkungsteuer als rückwirkendes Ereignis. → BFH vom 22.9.2010 II R 54/09, BStBl. 2011 II S. 247.

Zu § 22 ErbStG

R E 22 Kleinbetragsgrenze – *unbesetzt* –

H E 22

Anwendung der Kleinbetragsgrenze nach § 22 ErbStG in Erbfällen. Nach § 22 ErbStG ist von der Festsetzung der Erbschaftsteuer abzusehen, wenn die Steuer, die für den einzelnen Steuerfall festzusetzen ist, den Betrag von 50 EUR nicht übersteigt.

Als Steuerfall im Sinne des § 22 ErbStG ist nicht der „Erbfall" und damit bei mehreren Beteiligten nicht die Gesamtzahl der Erwerbe anzusehen, sondern – wie bei Zuwendungen unter Lebenden – der einzelne Vermögensanfall.

Zu § 23 ErbStG

R E 23 Besteuerung von Renten, Nutzungen und Leistungen

– unbesetzt –

H E 23

Abzug persönlicher Freibeträge. Aus Vereinfachungsgründen ist der Abzug der Freibeträge nach §§ 16, 17 ErbStG vorrangig bei dem Vermögen vorzunehmen, das der Sofortversteuerung unterliegt; entsprechend ist bei der fiktiven steuerfreien Ausgleichsforderung nach § 5 Absatz 1 ErbStG zu verfahren.

Ist Vermögen, das der Sofortversteuerung unterliegt, nicht vorhanden, sind diese Freibeträge bei der Jahresversteuerung nach der sog. Aufzehrungsmethode in der Weise zu berücksichtigen, dass von der Erhebung der Jahressteuer solange abgesehen wird, bis die Freibeträge durch Verrechnung mit den Jahreswerten aufgezehrt sind (→ RFH vom 10.2.1938, RStBl S. 396). Übersteigt die Summe der Freibeträge den Wert des der Sofortversteuerung unterliegenden Vermögens, ist hinsichtlich des Differenzbetrags entsprechend zu verfahren.

Beispiel:

Nach dem Tod des Ehemannes in 2018 erhält seine Witwe (63 Jahre) eine steuerpflichtige Leibrente mit einem Jahreswert von 60 000 EUR und Barvermögen mit einem Wert von 456 000 EUR. Es bestand Gütertrennung. Hinsichtlich der Rente beantragt sie die Jahresversteuerung.

Kapitalwert der Rente (§ 14 BewG)		
60 000 EUR × 13,111		786 660 EUR
Barvermögen	+	456 000 EUR
Wert des Erwerbs		1 242 660 EUR
Freibetrag § 16 ErbStG	./.	500 000 EUR
Freibetrag § 17 ErbStG	./.	256 000 EUR
steuerpflichtiger Erwerb		486 660 EUR
abgerundet		486 600 EUR
Steuersatz 15%		

Sofortsteuer:			
Barvermögen		456 000 EUR	
Freibeträge §§ 16, 17 ErbStG	./.	756 000 EUR	
	–	300 000 EUR	
sofort fällige Steuer			0 EUR
Jahressteuer:			
15% von 60 000 EUR			9 000 EUR

Für die ersten fünf Jahre (5 × 60 000 EUR) ist die Jahressteuer mit Rücksicht auf den „Restfreibetrag" von 300 000 EUR nicht zu erheben.

Auf Antrag ist die sog. Kürzungsmethode anzuwenden, bei der der Jahreswert in dem Maß zu kürzen ist, in dem der Kapitalwert durch den Freibetrag gemindert wird.

Ausfall von Rentenzahlungen. → BFH vom 22.10.2014 II R 4/14, BStBl. 2015 II S. 237.

Erwerb erbbaurechtsbelasteter Grundstücke – kein Besteuerungswahlrecht. → BFH vom 29.8.2003 II B 70/03, BStBl. II S. 944.

Jahressteuer und Anrechnung ausländischer Erbschaftsteuer nach § 21 ErbStG. Der maßgebliche Steuersatz ist in analoger Anwendung des § 19 Absatz 2 ErbStG nach dem Gesamterwerb einschließlich des Auslandsvermögens zu ermitteln. Hierbei ist es unerheblich, ob die Erhebung der Steuer ganz oder teilweise nach § 23 ErbStG erfolgt. Wenn der Gesamterwerb zu einer Sofortsteuer und zu einer Jahressteuer führt, hat die Anrechnung bei der Steuer zu erfolgen, die auf das Vermögen i. S. d. § 21 ErbStG entfällt. Soweit eine Jahresversteuerung erfolgt, ist die ausländische Steuer ggf. auf die einzelnen Beträge der Jahressteuer anzurechnen.

Beispiel 1:

Der in 2018 verstorbene Erblasser vermacht seinem Bruder (Alter 65 Jahre) eine steuerpflichtige Leibrente mit einem Jahreswert von 24 000 EUR und ein ausländisches Geschäftsgrundstück mit einem Wert von 270 000 EUR. Hinsichtlich der Rente beantragt der Vermächtnisnehmer die Jahresversteuerung. Im Ausland wurde für das Grundstück 50 000 EUR Erbschaftsteuer festgesetzt und gezahlt.

Kapitalwert der Rente (§ 14 BewG)		
24 000 EUR × 11,444		274 656 EUR
Grundstück im Ausland		+ 270 000 EUR
Wert des Erwerbs (steuerpflichtiges Gesamtvermögen)		544 656 EUR
Freibetrag § 16 ErbStG		./. 20 000 EUR
steuerpflichtiger Erwerb		524 656 EUR
abgerundet		524 600 EUR
Steuersatz 25 %		
Steuer auf Gesamterwerb		
25 % von 524 600 EUR		131 150 EUR
Sofortsteuer:		
Grundstück im Ausland	+ 270 000 EUR	
Freibetrag § 16 ErbStG	./. 20 000 EUR	
	250 000 EUR	
sofort fällige Steuer 25 % von 250 000 EUR		62 500 EUR
Ausländische Steuer	50 000 EUR	
Abzugsfähiger Anteil nach § 21 Absatz 1 Satz 2 ErbStG		

$$\frac{\text{Steuer vor Anrechnung ausländischer Steuer} \times \text{steuerpflichtiges Auslandsvermögen}}{\text{steuerpflichtiges Gesamtvermögen}}$$

131 150 EUR × 270 000 EUR : 544 656 EUR =	65 014 EUR	
		./. 50 000 EUR
		12 500 EUR
Jahressteuer 25 % von 24 000 EUR		6 000 EUR

Beispiel 2:

Der in 2018 verstorbene Erblasser vermacht seinem Bruder (Alter: 65 Jahre) ein Nießbrauchsrecht an einem ausländischen Grundstück mit einem Jahreswert von 24 000 EUR und Barvermögen mit einem Wert von 270 000 EUR. Hinsichtlich des Nießbrauchsrechts beantragt der Vermächtnisnehmer die Jahresversteuerung. Im Ausland wurde für das Nießbrauchsrecht 50 000 EUR Erbschaftsteuer festgesetzt und gezahlt.

Kapitalwert Nießbrauch (§ 14 BewG)			
24 000 EUR × 11,444			274 656 EUR
Barvermögen		+	270 000 EUR
Wert des Erwerbs (steuerpflichtiges Gesamtvermögen)			544 656 EUR
Freibetrag § 16 ErbStG		./.	20 000 EUR
steuerpflichtiger Erwerb			524 656 EUR
abgerundet			524 600 EUR
Steuersatz 25 %			
Steuer auf Gesamterwerb 25 % von 524 600 EUR			131 150 EUR
Sofortsteuer:			
Barvermögen	+ 270 000 EUR		
Freibetrag § 16 ErbStG	./. 20 000 EUR		
	250 000 EUR		
sofort fällige Steuer: 25 % von 250 000 EUR			62 500 EUR
Jahressteuer: 25 % von 24 000 EUR			6 000 EUR
Ausländische Steuer	50 000 EUR		
Abzugsfähiger Anteil nach § 21 Absatz 1 Satz 2 ErbStG			

$$\frac{\text{Steuer vor Anrechnung ausländischer Steuer} \times \text{steuerpflichtiges Auslandsvermögen}}{\text{steuerpflichtiges Gesamtvermögen}}$$

131 150 EUR × 274 656 EUR : 544 656 EUR = 66 135 EUR

Für die ersten acht Jahre ist wegen der Anrechnung der ausländischen Erbschaftsteuer (8 × 6 000 EUR= 48 000 EUR) eine Jahressteuer nicht zu erheben. Für das neunte Jahr ist die Jahressteuer mit Rücksicht auf die „restliche" anrechenbare ausländische Erbschaftsteuer von 2 000 EUR nur mit (6 000 EUR – 2 000 EUR =) 4 000 EUR zu erheben. Ab dem zehnten Jahr ist die volle Jahressteuer (6 000 EUR) zu erheben.

Jahressteuer und Übernahme der Schenkungsteuer durch Schenker. Sowohl dem Beschenkten als auch dem Schenker, der die Zahlung der Steuer auf den Erwerb einer Rente oder anderen wiederkehrenden Nutzung und Leistung übernommen hat, steht das Wahlrecht i. S. d. § 23 Absatz 1 ErbStG zu.

Die vom Schenker übernommene Steuer i. S. d. § 10 Absatz 2 ErbStG erfüllt jedoch nicht die Voraussetzungen des § 23 Absatz 1 ErbStG, auch soweit sie auf den Kapitalwert der Rente oder einer anderen wiederkehrenden Nutzung und Leistung entfällt. Denn die übernommene Steuer gilt als eigenständiger Erwerb, bei dem es sich nicht um einen Anspruch auf eine Rente oder andere wiederkehrende Nutzung und Leistung handelt. Insoweit kommt es folglich stets und in vollem Umfang zur Sofortversteuerung.

Beispiel:

Schwester S schenkt ihrem Bruder B (Alter 80 Jahre) im Jahr 2018 ein Grundstück (Grundbesitzwert 75 000 EUR) und eine lebenslange Rente mit einem Jahreswert von 36 000 EUR (Kapitalwert 229 824 EUR). S hat sich verpflichtet, die Schenkungsteuer zu übernehmen.

Erwerb 2018

Kapitalwert der Rente		229 824 EUR
Grundstück	+	75 000 EUR
Wert der Zuwendung		304 824 EUR

Daraus errechnete Steuer		
Zuwendung	304 824 EUR	
Persönlicher Freibetrag	./. 20 000 EUR	
Verbleiben	284 824 EUR	
Steuerpflichtiger Erwerb abgerundet	284 800 EUR	
Steuer 20 %	56 960 EUR	+ 56 960 EUR
Erwerb einschl. Steuer		361 784 EUR
Persönlicher Freibetrag		./. 20 000 EUR
Verbleiben		341 784 EUR
Steuerpflichtiger Erwerb abgerundet		341 700 EUR
Steuer (Härteausgleich)		80 850 EUR
Maßgeblicher Steuersatz		23,66 %
Sofortsteuer		
Grundstück		75 000 EUR
Übernommene Steuer		+ 56 960 EUR
Summe		131 960 EUR
Persönlicher Freibetrag		./. 20 000 EUR
Steuerpflichtiger Erwerb		111 900 EUR
Steuer 23,66 %		26 475 EUR
Jahressteuer		
Jahreswert der Rente		36 000 EUR
Steuer 23,66 %		8 517 EUR

Jahressteuer und Zusammenrechnung mit Vorerwerben. Wird ein Rentenerwerb mit einem Vorerwerb nach § 14 ErbStG zusammengerechnet, wirkt sich der Vorerwerb auch auf die Höhe des Steuersatzes für die Berechnung der Jahressteuer nach § 23 Absatz 1 Satz 2 ErbStG aus. Der anzuwendende Steuersatz kann nicht unmittelbar für den Gesamterwerb aus der Tabelle in § 19 ErbStG entnommen werden, sondern ergibt sich aus dem Verhältnis der auf den Rentenerwerb entfallenden Steuer zum Kapitalwert des Rentenerwerbs. Nur diese Vorgehensweise wird den Besonderheiten der Zusammenrechnung nach § 14 ErbStG gerecht. Eine Steuerfestsetzung erfolgt nur auf den Rentenerwerb als Nacherwerb. Das gilt auch für den Fall, dass der Erwerber die Jahresversteuerung wählt. Dabei ist es nicht möglich, die Steuer auf den Rentenerwerb aufzuteilen in einen Teil, der tatsächlich als Jahressteuer zu erheben ist, und einen Teil, der rechnerisch als eine Art Nachschlag für den Vorerwerb zu erheben und sofort zu entrichten ist. Aus diesem Grund ist es auch nicht zulässig, dem Erwerber eine entsprechende zusätzliche Wahlmöglichkeit zur Entrichtung der Steuer auf den Nacherwerb einzuräumen.

Beispiel:

Ein Erblasser hatte seiner Lebensgefährtin 50 000 EUR im Jahr 2013 geschenkt. Die dafür festgesetzte Steuer betrug (Stkl. III, 30 % von 30 000 EUR =) 9 000 EUR. Mit seinem Tod im Jahr 2018 erhält sie (Alter 60 Jahre) vermächtnisweise eine Leibrente mit einem Jahreswert von 6 000 EUR.

Erwerb 2018

Kapitalwert der Rente (§ 14 BewG)	
6 000 EUR × 13,832	82 992 EUR
Barvermögen 2013	+ 50 000 EUR
Gesamterwerb	132 992 EUR
Persönlicher Freibetrag	./. 20 000 EUR
steuerpflichtiger Erwerb	112 992 EUR
abgerundet	112 900 EUR
Steuersatz 30 %	

Steuer auf Gesamterwerb			33 870 EUR
Anzurechnende Steuer auf Vorerwerb			
Fiktive Abzugssteuer 2018 auf Vorerwerb 2013			
Wert des Erwerbs 2013		50 000 EUR	
Persönlicher Freibetrag 2018 (20 000 EUR), höchstens			
beim Erwerb 2013 verbrauchter Freibetrag	./.	20 000 EUR	
Steuerpflichtiger Erwerb		30 000 EUR	
Steuersatz 2018 30 %			
Fiktive Abzugssteuer 2018		9 000 EUR	
Die fiktive Steuer entspricht der tatsächlichen Steuer		./.	9 000 EUR
Verbleiben			24 870 EUR
Mindeststeuer nach § 14 Absatz 1 Satz 4 ErbStG			
Erwerb 2018		82 992 EUR	
Persönlicher Freibetrag	./.	20 000 EUR	
Steuerpflichtiger Erwerb		62 992 EUR	
abgerundet		62 900 EUR	
Steuersatz 30 %			
Mindeststeuer		18 870 EUR	
Steuer 2018			24 870 EUR

Die Steuer von 24 870 EUR entspricht – bezogen auf den Kapitalwert des Rentenerwerbs von 82 992 EUR – einem Steuersatz von 29,96 %. Als Jahressteuer sind festzusetzen:
6 000 EUR × 29,96 % = 1 797 EUR

Zu § 25 ErbStG

R E 25 Besteuerung bei Nutzungs- und Rentenlast

(1)[1] [1] § 25 ErbStG wurde mit Wirkung vom 1. Januar 2009 aufgehoben. [2] Für Erwerbe, für die die Steuer vor dem 1. Januar 2009 entstanden ist, bleibt § 25 ErbStG und dessen Rechtswirkung weiterhin anwendbar, es sei denn, der Erwerber hat einen Antrag auf rückwirkende Anwendung des ab 1. Januar 2009 geltenden Erbschaftsteuer- und Bewertungsrechts nach Artikel 3 ErbStRG vom 24. Dezember 2008 (BGBl. I S. 3018) gestellt. [3] Insbesondere bleiben auch die Regelungen zur zinslosen Stundung, deren Ablösung und Fälligkeit für Erwerbsvorgänge, für die die Steuer vor dem 1. Januar 2009 entstanden ist, anwendbar (§ 37 Absatz 2 Satz 2 ErbStG).

(2) [1] Wird der Erwerb von Vermögen bei nach dem 31. Dezember 2008 ausgeführten Erwerben von Todes wegen mit einer Nutzungs-, Rentenlast oder mit der Verpflichtung zu sonstigen wiederkehrenden Leistungen belastet, ist der Kapitalwert der Belastung unabhängig davon, zu wessen Gunsten die Last zu erbringen ist, bei Berechnung des steuerpflichtigen Erwerbs abzuziehen. [2] Bei Schenkungen gilt dies nach R E 7.4 Absatz 1 entsprechend.

(3) Bei Grundstücksschenkungen unter Lebenden führt der Abzug der Nutzungslast, auch wenn der Schenker sich oder seinem Ehegatten das Nutzungsrecht vorbehält, hinsichtlich des Werts der Auflage nicht mehr zur Anwendbarkeit der grunderwerbsteuerlichen Befreiung nach § 3 Nummer 2 GrEStG.

---

[1] Zum Vorbehalt eines nachrangigen Nießbrauchs bei der Schenkungsteuer siehe BFH v. 6.5.2020 II R 11/19, BStBl. II 2020, 746.

(4) [1]Der vorzeitige unentgeltliche Verzicht auf ein vorbehaltenes Nießbrauchs- oder anderes Nutzungsrecht erfüllt als Rechtsverzicht den Tatbestand des § 7 Absatz 1 Nummer 1 ErbStG, soweit dabei eine Bereicherung des Erwerbers eintritt, die bisher noch nicht der Steuer unterlag. [2]Eine steuerliche Doppelerfassung des Nutzungsrechts kann grundsätzlich im Gegensatz zu Übertragungen, bei denen § 25 ErbStG noch anzuwenden war, nicht mehr eintreten, so dass in diesen Fällen der Wert des Nießbrauchs- oder anderen Nutzungsrechts im Zeitpunkt des Verzichts ungeschmälert als eigenständige Schenkung anzusetzen ist.

(5) [1]Lebenslängliche Nutzungen und Leistungen sind gemäß § 14 Absatz 1 BewG zu bewerten. [2]In Fällen des § 25 ErbStG wurde bisher die gestundete Steuer nicht gemäß § 14 Absatz 2 BewG berichtigt, wenn die Last durch Tod in den Grenzen des § 14 Absatz 2 BewG vorzeitig weggefallen ist, weil dies keinen Einfluss auf die Höhe der gestundeten Steuer hatte (→ R 85 Absatz 6 Satz 8 und 9 ErbStR 2003). [3]Diese Voraussetzungen liegen für Erwerbe, für die die Steuer nach dem 31.12.2008 entsteht, nicht mehr vor, so dass § 14 Absatz 2 BewG in diesen Fällen zu beachten ist.

H E 25

Berechnung des Ablösungsbetrags.[1)] → Gleich lautende Ländererlasse vom 9.6.2008 (BStBl. I S. 646), vom 18.11.2016 (BStBl. I S. 1246) und vom 7.12.2017 (BStBl. I S. 1625).

Berechnung des Ablösungsbetrags in Fällen der Gesamtgläubigerschaft.

Beispiel:

Vater V schenkt einem Kind im Jahr 2007 ein Mietwohngrundstück unter Vorbehalt des Nießbrauchs für sich selbst bzw. Einräumung eines Nießbrauchs zugunsten seiner Ehefrau E als Gesamtgläubiger bis zum Tod des Längstlebenden. Der gesamte Jahreswert der Nutzung beträgt 36 000 EUR. Auf den Zeitpunkt der Steuerentstehung ergeben sich folgende Kapitalwerte der Belastung bzw. der Teilbeträge:

Berechtigter	Lebensalter	Vervielfältiger lt. Anlage 9 zum BewG a. F.	Jahreswert EUR	Kapitalwert EUR	Summe EUR	Anteil
V	62	9,889	18 000	178 002	178 002	39,39%
E	58	12,553	18 000	225 954		
		12,553 – 9,889 = 2,664	18 000	47 952	273 906	60,61%
Summe					451 908	100,00%

Bei einem angenommenen Steuersatz von 19% errechnet sich ein Stundungsbetrag auf den abgerundeten Erwerb von 451 900 EUR × 19% = 85 861 €, der anteilig mit 39,39% bzw. 60,61% auf die einzelnen Ansprüche der Gesamtgläubiger entfällt. V und E beantragen nachträglich die Ablösung der gestundeten Steuer im Jahr 2018.

Ablösungsbetrag für V (73 Jahre): 33 820 EUR × 0,523 = 17 687 EUR

Ablösungsbetrag für E (69 Jahre): 52 041 EUR × 0,389 = 20 243 EUR

1) Zur Sterbetafel 2014/2016 und 2015/2017 siehe gleich lautenden Ländererlass v. 30.11.2018, BStBl. I 2018, 1309, zur Sterbetafel 2016/2018 siehe gleich lautenden Ländererlass v. 20.12.2019, BStBl. I 2019, 1373, zur Sterbetafel 2017/2019 siehe gleich lautenden Ländererlass v. 6.11.2020, BStBl. I 2020, 1164, zur Sterbetafel 2018/2020 siehe gleich lautenden Ländererlass v. 20.9.2021, BStBl. I 2021, 1834.

Berichtigung der Steuerfestsetzung.

Beispiel:

Am 10. Januar 2018 verschenkt der 58-jährige A ein Grundstück an B und behält sich ein lebenslängliches Nießbrauchsrecht vor. Sollte A vor dem 10. Januar 2026 versterben, ist die Nießbrauchslast, deren Kapitalwert unter Berücksichtigung der für Erwerbe im Jahr 2018 maßgebenden Sterbetafel des Statistischen Bundesamts kapitalisiert wurde, nach § 14 Absatz 2 BewG mit dem nach der wirklichen Dauer des Nießbrauchsrechts ermittelten Kapitalwert zu ändern.

Fortbestehen der Stundung bei ausgetauschtem Zuwendungsgegenstand. Wird ein nießbrauchsbelasteter Zuwendungsgegenstand veräußert, führt die Entgeltlichkeit zur Fälligkeit der gestundeten Steuer, auch soweit ein Nießbrauch oder sonstiges Nutzungsrecht an einem Surrogat bestellt wird. Etwas anderes gilt dann, wenn sich der Schenker bereits bei der Schenkungsabrede die Fortsetzung des Nießbrauchs am Erlös ausbedungen hat (→ BFH vom 11.11.2009 II R 31/07, BStBl. 2010 II S. 504).

Verzicht auf Nießbrauchsrecht. → H E 10.1 „Bereicherung in den Fällen des Nießbrauchsverzichts, in denen der Nießbrauch bei früheren Erwerben teilweise einem Abzugsverbot unterlag“.

Verzicht auf Nutzungs- oder Rentenrecht. → BFH vom 17.3.2004 II R 3/01, BStBl. II S. 429.

Verzicht auf Nutzungsrechte in den Fällen des § 25 ErbStG a. F. bei Steuerentstehungszeitpunkten für die Vermögenszuwendung unter Nießbrauchsvorbehalt vor dem 1.1.2009. Der vorzeitige unentgeltliche Verzicht auf ein vorbehaltenes Nießbrauchs- oder anderes Nutzungsrecht erfüllt als Rechtsverzicht den Tatbestand des § 7 Absatz 1 Nummer 1 ErbStG, soweit dabei eine Bereicherung des Erwerbers eintritt, die bisher noch nicht der Steuer unterlag. Eine steuerliche Doppelerfassung des Nutzungsrechts als Folge der Nichtberücksichtigung als Abzugsposten nach § 25 Absatz 1 Satz 1 ErbStG a. F. einerseits und seiner Erfassung beim späteren Verzicht des Berechtigten andererseits ist bei der Besteuerung des Verzichts durch den Abzug des bei der Besteuerung des nutzungsrechtsbelasteten Gegenstandes tatsächlich unberücksichtigt gebliebenen Steuerwerts des Nutzungsrechts vom Steuerwert des Nutzungsrechts im Zeitpunkt des Rechtsverzicht zu beseitigen (→ BFH vom 17.3.2004 II R 3/01, BStBl. II S. 429). Ist der erstgenannte Wert höher als der letztgenannte Wert, ist von einer Bereicherung aus dem Verzicht von 0 Euro auszugehen, weil der Erwerber hinsichtlich des übersteigenden Werts des Nutzungsrechts nicht doppelt belastet wird.

Beispiel:

Vater V schenkte seinem Sohn im Jahr 2006 ein Grundstück mit einem Grundbesitzwert von 500 000 EUR (Verkehrswert 700 000 EUR), unter Nießbrauchsvorbehalt. Der Nießbrauch blieb bei der Feststellung des Grundbesitzwerts unberücksichtigt. Der Jahreswert des Nießbrauchs beträgt 40 000 EUR. Zum Zeitpunkt der Ausführung der Zuwendung ist V 65 Jahre alt. Im Jahr 2018 verzichtet er unentgeltlich auf den Nießbrauch. Zum Zeitpunkt der Ausführung dieser Zuwendung ist V 77 Jahre alt. Der Grundbesitzwert beträgt 710 000 EUR und entspricht dem Verkehrswert. Der Jahreswert des Nießbrauchs beträgt unverändert 40 000 EUR.

Erwerb 2006		
Bruttowert des Erwerbs		500 000 EUR
Persönlicher Freibetrag		./. 205 000 EUR
Steuerpflichtiger Erwerb		295 000 EUR
Steuersatz 15 %		
Steuer 2006		44 250 EUR
Bruttowert des Erwerbs	500 000 EUR	
Jahreswert Nießbrauch 500 000 EUR : 18,6 (§ 16 BewG) = 26 882 EUR (tatsächlicher Wert höher)		
Kapitalwert Nießbrauch (§ 14 BewG) 26 882 EUR × 9,019	./. 242 449 EUR	
Nettowert des Erwerbs	257 551 EUR	
Persönlicher Freibetrag	./. 205 000 EUR	
Steuerpflichtiger Nettoerwerb	52 551 EUR	
Abgerundet	52 500 EUR	
Sofort fällige Steuer 2006 nach Härteausgleich (§ 19 Absatz 3 ErbStG)		./. 3 890 EUR
Zu stundende Steuer		40 360 EUR
Erwerb 2018		
Erwerb aus Nießbrauchsverzicht Jahreswert Nießbrauch 2018 710 000 EUR : 18,6 (§ 16 BewG) = 38 172 EUR (tatsächlicher Wert höher) Kapitalwert Nießbrauch 2018 (§ 14 BewG) 38 172 EUR × 7,478		285 450 EUR
Kapitalwert Nießbrauch 2006 (siehe oben)		./. 242 449 EUR
Bereicherung 2018		43 001 EUR

Wegfall eines Teils der Belastung bei Gesamtgläubigerschaft in Fällen der Steuerentstehung vor dem 1.1.2009

Beispiel:

Vater V schenkte einem Kind im Jahr 2000 ein Mietwohngrundstück unter Vorbehalt des Nießbrauchs für sich selbst bzw. Einräumung eines Nießbrauchs zugunsten seiner Ehefrau E als Gesamtgläubiger bis zum Tod des Längstlebenden. Der gesamte Jahreswert der Nutzung beträgt 36 000 EUR. Auf den Zeitpunkt der Steuerentstehung ergeben sich folgende Kapitalwerte der Belastung bzw. der Teilbeträge:

Berechtigter	Lebensalter	Vervielfältiger lt. Anlage 9 zum BewG a. F.	Jahreswert EUR	Kapitalwert EUR	Summe EUR	Anteil
V	62	9,889	18 000	178 002	178 002	39,39%
E	58	12,553 12,553 – 9,889 = 2,664	18 000 18 000	225 954 47 952	273 906	60,61%
Summe					451 908	100,00%

Bei einem angenommenen Steuersatz von 19 % errechnet sich ein Stundungsbetrag auf den abgerundeten Erwerb von 451 900 EUR × 19 % = 85 861 €, der anteilig mit 39,39 % bzw. 60,61 % auf die einzelnen Ansprüche der Gesamtgläubiger entfällt.

Als V 2018 stirbt, wird der gestundete Betrag in Höhe von (85 861 EUR × 39,39 % =) 33 820 EUR fällig. Der Restbetrag in Höhe von (85 861 EUR – 33 820 EUR =) 52 041 EUR bleibt weiter gestundet.

Zusammenrechnung nach § 14 ErbStG. → H E 14.1 (1).

Zu § 27 ErbStG

R E 27 Mehrfacher Erwerb desselben Vermögens

(1) [1]Ist die Erbschaftsteuer nach § 27 ErbStG zu ermäßigen, wird das begünstigte Vermögen bei der Berechnung des darauf entfallenden Steuerbetrags höchstens mit dem Wert angesetzt, mit dem es beim Vorerwerber tatsächlich schon einmal der Besteuerung unterlag. [2]Eine zwischen den beiden Erwerben eingetretene Wertsteigerung kann nicht in die Ermäßigung einbezogen werden, weil dasselbe Vermögen im Umfang dieser Wertsteigerung gerade nicht mehrfach besteuert wird. [3]Ist zwischen den beiden Erwerben eine Wertminderung eingetreten, darf nur der geminderte Wert im Zeitpunkt des Nacherwerbs in die Ermäßigung einbezogen werden.

(2)[1)] [1]Stehen Schulden und Lasten im wirtschaftlichen Zusammenhang mit mehrfach erworbenem Vermögen in Sinne des § 27 Absatz 1 ErbStG (begünstigtes Vermögen) und anderem Vermögen, ist die Steuer für den Gesamterwerb gemäß § 27 Absatz 2 ErbStG in dem Verhältnis aufzuteilen, in dem der Nettowert des begünstigten Vermögens nach Abzug der mit diesem Vermögen zusammenhängenden Schulden und Lasten zu dem Wert des steuerpflichtigen Gesamterwerbs nach Abzug aller Schulden und Lasten (→ R E 10.1) und vor Abzug des dem Erwerber zustehenden Freibetrags steht. [2]Dabei können die in unmittelbarem Zusammenhang stehenden Schulden und Lasten direkt zugeordnet werden. [3]Die nicht unmittelbar zuzuordnenden Schulden und Lasten bleiben nur bei der Ermittlung des Aufteilungsverhältnisses unberücksichtigt.

(3) In den Fällen des § 6 Absatz 3 ErbStG ist der Erwerb des Vorerben, der in der Steuerklasse I besteuert wurde, nicht als belasteter Erwerb im Sinne des § 27 ErbStG zu berücksichtigen.

H E 27

Begrenzung des Ermäßigungsbetrags bei mehreren Erwerbern. Nach § 27 Absatz 3 ErbStG darf die Steuerermäßigung bei mehrfachem Erwerb desselben Vermögens den Betrag nicht überschreiten, der sich bei Anwendung des maßgebenden Ermäßigungssatzes nach § 27 Absatz 1 ErbStG auf die Steuer ergibt, die der Vorerwerber für den Erwerb desselben Vermögens entrichtet hat. Bei mehreren Erwerbern darf die Summe der Ermäßigungsbeiträge der einzelnen Erwerber nach § 27 Absatz 1 ErbStG nicht höher sein als der sich nach § 27 Absatz 3 ErbStG ergebende Höchstbetrag. Ist dies der Fall, ist der Höchstbetrag der Ermäßigung auf die einzelnen Erwerber entsprechend ihrem jeweiligen Anteil am mehrfach erworbenen Vermögen zu verteilen.

Berechnung des Ermäßigungsbetrags.

Beispiel 1:

Großvater G (verstorben am 2.2.2015) vermachte seinem Enkel E ein Wertpapierdepot mit einem Steuerwert von 1 000 000 EUR. Das Depot war mit einer Restschuld aus der Anschaffung von 100 000 EUR belastet. Diese Schuld musste E mit übernehmen. Als E selbst am 1.8.2018 durch einen Unfall ums Leben kommt, erbt seine Ehefrau F das Wertpapierdepot, Wert zu diesem Zeitpunkt 1 000 000 EUR, und ein Geschäftsgrundstück (ohne

[1)] Teilweise überholt durch das JStG 2020, zur Anwendung für Erwerbe nach dem 28.12.2020 siehe gleich lautenden Ländererlass v. 13.9.2021, BStBl. I 2021, 1837.

Vermietung zu Wohnzwecken) mit einem Grundbesitzwert von 1 200 000 EUR. Auf dem Wertpapierdepot ruht noch eine Restschuld von 100 000 EUR, auf dem Grundstück noch eine Restschuld von 500 000 EUR. Eine steuerfrei zu stellende Ausgleichsforderung nach § 5 ErbStG ist nicht gegeben.

Besteuerung des Vermächtnisnehmers E 2015

Wertpapiere	1 000 000 EUR
Nachlassverbindlichkeiten	./. 100 000 EUR
Bereicherung	900 000 EUR
Persönlicher Freibetrag	./. 200 000 EUR
Steuerpflichtiger Erwerb	700 000 EUR
Steuersatz 19 %	
Erbschaftsteuer	133 000 EUR

Besteuerung des Erwerbs der F 2018

Wertpapiere	1 000 000 EUR
Weiteres Vermögen	+ 1 200 000 EUR
Gesamterwerb	2 200 000 EUR
Nachlassverbindlichkeiten	./. 600 000 EUR
Erbfallkostenpauschale	./. 10 300 EUR
Wert des Erwerbs	1 589 700 EUR
Persönlicher Freibetrag	./. 500 000 EUR
Versorgungsfreibetrag	./. 256 000 EUR
Steuerpflichtiger Erwerb	833 700 EUR
Steuersatz 19 %	
Erbschaftsteuer	158 403 EUR

Ermäßigungsbetrag nach § 27 Absatz 2 ErbStG

Auf den mehrfach besteuerten Teil des Vermögens (= begünstigtes Vermögen) entfallender Steuerbetrag:

Abzug der unmittelbar zuzuordnenden Schulden Begünstigtes Vermögen 2018 1 000 000 EUR – 100 000 EUR =	900 000 EUR	900 000 EUR
Maximal Nettowert beim Erwerb 2015	./. 900 000 EUR	
Dem nicht begünstigten Vermögen 2018 zuzurechnen	0 EUR	
Nicht begünstigtes Vermögen 2018 1 200 000 EUR – 500 000 EUR =	700 000 EUR	
Werterhöhung begünstigtes Vermögen (wie oben)	+ 0 EUR	
	700 000 EUR	+ 700 000 EUR
Summe		1 600 000 EUR

Anteil des begünstigten Nettovermögens 2018
900 000 EUR : 1 600 000 EUR = 56,25 %

Anteil der auf begünstigtes Vermögen entfallenden Erbschaftsteuer 2018
158 403 EUR × 56,25 % = 89 102 EUR
Maßgeblicher Ermäßigungssatz für 4 Jahre = 35 %
Ermäßigungsbetrag 89 102 EUR × 35 % = 31 186 EUR

Höchstbetrag nach § 27 Absatz 3 ErbStG
Erbschaftsteuer 2015 = 133 000 EUR
Höchstbetrag 133 000 EUR × 35 % = 46 550 EUR
Der Höchstbetrag wird hier nicht überschritten.

Wenn das Vermögen 2015 beim nachfolgenden Erwerb 2018 nicht vollständig übergeht (z. B. wegen Verbrauchs), muss auch die Steuer 2015 nach dem Nettowert des begünstigten Vermögens 2015 zum gesamten Nettowert 2015 aufgeteilt werden. Die Berechnung mit den unmittelbar bzw. nicht unmittelbar zuzurechnenden Schulden muss analog der obigen Darstellung erfolgen, allerdings nur auf der Basis der Werte 2015.

Erbschaftsteuer 2018	
Erbschaftsteuer vor Ermäßigung	158 403 EUR
Ermäßigungsbetrag § 27 ErbStG	./. 31 186 EUR
Festzusetzende Erbschaftsteuer	127 217 EUR

Beispiel 2:

Großvater G (verstorben am 2.2.2015) vermachte seinem Enkel E ein Wertpapierdepot mit einem Steuerwert von 1 000 000 EUR. Das Depot war mit einer Restschuld aus der Anschaffung von 100 000 EUR belastet. Diese Schuld musste E mit übernehmen. Als E selbst am 1.8.2018 durch einen Unfall ums Leben kommt, erbt seine Ehefrau F das Wertpapierdepot, Wert zu diesem Zeitpunkt 1 500 000 EUR, und ein Geschäftsgrundstück (ohne Vermietung zu Wohnzwecken) mit einem Grundbesitzwert von 1 200 000 EUR. Auf dem Wertpapierdepot ruht noch eine Restschuld von 50 000 EUR, auf dem Grundstück noch eine Restschuld von 500 000 EUR. Eine steuerfrei zu stellende Ausgleichsforderung nach § 5 ErbStG ist nicht gegeben.

Besteuerung des Vermächtnisnehmers E 2015

Wertpapiere	1 000 000 EUR
Nachlassverbindlichkeiten	./. 100 000 EUR
Bereicherung	900 000 EUR
Persönlicher Freibetrag	./. 200 000 EUR
Steuerpflichtiger Erwerb	700 000 EUR
Steuersatz 19 %	
Erbschaftsteuer	133 000 EUR

Besteuerung des Erwerbs der F 2018

Wertpapiere	1 500 000 EUR
Weiteres Vermögen	+ 1 200 000 EUR
Gesamterwerb	2 700 000 EUR
Nachlassverbindlichkeiten	./. 550 000 EUR
Erbfallkostenpauschale	./. 10 300 EUR
Wert des Erwerbs	2 139 700 EUR
Persönlicher Freibetrag	./. 500 000 EUR
Versorgungsfreibetrag	./. 256 000 EUR
Steuerpflichtiger Erwerb	1 383 700 EUR
Steuersatz 19 %	
Erbschaftsteuer	262 903 EUR

Ermäßigungsbetrag nach § 27 ErbStG

Auf den mehrfach besteuerten Teil des Vermögens (= begünstigtes Vermögen) entfallender Steuerbetrag:

Abzug der unmittelbar zuzuordnenden Schulden		
Begünstigtes Vermögen 2018		
1 500 000 EUR – 50 000 EUR =	1 450 000 EUR	
Maximal Nettowert beim Erwerb 2015	./. 900 000 EUR	900 000 EUR
Dem nicht begünstigten Vermögen 2018 zuzurechnen	550 000 EUR	
(Die Wertsteigerung nimmt nicht Teil an der Ermäßigung, → R E 27)		
Nicht begünstigtes Vermögen 2018		
1 200 000 EUR – 500 000 EUR =	700 000 EUR	
Werterhöhung begünstigtes Vermögen (wie oben)	+ 550 000 EUR	
	1 250 000 EUR	+ 1 250 000 EUR
Summe		2 150 000 EUR

Anteil des begünstigten Nettovermögens 900 000 EUR : 2 150 000 EUR = 41,87 % Anteil der auf begünstigtes Vermögen entfallenden Erbschaftsteuer 2018 262 903 EUR × 41,87 % = 110 078 EUR Maßgeblicher Ermäßigungssatz für 4 Jahre = 35 % Ermäßigungsbetrag 110 078 EUR × 35 % =		38 528 EUR
Höchstbetrag nach § 27 Absatz 3 ErbStG Erbschaftsteuer 2015 = 133 000 EUR Höchstbetrag 133 000 EUR × 35 % = 46 550 EUR Der Höchstbetrag wird hier nicht überschritten.		
Erbschaftsteuer 2018		
Erbschaftsteuer vor Ermäßigung		262 903 EUR
Ermäßigungsbetrag § 27 ErbStG	./.	38 528 EUR
Festzusetzende Erbschaftsteuer		224 375 EUR

Beispiel 3:

Großvater G (verstorben am 2.2.2015) vermachte seinem Enkel E ein Wertpapierdepot mit einem Steuerwert von 1 000 000 EUR. Das Depot war mit einer Restschuld aus der Anschaffung von 100 000 EUR belastet. Diese Schuld musste E mit übernehmen. Als E selbst am 1.8.2018 durch einen Unfall ums Leben kommt, erbt seine Ehefrau F das Wertpapierdepot, Wert zu diesem Zeitpunkt 800 000 EUR, und ein Geschäftsgrundstück (ohne Vermietung zu Wohnzwecken) mit einem Grundbesitzwert von 1 200 000 EUR. Auf dem Wertpapierdepot ruht noch eine Restschuld von 50 000 EUR, auf dem Grundstück noch eine Restschuld von 500 000 EUR. Eine steuerfrei zu stellende Ausgleichsforderung nach § 5 ErbStG ist nicht gegeben.

Besteuerung des Vermächtnisnehmers E 2015

Wertpapiere		1 000 000 EUR
Nachlassverbindlichkeiten	./.	100 000 EUR
Bereicherung		900 000 EUR
Persönlicher Freibetrag	./.	200 000 EUR
Steuerpflichtiger Erwerb		700 000 EUR
Steuersatz 19 %		
Erbschaftsteuer		133 000 EUR

Besteuerung des Erwerbs der F 2018

Wertpapiere		800 000 EUR
Weiteres Vermögen	+	1 200 000 EUR
Gesamterwerb		2 000 000 EUR
Nachlassverbindlichkeiten	./.	550 000 EUR
Erbfallkostenpauschale	./.	10 300 EUR
Wert des Erwerbs		1 439 700 EUR
Persönlicher Freibetrag	./.	500 000 EUR
Versorgungsfreibetrag	./.	256 000 EUR
Steuerpflichtiger Erwerb		683 700 EUR
Steuersatz 19 %		
Erbschaftsteuer		129 903 EUR

Ermäßigungsbetrag nach § 27 ErbStG
Auf den mehrfach besteuerten Teil des Vermögens (= begünstigtes Vermögen) entfallender Steuerbetrag nach § 27 Absatz 2 ErbStG:
Abzug der unmittelbar zuzuordnenden Schulden

Begünstigtes Vermögen 2018 800 000 EUR – 50 000 EUR =		750 000 EUR	750 000 EUR
Maximal Nettowert beim Erwerb 2015	./.	900 000 EUR	
Dem nicht begünstigten Vermögen 2018 zuzurechnen		0 EUR	

Die Wertminderung führt zu einer Minderung der Ermäßigung (→ R E 27)		
Nicht begünstigtes Vermögen 2018		
1 200 000 EUR – 500 000 EUR	700 000 EUR	
Werterhöhung begünstigtes Vermögen (wie oben)	+ 0 EUR	
	700 000 EUR	+ 700 000 EUR
Summe		1 450 000 EUR
Anteil des begünstigten Nettovermögens		
750 000 EUR : 1 450 000 EUR = 51,73 %		
Anteil der auf begünstigtes Vermögen entfallenden Erbschaftsteuer 2018		
129 903 EUR × 51,73% = 67 199 EUR		
Maßgeblicher Ermäßigungssatz für 4 Jahre = 35 %		
Ermäßigungsbetrag 67 199 EUR × 35 %		23 520 EUR
Höchstbetrag nach § 27 Absatz 3 ErbStG		
Erbschaftsteuer 2015 = 133 000 EUR		
133 000 EUR × 35% = 46 550 EUR		
Der Höchstbetrag wird hier nicht überschritten.		
Erbschaftsteuer 2018		
Erbschaftsteuer vor Ermäßigung		129 903 EUR
Ermäßigungsbetrag § 27 ErbStG	./.	23 520 EUR
Festzusetzende Erbschaftsteuer		106 383 EUR

Keine Anwendung § 27 ErbStG bei einem ausschließlich nach ausländischem Recht besteuerten Vorerwerb. → BFH vom 27.9.2016 II R 37/13, BStBl. 2017 II S. 411.

Zusammentreffen von § 14 Absatz 2, § 21 und § 27 ErbStG in einem Steuerfall. → R E 14.1 Absatz 5.

Zu § 28 ErbStG

R E 28 Stundung

(1) [1]Beim Erwerb von begünstigtem Vermögen im Sinne des § 13b Absatz 2 ErbStG von Todes wegen ist die darauf entfallende festgesetzte Steuer auf Antrag des Erwerbers bis zu sieben Jahre zu stunden. [2]Wird die Steuerfestsetzung geändert und erhöht sich hierdurch die auf das begünstigte Vermögen entfallende Steuer, beginnt hinsichtlich des Änderungsbetrags ein neuer Siebenjahreszeitraum. [3]Die Stundung kommt insbesondere in Betracht

1. in den Fällen der Regelverschonung für die Steuer auf begünstigtes Vermögen nach Abzug des Verschonungsabschlags (§ 13a Absatz 1 ErbStG) und des Abzugsbetrags (§ 13a Absatz 2 ErbStG);
2. in den Fällen des § 13c ErbStG für die Steuer auf begünstigtes Vermögen nach Abzug des abgeschmolzenen Verschonungsabschlags;
3. in den Fällen des § 28a ErbStG für die nicht erlassene Steuer auf begünstigtes Vermögen;
4. in den Fällen, in denen weder eine Verschonung nach § 13c noch nach § 28a ErbStG beantragt wurde.

[4]Die auf das nicht begünstigte Vermögen entfallende Steuer kann nicht nach § 28 Absatz 1 ErbStG gestundet werden.

(2) [1]Die gestundete Steuer ist in gleichen Jahresbeträgen zu entrichten. [2]Die erste Jahresrate ist zinslos zu stunden. [3]Die weiteren Jahresraten sind zinspflichtig (§§ 234, 238 AO).

(3) [1]Die Stundung endet stets, wenn

1. das erworbene begünstigte Vermögen im Sinne des § 13b Absatz 2 ErbStG verschenkt oder veräußert wird;
2. der Erwerber den Betrieb, die Beteiligung an der Personengesellschaft oder den Anteil an der Kapitalgesellschaft aufgibt;
3. der Erwerber gegen die Lohnsummenregelung des § 13a Absatz 3 ErbStG oder die Behaltensregelungen nach § 13a Absatz 6 ErbStG verstößt. [2]Im Falle eines Antrags auf Optionsverschonung nach § 13a Absatz 10 i. V. m. § 13c ErbStG oder auf Verschonungsbedarfsprüfung nach § 28a ErbStG gelten die verlängerte Lohnsummenfrist, die höheren Mindestlohnsummen und die verlängerte Behaltensfrist des § 13a Absatz 10 ErbStG. [3]Die Stundung endet bei einem Verstoß gegen die Lohnsummenregelung bzw. die Behaltensregelungen nach § 13a Absatz 6 Satz 1 Nummer 1, 2, 4 und 5 ErbStG in vollem Umfang. [4]Soweit aufgrund einer Reinvestition (§ 13a Absatz 6 Satz 3 und 4 ErbStG) insgesamt von einer rückwirkenden Besteuerung abgesehen wird, endet die Stundung nicht. [5]Bei einem Verstoß gegen die Entnahmebegrenzung nach § 13a Absatz 6 Satz 1 Nummer 3 ErbStG endet die Stundung in vollem Umfang.

[2]Eine Stundung kann nicht erfolgen für die Steuer, die aufgrund eines Verstoßes gegen die Lohnsummenregelung oder die Behaltensregelung zu entrichten ist. [3]Es bleibt dem Erwerber unbenommen, in den Fällen des Satzes 1 einen Antrag auf Fortführung der Stundung zu stellen, soweit begünstigtes Vermögen verbleibt, für das die Stundungsvoraussetzungen erfüllt sind. [4]Wird das begünstigte Vermögen im Sinne des § 13b Absatz 2 ErbStG innerhalb des noch laufenden Stundungszeitraums von Todes wegen übertragen, endet die Stundung erst, wenn der nachfolgende Erwerber die Voraussetzung für die Stundung nicht mehr erfüllt.

(4) Die auf das begünstigte Vermögen nach § 13b Absatz 2 ErbStG entfallende Steuer ist wie folgt zu berechnen:

1. Die tarifliche Steuer nach § 19 ErbStG auf den gesamten steuerpflichtigen Erwerb ist um die anzurechnende Steuer auf einen Vorerwerb nach § 14 Absatz 1 ErbStG zu kürzen.
2. [1)] Die danach verbleibende Steuer ist nach dem Verhältnis des Werts des begünstigten Vermögens – gegebenenfalls nach den Verschonungen nach § 13a ErbStG (Vorwegabschlag, Verschonungsabschlag, Abzugsbetrag) oder § 13c ErbStG und nach Abzug der damit in wirtschaftlichem Zusammenhang stehenden abzugsfähigen Schulden und Lasten (§ 10 Absatz 5 und 6 ErbStG) – zum Wert des gesamten Vermögensanfalls nach Abzug der mit diesem Vermögen in wirtschaftlichem Zusammenhang stehenden abzugsfähigen Schulden und Lasten aufzuteilen.

[1)] Teilweise überholt durch das JStG 2020, zur Anwendung für Erwerbe nach dem 28.12.2020 siehe gleich lautenden Ländererlass v. 13.9.2021, BStBl. I 2021, 1837.

3. Sind für das begünstigte Vermögen die Voraussetzungen der §§ 19a, 21 oder 27 ErbStG erfüllt, sind der Ermäßigungsbetrag nach § 19a ErbStG, die darauf entfallende Ermäßigung nach § 27 ErbStG bzw. die darauf entfallende, nach § 21 ErbStG anrechenbare Steuer abzuziehen.

H E **28** (4)

Berechnung der auf begünstigtes Vermögen entfallenden Steuer.

Beispiel:

Unternehmerin U hat ihre Tochter T zur Alleinerbin eingesetzt. Zum Nachlass gehören sämtliche Anteile an einer GmbH mit einem Steuerwert 1 400 000 EUR. Das begünstigte Vermögen hat einen gemeinen Wert von 1 300 000 EUR. Ein Antrag auf Optionsverschonung nach § 13a Absatz 10 ErbStG wurde nicht gestellt. Zum Nachlass gehört Kapitalvermögen im Wert von 750 000 EUR. Ein im Zusammenhang mit der Anschaffung der GmbH-Anteile aufgenommener Kredit valutiert noch in Höhe von 200 000 EUR.

Für T ergibt sich folgende Steuerberechnung:

GmbH-Anteile			
nicht begünstigtes Vermögen			100 000 EUR
begünstigtes Vermögen		1 300 000 EUR	
Verschonungsabschlag (85 %)		./. 1 105 000 EUR	
Verbleiben		195 000 EUR	
Abzugsbetrag		./. 127 500 EUR	
steuerpflichtiges begünstigtes Unternehmensvermögen		67 500 EUR	+ 67 500 EUR
Abzugsbetrag		150 000 EUR	
Verbleibender Wert (15 %)	195 000 EUR		
Abzugsbetrag	./. 150 000 EUR		
Unterschiedsbetrag	45 000 EUR		
Davon 50 %		./. 22 500 EUR	
Verbleibender Abzugsbetrag		127 500 EUR	
Kapitalvermögen			+ 750 000 EUR
Gesamter Vermögensanfall			917 500 EUR
Schuld aus der GmbH-Beteiligung			
Kürzung nach § 10 Absatz 6 ErbStG		200 000 EUR	
Abziehbare Schuld			
auf nicht begünstigtes Vermögen entfallender Teil der Schuld			
200 000 EUR × 100 000 EUR : 1 400 000 EUR = 14 285 EUR			
ungekürzt abziehbarer Teil der Schuld			./. 14 285 EUR
auf begünstigtes Vermögen entfallender Teil der Schuld			
200 000 EUR ./. 14 285 EUR = 185 715 EUR			
185 715 EUR × 67 500 EUR : 1 300 000 EUR =			./. 9 643 EUR
Vermögensanfall nach Abzug der Schulden			893 572 EUR
Erbfallkostenpauschale			./. 10 300 EUR
persönlicher Freibetrag			./. 400 000 EUR
steuerpflichtiger Erwerb			483 272 EUR
abgerundet			483 200 EUR

Anteil des begünstigten Vermögens:
(67 500 EUR ./. 9 643 EUR) : 893 572 EUR = 6,48 %

Steuer nach Stkl. I (15 %) 72 480 EUR

Auf begünstigtes Vermögen entfällt
72 480 EUR × 6,48 % 4 697 EUR

R E 28 (5–8)

(5) [1]Beim Erwerb von bebauten Grundstücken oder Grundstücksteilen, die

1. zu Wohnzwecken vermietet werden (§ 13d ErbStG),
2. im Inland, einem Mitgliedstaat der Europäischen Union oder in einem Staat des Europäischen Wirtschaftsraums belegen sind und
3. nicht zum begünstigten Betriebsvermögen oder begünstigten Vermögen eines Betriebs der Land- und Forstwirtschaft im Sinne des § 13b Absatz 2 ErbStG gehören,

hat der Erwerber auf Antrag einen Rechtsanspruch auf Stundung der darauf entfallenden festgesetzten Steuer bis zu zehn Jahren, soweit er sie nur durch Veräußerung dieses Vermögens aufbringen kann (§ 28 Absatz 3 Satz 1 ErbStG). [2]Dies gilt sowohl für Erwerbe von Todes wegen als auch für Schenkungen unter Lebenden.

(6) [1]Unter den in Absatz 5 Satz 1 Nummer 2 und 3 genannten Voraussetzungen besteht ein Rechtsanspruch auf Stundung auch dann, wenn zum Erwerb ein Ein- oder Zweifamilienhaus oder Wohneigentum gehört, das der Erwerber nach dem Erwerb zu eigenen Wohnzwecken nutzt, längstens für die Dauer der Selbstnutzung. [2]Diese Stundungsmöglichkeit erstreckt sich ausdrücklich nur auf ein Grundstück, das zu den genannten Grundstücksarten gehört. [3]Eine Wohnung in einem Mietwohn-, Geschäfts- oder gemischt genutzten Grundstück oder in einem sonstigen bebauten Grundstück ist nicht begünstigt. [4]Voraussetzung ist nicht, dass der Erblasser oder Schenker dieses Grundstück vor der Übertragung als Familienheim selbst genutzt hat. [5]Nach Aufgabe der Selbstnutzung durch den Erwerber und anschließender Vermietung zu Wohnzwecken ist die Stundung bis zum Ende des ursprünglichen Zehnjahreszeitraums weiter zu gewähren.

(7) [1]Ein Anspruch auf Stundung nach Absatz 5 und 6 besteht nicht, wenn der Erwerber die Steuer für den Erwerb aus erworbenem weiterem Vermögen oder aus eigenem Vermögen aufbringen kann. [2]Dazu muss der Erwerber auch die Möglichkeit der Kreditaufnahme ausschöpfen. [3]Die Feststellungslast dafür, dass kein eigenes Vermögen vorhanden und keine Kreditaufnahme möglich ist, obliegt dem Steuerpflichtigen. [4]Kann der Schenker zur Zahlung der Schenkungsteuer herangezogen werden, sei es, weil er die Steuer übernommen hat (§ 10 Absatz 2 ErbStG), sei es, weil er als Gesamtschuldner in Anspruch genommen werden kann, bleibt eine Stundung ebenfalls ausgeschlossen. [5]Dem Erwerber ist zuzumuten, aus den Vermietungseinnahmen oder aus seinen sonstigen Einnahmen die gestundete Steuer kontinuierlich zu tilgen. [6]Bei der Prüfung der Frage, ob durch die sofortige Entrichtung der Erbschaftsteuer die Veräußerung des Grundvermögens notwendig wird, bleiben Nachlassverbindlichkeiten, z. B. Grundschulden, Pflichtteile oder Vermächtnisse, außer Betracht. [7]Wird die Veräußerung des Grundvermögens dadurch

notwendig, dass neben der Erbschaftsteuer in erheblichem Umfang solche Nachlassverbindlichkeiten zu übernehmen sind, kann zwar § 28 ErbStG nicht angewendet werden, es kann jedoch eine Stundung nach § 222 AO in Betracht kommen. [8]In den Fällen des Absatzes 5 gelten Absatz 3 Satz 1 Nummer 1 und Satz 4 sowie Absatz 4 entsprechend. [9]In den Fällen des Absatzes 6 gelten Absatz 3 Satz 1 Nummer 1 und Absatz 4 entsprechend.

(8) [1]Bei einem Erwerb von Todes wegen erfolgt die Stundung nach Absatz 5 bis 7 zinslos. [2]In allen übrigen Fällen ist die Stundung zinspflichtig (§§ 234, 238 AO).

Zu § 28a ErbStG

R E 28a.1 Verschonungsbedarfsprüfung – Allgemeines

(1) [1]Wenn der Wert des erworbenen begünstigten Vermögens im Sinne des § 13b Absatz 2 ErbStG den Schwellenwert von 26 Millionen EUR überschreitet und der Erwerber keinen Antrag nach § 13c ErbStG gestellt hat, wird die Steuer ohne Verschonung für das begünstigte Vermögen festgesetzt. [2]Auf Antrag des Erwerbers wird eine Verschonungsbedarfsprüfung nach § 28a ErbStG durchgeführt. [3]Diese kann zu einem teilweisen oder vollständigen Erlass der auf das begünstigte Vermögen entfallenden Steuer führen. [4]Der Vorwegabschlag bis zu 30 Prozent nach § 13a Absatz 9 ErbStG ist vor Prüfung des Schwellenwerts von 26 Millionen EUR und vor Anwendung der Verschonungsbedarfsprüfung zu berücksichtigen (§ 13a Absatz 9 ErbStG; → R E 13a.20).

(2) [1]Der Erwerber muss den Antrag auf Erlass nach § 28a Absatz 1 Satz 1 ErbStG bei dem für die Erbschaft- oder Schenkungsteuer zuständigen Finanzamt schriftlich stellen oder zur Niederschrift erklären. [2]Er kann den Antrag unabhängig vom Eintritt der materiellen Bestandskraft der Erbschaft- oder Schenkungsteuerfestsetzung bis zum Eintritt der Zahlungsverjährung stellen; ein Widerruf des Antrags ist möglich. [3]Der Antrag ist ausgeschlossen, wenn der Erwerber bereits unwiderruflich beantragt hat, das Abschmelzmodell nach § 13c ErbStG anzuwenden (§§ 13c Absatz 2 Satz 6, 28a Absatz 8 ErbStG).

(3) Für die Anwendung des § 28a ErbStG ist die auf das insgesamt erworbene begünstigte Vermögen entfallende Steuer maßgeblich.

(4) Entfällt der Vorwegabschlag nach § 13a Absatz 9 Satz 5 ErbStG mit Wirkung für die Vergangenheit, ist für die festgesetzte, auf den geänderten Wert des begünstigten Vermögens entfallende Steuer auf Antrag die Verschonungsbedarfsprüfung durchzuführen.

(5) Die auf das begünstigte Vermögen nach § 13b Absatz 2 ErbStG entfallende Steuer ist wie folgt zu berechnen:

1. Die tarifliche Steuer nach § 19 ErbStG auf den gesamten steuerpflichtigen Erwerb ist um die anzurechnende Steuer auf einen Vorerwerb nach § 14 Absatz 1 ErbStG zu kürzen.
2.[1] Die danach verbleibende Steuer ist nach dem Verhältnis des Werts des begünstigten Vermögens – gegebenenfalls nach Abzug des Vorwegabschlags

[1] Teilweise überholt durch das JStG 2020, zur Anwendung für Erwerbe nach dem 28.12.2020 siehe gleich lautenden Ländererlass v. 13.9.2021, BStBl. I 2021, 1837.

nach § 13a Absatz 9 ErbStG und nach Abzug der damit in wirtschaftlichem Zusammenhang stehenden abzugsfähigen Schulden und Lasten (§ 10 Absatz 5 und 6 ErbStG) – zum Wert des gesamten Vermögensanfalls nach Abzug der mit diesem Vermögen in wirtschaftlichem Zusammenhang stehenden abzugsfähigen Schulden und Lasten aufzuteilen.

3. Sind für das begünstigte Vermögen die Voraussetzungen der §§ 19a, 21 oder 27 ErbStG erfüllt, sind der Ermäßigungsbetrag nach § 19a ErbStG, die darauf entfallende Ermäßigung nach § 27 ErbStG bzw. die darauf entfallende, nach § 21 ErbStG anrechenbare Steuer abzuziehen.

H E 28a.1

Berechnung der auf begünstigtes Vermögen entfallenden Steuer.

Beispiel:

Unternehmerin U hat ihre Tochter T zur Alleinerbin eingesetzt. Zum Nachlass gehören sämtliche Anteile an einer GmbH mit einem Steuerwert 100 000 000 EUR. Das begünstigte Vermögen hat einen gemeinen Wert von 95 000 000 EUR. Die Gesellschaft erfüllt die Voraussetzungen für einen Vorwegabschlag nach § 13a Absatz 9 ErbStG in Höhe von 5%. Zum Nachlass gehört Kapitalvermögen im Wert von 25 000 000 EUR. Ein im Zusammenhang mit der Anschaffung der GmbH-Anteile aufgenommener Kredit valutiert noch in Höhe von 3 000 000 EUR.

Die Tochter ist Eigentümerin eines Grundstücks mit einem gemeinen Wert von 2 000 000 EUR, welches sie zu eigenen Wohnzwecken nutzt.

Für T ergibt sich folgende Steuerberechnung:

GmbH-Anteile		
nicht begünstigtes Vermögen		5 000 000 EUR
begünstigtes Vermögen	95 000 000 EUR	
Vorwegabschlag 5 %	./. 4 750 000 EUR	
verbleiben	90 250 000 EUR	
steuerpflichtiges begünstigtes Unternehmensvermögen		+ 90 250 000 EUR
Kapitalvermögen		+ 25 000 000 EUR
gesamter Vermögensanfall		120 250 000 EUR

Schuldenkürzung nach § 10 Absatz 6 ErbStG:
Auf das nicht begünstigte Vermögen entfallende Schulden:

$$\frac{3\,000\,000 \text{ EUR} \times 5\,000\,000 \text{ EUR}}{100\,000\,000 \text{ EUR}} = 150\,000 \text{ EUR}$$

Auf das begünstigte Vermögen entfallende Schulden:
3 000 000 EUR ./. 150 000 EUR = 2 850 000 EUR

$$\frac{2\,850\,000 \text{ EUR} \times 90\,250\,000 \text{ EUR}}{95\,000\,000 \text{ EUR}} = 2\,707\,500 \text{ EUR}$$

Abziehbare Schulden (150 000 EUR + 2 707 500 EUR =)	./. 2 857 500 EUR
Vermögensanfall nach Schuldenabzug	117 392 500 EUR
Erbfallkostenpauschale	./. 10 300 EUR
persönlicher Freibetrag	./. 400 000 EUR
steuerpflichtiger Erwerb	116 982 200 EUR

Anteil des begünstigten Vermögens:		
begünstigtes Vermögen	90 250 000 EUR	
darauf entfallende abziehbare Schulden	./. 2 707 500 EUR	
Saldo	87 542 500 EUR	
87 542 500 EUR : 117 392 500 EUR = 74,58 %		
Steuer nach Stkl. I (30 %)		35 094 660 EUR
Auf begünstigtes Vermögen entfällt 35 094 660 EUR × 74,58 %		26 173 598 EUR

R E 28a.2 Verfügbares Vermögen

(1) [1]Ein Erlass kommt nur für den Teil der auf das begünstigte Vermögen im Sinne des § 13b Absatz 2 ErbStG entfallenden Steuer in Betracht, den der Erwerber nicht aus seinem verfügbaren Vermögen begleichen kann. [2]Das Erbschaft- und Schenkungsteuerrecht erkennt in § 13 ErbStG an, dass bestimmtes Vermögen für die Bestreitung des Lebensunterhalts zur Verfügung stehen sollte, z. B. Hausrat, Familienheim. [3]Dabei ist zu berücksichtigen, dass bei einer Veräußerung von bestimmten Wirtschaftsgütern unter Umständen andere Steuern anfallen oder bei einer eventuellen Beleihung von Wirtschaftsgütern und Vermögensgegenständen eine Beleihung zu 100 Prozent ihres Verkehrswerts in der Regel nicht zu realisieren ist. [4]Da der zu wahrende Kernbestand des Vermögens nicht zweifelsfrei abgegrenzt werden kann, ist das übrige Vermögen nach § 28a Absatz 2 ErbStG typisierend mit einem Anteil von 50 Prozent einzubeziehen. [5]Bei der Prüfung ist abzustellen auf die Summe der gemeinen Werte des Vermögens, das nicht zum begünstigten Vermögen des § 13b Absatz 2 ErbStG gehört bzw. gehören würde. [6]Das gilt unabhängig davon, ob es im Rahmen der Erbschaft oder Schenkung zugleich übergegangen ist oder dem Erwerber im Besteuerungszeitpunkt bereits gehörte. [7]Zum verfügbaren Vermögen gehören insbesondere

1. das nicht nach § 13b Absatz 1 ErbStG begünstigungsfähige Vermögen, z. B. Anteile an Kapitalgesellschaften, die die Mindestbeteiligung nach § 13b Absatz 1 Nummer 3 ErbStG nicht erreichen, ausländisches Betriebsvermögen in einem Drittstaat, Privatvermögen (Kapitalvermögen, Grundstücke, übriges Vermögen),
2. das nicht begünstigte Verwaltungsvermögen, das zu einer wirtschaftlichen Einheit des begünstigungsfähigen Vermögens nach § 13b Absatz 1 ErbStG gehört (steuerpflichtiger Wert des Verwaltungsvermögens, → R E 13b.9 Absatz 2),
3. Vermögen, das nicht der Besteuerung nach dem ErbStG unterliegt, z. B. Vermögen, das nicht der unbeschränkten Steuerpflicht nach § 2 Absatz 1 Nummer 1 ErbStG unterliegt oder nach einem DBA von der Besteuerung ausgenommen ist.

(2) [1]Im Rahmen der Verschonungsbedarfsprüfung sind allein die Verhältnisse im Besteuerungszeitpunkt maßgeblich. [2]Der Bestand und der Wert des *verfügbaren Vermögens sind* auf diesen Stichtag zu ermitteln. [3]Nicht maßgebend sind unter anderem der Zeitpunkt der Steuerfestsetzung, des Erlassan-

trags nach § 28a Absatz 1 ErbStG oder des Ergehens des Verwaltungsakts über einen Erlass nach § 28a Absatz 1 ErbStG. [4]Anzusetzen ist jeweils der Nettowert des einzubeziehenden Vermögens. [5]Bei der Berechnung des Nettowerts sind Schulden und Lasten einschließlich der Nachlassverbindlichkeiten nach § 10 Absatz 5 ErbStG sowie Gegenleistungen im Fall einer Schenkung abzuziehen. [6]Die auf den steuerpflichtigen Erwerb entfallende Steuer mindert den Wert des verfügbaren Vermögens nicht. [7]Bei der Ermittlung des Werts des verfügbaren Vermögens sind Steuerbefreiungen, z. B. für Hausrat, Kulturgüter oder ein Familienheim, unbeachtlich. [8]Wurden im Rahmen der Steuerberechnung aufgrund dieser Steuerbefreiungen Schulden nach § 10 Absatz 6 ErbStG nur eingeschränkt abgezogen, sind diese bei der Ermittlung des verfügbaren Vermögens ungekürzt abzuziehen. [9]Ebenfalls unbeachtlich ist, dass der Erwerber gegebenenfalls nicht frei über das Vermögen verfügen kann, weil es z. B. in einer wirtschaftlichen Einheit des begünstigungsfähigen Vermögens nach § 13b Absatz 1 ErbStG gebunden ist. [10]Die durch einen späteren Verkauf verfügbaren Vermögens anfallenden anderen Steuern, z. B. Einkommensteuer oder Grunderwerbsteuer, mindern das verfügbare Vermögen nicht. [11]Bei der Ermittlung des verfügbaren Vermögens sind keine persönlichen Freibeträge (§§ 16, 17 ErbStG) zu berücksichtigen.

(3) [1]Der Wert des zugleich übergegangenen Vermögens im Sinne des § 28a Absatz 2 Nummer 1 ErbStG ist jeweils mit den für die Steuerfestsetzung maßgeblichen – gegebenenfalls festgestellten – gemeinen Werten zu berücksichtigen. [2]Im Rahmen der Ermittlung des verfügbaren Vermögens sind zusätzlich zu ermitteln:

1. der Wert des zugleich übergegangenen Vermögens, das im Rahmen der Steuerfestsetzung auf Grund einer Steuerbefreiung nicht berücksichtigt wurde, oder nach einem DBA von der Besteuerung ausgenommen ist, und
2. der Wert des Vermögens, das dem Erwerber im Besteuerungszeitpunkt bereits gehört (§ 28a Absatz 2 Nummer 2 ErbStG).

[3]Die Werte dieser Vermögensgegenstände sind gegebenenfalls nach §§ 151 ff. BewG festzustellen. [4]Gehört zum vorhandenen Vermögen des Erwerbers eine wirtschaftliche Einheit des begünstigungsfähigen Vermögens nach § 13b Absatz 1 ErbStG, sind neben der Wertfeststellung auch die Feststellungen nach § 13b Absatz 10 ErbStG durchzuführen (→ R E 13b.30). [5]Feststellungen zur Lohnsummenregelung nach § 13a Absatz 4 ErbStG unterbleiben.

H E 28a.2

Verfügbares Vermögen.

Beispiel:

Fortsetzung des Beispiels in H E 28a.1.

miterworbenes Vermögen		
nicht begünstigtes Vermögen	5 000 000 EUR	
Kapitalvermögen	+ 25 000 000 EUR	
Schulden auf nicht begünstigtes Vermögen	./. 150 000 EUR	
Erbfallkostenpauschbetrag	./. 10 300 EUR	
	29 839 700 EUR	
davon 50%		14 919 850 EUR

eigenes Vermögen		
Grundstück	2 000 000 EUR	
davon 50 %		+ 1 000 000 EUR
		15 919 850 EUR
Steuer auf das begünstigte Vermögen		26 173 598 EUR
verfügbares Vermögen		./. 15 919 850 EUR
zu erlassende Steuer		10 253 748 EUR

R E 28a.3 Stundung

[1] Eine Stundung nach § 28a Absatz 3 ErbStG bis zu sechs Monaten kommt nur in Betracht für die Steuer, die auf das erworbene begünstigte Vermögen entfällt und die nicht nach § 28a Absatz 1 ErbStG erlassen wurde. [2] § 28 Absatz 1 ErbStG und § 222 AO bleiben unberührt (→ R E 28). [3] Eine Stundung der Steuer, die auf das zugleich übergegangene nicht begünstigte Vermögen entfällt, ist nach § 28a Absatz 3 ErbStG nicht möglich.

R E 28a.4 Nachträglicher Wegfall der Erlassbedingungen

(1) [1] Verstößt der Erwerber innerhalb der für die Optionsverschonung maßgebenden Lohnsummen- oder Behaltensfrist von sieben Jahren gegen die Lohnsummen- oder Behaltensregelungen (→ R E 13a.9, 13a.19 und 13a.21), ist der unter dem Vorbehalt des Widerrufs stehende Verwaltungsakt über den Erlass mit Wirkung für die Vergangenheit ganz oder teilweise zu widerrufen (§ 28a Absatz 4 Satz 1 Nummer 1 und 2, Satz 2 und 3 ErbStG). [2] Die zunächst erloschene Steuer lebt ganz oder teilweise wieder auf. [3] Der Umfang des rückwirkenden Wegfalls des Erlasses richtet sich nach den Regelungen der Optionsverschonung (→ R E 13a.9 und 13a.19).

(2) [1] Erhält der Erwerber innerhalb von zehn Jahren nach dem Besteuerungszeitpunkt durch Schenkung oder von Todes wegen weiteres Vermögen, das verfügbares Vermögen im Sinne des § 28a Absatz 2 ErbStG darstellt, ist der unter dem Vorbehalt des Widerrufs stehende Verwaltungsakt über den Erlass mit Wirkung für die Vergangenheit zu widerrufen (§ 28a Absatz 4 Satz 1 Nummer 3, Satz 2 und 3 ErbStG). [2] Dies gilt unabhängig von der Person des Zuwendenden und davon, ob beziehungsweise in welchem Umfang der Erwerb dem ErbStG unterliegt. [3] Aus Vereinfachungsgründen sind übliche Gelegenheitsgeschenke im Sinne des § 13 Absatz 1 Nummer 14 ErbStG unbeachtlich. [4] Die zunächst erloschene Steuer lebt vollständig wieder auf. [5] Der Erwerber kann einen erneuten Antrag nach § 28a Absatz 1 ErbStG stellen. [6] Im Rahmen der erneuten Verschonungsbedarfsprüfung ist das zum Besteuerungszeitpunkt des Erwerbs, für den der Erlass gewährt wurde, ermittelte verfügbare Vermögen um 50 Prozent des gemeinen Werts des hinzuerworbenen Vermögens zu erhöhen. [7] Anzusetzen ist der Nettowert des hinzuerworbenen Vermögens. [8] Die auf den Hinzuerwerb entfallende Steuer mindert den Wert des verfügbaren Vermögens nicht. [9] Für das hinzuerworbene Vermögen sind die Verhältnisse im Zeitpunkt des Hinzuerwerbs maßgeblich. [10] Hinsichtlich dessen Ermittlung sind R E 28a.2 Absatz 2 und 3 entsprechend anzuwenden.

(3) [1]Der unter dem Vorbehalt des Widerrufs stehende Verwaltungsakt über den Erlass ist mit Wirkung für die Vergangenheit zu widerrufen, wenn nach dem Erlass des Verwaltungsakts

1. für das verfügbare Vermögen oder Teile davon Feststellungsbescheide nach § 151 Absatz 1 Satz 1 BewG oder § 13b Absatz 10 Satz 1 erstmals erlassen oder geändert werden und die festgestellten Werte von den beim Erlass zugrunde gelegten Werten abweichen. [2]Dies gilt auch für den Fall, in dem ein Feststellungsbescheid für das verfügbare Vermögen aufgehoben wird.
2. die dem Erlass zugrundeliegende Steuerfestsetzung geändert wird oder
3. begünstigtes Vermögen im Sinne des § 13b Absatz 2 ErbStG aufgrund einer Verpflichtung an Dritte weiterübertragen wird.

[2]Die zunächst erloschene Steuer lebt vollständig wieder auf. [3]Der Erwerber kann einen erneuten Antrag nach § 28a Absatz 1 ErbStG stellen.

R E 28a.5 Ergänzende Vorschriften bei der Verschonungsbedarfsprüfung

Folgende ergänzende Vorschriften sind zu beachten:

1. Zu den Folgen einer Weitergabeverpflichtung oder einer Nachlassteilung: § 28a Absatz 1 Satz 2 bis 5 ErbStG. [2]Zu Einzelheiten → R E 13a.11;
2. zu den Anzeigepflichten des Erwerbers in den Fällen eines Verstoßes gegen die Lohnsummen- oder Behaltensregelungen oder eines Hinzuerwerbs verfügbaren Vermögens: § 28a Absatz 5 ErbStG. [2]Zu Einzelheiten → R E 13a.9 und 13a.12;
3. zu dem Hinausschieben des Endes der Zahlungsverjährungsfrist bei Verstoß gegen die in Nummer 2 genannten Regelungen: § 28a Absatz 6 ErbStG.

R E 28a.6 Begünstigte Erwerbe bei Familienstiftungen

[1]Die Verschonungsbedarfsprüfung des § 28a ErbStG wird auf Antrag auch bei der Bemessung der Ersatzerbschaftsteuer einer Familienstiftung oder eines Familienvereins (§ 1 Absatz 1 Nummer 4 ErbStG) gewährt, soweit zum Vermögen der Stiftung oder des Vereins begünstigtes Vermögen (§ 13b Absatz 2 ErbStG) gehört. [2]Wegen der Definition der Familienstiftung → R E 1.2. [3]Beim Übergang von Vermögen auf Grund eines Stiftungsgeschäfts unter Lebenden (§ 7 Absatz 1 Nummer 8 ErbStG) kommt die Verschonungsbedarfsprüfung ebenfalls in Betracht.

Zu § 29 ErbStG

R E 29 Erlöschen der Steuer in besonderen Fällen

[1]Nach § 29 Absatz 1 Nummer 1 ErbStG erlischt die Steuer mit Wirkung für die Vergangenheit, soweit ein Geschenk wegen eines Rückforderungsrechts herausgegeben werden muss. [2]Gemäß § 29 Absatz 2 ErbStG ist der Erwerber für den Zeitraum, für den ihm die Nutzungen des zugewendeten Vermögens zugestanden haben, wie ein Nießbraucher zu behandeln. [3]Bei der vollständigen oder teilweisen Rückgängigmachung einer Schenkung steuerbe-

günstigten Vermögens ist die ursprünglich gewährte Steuerbegünstigung nicht anwendbar. [4]Der ursprüngliche Zuwendungsgegenstand wird durch einen neuen Zuwendungsgegenstand „fiktiver Nießbrauch" ausgetauscht, für den keine Steuerbegünstigung in Betracht kommt. [5]Gleiches gilt in den Fällen des § 29 Absatz 1 Nummer 2 und 4 ErbStG.

H E 29

Änderung der Steuerfestsetzung für frühere Schenkungen an den überlebenden Ehegatten beim güterrechtlichen Zugewinnausgleich. → R E 5.1 Absatz 6.

Zahlung des Beschenkten zur Abwendung des Herausgabeanspruchs des Pflichtteilsberechtigten. → BFH vom 8.10.2003 II R 46/01, BStBl. 2004 II S. 234.

Zu § 30 ErbStG

R E 30[1)] Anzeigepflicht des Erwerbers

(1) [1]Jeder der Erbschaftsteuer unterliegende Erwerb von Todes wegen ist vom Erwerber innerhalb einer Frist von drei Monaten nach erlangter Kenntnis von dem Anfall des Erwerbs dem zuständigen Erbschaftsteuerfinanzamt anzuzeigen (§ 30 Absatz 1 ErbStG). [2]Einer Anzeige bedarf es grundsätzlich nicht, wenn der Erwerb auf einer Verfügung von Todes wegen beruht, die von einem deutschen Gericht, einem deutschen Notar oder einem deutschen Konsul eröffnet wurde, und sich aus dieser das Verhältnis des Erwerbers zum Erblasser unzweifelhaft ergibt (§ 30 Absatz 3 Satz 1 1. Halbsatz ErbStG). [3]Die Anzeigepflicht des Erwerbers besteht in diesen Fällen jedoch fort, wenn zu seinem Erwerb folgende Vermögensgegenstände gehören (§ 30 Absatz 3 Satz 1 2. Halbsatz ErbStG):

1. Grundbesitz,
2. Betriebsvermögen,
3. Anteile an einer Kapitalgesellschaft, für die keine Anzeigepflicht durch einen Vermögensverwahrer oder Vermögensverwalter nach § 33 ErbStG besteht, oder
4. Auslandsvermögen.

[4]Einer Anzeige bedarf es auch dann nicht, wenn eine Schenkung unter Lebenden oder Zweckzuwendung von einem deutschen Notar und einem deutschen Gericht beurkundet worden ist.

(2) Erwerbe von Todes wegen, die auf einer von einem ausländischen Gericht oder einem ausländischen Notar eröffneten Verfügung von Todes wegen beruhen und Schenkungen, die von einem ausländischen Notar beurkundet werden, sind stets durch den Erwerber, im Schenkungsfall auch durch den Schenker anzuzeigen, weil die ausländischen Gerichte und Notare nicht der Anzeigepflicht nach § 34 ErbStG unterliegen.

---

1) Zum Beginn des Laufs von Hinterziehungszinsen bei einer durch Unterlassen der Anzeige begangenen Hinterziehung von Schenkungsteuer siehe BFH v. 28.8.2019 II R 7/17, BStBl. II 2020, 247. – Zur Erweiterung der Anzeigepflicht in Fällen der Ersatzerbschaftsteuer (§ 1 Abs. 1 Nr. 4 ErbStG) mWv 29.12.2020 siehe § 30 Abs. 5 ErbStG i. d. F. des JStG 2020.

Zu § 31 ErbStG

R E 31[1] **Steuererklärung** – *unbesetzt* –

H E 31

Gemeinsame Steuererklärung bei Vorhandensein mehrerer Erben und weiterer Erwerber. Eine gemeinsame Steuererklärung im Sinne des § 31 Absatz 4 ErbStG kann sowohl von der Gesamtheit der Miterben als auch von einem Teil der Miterben abgegeben werden. Im letzten Fall gilt sie allerdings auch nur für die zu dieser Gruppe gehörenden Miterben. Unter diesen Umständen können auch mehrere Gruppen von Miterben jeweils für sich eine gemeinsame Steuererklärung abgeben. Andere am Erbfall beteiligte Personen (Pflichtteilsberechtigte, Vermächtnisnehmer usw.) können dabei mit berücksichtigt werden.

§ 31 Absatz 4 ErbStG enthält für die Abgabe der gemeinsamen Steuererklärung – im Gegensatz zu § 31 Absatz 1 ErbStG für die Abgabe der Einzelsteuererklärung – keine Fristbestimmung. Fordert das Finanzamt zur Abgabe einer Steuererklärung innerhalb einer bestimmten Frist auf, sind die Erben (und ggf. die weiteren Personen) nach § 31 Absatz 4 ErbStG lediglich berechtigt, anstelle der Einzelsteuererklärungen nach Absatz 1 eine gemeinsame Steuererklärung abzugeben. Geben die Miterben und ggf. die weiteren Personen, die außer den Erben an dem Erbfall beteiligt sind, eine gemeinsame Steuererklärung ab, so kann das Finanzamt von ihnen keine Einzelsteuererklärungen verlangen. Geben sie keine gemeinsame Steuererklärung ab, so bleibt ihre Verpflichtung, innerhalb der vom Finanzamt nach Maßgabe des § 31 Absatz 1 ErbStG gesetzten Frist Einzelsteuererklärungen abzugeben, bestehen. Im Ergebnis muss also die gemeinsame Steuererklärung innerhalb der für die Abgabe der Einzelsteuererklärung gesetzten Frist abgegeben werden; anderenfalls kann sie die Abgabe von Einzelsteuererklärungen nicht ersetzen.

Erklärungspflicht des Testamentsvollstreckers. → BFH vom 9.6.1999 II B 101/98, BStBl. II S. 529, vom 7.12.1999 II B 79/99, BStBl. 2000 II S. 233 und vom 11.6.2013 II R 10/11, BStBl. II S. 924.

Zu § 32 ErbStG

R E 32 Bekanntgabe des Steuerbescheids an Vertreter – *unbesetzt* –

H E 32

Bekanntgabe des Steuerbescheids bei Testamentsvollstreckung, Nachlassverwaltung und Nachlasspflegschaft.[2] → AEAO in der jeweils anzuwendenden Fassung, zu § 122 AO.[3]

---

[1] Zur Erweiterung der Erklärungspflicht in Fällen der Ersatzerbschaftsteuer (§ 1 Abs. 1 Nr. 4 ErbStG) mWv 29.12.2020 siehe § 31 Abs. 1 Satz 3 ErbStG i. d. F. des JStG 2020.

[2] Zur Erbschaftsteuerfestsetzung gegen unbekannte Erben siehe BFH v. 17.6.2020 II R 40/17, BStBl. II 2020, 850.

[3] Nr. **800**.

Bekanntgabe einer Einspruchsentscheidung in Fällen der Testamentsvollstreckung. Inhaltsadressaten des Erbschaftsteuerbescheids bleiben die Erben (vgl. Nummer 2.13.4 des AEAO zu § 122).[1] Der Testamentsvollstrecker ist daher auch nicht befugt, den Erbschaftsteuerbescheid anzufechten, es sei denn, er soll persönlich in Anspruch genommen werden (→ BFH vom 4.11.1981 II R 144/78, BStBl. 1982 II S. 262). Eine Einspruchsentscheidung zu einem Erbschaftsteuerbescheid in Fällen der Testamentsvollstreckung ist nicht dem Testamentsvollstrecker, sondern den Erben bekannt zu geben, es sei denn, der Testamentsvollstrecker hat den Einspruch als Bevollmächtigter der Erben eingelegt.

Zu §§ 33 und 34 ErbStG

R E 33 Anzeigepflichten – *unbesetzt* –

H E 33

Anzeigepflicht bei Bestattungsvorsorge-Treuhandkonten. Schließt ein Erblasser mit einem Bestattungsinstitut o. Ä. einen sog. Bestattungsvorsorgevertrag ab und zahlt er die voraussichtlichen Bestattungskosten auf ein Treuhandkonto bei einer Bank ein, verwaltet das Bestattungsinstitut das Konto treuhänderisch. Nach dem Tod des Auftraggebers nimmt es die Bestattung vor und entnimmt dem Konto das Guthaben. Ein evtl. verbleibendes Guthaben ist grundsätzlich an die Erben auszuzahlen.

Das auf dem Konto befindliche Guthaben gehört beim Tod des Treugebers zu dessen Vermögen (§ 39 Absatz 2 Nummer 1 Satz 2 AO). Das Treuhandverhältnis und der Name des Treugebers sind der verwahrenden Bank bekannt. Damit ist sie gem. § 33 Absatz 1 ErbStG anzeigepflichtig.

Daneben ist bei Treuhandverhältnissen auch der Treuhänder anzeigepflichtig, wenn er sich geschäftsmäßig mit der Verwaltung fremden Vermögens befasst. Dies kann auch beim einzelnen Bestattungsinstitut der Fall sein, so dass es eigenständig gem. § 33 Absatz 1 ErbStG anzeigepflichtig ist. Sofern im Einzelfall dazu Anlass besteht, sollen die Finanzämter die Bestattungsinstitute auf ihre Anzeigepflicht hinweisen.

Anzeigepflicht berufsständischer Versorgungswerke. Zu den Versicherungsunternehmen im Sinne des § 33 Absatz 3 ErbStG gehören auch die berufsständischen Versorgungswerke, z. B. der Ärztekammern.

Für gesetzliche Leistungen der Versorgungswerke besteht keine Anzeigepflicht. War der Erblasser Zwangsmitglied der Kammer, ist hinsichtlich der Leistungen an seine Hinterbliebenen keine Anzeigepflicht gegeben. Demgegenüber stellen vertragliche Leistungen der Kammern anzeigepflichtige Vorgänge dar. War der Erblasser freiwilliges Mitglied der Kammer, besteht deshalb für die Leistungen an seine Hinterbliebenen Anzeigepflicht.

Anzeigepflicht der Versicherungsunternehmen bei verbundenen Lebensversicherungen. Nach § 33 Absatz 3 ErbStG besteht eine Anzeigepflicht auch bei einer verbundenen Lebensversicherung von Eheleuten und anderen Vertragspartnern.

---

[1] Nr. **800**.

Bei dieser Versicherung sind zwar beide Ehegatten zugleich versichert, so dass jeder Ehegatte Versicherungsnehmer, Versicherter und Bezugsberechtigter ist. Hieraus kann aber für eine Lebensversicherung, deren Versicherungsfall beim Ableben des zuerst versterbenden Ehegatten eintritt, nicht gefolgert werden, dass damit eine Anzeigepflicht nach § 33 Absatz 3 ErbStG entfällt, weil die Versicherungssumme an einen Versicherungsnehmer – nämlich an den überlebenden Ehegatten – ausgezahlt wird. Die Anzeigepflicht dient der Sicherung des Steueranspruchs für Versicherungsleistungen. Diese sind, wenn sie zu Lebzeiten des Versicherungsnehmers einem anderen ausgezahlt werden, nach § 7 Absatz 1 Nummer 1 ErbStG, bei Auszahlung aus Anlass des Todes des Versicherungsnehmers nach § 3 Absatz 1 Nummer 4 ErbStG steuerpflichtig.

Der Besteuerungstatbestand des § 3 Absatz 1 Nummer 4 ErbStG ist auch bei einer verbundenen Lebensversicherung von Ehegatten, deren Versicherungsfall mit dem Tode des zuerst verstorbenen Ehegatten eingetreten ist, erfüllt. Der überlebende Ehegatte erwirbt den Anspruch auf die Versicherungsleistung in seiner Eigenschaft als Bezugsberechtigter; ihm steht insoweit für den Besteuerungstatbestand des § 3 Absatz 1 Nummer 4 ErbStG und die Anzeigepflicht nach § 33 Absatz 3 ErbStG der verstorbene Ehegatte, dessen Tod den Versicherungsfall ausgelöst hat, als Versicherungsnehmer gegenüber. Die Auszahlung der Versicherungssumme an den überlebenden Ehegatten stellt daher ungeachtet der Tatsache, dass auch er – neben dem verstorbenen Ehegatten – Versicherungsnehmer war, einen anzeigepflichtigen Tatbestand dar.

Anzeigepflichten der Versicherungsunternehmen bei Vertragsfortführung. Eine Anzeigepflicht nach § 33 Absatz 3 ErbStG besteht auch, wenn beim Tode des Versicherungsnehmers, der nicht versicherte Person ist, der Versicherungsvertrag von einer anderen Person (z. B. einem Erben) fortgeführt wird. Durch die Übertragung des Versicherungsvertrages auf einen anderen Versicherungsnehmer wird diesem – unabhängig davon, ob sie mit dem Tod oder bereits zu Lebzeiten des übertragenden Versicherungsnehmers erfolgt – die Versicherungssumme zur Verfügung gestellt. Der neue Versicherungsnehmer kann z. B. den Versicherungsvertrag gem. § 165 VVG kündigen.

Anzeigepflicht eines inländischen Kreditinstituts mit Zweigniederlassung im Ausland. → BFH vom 16.11.2016 II R 29/13, BStBl. 2017 II S. 413.

Leistungen aus Rentenversicherungen. Die Billigkeitsregelung des § 3 Absatz 3 Satz 2 ErbStDV ist auch bei Leistungen aus Rentenversicherungen anzuwenden, wenn der Kapitalwert der voraussichtlichen Rentenleistungen oder die Kapitalleistung 5 000 Euro nicht übersteigt.

Übertragung oder Auszahlung von Treuhandvermögen im Rahmen eines CTAs. Bei der Übertragung oder Auszahlung von Treuhandvermögen im Rahmen eines CTAs ist eine Anzeige nach § 33 Absatz 3 ErbStG entbehrlich.

Übertragung oder Auszahlung von verpfändetem Vermögen bei Wertguthabenvereinbarungen (§ 7b SGB IV). Bei der Übertragung oder Auszahlung von verpfändetem Vermögen bei Wertguthabenvereinbarungen (§ 7b SGB IV) ist eine Anzeige nach § 33 Absatz 3 ErbStG entbehrlich.

Zu § 37 ErbStG

R E 37 Anwendung des Gesetzes – *unbesetzt* –

H E 37

Anwendung des Gesetzes.

– Bekanntmachung der Neufassung des ErbStG vom 27.2.1997 (BGBl. I S. 378, BStBl. I S. 298).

– **§ 13a Absatz 4 Nummer 2 und § 19a Absatz 2 Nummer 2 ErbStG** i. d. F. des Artikels 10 des Steuerentlastungsgesetzes 1999/2000/2002 vom 24.3.1999 (BGBl. I S. 402, BStBl. I S. 304):
Anwendung auf Erwerbe, für die die Steuer nach dem 31.12.1998 entstanden ist.

– **§ 3 Absatz 1 Nummer 2 und Absatz 2 Nummer 1, § 7 Absatz 1 Nummer 8 und 9 und Absatz 7, § 9 Absatz 1 Nummer 1 Buchstabe c, § 15 Absatz 2 Satz 2 sowie § 20 Absatz 1 ErbStG** i. d. F. des Artikels 10 des Steuerentlastungsgesetzes 1999/2000/2002 vom 24.3.1999 (BGBl. I S. 402, BStBl. I S. 304):
Anwendung auf Erwerbe, für die die Steuer nach dem 4.3.1999 entstanden ist.

– **§ 29 Absatz 1 Nummer 4 ErbStG** i. d. F. des Artikels 6 des Gesetzes zur weiteren steuerlichen Förderung von Stiftungen vom 14.7.2000 (BGBl. I S. 1034; BStBl. I S. 1192):
Anwendung auf Erwerbe, für die die Steuer nach dem 31.12.1999 entstanden ist.

– **§ 13a Absatz 1 Satz 1 Nummer 2 ErbStG** i. d. F. des Artikels 16 des Steueränderungsgesetzes 2001 vom 20.12.2001 (BGBl. I S. 3794, BStBl. I 2002 S. 4):
Anwendung auf Erwerbe, für die die Steuer nach dem 22.12.2001 entstanden ist; rückwirkend auch auf Erwerbe, für die die Steuer nach dem 31.12.1995 entstanden ist, wenn die Steuerfestsetzung am 23.12.2001 noch nicht bestandskräftig war.

– **§ 10 Absatz 1 Satz 5 und Absatz 5 Nummer 3 Satz 2, § 13 Absatz 1 Nummer 1, 6 und 9, § 13a Absatz 1 und Absatz 5 Nummer 3, § 16, § 17 Absatz 1 Satz 1 und Absatz 2 Satz 1, § 18, § 19 Absatz 1, § 19a Absatz 5 Nummer 3 Satz 1, § 20 Absatz 7 sowie § 22 ErbStG** i. d. F. des Artikels 19 des Steuer-Euroglättungsgesetzes vom 19.12.2000 (BGBl. I S. 1790; BStBl. I 2001 S. 3):
Anwendung auf Erwerbe, für die die Steuer nach dem 31.12.2001 entstanden ist.

– **§ 9 Absatz 1 Nummer 1 Buchstabe c ErbStG** i. d. F. des Artikels 2 des Gesetzes zur Modernisierung des Stiftungsrechts vom 15.7.2002 (BGBl. I S. 2634, BStBl. I S. 706):
Anwendung auf Erwerbe, für die die Steuer nach dem 31.8.2002 entstanden ist.

– **§ 30 Absatz 1, § 33 Absatz 1 Satz 1, Absatz 2 und 3 sowie § 34 Absatz 1 ErbStG** i. d. F. des Artikels 27 des Dritten Gesetzes zur Ände-

rung verfahrensrechtlicher Vorschriften vom 21.8.2002 (BGBl. I S. 3322, BStBl. I S. 820):
Anwendung auf Erwerbe, für die die Steuer nach dem 27.8.2002 entstanden ist.

- **§ 13a Absatz 1 Satz 1 und Absatz 2 sowie § 19a Absatz 4 Satz 3 ErbStG** i. d. F. des Artikels 13 des Haushaltsbegleitgesetzes 2004 vom 29.12.2003 (BGBl. I S. 3076, BStBl. I 2005 S. 120):
  Anwendung auf Erwerbe, für die die Steuer nach dem 31.12.2003 entstanden ist.
- **§ 29 Absatz 1 Nummer 4 ErbStG** i. d. F. des Artikels 8 des Gesetzes zur weiteren Stärkung des bürgerschaftlichen Engagements vom 10.10.2007 (BGBl. I S. 2332, BStBl. I S. 815):
  Anwendung auf Erwerbe, für die die Steuer nach dem 31.12.2006 entstanden ist.
- **§ 3 Absatz 1 Nummer 1, Absatz 2 Nummer 4 und 7, § 4 Absatz 1, § 5 Absatz 1 und 2, § 6 Absatz 4, § 7 Absatz 1 Nummer 4, 6 und 9 und Absatz 7, § 9 Absatz 1 Nummer 1 Buchstabe b, § 10 Absatz 1 und 5 Nummer 1, Absatz 6 und 10, § 12, § 13 Absatz 1 Nummer 1, 2, 4a, 4b, 4c, 7, 8, 9 und 18, § 13a, § 13b, § 13c, § 14, § 15 Absatz 2 und 3, § 16, § 17 Absatz 1, § 19 Absatz 1 und 3, § 19a, § 20 Absatz 2, § 24 Satz 2, § 25, § 26, § 27 Absatz 1 und 3, § 28 Absatz 3, § 29 Absatz 1 Nummer 3 und 4, § 30 Absatz 3, § 31 Absatz 3 sowie § 35 Absatz 3 ErbStG** i. d. F. des Artikels 1 des Erbschaftsteuerreformgesetzes vom 24.12.2008 (BGBl. I S. 3018, BStBl. I 2009 S. 140):
  Anwendung auf Erwerbe, für die die Steuer nach dem 31.12.2008 entstanden ist.
- **§ 13a Absatz 1, 5 und 8, § 19a Absatz 5 ErbStG** i. d. F. des Artikels 6 des Wachstumsbeschleunigungsgesetzes vom 22.12.2009 (BGBl. I S. 3950, BStBl. 2010 I S. 2):
  Anwendung auf Erwerbe, für die die Steuer nach dem 31.12.2008 entstanden ist.
- **§ 19 Absatz 1 und § 19a Absatz 3 ErbStG** i. d. F. des Artikels 6 des Wachstumsbeschleunigungsgesetzes vom 22.12.2009 (BGBl. I S. 3950, BStBl. 2010 I S. 2):
  Anwendung auf Erwerbe, für die die Steuer nach dem 31.12.2009 entstanden ist.
- **§ 13 Absatz 1 Nummer 1, § 13b Absatz 2, § 15 Absatz 1, § 16 Absatz 1 und § 17 Absatz 1 ErbStG** i. d. F. des Artikels 14 des Jahressteuergesetzes 2010 vom 8.12.2010 (BGBl. I S. 1768, BStBl. I S. 1394):
  Anwendung auf Erwerbe, für die die Steuer nach dem 13.12.2010 entstanden ist.
- **§ 15 Absatz 1, § 16 Absatz 1 und § 17 Absatz 1 ErbStG** i. d. F. des Artikels 14 des Jahressteuergesetzes 2010 vom 8.12.2010 (BGBl. I S. 1768, BStBl. I S. 1394):
  Anwendung nach Maßgabe des § 37 Absatz 5 ErbStG i. d. F. des Jahressteuergesetz 2010 vom 8.12.2010 (BGBl. I S. 1768) auf Erwerbe von Lebenspartnern i. S. d. Lebenspartnerschaftsgesetzes, für die die Steuer nach dem 31.7.2001 bzw. nach dem 31.12.2001 entstanden ist.

– **§ 13a Absatz 1a und § 13b Absatz 2a ErbStG** i. d. F. des Artikels 8 des Steuervereinfachungsgesetzes 2011 vom 1.11.2011 (BGBl. I S. 2131, BStBl. I S. 986):
Anwendung auf Erwerbe, für die die Steuer nach dem 30.6.2011 entstanden ist.
– **§ 2 Absatz 1 Nummer 1 und 3 und Absatz 3, § 7 Absatz 8, § 15 Absatz 4, § 16 Absatz 1 und 2, § 19 Absatz 2, § 21 Absatz 1 und § 35 Absatz 4 ErbStG** i. d. F. des Artikels 11 des Beitreibungsrichtlinie-Umsetzungsgesetzes vom 7.12.2011 (BGBl. I S. 2592, BStBl. I S. 1296):
Anwendung auf Erwerbe, für die die Steuer nach dem 13.12.2011 entstanden ist.
– **§ 2 Absatz 1 Nummer 1 und 3 und Absatz 3, § 16 Absatz 1 und 2, § 19 Absatz 2, § 21 Absatz 1 und § 35 Absatz 4 ErbStG** i. d. F. des Artikels 11 des Beitreibungsrichtlinie-Umsetzungsgesetzes vom 7.12.2011 (BGBl. I S. 2592, BStBl. I S. 1296):
Anwendung nach Maßgabe des § 37 Absatz 7 ErbStG i. d. F. des BeitreibungsrichtlinieUmsetzungsgesetzes vom 7.12.2011 (BGBl. I S. 2592, BStBl. I S. 1296) auf Antrag auch auf Erwerbe, für die die Steuer vor dem 14.12.2011 entstanden ist.
– **§ 5 Absatz 3 ErbStG** i. d. F. des Artikels 5 des Gesetzes zu dem Abkommen vom 4. Februar 2010 zwischen der Bundesrepublik Deutschland und der Französischen Republik über den Güterstand der Wahl-Zugewinngemeinschaft vom 15.3.2012 (BGBl. II S. 178), in Kraft getreten am 1.5.2013:
Anwendung auf Erwerbe, für die die Steuer nach dem 30.4.2013 entstanden ist.
– **§ 13a Absatz 1 Satz 4, Absatz 4 Satz 5, § 13b Absatz 2 Satz 2 Nummer 4a, Satz 3 und Satz 7 ErbStG** i. d. F. des Artikels 30 des Amtshilferichtlinie-Umsetzungsgesetzes vom 26.6.2013 (BGBl. I S. 1809, BStBl. I S. 802):
Anwendung nach Maßgabe des § 37 Absatz 8 ErbStG i. d. F. des AmtshilferichtlinieUmsetzungsgesetz vom 26.6.2013 (BGBl. I S. 1809, BStBl. I S. 802) auf Erwerbe, für die die Steuer nach dem 6.6.2013 entstanden ist.
– **§ 34 Absatz 2 Nummer 2 ErbStG** i. d. F. des Artikels 17 des Gesetzes zum Internationalen Erbrecht und zur Änderung von Vorschriften zum Erbschein sowie zur Änderung sonstiger Vorschriften vom 29.6.2015 (BGBl. I S. 1042):
Anwendung nach Maßgabe des § 37 Absatz 9 ErbStG i. d. F. des Gesetzes zum Internationalen Erbrecht und zur Änderung von Vorschriften zum Erbschein sowie zur Änderung sonstiger Vorschriften vom 29.6.2015 (BGBl. I S. 1042) auf Erwerbe, für die die Steuer nach dem 16.8.2015 entstanden ist.
– **§ 13 Absatz 1 Nummer 16 Buchst. b und Buchst. c und § 30 Absatz 4 Nummer 1 ErbStG** i.d.F. des Artikels 10 des Steueränderungsgesetzes 2015 vom 2.11.2015 (BGBl. I S. 1834):
Anwendung nach Maßgabe des § 37 Absatz 10 ErbStG i. d. F. des Steueränderungsgesetzes 2015 vom 2.11.2015 (BGBl. I S. 1834) auf Erwerbe,

für die die Steuer nach dem 5.11.2015 entstanden ist bzw. auf alle offenen Fälle.

- **§ 13 Absatz 1 Nummer 2 Buchst. b Doppelbuchst. bb ErbStG** i. d. F. des Artikels 8 des Gesetzes zur Neuregelung des Kulturgutschutzrechts vom 31.7.2016 (BGBl. I S. 1914):
  Anwendung nach Maßgabe des § 37 Absatz 11 ErbStG i. d. F. des Gesetzes zur Neuregelung des Kulturgutschutzrechts vom 31.7.2016 (BGBl. I S. 1914) auf Erwerbe, für die die Steuer nach dem 5.8.2016 entstanden ist.
- **§ 10 Absatz 1 Satz 1 und Absatz 6 Sätze 4 und 5, § 13a, § 13b, § 13c, § 13d, § 19a Absatz 2, 3 und 5, § 28 Absatz 1 und 3, § 28a ErbStG** i. d. F. des Artikels 1 des Gesetzes zur Anpassung des ErbStG an die Rechtsprechung des BVerfG vom 4.11.2016 (BGBl. I S. 2464):
  Anwendung nach Maßgabe des § 37 Absatz 12 ErbStG i. d. F. des Gesetzes zur Anpassung des ErbStG an die Rechtsprechung des BVerfG vom 4.11.2016 (BGBl. I S. 2464) auf Erwerbe, für die die Steuer nach dem 30.6.2016 entstanden ist.
- **§ 2 Absatz 1 Nummer 3, § 3 Absatz 2 Nummer 4, § 9 Absatz 1 Nummer 1 Buchst. f, § 13 Absatz 1 Nummer 16 Buchst. c Satz 2, § 16 Absatz 1 und 2, § 17 Absatz 1 Satz 1, Absatz 2 Satz 1 und Absatz 3, § 19 Absatz 2, § 21 Absatz 1 Satz 1, § 35 Absatz 4 ErbStG** i. d. F. des Artikels 4 des Steuerumgehungsbekämpfungsgesetzes vom 23.6.2017 (BGBl. I S. 1682):
  Anwendung nach Maßgabe des § 37 Absatz 14 ErbStG i. d. F. des Steuerumgehungsbekämpfungsgesetzes vom 23.6.2017 (BGBl. I S. 1682) auf Erwerbe, für die die Steuer nach dem 24.6.2017 entstanden ist, bzw. § 17 nach Maßgabe des § 37 Absatz 13 ErbStG i. d. F. des Steuerumgehungsbekämpfungsgesetzes vom 23.6.2017 (BGBl. I S. 1682) auf alle offenen Fälle.
- **§ 13 Absatz 1 Nummer 18 Buchst. a ErbStG** i. d. F. des Artikels 6 des Gesetzes zum Ausschluss verfassungsfeindlicher Parteien von der Parteienfinanzierung vom 18.7.2017 (BGBl. I S. 2730):
  Anwendung nach Maßgabe des § 37 Absatz 15 ErbStG i. d. F. des Gesetzes zum Ausschluss verfassungsfeindlicher Parteien von der Parteienfinanzierung vom 18.7.2017 (BGBl. I S. 2730) auf Erwerbe, für die die Steuer nach dem 29.7.2017 entstanden ist.
- **§§ 19a, 28, 28a ErbStG** i. d. F. des Artikels 18 des Gesetzes zur Vermeidung von Umsatzsteuerausfällen beim Handel mit Waren im Internet und zur Änderung weiterer steuerlicher Vorschriften vom 11.12.2018 (BGBl. I S. 2338):
  Anwendung nach Maßgabe des § 37 Absatz 16 ErbStG i. d. F. des Gesetzes zur Vermeidung von Umsatzsteuerausfällen beim Handel mit Waren im Internet und zur Änderung weiterer steuerlicher Vorschriften vom 11.12.2018 (BGBl. I S. 2338) auf Erwerbe, für die die Steuer nach dem 14.12.2018 entstanden ist bzw. auf Erwerbe, für die ein Erlass erstmals nach dem 14.12.2018 ausgesprochen wurde.
- **ErbStG in Bezug auf einen Mitgliedstaat der Europäischen Union:**

Anwendung nach Maßgabe des § 37 Absatz 17 ErbStG i. d. F. des Brexit-Steuerbegleitgesetzes vom 25.3.2019 (BGBl. I S. 357) auf Erwerbe, für die die Steuer vor dem Zeitpunkt entstanden ist, ab dem das Vereinigte Königreich Großbritannien und Nordirland nicht mehr Mitgliedstaat der Europäischen Union ist und auch nicht wie ein solcher zu behandeln ist.

Redaktionelle Ergänzung:

- **§ 3 Absatz 2 Nummer 5, § 5 Absatz 1 Satz 6, § 10 Absatz 1 Satz 3 sowie Absatz 6 und 8, § 13 Absatz 1 Nummer 9a, § 13a Absatz 9a, § 13b Absatz 10 Satz 1, § 14 Absatz 2, § 29 Absatz 1 Nummer 4 Satz 2, § 30 Absatz 5, § 31 Absatz 1, § 35 Absatz 1, 4 und 5** i. d. F. des Artikels 34 des Jahressteuergesetzes 2020 vom 21.12.2020 (BGBl. I S. 3096):

  Anwendung nach Maßgabe des § 37 Absatz 18 i. d. F. des Jahressteuergesetzes 2020 vom 21.12.2020 (BGBl. I S. 3096) auf Erwerbe, für die die Steuer nach dem 28.12.2020 entsteht. Zur Anwendung der durch das JStG 2020 geänderten Vorschriften des ErbStG für Erwerbe mit einer Steuerentstehung nach dem 28.12.2020 siehe *gleich lautenden Ländererlass v. 13.9.2021, BStBl. I 2021, 1837*.
- **§ 13 Absatz 1 Nummer 19** i. d. F. des Grundsteuerreform-Umsetzungsgesetzes vom 16.7.2021 (BGBl. I S. 2931):

  Anwendung nach Maßgabe des § 37 Abs. 19 i. d. F. des Artikels 6 des Grundsteuerreform-Umsetzungsgesetzes vom 16.7.2021 (BGBl. I S. 2931) auf alle offenen Fälle.

III. Bewertungsgesetz

A. Allgemeine Bewertungsvorschriften

Zu §§ 4 bis 8 BewG

R B 4 Bedingung und Befristung[1)]

(1) [1]Bei einer aufschiebenden Bedingung (§§ 158 ff. BGB) tritt die Wirkung eines Rechtsgeschäfts erst mit dem Eintritt der Bedingung ein; solange die Bedingung noch nicht eingetreten ist, besteht hinsichtlich des beabsichtigten Rechtserfolgs ein Schwebezustand. [2]Bei einer auflösenden Bedingung tritt umgekehrt die Wirkung des Rechtsgeschäfts sofort ein, endigt jedoch mit dem Eintritt der Bedingung für die Zukunft. [3]Die einem Rechtsgeschäft beigefügte Zeitbestimmung ist nach § 163 BGB der Bedingung – der aufschiebenden wie der auflösenden – unter der Voraussetzung gleichgestellt, dass durch sie ebenfalls die Wirkung des Rechtsgeschäfts beeinflusst, also auch bei ihr der Beginn oder die Beendigung der Wirkung vom Eintritt eines Zeitpunkts abhängig gemacht wird. [4]Die Vorschriften der §§ 158 ff. BGB über die Bedingungen finden auf die Zeitbestimmungen entsprechend Anwendung. [5]Ein vertraglich vereinbartes Rücktrittsrecht wirkt bewertungsrechtlich wie eine auflösende Bedingung, ein vertraglich vereinbartes Erwerbsrecht oder eine vertraglich eingeräumte Erwerbspflicht wie eine aufschiebende Bedingung.

(2) [1]Nach den §§ 4 bis 8 BewG, die sich an die bürgerlich-rechtliche Regelung anschließen, werden Wirtschaftsgüter, deren Erwerb vom Eintritt einer aufschiebenden Bedingung abhängt, steuerlich erst berücksichtigt, wenn die Bedingung eingetreten ist (§ 4 BewG). [2]Umgekehrt kann auch derjenige, der aufschiebend bedingt belastet ist, die Last nicht abziehen, mit der Maßgabe, dass bei Eintritt der Bedingung die Festsetzung der nicht laufend veranlagten Steuern, z. B. der Erbschaftsteuer oder Schenkungsteuer, auf Antrag zu berichtigen ist (§ 6 Absatz 2 BewG). [3]Diese Grundsätze sind auch anzuwenden, wenn die Entstehung oder der Wegfall einer Last von einem Ereignis abhängt, bei dem nur der Zeitpunkt ungewiss ist (§ 8 BewG). [4]Ob die Entstehung als aufschiebend oder auflösend bedingt anzusehen ist, hängt nicht davon ab, ob der Eintritt des maßgebenden Ereignisses wahrscheinlich oder unwahrscheinlich ist. [5]Auf das Maß der Aussichten für den Eintritt oder Nichteintritt einer Bedingung kommt es nicht an. [6]Insoweit wird durch § 6 BewG die wirtschaftliche Betrachtungsweise ausdrücklich ausgeschaltet.

H B 4

Keine wirtschaftliche Betrachtungsweise. Eine Last, deren Entstehung vom Eintritt einer aufschiebenden Bedingung abhängt, wird nicht dadurch zu einer auflösend bedingten Last, dass der Eintritt der Bedingung wahrscheinlich ist und der Verkehr mit der Schuld als ihrem Grunde nach ge-

---

1) Keine Abzinsung einer aufschiebend bedingten Last; siehe BFH v. 15.7.2021 II R 26/19, ZEV 2021, 785.

genwärtig schon bestehend rechnet → BFH vom 30.4.1959 III 121/58 S, BStBl. III S. 315, und vom 14.7.1967 III R 74/66, BStBl. III S. 770.

Optionsrecht. → BFH vom 5.3.1971 III R 130/68, BStBl. II S. 481.

Rücktrittsrecht. → BFH vom 27.10.1967 III R 43/67, BStBl. 1968 II S. 116.

Zu § 9 BewG

R B 9.1 Gemeiner Wert

[1] Der gemeine Wert wird durch den Preis bestimmt, der im gewöhnlichen Geschäftsverkehr nach der Beschaffenheit des Wirtschaftsguts bei einer Veräußerung zu erzielen wäre. [2] Unter gewöhnlichem Geschäftsverkehr ist nach der Rechtsprechung der Handel zu verstehen, der sich nach den marktwirtschaftlichen Grundsätzen von Angebot und Nachfrage vollzieht und bei dem jeder Vertragspartner ohne Zwang und nicht aus Not oder besonderen Rücksichten, sondern freiwillig in Wahrung seiner eigenen Interessen zu handeln in der Lage ist.

H B 9.1

Gewöhnlicher Geschäftsverkehr. → BFH vom 14.10.1966 III 281/63, BStBl. 1967 III S. 82, vom 14.2.1969 III 88/65, BStBl. II S. 395, vom 6.5.1977 III R 17/75, BStBl. II S. 626, und vom 28.11.1980 III R 86/78, BStBl. II S. 353.

R B 9.2 Ungewöhnliche oder persönliche Verhältnisse

(1) [1] Zu den ungewöhnlichen Verhältnissen, die bei der Ermittlung des gemeinen Werts unberücksichtigt bleiben, zählen insbesondere Umstände, mit denen im Geschäftsverkehr bei der Schätzung des Werts eines Wirtschaftsguts üblicherweise nicht gerechnet werden muss. [2] Für die Ermittlung des gemeinen Werts können nur solche Verkaufspreise berücksichtigt werden, die unter üblichen Bedingungen im gewöhnlichen Geschäftsverkehr zustande gekommen sind. [3] Vertragliche Preisvorgaben für die Übertragung von Beteiligungen an Personengesellschaften oder Anteilen an Kapitalgesellschaften unterhalb des gemeinen Werts zählen zu den ungewöhnlichen Verhältnissen.

(2) [1] Zu den persönlichen Verhältnissen, die bei der Ermittlung des gemeinen Werts unberücksichtigt bleiben, zählen insbesondere Verfügungsbeschränkungen. [2] Verfügung in diesem Sinne ist die Übertragung des Eigentums an einem Vermögensgegenstand. [3] Zu den Verfügungsbeschränkungen zählen z. B. eine angeordnete Testamentsvollstreckung, die Anordnung einer Vor- oder Nacherbschaft oder einer Nachlassverwaltung. [4] Vertraglich vereinbarte Verfügungsbeschränkungen für Übertragungen von Beteiligungen an Personengesellschaften oder Anteilen an Kapitalgesellschaften durch Geschäfte unter Lebenden und im Todesfall gehören zu den persönlichen Verhältnissen, die bei der Wertermittlung nicht zu berücksichtigen sind. [5] Hierzu zählen insbesondere Regelungen, die eine Verfügung nur auf
– Mitgesellschafter,
– Angehörige,

– bestimmte Personengruppen, wie z. B. Familienstämme oder
– eine inländische Familienstiftung oder eine entsprechende ausländische Familienstiftung

zulassen.

(3) Der Steuerpflichtige kann nachweisen, dass die ungewöhnlichen oder persönlichen Verhältnisse tatsächlich nicht zu einem unter dem gemeinen Wert liegenden Wert geführt haben.

H B 9.2

Verfügungsbeschränkungen. → BFH vom 12.7.2005 II R 8/04, BStBl. II S. 845.

Verfügungsbeschränkungen bei Anteilen an Kapitalgesellschaften. → R B 11.3.

Vorwegabschlag bei Familienunternehmen. → R E 13a.20.

R B 9.3 Sachleistungsansprüche

(1) [1]Sachleistungsansprüche sind bei gegenseitigen Verträgen mit dem gemeinen Wert des Gegenstandes zu bewerten, auf dessen Leistung sie gerichtet sind. [2]Bei Ansprüchen auf Übertragung von Grundbesitz kommt deshalb eine Bewertung mit dem Grundbesitzwert nach §§ 158 ff. BewG nicht in Betracht. [3]Ein Sachleistungsanspruch ist wie die Verpflichtung zur Gegenleistung gesondert anzusetzen und zu bewerten, auch wenn im Besteuerungszeitpunkt noch keine Vertragspartei mit der Erfüllung des Vertrags begonnen hat. [4]Sachleistungsanspruch und Sachleistungsverpflichtung sind bereits ab dem Zeitpunkt des Vertragsabschlusses anzusetzen.

(2) [1]Sachvermächtnisse sind mit dem Steuerwert des Vermächtnisgegenstands anzusetzen. [2]Für andere auf einer einseitigen Sachleistungsverpflichtung beruhende Erwerbe, z. B. ein Erwerb auf Grund eines vom Erblasser geschlossenen Vertrags durch einen Dritten (→ § 3 Absatz 1 Nummer 4 ErbStG), gilt dies sinngemäß.

H B 9.3

Anspruch auf Übertragung von Grundbesitz aus gegenseitigen Verträgen. → BFH vom 10.4.1991 II R 118/86, BStBl. II S. 620, vom 26.6.1991 II R 117/87, BStBl. II S. 749, und vom 15.10.1997 II R 68/95, BStBl. II S. 820.

R B 9.4 Erfindungen und Urheberrechte

[1]Der gemeine Wert von Erfindungen oder Urheberrechten, die in Lizenz vergeben oder in sonstiger Weise gegen Entgelt einem Dritten zur Ausnutzung überlassen sind, wird in der Weise ermittelt, dass der Anspruch auf die in wiederkehrenden Zahlungen bestehende Gegenleistung kapitalisiert wird, soweit keine anderen geeigneten Bewertungsgrundlagen vorhanden sind. [2]Hierfür sind die vertraglichen Vereinbarungen mit dem Lizenznehmer maßgeblich. [3]Ist keine feste Lizenzgebühr vereinbart und die Vertragsdauer unbestimmt,

kann auf die letzte vor dem Besteuerungszeitpunkt gezahlte Lizenzgebühr und eine Laufzeit von acht Jahren abgestellt werden. [4]Der Kapitalisierung ist der marktübliche Zinssatz zugrunde zu legen. [5]Es ist nicht zu beanstanden, wenn auf den Zinssatz abgestellt wird, den die Deutsche Bundesbank anhand der Zinsstrukturdaten aus der langfristig erzielbaren Rendite öffentlicher Anleihen jeweils auf den ersten Börsentag des Jahres errechnet (Basiszins). [6]Der Basiszins ist um einen Zuschlag von 4,5 Prozent zu erhöhen. [7]Die Summe aus Basiszins und Zuschlag ergibt den Kapitalisierungszinssatz. [8]Dieser Zinssatz ist für alle Wertermittlungen auf Bewertungsstichtage in diesem Jahr anzuwenden.

H B 9.4

Ermittlung des Kapitalisierungszinssatzes. Für 2017 beträgt der Basiszins 0,59 Prozent; daraus ergibt sich ein Kapitalisierungszinssatz von 5,09 Prozent. Für Bewertungsstichtage ab 1. Januar 2018 kann auf den Basiszins abgestellt werden, den das Bundesministerium der Finanzen nach § 18 Absatz 4 InvStG 2018 jährlich im Bundessteuerblatt Teil I veröffentlicht.[1)]

R B 9.5 Übrige körperliche Vermögensgegenstände

[1]Übrige körperliche Gegenstände werden mit dem gemeinen Wert bewertet. [2]Der gemeine Wert von Kunstgegenständen und Sammlungen ist unter Berücksichtigung der schwierigen Verwertungsaussichten vorsichtig zu ermitteln.

H B 9.5

Auslandsvermögen. Befinden sich die übrigen körperlichen Gegenstände an einem Ort im Ausland, wird der gemeine Wert grundsätzlich durch den Preis bestimmt, der im gewöhnlichen Geschäftsverkehr an diesem Ort zu erzielen wäre.

Zu § 11 BewG

R B 11.1 Notierte Wertpapiere, Aktien und Anteile sowie Investmentzertifikate

(1) Für Wertpapiere und Schuldbuchforderungen, die am Bewertungsstichtag an einer deutschen Börse zum Handel im regulierten Markt oder in den Freiverkehr einbezogen sind, gelten die nach § 11 Absatz 1 BewG maßgebenden Kurse vom Bewertungsstichtag.

(2) Wertpapiere, für die ein Kurs nach § 11 Absatz 1 BewG nicht besteht, sind anzusetzen,

1. soweit sie Anteile an Kapitalgesellschaften verbriefen, mit dem gemeinen Wert nach § 11 Absatz 2 BewG, und
2. soweit sie Forderungsrechte verbriefen, mit dem sich nach § 12 Absatz 1 BewG ergebenden Wert. [2]Dabei sind vom Nennwert abweichende Kursnotierungen für vergleichbare oder ähnlich ausgestattete festverzinsliche

---

1) Kapitalisierungszinssatz für Erwerbe in 2018: 5,37 %, in 2019: 5,02 %, in 2020: 4,57 %, in 2021 4,05 % (BayLfSt v. 1.3.2021 – S 3101.1.1-9/16 St 34).

Wertpapiere als besonderer Umstand im Sinne des § 12 Absatz 1 BewG anzusehen, der auch hier einen vom Nennwert abweichenden Wertansatz rechtfertigt. [3] Pfandbriefe mit persönlicher Sonderausstattung ohne Kurswert sind in Anlehnung an die Kurse vergleichbarer Pfandbriefe zu bewerten.

(3) [1] Bei ausländischen Wertpapieren ist, wenn ein Telefonkurs im inländischen Bankverkehr vorliegt, dieser maßgebend. [2] Lässt sich der gemeine Wert nicht auf dieser Grundlage ermitteln, ist er möglichst aus den Kursen des Emissionslandes abzuleiten.

(4) [1] Bei jungen Aktien und Vorzugsaktien, die nicht an der Börse eingeführt sind, ist der gemeine Wert aus dem Börsenkurs der Stammaktien abzuleiten. [2] Entsprechend ist der gemeine Wert nicht notierter Stammaktien aus dem Börsenkurs der jungen Aktien oder Vorzugsaktien abzuleiten. [3] Dabei ist die unterschiedliche Ausstattung durch Zu- oder Abschläge zu berücksichtigen.

(5) [1] Anteilsscheine, die von Kapitalanlagegesellschaften und anderen Investmentgesellschaften ausgegeben worden sind, sind wie folgt anzusetzen:

- An der Börse gehandelte Anteile mit dem Kurswert nach § 11 Absatz 1 BewG. [2] Der Kurswertansatz ist gegenüber dem Ansatz mit dem Rücknahmepreis (§ 11 Absatz 4 BewG) vorrangig.
- [3] Nicht an der Börse notierte Anteile mit dem Rücknahmepreis nach § 11 Absatz 4 BewG. [4] Der Rücknahmepreis ist der Preis, für den ein Anteil von der Investmentgesellschaft bindend zurückgenommen wird. [5] Er ergibt sich aus dem Inventarwert pro Anteil (Gesamtwert der im Vermögen eines Investmentfonds befindlichen Wertpapiere und Barmittel einschließlich eventueller Kassenbestände und sonstiger Vermögensgegenstände abzüglich Verkaufsspesen und Rücknahmekosten).

H B 11.1

Maßgebende Kurse. → BFH vom 21.2.1990 II R 78/86, BStBl. II S. 490.

Wertpapiere im Freiverkehr. → BFH vom 6.5.1977 III R 17/75, BStBl. II S. 626.

Unterschiedliche Ausstattung. → BFH vom 9.3.1994 II R 39/90, BStBl. II S. 394.

R B 11.2 Nicht notierte Anteile an Kapitalgesellschaften[1)]

(1) [1] Der gemeine Wert nicht notierter Anteile an einer Kapitalgesellschaft ist in erster Linie aus Verkäufen unter fremden Dritten abzuleiten. [2] Dabei sind jedoch nur Verkäufe zu berücksichtigen, die zum Bewertungsstichtag weniger als 1 Jahr zurückliegen. [3] Der gemeine Wert nicht notierter Anteile an einer Kapitalgesellschaft kann auch aus einem einzigen Verkauf abgeleitet werden, wenn Gegenstand des Verkaufs nicht nur ein Zwerganteil ist oder der zu bewertende Anteil ebenfalls ein Zwerganteil ist. [4] Die Ausgabe neuer Geschäfts-

[1)] Zur Sachaufklärungspflicht des Finanzgerichts bei Ermittlung des Anteilswerts einer nicht börsennotierten Kapitalgesellschaft siehe BFH v. 2.12.2020 II R 5/19, BStBl. II 2022, 15: Allein der Steuerpflichtige hat die Wahl zwischen einem individuellen Ertragswertverfahren nach § 11 Abs. 2 Satz 2 BewG und der Anwendung des vereinfachten Ertragswertverfahrens nach §§ 199 ff. BewG.

anteile an einer GmbH im Rahmen einer Kapitalerhöhung zur Aufnahme eines neuen Gesellschafters kann als Verkauf im Sinne des § 11 Absatz 2 Satz 2 BewG zur Ableitung des gemeinen Werts der GmbH-Anteile herangezogen werden. 5 Telefonkurse im Bankverkehr, denen nicht lediglich geringfügige Verkäufe ohne echten Aussagewert zugrunde liegen, sind grundsätzlich für die Wertableitung geeignet. 6 Es können jedoch nur Kurse und Verkaufserlöse berücksichtigt werden, die im gewöhnlichen Geschäftsverkehr erzielt worden sind. 7 Bei Ableitung aus Verkäufen ist ein in dem Kaufpreis enthaltener Zuschlag für den Beteiligungscharakter herauszurechnen, wenn ein solcher Zuschlag für den zu bewertenden Anteil nicht anzusetzen ist. 8 Hinsichtlich der Auswirkungen von Verfügungsbeschränkungen → R B 11.3.

(2) 1 Kann der gemeine Wert nicht aus Verkäufen abgeleitet werden, ist er unter Berücksichtigung der Ertragsaussichten der Kapitalgesellschaft oder einer anderen anerkannten, auch im gewöhnlichen Geschäftsverkehr für nichtsteuerliche Zwecke üblichen Methode zu ermitteln. 2 Der Steuerpflichtige kann den gemeinen Wert durch Vorlage eines methodisch nicht zu beanstandenden Gutachtens erklären, das auf den für die Verwendung in einem solchen Verfahren üblichen Daten der betreffenden Kapitalgesellschaft aufbaut. 3 Anhaltspunkte dafür, dass ein Erwerber neben den ertragswert- oder zahlungsstromorientierten Verfahren bei der Bemessung des Kaufpreises eine andere übliche Methode zugrunde legen würde, können sich insbesondere auch aus branchenspezifischen Verlautbarungen ergeben, z. B. bei Kammerberufen aus Veröffentlichungen der Kammern. 4 Der Steuerpflichtige kann den gemeinen Wert auch im vereinfachten Ertragswertverfahren (→ R B 199.1 ff.) ermitteln. 5 Sofern zum Bewertungsstichtag feststeht, dass die Berechnungsgrößen des Verfahrens durch bekannte objektive Umstände, z. B. wegen des Todes des Unternehmers, sich nachhaltig verändern, muss dies bei der Ermittlung entsprechend berücksichtigt werden.

H B 11.2

Ausgabe neuer Geschäftsanteile. → BFH vom 5.2.1992 II R 185/87, BStBl. 1993 II S. 266.

Verkäufe nach dem Bewertungsstichtag. → BFH vom 2.11.1988 II R 52/85, BStBl. 1989 II S. 80.

Zwerganteile. → BFH vom 7.12.1979 III R 45/77, BStBl. 1980 II S. 234, und vom 5.3.1986 II R 232/82, BStBl. II S. 591.

R B 11.3 Verfügungsbeschränkungen

(1) 1 Als gemeiner Wert ist der Preis maßgebend, der im gewöhnlichen Geschäftsverkehr nach der Beschaffenheit des Wirtschaftsguts bei einer Veräußerung zu erzielen wäre (→ R B 9.1 und 9.2). 2 Der bei Veräußerung eines Anteils an einer Kapitalgesellschaft tatsächlich erzielte Preis ist im gewöhnlichen Geschäftsverkehr zustande gekommen, wenn er sich durch den Ausgleich widerstreitender Interessen von Verkäufer und Käufer gebildet hat. 3 Dürfen Anteile nach den vertraglichen Regelungen ausschließlich an bestimmte Personen (z. B. Mitglieder eines Familienstamms) veräußert werden, können hierin Verfügungsbeschränkungen bestehen, die nach §§ 9 Absatz 2 Satz 3, 9 Absatz 3 BewG nicht berücksichtigt werden.

(2) [1]Der Steuerpflichtige kann im Fall der Wertableitung aus Verkäufen nachweisen, dass die ungewöhnlichen oder persönlichen Verhältnisse tatsächlich nicht zu einem unter dem gemeinen Wert liegenden Wert geführt haben. [2]Dieser Nachweis muss entsprechend § 11 Absatz 2 Satz 2 und 3 BewG durch Vorlage eines Gutachtens unter Angabe des Substanzwerts geführt werden. [3]Bei der Ableitung des Werts aus Verkäufen unter fremden Dritten (§ 11 Absatz 2 Satz 2 1. Halbsatz BewG) ist der Substanzwert nicht als Untergrenze anzusetzen.

H B 11.3

Verfügungsbeschränkungen im Gesellschaftsvertrag. → BFH vom 12.7. 2005 II R 8/04, BStBl. II S. 845.

R B 11.4 Bewertung der Anteile an einer Kapitalgesellschaft in Sonderfällen

(1) [1]Besondere Umstände, die bei der Ermittlung des gemeinen Werts im vereinfachten Ertragswertverfahren und beim Ansatz mit dem Substanzwert nicht hinreichend zum Ausdruck gekommen sind, können nicht durch Zu- und Abschläge berücksichtigt werden. [2]Dazu zählen insbesondere
– die nachhaltig unverhältnismäßig geringen Erträge bei einem großen Vermögen des Unternehmens,
– die schwere Verkäuflichkeit der Anteile,
– eine Zusammenfassung aller oder mehrerer Anteile in einer Hand,
– die bei einem Verkauf der Anteile bzw. einer Liquidation der Gesellschaft anfallenden Ertragsteuern,
– eine Unterkapitalisierung,
– das Fehlen eigener Betriebsgrundstücke und -gebäude und
– die Vorteile, die eine Kapitalgesellschaft aus der Verbindung zu anderen Unternehmen der Anteilseigner zieht.

[3]Als besondere Umstände, die bei der Ermittlung des gemeinen Werts nach allen Bewertungsverfahren nicht zu berücksichtigen sind, sind auch ungewöhnliche oder persönliche Verhältnisse anzusehen (→ R B 9.2).

(2) [1]Liegt der besondere Umstand darin, dass die Anteile an der Gesellschaft keinen Einfluss auf die Geschäftsführung gewähren, kommt bei der Ermittlung des Werts im vereinfachten Ertragswertverfahren und beim Ansatz des Substanzwerts kein Abschlag in Betracht. [2]Entsprechendes gilt für den Paketzuschlag (→ R B 11.8 Absatz 2).

(3) [1]Wegen der Bewertung von Anteilen an Kapitalgesellschaften im vereinfachten Ertragswertverfahren bei Neugründungen (→ R B 199.1 Absatz 4 und 6 Satz 1 Nummer 2 und Satz 2). [2]Beim Ansatz des Substanzwerts bleibt der Umstand, dass es sich um eine Neugründung handelt, unberücksichtigt.

(4) [1]Das vereinfachte Ertragswertverfahren ist grundsätzlich auch bei der Ermittlung des gemeinen Werts von Anteilen an Gesellschaften anwendbar, zu deren Vermögen Anteile oder Beteiligungen an nachgeordneten Gesellschaften gehören. [2]Allerdings ist bei komplexen Strukturen von verbundenen Unternehmen dessen Anwendung grundsätzlich ausgeschlossen (→ R B 199.1

Absatz 4 und 6 Satz 1 Nummer 1). [3]Sofern das vereinfachte Ertragswertverfahren angewendet wird, sind Anteile und Beteiligungen an nachgeordneten Gesellschaften mit ihrem eigenständig ermittelten gemeinen Wert anzusetzen (§ 200 Absatz 2 und 3 BewG). [4]Entsprechendes gilt bei der Ermittlung des Substanzwerts, der jedoch nur anzusetzen ist, wenn die Prüfung ergibt, dass er höher ist als der im vereinfachten Ertragswertverfahren oder unter Berücksichtigung der Ertragsaussichten des Unternehmens oder einer anderen anerkannten, auch im gewöhnlichen Geschäftsverkehr für nichtsteuerliche Zwecke üblichen Methode ermittelte Wert (§ 11 Absatz 2 Satz 2 und 3 BewG).

(5) [1]Das vereinfachte Ertragswertverfahren ist grundsätzlich auch bei der Ermittlung des gemeinen Werts von Anteilen an Organgesellschaften oder Organträgergesellschaften anwendbar. [2]Allerdings ist bei komplexen Strukturen von verbundenen Unternehmen dessen Anwendung grundsätzlich ausgeschlossen (→ R B 199.1 Absatz 4 und 6 Satz 1 Nummer 1). [3]Sofern das vereinfachte Ertragswertverfahren bei der Organgesellschaft angewendet wird, sind dabei deren Betriebsergebnisse anzusetzen. [4]Bei der Ermittlung der Betriebsergebnisse sind der Aufwand aus Gewinnabführungen an den Organträger und der Ertrag aus Verlustübernahmen des Organträgers nicht zu berücksichtigen (§ 202 Absatz 1 Satz 2 Nummer 3 BewG). [5]Die Betriebsergebnisse sind um den darauf entfallenden pauschalen Ertragsteueraufwand zu kürzen (§ 202 Absatz 3 BewG). [6]Sofern das vereinfachte Ertragswertverfahren bei der Organträgergesellschaft angewendet wird, ist dabei die Beteiligung an der Organgesellschaft mit ihrem eigenständig ermittelten gemeinen Wert anzusetzen (§ 200 Absatz 2 und 3 BewG). [7]Die Betriebsergebnisse der Organträgergesellschaft sind um den Aufwand aus der Übernahme von Verlusten der Organgesellschaft zu erhöhen (§ 202 Absatz 1 Satz 2 Nummer 1 Buchstabe f BewG) und den Ertrag aus Gewinnabführungen der Organgesellschaft zu kürzen (§ 202 Absatz 1 Satz 2 Nummer 2 Buchstabe f BewG). [8]Die verbleibenden Betriebsergebnisse sind um den pauschalen Ertragsteueraufwand zu kürzen (§ 202 Absatz 3 BewG). [9]Ein zusätzlicher Abzug von Ertragsteueraufwand auf die Erträge der Organgesellschaft ist bei der Organträgergesellschaft ausgeschlossen. [10]Absatz 4 Sätze 3 und 4 gelten entsprechend.

(6) [1]Das vereinfachte Ertragswertverfahren ist auch bei der Ermittlung des gemeinen Werts von Anteilen an einer GmbH, die Komplementärin einer GmbH & Co. KG ist, anwendbar. [2]Bei Anteilen an einer Komplementär-GmbH liegt jedoch regelmäßig ein Fall von geringer Bedeutung vor, wenn sie zusammen mit der (anteiligen) Beteiligung an der GmbH & Co. KG übertragen werden und die Komplementär-GmbH neben der Kostenerstattung für die Geschäftsführung der KG nur ein Entgelt für die Übernahme des Haftungsrisikos erhält, aber keine Geschäfte im eigenen Namen betreibt. [3]Ist in der Feststellungserklärung der KG der Substanzwert der Anteile an der Komplementär-GmbH angegeben, kann dieser grundsätzlich übernommen werden.

(7) [1]Bei Anteilen an einer Gesellschaft in Liquidation ist als gemeiner Wert in der Regel der Substanzwert anzusetzen. [2]Es bestehen keine Bedenken, den Liquidationswert anzusetzen (→ R B 11.5 Absatz 9).

(8) [1]Sind Anteile an einer Gesellschaft mit ungleichen Rechten ausgestattet, ist deren Berücksichtigung weder im Rahmen des vereinfachten Ertragswert-

verfahrens noch beim Substanzwert möglich. [2]Bei der Aufteilung des Gesamtwerts der Gesellschaft auf die Anteile können diese jedoch berücksichtigt werden (→ R B 97.6).

(9) [1]Hält die Kapitalgesellschaft, deren Anteile zu bewerten sind, eigene Anteile, wirkt sich dies nicht auf die Bewertung der Gesellschaft aus. [2]Die eigenen Anteile sind erst im Rahmen der Aufteilung des Werts der Kapitalgesellschaft zu berücksichtigen. [3]Sie mindern den Wert des gesamten Nennkapitals um ihren Nennwert (→ R B 97.6 Absatz 1).

(10) [1]Der gemeine Wert nicht notierter Anteile an einer Kapitalgesellschaft kann aufgrund der Haftungsbeschränkung des Gesellschafters nicht negativ sein, auch wenn der Wert des Betriebsvermögens der Gesellschaft, der sich aus einem Gutachten, nach dem vereinfachten Ertragswertverfahren oder als Substanzwert ergibt, negativ ist. [2]Der Wert nicht notierter Anteile an Kapitalgesellschaften ist in diesem Fall mit 0 EUR festzustellen. [3]Soweit die Einlage des Gesellschafters noch nicht oder noch nicht vollständig erbracht wurde, hat dies keine Auswirkung auf den gemeinen Wert der Anteile. [4]In Erbfällen liegt bei unmittelbarer Beteiligung hinsichtlich der ausstehenden Einlage eine Nachlassverbindlichkeit i. S. d. § 10 Absatz 5 Nummer 1 ErbStG vor und bei Schenkungen eine Gegenleistung, unabhängig davon, ob diese bereits eingefordert wurde. [5]Bei mittelbaren Beteiligungen ist im mehrstufigen Feststellungsverfahren die ausstehende Einlage im Rahmen der Bewertung der übergeordneten Gesellschaft zu berücksichtigen.

H B 11.4

Anteile an einer gemeinnützigen Kapitalgesellschaft. → gleich lautende Ländererlasse vom 9.10.2013, BStBl. I S. 1362.

R B 11.5 Substanzwert

(1) [1]Der Substanzwert ist als Mindestwert nur anzusetzen, wenn der gemeine Wert nach dem vereinfachten Ertragswertverfahren (→ R B 199.1 ff.) oder mit einem Gutachtenwert (Ertragswertverfahren oder andere im gewöhnlichen Geschäftsverkehr für nichtsteuerliche Zwecke übliche Methode) ermittelt wird. [2]Wird der gemeine Wert aus tatsächlichen Verkäufen unter fremden Dritten im gewöhnlichen Geschäftsverkehr abgeleitet, ist der Ansatz des Substanzwerts als Mindestwert ausgeschlossen.

(2) Dem Grunde nach sind in die Ermittlung des Substanzwerts alle Wirtschaftsgüter einzubeziehen, die nach §§ 95 bis 97 BewG zum Betriebsvermögen gehören.

(3) [1]Bei Einzelunternehmen, Personengesellschaften und Kapitalgesellschaften im Sinne der §§ 95 bis 97 BewG richtet sich der Umfang des Betriebsvermögens somit nach der Zugehörigkeit der Wirtschaftsgüter zum ertragsteuerlichen Betriebsvermögen am Bewertungsstichtag (→ R B 95, 97.1 bis 97.3, 99, 103.1 bis 103.3). [2]Aktive und passive Wirtschaftsgüter gehören auch dann dem Grunde nach zum ertragsteuerlichen Betriebsvermögen, wenn für sie ein steuerliches Aktivierungs- oder Passivierungsverbot besteht. [3]Eine handels-

rechtlich gebotene Rückstellung (z. B. Drohverlustrückstellung), die steuerlich nicht passiviert werden darf (§ 5 Absatz 4a Satz 1 EStG), ist bei der Ermittlung des Substanzwerts gleichwohl anzusetzen. [4]Zum Betriebsvermögen gehören auch selbst geschaffene oder entgeltlich erworbene immaterielle Wirtschaftsgüter (z. B. Patente, Lizenzen, Warenzeichen, Markenrechte, Konzessionen, Bierlieferrechte). [5]Geschäftswert-, firmenwert- oder praxiswertbildende Faktoren, denen ein eigenständiger Wert zugewiesen werden kann (z. B. Kundenstamm, Know-how), sind mit einzubeziehen, unabhängig davon, ob sie selbst geschaffen oder entgeltlich erworben wurden. [6]Zum Betriebsvermögen gehörende Genossenschaftsanteile sind grundsätzlich im Rahmen der Ermittlung des Substanzwerts als Kapitalforderungen nach § 12 BewG mit dem Nennwert zu bewerten. [7]Eine zukünftige Ertragsteuerbelastung (latente Ertragsteuern) ist nicht wertmindernd zu berücksichtigen.

(4) Rücklagen und Ausgleichsposten mit Rücklagencharakter sind im Allgemeinen nicht abzugsfähig, weil sie Eigenkapitalcharakter haben (→ R B 103.1 Absatz 2).

(5) [1]Die zum Betriebsvermögen gehörenden Wirtschaftsgüter und sonstigen aktiven Ansätze sowie die zum Betriebsvermögen gehörenden Schulden und sonstigen Abzüge sind bei der Ermittlung des Substanzwerts mit dem gemeinen Wert anzusetzen (§ 11 Absatz 2 Satz 3 BewG). [2]Ist für Grundbesitz, Betriebsvermögen und Anteile an Kapitalgesellschaften ein Wert nach § 151 Absatz 1 Satz 1 Nummer 1 bis 3 BewG festzustellen, sind die auf den Bewertungsstichtag festgestellten Werte anzusetzen. [3]Die Basiswertregelung in § 151 Absatz 3 BewG ist hierbei zu beachten.

(6) [1]Der gemeine Wert von Erfindungen oder Urheberrechten, die in Lizenz vergeben oder in sonstiger Weise gegen Entgelt einem Dritten zur Ausnutzung überlassen sind, wird in der Weise ermittelt, dass der Anspruch auf die in wiederkehrenden Zahlungen bestehende Gegenleistung kapitalisiert wird, soweit keine anderen geeigneten Bewertungsgrundlagen vorhanden sind. [2]Hierfür sind die vertraglichen Vereinbarungen mit dem Lizenznehmer maßgeblich. [3]Ist keine feste Lizenzgebühr vereinbart und die Vertragsdauer unbestimmt, kann auf die letzte vor dem Besteuerungszeitpunkt gezahlte Lizenzgebühr und eine Laufzeit von acht Jahren abgestellt werden. [4]Der Kapitalisierung ist der marktübliche Zinssatz zugrunde zu legen. [5]Es ist nicht zu beanstanden, wenn auf den Zinssatz abgestellt wird, den die Deutsche Bundesbank anhand der Zinsstrukturdaten aus der langfristig erzielbaren Rendite öffentlicher Anleihen jeweils auf den ersten Börsentag des Jahres errechnet (Basiszins). [6]Der Basiszins ist um einen Zuschlag von 4,5 Prozent zu erhöhen. [7]Die Summe aus Basiszins und Zuschlag ergibt den Kapitalisierungszinssatz. [8]Dieser Zinssatz ist für alle Wertermittlungen auf Bewertungsstichtage in diesem Jahr anzuwenden.

(7) [1]Wirtschaftsgüter des beweglichen abnutzbaren Anlagevermögens sind mit dem gemeinen Wert anzusetzen. [2]Als gemeiner Wert kann aus Vereinfachungsgründen ein angemessener Restwert in Höhe von mindestens 30 Prozent der Anschaffungs- oder Herstellungskosten berücksichtigt werden, wenn dies nicht zu unzutreffenden Ergebnissen führt.

(8) [1]Wirtschaftsgüter des Umlaufvermögens sind mit ihren Wiederbeschaffungs- oder Wiederherstellungskosten zum Bewertungsstichtag anzusetzen. [2]Ihr Wert kann auch nach der retrograden Methode ermittelt werden. [3]Auf Grund der Verbrauchsfolgefiktion des Lifo-Verfahrens gebildete stille Reserven sind bei der Ermittlung des Substanzwertes anzusetzen.

(9) Bei Einzelunternehmen, Personengesellschaften oder Kapitalgesellschaften, die sich in Liquidation befinden, bestehen keine Bedenken, den Liquidationswert (einschließlich der Liquidationskosten, die beispielsweise für einen Sozialplan anfallen) anzusetzen.

H B 11.5

Berücksichtigung einer zukünftigen Steuerbelastung. → BFH vom 27.9.2017 II R 15/15, BStBl. 2018 II S. 281.

Ermittlung des Kapitalisierungszinssatzes. Für 2017 beträgt der Basiszins 0,59 Prozent; daraus ergibt sich ein Kapitalisierungszinssatz von 5,09 Prozent. Für Bewertungsstichtage ab 1. Januar 2018 kann auf den Basiszins abgestellt werden, den das Bundesministerium der Finanzen nach § 18 Absatz 4 InvStG 2018 jährlich im Bundessteuerblatt Teil I veröffentlicht.[1)]

R B 11.6 Ermittlung des Substanzwerts

(1) Bei der Ermittlung des Substanzwerts ist das Vermögen der Kapitalgesellschaft mit dem gemeinen Wert zum Bewertungsstichtag zugrunde zu legen.

(2) [1]Stimmt der Bewertungsstichtag nicht mit dem Schluss des Wirtschaftsjahrs überein, auf den die Kapitalgesellschaft einen regelmäßigen jährlichen Abschluss macht, und erstellt die Kapitalgesellschaft keinen Zwischenabschluss, der den Grundsätzen der Bilanzkontinuität entspricht, kann aus Vereinfachungsgründen der Wert des Vermögens der Kapitalgesellschaft zum Bewertungsstichtag aus der auf den Schluss des letzten vor dem Bewertungsstichtag endenden Wirtschaftsjahrs erstellten Vermögensaufstellung abgeleitet werden (Absatz 3), sofern dies im Einzelfall nicht zu unangemessenen Ergebnissen führt und deshalb eine besondere Ermittlung des Substanzwerts auf den Bewertungsstichtag vorzunehmen ist. [2]Dabei ist zunächst der Saldo der gemeinen Werte für die Wirtschaftsgüter, sonstigen aktiven Ansätze, Schulden und sonstigen Abzüge zum Abschlusszeitpunkt zu bilden, die bei der Ermittlung des Substanzwerts der Kapitalgesellschaft anzusetzen sind (Ausgangswert).

(3) [1]Aus dem Ausgangswert (Absatz 2) ist der Wert des Vermögens der Kapitalgesellschaft auf den Bewertungsstichtag unter vereinfachter Berücksichtigung der im Vermögen der Kapitalgesellschaft bis zum Bewertungsstichtag eingetretenen Veränderungen abzuleiten. [2]Als Korrekturen kommen insbesondere in Betracht:

1. Hinzurechnung des Gewinns bzw. Abrechnung des Verlustes, der auf den Zeitraum vom letzten Bilanzstichtag vor dem Bewertungsstichtag bis zum Bewertungsstichtag entfällt. [2]Auszugehen ist dabei vom Gewinn laut Steu-

---

1) Kapitalisierungszinssatz für Erwerbe in 2018: 5,37 %, in 2019: 5,02 %, in 2020: 4,57 %, in 2021 4,05 % (BayLfSt v. 1.3.2021 – S 3101.1.1-9/16 St 34).

erbilanz. [3]Der Gewinn oder Verlust ist zu korrigieren, soweit darin Abschreibungen (Normal-AfA, erhöhte AfA, Sonderabschreibungen, Teilwertabschreibungen) oder Aufwendungen auf betrieblichen Grundbesitz (Grund und Boden, Betriebsgebäude, Außenanlagen, sonstige wesentliche Bestandteile und Zubehör) enthalten sind, die das Ergebnis gemindert haben, mit dem Wertansatz der Betriebsgrundstücke aber abgegolten sind. [4]Dazu gehören auch Erhaltungsaufwendungen für betrieblichen Grundbesitz, die den Grundbesitzwert zwar wegen der für den Grundbesitz geltenden Bewertungsmethoden nicht erhöhen, aber mit dem Ansatz des Grundbesitzwerts abgegolten sind. [5]Gewinn oder Verlust und Abschreibungen oder andere Aufwendungen bis zum Bewertungsstichtag sind, soweit dies nicht im Einzelfall zu unangemessenen Ergebnissen führt, zeitanteilig aus den entsprechenden Jahresbeträgen zu berechnen;

2. Berücksichtigung von Vermögensänderungen infolge Veräußerung oder Erwerb von Anlagevermögen, insbesondere von Betriebsgrundstücken, Wertpapieren, Anteilen und Genussscheinen von Kapitalgesellschaften und Beteiligungen an Personengesellschaften, soweit sie sich nicht bereits nach Nummer 1 ausgewirkt haben;
3. Vermögensabfluss durch Gewinnausschüttungen;
4. Vermögenszuführungen oder -abflüsse infolge von Kapitalerhöhungen oder Kapitalherabsetzungen;
5. Vermögenszuführungen durch verdeckte Einlagen.

(4) Die Kapitalgesellschaft hat nach amtlichem Vordruck eine Vermögensaufstellung auf den Bewertungsstichtag als Anlage zur Feststellungserklärung abzugeben, aus der sich die für die Ermittlung des Substanzwerts erforderlichen Angaben ergeben (§ 153 Absatz 3 BewG).

H B 11.6

Aufwendungen auf betrieblichen Grundbesitz.

Beispiel 1:

In der Gewinnermittlung des zu bewertenden Betriebs sind Aufwendungen enthalten, die auf eine Erneuerung des Asphaltbelags des betrieblichen Kundenparkplatzes entfallen.
Die Aufwendungen sind dem Gewinn hinzuzurechnen, weil sie bereits mit dem Wertansatz des Parkplatzes abgegolten sind. Dies gilt auch dann, wenn sich, wie im vorliegenden Fall, die Aufwendungen im Rahmen der geltenden Bewertungsverfahren der Höhe nach nicht auf den Grundbesitzwert auswirken.

Beispiel 2:

Ein Unternehmen wendet Kosten für die erstmalige Herstellung eines Parkplatzes auf, die ertragsteuerrechtlich als Herstellungskosten zu qualifizieren sind und sich über die Absetzungen für Abnutzung in der Gewinnermittlung auswirken.
Obwohl die Herstellungskosten für den Parkplatz regelmäßig nicht den Grundbesitzwert erhöhen, ist der Wert des Parkplatzes mit dem Ansatz des Grundbesitzwertes abgegolten. Der Grundbesitzwert umfasst dem Grund nach auch die wesentlichen Bestandteile (Außenanlagen), obwohl bei der Grundbesitzbewertung der Höhe nach (regelmäßig) kein gesonderter Wertansatz für Außenanlagen vorgesehen ist.
Für die Ableitung des Werts des Vermögens der Kapitalgesellschaft vom Ausgangswert ist der Gewinn um diese Aufwendungen (Absetzungen für Abnutzung) zu korrigieren.

Beispiel 3:

Für ein Gebäude sind Erhaltungsaufwendungen angefallen, z. B. für den Anstrich von Fenstern oder Kosten für die Erneuerung von Türen oder einer Heizungsanlage.
Im Rahmen der geltenden Bewertungsverfahren führen solche Aufwendungen regelmäßig nicht zu einer Erhöhung des Grundbesitzwerts, es sei denn, es läge eine überwiegende oder umfassende Modernisierung vor, so dass ein fiktives Baujahr zu ermitteln wäre. Dennoch sind die Erhaltungsaufwendungen mit dem Ansatz des Grundbesitzwerts abgegolten.
Für die Ableitung des Werts des Vermögens der Kapitalgesellschaft vom Ausgangswert ist der Gewinn um diese Aufwendungen zu korrigieren.

R B 11.7 Gemeiner Wert nicht notierter Anteile an Kapitalgesellschaften

Der gemeine Wert eines nicht notierten Anteils an einer Kapitalgesellschaft bestimmt sich grundsätzlich nach dem Verhältnis des Anteils am Nennkapital (Grund- oder Stammkapital) der Gesellschaft zum gemeinen Wert des Betriebsvermögens der Kapitalgesellschaft zum Bewertungsstichtag (→ R B 97.6).

R B 11.8 Paketzuschlag

(1) Ein Paketzuschlag ist vorzunehmen, wenn der gemeine Wert der zu bewertenden Anteile höher ist als der Wert, der den Beteiligungscharakter der zu bewertenden Anteile nicht berücksichtigt.

(2) [1]Der Paketzuschlag kommt sowohl beim Ansatz von Kurswerten als auch bei der Ermittlung des gemeinen Werts durch Ableitung aus Verkäufen in Betracht. [2]Wird der gemeine Wert in einem Ertragswertverfahren oder nach einer anderen anerkannten, auch im gewöhnlichen Geschäftsverkehr für nichtsteuerliche Zwecke üblichen Methode ermittelt, ist – unter den Voraussetzungen des § 11 Absatz 3 BewG – der Paketzuschlag erforderlich, wenn die in § 11 Absatz 3 BewG genannten Umstände bei der Wertermittlung nicht berücksichtigt werden. [3]Im vereinfachten Ertragswertverfahren (→ R B 199.1) ist in der Regel kein Paketzuschlag vorzunehmen. [4]Ein Abschlag wegen fehlenden Einflusses auf die Geschäftsführung kommt in diesen Fällen nicht in Betracht. [5]Ein Paketzuschlag ist in den Fällen der Bewertung mit dem Substanzwert nicht vorzunehmen.

(3) Ein Paketzuschlag ist vorzunehmen, wenn ein Gesellschafter mehr als 25 Prozent der Anteile an einer Kapitalgesellschaft auf einen oder mehrere Erwerber überträgt (Absatz 4 bis 8).

(4) [1]Gehen Anteile an einer Kapitalgesellschaft von mehr als 25 Prozent von einem Erblasser auf mehrere Erben über, ist ein Paketzuschlag auch dann vorzunehmen, wenn die anschließende (quotale) Aufteilung unter den Erben dazu führt, dass jeder der Erben nur eine Beteiligung von weniger als 25 Prozent erhält. [2]Das Ergebnis einer frei unter den Miterben vereinbarten Auseinandersetzung oder die Auseinandersetzung nach Maßgabe einer Teilungsanordnung des Erblassers sind für die Bewertung der Beteiligung unbeachtlich.

(5) [1]Wenn neben den Erben ein Vermächtnisnehmer einen schuldrechtlichen Anspruch auf Anteile erlangt, bei dessen Erfüllung die den Erben verbleibende Beteiligung weniger als 25 Prozent beträgt, kann der Verlust dieses Einflusses – bezogen auf den Bewertungsstichtag – eine wirtschaftliche Ände-

rung sein, die einen Paketzuschlag für die von den Erben erworbene Beteiligung nicht mehr rechtfertigt. [2]Der Anspruch des Vermächtnisnehmers ist danach zu bewerten, ob die ihm vermachten Anteile mehr als 25 Prozent betragen. [3]Ein Vorausvermächtnis zugunsten eines Miterben ist dagegen nicht als wirtschaftliche Änderung anzusehen, die die Erbengemeinschaft in der Ausübung ihrer Mitgliedschaftsrechte – bezogen auf den Bewertungsstichtag – beschränkt, und berührt damit den Paketzuschlag für die von den Erben erworbene Beteiligung nicht.

(6) [1]Bei Schenkungen unter Lebenden sind die auf den Erwerber übergehenden Anteile Besteuerungsgrundlage. [2]Die Bewertung der zugewendeten Anteile richtet sich, vorbehaltlich Absatz 8, danach, ob diese mehr als 25 Prozent betragen.

(7) [1]Führt die Vereinigung von zugewendeten Anteilen mit bereits vorhandenen eigenen Anteilen des Erwerbers dazu, dass er mehr als 25 Prozent hält, ist dies, vorbehaltlich Absatz 8, für die Bewertung der zugewendeten Anteile grundsätzlich unbeachtlich. [2]Entsprechendes gilt auch, wenn einem Erwerber gleichzeitig von mehreren Personen Anteile zugewendet werden.

(8) Werden nacheinander von derselben Person mehrere Anteile zugewendet, die unter den Voraussetzungen des § 14 ErbStG zusammengerechnet dem Erwerber eine Beteiligung von mehr als 25 Prozent verschaffen, ist bei den zugewendeten Anteilen, die dem Erwerber erstmals eine Beteiligung von mehr als 25 Prozent verschaffen, und allen weiteren zugewendeten Anteilen ein Paketzuschlag vorzunehmen.

(9) [1]Als Paketzuschlag kann, je nach Umfang der zu bewertenden Beteiligung, im Allgemeinen ein Zuschlag bis zu 25 Prozent in Betracht kommen. [2]Höhere Zuschläge sind im Einzelfall möglich.

Zu § 12 BewG

R B 12.1 Kapitalforderungen und Schulden

(1) Besondere Umstände, die eine vom Nennwert abweichende Bewertung rechtfertigen, liegen vor,

1. wenn die Kapitalforderungen oder Schulden unverzinslich sind und ihre Laufzeit im Besteuerungszeitpunkt mehr als ein Jahr beträgt;
2. wenn die Kapitalforderungen oder Schulden niedrig verzinst oder hoch verzinst sind und die Kündbarkeit für längere Zeit ausgeschlossen ist;
3. wenn zweifelhaft ist, ob eine Kapitalforderung in vollem Umfang durchsetzbar ist.

(2) [1]Eine niedrig verzinsliche Kapitalforderung oder Schuld, die unter dem Nennwert anzusetzen ist, kann angenommen werden, wenn die Verzinsung unter 3 Prozent liegt und die Kündbarkeit am Veranlagungsstichtag für längere Zeit, d. h. für mindestens vier Jahre, eingeschränkt oder ausgeschlossen ist. [2]Stehen einer unverzinslichen oder niedrig verzinslichen Kapitalforderung an Stelle der Zinsen oder neben den Zinsen andere wirtschaftliche Vorteile gegenüber, kommt eine Bewertung unter dem Nennwert nicht in Betracht; dies

gilt entsprechend, wenn einer unverzinslichen oder niedrig verzinslichen Kapitalschuld an Stelle der Zinsen oder neben den Zinsen andere wirtschaftliche Nachteile gegenüberstehen. [3]Eine hoch verzinsliche Kapitalforderung oder Schuld, die über dem Nennwert anzusetzen ist, kann im Allgemeinen angenommen werden, wenn die Verzinsung über 9 Prozent liegt und die Rückzahlung am Besteuerungsstichtag noch für mindestens vier Jahre ausgeschlossen ist; Satz 2 gilt entsprechend.

(3) [1]Ist zweifelhaft, ob oder inwieweit eine Kapitalforderung durchsetzbar ist, kann sie dem Grad der Zweifelhaftigkeit entsprechend mit einem niedrigeren Schätzwert anzusetzen sein. [2]Das gilt insbesondere beim Ansatz verjährter Kapitalforderungen. [3]Schwierigkeiten in der Beurteilung der Rechtslage sind kein besonderer Umstand, der einen Abschlag rechtfertigt.

(4) Nicht zum Betriebsvermögen gehörende Steuererstattungsansprüche und Steuervergütungsansprüche sowie entsprechende Schulden (z. B. Einkommensteuerschulden) sind als Kapitalforderungen oder Schulden zu bewerten.

(5) Kapitalforderungen und Schulden, die auf ausländische Währungen lauten, sind mit dem am Besteuerungszeitpunkt maßgebenden Umrechnungskurs zu bewerten.

H B 12.1

Bewertung von Kapitalforderungen und -schulden. Wegen der Berechnung des Gegenwartswerts von nach § 12 Absatz 1 und 3 BewG zu bewertenden Kapitalforderungen und Schulden mit fehlender, niedriger oder hoher Verzinsung → gleich lautende Ländererlasse vom 10.10.2010, BStBl. I S. 810.

Maßgebender Umrechnungskurs. Die auf ausländische Währungen lautenden Kapitalforderungen und Schulden sind nach dem Briefkurs für den Tag der Entstehung der deutschen Erbschaftsteuer in Euro umzurechnen (→ BFH vom 19.3.1991 II R 134/88, BStBl. II S. 521).

Verjährte Kapitalforderungen. → BFH vom 2.3.1971 II 64/65, BStBl. II S. 533.

Vermögenslosigkeit des Schuldners. → BFH vom 26.2.2003 II R 19/01, BStBl. II S. 561.

R B 12.2 Bundesschatzbriefe, Finanzierungsschätze und Sparbriefe

(1) [1]Bundesschatzbriefe A sind mit ihrem Nennwert anzusetzen. [2]Bundesschatzbriefe B sind mit ihrem Rückzahlungswert anzusetzen.

(2) [1]Finanzierungsschätze des Bundes werden in der Weise verzinst, dass der Erwerber beim Kauf einen geringeren Betrag einzahlt als er später bei der Einlösung am festliegenden Fälligkeitstag zurückerhält. [2]Die Zinsen für die Zeit vom Tag der Zahlung des Kaufpreises bis zum Fälligkeitstag (ausschließlich) werden im Voraus vom Nennwert abgezogen. [3]Finanzierungsschätze werden monatlich in neu aufgelegten Ausgaben mit einer Laufzeit von etwa einem Jahr oder etwa zwei Jahren verkauft. [4]Die Laufzeit beginnt mit dem Tag der Zahlung des Kaufpreises. [5]Die Laufzeit endet am 20. des Fälligkeits-

monats, falls der 20. kein Geschäftstag ist, am nächstfolgenden Geschäftstag. 6 Bei Fälligkeit wird der Einlösungsbetrag gutgeschrieben oder bargeldlos überwiesen. 7 Vor Fälligkeit nimmt der Emittent Finanzierungsschätze nicht zurück. 8 Bei Finanzierungsschätzen wie bei anderen Diskontpapieren ist der Wert bis zum Fälligkeitszeitpunkt aus dem Ausgabebetrag zuzüglich der aufgelaufenen fiktiven Zinsen zu berechnen. 9 Dabei kann auf eine taggenaue Wertermittlung zum Besteuerungszeitpunkt nicht verzichtet werden. 10 Um dabei auch die auf einen unterjährigen Zeitraum entfallenden fiktiven Zinsen zu erfassen, ist der Stichtagswert wie folgt zu ermitteln:

$$\text{Stichtagswert} = \text{Ausgabewert} \times q^n \times \left(\frac{R \times T}{360 \times 100} + 1\right)$$

11 Dabei ist

$$q^n: \text{Aufzinsungsfaktor für volle n Jahre} = \left(1 + \frac{R}{100}\right)^n$$

R: Emissionsrendite
T: Jahresbruchteile in Tagen.

12 Diese Art der Wertermittlung ist in allen Besteuerungsfällen anzuwenden. 13 Da der Anspruch auf Verzinsung bis zum Besteuerungszeitpunkt bereits im Stichtagswert der Finanzierungsschätze und anderer Diskontpapiere berücksichtigt ist, ist ein besonderer Ansatz von Stückzinsen nicht mehr erforderlich.

(3) 1 Abgezinste Sparbriefe sind mit dem Rückzahlungswert anzusetzen. 2 Ist der Rückzahlungswert nicht bekannt, ist er entsprechend der Regelung in Absatz 2 zu ermitteln.

H B 12.2

Bewertung von Diskontpapieren.

Beispiel:

A hatte am 2.1.00 Diskontpapiere zum Ausgabewert von 14 381 EUR gekauft. Er ist am 20.10.01 verstorben.

Ausgabewert	14 381 EUR
Emissionsrendite	4%
Laufzeit	1 Jahr 9 Monate 18 Tage (n = 1; T = 288)

$$14\,381 \times \left(1 + \frac{4}{100}\right)^1 \times \left(\frac{4 \times 288}{100 \times 360} + 1\right)$$

= 14 381 × 1,0400 × 1,032
= 15 434 EUR.

R B 12.3 Zero-Bonds

(1) 1 Börsennotierte Zero-Bonds sind mit dem niedrigsten im Besteuerungszeitpunkt für sie im amtlichen Handel notierten Kurs anzusetzen (§ 11

Absatz 1 Satz 1 BewG). [2]Liegt am Besteuerungszeitpunkt keine Kursnotierung vor, ist der letzte innerhalb von 30 Tagen vor dem Besteuerungszeitpunkt im amtlichen Handel notierte Kurs maßgebend.

(2) [1]Nichtnotierte Zero-Bonds sind in Anlehnung an die Kursnotierungen von in Ausstattung und Laufzeit vergleichbaren Anleihen zu bewerten. [2]Können für nichtnotierte Zero-Bonds keine Vergleichskurse festgestellt werden, berechnet sich ihr Wert aus dem Ausgabebetrag zuzüglich der bis zum Besteuerungszeitpunkt aufgelaufenen Zinsen (Rückzahlungswert). [3]Der Rückzahlungswert ist entsprechend der Berechnung in R B 12.2 für Finanzierungsschätze zu ermitteln.

(3) Beträgt die Emissionsrendite mehr als 9 Prozent und ist die Einlösung des Zero-Bonds im Besteuerungszeitpunkt für mindestens 4 Jahre ausgeschlossen, ist bei der Berechnung des Rückzahlungswerts ein Renditekurs zugrunde zu legen, der sich nach dem im Besteuerungszeitpunkt bestehenden Kapitalmarktzinssatz für vergleichbare Anleihen bestimmt.

R B 12.4 Einlage des typischen stillen Gesellschafters

[1]Die Einlage eines typischen stillen Gesellschafters ist eine Kapitalforderung und grundsätzlich mit dem Nennwert anzusetzen. [2]Ist die Kündbarkeit der Einlage am Besteuerungszeitpunkt für längere Zeit ausgeschlossen und liegt der Durchschnittsertrag über 9 Prozent, ist der Nennwert der Vermögenseinlage um den fünffachen Unterschiedsbetrag zwischen dem Durchschnittsertrag und der Verzinsung um 9 Prozent zu erhöhen. [3]Bei einem Durchschnittsertrag unter 3 Prozent der Vermögenseinlage ist, soweit die Kündbarkeit der Einlage am Bewertungsstichtag für längere Zeit ausgeschlossen ist, der Nennwert um den fünffachen Unterschiedsbetrag zwischen 3 Prozent und dem Durchschnittsertrag zu mindern. [4]Der Durchschnittsertrag ist möglichst aus den Gewinnanteilen der letzten drei vor dem Besteuerungszeitpunkt endenden Wirtschaftsjahre herzuleiten. [5]Ein Abschlag wegen Unwägbarkeiten kommt dabei nicht in Betracht. [6]Die Kündbarkeit ist für längere Zeit ausgeschlossen, wenn das Gesellschaftsverhältnis im Besteuerungszeitpunkt noch mehr als 5 Jahre währen wird.

H B 12.4

Einlage des typischen stillen Gesellschafters.

Beispiel:

Nennwert der Einlage	40 000 EUR
Durchschnittsertrag	7 000 EUR

„Verzinsung der Einlage“ $\frac{7000\ \text{EUR}}{40000\ \text{EUR}} = 17{,}5\%$

Wert der stillen Beteiligung:	
100 % + 5 × (17,5 % – 9 %) =	142,5 %
Bezogen auf den Nennwert der Einlage von 40 000 EUR =	57 000 EUR.

Zu §§ 13 bis 16 BewG

R B 13 Renten-, Nießbrauchs- und Nutzungsrechte[1)]

[1]Der Kapitalwert von Renten oder anderen wiederkehrenden Nutzungen und Leistungen richtet sich nach der am Besteuerungsstichtag noch laufenden Bezugsberechtigung. [2]Bei der Ermittlung des Kapitalwerts können später eintretende Umstände nur dann berücksichtigt werden, wenn sie am Besteuerungszeitpunkt bereits voraussehbar waren. [3]Bei Nutzungen oder Leistungen, deren Jahreswert ungewiss ist oder schwankt, ist nach § 15 Absatz 3 BewG als Jahreswert der Betrag anzusetzen, der im Durchschnitt der Jahre voraussichtlich erzielt wird. [4]Bei der Schätzung des Durchschnittswerts können ausnahmsweise Ereignisse berücksichtigt werden, die in nicht allzu langer Zeit nach dem Besteuerungszeitpunkt eingetreten sind. [5]Die Bewertung von wiederkehrenden Nutzungen und Leistungen ist beim Verpflichteten entsprechend vorzunehmen.

H B 13

Bewertung von wiederkehrenden Nutzungen und Leistungen. Wegen der Berechnung des Kapitalwerts von wiederkehrenden Nutzungen und Leistungen → gleich lautende Ländererlasse vom 10.10.2010, BStBl. I S. 810.

Laufende Bezugsberechtigung. → BFH vom 31.10.1969 III R 45/66, BStBl. 1970 II S. 196.

Lebenslängliche Rente als Gegenleistung bei einer Grundstücksveräußerung. Eine lebenslängliche Rente, die bei einer Grundstücksveräußerung als Gegenleistung ausbedungen wird, stellt kein Nutzungsrecht am Grundstück dar. Die Rente ist ohne Anwendung des § 16 BewG zu bewerten (→ BFH vom 2.12.1971 II 82/65, BStBl. 1972 II S. 473).

Nießbrauch an einer Beteiligung an einer Personengesellschaft. → R B 97.3.

Umstände nach dem Besteuerungszeitpunkt. → BFH vom 9.9.1960 III 277/57 U, BStBl. 1961 III S. 18.

Wertsicherungsklausel. → BFH vom 14.11.1967 II 166/63, BStBl. 1968 II S. 43.

B. Betriebsvermögen

Zu §§ 95 und 96 BewG

R B 95 Begriff und Umfang des Betriebsvermögens

(1) [1]Das Betriebsvermögen umfasst alle Teile eines Gewerbebetriebs im Sinne des § 15 Absatz 1 und 2 EStG, das sind grundsätzlich alle Wirtschaftsgüter und sonstigen aktiven Ansätze sowie Schulden und sonstigen Abzüge, die bei der steuerlichen Gewinnermittlung zum Betriebsvermögen gehören, soweit das Erbschaftsteuer- und Schenkungsteuergesetz in Verbindung mit dem Be-

[1)] Zur Berechnung einer lebenslänglichen Nutzung oder Leistung und zu den Vervielfältigern für Bewertungsstichtage ab 1.1.2021 siehe BMF v. 28.10.2020, BStBl. I 2020, 1048; für Bewertungsstichtage ab 1.1.2022 siehe BMF v. 4.10.2021, BStBl. I 2021, 1821. – Zum Jahreswert von Nießbrauchsrechten siehe BFH v. 28.5.2019 II R 4/16, BStBl. II 2020, 326. – Zum Höchstbetrag des Werts eines Nießbrauchsrechts siehe BFH v. 2.12.2020 II B 38/20, BFH/NV 2021, 636.

wertungsgesetz nicht ausdrücklich etwas anderes vorschreibt oder zulässt. [2]Dem Gewerbebetrieb steht die Ausübung eines freien Berufs im Sinne des § 18 Absatz 1 Nummer 1 EStG gleich (§ 96 BewG).

(2) [1]Bei bilanzierenden Gewerbetreibenden und freiberuflich Tätigen (§ 4 Absatz 1 oder § 5 EStG) führt die Anknüpfung an die Grundsätze der steuerlichen Gewinnermittlung regelmäßig zu einer Identität zwischen der Steuerbilanz auf den Bewertungsstichtag oder den Schluss des letzten vor dem Bewertungsstichtag endenden Wirtschaftsjahrs und dem bewertungsrechtlichen Betriebsvermögen. [2]Der Grundsatz der Identität wird insbesondere durchbrochen bei

1. Gewinnansprüchen gegen eine beherrschte Gesellschaft als sonstigem Abzug bei der beherrschten Gesellschaft (§ 103 Absatz 2 BewG),
2. Rücklagen (§ 103 Absatz 3 BewG),
3. Bilanzposten im Sinne des § 137 BewG,
4. selbst geschaffenen immateriellen Wirtschaftsgütern des Anlagevermögens sowie geschäftswert-, firmenwert- oder praxiswertbildenden Faktoren, denen ein eigenständiger Wert zugewiesen werden kann, z. B. Kundenstamm, Know-how (→ R B 11.5 Absatz 3 Satz 4 und 5),
5. Rückstellungen (→ R B 11.5 Absatz 3 Satz 3).

(3) [1]Bei nicht bilanzierenden Gewerbetreibenden und freiberuflich Tätigen gehören alle Wirtschaftsgüter, die ausschließlich und unmittelbar für eigenbetriebliche Zwecke genutzt werden, zum Betriebsvermögen (notwendiges Betriebsvermögen). [2]Bewegliche Wirtschaftsgüter, die zu mehr als 50 Prozent eigenbetrieblich genutzt werden, sind in vollem Umfang notwendiges Betriebsvermögen. [3]Grundstücke, die teilweise betrieblich und teilweise privat genutzt werden, sind nach ertragsteuerrechtlichen Grundsätzen aufzuteilen. [4]Gewillkürtes Betriebsvermögen ist zu berücksichtigen, wenn die Bildung ertragsteuerrechtlich zulässig und das Wirtschaftsgut tatsächlich dem gewillkürten Betriebsvermögen zugeordnet worden ist. [5]Forderungen und Verbindlichkeiten, die mit dem Betrieb in wirtschaftlichem Zusammenhang stehen, gehören zum Betriebsvermögen, ebenso Bargeld und Bankguthaben, die aus gewerblichen oder freiberuflichen Tätigkeiten herrühren. [6]Bei freiberuflich Tätigen sind Honoraransprüche, die bis zum Bewertungsstichtag entstanden sind, als Forderung zu erfassen. [7]Sie sind in dem Zeitpunkt entstanden, in dem die zu erbringenden Leistungen vollendet waren. [8]Honoraransprüche für Teilleistungen sind insoweit entstanden, als auf ihre Vergütung nach einer Gebührenordnung oder auf Grund von Sondervereinbarungen zwischen den Beteiligten ein Anspruch besteht.

H B 95

Aufteilung von gemischten Kontokorrentkonten. Für die Aufteilung von gemischten Kontokorrentkonten gelten die Grundsätze des BMF-Schreibens vom 10.11.1993 (BStBl. I S. 930) i. d. F. durch das BMF-Schreiben vom 7.5.2008 (BStBl. I S. 588).[1)]

[1)] Ersetzt durch BMF v. 2.11.2018, BStBl. I 2018, 1207, mit Übergangsregelung.

Forderungen an eine Kassenärztliche Vereinigung. → BFH vom 14.5.1965 III 197/60 U, BStBl. III S. 438.

Gewillkürtes Betriebsvermögen. → R 4.2 Absatz 1 EStR; H 4.2 (1) „Gewillkürtes Betriebsvermögen" EStH.

Steuererstattungsansprüche. → BFH vom 15.3.2000 II R 15/98, BStBl. II S. 588.

Zu § 97 BewG

R B 97.1 Betriebsvermögen von Personengesellschaften

(1) [1]In den Gewerbebetrieb einer Personengesellschaft (§ 97 Absatz 1 Satz 1 Nummer 5 BewG) sind entsprechend der ertragsteuerlichen Regelung einzubeziehen:

1. die Wirtschaftsgüter und sonstigen aktiven Ansätze sowie die Schulden und sonstigen Abzüge, soweit sie zum Gesamthandsvermögen gehören,
2. die Wirtschaftsgüter aus den Sonderbilanzen (Sonderbetriebsvermögen I und II); § 103 BewG ist zu beachten.

[2]Die Zurechnung zum Sonderbetriebsvermögen der Personengesellschaft geht der Zurechnung zum Betriebsvermögen des Gesellschafters vor (§ 97 Absatz 1 Satz 1 Nummer 5 Satz 2 BewG). [3]Das einem Gesellschafter oder mehreren Gesellschaftern gehörende Grundstück, das den betrieblichen Zwecken der Personengesellschaft dient, ist nicht Grundvermögen des Gesellschafters bzw. der Gesellschafter, sondern gehört als Betriebsgrundstück zum Sonderbetriebsvermögen der Personengesellschaft (§ 97 Absatz 1 Nummer 5 Satz 2 BewG). [4]Ein einem Gesellschafter oder mehreren Gesellschaftern gehörendes Grundstück ist bei teilweiser Nutzung zu betrieblichen Zwecken der Personengesellschaft entsprechend der ertragsteuerlichen Grundsätze aufzuteilen. [5]Ein zum Gesamthandsvermögen gehörendes Grundstück kann dann nicht Betriebsvermögen sein, wenn es ausschließlich oder fast ausschließlich der privaten Lebensführung eines, mehrerer oder aller Gesellschafter dient. [6]Die vorstehenden Grundsätze gelten auch für die mehrstöckige Personengesellschaft (§ 95 Absatz 1 Satz 1 BewG in Verbindung mit § 15 Absatz 1 Satz 1 Nummer 2 Satz 2 EStG).

(2) [1]Forderungen und Schulden der Gesellschafter gegenüber der Personengesellschaft sind einzubeziehen, soweit sie bei der steuerlichen Gewinnermittlung zum Betriebsvermögen der Gesellschaft gehören. [2]Steht einer Forderung der Personengesellschaft an einen Gesellschafter, die in der Gesamthandsbilanz auszuweisen ist, kein entsprechender Schuldposten in einer Sonderbilanz dieses Gesellschafters gegenüber, kann bei der Ermittlung des Werts des Betriebsvermögens die entsprechende Schuld nicht berücksichtigt werden. [3]Forderungen und Schulden zwischen Personengesellschaft und Gesellschafter sind, soweit sie bei der steuerlichen Gewinnermittlung nicht zum Betriebsvermögen der Gesellschaft gehören, als gesamthänderisch gehaltene Forderungen im Privatvermögen aller Gesellschafter bzw. private Schulden des jeweiligen Gesellschafters zu behandeln.

(3) [1]Die Übernahme einer Bürgschaft durch einen Gesellschafter für Verbindlichkeiten der Personengesellschaft aus betrieblichen Gründen führt für sich allein weder zum Ansatz einer Forderung noch einer Schuld. [2]Im Fall

einer Inanspruchnahme des Gesellschafters aus der Bürgschaft gelten die ertragsteuerlichen Grundsätze.

H B 97.1

Ansatz von Forderungen und Schulden. Eine Darlehensforderung der Personengesellschaft gegen einen Gesellschafter gehört steuerrechtlich zum Betriebsvermögen der Personengesellschaft, wenn das Darlehen zu fremdüblichen Konditionen (Zins, Laufzeit, Sicherheit) gewährt wird. Das gilt auch für ein Darlehen zu nicht fremdüblichen Konditionen, wenn ein betriebliches Interesse am Verwendungszweck des gewährten Darlehens besteht. Ein Darlehen zu nicht fremdüblichen Konditionen, an dessen Verwendungszweck kein betriebliches Interesse besteht, stellt ertragsteuerlich eine Entnahme der Darlehensvaluta aus dem Betriebsvermögen der Gesellschaft in ihr gesamthänderisch gebundenes Privatvermögen dar, die allen Gesellschaftern anteilig unter Minderung ihrer Kapitalkonten zuzurechnen ist (→ BFH vom 9.5.1996, BStBl. II S. 642). Die entsprechende Darlehensschuld des Gesellschafters ist je nach Verwendung des Darlehens (negatives) Sonderbetriebsvermögen oder eine private Schuld.

Geht der Anteil eines Gesellschafters an der Personengesellschaft von Todes wegen über oder überträgt dieser den Anteil durch Schenkung, ist ein anteilig ihm zuzurechnender Anspruch auf Rückzahlung eines nicht im Betriebsvermögen der Personengesellschaft erfassten Darlehens als Kapitalforderung im übrigen Vermögen anzusetzen. Das gilt nicht nur für den Gesellschafter, der das Darlehen erhalten hat. Die Erben des Gesellschafters, der das Darlehen erhalten hat, können außerdem die Darlehensschuld als Nachlassverbindlichkeit abziehen. Im Fall der Schenkung sind insoweit die Grundsätze der gemischten Schenkung anzuwenden, wenn der Erwerber die Darlehensschuld übernimmt.

Beispiel:

Gemeiner Wert des Betriebsvermögens der Personengesellschaft zum Bewertungsstichtag	7 100 000 EUR
Kapitalkonten lt. Gesamthandsbilanz der Personengesellschaft	5 000 000 EUR

Davon entfallen auf A 1 500 000 EUR, auf B 2 500 000 EUR und auf C 1 000 000 EUR.
Gewinn- und Verlustverteilung A, B und C je 1/3
Gesellschafter A hat von der Personengesellschaft ein nicht betrieblich veranlasstes Darlehen zu nicht fremdüblichen Konditionen in Höhe von 300 000 EUR erhalten, das in dieser Höhe noch valutiert. Die Kapitalkonten der Gesellschafter sind insoweit zu gleichen Teilen gemindert worden.

Gesellschafter		A	B/C
Gemeiner Wert des Betriebsvermögens	7 100 000 EUR		
abzgl. Kapitalkonten lt. Gesamthandsbilanz	5 000 000 EUR	1 500 000 EUR	3 500 000 EUR
Unterschiedsbetrag	2 100 000 EUR	+ 700 000 EUR	+ 1 400 000 EUR
Anteil am Wert des Betriebsvermögens		2 200 000 EUR	4 900 000 EUR

Im Erbfall ist im Nachlass des A neben dem Anteil am Wert des Betriebsvermögens die anteilige Darlehensforderung in Höhe von (300 000 EUR × 1/3 =) 100 000 EUR und eine Nachlassverbindlichkeit in Höhe von 300 000 EUR zu berücksichtigen.

Im Schenkungsfall ist neben dem Anteil am Wert des Betriebsvermögens die anteilige Darlehensforderung in Höhe von (300 000 EUR × $^1/_3$ =) 100 000 EUR erworben. Muss der Erwerber die Darlehensverbindlichkeit in Höhe von 300 000 EUR übernehmen, ist sie im Rahmen einer gemischten Schenkung als Gegenleistung zu berücksichtigen.

Grundstück, das ausschließlich oder fast ausschließlich privater Lebensführung dient. → H 4.2 (11) EStH.

Hinterbliebenenbezüge bei Gesellschaftern einer Personengesellschaft. → H E 3.5 „Hinterbliebenenbezüge bei Gesellschaftern einer Personengesellschaft".

R B 97.2 Sonderbetriebsvermögen

[1]Für die Wirtschaftsgüter und Schulden des Sonderbetriebsvermögens eines Gesellschafters ist der gemeine Wert im Rahmen einer Einzelbewertung zu ermitteln (§ 97 Absatz 1a Nummer 2 BewG). [2]Ist für Grundbesitz, Betriebsvermögen und Anteile an Kapitalgesellschaften ein Wert nach § 151 Absatz 1 Satz 1 Nummer 1 bis 3 BewG festzustellen, sind die auf den Bewertungsstichtag festgestellten Werte anzusetzen. [3]Die Basiswertregelung in § 151 Absatz 3 BewG ist hierbei zu beachten. [4]Das gilt unabhängig davon, wie der Wert des Gesamthandsvermögens ermittelt wird (marktübliches Verfahren, vereinfachtes Ertragswertverfahren oder Substanzwert). [5]Der Wert des Sonderbetriebsvermögens ist nur für den Gesellschafter zu ermitteln, dessen Anteil übertragen wird. [6]Wegen der Einzelbewertung des Sonderbetriebsvermögens erfolgt weder beim Erwerb von Gesellschaftsanteilen mit Sonderbetriebsvermögen noch beim Erwerb von Gesellschaftsanteilen ohne Sonderbetriebsvermögen eine Korrektur des Betriebsergebnisses um die mit diesem im Zusammenhang stehenden Erträge und Aufwendungen der Gesellschaft. [7]§ 202 Absatz 1 Satz 2 Nummer 3 BewG bleibt hiervon unberührt.

R B 97.3 Nießbrauch an einer Beteiligung an einer Personengesellschaft

(1) [1]Wird im Rahmen eines Erwerbs von Todes wegen oder einer Schenkung unter Lebenden ein Nießbrauchsrecht an einem Anteil an einer Personengesellschaft im Sinne des § 15 Absatz 1 Satz 1 Nummer 2 und Absatz 3 oder § 18 Absatz 4 Satz 2 EStG eingeräumt oder die Ausübung eines solchen Nießbrauchsrechts einem anderen überlassen, richtet sich die Beurteilung nach der Ausgestaltung des Nießbrauchsrechts. [2]Der Zuwendungsgegenstand bestimmt sich grundsätzlich nach dem Zivilrecht. [3]Ob das zugewendete Vermögen zum Betriebsvermögen gehört, richtet sich jedoch nach den Grundsätzen des Ertragsteuerrechts, denn nach § 97 Absatz 1 Satz 1 Nummer 5 BewG bilden alle einer inländischen Personengesellschaft im Sinne des § 15 Absatz 1 Satz 1 Nummer 2 und Absatz 3 oder § 18 Absatz 4 Satz 2 EStG gehörenden Wirtschaftsgüter einen Gewerbebetrieb.

(2) [1]Ist das Nießbrauchsrecht so ausgestaltet, dass der Nießbraucher ertragsteuerrechtlich als Mitunternehmer der Personengesellschaft anzusehen ist, gehört das Nießbrauchsrecht als immaterielles Wirtschaftsgut ertragsteuerrechtlich und damit auch bewertungsrechtlich zum Sonderbetriebsvermögen,

da es unmittelbare und untrennbare Voraussetzung für die Erzielung der gewerblichen Einkünfte ist. [2]Dies gilt unabhängig davon, ob der Nießbraucher zivilrechtlich Gesellschafter der Personengesellschaft ist. [3]Handelt es sich bei dem Nießbrauchsrecht ertragsteuerrechtlich um Sonderbetriebsvermögen bei der Personengesellschaft, sind die Wirtschaftsgüter des Sonderbetriebsvermögens bei der Bewertung des Betriebsvermögens mit ihrem gemeinen Wert anzusetzen (§ 97 Absatz 1a Nummer 2 BewG). [4]Für das Nießbrauchsrecht ist der Kapitalwert nach §§ 13 bis 16 BewG zu ermitteln.

(3) [1]Wenn das Nießbrauchsrecht nicht zum Sonderbetriebsvermögen bei der Personengesellschaft gehört, weil der Nießbrauchsberechtigte ertragsteuerrechtlich nicht als Mitunternehmer anzusehen ist, liegt übriges Vermögen vor. [2]Die Bewertung erfolgt nach §§ 13 bis 16 BewG.

(4) Absatz 1 bis 3 gelten auch, wenn ein Nießbraucher auf seinen Nießbrauch verzichtet und dadurch eine Mitunternehmerstellung des Nießbrauchers auf den Gesellschafter übergeht.

H B 97.3

Ermittlung des begünstigten Vermögens. → R E 13b.9, R E 13b.30 Absatz 6.

R B 97.4 Aufteilung des Werts des Betriebsvermögens von Personengesellschaften

(1) [1]Das einer Personengesellschaft gehörende Betriebsvermögen ist Gesamthandsvermögen. [2]Wirtschaftsgüter, die mehreren zur gesamten Hand zustehen, werden den Gesellschaftern anteilig zugerechnet (§ 39 Absatz 2 Nummer 2 AO, § 3 BewG). [3]Für Zwecke der Erbschaft- oder Schenkungsteuer muss nur der Gesellschaftsanteil bewertet werden, der Gegenstand des Erwerbs ist.

(2)[1)] [1]Der Wert des Gesamthandsvermögens (§ 109 Absatz 2 in Verbindung mit § 11 Absatz 2 BewG) ist wie folgt aufzuteilen:

1. [1]Die Kapitalkonten aus der ertragsteuerlichen Gesamthandsbilanz sind dem jeweiligen Gesellschafter vorweg zuzurechnen. [2]Zum Kapitalkonto rechnen unter anderem neben dem Festkapital auch der Anteil an einer gesamthänderischen Rücklage und die variablen Kapitalkonten, soweit es sich dabei ertragsteuerrechtlich um Eigenkapital der Gesellschaft handelt.
2. [1]Der verbleibende Wert ist nach dem Gewinnverteilungsschlüssel auf die Gesellschafter aufzuteilen. [2]Vorabgewinne sind nicht zu berücksichtigen.

[2]Wenn der Wert des Anteils eines Gesellschafters am Gesamthandsvermögen aus Verkäufen abgeleitet oder unter Berücksichtigung der Ertragsaussichten der Gesellschaft oder einer anderen anerkannten, auch im gewöhnlichen Geschäftsverkehr für nichtsteuerliche Zwecke üblichen Methode ermittelt wird (Gutachtenwert), ist Satz 1 nicht anzuwenden und eine Aufteilung nach § 97 Absatz 1a BewG ist nicht vorzunehmen.

(3) Die Wirtschaftsgüter und Schulden des Sonderbetriebsvermögens sind bei dem jeweiligen Gesellschafter mit dem gemeinen Wert anzusetzen.

---

1) Zur Bestimmung des Werts eines Anteils an einer Personengesellschaft für Zwecke der Erbschaftsteuer siehe BFH v. 17.6.2020 II R 43/17, DStR 2020, 2596.

(4) Der Wert des Anteils eines Gesellschafters ergibt sich vorbehaltlich der folgenden Absätze als Summe aus dem Anteil am Gesamthandsvermögen (Absatz 2) und dem Wert des Sonderbetriebsvermögens (Absatz 3).

(5) Wenn der Wert des Anteils eines Gesellschafters am Gesamthandsvermögen aus Verkäufen abgeleitet wird (Absatz 2 Satz 2), ergibt sich der Wert des Anteils eines Gesellschafters als Summe aus dem ermittelten Anteil am Gesamthandsvermögen und dem gemeinen Wert des Sonderbetriebsvermögens (Absatz 3).

(6) [1] Wenn der Wert des Anteils eines Gesellschafters am Gesamthandsvermögen unter Berücksichtigung der Ertragsaussichten der Gesellschaft oder einer anderen anerkannten, auch im gewöhnlichen Geschäftsverkehr für nichtsteuerliche Zwecke üblichen Methode ermittelt wird (Absatz 2 Satz 2), ergibt sich der Wert des Anteils eines Gesellschafters als Summe aus dem ermittelten Anteil am Gesamthandsvermögen (Gutachtenwert) und dem gemeinen Wert des Sonderbetriebsvermögens (Absatz 3). [2] Bei der Basiswertregelung nach § 151 Absatz 3 BewG ist auch der Ansatz des Sonderbetriebsvermögens mit dem gemeinen Wert (Absatz 3) möglich.

H B 97.4

Aufteilung des Werts des Betriebsvermögens.

Beispiel 1:

Wert des Gesamthandsvermögens der A, B & C KG zum Bewertungsstichtag	12 000 000 EUR
Kapitalkonten lt. Gesamthandsbilanz der Personengesellschaft	9 000 000 EUR

Davon entfallen auf A 5 000 000 EUR, auf B 1 000 000 EUR und auf C 3 000 000 EUR.
Gewinn- und Verlustverteilung A, B und C je $1/3$
Der Gesellschafter A verpachtet an die Personengesellschaft ein Grundstück mit einem gemeinen Wert von 1 500 000 EUR.
Zu bewerten ist der Anteil des Gesellschafters A, der von Todes wegen in vollem Umfang auf seinen Sohn S als Alleinerben übergegangen ist.

Gesellschafter		A	B/C
Wert des Gesamthandsvermögens	12 000 000 EUR		
abzgl. Kapitalkonten lt. Gesamthandsbilanz	9 000 000 EUR	5 000 000 EUR	4 000 000 EUR
Unterschiedsbetrag	3 000 000 EUR	+ 1 000 000 EUR	+ 2 000 000 EUR
Anteil am Wert des Gesamthandsvermögens		6 000 000 EUR	6 000 000 EUR
Wert des Sonderbetriebsvermögens		+ 1 500 000 EUR	
Anteil am Wert des Betriebsvermögens		7 500 000 EUR	

Beispiel 2:

Wert des Gesamthandsvermögens der D & E KG zum Bewertungsstichtag	10 000 000 EUR
Kapitalkonten lt. Gesamthandsbilanz der KG	5 900 000 EUR

Davon entfallen auf D 3 100 000 EUR (Kapitalkonto I 100 000 EUR, Kapitalkonto II 3 000 000 EUR) und auf E 2 800 000 EUR.

Gewinn- und Verlustverteilung D und E je $^1/_2$
Der Gesellschafter D verpachtet an die Personengesellschaft ein Grundstück mit einem gemeinen Wert von 1 000 000 EUR.
Zu bewerten ist der Anteil des Gesellschafters D, den dieser seiner Tochter T geschenkt hat, wobei er das Kapitalkonto II zurückbehielt. Das Sonderbetriebsvermögen hat er in vollem Umfang mit übertragen.

Gesellschafter		D	E
Wert des Gesamthandsvermögens	10 000 000 EUR		
abzgl. Kapitalkonten (ohne Kapitalkonto II des D) lt. Gesamthandsbilanz	2 900 000 EUR	100 000 EUR	2 800 000 EUR
Unterschiedsbetrag	7 100 000 EUR	+ 3 550 000 EUR	+ 3 550 000 EUR
Anteil am Wert des Gesamthandsvermögens		3 650 000 EUR	6 350 000 EUR
Wert des Sonderbetriebsvermögens		+ 1 000 000 EUR	
Anteil am Wert des Betriebsvermögens		4 650 000 EUR	
Erworbene Beteiligung der T			
Kapitalkonto I (100%)	100 000 EUR		
Unterschiedsbetrag (100%)	+ 3 550 000 EUR		
Sonderbetriebsvermögen	+ 1 000 000 EUR		
Gemeiner Wert der Beteiligung	4 650 000 EUR		

Beispiel 3:

Wert des Gesamthandsvermögens der F & G OHG zum Bewertungsstichtag	12 000 000 EUR
Kapitalkonten lt. Gesamthandsbilanz der OHG	4 000 000 EUR

Davon entfallen auf F 3 000 000 EUR (Kapitalkonto I 1 000 000 EUR, Kapitalkonto II 2 000 000 EUR) und auf G 1 000 000 EUR.
Gewinn- und Verlustverteilung F und G je $^1/_2$
Der Gesellschafter F verpachtet an die Personengesellschaft ein Grundstück mit einem gemeinen Wert von 500 000 EUR.

Zu bewerten ist der Anteil des Gesellschafters F, den dieser seinem Sohn S zur Hälfte geschenkt hat, wobei er das Kapitalkonto II zurückbehielt. Das Sonderbetriebsvermögen hat er in vollem Umfang mit übertragen.

Gesellschafter		F	G
Wert des Gesamthandsvermögens	12 000 000 EUR		
abzgl. Kapitalkonten lt. Gesamthandsbilanz	4 000 000 EUR	3 000 000 EUR	1 000 000 EUR
Unterschiedsbetrag	8 000 000 EUR	+ 4 000 000 EUR	+ 4 000 000 EUR
Anteil am Wert des Gesamthandsvermögens		7 000 000 EUR	5 000 000 EUR
Wert des Sonderbetriebsvermögens		+ 500 000 EUR	
Anteil am Wert des Betriebsvermögens		7 500 000 EUR	

Erworbene Beteiligung des S		
Kapitalkonto I (50 % von 1 000 000 EUR)		500 000 EUR
Unterschiedsbetrag (50 % von 4 000 000 EUR)	+	2 000 000 EUR
Sonderbetriebsvermögen (100 % von 500 000 EUR)	+	500 000 EUR
Gemeiner Wert der Beteiligung		3 000 000 EUR

R B 97.5 Besonderheiten bei Kommanditgesellschaften

(1) [1]Bei einer Kommanditgesellschaft haften die Kommanditisten im Außenverhältnis für Schulden der Gesellschaft grundsätzlich nur bis zur Höhe ihrer im Handelsregister eingetragenen Haftsumme (§ 161 Absatz 1 i. V m. § 171 Absatz 1 1. Halbsatz und § 172 Absatz 2 HGB). [2]Die Haftung ist ausgeschlossen, soweit der Kommanditist seine Einlage geleistet und nicht wieder zurückerhalten hat (§ 171 Absatz 1 2. Halbsatz i. V. m. § 172 Absatz 4 HGB).

(2) [1]Dem Kommanditisten kann grundsätzlich kein negativer Wert des Gesamthandsvermögens der Gesellschaft zugerechnet werden, wenn er seine Kommanditeinlage vollständig erbracht hat und soweit er nicht nachschusspflichtig ist. [2]Der Wert des Anteils des Kommanditisten am Gesamthandsvermögen ist in diesem Fall mit 0 EUR anzusetzen. [3]Abweichend von diesem Grundsatz gilt Folgendes:

1. Hat der Kommanditist seine Kommanditeinlage noch nicht oder noch nicht vollständig erbracht (ausstehende Pflichteinlage), ist ihm im Rahmen der Bewertung der Beteiligung der nach § 97 Absatz 1a Nummer 1 BewG ermittelte Wert bis zur Höhe seiner ausstehenden Einlage als negativer Wert am Gesamthandsvermögen der Gesellschaft zuzurechnen.
2. [1]In Fällen einer vertraglich vereinbarten Nachschusspflicht eines Kommanditisten kann diesem im Rahmen der Bewertung der Beteiligung der nach § 97 Absatz 1a Nummer 1 BewG ermittelte Wert als negativer Wert am Gesamthandsvermögen bis zur Höhe seiner noch ausstehenden Nachschussverpflichtung zugerechnet werden. [2]Voraussetzung ist hierbei, dass der nachzuschießende Betrag zum Bewertungsstichtag bereits eingefordert war.

[4]Diese Sachverhalte werden bereits im Rahmen der Bewertung der Beteiligung berücksichtigt. [5]Demzufolge ist bei unmittelbarer Beteiligung in Erbfällen keine Nachlassverbindlichkeit i. S. d. § 10 Absatz 5 Nummer 1 ErbStG abzugsfähig und bei Schenkungen handelt es sich nicht um eine Gegenleistung. [6]Entsprechend ist eine ausstehende Pflichteinlage und eine ausstehende vertraglich vereinbarte Nachschusspflicht von übergeordneten Unternehmen ausschließlich über den Wert der Beteiligung zu erfassen. [7]Die Berücksichtigung als Nachlassverbindlichkeit, Gegenleistung oder zusätzlich bei der Be-

wertung des übergeordneten Unternehmens scheidet auch dann aus, wenn die vertraglich vereinbarte Nachschusspflicht noch nicht eingefordert wurde. [8]Wie eine ausstehende Pflichteinlage sind die nachfolgenden Fälle zu behandeln:

- Der Kommanditist hat Entnahmen getätigt, die unter Berücksichtigung der von ihm erbrachten Einlagen und der ihm zuzurechnenden Gewinne und Verluste zu einem Wiederaufleben der Haftung geführt haben (§ 172 Absatz 4 Satz 2 HGB).
- Die im Handelsregister eingetragene Höhe der Hafteinlage des Kommanditisten übersteigt die Höhe seiner Pflichteinlage und insoweit ist tatsächlich eine Außenhaftung eingetreten (sog. „übersteigende Außenhaftung").

(3) [1]Die Wirtschaftsgüter und Schulden des Sonderbetriebsvermögens stehen ausschließlich im Eigentum des Kommanditisten. [2]Der Gesamtwert des übertragenen Sonderbetriebsvermögens ist dem Kommanditisten vollständig zuzurechnen, unabhängig davon, ob der Gesamtwert positiv oder negativ ist. [3]Auch wenn der Anteil am Gesamthandsvermögen negativ ist und eine Beschränkung auf 0 EUR erfolgt (Absatz 2), ist das Sonderbetriebsvermögen mit seinem vollständigen Wert anzusetzen.

(4) Dem Komplementär wird der nach § 97 Absatz 1a Nummer 1 BewG ermittelte Anteil am Wert des Gesamthandsvermögens der Gesellschaft zugerechnet, unabhängig davon, ob er positiv oder negativ ist.

(5) [1]Für die Zurechnung eines negativen Werts am Gesamthandsvermögen der Gesellschaft ist bei übrigen Personengesellschaften zu prüfen, ob ein Gesellschafter einem Komplementär oder einem Kommanditisten vergleichbar ist. [2]Hierauf sind Absatz 2 bis 4 entsprechend anzuwenden.

R B 97.6 Anteile an Kapitalgesellschaften

(1) [1]Der gemeine Wert eines nicht notierten Anteils an einer Kapitalgesellschaft bestimmt sich grundsätzlich nach dem Verhältnis des Anteils am Nennkapital (Grund- oder Stammkapital) der Gesellschaft zum gemeinen Wert des Betriebsvermögens der Kapitalgesellschaft zum Bewertungsstichtag; soweit die Gesellschaft eigene Anteile hält, mindern sie das Nennkapital um deren Nennwert. [2]Damit wird dem Umstand Rechnung getragen, dass sich die Beteiligung der Gesellschafter am Vermögen und Gewinn der Gesellschaft regelmäßig nach dem Verhältnis der Anteile am Nennkapital richtet (§ 11 und § 60 AktG sowie § 29 Absatz 2 und § 72 GmbHG). [3]Dies gilt auch, wenn das Nennkapital noch nicht vollständig eingezahlt ist. [4]Dabei ist es unerheblich, ob noch mit der Einzahlung des Restkapitals zu rechnen ist oder nicht. [5]Richtet sich jedoch die Beteiligung am Vermögen und am Gewinn der Gesellschaft auf Grund einer ausdrücklichen Vereinbarung der Gesellschafter nach der jeweiligen Höhe des eingezahlten Nennkapitals, bezieht sich der gemeine Wert nur auf das tatsächlich eingezahlte Nennkapital.

(2) [1]Gesellschaftsrechtliche Vereinbarungen sind zu berücksichtigen, wenn eine Aufteilung nach dem Verhältnis des Anteils am Nennkapital zu einem unzutreffenden Ergebnis führt. [2]In Betracht kommen insbesondere:

– eine vom Verhältnis des Anteils am Nennkapital abweichende Gewinnverteilung;
– eine vom Verhältnis des Anteils am Nennkapital abweichende Beteiligung am Liquidationserlös.

[3]Ungewöhnliche oder persönliche Verhältnisse (→ R B 9.2) bleiben bei der Aufteilung des Werts der Kapitalgesellschaft unberücksichtigt.

H B 97.6

Aufteilung des Werts des Betriebsvermögens der Kapitalgesellschaft.

Beispiel 1 (abweichender Gewinnverteilungsschlüssel):

Gesellschafter der X-GmbH sind A zu 40% und B zu 60 %. Die Anteile am Nennkapital gelten auch für die Verteilung eines späteren Liquidationserlöses. Vertraglich wurde abweichend vom Anteil am Nennkapital eine Gewinnverteilung für A zu 75% und B zu 25% vereinbart.
Der Ertragswert des Betriebsvermögens der GmbH wurde i. H. v. 4 000 000 EUR und der Substanzwert i. H. v. 2 500 000 EUR ermittelt. Somit ist der Wert des Betriebsvermögens der GmbH mit 4 000 000 EUR anzusetzen.

a) A verstirbt im Jahr 01. Erbe ist K.
Grundsatz: Bei einer Aufteilung nach dem Anteil am Nennkapital ergibt sich ein Wert des Anteils des A von (40% von 4 000 000 EUR =) 1 600 000 EUR.
Bei Vorliegen eines abweichenden Gewinnverteilungsschlüssels ist dieser für die Aufteilung des Werts des Betriebsvermögens nicht allein maßgebend. Zunächst ist der Substanzwert nach dem Anteil am Nennkapital aufzuteilen. Übersteigt der im vereinfachten Ertragswertverfahren ermittelte gemeine Wert den Substanzwert, ist die Differenz nach dem Gewinnverteilungsschlüssel aufzuteilen.
Der ermittelte Substanzwert ist nach dem Anteil am Nennkapital aufzuteilen:

40% von 2 500 000 EUR	1 000 000 EUR
Der den Substanzwert übersteigende Betrag des ermittelten Ertragswerts i. H. v. (4 000 000 EUR – 2 500 000 EUR =) 1 500 000 EUR wird nach dem Gewinnverteilungsschlüssel aufgeteilt:	
75 % von 1 500 000 EUR	+ 1 125 000 EUR
Wert des Anteils des A	2 125 000 EUR

Unter Berücksichtigung der vertraglichen Vereinbarungen ist nach § 97 Abs. 1b BewG der gemeine Wert des Anteils des A mit 2 125 000 EUR festzustellen.

Hinweis: Die beschriebene Aufteilung entfällt, wenn der Substanzwert zum Ansatz kommt. Die Aufteilung erfolgt dann nach dem Anteil am Nennkapital.

b) B verstirbt im Jahr 02. Erbe ist K.
Grundsatz: Bei einer Aufteilung nach dem Anteil am Nennkapital ergibt sich ein Wert des Anteils des B von (60% von 4 000 000 EUR =) 2 400 000 EUR.
Bei Vorliegen eines abweichenden Gewinnverteilungsschlüssels ist dieser für die Aufteilung des Werts des Betriebsvermögens nicht allein maßgebend. Zunächst ist der Substanzwert nach dem Anteil am Nennkapital aufzuteilen. Übersteigt der im vereinfachten Ertragswertverfahren ermittelte gemeine Wert den Substanzwert, ist die Differenz nach dem Gewinnverteilungsschlüssel aufzuteilen.
Der ermittelte Substanzwert ist nach dem Anteil am Nennkapital aufzuteilen:

60% von 2 500 000 EUR	1 500 000 EUR
Der den Substanzwert übersteigende Betrag des ermittelten Ertragswerts i. H. v. (4 000 000 EUR – 2 500 000 EUR =) 1 500 000 EUR wird nach dem Gewinnverteilungsschlüssel aufgeteilt:	
25% von 1 500 000 EUR	+ 375 000 EUR
Wert des Anteils des B	1 875 000 EUR

Unter Berücksichtigung der vertraglichen Vereinbarungen ist nach § 97 Absatz 1b BewG der gemeine Wert des Anteils des B mit 1 875 000 EUR festzustellen.

Hinweis: Die beschriebene Aufteilung entfällt, wenn der Substanzwert zum Ansatz kommt. Die Aufteilung erfolgt dann nach dem Anteil am Nennkapital.

Beispiel 2 (abweichende Beteiligung am Liquidationserlös):

Gesellschafter der X-GmbH sind A zu 30 % und B zu 70 %. Diese Verteilung gilt auch für auszuschüttende Gewinne.
Vertraglich wurde abweichend zum Anteil am Nennkapital eine Beteiligung am Liquidationserlös für A zu 75 % und B zu 25 % vereinbart.
Der Ertragswert des Betriebsvermögens der GmbH wurde i. H. v. 4 000 000 EUR und der Substanzwert i. H. v. 2 500 000 EUR ermittelt. Somit ist der Wert des Betriebsvermögens der GmbH i. H. v. 4 000 000 EUR anzusetzen.

a) A verstirbt im Jahr 01. Erbe ist K.
Grundsatz: Bei einer Aufteilung nach dem Anteil am Nennkapital ergibt sich ein Wert des Anteils des A von (30 % von 4 000 000 EUR =) 1 200 000 EUR.
Bei Vorliegen einer abweichenden Beteiligung am Liquidationserlös ist diese für die Aufteilung des Werts des Betriebsvermögens nicht allein maßgebend. Zunächst ist der Substanzwert nach der Beteiligung am Liquidationserlös aufzuteilen. Übersteigt der im vereinfachten Ertragswertverfahren ermittelte gemeine Wert den Substanzwert, ist die Differenz nach dem Anteil am Nennkapital aufzuteilen.
Der ermittelte Substanzwert ist nach der Beteiligung am Liquidationserlös aufzuteilen:

75 % von 2 500 000 EUR	1 875 000 EUR
Der den Substanzwert übersteigende Betrag des ermittelten Ertragswerts i. H. v. (4 000 000 EUR – 2 500 000 EUR =) 1 500 000 EUR wird nach dem Anteil am Nennkapital aufgeteilt:	
30 % von 1 500 000 EUR	+ 450 000 EUR
Wert des Anteils des A	2 325 000 EUR

Unter Berücksichtigung der vertraglichen Vereinbarungen ist nach § 97 Abs. 1b BewG der gemeine Wert des Anteils des A mit 2 325 000 EUR festzustellen.

Hinweis: Die beschriebene Aufteilung entfällt, wenn der Substanzwert zum Ansatz kommt. Die Aufteilung erfolgt dann nach der Beteiligung am Liquidationserlös.

b) B verstirbt im Jahr 02. Erbe ist K.
Grundsatz: Bei einer Aufteilung des Werts des Betriebsvermögens nach dem Anteil am Nennkapital ergibt sich ein Wert des Anteils des B von (70 % von 4 000 000 EUR =) 2 800 000 EUR.
Bei Vorliegen einer abweichenden Beteiligung am Liquidationserlös ist diese für die Aufteilung des Werts des Betriebsvermögens nicht allein maßgebend. Zunächst ist der Substanzwert nach der Beteiligung am Liquidationserlös aufzuteilen. Übersteigt der gemeine Wert den Substanzwert, ist die Differenz nach dem Anteil am Nennkapital aufzuteilen.
Der ermittelte Substanzwert ist nach der Beteiligung am Liquidationserlös aufzuteilen:

25 % von 2 500 000 EUR	625 000 EUR
Der den Substanzwert übersteigende Betrag des ermittelten Ertragswerts i. H. v. (4 000 000 EUR – 2 500 000 EUR =) 1 500 000 EUR wird nach dem Anteil am Nennkapital aufgeteilt:	
70 % von 1 500 000 EUR	+ 1 050 000 EUR
Wert des Anteils des B	1 675 000 EUR

Unter Berücksichtigung der vertraglichen Vereinbarungen ist nach § 97 Abs. 1b BewG der gemeine Wert des Anteils des B mit 1 675 000 EUR festzustellen.

Hinweis: Die beschriebene Aufteilung entfällt, wenn der Substanzwert zum Ansatz kommt. Die Aufteilung erfolgt dann nach der Beteiligung am Liquidationserlös.

Ermittlung des gemeinen Werts von Geschäftsanteilen an einer GmbH im Einziehungsfall bei ausstehender Angleichung der Summe der Geschäftsanteile an das Stammkapital. Werden Geschäftsanteile an einer GmbH eingezogen (§ 34 GmbHG), erlöschen diese. Dies führt dazu, dass die Summe der Nennbeträge der Geschäftsanteile der GmbH nicht mehr dem Betrag des Stammkapitals der GmbH entspricht. Diese Divergenz kann durch eine Kapitalherabsetzung, einen Aufstockungsbeschluss oder durch Neubildung eines Geschäftsanteils beseitigt werden.

Der gemeine Wert eines Geschäftsanteils an einer GmbH bestimmt sich grundsätzlich nach dem Verhältnis des Anteils am Nennkapital (Stammkapital) der GmbH zum gemeinen Wert des Betriebsvermögens der GmbH zum Bewertungsstichtag. Steht zum Bewertungsstichtag bei einer GmbH, bei der Geschäftsanteile eingezogen wurden, die Angleichung der Summe der Geschäftsanteile an das Stammkapital noch aus, ist das Nennkapital der GmbH um den Nennbetrag der eingezogenen Anteile zu mindern.

Zu § 99 BewG

R B 99 Betriebsgrundstücke

(1) Die Zugehörigkeit eines Grundstücks zum Betriebsvermögen richtet sich nach den ertragsteuerrechtlichen Regelungen.

(2) [1] Ist bei der Ermittlung des gemeinen Werts des Betriebsvermögens der Grundbesitzwert berücksichtigt, erfolgt kein gesonderter Ansatz. [2] Wenn das Grundstück oder der Grundstücksteil gesondert anzusetzen ist (Substanzwertverfahren, Ansatz als Sonderbetriebsvermögen oder junges Betriebsvermögen), ist der gemeine Wert zu berücksichtigen, soweit er auf den betrieblichen Teil entfällt. [3] Dies ist nach ertragsteuerrechtlichen Grundsätzen zu entscheiden.

H B 99

Grundbesitzwert bei Betriebsgrundstücken. Gehört nur ein Teil des Grundstücks zum Betriebsvermögen und ist der Grundbesitzwert nach § 151 Absatz 1 Satz 1 Nummer 1 BewG festzustellen, ist er für das gesamte Grundstück festzustellen. Dieser ist nach ertragsteuerrechtlichen Grundsätzen vom Betriebsfinanzamt (§ 152 Nummer 2 BewG) aufzuteilen. Ein hiernach dem Grundvermögen zuzuordnender Anteil ist vom Betriebsfinanzamt dem zuständigen Erbschaft- und Schenkungsteuerfinanzamt nachrichtlich mitzuteilen.
→ R B 151.9.

Zu § 103 BewG

R B 103.1 Schulden und sonstige Abzüge bei bilanzierenden Gewerbetreibenden und freiberuflich Tätigen

(1) Bei bilanzierenden Gewerbetreibenden und freiberuflich Tätigen (§ 4 Absatz 1 oder § 5 EStG) sind die Schulden und sonstigen passiven Ansätze,

vorbehaltlich Absatz 2, dem Grunde nach zu berücksichtigen (§ 103 Absatz 1 und § 109 BewG).

(2) [1]Die Identität wird bei den Rücklagen durchbrochen (→ R B 95 Absatz 2). [2]In der Steuerbilanz gewinnmindernd gebildete Rücklagen sind nicht abzugsfähig (§ 103 Absatz 3 BewG). [3]Das gilt unabhängig vom Rechtsgrund für ihre Bildung. [4]Darunter fallen z.B. Rücklagen nach § 6b EStG, R 6.5 EStR, R 6.6 EStR. [5]Entsprechendes gilt für Ausgleichsposten nach § 14 KStG, § 4g EStG sowie die Luftposten nach § 20 UmwStG. [6]Ausgleichsposten, die Rücklagencharakter haben, sind ebenfalls nicht abzugsfähig.

H B 103.1

Ansatz von Schulden. Schulden können nur angesetzt werden, wenn der Aktivposten, mit dem sie zusammenhängen, als Wirtschaftsgut zu erfassen ist (→ BFH vom 15.3.2000 II R 15/98, BStBl. II S. 588).

R B 103.2 Schulden und sonstige Abzüge bei nicht bilanzierenden Gewerbetreibenden und freiberuflich Tätigen

(1) [1]Bei nicht bilanzierenden Gewerbetreibenden und freiberuflich Tätigen sind Schulden und sonstige Abzüge nur zu berücksichtigen, wenn sie in wirtschaftlichem Zusammenhang mit der Gesamtheit oder mit einzelnen Teilen des Betriebsvermögens stehen. [2]Ein wirtschaftlicher Zusammenhang ist gegeben, wenn die Entstehung der Schuld ursächlich und unmittelbar auf Vorgängen beruht, die das Betriebsvermögen betreffen. [3]Abzugsfähig sind neben den auflösend bedingten auch die aufschiebend bedingten Verbindlichkeiten. [4]Eine Schuld ist nur abzuziehen, wenn sie zum Bewertungsstichtag bereits entstanden und noch nicht erloschen ist. [5]Die Fälligkeit der Schuld ist nicht Voraussetzung für ihre Abzugsfähigkeit. [6]Die Schuld muss eine wirtschaftliche Belastung darstellen, das heißt, es darf nicht nur eine rechtliche Verpflichtung zu ihrer Erfüllung bestehen, sondern es muss auch ernstlich damit gerechnet werden, dass der Gläubiger Erfüllung verlangt. [7]Schulden, die zwar formell rechtsgültig bestehen, sind nicht abzugsfähig, wenn sie zum Bewertungsstichtag keine ernstzunehmende Belastung darstellen; dies ist besonders bei Darlehensschulden und anderen Verbindlichkeiten innerhalb des Kreises der Angehörigen zu prüfen.

(2) [1]Eine Darlehensschuld, die zur Errichtung eines Gewerbebetriebs aufgenommen wurde und zu deren Sicherung auf einem Privatgrundstück eine Hypothek bestellt ist, wird wegen des wirtschaftlichen Zusammenhangs mit dem Betriebsvermögen als Schuld abgezogen. [2]Durch die Verpfändung eines Wirtschaftsguts allein wird noch kein wirtschaftlicher Zusammenhang zwischen der Schuld und dem verpfändeten Wirtschaftsgut begründet. [3]Das gilt auch für die Belastung eines Grundstücks mit einem Grundpfandrecht. [4]An dem erforderlichen wirtschaftlichen Zusammenhang fehlt es ebenso bei außerbetrieblich begründeten Verpflichtungen.

(3) Ungewisse Verbindlichkeiten können abgezogen werden, soweit sie zum Bewertungsstichtag eine wirtschaftliche Belastung darstellen.

(4) [1]Die Verpflichtung auf Grund einer typischen stillen Beteiligung an einem Gewerbebetrieb ist grundsätzlich mit dem Nennwert der Vermögensein-

lage des stillen Gesellschafters anzusetzen (→ R B 12.4). [2]Die Verpflichtung zur Zahlung des jährlichen Gewinnanteils, dessen Höhe von dem Ergebnis des Wirtschaftsjahrs des Gewerbebetriebs abhängt, kann regelmäßig abgezogen werden, wenn ernsthaft mit der Inanspruchnahme des Unternehmens zu rechnen ist. [3]Der Abzug ist auch dann zulässig, wenn die Höhe der Schuld am Stichtag noch nicht endgültig feststeht, z. B. weil der maßgebende Gewinn oder Umsatz des Geschäftsjahres erst noch ermittelt werden muss.

(5) [1]Sachleistungsansprüche und Sachleistungsverpflichtungen sind bereits ab dem Zeitpunkt des Vertragsabschlusses anzusetzen. [2]Ihr Wert entspricht dem Wert des Gegenstandes, auf den die Leistung gerichtet ist. [3]Bei Geschäften, die auf die Übertragung von Grundbesitz gerichtet sind, kommt eine Bewertung der Ansprüche und Verpflichtungen mit dem Grundbesitzwert (§§ 176 ff. BewG) nicht in Betracht. [4]Solange noch von keiner Vertragspartei mit der Erfüllung des Vertrags begonnen worden ist, brauchen aus Vereinfachungsgründen die gegenseitigen Rechte und Pflichten nicht berücksichtigt zu werden.

(6) [1]Steuerschulden, die in wirtschaftlichem Zusammenhang mit dem Betrieb stehen, können abgezogen werden. [2]Dies können vor allem Umsatzsteuer-, Gewerbesteuer- und Grundsteuerschulden sein. [3]Dagegen sind die außerbetrieblichen Steuerschulden (z. B. Einkommensteuerschulden) bei der Ermittlung des Betriebsvermögens nicht abzugsfähig.

H B 103.2

Darlehen unter Angehörigen. → BMF-Schreiben vom 23.12.2010 (BStBl. I 2011 S. 37), geändert durch BMF-Schreiben vom 29.4.2014 (BStBl. I S. 809).

Sachleistungsansprüche auf Grundbesitz. → BFH vom 10.4.1991 II R 118/86, BStBl. II S. 620, vom 26.6.1991 II R 117/87, BStBl. II S. 749, und vom 15.10.1997 II R 68/95, BStBl. II S. 820.
→ H E 12.2.

Wirtschaftlicher Zusammenhang mit Betriebsvermögen. → BFH vom 18.12.1990 VIII R 1/88, BStBl. 1991 II S. 911.

Zuordnung einer Verbindlichkeit zum Betriebsvermögen. → R 4.2 Absatz 15 EStR.

R B 103.3 Schulden im Zusammenhang mit Grundstücken

Schulden, die mit einem Betriebsgrundstück (→ R B 99) in wirtschaftlichem Zusammenhang stehen, sind abzuziehen, soweit sie bei der steuerlichen Gewinnermittlung zum Betriebsvermögen gehören.

Zu § 109 BewG

R B 109.1 Bewertungsgrundsätze bei Betriebsvermögen

[1]*Das Betriebsvermögen* von Gewerbebetrieben und von freiberuflich Tätigen ist mit dem gemeinen Wert anzusetzen. [2]Dasselbe gilt für den Wert eines

Anteils am Betriebsvermögen einer Körperschaft, Personenvereinigung oder Vermögensmasse. [3]Für die Ermittlung des gemeinen Werts gilt § 11 Absatz 2 BewG entsprechend (→ R B 11.2 bis 11.6).

R B 109.2 Bewertung von Beteiligungen an Personengesellschaften in Sonderfällen

(1) [1]Besondere Umstände, die bei der Ermittlung des gemeinen Werts im vereinfachten Ertragswertverfahren und bei der Bewertung mit dem Substanzwert nicht hinreichend zum Ausdruck gekommen sind, können nicht durch Zu- und Abschläge berücksichtigt werden. [2]R B 11.4 Absatz 1 Satz 1 und 2 gilt entsprechend. [3]Als besondere Umstände, die bei der Ermittlung des gemeinen Werts nach allen Bewertungsverfahren nicht zu berücksichtigen sind, sind ungewöhnliche oder persönliche Verhältnisse, z.B. Verfügungsbeschränkungen, anzusehen (→ R B 9.2).

(2) [1]Wegen der Bewertung von Gewerbebetrieben oder Beteiligungen an Gesellschaften im vereinfachten Ertragswertverfahren bei Neugründungen → R B 199.1 Absatz 4 und 6 Satz 1 Nummer 2 und Satz 2. [2]Beim Ansatz des Substanzwerts bleibt der Umstand, dass es sich um eine Neugründung handelt, unberücksichtigt.

(3) [1]Das vereinfachte Ertragswertverfahren ist grundsätzlich auch bei der Ermittlung des gemeinen Werts von Gewerbebetrieben oder Beteiligungen an Gesellschaften anwendbar, zu deren Vermögen Anteile oder Beteiligungen an nachgeordneten Gesellschaften gehören. [2]R B 11.4 Absatz 4 gilt entsprechend.

(4) [1]Das vereinfachte Ertragswertverfahren ist auch bei der Ermittlung des gemeinen Werts von Organträgern anwendbar. [2]R B 11.4 Absatz 5 gilt entsprechend.

(5) [1]Bei einem Gewerbebetrieb oder einer Beteiligung an einer Gesellschaft in Liquidation ist als gemeiner Wert in der Regel der Substanzwert anzusetzen. [2]R B 11.4 Absatz 7 gilt entsprechend.

R B 109.3 Ermittlung des Substanzwerts

(1) Bei der Ermittlung des Substanzwerts ist das Betriebsvermögen mit dem Wert zum Bewertungsstichtag zugrunde zu legen.

(2)[1]Stimmt der Bewertungsstichtag nicht mit dem Schluss des Wirtschaftsjahrs überein, auf den der Betrieb einen regelmäßigen jährlichen Abschluss macht, und erstellt der Betrieb keinen Zwischenabschluss, der den Grundsätzen der Bilanzkontinuität entspricht, kann aus Vereinfachungsgründen der Wert des Betriebsvermögens zum Bewertungsstichtag aus der auf den Schluss des letzten vor dem Bewertungsstichtag endenden Wirtschaftsjahrs erstellten Vermögensaufstellung abgeleitet werden (Absatz 3), sofern dies im Einzelfall nicht zu unangemessenen Ergebnissen führt und deshalb eine besondere Ermittlung des Substanzwerts auf den Bewertungsstichtag vorzunehmen ist. [2]Dabei ist zunächst der Saldo der gemeinen Werte derjenigen Wirtschaftsgüter, sonstigen aktiven Ansätze, Schulden und sonstigen Abzüge zum Abschlusszeitpunkt zu bilden, die bei der Ermittlung des Substanzwerts des Betriebs anzusetzen sind (Ausgangswert).

(3) [1] Aus dem Ausgangswert (Absatz 2) ist der Wert des Betriebsvermögens auf den Bewertungsstichtag unter vereinfachter Berücksichtigung der Veränderungen bis zum Bewertungsstichtag abzuleiten. [2] Als Korrekturen kommen insbesondere in Betracht:

1. [1] Hinzurechnung des Gewinns und der Einlagen sowie Abrechnung des Verlustes und der Entnahmen, die auf den Zeitraum vom letzten Bilanzstichtag vor dem Bewertungsstichtag bis zum Bewertungsstichtag entfallen. [2] Auszugehen ist dabei vom Gewinn laut Steuerbilanz. [3] Der Gewinn oder Verlust ist zu korrigieren, soweit darin Abschreibungen (Normal-AfA, erhöhte AfA, Sonderabschreibungen, Teilwertabschreibungen) oder Aufwendungen auf betrieblichen Grundbesitz (Grund und Boden, Betriebsgebäude, Außenanlagen, sonstige wesentliche Bestandteile und Zubehör) enthalten sind, die das Ergebnis gemindert haben, mit dem Wertansatz der Betriebsgrundstücke aber abgegolten sind; für Teilwertzuschreibungen gilt dies entsprechend. [4] R B 11.6 Absatz 3 Nummer 1 Satz 4 gilt entsprechend. [5] Gewinn oder Verlust und Abschreibungen oder andere Aufwendungen bis zum Bewertungsstichtag sind, soweit dies nicht im Einzelfall zu unangemessenen Ergebnissen führt, zeitanteilig aus den entsprechenden Jahresbeträgen zu berechnen;
2. Berücksichtigung von Vermögensänderungen infolge Veräußerung oder Erwerb von Anlagevermögen, insbesondere von Betriebsgrundstücken, Wertpapieren, Anteilen und Genussscheinen von Kapitalgesellschaften und Beteiligungen an Personengesellschaften, soweit sie sich nicht bereits nach Nummer 1 ausgewirkt haben.

(4) [1] Der Erwerber von Betriebsvermögen hat nach amtlichem Vordruck eine Vermögensaufstellung auf den Bewertungsstichtag als Anlage zur Feststellungserklärung abzugeben, aus der sich die für die Wertermittlung erforderlichen Angaben ergeben. [2] Dies gilt unabhängig von der für ertragsteuerrechtliche Zwecke gewählten Gewinnermittlungsart.

C. Gesonderte Feststellungen

Zu § 151 BewG

R B 151.1 Durchführung eines Feststellungsverfahrens

(1) [1] Abweichend von dem Grundsatz, dass die Besteuerungsgrundlagen einen unselbstständigen Teil des Steuerbescheids bilden (§ 157 Absatz 2 AO), sehen die §§ 151 ff. BewG in bestimmten Fällen eine Feststellung der Besteuerungsgrundlagen vor. [2] Die gesonderte Feststellung ist zugleich einheitlich vorzunehmen, wenn § 154 Absatz 1 Satz 2 BewG dies besonders vorschreibt.

(2) [1] Nach § 151 Absatz 1 BewG sind im Bedarfsfall gesondert festzustellen

1. Grundbesitzwerte im Sinne des § 157 BewG,
2. der Wert des Betriebsvermögens bei Gewerbebetrieben (§ 95 BewG),
3. der Wert des Betriebsvermögens bei freiberuflich Tätigen (§ 96 BewG),

4. der Wert des Anteils am Betriebsvermögen von Personengesellschaften (§ 97 Absatz 1a BewG),
5. der Wert von Anteilen an Kapitalgesellschaften im Sinne des § 11 Absatz 2 BewG sowie
6. der Anteil am Wert von anderen (nicht in § 151 Absatz 1 Satz 1 Nummer 1 bis 3 BewG genannten) Vermögensgegenständen und von Schulden, die mehreren Personen zustehen.

[2]Voraussetzung hierfür ist, dass die Werte für die Erbschaftsteuer oder eine andere Feststellung im Sinne dieser Vorschrift von Bedeutung sind. [3]Die Entscheidung über eine Bedeutung für die Besteuerung trifft das für die Festsetzung der Erbschaftsteuer zuständige Finanzamt. [4]Die Entscheidung über eine Bedeutung für eine andere Feststellung im Sinne dieser Vorschrift trifft das die Feststellung anfordernde Finanzamt (im mehrstufigen Feststellungsverfahren).

(3) [1]Ausländisches Vermögen, das nicht Teil einer inländischen wirtschaftlichen Einheit des Betriebsvermögens ist oder zum Vermögen einer Kapitalgesellschaft oder vermögensverwaltenden Gemeinschaft/Gesellschaft mit Sitz oder Geschäftsleitung im Inland gehört, unterliegt nicht der gesonderten Feststellung (§ 151 Absatz 4 BewG). [2]Der gemeine Wert ausländischen Vermögens, das zu einem inländischen Betriebsvermögen oder zum Vermögen einer Kapitalgesellschaft oder vermögensverwaltenden Gemeinschaft/Gesellschaft mit Sitz oder Geschäftsleitung im Inland gehört, ist im Rahmen der gesonderten Feststellung des gemeinen Werts dieser wirtschaftlichen Einheit nach § 151 Absatz 1 Satz 1 Nummer 2 bis 4 BewG zu berücksichtigen (→ R B 152). [3]Ausländischer Grundbesitz wird nach § 31 BewG bewertet (§ 12 Absatz 7 ErbStG).

(4) [1]Im Einvernehmen der Verfahrensbeteiligten kann darauf verzichtet werden, ein Feststellungsverfahren durchzuführen, wenn es sich um einen Fall von geringer Bedeutung handelt. [2]Ein Fall von geringer Bedeutung liegt insbesondere vor, wenn der Verwaltungsaufwand der Beteiligten außer Verhältnis zur steuerlichen Auswirkung steht und der festzustellende Wert unbestritten ist. [3]Zur Prüfung, ob ein Fall nur von geringer Bedeutung ist, hat das Finanzamt, das eine Feststellung anfordert, dabei auch stets die jeweilige Beteiligungsstufe anzugeben, damit das Feststellungsfinanzamt Rückschlüsse auf die steuerliche Auswirkung ziehen kann.

R B 151.2 Gesonderte Feststellung von Grundbesitzwerten nach § 151 BewG

(1) [1]Das Lagefinanzamt (§ 152 Nummer 1 BewG) hat nach § 151 Absatz 1 Satz 1 Nummer 1 BewG Grundbesitzwerte gesondert festzustellen. [2]Die Zugehörigkeit von Wirtschaftsgütern zum Betriebsvermögen oder Grundvermögen richtet sich nach ertragsteuerlichen Grundsätzen (§§ 95 bis 97 BewG).

(2) Hinsichtlich der Zurechnung der wirtschaftlichen Einheit gilt Folgendes:

1. War der Erblasser Alleineigentümer einer wirtschaftlichen Einheit des Grundbesitzes und geht das Eigentum daran im Weg des Erwerbs durch Erbanfall nur auf einen Erben als Gesamtrechtsnachfolger über, ist der gesamte Wert der wirtschaftlichen Einheit dem Erwerber allein zuzurechnen.

2. [1]War der Erblasser Alleineigentümer einer wirtschaftlichen Einheit des Grundbesitzes und geht das Eigentum daran im Weg des Erwerbs durch Erbanfall auf mehrere Erben als Gesamtrechtsnachfolger über, ist der Wert der wirtschaftlichen Einheit der Erbengemeinschaft in Vertretung der Miterben zuzurechnen (§ 151 Absatz 2 Nummer 2 Satz 1 Halbsatz 2 BewG). [2]Die Feststellung ist erforderlich, wenn sich bei mindestens einem Miterben eine „materielle" Steuerpflicht ergibt. [3]Die Ermittlung der Erbquote obliegt dem Erbschaftsteuerfinanzamt.
3. [1]War der Erblasser Miteigentümer einer wirtschaftlichen Einheit des Grundbesitzes und geht der Miteigentumsanteil daran im Weg des Erwerbs durch Erbanfall auf einen Erben oder auf mehrere Erben als Gesamtrechtsnachfolger über, ist der Wert des vererbten Miteigentumsanteils nach Nummer 1 oder 2 dem Erben oder der Erbengemeinschaft (in Vertretung der Miterben) zuzurechnen. [2]Die übrigen Miteigentümer sind nicht am Verfahren zu beteiligen.
4. [1]Wird eine wirtschaftliche Einheit des Grundbesitzes oder ein Miteigentumsanteil daran durch Vermächtnis zugewandt, ist der Wert der wirtschaftlichen Einheit oder des Miteigentumsanteils dem Erben oder der Erbengemeinschaft (in Vertretung der Miterben) zuzurechnen und festzustellen. [2]Da der Vermächtnisnehmer einen eigenen Erwerbstatbestand nach § 3 Absatz 1 Nummer 1 ErbStG erfüllt, ist der Wert der wirtschaftlichen Einheit zusätzlich dem Vermächtnisnehmer zuzurechnen. [3]Eine eigenständige gesonderte Feststellung erfolgt zusätzlich gegenüber dem Vermächtnisnehmer.[1)] [4]Das gilt auch im Fall eines Vorausvermächtnisses.
5. [1]Geht eine wirtschaftliche Einheit des Grundbesitzes oder ein Miteigentumsanteil daran im Wege der Schenkung unter Lebenden über, ist dem Erwerber der Wert des von ihm erworbenen (Mit-)Eigentumsanteils am Grundbesitz zuzurechnen. [2]Wird die wirtschaftliche Einheit oder ein Miteigentumsanteil daran an mehrere Erwerber verschenkt, liegen mehrere Schenkungen vor. [3]Für jeden Schenkungsfall ist dem Erwerber der Anteil an der wirtschaftlichen Einheit zuzurechnen, der dem erworbenen Miteigentumsanteil entspricht. [4]Entsprechendes gilt, wenn mehrere Schenker jeweils einen Miteigentumsanteil an einer wirtschaftlichen Einheit einem Erwerber zuwenden.

(3) Bei der gesonderten Feststellung von Grundbesitzwerten für das land- und forstwirtschaftliche Vermögen gilt Folgendes:

1. [1]Der nach den Vorschriften des § 168 BewG zu ermittelnde Grundbesitzwert für das land- und forstwirtschaftliche Vermögen ist nach § 151 Absatz 1 Satz 1 Nummer 1 BewG gesondert festzustellen. [2]Dabei sind die Werte für den Wirtschaftsteil, für die Betriebswohnungen und für den Wohnteil jeweils als Besteuerungsmerkmale im Feststellungsbescheid auszuweisen. [3]Das gilt auch bei der Aufteilung nach § 168 Absatz 3 BewG.
2. [1]Im Rahmen der gesonderten Feststellung werden keine Aussagen zum Liquidationswert im Sinne des § 166 BewG getroffen. [2]Im Fall der Nach-

---

1) Siehe aber BFH v. 6.5.2021 II R 34/18, DStR 2021, 1872: Keine gesonderte Feststellung des Grundbesitzwerts gegenüber einem Vermächtnisnehmer.

bewertung nach § 162 Absatz 3 und 4 BewG ist der erteilte Feststellungsbescheid nach § 175 Absatz 1 Satz 1 Nummer 2 AO zu ändern. [3]Der jeweilige Liquidationswert im Sinne des § 166 BewG wird dabei zum Gegenstand des Feststellungsverfahrens. [4]Die hierfür erforderlichen Daten werden im Rahmen der Feststellungserklärung zum Bewertungsstichtag erhoben.

3. Im Fall der Nachbewertung (§ 162 Absatz 3 und 4 BewG) fordert das Erbschaftsteuerfinanzamt vom Lagefinanzamt die Feststellung des Werts für den Wirtschaftsteil unter Berücksichtigung des Liquidationswerts an, wenn dies für die Besteuerung von Bedeutung ist.

(4) [1]Ist bei einer Grundstücksschenkung absehbar, dass der Steuerwert der freigebigen Zuwendung unter dem persönlichen Freibetrag des Erwerbers liegt und führt auch eine Zusammenrechnung mit früheren Zuwendungen von derselben Person (§ 14 ErbStG) nicht zu einer Steuerfestsetzung, kann auf eine Feststellung des Grundbesitzwerts zunächst verzichtet werden. [2]Diese ist auf den Zeitpunkt der Ausführung der Grundstücksschenkung nachzuholen, wenn im Verlauf der folgenden zehn Jahre die Grundstücksschenkung in die Zusammenrechnung mit einem weiteren Erwerb von derselben Person (§ 14 ErbStG) einzubeziehen ist und hierdurch der persönliche Freibetrag des Erwerbers überschritten wird. [3]Soweit die Besteuerungsgrundlagen, z. B. die tatsächlich erzielte oder die übliche Miete, für die nachträgliche Feststellung des Grundbesitzwerts zum Bewertungsstichtag nicht mehr ermittelt werden können, sind sie zu schätzen. [4]Nach § 181 Absatz 5 Satz 1 AO kann eine gesonderte Feststellung des Grundbesitzwerts auch nach Ablauf der für sie geltenden Feststellungsfrist insoweit erfolgen, als der Grundbesitzwert für eine Steuerfestsetzung von Bedeutung ist, für die die Festsetzungsfrist im Zeitpunkt der gesonderten Feststellung noch nicht abgelaufen ist; hierbei bleibt § 171 Absatz 10 AO außer Betracht. [5]In diesen Fällen ist im Feststellungsbescheid ein gesonderter Hinweis auf § 181 Absatz 5 Satz 1 AO aufzunehmen.

(5) [1]Ist ein Grundstückserwerb von Todes wegen nach den Regelungen des § 13 Absatz 1 Nummer 4b oder 4c ErbStG (Familienheim) vollständig steuerfrei, kann zunächst darauf verzichtet werden, die Feststellung des Grundbesitzwerts anzufordern. [2]Auf die Anforderung der Feststellung eines Grundbesitzwertes, der nach § 13 Absatz 1 Nummer 4c ErbStG wegen Überschreitens der Wohnungsgrößengrenze nur teilweise steuerfrei ist, kann zunächst dann verzichtet werden, wenn der steuerpflichtige Anteil zusammen mit etwaigen anderen Zuwendungen vom Erblasser – auch unter Berücksichtigung etwaiger Vorerwerbe (Absatz 4) – den persönlichen Freibetrag des Erben nicht überschreitet. [3]Die jeweiligen Feststellungen sind bei einem nachträglichen Wegfall der Steuerbefreiungen nachzuholen, wenn die (vollständige) Steuerpflicht des Grundstücks – ggf. unter Berücksichtigung von Vorerwerben – zu einem Überschreiten der persönlichen Freibeträge führt. [4]Absatz 4 Satz 3 bis 5 gilt entsprechend.

(6) [1]Das Betriebsfinanzamt verzichtet zunächst auf die Anforderung eines Grundbesitzwertes gemäß § 151 Absatz 1 Satz 1 Nummer 1 BewG, wenn

1. der Substanzwert (§ 11 Absatz 2 BewG) offensichtlich nicht zum Ansatz kommt,

2. es sich bei dem Grundstück um betriebsnotwendiges Vermögen handelt (kein Vermögen im Sinne des § 200 Absatz 2 BewG),
3. es sich nicht um Verwaltungsvermögen handelt (§ 13b Absatz 4 Nummer 1 ErbStG) und
4. kein junges Betriebsvermögen im Sinne des § 200 Absatz 4 BewG vorliegt.

[2]Soweit Steuerbegünstigungen nach § 13a ErbStG mit Wirkung für die Vergangenheit nach § 13a Absatz 6 ErbStG wegfallen, sind die jeweiligen Feststellungen nachzuholen, wenn sie für die Besteuerung von Bedeutung sind.

(7)[1]In den Fällen der mittelbaren Grundstücksschenkung sind gesonderte Feststellungen des Grundbesitzwerts durchzuführen. [2]Entsprechendes gilt, wenn der Jahreswert der Nutzungen eines Grundstücks nach § 16 BewG zu begrenzen ist. [3]Dabei ist der Grundbesitzwert auch dann für das gesamte Grundstück festzustellen, wenn sich das Nutzungsrecht nur auf einen Teil des Grundstücks bezieht.

(8) [1]Beim Erwerb von Betriebsvermögen (§§ 95, 96 BewG) ist für Betriebsgrundstücke der Grundbesitzwert gesondert festzustellen, wenn er für die Feststellung des Werts des Betriebsvermögens erforderlich ist. [2]Das ist stets der Fall, wenn

1. der Substanzwert (§ 11 Absatz 2 BewG) zu ermitteln ist,
2. es sich bei dem Grundstück um nicht betriebsnotwendiges Vermögen handelt (§ 200 Absatz 2 BewG),
3. es sich um Verwaltungsvermögen handelt (§ 13b Absatz 4 Nummer 1 ErbStG) oder
4. junges Betriebsvermögen im Sinne des § 200 Absatz 4 BewG vorliegt.

(9) [1]Beim Erwerb eines Anteils am Betriebsvermögen im Sinne des § 97 Absatz 1a BewG ist für Grundbesitz, der zum Gesamthandsvermögen der Gesellschaft gehört, der Grundbesitzwert gesondert festzustellen, wenn er für die Feststellung des Werts des Anteils erforderlich ist. [2]Für Grundbesitz, der zum Sonderbetriebsvermögen gehört und Gegenstand des Erwerbs ist, gilt dies entsprechend. [3]Im Feststellungsbescheid ist auch anzugeben, wem der Grundbesitz zuzurechnen ist. [4]Dabei ist Folgendes zu beachten:

1. Gehört der Grundbesitz in vollem Umfang der Gesellschaft, ist der Wert der wirtschaftlichen Einheit der Gesellschaft in voller Höhe zuzurechnen und festzustellen.
2. [1]Gehört der Grundbesitz nur zum Teil der Gesellschaft, ist neben dem gesamten Grundbesitzwert auch der auf die Gesellschaft entfallende Wertanteil festzustellen und der Gesellschaft zuzurechnen. [2]Die übrigen Miteigentümer sind nicht am Verfahren zu beteiligen.
3. Bei Grundstücken des Sonderbetriebsvermögens gilt dies entsprechend.

[5]Der Anteil am Betriebsvermögen im Sinne des § 97 Absatz 1a BewG, der übergeht, ist bei der Grundbesitzwertfeststellung nicht anzugeben. [6]Der nach diesen Grundsätzen gesondert festgestellte Grundbesitzwert bzw. anteilige Grundbesitzwert geht in die Ermittlung der erworbenen Beteiligung an der Personengesellschaft ein.

(10) [1]Beim Erwerb eines Anteils an einer Kapitalgesellschaft ist für Grundbesitz, der zum Vermögen der Gesellschaft gehört, der Grundbesitzwert gesondert festzustellen, wenn er für die Feststellung des Werts des Anteils erforderlich ist. [2]Absätze 6, 8 und 9 gelten entsprechend.

(11) Die Basiswertregelung in R B 151.8 ist anzuwenden.

H B 151.2

Aufteilung des Grundbesitzwerts bei nicht ausschließlich betrieblicher Nutzung. Wird ein Grundstück nicht nur zu betrieblichen Zwecken genutzt, kann das Erbschaftsteuerfinanzamt ebenso wie das Betriebsfinanzamt einen Grundbesitzwert anfordern. Das Lagefinanzamt übersendet eine Mitteilung über den insgesamt festgestellten Grundbesitzwert sowohl an das anfordernde Betriebsfinanzamt als auch an das Erbschaftsteuerfinanzamt. Das Betriebsfinanzamt teilt dem Erbschaftsteuerfinanzamt mit, in welchem Umfang das Grundstück zum Grundvermögen gehört. Zu diesem Zweck haben die Betriebsfinanzämter bei jeder Anforderung zur Feststellung eines Grundbesitzwerts das zuständige Erbschaftsteuerfinanzamt zu benennen (→ R B 151.3).

Nachrichtliche Angaben. In der Mitteilung des Lagefinanzamts an das für die Berücksichtigung in einem Folgebescheid zuständige Finanzamt sind nachrichtlich auch folgende Angaben aufzunehmen:

<table>
<tr><td>Gesamte Wohn- und Nutzfläche der Gebäude/des Gebäudes</td><td>Die Angabe wird als Ausgangsgröße zur Berechnung des Flächenverhältnisses benötigt.</td></tr>
<tr><td>Wohnfläche einer bisher vom Rechtsvorgänger selbst genutzten Wohnung</td><td>Die Angabe wird zur Anwendung des § 13 Absatz 1 Nummer 4a bis 4c ErbStG (Familienheim) benötigt (→ R E 13.3 Absatz 2).</td></tr>
<tr><td>Gesamte Wohnfläche der zu Wohnzwecken vermieteten Gebäude oder Gebäudeteile</td><td>Die Angabe wird zur Anwendung des § 13d ErbStG benötigt (→ R E 13d Absatz 6).</td></tr>
<tr><td>Gesamte zum ertragsteuerlichen Betriebsvermögen des Rechtsvorgängers gehörende Wohn- und Nutzfläche der Gebäude/des Gebäudes</td><td rowspan="2">Die Angaben werden
– zur Bestimmung des dem Betriebsvermögen zuzurechnenden Anteils des Grundbesitzwerts und
– zur Bestimmung des Verwaltungsvermögens i. S. d. § 13b Absatz 4 ErbStG
benötigt.</td></tr>
<tr><td>Gesamte der vom Rechtsvorgänger zu eigenen betrieblichen Zwecken genutzten Wohn- und Nutzfläche der Gebäude/des Gebäudes</td></tr>
<tr><td>Art und Höhe einer im Rahmen des nachgewiesenen gemeinen Werts des Grundstücks (§ 198 BewG) abgezogenen Belastung (Wohnrecht, Nießbrauchsrecht)</td><td>Die Angabe wird zur Vermeidung der Doppelberücksichtigung der Belastung benötigt (§ 10 Absatz 6 Satz 6 ErbStG).</td></tr>
</table>

Verbindlichkeiten i. S. d. § 158 Absatz 5 BewG, die im Rahmen der Ermittlung des Werts des Betriebs der Land- und Forstwirtschaft (unter Zuordnung zum Wirtschaftsteil, zum Wohnteil oder zum Teil der Betriebswohnungen) berücksichtigt wurden	Die Angabe wird zur Vermeidung der Doppelberücksichtigung der Belastung benötigt (§ 10 Absatz 5 Nummer 1, Absatz 6 Satz 6 ErbStG).
Nutzungsrechte, die im Rahmen der Öffnungsklausel nach § 165 Absatz 3, § 167 Absatz 4 BewG berücksichtigt wurden	Die Angabe wird zur Vermeidung der Doppelberücksichtigung der Belastung benötigt (§ 10 Absatz 6 Satz 6 ErbStG).

Nachträgliche Feststellung zum Zweck der Zusammenrechnung. → BFH vom 25.11.2008 II R 11/07, BStBl. 2009 II S. 287.

Treuhandverhältnis. Im Fall eines Treuhandverhältnisses, bei dem der Herausgabeanspruch des Treugebers auf ein Grundstück gerichtet ist, ist eine gesonderte Feststellung des Grundbesitzwerts durchzuführen.

R B 151.3 Benennung des Erbschaftsteuerfinanzamts und des Erblassers/Schenkers

[1]Das für die Feststellung zuständige Finanzamt hat in jeder Aufforderung zur Feststellung nach § 151 Absatz 1 Satz 1 Nummer 1 bis 4 BewG stets das Erbschaftsteuerfinanzamt und den Erblasser/Schenker zu benennen. [2]Das gilt auch in den Fällen, in denen das Betriebsfinanzamt von einem anderen Betriebsfinanzamt zur Feststellung eines gemeinen Werts des Betriebs aufgefordert worden ist (mehrstufiges Feststellungsverfahren). [3]Unter anderem wird auf diese Weise gewährleistet, dass das Lagefinanzamt (Bewertungsstelle) neben der Mitteilung für das Betriebsfinanzamt auch dem Erbschaftsteuerfinanzamt den Grundbesitzwert unmittelbar zuleiten kann.

R B 151.4[1)] Gesonderte Feststellung des Werts des Betriebsvermögens oder des Anteils am Betriebsvermögen

(1) Hinsichtlich der Zurechnung der wirtschaftlichen Einheit gilt R B 151.2 Absatz 2 Nummer 1 bis 5 sinngemäß.

(2) [1]In den Fällen einer mittelbaren Schenkung von Betriebsvermögen oder eines Anteils am Betriebsvermögen ist eine gesonderte Feststellung des Werts durchzuführen. [2]Entsprechendes gilt, wenn der Jahreswert der Nutzungen eines Betriebsvermögens oder eines Anteils am Betriebsvermögen nach § 16 BewG zu begrenzen ist.

(3) Die Basiswertregelung in R B 151.8 ist anzuwenden.

H B 151.4

Atypische stille Beteiligung oder Unterbeteiligung. Im Fall einer atypischen stillen Beteiligung oder Unterbeteiligung, bei der der stille Gesell-

[1)] Zu steuerlichen Hilfsmaßnahmen aufgrund der Auswirkungen der Corona-Pandemie siehe BayLfSt v. 26.3.2020 – S 3302.1.1-6/1 St 34, DStR 2020, 798.

schafter als Mitunternehmer anzusehen ist, ist eine gesonderte Feststellung des Werts des Betriebsvermögens oder des Anteils am Betriebsvermögen durchzuführen.

Treuhandverhältnis. Im Fall eines Treuhandverhältnisses, bei dem der Herausgabeanspruch des Treugebers auf Betriebsvermögen gerichtet ist, ist eine gesonderte Feststellung des Werts des Betriebsvermögens oder des Anteils am Betriebsvermögen durchzuführen.

R B 151.5 Gesonderte Feststellung des Werts nicht notierter Anteile an Kapitalgesellschaften

(1) Hinsichtlich der Zurechnung gilt R B 151.2 Absatz 2 Nummer 1 bis 5 sinngemäß.

(2) [1]In den Fällen einer mittelbaren Schenkung von nicht notierten Anteilen an Kapitalgesellschaften ist eine gesonderte Feststellung des Werts durchzuführen. [2]Entsprechendes gilt, wenn der Jahreswert der Nutzungen von nicht notierten Anteilen an Kapitalgesellschaften nach § 16 BewG zu begrenzen ist.

(3) Die Basiswertregelung in R B 151.8 ist anzuwenden.

H B 151.5

Treuhandverhältnis. Im Fall eines Treuhandverhältnisses, bei dem der Herausgabeanspruch des Treugebers auf nicht notierte Anteile an Kapitalgesellschaften gerichtet ist, ist eine gesonderte Feststellung des Werts nicht notierter Anteile an Kapitalgesellschaften durchzuführen.

R B 151.6 Gesonderte Feststellung des Werts von Genossenschaften

[1]Bei zum Betriebsvermögen gehörenden Genossenschaftsanteilen gilt grundsätzlich das Folgende: [2]Diese sind im Rahmen der Ermittlung des Substanzwerts als Kapitalforderungen nach § 12 BewG mit dem Nennwert zu bewerten. [3]Im vereinfachten Ertragswertverfahren sind die Erträge im Jahresertrag nach § 200 Absatz 1 BewG zu erfassen. [4]Genossenschaftsanteile stellen keine Beteiligungen i. S. d. § 200 Abs. 3 BewG dar. [5]Sie zählen als Forderungen zu den Finanzmitteln i. S. d. § 13b Abs. 4 Nr. 5 ErbStG. [6]Das für die Genossenschaft zuständige Finanzamt hat keine Feststellungen durchzuführen.

R B 151.7 Gesonderte Feststellung bei vermögensverwaltenden Gemeinschaften/Gesellschaften

(1) [1]Beim Erwerb eines Anteils an einer vermögensverwaltenden Gemeinschaft/Gesellschaft sind die Vermögensgegenstände und Schulden der Gesellschaft entsprechend § 10 Absatz 1 Satz 4 ErbStG dem Erwerber zuzurechnen. [2]Im Feststellungsbescheid für andere Vermögensgegenstände und Schulden ist der Wert des Anteils des Erblassers oder Schenkers an den Besitzposten und den Schuldposten (unsaldiert) festzustellen. [3]Hinsichtlich der Zurechnung gilt R B 151.2 Absatz 2 Nummer 1 bis 5 sinngemäß.

(2) [1]Grundbesitzwerte und Werte von nicht notierten Anteilen an Kapitalgesellschaften sind nicht in die Feststellung nach § 151 Absatz 1 Satz 1 Nummer 4 BewG für die vermögensverwaltende Gesellschaft/Gemeinschaft einzubeziehen. [2]Sofern inländischer Grundbesitz oder nicht notierte Anteile an Kapitalgesellschaften mit Sitz oder Geschäftsleitung im Inland zum Vermögen der Gesellschaft/ Gemeinschaft gehören, sind die erforderlichen Feststellungen durch das zuständige Lagefinanzamt gemäß § 151 Absatz 1 Satz 1 Nummer 1 BewG bzw. das zuständige Betriebsfinanzamt gemäß § 151 Absatz 1 Satz 1 Nummer 3 BewG durchzuführen.

(3) Die Basiswertregelung in R B 151.8 ist anzuwenden.

H B 151.7

Treuhandverhältnis. Im Fall eines Treuhandverhältnisses, bei dem der Herausgabeanspruch des Treugebers auf einen Anteil an einer vermögensverwaltenden Gesellschaft gerichtet ist, ist eine gesonderte Feststellung des Anteils am Wert der Vermögensgegenstände und Schulden der Gesellschaft durchzuführen.

Vermögensverwaltende Gemeinschaft/Gesellschaften. Gehören zum Vermögen einer vermögensverwaltenden Gemeinschaft/Gesellschaft inländischer Grundbesitz, inländisches Betriebsvermögen oder Anteile an Kapitalgesellschaften mit Sitz oder Geschäftsleitung im Inland, teilt das Verwaltungsfinanzamt dies unter Bezeichnung der wirtschaftlichen Einheit und der Lage bzw. des Sitzes dem Erbschaftsteuerfinanzamt mit. Dieses fordert die erforderlichen gesonderten Feststellungen bei dem jeweiligen Lagefinanzamt (§ 152 Nummer 1 BewG) bzw. Betriebsfinanzamt (§ 152 Nummer 2 oder 3 BewG) an. Das Verwaltungsfinanzamt (§ 152 Nummer 4 BewG) fordert die erforderliche Erklärung zur Feststellung des übrigen Vermögens einschließlich des Auslandsvermögens und der Schulden (§ 152 Nummer 4 BewG) von der Gemeinschaft/Gesellschaft an.

Beispiel:

Der Erblasser A war zu 50% an der A GbR beteiligt. Das Vermögen der GbR umfasst ein vermietetes Grundstück in C, zwei vermietete Grundstücke in D, ein Bankkonto und ein vermietetes Grundstück in Italien. Zur Anschaffung des Grundstücks in Italien hat die GbR bei einer Bank in Deutschland einen Kredit aufgenommen, der am Todestag noch nicht vollständig getilgt war.

Bei der GbR handelt es sich um eine vermögensverwaltende Gesellschaft i. S. d. § 10 Absatz 1 Satz 4 ErbStG, so dass die Wirtschaftsgüter der GbR anteilig den Gesellschaftern zuzurechnen sind.

Das für das Grundstück in C zuständige Lagefinanzamt stellt dessen Wert auf Anforderung des Erbschaftsteuerfinanzamts gesondert fest (§ 151 Absatz 1 Satz 1 Nummer 1 i. V. m. § 152 Nummer 1 BewG). Das für die Grundstücke in D zuständige Lagefinanzamt stellt deren Wert auf Anforderung des Erbschaftsteuerfinanzamts gesondert fest (§ 151 Absatz 1 Satz 1 Nummer 1 i. V. m. § 152 Nummer 1 BewG). Das für die GbR zuständige Verwaltungsfinanzamt stellt den Wert des Anteils des A am Bankkonto und den Schulden der GbR auf Anforderung des Erbschaftsteuerfinanzamts gesondert fest (§ 151 Absatz 1 Satz 1 Nummer 4 i. V. m. § 152 Nummer 4 BewG). Der Wert des Grundstücks in Italien wird nicht gesondert festgestellt, weil es sich um Auslandsvermögen handelt (> R B 151.1 Absatz 2). Das für die GbR zuständige Verwaltungsfinanzamt hat den Wert des Grundstücks in Italien zu ermitteln (→ R B 152) und in die Feststellung nach § 151 Absatz 1 Satz 1 Nummer 4 BewG zu übernehmen.

R B 151.8 Basiswert

(1) [1]In den Fällen des § 151 Absatz 1 Satz 1 Nummer 1 BewG hat das jeweilige Lagefinanzamt bei mehrmaligem Erwerb einer wirtschaftlichen Einheit innerhalb eines Jahres der Wertermittlung einen bereits festgestellten Grundbesitzwert (sog. Basiswert, § 151 Absatz 3 BewG) zu Grunde zu legen, wenn innerhalb dieses Jahres keine wesentlichen Änderungen eingetreten sind. [2]Der Basiswert ist der für den ersten Erwerbsfall auf den jeweiligen Bewertungsstichtag ermittelte Grundbesitzwert. [3]Die Basiswertregelung kann nur in den Fällen angewandt werden, in denen für beide Bewertungsstichtage ein Grundbesitzwert nach der gleichen Bewertungsmethode zu ermitteln ist. [4]Dieser Basiswert gilt ab diesem Zeitpunkt für einen Zeitraum von einem Jahr. [5]Nach Ablauf der Jahresfrist ist für den jeweils nächsten Erwerbsfall eine Bewertung nach den Verhältnissen vom Bewertungsstichtag durchzuführen und damit zugleich ein neuer Basiswert zu ermitteln. [6]Der Erklärungspflichtige kann eine von dem Basiswert abweichende Feststellung des Grundbesitzwerts nach den Verhältnissen zum Bewertungsstichtag durch Abgabe einer Feststellungserklärung mit den dafür erforderlichen stichtagsbezogenen Grundstücksdaten beantragen. [7]Sofern der festgestellte Grundbesitzwert innerhalb einer Jahresfrist als Basiswert einer weiteren Feststellung zu Grunde gelegt wird, verlängert sich hierdurch nicht die Jahresfrist des § 151 Absatz 3 BewG.

(2) [1]Entsprechendes gilt für festgestellte Werte nach § 151 Absatz 1 Satz 1 Nummer 2, 3 und 4 BewG. [2]Bei Personengesellschaften gilt der Basiswert nur hinsichtlich des Wertes des Gesamthandsvermögens. [3]Der Wert des Sonderbetriebsvermögens ist grundsätzlich gesondert zu ermitteln und anzusetzen. [4]Der Erklärungspflichtige kann eine von dem Basiswert abweichende Feststellung nach den Verhältnissen am Bewertungsstichtag durch Abgabe einer Feststellungserklärung beantragen. [5]Dies ist für jede der einzelnen Feststellungen nach § 151 BewG, § 13a Absatz 4 oder § 13b Absatz 10 ErbStG unabhängig voneinander möglich.

R B 151.9 Nachrichtliche Angaben zu den Feststellungen nach § 151 Absatz 1 Satz 1 Nummer 2 und 3 BewG – *unbesetzt* –

H B 151.9

Nachrichtliche Angaben. Zusätzlich zu den in § 151 Absatz 1 BewG genannten Feststellungen teilt das Betriebsfinanzamt dem Erbschaftsteuerfinanzamt folgende Angaben nachrichtlich mit:

1. Bei Feststellungen für Einzelunternehmen
   a) Umfang der betrieblichen Nutzung bei gemischt genutzten Grundstücken
   Wird ein Grundstück nicht nur zu betrieblichen Zwecken genutzt, ist der nicht betriebliche Teil bei der Erbschaft- bzw. Schenkungsteuer als zusätzliches Vermögen anzusetzen. Das Feststellungsfinanzamt teilt dem Erbschaftsteuerfinanzamt mit, in welchem Umfang das Grundstück zum Grundvermögen gehört.

b)[1] Umfang und Wert von ausländischem Vermögen
Im Feststellungsbescheid sind der Umfang und der Wert des ausländischen Vermögens auszuweisen, das im festgestellten Wert des Betriebsvermögens des Einzelunternehmens enthalten ist, aber einer Betriebstätte in einem Drittland dient.

c)[1] Hauptzweck des Unternehmens i. S. d. § 13b Absatz 4 Nummer 5 ErbStG
Im Feststellungsbescheid ist nachrichtlich mitzuteilen, ob das Unternehmen nach seinem Hauptzweck einer land- und forstwirtschaftlichen, gewerblichen oder freiberuflichen Tätigkeit dient (§ 13 Absatz 1, § 15 Absatz 1 Satz 1 Nummer 1, § 18 Absatz 1 Nummer 1 und 2 EStG).

2. Bei Feststellungen für Personengesellschaften

a) Umfang der betrieblichen Nutzung bei gemischt genutzten Grundstücken
Wird ein Grundstück nicht nur zu betrieblichen Zwecken genutzt, ist der nicht betriebliche Teil bei der Erbschaft- bzw. Schenkungsteuer als zusätzliches Vermögen anzusetzen. Das Feststellungsfinanzamt teilt dem Erbschaftsteuerfinanzamt mit, in welchem Umfang das Grundstück zum Grundvermögen gehört.

b)[1] Umfang und Wert von ausländischem Vermögen
Im Feststellungsbescheid sind der Umfang und der Wert des ausländischen Vermögens auszuweisen, das im festgestellten Wert des Betriebsvermögens der Personengesellschaft enthalten ist, aber einer Betriebstätte in einem Drittland dient.

c)[1] Hauptzweck des Unternehmens i. S. d. § 13b Absatz 4 Nummer 5 ErbStG
Im Feststellungsbescheid ist nachrichtlich mitzuteilen, ob das Unternehmen nach seinem Hauptzweck einer land- und forstwirtschaftlichen, gewerblichen oder freiberuflichen Tätigkeit dient (§ 13 Absatz 1, § 15 Absatz 1 Satz 1 Nummer 1, § 18 Absatz 1 Nummer 1 und 2 EStG).

d)[1] Vorwegabschlag i. S. d. § 13a Absatz 9 ErbStG
Im Feststellungsbescheid ist nachrichtlich mitzuteilen, ob und in welcher Höhe ein Vorwegabschlag zu gewähren ist. Soweit erforderlich sind auch die Werte des Gesamthandsvermögens mitzuteilen. Satz 1 und 2 gelten bei mehrstufigen Feststellungsverfahren nur auf der ersten Stufe.

3. Bei Feststellungen für Anteile an Kapitalgesellschaften

a)[1] Hauptzweck des Unternehmens i. S. d. § 13b Absatz 4 Nummer 5 ErbStG
Im Feststellungsbescheid ist nachrichtlich mitzuteilen, ob das Unternehmen nach seinem Hauptzweck einer land- und forstwirtschaftlichen, gewerblichen oder freiberuflichen Tätigkeit dient (§ 13 Absatz 1, § 15 Absatz 1 Satz 1 Nummer 1, § 18 Absatz 1 Nummer 1 und 2 EStG).

---

[1] Überholt durch das JStG 2020, zur Anwendung für Erwerbe nach dem 28.12.2020 siehe gleich lautenden Ländererlass v. 13.9.2021, BStBl. I 2021, 1837.

b)[1] Vorwegabschlag i. S. d. § 13a Absatz 9 ErbStG

Im Feststellungsbescheid ist nachrichtlich mitzuteilen, ob und in welcher Höhe ein Vorwegabschlag zu gewähren ist. Dies gilt bei mehrstufigen Feststellungsverfahren nur auf der ersten Stufe.

Das Feststellungsfinanzamt hat die nachrichtlichen Angaben auch dann mitzuteilen, wenn hierfür zusätzliche Ermittlungen durch das Feststellungsfinanzamt erforderlich sind.

R B 151.10 Mitteilungen der Betriebsfinanzämter – *unbesetzt* –

H B 151.10

Angaben im Zusammenhang mit der Überwachung der Voraussetzungen der Steuerbegünstigungen nach §§ 13a, 13c, 19a und 28a ErbStG.

1. Das Betriebsfinanzamt teilt auf Anforderung dem Erbschaftsteuerfinanzamt nach Ablauf der Behaltensfrist den Umfang der Entnahmen mit (§ 13a Absatz 6 Satz 1 Nummer 3 ErbStG).
2. Das Betriebsfinanzamt teilt dem Erbschaftsteuerfinanzamt mit, ob innerhalb der Behaltensfrist (§ 13a Absatz 6 Satz 1 ErbStG bzw. § 13a Absatz 10 Satz 1 Nummer 6 ErbStG)
   a) wesentliche Betriebsgrundlagen veräußert, ins Privatvermögen überführt oder anderen betriebsfremden Zwecken zugeführt wurden oder der Betrieb aufgegeben oder veräußert wurde (schädliche Verfügung nach § 13a Absatz 6 Satz 1 Nummer 1 und 4 ErbStG).
   In diesem Zusammenhang ist auch mitzuteilen, ob
   - eine dieser wesentlichen Betriebsgrundlagen zum jungen Verwaltungsvermögen (§ 13b Absatz 7 Satz 2 ErbStG) oder zum jungen Betriebsvermögen (§ 200 Absatz 4 BewG) gehörte,
   - in diesen Fällen eine Reinvestition vorgenommen wurde (§ 13a Absatz 6 Satz 3 ErbStG).

   b) andere Verfügungen getätigt wurden, die nach § 13a Absatz 6 ErbStG zu einem Wegfall der Verschonungen führen.
3. Das Betriebsfinanzamt teilt dem Erbschaftsteuerfinanzamt mit, **ob innerhalb der zwanzigjährigen Frist** des § 13a Absatz 9 Satz 5 ErbStG die Voraussetzungen für den Vorwegabschlag nicht mehr vorliegen.

Die Mitteilungen nach Nummer 2 oder 3 sind zu fertigen, sobald das zuständige Betriebsfinanzamt von einer schädlichen Verfügung bzw. dem Verstoß Kenntnis erlangt. Dies gilt auch, wenn die Behaltensfrist oder die Frist von 20 Jahren noch nicht abgelaufen ist.

Zu § 152 BewG

R B 152 Örtliche Zuständigkeit

(1) [1]Für die Wertermittlung ausländischen Vermögens, das nicht Teil eines inländischen Betriebsvermögens ist oder zum Vermögen einer Kapitalgesell-

---

[1] Überholt durch das JStG 2020, zur Anwendung für Erwerbe nach dem 28.12.2020 siehe gleich lautenden Ländererlass v. 13.9.2021, BStBl. I 2021, 1837.

schaft oder einer vermögensverwaltenden Gemeinschaft/Gesellschaft mit Sitz oder Geschäftsleitung im Inland gehört und das somit nicht der gesonderten Feststellung unterliegt (§ 151 Absatz 4 BewG), bleibt das jeweilige Erbschaftsteuerfinanzamt zuständig. [2] Gehört ausländisches Vermögen zu einem inländischen Betriebsvermögen oder zum Vermögen einer Kapitalgesellschaft mit Sitz oder Geschäftsleitung im Inland, ist das Betriebsfinanzamt unabhängig von der Art des Vermögens (Grundbesitz oder Beteiligungen) für die Wertermittlung zuständig (§ 152 Nummer 2 und 3 BewG). [3] Gehört ausländisches Vermögen zum Vermögen einer vermögensverwaltenden Gemeinschaft/Gesellschaft, gilt Satz 2 entsprechend für das Verwaltungsfinanzamt (§ 152 Nummer 4 BewG).

(2) Absatz 1 ist auch bei Feststellungen nach § 13a Absatz 4 ErbStG und nach § 13b Absatz 10 ErbStG anzuwenden.

H B 152

Zeitpunkt der Festlegung der örtlichen Zuständigkeit für gesonderte Feststellungen im Sinne des § 151 Absatz 1 Satz 1 Nummer 2 bis 4 BewG. Örtlich zuständig für die gesonderten Feststellungen im Sinne des § 151 Absatz 1 Satz 1 Nummer 2 bis 4 BewG ist das Betriebs- oder Verwaltungsfinanzamt, in dessen Bezirk im Zeitpunkt der Durchführung der gesonderten Feststellungen die jeweiligen Voraussetzungen erfüllt sind. Nach dem Bewertungsstichtag erfolgte örtliche Änderungen des Sitzes der Geschäftsleitung des Gewerbebetriebs oder der Kapitalgesellschaft, der vorwiegenden Ausübung der freiberuflichen Tätigkeit bzw. der Verwaltung des Vermögens in den Bezirk eines anderen Finanzamts führen zu einem Wechsel der örtlichen Zuständigkeit für die gesonderten Feststellungen, wenn sie bis zu diesem Zeitpunkt noch nicht durchgeführt wurden.

Zu § 153 BewG

R B 153 Erklärungspflicht

(1) Grundsätzlich kann das zuständige Finanzamt von jedem, für dessen Besteuerung eine gesonderte Feststellung von Bedeutung ist, die Abgabe einer Feststellungserklärung verlangen.

(2) Bei der Bewertung nicht notierter Anteile an Kapitalgesellschaften ist die Erklärung von der Kapitalgesellschaft anzufordern.

(3) [1] In den Fällen, in denen der Gegenstand der Feststellung einer Personengesellschaft im Sinne des § 97 Absatz 1 Satz 1 Nummer 5 BewG zuzurechnen ist, ist die Feststellungserklärung vorrangig von der Gesellschaft anzufordern. [2] In den Fällen, in denen der Gegenstand der Feststellung (insbesondere Grundbesitz) einer Kapitalgesellschaft zuzurechnen ist, ist die Feststellungserklärung nur von der Kapitalgesellschaft anzufordern.

(4) Absatz 3 gilt entsprechend bei vermögensverwaltenden Grundstücksgesellschaften bzw. -gemeinschaften und anderen vermögensverwaltenden Gesellschaften bzw. -gemeinschaften im Sinne des § 151 Absatz 1 Satz 1 Nummer 4 BewG.

(5) [1]Durch die Aufforderung zur Abgabe der Erklärung wird die Kapitalgesellschaft oder die Personengesellschaft bzw. -gemeinschaft Beteiligte des Feststellungsverfahrens i. S. d. § 154 Absatz 1 Satz 1 Nummer 2 BewG. [2]In einem solchen Fall kann der Basiswert (§ 151 Absatz 3 Satz 1 BewG) der Kapitalgesellschaft oder der Personengesellschaft bzw. -gemeinschaft mitgeteilt werden.

(6) [1]In Erbbaurechtsfällen kann das Finanzamt die Abgabe einer Feststellungserklärung vom Erbbauberechtigten und vom Erbbauverpflichteten verlangen. [2]Im Falle der Bewertung eines Erbbaurechts ist vorrangig der Erbbauberechtigte zur Abgabe der Feststellungserklärung aufzufordern. [3]Kann dieser die für die Bewertung erforderlichen Angaben nicht erbringen, ist der Erbbauverpflichtete zur Abgabe der Feststellungserklärung aufzufordern. [4]Der Erbbauberechtigte ist nach § 154 Absatz 1 Nummer 1 BewG Beteiligter am Feststellungsverfahren, da ihm das Erbbaurecht zuzurechnen ist. [5]Wurde der Erbbauverpflichtete zur Erklärungsabgabe aufgefordert, ist er nach § 154 Absatz 1 Nummer 2 BewG Beteiligter am Feststellungsverfahren. [6]Für die Bewertung eines Erbbaugrundstücks gelten die Sätze 2 bis 5 entsprechend.

(7) In den Fällen der Begrenzung des Jahreswerts von Nutzungen nach § 16 BewG können sowohl der Erwerber als auch der Eigentümer zur Abgabe einer Feststellungserklärung aufgefordert werden (§ 180 AO).

(8) Absatz 1 bis 5 sind auch bei Feststellungen nach § 13a Absatz 4 ErbStG und nach § 13b Absatz 10 ErbStG anzuwenden.

Zu § 154 BewG

R B 154 Beteiligte am Feststellungsverfahren und Bekanntgabe des Feststellungsbescheids

(1) Beteiligte am Feststellungsverfahren sind

1. diejenigen, denen der Gegenstand der Feststellung zuzurechnen ist (§ 154 Absatz 1 Satz 1 Nummer 1 BewG). [2]Beteiligter in diesem Sinne ist auch derjenige, bei dem der Gegenstand einer Feststellung im Rahmen eines weiteren Feststellungsverfahrens von Bedeutung ist, weil dessen Wert in diese Wertfeststellung einfließt (bei einem mehrstufigen Feststellungsverfahren).
2. diejenigen, die das Finanzamt zur Abgabe der Feststellungserklärung aufgefordert hat (§ 154 Absatz 1 Satz 1 Nummer 2 BewG).
3. diejenigen, die eine Steuer als Schuldner oder Gesamtschuldner schulden und für deren Festsetzung die Feststellung von Bedeutung ist (§ 154 Absatz 1 Satz 1 Nummer 3 BewG). [2]Bei der Schenkungsteuer sind somit der Schenker und der Beschenkte beteiligt.

[2]Zu den Beteiligten in Erbbaurechtsfällen → R B 153 Absatz 6 Satz 4 bis 6.

(2) Richtet sich ein Feststellungsbescheid gegen mehrere Beteiligte im Sinne des § 154 Absatz 1 Satz 1 BewG, erfolgt eine gesonderte und einheitliche

Feststellung (§ 154 Absatz 1 Satz 2 BewG). [2]Bei einer Erbengemeinschaft erfolgt eine gesonderte und einheitliche Feststellung. [3]Inhaltsadressaten der Feststellung sind die Miterben. [4]Im Bescheid über die gesonderte und einheitliche Feststellung des Werts sind alle Miterben namentlich aufzuführen (→ R B 151.2 Absatz 2 Nummer 2 und 3). [5]Bei einer Schenkung erfolgt eine gesonderte und einheitliche Feststellung. [6]Inhaltsadressat sind sowohl der Schenker als auch der Beschenkte. [7]Im Bescheid über die gesonderte und einheitliche Feststellung des Werts sind der Schenker und der Beschenkte aufzuführen.

(3) [1]Der Feststellungsbescheid ist grundsätzlich allen Beteiligten bekannt zu geben (§ 153 Absatz 5 in Verbindung mit § 154 BewG, § 181 Absatz 1 AO, § 122 Absatz 1 Satz 1 AO). [2]Bei Schenkungsfällen wird der Feststellungsbescheid dem Beschenkten bekanntgegeben. [3]Wenn dieser die Schenkungsteuer nicht entrichtet und der Schenker als Gesamtschuldner dafür in Anspruch genommen wird, wird ein inhaltsgleicher Feststellungsbescheid an den Schenker nachträglich bekanntgegeben. [4]Im Falle einer Schenkung, bei der der Schenker die Schenkungsteuer übernommen hat, ist der Feststellungsbescheid an den Schenker und den Beschenkten bekanntzugeben. [5]Bei der Feststellung des Werts von nicht notierten Anteilen an Kapitalgesellschaften ist der Feststellungsbescheid auch der Kapitalgesellschaft bekanntzugeben (§ 154 Absatz 2 BewG). [6]Wenn der Feststellungsgegenstand einer Erbengemeinschaft in Vertretung der Miterben zuzurechnen ist, gelten für die Bekanntgabe des Feststellungsbescheides die Grundsätze des § 183 AO. [7]Der Bescheid ist dem von der Erbengemeinschaft benannten Vertreter bekanntzugeben (§ 183 Absatz 1 Satz 1 AO). [8]Hat die Erbengemeinschaft keinen Vertreter benannt, ist entsprechend § 183 Absatz 1 Satz 3 bis 4 AO zu verfahren.

(4) Absatz 1 bis 3 sind auch bei Feststellungen nach § 13a Absatz 4 ErbStG und nach § 13b Absatz 10 ErbStG anzuwenden.

H B 154

Feststellungsbeteiligte und Bekanntgabe der Feststellungsbescheide.

1. Auf der ersten Stufe (Erbschaftsteuerfinanzamt – ErbStFA fordert Feststellung bei Feststellungsfinanzamt – FestFA 1 an)
Zuwendungs-/Feststellungsgegenstand kann sein:
1. Grundbesitz (§ 151 Abs. 1 Satz 1 Nr. 1 BewG),
2. Einzelunternehmen (§ 151 Abs. 1 Satz 1 Nr. 2 BewG),
3. Beteiligung an einer Personengesellschaft (§ 151 Abs. 1 Satz 1 Nr. 2 BewG),
4. Anteil an einer Kapitalgesellschaft (§ 151 Abs. 1 Satz 1 Nr. 3 BewG) oder
5. Anteil an einer vermögensverwaltenden Gesellschaft/Gemeinschaft (§ 151 Abs. 1 Satz 1 Nr. 4 BewG).

– *Der* ***Steuerschuldner ist Beteiligter*** (§ 154 Abs. 1 Satz 1 Nr. 3 BewG):

a) Erbfall

Alleinerbe	Beteiligter nach § 154 Abs. 1 Satz 1 Nr. 1 und 3 BewG
Erbengemeinschaft	Erbengemeinschaft Beteiligte nach § 154 Abs. 1 Satz 1 Nr. 1 i. V. m. § 151 Abs. 2 Nr. 2 BewG; Miterben sind Beteiligte nach § 154 Abs. 1 Satz 1 Nr. 3 BewG

b) Schenkung

Beschenkter	Beteiligter nach § 154 Abs. 1 Satz 1 Nr. 1 und 3 BewG
Schenker	Beteiligter nach § 154 Abs. 1 Satz 1 Nr. 3 BewG

– **Personengesellschaft:** Beteiligte nach § 154 Abs. 1 Satz 1 Nr. 2 BewG, wenn sie zur Abgabe der Feststellungserklärung aufgefordert wurde.

– **Kapitalgesellschaft:** Beteiligte nach § 154 Abs. 1 Satz 1 Nr. 2 BewG, da diese zur Abgabe der Feststellungserklärung aufzufordern ist.

– **Vermögensverwaltende Gesellschaft/Gemeinschaft:** Beteiligte nach § 154 Abs. 1 Satz 1 Nr. 2 BewG, wenn sie zur Abgabe der Feststellungserklärung aufgefordert wurde.

2. Auf der zweiten Stufe (FestFA 1 fordert Feststellung bei FestFA 2 an) Zuwendungs-/Feststellungsgegenstand kann sein:

1. Grundbesitz/Betriebsgrundstück (§ 151 Abs. 1 Satz 1 Nr. 1 BewG)
2. Beteiligung an einer Personengesellschaft (§ 151 Abs. 1 Satz 1 Nr. 2 BewG),
3. Anteil an einer Kapitalgesellschaft (§ 151 Abs. 1 Satz 1 Nr. 3 BewG) oder
4. Anteil an einer vermögensverwaltenden Gesellschaft/Gemeinschaft (§ 151 Abs. 1 Satz 1 Nr. 4 BewG)

– Der **Steuerschuldner ist Beteiligter** (§ 154 Abs. 1 Satz 1 Nr. 3 BewG):

a) Erbfall

Alleinerbe	Beteiligter nach § 154 Abs. 1 Satz 1 Nr. 3 BewG
Erbengemeinschaft	Erbengemeinschaft Beteiligte nach § 154 Abs. 1 Satz 1 Nr. 1 i. V. m. § 151 Abs. 2 Nr. 2 BewG; Miterben sind Beteiligte nach § 154 Abs. 1 Satz 1 Nr. 3 BewG

b) Schenkung

Beschenkter	Beteiligter nach § 154 Abs. 1 Satz 1 Nr. 3 BewG

Schenker	Beteiligter nach § 154 Abs. 1 Satz 1 Nr. 3 BewG

Grundbesitz/Betriebsgrundstück (§ 151 Abs. 1 Satz 1 Nr. 1 BewG)
- **Personengesellschaft:** Beteiligte nach § 154 Abs. 1 Satz 1 Nr. 1 und 2 BewG.
- **Kapitalgesellschaft:** Beteiligte nach § 154 Abs. 1 Satz 1 Nr. 1 und 2 BewG.

Beteiligung an einer Personengesellschaft (§ 151 Abs. 1 Satz 1 Nr. 2 BewG)
- **Personengesellschaft erste Stufe:** Beteiligte nach § 154 Abs. 1 Satz 1 Nr. 1 BewG. Hinweis: Auch wenn es sich hierbei um eine Kapitalgesellschaft handeln würde, wäre diese Beteiligte nach § 154 Abs. 1 Satz 1 Nr. 1 BewG.
- **Personengesellschaft zweite Stufe:** Beteiligte nach § 154 Abs. 1 Satz 1 Nr. 2 BewG, wenn diese zur Abgabe der Feststellungserklärung aufgefordert wurde.

Anteil an einer Kapitalgesellschaft (§ 151 Abs. 1 Satz 1 Nr. 3 BewG)
- **Personengesellschaft erste Stufe:** Beteiligte nach § 154 Abs. 1 Satz 1 Nr. 1 BewG . Hinweis: Auch wenn es sich hierbei um eine Kapitalgesellschaft handeln würde, wäre diese Beteiligter nach § 154 Abs. 1 Satz 1 Nr. 1 BewG.
- **Kapitalgesellschaft zweite Stufe:** Beteiligte nach § 154 Abs. 1 Satz 1 Nr. 2 BewG, da diese zur Abgabe der Feststellungserklärung aufzufordern ist.

Anteil an einer vermögensverwaltenden Gesellschaft/Gemeinschaft (§ 151 Abs. 1 Satz 1 Nr. 4 BewG)
- **Personengesellschaft erste Stufe:** Beteiligte nach § 154 Abs. 1 Satz 1 Nr. 1 BewG. Hinweis: Auch wenn es sich hierbei um eine Kapitalgesellschaft handeln würde, wäre diese Beteiligter nach § 154 Abs. 1 Satz 1 Nr. 1 BewG.
- **Vermögensverwaltende Gesellschaft/Gemeinschaft:** wie Personengesellschaft zweite Stufe Beteiligte nach § 154 Abs. 1 Satz 1 Nr. 2 BewG, wenn diese zur Abgabe der Feststellungserklärung aufgefordert wurde.

3. Dritte und weitere Stufen (FestFA 3)
Zuwendungs-/Feststellungsgegenstand kann sein:
1. Grundbesitz/Betriebsgrundstück (§ 151 Abs. 1 Satz 1 Nr. 1 BewG),
2. Beteiligung an einer Personengesellschaft (§ 151 Abs. 1 Satz 1 Nr. 2 BewG),
3. Anteil an einer Kapitalgesellschaft (§ 151 Abs. 1 Satz 1 Nr. 3 BewG) oder
4. Anteil an einer vermögensverwaltenden Gesellschaft/Gemeinschaft (§ 151 Abs. 1 Satz 1 Nr. 4 BewG)

- Der **Steuerschuldner ist Beteiligter** (§ 154 Abs. 1 Satz 1 Nr. 3 BewG):

a) Erbfall

Alleinerbe	Beteiligter nach § 154 Abs. 1 Satz 1 Nr. 3 BewG
Erbengemeinschaft	Erbengemeinschaft Beteiligte nach § 154 Abs. 1 Satz 1 Nr. 1 i. V. m. § 151 Abs. 2 Nr. 2 BewG; Miterben sind Beteiligte nach § 154 Abs. 1 Satz 1 Nr. 3 BewG

b) Schenkung

Beschenkter	Beteiligter nach § 154 Abs. 1 Satz 1 Nr. 3 BewG
Schenker	Beteiligter nach § 154 Abs. 1 Satz 1 Nr. 3 BewG

– Stufe 1 Personengesellschaft oder Kapitalgesellschaft ist keine Beteiligte i. S. d. § 154 BewG.
– Stufe 2 unabhängig von der Gesellschaftsform Beteiligte i. S. d. § 154 Abs. 1 Satz 1 Nr. 1 BewG.
– Stufe 3
  – **Grundbesitz/Betriebsgrundstück**
  – **Personengesellschaft (Stufe 2):** Beteiligte nach § 154 Abs. 1 Satz 1 Nr. 1 und 2 BewG.
  – **Kapitalgesellschaft (Stufe 2):** Beteiligte nach § 154 Abs. 1 Satz 1 Nr. 1 und 2 BewG.
  – **Beteiligung an einer Personengesellschaft**
    Personengesellschaft (Stufe 3) Beteiligte nach § 154 Abs. 1 Satz 1 Nr. 2 BewG, wenn sie zur Abgabe der Feststellungserklärung aufgefordert wurde.
  – **Anteil an einer Kapitalgesellschaft**
    Kapitalgesellschaft (Stufe 3) Beteiligte nach § 154 Abs. 1 Satz 1 Nr. 2 BewG, da diese zur Abgabe der Feststellungserklärung aufzufordern ist.
  – **Beteiligung an einer vermögensverwaltenden Gesellschaft/Gemeinschaft** Gesellschaft/Gemeinschaft (Stufe 3) Beteiligte nach § 154 Abs. 1 Satz 1 Nr. 2 BewG, wenn sie zur Abgabe der Feststellungserklärung aufgefordert wurde.

Gesonderte oder gesonderte und einheitliche Feststellung. Eine gesonderte Feststellung ist nur in den folgenden Fällen durchzuführen:

a) Alleinerbe mit Erwerb eines Betriebs der Land- und Forstwirtschaft
b) Alleinerbe mit Erwerb eines Grundstücks oder Erwerb eines Miteigentumsanteils an einem Grundstück
c) Alleinerbe mit Erwerb eines Einzelunternehmens

Zum Erwerb durch einen Vermächtnisnehmer → R B 151.2 Absatz 2 Nummer 4. In allen anderen Fällen erfolgt eine gesonderte und einheitliche Feststellung.

Zu § 155 BewG

R B 155 Rechtsbehelfsbefugnis

[1]Zur Einlegung eines Rechtsbehelfs sind die Beteiligten im Sinne des § 154 BewG befugt. [2]Soweit der Gegenstand der Feststellung einer Erbengemeinschaft in Vertretung der Miterben zuzurechnen ist (§ 151 Absatz 2 Nummer 2 BewG), sind § 352 AO und § 48 FGO entsprechend anzuwenden.

Zu § 156 BewG

R B 156 Außenprüfung

Zur Ermittlung der Besteuerungsgrundlagen kann eine Außenprüfung nach §§ 193ff. AO bei jedem Beteiligten (§ 154 Absatz 1 BewG) angeordnet werden.

D. Land- und forstwirtschaftliches Vermögen

Zu § 158 BewG

R B 158.1 Begriff des land- und forstwirtschaftlichen Vermögens

(1) [1]Die wirtschaftliche Einheit des land- und forstwirtschaftlichen Vermögens umfasst nach § 158 Absatz 1 BewG alle Wirtschaftsgüter, die objektiv einem Betrieb der Land- und Forstwirtschaft dauernd zu dienen bestimmt sind. [2]Die Definition der wirtschaftlichen Einheit richtet sich tätigkeitsbezogen nach den Grundsätzen der R 15.5 EStR und im Übrigen nach § 2 BewG. [3]Eine Betriebsverpachtung im Ganzen ist deshalb als Fortsetzung der bisherigen Tätigkeit auf andere Art und Weise anzusehen. [4]Voraussetzung ist, dass die Wirtschaftsgüter dem Betrieb auf Dauer zu dienen bestimmt sind. [5]Dies ist der Fall, wenn der bisherige Eigentümer am Bewertungsstichtag die wesentlichen Wirtschaftsgüter des Betriebs an Andere zur land- und forstwirtschaftlichen Nutzung überlassen hatte und die Voraussetzungen für eine Stückländerei nicht vorliegen.

H B 158.1 (1)

Betriebsverpachtung im Ganzen.

Beispiel:

V hat seinen Betrieb mit 100 Hektar landwirtschaftlicher und 50 Hektar forstwirtschaftlich genutzter Fläche nebst Besatzkapital seit zwei Jahren im Ganzen verpachtet. V möchte seinen Betrieb im Wege der vorweggenommenen Erbfolge auf sein Kind K übertragen, das sich noch für drei Jahre in Berufsausbildung befindet. K tritt in den bestehenden Pachtvertrag ein, der noch für drei Jahre abgeschlossen ist.

Zum land- und forstwirtschaftlichen Vermögen gehören alle Wirtschaftsgüter, die objektiv einem Betrieb der Land- und Forstwirtschaft dauernd zu dienen bestimmt sind. Da alle wesentlichen Wirtschaftsgüter im Rahmen der Betriebsverpachtung im Ganzen weiterhin land- und forstwirtschaftlichen Zwecken dienen, ist die Verpachtung als Fortsetzung der bisherigen Tätigkeit auf andere Art und Weise anzusehen. Auch die Voraussetzung, dass die Wirtschaftsgüter dem Betrieb dauernd zu dienen bestimmt sind, ist erfüllt, da die Überlassung aus betriebswirtschaftlichen oder betriebstechnischen Gründen am Bewertungsstichtag für weniger als 15 Jahre erfolgt.

R B 158.1 (2)

(2) [1]Der Betrieb der Land- und Forstwirtschaft (§ 158 Absatz 2 BewG) setzt weder eine Mindestgröße noch einen vollen land- und forstwirtschaftlichen Besatz mit Wirtschaftsgebäuden, Betriebsmitteln usw. voraus. [2]Auch ein einzelnes land- und forstwirtschaftlich genutztes Grundstück, das gemäß § 159 BewG nicht zum Grundvermögen zu rechnen ist, kann ein Betrieb der Land- und Forstwirtschaft sein. [3]Mehrere Flächen werden ohne Rücksicht auf ihre räumliche Lage unter der Voraussetzung zu einer wirtschaftlichen Einheit vereinigt, dass sie zusammen bewirtschaftet werden und zwischen ihnen ein wirtschaftlicher Zusammenhang besteht. [4]Das ist zu verneinen, wenn die Bewirtschaftung abgelegener Flächen von der Hofstelle oder einem sonstigen Sitz der Betriebsleitung aus nach der Verkehrsauffassung nicht möglich ist oder der Betriebsinhaber keine unmittelbare Einwirkungsmöglichkeit und eigene Aufsicht über die sachdienliche Nutzung dieser Flächen hat. [5]Besonderheiten der jeweiligen Nutzung sind zu berücksichtigen.

H B 158.1 (2)

Abgrenzung Bewertungsrecht und Ertragsteuerrecht.

Beispiel:

Vater V schenkt ein land- und forstwirtschaftlich genutztes Grundstück seinem Kind K. Das Grundstück stellt ertragsteuerrechtlich Privatvermögen dar.

Das Grundstück ist ein Betrieb der Land- und Forstwirtschaft i. S. d. R B 158.1 Absatz 2. Zwar beurteilen das Bewertungsrecht und das Ertragsteuerrecht die Land- und Forstwirtschaft tätigkeitsbezogen nach gleichen Kriterien. Eine wirtschaftliche Einheit Betrieb der Land- und Forstwirtschaft setzt jedoch nicht die Zugehörigkeit des Grundbesitzes und des Besatzkapitals zum ertragsteuerrechtlichen Betriebsvermögen voraus.

R B 158.1 (3–6)

(3) [1]Wird ein Betrieb der Land- und Forstwirtschaft von einer (Personen-) Gesellschaft oder Gemeinschaft betrieben (§ 158 Absatz 2 Satz 2 BewG), ist der Wert des land- und forstwirtschaftlichen Vermögens einheitlich zu ermitteln (§ 3 BewG). [2]Dabei sind außer den Wirtschaftsgütern, die der Gesellschaft oder Gemeinschaft gehören, auch die im Eigentum eines oder mehrerer Gesellschafter oder Gemeinschafter stehenden und dem Betrieb auf Dauer zu dienen bestimmten Wirtschaftsgüter, z.B. Nutzflächen, Gebäude oder Betriebsmittel, in den Betrieb einzubeziehen. [3]Dagegen scheidet die Zurechnung von Wirtschaftsgütern aus, die zwar dem Betrieb dauernd zu dienen bestimmt sind, jedoch im Eigentum eines Nichtgesellschafters bzw. -gemeinschafters stehen. [4]Die Sätze 2 und 3 gelten auch bei Ehegatten.

(4) [1]Zu den Wirtschaftsgütern, die einem Betrieb der Land- und Forstwirtschaft dauernd zu dienen bestimmt sind, können auch Grunddienstbarkeiten und betrieblich veranlasste wiederkehrende Nutzungen und Leistungen gehören. [2]Die Aufzählung der einzelnen Wirtschaftsgüter in § 158 Absatz 3 Satz 1 BewG ist nicht abschließend. [3]Entscheidend ist ihre Zweckbestimmung am

Bewertungsstichtag (§ 12 Absatz 3 ErbStG in Verbindung mit §§ 151, 157 BewG).

(5) [1] Grund und Boden sowie Gebäude, die einem Betrieb der Land- und Forstwirtschaft dauernd zu dienen bestimmt sind, gehören auch dann zum land- und forstwirtschaftlichen Vermögen, wenn der Betrieb ganz oder in Teilen auf bestimmte oder unbestimmte Zeit nicht bewirtschaftet wird. [2] Das ist der Fall, wenn sie keine Zweckbestimmung erhalten haben, die zu einer zwingenden Zuordnung zum Grund- oder Betriebsvermögen führen. [3] Als Beispiele hierfür kommen in Betracht:

1. Grund und Boden, der auf bestimmte oder unbestimmte Zeit nicht land- und forstwirtschaftlich genutzt wird, z. B. stillgelegte Flächen;
2. der Wohnteil, der wegen Änderung der Anzahl der zum Haushalt des Betriebsinhabers gehörenden Familienangehörigen oder der Altenteiler nicht oder nicht voll genutzt wird;
3. Wirtschaftsgebäude, die vorübergehend oder dauernd teilweise oder ganz leer stehen, z. B. gehört der leer stehende Rindviehstall eines Betriebs, dessen Inhaber wegen Wirtschaftsumstellung das Rindvieh abgeschafft hat, zum land- und forstwirtschaftlichen Vermögen.

(6) Zu den Betriebsmitteln eines Betriebs der Land- und Forstwirtschaft gehören außer den Pflanzenbeständen und Vorräten, den Maschinen und Geräten auch die Tierbestände nach Maßgabe der §§ 169 und 175 BewG.

R B 158.2 Abgrenzung des land- und forstwirtschaftlichen Vermögens vom Betriebsvermögen

(1) [1] Das land- und forstwirtschaftliche Vermögen ist vom Betriebsvermögen vorrangig nach R 15.5 EStR abzugrenzen. [2] Wirtschaftsgüter, die außer im eigenen Betrieb der Land- und Forstwirtschaft auch in einem demselben Inhaber gehörenden Gewerbebetrieb verwendet werden, gehören grundsätzlich nur zum land- und forstwirtschaftlichen Vermögen, wenn sie nicht nach § 95 BewG dem Betriebsvermögen zuzuordnen sind.

(2) [1] Land- und forstwirtschaftlich genutzte Flächen, die im Eigentum einer der in § 97 Absatz 1 BewG bezeichneten Körperschaften, Personenvereinigungen und Vermögensmassen stehen, sind wegen der Rechtsform des Eigentümers Betriebsvermögen. [2] Die Flächen sind als Betriebsgrundstücke nach § 99 Absatz 1 Nummer 2 BewG wie land- und forstwirtschaftliches Vermögen zu bewerten.

(3) [1] Wird für die Erbschaftsteuer der Wert des Betriebsvermögens bzw. ein Anteil daran oder der Wert nicht notierter Anteile an Kapitalgesellschaften benötigt, ist für die Betriebsgrundstücke im Sinne des § 99 Absatz 1 Nummer 2 BewG im Rahmen der Mindestbewertung nach § 11 Absatz 2 Satz 3 BewG ein Grundbesitzwert festzustellen. [2] Das Betriebsgrundstück gehört in diesem Fall zum Betriebsvermögen. [3] Dies gilt auch für die in § 158 Absatz 4 BewG genannten Wirtschaftsgüter, die nicht dem land- und forstwirtschaftlichen Vermögen, sondern dem Betriebsvermögen zuzuordnen sind. [4] Gleiches gilt für die mit diesen Wirtschaftsgütern jeweils im unmittelbaren wirtschaftlichen Zusammenhang stehenden Verbindlichkeiten (§ 158 Absatz 5 BewG).

(4) [1]Gehören Tierbestände oder Zweige des Tierbestands weder nach § 169 BewG noch nach § 175 BewG zum land- und forstwirtschaftlichen Vermögen, gehören auch die mit ihnen in wirtschaftlicher Verbindung stehenden Gebäude oder Gebäudeteile nicht zum land- und forstwirtschaftlichen Vermögen. [2]Zu den Gebäuden und Gebäudeteilen sind auch die Grundflächen und die Beiflächen, wie Zuwege, Auslauf für Tiere usw., zu rechnen. [3]Mit den Tierbeständen gehören auch die übrigen mit ihnen wirtschaftlich zusammenhängenden Wirtschaftsgüter, wie Futtermittel und andere Betriebsmittel sowie die damit im unmittelbaren wirtschaftlichen Zusammenhang stehenden Verbindlichkeiten, nicht zum land- und forstwirtschaftlichen Vermögen.

(5) Wird ein Gewerbebetrieb in einem Gebäude unterhalten, das auch dem Betrieb der Land- und Forstwirtschaft dient, ist der entsprechende Gebäudeteil nur dem land- und forstwirtschaftlichen Vermögen zuzurechnen, wenn er nicht nach § 95 Absatz 1 BewG dem Betriebsvermögen zuzuordnen ist.

H B 158.2

Abgrenzung des Gewerbebetriebs von der Land- und Forstwirtschaft. → R 15.5 EStR; → Gleich lautende Erlasse der obersten Finanzbehörden der Länder vom 15.12.2011 (BStBl. I S. 1213, 1217).

R B 158.3 Abgrenzung des land- und forstwirtschaftlichen Vermögens vom Grundvermögen

(1) [1]Zu den Wirtschaftsgütern, die zwischen dem land- und forstwirtschaftlichen Vermögen und dem Grundvermögen abzugrenzen sind, gehören insbesondere der Grund und Boden sowie die Wohn- und Wirtschaftsgebäude (§ 158 Absatz 4 Nummer 1 BewG). [2]Ob eine Fläche oder ein Gebäude zum Grundvermögen oder zum land- und forstwirtschaftlichen Vermögen gehört, ist bei der Feststellung des Grundbesitzwerts für den Betrieb der Land- und Forstwirtschaft zu entscheiden.

(2) Bei der Beherbergung von Fremden richtet sich die Abgrenzung des land- und forstwirtschaftlichen Vermögens vom Grundvermögen nach den Grundsätzen der R 15.7 EStR.

R B 158.4 Abgrenzung des land- und forstwirtschaftlichen Vermögens vom übrigen Vermögen

(1) [1]Geschäftsguthaben, Wertpapiere und Beteiligungen (§ 158 Absatz 4 Nummer 3 BewG) gehören nicht zum land- und forstwirtschaftlichen Vermögen, sondern sind übriges Vermögen. [2]Zu den Beteiligungen gehören insbesondere die Anteile an anderen Personengesellschaften bzw. -gemeinschaften oder Anteile an Kapitalgesellschaften, für die jeweils ein eigenständiger Wert zu ermitteln ist. [3]Für Beteiligungen an Maschinengemeinschaften, die ausschließlich für ihre Gesellschafter bzw. Gemeinschafter tätig sind, ist ein eigenständiger Wert zu ermitteln und dem übrigen Vermögen zuzurechnen (§ 151 Absatz 1 Satz 1 Nummer 4 BewG). [4]Soweit eine Maschinengemein-

schaft die Voraussetzungen eines Gewerbebetriebs erfüllt, sind die Wirtschaftsgüter als Betriebsvermögen zu erfassen (§ 151 Absatz 1 Satz 1 Nummer 2 BewG).

(2) Bewegliche Wirtschaftsgüter, die einem Betrieb der Land- und Forstwirtschaft zu dienen bestimmt sind, tatsächlich aber am Bewertungsstichtag (→ R B 161) einem derartigen Betrieb des Eigentümers nicht dienen, gehören nicht zum land- und forstwirtschaftlichen Vermögen, sondern zum übrigen Vermögen.

(3) [1]Der Überbestand an umlaufenden Betriebsmitteln eines Betriebs der Land- und Forstwirtschaft zählt nicht zum land- und forstwirtschaftlichen Vermögen (§ 158 Absatz 4 Nummer 4 BewG), sondern zum übrigen Vermögen. [2]Der Überbestand wird in der Weise ermittelt, dass vom gesamten Wert aller umlaufenden Betriebsmittel der gesamte Wert des Normalbestandes an umlaufenden Betriebsmitteln abgezogen wird; dabei ist nach Nutzungen vorzugehen.

(4) Nach § 158 Absatz 4 Nummer 7 BewG gehören die Pensionsverpflichtungen nicht zum land- und forstwirtschaftlichen Vermögen, sondern sind bei der Ermittlung des steuerpflichtigen Erwerbs im Erbfall als Nachlassverbindlichkeiten im Sinne des § 10 Absatz 5 ErbStG und im Schenkungsfall bei der Ermittlung des Steuerwerts der freigebigen Zuwendung (§ 7 Absatz 1 ErbStG) zu berücksichtigen.

(5) Stehen die in § 158 Absatz 4 Nummer 3 bis 7 BewG genannten Wirtschaftsgüter und Pensionsverpflichtungen sowie die mit Grundvermögen im Sinne des § 158 Absatz 4 Nummer 1 und 2 und § 159 BewG in unmittelbarem wirtschaftlichen Zusammenhang stehenden Verbindlichkeiten mehreren Personen zu, ist der Anteil am Wert nach § 151 Absatz 1 Satz 1 Nummer 4 BewG gesondert festzustellen.

Zu § 159 BewG

R B 159 Abgrenzung land- und forstwirtschaftlich genutzter Flächen

(1) [1]Nach § 159 BewG gehören am Bewertungsstichtag noch land- und forstwirtschaftlich genutzte Flächen unter bestimmten Voraussetzungen zum Grundvermögen. [2]§ 159 Absatz 1 und 2 BewG betrifft Flächen, bei denen zukünftig mit einer Verwendung für andere als land- und forstwirtschaftliche Zwecke zu rechnen ist. [3]§ 159 Absatz 3 BewG regelt, unter welchen Voraussetzungen die in einem rechtsverbindlichen Bebauungsplan als Bauland ausgewiesenen Flächen stets als Grundvermögen zu bewerten sind. [4]Wird eine land- und forstwirtschaftlich genutzte Fläche am Bewertungsstichtag im Bebauungsplan als Bauland ausgewiesen, kann eine Zurechnung zum Grundvermögen nicht nur nach § 159 Absatz 3 BewG, sondern auch nach § 159 Absatz 1 oder 2 BewG in Betracht kommen.

(2) Land- und forstwirtschaftlich genutzte Flächen werden nach § 159 Absatz 3 BewG in jedem Fall zum Grundvermögen gerechnet, wenn alle folgenden Voraussetzungen erfüllt sind:

1. Die Flächen müssen in einem rechtsverbindlichen Bebauungsplan (§§ 8 ff. BauGB) als Bauland ausgewiesen sein.

2. [1] Die sofortige Bebauung muss rechtlich und tatsächlich möglich sein. [2] Die Möglichkeit einer sofortigen Bebauung kann insbesondere von der Größe und dem Zuschnitt der Fläche abhängen. [3] So kann eine Fläche für jede (nicht etwa nur für eine geplante) Bebauung zu klein oder zu ungünstig geschnitten sein. [4] Auch die Bodenverhältnisse (z. B. Sumpf) können eine sofortige Bebauung ausschließen. [5] In rechtlicher Hinsicht ist vor allem entscheidend, ob die sofortige Bebauung nach öffentlich-rechtlichen Vorschriften zulässig ist. [6] Als Hinderungsgründe öffentlich-rechtlicher Art kommen insbesondere Veränderungssperren (§ 14 BauGB), die Unzulässigkeit von Bauvorhaben (§ 30 BauGB) und nicht sofort erfüllbare Vorschriften über die Bebauung in Betracht. [7] Das gilt beispielsweise, wenn die Grundstücksfläche für die vorgeschriebene offene Bebauung zu klein ist.

3. [1] Die Bebauung muss innerhalb des Plangebiets in einem benachbarten Bereich begonnen haben oder schon durchgeführt sein. [2] Ob in benachbarten Bereichen die Bebauung schon begonnen hat oder durchgeführt ist, ist allein auf das jeweilige Plangebiet abzustellen. [3] Die Bebauung von Flächen außerhalb des Plangebiets kommt selbst dann, wenn diese Flächen unmittelbar an das Plangebiet anschließen, nicht als Bebauung in einem benachbarten Bereich in Betracht. [4] Andererseits ist hierfür nicht zu fordern, dass die Bebauung in der nächsten Nachbarschaft der zu bewertenden Fläche begonnen hat. [5] Was als benachbarter Bereich anzusehen ist, richtet sich nach den örtlichen Verhältnissen. [6] Bei Baulücken in geschlossener Ortslage ist die geforderte Voraussetzung stets erfüllt.

4. [1] Die Flächen dürfen nicht zur Hofstelle gehören oder in räumlichem Zusammenhang mit der Hofstelle stehen und einen Hektar nicht übersteigen. [2] Unter den im räumlichen Zusammenhang mit der Hofstelle stehenden Flächen, die ebenso wie die Hofflächen nicht nach § 159 Absatz 3 BewG zum Grundvermögen gerechnet werden dürfen, sind der Hausgarten und die sog. Hofweide zu verstehen. [3] Nicht darunter fallen die zur gärtnerischen Nutzung gehörenden Flächen sowie Wiesen und nicht mehr als Hofweide anzusehenden Weideflächen. [4] Der räumliche Zusammenhang mit der Hofstelle kann auch dann anerkannt werden, wenn die Garten- oder Weideflächen durch kleinere Straßen, durch Wege oder durch kleinere Ackerflächen von der Hofstelle getrennt sind.

(3) [1] Nach § 159 Absatz 1 oder 2 BewG sind alle Fälle abzugrenzen, bei denen eines der folgenden Merkmale zutrifft:

1. Fehlen eines Bebauungsplanes;
2. Einstufung im Bebauungsplan nicht als Bauland, aber z. B. als Grünfläche oder als Verkehrsfläche;
3. fehlende Möglichkeit der sofortigen Bebauung;
4. noch keine im benachbarten Bereich begonnene oder durchgeführte Bebauung;
5. Hoffläche.

[2]In diesen Fällen ist daher die innerhalb bestimmter Zeit zu erwartende Verwendung für andere als für land- und forstwirtschaftliche Zwecke zu prüfen. [3]Eine Abgrenzung nach § 159 Absatz 1 oder 2 BewG kann darüber hinaus in Betracht kommen, wenn dies zweckmäßiger ist als eine Abgrenzung nach § 159 Absatz 3 BewG. [4]Das trifft beispielsweise zu, wenn das in einem Bebauungsplan als Bauland ausgewiesene Gelände mit Sicherheit schon in Kürze in unbebautem Zustand für gewerbliche Zwecke genutzt werden wird, auf der anderen Seite aber die Möglichkeit einer sofortigen Bebauung zweifelhaft oder mindestens schwer festzustellen ist.

(4) [1]Die Zurechnung der am Bewertungsstichtag land- und forstwirtschaftlich genutzten Flächen zum Grundvermögen nach § 159 Absatz 1 BewG setzt lediglich voraus, dass eine künftige Verwendung der Flächen für andere als land- und forstwirtschaftliche Zwecke anzunehmen ist und dass die Änderung der Nutzungsweise in absehbarer Zeit erwartet wird. [2]Für die Zurechnung zum Grundvermögen nach § 159 Absatz 2 BewG gelten dagegen strengere Voraussetzungen. [3]Hiernach muss eine große Wahrscheinlichkeit bestehen, dass die Flächen spätestens nach zwei Jahren anderen als land- und forstwirtschaftlichen Zwecken dienen werden. [4]§ 159 Absatz 2 BewG stellt als eine Spezialvorschrift gegenüber § 159 Absatz 1 BewG eine Anzahl zusätzlicher Tatbestandsmerkmale auf, die die am Bewertungsstichtag noch land- und forstwirtschaftlich genutzten Flächen aufweisen müssen:

1. [1]Der Betrieb der Land- und Forstwirtschaft, zu dem die Flächen gehören, muss die Existenzgrundlage des Betriebsinhabers bilden. [2]Der Betrieb bildet die Existenzgrundlage, wenn der Lebensbedarf des Betriebsinhabers dadurch überwiegend gedeckt werden kann. [3]Dies kann auch bei Nebenerwerbsstellen der Fall sein. [4]Keine Existenzgrundlage sind Flächen, die nur zur Deckung des Eigenbedarfs bewirtschaftet werden oder wenn ein Betrieb aus Liebhaberei, um der Jagd willen oder als Versuchsbetrieb für den eigenen Gewerbebetrieb unterhalten wird.
2. Es muss sich um Flächen im Eigentum des Betriebsinhabers handeln, die von ihm nicht nur vorübergehend mitbewirtschaftet werden.
3. [1]Es muss eine ordnungsgemäße nachhaltige Bewirtschaftung von einer Stelle aus vorliegen. [2]Davon ist auszugehen, wenn die Bewirtschaftung von einer Hofstelle oder einem Betriebszentrum erfolgen kann. [3]Eine in größerer Entfernung liegende Fläche, die für Rechnung des Betriebsinhabers durch eine dritte Person bewirtschaftet wird, fällt nicht unter § 159 Absatz 2 BewG.

[5]Diese Merkmale liegen bei den land- und forstwirtschaftlich genutzten Flächen meistens vor. [6]Deswegen sollte vor Anwendung von § 159 Absatz 1 BewG zunächst § 159 Absatz 2 BewG geprüft werden.

(5) [1]Die bei § 159 Absatz 2 BewG – ebenso wie bei § 159 Absatz 1 BewG – vorausgesetzte Erwartung einer künftigen Verwendung der Fläche für andere als land- und forstwirtschaftliche Zwecke kann sich auf viele Umstände gründen:

1. die Möglichkeit einer künftigen Verwendung als Bauland oder einen Erwerb zu Baulandpreisen, wenn die Fläche nicht als Ersatzland (z. B. bei Enteignungen) oder zur Abrundung eines Betriebs der Land- und Forstwirtschaft dienen soll;

2. den Erwerb durch einen Nichtlandwirt, z. B. durch eine Grundstücksgesellschaft, ein Wohnungsunternehmen oder auch ein Industrieunternehmen, das die Fläche vorläufig noch in der land- und forstwirtschaftlichen Nutzung des Veräußerers belässt;
3. Landverkäufe, die eine beginnende Parzellierung erkennen lassen; die Fläche wird für eine Brückenauffahrt benötigt; ein in Richtung auf die Fläche fortschreitender Straßenbau u. a.

[2]Der Wille des Eigentümers, die Fläche weiterhin land- und forstwirtschaftlich zu nutzen, ist nicht von Bedeutung, wenn nach der Lage, den Verwertungsmöglichkeiten oder den sonstigen Umständen anzunehmen ist, dass sie anderen als land- und forstwirtschaftlichen Zwecken dienen wird. [3]Bei § 159 Absatz 2 BewG genügt aber anders als bei § 159 Absatz 1 BewG nicht die Erwartung einer Nutzungsänderung in absehbarer Zeit. [4]Vielmehr wird hier eine große Wahrscheinlichkeit für eine solche Nutzungsänderung in spätestens zwei Jahren verlangt. [5]Diese strengeren Voraussetzungen sind beispielsweise erfüllt, wenn die Fläche schon vor dem Bewertungsstichtag für die Erweiterung eines Fabrikgrundstücks veräußert und dem Veräußerer nur noch eine Nutzung bis zur Einbringung der ersten Ernte nach dem Bewertungsstichtag zugestanden worden ist. [6]Die besonderen Voraussetzungen des § 159 Absatz 2 BewG sind aber z. B. nicht erfüllt, wenn es bei einem sich nähernden Straßenbau ungewiss ist, ob die Fläche schon innerhalb von zwei Jahren oder erst später in Anspruch genommen wird.

(6) Unter dem Begriff „absehbare Zeit" in § 159 Absatz 1 BewG ist in Übereinstimmung mit der bisherigen Rechtsprechung ein Zeitraum von sechs Jahren zu verstehen, der jeweils vom Bewertungsstichtag an beginnt.

H B 159

Abgrenzung des land- und forstwirtschaftlichen Vermögens vom Grundvermögen. → BFH vom 13.8.2003 II R 48/01, BStBl. II S. 908.

Abgrenzung zwischen Hof- und Gebäudeflächen und anderen Flächen. → BFH vom 9.10.1985 II R 247/81, BStBl. 1986 II S. 13.

Andere als landwirtschaftliche Nutzung. → BFH vom 4.8.1972 III R 47/72, BStBl. II S. 849.

Aufstellen eines Flächennutzungsplans. → BFH vom 27.1.1978 III R 101/75, BStBl. II S. 292.

Entfernung zwischen Hofstelle und landwirtschaftlich genutzten Flächen. → BFH vom 2.5.1980 III R 15/78, BStBl. II S. 490.

Existenzgrundlage. → BFH vom 28.6.1974 III R 43/73, BStBl. II S. 702.

Wille des Eigentümers. → BFH vom 28.7.1961 III 219/60 U, BStBl. III S. 420.

Zu § 160 BewG

R B 160.1 Wirtschaftsteil

(1) Der Wirtschaftsteil umfasst die in § 160 Absatz 2 BewG aufgeführten Nutzungen, Nebenbetriebe einschließlich der dazugehörigen Wirtschaftsge-

bäude, Betriebsmittel und immateriellen Wirtschaftsgüter sowie die Wirtschaftsgüter Abbauland, Geringstland und Unland.

(2) [1]Die **Gesamtfläche** des Wirtschaftsteils gliedert sich in

1. die landwirtschaftlich genutzten Flächen,
2. die forstwirtschaftlich genutzten Flächen,
3. die weinbaulich genutzten Flächen,
4. die gärtnerisch genutzten Flächen,
5. die sonstigen Flächen (z. B. Geringstland, Unland, Abbauland, fischereiwirtschaftlich genutzte Wasserflächen),
6. die Hof- und Wirtschaftsgebäudeflächen, soweit sie nicht zu den Betriebswohnungen oder zum Wohnteil gehören.

[2]Zu den jeweiligen Flächen gehören auch Wege, Hecken, Gräben, Grenzraine und dergleichen.

(3) [1]Die Hof- und Wirtschaftsgebäudeflächen umfassen die Gebäude- und Gebäudenebenflächen, soweit sie nicht den Wohngebäuden zuzuordnen sind. [2]Nicht zu den Wohngebäuden gehörende Gartenflächen (→ R B 160.22 Absatz 6) sind der landwirtschaftlichen Nutzung zuzurechnen. [3]Wirtschaftswege, Hecken, Gräben, Grenzraine und dergleichen sind in die Hof- und Wirtschaftsgebäudefläche einzubeziehen; dies gilt auch für unproduktive Wasserflächen, Bewässerungsteiche, Dämme, Uferstreifen und dergleichen, die nicht als Unland klassifiziert sind. [4]Diese Flächen sind regelmäßig aus den Katasterunterlagen zu übernehmen. [5]Sind in einem forstwirtschaftlichen Betriebswerk oder Betriebsgutachten derartige Flächenanteile der forstwirtschaftlichen Nutzung zugerechnet, ist dem bei der Bewertung zu folgen. [6]Wegen der Behandlung der Wege und Holzlagerplätze bei der forstwirtschaftlichen Nutzung vgl. R B 160.3 Absatz 2.

(4) [1]Als Wirtschaftsgebäude kommen insbesondere Gebäude zur Unterbringung von Vieh, Vorräten, Maschinen und anderen Betriebsmitteln sowie Verkaufs-, Arbeits- und Sozialräume in Betracht. [2]Hierzu gehören auch Büros, in denen ausschließlich die mit der Betriebsorganisation und Betriebsführung zusammenhängenden Arbeiten vorgenommen werden.

(5) Werden Tierbestände, die nach § 169 BewG zu einem Betrieb der Land- und Forstwirtschaft gehören, vom Inhaber dieses Betriebs vorübergehend in einen anderen Betrieb als **Pensionsvieh** gegeben, sind diese Tierbestände auf Grund der Eigentümerstellung und der objektiven Zweckbestimmung nicht dem Pensionsbetrieb, sondern dem Betrieb des Inhabers zuzurechnen.

(6) [1]Stückländereien bilden eine wirtschaftliche Einheit für sich (§ 160 Absatz 7 BewG). [2]Mehrere Stückländereien in der Hand eines Eigentümers können zu einer wirtschaftlichen Einheit zusammengefasst werden. [3]Bei Stückländereien handelt es sich regelmäßig um einzelne land- und forstwirtschaftlich genutzte Flächen, die einem anderen Betrieb der Land- und Forstwirtschaft auf Grund einer Nutzungsüberlassung dauernd zu dienen bestimmt sind. [4]Unter den Begriff der Stückländereien fallen auch die Flächen, die aus einem vollständigen Betrieb heraus, zu dem auch Gebäude und Betriebsmittel

gehören, überlassen werden, da die Wirtschaftsgebäude oder die Betriebsmittel oder beide Arten von Wirtschaftsgütern, die der Bewirtschaftung dieser Fläche dienen, nicht dem Eigentümer des Grund und Bodens gehören. [5]Voraussetzung für eine Bewertung als Stückländerei ist, dass die Nutzungsüberlassung am Bewertungsstichtag noch mindestens 15 Jahre beträgt. [6]Dies gilt unabhängig von der Art der Nutzungsüberlassung und den damit verbundenen Möglichkeiten einer Vertragsverlängerung. [7]Ist das zeitliche Kriterium nicht erfüllt, erfolgt die Bewertung der einzelnen land- und forstwirtschaftlichen Flächen nach allgemeinen Grundsätzen des land- und forstwirtschaftlichen Vermögens.

(7) Wirtschaftsteil, Betriebswohnung und Wohnteil können jeweils für sich einen Betrieb der Land- und Forstwirtschaft bilden.

H B 160.1

Pensionsvieh. → BFH vom 20.1.1956 III 244/55, BStBl. III S. 202.

R B 160.2 Landwirtschaftliche Nutzung

(1) [1]Zur landwirtschaftlichen Nutzung gehören alle Wirtschaftsgüter, die der Pflanzen- und Tierproduktion dienen. [2]Hierzu gehören die Nutzungsarten (Betriebsformen) Ackerbau, Futterbau und Veredlung nach Maßgabe des § 169 BewG. [3]Als landwirtschaftliche Nutzung sind auch die Betriebsformen Pflanzenbau-Verbund, Vieh-Verbund sowie Pflanzen- und Viehverbund einzustufen (→ Anlage 1 und R B 163 Absatz 3).

(2) [1]Nicht zur landwirtschaftlichen Nutzung gehören grundsätzlich der spezialisierte Anbau von Hopfen, Tabak und Spargel und anderen Sonderkulturen. [2]Soweit eine landwirtschaftliche Nutzung vorliegt, ist jedoch der Anbau von Hopfen, Spargel und Tabak nach § 160 Absatz 2 Satz 2 BewG als landwirtschaftliche Nutzung zu erfassen. [3]Die Saatzucht, Besamungsstationen und Weihnachtsbaumkulturen gehören ebenfalls nicht zur landwirtschaftlichen Nutzung, sondern zu den sonstigen land- und forstwirtschaftlichen Nutzungen.

(3) [1]Die Flächen der landwirtschaftlichen Nutzung bestimmen sich nach den Anbauverhältnissen am Bewertungsstichtag. [2]Zur Ermittlung der Anbauverhältnisse sind die veröffentlichten Standarddeckungsbeiträge der selbst bewirtschafteten Flächen und die Anzahl der vorhandenen Tiere maßgeblich. [3]Bei der Abgrenzung der landwirtschaftlichen von der gewerblichen Tierhaltung ist § 169 BewG in Verbindung mit Anlage 19 und 20 zum BewG und § 175 Absatz 2 BewG zu beachten.

(4) [1]Gemeinschaftliche Tierhaltungen sind nach § 51a BewG in Verbindung mit § 13 Absatz 1 Nummer 1 Satz 5 EStG der Land- und Forstwirtschaft zuzuordnen und damit land- und forstwirtschaftliches Vermögen im Sinne der §§ 158 ff. BewG. [2]Die Tierzucht ist der landwirtschaftlichen Nutzung im Sinne des § 160 Absatz 2 Satz 1 Nummer 1 Buchstabe a BewG und der Nutzungsart Veredlung im Sinne der Anlage 14 zum BewG zuzuordnen.

H B 160.2

Standarddeckungsbeiträge. → BMF-Schreiben vom 18.3.2009 (BStBl. I S. 479) und Anlage 2.

R B 160.3 Forstwirtschaftliche Nutzung

(1) [1]Zur forstwirtschaftlichen Nutzung gehören alle Wirtschaftsgüter, die der Erzeugung und Gewinnung von Rohholz dienen. [2]Wirtschaftsgüter der forstwirtschaftlichen Nutzung sind insbesondere die der Holzerzeugung dienenden Flächen, die Waldbestockung sowie die Wirtschaftsgebäude und die Betriebsmittel. [3]Zu dem normalen Bestand an umlaufenden Betriebsmitteln der forstwirtschaftlichen Nutzung gehört auch eingeschlagenes Holz, soweit es den jährlichen Nutzungssatz im Sinne des § 68 Absatz 1 EStDV nicht übersteigt. [4]Ein Überbestand an umlaufenden Betriebsmitteln zählt zum übrigen Vermögen. [5]Durch Windbruch und Windwurf angefallenes Holz gilt solange nicht als eingeschlagen, wie es mit der Wurzel verbunden ist.

(2) [1]Die Fläche der forstwirtschaftlichen Nutzung umfasst alle Flächen, die dauernd der Erzeugung von Rohholz gewidmet sind (Holzboden- und Nichtholzbodenfläche). [2]Zur Holzbodenfläche rechnen neben bestockten Flächen, die sich in Baumartengruppen gliedern, auch Waldwege, Waldeinteilungs- und Sicherungsstreifen, wenn ihre Breite einschließlich der Gräben 5m nicht übersteigt und Flächen, die nur vorübergehend nicht bestockt sind (Blößen). [3]Die übrige Fläche der forstwirtschaftlichen Nutzung umfasst eventuell vorhandene Hof- und Wirtschaftsgebäudeflächen sowie die Nichtholzbodenfläche. [4]Zur Nichtholzbodenfläche rechnen die dem Transport und der Lagerung des Holzes dienenden Flächen (Waldwege, ständige Holzlagerplätze usw.), wenn sie nicht zur Holzbodenfläche gerechnet werden. [5]Dazu gehören auch die Flächen der Saat- und Pflanzkämpe und der Samenplantagen, wenn sie zu mehr als zwei Drittel der Erzeugung von Pflanzen für den eigenen Betrieb dienen (→ R B 160.8 Absatz 2). [6]Das gilt auch für Wildäcker und Wildwiesen, soweit sie nicht zur landwirtschaftlichen Nutzung oder zum Geringstland gehören. [7]In der Flur oder im bebauten Gebiet gelegene bodengeschätzte Flächen, die mit einzelnen Baumgruppen, Baumreihen oder mit Hecken bestockt sind oder Baumschulen bzw. Weihnachtsbaumkulturen dienen, gehören nicht zur forstwirtschaftlichen Nutzung.

R B 160.4 Weinbauliche Nutzung

(1) [1]Zur weinbaulichen Nutzung gehören alle Wirtschaftsgüter, die der Erzeugung von Trauben sowie der Gewinnung von Maische, Most und Wein aus diesen dienen. [2]Wirtschaftsgüter der weinbaulichen Nutzung sind insbesondere die Flächen zur Erzeugung von Trauben, die Wirtschaftsgebäude und Betriebsmittel, die der Traubenerzeugung, der Gewinnung von Maische und Most sowie dem Ausbau und der Lagerung des Weines dienen. [3]Bei Betrieben, die erzeugte Trauben zu Fass- und Flaschenwein ausbauen, gehören die gesamten Vorräte an Fass- und Flaschenwein aus den Ernten der letzten fünf Kalenderjahre vor dem Bewertungsstichtag zum normalen Bestand an umlaufenden Betriebsmitteln (§ 173 Absatz 1 BewG).

(2) [1]Die Fläche der weinbaulichen Nutzung des Betriebs umfasst die im Ertrag stehenden Rebanlagen, die vorübergehend nicht bestockten Flächen sowie die noch nicht ertragsfähigen Jungfelder. [2]Der Anbau von Reben zur Gewinnung von Unterlagsholz, so genannte Rebmuttergärten, und die Anzucht von Pflanzreben, so genannte Rebschulen, gehören zur weinbaulichen Nutzung, wenn sie zu mehr als zwei Drittel dem Eigenbedarf des Betriebs dienen. [3]Ist dies nicht der Fall, sind Rebmuttergärten und Rebschulen dem Nutzungsteil Baumschulen der gärtnerischen Nutzung zuzuordnen (→ R B 160.8 Absatz 3). [4]In die Weinbaulage eingesprengte Flächen anderer Nutzungen sind der weinbaulichen Nutzung zuzurechnen, wenn sie nur vorübergehend nicht weinbaulich genutzt werden. [5]Ehemalige Weinbauflächen, die brach liegen und bei denen zukünftig nicht mehr mit einer land- und forstwirtschaftlichen Nutzung zu rechnen ist, sind nach den jeweiligen Verhältnissen Geringstland oder Unland.

R B 160.5 Gärtnerische Nutzung

(1) [1]Zur gärtnerischen Nutzung gehören alle Wirtschaftsgüter, die dem Anbau von Gemüse, Blumen- und Zierpflanzen, Obst sowie Baumschulerzeugnissen dienen. [2]Die gärtnerische Nutzung gliedert sich in die Nutzungsteile:

1. Gemüsebau (→ R B 160.6),
2. Blumen- und Zierpflanzenbau (→ R B 160.6),
3. Obstbau (→ R B 160.7),
4. Baumschulen (→ R B 160.8).

(2) [1]Die Zurechnung der Flächen zu den Nutzungsteilen bestimmt sich nach den Bewirtschaftungsverhältnissen (§§ 161, 174 BewG). [2]Ist eine Zurechnung am Bewertungsstichtag nicht möglich, erfolgt die Einordnung der Flächen nach der vorgesehenen Nutzung (§ 174 Absatz 3 BewG).

R B 160.6 Nutzungsteile Gemüsebau sowie Blumen- und Zierpflanzenbau

(1) [1]Die Fläche der Nutzungsteile Gemüsebau sowie Blumen- und Zierpflanzenbau ist für die Bewertung in folgende Nutzungsarten aufzugliedern:

1. durch Gemüsebau genutzte Flächen:
   a) Freilandflächen,
   b) Flächen unter Glas und Kunststoffen;
2. durch Blumen- und Zierpflanzenbau genutzte Flächen:
   a) Freilandflächen,
   b) Flächen unter Glas und Kunststoffen;

[2]Zur Fläche des Nutzungsteils gehören auch die Flächenanteile, die Pflanzenbeständen nicht unmittelbar als Standraum dienen, wie Zwischenflächen, Vorgewende und für die Bearbeitung notwendige Wege.

(2) [1]Zu Flächen unter Glas und Kunststoffen gehören insbesondere mit Gewächshäusern (z. B. Breitschiff-, Venlo- und Folienhäuser), Folientunneln

und anderen Kulturräumen (z. B. Treibräume) überbaute Flächen. [2] Die Größe der Flächen unter Glas und Kunststoffen bemisst sich nach der Größe der überdachten Fläche einschließlich der Umfassungswände, d. h. von Außenkante zu Außenkante des aufsteigenden Mauerwerks bzw. der Stehwände gemessen.

(3) [1] Zum Gemüsebau gehört auch der Anbau von Tee, Gewürz- und Heilkräutern. [2] Flächen, die der Gemüsesamenvermehrung dienen, sind entsprechend den Anweisungen für die Bewertung des Gemüsebaus zu bewerten. [3] Flächen, die der Vermehrung von Blumensamen, Blumenzwiebeln und dergleichen dienen, sind nach den Anweisungen für die Bewertung des Blumen- und Zierpflanzenbaus zu bewerten.

(4) Flächen zur Gewinnung von Schmuckreisig und Bindegrün, die überwiegend zum Verkauf bestimmt sind, und Flächen zur Produktion von Rollrasen oder Vegetationsmatten sind dem Blumen- und Zierpflanzenbau zuzurechnen.

R B 160.7 Nutzungsteil Obstbau

Zum Nutzungsteil Obstbau gehören die obstbaulich genutzten Flächen, insbesondere des Baumobstes, des Strauchbeerenobstes und der Erdbeeren, einschließlich derjenigen Flächenanteile, die den Pflanzenbeständen nicht unmittelbar als Standraum dienen, wie Zwischenflächen und Vorgewende.

R B 160.8 Nutzungsteil Baumschulen

(1) [1] Zum Nutzungsteil Baumschulen gehören die Flächen, die dem Anbau von Baumschulerzeugnissen dienen. [2] Dazu rechnen insbesondere die Anzucht von Nadel- und Laubgehölzen, Rhododendren, Azaleen sowie Obstgehölzen einschließlich Beerenobststräuchern. [3] Die Anzucht von Rosen und Stauden rechnet nur dann zum Nutzungsteil Baumschulen, wenn ihre Nutzung als Dauerkultur nicht überwiegt. [4] Andernfalls sind sie dem Nutzungsteil Blumen- und Zierpflanzenbau zuzuordnen.

(2) [1] Forstliche Saat- und Pflanzkämpe gehören zum Nutzungsteil Baumschulen, wenn sie nicht zu mehr als zwei Drittel der Erzeugung von Pflanzen für den Eigenbedarf der in demselben Betrieb der Land- und Forstwirtschaft vorhandenen forstwirtschaftlichen Nutzung dienen. [2] Andernfalls rechnen forstliche Saat- und Pflanzkämpe zur forstwirtschaftlichen Nutzung (→ R B 160.3 Absatz 2). [3] Eine Erfassung als Nebenbetrieb scheidet aus.

(3) [1] Rebschulen und Rebmuttergärten gehören zum Nutzungsteil Baumschulen, soweit sie nicht zu mehr als zwei Drittel der weinbaulichen Nutzung des eigenen Betriebs dienen. [2] Andernfalls rechnen sie zur weinbaulichen Nutzung (→ R B 160.4 Absatz 2).

(4) Zur Fläche des Nutzungsteils gehören auch die Flächenanteile, die Pflanzenbeständen nicht unmittelbar als Standraum dienen, wie Zwischenflächen, Vorgewende und für die Bearbeitung notwendige Wege sowie die Einschlags-, Schau- und Ausstellungsflächen.

(5) Die Abgrenzung zu Weihnachtsbaumkulturen richtet sich nach R B 160.16.

R B 160.9 Übrige land- und forstwirtschaftliche Nutzungen

(1) [1]Der Begriff der übrigen land- und forstwirtschaftlichen Nutzungen ist ein Sammelbegriff für alle land- und forstwirtschaftlichen Nutzungen, die nicht zu den in R B 160.2 bis 8 genannten Nutzungen oder Nutzungsteilen gehören. [2]Es werden insbesondere die Sondernutzungen und die sonstigen land- und forstwirtschaftlichen Nutzungen unterschieden.

(2) Zu den Sondernutzungen gehören der Anbau von Hopfen, Tabak, Spargel und anderen Sonderkulturen, wenn keine landwirtschaftliche Nutzung im Sinne des § 160 Absatz 2 Satz 1 Nummer 1 Buchstabe a BewG vorliegt.

(3) Zu den sonstigen land- und forstwirtschaftlichen Nutzungen gehören

1. die Binnenfischerei (→ R B 160.10),
2. die Teichwirtschaft (→ R B 160.10),
3. die Fischzucht für Binnenfischerei und Teichwirtschaft (→ R B 160.10),
4. die Imkerei (→ R B 160.11),
5. die Wanderschäferei (→ R B 160.12),
6. die Saatzucht (→ R B 160.13),
7. der Pilzanbau (→ R B 160.14),
8. die Produktion von Nützlingen (→ R B 160.15),
9. die Weihnachtsbaumkulturen (→ R B 160.16) und
10. die Besamungsstationen (→ R B 160.17).

R B 160.10 Binnenfischerei, Teichwirtschaft und Fischzucht für Binnenfischerei und Teichwirtschaft

(1) [1]Binnenfischerei ist die Ausübung der Fischerei in Binnengewässern auf Grund von Fischereiberechtigungen. [2]Zur Binnenfischerei gehören

1. die Fischerei in stehenden Gewässern,
2. die Fischerei in fließenden Gewässern einschließlich der Kanäle.

(2) Für die Bewertung ist es unerheblich, ob die Fischereiberechtigung

1. dem Inhaber des Fischereibetriebs als Ausfluss seines Grundeigentums zusteht oder
2. als selbstständiges besonderes Recht ausgeübt wird oder
3. auf einer sonstigen Nutzungsüberlassung, z. B. Verleihung, beruht.

(3) Zum Nutzungsteil Teichwirtschaft und Fischzucht für Binnenfischerei und Teichwirtschaft gehören alle Wirtschaftsgüter, die der Erzeugung von Speisefischen (einschließlich deren Eier und Brut) unabhängig von der Haltungsform dienen, insbesondere die Erzeugung von Forellen, Karpfen und so genannten Beifischen, wie z. B. Schleien, Hechten, Zandern, Amurkarpfen.

R B 160.11 Imkerei

(1) [1]Die Imkerei umfasst alle Formen der Bienenhaltung, die auf einen wirtschaftlichen Erfolg ausgerichtet sind. [2]Dabei ist nicht zwischen der Bienenhaltung zur Gewinnung von Honig und Wachs und anderen Formen der Bienenhaltung, wie z. B. Königinnenzucht oder Bienenhaltung für pharmazeutische Zwecke zu unterscheiden.

(2) Zu den Wirtschaftsgütern, die einer Imkerei dauernd zu dienen bestimmt sind, gehören neben den Bienenvölkern die Bienenstände, die Bienenkästen und -körbe, die Imkereigeräte und die Vorräte sowie der Grund und Boden des Standorts der Bienenkästen und -körbe.

R B 160.12 Wanderschäferei

(1) [1]Wanderschäferei ist eine extensive Form der Schafhaltung, die durch die Haltungsform der Großherde und ständigen Standortwechsel gekennzeichnet ist. [2]Im Gegensatz zu intensiven Formen der Schafhaltung (wie z. B. Koppelschafhaltung, Gutsschäferei) werden von Wanderschäfereien überwiegend fremde Flächen durch vorübergehende Beweidung genutzt. [3]Wenn die Schafhaltung jedoch überwiegend auf Flächen stattfindet, die durch Nutzungsüberlassungsverträge dauernd (ganzjährig) zur Beweidung zur Verfügung stehen, handelt es sich nicht mehr um Wanderschäfereien, sondern um eine Schafhaltung, die im Rahmen der landwirtschaftlichen Nutzung zu bewerten ist.

(2) [1]Da Wanderschäfereien landwirtschaftliche Flächen nicht regelmäßig nutzen, ist eine Beziehung zwischen Tierbestand, gemessen in Vieheinheiten, und Flächengrundlage zur Deckung des Futterbedarfs nicht herstellbar. [2]Bei Wanderschäfereien ist deshalb § 169 BewG nicht anwendbar.

R B 160.13 Saatzucht

(1) [1]Saatzucht ist die Erzeugung von Zuchtsaatgut. [2]Zum Saatgut zählen Samen, Pflanzgut oder Pflanzenteile, die für die Erzeugung von Kulturpflanzen bestimmt sind. [3]Dabei ist nicht zu unterscheiden zwischen Nutzpflanzensaatgut und dem Saatgut anderer Kulturpflanzen. [4]Zur Saatzucht gehören alle Wirtschaftsgüter, die ihr zu dienen bestimmt sind, insbesondere:

1. Grund und Boden für die Zuchtgärten und Pflanzkämpe einschließlich der Hof- und Gebäudeflächen, Wirtschaftswege und Trennstreifen;
2. Wirtschaftsgebäude (z. B. Zuchtlaboratorien, Gewächshäuser, Lager- und Verwaltungsgebäude);
3. stehende Betriebsmittel (z. B. Pflanzenbestände, Maschinen);
4. umlaufende Betriebsmittel (z. B. die zum Verkauf bestimmten Erzeugnisse und Vorräte).

(2) Nicht zu den Wirtschaftsgütern einer Saatzucht, sondern zur landwirtschaftlichen oder gärtnerischen Nutzung zählen die der Saatgutvermehrung dienenden Flächen und Betriebsmittel; das gilt auch dann, wenn die Vermehrung im Rahmen der landwirtschaftlichen oder gärtnerischen Nutzung eines

Betriebs der Land- und Forstwirtschaft durchgeführt wird, zu dem die Saatzucht gehört.

R B 160.14 Pilzanbau

[1] Gegenstand der Bewertung ist der Anbau von Speisepilzen. [2] Zum Pilzanbau gehören alle **Wirtschaftsgüter,** die der Erzeugung von Speisepilzen dienen, insbesondere die Wirtschaftsgebäude mit den Beetflächen, Pasteurisierungs-, Anwachs- und Anspinnräumen sowie Konservierungsanlagen und Lagerplätze.

R B 160.15 Nützlinge

[1] Zur Produktion von Nützlingen gehören alle Wirtschaftsgüter, die ihr zu dienen bestimmt sind. [2] Unter die Produktion von Nützlingen fallen insbesondere Spinnentiere (z. B. Raubmilben) und Insekten (z. B. Schlupfwespen).

R B 160.16 Weihnachtsbaumkulturen

(1) Zur Nutzung der Weihnachtsbaumkulturen gehören alle **Wirtschaftsgüter,** die dem Anbau von Weihnachtsbäumen dienen.

(2) [1] Die Fläche der Nutzung Weihnachtsbaumkulturen umfasst die dem Anbau von Weihnachtsbäumen dienenden Flächen einschließlich der zur Weihnachtsbaumkultur gehörenden Lagerplätze und Fahrschneisen. [2] Dienen Flächen der Jungpflanzenanzucht zu mehr als zwei Drittel der Erzeugung von Pflanzen für eigene Weihnachtsbaumkulturen, gehören diese Flächen zur Weihnachtsbaumkultur, andernfalls zum gärtnerischen Nutzungsteil Baumschulen (→ entsprechend R B 160.8 Absatz 2). [3] Zum Nutzungsteil Weihnachtsbaumkulturen gehören auch langfristig forstwirtschaftlich genutzte Flächen, aus denen mehr als zwei Drittel des Bestandes als Weihnachtsbäume geschlagen werden, da in diesen Fällen die Vorkultur Weihnachtsbaumkultur den maßgeblichen Ertragswert prägt. [4] Bei der Abgrenzung der Weihnachtsbaumkulturen von dem gärtnerischen Nutzungsteil Baumschulen sind die Kulturmaßnahmen als wesentliche Unterscheidungsmerkmale heranzuziehen. [5] Die Bäume von Weihnachtsbaumkulturen unterscheiden sich insbesondere dadurch von Baumschulkulturen, dass sie nach der Anpflanzung nicht umgeschult werden. [6] Der untergeordnete Verkauf von Ballenware führt nicht zu einer Bewertung der Fläche als Baumschule.

R B 160.17 Besamungsstationen

(1) [1] Eine Besamungsstation dient der Vatertierhaltung zur Gewinnung von Sperma für die künstliche Besamung. [2] Zur Besamungsstation gehört auch der Embryotransfer bei landwirtschaftlichen Nutztieren, soweit damit eine landwirtschaftliche Tierhaltung verbunden ist.

(2) Eine Besamungsstation bildet nur dann einen Betrieb der Land- und Forstwirtschaft, wenn der nach dem Futterbedarf in Vieheinheiten umgerech-

nete Bestand an Tieren die Grenzen des § 169 Absatz 1 BewG nicht nachhaltig übersteigt.

(3) Zu einer Besamungsstation gehören alle Wirtschaftsgüter, die ihr zu dienen bestimmt sind, insbesondere:

1. Flächen für die Tierhaltung einschließlich der Hof- und Gebäudeflächen sowie Wirtschaftswege;
2. Wirtschaftsgebäude (z. B. Ställe, Laboratorien, Lager- und Verwaltungsgebäude);
3. Tierbestände;
4. sonstige Betriebsmittel (z. B. Maschinen und Geräte für Besamung und Embryotransfer, Fahrzeuge, Vorräte).

R B 160.18 Nebenbetriebe

[1] Die Definition des Nebenbetriebs im Sinne des § 160 Absatz 3 BewG entspricht inhaltlich der des Einkommensteuerrechts. [2] Das Vorliegen eines Nebenbetriebs bestimmt sich nach den Tatbestandsmerkmalen der R 15.5 Absatz 3 EStR.

R B 160.19 Abbauland

[1] Zum Abbauland gehören Sandgruben, Kiesgruben, Steinbrüche und dergleichen, wenn sie durch Abbau der Bodensubstanz überwiegend für den Betrieb der Land- und Forstwirtschaft nutzbar gemacht werden. [2] Stillgelegte Kiesgruben und Steinbrüche eines Betriebs der Land- und Forstwirtschaft, die weder kulturfähig sind noch bei geordneter Wirtschaftsweise Ertrag abwerfen können, gehören zum Unland und nicht zum Abbauland.

R B 160.20 Geringstland

[1] Betriebsflächen geringster Ertragsfähigkeit (Geringstland) sind unkultivierte, jedoch kulturfähige Flächen, deren Ertragsfähigkeit so gering ist, dass sie in ihrem derzeitigen Zustand nicht regelmäßig land- und forstwirtschaftlich genutzt werden können; dazu gehören insbesondere unkultivierte Moor- und Heideflächen sowie die ehemals bodengeschätzten Flächen und die ehemaligen Weinbauflächen, deren Nutzungsart sich durch Verlust des Kulturzustands verändert hat. [2] Der Verlust des Kulturzustands ist dann als gegeben anzusehen, wenn der kalkulierte Aufwand zur Wiederherstellung des Kulturzustands in einem Missverhältnis zu der Ertragsfähigkeit steht, die nach der Rekultivierung zu erwarten ist. [3] Das ist regelmäßig dann der Fall, wenn der Aufwand den einer Neukultivierung übersteigen würde. [4] Bei bodengeschätzten Flächen kann der nachhaltige Verlust des Kulturzustands insbesondere erst nach folgenden Ereignissen eintreten:

1. Ansiedlung von Gehölzen infolge Nichtnutzung bei Hutungen und Hackrainen,
2. Versteinung und Vernässung infolge Nichtnutzung, z. B. bei Hochalmen,

3. Ansiedlung von Gehölzen und Verschlechterung der Wasserverhältnisse infolge Nichtnutzung, z. B. bei Streuwiesen,
4. nachhaltige Verschlechterung des Pflanzenbestandes und der Wasserverhältnisse infolge zunehmender Überflutungsdauer und steigender Wasserverschmutzung bei Überschwemmungsgrünland oder Staunässe in Bodensenkungsgebieten,
5. Vergiftung und Vernichtung des Pflanzenbestandes infolge schädlicher Industrieemissionen.

[5]Bei Weinbauflächen, insbesondere in Steilhanglagen, kann der Verlust des Kulturzustands durch Ansiedlung von Gehölzen, Bodenabtrag sowie Einsturz von Mauern und Treppen infolge Nichtnutzung eintreten.

H B 160.20

Bodenschätzung. → Gesetz zur Schätzung des landwirtschaftlichen Kulturbodens vom 20.12.2007 (BGBl. I S. 3150 ff.).

R B 160.21 Betriebswohnungen

(1) [1]Gebäude oder Gebäudeteile des Betriebs, die dessen Arbeitnehmern und deren Familienangehörigen zu Wohnzwecken zur Verfügung gestellt werden, sind Betriebswohnungen. [2]Dabei ist es nicht erforderlich, dass der Wohnungsinhaber oder seine Familienangehörigen ganz in dem Betrieb tätig sind. [3]Es genügt, dass der jeweilige Arbeitnehmer vertraglich dazu verpflichtet ist, wenigstens 100 Arbeitstage oder 800 Arbeitsstunden im Jahr mitzuarbeiten. [4]Das Merkmal der Betriebswohnung bleibt bei fortdauernder Nutzung der Wohnung durch den Arbeitnehmer nach Eintritt in den Ruhestand erhalten.

(2) [1]Zum Grund und Boden der Betriebswohnungen im Sinne des § 160 Absatz 8 BewG zählen neben der bebauten Fläche auch die vom Betrieb im Rahmen der Wohnungsüberlassung zur Verfügung gestellten übrigen Flächen, wie z. B. Stellplätze und Gärten. [2]Bei der Abgrenzung der Gartenflächen gilt R B 160.22 Absatz 6 entsprechend.

R B 160.22 Wohnteil

(1) [1]Gebäude oder Gebäudeteile, die dem Inhaber eines Betriebs der Land- und Forstwirtschaft und den zu seinem Haushalt gehörenden Familienangehörigen zu Wohnzwecken dienen, sind dem Wohnteil zuzurechnen, wenn der Betriebsinhaber oder mindestens einer der zu seinem Haushalt gehörenden Familienangehörigen durch eine mehr als nur gelegentliche Tätigkeit in dem Betrieb an ihn gebunden ist. [2]Gebäude oder Gebäudeteile, die Altenteilern zu Wohnzwecken dienen, gehören zum Wohnteil, wenn die Nutzung der Wohnung in einem Altenteilsvertrag geregelt ist. [3]Werden dem Hauspersonal nur einzelne zu Wohnzwecken dienende Räume überlassen, rechnen diese zum Wohnteil des Betriebs der Land- und Forstwirtschaft. [4]Bei der Überlassung von Wohnungen an Arbeitnehmer des Betriebs ist R B 160.21 Absatz 1 anzuwenden.

(2) [1]Die Wohnung des Inhabers eines größeren Betriebs der Land- und Forstwirtschaft ist dem Betrieb dauernd zu dienen bestimmt, wenn er oder

mindestens einer der zu seinem Haushalt gehörenden Familienangehörigen den Betrieb selbstständig leitet und die Lage der Wohnung die hierfür erforderliche Anwesenheit im Betrieb ermöglicht. [2]Wird er darin von anderen Personen, z. B. einem Angestellten unterstützt, ändert dies an der Zurechnung zum Wohnteil nichts. [3]Die Wohnung des Inhabers eines größeren Betriebs, der den Betrieb durch eine andere Person selbstständig verwalten lässt, gehört dagegen nicht zum Wohnteil, sondern zum Grundvermögen. [4]Herrenhäuser und Schlösser gehören insoweit zum Wohnteil, als sie bei Vorliegen der oben bezeichneten Voraussetzungen dem Inhaber des Betriebs, seinen Familienangehörigen oder den Altenteilern zu Wohnzwecken dienen.

(3) [1]Die Wohnung des Inhabers eines Kleinbetriebs ist dem Betrieb dauernd zu dienen bestimmt, wenn er oder einer der zu seinem Haushalt gehörenden Familienangehörigen durch eine mehr als nur gelegentliche Tätigkeit an den Betrieb gebunden ist. [2]Eine mehr als nur gelegentliche Tätigkeit kann schon bei einem jährlichen Arbeitsaufwand von insgesamt vier bis sechs Wochen gegeben sein. [3]Bei der Beurteilung, ob eine mehr als nur gelegentliche Tätigkeit ausgeübt wird, sind die Art der Nutzung und die Größe der Nutzflächen zu berücksichtigen.

H B 160.22 (3)

Mehr als nur gelegentliche Tätigkeit. → BFH vom 28.3.1990 II R 125/87, BStBl. II S. 727.

R B 160.22 (4)

(4) Die Wohngebäude von Inhabern so genannter landwirtschaftlicher Nebenerwerbsstellen, die im Allgemeinen eine Landzulage von nicht mehr als 3000 m² haben, sind – auch bei ausreichendem Viehbesatz – in der Regel als Grundvermögen zu bewerten, weil es Hauptzweck des Wohngebäudes ist, dem Wohnbedürfnis des Eigentümers der Nebenerwerbsstelle und seiner Familie zu dienen.

H B 160.22 (4)

Nebenerwerbsstellen. → BFH vom 26.1.1973 III R 122/71, BStBl. II S. 282.

R B 160.22 (5)

(5) [1]Die Wohnung des Betriebsinhabers muss sich nicht in unmittelbarer Nachbarschaft oder auf dem Hauptgrundstück eines mehrere Grundstücke umfassenden land- und forstwirtschaftlichen Betriebs befinden. [2]Entscheidend ist, dass die Lage der Wohnung dem Betriebsinhaber ermöglicht, soweit erforderlich im Betrieb anwesend zu sein und in den Betriebsablauf einzugreifen.

H B 160.22 (5)

Lage der Wohnung. → BFH vom 9.5.1990 II R 19/88, BStBl. II S. 729.

R B 160.22 (6)

(6) [1]Zum Grund und Boden des Wohnteils im Sinne des § 160 Absatz 9 BewG zählen neben der bebauten Fläche auch die übrigen Flächen, wie z.B. Stellplätze und Gärten. [2]Die Zuordnung des Grund und Bodens sowie der Gartenflächen richtet sich nach der Verkehrsauffassung. [3]Es bestehen keine Bedenken, die ertragsteuerrechtlich getroffene Entscheidung zu Grunde zu legen. [4]Bei Betrieben, die vor dem 31. Dezember 1998 bereits bestanden, kann folglich nur der Teil des Grund und Bodens dem Wohnteil zugerechnet werden, der nach § 13 Absatz 4 und 5 EStG steuerfrei entnommen werden konnte. [5]Zu den Einzelheiten der Abgrenzung → R B 167.1.

H B 160.22 (6)

Zur Wohnung gehörender Grund und Boden. → BMF-Schreiben vom 4.6.1997 (BStBl. I S. 630), vom 13.1.1998 (BStBl. I S. 129) und vom 2.4.2004 (BStBl. I S. 442).

R B 160.22 (7, 8)

(7)[1]Bei verpachteten Betrieben scheidet der Eigentümer aus der Bewirtschaftung des Betriebes aus. [2]Behält der Verpächter das Wohnhaus für sich zurück, so ist die Verbindung des Wohnhauses zur verpachteten Betriebsfläche gelöst. [3]Die Verpächterwohnung gehört damit grundsätzlich nicht mehr zum Wohnteil, sondern zum Grundvermögen. [4]Dies gilt nicht, sofern sich die Wohnungen von Pächter und Verpächter in einem Gebäude befinden.

(8) Für Altenteilerwohnungen gelten die Regelungen für Betriebsinhaberwohnungen entsprechend.

Zu § 161 BewG

R B 161 Bewertungsstichtag

[1]Der Bewertungsstichtag bestimmt sich für Zwecke der Erbschaftsteuer nach den §§ 9, 11, 12 Absatz 3 ErbStG in Verbindung mit §§ 151 Absatz 1 Satz 1 Nummer 1, 157 Absatz 1 BewG. [2]Zur Vereinfachung der Bewertung ist für die umlaufenden Betriebsmittel der Stand am Ende des dem Bewertungsstichtag vorangegangenen Wirtschaftsjahres maßgebend. [3]Dabei ist das nach § 4a EStG in Verbindung mit § 8c EStDV jeweils einschlägige Wirtschaftsjahr zu Grunde zu legen.

Zu § 162 BewG

R B 162 Bewertung des Wirtschaftsteils

(1) [1]Die Bewertung des Wirtschaftsteils erfolgt auf der Basis des sog. Fortführungswerts (§ 162 Absatz 1 BewG). [2]Dies ist der Wert, der den einzelnen Nutzungen, Nebenbetrieben und übrigen Wirtschaftsgütern in einem Betrieb der Land- und Forstwirtschaft unter objektiven ökonomischen Bedingungen

im Rahmen einer Betriebsfortführung beizumessen ist. [3]Im Falle der eisernen Verpachtung im Sinne der §§ 582a ff. BGB ist mit dem Ansatz des Fortführungswertes für das Besatzkapital der Substanzerhaltungsanspruch des eisernen Verpächters abgegolten.

(2) Die Bewertung von Stückländereien und anderen für weniger als 15 Jahre verpachteten Flächen (unechte Stückländereien) erfolgt aus Vereinfachungsgründen und mangels Selbstbewirtschaftung unmittelbar mit dem Mindestwert nach § 164 BewG.

(3) [1]Im Falle der Veräußerung eines ganzen Betriebs oder eines Anteils im Sinne des § 158 Absatz 2 Satz 2 BewG innerhalb einer Frist von 15 Jahren erfolgt der Ansatz des Liquidationswerts (Nachbewertungsvorbehalt). [2]Zur Berechnung des Liquidationswerts → R B 166 Absatz 1 und Absatz 2. [3]Der Ansatz des Liquidationswerts entfällt, wenn der gesamte Veräußerungserlös ausschließlich zum Erwerb eines anderen Betriebs der Land- und Forstwirtschaft oder eines Anteils im Sinne des § 158 Absatz 2 Satz 2 BewG innerhalb von sechs Monaten verwendet wird – Reinvestition. [4]Die Frist von sechs Monaten beginnt mit Ablauf des Tages, an dem Nutzen, Lasten und Gefahren übergehen. [5]Für die Berechnung der Fristen gelten die Vorschriften der §§ 187, 188 und 193 BGB.

(4) [1]Die dem Grunde nach für einen Betrieb der Land- und Forstwirtschaft wesentlichen Wirtschaftsgüter Grund und Boden, Wirtschaftsgebäude, stehende Betriebsmittel und immaterielle Wirtschaftsgüter unterliegen – unabhängig von der ertragsteuerrechtlichen Behandlung – nach § 162 Absatz 4 BewG ebenfalls dem Nachbewertungsvorbehalt nach Absatz 3. [2]Werden wesentliche Wirtschaftsgüter innerhalb der Frist von 15 Jahren veräußert oder sind sie einem Betrieb der Land- und Forstwirtschaft nicht mehr dauernd zu dienen bestimmt (R B 158.1 Absatz 1), erfolgt ebenfalls der Ansatz des Liquidationswerts. [3]Wesentliche Wirtschaftsgüter sind bei stehenden Betriebsmitteln nur dann anzunehmen, wenn der gemeine Wert des einzelnen Wirtschaftsguts oder einer Sachgesamtheit von Wirtschaftsgütern (z. B. Tierbestände, Büroausstattung, Werkzeug) am Bewertungsstichtag mindestens 50 000 Euro beträgt. [4]Soweit stehende Betriebsmittel mit dem Grund und Boden verbunden sind, findet Satz 3 keine Anwendung. [5]Zur Berechnung des Liquidationswerts → R B 166 Absatz 1 und 3.

(5) [1]Der Ansatz des Liquidationswerts kommt nicht in Betracht, wenn der Veräußerungserlös innerhalb von sechs Monaten im betrieblichen Interesse verwendet wird (Reinvestitionsklausel). [2]Eine Verwendung im betrieblichen Interesse liegt vor, wenn anstelle des veräußerten (wesentlichen) Wirtschaftsguts eine Reinvestition in die Wirtschaftsgüter Grund und Boden, Wirtschaftsgebäude, stehende Betriebsmittel (Absatz 4 Satz 3 und 4) oder immaterielle Wirtschaftsgüter erfolgt. [3]Gleiches gilt für den Fall, dass ein wesentliches Wirtschaftsgut einem Betrieb der Land- und Forstwirtschaft nicht mehr dauernd zu dienen bestimmt ist. [4]An die Stelle des Veräußerungserlöses tritt der gemeine Wert des einzelnen Wirtschaftsguts. [5]Eine Verwendung im betrieblichen Interesse ist auch dann anzunehmen, wenn der Veräußerungserlös zur Tilgung betrieblicher Verbindlichkeiten im Sinne des § 158 Absatz 5 BewG eingesetzt wird.

(6) Bei der Bewertung des Wirtschaftsteils für Zwecke der Grunderwerbsteuer in den Fällen eines Nachbewertungsvorbehalts gemäß § 162 Absatz 3 oder 4 BewG ist R B 166 Absatz 6 zu beachten.

H B 162

Bewertung in Fällen der Nutzungsüberlassung. → Gleich lautende Erlasse der obersten Finanzbehörden der Länder vom 4.12.2014 (BStBl. I S. 1577).

Zu § 163 BewG

R B 163 Ermittlung der Wirtschaftswerte

(1) [1]Für die land- und forstwirtschaftlichen Nutzungen, Nebenbetriebe und Wirtschaftsgüter ist jeweils gesondert ein Reingewinn zu ermitteln, der die nachhaltige Ertragsfähigkeit bei ordnungsmäßiger Selbstbewirtschaftung gemeinhin zum Ausdruck bringt. [2]Zur Berücksichtigung der nachhaltigen Ertragsfähigkeit ist der durchschnittliche Reingewinn der letzten fünf Wirtschaftsjahre heranzuziehen. [3]Dabei ist nicht auf Muster- oder Spitzenbetriebe abzustellen, sondern auf Betriebsergebnisse objektiv vergleichbarer Betriebe. [4]Eine ordnungsmäßige Selbstbewirtschaftung liegt vor, wenn bei der Bewirtschaftung nur der betriebsnotwendige Arbeitskräfte- und Inventarbesatz vorhanden ist. [5]Mit dem jeweiligen Reingewinn sind alle Wirtschaftsgüter im Sinne des § 158 Absatz 3 und 5 BewG abgegolten.

H B 163 (1)

Abrundung/Aufrundung. Ergeben sich bei der Ermittlung eines Wirtschaftswerts Euro-Beträge mit Nachkommastellen, sind diese kaufmännisch auf volle Euro-Beträge auf- bzw. abzurunden.

Flächenangaben. Die zur Berechnung eines Wirtschaftswerts erforderlichen Flächenangaben sind in Hektar, Ar und Quadratmeter anzugeben.

R B 163 (2, 3)

(2) [1]Der Reingewinn berücksichtigt die betriebswirtschaftliche Ausrichtung einer Nutzung und ist mit 18,6 zu kapitalisieren. [2]Liegen abweichende Ertragsverhältnisse vor, ist entsprechend den gesetzlichen Vorgaben in den Anlagen 14 bis 17 zum BewG der Reingewinn innerhalb einer Nutzung jeweils gesondert zu ermitteln und mit dem gesetzlichen Kapitalisierungsfaktor von 18,6 zu vervielfältigen. [3]Die kapitalisierten Reingewinne einer Nutzung bzw. bei abweichenden Ertragsverhältnissen die jeweils kapitalisierten Reingewinne sind mit den jeweiligen Eigentumsflächen bzw. Flächenanteilen zu multiplizieren.

(3) [1]Zur Bestimmung des Reingewinns der landwirtschaftlichen Nutzung sind die Standarddeckungsbeiträge (→ Anlage 2) der selbst bewirtschafteten Flächen und der Tiereinheiten zu ermitteln und

1. die Betriebsform zu bestimmen. [2]Hierzu ist das Verhältnis der einzelnen Standarddeckungsbeiträge zur Summe der Standarddeckungsbeiträge des

gesamten Betriebs maßgebend. [3] Aus dem Verhältnis der ermittelten Standarddeckungsbeiträge und deren Zuordnung zu den Nutzungsarten Futterbau, Ackerbau und Veredlung (→ Anlage 1) ergibt sich die maßgebliche Nutzungsart der landwirtschaftlichen Nutzung:

Anteil des Standarddeckungsbeitrags des Produktionszweigs am Gesamtstandarddeckungsbeitrag des Betriebs	**Nutzungsart (Betriebsform)**
Ackerbau > $^2/_3$	Ackerbau
Futterbau > $^2/_3$ und Rinder für die Milcherzeugung > $^2/_3$	Milchviehhaltung
Futterbau > $^2/_3$ und Rinder für die Milcherzeugung ≤ $^2/_3$	Sonstiger Futterbau
Veredlung > $^2/_3$	Veredlung
Ackerbau > $^1/_3$ und Futterbau ≤ $^1/_3$ und Veredlung ≤ $^1/_3$	Pflanzenbau-Verbund
Futterbau > $^1/_3$ **und/oder** Veredlung > $^1/_3$ und Ackerbau ≤ $^1/_3$	Vieh-Verbund
alle übrigen Betriebe	Pflanzenbau- und Viehverbund

2. die Betriebsgröße nach der Europäischen Größeneinheit (EGE) zu bestimmen. [2] Hierzu ist die Summe der Standarddeckungsbeiträge des Betriebs durch 1 200 Euro zu dividieren. [3] Anschließend erfolgt die Zuordnung zu einer der folgenden Betriebsgrößenklassen:
   a) Kleinbetriebe 0 bis unter 40 EGE
   b) Mittelbetriebe 40 bis 100 EGE
   c) Großbetriebe über 100 EGE.

[2] Anhand der nach Nummer 1 und 2 ermittelten Bewertungsmerkmale ist der Reingewinn/ha nach Anlage 14 zum BewG herzuleiten. [3] Der so ermittelte Reingewinn/ha ist mit 18,6 zu kapitalisieren und auf alle Eigentumsflächen der landwirtschaftlichen Nutzung anzuwenden.

H B 163 (3)

Wirtschaftswert der landwirtschaftlichen Nutzung.

Beispiel:

Ermittlung des Wirtschaftswerts für einen Landwirtschaftsbetrieb in Oberbayern mit folgenden Betriebsverhältnissen:

Ackerbau 50 ha Eigentum und 55,0020 ha Zupachtflächen, betriebliche Verbindlichkeiten 57 000 EUR.

1. Ermittlung des Gesamtstandarddeckungsbeitrags für die landwirtschaftliche Nutzung

Standarddeckungsbeitrag/ha für		Anbauflächen ha	a	m²		Betrag in EUR
Weichweizen	598 EUR	30	00	00		17 940,00
Kartoffeln	2 327 EUR	40	00	00	+	93 080,00
Raps	584 EUR	30	00	00	+	17 520,00
Gerste	516 EUR	2	50	10	+	1 290,52
Roggen	402 EUR	2	50	10	+	1 005,40
Summe						130 835,92
Gesamtstandarddeckungsbeitrag des Betriebs (gerundet)						130 836

2. Ermittlung der Nutzungsart bzw. Betriebsform für die landwirtschaftliche Nutzung

Da die Standarddeckungsbeiträge der pflanzlichen Nutzung entsprechend R B 163 Absatz 3 Satz 1 Nummer 1 Satz 3 i. V. m. Anlage 1 alle dem Ackerbau zuzuordnen sind, ist das Klassifizierungsmerkmal > $^2/_3$ erfüllt. Es liegt ein reiner Ackerbaubetrieb vor.

3. Ermittlung der Betriebsgröße für die landwirtschaftliche Nutzung

Gesamtstandarddeckungsbeitrag 130 836 EUR : 1 200 = 109,03 EGE
Die Betriebsgröße liegt über 100 EGE = Großbetrieb.

4. Bewertungsparameter Anlage 14 zum BewG

Reingewinn/ha – Oberbayern, Großbetrieb, Ackerbau 109 EUR

5. Bewertung des Betriebs

Reingewinnverfahren

Nutzungsart	Wert EUR/ha	Kapitalisierungsfaktor	jeweilige Eigentumsfläche ha	a	m²	Wirtschaftswert in EUR
Ackerbau über 100 EGE	109	18,6	50	00	00	101 370,00
Wirtschaftswert der landwirtschaftlichen Nutzung						101 370,00

Die betrieblichen Verbindlichkeiten sind mit dem Ansatz des Reingewinns von 109 EUR/ha berücksichtigt.

Wirtschaftswert der landwirtschaftlichen Nutzung bei Betrieben mit Vieh. Ist Weidevieh vorhanden, sind die Standarddeckungsbeiträge der Futterflächen mit dem Ansatz der Standarddeckungsbeiträge des Weideviehs abgegolten, da von einem ausgeglichenen Futtersaldo ausgegangen wird. Das bedeutet, dass in diesem Fall die Standarddeckungsbeiträge der Futterflächen nicht in den Standarddeckungsbeitrag des jeweiligen Produktionszweigs (Ackerbau bzw. Futterbau) einbezogen werden. Futterflächen sind Futterhackfrüchte (ohne Saatgut), Ackerwiesen und – weiden, Grünmais (Silagemais), sonstige Futterpflanzen, Grünland und Weiden ohne ertragsarme Weiden, ungepflegtes Weideland.

R B 163 (4)

(4) [1]Der jeweilige Reingewinn der forstwirtschaftlichen Nutzung bestimmt sich nach den Flächen der jeweiligen Baumartengruppe oder der übrigen Fläche der forstwirtschaftlichen Nutzung laut Anlage 15 zum BewG und ist mit 18,6 zu kapitalisieren. [2]Nichtwirtschaftswald mit einer Gesamtgröße bis zu

10 ha ist unabhängig von seiner Baumarten- und Altersklassenzusammensetzung mit dem Reingewinn für Kiefer – III. Ertragsklasse zu bewerten. [3]Die für die Errechnung des Wirtschaftswerts erforderlichen Grunddaten sind ggf. einem forstwirtschaftlichen Betriebsgutachten oder Betriebswerk zu entnehmen.

H B 163 (4)

Wirtschaftswert der forstwirtschaftlichen Nutzung.

Beispiel:

Ermittlung des Wirtschaftswerts für einen Forstbetrieb mit folgendem Altersklassenwald:

Fichte – EKL I	3,51 ha
Kiefer – EKL I	3,12 ha
Eiche – EKL I	4,17 ha
Verbindlichkeiten Holzaufarbeitungskosten	3 500 EUR

Reingewinnverfahren

Nutzungsart	Wert EUR/ha	Kapitalisierungsfaktor	jeweilige Eigentumsfläche ha	a	m²	Wirtschaftswert in EUR
Fichte – I. Ertragsklasse	105	18,6	3	51	00	6 855,03
Kiefer – I. Ertragsklasse	26	18,6	3	12	00	+ 1 508,83
Eiche – I. Ertragsklasse	90	18,6	4	17	00	+ 6 980,58
Summe						15 344,44
Wirtschaftswert der forstwirtschaftlichen Nutzung (gerundet)						15 344

Die betrieblichen Verbindlichkeiten sind mit dem Ansatz des jeweiligen Reingewinns berücksichtigt.

R B 163 (5)

(5) [1]Der jeweilige Reingewinn der weinbaulichen Nutzung bestimmt sich nach den Flächen der jeweiligen Nutzungsart (Verwertungsform) Flaschenweinerzeuger, Fassweinerzeuger oder Traubenerzeuger laut Anlage 16 zum BewG und ist mit 18,6 zu kapitalisieren. [2]Bei der Beurteilung der Ertragsfähigkeit der weinbaulichen Nutzung sind die Nutzungsarten (Verwertungsform) der geernteten Trauben zu berücksichtigen. [3]Es werden folgende Verwertungsformen unterschieden:

1. Die Traubenerzeugung umfasst die Erzeugung von Trauben, Maische oder Most und deren Veräußerung an Genossenschaften oder andere Betriebe (Nichtausbau).
2. Der Fassweinausbau umfasst die Erzeugung und die Verarbeitung der Trauben im eigenen Betrieb und den Ausbau sowie den Verkauf von Fasswein.
3. Der Flaschenweinausbau umfasst die Erzeugung und die Verarbeitung der Trauben im eigenen Betrieb und den Ausbau sowie die Bereitung und den Verkauf von Flaschenwein.

[4]Kommen die Verwertungsformen in einem Betrieb nebeneinander vor, ist der Wirtschaftswert unter Berücksichtigung der auf die jeweilige Verwertungsform *nachhaltig* entfallende Erntemenge am Bewertungsstichtag zu ermitteln.

H B 163 (5)

Wirtschaftswert der weinbaulichen Nutzung.

Beispiel:

Ermittlung des Wirtschaftswerts für einen Weinbaubetrieb mit folgenden Betriebsverhältnissen: 9 ha Eigentum und 7 ha Zupachtflächen
Die nachhaltige Erntemenge der letzten fünf Jahre beträgt 168 000 Liter, davon wurden an die Winzergenossenschaft als Trauben geliefert 21 000 l
als Fasswein verkauft 42 000 l
als Flaschenwein verkauft 105 000 l

Verwertungsform	Nachhaltige Erntemenge in Liter Wein	Ermittelte Anteile der Verwertungsformen	Entsprechende Flächenanteile in ha	a	m²
Traubenerzeugung	21 000	12,50%	1	12	50
Fassweinerzeugung	42 000	25,00%	2	25	00
Flaschenweinerzeugung	105 000	62,50%	5	62	50
Summe	168 000	100,00%	9	00	00

Reingewinnverfahren

Nutzungsart	Wert EUR/ha	Kapitalisierungsfaktor	jeweilige Eigentumsfläche ha	a	m²	Wirtschaftswert in EUR
Flaschenwein	– 193	18,6	5	62	50	– 20 192,63
Fasswein	– 759	18,6	2	25	00	– 31 764,15
Traubenerzeugung	– 1 252	18,6	1	12	50	– 26 198,10
Summe						– 78 154,88
Wirtschaftswert der weinbaulichen Nutzung (gerundet)						– 78 155

R B 163 (6)

(6) [1] Der jeweilige Reingewinn der gärtnerischen Nutzung bestimmt sich nach den Flächen des jeweiligen Nutzungsteils bzw. dessen Nutzungsart laut Anlage 17 zum BewG und ist mit 18,6 zu kapitalisieren. [2] Die für die Errechnung des Wirtschaftswerts erforderlichen Grunddaten sind ggf. dem Anbauverzeichnis im Sinne des § 142 AO zu entnehmen.

H B 163 (6)

Wirtschaftswert der gärtnerischen Nutzung.

Beispiel:

Ermittlung des Wirtschaftswerts für einen Gartenbaubetrieb mit folgenden Betriebsverhältnissen:

Nutzungsteil	ha	a	m²
Gemüsebau – Freiland	1	00	00
Gemüsebau – Flächen unter Glas und Kunststoffen	1	00	00
Blumen- und Zierpflanzenbau – Freiland	2	00	00
Blumen- und Zierpflanzenbau – Flächen unter Glas und Kunststoffen	0	50	00
Obstbau	1	00	00
Baumschulen	3	00	00

Verbindlichkeiten 301 000 EUR

Reingewinnverfahren

Nutzungsart	Wert EUR/ha	Kapitalisierungsfaktor	jeweilige Eigentumsfläche ha	a	m²	Wirtschaftswert in EUR
Gemüsebau – Freiland	– 1 365	18,6	1	00	00	– 25 389,00
Gemüsebau – Flächen unter Glas und Kunststoffen	6 098	18,6	1	00 00	00 00	113 422,80
Blumen- und Zierpflanzenbau – Freiland	– 108	18,6	2	00	00	– 4 017,60
Blumen- und Zierpflanzenbau – Flächen unter Glas und Kunststoffen	– 6 640	18,6	0	50	00	– 61 752,00
Obstbau	– 379	18,6	1	00	00	– 7 049,40
Baumschulen	894	18,6	3	00	00	49 885,20
Summe						65 100,00
Wirtschaftswert der gärtnerischen Nutzung (gerundet)						65 100

Die betrieblichen Verbindlichkeiten sind mit dem Ansatz des jeweiligen Reingewinns berücksichtigt.

R B 163 (7)

(7) [1]Der jeweilige Reingewinn für die Sondernutzungen Hopfen, Tabak, Spargel bestimmt sich nach den Flächen der jeweiligen Nutzung laut Anlage 18 zum BewG und ist mit 18,6 zu kapitalisieren. [2]Die für die Errechnung des Wirtschaftswerts erforderlichen Grunddaten sind ggf. dem Anbauverzeichnis im Sinne des § 142 AO zu entnehmen.

H B 163 (7)

Wirtschaftswert der Sondernutzungen.

Beispiel:

Ermittlung des Wirtschaftswerts für die Sondernutzung Spargelbaubetrieb von 10,1050 ha.

Nutzungsart	Wert EUR/ha	Kapitalisierungsfaktor	jeweilige Eigentumsfläche ha	a	m²	Wirtschaftswert in EUR
Spargel	– 1 365	18,6	10	10	50	– 256 555,85
Wirtschaftswert der Sondernutzung Spargel (gerundet)						– 256 556

R B 163 (8)

(8) [1]Der jeweilige Reingewinn für die sonstigen land- und forstwirtschaftlichen Nutzungen ist grundsätzlich nach den Grundzügen eines Einzelertragswertverfahrens zu ermitteln. [2]In diesen Fällen ist das betriebsindividuelle Ergebnis nach den Grundsätzen des Absatzes 1 zu ermitteln. [3]Das betriebsindividuelle Ergebnis ist möglichst aus den Ergebnissen der letzten fünf vor dem Bewertungsstichtag abgelaufenen Wirtschaftsjahre herzuleiten und als *nachhaltig erzielbarer* Reingewinn mit 18,6 zu kapitalisieren; das Ergebnis stellt den jeweiligen Wirtschaftswert dar. [4]Zur Gleichmäßigkeit der Bewer-

tung kann abweichend hiervon ein pauschaler Reingewinn ermittelt und bekannt gemacht werden, der mit 18,6 zu kapitalisieren ist und den Wirtschaftswert darstellt. [5] Soweit ein pauschaler Reingewinn ermittelt wurde, sind individuelle Einzelertragswertermittlungen nur bei Vorliegen besonderer Verhältnisse vorzunehmen.

H B 163 (8)

Nachhaltig erzielbarer Reingewinn im Einzelertragswertverfahren. Der Reingewinn ist möglichst aus den Ergebnissen der letzten fünf vor dem Bewertungsstichtag abgelaufenen Wirtschaftsjahre wie folgt herzuleiten:

	Erlöse
abzüglich	Aufwendungen
=	Gewinn/Verlust
abzüglich	Zeitraumfremde Erträge, Zulagen und außerordentliche Erträge
zuzüglich	Zeitraumfremde Aufwendungen und außerordentliche Aufwendungen
=	Ordentliches Ergebnis
abzüglich	Lohnansatz für nicht entlohnte Arbeitskräfte und den Betriebsinhaber
=	Reingewinn

R B 163 (9–13)

(9) [1] Dem jeweiligen Reingewinn für die Nebenbetriebe (→ R B 160.18) ist bei der Ermittlung eines Einzelertragswerts nur der Ertrag zu Grunde zu legen, der nicht bereits bei der Bewertung des Hauptbetriebs berücksichtigt worden ist. [2] Das ist z. B. bei der Forellenräucherei der Mehrertrag, der sich durch die Bearbeitung der im Hauptbetrieb erzeugten Forellen ergibt. [3] Im Übrigen gelten die Grundsätze des Absatzes 8.

(10) [1] Der Reingewinn für das Abbauland kann zur Vereinfachung der Bewertung regelmäßig pauschal mit 2,70 Euro je Ar angesetzt werden. [2] Im Übrigen gelten die Grundsätze des Absatzes 8.

(11) [1] Die Hof- und Wirtschaftsgebäudeflächen sind in die einzelne Nutzung einzubeziehen, soweit sie ihr dienen und nicht den Betriebswohnungen oder dem Wohnteil zuzurechnen sind. [2] Wirtschaftsgüter, die verschiedenen Nutzungen zu dienen bestimmt sind, sind den Nutzungen zuzuordnen, denen sie am Bewertungsstichtag überwiegend dienen.

(12) [1] Die Eigentumsfläche des Betriebs bestimmt sich nach den Verhältnissen am Bewertungsstichtag und umfasst die bei der Ermittlung des jeweiligen Reingewinns einer Nutzung zu Grunde gelegten Flächen bzw. Flächenanteile zuzüglich der Hof- und Wirtschaftsgebäudeflächen. [2] Soweit Flächen am Bewertungsstichtag noch nicht im Eigentum des Steuerpflichtigen stehen, aber Nutzen, Lasten und Gefahren bereits auf den Steuerpflichtigen übergegangen sind, sind diese bei der jeweiligen Nutzung mit ihrer Nutzungsart zu berücksichtigen.

(13) Die bei der Ermittlung der Wirtschaftswerte zu Grunde gelegten Betriebs- und Eigentumsverhältnisse schließen eine Aufteilung einzelner Faktoren aus, die den Ertragswert beeinflussen.

Zu § 164 BewG

R B 164 Ermittlung des Mindestwerts

(1) [1]Der Mindestwert umfasst den Wert des Grund und Bodens sowie den Wert der sonstigen Wirtschaftsgüter (Besatzkapital). [2]Der Wert des Grund und Bodens wird durch Kapitalisierung eines Pachtpreises unter Berücksichtigung der Eigentumsfläche des Betriebs ermittelt. [3]Das Besatzkapital wird durch Kapitalisierung des Werts der Wirtschaftsgüter unter Berücksichtigung der selbst bewirtschafteten Flächen ermittelt.

H B 164 (1)

Mindestwert.

1. Mindestwert der landwirtschaftlichen Nutzung

Beispiel:

Landwirtschaftsbetrieb in Oberbayern mit folgenden Betriebsverhältnissen:
Ackerbau 50 ha Eigentum und 55,0020 ha Zupachtflächen, betriebliche Verbindlichkeiten 57 000 EUR.

a) Ermittlung des Gesamtstandarddeckungsbeitrags für die landwirtschaftliche Nutzung

Standarddeckungsbeitrag/ha für		Anbauflächen			Betrag in EUR
		ha	a	m²	
Weichweizen	598 EUR	30	00	00	17 940,00
Kartoffeln	2 327 EUR	40	00	00	+ 93 080,00
Raps	584 EUR	30	00	00	+ 17 520,00
Gerste	516 EUR	2	50	10	+ 1 290,52
Roggen	402 EUR	2	50	10	+ 1 005,40
Summe					130 835,92
Gesamtstandarddeckungsbeitrag des Betriebs (gerundet)					130 836

b) Ermittlung der Nutzungsart bzw. Betriebsform für die landwirtschaftliche Nutzung

Da die Standarddeckungsbeiträge der pflanzlichen Nutzung alle dem Ackerbau zuzuordnen sind, ist das Klassifizierungsmerkmal > ²/₃ erfüllt. Es liegt ein reiner Ackerbaubetrieb vor.

c) Ermittlung der Betriebsgröße für die landwirtschaftliche Nutzung

Gesamtstandarddeckungsbeitrag 130 836 EUR : 1 200 = 109,03 EGE
Die Betriebsgröße liegt über 100 EGE = Großbetrieb.

d) Bewertungsparameter Anlage 14 zum BewG

Pachtpreis/ha – Oberbayern, Großbetrieb, Ackerbau	312 EUR
Besatzkapital/ha – Oberbayern, Großbetrieb, Ackerbau	68 EUR

e) Bewertung des Betriebs
Mindestwertverfahren

Nutzungsart	Wert EUR/ha	jeweilige Fläche ha	a	m²	Kapitalisierungsfaktor	Mindestwert in EUR
Grund und Boden Ackerbau > 100 EGE	312	50	00	00	18,6	290 160,00
Besatzkapital Ackerbau > 100 EGE	68	105	00	20	18,6	+ 132 806,53
Verbindlichkeiten						./. 57 000,00
Summe						365 966,53
Mindestwert der landwirtschaftlichen Nutzung (gerundet)						365 967

2. Mindestwert der forstwirtschaftlichen Nutzung

Beispiel:

Ermittlung des Wirtschaftswerts für einen Forstbetrieb mit folgendem Altersklassenwald:

Fichte bis 60 Jahre – EKL I	3,51 ha
Kiefer bis 60 Jahre – EKL I	3,12 ha
Eiche bis 60 Jahre – EKL I	4,17 ha
Verbindlichkeiten Holzaufarbeitungskosten	3 500 EUR

Mindestwertverfahren

Nutzungsart	Wert EUR/ha	jeweilige Fläche ha	a	m²	Kapitalisierungsfaktor	Mindestwert in EUR
Grund und Boden	5,40	10	80	00	18,6	1 084,75
Besatzkapital Fichte – I. EKL 41 bis 60 Jahre	112,50	3	51	00	18,6	+ 7 344,68
Besatzkapital Kiefer – I. EKL 41 bis 60 Jahre	15,20	3	12	00	18,6	+ 882,09
Besatzkapital Eiche – I. EKL 41 bis 60 Jahre	45,90	4	17	00	18,6	+ 3 560,10
Verbindlichkeiten						./. 3 500,00
						9 371,62
Mindestwert der forstwirtschaftlichen Nutzung (gerundet)						9 372

3. Mindestwert der weinbaulichen Nutzung

Beispiel:

Ermittlung des Wirtschaftswerts für einen Weinbaubetrieb mit folgenden Betriebsverhältnissen: 9 ha Eigentum und 7 ha Zupachtflächen
Die nachhaltige Erntemenge der letzten fünf Jahre beträgt 168 000 Liter, davon wurden

an die Winzergenossenschaft als Trauben geliefert	21 000 l
als Fasswein verkauft	42 000 l
als Flaschenwein verkauft	105 000 l

Verwertungsform	Nachhaltige Erntemenge in Liter Wein	Ermittelte Anteile der Verwertungsformen	Entsprechende Flächenanteile der Eigentumsfläche in ha	a	m^2	Entsprechende Flächenanteile selbst bewirtschaftete Fläche ha	a	m^2
Traubenerzeugung	21 000	12,50 %	1	12	50	2	00	00
Fassweinerzeugung	42 000	25,00 %	2	25	00	4	00	00
Flaschenweinerzeugung	105 000	62,50 %	5	62	50	10	00	00
Summe	168 000	100,00 %	9	00	00	16	00	00

Mindestwertverfahren

Nutzungsart	Wert EUR/ha	jeweilige Fläche ha	a	m^2	Kapitalisierungsfaktor		Mindestwert in EUR
Grund und Boden Flaschenwein	970	5	62	50	18,6		101 486,25
Besatzkapital Flaschenwein	1 522	10	00	00	18,6		283 092,00
Grund und Boden Fasswein	589	2	25	00	18,6		24 649,65
Besatzkapital Fasswein	588	4	00	00	18,6		43 747,20
Grund und Boden Traubenerzeugung	859	1	12	50	18,6		17 974,58
Besatzkapital Traubenerzeugung	509	2	00	00	18,6		18 934,80
Verbindlichkeiten						./.	0,00
							489 884,48
Mindestwert der weinbaulichen Nutzung (gerundet)							489 884

4. Mindestwert der gärtnerischen Nutzung

Beispiel:

Ermittlung des Mindestwerts für einen Gartenbaubetrieb mit folgenden Betriebsverhältnissen:

Nutzungsteil	**ha**	**a**	**m^2**
Gemüsebau – Freiland	1	00	00
Gemüsebau – Flächen unter Glas und Kunststoffen	1	00	00
Blumen- und Zierpflanzenbau – Freiland	2	00	00
Blumen- und Zierpflanzenbau – Flächen unter Glas und Kunststoffen	0	50	00
Obstbau	1	00	00
Baumschulen	3	00	00

Mindestwertverfahren

Nutzungsart	Wert EUR/ha	jeweilige Fläche ha	a	m^2	Kapitalisierungsfaktor		Mindestwert in EUR
Grund und Boden Gemüse Freiland	657	1	00	00	18,6		12 220,20
Besatzkapital Gemüse Freiland	484	1	00	00	18,6	+	9 002,40
Grund und Boden Gemüse unter Glas und Kunststoffen	2 414	1	00	00	18,6	+	44 900,40

Nutzungsart	Wert EUR/ha	jeweilige Fläche ha	a	m²	Kapitalisierungsfaktor		Mindestwert in EUR
Besatzkapital Gemüse unter Glas und Kunststoffen	2 750	1	00	00	18,6	+	51 150,00
Grund und Boden Blumen Freiland	1 044	2	00	00	18,6	+	38 836,80
Besatzkapital Blumen Freiland	1 393	2	00	00	18,6	+	51 819,60
Grund und Boden Blumen unter Glas und Kunststoffen	5 516	0	50	00	18,6	+	51 298,80
Besatzkapital Blumen unter Glas und Kunststoffen	6 895	0	50	00	18,6	+	64 123,50
Grund und Boden Obstbau	325	1	00	00	18,6	+	6 045,00
Besatzkapital Obstbau	426	1	00	00	18,6	+	7 923,60
Grund und Boden Baumschule	223	3	00	00	18,6	+	12 443,40
Besatzkapital Baumschule	2 359	3	00	00	18,6	+	131 632,20
Verbindlichkeiten						./.	301 000,00
							180 395,90
Mindestwert der gärtnerischen Nutzung (gerundet)							180 396

R B **164** (2, 3)

(2) [1]Der Pachtpreis bestimmt sich nach der jeweiligen Nutzung, ggf. dem Nutzungsteil und der Nutzungsart des Grund und Bodens und ergibt sich aus den Anlagen 14 bis 18 zum BewG. [2]Bei der landwirtschaftlichen Nutzung ist zur Bestimmung des maßgebenden Pachtpreises entsprechend den gesetzlichen Vorgaben zusätzlich die Betriebsgröße zu berücksichtigen. [3]Der jeweilige Pachtpreis ist mit den jeweiligen Eigentumsflächen bzw. Flächenanteilen des Betriebs am Bewertungsstichtag zu multiplizieren. [4]Der hieraus errechnete Wert ist mit 18,6 zu kapitalisieren.

(3) [1]Für die sonstigen land- und forstwirtschaftlichen Nutzungen gelten die Grundsätze des Absatzes 1 Satz 1 entsprechend. [2]Soweit Flächen einer sonstigen land- und forstwirtschaftlichen Nutzung zu dienen bestimmt sind, ist ein Pachtpreis von 171 Euro/ha anzusetzen.

H B **164** (3)

Ermittlung des Besatzkapitals (selbst bewirtschaftete Fläche).

Beispiel Zupacht:

Landwirt (L) betreibt einen landwirtschaftlichen Betrieb mit 30 Hektar Eigentumsfläche und 200 Hektar Pachtfläche. Am 1.3.2018 verstirbt L. Alleinerbe ist Sohn S.
Der Erwerb des Betriebs am 1.3.2018 erfolgt von Todes wegen (§ 3 Absatz 1 Nummer 1 ErbStG). Der festzustellende Grundbesitzwert berechnet sich im Falle des Mindestwerts durch Kapitalisierung des regionalen Pachtpreises mit 18,6 für die 30 Hektar Grund und Boden (Eigentumsfläche) und durch Kapitalisierung des Besatzkapitals mit dem Faktor 18,6 für 230 Hektar (selbst bewirtschaftete Fläche).

Beispiel Pachtbetrieb:

Landwirt (L) betreibt mit eigenem Besatzkapital einen landwirtschaftlichen Betrieb ausschließlich auf Pachtflächen von 230 Hektar. Am 1.3.2018 verstirbt L. Alleinerbe ist Sohn S, der den Betrieb mit eigenen Flächen fortführt.
Der Erwerb des Betriebs am 1.3.2018 erfolgt von Todes wegen (§ 3 Absatz 1 Nummer 1 ErbStG). Der festzustellende Grundbesitzwert berechnet sich im Falle des Mindestwerts durch Kapitalisierung des Besatzkapitals mit dem Faktor 18,6 für 230 Hektar selbst bewirtschafteter Fläche.

Beispiel Schenkung von Besatzkapital:

Landwirt (L) betreibt einen landwirtschaftlichen Betrieb (30 Hektar) und überträgt am 1.7.2018 das gesamte Besatzkapital im Wege der gleitenden Hofnachfolge an seinen Sohn (S). Den Grund und Boden behält er zurück und verpachtet diese Flächen an S. Am 1.3.2019 verstirbt L. S erbt den Grund und Boden.
Der Erwerb des Besatzkapitals am 1.7.2018 ist eine freigebige Zuwendung (§ 7 Absatz 1 Nummer 1 ErbStG). Der festzustellende Grundbesitzwert berechnet sich im Falle des Mindestwerts durch Kapitalisierung des auf die 30 Hektar entfallenden Besatzkapitals mit dem Faktor 18,6 (→ R B 164 Absatz 6 Satz 4).
Der Erwerb des Grund und Bodens am 1.3.2019 erfolgt von Todes wegen (§ 3 Absatz 1 Nummer 1 ErbStG). Der festzustellende Grundbesitzwert berechnet sich durch Kapitalisierung des regionalen Pachtpreises mit dem Faktor 18,6. Da L die Flächen nicht mehr selbst bewirtschaftet hat, ist kein Besatzkapital zu berücksichtigen.

Beispiel Übertragung von Besatzkapital von Todes wegen:

Landwirt (L) betreibt einen landwirtschaftlichen Betrieb (30 Hektar) und überträgt am 1.7.2018 den gesamten Grund und Boden an seinen Sohn (S), der diesen an seinen Vater verpachtet. L behält das gesamte Besatzkapital zurück. Am 1.3.2019 verstirbt L. S erbt das gesamte Besatzkapital.
Der Erwerb des Grund und Bodens am 1.7.2018 ist eine freigebige Zuwendung (§ 7 Absatz 1 Nummer 1 ErbStG). Der festzustellende Grundbesitzwert berechnet sich im Falle des Mindestwerts durch Kapitalisierung des regionalen Pachtpreises mit dem Faktor 18,6. Da das Besatzkapital nicht übertragen wurde, erfolgt hierfür kein Wertansatz nach § 164 Absatz 4 BewG.
Der Erwerb des Besatzkapitals am 1.3.2019 erfolgt von Todes wegen (§ 3 Absatz 1 Nummer 1 ErbStG). Der festzustellende Grundbesitzwert berechnet sich im Falle des Mindestwerts durch Kapitalisierung des auf die 30 Hektar entfallenden Besatzkapitals mit dem Faktor 18,6, da die nach § 164 Absatz 4 Satz 3 BewG erforderliche Selbstbewirtschaftung der Flächen durch L vorlag.

Beispiel Bestimmung des Besatzkapitals:

Landwirt (L) betreibt einen gemischten Betrieb (12 Hektar Landwirtschaft und 8 Hektar Obstbau). Er spezialisiert sich auf den Obstbau und überträgt den landwirtschaftlich genutzten Grund und Boden von 12 Hektar am 1.7.2018 an seinen Sohn (S), der diesen im Rahmen seines eigenen Betriebs der Land- und Forstwirtschaft bewirtschaftet. L behält das gesamte Besatzkapital zurück, das er zur Bewirtschaftung der verbliebenen Flächen verwendet, und pachtet noch 15 Hektar Obstbauflächen zu. Am 1.3.2019 verstirbt L. S erbt die Fläche von 8 Hektar und das gesamte Besatzkapital.
Der Erwerb des Grund und Bodens von 12 Hektar am 1.7.2018 ist eine freigebige Zuwendung (§ 7 Absatz 1 Nummer 1 ErbStG). Der festzustellende Grundbesitzwert berechnet sich im Falle des Mindestwerts durch Kapitalisierung des regionalen Pachtpreises mit dem Faktor 18,6. Da das Besatzkapital nicht übertragen wurde, erfolgt hierfür kein Wertansatz nach § 164 Absatz 4 BewG.
Der Erwerb des Grund und Bodens von 8 Hektar sowie des gesamten Besatzkapitals am 1.3.2019 erfolgt von Todes wegen (§ 3 Absatz 1 Nummer 1 ErbStG). Der festzustellende Grundbesitzwert berechnet sich für den Grund und Boden durch Kapitalisierung des regionalen Pachtpreises für 8 Hektar. Der Wert des gesamten Besatzkapitals berechnet sich durch Kapitalisierung des auf die 23 Hektar entfallenden Werts mit dem Faktor 18,6, da die nach § 164 Absatz 4 Satz 3 BewG erforderliche Selbstbewirtschaftung der Flächen durch L am Bewertungsstichtag in diesem Umfang vorlag.

R B 164 (4–9)

(4) Für das Abbauland ist ein pauschaler Pachtpreis von 136 Euro/ha anzusetzen.

(5) Für das Geringstland ist ein pauschaler Pachtpreis von 5,40 Euro/ha anzusetzen.

(6) [1]Der Wert des Besatzkapitals bestimmt sich nach der jeweiligen Nutzung, ggf. dem Nutzungsteil und der Nutzungsart in Abhängigkeit des Grund und Bodens und ergibt sich aus den Anlagen 14 bis 18 zum BewG. [2]Bei der landwirtschaftlichen Nutzung ist zur Bestimmung des maßgebenden Werts entsprechend den gesetzlichen Vorgaben zusätzlich die Betriebsgröße zu berücksichtigen. [3]Der jeweilige Wert des Besatzkapitals ist mit den jeweiligen selbst bewirtschafteten Flächen des Betriebs am Bewertungsstichtag zu multiplizieren. [4]Die Frage, ob Flächen selbst bewirtschaftet werden, ist aus der Sicht des Erblassers oder Schenkers zu beurteilen. [5]Der hieraus errechnete Wert ist mit 18,6 zu kapitalisieren.

(7) Das Besatzkapital für die sonstigen land- und forstwirtschaftlichen Nutzungen ist mit dem gemeinen Wert der einzelnen Wirtschaftsgüter zu bewerten.

(8) [1]Die Summe aus den kapitalisierten Werten für den Grund und Boden sowie das Besatzkapital ist um die damit im unmittelbaren wirtschaftlichen Zusammenhang stehenden Verbindlichkeiten zu mindern. [2]Der sich hieraus ergebende Mindestwert darf nicht weniger als 0 Euro betragen. [3]Einer Überschuldung kann wegen der Begrenzung des Mindestwerts auf 0 Euro daher nur im Rahmen der Öffnungsklausel nach § 165 Absatz 3 BewG Rechnung getragen werden.

(9) [1]Stückländereien (§ 160 Absatz 7 BewG) sind nach § 162 Absatz 2 BewG ausschließlich im Mindestwertverfahren zu bewerten. [2]Zur Ermittlung des zutreffenden Pachtpreises sind die den Ertragswert bildenden Faktoren einer Nutzungsart, insbesondere die nach § 163 Absatz 3 Satz 3 BewG erforderlichen Daten, zu erklären. [3]Soweit es dem Steuerpflichtigen nicht möglich ist, die Daten zu beschaffen, sind zur Ermittlung des Werts für den Grund und Boden folgende Pachtpreise auf der Grundlage der Klassifizierung im Automatisierten Liegenschaftskataster heranzuziehen:

Flächengebundene Nutzungen	**Reingewinn in Euro pro Hektar**	**Pachtpreis in Euro pro ha**	**Wert für das Besatzkapital in Euro pro ha**
Landwirtschaftliche Nutzung – Grünland > 2/3 der Flächen	Sonstiger Futterbau Anlage 14	Sonstiger Futterbau Anlage 14	Sonstiger Futterbau Anlage 14
Landwirtschaftliche Nutzung – Ackerland > 2/3 der Flächen	Ackerbau Anlage 14	Ackerbau Anlage 14	Ackerbau Anlage 14

Flächengebundene Nutzungen	Reingewinn in Euro pro Hektar	Pachtpreis in Euro pro ha	Wert für das Besatzkapital in Euro pro ha
Landwirtschaftliche Nutzung – alle übrigen Fälle	Pflanzenbau-Verbund Anlage 14	Pflanzenbau-Verbund Anlage 14	Pflanzenbau-Verbund Anlage 14
Forstwirtschaftliche Nutzung	Anlage 15	5,40	Anlage 15a
Weinbauliche Nutzung	– 759,00	589,00	588,00
Gärtnerische Nutzung – Gartenland	– 1365,00	657,00	484,00
Gärtnerische Nutzung – Anbauflächen unter Glas	6098,00	2414,00	2750,00
Gärtnerische Nutzung – Baumschule	894,00	223,00	2359,00
Gärtnerische Nutzung – Obstplantage	– 379,00	325,00	426,00
Sondernutzung – Spargel	– 1365,00	657,00	612,00
Sondernutzung – Hopfen	– 414,00	492,00	348,00
Sondernutzung – Tabak	– 820,00	492,00	129,00

[4] Zur Einstufung der Pachtpreise für die landwirtschaftliche Nutzung ist der durchschnittliche Standarddeckungsbeitrag einer Region heranzuziehen und mit der Eigentumsfläche der landwirtschaftlichen Nutzung zu multiplizieren. [5] Der sich hiernach ergebende Wert ist zur Ermittlung der Betriebsgröße durch 1200 Euro zu dividieren. [6] Für die Einstufung der Betriebsgröße gilt § 163 Absatz 3 Satz 4 BewG. [7] Die vorstehenden Grundsätze sind auch für den Fall anzuwenden, dass bei einer Betriebsverpachtung im Ganzen oder bei einer Verpachtung von Flächen für weniger als 15 Jahre (unechte Stückländereien) die den Ertragswert bildenden Faktoren sowohl für den Grund und Boden als auch für das Besatzkapital nicht ermittelt werden können.

H B 164 (9)

Stückländerei.

Beispiel:

Ein Landwirt in Rheinland-Pfalz gibt seinen Betrieb auf und verpachtet seine Eigentumsflächen für 20 Jahre wie folgt:

Pächter 1	5,0 ha	Klassifizierung Gartenland
Pächter 2	2,5 ha	Klassifizierung Grünland
Pächter 3	20,0 ha	Klassifizierung Ackerland
Pächter 4	3,0 ha	Klassifizierung Weinbau
Pächter 5	2,5 ha	Klassifizierung Obstplantage

Es liegt ein Betrieb der Land- und Forstwirtschaft – Stückländerei vor, da die Voraussetzungen des § 160 Absatz 7 BewG erfüllt sind. Soweit die den Ertragswert bildenden Faktoren nicht ermittelt werden können, ist der Betrieb in einem vereinfachten Verfahren wie folgt zu bewerten:

1. Ermittlung des Gesamtstandarddeckungsbeitrags für die landwirtschaftliche Nutzung

Durchschnittlicher Standarddeckungsbeitrag der landwirtschaftlichen Nutzung:
Rheinland-Pfalz 606 EUR
Flächen der landwirtschaftlichen Nutzung:
22,5000 ha × 606 EUR = 13 635 EUR

2. Ermittlung der Nutzungsart bzw. Betriebsform für die landwirtschaftliche Nutzung

Die Flächen der landwirtschaftlichen Nutzung (22,5000 ha) sind zu mehr als $^2/_3$ Ackerland.

3. Ermittlung der Betriebsgröße für die landwirtschaftliche Nutzung

Gesamtstandarddeckungsbeitrag
13 635 EUR : 1 200 = 11,36 EGE
Die Betriebsgröße liegt unter 40 EGE = Kleinbetrieb.

4. Bewertungsparameter Anlage 14 zum BewG

Pachtpreis/ha:
Rheinland-Pfalz, Kleinbetrieb, Ackerbau 208 EUR

5. Bewertung des Betriebs

Mindestwertverfahren

Nutzungsart	Wert EUR/ha	jeweilige Fläche ha	a	m²	Kapitalisierungs-faktor	Mindestwert in EUR
Grund und Boden Ackerland 0 bis 40 EGE	208	22	50	00	18,6	87 048,00
Grund und Boden Weinbau	589	3	00	00	18,6	+ 32 866,20
Grund und Boden Gartenland	657	5	00	00	18,6	+ 61 101,00
Grund und Boden Obstplantage	325	2	50	00	18,6	+ 15 112,50
Verbindlichkeiten						./. 0,00
Summe						196 127,70
Mindestwert						196 128

R B 164 (10)

(10) [1]Sind für Zwecke der Erbschaftsteuer Anteile an gemeinschaftlichen Tierhaltungen im Sinne des § 51a BewG zu ermitteln, ist zunächst der Gesamtwert für die Tierhaltungsgemeinschaft im Wege des Mindestwertverfah-

rens zu ermitteln und daraus der Wert des entsprechenden Anteils zu berechnen. [2]Falls die Grenzen des § 51a Absatz 1 Satz 1 Nummer 2 BewG nicht überschritten werden, gehört der Tierbestand einer gemeinschaftlichen Tierhaltung auch dann zum land- und forstwirtschaftlichen Vermögen, wenn die Gesellschafter oder Mitglieder mehr Vieheinheiten auf die Gemeinschaft übertragen, als nach § 169 Absatz 1 und § 51a Absatz 1 Satz 1 Nummer 1 Buchstabe d BewG zulässig sind. [3]Bei den betreffenden Gesellschaftern oder Mitgliedern ist § 169 Absatz 2 bis 5 BewG anzuwenden.

Zu § 165 BewG

R B 165 Bewertung des Wirtschaftsteils mit dem Fortführungswert

(1) Die Summe der einzelnen Wirtschaftswerte gemäß R B 163 bildet den Wert des Wirtschaftsteils als Fortführungswert.

(2) Ist der nach R B 164 ermittelte Mindestwert höher als der nach Absatz 1 ermittelte Wert des Wirtschaftsteils, so ist der Mindestwert als Fortführungswert anzusetzen.

(3) [1]Für den Wirtschaftsteil des Betriebs der Land- und Forstwirtschaft kann abweichend von der Wertermittlung nach den §§ 163, 164 BewG der niedrigere gemeine Wert (Verkehrswert) am Bewertungsstichtag angesetzt werden, wenn der Steuerpflichtige diesen nachweist (§ 165 Absatz 3 BewG). [2]Der Nachweis eines niedrigeren gemeinen Werts kann nicht durch ein Einzelertragswertverfahren für den Wirtschaftsteil erbracht werden, da die Grundsätze zur Ermittlung eines Liquidationswerts zu beachten sind.

(4) [1]Den Steuerpflichtigen trifft die Nachweislast für einen niedrigeren gemeinen Wert und nicht eine bloße Darlegungslast. [2]Als Nachweis ist regelmäßig ein Gutachten eines Sachverständigen für Bewertungsfragen in der Landwirtschaft erforderlich. [3]Das Gutachten ist nicht bindend, sondern unterliegt der Beweiswürdigung durch das Finanzamt. [4]Enthält das Gutachten Mängel (z. B. methodische Mängel oder unzutreffende Wertansätze), ist es zurückzuweisen; ein Gegengutachten durch das Finanzamt ist nicht erforderlich. [5]Von dem ermittelten Verkehrswert sind die im unmittelbaren wirtschaftlichen Zusammenhang stehenden Verbindlichkeiten abzuziehen, so dass gegebenenfalls ein negativer Wert des Wirtschaftsteils in den Grundbesitzwert einfließt.

H B 165

Wert des Wirtschaftsteils.

Beispiel:

Land- und Forstwirtschaftlicher Betrieb mit folgenden Betriebsverhältnissen:

Wirtschaftswert der landwirtschaftlichen Nutzung	101 370 EUR
Wirtschaftswert der forstwirtschaftlichen Nutzung	15 344 EUR
Wert des Wirtschaftsteils = Summe der Wirtschaftswerte	116 714 EUR
Mindestwert	
der landwirtschaftlichen Nutzung	365 967 EUR
der forstwirtschaftlichen Nutzung	+ 9 372 EUR
Wert des Wirtschaftsteils	375 339 EUR

Der Wert des Wirtschaftsteils beträgt 375 339 EUR, da der Wert des Wirtschaftsteils nicht geringer sein darf als der ermittelte Mindestwert.

Zu § 166 BewG

R B 166 Liquidationswert

(1) [1]Der Wert des Grund und Bodens bestimmt sich nach den zuletzt vor dem Bewertungsstichtag ermittelten Bodenrichtwerten (ohne Aufwuchs) für die jeweilige Nutzung. [2]Der gemeine Wert der übrigen Wirtschaftsgüter bestimmt sich nach dem jeweiligen Einzelveräußerungspreis des Wirtschaftsguts am Bewertungsstichtag. [3]Für die Ermittlung des Liquidationswerts der Wirtschaftsgebäude gelten grundsätzlich die auf Grund § 199 Absatz 1 des Baugesetzbuches (BauGB) erlassenen Vorschriften.

(2) [1]Bei der Veräußerung eines ganzen Betriebs (→ R B 162 Absatz 3) ist der Wert des Grund und Bodens sowie des Besatzkapitals zu ermitteln und zur Berücksichtigung der Liquidationskosten ohne weiteren Nachweis um 10 Prozent zu mindern. [2]Die Summe der hiernach ermittelten Werte ist um die damit im unmittelbaren wirtschaftlichen Zusammenhang stehenden Verbindlichkeiten zu mindern. [3]Der Wert des Wirtschaftsteils wird in diesem Fall vollständig durch den Liquidationswert ersetzt.

H B 166 (2)

Ermittlung des Liquidationswerts für einen Betrieb.

Beispiel:

Ein im Wege der Schenkung am 1.7.2013 übertragener Betrieb der Land- und Forstwirtschaft (100 ha) wird im Jahr 2019 für 3 000 000 EUR im Ganzen veräußert. Im Jahr 2015 wurde der bisherige Betrieb komplett umstrukturiert und die Verbindlichkeiten für den Bau des Wirtschaftsgebäudes von 154 720 EUR abgelöst.
Der Betrieb der Land- und Forstwirtschaft ist rückwirkend nach den tatsächlichen Verhältnissen und den Wertverhältnissen am Bewertungsstichtag 1.7.2013 zu bewerten. Die nach dem Bewertungsstichtag eingetretene Umstrukturierung innerhalb des land- und forstwirtschaftlichen Vermögens und die Tilgung der Schuld im Jahr 2015 sind unerheblich.

1. Liquidationswerte des Grund und Bodens und der übrigen Wirtschaftsgüter am Bewertungsstichtag 1.7.2013

Bodenwert nach § 166 Absatz 2 Nummer 1 BewG	
Eigentumsfläche 100 ha	
Bodenrichtwert 12 000 EUR/ha × 100 ha	1 200 000 EUR
Abschlag für Liquidationskosten 10 %	./. 120 000 EUR
Verbindlichkeiten	./. 0 EUR
Liquidationswert Grund und Boden	1 080 000 EUR
Wert der übrigen Wirtschaftsgüter nach § 166 Absatz 2 Nummer 2 BewG	
Wert der Wirtschaftsgebäude	200 000 EUR
Wert der Maschinen	+ 112 000 EUR
Wert der Betriebsvorrichtung	+ 28 000 EUR
Wert des Umlaufvermögens	+ 20 800 EUR
Summe der Werte für das Besatzkapital	360 800 EUR
Abschlag für Liquidationskosten 10 %	./. 36 080 EUR
Verbindlichkeiten	./. 154 720 EUR
Liquidationswert Besatzkapital	170 000 EUR

2. Ermittlung des Werts des Wirtschaftsteils

Der Wert des Wirtschaftsteils setzt sich aus den beiden Liquidationswerten zusammen und beträgt demnach 1 250 000 EUR.

Verkehrswertnachweis bei Liquidationswert. → BFH vom 30.1.2019 II R 9/16, BStBl. II S. 599.

R B 166 (3)

(3) [1]Bei der Veräußerung einzelner Wirtschaftsgüter oder wenn Wirtschaftsgüter einem Betrieb der Land- und Forstwirtschaft nicht mehr dauernd zu dienen bestimmt sind (→ R B 162 Absatz 4) ist der gemeine Wert des jeweiligen Wirtschaftsguts zu ermitteln und zur Berücksichtigung der Liquidationskosten ohne weiteren Nachweis um 10 Prozent zu mindern. [2]Der hiernach jeweils ermittelte Wert ist um die damit im unmittelbaren wirtschaftlichen Zusammenhang stehenden Verbindlichkeiten zu mindern. [3]Der Wert des Wirtschaftsteils ist in diesem Fall nach Absatz 4 und den Verhältnissen beim Mindestwert zu korrigieren.

H B 166 (3)

Ermittlung des Liquidationswerts für einzelne Wirtschaftsgüter.

Beispiel:

Ein im Wege der Schenkung am 1.7.2018 übertragener Betrieb der Land- und Forstwirtschaft in Schleswig-Holstein wird zum 1.7.2021 verkleinert, da die Ehefrau nicht mehr im Betrieb mitarbeiten kann. Hierzu werden 10 Hektar Ackerland und der gesamte Milchviehbestand verkauft. 30 Hektar Grünland werden für 10 Jahre verpachtet.

Der Bodenrichtwert für Ackerland beträgt am Bewertungsstichtag 1.7.2018 1,20 EUR/m². Die Veräußerung des Milchviehbestandes am 1.7.2021 hat einen Erlös von 50 000 EUR erbracht. Der Buchwert des Milchviehbestandes beträgt 8 000 EUR, der Buchwert aller übrigen Wirtschaftsgüter (ohne Grund und Boden) beträgt 127 500 EUR. Die Veräußerungskosten belaufen sich auf 2 500 EUR. Verbindlichkeiten sind mit den veräußerten Wirtschaftsgütern nicht verbunden.

Der Betrieb war bisher im Mindestwertverfahren wie folgt bewertet:

Grund und Boden 100 ha × 338 × 18,6 =		628 680 EUR
Besatzkapital 100 ha × 78 × 18,6 =	+	145 080 EUR
Verbindlichkeiten	./.	53 760 EUR
Wert des Wirtschaftsteils		720 000 EUR

Die Veräußerung wesentlicher Wirtschaftsgüter ohne Reinvestition zum 1.7.2021 löst den Nachbewertungsvorbehalt nach § 162 Absatz 4 i. V. m. § 166 BewG aus. Der Milchviehbestand gehört zu den stehenden Betriebsmitteln und weist am Bewertungsstichtag einen Wert von mindestens 50 000 EUR auf (→ R B 162 Absatz 5 Satz 2). Der Betrieb ist rückwirkend zum Bewertungsstichtag so zu bewerten, als seien die einzelnen Wirtschaftsgüter zu diesem Zeitpunkt veräußert worden:

1. Ermittlung des Liquidationswerts

Bodenwert nach § 166 Absatz 2 Nummer 1 BewG		
Liquidationswert 10 Hektar × (1,20 EUR/m² × 10 000 m²)		120 000 EUR
Abschlag für Liquidationskosten 10 %	./.	12 000 EUR
Verbindlichkeiten	./.	0 EUR
Liquidationswert Grund und Boden		108 000 EUR

Wert der übrigen Wirtschaftsgüter nach § 166 Absatz 2 Nummer 2 BewG		
Wert der Betriebsmittel		50 000 EUR
Abschlag für Liquidationskosten 10 %	./.	5 000 EUR
Verbindlichkeiten	./.	0 EUR
Liquidationswert Besatzkapital		45 000 EUR
Summe der Liquidationswerte (108 000 EUR + 45 000 EUR =)		153 000 EUR
2. Berechnung der Korrekturbeträge		
Ausscheidender Grund und Boden 10 ha zu 100 ha Eigentumsfläche		10,00 %
Ausscheidender Milchviehbestand Buchwert 8 000 EUR zur Summe der Buchwerte aller Wirtschaftsgüter 127 500 EUR		6,27 %
3. Berechnung des Werts des Wirtschaftsteils		
Wert des Wirtschaftsteils bisher:		720 000 EUR
Grund und Boden 100 ha × 338 EUR × 18,6 × 10,00 %	./.	62 868 EUR
Besatzkapital 100 ha × 78 EUR × 18,6 × 6,27 %	./.	9 097 EUR
Liquidationswert	+	153 000 EUR
Neuer Wert des Wirtschaftsteils		801 035 EUR

Der neue Wert des Wirtschaftsteils beträgt 801 035 EUR.

R B 166 (4–6)

(4) [1] Der bisherige Wert des Wirtschaftsteils ist um den anteiligen Wert des ausscheidenden Wirtschaftsguts zu mindern. [2] Hierzu ist

1. beim Grund und Boden die ausscheidende Fläche und der bei der Wertermittlung zu Grunde gelegte Pachtpreis sowie der Kapitalisierungsfaktor von 18,6 heranzuziehen;
2. bei den übrigen Wirtschaftsgütern die selbst bewirtschaftete Fläche, der bei der Wertermittlung zu Grunde gelegte Wert für das Besatzkapital, der Kapitalisierungsfaktor von 18,6 und der prozentuale Anteil des Wirtschaftsguts am Besatzkapital heranzuziehen. [2] Zur Ermittlung des prozentualen Anteils des Wirtschaftsguts am Besatzkapital sind die Buchwerte der einzelnen Wirtschaftsgüter ohne Grund und Boden am Bewertungsstichtag zu ermitteln. [3] Aus dem Verhältnis der Buchwerte ergibt sich der prozentuale Anteil für die Minderung des Besatzkapitals.

(5) Der nach Absatz 4 korrigierte Wert des Wirtschaftsteils ist um den Liquidationswert des jeweils ausscheidenden Wirtschaftsguts zu erhöhen.

(6) Soweit für Zwecke der Grunderwerbsteuer eine Bewertung des Wirtschaftsteils mit dem Liquidationswert erfolgt, bleiben Wirtschaftsgüter, die nicht mit dem Grund und Boden verbunden sind (z. B. Maschinen, Tierbestände), außer Ansatz.

Zu § 167 BewG

R B 167.1 Bewertung der Betriebswohnungen und des Wohnteils

(1) [1] Die beim Grundvermögen für die Bewertung von Wohngrundstücken geltenden §§ 182 bis 196 BewG sowie die R B 176 bis R B 196 sind bei der Ermittlung des Werts der Betriebswohnungen und des Wohnteils anzuwenden. [2] Wegen der Zugehörigkeit von Gebäuden und Gebäudeteilen eines Be-

triebs der Land- und Forstwirtschaft zu den Betriebswohnungen und zum Wohnteil → R B 160.21 und R B 160.22.

H B 167.1 (1)

Häusliches Arbeitszimmer. Ein im Wohnbereich belegenes Arbeitszimmer stellt bewertungsrechtlich lediglich einen Raum dar, dem innerhalb der Nutzung zu Wohnzwecken eine dieser Nutzung nicht widersprechende Funktion zugewiesen ist (→ BFH vom 9.11.1988 II R 61/87, BStBl. 1989 II S. 135).

R B 167.1 (2)

(2) [1] Für Betriebswohnungen und den Wohnteil ist der zugehörige Grund und Boden (→ R B 160.21 Absatz 2 und R B 160.22 Absatz 6) jeweils gesondert zu ermitteln. [2] Für die Betriebswohnungen und den Wohnteil richtet sich die Abgrenzung vom Wirtschaftsteil nach der Verkehrsauffassung. [3] Es bestehen keine Bedenken, die ertragsteuerrechtlich getroffene Entscheidung zu Grunde zu legen. [4] Der Grund und Boden wird auf das Fünffache der bebauten Fläche der jeweils zu bewertenden Wohngebäude begrenzt.

H B 167.1 (2)

Abgrenzung des Grund und Bodens vom Wirtschaftsteil.

Beispiel:

Ein vom Betriebsleiter genutztes freistehendes Einfamilienhaus mittleren Ausstattungsstandards (Standardstufe 3) befindet sich auf einer 10 000m² großen Hofstelle. Das Haus (Baujahr 2002) verfügt über einen Keller und ein ausgebautes Dachgeschoss. Die Brutto-Grundfläche beträgt 100 m² je Geschoss. Der zuletzt vor dem Bewertungsstichtag ermittelte Bodenrichtwert beträgt für das maßgebliche Grundstück 175 EUR/m². Zum 31.12.1998 wurden das Haus und der Hausgarten mit insgesamt 1 140 m² steuerfrei aus dem ertragsteuerlichen Betriebsvermögen entnommen.

Für die Arbeitnehmer des Betriebs wurde ebenfalls im Jahre 2002 ein freistehendes Zweifamilienhaus mittleren Ausstattungsstandards (Standardstufe 3) errichtet. Das voll unterkellerte Haus verfügt über
zwei übereinander liegende Wohnungen und ein nicht ausgebautes Dachgeschoss, das jedoch nutzbar ist. Die Brutto-Grundfläche beträgt für jedes Geschoss 100 m². Zum Zweifamilienhaus gehören eine Umgriffsfläche von 150 m² und zwei Parkplätze zu je 15 m².

Vom Gutachterausschuss stehen weder geeignete Vergleichswerte bzw. Vergleichsfaktoren noch örtliche Sachwertfaktoren zur Verfügung.

Der Besteuerungsfall tritt am 3.1.2018 ein.

I. Wohnteil

Das Einfamilienhaus des Betriebsleiters gehört zum Wohnteil des Betriebs der Land- und Forstwirtschaft. Zur Abgrenzung des Wohnteils vom Wirtschaftsteil ist die Verkehrsanschauung heranzuziehen. Der Flächenansatz ist auf das Fünffache der bebauten Fläche zu begrenzen (§ 167 Absatz 2 BewG).

1. Berechnung der maßgeblichen Fläche des Wohnteils

Prüfung der Höchstgrenze

1. Bebaute Fläche des Grundstücks lt. Kataster		100 m²
2. Hausgarten	+	1 040 m²
Summe		1 140 m²
Maximal das Fünffache der bebauten Fläche		500 m²

2. Berechnung des Sachwerts des Wohnteils

a) Bodenwert inkl. Außenanlagen (§§ 179, 189 Absatz 2 BewG)		
Bodenrichtwert	175 EUR/m²	
maßgebliche Grundstücksfläche	× 500 m²	
Bodenwert		87 500 EUR

b) Gebäudesachwert (§ 190 Absatz 1 und 2 BewG)		
Gebäuderegelherstellungswert lt. Anlage 24		
Gebäudeart 1.01 – Standardstufe 3	835 EUR/m²	
Baupreisindex 116,8/100	975 EUR/m²	
Brutto-Grundfläche: (KG, EG, DG je 100 m²)	× 300 m²	292 500 EUR
Davon		
Alterswertminderung (§ 190 Abs. 4 i. V. m. Anlage 22 BewG)		
Verhältnis des Gebäudealters am Bewertungsstichtag zur Gesamtnutzungsdauer = Jahre 16 : 70 Jahre	22,86 %	./. 66 866 EUR
Gebäudesachwert		225 634 EUR

c) Vorläufiger Sachwert (§ 189 Absatz 3 BewG)	
Bodenwert	87 500 EUR
Gebäudesachwert	+ 225 634 EUR
Vorläufiger Sachwert	313 134 EUR

d) Sachwert	
Vorläufiger Sachwert	313 134 EUR
Wertzahl lt. Anlage 25 zum BewG	× 0,8
Sachwert	250 507 EUR

II. Betriebswohnungen

Das Zweifamilienhaus für die Arbeitnehmer des Betriebs gehört zu den Betriebswohnungen des Betriebs der Land- und Forstwirtschaft. Zur Abgrenzung der Betriebswohnungen vom Wirtschaftsteil ist ebenfalls die Verkehrsanschauung heranzuziehen (§ 167 Absatz 2 BewG).

1. Berechnung der maßgeblichen Fläche für die Betriebswohnungen

Prüfung der Höchstgrenze	
1. Bebaute Fläche des Grundstücks lt. Kataster	100 m²
2. Umgriffsfläche	+ 150 m²
3. Nebenfläche (Parkplätze)	+ 30 m²
	280 m²
Maximal das Fünffache der bebauten Fläche	500 m²

2. Berechnung des Sachwerts der Betriebswohnungen

a) Bodenwert inkl. Außenanlagen (§§ 179, 189 Absatz 2 BewG)		
Bodenrichtwert	175 EUR/m²	
maßgebliche Grundstücksfläche	× 280 m²	
Bodenwert		49 000 EUR

b) Gebäudesachwert (§ 190 Absatz 1 und 2 BewG)		
Gebäuderegelherstellungswert lt. Anlage 24 – Gebäudeart 1.121 – Standardstufe 3	767 EUR/m²	
Baupreisindex 116,8/100	89 EUR/m²	
Brutto-Grundfläche: (KG, EG, DG je 100 m²)	× 400 m²	358 000 EUR

Davon			
Alterswertminderung lt. Anlage 22)			
Verhältnis der tatsächlichen Nutzungsdauer zur Gesamtnutzungsdauer lt. Anlage 22 = Jahre 16 : 70 Jahre	22,86 %	./.	81 839 EUR
Gebäudesachwert			276 161 EUR
c) Vorläufiger Sachwert (§ 189 Absatz 3 BewG)			
Bodenwert			49 000 EUR
Gebäudesachwert		+	276 161 EUR
Vorläufiger Sachwert			325 161 EUR
d) Sachwert			
Vorläufiger Sachwert			325 479 EUR
Wertzahl lt. Anlage 25 zum BewG			× 0,8
Sachwert			260 128 EUR

III. Verbleibende Hofstelle

Die beim Wohnteil und den Betriebswohnungen nicht erfasste restliche Hoffläche wird beim Wirtschaftsteil erfasst.

R B 167.1 (3)

(3) [1] Bei der Bewertung der Betriebswohnungen und des Wohnteils ist jedes Gebäude bzw. jeder Gebäudeteil gesondert zu betrachten. [2] Dabei ist die Abgrenzung nach Absatz 2 Satz 2 zu beachten. [3] Handelt es sich um ein freistehendes Bauwerk, erfolgt die Wertermittlung für das Wohnhaus bzw. die Wohnung des Altenteilers nach den Grundsätzen für Ein- und Zweifamilienhäuser. [4] Befindet sich die jeweils zu bewertende Wohnung innerhalb eines räumlichen Verbunds mit anderen Gebäuden oder Gebäudeteilen, sind die Grundsätze für die Bewertung von Wohnungseigentum (§ 182 Absatz 2 Nummer 1 in Verbindung mit Absatz 4 Nummer 1 BewG) maßgebend.

H B 167.1 (3)

Bewertung von Gebäuden innerhalb eines Betriebs der Land- und Forstwirtschaft.

Beispiel:

Eine landwirtschaftliche Hofstelle besteht aus einer geschlossenen Hofanlage und weiteren Gebäuden, die wie folgt genutzt werden:

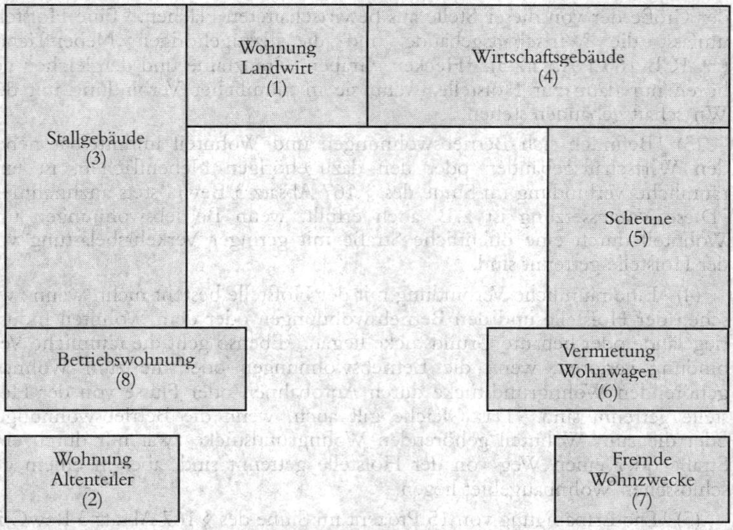

Zum Betrieb der Land- und Forstwirtschaft gehören:

a) Wirtschaftsteil
   Die Gebäude/-teile (3), (4), (5)

b) Betriebswohnungen Der Gebäudeteil (8)

c) Wohnteil
   Die Gebäude/-teile (1), (2).

Die Bewertung der Gebäude bzw. Gebäudeteile erfolgt wie beim Grundvermögen. Beim Gebäudeteil (1) und (8) handelt es sich um eine Wohnung innerhalb eines räumlichen Verbunds mit anderen Gebäuden oder Gebäudeteilen. Hierfür sind die Grundsätze für die Bewertung von Wohnungseigentum (§ 182 Absatz 2 Nummer 1 i. V. m. Absatz 4 Nummer 1 BewG) maßgebend. Für Gebäude (2) als freistehendes Bauwerk erfolgt die Wertermittlung als Einfamilienhaus.

Dagegen gehören das Gebäude (7) und der Gebäudeteil (6) jeweils als eigenständige wirtschaftliche Einheit grundsätzlich zum Grundvermögen.

R B 167.2 Ermäßigungen für Besonderheiten

(1) [1] Bei bebauten Grundstücksflächen, die Arbeitnehmern des Betriebs oder dem Betriebsleiter und seinen Familienangehörigen sowie Altenteilern für Wohnzwecke zur Verfügung stehen, ist für den Einzelfall zu prüfen, ob eine räumliche Verbindung mit der Hofstelle besteht. [2] Nur wenn im Einzelfall die räumliche Verbindung vorliegt, ist der jeweilige nach den Vorschriften des Grundvermögens ermittelte Wert nach § 167 Absatz 3 BewG um 15 Prozent zu ermäßigen.

(2) [1] Hofstelle ist diejenige Stelle, von der aus land- und forstwirtschaftliche Flächen ordnungsgemäß nachhaltig bewirtschaftet werden. [2] Umfang und Ausstattung der Hofstelle richten sich grundsätzlich nach den Erfordernissen und

der Größe der von dieser Stelle aus bewirtschafteten Flächen. [3]Eine Hofstelle umfasst die Wirtschaftsgebäude und die dazugehörigen Nebenflächen (→ R B 160.1 Absatz 3). [4]Hecken, Gräben, Grenzraine und dergleichen gehören nur dann zur Hofstelle, wenn sie in räumlicher Verbindung mit den Wirtschaftsgebäuden stehen.

(3) [1]Befinden sich Betriebswohnungen und Wohnteil unmittelbar neben den Wirtschaftsgebäuden oder den dazugehörigen Nebenflächen, ist eine räumliche Verbindung im Sinne des § 167 Absatz 3 BewG stets anzunehmen. [2]Diese Voraussetzung ist z. B. auch erfüllt, wenn Betriebswohnungen und Wohnteil durch eine öffentliche Straße mit geringer Verkehrsbelastung von der Hofstelle getrennt sind.

(4) [1]Eine räumliche Verbindung mit der Hofstelle besteht nicht, wenn zwischen der Hofstelle und den Betriebswohnungen oder dem Wohnteil Industriegelände oder bebaute Grundstücke liegen. [2]Ebenso geht die räumliche Verbindung verloren, wenn die Betriebswohnungen oder die zum Wohnteil gehörenden Wohngrundstücke durch Autobahnen oder Flüsse von der Hofstelle getrennt sind. [3]Das Gleiche gilt auch, wenn die Betriebswohnungen oder die zum Wohnteil gehörenden Wohngrundstücke zwar nur durch eine Straße oder einen Weg von der Hofstelle getrennt sind, aber in einem geschlossenen Wohnbaugebiet liegen.

(5) [1]Die Ermäßigung von 15 Prozent im Sinne des § 167 Absatz 3 BewG ist stets von dem ermittelten Vergleichs-, Ertrags- oder Sachwert vorzunehmen.

H B 167.2

Ermäßigungen für Besonderheiten (Ermäßigung von 15 Prozent).

Beispiel:

Fortsetzung des Beispiels zu H B 167.1 (2). Der Wohnteil liegt auf der Hofstelle und grenzt unmittelbar an die Wirtschaftsgebäude. Für die Betriebswohnungen soll keine enge räumliche Verbindung zur Hofstelle bestehen.

I. Wohnteil

e) Anzusetzender Sachwert			
Sachwert			250 507 EUR
Abschlag wegen enger räumlicher Verbindung	15 %	./.	37 577 EUR
Anzusetzender Sachwert			212 930 EUR

II. Betriebswohnungen

e) Anzusetzender Sachwert		
Sachwert		260 128 EUR
Kein Abschlag wegen enger räumlicher Verbindung	./.	0 EUR
Anzusetzender Sachwert		260 128 EUR

R B 167.3 Öffnungsklausel für die Betriebswohnungen und den Wohnteil

(1) [1]Für die Betriebswohnungen oder den Wohnteil des Betriebs der Land- und Forstwirtschaft kann abweichend von der Wertermittlung nach den §§ 179 und 182 bis 196 BewG der niedrigere gemeine Wert (Verkehrswert) am Bewertungsstichtag angesetzt werden, wenn der Steuerpflichtige diesen

nachweist (§ 167 Absatz 4 BewG). [2]Beim Ansatz des niedrigeren gemeinen Werts scheidet die Ermäßigung nach § 167 Absatz 3 BewG aus.

(2) [1]Als Nachweis ist regelmäßig ein Gutachten des örtlich zuständigen Gutachterausschusses oder eines Sachverständigen für die Bewertung von Grundstücken erforderlich. [2]Das Gutachten ist für die Feststellung des Grundbesitzwerts nicht bindend, sondern unterliegt der Beweiswürdigung durch das Finanzamt. [3]Enthält das Gutachten Mängel (z. B. methodische Mängel oder unzutreffende Wertansätze), ist es zurückzuweisen; ein Gegengutachten durch das Finanzamt ist nicht erforderlich. [4]Für den Nachweis des niedrigeren gemeinen Werts gelten grundsätzlich die auf Grund des § 199 Absatz 1 BauGB erlassenen Vorschriften. [5]Nach Maßgabe dieser Vorschriften besteht insoweit die Möglichkeit, sämtliche wertbeeinflussenden Umstände zur Ermittlung des gemeinen Werts (Verkehrswerts) von Grundstücken zu berücksichtigen. [6]Hierzu gehören auch die den Wert beeinflussenden Rechte und Belastungen privatrechtlicher und öffentlich-rechtlicher Art, wie z. B. Grunddienstbarkeiten und persönliche Nutzungsrechte. [7]Ein Einzelnachweis zu Bewertungsgrundlagen nach §§ 179 und 182 bis 196 BewG, z. B. hinsichtlich der Bewirtschaftungskosten, kommt nicht in Betracht. [8]Auszüge aus der Kaufpreissammlung können ein Gutachten nicht ersetzen.

(3) [1]Ein im gewöhnlichen Geschäftsverkehr innerhalb eines Jahres vor oder nach dem Bewertungsstichtag zustande gekommener Kaufpreis über den entsprechenden Teil der wirtschaftlichen Einheit kann als Nachweis dienen. [2]Ist ein Kaufpreis außerhalb dieses Zeitraums im gewöhnlichen Geschäftsverkehr zustande gekommen und sind die maßgeblichen Verhältnisse hierfür gegenüber den Verhältnissen zum Bewertungsstichtag unverändert geblieben, so kann auch dieser als Nachweis des niedrigeren gemeinen Werts dienen. [3]Es bestehen keine Bedenken, diesen Wert regelmäßig ohne Wertkorrekturen zu übernehmen.

H B 167.3

Nachweis des niedrigeren gemeinen Werts durch Sachverständigengutachten. → BFH vom 10.11.2004 II R 69/01, BStBl. 2005 II S. 259 und vom 3.12.2008 II R 19/08, BStBl. 2009 II S. 403.
→ Gleich lautende Erlasse der obersten Finanzbehörden der Länder vom 19.2.2014 (BStBl. I S. 808).

Nachweis des niedrigeren gemeinen Werts durch zeitnahen Kaufpreis. → BFH vom 2.7.2004 II R 55/01, BStBl. II S. 703.

Nießbrauchs- und andere Nutzungsrechte, die sich auf den Grundbesitzwert ausgewirkt haben Ist nach § 167 Absatz 4 BewG ein nachgewiesener gemeiner Wert, der auf Grund von Grundstücksbelastungen durch Nutzungsrechte, wie z. B. Nießbrauch oder Wohnrecht, gemindert wurde, als Grundbesitzwert festgestellt worden, hat das Lagefinanzamt das für die Festsetzung der Erbschaftsteuer zuständige Finanzamt (ErbSt-FA) hierauf hinzuweisen (vgl. § 10 Absatz 6 Satz 6 ErbStG).

Vorschriften auf der Grundlage des § 199 Absatz 1 BauGB. → Verordnung über Grundsätze für die Ermittlung der Verkehrswerte von Grundstü-

cken (Immobilienwertermittlungsverordnung – ImmoWertV) vom 19.5.2010 (BGBl I S. 639).
→ Richtlinie zur Ermittlung von Bodenrichtwerten (Bodenrichtwertrichtlinie – BRW-RL) vom 11.1.2011 (BAnz AT 11.2.2011 Nr. 24 S. 597).
→ Richtlinie zur Ermittlung des Sachwerts (Sachwertrichtlinie – SW-RL) vom 5.9.2012 (BAnz AT 18.10.2012 B1).
→ Richtlinie zur Ermittlung des Vergleichswerts und des Bodenwerts (Vergleichswertrichtlinie – VWRL) vom 20.3.2014 (BAnz AT 11.4.2014 B3).
→ Richtlinie zur Ermittlung des Ertragswerts (Ertragswertrichtlinie – EW-RL) vom 12.11.2015 (BAnz AT 4.12.2015 B4).

Beispiel:

Fortsetzung des Beispiels zu H B 167.1 (2) und H B 167.2. Der Steuerpflichtige weist durch ein entsprechendes Wertgutachten eines Sachverständigen nach, dass der gemeine Wert für den Wohnteil 150 000 EUR beträgt.

Der Nachweis des niedrigeren gemeinen Werts wurde zulässiger Weise nur für den Wohnteil geführt (§ 167 Absatz 4 BewG). Da der Nachweis durch ein Sachverständigengutachten nach den Grundsätzen der Verkehrswertermittlung erfolgt, sind die Gründe für die besondere Ermäßigung i. S. d. § 167 Absatz 3 BewG entfallen. Der Wohnteil ist auf Grund des Gutachtens mit 150 000 EUR anzusetzen.

Zu § 168 BewG

R B 168 Grundbesitzwert des Betriebs der Land- und Forstwirtschaft

(1) [1]Der Grundbesitzwert eines Betriebs der Land- und Forstwirtschaft setzt sich grundsätzlich aus dem Wert des Wirtschaftsteils, dem Wert der Betriebswohnungen und dem Wert des Wohnteils zusammen. [2]Die Werte werden jeweils getrennt ermittelt und dann zu einer Summe zusammengefasst. [3]Der Wert der Betriebswohnungen und der Wert des Wohnteils sind unter Berücksichtigung der damit im unmittelbaren wirtschaftlichen Zusammenhang stehenden Verbindlichkeiten zu ermitteln. [4]Abweichend von Satz 1 besteht der Grundbesitzwert für Stückländereien nur aus dem Wert des Wirtschaftsteils. [5]Die gesonderte Feststellung des Grundbesitzwerts erfolgt unter Berücksichtigung der R B 151.2 Absatz 3.

(2) Auch wenn ein Betrieb der Land- und Forstwirtschaft anteilig übertragen wird, ist eine Wertermittlung für die gesamte wirtschaftliche Einheit erforderlich (§ 12 Absatz 3 ErbStG in Verbindung mit § 151 Absatz 1 Satz 1 Nummer 1, § 157 BewG).

(3) [1]Soweit der Anteil an einer Personengesellschaft oder -gemeinschaft der Besteuerung unterliegt, ist der Grundbesitzwert für den ganzen Betrieb einheitlich zu ermitteln. [2]Dabei sind alle Wirtschaftsgüter zu berücksichtigen, die dem Betrieb auf Dauer zu dienen bestimmt sind, auch wenn sie nur einem oder mehreren Beteiligten gemeinsam gehören. [3]Die Vorschrift des § 158 Absatz 4 BewG ist bei der Einbeziehung der Wirtschaftsgüter zu beachten. [4]Der hiernach ermittelte Grundbesitzwert ist grundsätzlich nach den Eigentumsverhältnissen aufzuteilen.

(4) [1]Der Wert des Wirtschaftsteils ist nach den bei der Ermittlung des Mindestwerts zu Grunde gelegten Verhältnissen aufzuteilen. [2]Dabei richtet sich die

Zuordnung des Grund und Bodens, der Wirtschaftsgebäude und der Verbindlichkeiten nach den Eigentumsverhältnissen der Gesellschaft und der Gesellschafter. [3]Die Zuordnung der übrigen Wirtschaftsgüter erfolgt nach den Eigentumsverhältnissen der Gesellschaft und entsprechend dem vom Eigentümer zur Verfügung gestellten Umfang. [4]Hierfür sind die gesellschaftsvertraglichen Vereinbarungen maßgeblich, wobei es unerheblich ist, ob die Wirtschaftsgüter auf Grund gesellschaftsrechtlicher oder schuldrechtlicher Vereinbarungen überlassen werden.

(5) Aus Vereinfachungsgründen ist es abweichend von Absatz 4 nicht zu beanstanden, wenn der Wert des Besatzkapitals nach dem Verhältnis der Buchwerte der einzelnen Wirtschaftsgüter aufgeteilt wird, die dem Betrieb am Bewertungsstichtag zu dienen bestimmt sind.

(6) Sind für eine Aufteilung der Wirtschaftsgüter keine geeigneten Unterlagen vorhanden (z. B. in Fällen der Gewinnermittlung nach § 13a EStG), folgt die Verteilung des Grundbesitzwerts nach Köpfen.

(7) [1]Der für die Betriebswohnungen und den Wohnteil jeweils gesondert ermittelte Wert ist nach den Eigentumsverhältnissen zu berücksichtigen. [2]Befinden sich die Betriebswohnungen oder der Wohnteil im Eigentum der Gesellschaft, so ist der Wert den Gesellschaftern entsprechend ihrer Beteiligungshöhe anteilig zuzurechnen.

(8) Absatz 7 gilt auch für Verbindlichkeiten.

(9) Der Umfang des festzustellenden Grundbesitzwertes für den Anteil am land- und forstwirtschaftlichen Vermögen bestimmt sich nach R B 151.2 Absatz 2.

H B 168

Personengesellschaften/Gemeinschaften (Aufteilung des festzustellenden Grundbesitzwerts).

Beispiel Übergang eines Anteils im Erbfall:

V und X gründen eine Gesellschaft, die land- und forstwirtschaftlich tätig wird. V stellt 10 ha Fläche und die Wirtschaftsgebäude, X die Maschinen. Die V+X GbR erwirbt noch 10 ha Fläche dazu und pachtet zusätzlich 10 ha Fläche an. Beide sind zu je 1/2 am Gesamthandsvermögen beteiligt. Es tritt der Besteuerungsfall ein.

Die Flächen des V haben einen Buchwert von 280 000 EUR, das Wirtschaftsgebäude einen Buchwert von 20 000 EUR. Die Wirtschaftsgüter des X haben einen Buchwert von 180 000 EUR. Die Flächen der Gesellschaft haben einen Buchwert von 300 000 EUR. Die Verbindlichkeiten für den Kauf der Fläche betragen am Bewertungsstichtag noch 24 000 EUR und für die Anschaffung der Maschinen durch X noch 10 000 EUR.

Die wirtschaftliche Einheit Betrieb der Land- und Forstwirtschaft ist im Ganzen zu bewerten. Der für den Besteuerungsfall notwendige Anteil an der Gesellschaft ist nach § 168 Absatz 3 BewG durch Aufteilung zu ermitteln.

1. Ermittlung des Grundbesitzwerts

Bodenwert	20 ha × 250 EUR × 18,6		93 000 EUR
Besatzkapital	30 ha × 150 EUR × 18,6	+	83 700 EUR
Verbindlichkeiten		./.	34 000 EUR
Wert des Wirtschaftsteils			142 700 EUR

2. Aufteilung des Grundbesitzwerts

	Gesamt	V	X
Grundstücke nach Eigentumsverhältnissen:	93 000 EUR		
davon 10/20 auf V und X zu je 1/2	46 500 EUR	23 250 EUR	23 250 EUR
davon 10/20 auf V	46 500 EUR	46 500 EUR	
Besatzkapital nach den zur Verfügung gestellten Wirtschaftsgütern von 200 000 EUR:	83 700 EUR		
davon V Wirtschaftsgebäude 20 000 = 10 %	8 370 EUR	8 370 EUR	
davon X Maschinen 180 000 = 90%	75 330 EUR		75 330 EUR
Verbindlichkeiten nach Eigentumsverhältnissen:	34 000 EUR		
davon 24 000 EUR auf V und X zu je 1/2	24 000 EUR	./. 12 000 EUR	./. 12 000 EUR
davon 10 000 EUR auf X	10 000 EUR		./. 10 000 EUR
Summe		66 120 EUR	76 580 EUR

Soweit der Besteuerungsfall für V eintritt ist ein Anteil von 66 120 EUR, bei Eintritt für X ist ein Anteil von 76 580 EUR als Grundbesitzwert festzustellen.

Beispiel Übergang eines Anteils und von Sonderbetriebsvermögen im Wege der Schenkung:

A und B bewirtschaften einen Betrieb der Land- und Forstwirtschaft in der Rechtsform einer GbR, an der sie jeweils zu 50 % beteiligt sind. Zum Sonderbetriebsvermögen des A gehört ein Mähdrescher und zum Sonderbetriebsvermögen des B ein Traktor.

B überträgt zum 1.7.2018 im Wege der Schenkung die Hälfte seines Anteils auf S. Den zu seinem Sonderbetriebsvermögen gehörenden Traktor überträgt er in vollem Umfang.

1. Ermittlung des Grundbesitzwerts

Wirtschaftsteil	1 000 000 EUR
davon Grund und Boden	750 000 EUR
davon Besatzkapital	250 000 EUR
Betriebswohnungen	600 000 EUR
Wohnteil	400 000 EUR

2. Ermittlung des zur Verfügung gestellten Besatzkapitals

Sonderbetriebsvermögen A – Mähdrescher	Buchwert	300 000 EUR
Sonderbetriebsvermögen B – Traktor	Buchwert +	200 000 EUR
Gesamthandsvermögen – Maschinen und Gebäude GbR	Buchwert +	650 000 EUR
Buchwerte insgesamt		1 150 000 EUR

	in EUR	A 50 % in EUR	B 50 % in EUR	davon übertragener Anteil		Erwerber S in EUR
Wirtschaftsteil						
Grund und Boden	750 000	375 000	375 000	50 %		187 500
Besatzkapital	250 000					
Aufteilungsverhältnis 650 000 EUR : 1 150 000 EUR	141 304	70 652	70 652	50 %	+	35 326

Sonderbetriebsvermögen A						
300 000 EUR : 1 150 000 EUR	65 217	65 217				
Sonderbetriebsvermögen B						
200 000 EUR : 1 150 000 EUR	43 478		43 478	100 %	+	43 478
Betriebswohnungen	600 000	300 000	300 000	50 %	+	150 000
Wohnteil	400 000	200 000	200 000	50 %	+	100 000
Wert des übertragenen Anteils am Grundbesitzwert						516 304

Nach R B 151.2 Absatz 2 Nummer 5 ist der Grundbesitzwert des übertragenen Anteils des B mit einem Betrag von 516 304 EUR festzustellen.

E. Grundvermögen

Zu § 176 BewG

R B 176.1 Begriff des Grundvermögens

(1) [1] § 176 BewG bestimmt den Begriff des Grundvermögens. [2] Dazu gehören der Grund und Boden, die Gebäude, die sonstigen Bestandteile und das Zubehör (→ Abschnitt 1 BewRGr). [3] Zum Grundvermögen gehören ebenso das Erbbaurecht (→ R B 192.1) sowie das Wohnungs- und Teileigentum, Wohnungserbbaurecht und Teilerbbaurecht nach dem Wohnungseigentumsgesetz (→ R B 181.2).

(2) [1] Das Grundvermögen ist vom land- und forstwirtschaftlichen Vermögen abzugrenzen. [2] Zum land- und forstwirtschaftlichen Vermögen gehört, was einem Betrieb der Land- und Forstwirtschaft dauernd zu dienen bestimmt ist. [3] Nur wenn die in §§ 158 und 159 BewG genannten Voraussetzungen für die Zurechnung zum land- und forstwirtschaftlichen Vermögen nicht vorliegen, können die Wirtschaftsgüter, insbesondere Grund und Boden sowie Gebäude, zum Grundvermögen gehören.

(3) [1] Die Abgrenzung zwischen Grundvermögen und dem zum Betriebsvermögen gehörenden Grundbesitz (Betriebsgrundstücke) ergibt sich aus § 176 Absatz 1 in Verbindung mit §§ 95 und 99 BewG. [2] Nach § 95 Absatz 1 BewG umfasst das Betriebsvermögen alle Teile eines Gewerbebetriebs im Sinne des § 15 Absatz 1 und 2 EStG, die bei der steuerlichen Gewinnermittlung zum Betriebsvermögen gehören. [3] Grundbesitz der in § 97 Absatz 1 BewG bezeichneten inländischen Körperschaften, Personenvereinigungen und Vermögensmassen gehört grundsätzlich kraft Rechtsform zum Betriebsvermögen. [4] Ein zum Gesamthandsvermögen einer Personengesellschaft im Sinne von § 97 Absatz 1 Satz 1 Nummer 5 BewG gehörendes Grundstück kann nach § 99 BewG nicht Betriebsvermögen sein, wenn es ausschließlich oder fast ausschließlich der privaten Lebensführung eines, mehrerer oder aller Gesellschafter dient.

(4) Nicht in das Grundvermögen einzubeziehen sind nach § 176 Absatz 2 BewG Bodenschätze sowie Maschinen und sonstige Vorrichtungen aller Art einer Betriebsanlage (Betriebsvorrichtungen), auch wenn sie wesentliche Bestandteile eines Gebäudes oder, ohne Bestandteil eines Gebäudes zu sein, Bestandteile des Grundstücks sind.

H B 176.1

Abgrenzung des Grundvermögens von den Betriebsvorrichtungen. → Gleich lautende Ländererlasse vom 5.6.2013 (BStBl. I S. 734).

Aufteilung des Grundbesitzwerts bei nicht ausschließlich betrieblicher Nutzung. Gehört nur ein Teil des Grundstücks zum Betriebsvermögen, ist der Grundbesitzwert für das gesamte Grundstück nach § 151 Absatz 1 Satz 1 Nummer 1 BewG festzustellen. Dieser ist nach ertragsteuerrechtlichen Grundsätzen vom Betriebsfinanzamt (§ 152 Nummer 2 BewG) aufzuteilen (→ R B 151.2 Absatz 1).

R B 176.2 Grundstück

(1) [1]Die wirtschaftliche Einheit des Grundvermögens ist das Grundstück. [2]Der Begriff „Grundstück" ist dabei nicht gleichbedeutend mit dem Begriff des Grundstücks im Sinne des Bürgerlichen Rechts. [3]Maßgebend ist nach § 2 BewG allein, was als wirtschaftliche Einheit nach den Anschauungen des Verkehrs anzusehen ist. [4]Nach § 2 Absatz 2 BewG kann zu einer wirtschaftlichen Einheit nur Grundbesitz zusammengefasst werden, der demselben Eigentümer gehört. [5]Flächen, die im Eigentum eines Eigentümers stehen, und Flächen, die ihm und anderen Personen gemeinsam – gesamthänderisch oder nach Bruchteilen – gehören, können daher keine wirtschaftliche Einheit bilden.

(2) [1]Grenzt eine unbebaute Fläche an eine Grundstücksfläche, die z. B. mit einem Einfamilienhaus bebaut ist, können beide Flächen auch bei so genannter offener Bauweise selbstständige wirtschaftliche Einheiten bilden. [2]Wird von einem größeren Grundstück eine Teilfläche verpachtet und errichtet der Pächter auf dieser Fläche ein Gebäude, ist die Teilfläche als besondere wirtschaftliche Einheit zu bewerten.

(3) Der Anteil des Eigentümers an gemeinschaftlichen Hofflächen oder Garagen ist nach § 157 Absatz 3 Satz 2 BewG in das Grundstück einzubeziehen, wenn der Anteil zusammen mit diesem genutzt wird.

H B 176.2

Verpachtete Teilfläche. → BFH vom 6.10.1978 III R 23/75, BStBl. 1979 II S. 37.

Wirtschaftliche Einheit bei offener Bauweise. → BFH vom 16.2.1979 III R 67/76, BStBl. II S. 279.

Zu § 177 BewG

R B 177[1)] Bewertungsmaßstab

[1]Bei der Bewertung des Grundvermögens ist der gemeine Wert nach § 9 BewG zu Grunde zu legen. [2]Dieser entspricht inhaltlich dem Verkehrswert (Marktwert) nach § 194 BauGB.

H B 177

Abrundung/Aufrundung. Ergeben sich bei der Ermittlung des Grundbesitzwerts Euro-Beträge mit Nachkommastellen, sind diese grundsätzlich jeweils in der für den Steuerpflichtigen günstigsten Weise auf volle Euro-

---

1) Zur Änderung des § 177 BewG siehe Art. 1 des Grundsteuerreform-Umsetzungsgesetzes v. 16.7.2021, BGBl. I 2021, 2931.

Beträge auf- bzw. abzurunden. Hinsichtlich der Ermittlung und des Ansatzes des Bodenwerts → R B 179.3.

Gemeiner Wert = Verkehrswert. → BFH vom 2.2.1990 III R 173/86, BStBl. II S. 497.

Zu § 178 BewG

R B 178 Begriff des unbebauten Grundstücks

(1) Unbebaute Grundstücke sind Grundstücke, auf denen sich keine benutzbaren Gebäude befinden.

H B 178 (1)

Gebäudebegriff. → Gleich lautende Ländererlasse vom 5.6.2013 (BStBl. I S. 734).

R B 178 (2, 3)

(2) [1] Die Benutzbarkeit beginnt im Zeitpunkt der Bezugsfertigkeit des Gebäudes. [2] Es muss den zukünftigen Bewohnern oder sonstigen Benutzern nach objektiven Merkmalen zugemutet werden können, die Wohnungen oder Räume des gesamten Gebäudes zu benutzen. [3] Am Bewertungsstichtag müssen alle wesentlichen Bauarbeiten abgeschlossen sein. [4] Geringfügige Restarbeiten, die üblicherweise vor dem tatsächlichen Bezug durchgeführt werden (z. B. Malerarbeiten, Verlegen des Bodenbelags), schließen die Bezugsfertigkeit nicht aus. [5] Auf die Abnahme durch die Bauaufsichtsbehörde kommt es nicht an. [6] Ist das Gebäude am Bewertungsstichtag bezogen, begründet dies die widerlegbare Vermutung der Bezugsfertigkeit.

(3) [1] Bei der Entscheidung, ob ein Gebäude bezugsfertig ist, ist auf das ganze Gebäude und nicht auf einzelne Wohnungen oder Räume abzustellen. [2] Sind z. B. Wohnungen im Erdgeschoss vor dem Bewertungsstichtag, die übrigen Wohnungen jedoch erst danach bezugsfertig geworden, ist das Gebäude als nicht bezugsfertig anzusehen. [3] Die Bewertung eines Grundstücks im Zustand der Bebauung erfolgt nach § 196 BewG. [4] Dies ist z. B. der Fall, wenn bei einem Bürogebäude mehrere Geschosse bereits bezugsfertig sind und bei anderen noch der vollständige Innenausbau fehlt. [5] Wird ein Gebäude dagegen nur zum Teil fertig gestellt und der Innenausbau nach den Wünschen der künftigen Nutzer zurückgestellt, ist das Gebäude insgesamt als bezugsfertig anzusehen. [6] Bei abschnittsweise errichtetem Gebäude ist die Entscheidung, ob ein bezugsfertiges Gebäude anzunehmen ist, nach der Verkehrsanschauung zu treffen. [7] Eine Errichtung in Bauabschnitten ist gegeben, wenn ein Gebäude nicht in einem Zuge in planmäßig vorgesehenem Umfang bzw. im Rahmen der behördlichen Genehmigung bezugsfertig erstellt wird (z. B. wird anstelle des geplanten Mietwohngrundstücks zunächst nur eine Wohnung im Erdgeschoss fertig gestellt). [8] Die Verzögerung/Unterbrechung darf jedoch nicht auf bautechnischen Gründen beruhen (z. B. Überwindung einer Frostperiode) und muss von gewisser Dauer – mindestens zwei Jahre – sein.

H B 178 (3)

Errichtung in Bauabschnitten (Unterbrechung). → BFH vom 29.4.1987 II R 262/83, BStBl. II S. 594.

Bezugsfertigkeit eines zur Vermietung vorgesehenen Bürogebäudes. Ein neu errichtetes Bürogebäude, das nach seiner Funktion zur Vermietung einzelner, entsprechend den individuellen Bedürfnissen der Mieter gestalteter Räume dienen soll, ist bezugsfertig, wenn die für das Gebäude wesentlichen Bestandteile (z. B. Außenwände, Fenster, tragende Innenwände, Estrichböden, Dach, Treppenhaus) fertiggestellt sind und zumindest ein Teil nutzbar ist.

R B 178 (4)

(4) [1]Ein Gebäude ist nicht mehr benutzbar, wenn infolge des Verfalls des Gebäudes oder der Zerstörung keine auf Dauer benutzbaren Räume vorhanden sind (§ 178 Absatz 2 Satz 2 BewG). [2]Ein Gebäude ist dem Verfall preisgegeben, wenn der Verfall so weit fortgeschritten ist, dass das Gebäude nach objektiven Verhältnissen auf Dauer nicht mehr benutzt werden kann. [3]Die Verfallsmerkmale müssen an der Bausubstanz erkennbar sein und das gesamte Gebäude betreffen. [4]Von einem Verfall ist auszugehen, wenn erhebliche Schäden an konstruktiven Teilen des Gebäudes eingetreten sind und ein Zustand gegeben ist, der aus bauordnungsrechtlicher Sicht die sofortige Räumung nach sich ziehen würde. [5]Das ist stets der Fall, wenn eine Anordnung der Bauaufsichtsbehörde zur sofortigen Räumung des Grundstücks vorliegt; dabei ist gesondert zu prüfen, ob der Zustand von Dauer ist. [6]Hingegen wirken sich behebbare Baumängel und Bauschäden sowie aufgestauter Reparaturbedarf infolge von unterlassenen Instandsetzungs- und Reparaturarbeiten regelmäßig nur vorübergehend auf Art und Umfang der Gebäudenutzung aus und betreffen nicht unmittelbar die Konstruktion des Gebäudes. [7]Sie führen deshalb nicht dazu, ein Gebäude als dem Verfall preisgegeben anzusehen. [8]Befinden sich auf dem Grundstück Gebäude, die auf Grund von Umbauarbeiten vorübergehend nicht benutzbar sind, gilt das Grundstück als bebautes Grundstück. [9]Sofern bereits vorhandene Gebäude am Bewertungsstichtag wegen baulicher Mängel oder fehlender Ausstattungsmerkmale (z. B. Heizung, Wohnungstüren) vorübergehend nicht benutzbar sind, liegt kein unbebautes Grundstück vor. [10]Nicht zu erfassen sind jedoch Gebäude, die infolge Entkernung keine bestimmungsgemäß benutzbaren Räume mehr enthalten, auch wenn dies nur vorübergehend der Fall ist. [11]Ein Gebäude ist zerstört, wenn keine auf Dauer benutzbaren Räume vorhanden sind.

H B 178 (4)

Anordnung der Bauaufsichtsbehörde. → BFH vom 20.6.1975 III R 87/74, BStBl. II S. 803.

Entkernung. → BFH vom 24.10.1990 II R 9/88, BStBl. 1991 II S. 60.

Zu § 179 BewG

R B 179.1 Bewertung von unbebauten Grundstücken

(1) [1]Der Wert unbebauter Grundstücke umfasst den Wert des Grund und Bodens, mit dem die Außenanlagen abgegolten sind. [2]Bei der Bestimmung

des Werts eines unbebauten Grundstücks ist vom Bodenrichtwert auszugehen (§ 179 Satz 1 BewG). [3]Bei den Bodenrichtwerten handelt es sich um durchschnittliche Lagewerte, die von den Gutachterausschüssen nach § 196 BauGB auf Grund der Kaufpreissammlung flächendeckend unter Berücksichtigung des unterschiedlichen Entwicklungszustandes ermittelt und den Finanzämtern mitgeteilt werden.

(2) Als Entwicklungszustände kommen in Betracht (→ § 5 Immobilienwertermittlungsverordnung – ImmoWertV):

1. Flächen der Land- oder Forstwirtschaft,
2. Bauerwartungsland,
3. Rohbauland und
4. baureifes Land.

(3) [1]Bauerwartungsland sind Flächen, die nach ihren weiteren Grundstücksmerkmalen (→ § 6 ImmoWertV), insbesondere dem Stand der Bauleitplanung und der sonstigen städtebaulichen Entwicklung des Gebiets, eine bauliche Nutzung auf Grund konkreter Tatsachen mit hinreichender Sicherheit erwarten lassen. [2]Ist damit zu rechnen, dass die Flächen in absehbarer Zeit (→ Abschnitt 2 Absatz 7 BewRGr) anderen als land- und forstwirtschaftlichen Zwecken dienen werden und daher gemäß § 159 BewG als Grundvermögen anzusehen sind, werden diese Flächen regelmäßig als Bauerwartungsland angesetzt. [3]Rohbauland sind Flächen, die nach den §§ 30, 33 und 34 BauGB für eine bauliche Nutzung bestimmt sind, deren Erschließung aber noch nicht gesichert ist oder die nach Lage, Form oder Größe für eine bauliche Nutzung unzureichend gestaltet sind. [4]Im Regelfall handelt es sich hierbei um größere, unerschlossene Grundstücksflächen, die die Eigenschaft als land- und forstwirtschaftliches Vermögen verloren haben, selbst wenn sie noch land- und forstwirtschaftlich genutzt werden (§ 159 BewG). [5]Bruttorohbauland schließt im Gegensatz zum Nettorohbauland die für öffentliche Zwecke benötigten Flächen des Planungsgebiets ein. [6]Baureifes Land sind Flächen, die nach öffentlich-rechtlichen Vorschriften und den tatsächlichen Gegebenheiten baulich nutzbar sind (→ § 5 Absatz 4 ImmoWertV).

H B 179.1

ImmoWertV. → *Verordnung über die Grundsätze für die Ermittlung der Verkehrswerte von Grundstücken (Immobilienwertermittlungsverordnung – ImmoWertV) vom 19.5.2010 (BGBl. I S. 639).*[1)]

R B 179.2 Ansatz der Bodenrichtwerte

(1) [1]Bei der Wertermittlung ist der Bodenrichtwert anzusetzen, dessen turnusmäßige Ermittlung dem Bewertungsstichtag vorausging. [2]Es kommt somit nicht darauf an, wann der Gutachterausschuss den Bodenrichtwert tatsächlich ermittelt und dem Finanzamt mitgeteilt hat. [3]Vom Gutachterausschuss veröffentlichte Bodenpreisindexreihen, die aus Kauffällen des Grundstücksmarktes abgeleitet wurden, sind als Bestandteil der Bodenrichtwerte zu berücksichti-

[1)] Siehe **ab 1.1.2022** die ImmoWertV v. 14.7.2021, BGBl. I 2021, 2805.

gen. [4]Nach § 196 BauGB sind Bodenrichtwerte vom Gutachterausschuss flächendeckend zu ermitteln. [5]Dabei bildet der Gutachterausschuss Richtwertzonen, die jeweils Gebiete umfassen, die nach Art und Maß der Nutzung weitgehend übereinstimmen. [6]Die wertbeeinflussenden Grundstücksmerkmale des Bodenrichtwertgrundstücks sind vom Gutachterausschuss darzustellen. [7]Wertbeeinflussende Grundstücksmerkmale sind insbesondere die Art und das Maß der baulichen Nutzung, das sich in der Geschossflächenzahl und in der Anzahl der möglichen Geschosse ausdrücken kann, die Grundstückstiefe und die Grundstücksgröße sowie die Unterteilung in erschließungsbeitragspflichtiges oder erschließungsbeitragsfreies Bauland. [8]Für Grundstücke, die mit den wertbeeinflussenden Grundstücksmerkmalen des Bodenrichtwertgrundstücks in der jeweiligen Bodenrichtwertzone übereinstimmen, ist der Bodenrichtwert anzusetzen. [9]Der Wert von Grundstücken, die von den wertbeeinflussenden Grundstücksmerkmalen des Bodenrichtwertgrundstücks abweichen, ist grundsätzlich nach den Vorgaben des Gutachterausschusses (→ Absätze 2 bis 6) aus dem Bodenrichtwert der jeweiligen Richtwertzone abzuleiten.

(2) [1]Definiert der Gutachterausschuss den Bodenrichtwert in Abhängigkeit von einer Geschossflächenzahl, ist bei Grundstücken, deren planungsrechtlich zulässige Geschossflächenzahl von der des Bodenrichtwertgrundstücks abweicht, der Bodenwert nach folgender Formel abzuleiten:

$$\frac{\text{Umrechnungskoeffizient für die Geschossflächenzahl des zu bewertenden Grundstücks}}{\text{Umrechnungskoeffizient für die Geschossflächenzahl des Bodenrichtwertgrundstücks}} \times \text{Bodenrichtwert} = \text{Bodenwert/m}^2$$

[2]Die Umrechnungskoeffizienten sind den Bewertungsstellen der Finanzämter vom zuständigen Gutachterausschuss zusammen mit den Bodenrichtwerten mitzuteilen.

(3) Sofern die Gutachterausschüsse Umrechnungskoeffizienten in Abhängigkeit von der Grundstücksgröße vorgegeben haben, sind diese anzusetzen.

(4) [1]Sind die Bodenrichtwerte in Abhängigkeit von der Grundstückstiefe ermittelt worden, ist die Grundstücksfläche aufzuteilen. [2]Dabei ist die Grundstücksfläche nach ihrer Tiefe in Zonen zu gliedern, deren Abgrenzung sich nach den Vorgaben des Gutachterausschusses richtet.

(5) [1]Für Frei- und Verkehrsflächen, die als solche ausgewiesen sind, ist vom Bodenrichtwert ein angemessener Abschlag zu machen, soweit er nicht bereits in die Ermittlung des Bodenrichtwerts eingeflossen ist. [2]Die Höhe des Abschlags ist unter Berücksichtigung der Verhältnisse des Einzelfalls zu bemessen.

(6) [1]Zu den wesentlichen wertbeeinflussenden Grundstücksmerkmalen des Bodenrichtwertgrundstücks gehört bei baureifem Land stets der erschließungsbeitragsrechtliche Zustand (→ § 10 Absatz 2 Satz 2 Nummer 2 ImmoWertV). [2]Bodenrichtwerte für baureifes Land werden in der Regel von den Gutachterausschüssen für erschließungsbeitragsfreie und kostenerstattungsbeitragsfreie Grundstücke ermittelt. [3]Hat der Gutachterausschuss einen Bodenrichtwert für erschließungsbeitragspflichtiges Bauland festgelegt, ist dieser Richtwert maßgebend, solange die Erschließungsbeitragspflicht besteht. [4]Die Beitragspflicht kann auch dann noch bestehen, wenn die Erschließungsmaßnahmen bereits abgeschlossen wurden. [5]Auf den tatsächlichen Erschließungs-

zustand kommt es somit nicht an. [6]Bei unterschiedlichen erschließungsbeitragsrechtlichen Zuständen zwischen Bodenrichtwertgrundstück und zu bewertendem Grundstück kommt eine Anpassung (Zu- oder Abschlag) nach Maßgabe vom Gutachterausschuss dokumentierter Erschließungsbeiträge in Betracht.

(7) [1]Wertkorrekturen des Bodenrichtwerts nach den Absätzen 2 bis 6 können nebeneinander in Betracht kommen. [2]Sind die vom Gutachterausschuss mitgeteilten Umrechnungskoeffizienten für die Geschossflächenzahl, Grundstücksgröße oder Grundstückstiefe (→ Absatz 2 bis 4) aus erschließungsbeitragsfreien Grundstücken abgeleitet worden, sind die erschließungsbeitragspflichtigen Grundstücke vor Anwendung der Umrechnungskoeffizienten zunächst auf einen erschließungsbeitragsfreien Zustand umzurechnen. [3]Die Höhe der Erschließungsbeiträge, insbesondere für Kanalanlagen und Straßenausbau, sind nach den Vorgaben des Gutachterausschusses zu berücksichtigen. [4]Der Bodenwert ist zunächst aus den Absätzen 2 bis 4 abzuleiten. [5]Von dem abgeleiteten Bodenwert sind die Anpassungen nach den Absätzen 5 und 6 vorzunehmen. [6]Zwischenwerte sind auf volle Cent abzurunden.

(8) Weitere wertbeeinflussende Grundstücksmerkmale, wie z. B. Ecklage, Zuschnitt, Oberflächenbeschaffenheit und Beschaffenheit des Baugrundes, Lärm-, Staub- oder Geruchsbelästigungen, Altlasten sowie Außenanlagen bleiben außer Ansatz.

H B 179.2

Abweichende planungsrechtlich zulässige Geschossflächenzahl. Definiert der Gutachterausschuss den Bodenrichtwert in Abhängigkeit von einer planungsrechtlich zulässigen Geschossflächenzahl (GFZ) und werden hierfür keine örtlichen Umrechnungskoeffizienten vorgegeben, gelten die Folgenden:

Geschossflächenzahl	Umrechnungskoeffizient	Geschossflächenzahl	Umrechnungskoeffizient
0,4	0,66	1,5	1,23
0,5	0,72	1,6	1,28
0,6	0,78	1,7	1,32
0,7	0,84	1,8	1,36
0,8	0,90	1,9	1,41
0,9	0,95	2,0	1,45
1,0	1,00	2,1	1,49
1,1	1,05	2,2	1,53
1,2	1,10	2,3	1,57
1,3	1,14	2,4	1,61
1,4	1,19		

Die in der Tabelle angegebenen Umrechnungskoeffizienten beziehen sich auf Wohnbauland im erschließungsbeitragsfreien Zustand.
Weichen die Geschossflächenzahlen des Bodenrichtwertgrundstücks oder des zu bewertenden Grundstücks von den in der Tabelle angegebenen Wer-

ten ab, sind die Umrechnungskoeffizienten nach folgender Formel zu berechnen (GFZ = Geschossflächenzahl):

$$\text{Umrechnungskoeffizient} = 0{,}6 \times \sqrt{\text{GFZ}} + 0{,}2 \times \text{GFZ} + 0{,}2$$

Beispiel 1:

Der zuletzt ermittelte Bodenrichtwert eines Grundstücks beträgt 150 EUR/m² bei einer Geschossflächenzahl von 0,8. Das zu bewertende Grundstück hat eine zulässige Geschossflächenzahl von 0,6. Der Bodenwert/m² beträgt:

$$\frac{0{,}78\ \text{(Umrechnungskoeffizient bei einer Geschossflächenzahl von 0,6)}}{0{,}90\ \text{(Umrechnungskoeffizient bei einer Geschossflächenzahl von 0,8)}} \times 150{,}00\ \text{EUR/m}^2 = 130{,}00\ \text{EUR/m}^2$$

Beispiel 2:

Der zuletzt ermittelte Bodenrichtwert eines Grundstücks beträgt 150,00 EUR/m² bei einer Geschossflächenzahl von 0,8. Das zu bewertende Grundstück hat eine zulässige Geschossflächenzahl von 1,2. Der Bodenwert/m² beträgt nach der oben angeführten Formel:

$$\frac{1{,}10\ \text{(Umrechnungskoeffizient bei einer Geschossflächenzahl von 1,2)}}{0{,}90\ \text{(Umrechnungskoeffizient bei einer Geschossflächenzahl von 0,8)}} \times 150{,}00\ \text{EUR/m}^2 = 183{,}33\ \text{EUR/m}^2$$

Beispiel 3:

Der zuletzt ermittelte Bodenrichtwert eines Grundstücks beträgt 215 EUR/m² (erschließungsbeitragspflichtig/noch zu leistende Erschließungsbeiträge: 40 EUR/m²; GFZ = 1,2). Das zu bewertende Grundstück ist 800 m² groß und erschließungsbeitragsfrei (GFZ 1,6).

Bodenrichtwert (erschließungsbeitragspflichtig)	215,00 EUR/m²
Erschließungsbeiträge	+ 40,00 EUR/m²
Bodenrichtwert (erschließungsbeitragsfrei)	255,00 EUR/m²

Anpassung wegen abweichender Geschossflächenzahl

Umrechnungsfaktor:

$$\frac{1{,}28\ \text{(Umrechnungskoeffizient bei einer Geschossflächenzahl von 1,6)}}{1{,}10\ \text{(Umrechnungskoeffizient bei einer Geschossflächenzahl von 1,2)}} \times 255{,}00\ \text{EUR/m}^2 = 296{,}72\ \text{EUR/m}^2$$

Wert des Grund und Bodens

800 m² × 296,72 EUR/m²	237 376,00 EUR

Abweichende Grundstücksgröße. Definiert der Gutachterausschuss den Bodenrichtwert in Abhängigkeit von der Grundstücksgröße, erfolgt innerhalb des typisierten Regelbewertungsverfahrens eine Umrechnung nach Maßgabe des Gutachterausschusses.

Stellt der Gutachterausschuss keine Umrechnungskoeffizienten zur Berücksichtigung abweichender Grundstücksgrößen beim Bodenwert von Ein- und Zweifamilienhausgrundstücken zur Verfügung, sind ersatzweise folgende Umrechnungskoeffizienten aus der Anlage 2 der Vergleichswertrichtlinie (VW-RL) vom 20.3.2014 (BAnz AT 11.4.2014 B3) heranzuziehen:

	Grundstücksfläche in m²							
	500	600	700	800	900	1 000	1 100	1 200
Umrechnungs-koeffizienten	1,03	1,02	1,00	0,99	0,98	0,97	0,96	0,96

Die Umrechnungskoeffizienten können nur innerhalb einer Bodenrichtwertspanne von 30 bis 300 EUR/m² verwendet werden. Für Grundstücksflächen zwischen den angegebenen Intervallen können die Umrechnungskoeffizienten durch lineare Interpolation ermittelt werden. Über den tabellarisch aufgeführten Gültigkeitsbereich hinaus ist eine Extrapolation der Umrechnungskoeffizienten nicht sachgerecht.

Hierzu folgendes Anwendungsbeispiel:

Gegeben	Bodenrichtwert: 150 EUR/m² bei einer Grundstücksgröße von 900 m² Grundstücksgröße des Bewertungsobjekts: 600 m²
Gesucht	an die Grundstücksgröße des Bewertungsobjekts angepasster Bodenwert
Lösung	UK für Grundstücksgröße 900 m² = 0,98 UK für Grundstücksgröße 600 m² = 1,02 150 EUR/m² × 1,02/0,98 = rd. 156 EUR/m²

Abweichende wertrelevante Geschossflächenzahl. Definiert der Gutachterausschuss den Bodenrichtwert in Abhängigkeit von einer wertrelevanten Geschossflächenzahl (WGFZ), erfolgt innerhalb des typisierten Regelbewertungsverfahrens eine Umrechnung nach Maßgabe des Gutachterausschusses.

Stellt der Gutachterausschuss keine Umrechnungskoeffizienten zur Berücksichtigung abweichender wertrelevanter Geschossflächenzahlen beim Bodenwert von Mehrfamilienhausgrundstücken (Mietwohngrundstücken) zur Verfügung, sind ersatzweise folgende Umrechnungskoeffizienten aus der Anlage 1 der Vergleichswertrichtlinie (VW-RL) vom 20.3.2014 (BAnz AT 11.4.2014 B3) heranzuziehen:

Bodenrichtwert (EUR/m²)	**wertrelevante Geschlossflächenzahl (WGFZ)**													
	0,4	**0,6**	**0,8**	**1,0**	**1,2**	**1,4**	**1,6**	**1,8**	**2,0**	**2,2**	**2,4**	**2,6**	**2,8**	**3,0**
200	0,88	0,93	0,97	1,00	1,03	1,05	1,07	1,08	1,10	1,11				
250	0,79	0,88	0,94	1,00	1,05	1,09	1,13	1,17	1,20	1,23	1,26			
300	0,71	0,83	0,92	1,00	1,07	1,13	1,19	1,24	1,29	1,34	1,38	1,43		
350		0,80	0,91	1,00	1,08	1,16	1,23	1,30	1,36	1,42	1,47	1,52	1,58	
400		0,77	0,89	1,00	1,10	1,18	1,27	1,35	1,42	1,49	1,56	1,62	1,68	
450			0,88	1,00	1,11	1,21	1,31	1,40	1,48	1,57	1,64	1,72	1,79	1,86
500			0,87	1,00	1,12	1,24	1,34	1,45	1,55	1,64	1,73	1,82	1,90	1,98

Für Bodenrichtwerte zwischen den Bodenrichtwertintervallen können die Umrechnungskoeffizienten durch lineare Interpolation ermittelt werden. Über den tabellarisch aufgeführten Gültigkeitsbereich hinaus ist eine Extrapolation der Umrechnungskoeffizienten nicht sachgerecht.

Hierzu folgendes Anwendungsbeispiel:

Gegeben	Bodenrichtwert: 380 EUR/m² bei einer WGFZ von 1,2 WGFZ des Bewertungsobjekts: 1,6
Gesucht	an die WGFZ des Bewertungsobjekts angepasster Bodenwert
Lösung	UK für WGFZ 1,2 = 1,09 UK für WGFZ 1,6 = 1,25 380 EUR/m² × 1,25/1,09 = rd. 436 EUR/m²

Anzusetzender Bodenrichtwert. Zum 3.1.2018 wird ein unbebautes Grundstück verschenkt. Der Gutachterausschuss hat zuletzt zum 31.12.2015 einen Bodenrichtwert von 200 EUR/m² ermittelt. In seiner Sitzung im April 2018 ermittelt der Gutachterausschuss zum 31.12.2017 einen Bodenrichtwert von 230 EUR/m². Der Gutachterausschuss teilt den Bodenrichtwert dem Finanzamt erst im Mai 2018 mit. Bei der Bewertung des unbebauten Grundstücks muss das Finanzamt von einem Bodenrichtwert von 230 EUR/m² ausgehen. Dies ist der turnusmäßig zuletzt vor dem Bewertungsstichtag vom Gutachterausschuss zu ermittelnde Wert.

Bodenrichtwertrichtlinie – BRW-RL. → *Richtlinie zur Ermittlung von Bodenrichtwerten (Bodenrichtwertrichtlinie – BRW-RL) vom 11.1.2011 (BAnz. Nummer 24 S. 597).*[1)]

Erschließungsbeitragsrechtlicher Zustand des Grundstücks. → BFH vom 18.8.2005 II R 62/03, BStBl. 2006 II S. 5.

Grundstücksmerkmale. → § 4 Absatz 2 ImmoWertV.

Lagetypische Bodenrichtwerte. Lagetypische Bodenrichtwerte können zugrunde gelegt werden, wenn der Gutachterausschuss keine zonalen Bodenrichtwerte gebildet hat.

Umrechnungskoeffizienten für Geschossflächenzahl. → BFH vom 12.7.2006 II R 1/04, BStBl. II S. 742.

Umrechnungskoeffizienten für Grundstücksgröße. → BFH vom 11.5.2005 II R 21/02, BStBl. II S. 686.

Vergleichswertrichtlinie – VW-RL. → *Richtlinie zur Ermittlung des Vergleichswerts und des Bodenwerts (Vergleichswertrichtlinie – VW-RL) vom 20.3.2014 (BAnz AT 11.4.2014 B3).*[1)]

Wertrelevante Geschossflächenzahl. → Definition: Nummer 6 Absatz 6 Bodenrichtwertrichtlinie (BRW-RL) vom 11.1.2011 (BAnz. Nummer 24 S. 597).

Innerhalb des typisierten Regelbewertungsverfahrens erfolgt die Ermittlung der wertrelevanten Geschossflächenzahl (WGFZ) für das zu bewertende Grundstück nach den Modellparametern des örtlich zuständigen Gutachterausschusses.

---

1) Siehe **ab 1.1.2022** ImmoWertV v. 14.7.2021, BGBl. I 2021, 2805.

R B 179.3 Ansatz des Bodenwerts

(1) 1 Der aus dem Bodenrichtwert nach R B 179.2 ermittelte Bodenwert pro m^2 ist auf volle Cent abzurunden und ergibt multipliziert mit der Grundstücksfläche den Wert des Grund und Bodens (Bodenwert). 2 Der Bodenwert ist auf volle Euro abzurunden.

(2)[1] 1 Hat der Gutachterausschuss keinen Bodenrichtwert nach § 196 BauGB ermittelt, ist der Bodenwert pro m^2 aus den Bodenrichtwerten vergleichbarer Flächen abzuleiten. 2 R B 179.2 ist hierbei entsprechend zu berücksichtigen; bei Bedarf ist der Gutachterausschuss um Auskunft zu ersuchen (→ § 193 Absatz 1 Satz 1 Nummer 2 bzw. Satz 2 BauGB). 3 Durch Multiplikation von Grundstücksfläche und abgeleitetem Bodenwert pro m^2 sowie Abrundung des Produkts auf volle Euro ergibt sich der Bodenwert.

H B 179.3 (2)

Keine Bodenrichtwerte. Hat der Gutachterausschuss – gleich aus welchen Gründen – keinen Bodenrichtwert ermittelt, ist der Bodenwert aus den Bodenrichtwerten vergleichbarer Flächen abzuleiten (→ § 179 Satz 4 BewG). Für Bauerwartungsland und Rohbauland gelten in diesen Fällen aus Vereinfachungsgründen regelmäßig folgende Wertansätze:

1. Bauerwartungsland	25 %,
2. Bruttorohbauland	50 % und
3. Nettorohbauland	75 %

des Bodenrichtwerts für vergleichbares erschließungsbeitragsfreies Bauland, sofern hierzu keine Angaben der Gutachterausschüsse vorliegen.

Zu § 180 BewG

R B 180 Begriff des bebauten Grundstücks

(1) 1 Bebaute Grundstücke sind Grundstücke, auf denen sich benutzbare Gebäude befinden. 2 Wegen der Tatbestandsmerkmale Benutzbarkeit und Bezugsfertigkeit → R B 178.

(2) Wird ein Gebäude in Bauabschnitten errichtet, ist der fertig gestellte Teil als benutzbares Gebäude anzusehen (→ R B 178 Absatz 3).

(3) 1 Zur wirtschaftlichen Einheit eines bebauten Grundstücks gehören der Grund und Boden, die Gebäude, die sonstigen Bestandteile und das Zubehör (→ R B 176.1 Absatz 1). 2 Nicht einzubeziehen sind Maschinen und Betriebsvorrichtungen (→ R B 176.1 Absatz 4).

(4) 1 Zum Grund und Boden gehören die bebaute Fläche und die mit dem Gebäude im Zusammenhang stehende unbebaute Fläche, insbesondere der Hofraum sowie Haus- und Vorgarten. 2 Bei einer hieran anschließenden größeren unbebauten Fläche ist für die Beurteilung, was als wirtschaftliche Einheit gilt, die Verkehrsanschauung maßgebend (→ R B 176.2 Absatz 1).

---

[1] Zur Änderung des § 179 Satz 3 BewG siehe Art. 1 des Grundsteuerreform-Umsetzungsgesetzes v. 16.7.2021, BGBl. I 2021, 2931.

(5) [1]Wesentliche Bestandteile des Grundstücks sind auch die Gebäude und die mit Gebäuden verbundenen Anbauten (z. B. Wintergärten). [2]Im Grundbesitzwert zu erfassen sind die Nebengebäude, wenn sie auf dem mit dem Hauptgebäude bebauten Grundstück stehen (z. B. Garagen).

H B 180

Abgrenzung des Grundvermögens von den Betriebsvorrichtungen. → Gleich lautende Ländererlasse vom 5.6.2013 (BStBl. I S. 734).

Gebäudebegriff. → Gleich lautende Ländererlasse vom 5.6.2013 (BStBl. I S. 734).

Zu § 181 BewG

R B 181.1 Grundstücksarten

(1) [1]Bei bebauten Grundstücken wird nach § 181 BewG zwischen folgenden Grundstücksarten unterschieden.

Grundstücksart	Voraussetzungen
1. Ein- und Zweifamilienhäuser	• Wohngrundstücke mit bis zu zwei Wohnungen; • Mitbenutzung für betriebliche oder öffentliche Zwecke zu weniger als 50 Prozent – berechnet nach der Wohn- oder Nutzfläche – ist unschädlich, soweit dadurch nicht die Eigenart als Ein- oder Zweifamilienhaus wesentlich beeinträchtigt wird; • kein Wohnungseigentum nach Nummer 3.
2. Mietwohngrundstücke	• Grundstücke, die zu mehr als 80 Prozent – berechnet nach der Wohn- oder Nutzfläche – Wohnzwecken dienen und nicht Ein- und Zweifamilienhäuser im Sinne der Nummer 1 oder Wohnungseigentum nach Nummer 3 sind.
3. Wohnungs- und Teileigentum	• Wohnungseigentum ist das Sondereigentum an einer Wohnung in Verbindung mit dem Miteigentumsanteil an dem gemeinschaftlichen Eigentum, zu dem es gehört (§ 1 Absatz 2 WEG). • Teileigentum ist das Sondereigentum an nicht zu Wohnzwecken dienenden Räumen eines Gebäudes in Verbindung mit dem Miteigentum an dem gemeinschaftlichen Eigentum, zu dem es gehört (§ 1 Absatz 3 WEG).
4. Geschäftsgrundstücke	• Grundstücke, die zu mehr als 80 Prozent – berechnet nach der Wohn- oder Nutzfläche – eigenen oder fremden betrieblichen oder öffentlichen Zwecken dienen und nicht Teileigentum nach Nummer 3 sind.

Grundstücksart	Voraussetzungen
5. gemischt genutzte Grundstücke	• Grundstücke, die teils Wohnzwecken, teils eigenen oder fremden betrieblichen oder öffentlichen Zwecken dienen und keine Grundstücke im Sinne der Nummer 1 bis 4 sind.
6. sonstige bebaute Grundstücke	• Grundstücke, die nicht unter die Nummer 1 bis 5 fallen.

[2]Die Grundstücksart ist für die Zuordnung des Bewertungsverfahrens von entscheidender Bedeutung (§ 182 BewG, → R B 182). [3]Die Abgrenzung der Grundstücksarten ist nach dem Verhältnis der Wohn- und Nutzfläche vorzunehmen. [4]Dabei sind Nutzflächen, die in einem Nutzungszusammenhang mit Wohnflächen stehen (z. B. Garagen, Kellerräume), nicht einzubeziehen. [5]Maßgeblich ist die Wohnfläche nach der Wohnflächenverordnung (WoFlV). [6]Ist die Wohnfläche bis zum 31. Dezember 2003 nach der II. Berechnungsverordnung (II. BV) berechnet worden, bleibt es bei dieser Berechnung (→ § 5 WoFlV), soweit nach dem 31. Dezember 2003 keine baulichen Änderungen an dem Wohnraum vorgenommen worden sind, die eine Neuberechnung erforderlich machen. [7]Abzustellen ist auf die tatsächliche Nutzung am Bewertungsstichtag.

(2) [1]Bei der Festlegung der Grundstücksart ist stets die gesamte wirtschaftliche Einheit zu betrachten. [2]Dies gilt auch, wenn sich auf einem Grundstück mehrere Gebäude oder Gebäudeteile unterschiedlicher Bauart oder Nutzung befinden.

(3) [1]§ 181 Absatz 9 BewG definiert die Wohnung im bewertungsrechtlichen Sinne. [2]Eine Wohnung ist hiernach die Zusammenfassung einer Mehrheit von Räumen, die in ihrer Gesamtheit so beschaffen sein müssen, dass die Führung eines selbstständigen Haushalts möglich ist. [3]Die Zusammenfassung einer Mehrheit von Räumen muss eine von anderen Wohnungen oder Räumen, insbesondere Wohnräumen, baulich getrennte, in sich abgeschlossene Wohneinheit bilden, einen selbstständigen Zugang haben und mindestens eine Wohnfläche von 23 Quadratmeter aufweisen. [4]Außerdem ist erforderlich, dass die für die Führung eines selbstständigen Haushalts notwendigen Nebenräume (Küche, Bad oder Dusche, Toilette) vorhanden sind.

H B 181.1

Abgrenzung der Grundstücksart nach dem Verhältnis von Wohn- und Nutzfläche.

Beispiel:

Auf einem Grundstück befindet sich ein mehrgeschossiges Gebäude, in dem sich insgesamt 400 m² Wohnfläche und 200 m² Nutzfläche befinden. Die Nutzfläche entfällt zu jeweils 50 % auf die Kellerräume der Wohnungsmieter des Gebäudes sowie auf betrieblich genutzte Flächen. Das Grundstück ist der Grundstücksart gemischt genutztes Grundstück zuzuordnen, da nur 80 % von insgesamt 500 m² Wohn- und Nutzfläche der Wohnungsnutzung dienen. Die im Nutzungszusammenhang mit den Wohnflächen stehenden Kellerräume der Mieter (Nutzfläche 100 m²) sind hierbei nicht zu berücksichtigen.

Wohn-/Nutzfläche nach WoFlV. → Verordnung zur Berechnung der Wohnfläche vom 25.11.2003 (BGBl. I S. 2346).

R B 181.2 Wohnungs- und Teileigentum

(1) [1]Jedes Wohnungseigentum und jedes Teileigentum gilt als ein Grundstück im Sinne des Bewertungsgesetzes (§ 176 Absatz 1 Nummer 3 BewG). [2]Wohnungseigentum und Teileigentum werden nach § 2 WEG entweder durch vertragliche Einräumung von Sondereigentum (§ 3 WEG) oder durch Teilung (§ 8 WEG) begründet. [3]Nach § 3 WEG kann Sondereigentum auch an Räumen in einem erst zu errichtenden Gebäude eingeräumt werden. [4]Ebenso ist die Teilung durch den Eigentümer auch bei einem erst noch zu errichtenden Gebäude möglich (§ 8 Absatz 1 WEG). [5]Die rechtliche Zusammenführung von Sondereigentum und Miteigentumsanteil bildet von Beginn an Wohnungseigentum oder Teileigentum im Sinne des § 1 Absatz 2 und 3 WEG.

(2) [1]Das Wohnungs-/Teileigentum entsteht zivilrechtlich mit der Anlegung des Wohnungs- oder Teileigentumsgrundbuchs. [2]Schenkungsteuerrechtlich gilt das Wohnungs-/Teileigentum bereits dann als entstanden, wenn die Teilungserklärung beurkundet ist und die Anlegung des Grundbuchs beantragt werden kann (→ R E 9.1 Absatz 1). [3]Dies gilt sowohl für am Bewertungsstichtag noch nicht bezugsfertige Gebäude als auch für bereits bestehende Gebäude.

(3) [1]Die wirtschaftliche Einheit des Wohnungs-/Teileigentums setzt sich aus dem Sondereigentum und dem Miteigentumsanteil an dem gemeinschaftlichen Eigentum zusammen, zu dem es gehört. [2]Sind bei einem Wohnungseigentum mehrere Wohnungen mit nur einem Miteigentumsanteil verbunden, sind sie grundsätzlich zu einer wirtschaftlichen Einheit zusammenzufassen. [3]Eine Ausnahme besteht jedoch dann, wenn die tatsächlichen Gegebenheiten der Verkehrsanschauung entgegenstehen. [4]Liegen die Wohnungen in demselben Haus unmittelbar übereinander oder nebeneinander und sind sie so miteinander verbunden, dass sie sich als ein Raumkörper darstellen, bilden sie eine wirtschaftliche Einheit. [5]Besteht keine derartige Verbindung, weil sich die Wohnungen getrennt von anderen im Sondereigentum stehenden Wohnungen im Gebäude befinden, sind nach der Verkehrsanschauung mehrere wirtschaftliche Einheiten anzunehmen.

(4) [1]Handelt es sich dagegen um mehrere Wohnungen, die jeweils mit einem Miteigentumsanteil am Grundstück verbunden sind, und liegen mithin zivilrechtlich mehrere selbstständige Wohnungseigentumsrechte vor, ist trotz des tatsächlichen Aneinandergrenzens und der Eintragung auf ein gemeinsames Wohnungsgrundbuchblatt eine Zusammenfassung zu einer einheitlichen wirtschaftlichen Einheit nicht möglich. [2]Werden mehrere Wohnungen durch größere bauliche Maßnahmen zu einer einzigen Wohnung umgestaltet und sind sie danach nicht mehr ohne größere bauliche Veränderungen getrennt veräußerbar, bilden sie nur eine wirtschaftliche Einheit. [3]Dies gilt entsprechend für die bauliche Zusammenfassung von Wohnung und Gewerberaum.

(5) [1]Zubehörräume, insbesondere Kellerräume und sonstige Abstellräume, die der Grundstückseigentümer gemeinsam mit seinem Miteigentumsanteil

nutzt, sind ohne Rücksicht auf die zivilrechtliche Gestaltung in die wirtschaftliche Einheit einzubeziehen. [2]Gehören zu der Wohnung auch Garagen, sind sie in die wirtschaftliche Einheit des Wohnungseigentums einzubeziehen (§ 157 Absatz 3 Satz 2 in Verbindung mit § 70 Absatz 1 und 2 BewG). [3]Es kommt nicht darauf an, ob sich die Garagen auf dem Grundstück der Eigentumswohnungsanlage oder auf einem Grundstück in der näheren Umgebung befinden. [4]An Abstellplätzen außerhalb von Sammelgaragen kann kein Sondereigentum begründet werden. [5]Derartige Abstellplätze sind Gemeinschaftseigentum, die jedoch mittels einer Nutzungsvereinbarung einem bestimmten Wohnungseigentums- oder Teileigentumsrecht zugeordnet werden können.

H B 181.2

Wohnungen als wirtschaftliche Einheit. → BFH vom 1.4.1987 II R 79/86, BStBl. II S. 840 und vom 1.8.1990 II R 46/88, BStBl. II S. 1016.

Zu § 182 BewG

R B 182 Zuordnung zu den Bewertungsverfahren

(1) [1]Der Wert eines Grundstücks ist entweder nach dem Vergleichswertverfahren, dem Ertragswertverfahren oder dem Sachwertverfahren zu bemessen. [2]Welches Verfahren für die zu bewertende wirtschaftliche Einheit anzuwenden ist, richtet sich nach der Grundstücksart der wirtschaftlichen Einheit (§ 181 BewG, → R B 181.1).

(2) [1]Das Vergleichswertverfahren (§ 183 BewG) ist für das Wohnungseigentum, das Teileigentum und für die Ein- und Zweifamilienhäuser anzuwenden, sofern der Gutachterausschuss entsprechende Vergleichspreise oder Vergleichsfaktoren ermittelt hat. [2]Nachrangig kann auf die in der Finanzverwaltung vorliegenden Unterlagen zu Vergleichspreisen zurückgegriffen werden

(3) [1]Das Ertragswertverfahren (§§ 184 bis 188 BewG) ist für Geschäftsgrundstücke und gemischt genutzte Grundstücke anzuwenden, für die sich auf dem örtlichen Grundstücksmarkt eine übliche Miete ermitteln lässt. [2]Die übliche Miete kann auch durch ein Mietgutachten nachgewiesen werden (→ R B 186.5 Absatz 5). [3]Das Verfahren ist nicht anzuwenden, wenn zwar eine tatsächliche Miete vereinbart ist, jedoch keine übliche Miete ermittelt werden kann, da in einem solchen Fall ein Vergleich nicht möglich ist. [4]Mietwohngrundstücke sind nach § 182 Absatz 3 Nummer 1 BewG stets im Ertragswertverfahren zu bewerten. [5]Ist in diesen Fällen weder eine tatsächliche Miete vorhanden noch eine ortsübliche Miete ermittelbar, ist die Miete marktbezogen, beispielsweise durch Abgleich mit den Mietverhältnissen in vergleichbaren überregionalen Lagen, zu schätzen.

(4) [1]Das Sachwertverfahren (§§ 189 bis 191 BewG) ist für die Bewertung der sonstigen bebauten Grundstücke heranzuziehen. [2]Darüber hinaus ist das Sachwertverfahren das Auffangverfahren für
- das Wohnungseigentum, das Teileigentum und für Ein- und Zweifamilienhäuser, wenn das Vergleichswertverfahren mangels Vergleichspreisen oder Vergleichsfaktoren nicht anwendbar ist;

– Geschäftsgrundstücke und gemischt genutzte Grundstücke, für die sich auf dem örtlichen Grundstücksmarkt keine übliche Miete ermitteln lässt.

H B 182 (4)

Betriebsaufspaltung/Konzernverbund.

Beispiel:

Im Rahmen einer Betriebsaufspaltung überlässt das Besitzunternehmen einem Betriebsunternehmen ein Geschäftsgrundstück. Eine ortsübliche Miete ist nicht ermittelbar. Das Grundstück ist daher nicht im Ertragswertverfahren, sondern im Sachwertverfahren zu bewerten.

R B 182 (5)

(5) Befinden sich auf einem Grundstück mehrere selbstständige Gebäude oder Gebäudeteile und lässt sich für mindestens eines dieser Gebäude oder Gebäudeteile keine übliche Miete ermitteln, erfolgt die Wertermittlung für die gesamte wirtschaftliche Einheit einheitlich nach dem Sachwertverfahren.

Zu § 183 BewG

R B 183 Vergleichswertverfahren

(1) [1] Bei der Anwendung des Vergleichswertverfahrens wird der Grundbesitzwert des zu bewertenden bebauten Grundstücks entweder aus Vergleichspreisen (Absatz 2) für vergleichbare Grundstücke oder aus Vergleichsfaktoren (Absatz 3) abgeleitet. [2] Vergleichspreis- und Vergleichsfaktorverfahren stehen gesetzessystematisch gleichrangig nebeneinander; es besteht ein Auswahlermessen. [3] Der Vergleichswert bebauter Grundstücke umfasst den Boden- und Gebäudewert.

(2) [1] Im Vergleichspreisverfahren wird der Vergleichswert aus einer ausreichenden Zahl von geeigneten Vergleichspreisen ermittelt. [2] Für die Ableitung der Vergleichspreise sind die Kaufpreise solcher Grundstücke heranzuziehen, die mit dem zu bewertenden Grundstück hinreichend übereinstimmende Grundstücksmerkmale aufweisen (Vergleichsgrundstücke, § 183 Absatz 1 BewG). [3] Eine hinreichende Übereinstimmung der Grundstücksmerkmale der Vergleichsgrundstücke liegt vor, wenn sie insbesondere hinsichtlich ihrer Lage, Art und Maß der baulichen Nutzung, Größe, Erschließungszustand, Gebäudeart und Alter des Gebäudes mit dem zu bewertenden Grundstück weitgehend übereinstimmen bzw. die Abweichungen in sachgerechter Weise (→ Absatz 4) berücksichtigt werden können. [4] Vorrangig ist auf die von den Gutachterausschüssen für Grundstückswerte mitgeteilten Vergleichspreise zurückzugreifen. [5] Liegen mehrere Vergleichspreise vor, soll der Durchschnittswert angesetzt werden. [6] Sofern der Gutachterausschuss nur Durchschnittskaufpreise (Kaufpreismittel) aus einer Vielzahl von Kauffällen einer Grundstücksart ohne Berücksichtigung unterschiedlicher wertbeeinflussender Grundstücksmerkmale abgeleitet hat, sind diese als Vergleichspreise nicht geeignet. [7] Soweit von den

Gutachterausschüssen keine Vergleichspreise vorliegen, kann das zuständige Finanzamt geeignete Vergleichspreise aus anderen Kaufpreissammlungen als nach § 195 BauGB berücksichtigen.

H B 183 (2)

Anzahl der Vergleichspreise. Voraussetzung für die Anwendung des Vergleichswertverfahrens ist eine ausreichende Anzahl geeigneter Vergleichspreise; ausnahmsweise kann auch ein Vergleichspreis genügen.

Auszüge aus der Kaufpreissammlung. Bloße Auszüge aus der Kaufpreissammlung und deren schematische Mittelwertbildung stellen keine geeigneten Vergleichspreise dar.

Kaufpreis für das zu bewertende Grundstück als Vergleichspreis. Als ein Vergleichspreis kann auch der für die zu bewertende wirtschaftliche Einheit tatsächlich innerhalb eines Jahres vor dem Bewertungsstichtag unter fremden Dritten erzielte Kaufpreis gelten, sofern zwischenzeitlich keine Änderungen der Wertverhältnisse eingetreten sind und dem Verkauf keine ungewöhnlichen oder persönlichen Verhältnisse zu Grunde gelegen haben.

R B 183 (3)

(3)[1] [1]Anstelle von Vergleichspreisen können zur Ermittlung des Vergleichswerts auch Vergleichsfaktoren herangezogen werden, die vom Gutachterausschuss für Grundstückswerte für geeignete Bezugseinheiten, z. B. die Wohnfläche (Gebäudefaktor) oder den erzielbaren jährlichen Ertrag (Ertragsfaktor), ermittelt und mitgeteilt werden (§ 183 Absatz 2 BewG). [2]Der Vergleichswert ergibt sich dann durch Vervielfachung der Bezugseinheit mit dem Vergleichsfaktor. [3]Vergleichsfaktoren sind geeignet, wenn die Grundstücksmerkmale der ihnen zugrunde liegenden Grundstücke hinreichend mit denen des zu bewertenden Grundstücks übereinstimmen bzw. die Abweichungen in sachgerechter Weise (Absatz 4) berücksichtigt werden können. [4]Beziehen sich die Vergleichsfaktoren nur auf den Gebäudewert, ist der Bodenwert zusätzlich nach Maßgabe des § 179 BewG zu ermitteln.

H B 183 (3)

Vergleichsfaktoren.

Anwendungsvoraussetzungen bei Wohnungseigentum:
Bei Vergleichsfaktoren für Wohnungseigentum sollten regelmäßig mindestens folgende Klassifizierungsmerkmale vorliegen: Baujahrsklasse, Wohnungsgröße der Vergleichswohnung oder eine Wohnungsgrößenspanne und die Wohnlage.

Beispiel (Einfamilienhäuser):

Hat der Gutachterausschuss nur einen Vergleichsfaktor für ein Reihenhaus ermittelt, kann dieser nur dann als Vergleichsfaktor für ein freistehendes Einfamilienhaus benutzt werden, wenn vom Gutachterausschuss zusätzlich entsprechende Korrekturfaktoren vorliegen.

---

[1] Zur Änderung des § 183 Abs. 2 BewG siehe Art. 1 des Grundsteuerreform-Umsetzungsgesetzes v. 16.7.2021, BGBl. I 2021, 2931.

Vergleichsfaktoren in Spannen:
Hat der örtliche Gutachterausschuss Vergleichsfaktoren in Spannen veröffentlicht und dabei Differenzierungsmerkmale ausgewiesen, ist der entsprechend differenzierte Wert aus der Spanne zugrunde zu legen. Andernfalls ist regelmäßig nicht der Mittelwert, sondern der unterste Wert der Spanne anzusetzen.
Kein Vergleichsfaktor in Spannen liegt vor, wenn der Gutachterausschuss den Vergleichsfaktor als festen Wert vorgibt und zusätzlich nach oben und nach unten eine Standardabweichung benennt. In diesem Fall ist als Vergleichsfaktor der vorgegebene Wert anzusetzen.

R B 183 (4)

(4) [1]Weichen die Grundstücksmerkmale der Vergleichsgrundstücke bzw. der den Vergleichsfaktoren zugrunde liegenden Grundstücke von den Grundstücksmerkmalen des zu bewertenden Grundstücks ab, so sind diese Abweichungen durch Zu- oder Abschläge nach Vorgabe des Gutachterausschusses für Grundstückswerte zu berücksichtigen. [2]Besonderheiten, insbesondere die den Wert beeinflussenden Rechte und Belastungen privatrechtlicher und öffentlich-rechtlicher Art, werden in dem typisierenden Vergleichswertverfahren nach § 183 Absatz 1 und 2 BewG nicht berücksichtigt (§ 183 Absatz 3 BewG).

H B 183 (4)

Vergleichsfaktoren (Abweichungen). Stehen vom örtlichen Gutachterausschuss zur Berücksichtigung der Abweichungen zwischen den Grundstücksmerkmalen der Vergleichsgrundstücke bzw. der den Vergleichsfaktoren zugrunde liegenden Grundstücke und den Grundstücksmerkmalen des zu bewertenden Grundstücks keine Anpassungsfaktoren (z. B. Indexreihen oder Umrechnungskoeffizienten) zur Verfügung, kann eine hinreichende Übereinstimmung noch unterstellt werden, wenn die Grundstücksmerkmale des zu bewertenden Grundstücks, wie z. B. die Wohn-/Nutzfläche des Gebäudes, die Grundstücksgröße oder das Alter des Gebäudes, um höchstens jeweils 20 % vom Vergleichsgrundstück abweichen.

Beispiel:
Der Grundstücksmarktbericht des örtlichen Gutachterausschusses für Grundstückswerte enthält im Zusammenhang mit der Darstellung von Vergleichsfaktoren für Wohnungseigentum u. a. folgende Angaben:

1. Definition der Musterwohnung:

– Größe (Wohnfläche):	80 m²
– Geschosslage:	1. OG
– Ausstattung:	durchschnittlich (mittel)
– Unterhaltungszustand:	baujahrtypisch
– Vermietung:	unvermietet
– Garage/Stellplatz:	nicht enthalten

2. Vergleichsfaktoren je Quadratmeter Wohnfläche

Die Werte sind umgerechnet auf die definierte Musterwohnung.		Baujahrsklasse	
		1920 bis 1944	1945 bis 1960
Stadtbezirk	Wohnlage	EUR/m² Wohnfläche	
A	gut	1 700	1 800
	mittel	1 500	1 650
	einfach	1 350	1 500
B	gut	1 900	1 850
	mittel	1 700	1 650
	einfach	1 500	1 550
Garagen und Stellplätze sind bei diesen Werten nicht berücksichtigt.			

3. Anwendung der Vergleichsfaktoren

Liegt z. B. eine im Jahr 1950 errichtete Eigentumswohnung (Wohnungseigentum) mit einer Wohnfläche von 70 m² im Stadtbezirk A in guter Wohnlage, weicht sie hinsichtlich der Wohnfläche im Vergleich zur Musterwohnung mit einer Differenz von 10 m² geringfügig ab (Abweichung nicht mehr als 20% von 80 m²). Deshalb kann der Vergleichswert (Grundbesitzwert) unmittelbar durch Anwendung des Vergleichsfaktors ermittelt werden:

70 m² Wohnfläche x 1 800 EUR/m² = 126 000 EUR

Würde die Wohnfläche der zu bewertenden Eigentumswohnung (Wohnungseigentum) nur 60 m² betragen (Abweichung im Vergleich zur Musterwohnung über 20% von 80 m²) wäre eine Anwendung des Vergleichsfaktors nur möglich, wenn der Gutachterausschuss zusätzlich entsprechende Umrechnungskoeffizienten hinsichtlich unterschiedlicher Wohnflächen ermittelt und mitgeteilt hat.

Zu § 184 BewG

R B 184 Allgemeine Grundsätze des Ertragswertverfahrens

[1]Im Ertragswertverfahren nach den §§ 184 bis 188 BewG wird der Grundbesitzwert (Ertragswert) aus der Summe von Bodenwert (Bodenertragswert) und Gebäudewert (Gebäudeertragswert) gebildet. [2]Der Bodenwert ist wie bei einem unbebauten Grundstück nach Maßgabe des § 179 BewG zu ermitteln. [3]Der Gebäudewert ist getrennt vom Bodenwert auf der Grundlage des Ertrags zu bestimmen. [4]Sonstige bauliche Anlagen, insbesondere Außenanlagen, sind regelmäßig mit dem Ertragswert abgegolten. [5]Als Ertragswert (Grundbesitzwert) ist mindestens der Bodenwert anzusetzen.

H B 184

Überblick über das Verfahren (Schema).

Rohertrag (Jahresmiete bzw. übliche Miete)
(§ 185 Absatz 1, § 186 BewG)

./.

Bewirtschaftungskosten
(§ 185 Absatz 1, § 187 BewG)

=

Reinertrag des Grundstücks
(§ 185 Absatz 1 BewG)

./.

Bodenwertverzinsung /
Bodenwert × Liegenschaftszinssatz
(§ 179, § 185 Absatz 2, § 188 BewG)

=

Gebäudereinertrag (≥ 0 Euro)
(§ 185 Absatz 2 BewG)

×

Vervielfältiger
(§ 185 Absatz 3 BewG)

=

Gebäudeertragswert
(§ 185 Absatz 1 bis 3 BewG)

Bodenrichtwert
(ggf. angepasster Bodenwert)

×

Grundstücksfläche

=

Bodenwert
(§ 179, § 184 Absatz 2 BewG)

▼

Ertragswert = Grundbesitzwert
(§ 184 Absatz 3 BewG)

Zu § 185 BewG

R B 185.1 Bodenwertverzinsung

(1) [1]Der Reinertrag für ein bebautes Grundstück stellt sowohl die Verzinsung für den Grund und Boden als auch für die auf dem Grundstück vorhandenen Gebäude dar. [2]Da der Grund und Boden als unvergänglich gilt, die Gebäude jedoch nur eine begrenzte Nutzungsdauer haben, ist der Reinertrag in Verzinsungsanteile des Bodens und der Gebäude aufzuspalten. [3]Der Reinertragsanteil (Verzinsungsbetrag) des Grund und Bodens ergibt als Barwert einer ewigen Rente den Bodenertragswert, der im Ertragswertverfahren durch den Ansatz des Bodenwerts nach Maßgabe des § 179 BewG bereits erfasst wird. [4]Der Reinertragsanteil der Gebäude ist zur Ermittlung des Gebäudewerts (Gebäudeertragswerts) als Zeitrente über die Restnutzungsdauer der Gebäude zu kapitalisieren (→ R B 185.2).

(2) [1]Zur Ermittlung des Gebäudereinertrags ist vom Reinertrag des Grundstücks die Bodenwertverzinsung abzuziehen. [2]Hierzu ist der Bodenwert (→ R B 179.3) mit dem angemessenen und nutzungstypischen Liegenschaftszinssatz (→ R B 188.1) zu multiplizieren.

(3) [1]Ist das Grundstück wesentlich größer, als es einer den Gebäuden angemessenen Nutzung entspricht, und ist eine zusätzliche Nutzung oder Verwertung einer Teilfläche (selbstständig verwertbare Teilfläche) zulässig und möglich, ohne dass mehrere wirtschaftliche Einheiten vorliegen, ist diese Teilfläche bei der Berechnung des Bodenwertverzinsungsbetrages nicht zu berücksichtigen (§ 185 Absatz 2 Satz 3 BewG). [2]Mithin ist bei der Ermittlung des Betrags der Bodenwertverzinsung nur die der jeweiligen Bebauung zurechenbare Grundstücksfläche anzusetzen. [3]Diese zurechenbare Grundstücksfläche entspricht regelmäßig der bebauten Fläche einschließlich der sog. Umgriffsfläche. [4]Dabei ist nicht entscheidend, ob die selbstständig nutzbaren Teilflächen baulich nutzbar sind. [5]Vielmehr wird unter einer selbstständig nutzbaren Teilfläche jede sinnvolle Nutzung verstanden (Lagerfläche, Abstellfläche, Gartenfläche, Schrebergarten usw.). [6]Die selbstständig nutzbare Teilfläche muss hinreichend groß und so gestaltet sein, dass eine entsprechende Nutzung oder Verwertung möglich ist.

H B **185.1** (3)

Selbstständig verwertbare Teilfläche.

Beispiel:

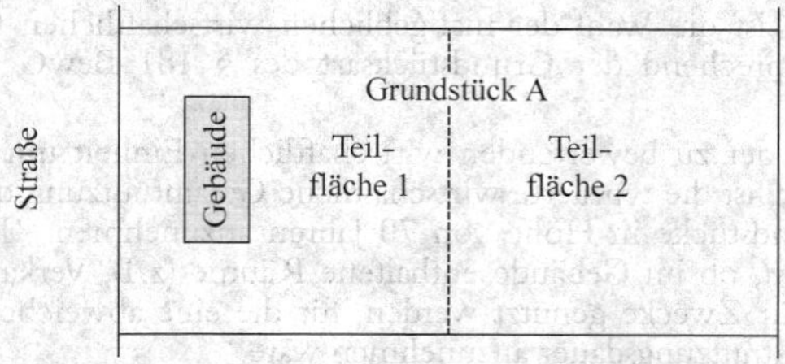

Für das Ertragswertobjekt auf dem Grundstück A ist lediglich die Teilfläche 1 für den zu erzielenden Ertrag notwendig. Die Teilfläche 2 ist selbstständig nutzbar. Eine sofortige Parzellierung der beiden Teilflächen ist nicht möglich, so dass das Grundstück A eine wirtschaftliche Einheit bildet. Bei der Berechnung des Betrags der Bodenwertverzinsung ist ausschließlich die Teilfläche 1 zu berücksichtigen. Bei der Bodenwertermittlung sind dagegen beide Teilflächen anzusetzen.

R B **185.1** (4)

(4) [1]Verbleibt nach Abzug der Bodenwertverzinsung kein oder ein negativer Betrag ist nach § 184 Absatz 3 Satz 2 BewG der Bodenwert anzusetzen (Mindestwert).

R B **185.2** Vervielfältiger

[1]Der Vervielfältiger, mit dem der Gebäudereinertrag kapitalisiert wird, bestimmt sich nach dem Liegenschaftszinssatz (§ 188 BewG, → R B 188.1) und der Restnutzungsdauer (→ R B 185.3). [2]Mathematisch handelt es sich um einen Zeitrentenbarwertfaktor einer jährlich nachschüssig zahlbaren Rente, wobei als Rente die jährlich anfallenden Reinerträge der Gebäude mit Hilfe

des Vervielfältigers kapitalisiert werden. 3Die Vervielfältiger sind in der Anlage 21 zum BewG dargestellt. 4Für Fälle, in denen von den Gutachterausschüssen Liegenschaftszinssätze ermittelt werden, die nicht direkt in der Anlage 21 zum BewG ausgewiesen sind, enthält diese eine Formel zur Berechnung des Vervielfältigers.

R B 185.3 Restnutzungsdauer

(1) 1Die Restnutzungsdauer wird grundsätzlich aus dem Unterschied zwischen der typisierten wirtschaftlichen Gesamtnutzungsdauer und dem Alter des Gebäudes am Bewertungsstichtag ermittelt. 2Es bestehen aus Vereinfachungsgründen keine Bedenken, das Alter des Gebäudes durch Abzug des Jahres der Bezugsfertigkeit des Gebäudes (Baujahr) vom Jahr des Bewertungsstichtags zu bestimmen.

(2) 1Die typisierte wirtschaftliche Gesamtnutzungsdauer eines Gebäudes ist der Anlage 22 zum BewG zu entnehmen. 2Sie richtet sich nach der Grundstücksart im Sinne des § 181 BewG und den in der Anlage 22 zum BewG ausgewiesenen Gebäudearten. 3Die Gesamtnutzungsdauer für nicht aufgeführte Gebäudearten ist aus der Gesamtnutzungsdauer vergleichbarer Gebäudearten abzuleiten. 4Wird ein Gebäude mit nichtselbstständigen Gebäudeteilen unterschiedlich genutzt, ist die Wahl der maßgeblichen wirtschaftlichen Gesamtnutzungsdauer entsprechend der Grundstücksart des § 181 BewG wie folgt vorzunehmen:

1. 1Handelt es sich bei der zu bewertenden wirtschaftlichen Einheit um ein Mietwohngrundstück, ist die typisierte wirtschaftliche Gesamtnutzungsdauer für Mietwohngrundstücke in Höhe von 70 Jahren anzunehmen. 2Dies gilt unabhängig davon, ob im Gebäude enthaltene Räume (z. B. Verkaufsräume oder Büros) für Zwecke genutzt werden, für die eine abweichende wirtschaftliche Gesamtnutzungsdauer anzunehmen wäre.
2. 1Handelt es sich bei der zu bewertenden wirtschaftlichen Einheit um ein Geschäftsgrundstück, das aus einem Gebäude mit nicht selbstständigen Gebäudeteilen verschiedener Bauart oder Nutzung (z. B. geschossweise unterschiedliche Bauart, Tiefgarage unter Bankgebäude) besteht, ist zur Ermittlung einer einheitlichen Restnutzungsdauer die typisierte wirtschaftliche Gesamtnutzungsdauer für Geschäftsgrundstücke laut Anlage 22 zum BewG anzunehmen, die dem durch die Hauptnutzung des Gebäudes bestimmten Gesamtgepräge des Gebäudes entspricht. 2Dies gilt unabhängig davon, ob im Gebäude enthaltene Räume (z. B. Wohnungen) für Zwecke genutzt werden, für die eine abweichende wirtschaftliche Gesamtnutzungsdauer anzunehmen wäre. 3Ist keine der Nutzungen des Gebäudes prägend, ist für dieses Gebäude bei der Ermittlung der Restnutzungsdauer von der durchschnittlichen Gesamtnutzungsdauer der jeweiligen Gebäudearten der Anlage 22 zum BewG auszugehen.
3. Handelt es sich bei der zu bewertenden wirtschaftlichen Einheit um ein gemischt genutztes Grundstück, ist die typisierte wirtschaftliche Gesamtnutzungsdauer für gemischt genutzte Grundstücke in Höhe von 70 Jahren anzunehmen.

[5] Zur Bestimmung der Gesamtnutzungsdauer bei einer wirtschaftlichen Einheit mit mehreren selbstständigen Gebäuden bzw. Gebäudeteilen → R B 185.4 Abs. 2.

(3) Sind nach Bezugsfertigkeit des Gebäudes Veränderungen eingetreten, kann von einer Verlängerung (→ Abs. 4) oder Verkürzung (→ Abs. 5) der Restnutzungsdauer auszugehen sein.

(4) [1] Eine Verlängerung der Restnutzungsdauer ist nur anzunehmen, wenn in den letzten zehn Jahren durchgreifende Modernisierungen vorgenommen wurden, die nach dem Punktesystem der nachfolgenden Tabelle 1 eine überwiegende oder umfassende Modernisierung ergeben. [2] Hinsichtlich der durchgeführten Modernisierungsarbeiten ist auf die überwiegende Erneuerung bzw. Verbesserung der jeweiligen einzelnen Bauteile (Modernisierungselemente) abzustellen, die Punkte der Tabelle 1 sind für das jeweilige Bauteil folglich nur insgesamt oder gar nicht anzusetzen. [3] Die verlängerte Restnutzungsdauer ergibt sich aus den nachfolgenden Tabellen 2 bis 6. [4] Eine Interpolation ist nicht vorzunehmen. [5] Die nachfolgenden Tabellen sind für Wohngebäude und analog für Nichtwohngebäude anzuwenden.

Tabelle 1

Modernisierungselemente	**Punkte**
Dacherneuerung inklusive Verbesserung der Wärmedämmung	4
Modernisierung der Fenster und Außentüren	2
Modernisierung der Leitungssysteme (Strom, Gas, Wasser, Abwasser)	2
Modernisierung der Heizungsanlage	2
Wärmedämmung der Außenwände	4
Modernisierung von Bädern	2
Modernisierung des Innenausbaus, z. B. Decken, Fußböden, Treppen	2
Wesentliche Verbesserung der Grundrissgestaltung	2

14 bis 16 Punkte: überwiegend modernisiert
≥ 18 Punkte: umfassend modernisiert

Tabelle 2

Übliche Gesamtnutzungsdauer von 70 Jahren		
	Modernisierungsgrad	
	14 bis 16 Punkte	**≥ 18 Punkte**
Gebäudealter (Jahre)	**neue Restnutzungsdauer (Jahre)**	
≥ 10	60	62
≥ 15	57	60

Übliche Gesamtnutzungsdauer von 70 Jahren		
	Modernisierungsgrad	
	14 bis 16 Punkte	≥ 18 Punkte
Gebäudealter (Jahre)	neue Restnutzungsdauer (Jahre)	
≥ 20	54	58
≥ 25	51	57
≥ 30	49	55
≥ 35	47	54
≥ 40	45	53
≥ 45	43	52
≥ 50	42	51
≥ 55	41	50
≥ 60	40	50
≥ 65	39	49
≥ 70	38	49

Tabelle 3

Übliche Gesamtnutzungsdauer von 60 Jahren		
	Modernisierungsgrad	
	14 bis 16 Punkte	≥ 18 Punkte
Gebäudealter (Jahre)	neue Restnutzungsdauer (Jahre)	
≥ 10	50	52
≥ 15	47	51
≥ 20	45	49
≥ 25	42	48
≥ 30	40	46
≥ 35	38	45
≥ 40	37	44
≥ 45	35	43
≥ 50	34	43
≥ 55	33	42
≥ 60	33	42

Tabelle 4

Übliche Gesamtnutzungsdauer von 50 Jahren		
	Modernisierungsgrad	
	14 bis 16 Punkte	≥ 18 Punkte
Gebäudealter (Jahre)	neue Restnutzungsdauer (Jahre)	
≥ 10	41	43
≥ 15	38	41
≥ 20	36	40
≥ 25	33	39
≥ 30	32	38
≥ 35	30	37
≥ 40	29	36
≥ 45	28	35
≥ 50	27	35

Tabelle 5

Übliche Gesamtnutzungsdauer von 40 Jahren		
	Modernisierungsgrad	
	14 bis 16 Punkte	≥ 18 Punkte
Gebäudealter (Jahre)	neue Restnutzungsdauer (Jahre)	
≥ 5	35	36
≥ 10	32	34
≥ 15	29	32
≥ 20	27	31
≥ 25	25	30
≥ 30	23	29
≥ 35	22	28
≥ 40	22	28

Tabelle 6

Übliche Gesamtnutzungsdauer von 30 Jahren		
	Modernisierungsgrad	
	14 bis 16 Punkte	≥ 18 Punkte
Gebäudealter (Jahre)	neue Restnutzungsdauer (Jahre)	
≥ 5	25	26
≥ 10	22	25

Übliche Gesamtnutzungsdauer von 30 Jahren		
	Modernisierungsgrad	
	14 bis 16 Punkte	≥ 18 Punkte
Gebäudealter (Jahre)	neue Restnutzungsdauer (Jahre)	
≥ 15	20	23
≥ 20	18	22
≥ 25	17	21
≥ 30	16	21

(5) [1]Eine Verkürzung der Restnutzungsdauer kommt nur bei bestehender Abbruchverpflichtung für das Gebäude in Betracht. [2]Baumängel und Bauschäden oder wirtschaftliche Gegebenheiten können im typisierenden Bewertungsverfahren zu keiner Verkürzung der Restnutzungsdauer führen.

(6) [1]Die Restnutzungsdauer eines noch nutzbaren Gebäudes beträgt nach § 185 Abs. 3 Satz 5 BewG regelmäßig noch mindestens 30 Prozent der wirtschaftlichen Gesamtnutzungsdauer. [2]Die Regelung unterstellt einen durchschnittlichen Erhaltungszustand und macht insbesondere bei älteren Gebäuden in vielen Fällen die Prüfung entbehrlich, ob die restliche Lebensdauer infolge baulicher Maßnahmen verlängert wurde. [3]Bei bestehender Abbruchverpflichtung für das Gebäude kann die Mindest-Restnutzungsdauer jedoch unterschritten werden.

R B 185.4 Grundstück mit mehreren Gebäuden bzw. Gebäudeteilen

(1) Besteht eine wirtschaftliche Einheit aus mehreren Gebäuden oder Gebäudeteilen mit einer gewissen baulichen Selbstständigkeit, die eine verschiedene Bauart aufweisen, unterschiedlich genutzt werden oder die in verschiedenen Jahren bezugsfertig geworden sind, können sich unterschiedliche Restnutzungsdauern ergeben.

(2) Die typisierte wirtschaftliche Gesamtnutzungsdauer bestimmt sich bei einer wirtschaftlichen Einheit aus mehreren selbstständigen Gebäuden bzw. Gebäudeteilen unter Berücksichtigung der Grundstücksarten nach § 181 BewG wie folgt:

1. [1]Bei Mietwohngrundstücken gilt für alle Gebäude bzw. Gebäudeteile – unabhängig von ihrer Nutzung – eine Gesamtnutzungsdauer von 70 Jahren. [2]Dies gilt auch für Garagen und Nebengebäude. [3]Liegen keine anderweitigen Erkenntnisse vor, bestehen keine Bedenken, bei Garagen und Nebengebäuden die Bezugsfertigkeit im Zeitpunkt der Bezugsfertigkeit des Hauptgebäudes zu unterstellen.
2. Bei Geschäftsgrundstücken und gemischt genutzten Grundstücken mit mehreren selbstständigen Gebäuden bzw. Gebäudeteilen können sich – je nach Nutzung – unterschiedliche Gesamtnutzungsdauern ergeben.

(3) Ergeben sich bei einer wirtschaftlichen Einheit aus mehreren selbstständigen Gebäuden bzw. Gebäudeteilen unterschiedliche Restnutzungsdauern ist

eine gewogene Restnutzungsdauer unter Berücksichtigung der jeweiligen Roherträge zu ermitteln.

(4) Können die Roherträge nur mit einem unverhältnismäßig hohen Aufwand den einzelnen selbstständigen Gebäuden bzw. Gebäudeteilen zugeordnet werden (z. B. bei Vermietung sämtlicher Gebäude zu einem Gesamtentgelt), bestehen keine Bedenken, von einer nach Wohnbzw. Nutzflächen gewichteten Restnutzungsdauer auszugehen.

(5) [1]Anbauten teilen im Allgemeinen auf Grund ihrer Bauart oder Nutzung das Schicksal des Hauptgebäudes. [2]Ist dagegen anzunehmen, dass ein Erweiterungsbau nach Größe, Bauart oder Nutzung eine andere Restnutzungsdauer als das Hauptgebäude haben wird, gelten die Absätze 1 bis 4 entsprechend. [3]Für Aufstockungen ist im Allgemeinen das Baujahr der unteren Geschosse zu Grunde zu legen. [4]Es ist jedoch zu prüfen, ob durch die baulichen Maßnahmen die Restnutzungsdauer des Gebäudes verlängert worden ist.

(6) [1]Bei einer wirtschaftlichen Einheit mit mehreren nichtselbstständigen Gebäuden bzw. Gebäudeteilen ist von einer einheitlichen Restnutzungsdauer auszugehen. [2]Zur Bestimmung der wirtschaftlichen Gesamtnutzungsdauer gelten R B 185.3 Abs. 2 Sätze 1 bis 4 entsprechend.

(7) Auf R B 182 Abs. 5 wird verwiesen.

H B 185.4

Formel zur Ermittlung der gewogenen Restnutzungsdauer.

$$RND_{gewogen} = \frac{RoG_1 \times RND_1 + RoG_n \times RND_n}{RoG_1 + RoG_n}$$

RND = Restnutzungsdauer
RoG = Rohertrag des Gebäudes/Gebäudeteils

Formel zur Ermittlung der gewichteten Restnutzungsdauer.

$$RND_{gewichtet} = \frac{WF/NF_1 \times RND_1 + WF/NF_n \times RND_n}{WF/NF_1 + WF/NF_n}$$

RND = Restnutzungsdauer
WF/NF = Wohn- bzw. Nutzfläche des Gebäudes/Gebäudeteils

Gebäudemix.

Beispiel 1 (gewogene Restnutzungsdauer):

Der Grundbesitzwert (Ertragswert) für ein Geschäftsgrundstück (Bodenwert: 300 000 EUR), bebaut mit einem Verwaltungsgebäude (jährlicher Rohertrag: 100 000 EUR, Baujahr 1999) und einem Industriegebäude (jährlicher Rohertrag: 40 000 EUR, Baujahr 1999), ermittelt sich am Bewertungsstichtag (1.2.2018) wie folgt:

1. Ermittlung der gewogenen Restnutzungsdauer:

Verwaltungsgebäude:	wirtsch. Gesamtnutzungsdauer (Anlage 22 zum BewG)	60 Jahre
	abzüglich Alter am Bewertungsstichtag	./. 19 Jahre
	Restnutzungsdauer	41 Jahre

Industriegebäude:	wirtsch. Gesamtnutzungsdauer (Anlage 22 zum BewG)	40 Jahre
	abzüglich Alter am Bewertungsstichtag	./. 19 Jahre
	Restnutzungsdauer	21 Jahre

(Mindest-Restnutzungsdauer nach § 185 Absatz 3 Satz 5 BewG jeweils überschritten)

$$RND_{gewogen} = \frac{RoG_1\ (100\,000\ EUR) \times RND_1\ (41\ Jahre) + RoG_2\ (40\,000\ EUR) \times RND_2\ (21\ Jahre)}{RoG_1\ (100\,000\ EUR) + RoG_2\ (40\,000\ EUR)}$$

$RND_{gewogen}$ = 35,29 = rd. 35 Jahre

2. Grundbesitzwert:

Rohertrag (100 000 EUR + 40 000 EUR =)		140 000 EUR
abzüglich Bewirtschaftungskosten 22 % (Anlage 23 zum BewG: Geschäftsgrundstück, 35 Jahre RND)	./.	30 800 EUR
Reinertrag des Grundstücks		109 200 EUR
abzüglich Bodenwertverzinsung (§ 188 Absatz 2 Satz 2 Nr. 4 BewG: Liegenschaftszinssatz 6,5 % × 300 000 EUR Bodenwert)	./.	19 500 EUR
Gebäudereinertrag		89 700 EUR
Vervielfältiger 13,69 (Anlage 21 zum BewG: $RND_{gewogen}$ 35 Jahre, Liegenschaftszinssatz 6,5 %)		× 13,69
Gebäudeertragswert		1 227 993 EUR
Bodenwert (300 000 EUR)	+	300 000 EUR
Ertragswert/Grundbesitzwert		1 527 993 EUR

Beispiel 2 (gewichtete Restnutzungsdauer):

Das Geschäftsgrundstück nach Beispiel 1 wurde zu einem jährlichen Gesamtentgelt in Höhe von 140 000 EUR vermietet. Das Verwaltungsgebäude hat eine Nutzfläche von 1 000 m² und das Industriegebäude eine Nutzfläche von 800 m².

1. Ermittlung der gewichteten Restnutzungsdauer:

Verwaltungsgebäude:	wirtsch. Gesamtnutzungsdauer (Anlage 22 BewG)	60 Jahre
	abzüglich Alter am Bewertungsstichtag	./. 19 Jahre
	Restnutzungsdauer	41 Jahre
Industriegebäude:	wirtsch. Gesamtnutzungsdauer (Anlage 22 BewG)	40 Jahre
	abzüglich Alter am Bewertungsstichtag	./. 19 Jahre
	Restnutzungsdauer	21 Jahre

(Mindest-Restnutzungsdauer nach § 185 Abs. 3 Satz 5 BewG jeweils überschritten)

$$RND_{gewichtet} = \frac{NF_1\ (1\,000\ m^2) \times RND_1\ (41\ Jahre) + NF_2\ (800\ m^2) \times RND_2\ (21\ Jahre)}{NF_1\ (1\,000\ m^2) + NF_2\ (800\ m^2)}$$

$RND_{gewichtet}$ = 32,11 = rd. 32 Jahre

2. Grundbesitzwert:

Rohertrag (140 000 EUR)		140 000 EUR
abzüglich Bewirtschaftungskosten 22 % (Anlage 23 zum BewG: Geschäftsgrundstück, 32 Jahre RND)	./.	30 800 EUR
Reinertrag des Grundstücks		109 200 EUR

abzüglich Bodenwertverzinsung (§ 188 Abs. 2 Satz 2 Nr. 4 BewG: Liegenschaftszinssatz 6,5 % × 300 000 EUR Bodenwert)	./.	19 500 EUR
Gebäudereinertrag		89 700 EUR
Vervielfältiger 13,33 (Anlage 21 zum BewG: $RND_{gewichtet}$ 32 Jahre, Liegenschaftszinssatz 6,5 %)		× 13,33
Gebäudeertragswert		1 195 701 EUR
Bodenwert (300 000 EUR)	+	300 000 EUR
Ertragswert/Grundbesitzwert		1 495 701 EUR

Zu § 186 BewG

R B 186.1 Rohertrag

(1) [1]Rohertrag ist das Entgelt, das der Mieter oder Pächter für die Benutzung des bebauten Grundstücks nach den am Bewertungsstichtag geltenden vertraglichen Vereinbarungen, umgerechnet auf zwölf Monate, zu zahlen hat. [2]Das gilt auch für öffentlich geförderte Wohnungen. [3]Neben der vertraglich vereinbarten Miete rechnen zum Entgelt auch
- Mieteinnahmen für Stellplätze,
- Mieteinnahmen für Nebengebäude, z. B. für Garagen,
- Vergütungen für außergewöhnliche Nebenleistungen des Vermieters, die nicht die Raumnutzung betreffen, aber neben der Raumnutzung auf Grund des Mietvertrags gewährt werden (z. B. Reklamenutzung sowie für das Aufstellen von Automaten),
- Vergütungen für Nebenleistungen, die zwar die Raumnutzung betreffen, jedoch nur einzelnen Mietern zugute kommen (z. B. zusätzliche Mieteinnahmen für die Verkabelung des Gebäudes zwecks Datenfernübertragung, für den Einbau einer Klimaanlage oder für die Nutzung eines Schwimmbads),
- Untermietzuschläge,
- Baukostenzuschüsse und Mietvorauszahlungen, soweit sie auf die Miete anzurechnen sind,
- Zahlungen des Mieters an Dritte für den Eigentümer, soweit es sich nicht um Betriebskosten im Sinne des § 27 der II. BV oder der Betriebskostenverordnung (BetrKV) handelt (z. B. Erschließungskosten),
- Leistungen des Mieters, die nicht in Geld bestehen, soweit sie nicht gleichzeitig als Betriebskosten zu berücksichtigen wären (z. B. die Übernahme der Grundstücksverwaltung),
- um Neben- und Betriebskosten bereinigte Leasing-Raten, soweit sie auf die Überlassung des Grundstücks entfallen.

[4]Nicht in das Entgelt einzubeziehen sind insbesondere
- Umlagen, die zur Deckung der Betriebskosten gezahlt werden (→ R B 186.2 und R B 187.1),
- Einnahmen für die Überlassung von Maschinen und Betriebsvorrichtungen,
- Einnahmen für die Überlassung von Einrichtungsgegenständen (z. B. bei möblierten Wohnungen, Ferienwohnungen, Studentenwohnheimen),
- Dienstleistungen, die nicht die Grundstücksnutzung betreffen (Reinigungsdienste),

– Zuzahlungen Dritter außerhalb des Mietverhältnisses (z. B. bei Bauherrengemeinschaften Zahlungen des Mietgarantiegebers),
– Aufwendungszuschüsse im öffentlich geförderten Wohnungsbau,
– die Umsatzsteuer.

5 Bei dem Entgelt handelt es sich um eine Sollmiete. 6 Auf die tatsächlich gezahlte Miete kommt es nicht an. 7 Bei Mietausfall ist somit trotz des geringeren Ertrags eine Bewertung auf der Grundlage der vereinbarten Miete vorzunehmen. 8 Bei mehrstöckigen Mietverhältnissen berechnet sich die Jahresmiete nach den Beträgen, die der oder die Mieter (Hauptmieter) an den Vermieter (Eigentümer) vereinbarungsgemäß zu zahlen haben. 9 Hierzu zählen auch Untermietzuschläge.

(2) 1 In den Fällen der Betriebsaufspaltung ist vorbehaltlich des § 186 Absatz 2 Satz 1 Nummer 2 BewG von der zwischen dem Besitzunternehmen und dem Betriebsunternehmen vertraglich vereinbarten Miete auszugehen. 2 Ist das Grundstück oder ein Teil davon am Bewertungsstichtag nicht vermietet (z. B. Leerstand bei Mieterwechsel oder wegen Modernisierung), ist die übliche Miete anzusetzen.

H B 186.1

Betriebsaufspaltung.

Beispiel:

U vermietet als Eigentümer ein Geschäftsgrundstück an die U-GmbH zur Ausübung ihrer gewerblichen Tätigkeit (tatsächliche Miete 20 EUR/m² Nutzfläche). U ist Alleingesellschafter der U-GmbH. Auf Grund der personellen und sachlichen Verflechtung liegt eine Betriebsaufspaltung vor. Am 15.1.2018 stirbt U, Erbe ist S. Die übliche Miete beträgt 14 EUR/m².

Da die zwischen Besitz- und Betriebsunternehmen vereinbarte Miete um mehr als 20 % von der üblichen Miete abweicht (Abweichung rd. 43 %), ist die übliche Miete nach § 186 Absatz 2 Satz 1 Nummer 2 BewG zum Bewertungsstichtag anzusetzen.

Gestaffelte Mietänderung.

Beispiel:

V vermietete als Eigentümer ab dem 1.6.2016 langfristig ein Laborgebäude mit einer Nutzfläche von 120 m². Die vereinbarte monatliche Nettokaltmiete betrug 800 EUR. Zum jeweils 1.6. eines Jahres sieht der Mietvertrag eine Steigerung der vereinbarten Nettokaltmiete in Höhe von 0,20 EUR je m² Wohnfläche vor. Am 31.1.2018 verstarb V.

Das vereinbarte Entgelt zum Bewertungsstichtag am 31.1.2018 ermittelt sich wie folgt:

vereinbarte monatliche Miete (800 EUR × 12)	9 600 EUR
Mietsteigerung zum 1.6.2017 (0,20 EUR/m² × 120 m² × 12)	+ 288 EUR
Entgelt nach § 186 Absatz 1 BewG	9 888 EUR

Mehrstöckige Mietverhältnisse.

Beispiel:

A (Eigentümer) hat an B (Hauptmieter/Untervermieter) langfristig ein Gewerbegrundstück vermietet. B ging mit Zustimmung des A ein Untermietverhältnis mit C (Untermieter) ein. Die Miete aus dem Untermietvertrag ist höher als die zwischen Eigentümer und Hauptmieter vereinbarte. Sie betrug im Bewertungsstichtag monatlich 7 200 EUR (zuzüglich der USt). Die Miete aus dem Hauptmietvertrag belief sich auf 3 400 EUR monatlich. Ausweislich eines Nachtrags zum Hauptmietvertrag steht dem Eigentümer die Hälfte aus dem Untervermietungsgewinn zu. Der Rohertrag im Sinne des § 186 BewG ist wie folgt zu berechnen:

Mietzins des Untermieters	7 200 EUR
Mietzins des Hauptmieters	./. 3 400 EUR
Überschuss aus Weitervermietung	3 800 EUR
davon 50 %	1 900 EUR
Miete aus dem Hauptmietvertrag	3 400 EUR
50 % aus dem Überschuss der Weitervermietung	+ 1 900 EUR
Mietertrag des Eigentümers im Monat	5 300 EUR
Entgelt (5 300 EUR × 12 =)	63 600 EUR

Mietvorauszahlungen.

Beispiel:

V vermietet als Eigentümer langfristig ein Geschäftsgrundstück. Zwecks Finanzierung notwendiger Modernisierungsmaßnahmen vereinbaren die Vertragsparteien neben der Zahlung der monatlichen Miete in Höhe von 2000 EUR für den Zeitraum von 5 Jahren (60 Monaten) ab dem 1.2.2018 zusätzlich eine Vorauszahlung auf die erhöhte Miete. Diese beträgt nach Ablauf des Vorauszahlungszeitraums (1.2.2022) 2500 EUR. Am 1.3.2018 verschenkt V dieses Grundstück.

Das vereinbarte Entgelt zum Bewertungsstichtag am 1.3.2018 ermittelt sich wie folgt:

vereinbarte monatliche Miete (2.000 EUR × 12 =)	24 000 EUR
vereinbarte Mietvorauszahlung (30.000 EUR : 60 × 12 =)	+ 6 000 EUR
Entgelt nach § 186 Absatz 1 BewG	30 000 EUR

R B 186.2 Betriebskosten

(1) [1]Nicht zum Entgelt gehören die als Umlage gezahlten Betriebskosten im Sinne des § 27 II. BV oder der BetrKV, die neben der Miete mit dem Mieter abgerechnet werden können (umlagefähige Betriebskosten). [2]Sind die Betriebskosten ganz oder teilweise in der vereinbarten Miete enthalten, sind sie herauszurechnen. [3]Werden Betriebskosten pauschal erhoben und nicht mit dem Mieter abgerechnet, sind sie im Entgelt zu erfassen; die tatsächlich angefallenen Betriebskosten sind davon abzuziehen. [4]Instandsetzungs- und Verwaltungskosten sowie das Mietausfallwagnis (nicht umlagefähige Bewirtschaftungskosten) werden erst im Rahmen des § 187 BewG berücksichtigt.

(2) [1]Werden Instandsetzungs- und Instandhaltungskosten jedoch vom Mieter getragen (Triple-Net-Vereinbarungen), sind diese Kosten – ggf. mit einem pauschalen Zuschlag – in die Jahresmiete einzurechnen. [2]Dies gilt nicht für die üblichen Schönheitsreparaturen bei Wohnraum.

H B 186.2

Betriebskosten. Aufstellung der Betriebskosten → Anlage 3 zu § 27 Absatz 1 II. BV und § 2 BetrKV.

R B 186.3 Vermietung zu gewerblichen, freiberuflichen oder öffentlichen Zwecken

Die Grundsätze der R B 186.1 und R B 186.2 gelten entsprechend für gewerblich, freiberuflich oder öffentlich genutzte Grundstücke oder Grundstücksteile.

R B 186.4[1] Ansatz der üblichen Miete

(1) [1]Die übliche Miete ist nach § 186 Absatz 2 BewG in den Fällen anzusetzen, in denen Grundstücke oder Grundstücksteile
- eigengenutzt,
- ungenutzt,
- zu vorübergehendem Gebrauch überlassen,
- unentgeltlich überlassen sind oder
- zu einer um mehr als 20 Prozent von der üblichen Miete abweichenden tatsächlichen Miete überlassen werden.

(2) [1]Der Ansatz der üblichen Miete bei der Nutzung durch den Eigentümer gilt nicht nur für Wohnräume, sondern auch für gewerblich oder freiberuflich genutzte Räume. [2]Deshalb ist z.B. das vom Grundstückseigentümer selbst genutzte Bürohaus und der selbst genutzte Laden unter Ansatz der üblichen Miete zu bewerten. [3]Die übliche Miete ist auch dann anzusetzen, wenn ein Grundstück oder ein Grundstücksteil an andere unentgeltlich zur Nutzung überlassen wird, unabhängig davon, ob es sich bei den anderen um Angehörige des Grundstückseigentümers oder um fremde Dritte handelt. [4]Auf die Art der Nutzung des Grundstücks oder des Grundstücksteils kommt es nicht an. [5]Ungenutzt ist ein Grundstück, wenn kein Mietvertragsverhältnis vorliegt und es leer steht. [6]Vorübergehender Gebrauch liegt vor, wenn die Vermietungen typischerweise unter zwölf Monaten erfolgen, wie z.B. bei Vermietungen von Ferienwohnungen. [7]Die Gründe, die zu der Abweichung der tatsächlichen Miete von der üblichen Miete um mehr als 20 Prozent nach unten oder oben geführt haben, sind unbeachtlich.

(3) [1]Die übliche Miete ist in Anlehnung an die Miete zu schätzen, die für Räume gleicher oder ähnlicher Art, Lage und Ausstattung regelmäßig gezahlt wird (§ 186 Absatz 2 Satz 2 BewG). [2]Der Begriff „Ausstattung" beinhaltet nicht den baulichen Zustand des Gebäudes bezogen auf Baumängel bzw. Bauschäden. [3]Bei der für die übliche Miete maßgebenden Ausstattung handelt es sich um die baualterstypischen, mietwertbestimmenden Merkmale eines Grundstücks wie z.B. Elektro-, Sanitär- und Heizungsinstallationen. [4]Betriebskosten sind hierbei nicht einzubeziehen (§ 186 Absatz 2 Satz 3 BewG). [5]Bei der Schätzung der üblichen Miete für frei finanzierte Wohnungen bleiben Mieten außer Betracht, die auf ungewöhnlichen oder persönlichen Verhältnissen beruhen oder für Wohnungen gelten, die mit öffentlichen Mitteln gefördert worden sind. [6]Die übliche Miete für Wohnungen im öffentlich geförderten Wohnungsbau ist aus der Miete vergleichbarer preisgebundener Wohnungen abzuleiten.

R B 186.5 Ermittlung der üblichen Miete

(1) [1]Die übliche Miete kann aus Vergleichsmieten oder Mietspiegeln abgeleitet, mit Hilfe einer Mietdatenbank (§ 558e BGB) geschätzt oder durch ein Mietgutachten ermittelt werden. [2]Bei Garagen ist als übliche Miete regelmäßig ein Festwert pro Stellplatz anzusetzen.

(2) [1]Die Ableitung der üblichen Miete aus Vergleichsmieten kommt unter Berücksichtigung des § 186 Absatz 2 Satz 1 Nummer 2 BewG insbesondere in Betracht, wenn

---

[1] Zum Ansatz der üblichen Miete als Rohertrag anstelle des vertraglich vereinbarten Entgelts siehe BFH v. 5.12.2019 II R 41/16, BStBl. II 2020, 741.

1. sich unter § 186 Absatz 2 Satz 1 fallende und vermietete Räumlichkeiten in einem Objekt befinden. [2]Die übliche Miete kann bei vergleichbarer Ausstattung aus der vereinbarten Jahresmiete abgeleitet werden. [3]Dies ist z. B. in einem Mietwohngrundstück möglich, in dem eine Wohnung selbstgenutzt und zumindest eine vermietete Wohnung in ihrer Ausstattung vergleichbar ist und die Miete für die vermietete Wohnung im gewöhnlichen Geschäftsverkehr zustande gekommen ist;
2. der Steuerpflichtige Eigentümer mehrerer Objekte ist, die in unmittelbarer Nachbarschaft zu dem eigengenutzten Objekt belegen sind. [2]Auch hier kann die übliche Miete aus den Vergleichsmieten der vermieteten Objekte abgeleitet werden. [3]Dazu muss der Steuerpflichtige die Vergleichsobjekte dem Finanzamt benennen;
3. dem Finanzamt Vergleichsmieten vorliegen, z. B. aus ertragsteuerlichen Unterlagen.

[2]§ 30 AO ist zu beachten.

(3) [1]Liegt ein nach § 558d BGB erstellter Mietspiegel vor, kann bei der Ableitung der üblichen Miete auf diesen zurückgegriffen werden, wenn dieser Mietspiegel für den Bewertungsstichtag gilt. [2]Bei anderen Mietspiegeln (z. B. einfache Mietspiegel nach § 558c BGB) ist darauf zu achten, dass sie einen repräsentativen Querschnitt der ortsüblichen Entgelte vergleichbarer Wohnungen oder Räumlichkeiten enthalten. [3]Sofern der Mietspiegel Mietentgelte einschließlich der Betriebskosten ausweist, müssen die Betriebskosten mit den dort angegebenen Beträgen herausgerechnet werden.

(4) Nach § 558e BGB handelt es sich bei einer Mietdatenbank um eine zur Ermittlung der ortsüblichen Vergleichsmiete fortlaufend geführte Sammlung von Mieten, die von der Gemeinde oder von Interessenvertretern der Vermieter und Mieter gemeinsam geführt oder anerkannt wird und aus der Auskünfte gegeben werden, die für einzelne Wohnungen einen Schluss auf die ortsübliche Vergleichsmiete zulassen.

(5) [1]Der Steuerpflichtige kann die übliche Miete durch ein Mietgutachten nachweisen. [2]Das Mietgutachten ist von einem Sachverständigen oder dem zuständigen Gutachterausschuss zu erstellen.

(6) [1]Befinden sich in einem Mietwohngrundstück Ferienwohnungen, ist die übliche Miete insoweit nach der saisonabhängigen Miete unter Berücksichtigung der üblichen Auslastung zu ermitteln. [2]Zeiten der Selbstnutzung sind in die durchschnittliche Auslastung des Objekts einzubeziehen. [3]Leerstandszeiten sind im zeitlichen Verhältnis der tatsächlichen Selbstnutzung zur tatsächlichen Vermietung aufzuteilen. [4]Entgelte für die Überlassung von Einrichtungsgegenständen oder sonstige Dienst- und Sachleistungen (z. B. Gestellung von Frühstück und Bettwäsche/Handtüchern, Endreinigung und Umlage von Nebenkosten sowie Gepäcktransfer) sind bei der Ermittlung der üblichen Miete nicht zu berücksichtigen (→ R B 186.1 Absatz 1 Satz 4).

(7) Ist ein Grundstück oder ein Teil davon am Bewertungsstichtag wegen Modernisierungsarbeiten nicht vermietet, ist die übliche Miete ausgehend vom Zustand des Grundstücks oder Grundstücksteils vor der Modernisierung zu ermitteln.

H B 186.5

Bekanntgabe der Vergleichsgrundstücke. → BFH vom 18.11.1998 II R 79/96, BStBl. 1999 II S. 10.

Ermittlung der üblichen Miete in einem Mietwohngrundstück.

Beispiel:

In einem Mietwohngrundstück befinden sich vier vergleichbare Wohnungen. Drei Wohnungen sind vermietet, zu 5, 7 und 10 EUR/m² Wohnfläche. Eine Wohnung ist selbstgenutzt. Die übliche Miete für vergleichbare Wohnungen beträgt nach dem Mietspiegel 11 EUR/m².

Wohnung	Vereinbarte Nettokaltmiete	Abweichung zur üblichen Miete von 11 EUR	Anzusetzende Miete
WE 1	5 EUR	54%	11 EUR
WE 2	7 EUR	36%	11 EUR
WE 3	10 EUR	9%	10 EUR
WE 4	– (eigengenutzt)		11 EUR

Mietermittlung in den Fällen der vorübergehenden Gebrauchsüberlassung.

Beispiel:

V besitzt eine Ferienwohnung, die zum vorübergehenden Gebrauch dauernd wechselnden Mietern überlassen wird.

Zeitraum	Miete pro Woche	Anzahl der Wochen der jeweiligen Saison	Durchschnittliche Auslastung des Objektes (einschließlich Zeiten der Selbstnutzung und des anteiligen Leerstandes)	Übliche Miete (Spalte 2 × Spalte 3 × Spalte 4)
1	2	3	4	5
Vor-/Nachsaison	230 EUR	12	40%	1 104 EUR
Hauptsaison	300 EUR	12	80%	+ 2 880 EUR
Nebensaison	200 EUR	28	20%	+ 1 120 EUR
Summe		52		5 104 EUR

Als übliche Miete im Bewertungsstichtag für den Zeitraum von 12 Monaten ist ein Betrag von 5 104 EUR anzusetzen.

Mietspiegel. In Mietspiegeln wird häufig der um Ausreißer bereinigte Durchschnitt aller erhobenen Mietwerte in Form des Mittelwertes veröffentlicht. Zusätzlich werden Mietspannen angegeben, um den Besonderheiten des Einzelfalls besser Rechnung tragen zu können. Grundsätzlich ist der im Mietspiegel ausgewiesene gewichtete Mittelwert anzusetzen. Bei ausreichenden Anhaltspunkten für einen konkreten niedrigeren oder höheren Wert ist dieser Wert anzusetzen. Für die Überprüfung der Ortsüblichkeit von tatsächlich erzielten Mieten ist auf den jeweils unteren Wert oder den jeweils oberen Wert der Spanne abzustellen. D.h. eine Miete, die mehr als 20% niedriger ist als der untere Wert der Spanne bzw. die mehr als 20% höher ist als der obere Wert der Spanne, ist nicht mehr ortsüblich.

Zuordnung der Leerstandszeiten bei Ferienwohnungen. → BFH vom 6.11.2001 IX R 97/00, BStBl. 2002 II S. 726.

Zu § 187 BewG

R B 187 Bewirtschaftungskosten

(1) [1]Die im Rahmen des Ertragswertverfahrens anzusetzenden Bewirtschaftungskosten sind die bei gewöhnlicher Bewirtschaftung nachhaltig entstehenden Verwaltungskosten, Betriebskosten, Instandhaltungskosten und das Mietausfallwagnis; durch Umlagen oder sonstige Kostenübernahmen gedeckte Kosten bleiben unberücksichtigt. [2]Zinsen für Hypothekendarlehen und Grundschulden oder sonstige Zahlungen für auf dem Grundstück lastende privatrechtliche Verpflichtungen bleiben ebenfalls außer Ansatz.

(2)[1)] [1]Die Bewirtschaftungskosten sind pauschal mit Erfahrungssätzen anzusetzen; die tatsächlich entstandenen Kosten sind nicht zu berücksichtigen. [2]Sofern vom Gutachterausschuss geeignete Erfahrungssätze vorliegen, sind diese zu Grunde zu legen. [3]Stehen diese nicht zur Verfügung, ist von den pauschalierten Bewirtschaftungskosten nach Anlage 23 zum BewG auszugehen. [4]Maßgebend für die Anwendung der Anlage 23 zum BewG sind die Grundstücksart und die Restnutzungsdauer des Gebäudes. [5]Die Mindest-Restnutzungsdauer nach § 185 Absatz 3 Satz 5 BewG ist hierbei zu berücksichtigen.

H B 187 (2)

Bewirtschaftungskosten nach der II. BV. Die Bewirtschaftungskosten nach der II. BV können als geeignete Erfahrungssätze angesehen werden, wenn deren Anwendung bei der Ableitung der Liegenschaftszinssätze durch den Gutachterausschuss im Grundstücksmarktbericht mit dem örtlichen Marktgeschehen begründet wird. Ein alleiniger Hinweis auf die Ansätze der II. BV im Modell zur Ableitung des Liegenschaftszinssatzes genügt nicht. Die Spannenangaben der II. BV müssen darüber hinaus nachvollziehbar konkretisiert sein (z. B. Ansatz der Höchstwerte nach der II. BV, Verzicht auf die Zu- und Abschläge zu den Instandhaltungskosten, Festwerte bzw. andere nachvollziehbare feste Modellannahmen).

Zu § 188 BewG

R B 188 Liegenschaftszinssatz

(1) [1]Die Liegenschaftszinssätze sind die Zinssätze, mit denen Verkehrswerte von Grundstücken je nach Grundstücksart im Durchschnitt marktüblich verzinst werden (→ § 14 Absatz 3 Satz 1 ImmoWertV). [2]Mit den Liegenschaftszinssätzen werden die allgemein vom Grundstücksmarkt erwarteten künftigen Entwicklungen, insbesondere der Ertrags- und Wertverhältnisse sowie der üblichen steuerlichen Rahmenbedingungen, berücksichtigt.

(2)[2)] [1]Der angemessene und nutzungstypische Liegenschaftszinssatz ist nach der Grundstücksart (§ 181 BewG, → R B 181.1) und der Lage auf dem

---

1) Zur Änderung des § 187 Abs. 2 BewG siehe Art. 1 des Grundsteuerreform-Umsetzungsgesetzes v. 16.7.2021, BGBl. I 2021, 2931.

2) Zur Eignung der durch den Gutachterausschuss ermittelten örtlichen Liegenschaftszinssätze für die erbschaftsteuerliche Grundbesitzbewertung siehe BFH v. 18.9.2019 II R 13/16, BStBl. II 2020, 760. – Zur Anwendung von durch den Gutachterausschuss ermittelten Liegenschaftszinssätzen bei der Grundbesitzbewertung iSd § 188 Abs. 2 BewG siehe gleich lautende Ländererlasse v. 23.9.2020, BStBl. I 2020, 1210. – Zur Änderung des § 188 Abs. 2 BewG siehe Art. 1 des Grundsteuerreform-Umsetzungsgesetzes v. 16.7.2021, BGBl. I 2021, 2931.

Grundstücksmarkt zu bestimmen. [2]Dabei ist vorrangig auf den für diese Grundstücksart vom Gutachterausschuss für Grundstückswerte ermittelten und veröffentlichten Liegenschaftszinssatz zurückzugreifen. [3]Werden durch den Gutachterausschuss keine geeigneten Liegenschaftszinssätze ermittelt, so sind die typisierten Liegenschaftszinssätze des § 188 Absatz 2 Satz 2 BewG anzuwenden.

H B 188 (2)

Liegenschaftszinssatz in Spannen. Sind von den Gutachterausschüssen Liegenschaftszinssätze ausschließlich in Wertspannen veröffentlicht worden, bestehen keine Bedenken, folgende Vereinfachungsregeln anzuwenden:

1. Liegt der gesetzliche Liegenschaftszinssatz nach § 188 Absatz 2 Satz 2 Nummer 1 bis 4 BewG innerhalb der vom Gutachterausschuss angegebenen Spanne, ist der gesetzliche Liegenschaftszinssatz der Grundbesitzbewertung zu Grunde zu legen.
2. Liegt der gesetzliche Zinssatz außerhalb der Spanne, ist der Liegenschaftszinssatz innerhalb der Spanne zu wählen, der dem gesetzlichen Liegenschaftszinssatz am nächsten liegt. Dies ist der obere oder untere Grenzwert der Spanne.

Kein Liegenschaftszinssatz in Spannen liegt beispielsweise vor, wenn der Gutachterausschuss den Liegenschaftszinssatz als festen Wert vorgibt und zusätzlich nach oben und nach unten eine Standardabweichung benennt. In diesem Fall ist als Liegenschaftszinssatz der vorgegebene Wert anzusetzen. Entsprechendes gilt, wenn der Liegenschaftszinssatz aus grafischen Darstellungen oder Tabellen im Grundstücksmarktbericht spezifiziert werden kann.

Liegenschaftszinssatz (maßgebende Grundstücksart). Bei der Bestimmung des zutreffenden Liegenschaftszinssatzes ist zunächst von der Grundstücksart auszugehen, die nach dem Bewertungsgesetz maßgebend ist. Sofern der Gutachterausschuss bei der Veröffentlichung der Liegenschaftszinssätze eine von den Grundstücksarten des Bewertungsgesetzes abweichende Unterteilung der Grundstückstypen vornimmt, ist zu prüfen, ob diese Abweichung beim Ansatz des maßgebenden Liegenschaftszinssatzes berücksichtigt werden kann. Können die vom Gutachterausschuss ermittelten Liegenschaftszinssätze den bewertungsrechtlich maßgebenden Grundstücksarten nicht zugeordnet werden, sind die Liegenschaftszinssätze des § 188 Absatz 2 Satz 2 BewG maßgebend.

Beispiel:

Ein bebautes Grundstück in Geschäftslage verfügt im Erdgeschoss über einen Laden ($80\,m^2$, 32 000 EUR Rohertrag) und in den darüber liegenden fünf Etagen über Wohnungen (insgesamt $500\,m^2$, 36 000 EUR Rohertrag). Bewertungsrechtlich ist das Grundstück ein Mietwohngrundstück, weil nach § 181 Absatz 3 BewG das Flächenverhältnis maßgebend ist. Der Gutachterausschuss hat für derartige Grundstücke jedoch lediglich den Liegenschaftszinssatz für ein „gemischt genutztes Grundstück" ausgewiesen, weil er bei der Ermittlung der Liegenschaftszinssätze das Verhältnis der Roherträge zugrunde gelegt hat. Bei der Bewertung des Mietwohngrundstücks hat das Finanzamt den Liegenschaftszinssatz anzusetzen, der vom Gutachterausschuss für gemischt genutzte Grundstücke ausgewiesen wurde.

R B 188 (3)

(3) [1]Liegenschaftszinssätze sind als geeignet anzusehen, wenn die Ableitung der Liegenschaftszinssätze weitgehend in demselben Modell erfolgt ist wie die Bewertung. [2]Es sind jeweils die Liegenschaftszinssätze anzusetzen, die vom Gutachterausschuss zuletzt vor dem Bewertungsstichtag veröffentlicht wurden.

Zu § 189 BewG

R B 189 Allgemeine Grundsätze des Sachwertverfahrens

[1]Bei Anwendung des Sachwertverfahrens (§§ 189 bis 191 BewG) ist der Gebäudesachwert getrennt vom Bodenwert auf der Grundlage von gewöhnlichen Herstellungskosten zu bemessen. [2]Der Bodenwert ist wie bei einem unbebauten Grundstück nach Maßgabe des § 179 BewG zu ermitteln. [3]Die Summe aus Gebäudesachwert und Bodenwert ergibt den vorläufigen Sachwert, der zur Anpassung an den gemeinen Wert mit einer Wertzahl nach § 191 BewG zu multiplizieren ist. [4]Der Wert der sonstigen baulichen Anlagen, insbesondere der Außenanlagen, und der Wert der sonstigen Anlagen, wie z. B. gärtnerische Anpflanzungen, sind regelmäßig mit dem Gebäude- und dem Bodenwert abgegolten. [5]Nur in Ausnahmefällen mit besonders werthaltigen Außenanlagen, wie z. B. ein größerer Swimmingpool, und sonstigen Anlagen werden hierfür gesonderte Wertansätze nach gewöhnlichen Herstellungskosten berücksichtigt (→ R B 190.5).

H B 189

Ablauf des Verfahrens (im Regelfall: ohne Außenanlagen und sonstige Anlagen).

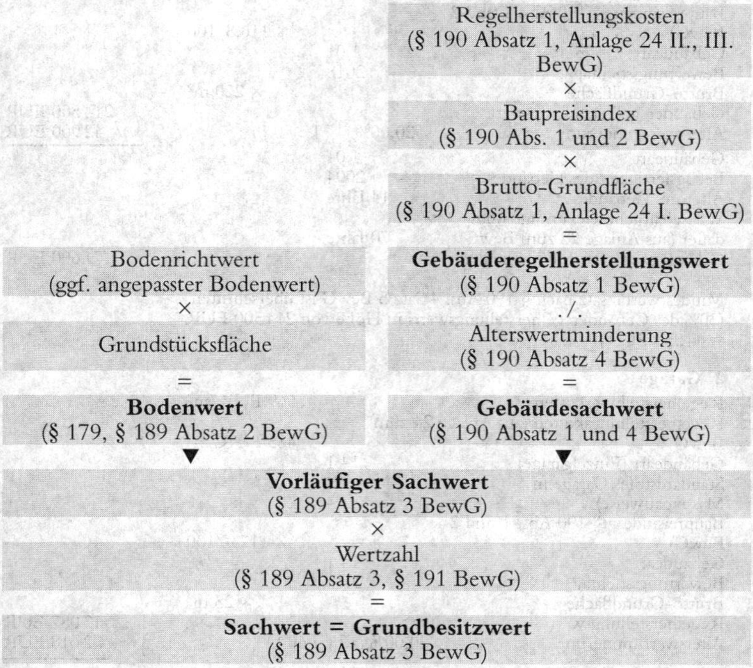

Bewertung im Sachwertverfahren.

Beispiel:

Ein mit einem freistehenden Einfamilienhaus (Baujahr 2004, Keller- und Erdgeschoss, Dachgeschoss ausgebaut, Gebäudestandard – alle Bauteile Standardstufe 3) bebautes Grundstück ist zum 1.2.2018 (Bewertungsstichtag) zu bewerten. Die Brutto-Grundfläche des Gebäudes beträgt 220 m^2. An das Haus grenzt eine nicht überdachte Terrasse (Baujahr 2006, Bruchsteinplatten mit Unterbeton) mit einer Fläche von 30 m^2 an. Auf dem Grundstück befinden sich außerdem eine freistehende Garage in Massivbauweise mit einer Brutto-Grundfläche von 23 m^2 (Baujahr 2006) und ein AußenSchwimmbecken (Baujahr 2006, normale Ausführung) mit einer Fläche von 52 m^2. Das Grundstück hat eine Fläche von 700 m^2 und der Bodenrichtwert beträgt 200 EUR/m^2. Vom Gutachterausschuss stehen keine Vergleichspreise, Vergleichsfaktoren und örtlichen Sachwertfaktoren für das Grundstück zur Verfügung.

Bodenwert

Grundstücksfläche × Bodenrichtwert (700 m^2 × 200 EUR/m^2)	140 000 EUR

Gebäudesachwert

1. freistehendes Einfamilienhaus (EFH)

Regelherstellungskosten		975 EUR/m^2	
Regelherstellungskosten (aus Anlage 24 zum BewG)		835 EUR/m^2	
Gebäudeart	1.01		
Standardstufe (alle Bauteile)	3		
Baupreisindex (§ 190 Abs. 1 und 2 BewG)		× 116,8/100	
Gebäudeart	1.01		
Bewertungsstichtag	2018		
Brutto-Grundfläche		× 220 m^2	
Gebäuderegelherstellungswert			214 500 EUR
Alterswertminderung	20,00% (14 J. : 70 J.)		./. 42 900 EUR
Gebäudeart	1.01		
Bezugsfertigkeit des Gebäudes	2004		
Alter des Gebäudes	14 Jahre		
Wirtschaftliche Gesamtnutzungsdauer (aus Anlage 22 zum BewG)	70 Jahre		
Gebäudesachwert (Einfamilienhaus)			171 600 EUR

Mindestwertansatz nach § 190 Abs. 4 Satz 5 BewG ist überschritten (30% des Gebäuderegelherstellungswerts in Höhe von 214 500 EUR = 64 350 EUR)

2. Garage

Regelherstellungskosten		569 EUR/m^2	
Regelherstellungskosten (aus Anlage 24 zum BewG)		485 EUR/m^2	
Gebäudeart (Einzelgarage)	14.1		
Standardstufe (Garage in Massivbauweise)	4		
Baupreisindex (§ 190 Abs. 1 und 2 BewG)		× 117,4/100	
Gebäudeart	14.1		
Bewertungsstichtag	2018		
Brutto-Grundfläche		× 23 m^2	
Regelherstellungswert			13 087 EUR
Alterswertminderung	20,00% (12 J. : 60 J.)		./. 2 618 EUR

	Garage	
Bezugsfertigkeit der Garage	2006	
Alter der Garage	12 Jahre	
Wirtschaftliche Gesamtnutzungsdauer (aus Anlage 22 zum BewG)	60 Jahre	
Gebäudesachwert (Garage)		10 469 EUR

Mindestwertansatz nach § 190 Abs. 4 Satz 5 BewG ist überschritten (30% des Regelherstellungswerts in Höhe von 13 087 EUR = 3 926 EUR)

3. Gebäudesachwert am Bewertungsstichtag

Gebäudesachwert (Einfamilienhaus) + Gebäudesachwert (Garage)	182 069 EUR

Besonders werthaltige Außenanlagen

1. Terrasse

Regelherstellungskosten		70 EUR/m²	
Regelherstellungskosten (aus R B 190.5) Wege- und Platzbefestigungen (Bruchsteinplatten mit Unterbeton)		60 EUR/m²	
Baupreisindex (R B 190.4 und 190.5)		× 116,8/100	
Außenanlagen wie Wohngebäude/Gebäudeart	1.01–5.1		
Bewertungsstichtag	2018		
Fläche		× 30 m²	
Regelherstellungswert			2 100 EUR
Alterswertminderung	30,00% (12 J. : 40 J.)		./. 630 EUR
	Terrasse		
Fertigstellung	2006		
Alter	12 Jahre		
Wirtschaftliche Gesamtnutzungsdauer (aus R B 190.5)	40 Jahre		
Sachwert (Terrasse)			1 470 EUR

2. Schwimmbecken

Regelherstellungskosten		613 EUR/m²	
Regelherstellungskosten (aus R B 190.5) Schwimmbecken (normale Ausführung)		525 EUR/m²	
Baupreisindex (R B 190.4 und 190.5)		× 116,8/100	
Außenanlagen wie Wohngebäude/Gebäudeart	1.01–5.1		
Bewertungsstichtag	2018		
Fläche		× 52 m²	
Regelherstellungswert			31 876 EUR
Alterswertminderung	40,00% (12 J. : 30 J.)		./. 12 751 EUR
	Schwimmbecken		
Fertigstellung	2006		
Alter	12 Jahre		
Wirtschaftliche Gesamtnutzungsdauer (aus R B 190.5)	30 Jahre		
Sachwert (Schwimmbecken)			19 125 EUR

Sachwert der besonders werthaltigen Außenanlagen Sachwert (Terrasse) + Sachwert (Schwimmbecken)	20 595 EUR

Der Sachwert übersteigt 10% des Gebäudesachwerts.
(10% des Gebäudesachwerts in Höhe von 182 069 EUR = 18 206 EUR)

Vorläufiger Sachwert			342 664 EUR
Bodenwert		140 000 EUR	
Gebäudesachwert		+ 182 069 EUR	
Sachwert Außenanlagen		+ 20 595 EUR	
Summe		342 664 EUR	
Grundbesitzwert (Sachwert)			
Vorläufiger Sachwert		342 664 EUR	
Wertzahl (aus Anlage 25 zum BewG)		× 0,80	
Einfamilienhaus			
Vorläufiger Sachwert	342 664 EUR		
Bodenrichtwert	200 EUR/m²		
Grundbesitzwert			**274 131 EUR**

Zu § 190 BewG

R B 190.1 Regelherstellungskosten

(1) [1]Die Regelherstellungskosten (RHK) im Sinne des § 190 Abs. 1 BewG sind nicht die tatsächlichen, sondern die gewöhnlichen Herstellungskosten je Quadratmeter Brutto-Grundfläche einschließlich Umsatzsteuer. [2]Sie werden unterteilt nach Grundstücksarten, Gebäudearten und Gebäudestandards, wie sie in der Anlage 24, Teil II. und III., zum BewG dargestellt sind. [3]Sie wurden aus den Normalherstellungskosten 2010 (NHK 2010) abgeleitet.

H B 190.1 (1)

Umsatzsteuer. Die Berechtigung zum Vorsteuerabzug zählt zu den ungewöhnlichen und persönlichen Verhältnissen i. S. d. § 9 Absatz 2 Satz 3 BewG (→ BFH vom 30.6.2010 II R 60/08, BStBl. II S. 897).

R B 190.1 (2)

(2) [1]Die NHK 2010 und infolgedessen die RHK stellen Bundesmittelwerte dar, d. h. es handelt sich um Durchschnittswerte für das gesamte Bundesgebiet. [2]Eine Regionalisierung der Regelherstellungskosten mittels sog. Regionalisierungs- und Ortsgrößenfaktoren erfolgt nicht. [3]Die Berücksichtigung der örtlichen Marktverhältnisse erfolgt ausschließlich über die Anwendung der Wertzahl nach § 191 BewG.

R B 190.2 Gebäudeart

(1) [1]Bei der Ermittlung der nach Anlage 24, Teil II., zum BewG anzunehmenden Gebäudeart ist auf das gesamte Gebäude oder einen baulich selbstständig abgrenzbaren Teil eines Gebäudes (Gebäudeteil) abzustellen. [2]Entscheidend für die Einstufung ist allein das durch die Hauptnutzung des Gebäudes/Gebäudeteils entstandene Gesamtgepräge. [3]Zur Hauptnutzung gehörende übliche Nebenräume (z. B. Lager- und Verwaltungsräume bei Warenhäusern) sind entsprechend dem Gesamtgepräge der Hauptnutzung zuzurechnen.

H B 190.2 (1)

Tiefgaragenstellplatz bei Wohnungs- und Teileigentum. Bei Wohnungs- und Teileigentum mit Tiefgaragenstellplatz wird grundsätzlich von einer wirtschaftlichen Einheit ausgegangen. Der Tiefgaragenstellplatz ist hierbei als gesonderter Gebäudeteil unter Anwendung der Regelherstellungskosten der Gebäudeart 14.3. (Tiefgaragen) zu bewerten.

Teileigentum. Bei der Bewertung von Teileigentum ist zur Bestimmung der Gebäudeart grundsätzlich auf die Nutzung des Teileigentums abzustellen. Zur Bewertung eines Teileigentums als Rechtsanwalts-, Notar- oder Arztpraxis in einem mehrgeschossigen Wohnhaus, welches baulich wie ein vergleichbares Wohnungseigentum gestaltet ist, ist es sachgerecht, die Regelherstellungskosten der Gebäudearten 4.1. bis 4.3. heranzuziehen. Befindet sich ein solches Teileigentum z. B. in einem Büro- und Geschäftsgebäude, können die Regelherstellungskosten der Gebäudearten 5.2. bis 6.1. verwandt werden.

Wohnungseigentum. Für Wohnungseigentum in Gebäuden, die wie Ein- und Zweifamilienhäuser gestaltet sind, ist die Gebäudeart für Ein- und Zweifamilienhäuser anzusetzen.

R B 190.2 (2)

(2) [1]Regelherstellungskosten für in der Anlage 24 zum BewG nicht aufgeführte Gebäudearten sind aus den Regelherstellungskosten vergleichbarer Gebäudearten abzuleiten. [2]Zu diesem Zweck ist auf die Gebäudeart abzustellen, die mit der Hauptnutzung des Gebäudes die größten Übereinstimmungen aufweist.

H B 190.2 (2)

Nicht aufgeführte Gebäudearten. Nach Tz. 20 der Anlage 24, Teil II., zum BewG gilt die Auffangklausel, wonach für nicht aufgeführte Gebäudearten (GA) die Regelherstellungskosten sowie die wirtschaftliche Gesamtnutzungsdauer (GND) aus vergleichbaren Gebäudearten abzuleiten sind. Hierzu folgende Ableitungsbeispiele:

Nicht aufgeführte Gebäudeart	Vergleichbar mit Gebäudeart	GND	GA
Apotheke, Boutique, Laden	Kauf-/Warenhäuser	50 Jahre	13.2
Baumarkt, Discountermarkt, Gartenzentrum	Verbrauchermärkte	30 Jahre	13.1
Gewerblich genutzte freistehende Überdachung	Lagergebäude ohne Mischnutzung, Kaltlager	40 Jahre	16.1
Jugendheime, Tagesstätte, Bürgerhaus	Gemeindezentren, Vereinsheime	40 Jahre	7.1
Möbelhaus, eingeschossig	Verbrauchermärkte	30 Jahre	13.1
Möbelhaus, mehrgeschossig	Kauf-/Warenhäuser	50 Jahre	13.2
Pferdeställe u. Ä.	Reithallen	30 Jahre	18.1
Restaurant	Beherbergungsstätten/Hotels/ Verpflegungseinrichtungen	40 Jahre	11.1

Nicht aufgeführte Gebäudeart	Vergleichbar mit Gebäudeart	GND	GA
Tankstelle/Waschstraße	Betriebs-/Werkstätten, eingeschossig	40 Jahre	15.1
Therme	Freizeitbäder/Kur- und Heilbäder	40 Jahre	12.4
Wochenendhaus	Ein- und Zweifamilienhäuser	70 Jahre	1.01–3.33

R B 190.2 (3)

(3) [1] Ist ein Gebäude zu mehr als 50 Prozent der bebauten Fläche unterkellert, ist von einem Gebäude mit Keller auszugehen. [2] Entsprechend ist von einem Gebäude mit ausgebautem Dachgeschoss auszugehen, wenn dies zu mehr als 50 Prozent ausgebaut ist.

R B 190.3 Gebäudestandard

[1] Zur Feststellung des Gebäudestandards eines Gebäudes oder eines Gebäudeteils ist die Beschreibung der Gebäudestandards in Anlage 24, Teil III., zum BewG zu verwenden. [2] Die Beschreibung der Gebäudestandards ist beispielhaft und dient der Orientierung. [3] Sie kann nicht alle in der Praxis auftretenden Standardmerkmale aufführen. [4] Merkmale, die die Tabelle nicht beschreibt, sind sachgerecht zu berücksichtigen. [5] Es müssen nicht alle aufgeführten Merkmale zutreffen. [6] Der Gebäudestandard wird regelmäßig anhand von fünf Standardstufen bestimmt, die sich nach den Standardmerkmalen der Bauteile unterscheiden. [7] Liegen bei einem Bauteil verschiedene Standardmerkmale vor, ist für die Bestimmung der jeweiligen Standardstufe auf die überwiegenden Standardmerkmale abzustellen. [8] Für ein Bauteil ist somit eine Standardstufe zu bestimmen. [9] Bei den Wohngebäuden (Gebäudearten 1.01. bis 5.1.der Anlage 24 zum BewG) sind die Bauteile zusätzlich nach Wägungsanteilen zu gewichten. [10] Ist ein Bauteil nicht vorhanden, bleiben die Regelherstellungskosten dieses Bauteils unberücksichtigt. [11] In diesen Fällen wird bei den Wohngebäuden (Gebäudearten 1.01. bis 5.1. der Anlage 24 zum BewG) nur die Summe aus den gewichteten Regelherstellungskosten der vorhandenen Bauteile gebildet, bei den Nichtwohngebäuden (Gebäudearten 5.2. bis 13.3., 14.2. bis 14.4. und 15.1. bis 18.2. der Anlage 24 zum BewG) wird die Summe der Regelherstellungskosten der vorhandenen Bauteile durch die Anzahl der für die Gebäudeart nach Anlage 24, Teil III., zum BewG, typischerweise vorhandenen Bauteile dividiert (→ H B 190.4). [12] Für Einzel- und Mehrfachgaragen (Gebäudeart 14.1. der Anlage 24 zum BewG) werden die Standardstufen unmittelbar im Teil II. der Anlage 24 zum BewG beschrieben.

H B 190.3

Bestimmung der Regelherstellungskosten (RHK) für ein freistehendes Einfamilienhaus (Gebäudeart 1.01) bei unterschiedlichen Standardstufen.

Beispiel:

Bauteil	**Standardstufe**					**Wägungs-anteil %**
	1	**2**	**3**	**4**	**5**	
Außenwände				×		23
Dach					×	15
Fenster und Außentüren			×			11
Innenwände und -türen			×			11
Deckenkonstruktion und Treppen			×			11
Fußböden			×			5
Sanitäreinrichtungen		×				9
Heizung			×			9
Sonstige technische Ausstattung			×			6
RHK in EUR/m² für die Gebäudeart 1.01 nach Anlage 24, Teil II., zum BewG	655	725	835	1005	1260	

		EUR/m² BGF
Außenwände	1005 EUR/m² × 23%	231
Dach	1260 EUR/m² × 15%	189
Fenster und Außentüren	835 EUR/m² × 11%	92
Innenwände und -türen	835 EUR/m² × 11%	92
Deckenkonstruktion und Treppen	835 EUR/m² × 11%	92
Fußböden	835 EUR/m² × 5%	42
Sanitäreinrichtungen	725 EUR/m² × 9%	65
Heizung	835 EUR/m² × 9%	75
Sonstige technische Ausstattung	835 EUR/m² × 6%	50
RHK in EUR/m² BGF (gewichtet)		**928**

In den Fällen von Standardstufen mit Wägungsanteilen ist kaufmännisch auf volle Euro zu runden. H B 177 ErbStH *2011* [2019] findet insoweit keine Anwendung.

Bestimmung der Regelherstellungskosten (RHK) für ein neu errichtetes Bürogebäude (Gebäudeart 6.1), bei dem ein Teil des Gebäudes bereits nutzbar ist, für den überwiegenden Teil des Gebäudes jedoch der Innenausbau, insbesondere die sonstige technische Ausstattung, zur Berücksichtigung der Bedürfnisse potentieller Mieter zurückgestellt wurde.

Beispiel:

Bauteile (Anlage 24, Teil III., zum BewG)	**Standardstufe**				
	1	**2**	**3**	**4**	**5**
Außenwände				×	
Dach					×
Fenster und Außentüren			×		
Innenwände und -türen			×		
Deckenkonstruktion und Treppen			×		
Fußböden			×		
Sanitäreinrichtungen		×			
Heizung			×		
Sonstige technische Ausstattung					
RHK in EUR/m² für die Gebäudeart 6.1 nach Anlage 24, Teil II., zum BewG	735	815	1040	1685	1900

	1	**2**	**3**	**4**
	Anzahl der Bauteile	**Standardstufe**	**Regelherstellungskosten**	**Spalte 1 × Spalte 3**
	1	2	815 EUR/m²	815 EUR/m²
	5	3	1040 EUR/m²	5200 EUR/m²
	1	4	1685 EUR/m²	1685 EUR/m²
	1	5	1900 EUR/m²	1900 EUR/m²
Summe	8			9600 EUR/m²
RHK (Division durch die 9 Bauteile der Gebäudeart 6.1)				1066 EUR/m²

R B 190.4[1] Baupreisindex

(1) [1]Die in der Anlage 24 zum BewG enthaltenen Regelherstellungskosten mit Kostenstand 2010 sind auf den Bewertungsstichtag zu beziehen. [2]Für diese Anpassung ist nach § 190 Absatz 2 BewG auf die Preisindizes für die Bauwirtschaft, die das Statistische Bundesamt für den Neubau in konventioneller Bauart von Wohn- und Nichtwohngebäuden jeweils als Jahresdurchschnitt ermittelt hat, abzustellen. [3]Diese Preisindizes sind für alle Bewertungsstichtage des folgenden Kalenderjahres anzuwenden. [4]Das Bundesministerium der Finanzen veröffentlicht die maßgebenden Baupreisindizes im Bundessteuerblatt.

(2) [1]Zu den Wohngebäuden gehören die Gebäudearten 1.01. bis 5.1. der Anlage 24, Teil II., zum BewG (freistehende Ein- und Zweifamilienhäuser, Doppel- und Reihenhäuser, Mehrfamilienhäuser, gemischt genutzte Grundstücke bzw. Wohnhäuser mit Mischnutzung). [2]Die übrigen Gebäudearten werden den Nichtwohngebäuden zugeordnet.

[1] Zu den Baupreisindizes zur Anpassung der Regelherstellungskosten aus der Anlage 24 zum BewG für Bewertungsstichtage im Kalenderjahr 2022 siehe BMF v. 11.2.2022, BStBl. I 2022, 181: Gebäudearten 1.1. bis 5.1.: 141,0; Gebäudearten 5.2. bis 18.2.: 142,0.

H B 190.4

Indizierung der Regelherstellungskosten (RHK) am Bewertungsstichtag.

Beispiel:

Einfamilienhaus (Gebäudeart 1.01)	
Bewertungsstichtag	15. Januar 2018
RHK aus der Anlage 24, Teil II., zum BewG/Gebäudeart 1.01/ alle 9 Bauteile Standardstufe 3/Basisjahr der RHK = 2010	835 EUR/m² BGF
Baupreisindex des Statistischen Bundesamtes für das Jahr 2010 für Wohngebäude; Basisjahr = 2010	100,0
Maßgeblicher Baupreisindex des Statistischen Bundesamtes am Bewertungsstichtag für Wohngebäude (Jahresdurchschnitt 2017)	**116,8**

$$\text{RHK} = \frac{116{,}8}{100{,}0} \times 835\ \text{EUR/m}^2 = 975{,}28\ \text{EUR/m}^2\ \text{BGF} \approx 975\ \text{EUR/m}^2$$

R B 190.5 Besonders werthaltige Außenanlagen

[1] Übliche Außenanlagen und sonstige Anlagen sind regelmäßig mit dem Gebäudewert und dem Bodenwert abgegolten. [2] Nur in Einzelfällen mit besonders werthaltigen Außenanlagen und sonstigen Anlagen ist ein gesonderter Wertansatz zu prüfen. [3] Außenanlagen sind besonders werthaltig, wenn sie das übliche Maß der für die Gebäudeart typischen Außenanlagen offensichtlich überschreiten. [4] Danach ist von einem gesonderten Wertansatz für Außenanlagen regelmäßig abzusehen, wenn ihre Sachwerte (RHK für Außenanlagen nach Alterswertminderung) bei einer überschlägigen Berechnung 10 Prozent des Gebäudesachwerts nicht übersteigen. [5] Sind besonders werthaltige Außenanlagen zu erfassen, gelten die in der nachfolgenden Tabelle ausgewiesenen durchschnittlichen Herstellungskosten. [6] Aus Vereinfachungsgründen bestehen keine Bedenken, die in der nachstehenden Tabelle dargestellten Werte analog den Wohngebäuden auf den Bewertungsstichtag zu indizieren (→ R B 190.4).

Tabelle: Regelherstellungskosten für Außenanlagen (beispielhafte Darstellung/Basisjahr 2010 = 100)

Regelherstellungskosten der Außenanlagen einschließlich Baunebenkosten und Umsatzsteuer			
Typisierte Gesamtnutzungsdauer = 40 Jahre			
Einfriedungen	**Euro je lfd. m**		
	bis 1 m hoch	**bis 2 m hoch**	**über 2 m hoch**
Einfriedungsmauer aus Ziegelstein, 11,5 cm dick	70	110	135
Einfriedungsmauer aus Ziegelstein, 24 cm dick	105	150	180
Einfriedungsmauer aus Ziegelstein, 36,5 cm dick	135	215	295
Einfriedungsmauer aus Beton, Kunststein und dgl.	75	135	170
Einfriedungsmauer aus Naturstein mit Abdeckplatten	200	260	325

Regelherstellungskosten der Außenanlagen einschließlich Baunebenkosten und Umsatzsteuer	
Typisierte Gesamtnutzungsdauer = 40 Jahre	
Wege- und Platzbefestigungen	**Euro je m²**
Wassergebundene leichte Decke auf leichter Packlage	15
Betonplattenbelag	45
Sonstiger Plattenbelag	50
Asphalt-, Teer-, Beton-, oder ähnliche Decke auf Pack- oder Kieslage	40
Kopfstein- oder Kleinpflaster	60
Bruchsteinplatten mit Unterbeton	60
Freitreppen	**Euro je lfd. m Stufen**
	80
Rampen	**Euro je m² Grundfläche**
freistehend ohne Verbindung mit einem Gebäude	105
Stützmauern	**Euro je m² vordere Ansichtsfläche**
Beton	105
Bruchstein	135
Werkstein	260
Typisierte Gesamtnutzungsdauer = 30 Jahre	
Schwimmbecken je nach Ausführung	**Euro je m²**
einfache Ausführung	200
normale Ausführung	525
gehobene Ausführung	850

H B 190.5

Bewertung von besonders werthaltigen Außenanlagen. → H 189 Bewertung im Sachwertverfahren (Beispiel).

R B 190.6 Brutto-Grundfläche

(1) Die Brutto-Grundfläche ist die Summe der Grundflächen aller Grundrissebenen eines Bauwerks mit Nutzungen nach DIN 277-2:2005-02 und deren konstruktive Umschließungen (→ Anlage 24, Teil I., zum BewG).

(2) [1]Bei der Ermittlung der Brutto-Grundfläche wird zwischen folgenden Bereichen unterschieden:
– Bereich a: überdeckt und allseitig in voller Höhe umschlossen
– Bereich b: überdeckt, jedoch nicht allseitig in voller Höhe umschlossen
– Bereich c: nicht überdeckt
[2]Die Regelherstellungskosten (RHK) berücksichtigen jedoch nur die Brutto-Grundfläche der Bereiche a und b. [3]Der Bereich c wird nicht erfasst.

(3) [1]Die Brutto-Grundflächen zur Berechnung der RHK sind getrennt nach Grundrissebenen zu ermitteln. [2]Grundflächen von waagerechten Flächen

sind aus ihren tatsächlichen Maßen, Grundflächen von schräg liegenden Flächen, z. B. Tribünen, Zuschauerräumen, Treppen und Rampen, aus ihrer vertikalen Projektion zu ermitteln.

(4) Die Grundflächen sind in Quadratmeter anzugeben.

(5) [1] Für die Ermittlung der Brutto-Grundfläche sind die äußeren Maße der Bauteile einschließlich Bekleidung, z. B. Putz, Außenschalen mehrschaliger Wandkonstruktionen, in Höhe der Bodenbzw. Deckenbelagsoberkanten anzusetzen. [2] Brutto-Grundflächen des Bereiches b sind an Stellen, an denen sie nicht umschlossen sind, bis zur vertikalen Projektion ihrer Überdeckung zu ermitteln. [3] Brutto-Grundflächen von Bauteilen (Konstruktions-Grundflächen), die zwischen den Bereichen a und b liegen, sind dem Bereich a zuzuordnen. [4] Nicht zur Brutto-Grundfläche gehören Flächen, die ausschließlich der Wartung, Inspektion und Instandsetzung von Baukonstruktionen und technischen Anlagen dienen, z. B. nicht nutzbare Dachflächen, fest installierte Dachleitern und -stege, Wartungsstege in abgehängten Decken. [5] Nicht berücksichtigt bei der Ermittlung der Brutto-Grundfläche werden:
- Kriechkeller,
- Kellerschächte,
- Außentreppen,
- nicht nutzbare Dachflächen – auch Zwischendecken –,
- Balkone (auch wenn sie überdeckt sind) und
- Spitzböden (zusätzliche Ebene im Dachgeschoss, unabhängig vom Ausbauzustand).

[6] Auf die Brutto-Grundfläche anzurechnen sind nutzbare Dachgeschossflächen.

Dachgeschoss

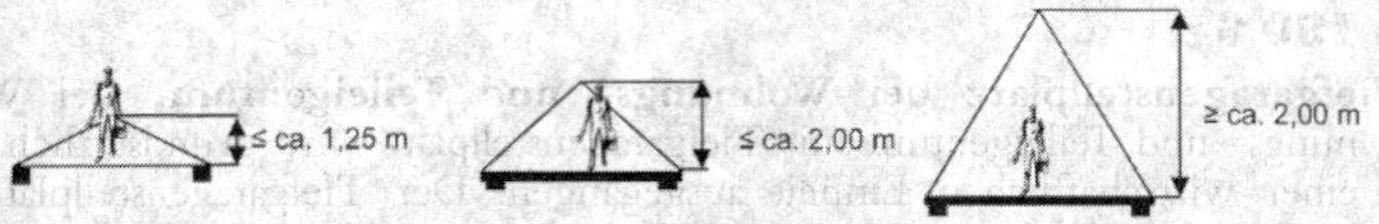

nicht nutzbar	eingeschränkt nutzbar	nutzbar
Anrechnung der Grundfläche der Dachgeschossebene bei der Ermittlung der BGF		
keine Anrechnung	volle Anrechnung	volle Anrechnung

Abbildung zur Zuordnung der Grundflächen zu den Bereichen a, b und c

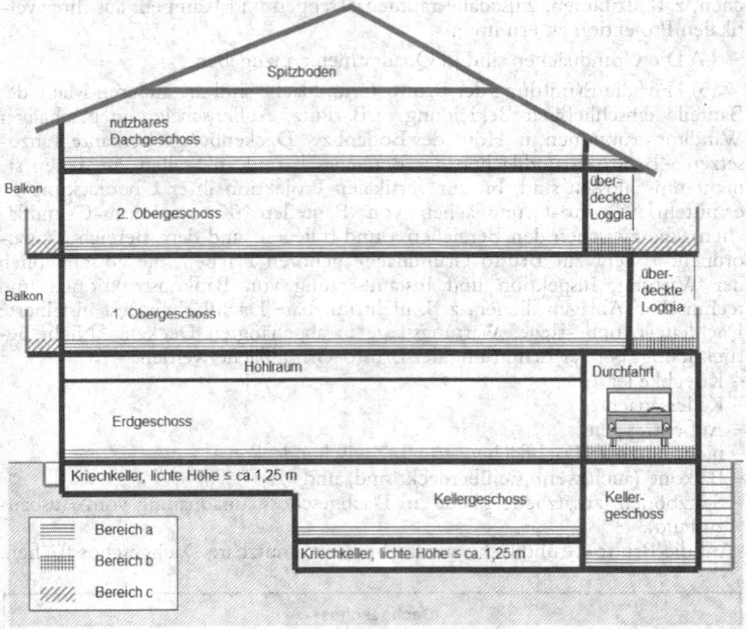

H B 190.6

Tiefgaragenstellplatz bei Wohnungs- und Teileigentum. Bei Wohnungs- und Teileigentum mit Tiefgaragenstellplatz wird grundsätzlich von einer wirtschaftlichen Einheit ausgegangen. Der Tiefgaragenstellplatz ist hierbei als gesonderter Gebäudeteil zu bewerten. Es bestehen keine Bedenken die Brutto-Grundfläche (BGF) des Tiefgaragenstellplatzes aus Vereinfachungsgründen wie folgt zu ermitteln:

BGF = tatsächliche Stellplatzfläche (Länge × Breite) × 1,55.

R B 190.7 Alterswertminderung

(1) [1]Vom Gebäuderegelherstellungswert ist eine Alterswertminderung abzuziehen. [2]Diese wird regelmäßig nach dem Verhältnis des Alters des Gebäudes am Bewertungsstichtag zur typisierten wirtschaftlichen Gesamtnutzungsdauer nach Anlage 22 zum BewG bestimmt. [3]Es bestehen aus Vereinfachungsgründen keine Bedenken, das Alter des Gebäudes durch Abzug des Jahres der Bezugsfertigkeit des Gebäudes vom Jahr des Bewertungsstichtags zu bestimmen. [4]Hinsichtlich der Ermittlung der wirtschaftlichen Gesamtnutzungsdauer gelten die Grundsätze des Ertragswertverfahrens entsprechend (→ R B 185.3 Abs. 2 bzw. R B 185.4 Abs. 2).

(2) Sind nach Bezugsfertigkeit des Gebäudes Veränderungen eingetreten, kann ein fiktiv späteres Baujahr (→ Abs. 3) anzunehmen oder die tatsächliche Gesamtnutzungsdauer des Gebäudes (→ Abs. 4) zu berücksichtigen sein.

(3) [1] Ein fiktiv späteres Baujahr ist anzunehmen, wenn in den letzten zehn Jahren durchgreifende Modernisierungen vorgenommen wurden, die nach dem Punktesystem der nachfolgenden Tabelle 1 eine überwiegende oder umfassende Modernisierung ergeben. [2] Hinsichtlich der durchgeführten Modernisierungsarbeiten ist auf die überwiegende Erneuerung bzw. Verbesserung der jeweiligen einzelnen Bauteile (Modernisierungselemente) abzustellen, die Punkte der Tabelle 1 sind für das jeweilige Bauteil folglich nur insgesamt oder gar nicht anzusetzen. [3] Die Anzahl der Jahre der Verlängerung für die Ermittlung des fiktiven späteren Baujahrs ist den nachfolgenden Tabellen 2 bis 6 zu entnehmen. [4] Eine Interpolation ist nicht vorzunehmen. [5] Übersteigt das Gebäudealter am Bewertungsstichtag die übliche Gesamtnutzungsdauer ermittelt sich das fiktiv spätere Baujahr aus folgender Formel [Beispiel → H B 190.7 (3)]:

fiktives Baujahr =	Jahr des Bewertungsstichtags + Verschiebung Baujahr ./. übliche Gesamtnutzungsdauer

[6] Die nachfolgenden Tabellen sind für Wohngebäude und analog für Nichtwohngebäude anzuwenden.

Tabelle 1

Modernisierungselemente	**Punkte**
Dacherneuerung inklusive Verbesserung der Wärmedämmung	4
Modernisierung der Fenster und Außentüren	2
Modernisierung der Leitungssysteme (Strom, Gas, Wasser, Abwasser)	2
Modernisierung der Heizungsanlage	2
Wärmedämmung der Außenwände	4
Modernisierung von Bädern	2
Modernisierung des Innenausbaus, z. B. Decken, Fußböden, Treppen	2
Wesentliche Verbesserung der Grundrissgestaltung	2

14 bis 16 Punkte: überwiegend modernisiert
≥ 18 Punkte: umfassend modernisiert

Tabelle 2

Übliche Gesamtnutzungsdauer von 70 Jahren		
	Modernisierungsgrad	
	14 bis 16 Punkte	**≥ 18 Punkte**
Gebäudealter (Jahre)	**Verschiebung Baujahr (Jahre)**	
≥ 10	0	2
≥ 15	2	5
≥ 20	4	8
≥ 25	6	12
≥ 30	9	15
≥ 35	12	19
≥ 40	15	23
≥ 45	18	27
≥ 50	22	31
≥ 55	26	35
≥ 60	30	40
≥ 65	34	44
= 70	38	49
> 70	38 (→ Satz 5; Jahr des Bewertungsstichtags + 38 ./. 70)	49 (→ Satz 5; Jahr des Bewertungsstichtags + 49 ./. 70)

Tabelle 3

Übliche Gesamtnutzungsdauer von 60 Jahren		
	Modernisierungsgrad	
	14 bis 16 Punkte	**≥ 18 Punkte**
Gebäudealter (Jahre)	**Verschiebung Baujahr (Jahre)**	
≥ 10	0	2
≥ 15	2	6
≥ 20	5	9
≥ 25	7	13
≥ 30	10	16
≥ 35	13	20
≥ 40	17	24
≥ 45	20	28

Übliche Gesamtnutzungsdauer von 60 Jahren		
	Modernisierungsgrad	
	14 bis 16 Punkte	≥ 18 Punkte
Gebäudealter (Jahre)	Verschiebung Baujahr (Jahre)	
≥ 50	24	33
≥ 55	28	37
= 60	33	42
> 60	33 (→ Satz 5; Jahr des Bewertungsstichtags + 33 ./. 60)	42 (→ Satz 5; Jahr des Bewertungsstichtags + 42 ./. 60)

Tabelle 4

Übliche Gesamtnutzungsdauer von 50 Jahren		
	Modernisierungsgrad	
	14 bis 16 Punkte	≥ 18 Punkte
Gebäudealter (Jahre)	Verschiebung Baujahr (Jahre)	
≥ 10	1	3
≥ 15	3	6
≥ 20	6	10
≥ 25	8	14
≥ 30	12	18
≥ 35	15	22
≥ 40	19	26
≥ 45	23	30
= 50	27	35
> 50	27 (→ Satz 5; Jahr des Bewertungsstichtags + 27 ./. 50)	35 (→ Satz 5; Jahr des Bewertungsstichtags + 35 ./. 50)

Tabelle 5

Übliche Gesamtnutzungsdauer von 40 Jahren		
	Modernisierungsgrad	
	14 bis 16 Punkte	≥ 18 Punkte
Gebäudealter (Jahre)	Verschiebung Baujahr (Jahre)	
≥ 5	0	1
≥ 10	2	4

Übliche Gesamtnutzungsdauer von 40 Jahren		
	Modernisierungsgrad	
	14 bis 16 Punkte	≥ 18 Punkte
Gebäudealter (Jahre)	Verschiebung Baujahr (Jahre)	
≥ 15	4	7
≥ 20	7	11
≥ 25	10	15
≥ 30	13	19
≥ 35	17	23
= 40	22	28
> 40	22 (→ Satz 5; Jahr des Bewertungs-stichtags + 22 ./. 40)	28 (→ Satz 5; Jahr des Bewertungs-stichtags + 28 ./. 40)

Tabelle 6

Übliche Gesamtnutzungsdauer von 30 Jahren		
	Modernisierungsgrad	
	14 bis 16 Punkte	≥ 18 Punkte
Gebäudealter (Jahre)	Verschiebung Baujahr (Jahre)	
≥ 5	0	1
≥ 10	2	5
≥ 15	5	8
≥ 20	8	12
≥ 25	12	16
= 30	16	21
> 30	16 (→ Satz 5; Jahr des Bewertungs-stichtags + 16 ./. 30)	21 (→ Satz 5; Jahr des Bewertungs-stichtags + 21 ./. 30)

H B **190.7** (3)

Ermittlung des fiktiv späteren Baujahrs, wenn das Gebäudealter am *Bewertungsstichtag* die übliche Gesamtnutzungsdauer übersteigt (→ R B 190.7 Abs. 3 Satz 5).

Beispiel:

Einfamilienhaus (Gebäudeart 1,01), Baujahr 1900, umfassend modernisiert (18 Punkte)	
Bewertungsstichtag	15. Januar 2018
Verschiebung Baujahr nach Tabelle 1 i. V. m. Tabelle 2 (Gebäudealter > 70 Jahre; Modernisierungsgrad: 18 Punkte)	49 Jahre
Übliche Gesamtnutzungsdauer nach Anlage 22 zum BewG	70 Jahre

2018 (Jahr des Bewertungsstichtags) + 49 Jahre (Verschiebung Baujahr) ./. 70 Jahre (übliche Gesamtnutzungsdauer) = 1997 (fiktiv späteres Baujahr)

R B 190.7 (4, 5)

(4) Bei bestehender Abbruchverpflichtung für das Gebäude ist bei der Ermittlung der Alterswertminderung von der tatsächlichen Gesamtnutzungsdauer des Gebäudes auszugehen (→ § 190 Absatz 4 Satz 4 BewG).

(5) [1]Der nach Abzug der Alterswertminderung verbleibende Gebäudewert ist regelmäßig mit mindestens 30 Prozent des Gebäuderegelherstellungswerts anzusetzen. [2]Diese Restwertregelung berücksichtigt, dass auch ein älteres Gebäude, das laufend instand gehalten wird, einen Wert hat. [3]Sie berücksichtigt einen durchschnittlichen Erhaltungszustand und macht in vielen Fällen die Prüfung entbehrlich, ob die restliche Lebensdauer des Gebäudes infolge baulicher Maßnahmen verlängert wurde. [4]Bei bestehender Abbruchverpflichtung für das Gebäude kann dieser Mindestansatz jedoch unterschritten werden (→ R B 190.7 Absatz 4).

R B 190.8 Grundstück mit mehreren Gebäuden bzw. Gebäudeteilen

(1) [1]Besteht eine wirtschaftliche Einheit aus mehreren Gebäuden oder Gebäudeteilen von einer gewissen Selbstständigkeit, die eine verschiedene Bauart aufweisen, unterschiedlich genutzt werden oder die in verschiedenen Jahren bezugsfertig geworden sind, ist jedes Gebäude und jeder Gebäudeteil für sich zu bewerten. [2]Ist z. B. ein Grundstück mit einem Einfamilienhaus und einer Garage bebaut, ergibt die Summe aus dem Gebäudesachwert des Einfamilienhauses und dem Gebäudesachwert der Garage den Gebäudewert. [3]Regelherstellungskosten, Brutto-Grundfläche und Alterswertminderung sind jeweils gesondert zu ermitteln. [4]Für selbstständige Gebäude bzw. Gebäudeteile, für das bzw. für die in den Anlagen zum BewG keine Gebäudeart ausgewiesen ist, sind die Gesamtnutzungsdauer aus der Gesamtnutzungsdauer vergleichbarer Gebäudearten und die Regelherstellungskosten aus den Regelherstellungskosten vergleichbarer Gebäudearten abzuleiten. [5]Zur Bestimmung der Gesamtnutzungsdauer gilt R B 185.4 Absatz 2 Nummer 2 entsprechend.

H B 190.8 (1)

Geschäftsgrundstück (mehrere selbständige Gebäude/unterschiedliche Gebäudearten).

Beispiel:

Befindet sich auf einem Geschäftsgrundstück neben industriellen Gebäuden ein Mehrfamilienhaus, welches als Wohnunterkunft für die Arbeitnehmer des Betriebs genutzt wird, ist es sachgerecht, für dieses Gebäude die Gesamtnutzungsdauer für Mietwohngrundstücke

(70 Jahre nach Anlage 22 zum BewG) und die Regelherstellungskosten für die Gebäudearten 4.1. bis 4.3. (Mehrfamilienhäuser) heranzuziehen.

R B 190.8 (2, 3)

(2) [1]Anbauten teilen im Allgemeinen auf Grund ihrer Bauart oder Nutzung das Schicksal des Hauptgebäudes. [2]Ist dagegen anzunehmen, dass ein Erweiterungsbau nach Größe, Bauart oder Nutzung eine andere Alterswertminderung als das Hauptgebäude haben wird, gilt Absatz 1 entsprechend. [3]Für Aufstockungen ist im Allgemeinen das Baujahr der unteren Geschosse zu Grunde zu legen. [4]Es ist jedoch zu prüfen, ob durch die baulichen Maßnahmen für das Gebäude ein fiktiv späteres Baujahr anzunehmen ist.

(3) [1]Bei einer wirtschaftlichen Einheit mit mehreren nichtselbstständigen Gebäuden bzw. Gebäudeteilen ist von einer einheitlichen Alterswertminderung auszugehen. [2]Zur Bestimmung der wirtschaftlichen Gesamtnutzungsdauer gelten in diesen Fällen R B 185.3 Abs. 2 Sätze 1 bis 4 entsprechend.

Zu § 191 BewG

R B 191 Wertzahlen

(1)[1)] [1]Als Wertzahlen sind vorrangig die vom Gutachterausschuss ermittelten Sachwertfaktoren (Marktanpassungsfaktoren) zur Angleichung an den gemeinen Wert anzuwenden. [2]Stehen keine geeigneten Sachwertfaktoren zur Verfügung, sind die in der Anlage 25 zum BewG dargestellten Wertzahlen zu verwenden.

(2) Sachwertfaktoren sind als geeignet anzusehen, wenn die Ableitung der Sachwertfaktoren weitgehend in demselben Modell erfolgt ist wie die Bewertung.

H B 191 (2)

Sachwertfaktoren.

Angabe in Wertspannen:
Sind von den Gutachterausschüssen Sachwertfaktoren ausschließlich in Wertspannen veröffentlicht worden, ist der Faktor anzusetzen, der der typisierten Wertzahl nach Anlage 25 zum BewG weitgehend entspricht.

R B 191 (3)

(3) [1]Bei Anwendung der Wertzahlen nach Anlage 25 zum BewG ist auf den Bodenrichtwert ohne Wertkorrekturen (→ R B 179.2 Abs. 2 bis 6) abzustellen. [2]In den Fällen des § 179 Satz 4 BewG ist auf den Bodenrichtwert der herangezogenen vergleichbaren Flächen abzustellen.

H B 191 (3)

Wertzahl (Anwendung der Anlage 25 zum BewG). Bei Anwendung der Wertzahlen nach Anlage 25 zum BewG ist auf den Bodenrichtwert ohne Wertkorrekturen (→ R B 179.2 Abs. 2 bis 6) abzustellen. So ist auch bei ei-

---

1) Zur Änderung des § 191 Abs. 1 BewG siehe Art. 1 des Grundsteuerreform-Umsetzungsgesetzes v. 16.7.2021, BGBl. I 2021, 2931.

ner Differenzierung zwischen einem Vorder- und Hinterlandpreis ausschließlich der Bodenrichtwert für das Vorderland anzusetzen.

Zu § 192 BewG

R B 192.1 Begriff des Erbbaurechts

(1) [1]Das Erbbaurecht ist das veräußerliche und vererbliche Recht an einem Grundstück, auf oder unter der Oberfläche des Grundstücks ein Bauwerk zu haben. [2]Bei Grundstücken, die mit einem Erbbaurecht belastet sind, bilden das Erbbaurecht und das belastete Grundstück je eine selbstständige wirtschaftliche Einheit (§ 176 Absatz 1 Nummer 2, § 192 BewG). [3]Das belastete Grundstück ist das Grundstück, an dem das Erbbaurecht bestellt ist. [4]Übernimmt der Eigentümer des belasteten Grundstücks das Erbbaurecht oder erwirbt der Erbbauberechtigte das belastete Grundstück („Eigentümererbbaurecht"), bleiben Erbbaurecht und belastetes Grundstück als selbstständige wirtschaftliche Einheiten bestehen.

(2) [1]Das Erbbaurecht entsteht zivilrechtlich mit der Eintragung in das Grundbuch (§ 11 ErbbauRG in Verbindung mit § 873 BGB). [2]Schenkungsteuerrechtlich gilt das Erbbaurecht bereits dann als entstanden, wenn die dingliche Einigung über die Bestellung eines Erbbaurechts erfolgt ist und die Vertragsparteien in der Lage sind, die Eintragung im Grundbuch zu bewirken (→ R E 9.1 Absatz 1).

(3) [1]Das Erbbaurecht erstreckt sich im Allgemeinen auf das ganze Grundstück. [2]Erstreckt es sich jedoch nur auf einen Teil des Grundstücks im Sinne des Zivilrechts, ist dieser Teil als selbstständige wirtschaftliche Einheit im Sinne der §§ 192ff. BewG zu bewerten. [3]Für den restlichen Teil des Grundstücks ist die Bewertung nach den allgemeinen Grundsätzen durchzuführen.

(4) [1]Errichtet der Erbbauberechtigte ein einheitliches Gebäude auf einem erbbaurechtsbelasteten und einem ihm gehörenden angrenzenden Grundstück, sind der Gebäudeteil auf dem erbbaurechtsbelasteten Grundstück als Erbbaurecht und das eigene Grundstück mit dem dort errichteten Gebäudeteil als bebautes Grundstück getrennt zu bewerten. [2]Entsprechend ist zu verfahren, wenn das angrenzende Grundstück auf Grund eines Pachtvertrags vom Erbbauberechtigten bebaut worden ist und für diesen Gebäudeteil eine Bewertung als Gebäude auf fremdem Grund und Boden nach § 195 BewG durchzuführen ist.

H B 192.1

Gesetz über das Erbbaurecht (Erbbaurechtsgesetz – ErbbauRG). → Gesetz über das Erbbaurecht (Erbbaurechtsgesetz – ErbbauRG) vom 15.1.1919 (BGBl. III, Gliederungsnummer 403-6) in der jeweils geltenden Fassung.

R B 192.2 Bewertung in Erbbaurechtsfällen

[1]Die Werte für die wirtschaftliche Einheit des Erbbaurechts (§ 193 BewG) und für die wirtschaftliche Einheit des belasteten Grundstücks/Erbbaugrund-

stücks (§ 194 BewG) sind gesondert zu ermitteln. [2] Mit der Bewertung des Erbbaurechts (§ 193 BewG) ist die Verpflichtung zur Zahlung des Erbbauzinses und mit der Bewertung des Erbbaugrundstücks (§ 194 BewG) ist das Recht auf den Erbbauzins abgegolten. [3] Die Grundbesitzwerte für das Erbbaurecht und das Erbbaugrundstück dürfen jeweils nicht weniger als 0 Euro betragen.

Zu § 193 BewG

R B 193 Bewertung des Erbbaurechts

(1) [1] Der Wert des Erbbaurechts ist vorrangig im Vergleichswertverfahren (→ R B 183) zu ermitteln, wenn für das zu bewertende Erbbaurecht Vergleichspreise oder aus Kaufpreisen abgeleitete Vergleichsfaktoren für entsprechende Vergleichsgrundstücke vorliegen. [2] Vergleichspreise oder aus Kaufpreisen abgeleitete Vergleichsfaktoren liegen vor, wenn sie aus bebauten Erbbaurechten abgeleitet wurden, die mit der zu bewertenden wirtschaftlichen Einheit hinreichend übereinstimmen. [3] Dies ist der Fall, wenn die Grundstücksart übereinstimmt und die Bebauung, der Erbbauzinssatz, der Bodenrichtwert sowie die Restlaufzeit des Erbbaurechts nicht erheblich abweichen.

(2) [1] Kann das Vergleichswertverfahren nicht angewandt werden, setzt sich der Wert des Erbbaurechts aus dem Bodenwertanteil nach § 193 Absatz 3 BewG und dem Gebäudewertanteil nach § 193 Absatz 5 BewG zusammen (finanzmathematische Methode). [2] Ist das mit dem Erbbaurecht belastete Grundstück unbebaut, besteht der Grundbesitzwert des Erbbaurechts allein im Bodenwertanteil nach Absatz 3.

(3) Der Bodenwertanteil ergibt sich aus dem kapitalisierten Unterschiedsbetrag zwischen dem angemessenen Verzinsungsbetrag des Bodenwerts des unbelasteten Grundstücks und dem vertraglich vereinbarten jährlichen Erbbauzins am Bewertungsstichtag.

(4)[1)] [1] Der angemessene Verzinsungsbetrag ergibt sich aus der Multiplikation des Bodenwerts für das Grundstück nach § 179 BewG und des Liegenschaftszinssatzes. [2] Stehen Liegenschaftszinssätze der Gutachterausschüsse nicht zur Verfügung, sind die Zinssätze nach § 193 Absatz 4 Satz 2 BewG anzuwenden.

(5) [1] Maßgebender Erbbauzins ist nach § 193 Absatz 3 Satz 1 Nummer 2 BewG der am Bewertungsstichtag zu zahlende Erbbauzins, umgerechnet auf einen Jahresbetrag. [2] Dabei ist stets auf die vertraglichen Vereinbarungen abzustellen; auf den gezahlten Erbbauzins kommt es nicht an. [3] Sind Erbbauzinsen während der Laufzeit des Erbbaurechts in unterschiedlicher Höhe vereinbart (z. B. bei Sonderzahlungen oder gestaffeltem Erbbauzins), kann aus Vereinfachungsgründen ein durchschnittlicher Jahresbetrag aus den insgesamt nach dem Bewertungsstichtag zu leistenden Erbbauzinsen in Abhängigkeit von der Restlaufzeit gebildet werden. [4] Die künftigen Anpassungen auf Grund von Wertsicherungsklauseln (z. B. Anknüpfung der Erbbauzinsen an den Lebenshaltungskostenindex) sind nicht zu berücksichtigen. [5] Ist kein Erbbauzins zu zahlen, stellt der angemessene Verzinsungsbetrag des Bodenwerts gleichzeitig den Unterschiedsbetrag dar.

[1)] Zur Änderung des § 193 Abs. 4 BewG siehe Art. 1 des Grundsteuerreform-Umsetzungsgesetzes v. 16.7.2021, BGBl. I 2021, 2931.

H B 193 (5)

Erbbauzins in einer Summe bei Bestellung des Erbbaurechts (Einmalzahlung).

Beispiel:

Am 1.1.1998 wurde an einem Mietwohngrundstück ein Erbbaurecht mit einer Laufzeit von 50 Jahren bestellt, dessen Grundbesitzwert auf den 2.1.2018 zu ermitteln ist. Der Erbbauberechtigte hat 1998 den gesamten Erbbauzins (jährlich 6% vom Bodenwert 200 000 EUR) für 50 Jahre im Voraus bezahlt. Der Bodenwert beträgt am Bewertungsstichtag 300 000 EUR. Es wird ein Jahresreinertrag von 100 000 EUR erzielt. Die Restnutzungsdauer des Gebäudes entspricht der Restlaufzeit des Erbbaurechts (30 Jahre). Bei Ablauf des Erbbaurechts ist eine Entschädigungszahlung für das Gebäude in Höhe des Gebäudewerts vorgesehen. Der Gutachterausschuss verfügt über keine Vergleichspreise oder Vergleichsfaktoren. Der Liegenschaftszinssatz beträgt laut Gutachterausschuss 6,0%.

Ermittlung Bodenwertanteil

Verzinsungsbetrag des Bodenwerts (6,0% von 300 000 EUR =)		18 000 EUR
Liegenschaftszins (§ 193 Absatz 4 Satz 1 BewG)	6,0%	
vertraglich vereinbarter jährlicher Erbbauzins kein Ansatz, da Einmalzahlung vor Bewertungsstichtag		./. 0 EUR
Unterschiedsbetrag		18 000 EUR
Vervielfältiger (aus Anlage 21 BewG)		× 13,76
Liegenschaftszins (§ 193 Absatz 4 Satz 1 BewG)	6,0%	
Bewertungsstichtag	2.1.2018	
Restlaufzeit des Erbbaurechts	30 Jahre	
Bodenwertanteil (nach § 193 Absatz 3 i. V. m. Absatz 4 BewG)		247 680 EUR

Gebäudeertragswert am Bewertungsstichtag nach § 193 Absatz 5 i. V. m. § 185 BewG

Grundstücksreinertrag		100 000 EUR
Verzinsungsbetrag des Bodenwerts (6,0% von 300 000 EUR =)		./. 18 000 EUR
Liegenschaftszins (§ 188 Absatz 2 Satz 1 BewG)	6,0%	
Gebäudereinertrag		82 000 EUR
Vervielfältiger (aus Anlage 21 BewG)		× 13,76
Restnutzungsdauer	30 Jahre	
Liegenschaftszins (§ 188 Absatz 2 Satz 1 BewG)	6,0%	
Gebäudeertragswert am Bewertungsstichtag		1 128 320 EUR

Grundbesitzwert des Erbbaurechts nach § 193 BewG

Bodenwertanteil nach § 193 Absatz 3 BewG		247 680 EUR
Gebäudewertanteil nach § 193 Absatz 5 BewG		+ 1 128 320 EUR
Grundbesitzwert		1 376 000 EUR

Gestaffelter Erbbauzins.

Beispiel:

Zwecks Bebauung mit einem Einfamilienhaus wurde an einem bisher unbebauten Grundstück ein Erbbaurecht bestellt. Das Grundstück hat eine Fläche von 600 m² und der Bodenrichtwert beträgt 200 EUR/m². Die vertragliche Erbbauzinsvereinbarung sieht vor, dass der am Bewertungsstichtag zu zahlende Erbbauzins in Höhe von 2 400 EUR/Jahr in der verbleibenden Restlaufzeit des Erbbaurechts von 80 Jahren nach Ablauf von jeweils zehn Jahren um 120 EUR/Jahr steigt.

Ermittlung Bodenwertanteil

Verzinsungsbetrag des Bodenwerts 3,0 % von 120 000 EUR (600 m^2 × 200 EUR/m^2)		3 600 EUR
Liegenschaftszins (§ 193 Absatz 4 Satz 2 Nummer 1 BewG)	3,0 %	
vertraglich vereinbarter jährlicher Erbbauzins		./. 2 820 EUR
am Bewertungsstichtag noch zu leistende Erbbauzinsen:		
80 Jahre × 2 400 EUR =	192 000 EUR	
70 Jahre × 120 EUR =	+ 8 400 EUR	
60 Jahre × 120 EUR =	+ 7 200 EUR	
50 Jahre × 120 EUR =	+ 6 000 EUR	
40 Jahre × 120 EUR =	+ 4 800 EUR	
30 Jahre × 120 EUR =	+ 3 600 EUR	
20 Jahre × 120 EUR =	+ 2 400 EUR	
10 Jahre × 120 EUR =	+ 1 200 EUR	
Summe	225 600 EUR	
Restlaufzeit am Bewertungsstichtag	80 Jahre	
Durchschnitt (225 600 EUR : 80 Jahre)	2 820 EUR/Jahr	
Unterschiedsbetrag		780 EUR
Vervielfältiger (aus Anlage 21 BewG)		× 30,20
Liegenschaftszins (§ 193 Absatz 4 Satz 2 Nummer 1 BewG)	3,0 %	
Restlaufzeit des Erbbaurechts	80 Jahre	
Bodenwertanteil (nach § 193 Absatz 3 i. V. m. Absatz 4 BewG) = Grundbesitzwert		23 556 EUR

R B 193 (6, 7)

(6) [1] Der Unterschiedsbetrag ist über die Restlaufzeit des Erbbaurechts mit dem sich aus Anlage 21 zum BewG ergebenden Vervielfältiger zu kapitalisieren. [2] Der Vervielfältiger ergibt sich aus dem maßgebenden Liegenschaftszinssatz und der auf volle Jahre abgerundeten Restlaufzeit des Erbbaurechts. [3] Beträgt die Restlaufzeit des Erbbaurechts weniger als ein Jahr, ist der Vervielfältiger und der Bodenwert mit Null anzusetzen. [4] Gibt der Gutachterausschuss andere Liegenschaftszinssätze als die in der Anlage 21 zum BewG aufgeführten vor, ist der Vervielfältiger nach der dort angegebenen Formel zu berechnen. [5] Ist das mit einem Erbbaurecht belastete Grundstück unbebaut und liegen keine Angaben zur Nachfolgenutzung vor, bestehen keine Bedenken, wie folgt zu verfahren:

1. Mangels tatsächlichen Vorhandenseins eines Gebäudes kann zunächst auf die geplante Nutzung seitens des Erbbauverpflichteten bzw. -berechtigten abgestellt werden (vgl. Erbbaurechtsvertrag).
2. Bestehen noch keine konkreten Nutzungspläne, kann von der vorgesehenen Bebauung und Nutzung laut Bauleitplan (Bebauungsplan/Flächennutzungsplan) auf die Grundstücksart geschlossen werden.

(7) Der Gebäudewertanteil des Erbbaurechts ist der Gebäudeertragswert nach § 185 BewG bei im Ertragswertverfahren (→ R B 184 bis 188) bzw. der

Gebäudesachwert nach § 190 BewG bei im Sachwertverfahren (→ R B 189 bis 190.8) zu bewertenden Grundstücken. [2]Verbleibt bei der Ermittlung des Gebäudeertragswerts nach Abzug der Bodenwertverzinsung vom Grundstücksreinertrag kein oder ein negativer Betrag, ist im Sinne des § 184 Absatz 3 Satz 2 BewG der Gebäudeertragswert mit 0 Euro anzusetzen. [3]Ist bei Ablauf des Erbbaurechts der verbleibende Gebäudewert nicht oder nur teilweise zu entschädigen, ist der Gebäudewertanteil des Erbbaurechts um den Gebäudewertanteil des Erbbaugrundstücks gemäß § 194 Absatz 4 BewG zu mindern (→ R B 194 Absatz 5 und 6). [4]Befindet sich das im Erbbaurecht entstehende Gebäude im Zustand der Bebauung, stellen die am Bewertungsstichtag entstandenen Herstellungskosten nach § 196 BewG für die sich im Bau befindlichen Gebäude bzw. Gebäudeteile, ggf. abzüglich des bei Ablauf des Erbbaurechts nicht entschädigten und auf den Bewertungsstichtag abgezinsten Anteils der Herstellungskosten, den Gebäudewertanteil des Erbbaurechts dar (→ R B 196.1 und R B 196.2).

H B **193** (7)

Bewertung der wirtschaftlichen Einheit des Erbbaurechts.

Beispiel 1 (Ertragswertverfahren):

Ein Mietwohngrundstück mit einem Rohertrag nach § 186 BewG i. H. v. 45 000 EUR ist in Ausübung eines Erbbaurechts im Jahre 2008 errichtet worden. Das belastete Grundstück hat eine Fläche von 500 m² und der Bodenrichtwert beträgt 300 EUR/m². Der vertraglich vereinbarte jährliche Erbbauzins beträgt zum Bewertungsstichtag am 15.3.2018 3 000 EUR und ist bis zum Ablauf des Erbbaurechts am 1.1.2041 zu zahlen. Eine Entschädigungszahlung für das Gebäude ist nicht vorgesehen. Der Gutachterausschuss verfügt über keine Vergleichspreise oder Vergleichsfaktoren. Liegenschaftszinssätze und Erfahrungssätze für Bewirtschaftungskosten hat der Gutachterausschuss ebenfalls nicht ermittelt.

Ermittlung Bodenwertanteil

Verzinsungsbetrag des Bodenwerts 5,0% von 150 000 EUR (500 m² × 300 EUR/m²)		7 500 EUR
Liegenschaftszins (§ 193 Absatz 4 Satz 2 Nummer 2 BewG)	5,0%	
vertraglich vereinbarter jährlicher Erbbauzins		./. 3 000 EUR
Unterschiedsbetrag		4 500 EUR
Vervielfältiger (aus Anlage 21 BewG)		× 13,16
Liegenschaftszins (§ 193 Absatz 4 Satz 2 Nummer 2 BewG)	5,0%	
Bewertungsstichtag	15.3.2018	
Ablauf des Erbbaurechts	1.1.2041	
Restlaufzeit des Erbbaurechts	22 Jahre	
Bodenwertanteil (nach § 193 Absatz 3 i. V. m. Absatz 4 BewG)		59 220 EUR

Gebäudeertragswert am Bewertungsstichtag nach § 193 Absatz 5 i. V. m. § 185 BewG

Jahresmiete (Rohertrag nach § 186 BewG)		45 000 EUR
Bewirtschaftungskosten (aus Anlage 23 BewG) 21% von 45 000 EUR		./. 9 450 EUR
Grundstücksart	Mietwohngrundstück	
Bezugsfertigkeit des Gebäudes	2008	
Alter des Gebäudes	10 Jahre	

Wirtschaftliche Gesamtnutzungsdauer (aus Anlage 22 BewG)	70 Jahre	
Restnutzungsdauer	60 Jahre	
Grundstücksreinertrag		35 550 EUR
Verzinsungsbetrag des Bodenwerts 5,0 % von 150 000 EUR		./. 7 500 EUR
Liegenschaftszins (§ 188 Absatz 2 Satz 2 Nummer 1 BewG)	5,0 %	
Grundstücksreinertrag		28 050 EUR
Vervielfältiger (aus Anlage 21 BewG)		× 18,93
Restnutzungsdauer	60 Jahre	
Liegenschaftszins (§ 188 Absatz 2 Satz 2 Nummer 1 BewG)	5,0 %	
Gebäudeertragswert am Bewertungsstichtag		530 986 EUR

Gebäudeertragswert bei Ablauf des Erbbaurechts nach § 194 Absatz 4 BewG

Jahresmiete (Rohertrag nach § 186 BewG)		45 000 EUR
Bewirtschaftungskosten (aus Anlage 23 BewG) 23 % von 45 000 EUR		./. 12 150 EUR
Bezugsfertigkeit des Gebäudes	2008	
Ablauf des Erbbaurechts	1.1.2041	
Alter des Gebäudes bei Ablauf Erbbaurecht	33 Jahre	
Wirtschaftliche Gesamtnutzungsdauer (aus Anlage 22 BewG)	70 Jahre	
Restnutzungsdauer bei Ablauf Erbbaurecht	37 Jahre	
Grundstücksreinertrag		32 850 EUR
Verzinsungsbetrag des Bodenwerts 5,0 % von 150 000 EUR		./. 7 500 EUR
Liegenschaftszins (§ 188 Absatz 2 Satz 2 Nummer 1 BewG)	5,0 %	
Gebäudereinertrag		25 350 EUR
Vervielfältiger (aus Anlage 21 BewG)		× 16,71
Restnutzungsdauer bei Ablauf Erbbaurecht	37 Jahre	
Liegenschaftszins (§ 188 Absatz 2 Satz 2 Nummer 1 BewG)	5,0 %	
Gebäudeertragswert bei Ablauf des Erbbaurechts		423 598 EUR

Gebäudewertanteil nach § 193 Absatz 5 i. V. m. § 194 Absatz 4 BewG

Gebäudeertragswert am Bewertungsstichtag		530 986 EUR
abgezinster Gebäudeertragswert bei Ablauf des Erbbaurechts		./. 144 786 EUR
entschädigungsloser Anteil des Gebäudeertragswerts bei Ablauf des Erbbaurechts (keine Entschädigung)	423 598 EUR	
Abzinsungsfaktor (aus Anlage 26 BewG)	× 0,3418	

Bewertungsstichtag	15.3.2018	
Ablauf des Erbbaurechts	1.1.2041	
Restlaufzeit des Erbbaurechts	22 Jahre	
Liegenschaftszins (§ 193 Absatz 4 Satz 2 Nummer 2 BewG)	5,0 %	
Gebäudewertanteil		386 200 EUR

Grundbesitzwert des Erbbaurechts nach § 193 BewG

Bodenwertanteil nach § 193 Absatz 3 BewG	59 220 EUR
Gebäudewertanteil nach § 193 Absatz 5 i. V. m. § 194 Absatz 4 BewG	+ 386 200 EUR
Grundbesitzwert	445 420 EUR

Beispiel 2 (Sachwertverfahren):

Ein freistehendes Einfamilienhaus (mit Keller, Erdgeschoss und ausgebautem Dachgeschoss – alle Bauteile Standardstufe 3) ist in Ausübung eines Erbbaurechts im Jahre 1959 errichtet worden. Die Brutto-Grundfläche beträgt 230 m². Eine Garage ist nicht vorhanden. Das belastete Grundstück hat eine Fläche von 500 m² und der Bodenrichtwert beträgt 250 EUR/m². Der vertraglich vereinbarte jährliche Erbbauzins beträgt zum Bewertungsstichtag am 6.4.2018 2 800 EUR und ist bis zum Ablauf des Erbbaurechts am 1.4.2058 zu zahlen. Eine Entschädigungszahlung für das Gebäude ist in Höhe von 75 % des Gebäudewerts vorgesehen. Der Gutachterausschuss verfügt über keine Vergleichspreise oder Vergleichsfaktoren. Liegenschaftszinssätze hat der Gutachterausschuss ebenfalls nicht ermittelt.

Ermittlung Bodenwertanteil

Verzinsungsbetrag des Bodenwerts 3,0 % von 125 000 EUR (500 m² × 250 EUR/m²)		3 750 EUR
Liegenschaftszins (§ 193 Absatz 4 Satz 2 Nummer 1 BewG)	3,0 %	
vertraglich vereinbarter jährlicher Erbbauzins		./. 2 800 EUR
Unterschiedsbetrag		950 EUR
Vervielfältiger (aus Anlage 21 zum BewG)		× 22,81
Liegenschaftszins (§ 193 Absatz 4 Satz 2 Nummer 1 BewG)	3,0 %	
Ablauf des Erbbaurechts	1.4.2058	
Restlaufzeit des Erbbaurechts	39 Jahre	
Bodenwertanteil (nach § 193 Absatz 3 i. V. m. Absatz 4 BewG)		21 669 EUR

Gebäudesachwert am Bewertungsstichtag nach § 193 Absatz 5 i. V. m. § 190 BewG

Regelherstellungskosten		975 EUR/m²	
Regelherstellungskosten (aus Anlage 24 zum BewG)		835 EUR/m²	
Gebäudeart	1.01		
Standardstufe (alle Bauteile)	3		
Baupreisindex (§ 190 Abs. 1 und 2 BewG)		× 116,8/100	
Gebäudeart	1.01		
Bewertungsstichtag	2018		
Brutto-Grundfläche		× 230 m²	
Gebäuderegelherstellungswert			224 250 EUR

Alterswertminderung		84,29 % (59 J. : 70 J.)	./. 189 021 EUR
Gebäudeart	1.01		
Bezugsfertigkeit des Gebäudes	1959		
Alter des Gebäudes	59 Jahre		
Wirtschaftliche Gesamtnutzungsdauer (aus Anlage 22 zum BewG)	70 Jahre		
Gebäudesachwert			35 229 EUR
Mindestwertansatz nach § 190 Absatz 4 Satz 5 BewG 30% des Gebäuderegelherstellungswerts in Höhe von 224 250 EUR		67 275 EUR	
Gebäudesachwert am Bewertungsstichtag			67 275 EUR

Gebäudesachwert bei Ablauf des Erbbaurechts nach § 193 Absatz 5 i. V. m. § 194 Absatz 4 BewG

Regelherstellungskosten		976 EUR/m²	
Regelherstellungskosten (aus Anlage 24 zum BewG)		835 EUR/m²	
Gebäudeart	1.01		
Standardstufe (alle Bauteile)	3		
Baupreisindex (§ 190 Abs. 1 und 2 BewG)		× 116,8/100	
Gebäudeart	1.01		
Bewertungsstichtag	2018		
Brutto-Grundfläche		× 230 m²	
Gebäuderegelherstellungswert			224 480 EUR
Alterswertminderung		100%	./. 224 480 EUR
Gebäudeart	1.01		
Bezugsfertigkeit des Gebäudes	1959		
Ablauf des Erbbaurechts	1.4.2058		
Alter des Gebäudes	99 Jahre		
Wirtschaftliche Gesamtnutzungsdauer (aus Anlage 22 zum BewG)	70 Jahre		
Gebäudesachwert			0 EUR
Mindestwertansatz nach § 190 Absatz 4 Satz 5 BewG 30 % des Gebäuderegelherstellungswerts in Höhe von 224 480 EUR			67 344 EUR
Gebäudesachwert bei Ablauf des Erbbaurechts			67 344 EUR

Gebäudewertanteil nach § 193 Absatz 5 i. V. m. § 194 Absatz 4 BewG

Gebäudesachwert am Bewertungsstichtag		67 275 EUR
abgezinster Gebäudesachwert bei Ablauf des Erbbaurechts		./. 5 317 EUR
entschädigungsloser Anteil des Gebäudesachwerts bei Ablauf des Erbbaurechts (25 % von 67 344 EUR)	16 836 EUR	
Abzinsungsfaktor (aus Anlage 26 zum BewG)	× 0,3158	

Bewertungsstichtag	6.4.2018	
Ablauf des Erbbaurechts	1.4.2058	
Restlaufzeit des Erbbaurechts	39 Jahre	
Liegenschaftszins (§ 193 Absatz 4 Satz 2 Nummer 1 BewG)	3,0 %	
Gebäudewertanteil		61 958 EUR
Grundbesitzwert des Erbbaurechts nach § 193 BewG		
Bodenwertanteil nach § 193 Absatz 3 BewG		21 669 EUR
Gebäudewertanteil nach § 193 Absatz 5 i. V. m. § 194 Absatz 4 BewG	+	61 958 EUR
Wert des Erbbaurechts		83 627 EUR
Grundbesitzwert		83 627

R B 193 (8)

(8) [1]Eine Berücksichtigung weiterer wertbeeinflussender Umstände – beispielsweise vom Üblichen abweichende Auswirkungen vertraglicher Vereinbarungen, insbesondere die Berücksichtigung von fehlenden Wertsicherungsklauseln oder der Ausschluss einer Anpassung des Erbbaurechtsvertrags – sowie die Anwendung von Marktanpassungsfaktoren kommt nicht in Betracht.

Zu § 194 BewG

R B 194 Bewertung des Erbbaugrundstücks (belastetes Grundstück)

(1) [1]Der Wert des Erbbaugrundstücks ist vorrangig im Vergleichswertverfahren (→ R B 183) zu ermitteln, wenn für das Erbbaugrundstück Vergleichspreise oder aus Kaufpreisen abgeleitete Vergleichsfaktoren für entsprechende Vergleichsgrundstücke vorliegen. [2]Vergleichspreise oder aus Kaufpreisen abgeleitete Vergleichsfaktoren für ein Erbbaugrundstück liegen vor, wenn sie für Grundstücke ermittelt wurden, die nach der Grundstücksart übereinstimmen und hinsichtlich der Bebauung, der Erbbauzinssätze, der Bodenrichtwerte sowie der Restlaufzeit des Erbbaurechts nicht erheblich abweichen. [3]Der Wert für das Erbbaugrundstück kann auch durch Anwendung eines Vergleichsfaktors auf den Wert des unbelasteten Grundstücks ermittelt werden.

(2) [1]Kann das Vergleichswertverfahren nicht angewandt werden, setzt sich der Wert des Erbbaugrundstücks aus dem Bodenwertanteil nach § 194 Absatz 3 BewG und ggf. dem Gebäudewertanteil nach § 194 Absatz 4 BewG zusammen (finanzmathematische Methode). [2]Ist das mit dem Erbbaurecht belastete Grundstück unbebaut, besteht der Grundbesitzwert des Erbbaugrundstücks allein im Bodenwertanteil nach § 194 Absatz 3 BewG (vgl. aber R B 193 Absatz 7 Satz 4).

(3) [1]Der Bodenwertanteil ergibt sich aus dem abgezinsten Bodenwert und dem kapitalisierten vertraglich vereinbarten jährlichen Erbbauzins. [2]Die Abzinsung des Bodenwerts (§ 194 Absatz 3 Satz 2, § 193 Absatz 4 BewG in Verbindung mit der Anlage 26 zum BewG) und die Kapitalisierung des Erbbauzinses (§ 194 Absatz 3 Satz 3 BewG in Verbindung mit der Anlage 21 zum BewG) erfolgen nach der Restlaufzeit des Erbbaurechts. [3]Der Abzinsungsfak-

tor nach Anlage 26 zum BewG ist abhängig vom maßgebenden Liegenschaftszinssatz und der auf volle Jahre abgerundeten Restlaufzeit des Erbbaurechts [4]Dabei ist auf die von den Gutachterausschüssen ermittelten Liegenschaftszinssätze abzustellen. [5]Wurden solche nicht ermittelt, sind die in § 193 Absatz 4 Satz 2 BewG genannten Zinssätze anzuwenden. [6]Beträgt die Restlaufzeit des Erbbaurechts weniger als ein Jahr, ist der Abzinsungsfaktor 1 anzuwenden. [7]R B 193 Absatz 6 Satz 5 gilt entsprechend.

(4) [1]Dem abgezinsten Bodenwert ist der kapitalisierte Erbbauzins hinzuzurechnen. [2]Maßgebender Erbbauzins ist nach § 194 Absatz 3 Satz 3 BewG der am Bewertungsstichtag zu zahlende Erbbauzins, umgerechnet auf einen Jahresbetrag. [3]Dabei ist stets auf die vertraglichen Vereinbarungen abzustellen; auf den gezahlten Erbbauzins kommt es nicht an. [4]Sind Erbbauzinsen während der Laufzeit des Erbbaurechts in unterschiedlicher Höhe vereinbart (z. B. bei Sonderzahlungen oder gestaffeltem Erbbauzins), kann aus Vereinfachungsgründen ein durchschnittlicher Jahresbetrag aus den insgesamt nach dem Bewertungsstichtag zu leistenden Erbbauzinsen in Abhängigkeit von der Restlaufzeit gebildet werden. [5]Die künftigen Anpassungen auf Grund von Wertsicherungsklauseln (z. B. Anknüpfung der Erbbauzinsen an den Lebenshaltungskostenindex) sind nicht zu berücksichtigen. [6]Ist kein Erbbauzins zu zahlen, stellt der abgezinste Bodenwert den Bodenwertanteil dar. [7]Zur Kapitalisierung des Erbbauzinses ist der Vervielfältiger für die auf volle Jahre abgerundete Restlaufzeit und des Liegenschaftszinssatzes der Anlage 21 zum BewG zu entnehmen. [8]Beträgt die Restlaufzeit des Erbbaurechts weniger als ein Jahr, ist der Vervielfältiger mit einem Wert von Null zu berücksichtigen. [9]Gibt der Gutachterausschuss andere Liegenschaftszinssätze als die in der Anlage 21 zum BewG aufgeführten vor, ist der Vervielfältiger nach der dort angegebenen Formel zu berechnen. [10]R B 193 Absatz 6 Satz 5 gilt entsprechend.

(5) [1]Ein Gebäudewertanteil des Erbbaugrundstücks ergibt sich nur dann, wenn bei Beendigung des Erbbaurechts durch Zeitablauf der verbleibende Gebäudewert nicht oder nur teilweise zu entschädigen ist. [2]Dieser entspricht dem nach Anlage 26 zum BewG abgezinsten ggf. anteiligen Gebäudeertrags- bzw. Gebäudesachwert, der dem Eigentümer des Erbbaugrundstücks bei Beendigung des Erbbaurechts durch Zeitablauf entschädigungslos zufällt. [3]Es ist dementsprechend eine Berechnung des Gebäudeertragsbzw. Gebäudesachwerts auf den Zeitpunkt des Ablaufs des Erbbaurechts durchzuführen. [4]Bei dieser Berechnung ist hinsichtlich des Rohertrags gemäß § 186 BewG vom gleichen Betrag wie am Bewertungsstichtag auszugehen. [5]Beim Ansatz der pauschalierten Bewirtschaftungskosten gemäß § 187 BewG (Anlage 23 zum BewG) und dem Vervielfältiger nach Anlage 21 zum BewG im Ertragswertverfahren sowie bei der Ermittlung der Alterswertminderung im Rahmen der Gebäudesachwertermittlung gemäß § 190 Absatz 4 BewG ist auf den Zeitpunkt des Ablaufs des Erbbaurechts abzustellen. [6]Bei der Ermittlung des Gebäudeertrags- bzw. Gebäudesachwerts gemäß § 194 Absatz 4 BewG ist der Mindestansatz gemäß § 185 Absatz 3 Satz 5 BewG bzw. § 190 Absatz 4 Satz 5 BewG zu beachten. [7]Verbleibt bei der Ermittlung des Gebäudeertragswerts nach Abzug der Bodenwertverzinsung vom Grundstücksreinertrag kein oder ein negativer Betrag ist im Sinne des § 184 Absatz 3 Satz 2 BewG der Gebäu-

deertragswert mit 0 Euro anzusetzen. [8]Befindet sich das Erbbaurecht im Zustand der Bebauung, stellt der ggf. bei Ablauf des Erbbaurechts nicht entschädigte und auf den Bewertungsstichtag abgezinste Anteil der am Bewertungsstichtag für die sich im Bau befindlichen Gebäude bzw. Gebäudeteile entstandenen Herstellungskosten den Gebäudewertanteil des Erbbaugrundstücks dar (→ R B 193 Absatz 7 Satz 4, R B 196.1 und R B 196.2).

(6) [1]Der gemäß § 194 Absatz 4 BewG anzuwendende Abzinsungsfaktor ergibt sich aus Anlage 26 zum BewG; er ist abhängig vom angewandten Liegenschaftszinssatz gemäß § 193 Absatz 4 BewG und der auf volle Jahre abgerundeten Restlaufzeit des Erbbaurechts. [2]Beträgt die Restlaufzeit des Erbbaurechts weniger als ein Jahr, ist der Abzinsungsfaktor 1 anzuwenden. [3]Gibt der Gutachterausschuss andere Zinssätze als die in der Anlage 26 zum BewG aufgeführten vor, ist der Abzinsungsfaktor nach der dort angegebenen Formel zu berechnen.

(7) Eine Berücksichtigung weiterer wertbeeinflussender Umstände – beispielsweise vom Üblichen abweichenden Auswirkungen vertraglicher Vereinbarungen, insbesondere die Berücksichtigung von fehlenden Wertsicherungsklauseln oder der Ausschluss einer Anpassung des Erbbaurechtsvertrags – sowie die Anwendung von Marktanpassungsfaktoren kommt nicht in Betracht.

H B 194

Bewertung der wirtschaftlichen Einheit des Erbbaugrundstücks.

Beispiel (Sachverhalt wie in H B 193.7 Beispiel 1):

Ermittlung Bodenwertanteil

Bodenwert	(500 m^2 × 300 EUR/m^2)	150 000 EUR	
Abzinsungsfaktor (aus Anlage 26 zum BewG)		× 0,3418	51 270 EUR
Bewertungsstichtag	15.3.2018		
Ablauf des Erbbaurechts	1.1.2041		
Restlaufzeit des Erbbaurechts	22 Jahre		
Liegenschaftszins (§ 193 Absatz 4 Satz 2 Nummer 2 BewG)	5,0 %		
vertraglich vereinbarter jährlicher Erbbauzins		3 000 EUR	
Vervielfältiger (aus Anlage 21 zum BewG)		× 13,16	+ 39 480 EUR
Liegenschaftszins (§ 193 Absatz 4 Satz 2 Nummer 2 BewG)	5,0 %		
Restlaufzeit des Erbbaurechts	22 Jahre		
Bodenwertanteil (nach § 194 Absatz 3 BewG)			90 750 EUR

Gebäudeertragswert bei Ablauf des Erbbaurechts nach § 194 Absatz 4 BewG

Jahresmiete (Rohertrag nach § 186 BewG)		45 000 EUR	
Bewirtschaftungskosten (aus Anlage 23 zum BewG) 27 % von 45 000 EUR			./. 12 150 EUR
Bezugsfertigkeit des Gebäudes	2008		
Ablauf des Erbbaurechts	1.1.2041		

Alter des Gebäudes bei Ablauf Erbbaurecht	33 Jahre	
Wirtschaftliche Gesamtnutzungsdauer (aus Anlage 22 zum BewG)	70 Jahre	
Restnutzungsdauer bei Ablauf Erbbaurecht	37 Jahre	
Grundstücksreinertrag		32 850 EUR
Verzinsungsbetrag des Bodenwerts 5,0 % von 150 000 EUR		./. 7 500 EUR
Liegenschaftszins (§ 188 Absatz 2 Satz 2 Nummer 1 BewG)	5,0 %	
Gebäudereinertrag (≥ 0)		25 350 EUR
Vervielfältiger (aus Anlage 21 zum BewG)	× 16,71	
Restnutzungsdauer bei Ablauf Erbbaurecht	37 Jahre	
Liegenschaftszins (§ 188 Absatz 2 Satz 2 Nummer 1 BewG)	5,0 %	
Gebäudeertragswert bei Ablauf des Erbbaurechts		423 598 EUR
Gebäudeertragswert bei Ablauf des Erbbaurechts gemäß § 194 Absatz 4 BewG abgezinst auf den Bewertungsstichtag		144 785 EUR
entschädigungsloser Anteil des Gebäudeertragswerts bei Ablauf des Erbbaurechts (keine Entschädigung)	423 598 EUR	
Abzinsungsfaktor (aus Anlage 26 zum BewG)	× 0,3418	
Bewertungsstichtag	15.3.2018	
Ablauf des Erbbaurechts	1.1.2041	
Restlaufzeit des Erbbaurechts	22 Jahre	
Liegenschaftszins (§ 193 Absatz 4 Satz 2 Nummer 2 BewG)	5,0 %	
Grundbesitzwert des Erbbaugrundstücks gemäß § 194 BewG		
Bodenwertanteil nach § 194 Absatz 3 BewG		90 750 EUR
Gebäudewertanteil nach § 194 Absatz 4 BewG		+ 144 785 EUR
Grundbesitzwert		235 535 EUR

Zu § 195 BewG

R B 195.1 Gebäude auf fremdem Grund und Boden

(1) Zu bewerten sind als selbstständige wirtschaftliche Einheiten sowohl ein Gebäude auf fremdem Grund und Boden als auch das (mit dem Gebäude auf fremdem Grund und Boden) belastete Grundstück.

(2) [1]Ein Gebäude auf fremdem Grund und Boden liegt vor, wenn ein anderer als der Eigentümer des Grund und Bodens darauf ein Gebäude errichtet hat und ihm das Gebäude zuzurechnen ist (§ 70 Absatz 3, § 151 Absatz 1 Satz 1 Nummer 1, § 157 Absatz 3 Satz 2, § 180 Absatz 2 BewG). [2]Das ist insbesondere der Fall, wenn es Scheinbestandteil des Grund und Bodens ist (§ 95 BGB). [3]Sofern dem Nutzungsberechtigten für den Fall der Nutzungsbeendigung gegenüber dem Eigentümer des Grund und Bodens ein Anspruch auf Ersatz des Verkehrswerts des Gebäudes zusteht, ist bewertungsrechtlich von

einem Gebäude auf fremdem Grund und Boden auszugehen. 3 Ein solcher Anspruch kann sich aus einer vertraglichen Vereinbarung oder aus dem Gesetz ergeben. 4 Als Gebäude auf fremdem Grund und Boden erfasst werden das Gebäude, die sonstigen Bestandteile, wie die vom Nutzungsberechtigten errichteten Außenanlagen und das Zubehör. 5 Werden auf einem Grundstück nur Betriebsvorrichtungen (§ 176 Absatz 2 Satz 1 Nummer 2 BewG) oder Außenanlagen errichtet, liegt kein Gebäude auf fremdem Grund und Boden vor.

(3) 1 Die wirtschaftliche Einheit belastetes Grundstück umfasst die vertraglich überlassene Fläche des Grund und Bodens. 2 Enthält der Vertrag hierzu keine Angaben, ist auf die tatsächlichen Verhältnisse des Einzelfalls abzustellen. 3 Dabei ist neben der Grundfläche des Gebäudes regelmäßig auch die Fläche im Umgriff des Gebäudes zu erfassen. 4 Ist eine eindeutige Abgrenzung nicht möglich, bestehen keine Bedenken, vom Fünffachen der bebauten Fläche auszugehen. 5 Ist ein einheitliches Gebäude auf mehreren unmittelbar nebeneinander liegenden Grundstücken errichtet worden, die unterschiedlichen Grundstückseigentümern gehören, gilt R B 192.1 Absatz 4 entsprechend.

H B 195.1

Abgrenzung des Grundvermögens von den Betriebsvorrichtungen. → Gleich lautende Ländererlasse vom 5.6.2013 (BStBl. I S. 734).

Fläche im Umgriff des Gebäudes. → BFH vom 2.8.1989 II R 219/85, BStBl. II S. 826.

Herausgabeanspruch des bürgerlich-rechtlichen Eigentümers. → BFH vom 21.12.1978 III R 20/77, BStBl. 1979 II S. 466.

R B 195.2 Wertermittlung bei Gebäuden auf fremdem Grund und Boden und belasteten Grundstücken

(1) 1 Die Bewertung von Gebäuden auf fremdem Grund und Boden richtet sich nach § 195 Absatz 2 BewG. 2 Der Grundbesitzwert ergibt sich bei der Bewertung im Ertragswertverfahren aus dem Gebäudeertragswert (→ R B 184 bis 188). 3 Ist der Nutzer verpflichtet, das Gebäude bei Ablauf des Nutzungsrechts zu beseitigen, ist der Vervielfältiger nach Anlage 21 zum BewG anzuwenden, der sich für die am Bewertungsstichtag verbleibende Nutzungsdauer ergibt. 4 Die Regelung zur Mindestrestnutzungsdauer nach § 185 Absatz 3 Satz 5 BewG ist in diesen Fällen nicht anzuwenden (→ R B 184 bis 188; insbesondere R B 185.3 Absatz 6). 5 Bei der Bewertung des Gebäudes auf fremdem Grund und Boden im Sachwertverfahren ergibt sich der Grundbesitzwert aus dem Gebäudesachwert (→ R B 189 bis 191). 6 Ist der Nutzer verpflichtet, das Gebäude bei Ablauf des Nutzungsrechts zu beseitigen, bemisst sich die Alterswertminderung (§ 190 Absatz 4 Sätze 1 bis 3 BewG) nach dem Alter des Gebäudes am Bewertungsstichtag und der tatsächlichen Gesamtnutzungsdauer (§ 190 Absatz 4 Satz 4 BewG), maximal der wirtschaftlichen Gesamtnutzungsdauer. 7 Die Regelung zum Mindestrestwert nach § 190 Absatz 4 Satz 5 BewG ist in diesen Fällen nicht anzuwenden (→ R B 189 bis 191, insbesondere R B 190.7 Absatz 5). 8 Ein Bodenwertanteil ist bei Gebäuden auf fremdem Grund und Boden nicht zu berücksichtigen.

(2) [1]Die Bewertung von mit fremden Gebäuden belasteten Grundstücken richtet sich nach § 195 Absatz 3 BewG. [2]Die Abzinsung des Bodenwerts (§ 195 Absatz 3 Satz 2, § 193 Absatz 4 in Verbindung mit der Anlage 26 zum BewG) und die Kapitalisierung des Nutzungsentgelts (§ 195 Absatz 3 Satz 3 BewG in Verbindung mit der Anlage 21 zum BewG) erfolgt in Anhängigkeit von der Restlaufzeit des Nutzungsrechts. [3]Die Restlaufzeit ist auf volle Jahre abzurunden. [4]Ein Gebäudewertanteil ist nicht zu berücksichtigen.

H B 195.2

Gebäude auf fremdem Grund und Boden.

Beispiel 1:

Ein Gebäude auf fremdem Grund und Boden (industrielles Produktionsgebäude in Massivbauweise; zu eigenen betrieblichen Zwecken genutzt; Baujahr 1997; alle Bauteile Standardstufe 3; keine übliche Miete ermittelbar) ist für Zwecke der Erbschaftsteuer auf den 15.4.2018 zu bewerten. Die Restlaufzeit des Nutzungsrechts beträgt am Bewertungsstichtag noch 4 Jahre (bis 2022). Das Gebäude ist bei Beendigung des Nutzungsrechts zu beseitigen. Die Brutto-Grundfläche des Gebäudes beträgt 3 100 m².

Das industrielle Produktionsgebäude stellt ein Geschäftsgrundstück dar (Nutzung ausschließlich zu eigenen gewerblichen Zwecken). Für das Geschäftsgrundstück lässt sich auf Grund der Spezialnutzung keine übliche Miete ermitteln, so dass die Bewertung des Gebäudes auf fremdem Grund und Boden nach dem Sachwertverfahren erfolgt. Bedingt durch den bei Beendigung des Pachtverhältnisses notwendigen Abriss des Gebäudes ergibt sich eine verkürzte Nutzungsdauer für das in Massivbauweise errichtete industrielle Produktionsgebäude (Gebäudeart 15.4 der Anlage 24 II BewG). Die tatsächliche Nutzungsdauer des Gebäudes beträgt insgesamt 25 Jahre (1997 bis 2022), am Besteuerungsstichtag ist es 21 Jahre alt. Die längere wirtschaftliche Gesamtnutzungsdauer von 40 Jahren nach Anlage 22 BewG ist auf Grund der Abrissverpflichtung ebenso unbeachtlich wie der Mindestrestwert in Höhe von 30 % der Regelherstellungskosten.

Gebäudesachwert			
Regelherstellungskosten		1 115 EUR/m²	
Regelherstellungskosten (aus Anlage 24 zum BewG)		950 EUR/m²	
Gebäudeart	15.4		
Standardstufe (alle Bauteile)	3		
Baupreisindex (§ 190 Abs. 1 und 2 BewG)		× 117,4/100	
Gebäudeart	15.4		
Bewertungsstichtag	2018		
Brutto-Grundfläche		× 3 100 m²	
Gebäuderegelherstellungswert			3 456 500 EUR
Alterswertminderung mit Abbruchverpflichtung			
Gebäuderegelherstellungswert			3 456 500 EUR
Alterswertminderung mit Abbruchverpflichtung		84,00 % (21 J. :25 J.)	./. 2 765 200 EUR
Gebäudeart	15.4		
Bezugsfertigkeit des Gebäudes	1997		
Alter des Gebäudes	21 Jahre		
tatsächliche Gesamtnutzungsdauer	25 Jahre		
Gebäudesachwert			691 300 EUR

Eine Anpassung an den gemeinen Wert durch Wertzahl erfolgt nicht.

Beispiel 2:

Ein Gebäude auf fremdem Grund und Boden (Verbrauchermarkt; zu eigenen betrieblichen Zwecken genutzt; Baujahr 2010; alle Bauteile Standardstufe 4; keine übliche Miete ermittelbar) ist für Zwecke der Erbschaftsteuer auf den 15.3.2018 zu bewerten. Die Restlaufzeit des Nutzungsrechts beträgt am Bewertungsstichtag noch 26 Jahre (bis 2044). Das Gebäude ist bei Beendigung des Nutzungsrechts zu beseitigen. Die Brutto-Grundfläche des Gebäudes beträgt 775 m².

Der Verbrauchermarkt stellt ein Geschäftsgrundstück dar (Nutzung ausschließlich zu eigenen gewerblichen Zwecken). Für das Geschäftsgrundstück lässt sich auf Grund einer Spezialnutzung keine übliche Miete ermitteln, so dass die Bewertung des Gebäudes auf fremdem Grund und Boden nach dem Sachwertverfahren erfolgt. Die wirtschaftliche Gesamtnutzungsdauer beträgt nach Anlage 22 BewG 30 Jahre. Die tatsächliche Nutzungsdauer des Gebäudes beträgt insgesamt 34 Jahre (2010 bis 2044); am Besteuerungsstichtag ist es 8 Jahre alt. Auf Grund der Abrissverpflichtung ist der Mindestrestwert in Höhe von 30% der Regelherstellungskosten unbeachtlich.

Gebäudesachwert			
Regelherstellungskosten		1021 EUR/m²	
Regelherstellungskosten (aus Anlage 24 zum BewG)		870 EUR/m²	
Gebäudeart	13.1		
Standardstufe (alle Bauteile)	4		
Baupreisindex (§ 190 Abs. 1 und 2 BewG)		× 117,4/100	
Gebäudeart	13.1		
Bewertungsstichtag	2018		
Brutto-Grundfläche		× 775 m²	
Gebäuderegelherstellungswert			791 275 EUR
Alterswertminderung mit Abbruchverpflichtung			
Gebäuderegelherstellungswert			791 275 EUR
Alterswertminderung mit Abbruchverpflichtung		23,53 % (8 J. :34 J.)	./. 186 187 EUR
Gebäudeart	13.1		
Bezugsfertigkeit des Gebäudes	2010		
Alter des Gebäudes	8 Jahre		
tatsächliche Gesamtnutzungsdauer	34 Jahre		
Gebäudesachwert			605 088 EUR
Alterswertminderung ohne Abbruchverpflichtung			
Gebäuderegelherstellungswert			791 275 EUR
Alterswertminderung ohne Abbruchverpflichtung		26,67 % (8 J. :30 J.)	./. 211 034 EUR
Gebäudeart	13.1		
Bezugsfertigkeit des Gebäudes	2010		
Alter des Gebäudes	8 Jahre		
wirtschaftliche Gesamtnutzungsdauer	30 Jahre		
Gebäudesachwert			580 241 EUR

Anzusetzen ist der niedrigere der beiden Gebäudesachwerte (580 241 EUR).

Eine Anpassung an den gemeinen Wert durch Wertzahl erfolgt nicht.

Belastetes Grundstück.

Beispiel:

Ein mit einem fremden Gebäude bebautes Grundstück ist auf Grund einer Schenkung zum 20.3.2018 zu bewerten. Das Grundstück ist 1 450 m² groß; der Bodenrichtwert (BRW) beträgt 130 EUR/m². Die Restlaufzeit des Nutzungsrechts beträgt am Bewertungsstichtag noch 22 Jahre. Der vereinbarte Pachtzins beträgt jährlich 12 000 EUR. Der Gutachterausschuss gibt einen Liegenschaftszinssatz von 5,5 % vor.

Grundbesitzwert	
abgezinster Bodenwert (1 450 m² × BRW 130 EUR/m² × 0,3079) (§ 195 Absatz 3 Satz 2 i. V. m. § 193 Absatz 4 BewG und Anlage 26 zum BewG)	58 039 EUR
kapitalisierter Pachtzins (12 000 EUR × 12,58) (§ 195 Absatz 3 Satz 3 BewG i. V. m. Anlage 21 zum BewG)	+ 150 960 EUR
Grundbesitzwert	208 999 EUR

Zu § 196 BewG

R B 196.1 Grundstücke im Zustand der Bebauung

(1) 1 Ein Grundstück im Zustand der Bebauung liegt vor, wenn mit den Abgrabungsarbeiten oder mit der Einbringung von Baustoffen zur planmäßigen Errichtung eines Gebäudes oder Gebäudeteils begonnen worden ist (§ 196 Absatz 1 BewG). 2 Der vorherige Abbruch eines Gebäudes oder Gebäudeteils ist noch nicht als Beginn der Baumaßnahme zur Errichtung des neu geschaffenen Gebäudes oder Gebäudeteils anzusehen. 3 Der Zustand der Bebauung endet mit der Bezugsfertigkeit des ganzen Gebäudes, sofern es nicht in Bauabschnitten errichtet wird (→ R B 178 Absatz 3). 4 Gebäude im Zustand der Bebauung liegen auch dann vor, wenn durch An-, Aus- oder Umbauten an einem bereits vorhandenen Gebäude neuer Wohn- oder Gewerberaum geschaffen wird. 5 Modernisierungsmaßnahmen erfüllen diese Voraussetzung regelmäßig nicht.

(2) 1 Zu der wirtschaftlichen Einheit gehören der Grund und Boden, die Gebäude bzw. Gebäudeteile, auch wenn sie am Bewertungsstichtag noch nicht bezugsfertig sind, die sonstigen Bestandteile und das Zubehör. 2 Nicht einzubeziehen sind Betriebsvorrichtungen, auch wenn sie wesentliche Bestandteile sind. 3 Damit ist dem Umstand, ob die Betriebsvorrichtungen am Bewertungsstichtag fertig gestellt sind oder sich noch im Bau befinden, keine Bedeutung beizumessen.

(3) 1 Als Beginn der Abgrabungsarbeiten auf dem Grundstück ist der Zeitpunkt anzusehen, in dem mit den Erdarbeiten, insbesondere mit dem Ausschachten der Baugrube oder mit dem Planieren als Vorarbeiten für eine Bodenplatte, begonnen wird. 2 Bis zum Beginn der Erdarbeiten sind die für die Planung des Gebäudes aufgewandten Kosten als immaterielles Wirtschaftsgut zu erfassen. 3 Ab Beginn der Erdarbeiten sind die Planungskosten durch den Wert für das Grundstück im Zustand der Bebauung abgegolten. 4 Sind für die Durchführung der Baumaßnahme keine Abgrabungsarbeiten erforderlich oder ist mit der Einbringung von Baustoffen zur planmäßigen Errichtung eines Gebäudes oder Gebäudeteils vor Durchführung der Erdarbeiten begonnen worden, ist für den Beginn der Baumaßnahme auf den Zeitpunkt der erstmaligen Verarbeitung von Baustoffen abzustellen.

(4) 1 Ein Grundstück im Zustand der Bebauung liegt bis zur Bezugsfertigkeit des Gebäudes oder Gebäudeteils vor. 2 Bezugsfertig ist ein Gebäude, wenn es den künftigen Bewohnern oder sonstigen Benutzern zugemutet werden kann, es zu benutzen; auf die Abnahme durch die Bauaufsichtsbehörde kommt es nicht an (§ 178 Absatz 1 BewG). 3 Am Bewertungsstichtag müssen alle we-

sentlichen Bauarbeiten abgeschlossen sein. [4]Dies ist nicht der Fall, wenn noch Klempnerarbeiten ausstehen, an der zur Wohnung führenden Treppe das Geländer fehlt, Türen und Fenster noch einzubauen sind, Anschlüsse für Strom- und Wasserversorgung verlegt werden müssen, die Heizung zu installieren ist, sanitäre Einrichtungen noch einzubauen sind oder der Untergrund für den Fußbodenbelag noch aufgebracht werden muss. [5]Geringfügige Restarbeiten, die üblicherweise vor dem tatsächlichen Bezug durchgeführt werden (z. B. Malerarbeiten, Anbringen einer Antenne oder Satellitenanlage sowie Verlegen des Fußbodenbelags), schließen die Bezugsfertigkeit nicht aus. [6]Ist das Gebäude am Bewertungsstichtag bezogen, begründet dies die widerlegbare Vermutung der Bezugsfertigkeit. [7]Wird ein Gebäude in Bauabschnitten errichtet, ist die Entscheidung, ob sich ein Gebäude im Zustand der Bebauung befindet, unter Berücksichtigung der bis zum Bewertungsstichtag eingetretenen Verhältnisse nach der Verkehrsanschauung zu treffen. [8]Es kommt also darauf an, wie der Schenker oder Erblasser das Bauvorhaben durchführen wollte. [9]Nach dem Bewertungsstichtag durchgeführte Baumaßnahmen bleiben bei der Entscheidung, ob eine abschnittsweise Errichtung eines Gebäudes vorliegt, außer Betracht. [10]Kommt es durch den Eigentümerwechsel, z. B. im Erbfall, zu einer unvorhergesehenen Unterbrechung der Baumaßnahme, liegt keine Errichtung eines Gebäudes in Bauabschnitten vor. [11]Wird ein Gebäude in Bauabschnitten errichtet, liegt hinsichtlich des bezugsfertigen Teils ein bebautes Grundstück vor. [12]Ein Grundstück im Zustand der Bebauung kann in diesen Fällen nur angenommen werden, wenn mit dem nächsten Bauabschnitt bereits begonnen worden ist und hierfür Baumaterialien eingebracht worden sind (z. B. Ausbau eines zunächst als Abstellraum genutzten Gebäudeteils im Dach- oder Kellergeschoss, Aufstockung und Anbau).

R B 196.2 Wertermittlung bei Grundstücken im Zustand der Bebauung

(1) [1]Der Grundbesitzwert für ein Grundstück mit einem Gebäude im Zustand der Bebauung umfasst neben dem Wert des unbebauten Grundstücks bzw. dem Wert der bezugsfertigen Gebäude oder Gebäudeteile auch die noch nicht bezugsfertigen Gebäude oder Gebäudeteile. [2]Dabei ist dem bisherigen Wert des unbebauten bzw. des bebauten Grundstücks der Wert der bis zum Bewertungsstichtag entstandenen Herstellungskosten des im Bau befindlichen Gebäudes oder Gebäudeteils hinzuzurechnen.

(2) [1]Grundstücke, die sich am Bewertungsstichtag im Zustand der Bebauung befinden, können sowohl unbebaute als auch bereits bebaute Grundstücke sein. [2]Die Entscheidung, ob vor Beginn der am Bewertungsstichtag noch nicht abgeschlossenen Baumaßnahme ein unbebautes oder ein bebautes Grundstück vorgelegen hat, ist nach § 178 Absatz 1 BewG zu treffen (→ R B 178 Absatz 3). [3]Befinden sich auf einem Grundstück außer dem im Bau befindlichen Gebäude zu Beginn der Baumaßnahme keine bezugsfertigen Gebäude, liegt ein unbebautes Grundstück vor. [4]Hierfür ist der Wert nach § 179 BewG zu ermitteln. [5]Sind auf einem Grundstück vor Beginn der noch nicht abgeschlossenen Baumaßnahme bereits bezugsfertige Gebäude oder Gebäude-

teile nach § 180 BewG vorhanden, erfolgt dessen Bewertung nach §§ 182 bis 195 BewG.

(3) [1]Dem nach Absatz 2 ermittelten Wert sind die bis zum Bewertungsstichtag entstandenen Herstellungskosten des im Bau befindlichen Gebäudes oder Gebäudeteils hinzuzurechnen. [2]Maßgeblich sind die entstandenen Herstellungskosten; auf den tatsächlichen Zahlungsabfluss kommt es nicht an. [3]Abbruchkosten für auf dem Grundstück vor Beginn der Baumaßnahme vorhandene Gebäude oder Gebäudeteile rechnen unabhängig von ihrer ertragsteuerlichen Beurteilung nicht zu den Herstellungskosten im Sinne des Satzes 1 (→ R B 196.1 Absatz 1 Satz 2). [4]Können die bis zum Bewertungsstichtag entstandenen Herstellungskosten nicht eindeutig ermittelt werden, müssen sie anhand des Baufortschritts geschätzt werden, als Anhaltspunkt für diese Schätzung kann z. B. § 3 Absatz 2 Nummer 2 Makler- und Bauträgerverordnung (MaBV) dienen.

H B 196.2 (3)

Errichtung eines Gebäudes auf einem bisher unbebauten Grundstück.

Beispiel:

Ein zuvor unbebautes Grundstück (Größe 611 m², Bodenrichtwert 100 EUR/m²) wird mit einem Einfamilienhaus bebaut und zum 1.2.2018 verschenkt. Bis zu diesem Zeitpunkt sind Herstellungskosten von 65 000 EUR entstanden, von denen 50 000 EUR bezahlt worden sind.

Wert für das zuvor unbebaute Grundstück (§ 196 Absatz 2 i. V. m. § 179 BewG)	
611 m² × 100 EUR/m²	61 100 EUR
Entstandene Herstellungskosten (§ 196 Absatz 2 BewG; die tatsächliche Zahlung ist unbeachtlich)	+ 65 000 EUR
Grundbesitzwert	126 100 EUR

Errichtung eines Gebäudes auf einem bisher bebauten Grundstück.

Beispiel 1:

Ein Zweifamilienhaus (ZFH), das auf einem 900 m² großen Grundstück errichtet worden ist (Bodenrichtwert 200 EUR/m²), wird um zwei Stockwerke aufgestockt. Nach Abschluss der Baumaßnahme wird das Mehrfamilienhaus 4 Wohnungen beinhalten. Der Eigentümer verstirbt noch während der Bauphase am 1.3.2018. Bis zu diesem Zeitpunkt sind Herstellungskosten für die Aufstockung von 50 000 EUR entstanden (ohne Abbruchkosten für die Beseitigung des alten Dachaufbaus). Der Vergleichswert (inkl. Bodenwert) beträgt lt. Grundstücksmarktbericht des örtlichen Gutachterausschusses für ein vergleichbares Zweifamilienhaus 370 000 EUR.

Wert des bebauten Grundstücks vor Beginn der Baumaßnahme (§ 196 Absatz 2 i. V. m. § 183 Absatz 1 BewG)	
Vergleichswert ZFH lt. Grundstücksmarktbericht (maßgeblich ist die Grundstücksart und das Bewertungsverfahren vor Durchführung der Baumaßnahme)	370 000 EUR
Entstandene Herstellungskosten (§ 196 Absatz 2 BewG)	+ 50 000 EUR
Grundbesitzwert	420 000 EUR

Beispiel 2:

Ein mit einem Mehrfamilienhaus (Mietwohngrundstück) bebautes Grundstück, das 1 100 m² groß ist und für das ein Bodenrichtwert von 150 EUR/m² anzusetzen ist, wird um einen Anbau erweitert. Der Eigentümer verschenkt das Grundstück (während der Bauphase) zum 2.4.2018. Herstellungskosten sind bis zu diesem Zeitpunkt in Höhe von 45 000 EUR entstanden. Das Jahresentgelt (Miete) vor Errichtung des Anbaus beträgt 23 600 EUR und entspricht der üblichen Miete. Das Gebäude ist im Bewertungsstichtag 20 Jahre alt. Der Gutachterausschuss hat keine Erfahrungssätze für Bewirtschaftungskosten und keinen Liegenschaftszinssatz zur Verfügung gestellt.

Die Gesamtnutzungsdauer des Mietwohngrundstücks beträgt nach Anlage 22 BewG 70 Jahre. Da der Gutachterausschuss keine Erfahrungssätze für Bewirtschaftungskosten und keinen Liegenschaftszinssatz zur Verfügung stellt, gelten die Werte nach Anlage 23 BewG (Bewirtschaftungskosten = 23 %) und § 188 Absatz 2 Satz 2 Nummer 1 BewG (Liegenschaftszinssatz = 5 %). Der Vervielfältiger beträgt nach Anlage 21 BewG bei einer Restnutzungsdauer von 50 Jahren 18,26.

Wert des bebauten Grundstücks vor Beginn der Baumaßnahme (§ 196 Absatz 2 i. V. m. §§ 184 ff. BewG)		
Bodenwert		
1 100 m² × 150 EUR/m²		165 000 EUR
Gebäudewert		
Grundstücksrohertrag (Jahresentgelt)	23 600 EUR	
Bewirtschaftungskosten (23 % × 23 600 EUR)	./. 5 428 EUR	
Grundstücksreinertrag	18 172 EUR	
Bodenwertverzinsung (5 % × 165 000 EUR)	./. 8 250 EUR	
Gebäudereinertrag	9 922 EUR	
Vervielfältiger	× 18,26	+ 181 175 EUR
Wert des bebauten Grundstücks vor Beginn der Baumaßnahme		346 175 EUR
Entstandene Herstellungskosten (§ 196 Absatz 2 BewG)		+ 45 000 EUR
Grundbesitzwert		391 175 EUR

R B 196.2 (4)

(4) [1]Befindet sich ein zuvor unbebautes Erbbaugrundstück (→ R B 193 Absatz 2) im Zustand der Bebauung, ermittelt sich der Grundbesitzwert aus dem Bodenwertanteil des Erbbaurechts und den bis zum Bewertungsstichtag entstandenen Herstellungskosten, ggf. abzüglich des bei Ablauf des Erbbaurechts nicht entschädigten und auf den Bewertungsstichtag abgezinsten Anteils der Herstellungskosten (→ R B 193 Absatz 7 Satz 4). [2]Sind auf einem Erbbaurecht oder bei einem Gebäude auf fremdem Grund und Boden vor Beginn der am Bewertungsstichtag noch nicht abgeschlossenen Baumaßnahme bereits bezugsfertige Gebäude oder Gebäudeteile nach § 180 BewG vorhanden, erfolgt deren Bewertung entsprechend Absatz 2 Satz 5.

H B 196.2 (4)

Errichtung eines Gebäudes auf einem bislang unbebauten Erbbaugrundstück.

Beispiel:

Auf einem bislang unbebauten Erbbaurecht wird ein Einfamilienhaus errichtet. Das Erbbaugrundstück hat eine Fläche von 600 m² und der Bodenrichtwert beträgt 200 EUR/m². Der vertraglich vereinbarte jährliche Erbbauzins beträgt zum Bewertungsstichtag am 15.3.2018 3 000 EUR und ist bis zum Ablauf des Erbbaurechts am 1.1.2108 zu zahlen. Der Gutachterausschuss verfügt über keine Vergleichspreise oder Vergleichsfaktoren. Für den Bau des Einfamilienhauses sind bis zum Bewertungsstichtag Herstellungskosten in Höhe von 100 000 EUR entstanden. Eine Entschädigungszahlung für das Gebäude bei Ablauf des Erbbaurechts ist in Höhe von 50 % vorgesehen.

Ermittlung Bodenwertanteil		
Verzinsungsbetrag des Bodenwerts 3,0 % von 120 000 EUR (600 m² × 200 EUR/m²)		3 600 EUR
Liegenschaftszins (§ 193 Absatz 4 Satz 2 Nummer 1 BewG)	3,0 %	
vertraglich vereinbarter jährlicher Erbbauzins		./. 3 000 EUR
Unterschiedsbetrag		600 EUR
Vervielfältiger (aus Anlage 21 zum BewG)		× 30,93
Liegenschaftszins (§ 193 Absatz 4 Satz 2 Nummer 1 BewG)	3,0 %	
Bewertungsstichtag	15.3.2018	
Ablauf des Erbbaurechts	1.1.2108	
Restlaufzeit des Erbbaurechts	89 Jahre	
Bodenwertanteil (nach § 193 Absatz 3 i. V. m. Absatz 4 BewG)		18 558 EUR
Ermittlung Gebäudewertanteil		
Entstandene Herstellungskosten (§ 196 Absatz 2 BewG)		100 000 EUR
Anteil Erbbaugrundstück (→ R B 193 Absatz 7 Satz 4)		./. 3 600 EUR
bei Ablauf des Erbbaurechts nicht zu entschädigender Anteil an den Herstellungskosten (50 % von 100 000 EUR)	50 000 EUR	
Abzinsungsfaktor nach Anlage 26 zum BewG	× 0,0720	
Bewertungsstichtag	15.3.2018	
Ablauf des Erbbaurechts	1.1.2108	
Restlaufzeit des Erbbaurechts	89 Jahre	
Liegenschaftszins (§ 193 Absatz 4 Satz 2 Nummer 1 BewG)	3,0 %	
Gebäudewertanteil		96 400 EUR
Grundbesitzwert		
Bodenwertanteil		18 558 EUR
Gebäudewertanteil		+ 96 400 EUR
Grundbesitzwert		114 958 EUR

Zu § 197 BewG

R B 197 Gebäude und Gebäudeteile für den Zivilschutz

(1) [1]Gebäude, Gebäudeteile und Anlagen, die dem Zivilschutz dienen, bleiben bei der Ermittlung des Grundbesitzwerts außer Ansatz (§ 197 BewG). [2]Eine nur gelegentliche oder geringfügige Mitbenutzung der Gebäude, Gebäudeteile und Anlagen für andere als dem Zivilschutz dienende Zwecke ist für die Gewährung der sachlichen Befreiung unschädlich. [3]Diese liegt z. B. vor, wenn in einem für die begünstigten Zwecke geschaffenen Raum von Zeit zu Zeit Veranstaltungen abgehalten werden, zu deren Durchführung der Raum nicht besonders hergerichtet werden muss. [4]Werden in dem Gebäudeteil lediglich Gartengeräte, Fahrräder oder dergleichen abgestellt, handelt es sich ebenfalls um eine geringfügige Mitbenutzung. [5]Dagegen ist die Steuerbe-

freiung zu versagen, wenn die Gebäude, Gebäudeteile und Anlagen ständig anderen Zwecken dienen, z. B. als Lager-, Lehr-, oder Ausbildungsräume.

(2) Der Wert des Grund und Bodens ist regelmäßig mit dem gesamten Wert des unbebauten Grundstücks nach § 179 BewG anzusetzen.

Zu § 198 BewG

R B 198[1] Nachweis des niedrigeren gemeinen Werts

(1) [1]Abweichend von der Wertermittlung nach den § 179 und §§ 182 bis 196 BewG ist der niedrigere gemeine Wert (Verkehrswert/Marktwert) am Bewertungsstichtag festzustellen, wenn der Steuerpflichtige diesen nachweist (§ 198 BewG). [2]Den Steuerpflichtigen trifft die Nachweislast für einen niedrigeren gemeinen Wert und nicht eine bloße Darlegungslast. [3]Die Vorlage von Auszügen aus der Kaufpreissammlung erfüllt diese Voraussetzungen nicht.

(2) [1]Der Nachweis des niedrigeren gemeinen Werts kann für die nach § 179, §§ 182 bis 196 BewG bewerteten wirtschaftlichen Einheiten geführt werden, wobei der Nachweis die jeweils gesamte wirtschaftliche Einheit umfassen muss. [2]Bei Grundstücken im Zustand der Bebauung ist der Verkehrswertnachweis für die gesamte wirtschaftliche Einheit unter Berücksichtigung der baulichen Gegebenheiten zulässig.

(3) [1]Als Nachweis ist regelmäßig ein Gutachten des zuständigen Gutachterausschusses oder eines Sachverständigen für die Bewertung von Grundstücken erforderlich. [2]Das Gutachten ist für die Feststellung des Grundbesitzwerts nicht bindend, sondern unterliegt der Beweiswürdigung durch das Finanzamt. [3]Enthält das Gutachten Mängel (z. B. methodische Mängel oder unzutreffende Wertansätze), ist es zurückzuweisen; ein Gegengutachten durch das Finanzamt ist nicht erforderlich. [4]Zur Ordnungsmäßigkeit eines Sachverständigengutachtens gehören methodische Qualität und eine zutreffende Erhebung und Dokumentation der Begutachtungsgrundlagen. [5]Für den Nachweis des niedrigeren gemeinen Werts gelten grundsätzlich die auf Grund des § 199 Absatz 1 BauGB erlassenen Vorschriften. [6]Nach Maßgabe dieser Vorschriften sind sämtliche wertbeeinflussenden Umstände zur Ermittlung des gemeinen Werts (Verkehrswerts) von Grundstücken zu berücksichtigen. [7]Hierzu gehören auch die den Wert beeinflussenden Rechte und Belastungen privatrechtlicher und öffentlich-rechtlicher Art, wie z. B. Grunddienstbarkeiten und persönliche Nutzungsrechte. [8]Mit Ausnahme des Nachweises der üblichen Miete (→ R B 186.5 Absatz 5) kommt ein Einzelnachweis zu Bewertungsgrundlagen nach § 179 und §§ 182 bis

---

[1] Zum Nachweis des niedrigeren gemeinen Werts und dem Erfordernis der Gutachtenerstellung entweder durch den örtlich zuständigen Gutachterausschuss oder einen öffentlich bestellten und vereidigten Sachverständigen für die Bewertung von Grundstücken siehe BFH v. 5.12.2019 II R 9/18, BStBl. II 2021, 135; vgl. hierzu gleich lautende Ländererlasse v. 2.12. 2020, BStBl. I 2021, 146. – Zur Ermittlung des Bodenwerts durch Sachverständigengutachten siehe BFH v. 12.6.2020 II B 46/19, BFH/NV 2020, 1273. – Zur Frage der zeitlichen Anwendbarkeit von WertV und von ImmoWertV im Kontext eines Verkehrswertnachweises siehe BFH v. 16.9.2020 II R 1/18, DStR 2020, 2781. – Zum Immobilienwertnachweis durch Gutachten siehe BFH v. 14.10.2020 II R 7/18, DStR 2021, 413. – Zum Zeitpunkt des Bestehens ernstlicher Zweifel bei Nachweis eines niedrigeren gemeinen Werts durch ein Sachverständigengutachten siehe BFH v. 12.1.2021 II B 61/19, BFH/NV 2021, 529. – Zur umfassenden Änderung des § 198 BewG siehe Art. 1 des Grundsteuerreform-Umsetzungsgesetzes v. 16.7.2021, BGBl. I 2021, 2931.

196 BewG, z. B. hinsichtlich der Bewirtschaftungskosten, nicht in Betracht. [9] Auszüge aus der Kaufpreissammlung können ein Gutachten nicht ersetzen.

(4) [1] Ein im gewöhnlichen Geschäftsverkehr innerhalb eines Jahres vor oder nach dem Bewertungsstichtag zustande gekommener Kaufpreis über das zu bewertende Grundstück kann als Nachweis dienen. [2] Ist ein Kaufpreis außerhalb dieses Zeitraums im gewöhnlichen Geschäftsverkehr zustande gekommen und sind die maßgeblichen Verhältnisse hierfür gegenüber den Verhältnissen zum Bewertungsstichtag unverändert geblieben, so kann auch dieser als Nachweis des niedrigeren gemeinen Werts dienen. [3] Es bestehen keine Bedenken, diesen Wert regelmäßig ohne Wertkorrekturen als Grundbesitzwert festzustellen.

H B 198

Vorschriften auf der Grundlage des § 199 Absatz 1 BauGB.

→ *Verordnung über die Grundsätze für die Ermittlung der Verkehrswerte von Grundstücken (Immobilienwertermittlungsverordnung – ImmoWertV) vom 19.5.2010 (BGBl. I S. 639).*[1)]

→ *Richtlinie zur Ermittlung von Bodenrichtwerten (Bodenrichtwertrichtlinie – BRW-RL) vom 11.1.2011 (BAnz AT 11.2.2011 Nr. 24 S. 597).*[1)]

→ *Richtlinie zur Ermittlung des Sachwerts (Sachwertrichtlinie – SW-RL) vom 5.9.2012 (BAnz AT 18.10.2012 B1).*[1)]

→ *Richtlinie zur Ermittlung des Vergleichswerts und des Bodenwerts (Vergleichswertrichtlinie – VW-RL) vom 20.3.2014 (BAnz AT 11.4.2014 B3).*[1)]

→ *Richtlinie zur Ermittlung des Ertragswerts (Ertragswertrichtlinie – EW-RL) vom 12.11.2015 (BAnz AT 4.12.2015 B4).*[1)]

Fristsetzung zur Vorlage eines Sachverständigengutachtens. → § 364b AO (Fristsetzung).

Nachweis des niedrigeren gemeinen Werts durch Sachverständigengutachten. → BFH vom 10.11.2004 II R 69/01, BStBl. 2005 II S. 259, vom 3.12.2008 II R 19/08, BStBl. 2009 II S. 403 und vom 11.9.2013 II R 61/11, BStBl. 2014 II S. 363.

→ *Gleich lautende Ländererlasse vom 19.2.2014 (BStBl. I S. 808).*[2)]

Nachweis des niedrigeren gemeinen Werts durch zeitnahen Kaufpreis. → BFH vom 2.7.2004 II R 55/01, BStBl. II S. 703.

Liegen im Rahmen des Nachweises des niedrigeren gemeinen Werts gleichzeitig ein zeitnah zum Bewertungsstichtag im gewöhnlichen Geschäftsverkehr zustande gekommener Kaufpreis und ein Sachverständigengutachten vor, bestehen keine Bedenken, der Grundbesitzwertfeststellung den Kaufpreis zugrunde zu legen. Der im gewöhnlichen Geschäftsverkehr vereinbarte bzw. erzielte Kaufpreis liefert den sichersten Anhaltspunkt für den gemeinen Wert.

Nießbrauchs- und andere Nutzungsrechte, die sich auf den Grundbesitzwert ausgewirkt haben. Ist nach § 198 BewG ein nachgewiesener gemeiner Wert, der auf Grund von Grundstücksbelastungen durch Nutzungsrechte, wie z. B. Nießbrauch oder Wohnrecht, gemindert wurde, als Grundbesitzwert festgestellt worden, hat das Lagefinanzamt das für die Festsetzung der Erbschaft- und Schenkungsteuer zuständige Finanzamt hierauf hinzuweisen (vgl. § 10 Absatz 6 Satz 6 ErbStG).

---

1) Siehe **ab 1.1.2022** ImmowertV v. 14.7.2021, BGBl. I 2021, 2805.

2) Überholt durch gleich lautende Ländererlasse v. 2.12.2020, BStBl. I 2021, 146.

F. Vereinfachtes Ertragswertverfahren

Zu § 199 BewG

R B 199.1 Anwendung des vereinfachten Ertragswertverfahrens[1)]

(1) [1]Die Bewertung von Anteilen an Kapitalgesellschaften, von Betriebsvermögen und von Anteilen am Betriebsvermögen unter Berücksichtigung der Ertragsaussichten (§ 11 Absatz 2 Satz 2, § 109 Absatz 1 und 2 BewG) kann nach dem vereinfachten Ertragswertverfahren erfolgen. [2]Sind branchentypisch ertragswertorientierte Verfahren ausgeschlossen (weil z.B. Multiplikatorenverfahren oder Substanzwertverfahren zur Anwendung kommen), ist das vereinfachte Ertragswertverfahren nicht anzuwenden. [3]Sind branchentypisch auch ertragswertorientierte Verfahren anzuwenden, ist eine Bewertung nach dem vereinfachten Ertragswertverfahren möglich; die Prüfung eines offensichtlich unzutreffenden Ergebnisses bleibt vorbehalten.

(2) Bei der Bewertung ausländischer Unternehmen sind die Regelungen des vereinfachten Ertragswertverfahrens entsprechend, insbesondere hinsichtlich der Ermittlung des nachhaltig erzielbaren Jahresertrags, anzuwenden, wenn dies nicht zu offensichtlich unzutreffenden Ergebnissen führt.

(3) [1]Die im vereinfachten Ertragswertverfahren vorgesehenen Typisierungen können dazu führen, dass der in diesem Verfahren ermittelte Wert höher oder niedriger ist als der gemeine Wert. [2]Das Finanzamt hat den im vereinfachten Ertragswertverfahren ermittelten Wert zugrunde zu legen, wenn das Ergebnis nicht offensichtlich unzutreffend ist.

(4)[2)] [1]Nach § 199 Absatz 1 und 2 BewG hat der Steuerpflichtige ein Wahlrecht, das vereinfachte Ertragswertverfahren anzuwenden. [2]Gesetzliche Tatbestandsvoraussetzung hierfür ist, dass dies nicht zu offensichtlich unzutreffenden Ergebnissen führt. [3]Hat das Finanzamt an der Anwendbarkeit des vereinfachten Ertragswertverfahrens Zweifel, sind diese vom Finanzamt substantiiert darzulegen und dem Steuerpflichtigen ist Gelegenheit zu geben, die Bedenken des Finanzamts auszuräumen. [4]Das vereinfachte Ertragswertverfahren kann vor allem dann zu unzutreffenden Ergebnissen führen, wenn die Voraussetzungen nach Absatz 6 vorliegen. [5]In einem solchen Fall hat der Steuerpflichtige substantiiert darzulegen, warum das vereinfachte Ertragswertverfahren nicht zu einem offensichtlich unzutreffenden Ergebnis führt. [6]Kommt der Steuerpflichtige dieser Mitwirkungspflicht nicht nach, kann davon ausgegangen werden, dass die gesetzlichen Voraussetzungen für die Ausübung des Wahlrechts nicht vorliegen. [7]Die Bewertung ist nach allgemeinen Grundsätzen vorzunehmen.

(5) Erkenntnisse über eine offensichtlich unzutreffende Wertermittlung zum gemeinen Wert können beispielsweise in den nachstehenden Fällen hergeleitet werden:

---

1) Überholt durch gleich lautende Ländererlasse v. 2.12.2020, BGBl. I 2021, 146.

2) Zur Sachaufklärungspflicht des Finanzgerichts bei Ermittlung des Anteilswerts einer nicht börsennotierten Kapitalgesellschaft siehe BFH v. 2.12.2020 II R 5/19, DStRE 2021, 1058: Allein der Steuerpflichtige hat die Wahl zwischen einem individuellen Ertragswertverfahren nach § 11 Abs. 2 Satz 2 BewG und der Anwendung des vereinfachten Ertragswertverfahrens nach §§ 199 ff. BewG.

1. Vorliegen zeitnaher Verkäufe, wenn diese nach dem Bewertungsstichtag liegen;
2. Vorliegen von Verkäufen, die mehr als ein Jahr vor dem Bewertungsstichtag liegen;
3. Erbauseinandersetzungen, bei denen die Verteilung der Erbmasse Rückschlüsse auf den gemeinen Wert zulässt.

(6) [1] Vom Vorliegen begründeter Zweifel an der Anwendbarkeit des vereinfachten Ertragswertverfahrens ist insbesondere auszugehen:

1. bei komplexen Strukturen von verbundenen Unternehmen;
2. bei neu gegründeten Unternehmen, bei denen der künftige Jahresertrag noch nicht aus den Vergangenheitserträgen abgeleitet werden kann, insbesondere bei Gründungen innerhalb eines Jahres vor dem Bewertungsstichtag, weil das vereinfachte Ertragswertverfahren hier regelmäßig, z. B. wegen hoher Gründungs- und Ingangsetzungsaufwendungen, zu offensichtlich unzutreffenden Ergebnissen führt;
3. beim Branchenwechsel eines Unternehmens, bei dem deshalb der künftige Jahresertrag noch nicht aus den Vergangenheitserträgen abgeleitet werden kann;
4. in sonstigen Fällen, in denen auf Grund der besonderen Umstände der künftige Jahresertrag nicht aus den Vergangenheitserträgen abgeleitet werden kann. [2] Hierzu gehören z. B. Wachstumsunternehmen, branchenbezogene oder allgemeine Krisensituationen oder absehbare Änderungen des künftigen wirtschaftlichen Umfeldes;
5. bei grenzüberschreitenden Sachverhalten, z. B. nach § 1 AStG, § 4 Absatz 1 Satz 3 EStG oder § 12 Absatz 1 KStG, sofern der jeweils andere Staat nicht die Ergebnisse des vereinfachten Ertragswertverfahrens seiner Besteuerung zugrunde legt.

[2] Es bestehen grundsätzlich keine Bedenken, in den Fällen des Satzes 1 Nummer 2 und 3 den Substanzwert als Mindestwert (§ 11 Absatz 2 Satz 3 BewG) anzusetzen, sofern dies nicht zu offensichtlich unzutreffenden Ergebnissen führt.

R B 199.2 Ausländische Kapitalgesellschaften und ausländisches Betriebsvermögen

[1] Auch bei der Bewertung von Anteilen an ausländischen Kapitalgesellschaften oder ausländischem Betriebsvermögen kann das vereinfachte Ertragswertverfahren angewendet werden. [2] Die Ermittlung der Bewertungsgrundlagen hat in der jeweiligen Landeswährung zu erfolgen, der in dieser Währung ermittelte Ertragswert ist mit dem für den Bewertungsstichtag festgestellten Devisenkurs in Euro umzurechnen. [3] Der Gewinnermittlung können die im jeweiligen Land geltenden Gewinnermittlungsvorschriften zugrunde gelegt werden, wenn sie eine dem § 202 Absatz 1 Satz 2 BewG entsprechende Korrektur zulassen. [4] Der nach § 203 BewG maßgebende Kapitalisierungsfaktor ist anzuwenden, wenn dies nicht zu offensichtlich unzutreffenden Ergebnissen führt.

Zu § 200 BewG

R B 200 Wertermittlung im vereinfachten Ertragswertverfahren

(1) Der Wert nach dem vereinfachten Ertragswertverfahren setzt sich zusammen aus:

	Ertragswert des betriebsnotwendigen Vermögens (§ 200 Absatz 1 BewG) (Jahresertrag §§ 201 bis 202 BewG × Kapitalisierungsfaktor § 203 BewG)
+	Nettowert des nicht betriebsnotwendigen Vermögens (§ 200 Absatz 2 BewG)
+	Wert der Beteiligungen an anderen Gesellschaften (§ 200 Absatz 3 BewG)
+	Nettowert des jungen Betriebsvermögens (§ 200 Absatz 4 BewG)
=	Wert nach dem vereinfachten Ertragswertverfahren

(2) [1]Die Wirtschaftsgüter des nicht betriebsnotwendigen Vermögens und die mit diesen in wirtschaftlichem Zusammenhang stehenden Schulden sind neben dem Ertragswert mit ihrem gemeinen Wert anzusetzen (§ 200 Absatz 2 BewG). [2]Zum nicht betriebsnotwendigen Vermögen gehören diejenigen Wirtschaftsgüter, die sich ohne Beeinträchtigung der eigentlichen Unternehmenstätigkeit aus dem Unternehmen herauslösen lassen, ohne dass die operative Geschäftstätigkeit eingeschränkt wird. [3]Dies können – je nach Unternehmenszweck – z.B. Grundstücke, Gebäude, Kunstgegenstände, Beteiligungen, Wertpapiere oder auch Geldbestände sein. [4]Auf Grund der Betriebsbezogenheit besteht keine zwingende Deckungsgleichheit mit dem ertragsteuerlich gewillkürten Betriebsvermögen bzw. mit Verwaltungsvermögen im Sinne des § 13b Absatz 4 ErbStG. [5]Für die Ermittlung des gemeinen Werts gilt R B 11.5 Absatz 5 bis 8 entsprechend.

(3) [1]Sowohl Anteile an einer Kapitalgesellschaft als auch Beteiligungen an einer Personengesellschaft sind nach § 200 Absatz 3 BewG gesondert neben dem Ertragswert mit einem eigenständig zu ermittelnden gemeinen Wert anzusetzen. [2]Auf eine Mindestbeteiligungsquote kommt es nicht an. [3]Ist für Beteiligungen an einer Personengesellschaft und für Anteile an Kapitalgesellschaften ein Wert nach § 151 Absatz 1 Satz 1 Nummer 2 oder 3 BewG festzustellen, sind die auf den Bewertungsstichtag festgestellten Werte anzusetzen. [4]Die Basiswertregelung in § 151 Absatz 3 BewG ist hierbei zu beachten. [5]Die Wertermittlung bei den einzelnen Feststellungen kann sowohl im vereinfachten Ertragswertverfahren als auch in einem allgemein anerkannten Ertragswertverfahren als auch nach einer anderen anerkannten Methode erfolgen. [6]Die Anwendung des vereinfachten Ertragswertverfahrens für die Bewertung einer Obergesellschaft bedeutet nicht, dass auch die Beteiligungen im vereinfachten Ertragswertverfahren bewertet werden müssen. [7]Ob die Bewertung der Obergesellschaft im vereinfachten Ertragswertverfahren unter Berücksichtigung der Beteiligungen an Untergesellschaften zu einem offensichtlich unzutreffenden Ergebnis führt (§ 199 Absatz 1 BewG), ist im Einzelfall zu entscheiden. [8]Die mit den Anteilen an einer Kapitalgesellschaft in wirtschaftlichem Zusammenhang stehenden Schulden werden nicht gesondert berücksichtigt, da die mit diesen im Zusammenhang stehenden Aufwendungen beim nachhaltigen Jahresertrag mindernd erfasst sind. [9]Es erfolgt keine

Hinzurechnung der Aufwendungen nach § 202 Absatz 1 Satz 2 Nummer 1 Buchstabe f BewG. [10]Bei einer Beteiligung an einer Personengesellschaft sind die mit dieser in wirtschaftlichem Zusammenhang stehenden Schulden bereits über das Sonderbetriebsvermögen im Wert der Beteiligung enthalten (§ 97 Absatz 1a BewG), so dass insoweit keine Korrektur erfolgen muss. [11]Finanzierungsaufwendungen im Zusammenhang mit diesen Schulden sind zusammen mit anderen Aufwendungen und Erträgen im Zusammenhang mit dieser Beteiligung nach § 202 Absatz 1 Satz 2 BewG zu korrigieren (→ R B 202). [12]Bei Genossenschaftsanteilen handelt es sich grundsätzlich nicht um eine Beteiligung im Sinne des § 200 Absatz 3 BewG. [13]Die bei der steuerlichen Gewinnermittlung erfassten Erträge daraus sind grundsätzlich im Jahresertrag nach § 200 Absatz 1 BewG enthalten.

(4) [1]Im Einvernehmen mit den Verfahrensbeteiligten kann darauf verzichtet werden, eine gesonderte Ermittlung des gemeinen Werts von zum Vermögen gehörenden Anteilen an einer Kapitalgesellschaft und Beteiligungen an einer Personengesellschaft vorzunehmen, wenn es sich um einen Fall von geringer Bedeutung handelt. [2]Ein Fall von geringer Bedeutung liegt insbesondere vor, wenn der Verwaltungsaufwand der Beteiligten außer Verhältnis zur steuerlichen Auswirkung steht und der festzustellende Wert unbestritten ist. [3]In diesen Fällen kann aus Vereinfachungsgründen die durchschnittliche Bruttoausschüttung der Untergesellschaft der letzten drei Jahre als durchschnittlicher Jahresertrag multipliziert mit dem Kapitalisierungsfaktor nach § 203 BewG angesetzt werden; mindestens ist der Steuerbilanzwert der Beteiligung anzusetzen.

(5) [1]Innerhalb von zwei Jahren vor dem Bewertungsstichtag eingelegte Wirtschaftsgüter (sog. junges Betriebsvermögen), die nicht bereits nach § 200 Absatz 2 und 3 BewG neben dem Ertragswert mit ihrem gemeinen Wert anzusetzen sind, und mit diesen in wirtschaftlichen Zusammenhang stehende Schulden werden neben dem Ertragswert mit ihrem eigenständig zu ermittelnden gemeinen Wert angesetzt, wenn sie am Bewertungsstichtag ihrem Wert nach noch vorhanden sind und nicht wieder entnommen oder ausgeschüttet wurden (§ 200 Absatz 4 BewG). [2]Ist für Grundbesitz ein Wert nach § 151 Absatz 1 Satz 1 Nummer 1 BewG festzustellen, ist der auf den Bewertungsstichtag festgestellte Wert anzusetzen. [3]Die Basiswertregelung in § 151 Absatz 3 BewG ist hierbei zu beachten. [4]Unmittelbar mit diesen Wirtschaftsgütern im Zusammenhang stehende Aufwendungen und Erträge sind bei der Ermittlung der jeweiligen Betriebsergebnisse nach § 202 BewG zu korrigieren (→ R B 202). [5]Bei einem bloßen Aktiv- oder Aktiv-Passiv-Tausch handelt es sich nicht um einen Fall im Sinne des § 200 Absatz 4 BewG, weil dem Vorgang keine Einlage zugrunde liegt. [6]Befindet sich ein eingelegtes Wirtschaftsgut im Sinne des § 200 Absatz 4 BewG am Bewertungsstichtag nicht mehr im Betriebsvermögen, sondern ein Wirtschaftsgut, das an dessen Stelle getreten ist (Surrogat), muss das Surrogat mit dem Wert am Bewertungsstichtag angesetzt werden (ggf. mit einem niedrigeren oder höheren Wert als dem Wert des Wirtschaftsguts im Zeitpunkt der Einlage). [7]Wurde das eingelegte Wirtschaftsgut nach der Einlage bis zum Besteuerungszeitpunkt wieder entnommen oder hat es sich verbraucht, ist das Wirtschaftsgut nicht anzusetzen.

H B 200

Junges Betriebsvermögen.

Beispiel 1:

Bis zum Jahr 01 bestand eine Betriebsaufspaltung. Im Jahr 02 wird das Betriebsgrundstück der Besitzgesellschaft in die Betriebsgesellschaft eingelegt. Im Jahr 03 werden die Anteile an der ehemaligen Betriebsgesellschaft übertragen und die Anteile sind zu bewerten. Das Betriebsgrundstück ist als junges Betriebsvermögen zu behandeln.

Beispiel 2:

Im Jahr vor der Zuwendung des Betriebs wird ein Grundstück eingelegt, das als Parkplatz für den betrieblichen Fuhrpark genutzt wird. Das Betriebsgrundstück ist als junges Betriebsvermögen zu behandeln.

Zu § 201 BewG

R B 201 Ermittlung des Jahresertrags

(1) [1]Die Grundlage für die Bewertung bildet der zukünftig nachhaltig zu erzielende Jahresertrag. [2]Für die Ermittlung dieses Jahresertrags bietet der in der Vergangenheit tatsächlich erzielte Durchschnittsertrag eine Beurteilungsgrundlage.

(2) [1]Der Durchschnittsertrag ist regelmäßig aus den Betriebsergebnissen der letzten drei vor dem Bewertungsstichtag abgelaufenen Wirtschaftsjahre herzuleiten. [2]Wenn sich im Dreijahreszeitraum der Charakter des Unternehmens nach dem Gesamtbild der Verhältnisse nachhaltig geändert hat oder das Unternehmen neu entstanden ist, ist ein verkürzter Ermittlungszeitraum zugrunde zu legen (§ 201 Absatz 3 BewG). [3]Die Summe der Betriebsergebnisse ist in den Fällen eines verkürzten Ermittlungszeitraumes abweichend von § 201 Absatz 2 BewG durch zwei zu dividieren, weil der verkürzte Ermittlungszeitraum stets zwei volle Wirtschaftsjahre umfasst (→ Absatz 4 Satz 1). [4]R B 199.1 Absatz 6 Satz 1 Nummer 2 (kein vereinfachtes Ertragswertverfahren bei Neugründungen innerhalb eines Jahres vor dem Bewertungsstichtag) ist zu beachten. [5]Ist das Unternehmen durch Umwandlung, durch Einbringung von Betrieben oder Teilbetrieben oder durch Umstrukturierungen entstanden, ist bei der Ermittlung des Durchschnittsertrags von den früheren Betriebsergebnissen des Gewerbebetriebs oder der Gesellschaft auszugehen. [6]Soweit sich die Änderung der Rechtsform auf den Jahresertrag auswirkt, sind die früheren Betriebsergebnisse entsprechend zu korrigieren.

(3) [1]Soweit bei der Ermittlung des Durchschnittsertrags anstelle des drittletzten abgelaufenen Wirtschaftsjahrs ein noch nicht abgelaufenes Wirtschaftsjahr wegen der Bedeutung für die Herleitung des künftig zu erzielenden Jahresertrags einzubeziehen ist, erfolgt die Berücksichtigung dieses Wirtschaftsjahrs mit dem vollen Betriebsergebnis und nicht nur zeitanteilig. [2]Somit wird auch in diesen Fällen die Summe der Betriebsergebnisse durch drei dividiert (§ 201 Absatz 2 BewG).

(4) [1]Umfasst der dreijährige Ermittlungszeitraum bei einer Neugründung zu Beginn ein Rumpfwirtschaftsjahr, ist regelmäßig nicht das Betriebsergebnis des Rumpfwirtschaftsjahrs, sondern das volle Betriebsergebnis des letzten,

noch nicht abgelaufenen Wirtschaftsjahrs einzubeziehen. [2]Ein Verstoß gegen das Stichtagsprinzip liegt insoweit nicht vor, weil das (noch nicht abgelaufene) Wirtschaftsjahr einerseits bereits vor dem Bewertungsstichtag begonnen hat und andererseits für die Prognose des zukünftig nachhaltig erzielbaren Jahresertrags von Bedeutung ist. [3]Liegt außer zu Beginn des dreijährigen Ermittlungszeitraums ein Rumpfwirtschaftsjahr im Ermittlungszeitraum vor, so ist das Betriebsergebnis des Rumpfwirtschaftsjahres in die Ermittlung des Durchschnittsertrags zu übernehmen. [4]Der Durchschnittsertrag ist aus dem verkürzten Zeitraum zu ermitteln und in einen entsprechenden Jahresbetrag umzurechnen.

(5) Sofern zum Bewertungsstichtag feststeht, dass der künftige Jahresertrag durch bekannte objektive Umstände, z.B. wegen des Todes des Unternehmers, sich nachhaltig verändert, muss dies bei der Ermittlung des Durchschnittsertrags entsprechend berücksichtigt werden.

H B 201

Jahresertrag bei Rumpfwirtschaftsjahr.

Beispiel:

Bewertungsstichtag	1.9.03
Gründungsdatum	1.5.00
Wirtschaftsjahr = Kalenderjahr	

Der Ermittlungszeitraum umfasst die Wirtschaftsjahre 01, 02 und 03. Eine Berücksichtigung des Rumpfwirtschaftsjahrs (1.5.00 bis 31.12.00) erfolgt nicht.

Zu § 202 BewG

R B 202 Betriebsergebnis

(1) [1]Die einzelnen Betriebsergebnisse sind gesondert zu berechnen; Ausgangswert ist sowohl bei Personenunternehmen als auch bei Kapitalgesellschaften der Gewinn im Sinne des § 4 Absatz 1 Satz 1 EStG und nicht das zu versteuernde Einkommen. [2]Dabei bleiben bei einem Anteil am Betriebsvermögen (§ 97 Absatz 1a BewG) Ergebnisse aus den Sonderbilanzen und Ergänzungsbilanzen unberücksichtigt. [3]Maßgebend ist die zutreffende, nicht die tatsächliche ertragsteuerrechtliche Behandlung.

(2) [1]Da der Ermittlung des Betriebsergebnisses der Gewinn im Sinne des § 4 Absatz 1 Satz 1 EStG zu Grunde liegt, entfallen weitere Korrekturen bei nicht abziehbaren Betriebsausgaben. [2]Der Ausgangswert hat sich bereits um die betriebsgewöhnlichen Aufwendungen dieser Art zutreffend gemindert. [3]Entsprechendes gilt auch für andere außerhalb der Bilanz vorzunehmende Korrekturen. [4]Bei der Bildung eines Investitionsabzugsbetrags bzw. durch die entsprechende Auflösung wird der Gewinn im Sinne des § 4 Absatz 1 Satz 1 EStG nicht beeinflusst, so dass insofern keine Korrektur vorzunehmen ist.

(3) [1]Der Ausgangswert des einzelnen Betriebsergebnisses ist zu korrigieren hinsichtlich solcher Vermögensminderungen oder Vermögensmehrungen, die einmalig sind oder jedenfalls den künftig nachhaltig erzielbaren Jahresertrag nicht beeinflussen. [2]Als Korrekturen kommen in Betracht:

1. Hinzuzurechnen sind

a) [1] Investitionsabzugsbeträge, soweit sie den Gewinn gemindert haben, Sonderabschreibungen oder erhöhte Absetzungen, Bewertungsabschläge, Zuführungen zu steuerfreien Rücklagen sowie Teilwertabschreibungen. [2] Es sind nur die normalen Absetzungen für Abnutzung, zu denen auch die Absetzung für Abnutzung nach § 7 Absatz 5 EStG gehört, zu berücksichtigen. [3] Die normalen Absetzungen für Abnutzung mit Ausnahme derjenigen nach § 7 Absatz 5 EStG sind nach den Anschaffungs- oder Herstellungskosten bei gleichmäßiger Verteilung über die gesamte betriebsgewöhnliche Nutzungsdauer zu bemessen. [4] Die normalen Absetzungen für Abnutzung sind auch dann anzusetzen, wenn für die Absetzungen in der Steuerbilanz vom Restwert auszugehen ist, der nach Inanspruchnahme der Sonderabschreibungen oder erhöhten Absetzungen verblieben ist;

b) Absetzungen auf den Geschäfts- oder Firmenwert oder auf firmenwertähnliche Wirtschaftsgüter;

c) einmalige Veräußerungsverluste sowie außerordentliche Aufwendungen;

d) im Gewinn nicht enthaltene Investitionszulagen, soweit in Zukunft mit weiteren zulagebegünstigten Investitionen in gleichem Umfang gerechnet werden kann;

e) der Ertragsteueraufwand (Körperschaftsteuer, Zuschlagsteuern und Gewerbesteuer);

f) [1] Aufwendungen im Zusammenhang mit nicht betriebsnotwendigem Vermögen (§ 200 Absatz 2 BewG) sowie im Zusammenhang mit innerhalb von zwei Jahren vor dem Bewertungsstichtag eingelegten Wirtschaftsgütern (§ 200 Absatz 4 BewG), weil die entsprechenden Wirtschaftsgüter bereits mit dem gemeinen Wert angesetzt werden; es sind regelmäßig nur Hinzurechnungen erforderlich, die unmittelbar auf die entsprechenden Wirtschaftsgüter entfallen. [2] Hierzu gehören nicht Finanzierungsaufwendungen im Zusammenhang mit Anteilen an Kapitalgesellschaften im Sinne des § 200 Absatz 3 BewG, die den Wert des die Beteiligung haltenden Unternehmens zutreffend mindern; eine Korrektur des Betriebsergebnisses scheidet insoweit aus. [3] Bei Beteiligungen an Personengesellschaften im Sinne des § 200 Absatz 3 BewG werden wegen der Qualifizierung der Schulden als Sonderbetriebsvermögen bei der Personengesellschaft damit im Zusammenhang stehende Aufwendungen im Ergebnis der Personengesellschaft berücksichtigt und sind deshalb bei der Korrektur des Betriebsergebnisses nicht hinzuzurechnen. [4] Sie werden durch die Hinzurechnung des übernommenen Verlustes aus der Beteiligung nach § 202 Absatz 1 Satz 2 Nummer 1 Buchstabe f 2. Halbsatz BewG oder die Kürzung der Erträge aus der Beteiligung nach § 202 Absatz 1 Satz 2 Nummer 2 Buchstabe f BewG berücksichtigt.

2. Abzuziehen sind

a) gewinnerhöhende Auflösungsbeträge steuerfreier Rücklagen sowie Gewinne aus der Anwendung des § 6 Absatz 1 Nummer 1 Satz 4 und Nummer 2 Satz 3 EStG;

b) einmalige Veräußerungsgewinne sowie außerordentliche Erträge;

c) im Gewinn enthaltene Investitionszulagen, soweit in Zukunft nicht mit weiteren zulagebegünstigten Investitionen in gleichem Umfang gerechnet werden kann;

d) [1] ein angemessener Unternehmerlohn, soweit in der bisherigen Ergebnisrechnung kein solcher berücksichtigt worden ist. [2] Die Höhe des Unternehmerlohns wird nach der Vergütung bestimmt, die eine nicht beteiligte Geschäftsführung erhalten würde. [3] Neben dem Unternehmerlohn kann auch fiktiver Lohnaufwand für bislang unentgeltlich tätige Familienangehörige des Eigentümers berücksichtigt werden. [4] Bei der Ermittlung eines angemessenen Unternehmerlohns sind die Grundsätze zu beachten, die bei der ertragsteuerlichen Behandlung der verdeckten Gewinnausschüttung angewandt werden. [5] Häufig wird der angemessene Unternehmerlohn aus an leitende Angestellte des Unternehmens gezahlten Bruttogehältern abgeleitet werden können. [6] Soweit branchenspezifische Datensammlungen zu Geschäftsführergehältern in einem Fremdvergleich vorliegen, können diese in geeigneter Weise berücksichtigt werden. [7] Erhalten geschäftsführende Gesellschafter von Personengesellschaften wirtschaftlich begründete Tätigkeitsvergütungen als Vorabanteile aus dem Gewinn, sind sie als Unternehmerlohn abzuziehen, soweit sie nach Art und Umfang angemessen sind;

e) Erträge aus der Erstattung von Ertragsteuern (Körperschaftsteuer, Zuschlagsteuern und Gewerbesteuer);

f) [1] Erträge, die im Zusammenhang stehen mit Vermögen im Sinne des § 200 Absatz 2 bis 4 BewG. [2] Es sind regelmäßig nur unmittelbar auf die Wirtschaftsgüter entfallende Erträge zu korrigieren.

3. [1] Hinzuzurechnen oder abzuziehen sind auch sonstige wirtschaftlich nicht begründete Vermögensminderungen oder -erhöhungen mit Einfluss auf den zukünftig nachhaltig zu erzielenden Jahresertrag und mit gesellschaftsrechtlichem Bezug (bei Kapitalgesellschaften insbesondere verdeckte Gewinnausschüttungen und verdeckte Einlagen), soweit sie nicht nach den Nummern 1 und 2 berücksichtigt wurden. [2] Hierzu zählen auch solche Vermögensminderungen oder -erhöhungen, die mit Angehörigen des Unternehmers oder Gesellschafters oder sonstigen diesem nahe stehenden Personen im Zusammenhang stehen. [3] Die in § 202 Absatz 1 Satz 2 Nummer 3 BewG genannten Vermögensminderungen oder -erhöhungen müssen nicht notwendig in einem bilanzierungsfähigen Wirtschaftsgut bestehen.

(4) [1] Ausgangswert ist bei nicht bilanzierenden Gewerbetreibenden und freiberuflich Tätigen der Überschuss der Betriebseinnahmen über die Betriebsausgaben. [2] Auch hierbei sind die in § 202 Absatz 1 BewG genannten Hinzurechnungen und Kürzungen vorzunehmen, z.B. Abschreibungen auf einen entgeltlich erworbenen Praxiswert, einmalige Veräußerungsverluste bzw. Veräußerungsgewinne, der Betriebsausgabenabzug bzw. Betriebseinnahmen nach § 6c EStG oder nach R 6.6 EStR, Absetzungen für außergewöhnliche technische oder wirtschaftliche Abnutzungen gemäß § 7 Absatz 1 Satz 7 EStG oder Sonderabschreibungen.

(5) [1]Zur Abgeltung des Ertragsteueraufwands ist ein positives Betriebsergebnis nach § 202 Absatz 1 oder 2 BewG um 30 Prozent zu mindern. [2]Auf Grund der typisierenden Vorgehensweise ist es in der Regel nicht zu beanstanden, wenn die aus dem Bereich der gewerblichen Unternehmen vorliegende Steuerbelastung in Höhe von 30 Prozent auch bei einem im vereinfachten Ertragswertverfahren ermittelten Wert für ein der Ausübung eines freien Berufs dienenden Vermögen abgezogen werden.

H B 202

Wirtschaftlich nicht begründete Vermögensminderung.

Beispiel 1:

Eine Gesellschaft zahlt an den Gesellschafter-Geschäftsführer einen überhöhten Unternehmerlohn.

Die wirtschaftlich nicht begründete Vermögensminderung der Gesellschaft ist in Höhe der Differenz zum angemessenen Unternehmerlohn zur Ermittlung des Betriebsergebnisses hinzuzurechnen (§ 202 Absatz 1 Satz 2 Nummer 3 BewG).

Beispiel 2:

Eine natürliche Person überlässt der Gesellschaft, an der sie oder eine ihr nahestehende Person beteiligt ist, ein Grundstück zu einer zu niedrigen Miete.
Die wirtschaftlich nicht begründete Vermögenserhöhung der Gesellschaft ist in Höhe der Differenz zur üblichen Miete zur Ermittlung des Betriebsergebnisses abzuziehen (§ 202 Absatz 1 Satz 2 Nummer 3 BewG).

Zu § 203 BewG

R B 203 Kapitalisierungsfaktor

[1]Der nur für das vereinfachte Ertragswertverfahren geltende Kapitalisierungsfaktor beträgt 13,75 (§ 203 Absatz 1 BewG). [2]Der Kapitalisierungsfaktor ist nur im vereinfachten Ertragswertverfahren anzuwenden. [3]Er gilt nicht, wenn der gemeine Wert unter Berücksichtigung der Ertragsaussichten in einer anderen anerkannten, auch im gewöhnlichen Geschäftsverkehr für nichtsteuerliche Zwecke üblichen Methode ermittelt wird.

250/Anlage 1. Anbauflächen bzw. Tierarten und Produktionszweige

(Anlage 1 zu R B 160.2 und 163 ErbStR)

Anbauflächen bzw. Tierarten	Produktionszweig
Weichweizen und Spelz, Hartweizen, Roggen, Gerste, Hafer, Körnermais, sonstiges Getreide zur Körnergewinnung, Eiweißpflanzen zur Körnergewinnung Kartoffeln (einschl. Früh- und Pflanzkartoffeln), Zuckerrüben (ohne Saatgut), Sämereien und Pflanzgut auf dem Ackerland, sonstige Ackerkulturen auf dem Ackerland Schwarzbrache (einschl. Grünbrache), für die keine Beihilfe gewährt wird, nicht wirtschaftlich genutzte Schwarzbrache (einschl. Grünbrache) mit Beihilfe Tabak, Hopfen, Raps und Rübsen, Sonnenblumen, Soja, Leinsamen (Öllein), andere Ölfrüchte, Flachs, Hanf, andere Textilpflanzen, andere Handelsgewächse, die noch nicht aufgeführt sind, Spargel Nur, wenn kein Weidevieh vorhanden ist:[1)] Futterhackfrüchte (ohne Saatgut), Ackerwiesen und -weiden, Grünmais (Silagemais), sonstige Futterpflanzen	**Ackerbau**
Grünland: – nur, wenn kein Weidevieh vorhanden ist[1)] – Grünland und Weiden ohne ertragsarme Weiden, ungepflegtes Weideland **Weidevieh:** Einhufer, Mastbullen bis 19,2 Monate, Aufzuchtfärsen bis 28,8 Monate, Rinder unter 1 Jahr, männliche Rinder 1–2 Jahre, weibliche Rinder 1–2 Jahre, männliche Rinder 2 Jahre und älter, Färsen 2 Jahre und älter, Milchkühe, sonstige Kühe, Mutterschafe, sonstige Schafe, Ziegen davon **Rinder für die Milcherzeugung:**[2)] Rinder unter 1 Jahr, weibliche Rinder 1–2 Jahren, Färsen 2 Jahre und älter, Milchkühe	**Futterbau** (Grünland und Weidevieh)
Zuchtsauen (50 kg und mehr), sonstige Schweine Masthähnchen und -hühnchen, Legehennen, sonstiges Geflügel Mutterkaninchen	**Veredlung**

[1)] **Hinweis zu den Futterflächen:**
Ist **Weidevieh** vorhanden, sind die Standarddeckungsbeiträge der Futterflächen mit dem Ansatz der Standarddeckungsbeiträge des Weideviehs abgegolten, da von einem ausgeglichenen Futtersaldo ausgegangen wird. Das bedeutet, dass in diesem Fall die Standarddeckungsbeiträge der Futterflächen nicht in den Standarddeckungsbeitrag des jeweiligen Produktionszweigs (Ackerbau bzw. Futterbau) einbezogen werden. **Futterflächen** sind Futterhackfrüchte (ohne Saatgut), Ackerwiesen und -weiden, Grünmais (Silagemais), sonstige Futterpflanzen, Grünland und Weiden ohne ertragsarme Weiden, ungepflegtes Weideland.

[2)] **Hinweis zu den Rindern für die Milcherzeugung:**
Der Standarddeckungsbeitrag der Rinder für die Milcherzeugung ist ein Teilbetrag des Standarddeckungsbeitrags des Weideviehs; er ist zusätzlich zu ermitteln, da er für die Einordnung eines spezialisierten Futterbaubetriebs in die Betriebsform ‚Milchviehhaltung' bzw. ‚Sonstiger Futterbau' benötigt wird.

250/Anlage 2. Standarddeckungsbeiträge nach der EU-Typologie

(Anlage 2 zu R B 163 ErbStR)

Anlage 2
(zu R B 163)

Standarddeckungsbeiträge nach der EU-Typologie		Schleswig-Holstein	Niedersachsen			
			Braunschweig	Hannover	Lüneburg	Weser-Ems
Code	Merkmal (folgende Angaben in €/Tier und Jahr [bei Geflügel pro 100 Tiere])					
J/01	Einhufer	186	186	186	186	186
Jm	Mastbullen –19.2 Monate	538	551	549	549	541
Ja	Aufzuchtfärsen –28.8 Monate	439	436	436	436	419
J/02	Rinder unter 1 Jahr	250	253	253	253	247
J/03	Männliche Rinder 1–2 Jahren	479	496	494	494	491
J/04	Weibliche Rinder 1–2 Jahren	135	131	131	131	123
J/05	Männliche Rinder 2 Jahre und älter	336	344	343	343	338
J/06	Färsen 2 Jahre und älter	135	131	131	131	123
J/07	Milchkühe	1.317	1.364	1.362	1.290	1.328
J/08	Sonstige Kühe	266	266	266	266	266
J/09a	Mutterschafe	44	44	44	44	44
J/09b	Sonstige Schafe	22	22	22	22	22
J/10	Ziegen (jeden Alters)	39	39	39	39	39
J/11	Ferkel unter 20 kg LG	55	77	76	75	87
J/12	Zuchtsauen, 50 kg und mehr	400	307	307	307	310
J/13	Sonstige Schweine	55	77	76	75	87
J/14	Masthähnchen und -hühnchen	133	133	133	133	133
J/15	Legehennen	831	903	903	903	921
J/16	Sonstiges Geflügel	703	703	703	703	703
J/17	Mutterkaninchen	133	133	133	133	133
	Merkmal (folgende Angaben in €/ha)					
D/01	Weichweizen und Spelz	862	735	752	664	642
D/02	Hartweizen	665	656	600	624	613
D/03	Roggen	567	526	517	494	448
D/04	Gerste	717	629	598	563	544
D/05	Hafer	619	585	550	524	487
D/06	Körnermais	686	631	624	628	669
D/08	Sonstiges Getreide zur Körnergewinnung	681	600	584	556	573
D/09	Eiweißpflanzen zur Körnergewinnung	474	399	405	372	394
D/10	Kartoffeln (einschl. Früh- und Pflanzkartoffeln)	3.291	2.965	2.808	2.634	3.137
D/11	Zuckerrüben (ohne Saatgut)	1.945	1.985	2.089	1.897	1.880
D/12	Futterhackfrüchte (ohne Saatgut)	479	302	323	284	280

Standarddeckungsbeiträge nach der EU-Typologie		Schleswig-Holstein	Niedersachsen			
			Braunschweig	Hannover	Lüneburg	Weser-Ems
Code	Merkmal (folgende Angaben in €/ha)					
D/18a	Ackerwiesen und -weiden	285	368	361	383	395
D/18bi	Grünmais (Silagemais)	573	821	756	759	724
D/18bi	Sonstige Futterpflanzen	327	427	423	424	381
D/19	Sämereien und Pflanzgut auf dem Ackerland	878	878	878	878	878
D/20	Sonstige Ackerkulturen auf dem Ackerland	500	500	500	500	500
D/21	Schwarzbrache (einschl. Grünbrache), für die keine Beihilfe gewährt wird.	50	50	50	50	50
D/22	Schwarzbrache (einschl. Grünbrache), die einer Beihilferegelung unterliegt und nicht wirtschaftlich genutzt wird	240	190	190	190	190
D/23	Tabak	6.448	6.448	6.448	6.448	6.448
D/24	Hopfen	4.003	4.003	4.003	4.003	4.003
D/26	Raps und Rübsen	779	666	653	587	565
D/27	Sonnenblumen	428	346	346	346	368
D/28	Soja	503	384	382	384	416
D/29	Leinsamen (Öllein)	555	555	555	555	555
D/30	Andere Ölfrüchte	782	671	658	613	611
D/31	Flachs	628	628	628	628	628
D/32	Hanf	632	632	632	632	632
D/33	Andere Textilpflanzen	628	628	628	628	628
D/35	Andere Handelsgewächse, die noch nicht aufgeführt wurden	779	666	653	587	565
F/01	Grünland und Weiden ohne ertragsame Weiden	374	422	436	448	475
F/02	Ungepflegtes Weideland	99	99	99	99	99
	Durchschnittlicher Standarddeckungsbeitrag nach R B 164 Abs. 9 ErbStR	691	653	644	618	632
	Merkmal für die Regelung nach § 160 Abs. 2 Satz 2 BewG (folgende Angaben in €/ha)					
D/14a	Spargel	11.111	11.111	11.111	11.111	11.111
D/23	Tabak	6.448	6.448	6.448	6.448	6.448
D/24	Hopfen	4.003	4.003	4.003	4.003	4.003

Standarddeckungsbeiträge nach der EU-Typologie		Nordrhein-Westfalen				
		Düsseldorf	Köln	Münster	Det-mold	Arns-berg
Code	Merkmal (folgende Angaben in €/Tier und Jahr [bei Geflügel pro 100 Tiere])					
J/01	Einhufer	186	186	186	186	186
Jm	Mastbullen –19.2 Monate	640	639	640	639	640
Ja	Aufzuchtfärsen –28.8 Monate	410	410	422	422	421
J/02	Rinder unter 1 Jahr	272	271	275	274	274
J/03	Männliche Rinder 1–2 Jahren	614	612	609	608	609
J/04	Weibliche Rinder 1–2 Jahren	99	99	105	106	105
J/05	Männliche Rinder 2 Jahre und älter	400	399	400	399	400
J/06	Färsen 2 Jahre und älter	99	99	105	106	105
J/07	Milchkühe	1.428	1.315	1.374	1.384	1.313
J/08	Sonstige Kühe	266	266	266	266	266
J/09a	Mutterschafe	44	44	44	44	44
J/09b	Sonstige Schafe	22	22	22	22	22
J/10	Ziegen (jeden Alters)	39	39	39	39	39
J/11	Ferkel unter 20 kg LG	71	71	74	74	74
J/12	Zuchtsauen, 50 kg und mehr	339	339	305	305	305
J/13	Sonstige Schweine	71	71	74	74	74
J/14	Masthähnchen und -hühnchen	133	133	133	133	133
J/15	Legehennen	903	903	903	903	876
J/16	Sonstiges Geflügel	703	703	703	703	703
J/17	Mutterkaninchen	133	133	133	133	133
	Merkmal (folgende Angaben in €/ha)					
D/01	Weichweizen und Spelz	725	769	701	713	737
D/02	Hartweizen	666	666	666	666	666
D/03	Roggen	544	594	516	546	580
D/04	Gerste	596	645	575	603	614
D/05	Hafer	550	550	538	559	560
D/06	Körnermais	755	695	761	709	779
D/08	Sonstiges Getreide zur Körnergewinnung	583	608	545	574	576
D/09	Eiweißpflanzen zur Körnergewinnung	363	448	429	418	422
D/10	Kartoffeln (einschl. Früh- und Pflanzkartoffeln)	3.712	4.024	2.602	2.902	3.232
D/11	Zuckerrüben (ohne Saatgut)	2.087	2.132	1.840	2.090	2.239
D/12	Futterhackfrüchte (ohne Saatgut)	438	396	402	435	414
D/18a	Ackerwiesen und -weiden	341	312	312	297	303
D/18bi	Grünmais (Silagemais)	874	837	816	770	789
D/18bi	Sonstige Futterpflanzen	330	372	346	365	357
D/19	Sämereien und Pflanzgut auf dem Ackerland	878	878	878	878	878
D/20	Sonstige Ackerkulturen auf dem Ackerland	500	500	500	500	500
D/21	Schwarzbrache (einschl. Grünbrache), für die keine Beihilfe gewährt wird	50	50	50	50	50

Standarddeckungsbeiträge nach der EU-Typologie		Nordrhein-Westfalen				
		Düsseldorf	Köln	Münster	Det-mold	Arns-berg
Code	Merkmal (folgende Angaben in €/ha)					
D/22	Schwarzbrache (einschl. Grünbrache), die einer Beihilferegelung unterliegt und nicht wirtschaftlich genutzt wird	190	190	190	190	190
D/23	Tabak	6.448	6.448	6.448	6.448	6.448
D/24	Hopfen	4.003	4.003	4.003	4.003	4.003
D/26	Raps und Rübsen	638	662	650	665	651
D/27	Sonnenblumen	510	534	526	528	526
D/28	Soja	368	480	439	422	425
D/29	Leinsamen (Öllein)	555	555	555	555	555
D/30	Andere Ölfrüchte	647	672	660	668	654
D/31	Flachs	628	628	628	628	628
D/32	Hanf	632	632	632	632	632
D/33	Andere Textilpflanzen	628	628	628	628	628
D/35	Andere Handelsgewächse, die noch nicht aufgeführt wurden	638	662	650	665	651
F/01	Grünland und Weiden ohne ertragsarme Weiden	426	350	365	376	364
F/02	Ungepflegtes Weideland	99	99	99	99	99
	Durchschnittlicher Standarddeckungsbeitrag nach R B 164 Abs. 9 ErbStR	688	709	638	660	679
	Merkmal für die Regelung nach § 160 Abs. 2 Satz 2 BewG (folgende Angaben in €/ha)					
D/14a	Spargel	11.111	11.111	11.111	11.111	11.111
D/23	Tabak	6.448	6.448	6.448	6.448	6.448
D/24	Hopfen	4.003	4.003	4.003	4.003	4.003

Standarddeckungsbeiträge nach der EU-Typologie		Hessen			Rheinland-Pfalz	Saarland
		Darmstadt	Gießen	Kassel		
Code	Merkmal (folgende Angaben in €/Tier und Jahr [bei Geflügel pro 100 Tiere])					
J/01	Einhufer	186	186	186	186	186
Jm	Mastbullen –19.2 Monate	560	563	562	567	563
Ja	Aufzuchtfärsen –28.8 Monate	374	379	378	376	373
J/02	Rinder unter 1 Jahr	241	243	243	244	242
J/03	Männliche Rinder 1–2 Jahren	531	532	532	539	535
J/04	Weibliche Rinder 1–2 Jahren	95	97	96	94	94
J/05	Männliche Rinder 2 Jahre und älter	350	352	351	355	352
J/06	Färsen 2 Jahre und älter	95	97	96	94	94
J/07	Milchkühe	1.228	1.305	1.345	1.326	1.332
J/08	Sonstige Kühe	266	266	266	266	266
J/09a	Mutterschafe	44	44	44	44	44
J/09b	Sonstige Schafe	22	22	22	22	22
J/10	Ziegen (jeden Alters)	39	39	39	39	39
J/11	Ferkel unter 20 kg LG	66	66	66	52	67
J/12	Zuchtsauen, 50 kg und mehr	380	380	380	369	369
J/13	Sonstige Schweine	66	66	66	52	67
J/14	Masthähnchen und -hühnchen	133	133	133	133	133
J/15	Legehennen	866	802	802	704	768
J/16	Sonstiges Geflügel	703	703	703	703	703
J/17	Mutterkaninchen	133	133	133	133	133
	Merkmal (folgende Angaben in €/ha)					
D/01	Weichweizen und Spelz	635	594	626	538	500
D/02	Hartweizen	584	543	568	606	579
D/03	Roggen	419	483	462	404	409
D/04	Gerste	514	504	507	522	466
D/05	Hafer	457	493	490	423	386
D/06	Körnermais	624	606	634	513	411
D/08	Sonstiges Getreide zur Körnergewinnung	468	487	507	441	419
D/09	Eiweißpflanzen zur Körnergewinnung	323	355	351	292	263
D/10	Kartoffeln (einschl. Früh- und Pflanzkartoffeln)	3.304	2.310	2.487	3.074	1.989
D/11	Zuckerrüben (ohne Saatgut)	1.976	2.034	1.941	2.040	2.020
D/12	Futterhackfrüchte (ohne Saatgut)	494	419	441	450	371
D/18a	Ackerwiesen und -weiden	209	224	215	211	204
D/18bi	Grünmais (Silagemais)	813	895	883	789	676
D/18bi	Sonstige Futterpflanzen	208	219	219	283	301
D/19	Sämereien und Pflanzgut auf dem Ackerland	878	878	878	878	878
D/20	Sonstige Ackerkulturen auf dem Ackerland	500	500	500	500	500
D/21	Schwarzbrache (einschl. Grünbrache), für die keine Beihilfe gewährt wird	50	50	50	50	50

Standarddeckungsbeiträge nach der EU-Typologie		Hessen			Rhein-land-Pfalz	Saar-land
		Darmstadt	Gießen	Kassel		
Code	Merkmal (folgende Angaben in €/ha)					
D/22	Schwarzbrache (einschl. Grünbrache), die einer Beihilferegelung unterliegt und nicht wirtschaftlich genutzt wird	190	190	190	163	148
D/23	Tabak	6.448	6.448	6.448	6.448	6.448
D/24	Hopfen	4.003	4.003	4.003	4.003	4.003
D/26	Raps und Rübsen	635	594	594	587	518
D/27	Sonnenblumen	375	374	374	500	385
D/28	Soja	289	314	300	293	261
D/29	Leinsamen (Öllein)	555	555	555	555	555
D/30	Andere Ölfrüchte	643	600	599	603	537
D/31	Flachs	628	628	628	628	628
D/32	Hanf	632	632	632	632	632
D/33	Andere Textilpflanzen	628	628	628	628	628
D/35	Andere Handelsgewächse, die noch nicht aufgeführt wurden	635	594	594	587	518
F/01	Grünland und Weiden ohne ertragsarme Weiden	304	316	315	295	304
F/02	Ungepflegtes Weideland	99	99	99	99	99
	Durchschnittlicher Standarddeckungsbeitrag nach R B 164 Abs. 9 ErbStR	623	590	595	606	539
	Merkmal für die Regelung nach § 160 Abs. 2 Satz 2 BewG (folgende Angaben in €/ha)					
D/14a	Spargel	11.111	11.111	11.111	11.111	11.111
D/13	Tabak	6.448	6.448	6.448	6.448	6.448
D/24	Hopfen	4.003	4.003	4.003	4.003	4.003

Standarddeckungsbeiträge nach der EU-Typologie		Baden-Württemberg			
		Stuttgart	Karlsruhe	Freiburg	Tübingen
Code	Merkmal (folgende Angaben in €/Tier und Jahr [bei Geflügel pro 100 Tiere])				
J/01	Einhufer	186	186	186	186
Jm	Mastbullen –19.2 Monate	623	622	624	625
Ja	Aufzuchtfärsen –28.8 Monate	468	468	470	474
J/02	Rinder unter 1 Jahr	281	280	281	282
J/03	Männliche Rinder 1–2 Jahren	571	570	571	571
J/04	Weibliche Rinder 1–2 Jahren	134	134	135	137
J/05	Männliche Rinder 2 Jahre und älter	390	389	390	391
J/06	Färsen 2 Jahre und älter	134	134	135	137
J/07	Milchkühe	1.236	1.182	1.126	1.274
J/08	Sonstige Kühe	266	266	266	266
J/09a	Mutterschafe	44	44	44	44
J/09b	Sonstige Schafe	22	22	22	22
J/10	Ziegen (jeden Alters)	39	39	39	39
J/11	Ferkel unter 20 kg LG	67	67	67	67
J/12	Zuchtsauen, 50 kg und mehr	328	328	328	328
J/13	Sonstige Schweine	67	67	67	67
J/14	Masthähnchen und -hühnchen	133	133	133	133
J/15	Legehennen	690	690	690	691
J/16	Sonstiges Geflügel	703	703	703	703
J/17	Mutterkaninchen	133	133	133	133
	Merkmal (folgende Angaben in €/ha)				
D/01	Weichweizen und Spelz	587	547	538	578
D/02	Hartweizen	622	558	551	640
D/03	Roggen	466	407	416	437
D/04	Gerste	531	515	492	501
D/05	Hafer	495	486	487	521
D/06	Körnermais	669	644	662	674
D/08	Sonstiges Getreide zur Körnergewinnung	513	466	466	505
D/09	Eiweißpflanzen zur Körnergewinnung	327	330	320	327
D/10	Kartoffeln (einschl. Früh- und Pflanzkartoffeln)	2.300	2.057	2.358	2.123
D/11	Zuckerrüben (ohne Saatgut)	2.207	2.026	2.029	2.186
D/12	Futterhackfrüchte (ohne Saatgut)	635	626	685	722
D/18a	Ackerwiesen und -weiden	211	199	207	246
D/18bi	Grünmais (Silagemais)	747	730	751	781
D/18bi	Sonstige Futterpflanzen	298	308	306	340
D/19	Sämereien und Pflanzgut auf dem Ackerland	878	878	878	878
D/20	Sonstige Ackerkulturen auf dem Ackerland	500	500	500	500
D/21	Schwarzbrache (einschl. Grünbrache), für die keine Beihilfe gewährt wird	50	50	50	50
D/22	Schwarzbrache (einschl. Grünbrache), die einer Beihilferegelung unterliegt und nicht wirtschaftlich genutzt wird	190	190	190	190
D/23	Tabak	6.448	6.448	6.448	6.448
D/24	Hopfen	4.003	4.003	4.003	4.003
D/26	Raps und Rübsen	563	572	552	545
D/27	Sonnenblumen	464	525	494	475
D/28	Soja	304	317	291	316

Standarddeckungsbeiträge nach der EU-Typologie		Baden-Württemberg			
		Stuttgart	Karlsruhe	Freiburg	Tübingen
Code	Merkmal (folgende Angaben in €/ha)				
D/29	Leinsamen (Öllein)	555	555	555	555
D/30	Andere Ölfrüchte	572	582	571	560
D/31	Flachs	628	628	628	628
D/32	Hanf	632	632	632	632
D/33	Andere Textilpflanzen	628	628	628	628
D/35	Andere Handelsgewächse, die noch nicht aufgeführt wurden	563	572	552	545
F/01	Grünland und Weiden ohne ertragsarme Weiden	284	283	297	338
F/02	Ungepflegtes Weideland	99	99	99	99
	Durchschnittlicher Standarddeckungsbeitrag nach R B 164 Abs. 9 ErbStR	604	583	593	604
	Merkmal für die Regelung nach § 160 Abs. 2 Satz 2 BewG (folgende Angaben in €/ha)				
D/14a	Spargel	11.111	11.111	11.111	11.111
D/23	Tabak	6.448	6.448	6.448	6.448
D/24	Hopfen	4.003	4.003	4.003	4.003

Standarddeckungsbeiträge nach der EU-Typologie		Bayern						
		Oberbayern	Niederbayern	Oberpfalz	Oberfranken	Mittelfranken	Unterfranken	Schwaben
Code	Merkmal (folgende Angaben in €/Tier und Jahr [bei Geflügel pro 100 Tiere])							
J/01	Einhufer	186	186	186	186	186	186	186
Jm	Mastbullen –19.2 Monate	636	637	635	633	634	633	637
Ja	Aufzuchtfärsen –28.8 Monate	479	480	479	478	477	478	480
J/02	Rinder unter 1 Jahr	287	287	286	286	286	286	287
J/03	Männliche Rinder 1–2 Jahren	582	583	581	579	580	579	583
J/04	Weibliche Rinder 1–2 Jahren	137	138	138	138	137	138	138
J/05	Männliche Rinder 2 Jahre und älter	397	398	397	396	396	396	398
J/06	Färsen 2 Jahre und älter	137	138	138	138	137	138	138
J/07	Milchkühe	1.270	1.217	1.230	1.281	1.307	1.318	1.329
J/08	Sonstige Kühe	266	266	266	266	266	266	266
J/09a	Mutterschafe	44	44	44	44	44	44	44
J/09b	Sonstige Schafe	22	22	22	22	22	22	22
J/10	Ziegen (jeden Alters)	39	39	39	39	39	39	39
J/11	Ferkel unter 20 kg LG	67	67	67	67	67	67	67
J/12	Zuchtsauen, 50 kg und mehr	371	371	371	371	371	371	371
J/13	Sonstige Schweine	67	67	67	67	67	67	67
J/14	Masthähnchen und -hühnchen	133	133	133	133	133	133	133
J/15	Legehennen	754	754	754	754	754	754	754
J/16	Sonstiges Geflügel	703	703	703	703	703	703	703
J/17	Mutterkaninchen	133	133	133	133	133	133	133
	Merkmal (folgende Angaben in €/ha)							
D/01	Weichweizen und Spelz	598	620	586	526	553	588	621
D/02	Hartweizen	619	645	605	512	587	623	658
D/03	Roggen	402	424	399	380	376	436	414
D/04	Gerste	516	499	495	494	472	533	520
D/05	Hafer	491	484	449	425	420	454	503
D/06	Körnermais	703	725	653	617	618	649	714
D/08	Sonstiges Getreide zur Körnergewinnung	464	451	443	433	438	480	483
D/09	Eiweißpflanzen zur Körnergewinnung	326	321	314	307	311	312	330
D/10	Kartoffeln (einschl. Früh- und Pflanzkartoffeln)	2.327	2.618	2.352	2.036	1.907	2.074	2.697
D/11	Zuckerrüben (ohne Saatgut)	2.416	2.489	2.414	1.827	2.142	2.109	2.415
D/12	Futterhackfrüchte (ohne Saatgut)	660	668	613	561	518	548	664
D/18a	Ackerwiesen und -weiden	296	285	290	285	270	280	300
D/18bi	Grünmais (Silagemais)	886	904	842	784	810	790	917
D/18bi	Sonstige Futterpflanzen	422	420	404	395	384	382	420
D/19	Sämereien und Pflanzgut auf dem Ackerland	878	878	878	878	878	878	878

Standarddeckungsbeiträge nach der EU-Typologie		Bayern						
		Oberbayern	Niederbayern	Oberpfalz	Oberfranken	Mittelfranken	Unterfranken	Schwaben
Code	Merkmal (folgende Angaben in €/ha)							
D/20	Sonstige Ackerkulturen auf dem Ackerland	500	500	500	500	500	500	500
D/21	Schwarzbrache (einschl. Grünbrache), für die keine Beihilfe gewährt wird	50	50	50	50	50	50	50
D/22	Schwarzbrache (einschl. Grünbrache), die einer Beihilferegelung unterliegt und nicht wirtschaftlich genutzt wird	190	190	190	190	190	190	190
D/23	Tabak	6.448	6.448	6.448	6.448	6.448	6.448	6.448
D/24	Hopfen	4.003	4.003	4.003	4.003	4.003	4.003	4.003
D/26	Raps und Rübsen	584	630	573	526	517	572	608
D/27	Sonnenblumen	488	485	475	429	438	484	490
D/28	Soja	320	313	320	307	316	312	324
D/29	Leinsamen (Öllein)	555	555	555	555	555	555	555
D/30	Andere Ölfrüchte	587	633	575	532	518	575	612
D/31	Flachs	628	628	628	628	628	628	628
D/32	Hanf	632	632	632	632	632	632	632
D/33	Andere Textilpflanzen	628	628	628	628	628	628	628
D/35	Andere Handelsgewächse, die noch nicht aufgeführt wurden	584	630	573	526	517	572	608
F/01	Grünland und Weiden ohne ertragsarme Weiden	421	393	381	378	384	375	432
F/02	Ungepflegtes Weideland	99	99	99	99	99	99	99
	Durchschnittlicher Standarddeckungsbeitrag nach R B 164 Abs. 9 ErbStR	630	648	618	567	574	597	651
	Merkmal für die Regelung nach § 160 Abs. 2 Satz 2 BewG (folgende Angaben in €/ha)							
D/14a	Spargel	11.111	11.111	11.111	11.111	11.111	11.111	11.111
D/23	Tabak	6.448	6.448	6.448	6.448	6.448	6.448	6.448
D/24	Hopfen	4.003	4.003	4.003	4.003	4.003	4.003	4.003

Standarddeckungsbeiträge nach der EU-Typologie		Brandenburg	Mecklenburg Vorpommern	Sachsen Chemnitz	Sachsen Dresden	Sachsen Leipzig
Code	Merkmal (folgende Angaben in €/Tier und Jahr [bei Geflügel pro 100 Tiere])					
J/01	Einhufer	186	186	186	186	186
Jm	Mastbullen –19.2 Monate	494	508	562	555	555
Ja	Aufzuchtfärsen –28.8 Monate	279	298	296	290	291
J/02	Rinder unter 1 Jahr	201	209	224	220	221
J/03	Männliche Rinder 1–2 Jahren	488	498	564	558	558
J/04	Weibliche Rinder 1–2 Jahren	56	63	52	50	50
J/05	Männliche Rinder 2 Jahre und älter	309	318	351	347	347
J/06	Färsen 2 Jahre und älter	56	63	52	50	50
J/07	Milchkühe	1.469	1.437	1.478	1.505	1.601
J/08	Sonstige Kühe	266	266	266	266	266
J/09a	Mutterschafe	44	44	44	44	44
J/09b	Sonstige Schafe	22	22	22	22	22
J/10	Ziegen (jeden Alters)	39	39	39	39	39
J/11	Ferkel unter 20 kg LG	49	57	63	63	63
J/12	Zuchtsauen, 50 kg und mehr	420	405	408	408	408
J/13	Sonstige Schweine	49	57	63	63	63
J/14	Masthähnchen und -hühnchen	133	133	133	133	133
J/15	Legehennen	920	837	987	987	987
J/16	Sonstiges Geflügel	703	703	703	703	703
J/17	Mutterkaninchen	133	133	133	133	133
	Merkmal (folgende Angaben in €/ha)					
D/01	Weichweizen und Spelz	492	640	621	600	606
D/02	Hartweizen	456	613	593	593	593
D/03	Roggen	316	408	499	378	444
D/04	Gerste	430	556	549	517	552
D/05	Hafer	372	472	536	488	496
D/06	Körnermais	471	499	593	581	566
D/08	Sonstiges Getreide zur Körnergewinnung	357	496	481	398	446
D/09	Eiweißpflanzen zur Körnergewinnung	260	313	372	358	342
D/10	Kartoffeln (einschl. Früh- und Pflanzkartoffeln)	1.731	1.994	2.947	2.541	2.705
D/11	Zuckerrüben (ohne Saatgut)	1.592	1.707	1.935	1.958	1.924
D/12	Futterhackfrüchte (ohne Saatgut)	317	149	277	258	294
D/18a	Ackerwiesen und -weiden	94	224	358	288	294
D/18bi	Grünmais (Silagemais)	418	535	689	581	591
D/18bi	Sonstige Futterpflanzen	242	315	442	401	339
D/19	Sämereien und Pflanzgut auf dem Ackerland	878	878	878	878	878
D/20	Sonstige Ackerkulturen auf dem Ackerland	500	500	500	500	500

Standarddeckungsbeiträge nach der EU-Typologie		Brandenburg	Mecklenburg	Sachsen		
			Vorpommern	Chemnitz	Dresden	Leipzig
Code	Merkmal (folgende Angaben in €/ha)					
D/21	Schwarzbrache (einschl. Grünbrache), für die keine Beihilfe gewährt wird	50	50	50	50	50
D/22	Schwarzbrache (einschl. Grünbrache), die einer Beihilferegelung unterliegt und nicht wirtschaftlich genutzt wird	189	189	190	190	190
D/23	Tabak	6.448	6.448	6.448	6.448	6.448
D/24	Hopfen	4.003	4.003	4.003	4.003	4.003
D/26	Raps und Rübsen	551	642	639	609	635
D/27	Sonnenblumen	338	274	492	373	381
D/28	Soja	230	329	380	400	366
D/29	Leinsamen (Öllein)	555	555	555	555	555
D/30	Andere Ölfrüchte	564	657	641	612	636
D/31	Flachs	628	628	628	628	628
D/32	Hanf	632	632	632	632	632
D/33	Andere Textilpflanzen	628	628	628	628	628
D/35	Andere Handelsgewächse, die noch nicht aufgeführt wurden	551	642	639	609	635
F/01	Grünland und Weiden ohne ertragsarme Weiden	230	291	326	288	301
F/02	Ungepflegtes Weideland	99	99	99	99	99
	Durchschnittlicher Standarddeckungsbeitrag nach R B 164 Abs. 9 ErbStR	489	549	626	586	597
	Merkmal für die Regelung nach § 160 Abs. 2 Satz 2 BewG (folgende Angaben in €/ha)					
D/14a	Spargel	11.111	11.111	11.111	11.111	11.111
D/23	Tabak	6.448	6.448	6.448	6.448	6.448
D/24	Hopfen	4.003	4.003	4.003	4.003	4.003

Standarddeckungsbeiträge nach der EU-Typologie		Sachsen-Anhalt			Thüringen	Stadtstaaten
		Dessau	Halle	Magdeburg		
Code	Merkmal (folgende Angaben in €/Tier und Jahr [bei Geflügel pro 100 Tiere])					
J/01	Einhufer	186	186	186	186	186
Jm	Mastbullen –19.2 Monate	499	512	505	562	524
Ja	Aufzuchtfärsen –28.8 Monate	283	293	286	280	378
J/02	Rinder unter 1 Jahr	203	209	206	220	232
J/03	Männliche Rinder 1–2 Jahren	493	505	499	571	486
J/04	Weibliche Rinder 1–2 Jahren	57	60	57	43	104
J/05	Männliche Rinder 2 Jahre und älter	312	320	315	351	328
J/06	Färsen 2 Jahre und älter	57	60	57	43	104
J/07	Milchkühe	1.502	1.449	1.405	1.485	1.324
J/08	Sonstige Kühe	266	266	266	266	266
J/09a	Mutterschafe	44	44	44	44	44
J/09b	Sonstige Schafe	22	22	22	22	22
J/10	Ziegen (jeden Alters)	39	39	39	39	39
J/11	Ferkel unter 20 kg LG	61	61	61	64	59
J/12	Zuchtsauen, 50 kg und mehr	425	425	425	443	368
J/13	Sonstige Schweine	61	61	61	64	59
J/14	Masthähnchen und -hühnchen	133	133	133	133	133
J/15	Legehennen	876	876	876	945	885
J/16	Sonstiges Geflügel	703	703	703	703	703
J/17	Mutterkaninchen	133	133	133	133	133
	Merkmal (folgende Angaben in €/ha)					
D/01	Weichweizen und Spelz	630	688	665	625	655
D/02	Hartweizen	597	593	577	661	578
D/03	Roggen	389	452	383	514	449
D/04	Gerste	560	617	561	580	553
D/05	Hafer	486	511	475	556	496
D/06	Körnermais	561	573	514	605	587
D/08	Sonstiges Getreide zur Körnergewinnung	444	501	431	497	511
D/09	Eiweißpflanzen zur Körnergewinnung	350	371	364	359	295
D/10	Kartoffeln (einschl. Früh- und Pflanzkartoffeln)	2.336	2.766	2.564	2.925	2.900
D/11	Zuckerrüben (ohne Saatgut)	1.488	1.780	1.682	1.831	1.845
D/12	Futterhackfrüchte (ohne Saatgut)	173	174	153	257	362
D/18a	Ackerwiesen und -weiden	120	193	162	302	254
D/18bi	Grünmais (Silagemais)	420	603	482	703	578
D/18bi	Sonstige Futterpflanzen	211	274	234	378	319
D/19	Sämereien und Pflanzgut auf dem Ackerland	878	878	878	878	878
D/20	Sonstige Ackerkulturen auf dem Ackerland	500	500	500	500	500

Standarddeckungsbeiträge nach der EU-Typologie		Sachsen-Anhalt			Thüringen	Stadtstaaten
		Dessau	Halle	Magdeburg		
Code	Merkmal (folgende Angaben in €/ha)					
D/21	Schwarzbrache (einschl. Grünbrache), für die keine Beihilfe gewährt wird	50	50	50	50	50
D/22	Schwarzbrache (einschl. Grünbrache), die einer Beihilferegelung unterliegt und nicht wirtschaftlich genutzt wird	190	190	190	214	204
D/23	Tabak	6.448	6.448	6.448	6.448	6.448
D/24	Hopfen	4.003	4.003	4.003	4.003	4.003
D/26	Raps und Rübsen	613	676	643	629	610
D/27	Sonnenblumen	394	442	405	450	378
D/28	Soja	355	345	372	337	378
D/29	Leinsamen (Öllein)	555	555	555	555	555
D/30	Andere Ölfrüchte	614	678	647	639	652
D/31	Flachs	628	628	628	628	628
D/32	Hanf	632	632	632	632	632
D/33	Andere Textilpflanzen	628	628	628	628	628
D/35	Andere Handelsgewächse, die noch nicht aufgeführt wurden	613	676	643	629	610
F/01	Grünland und Weiden ohne ertragsarme Weiden	244	255	252	285	352
F/02	Ungepflegtes Weideland	99	99	99	99	99
	Durchschnittlicher Standarddeckungsbeitrag nach R B 164 Abs. 9 ErbStR	543	598	564	619	605
	Merkmal für die Regelung nach § 160 Abs. 2 Satz 2 BewG (folgende Angaben in €/ha)					
D/14a	Spargel	11.111	11.111	11.111	11.111	11.111
D/23	Tabak	6.448	6.448	6.448	6.448	6.448
D/24	Hopfen	4.003	4.003	4.003	4.003	4.003

Anlage 3. Schreiben betr. Wertsteigerungen infolge des Kaufkraftschwunds bei der Berechnung der Zugewinnausgleichsforderung nach § 5 Absatz 1 ErbStG

Vom 1. Februar 2022 (BStBl. I 2022, 190)

(BMF IV C 7 – S 3804/20/10001:002)

Hiermit übersende ich eine aktualisierte Zusammenstellung der Verbraucherpreisindizes für Deutschland, Stand 19. Januar 2022. Auf H E 5.1 (2) „Wertsteigerung infolge des Kaufkraftschwundes" ErbStH 2019 und das BMF-Schreiben vom 29. Januar 2021 (BStBl. I S. 247) nehme ich Bezug.

Verbraucherpreisindex für Deutschland

2015 = 100

Jahre 1958 bis 1990

1958 23,3	**1959** 23,4	**1960** 23,7	**1961** 24,4	**1962** 24,6	**1963** 25,4	**1964** 26,0	**1965** 26,8	**1966** 27,7	**1967** 28,3
1968 28,6	**1969** 29,2	**1970** 30,2	**1971** 31,8	**1972** 33,6	**1973** 35,9	**1974** 38,4	**1975** 40,7	**1976** 42,4	**1977** 44,0
1978 45,2	**1979** 47,1	**1980** 49,6	**1981** 52,7	**1982** 55,5	**1983** 57,2	**1984** 58,7	**1985** 59,9	**1986** 59,9	**1987** 59,9
1988 60,8	**1989** 62,4	**1990** 64,1							

Jahre ab 1991

1991 65,5	**1992** 68,8	**1993** 71,9	**1994** 73,8	**1995** 75,1	**1996** 76,1	**1997** 77,6	**1998** 78,3	**1999** 78,8	**2000** 79,9
2001 81,5	**2002** 82,6	**2003** 83,5	**2004** 84,9	**2005** 86,2	**2006** 87,6	**2007** 89,6	**2008** 91,9	**2009** 92,2	**2010** 93,2
2011 95,2	**2012** 97,1	**2013** 98,5	**2014** 99,5	**2015** 100,0	**2016** 100,5	**2017** 102,0	**2018** 103,8	**2019** 105,3	**2020** 105,8
2021 109,1									

2022[1)]

Januar	Februar	März	April	Mai	Juni
111,5	112,5	115,3	116,2		
Juli	**August**	**September**	**Oktober**	**November**	**Dezember**

1) Redaktionell ergänzt; Quelle: Statistisches Bundesamt.

250/100. Sachregister zu den Erbschaftsteuer-Richtlinien 2019

Ziffern mit R E bezeichnen die Einzelrichtlinien der ErbStR zum ErbStG, Ziffern mit R B die zum BewG, Ziffern mit H E bzw. H B die jeweiligen Hinweise dazu, Ziffern in Klammern bezeichnen die Absätze der Einzelrichtlinien und -Hinweise.

90-%-Test R E 13b.10; Berechnung R E 13b.9 (2), H E 13b.10

Abbauland, Abgrenzung R B 160.19; Mindestwert des Grund und Bodens R B 164 (4); Reingewinn R B 163 (10)

Abbruchverpflichtung, Alterswertminderung bei A. R B 190.7 (4)

Abfindung unter gemeinem Wert bei Vorwegabschlag R E 13a.20 (2); Steuerbefreiung für Produktivvermögen R E 13b.1 (1); für den Verzicht auf einen zukünftigen Pflichtteilsanspruch H E 7.1; an weichenden Erbprätendenten H E 10.7

Abgezinste Sparbriefe, Bewertung R B 12.2 (3)

Ableitung aus Verkäufen, kein Ansatz des Substanzwerts R B 11.5 (1)

Abschmelzmodell, Antrag des Erwerbers R E 13c.1 (2); Auswirkung auf frühere Erwerbe bei Überschreiten des Schwellenwerts R E 13c.4 (1); Auswirkung des Überschreitens des Schwellenwerts auf den früheren Erwerb und den aktuellen Erwerb R E 13c.4 (2), H E 13c.4; Ersatzerbschaftsteuer R E 13c.5; Erwerb mehrerer begünstigter Einheiten R E 13c.1 (3); Optionsverschonung R E 13c.1 (1); Schwellenwert R E 13a.2 (1); Steuerbefreiung für Produktivvermögen R E 13c.1; Verstoß gegen Behaltensregelung oder Lohnsummenregelung R E 13c.2; Vorwegabschlag R E 13c.1 (1)

Abzug, ausländische Erbschaft- und Schenkungsteuer H E 10.11

Abzugsbetrag, Auswirkung des Verstoßes gegen die Lohnsummenregelung auf A. R E 13a.9 (1); Berechnung H E 13a.3; gleitender R E 13a.3; R E 13a.3 (2); Wegfall R E 13a.19 (7)

Abzugssteuer, fiktive R E 14.1 (3); tatsächlich zu entrichtende Steuer R E 14.1 (3)

Adoptivkinder, Steuerklasse bei A. von Geschwistern H E 15.1; Steuerklasse bei A. von Kindern H E 15.1; Steuerklasse bei ehemaligem Adoptivverhältnis H E 15.1

Aktien, Bewertung notierter A. R B 11.1 (1); junge R B 11.1 (4); nicht notierte R B 11.2; notierte R B 11.1; Vorzugsaktien R B 11.1 (4)

Aktiengesellschaft, Familienunternehmen R E 13a.20 (1)

Alleinerbe, Feststellung des Grundbesitzwerts R B 151.2 (2)

Altenteilerwohnung, land- und forstwirtschaftliches Vermögen R B 160.22

Altersvermögensgesetz, Hinterbliebenenbezüge nach dem A. H E 3.5

Altersvorsorgevermögen R E 13b.11; Definition R E 13b.11 (2); Verrechnung mit Altersvorsorgeverpflichtungen R E 13b.11 (4); –, Reihenfolge H E 13b.11; Verwaltungsvermögen bei Prüfung übermäßigen Verwaltungsvermögens R E 13b.10; Verwaltungsvermögen beim 90-%-Test R E 13b.10

Altersvorsorgeverpflichtungen R E 13b.11; Verrechnung mit Altersvorsorgevermögen R E 13b.11 (4); keine Verrechnung mit jungen Finanzmitteln R E 13b.11 (2); Verrechnung mit Verwaltungsvermögen, Reihenfolge H E 13b.11; Verwaltungsvermögen bei Prüfung übermäßigen Verwaltungsvermögens R E 13b.11; Verwaltungsvermögen beim 90-%-Test R E 13b.10;

Verwaltungsvermögen zur Absicherung von A. R E 13 b.11

Alterswertminderung, Alter des Gebäudes R B 190.7 (1); Baujahr des Gebäudes R B 190.7 (1); bei bestehender Abbruchverpflichtung für das Gebäude R B 190.7 (4); Ermittlung R B 190.7 (1); maximale R B 190.7 (5); Sachwertverfahren R B 190.7; späteres Baujahr R B 190.7 (3); typisierte wirtschaftliche Gesamtnutzungsdauer R B 190.7 (1)

Anbauten, Gebäudesachwert R B 190.8 (1 f.); Restnutzungsdauer R B 185.4 (5)

Anlagevermögen, Ansatz des beweglichen, abnutzbaren A. beim Substanzwert R B 11.5 (7)

Anrechnung, ausländische Erbschaftsteuer R E 21; R E 21 (2), H E 21; – bei Jahressteuer H E 23; ausländische Nachlasssteuer R E 21

Anteile an Kapitalgesellschaften, Anteile mit ungleichen Rechten R B 11.4 (8); anteilsbezogene Feststellung des Verwaltungsvermögens, jungen Verwaltungsvermögens, der Finanzmittel, jungen Finanzmittel und Schulden R E 13 b.30 (2); Aufteilung des Werts einer Kapitalgesellschaft R B 97.6, H B 97.6; Ausschüttungsbegrenzung R E 13 a.15 (6); Basiswertregelung R B 151.5 (3); begünstigungsfähige H E 13 b.5; begünstigungsfähiges Vermögen bei Steuerbefreiung für Produktivvermögen R E 13 b.6; Behaltensregelung bei Kapitalherabsetzung R E 13 a.16 (2); Behaltensregelung bei Steuerbefreiung für Produktivvermögen R E 13 a.16; Behaltensregelung bei Umwandlungen R E 13 a.16 (3); Berechnung der Beteiligungsquote bei A. im Sonderbetriebsvermögen H E 13 b.20; besondere Umstände R B 11.4 (1); Beteiligungen haltende Gesellschaften R B 11.4 (4); Bewertung R B 11.1, R B 11.1 ff.; – bei eigenen Anteilen R B 11.4 (9); –, gemeinnützige Kapitalgesellschaften H B 11.4; –, Gesellschaft in Liquidation R B 11.4 (7); – nicht notierter A. R B 11.2; – in Sonderfällen R B 11.4; – mit dem Substanzwert R B 11.5; kein Einfluss auf Geschäftsführung R B 11.4 (2); Ermittlung der Beteiligungsquote bei eingezogenen A. H E 13 b.5, H E 13 b.20; Ermittlung der Zahl der Beschäftigten und Ausgangslohnsumme H E 13 a.7 (3); Ermittlung des begünstigten Vermögens H E 13 b.9; Ermittlung des steuerpflichtigen Vermögens H E 13 b.9; Feststellung des Bedarfswerts R B 151.5; Feststellung im Bereich der Lohnsummenregelung bei börsennotierten A. R E 13 a.10 (1); gemeiner Wert nicht notierter A. R B 11.7; im Gesellschaftsvermögen einer vermögensverwaltenden Personengesellschaft H E 10.4; gesonderte Feststellung R B 151.1 (2); gesonderter Ansatz beim vereinfachten Ertragswertverfahren R B 200 (3 f.); gewöhnlicher Geschäftsverkehr R B 11.3 (1); Gutachten zur Bewertung R B 11.2 (2); Hinterbliebenenbezüge R E 3.5 (3), H E 3.5; Holdinggesellschaften R B 11.4 (4); Inlandsvermögen R E 2.2 (3); junges Verwaltungsvermögen R E 13 b.27; von Kredit- bzw. Finanzdienstleistungsinstituten beim Verwaltungsvermögen R E 13 b.20 (5); Nachversteuerung R E 13 a.16 (1); – bei Poolvereinbarung R E 13 a.17; Paketzuschlag R B 11.8; persönliche Verhältnisse R B 11.3 (2); Poolvereinbarung R E 13 b.6 (3–6), R E 13 b.20 (1); Poolvertrag R E 13 b.6 (3–6); im Sonderbetriebsvermögen beim Verwaltungsvermögen R E 13 b.20 (2); Steuerbefreiung für Weitergabeverpflichtung bei Tod des Gesellschafters, Produktivvermögen R E 10.13 (3); keine Steuerbefreiung für Wohngrundstücke bei einer Kapitalgesellschaft gehörenden Grundstücken R E 13 d (5); Stundung der Steuer R E 28 (1–4); –, Berechnung der Steuer R E 28 (4); –, Wegfall R E 28 (3); Tarifbegrenzung R E 19 a.1 ff.; Tarifbegrenzung für steuerbegünstigte A., Behaltensregelung R E 19 a.3; ungewöhnliche Verhältnisse R B 11.3 (2); Verbundvermögensaufstellung R E

13 b.20 (4), R E 13 b.29 (1); vereinfachtes Ertragswertverfahren zur Bewertung R B 11.2 (2); Verfügungsbeschränkungen R B 11.3 (1), H B 11.3; Verwaltungsvermögen R E 13 b.20; Vorzugsaktien bei Steuerbefreiung für Produktivvermögen H E 13 b.5; Weitergabeverpflichtung bei Tod des Gesellschafters R E 10.13 (2); Wertableitung aus Verkäufen R B 11.2 (1); Wertbegrenzung wegen Haftungsbeschränkung R B 11.4 (10)

Anteilsscheine, Bewertung R B 11.1 (5)

Anwachsungserwerb bei Kapitalgesellschaften R E 3.4 (3); bei Personengesellschaften R E 3.4 (2), H E 3.4 (2); Steuerbefreiung für Produktivvermögen H E 13 b.1

Anwendung, ErbStG H E 37; ErbStR I. Einleitung

Anzahl der Beschäftigten, Feststellung bei Unterbeteiligungen R E 13 a.10 (3); gesonderte Feststellung R E 13 a.10

Anzeigepflichten, ausländische Zweigniederlassungen H E 32; berufsständische Versorgungswerke H E 32; Bestattungsvorsorge-Treuhandkonten H E 33; des Erwerbers bei der Erbschaftsteuer R E 30; Fortführung eines Versicherungsvertrags H E 33; Übertragung oder Auszahlung von Treuhandvermögen H E 33; Übertragung oder Auszahlung von verpfändeten Vermögen bei Wertguthabenvereinbarung H E 33; verbundene Lebensversicherungen H E 33

Arbeitszimmer, Betriebswohnung H B 167.1 (1); Familienheim H E 13.3, H E 13.4

Auflage, Abzug bei Schenkung R E 7.4 (1); begrenzter Abzug bei Schenkung mit Steuerbefreiung R E 7.4 (2); die dem Beschwerten selbst zugute kommt H E 10.12; Bewertung bei Schenkung R E 7.1 (4); Schenkung unter A. R E 7.4; Steuerbefreiung für Produktivvermögen R E 13 b.1 (1); Wertveränderung der Erbteile H E 3.1 (4)

Auflösend bedingte Lasten, Abzugsmöglichkeit R B 4 (2)

Auflösend bedingter Erwerb, Ansatz von Vermögen R B 4 (2)

Aufschiebend bedingte Lasten, Abzugsmöglichkeit R B 4 (2)

Aufschiebend bedingter Erwerb, Ansatz von Vermögen R B 4 (2)

Aufstockungen, Gebäudesachwert R B 190.8 (1 f.); Restnutzungsdauer R B 185.4 (5)

Ausgangslohnsumme, abweichende Wirtschaftsjahre H E 13 a.7 (1); Berücksichtigung von Beteiligungen R E 13 a.7 (2–6); – an Kapitalgesellschaften R E 13 a.7 (3–5); – an Personengesellschaften R E 13 a.7 (2), (5 f.); Ermittlung R E 13 a.7; R E 13 a.7 (1); Ermittlung bei Beteiligungsstrukturen H E 13 a.7 (4–6); Ermittlung bei Übertragung von Anteilen an Kapitalgesellschaften H E 13 a.7 (3); Ermittlung bei Übertragung von Betriebsvermögen oder Anteilen an Personengesellschaften H E 13 a.7 (2); Ermittlung der Löhne und Gehälter R E 13 a.7 (9); Feststellung bei Unterbeteiligungen R E 13 a.10 (3); gesonderte Feststellung R E 13 a.10; Unternehmerlohn R E 13 a.7 (10)

Ausgleichsforderung, Anfangsvermögen R E 5.1 (3); Anrechnung von Schenkungen R E 5.1 (6); Begrenzung der fiktiven A. R E 5.1 (5), H E 5.1 (5); Endvermögen R E 5.1 (4); Steuerfreiheit der erbrechtlichen Zugewinnausgleichsforderung R E 5.1; Steuerfreiheit der güterrechtlichen Zugewinnausgleichsforderung R E 5.2; überhöhte güterrechtliche R E 5.2 (2), H E 5.2; Umrechnung R E 5.1 (5); versorgungsrechtliche Ansprüche H E 5.1 (4)

Ausgleichsposten mit Rücklagencharakter, Abzugsfähigkeit R B 103.1 (2); Ansatz beim Substanzwert R B 11.5 (4)

Ausgleichung unter den Erben R E 3.1 (5)

Ausländische Erbschaft- und Schenkungsteuer, Abzug H E 10.11; Anrechnung H E 21

Auslandsvermögen, Bewertung übriger körperlicher Gegenstände H B 9.5;

keine gesonderte Feststellung R B 151.1 (3)
Ausschüttungsbegrenzung, Anteile an Kapitalgesellschaften R E 13 a.15 (6); Steuerbefreiung für Produktivvermögen R E 13 a.15
Ausschüttungsbeschränkung, Vorwegabschlag R E 13 a.20 (2 f.)
Außenanlagen, Ansatz im Sachwertverfahren R B 189, R B 190.5

Bankenvollmacht über den Tod hinaus R E 3.7 (1)
Bankguthaben/-depots, Verträge zugunsten Dritter i. Z. m. B. R E 3.7 (1)
Basiswert bei Anteilen an Kapitalgesellschaften R B 151.5 (3); beim Betriebsvermögen R B 151.4 (3); beim Festellungsverfahren R B 151.8; beim Grundbesitzwert R B 151.2 (11); bei vermögensverwaltenden Gemeinschaften/Gesellschaften R B 151.7 (3)
Bauerwartungsland, Bewertung R B 179.1 (3)
Baumschulen, Abgrenzung R B 160.8
Baupreisindex, Gebäudeart Nichtwohngebäude R B 190.4 (2); Gebäudeart Wohngebäude R B 190.4 (2); maßgebender R B 190.4 (1); Regelherstellungskosten R B 190.4
Baureifes Land, Bewertung R B 179.1 (3)
Bebautes Grundstück, Abgrenzung der Gebäude von den Betriebsvorrichtungen H B 180; Benutzbarkeit von Gebäuden R B 178 (2 f.); Bewertung im Ertragswertverfahren R B 184; Bewertung im Sachwertverfahren R B 189; Bewertung im Vergleichswertverfahren R B 183; Bewertungsverfahren R B 182; Bezugsfertigkeit von Gebäuden R B 178 (2 f.); Gebäudebegriff H B 178 (1), H B 180; Grundstückarten R B 181.1 (1); nicht mehr benutzbares Gebäude R B 178 (3); wirtschaftliche Einheit R B 180 (3); Wohnungs-/Teileigentum R B 181.2
Bedarfswert für Anteile an Kapitalgesellschaften, Feststellung R B 151.5; für Betriebsvermögen, Feststellung bei Betriebsvermögen R B 151.4; für vermögensverwaltende Gemeinschaften/Gesellschaften, Feststellung R B 151.7
Bedingung, auflösende R B 4; aufschiebende R B 4
Befristung, auflösende R B 4; aufschiebende R B 4
Begünstigtes Vermögen, Ermittlung R E 13 b.9; R E 13 b.9 (2), H E 13 b.9; – des steuerpflichtigen Vermögens R E 13 b.9; R E 13 b.9 (2), H E 13 b.9; negativer Wert des Produktivvermögens R E 13 b.7; Schwellenwert R E 13 a.2; Steuerbefreiung für Produktivvermögen R E 13 b.7
Behaltensregelung, Anteile an Kapitalgesellschaften R E 13 a.16; Auswirkung auf Schwellenwert R E 13 a.2 (2); Auswirkung des Verstoßes gegen B. auf Vorwegabschlag H E 13 a.20; Betriebsvermögen R E 13 a.13; in Einbringungs- und Umwandlungsfällen H E 13 a.16; land- und forstwirtschaftliches Vermögen R E 13 a.14; Nachversteuerung bei Verstoß gegen B. R E 13 a.19 (1); Regelverschonung R E 13 a.12 (1); Reinvestitionsklausel R E 13 a.18; Steuerbefreiung für Produktivvermögen R E 13 a.12 ff.; keine bei Steuerbefreiung für Wohngrundstücke R E 13 d (2); Tarifbegrenzung von Produktivvermögen R E 19 a.3; bei der Verschonungsbedarfsprüfung R E 28 a.4 (1); Verstoß gegen B. beim Abschmelzmodell R E 13 c.2; kein Verstoß gegen B. R E 13 a.12 (2)
Beherbergung von Fremden, Abgrenzung des land- und forstwirtschaftlichen Vermögens vom Grundvermögen R B 158.3 (2)
Bekanntgabe des Feststellungsbescheids R B 154, H B 154
Bereicherung, Tatbestandsmerkmal freigebiger Zuwendungen R E 7.1 (2)
Berliner Testament, Steuerklasse des Schlusserben H E 15.1; Umfang des nach § 15 Abs. 3 ErbStG begünstigten Vermögens R E 15.3; Vermächtnisse zugunsten des Schlusserben R E 6
Besamungsstationen, Abgrenzung R B 160.17

Besatzkapital, Ansatz beim Mindestwert R B 164 (1); Berücksichtigung selbstbewirtschafteter Flächen R B 164 (1); Liquidationswert R B 166 (1); Mindestwert beim land- und forstwirtschaftlichen Vermögen R B 164 (6)

Beschäftigte, Berücksichtigung bei Unterbeteiligungen R E 13 a.4 (2); Ermittlung bei Beteiligungsstrukturen H E 13 a.7 (4–6); Ermittlung bei der Lohnsummenregelung R E 13 a.4 (2); Ermittlung bei Übertragung von Anteilen an Kapitalgesellschaften H E 13 a.7 (3); Ermittlung bei Übertragung von Betriebsvermögen oder Anteilen an Personengesellschaften H E 13 a.7 (2); Geschäftsführer einer Komplementär-GmbH H E 13 a.4; Gesellschafter-Geschäftsführer einer Kapitalgesellschaft H E 13 a.4; Gesellschafter-Geschäftsführer einer Personalgesellschaft H E 13 a.4; maßgebende bei Lohnsummenregel R E 13 a.4 (2), H E 13 a.4

Beschränkte Steuerpflicht, erweiterte H E 2.1; Freibetrag H E 16; Inlandsvermögen R E 2.2; Voraussetzungen R E 2.1 (2)

Betagte Ansprüche, Zeitpunkt des Erwerbs H E 9.2

Beteiligungen, bedingte B. an offenen und stillen Reserven einer Personengesellschaft H E 7.8; land- und forstwirtschaftliches Vermögen R B 158.4 (1)

Beteiligungen haltende Gesellschaften, Bewertung im vereinfachten Ertragswertverfahren bei Anteilen an Kapitalgesellschaften R B 11.4 (4); Bewertung im vereinfachten Ertragswertverfahren bei Personengesellschaften R B 109.2 (3); Bewertung mit dem Substanzwert bei Anteilen an Kapitalgesellschaften R B 11.4 (4); Bewertung mit dem Substanzwert bei Personengesellschaften R B 109.2 (3)

Betrieb der Land- und Forstwirtschaft, Betriebsverpachtung im Ganzen beim Verwaltungsvermögen R E 13 b.15 (3)

Betriebsaufspaltung, Ansatz der Miete beim Ertragswertverfahren R B 186.1 (2); Verwaltungsvermögen bei Grundstücksüberlassung durch B. R E 13 b.14 (1)

Betriebsergebnis, Abrechnungen R B 202 (3); Ausgangswert bei bilanzierenden Gewerbebetrieben und Freiberuflern R B 202 (1 f.); Ausgangswert bei nicht bilanzierenden Gewerbebetrieben und Freiberuflern R B 202 (4); Ermittlung beim vereinfachten Ertragswertverfahren R B 202; Ertragsteueraufwand R B 202 (5); Hinzurechnungen R B 202 (3); sonstige Korrekturen R B 202 (3)

Betriebsform, Bestimmung anhand des Standarddeckungsbeitrags bei landwirtschaftlicher Nutzung R B 163 (3)

Betriebsgrundstück, Aufteilung des Grundbesitzwerts bei nicht ausschließlich betrieblicher Nutzung H B 151.2; Feststellung R B 99 (2), R B 151.2; R B 151.2 (8–10); gemischte Nutzung H B 99; einem Gesellschafter gehörendes B. R B 97.1 (1); nachrichtliche Angaben im Feststellungsbescheid R E 13 b.30 (5); Schulden R B 103.3; Steuerbefreiung bei B. von öffentlichem Interesse R E 13.2 (1); Verzicht auf Feststellung des Grundbesitzwert R B 151.2 (6); Zugehörigkeit zum Betriebsvermögen R B 99

Betriebskosten H B 186.1; Berücksichtigung beim Ertragswertverfahren R B 186.2 (1)

Betriebsmittel bei land- und forstwirtschaftlichem Vermögen R B 158.1 (6)

Betriebsstätte, inländische B. als Inlandsvermögen R E 2.2 (2), H E 2.2

Betriebstättenvermögen in Drittstaaten, nachrichtliche Angaben im Feststellungsbescheid R E 13 b.30 (5)

Betriebsvermögen, Abgrenzung vom land- und forstwirtschaftlichen Vermögen R B 158.2; Ansatz des gewillkürten B. H B 95; Anwendung des Bewertungsverfahrens wie bei Anteilen an Kapitalgesellschaften R B 109.1; Aufteilung von gemischten Kontokorrentkonten H B 95; Ausübung eines freien Berufs als B. R B 95 (1); Basiswertregelung R B 151.4 (3); Begriff R B 95; begünstigungsfähiges R E 13b.5, H E 13b.5; – bei Nießbrauch R E 13b.30 (6); Behaltensregelung R E 13a.13; – in Umwandlungsfällen R E 13a.13 (3); Bewertung mit dem Substanzwert R B 11.5; Bewertungsgrundsätze R B 109.1; bei bilanzierenden Gewerbetreibenden und Freiberuflern R B 95 (2); Einräumung eines obligatorischen Nutzungsrechts H E 13b.5; Entnahmebegrenzung R E 13a.15 (1), (3f.); Ermittlung der Zahl der Beschäftigten und der Ausgangslohnsumme H E 13a.7 (2); Ermittlung des Substanzwerts R B 109.3; Feststellung des Bedarfswerts R B 151.4; Forderungen an eine kassenärztliche Vereinigung H B 95; gesonderte Feststellung R B 151.1 (2); Inlandsvermögen R E 2.2 (2); Nachversteuerung bei Betriebsaufgabe, Insolvenz bzw. Veräußerung R E 13a.13 (1); Nachversteuerung bei Veräußerung wesentlicher Betriebsgrundlagen R E 13a.13 (2); bei nichtbilanzierenden Gewerbetreibenden und Freiberuflern R B 95 (3); Personengesellschaften R B 97.1; Schenkung unter freiem Widerrufsvorbehalt H E 13b.5; Steuererstattungsansprüche im B. H B 95; Stundung der Steuer R E 28 (1–4); –, Berechnung der Steuer R E 28 (4); –, Wegfall R E 28 (3); Tarifbegrenzung R E 19a.1ff.; –, Behaltensregelung R E 19a.3; Umfang R B 95 (1); Zurückbehalten wesentlicher Betriebsgrundlagen H E 13b.5

Betriebsverpachtung im Ganzen, land- und forstwirtschaftliches Vermögen H B 158.1 (1); Verwaltungsvermögen bei Betriebsverpachtung im Ganzen bei LuF-Vermögen R E 13b.15 (3); Verwaltungsvermögen bei Grundstücksüberlassung durch B. R E 13b.15

Betriebsvorrichtungen, Abgrenzung vom Grundvermögen R B 176.1 (4), H B 176.1, R B 180 (3), H B 180

Betriebswohnung, Abzug von Verbindlichkeiten R B 168 (1); anzusetzender Grund und Boden R B 167.1 (2); Arbeitszimmer H B 167.1 (1); Bewertung R B 167.1; Ermäßigung für Besonderheiten R B 167.2; beim land- und forstwirtschaftlichen Vermögen R B 160.21; Nachweis des niedrigeren gemeinen Werts R B 167.3

Bewertung, abgezinste Sparbriefe R B 12.2 (3); Aktien R B 11.1ff.; Anteile an Kapitalgesellschaften R B 11.1ff.; – in Sonderfällen R B 11.4; Auflage bei Schenkung R E 7.1 (4); Bauerwartungsland R B 179.1 (3); baureifes Land R B 179.1 (3); bebaute Grundstücke R B 180ff.; Beteiligung an Personengesellschaften in Sonderfällen R B 109.2; Betriebsvermögen R B 95ff.; Betriebswohnung R B 167.1; Bundesschatzbriefe R B 12.2 (1); Diskontpapiere R B 12.2 (2), H B 12.2; Einfamilienhaus – Sachwertverfahren R B 182 (4); Einfamilienhaus – Vergleichswertverfahren R B 182 (2); Erbbaugrundstück R B 192.1ff.; Erbbaurecht R B 192.1ff.; Erfindungen im übrigen Vermögen R B 9.4; Ertragswertverfahren bei Grundvermögen R B 184ff.; Finanzierungsschätze des Bundes R B 12.2 (2); Gebäude auf fremdem Grund und Boden R B 195.1ff.; Gegenleistung bei Schenkung R E 7.1 (4); gemeiner Wert R B 9.1; gemischt genutztes Grundstück – Ertragswertverfahren R B 182 (3); gemischt genutztes Grundstück – Sachwertverfahren R B 182 (4); Genossenschaften R B 151.6; Geschäftsgrundstück – Ertragswertverfahren R B 182 (3); Geschäftsgrundstück – Sachwertverfahren R B 182 (4); gewöhnlicher Geschäftsverkehr R B 9.1, H B 9.1; GmbH-Geschäftsanteile R B 11.1ff.; Grundsätze der erbschaftsteuerlichen B. R E 12.1; Grundstück im Zustand der Bebauung R B 196.1ff.; Grundstück mit Gebäuden auf fremdem Grund und Boden R B 195.1ff.; Grundvermögen R B 176.1ff.; Kapitalforderungen R B 12.1, H B 12.1;

Kommanditanteil R B 97.5 (2 f.); Komplementäranteil R B 97.5 (4); land- und forstwirtschaftliches Vermögen R B 158.1 ff.; Leistungs-, Nutzungs- und Duldungsauflage bei Schenkungen H E 7.4. (1); Mietwohngrundstück R B 182 (3); Nießbrauch R B 13; Nutzungsrechte R B 13; Personengesellschaften R B 95 ff.; persönliche Verhältnisse R B 9.2 (2); Pfandbriefe R B 11.1; Rentenrechte und -lasten R B 13; Rohbauland R B 179.1 (3); Sachvermächtnis R B 9.3 (2); Sachwertverfahren bei Grundvermögen R B 189 ff.; Schuldbuchforderungen R B 11.1; Schulden R B 12.1, H B 12.1; sonstige bebaute Grundstücke R B 182 (4); Sparbriefe R B 12.2 (3); Steuererstattungsansprüche R B 12.1; Steuerschulden R B 12.1; Steuervergütungsansprüche R B 12.1; stille Gesellschafter R B 12.4, H B 12.4; Substanzwert bei Betriebsvermögen R B 109.3; –, Personengesellschaften und Kapitalgesellschaften R B 11.5 ff.; Substanzwert bei Personengesellschaften R B 109.3; übrige körperliche Gegenstände R B 9.5; unbebautes Grundstück R B 179.1; ungewöhnliche Verhältnisse R B 9.2 (1); Urheberrechte im übrigen Vermögen R B 9.4; vereinfachtes Ertragswertverfahren R B 199.1 ff.; Verfügungsbeschränkungen R B 9.2 (2), H B 9.2; Vergleichswertverfahren für Grundvermögen R B 183 ff.; Verwaltungsvermögen R E 13 b.12; Wertpapiere R B 11.1; wiederkehrende Nutzungen und Leistungen R B 13; Wirtschaftsteil des land- und forstwirtschaftlichen Vermögens R B 162 (1); Wohnrecht R B 13; Wohnteil R B 167.1; Wohnungs-/Teileigentum – Sachwertverfahren R B 182 (4); Wohnungs-/Teileigentum – Vergleichswertverfahren R B 182 (2); Zero-Bonds R B 12.3; dem Zivilschutz dienendes Grundstück R B 197; Zweifamilienhaus – Sachwertverfahren R B 182 (4); Zweifamilienhaus – Vergleichswertverfahren R B 182 (2)

Bewirtschaftungskosten, Ansatz gesetzlich vorgegebener B. R B 187 (2); Ansatz von Pauschalwerten R B 187 (2); Begriff R B 187 (1); Berücksichtigung beim Ertragswertverfahren R B 187; Erfahrungssätze der Gutachterausschüsse R B 187 (2); II. Berechnungsverordnung H B 187 (2)

Bezugsfertigkeit, Grundstück im Zustand der Bebauung R B 196.1 (4)

Bezugsrecht, Verzicht eines Gesellschafters auf ein B. R E 7.5 (4)

Bilanzierende Gewerbebetriebe und Freiberufler, Schulden und sonstige Abzüge R B 103.1; Umfang des Betriebsvermögens R B 95 (2)

Binnenfischerei, Abgrenzung R B 160.10 (1)

Blumen- und Zierpflanzenbau, Abgrenzung R B 160.6

Bodenrichtwerte, Ableitung wegen abweichender Geschossflächenzahl R B 179.2 (2); Ableitung wegen Grundstücksgröße R B 179.2 (3); Ableitung wegen Grundstückstiefe R B 179.2 (4); abweichende Geschossflächenzahl H B 179.2; abweichende Grundstücksgröße H B 179.2; Ansatz beim Liquidationswert des Wirtschaftsteils R B 166 (1); Ansatz der B. R B 179.2; Ausschluss von sonstigen Wertkorrekturen R B 179.2 (8); Entwicklungszustände von Grundstücken R B 179.1 (2); Ermittlung durch Gutachterausschüsse R B 179.1 (1); Erschließungszustand R B 179.2 (6); Frei- und Verkehrsflächen R B 179.2 (5); lagetypischer H B 179.2; maßgebender H B 179.2; Wertkorrekturen aus mehreren Gründen R B 179.2 (7)

Bodenwert, Ableitung aus Bodenrichtwert vergleichbarer Flächen R B 179.3 (2), H B 179.3 (2); Bewertung bebauter Grundstücke im Sachwertverfahren R B 189; Ermittlung R B 179.3; Ertragswertverfahren R B 184; Mindestwert beim Ertragswertverfahren R B 185.1 (4); Rundung R B 179.3 (1)

Bodenwertanteil, Bewertung des Erbbaugrundstücks nach finanzmathematischer Methode R B 194 (2–4); Bewer-

tung des Erbbaurechts nach finanzmathematischer Methode R B 193 (2–6)
Bodenwertverzinsung, Begriff R B 185.1 (2); Ertragswertverfahren R B 185.1; selbstständig verwertbare Teilflächen R B 185.1 (3)
Brutto-Grundfläche, Begriff R B 190.6; Tiefgaragenstellplätze bei Wohnungs/Teileigentum H B 190.6
Bundesschatzbriefe, Bewertung R B 12.2 (1)
Bürgschaft, Nachlassverbindlichkeit R E 10.7; Übernahme einer B. H E 7.1

Denkmalschutz, Überlast nach dem Denkmalschutzgesetz R E 10.6, H E 10.6
Diplomatische Missionen, Steuerpflicht für Mitglieder H E 2.1
Diskontpapiere, Bewertung R B 12.2 (2), H B 12.2
Doppelbesteuerungsabkommen, Progressionsvorbehalt H E 19; Stand H E 2.1

Ehegatten, erbrechtlicher Zugewinnausgleich R E 5.1; güterrechtlicher Zugewinnausgleich R E 5.2; Lebensversicherung auf verbundene Leben R E 3.6 (3); Steuerbefreiung für Familienheim bei Erwerb von Todes wegen R E 13.4; Steuerbefreiung für Schenkung eines Familienheims R E 13.3; Steuerklasse bei E. von Stiefkindern H E 15.1; unbenannte Zuwendungen unter E. R E 7.2, H E 7.2; Vereinbarung der Gütergemeinschaft R E 7.6; Versorgungsfreibetrag R E 17; Zuwendungen zwischen E. bei Einzelkonten H E 7.1; Zuwendungen zwischen E. bei Oderkonten H E 7.1
Eigene Anteile, Bewertung von Anteilen an Kapitalgesellschaften R B 11.4 (9)
Eigentumsflächen, Berücksichtigung R B 164 (1); – bei der Bewertung R B 163 (12)
Einfamilienhaus, Bewertung im Sachwertverfahren R B 182 (4); Bewertung im Vergleichswertverfahren R B 182 (2); Stundung der Steuer bei Nutzung zu eigenen Wohnzwecken R E 28 (6); Voraussetzungen R B 181.1 (1)
Eingetragene Lebenspartner, Anwendung der Vorschriften für Ehegatten H E 1.1; erbrechtlicher Zugewinnausgleich R E 5.1 (7)
Eingezogene Anteile, Ermittlung der Beteiligungsquote bei e. A. an Kapitalgesellschaften H E 13b.5, H E 13b.20
Einspruchsentscheidung, Bekanntgabe an Testamentsvollstrecker H E 32
Eintrittsklausel, Steuerbefreiung für Produktivvermögen R E 13b.1 (2)
Einzelertragswertverfahren, Bewertung der sonstigen landwirtschaftlichen Nutzung R B 163 (8); Ermittlung des Reingewinns R B 163 (8)
Einzelkonto, Zuwendungen zwischen Ehegatten bei Einzelkonten H E 7.1
Einzelunternehmen, Ermittlung des begünstigten Vermögens H E 13b.9; Ermittlung des steuerpflichtigen Vermögens H E 13b.9; Familienunternehmen R E 13a.20 (1); Finanzmitteltest H E 13b.23; Steuerbefreiung für Wohngrundstücke bei zu einem E. gehörenden Grundstücken R E 13d (4)
Enkel, Steuerbefreiung für Familienheim R E 13.4; R E 13.4 (7)
Entnahmebegrenzung, Begriff Überentnahmen R E 13a.15 (1); Steuerbefreiung für Produktivvermögen R E 13a.15
Entnahmebeschränkung, Vorwegabschlag R E 13a.20 (2f.)
Erbanfall, Erwerb durch E. R E 3.1
Erbauseinandersetzung, Auswirkung auf die Besteuerung R E 3.1; Bemessungsgrundlage für Steuerbefreiung für Familienheim R E 13.4 (5), H E 13.4; Bemessungsgrundlage für Steuerbefreiung für Wohngrundstücke R E 13d (8); Kosten H E 10.7; Steuerbefreiung für Produktivvermögen R E 13a.11 (2), H E 13a.11
Erbbaugrundstück, Bewertung R B 194; – nach finanzmathematischer Methode R B 194 (2); – im Vergleichswertverfahren R B 194 (1); – im Zustand der Bebauung R B 196.2 (4); gesonderte Bewertung R B 192.2

Erbbaurecht, Begriff R B 192.1 (1); Bewertung R B 193; – nach finanzmathematischer Methode R B 193 (2); – im Vergleichswertverfahren R B 193 (1); – im Zustand der Bebauung R B 196.2 (4); Einräumung H E 7.1; Entstehung R B 192.1 (2); gesonderte Bewertung R B 192.2; wirtschaftliche Einheit R B 192.1 (1); – bei Errichtung eines Gebäudes auf mehreren Grundstücken R B 192.1 (4); – bei Erstreckung nur auf einen Grundstücksteil R B 192.1 (3)

Erbbauzins, Bewertung des Erbbaurechts nach finanzmathematischer Methode R B 193 (5); Bewertung eines Erbbaugrundstücks nach finanzmathematischer Methode R B 194 (4)

Erben, Ausgleichung unter den E. R E 3.1 (5)

Erbengemeinschaft, Bekanntgabe des Feststellungsbescheids R B 154 (3); Feststellung des Grundbesitzwerts R B 151.2 (2); Paketzuschlag R B 11.8 (4); Rechtsbehelfsbefugnis bei Feststellungsbescheid R B 155

Erbprädentent, Abfindung an weichenden E. H E 10.7

Erbrechtlicher Zugewinnausgleich, Lebenspartner R E 5.1 (7); steuerfreie Ausgleichsforderung R E 5.1; Wertsteigerung des Anfangsvermögens H E 5.1 (2)

Erbschaftsteuer, Anrechnung ausländischer E. R E 21; Ermittlung R E 10.1; Übernahme durch Dritten R E 10.5

Erfindungen, Ansatz beim Substanzwert R B 11.5 (6); Bewertung im übrigen Vermögen R B 9.4; Kapitalisierungszins H B 9.4, R B 11.5 (6), H B 11.5

Erlöschen der Steuer R E 29

Ersatzerbschaftsteuer, Abschmelzmodell bei Steuerbefreiung für Produktivvermögen R E 13 c.5; Anwendung der Verschonungsbedarfsprüfung R E 28 a.5; Familienstiftung R E 1.2; Familienverein R E 1.2 (6); keine Investitionsklausel bei Steuerbefreiung für Produktivvermögen R E 13 b.24 (6); nicht bei nichtrechtsfähiger Stiftung H E 1.2; Steuerbefreiung für Produktivvermögen R E 13 a.22; Verschonungsbedarfsprüfung R E 13 a.22; Vorwegabschlag R E 13 a.22

Ertragswertverfahren, Ansatz der üblichen Miete R B 186.4; Berücksichtigung von Betriebskosten R B 186.2 (1); Berücksichtigung von Bewirtschaftungskosten R B 187; Betriebsaufspaltung R B 186.1 (2); Bewertung bebauter Grundstücke R B 184; Bewertung gemischt genutzter Grundstücke R B 182 (3); Bewertung von Geschäftsgrundstücken R B 182 (3); Bewertung von Mietwohngrundstücken R B 182 (3); Bodenwert R B 184; Bodenwertverzinsung R B 185.1; Gebäudeertragswert R B 184; Liegenschaftszinssatz R B 188; Miete R B 186.1 (1); Miete und Betriebskosten bei Vermietung zu gewerblichen, freiberuflichen oder öffentlichen Zwecken R B 186.3; Mindestwert R B 184, R B 185.1 (4); Restnutzungsdauer R B 185.3; Überblick H B 184; Vervielfältiger R B 185.2

Erweiterte beschränkte Steuerpflicht, Voraussetzungen H E 2.1

Erwerb von Todes wegen, Anzeigepflicht des Erwerbers R E 30; Investitionsklausel R E 13 b.24; R E 13 b.24 (2); Steuerbefreiung für Familienheim R E 13.4; Steuerbefreiung für Produktivvermögen R E 13 b.1

Erwerbsnebenkosten, Abzug bei gemischter Schenkung bzw. Schenkung unter Auflage R E 7.4 (4), H E 7.4 (4); Behandlung bei der Schenkungsteuer H E 10.7

Europäische Union, begünstigungsfähige Anteile an Kapitalgesellschaften bei Steuerbefreiung für Produktivvermögen R E 13 b.6 (1); begünstigungsfähiges Betriebsvermögen bei Steuerbefreiung für Produktivvermögen R E 13 b.5 (4); begünstigungsfähiges LuF-Vermögen bei Steuerbefreiung für Produktivvermögen R E 13 b.4 (2); Steuerbefreiung für Familienheim R E 13.3 (3), R E 13.4 (3); Steuerbefreiung für Gegenstände von öffentlichem Interesse

R E 13.2; Steuerbefreiung für Wohngrundstücke R E 13 d (1)

Europäischer Wirtschaftsraum, begünstigungsfähige Anteile an Kapitalgesellschaften bei Steuerbefreiung für Produktivvermögen R E 13 b.6 (1); begünstigungsfähiges Betriebsvermögen bei Steuerbefreiung für Produktivvermögen R E 13 b.5 (4); begünstigungsfähiges LuF-Vermögen bei Steuerbefreiung für Produktivvermögen R E 13 b.4 (2); Steuerbefreiung für Familienheim R E 13.3 (3), R E 13.4 (3); Steuerbefreiung für Gegenstände von öffentlichem Interesse R E 13.2; Steuerbefreiung für Wohngrundstücke R E 13 d (1)

Familienheim, Anspruch auf Verschaffung des Eigentums H E 13.4; Arbeitszimmer H E 13.3, H E 13.4; Befreiung für Schenkung eines F. R E 13.3; Begrenzung der Wohnfläche bei Kindern und Enkeln R E 13.4 (7); Begrenzung des Schuldenabzugs R E 13.4 (4); begünstigte Gestaltungen bei Schenkung R E 13.3 (4); Bemessungsgrundlage für Steuerbefreiung H E 13.4; Erbauseinandersetzung R E 13.4 (5), H E 13.4; Ferienwohnung H E 13.3, H E 13.4; freie Erbauseinandersetzung H E 13.4; Grundstücksveränderung während des Nachversteuerungszeitraums bei Erwerb von Todes wegen H E 13.4; Hinderung an der Selbstnutzung R E 13.4 (2), (6); Nachversteuerung bei Erwerb von Todes wegen R E 13.4 (6); steuerbefreite Wohnung R E 13.3 (2); Steuerbefreiung bei Erwerb von Todes wegen R E 13.4; keine Steuerbefreiung für Wohngrundstücke bei Vermietung im Zehnjahreszeitraum R E 13 d (3); Teilungsanordnung R E 13.4 (5); unverzügliche Selbstnutzung durch Erwerber R E 13.4 (2), H E 13.4; Verzicht auf Feststellung des Grundbesitzwerts bei Erwerb von Todes wegen R B 151.2 (5); Weitergabeverpflichtung bei Erwerb von Todes wegen R E 13.4 (5); Wohnrecht H E 13.4; Wohnteil des land- und fortwirtschaftlichen Vermögens R E 13.3 (2); Wohnung des Erblassers R E 13.4 (2); Zweitwohnung H E 13.3, H E 13.4

Familieninteresse, wesentliches F. als Voraussetzung für Familienstiftung H E 1.2

Familienstiftung, Abschmelzmodell bei Steuerbefreiung für Produktivvermögen R E 13 c.5; Änderung des Stiftungscharakters R E 1.2 (4); Anwendung der Verschonungsbedarfsprüfung R E 28 a.5; entferntester Berechtigter H E 15.2; Ersatzerbschaftsteuer R E 1.2; Freibetrag bei Errichtung H E 15.2; Steuerbefreiung für Produktivvermögen R E 13 a.22; Steuerklasse bei Auflösung H E 15.2; Steuerklasse bei Errichtung R E 15.2, H E 15.2; Steuerklasse bei Zustiftung R E 15.2 (3), H E 15.2; Umwandlung in gemeinnützige Stiftung R E 1.2 (5); Verschonungsbedarfsprüfung R E 13 a.22; Vorwegabschlag R E 13 a.22; wesentliches Familieninteresse R E 1.2 (3), H E 1.2; Zustiftung H E 1.2

Familienunternehmen, Abfindung unter gemeinem Wert bei Vorwegabschlag R E 13 a.20 (2); Aktiengesellschaft R E 13 a.20 (1); Definition R E 13 a.20 (1–3); Einzelunternehmen R E 13 a.20 (1); Verfügungsbeschränkungen bei Vorwegabschlag R E 13 a.20 (2); Vorwegabschlag R E 13 a.20

Familienverein, Ersatzerbschaftsteuer R E 1.2 (6)

Ferienwohnung, Ermittlung der üblichen Miete R B 186.5 (6)

Festellungsverfahren, Steuerbefreiung für Produktivvermögen R E 13 b.30

Feststellung bei Anteilen an Kapitalgesellschaften R B 151.1 (2); Auslandsvermögen R B 151.1 (3); bei Betriebsvermögen R B 151.1 (2); des Grundbesitzes R B 151.1 (2); des Grundbesitzwertes R B 151.2; bei land- und forstwirtschaftlichem Vermögen R B 151.1 (2); bei Personengesellschaften R B 151.1 (2); bei vermögensverwaltenden Gemeinschaften/Gesellschaften R B 151.1 (2); Verzicht bei geringer Bedeutung R B 151.1 (4)

Feststellung des Bedarfswerts bei Anteilen an Kapitalgesellschaften R B 151.5; bei vermögensverwaltenden Gemeinschaften/Gesellschaften R B 151.7

Feststellung des Grundbesitzwerts, Alleinerbe R B 151.2 (2); für Betriebsgrundstücke R B 99 (2), R B 151.2 (8–10); bei Erbengemeinschaft R B 151.2 (2); für Jahreswert von Nutzungsrechten an Grundstücken R B 151.2 (7); bei land- und forstwirtschaftlichem Vermögen R B 151.2 (3); bei mittelbarer Grundstücksschenkung R B 151.2 (7); bei Schenkung R B 151.2 (2); in Treuhandfällen H B 151.2; bei Vermächtnis R B 151.2 (2); Verzicht bei Betriebsgrundstück R B 151.2 (6); Verzicht bei Familienheim R B 151.2 (5); Verzicht bei Grundstücksschenkung R B 151.2 (4)

Feststellung des Werts des Betriebsvermögens R B 151.4; bei atypischer stiller Beteiligung oder Unterbeteiligung H B 151.4; für Jahreswert von Nutzungsrechten R B 151.4 (2); bei mittelbarer Schenkung R B 151.4 (2)

Feststellung des Werts von Anteilen an Kapitalgesellschaften für Jahreswert von Nutzungsrechten R B 151.5 (2); bei mittelbarer Schenkung R B 151.5 (2)

Feststellung des Werts von Genossenschaften R B 151.6

Feststellungsbescheid, nachrichtliche Angaben für die Steuerbefreiung für Produktivvermögen R E 13b.30 (5)

Feststellungsverfahren R B 151.1 ff.; Außenprüfung R B 156; Basiswert R B 151.8; Bekanntgabe des Feststellungsbescheids R B 154 (3), H B 154; einheitliche und gesonderte Feststellung R B 154 (2); Erklärungspflicht R B 153; Feststellungsbeteiligte R B 154 (1), H B 154; nachrichtliche Angaben H B 151.9; örtliche Zuständigkeit R B 152, H B 152; Rechtsbehelfsbefugnis R B 155

Finanzdienstleistungsinstitute, Finanzmittel R E 13b.23 (8); von F. gehaltene Anteile an Kapitalgesellschaften beim Verwaltungsvermögen R E 13b.20 (5); Wertpapiere und vergleichbare Forderungen als Verwaltungsvermögen R E 13b.22 (2)

Finanzierungsschätze des Bundes, Bewertung R B 12.2 (2)

Finanzmathematische Methode, Bewertung von Erbbaugrundstücken R B 194 (2); Bewertung von Erbbaurechten R B 193 (2); Erbbauzins R B 193 (5), R B 194 (4); Ermittlung des Bodenwertanteils R B 193 (2–6), R B 194 (2–4); Ermittlung des Gebäudewertanteils R B 193 (2–7), R B 194 (2–5)

Finanzmittel, Begrenzung der jungen Finanzmittel auf den Wert der F. R E 13b.30 (3); Begrenzung der jungen Finanzmittel auf den Wert der F. bei der Verbundvermögensaufstellung R E 13b.30 (3); bei Finanzdienstleistungsinstituten R E 13b.23 (8); gesonderte Feststellung R E 13b.30 (1), (3); Investitionsklausel R E 13b.24 (2), (4); junge R E 13b.23 (3); bei Kreditinstituten R E 13b.23 (8); bei Personengesellschaften R E 13b.23 (9); Sockelbetrag R E 13b.23 (6); Verrechnung mit Schulden R E 13b.23 (1); Verrechnung mit Schulden bei Personengesellschaften R E 13b.23 (9); als Verwaltungsvermögen R E 13b.23; R E 13b.23 (1)

Finanzmitteltest zur Absicherung von Altersvorsorgeverpflichtungen R E 13b.11 (2); Berechnung R E 13b.9 (2), H E 13b.23; – bei 90-%-Test R E 13b.10; – bei Prüfung übermäßigen Verwaltungsvermögens R E 13b.10; Einzelunternehmen H E 13b.23; Hauptzweck R E 13b.23 (6); Personengesellschaften H E 13b.23; Sockelbetrag R E 13b.23 (6); beim Verwaltungsvermögen R E 13b.23; R E 13b.23 (1)

Firmenwertbildende Faktoren bei Ansatz beim Substanzwert R B 11.5 (3)

Fischzucht, Abgrenzung R B 160.10 (3)

Forderungen als Finanzmittel R E 13b.23; R E 13b.23 (2); des Gesellschafters gegen die Personengesellschaft

R B 97.1 (2); von Kredit- bzw. Finanzdienstleistungsinstituten beim Verwaltungsvermögen R E 13 b.22 (2); Kürzung bei der Verbundvermögensaufstellung R E 13 b.29 (5), H E 13 b.29; einer Personengesellschaft gegen einen Gesellschafter R B 97.1 (2); Steuerentstehung bei F. mit Besserungsabrede H E 9.2; Wertpapiere H E 13 b.22; Wertpapieren vergleichbare Forderungen als Verwaltungsvermögen R E 13 b.22

Forstwirtschaftliche Nutzung, Abgrenzung R B 160.3; Besatzkapital R B 164 (6); Mindestwert des Grund und Bodens R B 164 (2); Reingewinn R B 163 (4); Wirtschaftswert R B 163 (4)

Fortführungswert, land- und forstwirtschaftliches Vermögen R B 165

Frei- und Verkehrsflächen, Bodenrichtwert R B 179.2 (5)

Freibetrag, Abzug bei Jahressteuer H E 23; bei beschränkter Steuerpflicht H E 16; wiederauflebender F. bei Zusammenrechnung R E 14.1 (4)

Freigebige Zuwendung, Tatbestandsmerkmale R E 7.1

Frühere Erwerbe, Abzugssteuer H E 14.1 (3); Ansatz R E 14.1 (2); Berücksichtigung R E 14.1; Einbeziehung von Vorerweben mit Anwendung des § 28 a ErbStG H E 14.1 (3); Erstattung der Mehrsteuer für Vorerwerb R E 14.1 (3), H E 14.1 (3); Schenkungskette über Zeitraum von mehr als 10 Jahren R E 14.1 (4), H E 14.1 (4); tatsächlich zu entrichtende Steuer R E 14.1 (3); Zusammenrechnung bei mehreren Erwerben des Nacherben vom Vorerben H E 14.1 (1); Zusammenrechnung bei Verzicht auf Renten- oder Nutzungsrechte H E 14.1 (1); Zusammentreffen mit Entlastungen nach §§ 13 a, 13 c, 19 a und 28 a ErbStG R E 14.2; Zusammentreffen mit Entlastungen nach § 13 a ErbStG H E 14.2 (2); Zusammentreffen mit Entlastungen nach § 19 a ErbStG H E 14.2 (3); Zusammentreffen mit §§ 21 und 27 ErbStG R E 14.1 (5)

Gärtnerische Nutzung, Abgrenzung R B 160.5; Besatzkapital R B 164 (6); Mindestwert des Grund und Bodens R B 164 (2); Reingewinn R B 163 (6); Wirtschaftswert R B 163 (6)

Gebäude, Abgrenzung von Betriebsvorrichtungen H B 180; Begriff H B 178 (1); Errichtung in Bauabschnitten R B 178 (3), R B 180 (2); nicht mehr benutzbares R B 178 (3)

Gebäude auf fremdem Grund und Boden, Begriff R B 195.1 (2); Bewertung bei noch nicht abgeschlossenen Baumaßnahmen R B 196.2 (4); Wertermittlung R B 195.2 (1); wirtschaftliche Einheit R B 195.1 (2 f.)

Gebäudeart, Regelherstellungskosten R B 190.2

Gebäudeertragswert, Berücksichtigung der Bodenwertverzinsung R B 185.1; Bewertung bebauter Grundstücke im Ertragswertverfahren R B 184; negativer R B 185.1 (4)

Gebäudeklasse, Tiefgaragenstellplätze bei Wohnungs-/Teileigentum H B 190.2 (1); Wohnungs-/Teileigentum H B 190.2 (1)

Gebäudesachwert, Anbauten R B 190.8 (1 f.); Aufstockungen R B 190.8 (1 f.); Bewertung bebauter Grundstücke im Sachwertverfahren R B 189; Grundstücke mit mehreren nichtselbstständigen Gebäuden/Gebäudeteilen R B 190.8 (3); Grundstücke mit mehreren selbstständigen Gebäuden/Gebäudeteilen R B 190.8 (1); Mindestwert R B 190.7 (5)

Gebäudestandard, Regelherstellungskosten R B 190.3

Gebäudewertanteil, Bewertung des Erbbaugrundstücks nach finanzmathematischer Methode R B 194 (2–5); Bewertung des Erbbaurechts nach finanzmathematischer Methode R B 193 (2–5)

Gegenleistung, Abzug bei Schenkung R E 7.4 (1); aufschiebend bedingte H E 7.4. (1); begrenzter Abzug bei Schenkung mit Steuerbefreiung R E 7.4 (2); Berücksichtigung bei Schenkung unter Lebenden R E 7.4; Bewertung bei Schenkung R E 7.1 (4); übernommene Pflegeleistung H E 7.4 (1); wirtschaftlicher Zusammenhang mit übertragenem Vermögen bei Schenkung H E 7.4 (3)

Gegenseitigkeitserklärungen, Steuerbefreiung bei Vorliegen von G. R E 13.9, H E 13.9

Gemeiner Wert R B 9.1

Gemeinnützige Körperschaften, Steuerbefreiung für Zuwendungen an g. K. R E 13.8

Gemeinnützige Zwecke, Steuerbefreiung für Zuwendungen zu g. Z. R E 13.10

Gemeinschaft, Zugehörigkeit eines Anteils an einer G. zum Inlandsvermögen R E 2.2 (8)

Gemeinschaftliche Tierhaltung, landwirtschaftliche Nutzung R B 160.2 (4); Mindestwert R B 164 (10)

Gemischt genutztes Grundstück, Bewertung im Ertragswertverfahren R B 182 (3); Bewertung im Sachwertverfahren R B 182 (4); Voraussetzungen R B 181.1 (1)

Gemischte Kontokorrentkonten, Aufteilung im Betriebsvermögen H B 95

Gemischte Schenkung, Abzug von Erwerbsnebenkosten R E 7.4 (4); Bemessungsgrundlage R E 7.4, H E 7.4 (1 ff.); Mehrheit von Vermögensgegenständen R E 7.4 (3)

Gemüsebau, Abgrenzung R B 160.6

Genehmigung, behördliche für Grundstücksschenkung R E 9.1 (3), H E 9.1; privatrechtliche für Grundstücksschenkung R E 9.1 (3), H E 9.1

Genossenschaft R E 7.5 (1); Bewertung R B 151.6; Feststellung des Bedarfswerts R B 151.6; Leistung an eine G. R E 7.5; R E 7.5 (9); Leistung einer G. R E 7.5; R E 7.5 (9); Steuerklasse bei mehreren veranlassenden Personen bei Zuwendung an G. R E 15.4 (3); Steuerklasse bei Zuwendung an G. R E 15.4; Zuwendung durch Werterhöhung der Anteile an einer G. R E 7.5 (15)

Geringstland, Abgrenzung R B 160.20; Mindestwert des Grund und Bodens R B 164 (1 f.), (5)

Gesamthandsgemeinschaft, Vermögensanfall an eine G. H E 3.4 (2)

Gesamthandsvermögen als Betriebsvermögen einer Personengesellschaft R B 97.1 (1)

Geschäftsgrundstück, Bewertung im Ertragswertverfahren R B 182 (3); Bewertung im Sachwertverfahren R B 182 (4); Voraussetzungen R B 181.1 (1)

Geschäftsguthaben, land- und forstwirtschaftliches Vermögen R B 158.4 (1)

Geschäftswertbildende Faktoren, Ansatz beim Substanzwert R B 11.5 (3)

Geschossflächenzahl, Ableitung des Bodenrichtwerts R B 179.2 (2)

Gesellschaft in Liquidation, Ansatz des Liquidationswerts R B 109.2 (5); – bei Kapitalgesellschaften R B 11.4 (7)

Gesellschafter, Einräumung einer überhöhten Gewinnbeteiligung R E 7.9; Gesellschaftsanteil beim Ausscheiden eines G. zu Lebzeiten H E 7.10; Kapitalerhöhung R E 7.5 (2), H E 7.5; Leistung von G. an G. R E 7.5; Leistung von G. an Kapitalgesellschaft R E 7.5; R E 7.5 (1); Leistung von G. an nahestehende Person R E 7.5; offene Einlage R E 7.5; R E 7.5 (2); Übernahme Einlageverpflichtung eines Mitgesellschafters R E 7.5 (2); verdeckte Einlage R E 7.5; R E 7.5 (2); Verzicht auf ein Bezugsrecht bei Kapitalerhöhung R E 7.5 (4)

Gesellschafter-Geschäftsführer, Berücksichtigung bei Lohnsummenregelung H E 13 a.4

Gesonderte Feststellung, Allgemeines R B 151.1; Anzahl der Beschäftigten R E 13 a.10; Ausgangslohnsumme R E 13 a.10; Feststellungsfrist im Bereich der Lohnsumme R E 13 a.10 (4); Finanzmittel R E 13 b.30; keine g. F. für Vorwegabschlag R E 13 a.20 (1); junge Finanzmittel R E 13 b.30; junges Verwaltungsvermögen R E 13 b.30; im Bereich der Lohnsumme bei Unterbeteiligungen R E 13 a.10 (2 f.); nachrichtliche Angaben für die Steuerbefreiung für Produktivvermögen R E

13 b.30 (5); Schulden R E 13 b.30; Summe der maßgebenden jährlichen Lohnsummen R E 13 a.10; für verfügbares Vermögen bei der Verschonungsbedarfsprüfung R E 28 a.2 (3); Verwaltungsvermögen R E 13 b.30

Gewinnansprüche, Gewinnverteilung bei Schenkung eines GmbH-Anteils H E 12.3; aus GmbH-Geschäftsanteilen R E 12.3

Gewinnausschüttung, offene R E 7.5 (1); verdeckte R E 7.5 (1)

Gewinnbeteiligung, überhöhte R E 7.9

Gewöhnlicher Geschäftsverkehr R B 9.1, H B 9.1; Anteile an Kapitalgesellschaften R B 11.3 (1)

GmbH & Co. KG, Bewertung der GmbH im vereinfachten Ertragswertverfahren R B 11.4 (6); Bewertung der GmbH mit dem Substanzwert R B 11.4 (6)

GmbH-Geschäftsanteile, Einzug von G. R E 3.4 (3), R E 7.5 (6); Einzug von GmbH-Anteilen H E 7.5; Gewinnansprüche aus G. R E 12.3

Grabpflege, Behandlung von Kosten zur G. H E 10.7

Grenzwerte, Härteausgleich H E 19

Grund und Boden, Berücksichtigung der Eigentumsfläche beim Mindestwert für land- und forstwirtschaftliches Vermögen R B 164 (1); Ermittlung des Mindestwerts beim land- und forstwirtschaftlichen Vermögen R B 164 (2); kapitalisierter Pachtpreis als Mindestwert beim land- und forstwirtschaftlichen Vermögen R B 164 (1); Liquidationswert R B 166 (1)

Grundbesitzwert, Aufteilung bei land- und forstwirtschaftlichem Vermögen bei Personengesellschaften R B 168 (3–8); Aufteilung bei nicht ausschließlich betrieblicher Nutzung H B 151.2; Basiswertregelung R B 151.2 (11); gesonderte Feststellung R B 151.1 (2), R B 151.2; land- und forstwirtschaftliches Vermögen R B 168; nachrichtliche Angaben H B 151.2; Stückländereien R B 168 (1)

Grundstück, Anteil an gemeinschaftlichen Hofflächen und Garagen R B 176.2 (3); im Bau befindliche Gebäude R B 196.1 ff.; bebautes R B 180; Behandlung als Betriebsgrundstück R B 99; betriebliche Schulden i. Z. m. G. R B 103.3; Darlehenstilgung i. Z. m. der Anschaffung von G. H E 7.3; Erbbaurecht als G. R B 192.1; Feststellung des Grundbesitzwerts R B 151.2; Gebäude auf fremdem Grund und Boden R B 195.1; Gebäude/Gebäudeteile, die dem Zivilschutz dienen R B 197; gemischte Nutzung H B 99; Nachweis des niedrigeren gemeinen Werts R B 198; Steuerbefreiung für denkmalgeschütztes G. R E 13.2; Steuerbefreiung für Familienheim bei Erwerb von Todes wegen R E 13.4; Steuerbefreiung für Schenkung eines Familienheims R E 13.3; Steuerbefreiung für Wohngrundstücke R E 13 d; Stundung der Steuer R E 28; R E 28 (6); unbebautes R B 178; verpachtete Teilflächen H B 176.2; wirtschaftliche Einheit R B 176.2; – bei offener Bauweise H B 176.2; Wohnungs-/Teileigentum R B 181.2; Wohnzwecken dienendes G. bei der Steuerbefreiung für Wohngrundstücke R E 13 d (6)

Grundstück im Zustand der Bebauung, Begriff R B 196.1 (1); Bewertung R B 196.2; Bezugsfertigkeit R B 196.1 (4); in Erbbaurechtsfällen R B 196.2 (4); Gebäude auf fremdem Grund und Boden R B 196.2 (4); Gebäudeerrichtung in Bauabschnitten R B 196.1 (4); wirtschaftliche Einheit R B 196.1 (2)

Grundstück mit Gebäuden auf fremdem Grund und Boden, Begriff R B 195.1 (3); Wertermittlung R B 195.2 (2); wirtschaftliche Einheit R B 195.1 (3)

Grundstücksart, Abgrenzung R B 181.1 (1)

Grundstücksgröße, Ableitung des Bodenrichtwerts R B 179.2 (3)

Grundstückskaufverträge, im Erbfall noch nicht erfüllte G. R E 12.2

Grundstücksschenkung, Ausführung R E 9.1 (1), H E 9.1; behördliche Genehmigung R E 9.1 (3), H E 9.1; Berücksichtigung von bei Grundbesitzbewertung abgezogenen Nutzungs- oder Duldungsauflagen H E 7.4 (1); nach Errichtung eines Gebäudes durch den Beschenkten H E 7.1; mittelbare R E 7.3, H E 7.3; privatrechtliche Genehmigung R E 9.1 (3), H E 9.1; Verzicht auf Feststellung des Grundbesitzwerts R B 151.2 (4)

Grundstücksteilfläche, Schenkung einer G. H E 9.1

Grundstückstiefe, Ableitung des Bodenrichtwerts R B 179.2 (4)

Grundstücksüberlassung, Verwaltungsvermögen R E 13b.13ff.; Verwaltungsvermögen bei G. zum Absatz eigener Produkte R E 13b.18; – durch Betriebsaufspaltung R E 13b.14 (1); – durch Betriebsverpachtung im Ganzen R E 13b.15; – im Konzern R E 13b.16; – mit Lieferverträgen R E 13b.18; – aus dem Sonderbetriebsvermögen R E 13b.14 (2); – durch Wohnungsunternehmen R E 13b.17; Verwaltungsvermögen bei Überlassung land- und forstwirtschaftlich genutzter Grundstücke R E 13b.19

Grundvermögen R B 176.1ff.; Abgrenzung vom Betriebsvermögen R B 176.1 (3); Abgrenzung vom land- und forstwirtschaftlichen Vermögen R B 158.3, R B 159, H B 159, R B 176.1 (2); Abgrenzung von Betriebsvorrichtungen R B 176.1 (4), H B 176.1, R B 180 (3); Begriff R B 176.1; Bewertungsmaßstab R B 177; Nachweis des niedrigeren gemeinen Werts R B 198; Rundung des Grundbesitzwerts H B 177

Gutachten, Ansatz des Substanzwerts R B 11.5 (1); Bewertung von Anteilen an Kapitalgesellschaften R B 11.2 (2); Nachweis des niedrigeren gemeinen Werts R B 165 (4), R B 167.3 (2), R B 198 (3)

Gutachterausschuss, Erfahrungssätze für Bewirtschaftungskosten R B 187 (2); ermittelte Sachwertfaktoren als Wertzahl beim Sachwertverfahren R B 191 (1f.); Liegenschaftszinssatz R B 188 (2)

Gütergemeinschaft, Bereicherung des Ehegatten oder Lebenspartners bei Vereinbarung der G. R E 7.6; Schenkungen aus dem Gesamtgut R E 7.6 (3); Schenkungen in das Gesamtgut R E 7.6 (3)

Güterrechtlicher Zugewinnausgleich, Beendigung der Zugewinngemeinschaft mit anschließender Neubegründung H E 5.2; Güterstandsschaukel H E 5.2; Steuerfreiheit R E 5.2; überhöhte Ausgleichsforderung R E 5.2 (2), H E 5.2

Güterstände, Gütergemeinschaft R E 7.6; Wahl nach Art. 15 Abs. 2 EGBGB H E 5.1 (3); Zugewinngemeinschaft R E 5.1, R E 5.2

Härteausgleich H E 19

Hauptzweck, land- und forstwirtschaftliche, gewerbliche oder freiberufliche Tätigkeit R E 13b.23 (6)

Hinterbliebenenbezüge, Anrechnung auf Versorgungsfreibetrag R E 17; aufgrund Betriebsvereinbarung bzw. Tarifvertrag R E 3.5 (2); aus Einzelvertrag R E 3.5 (3); bei Gesellschafter-Geschäftsführern von Kapitalgesellschaften H E 3.5; bei Gesellschaftern einer Personengesellschaft H E 3.5; gesetzliche R E 3.5 (1); Hinzurechnung zum Endvermögen des Erblassers H E 5.1 (4); nicht auf Arbeitnehmerverhältnis zurückgehende H. R E 3.5 (4); Steuerpflicht R E 3.5

Hoch verzinsliche Kapitalforderungen, Obergrenze der Normalverzinsung R B 12.1 (2)

Hoch verzinsliche Schulden, Obergrenze der Normalverzinsung R B 12.1 (2)

Höfeordnung, Sondererbfolge nach der H. R E 3.1 (3), H E 3.1 (3); Steuerbefreiung für Produktivvermögen R E 13b.1 (2)

Holdinggesellschaften, Bewertung im vereinfachten Ertragswertverfahren bei Anteilen an Kapitalgesellschaften R B 11.4 (4); Bewertung im vereinfachten Ertragswertverfahren bei Personengesellschaften R B 109.2 (3); Bewertung

mit dem Substanzwert bei Anteilen an Kapitalgesellschaften R B 11.4 (4); Bewertung mit dem Substanzwert bei Personengesellschaften R B 109.2 (3)
Hopfen, Besatzkapital R B 164 (6); Mindestwert des Grund und Bodens R B 164 (2); Reingewinn R B 163 (7); Sondernutzung R B 160.9 (2); Wirtschaftswert R B 163 (7)

Imkerei, Abgrenzung R B 160.11
Immobilienwertverordnung H B 179.1
Inlandsvermögen, Abzug einer Sicherungshypothek H E 2.2; Abzug von Schulden und Lasten R E 2.2 (7), H E 2.2; Ansprüche nach dem Vermögensgesetz H E 2.2, R E 10.2 (2); Anteile an Kapitalgesellschaften R E 2.2 (3); Betriebsvermögen R E 2.2 (2); Gewinnanteile aus stiller Beteiligung H E 2.2; inländische Betriebsstätte H E 2.2; Nutzungsrechte R E 2.2 (6); stille Beteiligung R E 2.2 (5); Umfang bei beschränkter Steuerpflicht R E 2.2; Urheberrechte R E 2.2 (4); Zugehörigkeit eines Anteils an einer Gemeinschaft zum I. R E 2.2 (8)
Investitionsklausel, Erwerb von Todes wegen R E 13b.24; R E 13b.24 (2); Finanzmittel R E 13b.24 (4); Frist R E 13b.24 (2); keine I. bei Ersatzerbschaftsteuer R E 13b.24 (6); keine I. bei Schenkung unter Lebenden R E 13b.24 (6); Plan des Erblassers R E 13b.24 (2), H E 13b.24 (3); – bei Unterbeteiligungen R E 13b.24 (3); Steuerbefreiung für Produktivvermögen R E 13b.24; bei Umlaufvermögen H E 13b.24 (2); Verwaltungsvermögen R E 13b.24; R E 13b.24 (2)

Jahresertrag, Ermittlung beim vereinfachten Ertragswertverfahren R B 201; noch nicht abgelaufene Wirtschaftsjahre R B 201 (3); Rumpfwirtschaftjahre R B 201 (4)
Jahressteuer, Abzug persönlicher Freibeträge H E 23; bei Anrechnung ausländischer Erbschaftsteuer H E 23; bei Steuerübernahme durch den Schenker H E 23
Junge Aktien, Bewertung R B 11.1 (4)
Junge Finanzmittel R E 13b.23; R E 13b.23 (3); Ausschluss der Schuldenverrechnung R E 13b.23 (3); Begrenzung auf den Wert der Finanzmittel R E 13b.30 (3); – bei Personengesellschaften R E 13b.23 (3); Einlage in Tochter- und Enkelgesellschaften R E 13b.29 (3); gesonderte Feststellung R E 13b.30 (1), (3); im Sonderbetriebsvermögen R E 13b.23 (10), H E 13b.23; kein unschädliches Verwaltungsvermögen R E 13b.23 (3); Verbundvermögensaufstellung H E 13b.29; keine Verrechnung mit Altersvorsorgeverpflichtungen R E 13b.11 (2)
Junges Betriebsvermögen, Begriff R B 200 (5); gesonderter Ansatz beim vereinfachten Ertragswertverfahren R B 200 (5)
Junges Verwaltungsvermögen bei Anteilen an Kapitalgesellschaften R E 13b.27; Ausschluss der Schuldenverrechnung R E 13b.27; Definition R E 13b.27; Einlage bzw. Erwerb von Verwaltungsvermögen innerhalb des Verbundes R E 13b.29 (4); gesonderte Feststellung R E 13b.30 (1), (3); bei Personengesellschaften R E 13b.27; Steuerbefreiung für Wohngrundstücke R E 13d (4); Verbundvermögensaufstellung H E 13b.29

Kapitalerhöhung aus Gesellschaftsmitteln R E 7.5 (4); Verzicht auf ein Bezugsrecht R E 7.5 (4)
Kapitalforderungen, ausländische R B 12.1 (5), H B 12.1; Bewertung R B 12.1, H B 12.1
Kapitalforderungen, hoch verzinsliche, Obergrenze der Normalverzinsung R B 12.1 (2)
Kapitalforderungen, niedrig verzinsliche, Untergrenze der Normalverzinsung R B 12.1 (2)
Kapitalgesellschaft, Anteilstausch bei Lohnsummenregelung R E 13a.8 (4); Anwachsungserwerb R E 3.4 (3); disquotale Einlage H E 7.5; Einbringung

Einzelunternehmen H E 7.5; Einbringung von Anteilen einer K. in eine Personengesellschaft bei Lohnsummenregelung R E 13 a.8 (4); Einlage eines Gesellschafters R E 7.5 (2); Einzug von GmbH-Anteilen R E 3.4 (3), R E 7.5 (6), H E 7.5; Erwerb eigener Anteile H E 3.4 (3), R E 7.5 (5), H E 7.5; Gewinnausschüttung R E 7.5 (1); Kapitalerhöhung R E 7.5 (2), H E 7.5; Kapitalrückzahlung R E 7.5 (1); Leistung an Gesellschafter nahestehende Person R E 7.5 (7); Leistung von Gesellschaftern an K. R E 7.5; Leistung von K. an Gesellschafter R E 7.5; R E 7.5 (1); Leistung von K. an K. R E 7.5; R E 7.5 (14), H E 7.5; Leistung von K. an nahestehende Person eines Gesellschafters R E 7.5; mittelbare Anteilsschenkung R E 7.5 (8); offene Einlage R E 7.5, H E 7.5; Schenkung durch Werterhöhung der Anteile R E 7.5 (10 ff.), H E 7.5; Steuerklasse R E 7.5 (1); – bei Zuwendung an K. R E 15.4; Steuerklasse bei mehreren veranlassenden Personen bei Zuwendungen an K. R E 15.4 (3); Übergang von Anteilen an K. R E 7.5 (5); Umwandlung in Personengesellschaft R E 11, H E 11; Umwandlung Personengesellschaft in K. bei Lohnsummenregelung R E 13 a.8 (1); verdeckte Einlage R E 7.5, H E 7.5; verdeckte Gewinnausschüttung R E 7.5 (7); Vermächtnis R E 7.5 (2); – zugunsten einer K. H E 7.5; Verschmelzung R E 7.5; R E 7.5 (3); Verzicht auf bereits entstandenen Gewinnanspruch R E 7.5 (7); Verzicht eines Gesellschafters auf ein Bezugsrecht R E 7.5 (4); Zuwendung an einem Gesellschafter nahestehende Person H E 7.5

Kapitalisierungsfaktor, vereinfachtes Ertragswertverfahren R B 203

Kapitalrückzahlung, Kapitalgesellschaft R E 7.5 (1)

Kassenärztliche Vereinigung, Forderung an k. V. im Betriebsvermögen H B 95

Kaufpreis, Nachweis des niedrigeren gemeinen Werts R B 167.3 (3), R B 198 (4)

Kaufrechtsvermächtnis, Besteuerung H E 3.2; Steuerbefreiung für Produktivvermögen H E 13 b.1

Kettenschenkung, Voraussetzungen H E 7.1

Kinder, Steuerbefreiung für Familienheim bei Erwerb von Todes wegen R E 13.4; R E 13.4 (7); Versorgungsfreibetrag für K. R E 17

Kirchliche Körperschaften, Steuerbefreiung für Zuwendungen an k. K. R E 13.8

Kirchliche Zwecke, Steuerbefreiung für Zuwendungen zu k. Z. R E 13.10

Kleinbetragsgrenze, Steuerfall H E 22

Kommanditanteil, Ansatz des Anteils am Gesamthandsvermögen R B 97.5 (2); Sonderbetriebsvermögen R B 97.5 (3)

Kommanditgesellschaft, Bewertung eines Kommanditanteils R B 97.5 (2 f.); Haftung des Kommanditisten R B 97.5

Kommanditist, Ansatz des Anteils am Gesamthandsvermögen R B 97.5 (2); Sonderbetriebsvermögen R B 97.5 (3)

Komplementäranteil, Bewertung R B 97.5 (4)

Komplementär-GmbH, Berücksichtigung des Geschäftsführers bei Anzahl der Beschäftigten H E 13 a.4; Bewertung im vereinfachten Ertragswertverfahren R B 11.4 (6); Bewertung mit dem Substanzwert R B 11.4 (6)

Konsularische Vertretungen, Steuerpflicht für Mitglieder H E 2.1

Konzern, Anteile im Konzernverbund beim Verwaltungsvermögen R E 13 b.20 (1); Verwaltungsvermögen bei Grundstücksüberlassung im K. R E 13 b.16

Kreditinstitute, Finanzmittel R E 13 b.23 (8); von K. gehaltene Anteile an Kapitalgesellschaften beim Verwaltungsvermögen R E 13 b.20 (5); Wertpapiere und vergleichbare Forderungen als Verwaltungsvermögen R E 13 b.22 (2)

Kulturgüter, Steuerbefreiung R E 13.2, H E 13.2

Kunstgegenstände, Verwaltungsvermögen R E 13b.21

Land- und forstwirtschaftlich genutzte Grundstücke, Verwaltungsvermögen bei Überlassung R E 13b.19

Land- und forstwirtschaftliches Vermögen, Abgrenzung der Nutzungsarten R B 160.2ff.; Abgrenzung vom Betriebsvermögen R B 158.2; Abgrenzung vom Grundvermögen R B 158.3, R B 159, H B 159; Abgrenzung vom übrigen Vermögen R B 158.4; Altenteilerwohnung R B 160.22; Aufteilung des Grundbesitzwerts bei Personengesellschaften R B 168 (3–8); Begriff R B 158.1; begünstigungsfähiges Vermögen bei Steuerbefreiung für Produktivvermögen R E 13b.4; Behaltensregelung bei Steuerbefreiung für Produktivvermögen R E 13a.14; Betriebsmittel R B 158.1 (6); Betriebsverpachtung im Ganzen H B 158.1 (1); Betriebswohnung R B 160.21; Bewertung des Wirtschaftsteils mit Fortführungswert R B 165; Bewertung von Betriebswohnungen und des Wohnteils R B 167.1ff.; Bewertungsgrundsätze beim Wirtschaftsteil R B 162; Bewertungsstichtag R B 161; einzelnes Grundstück R B 158.1 (2); Entnahmebegrenzung R E 13a.15 (1), (2), (4); – bei Gewinnermittlung nach § 13a EStG R E 13a.15 (5); Ermittlung des Liquidationswerts R B 166; Feststellung des Grundbesitzwerts R B 151.2; R B 151.2 (3); Geschäftsguthaben, Wertpapiere und Beteiligungen R B 158.4 (1); Gesellschaften oder Gemeinschaften R B 158.1 (3); gesonderte Feststellung R B 151.1 (2); Grundbesitzwert R B 168; Mindestwert R B 164; Nachbewertung R B 162 (3–5); Nachversteuerung bei Betriebsaufgabe R E 13a.14 (1); Nachversteuerung bei Umwandlung in Stückländerei R E 13a.14 (4); Nachversteuerung bei Veräußerung wesentlicher Betriebsgrundlagen R E 13a.14 (2); Nachversteuerung bei Wegfall der Selbstbewirtschaftung R E 13a.14 (3); Nachweis des niedrigeren gemeinen Werts für den Wirtschaftsteil R B 165 (3f.); Nichtbewirtschaftung R B 158.1 (5); Pensionsverpflichtungen R B 158.4 (4); Steuerbefreiung bei luf V. von öffentlichem Interesse R E 13.2 (1); Steuerbefreiung für den Wohnteil bei Schenkung als Familienheim R E 13.3 (2); Stückländerei R B 160.1 (6); Stundung der Steuer R E 28 (1–4); –, Berechnung der Steuer R E 28 (4); –, Wegfall R E 28 (3); Tarifbegrenzung R E 19a.1ff.; –, Behaltensregelung R E 19a.3; Überbestand an umlaufenden Betriebsmitteln R B 158.4 (3); wirtschaftliche Einheit R B 158.1 (1f.); Wirtschaftsteil R B 160.1; Wirtschaftswert R B 163; Wohnteil R B 160.22; Zuordnung der Hof- und Wirtschaftsgebäudeflächen zu den Nutzungsarten R B 163 (11)

Landwirtschaftliche Nutzung, Abgrenzung R B 160.2; Besatzkapital R B 164 (6); Bestimmung der Betriebsform und -größe R B 163 (3); Betriebsformen R B 160.2 (1); gemeinschaftliche Tierhaltung R B 160.2 (4); Mindestwert des Grund und Bodens R B 164 (2); Pensionsvieh H B 160.1; Reingewinn R B 163 (3); Standarddeckungsbeiträge H B 160.2; Wirtschaftswert R B 163 (3)

Lebenspartner, Vereinbarung einer Gütergemeinschaft R E 7.6

Lebensversicherung, Hinterbliebenenbezüge aus befreiender L. H E 3.5; Prämienzahlung durch Begünstigten R E 3.7 (2), H E 3.7; Verträge zugunsten Dritter R E 3.7 (2); Zahlung von Prämien durch Dritten H E 7.1

Leistungs-, Nutzungs- und Duldungsauflage, Abzug bei Schenkung R E 7.4 (1); begrenzter Abzug bei Schenkung mit Steuerbefreiung R E 7.4 (2); Bewertung bei Schenkung H E 7.4 (1); Schenkung unter L. R E 7.4; wirtschaftlicher Zusammenhang mit übertragenem Vermögen bei Schenkung H E 7.4 (3)

Lieferverträge, Verwaltungsvermögen bei Grundstücksüberlassung mit L. R E 13b.18

Liegenschaftszinssatz, Ansatz des gesetzlich vorgegebenen L. R B 188 (2); Begriff R B 188 (1); Ertragswertverfahren R B 188; Gutachterausschüsse R B 188 (2); maßgebende Grundstücksart H B 188 (2); Spannen H B 188 (2)

Liquidationswert, Ansatz als Substanzwert R B 11.5 (9); Ansatz bei Veräußerung eines ganzen Betriebs der Land- und Forstwirtschaft R B 162 (3); Ansatz bei Veräußerung wesentlicher Betriebsgrundlagen beim luf Vermögen R B 162 (4); Besatzkapital R B 166 (1); Bewertung der Beteiligung an Personengesellschaft mit L. R B 109.2 (5); Bewertung von Anteilen an Kapitalgesellschaft mit L. R B 11.4 (7); Ermittlung bei einzelnen Wirtschaftsgütern R B 166 (3); Ermittlung bei Veräußerung eines ganzen Betriebs der Land- und Forstwirtschaft R B 166 (2); Ermittlung bei wesentlichen Betriebsgrundlagen R B 166 (3); Grund und Boden R B 166 (1); beim Wirtschaftsteil des land- und forstwirtschaftlichen Vermögens R B 166

Lohnsummenregelung, Allgemeines R E 13 a.4; Anteilstausch bei einer Kapitalgesellschaft R E 13 a.8 (4), H E 13 a.8 (4); Auswirkung auf Schwellenwert R E 13 a.2 (2); Auswirkung des Verstoßes gegen die L. auf Abzugsbetrag R E 13 a.9 (1); Auswirkung des Verstoßes gegen die L. auf Schwellenwert R E 13 a.9 (1); Auswirkung des Verstoßes gegen die L. auf Vorwegabschlag R E 13 a.9 (1); Berücksichtigung der Beschäftigten bei Unterbeteiligungen R E 13 a.4 (2), R E 13 a.7 (2–6); Definition der Lohnsumme R E 13 a.5; Einbringung eines Anteils an einer Personengesellschaft in eine Kapitalgesellschaft R E 13 a.8 (5); Einbringung eines Anteils an einer Personengesellschaft in eine Personengesellschaft R E 13 a.8 (5); Einbringung eines Einzelunternehmens in eine Kapitalgesellschaft R E 13 a.8 (5); Einbringung eines Einzelunternehmens in eine Personengesellschaft R E 13 a.8 (5); Einbringung von Anteilen einer Kapitalgesellschaft in eine Personengesellschaft R E 13 a.8 (4); Ermittlung der Anzahl der Beschäftigten R E 13 a.4 (2); Erwerb mehrerer begünstigter Einheiten R E 13 a.6, H E 13 a.6, H E 13 a.7 (1); Feststellung bei Unterbeteiligungen R E 13 a.10 (3); Feststellung der Anzahl der Beschäftigten R E 13 a.10; Feststellung der Ausgangslohnsumme R E 13 a.10; Feststellung der Summe der maßgebenden jährlichen Lohnsummen R E 13 a.10; Feststellungsfrist im Bereich der Lohnsumme R E 13 a.10 (4); Geschäftsführer H E 13 a.4; maßgebende Beschäftigte R E 13 a.4 (2); Mindestbeschäftigtenzahl R E 13 a.4 (2); Nachversteuerung bei Verstoß gegen L. R E 13 a.19 (2); Steuerbefreiung für Produktivvermögen R E 13 a.4; überhöhte Vergütung H E 13 a.5; Umstrukturierung bei nachgeordneten Gesellschaften R E 13 a.8 (3), H E 13 a.8 (3); Umwandlung einer Kapitalgesellschaft in eine Personengesellschaft bei Unterbeteiligungen R E 13 a.8 (6); Umwandlung einer Personengesellschaft in eine Kapitalgesellschaft R E 13 a.8 (1); Umwandlung einer Personengesellschaft in eine Kapitalgesellschaft bei Unterbeteiligungen R E 13 a.8 (6); Umwandlungen R E 13 a.8; Umwandlungsfälle H E 13 a.8 (2); Unternehmerlohn R E 13 a.7 (10); Vergütung für Gesellschafter-Geschäftsführer bei Personengesellschaft H E 13 a.5; Verschmelzung R E 13 a.8 (5); bei der Verschonungsbedarfsprüfung R E 28 a.4 (1); Verstoß gegen L. R E 13 a.9; – beim Abschmelzmodell R E 13 c.2; Vorschaltung einer Gesellschaft R E 13 a.8 (2)

Mäzene, Zuwendungen von M. H E 7.1

Mehrfacher Erwerb desselben Vermögens, keine Anwendung bei nur nach ausländischem Recht besteuertem Vorerwerb H E 27; Berechnung des Ermäßigungsbetrags R E 27, H E 27; Steuermäßigung R E 27

Mietdatenbank, Ableitung der üblichen Miete R B 186.5 (4)

Miete, anzusetzende M. beim Ertragswertverfahren R B 186.1 (1); Berücksichtigung von Betriebskosten R B 186.2 (1); Betriebsaufspaltung R B 186.1 (2); gestaffelte Mietänderung H B 186.1; mehrstöckige Mietverhältnisse H B 186.1; Mietvorauszahlung H B 186.1; Tragung der Instandsetzungs- und Instandhaltungskosten durch Mieter R B 186.2 (2)

Mietgutachten, Ableitung der üblichen Miete R B 186.5 (5)

Mietspiegel, Ableitung der üblichen Miete R B 186.5 (3)

Mietwohngrundstück, Bewertung im Ertragswertverfahren R B 182 (3); Voraussetzungen R B 181.1 (1)

Mildtätige Körperschaften, Steuerbefreiung für Zuwendungen an m. K. R E 13.8

Mildtätige Zwecke, Steuerbefreiung für Zuwendungen zu m. Z. R E 13.10

Mindeststeuer, Zusammenrechnung R E 14.3 (1)

Mindestwert, Abzug von Verbindlichkeiten R B 164 (8); Ansatz von Grund und Boden sowie Besatzkapital R B 164 (1); Begrenzung R B 164 (8); Bewertung bebauter Grundstücke im Ertragswertverfahren R B 184, R B 185.1 (4); gemeinschaftliche Tierhaltung R B 164 (10); land- und forstwirtschaftliches Vermögen R B 164; Stückländerei R B 164 (9); Substanzwert R B 11.5 (1)

Mittelbare Grundstücksschenkung, Ausführung R E 9.1 (2); Einzelfälle H E 7.3; Feststellung des Grundbesitzwerts R B 151.2 (7); Voraussetzungen R E 7.3

Mittelbare Schenkung, Feststellung des Werts des Betriebsvermögens R B 151.4 (2); Feststellung des Werts von Anteilen an Kapitalgesellschaften R B 151.5 (2); Steuerbefreiung für Produktivvermögen R E 13b.2 (2), H E 13b.2

Nachbewertung, einzelne Wirtschaftsgüter R B 166 (3); land- und forstwirtschaftliches Vermögen R B 162 (3–5); Veräußerung eines ganzen Betriebs der Land- und Forstwirtschaft R B 166 (2)

Nachfolgeklausel, qualifizierte R E 3.1 (3), H E 3.1 (3); Steuerbefreiung für Produktivvermögen R E 13b.1 (2), H E 13b.1

Nachlasspflegschaft, Bekanntgabe des Steuerbescheids H E 32

Nachlasssteuer, Anrechnung ausländischer N. R E 21; maßgebender Umrechnungskurs bei Umrechnung R E 21 (2)

Nachlassverbindlichkeiten, Abzug privater Steuerschulden R E 10.8; Pauschbetrag für N. R E 10.9; Pensionsverpflichtungen i. Z. m. land- und forstwirtschaftlichem Vermögen R B 158.4 (4); Übernahme einer Bürgschaft R E 10.7

Nachlassverwaltung, Bekanntgabe des Steuerbescheids H E 32

Nachrichtliche Angaben, Feststellungsverfahren H B 151.9; für die Steuerbefreiung für Produktivvermögen R E 13b.30 (5)

Nachvermächtnis, Besteuerung R E 6

Nachversteuerung, Steuerbefreiung für Produktivvermögen R E 13a.19; Verstoß gegen Behaltensregelung R E 13a.19 (1); – und Lohnsummenregelung R E 13a.19 (3); Verstoß gegen Lohnsummenregelung R E 13a.19 (2)

Nachweis des niedrigeren gemeinen Werts, Berücksichtigung von Nutzungsrechten bei Betriebswohnungen und Wohnteil H B 167.3; Berücksichtigung von Nutzungsrechten bei Grundvermögen H B 198; Betriebswohnungen und Wohnteil R B 167.3; Grundvermögen R B 198; für den Wirtschaftsteil des land- und forstwirtschaftlichen Vermögens R B 165 (3f.)

Nahestehende Person, Schenkung bei Leistung an Gesellschafter nahestehende Person R E 7.5 (7)

Nebenbetriebe, Abgrenzung R B 160.18; Reingewinn R B 163 (9)

Nettowert des Verwaltungsvermögens R E 13b.25; Berechnung R E 13b.9 (2)

Nicht betriebsnotwendiges Vermögen, Begriff R B 200 (2)
Nicht notierte Anteile an Kapitalgesellschaften, Bewertung R B 11.2
Nicht rechtsfähige Stiftung, kein Vermögensübergange H E 7.7
Nichtbilanzierende Gewerbebetriebe und Freiberufler, keine Abzugsfähigkeit von Schulden und sonstige Abzügen R B 103.2; Umfang des Betriebsvermögens R B 95 (3)
Nichtrechtsfähige Stiftung, keine Ersatzerbschaftsteuer H E 1.2
Nichtwohngebäude, für Baupreisindex maßgebende Gebäudeart R B 190.4 (2)
Niedrig verzinsliche Kapitalforderungen, Untergrenze der Normalverzinsung R B 12.1 (2)
Niedrig verzinsliche Schulden, Untergrenze der Normalverzinsung R B 12.1 (2)
Nießbrauch, begünstigungsfähiges Betriebsvermögen R E 13 b.30 (6); Berücksichtigung beim Nachweis des niedrigeren gemeinen Werts H B 167.3, H B 198; Berücksichtigung von bei Grundbesitzbewertung abgezogenem N. H E 7.4 (1), R E 10.10 (6); Beteiligung an einer Personengesellschaft, Bewertung R B 97.3 (2f.); an einer Beteiligung an einer Personengesellschaft R B 97.3; als Betriebsvermögen R B 97.3 (2); am Betriebsvermögen bei Steuerbefreiung für Produktivvermögen H E 13 b.5; Bewertung R B 13, H B 13; Ermittlung des Verwaltungsvermögens, jungen Verwaltungsvermögens, der Finanzmittel, jungen Finanzmittel und Schulden R E 13 b.30 (6); Feststellung des Grundbesitzwerts R B 151.2 (7); Feststellung des Werts des Betriebsvermögens R B 151.4 (2); Feststellung des Werts von Anteilen an Kapitalgesellschaften R B 151.5 (2); Gewinnansprüche aus Nießbrauch an Anteilen an einer Kapitalgesellschaft R E 12.3 (4); an GmbH-Geschäftsanteilen R E 12.3 (4); nachträgliche entgeltliche Ablösung H E 7.1; Steuerbefreiung für Wohngrundstücke R E 13 d (9); vorzeitiger unentgeltlicher Verzicht auf vorbehaltenen N. H E 7.1, H E 25
Nießbrauchsverzicht, Bereicherung bei Abzugsverbot für Nießbrauchslast H E 10.1
Nützlinge, Produktion R B 160.15
Nutzungen, persönliche Freibeträge bei der Besteuerung von N. H E 23
Nutzungs- und Rentenlast, Besteuerung R E 25
Nutzungsauflage, Berücksichtigung von bei Grundbesitzbewertung abgezogener N. bei der Schenkungsteuer H E 7.4 (1)
Nutzungsrecht, begünstigungsfähigen Betriebsvermögen H E 13 b.5; begünstigungsfähiges Betriebsvermögen R E 13 b.30 (6); Berücksichtigung beim Nachweis des niedrigeren gemeinen Werts H B 167.3, H B 198; Berücksichtigung von bei der Grundbesitzbewertung abgezogenem N. bei der Steuerberechnung R E 10.10 (6); Bewertung R B 13, H B 13; Einräumung an begünstigtem Produktivvermögen während der Behaltensfrist H E 13 a.12; Ermittlung des Verwaltungsvermögens, jungen Verwaltungsvermögens, der Finanzmittel, jungen Finanzmittel und Schulden R E 13 b.30 (6); Feststellung des Grundbesitzwerts R B 151.2 (7); Feststellung des Werts des Betriebsvermögens R B 151.4 (2); Feststellung des Werts von Anteilen an Kapitalgesellschaften R B 151.5 (2); Inlandsvermögen R E 2.2 (6), H E 2.2; Steuerbefreiung für Wohngrundstücke R E 13 d (9)

Obstbau, Abgrenzung R B 160.7
Oderkonto, Zuwendungen zwischen Ehegatten bei Oderkonten H E 7.1
Öffentliche Kassen, Zuschüsse aus ö. K. H E 7.1
Öffentliches Interesse, Gegenstände, deren Erhaltung im ö. I. liegt R E 13.2
Optionsrecht als aufschiebende Bedingung R B 4, H B 4
Optionsverschonung, Abschmelzmodell R E 13 c.1 (1); Steuerbefreiung für Produktivvermögen R E 13 a.1 (1),

R E 13 a.21; Vorwegabschlag R E 13 a.20 (1)

Organgesellschaft, Bewertung im vereinfachten Ertragswertverfahren bei Anteilen an Kapitalgesellschaften R B 11.4 (5); Bewertung im vereinfachten Ertragswertverfahren bei Personengesellschaften R B 109.2 (4)

Organträgergesellschaft, Bewertung im vereinfachten Ertragswertverfahren bei Anteilen an Kapitalgesellschaften R B 11.4 (5); Bewertung im vereinfachten Ertragswertverfahren bei Personengesellschaften R B 109.2 (4)

Paketzuschlag bei Bewertung nach marktüblicher Methode R B 11.8 (2); Erbengemeinschaft R B 11.8 (4); bei Gutachten R B 11.8 (2); Höhe R B 11.8 (9); bei nicht notierten Anteilen an Kapitalgesellschaften R B 11.8 (2); bei notierten Anteilen an Kapitalgesellschaften R B 11.8 (2); Schenkung R B 11.8 (6); bei Substanzwertverfahren R B 11.8 (2); beim vereinfachten Ertragswertverfahren R B 11.8 (2); bei Vermächtnis R B 11.8 (2); Voraussetzung R B 11.8 (1), (3); bei Wertableitung aus Verkäufen R B 11.8 (2)

Pauschbetrag für Nachlassverbindlichkeiten, Abzug im Erbfall R E 10.9; Abzug weiterer Aufwendungen neben P. R E 10.9 (4); Aufteilung H E 10.9

Pensionskassen, Steuerbefreiung für Zuwendungen an P. R E 13.7

Pensionsverpflichtungen, land- und forstwirtschaftliches Vermögen R B 158.4 (4)

Pensionsvieh, landwirtschaftliche Nutzung H B 160.1

Personengesellschaft, Ansatz von Sonderbetriebsvermögen R B 97.1 (1); Anwachsungserwerb R E 3.4 (2); Aufteilung des Betriebsvermögens einer P. R B 97.4, H B 97.4; Aufteilung des Grundbesitzwerts des land- und forstwirtschaftlichen Vermögens R B 168 (3–8); bedingte Beteiligung an offenen und stillen Reserven einer P. H E 7.8; Begrenzung der jungen Finanzmittel auf den Wert der Finanzmittel R E 13 b.23 (3); besondere Umstände R B 109.2 (1); Beteiligungen haltende Gesellschaften R B 109.2 (3); beteiligungsbezogene Feststellung des Verwaltungsvermögens, jungen Verwaltungsvermögens, der Finanzmittel, jungen Finanzmittel und Schulden R E 13 b.30 (2); Betriebsvermögen einer P. R B 97.1; Bewertung einer Gesellschaft in Liquidation R B 109.2 (5); Bewertung eines Kommanditanteils R B 97.5 (2 f.); Bewertung in Sonderfällen R B 109.2; Bewertung mit dem Substanzwert R B 11.5; Ermittlung des begünstigten Vermögens H E 13 b.9; Ermittlung des steuerpflichtigen Vermögens H E 13 b.9; Ermittlung des Substanzwerts R B 109.3; Erwerber bei Zuwendung an P. H E 2.1; Erwerber bei Zuwendung von P. H E 2.1; Finanzmittel R E 13 b.23 (9); Finanzmitteltest R E 13 b.23 (9), H E 13 b.23; Forderungen der P. gegen Gesellschafter R B 97.1 (2), H B 97.1; Forderungen eines Gesellschafters gegen die P. R B 97.1 (2); Gesamthandsvermögen als Betriebsvermögen R B 97.1 (1); Gesellschaftsanteil beim Ausscheiden eines G. zu Lebzeiten H E 7.10; gesonderte Feststellung R B 151.1 (2); gesonderter Ansatz von Beteiligungen an P. beim vereinfachten Ertragswertverfahren R B 200 (3 f.); Grundstück mit privater Nutzung H B 97.1; Hinterbliebenenbezüge bei Gesellschaftern R E 3.5 (4), H E 3.5; Holdinggesellschaften R B 109.2 (3); junge Finanzmittel im Sonderbetriebsvermögen R E 13 b.23 (10); junges Verwaltungsvermögen R E 13 b.27; mehrstöckige R B 97.1 (1); Neugründung R B 109.2 (2); Nießbrauch an einer Beteiligung an einer P. R B 97.3; –, Betriebsvermögen R B 97.3 (2); Organgesellschaft R B 109.2 (4); Organträgergesellschaft R B 109.2 (4); Schulden der P. gegenüber Gesellschafter R B 97.1 (2); Schulden eines Gesellschafters gegenüber der P. R B 97.1 (2); Sonderbetriebsvermögen R B

97.2; Steuerbefreiung für Weitergabeverpflichtung Produktivvermögen bei Tod des Gesellschafters R E 10.13 (3); Steuerbefreiung für Wohngrundstücke bei zu einer Beteiligung an einer P. gehörenden Grundstücken R E 13 d (4); überhöhte Gewinnbeteiligung R E 7.9; Übertragung eines Anteils R E 10.4, H E 10.4; Umwandlung in Kapitalgesellschaft R E 11, H E 11; Umwandlung in Kapitalgesellschaft bei Lohnsummenregelung R E 13 a.8 (1); Verbundvermögensaufstellung R E 13 b.29 (1); Verrechnung von Finanzmitteln mit Schulden R E 13 b.23 (9); Weitergabeverpflichtung für Gesellschaftsanteile bei Tod des Gesellschafters R E 10.13 (1)

Persönliche Verhältnisse, Anteile an Kapitalgesellschaften R B 11.3 (2)

Pfandbriefe, Bewertung nicht notierter P. R B 11.1 (2); Bewertung notierter P. R B 11.1 (1)

Pflegeleistungen, als Gegenleistung bei Schenkung unter Lebenden H E 7.4 (1); Steuerbefreiung R E 13.5, H E 13.5 (2)

Pflichtteil, Abfindung für Verzicht auf zukünftigen Pflichtteilsanspruch H E 7.1; Abzug als Nachlassverbindlichkeit bei Geltendmachung nach dem Tod des Verpflichteten H E 10.7; Beschränkung des Abzugs R E 10.10 (3); Erwerb bei nicht geltend gemachtem P. H E 3.1 (5)

Pflichtteilsanspruch, Zeitpunkt der Geltendmachung H E 9.2

Pilzanbau, Abgrenzung R B 160.14

Plan des Erblassers, Investitionsklausel H E 13 b.24 (3); – für Finanzmittel R E 13 b.24 (4); – bei Verwaltungsvermögen R E 13 b.24 (2); Unterbeteiligungen, Investitionsklausel R E 13 b.24 (3)

Poolvereinbarung, Berücksichtigung beim Verwaltungsvermögen R E 13 b.20 (1); Formerfordernis H E 13 b.5; Nachversteuerung bei Anteilen an Kapitalgesellschaften mit Poolvertrag R E 13 a.17; Steuerbefreiung für Anteile an Kapitalgesellschaften R E 13 b.6 (3–6)

Poolvertrag, Formerfordernis H E 13 b.5; Steuerbefreiung für Anteile an Kapitalgesellschaften R E 13 b.6 (3–6)

Praxiswertbildende Faktoren, Ansatz beim Substanzwert R B 11.5 (3)

Progressionsvorbehalt im Doppelbesteuerungsabkommen H E 19

Rechtsberatungskosten, Behandlung bei der Schenkungsteuer H E 10.7; im Besteuerungs- und Wertermittlungsverfahren H E 10.7; im Vorfeld einer Schenkung anfallende R. R E 7.4 (4)

Regelherstellungskosten, Anpassung an den Baupreisindex R B 190.4; Außenanlagen R B 190.5; Berücksichtigung der Umsatzsteuer H B 190.1 (1); für die Gebäudeart R B 190.2; bei den Gebäudestandard R B 190.3; maßgebender Baupreisindex R B 190.4 (1); nicht aufgeführte Gebäudeart R B 190.2 (2); nicht aufgeführte Gebäudeklasse H B 190.2 (2); Sachwertverfahren R B 190.1

Regelverschonung, Behaltensregelung R E 13 a.12 (1); Steuerbefreiung für Produktivvermögen R E 13 a.1 (1); Vorwegabschlag R E 13 a.20 (1)

Reingewinn, Abbauland R B 163 (10); Ermittlung bei mehreren Nutzungsarten R B 163 (1); Ermittlung im Einzelertragswertverfahren R B 163 (8); Ermittlungsgrundlage für pauschalisierten Reingewinn R B 163 (3); forstwirtschaftliche Nutzung R B 163 (4); gärtnerische Nutzung R B 163 (6); Hopfen R B 163 (7); Kapitalisierungsfaktor R B 163 (2); landwirtschaftliche Nutzung R B 163 (3); Nebenbetriebe R B 163 (9); sonstige landwirtschaftliche Nutzung R B 163 (8); Spargel R B 163 (7); Tabak R B 163 (7); weinbauliche Nutzung R B 163 (5)

Reinvestitionsklausel, Steuerbefreiung für Produktivvermögen R E 13 a.18; Veräußerung eines ganzen Betriebs der Land- und Forstwirtschaft R B 162 (3); bei Veräußerung wesentlicher Betriebsgrundlagen beim land- und forstwirtschaftlichen Vermögen R B 162 (5)

Renten, Besteuerung von R. bei der Zusammenrechnung H E 23; persönliche Freibeträge bei der Besteuerung von R. H E 23
Rentenrechte und -lasten, Bewertung R B 13, H B 13
Restnutzungsdauer, Alter des Gebäudes R B 185.3 (1); Anbauten R B 185.4 (5); Aufstockungen R B 185.4 (5); Begriff R B 185.3 (1); Ertragswertverfahren R B 185.3; gewichtete R B 185.4 (4), H B 185.4; gewogene R B 185.4 (3), H B 185.4; Grundstücke mit mehreren selbstständigen Gebäuden/Gebäudeteilen R B 185.4 (1–4); Grundstücken mit mehreren nicht selbstständigen Gebäuden/Gebäudeteilen R B 185.4 (6); Mindestrestnutzungsdauer R B 185.3 (6); typisierte wirtschaftliche Gesamtnutzungsdauer R B 185.3 (1 f.); Verkürzung R B 185.3 (5); Verlängerung R B 185.3 (4)
Rohbauland, Bewertung R B 179.1 (3)
Rückfall des geschenkten Vermögens R E 13.6, H E 13.6
Rücklagen, keine Abzugsfähigkeit R B 103.1 (2); Ansatz beim Substanzwert R B 11.5 (4)
Rücktrittsrecht als auflösende Bedingung R B 4, H B 4

Saatzucht, Abgrenzung R B 160.13
Sachleistungsansprüche im Betriebsvermögen R B 103.2 (5), H B 103.2; aus im Erbfall nicht erfüllten Grundstückskaufverträgen R E 12.2, H E 12.2; aus gegenseitigen Verträgen R B 9.3 (1), H B 9.3
Sachleistungsverpflichtungen aus gegenseitigen Verträgen R B 9.3 (1), H B 9.3; Verpflichtungen aus einseitigen S. R B 9.3 (2)
Sachvermächtnis, Bewertung R B 9.3 (2)
Sachwertfaktoren, Ansatz der vom Gutachterausschuss ermittelten S. als Wertzahl R B 191 (1 f.)
Sachwertverfahren, Alterswertminderung R B 190.7; Ansatz von Außenanlagen R B 189, R B 190.5; Baupreisindex R B 190.4; bebaute Grundstücke R B 189; Bewertung im S., Voraussetzungen R B 182 (4); Bodenwert R B 189; Brutto-Grundfläche R B 190.6; Gebäudeart R B 190.2; Gebäudesachwert R B 189; –, Mindestwert R B 190.7 (5); Gebäudestandard R B 190.3; Regelherstellungskosten R B 190.1; Überblick H B 189; Wertzahl R B 191
Schenker, Inanspruchnahme bei Nachversteuerung bei Steuerbefreiung für Produktivvermögen R E 13 a.1 (3); Übernahme der Schenkungsteuer R E 10.5
Schenkung auf den Todesfall, objektive und subjektive Voraussetzungen H E 3.3; Steuerbefreiung für Produktivvermögen R E 13 b.1 (1); Tatbestandsmerkmale R E 3.3; überhöhte Zugewinnausgleichsforderung R E 5.2; Wert des Erwerbs H E 3.3; Wille zur Unentgeltlichkeit H E 3.4 (1)
Schenkung unter Auflage, Abzug von Erwerbsnebenkosten R E 7.4 (4); Bemessungsgrundlage R E 7.4, H E 7.4 (1 ff.); Mehrheit von Vermögensgegenständen R E 7.4 (3)
Schenkung unter Lebenden, Anrechnung auf die Zugewinnausgleichsforderung R E 5.1 (6), H E 5.1 (5); Anwendung der Vorschriften über Erwerbe von Todes wegen R E 1.1, H E 1.1; aufschiebend bedingte Gegenleistung H E 7.4 (1); Bekanntgabe des Feststellungsbescheids R B 154 (3); Einlage in eine Kapitalgesellschaft R E 7.5; R E 7.5 (2); Einräumung Gesamtgläubigerstellung an Rentenrecht H E 7.1; Einzug von GmbH-Anteilen R E 7.5 (6), H E 7.5; Erwerb eigener Anteile durch eine Kapitalgesellschaft R E 7.5 (5), H E 7.5; Erwerbsnebenkosten H E 10.7; Feststellung des Grundbesitzwerts R B 151.2 (2); Gewinnausschüttung einer Kapitalgesellschaft R E 7.5; keine Investitionsklausel bei Steuerbefreiung für Produktivvermögen R E 13 b.24 (6); Kapitalerhöhung R E 7.5 (2), H E 7.5; – aus Gesellschaftsmitteln R E 7.5 (4); Leistung an eine Genossenschaft R E 7.5; Leistung einer Genossenschaft R E 7.5; Leistung einer Kapitalgesell-

schaft an andere Kapitalgesellschaft R E 7.5; R E 7.5 (14), H E 7.5; Leistung einer Kapitalgesellschaft an einem Gesellschafter nahestehende Person R E 7.5; Leistung einer Kapitalgesellschaft an einen Gesellschafter R E 7.5; Leistung eines Gesellschafters an eine Kapitalgesellschaft R E 7.5; Leistung eines Gesellschafters an einen Gesellschafter R E 7.5; Leistung eines Gesellschafters an nahestehende Person R E 7.5; Missverhältnis von Leistung und Gegenleistung H E 7.1; mittelbare Schenkung eines Verkaufserlöses H E 7.1; bei Paketzuschlag R B 11.8 (6); Rechtsberatungskosten H E 10.7; Schenkungskette über Zeitraum von mehr als 10 Jahren R E 14.1 (4); Steuerbefreiung für Produktivvermögen R E 13 b.2; Steuerberatungskosten H E 10.7; Übergang von Anteilen an eine Kapitalgesellschaft R E 7.5 (5); verdeckte Gewinnausschüttung R E 7.5 (7); Verschmelzung R E 7.5 (3); Verzicht eines Gesellschafters auf ein Bezugsrecht R E 7.5 (4); Verzicht eines Gesellschafters einer Kapitalgesellschaft auf Gewinnanspruch R E 7.5 (7); Zahlung von Prämien einer Lebensversicherung durch Dritten H E 7.1; Zuwender bei Vollzug eines formunwirksamen Schenkungsversprechens H E 7.1; Zuwendung an einem Gesellschafter nahestehende Person R E 7.5 (7); Zuwendung durch Werterhöhung der Anteile einer Kapitalgesellschaft R E 7.5 (10 ff.), H E 7.5; Zuwendungen zwischen Ehegatten bei Einzelkonten H E 7.1; Zuwendungen zwischen Ehegatten bei Oderkonten H E 7.1

Schenkungsteuer, Abrundung/Übernahme durch Schenker R E 10.5, H E 10.5; Anzeigepflicht R E 30

Schuldbuchforderungen, Bewertung notierter S. R B 11.1 (1)

Schulden, Abzugsfähigkeit unter Angehörigen H B 103.2; ausländische R B 12.1 (5), H B 12.1; betriebliche S. i. Z. m. Grundstücken R B 103.3; Bewertung R B 12.1, H B 12.1; bei bilanzierenden Gewerbebetrieben und Freiberuflern R B 103.1; des Gesellschafters gegenüber der Personengesellschaft R B 97.1 (2); gesonderte Feststellung R E 13 b.30 (1), (3); bei nichtbilanzierenden Gewerbebetrieben und Freiberuflern R B 103.2; der Personengesellschaft gegenüber einem Gesellschafter R B 97.1 (2)

Schulden, hoch verzinsliche, Obergrenze der Normalverzinsung R B 12.1 (2)

Schulden, niedrig verzinsliche, Untergrenze der Normalverzinsung R B 12.1 (2)

Schulden und Lasten, Abzug bei der Ermittlung des verfügbaren Vermögens bei der Verschonungsbedarfsprüfung R E 28 a.2 (2); Abzug bei Steuerbefreiung für Familienheim R E 13.4 (4); Abzug bei Steuerbefreiung für Produktivvermögen R E 13 b.8 (2); Abzug beim Finanzmitteltest R E 13 b.23 (4); kein Abzug von jungem Verwaltungsvermögen R E 13 b.27; kein Abzug von jungen Finanzmitteln R E 13 b.23 (3); kein Abzug wirtschaftlich nicht belastbarer Schulden bei der Steuerbefreiung für Produktivvermögen R E 13 b.28; Abzugsfähigkeit bei beschränkter Steuerpflicht R E 2.2 (7), H E 2.2; Ausschluss der Schuldenverrechnung bei der Steuerbefreiung für Produktivvermögen R E 13 b.28; Begrenzung des Abzugs bei Steuerbefreiung für Wohngrundstücke R E 13 d (10); Berechnung der anteilig verbleibenden Schulden bei der Steuerbefreiung für Produktivvermögen R E 13 b.9 (2); Berücksichtigung bei Tarifbegrenzung für Produktivvermögen R E 19 a.2 (1); Beschränkung des Abzugs von S. u. L. R E 10.10; Kürzung bei der Verbundvermögensaufstellung H E 13 b.29; Kürzung bei Vorwegabschlag R E 13 a.20 (6); Verrechnung beim Finanzmitteltest R E 13 b.23; Verrechnung mit Finanzmitteln R E 13 b.23 (1); Verrechnung mit Finanzmitteln bei Personengesellschaften R E 13 b.23 (9)

Schuldenverrechnung beim Finanzmitteltest R E 13 b.23

Schwellenwert, Abschmelzmodell R E 13 a.2 (1); Anpassung bei Vorerwerben R E 13 a.2 (3); Auswirkung des Überschreitens auf frühere Erwerbe R E 13 c.4 (1); – und aktuelle Erwerbe R E 13 c.4 (2), H E 13 c.4; Auswirkung des Verstoßes gegen die Lohnsummenregelung auf S. R E 13 a.9 (1); Auswirkung eines Wegfalls des Vorwegabschlags R E 13 a.20 (9); einzubeziehende Vorerwerbe R E 13 a.2 (3); Erwerb mehrerer begünstigter Einheiten R E 13 a.1 (2); Prüfung H E 13 a.2; Steuerbefreiung für Produktivvermögen R E 13 a.2; Verschonungsbedarfsprüfung R E 13 a.2 (1); Vorwegabschlag R E 13 a.20 (1); Zusammenrechnung von Erwerben R E 13 a.2 (1 ff.)

Selbst bewirtschaftete Flächen, Berücksichtigung beim Mindestwert R B 164 (1)

Selbstbewirtschaftung, land- und forstwirtschaftliches Vermögen R B 159, H B 159

Sicherungshypothek als Inlandsvermögen H E 2.2

Sockelbetrag, Abzug bei Erfüllung des Hauptzwecks R E 13 b.23 (6); beim Finanzmitteltest R E 13 b.23 (1); nachrichtliche Angabe des Hauptzwecks im Feststellungsbescheid R E 13 b.30 (5)

Sonderbetriebsvermögen, Ansatz bei Kommanditanteil R B 97.5 (3); Anteile an Kapitalgesellschaften beim Verwaltungsvermögen R E 13 b.20 (2); Berechnung der Beteiligungsquote bei Anteilen an Kapitalgesellschaften im S. H E 13 b.20; als Betriebsvermögen R B 97.1 (1); Bewertung R B 97.2; Finanzmittel R E 13 b.23 (9); junge Finanzmittel R E 13 b.23 (10), H E 13 b.23; Nießbrauch an einer Beteiligung an einer Personengesellschaft als S. R B 97.3 (2); Verrechnung von Finanzmitteln mit Schulden R E 13 b.23 (9); Verwaltungsvermögen bei Grundstücksüberlassung im S. R E 13 b.14 (2); Vorwegabschlag R E 13 a.20 (4), H E 13 a.20

Sondernutzungen, Abgrenzung R B 160.9 (2)

Sonstige Abzüge bei bilanzierenden Gewerbebetrieben und Freiberuflern R B 103.1; bei nichtbilanzierenden Gewerbebetrieben und Freiberuflern R B 103.2

Sonstige bebaute Grundstücke, Bewertung im Sachwertverfahren R B 182 (4)

Sonstige land- und forstwirtschaftliche Nutzung, Abgrenzung R B 160.9 (3); Besatzkapital R B 164 (7); Mindestwert des Grund und Bodens R B 164 (3)

Sonstige landwirtschaftliche Nutzung, Einzelertragswertverfahren R B 163 (8); Reingewinn R B 163 (8); Wirtschaftswert R B 163 (8)

Sonstiges bebautes Grundstück, Voraussetzungen R B 181.1 (1)

Sparbriefe, Bewertung R B 12.2 (3)

Spargel, Besatzkapital R B 164 (6); Mindestwert des Grund und Bodens R B 164 (2); Reingewinn R B 163 (7); Sondernutzung R B 160.9 (2); Wirtschaftswert R B 163 (7)

Sponsoren, Zuwendungen von S. H E 7.1

Standarddeckungsbeitrag, Bestimmung der Betriebsform und -größe R B 163 (3); zur Bewertung der landwirtschaftlichen Nutzung H B 160.2

Steuerbefreiung, keine Anwendung im Falle des § 29 Abs. 2 ErbStG R E 29

Steuerbefreiung für Produktivvermögen R E 13 a.1 ff.; 90-%-Test R E 13 b.9 (2); Abfindung R E 13 b.1 (1); Abschmelzmodell R E 13 c.1; kein Abzug wirtschaftlich nicht belastbarer Schulden bei der Steuerbefreiung für Produktivvermögen R E 13 b.28; Anwachsungserwerb H E 13 b.1; Auflage R E 13 b.1 (1); Ausschluss der Schuldenverrechnung R E 13 b.28; Ausschüttungsbegrenzung R E 13 a.15; Begrenzung des Abzugs von Schulden und Lasten R E 13 b.8 (2); begünstigtes Vermögen R E 13 b.7; begünstigungsfähige Anteile an Kapitalgesellschaften R E 13 b.6; begünstigungsfähige Erwerbe von Todes wegen R E 13 b.1; begünstigungsfähige Schenkungen unter Lebenden R E 13 b.2; begünstigungsfähiges Betriebsvermögen R E 13 b.5; begünstigungsfähiges LuF-Vermögen R E 13 b.4; begünstigungsfähiges Vermögen R E 13 b.3; Behaltensregelung R E 13 a.12 (1), R E 13 a.12 ff.; – bei Anteilen an Kapitalgesellschaften R E 13 a.16; – für Betriebsvermögen R E 13 a.13; – in Einbringungs- und Umwandlungsfällen H E 13 a.16; – für land- und forstwirtschaftliches Vermögen R E 13 a.14; Berechnung der anteilig verbleibenden Schulden R E 13 b.9 (2); Berechnung des Vorwegabschlags R E 13 b.9 (2); Beschränkung des Abzugs von Schulden und Lasten R E 10.10 (4); Einräumung eines Nutzungsrechts während Behaltensfrist H E 13 a.12; Eintrittsklausel R E 13 b.1 (2); Ende der Behaltensfrist bei Tod des Erwerbers R E 13 a.19 (6); Entnahmebegrenzung R E 13 a.15; Ermittlung des begünstigten Vermögens R E 13 b.9; R E 13 b.9 (2), H E 13 b.9; Ermittlung des steuerpflichtigen Vermögens R E 13 b.9; R E 13 b.9 (2), H E 13 b.9; Ersatzerbschaftsteuer R E 13 a.22; Erwerb mehrerer begünstigter Einheiten R E 13 a.1 (2), R E 13 b.8, H E 13 b.8; Familienstiftungen R E 13 a.22; Finanzmitteltest R E 13 b.9 (2); freie Erbauseinandersetzung H E 13 a.11; gleitender Abzugsbetrag R E 13 a.3; Grundsätze R E 13 a.1; Höfeordnung R E 13 b.1 (2); Inanspruchnahme des Schenkers bei Nachversteuerung R E 13 a.1 (3); Investitionsklausel R E 13 b.24; junges Verwaltungsvermögen R E 13 b.27; Kaufrechtsvermächtnis H E 13 b.1; Lohnsummenregelung R E 13 a.4; mittelbare Schenkung R E 13 b.2 (2), H E 13 b.2; Nachfolgeklausel R E 13 b.1 (2), H E 13 b.1; nachrichtliche Angaben im Feststellungsbescheid R E 13 b.30 (5); Nachversteuerung bei Verstoß gegen Behaltensregelung R E 13 a.19; R E 13 a.19 (1); Nachversteuerung bei Verstoß gegen Lohnsummenregelung R E 13 a.19 (2); negativer Wert des Produktivvermögens R E 13 b.7; Nettowert des Verwaltungsvermögens R E 13 b.9 (2), R E 13 b.25; Optionsverschonung R E 13 a.1 (1), R E 13 a.21; Regelverschonung R E 13 a.1 (1); Reinvestitionsklausel R E 13 a.18; Schenkung auf den Todesfall R E 13 b.1 (1); Schuldenkürzung bei Nachlassteilung H E 13 a.11; Schwellenwert R E 13 a.1 (2), R E 13 a.2; Sperrfrist für gleitenden Abzugsbetrag R E 13 a.3 (2); steuerpflichtiges Vermögen R E 13 b.9 (2); steuerpflichtiges Verwaltungsvermögen R E 13 b.9 (2); Teilungsanordnung R E 13 a.11 (1); übermäßiges Verwaltungsvermögen R E 13 b.9 (2), R E 13 b.10; Überwachung H B 151.10; unschädliches Verwaltungsvermögen R E 13 b.9 (2), R E 13 b.26; Verbundvermögensaufstellung R E 13 b.29; Vermächtnis R E 13 b.1 (1); Verschonungsbedarfsprüfung R E 28 a.1; kein Verstoß gegen Behaltensregelung R E 13 a.12 (2); Verstoß gegen Behaltensregelung und Lohnsummenregelung R E 13 a.19 (3); Vertrag zugunsten Dritter R E 13 b.1 (1); Verwaltungsvermögen R E 13 b.12 ff.; Vorwegabschlag R E 13 a.20; Weitergabeverpflichtung R E 10.13 (3), R E 13 a.11 (1); Zurückbehalten von wesentlichen Betriebsgrundlagen H E 13 b.5; Zusammenrechnung, Entnahmebegrenzung und Ausschüttungsbegrenzung bei Umwandlungsfällen R E 13 a.15 (7); Zuwendung durch Werterhöhung der Anteile einer Kapitalgesellschaft R E 7.5 (13)

Steuerbefreiung für Wohngrundstücke R E 13 d; Begrenzung des Abzugs von Schulden und Lasten R E 13 d (10); keine Behaltensregelung R E 13 d (2); Bemessungsgrundlage bei Erbauseinandersetzung R E 13 d (8); – bei Teilungsanordnung R E 13 d (8); Beschränkung des Abzugs von Schulden und Lasten R E 10.10 (5); bei zum Betriebsvermögen gehörenden Grundstücken R E 13 d (4); freie Erbauseinandersetzung H E 13 d; keine S. für einer Kapitalgesellschaft gehörende Grundstücke R E 13 d (5); keine S. für mit Erbbaurecht belastetes Grundstück H E 13d; keine S. für nicht bezugsfähige Grundstücke H E 13d; Voraussetzungen für Steuerbefreiung R E 13d (1); Weitergabeverpflichtung R E 13d (8); zu Wohnzwecken vermietete Grundstücke R E 13d (6)

Steuerbefreiungen, Allgemeines R E 13.1; Beschränkung des Abzugs von Schulden und Lasten R E 10.10 (2); Erträgnisse eines Vermögensstamms H E 13.10; Erwerb eines Familienheims von Todes wegen R E 13.4; Familienheim bei Schenkung R E 13.3; Gegenseitigkeitserklärungen mit ausländischen Staaten R E 13.9; Gegenstände, deren Erhaltung im öffentlichen Interesse liegt R E 13.2, H E 13.2; Pflege- und Unterhaltsleistungen R E 13.5; Rückfall des geschenkten Vermögens R E 13.6, H E 13.6; keine Steuerbefreiung nach § 13 ErbStG für Verwaltungsvermögen R E 13.1 (2); Verzicht R E 13.11; Zuwendungen an gemeinnützige, mildtätige und kirchliche Körperschaften R E 13.8; Zuwendungen an Pensions- und Unterstützungskassen R E 13.7; Zuwendungen zu gemeinnützigen, mildtätigen und kirchlichen Zwecken R E 13.10; Zweckzuwendungen an ausländische Körperschaften R E 13.10 (2)

Steuerberatungskosten, Behandlung bei der Schenkungsteuer H E 10.7; im Besteuerungs- und Wertermittlungsverfahren H E 10.7; für Steuerangelegenheiten des Erblassers H E 10.7; im Vorfeld einer Schenkung anfallende S. R E 7.4 (4)

Steuerbescheid, Bekanntgabe bei Testamentsvollstreckung, Nachlassverwaltung oder Nachlasspflegschaft H E 32

Steuerentlastungen für Produktivvermögen, Berücksichtigung früherer Erwerbe R E 14.2, H E 14.2 (2); Zusammenrechnung mit früheren Erwerben R E 14.2, H E 14.2 (2)

Steuererklärung, gemeinsame S. bei mehreren Erwerbern H E 31; Testamentsvollstrecker H E 31

Steuerermäßigung bei mehrfachem Erwerb desselben Vermögens R E 27

Steuererstattungsansprüche, Ansatz privater S. bei der Erbschaftsteuer R E 10.3; Aufteilung bei Gesamtgläubigerschaft H E 10.3; Betriebsvermögen H B 95; Bewertung R B 12.1; ESt des Todesjahres des Erblassers R E 10.3 (3), H E 10.3; ESt für Jahre vor dem Tod des Erblassers R E 10.3 (2), H E 10.3

Steuererstattungszinsen, Ansatz privater S. bei der Erbschaftsteuer R E 10.3 (4)

Steuerklasse, Adoptivkinder und Stiefkinder von Kindern und Geschwistern H E 15.1; Auflösung einer Familienstiftung H E 15.2; Ehegatten von Stiefkindern und Stiefkindern von Geschwistern H E 15.1; Errichtung einer Familienstiftung R E 15.2, H E 15.2; Erwerb aufgrund Erbschaftsvertrags H E 15.1; Schlusserben H E 15.1; Verlobte H E 15.1; Zustiftung bei Familienstiftung H E 15.2; Zuwendungen an Genossenschaften R E 15.4; –, mehrere veranlassende Personen R E 15.4 (3); Zuwendungen an Kapitalgesellschaften R E 15.4; –, mehrere veranlassende Personen R E 15.4 (3)

Steuernachzahlungszinsen, Abzug privater S. als Nachlassverbindlichkeiten R E 10.8 (5)

Steuerpflicht, beschränkte R E 2.1 (2); unbeschränkte R E 2.1 (1)

Steuerpflichtiger Erwerb, Ermittlung R E 10.1; Rundung von Euro-Beträgen H E 10.1

Steuerschulden, Abzug privater S. als Nachlassverbindlichkeiten R E 10.8; bei Aussetzung der Vollziehung H E 10.8; im Betriebsvermögen R B 103.2 (6); Bewertung R B 12.1; ESt des Todesjahres des Erblassers R E 10.8 (3); ESt für Jahre vor dem Tod des Erblassers R E 10.8 (2), H E 10.8; ESt-Vorauszahlungen R E 10.8 (4)

Steuerübernahme R E 10.5

Steuervergütungsansprüche, Bewertung R B 12.1

Stiefkinder, Steuerklasse bei Ehegatten von S. H E 15.1; Steuerklasse bei S.

von Geschwistern H E 15.1; Steuerklasse bei S. von Kindern H E 15.1
Stiftung, Bewertungsstichtag bei Errichtung einer S. H E 9.3
Stille Beteiligung, Abzug der Schuld aufgrund einer typischen s. B. R B 103.2 (4); Inlandsvermögen R E 2.2 (5)
Stille Reserven, bedingte Beteiligung an offenen und s. R. einer Personengesellschaft H E 7.8
Stiller Gesellschafter, Bewertung der Einlage eines typischen s. G. R B 12.4, H B 12.4
Stückländerei, Begriff R B 160.1 (6); Bewertung mit Mindestwert R B 162 (2), R B 164 (9); Grundbesitzwert R B 168 (1)
Stundung, auf das Produktivvermögen entfallende Steuer, Berechnung der Steuer R E 28 (4); der Steuer auf Produktivvermögen und Grundstücke R E 28; –, Wegfall R E 28 (3); bei der Verschonungsbedarfsprüfung R E 28 a.3
Substanzwert, Ableitung zum Bewertungsstichtag R B 11.6 (1), H B 11.6, R B 109.3; kein Ansatz bei Ableitung aus Verkäufen R B 11.5 (1); Ansatz bei Bewertung anhand eines Gutachtens R B 11.5 (1); Ansatz bei Bewertung im vereinfachten Ertragswertverfahren R B 11.5 (1); Anteile an Kapitalgesellschaften mit ungleichen Rechten R B 11.4 (8); Anwendung bei Beteiligungen haltender Personengesellschaft R B 109.2 (3); Anwendung bei einer GmbH einer GmbH & Co. KG R B 11.4 (6); Anwendung bei einer Komplementär-GmbH R B 11.4 (6); Anwendung bei Kapitalgesellschaft als Beteiligungen haltender Gesellschaft R B 11.4 (4); Anwendung bei Kapitalgesellschaft als Holdinggesellschaft R B 11.4 (4); Anwendung bei Personengesellschaft als Holdinggesellschaften R B 109.2 (3); Ausgleichsposten mit Rücklagencharakter R B 11.5 (4); bewegliches abnutzbares Anlagevermögen R B 11.5 (7); Bewertung von Anteilen an Kapitalgesellschaften R B 11.5; Bewertung von Betriebsvermögen R B 11.5; Bewertung von Personalgesellschaften R B 11.5; Erfindungen R B 11.5 (6); Ermittlung bei Anteilen an Kapitalgesellschaften R B 11.6; Ermittlung bei Betriebsvermögen R B 109.3; firmenwert-, geschäftswert- und praxiswertbildende Faktoren R B 11.5 (3); Liquidationswert als S. R B 11.5 (9); Mindestwert R B 11.5 (1); Neugründung bei Anteilen an Kapitalgesellschaften R B 11.4 (3); Neugründung bei Personengesellschaften R B 109.2 (2); bei Paketzuschlag R B 11.8 (2); Rücklagen R B 11.5 (4); Umlaufvermögen R B 11.5 (8); Urheberrechte R B 11.5 (6)
Summe der maßgebenden jährlichen Lohnsummen, Ermittlung R E 13 a.7; R E 13 a.7 (7); – in Umwandlungsfällen H E 13 a.8 (2); Feststellung bei Unterbeteiligungen R E 13 a.10 (3); gesonderte Feststellung R E 13 a.10; Hinzuerwerb von Beteiligungen R E 13 a.7 (8); Löhne und Gehälter R E 13 a.7 (9); Unternehmerlohn R E 13 a.7 (10)

Tabak, Besatzkapital R B 164 (6); Mindestwert des Grund und Bodens R B 164 (2); Reingewinn R B 163 (7); Sondernutzung R B 160.9 (2); Wirtschaftswert R B 163 (7)
Tarifbegrenzung für Produktivvermögen, Aufteilungsverhältnis für T. H E 19 a.2; begünstigte Erwerber R E 19 a.1 (1); begünstigtes Vermögen R E 19 a.1 (2); Behaltensregelung R E 19 a.3; Berechnung des Entlastungsbetrags R E 19 a.2, H E 19 a.2; Berücksichtigung von Schulden und Lasten R E 19 a.2 (1); Folgen einer Weitergabeverpflichtung R E 19 a.1 (3); Nachversteuerung R E 19 a.3, H E 19 a.3; unterschiedliche Arten begünstigten Vermögens R E 19 a.1 (2); Zusammentreffen mit früheren Erwerben R E 14.2, H E 14.2 (3)
Teichwirtschaft, Abgrenzung R B 160.10 (3)
Teileigentum, Begriff R B 181.2 (1); Bestimmung der Gebäudeklasse beim

Sachwertverfahren H B 190.2 (1); Bewertung im Sachwertverfahren R B 182 (4); Bewertung im Vergleichswertverfahren R B 182 (2); Entstehen des T. R B 181.2 (2); Voraussetzungen R B 181.1 (1); wirtschaftliche Einheit R B 181.2 (3–5)

Teilungsanordnung, Auswirkung auf die Besteuerung R E 3.1 (1), H E 3.1 (1); Bemessungsgrundlage der Steuerbefreiung für Wohngrundstücke bei T. R E 13 d (8); Bemessungsgrundlage für Steuerbefreiung für Familienheim R E 13.4 (5); Erbanteile nach T. R E 3.1 (2); zugleich als Erbeinsetzung R E 3.1 (2), H E 3.1 (2); Steuerbefreiung für Produktivvermögen R E 13 a.11 (1 f.); unechte H E 3.1 (4)

Teilungsanteile, Erbanteile nach T. R E 3.1 (5), H E 3.1 (5)

Testamentsvollstrecker, Bekanntgabe der Einspruchsentscheidung an T. H E 32; Bekanntgabe des Steuerbescheids an T. H E 32; Steuererklärungspflicht H E 31; überhöhte Testamentsvollstreckervergütung H E 3.2

Treuhand, Feststellung des Grundbesitzwerts H B 151.2; Feststellung des Werts des Betriebsvermögens H B 151.4; Feststellung des Werts von Anteilen an Kapitalgesellschaften H B 151.5

Typisierte wirtschaftliche Gesamtnutzungsdauer, Ertragswertverfahren R B 185.3 (2); Grundstücke mit mehreren selbstständigen Gebäuden/Gebäudeteilen R B 185.4 (2); Sachwertverfahren R B 190.7 (1)

Überbestand an umlaufenden Betriebsmitteln, Zugehörigkeit zum land- und forstwirtschaftlichen Vermögen R B 158.4 (3)

Übermäßiges Verwaltungsvermögen, Berechnung H E 13 b.10; Finanzmitteltest R E 13 b.10; keine Schuldenverrechnung R E 13 b.10; Steuerbefreiung für Produktivvermögen R E 13 b.10

Übernahmeklausel bei zweigliedriger Personengesellschaft H E 3.4 (2)

Übliche Miete, Ableitung aus Mietdatenbank R B 186.5 (4); Ableitung aus Mietgutachten R B 186.5 (5); Ableitung aus Mietspiegel R B 186.5 (1), (3); Ableitung aus Vergleichsmieten R B 186.5 (1 f.); Anwendungsfälle R B 186.4 (1 f.); Ermittlung R B 186.5; Ertragswertverfahren R B 186.4; Ferienwohnungen R B 186.5 (6); Leerstand wegen Modernisierung R B 186.5 (7); Vergleichsobjekte R B 186.4 (3)

Übrige körperliche Gegenstände im Ausland H B 9.5; Bewertung R B 9.5

Übrige land- und forstwirtschaftliche Nutzungen, Begriff R B 160.9 (1)

Umlaufvermögen, Ansatz beim Substanzwert R B 11.5 (8); Investitionsklausel H E 13 b.24 (2)

Umrechnung, ausländische Erbschaftsteuer R E 21 (2); ausländische Nachlasssteuer R E 21 (2)

Umwandlung, Behaltensregelung bei U. von Kapitalgesellschaften R E 13 a.16 (3); Behaltensregelung für Betriebsvermögen bei U. R E 13 a.13 (3); Behaltensregelung in Umwandlungsfällen H E 13 a.16; Kapitalgesellschaft in Personengesellschaft R E 11, H E 11; Lohnsummenregelung R E 13 a.8, H E 13 a.8 (2); Personengesellschaft in Kapitalgesellschaft R E 11, H E 11; Zusammenrechnung der Entnahmebegrenzung und Ausschüttungsbegrenzung bei U. R E 13 a.15 (7)

Unbebaute Grundstücke, Abgrenzung R B 178; Bauerwartungsland R B 179.1 (3); baureifes Land R B 179.1 (3); Benutzbarkeit von Gebäuden R B 178 (2 f.); Bewertung R B 179.1; Bezugsfertigkeit von Gebäuden R B 178 (2 f.); Bodenrichtwert R B 179.1 (1), R B 179.2; Gebäudebegriff H B 178 (1); Merkmale ohne Werteinfluss R B 179.2 (8); nicht mehr benutzbares Gebäude R B 178 (4); Rohbauland R B 179.1 (3); Wertermittlung R B 179.1 ff.

Unbenannte Zuwendungen, Steuerpflicht R E 7.2, H E 7.2

Unbeschränkte Steuerpflicht, Voraussetzungen R E 2.1 (1)

Ungewöhnliche Verhältnisse, Anteile an Kapitalgesellschaften R B 11.3 (2)

Unschädliches Verwaltungsvermögen R E 13 b.26; Berechnung H E 13 b.26; junge Finanzmittel kein u. V. R E 13 b.23 (3)

Unterbeteiligungen, Berücksichtigung der Beschäftigten bei der Lohnsummenregelung R E 13 a.4 (2); Einräumung einer typischen U. H E 7.1; Plan des Erblassers bei Investitionsklausel R E 13 b.24 (3); Verbundbetrachtung R E 13 b.29; Verbundvermögensaufstellung R E 13 b.20 (4), R E 13 b.29; Verwaltungsvermögen R E 13 b.20

Unterhaltslasten, Abzug außergewöhnlicher U. bei Baudenkmalen R E 10.6, H E 10.6

Unterhaltsleistungen, Steuerbefreiung R E 13.5, H E 13.5 (2)

Unterhaltszuwendungen, Steuerbefreiung H E 7.2

Unterstützungskassen, Steuerbefreiung für Zuwendungen an U. R E 13.7

Urheberrechte, Ansatz beim Substanzwert R B 11.5 (6); Bewertung im übrigen Vermögen R B 9.4; Inlandsvermögen R E 2.2 (4), H E 2.2; Kapitalisierungszins H B 9.4, R B 11.5 (6), H B 11.5

Verbindlichkeiten, Kürzung bei der Verbundvermögensaufstellung R E 13 b.29 (5)

Verbundbetrachtung, Steuerbefreiung für Produktivvermögen R E 13 b.29

Verbundvermögensaufstellung, Anteile an Kapitalgesellschaften R E 13 b.20 (4), R E 13 b.29 (1); Begrenzung der jungen Finanzmittel auf den Wert der Finanzmittel R E 13 b.30 (3); Berechnung H E 13 b.29; Finanzmittel R E 13 b.29 (2); junge Finanzmittel R E 13 b.29 (2), H E 13 b.29; junges Verwaltungsvermögen R E 13 b.29 (2), H E 13 b.29; Kürzung von Forderungen und Verbindlichkeiten R E 13 b.29 (5), H E 13 b.29; Personengesellschaften R E 13 b.29 (1); Schulden R E 13 b.29 (2); Steuerbefreiung für Produktivvermögen R E 13 b.29; Verwaltungsvermögen R E 13 b.29 (2)

Verdeckte Gewinnausschüttung an Gesellschafter R E 7.5 (7); bei nahestehender Person R E 7.5 (7)

Vereinfachtes Ertragswertverfahren, Ansatz des Substanzwerts R B 11.5 (1); Anteile an Kapitalgesellschaften mit ungleichen Rechten R B 11.4 (8); Anwendung bei ausländischen Unternehmen R B 199.1 (2), R B 199.2; Anwendung bei Beteiligungen haltender Personengesellschaft R B 109.2 (3); Anwendung bei der GmbH einer GmbH & Co. KG R B 11.4 (6); Anwendung bei einer Komplementär-GmbH R B 11.4 (6); Anwendung bei Kapitalgesellschaft als Beteiligungen haltender Gesellschaft R B 11.4 (4); Anwendung bei Kapitalgesellschaft als Holdinggesellschaft R B 11.4 (4); Anwendung bei Organgesellschaft als Kapitalgesellschaft R B 11.4 (5); Anwendung bei Organträgergesellschaft als Kapitalgesellschaft R B 11.4 (5); Anwendung bei Personengesellschaft als Holdinggesellschaft R B 109.2 (3); Anwendung bei Personengesellschaft als Organgesellschaft R B 109.2 (4); Anwendung bei Personengesellschaft als Organträgergesellschaft R B 109.2 (4); Anwendungsvoraussetzungen R B 199.1; Ausschluss der Anwendung wegen offensichtlich unzutreffendem Ergebnis R B 199.1 (4–6); Bewertung von Anteilen an Kapitalgesellschaften R B 11.2 (2); Bewertung von Anteilen an Kapitalgesellschaften und Betriebsvermögen R B 199.1 ff.; Ermittlung des Betriebsergebnisses R B 202; Ermittlung des Jahresertrags R B 201; gesonderter Ansatz von Anteilen an Kapitalgesellschaften R B 200 (3 f.); gesonderter Ansatz von Beteiligungen an Personengesellschaften R B 200 (3 f.); gesonderter Ansatz von jungem Betriebsvermögen R B 200 (5); gesonderter Ansatz von nicht betriebsnotwendigem Vermögen R B 200 (2); Grundsätze R B 200; Kapitalisierungsfaktor R B 203; Paketzuschlag R B 11.8 (2)

Verfügbares Vermögen, kein Abzug der auf v.V. entfallenden Steuer R E 28 a.2 (2); keine Berücksichtigung von Freibeträgen R E 28 a.2 (2); keine Berücksichtigung von Steuerbefreiungen R E 28 a.2 (2); gesonderte Feststellung R E 28 a.2 (3); maßgebender Zeitpunkt R E 28 a.2 (2); nachträglicher Wegfall der erlassenen Steuer, Hinzuerwerb von v.V. R E 28 a.4 (2); Schuldenabzug R E 28 a.2 (2); Verschonungsbedarfsprüfung R E 28 a.2 (1–3)
Verfügungsbeschränkungen, Anteile an Kapitalgesellschaften R B 11.3 (1), H B 11.3; Bewertung H B 9.2; bei Vorwegabschlag R E 13 a.20 (2)
Vergleichsfaktorenverfahren, Abweichung der Vergleichsfaktoren H B 183 (4); bebaute Grundstücke R B 183 (3), (4); Vergleichsfaktoren bei Wohnungseigentum H B 183 (3); Vergleichsfaktoren in Spannen H B 183 (3)
Vergleichspreisverfahren, Anzahl der Vergleichspreise H B 183 (2); Auszüge aus der Kaufpreissammlung H B 183 (2); bebaute Grundstücke R B 183 (2), (4); Kaufpreis des zu bewertenden Grundstücks als Vergleichspreis H B 183 (2)
Vergleichswertverfahren, Abweichung bei Grundstücksmerkmalen R B 183 (4); bebaute Grundstücke R B 183; Bewertung von Einfamilienhäusern R B 182 (2); Bewertung von Erbbaugrundstücken R B 194 (1); Bewertung von Erbbaurechten R B 193 (1); Bewertung von Wohnungs-/Teileigentum R B 182 (2); Bewertung von Zweifamilienhäusern R B 182 (2); Vergleichsfaktorenverfahren bei bebauten Grundstücken R B 183 (3 f.); Vergleichspreisverfahren bei bebauten Grundstücken R B 183 (2), (4)
Verlobte, Steuerklasse H E 15.1
Vermächtnis, fälliges V. beim Tod des Beschwerten R E 6; Feststellung des Grundbesitzwerts R B 151.2 (2); formunwirksames H E 3.2; Kaufrechtsvermächtnis H E 3.2; Nachvermächtnis R E 6; über nicht zum Nachlass gehörenden Gegenstand H E 3.2; bei Paketzuschlag R B 11.8 (5); Steuerbefreiung für Produktivvermögen R E 13 b.1 (1); Verschaffungsvermächtnis H E 3.2; Wahlvermächtnis H E 3.2; zugunsten einer Kapitalgesellschaft R E 7.5; R E 7.5 (2)
Vermietung zu Wohnzwecken, Steuerbefreiung R E 13 d; Steuerbefreiung für Produktivvermögen bei Wohnungsunternehmen R E 13 b.17; Stundung der Steuer R E 28 (5)
Vermögensaufstellung auf den Bewertungsstichtag R B 11.6 (4)
Vermögensgesetz, Ansprüche nach dem V. H E 2.2; R E 10.2
Vermögensverwaltende Gemeinschaft/Gesellschaft, Basiswertregelung R B 151.7 (3); Berücksichtigung von Grundbesitz, Betriebsvermögen und Anteilen an Kapitalgesellschaften bei Feststellung R B 151.7 (2), H B 151.7; Einbeziehung von Auslandsvermögen in gesonderte Feststellung H B 151.7; Feststellung des Bedarfswerts R B 151.7, H B 151.7; gesonderte Feststellung R B 151.1 (2); Übertragung eines Anteils an v. G. R E 10.4
Verschaffungsvermächtnis, Besteuerung H E 3.2
Verschmelzung, Schenkung unter Lebenden R E 7.5 (3)
Verschonungsbedarfsprüfung, Antrag R E 28 a.1 (2); Anwendung bei der Ersatzerbschaftsteuer R E 28 a.5; Erwerb mehrerer begünstigter Einheiten R E 28 a.1 (3); Familienstiftungen R E 13 a.22; nachträglicher Wegfall der erlassenen Steuer R E 28 a.4; –, Hinzuerwerb von verfügbarem Vermögen R E 28 a.4 (2); –, sonstige Fälle R E 28 a.4 (3); Schwellenwert R E 13 a.2 (1); Steuerbefreiung für Produktivvermögen R E 28 a.1; Stundung der nicht zu erlassenden Steuer R E 28 a.3; verfügbares Vermögen R E 28 a.2 (1–3); Vorwegabschlag R E 13 a.20 (1), R E 28 a.1 (1); bei Wegfall des Vorwegabschlags R E 28 a.1 (4)
Versicherungen, Anzeigepflichten bei V. auf verbundene Leben H E 33; Anzei-

gepflichten bei Vertragsfortführung H E 33; auf verbundene Leben R E 3.6

Versicherungssumme, Anzeige bei mehreren Versicherungsnehmern R E 3.6 (4); Steuerpflicht der Auszahlung R E 3.6 (2)

Versicherungsunternehmen, Anzeigepflichten der V. H E 33

Versorgungsbezüge, Anrechnung auf Versorgungsfreibetrag R E 17 (2); Hinzurechnung zum Endvermögen des Erblassers R E 5.1 (4), H E 5.1 (4); Kapitalwert von anrechenbaren V. R E 17 (3); Steuerpflicht R E 3.5

Versorgungsfreibetrag, anrechenbare Einmalzahlungen R E 17, H E 17; Anwendung bei Schenkungen H E 17; anzurechnende Einmalzahlungen R E 17 (2); Berücksichtigung des Zugewinnausgleichs H E 17; besonderer V. für Ehegatten, Lebenspartner und Kinder R E 17; Kapitalwert der anzurechnenden Versorgungsbezüge R E 17 (3); Kürzung wegen Hinterbliebenenbezügen R E 17 (2)

Verträge zugunsten Dritter, Erwerb von Bankguthaben und -depots R E 3.7 (1); Erwerb von Leistungen aus Lebensversicherungen R E 3.7 (2); Hinzurechnung von Erwerben zum Endvermögen des Erblassers R E 5.1 (4), H E 5.1 (4); Prämienzahlung durch Begünstigten R E 3.7 (2), H E 3.7; Steuerbefreiung für Produktivvermögen R E 13b.1 (1); Zuwendungsgegenstand bei Schenkung H E 7.1

Vervielfältiger, Ertragswertverfahren R B 185.2

Verwaltungsvermögen, 90-%-Test R E 13b.9 (2); zur Absicherung von Altersvorsorgeverpflichtungen R E 13b.11; R E 13b.11 (2); als Anteile an Kapitalgesellschaften R E 13b.20; bei Betriebsverpachtung im Ganzen bei einem Betrieb der LuF R E 13b.15 (3); Bewertung R E 13b.12; Finanzmittel R E 13b.23; Finanzmitteltest R E 13b.23; Forderungen R E 13b.23; gesonderte Feststellung R E 13b.30 (1), (3); bei Grundstücksüberlassung R E 13b.13 ff.; bei Grundstücksüberlassung bei Betriebsaufspaltung R E 13b.14 (1); bei Grundstücksüberlassung durch Betriebsverpachtung im Ganzen R E 13b.15; bei Grundstücksüberlassung durch ein Wohnungsunternehmen R E 13b.17; bei Grundstücksüberlassung im Konzern R E 13b.16; bei Grundstücksüberlassung im Sonderbetriebsvermögen R E 13b.14 (2); bei Grundstücksüberlassung mit Lieferverträgen R E 13b.18; bei Grundstücksüberlassung zum Absatz eigener Produkte R E 13b.18; Investitionsklausel R E 13b.24; R E 13b.24 (2); junge Finanzmittel R E 13b.23; junges Verwaltungsvermögen R E 13b.27; Kunstgegenstände R E 13b.21; negativer Wert R E 13b.7; Nettowert R E 13b.9 (2); Nettowert des Verwaltungsvermögens R E 13b.25; privater Lebensführung dienende Gegenstände R E 13b.21; Steuerbefreiung für Produktivvermögen R E 13b.12 ff.; Steuerbefreiung für Wohngrundstücke bei V. R E 13d (4); keine Steuerbefreiung nach § 13 ErbStG für V. R E 13.1 (2); steuerpflichtiges R E 13b.9 (2); Überlassung land- und forstwirtschaftlich genutzter Grundstücke R E 13b.19; übermäßiges R E 13b.9 (2), R E 13b.10; unschädliches R E 13b.9 (2), R E 13b.26; Wertpapiere R E 13b.22; Wertpapieren vergleichbare Forderungen R E 13b.22, H E 13b.22

Vorausvermächtnis, Auswirkung auf Besteuerung R E 3.1 (4), H E 3.1 (4)

Vorwegabschlag, Abfindung unter gemeinem Wert bei V. R E 13a.20 (2); Abschmelzmodell R E 13c.1 (1); Ausschüttungsbeschränkung R E 13a.20 (2f.); Auswirkung auf Schwellenwert R E 13a.2 (2); Auswirkung des Verstoßes gegen Behaltensregelung H E 13a.20; Auswirkung des Verstoßes gegen Lohnsummenregelung auf V. R E 13a.9 (1); Auswirkung des Wegfalls des V. auf den Schwellenwert R E 13a.20 (9); Berechnung R E 13b.9 (2); Beschränkung des Abzugs von Schulden und Lasten R E 13a.20 (6); Entnahmebeschränkung R E 13 a.20 (2 f.); Familienstiftungen R E 13 a.22; Familienunternehmen R E 13 a.20; keine gesonderte Feststellung R E 13 a.20 (1); Höhe R E 13 a.20 (5); nachrichtliche Angaben im Feststellungsbescheid R E 13 b.30 (5); Schwellenwert R E 13 a.20 (1); Sonderbetriebsvermögen R E 13 a.20 (4), H E 13 a.20; Steuerbefreiung für Produktivvermögen R E 13 a.20; Verfügungsbeschränkungen R E 13 a.20 (2); Verschonungsbedarfsprüfung R E 13 a.20 (1); bei Verschonungsbedarfsprüfung R E 28 a.1 (1); –, Wegfall des V. R E 28 a.1 (4); Verstoß gegen Voraussetzungen R E 13 a.20 (7 f.); Wegfall des V. R E 13 a.20 (7 f.); Zeitraum für Vorliegen der Voraussetzungen nach Übertragung R E 13 a.20 (7); Zeitraum für Vorliegen der Voraussetzungen vor Übertragung R E 13 a.20 (2)

Vorzugsaktien, Bewertung R B 11.1 (4)

Wahlvermächtnis, Besteuerung H E 3.2

Wanderschäferei, Abgrenzung R B 160.12

Weihnachtsbaumkulturen, Abgrenzung R B 160.16

Weinbauliche Nutzung, Abgrenzung R B 160.4; Besatzkapital R B 164 (6); Mindestwert des Grund und Bodens R B 164 (2); Reingewinn R B 163 (5); Wirtschaftswert R B 163 (5)

Weitergabeverpflichtung, Bemessungsgrundlage Steuerbefreiung für Wohngrundstücke bei W. R E 13 d (8); Folgen für Tarifbegrenzung R E 19 a.1 (3); für Gesellschaftsanteil bei Tod des Gesellschafters R E 10.13; bei Steuerbefreiung für Familienheim R E 13.4 (5); bei Steuerbefreiung für Produktivvermögen R E 13 a.11 (1)

Wertpapiere, Bewertung ausländischer W. R B 11.1 (3); Bewertung nicht notierter W. R B 11.1 (2); Bewertung notierter W. R B 11.1 (1); von Kredit- bzw. Finanzdienstleistungsinstituten beim Verwaltungsvermögen R E 13 b.22 (2); bei land- und forstwirtschaftlichem Vermögen R B 158.4 (1); maßgebender Kurs H B 11.1; unterschiedliche Ausstattung H B 11.1; Verwaltungsvermögen R E 13 b.22, H E 13 b.22

Wertzahl, Angabe in Wertspannen H B 191 (2); Ansatz der vom Gutachterausschuss ermittelten Sachwertfaktoren als W. R B 191 (1), (2); Ansatz gesetzliche W. R B 191 (1), (3); maßgebender Bodenrichtwert H B 191 (3); Sachwertverfahren R B 189, R B 191

Wesentliche Betriebsgrundlagen, Berücksichtigung der Entnahme w. B. bei Entnahmeregelung R E 13 a.15 (1); Ermittlung des Liquidationswerts R B 166 (3); Nachversteuerung bei Veräußerung w. B. R E 13 a.13 (2), R E 13 a.14 (2)

Wiederkehrende Nutzungen und Leistungen, Bewertung R B 13, H B 13

Wille zur Unentgeltlichkeit, Tatbestandsmerkmal freigebiger Zuwendungen R E 7.1 (3)

Wirtschaftliche Einheit, bebautes Grundstück R B 180 (3); Erbbaurecht R B 192.1 (1); Gebäude auf fremdem Grund und Boden R B 195.1 (2); Grundstück R B 176.2; Grundstück im Zustand der Bebauung R B 196.1 (2); Teileigentum R B 181.2 (3–5); Wohnungseigentum R B 181.2 (3–5)

Wirtschaftlicher Geschäftsbetrieb, Ausschluss der Steuerbefreiung für Zuwendungen an w. G. einer steuerbegünstigten Körperschaft R E 13.8 (2)

Wirtschaftlicher Zusammenhang, Gegenleistungen und Auflagen mit übertragenem Vermögen bei Schenkungen H E 7.4 (3); Schulden bei bilanzierenden Gewerbetreibenden oder freiberuflich Tätigen R B 103.1; Schulden bei nicht bilanzierenden Gewerbetreibenden oder freiberuflich Tätigen R B 103.2 (1); Schulden mit Betriebsgrundstücken R B 103.3; Schulden mit Betriebsvermögen H B 103.2; Schulden und Lasten mit erworbenem Vermögen R E 10.10 (2), H E 10.10

Wirtschaftsteil, Abgrenzung der Nutzungsarten R B 160.2 ff.; Bewertung bei Veräußerung R B 162 (3); Bewertung mit Fortführungswert R B 165; Bewertungsgrundsätze R B 162; Ermittlung des Liquidationswerts R B 166; Hof- und Wirtschaftsgebäudeflächen R B 160.1 (3); land- und forstwirtschaftliches Vermögen R B 160.1; Mindestwert R B 164; Nachweis des niedrigeren gemeinen Werts R B 165 (3 f.); Pensionsvieh R B 160.1 (5); Wirtschaftsgebäude R B 160.1 (4)

Wirtschaftswert, Ermittlung bei mehreren Nutzungsarten R B 163 (1); forstwirtschaftliche Nutzung R B 163 (4); gärtnerische Nutzung R B 163 (6); Hopfen R B 163 (7); Kapitalisierungsfaktor R B 163 (3); land- und forstwirtschaftliches Vermögen R B 163; landwirtschaftliche Nutzung R B 163 (3); Nebenbetriebe R B 163 (9); Rundung H B 163 (1); sonstige landwirtschaftliche Nutzung R B 163 (8); Sonstige landwirtschaftliche Nutzung R B 163 (10); Spargel R B 163 (7); Tabak R B 163 (7); weinbauliche Nutzung R B 163 (5); Zuordnung der Eigentumsflächen zu den Nutzungsarten R B 163 (12); Zuordnung der Hof- und Wirtschaftsgebäudeflächen zu den Nutzungsarten R B 163 (11)

Wohn- und Nutzfläche, Verhältnis der W. zur Abgrenzung der Grundstücksart R B 181.1 (1)

Wohnflächenverordnung H B 181.1

Wohngebäude, für Baupreisindex maßgebende Gebäudeart R B 190.4 (2)

Wohngrundstück, Steuerbefreiung R E 13 d; Stundung der Steuer R E 28 (5); Voraussetzungen für Steuerbefreiung R E 13 d (1); Wohnzwecken dienende Grundstücke bei der Steuerbefreiung für W. R E 13 d (6)

Wohnrecht, Bewertung R B 13, H B 13; keine Steuerbefreiung für Familienheim H E 13.4

Wohnteil, Abzug von Verbindlichkeiten R B 168 (1); anzusetzender Grund und Boden R B 167.1 (2); Arbeitszimmer H B 167.1 (1); Bewertung R B 167.1; Ermäßigung für Besonderheiten R B 167.2; land- und forstwirtschaftliches Vermögen R B 160.22; Nachweis des niedrigeren gemeinen Werts R B 167.3; Steuerbefreiung für Familienheim R E 13.3 (2)

Wohnung, Begriff R B 181.1 (3)

Wohnungseigentum, Begriff R B 181.2 (1); Bestimmung der Gebäudeklasse beim Sachwertverfahren H B 190.2 (1); Bewertung im Sachwertverfahren R B 182 (4); Bewertung im Vergleichswertverfahren R B 182 (2); Entstehen R B 181.2 (2); Stundung der Steuer bei Nutzung zu eigenen Wohnzwecken R E 28 (6); Vergleichsfaktoren H B 183 (3); Voraussetzungen R B 181.1 (1); wirtschaftliche Einheit R B 181.2 (3–5)

Wohnungsunternehmen, Verwaltungsvermögen bei Grundstücksüberlassung durch W. R E 13 b.17

Zero-Bonds, börsennotierte, Bewertung R B 12.3 (1); nichtnotierte, Bewertung R B 12.3 (2), (3)

Zivilrecht, Maßgeblichkeit für Erbschaftsteuer R E 12.2, H E 12.2

Zivilschutz, Gebäude und Gebäudeteile, die dem Z. dienen R B 197

Zugewinnausgleich, Anfangsvermögen R E 5.1 (3); Anrechnung von Schenkungen R E 5.1 (6); Ausgleich ohne Beendigung des Güterstands R E 5.2 (3); Berücksichtigung bei Versorgungsfreibetrag H E 17; Berücksichtigung von Hinterbliebenenbezügen R E 5.1 (4); Endvermögen R E 5.1 (4); erbrechtlicher R E 5.1; güterrechtlicher R E 5.2; überhöhte güterrechtliche Ausgleichsforderung R E 5.2 (2), H E 5.2; Umrechnung der Ausgleichsforderung R E 5.1 (5); versorgungsrechtliche Ansprüche H E 5.1 (4); vorzeitiger Z. bei Fortbestehen des Güterstands H E 5.2

Zurückweisung eines Rechtserwerbs, Steuerfolgen R E 3.7 (1)

Zusammenrechnung, Anrechnung ausländischer Erbschaftsteuer H E 21; Erstattung der Mehrsteuer für Vorerwerb R E 14.1 (3); Festsetzungsfrist R E 14.3 (2), H E 14.3; Letzterwerb mit früheren Erwerben R E 14.1 f.; mehrere Erwerbe des Nacherben vom Vorerben H E 14.1 (1); bei Mindeststeuer R E 14.3 (1); Rentenerwerb mit Vorerwerben H E 23; Schenkungskette über Zeitraum von mehr als 10 Jahren R E 14.1 (4); Selbstständigkeit der Vorerwerbe und des Letzterwerbs R E 14.1 (1); tatsächlich zu entrichtende Steuer R E 14.1 (3); bei Verzicht auf Renten- oder Nutzungsrechte H E 14.1 (1); Zusammentreffen mit Entlastungen nach §§ 13 a, 13 c, 19 a und 28 a ErbStG R E 14.2; Zusammentreffen mit Entlastungen nach § 13 a ErbStG H E 14.2 (2); Zusammentreffen mit Entlastungen nach § 19 a ErbStG H E 14.2 (3); Zusammentreffen mit §§ 21 und 27 ErbStG R E 14.1 (5); Zuwendungen an Genossenschaften R E 15.4 (2); Zuwendungen an Kapitalgesellschaften R E 15.4 (2)

Zuschüsse aus öffentlichen Kassen H E 7.1

Zuwendung durch Werterhöhung der Anteile einer Kapitalgesellschaft R E 7.5 (10 ff.); –, Steuerbefreiung für Produktivvermögen R E 7.5 (13)

Zweckbetrieb, steuerfreie Zuwendungen an Z. einer steuerbegünstigten Körperschaft R E 13.8 (2)

Zweckvermögen, Bildung eines Z. als Voraussetzung für Steuerbefreiung R E 13.10 (2)

Zweckzuwendung, Steuerbefreiung für Z. an ausländische Körperschaften R E 13.10 (3)

Zweifamilienhaus, Bewertung im Sachwertverfahren R B 182 (4); Bewertung im Vergleichswertverfahren R B 182 (2); Stundung der Steuer bei Nutzung zu eigenen Wohnzwecken R E 28 (6); Voraussetzungen R B 181.1 (1)

Zwerganteile H B 11.2

420. Grundsteuer-Richtlinien 1978 (GrStR 1978)

Vom 9. Dezember 1978 (BStBl. I S. 553)

Inhaltsübersicht

Abschnitt | Seite

Zu §§ 1, 2 GrStG

1. Steuerberechtigung . . . 3
2. Verwaltung der Grundsteuer . . . 3
3. Örtliche Zuständigkeit für die Festsetzung und Zerlegung des Steuermeßbetrags . . . 3
3a. Örtliche Zuständigkeit der Finanzämter für die Festsetzung und Erhebung der Grundsteuer . . . 3
4. Bekanntgabe des Steuermeßbescheids an den Steuerpflichtigen und Mitteilung des Steuermeßbetrags an die hebeberechtigte Gemeinde . . . 4
5. Meldewesen . . . 4

Zu § 3 GrStG

6. Allgemeine Voraussetzungen für die Steuerbefreiungen nach § 3 GrStG . . . 5
7. Juristische Personen des öffentlichen Rechts . . . 5
8. Öffentlicher Dienst oder Gebrauch . . . 6
9. Hoheitliche Tätigkeit . . . 6
10. Bestimmungsgemäßer Gebrauch durch die Allgemeinheit . . . 7
11. Grundbesitz der Deutschen Bundesbahn . . . 8
12. Für gemeinnützige oder mildtätige Zwecke benutzter Grundbesitz . . . 8
13. Für sportliche Zwecke benutzter Grundbesitz . . . 10
14. Religionsgesellschaften des öffentlichen Rechts . . . 10
15. Dienstgrundstücke und Dienstwohnungen der Geistlichen und Kirchendiener . . . 11

Zu § 4 GrStG

16. Allgemeine Voraussetzungen für die Steuerbefreiungen nach § 4 GrStG . . . 12
17. Dem Gottesdienst gewidmeter Grundbesitz . . . 12
18. Dem öffentlichen Verkehr dienender Grundbesitz . . . 13
19. Verkehrsflughäfen und Verkehrslandeplätze . . . 14
20. Fließende Gewässer . . . 14
21. Öffentlich-rechtliche Wasser- und Bodenverbände . . . 15
22. Für Zwecke der Wissenschaft, des Unterrichts, der Erziehung benutzter Grundbesitz . . . 15
23. Für Zwecke eines Krankenhauses benutzter Grundbesitz . . . 16

Zu § 5 GrStG

24. Grundbesitz, der Wohnzwecken dient . . . 17
25. Gemeinschaftsunterkünfte der Bundeswehr usw. . . . 18
26. Wohnräume in Schülerheimen usw. . . . 18
27. Wohnraum, der unmittelbar begünstigten Zwecken dient . . . 19
28. Bereitschaftsräume . . . 19
29. Grundsteuerrechtliche Behandlung von Grundstücken fremder Staaten . . . 20

Zu § 6 GrStG

30. Land- und forstwirtschaftlich genutzter Grundbesitz 21

Zu § 7 GrStG

31. Unmittelbare Benutzung für einen begünstigten Zweck 21

Zu § 8 GrStG

32. Teilweise Benutzung für einen steuerbegünstigten Zweck 22

Zu § 9 GrStG

33. Stichtag für die Festsetzung der Grundsteuer 22

Zu §§ 22 bis 24 GrStG

34. Zerlegung des Steuermeßbetrags 23

Zu § 32 GrStG

35. Erlaß für Grundbesitz, dessen Erhaltung im öffentlichen Interesse liegt . . . 23
36. Erlaß für öffentliche Grünanlagen, Sport- und Spielplätze 24
37. Erlaß für Grundbesitz, in dessen Gebäuden Gegenstände von wissenschaftlicher usw. Bedeutung untergebracht sind 25

Zu § 33 GrStG

38. Allgemeine Voraussetzungen für einen Erlaß wegen wesentlicher Ertragsminderung 26
39. Erlaß wegen wesentlicher Ertragsminderung bei Betrieben der Land- und Forstwirtschaft 27
40. Erlaß wegen wesentlicher Ertragsminderung bei bebauten Grundstücken . . 30

Zu § 34 GrStG

41. Erlaßverfahren 33
42. Erlaß der Grundsteuer nach § 78 des Städtebauförderungsgesetzes 34
43. Rechtsanspruch auf den Erlaß der Grundsteuer 35

Zu § 36 GrStG

44. Grundsteuervergünstigung für abgefundene Kriegsbeschädigte und andere Körperbeschädigte 35

[1]Die Grundsteuer-Richtlinien 1978 behandeln Zweifelsfragen und Auslegungsfragen von allgemeiner Bedeutung, um eine einheitliche Anwendung des Grundsteuerrechts durch die Verwaltungsbehörden sicherzustellen. [2]Sie geben außerdem Anweisungen, wie aus Gründen der Verwaltungsvereinfachung in bestimmten Fällen verfahren werden soll. [3]Sie gelten erstmals für die Grundsteuer des Kalenderjahrs 1978. [4]Verwaltungsanweisungen, die mit den Grundsteuer-Richtlinien 1978 in Widerspruch stehen, sind nicht mehr anzuwenden.

Zu §§ 1, 2 GrStG

1.[1)·2)·3)·4)] Steuerberechtigung

[1]Die Berechtigung zur Erhebung der Grundsteuer steht den Gemeinden zu (§ 1 GrStG). [2]In den Ländern Berlin und Hamburg, in denen keine Gemeinden bestehen, steht die Berechtigung dem Land zu. [3]In der Festsetzung des Hebesatzes durch die Gemeinde liegt die Entscheidung, daß Grundsteuer erhoben wird.

2.[5)] Verwaltung der Grundsteuer

[1]Die Verwaltung der Grundsteuer obliegt zum Teil den Finanzbehörden der Länder, zum Teil den Gemeinden. [2]In den Ländern Berlin und Hamburg wird die Grundsteuer nur von den Finanzbehörden verwaltet. [3]Für die Feststellung der Einheitswerte sowie für die Festsetzung und Zerlegung der Steuermeßbeträge sind die Finanzämter zuständig (§ 19 BewG, §§ 184, 185 ff. AO 1977). [4]Die Festsetzung und Erhebung der Grundsteuer einschließlich der Stundung, der Niederschlagung und des Erlasses obliegt dagegen der hebeberechtigten Gemeinde. [5]Hierfür gelten in erster Linie die §§ 25 bis 34 GrStG sowie die in § 1 Abs. 2 AO 1977 für anwendbar erklärten Vorschriften der Abgabenordnung. [6]Für die Aussetzung der Vollziehung der Grundsteuermeßbescheide sind die Finanzämter oder gegebenenfalls die Finanzgerichte zuständig, während die Aussetzung der Grundsteuerbescheide den Gemeinden obliegt. [7]Wird die Vollziehung eines Grundsteuermeßbescheids durch das Finanzamt ausgesetzt, so ist die Gemeinde verpflichtet, von Amts wegen auch die Vollziehung des hierauf beruhenden Grundsteuerbescheids auszusetzen, selbst wenn dieser unanfechtbar geworden ist (§ 361 Abs. 1 Satz 2 und Abs. 3 in Verbindung mit § 1 Abs. 2 Nr. 6 AO 1977).

---

1) Zur Verfassungsmäßigkeit des GrStG vgl. VGH Ba-Wü v. 27.6.2005, DStRE 2005, 1224; Vb. nicht zur Entscheidung angenommen, siehe BVerfG v. 21.6.2006 1 BvR 1644/05, BFH/NV 2006 Beil. 10/2006, 505; ebenso Vb. 1 BvR 2531/06 gegen BFH v. 12.10.2005 II B 36/05, BFH/NV 2006, 369; ebenso Vb. 1 BvR 311/06 gegen BVerwG v. 8.11.2005 10 B 45.05, ZKF 2006, 213. – Zur Erstreckung des Begriffs des dinglichen Rechts Dritter auf Grundsteuerforderungen im Rahmen des europäischen Insolvenzverfahrens siehe EuGH v. 26.10.2016 C-195/15, EuZW 2016, 944; BGH v. 8.12.2016 V ZB 41/14, NJW-RR 2017, 299.

2) Die Frage der Vereinbarkeit der Erhebung von Grundsteuern mit Art. 14 GG ist hinreichend geklärt; vgl. BFH v. 9.10.2006 II B 4/06, BFH/NV 2007, 103, sowie BVerfG v. 13.4.2010 1 BvR 3515/08, NVwZ 2010, 954.

3) Zur Verfassungswidrigkeit der Vorschriften zur Einheitsbewertung für die Bemessung der Grundsteuer für Stichtage ab 1.1.2002 siehe BVerfG v. 10.4.2018 1 BvL 11/14, 1 BvL 12/14, 1 BvL 1/15, 1 BvR 639/11, 1 BvR 889/12, DStR 2018, 791. – Zur vorläufigen Einheitswertfeststellung und vorläufigen Festsetzung des Grundsteuermessbetrags nach Ergehen des BVerfG-Urteils v. 10.4.2018 siehe gleich lautende Ländererlasse v. 17.1.2019, BStBl. I 2019, 28. Zur Zurückweisung der wegen Zweifeln an der Verfassungsmäßigkeit der Einheitsbewertung des Grundvermögens eingelegten Einsprüche siehe AllgVfg. der Obersten Finanzbehörden der Länder v. 18.1.2019, BStBl. I 2019, 26, und v. 3.6.2019, BStBl. I 2019, 470.

4) Kein Erlass von Säumnizuschlägen zur Grundsteuer wegen möglicher Verfassungswidrigkeit der Einheitsbewertung, siehe BFH v. 2.3.2017 II B 33/16, BStBl. II 2017, 646.

5) Zur Befugnis der Zahlung der Grundsteuer als Jahresbetrag siehe Sächsisches OVG v. 21.6.2018 3 A 459/18, BeckRS 2018, 13571.

3. Örtliche Zuständigkeit für die Festsetzung und Zerlegung des Steuermeßbetrags

[1]Für die Festsetzung und die Zerlegung des Steuermeßbetrags ist das Lagefinanzamt zuständig (§ 22 Abs. 1 in Verbindung mit § 18 Abs. 1 Nr. 1 AO 1977). [2]Das ist das Finanzamt, in dessen Bezirk der Betrieb der Land- und Forstwirtschaft, das Grundstück oder das Betriebsgrundstück liegt. [3]Erstreckt sich der Betrieb, das Grundstück oder das Betriebsgrundstück auf die Bezirke mehrerer Finanzämter, so ist das Finanzamt zuständig, in dessen Bezirk der wertvollste Teil liegt.

3a. Örtliche Zuständigkeit der Finanzämter für die Festsetzung und Erhebung der Grundsteuer

[1]Soweit die Festsetzung, Erhebung und Beitreibung der Grundsteuer den Finanzämtern obliegt, ist dafür das Finanzamt zuständig, zu dessen Bezirk die hebeberechtigte Gemeinde gehört (§ 22 Abs. 2 AO 1977). [2]Gehört eine hebeberechtigte Gemeinde zu den Bezirken mehrerer Finanzämter, so ist das Finanzamt zuständig, in dessen Bezirk der wertvollste Teil des Betriebs der Land- und Forstwirtschaft, des Grundstücks oder des Betriebsgrundstücks liegt (§ 22 Abs. 2 in Verbindung mit dessen Absatz 1 und § 18 Abs. 1 Nr. 1 AO 1977). [3]Dies gilt sinngemäß, soweit das Aufkommen der Realsteuern einem Land zusteht (§ 22 Abs. 3 AO 1977).

4.[1)] Bekanntgabe des Steuermeßbescheids an den Steuerpflichtigen und Mitteilung des Steuermeßbetrags an die hebeberechtigte Gemeinde

(1) [1]Der Einheitswert und der Steuermeßbetrag werden dem Steuerpflichtigen in der Regel in einem zusammengefaßten Bescheid bekanntgegeben. [2]Das Finanzamt kann auch getrennte Bescheide erteilen. [3]Das gilt insbesondere für die Steuermeßbeträge, die auf den 1. Januar 1974 (Hauptveranlagung 1974) festgesetzt werden.

(2) [1]Das Finanzamt teilt der hebeberechtigten Gemeinde den festgesetzten Steuermeßbetrag mit (§ 184 Abs. 3 AO 1977). [2]Diese wendet den für das Kalenderjahr gültigen Hebesatz auf den Steuermeßbetrag an und gibt den Jahresbetrag der Grundsteuer in einem Grundsteuerbescheid dem Steuerpflichtigen bekannt (§§ 25, 27 GrStG).

(3) [1]Ist der Steuermeßbetrag zu zerlegen, so sind neben dem Steuerpflichtigen auch die hebeberechtigten Gemeinden Beteiligte am Zerlegungsverfahren (§ 186 AO 1977). [2]Dies ist bei der Bekanntgabe des Zerlegungsbescheids zu berücksichtigen.

[1)] Zur Bekanntgabe und Adressierung des Grundsteuermessbescheids und des Einheitswertbescheids bei einer GbR siehe OFD'en Düsseldorf u. Münster v. 7.4.2004, DB 2005, 1019. – Zur Erbengemeinschaft siehe BFH v. 7.7.2004 II R 77/01, BFH/NV 2005, 73. – Zur Festsetzung von Grundsteuermessbeträgen und der Verfahrensweise bei Einsprüchen gegen Grundsteuermessbescheide siehe OFD Frankfurt/M. v. 17.8.2017 G 1130 A-030-St 116, BeckVerw 346307. – Zur Heranziehung des Mitglieds einer Erbengemeinschaft zur Zahlung der Grundsteuer siehe BayVGH v. 12.7.2018 4 C 18.1135, ZEV 2019, 172. – Zur Frage der dinglichen Wirkung eines Grundsteuermessbescheids siehe BFH v. 12.2.2020 II R 10/17, DStRE 2020, 864. – Zur Frage der Zurechnung eines Grundstücks für Zwecke der Grundsteuer unter dem Gesichtspunkt des wirtschaftlichen Eigentums siehe BFH v. 23.2.2021 II R 44/17, DStRE 2021, 991.

5. Meldewesen

(1) Erhält die Gemeinde Kenntnis von der Eröffnung oder der Einstellung eines Betriebs der Land- und Forstwirtschaft, hat sie dies dem zuständigen Finanzamt mitzuteilen.

(2) [1]Die für die Aufsicht über die Bebauung eines unbebauten Grundstücks und die Vornahme von baulichen Veränderungen zuständige Stelle unterrichtet das Finanzamt sowohl über die Erteilung einer Baugenehmigung als auch über die Gebrauchsabnahme unter Angabe des Zeitpunkts der Bezugsfertigkeit und von Merkmalen der Ausstattung des Gebäudes. [2]Auch den Abbruch von Gebäuden hat sie den Finanzämtern mitzuteilen. [3]Die Meldungen sind möglichst rechtzeitig den Finanzämtern zu übersenden, weil dann die Grundsteuermeßbeträge alsbald nach Fertigstellung der Gebäude den Gemeinden mitgeteilt werden können. [4]Ferner haben die Gemeinden die Finanzämter über rechtskräftige Bebauungspläne und über Flächennutzungspläne zu unterrichten (§ 111 AO 1977).

(3) Es liegt im Interesse der Gemeinden, daß sie auch sonstige Tatsachen, die für die Feststellung der Einheitswerte und die Festsetzung der Steuermeßbeträge von Bedeutung sind, z. B. Änderung der Nutzungsart, dem Finanzamt mitteilen.

(4) Soweit bauliche Maßnahmen des Bundes und der Länder im bauaufsichtlichen Zustimmungsverfahren durch die staatlichen Baubehörden durchgeführt werden und deshalb nicht der Baugenehmigung, Überwachung und Abnahme der örtlich zuständigen Bauaufsichtsbehörde bedürfen, haben die staatlichen Baubehörden die Finanzämter über die Errichtung von Neubauten und über die Vornahme baulicher Veränderungen an bebauten Grundstücken zu unterrichten.

Zu § 3 GrStG

6. Allgemeine Voraussetzungen für die Steuerbefreiungen nach § 3 GrStG

(1)[1)] Die Befreiung nach § 3 GrStG hängt von zwei Voraussetzungen ab:

1. Der Grundbesitz muß einem bestimmten Rechtsträger ausschließlich zuzurechnen sein (subjektive Voraussetzung);
2. der Grundbesitz muß von dem Rechtsträger, dem er zuzurechnen ist, für einen bestimmten steuerbegünstigten Zweck unmittelbar benutzt werden (objektive Voraussetzung).[2)]

(2) [1]Die Befreiungen gelten auch, wenn der Rechtsträger, dem der Grundbesitz zugerechnet worden ist, seinen Grundbesitz einer anderen nach § 3 Abs. 1 GrStG begünstigten juristischen Person usw. überläßt, wenn diese den

---

[1)] Zu Öffentlich Privaten Partnerschaften siehe aber § 3 Abs. 1 Satz 3 GrStG i. d. F. des G v. 1.9.2005, BGBl. I 2005, 2676 sowie FM Ba-Wü v. 17.7.2006 – 3-G 1103/11, DB 2006, 1588. – Zur Grundsteuerbefreiung bei Öffentlich Privater Partnerschaft siehe BFH v. 27.9.2017 II R 13/15, BStBl. II 2018, 768, und v. 6.12.2017 II R 26/15, BFH/NV 2018, 453. Vgl. hierzu auch OFD Frankfurt/M. v. 25.1.2019 – G 1103 A – 033 – St 116, BeckVerw 448221.

[2)] Zum Begriff der „Herrichtung" siehe BFH v. 13.11.1985 II R 237/82, BStBl. II 1986, 191.

Grundbesitz für einen der dort angeführten begünstigten Zwecke benutzt. [2]Daher ist es unerheblich, ob der Grundbesitz der anderen begünstigten juristischen Person usw. unentgeltlich oder entgeltlich, z.B. gegen Miete oder Pacht, zur Benutzung überlassen wird. [3]Steuerfrei bleibt z.B. der mit einem Behördengebäude bebaute Grundbesitz, den der Bund zur Benutzung durch eine Landesbehörde vermietet, oder ein Grundstück mit einer Sportanlage, das eine Gemeinde einem gemeinnützigen Sportverein verpachtet.

(3) [1]Diese Voraussetzungen können nicht nur vom bürgerlich-rechtlichen, sondern auch vom wirtschaftlichen Eigentümer erfüllt werden. [2]Als Eigentümer gilt derjenige, dem der Steuergegenstand bei der Einheitsbewertung zugerechnet worden ist (§ 39 AO 1977).

7. Juristische Personen des öffentlichen Rechts

(1) [1]Juristische Personen des öffentlichen Rechts sind alle Gebietskörperschaften, z.B. Bund, Länder, Gemeinden, und alle Personalkörperschaften, z.B. Religionsgesellschaften, denen auf Grund öffentlichen Rechts eine eigene Rechtspersönlichkeit zukommt.[1)] [2]Auch Stiftungen, Anstalten und Zweckvermögen sind juristische Personen des öffentlichen Rechts, wenn sie auf Grund öffentlichen Rechts mit eigener Rechtspersönlichkeit ausgestattet sind.

(2) [1]Ob eine juristische Person des öffentlichen Rechts vorliegt, richtet sich nach Bundes- oder Landesrecht. [2]Grundsätzlich muß sich die öffentlich-rechtliche Eigenschaft aus einem Hoheitsakt (Gesetz, Verordnung oder Verwaltungsakt) ergeben. [3]Ist ein Hoheitsakt nicht festzustellen, so kann die Eigenschaft als Körperschaft des öffentlichen Rechts auch aus der geschichtlichen Entwicklung, durch Verwaltungsübung oder nach allgemeinen Rechtsgrundsätzen begründet sein (BFH-Urteil vom 5.9.1958, BStBl. III S. 478). [4]Die Finanzbehörden haben das Recht und die Pflicht, die Eigenschaft einer juristischen Person als Körperschaft des öffentlichen Rechts nachzuprüfen. [5]Ist diese Eigenschaft zweifelhaft und nicht ohne weiteres nachweisbar, so ist eine Auskunft der Bundes- oder Landesbehörde einzuholen, der die Aufsicht über die juristische Person im Einzelfall zusteht (BFH-Urteil vom 1.3.1951, BStBl. III S. 120).

(3) [1]Ausländische Körperschaften des öffentlichen Rechts erfüllen die Voraussetzungen des § 3 Abs. 1 GrStG regelmäßig nicht. [2]Wegen der Anwendung der Grundsteuerbefreiungsvorschriften auf Grundstücke, die den ausländischen Streitkräften und den internationalen militärischen Hauptquartieren zur Benutzung überlassen worden sind, wird auf Abschnitt 9 Abs. 2 hingewiesen.

(4) Die diplomatischen und konsularischen Vertretungen ausländischer Staaten sind nach besonderen zwischenstaatlichen Verträgen von der Grundsteuer befreit (vgl. Abschnitt 29).

[1)] Beschränkung der Grundsteuerbefreiung auf korporierte Religionsgesellschaften und jüdische Kultusgemeinden ist verfassungsgemäß; siehe BFH v. 30.6.2010 II R 12/09, BStBl. II 2011, 48 (Vb. nicht zur Entscheidung angenommen, siehe BVerfG v. 24.5.2015 2 BvR 287/11). – Die Privilegierung von juristischen Personen des öffentlichen Rechts über den Nutzungszweck hinaus begegnet auch unter Beachtung von Art. 7 Abs. 4 GG keinen Bedenken; vgl. BFH v. 1.7.2020 II B 89/19, BFH/NV 2020, 1281.

(5) Bestimmten amtlichen zwischenstaatlichen Organisationen sowie Einrichtungen auswärtiger Staaten und ausländischen Wohlfahrtsorganisationen wird eine Befreiung von der Grundsteuer auf Grund besonderer gesetzlicher Regelungen oder zwischenstaatlicher Vereinbarungen gewährt.

8. Öffentlicher Dienst oder Gebrauch

(1)[1] [1] Unter „Öffentlicher Dienst oder Gebrauch" ist sowohl die hoheitliche Tätigkeit als auch der bestimmungsgemäße Gebrauch durch die Allgemeinheit zu verstehen (§ 3 Abs. 2 GrStG). [2] Mit dem Sammelbegriff „Öffentlicher Dienst oder Gebrauch" soll die oft sehr schwierige Unterscheidung vermieden werden, ob im Einzelfall das eine oder andere vorliegt; denn beide Begriffe gehen ineinander über (BFH-Urteil vom 20.5.1960, BStBl. III S. 368). [3] Im Verwaltungsrecht werden die im Verwaltungsgebrauch oder Gemeingebrauch stehenden Grundstücke als „öffentliche Sachen" bezeichnet.

(2) [1] Die Herstellung oder Gewinnung von Gegenständen, die für einen öffentlichen Dienst oder Gebrauch verwendet werden sollen, ist in keinem Fall als öffentlicher Dienst oder Gebrauch anzusehen. [2] Dagegen kann in der Benutzung eines Grundstücks zur Lagerung solcher Gegenstände bereits ein öffentlicher Dienst oder Gebrauch liegen.

9. Hoheitliche Tätigkeit[2]

(1) [1] Hoheitliche Tätigkeit bedeutet die Erfüllung von Hoheitsaufgaben.[3] [2] Es muß sich dabei um Aufgaben handeln, die der juristischen Person des öffentlichen Rechts eigentümlich und ihr vorbehalten sind. [3] Der Begriff der „hoheitlichen Tätigkeit" kann im Steuerrecht nur einheitlich gebraucht werden. [4] Ein Hoheitsbetrieb liegt insbesondere dann vor, wenn er Leistungen erbringt, zu deren Annahme der Leistungsempfänger auf Grund gesetzlicher oder behördlicher Anordnung verpflichtet ist (Annahmezwang). [5] Keine Hoheitsbetriebe sind dagegen u. a. Kreditinstitute, Versorgungsbetriebe und Verkehrsbetriebe der öffentlichen Hand sowie andere Betriebe gewerblicher Art von juristischen Personen des öffentlichen Rechts. [6] Eine bei der Körperschaftsteuer (§ 4 Abs. 5 KStG 1977) und bei der Gewerbesteuer (§ 2 Abs. 2 GewStDV) getroffene Entscheidung, ob ein Hoheitsbetrieb vorliegt, ist für die Grundsteuer zu übernehmen.

---

[1] Zu BOS-Basisstationen und ihrer Nutzung durch Polizei und andere Behörden siehe OFD Karlsruhe v. 13.4.2011 – S 3106 – St 344/St 349a. – Zur Grundsteuerbefreiung für ein erbbaurechtsbelastetes Grundstück einer jur. Person des öff. Rechts siehe BFH v. 27.9.2017 II R 14/15, BFH/NV 2018, 56. – Zur Grundsteuerbefreiung für Grundbesitz, der von einer juristischen Person des öffentlichen Rechts für einen öffentlichen Dienst oder Gebrauch (hier: Abfallentsorgung) genutzt wird, siehe FinMin Ba-Wü v. 9.5.2019 – 3 – G 110.3/18, BeckVerw 451394.

[2] Zur Abgrenzung hoheitlicher von wirtschaftlicher Tätigkeit einer jur. Person des öff. Rechts siehe BMF v. 11.12.2009, BStBl. I 2009, 1597. – Zur grundsteuerlichen Behandlung von entgeltlich an Bedienstete bzw. Studenten überlassenen Stellplätzen auf landeseigenen Grundstücken siehe FinMin Sachsen-Anhalt v. 17.2.2014 – 46 – G 1108 – 1, BeckVerw 282894.

[3] Zur Grundsteuerpflicht bei Ausführung von Hoheitsaufgaben durch private Unternehmer siehe BFH v. 16.12.2009 II R 29/08, BStBl. II 2010, 829.

(2) Grundbesitz, der

1. für die Zwecke von Gebietskörperschaften, Personalkörperschaften oder Anstalten des öffentlichen Rechts,
2. für die Zwecke der Bundeswehr, der ausländischen Streitkräfte und internationalen militärischen Hauptquartiere (BFH-Urteil vom 14.1.1972, BStBl. II S. 314), des polizeilichen und sonstigen Schutzdienstes,
3. für die Zwecke eines Hoheitsbetriebs

benutzt wird, dient der Erfüllung von Hoheitsaufgaben.

(3) [1]Behördenkantinen gelten als für die Zwecke eines Hoheitsbetriebs benutzt, wenn sie so eng mit der Erfüllung der hoheitlichen Tätigkeit der Behörde zusammenhängen, daß sie als ein unentbehrliches Hilfsmittel zur Erfüllung der öffentlichen Aufgaben anzusehen sind. [2]Das gilt auch für verpachtete Kantinen und vermietete Kantinenräume (BFH-Urteil vom 29.3.1968, BStBl. II S. 499).

(4) [1]Öffentlicher Dienst oder Gebrauch ist nicht anzunehmen bei Betrieben gewerblicher Art von juristischen Personen des öffentlichen Rechts (§ 4 KStG 1977). [2]Die hierzu bei der Körperschaftsteuer getroffene Entscheidung ist in der Regel auch für die Grundsteuer zu übernehmen. [3]Bei der Körperschaftsteuer wird ein Betrieb gewerblicher Art erst dann angenommen, wenn die wirtschaftliche Tätigkeit der juristischen Person des öffentlichen Rechts von einigem Gewicht ist. [4]Dies ist der Fall, wenn der Jahresumsatz im Sinne von § 1 Abs. 1 Nr. 1 UStG nachhaltig *60000 DM*[1)] übersteigt *(Abschnitt 5 Abs. 5 KStR 1977)*.[1)] [5]Fehlt es nur an dieser Voraussetzung oder kommt es wegen des Freibetrags des § 24 KStG 1977 nicht zu einer Körperschaftsteuerveranlagung (vgl. auch *Abschnitt 104 KStR 1977*),[2)] so ist für die Grundsteuer gleichwohl anzunehmen, daß der Grundbesitz nicht für einen öffentlichen Dienst oder Gebrauch benutzt wird.

10. Bestimmungsgemäßer Gebrauch durch die Allgemeinheit

(1) [1]Ein Gebrauch durch die Allgemeinheit liegt vor, wenn der Personenkreis, dem die Benutzung vorbehalten ist, als Öffentlichkeit angesehen werden kann. [2]Er darf weder fest umgrenzt noch dauernd klein sein. [3]Die Benutzung des Grundstücks durch die Öffentlichkeit muß grundsätzlich durch Satzung, Widmung usw. festgelegt sein. [4]Es genügt, daß die Benutzung von der Körperschaft des öffentlichen Rechts geduldet wird und tatsächlich erfolgt.

(2) [1]Für einen öffentlichen Gebrauch werden sowohl Grundstücke benutzt, die der Öffentlichkeit ohne besondere Zulassung zur bestimmungsgemäßen Nutzung zur Verfügung stehen, z. B. Straßen, Anlagen usw., als auch Grundstücke mit Anstalten, Einrichtungen usw., die der Öffentlichkeit nur nach besonderer Zulassung zur Verfügung stehen, z. B. Schulen, Sportplätze, Krankenhäuser usw. [2]Die besondere Zulassung kann in einer zeitlichen Nutzungsbeschränkung, z. B. der Regelung der Benutzungszeiten oder Besuchszeiten in einem Museum, in der Erhebung eines Entgelts, z. B. eines Eintrittsgelds, oder

---

1) 35 000 €; vgl. jetzt R 4.1 Abs. 5 KStR (Nr. **100**).
2) Vgl. jetzt R 31.1 KStR (Nr. **100**).

in anderen Beschränkungen bestehen. [3]Voraussetzung ist jedoch stets, daß die Beschränkungen nur aus Gründen des öffentlichen Interesses erfolgen. [4]Zwar schließt die Absicht, Gewinne zu erzielen, die Annahme eines öffentlichen Dienstes oder Gebrauchs aus, umgekehrt reicht aber die fehlende Gewinnerzielungsabsicht allein nicht aus, um einen öffentlichen Dienst oder Gebrauch anzunehmen (BFH-Urteil vom 20.5.1960, BStBl. III S. 368). [5]Wird für die Benutzung ein Entgelt erhoben, das nach den Umständen des Einzelfalls als besonders hoch erscheint, so kann es an einem bestimmungsgemäßen Gebrauch durch die Allgemeinheit fehlen.

11. Grundbesitz der *Deutschen Bundesbahn*

(1) [1]Grundbesitz, der von der *Deutschen Bundesbahn* und ihren Behörden für Verwaltungszwecke benutzt wird, ist in vollem Umfang steuerfrei (§ 3 Abs. 1 Nr. 2 GrStG). [2]Dasselbe gilt für die dem öffentlichen Verkehr dienenden Straßen und Plätze (Ladestraßen, BFH-Urteil vom 11.11.1970, BStBl. 1971 II S. 32) sowie für die Schienenwege und für die Grundflächen der unmittelbar hierzu gehörenden Einrichtungen (§ 4 Nr. 3 Buchstabe a GrStG).

(Fortsetzung S. 9)

(2)[1] *[1]Bei Grundbesitz, der von der Deutschen Bundesbahn für Betriebszwecke benutzt wird, ermäßigt sich der Steuermeßbetrag auf die Hälfte (§ 13 Abs. 2 GrStG). [2]Betriebszwecken dient der Grundbesitz insoweit, als er für den Personen- und Güterverkehr benutzt wird. [3]Dazu gehört z. B. Grundbesitz, der der Aufbewahrung, Instandhaltung und Instandsetzung der Betriebseinrichtungen und Fahrzeuge dient.*

(3) [1]Voll steuerpflichtig ist Grundbesitz, der weder für Verwaltungszwecke noch für Betriebszwecke benutzt wird. [2]Das sind insbesondere

1. Wohnungen (§ 5 Abs. 2 GrStG),
2. Hotels, Restaurationsräume, Verkaufsstellen, Läden und ähnliche Einrichtungen,
3. der für die Neuanlagen und Erweiterungen bestimmte Grundbesitz,
4. Grundbesitz, der vermietet oder verpachtet ist, auch wenn ihn der Mieter oder Pächter für Zwecke benutzt, die bei der *Bundesbahn* begünstigt wären.

[2]Abschnitt 9 Abs. 3 bleibt unberührt.

12. Für gemeinnützige oder mildtätige Zwecke benutzter Grundbesitz

(1) [1]Die Befreiung des Grundbesitzes nach § 3 Abs. 1 Nr. 3 GrStG setzt voraus, daß dieser entweder einer inländischen juristischen Person des öffentlichen Rechts oder einer inländischen Körperschaft, Personenvereinigung oder Vermögensmasse gehört, die nach der Satzung oder der sonstigen Verfassung und nach ihrer tatsächlichen Geschäftsführung ausschließlich und unmittelbar gemeinnützigen oder mildtätigen Zwecken dient. [2]Für die Begriffe „gemeinnützige Zwecke" und „mildtätige Zwecke" im Sinne des Grundsteuergesetzes gelten die §§ 52, 53, 55 bis 68 AO 1977 (§ 51 AO 1977).

(2) [1]Bei inländischen Körperschaften usw., die berechtigt sind, Spendenbescheinigungen nach § 10b EStG in Verbindung mit *§ 48 Abs. 2 und 3 EStDV*[2] auszustellen, können die subjektiven Voraussetzungen ohne weitere Nachprüfung unterstellt werden. [2]In Zweifelsfällen hat das Lagefinanzamt bei dem für die Körperschaft zuständigen Finanzamt anzufragen, ob und ggf. in welchem Veranlagungszeitraum die Körperschaft usw. bei der Körperschaftsteuer als gemeinnützig oder mildtätig anerkannt worden ist. [3]Diese Entscheidung ist für die Grundsteuer zu übernehmen.

(3) [1]Der Grundbesitz muß für gemeinnützige oder mildtätige Zwecke benutzt werden (objektive Voraussetzung). [2]Ob der geltend gemachte Benutzungszweck gemeinnützig oder mildtätig im Sinne der §§ 52, 53, 55 bis 68 AO 1977 ist, muß für die Grundsteuer jeweils selbständig geprüft werden. [3]Handelt es sich um einen Zweck, der in der *Anlage 7 zu den EStR*[3] als besonders förderungswürdig anerkannt ist, so ist die Voraussetzung erfüllt. [4]In anderen Fällen kommt es darauf an, ob der Zweck auch bei der Körper-

---

[1] Ab Kj. 1999 „DB AG Holding und deren Töchter(-Unternehmen)"; Grundsteuerermäßigung des § 13 Abs. 2 aufgeh. durch G v. 27. 12. 1993 (BGBl. I S. 2378) mWv Kj. 1994.

[2] Vgl. jetzt § 50 EStDV **(Steuergesetze Nr. 10)**. – Muster für Zuwendungsbestätigungen siehe BMF 7. 11. 2013, BStBl. I 2013, 1333 u. v. 26. 3. 2014, BStBl. I 2014, 791 (Nr. **1** Anl. 4).

[3] Vgl. jetzt § 52 Abs. 2 AO.

schaftsteuer als gemeinnützig anerkannt worden ist. [5]Die dort getroffene Entscheidung ist deshalb zu übernehmen.

(4) [1]Grundsteuerfrei ist auch der Grundbesitz, auf dem ein Zweckbetrieb im Sinne der §§ 65 bis 68 AO 1977 unterhalten wird. [2]Ob ein solcher Zweckbetrieb vorliegt, wird bereits bei der Körperschaftsteuer entschieden. [3]Die dort getroffene Entscheidung ist für die Grundsteuer zu übernehmen. [4]Wenn auf dem Grundbesitz nur eine oder mehrere zeitlich befristete Veranstaltungen stattfinden, z.B. die Tanzveranstaltung eines Sportvereins in seiner Sporthalle, kommt es für die Entscheidung, ob ein Zweckbetrieb vorliegt, darauf an, welche Nutzung überwiegt (§ 8 Abs. 2 GrStG).

(5) [1]Grundsteuerfrei bleibt der Grundbesitz, auf dem die gemeinnützigen oder mildtätigen Zwecke unmittelbar verfolgt werden. [2]Dazu rechnet auch der Grundbesitz, auf dem die Körperschaft ihre Verwaltungstätigkeit ausübt. [3]Verwaltungsräume, die der Verwaltung von steuerpflichtigem Grundbesitz dienen, sind dagegen steuerpflichtig (BFH-Urteile vom 10. 12. 1954, BStBl. 1955 III S. 63 und vom 6. 10. 1961, BStBl. III S. 571). [4]Hat die Körperschaft auch einen oder mehrere wirtschaftliche Geschäftsbetriebe, die nicht Zweckbetriebe im Sinne der §§ 65 bis 68 AO 1977 sind, so ist der Grundbesitz oder Teil des Grundbesitzes steuerpflichtig, der für deren Verwaltung benutzt wird. [5]Wegen der Abgrenzung ist § 8 GrStG zu beachten.

(6)[1)] Bei einer als gemeinnützig anerkannten Körperschaft usw. ist der Grundbesitz steuerpflichtig,

1. der zu Wohnzwecken benutzt wird, soweit er nicht unter § 5 Abs. 1 GrStG fällt,
2. auf dem ein wirtschaftlicher Geschäftsbetrieb ausgeübt wird, der nicht Zweckbetrieb im Sinne der §§ 65 bis 68 AO 1977 ist,
3. der land- und forstwirtschaftlich genutzt wird, soweit nicht § 6 GrStG anzuwenden ist,[2)]
4. der als unbebautes Grundstück bewertet ist, soweit nicht die Voraussetzungen des § 7 GrStG erfüllt sind,
5. der einem Dritten zur Benutzung überlassen ist. [2]Das gilt nicht, wenn auch der Dritte zu den nach § 3 Abs. 1 GrStG begünstigten Rechtsträgern gehört und er den Grundbesitz für einen begünstigten Zweck benutzt.

13.[3)] Für sportliche Zwecke benutzter Grundbesitz

(1) Der sportlichen Zwecken dienende Grundbesitz, der nach § 3 Abs. 1 Nr. 1 oder 3 GrStG begünstigten Rechtsträgern zuzurechnen ist, bleibt grundsteuerfrei, wenn er für die begünstigten Zwecke zur Verfügung gestellt wird (vgl. auch Abschnitt 12 Abs. 5 Satz 1).

[1)] Keine Grundsteuerbefreiung für Wohnungen in einem Heim für schwerbehinderte Kinder und Jugendliche; vgl. BFH v. 11. 4. 2006 II R 77/04, DStRE 2006, 1345.

[2)] Keine Grundsteuerbefreiung für Grundbesitz, der land- und forstwirtschaftlich genutzt wird, auch wenn dieser Nutzung gegenüber dem steuerbegünstigten Zweck (Naturschutz) eine untergeordnete Rolle zukommt; vgl. BFH v. 16. 10. 1996 II R 17/96, BStBl. II 1997, 228.

[3)] Vgl. gleich lautenden Ländererlass v. 15. 3. 1984, BStBl. I 1984, 323.

(2) [1] Als für sportliche Zwecke benutzt gelten außer den sportlichen Anlagen auch Unterrichts- und Ausbildungsräume, Umkleide-, Bade- und ähnliche Räume, ferner Unterkunfts- und Schutzhütten von Bergsteiger-, Ski- und Wandervereinen. [2] Nicht dazu gehören jedoch Räume, die überwiegend der Erholung und der Geselligkeit dienen (§ 8 Abs. 2 GrStG).

14.[1)] Religionsgesellschaften des öffentlichen Rechts

(1) [1] Ob eine Religionsgesellschaft, ein Orden, eine religiöse Genossenschaft oder ein religiöser Verband eine Körperschaft des öffentlichen Rechts ist, richtet sich nach Landesrecht. [2] Im Zweifelsfall ist der Nachweis durch die Vorlage entsprechender Verleihungsurkunden zu führen. [3] Lässt sich dieser Nachweis nicht führen oder steht fest, dass eine Körperschaft des öffentlichen Rechts nicht vorliegt, kann es sich immer noch um eine gemeinnützige Körperschaft im Sinne des § 3 Abs. 1 Nr. 3 Buchstabe b GrStG handeln. [4] Zur Feststellung der Gemeinnützigkeit vgl. Abschnitt 12. [5] Die Anerkennung einer Religionsgesellschaft als Körperschaft des öffentlichen Rechts durch ein Land hat keine Wirkungen für die übrigen Länder. [6] Hat die Religionsgesellschaft in einem anderen Land Grundbesitz, der für ihre begünstigten Zwecke benutzt wird, kann unterstellt werden, daß die Voraussetzungen für die Anerkennung als gemeinnützig erfüllt sind.

(2) [1] Der Grundbesitz einer Religionsgesellschaft des öffentlichen Rechts, der dem Gottesdienst dient, ist nach § 4 Nr. 1 GrStG steuerfrei.

(Fortsetzung S. 11)

[1)] Beschränkung der Grundsteuerbefreiung auf korporierte Religionsgesellschaften und jüdische Kultusgemeinden verfassungsgemäß; vgl. BFH v. 30. 6. 2010 II R 12/09, BStBl. II 2011, 48 (Vb. nicht zur Entscheidung angenommen, vgl. BVerfG v. 24. 4. 2015 2 BvR 287/11).

[2]Grundbesitz einer als gemeinnützig anerkannten religiösen Vereinigung, der dem Gottesdienst dient, ist nach § 3 Abs. 1 Nr. 3 Buchstabe b GrStG steuerfrei (vgl. Abschnitt 17 Abs. 1).

(3) Bei einer Religionsgesellschaft des öffentlichen Rechts ist vorbehaltlich des § 3 Abs. 1 Nr. 5 GrStG steuerpflichtig der Grundbesitz,

1. der für Wohnzwecke benutzt wird,
   soweit nicht § 5 Abs. 1 GrStG anzuwenden ist,
2. auf dem ein steuerpflichtiger Betrieb gewerblicher Art unterhalten wird,
3. der land- und forstwirtschaftlich genutzt wird,
4. der als unbebautes Grundstück bewertet ist,
   soweit nicht § 7 GrStG anzuwenden ist,
5. der einem Dritten zur Benutzung überlassen ist. [2]Das gilt nicht, wenn auch der Dritte zu den nach § 3 Abs. 1 GrStG begünstigten Rechtsträgern gehört und er den Grundbesitz für einen begünstigten Zweck benutzt.

(4) [1]Religiöse Unterweisung ist Unterricht zur Förderung des Wissens in religiösen Fragen, insbesondere die Erteilung des Religionsunterrichts, die Abhaltung von Bibelstunden und die Ausbildung des geistlichen Nachwuchses. [2]Auch die kirchlichen Bildungsheime oder Akademien und die Exerzitienheime sind als für die Zwecke der religiösen Unterweisung benutzt anzusehen. [3]Das Zusammenleben allein nach einer bestimmten Ordensregel gilt nicht als religiöse Unterweisung.

(5) [1]Den Verwaltungszwecken dient insbesondere der Grundbesitz, der für die amtliche Tätigkeit der Kirchenbehörden, die Verwaltungstätigkeit eines Ordens usw. benutzt wird. [2]Abschnitt 12 Abs. 5 gilt entsprechend.

15. Dienstgrundstücke und Dienstwohnungen der Geistlichen und Kirchendiener[1)]

(1) [1]Für den Begriff „Dienstgrundstück" ist neben der Zugehörigkeit zu einem Stellenfonds, ggf. in Form einer kirchlichen Stiftung, erforderlich, dass der Stelleninhaber, dem es verliehen ist, wie ein Nießbraucher über Nutzungsart und Erträgnisse des Grundstücks, z.B. Miete, Pacht usw., verfügen kann (BFH-Urteile vom 23. 7. 1954, BStBl. III S. 283, vom 30. 7. 1965, BStBl. III S. 566, und vom 9. 7. 1971, BStBl. II S. 781). [2]Es genügt also nicht, daß das Grundstück zu dem der Besoldung des Stelleninhabers gewidmeten Vermögen gehört und seine Erträge für die Besoldung verwendet werden (BFH-Urteil vom 10. 7. 1959, BStBl. III S. 368). [3]Ebenso reicht es nicht aus, dass lediglich dem Stellenfonds der Nießbrauch an dem Grundbesitz zusteht. [4]Als Dienstgrundstück gilt ausnahmsweise auch solcher Grundbesitz, an dem ein Nießbrauch des Stelleninhabers nicht mehr besteht, bei dem aber durch Landesrecht ausdrücklich das Grundsteuerprivileg aufrechterhalten wurde (fiktives Dienstgrundstück, BFH-Urteile vom 9. 7. 1971, BStBl. II S. 781 und 785).

---

1) Vgl. ab Kj. 1993 § 3 Abs. 1 Satz 1 Nr. 5 GrStG idF des G v. 13. 9. 1993 (BGBl. I S. 1569) sowie OFD München v. 7. 12. 1993 G 1105a - 2/2 St 437. – Zum Verlust der Steuerbefreiung bei Erwerb eines Ersatzgrundstücks vgl. BFH v. 10. 7. 2002 II R 22/00, BFH/NV 2003 S. 202.

(2) [1]Eine „Dienstwohnung“ setzt voraus, dass ihre Benutzung dem Stelleninhaber auf Grund eines öffentlich-rechtlichen Dienstverhältnisses als Teil des Diensteinkommens zugewiesen worden und die Benutzung der Wohnung zur ordnungsmäßigen Wahrnehmung der dienstlichen Obliegenheiten erforderlich ist (BFH-Urteil vom 12. 1. 1973, BStBl. II S. 377).[1)] [2]Diese Voraussetzung liegt nicht vor, wenn die Räume nicht mehr einem bestimmten Stelleninhaber zugewiesen, sondern an Dritte vermietet werden (BFH-Urteil vom 10. 7. 1959, BStBl. III S. 368). [3]Dasselbe gilt für kircheneigene Wohnungen, die anderen Beamten und Angestellten überlassen sind. [4]Kircheneigene Wohnungen, die Geistlichen und Kirchendienern auf Grund eines Mietvertrages überlassen werden, sind auch dann nicht befreit, wenn der Mietzins auf ihre Gehaltsbezüge angerechnet wird. [5]Steuerpflichtig sind auch die Wohnungen, die andere juristische Personen des öffentlichen Rechts Geistlichen, z.B. Krankenhaus- oder Gefängnisgeistlichen, überlassen haben. [6]Das gilt auch dann, wenn die überlassene Wohnung im wirtschaftlichen Ergebnis einer Dienstwohnung gleicht.

(3) [1]Geistliche sind Personen, die zur Besorgung des Gottesdienstes und zum Unterricht in der Religion bestellt sind. [2]Sie müssen ein in den Organismus einer Kirche eingegliedertes geistliches Amt versehen, dessen Obliegenheiten zu den religiösen Zwecken und Aufgaben der Kirche gehört.

(4) [1]Kirchendiener sind Personen, die, ohne als Geistliche tätig zu sein, an der sakralen Gestaltung des Gottesdienstes unmittelbar mitwirken, z.B. Küster, Organisten. [2]Keine Kirchendiener sind Rendanten, beamtete Lehrkräfte eines kirchlichen Gymnasiums, sonstige weltliche Kirchenbeamte und die von einer öffentlich-rechtlichen Religionsgesellschaft angestellten Pförtner, Kraftfahrer, Hausmeister, Gärtner usw.

Zu § 4 GrStG

16. Allgemeine Voraussetzungen für die Steuerbefreiungen nach § 4 GrStG

Die Steuerbefreiungen nach § 4 GrStG haben insbesondere für Eigentümer Bedeutung, die nicht schon nach § 3 GrStG begünstigt sind; denn abgesehen von den Fällen des § 4 Nr. 5 und 6 GrStG kommt es hier auf die Eigentumsverhältnisse nicht an.

17. Dem Gottesdienst gewidmeter Grundbesitz

(1) [1]Der Grundbesitz muss dem Gottesdienst einer öffentlich-rechtlichen Religionsgesellschaft gewidmet sein. [2]Grundbesitz, der dem Gottesdienst einer anderen religiösen Vereinigung dient, kann nach § 3 Abs. 1 Nr. 3 Buchstabe b GrStG steuerfrei bleiben. [3]Ein Grundstück ist dem Gottesdienst gewidmet, wenn es für diesen Zweck hergerichtet (§ 7 Satz 2 GrStG) und dauernd bereitgehalten wird. [4]Ob der Gottesdienst ständig oder nur gelegentlich ausgeübt wird, ist ohne Bedeutung. [5]Die Begriffe „widmen“ und „benutzten“ sind insoweit identisch. [6]§ 7 GrStG gilt deshalb entsprechend. [7]Wird das Grundstück gelegentlich auch zu anderen Zwecken benutzt, muss die Benutzung für den steuerbegünstigten Zweck überwiegen (§ 8 GrStG).

---

1) Vgl. auch BFH v. 18. 10. 1989 II R 209/83, BStBl. 1990 II S. 190.

(2) [1]Die Befreiung nach § 4 Nr. 1 GrStG ist nicht davon abhängig, daß der Grundbesitz einer bestimmten Person zuzurechnen ist. [2]Sie gilt deshalb zunächst für die Religionsgesellschaft des öffentlichen Rechts selbst. [3]Sie wird aber auch gewährt, wenn der Grundbesitz einer Privatperson zuzurechnen ist. [4]Voraussetzung ist jedoch, daß er einer Religionsgesellschaft des öffentlichen Rechts zur Benutzung für den Gottesdienst entgeltlich oder unentgeltlich überlassen wird.

18. Dem öffentlichen Verkehr dienender Grundbesitz

(1) [1]Dem öffentlichen Verkehr dient ein Grundstück, wenn es der Öffentlichkeit zur Benutzung offensteht und tatsächlich auch von ihr benutzt wird. [2]Straßen, Wege, Plätze usw. sind demnach von der Grundsteuer befreit, wenn sie ohne Beschränkung auf einen bestimmten, mit dem Verfügungsberechtigten in enger Beziehung stehenden Personenkreis allgemein zugänglich sind. [3]*Eine öffentlich-rechtliche Widmung ist weder erforderlich noch für sich allein ausreichend (BFH-Urteil vom 11. 11. 1970, BStBl. 1971 II S. 32).*[1)] [4]Wegen der Steuerfreiheit von Grundstücken, auf denen eine Straße gebaut werden soll, vgl. § 7 Satz 2 GrStG. [5]*Nicht dem öffentlichen Verkehr dienen Parkplätze, Parkhäuser, Tiefgaragen usw., die nur gegen Entgelt benutzt werden können.*[1)]

(2) [1]Zu den öffentlichen Straßen und Wegen gehören auch die Seitengräben, Böschungen, Schutzstreifen und Mittelstreifen sowie Rast- und Parkplätze, wenn sie von jedem benutzt werden können. [2]Zu den Schutzstreifen zählen nicht Waldungen längs der Bundesfernstraßen, die nach § 10 des Bundesfernstraßengesetzes in der Fassung der Bekanntmachung vom 1. Oktober 1974 (BGBl. I S. 2413) zu Schutzwaldungen erklärt worden sind.

(3) [1]Öffentliche Kinderspielplätze und öffentliche Grünanlagen dienen nicht dem öffentlichen Verkehr (BFH-Urteil vom 6. 10. 1961, BStBl. 1962 III S. 51). [2]Sie sind jedoch von der Grundsteuer befreit, wenn sie von einer Körperschaft des öffentlichen Rechts oder von einer Körperschaft unterhalten werden, die als gemeinnützig anerkannt ist, und die Voraussetzungen des § 3 Abs. 1 Nr. 1 oder des § 3 Abs. 1 Nr. 3 GrStG erfüllt sind. [3]Wenn sie von anderen Personen unterhalten werden, kann ein Grundsteuererlaß nach § 32 Abs. 1 Nr. 2 GrStG in Betracht kommen.

(4) [1]Wasserstraßen sind Flüsse, Seen und Kanäle, die dem öffentlichen Verkehr dienen. [2]Fließende Gewässer, die nicht dem öffentlichen Verkehr dienen, sind nach § 4 Nr. 3 Buchstabe c GrStG befreit.[2)]

(5)[3)] [1]Häfen im Sinne des § 4 Nr. 3 Buchstabe a GrStG sind sowohl Seehäfen als auch Binnenhäfen. [2]Ein Hafen oder ein Teil eines Hafens, der nur einem beschränkten Benutzerkreis zur Verfügung steht, z. B. ein Werkshafen,

---

1) Vgl. aber BFH v. 7. 12. 1988 II R 115/88, BStBl. 1989 II S. 302, und v. 25. 4. 2001 II R 19/98, BStBl. 2002 II S. 54, sowie Ländererlass v. 15. 1. 2002, BStBl. I S. 152 (**Steuererlasse** Nr. **420** § 4/1).

2) Vgl. BFH v. 23. 7. 1982 III R 107/79, BStBl. 1983 II S. 57, zur Steuerbefreiung hinsichtlich angelegter fließender Gewässer und BFH v. 23. 6. 1993 II R 36/90, BStBl. II S. 768, zur Nichtbefreiung von zur Trinkwassergewinnung unterhaltenen Stauseen und Talsperren.

3) Vgl. auch BFH v. 6. 3. 1991 II R 97/89, BStBl. 1994 II S. 123. – Vgl. nunmehr aber BFH v. 25. 4. 2001 II R 19/98, BStBl. 2002 II S. 54.

dient nicht dem öffentlichen Verkehr und ist daher nicht von der Grundsteuer befreit. [3]Zu den Häfen rechnen nicht nur die mit Wasser bedeckten Flächen, sondern auch die Böschungen und Grundflächen der Kaimauern und anderer zum Betrieb des Hafens unmittelbar erforderlicher Einrichtungen.

(6) [1]Schienenwege, die dem öffentlichen Verkehr dienen, sind befreit, ohne daß es darauf ankommt, wer den Verkehr auf ihnen betreibt. [2]Hierher gehören insbesondere die Schienenwege städtischer Straßenbahnen, der *Deutschen Bundesbahn*[1)] usw. [3]Zu den Schienenwegen gehören die Grundflächen des eigentlichen Bahnkörpers und die Grundflächen der dazugehörenden Seitengräben, Böschungen und Schutzstreifen, Schneedämme und der zwischen den Gleisen gelegenen Geländestreifen sowie die mit den Schienen einschließlich der Rangier-, Neben-, Aufstell-, Abstell-, und Ladegleise bedeckten Grundflächen der Betriebshöfe und der Bahnhöfe, auch wenn sie durch Bahnsteighallen überdeckt sind. [4]Die Grundstücksflächen, über die Hochbahnen, Schwebebahnen und Seilbahnen hinwegführen, sind wie Schienenwege zu behandeln, soweit ihre Benutzbarkeit dadurch wesentlich beeinträchtigt wird.

(7) [1]Bauwerke und Einrichtungen, die unmittelbar dem öffentlichen Verkehr dienen, bleiben steuerfrei. [2]Bauwerke und Einrichtungen, die darüber hinaus zum Betrieb eines Verkehrsunternehmens erforderlich sind, z. B. Verwaltungsgebäude, Betriebsgebäude, Bahnsteighallen, Wagenhallen, Abfertigungsgebäude, unterliegen dagegen der Grundsteuer. [3]Wegen der besonderen Befreiung für den Grundbesitz der *Deutschen Bundesbahn*[1)] vgl. § 3 Abs. 1 Nr. 2 und *§ 13 Abs. 2* GrStG.[1)]

19.[2)] Verkehrsflughäfen und Verkehrslandeplätze

[1]Die Steuerbefreiung (§ 4 Nr. 3 Buchstabe b GrStG) gilt nur für Verkehrsflughäfen und Verkehrslandeplätze. [2]Sie kommt nicht in Betracht für Flugplätze, die nicht dem öffentlichen Verkehr dienen. [3]Hierfür kann sich allerdings eine Befreiung aus § 3 Abs. 1 Nr. 1 oder 3 GrStG ergeben.

20.[3)] Fließende Gewässer

(1) [1]Fließende Gewässer und die ihren Abflußweg regelnden Sammelbecken bleiben ohne Rücksicht auf die Eigentumsverhältnisse steuerfrei. [2]Zu den fließenden Gewässern gehören auch die Altwasser der Flüsse.

(2) [1]Die den Abfluß fließender Gewässer regelnden Sammelbecken sind künstliche Anlagen zur Ansammlung oder Stauung des Wassers zur Verhinderung von Überschwemmungen oder zur Speicherung des Wassers, z. B. Stauanlagen, Talsperren. [2]Die Steuerbefreiung erstreckt sich nicht auf Sammelbecken, die unmittelbar nur den Zwecken bestimmter Personen, z. B. eines Fischereiberechtigten, oder bestimmter Betriebe, z. B. zur Energiegewinnung, dienen.

---

1) Ab Kj. 1999 „DB AG Holding und deren Töchter(-Unternehmen)"; § 13 Abs. 2 GrStG aufgeh. durch G v. 27. 12. 1993 (BGBl. I S. 2378) mWv Kj. 1994.

2) Vgl. gleichlautenden Ländererlass v. 28. 11. 1995, BStBl. 1996 I S. 14 (**Steuererlasse** Nr. **420** § 4/3), sowie FM Ba-Wü v. 11. 12. 2000, DB S. 2560, zur Dt. Flugsicherung GmbH.

3) Vgl. FN zu Abschnitt 18 Abs. 4 GrStR.

21. Öffentlich-rechtliche Wasser- und Bodenverbände[1)]

(1) [1]Befreit sind die Grundflächen mit den Einrichtungen, die zur Ordnung und Verbesserung der Wasser- und Bodenverhältnisse unterhalten werden. [2]Es genügt nicht, daß die Einrichtungen der Ordnung und Verbesserung nur der Wasserverhältnisse oder nur der Bodenverhältnisse dienen. [3]So sind z. B. die Einrichtungen eines Wasserverbandes, die lediglich dazu dienen, Trink- und Brauchwasser dem Boden zu entnehmen, für den Genuß zuzubereiten, zu speichern und zu verteilen, nicht nach § 4 Nr. 4 GrStG befreit (BFH-Urteil vom 5.12.1967, BStBl. 1968 II S. 387). [4]Die Steuerbefreiung tritt nur ein, wenn die Einrichtungen von einem öffentlich-rechtlichen Wasser- und Bodenverband unterhalten werden. [5]Die Befreiung erstreckt sich nicht auf Einrichtungen, die unmittelbar nur den Zwecken bestimmter Personen oder Betriebe dienen. [6]Wird z. B. das aus einem Staubecken abfließende Wasser als Energiequelle benutzt, so dient das Staubecken insoweit keinem steuerbegünstigten Zweck und unterliegt damit der Grundsteuer.

(2) [1]Unter „Einrichtungen" sind nicht nur die durch menschliche Tätigkeit geschaffenen Werke zu verstehen, z. B. Dämme, Deiche, Uferböschungen, Ent- und Bewässerungsanlagen, Kläranlagen, Talsperren, sondern auch die durch das Zusammenwirken der Kräfte der Natur und des Menschen entstandenen Sachen, wie das Deichvorland (BFH-Urteil vom 21.7.1967, BStBl. 1968 II S. 16). [2]Auch beim Deichvorland ist es ohne Bedeutung, wem es zuzurechnen ist. [3]Die Steuerbefreiung für Deichvorland wird grundsätzlich nicht durch seine Nutzung für landwirtschaftliche Zwecke ausgeschlossen (§ 6 Nr. 3 GrStG). [4]Die Steuerbefreiung kann aus verschiedenen Gründen wegfallen. [5]So kann Deichvorland z. B. durch die Errichtung eines regulären Deiches zum nicht mehr steuerbefreiten Hinterland werden (BFH-Urteil vom 21.7.1967 a. a. O.). [6]Es muß in jedem Einzelfall geprüft werden, ob das Deichvorland dem steuerbegünstigten Zweck des § 4 Nr. 4 GrStG tatsächlich dient. [7]Das wird z. B. dann nicht der Fall sein, wenn der Deich von vornherein weit zurück im Hinterland errichtet wurde und das Deichvorland weder im Interesse der Verbesserung der Wasser- und Bodenverhältnisse angelegt noch dafür unterhalten wird. [8]Das gilt im besonderen Maße für die Flächen, die mit einem Netz von befestigten Straßen durchzogen sind und intensiv landwirtschaftlich oder gärtnerisch, z. B. durch Obstbau, genutzt werden. [9]Deichvorlandflächen, die gewerblich genutzt werden, sind ebenfalls nicht steuerbefreit.

22. Für Zwecke der Wissenschaft, des Unterrichts, der Erziehung benutzter Grundbesitz

(1) [1]Grundbesitz, der für Zwecke der Wissenschaft, des Unterrichts oder der Erziehung benutzt wird, ist bei einer juristischen Person des öffentlichen Rechts nach § 3 Abs. 1 Nr. 1 GrStG, bei einer gemeinnützigen Körperschaft, Personenvereinigung oder Vermögensmasse nach § 3 Abs. 1 Nr. 3 GrStG und bei einer öffentlich-rechtlichen Religionsgesellschaft nach § 3 Abs. 1 Nr. 4 GrStG befreit. [2]Die Befreiungsvorschrift in § 4 Nr. 5 GrStG hat deshalb nur noch Bedeutung für andere Eigentümer, insbesondere also für Privatschulen.

[1)] Zur Festlegung des Gebiets eines Wasser- und Bodenverbands siehe OVG M-V v. 18.12.2013 1 L 18/08, NordÖR 2014, 293.

(2) [1] Zur Wissenschaft gehört auch die Forschung. [2] Wird jedoch die Forschung von einem Industrieunternehmen betrieben, so kann nicht ohne weiteres davon ausgegangen werden, daß sie im Rahmen der öffentlichen Aufgaben liegt, auch wenn es sich dabei um Grundlagenforschung handelt und das Unternehmen eng mit wissenschaftlichen Instituten oder Universitäten zusammenarbeitet.

(3) [1] Dem Unterricht dienen nicht nur die allgemeinbildenden Schulen, sondern auch berufsbildende Schulen, z. B. Berufs-, Berufsfach- und Fachschulen. [2] Die Ausbildung in hausfraulichen Arbeiten, z. B. Kochen, Nähen, Kinderpflege usw., ist als Ausbildung für einen Beruf anzusehen (BFH-Urteil vom 23.12.1955, BStBl. 1956 III S. 28). [3] Dem Unterricht dienen auch Werkschulen und Lehrwerkstätten, die auf einen Beruf oder eine vor einer Körperschaft des öffentlichen Rechts abzulegende Prüfung ordnungsgemäß vorbereiten sowie Bildungseinrichtungen, die der beruflichen Fortbildung dienen.

(4) [1] Zur Erziehung im Sinne des § 4 Nr. 5 GrStG gehört auch die Erziehung in Waisenhäusern, in privaten Kindergärten und Kinderhorten. [2] Bei Säuglingsheimen und Kindererholungsheimen oder bei Heimen, in denen Kinder nur vorübergehend aufgenommen werden, steht der Erziehungszweck nicht im Vordergrund. [3] Sie sind deshalb nicht befreit. [4] Sie sind jedoch dann steuerfrei, wenn sie die Voraussetzungen des § 3 Abs. 1 GrStG erfüllen.

(5) [1] Die Landesregierung oder die von ihr beauftragte Stelle muß anerkannt haben, daß der Benutzungszweck im Rahmen der öffentlichen Aufgaben liegt. [2] Diese Voraussetzung kann bei den in Absatz 3 genannten Werkschulen und Lehrwerkstätten auch dann gegeben sein, wenn sie von einem gewerblichen Unternehmen unterhalten werden. [3] Das Anerkennungsverfahren wird landesrechtlich geregelt. [4] Bei den privaten Unterrichts- und Erziehungseinrichtungen, deren Grundbesitz schon bisher nach § 4 Nr. 7 GrStG a. F. steuerfrei war, kann unterstellt werden, daß diese Anerkennung vorliegt. [5] Die Befreiung des Grundbesitzes kann aus der Anerkennung allein nicht hergeleitet werden. [6] Es müssen auch die übrigen Voraussetzungen erfüllt sein.

(6)[1)] Der Grundbesitz muß ausschließlich dem Träger der Einrichtung oder einer juristischen Person des öffentlichen Rechts zuzurechnen sein.

23. Für Zwecke eines Krankenhauses benutzter Grundbesitz

(1) [1] Grundbesitz, der für die Zwecke eines Krankenhauses benutzt wird, ist bei einer juristischen Person des öffentlichen Rechts nach § 3 Abs. 1 Nr. 1 GrStG und bei einer gemeinnützigen Körperschaft nach § 3 Abs. 1 Nr. 3 GrStG steuerfrei. [2] Die Befreiungsvorschrift des § 4 Nr. 6 GrStG hat deshalb nur Bedeutung für sonstige, d. h. für private Krankenhäuser. [3] Ob die Voraussetzungen erfüllt sind, kann für das gesamte Steuerrecht nur einheitlich entschieden werden. [4] Eine bereits bei der Umsatzsteuer (§ 4 *Nr. 16 Buchstabe b*[2)] UStG), bei der Einkommensteuer (§ 7f EStG)[3)] oder bei der Gewerbesteuer (§ 3 Nr. 20 Buchstabe b GewStG) getroffene Entscheidung ist für die Grundsteuer zu übernehmen.

---

1) Die in § 4 Nr. 5 GrStG grundsätzlich geforderte Rechtsträgeridentität zwischen Eigentümer und Nutzer ist verfassungskonform; vgl. BFH v. 1.7.2020 II B 89/19, BFH/NV 2020, 1281.

2) Siehe jetzt § 4 Nr. 14 Buchst. b UStG.

3) Vgl. R 82 EStR 1999, abgedruckt zu R 7 f EStR (Nr. **1**).

(2)[1] [1]Zu den subjektiven Voraussetzungen für die Befreiung nach § 4 Nr. 6 GrStG gehört, daß der Grundbesitz ausschließlich dem Inhaber des Krankenhauses oder einer juristischen Person des öffentlichen Rechts zuzurechnen ist. [2]Die Befreiung steht dem Grundstückseigentümer nur dann zu, wenn das Krankenhaus von ihm selbst betrieben wird, nicht aber, wenn es sein Ehegatte betreibt (BFH-Urteil vom 9.10.1970, BStBl. 1971 II S. 63). [3]Ist der Grundbesitz mehreren Personen zuzurechnen oder betreiben mehrere Personen in der Rechtsform einer Personengesellschaft ein Krankenhaus, muß zwischen den Benutzern und denjenigen, denen der Grundbesitz zuzurechnen ist, volle Personengleichheit bestehen. [4]Diese Voraussetzung ist dann nicht erfüllt, wenn der Grundbesitz, auf dem eine juristische Person des privaten Rechts ein Krankenhaus betreibt, den Gesellschaftern zuzurechnen ist.

(3) Die Grundsteuerbefreiung erstreckt sich auch auf die Verwaltungsräume und auf den Krankenhausgarten, soweit dieser der Erholung der Genesenden dient.

Zu § 5 GrStG

24. Grundbesitz, der Wohnzwecken dient

(1) [1]Grundbesitz, der gleichzeitig für Wohnzwecke und für steuerbegünstigte Zwecke benutzt wird, ist vorbehaltlich der Ausnahmen in § 5 Abs. 1 GrStG nicht befreit. [2]Beim Grundbesitz, der Wohnzwecken dient, ist zu unterscheiden zwischen Wohnräumen und Wohnungen. [3]Während Wohnungen, von dem Ausnahmefall des § 3 Abs. 1 Nr. 5 GrStG abgesehen, stets steuerpflichtig sind,[2] können Wohnräume, die gleichzeitig auch für steuerbegünstigte Zwecke benutzt werden, in den Fällen des § 5 Abs. 1 GrStG steuerfrei bleiben. [4]Bevor die weiteren Voraussetzungen für eine Steuerbefreiung geprüft werden, ist deshalb festzustellen, ob es sich um eine Wohnung oder um einen Wohnraum handelt.

(2)[3] [1]Als Wohnung sind einzelne oder mehrere Räume anzusehen, die zur Führung eines Haushalts geeignet und zu diesem Zweck jeweils mit Küche oder Kochgelegenheit, Wasserversorgung und Toilette ausgestattet sind. [2]In der Regel muß ein erkennbarer Abschluß der Wohnung vorhanden sein. [3]Ob im Einzelfall eine Wohnung anzunehmen ist, richtet sich nach der baulichen Gestaltung und der Zweckbestimmung. [4]Dabei sind auch die örtlichen Gegebenheiten zu berücksichtigen. [5]Es kann sich auch um eine Einraumwohnung, z.B. ein Appartement, handeln. [6]Ein einzelner Wohnraum ist dann keine

---

[1] Vgl. BFH v. 4.2.1987 II R 216/84, BStBl. II 1987, 451, v. 9.12.1987 II R 223/83, BStBl. II 1988, 298, v. 16.1.1991 II R 149/88, BStBl. II 1991, 535, v. 28.2.1996 II R 26/94, BFH/NV 1996, 790, v. 13.9.1999 II B 121/98, BFH/NV 2000, 351, v. 26.2.2003 II R 64/00, BStBl. II 2003, 485, und v. 25.4.2007 II R 14/06, BFH/NV 2007, 1924.

[2] Vgl. hierzu BFH v. 21.4.1999 II R 5/97, BStBl. II 1999, 496, v. 15.3.2001 II R 38/99, BFH/NV 2001, 1449, und v. 11.4.2006 II R 77/04, DStRE 2006, 1345.

[3] Zur Abgrenzung des Wohnungsbegriffs vgl. BFH v. 30.4.1982 III R 33/80, BStBl. II 1982, 671, v. 11.2.1987 II R 210/83, BStBl. II 1987, 306, v. 17.5.1990 II R 187/87, BStBl. II 1990, 705, v. 30.5.1990 II R 139/86, BFH/NV 1991, 268, v. 21.7.1993 II R 74/92 u. II R 75/92, BFH/NV 1994 S. 343, 410, v. 22.9.1993 II R 63/91, BStBl. II 1994, 415, v. 4.12.2014 II R 20/14, BStBl. II 2015, 610, v. 26.8.2020 II R 39/18, BFH/NV 2021, 347. – Vgl. auch gleich lautenden Ländererlass v. 15.5.1985, BStBl. I 1985, 201 (**Steuererlasse** Nr. **200** § 75/1).

Wohnung, wenn er zur Führung eines selbständigen Haushalts nicht geeignet ist (vgl. hierzu auch BFH-Urteil vom 9.12.1970, BStBl. 1971 II S. 230).

25. Gemeinschaftsunterkünfte der Bundeswehr usw.

(1) [1] Gemeinschaftsunterkünfte sind die zur Unterbringung der Angehörigen der Bundeswehr bestimmten Einzel- und Gemeinschaftswohnräume unter der Voraussetzung, daß ihre Unterbringung erforderlich ist, um einen geordneten Dienstbetrieb aufrechtzuerhalten. [2] Entsprechendes gilt für die Gemeinschaftsunterkünfte der ausländischen Streitkräfte und internationalen militärischen Hauptquartiere und der anderen Schutzdienste.

(2) [1] Steuerfrei bleiben die zu den Gemeinschaftsunterkünften gehörenden Aufenthaltsräume, Speiseräume, Küchen und Wirtschaftsräume. [2] Das gleiche gilt für Kantinen auch dann, wenn sie verpachtet sind. [3] Ein unmittelbarer räumlicher Zusammenhang mit den Gemeinschaftsunterkünften ist nicht erforderlich. [4] Voraussetzung ist aber, daß auch diese Räume notwendig sind, um den militärischen Dienstbetrieb aufrechtzuerhalten. [5] Demnach kann ein Offizierskasino befreit sein, wenn es aus Gründen der Dienstzeitregelung unterhalten wird und die Offiziere zur Einnahme der Mahlzeiten in diesen Räumen verpflichtet sind.

(3) [1] Die Steuerbefreiung erstreckt sich nicht auf Grundstücke oder Grundstücksteile, die weder unmittelbar der militärischen Tätigkeit dienen noch erforderlich sind, um einen geordneten Dienstbetrieb aufrechtzuerhalten. [2] Das gilt z. B. für Räume, in denen sich Ladengeschäfte, Friseursalons, Bankinstitute oder ähnliche Einrichtungen zur Truppenbetreuung befinden (BFH-Urteil vom 14.1.1972, BStBl. II S. 318).

26. Wohnräume in Schülerheimen usw.

(1) [1] Wohnräume in Schülerheimen, Ausbildungs- und Erziehungsheimen sowie in Prediger- und Priesterseminaren sind befreit, wenn die darin erfolgende Unterbringung von Schülern, Jugendlichen oder sonstigen Personen für die Zwecke des Unterrichts, der Ausbildung oder der Erziehung erforderlich ist. [2] Die Aufzählung der danach in Betracht kommenden Wohnräume ist zwar abschließend, Wohnräume in anderen ähnlichen Heimen können jedoch nach § 5 Abs. 1 Nr. 3 GrStG befreit sein.

(2) [1] Ein Schülerheim ist ein Wohnheim, in dem Jugendliche untergebracht sind, die eine Schule oder ähnliche Ausbildungseinrichtungen besuchen. [2] Es ist nicht notwendig, daß zwischen dem Heim und der Schule oder der Ausbildungseinrichtung ein räumlicher Zusammenhang besteht. [3] Beide müssen aber organisatorisch so miteinander verbunden sein, daß die Ziele der Schule unmittelbar gefördert werden. [4] Es kommt nicht darauf an, ob die Schüler in dem Heim nur vorübergehend, z. B. nur jeweils eine Woche in dem einer Schule gehörenden Schullandheim, oder für dauernd, z. B. in einem Internat für das ganze Schuljahr, untergebracht sind.

(3) [1] Mit der Unterbringung in einem Erziehungsheim werden in erster Linie sozialpädagogische Aufgaben verfolgt, die von Schule und Elternhaus heute vielfach nicht mehr erfüllt werden können. [2] Erziehungsheime können zwar ebenso wie Schülerheime auch mit einer Schule oder ähnlichen Ausbildungseinrichtungen organisatorisch verbunden sein. [3] Dies ist jedoch

nicht Voraussetzung für die Steuerbefreiung der Wohnräume in den Erziehungsheimen.

(4) [1]Ausbildungsheime dienen der Unterbringung von Personen, die eine berufliche Bildungseinrichtung besuchen. [2]Sie sind ebenso wie Schülerheime zu behandeln.

(5) [1]Gehört das Heim einem der nach § 3 Abs. 1 Nr. 1, 3 oder 4 GrStG begünstigten Rechtsträger, so kann in der Regel unterstellt werden, dass die Unterbringung in dem Heim für die Zwecke des Unterrichts, der Erziehung oder Ausbildung erforderlich ist. [2]Gehört das Heim zu einer Privatschule usw., so bedarf es außerdem der Anerkennung durch die zuständige staatliche Stelle, dass seine Unterhaltung im Rahmen der öffentlichen Aufgaben liegt. [3]Bei Heimen, die schon bisher befreit waren, kann unterstellt werden, dass diese Anerkennung bereits vorliegt.

27. Wohnraum, der unmittelbar begünstigten Zwecken dient

(1) [1]Kann der steuerbegünstigte Zweck unmittelbar nur durch die Unterbringung von Personen in Wohnräumen erfüllt werden, so gilt die Befreiung auch für die Wohnräume. [2]Voraussetzung ist ferner, dass der Rechtsträger, dem der Grundbesitz zuzurechnen ist, eine juristische Person des öffentlichen Rechts (§ 3 Abs. 1 Nr. 3 Buchstabe a GrStG) oder eine als gemeinnützig anerkannte Körperschaft usw. (§ 3 Abs. 1 Nr. 3 Buchstabe b GrStG) ist (BFH-Urteil vom 7. 6. 1973, BStBl. 1973 II S. 712) und die Wohnräume für einen öffentlichen Dienst oder Gebrauch oder für gemeinnützige oder mildtätige Zwecke benutzt werden.

(2) [1]Für einen öffentlichen Dienst oder Gebrauch werden unmittelbar benutzt z.B. die der Unterbringung von Straf- und Untersuchungsgefangenen dienenden Räume in einer Justizvollzugsanstalt und die der Unterbringung von Patienten dienenden Räume in einem Krankenhaus. [2]Für gemeinnützige oder mildtätige Zwecke werden unmittelbar benutzt z.B. Wohnräume zur Unterbringung alter Personen in einem Altenheim oder Altenpflegeheim sowie Wohnräume zur Unterbringung erholungsbedürftiger Personen in einem Erholungsheim, wenn diese Heime zu mindestens zwei Dritteln (§ 66 Abs. 3 AO 1977) den in § 53 AO 1977 genannten Personen dienen (vgl. § 68 Nr. 1 Buchstabe a AO 1977).

(3) [1]Nicht steuerbefreit sind Wohnräume zur Unterbringung von Personen, die zur Verfolgung eines bestimmten begünstigten Zwecks zusammenkommen, z.B. als Teilnehmer an einem Lehrgang für Erwachsene in einer Ausbildungsstätte und dergl.; denn in diesen Fällen ist die Unterbringung in den Wohnräumen nicht notwendige Voraussetzung für die Erreichung des begünstigten Zwecks. [2]Dass wegen der örtlichen Gegebenheiten oder aus anderen Gründen eine anderweitige Unterbringung nicht möglich ist, steht dem nicht entgegen. [3]Vgl. hierzu die BFH-Urteile vom 14. 11. 1958 (BStBl. 1959 III S. 81) und vom 7. 10. 1966 (BStBl. 1967 III S. 30).

28. Bereitschaftsräume

(1) [1]Bereitschaftsräume sind Räume, die für das Bereitschaftspersonal benötigt und von diesem benutzt werden. [2]Bereitschaftspersonal ist das Personal, des-

sen ständige Anwesenheit erforderlich ist, um den begünstigten Zweck zu erfüllen. 3 Ständige Anwesenheit bedeutet, dass das Personal bei Tag und Nacht zur Verfügung stehen muss. 4 Das ist z.B. der Fall bei Krankenschwestern und Ärzten in einem Krankenhaus und bei Erziehern in Schülerheimen. 5 Eine nur gelegentliche Beanspruchung des Personals genügt nicht.

(2) 1 Bei dem Bereitschaftspersonal braucht es sich nicht immer um dieselben Personen zu handeln. 2 Unerheblich ist auch, ob sich das Personal in den Räumen ständig oder nur vorübergehend, z.B. nur zur Nachtzeit, aufhält. 3 Die Zahl der im Einzelfall als steuerbefreit anzuerkennenden Bereitschaftsräume richtet sich nach dem Umfang des für den Bereitschaftsdienst notwendigen Personals.

(3) 1 Die Bereitschaftsräume müssen sich entweder auf dem Grundstück, auf welchem der begünstigte Zweck verfolgt wird, oder in der unmittelbaren Nähe des Grundstücks befinden. 2 Bei der heutigen Motorisierung ist es zwar nicht ausgeschlossen, dass Bereitschaftspersonal, das in größerer räumlicher Entfernung vom Grundstück untergebracht ist, ebenfalls kurzfristig zur Verfügung steht. 3 Das reicht aber nicht aus, um die in Absatz 1 genannten Voraussetzungen zu erfüllen.

(4) Wohnräume können nur dann als Bereitschaftsräume angesehen werden, wenn der Wohnzweck nicht überwiegt.

29. Grundsteuerrechtliche Behandlung von Grundstücken fremder Staaten

(1) 1 Die Grundsteuerbefreiung für Grundbesitz ausländischer Staaten, der diplomatischen Zwecken dient, ist im Wiener Übereinkommen über diplomatische Beziehungen – WÜD – vom 18. April 1961 (Bundesgesetzbl. 1964 II S. 959), die Grundsteuerbefreiung von Grundbesitz, der konsularischen Zwecken dient, ist im Wiener Übereinkommen über konsularische Beziehungen – WÜK – vom 24. April 1963 (Bundesgesetzbl. 1969 II S. 1587) geregelt. 2 *Beide Übereinkommen sind auch im Verhältnis zu den Staaten anzuwenden, die ihnen nicht beigetreten sind, sofern Gegenseitigkeit gewährt wird.*[1)]

(2) 1 Nach Artikel 23 Abs. 1 WÜD sind der Entsendestaat und der Missionschef hinsichtlich der in ihrem Eigentum stehenden „Räumlichkeiten der Mission" von der Grundsteuer befreit. 2 Zu den „Räumlichkeiten der Mission" gehören die „für Zwecke der Mission verwendeten Gebäude oder Gebäudeteile mit dem hierzu gehörenden Gelände, einschließlich der Residenz des Missionschefs" (Artikel 1 Buchstabe i WÜD), nicht aber Gebäude oder Gebäudeteile, die außerhalb der Mission oder der Residenz des Missionschefs den Wohnzwecken der Beamten oder Angestellten der Mission dienen. 3 Es gehören weiter auch unbebaute Grundstücke dazu, die für eine diplomatische Nutzung in unbebautem Zustand, z.B. als Parkfläche oder für eine Bebauung mit einem Gebäude, vorgesehen sind. 4 § 7 GrStG ist insoweit nicht anwendbar. 5 Privater Grundbesitz ausländischer Diplomaten ist dagegen grundsteuerpflichtig, es sei denn, dass der ausländische Diplomat den Grundbesitz im Auftrag des Entsendestaats für Zwecke der Mission im Besitz hat (Artikel 34 Buchstabe b WÜD).

---

1) Gegenseitigkeit grds. nicht mehr erforderlich außer für Wohnzwecke des Personals; vgl. im Einzelnen Ländererlass v. 1. 12. 2000, BStBl. I S. 1516.

(3) [1]Die Grundsteuerbefreiung des Grundbesitzes, der konsularischen Zwecken dient, ist insbesondere in Artikel 32 Abs. 1 und in Artikel 60 WÜK geregelt. [2]Die Anweisungen in Absatz 2 gelten entsprechend.

(4) [1]Völkerrechtliche Sonderregelungen, die über die Vorschriften des WÜD und des WÜK hinausgehende Befreiungen von Grundstücken fremder Staaten enthalten, bleiben unberührt. [2]Vgl. die Zusammenstellung im *BMF-Schreiben vom 24. 1. 1975 (BStBl. I S. 253), ergänzt durch BMF-Schreiben vom 23. Mai 1978 (BStBl. I S. 226).*[1)]

(5) [1]Wird ein Grundstück von einem ausländischen Staat für diplomatische oder konsularische Zwecke im Laufe eines Jahres erworben, so schuldet der Veräußerer die Grundsteuer noch bis zum Schluss des Kalenderjahres. [2]Eine Haftung des Entsendestaates als Erwerber des Grundbesitzes (§ 11 Abs. 2 Satz 1 GrStG) kommt jedoch nicht in Betracht; hierbei ist es gleichgültig, ob die Steuer auf den Zeitraum vor oder nach der Übereignung des Grundstücks entfällt.

Zu § 6 GrStG

30.[2)] Land- und forstwirtschaftlich genutzter Grundbesitz

(1) [1]Land- und forstwirtschaftlich genutzter Grundbesitz ist steuerpflichtig, auch wenn er gleichzeitig für begünstigte Zwecke benutzt wird oder die land- und forstwirtschaftliche Nutzung der unmittelbaren Verwirklichung begünstigter Zwecke dient. [2]Die Gärtnerei eines Sozialversicherungsträgers ist deshalb auch dann steuerpflichtig, wenn sie ausschließlich Blumen und Pflanzen für die Heilstätten des Versicherungsträgers erzeugt (BFH-Urteil vom 7. 2. 1958, BStBl. III S. 185).

(2) [1]Ausnahmen von dem Grundsatz, dass land- und forstwirtschaftlich genutzter Grundbesitz stets steuerpflichtig ist, enthält § 6 GrStG. [2]Danach bleibt land- und forstwirtschaftlich genutzter Grundbesitz eines nach §§ 3 oder 4 GrStG begünstigten Eigentümers steuerfrei, wenn er Lehr- oder Versuchszwecken dient. [3]Die Nutzung für diesen Zweck muss nachhaltig und darf nicht nur vorübergehend sein. [4]Weiter sind befreit Grundflächen innerhalb eines militärischen Übungsplatzes oder Militärflugplatzes. [5]Das gilt auch dann, wenn sie verpachtet sind (BFH-Urteil vom 15. 3. 1957, BStBl. III S. 183).

Zu § 7 GrStG

31. Unmittelbare Benutzung für einen begünstigten Zweck

(1) [1]Eine unmittelbare Benutzung für einen bestimmten begünstigten Zweck liegt, vor, wenn dieser auf dem Grundstück verfolgt wird. [2]Es genügt aber auch, dass auf dem Grundstück nur eine Hilfstätigkeit zur Verwirklichung des begünstigten Zwecks ausgeübt wird, sofern diese hierfür unentbehrlich ist. [3]Steuerfrei bleiben deshalb auch Verwaltungsräume in einem zur Erfüllung des

---

1) Vgl. jetzt BMF v. 18. 3. 2013, BStBl. I 2013, 404.

2) Zur Grundsteuerpflicht für Waldflächen bei aussetzenden Forstbetrieben siehe BFH v. 18. 11. 2009 II R 30/08, BFH/NV 2010 S. 466. – Vgl. auch BFH v. 16. 10. 1996 II R 17/96, BStBl. II 1997, 228.

begünstigten Zwecks erforderlichen Ausmaß (BFH-Urteil vom 10. 12. 1954, BStBl. 1955 III S. 63).

(2) [1]Die unmittelbare Benutzung für einen steuerbegünstigten Zweck beginnt in dem Zeitpunkt, in dem das Grundstück für diesen Zweck hergerichtet wird.[1)] [2]Ist hierzu die Errichtung eines Gebäudes oder sonstigen Bauwerks, z.B. Betriebsvorrichtung, erforderlich, so kommt es in der Regel auf den Zeitpunkt an, in welchem das Grundstück den ausführenden Bauunternehmen zur Durchführung der Bauarbeiten überlassen wird (BFH-Urteil vom 17. 1. 1969, BStBl. II S. 346). [3]Wird die Benutzung eines bereits in vollem Umfang steuerbefreiten Grundstücks vorübergehend unterbrochen, z.B. durch Abbruch, Umbau oder Neubau des Gebäudes, damit es für einen anderen steuerbegünstigten Zweck hergerichtet wird, bleibt die Steuerbefreiung unberührt. [4]Verändert sich aus dem gleichen Grund der Umfang des bisher steuerbefreiten Teils, ist vom Zeitpunkt der Herrichtung an auf das Ausmaß der Nutzung für den neuen steuerbegünstigten Zweck abzustellen.

Zu § 8 GrStG

32. Teilweise Benutzung für einen steuerbegünstigten Zweck

(1) Die räumliche Aufteilung eines Steuergegenstandes nach seiner Benutzung für steuerbegünstigte Zwecke und für nichtsteuerbegünstigte Zwecke (§ 8 Abs. 1 GrStG) wird bereits bei der Einheitsbewertung des Grundbesitzes vorgenommen.

(2) [1]Wenn eine räumliche Aufteilung nicht möglich ist (§ 8 Abs. 2 GrStG), kommt es darauf an, ob der Steuergegenstand überwiegend steuerbegünstigten oder nichtsteuerbegünstigten Zwecken dient. [2]Ob dabei die Benutzung für steuerbegünstigte und nichtsteuerbegünstigte Zwecke gleichzeitig nebeneinander oder zeitlich hintereinander erfolgt, ist ohne Bedeutung. [3]Eine Stadthalle, die sowohl für öffentliche Veranstaltungen, z.B. für Bürgerversammlungen, als auch für private Veranstaltungen, z.B. für Konzerte, benutzt wird, bleibt deshalb steuerfrei, wenn der Gebrauch durch die Allgemeinheit überwiegt.[2)]

(3) [1]Die Regelung in § 8 Abs. 2 GrStG ist nicht anzuwenden, wenn Räume sowohl Wohnzwecken als auch steuerbegünstigten Zwecken dienen. [2]Hier gilt allein § 5 GrStG.

Zu § 9 GrStG

33. Stichtag für die Festsetzung der Grundsteuer

[1]Entscheidend für die Anwendung der Befreiungsvorschriften sind die Verhältnisse zu Beginn des jeweiligen Kalenderjahres. [2]Für die Beurteilung der Frage, ob die steuerbegünstigte Benutzung zeitlich überwiegt, sind die Verhältnisse in dem Kalenderjahr maßgebend, das dem Kalenderjahr vorangeht, auf dessen Beginn der Steuermessbetrag festgesetzt wird. [3]Beschränkt sich die tatsächliche Benutzung des Grundstücks für steuerbegünstigte Zwecke nur auf bestimmte

---

[1)] Zum Begriff der „Herrichtung" vgl. BFH v. 13. 11. 1985 II R 237/82, BStBl. II 1986, 191.

[2)] Zu Merkmalen für das Überwiegen der steuerbegünstigten Zwecke vgl. BFH v. 27. 11. 1991 II R 100/87, BStBl. II 1992, 563.

wiederkehrende Zeitabschnitte eines Kalenderjahres, während in der übrigen Zeit das Grundstück nicht benutzt wird, so ist zu unterstellen, dass die Benutzung für steuerbegünstigte Zwecke in der Zwischenzeit fortbesteht.

Zu §§ 22 bis 24 GrStG[1)]

34. Zerlegung des Steuermeßbetrags

(1) [1]Anstelle der Zerlegung nach Flächengrössen erfolgt eine Zerlegung nach dem bisher zuletzt für das Kalenderjahr 1973 angewendeten Zerlegungsmaßstab nur dann, wenn die Zerlegung nach Flächengrössen zu einem offenbar unbilligen Ergebnis führt. [2]Um dies festzustellen, ist der bisherige Zerlegungsmaßstab, ausgedrückt in einem Hundertsatz, auf den neuen von 1974 an geltenden Steuermeßbetrag anzuwenden und das Ergebnis dieser Zerlegung mit dem Ergebnis einer Zerlegung nach Flächengrössen zu vergleichen. [3]Ergibt der Vergleich eine Abweichung von weniger als *50 DM,*[2)] ist in der Regel ein offenbar unbilliges Ergebnis nicht anzunehmen. [4]Die betroffene Gemeinde hat den Antrag spätestens bis zum Eintritt der Rechtskraft des Zerlegungsbescheids für das Kalenderjahr 1974 zu stellen. [5]Der Antrag ist jedoch ausgeschlossen, wenn dem Zerlegungsbescheid für das Kalenderjahr 1974 ein von allen Beteiligten vereinbarter Maßstab (§ 22 Abs. 1 letzter Satz GrStG) zugrunde liegt.

(2) [1]Die Zerlegung nach dem bisherigen Zerlegungsmaßstab gilt nur so lange, als keine wesentliche Änderung der tatsächlichen Verhältnisse eintritt. [2]Wird infolge einer solchen Änderung der Steuermeßbetrag nach § 17 GrStG neuveranlagt oder sind die Voraussetzungen des § 23 Abs. 2 GrStG erfüllt, ist eine neue Zerlegung durchzuführen. [3]Diese erfolgt grundsätzlich nach Flächengrössen oder, wenn sie zu einem offensichtlich unbilligen Ergebnis führt, auf Antrag der betroffenen Gemeinde nach Wertanteilen.

(3) [1]Die verfahrensrechtlichen Vorschriften über die Zerlegung des Grundsteuermeßbetrags sind in den §§ 185 bis 189 AO 1977 enthalten. [2]Die Zerlegung soll im unmittelbaren Anschluss an die Festsetzung des Steuermeßbetrags vorgenommen werden.

Zu § 32 GrStG

35. Erlass für Grundbesitz, dessen Erhaltung im öffentlichen Interesse liegt

(1) [1]Die Grundsteuer ist für Grundbesitz zu erlassen, wenn seine Erhaltung wegen seiner Bedeutung für Kunst, Geschichte, Wissenschaft oder Naturschutz im öffentlichen Interesse liegt und wenn der Rohertrag in der Regel unter den jährlichen Kosten liegt.[3)] [2]Ist zweifelhaft, ob die erste dieser beiden

---

1) Zur Zerlegung des Steuermessbetrags nach Neugliederung von Gemeinden siehe auch BayLfSt v. 15. 11. 2013, Bew-Kartei BY, § 22 Abs. 1 GrStG Karte 1. Zur Frage des Steuerausgleichs (§ 24 GrStG) und zum Absehen vom Erlass einer Rechtsverordnung siehe BayLfSt v. 15. 11. 2013, Bew-Kartei BY, § 24 GrStG Karte 1.

2) 25 €.

3) Unrentabilität muss kausal auf der Kulturguteigenschaft beruhen; vgl. BVerwG v. 8. 7. 1998 8 C 23.97, BStBl. II 1998, 590, BFH v. 8. 9. 2005 II B 129/04, BFH/NV 2006, 128, sowie BVerwG v. 5. 5. 2015 9 C 6.14, JZ 2015, 490.

Voraussetzungen erfüllt ist, ist eine Bestätigung der zuständigen Landesbehörde vorzulegen. [3]Liegen danach die Voraussetzungen für einen Erlass bei einem bebauten Grundstück vor, so umfasst der Erlass auch die Grundsteuer, die auf den Grund und Boden entfällt.

(2) [1]Zum Rohertrag gehören sämtliche Einnahmen und sonstigen Vorteile, die der Grundbesitz bietet. [2]Zu den Einnahmen rechnen z.B. die Miet- und Pachteinnahmen und die Einnahmen aus Besichtigungen und Führungen. [3]Zu den sonstigen Vorteilen gehört auch der Nutzungswert, den die eigene Benutzung für den Eigentümer hat. [4]Er ist mit den bei ordnungsmäßiger Bewirtschaftung zu erzielenden ortsüblichen Miet- und Pachteinnahmen anzusetzen. [5]Wegen des Rohertrags bei Betrieben der Land- und Forstwirtschaft vgl. Abschnitt 39 Abs. 1. [6]Zu den Kosten gehören alle im Zusammenhang mit dem Grundbesitz stehenden Verwaltungs- und Betriebsausgaben. [7]Nicht dazu gehören die Tilgungsleistungen und die Verzinsung des Eigenkapitals.[1)] [8]Bei Gebäuden können auch Abschreibungen und Rückstellungen für grössere Reparaturen berücksichtigt werden.[1)] [9]Zu den Kosten gehören auch die Aufwendungen, die sich aus Besichtigungen und Führungen ergeben. [10]Der Grundbesitz darf nachhaltig keinen Reinertrag abwerfen. [11]Das schliesst nicht aus, dass ausnahmsweise in einem Jahr ein geringer Überschuss erwirtschaftet wird. [12]Da erst rückblickend festgestellt werden kann, ob der Rohertrag in der Regel unter den jährlichen Kosten liegt, soll im Zweifelsfall die Gemeinde die Grundsteuer des laufenden Kalenderjahres und der beiden folgenden Kalenderjahre bis zum Ablauf des dritten Kalenderjahres mit dem Ziel des Erlasses stunden. [13] Der Steuerpflichtige hat nach Ablauf der Stundungsfrist die Erlassvoraussetzungen nachzuweisen. [14]Wird der Nachweis nicht erbracht oder ist in mindestens zwei Jahren ein Überschuss erzielt worden, so ist die Grundsteuer rückwirkend für diese drei Jahre zu erheben. [15]Werden die Erlassvoraussetzungen nachgewiesen, ist die Grundsteuer für diese drei Jahre zu erlassen.

(3) [1]Liegen die Voraussetzungen für den Erlass der Grundsteuer vor, so kommt es nicht darauf an, ob der Grundbesitz der Öffentlichkeit zugänglich ist. [2]Garten- und Parkanlagen müssen jedoch in einem billigerweise zu fordernden Umfang der Öffentlichkeit zugänglich sein. [3]Es genügt, dass sie mindestens den interessierten Kreisen ohne weiteres zugänglich sind und dies auch allgemein erkennbar ist. [4]Vgl. hierzu auch die Behandlung von Grünanlagen in Abschnitt 36.

(4) [1]Liegt nur die Erhaltung eines Teils des Grundbesitzes im öffentlichen Interesse, sind für diesen Teil der Rohertrag und die jährlichen Kosten besonders zu ermitteln. [2]Wenn für diesen Teil des Grundbesitzes der Rohertrag in der Regel unter den jährlichen Kosten liegt, ist von der Grundsteuer des gesamten Steuergegenstandes der hierauf entfallende Betrag zu erlassen.

36. Erlass für öffentliche Grünanlagen, Sport- und Spielplätze

(1) [1]Für öffentliche Grünanlagen, Sport- und Spielplätze ist die Grundsteuer zu erlassen, wenn die jährlichen Kosten in der Regel den Rohertrag

---

1) Vgl. aber BVerwG v. 15. 2. 1991 8 C 3.89, BStBl. II 1992, 577: auch (normale) AfA und AfS, aber nicht einkommensteuerliche Sonderabschreibungen, auch nicht Schuld- und Eigenkapitalzinsen.

übersteigen. [2]Für die Beurteilung der Frage, ob die jährlichen Kosten den Rohertrag übersteigen, gilt Abschnitt 35 Abs. 2 entsprechend.

(2) [1]Erst durch die Widmung erlangt Grundbesitz den Status öffentlicher Grünanlagen, Spiel- und Sportplätze. [2]Die Öffnung von Grundbesitz zu den begünstigten Zwecken reicht dagegen nicht aus.

(3) [1]Sportplätze sind Anlagen, die zu sportlichen Zwecken von der Öffentlichkeit benutzt werden dürfen. [2]Abschnitt 10 über den Gebrauch durch die Allgemeinheit gilt hier entsprechend. [3]Für die Benutzung kann auch ein Eintrittsgeld verlangt werden. [4]Bei einer Beschränkung der Benutzung auf bestimmte Personengruppen, z. B. auf Mitglieder bestimmter Vereine, fehlt es an einer Benutzung durch die Allgemeinheit.

(4) Spielplätze sind Anlagen, die von Kindern und Jugendlichen ungehindert für ihre Spiele benutzt werden dürfen.

37. Erlass für Grundbesitz, in dessen Gebäuden Gegenstände von wissenschaftlicher usw. Bedeutung untergebracht sind

(1) [1]Ein Erlass kann für Grundbesitz in Betracht kommen, auf dem Gegenstände von wissenschaftlicher, künstlerischer oder geschichtlicher Bedeutung untergebracht sind. [2]Bei diesen Gegenständen handelt es sich z. B. um Sammlungen, Bibliotheken oder um die Inneneinrichtung eines Gebäudes. [3]Die wissenschaftliche, künstlerische oder geschichtliche Bedeutung der untergebrachten Gegenstände muss durch die Landesregierung oder durch die von ihr beauftragte Stelle anerkannt sein. [4]Die Anerkennung ist für die Gemeinde verbindlich. [5]Soweit bisher ein Erlass nach § 26 a Ziff. 3 GrStG a. F. gewährt wurde, kann die Gemeinde unterstellen, dass eine Anerkennung bereits vorliegt.

(2) [1]Aus der Anerkennung muss sich ergeben, dass die Gegenstände dem Zwecke der Forschung oder Volksbildung nutzbar gemacht sind. [2]Sie müssen in einem den Verhältnissen entsprechenden Umfang der Öffentlichkeit, mindestens aber den interessierten Kreisen, ohne weiteres zugänglich sein. [3]Dies muss auch allgemein erkennbar sein.

(3) [1]Durch die Aufbewahrung der Gegenstände muss der Rohertrag des Grundbesitzes nachhaltig gemindert werden. [2]Zum Begriff des Rohertrags vgl. Abschnitt 35 Abs. 2. [3]Dabei ist jeweils auf den ganzen Steuergegenstand abzustellen, auch wenn die Gegenstände nur in einem Teil untergebracht sind. [4]Ob der Rohertrag nachhaltig gemindert und in welchem Umfang dies der Fall ist, muss von der Gemeinde festgestellt werden. [5]Wegen der Durchführung des Erlasses vgl. Abschnitt 35 Abs. 2.

(4) [1]Ist der Rohertrag für ein Grundstück nur schwer festzustellen, z. B. für eigengenutzte Grundstücke, so kann wie folgt verfahren werden: [2]Zunächst ist festzustellen, ob für die Räume, in denen die steuerbegünstigten Gegenstände untergebracht sind, noch ein Rohertrag verbleibt. [3]Ist dies nicht der Fall, so ist unter Mitwirkung des Finanzamts der Hundertsatz zu ermitteln, mit dem dieser Grundstücksteil im Einheitswert für das gesamte Grundstück enthalten ist. [4]Ein diesem Hundertsatz entsprechender Betrag ist dann von der Grundsteuer zu erlassen. [5]Bei der Ermittlung des Hundertsatzes ist von dem bei der Einheitsbewertung angewendeten Verfahren auszugehen.

Zu § 33 GrStG[1)]

38.[2)·3)] Allgemeine Voraussetzungen für einen Erlass wegen wesentlicher Ertragsminderung

(1) [1]Der Erlass der Grundsteuer kommt bei Betrieben der Land- und Forstwirtschaft und bei bebauten Grundstücken, nicht aber bei unbebauten Grundstücken in Betracht. [2]Der Erlass setzt voraus, dass

1. die Minderung des normalen Rohertrags (vgl. Abschnitt 39ff.) mehr als *20 v. H.*[4)] beträgt und
2. der Steuerschuldner die Minderung des Rohertrags nicht zu vertreten hat (vgl. Absätze 2 bis 4a).

[3]Bei Betrieben der Land- und Forstwirtschaft und bei eigengewerblich genutzten bebauten Grundstücken muss außerdem die Einziehung der Grundsteuer nach den wirtschaftlichen Verhältnissen des Betriebs unbillig sein (vgl. Absatz 5).

(2)[5)] [1]Der Steuerschuldner hat die Minderung des normalen Rohertrags eines Betriebs der Land- und Forstwirtschaft oder eines bebauten Grundstücks nicht zu vertreten, wenn die Umstände, die zu einer Minderung des Rohertrags führen, zwingend von außen in die Ertragslage des Betriebs der Land- und Forstwirtschaft oder des bebauten Grundstücks eingegriffen haben und der Steuerschuldner auf ihren Eintritt oder Nichteintritt keinen Einfluss hat. [2]Der Steuerschuldner hat demnach Umstände nicht zu vertreten, die unabhängig von seinem Willen eintreten (vgl. hierzu das zur Vermögensteuer ergangene BFH-Urteil vom 7.5.1971, BStBl. II S. 696); dagegen hat er für Umstände einzustehen, die er selbst auf Grund freier Willensentschließung herbeigeführt hat (BFH-Urteil vom 7.5.1971 a. a. O.).

(3) [1]Bei Betrieben der Land- und Forstwirtschaft hat der Steuerschuldner eine Minderung des normalen Rohertrags insbesondere dann nicht zu vertreten, wenn sie auf Naturereignisse zurückzuführen ist. [2]Hierzu gehören

---

1) § 33 GrStG neugef. durch JStG 2009, BGBl. I 2008, 2794, mWv Kj. 2008. Zur Verfassungsmäßigkeit der Neuregelung des GrSt-Erlasses wegen wesentlicher Ertragsminderung durch das JStG 2009 vgl. BFH v. 18.4.2012 II R 36/10, BStBl. II 2012, 867; Vb. nicht zur Entscheidung angenommen, vgl. BVerfG v. 1.9.2014 1 BvR 1375/12. – Zur Frage einer Bindung an die Gründe eines Finanzamtsbescheids beim Grundsteuererlass vgl. BayVGH v. 4.4.2019 4 B 18.2511, NVwZ-RR 2019, 835. – Zur Frage eines Anspruchs auf Prozesszinsen nach § 236 Abs. 1 AO in Fällen des Grundsteuererlasses gem. § 33 Abs. 1 GrStG siehe BFH v. 20.4.2020 II B 22/19, BFH/NV 2020, 857.

2) Vgl. BVerwG v. 3.5.1991 8 C 13.89, BStBl. II 1992, 580, und v. 4.4.2001 11 C 12.00, BStBl. II 2002, 889. – Zu nicht lediglich vorübergehenden strukturell bedingten Ertragsminderungen vgl. BFH v. 26.2.2007 II R 5/05, BStBl. II 2007, 469, BVerwG v. 24.4.2007 GmS-OGB 1.07, ZKF 2007, 211, und BFH v. 24.10.2007 II R 5/05, BStBl. II 2008, 331 **(Rspr.-Änderung),** sowie BVerwG v. 25.6.2008 9 C 8.07, NVwZ-RR 2008, 814.

3) Zu steuerlichen Maßnahmen zur Berücksichtigung der Schäden im Zusammenhang mit den Unwetterereignissen im Juli 2021 siehe FM Rh-Pf v. 26.7.2015 – S 1915#2018/0001-0401 447; FM NRW v. 16.7.2021 – S 1915 – 6/48 – V A 3, DStR 2021, 1762; BayFM v. 26.7.2021 – 37 – S 1915 – 14; FM Sachsen v. 27.7.2021 – 31 – S 1915/1/303 – 2021/51320; FM Hessen v. 27.7.2021 – S 1915 A – 026 – II 1a7.

4) Ab Kj. 2008: 50%.

5) Zum GrSt-Erlass in Sanierungsgebieten siehe BFH v. 17.12.2014 II R 41/12, BStBl. II 2015, 663.

Hagel, Auswinterung, Dürre, Hochwasser, Viehseuchen, Eis, Schnee- und Windbruch, Windwurf, Erdbeben, Bergrutsch, Waldbrand und andere nicht abwendbare Ereignisse ähnlicher Art. 3 Die Nichtbewirtschaftung von Flächen hat der Steuerschuldner zu vertreten. 4 Sie ist daher kein Erlassgrund.

(4)[1)] 1 Bei Wohnungen und anderen Räumen, die leerstehen, hat der Vermieter die dadurch bedingte Minderung des normalen Rohertrags in der Regel nicht zu vertreten, wenn er sich in ortsüblicher Weise um deren Vermietung bemüht hat. 2 Dabei darf er keine höhere als die marktgerechte Miete verlangt haben. 3 Bei vermieteten Wohnungen und Räumen hat er einen Mietausfall nicht zu vertreten, wenn er eine marktgerechte Miete vereinbart hatte, diese jedoch aus Gründen nicht erhalten konnte, auf die er keinen Einfluß hat, z. B. bei Zahlungsunfähigkeit des Mieters. 4 Bei Wohnungen, die von vornherein z. B. als Ferienwohnungen nur zeitweise vermietet werden können, hat er dagegen die dadurch bedingte Minderung des normalen Rohertrags selbst zu vertreten.

(4 a) 1 Bei eigengewerblich genutzten bebauten Grundstücken hat der Unternehmer eine Minderung der Ausnutzung (§ 33 Abs. 2 GrStG) nicht zu vertreten, wenn für ihn keine Möglichkeit bestand, auf deren Ursachen in zumutbarer Weise Einfluß zu nehmen. 2 Zu diesen Ursachen können auch strukturelle und konjunkturelle Entwicklungen gehören, die ihn zwingen, den bisher auf dem Grundstück unterhaltenen Betrieb stillzulegen oder einzuschränken. 3 Dagegen fällt zum Beispiel eine Minderung der Ausnutzung bei Neugründungen oder Kapazitätsausweitungen in der Regel in den Bereich des Unternehmerrisikos. 4 Sie ist daher auch vom Unternehmer zu vertreten.

(5) 1 Für einen Erlaß kommt es auf die wirtschaftlichen und persönlichen Verhältnisse des Steuerschuldners nicht an. 2 Bei Betrieben der Land- und Forstwirtschaft und bei eigengewerblich genutzten bebauten Grundstücken ist jedoch weitere Voraussetzung für den Erlaß, daß die Einziehung der Steuer nach den wirtschaftlichen Verhältnissen des Betriebs unbillig wäre. 3 Dabei ist allein auf die wirtschaftlichen Verhältnisse während des Kalenderjahres abzustellen, für das der Erlaß beantragt wird (§ 34 Abs. 1 Satz 2 GrStG). 4 Wenn zum Betrieb mehrere Betriebsstätten gehören, kommt es auf die wirtschaftlichen Verhältnisse des Gesamtunternehmens an. 5 Dasselbe gilt bei Organgesellschaften.[2)] 6 Zu den wirtschaftlichen Verhältnissen gehört insbesondere das Betriebsergebnis. 7 Bei seiner Beurteilung ist von dem für die Einkommensteuer oder Körperschaftsteuer maßgebenden Gewinn oder Verlust auszugehen. 8 Ist danach das Betriebsergebnis negativ und ist auch die Entrichtung

---

[1)] Zum Grundsteuererlass bei bebauten Grundstücken mit mehreren getrennt vermietbaren Einheiten siehe BFH v. 27.9.2012 II R 8/12, BStBl. II 2014, 117. – Zum Grundsteuererlass bei strukturell bedingter Ertragsminderung und zu den Vermietungsbemühungen des Steuerschuldners siehe BVerwG v. 3.12.2014 9 B 73.14, NVwZ-RR 2015, 232. – Kein Grundsteuererlass bei Vertretenmüssen der Rohertragsminderung, auch beim Herrichten eines verwahrlosten Grundstücks (Mitwirkungsobliegenheit); siehe OVG NRW v. 25.11.2016 14 A 1636/15, ZKF 2017, 69. – Zur Darlegungs- und Substantiierungspflicht (Nachweis der Vermietungsbemühungen) des Antragstellers beim Grundsteuererlass siehe BayVGH v. 8.12.2016 4 ZB 16.1583, ZKF 2017, 118. – Zur Frage eines Grundsteuererlasses bei Leerstand von nicht im Internet zur Vermietung angebotenen Immobilien siehe BVerwG v. 13.2.2017 9 B 37/16, NVwZ-RR 2017, 429.

[2)] Siehe hierzu BFH v. 19.4.1989 II R 16/89, BStBl. II 1989, 804, und v. 17.1.1990 II R 97/85, BStBl. II 1990, 448.

der Grundsteuer aus dem Vermögen oder durch Kreditaufnahme nicht zumutbar, so wäre die Erhebung der Grundsteuer unbillig.[1)]

(6) [1]Ein Erlaßgrund liegt nicht vor, wenn die Ertragsminderung auf Umständen beruht, die für den Erlaßzeitraum durch eine Fortschreibung des Einheitswerts berücksichtigt werden können. [2]Das gilt auch, wenn der Steuerschuldner es versäumt hat, den Fortschreibungsantrag rechtzeitig zu stellen (§ 33 Abs. 5 GrStG).

Beispiel:

Im Juni 1978 wird das Nebengebäude eines Mietwohngrundstücks durch Brand zerstört. Die eingetretene Wertminderung des Grundstücks kann erst durch Fortschreibung des Einheitswerts auf den 1. Januar 1979 berücksichtigt werden. Für den Erlaßzeitraum 1978 kann demnach ein Erlaß der Grundsteuer in Betracht kommen, nicht jedoch für den Erlaßzeitraum 1979.

[3]Die Fortschreibung des Einheitswerts für ein stillgelegtes Fabrikgrundstück wegen Anwendung einer niedrigeren Wertzahl nach § 3 Nr. 1 oder 2 der Verordnung zur Durchführung des § 90 des Bewertungsgesetzes führt für sich allein noch nicht zum Ausschluß des Erlasses.

39. Erlaß wegen wesentlicher Ertragsminderung bei Betrieben der Land- und Forstwirtschaft[2)]

(1) [1]Normaler Rohertrag im Sinne des § 33 Abs. 1 Nr. 1 GrStG ist bei Betrieben der Land- und Forstwirtschaft der Rohertrag, der aus dem Wirtschaftsteil nach den Verhältnissen zu Beginn des Erlaßzeitraums bei ordnungsmäßiger Bewirtschaftung gemeinhin und nachhaltig erzielbar wäre. [2]Soweit Buchführungsergebnisse vorliegen, ist von diesen auszugehen. [3]Bei nichtbuchführenden Betrieben ist der normale Rohertrag durch von der Gemeinde zu bildende örtliche Kommissionen zu schätzen; dabei können Erfahrungssätze der Finanzämter verwendet werden.

(2) [1]Die Ertragsminderung ergibt sich – außer bei der forstwirtschaftlichen Nutzung (vgl. Absatz 4) – aus dem Unterschiedsbetrag zwischen dem normalen Rohertrag (§ 33 Abs. 1 Nr. 1 GrStG) und dem im Erlaßzeitraum (Kalenderjahr) tatsächlich erzielten Rohertrag. [2]Für die Ermittlung des tatsächlich erzielten Rohertrags sind die Grundsätze für die Feststellung des normalen Rohertrags entsprechend anzuwenden. [3]Ein Schadensausgleich, z.B. durch Versicherungsleistungen, ist dabei zu berücksichtigen.

(3) Bei Betrieben mit mehreren Nutzungen, z.B. Landwirtschaft, Weinbau und Gartenbau, ist dem normalen Rohertrag aller Nutzungen des Betriebs der tatsächlich erzielte Rohertrag aller Nutzungen gegenüberzustellen, auch wenn die Ertragsminderung nur bei einer Nutzung eingetreten ist.

(4) [1]Die Minderung des normalen Rohertrags ist für die forstwirtschaftliche Nutzung kein geeigneter Maßstab zur Ermittlung der Ertragsminderung. [2]Maßgebend ist vielmehr die Minderung des Reinertrags, die ihren Ausdruck in der Minderung des Ertragswerts im Sinne des § 36 Abs. 2 BewG findet

---

[1)] Siehe aber BVerwG v. 26.5.1989 8 C 20.87, BStBl. II 1989, 1042: Abschn. 38 Abs. 5 Satz 8 GrStR ist mit § 33 Abs. 1 *Satz 2* GrStG [jetzt Satz 3] unvereinbar.

[2)] Zu steuerlichen Maßnahmen zur Berücksichtigung der Schäden im Zusammenhang mit den Unwetterereignissen im Juli 2021 siehe FN zu A 38 GrStR.

(§ 33 Abs. 3 GrStG). 3 In welchem Ausmaß eingetretene Schäden den Ertragswert (Vergleichswert) der forstwirtschaftlichen Nutzung bei einer Wertfortschreibung mindern würden, sollen die Finanzbehörden unter Hinzuziehung der Forstsachverständigen der Oberfinanzdirektionen auf Antrag der Gemeinden ermitteln. 4 Die prozentuale Minderung des Vergleichswerts der forstwirtschaftlichen Nutzung ist als ihre Ertragsminderung anzusetzen.

(5) Bei Betrieben der Land- und Forstwirtschaft ist für alle Nutzungen (§ 34 Abs. 2 Nr. 1 BewG) – außer der forstwirtschaftlichen Nutzung – Erlaßmaßstab der Hundertsatz der Minderung des normalen Rohertrags.

Beispiel 1 (Ertragsminderung bei der landwirtschaftlichen Nutzung):
Zum Wirtschaftsteil des Betriebs gehören eine landwirtschaftliche und eine weinbauliche Nutzung. Die landwirtschaftliche Nutzung ist im Kalenderjahr 1978 von Schäden in Folge von Naturereignissen betroffen. Der normale Rohertrag des Wirtschaftsteils des Betriebs am 1.1.1978 wird festgestellt

für die landwirtschaftliche Nutzung	90 000 DM
für die weinbauliche Nutzung	30 000 DM
normaler Rohertrag insgesamt	120 000 DM

Die Rohertragsminderung bei der landwirtschaftlichen Nutzung soll 36 000 DM betragen. Die nach § 33 Abs. 1 GrStG zu ermittelnde Ertragsminderung beträgt dann für den Wirtschaftsteil des Betriebs

$$\frac{36\,000 \times 100}{120\,000} = \underline{\underline{30 \text{ v.H.}}}$$

Die Grundsteuer soll 900 DM betragen. Es sind somit nach § 33 Abs. 1 GrStG zu erlassen

$$\left[\frac{30 \times 4}{5} = \right] \text{ 24 v.H. vom 900 DM = 216 DM.}$$

(6) 1 Bei Betrieben der Land- und Forstwirtschaft ist für die forstwirtschaftliche Nutzung Erlaßmaßstab der Hundertsatz, um den der Ertragswert der forstwirtschaftlichen Nutzung bei einer Wertfortschreibung zu mindern wäre. 2 Sind neben der forstwirtschaftlichen Nutzung im gleichen Betrieb noch andere Nutzungen vorhanden, sind jedoch nur in der Forstwirtschaft Schäden eingetreten, so ist der in Satz 1 bezeichnete Hundertsatz entsprechend dem prozentualen Anteil der forstwirtschaftlichen Nutzung am Wirtschaftswert des Betriebs zu bemessen.

Beispiel 2 (Ertragsminderung bei der forstwirtschaftlichen Nutzung):
Zum Wirtschaftsteil des Betriebs gehören eine landwirtschaftliche und eine forstwirtschaftliche Nutzung.
Die forstwirtschaftliche Nutzung wurde im Kalenderjahr 1978 von einem Sturmschaden betroffen. Deshalb wurden der Einheitswert auf den 1. Januar 1979 fortgeschrieben und der Ertragswert der forstwirtschaftlichen Nutzung von 60 000 DM auf 40 000 DM herabgesetzt. Als Ertragsminderung im Sinne des § 33 Abs. 3 GrStG gilt der Betrag von 20 000 DM. Die nach § 33 Abs. 4 Sätze 2 und 3 GrStG in Verbindung mit § 33 Abs. 3 GrStG zu ermittelnde Ertragsminderung beträgt für die forstwirtschaftliche Nutzung

$$\frac{20\,000 \times 100}{60\,000} = \underline{\underline{33{,}33 \text{ v.H.}}}$$

Zum Wirtschaftsteil des Betriebs gehört neben der forstwirtschaftlichen Nutzung mit einem Vergleichswert von 60 000 DM auch eine landwirtschaftliche Nutzung mit einem Vergleichswert von 20 000 DM. Der Wirtschaftswert beträgt mithin 80 000 DM. Der Anteil der forstwirtschaftlichen Nutzung am Wirtschaftswert beträgt

$$\frac{60\,000 \times 100}{80\,000} = \underline{\underline{75 \text{ v. H.}}}$$

Als Ertragsminderung sind zu berücksichtigen:

$$\frac{75 \times 33{,}33}{100} = \underline{\underline{25 \text{ v. H.}}}$$

Die Grundsteuer soll 1 200 DM betragen. Somit sind nach § 33 Abs. 1 GrStG zu erlassen

$$\left[\frac{25 \times 4}{5} = \right] \text{ 20 v. H. von 1 200 DM = 240 DM.}$$

(7) Bei Betrieben der Land- und Forstwirtschaft mit mehreren Nutzungen, bei denen im selben Jahr bei der landwirtschaftlichen oder einer anderen Nutzung (§ 34 Abs. 2 Nr. 1 Buchstaben c bis e BewG) und bei der forstwirtschaftlichen Nutzung Schäden eingetreten sind, ist auf der Grundlage der Beispiele 1 und 2 ein einheitlicher Hundertsatz der Ertragsminderung nach dem Anteil der einzelnen Teile am Wirtschaftswert des Betriebs zu ermitteln.

Beispiel 3 (Ertragsminderung bei landwirtschaftlicher und forstwirtschaftlicher Nutzung):
Einheitswert des Betriebs der Land- und Forstwirtschaft:

Wohnungswert		10 000 DM
Wirtschaftswert		
landwirtschaftliche Nutzung	60 000 DM	
forstwirtschaftliche Nutzung	20 000 DM	80 000 DM
Einheitswert		90 000 DM

Die Grundsteuer soll 1 080 DM betragen.
Im Kalenderjahr 1978 wurden die landwirtschaftliche Nutzung von einem Dürreschaden, die forstwirtschaftliche Nutzung von einem Sturmschaden betroffen.
Der normale Rohertrag der landwirtschaftlichen Nutzung soll 120 000 DM, die Rohertragsminderung 24 000 DM betragen. Die nach § 33 Abs. 4 GrStG in Verbindung mit § 33 Abs. 1 GrStG zu ermittelnde Ertragsminderung beträgt somit

$$\frac{24\,000 \times 100}{120\,000} = \underline{\underline{20 \text{ v. H.}}}$$

Der Anteil der landwirtschaftlichen Nutzung am Wirtschaftswert beträgt

$$\frac{60\,000 \times 100}{80\,000} = \underline{\underline{75 \text{ v. H.}}}$$

Als Ertragsminderung der landwirtschaftlichen Nutzung sind zu berücksichtigen

$$\frac{75 \times 20}{100} = \underline{\underline{15 \text{ v. H.}}}$$

Wegen des Sturmschadens bei der forstwirtschaftlichen Nutzung werden der Einheitswert auf den 1. Januar 1979 fortgeschrieben und der Ertragswert der forstwirtschaftlichen Nutzung von 20 000 DM auf 12 000 DM herabgesetzt. Als Ertragsminderung im Sinne des § 33 Abs. 3 GrStG gilt der Betrag von 8 000 DM. Die nach § 33 Abs. 4 Sätze 2 und 3 GrStG in Verbindung mit § 33 Abs. 3 GrStG zu ermittelnde Ertragsminderung beträgt für die forstwirtschaftliche Nutzung

$$\frac{8\,000 \times 100}{20\,000} = \underline{\underline{40 \text{ v. H.}}}$$

Der Anteil der forstwirtschaftlichen Nutzung am Wirtschaftswert beträgt

$$\frac{20\,000 \times 100}{80\,000} = \underline{\underline{25 \text{ v. H.}}}$$

Als Ertragsminderung der forstwirtschaftlichen Nutzung sind zu berücksichtigen

$$\frac{25 \times 40}{100} = \underline{\underline{10 \text{ v. H.}}}$$

Insgesamt sind zu berücksichtigen als Ertragsminderung

bei der landwirtschaftlichen Nutzung		15 v. H.,
bei der forstwirtschaftlichen Nutzung		10 v. H.
	zusammen	25 v. H.

Zu erlassen sind nach § 33 Abs. 1 GrStG somit

$$\left[\frac{25 \times 4}{5} =\right] \text{20 v. H. von 1 080 DM = 216 DM.}$$

40. Erlaß wegen wesentlicher Ertragsminderung bei bebauten Grundstücken

(1)[1] [1]Bei bebauten Grundstücken ergibt sich die Minderung des normalen Rohertrags (§ 33 Abs. 1 Nr. 2 und 3 GrStG) aus dem Unterschiedsbetrag zwischen dem normalen Rohertrag zu Beginn des Erlaßzeitraums und dem im Erlaßzeitraum tatsächlich erzielten Rohertrag. [2]Sie ist in einem Hundertsatz des normalen Rohertrags festzustellen.

Beispiel:

Normaler Rohertrag am 1. Januar 1978	= 20 000 DM
Tatsächlich erzielter Rohertrag im Kalenderjahr 1978	= 15 000 DM
Unterschied	= 5 000 DM

(Fortsetzung S. 31)

[1] Zur Versagung eines Grundsteuererlasses wegen Leerstands einer Gewerbeimmobilie siehe OVG Berlin-Brandenburg v. 9.10.2017 OVG 9 B 6.17, ZKF 2018, 70. – Zur Rohertragsminderung beim Grundsteuererlass in Fällen der Eigennutzung siehe OVG NRW v. 10.7.2018 14 A 1106/16, ZKF 2018, 239. – Zu steuerlichen Maßnahmen zur Berücksichtigung der Schäden im Zusammenhang mit den Unwetterereignissen im Juli 2021 siehe FN zu A 38 GrStR.

$$\text{Minderung des normalen Rohertrags } \frac{5000 \times 100}{20000} = 25 \text{ v. H.}$$

Auch bei nur zeitweiser Minderung des normalen Rohertrags während eines Jahres kann ein Erlaß in Betracht kommen.

(2)[1] [1]*Bei den nach § 76 Abs. 1 BewG im Ertragswertverfahren zu bewertenden Grundstücken ist normaler Rohertrag die Jahresrohmiete, die bei einer Hauptfeststellung der Einheitswerte des Grundbesitzes auf den Beginn des Erlaßzeitraums maßgebend wäre (§ 33 Abs. 1 Nr. 2 GrStG).* [2]*Jahresrohmiete ist nach § 79 Abs. 1 BewG das Gesamtentgelt, das die Mieter oder Pächter für die Benutzung des Grundstücks nach den vertraglichen Vereinbarungen für ein Jahr zu entrichten haben (Sollmiete).* [3]*Das Gesamtentgelt umfaßt auch die sonstigen Leistungen der Mieter oder Pächter für die Benutzung des Grundstücks.* [4]*Dazu gehören neben der vertraglichen Übernahme der Schönheitsreparaturen durch den Mieter oder Pächter auch die Baukostenzuschüsse und Mietvorauszahlungen, die auf die Miete angerechnet werden.* [5]*Wie Mietvorauszahlungen sind die Kosten für Umbauten und Einbauten zu behandeln, die von den Mietern oder Pächtern vorgenommen worden sind und nach Beendigung des Mietverhältnisses nicht beseitigt werden dürfen, den Mietwert aber erhöhen.* [6]*Teil der Jahresrohmiete sind auch die Umlagen, z. B. Kosten des Wasserverbrauchs, Kosten für Treppen- und Flurbeleuchtung, Grundsteuer- und Gebührenbelastungen und Kosten der Entwässerung.* [7]*Nicht zur Jahresrohmiete gehören dagegen z. B. die Kosten des Betriebs der zentralen Heizungs-, Warmwasserversorgungs- und Brennstoffversorgungsanlage sowie des Fahrstuhls (vgl. § 79 Abs. 1 Satz 4 BewG).* [8]*Einzelheiten über die Ermittlung der Jahresrohmiete ergeben sich aus den Abschnitten 21 und 22 der Richtlinien für die Bewertung des Grundvermögens (BewR Gr) vom 19. September 1966 (Beilage zum Bundesanzeiger Nr. 183 vom 29. September 1966).*[2] [9]*In den Fällen des § 79 Abs. 2 Nr. 1 und 2 BewG gilt die übliche Miete als Jahresrohmiete; vgl. im einzelnen die Abschnitte 23 und 24 BewR Gr.*

(3)[1] [1]*Bei den nach § 76 Abs. 2 und 3 BewG im Sachwertverfahren zu bewertenden Grundstücken ist normaler Rohertrag die nach den Verhältnissen zu Beginn des Erlaßzeitraums geschätzte übliche Jahresrohmiete (§ 33 Abs. 1 Nr. 3 GrStG).* [2]*Sie ist auch dann maßgebend, wenn das Grundstück vermietet ist.* [3]*Die in diesen Fällen zu Beginn des Erlaßzeitraums tatsächlich erzielte Miete wird im allgemeinen der üblichen Jahresrohmiete entsprechen.*

(4)[1] [1]*Bei der Ermittlung des im Erlaßzeitraum tatsächlich erzielten Rohertrags ist Absatz 2 Sätze 3 bis 8 entsprechend anzuwenden.* [2]*In den Fällen des Absatzes 2 Satz 9 und des Absatzes 3 ist die Minderung des normalen Rohertrags nach der üblichen Miete zu berechnen, die im Erlaßzeitraum insgesamt erzielbar gewesen wäre.* [3]*Bei eigengenutzten Einfamilienhäusern wird danach eine Ertragsminderung nur in Ausnahmefällen vorliegen.* [4]*Das kann z. B. der Fall sein, wenn aus besonderen Gründen die Mietwerte in einer bestimmten Gegend nach Beginn des Erlaßzeitraums zurückgehen.* [5]*Ebenso kann eine Ertragsminderung vorliegen, wenn die Nutzung des Einfamilienhauses, z. B. durch die Zerstörung eines Teils des Gebäudes, gemindert ist.*

---

[1] Überholt, zur Rohertragsermittlung vgl. jetzt § 33 Abs. 1 Satz 4 Nr. 2 GrStG.
[2] Nr. **200**.

(5) [1]Bei eigengewerblich genutzten bebauten Grundstücken ist für den Erlaß der Grundsteuer die Minderung der Ausnutzung des Grundstücks maßgebend (§ 33 Abs. 2 GrStG). [2]Das gilt auch dann, wenn das Grundstück nach § 76 Abs. 1 BewG im Ertragswertverfahren zu bewerten ist. [3]Die Minderung der Ausnutzung entspricht dem Unterschied zwischen der normalen Ausnutzung und der tatsächlichen Ausnutzung des Gebäudes. [4]Steht das Gebäude leer, so beträgt die Minderung der Ausnutzung 100 v. H. [5]Wenn das Gebäude nur teilweise leersteht, ist für die Bestimmung des Vomhundertsatzes der Minderung in der Regel das Verhältnis der ungenutzten Fläche zur gesamten nutzbaren Fläche maßgebend. [6]Dasselbe gilt, wenn zu der wirtschaftlichen Einheit, für die der Einheitswert insgesamt festgestellt worden ist, mehrere Gebäude gehören und eines oder mehrere davon ganz oder teilweise leerstehen. [7]Eine Minderung der Ausnutzung kann auch gegeben sein, ohne daß ein Gebäude ganz oder teilweise leersteht. [8]Das kann zum Beispiel bei Kurzarbeit der Fall sein. [9]Das Ausmaß der Minderung der Ausnutzung ist hier nach wirtschaftlichen Gesichtspunkten zu beurteilen. [10]Im Einzelfall ist nach den besonderen Verhältnissen des Betriebs zu entscheiden, welche Merkmale dafür geeignet sind. [11]Bei Fabrikations-, Handwerks- und Handelsbetrieben können dies die Arbeitsstunden, der Produktionsmitteleinsatz, der Produktionsausstoß, die Produktionsstunden, der Umsatz oder andere ähnliche Merkmale sein.[1)] [12]Bei Hotels und anderen Betrieben des Beherbergungsgewerbes kann auf die Bettenbelegung oder ggf. den Umsatz abgestellt werden. [13]Im Einzelfall kann auch eine Kombination mehrerer Merkmale in Betracht kommen. [14]In der Regel kann das danach festzustellende Ausmaß der normalen Ausnutzung, vorausgesetzt, daß inzwischen keine Betriebsumstellung erfolgt ist, aus dem Durchschnitt der drei Kalenderjahre abgeleitet werden, die dem Erlaßzeitraum vorangehen.

(6) [1]Wird nur ein Teil des Grundstücks eigengewerblich genutzt, ist für das ganze Grundstück ein einheitlicher Hundertsatz der Ertragsminderung zu ermitteln. [2]Dabei ist von dem Anteil der einzelnen Teile am Einheitswert des Grundstücks auszugehen (§ 33 Abs. 4 GrStG).

Beispiel:

Bei einem gemischtgenutzten Grundstück mit vermieteten Wohnungen und eigengewerblich genutzten Geschäftsräumen geht die bevorzugte Geschäftslage im Jahre 1978 verloren. Der Umsatz sinkt dadurch auf 60 v. H. Normaler Rohertrag der Wohnung am 1. Januar 1978 = 20 000 DM. Wegen Zahlungsunfähigkeit eines Mieters beträgt der tatsächlich erzielte Rohertrag im Kalenderjahr 1978 nur 16 000 DM. Der Hundertsatz der Ertragsminderung errechnet sich wie folgt:

Ertragsminderung der Wohnungen:

$$\frac{40\,000 \times 100}{20000} = 20 \text{ v. H.}$$

Der Anteil der Wohnungen soll 40 v. H. des Einheitswerts betragen. Es sind somit zu berücksichtigen

$$\frac{20 \times 40}{100} = 8 \text{ v. H.}$$

1) Vgl. BVerwG v. 26. 5. 1989 8 C 20.87, BStBl. II S. 1042.

Ertragsminderung der eigengewerblich genutzten Räume:

Minderung der Ausnutzung = 40 v. H.

Der Anteil der eigengewerblich genutzten Räume soll 60 v. H. des Einheitswerts betragen. Es sind somit zu berücksichtigen

$$\frac{40 \times 60}{100} = 24 \text{ v. H.}$$

Die Ertragsminderung für das gesamte Grundstück beträgt danach

8 + 24 v. H. = 32 v. H.

(7)[1] Der Hundertsatz, um den die Grundsteuer zu erlassen ist, ergibt sich aus vier Fünfteln des Hundertsatzes der Ertragsminderung (§ 33 Abs. 1 Satz 1 GrStG).

Beispiel:

Die Grundsteuer eines Mietwohngrundstücks für das Kalenderjahr 1978 soll 3 000 DM betragen. Ein Teil des Gebäudes ist im Mai 1978 durch Brand zerstört worden. Der normale Rohertrag soll am 1. Januar 1978 = 20 000 DM, der tatsächlich erzielte Rohertrag 15 000 DM betragen. Die Ertragsminderung

beträgt somit $\left[\frac{5000 \times 100}{20\,000} =\right]$ *25 v. H. des normalen Rohertrags.*

Zu erlassen sind nach § 33 Abs. 1 GrStG $\left[\frac{25 \times 4}{5} =\right]$ *20 v. H. von 3 000 DM = 600 DM.*

(8) [1]In § 33 Abs. 1 GrStG wird pauschal unterstellt, daß bei bebauten Grundstücken ein Fünftel der Grundsteuer auf den Grund und Boden entfällt, für den ebenso wie für unbebaute Grundstücke ein Erlaß der Grundsteuer ausgeschlossen ist. [2]Bei einem Gebäude auf fremdem Grund und Boden (§ 94 BewG) umfaßt jedoch der Einheitswert und damit auch der Steuermeßbetrag nur das Gebäude ohne den Grund und Boden. [3]Die Beschränkung des Erlasses auf vier Fünftel des Vomhundertsatzes der Ertragsminderung gilt deshalb in diesem Fall nicht.

Zu § 34 GrStG

41. Erlaßverfahren

(1) [1]Der Antrag auf Erlaß ist bis zu dem auf den Erlaßzeitraum folgenden 31. März zu stellen (§ 34 Abs. 2 GrStG). [2]Geht der Grundsteuerbescheid für den Erlaßzeitraum dem Grundstückseigentümer nicht rechtzeitig zu oder wird die Jahressteuer durch Änderungsbescheid heraufgesetzt, so endet die Antragsfrist erst mit der Rechtsbehelfsfrist für den Grundsteuerbescheid oder den Änderungsbescheid.

(2) [1]Die Frist für den Antrag auf Erlaß der Grundsteuer ist eine gesetzliche Frist. [2]Sie kann deshalb nicht verlängert werden. [3]Bei Versäumung der Frist ist jedoch auf Antrag Wiedereinsetzung in den vorigen Stand zu gewähren, wenn der Steuerschuldner ohne sein Verschulden verhindert war, die Frist einzuhalten (§ 110 AO 1977).

[1] Überholt, jetzt 25% bei mehr als 50% Ertragsminderung und 50% bei 100% Ertragsminderung.

(3) Der Steuerschuldner ist in den Fällen des § 32 GrStG der Gemeinde gegenüber zur Anzeige verpflichtet, wenn die Voraussetzungen für den Grundsteuererlaß wegfallen oder sich das Ausmaß des Grundsteuererlasses ändert (§ 34 Abs. 3 GrStG).

42. Erlaß der Grundsteuer nach § 78 des Städtebauförderungsgesetzes[1)]

(1) [1] Nach § 78 des Städtebauförderungsgesetzes in der Fassung der Bekanntmachung vom 18. August 1976 (BGBl. I S. 2318) ist auf Antrag ein Erlaß der Grundsteuer zu gewähren, wenn

1. *bei bebauten Grundstücken der bisherige Mietertrag durch Sanierungs- oder Entwicklungsmaßnahmen um mehr als 20 v. H. gemindert wird (§ 78 Abs. 1 a. a. O.),*
2. *bei eigengewerblich genutzten bebauten Grundstücken (Grundstücksteilen) die Ausnutzung durch Sanierungs- oder Entwicklungsmaßnahmen um mehr als 20 v. H. gemindert wird (§ 78 Abs. 2 a. a. O.).*

[2] Die Grundsteuer ist entsprechend dem Anteil der Ertragsminderung bzw. der Minderung der Ausnutzung bis zu 80 v. H. zu erlassen, ohne daß in den Fällen der Nummer 2 die wirtschaftlichen Verhältnisse des Betriebs zu untersuchen sind.

(2) [1] Bei vermieteten oder verpachteten bebauten Grundstücken ist das Ausmaß der Ertragsminderung durch Vergleich der im Kalenderjahr vor dem Beginn der Sanierungs- oder Entwicklungsmaßnahmen erzielten Mieterträge mit den Mieterträgen zu berechnen, die in dem Kalenderjahr erzielt werden, in dem Sanierungs- oder Entwicklungsmaßnahmen durchgeführt werden. [2] Das gilt auch, wenn Sanierungs- oder Entwicklungsmaßnahmen im Laufe eines Kalenderjahres beginnen oder abgeschlossen werden. [3] Bei eigengewerblich genutzten bebauten Grundstücken ist das Ausmaß der geringeren Ausnutzung durch Vergleich der tatsächlichen Ausnutzung im Kalenderjahr vor dem Beginn der Sanierungs- oder Entwicklungsmaßnahmen mit der tatsächlichen Ausnutzung in dem Kalenderjahr zu berechnen, in dem Sanierungs- oder Entwicklungsmaßnahmen durchgeführt werden. [4] Dabei können Arbeitsstunden oder Umsatz einen Anhalt geben.

(3) [1] Wird die infolge von Sanierungs- oder Entwicklungsmaßnahmen eingetretene Minderung des Mietertrags bzw. der Ausnutzung durch eine Fortschreibung des Einheitswerts berücksichtigt, kommt ein Grundsteuererlaß nach § 78 des Städtebauförderungsgesetzes nicht in Betracht. [2] Bei einer Fortschreibung des Einheitswerts ist ein Grundsteuererlaß jedoch noch insoweit zu gewähren, als infolge der Wertfortschreibung eine Entlastung von der Grundsteuer nicht eintritt. [3] Demnach ist der Unterschied zwischen dem Grundsteuerbetrag, der ohne Durchführung der Fortschreibung nach Erlaß auf Grund des § 78 des Städtebauförderungsgesetzes zu zahlen wäre, und dem nach Durchführung der Fortschreibung zu zahlenden Grundsteuerbetrag zu erlassen.

[1)] Das Städtebauförderungsgesetz ist aufgehoben durch das Gesetz über das Baugesetzbuch v. 8. 12. 1986 (BGBl. I 1986, 2191). Das BauGB (jetzt i. d. F. v. 25. 9. 2004, BGBl. I 2004, 2414) enthält keine dem § 78 StBauFG vergleichbare Bestimmung mehr.

(4) 1 § 78 des Städtebauförderungsgesetzes ist im Verhältnis zu § 33 GrStG, der den Erlaß der Grundsteuer wegen wesentlicher Ertragsminderung regelt, als eine Sonderregelung anzusehen. 2 Für das Verfahren des Grundsteuererlasses ist § 34 Abs. 1 und 2 GrStG anzuwenden.

43. Rechtsanspruch auf den Erlaß der Grundsteuer

1 Liegen die in den §§ 32, 33 GrStG und *§ 78 des Städtebauförderungsgesetzes* näher bestimmten Voraussetzungen vor, besteht auf den Grundsteuererlaß ein Rechtsanspruch. 2 In anderen Fällen können Billigkeitsmaßnahmen nach § 163 in Verbindung mit § 184 Abs. 2 und 3 sowie nach § 227 AO 1977 in Betracht kommen.[1)]

Zu § 36 GrStG

44. Grundsteuervergünstigung für abgefundene Kriegsbeschädigte und andere Körperbeschädigte

(1) 1 Die Grundsteuervergünstigung nach § 36 GrStG wird Kriegsbeschädigten und anderen Körperbeschädigten gewährt, die zum Erwerb oder zur wirtschaftlichen Stärkung ihres Grundbesitzes eine Kapitalabfindung auf Grund des Bundesversorgungsgesetzes (BVG) in der Fassung der Bekanntmachung vom 22. Juni 1976 (BGBl. I S. 1633) erhalten haben. 2 Das gilt auch, wenn an Stelle einer Kapitalabfindung eine Grundrentenabfindung auf Grund des Rentenkapitalisierungsgesetzes (KOV) vom 27. April 1970 (Bundesgesetzbl. I S. 413) gewährt worden ist. 3 Kapitalabfindungen nach anderen Gesetzen kommen dagegen für diese Grundsteuervergünstigung nicht in Betracht.

(2) 1 Die Grundsteuervergünstigung gilt nur für das Grundstück, das mit Hilfe der Kapitalabfindung erworben oder zu dessen wirtschaftlicher Stärkung die Kapitalabfindung gebraucht worden ist. 2 Der wirtschaftlichen Stärkung eines Grundstücks dient z.B. die Verwendung der Kapitalabfindung zur Instandsetzung und Erweiterung von Gebäuden, insbesondere auch zur Tilgung einer mit einem Erwerb in unmittelbarem Zusammenhang stehenden Hypothek. 3 Die Voraussetzungen des § 36 GrStG können auch erfüllt sein, wem die Kapitalabfindung zum Abschluß oder zur Auffüllung eines Bausparvertrages und erst dieser zum Erwerb des Grundstücks oder zur Hypothekentilgung verwendet wird. 4 Die Kapitalabfindung kann auch für ein Ersatzgrundstück in Betracht kommen, wenn das Landesversorgungsamt einer Übertragung der Kapitalabfindung auf das Ersatzgrundstück zugestimmt hat.

(3) 1 Ist der Beschädigte bei dem in Frage kommenden Grundstück nur Miteigentümer nach Bruchteilen (§ 1008 BGB) oder Teilhaber an einer Gesamthandsgemeinschaft, z.B. Miterbe bei einer Erbengemeinschaft, so wird die Grundsteuervergünstigung nur für seinen Anteil gewährt. 2 Handelt es sich um gemeinsames Eigentum des Beschädigten und seines Ehegatten, so kann

---

1) Zu den Voraussetzungen einer Stundung der Grundsteuer und der nachgelagerten Frage des Erlasses nach § 227 AO bei dauernder Zahlungsunfähigkeit vgl. OVG Schleswig-Holstein v. 3.12.2020 2 MB 6/20, ZKF 2021, 46.

die Grundsteuervergünstigung auch beim Anteil des Ehegatten berücksichtigt werden.

(4) [1] Nach § 78 a BVG können auch Witwen mit Anspruch auf Rente oder auf Witwenbeihilfe sowie Ehegatten von Verschollenen eine Kapitalabfindung erhalten. [2] Auch in diesen Fällen ist die Grundsteuervergünstigung zu gewähren.

(5) [1] Stirbt ein verheirateter Beschädigter, bei dem zur Zeit seines Todes die Voraussetzungen des § 36 Abs. 1 oder 2 GrStG vorgelegen haben, wird die Grundsteuervergünstigung seiner Witwe weitergewährt (§ 36 Abs. 3 GrStG). [2] In diesem Fall ist die Grundsteuervergünstigung nicht auf den zehnjährigen Abfindungszeitraum beschränkt, sondern wird so lange gewährt, als die Witwe auf dem Grundstück wohnt und nicht wieder heiratet.

(6) [1] Die Grundsteuervergünstigung nach § 36 GrStG und die Grundsteuervergünstigung nach den *§§ 92 und* 92 a des II. WoBauG[1)] sind zwei selbständige Vergünstigungen, die sich gegenseitig nicht schmälern dürfen. [2] Im einzelnen vgl. hierzu *Abschnitt 16 Abs. 4, 17 Abs. 3, 19 Abs. 6, 20 Abs. 7, 21 Abs. 3 ggf. in Verbindung mit Abschnitt 18 VA – II. WoBauG.*

[1)] § 92 des II. WoBauG ist durch G v. 11.7.1985 und durch die nachfolgende Neubekanntmachung des II. WoBauG (BGBl. 1985 I S. 1284, ber. S. 1661) weggefallen, die Vergünstigung nach § 92a ist ausgelaufen. Das II. WoBauG ist insgesamt aufgeh. durch G v. 13.9.2001 (BGBl. I S. 2376) grds. mWv 1.1.2002; vgl. Art. 1 (= WohnraumförderungsG) § 48 des vorgenannten Gesetzes.

420/100. Sachregister zu den Grundsteuer-Richtlinien 1978

Die Ziffern verweisen auf die Abschnitte der GrStR, die in Klammern gesetzten Ziffern auf die Absätze innerhalb der einzelnen Abschnitte.

Abbruch von Gebäuden, Unterrichtung des Finanzamts 5 (2)
Akademien, kirchliche 14 (4)
Allgemeinheit, Gebrauch durch die A., Begriff 10 (1)
Altenheim, Wohnräume 27 (2)
Altenpflegeheim, Wohnräume 27 (2)
Altwasser 20 (1)
Anlagen, öffentlicher Gebrauch 10 (2)
Anstalt, juristische Person des öff. R. 7 (1)
Anstalt des öffentlichen Rechts, Grundbesitz zur Zweckerfüllung 9 (2)
Antrag auf Grundsteuererlaß 41 (1)
Ausbildung des geistlichen Nachwuchses 14 (4)
Ausbildungsheim, Begriff 26 (4); Wohnräume 26
Ausbildungsräume, sportliche Zwecke 13 (2)
ausländische Körperschaften des öffentlichen Rechts, Grundsteuerbefreiung 7 (3)
ausländische Staaten, Grundbesitz 29
ausländische Streitkräfte, Gemeinschaftsunterkünfte 25; Grundbesitz zur Zweckerfüllung 9 (2); Grundsteuerbefreiung 7 (3)
ausländische Wohlfahrtsorganisation, Grundsteuerbefreiung 7 (5)
Aussetzung der Vollziehung, Grundsteuerbescheid 2; Grundsteuermeßbescheid 2

Baderäume, sportliche Zwecke 13 (2)
Bahnhof, Schienenwege 18 (6)
Bankinstitut, Truppenbetreuung 25 (3)
Bauaufsichtsbehörde, Unterrichtung des Finanzamts 5 (2)
Baubehörden, staatliche Unterrichtung des Finanzamts 5 (4)
Baugenehmigung, Unterrichtung des Finanzamts über die Erteilung einer B. 5 (2)
bauliche Veränderungen, Unterrichtung des Finanzamts 5 (2), (4)
Bebauung eines unbebauten Grundstücks, Unterrichtung des Finanzamts 5 (2)
Bebauungsplan, rechtskräftiger, Unterrichtung des Finanzamts 5 (2)
Beherbergungsgewerbe, Minderung der Ausnutzung bei Betrieben des B. 40 (5)
Behördenkantine, Benutzung für Zwecke eines Hoheitsbetriebs 9 (3)
Bekanntgabe, Zerlegungsbescheid 4 (3)
Benutzungszweck im Rahmen der öffentlichen Aufgaben, Anerkennungsverfahren 22 (5)
Bereitschaftspersonal, Begriff 28 (1), (2)
Bereitschaftsräume 28; Begriff 28 (1)
Bergrutsch, Minderung des normalen Rohertrags 38 (3)
Berufsausbildung 22 (3)
Berufsfachschule 22 (3)
Berufsschule 22 (3)
Beteiligte am Zerlegungsverfahren 4 (3)
Betrieb, gewerblicher B. von juristischen Personen des öff. R., kein Hoheitsbetrieb 9 (1); gewerblicher B. von juristischen Personen des öff. R., kein öffentlicher Dienst oder Gebrauch 9 (4); gewerblicher B. von Religionsgesellschaften, Grundsteuerpflicht 14 (3)
Betrieb der Land- und Forstwirtschaft, Erlaßmaßstab bei forstwirt-

schaftlicher Nutzung 39 (6); Erlaßmaßstab bei landwirtschaftlicher Nutzung 39 (5); Grundsteuererlaß wegen wesentlicher Ertragsminderung 38, 39; Mitteilung der Eröffnung oder Einstellung 5 (1); Unbilligkeit der Grundsteuereinziehung 38 (5)
Betriebseinrichtungen der Deutschen Bundesbahn, Betriebszwecken dienender Grundbesitz 11 (2)
Betriebszwecke, Nutzung von Grundbesitz der Deutschen Bundesbahn zu B. 11 (2)
Bewässerungsanlagen 21 (2)
Bibelstunden 14 (4)
Bibliothek, Grundsteuererlaß für Grundbesitz 37
Bildungseinrichtungen zur beruflichen Fortbildung 22 (3)
Bildungsheim, kirchliches 14 (4)
Binnenhafen 18 (5)
Bundesfernstraßen 18 (2)
Bundeswehr, Einrichtungen zur Truppenbetreuung 25 (3); Gemeinschaftsunterkünfte 25; Grundbesitz zur Zweckerfüllung 9 (2)

Dämme 21 (2)
Deiche 21 (2)
Deichvorland, Grundsteuerbefreiung und -steuerpflicht 21 (2)
Deutsche Bundesbahn, Grundsteuerfreiheit und -steuerpflicht des Besitzes 11
Dienstgrundstück von Geistlichen und Kirchendienern 15
Dienstwohnung, Begriff 15 (2); von Geistlichen und Kirchendienern 15
diplomatische Vertretung, Grundsteuerbefreiung 7 (4)
diplomatische Zwecke, Grundsteuerbefreiung 29
Dürre, Minderung des normalen Rohertrags 38 (3)

Eigentümer, Begriff 6 (3)
Einheitsbewertung, räumliche Aufteilung 32 (1)
Einheitswert, Bekanntgabe an den Grundsteuerpflichtigen 4 (1); Fortschreibung des E. 38 (6), 42 (3)
Einheitswertfeststellung, Zuständigkeit 2
Einrichtungen zur Ordnung und Verbesserung der Wasser- und Bodenverhältnisse 21
Eis, Minderung des normalen Rohertrags 38 (3)
Energiegewinnung durch Stauseen, keine Grundsteuerbefreiung 20 (2), 21 (1)
Entgelt für Benutzung, öffentlicher Gebrauch 10 (2)
Entwässerungsanlagen 21 (2)
Erdbeben, Minderung des normalen Rohertrags 38 (3)
Erhebung der Grundsteuer 1, 2; örtliche Zuständigkeit 3 a
Erlaß der Grundsteuer 2; *siehe auch Grundsteuererlaß*
Erlaßgrund, Fortschreibung des Einheitswerts 38 (6)
Erlaßmaßstab bei forstwirtschaftlicher Nutzung 39 (6); bei landwirtschaftlicher Nutzung 39 (5)
Ertragsminderung bei forstwirtschaftlicher Nutzung 39 (4); Grundsteuererlaß wegen wesentlicher E. 38; bei landwirtschaftlicher Nutzung 39 (2)
Ertragswert, Minderung des E. bei forstwirtschaftlicher Nutzung 39 (4)
Erziehung 22 (4); für Zwecke der E. benutzter Grundbesitz 22
Erziehungsheim, Begriff 26 (3); Wohnräume 26
Exerzitienheim 14 (4)

Fabrikationsbetrieb, Minderung der Ausnutzung 40 (5)
Fachschule 22 (3)
Festsetzung und Erhebung der Grundsteuer 2; örtliche Zuständigkeit 3 a; Stichtag 33; des Hebesatzes durch die Gemeinde 1; und Zerlegung des Grundsteuermeßbetrags, örtliche Zuständigkeit 3; und Zerlegung des Grundsteuermeßbetrags, sachliche Zuständigkeit 2
Feststellung der Einheitswerte, Zuständigkeit 2
Finanzamt, Mitteilung des festgesetzten Grundsteuermeßbetrags an hebe-

berechtigte Gemeinde 4 (2); örtliche Zuständigkeit für Festsetzung und Erhebung der Grundsteuer 3a; Verwaltung der Grundsteuer 2; Zuständigkeit für Einheitswertfeststellung 2; Zuständigkeit für Festsetzung und Zerlegung des Grundsteuermeßbetrags 2, 3

Finanzbehörde, Nachprüfung der Eigenschaft einer juristischen Person als Körperschaft des öff. R. 7 (2)

Flächennutzungsplan, rechtskräftiger, Unterrichtung des Finanzamts 5 (2)

fließende Gewässer 18 (4), 20

Flugplatz, Grundsteuerpflicht 19

Flüsse 18 (4)

Forschung eines Industrieunternehmens 22 (2)

Fortschreibung des Einheitswerts, Erlaßgrund 38 (6); Grundsteuererlaß nach Städtebauförderungsgesetz 42 (3)

Friseursalon, Truppenbetreuung 25 (3)

Frist für den Antrag auf Grundsteuererlaß 41 (1), (2)

Gartenanlage, Grundsteuererlaß 35 (3)

Gärtnerei, grundsteuerpflichtiger Grundbesitz 30 (1)

Gebäude auf fremdem Grund und Boden, Grundsteuererlaß 40 (8); mit Gegenständen von wissenschaftlicher Bedeutung, Grundsteuererlaß 37

Gebietskörperschaft, Grundbesitz zur Zweckerfüllung 9 (2); juristische Person des öff. R. 7 (1)

Gebrauch, bestimmungsgemäßer G. durch die Allgemeinheit 10

Gebrauchsabnahme, Unterrichtung des Finanzamts 5 (2)

Geistlicher, Begriff 15 (3); Dienstgrundstücke und Dienstwohnungen 15

Gemeinde, Durchführung des Grundsteuererlasses 35 (2); Grundsteuerberechtigung 1; Mitteilung des Grundsteuermeßbetrags an die hebeberechtigte G. 4; Unterrichtung des Finanzamts über LuF-Betriebseröffnungen und -schließungen 5 (1); Verwaltung der Grundsteuer 2

gemeinnützige Körperschaft, Religionsgesellschaft 14 (1)

gemeinnützige Zwecke, für g. Z. benutzter Grundbesitz 12; objektive Voraussetzung für Steuerbefreiung 12 (3); Wohnräume 27

Gemeinschaftsunterkünfte der Bundeswehr 25

Genossenschaft, religiöse, Körperschaft d. öff. R. 14 (1)

Gewässer, fließende 18, (4), 20; Grundsteuerbefreiung 20

Gewerbebetrieb, Grundsteuererlaß bei eigengewerblich genutzten bebauten Grundstücken 40 (5); Minderung der Ausnutzung auf eigengewerblich genutztem bebautem Grundstück 38 (4a)

Gewinnerzielungsabsicht 10 (2)

Gottesdienst, dem G. gewidmeter Grundbesitz 17; grundsteuerbefreiter Grundbesitz 14 (2)

Grünanlagen, Grundsteuerbefreiung für öffentliche G. 18 (3); Grundsteuererlaß für öffentliche G. 36

Grundbesitz, Anerkennung des Benutzungszwecks für Wissenschaft, Unterricht, Erziehung 22 (5); ausländischer Staaten 29; der Deutschen Bundesbahn 11; zur Erfüllung von Hoheitsaufgaben 9 (2); dem Gottesdienst gewidmeter G. 17; Grundsteuerbefreiung von überlassenem G. 6 (2); Grundsteuererlaß bei Erhaltung im öffentlichen Interesse 35; Grundsteuererlaß für Gebäude mit Gegenständen von wissenschaftlicher Bedeutung 37; Grundsteuererlaß für öffentliche Grünanlagen, Sport- und Spielplätze 36; Grundsteuerfreiheit und -steuerpflicht für gemeinnützige Körperschaften 12; Grundsteuerfreiheit bei unmittelbarer Verfolgung gemeinnütziger oder mildtätiger Zwecke 12 (5); Grundsteuerpflicht für Religionsgesellschaften 14 (3); Grundsteuerpflicht bei Überlassung von G. 12 (6), 14 (3); kirchlichen Verwaltungszwecken dienender G. 14 (5); land- und forstwirtschaftlich genutzter G. 30; Nutzung für Gottesdienst 14 (2), 17; Nutzung für Zwecke der Wissenschaft, des Unterrichts, der Erziehung 22; dem öffentlichen Verkehr dienender G. 18; privater G. ausländischer Diplomaten 29 (2); für sportliche Zwecke benutzter G. 13; subjektive und objektive Voraussetzung für Grundsteuerbefreiung 6 (1); für Wohnzwecke 24; Zweckbetrieb 12 (4); für Zwecke eines Krankenhauses 23

Grunderwerb für diplomatische oder konsularische Zwecke 29 (5)

Grundflächen innerhalb eines militärischen Übungsplatzes oder Militärflugplatzes 30 (2)

Grundlagenforschung 22 (2)

Grundsteuer, sachliche Zuständigkeit der Gemeinde zur Erhebung 1; Stichtag für die Festsetzung 33; Verwaltung 2; Zuständigkeit für Festsetzung und Zerlegung 2; Zuständigkeit für Stundung, Niederschlagung und Erlaß 2

Grundsteuerbefreiung, ausländische Organisationen 7 (3)–(5); Deutsche Bundesbahn 11; diplomatische und konsularische Zwecke 29; gemeinnützige Körperschaften 12; Grundbesitz für sportliche Zwecke 13; öffentlich-rechtliche Wasser- und Bodenverbände 21; für private Krankenhäuser, subjektive Voraussetzungen 23 (2); subjektive und objektive Voraussetzung 6 (1); bei Überlassung von Grundbesitz 6 (2); unmittelbare Ausnutzung für begünstigte Zwecke 31; völkerrechtliche Sonderregelungen 29 (4); Wohnräume 27

Grundsteuerbescheid, Bekanntgabe 4 (2); Zuständigkeit für Aussetzung der Vollziehung 2

Grundsteuererlaß, Durchführung 35 (2); Erlaßgrund und Fortschreibung des Einheitswerts 38 (6); Erlaßmaßstab bei forstwirtschaftlicher Nutzung 39 (6); Erlaßmaßstab bei landwirtschaftlicher Nutzung 39 (5); bei Ertragsminderung 42; Fortschreibung des Einheitswerts 42 (3); Gebäude mit Gegenständen von wissenschaftlicher Bedeutung 37; für Grundbesitz, dessen Erhaltung im öffentlichen Interesse liegt 35; Minderung der Ausnutzung 40 (5); öffentliche Grünanlagen, Sport- und Spielplätze 36; Rechtsanspruch 43; nach § 78 Städtebauförderungsgesetz 42; Verfahren 41; wegen wesentlicher Ertragsminderung, allgemeine Voraussetzungen 38; wegen wesentlicher Ertragsminderung bei bebauten Grundstücken 40; –, Hundertsatz 40 (7); wegen wesentlicher Ertragsminderung bei Betrieben der Land- und Forstwirtschaft 39; Zuständigkeit 2

Grundsteuerjahresbetrag, Bekanntgabe an den Steuerpflichtigen 4 (2)

Grundsteuermeßbescheid, Bekanntgabe an den Steuerpflichtigen 4; Zuständigkeit für Aussetzung der Vollziehung 2

Grundsteuermeßbetrag, Mitteilung an die hebeberechtigte Gemeinde 4; Zerlegung 34; –, Beteiligte am Zerlegungsverfahren 4 (3); Zuständigkeit für Festsetzung und Zerlegung 2, 3

Grundsteuerpflicht bei Überlassung des Grundbesitzes 12 (6)

Grundsteuerpflichtiger, Bekanntgabe des Grundsteuermeßbescheids 4

Grundsteuerschuldner, Minderung des normalen Rohertrags, Vertretenmüssen 38 (2)–(4 a)

Grundsteuervergünstigung nach dem GrStG, Verhältnis zur G. nach dem II. WoBauG 44 (6); für Körperbeschädigte 44; für Kriegsbeschädigte 44

Grundstück, Änderung der Nutzungsart, Unterrichtung des Finanzamts 5 (3); Benutzung durch die Öffentlichkeit 10; teilweise Benutzung für einen steuerbegünstigten Zweck 32; Unbilligkeit der Grundsteuereinziehung bei eigengewerblich genutztem bebautem G. 38 (5); unmittelbare Benutzung für einen steuerbegünstigten Zweck 31

Grundstück, bebautes, Berechnung der Ertragsminderung für Grundsteuererlasse nach dem Städtebaufförderungsgesetz 42 (2); Grundsteuererlaß bei eigengewerblicher Nutzung 40 (5); Grundsteuererlaß wegen wesentlicher Ertragsminderung 38, 40; Maßstab für Grundsteuererlaß 40 (7)

Hafen 18 (5)
Hagel, Minderung des normalen Rohertrags 38 (3)
Handelsbetrieb, Minderung der Ausnutzung 40 (5)
Handwerksbetrieb, Minderung der Ausnutzung 40 (5)
Hebesatz, Festsetzung durch die Gemeinde 1
Hochbahnen, Schienenwege 18 (6)
Hochwasser, Minderung des normalen Rohertrags 38 (3)
hoheitliche Tätigkeit, Begriff 9 (1)
Hoheitsaufgaben, Begriff 9 (1)
Hoheitsbetrieb, Begriff 9 (1); Grundbesitz zur Zweckerfüllung 9 (2)
Hotels der Deutschen Bundesbahn, steuerpflichtiger Grundbesitz 11 (3); Minderung der Ausnutzung 40 (5)

Industrieunternehmen, Forschung 22 (2)
Instandhaltungseinrichtungen der Deutschen Bundesbahn, Betriebszwecken dienender Grundbesitz 11 (2)
Internat 26 (2)
internationale militärische Hauptquartiere, Gemeinschaftsunterkünfte 25; Grundbesitz zur Zweckerfüllung 9 (2); Grundsteuerbefreiung 7 (3)

Jahresbetrag der Grundsteuer, Bekanntgabe an den Steuerpflichtigen 4 (2)
Jahresrohmiete 40 (2), (3)
juristische Person des öffentlichen Rechts, Begriff 7; gewerblicher Betrieb 9 (4); Grundsteuerbefreiung für gemeinnützige inländische j. P. 12 (1); Grundsteuerbefreiung bei Nutzung des Grundbesitzes für Zwecke der Wissenschaft, des Unterrichts, der Erziehung 22 (1); Nachprüfung der Eigenschaft durch die Finanzbehörden 7 (2)

Justizvollzugsanstalt, Unterbringung von Straf- und Untersuchungsgefangenen 27 (2)

Kanäle 18 (4)
Kantine, Benutzung für Zwecke eines Hoheitsbetriebs 9 (3); der Bundeswehr 25 (2)
Kindererholungsheim 22 (4)
Kindergarten, privater 22 (4)
Kinderhort 22 (4)
Kinderspielplätze, Steuerbefreiung für öffentliche K. 18 (3)
Kirchenangestellte 15 (4)
Kirchenbeamter, weltlicher 15 (4)
Kirchenbehörde, Grundbesitz zu Verwaltungszwecken 14 (5)
Kirchendiener, Begriff 15 (4); Dienstgrundstücke und Wohnungen 15
Kläranlagen 21 (2)
konsularische Vertretung, Grundsteuerbefreiung 7 (4)
konsularische Zwecke, Grundsteuerbefreiung 29
Körperbeschädigte, Grundsteuervergünstigung 44
Körperschaft des öffentlichen Rechts, ausländische, Grundsteuerbefreiung 7 (3); Religionsgesellschaften 14
Körperschaft, gemeinnützige, Grundsteuerbefreiung für inländische g. K. 12 (1), (2); Grundsteuerbefreiung bei Nutzung des Grundbesitzes für Zwecke der Wissenschaft, des Unterrichts, der Erziehung 22 (1); Grundsteuerpflicht 12 (6); Verwaltungstätigkeit 12 (5)
Krankenhaus, Grundsteuerbefreiung 23; öffentlicher Gebrauch 10 (2); Wohnräume 27 (2)
Krankenhausgarten, Grundsteuerbefreiung 23 (3)
Kreditinstitut der öffentlichen Hand, kein Hoheitsbetrieb 9 (1)
Kriegsbeschädigte, Grundsteuervergünstigung 44
Küster 15 (4)

Läden der Deutschen Bundesbahn, grundsteuerpflichtiger Grundbesitz 11 (3)

Ladengeschäft, Truppenbetreuung 25 (3)
Lagefinanzamt, örtliche Zuständigkeit für Festsetzung und Zerlegung des Grundsteuermeßbetrags 3
Land- und Forstwirtschaft, Grundsteuererlaß wegen wesentlicher Ertragsminderung 39; Grundsteuererlaß für Betriebe 38, 39; Grundsteuerpflicht eines land- und forstwirtschaftlichen Betriebs von Religionsgesellschaften 14 (3); Grundsteuerpflicht land- und forstwirtschaftlich genutzten Grundbesitzes 12 (6); Grundsteuerpflichtiger und -steuerfreier Grundbesitz 30; Mitteilung der Eröffnung oder Einstellung eines Betriebs 5 (1); Unbilligkeit der Grundsteuereinziehung nach den wirtschaftlichen Verhältnissen der Betriebe 38 (5)
Lehrwerkstätte 22 (3), (5)
Lehr- und Versuchszwecke, land- und forstwirtschaftlicher Grundbesitz, Grundsteuerbefreiung 30 (2)

Meldewesen 5
mildtätige Zwecke, für m. Z. benutzter Grundbesitz 12; objektive Voraussetzung für Steuerbefreiung 12 (3); Wohnräume 27
Militärflugplatz, grundsteuerbefreite Grundflächen 30 (2)
militärischer Übungsplatz, grundsteuerbefreite Grundflächen 30 (2)
Minderung der Ausnutzung bei eigengewerblich genutzten bebauten Grundstücken 40 (5)
Museum, öffentlicher Gebrauch 10 (2)

Naturereignisse, Minderung des normalen Rohertrags 38 (3)
Neubauten, Unterrichtung des Finanzamts 5 (2), (4)
Niederschlagung der Grundsteuer 2
Nutzung, teilweise N. für einen steuerbegünstigten Zweck 32; unmittelbare N. für einen steuerbegünstigten Zweck 31

öffentlicher Dienst oder Gebrauch, Begriff 8; bestimmungsgemäßer Gebrauch 10 (2); Wohnräume 27
öffentlicher Verkehr, Begriff 18 (1); dem ö. V. dienender Grundbesitz 18; Grundsteuerfreiheit für Bauwerke und Einrichtungen 18 (7)
öffentliche Sachen 8 (1)
öffentliches Interesse, Grundsteuererlaß für Grundbesitz 35
öffentliche Straßen und Wege 18 (2)
Offizierskasino der Bundeswehr 25 (2)
Orden, Körperschaft des öff. R. 14 (1)
Organist 15 (4)
örtliche Zuständigkeit, Festsetzung und Erhebung der Grundsteuer 3a; Festsetzung und Zerlegung des Grundsteuermeßbetrags 3

Parkanlage, Grundsteuererlaß 35 (3)
Parkhaus, kein öffentlicher Verkehr bei Nutzungsentgelt 18 (1)
Parkplatz, kein öffentlicher Verkehr bei Nutzungsentgelt 18 (1)
Personalkörperschaft, Grundbesitz zur Zweckerfüllung 9 (2); juristische Person des öff. R. 7 (1)
Personenvereinigung, Grundsteuerbefreiung für gemeinnützige inländische P. 12 (1); Grundsteuerbefreiung bei Nutzung des Grundbesitzes für Zwecke der Wissenschaft, des Unterrichts, der Erziehung 22 (1)
Polizei, Grundbesitz für Zwecke des polizeilichen Schutzdienstes 9 (2)
Predigerseminar, Wohnräume 26
Priesterseminar, Wohnräume 26
Privatschule, Grundsteuerbefreiung 22 (1); Heimunterbringung 26 (5)

Rechtsanspruch auf Grundsteuererlaß 43
Religionsgesellschaft, zur Benutzung für den Gottesdienst überlassener Grundbesitz 17 (2); gemeinnützige Körperschaft 14 (1); Grundsteuerbefreiung 14 (2); Grundsteuerpflicht 14 (3); juristische Person des öff. R. 7 (1); Körperschaft des öff. R. 14; öffentlich-rechtliche, Grundsteuerbefreiung bei Nutzung des Grundbesitzes für Zwecke der Wissenschaft, des Unterrichts, der Erziehung 22 (1)

Religionsunterricht 14 (4)
religiöse Unterweisung 14 (4)
religiöse Zwecke, Nutzung von Grundbesitz 14 (2)
Rohertrag, Begriff 35 (2); bei Betrieben der Land- und Forstwirtschaft 39 (1); Feststellung 37 (3), (4); Minderung des normalen R. 38; – bei bebauten Grundstücken 40

sachliche Zuständigkeit, Erhebung der Grundsteuer 1; Grundsteuermeßbeträge 2
Sammelbecken 20
Sammlungen, Grundsteuererlaß für Grundbesitz 37
Schullandheim 26 (2)
Schwebebahnen, Schienenwege 18 (6)
Sanierungs- oder Entwicklungsmaßnahmen, Grundsteuererlaß bei Ertragsminderung 42
Säuglingsheim 22 (4)
Schienenwege 18 (6)
Schnee- und Windbruch, Minderung des normalen Rohertrags 38 (3)
Schule, allgemeinbildende Sch. 22 (3); berufsbildende Sch. 22 (3); öffentlicher Gebrauch 10 (2)
Schülerheim, Begriff 26 (2); Wohnräume 26
Schutzdienst, polizeilicher, Grundbesitz zur Zweckerfüllung 9 (2)
Schutzhütte, sportliche Zwecke 13 (2)
Seehafen 18 (5)
Seen 18 (4)
Seilbahnen, Schienenwege 18 (6)
Spendenbescheinigung, zur Ausstellung von Sp. berechtigte Körperschaften 12 (2)
Spielplätze, öffentliche, Begriff 36 (4); öffentliche, Grundsteuererlaß 36
sportliche Zwecke, Grundsteuerbefreiung 13
Sportplätze, öffentliche, Begriff 36 (3); öffentliche, Grundsteuererlaß 36; öffentlicher Gebrauch 10 (2)
Sportverein, gemeinnütziger, Grundsteuerbefreiung eines gepachteten Grundstücks 6 (2); Tanzveranstaltung eines Sp., Zweckbetrieb 12 (4)
Städtebauförderungsgesetz, Erlaß der Grundsteuer 42
Stadthalle, teilweise Benutzung für einen steuerbegünstigten Zweck 32 (2)
Stauseen 20 (2)
Steuer... *s. Grundsteuer...*
Stichtag für die Festsetzung der Grundsteuer 33
Stiftung, juristische Person des öff. R. 7 (1)
Straf- und Untersuchungsgefangene, Unterbringung 27 (2)
Straße, öffentlicher Gebrauch 10 (2)
Straßen und Wege, öffentliche 18 (2)
Streitkräfte, ausländische, Gemeinschaftsunterkünfte 25; Grundbesitz zur Zweckerfüllung 9 (2); Grundsteuerbefreiung 7 (3)
Stundung der Grundsteuer 2, 35 (2)

Talsperren 20 (2), 21 (2)
Tanzveranstaltung eines Sportvereins, Zweckbetrieb 12 (4)
teilweise Benutzung für einen steuerbegünstigten Zweck 32
Tiefgarage, kein öffentlicher Verkehr bei Nutzungsentgelt 18 (1)
Truppenbetreuung, Einrichtungen zur T. 25 (3)

Unbilligkeit der Grundsteuereinziehung 38 (5)
unmittelbare Benutzung für einen grundsteuerbegünstigten Zweck 31; –, Beginn und Unterbrechung 31 (2)
Unterkunftshütte, sportliche Zwecke 13 (2)
Unternehmer, Minderung der Ausnutzung auf eigengewerblich genutzten bebauten Grundstücken 38 (4 a)
Unterricht, für Zwecke des U. benutzter Grundbesitz 22
Unterrichtsräume, sportliche Zwecke 13 (2)

Verfahren, Grundsteuererlaß 41
Verkehrsbetrieb der öffentlichen Hand, kein Hoheitsbetrieb 9 (1)
Verkehrsflughafen, Grundsteuerbefreiung 19
Verkehrslandeplatz, Grundsteuerbefreiung 19

Verkehrsunternehmen, Grundsteuerpflicht für Bauwerke und Einrichtungen 18 (7)
Vermietung und Verpachtung, grundsteuerbefreiter Grundbesitz 6 (2); grundsteuerpflichtiger Grundbesitz der Deutschen Bundesbahn 11 (3); von Kantinen, hoheitliche Tätigkeit 9 (3)
Vermögensmasse, gemeinnützige, Grundsteuerbefreiung bei Nutzung des Grundbesitzes für Zwecke der Wissenschaft, des Unterrichts, der Erziehung 22 (1); Grundsteuerbefreiung für gemeinnützige inländische V. 12 (1)
Verschollene, Grundsteuervergünstigung für Ehegatten 44 (4)
Versorgungsbetrieb der öffentlichen Hand, kein Hoheitsbetrieb 9 (1)
Verwaltung der Grundsteuer, Zuständigkeit 2
Verwaltungsräume, Grundsteuerbefreiung 31 (1); privater Krankenhäuser, Grundsteuerbefreiung 23 (3)
Verwaltungszwecke, Nutzung des Grundbesitzes der Deutschen Bundesbahn für V. 11 (1)
Viehseuche, Minderung des normalen Rohertrags 38 (3)

Waisenhaus 22 (4)
Waldbrand, Minderung des normalen Rohertrags 38 (3)
Wasserstraßen 18 (4)
Wasser- und Bodenverbände, öffentlich-rechtliche, Grundsteuerbefreiung 21
Weinbau, Ertragsminderung 39 (3)
Werkschule 22 (3), (5)
Werkshafen 18 (5)
Wiener Übereinkommen über diplomatische Beziehungen (WÜD) 29 (1), (2); über konsularische Beziehungen (WÜK) 29 (1), (3)
wirtschaftlicher Geschäftsbetrieb bei gemeinnützigen Körperschaften, Grundsteuerpflicht 12 (5), (6)
wirtschaftlicher Eigentümer, Begriff 6 (3)
wissenschaftliche Zwecke, Grundsteuerbefreiung 22
Witwe, Grundsteuervergünstigung für Kriegsbeschädigte und Körperbeschädigte 44 (4), (5)
Wohlfahrtsorganisation, ausländische, Grundsteuerbefreiung 7 (5)
Wohnräume, Begriff 24 (2); als Bereitschaftsräume 28 (4); Gemeinschaftsunterkünfte der Bundeswehr usw. 25 (1); Grundsteuerbefreiung 24 (1); – und -steuerpflicht 27, 32 (3); in Schülerheimen 26; die unmittelbar grundsteuerbegünstigten Zwecken dienen 27
Wohnungen, Begriff 24 (2); der Deutschen Bundesbahn, grundsteuerpflichtiger Grundbesitz 11 (3); Dienstwohnungen der Geistlichen und Kirchendiener 15 (2); von gemeinnützigen Körperschaften, Grundsteuerpflicht 12 (6); Grundsteuerpflicht 24 (1); leerstehende, Minderung des normalen Rohertrags 38 (4); von Religionsgesellschaften, Grundsteuerpflicht 14 (3)
Wohnzwecke, Grundbesitz 24

Zerlegung des Grundsteuermeßbetrags 34; –, örtliche Zuständigkeit 3; –, sachliche Zuständigkeit 2
Zerlegungsbescheid, Bekanntgabe 4 (3)
Zerlegungsverfahren, Beteiligte 4 (3)
Zuständigkeit, Einheitswertfeststellung 2; Erhebung der Grundsteuer durch die Gemeinde 1; Festsetzung und Erhebung der Grundsteuer 2, 3 a; Festsetzung und Zerlegung des Grundsteuermeßbetrags 2, 3; Grundsteuererlaß 2; Niederschlagung der Grundsteuer 2; Stundung der Grundsteuer 2
Zweckbetrieb, Grundsteuerbefreiung 12 (4)
Zweckvermögen, juristische Person des öff. R. 7 (1)
zwischenstaatliche Organisationen, Grundsteuerbefreiung 7 (5)

450. Gewerbesteuer-Richtlinien 2009 (GewStR 2009)

Allgemeine Verwaltungsvorschrift zur Anwendung des Gewerbesteuerrechts

Vom 28. April 2010 (BStBl. I Sondernummer 1 S. 2)

Mit den Gewerbesteuer-Hinweisen 2016

Nach Artikel 108 Absatz 7 des Grundgesetzes erlässt die Bundesregierung folgende Allgemeine Verwaltungsvorschrift:

Inhaltsübersicht

Seite

Einführung 4

Zu § 1 GewStG

R 1.1 Steuerberechtigung; H 1.1 4
R 1.2 Verwaltung der Gewerbesteuer; H 1.2 5
R 1.3 Örtliche Zuständigkeit für die Festsetzung und Zerlegung des Steuermessbetrags 6
R 1.4 Gewerbesteuermessbescheid; H 1.4 7
R 1.5 Billigkeitsmaßnahmen bei der Festsetzung des Gewerbesteuermessbetrags; H 1.5 8
R 1.6 Stundung, Niederschlagung und Erlass der Gewerbesteuer; H 1.6 9
R 1.7 Aussetzung der Vollziehung von Gewerbesteuermessbescheiden; H 1.7 10
R 1.8 Zinsen; H 1.8 11
R 1.9 Anzeigepflichten 12

Zu § 2 GewStG
(§§ 1–9 GewStDV)

R 2.1 Gewerbebetrieb; H 2.1 12
R 2.2 Betriebsverpachtung; H 2.2 18
R 2.3 Organschaft; H 2.3 19
R 2.4 Mehrheit von Betrieben; H 2.4 21
R 2.5 Beginn der Steuerpflicht; H 2.5 24
R 2.6 Erlöschen der Steuerpflicht; H 2.6 27
R 2.7 Steuerpflicht bei Unternehmerwechsel; H 2.7 29
R 2.8 Inland, gebietsmäßige Abgrenzung der Besteuerung; H 2.8 30
R 2.9 Betriebsstätte; H 2.9 31

Zu § 2a GewStG

R 2a. Arbeitsgemeinschaften; H 2a 37

Zu § 3 GewStG
(§§ 10–13 GewStDV)

R 3.0 Steuerbefreiungen nach anderen Gesetzen und Verordnungen; H 3.0 38
H 3.1 Zu § 3 Nr. 1 38

		Seite
H 3.6	Zu § 3 Nr. 6	39
R 3.7	Hochsee- und Küstenfischerei; H 3.7	40
H 3.8	Zu § 3 Nr. 8	40
H 3.9	Zu § 3 Nr. 9	41
H 3.11	Zu § 3 Nr. 11	41
H 3.13	Zu § 3 Nr. 13	41
H 3.14	Zu § 3 Nr. 14	42
R 3.20	Krankenhäuser, Altenheime, Altenwohnheime, Pflegeheime und Pflegeeinrichtungen; H 3.20	42
H 3.25	Zu § 3 Nr. 25	44

Zu § 4 GewStG
(§§ 14, 15 GewStDV)

R 4.1	Hebeberechtigung; H 4.1	44

Zu § 5 GewStG

R 5.1	Steuerschuldnerschaft; H 5.1	45
R 5.2	Europäische wirtschaftliche Interessenvereinigung (EWIV)	46
R 5.3	Haftung; H 5.3	46

Zu § 7 GewStG
(§ 16 GewStDV)

R 7.1	Gewerbeertrag; H 7.1	47

Zu § 8 GewStG
(§§ 17–19 GewStDV)

R 8.1	Hinzurechnung von Finanzierungsanteilen; H 8.1	60
R 8.2	Vergütungen an persönlich haftende Gesellschafter einer Kommanditgesellschaft auf Aktien; H 8.2	70
R 8.3	Nicht im gewerblichen Gewinn enthaltene Gewinnanteile (Dividenden) *(unbesetzt)*; H 8.3	71
R 8.4	Anteile am Verlust einer Personengesellschaft; H 8.4	71
R 8.5	Spenden bei Körperschaften	72
R 8.6	Gewinnminderungen durch Teilwertabschreibungen und Veräußerungsverluste; H 8.6	72
R 8.7	Gebietsmäßige Abgrenzung bei Hinzurechnungen nach § 8 GewStG; H 8.7	73
R 8.8	Schulden der in § 19 GewStDV genannten Unternehmen; H 8.8	73
R 8.9	Schulden bei Spar- und Darlehnskassen; H 8.9	75

Zu § 9 GewStG
(§§ 20, 21 GewStDV)

R 9.1	Kürzung für den zum Betriebsvermögen gehörenden Grundbesitz; H 9.1	76
R 9.2	Kürzung bei Grundstücksunternehmen; H 9.2	78
R 9.3	Kürzung um Gewinne aus Anteilen an bestimmten Körperschaften; H 9.3	85
R 9.4	Kürzung um den auf eine ausländische Betriebsstätte entfallenden Teil des Gewerbeertrags *(unbesetzt)*; H 9.4	86
R 9.5	Kürzung um Gewinne aus Anteilen an einer ausländischen Kapitalgesellschaft; H 9.5	87

Zu § 10a GewStG

R 10a.1	Gewerbeverlust; H 10a.1	88
R 10a.2	Unternehmensidentität; H 10a.2	91

Seite

R 10a.3 Unternehmeridentität; H 10a.3 92
R 10a.4 Organschaft; H 10a.4 101

Zu § 11 GewStG
(§ 22 GewStDV)

R 11.1 Freibetrag bei natürlichen Personen und Personengesellschaften; H 11.1 102
R 11.2 Steuermesszahlen bei Hausgewerbetreibenden und bei ihnen gleichgestellten Personen; H 11.2 103

Zu § 14 GewStG

R 14.1 Festsetzung des Steuermessbetrags; H 14.1 105

Zu § 15 GewStG

R 15.1 Pauschfestsetzung 105

Zu § 16 GewStG

R 16.1 Hebesatz *(unbesetzt)*; H 16.1 106

Zu § 19 GewStG
(§§ 29–33 GewStDV)

R 19.1 Vorauszahlungen; H 19.1 106
R 19.2 Anpassung und erstmalige Festsetzung der Vorauszahlungen; H 19.2 107

Zu § 28 GewStG

R 28.1 Zerlegung des Steuermessbetrags; H 28.1 109

Zu § 29 GewStG

R 29.1 Zerlegungsmaßstab; H 29.1 111

Zu § 30 GewStG

R 30.1 Zerlegung bei mehrgemeindlichen Betriebsstätten; H 30.1 111

Zu § 31 GewStG

R 31.1 Begriff der Arbeitslöhne für die Zerlegung; H 31.1 114

Zu § 33 GewStG

R 33.1 Zerlegung in besonderen Fällen; H 33.1 116

Zu § 34 GewStG
(§ 34 GewStDV)

R 34.1 Negativer Zerlegungsanteil bei Änderung oder Berichtigung des Zerlegungsbescheids 119

Zu § 35a GewStG
(§ 35 GewStDV)

R 35a.1 Reisegewerbebetriebe; H 35a.1 119

Zu § 35b GewStG

R 35b.1 Aufhebung oder Änderung des Gewerbesteuermessbescheids von Amts wegen; H 35b.1 120

Einführung[1)]

(1) Die Gewerbesteuer-Richtlinien 2009 sind verbindliche Vorgaben an die Finanzbehörden zur einheitlichen Anwendung des Gewerbesteuergesetzes und der Gewerbesteuer-Durchführungsverordnung zur Vermeidung unbilliger Härten und zur Verwaltungsvereinfachung.

(2) Die Gewerbesteuer-Richtlinien 2009 treten an die Stelle der Gewerbesteuer-Richtlinien 1998 vom 21. Dezember 1998 (BStBl. I Sondernummer 2/1998 S. 91). Sie gelten, soweit sich aus ihnen nichts anderes ergibt, vom Erhebungszeitraum 2009 an.

(3) Anordnungen, die mit den nachstehenden Richtlinien im Widerspruch stehen, sind nicht mehr anzuwenden.

(4) Diese Allgemeine Verwaltungsvorschrift tritt am Tag nach ihrer Veröffentlichung in Kraft.

Zu § 1 GewStG

R 1.1 Steuerberechtigung

[1]Die Berechtigung zur Erhebung der Gewerbesteuer steht nach dem Gewerbesteuergesetz den Gemeinden zu. [2]Die Gemeinden sind verpflichtet eine Gewerbesteuer zu erheben und hierbei an die Vorschriften des Gewerbesteuergesetzes gebunden. [3]Durch die Abführung einer Umlage aus dem Gewerbesteueraufkommen an den Bund und das jeweils berechtigte Land auf Grund des § 6 des Gemeindefinanzreformgesetzes[2)] wird der Charakter als Gemeindesteuer nicht berührt.

H 1.1

Hebeberechtigung.
- Begriff → R 4.1;
- Grundsatz der Betriebsstättengemeinde → § 4 Abs. 1 GewStG;
- bei gemeindefreien Gebieten (einschließlich Anteil am Festlandsockel und an der ausschließlichen Wirtschaftszone) → § 4 Abs. 2 GewStG;
- bei Reisegewerbebetrieben → § 35a Abs. 3 GewStG, § 35 GewStDV;

[1)] **Anwendung der GewStH 2016** (aus dem Vorwort zum Amtlichen GewSt-Handbuch 2016):

Die ab dem VZ 2016 geltenden Hinweise sind von den obersten Finanzbehörden des Bundes und der Länder beschlossen worden. Sie machen den Rechtsanwender aufmerksam auf höchstrichterliche Rechtsprechung, BMF-Schreiben, gleich lautende Erlasse der obersten Finanzbehörden der Länder und Rechtsquellen außerhalb des Gewerbesteuerrechts, die in das Gewerbesteuerrecht hineinwirken. Sie enthalten den ausgewählten aktuellen Stand (8.2.2017) der höchstrichterlichen Rechtsprechung und der im Bundessteuerblatt veröffentlichten BMF-Schreiben.

Die im Bundessteuerblatt veröffentlichte Rechtsprechung ist für die Finanzverwaltung verbindlich, soweit kein Nichtanwendungserlass ergangen ist. Nicht im Bundessteuerblatt veröffentlichte Entscheidungen (z. B. BFH/NV) können, soweit sie nicht in Widerspruch zu veröffetlichten Entscheidungen stehen, in gleichgelagerten Fällen herangezogen werden.

[2)] **Steuergesetze** Nr. **810.**

– bei Gewerbebetrieben auf Schiffen und bei Binnen- und Küstenschifffahrtsbetrieben → § 15 GewStDV.

Mindesthebesatz. → § 16 Abs. 4 Satz 2 GewStG.

R 1.2 Verwaltung der Gewerbesteuer[1]

R 1.2 (1)

Übertragung eines Teils der Verwaltung auf die Gemeinden

(1) [1]Ist die Festsetzung und Erhebung der Gewerbesteuer auf die Gemeinden übertragen, sind für die Ermittlung der Besteuerungsgrundlagen und für die Festsetzung und ggf. die Zerlegung der Steuermessbeträge die Finanzämter zuständig (→ §§ 22 und 184 bis 190 AO). [2]Die Festsetzung und Erhebung der Gewerbesteuer einschließlich Stundung, Niederschlagung und Erlass obliegen den hebeberechtigten Gemeinden.

H 1.2 (1)

Grundsatz der Verwaltungszuständigkeit. Die Verwaltung der Gewerbesteuer steht grundsätzlich den Landesfinanzbehörden zu (→ Artikel 108 Abs. 2 Satz 1 GG). Sie kann von einem Land ganz oder zum Teil auf die Gemeinden übertragen werden (→ Artikel 108 Abs. 4 Satz 2 GG).

Übertragung der Verwaltung.
- → R 1.6 Abs. 1 und BVerfG vom 8.11.1983 – BStBl. 1984 II S. 249.
- Zur Übertragungsmöglichkeit der Verwaltung der Gewerbesteuer auf die Gemeinden → BVerwG vom 29.9.1982 – BStBl. 1984 II S. 236.

R 1.2 (2)

Ausschließliche Verwaltung durch die Finanzämter

(2) Ist die Festsetzung und Erhebung der Gewerbesteuer nicht auf die Gemeinden übertragen worden, sind die Finanzämter auch für diese Aufgaben zuständig.

H 1.2 (2)

Umfang der Zuständigkeit. Zur Zuständigkeit bei Stundung, Erlass und Niederschlagung der Gewerbesteuer → R 1.6 Abs. 2.

R 1.2 (3)

Teilnahmerecht der Gemeinden bei einer Außenprüfung

(3) [1]Die Gemeinden sind gemäß § 21 FVG[2] berechtigt, hinsichtlich der Gewerbesteuer durch einen Gemeindebediensteten an einer Außenprüfung

---

[1] Zur vorläufigen Festsetzung (§ 165 Abs. 1 AO) des Gewerbesteuermessbetrags siehe gleich lautenden Ländererlass v. 28.10.2016, BStBl. I 2016, 1114. – Zur Verfassungsmäßigkeit der GewSt (Ausklammerung der freien Berufe, Abfärberegelung des § 15 Abs. 3 EStG) siehe BVerfG v. 15.1.2008 1 BvL 2/04, DStRE 2008, 1003.

[2] **Steuergesetze** Nr. **803**.

bei einem Steuerpflichtigen teilzunehmen, wenn dieser in der Gemeinde eine Betriebsstätte unterhält und die Außenprüfung im Gemeindebezirk erfolgt. [2]§ 21 Abs. 3 FVG berechtigt die Gemeinden nicht selbst zum Erlass einer Teilnahmeanordnung gegenüber dem Steuerpflichtigen.

H 1.2 (3)

Auskunfts- und Teilnahmerechte der Gemeinden.

- Ist die Festsetzung und Erhebung der Gewerbesteuer auf die Gemeinden übertragen, hat die hebeberechtigte Gemeinde nach § 21 Abs. 3 Satz 1 FVG[1)] das Recht, sich über die für die Gewerbesteuer erheblichen Vorgänge bei dem örtlich zuständigen Finanzamt zu unterrichten. Dieses Recht erstreckt sich auf Akteneinsicht sowie auf mündliche und schriftliche Auskunft.
- Das Recht der gemeindlichen Teilnahme an Außenprüfungen der Finanzbehörden (→ § 21 Abs. 3 Satz 2 FVG), stellt ausschließlich eine interne Befugnis im Verhältnis der Gemeinden zur Finanzverwaltung dar. Das Teilnahmerecht ist im Rahmen der Prüfungsanordnung des Finanzamtes entsprechend § 197 AO durch Mitteilung von Namen und Zeit gegenüber dem Steuerpflichtigen zu verwirklichen. Die Finanzverwaltung hat der Gemeinde die Teilnahme zu ermöglichen und muss ihr die damit verbundene Informationsbefugnis sichern. Das Teilnahmerecht beschränkt sich auf die Anwesenheit eines Gemeindebediensteten, der – abgesehen von einem ihm zustehenden Betretungsrecht und möglichen freiwilligen Mitwirkungsakten des Steuerpflichtigen – hinsichtlich gewerbesteuerlicher Sachverhalte lediglich Informations- und Auskunftsrechte gegenüber dem Prüfer der Finanzverwaltung besitzt. Der Gemeindebedienstete darf nicht selbst als Prüfer auftreten und keine Prüfungshandlungen und Ermittlungen der in § 200 AO genannten Art vornehmen. Einwendungen gegen die Person des Gemeindebediensteten oder gegen dessen Teilnahme an sich hat der Steuerpflichtige gegenüber dem für die Außenprüfung verantwortlichen Finanzamt auf dem hierfür vorgesehenen Rechtsweg vorzubringen (→ BVerwG vom 27.1.1995 – BStBl. II S. 522).[2)]

R 1.3 Örtliche Zuständigkeit für die Festsetzung und Zerlegung des Steuermessbetrags

Geschäftsleitung innerhalb des Geltungsbereichs des Gesetzes, Reisegewerbebetriebe

(1) [1]Für die Festsetzung und ggf. auch für die Zerlegung des Steuermessbetrags ist nach § 22 Abs. 1 AO das Betriebsfinanzamt zuständig. [2]Das ist nach § 18 Abs. 1 Nr. 2 AO das Finanzamt, in dessen Bezirk sich die Geschäftsleitung – bei reinen Reisegewerbebetrieben der Mittelpunkt der gewerblichen Tätigkeit – befindet. [3]Wird die Geschäftsleitung verlegt, geht die Zuständigkeit auf das Finanzamt über, in dessen Bezirk die Geschäftsleitung verlegt worden ist. [4]Wegen der Bearbeitung anhängiger Einsprüche in Fällen eines

---

1) **Steuergesetze** Nr. **803**.

2) Siehe im Anschluss daran BFH v. 23.1.2020 III R 9/18, BStBl. II 2020, 436.

Zuständigkeitswechsels wird auf § 367 Abs. 1 i. V. m. § 26 AO hingewiesen.[1] [5]Die Festsetzung und ggf. auch die Zerlegung des Steuermessbetrags erstreckt sich auf alle im Geltungsbereich des Gesetzes gelegenen Betriebsstätten (→ R 2.9).

Geschäftsleitung außerhalb des Geltungsbereichs des Gesetzes

(2) [1]Befindet sich die Geschäftsleitung eines Unternehmens nicht im Geltungsbereich des Gesetzes, ist für die Festsetzung und ggf. auch für die Zerlegung des Steuermessbetrags das Finanzamt zuständig, in dessen Bezirk eine Betriebsstätte, bei mehreren Betriebsstätten die wirtschaftlich bedeutendste Betriebsstätte unterhalten wird (→ § 22 Abs. 1 AO i. V. m. § 18 Abs. 1 Nr. 2 AO). [2]Bei Verlegung der wirtschaftlich bedeutendsten Betriebsstätte gilt Absatz 1 Satz 3 und 4 entsprechend.

Vom Wohnsitz abweichender Ort der Geschäftsleitung

(3) [1]Die Ermittlung des gewerblichen Gewinns sowie die Festsetzung und ggf. auch die Zerlegung des Steuermessbetrags sind grundsätzlich bei einem Finanzamt vereinigt. [2]Das gilt auch für den Fall, dass ein Einzelunternehmer seinen Wohnsitz und die Geschäftsleitung seines Betriebs in den Bezirken verschiedener Finanzämter und verschiedener Gemeinden hat. [3]In diesem Fall sind nach § 180 Abs. 1 Nr. 2 Buchstabe b AO die Einkünfte aus Gewerbebetrieb durch das Betriebsfinanzamt gesondert festzustellen.

R 1.4 Gewerbesteuermessbescheid

Fertigung von Gewerbesteuermessbescheiden

(1) [1]Die Finanzämter können sich bei der Fertigung der Gewerbesteuermessbescheide der Hilfe der Gemeinden bedienen. [2]Werden den Gemeinden auf Grund gesetzlicher Vorschriften die Daten der Gewerbesteuermessbescheide ganz oder teilweise auf maschinell verwertbaren Datenträgern oder durch Datenfernübertragung übermittelt, können die hebeberechtigten Gemeinden auch die Messbescheide fertigen.

Bekanntgabe und Mitteilung an die Gemeinden

(2) [1]Wegen der Bekanntgabe der Bescheide an die Steuerpflichtigen und der Mitteilung an die Gemeinden → §§ 122, 184 und 188 AO. [2]Die Finanzämter können sich bei der Übersendung der Gewerbesteuermessbescheide der Hilfe der Gemeinden bedienen. [3]In diesen Fällen beginnt die Einspruchsfrist (→ § 355 AO) mit der Bekanntgabe der Bescheide durch die Gemeinde. [4]Im Hinblick auf die Wahrung der Festsetzungsfrist (→ § 169 AO) ist zu beachten, dass die Gemeinden die fristgerechte Absendung sicherzustellen haben.

H 1.4

Allgemeines. Der Gewerbesteuermessbescheid ist Steuerbescheid im Sinne der AO (→ § 184 Abs. 1 Satz 3 i. V. m. § 155 Abs. 1 AO). Die Vor-

[1] Zum Wechsel der örtlichen Zuständigkeit bei Wohnsitzverlegung und gleichzeitiger Betriebsaufgabe siehe AEAO Nr. 3 zu § 26 AO (Nr. **800**).

schriften der AO, insbesondere zu Form und Inhalt, Bestimmtheit sowie Bekanntgabe und Bestandskraft von Steuerbescheiden, sind somit zu beachten.

R 1.5 Billigkeitsmaßnahmen bei der Festsetzung des Gewerbesteuermessbetrags

R 1.5 (1)

Erfordernis einer allgemeinen Verwaltungsvorschrift

(1) [1] Die Finanzämter sind nach § 184 Abs. 2 AO[1)] auch ohne Mitwirkung der hebeberechtigten Gemeinden berechtigt, bei der Festsetzung des Gewerbesteuermessbetrags Billigkeitsmaßnahmen nach *§ 163 Satz 1 AO*[2)] zu gewähren, soweit für solche Maßnahmen in einer allgemeinen Verwaltungsvorschrift der Bundesregierung oder einer obersten Landesbehörde Richtlinien aufgestellt worden sind. [2] Die Billigkeitsmaßnahmen können darin bestehen, dass zur Vermeidung unbilliger Härten bei bestimmten Gruppen gleich gelagerter Fälle entweder der Gewerbesteuermessbetrag niedriger festgesetzt wird oder dass einzelne Besteuerungsgrundlagen, die den Gewerbesteuermessbetrag erhöhen, außer Betracht gelassen werden.

H 1.5 (1)

Allgemeines. Ist eine allgemeine Verwaltungsvorschrift i. S. d. R 1.5 Abs. 1 nicht ergangen, gilt für die Zulässigkeit von Billigkeitsmaßnahmen nach *§ 163 Satz 1 AO*[2)] Folgendes:
Sind für die Festsetzung und Erhebung der Gewerbesteuer die Gemeinden zuständig, sind die Finanzämter grundsätzlich nicht befugt, den Steuermessbetrag dadurch niedriger festzusetzen, dass nach *§ 163 Satz 1 AO*[2)] einzelne Besteuerungsgrundlagen, die die Steuer erhöhen, außer Betracht gelassen werden.[3)] Verfahrensrechtlich bestehen jedoch keine Bedenken, wenn das Finanzamt den Steuermessbetrag in der bezeichneten Weise niedriger festsetzt, nachdem die zur Festsetzung und Erhebung der Gewerbesteuer befugte Gemeinde dieser Maßnahme zugestimmt hat (→ BFH vom 9.1.1962 – BStBl. III S. 238, vom 8.11.1962 – BStBl. 1963 III S. 143 und vom 24.10.1972 – BStBl. 1973 II S. 233).

Billigkeitsregelungen in BMF-Schreiben. BMF-Schreiben auf dem Gebiet der Einkommen- oder Körperschaftsteuer insbesondere zur Festlegung des Steuergegenstands oder zur Gewinnermittlung können auch Billigkeitsregelungen im Sinne des *§ 163 Satz 1 AO*[2)] aus sachlichen Gründen enthalten. Diese Billigkeitsregelungen in einer Verwaltungsvorschrift der obersten Bundesfinanzbehörde finden auch bei der Festsetzung des Gewerbesteuer-Messbetrags Eingang, soweit dies nicht ausdrücklich ausgeschlossen ist (→ § 184 Abs. 2 Satz 1 AO).

---

1) § 184 Abs. 2 AO geänd. durch G v. 22.12.2014, BGBl. I 2014, 2417, und v. 18.7.2016, BGBl. I 2016, 1679.

2) Jetzt § 163 Abs. 1 Satz 1 AO (G v. 18.7.2016, BGBl. I 2016, 1679).

3) Zur Beantragung einer Billigkeitsmaßnahme ohne vorherige Anfechtung der Steuerfestsetzung siehe BFH v. 20.9.2012 IV R 29/10, BStBl. II 2013, 505.

Folgen aus Hinzurechung bei Weitervermietung oder Weiterverpachtung. Die Besteuerungsfolgen, die aus der Hinzurechung der Mieten und Pachten für weitervermietete oder -verpachtete Immobilien zum Gewinn aus Gewerbebetreib gemäß § 8 Nr. 1 Buchst. e GewStG 2002 i. d. F. des UntStRefG 2008 resultieren, entsprechen im Regelfall den gesetzgeberischen Wertungen und rechtfertigen daher grundsätzlich keinen Erlass der Gewerbesteuer wegen sachlicher Unbilligkeit (→ BFH vom 4.6.2014 – BStBl. 2015 II S. 293).

Sanierungsgewinn. Zur ertragsteuerlichen Behandlung von Sanierungsgewinnen; Steuerstundung und Steuererlass aus sachlichen Billigkeitsgründen (→ BMF vom 27.3.2003 – BStBl. I S. 240).[1]

R 1.5 (2)

Wirkung von Billigkeitsmaßnahmen bei Steuern vom Einkommen

(2) [1] Nach *§ 163 Satz 2 AO*[2] kann mit Zustimmung des Steuerpflichtigen bei Steuern vom Einkommen zugelassen werden, dass einzelne Besteuerungsgrundlagen, soweit sie die Steuer erhöhen, bei der Steuerfestsetzung erst zu einer späteren Zeit, und, soweit sie die Steuern mindern, schon zu einer früheren Zeit berücksichtigt werden (zeitliche Verlagerung der Besteuerung). [2] Eine solche Billigkeitsmaßnahme bei der Einkommensteuer oder Körperschaftsteuer wirkt, soweit sie die gewerblichen Einkünfte beeinflusst, nach § 184 Abs. 2 Satz 2 AO auch für die Gewinnermittlung bei der Gewerbesteuer.[3]

R 1.5 (3)

Mitteilungspflicht der Finanzämter

(3) [1] Die Finanzämter sind nach § 184 Abs. 3 AO verpflichtet, den Gemeinden außer dem Inhalt des Gewerbesteuermessbescheids auch die nach *§ 163 Satz 1 und 2 AO*[2] getroffenen Billigkeitsmaßnahmen mitzuteilen. [2] Dabei sind Art, Umfang und Zeitraum dieser Maßnahmen sowie ihre Auswirkung auf den festgesetzten Steuermessbetrag anzugeben.

R 1.6 Stundung, Niederschlagung und Erlass der Gewerbesteuer

R 1.6 (1, 2)

Zuständigkeit der Gemeinden

(1)[4] [1] Ist die Festsetzung und Erhebung der Gewerbesteuer der Gemeinde übertragen (→ R 1.2), hat sie über Stundung, Niederschlagung und Erlass der Gewerbesteuer zu entscheiden. [2] Für die Stundung und den Erlass von Gewerbesteuer gelten nach § 1 Abs. 2 Nr. 5 AO die Vorschriften der §§ 222

---

[1] Für die abweichende Feststellung des GewSt-Messbetrags ist ausschließlich die Gemeinde zuständig; siehe BFH v. 25.4.2012 I R 24/11, DStR 2012, 1544, und BayLfSt v. 8.8.2006 S 2140-6 St 3102 M (aktualisiert 17.3.2015). – Siehe auch BMF v. 27.4.2017, BStBl. I 2017, 741 (betr. BFH v. 28.11.2016 GrS 1/15, BStBl. II 2017, 393).

[2] Jetzt § 163 Abs. 1 Satz 1 bzw. Satz 2 AO (G v. 18.7.2016, BGBl. I 2016, 1679).

[3] Zur Bindungswirkung einer für die Gewinnfeststellung getroffenen Billigkeitsentscheidung (R 14 Abs. 3 EStR) für die Festsetzung des Gewerbesteuermessbetrags siehe BFH v. 14.9.2017 IV R 51/14, BStBl. II 2018, 78.

[4] Zur Berücksichtigung der Auswirkungen des Coronavirus siehe gleich lautenden Ländererlass v. 25.1.2021, BStBl. I 2021, 151.

und 227 AO entsprechend; die Niederschlagung richtet sich nach den landesrechtlichen Vorschriften.

Zuständigkeit der Finanzämter

(2) [1] Wird die Gewerbesteuer vom Finanzamt festgesetzt und erhoben, obliegt ihm auch die Entscheidung über Stundung, Niederschlagung und Erlass, wenn nicht wegen der Höhe der Steuerrückstände eine übergeordnete Dienststelle zu entscheiden hat. [2] Eine Mitwirkung der Gemeinde bei der Entscheidung kommt nicht in Betracht. [3] Billigkeitsmaßnahmen kommen bei der Gewerbesteuer wegen ihres Charakters als Objektsteuer nur in ganz besonders gelagerten Ausnahmefällen in Betracht. [4] Liegt ein solcher Fall vor und schuldet ein Steuerpflichtiger sowohl Gewerbesteuer als auch andere Steuern, sind bei der Entscheidung über Stundung und Erlass die Belange der verschiedenen Steuergläubiger in gleicher Weise zu berücksichtigen. [5] Der Erlass oder die Stundung ist grundsätzlich im Verhältnis der Gewerbesteuerrückstände zu den anderen Steuerrückständen auf die Gewerbesteuer und die anderen Steuern zu verteilen, wenn nicht besondere, in der Eigenart der betreffenden Steuer liegende Gründe nur den Erlass oder die Stundung einer bestimmten Steuer rechtfertigen.

H 1.6 (2)

Zuständigkeitsregelung der Landesfinanzbehörden. Zur Zuständigkeit für Stundungen nach § 222 AO, Erlasse nach § 227 AO, Billigkeitsmaßnahmen nach § 163, § 234 Abs. 2, § 237 Abs. 4 AO, Absehen von Festsetzungen nach § 156 Abs. 2 AO und Niederschlagungen nach § 261 AO von Landessteuern und der sonstigen durch Landesfinanzbehörden verwalteten Steuern und Abgaben → Gleich lautende Ländererlasse vom 17.12.2015 – BStBl. I S. 1079.

R 1.7 Aussetzung der Vollziehung von Gewerbesteuermessbescheiden

Zuständigkeiten

(1) [1] Ist gegen den Gewerbesteuermessbescheid ein Rechtsbehelf eingelegt worden, ist das Finanzamt und unter den Voraussetzungen des § 69 Abs. 3 und 4 FGO das Finanzgericht für die Entscheidung über einen Antrag auf Aussetzung der Vollziehung des Gewerbesteuermessbescheids zuständig. [2] Die Anträge auf Aussetzung der Vollziehung sind als Eilsachen zu behandeln.

Folgebescheide

(2) [1] Eine Folgeaussetzung gemäß § 361 Abs. 3 AO kommt nicht nur im Verhältnis Gewerbesteuermessbescheid zu Gewerbesteuerbescheid, sondern – wegen § 35b GewStG – auch im Verhältnis Einkommensteuer-/Körperschaftsteuer-/Gewinnfeststellungsbescheid zu Gewerbesteuermessbescheid in Betracht. [2] Die Bindung im Anwendungsbereich des § 35b GewStG bedeutet aber nicht, dass ein angefochtener Gewerbesteuermessbescheid nicht selbständig ausgesetzt werden kann.

H 1.7

Allgemeines.

– Sofern über den Antrag auf Aussetzung der Vollziehung nicht in angemessener Frist entschieden werden kann, soll die Gemeinde vom Vorliegen des Antrags unterrichtet werden (→ AEAO zu § 361, Nr. 5.4.1).[1] Von der Entscheidung über den Antrag auf Aussetzung der Vollziehung des Gewerbesteuermessbescheids ist die hebeberechtigte Gemeinde – in Zerlegungsfällen jede der hebeberechtigten Gemeinden – zu unterrichten (→ AEAO zu § 361, Nr. 5.4.3). Über die Sicherheitsleistung entscheiden die Gemeinden, soweit diese für die Festsetzung der Gewerbesteuer zuständig sind.

Das Finanzamt darf jedoch anordnen, dass die Aussetzung der Vollziehung des Gewerbesteuermessbescheids von keiner Sicherheitsleistung abhängig zu machen ist. Das kann zum Beispiel der Fall sein, wenn der Rechtsbehelf wahrscheinlich erfolgreich sein wird (→ AEAO zu § 361, Nr. 9.2.4). Der Antrag auf Aussetzung der Vollziehung eines Gewerbesteuermessbescheids ist auch dann zulässig, wenn er mit Zweifeln an der Rechtmäßigkeit eines Feststellungsbescheids begründet wird, dessen Änderung gemäß § 35b GewStG zu einer Änderung des Gewerbesteuermessbescheids führen würde (→ BFH vom 21.12.1993 – BStBl. 1994 II S. 300).

– Zur Möglichkeit der Aussetzung der Vollziehung trotz „freiwilliger" Zahlung des Steuerpflichtigen (→ BFH vom 22.7.1977 – BStBl. II S. 838).

Bestandskräftiger Gewerbesteuermessbescheid. Wegen der Erstreckung der Aussetzung der Vollziehung auf einen bestandskräftigen Gewerbesteuermessbescheid in Fällen, in denen der Einkommensteuer- oder Körperschaftsteuerbescheid oder ein Feststellungsbescheid angefochten ist (→ BFH vom 23.8.1966 – BStBl. III S. 651, vom 31.1.1968 – BStBl. II S. 350, vom 6.7.1972 – BStBl. II S. 955, vom 8.8.1974 – BStBl. II S. 639, vom 27.1.1977 – BStBl. II S. 367 und vom 24.10.1979 – BStBl. 1980 II S. 104).

Unanfechtbarer Gewerbesteuerbescheid. Das Finanzamt kann über einen Antrag auf Aussetzung der Vollziehung des Gewerbesteuermessbescheids auch dann entscheiden, wenn die Gemeinde auf Grund des Gewerbesteuermessbescheids bereits einen Gewerbesteuerbescheid erlassen hat und dieser rechtskräftig ist (→ BFH vom 19.7.1960 – BStBl. III S. 393).

R 1.8 Zinsen

[1] Die Zinsen werden von der hebeberechtigten Gemeinde berechnet, festgesetzt und erhoben, wenn sie die Gewerbesteuer festsetzt und erhebt. [2] Das Finanzamt teilt der Gemeinde die für die Berechnung und Festsetzung der Zinsen notwendigen Daten mit.

H 1.8

Verzinsung der Gewerbesteuer. → §§ 233 ff. AO.[2]

R 1.9 Anzeigepflichten

Eröffnung, Aufgabe oder Verlegung von Betrieben oder Betriebsstätten

(1) [1] Nach § 138 Abs. 1 und 3 AO und § 14 GewO hat derjenige, der einen gewerblichen Betrieb oder eine Betriebsstätte eröffnet, dies innerhalb

[1] Nr. **800**.
[2] Vgl. auch AEAO zu § 233a AO (Nr. **800**).

eines Monats auf amtlich vorgeschriebenem Vordruck der Gemeinde mitzuteilen, in der der Betrieb oder die Betriebsstätte eröffnet wird. [2]Die Gemeinde hat unverzüglich das nach § 22 Abs. 1 AO zuständige Finanzamt zu unterrichten. [3]Irrtümlich dem Finanzamt erstattete Anzeigen nach § 138 Abs. 1 Satz 1 und 4 AO sind an die zuständige Gemeinde weiterzuleiten. [4]Wird der Betrieb oder die Betriebsstätte in einer Gemeinde eröffnet, der die Festsetzung und Erhebung der Gewerbesteuer nicht übertragen worden ist (→ R 1.2 Abs. 2), ist die Anzeige dem zuständigen Betriebsfinanzamt (→ § 22 Abs. 2 AO) zu erstatten. [5]Unter „Eröffnung" ist auch die Fortführung eines Betriebs oder einer Betriebsstätte durch den Rechtsnachfolger oder Erwerber zu verstehen. [6]Gleiche Anzeigepflicht besteht, wenn ein Betrieb oder eine Betriebsstätte aufgegeben oder verlegt wird.

Folgen der Unterlassung

(2) [1]Wird die Eröffnung, Aufgabe oder Verlegung eines Betriebs oder einer Betriebsstätte nicht ordnungsmäßig angezeigt, kann das Finanzamt nach § 328 AO Zwangsmittel anwenden. [2]Die Anwendung von Zwangsmitteln durch die Gemeinden richtet sich nach den jeweiligen landesrechtlichen Vorschriften.

Zu § 2 GewStG (§§ 1–9 GewStDV)

R 2.1 Gewerbebetrieb

R 2.1 (1)

Begriff des Gewerbebetriebs

(1) [1]Unter Gewerbebetrieb ist ein gewerbliches Unternehmen im Sinne des Einkommensteuergesetzes zu verstehen (→ § 2 Abs. 1 GewStG). [2]Für die Begriffsbestimmung des Gewerbebetriebs gilt somit § 15 Abs. 2 EStG. [3]Die Annahme eines Gewerbebetriebs setzt neben der persönlichen Selbständigkeit des Unternehmens auch die sachliche Selbständigkeit des Betriebs voraus. [4]Sachlich selbständig ist ein Unternehmen, wenn es für sich eine wirtschaftliche Einheit bildet, also nicht ein unselbständiger Teil eines anderen Unternehmens oder eines Gesamtunternehmens ist.

H 2.1 (1)

Begriffsmerkmale. Ein Gewerbebetrieb liegt vor, wenn folgende Begriffsmerkmale gegeben sind:

1. Selbständigkeit (→ R 15.1 EStR und H 15.1 EStH);[1)] → sachliche Selbständigkeit des Betriebs
2. Nachhaltigkeit der Betätigung (→ H 15.2 EStH)
3. Gewinnerzielungsabsicht (→ H 15.3 EStH, H 15.8 (5) EStH)
4. Beteiligung am allgemeinen wirtschaftlichen Verkehr (→ H 15.4 EStH) i. S. einer werbenden Tätigkeit.

[1)] Nr. **1**.

Diese Voraussetzungen müssen sämtlich erfüllt sein, um die Gewerbesteuerpflicht zu begründen. Weiterhin darf es sich nicht um Land- und Forstwirtschaft (→ R 13.2 und 15.5 EStR, H 13.2 und 15.5 EStH), um selbständige Arbeit (→ H 15.6 EStH) oder um Vermögensverwaltung (→ R 2.2, R 15.7 EStR und H 15.7 EStH) handeln.[1)]

Sachliche Selbständigkeit des Betriebs.
- Organschaft → R 2.3
- Zur Frage ob ein einheitlicher Gewerbebetrieb oder mehrere selbständige Gewerbebetriebe vorliegen → R 2.4.

Stehender Gewerbebetrieb. → § 1 GewStDV.

Zu Beginn und Ende der Steuerpflicht. → R 2.5 bzw. R 2.6.

R 2.1 (2)

Personengesellschaften

(2) Offene Handelsgesellschaften, Kommanditgesellschaften oder andere Personengesellschaften, die eine Tätigkeit im Sinne des § 15 Abs. 1 Satz 1 Nr. 1 EStG ausüben und deren Gesellschafter als Mitunternehmer anzusehen sind, sind Gewerbebetriebe nach § 2 Abs. 1 GewStG.

H 2.1 (2)

Allgemeines.[2)]
- Sowohl eine gewerblich tätige als auch eine gewerblich geprägte Personengesellschaft kann nur einen einzigen Gewerbebetrieb haben, der ihre gesamte Tätigkeit umfasst; → Umfassender Gewerbebetrieb einer Personengesellschaft.
- Personengesellschaften, an denen nur ein Gesellschafter mitunternehmerschaftlich beteiligt ist (hier: sog. Treuhandmodell), unterliegen nicht der Gewerbesteuer (→ BFH vom 3.2.2010 – BStBl. II S. 751).

Gewerbesteuerbefreiung. Übt eine Personengesellschaft neben einer freiberuflichen auch eine gewerbliche Tätigkeit aus, so ist die Tätigkeit auch dann infolge der „Abfärberegelung" des § 15 Abs. 3 Nr. 1 EStG insgesamt als gewerblich anzusehen, wenn die gewerbliche Tätigkeit von der Gewerbesteuer befreit ist. Die Gewerbesteuerbefreiung erstreckt sich in solchen Fällen jedoch auch auf die Tätigkeit, die ohne die „Abfärbung" freiberuflich wäre (→ BFH vom 30.8.2001 – BStBl. 2002 II S. 152).

Mitunternehmerschaft. → H 15.8 (1) EStH.[3)]

Treuhandmodell. → Allgemeines.

---

1) Zur Vermietung eines Einkaufszentrums als Vermögensverwaltung siehe BFH v. 14.7.2016 IV R 34/13, BStBl. II 2017, 175.

2) Zu ärztlichen Laborleistungen siehe BMF v. 12.2.2009, BStBl. I 2009, 398, zum Verkauf von Kontaktlinsen, Mundhygieneartikeln sowie Tierarzneimitteln durch ärztliche Gemeinschaftspraxen siehe BMF v. 14.5.1997, BStBl. I 1997, 566.

3) Nr. **1**.

Umfassender Gewerbebetrieb einer Personengesellschaft.[1)]
- Personengesellschaften gelten auch dann in vollem Umfang als Gewerbebetrieb, wenn sie nur teilweise eine Tätigkeit im Sinne des § 15 Abs. 1 Satz 1 Nr. 1 EStG ausüben **(Abfärberegelung)** → § 15 Abs. 3 Nr. 1 EStG, R 15.8 Abs. 5 EStR und H 15.8 (5) EStH.
- Die Tätigkeit einer gewerblich geprägten Personengesellschaft gemäß § 15 Abs. 3 Nr. 2 EStG gilt als Gewerbebetrieb **(Geprägeregelung).** Demnach gilt auch die vermögensverwaltende Tätigkeit einer gewerblich geprägten Personengesellschaft als Gewerbebetrieb → § 15 Abs. 3 Nr. 2 EStG, R 15.8 Abs. 6 EStR und H 15.8 (6) EStH.[2)]

Umqualifizierung der Einkünfte einer vermögensverwaltenden Personengesellschaft. Zur Anwendung des BFH-Urteils vom 6.10.2004 – BStBl. 2005 II S. 383 → BMF vom 18.5.2005 – BStBl. I S. 698.[3)]

Zur Frage der „Abfärbung" gem. § 15 Abs. 3 Nr. 1 EStG bei gewerblichen Einkünften eines Gesellschafters in dessen Sonderbereich. → H 15.8 (5) EStH.

Zur Prägung durch andere Personengesellschaften. → H 15.8 (6) EStH.

Zur Prägung durch ausländische Kapitalgesellschaften. → H 15.8 (6) EStH.

R 2.1 (3)

Reisegewerbebetrieb

(3) [1]Beim Zusammentreffen von Reisegewerbe mit stehendem Gewerbe ist für die gewerbesteuerliche Behandlung wesentlich, ob ein einheitlicher Gewerbebetrieb oder zwei selbständige Betriebe bestehen. [2]Ist ein einheitlicher Betrieb gegeben, ist dieser in vollem Umfang als stehendes Gewerbe zu behandeln (→ § 35a Abs. 2 Satz 2 GewStG).

H 2.1 (3)

Allgemeines. Wird im Rahmen eines einheitlichen Gewerbebetriebs sowohl ein stehendes Gewerbe als auch ein Reisegewerbe betrieben und ist der Betrieb somit in vollem Umfang als stehendes Gewerbe zu behandeln, kommen die besonderen Bestimmungen zu Reisegewerbebetrieben (→ § 35a GewStG) nicht zur Anwendung.

Begriff des Reisegewerbebetriebs. → § 2 Abs. 1 Satz 2 i. V. m. § 35a Abs. 2 GewStG, R 35a.1.

---

1) Die sog. Abfärberegelung und § 15 Abs. 3 Nr. 1 *[jetzt: 1. Alternative]* EStG ist verfassungsgemäß; siehe BVerfG v. 15.1.2008 1 BvL 2/04, DStRE 2008, 1003. – Zu § 15 Abs. 3 Nr. 1 2. Alternative EStG siehe BFH v. 6.6.2019 IV R 30/16, BStBl. II 2020, 649: Keine Geringfügigkeitsgrenze bei Abfärbung von gewerblichen Beteiligungseinkünften, aber umqualifizierte gewerbliche Einkünfte sind nicht gewerbesteuerbar (verfassungskonforme Auslegung von § 2 Abs. 1 Satz 2 GewStG). – Siehe hierzu aber gleich lautenden Ländererlass v. 1.10.2020, BStBl. I 2020, 1032.

2) Bestätigt durch BFH v. 20.11.2003 IV R 5/02, BStBl. II 2004, 464.

3) **[Amtl. Anm.:]** Aufhebung unter dem Aspekt der Normenflut durch BMF-Schreiben zur Anwendung von BMF-Schreiben v. 27.3.2012, BStBl. I S. 370 für Steuertatbestände, die nach dem 31.12.2010 verwirklicht werden.

Einheitlicher Gewerbebetrieb. Die Beurteilung, ob ein einheitlicher Gewerbebetrieb oder mehrere selbständige Gewerbebetriebe vorliegen, richtet sich nach den allgemeinen Grundsätzen; → R 2.4.

Hebeberechtigung. → § 35a Abs. 3 GewStG.

R **2.1** (4)

Gewerbebetrieb kraft Rechtsform

(4) [1]Nach § 2 Abs. 2 GewStG gilt die Tätigkeit der Kapitalgesellschaften (insbesondere Europäische Gesellschaften, Aktiengesellschaften, Kommanditgesellschaften auf Aktien, Gesellschaften mit beschränkter Haftung), der Genossenschaften einschließlich Europäischer Genossenschaften und der Versicherungs- und Pensionsfondsvereine auf Gegenseitigkeit stets und in vollem Umfang als Gewerbebetrieb. [2]Bei Unternehmen mit Sitz (→ § 11 AO) und Geschäftsleitung (→ § 10 AO) im Ausland bestimmt sich die Rechtsfähigkeit im Inland ausschließlich nach dem Recht des jeweiligen ausländischen Staates. [3]Befindet sich die Geschäftsleitung im Inland, erlangt das ausländische Unternehmen die → Rechtsfähigkeit im Inland erst mit Eintragung in das jeweilige deutsche Register. [4]Abweichend hiervon sind die nach dem Recht eines anderen EU-Staates gegründeten Gesellschaften mit Geschäftsleitung im Inland sog. → doppelt ansässige Gesellschaften auch ohne Eintragung in ein deutsches Register im Inland voll rechtsfähig. [5]Ist das Unternehmen im Inland nicht rechtsfähig, ist ein Gewerbebetrieb unter den Voraussetzungen des § 2 Abs. 1 Satz 2 GewStG oder § 2 Abs. 3 GewStG gegeben.

H **2.1** (4)

Allgemeines. Bei den in § 2 Abs. 2 GewStG genannten Unternehmen ist die Gewerbesteuerpflicht nur an die Rechtsform geknüpft mit der Folge, dass nicht nur eine gewerbliche Tätigkeit, sondern jegliche Tätigkeit überhaupt die Gewerbesteuerpflicht auslöst (→ RFH vom 13.12.1938 – RStBl. 1939 S. 543 und BFH vom 13.12.1960 – BStBl. 1961 III S. 66, vom 13.11.1962 – BStBl. 1963 III S. 69, vom 20.10.1976 – BStBl. 1977 II S. 10, vom 8.6.1977 – BStBl. II S. 668 und vom 22.8.1990 – BStBl. 1991 II S. 250).

Gewerbesteuerpflicht ausländischer Kapitalgesellschaften. Die Vorschrift in § 2 Abs. 2 GewStG gilt auch für ausländische Unternehmen, die im Inland eine Betriebsstätte unterhalten, in ihrer Rechtsform einem inländischen Unternehmen der in § 2 Abs. 2 GewStG bezeichneten Art entsprechen und im Inland rechtsfähig sind (→ RFH vom 4.4.1939 – RStBl. S. 854 und BFH vom 28.3.1979 – BStBl. II S. 447 und vom 28.7.1982 – BStBl. 1983 II S. 77).

Gewerbesteuerpflicht kraft Rechtsform.

- **Doppelt ansässige Gesellschaften in EU-Staaten.** → Gleich lautende Erlasse der obersten Finanzbehörden der Länder vom 20.5.2005 – BStBl. I S. 727 mit Übergangsregelung und R 2.1 Abs. 4 Satz 4.
- **Rechtsfähigkeit bei in Drittstaaten gegründeten Gesellschaften mit inländischer Geschäftsleitung.** Eine nach dem Recht eines Drittstaates gegründete ausländische Gesellschaft mit inländischer Geschäfts-

leitung erlangt im Inland erst mit der Eintragung ins Handelsregister die Rechtsfähigkeit (→ BFH vom 23.6.1992 – BStBl. II S. 972).

– **Verfassungsmäßigkeit.**[1)] An der Verfassungsmäßigkeit der Gewerbesteuerpflicht kraft Rechtsform gemäß § 2 Abs. 2 Satz 1 GewStG bestehen keine ernstlichen Zweifel. Dies gilt auch für die Gewerbesteuerpflicht einer Mitunternehmerschaft, an der neben freiberuflich tätigen Mitunternehmern eine Kapitalgesellschaft beteiligt ist, deren Gesellschafter und (hier) Geschäftsführer wiederum sämtlich freiberuflich tätig sind (→ BFH vom 3.12.2003 – BStBl. 2004 II S. 303).

Zum Begriff der Betriebsstätte. → R 2.9.

R 2.1 (5)

Gewerbebetrieb kraft wirtschaftlichen Geschäftsbetriebs

(5) [1]Die juristischen Personen des privaten Rechts, die nicht bereits in § 2 Abs. 2 Satz 1 GewStG aufgeführt sind, und die nichtrechtsfähigen Vereine unterliegen der Gewerbesteuer, soweit sie einen wirtschaftlichen Geschäftsbetrieb unterhalten. [2]Durch § 2 Abs. 3 GewStG wird die Gewerbesteuerpflicht erweitert und auf wirtschaftliche Geschäftsbetriebe ausgedehnt, die keinen Gewerbebetrieb im Sinne des § 2 Abs. 1 GewStG bilden. [3]Soweit keine Einschränkung besteht, umfasst der Begriff des wirtschaftlichen Geschäftsbetriebs ohne Unterscheidung den Gewerbebetrieb, den land- und forstwirtschaftlichen Betrieb und den sonstigen wirtschaftlichen Geschäftsbetrieb. [4]Durch § 2 Abs. 3 und § 3 Nr. 6 GewStG wird die Land- und Forstwirtschaft im Rahmen eines wirtschaftlichen Geschäftsbetriebs ausdrücklich von der Gewerbesteuerpflicht ausgenommen. [5]Bewirtschaftet z.B. eine rechtsfähige Stiftung landwirtschaftlichen Grundbesitz oder Forst besitz, ist dieser Betrieb nicht gewerbesteuerpflichtig. [6]Im Gegensatz zum Begriff des Gewerbebetriebs gehören weder die Gewinnerzielungsabsicht noch die Teilnahme am allgemeinen wirtschaftlichen Verkehr zu den Voraussetzungen des wirtschaftlichen Geschäftsbetriebs. [7]Betätigungen, wie z.B. der Betrieb einer Kantine, eines Kasinos, einer Druckerei, eines Kreditinstituts, eines Versicherungsunternehmens, die Herausgabe einer Zeitschrift oder die Erhebung von Eintrittsgeld bei Veranstaltung einer Festlichkeit, gehen über den Rahmen einer Vermögensverwaltung hinaus und gelten demgemäß stets als Gewerbebetrieb im Sinne des § 2 Abs. 3 GewStG, wenn sie nicht bereits einen Gewerbebetrieb im Sinne des § 2 Abs. 1 GewStG bilden. [8]Dagegen geht die Betätigung von Unterstützungskassen, die den Leistungsempfängern keinen Rechtsanspruch gewähren, im Regelfall nicht über den Rahmen einer Vermögensverwaltung hinaus.

H 2.1 (5)

Begriff des wirtschaftlichen Geschäftsbetriebs. → § 14 AO.

---

1) Zur GewSt-Pflicht einer Wirtschaftsprüfungsgesellschaft siehe BFH v. 27.4.2009 I R 76/03, BFH/NV 2010, 1118; das BVerfG hat die dagegen eingelegte Vb. mit Beschluss v. 24.3.2010 1 BvR 2130/09 nicht angenommen (NJW 2010, 2116).

Beschränkung der Gewerbesteuerpflicht auf den wirtschaftlichen Geschäftsbetrieb. Im Gegensatz zu den Gewerbebetrieben kraft Rechtsform (→ R 2.1 Abs. 4) beschränkt sich die Gewerbesteuerpflicht bei den in § 2 Abs. 3 GewStG bezeichneten Steuerpflichtigen auf den wirtschaftlichen Geschäftsbetrieb. Unterhält z. B. ein Verein einen wirtschaftlichen Geschäftsbetrieb und verwaltet er daneben noch Vermögen, das mit dem wirtschaftlichen Geschäftsbetrieb nicht im Zusammenhang steht, kann die Gewerbesteuerpflicht auch dann nicht auf die Vermögensverwaltung erstreckt werden, wenn sie gleich dem wirtschaftlichen Geschäftsbetrieb der Erfüllung des Satzungszwecks des Vereins dient (→ RFH vom 13.12.1938 – RStBl. 1939 S. 330).

Gewerbesteuerpflicht nichtrechtsfähiger Stiftungen und nichtrechtsfähiger Zweckvermögen. Die Gewerbesteuerpflicht nach § 2 Abs. 3 GewStG besteht nur für juristische Personen des privaten Rechts und nichtrechtsfähige Vereine. Nichtrechtsfähige Stiftungen und nichtrechtsfähige Zweckvermögen des Privatrechts begründen daher nur unter den Voraussetzungen des § 2 Abs. 1 Satz 2 GewStG i. V. m. § 15 Abs. 2 EStG einen Gewerbebetrieb (→ RFH vom 9.11.1943 – RStBl. 1944 S. 131).

Umfang des Gewerbebetriebs. Die nach § 2 Abs. 3 GewStG steuerpflichtigen Tätigkeiten bilden stets einen einheitlichen Gewerbebetrieb. Dies gilt auch, wenn mehrere wirtschaftliche Geschäftsbetriebe unterhalten werden (→ § 8 GewStDV).

Verpachtung eines wirtschaftlichen Geschäftsbetriebs. Die Grundsätze der Betriebsverpachtung (→ R 2.2) gelten auf Grund der Fiktion des Gewerbebetriebs nach § 2 Abs. 3 GewStG nur eingeschränkt. So bedarf es zur Annahme eines Gewerbebetriebs durch Unterhaltung eines wirtschaftlichen Geschäftsbetriebs insbesondere keiner Teilnahme am allgemeinen wirtschaftlichen Verkehr i. S. einer werbenden Tätigkeit. Verpachtet eine gemeinnützige Körperschaft einen zuvor von ihr selbst betriebenen wirtschaftlichen Geschäftsbetrieb, unterliegt sie mit den Pachteinnahmen so lange der Körperschaft- und Gewerbesteuer, bis sie die Betriebsaufgabe erklärt. Überschreiten die Pachteinnahmen die Besteuerungsgrenze des § 64 Abs. 3 AO nicht, sind bei ihr die Pachtentgelte allerdings nicht zur Gewerbesteuer heranzuziehen (→ BFH vom 4.4.2007 – BStBl. II S. 725).

Zur Anwendung der Besteuerungsgrenze des § 64 Abs. 3 AO. → AEAO zu § 64 Abs. 3 AO, Nr. 15 bis 24.[1]

R 2.1 (6)

Betriebe der öffentlichen Hand

(6) [1]Betriebe der öffentlichen Hand sind gewerbesteuerpflichtig, wenn sie die Voraussetzungen eines Betriebs gewerblicher Art (→ § 4 KStG und *R 6 KStR*)[2] und eines Gewerbebetriebs (→ § 15 Abs. 2 EStG) erfüllen. [2]Mit Kantinen, die nur für die Angehörigen eines Betriebs eingerichtet und zugänglich sind, wird mangels einer Beteiligung am allgemeinen wirtschaftlichen Verkehr kein Gewerbebetrieb unterhalten. [3]Sind nach Maßgabe des § 4 Abs. 6 Satz 1

---

[1] Nr. **800**.
[2] Jetzt R 4.1 KStR (Nr. **100**).

KStG mehrere Betriebe zusammengefasst worden, kommt es für die Annahme eines Gewerbebetriebs darauf an, dass das zusammengefasste Unternehmen insgesamt mit Gewinnerzielungsabsicht betrieben wird.

H 2.1 (6)

Anwendungsfragen zu den Regelungen im Jahressteuergesetz 2009 zur Besteuerung von Betrieben gewerblicher Art und Eigengesellschaften von juristischen Personen des öffentlichen Rechts. → BMF vom 12.11.2009 – BStBl. I S. 1303 (Rdnr. 95 ff.).[1)]

Beteiligung am allgemeinen wirtschaftlichen Verkehr.
- → H 2.1 (1).
- Betriebe der öffentlichen Hand, die überwiegend der Ausübung der öffentlichen Gewalt dienen **(Hoheitsbetriebe),** gehören mit Ausnahme der Versorgungsbetriebe mangels einer Beteiligung am allgemeinen wirtschaftlichen Verkehr nicht zu den Gewerbebetrieben (→ § 2 Abs. 2 GewStDV und H 2.1 (1)).

Gewinnerzielungsabsicht. Ob Gewinnerzielungsabsicht (→ H 15.3 EStH) vorliegt, muss bei ständig mit Verlusten arbeitenden Eigenbetrieben von juristischen Personen des öffentlichen Rechts im Einzelfall unter Abwägung aller Umstände geprüft werden (→ BFH vom 28.10.1970 – BStBl. 1971 II S. 247, vom 15.12.1976 – BStBl. 1977 II S. 250 und vom 22.8.1984 – BStBl. 1985 II S. 61).

Steuerbefreiung von Krankenhäusern, Altenheimen, Altenwohnheimen und Pflegeheimen. → R 3.20.

Verpachtung von Gewerbebetrieben der öffentlichen Hand. → R 2.2.

R 2.2 Betriebsverpachtung

[1]Die Verpachtung eines Gewerbebetriebs im Ganzen oder eines Teilbetriebs ist grundsätzlich nicht als Gewerbebetrieb anzusehen und unterliegt daher regelmäßig nicht der Gewerbesteuer. [2]Die Pachteinnahmen gehören zwar, solange der Verpächter nicht die Betriebsaufgabe erklärt, einkommensteuerlich zu den Einkünften aus Gewerbebetrieb, sie unterliegen jedoch nicht mehr der Gewerbesteuer. [3]Deshalb muss für das Wirtschaftsjahr, in dem die Verpachtung beginnt, der auf die Zeit bis zum Pachtbeginn entfallende Gewinn für die Gewerbesteuer besonders ermittelt werden. [4]Für diese Gewinnermittlung gelten die allgemeinen Grundsätze. [5]Aus Vereinfachungsgründen ist es jedoch nicht zu beanstanden, wenn der Gewinn des Wirtschaftsjahrs, in dem die Verpachtung beginnt, durch Schätzung auf die Zeiträume vor und nach Pachtbeginn aufgeteilt wird. [6]Dabei kann z.B. der Gewinn des Wirtschaftsjahrs im Verhältnis des in der Zeit bis zum Pachtbeginn erzielten Bruttogewinns (Warenrohgewinn) zur Pachteinnahme aufgeteilt werden. [7]Entsprechendes gilt für die Hinzurechnungen und Kürzungen. [8]Ist der Gewinn vor der Verpachtung nach § 4 Abs. 3 EStG ermittelt worden, ist für die Ermittlung des Gewerbeertrags bis zum Pachtbeginn für diesen Zeitpunkt der Übergang zum Vermögensvergleich zu unterstellen.

---

1) Geänd. durch BMF v. 6.7.2021, BStBl. I 2021, 914, und v. 15.12.2021, BStBl. I 2021, 2483, mit Anwendungsregelung.

H 2.2

Allgemeines.

– Entgegen den Regeln der Einkommensteuer wird der Gewerbebetrieb gewerbesteuerrechtlich bereits mit seiner Verpachtung (Einstellung einer werbenden Tätigkeit) beendet. Die Ausübung des Verpächterwahlrechts (→ H 16 Abs. 5 EStH)[1] hat demnach hierauf keinen Einfluss.
– **Zum Erlöschen der Gewerbesteuerpflicht.** → R 2.6.
– **Steuerpflichtiger Aufgabegewinn.** → § 7 Satz 2 GewStG.

Verpachtung eines Betriebs im Ganzen oder eines Teilbetriebs als Gewerbebetrieb. Die Verpachtung eines Betriebs im Ganzen oder eines Teilbetriebs erfolgt dann im Rahmen eines der Gewerbesteuer unterliegenden Gewerbebetriebs, wenn die Verpachtung selbst nicht als bloße Vermögensverwaltung anzusehen ist. Danach ist die Verpachtung in folgenden Fällen als Gewerbebetrieb anzusehen:
– **Betriebsaufspaltung** → H 15.7 (4) EStH;[1]
– **mitunternehmerische Betriebsverpachtung** → § 15 Abs. 1 Satz 1 Nr. 2 EStG;
– **Einheitliche Behandlung einer nur teilweise gewerblich tätigen Personengesellschaft** → § 15 Abs. 3 Nr. 1 EStG;
– **gewerblich geprägte Personengesellschaft** → § 15 Abs. 3 Nr. 2 EStG.

Wechsel der Gewinnermittlungsart.

– Die aufgrund des Wechsels der Gewinnermittlungsart erforderlichen Hinzu- und Abrechnungen (→ R 4.6 Abs. 1 EStR) gehören zum laufenden Gewinn und sind deshalb bei der Ermittlung des Gewerbeertrags zu berücksichtigen (→ BFH vom 23.11.1961 – BStBl. 1962 III S. 199 und vom 24.10.1972 – BStBl. 1973 II S. 233).
– → R 7.1 Abs. 3 Satz 6.

R 2.3 Organschaft

R 2.3 (1)

Allgemeines

(1) [1]Die Voraussetzungen für das Vorliegen einer Organschaft im Gewerbesteuerrecht stimmen mit den Voraussetzungen der körperschaftsteuerlichen Organschaft überein. [2]Die Organgesellschaft gilt im Gewerbesteuerrecht als Betriebsstätte des Organträgers (→ § 2 Abs. 2 Satz 2 GewStG). [3]Diese Betriebsstättenfiktion führt jedoch nicht dazu, dass Organträger und Organgesellschaft als einheitliches Unternehmen anzusehen sind. [4]Es liegen vielmehr weiterhin selbständige Gewerbebetriebe vor, deren Gewerbeerträge getrennt zu ermitteln sind. [5]Die Begründung eines Organschaftsverhältnisses bewirkt nicht die Beendigung der sachlichen Steuerpflicht der jetzigen Organgesellschaft; durch die Beendigung eines Organschaftsverhältnisses wird die sachliche Steuerpflicht der bisherigen Organgesellschaft nicht neu begründet. [6]Für die Anerkennung einer Organschaft ist es nicht erforderlich, dass die eingegliederte Kapitalgesellschaft gewerblich tätig ist.

---

[1] Nr. **1.**

H 2.3 (1)

Allgemeine Grundsätze.

– Körperschaftsteuerliche und gewerbesteuerliche Organschaft unter Berücksichtigung der Änderungen durch das Steuersenkungsgesetz (StSenkG) und das Unternehmenssteuerfortentwicklungsgesetz (UntStFG); → BMF vom 26.8.2003 – BStBl. I S. 437; → R 14.1 bis 14.5 KStR und H 14.1 bis 14.5 KStH.[1]
– Änderungen bei der Besteuerung steuerlicher Organschaften durch das Steuervergünstigungsabbaugesetz (StVergAbG); → BMF vom 10.11.2005 – BStBl. I S. 1038.

Ausländische Kapitalgesellschaft als Organgesellschaft. Eine ausländische Kapitalgesellschaft kann nicht Organgesellschaft sein, selbst wenn sie im Inland einen Gewerbebetrieb unterhält.

Ermittlung des Gewerbeertrags von Organträger und Organgesellschaft.

– Der Gewerbeertrag der Organgesellschaft ist getrennt zu ermitteln und dem Organträger zur Berechnung seines Gewerbesteuermessbetrags zuzurechnen (→ BFH vom 6.10.1953 – BStBl. III S. 329, vom 29.5.1968 – BStBl. II S. 807, vom 30.7.1969 – BStBl. II S. 629, vom 5.5.1977 – BStBl. II S. 701, vom 2.3.1983 – BStBl. II S. 427, vom 6.11.1985 – BStBl. 1986 II S. 73, vom 27.6.1990 – BStBl. II S. 916, vom 23.1.1992 – BStBl. II S. 630, vom 17.2.1993 – BStBl. II S. 679, vom 2.2.1994 – BStBl. II S. 768, vom 18.9.1996 – BStBl. 1997 II S. 181, vom 29.1.2003 – BStBl. II S. 768 und vom 17.12.2014 – BStBl. 2015 II S. 1052).
– → R 7.1 Abs. 5.

GmbH & atypische stille Gesellschaft. Bei einer GmbH, an deren Handelsgewerbe sich ein atypischer stiller Gesellschafter beteiligt, ist der Gewerbeertrag bei der atypischen stillen Gesellschaft zu erfassen und kann deshalb nicht einem Organträger zugerechnet werden (→ BFH vom 25.7.1995 – BStBl. II S. 794).

GmbH & Co. KG. Eine GmbH & Co. KG kann nicht Organgesellschaft sein (→ BFH vom 17.1.1973 – BStBl. II S. 269 und vom 7.3.1973 – BStBl. II S. 562).

Steuerbefreiung des Organträgers. Die Gewerbesteuerbefreiung einer Organträger-GmbH nach § 3 Nr. 20 GewStG steht der Annahme einer gewerbesteuerlichen Organschaft nicht entgegen (→ BFH vom 10.3.2010 – BStBl. 2011 II S. 181).

Steuerbefreiung im Organkreis.

– Die Voraussetzungen einer Steuerbefreiung nach § 3 GewStG müssen in der Person des Organträgers bzw. der Organgesellschaft erfüllt sein. Die Steuerbefreiung beschränkt sich in ihrer Wirkung auf das Unternehmen, das die Voraussetzungen des § 3 GewStG erfüllt.
– Die Befreiung einer Organgesellschaft von der Gewerbesteuer gem. § 3 Nr. 20 GewStG erstreckt sich auch dann nicht auf eine andere Organ-

[1] Nr. **100**.

gesellschaft desselben Organkreises, die die Befreiungsvoraussetzungen ihrerseits nicht erfüllt, wenn die Tätigkeiten der Gesellschaften sich gegenseitig ergänzen. Die tatbestandlichen Voraussetzungen einer gesetzlichen Steuerbefreiung müssen von der jeweiligen Organgesellschaft selbst erfüllt werden (→ BFH vom 4.6.2003 – BStBl. 2004 II S. 244).

Verlustverrechnung im Organkreis. → H 10a.4.

Wechsel des Organträgers. Der Wechsel des Organträgers hat keinen Einfluss auf die sachliche Steuerpflicht der Organgesellschaft (→ BFH vom 16.2.1977 – BStBl. II S. 560).

R 2.3 (2, 3)

Beginn und Beendigung der Organschaft

(2) [1] Liegen die Voraussetzungen für ein Organschaftsverhältnis nicht während des ganzen Wirtschaftsjahres der Organgesellschaft vor, treten die steuerlichen Wirkungen des § 2 Abs. 2 Satz 2 GewStG für dieses Wirtschaftsjahr nicht ein. [2] Das bedeutet, dass die Organgesellschaft insoweit selbst zur Gewerbesteuer herangezogen wird. [3] Wird die Liquidation einer Organgesellschaft beschlossen und besteht z. B. wegen Beendigung des Gewinnabführungsvertrages das Organschaftsverhältnis nicht während des gesamten Wirtschaftsjahres, kann die Organgesellschaft für die Zeit vom Schluss des vorangegangenen Wirtschaftsjahres bis zum Beginn der Abwicklung ein Rumpfwirtschaftsjahr bilden (→ R 7.1 Abs. 1 Satz 2 und 3). [4] Für das Rumpfwirtschaftsjahr sind die Voraussetzungen des § 2 Abs. 2 Satz 2 GewStG gesondert zu prüfen.

Personengesellschaften als Organträger

(3) [1] Nach § 2 Abs. 2 Satz 2 GewStG ist eine gewerbesteuerrechtliche Organschaft, wie bei der Körperschaftsteuer, nur gegenüber einem anderen gewerblichen Unternehmen möglich. [2] Bei einer Organträger-Personengesellschaft muss eine eigene gewerbliche Tätigkeit im Sinne des § 15 Abs. 1 Satz 1 Nr. 1 EStG vorliegen. [3] Gewerblich geprägte Personengesellschaften im Sinne des § 15 Abs. 3 Nr. 2 EStG können damit nicht Organträger sein. [4] Eine Besitzpersonengesellschaft im Rahmen einer Betriebsaufspaltung kommt als Organträger in Betracht. [5] Ihr wird die gewerbliche Tätigkeit im Sinne des § 15 Abs. 1 Satz 1 Nr. 1 EStG der Betriebsgesellschaft zugerechnet.

H 2.3 (3)

Allgemeine Grundsätze der Organträger-Personengesellschaft. → BMF vom 26.8.2003 – BStBl. I S. 437; → BMF vom 10.11.2005 – BStBl. I S. 1038.

R 2.4 Mehrheit von Betrieben

R 2.4 (1)

Mehrere Betriebe verschiedener Art

(1) [1] Hat ein Gewerbetreibender mehrere Betriebe verschiedener Art (z. B. eine Maschinenfabrik und eine Spinnerei), ist jeder Betrieb als Steuergegenstand

i. S. d. § 2 Abs. 1 GewStG anzusehen und somit für sich zu besteuern. [2]Das gilt auch dann, wenn die mehreren Betriebe in derselben Gemeinde liegen. [3]Es ist aber ein einheitlicher Gewerbebetrieb anzunehmen, wenn ein Gewerbetreibender in derselben Gemeinde verschiedene gewerbliche Tätigkeiten ausübt und die verschiedenen Betriebszweige nach der Verkehrsauffassung und nach den Betriebsverhältnissen als Teil eines Gewerbebetriebs anzusehen sind (beispielsweise Gastwirtschaft und Bäckerei, Fleischerei und Speisewirtschaft). [4]Es gelten dabei die gleichen Grundsätze wie für die Bewertung (→ § 2 BewG).[1)]

H 2.4 (1)

Abgrenzung bei gleichzeitig ausgeübter land- und forstwirtschaftlicher sowie gewerblicher Tätigkeit. → BFH vom 23.1.1992 – BStBl. II S. 651.

Tabakwareneinzelhandel und Toto-/Lottoannahmestelle. Bei enger finanzieller, wirtschaftlicher und organisatorischer Verflechtung können auch verschiedenartige Tätigkeiten wie Tabakwareneinzelhandel und Toto- und Lotto-Annahmestelle einen einheitlichen Gewerbebetrieb bilden (→ BFH vom 19.11.1985 – BStBl. 1986 II S. 719).

Zusammentreffen stehender Gewerbebetrieb und Reisegewerbe. → § 35a.

R 2.4 (2)

Mehrere Betriebe gleicher Art

(2) [1]Hat ein Gewerbetreibender mehrere Betriebe der gleichen Art, ist zu prüfen, ob die mehreren Betriebe eine wirtschaftliche Einheit darstellen. [2]Die Vermutung spricht bei der Vereinigung mehrerer gleichartiger Betriebe in der Hand eines Unternehmers, insbesondere, wenn sie sich in derselben Gemeinde befinden, für das Vorliegen eines einheitlichen Gewerbebetriebs. [3]Auch wenn die Betriebe sich in verschiedenen Gemeinden befinden, kann ein einheitlicher Gewerbebetrieb vorliegen, wenn die wirtschaftlichen Beziehungen sich über die Grenzen der politischen Gemeinden hinaus erstrecken. [4]Betriebe sind als gleichartig anzusehen, wenn sie sachlich, insbesondere wirtschaftlich, finanziell oder organisatorisch innerlich zusammenhängen.

H 2.4 (2)

Gleichartigkeit von Betrieben. Kriterien für die Gleichartigkeit von Betrieben sind die Art der gewerblichen Betätigung, der Kunden- und Lieferantenkreis, die Geschäftsleitung, die Arbeitnehmerschaft, die Betriebsstätte, die Zusammensetzung und Finanzierung des Aktivvermögens sowie die Gleichartigkeit/Ungleichartigkeit der Betätigungen und die Nähe/Entfernung, in der sie ausgeübt werden (→ RFH vom 28.9.1938 – RStBl. S. 1117 und vom 21.12.1938 – RStBl. 1939 S. 372 sowie BFH vom 14.9.1965 – BStBl. III S. 656, vom 12.1.1983 – BStBl. II S. 425, vom 9.8.1989 – BStBl. II S. 901 und vom 18.12.1996 – BStBl. 1997 II S. 573).

[1)] **Steuergesetze** Nr. **200.**

R 2.4 (3)

Personengesellschaften

(3) 1 Die Tätigkeit einer Personengesellschaft bildet auch bei verschiedenartigen Tätigkeiten einen einheitlichen Gewerbebetrieb. 2 Eine Kapitalgesellschaft und eine GmbH & Co. KG einerseits oder eine aus natürlichen Personen bestehende Personengesellschaft und ein Einzelunternehmen andererseits können gewerbesteuerrechtlich auf Grund von Unternehmeridentität nicht als ein einheitliches Unternehmen behandelt werden.

H 2.4 (3)

Betriebsaufspaltung. Im Fall der Betriebsaufspaltung können das Besitz- und Betriebsunternehmen nicht als einheitliches Unternehmen behandelt werden (→ BFH vom 7.3.1961 – BStBl. III S. 211, vom 9.3.1962 – BStBl. III S. 199, vom 26.4.1966 – BStBl. III S. 426, vom 26.4.1972 – BStBl. II S. 794 und vom 7.3.1973 – BStBl. II S. 562).

Einheitlicher Gewerbebetrieb. Abweichend vom Einheitlichkeitsgrundsatz ist zu prüfen, ob die verschiedenen Betätigungen in getrennten Personengesellschaften ausgeübt werden (→ BFH vom 10.11.1983 – BStBl. 1984 II S. 152).

Zusammenfassung. Die Unternehmen mehrerer Personengesellschaften können auch dann nicht zu einem einheitlichen Unternehmen zusammengefasst werden, wenn sie wirtschaftlich und organisatorisch miteinander verflochten sind und bei den Gesellschaften die gleichen Gesellschafter im gleichen Verhältnis (Gesellschafter- und Beteiligungsidentität) beteiligt sind (→ BFH vom 21.2.1980 – BStBl. II S. 465 und vom 26.1.1995 – BStBl. II S. 589).

R 2.4 (4, 5)

Einheitlicher Gewerbebetrieb kraft Rechtsform

(4) 1 Die Tätigkeit der Unternehmen im Sinne des § 2 Abs. 2 GewStG gilt stets und in vollem Umfang als einheitlicher Gewerbebetrieb. 2 Auch die gewerbesteuerpflichtige Tätigkeit der unter § 2 Abs. 3 GewStG fallenden sonstigen juristischen Personen des privaten Rechts und der nichtrechtsfähigen Vereine bildet stets einen einheitlichen Gewerbebetrieb. 3 Das gilt auch, wenn von ihnen mehrere wirtschaftliche Geschäftsbetriebe unterhalten werden (→ § 8 GewStDV).

Atypische stille Gesellschaften

(5) 1 Sind eine oder mehrere Personen oder Personengruppen als atypische stille Gesellschafter am Handelsgewerbe einer anderen Person beteiligt, liegt gewerbesteuerrechtlich ein einziger Gewerbebetrieb vor, wenn der Zweck der atypischen stillen Gesellschaften jeweils darauf gerichtet ist, die gesamten unter der Firma des Inhabers des Handelsgeschäftes ausgeübten gewerblichen Tätigkeiten gemeinsam und zusammen mit dem Inhaber des Handelsgeschäfts auszuüben. 2 Dagegen liegen getrennt zu beurteilende gewerbliche Tätigkeiten vor, wenn die den einzelnen atypischen stillen Gesellschaften und dem Inhaber des Handelsgeschäftes steuerrechtlich zuzuordnenden gewerblichen Tätigkeiten nicht identisch sind.

H 2.4 (5)

Selbständige Gewerbebetriebe.[1] Eine getrennt zu beurteilende gewerbliche Tätigkeit liegt vor, wenn die atypischen stillen Gesellschafter nur an bestimmten Geschäften oder jeweils nur an einem bestimmten Geschäftsbereich des Handelsgewerbes beteiligt sind (→ BFH vom 6.12.1995 – BStBl. 1998 II S. 685).

R 2.5 Beginn der Steuerpflicht

R 2.5 (1)

Einzelgewerbetreibende und Personengesellschaften

(1) [1]Bei Einzelgewerbetreibenden und bei Personengesellschaften beginnt die Gewerbesteuerpflicht in dem Zeitpunkt, in dem erstmals alle Voraussetzungen erfüllt sind, die zur Annahme eines Gewerbebetriebs erforderlich sind. [2]Bloße Vorbereitungshandlungen,[2] z. B. die Anmietung eines Geschäftslokals, das erst hergerichtet werden muss, oder die Errichtung eines Fabrikgebäudes, in dem die Warenherstellung aufgenommen werden soll sowie der kurzzeitige Probelauf von Betriebsanlagen,[3] wenn dieser (z. B. anhand der verwendeten Rohstoffe) noch nicht dem Gesamtkonzept des eigentlichen regelmäßigen Betriebs entspricht, begründen die Gewerbesteuerpflicht noch nicht. [3]Bei Unternehmen, die im Handelsregister einzutragen sind, ist der Zeitpunkt der Eintragung im Handelsregister ohne Bedeutung für den Beginn der Gewerbesteuerpflicht. [4]Bei gewerblich geprägten Personengesellschaften im Sinne des § 15 Abs. 3 Nr. 2 EStG beginnt die Steuerpflicht erst, wenn der Gewerbebetrieb in Gang gesetzt ist.

H 2.5 (1)

Beginn der Gewerbesteuerpflicht eines Personenunternehmens.

– **Beispiel:**

Die A-GmbH & Co. KG (Unternehmensgegenstand: Herstellung von Sonnenkollektoren), wurde am 6.3.01 gegründet und am 27.4.01 im Handelsregister eingetragen. Erste Lieferverträge wurden am 1.7.01 unterzeichnet. Die Entwicklung der Sonnenkollektoren begann am 30.3.02. Nach Behebung diverser technischer Schwierigkeiten war die KG am 1.1.03 lieferfähig, woraufhin die erste Lieferung am 15.1.03 erfolgte.

Lösung:

Weder die Gründung noch die Eintragung im Handelsregister führen bereits zur Begründung der sachlichen Gewerbesteuerpflicht. Auch der Abschluss der Lieferverträge reicht noch nicht aus, um eine Teilnahme am allgemeinen wirtschaftlichen Verkehr zu begründen. Denn hierzu gehört, dass sich die A-GmbH & Co. KG mit eigenen gewerblichen Leistungen am allgemeinen wirtschaftlichen Verkehr beteiligen kann. Gleiches gilt für die Entwicklung der Sonnenkollektoren. Somit beginnt die sachliche Gewerbesteuerpflicht mit der Lieferfähigkeit am 1.1.03.

---

[1] Zu gewerbesteuerrechtlichen Folgen der atypischen stillen Beteiligung am Handelsgewerbe einer Personengesellschaft siehe BFH v. 8.12.2016 IV R 8/14, BStBl. II 2017, 538.

[2] Zur Abgrenzung siehe auch BFH v. 13.4.2017 IV R 49/15, DStR 2017, 1428 (mit Einkünfteerzielungsabsicht unternommene vermögensverwaltende Tätigkeiten einer gewerblich geprägten Personengesellschaft, Hilfsgeschäfte eines Schiffsbetriebs).

[3] Zum Beginn der GewSt-Pflicht bei Biogasanlagen siehe OFD Rheinland v. 13.12.2007 G 1400 – St 157 („nicht mit Probelauf").

– Die sachliche Gewerbesteuerpflicht der unter § 2 Abs. 1 GewStG fallenden Gewerbebetriebe beginnt erst, wenn alle tatbestandlichen Voraussetzungen eines Gewerbebetriebes erfüllt sind. Dies gilt für Personengesellschaften unabhängig von der Rechtsform ihrer Gesellschafter. § 7 Satz 2 GewStG enthält keinen die sachliche Steuerpflicht betreffenden Regelungsumfang (→ BFH vom 30.8.2012 – BStBl. II S. 927).

Beginn der Gewerbesteuerpflicht eines Besitzunternehmens im Rahmen einer Betriebsaufspaltung. → BFH vom 15.1.1998 – BStBl. II S. 478.

Beginn der Gewerbesteuerpflicht einer gewerblich geprägten Personengesellschaft. Die vermögensverwaltende Tätigkeit einer gewerblich geprägten Personengesellschaft unterliegt der Gewerbesteuer. Die sachliche Gewerbesteuerpflicht einer gewerblich geprägten Personengesellschaft beginnt mit Aufnahme ihrer vermögensverwaltenden Tätigkeit. Die Gewerbesteuerpflicht einer gewerblich geprägten Personengesellschaft ist nicht von der Teilnahme am allgemeinen wirtschaftlichen Verkehr abhängig (→ BFH vom 20.11.2003 – BStBl. 2004 II S. 464).

Beginn der Gewerbesteuerpflicht eines Windparks. → BFH vom 14.4.2011 – BStBl. II S. 929.

Beginn der werbenden Tätigkeit bei Leasingunternehmen. Die sachliche Gewerbesteuerpflicht beginnt bei einem Leasingunternehmen nicht bereits mit der Beschaffung des Leasinggegenstandes. Das gilt auch dann, wenn der Leasinggeber den Leasinggegenstand vom Leasingnehmer erwirbt, sofern es sich bei dem Leasingvertrag nicht um einen verdeckten Ratenkauf handelt (→ BFH vom 5.3.1998 – BStBl. II S. 745).

Veräußerung des Schiffs einer Einschiffsgesellschaft vor seiner Indienststellung. Beabsichtigt die Einschiffsgesellschaft bei Abschluss des Bauvertrags noch den Betrieb des Schiffs, gibt sie die Eigenbetriebsabsicht jedoch später auf und veräußert das Schiff bzw. die Rechte aus dem Bauvertrag noch vor Indienststellung des Schiffs, so ist anhand der Umstände des Einzelfalls zu ermitteln, ob sie damit übergangslos von der (noch) nicht gewerbesteuerbaren Vorbereitungs- in die Abwicklungsphase tritt, oder ob – und ggf. durch welche weiteren Maßnahmen – sie eine andere werbende Tätigkeit beginnt und damit der Gewerbesteuer unterliegt (→ BFH vom 3.4.2014 – BStBl. II S. 1000).

Voraussetzungen für Gewerbebetrieb.
- Einzelunternehmen → H 2.1 (1).
- Personengesellschaften → H 2.1 (2).

Zur Anzeigepflicht bei Betriebseröffnung. → R 1.9.

R 2.5 (2)

Steuerpflicht kraft Rechtsform

(2) [1]Die Steuerpflicht kraft Rechtsform beginnt bei Kapitalgesellschaften mit der Eintragung in das Handelsregister, bei Erwerbs- und Wirtschaftsgenos-

senschaften mit der Eintragung in das Genossenschaftsregister und bei Versicherungsvereinen auf Gegenseitigkeit mit der aufsichtsbehördlichen Erlaubnis zum Geschäftsbetrieb. [2]Von diesem Zeitpunkt an kommt es auf Art und Umfang der Tätigkeit nicht mehr an. [3]Die Steuerpflicht wird vor dem bezeichneten Zeitpunkt durch die Aufnahme einer nach außen in Erscheinung tretenden Geschäftstätigkeit ausgelöst.[1)]

H 2.5 (2)

Beginn der Steuerpflicht kraft Rechtsform.

- **Kapitalgesellschaft, die zum Zwecke der Übernahme eines Gewerbebetriebs gegründet wird.** Bei einer Kapitalgesellschaft, die zum Zwecke der Übernahme eines Gewerbebetriebs gegründet wird, beginnt die Gewerbesteuerpflicht nicht erst mit dem Zeitpunkt der Fortführung des übernommenen Betriebs, sondern mit der Eintragung in das Handelsregister (→ BFH vom 16.2.1977 – BStBl. II S. 561).
- **Verwaltung eingezahlter Teile des Stammkapitals.** Die Verwaltung eingezahlter Teile des Stammkapitals sowie ein bestehender Anspruch auf Einzahlung von Teilen des Stammkapitals lösen die Gewerbesteuerpflicht noch nicht aus (→ BFH vom 18.7.1990 – BStBl. II S. 1073).[1)]
- **Vorgesellschaft.** Die nach außen tätig gewordene Vorgesellschaft bildet zusammen mit der später eingetragenen Kapitalgesellschaft oder einem anderen Unternehmen im Sinne des § 2 Abs. 2 GewStG einen einheitlichen Steuergegenstand (→ BFH vom 8.4.1960 – BStBl. III S. 319).

Organschaft. Das Bestehen oder Nichtbestehen einer Organschaft hat auf die sachliche Steuerpflicht der Organgesellschaft keine Auswirkung; → R 2.3 Abs. 1.

R 2.5 (3)

Sonstige juristische Personen des privaten Rechts und nichtrechtsfähige Vereine

(3) Bei den sonstigen juristischen Personen des privaten Rechts und den nichtrechtsfähigen Vereinen (→ § 2 Abs. 3 GewStG) beginnt die Steuerpflicht bei Vorliegen aller anderen Voraussetzungen mit der Aufnahme eines wirtschaftlichen Geschäftsbetriebs.

H 2.5 (3)

Allgemeines. → R 2.1 Abs. 5.

R 2.5 (4)

Wegfall einer Befreiung

(4) Die Gewerbesteuerpflicht beginnt bei Unternehmen, für die der Grund für die Befreiung von der Gewerbesteuer wegfällt, im Zeitpunkt des Wegfalls des Befreiungsgrundes.

[1)] *Zur GewSt-Pflicht* einer vermögensverwaltenden Kapitalgesellschaft vor Eintragung ins Handelsregister siehe BFH v. 24.1.2017 I R 81/15, BStBl. II 2017, 1071.

R 2.6 Erlöschen der Steuerpflicht

R 2.6 (1)

Einzelgewerbetreibende und Personengesellschaften

(1) [1]Die Gewerbesteuerpflicht erlischt bei Einzelgewerbetreibenden und bei Personengesellschaften mit der tatsächlichen Einstellung des Betriebs. [2]Die Einstellung liegt nicht erst dann vor, wenn der Betrieb für alle Zeiten, sondern schon dann, wenn er für eine gewisse Dauer aufgegeben wird. [3]Die Einstellung darf aber nicht von vornherein nur als vorübergehend gedacht sein. [4]Bei sogenannten Saisonbetrieben, insbesondere beim Bauhandwerk, den Bauindustrien, den Kurortbetrieben aller Art oder den Zuckerfabriken, bedeutet die Einstellung des Betriebs während der toten Zeit nicht eine Einstellung in dem eben behandelten Sinn, sondern nur eine vorübergehende Unterbrechung (Ruhen) des Gewerbebetriebs, durch die die Gewerbesteuerpflicht nicht berührt wird (→ § 2 Abs. 4 GewStG). [5]Die tatsächliche Einstellung des Betriebs ist anzunehmen mit der völligen Aufgabe jeder werbenden Tätigkeit. [6]Die Aufgabe eines Handelsbetriebs liegt erst in der tatsächlichen Einstellung jedes Verkaufs. [7]Die Frage der Beendigung der Gewerbesteuerpflicht darf jedoch nicht allein nach äußeren Merkmalen beurteilt werden. [8]Die Einstellung der werbenden Tätigkeit oder andere nach außen in Erscheinung tretende Umstände (z. B. Entlassung der Betriebszugehörigen, Einstellung des Einkaufs) bedeuten nicht immer die tatsächliche Einstellung des Betriebs. [9]Es müssen auch die inneren Vorgänge berücksichtigt werden.

H 2.6 (1)

Betriebsverpachtung im Ganzen. Mit der Verpachtung eines Gewerbebetriebs im Ganzen erlischt regelmäßig die Gewerbesteuerpflicht des Verpächters (→ R 2.2). Das gilt jedoch in der Regel nicht bei einer **Betriebsaufspaltung** (→ H 15.7 (4) bis (8) EStH).[1)]

Bedeutung eines einheitlichen Geschäftskonzepts.
- Der Gewinn aus der Veräußerung von Wirtschaftsgütern des Anlagevermögens gehört zum gewerbesteuerbaren (laufenden) Gewinn, wenn die Veräußerung Bestandteil eines einheitlichen Geschäftskonzepts der unternehmerischen Tätigkeit ist (→ BFH vom 26.6.2007 – BStBl. 2009 II S. 289).
- Zu Veräußerungs- und Aufgabegewinnen → H 7.1 (3).

Eintritt einer Gewerbesteuerbefreiung. Die Gewerbesteuerpflicht erlischt nicht nur mit dem Aufhören des Gewerbebetriebs (→ R 2.6 Abs. 1 bis 3), sondern auch mit dem Eintritt eines Befreiungsgrundes (→ RFH vom 23.2.1943 – RStBl. S. 801). Allerdings führt der Wechsel in der Steuerpflicht eines Gewerbesteuersubjekts infolge eines persönlichen Befreiungsgrundes (hier: § 3 Nr. 14 Buchstabe a GewStG) nicht zum Wegfall des Gewerbesteuersubjekts.

[1)] Nr. 1.

Bleibt dieses bei Beendigung und nachfolgendem erneuten Beginn der Steuerpflicht weiterhin bestehen, ist sowohl die Unternehmens- als auch die Unternehmeridentität gewahrt. Gewerbeverluste aus vorangegangenen, nicht steuerbefreiten Erhebungszeiträumen sind deshalb nach Wiedereintritt in die Steuerpflicht abzugsfähig (→ BFH vom 9.6.1999 – BStBl. II S. 733).

Kriterien zur Beurteilung der Betriebseinstellung.

– Auch wenn ein Unternehmen wesentlichen Einschränkungen unterliegt oder bei einer nur äußerlichen Betrachtung als eingestellt erscheint, kann doch gewerbesteuerlich eine Betriebseinstellung nicht anerkannt werden, wenn sich das Unternehmen in der erkennbaren Absicht, nachhaltige Erträge zu erzielen, weiter betätigt (→ RFH vom 19.3.1941 – RStBl. S. 386, vom 14.5.1941 – RStBl. S. 698 und vom 19.5.1943 – RStBl. S. 605).

– Zur Unterscheidung zwischen der Vorbereitung einer künftigen Betriebsaufgabe und dem Beginn dieser Betriebsaufgabe (→ BFH vom 5.7.1984 – BStBl. II S. 711).

Zeitpunkt der Einstellung des Betriebs.

– **Abwicklungstätigkeiten.** Die Versilberung der vorhandenen Betriebsgegenstände und die Einziehung einzelner rückständiger Forderungen aus der Zeit vor der Betriebseinstellung können nicht als Fortsetzung einer aufgegebenen Betriebstätigkeit angesehen werden (→ RFH vom 29.6.1938 – RStBl. S. 910, vom 24.8.1938 – RStBl. S. 911 und vom 14.9.1938 – RStBl. 1939 S. 5).

– **Ladengeschäft, Veräußerung des Warenlagers.** Ein in Form eines Ladengeschäfts ausgeübter Gewerbebetrieb wird nicht bereits dann eingestellt, wenn kein Zukauf mehr erfolgt, sondern erst dann, wenn das vorhandene Warenlager „im Ladengeschäft" veräußert ist (→ BFH vom 26.9.1961 – BStBl. III S. 517).

Zum Erlöschen der Steuerpflicht bei Unternehmerwechsel. → R 2.7.

R **2.6** (2–4)

Kapitalgesellschaften und andere Unternehmen im Sinne des § 2 Abs. 2 GewStG

(2) [1] Bei den Kapitalgesellschaften und den anderen Unternehmen im Sinne des § 2 Abs. 2 GewStG erlischt die Gewerbesteuerpflicht – anders als bei Einzelkaufleuten und Personengesellschaften – nicht schon mit dem Aufhören der gewerblichen Betätigung, sondern mit dem Aufhören jeglicher Tätigkeit überhaupt. [2] Das ist grundsätzlich der Zeitpunkt, in dem das Vermögen an die Gesellschafter verteilt worden ist.

Wirtschaftlicher Geschäftsbetrieb

(3) [1] Bei den sonstigen juristischen Personen des privaten Rechts und den nichtrechtsfähigen Vereinen (→ § 2 Abs. 3 GewStG) erlischt die Steuerpflicht mit der tatsächlichen Einstellung des wirtschaftlichen Geschäftsbetriebs. [2] Besteht der wirtschaftliche Geschäftsbetrieb in jährlich wiederkehrenden Tätigkeiten (Veranstaltungen) von jeweils kurzer Dauer, z.B. Bier-, Wein-,

Schützenfeste usw., dann ist bei erkennbarer Wiederholungsabsicht von einem fortbestehenden Gewerbebetrieb auszugehen, bei dem nicht jeweils die Steuerpflicht nach Abwicklung der Veranstaltung erlischt und im Folgejahr neu eintritt.

Betriebsaufgabe, Auflösung und Insolvenz

(4) [1]Die Aufgabe des Betriebs bei Einzelgewerbetreibenden, die Auflösung und die Abwicklung bei Personengesellschaften und Unternehmen im Sinne des § 2 Abs. 2 GewStG und die Eröffnung des Insolvenzverfahrens bei Unternehmen aller Art ändern nach § 4 GewStDV an der Gewerbesteuerpflicht nichts. [2]Das Erlöschen der Gewerbesteuerpflicht beurteilt sich auch in diesen Fällen ausschließlich nach den Grundsätzen der R 2.6 Abs. 1 bis 3. [3]Die Beendigung der Abwicklung und damit das Aufhören der Gewerbesteuerpflicht eines aufgelösten Unternehmens im Sinne des Absatzes 2 fallen regelmäßig mit dem Zeitpunkt zusammen, in dem das Vermögen an die Gesellschafter verteilt wird. [4]Werden jedoch bei dieser Verteilung Vermögensbeträge zur Begleichung von Schulden zurückbehalten, bleibt das Unternehmen gewerbesteuerpflichtig, bis die Schulden beglichen sind.

H 2.6 (4)

Beendigung der Abwicklung. Der Grundsatz, dass die Gewerbesteuerpflicht noch nicht endet, wenn bei der Vermögensverteilung Beträge zur Begleichung von Schulden zurückbehalten werden, gilt nicht, wenn es sich bei den Schulden um Steuern handelt, die erst nach der Beendigung der Abwicklung festgesetzt werden können (→ RFH vom 12.12.1939 – RStBl. 1940 S. 435). Entsprechend ist der Abwicklungszeitraum einer im Insolvenzverfahren befindlichen Kapitalgesellschaft als abgeschlossen anzusehen, wenn die förmliche Beendigung des Insolvenzverfahrens nur dadurch gehindert wird, dass die Höhe der Steuern, die erst nach dem Ablauf des Abwicklungszeitraums festgesetzt werden können, noch nicht bekannt ist (→ RFH vom 5.3.1940 – RStBl. S. 476).

R 2.7 Steuerpflicht bei Unternehmerwechsel

Übergang eines Betriebs im Ganzen

(1) [1]Ein Gewerbebetrieb, der im Ganzen auf einen anderen Unternehmer übergeht, gilt als durch den bisherigen Unternehmer eingestellt. [2]Er gilt als durch den anderen Unternehmer neu gegründet, wenn er nicht mit einem bereits bestehenden Gewerbebetrieb vereinigt wird. [3]Der Zeitpunkt des Übergangs (Unternehmerwechsel) wird als Zeitpunkt der Einstellung und als Zeitpunkt der Neugründung angesehen. [4]In diesem Zeitpunkt erlischt die sachliche Steuerpflicht des übergegangenen Betriebs. [5]Der übernommene Betrieb tritt in die sachliche Steuerpflicht neu ein, wenn er nicht mit einem bestehenden Gewerbebetrieb vereinigt wird.

Änderungen im Gesellschafterbestand einer Personengesellschaft

(2) [1]Scheiden aus einer Personengesellschaft im Sinne des § 15 Abs. 3 EStG einzelne Gesellschafter oder alle bis auf einen aus oder treten neue hinzu oder wird ein Einzelunternehmen durch Aufnahme eines oder mehrerer Gesellschafter in eine Personengesellschaft umgewandelt, geht der Gewerbebetrieb

nicht im Ganzen auf einen anderen Unternehmer über, solange ihn mindestens einer der bisherigen Unternehmer unverändert fortführt. [2]§ 2 Abs. 5 GewStG findet demnach in diesen Fällen keine Anwendung und die sachliche Steuerpflicht des Unternehmens besteht fort.

Übergang eines Teilbetriebs

(3) [1]Geht ein Teilbetrieb eines Unternehmens auf einen anderen Unternehmer über, liegt beim bisherigen Unternehmer die Einstellung eines Gewerbebetriebs nicht vor. [2]In diesem Fall kommt für den Unternehmer, der den Betrieb abgibt, zunächst nur eine Anpassung der Vorauszahlungen in Betracht. [3]Die Abgabe eines Teilbetriebs wird bei der Veranlagung dadurch berücksichtigt, dass der Festsetzung des Steuermessbetrags der Gewerbeertrag des verkleinerten Unternehmens zugrunde gelegt wird. [4]Für den neuen Unternehmer kommt, wenn der übernommene Betrieb nicht mit einem bestehenden Betrieb vereinigt wird, die erstmalige Festsetzung der Vorauszahlungen, sonst die Anpassung der bisherigen Vorauszahlungen in Betracht.

H 2.7

Partieller Unternehmerwechsel bei Personengesellschaften.[1)] In Fällen des partiellen Unternehmerwechsels bei Personengesellschaften kommt es grundsätzlich nicht darauf an, auf welche Weise, z. B. Anwachsung, Übertragung, Gesamtrechtsnachfolge, die Eigentumsanteile ausscheidender Unternehmer an dem fortgeführten Gewerbebetrieb auf den verbleibenden oder auf neu hinzutretende Unternehmer übergehen (→ BFH vom 18.5.1972 – BStBl. II S. 775).

Soweit das BFH-Urteil vom 24.10.1972 – BStBl. 1973 II S. 233 dem entgegensteht, ist es nicht anzuwenden.

Persönliche Steuerpflicht. Wegen der Auswirkungen auf die persönliche Steuerpflicht und damit der Steuerschuldnerschaft des jeweiligen Unternehmers → § 5 Abs. 2 GewStG, R 5.1 Abs. 1.

Verfahren bei der Anpassung oder erstmaligen Festsetzung von Vorauszahlungen. → R 19.2.

Zur Verrechnung von im übergegangenen Unternehmen entstandenen Verlusten. → § 10a Satz 8 GewStG.

R 2.8 Inland, gebietsmäßige Abgrenzung der Besteuerung

[1]Gewerbesteuerpflichtig sind nur Unternehmen, die im Inland betrieben werden. [2]Erstreckt sich der Gewerbebetrieb auch auf das Ausland, werden nur die im Inland befindlichen Betriebsstätten der Besteuerung unterworfen. [3]Zum Inland im Sinne des Gewerbesteuerrechts gehört auch der an die Bundesrepublik Deutschland grenzende deutsche Festlandsockel, soweit es sich um die Erforschung und Ausbeutung der Naturschätze des Meeresgrundes und des Meeresuntergrundes handelt (→ Proklamation der Bundesregierung vom 22.1.1964 – BGBl. II S. 104).

---

1) Zu den Kriterien für Identität von „bisherigem“ und neuem Gewerbebetrieb siehe BFH v. 19.12.2019 IV R 8/17, BStBl. II 2020, 401.

H 2.8

Betriebsstätten im Ausland. Wegen der Berücksichtigung der gebietsmäßigen Abgrenzung bei der Ermittlung des Gewerbeertrags → H 7.1 (1).

Festlandsockel. Zur Abgrenzung des Festlandsockels in der Nordsee zwischen der Bundesrepublik, den Niederlanden, England und Dänemark (→ Gesetz vom 23.8.1972 – BGBl. II S. 881 und S. 1616).

Grenzüberschreitende Gewerbegebiete. Der nicht zur Bundesrepublik Deutschland gehörende Teil eines grenzüberschreitenden Gewerbegebiets, das nach den Vorschriften eines Abkommens zur Vermeidung der Doppelbesteuerung als solches bestimmt ist, gehört ab Erhebungszeitraum 2004 nach § 2 Abs. 7 Nr. 2 i. d. F. des Art. 4 des Gesetzes vom 4.6.2004 (BGBl. II S. 1653) zum Inland.

Inländische Betriebsstätte auf einem Schiff, das im inländischen Schiffsregister eingetragen ist. Ein Gewerbebetrieb wird auch dann im Inland betrieben, wenn für ihn eine Betriebsstätte auf einem unter deutscher Flagge fahrenden See-(Kauffahrtei-)Schiff unterhalten wird, das in einem inländischen Schiffsregister eingetragen ist (→ BFH vom 13.2.1974 – BStBl. II S. 361). Dies gilt gemäß § 5 GewStDV nicht für Kauffahrteischiffe, die im regelmäßigen Linienverkehr ausschließlich zwischen ausländischen Häfen verkehren.

Vereinbarkeit der Beschränkung der Gewerbesteuer mit dem Gemeinschaftsrecht. Die Erhebung der Gewerbesteuer führt weder zu einem übermäßigen Eingriff in Freiheitsrechte des Gewerbetreibenden noch stellt sie eine Verletzung des Gleichheitssatzes dar. Die Erhebung der Gewerbesteuer verstößt auch nicht gegen eine der Grundfreiheiten des EG-Vertrages. Insbesondere stellt die Beschränkung der Erhebung der Gewerbesteuer auf Gewerbebetriebe, soweit sie im Inland betrieben werden, keine Diskriminierung im Sinne des Gemeinschaftsrechts dar (→ BFH vom 18.9.2003 – BStBl. 2004 II S. 17).

R 2.9 Betriebsstätte

R 2.9 (1)

Allgemeines

(1) [1]Der Begriff der Betriebsstätte ergibt sich aus § 12 AO.[1)] [2]Für Zwecke der Zerlegung des Steuermessbetrags enthält § 28 Abs. 2 GewStG ergänzende Regelungen. [3]Betriebsstätte ist nach § 12 AO jede feste Geschäftseinrichtung oder Anlage, die der Tätigkeit eines Unternehmens dient. [4]Es gehören dazu *auch bewegliche* Geschäftseinrichtungen mit vorübergehend festem Standort, z. B. fahrbare Verkaufsstätten mit wechselndem Standplatz. [5]Der Begriff der festen Geschäftseinrichtung oder Anlage erfordert keine besonderen Räume oder gewerblichen Vorrichtungen. [6]Ferienwohnungen stellen eine Betriebs-

---

[1)] Vgl. auch den „Betriebsstättenerlass" BMF v. 24.12.1999, BStBl. I 1999, 1076 (**Steuererlasse** Nr. **800** § 12/1).

stätte dar, wenn ihre Vermietung als gewerbliche Tätigkeit anzusehen ist. [7]Hat in diesen Fällen der Eigentümer seinen Wohnsitz nicht in der Gemeinde der Belegenheit der Ferienwohnung, wird außer in der Wohnsitzgemeinde auch in der Gemeinde der Belegenheit der Ferienwohnung eine Betriebsstätte unterhalten. [8]Wegen des in diesen Fällen anzuwendenden Zerlegungsmaßstabs → R 33.1.

H 2.9 (1)

Binnen- und Küstenschifffahrtsbetriebe.

– Wegen der Annahme einer Betriebsstätte **(Betriebsstättenfiktion)** bei Binnen- und Küstenschifffahrtsbetrieben, die keine der Tätigkeit des Unternehmens dienenden festen Geschäftseinrichtungen oder Anlagen unterhalten; → § 6 GewStDV.

– **Mittelpunkt der geschäftlichen Oberleitung bei Schifffahrtsunternehmen.** Bei einem Schifffahrtsunternehmen befindet sich der Mittelpunkt der geschäftlichen Oberleitung in den Geschäftsräumen eines ausländischen Managers oder Korrespondentreeders, wenn von dort aus die laufenden Geschäfte maßgeblich beeinflusst werden. Entscheidend sind die Umstände des Einzelfalles (→ BFH vom 3.7.1997 – BStBl. 1998 II S. 86).

– **Wohnung eines Unternehmers eines Binnen- oder Küstenschifffahrtsbetriebs.** Hat der Unternehmer eines Binnen- oder Küstenschifffahrtsbetriebs an Land eine Wohnung, begründet er am Wohnort nur dann eine Betriebsstätte, wenn sich dort von einer festen Geschäftseinrichtung oder Anlage aus dauernd betriebliche Handlungen vollziehen. Telefongespräche von der Wohnung aus und Fahrten mit dem Kraftwagen, durch die lediglich die Verbindung zwischen dem privaten und dem betrieblichen Bereich hergestellt wird, genügen dazu nicht, ebenso wenig ein Bankkonto, das nur die betrieblichen Überschüsse zur privaten Verwendung aufnimmt und bereithält (→ BFH vom 7.6.1966 – BStBl. III S. 548).

Feste Geschäftseinrichtung oder Anlage.

– **Allgemein.** Eine Verkaufsstelle (→ § 12 Satz 2 Nr. 6 AO) ist nur dann eine Betriebsstätte, wenn sie eine i. S. des § 12 Satz 1 AO feste Geschäftseinrichtung oder Anlage ist (→ BFH vom 17.9.2003 – BStBl. 2004 II S. 396).

– **Begründung einer Betriebsstätte in den Fällen der Betriebsaufspaltung.** Zu der Frage, in welchen Fällen der Betriebsaufspaltung (→ H 15.7 (4) bis (8) EStH)[1)] das Unternehmen der Betriebsgesellschaft eine Betriebsstätte für die Besitzgesellschaft begründet (→ BFH vom 28.7.1982 – BStBl. 1983 II S. 77).

– **Kehrbezirk eines Bezirkschornsteinfegers.** Der Kehrbezirk eines Bezirksschornsteinfegermeisters ist gewerbesteuerrechtlich nicht dessen Betriebsstätte i. S. des § 12 Satz 1 AO.

[1)] Nr. **1.**

Diese Vorschrift ist maßgebend für den Begriff der Betriebsstätte im GewStG; die hiervon abweichende einkommensteuerrechtliche Auslegung des Begriffs der Betriebsstätte in § 4 Abs. 5 Nr. 6 EStG durch die BFH-Rechtsprechung gilt nicht für den Anwendungsbereich des GewStG (→ BFH vom 13.9.2000 – BStBl. 2001 II S. 734).

– **Standplätze auf Märkten.** Wochenmarkthändler begründen auf dem Markt auch dann eine Betriebsstätte, wenn sie zwar keinen Rechtsanspruch auf einen festen Standplatz haben, aber den Platz ständig benutzen.
Ein Verkaufsstand, den ein Unternehmen einmal im Jahr vier Wochen lang auf dem Weihnachtsmarkt unterhält, begründet keine Betriebsstätte (→ BFH vom 17.9.2003 – BStBl. 2004 II S. 396).
– **Standplätze von Straßenhändlern.** Für das Vorliegen einer festen Geschäftseinrichtung genügt es, wenn der Unternehmer über die Räumlichkeiten oder eine bestimmte Fläche eine gewisse, nicht nur vorübergehende Verfügungsmacht besitzt (→ BFH vom 17.3.1982 – BStBl. II S. 624 und vom 11.10.1989 – BStBl. 1990 II S. 166). Demgemäß sind z. B. fest zugewiesene Standplätze von Straßenhändlern als Betriebsstätten anzusehen (→ RFH vom 15.4.1942 – RStBl. S. 469).
– **Unentgeltliche Nutzung überlassener Räume.** Unentgeltlich zur Nutzung überlassene Räume begründen eine Betriebsstätte, wenn dem Nutzenden mit der Überlassung eine Rechtsposition eingeräumt wird, die ihm ohne seine Mitwirkung nicht mehr ohne weiteres entzogen oder die ohne seine Mitwirkung nicht ohne weiteres verändert werden kann (→ BFH vom 17.3.1982 – BStBl. II S. 624). Dabei genügt auch eine nur allgemeine rechtliche Absicherung, wenn aus tatsächlichen Gründen anzunehmen ist, dass zumindest ein bestimmter Raum zur ständigen Nutzung zur Verfügung gestellt und die Verfügungsmacht darüber nicht bestritten wird (→ BFH vom 3.2.1993 – BStBl. II S. 462).

R 2.9 (2)

Bauausführungen oder Montagen

(2) [1]Nach § 12 Nr. 8 AO gelten als Betriebsstätte auch Bauausführungen oder Montagen. [2]Das gilt auch dann, wenn es sich nicht um feste Baustellen handelt, sondern diese fortschreiten (z. B. im Straßenbau) oder schwimmen. [3]Weitere Voraussetzung ist, dass die Dauer der einzelnen Bauausführung oder Montage oder mehrerer ohne Unterbrechung aufeinanderfolgender Bauausführungen oder Montagen sechs Monate überstiegen hat. [4]Bestehen mehrere Bauausführungen oder Montagen zeitlich nebeneinander, reicht es für die Annahme einer Betriebsstätte für alle Bauausführungen oder Montagen aus, wenn nur eine davon länger als sechs Monate besteht. [5]Die Sechsmonatsfrist braucht nicht innerhalb eines Erhebungszeitraums erfüllt zu sein. [6]Für die steuerliche Zusammenfassung mehrerer Bauausführungen kommt es nicht auf deren wirtschaftlichen Zusammenhang, sondern nur darauf an, ob die einzelnen Bauausführungen in einer Gemeinde ohne zeitliche Unterbrechung aufeinanderfolgen. [7]Werden bei einer Bauausführung die Bauarbeiten unterbrochen, so wird die Zeit der Unterbrechung nicht in die Sechsmonatsfrist

einbezogen. [8]Zu den Bauausführungen gehört nicht nur die Errichtung, sondern auch der Abbruch von Baulichkeiten. [9]Stätten der Erkundung von Bodenschätzen, z. B. Versuchsbohrungen, sind als Betriebsstätten anzusehen, wenn die Voraussetzungen des § 12 Nr. 8 AO erfüllt sind.

H 2.9 (2)

Bauausführungen.

- **Begriff.** → RFH vom 2.7.1940 – RStBl. S. 668, RFH vom 21.1.1942 – RStBl. S. 66 und BFH vom 21.10.1981 – BStBl. 1982 II S. 241.
- **Einbeziehung von Subunternehmern.** Bei einem einheitlichen Bauauftrag ist auch die Zeit der Bauausführungen zu berücksichtigen, in der an der Baustelle selbständige Subunternehmer tätig waren, deren Tätigkeit der Steuerpflichtige lediglich überwacht hat (→ BFH vom 13.11.1962 – BStBl. 1963 III S. 71).
- **Sechsmonatsfrist.** Betriebsstätten i. S. von § 8 Nr. 7 Satz 2 GewStG i. V. m. § 12 AO sind auch bei mehreren Bauausführungen anzunehmen, die sich zeitlich überschneidend insgesamt über einen Zeitraum von mehr als sechs Monaten hinziehen (→ BFH vom 16.12.1998 – BStBl. 1999 II S. 365).
- **Unterbrechung der Sechsmonatsfrist.** Werden bei einer Bauausführung die Bauarbeiten unterbrochen, z. B. durch ungünstige Witterungsverhältnisse, Streik, Materialmangel oder aus bautechnischen Gründen, wird die Frist von sechs Monaten gehemmt. Kurze Unterbrechungen bis zu zwei Wochen hemmen die Frist jedoch nicht (→ BFH vom 8.2.1979 – BStBl. II S. 479).

Montage.

- **Begriff.** → BFH vom 16.5.1990 – BStBl. II S. 983.
- **Feste Geschäftseinrichtungen oder Anlagen im Zusammenhang mit Bauausführungen und Montagen.** Werden im Zusammenhang mit Bauausführungen oder Montagen feste Geschäftseinrichtungen oder Anlagen errichtet, wie Baubuden, Baukantinen, Geräteschuppen, Unterkunftsbaracken usw., begründen auch diese eine Betriebsstätte nur dann, wenn die Bauausführungen oder Montagen länger als sechs Monate bestanden haben (→ RFH vom 22.1.1941 – RStBl. S. 90).
  Die Frist von sechs Monaten (→ § 12 Nr. 8 AO) bietet auch einen Anhalt für die Beurteilung der Frage, ob nach § 12 Nr. 8 AO eine Betriebsstätte bei festen Geschäftseinrichtungen oder Anlagen anzunehmen ist, die im Zusammenhang mit Arbeiten errichtet werden, die nicht zu den eigentlichen Bauausführungen oder Montagen gehören (→ BFH vom 27.4.1954 – BStBl. III S. 179).

R 2.9 (3)

Geschäftseinrichtungen oder Anlagen, die dem Gewerbebetrieb unmittelbar dienen

(3) [1]Eine Betriebsstätte bilden nur solche festen Geschäftseinrichtungen oder Anlagen, in denen sich dauernd Tätigkeiten, wenn auch bloße Hilfs- oder Nebenhandlungen vollziehen, die dem Gewerbebetrieb unmittelbar die-

nen. 2Ob die Tätigkeiten im Einzelnen kaufmännischer, buchhalterischer, technischer oder handwerklicher Art sind, ist unerheblich. 3Es ist nicht erforderlich, dass in der Betriebsstätte Verhandlungen mit Dritten geführt oder Geschäftsabschlüsse getätigt werden. 4Betriebsstätten können auch rein mechanische Anlagen sein (z. B. Verkaufsautomaten). 5Es fehlt aber an einer Betätigung für Zwecke eines gewerblichen Unternehmens, wenn die örtlichen Anlagen oder Einrichtungen ausschließlich Wohnzwecken, Erholungszwecken, Sportzwecken oder ähnlichen Zwecken dienen.

H 2.9 (3)

Betriebsstätte mit Land- und Forstwirtschaft. Kapitalgesellschaften und andere Unternehmen im Sinne des § 2 Abs. 2 GewStG, die wegen ihrer Rechtsform steuerpflichtig sind, unterhalten Betriebsstätten auch in solchen Gemeinden, in denen sie nur eine Landwirtschaft betreiben (→ BFH vom 29.11.1960 – BStBl. 1961 III S. 52).

Keine Betriebsstätte wegen fehlender Betätigung für das Unternehmen.

– Genesungsheime und Kinderheime → BFH vom 29.11.1960 – BStBl. 1961 III S. 52.
– Auch die unentbehrlichen hygienischen Einrichtungen zur Benutzung durch die Arbeitnehmer begründen keine Betriebsstätte (→ BFH vom 16.6.1959 – BStBl. III S. 349).
– Der bloße Besitz von Grundvermögen begründet auch bei einer Kapitalgesellschaft noch keine Betriebsstätte (→ RFH vom 27.5.1941 – RStBl. S. 393). Bei Kapitalgesellschaften ist eine mehrgemeindliche Betriebsstätte jedoch auch dann gegeben, wenn sich in einer Gemeinde lediglich Grundstücke der Betriebsstätte befinden, die zurzeit betrieblich nicht benutzt werden (→ BFH vom 18.4.1951 – BStBl. III S. 124 und vom 26.11.1957 – BStBl. 1958 III S. 261).

R 2.9 (4)

Betriebsstätte eines Vertretenen

(4) 1Die Betriebsstätte setzt nach § 12 AO eine feste Geschäftseinrichtung oder Anlage voraus, die der Tätigkeit des Unternehmens dient. 2Die Tätigkeit des Unternehmens braucht nicht von dem Unternehmer selbst oder in seinem Namen von seinen Arbeitnehmern, sondern sie kann auch von einem ständigen Vertreter ausgeübt werden. 3Ein persönliches Abhängigkeitsverhältnis ist nur insoweit erforderlich, als der ständige Vertreter lediglich an die geschäftlichen Weisungen des vertretenen Unternehmens gebunden sein muss. 4Diese Voraussetzung ist ohne weiteres beim Vorliegen eines Arbeitnehmerverhältnisses auf Grund eines Dienstvertrags erfüllt. 5Die Weisungsgebundenheit kann aber auch ohne Vorliegen eines Arbeitnehmerverhältnisses auf anderer Rechtsgrundlage (z. B. auf einem Auftrags- oder Geschäftsbesorgungsverhältnis im Sinne der §§ 662 und 675 BGB) beruhen.

H 2.9 (4)

Ständiger Vertreter.

– **Allgemein.** Ständiger Vertreter ist eine Person, die nachhaltig die Geschäfte eines Unternehmens besorgt und dabei dessen Sachweisungen unterliegt, insbesondere für ein Unternehmen nachhaltig Verträge abschließt oder vermittelt oder Aufträge einholt oder einen Bestand von Gütern oder Waren unterhält und davon Auslieferungen vornimmt – § 13 AO (→ BFH vom 28.6.1972 – BStBl. II S. 785).

– **Betriebsaufspaltung.** Bei einer Betriebsaufspaltung (→ H 15.7 (4) bis (8) EStH)[1] übt das Besitzunternehmen in den dem Betriebsunternehmen pachtweise überlassenen Betriebsstätten in der Regel keinen eigenen Gewerbebetrieb mehr aus. Das Betriebsunternehmen ist mit den gepachteten Betriebsstätten auch nicht ständiger Vertreter des Besitzunternehmens im Sinne des § 13 AO (→ BFH vom 10.6.1966 – BStBl. III S. 598).

– **Kapitalgesellschaft.** Ständiger Vertreter kann nicht nur eine natürliche Person, sondern auch eine juristische Person, insbesondere eine Kapitalgesellschaft sein (→ RFH vom 19.12.1939 – RStBl. 1940 S. 25).

– **Räumlichkeiten des Vertreters als Betriebsstätte des vertretenen Unternehmens.** Ist nach den Grundsätzen der R 2.9 (4) eine Person als ständiger Vertreter des Unternehmens anzusehen, so hängt die Annahme einer Betriebsstätte des Vertretenen von der weiteren Voraussetzung ab, dass die feste Geschäftseinrichtung oder Anlage, in der der ständige Vertreter seine Tätigkeit für das Unternehmen ausübt, einer gewissen, nicht nur vorübergehenden Verfügungsgewalt des Unternehmens unterliegt (→ BFH vom 28.6.1972 – BStBl. II S. 785). Dem Vertreter müssen die Einrichtungen in der Weise überlassen worden sein, dass bei Beendigung seiner Tätigkeit für den Vertretenen das Gebrauchsrecht des Vertreters an ihnen entfällt (→ BFH vom 14.7.1971 – BStBl. II S. 776). Das ist nicht der Fall, wenn der ständige Vertreter seine Tätigkeit in Räumlichkeiten ausübt, die dem vertretenen Unternehmer weder als Eigentümer noch als Mieter gehören. Demgemäß ist die Betriebsstätte, die einem ständigen Vertreter gehört, der selbständiger Gewerbetreibender (z.B. Handelsvertreter i.S.d. § 84 HGB) ist, nur eine Betriebsstätte des Vertreters und nicht auch eine Betriebsstätte des vertretenen Unternehmers. Das Gleiche gilt in der Regel für Werbelokale einer Bausparkasse, die diese ihren Vertretern zur Verfügung stellt (→ BFH vom 12.10.1965 – BStBl. III S. 690). Auch der Versicherungsvertreter, der in vollem Umfang selbständiger Gewerbetreibender ist, begründet durch seinen Gewerbebetrieb in der Regel jedenfalls dann keine Betriebsstätte des Versicherungsunternehmens, wenn er die Büroräume gemietet hat und nur eigene Angestellte beschäftigt. Das Recht des Versicherungsunternehmens, die Räume des Versicherungsvertreters zur Überprüfung von Geschäftsvorfällen und zur Kontrolle des Geldverkehrs zu betreten, begründet auch dann keine Betriebsstätte des Versicherungsunternehmens, wenn das

[1] Nr. 1.

Versicherungsunternehmen von seinem Recht tatsächlich Gebrauch macht (→ BFH vom 9.3.1962 – BStBl. III S. 227). Bei einer Geschäftseinrichtung (z.B. einem Warenlager) einer Mineralölfirma am Ort der Betriebsstätte eines selbständigen Tankstellenwarts ist Voraussetzung für eine Betriebsstätte der Mineralölfirma, dass die Mineralölfirma die Verfügungsgewalt im Sinne des oben bezeichneten BFH-Beschlusses vom 9.3.1962 – BStBl. III S. 227 über die Geschäftseinrichtung besitzt. Die Verfügungsgewalt ist zu verneinen, wenn die Geschäftseinrichtung von der Mineralölfirma an den Tankstellenwart verpachtet worden ist (→ BFH vom 16.8.1962 – BStBl. III S. 477). Auch die Wohnung des unselbständigen Handlungsgehilfen, der ständiger Vertreter ist, ist im Allgemeinen keine Betriebsstätte des vertretenen Geschäftsherrn. Die Räumlichkeiten, in denen der ständige Vertreter seine geschäftliche Tätigkeit ausübt, sind jedoch, ohne dass sie dem Vertretenen als Eigentümer oder Mieter zu gehören brauchen, als dessen Betriebsstätte anzusehen, wenn dem Vertretenen über diese Räumlichkeiten eine gewisse, nicht nur vorübergehende Verfügungsgewalt zusteht (→ RFH vom 26.9.1939 – RStBl. S. 1227, vom 19.12.1939 – RStBl. 1940 S. 25 und S. 26 und vom 11.3.1942 – RStBl. S. 801). Eine inländische Betriebsstätte eines ausländischen Unternehmens liegt auch dann vor, wenn der Betrieb in Räumen ausgeübt wird, die ein leitender Angestellter des Unternehmens unter seinem Namen gemietet und dem Unternehmen zur Verfügung gestellt hat (→ BFH vom 30.1.1974 – BStBl. II S. 327).

- **Vertretung im Rahmen eines Gewerbebetriebs des Vertreters.** Die Vertretung kann auch im Rahmen eines Gewerbebetriebs des Vertreters ausgeübt werden. So kann z.B. ein Handelsvertreter (§ 84 HGB) ständiger Vertreter in diesem Sinne sein (→ RFH vom 23.4.1941 – RStBl. S. 355).

Zu § 2a GewStG

R 2a. Arbeitsgemeinschaften

[1]Die Vorschrift des § 2a GewStG gilt nur für Arbeitsgemeinschaften, die auf Grund eines Werkvertrags oder Werklieferungsvertrags tätig werden. [2]Dagegen unterliegen Gemeinschaften, die einen gemeinsamen Ein- oder Verkauf betreiben, sofern dieser sich nicht auf die Erfüllung des Werk- oder Werklieferungsvertrags beschränkt, selbständig der Gewerbesteuer.

H 2a.

Auslegung des Gesellschaftsvertrags. Ob eine Arbeitsgemeinschaft den alleinigen Zweck hat, sich auf die Erfüllung eines einzigen Werk- oder Werklieferungsvertrags zu beschränken, ist durch Auslegung des Gesellschaftsvertrags zu ermitteln (→ BFH vom 2.12.1992 – BStBl. 1993 II S. 577).

Zu § 3 GewStG
(§§ 10–13 GewStDV)

R 3.0 Steuerbefreiungen nach anderen Gesetzen und Verordnungen

Sehen andere Gesetze oder Verordnungen die Befreiung von der Gewerbesteuer vor, sind diese auch ohne eine entsprechende Regelung im Gewerbesteuergesetz anzuwenden.

H 3.0

Steuerbefreiungen außerhalb des Gewerbesteuergesetzes.[1] Von der Gewerbesteuer sind auf Grund anderer Gesetze und Verordnungen u. a. befreit:

1. Kleinere Versicherungsvereine auf Gegenseitigkeit nach § 12a GewStDV vom 15.10.2002 (BGBl. I S. 4180), zuletzt geändert durch Artikel 2 des Gesetzes zur Modernisierung der Finanzaufsicht über Versicherungen vom 1.4.2015 (BGBl. I S. 434).
2. Einnehmer staatlicher Lotterien nach § 13 GewStDV vom 15.10.2002 (BGBl. I S. 4180), zuletzt geändert durch Artikel 2 des Gesetzes zur Modernisierung der Finanzaufsicht über Versicherungen vom 1.4.2015 (BGBl. I S. 434).
3. Sondervermögen und Investmentaktiengesellschaften nach § 11 Abs. 1 Satz 2 des Investmentsteuergesetzes vom 15.12.2003 (BGBl. I S. 2724), zuletzt geändert durch Art. 11 des Investmentsteuerreformgesetzes vom 19.7.2016 (BGBl. I S. 1730).
4. Ausgleichskassen und gemeinsame Einrichtungen der Tarifvertragsparteien nach § 12 Abs. 3 des Vorruhestandsgesetzes vom 13.4.1984 (BGBl. I S. 601, BStBl. I S. 332), zuletzt geändert durch Artikel 2 des Gesetzes vom 22.12.2005 (BGBl. I S. 3686).

H 3.1 Zu § 3 Nr. 1 GewStG

Betrieb einer Bar in Spielbanken. Weder der Betrieb einer Bar noch die Einnahmen aus der Verpachtung von Flächen zum Betrieb einer Bar in den Räumen einer Spielbank sind mit der Spielbankabgabe abgegolten und unterliegen somit der Gewerbesteuer (→ BFH vom 30.10.2014 – BStBl. II 2015 S. 565).

Lotterieunternehmen.

- Die Befreiungsvorschrift des § 3 Nr. 1 GewStG ist auf Lotterieunternehmen, die in der Rechtsform einer Kapitalgesellschaft betrieben werden, auch dann nicht anwendbar, wenn sich die Anteile in der Hand des Staates befinden (→ BFH vom 14.3.1961 – BStBl. III S. 212 und vom 13.11.1963 – BStBl. 1964 III S. 190).
- Demgegenüber ist § 3 Nr. 1 GewStG auf ein Lotterieunternehmen, das als rechtsfähige Anstalt des öffentlichen Rechts der Staatsaufsicht unterliegt, anzuwenden (→ BFH vom 24.10.1984 – BStBl. 1985 II S. 223).

---

[1] Steuerbefreit sind auch Unterstützungskassen nach § 15 Abs. 2 PostpersonalrechtsG v. 14.9.1994 (BGBl. I 1994, 2325, 2353) i. d. F. des G v. 28.5.2015 (BGBl. I 2015, 813) sowie REIT-Aktiengesellschaften nach § 16 REITG v. 28.5.2007 (BGBl. I 2007, 914).

Privater (nicht staatlicher) Lotterieveranstalter. Der private Veranstalter einer nicht genehmigten Lotterie kann weder die Gewerbesteuerfreiheit nach § 3 Nr. 1 GewStG in Anspruch nehmen noch ist er Einnehmer einer staatlichen Lotterie i. S. des § 13 GewStDV. Gegen die hieraus folgende Doppelbelastung mit Lotterie- und Gewerbesteuer bestehen keine verfassungsrechtlichen Bedenken (→ BFH vom *2.12.2010* – BStBl. 2011 II S. 368).[1]

Staatliche Lotterie. Zum Begriff der staatlichen Lotterie (→ BFH vom 14.3.1961 – BStBl. III S. 212, vom 13.11.1963 – BStBl. 1964 III S. 190 und vom 24.10.1984 – BStBl. 1985 II S. 223).

Zur Behandlung der Einnehmer einer staatlichen Lotterie.

– → § 13 GewStDV.
– Die Befreiungsvorschrift des § 13 GewStDV ist auf Einnehmer von Lotterieunternehmen, die in der Rechtsform einer Kapitalgesellschaft betrieben werden, auch dann nicht anwendbar, wenn sich die Anteile in der Hand des Staates befinden (→ BFH vom 14.3.1961 – BStBl. III S. 212 und vom 13.11.1963 – BStBl. 1964 III S. 190).
– Zur steuerbefreiten Tätigkeit des Einnehmers eines staatlichen Lotterieunternehmens kann es auch gehören, dass der Lotterieeinnehmer so genannte Lagerlose vorrätig hält und hierdurch selbst an den einzelnen Losziehungen der Lotterie teilnimmt (→ BFH-Urteil vom 25.3.1976 – BStBl. II S. 576).
– Der Bezirksstellenleiter einer staatlichen Lotterie, der keine Lotteriegeschäfte mit Kunden abschließt, ist kein von der Gewerbesteuer befreiter Lotterieeinnehmer i. S. d. § 13 GewStDV (→ BFH vom 10.8.1972 – BStBl. II S. 801).

H 3.6 Zu § 3 Nr. 6 GewStG

Gemeinnützige, mildtätige und kirchliche Körperschaften. → AEAO zu §§ 51 bis 68 AO.[2]

Gemeinnützige kommunale Eigengesellschaft (Rettungsdienst). Die Eigengesellschaft einer juristischen Person des öffentlichen Rechts kann nach § 5 Abs. 1 Nr. 9 KStG 2002 und § 3 Nr. 6 Satz 1 GewStG 2002 steuerbegünstigt sein. Das gilt auch, soweit sie in die Erfüllung hoheitlicher Pflichtaufgaben der Trägerkörperschaft eingebunden ist (→ BFH vom 27.11.2013 – BStBl. 2016 II S. 68).

Rückwirkende Aberkennung der Gemeinnützigkeit. Ist die tatsächliche Geschäftsführung einer gemeinnützigen GmbH nicht während des gesamten Besteuerungszeitraums auf die ausschließliche und unmittelbare Erfüllung der steuerbegünstigten Zwecke gerichtet, führt dies grundsätzlich nur zu einer Versagung der Steuerbefreiung für diesen Besteuerungszeitraum. Schüttet eine gemeinnützige GmbH jedoch die aus der gemeinnützigen Tätigkeit erzielten Gewinne überwiegend verdeckt an ihre steuerpflichtigen Gesellschafter aus, liegt ein schwer wiegender Verstoß gegen § 55 Abs. 1

[1] Redaktionsversehen; richtig: BFH v. **1.12.2010** IV R 18/09.
[2] Nr. **800**.

Nr. 1 bis 3 AO vor, der in Anwendung des § 61 Abs. 3 AO auch zum rückwirkenden Verlust der Gewerbesteuerbefreiung nach § 3 Nr. 6 GewStG führt (→ BFH vom 12.10.2010 – BStBl. 2012 II S. 226).

Wirtschaftliche Geschäftsbetriebe.[1] Unterhält ein in § 3 Nr. 6 Satz 1 GewStG[2] genanntes Unternehmen einen oder mehrere wirtschaftliche Geschäftsbetriebe, die keine Zweckbetriebe sind und übersteigen die Einnahmen insgesamt, einschließlich der Umsatzsteuer, im Jahr 35 000 Euro, tritt insoweit partielle Gewerbesteuerpflicht ein.
→ § 64 AO; → R 2.1 Abs. 5, H 2.1 (5).

R 3.7 Hochsee- und Küstenfischerei

Küstenfischerei im Sinne dieser Vorschrift ist auch die Fischerei auf dem Unterlauf der Weser und der Elbe und die Hafffischerei.

H 3.7 Zu § 3 Nr. 7 GewStG

Allgemeines.

- Für die Anwendung der Befreiungsvorschrift in § 3 Nr. 7 GewStG genügt es, dass eine der dort bezeichneten Voraussetzungen erfüllt ist (→ RFH vom 14.12.1937 – RStBl. 1938 S. 428).
- Die Binnenfischerei (Fischerei auf Binnengewässern einschließlich der Teichwirtschaft) gehört zur Landwirtschaft und unterliegt somit grundsätzlich nicht der Gewerbesteuer, § 13 Abs. 1 Nr. 2 EStG i.V.m. § 62 BewG. Dies gilt jedoch nicht, wenn ein Gewerbebetrieb kraft Rechtsform (Kapitalgesellschaft → R 2.1 Abs. 4) vorliegt. Für diesen Fall ist zu prüfen, ob die Voraussetzungen des § 3 Nr. 7 GewStG erfüllt sind.

Nebentätigkeit. Eine Nebentätigkeit, z.B. so genannte Angelfahrten, beeinträchtigt die Steuerbefreiung für die begünstigten Tätigkeiten nicht, solange der Betrieb als solcher seinen Charakter als Hochsee- und Küstenfischereibetrieb nicht einbüßt (→ BFH vom 19.7.1978 – BStBl. 1979 II S. 49).

H 3.8 Zu § 3 Nr. 8 GewStG

Erwerbs- und Wirtschaftsgenossenschaften und Vereine im Bereich der Land- und Forstwirtschaft.

- Mit der Bezugnahme auf § 5 Abs. 1 Nr. 14 KStG sind die Grundsätze der R 5.11 bis 5.16 KStR[3] zu beachten.
- Zu dem steuerbefreiten Tätigkeitsbereich gehört auch die Vermittlung von Leistungen im Bereich der Land- und Forstwirtschaft im Sinne des Bewertungsgesetzes, z.B. von Mietverträgen für Maschinenringe einschließlich der Gestellung von Personal. Der Begriff „Verwertung" um-

[1] Der Erlös aus dem Verkauf von Ökopunkten i. Z. m. der satzungsgemäßen Tätigkeit einer gemeinnützigen Stiftung ist steuerfrei; siehe BFH v. 24.1.2019 V R 63/16, BStBl. II 2019, 392.

[2] Die GewSt-Befreiung der Betriebskapitalgesellschaft nach § 3 Nr. 6 GewStG erstreckt sich auch auf das Besitzunternehmen; siehe BFH v. 19.10.2006 IV R 22/02, DStR 2006, 2207; dagegen eingelegte Vb. vom BVerfG (Beschl. v. 14.2.2008 1 BvR 19/07) nicht angenommen; siehe auch FN zu H 3.20 „Merkmalserstreckung ...".

[3] Nr. **100**.

fasst auch die Vermarktung und den Absatz, soweit die Tätigkeit im Bereich der Land- und Forstwirtschaft liegt. Nicht unter die Steuerbefreiung fällt dagegen die Rechts- und Steuerberatung (→ R 5.11 Abs. 4 Satz 2 bis 4 KStR).

– Werden landwirtschaftliche Nutzungs- und Verwertungsgenossenschaften sowie Vereine auf Grund gesetzlicher Vorschriften oder behördlicher Anordnungen gezwungen, Geschäfte mit Nichtmitgliedern zu machen, bleiben die Gewinne aus den Mitgliedergeschäften körperschaftsteuerfrei. Die Gewinne aus dem erzwungenen Nichtmitgliedergeschäft können, sofern eine Ermittlung im Einzelnen nur schwer oder nur mit erheblichem Arbeitsaufwand möglich wäre, für die Zwecke der Körperschaftsteuer im Schätzungswege ermittelt werden (→ R 5.11 Abs. 8 KStR). Der so ermittelte Gewinn aus Gewerbebetrieb ist auch bei der Ermittlung des Gewerbeertrags zugrunde zu legen.

H 3.9 Zu § 3 Nr. 9 GewStG

Pensions-, Sterbe-, Kranken- und Unterstützungskassen. Mit der Bezugnahme auf § 5 Abs. 1 Nr. 3 KStG sind die Grundsätze der → R 5.2 und 6 KStR[1] zu beachten.

H 3.11 Zu § 3 Nr. 11 GewStG

Steuerbefreiung öffentlich-rechtlicher Versicherungs- und Versorgungseinrichtungen von Berufsgruppen. Für die Steuerbefreiung der berufsständischen Versicherungs- und Versorgungseinrichtungen ist es entsprechend § 187a SGB VI unschädlich, wenn aus einer vom Arbeitgeber gezahlten Entlassungsentschädigung wegen Altersteilzeit neben den in § 5 Abs. 1 Nr. 8 KStG, § 3 Nr. 11 GewStG festgelegten Höchstbeträgen zur Reduzierung des versicherungsmathematischen Abschlags beim vorgezogenen Altersruhegeld Leistungen in die berufsständische Versorgungseinrichtung entrichtet werden (→ BMF vom 20.10.2003 – BStBl. I S. 558).

Umfang der Gewerbesteuerbefreiung. Die Steuerbefreiung für öffentlich-rechtliche Versorgungseinrichtungen erstreckt sich auch auf Einkünfte, die sie aus der ihr gesetzlich erlaubten Anlage ihres Vermögens erzielen (→ BFH vom 9.2.2011 – BStBl. 2012 II S. 601).

H 3.13 Zu § 3 Nr. 13 GewStG

Allgemeines.[2] → Abschnitte 4.21.1 bis 4.21.5 UStAE.[3]

Betrieb einer Unterrichtsanstalt als Ausübung eines freien Berufs. Ist der Betrieb einer Unterrichtsanstalt als Ausübung eines freien Berufs anzusehen, unterliegt dieser bereits aus diesem Grunde schon nicht der Gewerbesteuer.
→ H 15.6 (Erzieherische Tätigkeit) EStH; → H 15.6 (Unterrichtende Tätigkeit) EStH.[4]

---

[1] Nr. **100**.
[2] Im Rahmen der praktischen Ausbildung von Psychotherapeuten erbrachte Behandlungsleistungen sind gewstpflichtig; s. BFH v. 26.5.2021 V R 25/20, DStR 2021, 2832.
[3] Nr. **500**.
[4] Nr. **1**.

H 3.14 Zu § 3 Nr. 14 GewStG

Landwirtschaftliche Produktionsgenossenschaften: Verlustvortrag. Der Wechsel in der Steuerpflicht eines Gewerbesteuersubjekts aufgrund einer persönlichen Steuerbefreiung (hier § 3 Nr. 14 Buchst. a GewStG) führt nicht zum Wegfall des Gewerbesteuersubjekts. Bleibt das Steuersubjekt bei Beendigung und nachfolgendem erneuten Beginn der Gewerbesteuerpflicht bestehen, ist sowohl die Unternehmens- als auch die Unternehmeridentität gewahrt. Gewerbeverluste aus vorangegangenen, nicht steuerbefreiten Erhebungszeiträumen sind deshalb nach Wiedereintritt in die Steuerpflicht abzugsfähig (→ BFH vom 9.6.1999 – BStBl. II S. 733).

R 3.20 Krankenhäuser, Altenheime, Altenwohnheime, Pflegeheime und Pflegeeinrichtungen

(1) Krankenhäuser, Altenheime, Altenwohnheime, Pflegeheime, Einrichtungen zur vorübergehenden Aufnahme pflegebedürftiger Personen und Einrichtungen zur ambulanten Pflege kranker und pflegebedürftiger Personen sind nach § 3 Nr. 20 Buchstabe a GewStG ohne weitere Voraussetzungen von der Gewerbesteuer befreit, wenn diese Einrichtungen von juristischen Personen des öffentlichen Rechts betrieben werden.

(2) [1] Andere Einrichtungen sind unbeschadet des § 3 Nr. 6 GewStG jeweils unter den in § 3 Nr. 20 Buchstabe b bis d GewStG bezeichneten Voraussetzungen von der Gewerbesteuer befreit.[1)] [2] Bei diesen Einrichtungen ist es einerlei, ob sie von einer Körperschaft, einer natürlichen Person oder einer Personengesellschaft betrieben werden. [3] Die Befreiung gilt auch für einen Teil der Einrichtung, wenn dieser Teil räumlich oder nach seiner Versorgungsaufgabe als Einheit, z. B. als Abteilung oder besondere Einrichtung, abgrenzbar ist.

(3) Krankenhäuser, Altenheime, Altenwohnheime und Pflegeheime, die nach § 3 Nr. 20 GewStG von der Gewerbesteuer befreit sind, werden nicht dadurch gewerbesteuerpflichtig, dass sie, ohne ihr Wesen als Krankenhaus, Altenheim, Altenwohnheim oder Pflegeheim zu ändern, noch an einem anderen gewerblichen Betrieb beteiligt sind.

(4) [1] Teilstationäre Vorsorge- und Rehabilitationseinrichtungen sind von der Gewerbesteuer befreit, soweit sie die Voraussetzungen der §§ 107, 111 SGB V[2)] erfüllen. [2] Ambulante Vorsorgeeinrichtungen erfüllen dagegen nicht die Voraussetzungen für die Steuerbefreiung nach § 3 Nr. 20 Buchstabe d GewStG.

H 3.20 Zu § 3 Nr. 20 GewStG

Ambulantes Rehabilitationszentrum.

– Ein ambulantes Rehabilitationszentrum ist weder ein Krankenhaus gemäß § 3 Nr. 20 Buchst. b GewStG (→ BFH vom 22.10.2003 – BStBl. 2004 II S. 300 und vom 9.9.2015 – BStBl. 2016 II S. 286), noch eine Einrichtung

---

1) Keine GewSt-Befreiung für Einrichtungen, in denen gesunde Kinder und Säuglinge betreut werden; siehe OFD Magdeburg v. 13.10.2011, DStR 2012, 465. – Zur GewStPflicht eines ausschließlich ambulanten Dialysezentrums siehe BFH v. 25.1.2017 I R 74/14, BStBl. II 2017, 650, dagegen eingelegte Vb. vom BVerfG (Beschl. v. 13.8.2018 1 BvR 1211/17) nicht zur Entscheidung angenommen. – Zur GewStPflicht ambulanter Eingliederungshilfe für behinderte und kranke Menschen siehe BFH v. 29.9.2020 VIII R 10/17, BStBl. II 2021, 387.

2) **Aichberger SGB** Nr. 5.

zur vorübergehenden Aufnahme pflegebedürftiger Personen im Sinne des § 3 Nr. 20 Buchst. d GewStG.

– Zur Steuerbefreiung für EZ ab 2015 → § 3 Nr. 20 Buchst. e GewStG.

Ärztliche Wahlleistungen. Der Gewinn aus dem Klinikbetrieb als solchem ist nicht von der Gewerbesteuer befreit, wenn die Patienten einer Privatklinik ausschließlich auch ärztliche Wahlleistungen gemäß § 7 BPflV 1985 [jetzt BPflV vom 26.9.1994 – BGBl. I S. 2750, zuletzt geändert durch Artikel 4 des Gesetzes vom 17.3.2009 – BGBl. I S. 534][1] in Anspruch nehmen (→ BFH vom 2.10.2003 – BStBl. 2004 II S. 363).

Beteiligung an einem gewerblichen Betrieb. Ein Krankenhaus, das nach § 3 Nr. 20 GewStG von der Gewerbesteuer befreit ist, wird nicht dadurch gewerbesteuerpflichtig, dass es, ohne sein Wesen als Krankenhaus zu ändern, noch an einem anderen gewerblichen Betrieb beteiligt ist (→ RFH vom 25.11.1942 – RStBl. 1943 S. 43).

Betrieb eines Krankenhauses als Ausübung eines freien Berufs.

– → H 15.6 (Heil- und Heilhilfsberufe) EStH.[2]
– Ein Arzt, der eine Privatklinik betreibt, erzielt jedenfalls dann gewerbliche Einkünfte aus dem Betrieb der Klinik und freiberufliche Einkünfte aus den von ihm erbrachten stationären ärztlichen Leistungen, wenn die Leistungen der Klinik einerseits und die ärztlichen Leistungen andererseits gesondert abgerechnet werden (→ BFH vom 2.10.2003 – BStBl. 2004 II S. 363).

Krankenhäuser.

– Zum Begriff → R 7 f EStR 2005.[2]

Merkmalserstreckung bei Betriebsaufspaltung. Die Befreiung der Betriebskapitalgesellschaft von der Gewerbesteuer nach § 3 Nr. 20 Buchst. c GewStG erstreckt sich bei einer Betriebsaufspaltung auch auf die Vermietungs- oder Verpachtungstätigkeit des Besitzpersonenunternehmens (→ BFH vom 29.3.2006 – BStBl. II S. 661).[3] Ebenso im Falle einer nach § 3 Nr. 20 Buchst. b GewStG von der Gewerbesteuer befreiten Betriebskapitalgesellschaft (→ BFH vom 20.8.2015 – BStBl. 2016 II S. 408).

Organschaft.

– Die Befreiung einer Organgesellschaft von der Gewerbesteuer gemäß § 3 Nr. 20 GewStG 1984 erstreckt sich auch dann nicht auf eine andere Organgesellschaft desselben Organkreises, die die Befreiungsvoraussetzungen ihrerseits nicht erfüllt, wenn die Tätigkeiten der Gesellschaften sich gegenseitig ergänzen. Die tatbestandlichen Voraussetzungen einer gesetzlichen Steuerbefreiung müssen von der jeweiligen Organgesellschaft selbst erfüllt werden (→ BFH vom 4.6.2003 – BStBl. 2004 II S. 244).
– Die Befreiung einer Organträgerin von der Gewerbesteuer gem. § 3 Nr. 20 GewStG erstreckt sich nicht auf den ihr von der Organgesellschaft

---

[1] **Aichberger SGB** Nr. **5/30**.

[2] Nr. **1**.

[3] Ebenso zu § 3 Nr. 6 GewStG BFH v. 19.10.2006 IV R 22/02, DStR 2006, 2207; dagegen eingelegte Vb. vom BVerfG (Beschl. v. 14.2.2008 1 BvR 19/07) nicht angenommen. – Siehe zur Abgrenzung („Merkmalsübertragung") aber auch BFH v. 22.6.2016 X R 54/14, BStBl. II 2017, 529.

zuzurechnenden Gewerbeertrag, wenn die Organgesellschaft ihrerseits die Befreiungsvoraussetzungen nicht erfüllt (→ BFH vom 10.3.2010 – BStBl. 2011 II S. 181).

Rettungsdienste und Krankentransporte. Der Rettungsdienst und der Krankentransport sind nicht von der Gewerbesteuer befreit (→ BFH vom 18.9.2007 – BStBl. 2009 II S. 126).

Umfang der Gewerbesteuerbefreiung.[1] Die Gewerbesteuerbefreiung des § 3 Nr. 20 Buchst. c und d GewStG umfasst nur Tätigkeiten, die für den Betrieb einer der dort aufgeführten Altenheime, Altenwohnheime und Pflegeeinrichtungen notwendig sind. Nicht erfasst von der Steuerbefreiung werden daher Überschüsse aus Tätigkeiten, die bei einer von der Körperschaftsteuer befreiten Körperschaft als steuerpflichtige wirtschaftliche Geschäftsbetriebe zu behandeln sind (→ BFH vom 22.6.2011 – BStBl. II S. 892).

H 3.25 Zu § 3 Nr. 25 GewStG

Allgemeines.

- Wirtschaftsförderung i. S. des § 5 Abs. 1 Nr. 18 KStG setzt eine ausschließliche und unmittelbare Förderung von Unternehmen voraus (→ BFH vom 26.2.2003 – BStBl. II S. 723).
- Eine Wirtschaftsförderungsgesellschaft, deren hauptsächliche Tätigkeit sich darauf erstreckt, Grundstücke zu erwerben, hierauf Gebäude nach den Wünschen und Vorstellungen ansiedlungswilliger Unternehmen zu errichten und an diese zu verleasen, ist nicht nach § 5 Abs. 1 Nr. 18 KStG steuerbefreit (→ BFH vom 3.8.2005 – BStBl. 2006 II S. 141).

Zu § 4 GewStG

(§§ 14, 15 GewStDV)

R 4.1 Hebeberechtigung

Allgemeines

(1) [1]Die Hebeberechtigung ist das Recht einer Gemeinde, den Gewerbesteueranspruch unmittelbar dem Steuerpflichtigen gegenüber geltend zu machen, wenn ihr die Festsetzung und Erhebung der Gewerbesteuer durch ein Landesgesetz übertragen ist. [2]Hebeberechtigte Gemeinde für den stehenden Gewerbebetrieb ist diejenige Gemeinde, in der der Gewerbebetrieb seine Betriebsstätte hat. [3]Befinden sich Betriebsstätten desselben Gewerbebetriebs in mehreren Gemeinden oder erstreckt sich eine Betriebsstätte über mehrere Gemeinden, so ist jede dieser Gemeinden nach dem Teil des Steuermessbetrags hebeberechtigt, der auf sie entfällt. [4]Dieser Teil wird im Wege der Zerlegung des Steuermessbetrags (→ §§ 28 bis 34 GewStG) ermittelt.

Bindungswirkung

(2) [1]Für den Erlass des Gewerbesteuerbescheids ist der zugrunde liegende Gewerbesteuermessbescheid bindend (→ § 184 Abs. 1 Satz 2 i. V. m. § 182 Abs. 1 AO). [2]Nach § 184 Abs. 3 AO teilen deshalb die Finanzämter den Inhalt des Gewerbesteuermessbescheids den Gemeinden mit, denen die Steuerfestsetzung obliegt.

---

[1] Zur Abgrenzung siehe BFH v. 1.9.2021 III R 20/19, BStBl. II 2022, 83 (Zuordnung trennbarer Erträge).

H 4.1

Betriebsstätte. → R 2.9.

Reisegewerbebetrieb. → § 35a Abs. 3 GewStG.

Verletzung der Vorschriften über die örtliche Zuständigkeit. Die Aufhebung eines Gewerbesteuermessbescheides kann regelmäßig nicht allein deswegen beansprucht werden, weil er von einem örtlich unzuständigen Finanzamt erlassen worden ist (→ BFH vom 19.11.2003 – BStBl. 2004 II S. 751).

Verwaltung der Gewerbesteuer. → R 1.2.

Zu § 5 GewStG

R 5.1 Steuerschuldnerschaft[1]

R 5.1 (1)

Allgemeines

(1) [1] § 5 GewStG regelt die persönliche Steuerpflicht. [2] Wird ein Einzelunternehmen durch Aufnahme eines oder mehrerer Gesellschafter in eine Personengesellschaft umgewandelt oder scheiden aus einer Personengesellschaft alle Gesellschafter bis auf einen aus und findet dieser Rechtsformwechsel während des Kalenderjahrs statt, endet oder beginnt die Steuerschuldnerschaft und damit die persönliche Steuerpflicht des Einzelunternehmers und der Personengesellschaft im Zeitpunkt des Rechtsformwechsels. [3] Der Wechsel des Steuerschuldners ist bereits im Rahmen der Festsetzung des Steuermessbetrags (→ § 14 GewStG) zu berücksichtigen.

H 5.1 (1)

Formwechsel. Geht das Vermögen einer zweigliedrigen Personengesellschaft beim Ausscheiden eines der beiden Gesellschafter auf den verbleibenden Gesellschafter über, so sind für das Jahr des Formwechsels zwei Gewerbesteuermessbescheide, jeweils für die Zeit vor und nach dem Wechsel zu erlassen (→ BFH vom 13.10.2005 – BStBl. 2006 II S. 404).[2]

Unternehmerwechsel.
- Zur sachlichen Steuerpflicht → R 2.7.
- Zur Ermittlung des Steuermessbetrags → R 11.1.

Verdecktes Gesellschaftsverhältnis. Bei einem verdeckten Gesellschaftsverhältnis zwischen einer Personenhandelsgesellschaft und einer natürlichen Person ist der Gewerbesteuer- oder Gewerbesteuermessbescheid unter der Geltung des § 5 Abs. 1 GewStG 1977 nicht an die Innengesellschaft, sondern an die Personenhandelsgesellschaft als Steuerschuldnerin zu adressieren

---

[1] Zur Personengesellschaft als Steuerschuldner der GewSt bei Anteilsveräußerung siehe BFH v. 28.2.2013 IV R 33/09, BFH/NV 2013, 1122.

[2] Zur Gewährung des vollen GewSt-Freibetrags auch bei Wechsel der Steuerschuldnerschaft während des EZ siehe BFH v. 25.4.2018 IV R 8/16, BStBl. II 2018, 484.

(→ BFH vom 16.12.1997 – BStBl. 1998 II S. 480 – Abgrenzung zum BFH vom 7.4.1987 – BStBl. II S. 768).

R 5.1 (2)

Atypische stille Gesellschaft

(2)[1] [1]Bei einer atypischen stillen Gesellschaft ist Steuerschuldner der Gewerbesteuer nach § 5 Abs. 1 Satz 1 GewStG der Inhaber des Handelsgeschäfts. [2]Der Gewerbesteuermessbescheid und der Gewerbesteuerbescheid für die atypische stille Gesellschaft richten sich demzufolge an den Inhaber des Handelsgeschäfts und sind diesem als Steuerschuldner bekannt zu geben. [3]Sind die dem Inhaber des Handelsgeschäftes und den einzelnen atypisch stillen Gesellschaften zuzuordnenden Tätigkeiten als ein einziger Gewerbebetrieb zu beurteilen, sind an den Inhaber des Handelsgeschäftes nur ein Gewerbesteuermessbescheid und ein Gewerbesteuerbescheid zu richten. [4]Handelt es sich bei den Tätigkeiten dagegen um jeweils getrennte Gewerbebetriebe, ist an den Inhaber des Handelsgeschäftes für jeden getrennt zu beurteilenden Gewerbebetrieb ein gesonderter Gewerbesteuermessbescheid und ein Gewerbesteuerbescheid zu richten. [5]Absatz 1 gilt nicht im Fall der atypischen stillen Gesellschaft, weil hier durch Beginn und Beendigung des Gesellschaftsverhältnisses ein Wechsel in der Person des Steuerschuldners nicht stattfindet.

H 5.1 (2)

Mehrheit von Betrieben. → R 2.4 Abs. 5.

Steuerschuldnerschaft. Als Steuerschuldner kommen weder die atypische stille Gesellschaft selbst noch die an ihr beteiligten Personen in ihrer gesellschaftsrechtlichen Verbundenheit noch der stille Gesellschafter in Betracht (→ BFH vom 12.11.1985 – BStBl. 1986 II S. 311).

R 5.2 Europäische wirtschaftliche Interessenvereinigung (EWIV)

[1]Nach Art. 40 der Verordnung (EWG) Nr. 2137/85 des Rates vom 25.7.1985 über die Schaffung einer Europäischen wirtschaftlichen Interessenvereinigung (EWIV) – ABl. EG Nr. L 199 S. 1[2] – darf der Gewerbeertrag als Ergebnis der Tätigkeit der EWIV nur bei ihren Mitgliedern besteuert werden. [2]Gegen die Gesamtschuldner kann nach § 155 Abs. 3 AO ein zusammengefasster Gewerbesteuermessbescheid ergehen, in dem die Mitglieder der EWIV als Schuldner der Gewerbesteuer aufzuführen sind. [3]Die Bekanntgabe richtet sich nach § 122 AO. [4]Der Gewerbesteuerbescheid ist ebenfalls nur gegen die Mitglieder zu erlassen. [5]Welcher Gesamtschuldner in Anspruch genommen wird, ist in das Ermessen der Gemeinde gestellt (→ § 44 AO).

R 5.3 Haftung

[1]Für die Haftung gelten die Vorschriften des bürgerlichen Rechts und der Abgabenordnung. [2]Es ist Sache der Gemeinde, den Anspruch aus der Haftung geltend zu machen, wenn ihr die Festsetzung und Erhebung der Gewerbe-

---

[1] Keine GewSt-Pflicht sog. Ein-Unternehmer-Personengesellschaften; vgl. BFH v. 3.2.2010 IV R 26/07, BStBl. II 2010, 751.

[2] **Wirtschaftsgesetze** Nr. 42. Vgl. auch das EWIV-AusführungsG (**Wirtschaftsgesetze** Nr. **42a**).

steuer durch ein Landesgesetz übertragen ist. [3]Wird die Gewerbesteuer vom Finanzamt festgesetzt und erhoben, obliegt ihm auch die Geltendmachung eines Haftungsanspruchs.

H 5.3

Allgemeines. Wer kraft Gesetzes haftet, kann durch Haftungsbescheid in Anspruch genommen werden. Der Bescheid ist schriftlich zu erteilen (→ § 191 AO) und zu begründen. Gegen Haftungsbescheide der Gemeinde sind der Widerspruch und der Verwaltungsrechtsweg gegeben (→ §§ 68 bis 73 und § 40 Verwaltungsgerichtsordnung).[1)] Wegen der Heranziehung bei vertraglicher Haftung → § 192 AO. Gegen Haftungsbescheide des Finanzamts sind der Einspruch und der Finanzrechtsweg gegeben (→ § 347 Abs. 1 Nr. 1 AO, § 33 FGO).

Haftung. Es kommen insbesondere die folgenden Haftungstatbestände in Betracht:

1. § 69 AO (Haftung der Vertreter),
2. § 71 AO (Haftung des Steuerhinterziehers und des Steuerhehlers),
3. § 73 AO (Haftung bei Organschaft),
4. § 74 AO (Haftung des Eigentümers von Gegenständen),
5. § 75 AO (Haftung des Betriebsübernehmers),
6. § 25 Abs. 1 HGB (Haftung des Erwerbers eines Handelsgeschäfts),
7. § 128 HGB (Haftung des Gesellschafters einer OHG),
8. §§ 161 und 171 HGB (Haftung des Komplementärs und der Kommanditisten einer KG),
9. § 427 BGB (Haftung des Gesellschafters einer GbR).

Zu § 7 GewStG
(§ 16 GewStDV)

R 7.1 Gewerbeertrag

R 7.1 (1)

Allgemeines zur Ermittlung des Gewerbeertrags

(1) [1]Erträge, die dadurch anfallen, dass zu Lasten des Gewinns gebildete Rückstellungen aufgelöst oder entrichtete Beträge erstattet werden, bilden einen Bestandteil des der Ermittlung des Gewerbeertrags nach § 7 GewStG zugrunde zu legenden Gewinns aus Gewerbebetrieb. [2]Zur Vermeidung einer doppelten Besteuerung ist daher bei der Ermittlung des Gewerbeertrags der Gewinn um jene Erträge zu mindern, welche bereits mit Bildung der Rückstellung oder bei ihrer Entrichtung nach § 8 GewStG dem Gewinn aus Gewerbebetrieb hinzugerechnet worden sind. [3]Der Umfang der Minderung richtet sich dabei nach der Höhe der tatsächlichen Hinzurechnung. [4]Sind Hinzurechnungen nach § 8 Nr. 1 Buchstaben a) bis f) GewStG erfolgt, sind

---

1) **Sartorius** Nr. **600**.

zur Ermittlung der Minderung die als Bestandteil des Gewinns anzusehenden Erträge i.S. des Satzes 1 im Erhebungszeitraum der ursprünglichen Hinzurechnung, von den bei der Ermittlung der Hinzurechnung berücksichtigten Beträgen abzuziehen. [5]Die Differenz zwischen dem sich hiernach rechnerisch ergebenden Hinzurechnungsbetrag und dem seinerzeit tatsächlich hinzugerechneten Betrag ist der maßgebende Minderungsbetrag. [6]Liegt der rechnerische Hinzurechnungsbetrag unter dem Freibetrag, ist der ursprünglich tatsächliche Hinzurechnungsbetrag als Minderungsbetrag zu berücksichtigen.

H 7.1 (1)

Ausländische Betriebsstättenergebnisse. Nach § 2 Abs. 1 GewStG unterliegt der Gewerbesteuer jeder stehende Gewerbebetrieb, soweit er im Inland betrieben (soweit für ihn im Inland eine Betriebsstätte unterhalten) wird.
Soweit bei der Einkommensteuer (Körperschaftsteuer) Gewinne (Verluste) aus Betriebsstätten im Ausland erfasst sind, sind sie infolgedessen bei der Gewerbesteuer auszuscheiden (positive oder negative Kürzung gemäß § 9 Nr. 3 GewStG, → H 9.4).

Bewertungswahlrechte. Bilanzsteuerrechtliche Bewertungswahlrechte dürfen für die einkommen- und gewerbesteuerliche Gewinnermittlung nur einheitlich ausgeübt werden (→ BFH vom 25.4.1985 – BStBl. 1986 II S. 350, vom 28.6.1989 – BStBl. 1990 II S. 76, vom 9.8.1989 – BStBl. 1990 II S. 195 und vom 21.1.1992 – BStBl. II S. 958).

Billigkeitsmaßnahmen.
- Billigkeitsmaßnahmen nach *§ 163 Satz 2 AO*[1] (zeitliche Verlagerung der Besteuerung) wirken auch für die Gewinnermittlung bei der Gewerbesteuer (→ R 1.5 Abs. 2).[2]
- Dagegen sind Billigkeitsmaßnahmen nach *§ 163 Satz 1 AO*[1] bei der Gewerbesteuer nur dann zulässig, wenn die Festsetzung und Erhebung der Gewerbesteuer dem Finanzamt obliegt, es sei denn, dass die hebeberechtigte Gemeinde der Billigkeitsmaßnahme zugestimmt hat (→ H 1.5 (1)) oder dafür durch eine allgemeine Verwaltungsvorschrift der Bundesregierung, der obersten Bundesfinanzbehörde oder einer obersten Landesbehörde Richtlinien aufgestellt worden sind (→ R 1.5 Abs. 1, H 1.5 Abs. 1, § 184 Abs. 2 Satz 1 AO).

Eigenständige Ermittlung des Gewerbeertrags.
- Für gewerbesteuerliche Zwecke ist der Gewinn verfahrensrechtlich selbständig zu ermitteln. Dabei sind die Regelungen des Einkommensteuer- und Körperschaftsteuerrechts über die Ermittlung des Gewinns anzuwenden (→ BFH vom 25.10.1984 – BStBl. 1985 II S. 212 und vom 4.10.1988 – BStBl. 1989 II S. 299). Dies gilt auch für die anzuwendende Gewinnermittlungsart, so dass die einkommensteuerrechtlich gewählte Gewinnermittlungsart auch für die Ermittlung des Gewerbeertrags bin-

[1] § 163 AO neugef. durch G v. 18.7.2016, BGBl. I 2016, 1679.
[2] Siehe auch BFH v. 14.9.2017 IV R 51/14, BStBl. II 2018, 78 (FN zu R 1.5 Abs. 2 GewStR).

dend ist (→ BFH vom 5.11.2015 – BStBl. 2016 II S. 420). Sie sind nur insoweit nicht anzuwenden, als sie ausdrücklich auf die Einkommensteuer (Körperschaftsteuer) beschränkt sind (→ R 7.1 Abs. 3) oder ihre Nichtanwendung sich unmittelbar aus dem GewStG oder aus dem Wesen der Gewerbesteuer ergibt (→ BFH vom 11.12.1956 – BStBl. 1957 III

(Fortsetzung S. 49)

S. 105 und vom 29.11.1960 – BStBl. 1961 III S. 51). Es ist unerheblich, ob sich die Gewinnermittlungsmaßnahme innerhalb oder außerhalb der Bilanz auswirkt. In der Regel wird danach der für die Einkommensteuer (Körperschaftsteuer) maßgebende Gewinn mit dem für die Ermittlung des Gewerbeertrags festzustellenden Gewinn übereinstimmen. Eine rechtliche Bindung besteht aber nicht (→ BFH vom 22.11.1955 – BStBl. 1956 III S. 4, vom 27.4.1961 – BStBl. III S. 281, vom 11.12.1997 – BStBl. 1999 II S. 401 und vom 18.4.2012 – BStBl. II S. 647). Das gilt auch für die Fälle, in denen der Gewinn aus Gewerbebetrieb auf Grund des § 180 Abs. 1 Nr. 2 AO gesondert festgestellt wird (→ BFH vom 17.12.2003 – BStBl. 2004 II S. 699).

– Zu beachten sind ferner die Vorschriften
  1. der §§ 18 und 19 des UmwStG 2006, zuletzt geändert durch Artikel 6 des Gesetzes vom 2.11.2015 (BGBl. I S. 1834);[1]
  2. der §§ 7 bis 14 des AStG vom 8.9.1972 (BStBl. I S. 450), zuletzt geändert durch Artikel 6 des Gesetzes vom 19.7.2016 (BGBl. I S. 1730);[1]
  3. des § 7 Abs. 1 des Entwicklungsländer-Steuergesetzes in der Fassung der Bekanntmachung vom 21.5.1979 (BStBl. I S. 294), zuletzt geändert durch Artikel 81 der Verordnung vom 25.11.2003 (BGBl. I S. 2304), und
  4. des § 6 des Gesetzes über steuerliche Maßnahmen bei Auslandsinvestitionen der deutschen Wirtschaft vom 18.8.1969 (BStBl. I S. 477), zuletzt geändert durch Artikel 268 der Verordnung vom 31.8.2015 (BGBl. I S. 1474),[1]

  die die Anwendung dieser Gesetze für die Ermittlung des Gewerbeertrags vorschreiben.

Bilanzenzusammenhang. Bei der Ermittlung des als Gewerbeertrag anzusetzenden Gewinns sind im Falle einer Bilanzberichtigung auch die Grundsätze des Bilanzenzusammenhangs zu beachten (→ BFH vom 13.1.1977 – BStBl. II S. 472). Die Bilanzberichtigung für Zwecke der Festsetzung der Gewerbesteuer hindert nicht die entsprechende einkommensteuerliche Korrektur in einem späteren Veranlagungszeitraum (→ BFH vom 6.9.2000 – BStBl. 2001 II S. 106).

Einbringungsgewinn. Werden in Fällen einer Sacheinlage unter dem gemeinen Wert (→ § 20 Abs. 2 Satz 2 UmwStG)[2] die erhaltenen Anteile durch den Einbringenden innerhalb von sieben Jahren nach dem Einbringungszeitpunkt veräußert, gilt die Veräußerung als rückwirkendes Ereignis i. S. d. § 175 Abs. 1 Satz 1 Nr. 2 AO (→ § 22 Abs. 1 UmwStG). Ob der nach Maßgabe des § 16 EStG zu ermittelnde Einbringungsgewinn beim Einbringenden als laufender Gewerbeertrag der Gewerbesteuer unterliegt, richtet sich dabei nach den allgemeinen Grundsätzen zur Behandlung von Veräußerungs- oder Aufgabegewinnen.
→ § 7 Satz 2 GewStG; → H 7.1 (3).

Gewerblicher Grundstückshandel.
– Bei der Beurteilung der Frage, ob ein Steuerpflichtiger als gewerblicher Grundstückshändler anzusehen ist, sind diesem ebenfalls die Grund-

[1] **Steuergesetze** Nr. **130** (UmwStG), Nr. **725** (AStG), Nr. **745** (AuslInvG).
[2] **Steuergesetze** Nr. **130**.

stücksgeschäfte zuzurechnen, die von einer Personengesellschaft, an der er beteiligt ist, getätigt wurden (→ BFH vom 22.8.2012 – BStBl. II S. 865). Auch die Einbringung von Grundstücken in diese Personengesellschaft ist als Veräußerung durch den Steuerpflichtigen anzusehen (→ BFH vom 28.10.2015 – BStBl. 2016 II S. 95).

- Die persönlichen oder finanziellen Beweggründe für die Veräußerung von Immobilien sind für die Zuordnung zum gewerblichen Grundstückshandel oder zur Vermögensverwaltung unerheblich. Dies gilt auch für wirtschaftliche Zwänge, wie z. B. die Ankündigung von Zwangsmaßnahmen durch einen Grundpfandgläubiger (→ BFH vom 27.9.2012 – BStBl. 2013 II S. 433).
- In den Fällen von Grundstücksverkäufen, die zu einer gewerblichen Tätigkeit führen (→ H 15.5 (Grundstückskäufe) EStH, R 15.7 Abs. 1 EStR),[1] betreffen die mit dem Verkauf der Grundstücke zusammenhängenden Geschäftsvorfälle wirtschaftlich regelmäßig den laufenden Gewinn des Gewerbebetriebs; sie beeinflussen nicht einen etwaigen Veräußerungs- bzw. Betriebsaufgabegewinn (→ BFH vom 15.12.1971 – BStBl. 1972 II S. 291, vom 9.9.1993 – BStBl. 1994 II S. 105 und vom 25.1.1995 – BStBl. II S. 388).
- Zum Vorliegen eines Gewerbebetriebs (→ H 2.1) in Fällen der Veräußerung mehrerer Objekte an einen einzigen oder mehrere Erwerber → BFH vom 22.4.2015 – BStBl. II S. 897.

Kürzung um Hinzurechnungsbetrag nach § 10 Absatz 1 Satz 1 AStG.[2] → *Gleich lautende Erlasse der obersten Finanzbehörden der Länder vom 14.12.2015 – BStBl. I S. 1090 zu den Folgen aus dem BFH-Urteil vom 11.3.2015 – BStBl. II S. 1049.*[3]

Korrektur nach erfolgter Hinzurechnung. → RFH 7.12.1943 – RStBl. 1944 S. 148; → BFH vom 27.3.1961 – BStBl. III S. 280 und vom 13.12.1966 – BStBl. 1967 III S. 187.

Beispiel:

A ist Inhaber eines Einzelunternehmens. Der nach den Vorschriften des Einkommensteuergesetzes ermittelte Gewinn beträgt in den EZ 01 und 02 jeweils 100 000 €. Als Betriebsausgaben wurden jeweils Entgelte für Schulden in Höhe von 300 000 € berücksichtigt. Ein Teilbetrag in Höhe von 100 000 € der im EZ 01 gezahlten Entgelte für Schulden wurde im EZ 02 erstattet. Der Erstattungsbetrag ist im EZ 02 als Betriebseinnahme erfasst worden.

Lösung:

In den EZ 01 und 02 ist jeweils ein Hinzurechnungsbetrag nach § 8 Nr. 1 GewStG i. H. v. 50 000 € anzusetzen (Entgelte für Schulden i. H. v. 300 000 € abzüglich des Freibetrags nach § 8 Nr. 1 GewStG i. H. v. 100 000 €; davon ein Viertel). Die Erstattung im EZ 02 beeinflusst die in den EZ 01 und 02 zu berücksichtigenden Hinzurechnungsbeträge nicht. Zur Vermeidung einer doppelten Besteuerung ist der bei der Ermittlung des Gewerbeertrags nach § 7 GewStG im EZ 02 zugrunde zu legende Gewinn um den auf den Erstattungsbetrag entfallenden Hinzurechnungsbetrag des EZ 01 zu mindern.

---

[1] Nr. **1**.

[2] **[Amtl. Anm.:]** Hinweis auf § 7 Satz 7 und § 9 Nr. 3 Satz 1 GewStG i. d. F. des G v. 20.12.2016, BGBl. I 2016, 3000.

[3] Aufgeh. durch gleich lautenden Ländererlass v. 4.2.2021, BStBl. I 2021, 248.

Der Minderungsbetrag ist wie folgt zu bestimmen:

Entgelte für Schulden des EZ 01:	300 000 €
abzüglich Erstattungsbetrag:	100 000 €
abzüglich Freibetrag nach § 8 Nr. 1 GewStG:	100 000 €
verbleiben:	100 000 €
fiktiver Hinzurechnungsbetrag im EZ 01[1]:	25 000 €
tatsächlicher Hinzurechnungsbetrag im EZ 01:	50 000 €
Differenz (= Minderungsbetrag):	25 000 €

Im EZ 02 ist bei der Ermittlung des Gewerbeertrags ein Gewinn in Höhe von 75 000 € zugrunde zu legen (tatsächlicher Gewinn in Höhe von 100 000 € abzüglich des Minderungsbetrags in Höhe von 25 000 €).

Ermittlung des Gewerbeertrags:

	EZ 01	**EZ 02**
Ausgangsgröße i. S. d. § 7 GewStG:	100 000 €	75 000 €
Hinzurechnung nach § 8 Nr. 1 GewStG:	50 000 €	50 000 €
Gewerbeertrag i. S. d. § 7 GewStG:	150 000 €	125 000 €

Tonnagebesteuerung. Die Auflösung des Unterschiedsbetrags nach § 5a Abs. 4 EStG gehört zum Gewerbeertrag nach § 7 Satz 3 GewStG (→ BMF vom 12.6.2002 – BStBl. I S. 614 unter Berücksichtigung der Änderungen durch BMF vom 31.10.2008 – BStBl. I S. 956 und BFH vom 13.12.2007 – BStBl. 2008 II S. 583 und vom 26.6.2014 – BStBl. 2015 II S. 300).

Überführung von Einzelwirtschaftsgütern. Wenn die Überführung eines Wirtschaftsguts aus einem gewerblichen Betriebsvermögen in das Betriebsvermögen eines land- und forstwirtschaftlichen Betriebs, eines der Ausübung eines freien Berufs dienenden Betriebs oder in eine ausländische Betriebsstätte nach einkommensteuerrechtlichen Gewinnermittlungsgrundsätzen keine Entnahme darstellt, weil deren spätere Besteuerung durch den Verbleib in einem Betriebsvermögen sichergestellt ist, kann die Besteuerung der in dem Wirtschaftsgut ruhenden stillen Reserven allein für Zwecke der Gewerbesteuer nicht ausgelöst werden (→ BFH vom 14.6.1988 – BStBl. 1989 II S. 187).

Unentgeltliche Betriebs- oder Teilbetriebsübertragung. → § 6 Abs. 3 EStG.

Zur Behandlung einer Gewinnerhöhung auf Grund einer Wertaufholung nach ausschüttungsbedingter Teilwertabschreibung. → R 8.6.

R 7.1 (2)

Rechtsbehelfe

(2) Der Steuerpflichtige kann im Gewerbesteuermessbetragsverfahren Einwendungen gegen die Ermittlung des Gewinns aus Gewerbebetrieb unabhängig von dem Gang der Veranlagung bei der Einkommensteuer oder Körperschaftsteuer vorbringen.

H 7.1 (2)

Allgemeines. Zur Änderung des Gewerbesteuermessbescheids nach § 35b GewStG → R 35b.1.

---

[1] (300 000 € ./. Erstattung in 02: 100 000 € ./. Freibetrag 100 000 € = 100 000 € × ¼).

R 7.1 (3)

Gewinn bei natürlichen Personen und bei Personengesellschaften

(3) [1]Bei der Ermittlung des Gewinns sind für Zwecke der Gewerbesteuer insbesondere die folgenden Vorschriften nicht anzuwenden:

1. § 16 Abs. 1 Satz 1 Nr. 1 Satz 1, Nr. 2, Nr. 3 und Abs. 3 Satz 1 EStG (Veräußerung oder Aufgabe des Betriebs), und zwar auch in Fällen der Veräußerung eines Teilbetriebs oder des Anteils eines Gesellschafters;
2. § 17 EStG (Veräußerung von Beteiligungen im Privatvermögen);
3. § 24 EStG (Entschädigungen usw.);
4. § 15 Abs. 4 EStG;
5. § 15a EStG (Verluste bei beschränkter Haftung);
6. § 15b EStG (Verluste aus Steuerstundungsmodellen).

[2]Für die Ermittlung des Gewerbeertrags sind Betriebseinnahmen und Betriebsausgaben auszuscheiden, welche nicht mit der Unterhaltung eines laufenden Gewerbebetriebs zusammenhängen. [3]Gewinne (Verluste) aus der Veräußerung der Beteiligung an einer Mitunternehmerschaft gehören auch dann nicht zum Gewerbeertrag, wenn die Beteiligung zum Betriebsvermögen gehört. [4]Der von einer Mitunternehmerschaft erzielte Gewinn aus der Veräußerung oder Aufgabe eines Betriebs oder Teilbetriebs, eines Mitunternehmeranteils oder des Komplementäranteils an einer KGaA ist jedoch nur insoweit gewerbesteuerfrei, als er auf eine natürliche Person als unmittelbar beteiligten Mitunternehmer entfällt. [5]Die Veräußerung eines Mitunternehmeranteils an einer Mitunternehmerschaft, zu deren Betriebsvermögen die Beteiligung an einer Mitunternehmerschaft gehört (sog. doppelstöckige Personengesellschaft), ist als einheitlicher Veräußerungsvorgang zu behandeln. [6]Gewinne (Verluste) aus der Veräußerung eines Teils eines Mitunternehmeranteils sind nach § 16 Abs. 1 Satz 2 EStG laufende Gewinne und somit gewerbesteuerpflichtig. [7]Durch den Wechsel der Gewinnermittlungsart bedingte Hinzu- und Abrechnungen unterliegen ebenfalls als laufender Gewinn der Gewerbesteuer. [8]Die Verteilung nach R 4.6 Abs. 1 *Satz 4 und 5 EStR*[1] gilt auch für die Gewerbesteuer, es sei denn, die Änderung der Gewinnermittlungsart steht in einem zeitlichen Zusammenhang mit einem Unternehmerwechsel im Sinne der R 2.7.

H 7.1 (3)

Anwendung einkommensteuerrechtlicher Vorschriften und Verwaltungsanordnungen. Während die Einkommensteuer als Personensteuer beim gewerblichen Gewinn alle betrieblichen Vorgänge von den ersten Vorbereitungshandlungen zur Betriebseröffnung bis zur Veräußerung oder Entnahme des letzten betrieblichen Wirtschaftsgutes berücksichtigt, ist Gegenstand der Gewerbesteuer nur der durch den laufenden Betrieb anfallende Gewinn (→ BFH vom 13.11.1963 – BStBl. 1964 III S. 124).

---

[1] Jetzt R 4.6 Abs. 1 Satz 2 und 3 EStR (Nr. **1**).

Betriebsaufgabe.

- Im Fall der Betriebsaufgabe ist für diesen Zeitpunkt der Übergang zum Vermögensvergleich zu unterstellen. Die dabei erforderlichen Zu- und Abrechnungen gehören zum laufenden Gewinn und sind deshalb bei der Ermittlung des Gewerbeertrags zu berücksichtigen (→ BFH vom 23.11.1961 – BStBl. 1962 III S. 199 und vom 24.10.1972 – BStBl. 1973 II S. 233).
- Nach § 16 Abs. 3 Satz 5 EStG gilt der Gewinn aus der Aufgabe des Gewerbebetriebs als laufender Gewinn, soweit einzelne dem Betrieb gewidmete Wirtschaftsgüter im Rahmen der Aufgabe des Betriebs veräußert werden und soweit auf der Seite des Veräußerers und auf der Seite des Erwerbers dieselben Personen Unternehmer oder Mitunternehmer sind. Zur Anwendbarkeit des § 16 Abs. 3 Satz 5 EStG auch für die Gewerbesteuer (→ BFH vom 3.12.2015 – BStBl. 2016 II S. 544).

Entnahmevorgänge bei Umwandlung in eine Personengesellschaft. Entsteht bei einer Betriebsveräußerung oder der Einbringung eines Betriebs zu Buch- oder Zwischenwerten ein Gewinn aus der Überführung von nicht zu den wesentlichen Betriebsgrundlagen gehörenden Wirtschaftsgütern in das Privatvermögen, unterliegt dieser Gewinn auch dann nicht der Gewerbesteuer, wenn er bei der Einkommensteuer nach dem Tarif zu versteuern ist (→ BFH vom 29.10.1987 – BStBl. 1988 II S. 374).

Entschädigungen, nachträgliche Betriebseinnahmen.

- Eine Unfallentschädigung, die ein Gewerbetreibender wegen Erwerbsminderung aus der Haftpflichtversicherung des Schädigers erhält, gehört nicht zum Gewerbeertrag (→ BFH vom 20.8.1965 – BStBl. 1966 III S. 94 und vom 28.8.1968 – BStBl. 1969 II S. 8).
- Ausgleichsansprüche und Ausgleichszahlungen im Sinne des § 89b HGB bei Handelsvertretern sowie Entschädigungen für entgangenen Gewinn bei behördlich veranlasster Geschäftsraumverlegung gehören zum laufenden gewerblichen Gewinn und damit zum Gewerbeertrag i. S. d. § 7 GewStG (→ BFH vom 21.1.1965 – BStBl. III S. 172, vom 5.12.1968 – BStBl. 1969 II S. 196, vom 26.5.1971 – BStBl. II S. 717, vom 31.3.1977 – BStBl. II S. 618 und vom 18.12.1996 – BStBl. 1997 II S. 573). Ausgleichszahlungen i. S. d. § 89b HGB gehören auch dann zum laufenden Gewinn, wenn die Beendigung des Vertragsverhältnisses mit der Aufgabe des Betriebs zusammenfällt oder der Anspruch auf Ausgleichszahlung durch den Tod des Handelsvertreters entstanden ist und der Erbe den Betrieb aufgibt (→ BFH vom 24.11.1982 – BStBl. 1983 II S. 243, vom 9.2.1983 – BStBl. II S. 271, vom 19.2.1987 – BStBl. II S. 570 und vom 25.7.1990 – BStBl. 1991 II S. 218).

  Eine Ausgleichszahlung im Sinne von § 89b HGB, die ihren Grund in der Beendigung des Vertragsverhältnisses durch den Tod des Handelsvertreters hat und an dessen allein erbende Witwe geleistet wird, gehört aber dann nicht zum Gewerbeertrag des mit dem Tode eingestellten Gewerbebetriebs, wenn der Handelsvertreter seinen Gewinn nach § 4 Abs. 3 EStG ermittelte und diese Gewinnermittlungsart beibehalten wurde (→ BFH vom 10.7.1973 – BStBl. II S. 786).

- Wird die Entschädigung im Rahmen der Aufgabe eines Gewerbebetriebs gezahlt, so bleibt sie beim Gewerbeertrag außer Ansatz, wenn sie einkommensteuerrechtlich dem begünstigten Veräußerungs- oder Aufgabegewinn i. S. d. § 16 EStG zuzurechnen ist (→ BFH vom 17.12.1975 – BStBl. 1976 II S. 224).
- Eine nach § 3 Nr. 8 EStG steuerfreie Entschädigung gehört nicht zum Gewerbeertrag (→ BFH vom 12.1.1978 – BStBl. II S. 267).

Ermittlung des Gewerbeertrags bei Mitunternehmerschaften.

- Zum Gewerbeertrag einer Personengesellschaft gehören auch die Vergütungen an ihre Mitunternehmer i. S. v. § 15 Abs. 1 Satz 1 Nr. 2 EStG (→ BFH vom 6.7.1978 – BStBl. II S. 647, vom 6.11.1980 – BStBl. 1981 II S. 220, vom 24.11.1983 – BStBl. 1984 II S. 431, vom 25.10.1984 – BStBl. 1985 II S. 212 und vom 10.6.1987 – BStBl. II S. 816). Das gilt auch für die Gehälter der Geschäftsführer einer GmbH, die die Geschäfte einer GmbH & Co. KG führt, wenn die Empfänger zugleich Gesellschafter (Kommanditisten) der GmbH & Co. KG sind (→ BFH vom 26.1.1968 – BStBl. II S. 369 und vom 14.12.1978 – BStBl. 1979 II S. 284). Sie gehören ausnahmsweise nicht zum Gewinn (Gewerbeertrag), wenn der Empfänger zwar formal Gesellschafter, aber wirtschaftlich kein Mitunternehmer ist (→ BFH vom 26.6.1964 – BStBl. III S. 501). In den Gewerbeertrag einer Personengesellschaft ist auch der Gewinn einzubeziehen, den ein Gesellschafter aus der Veräußerung von Sonderbetriebsvermögen erzielt, das der Betätigung der Gesellschaft dient (→ BFH vom 6.11.1980 – BStBl. 1981 II S. 220 und zu Sonderbetriebsvermögen II → BFH vom 3.4.2008 – BStBl. II S. 742). Dagegen gehört der Veräußerungsgewinn eines von den Gesellschaftern einer Personengesellschaft von Anfang an privat genutzten Grundstücks nicht zum Gewerbeertrag, auch wenn es sich dabei um Gesamthandsvermögen handelt (→ BFH vom 3.10.1989 – BStBl. 1990 II S. 319). Zinsen, die ein Mitunternehmer für ein Darlehen aufwendet, das er zum Erwerb eines Mitunternehmeranteils aufgenommen hat, mindern den Gewinn der Personengesellschaft. Sie sind jedoch nach § 8 Nr. 1 GewStG dem Gewerbeertrag wieder hinzuzurechnen (→ BFH vom 9.4.1981 – BStBl. II S. 621).
- Wegen der Nutzungsüberlassung von Wirtschaftsgütern einer Personengesellschaft an eine andere ganz oder teilweise gesellschafteridentische Personengesellschaft (→ BMF vom 28.4.1998 – BStBl. I S. 583).
- Zur Anwendung der Regelungen des § 8b Abs. 1 bis 5 KStG sowie des § 3 Nr. 40 EStG bei der Ermittlung des Gewerbeertrags einer Mitunternehmerschaft → BMF vom 21.3.2007 – BStBl. I S. 302 (= Rechtsfolgen aus der Veröffentlichung des BFH-Urteils I R 95/05 vom 9.8.2006 im BStBl. 2007 II S. 279).

Gewinn aus der Veräußerung einer 100%igen Beteiligung an einer Kapitalgesellschaft. Der Gewinn aus der Veräußerung einer zum Betriebsvermögen gehörenden Beteiligung an einer Kapitalgesellschaft i. S. d. § 2 Abs. 2 GewStG ist auch dann Gewerbeertrag, wenn die Beteiligung das gesamte Nennkapital umfasst (→ § 16 Abs. 1 Satz 1 Nr. 1 Satz 2 EStG), es sei denn, die Veräußerung erfolgt im engen Zusammenhang mit der

Aufgabe des Gewerbebetriebs (→ BFH vom 2.2.1972 – BStBl. II S. 470). Dies gilt unabhängig davon, ob es sich um Anteile an einer inländischen oder ausländischen Kapitalgesellschaft handelt (→ BFH vom 29.8.1984 – BStBl. 1985 II S. 160).

Gewinnanteile stiller Gesellschafter.

– Wird die anteils- und beteiligungsidentische Schwesterpersonengesellschaft einer Kommanditistin als typische stille Gesellschafterin an der KG beteiligt und werden die Interessen anderer KG-Gesellschafter durch eine „Gewinnverschiebung" zwischen den Schwestergesellschaften nicht berührt, mindert der Gewinnanteil der stillen Gesellschafterin nur in angemessener Höhe den Gewerbeertrag der KG.

– Soweit der der stillen Gesellschafterin eingeräumte Gewinnanteil eine angemessene Höhe übersteigt, ist er der Kommanditistin zuzurechnen. Insoweit handelt es sich um eine verdeckte Entnahme der Gesellschafter aus der Kommanditistin verbunden mit einer verdeckten Einlage in deren Schwestergesellschaft.

– Soweit ein angemessener Gewinnanteil der stillen Gesellschafterin nicht durch einen konkreten Fremdvergleich ermittelt werden kann, ist – entsprechend den von der Rechtsprechung zu Familienpersonengesellschaften entwickelten Grundsätzen – im Allgemeinen eine Gewinnverteilung nicht zu beanstanden, die eine durchschnittliche Rendite der an Gewinn und Verlust beteiligten stillen Gesellschafterin bis zu 35% ihrer Einlage erwarten lässt.

(→ BFH vom 21.9.2000 – BStBl. 2001 II S. 299).

Mehrheit von Betrieben. → R 2.4.

Sondererbfolge. Bei einer Sonderrechtsnachfolge in den Mitunternehmeranteil (qualifizierte Nachfolgeklausel) handelt es sich um eine Sondererbfolge; deshalb unterliegt der beim Erblasser entstehende Gewinn aus der Entnahme des Sonderbetriebsvermögens nicht der GewSt (→ BFH vom 15.3.2000 – BStBl. II S. 316).

Veräußerungs- und Aufgabegewinne.

– Gewinne aus der Veräußerung oder Aufgabe eines Gewerbebetriebs oder eines Teilbetriebs im Sinne von § 16 Abs. 1 Satz 1 Nr. 1 Halbsatz 1 und Abs. 3 EStG gehören vorbehaltlich der Anwendung des § 7 Satz 2 GewStG bei einer Personengesellschaft nicht zum Gewerbeertrag (→ BFH vom 11.3.1982 – BStBl. II S. 707).

– Veräußerungs- oder Aufgabegewinne unterliegen als laufender Gewinn der Gewerbesteuer, soweit auf der Seite des Veräußerers und auf der Seite des Erwerbers dieselben Personen Unternehmer oder Mitunternehmer sind (→ § 16 Abs. 2 Satz 3, Abs. 3 Satz 2 EStG und BFH vom 15.6.2004 – BStBl. II S. 754).

– Zur Frage der Einbeziehung des Gewinns aus der Veräußerung eines Mitunternehmeranteils im Sinne des § 7 Satz 2 Nr. 2 GewStG in die erweiterte Kürzung gemäß § 9 Nr. 1 Satz 2 GewStG → H 9.2 (1).

– Eine GmbH & Co. KG, die ihren Geschäftsbereich veräußert und lediglich eine wesentliche Betriebsgrundlage zurückbehält, die sie fortan vermietet, bleibt gewerbesteuerpflichtig; der Veräußerungsgewinn ist in den Gewerbeertrag einzubeziehen (→ BFH vom 17.3.2010 – BStBl. II S. 977).

– Der Gewinn aus der Veräußerung eines zum Anlagevermögen zählenden Flugzeugs gehört zum gewerbesteuerbaren (laufenden) Gewinn, wenn die Veräußerung Bestandteil eines einheitlichen Geschäftskonzepts der unternehmerischen Tätigkeit ist (→ BFH vom 20.9.2012 – BStBl. 2013 II S. 498). Zu einheitlichem Geschäftskonzept → H 2.6 (1).

Vermögensübergang auf eine Personengesellschaft.

– → BMF vom 11.11.2011 – BStBl. I S. 1314 – Tz. 18.05 ff.[1]

– → § 18 UmwStG.[2]

– Veräußerung einer aus der Umwandlung einer Kapitalgesellschaft hervorgegangenen Personengesellschaft gegen Leibrente → BFH vom 17.7.2013 – BStBl. II S. 883.

Wechsel der Gewinnermittlungsart. → R 4.6 EStR und Anlage zu R 4.6 EStR.[3]

Zwischengeschaltete Personengesellschaft. Anwendung der §§ 3 Nr. 40 und 3c Abs. 2 EStG sowie § 8b KStG → § 7 Satz 4 GewStG.

R 7.1 (4)

Gewinn bei Körperschaften, Personenvereinigungen und Vermögensmassen

(4) [1]Bei unbeschränkt Steuerpflichtigen i. S. d. § 1 Abs. 1 Nr. 1 bis 3 KStG sind alle Einkünfte als Einkünfte aus Gewerbebetrieb zu behandeln. [2]Den als Ausgangspunkt für die Ermittlung des Gewerbeertrags zugrunde zu legenden Gewinn im Sinne des § 7 GewStG dürfen aber insbesondere folgende Beträge nicht mindern:

1. der Verlustabzug nach § 10d EStG;
2. die Freibeträge nach §§ 24 und 25 KStG.

[3]Die in R 7.1 Abs. 3 Nr. 4 dargelegten Grundsätze sind anzuwenden. [4]Liegen bei einer Kapitalgesellschaft die Voraussetzungen des § 8 Abs. 7 KStG vor, ist die Spartentrennung nach § 8 Abs. 9 KStG auch für die Gewerbesteuer vorzunehmen. [5]Demnach ist für jede der sich nach Maßgabe des § 8 Abs. 9 KStG ergebenden Sparten zunächst ein gesonderter Gewerbeertrag zu ermitteln. [6]Der Gewerbeertrag der Kapitalgesellschaft ist in diesen Fällen die Summe der positiven Gewerbeerträge der jeweiligen Sparten.

H 7.1 (4)

Erwerb und Veräußerung eigener Anteile. → BMF vom 27.11.2013 – BStBl. I S. 1615.

Übertragungsgewinn bei Umwandlung einer Kapitalgesellschaft auf eine Personengesellschaft als Alleingesellschafterin. Wird eine Kapi-

[1] **Steuererlasse** Nr. **130**.
[2] **Steuergesetze** Nr. **130**.
[3] Nr. **1** Anl. 1.

talgesellschaft auf eine Personengesellschaft als Alleingesellschafterin umgewandelt, ist der Übertragungsgewinn aus der Aufdeckung stiller Reserven in einer Beteiligung der umgewandelten Kapitalgesellschaft an einer Personengesellschaft nicht Bestandteil des Gewerbeertrags der umgewandelten Kapitalgesellschaft (→ BFH vom 28.2.1990 – BStBl. II S. 699).

Veräußerung eines Betriebs, Teilbetriebs oder einer betrieblichen Beteiligung bei Kapitalgesellschaften. Der Gewinn aus der Veräußerung eines Betriebs, eines Teilbetriebs oder einer betrieblichen Beteiligung gehört nach ständiger Rechtsprechung bei Kapitalgesellschaften zum Gewerbeertrag (→ BFH vom 5.9.2001 – BStBl. 2002 II S. 155).

R 7.1 (5)

Ermittlung des Gewerbeertrags im Fall der Organschaft

(5) [1] Organträger und Organgesellschaft bilden trotz der Betriebsstättenfiktion des § 2 Abs. 2 Satz 2 GewStG kein einheitliches Unternehmen. [2] Demnach ist für jedes der sachlich selbständigen Unternehmen im Organkreis der Gewerbeertrag unter Berücksichtigung der in den §§ 8 und 9 GewStG bezeichneten Beträge getrennt zu ermitteln. [3] Es unterbleiben aber Hinzurechnungen nach § 8 GewStG, soweit die Hinzurechnungen zu einer doppelten steuerlichen Belastung führen. [4] Eine doppelte Belastung kann eintreten, wenn die für die Hinzurechnung in Betracht kommenden Beträge bereits in einem der zusammenzurechnenden Gewerbeerträge enthalten sind. [5] Um eine Doppelbelastung zu vermeiden, sind ferner bei der Veräußerung einer Organbeteiligung durch den Organträger die von der Organgesellschaft während der Dauer des Organschaftsverhältnisses erwirtschafteten, aber nicht ausgeschütteten Gewinne, soweit sie in den Vorjahren im Organkreis der Gewerbesteuer unterlegen haben, bei der Ermittlung des Gewerbeertrags des Wirtschaftsjahrs des Organträgers abzuziehen, in dem die Beteiligung veräußert worden ist. [6] Auch eine verlustbedingte Wertminderung der Organbeteiligung muss gewerbesteuerlich unberücksichtigt bleiben, andernfalls würde sich der Verlust der Organgesellschaft doppelt auswirken. [7] Ist auf Grund des Verlusts der Organgesellschaft die Organbeteiligung auf den niedrigeren Teilwert abgeschrieben worden, kann die Teilwertabschreibung sich auf den Gewerbeertrag nicht mindernd auswirken, auch wenn sie bilanzsteuerrechtlich anzuerkennen ist. [8] Es wird vermutet, dass eine Identität der Verluste der Organgesellschaft mit den Verlusten des Organträgers besteht. [9] Wird eine Teilwertabschreibung nicht vorgenommen, die Organbeteiligung später aber zu einem entsprechend geringeren Verkaufspreis veräußert, ist bei der Ermittlung des Gewerbeertrags ein Betrag in Höhe des bei der Zusammenrechnung der Gewerbeerträge berücksichtigten Verlusts der Organgesellschaft hinzuzurechnen. [10] Der volle Gewerbeertrag – also vor Berücksichtigung der Gewinnabführungsvereinbarung und ggf. einschließlich des nur bei der Körperschaftsteuer vorhandenen eigenen Einkommens der Organgesellschaft in Höhe der geleisteten Ausgleichszahlungen – ist mit dem vom Organträger selbst erzielten Gewerbeertrag zusammenzurechnen. [11] Es sind die Gewerbeerträge derjenigen Wirtschaftsjahre des Organträgers und der Organgesellschaft zusammenzurechnen, die in demselben Erhebungszeitraum enden.

H 7.1 (5)

Allgemeine Grundsätze zur Organschaft. → R 2.3.

Dividendeneinnahmen einer Organgesellschaft.[1] Die im gewerbesteuerrechtlichen Organkreis für die Ermittlung der Gewerbeerträge der Organgesellschaft und des Organträgers nach § 7 Satz 1 (i. V. m. § 2 Abs. 2 Satz 2) GewStG 2002 maßgebenden Vorschriften des Körperschaftsteuergesetzes zur Ermittlung des Gewinns aus Gewerbebetrieb umfassen auch die in § 15 Satz 1 Nr. 2 Satz 1 und 2 (i. V. m. § 8b Abs. 1 bis 6) KStG 2002 (i. d. F. des SEStEG) angeordnete sog. Bruttomethode. Deswegen ist – zum einen – bei der Organgesellschaft ein von dieser vereinnahmter Gewinn aus Anteilen an einer ausländischen Kapitalgesellschaft bei der Berechnung des Kürzungsbetrags im Rahmen des sog. gewerbesteuerrechtlichen Schachtelprivilegs nach § 9 Nr. 7 Satz 1 GewStG 2002 nicht nach § 9 Nr. 7 Satz 3 i. V. m. § 9 Nr. 2a Satz 4 GewStG 2002 (i. d. F. des JStG 2007) um fiktive nichtabziehbare Betriebsausgaben nach § 8b Abs. 5 KStG 2002 zu vermindern, und beim Organträger ist der Gewinn aus den Kapitalanteilen – zum anderen – infolge des der Organgesellschaft gewährten sog. Schachtelprivilegs in dem ihm (nach § 2 Abs. 2 Satz 2 GewStG 2002) zugerechneten Gewerbeertrag nicht i. S. von § 15 Satz 1 Nr. 2 Satz 2 KStG 2002 (i. d. F. des SEStEG) enthalten, weshalb auch bei ihm keine Hinzurechnung von fiktiven nichtabziehbaren Betriebsausgaben nach § 8b Abs. 5 KStG 2002 vorzunehmen ist (→ BFH vom 17.12.2014 – BStBl. 2015 II S. 1052).

Teilwertabschreibungen bei Organschaft. Besteht gewerbesteuerrechtlich ein Organschaftsverhältnis, ist der beim Organträger zusammenzufassende Gewerbeertrag des Organkreises um Teilwertabschreibungen des Organträgers auf Beteiligungen an Organgesellschaften zu erhöhen, soweit die Teilwertabschreibungen betragsmäßig den erlittenen Verlusten der Organgesellschaft entsprechen (→ BFH vom 6.11.1985 – BStBl. 1986 II S. 73). Teilwertabschreibungen aufgrund einer Gewinnabführung mindern ebenso wie aufgrund einer Gewinnausschüttung den Gewerbeertrag im Organkreis nicht (→ BFH vom 19.11.2003 – BStBl. 2004 II S. 751). Teilwertabschreibungen mindern den Gewerbeertrag des Organkreises, wenn sie sich auf Ausschüttungen der Organgesellschaft bzgl. Gewinne aus vororganschaftlicher Zeit beziehen (→ BFH vom 30.1.2002 – BStBl. 2003 II S. 354).

Übernahmegewinn bei Umwandlung in Organschaftsfällen.

- Besteht eine gewerbesteuerrechtliche Organschaft und wird die Organgesellschaft in eine Personengesellschaft umgewandelt, unterliegt ein Umwandlungsgewinn, der beim herrschenden Unternehmen entsteht, insoweit nicht der Gewerbesteuer, als er aus aufgespeicherten Gewinnen der Organgesellschaft herrührt, die auf Grund der Organschaft bereits durch Zurechnung zum Gewerbeertrag des herrschenden Unternehmens versteuert wurden (→ BFH vom 26.1.1972 – BStBl. II S. 358).
- Entsteht bei der Umwandlung eines Organs auf den Organträger dadurch ein Übernahmegewinn, dass der Buchwert des Vermögens des Organs

[1] **[Amtl. Anm.:]** Für EZ ab 2017 → § 7a GewStG in der ab 2017 geltenden Fassung (G v. 20.12.2016, BGBl. I 2016, 3000).

infolge der Nichtausschüttung von nachorganschaftlichen Gewinnen den Buchwert des Anteils des Organträgers an dem Organ übersteigt, unterliegt dieser Gewinn bei dem Organträger nicht der Gewerbesteuer (→ BFH vom 17.2.1972 – BStBl. II S. 582).

Zur Berücksichtigung von Gewerbeverlusten innerhalb des Organkreises. → H 10a.4.

Zur Berücksichtigung von Gewerbesteuerbefreiungen innerhalb des Organkreises. → H 3.20.

R 7.1 (6)

Ermittlung des Gewerbeertrags bei Genossenschaften

(6) – *unbesetzt* –

H 7.1 (6)

Allgemeines.

– Wegen der Besonderheiten bei der Ermittlung des Gewinns → § 22 KStG und R 22 KStR.[1]
– Wegen der steuerlichen Behandlung von landwirtschaftlichen Nutzungs- und Verwertungsgenossenschaften, bei denen nur bestimmte Nichtmitgliedergeschäfte besteuert werden, → H 3.8.
– Wegen der steuerlichen Behandlung von Veräußerungsgewinnen → R 7.1 Abs. 4.

R 7.1 (7, 8)

Besteuerung kleiner Körperschaften

(7) [1]Nach § 156 Abs. 2 AO kann die Festsetzung von Steuern unterbleiben, wenn feststeht, dass die Kosten der Einziehung einschließlich der Festsetzung außer Verhältnis zu dem festzusetzenden Betrag stehen. [2]Diese Voraussetzung kann im Einzelfall bei kleinen Körperschaften, insbesondere bei Vereinen, Stiftungen und Genossenschaften und bei juristischen Personen des öffentlichen Rechts, erfüllt sein. [3]Bei diesen Körperschaften kann das in Satz 1 bezeichnete Missverhältnis insbesondere vorliegen, wenn der Gewinn im Einzelfall offensichtlich 500 Euro nicht übersteigt. [4]Dem entsprechend kann in diesen Fällen von der Festsetzung eines Gewerbesteuermessbetrags abgesehen werden.

Ermittlung des Gewerbeertrags bei Abwicklung und Insolvenz

(8) [1]Bei einem in der Abwicklung befindlichen Unternehmen i. S. d. § 2 Abs. 2 GewStG ist nach § 16 GewStDV der Gewerbeertrag, der im Zeitraum der Abwicklung entstanden ist, auf die Jahre des Abwicklungszeitraums zu verteilen. [2]Abwicklungszeitraum ist der Zeitraum vom Beginn bis zum Ende der Abwicklung. [3]Wird jedoch von der Bildung eines Rumpfwirtschaftsjahrs abgesehen, beginnt der Abwicklungszeitraum am Schluss des vorangegange-

---

[1] Nr. **100**.

nen Wirtschaftsjahrs. [4]Die Verteilung des in diesem Zeitraum erzielten Gewerbeertrags auf die einzelnen Jahre geschieht nach dem Verhältnis, in dem die Zahl der Kalendermonate, in denen im einzelnen Jahr die Steuerpflicht bestanden hat, zu der Gesamtzahl der Kalendermonate des Abwicklungszeitraums steht. [5]Dabei ist der angefangene Monat voll zu rechnen. [6]Ist über das Vermögen des Unternehmens das Insolvenzverfahren eröffnet worden, ist der in dem Zeitraum vom Tag der Insolvenzeröffnung bis zur Beendigung des Insolvenzverfahrens erzielte Gewerbeertrag entsprechend den vorstehenden Ausführungen zur Abwicklung auf die einzelnen Jahre zu verteilen. [7]Das gilt nicht nur für Unternehmen i. S. d. § 2 Abs. 2 GewStG, sondern für Unternehmen aller Art (→ § 16 Abs. 2 GewStDV). [8]Wird der Betrieb einer Kapitalgesellschaft, über deren Vermögen das Insolvenzverfahren eröffnet ist, zunächst weitergeführt und wird erst später mit der Insolvenzabwicklung begonnen, ist das Wirtschaftsjahr, auf dessen Anfang oder in dessen Lauf der Beginn der Insolvenzabwicklung fällt, das erste Jahr des Abwicklungszeitraums, für den die in § 16 Abs. 2 GewStDV vorgesehene Verteilung des Gewerbeertrags in Betracht kommt.

H 7.1 (8)

Beginn der Abwicklung. Beginnt die Abwicklung im Laufe eines Wirtschaftsjahrs, ist grundsätzlich für die Zeit vom Schluss des vorangegangenen Wirtschaftsjahrs bis zum Beginn der Abwicklung ein Rumpfwirtschaftsjahr zu bilden, das nicht in den Abwicklungszeitraum einzubeziehen ist (→ BFH vom 17.7.1974 – BStBl. II S. 692).

Besteuerungszeitraum. → BMF vom 4.4.2008 – BStBl. I S. 542.[1)]

Zu § 8 GewStG
(§§ 17–19 GewStDV)

R 8.1 Hinzurechnung von Finanzierungsanteilen[2)]

R 8.1 (1)

Entgelte für Schulden[3)]

(1) [1]Entgelte für Schulden sind die Gegenleistung für die eigentliche Nutzung von Fremdkapital und die vorzeitige Zurverfügungstellung von Kapital. [2]Hierbei ist für die Frage, ob hinzuzurechnende Entgelte vorliegen, nicht die Bezeichnung, sondern der wirtschaftliche Gehalt der Leistung entscheidend. [3]Zu den Entgelten für Schulden gehören sowohl Zinsen zu einem festen oder variablen Zinssatz als auch Vergütungen für partiarische Darlehen, Genussrechte und Gewinnobligationen. [4]Das gleiche gilt für Leistungen, die zwar nicht als Zinsen bezeichnet werden, aber wie diese Entgeltscharakter haben, wie zum Beispiel das Damnum, das bei der Ausgabe von Hypotheken und

---

1) Teil-Nichtanwendungserlass zu BFH v. 18.9.2007 I R 44/06, BStBl. II 2008, 319.

2) Zur Verfassungskonformität gewerbesteuerrechtlicher Hinzurechnungen siehe BFH v. 14.6.2018 III R 35/15, BStBl. II 2018, 662.

3) Zur Verfassungsmäßigkeit der Nichtabzugsfähigkeit der GewSt von der KSt siehe BFH v. 16.1.2014 I R 21/12, BStBl. II 2014, 531, Vb. nicht zur Entscheidung angenommen, siehe BVerfG v. 12.7.2016 2 BvR 1559/14, BStBl. II 2016, 812 (Ls.).

anderen Darlehen vereinbart wird, sowie das Disagio, das bei der Ausgabe von Schuldverschreibungen einer Kapitalgesellschaft gewährt wird. [5]Bei Bankkrediten sind die laufenden Sondervergütungen (z. B. Provisionen, Garantieentgelte), die neben den Zinsen vereinbart sind, in der Regel den Entgelten für Schulden zuzurechnen. [6]Soweit die von den Banken angesetzten Provisionen mit nicht in Anspruch genommenen Krediten zusammenhängen, fallen sie nicht unter die Vorschrift des § 8 Nr. 1 Buchstabe a GewStG. [7]Bereitstellungs- und Zusageprovisionen stellen keine Gegenleistung für die eigentliche Nutzung von Fremdkapital dar und unterliegen somit nicht der Hinzurechnung nach § 8 Nr. 1 Buchstabe a GewStG. [8]Die Umsatzprovision fällt insoweit nicht unter die hinzuzurechnenden Entgelte, als sie das Entgelt für Leistungen der Bank bildet, die nicht in der Überlassung des Kapitals bestehen, sondern darüber hinausgehende weitere Leistungen darstellen. [9]Auch die mit Schulden zusammenhängenden Geldbeschaffungskosten, laufenden Verwaltungskosten, Depotgebühren, Währungsverluste, Bereitstellungszinsen usw. sind keine hinzurechnungspflichtigen Entgelte. [10]Die Deckungsrückstellung (Deckungsrücklage) der Lebensversicherungsunternehmen ist keine Schuld im Sinne des Gewerbesteuergesetzes.

H 8.1 (1)

Allgemeines. Auf die Dauer des Schuldverhältnisses kommt es nicht an. Auch ist es nicht von Bedeutung, ob die Schulden mit oder ohne Willen des Schuldners oder des Gläubigers entstanden sind, ob sie das Betriebsvermögen erhöht oder nur dessen Verminderung verhindert haben, ob die Gegenwerte am Stichtag noch vorhanden und ob die Schulden verzinslich sind (→ BFH vom 28.6.1957 – BStBl. III S. 287).

ABC der als Entgelt für Schulden anzusehenden Leistungen.

– **Diskontbeträge,** soweit sich diese auf den Finanzierungsanteil beziehen. Demnach sind enthaltene Nebenkosten – Verwaltungsgebühren, Risikoprämien, Wertermittlungskosten und vergleichbare Kosten – nicht in die Hinzurechnung einzubeziehen, zu Zeitpunkt und Umfang der Hinzurechnung (→ Rdnr. 21 und 23 gleich lautende Erlasse der obersten Finanzbehörden der Länder vom 2.7.2012 – BStBl. I S. 654).[1)]

– **Skonti/wirtschaftlich vergleichbare Vorteile,** wenn diese nicht dem gewöhnlichen Geschäftsverkehr entsprechen und somit der Finanzierungseffekt im Vordergrund steht (→ Rdnr. 16 Gleich lautende Erlasse der obersten Finanzbehörden der Länder vom 2.7.2012 – BStBl. I S. 654).[1)]

– **Verwaltungskosten,** wenn sie ihrer Höhe nach prozentual an dem Darlehensbetrag bemessen und bezogen auf die gesamte Laufzeit des Darlehens zu zahlen und nicht für besondere, über die Kapitalüberlassung hinausgehende Leistungen des Kreditgebers zu erbringen sind (→ BFH vom 9.8.2000 – BStBl. 2001 II S. 609).

– **Vorfälligkeitsentschädigungen,** die für die vorzeitige Rückzahlung eines Darlehens bei Verkürzung einer ursprünglich vereinbarten Min-

---

1) Geänd. durch gleich lautenden Ländererlass v. 6.4.2022, BStBl. I 2022, 638.

destlaufzeit entrichtet werden, weil sie wie die vereinbarten Zinsen Entgelt für die Kreditgewährung sind (→ BFH vom 20.3.1980 – BStBl. II S. 538 und BFH vom 25.2.1999 – BStBl. II S. 473).

ABC der nicht als Entgelt für Schulden anzusehenden Leistungen.

– **Avalprovisionen/Avalgebühren.** → BFH vom 29.3.2007 – BStBl. II S. 655.
– **Bauzeitzinsen,** die als Herstellungskosten aktiviert sind; dies gilt sowohl für den Erhebungszeitraum der Aktivierung, als auch in Erhebungszeiträumen, in denen sie sich über Abschreibungen auf den Gewinn ausgewirkt haben (→ BFH vom 30.4.2003 – BStBl. 2004 II S. 192 und Rdnr. 13 gleich lautende Erlasse der obersten Finanzbehörden der Länder vom 2.7.2012 – BStBl. I S. 654).[1]
– **Bereitstellungszinsen.** → BFH vom 10.7.1996 – BStBl. 1997 II S. 253.
– **Erbbauzinsen,** soweit diese Entgelt für die Überlassung des Grund und Bodens darstellen (→ BFH vom 7.3.2007 – BStBl. II S. 654), zur Behandlung von als Anschaffungskosten oder Herstellungskosten aktivierten Erbbauzinsen → Bauzeitzinsen.
– **Negative Einlagezinsen.** → Gleich lautende Erlasse der obersten Finanzbehörden der Länder von 17.11.2015 – BStBl. I S. 896.
– **Teilwertabschreibungen,** die steuerlich zulässig als Aufwand abgesetzt wurden; dies gilt auch, wenn das Unternehmen die abgeschriebene Forderung im Folgenden zum abgeschriebenen Wert veräußert (→ Rdnr. 18 gleich lautende Erlasse der obersten Finanzbehörden der Länder vom 2.7.2012 – BStBl. I S. 654).[1]
– **Zins-Swap-Geschäfte,** die im Zusammenhang mit einem Swap-Geschäft gezahlten Vergütungen werden nicht für die Überlassung von Kapital, sondern für die Absicherung eines Zinsrisikos gezahlt (→ BFH vom 4.6.2003 – BStBl. 2004 II S. 517 und Rdnr. 14 und 15 gleich lautende Erlasse der obersten Finanzbehörden der Länder vom 2.7.2012 – BStBl. I S. 654).[1]

Anwendungsfragen zur Hinzurechnung von Finanzierungsanteilen nach § 8 Nr. 1 GewStG. → Gleich lautende Erlasse der obersten Finanzbehörden der Länder vom 2.7.2012 – BStBl. I S. 654.[1]

Aufzinsungsbeträge. Aus dem Abzinsungsvorgang nach § 6 Abs. 1 Nr. 3 EStG und der nachfolgenden Aufzinsung ergeben sich keine Entgelte im Sinne von § 8 Nr. 1 Buchst. a GewStG (→ Rdnr. 39 des BMF-Schreibens vom 26.5.2005 – BStBl. I S. 699 und → H 6.10 (Abzinsung) sowie Rdnr. 12 gleich lautende Erlasse der obersten Finanzbehörden der Länder vom 2.7.2012 – BStBl. I S. 654).[1]

Beteiligung an einer nicht gewerblichen Grundstücksgemeinschaft. Ist ein Gewerbebetrieb an einer nicht gewerblichen Grundstücksgemeinschaft (Gesamthands- oder Bruchteilsgemeinschaft) beteiligt, gehören auch die im Rahmen der Grundstücksgemeinschaft aufgenommenen Schulden anteilig zu den Schulden des Gewerbebetriebs (→ BFH vom 28.1.1975 – BStBl. II S. 516).

---

[1] Geänd. durch gleich lautenden Ländererlass v. 6.4.2022, BStBl. I 2022, 638.

Durchlaufende Kredite.[1] Bei einem Unternehmen, das einen Kredit aufgenommen und weitergeleitet hat, liegt ein hinzurechnungspflichtiger Zinsaufwand vor (→ Rdnr. 11 gleich lautende Erlasse der obersten Finanzbehörden der Länder vom 2.7.2012 – BStBl. I S. 654).[2]

Forfaitierung. Zur Forfaitierung von Ansprüchen aus schwebenden Verträgen → Rdnr. 19 ff. gleich lautende Erlasse der obersten Finanzbehörden der Länder vom 2.7.2012 – BStBl. I S. 654.[2]

Saldierung mit Guthaben.[3] Das Vorhandensein von flüssigen Mitteln, die zur Tilgung ausreichen, steht der Annahme von Schulden in der Regel nicht entgegen (→ RFH vom 7.12.1938 – RStBl. 1939 S. 330 und BFH vom 6.11.1985 – BStBl. 1986 II S. 415). Das gilt auch dann, wenn die flüssigen Mittel in einem Guthaben auf einem anderen Konto bei demselben Kreditgeber bestehen und die Konten zu dem Zweck geführt werden, verschiedene Geschäftsbeziehungen dauernd getrennt voneinander zu behandeln (→ RFH vom 11.3.1942 – RStBl. S. 716). Eine Saldierung einer Schuld mit einem Guthaben bei demselben Kreditgeber kann nur im Ausnahmefall bei Einheitlichkeit, Regelmäßigkeit oder gleichbleibender Zweckbestimmung der Kreditgeschäfte, bei regelmäßiger Verrechnung der Konten oder dann in Betracht kommen, wenn der über ein Konto gewährte Kredit jeweils zur Abdeckung der aus dem anderen Konto ausgewiesenen Schuld verwendet wird (→ BFH vom 10.11.1976 – BStBl. 1977 II S. 165).

Substanzerhaltungspflicht. Die im Rahmen einer Unternehmenspacht von dem Pächter übernommene Verpflichtung, für die bei Pachtbeginn erhaltenen Rohstoffe, Halb- und Fertigfabrikate bei Aufhebung des Pachtverhältnisses dieselbe Vorratsmenge in gleicher Art und Güte zurückzugeben, stellt eine Schuld dar (→ BFH vom 30.11.1965 – BStBl. 1966 III S. 51).

Unionsrechtmäßigkeit der Hinzurechnung von Zinsen. Die gewerbesteuerliche Hinzurechnung von Schuldzinsen verstößt nicht gegen das geltende Unionsrecht (→ EuGH vom 21.7.2011 – BStBl. 2012 II S. 528 und BFH vom 7.12.2011 – BStBl. 2012 II S. 507).

Verfassungsmäßigkeit der Hinzurechnungen nach § 8 Nr. 1 GewStG.
- Es ist nicht ernstlich zweifelhaft, dass § 8 Nr. 1 GewStG in aktueller Fassung mir dem Grundgesetz vereinbar ist (→ BFH vom 16.10.2012 – BStBl. 2013 II S. 30).
- → BVerfG vom 15.2.2016 – BStBl. II S. 557.

Verrechnung von Entgelten für Schulden mit erhaltenen Erstattungen. Eine Verrechnung von Aufwendungen, die als Entgelte für Schulden anzusehen sind, mit erhaltenen Erstattungen oder Zuschüssen ist ausnahmsweise nur dann zulässig, wenn ein ursächlicher Zusammenhang zwischen dem tatsächlich für einen bestimmten Kredit entstandenen Aufwand

---

[1] Zur Hinzurechnung von Zinsen bei durchlaufenden Krediten siehe BFH v. 17.7.2019 III R 24/16, BStBl. II 2020, 48.

[2] Geänd. durch gleich lautenden Ländererlass v. 6.4.2022, BStBl. I 2022, 638.

[3] Zur Hinzurechnung der Schuldzinsen bei Cash-Pooling siehe BFH v. 11.10.2018 III R 37/17, BStBl. II 2019, 275.

und dem Zufluss besteht (→ BFH vom 4.2.1976 – BStBl. II S. 551 und vom 23.11.1983 – BStBl. 1984 II S. 217). In diesem Zusammenhang mindern Zinsverbilligungszuschüsse von dritter Seite die hinzuzurechnenden Entgelte für Schulden (→ BFH vom 4.5.1965 – BStBl. III S. 417), weiterhin → Saldierung mit Guthaben.

Versicherungsunternehmen. Wie die Deckungsrückstellung (Deckungsrücklage) der Lebensversicherungsunternehmen sind auch die verzinslich angesammelten Gewinnanteile der Versicherungsnehmer keine Schulden, wenn die Gegenwerte ähnlichen Verfügungsbeschränkungen wie die Bestände des Deckungsstocks unterliegen (→ Gutachten des RFH vom 26.11.1943 – RStBl. 1944 S. 171). Die Rückstellung für Beitragsrückerstattung ist als Schuld zu behandeln, soweit die Gegenwerte nicht ähnlichen Verfügungsbeschränkungen unterliegen wie die Bestände des Deckungsstocks (→ BFH vom 26.4.1960 – BStBl. III S. 311, vom 4.4.1963 – BStBl. III S. 264 und vom 11.4.1984 – BStBl. II S. 598). Der Grundsatz, dass die Deckungsrückstellung keine Schuld im Sinne des Gewerbesteuergesetzes ist, schließt nicht aus, dass Hypothekenschulden, die auf einem zum Deckungsstock gehörenden Grundstück lasten, Schulden sein können (→ BFH-Urteil vom 21.7.1966 – BStBl. III S. 630); weiterhin → Rdnr. 24 ff. gleich lautende Erlasse der obersten Finanzbehörden der Länder vom 2.7.2012 – BStBl. I S. 654).[1]

Zahlung von Überpreisen. Die Zahlung von Überpreisen führt beim Lieferanten zu einer Schuld, wenn der Mehrbetrag dem Kunden auf einem besonderen Konto gutgeschrieben und banküblich verzinst wird (→ BFH vom 21.2.1991 – BStBl. II S. 474).

R 8.1 (2)

Renten und dauernde Lasten

(2) [1]Die Hinzurechnung nach § 8 Nr. 1 Buchstabe b GewStG ist auf betriebliche Renten und dauernde Lasten beschränkt. [2]Bei passivierten Renten und dauernden Lasten ergibt sich die Höhe des unter § 8 Nr. 1 Buchstabe b GewStG fallenden Finanzierungsanteils aus dem Unterschied zwischen der laufenden Zahlung (Aufwand) und der Verminderung des Passivpostens für die Verpflichtung (Ertrag). [3]Der durch den Wegfall der Verpflichtung entstehende außerordentliche Ertrag berührt den hinzuzurechnenden Betrag nicht.

H 8.1 (2)

Abgrenzung zu privaten Versorgungsrenten. Die bei Vermögensübertragungen von Eltern auf Kinder bestehende Vermutung für das Vorliegen einer privaten Versorgungsrente ist jedenfalls dann entkräftet, wenn die Vertragsparteien Leistung und Gegenleistung wie unter Fremden nach kaufmännischen Gesichtspunkten gegeneinander abgewogen haben und subjektiv davon ausgegangen sind, dass die Leistungen im maßgeblichen Zeitpunkt des Vertragsschlusses in etwa wertgleich sind (→ BFH vom 30.7.2003 – BStBl. 2004 II S. 211).

---

[1] Geänd. durch gleich lautenden Ländererlass v. 6.4.2022, BStBl. I 2022, 638.

Aufwendungen für Zusagen auf Leistungen der betrieblichen Altersversorgung. → Rdnr. 27 gleich lautende Erlasse der obersten Finanzbehörden der Länder vom 2.7.2012 – BStBl. I S. 654.[1)]

Erbbauzinsen gelten nicht als dauernde Last (→ BFH vom 7.3.2007 – BStBl. II S. 654).[2)]

Wertsicherungsklausel. Erhöht sich die Verpflichtung infolge einer Wertsicherungsklausel, sind auch die durch Wirksamwerden der Wertsicherungsklausel erhöhten Rentenbeträge hinzuzurechnen, soweit sie den Gewinn gemindert haben; ausgenommen ist aber der Aufwand, der durch die Erhöhung des Passivpostens für die Verpflichtung entsteht (→ BFH vom 12.11.1975 – BStBl. 1976 II S. 297).

R 8.1 (3)

Gewinnanteile des stillen Gesellschafters

(3) [1]Der Begriff des stillen Gesellschafters im Sinne des § 8 Nr. 1 Buchstabe c GewStG geht insofern über den handelsrechtlichen (und den einkommensteuerrechtlichen) Begriff hinaus, als nicht die Beteiligung an einem Handelsgewerbe erforderlich ist, sondern die Beteiligung an einem Gewerbe schlechthin genügt, für die laut Vereinbarung der Vertragspartner die Vorschriften der §§ 230 bis 237 HGB gelten sollen. [2]Bei der Ermittlung der Summe der nach § 8 Nr. 1 GewStG hinzuzurechnenden Finanzierungsanteile ist auch ein Verlustanteil des stillen Gesellschafters zu berücksichtigen, soweit dieser Verlustanteil den Verlust aus Gewerbebetrieb gemindert hat. [3]*Wird die Summe hierdurch negativ, kommt eine „negative Hinzurechnung" nicht in Betracht.*[3)]

H 8.1 (3)

Abgrenzung des stillen Gesellschaftsverhältnisses vom partiarischen Darlehen. → BFH vom 8.3.1984 – BStBl. II S. 623 und vom 19.10.2005 – BStBl. 2006 II S. 334.

Atypische stille Gesellschaften. Im Gegensatz zur typischen stillen Gesellschaft sind atypische stille Gesellschaften, auch wenn die stille Beteiligung an einer GmbH besteht, nach den Grundsätzen der Mitunternehmerschaft zu behandeln (→ BFH vom 15.12.1992 – BStBl. 1994 II S. 702). Die Gewinnanteile des atypischen stillen Gesellschafters sind Teil des gewerblichen Gewinns der Mitunternehmerschaft und dürfen diesen nicht mindern (→ BFH vom 12.11.1985 – BStBl. 1986 II S. 311).

---

1) Geänd. durch gleich lautenden Ländererlass v. 6.4.2022, BStBl. I 2022, 638.

2) Siehe auch BFH v. 18.3.2009 I R 9/08, BStBl. II 2010, 560; zur Anwendung siehe OFD Magdeburg v. 20.7.2010 G 1422-38-St 216 sowie Rz. 32a gleich lautender Ländererlass v. 2.7.2012, BStBl. I 2012, 654, geänd. durch gleich lautenden Ländererlass v. 6.4.2022, BStBl. I 2022, 638.

3) **[Amtl. Anm.:]** R 8.1 Abs. 3 Satz 3 ist durch BFH vom 1.10.2015, I R 4/14, BStBl. 2017 II S. 59 und vom 28.1.2016, I R 15/15, BStBl. 2017 II S. 62 überholt. Vgl. dazu H 8.1 (3) „Verlustanteile des stillen Gesellschafters".

Begriff des stillen Gesellschafters. → BFH vom 5.6.1964 – BStBl. 1965 III S. 49, vom 8.7.1965 – BStBl. III S. 558, vom 11.11.1965 – BStBl. 1966 III S. 95, vom 7.2.1968 – BStBl. II S. 356, vom 28.7.1971 – BStBl. II S. 815, vom 6.10.1971 – BStBl. 1972 II S. 187, vom 27.2.1975 – BStBl. II S. 611, vom 1.6.1978 – BStBl. II S. 570, vom 16.8.1978 – BStBl. 1979 II S. 51, vom 7.12.1983 – BStBl. 1984 II S. 373 und vom 8.4.2008 – BStBl. II S. 852.

Gewinnabhängige Bezüge nach Beendigung des stillen Gesellschaftsverhältnisses. Zu den Gewinnanteilen des stillen Gesellschafters im Sinne des § 8 Nr. 1 Buchst. c GewStG gehören auch gewinnabhängige Bezüge, die nach Beendigung des stillen Gesellschaftsverhältnisses für die von dem stillen Gesellschafter während des Bestehens des Gesellschaftsverhältnisses erbrachten Leistungen gewährt werden (→ BFH vom 17.2.1972 – BStBl. II S. 586).

Stille Beteiligung an einem Mitunternehmeranteil. Auch die Gewinnanteile des stillen Gesellschafters eines Mitunternehmers (Unterbeteiligten) fallen unter die Hinzurechnungsvorschrift des § 8 Nr. 1 Buchst. c GewStG (→ BFH vom 8.10.1970 – BStBl. 1971 II S. 59).

Verlustanteile des stillen Gesellschafters.

- Bei der Ermittlung der Summe der nach § 8 Nr. 1 GewStG 2002 (i. d. F. des UntStRefG 2008) hinzuzurechnenden Finanzierungsanteile ist auch ein Verlustanteil des stillen Gesellschafters zu berücksichtigen, soweit dieser Verlustanteil den Verlust aus Gewerbebetrieb gemindert hat (→ R 8.1 Abs. 3 Satz 2 GewStR 2009). Wird durch die Berücksichtigung des Verlustanteils die Summe der hinzuzurechnenden Finanzierungsanteile negativ, dann ist diese Summe grundsätzlich – entgegen R 8.1 Abs. 3 Satz 3 GewStR 2009 – negativ hinzuzurechnen (→ BFH vom 1.10.2015 – BStBl. 2017 II S. 59).
- Die Betragsgrenze für die Hinzurechnung (§ 8 Nr. 1 GewStG 2002 i. d. F. des UntStRefG 2008) von 100 000 € ist im Fall einer negativen Summe der hinzuzurechnenden Finanzierungsanteile nicht spiegelbildlich anzuwenden. Lautet daher die Summe der Einzelhinzurechnungsbeträge auf einen Betrag zwischen ./. 1 € und ./. 100 000 €, dann ist ein Viertel dieser Summe dem Gewinn aus Gewerbebetrieb (negativ) hinzuzurechnen (→ BFH vom 28.1.2016 – BStBl. 2017 II S. 62).

R 8.1 (4)

Miet- und Pachtzinsen für bewegliche und unbewegliche Wirtschaftsgüter

(4) [1]Unter Miet- und Pachtzinsen sind nicht nur Barleistungen, sondern alle Entgelte zu verstehen, die der Mieter oder der Pächter für den Gebrauch oder die Nutzung des Gegenstandes an den Vermieter oder den Verpächter zu zahlen hat. [2]Für die Abgrenzung der Wirtschaftsgüter im Sinne des § 8 Nr. 1 Buchstabe d und e GewStG ist von dem Begriff des Wirtschaftsguts im Sinne des § 4 EStG auszugehen.

H 8.1 (4)

Antizipiertes Besitzkonstitut. Ein Mietvertrag und kein Lizenzvertrag liegt vor, wenn jemand mit Genehmigung und unter Ausnutzung von Lizenzen eines anderen Gegenstände selbst herstellt und nutzt, die mit der Herstellung nach dem Willen der Vertragspartner in das Eigentum des anderen Vertragsteils übergehen (→ BFH vom 2.11.1965 – BStBl. 1966 III S. 70).

Bare-boat-Charterverträge. Bare-boat-Charterverträge fallen unter § 8 Nr. 1 Buchst. d GewStG (→ BFH vom 27.11.1975 – BStBl. 1976 II S. 220).

Begriff des Miet- oder Pachtvertrags. Bei der Beurteilung, ob ein Miet- oder Pachtvertrag vorliegt, kommt es darauf an, ob die Verträge ihrem wesentlichen rechtlichen Gehalt nach Miet- oder Pachtverträge im Sinne des bürgerlichen Rechts sind (→ BFH vom 31.7.1985 – BStBl. 1986 II S. 304).[1] Es ist unerheblich, ob die Mietverträge nur für kurze Zeit abgeschlossen werden, die Miet- oder Pachtzinsen angemessen sind oder der Abschluss des Miet- oder Pachtvertrages wirtschaftlich sinnvoll ist (→ BFH vom 30.3.1994 – BStBl. II S. 810).

Begriff des Wirtschaftsguts. → H 4.2 (1) Wirtschaftsgut EStH.[2]

Benutzung einer Kaianlage.

- Wird einem Schifffahrtsunternehmen von der Hafenverwaltung in einem besonderen Vertrag gestattet, den Güter- und Personenverkehr von einem näher gekennzeichneten Teil einer Kaianlage mit Vorrang vor anderen Hafenbenutzern abzuwickeln, erfolgt mangels eines Mietvertrags keine Hinzurechnung nach § 8 Nr. 1 Buchst. d GewStG für die Benutzung der Kaianlage (→ BFH vom 9.11.1983 – BStBl. 1984 II S. 149). Zur Überlassung von Rechten (→ § 8 Nr. 1 Buchst. f GewStG und R 8.1 Abs. 6).
- Überlässt eine Stadt eine in ihrem Hafen belegene Kaje (Kai) einem Dritten zur ständigen Nutzung, ist das dafür zu zahlende Entgelt dann Mietzins im Sinne des § 8 Nr. 1 Buchst. d GewStG, wenn die Stadt verpflichtet ist, die Kaje herzurichten und für eine bestimmte Wassertiefe zu sorgen. Die Kaje ist eine Betriebsvorrichtung (→ BFH vom 31.7.1985 – BStBl. 1986 II S. 304).

Betrieb einer Deponie. Räumt ein Grundstückseigentümer einem Unternehmen zum Betrieb einer Deponie gegen Entgelt das Recht ein, das betreffende Grundstück mit Abfall zu verfüllen, wird das Grundstück und nicht ein vom Grund und Boden verselbständigtes Wirtschaftsgut „Auffüllrecht“ vermietet oder verpachtet (→ BFH vom 17.12.2003 – BStBl. 2004 II S. 519), zu Rechten (→ § 8 Nr. 1 Buchst. f GewStG).

Betriebsvorrichtungen als bewegliche Wirtschaftsgüter des Anlagevermögens. → R 7.1 Abs. 3 EStR[2] und BFH vom 20.6.1990 – BStBl. II S. 913.

---

[1] Lagergebühren aufgrund eines Lagervertrags i. S. d. §§ 467 ff. HGB sind keine Pachtzinsen i. S. d. § 8 Nr. 1 Buchst. e GewStG; siehe FM S-Anh v. 11.4.2016 – 46 – G 1422 – 83.

[2] Nr. **1.**

Bildung einer Erneuerungsrückstellung. Ist der Pächter einer gewerblichen Betriebseinrichtung dem Verpächter gegenüber verpflichtet, zur Abgeltung der Abnutzung eine Erneuerungsrückstellung zu bilden, sind die dieser Rückstellung zugeführten Beträge als Teil der Pachtzinsen im Sinne des § 8 Nr. 1 Buchst. d oder e GewStG anzusehen (→ RFH vom 11.2.1941 – RStBl. S. 292).

Eigentum. Der Begriff „Eigentum" in § 8 Nr. 1 Buchst. d und e GewStG ist weit auszulegen, er umfasst auch den Eigenbesitz (wirtschaftliches Eigentum) im Sinne des § 39 Abs. 2 Nr. 1 AO (→ BFH vom 6.7.1966 – BStBl. III S. 599 und vom 6.3.1968 – BStBl. II S. 478).

Gemischte Verträge.

– → Rdnr. 6 und 7 gleich lautende Erlasse der obersten Finanzbehörden der Länder vom 2.7.2012 – BStBl. I S. 654).[1]
– Ist bei einem gemischten Vertrag die Vermietung eine von den übrigen Leistungen trennbare Hauptleistung, z. B. Überlassung von Know-how und Vermietung von Spezialmaschinen, so ist das Entgelt, soweit es auf die Vermietung entfällt, dem Gewerbeertrag hinzuzurechnen (→ BFH vom 15.6.1983 – BStBl. 1984 II S. 17).
– Zeitcharterverträge, d. h. Verträge mit Mannschaftsgestellung, sind keine Miet- oder Pachtverträge im Sinne des § 8 Nr. 1 Buchst. d und e GewStG, da die Beförderungsleistung unter Einsatz des gestellten Personals im Vordergrund steht. Eine weitergehende Aufteilung des Entgelts scheidet aus, da es sich hierbei um eine Leistung handelt, die das Wesen des ganzen Vertrages entscheidend beeinflusst (→ BFH vom 23.7.1957 – BStBl. III S. 306 und Rdnr. 7 gleich lautende Erlasse der obersten Finanzbehörden der Länder vom 2.7.2012 – BStBl. I S. 654).[1]

Miet- und Pachtzinsen.

– Der Wert eines vom Mieter oder vom Pächter erstellten Gebäudes stellt Entgelt für die Nutzung dar, wenn das Gebäude entschädigungslos in das Eigentum des zur Grundstücksüberlassung Verpflichteten übergeht und der Vermögenszuwachs seine Grundlage in dem Miet- oder Pachtvertrag hat (→ BFH vom 26.7.1983 – BStBl. II S. 755).
– Zu den Miet- und Pachtzinsen[2] gehören die Aufwendungen des Mieters oder Pächters für die Instandsetzung, Instandhaltung und Versicherung des Miet- oder Pachtgegenstandes, die er über seine gesetzliche Verpflichtung nach bürgerlichem Recht hinaus (§§ 582 ff. BGB) auf Grund vertraglicher Verpflichtungen übernommen hat (→ BFH vom 27.11.1975 – BStBl. 1976 II S. 220 und Rdnr. 29 gleich lautende Erlasse der obersten Finanzbehörden der Länder vom 2.7.2012 – BStBl. I S. 654).[1]

Monopolabgaben der Versorgungsunternehmen. → RFH vom 9.2.1943 – RStBl. S. 508.

---

[1] Geänd. durch gleich lautenden Ländererlass v. 6.4.2022, BStBl. I 2022, 638.
[2] Zur gewerbesteuerrechtl. Hinzurechnung von Mietzinsen bei Überlassung von Ausstellungsflächen in Messehallen siehe BFH v. 25.10.2016 I R 57/15, DStR 2017, 24.

Netzentgelte. → Rdnr. 29c, 29d und 29e gleich lautende Erlasse der obersten Finanzbehörden der Länder vom 2.7.2012 – BStBl. I S. 654.[1]

Verträge zwischen Gesellschaftern und ihren Personengesellschaften. Überlässt der Gesellschafter einer Personengesellschaft dieser ein Wirtschaftsgut zur Nutzung, das er im Rahmen seines Gewerbebetriebs von einem Dritten (Vermieter) gemietet hat, und verpflichtet sich die Personengesellschaft gegenüber ihrem Gesellschafter, das zwischen diesem und dem Vermieter vereinbarte Nutzungsentgelt unmittelbar an den Vermieter zu zahlen, sind die an den Vermieter gezahlten Mietzinsen dem Gewerbeertrag der Personengesellschaft hinzuzurechnen (→ BFH vom 31.7.1985 – BStBl. 1986 II S. 304).

Weitervermietung oder Weiterverpachtung.[2]

- Auch die Mieten und Pachten für weitervermietete oder -verpachtete Immobilien sind dem Gewinn aus Gewerbebetrieb gemäß § 8 Nr. 1 Buchst. e GewStG 2002 hinzuzurechnen (→ BFH vom 4.6.2014 – BStBl. 2015 II S. 289). Die Besteuerungsfolgen, die aus der Hinzurechnung der Mieten und Pachten für weitervermietete oder -verpachtete Immobilien zum Gewinn aus Gewerbebetrieb gemäß § 8 Nr. 1 Buchst. e GewStG 2002 i. d. F. des UntStRefG 2008 resultieren, entsprechen im Regelfall den gesetzgeberischen Wertungen und rechtfertigen daher grundsätzlich keinen Erlass der Gewerbesteuer wegen sachlicher Unbilligkeit (→ BFH vom 4.6.2014 – BStBl. 2015 II S. 293).
- → Rdnr. 29a gleich lautende Erlasse der obersten Finanzbehörden der Länder vom 2.7.2012 – BStBl. I S. 654.[1]

Wirtschaftsgüter des Anlagevermögens. Miet- und Pachtzinsen werden dann für die Benutzung von Wirtschaftsgütern des Anlagevermögens gezahlt, wenn die Wirtschaftsgüter für den Fall, dass sie im Eigentum des Mieters oder Pächters stünden, dessen Anlagevermögen zuzurechnen wären (→ BFH vom 29.11.1972 – BStBl. 1973 II S. 148).

Zuführungen zur Rekultivierungsrückstellung. Die im Zusammenhang mit der behördlichen Genehmigung zum Abbau von Bodenschätzen durch den Grundstückspächter vorzunehmenden Zuführungen zu einer Rekultivierungsrückstellung stellen keinen Bestandteil der Pachtzinsen im Sinne des § 8 Nr. 1 Buchst. e GewStG dar, wenn diese auch der zumindest teilweisen Erfüllung einer eigenen Verpflichtung des Grundstückspächters dienen (→ BFH vom 21.6.2012 – BStBl. II S. 692).

---

[1] Geänd. durch gleich lautenden Ländererlass v. 6.4.2022, BStBl. I 2022, 638.

[2] Auch bei Zwischenvermietung findet die Hinzurechnung verausgabter Miet- und Pachtzinsen nach § 8 Nr. 1 Buchst. e GewStG statt; siehe BFH v. 8.12.2016 IV R 55/10, BStBl. II 2017, 722; siehe auch BFH v. 8.12.2016 IV R 24/11, BStBl. II 2022, 276 (Mietaufwendungen bei Konzertveranstaltern).

R 8.1 (5)

Aufwendungen für die zeitlich befristete Überlassung von Rechten[1)·2)·3)]

(5) – *unbesetzt* –

H 8.1 (5)

Allgemeines. → Rdnr. 33 ff. gleich lautende Erlasse der obersten Finanzbehörden der Länder vom 2.7.2012 – BStBl. I S. 654.[4)]

Durchleitungsrechte. → Rdnr. 40 gleich lautende Erlasse der obersten Finanzbehörden der Länder vom 2.7.2012 – BStBl. I S. 654.[4)]

Fährgerechtigkeit. → BFH vom 26.11.1964 – BStBl. 1965 III S. 293.

Gemischte Verträge. → Rdnr. 6 und 7 gleich lautende Erlasse der obersten Finanzbehörden der Länder vom 2.7.2012 – BStBl. I S. 654.[4)]

Verträge über die Ausbeutung von Bodenschätzen. Bei Verträgen über die Ausbeutung von Mineralvorkommen ist die Überlassung der Grundstücke zur Ausbeutung der Vorkommen gewerbesteuerrechtlich nicht als Verpachtung von in Grundbesitz bestehenden Wirtschaftsgütern des Anlagevermögens, sondern als entgeltliche Überlassung des Rechts des Grundstückseigentümers auf Ausbeutung des Vorkommens anzusehen (→ BFH vom 7.10.1958 – BStBl. 1959 III S. 5, vom 12.5.1960 – BStBl. III S. 466 und vom 8.11.1989 – BStBl. 1990 II S. 388).

Das gilt nicht nur für Bodenschätze, bei denen das Recht zur Gewinnung von dem Eigentum am Grundstück getrennt und als selbständiges Recht (Gerechtigkeit) behandelt wird (insbesondere Mineralgewinnungsrecht), sondern auch für solche Bodenbestandteile, deren Abbau dem unbeschränkten Verfügungs- und Ausbeuterecht des Eigentümers unterliegt (z. B. Kies, Sand, Basalt und Ton) (→ BFH vom 12.1.1972 – BStBl. II S. 433 und vom 26.5.1976 – BStBl. II S. 721). Bei einem Betrieb, der auf Grund von Verträgen mit Grundstückseigentümern durch Nassbaggerei Sand und Kies an Flussufern abbaut, entfallen regelmäßig die Vergütungen in voller Höhe auf die Kies- und Sandausbeute, so dass ein Betrag für die Verpachtung der Bodenoberfläche nicht auszusondern ist (→ BFH vom 21.8.1964 – BStBl. III S. 557).

---

1) Glücksspielabgaben sind als Aufwendungen für Rechte gem. § 8 Nr. 1 Buchst. f Satz 1 GewStG hinzuzurechnen; siehe BFH v. 31.1.2012 I R 105/10, BFH/NV 2012, 996.

2) BFH v. 12.1.2017 IV R 55/11, BStBl. II 2017, 725 (nur die Ls. zur Veröffentlichung bestimmt): **1.** Aufwendungen für gesetzlich ungeschütztes Erfahrungswissen technischer, gewerblicher, wissenschaftlicher oder auch betriebswirtschaftlicher Art (Know-how) fallen nicht in den Anwendungsbereich des § 8 Nr. 1 Buchst. f GewStG. – **2.** Der Hinzurechnung nach § 8 Abs. 1 Buchst. f GewStG unterliegt aber der Teil eines einheitlichen Franchiseentgelts, der auf die Überlassung gewerblicher Schutzrechte entfällt. Der betreffende Teil ist ggf. durch Schätzung zu bestimmen.

3) Zur Hinzurechnung von transaktionsbezogenen Zahlungen bei computerisierten Reiseinformations- und -vertriebssystemen siehe BFH v. 26.4.2018 III R 25/16, DStR 2018, 1860.

4) Geänd. durch gleich lautenden Ländererlass v. 6.4.2022, BStBl. I 2022, 638.

R 8.1 (6)

Freibetrag nach § 8 Nr. 1 GewStG

(6) [1]Der Freibetrag nach § 8 Nr. 1 GewStG ist betriebsbezogen zu gewähren. [2]Wechselt lediglich die Steuerschuldnerschaft zwischen Einzelunternehmen und Personengesellschaften oder umgekehrt, gelten die Grundsätze in R 11.1 Satz 2 ff. [3]Demnach ist der Freibetrag bei der Ermittlung des maßgeblichen Hinzurechnungsbetrages nach § 8 Nr. 1 GewStG jedem der Steuerschuldner entsprechend der Dauer seiner persönlichen Steuerpflicht zeitanteilig zu gewähren.

H 8.1 (6)

Anwendungsfragen. → Rdnr. 44 ff. gleich lautende Erlasse der obersten Finanzbehörden der Länder vom 2.7.2012 – BStBl. I S. 654:[1)]
- Abwicklung und Insolvenz
- Bemessungsgrundlage
- Organschaft
- Umstellung des Wirtschaftsjahres.

→ Rdnr. 95 ff. BMF vom 12.11.2009 – BStBl. I S. 1303[2)] Anwendungsfragen zu den Regelungen im Jahressteuergesetz 2009 zur Besteuerung von Betrieben gewerblicher Art und Eigengesellschaften von juristischen Personen des öffentlichen Rechts.

R 8.2 Vergütungen an persönlich haftende Gesellschafter einer Kommanditgesellschaft auf Aktien

[1]Nach § 8 Nr. 4 GewStG werden Vergütungen (Tantiemen), die für die Geschäftsführung eines persönlich haftenden Gesellschafters einer Kommanditgesellschaft auf Aktien gewährt werden, dem Gewinn aus Gewerbebetrieb wieder hinzugerechnet. [2]Die Hinzurechnung nach § 8 Nr. 4 GewStG ist auch dann vorzunehmen, wenn Komplementär eine GmbH ist. [3]Zuweisungen an eine Pensionsrückstellung gehören ebenfalls zu den Vergütungen im Sinne der Vorschrift. [4]Die Hinzurechnung umfasst nicht die nach § 15 Abs. 1 Satz 1 Nr. 3 EStG im Gewinn des persönlich haftenden Gesellschafters enthaltenen Vergütungen für die Hingabe von Darlehen oder die Überlassung von Wirtschaftsgütern; diese Beträge sind aber nach § 8 Nr. 1 GewStG hinzuzurechnen, soweit die Voraussetzungen dafür erfüllt sind.

H 8.2

Allgemeines. Die Hinzurechnung setzt nicht voraus, dass die persönlich haftenden Gesellschafter einer Kommanditgesellschaft auf Aktien Mitunternehmer sind (→ BFH vom 8.2.1984 – BStBl. II S. 381). Vergütungen im Sinne dieser Vorschrift sind alle Arten von Vergütungen, die die persönlich

---

1) Geänd. durch gleich lautenden Ländererlass v. 6.4.2022, BStBl. I 2022, 638.

2) Geänd. durch BMF v. 6.7.2021, BStBl. I 2021, 914, und v. 15.12.2021, BStBl. I 2021, 2483, mit Anwendungsregelung.

haftenden Gesellschafter als Gegenleistung für ihre gegenwärtige oder frühere Geschäftsführertätigkeit erhalten. Dazu gehören auch feste Vergütungen, Ruhegehälter und ähnliche Bezüge (→ BFH vom 4.5.1965 – BStBl. III S. 418 und vom 31.10.1990 – BStBl. 1991 II S. 253). Die Auflösung einer gewerbesteuerpflichtig gebildeten Pensionsrückstellung erhöht nicht den Gewinn (→ BFH vom 27.3.1961 – BStBl. III S. 280). Aufwendungen, die einem persönlich haftenden Gesellschafter durch die Übertragung der Geschäftsführungsaufgaben auf andere Personen entstehen, mindern die Hinzurechnung nach § 8 Nr. 4 GewStG nicht (→ BFH vom 31.10.1990 – BStBl. 1991 II S. 253).

R 8.3 Nicht im gewerblichen Gewinn enthaltene Gewinnanteile (Dividenden)[1)] *– unbesetzt –*

H 8.3

Hinzurechnung von Gewinnanteilen aus Auslandsbeteiligungen im Erhebungszeitraum 2001. → Gleich lautende Erlasse der obersten Finanzbehörden der Länder vom 30.3.2015 – BStBl. I S. 260 zu den Folgen aus dem BFH-Urteil vom 6.3.2013 – BStBl. 2015 II S. 349.[2)]

Hinzurechnung bei abkommensrechtlicher Freistellung (DBA). Gewinnanteile aus Anteilen an einer ausländischen Kapitalgesellschaft, die nach § 8b Abs. 1 KStG 2002 bei der Ermittlung des Einkommens außer Ansatz bleiben, zugleich aber auch nach Maßgabe eines sog. abkommensrechtlichen Schachtelprivilegs (DBA) von der Bemessungsgrundlage ausgenommen werden, sind nicht nach § 8 Nr. 5 GewStG 2002 dem Gewinn aus Gewerbebetrieb hinzuzurechnen (→ BFH vom 23.6.2010 – BStBl. 2011 II S. 129).

Steuerfreie Erträge aus Investmentanteilen. Erträge aus Investmentanteilen, die nach § 2 Abs. 2 Satz 1 InvStG a. F. i. V. m. § 8b Abs. 1 KStG 2002 bei der Ermittlung des Gewerbeertrages außer Ansatz geblieben sind, unterfallen der Hinzurechnung gemäß § 8 Nr. 5 GewStG (→ BFH vom 14.12.2011 – BStBl. 2013 II S. 486).

R 8.4 Anteile am Verlust einer Personengesellschaft

[1] Maßgebend für die Hinzurechnung nach § 8 Nr. 8 GewStG ist der sich aus § 15 Abs. 1 Satz 1 Nr. 2 EStG ergebende Verlustanteil. [2] Sie ist daher auch vorzunehmen, wenn das Beteiligungsunternehmen (Personengesellschaft) – wie etwa in der Vorbereitungs- oder Abwicklungsphase – noch nicht oder nicht mehr gewerbesteuerpflichtig ist.

---

1) Zur Hinzurechnung von Gewinnausschüttungen einer Kapitalgesellschaft, die wegen ihrer Tätigkeit nach § 3 Nr. 20 Buchst. c GewStG steuerbefreit ist, und zum Verhältnis zur Kürzung nach § 9 Nr. 2a GewStG siehe BFH v. 24.1.2012 I B 34/11, BFH/NV 2012, 1175.

2) Siehe aber BFH v. 23.11.2021 I R 5/18, DStR 2022, 755, zur Vorlage an den EuGH (Az. C-258/22).

H 8.4

Partenreederei. Verlustanteile aus einer Partenreederei, die vor Indienststellung des Schiffes als so genannte Baureederei noch keinen Gewerbebetrieb im Sinne des Gewerbesteuergesetzes unterhält, sind zur Ermittlung des Gewerbeertrags dem Gewinn des Beteiligten hinzuzurechnen (→ BFH vom 23.10.1986 – BStBl. 1987 II S. 64).

R 8.5 Spenden bei Körperschaften

[1]Spenden zur Förderung steuerbegünstigter Zwecke im Sinne der §§ 52 bis 54 der Abgabenordnung gehören bei Körperschaften zu den Ausgaben im Sinne des § 9 Abs. 1 Nr. 2 KStG, die bei der Ermittlung des Gewinns aus Gewerbebetrieb mit bestimmten Höchstbeträgen abzugsfähig sind. [2]Diese Spenden sind nach § 8 Nr. 9 GewStG bei der Ermittlung des Gewerbeertrags hinzuzurechnen und nach § 9 Nr. 5 GewStG im Rahmen der Höchstbeträge zu kürzen.[1)] [3]Die Hinzurechnung ist mit dem Betrag vorzunehmen, mit dem die Spenden bei der Ermittlung des körperschaftlichen Einkommens abgezogen worden sind.

R 8.6 Gewinnminderungen durch Teilwertabschreibungen und Veräußerungsverluste

[1]Hinzuzurechnen sind Gewinnminderungen, die durch eine Teilwertabschreibung auf Anteile an einer Körperschaft, eine Veräußerung oder Entnahme solcher Anteile oder eine Auflösung oder Herabsetzung des Kapitals einer Körperschaft entstanden sind, soweit sie auf nach § 9 Nr. 2a, 7 oder 8 GewStG zu kürzende Gewinnausschüttungen oder organschaftliche Gewinnabführungen zurückzuführen sind. [2]Die Gewinnminderung kann sowohl auf offenen als auch auf verdeckten Gewinnausschüttungen beruhen. [3]Soweit die

(Fortsetzung S. 73)

---

1) Zur Erweiterung des Kreises der begünstigten Spendenempfänger siehe nunmehr § 9 Nr. 5 GewStG i. d. F. des G v. 8.4.2010, BGBl. I 2010, 386, mWv 1.1.2010 (Übergangsregelung für noch nicht bestandskräftige Festsetzungen).

Gewinnminderung auf andere Umstände zurückzuführen ist (z. B. Verluste der Körperschaft), kommt eine Hinzurechnung nicht in Betracht. [4]Ist eine Gewinnminderung sowohl durch Gewinnausschüttungen oder organschaftliche Gewinnabführungen im oben genannten Sinne als auch durch andere Umstände veranlasst, so ist bei Anwendung des § 8 Nr. 10 GewStG davon auszugehen, dass die Gewinnminderung vorrangig durch andere Umstände veranlasst worden ist. [5]Bei einer gewerbesteuerlichen Organschaft ist § 8 Nr. 10 GewStG nur hinsichtlich der durch die Ausschüttung von Gewinnen aus vororganschaftlichen Zeit entstandenen Gewinnminderungen anzuwenden. [6]Darüber hinaus ist § 8 Nr. 10 GewStG nicht anzuwenden. [7]Die spätere Gewinnerhöhung aus der Wertaufholung der Anteile an Kapitalgesellschaften ist bei der Ermittlung des Gewerbeertrags auch dann zu berücksichtigen, wenn die zuvor vorgenommene Teilwertabschreibung für diese Anteile auf einer Gewinnausschüttung beruht und die Teilwertabschreibung nach § 8 Nr. 10 GewStG – aber auch die Gewinnausschüttung gemäß § 9 Nr. 2a GewStG – für Zwecke der Festsetzung des Gewerbesteuermessbetrags außer Ansatz geblieben ist.

H 8.6

Liquidationsraten. Der Gewinn aus Gewerbebetrieb ist nach § 8 Nr. 10 Buchst. b GewStG zu erhöhen, soweit aufgrund der ausgekehrten Liquidationsrate, die zu einer Kürzung nach § 9 Nr. 2a GewStG geführt hat, der Buchwert der Anteile an der Untergesellschaft beim Anteilseigner auszubuchen ist. Die Hinzurechnung ist nicht auf die Fälle beschränkt, in denen der auf den Anteil entfallende Liquidationserlös geringer ist als der auszubuchende Buchwert des Anteils (→ BFH vom 8.5.2003 – BStBl. 2004 II S. 461).

R 8.7 Gebietsmäßige Abgrenzung bei Hinzurechnungen nach § 8 GewStG

[1]Bei den Hinzurechnungen nach § 8 GewStG sind nur Betriebsstätten im Geltungsbereich des Gesetzes einzubeziehen. [2]Dieser Grundsatz ist bezüglich der Hinzurechnungen schon durch den Einleitungssatz des § 8 GewStG zum Ausdruck gebracht, wonach die bezeichneten Beträge hinzugerechnet werden, soweit sie bei der Ermittlung des Gewinns abgesetzt worden sind.

H 8.7

Behandlung von Betriebsstätten im Ausland. → H 7.1 (1) Allgemeines.

Gebietsmäßige Abgrenzung der Besteuerung. → R 2.8.

R 8.8 Schulden der in § 19 GewStDV genannten Unternehmen

R 8.8 (1)

Allgemeines

(1) [1]Zum Eigenkapital im Sinne des § 19 GewStDV gehört auch der in der Bilanz auf den maßgebenden Stichtag ausgewiesene Gewinn, und zwar auch insoweit, als er nach gesetzlichen oder satzungsmäßigen Bestimmungen oder nach den Beschlüssen der zuständigen Organe einer Rücklage zuzuführen ist.

[2] Ist dagegen der Gewinn den Mitgliedern oder der beherrschenden Körperschaft zuzuführen oder soll er zu bestimmten Ausgaben oder zu echten Rückstellungen verwendet werden, gehört er insoweit nicht zum Eigenkapital, auch wenn die Verwendung in der Bilanz noch nicht zum Ausdruck kommt. [3] Nicht zum Eigenkapital gehören ferner Sonderposten mit Rücklageanteil gemäß § 281 HGB[1)] sowie andere Sonderposten mit Rücklageanteil, die auf Grund steuerlicher Vorschriften gebildet werden. [4] Die Sonderposten mit Rücklageanteil nach § 281 HGB sind vom Buchwert der Wirtschaftsgüter abzuziehen, zu deren Wertberichtigung sie gebildet sind. [5] Ist ein Betriebsgrundstück in der Zwangsversteigerung zur Rettung einer Forderung erworben worden und dient es betriebsfremden Zwecken, bestehen keine Bedenken, das Grundstück in den ersten drei Jahren nach dem Erwerb nicht dem Anlagevermögen, sondern dem Umlaufvermögen zuzurechnen. [6] Die dreijährige Frist beginnt mit dem Tag des Erwerbs des Grundstücks. [7] Die Vergünstigung tritt ein, wenn die für die Gewerbesteuerveranlagung maßgebenden Bilanzstichtage in die dreijährige Frist fallen. [8] Der Betrag, der als grundsätzlich hinzurechnungspflichtiges Entgelt zu behandeln ist, ist nach dem gewogenen Durchschnitt der Entgelte für hereingenommene Gelder, Darlehen und Anleihen zu ermitteln. [9] Maßgebend für die Berechnung der Entgelte für Schulden nach § 19 GewStDV sind nicht allein die Verhältnisse am Beginn oder am Ende des Ermittlungszeitraums. [10] Im Falle organschaftlich verbundener Unternehmen kann § 19 GewStDV nur von demjenigen Unternehmen in Anspruch genommen werden, das selbst die Voraussetzungen des § 19 GewStDV erfüllt. [11] Die Ausgabe von Schuldscheindarlehen ist als „Schuldtitel" i. S. des § 19 Abs. 3 Nr. 2 GewStDV zu behandeln, wenn die Schuldscheindarlehen handelbar sind.

R 8.8 (2)

Bankfremde Geschäfte

(2) [1] Voraussetzung für die Anwendung des § 19 Abs. 1 GewStDV ist, dass im Durchschnitt aller Monatsausweise des Wirtschaftsjahrs des Kreditinstituts nach § 25 KWG[2)] oder entsprechender Statistiken die Aktivposten aus Bankgeschäften und dem Erwerb von Geldforderungen die Aktivposten aus anderen Geschäften überwiegen. [2] Damit können auch solche Kreditinstitute im Sinne des § 1 Abs. 1 KWG unter diese Regelung fallen, die überwiegend den Ankauf von Geldforderungen (echtes Factoring und Forfaitierung von Leasingforderungen) betreiben. [3] Der Umstand, dass der entgeltliche Erwerb von Geldforderungen nicht zu den Bankgeschäften im Sinne des § 1 Abs. 1 KWG gehört, ist dabei ohne Bedeutung. [4] In den Vergleich sind die Durchschnitts-Aktivposten der in § 19 Abs. 1 GewStDV genannten Anlagen nicht einzubeziehen. [5] Die Geschäftsbeziehungen mit ausländischen Niederlassungen des Kreditinstituts sind in die Durchschnittsberechnungen mit dem jeweiligen Verrechnungssaldo einzubeziehen. [6] Bei inländischen Zweigniederlassungen ausländischer Kreditinstitute ist entsprechend zu verfahren.

---

1) **Schönfelder** Nr. **50**.
2) **Wirtschaftsgesetze** Nr. **145**.

H 8.8

Abgrenzung von Hilfs- und Nebengeschäften zu Finanzdienstleistungsgeschäften zu anderen Geschäften bei Leasing- und Factoringunternehmen bei der Anwendung des § 19 Abs. 3 Nr. 4 GewStDV. → Gleich lautende Erlasse der obersten Finanzbehörden der Länder vom 27.11.2009 – BStBl. I S. 1595.

Bestandsveränderungen im Ermittlungszeitraum. Haben sich die für den Ansatz der Schulden maßgebenden Verhältnisse (die Wertansätze der für die Begrenzung der Schulden maßgebenden Aktivposten der Bilanz, die Höhe der Schulden, das Eigenkapital) im Laufe des Ermittlungszeitraums verändert, müssen die Schuldzinsen regelmäßig geschätzt werden (→ BFH vom 19.7.1967 – BStBl. III S. 732).

Beteiligungen. Dauernder Aktienbesitz eines Kreditinstituts ist auch dann als Beteiligung im Sinne des § 19 GewStDV anzusehen, wenn die Voraussetzungen des Begriffs Beteiligungen im Sinne des Handelsrechts nicht vorliegen (→ BFH vom 16.3.1989 – BStBl. II S. 737).

Dotationskapital inländischer Kreditinstitute mit ausländischen Mitunternehmern. Der inländischen Betriebsstätte eines ausländischen Unternehmens kann höchstens derjenige Betrag als „Dotationskapital" zugerechnet werden, der dem Gesamtunternehmen als Eigenkapital zur Verfügung steht (→ BFH vom 23.8.2000 – BStBl. 2002 II S. 207).

Eigenkapital. Als Eigenkapital im Sinne des § 19 GewStDV kommt nur ein positiver Betrag in Betracht (→ BFH vom 30.7.1969 – BStBl. II S. 667).

Refinanzierung eines Mitunternehmeranteils an einem Kreditinstitut. Es entspricht dem Sinn und Zweck des § 19 GewStDV, in den Regelungsbereich der Vorschrift auch diejenigen Schulden einzubeziehen, die zum Erwerb eines Anteils an einem von Mitunternehmern betriebenen Kreditinstitut oder zur Refinanzierung von Einlagen der Mitunternehmer aufgenommen werden (→ BFH vom 23.8.2000 – BStBl. 2002 II S. 207).

R 8.9 Schulden bei Spar- und Darlehnskassen

[1]Spareinlagen bei Spar- und Darlehnskassen mit überwiegendem Warengeschäft sind insoweit nicht als Schulden zu behandeln, als sie in Kapital- und Geldmarktpapieren (insbesondere in Anleihen des Bundes, der Länder und der Gebietskörperschaften, Teilschuldverschreibungen, Pfandbriefen und Privatdiskonten) oder in Guthaben bei Zentralkassen oder in Hypotheken, Grundschulden oder Ausgleichsforderungen angelegt sind. [2]Diese Regelung ist auch dann anzuwenden, wenn die durch Grundschulden gesicherten Forderungen eine geringere Laufzeit als vier Jahre haben und deshalb nach dem Kontenrahmen für Kreditgenossenschaften als Kontokorrentforderungen ausgewiesen sind. [3]Voraussetzung ist aber der Nachweis, dass die Ausleihungen nicht mit dem bankfremden Geschäft im Zusammenhang stehen. [4]Das gilt nicht für Darlehen und Abwicklungsforderungen. [5]Spar- und Darlehnskassen in diesem Sinne sind alle Genossenschaften, in deren Firma zum Ausdruck kommt, dass sie Geschäfte der in § 1 des Gesetzes über das Kreditwesen bezeichneten Art ausführen (z. B. Spar- und Darlehnsvereine, Spar- und Wirt-

schaftsgenossenschaften). [6]Bei der Ermittlung des Gewerbeertrags von Spar- und Darlehnskassen ist grundsätzlich jeweils der niedrigste Jahresbestand der Summe der in Satz 1 bezeichneten Anlagewerte im Geschäftsjahr maßgebend. [7]Der niedrigste Jahresbestand kann aber um den Hundertsatz erhöht werden, um den sich der Spareinlagenbestand am Schluss des Geschäftsjahrs gegenüber dem Bestand am Beginn des Geschäftsjahrs erhöht hat.

H 8.9

Beispiel:

Der niedrigste Bestand an Anlagewerten im Sinne der R 8.9 Satz 1 beträgt 40 000 €. Der niedrigste Bestand an Spareinlagen, der an sich für die Behandlung als Schuld maßgebend ist, beträgt 90 000 €. Der Spareinlagenbestand hat am Beginn des Geschäftsjahrs 100 000 € betragen und ist bis zum Schluss des Geschäftsjahrs auf 150 000 € gestiegen. Die Steigerung beträgt 50 %. Entsprechend dieser Steigerung kann der niedrigste Bestand an Anlagewerten auf 60 000 € erhöht werden, vorausgesetzt, dass am Schluss des Geschäftsjahrs Anlagewerte mindestens in dieser Höhe vorhanden waren. Es ist demgemäß von den Spareinlagen nur ein Betrag von (90 000 € – 60 000 € =) 30 000 € als Schuld zu behandeln.

Genossenschaft mit überwiegendem Warengeschäft.

– Eine Genossenschaft, bei der das Warengeschäft das Kreditgeschäft überwiegt, ist kein Kreditinstitut im Sinne des § 19 GewStDV. Die Behandlung ihrer Verbindlichkeiten als Schulden im Sinne des § 8 Nr. 1 Buchst. a GewStG richtet sich nach den allgemeinen für Warengenossenschaften geltenden Vorschriften (→ BFH vom 2.8.1960 – BStBl. III S. 390).

– → R 8.8 Abs. 2.

Zu § 9 GewStG

(§§ 20, 21 GewStDV)

R 9.1 Kürzung für den zum Betriebsvermögen gehörenden Grundbesitz

Allgemeines[1)]

(1) [1]Nach § 9 Nr. 1 Satz 1 GewStG ist die Summe des Gewinns und der Hinzurechnungen um 1,2 % des Einheitswerts des nicht von der Grundsteuer befreiten Grundbesitzes zu kürzen, der zum Betriebsvermögen des Unternehmens gehört. [2]Die Einschränkung des § 9 Nr. 1 Satz 1 GewStG auf Grundbesitz, der nicht von der Grundsteuer befreit ist, beschränkt sich ausschließlich auf Befreiungstatbestände des Grundsteuergesetzes.[2)] [3]Wird die Grundsteuer aus anderen Gründen (z. B. Billigkeitsmaßnahmen, Erlass, Verjährung) tatsächlich nicht erhoben, steht dies der Anwendung der Kürzungsnorm auf den betreffenden Grundbesitz nicht entgegen. [4]Wird ein eigenbetrieblich genutzter Grundstücksteil nach § 8 EStDV nicht als Betriebsvermögen behandelt, ist die Kürzung nach § 9 Nr. 1 Satz 1 GewStG trotzdem vorzunehmen, weil sonst der Zweck der Vorschrift, die Doppelbesteuerung des Grundbesitzes durch die Grundsteuer und die Gewerbesteuer zu vermeiden, nicht er-

---

[1)] Der Zwischenvermieter kann die Kürzung nach § 9 Nr. 1 GewStG nicht in Anspruch nehmen; siehe BFH v. 8.12.2016 IV R 55/10, BStBl. II 2017, 722.

[2)] Siehe §§ 3–8 GrStG (**Steuergesetze** Nr. **420**), vgl. auch Abschn. 6–32 GrStR (**Nr. 420**).

reicht werden würde. [5]Die Kürzung bemisst sich stets nach dem Einheitswert des Grundbesitzes, auch wenn im Betriebsvermögen im Anschluss an die DM-Bilanz ein höherer Grundstückswert enthalten ist. [6]Zum Grundbesitz im Sinne des § 9 Nr. 1 Satz 1 GewStG gehören auch Gebäude oder Gebäudeteile auf fremdem Grund und Boden, wenn der Unternehmer nach einkommensteuerrechtlichen Grundsätzen als wirtschaftlicher Eigentümer des Gebäudes oder des Gebäudeteils anzusehen ist. [7]Ist nur ein Teil eines Grundstücks einkommensteuerlich zum Betriebsvermögen des Unternehmers zu rechnen, ist für die Berechnung der Kürzung nach § 9 Nr. 1 Satz 1 GewStG von dem Teil des Einheitswerts auszugehen, der auf den dem gewerblichen Betrieb dienenden Teil des Grundstücks entfällt (→ § 20 Abs. 2 GewStDV). [8]Dieser Teil des Einheitswerts ist grundsätzlich nach dem Verhältnis der Jahresrohmiete (→ § 79 BewG)[1)] zu ermitteln. [9]Ein anderer Aufteilungsmaßstab, insbesondere das Verhältnis der Nutzfläche oder des Rauminhalts, ist anzuwenden, wenn dieses Ergebnis den tatsächlichen Verhältnissen des einzelnen Falls besser entspricht. [10]Für die Frage danach, ob und inwieweit Grundbesitz der zum Betriebsvermögen gehört, bei der Kürzung nach § 9 Nr. 1 Satz 1 GewStG zu berücksichtigen ist, sind allein die Verhältnisse zu Beginn eines jeden Jahres entscheidend. [11]Beginnt die Steuerpflicht eines Gewerbebetriebs im Laufe eines Kalenderjahrs, kommt für den in diesem Kalenderjahr endenden Erhebungszeitraum eine Kürzung nach § 9 Nr. 1 Satz 1 GewStG somit nicht in Betracht (→ § 20 Abs. 1 Satz 2 GewStDV).

Bemessungsgrundlage

(2) [1]Maßgebend für die Kürzung ist der Einheitswert, der auf den letzten Feststellungszeitpunkt (Hauptfeststellungs-, Fortschreibungs- oder Nachfeststellungszeitpunkt) vor dem Ende des Erhebungszeitraums lautet. [2]Als Bemessungsgrundlage sind bei Grundstücken (→ § 70 BewG)[1)] sowie bei Betriebsgrundstücken im Sinne des § 99 Abs. 1 Nr. 1 BewG, die wie Grundvermögen bewertet werden, 140% des auf den Wertverhältnissen vom 1. Januar 1964 beruhenden Einheitswerts anzusetzen (→ § 121a BewG). [3]Bei Betriebsgrundstücken im Beitrittsgebiet sind die Einheitswerte 1935 mit den in § 133 BewG genannten Prozentsätzen anzusetzen. [4]Bei Betriebsgrundstücken im Sinne des § 99 Abs. 1 Nr. 2 BewG, die wie land- und forstwirtschaftliches Vermögen bewertet werden, sind dagegen nur 100% des Einheitswerts zugrunde zu legen. [5]Werden für Betriebe der Land- und Forstwirtschaft gemäß § 125 Abs. 2 BewG Ersatzwirtschaftswerte ermittelt, ist für die Kürzung nach § 9 Nr. 1 Satz 1 GewStG nur der Anteil am Ersatzwirtschaftswert maßgebend, der auf den im Eigentum des Gewerbesteuerpflichtigen stehenden und somit zu seinem Betriebsvermögen gehörenden Grundbesitz entfällt.

Einheitswertbescheid als Grundlagenbescheid

(3) [1]Der Gewerbesteuermessbescheid beruht hinsichtlich der Kürzung nach § 9 Nr. 1 Satz 1 GewStG auf dem Einheitswertbescheid. [2]Der Gewerbesteuermessbescheid ist deshalb nach § 175 Abs. 1 Satz 1 Nr. 1 AO zu ändern, wenn der maßgebende Einheitswert durch Rechtsbehelfsentscheidung, Änderung der Feststellung oder Fortschreibung geändert worden ist.

[1)] **Steuergesetze** Nr. **200**.

H 9.1

Grundbesitz als Betriebsvermögen.
– → § 20 GewStDV
– → R 4.2 Abs. 7 EStR.[1)]

Erbbaurecht. Gehört zum Grundbesitz im Sinne des § 9 Nr. 1 Satz 1 GewStG ein Erbbaurecht, ist der Kürzung nur der im Betriebsvermögen enthaltene Wert des Erbbaurechts und der aufstehenden Gebäude, nicht auch der Wert des Erbbaugrundstücks, zugrunde zu legen (→ RFH vom 12.1.1943 – RStBl. S. 283 und BFH vom 17.1.1968 – BStBl. II S. 353).

Gebäude(-teile) auf fremdem Grund und Boden. Zur Zurechnung des wirtschaftlichen Eigentums → H 4.7 (Eigenaufwand für ein fremdes Wirtschaftsgut) EStH und § 39 Abs. 2 Nr. 1 AO.

Verpachtung eines landwirtschaftlichen Grundstücks. Bei einem im Betriebsvermögen enthaltenen landwirtschaftlichen Grundstück, das verpachtet ist und dessen Einheitswert Betriebsmittel des Pächters mit umfasst, ist der Kürzungsbetrag vom vollen (Gesamt-)Einheitswert zu berechnen (→ BFH vom 27.3.1968 – BStBl. II S. 479).

Versicherungsunternehmen. Die Kürzung nach § 9 Nr. 1 Satz 1 GewStG ist auch bei Grundbesitz, der zum Deckungsstock eines Versicherungsunternehmens gehört, anzuwenden (→ BFH vom 19.1.1972 – BStBl. II S. 390 und vom 26.10.1995 – BStBl. 1996 II S. 76).

R 9.2 Kürzung bei Grundstücksunternehmen

R 9.2 (1)

Allgemeines

(1) [1]Die Kürzung nach § 9 Nr. 1 Satz 2 und 3 GewStG (erweiterte Kürzung) kann von allen Unternehmensformen (Einzelunternehmen, Personengesellschaften, Kapitalgesellschaften und anderen Körperschaften) in Anspruch genommen werden. [2]Grundstücksunternehmen, die die in § 9 Nr. 1 Satz 2 bis 4 GewStG genannten Voraussetzungen nicht erfüllen, können die Kürzung nach § 9 Nr. 1 Satz 1 GewStG in Anspruch nehmen. [3]Die Voraussetzungen für die erweiterte Kürzung bei Grundstücksunternehmen müssen während des gesamten Erhebungszeitraums oder während des gesamten abgekürzten Erhebungszeitraums (→ § 14 Satz 3 GewStG) vorliegen. [4]Für die Anwendung der Kürzung nach § 9 Nr. 1 Satz 2 und 3 GewStG kommt es hinsichtlich der Beurteilung der Frage, ob Grundbesitz zum Betriebsvermögen des Unternehmens gehört, nicht auf den Stand an einem bestimmten Stichtag an.

H 9.2 (1)

Veräußerung des Grundbesitzes. Der während des Erhebungszeitraums vorgenommene Verkauf des einzigen und letzten Grundstücks einer bis zu diesem Zeitpunkt als Grundstücksverwaltungsgesellschaft tätigen GmbH

---
1) Nr. 1.

schließt die erhöhte Kürzung des Gewerbeertrags nach § 9 Nr. 1 Satz 2 GewStG für den Erhebungszeitraum aus (→ BFH vom 20.1.1982 – BStBl. II S. 478). Einem grundstücksverwaltenden Unternehmen ist die erweiterte Kürzung des Gewerbeertrages gemäß § 9 Nr. 1 Satz 2 GewStG unbeschadet des darin bestimmten Ausschließlichkeitsgebots jedoch zu gewähren, wenn das Unternehmen sein einziges Grundstück zum 31. Dezember, 23.59 Uhr, des Erhebungszeitraumes veräußert (→ BFH vom 11.8.2004 – BStBl. II S. 1080).

Veräußerung eines Mitunternehmeranteils. Der Gewinn aus der Veräußerung eines Mitunternehmeranteils i. S. des § 7 Satz 2 Nr. 2 GewStG ist nicht in die erweiterte Kürzung gemäß § 9 Nr. 1 Satz 2 GewStG einzubeziehen. Der ab EZ 2004 erstmals anzuwendende § 9 Nr. 1 Satz 6 GewStG hat diesbezüglich lediglich klarstellende Bedeutung (→ BFH vom 18.12.2014 – BStBl. 2015 II S. 606).

Zeitweise Ausübung einer steuerschädlichen Tätigkeit. Eine steuerschädliche Tätigkeit, die zum Ausschluss der erweiterten Kürzung für den gesamten Erhebungszeitraum führt, liegt auch dann vor, wenn sie nicht während des ganzen Erhebungszeitraumes ausgeübt wird. Die erweiterte Kürzung kommt danach z. B. nicht in Betracht, wenn das Unternehmen erst im Laufe des Erhebungszeitraums von der gewerblichen zur vermögensverwaltenden Tätigkeit übergegangen ist (→ BFH vom 29.3.1973 – BStBl. II S. 563).

R **9.2** (2)

Begünstigte Tätigkeiten

(2) [1]Die neben der Vermögensverwaltung des Grundbesitzes erlaubten Tätigkeiten sind in § 9 Nr. 1 Satz 2 und 3 GewStG abschließend aufgezählt. [2]Darüber hinaus ausgeübte Tätigkeiten verstoßen auch dann gegen das Ausschließlichkeitsgebot, wenn sie von untergeordneter Bedeutung sind.[1)] [3]Die erweiterte Kürzung wird jedoch durch solche vermögensverwaltenden Tätigkeiten ausnahmsweise nicht ausgeschlossen, die der Verwaltung und Nutzung des Grundbesitzes im engeren Sinne dienen und als zwingend notwendiger Teil einer wirtschaftlich sinnvoll gestalteten eigenen Grundstücksverwaltung und Grundstücksnutzung angesehen werden können (→ Nebentätigkeiten). [4]Unternehmen, die auf Grund von Leasingverträgen anderen Personen Grundbesitz zum Gebrauch überlassen, können die erweiterte Kürzung in Anspruch nehmen, wenn ihre Betätigung für sich betrachtet ihrer Natur nach keinen Gewerbebetrieb darstellt, sondern als Vermögensverwaltung anzusehen ist.

H **9.2** (2)

Beteiligungen.

– Eine grundstücksverwaltende GmbH, die als Komplementärin an einer ihrerseits vermögensverwaltenden KG beteiligt ist, kann nicht die erweiterte Kürzung nach § 9 Nr. 1 Satz 2 GewStG in Anspruch nehmen.

---

1) Das Halten einer Beteiligung an einer gewerblich geprägten, grundstücksverwaltenden Personengesellschaft verstößt gegen das Ausschließlichkeitsgebot des § 9 Nr. 1 Satz 2 GewStG. BFH v. 27.6.2019 IV R 44/16, BStBl. II 2020, 24 – Vb. eingelegt, Az. BVerfG 1 BvR 2331/19.

Das Halten der Komplementärbeteiligung zählt nicht zum abschließenden Katalog der prinzipiell kürzungsunschädlichen Tätigkeiten des § 9 Nr. 1 Satz 2 GewStG (→ BFH vom 19.10.2010 – BStBl. 2011 II S. 367).[1)]

– Das Halten einer Beteiligung an einer Mitunternehmerschaft schließt die erweiterte Kürzung des Gewerbeertrags nach § 9 Nr. 1 Satz 2 GewStG unabhängig vom Umfang der Beteiligung und der daraus erzielten Einkünfte aus. Das gilt auch bei einer Beteiligung an einer grundstücksverwaltenden Mitunternehmerschaft (→ BFH vom 17.10.2002 – BStBl. 2003 II S. 355).

Betreuung von Wohnungsbauten.[2)] Die Betreuung von Wohnungsbauten im Sinne des § 9 Nr. 1 Satz 2 GewStG umfasst sowohl die Baubetreuung bei der Errichtung von Wohngebäuden als auch die Bewirtschaftungsbetreuung bei bereits fertig gestellten Wohngebäuden. Die Verwaltung bereits fertig gestellter fremder Gebäude ist auch dann als Betreuung von Wohnungsbauten anzusehen, wenn diese Gebäude vom Grundstücksunternehmer nicht selbst errichtet worden sind (→ BFH vom 17.9.2003 – BStBl. 2004 II S. 243).

Betriebsaufspaltung. Im Falle der Betriebsaufspaltung kann die Besitzgesellschaft die nur für die bloße Vermögensverwaltung von Grundbesitz geltende erweiterte Kürzung des § 9 Nr. 1 Satz 2 GewStG nicht in Anspruch nehmen (→ BFH vom 28.6.1973 – BStBl. II S. 688).[3)]

Betriebsverpachtung. Bei einer gewerbesteuerpflichtigen Betriebsverpachtung, z. B. durch eine gewerblich geprägte Personengesellschaft, ist die erweiterte Kürzung des Gewerbeertrags nach § 9 Nr. 1 Satz 2 GewStG grundsätzlich nicht anzuwenden (→ BFH vom 14.6.2005 – BStBl. II S. 778).

Betriebsvorrichtungen. Auch eine geringfügige Mitvermietung von Betriebsvorrichtungen, die sich weder auf dem vermieteten Grundstück befinden noch einen funktionalen Zusammenhang mit diesem aufweisen, steht einer ausschließlichen Grundstücksverwaltung i. S. von § 9 Nr. 1 Satz 2 GewStG entgegen (→ BFH vom 17.5.2006 – BStBl. II S. 659).

Eigener Grundbesitz. Der Begriff des Grundbesitzes richtet sich nach den Vorschriften des Bewertungsgesetzes. Zum Grundbesitz im Sinne des § 9 Nr. 1 Satz 2 GewStG gehören grundsätzlich nicht Mineralgewinnungsrechte und Betriebsvorrichtungen, auch wenn sie wesentliche Bestandteile des Grundstücks sind (→ BFH vom 26.2.1992 – BStBl. II S. 738).[4)] Zum Grundbesitz gehören jedoch Grundstücksteile, die nur wegen der Eigenart ihrer Nutzung durch den Mieter Betriebsvorrichtungen sind (→ BFH vom 22.6.1977 – BStBl. II S. 778). Eigener Grundbesitz ist nur der zum Betriebsvermögen des Unternehmens gehörende Grundbesitz. Die erweiterte Kürzung nach § 9 Nr. 1 Satz 2 GewStG kann daher nicht in Anspruch genommen werden, wenn das Unternehmen neben der eigenen Grundstücksverwaltung

1) Siehe aber BFH v. 25.9.2018 GrS 2/16, BStBl. II 2019, 262.

2) Keine erweiterte Kürzung nach § 9 Nr. 1 Satz 2 GewStG bei der Betreuung gemischt genutzter Grundstücke, siehe BFH v. 15.4.2021 IV R 32/18, BStBl. II 2021, 624.

3) Ebenso für die kapitalistische Betriebsaufspaltung; siehe BFH v. 24.1.2012 I B 136/11, BFH/NV 2012, 1176. – Siehe auch BFH v. 22.6.2016 X R 54/14, BStBl. II 2017, 529, zur vermögensverwaltenden Betriebs-Kapitalgesellschaft.

4) Siehe hierzu BFH v. 11.4.2019 III R 36/15, BStBl. II 2019, 705, zur Mitvermietung von Betriebsvorrichtungen.

als Mitunternehmer an einer nur grundstücksverwaltenden, gewerblich geprägten Personengesellschaft beteiligt ist (→ BFH vom 22.1.1992 – BStBl. II S. 628).[1] Zum eigenen Grundbesitz im Sinne des § 9 Nr. 1 Satz 2 und 3 GewStG gehören auch das Erbbaurecht und die auf Grund eines solchen Rechts errichteten Gebäude (→ BFH vom 15.4.1999 – BStBl. II S. 532).

Gewerblicher Grundstückshandel. Die erweiterte Kürzung nach § 9 Nr. 1 Satz 2 GewStG kommt nicht in Betracht, wenn ein Grundstücksverwaltungsunternehmen in einem Umfang Grundstücke erwirbt und veräußert, der diesem Tätigkeitsbereich gewerblichen Charakter verleiht. Ob eine solche Tätigkeit vorliegt, ist nicht nach den Verhältnissen eines einzigen Erhebungszeitraums, sondern nach dem Gesamtbild der Verhältnisse eines mehrjährigen Zeitraums zu beurteilen (→ BFH vom 9.10.1974 – BStBl. 1975 II S. 44). Ein gelegentlicher Grundstücksverkauf stellt dagegen die ausschließliche Tätigkeit als Grundstücksverwaltungsgesellschaft nicht in Frage (→ BFH vom 24.2.1971 – BStBl. II S. 338).

Gewerbliche Grundstücksverwaltung. Die erweiterte Kürzung nach § 9 Nr. 1 Satz 2 GewStG ist nicht anzuwenden auf solche Unternehmen, bei denen die Grundstücksverwaltung über den Rahmen einer Vermögensverwaltung hinausgeht und gewerblichen Charakter annimmt (→ BFH vom 29.3.1973 – BStBl. II S. 686, vom 28.6.1973 – BStBl. II S. 688 und vom 31.7.1990 – BStBl. II S. 1075).

Gewerbliche Tätigkeit.[2], [3] Eine gewerbliche Betätigung, die nicht zu den in § 9 Nr. 1 Satz 2 GewStG genannten unschädlichen Nebentätigkeiten gehört, schließt grundsätzlich selbst dann die erweiterte Kürzung des Gewerbeertrags aus, wenn sie von untergeordneter Bedeutung ist (→ BFH vom 17.5.2006 – BStBl. II S. 659).

Kapitalvermögen. Neben der Verwaltung eigenen Grundbesitzes kann eigenes Kapitalvermögen verwaltet und genutzt werden. Die Verwaltung und Nutzung eigenen Kapitalvermögens darf jedoch für sich betrachtet keine ihrer Natur nach gewerbliche Tätigkeit darstellen. Zum „eigenen" Kapitalvermögen können von dritter Seite beschaffte Gelder gehören (→ BFH vom 3.8.1972 – BStBl. II S. 799).

Nebentätigkeiten. Eine für die erweiterte Kürzung unschädliche Nebentätigkeit liegt z. B. vor, wenn sie erforderlich ist, um für die Grundstücksverwaltung und -nutzung benötigte Kredite zu beschaffen (→ BFH vom 23.7.1969 – BStBl. II S. 664). Entsprechendes gilt, wenn durch einen Brennstoffeinkauf im Großen zugleich für andere gleichartige Unternehmen die eigene Grundstücksverwaltung verbilligt werden soll, es sei denn, der Brennstoffhandel stellt für sich gesehen eine gewerbliche Tätigkeit dar (→ BFH vom 27.4.1977 – BStBl. II S. 776). Der Anwendung der erweiterten Kürzung steht nicht entgegen, dass die Gesellschaft sich an der gemeinschaftlichen Verwaltung eines

---

[1] Siehe aber BFH v. 25.9.2018 GrS 2/16, BStBl. II 2019, 262.

[2] Zu Auswirkungen des Betriebs von Blockheizkraftwerken durch Wohnungsunternehmen auf die Kürzung nach § 9 Nr. 1 Satz 2 ff. GewStG siehe BayLfSt v. 14.10.2015 – G 1425.1.1-6/5 St 31, StEd 2015, 766.

[3] Zu Billigkeitsmaßnahmen im Zusammenhang mit der Unterbringung von Kriegsflüchtlingen aus der Ukraine bei der Anwendung der erweiterten Kürzung nach § 9 Nr. 1 Satz 2 ff. GewStG siehe gleich lautenden Ländererlass v. 31.3.2022, BStBl. I 2022, 335.

Grundstücks beteiligt, dessen Miteigentümerin sie zu $^2/_3$ Anteilen ist (→ BFH vom 9.2.1966 – BStBl. III S. 253).

Organschaft.
- Im Falle der Organschaft sind die Voraussetzungen für die Anwendung der Kürzungsvorschrift des § 9 Nr. 1 Satz 2 und 3 GewStG mit Wirkung auf den im Organkreis erzielten und beim Organträger zusammenzurechnenden Gewerbeertrag für die zum Organkreis gehörenden Unternehmen gesondert zu prüfen. Ob die erweiterte Kürzung bei dem einzelnen Unternehmen des Organkreises zu berücksichtigen ist, richtet sich jeweils allein nach den bei diesem Unternehmen gegebenen Verhältnissen (→ BFH vom 30.7.1969 – BStBl. II S. 629).
- Die erweiterte Kürzung für Grundstücksunternehmen ist zu versagen, wenn es sich bei dem Grundstücksunternehmen um eine Organgesellschaft handelt, die alle ihre Grundstücke an eine andere Organgesellschaft desselben Organkreises vermietet (→ BFH vom 18.5.2011 – BStBl. II S. 887).

Sicherheitenbestellung. Die auf Grundstücke bezogene entgeltliche oder unentgeltliche Bestellung von Sicherheiten (z. B. Bestellung einer Grundschuld) für Kredite Dritter ist als Verwaltung und Nutzung eigenen Grundbesitzes i. S. des § 9 Nr. 1 Satz 2 GewStG zu beurteilen, sofern sie nicht den Umfang einer gewerblichen Tätigkeit annimmt (→ BFH vom 13.8.1997 – BStBl. 1998 II S. 270 und vom 17.1.2006 – BStBl. II S. 434).

Veräußerung von Grundbesitz. Die erweiterte Kürzung nach § 9 Nr. 1 Satz 2 GewStG ist nicht anzuwenden, wenn ein Unternehmen aufgrund der Veräußerung von Grundbesitz eine gewerbliche Tätigkeit ausübt, die nicht ausschließlich in der Errichtung und Veräußerung von Kaufeigenheimen, Kleinsiedlungen und Eigentumswohnungen im Sinne des § 9 Nr. 1 Satz 2 und 3 GewStG besteht (→ BFH vom 31.7.1990 – BStBl. II S. 1075).

R 9.2 (3)

Umfang der Kürzung

(3) Die Kürzung nach § 9 Nr. 1 Satz 2 GewStG umfasst nur den Teil des Gewerbeertrags des Grundstücksunternehmens, der auf die Verwaltung und Nutzung des eigenen Grundbesitzes, einschließlich der in R 9.2 Abs. 2 Satz 3 genannten ausnahmsweise zugelassenen Nebentätigkeiten, entfällt.

H 9.2 (3)

Kapitalerträge. Zinserträge werden auch dann nicht von der erweiterten Kürzung gemäß § 9 Nr. 1 Satz 2 GewStG umfasst, wenn sie aus der Anlage vereinnahmter Mietüberschüsse resultieren und wenn diese Anlage vorgenommen worden ist, um Grundstücksdarlehen tilgen zu können (→ BFH vom 15.3.2000 – BStBl. II S. 355).

Reinvestitionsrücklage § 6b EStG. Die erweiterte Kürzung gemäß § 9 Nr. 1 Satz 2 GewStG erfasst den Gewinn aus der Auflösung einer gemäß § 6b Abs. 3 EStG gebildeten Rücklage, wenn der ohne Bildung der Rücklage entstandene Veräußerungsgewinn nach § 9 Nr. 1 Satz 2 GewStG gewerbesteuerfrei gewesen wäre und wenn auch bei der Auflösung der Rücklage die Voraussetzungen des § 9 Nr. 1 Satz 2 GewStG vorliegen. Daran fehlt es nicht deshalb, weil der veräußerte Grundbesitz im Zeitpunkt der

Auflösung der Rücklage nicht mehr zum Betriebsvermögen gehört. Die erweiterte Kürzung erfasst jedoch nicht den Gewinnzuschlag gemäß § 6b Abs. 7 EStG (→ BFH vom 15.3.2000 – BStBl. 2001 II S. 251).

Veräußerungsgewinne. Veräußert ein Unternehmen, das die Voraussetzungen des § 9 Nr. 1 Satz 2 GewStG erfüllt, Grundbesitz, ist – vorbehaltlich des § 9 Nr. 1 Satz 5 Nr. 2 und Satz 6 GewStG – auch der bei der Veräußerung erzielte Gewinn gemäß § 9 Nr. 1 Satz 2 GewStG bei der Ermittlung des Gewerbeertrags zu kürzen (→ BFH vom 29.4.1987 – BStBl. II S. 603).

R 9.2 (4)

Ausschluss der erweiterten Kürzung nach § 9 Nr. 1 Satz 5 Nr. 1 GewStG

(4) – *unbesetzt* –

H 9.2 (4)

Beteiligungshöhe. Die erweiterte Kürzung des Gewerbeertrags ist gemäß § 9 Nr. 1 Satz 5 Nr. 1 GewStG auch dann ausgeschlossen, wenn der Gesellschafter an der überlassenden Grundstücksgesellschaft nur geringfügig beteiligt ist. Eine in diesen Fällen zum Ausschluss der erweiterten Kürzung des Gewerbeertrags führende Beteiligung liegt jedenfalls dann vor, wenn sie mindestens 1 Prozent beträgt (→ BFH vom 7.4.2005 – BStBl. II S. 576).

Geringfügigkeit des überlassenen Grundbesitzes. Die erweiterte Kürzung nach § 9 Nr. 1 Satz 2 und 3 GewStG ist nach § 9 Nr. 1 Satz 5 Nr. 1 GewStG auch dann nicht zulässig, wenn nur ein ganz unwesentlicher Teil des Grundbesitzes dem Gewerbebetrieb des Gesellschafters oder Genossen dient (→ BFH vom 26.6.2007 – BStBl. II S. 893).

Gewerbebetrieb eines Gesellschafters bei Beteiligung an einer Mitunternehmerschaft.[1] Unter Gewerbebetrieb eines Gesellschafters im Sinne des § 9 Nr. 1 Satz 5 Nr. 1 GewStG ist auch ein Gewerbebetrieb zu verstehen, an dem der Gesellschafter als Mitunternehmer beteiligt ist. Der Grundbesitz dient dem Gewerbebetrieb eines Gesellschafters oder Genossen somit auch dann, wenn der Grundbesitz von einer Personengesellschaft im Sinne des § 15 Abs. 3 EStG genutzt wird, an der Gesellschafter oder Genossen des Grundstücksunternehmens als Mitunternehmer beteiligt sind (→ BFH vom 24.9.1969 – BStBl. II S. 738, vom 18.12.1974 – BStBl. 1975 II S. 268 und vom 15.12.1998 – BStBl. 1999 II S. 168).

Gewerbesteuerbefreiung des Betriebs des Gesellschafters. § 9 Nr. 1 Satz 5 Nr. 1 GewStG ist im Wege der teleologischen Reduktion in der Weise einzuschränken, dass dem Grundstücksunternehmen die erweiterte Kürzung des Gewerbeertrags nach § 9 Nr. 1 Satz 2 GewStG auch dann zu gewähren ist, wenn das überlassene Grundstück zwar dem Gewerbebetrieb eines Gesellschafters oder Genossen dient, dieses den Grundbesitz nutzende Unterneh-

[1] Keine erweiterte Kürzung für grundstücksverwaltende Personengesellschaft bei Grundbesitzverpachtung an persönlich haftenden Gesellschafter; siehe BFH v. 7.8.2008 IV R 36/07, BStBl. II 2010, 988.

men jedoch mit allen seinen (positiven wie negativen) Einkünften von der Gewerbesteuer befreit ist (→ BFH vom 26.6.2007 – BStBl. II S. 893).

Kurzfristige Überlassung des Grundbesitzes. Die erweiterte Kürzung des Gewerbeertrags nach § 9 Nr. 1 Satz 2 GewStG tritt nach § 9 Nr. 1 Satz 5 Nr. 1 GewStG auch dann nicht ein, wenn der vermietete Grundbesitz des grundstücksverwaltenden Unternehmens nur für kurze Zeit (zwei bis drei Tage) dem Gewerbebetrieb eines Gesellschafters dient (→ BFH vom 8.6.1978 – BStBl. II S. 505).

Lebensversicherungsunternehmen. Grundbesitz (Miteigentumsanteile), der zum Deckungsstock eines die Lebensversicherung betreibenden Unternehmens gehört, dient dessen Gewerbebetrieb, wenn er im Rahmen einer gewerblich geprägten Personengesellschaft mit den Eigentumsanteilen anderer Versicherungsunternehmen verwaltet wird (→ BFH vom 26.10.1995 – BStBl. 1996 II S. 6). Grundbesitz einer gewerblich geprägten Personengesellschaft dient i. S. d. § 9 Nr. 1 Satz 5 Nr. 1 GewStG dem Gewerbebetrieb des an der Gesellschaft beteiligten Lebensversicherungsunternehmens, wenn er zugunsten des Deckungsstock-Treuhänders im Grundbuch gesperrt ist und die Anteile an der Personengesellschaft in das Deckungsstockverzeichnis aufgenommen worden sind (→ BFH vom 17.1.2002 – BStBl. II S. 873). Der Grundbesitz einer gewerblich geprägten Personengesellschaft dient dem Gewerbebetrieb des an der Gesellschaft beteiligten Lebensversicherungsunternehmen nach § 9 Nr. 1 Satz 5 GewStG, wenn die Anteile an der Personengesellschaft in einen Vermögensstock eingestellt sind, der die Bedeckung der noch nicht garantierten Rückstellungen für Beitragsrückerstattungen sicherstellen soll (→ BFH vom 18.12.2014 – BStBl. 2015 II S. 597).

Mittelbare Beteiligung. Der mittelbar über eine Personengesellschaft an einer vermögensverwaltenden Kapitalgesellschaft Beteiligte ist Gesellschafter im Sinne des § 9 Nr. 1 Satz 5 Nr. 1 GewStG (→ BFH vom 15.12.1998 – BStBl. 1999 II S. 168). Der mittelbar über eine Kapitalgesellschaft an einer vermögensverwaltenden Kapitalgesellschaft Beteiligte ist nicht Gesellschafter i. S. d. § 9 Nr. 1 Satz 5 Nr. 1 GewStG (→ BFH vom 15.4.1999 – BStBl. II S. 532).

Rechtsfolgen des Ausschlusses der erweiterten Kürzung nach § 9 Nr. 1 Satz 5 Nr. 1 GewStG. Dient der Grundbesitz ganz oder zum Teil dem Gewerbebetrieb eines Gesellschafters oder Genossen, so bleibt es bei der Kürzung nach § 9 Nr. 1 Satz 1 GewStG (→ BFH vom 8.6.1978 – BStBl. II S. 505).

Untervermietung. Grundbesitz dient dem Gewerbebetrieb eines Gesellschafters auch dann, wenn er von diesem oder von einer Mitunternehmerschaft, an der der Gesellschafter beteiligt ist, weitervermietet wird und der Grundbesitz ohne die Zwischenschaltung der Grundstücksgesellschaft zum Betriebsvermögen des Gesellschafters oder der Mitunternehmerschaft gehören würde (→ BFH vom 15.12.1998 – BStBl. 1999 II S. 168). Der Grundbesitz einer Wohnungs-GmbH dient danach z. B. dem Gewerbebetrieb einer anderen Gesellschaft, an der die Gesellschafter der Wohnungs-GmbH beteiligt sind, wenn die Wohnungen fast ausschließlich an aktive und ehemalige Arbeitnehmer dieser Gesellschaft vermietet werden (→ BFH vom 18.12.1974 – BStBl. 1975 II S. 268 und vom 28.7.1993 – BStBl. 1994 II S. 46).

R 9.3 Kürzung um Gewinne aus Anteilen an bestimmten Körperschaften

[1]Die Kürzung nach § 9 Nr. 2a GewStG kommt für unmittelbare und mittelbare Beteiligungen an einer nicht steuerbefreiten inländischen Kapitalgesellschaft im Sinne des § 2 Abs. 2 GewStG, einer Kredit- oder Versicherungsanstalt des öffentlichen Rechts, einer Erwerbs- und Wirtschaftsgenossenschaft oder an einer Unternehmensbeteiligungsgesellschaft im Sinne des § 3 Nr. 23 GewStG in Betracht. [2]Weitere Voraussetzung für die Kürzung nach § 9 Nr. 2a GewStG ist, dass die Beteiligung zu Beginn des Erhebungszeitraums mindestens 15 Prozent des Grund- oder Stammkapitals beträgt. [3]Ist ein Grund- oder Stammkapital nicht vorhanden, tritt an seine Stelle das Vermögen; bei Erwerbs- und Wirtschaftsgenossenschaften ist die Beteiligung an der Summe der Geschäftsguthaben maßgebend. [4]Für die Ermittlung der erforderlichen Beteiligungshöhe einer Personengesellschaft sind die im Gesamthands- und Sonderbetriebsvermögen gehaltenen Anteile zusammenzurechnen. [5]Beginnt die Steuerpflicht des beteiligten Unternehmens im Laufe eines Kalenderjahrs, kommt es für den ersten Erhebungszeitraum auf die Höhe der Beteiligung zu Beginn der Steuerpflicht (Beginn des abgekürzten Erhebungszeitraums) an. [6]Ist die ausschüttende Körperschaft teilweise von der Gewerbesteuer befreit und übt sie teilweise eine gewerbesteuerpflichtige Tätigkeit aus, z. B. in den Fällen des § 3 Nr. 5, 8, 9, 12, 13, 15, 17 und 20 GewStG, ist die Kürzung nach dem Verhältnis der steuerpflichtigen Gewinnanteile zum Gesamtgewinn der Körperschaft vorzunehmen. [7]Erforderlichenfalls kann der begünstigte Teil der Gewinnausschüttung im Schätzungswege ermittelt werden. [8]Der bei der Ermittlung des Gewerbeertrags anzusetzende Gewinn aus einer Wertaufholung nach § 6 Abs. 1 Nr. 2 Satz 3 EStG unterliegt auch dann nicht der Kürzung nach § 9 Nr. 2a GewStG, wenn sich die vorangegangene ausschüttungsbedingte Teilwertabschreibung aufgrund der Regelung in § 8 Nr. 10 GewStG gewerbesteuerlich nicht ausgewirkt hat.

H 9.3

Ausschüttungen, für die Beträge des steuerlichen Einlagekontos als verwendet gelten, gehören nicht zu den Gewinnen aus Anteilen i. S. d. § 9 Nr. 2a GewStG (→ BFH vom 15.9.2004 – BStBl. 2005 II S. 297).

Besitzzeitanrechnungen nach dem UmwStG. Die zeitraumbezogene Besitzzeitanrechnung nach § 4 Abs. 2 Satz 3 UmwStG (bei einem sog. qualifizierten Anteilstausch ist unter der Voraussetzung des Ansatzes des eingebrachten Betriebsvermögens mit einem unter dem gemeinen Wert liegenden Wert durch die übernehmende Gesellschaft der Zeitraum der Zugehörigkeit eines Wirtschaftsguts zum Betriebsvermögen der übertragenden Körperschaft dem übernehmenden Rechtsträger anzurechnen, wenn die Dauer der Zugehörigkeit des Wirtschaftsguts zum Betriebsvermögen für die Besteuerung bedeutsam ist) entfaltet für das zeitpunktbezogene Tatbestandsmerkmal des § 9 Nr. 2a GewStG keine Wirkung (→ BFH vom 16.4.2014 – BStBl. 2015 II S. 303).

Dividendeneinnahmen einer Organgesellschaft[1)]

---

1) **[Amtl. Anm.:]** Für EZ ab 2017 → § 7a GewStG in der ab 2017 geltenden Fassung (G v. 20.12.2016, BGBl. I 2016, 3000).

Liquidation der Kapitalgesellschaft. Gewinne aus Anteilen i. S. d. § 9 Nr. 2a GewStG sind sowohl die während der Liquidation der Kapitalgesellschaft erzielten Gewinne als auch die Liquidationsrate, mit der das nach Abschluss der Liquidation verbliebene Reinvermögen an die Anteilseigner ausgekehrt wird, soweit nicht Beträge aus dem steuerlichen Einlagekonto i. S. d. § 27 KStG als verwendet gelten. Soweit im Rahmen der Gewinnermittlung die Anteile an der Untergesellschaft infolge des Untergangs des Wirtschaftsguts „Beteiligung" aus der Bilanz eines Anteilseigners auszubuchen sind, mindert dies nicht den Kürzungsbetrag i. S. d. § 9 Nr. 2a GewStG (→ BFH vom 2.4.1997 – BStBl. 1998 II S. 25 und vom 8.5.2003 – BStBl. 2004 II S. 460).

Mittelbare Beteiligung. Die Kürzung nach § 9 Nr. 2a GewStG kommt auch bei mittelbarer Beteiligung in dem gesetzlich bestimmten Umfang in Betracht (→ BFH vom 17.5.2000 – BStBl. 2001 II S. 685).

Veräußerungsgewinne. Der Gewinn aus der Veräußerung einer Beteiligung an einer Kapitalgesellschaft ist kein von der Kapitalgesellschaft ausgeschütteter Gewinn i. S. von § 9 Nr. 2a GewStG (→ BFH vom 7.12.1971 – BStBl. 1972 II S. 468).

R 9.4 Kürzung um den auf eine ausländische Betriebsstätte entfallenden Teil des Gewerbeertrags[1) – *unbesetzt* –

H 9.4

Aufteilung des Gewerbeertrags. Der Teil des Gewerbeertrags, der auf die ausländische Betriebsstätte entfällt, ist grundsätzlich nach der sog. direkten Methode zu ermitteln. Wird der Betriebsstättengewinn nicht gesondert ermittelt, muss eine Aufteilung im Wege der Schätzung erfolgen. Die Zerlegungsvorschrift des § 29 GewStG kann ggf. sinngemäß angewendet werden, sofern die im In- und Ausland ausgeübten Tätigkeiten gleichwertig sind (→ BFH vom 28.3.1985 – BStBl. II S. 405).

Kürzung um Hinzurechnungsbetrag nach § 10 Absatz 1 Satz 1 AStG.[2) → *Gleich lautende Erlasse der obersten Finanzbehörden der Länder vom 14.12.2015 – BStBl. I S. 1090 zu den Folgen aus dem BFH-Urteil vom 11.3.2015 – BStBl. II S. 1049.*[3)

Tonnagebesteuerung. Soweit der Gewinn nach § 5a EStG ermittelt worden ist, kommen Hinzurechnungen und Kürzungen nicht in Betracht. Die Auflösung des Unterschiedsbetrages nach § 5a Abs. 4 EStG gehört zum Gewerbeertrag (→ BMF vom 12.6.2002 – BStBl. I S. 614 unter Berücksichtigung der Änderungen durch BMF vom 31.10.2008 – BStBl. I S. 956, Rdnr. 37 und 38 und BFH vom 26.6.2014 – BStBl. 2015 II S. 300).[4)

---

1) Gewerbesteuerkürzung nach § 9 Nr. 3 GewStG nur für Seeschifffahrt, nicht für Binnenschifffahrt; siehe BFH v. 10.8.2016 I R 60/14, BStBl. II 2017, 534. – Zu einer grenzüberschreitenden Betriebsaufspaltung siehe BFH v. 17.11.2020 I R 72/16, BStBl. II 2021, 484.

2) **[Amtl. Anm.:]** Hinweis auf § 7 Satz 7 und § 9 Nr. 3 Satz 1 GewStG i. d. F. des G v. 20.12.2016, BGBl. I 2016, 3000.

3) Aufgeh. durch gleich lautenden Ländererlass v. 4.2.2021, BStBl. I 2021, 248.

4) Siehe aber BFH v. 25.10.2018 IV R 35/16, DStRE 2019, 265 (Rspr.-Änderung); ebenso IV R 40/16, BFH/NV 2019, 291, u. IV R 41/16, BFH/NV 2019, 268.

Veräußerung des Schiffs einer Einschiffsgesellschaft. Der auf den Einsatz eines Schiffs als Handelsschiff im internationalen Verkehr entfallende Teil des Gewerbeertrags einer Einschiffsgesellschaft unterliegt unter der Voraussetzung, dass der Gewerbeertrag nicht nach § 7 Satz 3 GewStG i. V. m. § 5a EStG, sondern nach § 7 Satz 1 GewStG i. V. m. § 4, § 5 EStG zu ermitteln ist, auch dann der Kürzung nach § 9 Nr. 3 GewStG, wenn die Gesellschaft vorrangig die Veräußerung des Schiffs beabsichtigt (→ BFH vom 26.9.2013 – BStBl. 2015 II S. 296). Zu Gewerbesteuerpflicht → H 2.5 (1).

Verluste einer ausländischen Betriebsstätte. Der auf eine ausländische Betriebsstätte entfallende Teil des Gewerbeertrags i. S. d. § 9 Nr. 3 GewStG kann auch ein Verlust sein mit der Folge, dass die Kürzung nach § 9 Nr. 3 GewStG die Erhöhung eines positiven oder die Minderung eines negativen Gewerbeertrags bewirkt (→ BFH vom 21.4.1971 – BStBl. II S. 743 und vom 10.7.1974 – BStBl. II S. 752).

Weitervercharterung von Handelsschiffen. Die Weitervercharterung von Handelsschiffen führt beim Zweitvercharterer nur dann zur Fiktion einer ausländischen Betriebsstätte i. S. des § 9 Nr. 3 Satz 2 GewStG 2002, wenn dieser die Schiffe selbst aufgerüstet hat (→ BFH vom 22.12.2015 – BStBl. II 2016 S. 537).

R 9.5 Kürzung um Gewinne aus Anteilen an einer ausländischen Kapitalgesellschaft[1)]

[1]Nach § 9 Nr. 7 Satz 1 erster Halbsatz GewStG wird die Summe des Gewinns und der Hinzurechnungen um die Gewinne aus Anteilen an einer aktiv tätigen ausländischen Kapitalgesellschaft bei einer mindestens 15 Prozent des Nennkapitals betragenden Beteiligung gekürzt. [2]Dies entspricht hinsichtlich der Höhe der Beteiligungsgrenze der Regelung bei innerstaatlichen Beteiligungen (→ § 9 Nr. 2a GewStG). [3]Zu den Gewinnen gehören auch verdeckte Gewinnausschüttungen. [4]Nach § 9 Nr. 7 Satz 1 zweiter Halbsatz GewStG gilt die Kürzung auch für Gewinne aus Anteilen an einer Gesellschaft, die die in der Anlage 2 zu § 43b EStG genannten Voraussetzungen des Art. 2 der Richtlinie Nr. 90/435/EWG des Rates vom 23.7.1990 (ABl. EG Nr. L 225 S. 6, Nr. L 266 S. 20, 1997 Nr. L S. 98 – sog. Mutter-Tochter-Richtlinie),[2)] zuletzt geändert durch Richtlinie 2006/98/EG des Rates vom 20.11.2006 (ABl. EU Nr. L 363 S. 129) erfüllt und das Unternehmen zu mindestens einem Zehntel am Nennkapital der Gesellschaft zu Beginn des Erhebungszeitraums beteiligt ist (→ § 43b EStG). [5]Die Vorschrift des § 9 Nr. 7 GewStG ist auch anzuwenden, wenn die Tochtergesellschaft in einem Staat ansässig ist, mit dem ein Doppelbesteuerungsabkommen besteht. [6]Die gewerbesteuerrechtliche Schachtelvergünstigung nach einem Doppelbesteuerungsabkommen kann jedoch weitere oder engere Voraussetzungen als § 9 Nr. 7 GewStG haben. [7]Anzuwenden ist jeweils die für den Steuerpflichtigen günstigere Regelung. [8]Zu beachten ist, dass die nach den Doppelbesteuerungsabkommen eingeräumten Schachtelvergünsti-

---

1) Zur unionsrechtskonformen Auslegung des § 9 Nr. 7 GewStG und den Folgen aus dem EuGH-Urteil v. 20.9.2018 C-685/16 EV, BStBl. II 2019, 111 siehe gleich lautenden Ländererlass v. 25.1.2019, BStBl. I 2019, 91.

2) Jetzt RL 2011/96/EU, ABl. EU 2011 Nr. L S. 8 (**Steuergesetze** Nr. **2**).

gungen nach § 9 Nr. 8 GewStG bereits ab einer Beteiligungsgrenze von 15 Prozent gewährt werden. [9]Die in den Doppelbesteuerungsabkommen festgelegten weiteren sachlichen und persönlichen Voraussetzungen bleiben hiervon unberührt. [10]Die Schachtelvergünstigung steht jedem gewerblichen Unternehmen, also auch Einzelunternehmen und Personengesellschaften, zu. [11]Dies gilt auch, wenn die Schachtelvergünstigung wegen mittelbarer Beteiligung an einer aktiv tätigen Enkelgesellschaft zu gewähren ist. [12]Die Gewährung der Schachtelvergünstigung nach § 9 Nr. 7 Satz 1 GewStG setzt keinen Antrag voraus. [13]Die ausländische Kapitalgesellschaft muss in dem Wirtschaftsjahr, für das sie ihre Ausschüttungen vorgenommen hat, ihre Bruttoerträge ausschließlich oder fast ausschließlich aus unter § 8 Abs. 1 Nr. 1 bis 6 AStG fallenden aktiven Tätigkeiten und/oder aus den in § 9 Nr. 7 Satz 1 GewStG benannten Beteiligungen bezogen haben. [14]Die Anwendung des § 9 Nr. 7 GewStG setzt voraus, dass das Unternehmen alle Nachweise erbringt.

H 9.5

Brasilianische Eigenkapitalverzinsung als Dividende nach § 9 Nr. 7 Satz 2 GewStG. Zinsen auf das Eigenkapital („juro sobre o capital próprio") nach Maßgabe der brasilianischen Gesetze Nr. 9.249/95 und Nr. 9.430/96 sind Gewinnanteile i. S. d. § 9 Nr. 7 Satz 2 GewStG (→ BFH vom 6.6.2012 – BStBl. 2013 II S. 111).

Mindestbeteiligung für die Kürzung nach § 9 Nr. 7 Satz 1 GewStG. Die Beteiligung eines inländischen Unternehmens an einer ausländischen Kapitalgesellschaft gemäß § 9 Nr. 7 Satz 1 GewStG muss keine unmittelbare sein (→ BFH vom 17.5.2000 – BStBl. 2001 II S. 685).

Mindestbeteiligung für die Kürzung nach § 9 Nr. 7 Satz 4 GewStG. Die Kürzung gemäß § 9 Nr. 7 Satz 4 GewStG ist nicht zu gewähren, wenn die hiernach erforderliche Mindestbeteiligungsquote an der Enkelgesellschaft von 15 Prozent nur durch Zusammenrechnung einer unmittelbaren Beteiligung der Muttergesellschaft an der betreffenden Gesellschaft (§ 9 Nr. 7 Satz 1 GewStG) und einer mittelbaren Beteiligung an dieser Gesellschaft über eine zwischengeschaltete Tochtergesellschaft (§ 9 Nr. 7 Satz 4 GewStG) erreicht wird. Die Mindestbeteiligung muss allein über die Tochtergesellschaft bestehen (→ BFH vom 21.8.1996 – BStBl. 1997 II S. 434).

Zu § 10a GewStG

R 10a.1 Gewerbeverlust

Ermittlung

(1) [1]Für die Ermittlung des Gewerbeverlustes ist im Entstehungsjahr von dem Gewinn (Verlust) aus Gewerbebetrieb auszugehen, der nach den Vorschriften des Einkommensteuerrechts oder des Körperschaftsteuerrechts zu ermitteln ist. [2]Danach mindern steuerfreie Einnahmen den nach § 10a GewStG abziehbaren Verlust nicht. [3]Ebenso dürfen nicht zum steuerpflichtigen Gewerbeertrag gehörende Veräußerungsgewinne den Gewerbeverlust nicht mindern. [4]Der nach den einkommensteuerrechtlichen (körperschaftsteuerrechtlichen) Vorschriften ermittelte Gewinn oder Verlust aus Gewerbe-

betrieb ist um die in §§ 8 und 9 GewStG bezeichneten Beträge zu erhöhen bzw. zu vermindern. [5]Dadurch kann sich ein Gewerbeverlust ergeben, obwohl einkommensteuerrechtlich oder körperschaftsteuerrechtlich ein Gewinn aus Gewerbebetrieb vorliegt.

Gesonderte Feststellung

(2) [1]Die Höhe des vortragsfähigen Gewerbeverlustes ist gesondert festzustellen. [2]Bei der gesonderten Feststellung des vortragsfähigen Gewerbeverlustes ist u. a. auch der Verlustverbrauch durch das Ausscheiden von Gesellschaftern einer Personengesellschaft zu berücksichtigen. [3]Entsprechendes gilt bei einem Wegfall des vortragsfähigen Gewerbeverlustes nach § 10a Satz 10 GewStG i. V. m. § 8c KStG.

Verlustabzug

(3) [1]Ein Gewerbeverlust ist von Amts wegen erstmals in dem auf das Entstehungsjahr unmittelbar folgenden Erhebungszeitraum nach Maßgabe des § 10a GewStG zu berücksichtigen. [2]Der Gewerbeverlust ist vom maßgebenden Gewerbeertrag, also nach Berücksichtigung der Hinzurechnungen nach § 8 GewStG und der Kürzungen nach § 9 GewStG und vor dem Ansatz des Freibetrags nach § 11 Abs. 1 Satz 3 GewStG abzuziehen. [3]Bei Einzelunternehmen und Personengesellschaften ist Voraussetzung für den Verlustabzug nach § 10a GewStG sowohl die Unternehmensidentität (→ R 10a.2) als auch die Unternehmeridentität (→ R 10a.3). [4]Bei Körperschaften und Mitunternehmerschaften, an denen Körperschaften beteiligt sind, gelten unter den Voraussetzungen des § 10a Satz 10 GewStG die Regelungen des § 8c KStG (Verlustabzug bei Körperschaften) für die Gewerbesteuer entsprechend. [5]Die Frage danach, ob und in welchem Umfang § 8c KStG Anwendung findet, entscheidet sich dabei zunächst allein nach den Verhältnissen auf Ebene der Körperschaft. [6]Liegt sodann ein Fall des § 8c KStG auf Ebene der Körperschaft vor, wirkt die Verlustabzugsbeschränkung ausgehend von der Körperschaft unter Berücksichtigung der jeweiligen Beteiligungsverhältnisse in der Beteiligungskette nach unten fort. [7]*Tritt das die Rechtsfolgen des § 8c KStG auslösende Ereignis unterjährig ein und ist der maßgebende Gewerbeertrag des der Verlustabzugsbeschränkung unterliegenden Gewerbebetriebs in diesem Erhebungszeitraum insgesamt negativ, ist der negative Gewerbeertrag des gesamten Erhebungszeitraums zeitanteilig aufzuteilen.* [8]*Die Verlustabzugsbeschränkung des § 8c KStG erfasst somit neben den Fehlbeträgen aus vorangegangenen Erhebungszeiträumen nur den auf den Zeitraum bis zum schädlichen Ereignis entfallenden negativen Gewerbeertrag.*[1)]

H **10a.1**

Allgemeines.

– Die sog. Mindestbesteuerung verstößt in ihrer Grundkonzeption einer zeitlichen Streckung des Verlustvortrags nicht gegen Verfassungsrecht (→ BFH vom 22.8.2012 – BStBl. 2013 II S. 512).
– Die Beschränkung der Verrechnung von vortragsfähigen Gewerbeverlusten durch Einführung einer jährlichen Höchstgrenze mit Wirkung ab

1) Überholt, siehe gleich lautenden Ländererlass v. 29.11.2017, BStBl. I 2017, 1643.

2004 (§ 10a Satz 1 und 2 GewStG) ist verfassungsgemäß. Das gilt auch, soweit es wegen der Begrenzung zu einem endgültig nicht mehr verrechenbaren Verlust kommt, bspw. wenn es bei einer Objektgesellschaft konzeptgemäß erst in späteren Jahren zu Gewinnen kommt (→ BFH vom 20.9.2012 – BStBl. 2013 II S. 498).
– Die sog. Mindestgewinnbesteuerung ist nicht unbillig, wenn der Messbetrag auf vom Steuerpflichtigen veranlassten Forderungsverzicht beruht (→ BFH vom 20.9.2012 – BStBl. 2013 II S. 505).
– Zur Verfassungsmäßigkeit der sog. Mindestbesteuerung bei Definitiveffekten wird eine Entscheidung des BVerfG eingeholt (→ BFH vom 26.2.2014 – BStBl. II S. 1016).[1]

Feststellungsfrist für Feststellung des vortragsfähigen Gewerbeverlustes. Die Feststellungsfrist für die Feststellung des vortragsfähigen Gewerbeverlusts nach § 10a Satz 6 GewStG 2002 endet nicht vor der Festsetzungsfrist für den Erhebungszeitraum, auf dessen Schluss der vortragsfähige Gewerbeverlust festzustellen ist (§ 35b Abs. 2 Satz 4 Halbs. 1 GewStG 2002 n. F.). Eine Feststellung nach dem Ablauf der Feststellungsfrist ist rechtswidrig. Abweichendes gilt (unter Anwendung von § 181 Abs. 5 AO), wenn die zuständige Finanzbehörde die Feststellung pflichtwidrig unterlassen hat (§ 35b Abs. 2 Satz 4 Halbs. 2 GewStG 2002 n. F.). Diese Voraussetzung ist nur dann erfüllt, wenn eine Verlustfeststellung bisher gänzlich fehlt; die Änderung einer bereits fristgerecht ergangenen Feststellung fällt nicht darunter (→ BFH vom 11.2.2015 – BStBl. 2016 II S. 353).

Gesellschafterwechsel bei einer Personengesellschaft. Tritt bei einer Personengesellschaft innerhalb des Erhebungszeitraumes ein partieller Gesellschafterwechsel ein, der nicht zur Beendigung der sachlichen Steuerpflicht der Gesellschaft führt, so ist ein nach dem Gesellschafterwechsel entstandener Verlust kein gesondert vortragsfähiger Fehlbetrag im Sinne des § 10a GewStG, sondern Teil des für den gesamten Erhebungszeitraum zu ermittelnden Gewerbeertrags (→ BFH vom 26.6.1996 – BStBl. 1997 II S. 179).

Grundlagenbescheid. Bei der Feststellung des vortragsfähigen Gewerbeverlustes nach § 10a Satz 6 GewStG handelt es sich um einen Grundlagenbescheid für den Gewerbesteuermessbescheid des Folgejahres (→ BFH vom 9.6.1999 – BStBl. II S. 733).

Verlustausgleich bei Verschmelzung von Personengesellschaften. Der Gewerbeertrag einer Personengesellschaft, die den Betrieb einer anderen Personengesellschaft im Wege der Verschmelzung aufnimmt, kann um den Gewerbeverlust gekürzt werden, den diese Personengesellschaft im selben Erhebungszeitraum bis zur Verschmelzung erlitten hat, wenn alle Gesellschafter auch an der aufnehmenden Gesellschaft beteiligt sind und die Identität des Unternehmens der umgewandelten Gesellschaft im Rahmen der aufnehmenden Gesellschaft gewahrt bleibt (→ BFH vom 14.9.1993 – BStBl. 1994 II S. 764).

Verlustausgleich und Freibetrag. Der Grundsatz, dass ein Gewerbeverlust insoweit verbraucht ist, als er durch positive Erträge gedeckt ist, gilt auch

[1] Az. BVerfG 2 BvL 19/14.

dann, wenn der Gewerbeertrag durch den Verlustabzug unter den Freibetrag von 24500 Euro für Einzelunternehmen und Personengesellschaften sinkt (→ BFH vom 9.1.1958 – BStBl. III S. 134).

R 10a.2 Unternehmensidentität[1)]

[1]Unternehmensidentität bedeutet, dass der im Anrechnungsjahr bestehende Gewerbebetrieb identisch ist mit dem Gewerbebetrieb, der im Jahr der Entstehung des Verlustes bestanden hat. [2]Dabei ist unter Gewerbebetrieb die ausgeübte gewerbliche Betätigung zu verstehen. [3]Ob diese die gleiche geblieben ist, ist nach dem Gesamtbild zu beurteilen, das sich aus ihren wesentlichen Merkmalen ergibt, wie insbesondere der Art der Betätigung, dem Kunden- und Lieferantenkreis, der Arbeitnehmerschaft, der Geschäftsleitung, den Betriebsstätten sowie dem Umfang und der Zusammensetzung des Aktivvermögens. [4]Unter Berücksichtigung dieser Merkmale muss ein wirtschaftlicher, organisatorischer und finanzieller Zusammenhang zwischen den Betätigungen bestehen. [5]Betriebsbedingte – auch strukturelle – Anpassungen der gewerblichen Betätigung an veränderte wirtschaftliche Verhältnisse stehen der Annahme einer identischen Tätigkeit jedoch nicht entgegen.

H 10a.2

Abgrenzungsmerkmale. → BFH vom 12.1.1983 – BStBl. II S. 425, vom 19.12.1984 – BStBl. 1985 II S. 403, vom 14.9.1993 – BStBl. 1994 II S. 764 und vom 27.1.1994 – BStBl. II S. 477.

Betriebsaufspaltung.

- Bei der Rückumwandlung einer aus einer Betriebsaufspaltung hervorgegangenen Betriebs-GmbH auf die Besitz-Personengesellschaft, bleibt ein bei der Personengesellschaft entstandener Gewerbeverlust abzugsfähig (→ BFH vom 28.5.1968 – BStBl. II S. 688).
- Bringen die Gesellschafter einer GbR, die Verpachtungsgesellschaft im Rahmen einer Betriebsaufspaltung ist, ihre Anteile an der GbR in eine KG ein, die in den Pachtvertrag eintritt, kann die Unternehmensidentität auch dann gegeben sein, wenn die KG bereits Besitzgesellschaft im Rahmen einer weiteren Betriebsaufspaltung ist (→ BFH vom 27.1.1994 – BStBl. II S. 477).

Realteilung.

- Bei der Realteilung von Personengesellschaften besteht zwischen dem Gewerbebetrieb der Personengesellschaft und den hieraus im Wege der Realteilung hervorgegangenen Betrieben nur dann Unternehmensidentität, wenn das auf einen Gesellschafter übergehende Vermögen bei der Personengesellschaft einen Teilbetrieb gebildet hat und der diesem Teilbetrieb sachlich zuzuordnende Verlust sich ohne weiteres aus dem Rechenwerk der Personengesellschaft ergibt (→ BFH vom 5.9.1990 – BStBl. 1991 II S. 25).
- → R 10a.3 Abs. 3.

[1)] Unternehmensidentität auch bei gewerblich geprägter Personengesellschaft Voraussetzung für den Abzug von Gewerbeverlusten; siehe BFH v. 4.5.2017 IV R 2/14, BStBl. II 2017, 1138.

Teilbetriebsveräußerung. Liegt eine Teilbetriebsveräußerung vor, stehen die Verluste, soweit sie auf den veräußerten Teilbetrieb entfallen, mangels (Teil-)Unternehmensidentität nicht für eine Kürzung von Gewerbeerträgen in späteren Erhebungszeiträumen zur Verfügung (→ BFH vom 7.8.2008 – BStBl. 2012 II S. 145).[1)]

Vereinigung bestehender Betriebe.

- Wird ein Betrieb oder Teilbetrieb mit einem bereits bestehenden Betrieb vereinigt (z. B. Einbringung in eine Personengesellschaft oder Verschmelzung von zwei Personengesellschaften), ist es für die Annahme der Unternehmensidentität nicht entscheidend, ob der übertragene Betrieb bei der aufnehmenden Gesellschaft einen Teilbetrieb darstellt oder dem neuen Gesamtbetrieb das Gepräge gibt. Es ist ausreichend, wenn die Identität des eingebrachten Betriebs innerhalb der Gesamttätigkeit des aufnehmenden Betriebs gewahrt bleibt, d. h. die Geschäftstätigkeit im Rahmen des aufnehmenden Betriebs in wirtschaftlicher, organisatorischer und finanzieller Hinsicht fortgesetzt wird (→ BFH vom 14.9.1993 – BStBl. 1994 II S. 764).
- Wird die an einer GmbH & atypisch still beteiligte GmbH auf die still beteiligte Personengesellschaft verschmolzen und ist für die atypische stille Gesellschaft ein Verlustvortrag festgestellt, um den die aufnehmende Personengesellschaft ihren Gewerbeertrag kürzen will, muss die für die Kürzung nach § 10a GewStG erforderliche Unternehmensidentität zwischen dem Gewerbebetrieb bestehen, den die GmbH – als Inhaberin des Handelsgeschäfts – vor ihrer Verschmelzung auf die Personengesellschaft geführt hat, und dem Gewerbebetrieb, den die Personengesellschaft nach der Verschmelzung (fort-)führt. Der für die GmbH & atypisch still festgestellte Gewerbeverlust geht mangels Unternehmeridentität in dem Umfang unter, in dem er nach der gesellschaftsinternen Verteilung auf die verschmelzungsbedingt erloschene GmbH entfiel (→ BFH vom 11.10.2012 – BStBl. 2013 II S. 958).

R 10a.3 Unternehmeridentität

R 10a.3 (1)

Allgemeines

(1) [1]Unternehmeridentität bedeutet, dass der Gewerbetreibende, der den Verlustabzug in Anspruch nehmen will, den Gewerbeverlust zuvor in eigener Person erlitten haben muss. [2]Ein Unternehmerwechsel bewirkt somit, dass der Abzug des im übergegangenen Unternehmen entstandenen Verlustes entfällt, auch wenn das Unternehmen als solches von dem neuen Inhaber unverändert fortgeführt wird. [3]Der erwerbende Unternehmer kann den vom übertragenden Unternehmer erzielten Gewerbeverlust auch dann nicht nach § 10a GewStG abziehen, wenn er den erworbenen Betrieb mit einem bereits bestehenden Betrieb vereinigt.[2)]

---

1) Zur Anwendung siehe OFD Münster v. 27.6.2012 – G 1427 – 159 – St 11–33, DStR 2012, 2019.

2) Kein Übergang des Gewerbeverlustes nach § 10a GewStG einer Kapitalgesellschaft auf eine Personengesellschaft infolge einer Einbringung; siehe FM NRW v. 27.1.2012 – G 1427 – 26 – VB 4, DStR 2012, 908. – Ebenso BFH v. 17.1.2019 III R 35/17, BStBl. II 2019, 407, zur Ausgliederung des operativen Geschäfts von einer AG auf eine KG.

H 10a.3 (1)

Unternehmerwechsel. Ein den Verlustabzug nach § 10a GewStG ausschließender Unternehmerwechsel liegt unabhängig davon vor, ob dieser auf entgeltlicher oder unentgeltlicher Übertragung, auf Gesamtrechtsnachfolge (z.B. Erbfolge) oder auf Einzelrechtsnachfolge (z.B. vorweggenommene Erbfolge) beruht (→ BFH vom 3.5.1993 – BStBl. II S. 616 und vom 7.12.1993 – BStBl. 1994 II S. 331).

R 10a.3 (2)

Einzelunternehmen

(2) – *unbesetzt* –

H 10a.3 (2)

Einzelunternehmen. Wird ein Einzelunternehmen nach Eintritt einer oder mehrerer Personen als Personengesellschaft fortgeführt, kann der in dem Einzelunternehmen entstandene Fehlbetrag auch weiterhin insgesamt, jedoch nur von dem Betrag abgezogen werden, der von dem gesamten Gewerbeertrag der Personengesellschaft entsprechend dem sich aus dem Gesellschaftsvertrag ergebenden Gewinnverteilungsschlüssel auf den früheren Einzelunternehmer entfällt. Entsprechendes gilt, wenn ein Einzelunternehmen gemäß § 24 UmwStG in eine Personengesellschaft eingebracht wird. Der Abzug eines in einem Einzelunternehmen entstandenen Gewerbeverlustes entfällt jedoch insgesamt, wenn das Unternehmen auf eine Kapitalgesellschaft oder auf eine Personengesellschaft, an der der bisherige Einzelunternehmer nicht beteiligt ist, übertragen wird (→ BFH vom 3.5.1993 – BStBl. II S. 616).

R 10a.3 (3)

Mitunternehmerschaften

(3) [1]Bei Personengesellschaften und anderen Mitunternehmerschaften sind Träger des Rechts auf den Verlustabzug die einzelnen Mitunternehmer. [2]Die Berücksichtigung eines Gewerbeverlustes bei Mitunternehmerschaften setzt voraus, dass bei der Gesellschaft im Entstehungsjahr ein negativer und im Abzugsjahr ein positiver Gewerbeertrag vorliegt; in die Ermittlung dieser Beträge sind Sonderbetriebsausgaben und Sonderbetriebseinnahmen einzubeziehen. [3]Ein sich für die Mitunternehmerschaft insgesamt ergebender Fehlbetrag ist den Mitunternehmern gemäß § 10a Satz 4 GewStG entsprechend dem allgemeinen Gewinnverteilungsschlüssel ohne Berücksichtigung von Vorabgewinnanteilen zuzurechnen. [4]Kommt es in einem folgenden Erhebungszeit-raum mit positivem Gewerbeertrag zu einer Minderung des Fehlbetrages, so vermindern sich die den einzelnen Mitunternehmern zuzurechnenden Anteile entsprechend ihrem nach dem allgemeinen Gewinnverteilungsschlüssel im Abzugsjahr (§ 10a Satz 5 GewStG) zu bemessenden Anteil am Gewerbeertrag. [5]Dabei ist der Höchstbetrag nach § 10a Satz 1 GewStG entsprechend dem allgemeinen Gewinnverteilungsschlüssel im Abzugsjahr anteilig bei den einzelnen Gesellschaftern zu berücksichtigen. [6]Bei gleichem Gesellschafterbe-

stand und gleicher Beteiligungsquote bleibt das Gesamtergebnis im Verlustentstehungsjahr und im Abzugsjahr maßgebend; eine gesellschafterbezogene Berechnung kann unterbleiben. [7] Aufgrund der Personenbezogenheit des Verlustabzugs nach § 10a GewStG können sich jedoch Auswirkungen in den Fällen des Wechsels im Gesellschafterbestand und bei Änderung der Beteiligungsquote ergeben. [8] Bei einer Änderung der Beteiligungsquote ist der den Mitunternehmern im Verlustentstehungsjahr nach § 10a Satz 4 GewStG zugerechnete Anteil am Fehlbetrag insgesamt, jedoch gemäß § 10a Satz 5 GewStG nur von dem jeweiligen Anteil am gesamten Gewerbeertrag abziehbar, der entsprechend dem sich aus dem Gesellschaftsvertrag ergebenden Gewinnverteilungsschlüssel des Abzugsjahres auf den jeweiligen Mitunternehmer entfällt. [9] Für den Wechsel im Gesellschafterbestand gilt z. B. Folgendes:

1. Beim Ausscheiden eines Gesellschafters aus einer Personengesellschaft entfällt der Verlustabzug gemäß § 10a GewStG anteilig in der Höhe, in der der Fehlbetrag dem ausscheidenden Gesellschafter nach § 10a Satz 4 und 5 GewStG zuzurechnen ist.[1)]
2. Tritt ein Gesellschafter in eine bestehende Personengesellschaft ein, ist der vor dem Eintritt des neuen Gesellschafters entstandene Fehlbetrag im Sinne des § 10a GewStG weiterhin insgesamt, jedoch nur von dem Betrag abziehbar, der von dem gesamten Gewerbeertrag entsprechend dem sich aus dem Gesellschaftsvertrag ergebenden Gewinnverteilungsschlüssel (→ § 10a Satz 5 GewStG) auf die bereits vorher beteiligten Gesellschafter entfällt.
3. Veräußert ein Gesellschafter seinen Mitunternehmeranteil an einen Dritten, sind die Grundsätze der Nummern 1 und 2 entsprechend anzuwenden.
4. [1] Wird nach dem Ausscheiden von Gesellschaftern aus einer Personengesellschaft der Gewerbebetrieb von dem einen Gesellschafter fortgeführt, kann dieser vom Gewerbeertrag des Einzelunternehmens einen verbleibenden Fehlbetrag der Gesellschaft insoweit abziehen, als dieser Betrag gemäß § 10a Satz 4 und 5 GewStG auf ihn entfällt. [2] Dies gilt auch, wenn der den Gewerbebetrieb fortführende Gesellschafter eine Kapitalgesellschaft ist, sowie in den Fällen der Verschmelzung einer Personengesellschaft auf einen Gesellschafter.
5. [1] Bei der Einbringung des Betriebes einer Personengesellschaft in eine andere Personengesellschaft besteht die für den Verlustabzug erforderliche Unternehmeridentität, soweit die Gesellschafter der eingebrachten Gesellschaft auch Gesellschafter der aufnehmenden Gesellschaft sind.[2)] [2] Entsprechendes gilt bei der Verschmelzung zweier Personengesellschaften. [3] Die Unternehmeridentität bleibt auch erhalten bei der formwechselnden Umwandlung

---

[1)] Zur Bindungswirkung eines Bescheids über die gesonderte Feststellung des vortragsfähigen Gewerbeverlusts i. S. v. § 10a GewStG bei Personengesellschaften siehe BFH v. 16.6.2011 IV R 11/08, BStBl. II 2011, 903. – Zum Wegfall des Verlustvortrags mit dem Ausscheiden des stillen Gesellschafters aus einer atypischen stillen Gesellschaft siehe BFH v. 22.1.2009 IV R 90/05, DStR 2009, 683; Vb. vom BVerfG (v. 22.3.2010 1 BvR 977/09) nicht zur Entscheidung angenommen.

[2)] Zur Nutzung des gewerbesteuerlichen Verlustvortrags im Rahmen einer doppelstöckigen Mitunternehmerschaft mit einer atypischen stillen Gesellschaft siehe BFH v. 24.4.2014 IV R 34/10, BStBl. II 2017, 233. Siehe hierzu gleich lautenden Ländererlass v. 11.8.2021, BStBl. I 2021, 1074, zur Nichtanwendung des BFH-Urteils IV R 34/10.

(z. B. OHG in KG) einer Personengesellschaft in eine andere Personengesellschaft. [4]Wird eine Personengesellschaft im Wege der Verschmelzung (Ausnahme siehe Nummer 4 Satz 2) oder des Formwechsels (§ 25 UmwStG) in eine Kapitalgesellschaft umgewandelt, besteht keine Unternehmeridentität mit der Folge, dass die Kapitalgesellschaft den bei der Personengesellschaft entstandenen Gewerbeverlust nicht abziehen kann (→ § 23 Abs. 5 UmwStG).[1)]

6. [1]Wird eine Kapitalgesellschaft, die Mitunternehmerin einer Personengesellschaft ist, auf eine andere Kapitalgesellschaft verschmolzen, mindert sich der Verlustabzug nach § 10a GewStG bei der Personengesellschaft um den nach § 10a Satz 4 und 5 GewStG auf die Kapitalgesellschaft entfallenden Betrag (→ § 19 Abs. 2 i. V. m. § 12 Abs. 3 i. V. m. § 4 Abs. 2 Satz 2 UmwStG entsprechend). [2]Entsprechendes gilt, wenn eine Kapitalgesellschaft ihren Mitunternehmeranteil vollständig in eine Tochterkapitalgesellschaft gegen Gewährung von Gesellschaftsrechten einbringt.
7. [1]Liegen bei der Realteilung einer Personengesellschaft die Voraussetzungen der Unternehmensidentität vor, kann jeder Inhaber eines aus der Realteilung hervorgegangenen Teilbetriebs vom Gewerbeertrag dieses Unternehmens den vortragsfähigen Fehlbetrag der Personengesellschaft nur insoweit abziehen, als ihm dieser nach § 10a Satz 4 und 5 GewStG zuzurechnen war. [2]Es kann jedoch höchstens nur der Teil des Fehlbetrages abgezogen werden, der dem übernommenen Teilbetrieb tatsächlich zugeordnet werden kann.
8. [1]Bei der Beteiligung einer Personengesellschaft (Obergesellschaft) an einer anderen Personengesellschaft (Untergesellschaft) sind nicht die Gesellschafter der Obergesellschaft, sondern ist die Obergesellschaft als solche Gesellschafterin der Untergesellschaft. [2]Ein Gesellschafterwechsel bei der Obergesellschaft hat daher ungeachtet des § 15 Abs. 1 Satz 1 Nr. 2 Satz 2 EStG keinen Einfluss auf einen vortragsfähigen Gewerbeverlust bei der Untergesellschaft. [3]Wird die Obergesellschaft auf eine andere Personengesellschaft verschmolzen, ist der Verlustabzug nach § 10a GewStG bei der Untergesellschaft um den Betrag zu kürzen, der nach § 10a Satz 4 und 5 GewStG auf die Obergesellschaft entfällt; dies gilt auch, wenn an beiden Gesellschaften dieselben Gesellschafter beteiligt sind. [4]Entsprechendes gilt, wenn die Obergesellschaft nach dem Ausscheiden des vorletzten Gesellschafters auf den verbleibenden Gesellschafter anwächst. [5]Dagegen bleibt der Verlustabzug nach § 10a GewStG bei der Untergesellschaft unberührt, wenn die Obergesellschaft formwechselnd in eine Kapitalgesellschaft umgewandelt wird. [6]Im Fall der Anwachsung auf die Mutterpersonengesellschaft, kann diese vom Gewerbeertrag einen verbleibenden Fehlbetrag der Tochterpersonengesellschaft insoweit kürzen, als dieser Betrag gemäß § 10a Satz 4 und 5 GewStG auf die Mutterpersonengesellschaft entfällt.
9. [1]Bei einem unterjährigen Gesellschafterwechsel ist der Gewerbeertrag der Mitunternehmerschaft für den gesamten Erhebungszeitraum einheitlich zu ermitteln, sodass nach dem Gesellschafterwechsel entstandene Verluste mit

---

[1)] **Steuergesetze** Nr. **130**.

vor dem Gesellschafterwechsel entstandenen Gewinnen und umgekehrt zu verrechnen sind. [2]Die Rechtsfolgen des § 10a GewStG treten bei unterjährigen Änderungen der Unternehmeridentität auf den jeweiligen Zeitraum vor und nach dem Gesellschafterwechsel ein. [3]Die für diese Zwecke erforderliche Aufteilung des einheitlich ermittelten positiven oder negativen Gewerbeertrags hat zeitanteilig zu erfolgen, sofern dies nicht zu offensichtlich unzutreffenden Ergebnissen führt.

H 10a.3 (3)

Anwendung des § 8c KStG auf Fehlbeträge einer Mitunternehmerschaft, soweit an dieser eine Körperschaft unmittelbar oder mittelbar beteiligt ist. → R 10a.1 Abs. 3 Satz 4 f.

Beispiel:

Ausgangsfall

A ist Alleingesellschafter der A-GmbH, die im EZ 01 zu 80 % an der X-OHG (Obergesellschaft) beteiligt ist. Die X-OHG ist ihrerseits zu 60 % an der Y-OHG (Untergesellschaft) beteiligt. Die zum 31.12.01 vortragsfähigen Gewerbeverluste betragen für die X-OHG 450 000 € und für die Y-OHG 250 000 €. Im EZ 02 erwirbt B von A 30 % der Anteile an der A-GmbH.

Abwandlung

Wie Ausgangsfall, jedoch erwirbt B von A im EZ 02 60 % der Anteile an der A-GmbH.

Lösung Ausgangsfall:

Auf Ebene der A-GmbH erfolgt in EZ 02 ein schädlicher Beteiligungserwerb im Sinne des § 8c KStG. Unter Berücksichtigung der Beteiligungshöhe von 80 % der A-GmbH an der X-OHG folgt, dass vom vortragsfähigen Gewerbeverlust der X-OHG in EZ 02 nunmehr 30 % von 80 % (= 24 % v. 450 000 €) nicht mehr abziehbar sind. Weiterhin ist der vortragsfähige Gewerbeverlust der Y-OHG aufgrund der mittelbaren Beteiligung der A-GmbH an der Y-OHG von 48 % (80 % von 60 %) in EZ 02 ebenfalls zu 30 % (= 14,4 % v. 250 000 €) nicht mehr abziehbar.

Lösung Abwandlung:

Unter Berücksichtigung der Beteiligungshöhe von 80 % der A-GmbH an der X-OHG folgt, dass vom vortragsfähigen Gewerbeverlust der X-OHG in EZ 02 nunmehr der vollständige, auf die A-GmbH entfallende Verlustvortrag in Höhe von 80 % v. 450 000 € nicht mehr abziehbar ist. Die Anwendung des § 8c KStG auf Ebene der Y-OHG führt im EZ 02 dazu, dass der vortragsfähige Gewerbeverlust der Y-OHG aufgrund der mittelbaren Beteiligung der A-GmbH an der Y-OHG von 48 % (80 % von 60 %) im Umfang der mittelbaren Beteiligung (48 % v. 250 000 €) nicht mehr abziehbar ist.

Ausscheiden von Gesellschaftern einer Mitunternehmerschaft.

– → R 10a.3 Abs. 3 Satz 9 Nr. 1, 2, 4 und 9.
– → Beschluss des Großen Senats des BFH vom 3.5.1993 – BStBl. II S. 616 und BFH vom 14.12.1989 – BStBl. 1990 II S. 436, vom 2.3.1983 – BStBl. II S. 427.
– Die Inanspruchnahme des gewerbesteuerlichen Verlustabzugs setzt die ununterbrochene Unternehmeridentität voraus, so dass auch kurzfristige Unterbrechungen – selbst für eine logische Sekunde – zum Wegfall des Verlustabzugs führen (→ BFH vom 11.10.2012 – BStBl. 2013 II S. 176).

Änderung der Beteiligungsquote.

Beispiel:

An der Y-OHG sind im EZ 01 A und B zu je 50% beteiligt. Zum 1.1.02 hat A 60% seines Anteils (= 30%) auf B übertragen.

Die gewerbesteuerlichen Ergebnisse (einschl. Hinzurechnungen und Kürzungen) betragen:
EZ 01: ./. 100 000 €
EZ 02: + 100 000 €

Lösung:

Der im EZ 01 entstandene Fehlbetrag ist A und B gemäß § 10a Satz 4 GewStG in Höhe von jeweils 50 000 € zuzurechnen (jeweiliges Verlustkonto für A und B).

Der Gewerbeertrag des EZ 02 ist gemäß § 10a Satz 5 GewStG A in Höhe von 20 000 € und B in Höhe von 80 000 € zuzurechnen. Für die Verrechnung des Fehlbetrages ergibt sich Folgendes:

A: ./. 50 000 € + 20 000 € = 0; verbleibender Verlustabzugsbetrag 30 000 € (Verlustkonto für A)
B: ./. 50 000 € + 80 000 € = 30 000 €; verbleibender Verlustabzugsbetrag 0.

Im EZ 02 ergibt sich ein Gewerbesteuermessbetrag von 30 000 €. Die Feststellung eines verbleibenden Verlustabzugsbetrages zum 31.12.02 nach § 10a Satz 6 GewStG beläuft sich auf 30 000 €. Ab dem EZ 03 ist dieser Betrag nur von dem nach § 10a Satz 5 GewStG auf A entfallenden Anteil am Gewerbeertrag abziehbar.

Änderung des Gesellschafterbestandes.

Beispiel 1 (Ausscheiden):

An der A-KG sind die Gesellschafter A, B und C zu je einem Drittel beteiligt. Der vortragsfähige Gewerbeverlust der KG zum 31.12.02 beträgt 900 000 €. Zum 31.12.03 scheidet C aus der Personengesellschaft aus und veräußert seinen Anteil an D. Die KG erzielt in 03 einen Gewerbeertrag von 600 000 €. In 04 erzielt die KG einen Gewerbeertrag in Höhe von 150 000 €.

Lösung:

	Ergebnis					Verluste (§ 10a)			
	A	B	C	D	Summe	A	B	C	Summe
EZ 02 § 10a Satz 4	./. 300	./. 300	./. 300	–	./. 900	300	300	300	900
EZ 03 § 10a Satz 5	200 ./. 200	200 ./. 200	200 ./. 200	–	600 ./. 600	./. 200	./. 200	./. 200	./. 600
Gewerbe- ertrag 03	0	0	0	–	0				
Aus- scheiden C								./. 100	./. 100
Verlustfest- stellung § 10a Satz 6						100	100	0	200
EZ 04 § 10a Satz 5	50 ./. 50	50 ./. 50		50 –	150 ./. 100	./. 50	./. 50	–	./. 100
Gewerbe- ertrag 04	0	0		50	50				
Verlust- feststellung § 10a Satz 6						50	50		100

Abwandlung zu Beispiel 1 (unterjähriges Ausscheiden)

Wie Beispiel 1 jedoch scheidet der Gesellschafter C zum 30.6.03 aus der Personengesellschaft aus und veräußert seinen Anteil zu diesem Zeitpunkt an D. Ein bis zum Ausscheiden des C tatsächlich erzielter Gewerbeertrag ist nicht bekannt.

Lösung:

Der positive Gewerbeertrag bis zum Ausscheiden des C ist nach Maßgabe des § 10a GewStG um Verluste früherer Jahre zu kürzen. Entsprechend R 10a.3 Abs. 3 Satz 9 Nr. 9 ist für diese Zwecke der einheitliche Gewerbeertrag des EZ 03 zeitanteilig auf den Zeitraum vor und nach dem Ausscheiden des C zu verteilen.

	Ergebnis					Verluste (§ 10a)			
	A	B	C	D	Summe	A	B	C	Summe
EZ 02									
§ 10a Satz 4	./. 300	./. 300	./. 300	–	./. 900	300	300	300	900
EZ 03									
Bis 30.6. = 6/12 v. 600 000	100	100	100	–	300				
§ 10a Satz 5	./. 100	./. 100	./. 100		./. 300	./. 100	./. 100	./. 100	./. 300
Ab 1.7. = 6/12 v. 600 000	100	100	–	100	300				
§ 10a Satz 5	./. 100	./. 100	–	–	./. 200	./. 100	./. 100	–	./. 200
Gewerbeertrag 03	0	0	0	100	100				
Ausscheiden C								./. 200	./. 200
Verlustfeststellung § 10a Satz 6						100	100	0	200
EZ 04	50	50	–	50	150				
§ 10a Satz 5	./. 50	./. 50		–	./. 100	./. 50	./. 50	–	./. 100
Gewerbeertrag 04	0	0		50	50				
Verlustfeststellung § 10a Satz 6						50	50		100

Beispiel 2 (Ausscheiden unter Berücksichtigung Sonderbetriebsvermögen):

An der Y-OHG sind A und B zu je 50 % beteiligt. Die gewerbesteuerlichen Ergebnisse (einschl. Hinzurechnungen und Kürzungen) betragen:

EZ 01	A	B
Gesamthandsbilanz ./. 100 (verteilt nach § 10a Satz 4 GewStG)	./. 50	./. 50
Sonderbetriebsvermögen + 20	+ 20	–
Gewerbeertrag/Fehlbetrag ./. 80	./. 30	./. 50

EZ 02	A	B
Gesamthandsbilanz ./. 60 (verteilt nach § 10a Satz 4 GewStG)	./. 30	./. 30
Sonderbetriebsvermögen + 70	+ 70	–
Gewerbeertrag + 10	+ 40	./. 30

EZ 03

Gesamthandsbilanz und Sonderbetriebsvermögen: + 0

A scheidet zum 31.12.03 aus. Der zum 31.12.03 festzustellende vortragsfähige Fehlbetrag ermittelt sich wie folgt:

Lösung:

	Ergebnis			Verluste (§ 10a)		
	A	B	Summe	A	B	Summe
EZ 01 (Sonder BE)	./. 50 20	./. 50	./. 80	40	40	80
Gesonderte Feststellung § 10a Satz 6 GewStG						80
EZ 02 (Sonder BE) Verlustabzug	./. 30 70	./. 30	10 ./. 10	./. 5	./. 5	./. 10
31.12.02 § 10a Satz 6 GewStG				35	35	70
EZ 03 Ausscheiden des A	0	0	0	./. 35	–	70 ./. 35
31.12.03 § 10a Satz 6 GewStG				0	35	35

Beispiel 3 (Eintritt/Mindestbesteuerung):

An der Z-OHG sind im EZ 01 A und B zu je 50 % beteiligt. Nach Eintritt des C zum 1.1.02 sind A, B und C zu je 1/3 beteiligt. Gewerbesteuerliche Ergebnisse:

EZ 01:	Verlust aus Gesamthandsbilanz:	./.	4,0 Mio. €	(= Gewerbeverlust)
EZ 02:	Verlust aus Gesamthandsbilanz:	./.	1,5 Mio. €	
	Sonderbetriebseinnahmen des C:	+	4,5 Mio. €	
=	Gewerbeertrag 02:	+	3,0 Mio. €	

Lösung (Beträge in Mio. €):

	Ergebnis				Verluste (§ 10a)			
	A	B	C	Summe	A	B	C	Summe
EZ 01 § 10a Satz 6 GewStG	./. 2	./. 2	–	./. 4 4	+ 2	+ 2	–	4
EZ 02 SBE	./. 0,5	./. 0,5 –	./. 0,5 4,5	3				
<u>Verlustabzug:</u> Für den Verlustabzug stehen nach Gewinnverteilungsschlüssel (§ 10a Satz 5 GewStG) zur Verfügung	1	1	–[1]					
./. § 10a Satz 1 GewStG hier: je 1/3 v. 1 Mio.	./. 0,33	./. 0,33		./. 0,66	./. 0,33	./. 0,33	–	./. 0,66
./. § 10a Satz 2 GewStG hier: je 1/3 v. 60% v. 2 Mio.	./. 0,40	./. 0,40		./. 0,80	./. 0,40	./. 0,40	–	./. 0,80
Gewerbeertrag 02	0,27	0,27	1	**1,54**				
verbleibender Verlustabzug 31.12.02					1,27	1,27	–	**2,54**

[1] Der auf C nach allgemeinem Gewinnverteilungsschlüssel entfallende Gewinnanteil (1 Mio. €) steht nicht für Verlustabzug zur Verfügung, da auf C kein Teil des Fehlbetrags entfällt.

Atypische stille Gesellschaft.
- → R 2.4 (5).
- Wird die an einer GmbH & atypisch still beteiligte GmbH auf die still beteiligte Personengesellschaft verschmolzen und ist für die atypische stille Gesellschaft ein Verlustvortrag festgestellt, um den die aufnehmende Personengesellschaft ihren Gewerbeertrag kürzen will, muss die für die Kürzung nach § 10a GewStG erforderliche Unternehmensidentität zwischen dem Gewerbebetrieb bestehen, den die GmbH – als Inhaberin des Handelsgeschäfts – vor ihrer Verschmelzung auf die Personengesellschaft geführt hat, und dem Gewerbebetrieb, den die Personengesellschaft nach der Verschmelzung (fort-)führt. Der für die GmbH & atypisch still festgestellte Gewerbeverlust geht mangels Unternehmeridentität in dem Umfang unter, in dem er nach der gesellschaftsinternen Verteilung auf die verschmelzungsbedingt erloschene GmbH entfiel (→ BFH vom 11.10.2012 – BStBl. 2013 II S. 958).

Doppelstöckige Personengesellschaft. → R 10a.3 Abs. 3 Satz 9 Nr. 8; → Beschluss des Großen Senats des BFH vom 3.5.1993 – BStBl. II S. 616 und BFH vom 11.10.2012 – BStBl. 2013 II S. 176.

Beispiel:

An der X-OHG (Untergesellschaft) sind je zur Hälfte A und die Y-OHG (Obergesellschaft) beteiligt. Gesellschafter der Y-OHG sind zu gleichen Teilen B und C. B veräußert zum 31.12.01 seine Beteiligung an der Y-OHG an D. Die Untergesellschaft (X-OHG) erwirtschaftete in 01 einen negativen Gewerbeertrag in Höhe von – 50 000 €, in 02 einen positiven Gewerbeertrag von 60 000 €.

Lösung:

Der negative Gewerbeertrag 01 (– 50 000 €) kann in voller Höhe von dem positiven Gewerbeertrag 02 (60 000 €) abgezogen werden, da der Gesellschafterwechsel bei der Y-OHG keinen Einfluss auf den Gesellschafterbestand bei der X-OHG hat.

Einbringung und Verschmelzung bei Personengesellschaften. → R 10a.3 Abs. 3 Satz 9 Nr. 5; → BFH vom 17.1.1994 – BStBl. II S. 477 und vom 14.9.1993 – BStBl. 1994 II S. 764.

Realteilung. → R 10a.3 Abs. 3 Nr. 7.

Beispiel 1:

Die AB-OHG, an der A und B zu gleichen Teilen beteiligt sind, besteht aus zwei Teilbetrieben. Die AB-OHG wird zum 1.1.02 real geteilt, wobei A den Teilbetrieb 1 und B den Teilbetrieb 2 übernimmt. Der vortragsfähige Gewerbeverlust zum 31.12.01 beträgt 400 000 €. Aus der Buchführung lässt sich nachvollziehen, dass der Gewerbeverlust in Höhe von 250 000 € auf den Teilbetrieb 1 und in Höhe von 150 000 € auf den Teilbetrieb 2 entfällt.

Lösung:

Das Recht auf den Abzug des bei der AB-OHG entstandenen Gewerbeverlustes steht A und B entsprechend ihrem Anteil an der AB-OHG jeweils zur Hälfte zu. Daher können A und B aufgrund des Erfordernisses der Unternehmeridentität nur ihren Anteil des Gesamtfehlbetrages von je 200 000 € (50% von 400 000 €) bei der Ermittlung des Gewerbeertrages ihrer Einzelunternehmen abziehen.
Die Voraussetzung der Unternehmensidentität ist grundsätzlich gegeben, weil die beiden Teilbetriebe über gesonderte Buchführungen verfügt haben. Bei B ist jedoch zu beachten, dass dem von ihm übernommenen Teilbetrieb nur ein Gewerbeverlust von 150 000 € zugeordnet werden kann.

Er kann daher nur einen Betrag von 150 000 € von den zukünftigen positiven Gewerbeerträgen abziehen. Im Ergebnis geht also ein Verlustabzug i. H. v. 50 000 € verloren.

Beispiel 2:

Wie vorstehend, nur wird die AB-OHG in Personengesellschaften AB1 (Teilbetrieb 1) und AB2 (Teilbetrieb 2) aufgespalten. Gesellschafter der beiden Personengesellschaften sind weiterhin A und B zu je 50 %.

Lösung:

Bei der AB1-OHG kann der dem Teilbetrieb 1 zuzuordnende Gewerbeverlust i. H. v. 250 000 € abgezogen werden. Der restliche Gewerbeverlust i. H. v. 150 000 € kann von der AB2-OHG in Anspruch genommen werden.

R **10a.3** (4)

Kapitalgesellschaften

(4) [1]Wird eine Kapitalgesellschaft formwechselnd in eine andere Kapitalgesellschaft umgewandelt, bleibt die Unternehmeridentität gewahrt. [2]Bei der Verschmelzung zweier Kapitalgesellschaften kann die aufnehmende Kapitalgesellschaft den Gewerbeverlust der verschmolzenen Kapitalgesellschaft nicht abziehen (→ § 19 Abs. 2 i. V. m. § 12 Abs. 3 i. V. m. § 4 Abs. 2 Satz 2 UmwStG).[1)] [3]Auch im Fall der Aufspaltung einer Körperschaft geht deren Gewerbeverlust nicht auf die übernehmenden Gesellschaften über. [4]Entsprechendes gilt bei der Abspaltung von Vermögen einer Körperschaft auf eine andere Körperschaft; der Gewerbeverlust der fortbestehenden übertragenden Körperschaft mindert sich gem. § 19 Abs. 2 i. V. m. § 15 Abs. 3 UmwStG. [5]Bei der Umwandlung einer Körperschaft auf eine Personengesellschaft oder eine natürliche Person im Wege der Verschmelzung, der Spaltung oder des Formwechsels kann die übernehmende Personengesellschaft oder natürliche Person den Gewerbeverlust der übertragenden Körperschaft ebenfalls nicht abziehen (→ § 18 Abs. 1 Satz 2 UmwStG); bei der Abspaltung von Vermögen einer Körperschaft auf eine Personengesellschaft mindert sich der Gewerbeverlust der fortbestehenden übertragenden Körperschaft nach Maßgabe von § 16 i. V. m. § 15 Abs. 3 und § 18 Abs. 1 Satz 1 UmwStG. [6]Im Fall der Ausgliederung auf eine Kapitalgesellschaft nach § 123 Abs. 3 UmwG bleibt der volle Gewerbeverlust grundsätzlich bei dem ausgliedernden Unternehmen.

R **10a.4** Organschaft

[1]Gehen im Zuge einer Anwachsung Verluste einer Personengesellschaft auf eine Organgesellschaft über, können diese Verluste in Zeiträumen vor als auch nach dem Abschluss des Gewinnabführungsvertrages zwischen Organgesellschaft und Organträger entstanden sein. [2]Verluste, die vor Abschluss des Gewinnabführungsvertrages bei der Personengesellschaft entstanden sind, stellen vororganschaftliche Verluste dar, welche während des Bestehens der Organschaft nicht mit dem maßgebenden Gewerbeertrag der Organgesellschaft zu verrechnen sind (→ § 10a Satz 3 GewStG). [3]Die nach Abschluss des Gewinnabführungsvertrages auf Ebene der Personengesellschaft entstandenen und der Organgesellschaft angewachsenen Verluste stellen Verluste dar, die während der Organschaft auf Ebene der Organgesellschaft entstanden sind. [4]Die Voraus-

---

1) **Steuergesetze** Nr. **130.**

setzungen des § 10a Satz 3 GewStG sind insoweit nicht erfüllt. [5]Daraus folgt, dass Verluste im Sinne des Satzes 3 auf Ebene der Organgesellschaft nach Maßgabe des § 10a Sätze 1 und 2 GewStG jeweils höchstens bis auf Null mit positiven Gewerbeerträgen der Organgesellschaft ausgeglichen werden können.[1)]

H **10a.4**

Änderungen bei der Besteuerung steuerlicher Organschaften durch das Steuervergünstigungsabbaugesetz – StVergAbG –. → BMF vom 10.11.2005 – BStBl. I S. 1038.

Organschaftliche Verluste. Verluste einer Organgesellschaft, die während der Dauer einer Organschaft entstanden sind, können auch nach Beendigung der Organschaft nur vom maßgebenden Gewerbeertrag des Organträgers abgezogen werden (→ BFH vom 27.6.1990 – BStBl. II S. 916).

Zu § 11 GewStG (§ 22 GewStDV)

R **11.1** Freibetrag bei natürlichen Personen und Personengesellschaften

[1]Der Freibetrag im Sinne des § 11 Absatz 1 Satz 3 Nr. 1 GewStG ist für Gewerbebetriebe natürlicher Personen und Personengesellschaften betriebsbezogen zu gewähren. [2]Der Freibetrag ist auch dann in voller Höhe zu gewähren, wenn die Betriebseröffnung oder Betriebsschließung im Laufe des Kalenderjahres erfolgt. [3]Wechselt lediglich die Steuerschuldnerschaft zwischen Einzelunternehmen und Personengesellschaften oder umgekehrt, ist der für den Erhebungszeitraum ermittelte einheitliche Steuermessbetrag den Steuerschuldnern anteilig zuzurechnen und getrennt festzusetzen. [4]Diese zeitliche Abgrenzung und zeitraumbezogene Erfassung des Besteuerungsguts bedeutet, dass jedem der Steuerschuldner nur der Teil des Steuermessbetrags zugerechnet werden darf, der auf die Dauer seiner persönlichen Steuerpflicht entfällt. [5]Dieses Ergebnis wird dadurch erreicht, dass für jeden der Steuerschuldner eine Steuermessbetragsfestsetzung auf Grund des von ihm erzielten Gewerbeertrags durchgeführt wird und dabei der Freibetrag nach § 11 Abs. 1 Satz 3 Nr. 1 GewStG in Höhe von 24 500 EUR auf jeden von ihnen entsprechend der Dauer seiner persönlichen Steuerpflicht aufgeteilt wird.[2)] [6]Aus Vereinfachungsgründen kann bei jedem der Steuerschuldner für jeden angefangenen Monat der Steuerpflicht ein Freibetrag von 2042 EUR berücksichtigt werden. [7]Die Steuermesszahl nach § 11 Absatz 2 GewStG wird nach Abzug des anteiligen Freibetrages auf den verbleibenden Gewerbeertrag des jeweiligen Steuerschuldners angewendet.

H **11.1**

Atypische stille Gesellschaft. Der Freibetrag im Sinne des § 11 Abs. 1 Satz 3 Nr. 1 GewStG ist auch Kapitalgesellschaften zu gewähren, an deren gewerblichen Unternehmen

---

[1)] Siehe hierzu gleich lautenden Ländererlass v. 29.11.2017, BStBl. I 2017, 1643.

[2)] Zur Gewährung des vollen GewSt-Freibetrags auch bei Wechsel der Steuerschuldnerschaft während des EZ siehe BFH v. 25.4.2018 IV R 8/16, BStBl. II 2018, 484.

– natürliche Personen als atypische stille Gesellschafter beteiligt sind (→ BFH vom 10.11.1993 – BStBl. 1994 II S. 27). In diesen Fällen ist er grundsätzlich auch dann nur einmal zu gewähren, wenn an dem gewerblichen Unternehmen mehrere natürliche Personen aufgrund mehrerer Gesellschaftsverträge als atypische stille Gesellschafter beteiligt sind (→ BFH vom 8.2.1995 – BStBl. II S. 764). Sind jedoch die der atypischen stillen Gesellschaft und die dem Inhaber des Handelsgeschäftes allein zuzuordnenden gewerblichen Tätigkeiten als jeweils getrennte Gewerbebetriebe zu beurteilen, ist der Freibetrag für jeden Gewerbebetrieb zu gewähren (→ BFH vom 6.12.1995 – BStBl. 1998 II S. 685) und R 2.4 Abs. 5,
– nur eine andere Kapitalgesellschaft als atypischer stiller Gesellschafter beteiligt ist (→ BFH vom 30.8.2007 – BStBl. 2008 II S. 200).

Wechsel des Steuerschuldners. → BFH vom 17.2.1989 – BStBl. II S. 664; → BFH vom 26.8.1993 – BStBl. 1995 II S. 791;[1] → R 5.1 Abs. 1.

R 11.2 Steuermesszahlen bei Hausgewerbetreibenden und bei ihnen gleichgestellten Personen

[1]Die auf 56 Prozent ermäßigte Steuermesszahl (= 1,96 Prozent) gilt nach § 11 Abs. 3 GewStG bei Hausgewerbetreibenden und ihnen nach § 1 Abs. 2 Buchstaben b bis d des Heimarbeitsgesetzes gleichgestellten Personen, bei den nach Buchstabe c gleichgestellten Personen aber nur unter der Voraussetzung, dass ihre Entgelte (→ § 10 Abs. 1 UStG) aus der Tätigkeit unmittelbar für den Absatzmarkt im Erhebungszeitraum 25000 EUR nicht übersteigen. [2]§ 11 Abs. 3 Satz 1 GewStG knüpft unmittelbar an das Heimarbeitsgesetz an. [3]Ob jemand die Steuerermäßigung des § 11 Abs. 3 Satz 1 GewStG beanspruchen kann, richtet sich demzufolge allein danach, ob er Hausgewerbetreibender i. S. des § 2 Abs. 2 Heimarbeitsgesetz oder einem solchen Unternehmer nach § 1 Abs. 2 Buchstaben b bis d Heimarbeitsgesetz gleichgestellt ist. [4]Den Hausgewerbetreibenden gleichgestellte Personen sind nach § 1 Abs. 2 Buchstaben b bis d des Heimarbeitsgesetzes:

„b) Hausgewerbetreibende, die mit mehr als 2 fremden Hilfskräften (→ § 2 Abs. 6) oder Heimarbeitern (→ § 2 Abs. 1) arbeiten;
c) andere im Lohnauftrag arbeitende Gewerbetreibende, die infolge ihrer wirtschaftlichen Abhängigkeit eine ähnliche Stellung wie Hausgewerbetreibende einnehmen;
d) Zwischenmeister (→ § 2 Abs. 3)“;
Zwischenmeister ist nach § 2 Abs. 3 des Heimarbeitsgesetzes „wer, ohne Arbeitnehmer zu sein, die ihm von Gewerbetreibenden übertragene Arbeit an Heimarbeiter oder Hausgewerbetreibende weitergibt“.

[5]Personen, die auf Grund des § 1 Abs. 2 Buchstaben b bis d des Heimarbeitsgesetzes wegen ihrer Schutzbedürftigkeit den Hausgewerbetreibenden gleichgestellt sind, sind die für Hausgewerbetreibende vorgesehenen gewerbesteuerrechtlichen Vergünstigungen ohne weitere Prüfung zu gewähren. [6]Die Finanzämter sind daher nicht befugt, im Einzelfall die Schutzbedürftigkeit noch besonders

[1] Siehe aber auch BFH v. 25.4.2018 IV R 8/16, BStBl. II 2018, 484 (FN zu R 11.1 GewStR).

nachzuprüfen. [7] Nach § 2 Abs. 2 des Heimarbeitsgesetzes wird die Eigenschaft als Hausgewerbetreibender nicht dadurch beeinträchtigt, dass der Hausgewerbetreibende vorübergehend unmittelbar für den Absatzmarkt arbeitet. [8] Vorübergehend in diesem Sinne ist eine Tätigkeit, die nur gelegentlich oder – wenn auch ständig – nebenbei ausgeübt wird und deshalb für die Gesamtleistung unwesentlich ist. [9] Einen Anhalt für die Feststellung einer vorübergehenden Tätigkeit bilden die Stückzahlen der hergestellten Erzeugnisse. [10] Betreibt ein Hausgewerbetreibender oder eine ihm gleichgestellte Person noch eine andere gewerbliche Tätigkeit, z. B. als selbständiger Schneidermeister, und sind beide Tätigkeiten als Einheit zu behandeln (→ R 2.4), ist die Vergünstigung des § 11 Abs. 3 GewStG für den Gesamtertrag zu gewähren, wenn die andere Tätigkeit nicht überwiegt (→ § 22 GewStDV). [11] Das Gleiche gilt, wenn die bezeichneten Personen die Voraussetzungen des Heimarbeitsgesetzes im Erhebungszeitraum vorübergehend nicht erfüllen, z. B. bei gelegentlicher Überschreitung der zugelassenen Höchstzahl fremder Arbeitskräfte, die begünstigte Tätigkeit im Erhebungszeitraum insgesamt aber überwiegt (→ Vorübergehende Tätigkeit).

H 11.2

Allgemeines. → R 15.1 Abs. 2 EStR; → H 15.1 EStH.[1)]

Fremde Hilfskraft. Als „fremde Hilfskraft" bezeichnet § 2 Abs. 6 Heimarbeitsgesetz denjenigen, der als Arbeitnehmer eines Hausgewerbetreibenden oder nach § 1 Abs. 2 Buchst. b und c Gleichgestellten in deren Arbeitsstätte beschäftigt ist. Fremde Hilfskräfte des Hausgewerbetreibenden sind alle aufgrund von Arbeitsverträgen – auch aushilfsweise – bei ihm beschäftigten Arbeitnehmer einschließlich solcher, die nahe Angehörige i. S. von § 2 Abs. 5 Buchst. a bis c Heimarbeitsgesetz sind und mit ihm in häuslicher Gemeinschaft leben (→ BFH vom 26.2.2002 – BStBl. 2003 II S. 31).

Hausgewerbetreibende gleichgestellte Personen. Wegen der Gleichstellung nach § 1 Abs. 2 Buchst. b bis d des Heimarbeitsgesetzes (→ BFH vom 4.10.1962 – BStBl. 1963 III S. 66 und vom 4.12.1962 – BStBl. 1963 III S. 144). Sind Personen in einer Doppelfunktion tätig, können sie nach § 1 Abs. 2 Buchst. b und d gleichgestellt sein. Ein Gewerbetreibender, der nur Teilarbeiten in Heimarbeit verrichten lässt, ist kein Zwischenmeister (→ BFH vom 8.7.1971 – BStBl. 1972 II S. 385). Ein Gewerbetreibender ist nicht Hausgewerbetreibender, wenn er fortgesetzt mit mehr als zwei fremden Hilfskräften oder Heimarbeitern arbeitet; dies gilt auch, wenn die zeitliche Arbeitsleistung dieser Personen insgesamt möglicherweise nicht über die zeitliche Arbeitsleistung zweier vollzeitbeschäftigter Arbeitnehmer hinausgeht (→ BFH vom 26.6.1987 – BStBl. II S. 719). Ein Hausgewerbetreibender verliert diese Eigenschaft nicht, wenn er gelegentlich aus besonderem Anlass mehr als zwei fremde Hilfskräfte beschäftigt, auf Dauer aber das Gewerbe mit nur zwei fremden Hilfskräften betrieben werden kann (→ BFH vom 8.3.1984 – BStBl. II S. 534).

Personenzusammenschlüsse. Als Hausgewerbetreibende und ihnen gleichgestellte Personen sind auch Zusammenschlüsse dieser Personen zu behan-

---

1) Nr. **1**.

deln (→ BFH vom 8.3.1960 – BStBl. III S. 160 und vom 8.7.1971 – BStBl. 1972 II S. 385).

Vorübergehende Tätigkeit. Die unmittelbare Arbeit für den Absatzmarkt darf in der Regel 10% nicht wesentlich übersteigen (→ BFH vom 4.10. 1962 – BStBl. 1963 III S. 66).

Zu § 14 GewStG

R 14.1[1] Festsetzung des Steuermessbetrags

[1]Erhebungszeitraum ist das Kalenderjahr oder die Dauer der Steuerpflicht im Kalenderjahr, wenn die Steuerpflicht nicht während des ganzen Kalenderjahrs besteht. [2]Der Steuermessbetrag wird jeweils für den Erhebungszeitraum nach dessen Ablauf festgesetzt. [3]Der Steuermessbetrag ist erforderlichenfalls auf volle Euro nach unten abzurunden. [4]Fällt die Steuerpflicht im Laufe des Kalenderjahrs weg, braucht mit der Festsetzung des Steuermessbetrags nicht bis zum Ablauf des Kalenderjahrs gewartet zu werden. [5]In diesem Fall kann der Steuermessbetrag sofort nach Wegfall der Steuerpflicht festgesetzt werden.

H 14.1

Gewerbliche Einkünfte – Keine Bindung an den Einkommensteuerbescheid. Sind im Einkommensteuerbescheid Einkünfte des Steuerpflichtigen nicht als solche aus Gewerbebetrieb, sondern aus anderen Einkunftsarten, z.B. aus selbständiger Arbeit, behandelt, ist in dem Einkommensteuerbescheid hinsichtlich der Gewerbesteuer weder ein Freistellungsbescheid noch eine rechtsverbindliche Zusage der Gewerbesteuerfreiheit zu erblicken. Die nachträgliche Heranziehung des Steuerpflichtigen zur Gewerbesteuer ist daher ohne die Einschränkung des § 173 AO zulässig. Es ist darin auch grundsätzlich kein Verstoß gegen Treu und Glauben zu erblicken (→ BFH vom 27.4.1961 – BStBl. III S. 281). Wegen der Verwirkung des Anspruchs auf Erlass eines Gewerbesteuermess- oder Gewerbesteuerbescheids → BFH vom 5.3.1970 – BStBl. II S. 793 und vom 14.3.1991 – BStBl. II S. 769.

Festsetzung des Gewerbesteuermessbetrags gegenüber einer Personengesellschaft. Die Festsetzung des Gewerbesteuermessbetrags gegenüber einer Personengesellschaft kann unter keinem denkbaren Gesichtspunkt zu einer verfassungswidrigen Überbesteuerung im Sinne des sog. Halbteilungsgrundsatzes führen (→ BFH vom 15.3.2005 – BStBl. II S. 647).

Zu § 15 GewStG

R 15.1 Pauschfestsetzung

[1]Die Festsetzung der Einkommensteuer (Körperschaftsteuer) in einem Pauschbetrag kommt in Betracht

---

[1] Für die Anrechnung ausländischer Quellensteuer auf die deutsche GewSt aufgrund eines DBA ist das Finanzamt und nicht die Gemeinde zuständig; siehe BVerwG v. 12.8.2014 9 B 23.14, NVwZ-RR 2014, 897.

1. nach § 34c Abs. 5 EStG bei unbeschränkt Steuerpflichtigen mit ausländischen Einkünften,
2. nach § 50 Abs. 7 EStG bei beschränkt Steuerpflichtigen,
3. nach der Verordnung zur Vereinfachung des Verfahrens bei Steuernachforderungen vom 28.7.1941 (RGBl. I S. 489), soweit diese Verordnung nicht durch Landesrecht aufgehoben worden ist.

[2] Wird die Einkommensteuer (Körperschaftsteuer) in einem Pauschbetrag festgesetzt, so kann im Einvernehmen mit der dafür nach § 15 GewStG zuständigen Behörde auch der Steuermessbetrag in einem Pauschbetrag festgesetzt werden. [3] Ist Gewerbesteuer für mehrere Jahre nachzuholen, müssen für die einzelnen Jahre getrennte Gewerbesteuermessbeträge (Pauschbeträge) festgesetzt werden.

Zu § 16 GewStG

R 16.1 Hebesatz *– unbesetzt –*

H 16.1

Mindesthebesatz. Es bestehen keine ernstlichen Zweifel daran, dass der Gesetzgeber berechtigt ist, im Laufe des Erhebungszeitraumes bis zum Entstehen des Steueranspruchs die gesetzlichen Grundlagen zu verändern. Der Gesetzgeber konnte deshalb rückwirkend für das Kalenderjahr 2003 den Zerlegungsmaßstab des § 28 GewStG 2002 zu Lasten solcher Gemeinden verändern, deren Hebesatz 200% unterschreitet (→ BFH vom 18.8.2004 – BStBl. 2005 II S. 143).

Zu § 19 GewStG
(§§ 29–33 GewStDV)

R 19.1 Vorauszahlungen

[1] Die Bemessung der Vorauszahlungen entspricht dem Vorauszahlungssystem bei der Einkommensteuer und Körperschaftsteuer. [2] Wie bei der Körperschaftsteuer sind bei einem vom Kalenderjahr abweichenden Wirtschaftsjahr die Gewerbesteuer-Vorauszahlungen bereits während des Wirtschaftsjahrs zu entrichten, das im Erhebungszeitraum endet. [3] Durch die Entrichtung der Vorauszahlungen bei einem vom Kalenderjahr abweichenden Wirtschaftsjahr in dem jeweiligen Wirtschaftsjahr wird vermieden, dass bei Neugründungen mit vom Kalenderjahr abweichendem Wirtschaftsjahr oder bei der Umstellung auf ein vom Kalenderjahr abweichendes Wirtschaftsjahr eine Steuerpause eintritt. [4] Auf die Jahressteuerschuld für den Erhebungszeitraum sind die im abweichenden Wirtschaftsjahr, das im maßgebenden Erhebungszeitraum endet, festgesetzten und entrichteten Vorauszahlungen anzurechnen. [5] § 19 Abs. 1 Satz 2 GewStG gilt nicht für Gewerbebetriebe, die bereits vor dem 1.1.1986 ein vom Kalenderjahr abweichendes Wirtschaftsjahr hatten, es sei denn, sie sind nach dem 31.12.1985 infolge Wegfalls eines Befreiungsgrunds in die Steuerpflicht eingetreten oder sie haben nach diesem Zeitpunkt das Wirtschaftsjahr auf

einen anderen vom 31.12. abweichenden Abschlusszeitpunkt umgestellt. [6]Jede Vorauszahlung beträgt grundsätzlich ein Viertel der Steuer, die sich bei der letzten Veranlagung ergeben hat (→ § 19 Abs. 2 GewStG). [7]Sie ist auf den nächsten vollen Betrag in € nach unten abzurunden und wird nur festgesetzt, wenn sie mindestens 50 € beträgt (→ § 19 Abs. 5 GewStG). [8]Letzte Veranlagung ist von allen bisher durchgeführten Veranlagungen diejenige, die sich auf den Erhebungszeitraum bezieht, der dem Vorauszahlungsjahr zeitlich am nächsten liegt.

H 19.1

Abweichendes Wirtschaftsjahr.

Beispiel:

Die voraussichtliche Gewerbesteuer im EZ 02, in dem das Wirtschaftsjahr 1.7.01 bis 30.6.02 endet, beträgt 120 000 €. Die Vorauszahlungen sind zu entrichten am 15.8.01, 15.11.01, 15.2.02 und 15.5.02. Die mit je 30 000 € im abweichenden Wirtschaftsjahr 1.7.01 bis 30.6.02 geleisteten Vorauszahlungen sind auf die endgültige Steuerschuld des EZ 02 anzurechnen.

Höhe der zu entrichtenden Vorauszahlungen. → BVerwG vom 22.5.1987 – BStBl. II S. 698.

R 19.2 Anpassung und erstmalige Festsetzung der Vorauszahlungen

(1) [1]Die Vorauszahlungen können der Steuer angepasst werden, die sich für den laufenden oder vorausgegangenen Erhebungszeitraum voraussichtlich ergeben wird. [2]Die Anpassung obliegt der Gemeinde, wenn ihr die Festsetzung und Erhebung der Gewerbesteuer übertragen ist (→ R 1.2). [3]§ 19 Abs. 3 GewStG stellt die Entscheidung der Frage, ob bei der Anpassung festgesetzter Gewerbesteuer-Vorauszahlungen die im Zeitpunkt der Anpassung bereits fällig gewesenen und entrichteten Vorauszahlungen auf jeweils ein Viertel der voraussichtlichen Jahressteuer herabgesetzt werden, in das Ermessen der Gemeinde. [4]Aber auch das Finanzamt kann bei Kenntnis veränderter Verhältnisse hinsichtlich des Gewerbeertrags für den laufenden oder vorangegangenen Erhebungszeitraum die Anpassung der Vorauszahlungen veranlassen. [5]Das gilt insbesondere für die Fälle, in denen das Finanzamt Einkommensteuer- und Körperschaftsteuervorauszahlungen anpasst.[1)] [6]Es setzt in diesem Fall für Zwecke der Gewerbesteuer-Vorauszahlungen den voraussichtlichen Steuermessbetrag fest, an den die Gemeinden bei der Anpassung der Vorauszahlungen gebunden sind (→ § 19 Abs. 3 GewStG). [7]Dieser Festsetzung bedarf es nur, wenn sich danach der Steuermessbetrag entweder um mehr als ein Fünftel, mindestens aber um 10 € oder um mehr als 500 € ändert. [8]Werden nach Ablauf des letzten Vorauszahlungszeitpunkts für den Erhebungszeitraum die Gewerbesteuer-Vorauszahlungen angepasst, ist bei einer Erhöhung der Vorauszahlungen der nachgeforderte Betrag innerhalb eines Monats nach Bekanntgabe des Vorauszahlungsbescheids zu entrichten.

(2) [1]In den Fällen der Anpassung der Vorauszahlungen nach § 19 Abs. 3 Satz 3 GewStG findet eine Zerlegung nur dann statt, wenn an den Vorauszahlungen nicht dieselben Gemeinden beteiligt sind, die nach dem unmit-

---

[1)] Zur Berücksichtigung der Auswirkungen des Coronavirus siehe gleich lautenden Ländererlass v. 25.1.2021, BStBl. I 2021, 151.

telbar vorangegangenen Zerlegungsbescheid beteiligt waren (→ § 29 Abs. 2 GewStDV). [2] In den anderen Anpassungsfällen braucht ein Zerlegungsbescheid nicht erteilt zu werden (Ermessen des Finanzamtes). [3] Die hebeberechtigten Gemeinden können an dem Steuermessbetrag in demselben Verhältnis beteiligt werden, nach dem die Zerlegungsanteile in dem unmittelbar vorangegangenen Zerlegungsbescheid festgesetzt sind. [4] In diesen Fällen teilt das Finanzamt den beteiligten Gemeinden nur den Hundertsatz mit, um den sich der Steuermessbetrag gegenüber dem in der Mitteilung über die Zerlegung (→ § 188 Abs. 1 AO) angegebenen Steuermessbetrag erhöht oder ermäßigt, und den Erhebungszeitraum, für den die Änderung erstmals gilt (→ § 29 Abs. 1 GewStDV). [5] Als Hundertsatz können durch 5 teilbare Beträge verwendet werden, sofern dies eine Vereinfachung darstellt. [6] Anstelle des Hundertsatzes kann auch der Zerlegungsanteil mitgeteilt werden, sofern dies ohne besonderen Arbeitsaufwand, z. B. im maschinellen Verfahren, möglich ist.

(3) [1] Das Finanzamt kann einen Steuermessbetrag für Zwecke der Gewerbesteuer-Vorauszahlungen auch dann festsetzen, wenn es Vorauszahlungen auf die Einkommensteuer oder Körperschaftsteuer festsetzt, weil ein Gewerbebetrieb neu gegründet ist oder ein bereits bestehender Gewerbebetrieb infolge Wegfalls des Befreiungsgrunds in die Steuerpflicht eingetreten ist. [2] Der Steuermessbetrag ist zu zerlegen, wenn an ihm mehrere Gemeinden beteiligt sind (→ § 29 Abs. 2 Satz 1 GewStDV).

(4) [1] Die Aufgabenteilung zwischen Finanzamt und Gemeinde bei der Anpassung und erstmaligen Festsetzung der Vorauszahlungen erfordert eine Zusammenarbeit der beiden Dienststellen, um den Zweck des Vorauszahlungssystems – die laufende Anpassung der Vorauszahlungen an die voraussichtliche Jahressteuer entsprechend dem Wirtschaftsablauf – zu erreichen. [2] Die Tätigkeit des Finanzamts auf dem Gebiet der Gewerbesteuer-Vorauszahlungen wird regelmäßig durch entsprechende Maßnahmen für die Einkommensteuer (Körperschaftsteuer) ausgelöst. [3] Die Gemeinde teilt deshalb zweckmäßig eigene Wahrnehmungen über die Entwicklung des Betriebs und ggf. entsprechende Vorschläge dem Finanzamt mit. [4] Sie hat sich zur Vermeidung von Doppelarbeit insbesondere mit dem Finanzamt in Verbindung zu setzen, ehe sie von sich aus, d. h. ohne dass ein Gewerbesteuermessbetrag für Zwecke der Gewerbesteuervorauszahlungen festgesetzt ist (→ Absatz 1 Satz 4), die Vorauszahlungen anpasst. [5] Gewerbesteuerliche Prüfungen und Feststellungen in den Gewerbebetrieben sind auch in Bezug auf die Vorauszahlungen ausschließlich Aufgaben des Finanzamts.

(5) Gegen die Festsetzung des Steuermessbetrags für Zwecke der Gewerbesteuer-Vorauszahlungen kann der Steuerpflichtige und gegen die Zerlegung des Steuermessbetrags für Zwecke der Gewerbesteuer-Vorauszahlungen nach § 29 Abs. 2 GewStDV können der Steuerpflichtige und die beteiligten Gemeinden Einspruch einlegen (→ § 347 Abs. 1 AO).

H **19.2**

Anpassung der Vorauszahlungen. Die Entscheidung über die nachträgliche Anpassung von festgesetzten Vorauszahlungen auf die Gewerbesteuer steht grundsätzlich im Ermessen der Gemeinde (→ BVerwG vom 22.5.1987 – BStBl. II S. 698).

Zerlegung. Ein Zerlegungsbescheid für Zwecke der Gewerbesteuer-Vorauszahlungen steht gemäß § 164 Abs. 1 Satz 2 i. V. m. § 184 Abs. 1 Satz 3, § 185 AO kraft Gesetzes unter dem Vorbehalt der Nachprüfung (→ BFH vom 18.8.2004 – BStBl. 2005 II S. 143).

Zu § 28 GewStG

R **28.1** Zerlegung des Steuermessbetrags[1)]

(1) [1]Der Steuermessbetrag ist auf alle Gemeinden zu zerlegen, in denen im Erhebungszeitraum Betriebsstätten unterhalten worden sind. [2]Im Fall der Verpachtung oder Stilllegung eines Teilbetriebs unterhält der Unternehmer im Allgemeinen keine Betriebsstätte in der Gemeinde, in der sich die Anlagen befinden. [3]Die Belegenheitsgemeinde hat deshalb keinen Anspruch auf einen Zerlegungsanteil. [4]Vorübergehend ruhende Betriebsstätten, auch mehrfach in einem Erhebungszeitraum ruhende Betriebsstätten (z. B. bei Saisonbetrieben), sind in die Zerlegung einzubeziehen. [5]Für Zwecke der Zerlegung gelten Bauausführungen oder Montagen nur dann als Betriebsstätte, wenn die Voraussetzungen des § 12 Nr. 8 AO (→ R 2.9 Abs. 2) in den Grenzen der einzelnen Gemeinde erfüllt sind. [6]Dies gilt nicht, wenn dadurch auf keine Gemeinde ein Zerlegungsanteil oder der Steuermessbetrag entfallen würde.

(2) [1]Für die Zerlegung gelten die Vorschriften der §§ 185 bis 189 AO. [2]Danach sind Zerlegungsbescheide für die Gewerbesteuer gemäß § 173 Abs. 1 in Verbindung mit §§ 185, 184 Abs. 1 Satz 3 AO änderbar. [3]Ist der Gewerbesteuermessbescheid nach Vornahme der Zerlegung geändert worden, ist der Zerlegungsbescheid ebenfalls zu ändern (→ § 185, § 184 Abs. 1 Satz 3, § 175 Abs. 1 Satz 1 Nr. 1 AO). [4]Die Zerlegung wird ferner nach § 189 AO geändert oder nachgeholt, wenn der Anspruch einer Gemeinde auf einen Anteil am Steuermessbetrag nicht berücksichtigt und auch nicht zurückgewiesen worden ist. [5]Eine Änderung des ursprünglichen Gewerbesteuermessbescheids, z. B. nach § 172 Abs. 1 Nr. 2, § 173, § 175 AO oder § 35b GewStG, setzt demnach für die Gemeinde eine neue Frist im Sinne des § 189 Satz 3 AO in Lauf.

(3) Betriebsstätten, die außerhalb des Geltungsbereichs des Gesetzes belegen sind, werden bei der Ermittlung des Gewerbeertrags nicht berücksichtigt und scheiden deshalb auch für die Zerlegung des Steuermessbetrags aus.

(4) Gegen einen Zerlegungsbescheid des Finanzamts und gegen einen Bescheid, durch den ein Antrag auf Zerlegung abgelehnt wird, können der Steuerpflichtige und die beteiligten Gemeinden Einspruch einlegen (→ § 347 Abs. 1 AO).

H **28.1**

Auslieferungslager. Auslieferungslager, in denen der Unternehmer keine Arbeitnehmer beschäftigt, begründen in der Regel keinen Anspruch der Gemeinde auf einen Zerlegungsanteil. Dies rechtfertigt bei der Zerlegung

---

1) Zur Zerlegung des Gewerbesteuermessbetrags eines Verkehrsflughafens (hier Einrichtungen zur Messung von Lärmemissionen) siehe BFH v. 16.12.2009 I R 56/08, BStBl. II 2010, 492 und H 30.1 „Allgemeines".

des Gewerbesteuermessbetrags in der Regel auch nicht die Anwendung des § 33 GewStG. Eine offenbare Unbilligkeit ist nur dann gegeben, wenn der Gemeinde durch die Betriebsstätte wesentliche Lasten erwachsen (→ BFH vom 12.7.1960 – BStBl. III S. 386).

Auswirkungen der Änderung eines Gewerbesteuermessbescheids auf einen bereits bestandskräftigen Zerlegungsbescheid, wenn die beteiligten Gemeinden um den Zerlegungsmaßstab streiten. Soweit der Gewerbesteuermessbescheid geändert wird, ist auch der Zerlegungsbescheid als Folgebescheid gemäß § 175 Abs. 1 Satz 1 Nr. 1 i. V. m. §§ 185, 184 Abs. 1 Satz 3 AO zu ändern. Im Rahmen des aus dem Gewerbesteuermessbescheid zu übernehmenden Erhöhungsbetrages kann eine zerlegungsberechtigte Gemeinde gegen den Zerlegungs-Änderungsbescheid alle Einwendungen erheben, die sich aus den materiell-rechtlichen Zerlegungsvorschriften ergeben. Insbesondere umfasst die Bestandskraft des ursprünglichen Zerlegungsbescheids nicht den in diesem Bescheid angewandten Zerlegungsmaßstab (→ BFH vom 20.4.1999 – BStBl. II S. 542).

Änderung der Zerlegung. § 189 AO trifft allein für den Fall der Nichtberücksichtigung von Gemeinden bei der Zerlegung eine abschließende Regelung (→ BFH vom 24.3.1992 – BStBl. II S. 869). Die in § 189 Satz 3 AO bezeichnete Frist gilt auch für den Fall der erstmaligen Zerlegung (→ BFH vom 7.3.1957 – BStBl. III S. 178). Maßgebend für den Beginn der Frist ist der Zeitpunkt, an dem der letzte endgültige Gewerbesteuermessbescheid unanfechtbar geworden ist (→ BFH vom 13.1.1959 – BStBl. III S. 106).

Bauausführungen oder Montagen. Für eine Zerlegung des einheitlichen Gewerbesteuermessbetrages nach § 28 GewStG sind Bauausführungen nur dann als Betriebsstätte anzusehen, wenn sie im Gebiet der einzelnen Gemeinde länger als sechs Monate dauern (§ 12 Satz 2 Nr. 8 AO). Witterungsbedingte oder bautechnisch bedingte Unterbrechungen von kürzerer Dauer berühren den Fortgang der Sechsmonatsfrist nicht (→ BFH vom 8.2.1979 – BStBl. II S. 479).

Gewerbesteuermessbescheid als Grundlagenbescheid für den Zerlegungsbescheid. Als Folgebescheid des Gewerbesteuermessbescheides ist der Zerlegungsbescheid zugleich Grundlagenbescheid des Gewerbesteuerbescheides. Damit unterliegt er der Festsetzungsverjährung nach § 171 Abs. 4 AO, wenn er aufgrund einer Außenprüfung ergangen ist (→ BFH vom 13.5.1993 – BStBl. II S. 828).

Maßgebliche Verhältnisse im Erhebungszeitraum. Sowohl für die Frage, ob ein Gewerbesteuermessbetrag gemäß § 28 Abs. 1 Satz 1 GewStG zu zerlegen ist, als auch für den Zerlegungsmaßstab gemäß § 29 GewStG kommt es auf die Verhältnisse im Erhebungszeitraum an. Dies gilt auch dann, wenn das Wirtschaftsjahr vom Erhebungszeitraum abweicht (→ BFH vom 17.2.1993 – BStBl. II S. 679).

Mehrere Geschäftsleitungsbetriebsstätten. Werden gleichwertige Geschäftsführungsaufgaben von an verschiedenen Orten ansässigen Personen ausgeübt, begründet dies mehrere Geschäftsleitungsbetriebsstätten (→ BFH vom 5.11.2014 – BStBl. II 2015 S. 601).

Sinngemäße Anwendung des § 173 Abs. 1 AO bei Änderungen der Zerlegungsbescheide. Zerlegungsbescheide für die Gewerbesteuer sind gemäß § 173 Abs. 1 in Verbindung mit §§ 185, 184 Abs. 1 Satz 3 AO änderbar. Dabei ist auf den einzelnen Zerlegungsanteil abzustellen und von der Unterscheidung zwischen einer Änderung zuungunsten bzw. zugunsten des Steuerpflichtigen abzusehen (→ BFH vom 24.3.1992 – BStBl. II S. 869).

Zerlegungssperre nach § 189 Abs. 3 AO. Gewerbesteuerzerlegungsverfahren und Zuteilungsverfahren nach § 190 AO sind zwei selbständige Verfahren. Der Eintritt der sog. Zerlegungssperre gemäß § 189 Satz 3 AO lässt sich nur durch den eigenen Antrag des übergangenen Steuerberechtigten auf Änderung oder Nachholung der Zerlegung vermeiden. Ein Antrag des Steuerpflichtigen genügt nicht. Ein solcher kann auch nicht über die Grundsätze der öffentlich-rechtlichen Geschäftsführung ohne Auftrag als für den Steuerberechtigten gestellt behandelt werden (→ BFH vom 8.11.2000 – BStBl. 2001 II S. 769).

Zu § 29 GewStG

R 29.1 Zerlegungsmaßstab

[1] Arbeitslöhne im Sinne des § 29 Abs. 1 GewStG sind nur die Arbeitslöhne, die das steuerpflichtige Unternehmen an die eigenen Arbeitnehmer, d. h. an solche zahlt, die in einem Arbeitsverhältnis zu ihm stehen. [2] Vergütungen, die an andere Unternehmer für die Gestellung von fremden Arbeitskräften gezahlt werden, scheiden daher aus.

H 29.1

Arbeitnehmer im Sinne des § 29 Abs. 1 GewStG.

– Der Begriff der Arbeitslöhne für die Zerlegung des Gewerbesteuermessbetrages bestimmt sich nach wirtschaftlichen Gesichtspunkten (→ BFH vom 12.2.2004 – BStBl. II S. 602).[1)]
– → § 1 LStDV.

Zu § 30 GewStG

R 30.1 Zerlegung bei mehrgemeindlichen Betriebsstätten

[1] Eine einheitliche mehrgemeindliche Betriebsstätte liegt vor, wenn zwischen den einzelnen Teilen der Betriebsstätte ein derartiger räumlicher, organisatorischer, technischer und wirtschaftlicher Zusammenhang besteht, dass die Betriebsstätte als einheitliches Ganzes anzusehen ist. [2] Basisstationen von Mobilfunkunternehmen, bestehend aus einer Antennenanlage, der Energieversorgung, Funkschrank und Klimagerät, begründen keine Betriebsstätte im Sinne von § 28 Abs. 1 Satz 1 GewStG i. V. m. § 12 AO, so dass auch eine Zerlegung nach § 30 AO ausscheidet.

---

1) Zu sog. Objektgesellschaften siehe OFD Niedersachsen v. 25.1.2010, DStR 2010, 554.

H 30.1

Allgemeines.

– Zum Begriff der mehrgemeindlichen Betriebsstätte → BFH vom 28.10.1964 – BStBl. 1965 III S. 113, vom 25.9.1968 – BStBl. II S. 827, vom 20.2.1974 – BStBl. II S. 427, vom 10.7.1974 – BStBl. 1975 II S. 42 und vom 12.10.1977 – BStBl. 1978 II S. 160. Unter bestimmten Voraussetzungen kann der räumliche Zusammenhang gegenüber einer besonders engen wirtschaftlichen, technischen und organisatorischen Verbindung in den Hintergrund treten, so etwa für Unternehmen der Elektrizitätsversorgung (→ BFH vom 12.10.1977 – BStBl. 1978 II S. 160, vom 16.11.1965 – BStBl. 1966 II S. 40 und vom 18.10.1967 – BStBl. 1968 II S. 40) und der Mineralölwirtschaft (→ BFH vom 20.2.1974 – BStBl. II S. 427 und vom 10.7.1974 – BStBl. 1975 II S. 42).
– Einrichtungen zur Messung von Lärmemissionen stellen eine Betriebsstätte eines Verkehrsflughafens dar. Es liegt aber wegen eines fehlenden räumlichen Zusammenhangs keine mehrgemeindliche Betriebsstätte vor, wenn eine Verbindung mit den Lärmmessstationen (Datenübertragung) nur über allgemeine Kommunikationsleitungen besteht (→ BFH vom 16.12.2009 – BStBl. 2010 II S. 492).
– Die Möglichkeit, dass die Anwendung des Zerlegungsmaßstabes nach § 29 GewStG zu einem unbilligen Ergebnis führen könnte, ist für sich nicht geeignet, die Voraussetzungen für eine mehrgemeindliche Betriebstätte zu begründen (→ BFH vom 12.10.1977 – BStBl. 1978 II S. 160).
– Eine mehrgemeindliche Betriebstätte ist bei Kapitalgesellschaften auch dann gegeben, wenn sich in einer Gemeinde lediglich Grundstücke der Betriebstätte befinden, die zurzeit betrieblich nicht unmittelbar genutzt werden (→ BFH vom 18.4.1951 – BStBl. III S. 124).
– Bei einer mehrgemeindlichen Betriebsstätte nach § 30 GewStG sind Bauausführungen nur dann als Betriebsstätte anzusehen, wenn sie im Gebiet der einzelnen Gemeinde länger als sechs Monate dauern (→ § 12 Satz 2 Nr. 8 AO). Witterungsbedingte oder bautechnisch bedingte Unterbrechungen von kürzerer Dauer berühren den Fortgang der Sechsmonatsfrist nicht (→ BFH vom 8.2.1979 – BStBl. II S. 479).

Elektrizitätsunternehmen.

– Ein Elektrizitätsunternehmen, dessen einzelne Elektrizitätswerke in verschiedenen Gemeinden liegen, bildet eine mehrgemeindliche Betriebsstätte (→ BFH vom 16.11.1965 – BStBl. 1966 III S. 40 und vom 18.10.1967 – BStBl. 1968 II S. 40), wenn die Elektrizitätswerke durch **Kabelleitungen** untereinander verbunden sind. Dabei kommt es nicht darauf an, ob die Leitungen dem Elektrizitätsunternehmen gehören oder nicht, vielmehr reicht die Inanspruchnahme des verbundwirtschaftlichen Stromnetzes aus.
– Bei einem Elektrizitätswerk, das als Wasserkraftwerk betrieben wird, stellen **Stau- und Wehranlagen**, die nicht zum Betriebsvermögen des Unternehmens gehören, sondern öffentlich sind, keine ausreichende räumliche Verbindung her (→ BFH vom 4.12.1962 – BStBl. 1963 III S. 156).

– Eine **Kohlenzeche,** die einem Elektrizitätsunternehmen gehört, bildet eine selbständige Betriebsstätte; die Verbindung der Zeche durch Kabelleitungen mit dem Versorgungsnetz des Elektrizitätsunternehmens reicht für einen räumlichen Zusammenhang zwischen Zeche und Elektrizitätsunternehmen nicht aus (→ BFH vom 2.11.1960 – BStBl. 1961 III S. 8).

Hauptzerlegung und Unterzerlegung. Unterhält ein Unternehmen mehrere selbständige Betriebsstätten in verschiedenen Gemeinden und ist darunter auch eine Betriebsstätte, die sich auf mehrere Gemeinden erstreckt (mehrgemeindliche Betriebsstätte), so ist in dem Zerlegungsbescheid eine Zerlegung in zwei Stufen durchzuführen: Zunächst ist der Gewerbesteuermessbetrag nach dem Maßstab des § 29 GewStG auf die Betriebstätten in den verschiedenen Gemeinden zu zerlegen (Hauptzerlegung). Anschließend ist der Zerlegungsanteil, der auf die mehrgemeindliche Betriebsstätte entfällt, nach § 30 GewStG auf diejenigen Gemeinden weiter zu zerlegen, auf die sich die mehrgemeindliche Betriebsstätte erstreckt (Unterzerlegung). Die Zerlegung des einheitlichen Gewerbesteuermessbetrages ist somit nicht in zwei getrennten Zerlegungsbescheiden vorzunehmen (→ BFH vom 12.10.1977 – BStBl. 1978 II S. 160).

Omnibuslinienbetrieb. Ein Omnibusbetrieb, dessen Linien mehrere Gemeinden verbinden, ist keine mehrgemeindliche Betriebsstätte, da die von den Omnibussen befahrenen **öffentlichen Straßen** (nicht betriebseigenen Verkehrswege) den notwendigen räumlichen Zusammenhang nicht herstellen (→ BFH vom 25.9.1968 – BStBl. II S. 827).

Unternehmen der Mineralölwirtschaft.

– Der für die Annahme einer mehrgemeindlichen Betriebsstätte nach § 30 GewStG unter anderem geforderte räumliche Zusammenhang zwischen mehreren Betriebsteilen kann bei einem Unternehmen der Mineralölwirtschaft auch dadurch begründet werden, dass eine Raffinerie mit einem Tanklager durch unterirdische Rohrleitungen verbunden ist (→ BFH vom 20.2.1974 – BStBl. II S. 427 und vom 10.7.1974 – BStBl. 1975 II S. 42). Die Betriebsstätte der Hauptverwaltung (Sitz des Vorstandes) einer Mineralöl-AG ist nicht in die mehrgemeindliche Betriebsstätte der AG einzubeziehen, wenn zwar dem Vorstand die über den laufenden Betrieb hinausgehenden technischen Entscheidungen vorbehalten sind, nicht aber die zentrale Steuerung, die Wartung, die Überwachung und die Reparatur der Pipeline (→ BFH vom 12.10.1977 – BStBl. 1978 II S. 160).
– Das bloße Durchführen von Rohrleitungen eines Unternehmens der Ölwirtschaft durch eine Gemeinde ist noch nicht als Ausübung des Betriebs eines stehenden Gewerbes anzusehen. Die Verteilung des Transportgutes, die in einer festen örtlichen Anlage vorgenommen wird, geht über das Durchführen einer Rohrleitung hinaus, wobei es unschädlich ist, wenn die vorgenommenen betrieblichen Handlungen nicht durch am Ort tätige Arbeitnehmer vorgenommen werden, sondern durch ferngesteuerte Maschinen (wirtschaftliche Betrachtungsweise → BFH vom 12.10.1977 – BStBl. 1978 II S. 160).

Verkehrsunternehmen des Schienenverkehrs. Ein Straßenbahnbetrieb, der sich über mehrere Gemeinden erstreckt, stellt eine mehrgemeindliche Betriebsstätte dar, da die räumliche Verbindung zwischen den einzelnen Betriebsteilen durch die **Gleisanlagen** gegeben ist (→ BFH vom 25.9.1968 – BStBl. II S. 827).

Zu berücksichtigende Faktoren von Gemeindelasten.

- Eine Zerlegung nach § 30 GewStG setzt nicht voraus, dass der Gemeinde durch die mehrgemeindliche Betriebsstätte feststellbare Lasten erwachsen. Durch die Betriebsstätte erwachsende Gemeindelasten sind lediglich beim Maßstab der Zerlegung zu berücksichtigen. Eine Zerlegung nach § 30 GewStG muss stets dann erfolgen, wenn eine mehrgemeindliche Betriebsstätte vorliegt. Davon unabhängig ist über den Zerlegungsmaßstab zu entscheiden (→ BFH vom 28.10.1987 – BStBl. 1988 II S. 292).
- Wohnen in den Gemeinden einer mehrgemeindlichen Betriebsstätte keine Arbeitnehmer dieser Betriebsstätte, so entfällt der Faktor Arbeitnehmer bei der Zerlegung. Die Zerlegung für die mehrgemeindliche Betriebsstätte ist dann nur nach den übrigen Faktoren (Betriebsanlagen evtl. Stromabgabe bzw. Elektrizitätsunternehmen) vorzunehmen. Der Anteil der Betriebsstättengemeinde an der Unterzerlegung verringert sich entsprechend (→ BFH vom 28.10.1987 – BStBl. 1988 II S. 292).
- Bei einer mehrgemeindlichen Betriebsstätte ist der einheitliche Steuermessbetrag unter Berücksichtigung der gesamten Lasten zu zerlegen, die sich für die einzelnen Gemeinden aus der Betriebsstätte ergeben, nicht lediglich unter Berücksichtigung der Lasten, die mit den Teilen der Betriebsstätte verbunden sind, die sich in den einzelnen Gemeinden befinden (→ BFH vom 18.4.1951 – BStBl. III S. 124). Im Zerlegungsmaßstab bei mehrgemeindlichen Betriebsstätten ist deshalb auch angemessen die Belastung zu berücksichtigen, die den beteiligten Gemeinden durch die im Gemeindegebiet wohnhaften Arbeitnehmer entsteht (→ BFH vom 26.11.1957 – BStBl. 1958 III S. 261).

Zu § 31 GewStG

R 31.1 Begriff der Arbeitslöhne für die Zerlegung

(1) [1] Zu den anderen Rechtsvorschriften im Sinne des § 31 Abs. 1 GewStG gehören auch die in Verwaltungsanordnungen (Lohnsteuer-Richtlinien)[1)] und in Doppelbesteuerungsabkommen[2)] enthaltenen Befreiungen von der Lohnsteuer. [2] Arbeitslöhne im Sinne der Zerlegungsvorschriften sind deshalb grundsätzlich die lohnsteuerpflichtigen Vergütungen im Sinne des § 19 Abs. 1 Nr. 1 EStG. [3] § 31 GewStG enthält Ausnahmen von diesem Grundsatz. [4] So gehören z. B. die nach § 3b EStG lohnsteuerfreien Zuschläge für Sonntags-, Feiertags- oder Nachtarbeit ebenso wie die Zuschläge für Mehrarbeit stets zum Arbeitslohn (→ § 31 Abs. 1 Satz 2 GewStG).

---

1) Nr. **20.**

2) Alle DBA abgedruckt in **Doppelbesteuerungsabkommen.**

(2) [1]Sonstige Vergütungen im Sinne des § 31 Abs. 4 Satz 2 GewStG sind vor allem Arbeitslöhne. [2]Vergütungen an Personen, die zu ihrer Berufsausbildung beschäftigt sind, sind zwar lohnsteuerpflichtig, gehören jedoch nicht zu den Arbeitslöhnen (→ § 31 Abs. 2 GewStG). [3]Zu diesem Personenkreis gehören neben den Auszubildenden u. a. auch Praktikanten sowie Junggrade der Seeschifffahrt und Neubergleute. [4]Zu den Arbeitslöhnen gehören auch nicht die Leistungen, die von Unternehmen der Bauwirtschaft an die Zusatzversorgungskasse des Baugewerbes (Einzugsstelle) in einem Vomhundertsatz der Bruttolohnsumme zu erbringen sind, soweit sie sich aus Beiträgen zusammensetzen

1. für das Urlaubsgeld,
2. für den Lohnausgleich zwischen Weihnachten und Neujahr.

[5]Die Beiträge für die Zusatzversorgung gehören zu den Arbeitslöhnen. [6]Die an die Arbeitnehmer des Baugewerbes geleisteten Lohnausgleichszahlungen und Urlaubsgeldzahlungen sind gezahlte Arbeitslöhne des Arbeitgebers, der die Auszahlung vornimmt.

(3) [1]Vermögenswirksame Leistungen nach dem Fünften Vermögensbildungsgesetz (5. VermBG)[1)] sind steuerpflichtige Einnahmen im Sinne des Einkommensteuergesetzes (→ § 2 Abs. 6 des 5. VermBG und § 19 Abs. 1 Nr. 1 EStG) und gehören somit zu den Arbeitslöhnen. [2]Die Vorschrift des § 31 Abs. 2 GewStG bleibt unberührt. [3]Nicht zu den steuerpflichtigen Einnahmen und somit nicht zu den Arbeitslöhnen gehören die Arbeitnehmer-Sparzulagen (→ § 13 Abs. 3 des 5. VermBG).

(4) Bei der Berücksichtigung von Arbeitgeberleistungen und Ausgleichsansprüchen bei Altersteilzeitbeschäftigten ist im Rahmen der Gewerbesteuerzerlegung zu beachten, dass

– Aufstockungszahlungen des Arbeitgebers i. S. des § 3 Abs. 1 Nr. 1 Altersteilzeitgesetz nicht als Arbeitslohn i. S. des § 31 GewStG berücksichtigt werden können;
– der Ausgleichsanspruch des Arbeitgebers nach § 4 Altersteilzeitgesetz nicht die zu berücksichtigenden Arbeitslöhne mindert;
– die Zuführungen zu den Rückstellungen für Arbeitslöhne, die für die Freistellungsphase vorgenommen werden, nicht als Arbeitslöhne bei der Zerlegung nach § 29 GewStG zu berücksichtigen sind und
– die Vergütungen, die in der Freistellungsphase geleistet werden, als Arbeitslöhne i. S. des § 31 GewStG zu berücksichtigen sind.

(5) Gewinn im Sinne des § 31 Abs. 4 Satz 1 GewStG ist der Gewinn des Unternehmens und nicht der in einer Betriebsstätte erzielte Gewinn.

(6)[2)] [1]Es kommt vor, dass in der einen Gemeinde der Unternehmer allein tätig ist, während in einer anderen Betriebsstätte des Unternehmens in einer anderen Gemeinde nur Angestellte beschäftigt werden. [2]In diesen Fällen würde nach § 29 GewStG die zuerst bezeichnete Gemeinde keinen Zerlegungsanteil erhalten, weil in der dort belegenen Betriebsstätte keine Arbeitslöhne ge-

---

[1)] **Steuergesetze** Nr. **24.**

[2)] Zerlegung des GewStMessbetrags auf verschiedene Gemeinden auch dann nach dem fiktiven (Mit-)Unternehmerlohn, wenn in keiner der Betriebsstätten Arbeitslöhne an Arbeitnehmer gezahlt werden; siehe BFH v. 5.10.2017 IV B 59/16, BFH/NV 2018, 229.

zahlt worden sind. [3]Dieses unbillige Ergebnis ist für Unternehmen, die nicht von einer juristischen Person betrieben werden, durch § 31 Abs. 5 GewStG beseitigt. [4]Der Betrag von 25 000 € ist nach dem Anteil der Tätigkeit der Unternehmer (Mitunternehmer) in den einzelnen Betriebsstätten zu verteilen. [5]Das gilt auch bei der Verlegung von Betriebsstätten in andere Gemeinden; in diesem Fall sind für die Verteilung die zeitlichen Anteile maßgebend. [6]Die Zerlegung des fiktiven Unternehmerlohns setzt voraus, dass der Unternehmer in mehr als einer Betriebsstätte geschäftsleitend tätig geworden ist.

H 31.1

Zerlegung des fiktiven Unternehmerlohns. Die Zerlegung des fiktiven Unternehmerlohns setzt voraus, dass der Unternehmer in mehr als einer Betriebsstätte geschäftsleitend tätig geworden ist (→ BFH vom 16.9.1964 – BStBl. 1965 III S. 69).

Zu § 33 GewStG

R 33.1 Zerlegung in besonderen Fällen

(1) [1]§ 33 GewStG ist eng auszulegen und nur in Ausnahmefällen anzuwenden. [2]Die Voraussetzungen des § 33 GewStG sind nicht schon dann gegeben, wenn bei Anwendung des Zerlegungsmaßstabs des § 29 GewStG eine Gemeinde unberücksichtigt bleibt. [3]Ein offenbar unbilliges Ergebnis im Sinn des § 33 GewStG ist nur dann gegeben, wenn der Gemeinde durch die Betriebsstätte wesentliche Lasten erwachsen. [4]Als wesentliche Lasten sind regelmäßig die sogenannten Arbeitnehmerfolgekosten anzusehen, d. h. die Aufwendungen einer Gemeinde für den Bau von Straßen, Schulen, Krankenhäusern, Altersheimen u. a. m. für die dort wohnenden Arbeitnehmer der Betriebsstätte. [5]Entgehende Einnahmen der Gemeinde, die durch die eingeschränkte Möglichkeit der gemeindlichen Weiterentwicklung (z. B. aufgrund des Ausweises von Siedlungsbeschränkungs- oder Bauschutzbereichen) entstehen, können demgegenüber nicht mit effektiven Belastungen der gemeindlichen Haushalte gleichgesetzt werden. [6]„Weiche" Belastungen (Umweltbelastung, Lärm, Schadstoffausstoß, Werteverluste an Grundstücken) stellen keine berücksichtigungsfähigen Lasten dar, da sie nicht quantifizierbar sind. [7]Lasten anderer Art, die durch das Vorhandensein einer Betriebsstätte der Gemeinde entstehen, führen nur dann zu einer Unbilligkeit im Sinne des § 33 Abs. 1 GewStG, wenn sie einerseits ins Gewicht fallen und andererseits atypisch sind. [8]Eine solche Unbilligkeit liegt nur dann vor, wenn aufgrund der atypischen Umstände des Einzelfalles die sich aus dem groben Maßstab des § 29 GewStG allgemein ergebende Unbilligkeit offensichtlich übertroffen wird. [9]Ein offenbar unbilliges Ergebnis liegt zum Beispiel vor, wenn bei gewerblicher Vermietung von Ferienwohnungen der Eigentümer seinen Wohnsitz nicht in der Belegenheitsgemeinde hat und dort auch nicht oder nur teilweise tätig ist. [10]Hier würde die Belegenheitsgemeinde, der allein durch die gewerblich vermieteten Ferienwohnungen Lasten entstehen, auf Grund der Verteilung des sogenannten Unternehmerlohns im Sinne des § 31 Abs. 5 GewStG, wie sie in R 31.1 Absatz 5 vorgesehen ist, keine oder nur einen Teil der Gewerbesteuer erhalten. [11]Bei der Zerlegung ist daher in diesen Fällen § 33 Abs. 1 GewStG mit der Maßgabe anzuwenden, dass als Zerlegungsmaßstab die Betriebsein-

nahmen zugrunde gelegt werden. [12]Dagegen liegt kein unbilliges Ergebnis vor, wenn so genannte Einobjektgesellschaften ihre gewerblichen Anlagen nicht selbst betreiben, sondern die Aufgabenerledigung durch den Abschluss von Betriebsführungsverträgen sicherstellen und infolgedessen an den Anlagestandorten keine eigenen Arbeitnehmer beschäftigen. [13]Die Gemeinde der Betriebsstätte erhält in diesem Fall im Rahmen der Gewerbesteuermessbetragsfestsetzung des Betriebsführers einen Anteil an dem Gewerbesteuermessbetrag. [14]Dass ggf. Pacht- oder Lizenzzahlungen des Betriebsführers an den Betreiber den Gewerbesteuermessbetrag des Betriebsführers mindern, rechtfertigt für sich allein die Anwendung der besonderen Zerlegung nach § 33 GewStG nicht. [15]Im Rahmen der Billigkeitsprüfung nach § 33 GewStG können ferner solche Lasten nicht berücksichtigt werden, für die der Gemeinde ein Gebührenerhebungsrecht oder zivilrechtliche Schadensersatzansprüche zustehen.

(2) [1]Eine Einigung im Sinne des § 33 Abs. 2 GewStG ist ein Fall der „Zerlegung in besonderen Fällen". [2]Einer Prüfung durch das Finanzamt, ob die Voraussetzungen des § 33 Abs. 1 GewStG vorliegen, bedarf es nicht. [3]Die Zerlegung nach § 33 Abs. 2 GewStG ist, mit Bindungswirkung für die Finanzverwaltung, allein nach Maßgabe der entsprechenden Einigung durchzuführen.

H 33.1

Anspruch auf Beteiligung an der Zerlegung. §§ 4, 28 GewStG geben den Gemeinden, in deren Bereich sich Betriebstätten befinden, keinen unbedingten Anspruch auf Beteiligung an dem Gewerbesteuermessbetrag. Die Anwendung der im § 29 GewStG vorgesehenen Zerlegungsmaßstäbe führt nicht schon dann zu einem im Sinne des § 33 GewStG offenbar unbilligen Ergebnis, wenn dabei eine Gemeinde unberücksichtigt bleibt (→ BFH vom 13.5.1958 – BStBl. III S. 379).

Auslieferungslager. Beschäftigt ein Unternehmer in seinem Auslieferungslager keine Arbeitnehmer, rechtfertigt dies bei der Zerlegung des Steuermessbetrags in der Regel nicht die Anwendung des § 33 GewStG (→ BFH vom 12.7.1960 – BStBl. III S. 386).

Auswirkungen der Änderung eines Gewerbesteuermessbescheids auf einen bereits bestandskräftigen Zerlegungsbescheid. Die Bestandskraft des Zerlegungs-Erstbescheids erstreckt sich nicht auf den in diesem Bescheid angewendeten Zerlegungsmaßstab; sie umfasst den in diesem Bescheid festgestellten Zerlegungsanteil nur nach seinem Betrag. Hinsichtlich des Erhöhungsbetrags können auch bei einer Änderung des Gewerbesteuermessbetrags nach § 175 Abs. 1 Nr. 1 AO alle materiell-rechtlichen Fehler des Bescheids zugunsten wie zuungunsten der Gemeinden berichtigt werden (→ BFH vom 20.4.1999 – BStBl. II S. 542, Fortführung des Senatsurteils vom 24.3.1992 – BStBl. II S. 869).

Offenbare Unbilligkeit.
– Eine offenbare Unbilligkeit ist nur gegeben, wenn der Gemeinde durch die Betriebsstätte wesentliche Lasten erwachsen (→ BFH vom 12.7.1960 – BStBl. III S. 386 und vom 5.10.1965 – BStBl. III S. 668).

– Eine Zerlegung kann i. S. d. § 33 Abs. 1 GewStG dann unbillig sein, wenn eine Gemeinde, in der sich eine Betriebsstätte befindet, in erheblichem Umfang die sog. Folgekosten für die Arbeitnehmer der Betriebsstätte zu tragen hat, ohne dass dies im Zerlegungsmaßstab zugunsten der Gemeinde Berücksichtigung findet (→ BFH vom 26.8.1987 – BStBl. 1988 II S. 201).
– Zu Lasten anderer Art → BFH vom 26.8.1987 – BStBl. 1988 II S. 201.
– Nicht jede offenbare Unbilligkeit, die sich aus dem Zerlegungsmaßstab gemäß § 29 GewStG ergibt, rechtfertigt eine Zerlegung nach einem abweichenden Maßstab. Die Unbilligkeit muss vielmehr erhebliches Gewicht haben und eindeutig und augenfällig sein. Verlagerungen des Gewerbesteueraufkommens infolge einer Organschaft rechtfertigen grundsätzlich kein Abweichen von dem Maßstab des § 29 GewStG (→ BFH vom 17.2. 1993 – BStBl. II S. 679 und vom 16.12.2009 – BStBl. 2010 II S. 492).
– Der Zerlegung nach § 29 Abs. 1 Nr. 2 GewStG steht nicht entgegen, dass die wirtschaftliche Struktur einer Gemeinde von einem Großunternehmen bestimmt wird und der Auf- und Ausbau eines Großunternehmens zu einer starken Vermehrung der Einwohnerzahl und der Aufwendungen für kommunale Einrichtungen führt. Das gilt auch, wenn die Ansiedlung des Großunternehmens den Zusammenschluss einer Anzahl bisher ländlicher Gemeinden und ihre rasche Entwicklung zu einer Industriestadt nach sich zieht und dadurch eine starke Zusammenballung von Kosten verursacht (→ BFH vom 1.3.1967 – BStBl. III S. 324). Eine Zerlegung nach Maßstab der Arbeitslöhne erscheint in diesen Fällen sachgerecht, da der mit dem Bevölkerungszuwachs einhergehende Zuwachs an Beschäftigten auch eine entsprechende Steigerung der Lohnsumme nach sich zieht.
– Die Vorschrift des § 33 Abs. 1 GewStG dient dazu, offenbaren Unbilligkeiten in einzelnen Ausnahmefällen abzuhelfen. Sie greift nicht ein, wenn die Anwendung des Regelmaßstabs allgemein zu unbilligen Ergebnissen führt (→ BFH vom 24.1.1968 – BStBl. II S. 185).
– Der Umstand, dass eine Betriebsstätte mit einer verhältnismäßig geringen Zahl von Arbeitnehmern wegen einer betrieblich bedingten Sicherheitszone ein verhältnismäßig großes Gemeindegebiet beansprucht, rechtfertigt nicht eine vom Regelmaßstab abweichende Zerlegung nach § 33 GewStG (→ BFH vom 9.10.1975 – BStBl. 1976 II S. 123).
– Dem gewerbesteuerrechtlichen Zerlegungsverfahren kommt nicht die Funktion eines kommunalen Finanzausgleichs zu. Es dient allein der Gegenleistung für die Lasten, die sich über die Ausgaben direkt auf die gemeindlichen Haushalte auswirken (→ BFH vom 9.10.1975 – BStBl. 1976 II S. 123 und vom 4.4.2007 – BStBl. II S. 836).

Vereinbarter Zerlegungsmaßstab – Einigung aller beteiligten Gemeinden mit dem Steuerschuldner.

– Für die Anwendung des § 33 Abs. 2 GewStG genügt es, wenn sich die Gemeinden mit dem Steuerschuldner über den anzuwendenden Zerlegungsmaßstab einigen. Eine Einigung der Gemeinden mit dem Steuerschuldner gem. § 33 Abs. 2 GewStG schließt nicht aus, dass die Beteiligten die Zerlegung mit der Behauptung anfechten, der vereinbarte Zerlegungsmaßstab sei unrichtig angewendet worden (→ BFH vom 25.9.1968 – BStBl. II S. 827).

– Eine Einigung der Gemeinden mit dem Steuerschuldner über die Zerlegung des Gewerbesteuermessbetrages nach § 33 Abs. 2 GewStG gilt im Zweifel nur für den jeweiligen Erhebungszeitraum (→ BFH vom 20.4.1999 – BStBl. II S. 542).

Zu § 34 GewStG
(§ 34 GewStDV)

R **34.1** Negativer Zerlegungsanteil bei Änderung oder Berichtigung des Zerlegungsbescheids

§ 34 Abs. 3 GewStG ist nicht anzuwenden, wenn sich für die Gemeinde der Geschäftsleitung ein negativer Zerlegungsanteil ergeben würde.

Zu § 35a GewStG
(§ 35 GewStDV)

R **35a.1** Reisegewerbebetriebe

1 Einen Reisegewerbebetrieb unterhält, wer als Inhaber nach den Vorschriften der Gewerbeordnung (GewO)[1] und den Ausführungsbestimmungen dazu entweder einer Reisegewerbekarte bedarf *oder von der Reisegewerbekarte lediglich deshalb befreit ist, weil er einen Blindenwaren-Vertriebsausweis (→ § 55a Abs. 1 Nr. 4 GewO) besitzt.*[2] 2 Gemäß § 55 Abs. 2 GewO bedarf derjenige einer Reisegewerbekarte, der ein Reisegewerbe betreiben will. 3 Ein Reisegewerbe betreibt, wer gewerbsmäßig ohne vorhergehende Bestellung außerhalb seiner gewerblichen Niederlassung oder ohne eine solche zu haben,

1.[2] *selbständig oder unselbständig in eigener Person* Waren feilbietet oder Bestellungen aufsucht (vertreibt) oder ankauft, Leistungen anbietet oder Bestellungen auf Leistungen aufsucht oder

2.[2] *selbständig* unterhaltende Tätigkeiten als Schausteller oder nach Schaustellerart ausübt (→ § 55 Abs. 1 GewO).

4 Demgemäß gelten zum Beispiel Angestellte, die für ihren Arbeitgeber im Umherziehen Waren feilbieten und dazu eine Reisegewerbekarte brauchen, nicht als Reisegewerbetreibende im Sinne des Gewerbesteuergesetzes. 5 Liegt ein gewerbliches Unternehmen im Sinne des Gewerbesteuergesetzes vor, ist auf Grund der Vorschriften der Gewerbeordnung, insbesondere auf Grund des § 55 GewO zu prüfen, ob der Inhaber zur Ausübung des Unternehmens einer Reisegewerbekarte bedarf. 6 Es kann dabei grundsätzlich darauf abgestellt werden, ob der Steuerpflichtige für den Erhebungszeitraum oder einen Teil des

---

[1] **Sartorius** Nr. **800.**

[2] § 55 Abs. 1 Nr. 1 und 2 GewO geänd., § 55a Abs. 1 Nr. 4 GewO aufgeh. durch G v. 7.9.2007 (BGBl. I 2007, 2246) mWv 14.9.2007. Vgl. auch § 60 c GewO zum Mitführen und Vorzeigen der Reisegewerbekarte.

Erhebungszeitraums eine Reisegewerbekarte erworben hat oder ob er einen Blindenwaren-Vertriebsausweis besitzt. [7] *Abgesehen von der gesetzlichen Ausnahme des § 55a Abs. 1 Nr. 4 GewO*[1] liegt daher kein Reisegewerbebetrieb vor, soweit die Gewerbeordnung eine Reisegewerbekarte nicht vorschreibt. [8] Nach § 55a Abs. 1 Nr. 3 GewO bedarf derjenige, der ein Reisegewerbe im Sinne von § 55 Abs. 1 Nr. 1 und 2 GewO in der Gemeinde seines Wohnsitzes oder seiner gewerblichen Niederlassung ausübt, keiner Reisegewerbekarte, sofern die Gemeinde nicht mehr als 10 000 Einwohner zählt.

H 35a.1

Zur Unterscheidung zwischen Reisegewerbebetrieb und stehendem Gewerbe. → R 2.1 Abs. 3.

Zu § 35b GewStG

R 35b.1 Aufhebung oder Änderung des Gewerbesteuermessbescheids von Amts wegen

(1) [1] Die Vorschrift des § 35b GewStG enthält eine selbständige Rechtsgrundlage für die Aufhebung oder Änderung von Gewerbesteuermessbescheiden und Verlustfeststellungsbescheiden. [2] Ihre Anwendung setzt nicht voraus, dass sich die Änderungsbefugnis aus anderen Vorschriften, z. B. aus § 173 Abs. 1 oder § 164 Abs. 2 AO, ergibt. [3] Sind jedoch zugleich die Voraussetzungen des § 164 Abs. 2 AO gegeben, geht diese Änderungsvorschrift dem § 35b GewStG vor. [4] Die Vorschrift des § 35b GewStG kommt hiernach zur Anwendung, wenn

1. der Einkommensteuerbescheid, der Körperschaftsteuerbescheid oder der Feststellungsbescheid aufgehoben oder geändert wird,
2. die Aufhebung oder Änderung des bezeichneten Bescheids die Höhe des Gewinns aus Gewerbebetrieb berührt und
3. diese Aufhebung oder Änderung die Höhe des Gewerbeertrags beeinflusst.

[5] Eine Aufhebung oder Änderung des Einkommensteuerbescheids, des Körperschaftsteuerbescheids oder des Feststellungsbescheids ist eine unerlässliche Voraussetzung für die Anwendung des § 35b Abs. 1 GewStG.[2] [6] Dabei ist es einerlei, aus welchen Gründen der Bescheid aufgehoben oder geändert wird (Rechtsbehelfsentscheidung, Berichtigung nach § 129 AO, Aufhebung oder Änderung nach §§ 164 Abs. 2, 172 und 173 AO).

(2) [1] Sind die in Absatz 1 Satz 4 bezeichneten drei Voraussetzungen erfüllt, wird die Änderung des Gewinns aus Gewerbebetrieb in dem neuen Gewerbesteuermessbescheid oder Verlustfeststellungsbescheid von Amts wegen insoweit berücksichtigt, als sie die Höhe des Gewerbeertrags beeinflusst (→ § 35b Abs. 1 Satz 2 GewStG). [2] Der bestandskräftige Verlustfeststellungs-

---

[1] § 55a Abs. 1 Nr. 4 GewO aufgehoben durch G v. 7.9.2007 (BGBl. I 2007, 2246) mWv 14.9.2007. Vgl. auch § 60c GewO zum Mitführen und Vorzeigen der Reisegewerbekarte.

[2] Siehe BFH v. 31.7.1990 I R 28/88, BStBl. II 1991, 244. – Zur Feststellungsverjährung bei Verlustfeststellungsbescheiden siehe BFH v. 11.2.2015 I R 5/13, BStBl. II 2016, 353.

bescheid kann nur nach § 35b Abs. 2 Satz 2 und 3 GewStG geändert werden, wenn der Gewerbesteuermessbescheid für denselben Erhebungszeitraum nach den Änderungsvorschriften der Abgabenordnung oder nach § 35b Abs. 1 GewStG zumindest dem Grunde nach geändert werden könnte. [3]Nach § 35b Abs. 2 Satz 2 GewStG ist nicht nur ein geänderter Gewinn, sondern sind auch geänderte Hinzurechnungs- und Kürzungsbeträge zu berücksichtigen. [4]Gegen Bescheide, durch die ein Antrag auf Aufhebung oder Änderung des Gewerbesteuermessbescheids oder des Verlustfeststellungsbescheides nach § 35b GewStG abgelehnt wird, ist der Einspruch nach § 347 Abs. 1 Nr. 1 AO gegeben.

H 35b.1

Allgemeines.[1)] Die Änderung gemäß § 35b Abs. 1 GewStG setzt eine Änderung der Höhe des Gewinns aus Gewerbebetrieb voraus (→ BFH vom 10.3.1999 – BStBl. II S. 475). Der Gewerbesteuermessbescheid ist auch dann von Amts wegen zu ändern, wenn ein bisher als laufender Gewinn bezeichneter Teil des Gewinns in einem geänderten Bescheid als Veräußerungsgewinn behandelt wird, es sei denn, dass es sich um eine Kapitalgesellschaft handelt, bei der der Veräußerungsgewinn zum Gewerbeertrag gehört (→ BFH vom 30.6.1964 – BStBl. III S. 581).

Ändert das Finanzamt den Einkommensteuerbescheid in der Weise, dass ein bisher als Veräußerungsgewinn behandelter Gewinn aus Gewerbebetrieb nunmehr als laufender Gewinn beurteilt wird, so darf der Gewerbesteuermessbescheid nach § 35b GewStG geändert werden (→ BFH vom 16.12.2004 – BStBl. 2005 II S. 184).

Der Gewerbesteuermessbescheid ist nach § 35b Abs. 1 Satz 1 GewStG auch dann aufzuheben oder zu ändern, wenn die vorausgegangene Aufhebung oder Änderung des Einkommensteuerbescheids darauf beruht, dass die Tätigkeit des Steuerpflichtigen nicht mehr wie bisher als gewerbliche qualifiziert, sondern einer anderen Einkunftsart zugeordnet wird (→ BFH vom 23.6.2004 – BStBl. II S. 901).

Keine Änderung nach § 35b GewStG.[2)]

- Wird ein Gewerbesteuermessbescheid selbständig angefochten, darf das Finanzamt diesen Bescheid nicht nach § 35b Abs. 1 GewStG aufheben oder ändern (→ BFH vom 9.9.1965 – BStBl. III S. 667).
- Eine bloße Änderung des gewerblichen Gewinns, die nicht auch eine Änderung des Einkommensteuerbescheids oder des Körperschaftsteuerbescheids zur Folge hat, führt nicht zu einer Änderung nach § 35b Abs. 1 GewStG (→ BFH vom 2.3.1966 – BStBl. III S. 317).
- Eine Berichtigung des Gewerbesteuermessbescheids nach § 35b Abs. 1 GewStG entfällt, wenn in der Gewerbesteuersache bereits ein rechtskräftiges Urteil vorliegt (→ BFH vom 24.10.1979 – BStBl. 1980 II S. 104).[3)]

[1)] § 35b GewStG ermöglicht in Organschaftsfällen auch bei einer Gewinnänderung auf der Ebene der Organgesellschaft eine Änderung des bestandskräftigen Gewerbesteuermessbescheids; siehe BFH v. 21.10.2009 I R 29/09, BStBl. II 2010, 644.

[2)] Siehe auch BFH v. 5.11.2009 IV R 99/06, BStBl. II 2010, 593, zu widerstreitenden Steuerfestsetzungen bei Gewinnfeststellungsbescheiden.

[3)] Ebenso BVerwG v. 4.5.2016 9 B 72.15, NVwZ-RR 2017, 464.

– Die nach Maßgabe des § 35b Abs. 1 Satz 2 GewStG zu berücksichtigende Gewinnänderung beeinflusst dann nicht die Höhe des Gewerbeertrags, wenn sie auf verfahrens- oder materiell-rechtlichen Regelungen beruht, die allein für die Festsetzung der Einkommensteuer von Bedeutung sind (→ BFH vom 13.11.1991 – BStBl. 1992 II S. 351).

Kleinbetragsverordnung. Festgesetzte Gewerbesteuermessbeträge werden zum Nachteil des Steuerpflichtigen nur geändert oder berichtigt, wenn die Abweichung zur bisherigen Festsetzung mindestens 2 EUR beträgt (→ § 2 der Kleinbetragsverordnung vom 19.12.2000 – BGBl. I S. 1790).[1]

Verfahrensvorschriften.

– Wird ein unanfechtbarer Gewerbesteuermessbescheid oder ein unanfechtbarer Verlustfeststellungsbescheid nach § 35b GewStG geändert, gilt für den geänderten Bescheid § 351 Abs. 1 AO (→ BFH vom 1.3.1966 – BStBl. III S. 331).

– Ergeht ein Einkommensteuerbescheid innerhalb der Frist des § 171 Abs. 9 AO, kann das Finanzamt einen Gewerbesteuermessbescheid, soweit § 35 GewStG greift, auch nach Ablauf der Frist des § 171 Abs. 9 AO ändern (§ 171 Abs. 10 AO) (→ BFH vom 21.4.2010 – BStBl. II S. 771).

Wirkungsweise der Änderung. Die auf einer Änderung des Gewinns im Einkommensteuerbescheid, Körperschaftsteuerbescheid oder Feststellungsbescheid beruhende Änderung des Gewerbesteuermessbescheids gemäß § 35b GewStG führt nicht schlechthin zu einer Wiederaufrollung des gesamten Falles (→ BFH vom 11.10.1966 – BStBl. 1967 III S. 131). Die bei der früheren Festsetzung des Gewerbesteuermessbetrags vorgenommenen Hinzurechnungen und Kürzungen bleiben deshalb unverändert, es sei denn, dass diese nach Grund und Höhe von der Gewinnänderung unmittelbar berührt werden (→ BFH-Urteil vom 20.1.1965 – BStBl. III S. 228).

---

[1] Ab 1.1.2017 siehe § 2 KBV (**Steuergesetze** Nr. **800c**) i. d. F. des G v. 18.7.2016, BGBl. I 2016, 1679.

450/100. Sachregister zu den Gewerbesteuer-Richtlinien 2009

Ziffern mit R bezeichnen die Einzelrichtlinien der GewStR, Ziffern mit H die jeweiligen Hinweise dazu, Ziffern in Klammern bezeichnen die Absätze der Einzelrichtlinien/-hinweise.

Abbruch von Baulichkeiten, Bauausführung R 2.9 (2)
Abfärberegelung, Gewerbebetrieb H 2.1 (2)
Abrundung, Steuermessbetrag R 14.1
Abweichendes Wirtschaftsjahr, Vorauszahlungen R 19.1
Abwicklung, Ermittlung des Gewerbeertrags R 7.1 (8); bei Kapitalgesellschaft, Steuerpflicht R 2.6 (3); bei Personengesellschaft, Steuerpflicht R 2.6 (4)
Aktiengesellschaft, Gewerbebetrieb R 2.1 (4)
Altenheim, Steuerbefreiung R 3.20
Altenwohnheim, Steuerbefreiung R 3.20
Ambulante Vorsorgeeinrichtung R 3.20
Ambulantes Gewerbe R 35 a.1
Änderung des Steuermessbescheids von Amts wegen R 35 b.1
Angelfahrten, Steuerbefreiung H 3.7
Anlagen, mechanische A. als Betriebsstätte R 2.9 (3)
Anlagevermögen, Miet- und Pachtzinsen H 8.1 (4)
Anpassung der Vorauszahlungen R 19.2
Antizipiertes Besitzkonstitut H 8.1 (4)
Anzeigepflichten R 1.9
Arbeitnehmerfolgekosten, Zerlegung R 33.1
Arbeitnehmer-Sparzulagen, Zerlegung R 31.1 (3)
Arbeitsgemeinschaft R 2 a
Arbeitslohn, Begriff für die Zerlegung R 31.1; als Zerlegungsmaßstab R 29.1
Ärztliche Wahlleistungen H 3.20
Atypische stille Gesellschaft, Bekanntgabe des Steuer(mess-)bescheids R 5.1 (2); ein/mehrere Gewerbebetriebe R 2.4 (5); Freibetrag H 11.1; GmbH-Beteiligung H 2.3 (1); Hinzurechnung H 8.1 (3); Steuerschuldner R 5.1 (2)
Aufgabe eines Betriebs, Handelsbetrieb R 2.6 (1); *s. a. Betriebsaufgabe*
Aufhebung des Steuermessbescheids von Amts wegen R 35 b.1; bei Unzuständigkeit H 4.1
Auflösung eines Unternehmens, Steuerpflicht R 2.6 (4)
Aufnahme der Geschäftstätigkeit, Beginn der Steuerpflicht R 2.5 (2)
Ausgleichsansprüche i. S. des § 89 b HGB als Gewerbeertrag H 7.1 (3)
Ausgleichskassen für Vorruhestandsleistungen, Steuerbefreiung H 3.0
Ausländische Betriebsstätte, Gewinnermittlung H 7.1 (1); Kürzung um den darauf entfallenden Teilgewerbeertrag H 9.4
Ausländische Kapitalgesellschaft, Gewerbebetrieb R 2.1 (4); Kürzung um Anteilsgewinne R 9.5; Organschaft H 2.3 (1)
Ausländisches Unternehmen, Betriebsstätte H 2.9 (4); im Inland R 2.1 (4)
Auslandsinvestitionsgesetz, Berücksichtigung bei der Ermittlung des Gewerbeertrags H 7.1 (1)
Auslieferungslager, Zerlegung des Steuermessbetrags H 28.1; H 33.1
Ausscheiden einzelner Gesellschafter aus Personengesellschaft, Auswirkung auf GewSt R 2.7 (2)
Ausschließlichkeitsgebot, Grundstücksunternehmen R 9.2 (2)
Außenprüfung, Teilnahme der Gemeinde R 1.2 (3); H 1.2 (3)

Außensteuergesetz, Berücksichtigung bei der Ermittlung des Gewerbeertrags H 7.1 (1)
Aussetzung der Vollziehung des Gewerbesteuermessbescheids R 1.7
Auszubildender, Vergütung an A., Zerlegung R 31.1 (2)
Avalprovisionen, keine Schuldentgelte H 8.1 (1)

Bankkredite, Sondervergütungen R 8.1 (1)
Bare-boat-Charterverträge H 8.1 (4)
Bauausführungen, Betriebsstätte R 2.9 (2); Zerlegung des Steuermessbetrags H 28.1
Baubude, Betriebsstätte H 2.9 (2)
Bauhandwerk, Ruhen des Gewerbebetriebs R 2.6 (1)
Bauindustrie, Ruhen des Gewerbebetriebs R 2.6 (1)
Baukantine, Betriebsstätte H 2.9 (2)
Baureederei, Verlustanteile H 8.4
Bausparkasse, Werbelokale für ihre Vertreter H 2.9 (4)
Bauwirtschaft, Zusatzversorgungskasse, Zerlegung R 31.1 (2)
Bauzeitzinsen, keine Schuldentgelte H 8.1 (1)
Beendigung der Organschaft R 2.3 (2); der Steuerpflicht R 2.6
Beginn der Organschaft R 2.3 (2); der Steuerpflicht R 2.5; – bei Unternehmerwechsel R 2.7
Bekanntgabe des Gewerbesteuermessbescheids und Zerlegungsbescheids an Steuerpflichtigen R 1.4 (2)
Belegenheitsgemeinde, Zerlegung des Steuermessbetrags R 28.1 (1)
Bereitstellungsprovisionen R 8.1 (1)
Bereitstellungszinsen H 8.1 (1)
Berufsausbildungsvergütungen, Zerlegung R 31.1 (2)
Berufsständische Versicherungs- und Versorgungseinrichtung, Steuerbefreiung H 3.11
Bestandskraft, Aussetzung der Vollziehung H 1.7
Besteuerungsgrundlagen, Ermittlung durch das FA R 1.2; *zeitliche* Verlagerung R 1.5 (2)
Betrieb, An-, Ab- und Ummeldung R 1.9; Mehrheit von B. R 2.4; der öffentlichen Hand R 2.1 (6)
Betriebsaufgabe, Anzeigepflicht R 1.9; Gewinnermittlung H 7.1 (3); Handelsbetrieb R 2.6 (1)
Betriebsaufspaltung H 2.4 (3); H 2.6 (1); Betriebsstätte H 2.9 (1, 4); Grundstücksunternehmen H 9.2 (2); steuerbefreite Krankenhäuser, Pflegeheime usw. H 3.20; Unternehmensidentität H 10 a.2; Verpachtung eines Gewerbebetriebs H 2.2
Betriebsfinanzamt, Begriff R 1.3 (1); Festsetzung und Zerlegung des Steuermessbetrags R 1.3
Betriebsstätte, An-, Ab- und Ummeldung R 1.9; im Ausland H 2.8; Begriff R 2.9; in gemeindefreien Gebieten, Steuerberechtigung H 1.1; bei Organschaft R 2.3 (1); auf Schiffen H 2.8; bei ständigem Vertreter H 2.9 (4); Steuermessbetrag, Festsetzung und Zerlegung R 1.3; Zerlegung des Steuermessbetrags R 28.1; – bei mehrgemeindlichen B. R 30.1
Betriebsübernehmer, Haftung für GewSt H 5.3
Betriebsverlegung *s. Verlegung eines Betriebs*
Betriebsvermögen bei Grundstücksunternehmen H 9.2 (2); Kürzung für Grundbesitz R 8.7
Betriebsverpachtung, Grundstücksunternehmen H 9.2 (2); *s. a. Verpachtung*
Betriebsvorrichtungen, Grundstücksunternehmen H 9.2 (2)
Bewertungswahlrecht, Gewinnermittlung H 7.1 (1)
Bezirksschornsteinfeger, Kehrbezirk als Betriebsstätte H 2.9 (1)
Bezirksstellenleiter einer staatlichen Lotterie H 3.1
BGB-Gesellschaft, Haftung der Gesellschafter für GewSt H 5.3
Billigkeitsmaßnahmen bei Festsetzung des Steuermessbetrags R 1.5; bei der Gewinnermittlung H 7.1 (1)
Bindungswirkung, Steuermessbescheid R 4.1 (2)
Binnenfischerei, Landwirtschaft H 3.7

Binnenschifffahrt, Betriebsstätte H 2.9 (1)
Bodenschätze, Ausbeuterecht H 8.1 (5); Erkundungsstätten als Betriebsstätte R 2.9 (2)
Brennstoffeinkauf bei Grundstücksverwaltung H 9.2 (2)

Damnum, Schuldentgelte R 8.1 (1)
Darlehen, Vergütung für Hingabe von D. durch persönlich haftenden Gesellschafter R 8.2
Darlehenskassen, Schulden R 8.9
Darlehenszinsen für Mitunternehmeranteil, Gewerbeertrag H 7.1 (3)
Dauernde Lasten, Hinzurechnung zum Gewinn R 8.1 (2)
Dauerschulden bei Spar- und Darlehenskassen R 8.9
Deckungsrückstellung der Lebensversicherungsunternehmen R 8.1 (1)
Deckungsstock bei Lebensversicherungsunternehmen H 9.2 (4)
Deponie, Entgelt H 8.1 (4)
Depotgebühren R 8.1 (1)
Disagio, Schuldentgelte R 8.1 (1)
Diskontbeträge, Schuldentgelte H 8.1 (1)
Doppelansässigkeit in EU-Staaten R 2.1 (4)
Doppelstöckige Personengesellschaft, Gewerbeverlust H 10 a.3 (3)
Drittstaat, Rechtsfähigkeit der Gesellschaft H 2.1 (4)
Druckerei, Gewerbebetrieb R 2.1 (5)
Durchlaufender Kredit H 8.1 (1)
Durchleitungsrechte H 8.1 (5)

Eigenbetriebe von juristischen Personen des öffentlichen Rechts H 2.1 (6)
Eigener Grundbesitz, Grundstücksunternehmen H 9.2 (2)
Eigenkapital, Kreditinstitute R 8.8 (1)
Eigentum, Begriff H 8.1 (4)
Eigentümer, Haftung für GewSt H 5.3
Einbringung in Personengesellschaft, Unternehmensidentität H 10 a.2; –, Unternehmeridentität R 10 a.3 (3); H 10 a.3 (2)
Einbringungsgewinn, Gewinnermittlung H 7.1 (1)
Einheitlicher Gewerbebetrieb R 2.1 (3); H 2.1 (5); R 2.4; kraft Rechtsform R 2.4 (4)
Einigung über Zerlegung R 33.1 (2)
Einkommensteuer, Pauschfestsetzung R 15.1
Einkommensteuerbescheid, keine Bindung für Gewerbesteuer H 14.1; Ersetzung des Gewerbesteuermessbescheids von Amts wegen bei Änderung des E. R 35 b.1
Einnehmer einer staatlichen Lotterie, Steuerbefreiung H 3.1
Einspruchsfrist, Steuermessbescheid R 1.4 (2)
Einstellung des Betriebs, Erlöschen der Steuerpflicht R 2.6
Eintragung ins Handelsregister, Beginn der Gewerbesteuerpflicht R 2.5
Einzelunternehmen, Beginn der Steuerpflicht R 2.5; Erlöschen der Steuerpflicht R 2.6; Gewerbeverlust H 10 a.3 (2); Steuerschuldnerschaft bei Rechtsformwechsel R 5.1 (1)
Einzelwirtschaftsgüter, Überführung aus gewerblichem Betriebsvermögen und Gewerbesteuer H 7.1 (1)
Elektrizitätsunternehmen, mehrgemeindliche Betriebsstätte H 30.1
Enkelgesellschaft, Schachtelvergünstigung R 9.5
Entgelte für Schulden *s. Schuldentgelte*
Entschädigungen, Gewinnermittlung H 7.1 (3)
Entwicklungsländer-Steuergesetz, Berücksichtigung bei der Ermittlung des Gewerbeertrags H 7.1 (1)
Erbbaurecht, eigener Grundbesitz von Grundstücksunternehmen R 9.1; Kürzung des Betriebsvermögens H 9.1
Erbbauzinsen H 8.1 (2); keine Schuldentgelte H 8.1 (1)
Erhebung der GewSt *s. Steuererhebung*
Erhebungszeitraum, Festsetzung des Steuermessbetrags R 14.1
Erlass der GewSt R 1.2; R 1.6
Erlöschen der Steuerpflicht R 2.6; – bei Unternehmerwechsel R 2.7
Ermittlung der Besteuerungsgrundlagen durch das FA R 1.2; des gewerblichen

Gewinns, abweichender Wohnsitz R 1.3 (3)
Ermittlung des Gewerbeertrags R 7.1; bei Abwicklung und Insolvenz R 7.1 (8); bei Genossenschaften H 7.1 (6); bei Organschaft H 2.3 (1); R 7.1 (5)
Erneuerungsrückstellung, Pachtzinsen H 8.1 (4)
Eröffnung eines Betriebs oder einer Betriebsstätte, Anzeigepflicht R 1.9
Erstattungen, Verrechnung mit Schuldentgelten H 8.1 (1)
Erwerber eines Handelsgeschäfts, Haftung für GewSt H 5.3
Erwerbs- und Wirtschaftsgenossenschaft s. *Genossenschaft*
Europäische Genossenschaft, Gewerbebetrieb R 2.1 (4)
Europäische Gesellschaft, Gewerbebetrieb R 2.1 (4)
Europäische wirtschaftliche Interessenvereinigung, Steuerschuldnerschaft R 5.2
Europäisches Gemeinschaftsrecht und Gewerbesteuer H 2.8

Factoring, Dauerschulden bei Kreditinstituten R 8.8 (2)
Fährgerechtigkeit H 8.1 (5)
Feiertagszuschläge, Zerlegung R 31.1 (1)
Ferienwohnung, Betriebsstätte R 2.9 (1); Vermietung, Zerlegung R 33.1 (1)
Festlandsockel, Zugehörigkeit zum Inland H 2.8
Festsetzung, erstmalige F. der Vorauszahlungen R 19.2; der GewSt R 1.2; des Steuermessbetrags R 14.1; –, Billigkeitsmaßnahmen R 1.5; – durch das FA R 1.2
Feststellungsbescheid, Ersetzung des Gewerbesteuermessbescheids von Amts wegen bei Änderung des F. R 35 b.1
Fiktiver Unternehmerlohn, Zerlegung H 31.1
Finanzamt, Anpassung von Vorauszahlungen R 19.2; Aussetzung der Vollziehung von Gewerbesteuermessbescheiden R 1.7; Billigkeitsmaßnahmen bei Festsetzung des Steuermessbetrags R 1.5; Steuerverwaltung H 1.2
Forderungskauf, Dauerschulden bei Kreditinstituten R 8.8 (2)
Forfaitierung H 8.1 (1)
Fortführung eines Betriebs durch Rechtsnachfolger oder Erwerber, Anzeigepflicht R 1.9
Freibetrag, Hinzurechnungen nach § 8 Nr. 1 GewStG R 8.1 (6); natürliche Personen und Personengesellschaften R 11.1

Gebietsmäßige Abgrenzung der Besteuerung R 2.8; – bei Hinzurechnungen R 8.7
Geldbeschaffungskosten R 8.1 (1)
Geldmarktpapiere, Schulden von Spar- und Darlehenskassen R 8.9
Gemeinde, Anpassung und erstmalige Festsetzung der Vorauszahlungen R 19.2; Fertigung des Steuermessbescheids R 1.4 (1); der Geschäftsleitung, negativer Zerlegungsanteil R 34.1; heberechtigte G. für GewSt der Reisegewerbebetriebe R 4.1 (1); Hebeberechtigung R 4.1 (1); Mitteilung an G. R 1.4 (2); Steuerberechtigung R 1.1; Steuerverwaltung H 1.2; Teilnahme an Außenprüfung R 1.2 (3); H 1.2 (3); Zustimmung zu Billigkeitsmaßnahmen durch das FA H 1.5 (1)
Gemeindelasten, Zerlegung H 30.1; R 33.1
Gemeindesteuer, GewSt als G. R 1.1
Gemeinnützige Körperschaft, Betriebsverpachtung H 2.1 (5); Steuerbefreiung H 3.6
Gemeinnützige Zwecke, Spenden R 8.5
Genossenschaft, Beginn der Steuerpflicht R 2.5 (2); Besteuerung kleiner G. R 7.1 (7); Ermittlung des Gewerbeertrags H 7.1 (6); Gewerbebetrieb R 2.1 (4); Kürzung des Gewerbeertrags um Anteilsgewinne R 9.3; Steuerbefreiung H 3.8
Geprägeregelung, Gewerbebetrieb H 2.1 (2)
Geräteschuppen, Betriebsstätte H 2.9 (2)
Gesamtschuldner, Mitglieder der Europäischen wirtschaftlichen Interessenvereinigung R 5.2

Geschäftsbetrieb *s. Wirtschaftlicher Geschäftsbetrieb*
Geschäftseinrichtung, feste G. als Betriebsstätte R 2.9
Geschäftsleitung, örtliche Zuständigkeit des FA R 1.3
Gesellschaft des bürgerlichen Rechts *s. BGB-Gesellschaft*
Gesonderte Feststellung, vortragsfähiger Gewerbeverlust R 10a.1 (2)
Gewerbebetrieb, Abgrenzung zur Land- und Forstwirtschaft R 2.1 (1); Abgrenzung zur selbständigen Arbeit R 2.1 (1); Abgrenzung zur Vermögensverwaltung R 2.1 (1); Begriff und Voraussetzungen R 2.1; Hebeberechtigung der Gemeinde bei stehendem G. R 4.1 (1); mehrere Betriebe R 2.4; kraft Rechtsform R 2.1 (4); Selbständigkeit der Tätigkeit R 2.1 (1); Verpachtung R 2.2; wirtschaftlicher Geschäftsbetrieb R 2.1 (5)
Gewerbeertrag, Ermittlung R 7.1; – bei Abwicklung und Insolvenz R 7.1 (8); – bei Genossenschaften H 7.1 (6); – bei Organschaft H 2.3 (1); R 7.1 (5); Ersetzung des Gewerbesteuermessbescheids von Amts wegen bei Änderung des G. R 35b.1; Schachtelvergünstigung R 9.5
Gewerbesteuer, Verwaltung H 1.2
Gewerbesteuermessbescheid *s. Steuermessbescheid*
Gewerbesteuermessbetrag *s. Steuermessbetrag*
Gewerbeverlust R 10a.1
Gewerbeverlustvortrag R 10a.1 (2)
Gewerblich geprägte Personengesellschaft, Beginn der Gewerbesteuerpflicht R 2.5 (1); Gewerbebetrieb H 2.1 (2)
Gewerblicher Betrieb *s. Betrieb*
Gewerblicher Gewinn, Ermittlung des Steuermessbetrags, abweichender Wohnsitz R 1.3 (3)
Gewerblicher Grundstückshandel, Gewinnermittlung H 7.1 (1); Grundstücksunternehmen H 9.2 (2)
Gewinn, Begriff für Zerlegung R 31.1 (5)
Gewinnabführungsvertrag bei Organschaft R 2.3 (1)
Gewinnanteile an einer Kapitalgesellschaft, Kürzungen R 9.3; des stillen Gesellschafters H 7.1 (3); R 8.1 (3)
Gewinnermittlung bei Abwicklung und Insolvenz R 7.1 (8); Billigkeitsmaßnahmen H 7.1 (1); bei Genossenschaften H 7.1 (6); für den Gewerbeertrag R 7.1; bei Körperschaften, Personenvereinigungen und Vermögensmassen R 7.1 (4); bei natürlichen Personen und Personengesellschaften R 7.1 (3); bei Organschaft H 2.3 (1); bei Verpachtung R 2.2; zeitliche Verlagerung der Besteuerung R 1.5 (2)
Gewinnermittlungsart, Änderung H 7.1 (3); Wechsel H 2.2
Gewinnerzielungsabsicht bei Betrieben der öffentlichen Hand R 2.1 (6); und wirtschaftlicher Geschäftsbetrieb R 2.1 (5)
Gewinnminderung durch Teilwertabschreibungen und Veräußerungsverluste, Hinzurechnung R 8.6
GmbH und atypische stille Gesellschaft H 2.3 (1); Gewerbebetrieb R 2.1 (4)
GmbH & Co. KG, Gehalt des Geschäftsführers, Gewerbeertrag H 7.1 (3); Organschaft H 2.3 (1)
Grenzüberschreitender Gewerbebetrieb H 2.8
Grundbesitz, Grundstücksunternehmen H 9.2 (2); Kürzung des Betriebsvermögens R 9.1 ff.
Grundsteuer, Befreiung R 9.1 (1)
Grundstück, Überlassung zur Ausbeutung H 8.1 (5)
Grundstücksunternehmen, Gewerbebetrieb eines Gesellschafters H 9.2 (4); Kürzungen des Gewerbeertrags R 9.2
Grundstücksverwaltung, Grundstücksunternehmen H 9.2 (2)

Hafffischerei, Steuerbefreiung R 3.7
Haftung R 5.3
Haftungsbescheid H 5.3
Handelsvertreter, Ausgleichsansprüche i. S. des § 89b HGB als Gewerbeertrag H 7.1 (3); Betriebsstätte H 2.9 (4)
Hauptzerlegung H 30.1
Hausgewerbetreibender, Steuermesszahlen R 11.2

Hebeberechtigung R 4.1 (1)
Hebesatz, Mindesthebesatz H 16.1
Heimarbeiter, Steuermesszahlen R 11.2
Hinzurechnungen zum Gewerbeertrag, dauernde Lasten R 8.1 (2); gebietsmäßige Abgrenzung R 8.7; Gewinnanteile des stillen Gesellschafters R 8.1 (3); Miet- und Pachtzinsen R 8.1 (4); bei Organschaft R 7.1 (5); Renten R 8.1 (2); Schulden bei Kreditinstituten R 8.8 (1); – bei Spar- und Darlehenskassen R 8.9; Spenden bei Körperschaften R 8.5; Tantiemen R 8.2; Teilwertabschreibungen R 8.6; Veräußerungsverluste R 8.6; Verlustanteile an Personengesellschaften R 8.4
Hochseefischerei, Steuerbefreiung R 3.7
Hoheitsbetrieb, kein Gewerbebetrieb H 2.1 (6)

Inland, gebietsmäßige Abgrenzung der Besteuerung R 2.8
Insolvenz, Ermittlung des Gewerbeertrags R 7.1 (8)
Insolvenzverfahren, Steuerpflicht R 2.6 (4)
Investmentaktiengesellschaft, Steuerbefreiung H 3.0

Jährlich wiederkehrende Veranstaltungen, Gewerbesteuerpflicht R 2.6 (3)
Juristische Personen des öffentlichen Rechts, Besteuerung kleiner j. P. R 7.1 (7); Eigenbetriebe H 2.1 (6)
Juristische Personen des privaten Rechts, Beginn der Steuerpflicht R 2.5 (3); Erlöschen der Steuerpflicht R 2.6 (3); wirtschaftlicher Geschäftsbetrieb R 2.1 (5)

Kaianlage H 8.1 (4)
Kaminkehrer *s. Schornsteinfeger*
Kantine von Betrieben der öffentlichen Hand R 2.1 (6); Gewerbebetrieb R 2.1 (5)
Kapitalanlagegesellschaften, steuerbefreite Sondervermögen H 3.0
Kapitalerträge, Grundstücksunternehmen H 9.2 (3)
Kapitalgesellschaft, Beginn der Steuerpflicht R 2.5 (2); Erlöschen der Steuerpflicht R 2.6 (2); Gewerbebetrieb R 2.1 (4); Gewinnermittlung R 7.1 (4); Kürzung des Gewerbeertrags um Anteilsgewinne R 9.3; Kürzung um Gewinne aus Anteilen an ausländischer K. R 9.5; mehrgemeindliche Betriebsstätte H 2.9 (3); Umwandlung, Gewerbeverlust R 10 a.3 (4)
Kapitalmarktpapiere, Schulden von Spar- und Darlehnskassen R 8.9
Kapitalvermögen neben Grundstücksverwaltung H 9.2 (2)
Kasino, Gewerbebetrieb R 2.1 (5)
Kauffahrteischiff, Gewerbesteuerpflicht H 2.8
Kirchliche Körperschaft, Steuerbefreiung H 3.6
Kirchliche Zwecke, Spenden R 8.5
Kleinbetragsverordnung H 35 b.1
Know-how-Vertrag H 8.1 (4)
Kommanditgesellschaft, Gewerbebetrieb R 2.1 (2); Haftung des Komplementärs und der Kommanditisten für GewSt H 5.3
Kommanditgesellschaft auf Aktien, Gewerbebetrieb R 2.1 (4); Hinzurechnungen R 8.2
Körperschaft, Besteuerung kleiner K. R 7.1 (7); Gewinnermittlung R 7.1 (4); Spenden R 8.5
Körperschaftsteuer, Pauschfestsetzung R 15.1
Körperschaftsteuerbescheid, Ersetzung des Gewerbesteuermessbescheids von Amts wegen bei Änderung des K. R 35 b.1
Körperschaftsteuer-Freibeträge, Gewerbeertrag R 7.1 (4)
Krankenhaus, Steuerbefreiung R 3.20
Krankenkasse, Steuerbefreiung H 3.9
Krankentransport H 3.20
Kreditanstalt des öffentlichen Rechts, Kürzung des Gewerbeertrags um Anteilsgewinne R 9.3
Kreditinstitute, Gewerbebetrieb R 2.1 (5); Schulden R 8.8 (1)
Kreditprovisionen R 8.1 (1)
Kurortbetriebe, Ruhen des Gewerbebetriebs R 2.6 (1)

Kürzungen um Anteilsgewinne R 9.3; um den auf eine ausländische Betriebsstätte entfallenden Teil des Gewerbeertrags H 9.4; für zum Betriebsvermögen gehörenden Grundbesitz R 9.1 ff.; um Gewinne aus Anteilen an einer ausländischen Kapitalgesellschaft R 9.5; bei Grundstücksunternehmen R 9.2
Küstenfischerei, Steuerbefreiung R 3.7
Küstenschifffahrt, Betriebsstätte H 2.9 (1)

Ladengeschäft, Betriebseinstellung H 2.6 (1)
Lagerlose, staatliche Lotterie H 3.1
Landesfinanzbehörde, Steuerverwaltung H 1.2
Land- und Forstwirtschaft, Abgrenzung zum Gewerbebetrieb R 2.1 (1); Steuerbefreiung für Erwerbs- und Wirtschaftsgenossenschaften und Vereine H 3.8; H 3.14; Überführung eines Wirtschaftsguts aus gewerblichem Betriebsvermögen H 7.1 (1); wirtschaftlicher Geschäftsbetrieb R 2.1 (5)
Landwirtschaftliche Nutzungs- und Verwertungsgenossenschaft, Nichtmitgliedergeschäft H 3.8
Lebensversicherungsunternehmen, Deckungsstock, erweiterte Kürzung für Grundbesitz H 9.2 (4); Schulden R 8.1 (1)
Liquidation, Kapitalgesellschaft, Anteilsgewinn H 9.3; Organgesellschaft in L. R 2.3 (2)
Liquidationserlös, Hinzurechnung H 8.6
Lohnsteuerpflichtige Vergütungen, Zerlegung R 31.1
Lotterie *s. Staatliche Lotterie*
Lotterieunternehmen, Begriff H 3.1

Maßgebender Einheitswert R 9.1 (2)
Mehrarbeitszuschläge, Zerlegung R 31.1 (1)
Mehrgemeindliche Betriebsstätte, Zerlegung R 30.1
Mehrheit von Betrieben R 2.4
Mietvertrag, Begriff H 8.1 (4)
Mietzinsen, Hinzurechnung zum Gewerbeertrag R 8.1 (4)
Mildtätige Körperschaft, Steuerbefreiung H 3.6
Mildtätige Zwecke, Spenden R 8.5
Mindesthebesatz H 16.1
Mineralgewinnungsrecht H 8.1 (5)
Mineralölfirma, Tankstelle als Betriebsstätte H 2.9 (4)
Mineralölwirtschaft, mehrgemeindliche Betriebsstätte H 30.1
Mitteilung an die Gemeinden R 1.4 (2); R 1.5 (3); H 1.7; R 1.8
Mittelbare Beteiligung H 9.2 (4); H 9.3
Mitunternehmer, Vergütung an M., Gewerbeertrag H 7.1 (3)
Mitunternehmerische Beteiligung, Grundstücksunternehmen H 9.2 (2, 4)
Mitunternehmerschaft, atypische stille Gesellschaft H 8.1 (3); Gewerbeverlust R 10 a.3 (3)
Monopolabgaben der Versorgungsunternehmen H 8.1 (4)
Montagen, Betriebsstätte R 2.9 (2); Zerlegung des Steuermessbetrags H 28.1

Nachfolgeklausel, qualifizierte, Mitunternehmeranteil H 7.1 (3)
Nachtarbeitszuschläge, Zerlegung R 31.1 (1)
Nachträgliche Betriebseinnahmen, Gewerbeertrag H 7.1 (3)
Natürliche Personen, Freibetrag R 11.1; Gewinnermittlung R 7.1 (3)
Nebentätigkeiten, Grundstücksunternehmen H 9.2 (2)
Negativer Zerlegungsanteil bei Änderung oder Berichtigung des Zerlegungsbescheids R 34.1
Nichtmitgliedergeschäfte bei landwirtschaftlichen Nutzungs- und Verwertungsgenossenschaften H 3.8
Nichtrechtsfähiger Verein, Beginn der Steuerpflicht R 2.5 (3); Erlöschen der Steuerpflicht R 2.6 (3); wirtschaftlicher Geschäftsbetrieb R 2.1 (5)
Niederschlagung der GewSt R 1.2; R 1.6
Nutzungsüberlassung, Betriebsstätte H 2.9 (1); von Wirtschaftsgütern bei Gesellschafteridentität H 7.1 (3)

Offenbare Unbilligkeit, Zerlegung R 33.1 (1)
Offene Handelsgesellschaft, Gewerbebetrieb R 2.1 (2); Haftung der Gesellschafter für GewSt H 5.3
Omnibuslinienbetrieb, Zerlegung H 30.1
Organgesellschaft R 2.3 (1); Ermittlung des Gewerbeertrags R 7.1 (5); in Liquidation R 2.3 (2)
Organschaft, Allgemeines R 2.3 (1); Ermittlung des Gewerbeertrags R 7.1 (5); Gewerbeverlustabzug R 10 a.4; Haftung für GewSt H 5.3; bei Kreditinstituten, Schuldentgelte R 8.8 (1); Kürzungen für Grundbesitz H 9.2 (2); Steuerbefreiung H 2.3 (1); H 3.20; Teilwertabschreibung H 7.1 (5)
Örtliche Zuständigkeit für die Festsetzung und Zerlegung des Steuermessbetrags R 1.3

Pachteinnahmen bei Betriebsverpachtung R 2.2
Pachtvertrag, Begriff H 8.1 (4)
Pachtzinsen, Hinzurechnung zum Gewerbeertrag R 8.1 (4)
Partenreederei, Verlustanteile H 8.4
Passivierte Renten R 8.1 (2)
Pauschfestsetzung des Steuermessbetrags R 15.1
Pensionskasse, Steuerbefreiung H 3.9
Pensionsrückstellungen H 8.2
Personengesellschaft, Änderungen im Gesellschafterbestand, Auswirkung auf GewSt R 2.7 (2); Beginn der Steuerpflicht R 2.5; einheitlicher Gewerbebetrieb R 2.4 (3); Erlöschen der Steuerpflicht R 2.6; Freibetrag R 11.1; Gewerbebetrieb R 2.1 (2); Gewerbeverlust H 10 a.1; Gewinnermittlung R 7.1 (3); als Organträger H 2.3 (3); Steuerschuldnerschaft bei Rechtsformwechsel R 5.1 (1); Unternehmensidentität R 10 a.2; Verlustanteile R 8.4
Personenvereinigung, Gewinnermittlung R 7.1 (4)
Pflegeeinrichtungen, Steuerbefreiung R 3.20
Pflegeheim, Steuerbefreiung R 3.20
Praktikanten, Vergütung an P., Zerlegung R 31.1 (2)
Private Versorgungsrenten, Abgrenzung H 8.1 (2)
Provisionen für Bankkredite R 8.1 (1)

Realteilung, Unternehmensidentität H 10 a.2; Unternehmeridentität R 10 a.3 (3)
Rechtsbehelfe gegen Ablehnung der Aufhebung oder Änderung des Steuermessbescheids R 35 b.1 (2); gegen Festsetzung des Steuermessbetrags für Vorauszahlungszwecke R 19.2 (5); gegen Haftungsbescheide H 5.3; im Steuermessbetragsverfahren R 7.1 (2); im Zerlegungsverfahren R 28.1 (4)
Rechtsformwechsel, Steuerschuldnerschaft R 5.1 (1)
Rechtsnachfolger, Anzeigepflicht bei Fortführung eines Betriebs R 1.9
Reinvestitionsrücklage, Grundstücksunternehmen H 9.2 (3)
Reisegewerbebetrieb R 35 a.1; Begriff R 2.1 (3); örtliche Zuständigkeit des FA R 1.3 (1)
Reisegewerbekarte R 35 a.1
Religiöse Zwecke, Spenden R 8.5
Renten, Hinzurechnung zum Gewinn R 8.1 (2)
Rettungsdienst H 3.20
Ruhen des Gewerbebetriebs, kein Erlöschen der Steuerpflicht R 2.6 (1); Zerlegung R 28 (1)

Sachliche Selbständigkeit eines Unternehmens R 2.1 (1)
Saisonbetriebe, kein Erlöschen der Steuerpflicht R 2.6 (1); Zerlegung R 28 (1)
Saldierung einer Schuld mit Guthaben bei demselben Kreditgeber H 8.1 (1)
Schachtelvergünstigung R 9.5
Schienenverkehr, mehrgemeindliche Betriebsstätte H 30.1
Schornsteinfeger, Kehrbezirk als Betriebsstätte H 2.9 (1)
Schulden, Kreditinstitute R 8.8 (1)
Schuldentgelte, ABC H 8.1 (1); Begriff R 8.1 (1)
Schuldzinsen, Begriff R 8.1 (1)

Schule, Steuerbefreiung H 3.13
Schützenfest, fortbestehender Gewerbebetrieb R 2.6 (3)
Sechsmonatsfrist, Bauausführungen R 2.9 (2)
Seeschiff, Gewerbesteuerpflicht H 2.8
Selbständige Arbeit, Abgrenzung zum Gewerbebetrieb R 2.1 (1)
Selbständigkeit, Begriff der sachlichen S. R 2.1 (1); Voraussetzung für Gewerbebetrieb R 2.1 (1)
Sicherheitsleistung bei Aussetzung der Vollziehung von Gewerbesteuermessbescheiden H 1.7
Skonto, Schuldentgelt H 8.1 (1)
Sonderbetriebsvermögen, Veräußerungsgewinn, Gewerbeertrag H 7.1 (3)
Sondererbfolge, Mitunternehmeranteil H 7.1 (3)
Sonderposten mit Rücklageanteil, Eigenkapital R 8.8 (1)
Sondervermögen, steuerbefreites S. von Kapitalanlagegesellschaften H 3.0
Sonntagszuschläge, Zerlegung R 31.1 (1)
Spareinlagen bei Spar- und Darlehenskassen mit überwiegendem Warengeschäft R 8.9
Sparkassen, Schulden R 8.9
Spenden bei Körperschaften R 8.5
Staatliche Lotterie, Begriff H 3.1; Steuerbefreiung H 3.1
Standplätze auf Märkten usw., Betriebsstätte H 2.9 (1)
Stehender Gewerbebetrieb, Hebeberechtigung R 4.1 (1)
Sterbekasse, Steuerbefreiung H 3.9
Steuerbefreiungen, Eintritt und Gewerbesteuerpflicht R 2.6 (1); außerhalb des GewStG H 3.0; Grundstücksunternehmen H 9.2 (4); im Organkreis H 2.3 (1); Organschaft H 3.20; teilweise St., Kürzung um Anteilsgewinne R 9.3; Wegfall und Gewerbesteuerpflicht R 2.5 (4)
Steuerberechtigung R 1.1
Steuererhebung, Berechtigung R 1.1; R 1.2
Steuererlass *s. Erlass*
Steuergegenstand bei mehreren Betrieben R 2.4 (1)
Steuerhinterzieher, Haftung für GewSt H 5.3
Steuermessbescheid, Aufhebung bei Unzuständigkeit H 4.1; Aufhebung oder Änderung von Amts wegen R 35 b.1; Aussetzung der Vollziehung R 1.7; Bekanntgabe an Steuerpflichtigen und Mitteilung an Gemeinde R 1.4 (2); Bindungswirkung R 4.1 (2); Fertigung durch die Gemeinde R 1.4 (1); Rechtsbehelf gegen Ablehnung des Antrags auf Änderung oder Aufhebung R 35 b.1 (2)
Steuermessbetrag bei Abgabe eines Teilbetriebs R 2.7 (3); Festsetzung R 14.1; –, Billigkeitsmaßnahmen R 1.5; – und Zerlegung durch das FA R 1.2; R 1.3; örtliche Zuständigkeit R 1.3; Pauschfestsetzung R 15.1; Vorauszahlungen R 19.2; Zerlegung R 28.1; – bei mehrgemeindlichen Betriebsstätten H 30.1
Steuermessbetragsverfahren, Rechtsbehelfe R 7.1 (2)
Steuermesszahl bei Hausgewerbetreibenden R 11.2
Steuerpflicht, Beginn R 2.5; Erlöschen R 2.6; der Organgesellschaft bei Begründung und Beendigung eines Organschaftsverhältnisses R 2.3 (1); bei Unternehmerwechsel R 2.7
Steuerrückstände, verhältnismäßige Aufteilung im Falle von Stundung oder Erlass auf verschiedene Steuern R 1.6 (2)
Steuerschuldner R 5.1; Europäische wirtschaftliche Interessenvereinigung R 5.2; bei Unternehmerwechsel H 5.1 (1)
Steuerverwaltung H 1.2
Stiftung, Besteuerung kleiner St. R 7.1 (7); (keine) Gewerbesteuerpflicht bei nichtrechtsfähiger St. H 2.1 (5)
Stille Gesellschaft, atypische st. G. und GmbH H 2.3 (1); *s. a. Atypische stille Gesellschaft*
Stiller Gesellschafter, Begriff R 8.1 (3); Gewinnanteile H 7.1 (3); R 8.1 (3)
Straßenbau, Betriebsstätte R 2.9 (2)
Straßenhändler, Betriebsstätte H 2.9 (1)

Stundung der GewSt R 1.2; R 1.6
Substanzerhaltungspflicht H 8.1 (1)

Tabakwareneinzelhandel, einheitlicher Gewerbebetrieb mit Toto- und Lotto-Annahmestelle H 2.4 (1)
Tankstelle als Betriebsstätte der Mineralölfirma H 2.9 (4)
Tantiemen für die Geschäftsführung eines persönlich haftenden Gesellschafters einer KGaA R 8.2
Teilbetrieb bei Unternehmerwechsel R 2.7 (3); Verpachtung R 2.2
Teilschuldverschreibungen R 8.9
Teilwertabschreibungen, Hinzurechnung R 8.6; bei Organschaft H 7.1 (5); keine Schuldentgelte H 8.1 (1)
Tochtergesellschaft, Schachtelvergünstigung R 9.5
Tonnagebesteuerung H 9.4; Gewinnermittlung H 7.1 (1)

Übernahmegewinn bei Organschaft H 7.1 (5)
Überpreise, Schuldentgelte H 8.1 (1)
Umsatzprovisionen R 8.1 (1)
Umwandlung, Entnahmevorgänge H 7.1 (3); Kapitalgesellschaft, Unternehmeridentität R 10 a.3 (4); Personengesellschaft, Unternehmeridentität R 10 a.3 (3)
Umwandlungsgewinn bei Organschaft H 7.1 (5)
Umwandlungssteuergesetz, Berücksichtigung bei der Ermittlung des Gewerbeertrags H 7.1 (1)
Unterbeteiligung, Hinzurechnung H 8.1 (3)
Unterbrechung der Bauausführung R 2.9 (2); des Gewerbebetriebs, kein Erlöschen der Steuerpflicht R 2.6 (1)
Unterkunftsbaracken, Betriebsstätte H 2.9 (2)
Unternehmensbeteiligungsgesellschaft, Kürzung des Gewerbeertrags um Anteilsgewinne R 9.3
Unternehmensidentität, Begriff R 10 a.2
Unternehmeridentität, Begriff R 10 a.3 (1)
Unternehmerlohn, Zerlegung R 31.1 (6)
Unternehmerwechsel, Anzeigepflicht R 1.9; Steuerpflicht R 2.7; H 5.1 (1); kein Verlustabzug H 10 a.3 (1)
Unterrichtsanstalt, Steuerbefreiung H 3.13
Unterstützungskasse, Steuerbefreiung H 3.9; Vermögensverwaltung R 2.1 (5)
Untervermietung, Grundstücksunternehmen H 9.2 (4)
Unterzerlegung H 30.1

Veräußerungsgewinne, Gewerbeertrag H 7.1 (3); Grundstücksunternehmen H 9.2 (3); bei Kapitalgesellschaften R 7.1 (4); bei natürlichen Personen und Personengesellschaften H 7.1 (3)
Veräußerungsverluste, Hinzurechnung R 8.6
Verdeckte Gewinnausschüttungen R 9.5
Verein, Besteuerung kleiner V. R 7.1 (7); Land- und Forstwirtschaft, Steuerbefreiung H 3.8
Verfassungsmäßigkeit, GewSt kraft Rechtsform H 2.1 (4)
Vergütungen für Geschäftsführung eines persönlich haftenden Gesellschafters einer KGaA R 8.2
Verkaufsautomaten als Betriebsstätte R 2.9 (3)
Verlegung eines Betriebs, Anzeigepflicht R 1.9; von Betriebsstätten, örtliche Zuständigkeit für den Steuermessbetrag R 1.3 (1); der Geschäftsleitung, örtliche Zuständigkeit für den Steuermessbetrag R 1.3 (1)
Verlustabzug R 10 a.1 (3); *s. a. Gewerbeverlust*
Verlustanteile an Personengesellschaften, Hinzurechnung zum Gewerbeertrag R 8.4
Verlustausgleich und Verlustabzug H 10 a.1
Verluste, Gewerbeertragsermittlung R 7.1 (3)
Verlustfeststellungsbescheid, Änderung von Amts wegen R 35 b.1 (2)
Verlustvortrag R 10 a.1 (2); landwirtschaftliche Produktionsgenossenschaften H 3.14

Vermietung von Ferienwohnungen, Betriebsstätte R 2.9 (1); –, Zerlegung R 33.1 (1)
Vermögensmassen, Gewinnermittlung H 7.1 (4)
Vermögensverwaltung, Abgrenzung zum Gewerbebetrieb R 2.1 (1); Abgrenzung zum wirtschaftlichen Geschäftsbetrieb R 2.1 (5); Grundstücksverwaltung R 9.2 (2)
Vermögenswirksame Leistungen, Zerlegung R 31.1 (3)
Verpachtung eines Gewerbebetriebs R 2.2; H 2.6 (1); – der öffentlichen Hand H 2.1 (6); wirtschaftlicher Geschäftsbetrieb H 2.1 (5)
Verschmelzung, Gewerbeverlust H 10 a.1; Unternehmensidentität H 10 a.2; Unternehmeridentität R 10 a.3 (4)
Versicherungsunternehmen, Gewerbebetrieb R 2.1 (5)
Versicherungsverein auf Gegenseitigkeit, Beginn der Steuerpflicht R 2.5 (2); Gewerbebetrieb R 2.1 (4); Gewinnermittlung R 7.1 (4)
Versicherungsvertreter, Betriebsstätte H 2.9 (4)
Versilberung von Betriebsgegenständen als endgültige Betriebseinstellung H 2.6 (1)
Versorgungsbetrieb, Gewerbebetrieb H 2.1 (6)
Versorgungsrenten, Hinzurechnung zum Gewinn H 8.1 (2)
Versuchsbohrungen, Betriebsstätte R 2.9 (2)
Vertreter, Haftung für GewSt H 5.3; ständiger V., Begriff H 2.9 (4)
Verwaltung der GewSt H 1.2
Verwaltungsrechtsweg bei Haftungsbescheiden der Gemeinde H 5.3
Verzinsung der Gewerbesteuer R 1.8
Vollziehung, Aussetzung der V. des Gewerbesteuermessbescheids R 1.7
Vorauszahlungen, Anpassung bei Abgabe eines Teilbetriebs R 2.7 (3); – und erstmalige Festsetzung R 19.2; Bemessung R 19.1
Vorfälligkeitsentschädigungen, Schuldentgelte H 8.1 (1)
Vorgesellschaft, einheitlicher Steuergegenstand mit späterer Gesellschaft R 2.5 (2)
Vorruhestand, steuerbefreite Einrichtungen H 3.0
Vortragsfähiger Gewerbeverlust R 10 a.1 (2)

Währungsverluste R 8.1 (1)
Warengeschäfte von Spar- und Darlehnskassen, Schulden R 8.9
Weinfest, fortbestehender Gewerbebetrieb R 2.6 (3)
Wertsicherungsklausel bei Renten H 8.1 (2)
Wirtschaftliche Einheit bei mehreren Betrieben R 2.4 (2); sachliche Selbständigkeit R 2.1 (1)
Wirtschaftlicher Geschäftsbetrieb als Gewerbebetrieb R 2.1 (5)
Wirtschaftlicher Verkehr, Beteiligung am allgemeinen w. V. bei Betrieben der öffentlichen Hand H 2.1 (6); – und wirtschaftlicher Geschäftsbetrieb R 2.1 (5)
Wirtschaftliches Eigentum, Hinzurechnung H 8.1 (4)
Wirtschaftsförderungsgesellschaft, Steuerbefreiung H 3.25
Wirtschaftsgüter, Nutzungsüberlassung bei Gesellschafteridentität H 7.1 (3)
Wirtschaftsjahr, abweichendes W., Vorauszahlungen R 19.1
Wissenschaftliche Zwecke, Spenden R 8.5
Wochenmarkthändler, Betriebsstätte H 2.9 (1)
Wohnungsbauunternehmen, Kürzung für Grundbesitz R 9.2 (2)
Wohnungs-GmbH, Kürzung des Gewerbeertrags H 9.2 (4)

Zeitchartervertrag H 8.1 (4)
Zeitliche Verlagerung der Besteuerung R 1.5 (2); –, Auswirkung auf den Gewerbeertrag H 7.1 (1)
Zeitschrift, Herausgabe als Gewerbebetrieb R 2.1 (5)
Zerlegung, Begriff der Arbeitslöhne R 31.1; in besonderen Fällen R 33.1; Hauptzerlegung und Unterzerlegung H 30.1; bei mehrgemeindlichen Be-

triebsstätten R 30.1; negativer Zerlegungsanteil bei Änderung oder Berichtigung des Zerlegungsbescheids R 34.1; des Steuermessbetrags R 28.1; – durch das FA R 1.2; Vorauszahlungen R 19.2 (2)
Zerlegungsbescheid, Änderung H 28.1; Bekanntgabe an Steuerpflichtigen und Mitteilung an Gemeinde R 1.4 (2)
Zerlegungsmaßstab R 29.1
Zerlegungssperre H 28.1
Zerlegungsverfahren, Rechtsbehelf R 28.1 (4)
Zinsen R 1.8
Zins-Swap-Geschäfte, keine Schuldentgelte H 8.1 (1)
Zuckerfabriken, Ruhen des Gewerbebetriebs R 2.6 (1)
Zusatzversorgungskasse des Baugewerbes, Zerlegung R 31.1 (2)
Zuständigkeit, Aussetzung der Vollziehung von Gewerbesteuermessbescheiden R 1.7; Betriebsfinanzamt R 1.3; örtliche Z. für die Festsetzung und Zerlegung des Steuermessbetrags R 1.3; für Stundung, Niederschlagung und Erlass der GewSt R 1.6; Verwaltung der GewSt R 1.2
Zwangsmittel bei nicht ordnungsgemäßer Anzeige der Eröffnung, Aufgabe oder Verlegung eines Betriebs R 1.9 (2)
Zweckvermögen, (keine) Gewerbesteuerpflicht bei nichtrechtsfähigem Z. H 2.1 (5)

500. Umsatzsteuer-Anwendungserlass (UStAE)

Vom 1. Oktober 2010 (BStBl. I 2010, 846)[1)]

(BMF IV D 3 – S 7015/10/10002; DOK 2010/0815152)

Geändert durch BMF-Schreiben vom 21.10.2010 (BStBl. I 2010, 1192), vom 26.10.2010 (BStBl. I 2010, 1197) vom 27.10.2010 (BStBl. I 2010, 1273), vom 1.12.2010 (BStBl. I 2010, 1375), vom 8.12.2010 (BStBl. I 2010, 1501), vom 15.12.2010 (BStBl. I 2010, 1502), vom 17.12.2010 (BStBl. I 2010, 1512), vom 21.12.2010 (BStBl. I 2011, 46), vom 4.2.2011 (BStBl. I 2011, 156 und 162), vom 2.3.2011 (BStBl. I 2011, 232), vom 3.3.2011 (BStBl. I 2011, 233), vom 14.3.2011 (BStBl. I 2011, 254), vom 25.3.2011 (BStBl. I 2011, 304), vom 7.4.2011 (BStBl. I 2011, 306), vom 8.4.2011 (BStBl. I 2011, 307), vom 11.4.2011 (BStBl. I 2011, 459), vom 15.4.2011 (BStBl. I 2011, 489), vom 2.5.2011 (BStBl. I 2011, 490), vom 12.5.2011 (BStBl. I 2011, 535), vom 7.6.2011 (BStBl. I 2011, 581), vom 8.6.2011 (BStBl. I 2011, 582), 2 Schreiben vom 10.6.2011 (BStBl. I 2011, 583), vom 22.6.2011 (BStBl. I 2011, 597), vom 23.6.2011 (BStBl. I 2011, 677), vom 24.6.2011 (BStBl. I 2011, 687), vom 29.6.2011 (BStBl. I 2011, 702), vom 5.7.2011 (BStBl. I 2011, 703), vom 6.7.2011 (BStBl. I 2011, 738), vom 7.7.2011 (BStBl. I 2011, 739), vom 27.7.2011 (BStBl. I 2011, 752), vom 2.8.2011 (BStBl. I 2011, 754), vom 8.8.2011 (BStBl. I 2011, 755), vom 31.8.2011 (BStBl. I 2011, 825), vom 22.9.2011 (BStBl. I 2011, 910), vom 26.9.2011 (BStBl. I 2011, 980), vom 30.9.2011 (BStBl. I 2011, 981), vom 5.10.2011 (BStBl. I 2011, 982), vom 11.10.2011 (BStBl. I 2011, 983), vom 14.11.2011 (BStBl. I 2011, 1158), vom 9.12.2011 (BStBl. I 2011, 1272, 1273 und 1288), vom 12.12.2011 (BStBl. I 2011, 1289), vom 2.1.2012 (BStBl. I 2012, 59 und 60), vom 3.1.2012 (BStBl. I 2012, 76), vom 18.1.2012 (BStBl. I 2012, 139), vom 19.1.2012 (BStBl. I 2012, 209), vom 6.2.2012 (BStBl. I 2012, 212), vom 21.3.2012 (BStBl. I 2012, 343, 344), vom 28.3.2012 (BStBl. I 2012, 481, 482), vom 29.3.2012 (BStBl. I 2012, 483), vom 2.4.2012 (BStBl. I 2012, 484), vom 3.4.2012 (BStBl. I 2012, 486), vom 24.4.2012 (BStBl. I 2012, 533), vom 19.6.2012 (BStBl. I 2012, 682), vom 2.7.2012 (BStBl. I 2012, 726), vom 25.7.2012 (BStBl. I 2012, 876), vom 20.8.2012 (BStBl. I 2012, 877), vom 31.8.2012 (BStBl. I 2012, 932), vom 24.10.2012 (BStBl. I 2012, 1086), vom 13.11.2012 (BStBl. I 2012, 1169), vom 14.11.2012 (BStBl. I 2012, 1170), vom 21.11.2012 (BStBl. I 2012, 1229), vom 30.11.2012 (BStBl. I 2012, 1230), vom 12.12.2012 (BStBl. I 2012, 1259), vom 17.12.2012 (BStBl. I 2012, 1260), vom 18.12.2012 (BStBl. I 2012, 1272), vom 22.1.2013 (BStBl. I 2013, 178), vom 22.2.2013 (BStBl. I 2013, 268), vom 7.3.2013 (BStBl. I 2013, 333), vom 20.3.2013 (BStBl. I 2013, 335 und 444), vom 25.3.2013 (BStBl. I 2013, 449), vom 26.3.2013 (BStBl. I 2013, 450), vom 27.3.2013 (BStBl. I 2013, 452), vom 2.4.2013 (BStBl. I 2013, 454), vom 9.4.2013 (BStBl. I 2013, 517), vom 12.4.2013 (BStBl. I 2013, 518), vom 26.4.2013 (BStBl. I 2013, 714), vom 10.6.2013 (BStBl. I 2013, 780), vom 28.6.2013 (BStBl. I 2013, 852), vom 8.7.2013 (BStBl. I 2013, 860), vom 12.7.2013 (BStBl. I 2013, 923), vom 31.7.2013 (BStBl. I 2013, 964), vom 26.8.2013 (BStBl. I 2013, 1018), vom 12.9.2013 (BStBl. I 2013, 1176), vom 13.9.2013 (BStBl. I 2013, 1179), vom 16.9.2013 (BStBl. I 2013, 1192), vom 19.9.2013 (BStBl. I 2013, 1212), vom 24.9.2013 (BStBl. I 2013, 1219), vom 23.10.2013 (BStBl. I 2013, 1303 und 1304), vom 25.10.2013 (BStBl. I 2013, 1305), vom 28.10.2013 (BStBl. I 2013, 1382), vom 31.10.2013 (BStBl. I 2013, 1383 und 1384), vom 4.11.2013 (BStBl. I 2013, 1385), vom 5.11.2013 (BStBl. I 2013, 1386), vom 8.11.2013 (BStBl. I 2013, 1389), vom 15.11.2013 (BStBl. I 2013, 1475 und 1477), vom 20.11.2013 (BStBl. I 2013, 1581), vom 21.11.2013 (BStBl. I 2013, 1583 und 1584), vom 22.11.2013 (BStBl. I 2013, 1590), vom 28.11.2013 (BStBl. I 2013, 1594), vom 29.11.2013 (BStBl. I 2013, 1596), vom 9.12.2013 (BStBl. I 2013, 1620), vom 10.12.2013 (BStBl. I 2013, 1621 und 1623), vom 11.12.2013 (BStBl. I 2013, 1625), vom 12.12.2013 (BStBl. I 2013, 1627), vom 16.12.2013 (BStBl. I 2013, 1638), vom 2.1.2014 (BStBl. I 2014, 119), vom 6.1.2014 (BStBl. I 2014, 152), vom 20.1.2014

[1)] Auch Änderungen von Anwendungsregelungen sind in den Änderungsnachweis aufgenommen.

(BStBl. I 2014, 154), vom 31.1.2014 (BStBl. I 2014, 217), vom 4.2.2014 (BStBl. I 2014, 229), vom 5.2.2014 (BStBl. I 2014, 233), vom 6.2.2014 (BStBl. I 2014, 267 und 269), vom 7.2.2014 (BStBl. I 2014, 271), vom 28.2.2014 (BStBl. I 2014, 279), vom 20.3.2014 (BStBl. I 2014, 603), vom 4.4.2014 (BStBl. I 2014, 801), vom 10.4.2014 (BStBl. I 2014, 802), vom 29.4.2014 (BStBl. I 2014, 814), vom 30.4.2014 (BStBl. I 2014, 816), vom 5.5.2014 (BStBl. I 2014, 820), vom 8.5.2014 (BStBl. I 2014, 823), vom 5.6.2014 (BStBl. I 2014, 896), vom 12.6.2014 (BStBl. I 2014, 909), vom 1.7.2014 (BStBl. I 2014, 1111), vom 22.7.2014 (BStBl. I 2014, 1113), vom 25.7.2014 (BStBl. I 2014, 1114), vom 31.7.2014 (BStBl. I 2014, 1073), vom 26.8.2014 (BStBl. I 2014, 1216), vom 27.8.2014 (BStBl. I 2014, 1218), vom 19.9.2014 (BStBl. I 2014, 1287), vom 26.9.2014 (BStBl. I 2014, 1297), vom 1.10.2014 (BStBl. I 2014, 1322), vom 17.10.2014 (BStBl. I 2014, 1369), vom 20.10.2014 (BStBl. I 2014, 1372), vom 28.10.2014 (BStBl. I 2014, 1439), vom 4.12.2014 (BStBl. I 2014, 1617), vom 8.12.2014 (BStBl. I 2014, 1619), vom 9.12.2014 (BStBl. I 2014, 1620), vom 10.12.2014 (BStBl. I 2014, 1622), vom 11.12.2014 (BStBl. I 2014, 1631), vom 18.12.2014 (BStBl. I 2015, 44), vom 22.1.2015 (BStBl. I 2015, 123), vom 23.1.2015 (BStBl. I 2015, 144), vom 27.1.2015 (BStBl. I 2015, 164), vom 4.2.2015 (BStBl. I 2015, 166), vom 19.2.2015 (BStBl. I 2015, 217), vom 27.2.2015 (BStBl. I 2015, 232), vom 13.3.2015 (BStBl. I 2015, 234), vom 2.4.2015 (BStBl. I 2015, 272), vom 24.4.2015 (BStBl. I 2015, 456), vom 5.5.2015 (BStBl. I 2015, 458), vom 21.5.2015 (BStBl. I 2015, 491), vom 17.6.2015 (BStBl. I 2015, 513), vom 19.6.2015 (BStBl. I 2015, 559), vom 7.7.2015 (BStBl. I 2015, 562), vom 3.8.2015 (BStBl. I 2015, 624), vom 27.8.2015 (BStBl. I 2015, 656), vom 31.8.2015 (BStBl. I 2015, 737), vom 4.9.2015 (BStBl. I 2015, 738), vom 7.10.2015 (BStBl. I 2015, 782), vom 14.10.2015 (BStBl. I 2015, 832), vom 21.10.2015 (BStBl. I 2015, 835), vom 4.11.2015 (BStBl. I 2015, 886), vom 12.11.2015 (BStBl. I 2015, 887), vom 2.12.2015 (BStBl. I 2015, 1012), vom 7.12.2015 (BStBl. I 2015, 1014), vom 8.12.2015 (BStBl. I 2015, 1066), vom 15.12.2015 (BStBl. I 2015, 1067),[1] vom 21.1.2016 (BStBl. I 2016, 150), vom 16.2.2016 (BStBl. I 2016, 239), vom 23.2.2016 (BStBl. I 2016, 240), vom 2.3.2016 (BStBl. I 2016, 287), vom 25.4.2016 (BStBl. I 2016, 484), vom 18.5.2016 (BStBl. I 2016, 506), vom 2.6.2016 (BStBl. I 2016, 531), vom 10.8.2016 (BStBl. I 2016, 820), vom 28.9.2016 BStBl. I 2016, 1043), 2 Schreiben v. 4.10.2016 (BStBl. I 2016, 1059 und 1074), vom 24.11.2016 (BStBl. I 2016, 1328), vom 2.12.2016 (BStBl. I 2016, 1450), vom 16.12.2016 (BStBl. I 2016, 1451), vom 19.12.2016 (BStBl. I 2016, 1459), vom 17.1.2017 (BStBl. I 2017, 104), vom 23.1.2017 (BStBl. I 2017, 108), vom 26.1.2017 (BStBl. I 2017, 175), vom 3.2.2017 (BStBl. I 2017, 180), vom 10.2.2017 (BStBl. I 2017, 350), vom 21.3.2017 (BStBl. I 2017, 482), vom 12.4.2017 (BStBl. I 2017, 710), vom 8.5.2017 (BStBl. I 2017, 745), vom 9.5.2017 (BStBl. I 2017, 780), vom 26.5.2017 (BStBl. I 2017, 790), vom 2.6.2017 (BStBl. I 2017, 850), vom 6.6.2017 (BStBl. I 2017, 853), vom 8.6.2017 (BStBl. I 2017, 858), vom 3.7.2017 (BStBl. I 2017, 885), vom 10.7.2017 (BStBl. I 2017, 888), vom 13.7.2017 (BStBl. I 2017, 992), vom 14.7.2017 (BStBl. I 2017, 997), vom 26.7.2017 (BStBl. I 2017, 1001), vom 2.8.2017 (BStBl. I 2017, 1240), vom 22.9.2017 (BStBl. I 2017, 1299), vom 6.10.2017 (BStBl. I 2017, 1349), vom 10.10.2017 (BStBl. I 2017, 1442), vom 8.11.2017 (BStBl. I 2017, 1517), vom 15.11.2017 (BStBl. I 2017, 1518), vom 30.11.2017 (BStBl. I 2017, 1599), vom 5.12.2017 (BStBl. I 2017, 1658), vom 6.12.2017 (BStBl. I 2017, 1660), vom 7.12.2017 (BStBl. I 2017, 1662), vom 8.12.2017 (BStBl. I 2017, 1664), vom 8.12.2017 (BStBl. I 2017, 1665), vom 13.12.2017 (BStBl. I 2017, 1667), vom 13.12.2017 (BStBl. I 2018, 72), vom 14.12.2017 (BStBl. I 2017, 1673), vom 7.2.2018 (BStBl. I 2018, 302), vom 27.2.2018 (BStBl. I 2018, 316), vom 23.4.2018 (BStBl. I 2018, 638), vom 18.5.2018 (BStBl. I 2018, 695), vom 17.7.2018 (BStBl. I 2018, 820), vom 5.9.2018 (BStBl. I 2018, 1012), vom 4.10.2018 (BStBl. I 2018, 1090), vom 31.10.2018 (BStBl. I 2018, 1203), vom 27.11.2018 (BStBl. I 2018, 1363), vom 3.12.2018 (BStBl. I 2018, 1365), vom 7.12.2018 (BStBl. I 2018, 1401), 2 Schreiben vom 14.12.2018 (BStBl. I 2018, 1402 und 1429), vom 2.1.2019 (BStBl. I 2019, 17), vom 23.5.2019 (BStBl. I 2019, 510), vom 23.5.2019 (BStBl. I 2019, 511), vom 27.5.2019 (BStBl. I 2019, 512), vom 18.6.2019 (BStBl. I 2019, 591), vom 17.7.2019 (BStBl. I 2019, 835), vom 18.12.2019 (BStBl. I 2019, 1396), vom 19.12.2019 (BStBl. I 2019, 1399), vom 10.1.2020 (BStBl. I 2020, 184), vom 14.1.2020 (BStBl. I 2020, 196), vom 6.2.2020 (BStBl. I

[1] Die Änderungen des UStAE sind sämtlich eingearbeitet; die Ersetzung der Begriffe „Abgabe, abgeben" usw. durch „Übermittlung, übermitteln" usw. wurde durchgeführt, aber nicht einzeln durch Fußnoten nachgewiesen.

2020, 235), vom 18.3.2020 (BStBl. I 2020, 286), vom 23.3.2020 (BStBl. I 2020, 288), vom 24.3.2020 (BStBl. I 2020, 291), vom 7.5.2020 (BStBl. I 2020, 530), vom 2.6.2020 (BStBl. I 2020, 545), vom 3.6.2020 (BStBl. I 2020, 546), vom 15.6.2020 (BStBl. I 2020, 580), vom 17.6.2020 (BStBl. I 2020, 581), vom 25.6.2020 (BStBl. I 2020, 582), vom 2.7.2020 (BStBl. I 2020, 610), vom 7.7.2020 (BStBl. I 2020, 642), vom 9.7.2020 (BStBl. I 2020, 643), vom 13.7.2020 (BStBl. I 2020, 644), vom 16.7.2020 (BStBl. I 2020, 645), vom 3.8.2020 (BStBl. I 2020, 646), vom 5.8.2020 (BStBl. 2020, 669), vom 20.8.2020 (BStBl. I 2020, 671), vom 28.8.2020 (BStBl. I 2020, 928), vom 3.9.2020 (BStBl. I 2020, 940), vom 18.9.2020 (BStBl. I 2020, 976), vom 30.9.2020 (BStBl. I 2020, 982), vom 1.10.2020 (BStBl. I 2020, 983), vom 9.10.2020 (BStBl. I 2020, 1038), vom 14.10.2020 (BStBl. I 2020, 1043), vom 28.10.2020 (BStBl. I 2020, 1120), vom 2.11.2020 (BStBl. I 2020, 1121), vom 6.11.2020 (BStBl. I 2020, 1202), vom 12.11.2020 (BStBl. I 2020, 1265), vom 16.11.2020 (BStBl. I 2020, 1267), vom 23.11.2020 (BStBl. I 2020, 1335), vom 15.12.2020 (BStBl. I 2020, 1374), vom 16.12.2020 (BStBl. I 2020, 1379) vom 18.12.2020 (BStBl. I 2021, 64), vom 23.12.2020 (BStBl. I 2021, 92), vom 11.1.2021 (BStBl. I 2021, 120), vom 18.1.2021 (BStBl. I 2021, 121), vom 29.1.2021 (BStBl. I 2021, 250), vom 4.2.2021 (BStBl. I 2021, 312), vom 10.2.2021 (BStBl. I 2021, 314), vom 4.3.2021 (BStBl. I 2021, 316), vom 11.3.2021 (BStBl. I 2021, 380), vom 12.3.2021 (BStBl. I 2021, 380), vom 15.3.2021 (BStBl. I 2021, 381), vom 18.3.2021 (BStBl. I 2021, 384), vom 26.3.2021 (BStBl. I 2021, 385), vom 29.3.2021 (BStBl. I 2021, 386), vom 1.4.2021 (BStBl. I 2021, 629), vom 20.4.2021 (BStBl. I 2021, 705), vom 22.4.2021 (BStBl. I 2021, 712), vom 3.5.2021 (BStBl. I 2021, 713), vom 11.5.2021 (BStBl. I 2021, 781), vom 3.6.2021 (BStBl. I 2021, 777), vom 9.6.2021 (BStBl. I 2021, 778 und 780), vom 18.6.2021 (BStBl. I 2021, 871), vom 22.6.2021 (BStBl. I 2021, 856), vom 24.6.2021 (BStBl. 2021, 857), vom 28.6.2021 (BStBl. I 2021, 868), vom 2.7.2021 (BStBl. I 2021, 918), vom 8.7.2021 (BStBl. I 2021, 919), vom 22.7.2021 (BStBl. I 2021, 1023), vom 19.8.2021 (BStBl. I 2021, 1088), vom 7.9.2021 (BStBl. I 2021, 1591), vom 9.9.2021 (BStBl. I 2021, 1593), vom 27.9.2021 (BStBl. I 2021, 1810, 1812 und 1856), vom 28.9.2021 (BStBl. I 2021, 1858), vom 1.10.2021 (BStBl. I 2021, 1859), vom 4.10.2021 (BStBl. I 2021, 1861), vom 18.10.2021 (BStBl. I 2021, 2142), vom 27.10.2021 (BStBl. I 2021, 2137 und 2139), vom 16.11.2021 (BStBl. I 2021, 2329), vom 1.12.2021 (BStBl. I 2021, 2486 und 2488), vom 10.12.2021 (BStBl. I 2021, 2492), vom 17.12.2021 (BStBl. I 2021, 2502 und 2504), vom 17.1.2022 (BStBl. I 2022, 161), vom 7.2.2022 (BStBl. I 2022, 197), vom 15.3.2022 (BStBl. I 2022, 351), vom 29.3.2022 (BStBl. I 2022, 567), vom 30.3.2022 (BStBl. I 2022, 568), vom 12.4.2022 (BStBl. I 2022, 650 und 652), vom 26.4.2022 (BStBl. I 2022, 655), vom 2.5.2022 (BStBl. I 2022, 736), vom 20.5.2022 (BStBl. I 2022, 738)

Inhaltsübersicht

Zu § 1 UStG

		Seite
1.1	Leistungsaustausch	17
1.2	Verwertung von Sachen	24
1.3	Schadensersatz	25
1.4	Mitgliederbeiträge	29
1.5	Geschäftsveräußerung	31
1.6	Leistungsaustausch bei Gesellschaftsverhältnissen	35
1.7	Lieferung von Gas, Elektrizität oder Wärme/Kälte	43
1.8	Sachzuwendungen und sonstige Leistungen an das Personal	46
1.9	Inland – Ausland	54
1.10	Gemeinschaftsgebiet – Drittlandsgebiet	55
1.11	Umsätze in Freihäfen usw. (§ 1 Abs. 3 Satz 1 Nr. 1 bis 3 UStG)	56
1.12	Freihafen-Veredelungsverkehr, Freihafenlagerung und einfuhrumsatzsteuerrechtlich freier Verkehr (§ 1 Abs. 3 Satz 1 Nr. 4 und 5 UStG)	57

Zu § 1a UStG

1a.1	Innergemeinschaftlicher Erwerb	58
1a.2	Innergemeinschaftliches Verbringen	59

Zu § 1b UStG

1b.1	Innergemeinschaftlicher Erwerb neuer Fahrzeuge	65

Zu § 1c UStG

1c.1	Ausnahme vom innergemeinschaftlichen Erwerb bei diplomatischen Missionen usw. (§ 1c Abs. 1 UStG)	66

Zu § 2 UStG

2.1	Unternehmer	67
2.2	Selbständigkeit	70
2.3	Gewerbliche oder berufliche Tätigkeit	74
2.4	Forderungskauf und Forderungseinzug	79
2.5	Betrieb von Anlagen zur Energieerzeugung	82
2.6	Beginn und Ende der Unternehmereigenschaft	90
2.7	Unternehmen	92
2.8	Organschaft	93
2.9	Beschränkung der Organschaft auf das Inland	101
2.10	Unternehmereigenschaft und Vorsteuerabzug bei Vereinen, Forschungsbetrieben und ähnlichen Einrichtungen	105
2.11	Juristische Personen des öffentlichen Rechts (§ 2 Abs. 3 UStG)	110

Zu § 2b UStG

2b.1	Juristische Personen des öffentlichen Rechts (§ 2b UStG)	116

Zu § 3 UStG

3.1	Lieferungen und sonstige Leistungen	118
3.2	Unentgeltliche Wertabgaben	120
3.3	Den Lieferungen gleichgestellte Wertabgaben	120
3.4	Den sonstigen Leistungen gleichgestellte Wertabgaben	127
3.5	Abgrenzung zwischen Lieferungen und sonstigen Leistungen	130
3.6	Abgrenzung von Lieferungen und sonstigen Leistungen bei der Abgabe von Speisen und Getränken	137
3.7	Vermittlung oder Eigenhandel	144
3.8	Werklieferung, Werkleistung	147
3.9	Lieferungsgegenstand bei noch nicht abgeschlossenen Werklieferungen	149
3.10	Einheitlichkeit der Leistung	150
3.11	Kreditgewährung im Zusammenhang mit anderen Umsätzen	154

		Seite
3.12	Ort der Lieferung	156
3.13	Lieferort in besonderen Fällen (§ 3 Abs. 8 UStG)	159
3.14	Reihengeschäfte	160
3.15	Dienstleistungskommission (§ 3 Abs. 11 UStG)	169
3.16	Leistungsbeziehungen bei der Abgabe werthaltiger Abfälle	173
3.17	Einzweck- und Mehrzweckgutscheine	177
3.18	Einbeziehung von Betreibern elektronischer Schnittstellen in fiktive Lieferketten	186

Zu § 3a UStG (§ 1 UStDV)

3a.1	Ort der sonstigen Leistung bei Leistungen an Nichtunternehmer	194
3a.2	Ort der sonstigen Leistung bei Leistungen an Unternehmer und diesen gleichgestellte juristische Personen	196
3a.3	Ort der sonstigen Leistung im Zusammenhang mit einem Grundstück	206
3a.4	Ort der sonstigen Leistung bei Messen, Ausstellungen und Kongressen	212
3a.5	Ort der Vermietung eines Beförderungsmittels	215
3a.6	Ort der Tätigkeit	219
3a.7	Ort der Vermittlungsleistung	222
3a.7a	Ort der Veranstaltung	223
3a.8	Ort der in § 3a Abs. 4 Satz 2 UStG bezeichneten sonstigen Leistungen	224
3a.9	Leistungskatalog des § 3a Abs. 4 Satz 2 Nr. 1 bis 10 UStG	225
3a.9a	Ort der sonstigen Leistungen auf dem Gebiet der Telekommunikation, der Rundfunk- und Fernsehdienstleistungen und der auf elektronischem Weg erbrachten sonstigen Leistungen	230
3a.10	Sonstige Leistungen auf dem Gebiet der Telekommunikation	235
3a.11	Rundfunk- und Fernsehdienstleistungen	238
3a.12	Auf elektronischem Weg erbrachte sonstige Leistungen	239
3a.13	Gewährung des Zugangs zu Erdgas- und Elektrizitätsnetzen und die Fernleitung, die Übertragung oder die Verteilung über diese Netze sowie damit unmittelbar zusammenhängende sonstige Leistungen	244
3a.14	Sonderfälle des Orts der sonstigen Leistung	244
3a.15	Ort der sonstigen Leistung bei Einschaltung eines Erfüllungsgehilfen	247
3a.16	Besteuerungsverfahren bei sonstigen Leistungen	247

Zu § 3b UStG (§§ 2 bis 7 UStDV)

3b.1	Ort einer Personenbeförderung und Ort einer Güterbeförderung, die keine innergemeinschaftliche Güterbeförderung ist	249
3b.2	Ort der Leistung, die im Zusammenhang mit einer Güterbeförderung steht	256
3b.3	Ort der innergemeinschaftlichen Güterbeförderung	256
3b.4	Ort der gebrochenen innergemeinschaftlichen Güterbeförderung	257

Zu § 3c UStG

3c.1	Ort der Lieferung beim Fernverkauf	259

Zu § 3d UStG

3d.1	Ort des innergemeinschaftlichen Erwerbs	263

Zu § 3e UStG

3e.1	Ort der Lieferung und der Restaurationsleistung während einer Beförderung an Bord eines Schiffs, in einem Luftfahrzeug oder in der Eisenbahn (§ 3e UStG)	264

Zu § 3f UStG

3f.1	*(aufgehoben)*	

Zu § 3g UStG

3g.1	Ort der Lieferung von Gas oder Elektrizität	265

Seite

Zu § 4 Nr. 1 UStG (§§ 8 bis 17c UStDV)

4.1.1 Ausfuhrlieferungen und Lohnveredelungen an Gegenständen der Ausfuhr 267
4.1.2 Innergemeinschaftliche Lieferungen 267

Zu § 4 Nr. 2 UStG (§ 18 UStDV)

4.2.1 Umsätze für die Seeschifffahrt und für die Luftfahrt 268

Zu § 4 Nr. 3 UStG (§§ 19 bis 21 UStDV)

4.3.1 Allgemeines 268
4.3.2 Grenzüberschreitende Güterbeförderungen 269
4.3.3 Grenzüberschreitende Güterbeförderungen und andere sonstige Leistungen, die sich auf Gegenstände der Einfuhr beziehen 270
4.3.4 Grenzüberschreitende Beförderungen und andere sonstige Leistungen, die sich unmittelbar auf Gegenstände der Ausfuhr oder der Durchfuhr beziehen 276
4.3.5 Ausnahmen von der Steuerbefreiung 281
4.3.6 Buchmäßiger Nachweis 281

Zu § 4 Nr. 4 UStG

4.4.1 Lieferungen von Gold an Zentralbanken 282

Zu § 4 Nr. 4a UStG

4.4a.1 Umsatzsteuerlagerregelung 282

Zu § 4 Nr. 4b UStG

4.4b.1 Steuerbefreiung für die einer Einfuhr vorangehenden Lieferungen von Gegenständen 282
4.4c.1 Steuerbefreiung der Lieferung im Sinne des § 3 Abs. 3a Satz 1 UStG an einen Unternehmer 283

Zu § 4 Nr. 5 UStG (§ 22 UStDV)

4.5.1 Steuerfreie Vermittlungsleistungen 283
4.5.2 Vermittlungsleistungen der Reisebüros 284
4.5.3 Verkauf von Flugscheinen durch Reisebüros oder Tickethändler („Consolidator") 285
4.5.4 Buchmäßiger Nachweis 288

Zu § 4 Nr. 6 UStG

4.6.1 Leistungen der Eisenbahnen des Bundes 289
4.6.2 Steuerbefreiung für Restaurationsumsätze an Bord von Seeschiffen 289

Zu § 4 Nr. 7 UStG

4.7.1 Leistungen an Vertragsparteien des Nordatlantikvertrages, NATO-Streitkräfte, diplomatische Missionen und zwischenstaatliche Einrichtungen 289

Zu § 4 Nr. 8 UStG

4.8.1 Vermittlungsleistungen im Sinne des § 4 Nr. 8 und 11 UStG 291
4.8.2 Gewährung und Vermittlung von Krediten 292
4.8.3 Gesetzliche Zahlungsmittel 294
4.8.4 Umsätze im Geschäft mit Forderungen 294
4.8.5 Einlagengeschäft 295
4.8.6 Inkasso von Handelspapieren 295
4.8.7 Zahlungs-, Überweisungs- und Kontokorrentverkehr 295
4.8.8 Umsätze im Geschäft mit Wertpapieren 296
4.8.9 Verwahrung und Verwaltung von Wertpapieren 297
4.8.10 Gesellschaftsanteile 298
4.8.11 Übernahme von Verbindlichkeiten 299

		Seite
4.8.12	Übernahme von Bürgschaften und anderen Sicherheiten	299
4.8.13	Verwaltung von Investmentvermögen und von Versorgungseinrichtungen	300
4.8.14	Amtliche Wertzeichen	309

Zu § 4 Nr. 9 UStG

4.9.1	Umsätze, die unter das Grunderwerbsteuergesetz fallen	310
4.9.2	Umsätze, die unter das Rennwett- und Lotteriegesetz fallen	311

Zu § 4 Nr. 10 UStG

4.10.1	Versicherungsleistungen	312
4.10.2	Verschaffung von Versicherungsschutz	313

Zu § 4 Nr. 11 UStG

4.11.1	Bausparkassenvertreter, Versicherungsvertreter, Versicherungsmakler	313

Zu § 4 Nr. 11b UStG

4.11b.1	Umsatzsteuerbefreiung für Post-Universaldienstleistungen	314

Zu § 4 Nr. 12 UStG

4.12.1	Vermietung und Verpachtung von Grundstücken	322
4.12.2	Vermietung von Plätzen für das Abstellen von Fahrzeugen	325
4.12.3	Vermietung von Campingflächen	327
4.12.4	Abbau- und Ablagerungsverträge	328
4.12.5	Gemischte Verträge	329
4.12.6	Verträge besonderer Art	329
4.12.7	Kaufanwartschaftsverhältnisse	331
4.12.8	Dingliche Nutzungsrechte	331
4.12.9	Beherbergungsumsätze	332
4.12.10	Vermietung und Verpachtung von Betriebsvorrichtungen	333
4.12.11	Nutzungsüberlassung von Sportanlagen und anderen Anlagen	333

Zu § 4 Nr. 13 UStG

4.13.1	Wohnungseigentümergemeinschaften	339

Zu § 4 Nr. 14 UStG

4.14.1	Anwendungsbereich und Umfang der Steuerbefreiung	340
4.14.2	Tätigkeit als Arzt	343
4.14.3	Tätigkeit als Zahnarzt	344
4.14.4	Tätigkeit als Heilpraktiker, Physiotherapeut, Hebamme sowie als Angehöriger ähnlicher Heilberufe	345
4.14.5	Krankenhausbehandlungen und ärztliche Heilbehandlungen	350
4.14.6	Eng mit Krankenhausbehandlungen und ärztlichen Heilbehandlungen verbundene Umsätze	356
4.14.7	Rechtsform des Unternehmers	358
4.14.8	Praxis- und Apparategemeinschaften	359
4.14.9	Leistungen von Einrichtungen mit Versorgungsverträgen nach §§ 73b, 73c oder 140a SGB V	360

Zu § 4 Nr. 15 UStG

4.15.1	*(aufgehoben)*	

Zu § 4 Nr. 16 UStG

4.16.1	Anwendungsbereich und Umfang der Steuerbefreiung	362
4.16.2	Nachweis der Voraussetzungen	364
4.16.3	Einrichtungen nach § 4 Nr. 16 Satz 1 Buchstabe l UStG	365
4.16.4	Leistungen der Altenheime, Pflegeheime und Altenwohnheime	367
4.16.5	Weitere Betreuungs- und/oder Pflegeeinrichtungen	368
4.16.6	Eng verbundene Umsätze	373

Zu § 4 Nr. 17 UStG Seite

4.17.1 Menschliche Organe, menschliches Blut und Frauenmilch 374
4.17.2 Beförderungen von kranken und verletzten Personen 375

Zu § 4 Nr. 18 UStG
(§ 23 UStDV)

4.18.1 Wohlfahrtseinrichtungen 376

Zu § 4 Nr. 19 UStG

4.19.1 Blinde 379
4.19.2 Blindenwerkstätten 380

Zu § 4 Nr. 20 UStG

4.20.1 Theater 380
4.20.2 Orchester, Kammermusikensembles und Chöre 382
4.20.3 Museen und Denkmäler der Bau- und Gartenbaukunst 382
4.20.4 Zoologische Gärten und Tierparks 383
4.20.5 Bescheinigungsverfahren 384

Zu § 4 Nr. 21 UStG

4.21.1 Ersatzschulen 385
4.21.2 Ergänzungsschulen und andere allgemein bildende oder berufsbildende Einrichtungen 385
4.21.3 Erteilung von Unterricht durch selbständige Lehrer an Schulen und Hochschulen 388
4.21.4 Unmittelbar dem Schul- und Bildungszweck dienende Leistungen 390
4.21.5 Bescheinigungsverfahren für Ergänzungsschulen und andere allgemein bildende oder berufsbildende Einrichtungen 391

Zu § 4 Nr. 22 UStG

4.22.1 Veranstaltung wissenschaftlicher und belehrender Art 393
4.22.2 Andere kulturelle und sportliche Veranstaltungen 394

Zu § 4 Nr. 23 UStG

4.23.1 Beherbergung und Beköstigung von Jugendlichen 395

Zu § 4 Nr. 24 UStG

4.24.1 Jugendherbergswesen 397

Zu § 4 Nr. 25 UStG

4.25.1 Leistungen im Rahmen der Kinder- und Jugendhilfe 399
4.25.2 Eng mit der Jugendhilfe verbundene Leistungen 401

Zu § 4 Nr. 26 UStG

4.26.1 Ehrenamtliche Tätigkeit 403

Zu § 4 Nr. 27 UStG

4.27.1 Gestellung von Personal durch religiöse und weltanschauliche Einrichtungen ... 406
4.27.2 Gestellung von land- und forstwirtschaftlichen Arbeitskräften sowie Gestellung von Betriebshelfern 406

Zu § 4 Nr. 28 UStG

4.28.1 Lieferung bestimmter Gegenstände 407

Zu § 4a UStG
(§ 24 UStDV)

4a.1 Vergütungsberechtigte 409
4a.2 Voraussetzungen für die Vergütung 409
4a.3 Nachweis der Voraussetzungen 411

Seite

4a.4 Antragsverfahren 412
4a.5 Wiedereinfuhr von Gegenständen 412

Zu § 4b UStG

4b.1 Steuerbefreiung beim innergemeinschaftlichen Erwerb von Gegenständen 412

Zu § 6 UStG
(§§ 8 bis 11 und 13 bis 17 UStDV)

6.1 Ausfuhrlieferungen 413
6.2 Elektronisches Ausfuhrverfahren (Allgemeines) 415
6.3 Ausländischer Abnehmer 416
6.4 Ausschluss der Steuerbefreiung bei der Ausrüstung und Versorgung bestimmter Beförderungsmittel 417
6.5 Ausfuhrnachweis (Allgemeines) 418
6.6 Ausfuhrnachweis in Beförderungsfällen 421
6.7 Ausfuhrnachweis in Versendungsfällen 426
6.7a Ausgangsvermerke als Ausfuhrnachweis 428
6.8 Ausfuhrnachweis in Bearbeitungs- und Verarbeitungsfällen 429
6.9 Sonderregelungen zum Ausfuhrnachweis 430
6.10 Buchmäßiger Nachweis 436
6.11 Ausfuhrlieferungen im nichtkommerziellen Reiseverkehr 438
6.12 Gesonderter Steuerausweis bei Ausfuhrlieferungen 443

Zu § 6a UStG
(§§ 17a bis 17c UStDV)

6a.1 Innergemeinschaftliche Lieferungen 443
6a.2 Nachweis der Voraussetzungen der Steuerbefreiung für innergemeinschaftliche Lieferungen 449
6a.3 Belegnachweis in Beförderungs- und Versendungsfällen – Allgemeines 452
6a.3a Belegnachweis in Beförderungs- und Versendungsfällen – Gelangensvermutung 453
6a.4 Belegnachweis in Beförderungs- und Versendungsfällen – Gelangensbestätigung 454
6a.5 Belegnachweis in Beförderungs- und Versendungsfällen – Andere Belege als die Gelangensbestätigung 457
6a.6 Belegnachweis in Bearbeitungs- oder Verarbeitungsfällen 463
6a.7 Buchmäßiger Nachweis 463
6a.8 Gewährung von Vertrauensschutz 465

Zu § 6b UStG

6b.1 Lieferung in ein Lager im Sinne des § 6b UStG im Gemeinschaftsgebiet (Konsignationslagerregelung) 468
6b.2 Nachweis der Voraussetzungen der Konsignationslagerregelung nach § 6b UStG 476

Zu § 7 UStG
(§§ 12 und 13 UStDV)

7.1 Lohnveredelung an Gegenständen der Ausfuhr 476
7.2 Ausfuhrnachweis 479
7.3 Buchmäßiger Nachweis 480
7.4 Abgrenzung zwischen Lohnveredelungen im Sinne des § 7 UStG und Ausfuhrlieferungen im Sinne des § 6 UStG 481

Zu § 8 UStG
(§ 18 UStDV)

8.1 Umsätze für die Seeschifffahrt 481
8.2 Umsätze für die Luftfahrt 485
8.3 Buchmäßiger Nachweis 488

Zu § 9 UStG

9.1 Verzicht auf Steuerbefreiungen (§ 9 Abs. 1 UStG) 488
9.2 Einschränkung des Verzichts auf Steuerbefreiungen (§ 9 Abs. 2 und 3 UStG) .. 490

Zu § 10 UStG Seite
(§ 25 UStDV)

10.1 Entgelt ... 494
10.2 Zuschüsse ... 501
10.3 Entgeltminderungen ... 510
10.4 Durchlaufende Posten ... 512
10.5 Bemessungsgrundlage beim Tausch und bei tauschähnlichen Umsätzen ... 514
10.6 Bemessungsgrundlage bei unentgeltlichen Wertabgaben ... 518
10.7 Mindestbemessungsgrundlage (§ 10 Abs. 5 UStG) ... 521
10.8 Durchschnittsbeförderungsentgelt ... 523

Zu § 12 UStG

12.1 Steuersätze (§ 12 Abs. 1 und 2 UStG) ... 524

Zu § 12 Abs. 2 Nr. 3 UStG

12.2 Vieh- und Pflanzenzucht (§ 12 Abs. 2 Nr. 3 UStG) ... 526

Zu § 12 Abs. 2 Nr. 4 UStG

12.3 Vatertierhaltung, Förderung der Tierzucht usw. (§ 12 Abs. 2 Nr. 4 UStG) ... 527

Zu § 12 Abs. 2 Nr. 6 UStG

12.4 Umsätze der Zahntechniker und Zahnärzte (§ 12 Abs. 2 Nr. 6 UStG) ... 530

Zu § 12 Abs. 2 Nr. 7 UStG
(§ 30 UStDV)

12.5 Eintrittsberechtigung für Theater, Konzerte, Museen usw. (§ 12 Abs. 2 Nr. 7 Buchstabe a UStG) ... 530
12.6 Überlassung von Filmen und Filmvorführungen (§ 12 Abs. 2 Nr. 7 Buchstabe b UStG) ... 532
12.7 Einräumung, Übertragung und Wahrnehmung urheberrechtlicher Schutzrechte (§ 12 Abs. 2 Nr. 7 Buchstabe c UStG) ... 533
12.8 Zirkusunternehmen, Schausteller und zoologische Gärten (§ 12 Abs. 2 Nr. 7 Buchstabe d UStG) ... 542

Zu § 12 Abs. 2 Nr. 8 UStG

12.9 Gemeinnützige, mildtätige und kirchliche Einrichtungen (§ 12 Abs. 2 Nr. 8 Buchstabe a UStG) ... 543
12.10 Zusammenschlüsse steuerbegünstigter Einrichtungen (§ 12 Abs. 2 Nr. 8 Buchstabe b UStG) ... 552

Zu § 12 Abs. 2 Nr. 9 UStG

12.11 Schwimm- und Heilbäder, Bereitstellung von Kureinrichtungen (§ 12 Abs. 2 Nr. 9 UStG) ... 553

Zu § 12 Abs. 2 Nr. 10 UStG

12.12 *(aufgehoben)*
12.13 Begünstigte Verkehrsarten ... 555
12.14 Begünstigte Beförderungsstrecken ... 560
12.15 Beförderung von Arbeitnehmern zwischen Wohnung und Arbeitsstelle ... 562

Zu § 12 Abs. 2 Nr. 11 UStG

12.16 Umsätze aus der kurzfristigen Vermietung von Wohn- und Schlafräumen sowie aus der kurzfristigen Vermietung von Campingflächen (§ 12 Abs. 2 Nr. 11 UStG) ... 563

Zu § 12 Abs. 2 Nr. 14 UStG

12.17 Digitale Medien (§ 12 Abs. 2 Nr. 14 UStG) ... 566

Zu § 13 UStG Seite

13.1 Entstehung der Steuer bei der Besteuerung nach vereinbarten Entgelten 568
13.2 Sollversteuerung in der Bauwirtschaft 570
13.3 Sollversteuerung bei Architekten und Ingenieuren 571
13.4 Teilleistungen 572
13.5 Istversteuerung von Anzahlungen 573
13.6 Entstehung der Steuer bei der Besteuerung nach vereinnahmten Entgelten 574
13.7 Entstehung der Steuer in den Fällen des unrichtigen Steuerausweises 575
13.8 Entstehung der Steuer in den Fällen des § 3 Abs. 3a und § 18k UStG 576

Zu § 13b UStG
(§ 30a UStDV)

13b.1 Leistungsempfänger als Steuerschuldner 576
13b.2 Bauleistungen 580
13b.3 Bauleistender Unternehmer als Leistungsempfänger 583
13b.3a Lieferungen von Gas, Elektrizität, Wärme oder Kälte 586
13b.4 Lieferungen von Industrieschrott, Altmetallen und sonstigen Abfallstoffen 588
13b.5 Reinigung von Gebäuden und Gebäudeteilen 594
13b.6 Lieferungen von Gold mit einem Feingehalt von mindestens 325 Tausendstel 595
13b.7 Lieferungen von Mobilfunkgeräten, Tablet-Computern, Spielekonsolen und integrierten Schaltkreisen 596
13b.7a Lieferungen von Edelmetallen, unedlen Metallen und Cermets 600
13b.7b Sonstige Leistungen auf dem Gebiet der Telekommunikation 603
13b.8 Vereinfachungsregelung 605
13b.9 Unfreie Versendungen 605
13b.10 Ausnahmen 606
13b.11 Im Ausland bzw. im übrigen Gemeinschaftsgebiet ansässiger Unternehmer 607
13b.12 Entstehung der Steuer beim Leistungsempfänger 609
13b.13 Bemessungsgrundlage und Berechnung der Steuer 610
13b.14 Rechnungserteilung 610
13b.15 Vorsteuerabzug des Leistungsempfängers 611
13b.16 Steuerschuldnerschaft des Leistungsempfängers und allgemeines Besteuerungsverfahren 612
13b.17 Aufzeichnungspflichten 613
13b.18 Übergangsregelungen 613

Zu § 13c UStG

13c.1 Haftung bei Abtretung, Verpfändung oder Pfändung von Forderungen 614

Zu § 14 UStG
(§§ 31 bis 34 UStDV)

14.1 Zum Begriff der Rechnung 624
14.2 Rechnungserteilungspflicht bei Leistungen im Zusammenhang mit einem Grundstück 627
14.3 Rechnung in Form der Gutschrift 629
14.4 Echtheit und Unversehrtheit von Rechnungen 630
14.5 Pflichtangaben in der Rechnung 633
14.6 Rechnungen über Kleinbeträge 642
14.7 Fahrausweise als Rechnungen 642
14.8 Rechnungserteilung bei der Istversteuerung von Anzahlungen 643
14.9 Rechnungserteilung bei verbilligten Leistungen (§ 10 Abs. 5 UStG) 648
14.10 Rechnungserteilung in Einzelfällen 648
14.11 Berichtigung von Rechnungen 649

Zu § 14a UStG

14a.1 Zusätzliche Pflichten bei der Ausstellung von Rechnungen in besonderen Fällen 650

Zu § 14b UStG

14b.1 Aufbewahrung von Rechnungen 653

Seite

Zu § 14c UStG

14c.1 Unrichtiger Steuerausweis (§ 14c Abs. 1 UStG) ... 656
14c.2 Unberechtiger Steuerausweis (§ 14c Abs. 2 UStG) ... 660

Zu § 15 UStG
(§§ 35 bis 43 UStDV)

15.1 Zum Vorsteuerabzug berechtigter Personenkreis ... 664
15.2 Allgemeines zum Vorsteuerabzug ... 666
15.2a Ordnungsmäßige Rechnung als Voraussetzung für den Vorsteuerabzug ... 668
15.2b Leistung für das Unternehmen ... 676
15.2c Zuordnung von Leistungen zum Unternehmen ... 681
15.2d Regelungen zum Vorsteuerabzug in Einzelfällen ... 698
15.3 Vorsteuerabzug bei Zahlungen vor Empfang der Leistung ... 700
15.4 Vorsteuerabzug bei Rechnungen über Kleinbeträge ... 701
15.5 Vorsteuerabzug bei Fahrausweisen ... 702
15.6 Vorsteuerabzug bei Repräsentationsaufwendungen ... 703
15.6a Vorsteuerabzug bei teilunternehmerisch genutzten Grundstücken ... 705
15.7 Vorsteuerabzug bei unfreien Versendungen und Güterbeförderungen ... 710
15.8 Abzug der Einfuhrumsatzsteuer bei Einfuhr im Inland ... 711
15.9 Abzug der Einfuhrumsatzsteuer in den Fällen des § 1 Abs. 3 UStG ... 714
15.10 Vorsteuerabzug ohne gesonderten Steuerausweis in einer Rechnung ... 716
15.11 Nachweis der Voraussetzungen für den Vorsteuerabzug ... 717
15.12 Allgemeines zum Ausschluss vom Vorsteuerabzug ... 720
15.13 Ausschluss des Vorsteuerabzugs bei steuerfreien Umsätzen ... 723
15.14 Ausschluss des Vorsteuerabzugs bei Umsätzen im Ausland ... 725
15.15 Vorsteuerabzug bei Eingangsleistungen im Zusammenhang mit unentgeltlichen Leistungen ... 726
15.16 Grundsätze zur Aufteilung der Vorsteuerbeträge ... 728
15.17 Aufteilung der Vorsteuerbeträge nach § 15 Abs. 4 UStG ... 729
15.18 Erleichterungen bei der Aufteilung der Vorsteuerbeträge ... 734
15.19 Vorsteuerabzug bei juristischen Personen des öffentlichen Rechts ... 736
15.20 Vorsteuerabzug bei Überlassung von Gegenständen durch Gesellschafter an die Gesellschaft ... 738
15.21 Vorsteuerabzug aus Aufwendungen im Zusammenhang mit der Ausgabe von gesellschaftsrechtlichen Anteilen ... 739
15.22 Vorsteuerabzug im Zusammenhang mit dem Halten und Veräußern von gesellschaftsrechtlichen Beteiligungen ... 741
15.23 Vorsteuerabzug und Umsatzbesteuerung bei (teil-)unternehmerisch verwendeten Fahrzeugen ... 742
15.24 Vorsteuerabzug und Umsatzbesteuerung bei (teil-)unternehmerisch verwendeten Fahrrädern ... 751

Zu § 15a UStG
(§§ 44 und 45 UStDV)

15a.1 Anwendungsgrundsätze ... 751a
15a.2 Änderung der Verhältnisse ... 756
15a.3 Berichtigungszeitraum nach § 15a Abs. 1 UStG ... 760
15a.4 Berichtigung nach § 15a Abs. 1 UStG ... 763
15a.5 Berichtigung nach § 15a Abs. 2 UStG ... 766
15a.6 Berichtigung nach § 15a Abs. 3 UStG ... 767
15a.7 Berichtigung nach § 15a Abs. 4 UStG ... 774
15a.8 Berichtigung nach § 15a Abs. 6 UStG ... 775
15a.9 Berichtigung nach § 15a Abs. 7 UStG ... 776
15a.10 Geschäftsveräußerung im Sinne des § 1 Abs. 1a UStG und andere Formen der Rechtsnachfolge ... 779
15a.11 Vereinfachungen bei der Berichtigung des Vorsteuerabzugs ... 779
15a.12 Aufzeichnungspflichten für die Berichtigung des Vorsteuerabzugs ... 781

Zu § 16 UStG

Seite

16.1 Steuerberechnung 782
16.2 Beförderungseinzelbesteuerung 782
16.3 Fahrzeugeinzelbesteuerung 784
16.4 Umrechnung von Werten in fremder Währung 784

Zu § 17 UStG

17.1 Steuer- und Vorsteuerberichtigung bei Änderung der Bemessungsgrundlage ... 785
17.2 Preisnachlässe und Preiserstattungen außerhalb unmittelbarer Leistungsbeziehungen sowie Maßnahmen zur Verkaufsförderung 793

Zu § 18 Abs. 1 bis 7 UStG
(§§ 46 bis 49 UStDV)

18.1 Verfahren bei der Besteuerung nach § 18 Abs. 1 bis 4 UStG 798
18.2 Voranmeldungszeitraum 799
18.3 Vordrucke, die von den amtlich vorgeschriebenen Vordrucken abweichen 800
18.4 Dauerfristverlängerung 800
18.5 Vereinfachte Steuerberechnung bei Kreditverkäufen 801
18.6 Abgabe der Voranmeldungen in Sonderfällen 802
18.7 Abgabe von Voranmeldungen in Neugründungsfällen 803
18.7a Besteuerungsverfahren für nicht im Gemeinschaftsgebiet ansässige Unternehmer, die vor dem 1.7.2021 sonstige Leistungen nach § 3a Abs. 5 UStG erbringen 805
18.7b Besteuerungsverfahren für im übrigen Gemeinschaftsgebiet ansässige Unternehmer, die vor dem 1.7.2021 sonstige Leistungen nach § 3a Abs. 5 UStG im Inland erbringen 807
18.8 Verfahren bei der Beförderungseinzelbesteuerung 810
18.9 Verfahren bei der Fahrzeugeinzelbesteuerung 810

Zu § 18 Abs. 9 UStG
(Vorsteuer-Vergütungsverfahren, §§ 59 bis 62 UStDV)

18.10 Unter das Vorsteuer-Vergütungsverfahren fallende Unternehmer und Vorsteuerbeträge 811
18.11 Vom Vorsteuer-Vergütungsverfahren ausgeschlossene Vorsteuerbeträge 812
18.12 Vergütungszeitraum 813
18.13 Vorsteuer-Vergütungsverfahren für im übrigen Gemeinschaftsgebiet ansässige Unternehmer 814
18.14 Vorsteuer-Vergütungsverfahren für im Drittlandsgebiet ansässige Unternehmer 816
18.15 Vorsteuer-Vergütungsverfahren und allgemeines Besteuerungsverfahren 819
18.16 Unternehmerbescheinigung für Unternehmer, die im Inland ansässig sind 820

Zu § 18 Abs. 12 UStG

18.17 Umsatzsteuerliche Erfassung von im Ausland ansässigen Unternehmern, die grenzüberschreitende Personenbeförderungen mit nicht im Inland zugelassenen Kraftomnibussen durchführen 821

Zu § 18a UStG

18a.1 Abgabe der Zusammenfassenden Meldung 822
18a.2 Abgabefrist 823
18a.3 Angaben für den Meldezeitraum 825
18a.4 Änderung der Bemessungsgrundlage für meldepflichtige Umsätze 826
18a.5 Berichtigung der Zusammenfassenden Meldung 827

Zu § 18c UStG

18c.1 Verfahren zur Übermittlung der Meldungen nach der Fahrzeuglieferungs-Meldepflichtverordnung 827

Zu § 18d UStG Seite

18d.1 Zuständigkeit und Verfahren ... 828

Zu § 18e UStG

18e.1 Bestätigung einer ausländischen Umsatzsteuer-Identifikationsnummer ... 829
18e.2 Aufbau der Umsatzsteuer-Identifikationsnummern in den EU-Mitgliedstaaten 829
18e.3 Bestätigungsverfahren für Betreiber elektronischer Schnittstellen im Sinne von § 25e Abs. 1 UStG ... 830

Zu § 18f UStG

18f.1 Sicherheitsleistung ... 831

Zu § 18g UStG

18g.1 Vorsteuer-Vergütungsverfahren in einem anderen Mitgliedstaat für im Inland ansässige Unternehmer ... 832

Zu § 18h UStG

18h.1 Besteuerungsverfahren für im Inland ansässige Unternehmer, die vor dem 1.7.2021 sonstige Leistungen nach § 3a Abs. 5 UStG im übrigen Gemeinschaftsgebiet erbringen ... 835

Zu § 18i UStG

18i.1 Besonderes Besteuerungsverfahren für von nicht im Gemeinschaftsgebiet ansässigen Unternehmern erbrachte sonstige Leistungen ... 838

Zu § 18j UStG

18j.1 Besonderes Besteuerungsverfahren für den innergemeinschaftlichen Fernverkauf, für Lieferungen innerhalb eines Mitgliedstaates über eine elektronische Schnittstelle und für von im Gemeinschaftsgebiet, nicht aber im Mitgliedstaat des Verbrauchs ansässigen Unternehmern erbrachte sonstige Leistungen ... 842

Zu § 18k UStG

18k.1 Besonderes Besteuerungsverfahren für Fernverkäufe von aus dem Drittlandsgebiet eingeführten Gegenständen in Sendungen mit einem Sachwert von höchstens 150 € ... 846

Zu § 19 UStG

19.1 Nichterhebung der Steuer ... 851
19.2 Verzicht auf die Anwendung des § 19 Abs. 1 UStG ... 853
19.3 Gesamtumsatz ... 855
19.4 Verhältnis des § 19 zu § 24 UStG ... 856
19.5 Wechsel der Besteuerungsform ... 856

Zu § 20 UStG

20.1 Berechnung der Steuer nach vereinnahmten Entgelten ... 857

Zu § 21a UStG

21a.1 Sonderregelungen bei der Einfuhr von Sendungen mit einem Sachwert von höchstens 150 € ... 858

Zu § 22 UStG
(§§ 63 bis 68 UStDV)

22.1 Ordnungsgrundsätze ... 859
22.2 Umfang der Aufzeichnungspflichten ... 860
22.3 Aufzeichnungspflichten bei innergemeinschaftlichen Lieferungen, innergemeinschaftlichen sonstigen Leistungen im Sinne des § 3a Abs. 2 UStG und innergemeinschaftlichen Erwerben ... 862
22.3a Aufzeichnungspflichten bei Teilnahme an einem der besonderen Besteuerungsverfahren ... 864

		Seite
22.3b	Aufzeichnungspflichten bei Lieferungen in ein Lager im Sinne des § 6b UStG	866
22.4	Aufzeichnungen bei Aufteilung der Vorsteuern	867
22.5	Erleichterungen der Aufzeichnungspflichten	867
22.6	Erleichterungen für die Trennung der Bemessungsgrundlagen	868

Zu § 22f UStG

22f.1	Aufzeichnungspflichten für Betreiber elektronischer Schnittstellen im Sinne von § 25e Abs. 1 UStG beim Handel mit Waren	874
22f.2	Benennung eines Empfangsbevollmächtigten im Inland in besonderen Fällen	875
22f.3	Weitere Aufzeichnungspflichten für Betreiber elektronischer Schnittstellen	876

Zu § 23 UStG
(§§ 69, 70 UStDV, Anlage der UStDV)

23.1	Anwendung der Durchschnittssätze	877
23.2	Berufs- und Gewerbezweige	878
23.3	Umfang der Durchschnittssätze	879
23.4	Verfahren	880

Zu § 24 UStG
(§ 71 UStDV)

24.1	Umsätze im Rahmen eines land- und forstwirtschaftlichen Betriebs	880
24.2	Erzeugnisse im Sinne des § 24 Abs. 1 Satz 1 UStG	883
24.3	Sonstige Leistungen	886
24.4	Steuerfreie Umsätze im Sinne des § 4 Nr. 8 ff. UStG im Rahmen eines land- und forstwirtschaftlichen Betriebs	892
24.5	Ausfuhrlieferungen und Umsätze im Ausland bei land- und forstwirtschaftlichen Betrieben	892
24.6	Vereinfachungsregelung für bestimmte Umsätze von land- und forstwirtschaftlichen Betrieben	892
24.7	Zusammentreffen der Durchschnittssatzbesteuerung mit anderen Besteuerungsformen	893
24.8	Verzicht auf die Durchschnittssatzbesteuerung	894
24.9	Ausstellung von Rechnungen bei land- und forstwirtschaftlichen Betrieben	895

Zu § 25 UStG
(§ 72 UStDV)

25.1	Besteuerung von Reiseleistungen	896
25.2	Steuerfreiheit von Reiseleistungen	902
25.3	Bemessungsgrundlage bei Reiseleistungen	905
25.4	Vorsteuerabzug bei Reisen	910
25.5	Aufzeichnungspflichten bei Reiseleistungen	911

Zu § 25a UStG

25a.1	Differenzbesteuerung	913

Zu § 25b UStG

25b.1	Innergemeinschaftliche Dreiecksgeschäfte	921

Zu § 25c UStG

25c.1	Besteuerung von Umsätzen mit Anlagegold	926

Zu § 25d UStG Seite

25d.1 Haftung für die schuldhaft nicht abgeführte Steuer 928

Zu § 25e UStG

25e.1 Voraussetzung für die Haftung 930
25e.2 Tatbestandsmerkmale für einen Haftungsausschluss 932
25e.3 Verfahren bei Vorliegen von Pflichtverletzungen 934
25e.4 Einleitung des Haftungsverfahrens 935

Zu § 26 Abs. 3 UStG

26.1 Luftverkehrsunternehmer 935
26.2 Grenzüberschreitende Beförderungen im Luftverkehr 936
26.3 Beförderung über Teilstrecken durch verschiedene Luftverkehrsunternehmer ... 937
26.4 Gegenseitigkeit 938
26.5 Zuständigkeit 938

Zu § 27 UStG

27.1 Übergangsvorschriften 939

Zu § 27a UStG

27a.1 Antrag auf Erteilung der Umsatzsteuer-Identifikationsnummer 940

Zu § 27b UStG

27b.1 Umsatzsteuer-Nachschau 941

Zu § 29 UStG

29.1 Zivilrechtliche Ausgleichsansprüche für umsatzsteuerliche Mehr- und Minderbelastungen 944
29.2 Anwendungszeitraum 945

Anlagen

Anl. 1 zu Abschnitt 6a.4 – Bestätigung über das Gelangen des Gegenstands einer innergemeinschaftlichen Lieferung in einen anderen EU-Mitgliedstaat (Gelangensbestätigung) ..... 500 Anl. 1
Anl. 2 zu Abschnitt 6a.4 – Certification of the entry of the object of an intra-Community supply into another EU Member State (Entry Certificate) ..... 500 Anl. 2
Anl. 3 zu Abschnitt 6a.4 – Attestation de la réception d'un bien ayant fait I'objet d'une livraison intracommunautaire dans un autre Etat membre de I'UE (attestation de réception) ..... 500 Anl. 3
Anl. 4 zu Abschnitt 6a.5 – Bescheinigung für Umsatzsteuerzwecke bei der Versendung/Beförderung durch einen Spediteur oder Frachtführer in das übrige Gemeinschaftsgebiet (§ 17a Abs. 3 Satz 1 Nr. 1 Buchstabe b UStDV) – Spediteurbescheinigung ..... 500 Anl. 4
Anl. 5 zu Abschnitt 6a.5 – Bescheinigung für Umsatzsteuerzwecke bei der Versendung/Beförderung durch einen Spediteur oder Frachtführer in das übrige Gemeinschaftsgebiet (§ 17a Abs. 3 Satz 1 Nr. 2 UStDV) – Spediteurversicherung ..... 500 Anl. 5
Anl. 6 zu Abschnitt 6a.5 – Anhang I, Tabelle 6 nach Artikel 7 und Artikel 8 Abs. 3 der Verordnung (EG) Nr. 684/2009 ..... 500 Anl. 6
Anl. 7 zu Abschnitt 6a.5 – Vereinfachtes Begleitdokument für die Beförderung verbrauchsteuerpflichtiger Waren ..... 500 Anl. 7
Anl. 8 Anwendungsregelungen ..... 500 Anl. 8

Zu § 1 UStG

1.1 Leistungsaustausch

Allgemeines

(1) [1]Ein Leistungsaustausch setzt voraus, dass Leistender und Leistungsempfänger vorhanden sind und der Leistung eine Gegenleistung (Entgelt) gegenübersteht. [2]Für die Annahme eines Leistungsaustauschs müssen Leistung und Gegenleistung in einem wechselseitigen Zusammenhang stehen. [3]§ 1 Abs. 1 Nr. 1 UStG setzt für den Leistungsaustausch einen unmittelbaren, nicht aber einen inneren (synallagmatischen) Zusammenhang zwischen Leistung und Entgelt voraus (BFH-Urteil vom 15.4.2010, V R 10/08, BStBl. II S. 879). [4]Bei Leistungen, zu deren Ausführung sich die Vertragsparteien in einem gegenseitigen Vertrag verpflichtet haben, liegt grundsätzlich ein Leistungsaustausch vor (BFH-Urteil vom 8.11.2007, V R 20/05, BStBl. 2009 II S. 483). [5]Auch wenn die Gegenleistung für die Leistung des Unternehmers nur im nichtunternehmerischen Bereich verwendbar ist (z. B. eine zugewendete Reise), kann sie Entgelt sein. [6]Der Annahme eines Leistungsaustauschs steht nicht entgegen, dass sich die Entgelterwartung nicht erfüllt, dass das Entgelt uneinbringlich wird oder dass es sich nachträglich mindert (vgl. BFH-Urteil vom 22.6.1989, V R 37/84, BStBl. II S. 913). [7]Dies gilt regelmäßig auch bei – vorübergehenden – Liquiditätsschwierigkeiten des Entgeltschuldners (vgl. BFH-Urteil vom 16.3.1993, XI R 52/90, BStBl. II S. 562). [8]Auch wenn eine Gegenleistung freiwillig erbracht wird, kann ein Leistungsaustausch vorliegen (vgl. BFH-Urteil vom 17.2.1972, V R 118/71, BStBl. II S. 405). [9]Leistung und Gegenleistung brauchen sich nicht gleichwertig gegenüberzustehen (vgl. BFH-Urteil vom 22.6.1989, V R 37/84, a. a. O.). [10]An einem Leistungsaustausch fehlt es in der Regel, wenn eine Gesellschaft Geldmittel nur erhält, damit sie in die Lage versetzt wird, sich in Erfüllung ihres Gesellschaftszwecks zu betätigen (vgl. BFH-Urteil vom 20.4.1988, X R 3/82, BStBl. II S. 792; vgl. auch Abschnitt 1.6).[1)]

(2) [1]Zur Prüfung der Leistungsbeziehungen zwischen nahen Angehörigen, wenn der Leistungsempfänger die Leistung für Umsätze in Anspruch nimmt, die den Vorsteuerabzug nicht ausschließen, vgl. BFH-Urteil vom 15.3.1993, V R 109/89, BStBl. II S. 728. [2]Zur rechtsmissbräuchlichen Gestaltung nach § 42 AO bei „Vorschaltung" von Minderjährigen in den Erwerb und die Vermietung von Gegenständen vgl. BFH-Urteile vom 21.11.1991, V R 20/87, BStBl. 1992 II S. 446, und vom 4.5.1994, XI R 67/93, BStBl. II S. 829. [3]Ist der Leistungsempfänger ganz oder teilweise nicht zum Vorsteuerabzug berechtigt, ist der Missbrauch von rechtlichen Gestaltungsmöglichkeiten sowohl bei der „Vorschaltung" von Ehegatten als auch bei der „Vorschaltung" von Gesellschaften nach den Grundsätzen der BFH-Urteile vom 22.10.1992, V R 33/90, BStBl. 1993 II S. 210, vom 4.5.1994, a. a. O., und vom 18.12.1996, XI R 12/96, BStBl. 1997 II S. 374, zu prüfen.

---

1) Zur Besteuerung von Verwaltungsgemeinschaften siehe BayLfSt v. 27.4.2020 – S 7106.1.1 – 21/4 St 33, DStR 2020, 1131.

(3) [1]Der Leistungsaustausch umfasst alles, was Gegenstand eines Rechtsverkehrs sein kann. [2]Leistungen im Rechtssinne unterliegen aber nur insoweit der Umsatzsteuer, als sie auch Leistungen im wirtschaftlichen Sinne sind, d. h. Leistungen, bei denen ein über die reine Entgeltentrichtung hinausgehendes eigenes wirtschaftliches Interesse des Entrichtenden verfolgt wird (vgl. BFH-Urteil vom 31.7.1969, V 94/65, BStBl. II S. 637). [3]Die bloße Entgeltentrichtung, insbesondere die Geldzahlung oder Überweisung, ist keine Leistung im wirtschaftlichen Sinne. [4]Das Anbieten von Leistungen (Leistungsbereitschaft) kann eine steuerbare Leistung sein, wenn dafür ein Entgelt gezahlt wird (vgl. BFH-Urteil vom 27.8.1970, V R 159/66, BStBl. 1971 II S. 6). [5]Unter welchen Voraussetzungen bei der Schuldübernahme eine Leistung im wirtschaftlichen Sinne anzunehmen ist vgl. die BFH-Urteile vom 18.4.1962, V 246/59 S, BStBl. III S. 292, und vom 31.7.1969, V 94/65, a. a. O.

(4) [1]Ein Leistungsaustausch liegt nicht vor, wenn eine Lieferung rückgängig gemacht wird (Rückgabe). [2]Ob eine nicht steuerbare Rückgabe oder eine steuerbare Rücklieferung vorliegt, ist aus der Sicht des ursprünglichen Lieferungsempfängers und nicht aus der Sicht des ursprünglichen Lieferers zu beurteilen (vgl. BFH-Urteile vom 27.6.1995, V R 27/94, BStBl. II S. 756, und vom 12.11.2008, XI R 46/07, BStBl. 2009 II S. 558).

(5) Zur Errichtung von Gebäuden auf fremdem Boden vgl. BMF-Schreiben vom 23.7.1986, BStBl. I S. 432, zur umsatzsteuerrechtlichen Behandlung von Erschließungsmaßnahmen vgl. BMF-Schreiben vom 7.6.2012, BStBl. I S. 621, und zu Kraftstofflieferungen im Kfz-Leasingbereich vgl. BMF-Schreiben vom 15.6.2004, BStBl. I S. 605.

(5a) Zur umsatzsteuerrechtlichen Behandlung von Bitcoin und anderen sog. virtuellen Währungen vgl. BMF-Schreiben vom 27.2.2018, BStBl. I S. 316.

(5b)[1)] Zur umsatzsteuerrechtlichen Beurteilung des Verlegeranteils an den Einnahmen aus gesetzlichen Vergütungsansprüchen nach § 27 sowie §§ 54, 54a und 54c UrhG sowie aus urheberrechtlichen Nutzungsrechten vgl. BMF-Schreiben vom 14.10.2021, BStBl. I S. 2133.

Beistellungen

(6)[2)] [1]Bei der Abgrenzung zwischen steuerbarer Leistung und nicht steuerbarer Beistellung von Personal des Auftraggebers ist unter entsprechender Anwendung der Grundsätze der sog. Materialbeistellung (vgl. Abschnitt 3.8 Abs. 2 bis 4) darauf abzustellen, ob der Auftraggeber an den Auftragnehmer selbst eine Leistung (als Gegenleistung) bewirken oder nur zur Erbringung der Leistung durch den Auftragnehmer beitragen will. [2]Soweit der Auftraggeber mit der Beistellung seines Personals an der Erbringung der bestellten Leistung mitwirkt, wird dadurch zugleich auch der Inhalt der gewollten Leistung näher bestimmt. [3]Ohne entsprechende Beistellung ist es Aufgabe des Auftragnehmers, sämtliche Mittel für die Leistungserbringung selbst zu beschaffen. [4]Daher sind Beistellungen nicht Bestandteil des Leistungsaustauschs, wenn sie

---

1) A 1.1 Abs. 5b angef. durch BMF v. 17.10.2021, BStBl. I 2021, 2504.
2) Zu juristischen Personen des öff. Rechts vgl. A 2.11 Abs. 15 UStAE.

nicht im Austausch für die gewollte Leistung aufgewendet werden (vgl. BFH-Urteil vom 15.4.2010, V R 10/08, BStBl. II S. 879).

(7) [1]Eine nicht steuerbare Beistellung von Personal des Auftraggebers setzt voraus, dass das Personal nur im Rahmen der Leistung des Auftragnehmers für den Auftraggeber eingesetzt wird (vgl. BFH-Urteil vom 6.12.2007, V R 42/06, BStBl. 2009 II S. 493). [2]Der Einsatz von Personal des Auftraggebers für Umsätze des Auftragnehmers an Drittkunden muss vertraglich und tatsächlich ausgeschlossen sein. [3]Der Auftragnehmer hat dies sicherzustellen und trägt hierfür die objektive Beweislast. [4]Die Entlohnung des überlassenen Personals muss weiterhin ausschließlich durch den Auftraggeber erfolgen. [5]Ihm allein muss auch grundsätzlich das Weisungsrecht obliegen. [6]Dies kann nur in dem Umfang eingeschränkt und auf den Auftragnehmer übertragen werden, soweit es zur Erbringung der Leistung erforderlich ist.

Beispiele für einen Leistungsaustausch

(8) [1]Die Übernahme einer Baulast gegen ein Darlehen zu marktunüblich niedrigen Zinsen kann einen steuerbaren Umsatz darstellen (vgl. BFH-Beschluss vom 12.11.1987, V B 52/86, BStBl. 1988 II S. 156). [2]Vereinbart der Bauherr einer Tiefgarage mit einer Gemeinde den Bau und die Zurverfügungstellung von Stellplätzen für die Allgemeinheit und erhält er dafür einen Geldbetrag, ist in der Durchführung dieses Vertrags ein Leistungsaustausch mit der Gemeinde zu sehen (vgl. BFH-Urteil vom 13.11.1997, V R 11/97, BStBl. 1998 II S. 169).

(8a) Die Zustimmung zur vorzeitigen Auflösung eines Beratervertrages gegen „Schadensersatz" kann eine sonstige Leistung sein (BFH-Urteil vom 7.7.2005, V R 34/03, BStBl. 2007 II S. 66).

(9) [1]Die geschäftsmäßige Ausgabe nicht börsengängiger sog. Optionen (Privatoptionen) auf Warenterminkontrakte gegen Zahlung einer Prämie ist eine steuerbare Leistung (BFH-Urteil vom 28.11.1985, V R 169/82, BStBl. 1986 II S. 160). [2]Die entgeltliche Anlage und Verwaltung von Vermögenswerten ist grundsätzlich steuerbar. [3]Dies gilt auch dann, wenn sich der Unternehmer im Auftrag der Geldgeber treuhänderisch an einer Anlagegesellschaft beteiligt und deren Geschäfte führt (BFH-Urteil vom 29.1.1998, V R 67/96, BStBl. II S. 413).

(10) Zahlt ein Apotheker einem Hauseigentümer dafür etwas, dass dieser Praxisräume einem Arzt (mietweise oder unentgeltlich) überlässt, kann zwischen dem Apotheker und dem Hauseigentümer ein eigener Leistungsaustausch vorliegen (BFH-Urteile vom 20.2.1992, V R 107/87, BStBl. II S. 705, und vom 15.10.2009, XI R 82/07, BStBl. 2010 II S. 247).

(11) [1]Die Freigabe eines Fußballvertragsspielers oder Lizenzspielers gegen Zahlung einer Ablöseentschädigung vollzieht sich im Rahmen eines Leistungsaustauschs zwischen abgebendem und aufnehmendem Verein (vgl. BFH-Urteil vom 31.8.1955, V 108/55 U, BStBl. III S. 333). [2]Das gilt auch, wenn die Ablöseentschädigung für die Abwanderung eines Fußballspielers in das Ausland von dem ausländischen Verein gezahlt wird; zum Ort der Leistung in derartigen Fällen vgl. Abschnitt 3a.9 Abs. 2 Satz 4.

(12) [1]Für die Frage, ob im Verhältnis zwischen Gesellschaft und Gesellschafter entgeltliche Leistungen vorliegen, gelten keine Besonderheiten, so dass es nur darauf ankommt, ob zwischen Leistenden und Leistungsempfänger ein Rechtsverhältnis besteht, das einen unmittelbaren Zusammenhang zwischen der Leistung und einem erhaltenen Gegenwert begründet (vgl. BFH-Urteile vom 6.6.2002, V R 43/01, BStBl. 2003 II S. 36, und vom 5.12.2007, V R 60/05, BStBl. 2009 II S. 486, und Abschnitt 1.6). [2]Entgeltliche Geschäftsführungs- und Vertretungsleistungen sind unabhängig von der Rechtsform des Leistungsempfängers auch dann steuerbar, wenn es sich beim Leistenden um ein Organ des Leistungsempfängers handelt. [3]Geschäftsführungs- und Vertretungsleistungen, die ein Mitglied des Vereinsvorstands gegenüber dem Verein gegen Gewährung von Aufwendungsersatz erbringt, sind deshalb ebenso steuerbar wie die entgeltliche Tätigkeit eines Kassenarztes als Vorstandsmitglied einer kassenärztlichen Vereinigung (vgl. BFH-Urteil vom 14.5.2008, XI R 70/07, BStBl. II S. 912).

(13) [1]Werden auf Grund des BauGB[1)] Betriebsverlagerungen vorgenommen, handelt es sich dabei um umsatzsteuerbare Leistungen des betreffenden Unternehmers an die Gemeinde oder den Sanierungsträger; das Entgelt für diese Leistungen besteht in den Entschädigungsleistungen. [2]Reichen die normalen Entschädigungsleistungen nach dem BauGB nicht aus und werden zur anderweitigen Unterbringung eines von der städtebaulichen Sanierungsmaßnahme betroffenen gewerblichen Betriebs zusätzliche Sanierungsfördermittel in Form von Zuschüssen eingesetzt, sind sie als Teil des Entgelts für die oben bezeichnete Leistung des Unternehmers anzusehen.

(13a) Zur umsatzsteuerrechtlichen Behandlung des Staatsdrittels bei Maßnahmen nach §§ 3, 13 des EBKrG vgl. BMF-Schreiben vom 1.2.2013, BStBl. I S. 182.

(13b) Ein Unternehmer, der die Verpflichtung eines kommunalen Zweckverbands zur Versorgung der Bevölkerung mit Trinkwasser übernimmt und dafür einen vertraglichen Anspruch gegen den Zweckverband auf Weiterleitung von Fördermitteln erlangt, die dieser erhält, erbringt grundsätzlich eine steuerbare Leistung gegen Entgelt (vgl. BFH-Urteil vom 10.8.2016, XI R 41/14, BStBl. 2017 II S. 590).

Kein Leistungsaustausch

(14) Die Unterhaltung von Giro-, Bauspar- und Sparkonten stellt für sich allein keine Leistung im wirtschaftlichen Sinne dar (vgl. BFH-Urteil vom 1.2.1973, V R 2/70, BStBl. II S. 172).

(15) [1]Eine Personengesellschaft erbringt bei der Aufnahme eines Gesellschafters gegen Bar- oder Sacheinlage an diesen keinen steuerbaren Umsatz (vgl. BFH-Urteil vom 1.7.2004, V R 32/00, BStBl. II S. 1022). [2]Nicht steuerbar sind auch die Ausgabe von neuen Aktien zur Aufbringung von Kapital, die Aufnahme von atypisch stillen Gesellschaftern und die Ausgabe von nicht

[1)] Baugesetzbuch i. d. F. v. 3.11.2017, BGBl. I 2017, 3634, zuletzt geänd. durch G v. 10.9.2021, BGBl. I 2021, 4147 (**Sartorius** Nr. **300**).

verbrieften Genussrechten, die ein Recht am Gewinn eines Unternehmens begründen.

(15a) Die Gewährung einer Mitgliedschaft in einem Verein, die eine Beitragspflicht auslöst, stellt keinen Umsatz dar (vgl. BFH-Urteil vom 12.12. 2012, XI R 30/10, BStBl. 2013 II S. 348).

(16) [1]Personalgestellungen und -überlassungen gegen Entgelt, auch gegen Aufwendungsersatz, erfolgen grundsätzlich im Rahmen eines Leistungsaustauschs. [2]Jedoch liegt u. a. in den folgenden Beispielsfällen bei der Freistellung von Arbeitnehmern durch den Unternehmer gegen Erstattung der Aufwendungen wie Lohnkosten, Sozialversicherungsbeiträge und dgl. mangels eines konkretisierbaren Leistungsempfängers kein Leistungsaustausch vor:

Freistellung

1. für Luftschutz- und Katastrophenschutzübungen;
2. für Sitzungen des Gemeinderats oder seiner Ausschüsse;
3. an das Deutsche Rote Kreuz, das Technische Hilfswerk, den Malteser Hilfsdienst, die Johanniter Unfallhilfe oder den Arbeiter Samariter Bund;
4. an die Feuerwehr für Zwecke der Ausbildung, zu Übungen und zu Einsätzen;
5. für Wehrübungen;
6. zur Teilnahme an der Vollversammlung einer Handwerkskammer, an Konferenzen, Lehrgängen und dgl. einer Industriegewerkschaft, für eine Tätigkeit im Vorstand des Zentralverbands Deutscher Schornsteinfeger e. V., für die Durchführung der Gesellenprüfung im Schornsteinfegerhandwerk, zur Mitwirkung im Gesellenausschuss nach § 69 Abs. 4 HwO;[1)]
7. für Sitzungen der Vertreterversammlung und des Vorstands der Verwaltungsstellen der Bundesknappschaft;
8. für die ehrenamtliche Tätigkeit in den Selbstverwaltungsorganen der Allgemeinen Ortskrankenkassen, bei Innungskrankenkassen und ihren Verbänden;
9. als Heimleiter in Jugenderholungsheimen einer Industriegewerkschaft;
10. von Bergleuten für Untersuchungen durch das Berufsgenossenschaftliche Forschungsinstitut für Arbeitsmedizin;
11. für Kurse der Berufsgenossenschaft zur Unfallverhütung;
12. von Personal durch den Arbeitgeber an eine Betriebskrankenkasse gegen Personalkostenerstattung nach § 147 Abs. 2a SGB V;[2)]
13. für die Entsendung von Mitgliedern in die Arbeitsrechtliche Kommission des Diakonischen Werks und des Deutschen Caritasverbandes.

[3]Dies gilt entsprechend für Fälle, in denen der Unternehmer zur Freistellung eines Arbeitnehmers für öffentliche oder gemeinnützige Zwecke nach einem

---

1) Handwerksordnung i. d. F. v. 24.9.1998, BGBl. I 1998, 3074, ber. I 2006, 2095, zuletzt geänd. durch G v. 9.6.2021, BGBl. I 2021, 1654 (**Sartorius** Nr. **815**).

2) **Aichberger SGB** Nr. **5.**

Gesetz verpflichtet ist, soweit dieses Gesetz den Ersatz der insoweit entstandenen Lohn- und Lohnnebenkosten vorschreibt.

(17) [1]Das Bestehen einer Gewinngemeinschaft (Gewinnpoolung) beinhaltet für sich allein noch keinen Leistungsaustausch zwischen den Beteiligten (vgl. BFH-Urteil vom 26.7.1973, V R 42/70, BStBl. II S. 766). [2]Bei einer Innengesellschaft ist kein Leistungsaustausch zwischen Gesellschaftern und Innengesellschaft, sondern nur unter den Gesellschaftern denkbar (vgl. BFH-Urteil vom 27.5.1982, V R 110 und 111/81, BStBl. II S. 678).

(18) [1]Nach § 181 BauGB[1)] soll die Gemeinde bei der Durchführung des BauGB zur Vermeidung oder zum Ausgleich wirtschaftlicher Nachteile, die für den Betroffenen in seinen persönlichen Lebensumständen eine besondere Härte bedeuten, auf Antrag einen Geldausgleich im Billigkeitswege gewähren. [2]Ein solcher Härteausgleich ist, wenn er einem Unternehmer gezahlt wird, nicht als Entgelt für eine steuerbare Leistung des Unternehmers gegenüber der Gemeinde anzusehen; es handelt sich vielmehr um eine nicht steuerbare Zuwendung. [3]Das Gleiche gilt, wenn dem Eigentümer eines Gebäudes ein Zuschuss gewährt wird

1. für Modernisierungs- und Instandsetzungsmaßnahmen nach § 177 BauGB;
2. für Modernisierungs- und Instandsetzungsmaßnahmen im Sinne des § 177 BauGB, zu deren Durchführung sich der Eigentümer gegenüber der Gemeinde vertraglich verpflichtet hat;
3. für andere der Erhaltung, Erneuerung und funktionsgerechten Verwendung dienende Maßnahmen an einem Gebäude, das wegen seiner geschichtlichen, künstlerischen oder städtebaulichen Bedeutung erhalten bleiben soll, zu deren Durchführung sich der Eigentümer gegenüber der Gemeinde vertraglich verpflichtet hat;
4. [1]für die Durchführung einer Ordnungsmaßnahme nach § 146 Abs. 3 BauGB, soweit der Zuschuss dem Grundstückseigentümer als Gebäude-Restwertentschädigung gezahlt wird. [2]Werden im Rahmen der Maßnahme die beim Grundstückseigentümer anfallenden Abbruchkosten gesondert vergütet, sind diese Beträge Entgelt für eine steuerbare und steuerpflichtige Leistung des Grundstückseigentümers an die Gemeinde.

[4]Voraussetzung ist, dass in den Fällen der Nummern 2 und 3 der Zuschuss aus Sanierungsförderungsmitteln zur Deckung der Kosten der Modernisierung und Instandsetzung nur insoweit gewährt wird, als diese Kosten nicht vom Eigentümer zu tragen sind.

(19) [1]Der Übergang eines Grundstücks im Flurbereinigungsverfahren nach dem FlurbG[2)] und im Umlegungsverfahren nach dem BauGB unterliegt grundsätzlich nicht der Umsatzsteuer. [2]In den Fällen der Unternehmensflurbereinigung (§§ 87 bis 89 FlurbG) ist die Bereitstellung von Flächen insoweit umsatzsteuerbar, als dafür eine Geldentschädigung gezahlt wird. [3]Ggf. kommt die Steuerbefreiung nach § 4 Nr. 9 Buchstabe a UStG in Betracht.

---

1) Baugesetzbuch i. d. F. v. 3.11.2017, BGBl. I 2017, 3634, zuletzt geänd. durch G v. 10.9.2021, BGBl. I 2021, 4147 (**Sartorius** Nr. **300**).

2) Flurbereinigungsgesetz i. d. F. v. 16.3.1976, BGBl. I 1976, 546, zuletzt geänd. durch G v. 19.12.2008, BGBl. I 2008, 2794 (**Sartorius Ergänzungsband** Nr. **866**).

(20) [1]Die Teilnahme eines Händlers an einem Verkaufswettbewerb seines Lieferanten, dessen Gegenstand die vertriebenen Produkte sind, begründet regelmäßig keinen Leistungsaustausch (BFH-Urteil vom 9.11.1994, XI R 81/92, BStBl. 1995 II S. 277). [2]Zur umsatzsteuerlichen Behandlung von Verkaufswettbewerben vgl. auch Abschnitte 10.1 und 10.3.

(21) In den Fällen des Folgerechts beim Weiterverkauf des Originals eines Werks der bildenden Künste (vgl. § 26 UrhG) besteht zwischen dem Anspruchsberechtigten (Urheber bzw. Rechtsnachfolger) und dem Zahlungsverpflichteten (Veräußerer) auf Grund mangelnder vertraglicher Beziehungen kein Leistungsaustauschverhältnis.

(22) [1]Das Rechtsinstitut der „Fautfracht" (§ 415 Abs. 2 HGB) versteht sich als eine gesetzlich festgelegte, pauschale Kündigungsentschädigung, die weder Leistungsentgelt noch Schadensersatz ist. [2]Entsprechendes gilt für andere vergleichbare pauschale Kündigungsentschädigungen wie z. B. sog. Bereitstellungsentgelte, die ein Speditionsunternehmen erhält, wenn eine Zwangsräumung kurzfristig von dem Gerichtsvollzieher abgesagt wird (vgl. BFH-Urteil vom 30.6.2010, XI R 22/08, BStBl. II S. 1084).

(23) [1]Weist der Empfänger von Zuwendungen aus einem Sponsoringvertrag auf Plakaten, in Veranstaltungshinweisen, in Ausstellungskatalogen, auf seiner Internetseite oder in anderer Weise auf die Unterstützung durch den Sponsor lediglich hin, erbringt er insoweit keine Leistung im Rahmen eines Leistungsaustausches. [2]Dieser Hinweis kann unter Verwendung des Namens, Emblems oder Logos des Sponsors, jedoch ohne besondere Hervorhebung oder Verlinkung zu dessen Internetseiten, erfolgen. [3]Dies gilt auch, wenn der Sponsor auf seine Unterstützung in gleicher Art und Weise lediglich hinweist. [4]Dagegen ist von einer Leistung des Zuwendungsempfängers an den Sponsor auszugehen, wenn dem Sponsor das ausdrückliche Recht eingeräumt wird, die Sponsoringmaßnahme im Rahmen eigener Werbung zu vermarkten.

(24) [1]Die Teilnahme an einem Wettbewerb (Pferderennen, Pokerturnieren, sportlichen Wettbewerben, Schönheitskonkurrenzen, Ausscheidungsspielen und Ähnlichem) stellt nur dann eine gegen Entgelt erbrachte Dienstleistung dar, wenn der Veranstalter für sie eine von der Platzierung unabhängige Vergütung zahlt (z. B. Antrittsgelder oder platzierungsunabhängige Preisgelder). [2]Eine Staffelung der Vergütung ist insoweit unschädlich. [3]Platzierungsabhängige Preisgelder des Veranstalters stellen kein Entgelt für die Teilnahme an einem Wettbewerb dar, da sie nicht für die Teilnahme gezahlt werden, sondern für die Erzielung eines bestimmten Wettbewerbsergebnisses (vgl. EuGH-Urteil vom 10.11.2016, C-432/15, Baštová,[1)] sowie BFH-Urteile vom 30.8.2017, XI R 37/14, BStBl. 2019 II S. 336, und vom 2.8.2018, V R 21/16, BStBl. 2019 II S. 339).

(25)[2)] Die sonstige Leistung der Veranstalter von Glücksspielen (Automatenaufsteller, Spielbankbetreiber etc.) besteht in der Zulassung zum Spiel ge-

---

[1)] MwStR 2016, 991.

[2)] Die USt-Besteuerung von Geldspielautomaten mit Gewinnmöglichkeit ist mit Unionsrecht vereinbar; siehe BFH v. 11.12.2019 XI R 13/18, BStBl. II 2020, 296.

gen Gewinnchance; der Einsatz der Spieler steht im unmittelbaren Zusammenhang mit der Durchführung des Spiels und ist daher entgeltliche Gegenleistung für die Teilnahme.

1.2 Verwertung von Sachen

(1) [1]Bei der Sicherungsübereignung erlangt der Sicherungsnehmer zu dem Zeitpunkt, in dem er von seinem Verwertungsrecht Gebrauch macht, auch die Verfügungsmacht über das Sicherungsgut. [2]Die Verwertung der zur Sicherheit übereigneten Gegenstände durch den Sicherungsnehmer außerhalb des Insolvenzverfahrens führt zu zwei Umsätzen (sog. Doppelumsatz), und zwar zu einer Lieferung des Sicherungsgebers an den Sicherungsnehmer und zu einer Lieferung des Sicherungsnehmers an den Erwerber (vgl. BFH-Urteil vom 4.6.1987, V R 57/79, BStBl. II S. 741, und BFH-Beschluss vom 19.7.2007, V B 222/06, BStBl. 2008 II S. 163). [3]Entsprechendes gilt bei der Versteigerung verfallener Pfandsachen durch den Pfandleiher (vgl. BFH-Urteil vom 16.4.1997, XI R 87/96, BStBl. II S. 585). [4]Zwei Umsätze liegen vor, wenn die Verwertung vereinbarungsgemäß vom Sicherungsgeber im Namen des Sicherungsnehmers vorgenommen wird oder die Verwertung zwar durch den Sicherungsnehmer, aber im Auftrag und für Rechnung des Sicherungsgebers in dessen Namen stattfindet.

(1a) [1]Veräußert der Sicherungsgeber das Sicherungsgut im eigenen Namen auf Rechnung des Sicherungsnehmers, erstarkt die ursprüngliche Sicherungsübereignung hingegen zu einer Lieferung des Sicherungsgebers an den Sicherungsnehmer, während zugleich zwischen dem Sicherungsnehmer (Kommittent) und dem Sicherungsgeber (Kommissionär) eine Lieferung nach § 3 Abs. 3 UStG vorliegt, bei der der Sicherungsgeber (Verkäufer, Kommissionär) als Abnehmer gilt; die entgeltliche Lieferung gegenüber dem Dritten wird in der Folge vom Sicherungsgeber ausgeführt (Dreifachumsatz, vgl. BFH-Urteile vom 6.10.2005, V R 20/04, BStBl. 2006 II S. 931, und vom 30.3.2006, V R 9/03, BStBl. II S. 933). [2]Voraussetzung für die Annahme eines Dreifachumsatzes ist, dass das Sicherungsgut erst nach Eintritt der Verwertungsreife durch den Sicherungsgeber veräußert wird und es sich hierbei nach den Vereinbarungen zwischen Sicherungsgeber und Sicherungsnehmer um ein Verwertungsgeschäft handelt, um die vom Sicherungsnehmer gewährten Darlehen zurückzuführen. [3]Nicht ausreichend ist eine Veräußerung, die der Sicherungsgeber im Rahmen seiner ordentlichen Geschäftstätigkeit vornimmt und bei der er berechtigt ist, den Verwertungserlös anstelle zur Rückführung des Kredits anderweitig, z.B. für den Erwerb neuer Waren, zu verwenden (BFH-Urteil vom 23.7.2009, V R 27/07, BStBl. 2010 II S. 859), oder wenn die Veräußerung zum Zwecke der Auswechslung des Sicherungsgebers unter Fortführung des Sicherungseigentums durch den Erwerber erfolgt (vgl. BFH-Urteil vom 9.3.1995, V R 102/89, BStBl. II S. 564). [4]In diesen Fällen liegt eine bloße Lieferung des Sicherungsgebers an den Erwerber vor.

(2) Wird im Rahmen der Zwangsvollstreckung eine Sache durch den Gerichtsvollzieher oder ein anderes staatliches Vollstreckungsorgan öffentlich versteigert oder freihändig verkauft, liegt darin keine Lieferung des Vollstreckungsschuldners an das jeweilige Bundesland, dem die Vollstreckungsorgane

angehören, und keine Lieferung durch dieses an den Erwerber, sondern es handelt sich um eine Lieferung des Vollstreckungsschuldners unmittelbar an den Erwerber (vgl. BFH-Urteile vom 19.12.1985, V R 139/76, BStBl. 1986 II S. 500, und vom 16.4.1997, XI R 87/96, BStBl. II S. 585).

(3) Zur Steuerschuldnerschaft des Leistungsempfängers bei der Lieferung sicherungsübereigneter Gegenstände durch den Sicherungsgeber an den Sicherungsnehmer außerhalb des Insolvenzverfahrens vgl. § 13b Abs. 2 Nr. 2 UStG und Abschnitt 13b.1 Abs. 2 Satz 1 Nr. 4.

Verwertung von Sicherungsgut im Insolvenzverfahren

(4) [1]Die Grundsätze zum Doppel- und Dreifachumsatz finden auch bei der Verwertung von sicherungsübereigneten Gegenständen im Insolvenzverfahren Anwendung. [2]Veräußert hingegen ein Insolvenzverwalter ein mit einem Grundpfandrecht belastetes Grundstück freihändig auf Grund einer mit dem Grundpfandgläubiger getroffenen Vereinbarung, liegt neben der Lieferung des Grundstücks durch die Masse an den Erwerber auch eine steuerpflichtige entgeltliche Geschäftsbesorgungsleistung der Masse an den Grundpfandgläubiger vor, wenn der Insolvenzverwalter vom Veräußerungserlös einen bestimmten Betrag zugunsten der Masse einbehalten darf. [3]Der für die Masse einbehalten Betrag ist Entgelt für diese Leistung. [4]Vergleichbares gilt für die freihändige Verwaltung grundpfandrechtsbelasteter Grundstücke durch den Insolvenzverwalter (BFH-Urteil vom 28.7.2011, V R 28/09, BStBl. 2014 II S. 406). [5]Zur umsatzsteuerrechtlichen Behandlung der Verwertung von Sicherungsgut vgl. BMF-Schreiben vom 30.4.2014, BStBl. I S. 816.

1.3 Schadensersatz

Allgemeines

(1) [1]Im Falle einer echten Schadensersatzleistung fehlt es an einem Leistungsaustausch. [2]Der Schadensersatz wird nicht geleistet, weil der Leistende eine Lieferung oder sonstige Leistung erhalten hat, sondern weil er nach Gesetz oder Vertrag für den Schaden und seine Folgen einzustehen hat. [3]Echter Schadensersatz ist insbesondere gegeben bei Schadensbeseitigung durch den Schädiger oder durch einen von ihm beauftragten selbständigen Erfüllungsgehilfen, bei Zahlung einer Geldentschädigung durch den Schädiger, bei Schadensbeseitigung durch den Geschädigten oder in dessen Auftrag durch einen Dritten ohne einen besonderen Auftrag des Ersatzverpflichteten; in Leasingfällen vgl. Absatz 17. [4]Ein Schadensersatz ist dagegen dann nicht anzunehmen, wenn die Ersatzleistung tatsächlich die – wenn auch nur teilweise – Gegenleistung für eine Lieferung oder sonstige Leistung darstellt (vgl. BFH-Urteile vom 22.11.1962, V 192/60 U, BStBl. 1963 III S. 106, und vom 19.10.2001, V R 48/00, BStBl. 2003 II S. 210, sowie Abschnitt 10.2 Abs. 3 Satz 6). [5]Von echtem Schadensersatz ist ebenfalls nicht auszugehen, wenn der Besteller eines Werks, das sich als mangelhaft erweist, vom Auftragnehmer Schadensersatz wegen Nichterfüllung verlangt; in der Zahlung des Auftragnehmers liegt vielmehr eine Minderung des Entgelts i.S. von § 17 Abs. 1 UStG (vgl. BFH-Urteil vom 16.1.2003, V R 72/01, BStBl. II S. 620).

(2) [1] Wegen der Einzelheiten bei der umsatzsteuerrechtlichen Beurteilung von Garantieleistungen und Freiinspektionen in der Kraftfahrzeugwirtschaft vgl. BMF-Schreiben vom 3.12.1975, BStBl. I S. 1132. [2] Zur umsatzsteuerlichen Behandlung von Garantieleistungen in der Reifenindustrie vgl. BMF-Schreiben vom 21.11.1974, BStBl. I S. 1021.

Echter Schadensersatz

(3) [1] Vertragsstrafen, die wegen Nichterfüllung oder wegen nicht gehöriger Erfüllung (§§ 340, 341 BGB) geleistet werden, haben Schadensersatzcharakter (vgl. auch BFH-Urteil vom 10.7.1997, V R 94/96, BStBl. II S. 707). [2] Hat der Leistungsempfänger die Vertragsstrafe an den leistenden Unternehmer zu zahlen, ist sie deshalb nicht Teil des Entgelts für die Leistung. [3] Zahlt der leistende Unternehmer die Vertragsstrafe an den Leistungsempfänger, liegt darin keine Entgeltminderung (vgl. BFH-Urteil vom 4.5.1994, XI R 58/93, BStBl. II S. 589). [4] Die Entschädigung, die ein Verkäufer nach den Geschäftsbedingungen vom Käufer verlangen kann, wenn dieser innerhalb bestimmter Fristen seinen Verpflichtungen aus dem Kaufvertrag nicht nachkommt (Schadensersatz wegen Nichterfüllung), ist nicht Entgelt, sondern Schadensersatz (vgl. BFH-Urteil vom 27.4.1961, V 263/58 U, BStBl. III S. 300).

(4) [1] Eine Willenserklärung, durch die der Unternehmer seinem zur Übertragung eines Vertragsgegenstands unfähig gewordenen Schuldner eine Ersatzleistung in Geld gestattet, kann nicht als sonstige Leistung (Rechtsverzicht) beurteilt werden. [2] Die Ersatzleistung ist echter Schadensersatz (vgl. BFH-Urteil vom 12.11.1970, V R 52/67, BStBl. 1971 II S. 38).

(5)[1)] [1] Die Vergütung, die der Unternehmer nach Kündigung oder vertraglicher Auflösung eines Werklieferungsvertrags vereinnahmt, ohne an den Besteller die bereitgestellten Werkstoffe oder das teilweise vollendete Werk geliefert zu haben, ist kein Entgelt (vgl. BFH-Urteil vom 27.8.1970, V R 159/66, BStBl. 1971 II S. 6). [2] Zum Leistungsgegenstand bei noch nicht abgeschlossenen Werklieferungen vgl. Abschnitt 3.9.

(6) [1] Erhält ein Unternehmer die Kosten eines gerichtlichen Mahnverfahrens erstattet, handelt es sich dabei nicht um einen Teil des Entgelts für eine steuerbare Leistung, sondern um Schadensersatz. [2] Die Mahngebühren oder Mahnkosten, die ein Unternehmer von säumigen Zahlern erhebt und auf Grund seiner Geschäftsbedingungen oder anderer Unterlagen – z. B. Mahnschreiben – als solche nachweist, sind ebenfalls nicht das Entgelt für eine besondere Leistung. [3] Verzugszinsen, Fälligkeitszinsen und Prozesszinsen (vgl. z. B. §§ 288, 291 BGB; § 353 HGB) sind als Schadensersatz zu behandeln. [4] Das Gleiche gilt für Nutzungszinsen, die z. B. nach § 641 Abs. 4 BGB von der Abnahme des Werkes an erhoben werden. [5] Als Schadensersatz sind auch die nach den Artikeln 48 und 49 WG[2)] sowie den Artikeln 45 und 46 ScheckG[3)] im Falle

---

[1)] Zur Abrenzung von Schadensersatz und Engelt bei Zahlungen nach Aufhebung eines Architektenvertrages siehe BFH v. 26.8.2021 V R 13/19, DStR 2021, 2967.

[2)] Wechselgesetz v. 21.6.1933, BGBl. III 4133-1, zuletzt geänd. durch VO v. 31.8.2015, BGBl. I 2015, 1474 (**Habersack Ergänzungsband** Nr. **54**).

[3)] Scheckgesetz v. 14.8.1933, BGBl. III 4132-1, zuletzt geänd. durch VO v. 31.8.2015, BGBl. I 2015, 1474 (**Habersack** Nr. **56**).

des Rückgriffs zu zahlenden Zinsen, Kosten des Protestes und Vergütungen zu behandeln.

(7) [1]Die Ersatzleistung auf Grund einer Warenkreditversicherung stellt nicht die Gegenleistung für eine Lieferung oder sonstige Leistung dar, sondern Schadensersatz. [2]Zur Frage des Leistungsaustauschs bei Zahlungen von Fautfrachten wegen Nichterfüllung eines Chartervertrags vgl. BFH-Urteil vom 30.6.2010, XI R 22/08, BStBl. II S. 1084, und Abschnitt 1.1 Abs. 22.

(8)[1)] [1]In Gewährleistungsfällen ist die Erstattung der Material- und Lohnkosten, die ein Vertragshändler auf Grund vertraglicher Vereinbarungen für die Beseitigung von Mängeln an den bei ihm gekauften Gegenständen vom Hersteller ersetzt bekommt, echter Schadensersatz, wenn sich der Gewährleistungsanspruch des Kunden nicht gegen den Hersteller, sondern gegen den Vertragshändler richtet (vgl. BFH-Urteil vom 16.7.1964, V 23/60 U, BStBl. III S. 516). [2]In diesen Fällen erfüllt der Händler mit der Garantieleistung unentgeltlich eine eigene Verpflichtung gegenüber dem Kunden aus dem Kaufvertrag und erhält auf Grund seiner Vereinbarung mit dem Herstellerwerk von diesem den durch den Materialfehler erlittenen, vom Werk zu vertretenden Schaden ersetzt (BFH-Urteil vom 17.2.1966, V 58/63, BStBl. III S. 261).

(9) Weitere Einzelfälle des echten Schadensersatzes sind:

1. die Entschädigung der Zeugen (vgl. Absatz 15) und der ehrenamtlichen Richter nach dem JVEG;[2)]
2. Stornogebühren bei Reiseleistungen (vgl. Abschnitt 25.1 Abs. 14);
3. Zahlungen zum Ersatz des entstandenen Schadens bei Leistungsstörungen in Transporthilfsmittel-Tauschsystemen (z. B. Euro-Flachpaletten und Euro-Gitterboxpaletten; vgl. BMF-Schreiben vom 5.11.2013, BStBl. I S. 1386).

(10) *(aufgehoben)*

Kein Schadensersatz

(11) [1]Beseitigt der Geschädigte im Auftrag des Schädigers einen ihm zugefügten Schaden selbst, ist die Schadensersatzleistung als Entgelt im Rahmen eines Leistungsaustauschs anzusehen (vgl. BFH-Urteil vom 11.3.1965, V 37/62 S, BStBl. III S. 303). [2]Zur Abgrenzung zur sonstigen Leistung vgl. auch Abschnitt 3.1.

(12) [1]Die Ausgleichszahlung für Handelsvertreter nach § 89b HGB ist kein Schadensersatz, sondern eine Gegenleistung des Geschäftsherrn für erlangte Vorteile aus der Tätigkeit als Handelsvertreter. [2]Dies gilt auch dann, wenn der Ausgleichsanspruch durch den Tod des Handelsvertreters fällig wird (BFH-Urteile vom 26.9.1968, V 196/65, BStBl. 1969 II S. 210, und vom 25.6.1998, V R 57/97, BStBl. 1999 II S. 102).

[1)] Zur Steuerpflicht von Garantiezusagen eines Autoverkäufers siehe BFH v. 14.11.2018 XI R 16/17, BStBl. II 2021, 461; A 3.10 Abs. 6 Nr. 3, A 4.8.12 und A 4.10.2 UStAE sowie BMF v. 11.5.2021, BStBl. I 2021, 781, geänd. durch BMF v. 18.10.2021, BStBl. I 2021, 2142.

[2)] Justizvergütungs- und -entschädigungsgesetz v. 5.5.2004, BGBl. I 2004, 718, 776, zuletzt geänd. durch G v. 25.6.2021, BGBl. I 2021, 2154 (**Habersack** Nr. **116**).

(13) [1]Entschädigungen an den Mieter oder Vermieter für die vorzeitige Räumung der Mieträume und die Aufgabe des noch laufenden Mietvertrags sind nicht Schadensersatz, sondern Leistungsentgelt (vgl. BFH-Urteil vom 27.2.1969, V 102/65, BStBl. II S. 386 und Abschnitt 4.12.1).[1)] [2]Das gilt auch dann, wenn der Unternehmer zur Vermeidung einer Enteignung auf die vertragliche Regelung eingegangen ist. [3]Ob die Vertragsparteien die Zahlung als Schadensersatz bezeichnen oder vereinbaren, nur die durch die Freimachung entstandenen tatsächlichen Aufwendungen zu erstatten, ist unbeachtlich (vgl. BFH-Urteile vom 27.2.1969, V 144/65, BStBl. II S. 387, und vom 7.8.1969, V 177/65, BStBl. II S. 696).

(14) Entschädigungen, die als Folgewirkung einer Enteignung nach § 96 BauGB[2)] gezahlt werden, sind kein Schadensersatz und daher steuerbar (BFH-Urteil vom 10.2.1972, V R 119/68, BStBl. II S. 403; vgl. auch BFH-Urteil vom 24.6.1992, V R 60/88, BStBl. II S. 986).

(15) [1]Die Vergütung von Sachverständigen, Dolmetschern und Übersetzern nach Abschnitt 3 JVEG[3)] ist Entgelt für eine Leistung. [2]Ob jemand als Zeuge, sachverständiger Zeuge oder Sachverständiger anzusehen ist, richtet sich nach der tatsächlich erbrachten Tätigkeit. [3]Für die Einordnung ist ausschlaggebend, ob er als Zeuge „unersetzlich“ oder als Sachverständiger „auswechselbar“ ist. [4]Bei ärztlichen Befundberichten kann regelmäßig auf die Abrechnung nach dem JVEG abgestellt werden.

Beispiel 1:

[1]Der behandelnde Arzt erteilt einem Gericht einen Bericht über den bei seinem Patienten festgestellten Befund und erhält eine Vergütung nach § 10 Abs. 1 JVEG in Verbindung mit Anlage 2 Nr. 200 bzw. Nr. 201 des JVEG.
[2]Der Arzt handelt als „unersetzlicher“ sachverständiger Zeuge. [3]Die Vergütung ist echter Schadensersatz (vgl. Absatz 9).

Beispiel 2:

[1]Ein hinzugezogener Arzt erstellt für ein Gericht ein Gutachten über den Gesundheitszustand einer Person und erhält eine Vergütung nach § 10 Abs. 1 JVEG in Verbindung mit Anlage 2 Nr. 202 bzw. Nr. 203 des JVEG.
[2]Der Arzt handelt als „auswechselbarer“ Sachverständiger. [3]Die Vergütung ist Leistungsentgelt.

(16) Die Ausgleichszahlung für beim Bau einer Überlandleitung entstehende Flurschäden durch deren Betreiber an den Grundstückseigentümer ist kein Schadensersatz, sondern Entgelt für die Duldung der Flurschäden durch den Eigentümer (vgl. BFH-Urteil vom 11.11.2004, V R 30/04, BStBl. 2005 II S. 802).

(16a)[4)] [1]Zahlungen, die an einen Unternehmer als Aufwendungsersatz aufgrund von urheberrechtlichen Abmahnungen zur Durchsetzung seines Unter-

---

1) Ebenso BFH v. 25.5.2019 XI R 20/17, BFH/NV 2019, 1256.

2) Baugesetzbuch i. d. F. v. 3.11.2017, BGBl. I 2017, 3634, zuletzt geänd. durch G v. 10.9.2021, BGBl. I 2021, 4147 (**Sartorius** Nr. **300**).

3) Justizvergütungs- und -entschädigungsgesetz v. 5.5.2004, BGBl. I 2004, 718, 776, zuletzt geänd. durch G v. 25.6.2021, BGBl. I 2021, 2154 (**Habersack** Nr. **116**).

4) A 1.3 UStAE Abs. 16a eingef. durch BMF v. 1.10.2021, BStBl. I 2021, 1859, anzuwenden in allen offenen Fällen.

lassungsanspruchs geleistet werden, und Zahlungen, die an einen Unternehmer von dessen Wettbewerbern als Aufwendungsersatz aufgrund von wettbewerbsrechtlichen Abmahnungen geleistet werden, sind umsatzsteuerrechtlich als Entgelt im Rahmen eines umsatzsteuerbaren Leistungsaustauschs zwischen dem Unternehmer und dem von ihm abgemahnten Rechtsverletzer zu qualifizieren (vgl. BFH-Urteile vom 21.12.2016, XI R 27/14, BStBl. 2021 II S. 779, und vom 13.2.2019, XI R 1/17, BStBl. 2021 II S. 785). [2] Im Fall einer unberechtigten Abmahnung schuldet der Abmahnende die Steuer nach § 14c Abs. 2 UStG, wenn und solange er diese in einer Rechnung ausgewiesen hat.

Leasing

(17) [1] Für die Beurteilung von Ausgleichszahlungen im Zusammenhang mit der Beendigung von Leasingverträgen ist entscheidend, ob der Zahlung für den jeweiligen „Schadensfall" eine mit ihr eng verknüpfte Leistung gegenübersteht. [2] Verpflichtet sich der Leasingnehmer im Leasingvertrag, für am Leasinggegenstand durch eine nicht vertragsgemäße Nutzung eingetretene Schäden nachträglich einen Minderwertausgleich zu zahlen, ist diese Zahlung beim Leasinggeber als Schadensersatz nicht der Umsatzsteuer zu unterwerfen (vgl. BFH-Urteil vom 20.3.2013, XI R 6/11, BStBl. 2014 II S. 206). [3] Ausgleichszahlungen, die darauf gerichtet sind, Ansprüche aus dem Leasingverhältnis an die tatsächliche Nutzung des Leasinggegenstandes durch den Leasingnehmer anzupassen (z. B. Mehr- und Minderkilometervereinbarungen bei Fahrzeugleasingverhältnissen), stellen hingegen je nach Zahlungsrichtung zusätzliches Entgelt oder aber eine Entgeltminderung für die Nutzungsüberlassung dar. [4] Dies gilt entsprechend für Vergütungen zum Ausgleich von Restwertdifferenzen in Leasingverträgen mit Restwertausgleich. [5] Nutzungsentschädigungen wegen verspäteter Rückgabe des Leasinggegenstandes stellen ebenfalls keinen Schadensersatz dar, sondern sind Entgelt für die Nutzungsüberlassung zwischen vereinbarter und tatsächlicher Rückgabe des Leasinggegenstandes. [6] Soweit bei Kündigung des Leasingverhältnisses Ausgleichszahlungen für künftige Leasingraten geleistet werden, handelt es sich um echten Schadensersatz, da durch die Kündigung die vertragliche Hauptleistungspflicht des Leasinggebers beendet und deren Erbringung tatsächlich nicht mehr möglich ist. [7] Dies gilt nicht für die Fälle des Finanzierungsleasings, bei denen eine Lieferung an den Leasingnehmer vorliegt, vgl. Abschnitt 3.5 Abs. 5.

1.4 Mitgliederbeiträge[1]

(1)[2] [1] Soweit eine Vereinigung zur Erfüllung ihrer den Gesamtbelangen sämtlicher Mitglieder dienenden satzungsgemäßen Gemeinschaftszwecke tätig wird und dafür echte Mitgliederbeiträge erhebt, die dazu bestimmt sind, ihr die Erfüllung dieser Aufgaben zu ermöglichen, fehlt es an einem Leistungsaustausch mit dem einzelnen Mitglied. [2] Erbringt die Vereinigung dagegen

---

[1] Zu Sportvereinen vgl. A 2.1 Abs. 6, A 2.10, A 4.12.11, A 4.22.2 u. A 12.9 Abs. 6 UStAE.

[2] Vgl. aber BFH v. 9.8.2007 V R 27/04, DStR 2007, 1719 (Flugzeugüberlassung durch Luftsportverein an seine Mitglieder). – Zu entgeltlichen Leistungen eines Vereins an seine Mitglieder vgl. auch BFH v. 29.10.2008 XI R 59/07, DStRE 2009, 292. – Siehe auch BFH v. 20.3.2014 V R 4/13, DStR 2014, 1539, zu steuerbaren Leistungen eines Sportvereins.

Leistungen, die den Sonderbelangen der einzelnen Mitglieder dienen, und erhebt sie dafür Beiträge entsprechend der tatsächlichen oder vermuteten Inanspruchnahme ihrer Tätigkeit, liegt ein Leistungsaustausch vor (vgl. BFH-Urteile vom 4.7.1985, V R 107/76, BStBl. 1986 II S. 153, und vom 7.11.1996, V R 34/96, BStBl. 1997 II S. 366).

(2) [1] Voraussetzung für die Annahme echter Mitgliederbeiträge ist, dass die Beiträge gleich hoch sind oder nach einem für alle Mitglieder verbindlichen Bemessungsmaßstab gleichmäßig errechnet werden. [2] Die Gleichheit ist auch dann gewahrt, wenn die Beiträge nach einer für alle Mitglieder einheitlichen Staffel erhoben werden oder die Höhe der Beiträge nach persönlichen Merkmalen der Mitglieder, z. B. Lebensalter, Stand, Vermögen, Einkommen, Umsatz, abgestuft wird (vgl. BFH-Urteil vom 8.9.1994, V R 46/92, BStBl. II S. 957). [3] Allein aus der Gleichheit oder aus einem gleichen Bemessungsmaßstab kann auf die Eigenschaft der Zahlungen als echte Mitgliederbeiträge nicht geschlossen werden (vgl. BFH-Urteil vom 8.9.1994, a. a. O.).

(3) [1] Beitragszahlungen, die Mitglieder einer Interessenvereinigung der Lohnsteuerzahler, z. B. Lohnsteuerhilfeverein, erbringen, um deren in der Satzung vorgesehene Hilfe in Lohnsteuersachen in Anspruch nehmen zu können, sind Entgelte für steuerbare Sonderleistungen dieser Vereinigung. [2] Dies gilt auch dann, wenn ein Mitglied im Einzelfall trotz Beitragszahlung auf die Dienste der Interessenvereinigung verzichtet, weil die Bereitschaft der Interessenvereinigung, für dieses Mitglied tätig zu werden, eine Sonderleistung ist (vgl. BFH-Urteil vom 9.5.1974, V R 128/71, BStBl. II S. 530).

(4) Umlagen, die ein Wasserversorgungszweckverband satzungsgemäß zur Finanzierung der gemeinsamen Anlagen, der betriebsnotwendigen Vorratshaltung und der Darlehenstilgung entsprechend der Wasserabnahme durch die Mitgliedsgemeinden erhebt, sind Leistungsentgelte (BFH-Urteil vom 4.7.1985, V R 35/78, BStBl. II S. 559).

(5) [1] Eine aus Mietern und Grundstückseigentümern eines Einkaufszentrums bestehende Werbegemeinschaft erbringt gegenüber ihren Gesellschaftern steuerbare Leistungen, wenn sie Werbemaßnahmen für das Einkaufszentrum vermittelt oder ausführt und zur Deckung der dabei entstehenden Kosten entsprechend den Laden- bzw. Verkaufsflächen gestaffelte Umlagen von ihren Gesellschaftern erhebt (BFH-Urteil vom 4.7.1985, V R 107/76, BStBl. 1986 II S. 153). [2] Allein die unterschiedliche Höhe der von Mitgliedern erhobenen Umlagen führt nicht zur Annahme eines Leistungsaustauschs zwischen der Gemeinschaft und ihren Mitgliedern (vgl. BFH-Urteil vom 18.4.1996, V R 123/93, BStBl. II S. 387).

(6) [1] Die Abgabe von Druckerzeugnissen an die Mitglieder ist nicht als steuerbare Leistung der Vereinigung anzusehen, wenn es sich um Informationen und Nachrichten aus dem Leben der Vereinigung handelt. [2] Steuerbare Sonderleistungen liegen jedoch vor, wenn es sich um Fachzeitschriften handelt, die das Mitglied andernfalls gegen Entgelt im freien Handel beziehen müsste.

(7) [1] Bewirkt eine Vereinigung Leistungen, die zum Teil den Einzelbelangen, zum Teil den Gesamtbelangen der Mitglieder dienen, sind die Beitragszahlungen in Entgelte für steuerbare Leistungen und in echte Mitglieder-

beiträge aufzuteilen (vgl. BFH-Urteil vom 22.11.1963, V 47/61 U, BStBl. 1964 III S. 147). [2]Der auf die steuerbaren Leistungen entfallende Anteil der Beiträge entspricht der Bemessungsgrundlage, die nach § 10 Abs. 5 Nr. 1 i. V. m. § 10 Abs. 4 UStG anzusetzen ist (vgl. Abschnitt 10.7 Abs. 1).

1.5 Geschäftsveräußerung

Geschäftsveräußerung im Ganzen

(1) [1]Eine Geschäftsveräußerung im Sinne des § 1 Abs. 1a UStG liegt vor, wenn die wesentlichen Grundlagen eines Unternehmens oder eines gesondert geführten Betriebs an einen Unternehmer für dessen Unternehmen übertragen werden, wobei die unternehmerische Tätigkeit des Erwerbers auch erst mit dem Erwerb des Unternehmens oder des gesondert geführten Betriebs beginnen kann (vgl. Abschnitt 2.6 Abs. 1). [2]Entscheidend ist, dass die übertragenen Vermögensgegenstände ein hinreichendes Ganzes bilden, um dem Erwerber die Fortsetzung einer bisher durch den Veräußerer ausgeübten unternehmerischen Tätigkeit zu ermöglichen, und der Erwerber dies auch tatsächlich tut (vgl. BFH-Urteil vom 18.9.2008, V R 21/07, BStBl. 2009 II S. 254). [3]Dabei sind im Rahmen einer Gesamtwürdigung die Art der übertragenen Vermögensgegenstände und der Grad der Übereinstimmung oder Ähnlichkeit zwischen den vor und nach der Übertragung ausgeübten Tätigkeiten zu berücksichtigen (BFH-Urteil vom 23.8.2007, V R 14/05, BStBl. 2008 II S. 165). [4]Für die Geschäftsveräußerung ist es unerheblich, dass der Erwerber nicht den Namen des übernommenen Unternehmens weiterführt; entscheidend ist, dass der Erwerber die Tätigkeit des Veräußerers nunmehr im Rahmen seiner bisherigen eigenen Geschäftstätigkeit fortführt (vgl. BFH-Urteil vom 29.8.2012, XI R 1/11, BStBl. 2013 II S. 301). [5]Die für die Geschäftsveräußerung notwendige Fortführung der Geschäftstätigkeit muss bei einer im engen zeitlichen und sachlichen Zusammenhang stehenden mehrstufigen Übertragung nur dem Grunde nach, nicht aber auch höchstpersönlich beim jeweiligen Erwerber vorliegen (vgl. BFH-Urteil vom 25.11.2015, V R 66/14, BStBl. 2020 II S. 793). [6]Für das Vorliegen der Rechtsfolgen einer Geschäftsveräußerung auf jeder Stufe ist erforderlich, dass auf jeder Stufe der Übertragung der jeweilige Erwerber Unternehmer im Sinne des § 2 UStG ist.

(1a) [1]Der Fortsetzung der bisher durch den Veräußerer ausgeübten Tätigkeit steht es nicht entgegen, wenn der Erwerber den von ihm erworbenen Geschäftsbetrieb in seinem Zuschnitt ändert oder modernisiert (vgl. BFH-Urteil vom 23.8.2007, V R 14/05, BStBl. 2008 II S. 165). [2]Die sofortige Abwicklung der übernommenen Geschäftstätigkeit schließt jedoch eine Geschäftsveräußerung aus (vgl. EuGH-Urteil vom 27.11.2003, C-497/01, Zita Modes).[1)] [3]Das Vorliegen der Voraussetzungen für eine nicht steuerbare Geschäftsveräußerung kann nicht mit der Begründung verneint werden, es werde noch kein „lebendes Unternehmen" übertragen, da der tatsächliche Betrieb des Unternehmens noch nicht aufgenommen worden sei (vgl. BFH-Urteil vom 8.3.2001, V R 24/98, BStBl. 2003 II S. 430). [4]Eine Geschäftsveräuße-

1) IStR 2004, 53.

rung setzt keine Beendigung der unternehmerischen Betätigung des Veräußerers voraus (BFH-Urteil vom 29.8.2012, XI R 10/12, BStBl. 2013 II S. 221).

(2)[1)] [1]Die Übertragung eines vermieteten Grundstücks führt zu einer nicht umsatzsteuerbaren Geschäftsveräußerung im Ganzen, wenn der Erwerber durch den mit dem Grundstückserwerb verbundenen Eintritt in bestehende Mietverträge vom Veräußerer ein Vermietungsunternehmen übernimmt. [2]Das ist auch dann der Fall, wenn der Veräußerer ein Bauträger ist, der ein Gebäude erworben, saniert, weitgehend vermietet und sodann veräußert hat, falls im Zeitpunkt der Veräußerung infolge einer nachhaltigen Vermietungstätigkeit beim Veräußerer ein Vermietungsunternehmen vorliegt, das vom Erwerber fortgeführt wird (vgl. BFH-Urteil vom 12.8.2015, XI R 16/14, BStBl. 2020 II S. 790). [3]Eine anfängliche, weiter bestehende und dem Unternehmenszweck entsprechende Absicht eines Bauträgers, das Objekt wieder zu verkaufen, steht einer nachhaltigen Vermietungstätigkeit im Sinne des § 2 Abs. 1 Satz 3 UStG nicht zwingend entgegen (vgl. BFH-Urteil vom 12.8.2015, XI R 16/14, a. a. O.). [4]Eine nachhaltige Vermietungstätigkeit ist widerlegbar anzunehmen, wenn die Vermietungsdauer mindestens 6 Monate betragen hat. [5]Keine Geschäftsveräußerung im Ganzen liegt hinsichtlich eines Bauträgers als Veräußerer vor, wenn die unternehmerische Tätigkeit des veräußernden Bauträgers im Wesentlichen darin besteht, ein Gebäude zu errichten und Mieter/Pächter für die einzelnen Einheiten zu finden, um es im Anschluss an die Fertigstellung aufgrund bereits erfolgter Vermietung ertragssteigernd zu veräußern (vgl. BFH-Urteil vom 12.8.2015, XI R 16/14, a. a. O.). [6]Für die umsatzsteuerrechtliche Behandlung nicht entscheidend ist, ob das Objekt bilanzsteuerrechtlich dem Umlaufvermögen oder Anlagevermögen zuzuordnen ist (vgl. BFH-Urteil vom 12.8.2015, XI R 16/14, a. a. O.). [7]Die vorgenannten Grundsätze gelten z. B. auch für einen in eine mehrstufige Übertragung eingebundenen Grundstückshändler.

(2a)[1)] [1]Die Lieferung eines weder vermieteten noch verpachteten Grundstücks ist im Regelfall keine Geschäftsveräußerung (BFH-Urteil vom 11.10. 2007, V R 57/06, BStBl. 2008 II S. 447). [2]Ist der Gegenstand der Geschäftsveräußerung ein Vermietungsunternehmen, muss der Erwerber umsatzsteuerrechtlich die Fortsetzung der Vermietungstätigkeit beabsichtigen (vgl. BFH-Urteil vom 6.5.2010, V R 26/09, BStBl. II S. 1114). [3]Bei der Veräußerung eines vermieteten Objekts an den bisherigen Mieter zu dessen eigenen wirtschaftlichen Zwecken ohne Fortführung des Vermietungsunternehmens liegt daher keine Geschäftsveräußerung vor (vgl. BFH-Urteil vom 24.9.2009, V R 6/08, BStBl. 2010 II S. 315). [4]Ebenso führt die Übertragung eines an eine Organgesellschaft vermieteten Grundstücks auf den Organträger nicht zu einer Geschäftsveräußerung, da der Organträger umsatzsteuerrechtlich keine Vermietungstätigkeit fortsetzt, sondern das Grundstück im Rahmen seines Unternehmens selbst nutzt (vgl. BFH-Urteil vom 6.5.2010, V R 26/09, BStBl. II S. 1114). [5]Überträgt ein Veräußerer ein verpachtetes Geschäftshaus und setzt der Erwerber die Verpachtung nur hinsichtlich eines Teils des Gebäudes fort, liegt hinsichtlich dieses Grundstücksteils eine Geschäftsveräuße-

[1)] Zur Geschäftsveräußerung bei Erwerb eines vom Veräußerer zunächst gepachteten und teilweise untervermieteten Grundstücks siehe BFH v. 24.2.2021 XI R 8/19, BStBl. II 2022, 34.

rung im Sinne des § 1 Abs. 1a UStG vor. [6]Dies gilt unabhängig davon, ob der verpachtete Gebäudeteil „zivilrechtlich selbständig" ist oder nicht (vgl. BFH-Urteil vom 6.7.2016, XI R 1/15, BStBl. II S. 909).

(2b) [1]Bei der Übertragung von nur teilweise vermieteten oder verpachteten Grundstücken liegt eine Geschäftsveräußerung vor, wenn die nicht genutzten Flächen zur Vermietung oder Verpachtung bereitstehen und die Vermietungstätigkeit vom Erwerber für eine nicht unwesentliche Fläche fortgesetzt wird (vgl. BFH-Urteil vom 30.4.2009, V R 4/07, BStBl. II S. 863). [2]Entsteht eine Bruchteilsgemeinschaft durch Einräumung eines Miteigentumsanteils an einem durch den bisherigen Alleineigentümer in vollem Umfang vermieteten Grundstück, liegt eine Geschäftsveräußerung vor (vgl. BFH-Urteil vom 6.9.2007, V R 41/05, BStBl. 2008 II S. 65). [3]Zum Vorliegen einer Geschäftsveräußerung, wenn das Grundstück, an dem der Miteigentumsanteil eingeräumt wird, nur teilweise vermietet ist und im Übrigen vom vormaligen Alleineigentümer weiterhin für eigene unternehmerische Zwecke genutzt wird, vgl. BFH-Urteil vom 22.11.2007, V R 5/06, BStBl. 2008 II S. 448.

Wesentliche Grundlagen

(3) [1]Bei entgeltlicher oder unentgeltlicher Übereignung eines Unternehmens oder eines gesondert geführten Betriebs im Ganzen ist eine nicht steuerbare Geschäftsveräußerung auch dann anzunehmen, wenn einzelne unwesentliche Wirtschaftsgüter davon ausgenommen werden (vgl. BFH-Urteil vom 1.8. 2002, V R 17/01, BStBl. 2004 II S. 626). [2]Eine nicht steuerbare Geschäftsveräußerung im Ganzen liegt z. B. bei einer Einbringung eines Betriebs in eine Gesellschaft auch dann vor, wenn einzelne wesentliche Wirtschaftsgüter, insbesondere auch die dem Unternehmen dienenden Grundstücke, nicht mit dinglicher Wirkung übertragen, sondern an den Erwerber vermietet oder verpachtet werden und eine dauerhafte Fortführung des Unternehmens oder des gesondert geführten Betriebs durch den Erwerber gewährleistet ist (vgl. BFH-Urteile vom 15.10.1998, V R 69/97, BStBl. 1999 II S. 41, und vom 4.7.2002, V R 10/01, BStBl. 2004 II S. 662). [3]Hierfür reicht eine langfristige Vermietung oder Verpachtung für z. B. acht Jahre aus (vgl. BFH-Urteil vom 23.8.2007, V R 14/05, BStBl. 2008 II S. 165). [4]Ebenfalls ausreichend ist eine Vermietung oder Verpachtung auf unbestimmte Zeit (vgl. EuGH-Urteil vom 10.11.2011, C-444/10, Schriever, BStBl. 2012 II S. 848,[1)] und BFH-Urteil vom 18.1.2012, XI R 27/08, BStBl. II S. 842);[2)] die Möglichkeit, den Miet- oder Pachtvertrag kurzfristig zu kündigen, ist hierbei unschädlich. [5]Überträgt ein Veräußerer sein Unternehmensvermögen mit Ausnahme des Anlagevermögens auf einen Erwerber, der die bisherige Unternehmenstätigkeit fortsetzt, und das Anlagevermögen auf einen Dritten, der das Anlagevermögen dem Erwerber unentgeltlich zur Verfügung stellt, liegt nur im Verhältnis zum Erwerber, nicht aber auch zu dem Dritten eine nicht steuerbare Geschäftsveräußerung vor (vgl. BFH-Urteil vom 3.12.2015, V R 36/13, BStBl. 2017 II S. 563).

---

1) DStR 2011, 2196.

2) Siehe auch BFH v. 4.2.2015 XI R 42/13, BStBl. II 2015, 616, und zur Abgrenzung BFH v. 29.8.2018 XI R 37/17, BStBl. II 2019, 378.

(4) [1]Die Übertragung aller wesentlichen Betriebsgrundlagen und die Möglichkeit zur Unternehmensfortführung ohne großen finanziellen Aufwand ist im Rahmen der Gesamtwürdigung zu berücksichtigen, aus der sich ergibt, ob das übertragene Unternehmensvermögen als hinreichendes Ganzes die Ausübung einer wirtschaftlichen Tätigkeit ermöglicht (vgl. BFH-Urteil vom 23.8. 2007, V R 14/05, BStBl. 2008 II S. 165). [2]Welches die wesentlichen Grundlagen sind, richtet sich nach den tatsächlichen Verhältnissen im Zeitpunkt der Übereignung (BFH-Urteil vom 25.11.1965, V 173/63 U, BStBl. 1966 III S. 333). [3]Auch ein einzelnes Grundstück kann wesentliche Betriebsgrundlage sein. [4]Bei einem Herstellungsunternehmer bilden die Betriebsgrundstücke mit den Maschinen und sonstigen der Fertigung dienenden Anlagen regelmäßig die wesentlichen Grundlagen des Unternehmens (vgl. BFH-Urteil vom 5.2. 1970, V R 161/66, BStBl. II S. 365). [5]Gehören zu den wesentlichen Grundlagen des Unternehmens bzw. des Betriebs nicht eigentumsfähige Güter, z.B. Gebrauchs- und Nutzungsrechte an Sachen, Forderungen, Dienstverträge, Geschäftsbeziehungen, muss der Unternehmer diese Rechte auf den Erwerber übertragen, soweit sie für die Fortführung des Unternehmens erforderlich sind. [6]Wird das Unternehmen bzw. der Betrieb in gepachteten Räumen und mit gepachteten Maschinen unterhalten, gehört das Pachtrecht zu den wesentlichen Grundlagen. [7]Dieses Pachtrecht muss der Veräußerer auf den Erwerber übertragen, indem er ihm die Möglichkeit verschafft, mit dem Verpächter einen Pachtvertrag abzuschließen, so dass der Erwerber die dem bisherigen Betrieb dienenden Räume usw. unverändert nutzen kann (vgl. BFH-Urteil vom 19.12.1968, V 225/65, BStBl. 1969 II S. 303). [8]Das in einem Unternehmenskaufvertrag vereinbarte Wettbewerbsverbot kann als Umsatz im Rahmen einer Geschäftsveräußerung nicht steuerbar sein (vgl. BFH-Urteil vom 29.8.2012, XI R 1/11, BStBl. 2013 II S. 301).

(5) [1]Eine nicht steuerbare Geschäftsveräußerung kann auf mehreren zeitlich versetzten Kausalgeschäften beruhen, wenn diese in einem engen sachlichen und zeitlichen Zusammenhang stehen und die Übertragung des ganzen Vermögens auf einen Erwerber zur Beendigung der bisherigen gewerblichen Tätigkeit – insbesondere auch für den Erwerber – offensichtlich ist (BFH-Urteil vom 1.8.2002, V R 17/01, BStBl. 2004 II S. 626). [2]Eine nicht steuerbare Geschäftsveräußerung eines Unternehmens kann auch vorliegen, wenn im Zeitpunkt der Veräußerung eines verpachteten Grundstücks oder später aus unternehmerischen Gründen vorübergehend auf die Pachtzinszahlungen verzichtet wird (vgl. BFH-Urteil vom 7.7.2005, V R 78/03, BStBl. II S. 849). [3]Eine Übereignung in mehreren Akten ist dann als eine Geschäftsveräußerung anzusehen, wenn die einzelnen Teilakte in wirtschaftlichem Zusammenhang stehen und der Wille auf Erwerb des Unternehmens gerichtet ist (vgl. BFH-Urteil vom 16.3.1982, VII R 105/79, BStBl. II S. 483). [4]Eine Übereignung ist auch anzunehmen, wenn der Erwerber beim Übergang des Unternehmens Einrichtungsgegenstände, die ihm bereits vorher zur Sicherung übereignet worden sind, und Waren, die er früher unter Eigentumsvorbehalt geliefert hat, übernimmt (vgl. BFH-Urteil vom 20.7.1967, V 240/64, BStBl. III S. 684).

In der Gliederung des Unternehmens gesondert geführte Betriebe

(6) [1]Ein in der Gliederung eines Unternehmens gesondert geführter Betrieb liegt vor, wenn der veräußerte Teil des Unternehmens vom Erwerber als selbständiges wirtschaftliches Unternehmen fortgeführt werden kann (vgl. BFH-Urteil vom 19.12.2012, XI R 38/10, BStBl. 2013 II S. 1053). [2]Nicht entscheidend ist, dass bereits im Unternehmen, das eine Übertragung vornimmt, ein (organisatorisch) selbständiger Unternehmensteil bestand. [3]Es ist nicht Voraussetzung, dass mit dem Unternehmen oder mit dem in der Gliederung des Unternehmens gesondert geführten Teil in der Vergangenheit bereits Umsätze erzielt wurden; die Absicht, Umsätze erzielen zu wollen, muss jedoch anhand objektiver, vom Unternehmer nachzuweisender Anhaltspunkte spätestens im Zeitpunkt der Übergabe bestanden haben (vgl. BFH-Urteil vom 8.3.2001, V R 24/98, BStBl. 2003 II S. 430). [4]Soweit einkommensteuerrechtlich eine Teilbetriebsveräußerung angenommen wird (vgl. R 16 Abs. 3 EStR),[1)] kann vorbehaltlich des Absatzes 9 umsatzsteuerrechtlich von der Veräußerung eines gesondert geführten Betriebs ausgegangen werden.

(7) [1]Eine nicht steuerbare Geschäftsveräußerung ist kein Verwendungsumsatz im Sinne des § 15 Abs. 2 UStG (BFH-Urteil vom 8.3.2001, V R 24/98, BStBl. 2003 II S. 430). [2]Zur Vorsteuerberichtigung des Erwerbers vgl. Abschnitt 15a.4 ff.

(8) Liegen bei einer unentgeltlichen Übertragung die Voraussetzungen für eine Geschäftsveräußerung nicht vor, kann eine steuerbare unentgeltliche Wertabgabe (vgl. Abschnitt 3.2) in Betracht kommen.

Gesellschaftsrechtliche Beteiligungen

(9) [1]Die Übertragung eines Gesellschaftsanteils kann – unabhängig von dessen Höhe – nur dann einer nicht steuerbaren Geschäftsveräußerung gleichgestellt werden, wenn der Gesellschaftsanteil Teil einer eigenständigen Einheit ist, die eine selbständige wirtschaftliche Betätigung ermöglicht, und diese Tätigkeit vom Erwerber fortgeführt wird. [2]Eine bloße Veräußerung von Anteilen ohne gleichzeitige Übertragung von Vermögenswerten versetzt den Erwerber nicht in die Lage, eine selbständige wirtschaftliche Tätigkeit als Rechtsnachfolger des Veräußerers fortzuführen (vgl. EuGH-Urteil vom 30.5.2013, C-651/11, X).[2)]

1.6 Leistungsaustausch bei Gesellschaftsverhältnissen

(1) [1]Zwischen Personen- und Kapitalgesellschaften und ihren Gesellschaftern ist ein Leistungsaustausch möglich (vgl. BFH-Urteile vom 23.7.1959, V 6/58 U, BStBl. III S. 379, und vom 5.12.2007, V R 60/05, BStBl. 2009 II S. 486). [2]Unentgeltliche Leistungen von Gesellschaften an ihre Gesellschafter werden durch § 3 Abs. 1b und Abs. 9a UStG erfasst (vgl. Abschnitte 3.2 bis 3.4). [3]An einem Leistungsaustausch fehlt es in der Regel, wenn eine Gesellschaft Geldmittel nur erhält, damit sie in die Lage versetzt wird, sich in Erfül-

[1)] Nr. **1.**
[2)] DStR 2013, 1166.

lung ihres Gesellschaftszwecks zu betätigen (vgl. BFH-Urteil vom 20.4.1988, X R 3/82, BStBl. II S. 792). [4]Das ist z. B. der Fall, wenn ein Gesellschafter aus Gründen, die im Gesellschaftsverhältnis begründet sind, die Verluste seiner Gesellschaft übernimmt, um ihr die weitere Tätigkeit zu ermöglichen (vgl. BFH-Urteil vom 11.4.2002, V R 65/00, BStBl. II S. 782).

Gründung von Gesellschaften, Eintritt neuer Gesellschafter

(2) [1]Eine Personengesellschaft erbringt bei der Aufnahme eines Gesellschafters an diesen keinen steuerbaren Umsatz (vgl. BFH-Urteil vom 1.7.2004, V R 32/00, BStBl. II S. 1022). [2]Dies gilt auch für Kapitalgesellschaften bei der erstmaligen Ausgabe von Anteilen (vgl. EuGH-Urteil vom 26.5.2005, C-465/03, Kretztechnik).[1)] [3]Zur Übertragung von Gesellschaftsanteilen vgl. Abschnitt 3.5 Abs. 8. [4]Dagegen sind Sacheinlagen eines Gesellschafters umsatzsteuerbar, wenn es sich um Lieferungen und sonstige Leistungen im Rahmen seines Unternehmens handelt und keine Geschäftsveräußerung im Sinne des § 1 Abs. 1a UStG vorliegt. [5]Die Einbringung von Wirtschaftsgütern durch den bisherigen Einzelunternehmer in die neu gegründete Gesellschaft ist auf die Übertragung der Gesellschaftsrechte gerichtet (vgl. BFH-Urteile vom 8.11.1995, XI R 63/94, BStBl. 1996 II S. 114, und vom 15.5.1997, V R 67/94, BStBl. II S. 705). [6]Als Entgelt für die Einbringung von Wirtschaftsgütern in eine Gesellschaft kommt neben der Verschaffung der Beteiligung an der Gesellschaft auch die Übernahme von Schulden des Gesellschafters durch die Gesellschaft in Betracht, wenn der einbringende Gesellschafter dadurch wirtschaftlich entlastet wird (vgl. BFH-Urteil vom 15.5.1997, a. a. O.). [7]Zum Nachweis der Voraussetzung, dass der Leistungsaustausch zwischen Gesellschafter und Gesellschaft tatsächlich vollzogen worden ist, vgl. BFH-Urteil vom 8.11.1995, XI R 63/94, a. a. O.

Leistungsaustausch oder nicht steuerbarer Gesellschafterbeitrag

(3) [1]Ein Gesellschafter kann an die Gesellschaft sowohl Leistungen erbringen, die ihren Grund in einem gesellschaftsrechtlichen Beitragsverhältnis haben, als auch Leistungen, die auf einem gesonderten schuldrechtlichen Austauschverhältnis beruhen. [2]Die umsatzsteuerrechtliche Behandlung dieser Leistungen richtet sich danach, ob es sich um Leistungen handelt, die als Gesellschafterbeitrag durch die Beteiligung am Gewinn oder Verlust der Gesellschaft abgegolten werden, oder um Leistungen, die gegen Sonderentgelt ausgeführt werden und damit auf einen Leistungsaustausch gerichtet sind. [3]Entscheidend ist die tatsächliche Ausführung des Leistungsaustauschs und nicht allein die gesellschaftsrechtliche Verpflichtung. [4]Dabei ist es unerheblich, dass der Gesellschafter zugleich seine Mitgliedschaftsrechte ausübt. [5]Umsatzsteuerrechtlich maßgebend für das Vorliegen eines Leistungsaustauschs ist, dass ein Leistender und ein Leistungsempfänger vorhanden sind und der Leistung eine Gegenleistung gegenübersteht. [6]Die Steuerbarkeit der Geschäftsführungs- und Vertretungsleistungen eines Gesellschafters an die Gesellschaft setzt das Bestehen eines unmittelbaren Zusammenhangs zwischen der erbrachten Leistung und dem empfangenen Sonderentgelt voraus (vgl. BFH-Urteile vom

1) DStR 2005, 965.

6.6.2002, V R 43/01, BStBl. 2003 II S. 36, und vom 16.1.2003, V R 92/01, BStBl. II S. 732). [7]Für die Annahme eines unmittelbaren Zusammenhangs im Sinne eines Austauschs von Leistung und Gegenleistung genügt es nicht schon, dass die Mitglieder der Personenvereinigung lediglich gemeinschaftlich die Kosten für den Erwerb und die Unterhaltung eines Wirtschaftsguts tragen, das sie gemeinsam nutzen wollen oder nutzen (vgl. BFH-Urteil vom 28.11. 2002, V R 18/01, BStBl. 2003 II S. 443). [8]Der Gesellschafter einer Personengesellschaft kann grundsätzlich frei entscheiden, in welcher Eigenschaft er für die Gesellschaft tätig wird. [9]Der Gesellschafter kann wählen, ob er einen Gegenstand verkauft, vermietet oder ihn selbst bzw. seine Nutzung als Einlage einbringt (vgl. BFH-Urteil vom 18.12.1996, XI R 12/96, BStBl. 1997 II S. 374). [10]Eine sonstige Leistung durch Überlassung der Nutzung eines Gegenstands muss beim Leistungsempfänger die Möglichkeit begründen, den Gegenstand für seine Zwecke zu verwenden. [11]Soweit die Verwendung durch den Leistungsempfänger in der Rücküberlassung der Nutzung an den Leistenden besteht, muss deutlich erkennbar sein, dass dieser nunmehr sein Recht zur Nutzung aus dem Nutzungsrecht des Leistungsempfängers ableitet (BFH-Urteil vom 9.9.1993, V R 88/88, BStBl. 1994 II S. 56).

(4) [1]Auf die Bezeichnung der Gegenleistung z. B. als Gewinnvorab/Vorabgewinn, als Vorwegvergütung, als Aufwendungsersatz, als Umsatzbeteiligung oder als Kostenerstattung kommt es nicht an.

Beispiel 1:

[1]Den Gesellschaftern einer OHG obliegt die Führung der Geschäfte und die Vertretung der OHG. [2]Diese Leistungen werden mit dem nach der Anzahl der beteiligten Gesellschafter und ihrem Kapitaleinsatz bemessenen Anteil am Ergebnis (Gewinn und Verlust) der OHG abgegolten.

[3]Die Ergebnisanteile sind kein Sonderentgelt; die Geschäftsführungs- und Vertretungsleistungen werden nicht im Rahmen eines Leistungsaustauschs ausgeführt, sondern als Gesellschafterbeitrag erbracht.

[2]Dies gilt auch, wenn nicht alle Gesellschafter tatsächlich die Führung der Geschäfte und die Vertretung der Gesellschaft übernehmen bzw. die Geschäftsführungs- und Vertretungsleistungen mit einem erhöhten Anteil am Ergebnis (Gewinn und Verlust) oder am Gewinn der Gesellschaft abgegolten werden.

Beispiel 2:

[1]Die Führung der Geschäfte und die Vertretung der aus den Gesellschaftern A, B und C bestehenden OHG obliegt nach den gesellschaftsrechtlichen Vereinbarungen ausschließlich dem C.

a) Die Leistung des C ist mit seinem nach der Anzahl der beteiligten Gesellschafter und ihrem Kapitaleinsatz bemessenen Anteil am Ergebnis (Gewinn und Verlust) der OHG abgegolten; A, B und C sind zu gleichen Teilen daran beteiligt.
b) C ist mit 40 %, A und B mit jeweils 30 % am Ergebnis (Gewinn und Verlust) der OHG beteiligt.
c) C erhält im Gewinnfall 25 % des Gewinns vorab, im Übrigen wird der Gewinn nach der Anzahl der Gesellschafter und ihrem Kapitaleinsatz verteilt; ein Verlust wird ausschließlich nach der Anzahl der Gesellschafter und ihrem Kapitaleinsatz verteilt.

[2]Die ergebnisabhängigen Gewinn- bzw. Verlustanteile des C sind kein Sonderentgelt; C führt seine Geschäftsführungs- und Vertretungsleistungen nicht im Rahmen eines Leistungsaustauschs aus, sondern erbringt jeweils Gesellschafterbeiträge.

Beispiel 3:

[1] Eine Beratungsgesellschaft betreibt verschiedene Beratungsstellen, an denen ortsansässige Berater jeweils atypisch still beteiligt sind. [2] Diese sind neben ihrer Kapitalbeteiligung zur Erbringung ihrer Arbeitskraft als Einlage verpflichtet. [3] Sie erhalten für ihre Tätigkeit einen Vorabgewinn. [4] Die auf den Vorabgewinn getätigten Entnahmen werden nicht als Aufwand behandelt. [5] Die Zuweisung des Vorabgewinns und die Verteilung des verbleibenden Gewinns erfolgen im Rahmen der Gewinnverteilung.

[6] Der Vorabgewinn ist kein Sonderentgelt; die Gesellschafter führen ihre Tätigkeiten im Rahmen eines gesellschaftsrechtlichen Beitragsverhältnisses aus.

[3] Bei Leistungen auf Grund eines gegenseitigen Vertrags (vgl. §§ 320 ff. BGB), durch den sich der Gesellschafter zu einem Tun, Dulden oder Unterlassen und die Gesellschaft sich hierfür zur Zahlung einer Gegenleistung verpflichtet, sind die Voraussetzungen des § 1 Abs. 1 Nr. 1 Satz 1 UStG für einen steuerbaren Leistungsaustausch hingegen regelmäßig erfüllt, falls der Gesellschafter Unternehmer ist; dies gilt auch, wenn Austausch- und Gesellschaftsvertrag miteinander verbunden sind. [4] Ein Leistungsaustausch zwischen Gesellschafter und Gesellschaft liegt vor, wenn der Gesellschafter z. B. für seine Geschäftsführungs- und Vertretungsleistung an die Gesellschaft eine Vergütung erhält (auch wenn diese als Gewinnvorab bezeichnet wird), die im Rahmen der Ergebnisermittlung als Aufwand behandelt wird. [5] Die Vergütung ist in diesem Fall Gegenleistung für die erbrachte Leistung.

Beispiel 4:

[1] Der Gesellschafter einer OHG erhält neben seinem nach der Anzahl der Gesellschafter und ihrem Kapitaleinsatz bemessenen Gewinnanteil für die Führung der Geschäfte und die Vertretung der OHG eine zu Lasten des Geschäftsergebnisses verbuchte Vorwegvergütung von jährlich 120 000 € als Festbetrag.

[2] Die Vorwegvergütung ist Sonderentgelt; der Gesellschafter führt seine Geschäftsführungs- und Vertretungsleistungen im Rahmen eines Leistungsaustauschs aus.

Beispiel 5:

[1] Wie Beispiel 3, jedoch erhält ein atypisch stiller Gesellschafter im Rahmen seines Niederlassungsleiter-Anstellungsvertrags eine Vergütung, die handelsrechtlich als Aufwand behandelt werden muss.

[2] Die Vergütung ist Sonderentgelt; die Geschäftsführungs- und Vertretungsleistungen werden im Rahmen eines Leistungsaustauschverhältnisses ausgeführt. [3] Zur Frage der unabhängig von der ertragsteuerrechtlichen Beurteilung als Einkünfte aus Gewerbebetrieb nach § 15 Abs. 1 Nr. 2 EStG zu beurteilenden Frage nach der umsatzsteuerrechtlichen Selbständigkeit vgl. Abschnitt 2.2. [4] Im Rahmen von Niederlassungsleiter-Anstellungsverträgen tätige Personen sind danach im Allgemeinen selbständig tätig.

[6] Ist die Vergütung für die Leistungen des Gesellschafters im Gesellschaftsvertrag als Teil der Ergebnisverwendung geregelt, liegt ein Leistungsaustausch vor, wenn sich aus den geschlossenen Vereinbarungen und deren tatsächlicher Durchführung ergibt, dass die Leistungen nicht lediglich durch eine Beteiligung am Gewinn und Verlust der Gesellschaft abgegolten, sondern gegen Sonderentgelt ausgeführt werden. [7] Ein Leistungsaustausch zwischen Gesellschaft und Gesellschafter liegt demnach auch vor, wenn die Vergütung des Gesellschafters zwar nicht im Rahmen der Ergebnisermittlung als Aufwand behandelt wird, sich jedoch gleichwohl ergebnismindernd auswirkt oder es sich aus den Gesamtumständen des Einzelfalls ergibt, dass sie nach den Vorstellungen der Gesellschafter als umsatzsteuerrechtliches Sonderentgelt gewährt werden soll.

Beispiel 6:

[1] Eine GmbH betreut als alleinige Komplementärin einer Fonds-KG ohne eigenen Vermögensanteil die Geschäfte der Fonds-KG, deren Kommanditanteile von Investoren (Firmen und Privatpersonen) gehalten werden. [2] Nach den Regelungen im Gesellschaftsvertrag zur Ergebnisverteilung, zum Gewinnvorab und zu den Entnahmen erhält die GmbH

a) [1] eine jährliche Management-Fee. [2] Bei der Fonds-KG handelt es sich um eine vermögensverwaltende Gesellschaft, bei der grundsätzlich nur eine Ermittlung von Kapitaleinkünften durch die Gegenüberstellung von Einnahmen und Werbungskosten vorgesehen ist. [3] Sie verbucht die Zahlung der Management-Fee in der Ergebnisermittlung nicht als Aufwand, sondern ordnet sie bei der Ermittlung der Einnahmen aus Kapitalvermögen und Werbungskosten für die Anleger, die ihre Anteile im Privatvermögen halten, in voller Höhe den Werbungskosten der Anleger zu;

b) [1] eine als gewinnabhängig bezeichnete Management-Fee. [2] Da die erwirtschafteten Jahresüberschüsse jedoch zur Finanzierung der Management-Fee nicht ausreichen, wird ein Bilanzgewinn durch die Auflösung von eigens dafür gebildeten Kapitalrücklagen ausgewiesen;

c) [1] eine als gewinnabhängig bezeichnete Jahresvergütung. [2] Der für die Zahlung der Vergütung bereitzustellende Bilanzgewinn wird aus einer Gewinnrücklage gebildet, welche aus Verwaltungskostenvorauszahlungen der Kommanditisten gespeist wurde. [3] Die Verwaltungskosten stellen Werbungskosten der Kommanditisten dar;

d) [1] eine einmalige Gebühr („Konzeptions-Fee“). [2] Die Fonds-KG hat die Zahlung in der Ergebnisermittlung nicht als Aufwand verbucht. [3] Die Gebühr wird neben dem Agio in dem Beteiligungsangebot zur Fonds-KG als Kosten für die Investoren ausgewiesen. [4] Gebühr/Konzeptions-Fee sowie Aufwendungen und Kosten der Fonds-KG werden auf die zum letzten Zeichnungsschluss vorhandenen Gesellschafter umgelegt.

[3] Die Vergütungen sind jeweils Sonderentgelt; die GmbH führt die Leistungen jeweils im Rahmen eines Leistungsaustauschs aus.

Beispiel 7:

[1] Der Gesellschafter einer OHG erhält neben seinem nach der Anzahl der Gesellschafter und ihrem Kapitaleinsatz bemessenen Gewinnanteil für die Führung der Geschäfte und die Vertretung der OHG im Rahmen der Gewinnverteilung auch im Verlustfall einen festen Betrag von 120 000 € vorab zugewiesen (Vorabvergütung).
[2] Der vorab zugewiesene Gewinn ist Sonderentgelt; der Gesellschafter führt seine Geschäftsführungs- und Vertretungsleistungen im Rahmen eines Leistungsaustauschs aus.

[8] Gewinnabhängige Vergütungen können auch ein zur Steuerbarkeit führendes Sonderentgelt darstellen, wenn sie sich nicht nach den vermuteten, sondern nach den tatsächlich erbrachten Gesellschafterleistungen bemessen. [9] Verteilt eine Gesellschaft bürgerlichen Rechts nach dem Gesellschaftsvertrag den gesamten festgestellten Gewinn je Geschäftsjahr an ihre Gesellschafter nach der Menge der jeweils gelieferten Gegenstände, handelt es sich – unabhängig von der Bezeichnung als Gewinnverteilung – umsatzsteuerrechtlich um Entgelt für die Lieferungen der Gesellschafter an die Gesellschaft (vgl. BFH-Urteil vom 10.5.1990, V R 47/86, BStBl. II S. 757). [10] Zur Überlassung von Gegenständen gegen jährliche Pauschalvergütung vgl. BFH-Urteil vom 16.3.1993, XI R 44/90, BStBl. II S. 529, und gegen Gutschriften auf dem Eigenkapitalkonto vgl. BFH-Urteil vom 16.3.1993, XI R 52/90, BStBl. II S. 562. [11] Ohne Bedeutung ist, ob der Gesellschafter zunächst nur Abschlagszahlungen erhält und der ihm zustehende Betrag erst im Rahmen der Überschussermittlung verrechnet wird. [12] Entnahmen, zu denen der Gesellschafter nach Art eines Abschlags auf den nach der Anzahl der Gesellschafter und ihrem Kapital-

einsatz bemessenen Anteil am Gewinn der Gesellschaft berechtigt ist, begründen grundsätzlich kein Leistungsaustauschverhältnis. [13]Ein gesellschaftsvertraglich vereinbartes garantiertes Entnahmerecht, nach dem die den Gewinnanteil übersteigenden Entnahmen nicht zu einer Rückzahlungsverpflichtung führen, führt wie die Vereinbarung einer Vorwegvergütung zu einem Leistungsaustausch (vgl. Beispiele 4 und 7). [14]Die Tätigkeit eines Kommanditisten als Beiratsmitglied, dem vor allem Zustimmungs- und Kontrollrechte übertragen sind, kann eine Sonderleistung sein (vgl. BFH-Urteil vom 24.8.1994, XI R 74/93, BStBl. 1995 II S. 150). [15]Ein zwischen Gesellschafter und Gesellschaft vorliegender Leistungsaustausch hat keinen Einfluss auf die Beurteilung der Leistungen der Gesellschaft Dritten gegenüber. [16]Insbesondere sind in der Person des Gesellschafters vorliegende oder an seine Person geknüpfte Tatbestandsmerkmale, wie z. B. die Zugehörigkeit zu einer bestimmten Berufsgruppe (z. B. Land- und Forstwirt) oder die Erlaubnis zur Führung bestimmter Geschäfte (z. B. Bankgeschäfte) hinsichtlich der Beurteilung der Leistungen der Gesellschaft unbeachtlich. [17]Da der Gesellschafter bei der Geschäftsführung und Vertretung im Namen der Gesellschaft tätig wird und somit nicht im eigenen Namen gegenüber den Kunden der Gesellschaft auftritt, liegt auch kein Fall der Dienstleistungskommission (§ 3 Abs. 11 UStG) vor.

Beispiel 8:

[1]Bei einem in der Rechtsform der KGaA geführten Kreditinstitut ist ausschließlich dem persönlich haftenden Gesellschafter-Geschäftsführer die Erlaubnis zur Führung der Bankgeschäfte erteilt worden.

[2]Die für die Leistungen des Kreditinstituts geltende Steuerbefreiung des § 4 Nr. 8 UStG ist nicht auf die Geschäftsführungs- und Vertretungsleistung des Gesellschafters anwendbar.

(5) [1]Wird für Leistungen des Gesellschafters an die Gesellschaft neben einem Sonderentgelt auch eine gewinnabhängige Vergütung (vgl. Absatz 4 Satz 2 Beispiele 1 und 2) gezahlt (sog. Mischentgelt), sind das Sonderentgelt und die gewinnabhängige Vergütung umsatzsteuerrechtlich getrennt zu beurteilen. [2]Das Sonderentgelt ist als Entgelt einzuordnen, da es einer bestimmten Leistung zugeordnet werden kann. [3]Diese gewinnabhängige Vergütung ist dagegen kein Entgelt.

Beispiel:

[1]Der Gesellschafter einer OHG erhält für die Führung der Geschäfte und die Vertretung der OHG im Rahmen der Gewinnverteilung 25 % des Gewinns, mindestens jedoch 60 000 € vorab zugewiesen.

[2]Der Festbetrag von 60 000 € ist Sonderentgelt und wird im Rahmen eines Leistungsaustauschs gezahlt; im Übrigen wird der Gesellschafter auf Grund eines gesellschaftsrechtlichen Beitragsverhältnisses tätig.

(6) [1]Auch andere gesellschaftsrechtlich zu erbringende Leistungen der Gesellschafter an die Gesellschaft können bei Zahlung eines Sonderentgelts als Gegenleistung für diese Leistung einen umsatzsteuerbaren Leistungsaustausch begründen. [2]Sowohl die Haftungsübernahme als auch die Geschäftsführung und Vertretung besitzen ihrer Art nach Leistungscharakter und können daher auch im Fall der isolierten Erbringung Gegenstand eines umsatzsteuerbaren Leistungsaustausches sein.

Beispiel:

[1] Der geschäftsführungs- und vertretungsberechtigte Komplementär einer KG erhält für die Geschäftsführung, Vertretung und Haftung eine Festvergütung.

[2] Die Festvergütung ist als Entgelt für die einheitliche Leistung, die Geschäftsführung, Vertretung und Haftung umfasst, umsatzsteuerbar und umsatzsteuerpflichtig (vgl. BFH-Urteil vom 3.3.2011, V R 24/10, BStBl. II S. 950). [3] Weder die Geschäftsführung und Vertretung noch die Haftung nach §§ 161, 128 HGB haben den Charakter eines Finanzgeschäfts im Sinne des § 4 Nr. 8 Buchst. g UStG.

(6a) [1] Erbringt eine Gesellschaft auf schuldrechtlicher Grundlage an ihre Gesellschafter Leistungen gegen Entgelt und stellen ihr die Gesellschafter in unmittelbarem Zusammenhang hiermit auf gesellschaftsrechtlicher Grundlage Personal zur Verfügung, liegt ein tauschähnlicher Umsatz vor. [2] Um eine Beistellung anstelle eines tauschähnlichen Umsatzes handelt es sich nur dann, wenn das vom jeweiligen Gesellschafter überlassene Personal ausschließlich für Zwecke der Leistungserbringung an den jeweiligen Gesellschafter verwendet wird (vgl. BFH-Urteil vom 15.4.2010, V R 10/08, BStBl. II S. 879).

Einzelfälle

(7) Ein Gesellschafter kann seine Verhältnisse so gestalten, dass sie zu einer möglichst geringen steuerlichen Belastung führen (BFH-Urteil vom 16.3.1993, XI R 45/90, BStBl. II S. 530).

1. [1] Der Gesellschafter erwirbt einen Gegenstand, den er der Gesellschaft zur Nutzung überlässt. [2] Der Gesellschafter ist nur als Gesellschafter tätig.

   a) Der Gesellschafter überlässt den Gegenstand zur Nutzung gegen Sonderentgelt.

   Beispiel 1:

   [1] Der Gesellschafter erwirbt für eigene Rechnung einen Pkw, den er in vollem Umfang seinem Unternehmen zuordnet, auf seinen Namen zulässt und den er in vollem Umfang der Gesellschaft zur Nutzung überlässt. [2] Die Gesellschaft zahlt dem Gesellschafter für die Nutzung des Pkw eine besondere Vergütung, z. B. einen feststehenden Mietzins oder eine nach der tatsächlichen Fahrleistung bemessene Vergütung.

   [3] Nach den Grundsätzen der BFH-Urteile vom 7.11.1991, V R 116/86, BStBl. 1992 II S. 269, und vom 16.3.1993, XI R 52/90, BStBl. II S. 562, ist die Unternehmereigenschaft des Gesellschafters zu bejahen. [4] Er bewirkt mit der Überlassung des Pkw eine steuerbare Leistung an die Gesellschaft. [5] Das Entgelt dafür besteht in der von der Gesellschaft gezahlten besonderen Vergütung. [6] Die Mindestbemessungsgrundlage ist zu beachten. [7] Ein Leistungsaustausch kann auch dann vorliegen, wenn der Gesellschafter den Pkw ausschließlich selbst nutzt (vgl. BFH-Urteil vom 16.3.1993, XI R 45/90, BStBl. II S. 530).

   [8] Der Gesellschafter, nicht die Gesellschaft, ist zum Vorsteuerabzug aus dem Erwerb des Pkw berechtigt (vgl. Abschnitt 15.20 Abs. 1).

   Beispiel 2:

   [1] Sachverhalt wie Beispiel 1, jedoch mit der Abweichung, dass der Pkw nur zu 70% der Gesellschaft überlassen und zu 30% für eigene unternehmensfremde (private) Zwecke des Gesellschafters genutzt wird.

   [2] Ein Leistungsaustausch zwischen Gesellschafter und Gesellschaft findet nur insoweit statt, als der Gegenstand für Zwecke der Gesellschaft überlassen wird. [3] Das Entgelt dafür besteht in der von der Gesellschaft gezahlten besonderen Vergütung. [4] Die Mindestbemessungsgrundlage ist zu beachten. [5] Insoweit als der Gesellschafter den Gegenstand für eigene unternehmensfremde (private) Zwecke verwendet, liegt bei ihm eine nach § 3 Abs. 9a Nr. 1 UStG steuerbare unentgeltliche Wertabgabe vor.

b) Der Gesellschafter überlässt den Gegenstand zur Nutzung gegen eine Beteiligung am Gewinn oder Verlust der Gesellschaft.

Beispiel 3:

[1] Der Gesellschafter erwirbt für eigene Rechnung einen Pkw, den er auf seinen Namen zulässt und den er in vollem Umfang der Gesellschaft zur Nutzung überlässt. [2] Der Gesellschafter erhält hierfür jedoch keine besondere Vergütung; ihm steht lediglich der im Gesellschaftsvertrag bestimmte Gewinnanteil zu.

[3] Überlässt der Gesellschafter der Gesellschaft den Gegenstand gegen eine Beteiligung am Gewinn oder Verlust der Gesellschaft zur Nutzung, handelt er insoweit nicht als Unternehmer. [4] Weder der Gesellschafter noch die Gesellschaft sind berechtigt, die dem Gesellschafter beim Erwerb des Gegenstands in Rechnung gestellte Umsatzsteuer als Vorsteuer abzuziehen (vgl. Abschnitt 15.20 Abs. 1 Satz 7). [5] Eine Zuordnung zum Unternehmen kommt daher nicht in Betracht.

2. [1] Der Gesellschafter ist selbst als Unternehmer tätig. [2] Er überlässt der Gesellschaft einen Gegenstand seines dem Unternehmen dienenden Vermögens zur Nutzung.

a) [1] Der Gesellschafter überlässt den Gegenstand zur Nutzung gegen Sonderentgelt.

[2] Bei der Nutzungsüberlassung gegen Sonderentgelt handelt es sich um einen steuerbaren Umsatz im Rahmen des Unternehmens. [3] Das Entgelt besteht in der von der Gesellschaft gezahlten besonderen Vergütung. [4] Die Mindestbemessungsgrundlage ist zu beachten.

[5] Zum Vorsteuerabzug des Gesellschafters und der Gesellschaft vgl. Abschnitt 15.20 Abs. 2 und 3.

b) Der Gesellschafter überlässt den Gegenstand zur Nutzung gegen eine Beteiligung am Gewinn oder Verlust der Gesellschaft.

Beispiel 4:

[1] Ein Bauunternehmer ist Mitglied einer Arbeitsgemeinschaft und stellt dieser gegen eine Beteiligung am Gewinn oder Verlust der Gesellschaft Baumaschinen zur Verfügung.

[2] Die Überlassung des Gegenstands an die Gesellschaft gegen eine Beteiligung am Gewinn oder Verlust der Gesellschaft ist beim Gesellschafter keine unentgeltliche Wertabgabe, wenn dafür unternehmerische Gründe ausschlaggebend waren. [3] Es handelt sich mangels Sonderentgelt um eine nicht steuerbare sonstige Leistung im Rahmen des Unternehmens (vgl. auch Absatz 8).

[4] Wird der Gegenstand aus unternehmensfremden Gründen überlassen, liegt beim Gesellschafter unter den Voraussetzungen des § 3 Abs. 9a UStG eine unentgeltliche Wertabgabe vor. [5] Das kann beispielsweise im Einzelfall bei der Überlassung von Gegenständen an Familiengesellschaften der Fall sein. [6] Unternehmensfremde Gründe liegen nicht allein deshalb vor, weil der Gesellschafter die Anteile an der Gesellschaft nicht in seinem Betriebsvermögen hält (vgl. BFH-Urteil vom 20.12.1962, V 111/61 U, BStBl. 1963 III S. 169).

[7] Zum Vorsteuerabzug des Gesellschafters und der Gesellschaft vgl. Abschnitt 15.20 Abs. 2 und 3.

3. [1] Der Gesellschafter ist selbst als Unternehmer tätig. [2] Er liefert der Gesellschaft einen Gegenstand aus seinem Unternehmen unentgeltlich. [3] Er ist nur am Gewinn oder Verlust der Gesellschaft beteiligt.

a) [1] Der Gesellschafter ist zum Vorsteuerabzug aus dem Erwerb des Gegenstands berechtigt, weil bei Leistungsbezug die Absicht bestand, den Gegenstand weiterzuverkaufen.

[2] Es liegt eine unentgeltliche Wertabgabe nach § 3 Abs. 1b Satz 1 Nr. 1 oder 3 UStG vor.

b) [1]Der Gesellschafter ist nicht zum Vorsteuerabzug aus dem Erwerb des Gegenstands berechtigt, weil die unentgeltliche Weitergabe an die Gesellschaft bereits bei Leistungsbezug beabsichtigt war (vgl. Abschnitt 15.15).
[2]Es liegt nach § 3 Abs. 1b Satz 2 UStG keine einer entgeltlichen Lieferung gleichgestellte unentgeltliche Wertabgabe vor.

Leistungsaustausch bei Arbeitsgemeinschaften des Baugewerbes

(8) [1]Überlassen die Gesellschafter einer Arbeitsgemeinschaft des Baugewerbes dieser für die Ausführung des Bauauftrags Baugeräte (Gerätevorhaltung), kann sich die Überlassung im Rahmen eines Leistungsaustauschs vollziehen. [2]Vereinbaren die Gesellschafter, dass die Baugeräte von den Partnern der Arbeitsgemeinschaft kostenlos zur Verfügung zu stellen sind, ist die Überlassung der Baugeräte keine steuerbare Leistung, wenn der die Geräte beistellende Gesellschafter die Überlassung der Geräte der Arbeitsgemeinschaft nicht berechnet und sich mit dem ihm zustehenden Gewinnanteil begnügt. [3]Wird die Überlassung der Baugeräte seitens des Bauunternehmers an die Arbeitsgemeinschaft vor der Verteilung des Gewinns entsprechend dem Geräteeinsatz ausgeglichen oder wird der Gewinn entsprechend der Gerätevorhaltung aufgeteilt, obwohl sie nach dem Vertrag „kostenlos" zu erbringen ist, handelt es sich im wirtschaftlichen Ergebnis um besonders berechnete sonstige Leistungen (vgl. BFH-Urteil vom 18.3.1988, V R 178/83, BStBl. II S. 646, zur unentgeltlichen Gegenstandsüberlassung vgl. Absatz 7 Nr. 2 Buchstabe b Beispiel 4). [4]Das gilt auch dann, wenn die Differenz zwischen vereinbarter und tatsächlicher Geräteüberlassung unmittelbar zwischen den Arbeitsgemeinschaftspartnern abgegolten (Spitzenausgleich) und der Gewinn formell von Ausgleichszahlungen unbeeinflusst verteilt wird (BFH-Urteile vom 21.3.1968, V R 43/65, BStBl. II S. 449, und vom 11.12.1969, V R 91/68, BStBl. 1970 II S. 356). [5]In den Fällen, in denen im Arbeitsgemeinschaftsvertrag ein Spitzenausgleich der Mehr- und Minderleistungen und der darauf entfallenden Entgelte außerhalb der Arbeitsgemeinschaft zwischen den Partnern unmittelbar vereinbart und auch tatsächlich dementsprechend durchgeführt wird, ist ein Leistungsaustausch zwischen den Arbeitsgemeinschaftsmitgliedern und der Arbeitsgemeinschaft nicht feststellbar. [6]Die Leistungen (Gerätevorhaltungen) der Partner an die Arbeitsgemeinschaft sind in diesen Fällen nicht steuerbar (BFH-Urteil vom 11.12.1969, V R 129/68, BStBl. 1970 II S. 358). [7]Die Anwendung der in den Sätzen 1 bis 6 genannten Grundsätze ist nicht auf Gerätevorhaltungen im Rahmen von Arbeitsgemeinschaften des Baugewerbes beschränkt, sondern allgemein anwendbar, z. B. auf im Rahmen eines Konsortialvertrags erbrachte Arbeitsanteile (vgl. EuGH-Urteil vom 29.4.2004, C-77/01, EDM).[1)]

1.7 Lieferung von Gas, Elektrizität oder Wärme/Kälte

(1)[2)] [1]Die Abgabe von Energie durch einen Übertragungsnetzbetreiber im Rahmen des sog. Bilanzkreis- oder Regelzonenausgleichs vollzieht sich nicht

[1)] DStRE 2004, 1095.

[2)] A 1.7 UStAE Abs. 1 neugef. durch BMF v. 20.8.2020, BStBl. I 2020, 671, anzuwenden in allen offenen Fällen; zur **Übergangsregelung** siehe Anlage 8.

als eigenständige Lieferung, sondern im Rahmen einer sonstigen Leistung und bleibt dementsprechend bei der Beurteilung der Wiederverkäufereigenschaft unberücksichtigt (vgl. Abschnitt 3g.1 Abs. 2). [2]Das gilt entsprechend für Bilanzkreisabrechnungen beim Betrieb von Gasleitungsnetzen zwischen dem Marktgebietsverantwortlichen und dem Bilanzkreisverantwortlichen, wobei es sich ausschließlich um sonstige Leistungen des Marktgebietsverantwortlichen an den Bilanzkreisverantwortlichen unter Leistungsbeistellung durch den Bilanzkreisverantwortlichen handelt. [3]Die zwischen den Netzbetreibern zum Ausgleich der unterschiedlichen Kosten für die unentgeltliche Durchleitung der Energie gezahlten Beträge (sog. Differenzausgleich) sind kein Entgelt für eine steuerbare Leistung des Netzbetreibers. [4]Gibt ein Energieversorger seine am Markt nicht mehr zu einem positiven Kaufpreis veräußerbaren überschüssigen Kapazitäten in Verbindung mit einer Zuzahlung ab, um sich eigene Aufwendungen für das Zurückfahren der eigenen Produktionsanlagen zu ersparen, liegt keine Lieferung von z. B. Elektrizität vor, sondern eine sonstige Leistung des Abnehmers.

(2) [1]Der nach § 9 KWKG[1)] zwischen den Netzbetreibern vorzunehmende Belastungsausgleich vollzieht sich nicht im Rahmen eines Leistungsaustauschs. [2]Gleiches gilt für den ab dem 1. Januar 2010 vorzunehmenden Belastungsausgleich nach der Verordnung zur Weiterentwicklung des bundesweiten Ausgleichsmechanismus vom 17. Juli 2009 (AusglMechV, BGBl. I S. 2101) bezüglich des Ausgleichs zwischen Übertragungsnetzbetreibern und Elektrizitätsversorgungsunternehmen (Zahlung der EEG-Umlage nach § 3 AusglMechV). [3]Bei diesen Umlagen zum Ausgleich der den Unternehmen entstehenden unterschiedlichen Kosten im Zusammenhang mit der Abnahme von Strom aus KWK- bzw. EEG-Anlagen handelt es sich nicht um Entgelte für steuerbare Leistungen.

(3) [1]Soweit der Netzbetreiber nach § 5a KWKG[1)] verpflichtet ist, dem Wärme- oder Kältenetzbetreiber für den Neu- oder Ausbau des Wärme- oder Kältenetzes einen Zuschlag zu zahlen, handelt es sich grundsätzlich um einen echten Zuschuss. [2]Die Zuschläge werden aus einem überwiegenden öffentlichen Interesse heraus, nämlich zur Förderung des Ausbaus der Nutzung der Kraft-Wärme-Kopplung bzw. Kraft-Wärme-Kälte-Kopplung im Interesse von Energieeinsparung und Klimaschutz, gewährt. [3]Dies gilt jedoch nicht, soweit die Zuschläge nach § 5a KWKG die Verbindung des Verteilungsnetzes mit dem Verbraucherabgang (Hausanschluss), der an der Abzweigstelle des Verteilungsnetzes beginnt und mit der Übergabestelle endet, betreffen. [4]Hier ist der entsprechende Anteil des Zuschlags durch den Netzbetreiber nach § 7a Abs. 3 KWKG mit der Rechnungstellung des Wärme- oder Kältenetzbetreibers an den Verbraucher wirtschaftlich und rechtlich verknüpft. [5]Der Anteil des Zuschlags, der auf die Verbindung des Verteilungsnetzes mit dem Verbraucherabgang entfällt, ist von dem Betrag, der dem Verbraucher für die Anschlusskosten in Rechnung gestellt wird, in Abzug zu bringen. [6]Der Zuschlag des Netzbetreibers hängt insoweit unmittelbar mit dem Preis einer steuerbaren

[1)] Kraft-Wärme-Kopplungsgesetz v. 21.12.2015, BGBl. I 2015, 2498, zuletzt geänd. durch G v. 10.8.2021, BGBl. I 2021, 3436 (**Sartorius Ergänzungsband** Nr. **834**).

Leistung (Anschluss an das Verteilungsnetz) zusammen und hat preisauffüllenden Charakter. [7]Das gilt auch dann, wenn der Verbraucher wegen des Abzugs nach § 7a Abs. 3 KWKG für den Anschluss an das Verteilungsnetz selbst nichts bezahlen muss. [8]Der vom Netzbetreiber an den Wärme- oder Kältenetzbetreiber gezahlte Zuschlag ist entsprechend aufzuteilen. [9]Werden bei der Verbindung zwischen Verteilungsnetz und Verbraucherabgang entgeltlich die betreffenden Leitungen vom Wärme- oder Kältenetzbetreiber auf den Verbraucher übertragen, liegt eine Lieferung der entsprechenden Anlagen durch den Wärme- oder Kältenetzbetreiber an den Wärme- oder Kälteabnehmer vor. [10]Soweit der Netzbetreiber nach § 5b KWKG verpflichtet ist, dem Betreiber eines Wärme- bzw. Kältespeichers für den Neu- oder Ausbau von Wärme- bzw. Kältespeichern einen Zuschlag zu zahlen, handelt es sich um einen echten Zuschuss.

(4) [1]Zahlungen des Übertragungsnetzbetreibers an den (Verteil-)Netzbetreiber nach § 35 Abs. 1 EEG[1)] stellen Entgeltzahlungen dar, da diesen Beträgen tatsächliche Stromlieferungen gegenüberstehen. [2]Ausgleichszahlungen des Übertragungsnetzbetreibers nach § 35 Abs. 1a EEG für die vom (Verteil-) Netzbetreiber nach §§ 33g und 33i EEG gezahlten Prämien vollziehen sich hingegen nicht im Rahmen eines Leistungsaustausches. [3]Hat der Netzbetreiber nach § 35 Abs. 2 EEG einen Ausgleich an den Übertragungsnetzbetreiber für vermiedene Netzentgelte zu leisten, da die Stromeinspeisung nach § 16 EEG vergütet oder in den Formen des § 33b Nr. 1 oder Nr. 2 EEG direkt vermarktet wird (Marktprämienmodell oder Grünstromprivileg), handelt es sich bei diesen Ausgleichszahlungen nicht um Entgelte für steuerbare Leistungen.

Ausgleich von Mehr- bzw. Mindermengen Gas

(5) [1]Soweit Ausspeisenetzbetreiber und Transportkunde nach § 25 GasNZV[2)] Mehr- bzw. Mindermengen an Gas ausgleichen, handelt es sich um eine Lieferung entweder vom Ausspeisenetzbetreiber an den Transportkunden (Mindermenge) oder vom Transportkunden an den Ausspeisenetzbetreiber (Mehrmenge), weil jeweils Verfügungsmacht an dem zum Ausgleich zur Verfügung gestellten Gas verschafft wird. [2]Gleiches gilt für das Verhältnis zwischen Marktgebietsverantwortlichem und Ausspeisenetzbetreiber. [3]Der Marktgebietsverantwortliche beschafft die für die Mehr- bzw. Mindermengen benötigten Gasmengen von Händlern am Regelenergiemarkt und stellt diese den Ausspeisenetzbetreibern in seinem Marktgebiet als Mehr- bzw. Mindermenge zur Verfügung bzw. nimmt sie entgegen.

Ausgleich von Mehr- bzw. Mindermengen Strom

(6) [1]Soweit Verteilnetzbetreiber und Lieferant bzw. Kunde nach § 13 StromNZV[3)] Mehr- oder Mindermengen an Strom ausgleichen, handelt es sich um eine Lieferung entweder vom Verteilnetzbetreiber an den Lieferanten

---

[1)] EEG 2021 v. 21.7.2014, BGBl. I 2014, 1066, zuletzt geänd. durch G v. 16.7.2021, BGBl. I 2021, 3026 (jetzt „EEG 2021") (**Sartorius Ergänzungsband** Nr. **833**).

[2)] Gasnetzzugangsverordnung v. 3.9.2010, BGBl. I 2010, 1261, zuletzt geänd. durch G v. 16.7.2021, BGBl. I 2021, 3026.

[3)] Stromnetzzugangsverordnung v. 25.7.2005, BGBl. I 2005, 2243, zuletzt geänd. durch G v. 16.7.2021, BGBl. I 2021, 3026.

bzw. Kunden (Mindermenge) oder vom Lieferanten bzw. Kunden an den Verteilnetzbetreiber (Mehrmenge). [2]Die Verfügungsmacht an dem zum Ausgleich zur Verfügung gestellten Strom wird verschafft.

1.8 Sachzuwendungen und sonstige Leistungen an das Personal

Allgemeines

(1) [1]Wendet der Unternehmer (Arbeitgeber) seinem Personal (seinen Arbeitnehmern) als Vergütung für geleistete Dienste neben dem Barlohn auch einen Sachlohn zu, bewirkt der Unternehmer mit dieser Sachzuwendung eine entgeltliche Leistung im Sinne des § 1 Abs. 1 Nr. 1 Satz 1 UStG, für die der Arbeitnehmer einen Teil seiner Arbeitsleistung als Gegenleistung aufwendet. [2]Wegen des Begriffs der Vergütung für geleistete Dienste vgl. Abschnitt 4.18.1 Abs. 7. [3]Ebenfalls nach § 1 Abs. 1 Nr. 1 Satz 1 UStG steuerbar sind Lieferungen oder sonstige Leistungen, die der Unternehmer an seine Arbeitnehmer oder deren Angehörige auf Grund des Dienstverhältnisses gegen besonders berechnetes Entgelt, aber verbilligt, ausführt. [4]Von einer entgeltlichen Leistung in diesem Sinne ist auszugehen, wenn der Unternehmer für die Leistung gegenüber dem einzelnen Arbeitnehmer einen unmittelbaren Anspruch auf eine Geldzahlung oder eine andere – nicht in der Arbeitsleistung bestehende – Gegenleistung in Geldeswert hat. [5]Für die Steuerbarkeit kommt es nicht darauf an, ob der Arbeitnehmer das Entgelt gesondert an den Unternehmer entrichtet oder ob der Unternehmer den entsprechenden Betrag vom Barlohn einbehält. [6]Die Gewährung von Personalrabatt durch den Unternehmer beim Einkauf von Waren durch seine Mitarbeiter ist keine Leistung gegen Entgelt, sondern Preisnachlass (BFH-Beschluss vom 17.9.1981, V B 43/80, BStBl. II S. 775).

(2) [1]Zuwendungen von Gegenständen (Sachzuwendungen) und sonstige Leistungen an das Personal für dessen privaten Bedarf sind nach § 3 Abs. 1b Satz 1 Nr. 2 und § 3 Abs. 9a UStG auch dann steuerbar, wenn sie unentgeltlich sind (vgl. Abschnitt 3.3 Abs. 9). [2]Die Steuerbarkeit setzt voraus, dass Leistungen aus unternehmerischen (betrieblichen) Gründen für den privaten, außerhalb des Dienstverhältnisses liegenden Bedarf des Arbeitnehmers ausgeführt werden (vgl. BFH-Urteile vom 11.3.1988, V R 30/84, BStBl. II S. 643, und V R 114/83, BStBl. II S. 651). [3]Der Arbeitnehmer erhält Sachzuwendungen und sonstige Leistungen unentgeltlich, wenn er seine Arbeit lediglich für den vereinbarten Barlohn und unabhängig von dem an alle Arbeitnehmer gerichteten Angebot (vgl. BFH-Urteil vom 10.6.1999, V R 104/98, BStBl. II S. 582) oder unabhängig von dem Umfang der gewährten Zuwendungen leistet. [4]Hieran ändert der Umstand nichts, dass der Unternehmer die Zuwendungen zur Ablösung tarifvertraglicher Verpflichtungen erbringt (vgl. BFH-Urteil vom 11.5.2000, V R 73/99, BStBl. II S. 505). [5]Steuerbar sind auch Leistungen an ausgeschiedene Arbeitnehmer auf Grund eines früheren Dienstverhältnisses sowie Leistungen an Auszubildende. [6]Bei unentgeltlichen Zuwendungen eines Gegenstands an das Personal oder der Verwendung eines dem Unternehmen zugeordneten Gegenstands für den privaten Bedarf des Personals setzt die Steuerbarkeit voraus, dass der Gegenstand oder seine Bestandteile zumindest zu einem teilweisen Vorsteuerabzug berechtigt haben

(vgl. Abschnitte 3.3 und 3.4). 7 Keine steuerbaren Umsätze sind Aufmerksamkeiten (vgl. Absatz 3) und Leistungen, die überwiegend durch das betriebliche Interesse des Arbeitgebers veranlasst sind (vgl. Absatz 4 und BFH-Urteil vom 9.7.1998, V R 105/92, BStBl. II S. 635).

(3) 1 Aufmerksamkeiten sind Zuwendungen des Arbeitgebers, die nach ihrer Art und nach ihrem Wert Geschenken entsprechen, die im gesellschaftlichen Verkehr üblicherweise ausgetauscht werden und zu keiner ins Gewicht fallenden Bereicherung des Arbeitnehmers führen (vgl. BFH-Urteil vom 22.3.1985, VI R 26/82, BStBl. II S. 641, R 19.6 LStR).[1)] 2 Zu den Aufmerksamkeiten rechnen danach gelegentliche Sachzuwendungen bis zu einem Wert von 60 €, z. B. Blumen, Genussmittel, ein Buch oder ein Tonträger, die dem Arbeitnehmer oder seinen Angehörigen aus Anlass eines besonderen persönlichen Ereignisses zugewendet werden. 3 Gleiches gilt für Getränke und Genussmittel, die der Arbeitgeber den Arbeitnehmern zum Verzehr im Betrieb unentgeltlich überlässt.

(4) 1 Nicht steuerbare Leistungen, die überwiegend durch das betriebliche Interesse des Arbeitgebers veranlasst sind, liegen vor, wenn betrieblich veranlasste Maßnahmen zwar auch die Befriedigung eines privaten Bedarfs der Arbeitnehmer zur Folge haben, diese Folge aber durch die mit den Maßnahmen angestrebten betrieblichen Zwecke überlagert wird (vgl. EuGH-Urteil vom 11.12.2008, C-371/07, Danfoss und AstraZeneca).[2)] 2 Dies ist regelmäßig anzunehmen, wenn die Maßnahme die dem Arbeitgeber obliegende Gestaltung der Dienstausübung betrifft (vgl. BFH-Urteil vom 9.7.1998, V R 105/92, BStBl. II S. 635). 3 Hierzu gehören insbesondere:

1. 1 Leistungen zur Verbesserung der Arbeitsbedingungen, z. B. die Bereitstellung von Aufenthalts- und Erholungsräumen sowie von betriebseigenen Duschanlagen, die grundsätzlich von allen Betriebsangehörigen in Anspruch genommen werden können. 2 Auch die Bereitstellung von Bade- und Sportanlagen kann überwiegend betrieblich veranlasst sein, wenn in der Zurverfügungstellung der Anlagen nach der Verkehrsauffassung kein geldwerter Vorteil zu sehen ist. 3 Z. B. ist die Bereitstellung von Fußball- oder Handballsportplätzen kein geldwerter Vorteil, wohl aber die Bereitstellung von Tennis- oder Golfplätzen (vgl. auch BFH-Urteil vom 27.9. 1996, VI R 44/96, BStBl. 1997 II S. 146);
2. die betriebsärztliche Betreuung sowie die Vorsorgeuntersuchung des Arbeitnehmers, wenn sie im ganz überwiegenden betrieblichen Interesse des Arbeitgebers liegt (vgl. BFH-Urteil vom 17.9.1982, VI R 75/79, BStBl. 1983 II S. 39);
3. betriebliche Fort- und Weiterbildungsleistungen;
4. die Überlassung von Arbeitsmitteln zur beruflichen Nutzung einschließlich der Arbeitskleidung, wenn es sich um typische Berufskleidung, insbesondere um Arbeitsschutzkleidung, handelt, deren private Nutzung so gut wie ausgeschlossen ist;

---

1) Nr. **20**.
2) DStRE 2009, 168.

5. das Zurverfügungstellen von Parkplätzen auf dem Betriebsgelände;
6. [1]Zuwendungen im Rahmen von Betriebsveranstaltungen, soweit sie sich im üblichen Rahmen halten. [2]Die Üblichkeit der Zuwendungen ist bis zu einer Höhe von 110 € einschließlich Umsatzsteuer je Arbeitnehmer und Betriebsveranstaltung nicht zu prüfen. [3]Satz 2 gilt nicht bei mehr als zwei Betriebsveranstaltungen im Jahr. [4]Die lohnsteuerrechtliche Beurteilung gilt entsprechend;
7. das Zurverfügungstellen von Betriebskindergärten;
8. das Zurverfügungstellen von Übernachtungsmöglichkeiten in gemieteten Zimmern, wenn der Arbeitnehmer an weit von seinem Heimatort entfernten Tätigkeitsstellen eingesetzt wird (vgl. BFH-Urteil vom 21.7.1994, V R 21/92, BStBl. II S. 881);
9. Schaffung und Förderung der Rahmenbedingungen für die Teilnahme an einem Verkaufswettbewerb (vgl. BFH-Urteil vom 16.3.1995, V R 128/92, BStBl. II S. 651);
10. die Sammelbeförderung unter den in Absatz 15 Satz 2 bezeichneten Voraussetzungen;
11. die unentgeltliche Abgabe von Speisen anlässlich und während eines außergewöhnlichen Arbeitseinsatzes, z. B. während einer außergewöhnlichen betrieblichen Besprechung oder Sitzung (vgl. EuGH-Urteil vom 11.12.2008, C-371/07, Danfoss und AstraZeneca);[1)]
12. die Übernahme von Umzugskosten durch den Arbeitgeber für die hiervon begünstigten Arbeitnehmer, wenn die Kostenübernahme im ganz überwiegenden betrieblichen Interesse des Arbeitgebers liegt (vgl. BFH-Urteil vom 6.6.2019, V R 18/18, BStBl. 2020 II S. 293).

(4a) [1]Zum Vorsteuerabzug bei Aufmerksamkeiten, die die Grenze in Absatz 3 überschreiten, und bei Leistungen, die nicht durch das betriebliche Interesse (Absatz 4) veranlasst sind, vgl. Abschnitt 3.3 Abs 1 Satz 7 und Abschnitt 15.15. [2]Eine Wertabgabe an Arbeitnehmer unterliegt in diesen Fällen nicht der Umsatzsteuer.

(5) [1]Nach § 1 Abs. 1 Nr. 1 Satz 1, § 3 Abs. 1b oder § 3 Abs. 9a UStG steuerbare Umsätze an Arbeitnehmer können steuerfrei, z. B. nach § 4 Nr. 10 Buchstabe b, Nr. 12 Satz 1, 18, 23 bis 25 UStG, sein. [2]Die Überlassung von Werkdienstwohnungen durch Arbeitgeber an Arbeitnehmer ist nach § 4 Nr. 12 Satz 1 Buchstabe a UStG steuerfrei (vgl. BFH-Urteile vom 30.7.1986, V R 99/76, BStBl. II S. 877, und vom 7.10.1987, V R 2/79, BStBl. 1988 II S. 88), wenn sie mehr als sechs Monate dauert. [3]Überlässt ein Unternehmer in seiner Pension Räume an eigene Saison-Arbeitnehmer, ist diese Leistung nach § 4 Nr. 12 Satz 2 UStG steuerpflichtig, wenn diese Räume wahlweise zur vorübergehenden Beherbergung von Gästen oder zur Unterbringung des Saisonpersonals bereitgehalten werden (vgl. BFH-Urteil vom 13.9.1988, V R 46/83, BStBl. II S. 1021); vgl. auch Abschnitt 4.12.9 Abs. 2.

---

1) DStRE 2009, 168.

Bemessungsgrundlage

(6) [1]Bei der Ermittlung der Bemessungsgrundlage für die entgeltlichen Lieferungen und sonstigen Leistungen an Arbeitnehmer (Absatz 1) ist die Vorschrift über die Mindestbemessungsgrundlage in § 10 Abs. 5 Nr. 2 UStG zu beachten. [2]Danach ist als Bemessungsgrundlage mindestens der in § 10 Abs. 4 UStG bezeichnete Wert (Einkaufspreis, Selbstkosten, Ausgaben, vgl. Absatz 7) abzüglich der Umsatzsteuer anzusetzen, wenn dieser den vom Arbeitnehmer tatsächlich aufgewendeten (gezahlten) Betrag abzüglich der Umsatzsteuer übersteigt. [3]Der Umsatz ist jedoch höchstens nach dem marktüblichen Entgelt zu bemessen (vgl. Abschnitt 10.7 Abs. 1). [4]Beruht die Verbilligung auf einem Belegschaftsrabatt, z. B. bei der Lieferung von sog. Jahreswagen an Werksangehörige in der Automobilindustrie, liegen die Voraussetzungen für die Anwendung der Vorschrift des § 10 Abs. 5 Nr. 2 UStG regelmäßig nicht vor; Bemessungsgrundlage ist dann der tatsächlich aufgewendete Betrag abzüglich Umsatzsteuer. [5]Zuwendungen, die der Unternehmer in Form eines Sachlohns als Vergütung für geleistete Dienste gewährt, sind nach den Werten des § 10 Abs. 4 UStG zu bemessen; dabei sind auch die nicht zum Vorsteuerabzug berechtigenden Ausgaben in die Bemessungsgrundlage einzubeziehen. [6]Eine Leistung unterliegt nur dann der Mindestbemessungsgrundlage nach § 10 Abs. 5 Nr. 2 UStG, wenn sie ohne Entgeltvereinbarung als unentgeltliche Leistung steuerbar wäre (vgl. BFH-Urteile vom 15.11.2007, V R 15/06, BStBl. 2009 II S. 423, vom 27.2.2008, XI R 50/07, BStBl. 2009 II S. 426, und vom 29.5.2008, V R 12/07, BStBl. 2009 II S. 428 sowie Abschnitt 10.7).

(7) [1]Die Bemessungsgrundlage für die unentgeltlichen Lieferungen und sonstigen Leistungen an Arbeitnehmer (Absatz 2) ist in § 10 Abs. 4 UStG geregelt. [2]Bei der Ermittlung der Bemessungsgrundlage für unentgeltliche Lieferungen (§ 10 Abs. 4 Satz 1 Nr. 1 UStG) ist vom Einkaufspreis zuzüglich der Nebenkosten für den Gegenstand oder für einen gleichartigen Gegenstand oder mangels eines Einkaufspreises von den Selbstkosten, jeweils zum Zeitpunkt des Umsatzes, auszugehen. [3]Der Einkaufspreis entspricht in der Regel dem Wiederbeschaffungspreis des Unternehmers. [4]Die Selbstkosten umfassen alle durch den betrieblichen Leistungsprozess entstehenden Ausgaben. [5]Bei der Ermittlung der Bemessungsgrundlage für unentgeltliche sonstige Leistungen (§ 10 Abs. 4 Satz 1 Nr. 2 und 3 UStG) ist von den bei der Ausführung dieser Leistungen entstandenen Ausgaben auszugehen. [6]Hierzu gehören auch die anteiligen Gemeinkosten. [7]In den Fällen des § 10 Abs. 4 Satz 1 Nr. 2 UStG sind aus der Bemessungsgrundlage solche Ausgaben auszuscheiden, die nicht zum vollen oder teilweisen Vorsteuerabzug berechtigt haben.

(8) [1]Die in § 10 Abs. 4 UStG vorgeschriebenen Werte weichen grundsätzlich von den für Lohnsteuerzwecke anzusetzenden Werten (§ 8 Abs. 2 und 3 EStG, R 8.1 und R 8.2 LStR)[1)] ab. [2]In bestimmten Fällen (vgl. Absätze 9, 11, 14, 18) ist es jedoch aus Vereinfachungsgründen nicht zu beanstanden, wenn für die umsatzsteuerrechtliche Bemessungsgrundlage von den lohnsteuerrechtlichen Werten ausgegangen wird. [3]Diese Werte sind dann als Bruttowerte anzusehen, aus denen zur Ermittlung der Bemessungsgrundlage die Umsatzsteuer

---

1) Nr. **20.**

herauszurechnen ist. [4]Der Freibetrag nach § 8 Abs. 3 Satz 2 EStG von 1080 € bleibt bei der umsatzsteuerrechtlichen Bemessungsgrundlage unberücksichtigt.

Einzelfälle

(9) [1]Erhalten Arbeitnehmer von ihrem Arbeitgeber freie Verpflegung, freie Unterkunft oder freie Wohnung, ist von den Werten auszugehen, die in der SvEV[1)] in der jeweils geltenden Fassung festgesetzt sind. [2]Für die Gewährung von Unterkunft und Wohnung kann unter den Voraussetzungen des § 4 Nr. 12 Satz 1 Buchstabe a UStG Steuerfreiheit in Betracht kommen (vgl. Absatz 5). [3]Die Gewährung der Verpflegung unterliegt dem allgemeinen Steuersatz (vgl. BFH-Urteil vom 24.11.1988, V R 30/83, BStBl. 1989 II S. 210; Abschnitt 3.6).

(10) [1]Bei der Abgabe von Mahlzeiten an die Arbeitnehmer ist hinsichtlich der Ermittlung der Bemessungsgrundlage zu unterscheiden, ob es sich um eine unternehmenseigene Kantine oder um eine vom Unternehmer (Arbeitgeber) nicht selbst betriebene Kantine handelt. [2]Eine unternehmenseigene Kantine ist nur anzunehmen, wenn der Unternehmer die Mahlzeiten entweder selbst herstellt oder die Mahlzeiten vor der Abgabe an die Arbeitnehmer mehr als nur geringfügig be- oder verarbeitet bzw. aufbereitet oder ergänzt. [3]Von einer nicht selbst betriebenen Kantine ist auszugehen, wenn die Mahlzeiten nicht vom Arbeitgeber/Unternehmer selbst (d. h. durch eigenes Personal) zubereitet und an die Arbeitnehmer abgegeben werden. [4]Überlässt der Unternehmer (Arbeitgeber) im Rahmen der Fremdbewirtschaftung Küchen- und Kantinenräume, Einrichtungs- und Ausstattungsgegenstände sowie Koch- und Küchengeräte u. ä., ist der Wert dieser Gebrauchsüberlassung bei der Ermittlung der Bemessungsgrundlage für die Mahlzeiten nicht zu berücksichtigen.

(11)[2)] [1]Bei der unentgeltlichen Abgabe von Mahlzeiten an die Arbeitnehmer durch **unternehmenseigene Kantinen** ist aus Vereinfachungsgründen bei der Ermittlung der Bemessungsgrundlage von dem Wert auszugehen, der dem amtlichen Sachbezugswert nach der SvEV[1)] entspricht (vgl. R 8.1 Abs. 7 LStR).[3)] [2]Werden die Mahlzeiten in unternehmenseigenen Kantinen entgeltlich abgegeben, ist der vom Arbeitnehmer gezahlte Essenspreis, mindestens jedoch der Wert der Besteuerung zu Grunde zu legen, der dem amtlichen Sachbezugswert nach der SvEV entspricht (vgl. R 8.1 Abs. 7 LStR). [3]Abschläge für Jugendliche, Auszubildende und Angehörige der Arbeitnehmer sind nicht zulässig.

Beispiel 1:

Wert der Mahlzeit	3,47 €
Zahlung des Arbeitnehmers	1,00 €
maßgeblicher Wert	3,47 €
darin enthalten $^{19}/_{119}$ Umsatzsteuer (Steuersatz 19 %)	./. 0,55 €
Bemessungsgrundlage	2,92 €

[1)] Sozialversicherungsentgeltverordnung v. 21.12.2006, BGBl. I 2006, 3385, zuletzt geänd. durch VO v. 6.12.2021, BGBl. I 2021, 5187 (**Steuergesetze** Nr. **21**).

[2)] A 1.8 UStAE Abs. 11 Satz 3 Bsp. 1 u. 2 sowie Satz 4 neugef. durch BMF v. 17.12.2021, BStBl. I 2021, 2504.

[3)] Nr. **20.**

Beispiel 2:

Wert der Mahlzeit	3,47 €
Zahlung des Arbeitnehmers	3,50 €
maßgeblicher Wert	3,50 €
darin enthalten $^{19}/_{119}$ Umsatzsteuer (Steuersatz 19 %)	./. 0,56 €
Bemessungsgrundlage	2,94 €

[4]In den Beispielen 1 und 2 wird von den Sachbezugswerten 2021 ausgegangen (vgl. BMF-Schreiben vom 28.12.2020, BStBl. 2021 I S. 59).[1)] [5]Soweit unterschiedliche Mahlzeiten zu unterschiedlichen Preisen verbilligt an die Arbeitnehmer abgegeben werden, kann bei der umsatzsteuerrechtlichen Bemessungsgrundlage von dem für Lohnsteuerzwecke gebildeten Durchschnittswert ausgegangen werden.

(12) Bei der Abgabe von Mahlzeiten durch eine **vom Unternehmer (Arbeitgeber) nicht selbstbetriebene Kantine oder Gaststätte** gilt Folgendes:

1. [1]Vereinbart der Arbeitgeber mit dem Kantinenbetreiber bzw. Gastwirt die Zubereitung und die Abgabe von Essen an die Arbeitnehmer zum Verzehr an Ort und Stelle und hat der Kantinenbetreiber bzw. Gastwirt einen Zahlungsanspruch gegen den Arbeitgeber, liegt einerseits ein Leistungsaustausch zwischen Kantinenbetreiber bzw. Gastwirt und Arbeitgeber und andererseits ein Leistungsaustausch des Arbeitgebers gegenüber dem Arbeitnehmer vor. [2]Der Arbeitgeber bedient sich in diesen Fällen des Kantinenbetreibers bzw. Gastwirts zur Beköstigung seiner Arbeitnehmer. [3]Sowohl in dem Verhältnis Kantinenbetreiber bzw. Gastwirt – Arbeitgeber als auch im Verhältnis Arbeitgeber – Arbeitnehmer liegt eine sonstige Leistung vor.

   Beispiel 1:

   [1]Der Arbeitgeber vereinbart mit einem Gastwirt die Abgabe von Essen an seine Arbeitnehmer zu einem Preis von 5,00 € je Essen. [2]Der Gastwirt rechnet über die ausgegebenen Essen mit dem Arbeitgeber auf der Grundlage dieses Preises ab. [3]Die Arbeitnehmer haben einen Anteil am Essenspreis von 2,00 € zu entrichten, den der Arbeitgeber von den Arbeitslöhnen einbehält.

   [4]Nach § 3 Abs. 9 UStG erbringen der Gastwirt an den Arbeitgeber und der Arbeitgeber an den Arbeitnehmer je eine sonstige Leistung. [5]Der Preis je Essen beträgt für den Arbeitgeber 5,00 €. [6]Als Bemessungsgrundlage für die Abgabe der Mahlzeiten des Arbeitgebers an den Arbeitnehmer ist der Betrag von 4,20 € (5,00 € abzüglich $^{19}/_{119}$ Umsatzsteuer) anzusetzen. [7]Der Arbeitgeber kann die ihm vom Gastwirt für die Beköstigungsleistungen gesondert in Rechnung gestellte Umsatzsteuer unter den Voraussetzungen des § 15 UStG als Vorsteuer abziehen.

2. [1]Bestellt der Arbeitnehmer in einer Gaststätte selbst sein gewünschtes Essen nach der Speisekarte und bezahlt dem Gastwirt den – ggf. um einen Arbeitgeberzuschuss geminderten – Essenspreis, liegt eine sonstige Leistung des Gastwirts an den Arbeitnehmer vor. [2]Ein Umsatzgeschäft zwischen Arbeitgeber und Gastwirt besteht nicht. [3]Im Verhältnis des Arbeitgebers zum Arbeitnehmer ist die Zahlung des Essenszuschusses ein nicht umsatzsteuerbarer Vorgang. [4]Bemessungsgrundlage der sonstigen Leistung des Gastwirts an den Arbeitnehmer ist der von dem Arbeitnehmer an den Gastwirt gezahlte Essenspreis zuzüglich des ggf. gezahlten Arbeitgeberzuschusses (Entgelt von dritter Seite).

[1)] **Sachbezugswerte 2022** siehe BMF v. 20.12.2021, BStBl. I 2022, 60.

Beispiel 2:

1 Der Arbeitnehmer kauft in einer Gaststätte ein Mittagessen, welches mit einem Preis von 4 € ausgezeichnet ist. 2 Er übergibt dem Gastwirt eine Essensmarke des Arbeitgebers im Wert von 1 € und zahlt die Differenz i. H. v. 3 €. 3 Der Gastwirt lässt sich den Wert der Essensmarken wöchentlich vom Arbeitgeber erstatten.

4 Bemessungsgrundlage beim Gastwirt ist der Betrag von 4 € abzüglich Umsatzsteuer. 5 Die Erstattung der Essensmarke (Arbeitgeberzuschuss) führt nicht zu einer steuerbaren Sachzuwendung an den Arbeitnehmer. 6 Der Arbeitgeber kann aus der Abrechnung des Gastwirts keinen Vorsteuerabzug geltend machen.

3. Vereinbart der Arbeitgeber mit einem selbständigen Kantinenpächter (z. B. Caterer), dass dieser die Kantine in den Räumen des Arbeitgebers betreibt und die Verpflegungsleistungen an die Arbeitnehmer im eigenen Namen und für eigene Rechnung erbringt, liegt ein Leistungsaustausch zwischen Caterer und Arbeitnehmer vor (vgl. BFH-Beschluss vom 18.7.2002, V B 112/01, BStBl. 2003 II S. 675).

Beispiel 3:

1 Der Arbeitgeber und der Caterer vereinbaren, dass der Caterer die Preise für die Mittagsverpflegung mit dem Arbeitgeber abzustimmen hat. 2 Der Arbeitgeber zahlt dem Caterer einen jährlichen (pauschalen) Zuschuss (Arbeitgeberzuschuss). 3 Der Zuschuss wird anhand der Zahl der durchschnittlich ausgegebenen Essen je Kalenderjahr ermittelt oder basiert auf einem prognostizierten „Verlust" (Differenz zwischen den voraussichtlichen Zahlungen der Arbeitnehmer und Kosten der Mittagsverpflegung).

4 Ein Leistungsaustausch zwischen Arbeitgeber und Caterer sowie zwischen Arbeitgeber und Arbeitnehmer besteht nicht. 5 Bemessungsgrundlage der sonstigen Leistung des Caterers an den Arbeitnehmer ist der von dem Arbeitnehmer an den Caterer gezahlte Essenspreis zuzüglich des ggf. gezahlten Arbeitgeberzuschusses. 6 Diese vom Arbeitgeber in pauschalierter Form gezahlten Beträge sind Entgelt von dritter Seite (vgl. Abschnitt 10.2 Abs. 5 Satz 5). 7 Da der Arbeitgeber keine Leistung vom Caterer erhält, ist er nicht zum Vorsteuerabzug aus der Zahlung des Zuschusses an den Caterer berechtigt.

(13) 1 In den Fällen, in denen Verpflegungsleistungen anlässlich einer unternehmerisch bedingten Auswärtstätigkeit des Arbeitnehmers vom Arbeitgeber empfangen und in voller Höhe getragen werden, kann der Arbeitgeber den Vorsteuerabzug aus den entstandenen Verpflegungskosten in Anspruch nehmen, wenn die Aufwendungen durch Rechnungen mit gesondertem Ausweis der Umsatzsteuer auf den Namen des Unternehmers oder durch Kleinbetragsrechnungen im Sinne des § 33 UStDV belegt sind. 2 Es liegt keine einer entgeltlichen Leistung gleichstellte unentgeltliche Wertabgabe vor. 3 Übernimmt der Arbeitgeber die Kosten des Arbeitnehmers für eine dienstlich veranlasste Hotelübernachtung einschließlich Frühstück und kürzt der Arbeitgeber wegen des Frühstücks dem Arbeitnehmer den ihm zustehenden Reisekostenzuschuss auch um einen höheren Betrag als den maßgeblichen Sachbezugswert, liegt keine entgeltliche Frühstücksgestellung des Arbeitgebers an den Arbeitnehmer vor.

(14) 1 Zu den unentgeltlichen Wertabgaben rechnen auch unentgeltliche Deputate, z. B. im Bergbau und in der Land- und Forstwirtschaft, und die unentgeltliche Abgabe von **Getränken und Genussmitteln** zum häuslichen Verzehr, z. B. Haustrunk im Brauereigewerbe, Freitabakwaren in der Tabakwarenindustrie. 2 Das Gleiche gilt für Sachgeschenke, Jubiläumsgeschenke und ähnliche Zuwendungen aus Anlass von Betriebsveranstaltungen, soweit diese

Zuwendungen weder Aufmerksamkeiten (vgl. Absatz 3) noch Leistungen im überwiegenden betrieblichen Interesse des Arbeitgebers (vgl. Absatz 4) sind. [3]Als Bemessungsgrundlage sind in diesen Fällen grundsätzlich die in § 10 Abs. 4 Satz 1 Nr. 1 UStG bezeichneten Werte anzusetzen. [4]Aus Vereinfachungsgründen kann von den nach den lohnsteuerrechtlichen Regelungen (vgl. R 8.1 Abs. 2, R 8.2 Abs. 2 LStR)[1)] ermittelten Werten ausgegangen werden.

(15) [1]Unentgeltliche **Beförderungen der Arbeitnehmer** von ihrem Wohnsitz, gewöhnlichen Aufenthaltsort oder von einer Sammelhaltestelle, z.B. einem Bahnhof, zum Arbeitsplatz durch betriebseigene Kraftfahrzeuge oder durch vom Arbeitgeber beauftragte Beförderungsunternehmer sind nach § 3 Abs. 9a Nr. 2 UStG steuerbar, sofern sie nicht im überwiegenden betrieblichen Interesse des Arbeitgebers liegen. [2]Nicht steuerbare Leistungen im überwiegenden betrieblichen Interesse sind z.B. in den Fällen anzunehmen, in denen

1. die Beförderung mit öffentlichen Verkehrsmitteln nicht oder nur mit unverhältnismäßig hohem Zeitaufwand durchgeführt werden könnte (vgl. BFH-Urteil vom 15.11.2007, V R 15/06, BStBl. 2009 II S. 423),
2. die Arbeitnehmer an ständig wechselnden Tätigkeitsstätten oder an verschiedenen Stellen eines weiträumigen Arbeitsgebiets eingesetzt werden, oder
3. im Einzelfall die Beförderungsleistungen wegen eines außergewöhnlichen Arbeitseinsatzes erforderlich werden oder wenn sie hauptsächlich dem Materialtransport an die Arbeitsstelle dienen und der Arbeitgeber dabei einige Arbeitnehmer unentgeltlich mitnimmt (vgl. BFH-Urteil vom 9.7.1998, V R 105/92, BStBl. II S. 635).

[3]Ergänzend wird auf das BFH-Urteil vom 11.5.2000, V R 73/99, BStBl. II S. 505, verwiesen. [4]Danach ist das Gesamtbild der Verhältnisse entscheidend. [5]Die Entfernung zwischen Wohnung und Arbeitsstätte ist nur ein Umstand, der neben anderen in die tatsächliche Würdigung einfließt.

(16) [1]Die Bemessungsgrundlage für die unentgeltlichen Beförderungsleistungen des Arbeitgebers richtet sich nach den bei der Ausführung der Umsätze entstandenen Ausgaben (§ 10 Abs. 4 Satz 1 Nr. 3 UStG). [2]Es ist nicht zu beanstanden, wenn der Arbeitgeber die entstandenen Ausgaben schätzt, soweit er die Beförderung mit betriebseigenen Fahrzeugen durchführt. [3]Die Bemessungsgrundlage für die Beförderungsleistungen eines Monats kann z.B. pauschal aus der Zahl der durchschnittlich beförderten Arbeitnehmer und aus dem Preis für eine Monatskarte für die kürzeste und weiteste gefahrene Strecke (Durchschnitt) abgeleitet werden.

Beispiel:

[1]Ein Unternehmer hat in einem Monat durchschnittlich 6 Arbeitnehmer mit einem betriebseigenen Fahrzeug unentgeltlich von ihrer Wohnung zur Arbeitsstätte befördert. [2]Die kürzeste Strecke von der Wohnung eines Arbeitnehmers zur Arbeitsstätte beträgt 10 km, die weiteste 30 km (Durchschnitt 20 km).

[1)] Nr. **20.**

[3]Die Bemessungsgrundlage für die Beförderungsleistungen in diesem Monat berechnet sich wie folgt:
6 Arbeitnehmer × 76 € (Monatskarte für 20 km) = 456 € abzüglich 29,83 € Umsatzsteuer (Steuersatz 7 %) = 426,17 €.

[4]Zur Anwendung der Steuerermäßigung des § 12 Abs. 2 Nr. 10 Buchstabe b UStG vgl. Abschnitt 12.15.

(17) [1]Werden von Verkehrsbetrieben die **Freifahrten** aus betrieblichen Gründen für den privaten, außerhalb des Dienstverhältnisses liegenden Bedarf der Arbeitnehmer, ihrer Angehörigen und der Pensionäre gewährt, sind die Freifahrten nach § 3 Abs. 9a Nr. 2 UStG steuerbar. [2]Die als Bemessungsgrundlage anzusetzenden Ausgaben sind nach den jeweiligen örtlichen Verhältnissen zu ermitteln und können im Allgemeinen mit 25 % des normalen Preises für den überlassenen Fahrausweis oder eines der Fahrberechtigung entsprechenden Fahrausweises angenommen werden. [3]Die Umsatzsteuer ist herauszurechnen.

(18) [1]Zur umsatzsteuerrechtlichen Behandlung der Überlassung von Fahrzeugen an Arbeitnehmer zu deren privater Nutzung vgl. Abschnitt 15.23 Abs. 8 bis 12. [2]Leistet der Arbeitnehmer in diesen Fällen Zuzahlungen, vgl. BMF-Schreiben vom 30.12.1997, BStBl. 1998 I S. 110.

(19) [1]Zur umsatzsteuerrechtlichen Behandlung unentgeltlicher oder verbilligter Reisen für Betriebsangehörige vgl. Abschnitt 25.3 Abs. 4. [2]Wendet ein Hersteller bei einem Verkaufswettbewerb ausgelobte Reiseleistungen seinen Vertragshändlern unter der Auflage zu, die Reisen bestimmten Arbeitnehmern zu gewähren, kann der Händler steuerbare Reiseleistungen an seine Arbeitnehmer ausführen. [3]Wendet der Hersteller Reiseleistungen unmittelbar Arbeitnehmern seiner Vertragshändler zu, erbringt der Vertragshändler insoweit keine steuerbaren Leistungen an seine Arbeitnehmer (vgl. BFH-Urteil vom 16.3.1995, V R 128/92, BStBl. II S. 651).

1.9 Inland – Ausland

(1) [1]Das Inland umfasst das Hoheitsgebiet der Bundesrepublik Deutschland mit Ausnahme der in § 1 Abs. 2 Satz 1 UStG bezeichneten Gebiete, zu denen unter anderem die Freizonen im Sinne des Artikels 243 UZK[1)] gehören. [2]Es handelt sich dabei um die Freihäfen Bremerhaven und Cuxhaven, die vom übrigen deutschen Teil des Zollgebiets der Union getrennt sind. [3]Botschaften, Gesandtschaften und Konsulate anderer Staaten gehören selbst bei bestehender Exterritorialität zum Inland. [4]Das Gleiche gilt für Einrichtungen, die von Truppen anderer Staaten im Inland unterhalten werden. [5]Zum Inland gehört auch der Transitbereich deutscher Flughäfen (vgl. BFH-Urteil vom 3.11.2005, V R 63/02, BStBl. 2006 II S. 337).

(2) [1]Zum Ausland gehören das Drittlandsgebiet (einschließlich der Gebiete, die nach § 1 Abs. 2 Satz 1 UStG vom Inland ausgenommen sind) und das übrige Gemeinschaftsgebiet (vgl. Abschnitt 1.10). [2]Die österreichischen Gemeinden Mittelberg (Kleines Walsertal) und Jungholz in Tirol gehören zum Ausland im Sinne des § 1 Abs. 2 Satz 2 UStG; die Einfuhr in diesen Gebieten unterliegt jedoch der deutschen Einfuhrumsatzsteuer (§ 1 Abs. 1 Nr. 4 UStG).

---

1) **Zölle und Verbrauchsteuern** Nr. 1.

(3) Als Strandlinie im Sinne des § 1 Abs. 2 Satz 1 UStG gelten die normalen und geraden Basislinien im Sinne der Artikel 5 und 7 des Seerechtsübereinkommens der Vereinten Nationen vom 10.12.1982, das für Deutschland am 16.11.1994 in Kraft getreten ist (BGBl. 1994 II S. 1798, BGBl. 1995 II S. 602).

1.10 Gemeinschaftsgebiet – Drittlandsgebiet

(1)[1] [1] Das Gemeinschaftsgebiet umfasst das Inland der Bundesrepublik Deutschland im Sinne des § 1 Abs. 2 Satz 1 UStG sowie die unionsrechtlichen Inlandsgebiete der übrigen EU-Mitgliedstaaten (übriges Gemeinschaftsgebiet). [2] Zum übrigen Gemeinschaftsgebiet gehören:
- Belgien,
- Bulgarien,
- Dänemark (ohne Grönland und die Färöer),
- Estland,
- Finnland (ohne die Åland-Inseln),
- Frankreich (ohne Guadeloupe, Französisch-Guayana, Martinique, Mayotte, Réunion, Saint-Barthélemy und Saint Martin) zuzüglich des Fürstentums Monaco,
- Griechenland (ohne Berg Athos),
- Irland,
- Italien (ohne Livigno, Campione d'Italia und den zum italienischen Hoheitsgebiet gehörenden Teil des Luganer Sees),
- Kroatien,
- Lettland,
- Litauen,
- Luxemburg,
- Malta,
- Niederlande (ohne das überseeische Gebiet Aruba und ohne die Inseln Curaçao, Sint Maarten, Bonaire, Saba und Sint Eustatius),
- Österreich,
- Polen,
- Portugal (einschließlich Madeira und der Azoren),
- Rumänien,
- Schweden,
- Slowakei,
- Slowenien,
- Spanien (einschließlich Balearen, ohne Kanarische Inseln, Ceuta und Melilla),
- Tschechien,
- Ungarn,
- bis zum 31.12.2020: Vereinigtes Königreich Großbritannien und Nordirland (ohne die überseeischen Länder und Gebiete und die Selbstverwal-

---

[1] A 1.10 UStAE Abs. 1 Satz 2 26. und 27. Spiegelstrich neugef. durch BMF v. 10.12.2021, BStBl. I 2021, 2492; Anwendungsregelung siehe Anlage 8.

tungsgebiete der Kanalinseln Jersey und Guernsey) zuzüglich der Insel Man; zum umsatzsteuerrechtlichen Status von Nordirland ab dem 1.1.2021 vgl. Absatz 3,
– Zypern (ohne die Landesteile, in denen die Regierung der Republik Zypern keine tatsächliche Kontrolle ausübt) einschließlich der Hoheitszonen des Vereinigten Königreichs Großbritannien und Nordirland (Akrotiri und Dhekalia) auf Zypern; zu den ab dem 1.1.2021 geltenden Sonderregelungen hinsichtlich der Hoheitszonen vgl. Absatz 3.

(2)[1)] [1]Das Drittlandsgebiet umfasst die Gebiete, die nicht zum Gemeinschaftsgebiet gehören, u. a. auch Andorra, Gibraltar, San Marino und den Vatikan. [2]Das Drittlandsgebiet umfasst nach dem 31.12.2020 grundsätzlich auch das Vereinigte Königreich Großbritannien und Nordirland. [3]Zu den ab dem 1.1.2021 geltenden Sonderregelungen vgl. Absatz 3.

(3)[1)] [1]Für die Umsatzbesteuerung des Warenverkehrs wird Nordirland auch nach dem 31.12.2020 als zum Gemeinschaftsgebiet zugehörig behandelt. [2]Im Warenverkehr mit Nordirland finden daher auch nach diesem Zeitpunkt die für den innergemeinschaftlichen Handel geltenden Vorschriften zur Umsatzsteuer Anwendung (vgl. BMF-Schreiben vom 10.12.2020, BStBl. I S. 1370). [3]Nach dem 31.12.2020 ausgeführte Umsätze mit Ursprungs- oder Bestimmungsort in den britischen Hoheitszonen Akrotiri und Dhekelia auf Zypern gelten als Umsätze mit Ursprungs- oder Bestimmungsort in der Republik Zypern.

1.11 Umsätze in Freihäfen usw. (§ 1 Abs. 3 Satz 1 Nr. 1 bis 3 UStG)

(1) Unter § 1 Abs. 3 Satz 1 Nr. 1 UStG fallen z. B. der Verkauf von Tabakwaren aus Automaten in Freizonen im Sinne des Artikels 243 UZK[2)] (Freihäfen) sowie Lieferungen und innergemeinschaftliche Erwerbe von Schiffsausrüstungsgegenständen, Treibstoff und Proviant an private Schiffseigentümer zur Ausrüstung und Versorgung von Wassersportfahrzeugen.

(2) Unter § 1 Abs. 3 Satz 1 Nr. 2 UStG fallen z. B. die Abgabe von Speisen und Getränken zum Verzehr an Ort und Stelle, Beförderungen für private Zwecke, Reparaturen an Wassersportfahrzeugen, die Veranstaltung von Wassersport-Lehrgängen und die Vermietung eines Röntgengerätes an einen Arzt.

(3) [1]Bei Lieferungen und sonstigen Leistungen an juristische Personen des öffentlichen Rechts sowie bei deren innergemeinschaftlichem Erwerb in den bezeichneten Gebieten enthält § 1 Abs. 3 Satz 2 UStG eine Vermutung, dass die Umsätze an diese Personen für ihren hoheitlichen und nicht für ihren unternehmerischen Bereich ausgeführt werden. [2]Der Unternehmer kann jedoch anhand von Aufzeichnungen und Belegen, z. B. durch eine Bescheinigung des Abnehmers, das Gegenteil glaubhaft machen.

---

[1] A 1.10 UStAE Abs. 2 Sätze 2 und 3 sowie Abs. 3 angef. durch BMF v. 10.12.2021, BStBl. I 2021, 2492; Anwendungsregelung siehe Anlage 8.

[2)] **Zölle und Verbrauchsteuern** Nr. **1.**

1.12 Freihafen-Veredelungsverkehr, Freihafenlagerung und einfuhrumsatzsteuerrechtlich freier Verkehr (§ 1 Abs. 3 Satz 1 Nr. 4 und 5 UStG)

(1) [1]Der Freihafen-Veredelungsverkehr im Sinne von § 12b EUStBV[1)] dient der Veredelung von Unionswaren (Artikel 5 Nr. 23 UZK),[1)] die in einer Freizone im Sinne des Artikels 243 UZK[1)] (Freihafen) bearbeitet oder verarbeitet und anschließend im Inland oder in den österreichischen Gebieten Jungholz und Mittelberg eingeführt werden. [2]Die vorübergehende Lagerung von Unionswaren kann nach § 12a EUStBV im Freihafen zugelassen werden, wenn dort für den Außenhandel geschaffene Anlagen sonst nicht wirtschaftlich ausgenutzt werden können und der Freihafen durch die Lagerung seinem Zweck nicht entfremdet wird. [3]Bei der Einfuhr der veredelten oder vorübergehend gelagerten Gegenstände im Inland oder in den österreichischen Gebieten Jungholz und Mittelberg wird keine Einfuhrumsatzsteuer erhoben.

(2) Steuerbare Lieferungen liegen nach § 1 Abs. 3 Satz 1 Nr. 4 Buchstabe a UStG vor, wenn sich der Lieferungsgegenstand im Zeitpunkt der jeweiligen Lieferung in einem zollamtlich bewilligten Freihafen-Veredelungsverkehr oder in einer zollamtlich besonders zugelassenen Freihafenlagerung befindet.

Beispiel:

[1]Der Unternehmer A in Hannover übersendet dem Freihafen-Unternehmer B Rohlinge. [2]Er beauftragt ihn, daraus Zahnräder herzustellen. [3]B versendet die von ihm im Rahmen eines bewilligten Freihafen-Veredelungsverkehrs gefertigten Zahnräder auf Weisung des A an dessen Abnehmer C in Lübeck. [4]Für die Einfuhr wird keine Einfuhrumsatzsteuer erhoben.
[5]Die nach § 3 Abs. 6 UStG im Freihafen bewirkte Lieferung des A an C ist nach § 1 Abs. 3 Satz 1 Nr. 4 Buchstabe a UStG wie eine Lieferung im Inland zu behandeln.

(3) Steuerbare Lieferungen nach § 1 Abs. 3 Satz 1 Nr. 4 Buchstabe a UStG liegen nicht vor, wenn der Lieferungsgegenstand nicht in das Inland gelangt oder wenn die Befreiung von der Einfuhrumsatzsteuer auf anderen Vorschriften als den §§ 12a oder 12b EUStBV[1)] beruht.

(4) Durch die Regelung des § 1 Abs. 3 Satz 1 Nr. 4 Buchstabe b UStG werden insbesondere in Abholfällen technische Schwierigkeiten beim Abzug der Einfuhrumsatzsteuer als Vorsteuer vermieden.

Beispiel:

[1]Ein Importeur lässt einen im Freihafen lagernden, aus dem Drittlandsgebiet stammenden Gegenstand bei einer vorgeschobenen Zollstelle (§ 21 Abs. 2a UStG) in den freien Verkehr überführen (Artikel 201 UZK).[1)] [2]Anschließend veräußert er den Gegenstand. [3]Der Abnehmer holt den Gegenstand im Freihafen ab und verbringt ihn in das Inland.
[4]Die Lieferung des Importeurs unterliegt nach § 1 Abs. 3 Satz 1 Nr. 4 Buchstabe b UStG der Umsatzsteuer. [5]Er kann die entstandene Einfuhrumsatzsteuer nach § 15 Abs. 1 Satz 1 Nr. 2 UStG als Vorsteuer abziehen. [6]Der Abnehmer ist unter den Voraussetzungen des § 15 UStG zum Vorsteuerabzug berechtigt.

(5) [1]Unter § 1 Abs. 3 Satz 1 Nr. 5 UStG fallen insbesondere die sonstigen Leistungen des Veredelers, des Lagerhalters und des Beförderungsunternehmers im Rahmen eines zollamtlich bewilligten Freihafen-Veredelungsverkehrs oder einer zollamtlich besonders zugelassenen Freihafenlagerung. [2]Beförde-

---

[1)] **Steuergesetze** Nr. **518** (EUStBV), **Zölle und Verbrauchsteuern** Nr. **1** (UZK).

rungen der veredelten Gegenstände aus dem Freihafen in das Inland sind deshalb insgesamt steuerbar und auf Grund des § 4 Nr. 3 Satz 1 Buchstabe a Doppelbuchstabe bb Satz 2 UStG auch insgesamt steuerpflichtig.

Zu § 1a UStG

1a.1 Innergemeinschaftlicher Erwerb[1)]

(1) [1]Ein innergemeinschaftlicher Erwerb setzt insbesondere voraus, dass an den Erwerber eine Lieferung ausgeführt wird und der Gegenstand dieser Lieferung aus dem Gebiet eines EU-Mitgliedstaates in das Gebiet eines anderen EU-Mitgliedstaates oder aus dem übrigen Gemeinschaftsgebiet in die in § 1 Abs. 3 UStG bezeichneten Gebiete gelangt. [2]Zum Begriff Gegenstand vgl. Abschnitt 3.1 Abs. 1. [3]Ein Gegenstand gelangt aus dem Gebiet eines EU-Mitgliedstaates in das Gebiet eines anderen EU-Mitgliedstaates, wenn die Beförderung oder Versendung durch den Lieferer oder durch den Abnehmer im Gebiet des einen EU-Mitgliedstaates beginnt und im Gebiet des anderen EU-Mitgliedstaates endet. [4]Dies gilt auch dann, wenn die Beförderung oder Versendung im Drittlandsgebiet beginnt und der Gegenstand im Gebiet eines EU-Mitgliedstaates der Einfuhrumsatzsteuer unterworfen wird, bevor er in das Gebiet des anderen EU-Mitgliedstaates gelangt. [5]Kein Fall des innergemeinschaftlichen Erwerbs liegt demnach vor, wenn die Ware aus einem Drittland im Wege der Durchfuhr durch das Gebiet eines anderen EU-Mitgliedstaates in das Inland gelangt und erst hier einfuhrumsatzsteuerrechtlich zur Überlassung zum freien Verkehr abgefertigt wird. [6]Als innergemeinschaftlicher Erwerb gegen Entgelt gilt auch das innergemeinschaftliche Verbringen eines Gegenstands in das Inland (vgl. Abschnitt 1a.2). [7]Bei der Lieferung von Gas über das Erdgasnetz und von Elektrizität liegt kein innergemeinschaftlicher Erwerb und kein innergemeinschaftliches Verbringen vor (vgl. Abschnitt 3g.1 Abs. 6). [8]Zur Bemessungsgrundlage eines innergemeinschaftlichen Erwerbs von werthaltigen Abfällen vgl. Abschnitt 10.5 Abs. 2.

(2) [1]Ein innergemeinschaftlicher Erwerb ist bei einem Unternehmer, der ganz oder zum Teil zum Vorsteuerabzug berechtigt ist, unabhängig von einer Erwerbsschwelle steuerbar. [2]Bei

a) einem Unternehmer, der nur steuerfreie Umsätze ausführt, die zum Ausschluss vom Vorsteuerabzug führen,

b) einem Unternehmer, für dessen Umsätze Umsatzsteuer nach § 19 Abs. 1 UStG nicht erhoben wird,

c) einem Unternehmer, der den Gegenstand zur Ausführung von Umsätzen verwendet, für die die Steuer nach den Durchschnittssätzen des § 24 UStG festgesetzt ist, oder

d) einer juristischen Person des öffentlichen oder privaten Rechts, die nicht Unternehmer ist oder den Gegenstand nicht für ihr Unternehmen erwirbt,

---

1) Zum Vorsteuerabzug vgl. A 15.10 Abs. 2 und 3 UStAE.

liegt ein steuerbarer innergemeinschaftlicher Erwerb nur vor, wenn der Gesamtbetrag der innergemeinschaftlichen Erwerbe nach § 1a Abs. 1 Nr. 1 und Abs. 2 UStG aus allen EU-Mitgliedstaaten mit Ausnahme der Erwerbe neuer Fahrzeuge und verbrauchsteuerpflichtiger Waren über der Erwerbsschwelle von 12 500 € liegt oder wenn nach § 1a Abs. 4 UStG zur Erwerbsbesteuerung optiert wird. [3]Bei dem in Satz 2 genannten Personenkreis unterliegt der innergemeinschaftliche Erwerb neuer Fahrzeuge und verbrauchsteuerpflichtiger Waren unabhängig von der Erwerbsschwelle stets der Erwerbsbesteuerung. [4]Liegen die Voraussetzungen der Sätze 2 und 3 nicht vor, ist die Besteuerung des Lieferers zu prüfen (vgl. Abschnitt 3c.1). [5]Wurde die Erwerbsschwelle im vorangegangenen Kalenderjahr nicht überschritten und ist zu erwarten, dass sie auch im laufenden Kalenderjahr nicht überschritten wird, kann die Erwerbsbesteuerung unterbleiben, auch wenn die tatsächlichen innergemeinschaftlichen Erwerbe im Laufe des Kalenderjahres die Grenze von 12 500 € überschreiten. [6]Der Erwerber kann auf die Anwendung der Erwerbsschwelle verzichten; als Verzicht gilt auch die Verwendung einer dem Erwerber erteilten USt-IdNr. gegenüber dem Lieferer. [7]Der Verzicht bindet den Erwerber mindestens für zwei Kalenderjahre. [8]Bei einem Verzicht auf die Anwendung der Erwerbsschwelle unterliegt der Erwerb in jedem Fall der Erwerbsbesteuerung nach § 1a Abs. 1 und 2 UStG.

(3) [1]Juristische Personen des öffentlichen Rechts haben grundsätzlich alle in ihrem Bereich vorgenommenen innergemeinschaftlichen Erwerbe zusammenzufassen. [2]Bei den Gebietskörperschaften Bund und Länder können auch einzelne Organisationseinheiten (z. B. Ressorts, Behörden, Ämter) für ihre innergemeinschaftlichen Erwerbe als Steuerpflichtige behandelt werden. [3]Dabei wird aus Vereinfachungsgründen davon ausgegangen, dass die Erwerbsschwelle überschritten ist. [4]In diesem Fall können die einzelnen Organisationseinheiten eine eigene USt-IdNr. erhalten (vgl. Abschnitt 27a.1 Abs. 3).

1a.2 Innergemeinschaftliches Verbringen

Allgemeines

(1)[1)] [1]Das innergemeinschaftliche Verbringen eines Gegenstands gilt unter den Voraussetzungen des § 3 Abs. 1a UStG als Lieferung und unter den entsprechenden Voraussetzungen des § 1a Abs. 2 UStG als innergemeinschaftlicher Erwerb gegen Entgelt. [2]Satz 1 gilt nicht in den Fällen des § 6b Abs. 1 UStG. [3]Ein innergemeinschaftliches Verbringen liegt vor, wenn ein Unternehmer

- einen Gegenstand seines Unternehmens aus dem Gebiet eines EU-Mitgliedstaates (Ausgangsmitgliedstaat) zu seiner Verfügung in das Gebiet eines anderen EU-Mitgliedstaates (Bestimmungsmitgliedstaat) befördert oder versendet und
- den Gegenstand im Bestimmungsmitgliedstaat nicht nur vorübergehend verwendet.

---

1) A 1a.2 UStAE Abs. 1 Satz 2 eingef., bish. Sätze 2 und 3 werden Sätze 3 und 4 durch BMF v. 10.12.2021, BStBl. I 2021, 2492; Anwendungsregelung siehe Anlage 8.

[4]Der Unternehmer gilt im Ausgangsmitgliedstaat als Lieferer, im Bestimmungsmitgliedstaat als Erwerber.

(2) [1]Ein innergemeinschaftliches Verbringen, bei dem der Gegenstand vom Inland in das Gebiet eines anderen EU-Mitgliedstaates gelangt, ist nach § 3 Abs. 1a UStG einer Lieferung gegen Entgelt gleichgestellt. [2]Diese Lieferung gilt nach § 6a Abs. 2 UStG als innergemeinschaftliche Lieferung, die unter den weiteren Voraussetzungen des § 6a UStG nach § 4 Nr. 1 Buchstabe b UStG steuerfrei ist. [3]Ein innergemeinschaftliches Verbringen, bei dem der Gegenstand aus dem übrigen Gemeinschaftsgebiet in das Inland gelangt, gilt nach § 1a Abs. 2 UStG als innergemeinschaftlicher Erwerb gegen Entgelt. [4]Lieferung und innergemeinschaftlicher Erwerb sind nach dem Einkaufspreis zuzüglich der Nebenkosten für den Gegenstand oder mangels eines Einkaufspreises nach den Selbstkosten, jeweils zum Zeitpunkt des Umsatzes und ohne Umsatzsteuer, zu bemessen (§ 10 Abs. 4 Satz 1 Nr. 1 UStG). [5]§ 3c UStG ist bei einem innergemeinschaftlichen Verbringen nicht anzuwenden.

Voraussetzungen

(3) [1]Ein Verbringen ist innergemeinschaftlich, wenn der Gegenstand auf Veranlassung des Unternehmers vom Ausgangsmitgliedstaat in den Bestimmungsmitgliedstaat gelangt. [2]Es ist unerheblich, ob der Unternehmer den Gegenstand selbst befördert oder ob er die Beförderung durch einen selbständigen Beauftragten ausführen oder besorgen lässt.

(4) [1]Ein innergemeinschaftliches Verbringen setzt voraus, dass der Gegenstand im Ausgangsmitgliedstaat bereits dem Unternehmen zugeordnet war und sich bei Beendigung der Beförderung oder Versendung im Bestimmungsmitgliedstaat weiterhin in der Verfügungsmacht des Unternehmers befindet. [2]Diese Voraussetzung ist insbesondere dann erfüllt, wenn der Gegenstand von dem im Ausgangsmitgliedstaat gelegenen Unternehmensteil erworben, hergestellt oder in diesen EU-Mitgliedstaat eingeführt, zur Verfügung des Unternehmers in den Bestimmungsmitgliedstaat verbracht und anschließend von dem dort gelegenen Unternehmensteil auf Dauer verwendet oder verbraucht wird.

Beispiel:

[1]Der französische Unternehmer F verbringt eine Maschine aus seinem Unternehmen in Frankreich in seinen Zweigbetrieb nach Deutschland, um sie dort auf Dauer einzusetzen. [2]Der deutsche Zweigbetrieb kauft in Deutschland Heizöl und verbringt es in die französische Zentrale, um damit das Bürogebäude zu beheizen.

[3]F bewirkt mit dem Verbringen der Maschine nach § 1a Abs. 2 UStG einen innergemeinschaftlichen Erwerb in Deutschland. [4]Das Verbringen des Heizöls ist in Deutschland eine innergemeinschaftliche Lieferung im Sinne des § 3 Abs. 1a i. V. m. § 6a Abs. 2 UStG.

(5) [1]Weitere Voraussetzung ist, dass der Gegenstand zu einer nicht nur vorübergehenden Verwendung durch den Unternehmer in den Bestimmungsmitgliedstaat gelangt. [2]Diese Voraussetzung ist immer dann erfüllt, wenn der Gegenstand in dem dort gelegenen Unternehmensteil entweder dem Anlagevermögen zugeführt oder als Roh-, Hilfs- oder Betriebsstoff verarbeitet oder verbraucht wird.

(6)[1] [1]Eine nicht nur vorübergehende Verwendung liegt auch dann vor, wenn der Unternehmer den Gegenstand mit der konkreten Absicht in den Bestimmungsmitgliedstaat verbringt, ihn dort (unverändert) an einen noch nicht feststehenden Abnehmer weiterzuliefern. [2]In den vorgenannten Fällen ist es nicht erforderlich, dass der Unternehmensteil im Bestimmungsmitgliedstaat die abgabenrechtlichen Voraussetzungen einer Betriebsstätte (vgl. Abschnitt 3a.1 Abs. 3) erfüllt. [3]Verbringt der Unternehmer Gegenstände zum Zweck des Verkaufs außerhalb einer Betriebsstätte in den Bestimmungsmitgliedstaat und gelangen die nicht verkauften Waren unmittelbar anschließend wieder in den Ausgangsmitgliedstaat zurück, kann das innergemeinschaftliche Verbringen aus Vereinfachungsgründen auf die tatsächlich verkaufte Warenmenge beschränkt werden.

Beispiel:

[1]Der niederländische Blumenhändler N befördert im eigenen Lkw Blumen nach Köln, um sie dort auf dem Wochenmarkt zu verkaufen. [2]Die nicht verkauften Blumen nimmt er am selben Tag wieder mit zurück in die Niederlande.

[3]N bewirkt in Bezug auf die verkauften Blumen einen innergemeinschaftlichen Erwerb nach § 1a Abs. 2 UStG in Deutschland. [4]Er hat den Verkauf der Blumen als Inlandslieferung zu versteuern. [5]Das Verbringen der nicht verkauften Blumen ins Inland muss nicht als innergemeinschaftlicher Erwerb im Sinne des § 1a Abs. 2 UStG, das Zurückverbringen der nicht verkauften Blumen nicht als innergemeinschaftliche Lieferung im Sinne des § 3 Abs. 1a in Verbindung mit § 6a Abs. 2 UStG behandelt werden.

[4]Steht der Abnehmer bei der im übrigen Gemeinschaftsgebiet beginnenden Beförderung oder Versendung bereits fest, liegt kein innergemeinschaftliches Verbringen, sondern eine Beförderungs- oder Versendungslieferung vor, die grundsätzlich mit Beginn der Beförderung oder Versendung im übrigen Gemeinschaftsgebiet als ausgeführt gilt (§ 3 Abs. 6 Satz 1 UStG). [5]Hiervon ist auszugehen, wenn der Abnehmer die Ware bei Beginn der Beförderung oder Versendung bereits verbindlich bestellt oder bezahlt hat (vgl. BFH-Urteil vom 16.11.2016, V R 1/16, BStBl. 2017 II S. 1079) und § 6b UStG bereits dem Grunde nach keine Anwendung findet bzw. von Seiten des liefernden Unternehmers und späteren Erwerbers § 6b UStG keine Anwendung finden soll. [6]In diesem Fall steht es der Annahme einer Beförderungs- oder Versendungslieferung nicht entgegen, wenn

– die Ware von dem mit der Versendung Beauftragten zunächst in ein inländisches Lager des Lieferanten gebracht und erst nach Eingang der Zahlung durch eine Freigabeerklärung des Lieferanten an den Abnehmer („shipment on hold") herausgegeben wird (vgl. BFH-Urteil vom 30.7.2008, XI R 67/07, BStBl. 2009 II S. 552), oder
– [1]die Ware kurzzeitig (für einige Tage oder Wochen) in einem auf Initiative des Abnehmers eingerichteten Auslieferungs- oder Konsignationslager im Inland, welches nicht in den Anwendungsbereich der Konsignationslagerregelung nach § 6b UStG fällt, zwischengelagert wird und der Abnehmer vertraglich ein uneingeschränktes Zugriffsrecht auf die Ware hat (vgl. BFH-Urteil vom 20.10.2016, V R 31/15, BStBl. 2017 II S. 1076). [2]Es liegt dann

---

[1] A 1a.2 UStAE Abs. 6 Satz 5 und Satz 6 2. Spiegelstrich Satz 1 neugef., Satz 10 angef. durch BMF v. 10.12.2021, BStBl. I 2021, 2492; Anwendungsregelung siehe Anlage 8.

nur eine kurze Unterbrechung, aber kein Abbruch der begonnenen Beförderung oder Versendung vor.
[7]Ein im Zeitpunkt des Beginns der Beförderung oder Versendung nur wahrscheinlicher Abnehmer ohne tatsächliche Abnahmeverpflichtung ist nicht einem zu diesem Zeitpunkt bereits feststehenden Abnehmer gleichzustellen (vgl. BFH-Urteil vom 20.10.2016, V R 31/15, a. a. O.). [8]In derartigen Fällen stellt die Einlagerung von Ware aus dem übrigen Gemeinschaftsgebiet in ein inländisches Auslieferungs- oder Konsignationslager ein innergemeinschaftliches Verbringen durch den liefernden Unternehmer im Sinne des § 1a Abs. 2 UStG dar. [9]Die Lieferung an den Abnehmer findet in derartigen Fällen erst mit der Entnahme der Ware aus dem Lager statt und ist folglich im Inland steuerbar. [10]Die Sätze 4, 5, 7 und 8 finden bei Anwendung der Konsignationslagerregelung nach § 6b UStG keine Anwendung.

(7)[1)] [1]Bei der Verkaufskommission liegt zwar eine Lieferung des Kommittenten an den Kommissionär erst im Zeitpunkt der Lieferung des Kommissionsguts an den Abnehmer vor (vgl. BFH-Urteil vom 25.11.1986, V R 102/78, BStBl. 1987 II S. 278). [2]Gelangt das Kommissionsgut bei der Zurverfügungstellung an den Kommissionär vom Ausgangs- in den Bestimmungsmitgliedstaat, kann die Lieferung des Kommittenten an den Kommissionär jedoch nach dem Sinn und Zweck der Regelung bereits zu diesem Zeitpunkt als erbracht angesehen werden. [3]Gleichzeitig ist demnach der innergemeinschaftliche Erwerb beim Kommissionär der Besteuerung zu unterwerfen. [4]Die Sätze 1 bis 3 gelten nicht in den Fällen des § 6b UStG.

(8) Bei einer grenzüberschreitenden Organschaft (vgl. Abschnitt 2.9) sind Warenbewegungen zwischen den im Inland und den im übrigen Gemeinschaftsgebiet gelegenen Unternehmensteilen Lieferungen, die beim liefernden inländischen Unternehmensteil nach § 3 Abs. 1 i. V. m. § 6a Abs. 1 UStG, beim erwerbenden inländischen Unternehmensteil nach § 1a Abs. 1 Nr. 1 UStG zu beurteilen sind.

Ausnahmen

(9) [1]Nach dem Wortlaut der gesetzlichen Vorschriften ist das Verbringen zu einer nur vorübergehenden Verwendung von der Lieferungs- und Erwerbsfiktion ausgenommen. [2]Diese Ausnahmeregelung ist unter Beachtung von Artikel 17 und 23 MwStSystRL[2)] auszulegen. [3]Danach liegt kein innergemeinschaftliches Verbringen vor, wenn die Verwendung des Gegenstands im Bestimmungsmitgliedstaat

- ihrer Art nach nur vorübergehend ist (vgl. Absätze 10 und 11) oder
- befristet ist (vgl. Absätze 12 und 13).

Der Art nach vorübergehende Verwendung

(10) Eine ihrer Art nach vorübergehende Verwendung liegt in folgenden Fällen vor:

---

1) A 1a.2 UStAE Abs. 7 Satz 4 angef. durch BMF v. 10.12.2021, BStBl. I 2021, 2492; Anwendungsregelung siehe Anlage 8.

2) **Steuergesetze** Nr. **550.**

1. [1] Der Unternehmer verwendet den Gegenstand bei einer Werklieferung, die im Bestimmungsmitgliedstaat steuerbar ist. [2] Es ist gleichgültig, ob der Gegenstand Bestandteil der Lieferung wird und im Bestimmungsmitgliedstaat verbleibt oder ob er als Hilfsmittel verwendet wird und später wieder in den Ausgangsmitgliedstaat zurückgelangt.

Beispiel 1:

[1] Der deutsche Bauunternehmer D errichtet in Frankreich ein Hotel. [2] Er verbringt zu diesem Zweck Baumaterial und einen Baukran an die Baustelle. [3] Der Baukran gelangt nach Fertigstellung des Hotels nach Deutschland zurück.

[4] Das Verbringen des Baumaterials und des Baukrans ist keine innergemeinschaftliche Lieferung im Sinne des § 3 Abs. 1a und § 6a Abs. 2 UStG. [5] Beim Zurückgelangen des Baukrans in das Inland liegt ein innergemeinschaftlicher Erwerb im Sinne des § 1a Abs. 2 UStG nicht vor.

2. Der Unternehmer verbringt den Gegenstand im Rahmen oder in unmittelbarem Zusammenhang mit einer sonstigen Leistung in den Bestimmungsmitgliedstaat.

Beispiel 2:

a) Der deutsche Unternehmer D vermietet eine Baumaschine an den niederländischen Bauunternehmer N und verbringt die Maschine zu diesem Zweck in die Niederlande.

b) Der französische Gärtner F führt im Inland Baumschneidearbeiten aus und verbringt zu diesem Zweck Arbeitsmaterial und Leitern in das Inland.

In beiden Fällen ist ein innergemeinschaftliches Verbringen nicht anzunehmen (vgl. zu Buchstabe a BFH-Urteil vom 21.5.2014, V R 34/13, BStBl. II S. 914).

3. Der Unternehmer lässt an dem Gegenstand im Bestimmungsmitgliedstaat eine sonstige Leistung (z. B. Reparatur) ausführen und der reparierte Gegenstand gelangt wieder in den Ausgangsstaat zurück (vgl. EuGH-Urteil vom 6.3.2014, C-606/12 und C-607/12, Dresser-Rand).[1)]

4. Der Unternehmer überlässt einen Gegenstand an eine Arbeitsgemeinschaft als Gesellschafterbeitrag und verbringt den Gegenstand dazu in den Bestimmungsmitgliedstaat.

(11) [1] Bei einer ihrer Art nach vorübergehenden Verwendung kommt es auf die Dauer der tatsächlichen Verwendung des Gegenstands im Bestimmungsmitgliedstaat nicht an. [2] Geht der Gegenstand unter, nachdem er in den Bestimmungsmitgliedstaat gelangt ist, gilt er in diesem Zeitpunkt als geliefert. [3] Das Gleiche gilt, wenn zunächst eine ihrer Art nach vorübergehende Verwendung vorlag, der Gegenstand aber dann im Bestimmungsmitgliedstaat veräußert wird (z. B. wenn ein Gegenstand zunächst vermietet und dann verkauft wird; vgl. BFH-Urteil vom 21.5.2014, V R 34/13, BStBl. II S. 914).

Befristete Verwendung

(12) [1] Von einer befristeten Verwendung ist auszugehen, wenn der Unternehmer einen Gegenstand in den Bestimmungsmitgliedstaat im Rahmen eines Vorgangs verbringt, für den bei einer entsprechenden Einfuhr im Inland wegen vorübergehender Verwendung eine vollständige Befreiung von den Einfuhrabgaben bestehen würde. [2] Die zu der zoll- und einfuhrumsatzsteuerrecht-

---

1) MwStR 2014, 237.

lichen Abgabenbefreiung erlassenen Rechts- und Verwaltungsvorschriften sind entsprechend anzuwenden. [3]Dies gilt insbesondere für
- Artikel 250 bis 253 UZK[1)] und
- Artikel 161 bis 183 und 204 bis 238 UZK-DA[2)] sowie Artikel 258 bis 271, 322 und 323 UZK-IA.[2)]

[4]Die Höchstdauer der Verwendung (Verwendungsfrist) ist danach grundsätzlich auf 24 Monate festgelegt (Artikel 251 Abs. 2 UZK); für bestimmte Gegenstände gelten kürzere Verwendungsfristen. [5]Fälle der vorübergehenden Verwendung mit einer Verwendungsfrist von 24 Monaten sind z. B. die Verwendung von
- Paletten (Artikel 208 und 209 UZK-DA sowie Artikel 322 Abs. 2 UZK-IA);
- Container (Artikel 210 und 211 UZK-DA sowie Artikel 322 Abs. 3 UZK-IA);
- persönlichen Gebrauchsgegenständen und zu Sportzwecken verwendeter Waren (Artikel 219 UZK-DA);
- Betreuungsgut für Seeleute (Artikel 220 UZK-DA);
- Material für Katastropheneinsätze (Artikel 221 UZK-DA);
- medizinisch-chirurgischer und labortechnischer Ausrüstung (Artikel 222 UZK-DA);
- lebenden Tieren (Artikel 223 UZK-DA);
- in Grenzzonen verwendeten Waren im Sinne des Artikels 224 UZK-DA;
- Waren, die als Träger von Ton, Bild oder Informationen der Datenverarbeitung dienen oder ausschließlich zur Werbung verwendet werden (Artikel 225 UZK-DA);
- Berufsausrüstung (Artikel 226 UZK-DA);
- pädagogischem Material und wissenschaftlichem Gerät (Artikel 227 UZK-DA);
- Umschließungen (Artikel 228 UZK-DA);
- Formen, Matrizen, Klischees, Zeichnungen, Modellen, Geräten zum Messen, Überprüfen oder Überwachen und ähnlicher Gegenstände (Artikel 229 UZK-DA);
- Spezialwerkzeugen und -instrumenten (Artikel 230 UZK-DA);
- Waren, die Gegenstand von Tests, Experimenten oder Vorführungen sind (Artikel 231 Buchstabe a UZK-DA), sowie Waren, die im Rahmen eines Kaufvertrags einer Erprobung unterzogen werden (Artikel 231 Buchstabe b UZK-DA);
- Mustern in angemessenen Mengen, die ausschließlich zu Vorführ- und Ausstellungszwecken verwendet werden (Artikel 232 UZK-DA);
- Waren, die im Rahmen einer öffentlich zugänglichen Veranstaltung ausgestellt oder verwendet oder auf einer solchen Veranstaltung aus in das Verfahren der vorübergehenden Verwendung übergeführten Waren gewonnen werden (Artikel 234 Abs. 1 UZK-DA);
- Kunstgegenständen, Sammlungsstücken und Antiquitäten, die ausgestellt und gegebenenfalls verkauft werden, sowie anderer als neu hergestellter

---

[1)] **Zölle und Verbrauchsteuern** Nr. **1.**
[2)] **Zölle und Verbrauchsteuern** Nr. **4** bzw. **8.**

Waren, die im Hinblick auf ihre Versteigerung eingeführt wurden (Artikel 234 Abs. 3 UZK-DA);[1)]
– Ersatzteilen, Zubehör und Ausrüstungen, die für Zwecke der Ausbesserung, Wartungsarbeiten und Maßnahmen zum Erhalt für in das Verfahren der vorübergehenden Verwendung übergeführte Waren verwendet werden (Artikel 235 UZK-DA).

[6] Eine Verwendungsfrist von 18 Monaten gilt für zum eigenen Gebrauch verwendete Beförderungsmittel der See- und Binnenschifffahrt (Artikel 217 Buchstabe e UZK-DA).

[7] Eine Verwendungsfrist von 12 Monaten gilt für Schienenbeförderungsmittel (Artikel 217 Buchstabe a UZK-DA) sowie für Container, deren Ausrüstung und Zubehör (Artikel 217 Buchstabe f UZK-DA).

[8] Eine Verwendungsfrist von 6 Monaten gilt u. a. für
– Straßenbeförderungsmittel und Beförderungsmittel des Luftverkehrs, die jeweils zum eigenen Gebrauch verwendet werden (Artikel 217 Buchstaben c und d UZK-DA);
– Waren, die zur Durchführung von Tests, Experimenten oder Vorführungen ohne Gewinnabsicht verwendet werden (Artikel 231 Buchstabe c UZK-DA);
– Austauschproduktionsmittel, die einem Kunden vom Lieferanten oder Ausbesserer bis zur Lieferung oder Reparatur gleichartiger Waren vorübergehend zur Verfügung gestellt werden (Artikel 233 UZK-DA);
– Waren, die einer Person in der Union vom Eigentümer der Waren zur Ansicht geliefert werden, wobei diese Person das Recht hat, die Waren nach Ansicht zu erwerben (Artikel 234 Abs. 2 UZK-DA).

(13) [1] Werden die in Absatz 12 bezeichneten Verwendungsfristen überschritten, ist im Zeitpunkt des Überschreitens ein innergemeinschaftliches Verbringen mit den sich aus § 1a Abs. 2 und § 3 Abs. 1a UStG ergebenden Wirkungen anzunehmen. [2] Entsprechendes gilt, wenn der Gegenstand innerhalb der Verwendungsfrist untergeht oder veräußert (geliefert) wird. [3] Das Zurückgelangen des Gegenstands in den Ausgangsmitgliedstaat nach einer befristeten Verwendung ist umsatzsteuerrechtlich unbeachtlich.

(14) *(aufgehoben)*

Belegaustausch und Aufzeichnungspflichten

(15) Wegen des Belegaustauschs und der Aufzeichnungspflichten in Fällen des innergemeinschaftlichen Verbringens vgl. Abschnitte 14a.1 Abs. 5 und 22.3 Abs. 1.

Zu § 1b UStG

1b.1 Innergemeinschaftlicher Erwerb neuer Fahrzeuge

[1] Der entgeltliche innergemeinschaftliche Erwerb eines neuen Fahrzeugs unterliegt auch bei Privatpersonen, nichtunternehmerisch tätigen Personenvereinigungen und Unternehmern, die das Fahrzeug für ihren nichtunternehmeri-

---

1) **Zölle und Verbrauchsteuern** Nr. 4.

schen Bereich beziehen, der Besteuerung. [2]Fahrzeuge im Sinne des § 1b UStG sind zur Personen- oder Güterbeförderung bestimmte Wasserfahrzeuge, Luftfahrzeuge und motorbetriebene Landfahrzeuge, die die in § 1b Abs. 2 UStG bezeichneten Merkmale aufweisen. [3]Zu den Landfahrzeugen gehören insbesondere Personenkraftwagen, Lastkraftwagen, Motorräder, Motorroller, Mopeds, sog. Pocket-Bikes (vgl. BFH-Urteil vom 27.2.2014, V R 21/11, BStBl. II S. 501), motorbetriebene Wohnmobile und Caravans sowie landwirtschaftliche Zugmaschinen. [4]Die straßenverkehrsrechtliche Zulassung ist nicht erforderlich. [5]Keine Landfahrzeuge sind dagegen Wohnwagen, Packwagen und andere Anhänger ohne eigenen Motor, die nur von Kraftfahrzeugen mitgeführt werden können, sowie selbstfahrende Arbeitsmaschinen, die nach ihrer Bauart oder ihren besonderen, mit dem Fahrzeug fest verbundenen Einrichtungen nicht zur Beförderung von Personen oder Gütern bestimmt und geeignet sind. [6]Ein Fahrzeug im Sinne des § 1b Abs. 2 UStG ist neu, wenn ein Merkmal des § 1b Abs. 3 UStG erfüllt ist. [7]Der maßgebende Beurteilungszeitpunkt ist der Zeitpunkt der Lieferung im übrigen Gemeinschaftsgebiet und nicht der Zeitpunkt des Erwerbs im Inland (vgl. EuGH-Urteil vom 18.11.2010, C-84/09, X).[1)] [8]Als erste Inbetriebnahme eines Fahrzeugs ist die erste Nutzung zur Personen- oder Güterbeförderung zu verstehen; bei Fahrzeugen, die einer Zulassung bedürfen, ist grundsätzlich davon auszugehen, dass der Zeitpunkt der Zulassung mit dem Zeitpunkt der ersten Inbetriebnahme identisch ist.

Zu § 1c UStG

1c.1 Ausnahme vom innergemeinschaftlichen Erwerb bei diplomatischen Missionen usw. (§ 1c Abs. 1 UStG)[2)]

[1]Ständige diplomatische Missionen und berufskonsularische Vertretungen, zwischenstaatliche Einrichtungen und Streitkräfte anderer Vertragsparteien des Nordatlantikvertrags sind nach Maßgabe des § 1c Abs. 1 UStG vom innergemeinschaftlichen Erwerb nach § 1a UStG ausgenommen. [2]Diese Einrichtungen werden nicht dem in § 1a Abs. 1 Nr. 2 UStG genannten Personenkreis zugeordnet. [3]Dies hat zur Folge, dass

– diesen Einrichtungen grundsätzlich keine USt-IdNr. zu erteilen ist,
– bei Lieferungen aus anderen EU-Mitgliedstaaten an diese Einrichtungen der Ort der Lieferung unter den Voraussetzungen des § 3c UStG in das Inland verlagert wird und
– diese Einrichtungen nur beim innergemeinschaftlichen Erwerb eines neuen Fahrzeugs der Erwerbsbesteuerung nach § 1b UStG unterliegen.

[4]Soweit die genannten Einrichtungen Unternehmer im Sinne des § 2 UStG sind und den Gegenstand für ihr Unternehmen erwerben, ist die Ausnahmeregelung des § 1c Abs. 1 UStG nicht anzuwenden.

---

1) IStR 2010, 910.

2) Zu steuerfreien Lieferungen an zwischenstaatliche Einrichtungen vgl. § 4 Nr. 7 UStG und A 4.7.1 UStAE.

Zu § 2 UStG

2.1 Unternehmer

Allgemeines

(1) [1]Natürliche und juristische Personen sowie Personenzusammenschlüsse können Unternehmer sein. [2]Unternehmer ist jedes selbständig tätige Wirtschaftsgebilde, das nachhaltig Leistungen gegen Entgelt ausführt (vgl. BFH-Urteil vom 4.7.1956, V 56/55 U, BStBl. III S. 275) oder die durch objektive Anhaltspunkte belegte Absicht hat, eine unternehmerische Tätigkeit gegen Entgelt und selbständig auszuüben und erste Investitionsausgaben für diesen Zweck tätigt (vgl. BFH-Urteile vom 22.2.2001, V R 77/96, BStBl. 2003 II S. 426, und vom 8.3.2001, V R 24/98, BStBl. 2003 II S. 430). [3]Dabei kommt es weder auf die Rechtsform noch auf die Rechtsfähigkeit des Leistenden an (vgl. BFH-Urteil vom 21.4.1994, V R 105/91, BStBl. II S. 671). [4]Auch eine Personenvereinigung, die nur gegenüber ihren Mitgliedern tätig wird, kann z.B. mit der entgeltlichen Überlassung von Gemeinschaftsanlagen unternehmerisch tätig sein (vgl. BFH-Urteil vom 28.11.2002, V R 18/01, BStBl. 2003 II S. 443).

Gesellschaften und Gemeinschaften

(2) [1]Für die Unternehmereigenschaft einer Personengesellschaft ist es unerheblich, ob ihre Gesellschafter Mitunternehmer im Sinne des § 15 Abs. 1 Nr. 2 EStG sind (vgl. BFH-Urteil vom 18.12.1980, V R 142/73, BStBl. 1981 II S. 408). [2]Unternehmer kann auch eine Bruchteilsgemeinschaft sein.[1)] [3]Vermieten Ehegatten mehrere in ihrem Bruchteilseigentum stehende Grundstücke, ist die jeweilige Bruchteilsgemeinschaft ein gesonderter Unternehmer, wenn auf Grund unterschiedlicher Beteiligungsverhältnisse im Vergleich mit den anderen Bruchteilsgemeinschaften eine einheitliche Willensbildung nicht gewährleistet ist (vgl. BFH-Urteile vom 25.3.1993, V R 42/89, BStBl. II S. 729, und vom 29.4.1993, V R 38/89, BStBl. II S. 734). [4]Ob der Erwerber eines Miteigentumsanteils eines vermieteten Grundstücks Unternehmer ist oder nicht, hängt von der Art der Überlassung seines Miteigentumsanteils an die Gemeinschaft ab. [5]Die zivilrechtliche Stellung als Mitvermieter ist für die Unternehmereigenschaft allein nicht ausreichend (vgl. BFH-Urteil vom 27.6.1995, V R 36/94, BStBl. II S. 915). [6]Überträgt ein Vermietungsunternehmer das Eigentum an dem vermieteten Grundstück zur Hälfte auf seinen Ehegatten, ist nunmehr allein die neu entstandene Bruchteilsgemeinschaft Unternehmer (vgl. BFH-Urteil vom 6.9.2007, V R 41/05, BStBl. 2008 II S. 65).

Leistender

(3) [1]Wem eine Leistung als Unternehmer zuzurechnen ist, richtet sich danach, wer dem Leistungsempfänger gegenüber als Schuldner der Leistung auftritt. [2]Dies ergibt sich regelmäßig aus den abgeschlossenen zivilrechtlichen Vereinbarungen. [3]Leistender ist in der Regel derjenige, der die Lieferungen

---

1) Siehe aber BFH v. 22.11.2018 V R 65/17, DStR 2019, 265: „Eine Bruchteilsgemeinschaft kann nicht Unternehmer sein." (Änderung der Rspr.).

oder sonstigen Leistungen im eigenen Namen gegenüber einem anderen selbst oder durch einen Beauftragten ausführt. [4]Ob eine Leistung dem Handelnden oder einem anderen zuzurechnen ist, hängt grundsätzlich davon ab, ob der Handelnde gegenüber Dritten im eigenen Namen oder berechtigterweise im Namen eines anderen bei Ausführung entgeltlicher Leistungen aufgetreten ist. [5]Somit ist ein sog. Strohmann, der im eigenen Namen Gegenstände verkauft und dem Abnehmer die Verfügungsmacht einräumt, umsatzsteuerrechtlich Leistender (vgl. BFH-Urteil vom 28.1.1999, V R 4/98, BStBl. II S. 628, und BFH-Beschluss vom 31.1.2002, V B 108/01, BStBl. 2004 II S. 622). [6]Bei Schein- oder Strohmanngeschäften können die Leistungen jedoch auch einer anderen als der nach außen auftretenden Person (Strohmann) zuzurechnen sein.[1)] [7]Das ist jedenfalls dann der Fall, wenn das Rechtsgeschäft zwischen dem Leistungsempfänger und dem Strohmann nur zum Schein abgeschlossen worden ist und der Leistungsempfänger wusste oder davon ausgehen musste, dass der als Leistender Auftretende (Strohmann) keine eigene Verpflichtung aus dem Rechtsgeschäft eingehen und dementsprechend auch keine eigenen Leistungen versteuern wollte (BFH-Beschluss vom 31.1.2002, V B 108/01, a. a. O.). [8]Zur Frage des Vorsteuerabzugs aus Rechnungen über Strohmanngeschäfte vgl. Abschnitt 15.2a Abs. 2.

Einzelfälle

(4) [1]Schließt eine Arbeitsgemeinschaft des Baugewerbes allein die Bauverträge mit dem Auftraggeber ab, entstehen unmittelbare Rechtsbeziehungen nur zwischen dem Auftraggeber und der Arbeitsgemeinschaft, nicht aber zwischen dem Auftraggeber und den einzelnen Mitgliedern der Gemeinschaft. [2]In diesem Fall ist die Arbeitsgemeinschaft Unternehmer (vgl. BFH-Urteil vom 21.5.1971, V R 117/67, BStBl. II S. 540). [3]Zur Frage des Leistungsaustauschs zwischen einer Arbeitsgemeinschaft des Baugewerbes und ihren Mitgliedern vgl. Abschnitt 1.6 Abs. 8. [4]Nach außen auftretende Rechtsanwaltsgemeinschaften können auch mit den Notariatsgeschäften ihrer Mitglieder Unternehmer sein (vgl. BFH-Urteile vom 5.9.1963, V 117/60 U, BStBl. III S. 520, vom 17.12.1964, V 228/62 U, BStBl. 1965 III S. 155, und vom 27.8.1970, V R 72/66, BStBl. II S. 833). [5]Zur Bestimmung des Leistenden, wenn in einer Sozietät zusammengeschlossene Rechtsanwälte Testamentsvollstreckungen ausführen, vgl. BFH-Urteil vom 13.3.1987, V R 33/79, BStBl. II S. 524. [6]Zur Frage, wer bei einem Sechs-Tage-Rennen Werbeleistungen an die Prämienzahler bewirkt, vgl. BFH-Urteil vom 28.11.1990, V R 31/85, BStBl. 1991 II S. 381. [7]Zur Frage, wer bei der Durchführung von Gastspielen (z. B. Gastspiel eines Theaterensembles) als Veranstalter anzusehen ist, vgl. BFH-Urteil vom 11.8.1960, V 188/58 U, BStBl. III S. 476. [8]Zur steuerlichen Behandlung einer aus Mietern und Grundstückseigentümern bestehenden Werbegemeinschaft vgl. Abschnitt 1.4 Abs. 5. [9]Zur steuerlichen Behandlung der Teilnahme an einem Wettbewerb zur Erzielung von Preisgeldern oder anderen Vergütungen vgl. Abschnitt 1.1 Abs. 24. [10]Zur Frage des Leistungsaustausches bei der Veranstaltung von Glücksspielen vgl. Abschnitt 1.1 Abs. 25.

---

1) Zur Rspr.-Änderung siehe aber BFH v. 10.11.2010 XI R 15/09, BFH/NV 2011, 867.

Innengesellschaften

(5) 1 Innengesellschaften, die ohne eigenes Vermögen, ohne Betrieb, ohne Rechtsfähigkeit und ohne Firma bestehen, sind umsatzsteuerrechtlich unbeachtlich, weil ihnen mangels Auftretens nach außen die Unternehmereigenschaft fehlt. 2 Unternehmer sind – beim Vorliegen der sonstigen Voraussetzungen – nur die an der Innengesellschaft beteiligten Personen oder Personenzusammenschlüsse (BFH-Urteil vom 11.11.1965, V 146/63 S, BStBl. 1966 III S. 28). 3 Zu den Innengesellschaften gehört auch die – typische oder atypische – stille Gesellschaft. 4 Eine besondere Art der Innengesellschaft ist die Meta-Verbindung (vgl. BFH-Urteil vom 21.12.1955, V 161/55 U, BStBl. 1956 III S. 58). 5 Bei einer Gewinnpoolung sind Unternehmer nur die beteiligten Personen, die ihre Geschäfte ebenfalls nach außen in eigenem Namen betreiben, im Gegensatz zur Meta-Verbindung aber nicht in einem Leistungsaustauschverhältnis miteinander stehen (vgl. BFH-Urteil vom 12.2.1970, V R 50/66, BStBl. II S. 477).

Sportveranstaltungen[1)]

(6) 1 Bei Sportveranstaltungen auf eigenem Sportplatz ist der Platzverein als Unternehmer anzusehen und mit den gesamten Einnahmen zur Umsatzsteuer heranzuziehen. 2 Der Gastverein hat die ihm aus dieser Veranstaltung zufließenden Beträge nicht zu versteuern. 3 Bei Sportveranstaltungen auf fremdem Platz hat der mit der Durchführung der Veranstaltung und insbesondere mit der Erledigung der Kassengeschäfte und der Abrechnung beauftragte Verein als Unternehmer die gesamten Einnahmen der Umsatzsteuer zu unterwerfen, während der andere Verein die ihm zufließenden Beträge nicht zu versteuern hat. 4 Tritt bei einer Sportveranstaltung nicht einer der beteiligten Vereine, sondern der jeweilige Verband als Veranstalter auf, hat der veranstaltende Verband die Gesamteinnahmen aus der jeweiligen Veranstaltung zu versteuern, während die Einnahmeanteile der beteiligten Vereine nicht der Umsatzsteuer unterworfen werden.

Insolvenzverwalter, Testamentsvollstrecker

(7)[2)] 1 Wird ein Unternehmen von einem Zwangsverwalter im Rahmen seiner Verwaltungstätigkeit nach § 152 Abs. 1 ZVG,[3)] einem vorläufigen Insolvenzverwalter oder einem Insolvenzverwalter geführt, ist nicht dieser der Unternehmer, sondern der Inhaber der Vermögensmasse, für die er tätig wird (vgl. BFH-Urteil vom 23.6.1988, V R 203/83, BStBl. II S. 920, für den Zwangsverwalter und BFH-Urteile vom 20.2.1986, V R 16/81, BStBl. II S. 579, und vom 16.7.1987, V R 80/82, BStBl. II S. 691, für den Konkursverwalter nach der KO). 2 Dieselben Grundsätze gelten auch dann, wenn ein zum Nachlass gehörendes Unternehmen vom Testamentsvollstrecker als solchem für den Erben fortgeführt wird. 3 Führt ein Testamentsvollstrecker jedoch ein Handelsgeschäft als Treuhänder der Erben im eigenen Namen

---

1) Zu Sportvereinen vgl. A 1.4, A 2.10, A 4.12.11, A 4.22.2 u. A 12.9 Abs. 6 UStAE.

2) Zur Zwangsverwaltung von Grundstücken vgl. A 16.1 Abs. 1 Satz 2 UStAE und BMF v. 8.6.1992, BStBl. I 1992, 397.

3) **Schönfelder Nr. 108**.

weiter, ist er der Unternehmer und Steuerschuldner (vgl. BFH-Urteil vom 11.10.1990, V R 75/85, BStBl. 1991 II S. 191). [4]Zur verfahrensrechtlichen Besonderheit bei der Zwangsverwaltung von mehreren Grundstücken vgl. Abschnitt 18.6 Abs. 4.

2.2 Selbständigkeit

Allgemeines

(1) [1]Eine selbständige Tätigkeit liegt vor, wenn sie auf eigene Rechnung und auf eigene Verantwortung ausgeübt wird. [2]Ob Selbständigkeit oder Unselbständigkeit anzunehmen ist, richtet sich grundsätzlich nach dem Innenverhältnis zum Auftraggeber. [3]Aus dem Außenverhältnis zur Kundschaft lassen sich im Allgemeinen nur Beweisanzeichen herleiten (vgl. BFH-Urteil vom 6.12.1956, V 137/55 U, BStBl. 1957 III S. 42). [4]Dabei kommt es nicht allein auf die vertragliche Bezeichnung, die Art der Tätigkeit oder die Form der Entlohnung an. [5]Entscheidend ist das Gesamtbild der Verhältnisse. [6]Es müssen die für und gegen die Selbständigkeit sprechenden Umstände gegeneinander abgewogen werden; die gewichtigeren Merkmale sind dann für die Gesamtbeurteilung maßgebend (vgl. BFH-Urteile vom 24.11.1961, VI 208/61 U, BStBl. 1962 III S. 125, und vom 30.5.1996, V R 2/95, BStBl. II S. 493). [7]Arbeitnehmer und damit nicht selbständig tätig kann auch sein, wer nach außen wie ein Kaufmann auftritt (vgl. BFH-Urteil vom 15.7.1987, X R 19/80, BStBl. II S. 746). [8]Unternehmerstellung und Beitragspflicht zur gesetzlichen Sozialversicherung schließen sich im Regelfall aus (vgl. BFH-Urteil vom 25.6.2009, V R 37/08, BStBl. II S. 873).

Natürliche Personen

(2)[1)] [1]Die Frage der Selbständigkeit natürlicher Personen ist für die Umsatzsteuer, Einkommensteuer und Gewerbesteuer nach denselben Grundsätzen zu beurteilen (vgl. BFH-Urteile vom 2.12.1998, X R 83/96, BStBl. 1999 II S. 534, und vom 11.10.2007, V R 77/05, BStBl. 2008 II S. 443, sowie H 19.0 (Allgemeines) LStH).[2)] [2]Dies gilt jedoch nicht, wenn Vergütungen für die Ausübung einer bei Anwendung dieser Grundsätze nicht selbständig ausgeübten Tätigkeit ertragsteuerrechtlich auf Grund der Sonderregelung des § 15 Abs. 1 Satz 1 Nr. 2 EStG zu Gewinneinkünften umqualifiziert werden, sowie bei der Beurteilung der Selbständigkeit von Aufsichtsratsmitgliedern, deren Tätigkeit nach § 18 Abs. 1 Nr. 3 EStG als selbständig qualifiziert wird. [3]Zur Nichtselbständigkeit des Gesellschafters einer Personengesellschaft bei der Wahrnehmung von Geschäftsführungs- und Vertretungsleistungen vgl. BFH-Urteil vom 14.4.2010, XI R 14/09, BStBl. 2011 II S. 433. [4]Geschäftsführungsleistungen eines GmbH-Geschäftsführers können als selbständig im Sinne des § 2 Abs. 2 Nr. 1 UStG zu beurteilen sein. [5]Die Organstellung des GmbH-Geschäftsführers steht dem nicht entgegen (BFH-Urteil vom 10.3.2005, V R 29/03,

---

1) A 2.2 UStAE Abs. 2 Satz 2 neugef., Satz 7 aufgeh. durch BMF v. 8.7.2021, BStBl. I 2021, 919, mit Übergangsregelung für alle **bis einschl. 31.12.2021** ausgeführten Leistungen; siehe Anlage 8.

2) Nr. **20**.

BStBl. II S. 730). [6] Auch ein Mitglied eines Vereinsvorstands kann im Rahmen seiner Geschäftsführungstätigkeit gegenüber dem Verein selbständig tätig werden (vgl. BFH-Urteil vom 14.5.2008, XI R 70/07, BStBl. II S. 912).

Beispiel 1:

[1] Der Aktionär einer AG erhält von dieser eine Tätigkeitsvergütung für seine Geschäftsführungsleistung gegenüber der AG. [2] Zwischen den Parteien ist ein Arbeitsvertrag geschlossen, der u. a. Urlaubsanspruch, feste Arbeitszeiten, Lohnfortzahlung im Krankheitsfall und Weisungsgebundenheit regelt und bei Anwendung der für das Ertrag- und Umsatzsteuerrecht einheitlichen Abgrenzungskriterien zu Einkünften aus nichtselbständiger Arbeit führt.
[3] Der Aktionär ist auch umsatzsteuerrechtlich nicht selbständig tätig.

Beispiel 2:

[1] Der Kommanditist einer KG erhält von dieser eine Tätigkeitsvergütung für seine Geschäftsführungsleistung gegenüber der KG. [2] Zwischen den Parteien ist ein Arbeitsvertrag geschlossen, der u. a. Urlaubsanspruch, feste Arbeitszeiten, Lohnfortzahlung im Krankheitsfall und Weisungsgebundenheit regelt und bei Anwendung der für das Ertrag- und Umsatzsteuerrecht einheitlichen Abgrenzungskriterien zu Einkünften aus nichtselbständiger Arbeit führen würde.
[3] Einkommensteuerrechtlich erzielt der Kommanditist aus der Tätigkeit Einkünfte aus Gewerbebetrieb nach § 15 Abs. 1 Satz 1 Nr. 2 EStG; umsatzsteuerrechtlich ist er dagegen nicht selbständig tätig.

Beispiel 3:

[1] Ein bei einer Komplementär-GmbH angestellter Geschäftsführer, der gleichzeitig Kommanditist der GmbH & Co. KG ist, erbringt Geschäftsführungs- und Vertretungsleistungen gegenüber der GmbH.
[2] Aus ertragsteuerrechtlicher Sicht wird unterstellt, dass die Tätigkeit selbständig ausgeübt wird; die Vergütung für die Geschäftsführungs- und Vertretungsleistung gegenüber der Komplementär-GmbH gehört zu den Einkünften als (selbständiger) Mitunternehmer der KG und wird zu gewerblichen Einkünften im Sinne des § 15 Abs. 1 Satz 1 Nr. 2 EStG umqualifiziert.
[3] In umsatzsteuerrechtlicher Hinsicht ist die Frage der Selbständigkeit jedoch weiterhin unter Anwendung der allgemeinen Grundsätze zu klären.

(3)[1)] [1] Fahrlehrer, denen keine Fahrschulerlaubnis erteilt ist, können im Verhältnis zu dem Inhaber der Fahrschule selbständig sein (vgl. BFH-Urteil vom 17.10.1996, V R 63/94, BStBl. 1997 II S. 188). [2] Ein Rundfunksprecher, der einer Rundfunkanstalt auf Dauer zur Verfügung steht, kann auch dann nicht als Unternehmer beurteilt werden, wenn er von der Rundfunkanstalt für jeden Einzelfall seiner Mitwirkung durch besonderen Vertrag verpflichtet wird (BFH-Urteil vom 14.10.1976, V R 137/73, BStBl. 1977 II S. 50). [3] Wegen der Behandlung der Versicherungsvertreter, Hausgewerbetreibenden und Heimarbeiter vgl. R 15.1 Abs. 1 und 2 EStR.[2)] [4] Eine natürliche Person ist mit ihrer Tätigkeit im Rahmen eines Arbeitnehmer-Überlassungsvertrages Arbeitnehmer und nicht Unternehmer im Rahmen eines Werk- oder Dienstvertrages (vgl. BFH-Urteil vom 20.4.1988, X R 40/81, BStBl. II S. 804). [5] Ein Rechtsanwalt, der für eine Rechtsanwaltskanzlei als Insolvenzverwalter tätig wird, ist insoweit nicht als Unternehmer zu beurteilen. [6] Dies gilt sowohl für einen angestellten als auch für einen an der Kanzlei als Gesellschafter beteiligten Rechtsanwalt, selbst wenn dieser ausschließlich als Insolvenzverwalter tätig ist und im eigenen Namen handelt.

---

1) A 2.2 UStAE Abs. 3 Satz 1 aufgeh., bish. Sätze 2 bis 7 werden Sätze 1 bis 6 durch BMF v. 8.7.2021, BStBl. I 2021, 919, anzuwenden in allen offenen Fällen.

2) Nr. **1**.

(3a)[1] [1]Trägt das Mitglied eines Aufsichtsrats aufgrund einer nicht variablen Festvergütung kein Vergütungsrisiko, ist es nicht selbständig tätig. [2]Die Vergütung kann sowohl in Geldzahlungen als auch in Sachzuwendungen bestehen. [3]Eine Festvergütung im Sinne des Satzes 1 liegt insbesondere im Fall einer pauschalen Aufwandsentschädigung vor, die für die Dauer der Mitgliedschaft im Aufsichtsrat gezahlt wird. [4]Sitzungsgelder, die das Mitglied des Aufsichtsrats nur erhält, wenn es tatsächlich an der Sitzung teilnimmt, sowie nach dem tatsächlichen Aufwand bemessene Aufwandsentschädigungen sind keine Festvergütung im Sinne des Satzes 1. [5]Besteht die Vergütung des Aufsichtsratsmitglieds sowohl aus festen als auch variablen Bestandteilen, ist es grundsätzlich selbständig tätig, wenn die variablen Bestandteile im Geschäftsjahr der Gesellschaft mindestens 10% der gesamten Vergütung, einschließlich erhaltener Aufwandsentschädigungen, betragen. [6]Reisekostenerstattungen sind keine Vergütungsbestandteile und demzufolge bei der Ermittlung der 10%-Grenze nicht zu berücksichtigen. [7]Bei der Prüfung, ob die variablen Bestandteile im Geschäftsjahr der Gesellschaft mindestens 10% der gesamten Vergütung, einschließlich erhaltener Aufwandsentschädigungen betragen, sind nur die Vergütungsbestandteile zu berücksichtigen, die für Leistungen gezahlt werden, die in dem betreffenden Geschäftsjahr der Gesellschaft ausgeführt werden. [8]Maßgeblicher Leistungszeitpunkt für die allgemeine Tätigkeit des Aufsichtsratsmitglieds ist der Ablauf des Geschäftsjahrs der Gesellschaft. [9]Erhält ein Aufsichtsratsmitglied für die tatsächliche Teilnahme an einer Aufsichtsratssitzung Auslagenersatz und Sitzungsgeld, ist der maßgebliche Leistungszeitpunkt der Tag der Aufsichtsratssitzung. [10]In die Prüfung der 10 %-Grenze sind als variable Vergütungsbestandteile die Sitzungsgelder im Sinne des Satzes 4 aller geplanten Sitzungen eines Geschäftsjahrs der Gesellschaft, unabhängig von der tatsächlichen Teilnahme des Aufsichtsratsmitglieds, mit einzubeziehen. [11]Maßgeblicher Zeitpunkt für die Prüfung der 10 %-Grenze ist der Beginn des Geschäftsjahrs der Gesellschaft; nachträgliche Änderungen bleiben unberücksichtigt. [12]Die Sätze 1 bis 11 sind für jedes Mandat eines Aufsichtsrates separat zu prüfen. [13]Ausnahmen von der Festlegung in Satz 5 sind in begründeten Fällen möglich. [14]Das Mitglied eines Aufsichtsrats trägt nicht schon deshalb ein Vergütungsrisiko, weil seine Vergütung nachträglich für mehrere Jahre ausgezahlt wird. [15]Trägt das Mitglied des Aufsichtsrats kein Vergütungsrisiko, ist es nicht deshalb selbständig tätig, weil es unter den Voraussetzungen des § 116 AktG für pflichtwidriges Verhalten haftet. [16]Bei Beamten und anderen Bediensteten einer Gebietskörperschaft, die die Tätigkeit als Aufsichtsratsmitglied auf Verlangen, Vorschlag oder Veranlassung ihres Arbeitgebers oder Dienstherren übernommen haben und nach beamten- oder dienstrechtlichen Vorschriften verpflichtet sind, die Vergütung bis auf einen festgelegten Betrag an den Arbeitgeber bzw. Dienstherren abzuführen, ist es bei einem bestehenden Vergütungsrisiko nicht zu beanstanden, wenn diese allein auf Grund dieser Tätigkeit ebenfalls als nicht selbständig tätig behandelt werden. [17]Für Mitglieder der Bundes- oder einer

---

[1] A 2.2 UStAE Abs. 3a eingef. durch BMF v. 8.7.2021, BStBl. I 2021, 919; Abs. 3a Satz 5 geänd., Sätze 7 bis 11 eingef., bish. Sätze 7 bis 13 werden Sätze 12 bis 18, Sätze 12, 17 und 18 geänd. durch BMF v. 29.3.2022, BStBl. I 2022, 567, anzuwenden in allen offenen Fällen, zur **Übergangsregelung** siehe Anlage 8.

Landesregierung gilt Satz 16 entsprechend, soweit sie im Zusammenhang mit ihrer Zugehörigkeit zur Regierung einem Aufsichtsrat angehören und einer zumindest teilweisen öffentlich-rechtlichen Abführungspflicht unterliegen. [18]Die Sätze 1 bis 17 gelten auch für Mitglieder von Ausschüssen, die der Aufsichtsrat nach § 107 Abs. 3 AktG bestellt hat und für Mitglieder von anderen Gremien, die nicht der Ausübung, sondern der Kontrolle der Geschäftsführung einer juristischen Person oder Personenvereinigung dienen.

(4) [1]Natürliche Personen können zum Teil selbständig, zum Teil unselbständig sein. [2]In Krankenhäusern angestellte Ärzte sind nur insoweit selbständig tätig, als ihnen für die Behandlung von Patienten ein von dem Krankenhaus unabhängiges Liquidationsrecht zusteht (vgl. BFH-Urteil vom 5.10.2005, VI R 152/01, BStBl. 2006 II S. 94). [3]Auch die Tätigkeit der Honorarprofessoren ohne Lehrauftrag wird selbständig ausgeübt. [4]Ein Arbeitnehmer kann mit der Vermietung seines Pkw an den Arbeitgeber selbständig tätig werden (vgl. BFH-Urteil vom 11.10.2007, V R 77/05, BStBl. 2008 II S. 443). [5]Zur

(Fortsetzung S. 73)

Frage, ob eine Neben- und Aushilfstätigkeit selbständig oder unselbständig ausgeübt wird, vgl. H 19.2 LStH.[1)]

Personengesellschaften

(5) [1] Eine Personengesellschaft ist selbständig, wenn sie nicht ausnahmsweise nach § 2 Abs. 2 UStG in das Unternehmen eines Organträgers eingegliedert ist (vgl. Abschnitt 2.8 Abs. 2 Satz 5). [2] Nicht rechtsfähige Personenvereinigungen können als kollektive Zusammenschlüsse von Arbeitnehmern zwecks Anbietung der Arbeitskraft gegenüber einem gemeinsamen Arbeitgeber unselbständig sein (vgl. BFH-Urteil vom 8.2.1979, V R 101/78, BStBl. II S. 362).

Juristische Personen

(6) [1] Eine Kapitalgesellschaft ist stets selbständig, wenn sie nicht nach § 2 Abs. 2 UStG in das Unternehmen eines Organträgers eingegliedert ist; dies gilt insbesondere hinsichtlich ihrer gegen Entgelt ausgeübten Geschäftsführungs- und Vertretungsleistungen gegenüber einer Personengesellschaft (BFH-Urteil vom 6.6.2002, V R 43/01, BStBl. 2003 II S. 36). [2] Auch das Weisungsrecht der Gesellschafterversammlung gegenüber der juristischen Person als Geschäftsführerin führt nicht zur Unselbständigkeit. [3] Ist eine KG mehrheitlich an ihrer Komplementär-GmbH beteiligt, kann die Komplementär-GmbH ihre Tätigkeit jedoch nicht selbständig ausüben, vgl. Abschnitt 2.8 Abs. 2 Satz 8.

Beispiel 1:

[1] Die Komplementär-GmbH erbringt Geschäftsführungs- und Vertretungsleistungen gegen Sonderentgelt an die KG. [2] Der Kommanditist dieser KG ist gleichzeitig Geschäftsführer der Komplementär-GmbH.

[3] Die Komplementär-GmbH ist mit ihren Geschäftsführungs- und Vertretungsleistungen selbständig tätig. [4] Diese werden von der Komplementär-GmbH an die KG im Rahmen eines umsatzsteuerbaren Leistungsaustausches erbracht, auch wenn z. B. die Vergütung unmittelbar an den Geschäftsführer der Komplementär-GmbH gezahlt wird.

Beispiel 2:

[1] Die Komplementär-GmbH einer GmbH & Co. KG erbringt Geschäftsführungs- und Vertretungsleistungen gegen Sonderentgelt an die KG, die gleichzeitig Alleingesellschafterin ihrer Komplementär-GmbH ist, wodurch die Mehrheit der Stimmrechte in der Gesellschafterversammlung der Komplementär-GmbH gewährleistet ist. [2] Die Komplementär-GmbH ist finanziell in das Unternehmen der KG eingegliedert.

[3] Bei Vorliegen der übrigen Eingliederungsvoraussetzungen übt sie ihre Geschäftsführungs- und Vertretungsleistungen gegenüber der KG nicht selbständig (§ 2 Abs. 2 Nr. 2 UStG) aus.

(7) [1] Regionale Untergliederungen (Landes-, Bezirks-, Ortsverbände) von Großvereinen sind neben dem Hauptverein selbständige Unternehmer, wenn sie über eigene satzungsgemäße Organe (Vorstand, Mitgliederversammlung) verfügen und über diese auf Dauer nach außen im eigenen Namen auftreten sowie eine eigene Kassenführung haben. [2] Es ist nicht erforderlich, dass die regionalen Untergliederungen – neben der Satzung des Hauptvereins – noch eine eigene Satzung haben. [3] Zweck, Aufgabe und Organisation der Untergliederungen können sich aus der Satzung des Hauptvereins ergeben.

[1)] Nr. **20**.

2.3 Gewerbliche oder berufliche Tätigkeit

(1) [1]Der Begriff der gewerblichen oder beruflichen Tätigkeit im Sinne des UStG geht über den Begriff des Gewerbebetriebes nach dem EStG und dem GewStG hinaus (vgl. BFH-Urteil vom 5.9.1963, V 117/60 U, BStBl. III S. 520). [2]Eine gewerbliche oder berufliche Tätigkeit setzt voraus, dass Leistungen im wirtschaftlichen Sinn ausgeführt werden. [3]Betätigungen, die sich nur als Leistungen im Rechtssinn, nicht aber zugleich auch als Leistungen im wirtschaftlichen Sinne darstellen, werden von der Umsatzsteuer nicht erfasst. [4]Leistungen, bei denen ein über die reine Entgeltentrichtung hinausgehendes eigenes wirtschaftliches Interesse des Entrichtenden nicht verfolgt wird, sind zwar Leistungen im Rechtssinn, aber keine Leistungen im wirtschaftlichen Sinn (vgl. BFH-Urteil vom 31.7.1969, V 94/65, BStBl. II S. 637). [5]Die Unterhaltung von Giro-, Bauspar- und Sparkonten sowie das Eigentum an Wertpapieren begründen für sich allein noch nicht die Unternehmereigenschaft einer natürlichen Person (vgl. BFH-Urteile vom 1.2.1973, V R 2/70, BStBl. II S. 172, und vom 11.10.1973, V R 14/73, BStBl. 1974 II S. 47).

(1a) [1]Von der gewerblichen oder beruflichen Tätigkeit sind die nichtunternehmerischen Tätigkeiten zu unterscheiden. [2]Diese Tätigkeiten umfassen die nichtwirtschaftlichen Tätigkeiten i. e. S. und die unternehmensfremden Tätigkeiten. [3]Als unternehmensfremde Tätigkeiten gelten Entnahmen für den privaten Bedarf des Unternehmers als natürliche Person, für den privaten Bedarf seines Personals oder für private Zwecke des Gesellschafters (vgl. BFH-Urteile vom 3.3.2011, V R 23/10, BStBl. 2012 II S. 74 und vom 12.1.2011, XI R 9/08, BStBl. 2012 II S. 58). [4]Nichtwirtschaftliche Tätigkeiten i. e. S. sind alle nichtunternehmerischen Tätigkeiten, die nicht unternehmensfremd (privat) sind, z. B.:

- unentgeltliche Tätigkeiten eines Vereins, die aus ideellen Vereinszwecken verfolgt werden (vgl. BFH-Urteil vom 6.5.2010, V R 29/09, BStBl. II S. 885),
- hoheitliche Tätigkeiten juristischer Personen des öffentlichen Rechts (vgl. BFH-Urteil vom 3.3.2011, V R 23/10, BStBl. 2012 II S. 74),
- bloßes Erwerben, Halten und Veräußern von gesellschaftsrechtlichen Beteiligungen (vgl. Abs. 2 bis 4),
- Leerstand eines Gebäudes verbunden mit dauerhafter Nichtnutzung (vgl. BFH-Urteil vom 19.7.2011, XI R 29/09, BStBl. 2012 II S. 430; vgl. Abschnitt 15.2c Abs. 8 Beispiel 1).

Gesellschaftsrechtliche Beteiligungen

(2) [1]Das bloße Erwerben, Halten und Veräußern von gesellschaftsrechtlichen Beteiligungen ist keine unternehmerische Tätigkeit (vgl. EuGH-Urteile vom 14.11.2000, C-142/99, Floridienne und Berginvest,[1)] vom 27.9.2001, C-16/00, Cibo Participations[1)] und vom 29.4.2004, C-77/01, EDM).[1)] [2]Wer sich an einer Personen- oder Kapitalgesellschaft beteiligt, übt zwar eine „Tätigkeit zur Erzielung von Einnahmen“ aus. [3]Gleichwohl ist er im Regelfall nicht Unternehmer im Sinne des UStG, weil Dividenden und andere Ge-

[1)] DStRE 2000, 1268. – DStR 2001, 1795. – DStRE 2004, 1095.

winnbeteiligungen aus Gesellschaftsverhältnissen nicht als umsatzsteuerrechtliches Entgelt im Rahmen eines Leistungsaustauschs anzusehen sind (vgl. EuGH-Urteil vom 21.10.2004, C-8/03, BBL).[1] [4]Soweit daneben eine weitergehende Geschäftstätigkeit ausgeübt wird, die für sich die Unternehmereigenschaft begründet, ist diese vom nichtunternehmerischen Bereich zu trennen. [5]Unternehmer, die neben ihrer unternehmerischen Betätigung auch Beteiligungen an anderen Gesellschaften halten, können diese Beteiligungen grundsätzlich nicht dem Unternehmen zuordnen. [6]Bei diesen Unternehmern ist deshalb eine Trennung des unternehmerischen Bereichs vom nichtunternehmerischen Bereich geboten. [7]Dieser Grundsatz gilt für alle Unternehmer gleich welcher Rechtsform (vgl. BFH-Urteil vom 20.12.1984, V R 25/76, BStBl. 1985 II S. 176).

(3) [1]Auch Erwerbsgesellschaften können gesellschaftsrechtliche Beteiligungen im nichtunternehmerischen Bereich halten. [2]Dies bedeutet, dass eine Holding, deren Zweck sich auf das Halten und Verwalten gesellschaftsrechtlicher Beteiligungen beschränkt und die keine Leistungen gegen Entgelt erbringt (sog. Finanzholding), nicht Unternehmer im Sinne des § 2 UStG ist. [3]Demgegenüber ist eine Holding, die im Sinne einer einheitlichen Leitung aktiv in das laufende Tagesgeschäft ihrer Tochtergesellschaften eingreift (sog. Führungs- oder Funktionsholding), unternehmerisch tätig. [4]Wird eine Holding nur gegenüber einigen Tochtergesellschaften geschäftsleitend tätig, während sie Beteiligungen an anderen Tochtergesellschaften lediglich hält und verwaltet (sog. gemischte Holding), hat sie sowohl einen unternehmerischen als auch einen nichtunternehmerischen Bereich. [5]Das Erwerben, Halten und Veräußern einer gesellschaftsrechtlichen Beteiligung stellt nur dann eine unternehmerische Tätigkeit dar (vgl. EuGH-Urteil vom 6.2.1997, C-80/95, Harnas & Helm),[2]

1. soweit Beteiligungen im Sinne eines gewerblichen Wertpapierhandels gewerbsmäßig erworben und veräußert werden und dadurch eine nachhaltige, auf Einnahmeerzielungsabsicht gerichtete Tätigkeit entfaltet wird (vgl. BFH-Urteil vom 15.1.1987, V R 3/77, BStBl. II S. 512 und EuGH-Urteil vom 29.4.2004, C-77/01, EDM)[3] oder
2. wenn die Beteiligung nicht um ihrer selbst willen (bloßer Wille, Dividenden zu erhalten) gehalten wird, sondern der Förderung einer bestehenden oder beabsichtigten unternehmerischen Tätigkeit (z. B. Sicherung günstiger Einkaufskonditionen, Verschaffung von Einfluss bei potenziellen Konkurrenten, Sicherung günstiger Absatzkonditionen) dient (vgl. EuGH-Urteil vom 11.7.1996, C-306/94, Régie dauphinoise),[4] oder
3. [1]wenn, abgesehen von der Ausübung der Rechte als Gesellschafter oder Aktionär, unmittelbar in die Verwaltung der Gesellschaften, an denen die Beteiligung besteht, eingegriffen wird (vgl. EuGH-Urteil vom 20.6.1991, C-60/90, Polysar Investments Netherlands).[5] [2]Die Eingriffe müssen dabei

---

[1] DStRE 2005, 45.
[2] DStRE 1997, 210.
[3] DStRE 2004, 1095.
[4] EuZW 1997, 220.
[5] EuZW 1992, 702.

zwingend durch unternehmerische Leistungen im Sinne der § 1 Abs. 1 Nr. 1 und § 2 Abs. 1 UStG erfolgen. [3]Hierbei kann es sich z.B. um administrative, finanzielle, kaufmännische oder technische Dienstleistungen an die jeweilige Beteiligungsgesellschaft handeln (vgl. EuGH-Urteile vom 27.9.2001, C-16/00, Cibo Participations,[1)] vom 12.7.2001, C-102/00, Welthgrove,[1)] und vom 16.7.2015, C-108/14, Larentia + Minerva, und C-109/14, Marenave, BStBl. 2017 II S. 604).[2)]

(4) [1]Das Innehaben einer gesellschaftsrechtlichen Beteiligung fällt, abgesehen von den Fällen des gewerblichen Wertpapierhandels, nur dann in den Rahmen des Unternehmens, wenn die gesellschaftsrechtliche Beteiligung im Zusammenhang mit einer unternehmerischen Tätigkeit erworben, gehalten und veräußert wird. [2]Dabei reicht jedoch nicht jeder beliebige Zusammenhang zwischen dem Erwerb und Halten der gesellschaftsrechtlichen Beteiligung und der unternehmerischen Tätigkeit aus. [3]Vielmehr muss zwischen der gesellschaftsrechtlichen Beteiligung und der unternehmerischen Tätigkeit ein erkennbarer und objektiver wirtschaftlicher Zusammenhang bestehen (vgl. Abschnitt 15.2b Abs. 3). [4]Das ist der Fall, wenn die Aufwendungen für die gesellschaftsrechtliche Beteiligung zu den Kostenelementen der steuerbaren Ausgangsumsätze gehören (vgl. EuGH-Urteile vom 26.5.2005, C-465/03, Kretztechnik,[3)] und vom 16.7.2015, C-108/14, Larentia + Minerva, und C-109/14, Marenave, BStBl. 2017 II S. 604,[4)] sowie BFH-Urteile vom 10.4.1997, V R 26/96, BStBl. II S. 552, und vom 6.4.2016, V R 6/14, BStBl. 2017 II S. 577). [5]Zum Vorsteuerabzug beim Halten und Veräußern von gesellschaftsrechtlichen Beteiligungen siehe Abschnitt 15.22.

Nachhaltigkeit

(5) [1]Die gewerbliche oder berufliche Tätigkeit wird nachhaltig ausgeübt, wenn sie auf Dauer zur Erzielung von Entgelten angelegt ist (vgl. BFH-Urteile vom 30.7.1986, V R 41/76, BStBl. II S. 874, und vom 18.7.1991, V R 86/87, BStBl. II S. 776). [2]Ob dies der Fall ist, richtet sich nach dem Gesamtbild der Verhältnisse im Einzelfall. [3]Die für und gegen die Nachhaltigkeit sprechenden Merkmale müssen gegeneinander abgewogen werden. [4]Als Kriterien für die Nachhaltigkeit einer Tätigkeit kommen nach dem BFH-Urteil vom 18.7.1991, V R 86/87, a.a.O., insbesondere in Betracht:
- mehrjährige Tätigkeit,
- planmäßiges Handeln,
- auf Wiederholung angelegte Tätigkeit,
- die Ausführung mehr als nur eines Umsatzes,
- Vornahme mehrerer gleichartiger Handlungen unter Ausnutzung derselben Gelegenheit oder desselben dauernden Verhältnisses,
- langfristige Duldung eines Eingriffs in den eigenen Rechtskreis,
- Intensität des Tätigwerdens,

---

1) DStR 2001, 1795. – DStRE 2001, 1180.
2) DStR 2015, 1673.
3) DStR 2005, 965.
4) DStR 2015, 1673.

– Beteiligung am Markt,
– Auftreten wie ein Händler,
– Unterhalten eines Geschäftslokals,
– Auftreten nach außen, z. B. gegenüber Behörden.

(6) [1] Nachhaltig ist in der Regel:
– eine Verwaltungs- oder eine Auseinandersetzungs-Testamentsvollstreckung, die sich über mehrere Jahre erstreckt, auch wenn sie aus privatem Anlass vorgenommen wird (vgl. BFH-Urteile vom 7.8.1975, V R 43/71, BStBl. 1976 II S. 57, vom 26.9.1991, V R 1/87, vom 30.5.1996, V R 26/93, und vom 7.9.2006, V R 6/05, BStBl. 2007 II S. 148),
– die einmalige Bestellung eines Nießbrauchs an seinem Grundstück – Duldungsleistung – (vgl. BFH-Urteil vom 16.12.1971, V R 41/68, BStBl. 1972 II S. 238),
– die Vermietung allein eines Gegenstands durch den Gesellschafter einer Gesellschaft des bürgerlichen Rechts an die Gesellschaft (vgl. BFH-Urteil vom 7.11.1991, V R 116/86, BStBl. 1992 II S. 269),
– der An- und Verkauf mehrerer neuer Kfz, auch wenn es sich um „private Gefälligkeiten" gehandelt habe (vgl. BFH-Urteil vom 7.9.1995, V R 25/94, BStBl. 1996 II S. 109);
– die entgeltliche Unterlassung von Wettbewerb über einen längeren Zeitraum von z. B. fünf Jahren, wobei die vereinbarte Vergütung bereits ein Indiz für das wirtschaftliche Gewicht der Tätigkeit darstellt (vgl. BFH-Urteil vom 13.11.2003, V R 59/02, BStBl. 2004 II S. 472); nicht erforderlich ist ein enger Zusammenhang mit einer anderen Tätigkeit des Steuerpflichtigen oder die Absicht, in weiteren Fällen gegen Vergütung ein Wettbewerbsverbot einzugehen;
– der nicht nur vorübergehende, sondern auf Dauer angelegte Verkauf einer Vielzahl von Gegenständen über eine Internet-Plattform; die Beurteilung der Nachhaltigkeit hängt nicht von einer bereits beim Einkauf vorhandenen Wiederverkaufsabsicht ab (vgl. BFH-Urteil vom 26.4.2012, V R 2/11, BStBl. II S. 634);
– der planmäßige, wiederholte und mit erheblichem Organisationsaufwand verbundene Verkauf einer Vielzahl fremder Gebrauchsgegenstände über eine elektronische Handelsplattform; dieser Einstufung steht nicht entgegen, dass die Tätigkeit nur für kurze Dauer und ohne Gewinn ausgeübt wird und ein Wareneinkauf nicht festgestellt werden kann (vgl. BFH-Urteil vom 12.8.2015, XI R 43/13, BStBl. II S. 919).

[2] Nicht nachhaltig als Unternehmer wird dagegen tätig:
– ein Angehöriger einer Automobilfabrik, der von dieser unter Inanspruchnahme des Werksangehörigenrabatts fabrikneue Automobile erwirbt und diese nach einer Behaltefrist von mehr als einem Jahr wieder verkauft (vgl. BFH-Urteil vom 18.7.1991, V R 86/87, BStBl. II S. 776),
– ein Briefmarken- oder Münzsammler, der aus privaten Neigungen sammelt, soweit er Einzelstücke veräußert (wegtauscht), die Sammlung teilweise umschichtet oder die Sammlung ganz oder teilweise veräußert (vgl. BFH-Urteile vom 29.6.1987, X R 23/82, BStBl. II S. 744, und vom 16.7.1987, X R 48/82, BStBl. II S. 752) und

– wer ein Einzelunternehmen zu dem Zweck erwirbt, es unmittelbar in eine Personengesellschaft einzubringen, begründet keine unternehmerische Betätigung, weil damit regelmäßig keine auf gewisse Dauer angelegte geschäftliche Tätigkeit entfaltet wird (vgl. BFH-Urteil vom 15.1.1987, V R 3/77, BStBl. II S. 512).

(7) [1] Bei der Vermietung von Gegenständen, die ihrer Art nach sowohl für unternehmerische als auch für nichtunternehmerische Zwecke verwendet werden können (z. B. sog. Freizeitgegenstände), sind alle Umstände ihrer Nutzung zu prüfen, um festzustellen, ob sie tatsächlich zur nachhaltigen Erzielung von Einnahmen verwendet werden (vgl. EuGH-Urteil vom 26.9.1996, C-230/94, Enkler).[1)] [2] Die nur gelegentliche Vermietung eines derartigen, im Übrigen privat genutzten Gegenstands (z. B. Wohnmobil, Segelboot) durch den Eigentümer ist keine unternehmerische Tätigkeit. [3] Bei der Beurteilung, ob zur nachhaltigen Erzielung von Einnahmen vermietet wird, kann ins Gewicht fallen, dass

– nur ein einziger, seiner Art nach für die Freizeitgestaltung geeigneter Gegenstand angeschafft wurde,
– dieser überwiegend für private eigene Zwecke oder für nichtunternehmerische Zwecke des Ehegatten genutzt worden ist,
– der Gegenstand nur mit Verlusten eingesetzt und weitestgehend von dem Ehegatten finanziert und unterhalten wurde,
– er nur für die Zeit der tatsächlichen Vermietung versichert worden war und
– weder ein Büro noch besondere Einrichtungen (z. B. zur Unterbringung und Pflege des Gegenstands) vorhanden waren

(vgl. BFH-Urteil vom 12.12.1996, V R 23/93, BStBl. 1997 II S. 368).

Tätigkeit zur Erzielung von Einnahmen

(8) [1] Die Tätigkeit muss auf die Erzielung von Einnahmen gerichtet sein. [2] Die Absicht, Gewinn zu erzielen, ist nicht erforderlich. [3] Eine Tätigkeit zur Erzielung von Einnahmen liegt vor, wenn diese im Rahmen eines Leistungsaustauschs ausgeübt wird. [4] Die Unternehmereigenschaft setzt grundsätzlich voraus, dass Lieferungen oder sonstige Leistungen gegen Entgelt bewirkt werden. [5] Bei einem vorübergehenden Verzicht auf Einnahmen kann in der Regel nicht bereits eine unentgeltliche nichtunternehmerische Tätigkeit angenommen werden (vgl. BFH-Urteil vom 7.7.2005, V R 78/03, BStBl. II S. 849). [6] Zur Unternehmereigenschaft bei Vorbereitungshandlungen für eine beabsichtigte unternehmerische Tätigkeit, die nicht zu Umsätzen führt, vgl. Abschnitt 2.6 Abs. 1 bis 4.

(9) [1] Die entgeltliche Tätigkeit eines Kommanditisten als Mitglied eines Beirats, dem vor allem Zustimmungs- und Kontrollrechte übertragen sind, ist als unternehmerisch zu beurteilen (vgl. BFH-Urteil vom 24.8.1994, XI R 74/93, BStBl. 1995 II S. 150). [2] Dies gilt auch für die Tätigkeit einer GmbH als Liquidator einer GmbH & Co. KG, deren Geschäfte sie als alleiniger persönlich haftender Gesellschafter geführt hatte, wenn hierfür ein Sonderentgelt vereinbart wurde (vgl. BFH-Urteil vom 8.11.1995, V R 8/94, BStBl. 1996 II S. 176).

---

1) DStR 1996, 1686.

2.4 Forderungskauf und Forderungseinzug

(1) [1]Infolge des Urteils des EuGH vom 26.6.2003, C-305/01, MKG-Kraftfahrzeuge-Factoring, BStBl. 2004 II S. 688,[1)] ist der Forderungskauf, bei dem der Forderungseinzug durch den Forderungskäufer in eigenem Namen und für eigene Rechnung erfolgt, wie folgt zu beurteilen: [2]Im Falle des echten Factoring liegt eine unternehmerische Tätigkeit des Forderungskäufers (Factor) vor, wenn seine Dienstleistung im Wesentlichen darin besteht, dass der Forderungsverkäufer (Anschlusskunde) von der Einziehung der Forderung und dem Risiko ihrer Nichterfüllung entlastet wird (vgl. Rn. 49 und 52 des EuGH-Urteils vom 26.6.2003, C-305/01, a. a. O.). [3]Im Falle des unechten Factoring (der Anschlusskunde wird auf Grund eines dem Factor zustehenden Rückgriffsrechts bei Ausfall der Forderung nicht vom Ausfallrisiko der abgetretenen Forderung entlastet) gilt das Gleiche, wenn der Factor den Forderungseinzug übernimmt (vgl. Rn. 52 und 54 des EuGH-Urteils vom 26.6. 2003, C-305/01, a. a. O.). [4]Zur Übertragung zahlungsgestörter Forderungen mit Übernahme des Ausfallrisikos durch den Erwerber vgl. jedoch Absatz 8.

(2) [1]Im Falle des Forderungskaufs ohne Übernahme des tatsächlichen Forderungseinzugs durch den Forderungskäufer (Forderungseinzug durch den Forderungsverkäufer in eigenem Namen und für fremde Rechnung) übt der Forderungskäufer unabhängig davon, ob ihm ein Rückgriffsrecht gegen den Forderungsverkäufer zusteht oder nicht, zwar unter den weiteren Voraussetzungen des § 2 Abs. 1 UStG eine unternehmerische Tätigkeit aus; diese ist jedoch keine Factoringleistung im Sinne des o. g. EuGH-Urteils. [2]Dies gilt insbesondere für die Abtretung von Forderungen in den Fällen der stillen Zession, z. B. zur Sicherung im Zusammenhang mit einer Kreditgewährung, oder für den entsprechend gestalteten Erwerb von Forderungen „a forfait", z. B. bei Transaktionen im Rahmen sog. „Asset-Backed-Securities (ABS)"-Modelle. [3]Der Einzug einer Forderung durch einen Dritten in fremdem Namen und für fremde Rechnung (Inkasso) fällt ebenfalls nicht unter den Anwendungsbereich des EuGH-Urteils vom 26.6.2003, C-305/01, MKG-Kraftfahrzeuge-Factoring, BStBl. 2004 II S. 688;[2)] es liegt gleichwohl eine unternehmerische Tätigkeit vor.

Forderungsverkäufer

(3) [1]Beim Forderungskauf mit Übernahme des tatsächlichen Einzugs und ggf. des Ausfallrisikos durch den Forderungskäufer (Absatz 1 Sätze 2 und 3) erbringt der Forderungsverkäufer (Anschlusskunde) mit der Abtretung seiner Forderung keine Leistung an den Factor (BFH-Urteil vom 4.9.2003, V R 34/99, BStBl. 2004 II S. 667). [2]Vielmehr ist der Anschlusskunde Empfänger einer Leistung des Factors. [3]Die Abtretung seiner Forderung vollzieht sich im Rahmen einer nicht steuerbaren Leistungsbeistellung. [4]Dies gilt nicht in den Fällen des Forderungskaufs ohne Übernahme des tatsächlichen Einzugs der Forderung durch den Forderungskäufer (Absatz 2 Sätze 1 und 2). [5]Die Abtretung einer solchen Forderung stellt einen nach § 4 Nr. 8 Buchstabe c UStG

---

1) DStR 2003, 1253.
2) DStR 2003, 1253.

steuerfreien Umsatz im Geschäft mit Forderungen dar. [6]Mit dem Einzug der abgetretenen Forderung (Servicing) erbringt der Forderungsverkäufer dann keine weitere Leistung an den Forderungskäufer, wenn er auf Grund eines eigenen, vorbehaltenen Rechts mit dem Einzug der Forderung im eigenen Interesse tätig wird. [7]Beruht seine Tätigkeit dagegen auf einer gesonderten Vereinbarung, ist sie regelmäßig als Nebenleistung zu dem nach § 4 Nr. 8 Buchstabe c UStG steuerfreien Umsatz im Geschäft mit Forderungen anzusehen.

Forderungskäufer

(4) [1]Der wirtschaftliche Gehalt der Leistung des Factors (Absatz 1 Sätze 2 und 3, Absatz 3 Sätze 1 bis 3) besteht im Wesentlichen im Einzug von Forderungen. [2]Die Factoringleistung fällt in den Katalog der Leistungsbeschreibungen des § 3a Abs. 4 Satz 2 Nr. 6 Buchstabe a UStG (vgl. Abschnitt 3a.9 Abs. 17). [3]Die Leistung ist von der Steuerbefreiung nach § 4 Nr. 8 Buchstabe c UStG ausgenommen und damit grundsätzlich steuerpflichtig. [4]Eine ggf. mit der Factoringleistung einhergehende Kreditgewährung des Factors an den Anschlusskunden ist regelmäßig von untergeordneter Bedeutung und teilt daher als unselbständige Nebenleistung das Schicksal der Hauptleistung (vgl. BFH-Urteil vom 15.5.2012, XI R 28/10, BStBl. 2015 II S. 966). [5]Abweichend davon kann die Kreditgewährung jedoch dann als eigenständige Hauptleistung zu beurteilen sein, wenn sie eine eigene wirtschaftliche Bedeutung hat. [6]Hiervon ist insbesondere auszugehen, wenn die Forderung in mehreren Raten oder insgesamt nicht vor Ablauf eines Jahres nach der Übertragung fällig ist oder die Voraussetzungen des Abschnitts 3.11 Abs. 1 erfüllt sind.

(5) [1]Beim Forderungskauf ohne Übernahme des tatsächlichen Forderungseinzugs erbringt der Forderungskäufer keine Factoringleistung (vgl. Absatz 2 Sätze 1 und 2). [2]Der Forderungskauf stellt sich in diesen Fällen, sofern nicht lediglich eine Sicherungsabtretung vorliegt, umsatzsteuerrechtlich damit insgesamt als Rechtsgeschäft dar, bei dem der Forderungskäufer neben der Zahlung des Kaufpreises einen Kredit gewährt und der Forderungsverkäufer als Gegenleistung seine Forderung abtritt, auch wenn der Forderungskauf zivilrechtlich, handels- und steuerbilanziell nicht als Kreditgewährung, sondern als echter Verkauf („true sale") zu betrachten ist. [3]Damit liegt ein tauschähnlicher Umsatz mit Baraufgabe vor (vgl. § 3 Abs. 12 Satz 2 UStG). [4]Umsatzsteuerrechtlich ist es ohne Bedeutung, ob die Forderungen nach Handels- und Ertragsteuerrecht beim Verkäufer oder beim Käufer zu bilanzieren sind. [5]Die Kreditgewährung in den Fällen der Sätze 1 bis 4 und des Absatzes 4 Sätze 5 und 6 ist nach § 4 Nr. 8 Buchstabe a UStG steuerfrei; sie kann unter den Voraussetzungen des § 9 Abs. 1 UStG als steuerpflichtig behandelt werden. [6]Zur Ermittlung der Bemessungsgrundlage vgl. Abschnitt 10.5 Abs. 6.

Bemessungsgrundlage Factoringleistung/Vorsteuerabzug

(6) [1]Bemessungsgrundlage für die Factoringleistung (Absatz 1 Sätze 2 und 3, Absatz 3 Sätze 1 bis 3) ist grundsätzlich die Differenz zwischen dem Nennwert der dem Factor abgetretenen Forderungen und dem Betrag, den der Factor seinem Anschlusskunden als Preis für diese Forderungen zahlt, abzüglich der in dem Differenzbetrag enthaltenen Umsatzsteuer (§ 10 UStG). [2]Wird für diese Leistung zusätzlich oder ausschließlich eine Gebühr gesondert verein-

bart, gehört diese zur Bemessungsgrundlage. [3]Bei Portfolioverkäufen ist es nicht zu beanstanden, wenn eine nach Durchschnittwerten bemessene Gebühr in Ansatz gebracht wird. [4]Der Umsatz unterliegt dem allgemeinen Steuersatz, § 12 Abs. 1 UStG. [5]Ist beim Factoring unter den in Absatz 4 Sätze 5 und 6 genannten Voraussetzungen eine Kreditgewährung als eigenständige Hauptleistung anzunehmen, gehört der Teil der Differenz, der als Entgelt für die Kreditgewährung gesondert vereinbart wurde, nicht zur Bemessungsgrundlage der Factoringleistung. [6]Der Verkäufer der Forderung kann unter den Voraussetzungen des § 15 UStG den Vorsteuerabzug aus der Leistung des Käufers der Forderung in Anspruch nehmen, soweit die verkaufte Forderung durch einen Umsatz des Verkäufers der Forderung begründet wurde, der bei diesem den Vorsteuerabzug nicht ausschließt.

Übertragung zahlungsgestörter Forderungen

(7) [1]Eine Forderung (bestehend aus Rückzahlungs- und Zinsanspruch) ist insgesamt zahlungsgestört, wenn sie, soweit sie fällig ist, ganz oder zu einem nicht nur geringfügigen Teil seit mehr als 90 Tagen nicht ausgeglichen wurde. [2]Eine Forderung ist auch zahlungsgestört, wenn die Kündigung erfolgt ist oder die Voraussetzungen für eine Kündigung vorliegen.

(8) [1]Bei der Übertragung einer zahlungsgestörten Forderung unter Übernahme des Ausfallrisikos durch den Erwerber besteht der wirtschaftliche Gehalt in der Entlastung des Verkäufers vom wirtschaftlichen Risiko und nicht in der Einziehung der Forderung. [2]Da die Differenz zwischen dem Nennwert der übertragenen Forderung und deren Kaufpreis vorrangig auf der Beurteilung der Werthaltigkeit der Forderung beruht, stellt diese keine Vergütung dar, mit der unmittelbar eine vom Käufer erbrachte Dienstleistung entgolten werden soll. [3]Der Forderungserwerber erbringt daher keine wirtschaftliche Tätigkeit (EuGH-Urteil vom 27.10.2011, C-93/10, GFKL, BStBl. 2015 II S. 978).[1)] [4]Dies gilt selbst dann, wenn der Erwerber den Verkäufer von der weiteren Verwaltung und Vollstreckung der Forderung entlastet (BFH-Urteil vom 4.7.2013, V R 8/10, BStBl. 2015 II S. 969) oder die Beteiligten dem Forderungseinzug bei der Bemessung des Abschlages auf den Kaufpreis oder durch Vereinbarung einer gesonderten Vergütung eine nicht untergeordnete Bedeutung beimessen. [5]Der Forderungserwerber ist nicht zum Vorsteuerabzug aus den Eingangsrechnungen für den Forderungserwerb und den Forderungseinzug berechtigt (BFH-Urteil vom 26.1.2012, V R 18/08, BStBl. 2015 II S. 962). [6]Werden sowohl zahlungsgestörte als auch nicht zahlungsgestörte Forderungen in einem Portfolio übertragen, ist das Gesamtpaket für Zwecke des Vorsteuerabzuges entsprechend aufzuteilen; auf die Abschnitte 15.2b ff. wird hingewiesen. [7]Der Verkäufer erbringt mit der Abtretung oder Übertragung einer zahlungsgestörten Forderung unter Übernahme des Ausfallrisikos durch den Erwerber eine nach § 4 Nr. 8 Buchstabe c UStG steuerfreie Leistung im Geschäft mit Forderungen an den Erwerber. [8]Soweit wegen Rückbeziehung der übertragenen Forderung auf einen zurückliegenden Stichtag der Forderungsverkäufer noch die Forderung verwaltet, liegt hierin eine unselbständige Nebenleistung zum steuerfreien Forderungsverkauf, die das

---

1) DStR 2011, 2093.

rechtliche Schicksal der Hauptleistung teilt (BFH-Urteil vom 4.7.2013, V R 8/10, a.a.O.). [9]Im Falle der Übertragung einer zahlungsgestörten Forderung ohne Übernahme des Ausfallrisikos durch den Erwerber liegt eine wirtschaftliche Tätigkeit des Erwerbers vor, wenn dieser den Forderungseinzug übernimmt (vgl. Absatz 1 Satz 3; zur Bemessungsgrundlage vgl. Absatz 6).

2.5 Betrieb von Anlagen zur Energieerzeugung

(1) [1]Soweit der Betreiber einer unter § 3 EEG[1)] fallenden Anlage oder einer unter § 5 KWKG[1)] fallenden Anlage zur Stromgewinnung den erzeugten Strom ganz oder teilweise, regelmäßig und nicht nur gelegentlich in das allgemeine Stromnetz einspeist, dient diese Anlage ausschließlich der nachhaltigen Erzielung von Einnahmen aus der Stromerzeugung (vgl. BFH-Urteil vom 18.12.2008, V R 80/07, BStBl. 2011 II S. 292). [2]Eine solche Tätigkeit begründet daher – unabhängig von der Höhe der erzielten Einnahmen und unabhängig von der leistungsmäßigen Auslegung der Anlage – die Unternehmereigenschaft des Betreibers, sofern dieser nicht bereits anderweitig unternehmerisch tätig ist. [3]Ist eine solche Anlage – unmittelbar oder mittelbar – mit dem allgemeinen Stromnetz verbunden, kann davon ausgegangen werden, dass der Anlagenbetreiber eine unternehmerische Tätigkeit im Sinne der Sätze 1 und 2 ausübt. [4]Eine Unternehmereigenschaft des Betreibers der Anlage ist grundsätzlich nicht gegeben, wenn eine physische Einspeisung des erzeugten Stroms nicht möglich ist (z.B. auf Grund unterschiedlicher Netzspannungen), weil hierbei kein Leistungsaustausch zwischen dem Betreiber der Anlage und dem des allgemeinen Stromnetzes vorliegt.

Kaufmännisch-bilanzielle Einspeisung nach § 8 Abs. 2 EEG[2)]

(2) Die bei der sog. kaufmännisch-bilanziellen Einspeisung nach § 8 Abs. 2 EEG in ein Netz nach § 3 Nr. 7 EEG angebotene und nach § 16 Abs. 1 EEG vergütete Elektrizität wird umsatzsteuerrechtlich auch dann vom EEG-Anlagenbetreiber an den vergütungspflichtigen Netzbetreiber im Sinne von § 3 Nr. 8 EEG geliefert, wenn der Verbrauch tatsächlich innerhalb eines Netzes erfolgt, das kein Netz für die allgemeine Versorgung nach § 3 Nr. 7 EEG ist und das vom Anlagenbetreiber selbst oder einem Dritten, der kein Netzbetreiber im Sinne von § 3 Nr. 8 EEG ist, betrieben wird.

Wiederverkäufereigenschaft des Anlagenbetreibers

(3) [1]Betreiber von dezentralen Stromgewinnungsanlagen (z.B. Photovoltaik- bzw. Windkraftanlagen, Biogas-Blockheizkraftwerke) sind regelmäßig keine Wiederverkäufer von Elektrizität (Strom) im Sinne des § 3g UStG (vgl. Abschnitt 13b.3a Abs. 2 Sätze 3 und 4). [2]Zum Begriff des Wiederverkäufers von Elektrizität im Sinne des § 3g Abs. 1 UStG vgl. Abschnitt 3g.1 Abs. 2 und 3. [3]Besteht die Tätigkeit des Anlagenbetreibers sowohl im Erwerb als auch in der Herstellung von Strom zur anschließenden Veräußerung, ist bei der Beurteilung der Wiederverkäufereigenschaft ausschließlich das Verhältnis zwischen

---

[1)] **Sartorius Ergänzungsband** Nr. **833** (EEG) bzw. Nr. **834** (KWKG).
[2)] **Sartorius Ergänzungsband** Nr. **833**.

erworbenen und veräußerten Energiemengen maßgeblich. [4]Werden daher mehr als die Hälfte der zuvor erworbenen Strommengen weiterveräußert, erfüllt der Unternehmer die Wiederverkäufereigenschaft im Sinne des § 3g UStG. [5]Ist er danach Wiederverkäufer von Strom, fallen auch die Lieferungen der selbsterzeugten Strommengen an einen anderen Wiederverkäufer unter die Regelung des § 13b Abs. 2 Nr. 5 Buchstabe b UStG.

Beispiel:

[1]A produziert als Betreiber einer dezentralen Stromgewinnungsanlage 50 Einheiten Strom und veräußert diese 50 Einheiten insgesamt an einen anderen Anlagenbetreiber W. [2]W produziert ebenfalls 50 Einheiten Strom. [3]Die darüber hinaus erworbenen 50 Einheiten des A werden zusammen mit den selbsterzeugten 50 Einheiten (= 100 Einheiten) von W an einen Direktvermarkter (= Wiederverkäufer) veräußert.

[4]Da A ausschließlich die selbst erzeugten Strommengen veräußert und darüber hinaus keine weiteren Strommengen mit dem Ziel der Veräußerung erworben hat, ist dieser kein Wiederverkäufer im Sinne des § 3g UStG. [5]W hingegen ist Wiederverkäufer im Sinne des § 3g UStG, da er mehr als die Hälfte der zuvor erworbenen Stromeinheiten (hier: 50, mithin 100%) weiterveräußert. [6]Die gesamte Stromlieferung des W an den Direktvermarkter unterliegt daher den Regelungen des § 13b UStG. [7]Dass in der veräußerten Strommenge auch selbst produzierte Stromeinheiten enthalten sind, ist unerheblich.

Photovoltaikanlagen (Anwendung des EEG in der bis zum 31.3.2012 geltenden Fassung)[1)]

(4) [1]Für Photovoltaikanlagen, die vor dem 1.4.2012 in Betrieb genommen wurden (§ 66 Abs. 18 EEG) oder unter die Übergangsvorschrift nach § 66 Abs. 18a EEG fallen, gelten die Regelungen des EEG in der bis zum 31.3.2012 geltenden Fassung.[1)] [2]Bei der umsatzsteuerrechtlichen Behandlung dieser Photovoltaikanlagen sind die nachfolgenden Absätze 5 bis 8 zu beachten.

Direktverbrauch nach § 33 Abs. 2 EEG[2)] (Photovoltaikanlagen)

(5) [1]Nach §§ 8, 16 und 18 ff. EEG ist ein Netzbetreiber zur Abnahme, Weiterleitung und Verteilung sowie Vergütung der gesamten vom Betreiber einer Anlage im Sinne des § 33 Abs. 2 EEG (installierte Leistung nicht mehr als 500 kW) erzeugten Elektrizität verpflichtet. [2]Soweit die erzeugte Energie vom Anlagenbetreiber nachweislich dezentral verbraucht wird (sog. Direktverbrauch), kann sie mit dem nach § 33 Abs. 2 EEG geltenden Betrag vergütet werden. [3]Nach § 18 Abs. 3 EEG ist die Umsatzsteuer in den im EEG genannten Vergütungsbeträgen nicht enthalten.

(6) [1]Umsatzsteuerrechtlich wird die gesamte vom Anlagenbetreiber aus solarer Strahlungsenergie erzeugte Elektrizität an den Netzbetreiber geliefert. [2]Dies gilt – entsprechend der Regelung zur sog. kaufmännisch-bilanziellen Einspeisung in Absatz 2 – unabhängig davon, wo die Elektrizität tatsächlich verbraucht wird und ob sich der Vergütungsanspruch des Anlagenbetreibers nach § 33 Abs. 1 EEG oder nach § 33 Abs. 2 EEG richtet. [3]Die Einspeisevergütung ist in jedem Fall Entgelt für Lieferungen des Anlagenbetreibers

---

1) Erneuerbare-Energien-Gesetz v. 25.10.2008, BGBl. I 2008, 2074, i. d. F. vor den Änderungen durch G v. 17.8.2012, BGBl. I 2012, 1754.

2) EEG 2021 v. 21.7.2014, BGBl. I 2014, 1066, zuletzt geänd. durch G v. 16.7.2021, BGBl. I 2021, 3026 (**Sartorius Ergänzungsband** Nr. **833**).

und kein Zuschuss. [4]Soweit der Anlagenbetreiber bei Inanspruchnahme der Vergütung nach § 33 Abs. 2 EEG Elektrizität dezentral verbraucht, liegt umsatzsteuerrechtlich eine (Rück-)Lieferung des Netzbetreibers an ihn vor.

(7) [1]Entgelt für die (Rück-)Lieferung des Netzbetreibers ist alles, was der Anlagenbetreiber für diese (Rück-)Lieferung aufwendet, abzüglich der Umsatzsteuer. [2]Entgelt für die Lieferung des Anlagenbetreibers ist alles, was der Netzbetreiber hierfür aufwendet, abzüglich der Umsatzsteuer.

Beispiel:

[1]Die Einspeisevergütung nach § 33 Abs. 1 Nr. 1 EEG beträgt für eine Anlage mit einer Leistung bis einschließlich 30 kW, die nach dem 31.12.2010 und vor dem 1.1.2012 in Betrieb genommen wurde, 28,74 Cent/kWh. [2]Nach § 33 Abs. 2 Satz 2 Nr. 1 EEG verringert sich diese Vergütung um 16,38 Cent/kWh für den Anteil des direkt verbrauchten Stroms, der 30 % der im selben Jahr durch die Anlage erzeugten Strommenge nicht übersteigt, und um 12 Cent/kWh für den darüber hinausgehenden Anteil dieses Stroms.

[3]Die Bemessungsgrundlage für die (Rück-)Lieferung des Netzbetreibers entspricht der Differenz zwischen der Einspeisevergütung nach § 33 Abs. 1 Nr. 1 EEG und der Vergütung nach § 33 Abs. 2 Satz 2 EEG; da es sich bei diesen Beträgen um Nettobeträge handelt, ist die Umsatzsteuer zur Ermittlung der Bemessungsgrundlage nicht herauszurechnen. [4]Die Vergütung nach § 33 Abs. 2 EEG beträgt im Fall eines Anteils des direkt verbrauchten Stroms von bis zu 30 % an der gesamten erzeugten Strommenge 28,74 Cent/kWh, verringert um 16,38 Cent/kWh, also 12,36 Cent/kWh. [5]Die Bemessungsgrundlage für die (Rück-)Lieferung des Netzbetreibers beträgt somit 28,74 Cent/kWh, verringert um 12,36 Cent/kWh, also 16,38 Cent/kWh.

[6]Die Bemessungsgrundlage für die Lieferung des Anlagenbetreibers umfasst neben der für den vom Anlagenbetreiber selbst erzeugten (und umsatzsteuerrechtlich gelieferten) Strom geschuldeten Vergütung von 12,36 Cent/kWh auch die Vergütung für die (Rück-)Lieferung des Netzbetreibers an den Anlagenbetreiber von 16,38 Cent/kWh (vgl. Satz 5). [7]Die Bemessungsgrundlage ergibt sich entsprechend den o. g. Grundsätzen aus der Summe dieser beiden Werte und beträgt somit 28,74 Cent/kWh.

[3]Die Lieferung des Anlagenbetreibers kann nicht – auch nicht im Wege der Vereinfachung unter Außerachtlassung der Rücklieferung des Netzbetreibers – lediglich mit der reduzierten Vergütung nach § 33 Abs. 2 EEG bemessen werden, weil der Umfang der nicht zum Vorsteuerabzug berechtigenden Nutzung der Anlage letztendlich über den Vorsteuerabzug aus der Rücklieferung abgebildet wird.

(8) [1]Der Anlagenbetreiber hat die Photovoltaikanlage unter den in Absatz 1 Sätze 1 bis 3 genannten Voraussetzungen vollständig seinem Unternehmen zuzuordnen. [2]Aus der Errichtung und dem Betrieb der Anlage steht ihm unter den allgemeinen Voraussetzungen des § 15 UStG der Vorsteuerabzug zu. [3]Der Anlagenbetreiber kann die auf die Rücklieferung entfallende Umsatzsteuer unter den allgemeinen Voraussetzungen des § 15 UStG als Vorsteuer abziehen. [4]Der Vorsteuerabzug ist somit insbesondere ausgeschlossen bei Verwendung des Stroms für nichtunternehmerische Zwecke oder zur Ausführung von Umsätzen, die unter die Durchschnittssatzbesteuerung des § 24 UStG fallen. [5]Eine unentgeltliche Wertabgabe liegt insoweit hinsichtlich des dezentral verbrauchten Stroms nicht vor. [6]Zum Vorsteuerabzug aus Baumaßnahmen, die der Unternehmer im Zusammenhang mit der Installation einer Photovoltaikanlage in Auftrag gibt, vgl. Abschnitt 15.2c Abs. 8 Beispiele 1 und 2.

Photovoltaikanlagen (Anwendung des EEG in der ab 1.4.2012 geltenden Fassung)[1)]

(9) [1] Für Photovoltaikanlagen, die nach dem 31.3.2012 in Betrieb genommen wurden und nicht unter die Übergangsvorschrift nach § 66 Abs. 18a EEG fallen, gilt das EEG in der ab 1.4.2012 geltenden Fassung. [2] Bei der umsatzsteuerrechtlichen Behandlung dieser Photovoltaikanlagen sind die nachfolgenden Absätze 10 bis 16 zu beachten.

(10) [1] Die Stromlieferung des Betreibers einer Photovoltaikanlage an den Netzbetreiber umfasst umsatzsteuerrechtlich den physisch eingespeisten und den kaufmännisch-bilanziell weitergegebenen Strom. [2] Der dezentral verbrauchte Strom wird nach EEG nicht vergütet und ist nicht Gegenstand der Lieferung an den Netzbetreiber.

(11) [1] Der Betreiber einer Photovoltaikanlage ist unter den Voraussetzungen des § 15 UStG zum Vorsteuerabzug berechtigt. [2] Wird der erzeugte Strom nur zum Teil unternehmerisch (z.B. zur entgeltlichen Einspeisung) und im Übrigen im Rahmen des dezentralen Verbrauchs nichtunternehmerisch verwendet, liegt eine teilunternehmerische Verwendung vor, die grundsätzlich nur im Umfang der unternehmerischen Verwendung zum Vorsteuerabzug berechtigt (vgl. Abschnitt 15.2b Abs. 2), sofern die unternehmerische Nutzung mindestens 10% beträgt (§ 15 Abs. 1 Satz 2 UStG). [3] Zum Vorsteuerabzug aus Baumaßnahmen, die der Unternehmer im Zusammenhang mit der Installation einer Photovoltaikanlage in Auftrag gibt, vgl. Abschnitt 15.2c Abs. 8 Beispiele 1 und 2.

(12) [1] Soweit eine Photovoltaikanlage für nichtwirtschaftliche Tätigkeiten i.e.S. verwendet wird (vgl. Abschnitt 2.3 Abs. 1a), ist eine Zuordnung der Anlage zum Unternehmen nicht möglich. [2] Der Vorsteuerabzug aus der Anschaffung der Photovoltaikanlage ist insoweit ausgeschlossen. [3] Die erforderliche Vorsteueraufteilung ist nach dem Verhältnis der betreffenden Strommengen vorzunehmen;[2)] zur Ermittlung der dezentral verbrauchten Strommenge vgl. Absatz 16. [4] Erhöht sich die Nutzung des dezentralen Stromverbrauchs für nichtwirtschaftliche Tätigkeiten i.e.S., unterliegt die Erhöhung der Wertabgabenbesteuerung nach § 3 Abs. 1b Satz 1 Nr. 1 UStG. [5] Bei Erhöhung der unternehmerischen Verwendung des erzeugten Stroms kommt eine Berichtigung des Vorsteuerabzugs nach § 15a UStG aus Billigkeitsgründen in Betracht (vgl. Abschnitt 15a.1 Abs. 7). [6] Zum Berichtigungszeitraum vgl. Abschnitt 15a.3 Abs. 2.

(13) [1] Besteht die nichtunternehmerische Verwendung der Photovoltaikanlage in einer unternehmensfremden (privaten) Nutzung, hat der Unternehmer ein Zuordnungswahlrecht und kann den vollen Vorsteuerabzug aus der Anschaffung der Photovoltaikanlage geltend machen, wenn die unternehmerische Nutzung mindestens 10% beträgt (§ 15 Abs. 1 Satz 2 UStG). [2] Zum Ausgleich unterliegt der dezentral (privat) verbrauchte Strom der Wertabgabenbesteuerung nach § 3 Abs. 1b Satz 1 Nr. 1 UStG.

---

1) EEG 2021 v. 21.7.2014, BGBl. I 2014, 1066, zuletzt geänd. durch G v. 16.7.2021, BGBl. I 2021, 3026 (**Sartorius Ergänzungsband** Nr. **833**).

2) Siehe aber BFH v. 16.11.2016 V R 1/15, DStR 2017, 101: Aufteilung nach dem Verhältnis der Marktpreise der produzierten Strom- und Wärmemengen.

(14) Stellt eine Batterie zur Speicherung des Stroms im Einzelfall umsatzsteuerrechtlich ein eigenständiges Zuordnungsobjekt dar (vgl. Abschnitt 15.2c Abs. 9), ist ein Vorsteuerabzug aus der Anschaffung oder Herstellung der Batterie nicht zulässig, wenn der gespeicherte Strom zu weniger als 10% für unternehmerische Zwecke des Anlagenbetreibers verbraucht wird (§ 15 Abs. 1 Satz 2 UStG).

(15) [1] Führt der dezentral verbrauchte Strom zu einer steuerpflichtigen unentgeltlichen Wertabgabenbesteuerung nach § 3 Abs. 1b Satz 1 Nr. 1 UStG, ist für die Bemessungsgrundlage nach § 10 Abs. 4 Satz 1 Nr. 1 UStG der fiktive Einkaufspreis im Zeitpunkt des Umsatzes maßgebend (vgl. BFH-Urteil vom 12.12.2012, XI R 3/10, BStBl. 2014 II S. 809). [2] Bezieht der Photovoltaikanlagenbetreiber von einem Energieversorgungsunternehmen zusätzlich Strom, liegt ein dem selbstproduzierten Strom gleichartiger Gegenstand vor, dessen Einkaufspreis als (fiktiver) Einkaufspreis anzusetzen ist. [3] Sofern der Betreiber seinen Strombedarf allein durch den dezentralen Verbrauch deckt, ist als fiktiver Einkaufspreis der Strompreis des Stromgrundversorgers anzusetzen. [4] Bei der Ermittlung des fiktiven Einkaufspreises ist ein ggf. zu zahlender Grundpreis anteilig mit zu berücksichtigen. [5] Die Beweis- und Feststellungslast für die Ermittlung und die Höhe des fiktiven Einkaufspreises obliegt dem Photovoltaikanlagenbetreiber.

(16) [1] Die Höhe des dezentral verbrauchten Stroms wird durch Abzug der an den Netzbetreiber gelieferten Strommenge von der insgesamt erzeugten Strommenge ermittelt. [2] Photovoltaikanlagen mit einer installierten Leistung von mehr als 10 kW bis einschließlich 1000 kW müssen nach dem EEG über eine entsprechende Messeinrichtung verfügen (z. B. Stromzähler), die die erzeugte Strommenge erfasst. [3] Bei Photovoltaikanlagen, für die diese Verpflichtung nach dem EEG nicht gilt (z. B. Photovoltaikanlagen mit einer installierten Leistung bis 10 kW), kann die erzeugte Strommenge aus Vereinfachungsgründen unter Berücksichtigung einer durchschnittlichen Volllaststundenzahl von 1000 kWh/kWp (jährlich erzeugte Kilowattstunden pro Kilowatt installierter Leistung) geschätzt werden. [4] Im Falle einer unterjährigen Nutzung (z. B. Defekt, Ausfall) ist die Volllaststundenzahl entsprechend zeitanteilig anzupassen. [5] Sofern der Anlagenbetreiber die tatsächlich erzeugte Strommenge nachweist (z. B. durch einen Stromzähler), ist dieser Wert maßgebend.

Beispiel:

[1] Photovoltaikanlagenbetreiber P lässt zum 1. 1. 01 auf dem Dach seines Einfamilienhauses eine Photovoltaikanlage mit einer Leistung von 5 kW installieren (Inbetriebnahme nach dem 31.3.2012, keine Anwendung des § 66 Abs. 18a EEG). [2] Die Anschaffungskosten betragen 10 000 € zzgl. 1900 € Umsatzsteuer. [3] P beabsichtigt bei Anschaffung ca. 20% des erzeugten Stroms privat zu verbrauchen. [4] Im Jahr 01 speist P Strom in Höhe von 3900 kWh ein. [5] P kann die insgesamt erzeugte Strommenge nicht nachweisen. [6] Zur Deckung des eigenen Strombedarfs von 4000 kWh bezieht P zusätzlich Strom von einem Energieversorgungsunternehmen zu einem Preis von 25 Cent pro kWh (Bruttopreis) zzgl. eines monatlichen Grundpreises von 6,55 € (Bruttopreis); demnach 22,66 Cent (Nettopreis) pro kWh (4000 kWh × 25 Cent + 6,55 € × 12 Monate = 1078,60 €/4000 kWh × 1,19]).
[7] P erbringt mit der Einspeisung des Stroms eine Lieferung an den Netzbetreiber. [8] Der dezentral (selbst) verbrauchte Strom wird nach EEG nicht vergütet und ist nicht Gegenstand der Lieferung an den Netzbetreiber. [9] Die Photovoltaikanlage wird teilunternehmerisch genutzt. [10] Da die nichtunternehmerische Verwendung in einer unternehmensfremden (privaten) Nut-

zung besteht, hat P das Wahlrecht, die Photovoltaikanlage vollständig seinem Unternehmen zuzuordnen und den vollen Vorsteuerbetrag in Höhe von 1900 € aus der Anschaffung geltend zu machen. [11] In diesem Fall führt der dezentrale Verbrauch zu einer unentgeltlichen Wertabgabe nach § 3 Abs. 1b Satz 1 Nr. 1 UStG, die wie folgt zu berechnen ist:
[12] Da P die insgesamt erzeugte Strommenge nicht nachweisen kann, ist diese anhand einer Volllaststundenzahl von 1000 kWh/kWp mit 5000 kWh (5 kW installierte Leistung × 1000 kWh) zu schätzen. [13] Hiervon hat P 3900 kWh eingespeist, sodass der dezentrale Verbrauch im Jahr 01 1100 kWh beträgt. [14] Als Bemessungsgrundlage ist nach § 10 Abs. 4 Satz 1 Nr. 1 UStG der fiktive Einkaufspreis maßgebend. [15] Als fiktiver Einkaufspreis ist der Netto-Strompreis in Höhe von 22,66 Cent anzusetzen. [16] Die Bemessungsgrundlage der unentgeltlichen Wertabgaben nach § 3 Abs. 1b Satz 1 Nr. 1 UStG beträgt im Jahr 01 somit rund 249 € (1100 kWh × 22,66 Cent); es entsteht Umsatzsteuer in Höhe von 47,31 € (249 € × 19 %).

Kraft-Wärme-Kopplungsanlagen (KWK-Anlagen)

(17) [1] Nach § 4 Abs. 3a KWKG[1)] wird auch der sog. Direktverbrauch (dezentraler Verbrauch von Strom durch den Anlagenbetreiber oder einen Dritten) gefördert. [2] Hinsichtlich der Beurteilung des Direktverbrauchs bei KWK-Anlagen sind die Grundsätze der Absätze 6 und 7 für die Beurteilung des Direktverbrauchs bei Photovoltaikanlagen (Anwendung des EEG in der bis zum 31.3.2012 geltenden Fassung) entsprechend anzuwenden. [3] Umsatzsteuerrechtlich wird demnach auch der gesamte selbst erzeugte und dezentral verbrauchte Strom an den Netzbetreiber geliefert und von diesem an den Anlagenbetreiber zurückgeliefert. [4] Die Hin- und Rücklieferungen beim dezentralen Verbrauch von Strom liegen nur vor, wenn der Anlagenbetreiber für den dezentral verbrauchten Strom eine Vergütung nach dem EEG oder einen Zuschlag nach dem KWKG in Anspruch genommen hat. [5] Sie sind nur für Zwecke der Umsatzsteuer anzunehmen.

Bemessungsgrundlage bei dezentralem Verbrauch von Strom

(18) [1] Wird der vom Anlagenbetreiber oder von einem Dritten dezentral verbrauchte Strom nach dem KWKG vergütet, entspricht die Bemessungsgrundlage für die Lieferung des Anlagenbetreibers dem üblichen Preis zuzüglich der nach dem KWKG vom Netzbetreiber zu zahlenden Zuschläge und ggf. der sog. vermiedenen Netznutzungsentgelte (Vergütung für den Teil der Netznutzungsentgelte, der durch die dezentrale Einspeisung durch die KWK-Anlage vermieden wird, vgl. § 4 Abs. 3 Satz 2 KWKG), abzüglich einer eventuell enthaltenen Umsatzsteuer. [2] Als üblicher Preis gilt bei KWK-Anlagen mit einer elektrischen Leistung von bis zu 2 Megawatt der durchschnittliche Preis für Grundlaststrom an der Strombörse EEX in Leipzig im jeweils vorangegangenen Quartal (§ 4 Abs. 3 KWKG); für umsatzsteuerrechtliche Zwecke bestehen keine Bedenken, diesen Wert als üblichen Preis auch bei allen KWK-Anlagen zu übernehmen. [3] Die Bemessungsgrundlage für die Rücklieferung des Netzbetreibers entspricht der Bemessungsgrundlage für die Hinlieferung ohne Berücksichtigung der nach dem KWKG vom Netzbetreiber zu zahlenden Zuschläge.

[1)] Kraft-Wärme-Kopplungsgesetz v. 21.12.2015, BGBl. I 2015, 2498, zuletzt geänd. durch G v. 10.8.2021, BGBl. I 2021, 3436 (**Sartorius Ergänzungsband** Nr. **834**).

Beispiel: (Anlage mit Einspeisung ins Niederspannungsnetz des Netzbetreibers)

1. Bemessungsgrundlage der Lieferung des Anlagenbetreibers:

EEX-Referenzpreis	4,152 Cent/kWh
Vermiedene Netznutzungsentgelte	0,12 Cent/kWh
Zuschlag nach § 7 Abs. 6 KWKG	5,11 Cent/kWh
Summe	9,382 Cent/kWh.

2. Bemessungsgrundlage für die Rücklieferung des Netzbetreibers:

EEX-Referenzpreis	4,152 Cent/kWh
Vermiedene Netznutzungsentgelte	0,12 Cent/kWh
Summe	4,272 Cent/kWh.

[4]Bei der Abgabe von elektrischer Energie bestehen hinsichtlich der Anwendung der Bemessungsgrundlagen nach § 10 Abs. 4 und Abs. 5 UStG keine Bedenken dagegen, den Marktpreis unter Berücksichtigung von Mengenrabatten zu bestimmen; Abschnitt 10.7 Abs. 1 Satz 5 bleibt unberührt. [5]Ungeachtet der umsatzsteuerlichen Bemessungsgrundlage für die Hinlieferung des Anlagenbetreibers an den Netzbetreiber hat dieser keinen höheren Betrag zu entrichten als den nach dem KWKG geschuldeten Zuschlag bzw. die Vergütung nach dem EEG.

KWK-Bonus

(19) Erhält der Betreiber eines Blockheizkraftwerkes, welches unter die Übergangsvorschrift des § 66 EEG fällt, vom Netzbetreiber eine erhöhte Vergütung für den von ihm gelieferten Strom, soweit die im Blockheizkraftwerk erzeugte Wärme nach Maßgabe der Anlage 3 zum EEG in der bis zum 31.12.2011 geltenden Fassung genutzt wird (sog. KWK-Bonus), handelt es sich bei dem Bonus um ein zusätzliches gesetzlich vorgeschriebenes Entgelt für die Stromlieferung des Anlagenbetreibers an den Netzbetreiber und damit nicht um ein Entgelt von dritter Seite für die Lieferung von selbst erzeugter Wärme (vgl. BFH-Urteil vom 31.5.2017, XI R 2/14, BStBl. II S. 1024).

Entnahme von Wärme

(20) [1]Verwendet der KWK-Anlagenbetreiber selbst erzeugte Wärme für nichtunternehmerische Zwecke (unternehmensfremde und/oder nichtwirtschaftliche Tätigkeiten i. e. S.), gelten die Absätze 11 bis 13 entsprechend. [2]Sofern die nichtunternehmerische Verwendung der Wärme zu einer steuerpflichtigen unentgeltlichen Wertabgabe nach § 3 Abs. 1b Satz 1 Nr. 1 UStG führt, ist für die Bemessungsgrundlage grundsätzlich der (fiktive) Einkaufspreis für einen gleichartigen Gegenstand im Zeitpunkt des Umsatzes maßgebend (§ 10 Abs. 4 Satz 1 Nr. 1 UStG). [3]Von einem gleichartigen Gegenstand in diesem Sinne ist auszugehen, wenn die Wärme im Zeitpunkt der Entnahme für den KWK-Anlagenbetreiber ebenso erreichbar und einsetzbar ist wie die selbst erzeugte Wärme (vgl. BFH-Urteil vom 12.12.2012, XI R 3/10, BStBl. 2014 II S. 809). [4]Kann danach die selbsterzeugte Wärme im Zeitpunkt des Bedarfs ohne erheblichen Aufwand unter Berücksichtigung der individuellen Umstände am Ort des Verbrauches durch eine gleichartige, einzukaufende Wärme ersetzt und der (fiktive) Einkaufspreis ermittelt werden, ist dieser Wert anzusetzen. [5]Der Ansatz eines Fernwärmepreises setzt daher den tatsächlichen Anschluss an das Fernwärmenetz eines Energieversorgungsunternehmens voraus.

(21) [1]Einkaufspreise für andere Energieträger (z. B. Elektrizität, Heizöl oder Gas) kommen als Bemessungsgrundlage nach § 10 Abs. 4 Satz 1 Nr. 1 UStG nur dann in Betracht, wenn eine Wärmeerzeugung auf deren Basis keine aufwändigen Investitionen voraussetzt, die Inbetriebnahme der anderen Wärmeerzeugungsanlage (z. B. Heizöl-Wärmetherme) jederzeit möglich ist und der Bezug des anderen Energieträgers (z. B. Heizöl) ohne weiteres bewerkstelligt werden kann. [2]Die Einbeziehung von Wärmenutzungskonzepten (z. B. Biomasse-Container, Contracting-Vereinbarungen oder mobile Wärmespeicher) scheidet regelmäßig aus, da diese Heizmethoden aufwändige Investitionen voraussetzen und damit die so erzeugte Wärme für den KWK-Anlagenbetreiber im Zeitpunkt des Bezugs der selbsterzeugten Wärme nicht ebenso erreichbar und einsetzbar ist wie die selbsterzeugte Wärme.

(22) [1]Ist ein (fiktiver) Einkaufspreis nicht feststellbar, sind die Selbstkosten als Bemessungsgrundlage nach § 10 Abs. 4 Satz 1 Nr. 1 UStG anzusetzen (vgl. BFH-Urteil vom 12.12.2012, XI R 3/10, BStBl. 2014 II S. 809). [2]Die Selbstkosten umfassen alle vorsteuerbelasteten und nichtvorsteuerbelasteten Kosten, die für die Herstellung der jeweiligen Wärmemenge im Zeitpunkt der Entnahme unter Berücksichtigung der tatsächlichen Verhältnisse vor Ort anfallen würden. [3]Hierzu gehören neben den Anschaffungs- oder Herstellungskosten der Anlage auch die laufenden Aufwendungen, wie z. B. die Energieträgerkosten zur Befeuerung der Anlage (Erdgas etc.) oder die Aufwendungen zur Finanzierung der Anlage. [4]Wird die KWK-Anlage mit Gas aus einer eigenen Biogasanlage des Unternehmers betrieben, sind die Produktionskosten des Biogases ebenfalls in die Selbstkosten einzubeziehen. [5]Bei der Ermittlung der Selbstkosten sind die Anschaffungs- oder Herstellungskosten der Anlage auf die betriebsgewöhnliche Nutzungsdauer, die nach den ertragsteuerrechtlichen Grundsätzen anzusetzen ist, zu verteilen. [6]Die Selbstkosten sind grundsätzlich im Verhältnis der erzeugten Mengen an elektrischer und thermischer Energien in der einheitlichen Messgröße kWh aufzuteilen (sog. energetische Aufteilungsmethode). [7]Andere Aufteilungsmethoden, z. B. exergetische Allokations- oder Marktwertmethode, kommen nicht in Betracht. [8]Aus Vereinfachungsgründen ist es jedoch nicht zu beanstanden, wenn der Unternehmer die unentgeltliche Wärmeabgabe nach dem bundesweit einheitlichen durchschnittlichen Fernwärmepreis des jeweiligen Vorjahres auf Basis der jährlichen Veröffentlichungen des Bundesministeriums für Wirtschaft und Energie (sog. Energiedaten) bemisst.

Mindestbemessungsgrundlage bei der Abgabe von Wärme

(23) [1]Wird die mittels Kraft-Wärme-Kopplung erzeugte Wärme an einen Dritten geliefert, ist Bemessungsgrundlage für diese Lieferung grundsätzlich das vereinbarte Entgelt (§ 10 Abs. 1 UStG). [2]Handelt es sich bei dem Dritten um eine nahe stehende Person, ist die Mindestbemessungsgrundlage des § 10 Abs. 5 UStG zu prüfen (vgl. Abschnitt 10.7). [3]Die Bemessungsgrundlage wird nach § 10 Abs. 5 in Verbindung mit Abs. 4 Satz 1 Nr. 1 UStG bestimmt, wenn das tatsächliche Entgelt niedriger als die Kosten nach § 10 Abs. 4 Satz 1 Nr. 1 UStG ist. [4]Der Umsatz bemisst sich jedoch höchstens nach dem marktüblichen Entgelt. [5]Marktübliches Entgelt ist der gesamte Betrag, den ein Leistungsempfänger an einen Unternehmer unter Berücksichtigung der Han-

delsstufe zahlen müsste, um die betreffende Leistung zu diesem Zeitpunkt unter den Bedingungen des freien Wettbewerbs zu erhalten. [6]Daher sind für die Ermittlung des marktüblichen Entgelts (Marktpreis) die konkreten Verhältnisse am Standort des Energieverbrauches, also im Regelfall des Betriebs des Leistungsempfängers, entscheidend. [7]Die Ausführungen in Absatz 15 zum fiktiven Einkaufspreis gelten sinngemäß. [8]Ist danach ein marktübliches Entgelt nicht feststellbar, sind die Kosten nach § 10 Abs. 4 Satz 1 Nr. 1 UStG maßgeblich. [9]Auf die Anwendung der Vereinfachungsregelung nach Absatz 22 Satz 8 wird hingewiesen.

Prämien für die Direktvermarktung

(24) [1]Anstelle der Inanspruchnahme der gesetzlichen Einspeisevergütung nach dem EEG können Betreiber von Anlagen zur Produktion von Strom aus erneuerbaren Energien den erzeugten Strom auch direkt vermarkten (durch Lieferung an einen Stromhändler oder -versorger bzw. an einen Letztverbraucher oder durch Vermarktung an der Strombörse). [2]Da der erzielbare Marktpreis für den direkt vermarkteten Strom in der Regel unter der Einspeisevergütung nach dem EEG liegt, erhält der Anlagenbetreiber als Anreiz für die Direktvermarktung ab dem 1.1.2012 von dem jeweiligen Einspeisenetzbetreiber unter den Voraussetzungen des § 33g EEG in Verbindung mit Anlage 4 zum EEG eine Marktprämie einschließlich einer Managementprämie und des § 33i EEG in Verbindung mit Anlage 5 zum EEG eine Flexibilitätsprämie. [3]Die Managementprämie wird zur Abgeltung des mit der Direktvermarktung verbundenen Vermarktungsaufwandes gewährt. [4]Bei den Prämien handelt es sich jeweils um echte, nichtsteuerbare Zuschüsse. [5]Dies gilt auch, wenn der Anlagenbetreiber einen Dritten mit der Vermarktung des Stroms beauftragt, dieser Dritte neben der eigentlichen Vermarktung auch die Beantragung sowie Zahlungsabwicklung der von dem Netzbetreiber zu zahlenden Prämien übernimmt und die Prämien an den Anlagenbetreiber einschließlich des Entgelts für die Stromlieferung weiterreicht. [6]Behält der Dritte einen Teil der dem Anlagenbetreiber zustehenden Prämien für seine Tätigkeit ein, handelt es sich dabei regelmäßig um Entgeltzahlungen für eine selbständige steuerbare Leistung des Dritten.

2.6 Beginn und Ende der Unternehmereigenschaft[1)]

(1) [1]Die Unternehmereigenschaft beginnt mit dem ersten nach außen erkennbaren, auf eine Unternehmertätigkeit gerichteten Tätigwerden, wenn die spätere Ausführung entgeltlicher Leistungen beabsichtigt ist (Verwendungsabsicht) und die Ernsthaftigkeit dieser Absicht durch objektive Merkmale nachgewiesen oder glaubhaft gemacht wird. [2]In diesem Fall entfällt die Unternehmereigenschaft – außer in den Fällen von Betrug und Missbrauch – nicht rückwirkend, wenn es später nicht oder nicht nachhaltig zur Ausführung entgeltlicher Leistungen kommt. [3]Vorsteuerbeträge, die den beabsichtigten Umsätzen, bei denen der Vorsteuerabzug – auch auf Grund von Option –

1) Zur Gründung von Gesellschaften vgl. A 1.6 Abs. 2 UStAE. – Zur Voranmeldung in Neugründungsfällen vgl. A 18.7 UStAE.

nicht ausgeschlossen wäre, zuzurechnen sind, können dann auch auf Grund von Gesetzesänderungen nicht zurückgefordert werden (vgl. EuGH-Urteile vom 29.2.1996, C-110/94, Inzo, BStBl. II S. 655,[1)] und vom 8.6.2000, C-400/98, Breitsohl, BStBl. 2003 II S. 452,[1)] und BFH-Urteile vom 22.2.2001, V R 77/96, BStBl. 2003 II S. 426, und vom 8.3.2001, V R 24/98, BStBl. 2003 II S. 430).

(2) [1] Als Nachweis für die Ernsthaftigkeit sind Vorbereitungshandlungen anzusehen, wenn bezogene Gegenstände oder in Anspruch genommene sonstige Leistungen (Eingangsleistungen) ihrer Art nach nur zur unternehmerischen Verwendung oder Nutzung bestimmt sind oder in einem objektiven und zweifelsfrei erkennbaren Zusammenhang mit der beabsichtigten unternehmerischen Tätigkeit stehen (unternehmensbezogene Vorbereitungshandlungen). [2] Solche Vorbereitungshandlungen können insbesondere sein:
- der Erwerb umfangreichen Inventars, z. B. Maschinen oder Fuhrpark;
- der Wareneinkauf vor Betriebseröffnung;
- die Anmietung oder die Errichtung von Büro- oder Lagerräumen;
- der Erwerb eines Grundstücks;
- die Anforderung einer Rentabilitätsstudie;
- die Beauftragung eines Architekten;
- die Durchführung einer größeren Anzeigenaktion;
- die Abgabe eines Angebots für eine Lieferung oder eine sonstige Leistung gegen Entgelt.

[3] Maßgebend ist stets das Gesamtbild der Verhältnisse im Einzelfall. [4] Die in Abschnitt 15.12 Abs. 1 bis 3 und 5 dargelegten Grundsätze gelten dabei sinngemäß.

(3) [1] Insbesondere bei Vorbereitungshandlungen, die ihrer Art nach sowohl zur unternehmerischen als auch zur nichtunternehmerischen Verwendung bestimmt sein können (z. B. Erwerb eines Computers oder Kraftfahrzeugs), ist vor der ersten Steuerfestsetzung zu prüfen, ob die Verwendungsabsicht durch objektive Anhaltspunkte nachgewiesen ist. [2] Soweit Vorbereitungshandlungen ihrer Art nach typischerweise zur nichtunternehmerischen Verwendung oder Nutzung bestimmt sind (z. B. der Erwerb eines Wohnmobils, Segelschiffs oder sonstigen Freizeitgegenstands), ist bei dieser Prüfung ein besonders hoher Maßstab anzulegen. [3] Lassen sich diese objektiven Anhaltspunkte nicht an Amtsstelle ermitteln, ist zunächst grundsätzlich nicht von der Unternehmereigenschaft auszugehen. [4] Eine zunächst angenommene Unternehmereigenschaft ist nur dann nach § 164 Abs. 2, § 165 Abs. 2 oder § 173 Abs. 1 AO durch Änderung der ursprünglichen Steuerfestsetzung rückgängig zu machen, wenn später festgestellt wird, dass objektive Anhaltspunkte für die Verwendungsabsicht im Zeitpunkt des Leistungsbezugs nicht vorlagen, die Verwendungsabsicht nicht in gutem Glauben erklärt wurde oder ein Fall von Betrug oder Missbrauch vorliegt. [5] Zur Vermeidung der Inanspruchnahme erheblicher ungerechtfertigter Steuervorteile oder zur Beschleunigung des Verfahrens kann die Einnahme des Augenscheins (§ 98 AO) oder die Durchführung einer Umsatzsteuer-Nachschau (§ 27b UStG) angebracht sein.

[1)] DStR 1996, 419. – DStRE 2000, 881.

(4) [1]Die Absätze 1 bis 3 gelten entsprechend bei der Aufnahme einer neuen Tätigkeit im Rahmen eines bereits bestehenden Unternehmens, wenn die Vorbereitungshandlungen nicht in einem sachlichen Zusammenhang mit der bisherigen unternehmerischen Tätigkeit stehen. [2]Besteht dagegen ein sachlicher Zusammenhang, sind erfolglose Vorbereitungshandlungen der unternehmerischen Sphäre zuzurechnen (vgl. BFH-Urteil vom 16.12.1993, V R 103/88, BStBl. 1994 II S. 278).

(5) [1]Die Unternehmereigenschaft kann nicht im Erbgang übergehen (vgl. BFH-Urteil vom 19.11.1970, V R 14/67, BStBl. 1971 II S. 121). [2]Der Erbe wird nur dann zum Unternehmer, wenn in seiner Person die Voraussetzungen verwirklicht werden, an die das Umsatzsteuerrecht die Unternehmereigenschaft knüpft. [3]Zur Unternehmereigenschaft des Erben einer Kunstsammlung vgl. BFH-Urteil vom 24.11.1992, V R 8/89, BStBl. 1993 II S. 379, und zur Unternehmereigenschaft bei der Veräußerung von Gegenständen eines ererbten Unternehmensvermögens vgl. BFH-Urteil vom 13.1.2010, V R 24/07, BStBl. 2011 II S. 241.

(6) [1]Die Unternehmereigenschaft endet mit dem letzten Tätigwerden. [2]Der Zeitpunkt der Einstellung oder Abmeldung eines Gewerbebetriebs ist unbeachtlich. [3]Unternehmen und Unternehmereigenschaft erlöschen erst, wenn der Unternehmer alle Rechtsbeziehungen abgewickelt hat, die mit dem (aufgegebenen) Betrieb in Zusammenhang stehen (BFH-Urteil vom 21.4.1993, XI R 50/90, BStBl. II S. 696; vgl. auch BFH-Urteil vom 19.11.2009, V R 16/08, BStBl. 2010 II S. 319). [4]Die spätere Veräußerung von Gegenständen des Betriebsvermögens oder die nachträgliche Vereinnahmung von Entgelten gehören noch zur Unternehmertätigkeit. [5]Eine Einstellung der gewerblichen oder beruflichen Tätigkeit liegt nicht vor, wenn den Umständen zu entnehmen ist, dass der Unternehmer die Absicht hat, das Unternehmen weiterzuführen oder in absehbarer Zeit wiederaufleben zu lassen; es ist nicht erforderlich, dass laufend Umsätze bewirkt werden (vgl. BFH-Urteile vom 13.12.1963, V 77/61 U, BStBl. 1964 III S. 90, und vom 15.3.1993, V R 18/89, BStBl. II S. 561). [6]Eine Gesellschaft besteht als Unternehmer so lange fort, bis alle Rechtsbeziehungen, zu denen auch das Rechtsverhältnis zwischen der Gesellschaft und dem Finanzamt gehört, beseitigt sind (vgl. BFH-Urteile vom 21.5.1971, V R 117/67, BStBl. II S. 540, und vom 18.11.1999, V R 22/99, BStBl. 2000 II S. 241). [7]Die Unternehmereigenschaft einer GmbH ist weder von ihrem Vermögensstand noch von ihrer Eintragung im Handelsregister abhängig. [8]Eine aufgelöste GmbH kann auch noch nach ihrer Löschung im Handelsregister Umsätze im Rahmen ihres Unternehmens ausführen (vgl. BFH-Urteil vom 9.12.1993, V R 108/91, BStBl. 1994 II S. 483). [9]Zum Sonderfall des Ausscheidens eines Gesellschafters aus einer zweigliedrigen Personengesellschaft (Anwachsen) vgl. BFH-Urteil vom 18.9.1980, V R 175/74, BStBl. 1981 II S. 293.

2.7 Unternehmen

(1) [1]Zum Unternehmen gehören sämtliche Betriebe oder berufliche Tätigkeiten desselben Unternehmers. [2]Organgesellschaften sind – unter Berücksichtigung der Einschränkungen in § 2 Abs. 2 Nr. 2 Sätze 2 bis 4 UStG

(vgl. Abschnitt 2.9) – Teile des einheitlichen Unternehmens eines Unternehmers. [3]Innerhalb des einheitlichen Unternehmens sind steuerbare Umsätze grundsätzlich nicht möglich; zu den Besonderheiten beim innergemeinschaftlichen Verbringen vgl. Abschnitt 1a.2.[1)]

(2) [1]In den Rahmen des Unternehmens fallen nicht nur die Grundgeschäfte, die den eigentlichen Gegenstand der geschäftlichen Betätigung bilden, sondern auch die Hilfsgeschäfte (vgl. BFH-Urteil vom 24.2.1988, X R 67/82, BStBl. II S. 622). [2]Zu den Hilfsgeschäften gehört jede Tätigkeit, die die Haupttätigkeit mit sich bringt (vgl. BFH-Urteil vom 28.10.1964, V 227/62 U, BStBl. 1965 III S. 34). [3]Auf die Nachhaltigkeit der Hilfsgeschäfte kommt es nicht an (vgl. BFH-Urteil vom 20.9.1990, V R 92/85, BStBl. 1991 II S. 35). [4]Ein Verkauf von Vermögensgegenständen fällt somit ohne Rücksicht auf die Nachhaltigkeit in den Rahmen des Unternehmens, wenn der Gegenstand zum unternehmerischen Bereich des Veräußerers gehörte. [5]Bei einem gemeinnützigen Verein fallen Veräußerungen von Gegenständen, die von Todes wegen erworben sind, nur dann in den Rahmen des Unternehmens, wenn sie für sich nachhaltig sind (vgl. BFH-Urteil vom 9.9.1993, V R 24/89, BStBl. 1994 II S. 57).

2.8 Organschaft

Allgemeines

(1) [1]Organschaft nach § 2 Abs. 2 Nr. 2 UStG liegt vor, wenn eine juristische Person nach dem Gesamtbild der tatsächlichen Verhältnisse finanziell, wirtschaftlich und organisatorisch in ein Unternehmen eingegliedert ist. [2]Es ist nicht erforderlich, dass alle drei Eingliederungsmerkmale gleichermaßen ausgeprägt sind. [3]Organschaft kann deshalb auch gegeben sein, wenn die Eingliederung auf einem dieser drei Gebiete nicht vollständig, dafür aber auf den anderen Gebieten um so eindeutiger ist, so dass sich die Eingliederung aus dem Gesamtbild der tatsächlichen Verhältnisse ergibt (vgl. BFH-Urteil vom 23.4.1964, V 184/61 U, BStBl. III S. 346, und vom 22.6.1967, V R 89/66, BStBl. III S. 715). [4]Von der finanziellen Eingliederung kann weder auf die wirtschaftliche noch auf die organisatorische Eingliederung geschlossen werden (vgl. BFH-Urteile vom 5.12.2007, V R 26/06, BStBl. 2008 II S. 451, und vom 3.4.2008, V R 76/05, BStBl. II S. 905). [5]Die Organschaft umfasst nur den unternehmerischen Bereich der Organgesellschaft. [6]Liegt Organschaft vor, sind die eingegliederten Organgesellschaften (Tochtergesellschaften) ähnlich wie Angestellte des Organträgers (Muttergesellschaft) als unselbständig anzusehen; Unternehmer ist der Organträger. [7]Eine Gesellschaft kann bereits zu einem Zeitpunkt in das Unternehmen des Organträgers eingegliedert sein, zu dem sie selbst noch keine Umsätze ausführt, dies gilt insbesondere für eine Auffanggesellschaft im Rahmen des Konzepts einer „übertragenden Sanierung“ (vgl. BFH-Urteil vom 17.1.2002, V R 37/00, BStBl. II S. 373). [8]War die seit dem Abschluss eines Gesellschaftsvertrags bestehende Gründergesell-

[1)] Zur Besteuerung von Verwaltungsgemeinschaften siehe BayLfSt v. 27.4.2020 – S 7106.1.1 – 21/4 St 33, DStR 2020, 1131.

schaft einer später in das Handelsregister eingetragenen GmbH nach dem Gesamtbild der tatsächlichen Verhältnisse finanziell, wirtschaftlich und organisatorisch in ein Unternehmen eingegliedert, besteht die Organschaft zwischen der GmbH und dem Unternehmen bereits für die Zeit vor der Eintragung der GmbH in das Handelsregister (vgl. BFH-Urteil vom 9.3.1978, V R 90/74, BStBl. II S. 486).

(2) [1] Organträger kann jeder Unternehmer sein. [2] Auch eine juristische Person des öffentlichen Rechts kann Organträger sein, wenn und soweit sie unternehmerisch tätig ist (vgl. BFH-Urteil vom 2.12.2015, V R 67/14, BStBl. 2017 II S. 560, und Abschnitt 2.11 Abs. 20). [3] Die die Unternehmereigenschaft begründenden entgeltlichen Leistungen können auch gegenüber einer Gesellschaft erbracht werden, mit der als Folge dieser Leistungstätigkeit eine organschaftliche Verbindung besteht (vgl. BFH-Urteil vom 9.10.2002, V R 64/99, BStBl. 2003 II S. 375; vgl. aber Absatz 6 Sätze 5 und 6). [4] Als Organgesellschaften kommen regelmäßig nur juristische Personen des Zivil- und Handelsrechts in Betracht (vgl. BFH-Urteil vom 20.12.1973, V R 87/70, BStBl. 1974 II S. 311). [5] Eine Personengesellschaft kann ausnahmsweise wie eine juristische Person als eingegliedert im Sinne des § 2 Abs. 2 Nr. 2 UStG anzusehen sein, wenn die finanzielle Eingliederung wie bei einer juristischen Person zu bejahen ist (siehe dazu Absatz 5a). [6] Eine GmbH, die an einer KG als persönlich haftende Gesellschafterin beteiligt ist, kann grundsätzlich nicht als Organgesellschaft in das Unternehmen dieser KG eingegliedert sein (BFH-Urteil vom 14.12.1978, V R 85/74, BStBl. 1979 II S. 288). [7] Dies gilt auch in den Fällen, in denen die übrigen Kommanditisten der KG sämtliche Gesellschaftsanteile der GmbH halten (vgl. BFH-Urteil vom 19.5.2005, V R 31/03, BStBl. II S. 671). [8] Ist jedoch die KG mehrheitlich an der Komplementär-GmbH beteiligt, kann die GmbH als Organgesellschaft in die KG eingegliedert sein, da die KG auf Grund ihrer Gesellschafterstellung sicherstellen kann, dass ihr Wille auch in der GmbH durchgesetzt wird (vgl. auch Abschnitt 2.2 Abs. 6 Beispiel 2). [9] Personen, die keine Unternehmer im Sinne des § 2 Abs. 1 UStG sind, können weder Organträger noch Organgesellschaft sein (vgl. BFH-Urteile vom 2.12.2015, V R 67/14, a. a. O., und vom 10.8.2016, XI R 41/14, BStBl. 2017 II S. 590).

(3) [1] Die Voraussetzungen für die umsatzsteuerliche Organschaft sind nicht identisch mit den Voraussetzungen der körperschaftsteuerlichen und gewerbesteuerlichen Organschaft. [2] Eine gleichzeitige Eingliederung einer Organgesellschaft in die Unternehmen mehrerer Organträger (sog. Mehrmütterorganschaft) ist nicht möglich (vgl. BFH-Urteile vom 30.4.2009, V R 3/08, BStBl. 2013 II S. 873, und vom 3.12.2015, V R 36/13, BStBl. 2017 II S. 563).

(4) Weder das Umsatzsteuergesetz noch das Unionsrecht sehen ein Wahlrecht für den Eintritt der Rechtsfolgen einer Organschaft vor (vgl. BFH-Urteile vom 29.10.2008, XI R 74/07, BStBl. 2009 II S. 256).

Finanzielle Eingliederung

(5) [1] Unter der finanziellen Eingliederung einer juristischen Person ist der Besitz der entscheidenden Anteilsmehrheit an der Organgesellschaft zu verstehen, die es dem Organträger ermöglicht, durch Mehrheitsbeschlüsse seinen

Willen in der Organgesellschaft durchzusetzen (Eingliederung mit Durchgriffsrechten, vgl. BFH-Urteil vom 2.12.2015, V R 15/14, BStBl. 2017 II S. 553). [2]Entsprechen die Beteiligungsverhältnisse den Stimmrechtsverhältnissen, ist die finanzielle Eingliederung gegeben, wenn die Beteiligung mehr als 50% beträgt, sofern keine höhere qualifizierte Mehrheit für die Beschlussfassung in der Organgesellschaft erforderlich ist (vgl. BFH-Urteil vom 1.12.2010, XI R 43/08, BStBl. 2011 II S. 600). [3]Im Interesse der Rechtsklarheit sind Stimmbindungsvereinbarungen oder Stimmrechtsvollmachten grundsätzlich ohne Bedeutung. [4]Stimmbindungsvereinbarungen und Stimmrechtsvollmachten können bei der Prüfung der finanziellen Eingliederung nur zu berücksichtigen sein, wenn sie sich ausschließlich aus Regelungen der Satzung wie etwa bei einer Einräumung von Mehrfachstimmrechten („Geschäftsanteil mit Mehrstimmrecht") ergeben (BFH-Urteil vom 2.12.2015, V R 25/13, BStBl. 2017 II S. 547).

(5a) [1]Die finanzielle Eingliederung einer Personengesellschaft setzt voraus, dass Gesellschafter der Personengesellschaft neben dem Organträger nur Personen sind, die nach § 2 Abs. 2 Nr. 2 UStG in das Unternehmen des Organträgers finanziell eingegliedert sind, so dass die erforderliche Durchgriffsmöglichkeit selbst bei der stets möglichen Anwendung des Einstimmigkeitsprinzips gewährleistet ist (vgl. BFH-Urteile vom 2.12.2015, V R 25/13, BStBl. 2017 II S. 547, und vom 3.12.2015, V R 36/13, BStBl. 2017 II S. 563). [2]Für die nach Satz 1 notwendige Beteiligung des Organträgers sind mittelbare Beteiligungen ausreichend. [3]Absatz 5b gilt entsprechend.

Beispiel 1:

[1]Gesellschafter einer GmbH & Co. KG sind die Komplementär-GmbH und eine weitere GmbH als Kommanditistin. [2]Die A-AG hält an beiden GmbHs jeweils einen Anteil von mehr als 50%.

[3]Alle Gesellschafter der GmbH & Co. KG sind finanziell in das Unternehmen der A-AG eingegliedert. [4]Damit ist auch die GmbH & Co. KG in das Unternehmen der A-AG finanziell eingegliedert.

Beispiel 2:

[1]Gesellschafter einer GmbH & Co. KG sind die Komplementär-GmbH K1 sowie die GmbH K2 und eine weitere Person P (Beteiligungsquote 0,1%) als Kommanditisten. [2]Die A-AG hält an K1 und K2 jeweils einen Anteil von mehr als 50%. [3]An P ist die A-AG nicht beteiligt.

[4]Da nicht alle Gesellschafter der GmbH & Co. KG finanziell in das Unternehmen der A-AG eingegliedert sind, ist auch die GmbH & Co. KG nicht finanziell in das Unternehmen der A-AG eingegliedert.

(5b) [1]Eine finanzielle Eingliederung setzt eine unmittelbare oder mittelbare Beteiligung des Organträgers an der Organgesellschaft voraus. [2]Es ist ausreichend, wenn die finanzielle Eingliederung mittelbar über eine unternehmerisch oder nichtunternehmerisch tätige Tochtergesellschaft des Organträgers erfolgt. [3]Eine nichtunternehmerisch tätige Tochtergesellschaft wird dadurch jedoch nicht Bestandteil des Organkreises. [4]Ist eine Kapital- oder Personengesellschaft nicht selbst an der Organgesellschaft beteiligt, reicht es für die finanzielle Eingliederung nicht aus, dass nur ein oder mehrere Gesellschafter auch mit Stimmenmehrheit an der Organgesellschaft beteiligt sind (vgl. BFH-Urteile vom 22.4.2010, V R 9/09, BStBl. 2011 II S. 597, vom 1.12.2010, XI R 43/08, BStBl. 2011 II S. 600, und vom 24.8.2016, V R 36/15, BStBl. 2017 II S. 595). [5]In diesem Fall ist keine der beiden Gesellschaften in das Gefüge des anderen Unternehmens eingeordnet, sondern es handelt sich vielmehr um gleich geordnete Schwestergesellschaften. [6]Dies gilt auch dann, wenn die Beteiligung eines Gesellschafters an einer Kapitalgesellschaft ertragsteuerlich zu dessen Sonderbetriebsvermögen bei einer Personengesellschaft gehört. [7]Das Fehlen einer eigenen unmittelbaren oder mittelbaren Beteiligung der Gesellschaft kann nicht durch einen Beherrschungsvertrag und Gewinnabführungsvertrag ersetzt werden (BFH-Urteil vom 1.12.2010, XI R 43/08, a. a. O.).

Wirtschaftliche Eingliederung

(6)[1)] [1]Wirtschaftliche Eingliederung bedeutet, dass die Organgesellschaft nach dem Willen des Unternehmers im Rahmen des Gesamtunternehmens, und zwar in engem wirtschaftlichen Zusammenhang mit diesem, wirtschaftlich tätig ist (vgl. BFH-Urteil vom 22.6.1967, V R 89/66, BStBl. III S. 715). [2]Voraussetzung für eine wirtschaftliche Eingliederung ist, dass die Beteiligung an der Kapitalgesellschaft dem unternehmerischen Bereich des Anteileigners zugeordnet werden kann (vgl. Abschnitt 2.3 Abs. 2). [3]Sie kann bei entsprechend deutlicher Ausprägung der finanziellen und organisatorischen Eingliederung bereits dann vorliegen, wenn zwischen dem Organträger und der Organgesellschaft auf Grund gegenseitiger Förderung und Ergänzung mehr als nur unerhebliche wirtschaftliche Beziehungen bestehen (vgl. BFH-Urteil vom 29.10.2008, XI R 74/07, BStBl. 2009 II S. 256), insbesondere braucht dann die Organgesellschaft nicht vom Organträger abhängig zu sein (vgl. BFH-Urteil vom 3.4.2003, V R 63/01, BStBl. 2004 II S. 434). [4]Die wirtschaftliche Eingliederung kann sich auch aus einer Verflechtung zwischen den Unternehmensbereichen verschiedener Organgesellschaften ergeben (vgl. BFH-Urteil vom 20.8.2009, V R 30/06, BStBl. 2010 II S. 863). [5]Beruht die wirtschaftliche Eingliederung auf Leistungen des Organträgers gegenüber seiner Organgesellschaft, müssen jedoch entgeltliche Leistungen vorliegen, denen für das Unternehmen der Organgesellschaft mehr als nur unwesentliche Bedeutung zukommt (vgl. BFH-Urteile vom 18.6.2009, V R 4/08, BStBl. 2010 II S. 310, und vom 6.5.2010, V R 26/09, BStBl. II S. 1114). [6]Stellt der Organträger für eine von der Organgesellschaft bezogene Leistung unentgeltlich Material bei, reicht dies zur Begründung der wirtschaftlichen Eingliederung nicht aus (vgl. BFH-Urteil vom 20.8.2009, V R 30/06, a. a. O.). [7]Zu einer wirtschaftlichen Eingliederung durch Darlehen kann es nur kommen, wenn diese im Rahmen eines Unternehmens gewährt werden (vgl. BFH-Beschluss vom 13.11.2019, V R 30/18, BStBl. 2021 II S. 248).

(6a) [1]Für die Frage der wirtschaftlichen Verflechtung kommt der Entstehungsgeschichte der Tochtergesellschaft eine wesentliche Bedeutung zu. [2]Die Unselbständigkeit einer hauptsächlich im Interesse einer anderen Firma ins Leben gerufenen Produktionsfirma braucht nicht daran zu scheitern, dass sie einen Teil ihrer Erzeugnisse auf dem freien Markt absetzt. [3]Ist dagegen eine Produktionsgesellschaft zur Versorgung eines bestimmten Markts gegründet

---

1) A 2.8 Abs. 6 Satz 7 angef. durch BMF v. 17.12.2021, BStBl. I 2021, 2504.

worden, kann ihre wirtschaftliche Eingliederung als Organgesellschaft auch dann gegeben sein, wenn zwischen ihr und der Muttergesellschaft Warenlieferungen nur in geringem Umfange oder überhaupt nicht vorkommen (vgl. BFH-Urteil vom 15.6.1972, V R 15/69, BStBl. II S. 840).

(6b) [1]Bei einer Betriebsaufspaltung in ein Besitzunternehmen (z. B. Personengesellschaft) und eine Betriebsgesellschaft (i. d. R. Kapitalgesellschaft) und Verpachtung des Betriebsvermögens durch das Besitzunternehmen an die Betriebsgesellschaft steht die durch die Betriebsaufspaltung entstandene Betriebsgesellschaft im Allgemeinen in einem Abhängigkeitsverhältnis zum Besitzunternehmen (vgl. BFH-Urteile vom 28.1.1965, V 126/62 U, BStBl. III S. 243 und vom 17.11.1966, V 113/65, BStBl. 1967 III S. 103). [2]Auch wenn bei einer Betriebsaufspaltung nur das Betriebsgrundstück ohne andere Anlagegegenstände verpachtet wird, kann eine wirtschaftliche Eingliederung vorliegen (BFH-Urteil vom 9.9.1993, V R 124/89, BStBl. 1994 II S. 129).

(6c) [1]Die wirtschaftliche Eingliederung wird jedoch nicht auf Grund von Liquiditätsproblemen der Organtochter beendet (BFH-Urteil vom 19.10. 1995, V R 128/93). [2]Die wirtschaftliche Eingliederung auf Grund der Vermietung eines Grundstücks, das die räumliche und funktionale Geschäftstätigkeit der Organgesellschaft bildet, entfällt nicht bereits dadurch, dass für das betreffende Grundstück Zwangsverwaltung und Zwangsversteigerung angeordnet wird (vgl. BMF-Schreiben vom 1.12.2009, BStBl. I S. 1609). [3]Eine Entflechtung vollzieht sich erst im Zeitpunkt der tatsächlichen Beendigung des Nutzungsverhältnisses zwischen dem Organträger und der Organgesellschaft.

Organisatorische Eingliederung

(7) [1]Die organisatorische Eingliederung setzt voraus, dass die mit der finanziellen Eingliederung verbundene Möglichkeit der Beherrschung der Tochtergesellschaft durch die Muttergesellschaft in der laufenden Geschäftsführung tatsächlich wahrgenommen wird (BFH-Urteil vom 28.1.1999, V R 32/98, BStBl. II S. 258). [2]Es kommt darauf an, dass der Organträger die Organgesellschaft durch die Art und Weise der Geschäftsführung beherrscht und seinen Willen in der Organgesellschaft durchsetzen kann. [3]Nicht ausreichend ist, dass eine vom Organträger abweichende Willensbildung in der Organgesellschaft ausgeschlossen ist (BFH-Urteile vom 8.8.2013, V R 18/13, BStBl. 2017 II S. 543, und vom 2.12.2015, V R 15/14 BStBl. 2017 II S. 553). [4]Der aktienrechtlichen Abhängigkeitsvermutung aus § 17 AktG kommt keine Bedeutung im Hinblick auf die organisatorische Eingliederung zu (vgl. BFH-Urteil vom 3.4.2008, V R 76/05, BStBl. II S. 905). [5]Nicht ausschlaggebend ist, dass die Organgesellschaft in eigenen Räumen arbeitet, eine eigene Buchhaltung und eigene Einkaufs- und Verkaufsabteilungen hat, da dies dem Willen des Organträgers entsprechen kann (vgl. BFH-Urteil vom 23.7.1959, V 176/55 U, BStBl. III S. 376). [6]Zum Wegfall der organisatorischen Eingliederung bei Anordnung der Zwangsverwaltung und Zwangsversteigerung für ein Grundstück vgl. BMF-Schreiben vom 1.12.2009, BStBl. I S. 1609.[1)]

---

1) Nichtanwendungserlass zu BFH v. 29.1.2009 V R 67/07, BStBl. II 2009, 1029.

(8) [1]Die organisatorische Eingliederung setzt in aller Regel die personelle Verflechtung der Geschäftsführungen des Organträgers und der Organgesellschaft voraus (BFH-Urteile vom 3.4.2008, V R 76/05, BStBl. II S. 905, vom 28.10.2010, V R 7/10, BStBl. 2011 II S. 391 und vom 2.12.2015, V R 15/14, BStBl. 2017 II S. 553). [2]Dies ist z.B. bei einer Personenidentität in den Leitungsgremien beider Gesellschaften gegeben (vgl. BFH-Urteile vom 17.1.2002, V R 37/00, BStBl. II S. 373, und vom 5.12.2007, V R 26/06, BStBl. II S. 451). [3]Für das Vorliegen einer organisatorischen Eingliederung ist es jedoch nicht in jedem Fall erforderlich, dass die Geschäftsführung der Muttergesellschaft mit derjenigen der Tochtergesellschaft vollständig personenidentisch ist. [4]So kann eine organisatorische Eingliederung z. B. auch dann vorliegen, wenn nur einzelne Geschäftsführer des Organträgers Geschäftsführer der Organgesellschaft sind (vgl. BFH-Urteil vom 28.1.1999, V R 32/98, BStBl. II S. 258). [5]Ob dagegen eine organisatorische Eingliederung vorliegt, wenn die Tochtergesellschaft über mehrere Geschäftsführer verfügt, die nur zum Teil auch in dem Leitungsgremium der Muttergesellschaft vertreten sind, hängt von der Ausgestaltung der Geschäftsführungsbefugnis in der Tochtergesellschaft ab. [6]Ist in der Organgesellschaft eine Gesamtgeschäftsführungsbefugnis vereinbart und werden die Entscheidungen durch Mehrheitsbeschluss getroffen, kann eine organisatorische Eingliederung nur vorliegen, wenn die personenidentischen Geschäftsführer über die Stimmenmehrheit verfügen. [7]Bei einer Stimmenminderheit der personenidentischen Geschäftsführer oder bei Einzelgeschäftsführungsbefugnis der fremden Geschäftsführer sind zusätzliche institutionell abgesicherte Maßnahmen erforderlich, um eine Beherrschung der Organgesellschaft durch den Organträger sicherzustellen. [8]Eine organisatorische Eingliederung kann z.B. in Fällen der Geschäftsführung in der Organgesellschaft mittels Geschäftsführungsbefugnis vorliegen, wenn zumindest einer der Geschäftsführer auch Geschäftsführer des Organträgers ist und der Organträger über ein umfassendes Weisungsrecht gegenüber der Geschäftsführung der Organgesellschaft verfügt sowie zur Bestellung und Abberufung aller Geschäftsführer der Organgesellschaft berechtigt ist (vgl. BFH-Urteil vom 7.7.2011, V R 53/10, BStBl. 2013 II S. 218). [9]Alternativ kann auch bei Einzelgeschäftsführungsbefugnis des fremden Geschäftsführers ein bei Meinungsverschiedenheiten eingreifendes, aus Gründen des Nachweises und der Inhaftungnahme schriftlich vereinbartes Letztentscheidungsrecht des personenidentischen Geschäftsführers eine Beherrschung der Organgesellschaft durch den Organträger sicherstellen. [10]Hingegen kann durch die personelle Verflechtung von Aufsichtsratsmitgliedern keine organisatorische Eingliederung hergestellt werden.

(9) [1]Neben dem Regelfall der personellen Verflechtung der Geschäftsführungen des Organträgers und der Organgesellschaft kann sich die organisatorische Eingliederung aber auch daraus ergeben, dass Mitarbeiter des Organträgers als Geschäftsführer der Organgesellschaft tätig sind (vgl. BFH-Urteil vom 20.8.2009, V R 30/06, BStBl. 2010 II S. 863). [2]Die Berücksichtigung von Mitarbeitern des Organträgers bei der organisatorischen Eingliederung beruht auf der Annahme, dass ein Mitarbeiter des Organträgers dessen Weisungen bei der Geschäftsführung der Organgesellschaft auf Grund eines zum Organträger

bestehenden Anstellungsverhältnisses und einer sich hieraus ergebenden persönlichen Abhängigkeit befolgen wird und er bei weisungswidrigem Verhalten vom Organträger als Geschäftsführer der Organgesellschaft uneingeschränkt abberufen werden kann (vgl. BFH-Urteil vom 7.7.2011, V R 53/10, BStBl. 2013 II S. 218). [3]Demgegenüber reicht es nicht aus, dass ein Mitarbeiter des Mehrheitsgesellschafters nur Prokurist bei der vermeintlichen Organgesellschaft ist, während es sich beim einzigen Geschäftsführer der vermeintlichen Organgesellschaft um eine Person handelt, die weder Mitglied der Geschäftsführung noch Mitarbeiter des Mehrheitsgesellschafters ist (vgl. BFH-Urteil vom 28.10.2010, V R 7/10, BStBl. 2011 II S. 391).

(10) [1]In Ausnahmefällen kann eine organisatorische Eingliederung auch ohne personelle Verflechtung in den Leitungsgremien des Organträgers und der Organgesellschaft vorliegen. [2]Voraussetzung für diese schwächste Form der organisatorischen Eingliederung ist jedoch, dass institutionell abgesicherte unmittelbare Eingriffsmöglichkeiten in den Kernbereich der laufenden Geschäftsführung der Organgesellschaft gegeben sind (BFH-Urteil vom 3.4.2008, V R 76/05, BStBl. II S. 905). [3]Der Organträger muss durch schriftlich fixierte Vereinbarungen (z. B. Geschäftsführerordnung, Konzernrichtlinie, Anstellungsvertrag) in der Lage sein, gegenüber Dritten seine Entscheidungsbefugnis nachzuweisen und den Geschäftsführer der Organgesellschaft bei Verstößen gegen seine Anweisungen haftbar zu machen (BFH-Urteile vom 5.12.2007, V R 26/06, BStBl. 2008 II S. 451, und vom 12.10.2016, XI R 30/14, BStBl. 2017 II S. 597). [4]Hat die Organgesellschaft mit dem Organträger einen Beherrschungsvertrag nach § 291 AktG abgeschlossen oder ist die Organgesellschaft nach §§ 319, 320 AktG in die Gesellschaft des Organträgers eingegliedert, ist von dem Vorliegen einer organisatorischen Eingliederung auszugehen, da der Organträger in diesen Fällen berechtigt ist, dem Vorstand der Organgesellschaft nach Maßgabe der §§ 308 bzw. 323 Abs. 1 AktG Weisungen zu erteilen. [5]Soweit rechtlich zulässig, muss sich dieses Weisungsrecht jedoch grundsätzlich auf die gesamte unternehmerische Sphäre der Organgesellschaft erstrecken. [6]Aufsichtsrechtliche Beschränkungen stehen der Annahme einer organisatorischen Eingliederung nicht entgegen. [7]Eine organisatorische Eingliederung durch Beherrschungsvertrag wird jedoch erst ab dem Zeitpunkt seiner Eintragung in das Handelsregister begründet, da dieser konstitutive Wirkung zukommt (vgl. BFH-Urteil vom 10.5.2017, V R 7/16, BStBl. II S. 1261).

(10a) [1]Die organisatorische Eingliederung kann auch über eine Beteiligungskette zum Organträger vermittelt werden. [2]Die in den Absätzen 7 bis 10 enthaltenen Regelungen kommen grundsätzlich auch in diesen Fällen zur Anwendung. [3]Sofern sichergestellt ist, dass der Organträger die Organgesellschaften durch die Art und Weise der Geschäftsführung beherrscht, ist es jedoch ausreichend, wenn die der organisatorischen Eingliederung dienenden Maßnahmen zwischen zwei Organgesellschaften ergriffen werden. [4]Dies gilt auch dann, wenn diese Maßnahmen nicht der Struktur der finanziellen Eingliederung folgen (z. B. bei Schwestergesellschaften). [5]Es ist zudem ausreichend, wenn die organisatorische Eingliederung mittelbar über eine unternehmerisch oder nichtunternehmerisch tätige Tochtergesellschaft des Organträgers erfolgt. [6] Eine nichtunternehmerisch tätige Tochtergesellschaft wird dadurch jedoch nicht zum Bestandteil des Organkreises.

Beispiel 1:

[1] Der Organträger O ist zu 100% an der Tochtergesellschaft T 1 beteiligt. [2] Die Geschäftsführungen von O und T 1 sind personenidentisch. [3] T 1 ist zu 100% an der Enkelgesellschaft E beteiligt. [4] Einziger Geschäftsführer der E ist ein bei der Tochtergesellschaft T 1 angestellter Mitarbeiter.

[5] Die Tochtergesellschaft T 1 ist aufgrund der personenidentischen Geschäftsführungen organisatorisch in das Unternehmen des Organträgers O eingegliedert. [6] Dies gilt auch für die Enkelgesellschaft E, da durch das Anstellungsverhältnis des Geschäftsführers bei T 1 sichergestellt ist, dass der Organträger O die Enkelgesellschaft E beherrscht.

Beispiel 2:

[1] Der Organträger O ist zu 100% an der Tochtergesellschaft T 1 beteiligt, die als Finanzholding kein Unternehmer i. S. d. § 2 UStG ist. [2] Die Geschäftsführungen von O und T 1 sind personenidentisch. [3] T 1 ist zu 100% an der grundsätzlich unternehmerisch tätigen Enkelgesellschaft E beteiligt. [4] Aufgrund eines abgeschlossenen Beherrschungsvertrages i. S. d. § 291 AktG beherrscht T 1 die E.

[5] Die Enkelgesellschaft E ist organisatorisch in das Unternehmen des Organträgers O eingegliedert. [6] Auf Grund der personenidentischen Geschäftsführungen von O und T 1 sowie des zwischen T 1 und E abgeschlossenen Beherrschungsvertrags ist sichergestellt, dass der Organträger O die Enkelgesellschaft E beherrscht. [7] Die nichtunternehmerisch tätige Tochtergesellschaft T 1 wird hierdurch jedoch nicht zum Bestandteil des Organkreises.

Beispiel 3:

[1] Der Organträger O ist zu 100% an den Tochtergesellschaften T 1 und T 2 beteiligt. [2] Die Geschäftsführungen von O und T 1 sind personenidentisch. [3] Einziger Geschäftsführer der T 2 ist ein bei der Tochtergesellschaft T 1 angestellter Mitarbeiter.

[4] Die Tochtergesellschaft T 1 ist aufgrund der personenidentischen Geschäftsführungen organisatorisch in das Unternehmen des Organträgers O eingegliedert. [5] Dies gilt auch für die Tochtergesellschaft T 2, da durch das Anstellungsverhältnis des Geschäftsführers bei T 1 sichergestellt ist, dass der Organträger O die Tochtergesellschaft T 2 beherrscht.

Beispiel 4:

[1] Der im Ausland ansässige Organträger O unterhält im Inland eine Zweigniederlassung. [2] Daneben ist er zu 100% an der im Inland ansässigen Tochtergesellschaft T 1 beteiligt. [3] Einziger Geschäftsführer der T 1 ist der bei O angestellte Leiter der inländischen Zweigniederlassung.

[4] Die Tochtergesellschaft T 1 ist organisatorisch in das Unternehmen des Organträgers O eingegliedert. [5] Durch das Anstellungsverhältnis des Geschäftsführers bei O ist sichergestellt, dass der Organträger O die Tochtergesellschaft T 1 beherrscht. [6] Die Wirkungen der Organschaft sind jedoch auf Innenleistungen zwischen den im Inland gelegenen Unternehmensteilen beschränkt.

(11) [1] Weder das mit der finanziellen Eingliederung einhergehende Weisungsrecht durch Gesellschafterbeschluss noch eine vertragliche Pflicht zur regelmäßigen Berichterstattung über die Geschäftsführung stellen eine institutionell abgesicherte unmittelbare Eingriffsmöglichkeit in den Kernbereich der laufenden Geschäftsführung der Organgesellschaft im Sinne des Absatzes 10 dar und reichen daher nicht zur Begründung einer organisatorischen Eingliederung aus (vgl. BFH-Urteil vom 2.12.2015, V R 15/14, BStBl. 2017 II S. 553). [2] Auch Zustimmungsvorbehalte zugunsten der Gesellschafterversammlung z. B. aufgrund einer Geschäftsführungsordnung können für sich betrachtet keine organisatorische Eingliederung begründen (vgl. BFH-Urteil vom 7.7.2011, V R 53/10, BStBl. 2013 II S. 218). [3] Dasselbe gilt für Zustimmungserfordernisse bei außergewöhnlichen Geschäften (vgl. BFH-Urteil vom 3.4.2008, V R 76/05, BStBl. II S. 905) oder das bloße Recht zur Bestellung oder Abberufung von Geschäftsfüh-

rern ohne weiter gehende personelle Verflechtungen über das Geschäftsführungsorgan (vgl. BFH-Urteil vom 7.7.2011, V R 53/10, a. a. O.). [4]Ebenso kann sich eine organisatorische Eingliederung nicht allein daraus ergeben, dass eine nicht geschäftsführende Gesellschafterversammlung und ein gleichfalls nicht geschäftsführender Beirat ausschließlich mit Mitgliedern des Mehrheitsgesellschafters besetzt sind, vertragliche Bedingungen dem Mehrheitsgesellschafter „umfangreiche Beherrschungsmöglichkeiten" sichern und darüber hinaus dieselben Büroräume benutzt und das komplette Rechnungswesen durch gemeinsames Personal erledigt werden (vgl. BFH-Urteil vom 28.10.2010, V R 7/10, BStBl. 2011 II S. 391).

Insolvenzverfahren

(12) [1]Mit der Insolvenzeröffnung über das Vermögen des Organträgers oder der Organgesellschaft endet die Organschaft (vgl. BFH-Urteil vom 15.12.2016, V R 14/16, BStBl. 2017 II S. 600). [2]Dies gilt jeweils auch bei Bestellung eines Sachwalters im Rahmen der Eigenverwaltung nach §§ 270 ff. InsO. [3]Wird im Rahmen der Anordnung von Sicherungsmaßnahmen über das Vermögen des Organträgers oder der Organgesellschaft ein vorläufiger Insolvenzverwalter bestellt, endet die Organschaft mit dessen Bestellung bereits vor Eröffnung des Insolvenzverfahrens, wenn der vorläufige Insolvenzverwalter den maßgeblichen Einfluss auf den Schuldner erhält und eine Beherrschung der Organgesellschaft durch den Organträger nicht mehr möglich ist. [4]Dies ist insbesondere der Fall, wenn der vorläufige Insolvenzverwalter wirksame rechtsgeschäftliche Verfügungen des Schuldners aufgrund eines Zustimmungsvorbehalts nach § 21 Abs. 2 Nr. 2 Alt. 2 InsO verhindern kann (vgl. BFH-Urteile vom 8.8.2013, V R 18/13, BStBl. 2017 II S. 543, vom 3.7.2014, V R 32/13, BStBl. 2017 II S. 666, und vom 24.8.2016, V R 36/15, BStBl. 2017 II S. 595). [5]Die Sätze 1 bis 4 gelten auch in den Fällen, in denen für den Organträger und die Organgesellschaft ein personenidentischer Sachwalter, vorläufiger Insolvenzverwalter oder Insolvenzverwalter bestellt wird. [6]Hingegen beenden weder die Anordnung der vorläufigen Eigenverwaltung beim Organträger noch die Anordnung der vorläufigen Eigenverwaltung bei der Organgesellschaft eine Organschaft, wenn das Insolvenzgericht lediglich bestimmt, dass ein vorläufiger Sachwalter bestellt wird sowie eine Anordnung gemäß § 21 Abs. 2 Satz 1 Nr. 3 InsO erlässt (vgl. BFH-Urteil vom 27.11.2019, XI R 35/17, BStBl. 2021 II S. 252). [7]Satz 6 gilt nicht für vorläufige Eigenverwaltungsverfahren, die nach dem 31.12.2020 angeordnet wurden, es sei denn, diese fallen unter die Anwendung des § 5 Abs. 1 COVID-19-Insolvenzaussetzungsgesetz (COVInsAG).[1)]

2.9 Beschränkung der Organschaft auf das Inland[2)]

Allgemeines

(1) [1]Die Wirkungen der Organschaft sind nach § 2 Abs. 2 Nr. 2 Satz 2 UStG auf Innenleistungen zwischen den im Inland gelegenen Unternehmensteilen beschränkt. [2]Sie bestehen nicht im Verhältnis zu den im Ausland gele-

[1)] G v. 27.3.2020, BGBl. I 2020, 569, geänd. durch G v. 15.2.2021, BGBl. I 2021, 237.
[2)] Hinweis auf A 1a.2 Abs. 8 UStAE.

genen Unternehmensteilen sowie zwischen diesen Unternehmensteilen. [3]Die im Inland gelegenen Unternehmensteile sind nach § 2 Abs. 2 Nr. 2 Satz 3 UStG als ein Unternehmen zu behandeln.

(2) [1]Der Begriff des Unternehmens in § 2 Abs. 1 Satz 2 UStG bleibt von der Beschränkung der Organschaft auf das Inland unberührt. [2]Daher sind grenzüberschreitende Leistungen innerhalb des Unternehmens, insbesondere zwischen dem Unternehmer, z. B. Organträger oder Organgesellschaft, und seinen Betriebsstätten (Abschnitt 3a.1 Abs. 3) oder umgekehrt – mit Ausnahme von Warenbewegungen auf Grund eines innergemeinschaftlichen Verbringens (vgl. Abschnitt 1a.2) – nicht steuerbare Innenumsätze.

Im Inland gelegene Unternehmensteile

(3) Im Inland gelegene Unternehmensteile im Sinne der Vorschrift sind
1. der Organträger, sofern er im Inland ansässig ist,
2. die im Inland ansässigen Organgesellschaften des in Nummer 1 bezeichneten Organträgers,
3. die im Inland gelegenen Betriebsstätten, z. B. Zweigniederlassungen, des in Nummer 1 bezeichneten Organträgers und seiner im Inland und Ausland ansässigen Organgesellschaften,
4. die im Inland ansässigen Organgesellschaften eines Organträgers, der im Ausland ansässig ist,
5. die im Inland gelegenen Betriebsstätten, z. B. Zweigniederlassungen, des im Ausland ansässigen Organträgers und seiner im Inland und Ausland ansässigen Organgesellschaften.

(4) [1]Die Ansässigkeit des Organträgers und der Organgesellschaften beurteilt sich danach, wo sie ihre Geschäftsleitung haben. [2]Im Inland gelegene und vermietete Grundstücke sind wie Betriebsstätten zu behandeln.

(5) [1]Die im Inland gelegenen Unternehmensteile sind auch dann als ein Unternehmen zu behandeln, wenn zwischen ihnen keine Innenleistungen ausgeführt werden. [2]Das gilt aber nicht, soweit im Ausland Betriebsstätten unterhalten werden (vgl. Absätze 6 und 8).

Organträger im Inland

(6) [1]Ist der Organträger im Inland ansässig, umfasst das Unternehmen die in Absatz 3 Nr. 1 bis 3 bezeichneten Unternehmensteile. [2]Es umfasst nach Absatz 2 auch die im Ausland gelegenen Betriebsstätten des Organträgers. [3]Unternehmer und damit Steuerschuldner im Sinne des § 13a Abs. 1 Satz 1 UStG ist der Organträger. [4]Hat der Organträger Organgesellschaften im Ausland, gehören diese umsatzsteuerrechtlich nicht zum Unternehmen des Organträgers. [5]Die Organgesellschaften im Ausland können somit im Verhältnis zum Unternehmen des Organträgers und zu Dritten sowohl Umsätze ausführen als auch Leistungsempfänger sein. [6]Bei der Erfassung von steuerbaren Umsätzen im Inland sowie bei Anwendung der Steuerschuldnerschaft des Leistungsempfängers (vgl. Abschnitte 13b.1 und 13b.11) und des Vorsteuer-Vergütungsverfahrens sind sie jeweils für sich als im Ausland ansässige Unternehmer anzusehen. [7]Im Ausland gelegene Betriebsstätten von Organgesellschaften im Inland

sind zwar den jeweiligen Organgesellschaften zuzurechnen, gehören aber nicht zum Unternehmen des Organträgers (vgl. Absatz 2). [8]Leistungen zwischen den Betriebsstätten und dem Organträger oder anderen Organgesellschaften sind daher keine Innenumsätze.

Beispiel 1:

[1]Der im Inland ansässige Organträger O hat im Inland eine Organgesellschaft T 1, in Frankreich eine Organgesellschaft T 2 und in der Schweiz eine Betriebsstätte B. [2]O versendet Waren an T 1, T 2 und B.
[3]Zum Unternehmen des O (Unternehmer) gehören T 1 und B. [4]Zwischen O und T 1 sowie zwischen O und B liegen nicht steuerbare Innenleistungen vor. [5]O bewirkt an T 2 steuerbare Lieferungen, die unter den Voraussetzungen der § 4 Nr. 1 Buchstabe b, § 6a UStG als innergemeinschaftliche Lieferungen steuerfrei sind.

Beispiel 2:

[1]Sachverhalt wie Beispiel 1. [2]T 2 errichtet im Auftrag von T 1 eine Anlage im Inland. [3]Sie befördert dazu Gegenstände aus Frankreich zu ihrer Verfügung in das Inland.
[4]T 2 bewirkt eine steuerbare und steuerpflichtige Werklieferung (§ 13b Abs. 2 Nr. 1 UStG) an O. [5]O schuldet die Steuer für diese Lieferung nach § 13b Abs. 5 Satz 1 UStG. [6]Die Beförderung der Gegenstände in das Inland ist kein innergemeinschaftliches Verbringen (vgl. Abschnitt 1a.2 Abs. 10 Nr. 1).

Beispiel 3:

[1]Sachverhalt wie in Beispiel 1, aber mit der Abweichung, dass B die (schweizerische) Betriebsstätte der im Inland ansässigen Organgesellschaft T 1 ist. [2]O versendet Waren an B und an T 1. [3]T 1 versendet die ihr von O zugesandten Waren an B.
[4]O bewirkt an B steuerbare Lieferungen, die unter den Voraussetzungen der § 4 Nr. 1 Buchstabe a, § 6 UStG als Ausfuhrlieferungen steuerfrei sind. [5]Zwischen O und T 1 sowie T 1 und B werden durch das Versenden von Waren nicht steuerbare Innenleistungen bewirkt.

Organträger im Ausland

(7) [1]Ist der Organträger im Ausland ansässig, ist die Gesamtheit der in Absatz 3 Nr. 4 und 5 bezeichneten Unternehmensteile als ein Unternehmen zu behandeln. [2]In diesem Fall gilt nach § 2 Abs. 2 Nr. 2 Satz 4 UStG der wirtschaftlich bedeutendste Unternehmensteil im Inland als der Unternehmer und damit als der Steuerschuldner im Sinne des § 13a Abs. 1 Nr. 1 UStG. [3]Wirtschaftlich bedeutendster Unternehmensteil im Sinne des § 2 Abs. 2 Nr. 2 Satz 4 UStG kann grundsätzlich nur eine im Inland ansässige Organgesellschaft sein. [4]Hat der Organträger mehrere Organgesellschaften im Inland, kann der wirtschaftlich bedeutendste Unternehmensteil nach der Höhe des Umsatzes bestimmt werden, sofern sich die in Betracht kommenden Finanzämter nicht auf Antrag der Organgesellschaften über einen anderen Maßstab verständigen. [5]Diese Grundsätze gelten entsprechend, wenn die im Inland gelegenen Unternehmensteile nur aus rechtlich unselbständigen Betriebsstätten bestehen. [6]Bereitet die Feststellung des wirtschaftlich bedeutendsten Unternehmensteils Schwierigkeiten oder erscheint es aus anderen Gründen geboten, kann zugelassen werden, dass der im Ausland ansässige Organträger als Bevollmächtigter für den wirtschaftlich bedeutendsten Unternehmensteil dessen steuerliche Pflichten erfüllt. [7]Ist der Organträger ein ausländisches Versicherungsunternehmen im Sinne des VAG, gilt als wirtschaftlich bedeutendster Unternehmensteil im Inland die Niederlassung, für die nach § 68 Abs. 2

VAG[1] ein Hauptbevollmächtigter bestellt ist; bestehen mehrere derartige Niederlassungen, gilt Satz 4 entsprechend.

(8) [1] Unterhalten die im Inland ansässigen Organgesellschaften Betriebsstätten im Ausland, sind diese der jeweiligen Organgesellschaft zuzurechnen, gehören aber nicht zur Gesamtheit der im Inland gelegenen Unternehmensteile. [2] Leistungen zwischen den Betriebsstätten und den anderen Unternehmensteilen sind daher keine Innenumsätze.

(9) [1] Der Organträger und seine im Ausland ansässigen Organgesellschaften bilden jeweils gesonderte Unternehmen. [2] Sie können somit an die im Inland ansässigen Organgesellschaften Umsätze ausführen und Empfänger von Leistungen dieser Organgesellschaften sein. [3] Auch für die Erfassung der im Inland bewirkten steuerbaren Umsätze sowie für die Anwendung des Vorsteuer-Vergütungsverfahrens gelten sie einzeln als im Ausland ansässige Unternehmer. [4] Die im Inland gelegenen Organgesellschaften und Betriebsstätten sind als ein gesondertes Unternehmen zu behandeln.

Beispiel 1:

[1] Der in Frankreich ansässige Organträger O hat im Inland die Organgesellschaften T 1 (Jahresumsatz 2 Mio. €) und T 2 (Jahresumsatz 1 Mio. €) sowie die Betriebsstätte B (Jahresumsatz 2 Mio. €). [2] In Belgien hat O noch eine weitere Organgesellschaft T 3. [3] Zwischen T 1, T 2 und B finden Warenlieferungen statt. [4] O und T 3 versenden Waren an B (§ 3 Abs. 6 UStG).
[5] T 1, T 2 und B bilden das Unternehmen im Sinne von § 2 Abs. 2 Nr. 2 Satz 3 UStG. [6] T 1 ist als wirtschaftlich bedeutendster Unternehmensteil der Unternehmer. [7] Die Warenlieferungen zwischen T 1, T 2 und B sind als Innenleistungen nicht steuerbar. [8] T 1 hat die von O und T 3 an B versandten Waren als innergemeinschaftlichen Erwerb zu versteuern.

Beispiel 2:

[1] Sachverhalt wie Beispiel 1. [2] T 3 führt im Auftrag von T 2 eine sonstige Leistung im Sinne des § 3a Abs. 2 UStG aus.
[3] Es liegt eine Leistung an einen Unternehmer vor, der sein Unternehmen im Inland betreibt. [4] Die Leistung ist daher nach § 3a Abs. 2 UStG steuerbar und steuerpflichtig. [5] T 1 als Unternehmer und umsatzsteuerrechtlicher Leistungsempfänger schuldet die Steuer nach § 13b Abs. 5 UStG.

Beispiel 3:

[1] Der Organträger O in Frankreich hat die Organgesellschaften T 1 in Belgien und T 2 in den Niederlanden. [2] Im Inland hat er keine Organgesellschaft. [3] T 1 hat im Inland die Betriebsstätte B 1 (Jahresumsatz 500 000 €), T 2 die Betriebsstätte B 2 (Jahresumsatz 300 000 €). [4] O hat abziehbare Vorsteuerbeträge aus der Anmietung einer Lagerhalle im Inland.
[5] B 1 und B 2 bilden das Unternehmen im Sinne von § 2 Abs. 2 Nr. 2 Satz 3 UStG. [6] B 1 ist als wirtschaftlich bedeutendster Unternehmensteil der Unternehmer. [7] O kann die abziehbaren Vorsteuerbeträge im Vorsteuer-Vergütungsverfahren geltend machen.

Beispiel 4:

[1] Der in Japan ansässige Organträger O hat in der Schweiz die Organgesellschaft T und im Inland die Betriebsstätte B. [2] O und T versenden Waren an B und umgekehrt. [3] Außerdem hat O abziehbare Vorsteuerbeträge aus der Anmietung einer Lagerhalle im Inland.
[4] B gehört einerseits zum Unternehmen des O (§ 2 Abs. 1 Satz 2 UStG) und ist andererseits nach § 2 Abs. 2 Nr. 2 Satz 3 UStG ein Unternehmen im Inland. [5] Die bei der Einfuhr der an B versandten Waren anfallende Einfuhrumsatzsteuer ist unter den Voraussetzungen des § 15 UStG bei B als Vorsteuer abziehbar. [6] Soweit B an O Waren versendet, werden Innenleistun-

[1] Versicherungsaufsichtsgesetz v. 1.4.2015, BGBl. I 2015, 434, zuletzt geänd. durch G v. 10.8.2021, BGBl. I 2021, 3436 (**Wirtschaftsgesetze** Nr. **90**).

gen bewirkt, die deshalb nicht steuerbar sind. 7 Die Lieferungen von B an T sind steuerbar und unter den Voraussetzungen der § 4 Nr. 1 Buchstabe a und § 6 UStG als Ausfuhrlieferungen steuerfrei. 8 O kann die abziehbaren Vorsteuerbeträge im Vorsteuer-Vergütungsverfahren geltend machen, da mit Japan Gegenseitigkeit besteht und somit eine Vergütung nach § 18 Abs. 9 Satz 4 UStG nicht ausgeschlossen ist (vgl. Abschnitt 18.11 Abs. 4).

2.10 Unternehmereigenschaft und Vorsteuerabzug bei Vereinen,[1] Forschungsbetrieben und ähnlichen Einrichtungen

Unternehmereigenschaft[2]

(1)[3), 4)] 1 Soweit Vereine Mitgliederbeiträge vereinnahmen, um in Erfüllung ihres satzungsmäßigen Gemeinschaftszwecks die Gesamtbelange ihrer Mitglieder wahrzunehmen, ist ein Leistungsaustausch nicht gegeben (vgl. BFH-Urteil vom 12.4.1962, V 134/59 U, BStBl. III S. 260, und Abschnitt 1.4 Abs. 1). 2 In Wahrnehmung dieser Aufgaben sind die Vereine daher nicht Unternehmer (vgl. BFH-Urteile vom 28.11.1963, II 181/61 U, BStBl. 1964 III S. 114, und vom 30.9.1965, V 176/63 U, BStBl. III S. 682, und Abschnitt 2.3 Abs. 1a). 3 Das Gleiche gilt für Einrichtungen, deren Aufgaben ausschließlich durch Zuschüsse finanziert werden, die nicht das Entgelt für eine Leistung darstellen, z. B. Forschungsbetriebe. 4 Vereinnahmen Vereine, Forschungsbetriebe oder ähnliche Einrichtungen neben echten Mitgliederbeiträgen und Zuschüssen auch Entgelte für Lieferungen oder sonstige Leistungen, sind sie nur insoweit Unternehmer, als ihre Tätigkeit darauf gerichtet ist, nachhaltig entgeltliche Lieferungen oder sonstige Leistungen zu bewirken. 5 Daher ist eine nach der Verordnung (EWG) Nr. 2137/85 vom 25.7.1985 (ABl. EG Nr. L 199 S. 1) gegründete Europäische wirtschaftliche Interessenvereinigung (EWIV), die gegen Entgelt Lieferungen von Gegenständen oder Dienstleistungen an ihre Mitglieder oder an Dritte bewirkt, Unternehmer (vgl. Artikel 5 der MwStVO).[5] 6 Der unternehmerische Bereich umfasst die gesamte zur Ausführung der entgeltlichen Leistungen entfaltete Tätigkeit einschließlich aller unmittelbar hierfür dienenden Vorbereitungen. 7 Diese Beurteilung gilt ohne Rücksicht auf die Rechtsform, in der die Tätigkeit ausgeübt wird. 8 Der umsatzsteuerrechtliche Unternehmerbegriff stellt nicht auf die Rechtsform ab (vgl. Abschnitt 2.1 Abs. 1). 9 Außer Vereinen, Stiftungen, Genossenschaften können auch z. B. Kapitalgesellschaften oder Personengesellschaften einen nichtunternehmerischen Bereich besitzen (vgl. BFH-Urteil vom 20.12.1984, V R 25/76, BStBl. 1985 II S. 176). 10 Sog. Hilfsgeschäfte, die der Betrieb des nichtunternehmerischen Bereichs bei Vereinen und Erwerbsgesellschaften mit sich bringt, sind auch dann als nicht steuerbar zu behandeln,

---

1) Zu Sportvereinen vgl. A 1.4, A 2.1 Abs. 6, A 4.12.11, A 4.22.2 u. A 12.9 Abs. 6 ff. UStAE.

2) Zum unternehmerischen Bereich einer Forstbetriebsgemeinschaft in der Rechtsform eines wirtschaftlichen Vereins vgl. BFH v. 18.6.2009 V R 77/07, BFH/NV 2009, 1912.

3) Vgl. aber BFH v. 9.8.2007 V R 27/04, DStR 2007, 1719 (Flugzeugüberlassung durch Luftsportverein) u. v. 29.10.2008 XI R 59/07, DStRE 2009, 292 (entgeltliche Leistungen an Vereinsmitglieder).

4) Zu Geschäftsführungs- und Vertretungsleistungen von Vereinsvorständen vgl. BFH v. 14.5.2008 XI R 70/07, BStBl. II 2008, 912.

5) **Steuergesetze** Nr. **550a.**

wenn sie wiederholt oder mit einer gewissen Regelmäßigkeit ausgeführt werden. [11]Als Hilfsgeschäfte in diesem Sinne sind z. B. anzusehen:

1. Veräußerungen von Gegenständen, die im nichtunternehmerischen Bereich eingesetzt waren, z. B. der Verkauf von gebrauchten Kraftfahrzeugen, Einrichtungsgegenständen und Altpapier,
2. Überlassung des Telefons an im nichtunternehmerischen Bereich tätige Arbeitnehmer zur privaten Nutzung,
3. Überlassung von im nichtunternehmerischen Bereich eingesetzten Kraftfahrzeugen an Arbeitnehmer zur privaten Nutzung.

Gesonderter Steuerausweis und Vorsteuerabzug

(2) [1]Einrichtungen im Sinne des Absatzes 1, die außerhalb des unternehmerischen Bereichs tätig werden, sind insoweit nicht berechtigt, Rechnungen mit gesondertem Steuerausweis auszustellen. [2]Ein trotzdem ausgewiesener Steuerbetrag wird nach § 14c Abs. 2 UStG geschuldet. [3]Der Leistungsempfänger ist nicht berechtigt, diesen Steuerbetrag als Vorsteuer abzuziehen. [4]Zur Möglichkeit einer Rechnungsberichtigung vgl. Abschnitt 14c.2 Abs. 3 und 5.

(3) [1]Unter den Voraussetzungen des § 15 UStG können die Einrichtungen die Steuerbeträge abziehen, die auf Lieferungen, sonstige Leistungen, den innergemeinschaftlichen Erwerb oder die Einfuhr von Gegenständen für den unternehmerischen Bereich entfallen (vgl. Abschnitt 15.2b Abs. 2). [2]Abziehbar sind danach z. B. auch Steuerbeträge für Umsätze, die nur dazu dienen, den unternehmerischen Bereich in Ordnung zu halten oder eine Leistungssteigerung in diesem Bereich herbeizuführen. [3]Maßgebend sind die Verhältnisse im Zeitpunkt des Umsatzes an die Einrichtung.

(4) [1]Für Gegenstände, die zunächst nur im unternehmerischen Bereich verwendet worden sind, später aber zeitweise dem nichtunternehmerischen Bereich überlassen werden, bleibt der Vorsteuerabzug erhalten. [2]Die nichtunternehmerische Verwendung unterliegt aber nach § 3 Abs. 9a Nr. 1 UStG der Umsatzsteuer. [3]Auch eine spätere Überführung in den nichtunternehmerischen Bereich beeinflusst den ursprünglichen Vorsteuerabzug nicht; sie ist eine steuerbare Wertabgabe nach § 3 Abs. 1b Nr. 1 UStG.

(5) [1]Ist ein Gegenstand oder eine sonstige Leistung sowohl für die unternehmerischen als auch für die nichtunternehmerischen Tätigkeiten der Einrichtung bestimmt, kann der Vorsteuerabzug grundsätzlich nur insoweit in Anspruch genommen werden, als die Aufwendungen hierfür der unternehmerischen Tätigkeit zuzurechnen sind (vgl. BFH-Urteil vom 3.3.2011, V R 23/10, BStBl. 2012 II S. 74, Abschnitt 15.2b Abs. 2). [2]Hinsichtlich der Änderung des Nutzungsumfangs vgl. Abschnitte 3.3, 3.4 und 15a.1 Abs. 7.

Erleichterungen beim Vorsteuerabzug

(6) [1]Wegen der Schwierigkeiten bei der sachgerechten Zuordnung der Vorsteuern und bei der Versteuerung der unentgeltlichen Wertabgaben kann das Finanzamt auf Antrag folgende Erleichterungen gewähren:

[2]Die Vorsteuern, die teilweise dem unternehmerischen und teilweise dem nichtunternehmerischen Bereich zuzurechnen sind, werden auf diese Bereiche nach dem Verhältnis aufgeteilt, das sich aus folgender Gegenüberstellung ergibt:

1. Einnahmen aus dem unternehmerischen Bereich abzüglich der Einnahmen aus Hilfsgeschäften dieses Bereichs
   und
2. Einnahmen aus dem nichtunternehmerischen Bereich abzüglich der Einnahmen aus Hilfsgeschäften dieses Bereichs.

[3] Hierzu gehören alle Einnahmen, die der betreffenden Einrichtung zufließen, insbesondere die Einnahmen aus Umsätzen, z. B. Veranstaltungen, Gutachten, Lizenzüberlassungen, sowie die Mitgliederbeiträge, Zuschüsse, Spenden usw. [4] Das Finanzamt kann hierbei anordnen, dass bei der Gegenüberstellung das Verhältnis des laufenden, eines früheren oder mehrerer Kalenderjahre zu Grunde gelegt wird. [5] Falls erforderlich, z. B. bei Zugrundelegung des laufenden Kalenderjahres, kann für die Voranmeldungszeiträume die Aufteilung zunächst nach dem Verhältnis eines anderen Zeitraums zugelassen werden. [6] Außerdem können alle Vorsteuerbeträge, die sich auf die sog. Verwaltungsgemeinkosten beziehen, z. B. die Vorsteuern für die Beschaffung des Büromaterials, einheitlich in den Aufteilungsschlüssel einbezogen werden, auch wenn einzelne dieser Vorsteuerbeträge an sich dem unternehmerischen oder dem nichtunternehmerischen Bereich ausschließlich zuzurechnen wären. [7] Werden in diese Aufteilung Vorsteuerbeträge einbezogen, die durch die Anschaffung, die Herstellung, den innergemeinschaftlichen Erwerb oder die Einfuhr einheitlicher Gegenstände, ausgenommen Fahrzeuge im Sinne des § 1b Abs. 2 UStG, angefallen sind, z. B. durch den Ankauf eines für den unternehmerischen und den nichtunternehmerischen Bereich bestimmten Computers, braucht der Anteil der nichtunternehmerischen Verwendung des Gegenstands nicht als unentgeltliche Wertabgabe im Sinne des § 3 Abs. 9a Nr. 1 UStG versteuert zu werden. [8] Dafür sind jedoch alle durch die Verwendung oder Nutzung dieses Gegenstands anfallenden Vorsteuerbeträge in die Aufteilung einzubeziehen. [9] Bei einer nachträglichen Erhöhung des Anteils der nichtunternehmerischen Verwendung des Gegenstands ist nur der entsprechende Erhöhungsanteil als unentgeltliche Wertabgabe zu versteuern (vgl. Abschnitt 3.4 Abs. 2 Satz 4). [10] Die Versteuerung der Überführung eines solchen Gegenstands in den nichtunternehmerischen Bereich als unentgeltliche Wertabgabe (§ 3 Abs. 1b Satz 1 Nr. 1 UStG) bleibt unberührt.

(7) [1] Das Finanzamt kann im Einzelfall ein anderes Aufteilungsverfahren zulassen. [2] Zum Beispiel kann es gestatten, dass die teilweise dem unternehmerischen Bereich zuzurechnenden Vorsteuern, die auf die Anschaffung, Herstellung und Unterhaltung eines Gebäudes entfallen, insoweit als das Gebäude dauernd zu einem feststehenden Anteil für Unternehmenszwecke verwendet wird, entsprechend der beabsichtigten bzw. tatsächlichen Verwendung und im Übrigen nach dem in Absatz 6 bezeichneten Verfahren aufgeteilt werden.

Beispiel:

[1] Bei einem Vereinsgebäude, das nach seiner Beschaffenheit dauernd zu 75 % als Gastwirtschaft und im Übrigen mit wechselndem Anteil für unternehmerische und nichtunternehmerische Vereinszwecke verwendet wird, können die nicht ausschließlich zurechenbaren Vorsteuern von vornherein zu 75 % als abziehbar behandelt werden. [2] Der restliche Teil von 25 % kann entsprechend dem jeweiligen Einnahmeverhältnis (vgl. Absatz 6) in einen abziehbaren und einen nichtabziehbaren Teil aufgeteilt werden.

(8) [1] Ein vereinfachtes Aufteilungsverfahren ist nur unter dem Vorbehalt des jederzeitigen Widerrufs zu genehmigen und kann mit Auflagen verbunden werden. [2] Es darf nicht zu einem offensichtlich unzutreffenden Ergebnis führen. [3] Außerdem muss sich die Einrichtung verpflichten, das Verfahren mindestens für fünf Kalenderjahre anzuwenden. [4] Ein Wechsel des Verfahrens ist jeweils nur zu Beginn eines Besteuerungszeitraums zu gestatten.

(9) Beispiele zur Unternehmereigenschaft und zum Vorsteuerabzug:

Beispiel 1:

[1] Ein Verein hat die Aufgabe, die allgemeinen ideellen und wirtschaftlichen Interessen eines Berufsstands wahrzunehmen (Berufsverband). [2] Er dient nur den Gesamtbelangen aller Mitglieder. [3] Die Einnahmen des Berufsverbands setzen sich ausschließlich aus Mitgliederbeiträgen zusammen.
[4] Der Berufsverband wird nicht im Rahmen eines Leistungsaustauschs tätig. [5] Er ist nicht Unternehmer. [6] Ein Vorsteuerabzug kommt nicht in Betracht.

Beispiel 2:

[1] Der in Beispiel 1 bezeichnete Berufsverband übt seine Tätigkeit in gemieteten Räumen aus. [2] Im Laufe des Jahres hat er seine Geschäftsräume gewechselt, weil die bisher genutzten Räume vom Vermieter selbst beansprucht wurden. [3] Für die vorzeitige Freigabe der Räume hat der Verein vom Vermieter eine Abstandszahlung erhalten. [4] Die übrigen Einnahmen des Vereins bestehen ausschließlich aus Mitgliederbeiträgen.
[5] Hinsichtlich seiner Verbandstätigkeit, die außerhalb eines Leistungsaustauschs ausgeübt wird, ist der Verein nicht Unternehmer. [6] Bei der Freigabe der Geschäftsräume gegen Entgelt liegt zwar ein Leistungsaustausch vor. [7] Die Leistung des Vereins ist aber nicht steuerbar, weil die Geschäftsräume nicht im Rahmen eines Unternehmens genutzt worden sind. [8] Der Verein ist nicht berechtigt, für die Leistung eine Rechnung mit gesondertem Ausweis der Steuer zu erteilen. [9] Ein Vorsteuerabzug kommt nicht in Betracht.

Beispiel 3:

[1] Der in Beispiel 1 bezeichnete Berufsverband betreibt neben seiner nicht steuerbaren Verbandstätigkeit eine Kantine, in der seine Angestellten gegen Entgelt beköstigt werden. [2] Für die Verbandstätigkeit und die Kantine besteht eine gemeinsame Verwaltungsstelle. [3] Der Kantinenbetrieb war in gemieteten Räumen untergebracht. [4] Der Verein löst das bisherige Mietverhältnis und mietet neue Kantinenräume. [5] Vom bisherigen Vermieter erhält er für die Freigabe der Räume eine Abstandszahlung. [6] Die Einnahmen des Vereins bestehen aus Mitgliederbeiträgen, Kantinenentgelten und der vom Vermieter gezahlten Abstandszahlung.
[7] Der Verein ist hinsichtlich seiner nicht steuerbaren Verbandstätigkeit nicht Unternehmer. [8] Nur im Rahmen des Kantinenbetriebs übt er eine unternehmerische Tätigkeit aus. [9] In den unternehmerischen Bereich fällt auch die entgeltliche Freigabe der Kantinenräume. [10] Diese Leistung ist daher steuerbar, aber als eine der Vermietung eines Grundstücks gleichzusetzende Leistung nach § 4 Nr. 12 Satz 1 Buchstabe a UStG steuerfrei (vgl. EuGH-Urteil vom 15.12. 1993, C-63/92 Lubbock Fine, BStBl. 1995 II S. 480). [11] Die Vorsteuerbeträge, die dieser Leistung zuzurechnen sind, sind nicht abziehbar. [12] Lediglich die den Kantinenumsätzen zuzurechnenden Vorsteuern können abgezogen werden.
[13] Wendet der Verein eine Vereinfachungsregelung an, kann er die Vorsteuern, die den Kantinenumsätzen ausschließlich zuzurechnen sind, z. B. den Einkauf der Kantinenwaren und des Kantineninventars, voll abziehen. [14] Die für die gemeinsame Verwaltungsstelle angefallenen Vorsteuern, z. B. für Büromöbel und Büromaterial, sind nach dem Verhältnis der Einnahmen aus Mitgliederbeiträgen und der Freigabe der Kantinenräume zu den Einnahmen aus dem Kantinenbetrieb aufzuteilen. [15] Die Verwendung der Büromöbel der gemeinsamen Verwaltungsstelle für den nichtunternehmerischen Bereich braucht in diesem Fall nicht als unentgeltliche Wertabgabe nach § 3 Abs. 9a Nr. 1 UStG versteuert zu werden.

Beispiel 4:

[1] Ein Verein, der ausschließlich satzungsmäßige Gemeinschaftsaufgaben wahrnimmt, erzielt außer echten Mitgliederbeiträgen Einnahmen aus gelegentlichen Verkäufen von im Verein an-

gefallenem Altmaterial und aus der Erstattung von Fernsprechkosten für private Ferngespräche seiner Angestellten.
[2] Die Altmaterialverkäufe und die Überlassung des Telefons an die Angestellten unterliegen als Hilfsgeschäfte zur nichtunternehmerischen Tätigkeit nicht der Umsatzsteuer. [3] Der Verein ist nicht Unternehmer. [4] Ein Vorsteuerabzug kommt nicht in Betracht.

Beispiel 5:

[1] Mehrere juristische Personen des öffentlichen Rechts gründen eine GmbH zu dem Zweck, die Möglichkeiten einer Verwaltungsvereinfachung zu untersuchen. [2] Die Ergebnisse der Untersuchungen sollen in einem Bericht zusammengefasst werden, der allen interessierten Verwaltungsstellen auf Anforderung kostenlos zu überlassen ist. [3] Die Tätigkeit der GmbH wird ausschließlich durch echte Zuschüsse der öffentlichen Hand finanziert. [4] Weitere Einnahmen erzielt die GmbH nicht.
[5] Die Tätigkeit der GmbH vollzieht sich außerhalb eines Leistungsaustauschs. [6] Die GmbH ist nicht Unternehmer und daher nicht zum Vorsteuerabzug berechtigt.

Beispiel 6:

[1] Die im Beispiel 5 bezeichnete GmbH verwendet für ihre Aufgabe eine Datenverarbeitungsanlage. [2] Die Kapazität der Anlage ist mit den eigenen Arbeiten nur zu 80 % ausgelastet. [3] Um die Kapazität der Anlage voll auszunutzen, überlässt die GmbH die Anlage einem Unternehmer gegen Entgelt zur Benutzung. [4] Die Einnahmen der GmbH bestehen außer dem Benutzungsentgelt nur in Zuschüssen der öffentlichen Hand.
[5] Die entgeltliche Überlassung der Datenverarbeitungsanlage ist eine nachhaltige Tätigkeit zur Erzielung von Einnahmen. [6] Insoweit ist die GmbH Unternehmer. [7] Die Leistung unterliegt der Umsatzsteuer. [8] Die Unternehmereigenschaft erstreckt sich nicht auf die unentgeltliche Forschungstätigkeit der GmbH.
[9] Für die Überlassung der Datenverarbeitungsanlage sind von der GmbH Rechnungen mit gesondertem Ausweis der Steuer zu erteilen. [10] Die Vorsteuern für die Anschaffung und Nutzung der Datenverarbeitungsanlage sind nur im Umfang der Verwendung für die unternehmerische Tätigkeit abzugsfähig (vgl. Abschnitt 15.2b Abs. 2). [11] Außerdem können die der entgeltlichen Überlassung der Datenverarbeitungsanlage zuzurechnenden Vorsteuerbeträge, insbesondere in dem Bereich der Verwaltungsgemeinkosten, abgezogen werden.
[12] Bei Anwendung einer Vereinfachungsregelung kann die GmbH die Vorsteuern für die Verwaltungsgemeinkosten sowie die durch die Anschaffung und Nutzung der Datenverarbeitungsanlage angefallenen Vorsteuerbeträge nach dem Verhältnis der Einnahmen aus der Überlassung der Anlage an den Unternehmer zu den öffentlichen Zuschüssen auf den unternehmerischen und den nichtunternehmerischen Bereich aufteilen.

Beispiel 7:

[1] Mehrere Industriefirmen oder juristische Personen des öffentlichen Rechts gründen gemeinsam eine GmbH zum Zwecke der Forschung. [2] Die Forschungstätigkeit wird vorwiegend durch echte Zuschüsse der Gesellschafter finanziert. [3] Außerdem erzielt die GmbH Einnahmen aus der Verwertung der Ergebnisse ihrer Forschungstätigkeit, z. B. aus der Vergabe von Lizenzen an ihren Erfindungen.
[4] Die Vergabe von Lizenzen gegen Entgelt ist eine nachhaltige Tätigkeit zur Erzielung von Einnahmen. [5] Mit dieser Tätigkeit erfüllt die GmbH die Voraussetzungen für die Unternehmereigenschaft. [6] Die vorausgegangene Forschungstätigkeit steht mit der Lizenzvergabe in unmittelbarem Zusammenhang. [7] Sie stellt die Vorbereitungshandlung für die unternehmerische Verwertung der Erfindungen dar und kann daher nicht aus dem unternehmerischen Bereich der GmbH ausgeschieden werden (vgl. auch BFH-Urteil vom 30.9.1965, V 176/63 U, BStBl. III S. 682). [8] Auf das Verhältnis der echten Zuschüsse zu den Lizenzeinnahmen kommt es bei dieser Beurteilung nicht an. [9] Unter den Voraussetzungen des § 15 UStG ist die GmbH in vollem Umfange zum Vorsteuerabzug berechtigt. [10] Außerdem hat sie für ihre Leistungen Rechnungen mit gesondertem Steuerausweis zu erteilen.
[11] Dies gilt nicht, soweit die GmbH in einem abgrenzbaren Teilbereich die Forschung ohne die Absicht betreibt, Einnahmen zu erzielen.

Beispiel 8:

[1]Einige Wirtschaftsverbände haben eine GmbH zur Untersuchung wirtschafts- und steuerrechtlicher Grundsatzfragen gegründet. [2]Zu den Aufgaben der GmbH gehört auch die Erstellung von Gutachten auf diesem Gebiet gegen Entgelt. [3]Die Einnahmen der GmbH setzen sich zusammen aus echten Zuschüssen der beteiligten Verbände und aus Vergütungen, die für die Gutachten von den Auftraggebern gezahlt worden sind.
[4]Die Erstellung von Gutachten ist eine nachhaltige Tätigkeit zur Erzielung von Einnahmen. [5]Die GmbH übt diese Tätigkeit als Unternehmer aus. [6]In der Regel wird davon auszugehen sein, dass die Auftraggeber Gutachten bei der GmbH bestellen, weil sie annehmen, dass die GmbH auf Grund ihrer Forschungstätigkeit über besondere Kenntnisse und Erfahrungen auf dem betreffenden Gebiet verfügt. [7]Die Auftraggeber erwarten, dass die von der GmbH gewonnenen Erkenntnisse in dem Gutachten verwertet werden. [8]Die Forschungstätigkeit steht hiernach mit der Tätigkeit als Gutachter in engem Zusammenhang. [9]Sie ist daher in den unternehmerischen Bereich einzubeziehen. [10]Vorsteuerabzug und gesonderter Steuerausweis wie im Beispiel 7.

Beispiel 9:

[1]Eine Industriefirma unterhält ein eigenes Forschungslabor. [2]Darin werden die im Unternehmen hergestellten Erzeugnisse auf Beschaffenheit und Einsatzfähigkeit untersucht und neue Stoffe entwickelt. [3]Die Entwicklungsarbeiten setzen eine gewisse Grundlagenforschung voraus, die durch echte Zuschüsse der öffentlichen Hand gefördert wird. [4]Die Firma ist verpflichtet, die Erkenntnisse, die sie im Rahmen des durch öffentliche Mittel geförderten Forschungsvorhabens gewinnt, der Allgemeinheit zugänglich zu machen.
[5]Die Firma übt mit ihren Lieferungen und sonstigen Leistungen eine unternehmerische Tätigkeit aus. [6]Auch die Grundlagenforschung soll dazu dienen, die Verkaufstätigkeit zu steigern und die Marktposition zu festigen. [7]Obwohl es insoweit an einem Leistungsaustausch fehlt, steht die Grundlagenforschung in unmittelbarem Zusammenhang mit der unternehmerischen Tätigkeit. [8]Die Grundlagenforschung wird daher im Rahmen des Unternehmens ausgeübt. [9]Vorsteuerabzug und gesonderter Steuerausweis wie im Beispiel 7.

2.11 Juristische Personen des öffentlichen Rechts (§ 2 Abs. 3 UStG)[1)]

Allgemeines[2)]

(1) [1]Juristische Personen des öffentlichen Rechts im Sinne von § 2 Abs. 3 UStG sind insbesondere die Gebietskörperschaften (Bund, Länder, Gemeinden, Gemeindeverbände, Zweckverbände), die öffentlich-rechtlichen Religionsgemeinschaften, die Innungen, Handwerkskammern, Industrie- und Handelskammern und sonstige Gebilde, die auf Grund öffentlichen Rechts eigene Rechtspersönlichkeit besitzen. [2]Dazu gehören neben Körperschaften auch Anstalten und Stiftungen des öffentlichen Rechts, z. B. Rundfunkanstalten des öffentlichen Rechts. [3]Zur Frage, unter welchen Voraussetzungen kirchliche Orden juristische Personen des öffentlichen Rechts sind, vgl. das BFH-Urteil

1) Zum Vorsteuerabzug vgl. A 15.19 UStAE.

2) Zu Klein- und Kleinstvermietungen im Bereich der Hochschulen siehe BayLfSt v. 13.2.2008, DStR 2008, 619. – Zur Übernahme der öff. Abfallentsorgung durch GmbH siehe BFH v. 3.12.2007 V R 63/05, BFH/NV 2008, 996, zur Entsorgung von Abwasser durch AG siehe BFH v. 8.11.2007 V R 20/05, BStBl. II 2009, 483. – Zur Grundstücksverwaltung durch eine jur. Person des öff. Rechts siehe BFH v. 20.8.2009 V R 70/05, BStBl. II 2017, 825. – Zur Vermietung von Standplatzflächen durch eine Gemeinde siehe BFH v. 24.1.2008 V R 12/05, BStBl. II 2009, 60, v. 3.3.2011 V R 23/10, BStBl. II 2012, 74, und v. 13.2.2014 V R 5/13, BStBl. II 2017, 846. – Zur Unternehmereigenschaft einer jur. Person des öff. Rechts grds. siehe BFH v. 15.12.2016 V R 44/15, DStR 2017, 656.

vom 8.7.1971, V R 1/68, BStBl. 1972 II S. 70. [4]Auf ausländische juristische Personen des öffentlichen Rechts ist die Vorschrift des § 2 Abs. 3 UStG analog anzuwenden. [5]Ob eine solche Einrichtung eine juristische Person des öffentlichen Rechts ist, ist grundsätzlich nach deutschem Recht zu beurteilen. [6]Das schließt jedoch nicht aus, dass für die Bestimmung öffentlich-rechtlicher Begriffe die ausländischen Rechtssätze mit herangezogen werden.

(2) [1]Die Gesamtheit aller Betriebe gewerblicher Art im Sinne von § 1 Abs. 1 Nr. 6, § 4 KStG und aller land- und forstwirtschaftlichen Betriebe stellt das Unternehmen der juristischen Person des öffentlichen Rechts dar (vgl. BFH-Urteil vom 18.8.1988, V R 194/83, BStBl. II S. 932). [2]Das Unternehmen erstreckt sich auch auf die Tätigkeitsbereiche, die nach § 2 Abs. 3 Satz 2 UStG als unternehmerische Tätigkeiten gelten. [3]Nur die in diesen Betrieben und Tätigkeitsbereichen ausgeführten Umsätze unterliegen der Umsatzsteuer. [4]Andere Leistungen sind nicht steuerbar, auch wenn sie nicht in Ausübung öffentlicher Gewalt bewirkt werden, es sei denn, die Behandlung als nicht steuerbar würde zu größeren Wettbewerbsverzerrungen führen (vgl. BFH-Urteil vom 11.6.1997, XI R 33/94, BStBl. 1999 II S. 418).

(3) [1]Eine Tätigkeit, die der Erfüllung von Hoheitsaufgaben dient, ist steuerbar, wenn sie nicht von einer juristischen Person des öffentlichen Rechts, sondern von Unternehmern des privaten Rechts (z.B. von sog. beliehenen Unternehmern) ausgeübt wird (vgl. BFH-Urteile vom 10.11.1977, V R 115/74, BStBl. 1978 II S. 80, und vom 18.1.1995, XI R 71/93, BStBl. II S. 559). [2]Ein mit der Durchführung einer hoheitlichen Pflichtaufgabe betrauter Unternehmer ist als Leistender an den Dritten anzusehen, wenn er bei der Ausführung der Leistung diesem gegenüber – unabhängig von der öffentlich-rechtlichen Berechtigung – im eigenem Namen und für eigene Rechnung auftritt, leistet und abrechnet (BFH-Urteil vom 28.2.2002, V R 19/01, BStBl. 2003 II S. 950). [3]Durch den Leistungsaustausch zwischen dem beauftragten Unternehmer und dem Dritten wird das weiterhin bestehende Leistungsverhältnis zwischen dem Unternehmer und dem Hoheitsträger sowie die hoheitliche Ausübung der Tätigkeit durch den Hoheitsträger nicht berührt. [4]Zur umsatzsteuerrechtlichen Beurteilung, wenn der Hoheitsträger dagegen zulässigerweise nur die tatsächliche Durchführung seiner gesetzlichen Pflichtaufgabe auf den eingeschalteten Unternehmer überträgt und dieser entsprechend den öffentlich-rechtlichen Vorgaben als Erfüllungsgehilfe des Hoheitsträgers auftritt, vgl. BMF-Schreiben vom 27.12.1990, BStBl. 1991 I S. 81.

(4)[1)] [1]Für die Frage, ob ein Betrieb gewerblicher Art vorliegt, ist auf § 1 Abs. 1 Nr. 6 und § 4 KStG in der jeweils geltenden Fassung abzustellen. [2]Die zu diesen Vorschriften von Rechtsprechung und Verwaltung für das Gebiet der Körperschaftsteuer entwickelten Grundsätze sind anzuwenden (vgl. insbesondere R 4.1 KStR).[2)] [3]Über die Anwendung der Umsatzgrenzen von

---

[1)] Zum Auskunftsanspruch eines Konkurrenten zur Besteuerung öff.-rechtl. Einrichtungen siehe EuGH v. 8.6.2006 C-430/04, DStR 2006, 1082, und BFH v. 5.10.2006 VII R 24/03, BStBl. II 2007, 243. – Zur Unternehmereigenschaft einer Gemeinde bei Einsatz eines mit Werbeaufdrucken versehenen Fahrzeugs (auch ohne die Erreichung der Umsatzgrenze von *30 678 €*) siehe BFH v. 17.3.2010 XI R 17/08, BStBl. II 2017, 828.

[2)] Nr. **100.**

130 000 € (R 4.1 Abs. 4 KStR) und 35 000 € (R 4.1 Abs. 5 KStR) ist bei der Umsatzsteuer und bei der Körperschaftsteuer einheitlich zu entscheiden.

(5) Die Frage, ob ein land- und forstwirtschaftlicher Betrieb vorliegt, ist unabhängig von einer Umsatzgrenze nach den gleichen Merkmalen zu beurteilen, die grundsätzlich auch bei der Durchschnittssatzbesteuerung nach § 24 UStG maßgebend sind (vgl. § 24 Abs. 2 UStG, Abschnitt 24.1 Abs. 2).

(6) Auch wenn die Voraussetzungen eines Betriebs gewerblicher Art oder eines land- und forstwirtschaftlichen Betriebs nicht gegeben sind, gelten die in § 2 Abs. 3 Satz 2 Nr. 2 bis 5 UStG bezeichneten Tätigkeitsbereiche als unternehmerische Tätigkeiten (zu § 2 Abs. 3 Satz 2 Nr. 4 UStG vgl. Absätze 7 bis 11).

Vermessungs- und Katasterbehörden

(7) [1]Bei den Vermessungs- und Katasterbehörden unterliegen nach Sinn und Zweck des § 2 Abs. 3 Satz 2 Nr. 4 UStG solche Tätigkeiten der Umsatzsteuer, die ihrer Art nach auch von den in fast allen Bundesländern zugelassenen öffentlich bestellten Vermessungsingenieuren ausgeführt werden. [2]Die Vorschrift beschränkt sich auf hoheitliche Vermessungen, deren Ergebnisse zur Fortführung des Liegenschaftskatasters bestimmt sind (Teilungsvermessungen, Grenzfeststellungen und Gebäudeeinmessungen). [3]Nicht dazu gehören hoheitliche Leistungen, wie z. B. die Führung und Neueinrichtung des Liegenschaftskatasters. [4]Die entgeltliche Erteilung von Auszügen aus dem Liegenschaftskataster durch Vermessungs- und Katasterbehörden gilt nach § 2 Abs. 3 Satz 2 Nr. 4 UStG als unternehmerische Tätigkeit, soweit in dem betreffenden Bundesland nach den jeweiligen landesrechtlichen Gegebenheiten eine entgeltliche Erteilung von Auszügen aus dem Liegenschaftskataster auch durch öffentlich bestellte Vermessungsingenieure rechtlich und technisch möglich ist. [5]Dies gilt jedoch nicht, soweit öffentlich bestellte Vermessungsingenieure nach den jeweiligen landesrechtlichen Bestimmungen lediglich als Erfüllungsgehilfen der Vermessungs- und Katasterbehörden tätig werden. [6]Soweit Gemeinden entgeltlich Auszüge aus dem Liegenschaftskataster erteilen, gelten sie als Vermessungs- und Katasterbehörden i. S. v. § 2 Abs. 3 Satz 2 Nr. 4 UStG. [7]Der Umsatzsteuer unterliegen nur Leistungen an Dritte, dagegen nicht unentgeltliche Wertabgaben, z. B. Vermessungsleistungen für den Hoheitsbereich der eigenen Trägerkörperschaft.

(8) [1]Die Unternehmereigenschaft erstreckt sich nicht auf die Amtshilfe, z. B. Überlassung von Unterlagen an die Grundbuchämter und Finanzämter. [2]Keine Amtshilfe liegt vor, wenn Leistungen an juristische Personen des öffentlichen Rechts ausgeführt werden, denen nach Landesgesetzen keine Vermessungsaufgaben als eigene Aufgaben obliegen.

(9) [1]Wirtschaftliche Tätigkeiten der Kataster- und Vermessungsbehörden fallen nicht unter § 2 Abs. 3 Satz 2 Nr. 4 UStG. [2]Sie sind – ebenso wie Vermessungsleistungen anderer Behörden – nach § 2 Abs. 3 Satz 1 UStG steuerbar, sofern die körperschaftsteuerlichen Voraussetzungen eines Betriebs gewerblicher Art vorliegen. [3]Wirtschaftliche Tätigkeiten sind z. B. der Verkauf von Landkarten, Leistungen auf dem Gebiet der Planung wie Anfertigung von Bebauungsplänen, und ingenieurtechnische Vermessungsleistungen.

(10) [1]Die Vorsteuerbeträge, die dem unternehmerischen Bereich zuzuordnen sind, können unter den Voraussetzungen des § 15 UStG abgezogen werden. [2]Für Vorsteuerbeträge, die sowohl dem unternehmerischen als auch dem nichtunternehmerischen Bereich zuzuordnen sind, beurteilt sich der Vorsteuerabzug nach Abschnitt 15.19 Abs. 3.

(11) [1]Aus Vereinfachungsgründen bestehen keine Bedenken, wenn die insgesamt abziehbaren Vorsteuerbeträge mit 1,9% der Bemessungsgrundlage für die steuerpflichtigen Vermessungsumsätze ermittelt werden. [2]Die Verwendung der Anlagegegenstände für nichtunternehmerische Zwecke ist dann nicht als Wertabgabe nach § 3 Abs. 9a Nr. 1 UStG zu versteuern. [3]Bei einer Änderung der Anteile an der Verwendung der Anlagegegenstände für unternehmerische und nichtunternehmerische Tätigkeiten (vgl. Abschnitt 2.3 Abs. 1a) kommt auch keine Vorsteuerberichtigung nach § 15a UStG aus Billigkeitsgründen in Betracht (vgl. Abschnitt 15a.1 Abs. 7). [4]Dagegen ist die Veräußerung von Gegenständen, die ganz oder teilweise für den unternehmerischen Bereich bezogen wurden, der Umsatzsteuer zu unterwerfen. [5]An die Vereinfachungsregelung ist die jeweilige Vermessungs- und Katasterbehörde für mindestens fünf Kalenderjahre gebunden. [6]Ein Wechsel ist nur zum Beginn eines Kalenderjahres zulässig.

Einzelfälle

(12) [1]Betreibt eine Gemeinde ein Parkhaus, kann ein Betrieb gewerblicher Art auch dann anzunehmen sein, wenn sie sich mit einer Benutzungssatzung der Handlungsformen des öffentlichen Rechts bedient (BFH-Urteil vom 10.12.1992, V R 3/88, BStBl. 1993 II S. 380). [2]Überlässt sie hingegen auf Grund der Straßenverkehrsordnung Parkplätze durch Aufstellung von Parkscheinautomaten gegen Parkgebühren, handelt sie insoweit nicht als Unternehmer im Sinne des Umsatzsteuerrechts (BFH-Urteil vom 27.2.2003, V R 78/01, BStBl. 2004 II S. 431; zur Rechtslage nach § 2b UStG vgl. Abschnitt 2b.1 Absatz 5).

(13) [1]Gemeindliche Kurverwaltungen, die Kurtaxen und Kurförderungsabgaben erheben, sind in der Regel Betriebe gewerblicher Art (vgl. BFH-Urteil vom 15.10.1962, I 53/61 U, BStBl. III S. 542). [2]Sofern die Voraussetzungen von R 4.1 Abs. 4 und 5 KStR[1)] gegeben sind, unterliegen die Gemeinden mit den durch die Kurtaxe abgegoltenen Leistungen der Umsatzsteuer. [3]Die Kurförderungsabgaben (Fremdenverkehrsbeiträge A) sind dagegen nicht als Entgelte für Leistungen der Gemeinden zu betrachten und nicht der Steuer zu unterwerfen.

(14) [1]Die staatlichen Materialprüfungsanstalten oder Materialprüfungsämter üben neben ihrer hoheitlichen Tätigkeit vielfach auch Tätigkeiten wirtschaftlicher Natur, z. B. entgeltliche Untersuchungs-, Beratungs- und Begutachtungsleistungen für private Auftraggeber, aus. [2]Unter den Voraussetzungen von R 4.1 Abs. 4 und 5 KStR[1)] sind in diesen Fällen Betriebe gewerblicher Art anzunehmen.

[1)] Nr. **100**.

(15) [1]Die Gestellung von Personal durch juristische Personen des öffentlichen Rechts gegen Erstattung der Kosten stellt grundsätzlich einen Leistungsaustausch dar, sofern die gestellende juristische Person Arbeitgeber bleibt. [2]Ob dieser Leistungsaustausch der Umsatzsteuer unterliegt, hängt nach § 2 Abs. 3 UStG davon ab, ob die Personalgestellung im Rahmen eines Betriebs gewerblicher Art im Sinne von § 1 Abs. 1 Nr. 6, § 4 KStG vorgenommen wird.

Beispiel 1:

[1]Eine juristische Person des öffentlichen Rechts setzt Bedienstete ihres Hoheitsbereichs in eigenen Betrieben gewerblicher Art ein.
[2]Es handelt sich um einen nicht steuerbaren Vorgang (Innenleistung).

Beispiel 2:

[1]Eine juristische Person des öffentlichen Rechts stellt Bedienstete aus ihrem Hoheitsbereich an den Hoheitsbereich einer anderen juristischen Person des öffentlichen Rechts ab.
[2]Es handelt sich um einen nicht steuerbaren Vorgang.

Beispiel 3:

[1]Eine juristische Person des öffentlichen Rechts stellt Bedienstete aus ihrem Hoheitsbereich an Betriebe gewerblicher Art anderer juristischer Personen des öffentlichen Rechts ab.
[2]Die Personalgestellung ist nicht durch hoheitliche Zwecke veranlasst, sondern dient wirtschaftlichen Zielen. [3]Sie ist insgesamt als Betrieb gewerblicher Art zu beurteilen, sofern die Voraussetzungen von R 4.1 Abs. 4 und 5 KStR[1)] gegeben sind. [4]Es liegen in diesem Fall steuerbare Leistungen vor.

Beispiel 4:

[1]Eine juristische Person des öffentlichen Rechts stellt Bedienstete aus ihrem Hoheitsbereich an privatrechtliche Unternehmer ab.
[2]Beurteilung wie zu Beispiel 3.

Beispiel 5:

[1]Eine juristische Person des öffentlichen Rechts stellt Bedienstete aus ihrem Hoheitsbereich an einen als gemeinnützig anerkannten eingetragenen Verein ab, der nicht unternehmerisch tätig ist. [2]Mitglieder des Vereins sind neben der gestellenden Person des öffentlichen Rechts weitere juristische Personen des öffentlichen Rechts, Verbände und sonstige Einrichtungen.
[3]Beurteilung wie zu Beispiel 3.

Beispiel 6:

[1]Eine juristische Person des öffentlichen Rechts stellt Bedienstete aus einem ihrer Betriebe gewerblicher Art an den Hoheitsbereich einer anderen juristischen Person des öffentlichen Rechts ab.
[2]Es ist eine steuerbare Leistung im Rahmen des Betriebs gewerblicher Art anzunehmen, wenn die Personalkostenerstattung unmittelbar dem Betrieb gewerblicher Art zufließt. [3]Die Personalgestellung kann jedoch dem hoheitlichen Bereich zugerechnet werden, sofern der Bedienstete zunächst in den Hoheitsbereich zurückberufen und von dort abgestellt wird und der Erstattungsbetrag dem Hoheitsbereich zufließt.

Beispiel 7:

[1]Eine juristische Person des öffentlichen Rechts stellt Bedienstete aus einem ihrer Betriebe gewerblicher Art an einen Betrieb gewerblicher Art einer anderen juristischen Person des öffentlichen Rechts oder an einen privatrechtlichen Unternehmer ab.
[2]Es liegt eine steuerbare Leistung im Rahmen des Betriebs gewerblicher Art vor.

Beispiel 8:

[1]Eine juristische Person des öffentlichen Rechts stellt Bedienstete aus einem ihrer Betriebe gewerblicher Art an den eigenen Hoheitsbereich ab.

---

1) Nr. **100**.

[2]Die Überlassung des Personals ist dann nicht als steuerbare Wertabgabe im Sinne von § 3 Abs. 9a Nr. 2 UStG anzusehen, wenn beim Personaleinsatz eine eindeutige und leicht nachvollziehbare Trennung zwischen dem unternehmerischen Bereich (Betrieb gewerblicher Art) und dem Hoheitsbereich vorgenommen wird.

(16) Betriebe von juristischen Personen des öffentlichen Rechts, die vorwiegend zum Zwecke der Versorgung des Hoheitsbereichs der juristischen Person des öffentlichen Rechts errichtet worden sind (Selbstversorgungsbetriebe), sind nur dann Betriebe gewerblicher Art, wenn bezüglich der Umsätze an Dritte die Voraussetzung von R 4.1 Abs. 5 KStR[1)] erfüllt ist.

(17) Eine von einem Bundesland eingerichtete sog. „Milchquoten-Verkaufsstelle", die Anlieferungs-Referenzmengen an Milcherzeuger überträgt, handelt bei dieser Tätigkeit nicht als Unternehmer (vgl. BFH-Urteil vom 3.7.2008, V R 40/04, BStBl. 2009 II S. 208).

Gemeindliche Schwimmbäder[1)]

(18) [1]Wird ein gemeindliches Schwimmbad sowohl für das Schulschwimmen (nichtwirtschaftliche Tätigkeit i. e. S.) als auch für den öffentlichen Badebetrieb genutzt, ist unabhängig davon, welche Nutzung überwiegt, die Nutzung für den öffentlichen Badebetrieb grundsätzlich als wirtschaftlich selbständige Tätigkeit im Sinne des § 4 Abs. 1 KStG anzusehen. [2]Die wirtschaftliche Tätigkeit ist unter der Voraussetzung von R 4.1 Abs. 5 KStR[2)] ein Betrieb gewerblicher Art. [3]Vorsteuerbeträge, die durch den Erwerb, die Herstellung sowie die Verwendung des Schwimmbades anfallen, sind nach § 15 UStG nur abziehbar, soweit sie auf die Verwendung für den öffentlichen Badebetrieb entfallen (vgl. Abschnitt 15.2b Abs. 2). [4]Ist der öffentliche Badebetrieb nicht als Betrieb gewerblicher Art zu behandeln, weil die Voraussetzungen von R 4.1 Abs. 5 KStR[2)] nicht erfüllt sind, rechnet die Gesamttätigkeit des gemeindlichen Schwimmbades zum nichtunternehmerischen Hoheitsbereich mit der Folge, dass ein Vorsteuerabzug nicht in Betracht kommt. [5]In den Fällen, die der Übergangsregelung nach § 27 Abs. 16 UStG unterliegen, ist die Verwendung des Gegenstands für hoheitliche Zwecke (Schulschwimmen) unabhängig davon, ob den Schulen das Schwimmbad zeitweise ganz überlassen wird (vgl. BFH-Urteil vom 31.5.2001, V R 97/98, BStBl. II S. 658, Abschnitt 4.12.11) oder das Schulschwimmen während des öffentlichen Badebetriebs stattfindet (vgl. BFH-Urteil vom 10.2.1994, V R 33/92, BStBl. II S. 668, Abschnitt 4.12.6 Abs. 2 Nr. 10), nach § 3 Abs. 9a Nr. 1 UStG als steuerbare und steuerpflichtige Wertabgabe zu behandeln, sofern der Erwerb oder die Herstellung des Schwimmbades auch insoweit zum Vorsteuerabzug berechtigt hat. [6]Bemessungsgrundlage für die unentgeltliche Wertabgabe sind nach § 10 Abs. 4 Satz 1 Nr. 2 UStG die durch die Überlassung des Schwimmbades für das Schulschwimmen entstandenen Ausgaben des Unternehmers für die Erbringung der sonstigen Leistung; vgl. Abschnitt 10.6 Abs. 3. [7]Die Wertabgabe kann nach den im öffentlichen Badebetrieb erhobenen Eintrittsgeldern bemessen werden (vgl. Abschnitt 10.7 Abs. 1 Sätze 4 bis 7).

---

1) Hinweis auf A 3.4 Abs. 6 UStAE.

2) Nr. **100.**

Eigenjagdverpachtung

(19) [1]Eine juristische Person des öffentlichen Rechts wird mit der Verpachtung ihrer Eigenjagd im Rahmen ihres bestehenden land- und forstwirtschaftlichen Betriebs nach § 2 Abs. 3 UStG gewerblich oder beruflich tätig. [2]Dies gilt unabhängig davon, dass die Umsätze aus der Jagdverpachtung nicht der Durchschnittssatzbesteuerung nach § 24 UStG unterliegen (vgl. BFH-Urteil vom 22.9.2005, V R 28/03, BStBl. 2006 II S. 280).

Betriebe in privatrechtlicher Form

(20) [1]Von den Betrieben gewerblicher Art einer juristischen Person des öffentlichen Rechts sind die Betriebe zu unterscheiden, die in eine privatrechtliche Form (z. B. AG, GmbH) gekleidet sind. [2]Solche Eigengesellschaften sind grundsätzlich selbständige Unternehmer. [3]Sie können jedoch nach den umsatzsteuerrechtlichen Vorschriften über die Organschaft unselbständig sein, und zwar auch gegenüber der juristischen Person des öffentlichen Rechts. [4]Da Organschaft die Eingliederung in ein Unternehmen voraussetzt, kann eine Gesellschaft nur dann Organgesellschaft einer juristischen Person des öffentlichen Rechts sein, wenn sie in den Unternehmensbereich dieser juristischen Person des öffentlichen Rechts eingegliedert ist. [5]Die finanzielle Eingliederung wird in diesen Fällen nicht dadurch ausgeschlossen, dass die Beteiligung an der Organgesellschaft nicht im Unternehmensbereich, sondern im nichtunternehmerischen Bereich der juristischen Person des öffentlichen Rechts verwaltet wird. [6]Eine wirtschaftliche Eingliederung in den Unternehmensbereich ist gegeben, wenn die Organgesellschaft Betrieben gewerblicher Art oder land- und forstwirtschaftlichen Betrieben der juristischen Person des öffentlichen Rechts wirtschaftlich untergeordnet ist. [7]Zur Organträgerschaft einer juristischen Person des öffentlichen Rechts vgl. Abschnitt 2.8 Abs. 2 Satz 2. [8]Tätigkeiten, die der Erfüllung öffentlich-rechtlicher Aufgaben dienen, können grundsätzlich eine wirtschaftliche Eingliederung in den Unternehmensbereich nicht begründen.

Zu § 2b UStG

2b.1 Juristische Personen des öffentlichen Rechts (§ 2b UStG)

(1) Zur Anwendung des § 2b UStG vgl. BMF-Schreiben vom 16. Dezember 2016, BStBl. I S. 1451.

(2) Zur Einstufung einer juristischen Person des privaten Rechts als sonstige Einrichtung des öffentlichen Rechts nach dem EuGH-Urteil vom 29.10. 2015, C-174/14, Saudaçor,[1)] vgl. BMF-Schreiben vom 18.9.2019, BStBl. I S. 921.

(3) Zur gesonderten Prüfung möglicher größerer Wettbewerbsverzerrungen bei § 2b Abs. 3 Nr. 2 UStG vgl. BMF-Schreiben vom 14.11.2019, BStBl. I S. 1140.

[1)] MwStR 2016, 24.

(4) Die Kreishandwerkerschaften gelten mit der Ausübung der Geschäftsführung der Innungen hinsichtlich der Anwendung des § 2b UStG nicht als Unternehmer im Sinne des § 2 UStG.

(5) Die Überlassung unselbständiger Parkbuchten auf öffentlich-rechtlich gewidmeten Straßen gegen Gebühren (Parkscheinautomaten) ist als hoheitliche Tätigkeit zur Ordnung des ruhenden Verkehrs nach § 2b UStG nicht umsatzsteuerbar (zur Rechtslage nach § 2 Abs. 2 UStG vgl. Abschnitt 2.11 Abs. 12 Satz 2).

(6) [1] Die durch die Landwirtschaftskammern und andere juristische Personen des öffentlichen Rechts auf öffentlich-rechtlicher Grundlage durchgeführten nachhaltigen und entgeltlichen Tätigkeiten im Zusammenhang mit (Landes-)Weinprämierungen führen zu größeren Wettbewerbsverzerrungen im Sinne von § 2b Abs. 1 Satz 2 UStG. [2] Sie werden damit unternehmerisch ausgeübt.

(7) Die privatrechtliche Ausgestaltung der Leistung führt, auch in den Fällen des Anschluss- und Benutzungszwangs, dazu, dass kein Handeln im Rahmen der öffentlichen Gewalt im Sinne des § 2b Abs. 1 Satz 1 UStG vorliegt.

(8) [1] Für eine Anwendung des § 2b Abs. 3 Nummer 1 UStG müssen die gesetzlichen Grundlagen so gefasst sein, dass die von einer juristischen Person des öffentlichen Rechts benötigte Leistung ausschließlich von einer anderen juristischen Person des öffentlichen Rechts erbracht werden darf (vgl. dazu Rz. 41 des BMF-Schreibens vom 16.12.2016, BStBl. I S. 1451). [2] Nicht ausreichend ist zum Beispiel die gesetzliche Regelung eines allgemein gehaltenen Kooperationsgebots, das im Nachgang durch untergesetzliche Regelungen, vertragliche Vereinbarungen oder die tatsächliche Verwaltungspraxis ausgefüllt wird.

(9) [1] Hoheitliche Hilfsgeschäfte, die der nichtunternehmerische Bereich einer juristischen Person des öffentlichen Rechts mit sich bringt, sind grundsätzlich nicht steuerbar. [2] Da große Hoheitsbereiche oftmals entsprechend viele Hilfsgeschäfte tätigen, führt auch deren große Anzahl grundsätzlich nicht zu einer nachhaltigen wirtschaftlichen Betätigung und damit zur Steuerbarkeit. [3] Dies kann jedoch ausnahmsweise der Fall sein, wenn das Auftreten der juristischen Person des öffentlichen Rechts am Markt wegen der Vielzahl ihrer Umsätze und des daraus resultierenden Handelns dem eines professionellen Händlers derart gleicht, dass eine Nichtsteuerbarkeit zu einer Wettbewerbsverzerrung führen würde. [4] Wegen weiterer Einzelheiten siehe Rz. 19 und 20 des BMF-Schreibens vom 16.12.2016, BStBl. I S. 1451.

(10) Zur Behandlung der Konzessionsabgabe unter § 2b UStG vgl. BMF-Schreiben vom 5.8.2020, BStBl. I S. 669.

(11) Zur Behandlung der Anwendungsfragen des § 2b UStG in Zusammenhang mit dem Friedhofs- und Bestattungswesen vgl. BMF-Schreiben vom 23.11.2020, BStBl. I S. 1335.

Zu § 3 UStG

3.1 Lieferungen und sonstige Leistungen

Lieferungen[1)]

(1) [1]Eine Lieferung liegt vor, wenn die Verfügungsmacht an einem Gegenstand verschafft wird. [2]Gegenstände im Sinne des § 3 Abs. 1 UStG sind körperliche Gegenstände (Sachen nach § 90 BGB, Tiere nach § 90a BGB), Sachgesamtheiten und solche Wirtschaftsgüter, die im Wirtschaftsverkehr wie körperliche Sachen behandelt werden, z.B. Elektrizität, Wärme und Wasserkraft; zur Übertragung von Gesellschaftsanteilen vgl. Abschnitt 3.5 Abs. 8. [3]Eine Sachgesamtheit stellt die Zusammenfassung mehrerer selbständiger Gegenstände zu einem einheitlichen Ganzen dar, das wirtschaftlich als ein anderes Verkehrsgut angesehen wird als die Summe der einzelnen Gegenstände (vgl. BFH-Urteil vom 25.1.1968, V 161/64, BStBl. II S. 331). [4]Ungetrennte Bodenerzeugnisse, z.B. stehende Ernte, sowie Rebanlagen können selbständig nutzungsfähiger und gegenüber dem Grund und Boden eigenständiger Liefergegenstand sein (vgl. BFH-Urteil vom 8.11.1995, XI R 63/94, BStBl. 1996 II S. 114). [5]Rechte sind dagegen keine Gegenstände, die im Rahmen einer Lieferung übertragen werden können; die Übertragung von Rechten stellt eine sonstige Leistung dar (vgl. BFH-Urteil vom 16.7.1970, V R 95/66, BStBl. II S. 706).

(2)[2)] [1]Die Verschaffung der Verfügungsmacht beinhaltet den von den Beteiligten endgültig gewollten Übergang von wirtschaftlicher Substanz, Wert und Ertrag eines Gegenstands vom Leistenden auf den Leistungsempfänger (vgl. BFH-Urteile vom 18.11.1999, V R 13/99, BStBl. 2000 II S. 153, und vom 16.3.2000, V R 44/99, BStBl. II S. 361). [2]Der Abnehmer muss faktisch in der Lage sein, mit dem Gegenstand nach Belieben zu verfahren, insbesondere ihn wie ein Eigentümer zu nutzen und veräußern zu können (vgl. BFH-Urteil vom 12.5.1993, XI R 56/90, BStBl. II S. 847). [3]Die Übertragung dieser Befugnis verlangt weder, dass der Leistungsempfänger physisch über den Gegenstand verfügt, noch, dass der Gegenstand physisch zu ihm befördert und/oder physisch von ihm empfangen wird (vgl. EuGH-Urteil vom 20.6.2018, C-108/17, Enteco Baltic).[3)] [4]Keine Lieferung, sondern eine sonstige Leistung ist danach die entgeltlich eingeräumte Bereitschaft zur Verschaffung der Verfügungsmacht (vgl. BFH-Urteil vom 25.10.1990, V R 20/85, BStBl. 1991 II S. 193). [5]Die Verschaffung der Verfügungsmacht ist ein Vorgang vorwiegend tatsächlicher Natur, der in der Regel mit dem bürgerlich-rechtlichen Eigentumsübergang verbunden ist, aber nicht notwendigerweise verbunden sein muss (vgl. BFH-Urteil vom 16.4.2008, XI R 56/06, BStBl. II S. 909, und EuGH-Urteil vom 18.7.2013, C-78/12,

---

[1)] Zur Überlassung von Werbefahrzeugen an Kommunen usw. siehe OFD Karlsruhe v. 19.2.2015 S 7100 K. 16, BeckVerw 296049, sowie BFH v. 16.4.2008 XI R 56/06, BStBl. II 2008, 909, und v. 17.3.2010 XI R 17/08, BStBl. II 2017, 828.

[2)] A 3.1 Abs. 2 Satz 3 eingef., bish. Sätze 3 bis 5 werden Sätze 4 bis 6 durch BMF v. 17.12.2021, BStBl. I 2021, 2504.

[3)] DStRE 2018, 1196.

Evita-K).[1] 6 Zu Ausnahmefällen, in denen der Lieferer zivilrechtlich nicht Eigentümer des Liefergegenstands ist und darüber hinaus beabsichtigt, den gelieferten Gegenstand vertragswidrig nochmals an einen anderen Erwerber zu liefern, vgl. BFH-Urteil vom 8.9.2011, V R 43/10, BStBl. 2014 II S. 203.

(3) 1 An einem zur Sicherheit übereigneten Gegenstand wird durch die Übertragung des Eigentums noch keine Verfügungsmacht verschafft. 2 Entsprechendes gilt bei der rechtsgeschäftlichen Verpfändung eines Gegenstands (vgl. BFH-Urteil vom 16.4.1997, XI R 87/96, BStBl. II S. 585). 3 Zur Verwertung von Sicherungsgut vgl. Abschnitt 1.2. 4 Dagegen liegt eine Lieferung vor, wenn ein Gegenstand unter Eigentumsvorbehalt verkauft und übergeben wird. 5 Bei einem Kauf auf Probe (§ 454 BGB) wird die Verfügungsmacht erst nach Billigung des Angebots durch den Empfänger verschafft (vgl. BFH-Urteil vom 6.12.2007, V R 24/05, BStBl. 2009 II S. 490, Abschnitt 13.1 Abs. 6 Sätze 1 und 2). 6 Dagegen wird bei einem Kauf mit Rückgaberecht die Verfügungsmacht mit der Zusendung der Ware verschafft (vgl. Abschnitt 13.1 Abs. 6 Satz 3). 7 Beim Kommissionsgeschäft (§ 3 Abs. 3 UStG) liegt eine Lieferung des Kommittenten an den Kommissionär erst im Zeitpunkt der Lieferung des Kommissionsguts an den Abnehmer vor (vgl. BFH-Urteil vom 25.11.1986, V R 102/78, BStBl. 1987 II S. 278). 8 Gelangt das Kommissionsgut bei der Zurverfügungstellung an den Kommissionär im Wege des innergemeinschaftlichen Verbringens vom Ausgangs- in den Bestimmungsmitgliedstaat, kann die Lieferung jedoch nach dem Sinn und Zweck der Regelung bereits zu diesem Zeitpunkt als erbracht angesehen werden (vgl. Abschnitt 1a.2 Abs. 7).

Sonstige Leistungen[2]

(4) 1 Sonstige Leistungen sind Leistungen, die keine Lieferungen sind (§ 3 Abs. 9 Satz 1 UStG). 2 Als sonstige Leistungen kommen insbesondere in Betracht: Dienstleistungen, Gebrauchs- und Nutzungsüberlassungen – z. B. Vermietung, Verpachtung, Darlehensgewährung, Einräumung eines Nießbrauchs, Einräumung, Übertragung und Wahrnehmung von Patenten, Urheberrechten, Markenzeichenrechten und ähnlichen Rechten –, Reiseleistungen im Sinne des § 25 Abs. 1 UStG, Übertragung immaterieller Wirtschaftsgüter wie z. B. Firmenwert, Kundenstamm oder Lebensrückversicherungsverträge (vgl. EuGH-Urteil vom 22.10.2009, C-242/08, Swiss Re Germany Holding, BStBl. 2011 II S. 559),[3] der Verzicht auf die Ausübung einer Tätigkeit (vgl. BFH-Urteile vom 6.5.2004, V R 40/02, BStBl. II S. 854, vom 7.7.2005, V R 34/03, BStBl. 2007 II S. 66, und vom 24. 8. 06, V R 19/05, BStBl. 2007 II S. 187) oder die entgeltliche Unterlassung von Wettbewerb (vgl. BFH-Urteil vom 13.11.2003, V R 59/02, BStBl. 2004 II S. 472). 3 Die Bestellung eines Nießbrauchs oder eines Erbbaurechts ist eine Duldungsleistung in der Form der Dauerleistung im Sinne von § 3 Abs. 9 Satz 2 UStG (vgl. BFH-Urteil vom 20.4.1988, X R 4/80, BStBl. II S. 744). 4 Zur Behandlung des sog.

[1] DStRE 2014, 167.

[2] Zu Umsätzen aus sog. Mailingaktionen als einheitliche sonstige Leistung siehe BFH v. 15.10.2009 XI R 52/06, BStBl. II 2010, 869.

[3] DStR 2009, 2245.

Quotennießbrauchs vgl. BFH-Urteil vom 28.2.1991, V R 12/85, BStBl. II S. 649.

(5) Zur Abgrenzung zwischen Lieferungen und sonstigen Leistungen vgl. Abschnitt 3.5.

3.2 Unentgeltliche Wertabgaben

(1) [1] Unentgeltliche Wertabgaben aus dem Unternehmen sind, soweit sie in der Abgabe von Gegenständen bestehen, nach § 3 Abs. 1b UStG den entgeltlichen Lieferungen und, soweit sie in der Abgabe oder Ausführung von sonstigen Leistungen bestehen, nach § 3 Abs. 9a UStG den entgeltlichen sonstigen Leistungen gleichgestellt. [2] Solche Wertabgaben sind sowohl bei Einzelunternehmern als auch bei Personen- und Kapitalgesellschaften sowie bei Vereinen und bei unternehmerisch tätigen juristischen Personen des öffentlichen Rechts möglich. [3] Sie umfassen im Wesentlichen die Tatbestände, die bis zum 31.3.1999 als Eigenverbrauch nach § 1 Abs. 1 Nr. 2 Buchstaben a und b UStG 1993, als sog. Gesellschafterverbrauch nach § 1 Abs. 1 Nr. 3 UStG 1993, sowie als unentgeltliche Sachzuwendungen und sonstige Leistungen an Arbeitnehmer nach § 1 Abs. 1 Nr. 1 Satz 2 Buchstabe b UStG 1993 der Steuer unterlagen. [4] Die zu diesen Tatbeständen ergangene Rechtsprechung des BFH ist sinngemäß weiter anzuwenden.

(2) [1] Für unentgeltliche Wertabgaben im Sinne des § 3 Abs. 1b UStG ist die Steuerbefreiung für Ausfuhrlieferungen ausgeschlossen (§ 6 Abs. 5 UStG; vgl. BFH-Urteil vom 19.2.2014, XI R 9/13, BStBl. II S. 597). [2] Bei unentgeltlichen Wertabgaben im Sinne des § 3 Abs. 9a Nr. 2 UStG entfällt die Steuerbefreiung für Lohnveredelungen an Gegenständen der Ausfuhr (§ 7 Abs. 5 UStG). [3] Die übrigen Steuerbefreiungen sowie die Steuerermäßigungen sind auf unentgeltliche Wertabgaben anzuwenden, wenn die in den §§ 4 und 12 UStG bezeichneten Voraussetzungen vorliegen. [4] Eine Option zur Steuerpflicht nach § 9 UStG kommt allenfalls bei unentgeltlichen Wertabgaben nach § 3 Abs. 1b Satz 1 Nr. 3 UStG an einen anderen Unternehmer für dessen Unternehmen in Betracht. [5] Über eine unentgeltliche Wertabgabe, die in der unmittelbaren Zuwendung eines Gegenstands oder in der Ausführung einer sonstigen Leistung an einen Dritten besteht, kann nicht mit einer Rechnung im Sinne des § 14 UStG abgerechnet werden. [6] Die vom Zuwendenden oder Leistenden geschuldete Umsatzsteuer kann deshalb vom Empfänger nicht als Vorsteuer abgezogen werden. [7] Zur Bemessungsgrundlage bei unentgeltlichen Wertabgaben vgl. Abschnitt 10.6.

3.3 Den Lieferungen gleichgestellte Wertabgaben

Allgemeines

(1) [1] Die nach § 3 Abs. 1b UStG einer entgeltlichen Lieferung gleichgestellte Entnahme oder unentgeltliche Zuwendung eines Gegenstands aus dem Unternehmen setzt die Zugehörigkeit des Gegenstands zum Unternehmen voraus. [2] Die Zuordnung eines Gegenstands zum Unternehmen richtet sich nicht nach ertragsteuerrechtlichen Merkmalen, also nicht nach der Einordnung als Betriebs- oder Privatvermögen. [3] Maßgebend ist, ob der Unterneh-

mer den Gegenstand dem unternehmerischen oder dem nichtunternehmerischen Tätigkeitsbereich zugewiesen hat (vgl. BFH-Urteil vom 21.4.1988, V R 135/83, BStBl. II S. 746). 4 Zum nichtunternehmerischen Bereich gehören sowohl nichtwirtschaftliche Tätigkeiten i. e. S. als auch unternehmensfremde Tätigkeiten (vgl. Abschnitt 2.3 Abs. 1a). 5 Bei Gegenständen, die sowohl unternehmerisch als auch unternehmensfremd genutzt werden sollen, hat der Unternehmer unter den Voraussetzungen, die durch die Auslegung des Tatbestandsmerkmals „für sein Unternehmen" in § 15 Abs. 1 UStG zu bestimmen sind, grundsätzlich die Wahl der Zuordnung (vgl. BFH-Urteil vom 3.3.2011, V R 23/10, BStBl. 2012 II S. 74). 6 Beträgt die unternehmerische Nutzung jedoch weniger als 10 %, ist die Zuordnung des Gegenstands zum Unternehmen unzulässig (§ 15 Abs. 1 Satz 2 UStG). 7 Kein Recht auf Zuordnung zum Unternehmen besteht auch, wenn der Unternehmer bereits bei Leistungsbezug beabsichtigt, die bezogene Leistung ausschließlich und unmittelbar für eine steuerbare unentgeltliche Wertabgabe im Sinne des § 3 Abs. 1b oder 9a UStG zu verwenden (vgl. BFH-Urteil vom 9.12.2010, V R 17/10, BStBl. 2012 II S. 53). 8 Zum Vorsteuerabzug beim Bezug von Leistungen sowohl für Zwecke unternehmerischer als auch nichtunternehmerischer Tätigkeit vgl. im Übrigen Abschnitt 15.2b und 15.2c.

Berechtigung zum Vorsteuerabzug für den Gegenstand oder seine Bestandteile (§ 3 Abs. 1b Satz 2 UStG)

(2) 1 Die Entnahme eines dem Unternehmen zugeordneten Gegenstands wird nach § 3 Abs. 1b UStG nur dann einer entgeltlichen Lieferung gleichgestellt, wenn der entnommene oder zugewendete Gegenstand oder seine Bestandteile zum vollen oder teilweisen Vorsteuerabzug berechtigt haben. 2 Falls an einem Gegenstand (z. B. Pkw), der ohne Berechtigung zum Vorsteuerabzug erworben wurde, nach seiner Anschaffung Arbeiten ausgeführt worden sind, die zum Einbau von Bestandteilen geführt haben und für die der Unternehmer zum Vorsteuerabzug berechtigt war, unterliegen bei einer Entnahme des Gegenstands nur diese Bestandteile der Umsatzbesteuerung. 3 Bestandteile eines Gegenstands sind diejenigen gelieferten Gegenstände, die auf Grund ihres Einbaus ihre körperliche und wirtschaftliche Eigenart endgültig verloren haben und die zu einer dauerhaften, im Zeitpunkt der Entnahme nicht vollständig verbrauchten Werterhöhung des Gegenstands geführt haben (z. B. eine nachträglich in einen Pkw eingebaute Klimaanlage). 4 Dienstleistungen (sonstige Leistungen) einschließlich derjenigen, für die zusätzlich kleinere Lieferungen von Gegenständen erforderlich sind (z. B. Karosserie- und Lackarbeiten an einem Pkw), führen nicht zu Bestandteilen des Gegenstands (vgl. BFH-Urteile vom 18.10.2001, V R 106/98, BStBl. 2002 II S. 551, und vom 20.12.2001, V R 8/98, BStBl. 2002 II S. 557).

(3) 1 Der Einbau eines Bestandteils in einen Gegenstand hat nur dann zu einer dauerhaften, im Zeitpunkt der Entnahme nicht vollständig verbrauchten Werterhöhung des Gegenstands geführt, wenn er nicht lediglich zur Werterhaltung des Gegenstands beigetragen hat. 2 Unterhalb einer gewissen Bagatellgrenze liegende Aufwendungen für den Einbau von Bestandteilen führen nicht zu einer dauerhaften Werterhöhung des Gegenstands (vgl. BFH-Urteil vom 18.10.2001, V R 106/98, BStBl. 2002 II S. 551).

(4) [1] Aus Vereinfachungsgründen wird keine dauerhafte Werterhöhung des Gegenstands angenommen, wenn die vorsteuerentlasteten Aufwendungen für den Einbau von Bestandteilen weder 20% der Anschaffungskosten des Gegenstands noch einen Betrag von 1000 € übersteigen. [2] In diesen Fällen kann auf eine Besteuerung der Bestandteile nach § 3 Abs. 1b Satz 1 Nr. 1 i. V. m. Satz 2 UStG bei der Entnahme eines dem Unternehmen zugeordneten Gegenstands, den der Unternehmer ohne Berechtigung zum Vorsteuerabzug erworben hat, verzichtet werden. [3] Werden an einem Wirtschaftsgut mehrere Bestandteile in einem zeitlichen oder sachlichen Zusammenhang eingebaut, handelt es sich nicht um eine Maßnahme, auf die in der Summe die Bagatellregelung angewendet werden soll. [4] Es ist vielmehr für jede einzelne Maßnahme die Vereinfachungsregelung zu prüfen.

Beispiel:

[1] Ein Unternehmer erwirbt am 1.7.01 aus privater Hand einen gebrauchten Pkw für 10 000 € und ordnet ihn zulässigerweise seinem Unternehmen zu. [2] Am 1.3.02 lässt er in den Pkw nachträglich eine Klimaanlage einbauen (Entgelt 2500 €) und am 1.8.02 die Windschutzscheibe erneuern (Entgelt 500 €). [3] Für beide Leistungen nimmt der Unternehmer den Vorsteuerabzug in Anspruch. [4] Am 1.3.03 entnimmt der Unternehmer den Pkw in sein Privatvermögen (Aufschlag nach „Schwacke-Liste" auf den Marktwert des Pkw im Zeitpunkt der Entnahme für die Klimaanlage 1500 €, für die Windschutzscheibe 50 €).

[5] Das aufgewendete Entgelt für den nachträglichen Einbau der Windschutzscheibe beträgt 500 €, also weniger als 20% der ursprünglichen Anschaffungskosten des Pkw, und übersteigt auch nicht den Betrag von 1000 €. [6] Aus Vereinfachungsgründen wird für den Einbau der Windschutzscheibe keine dauerhafte Werterhöhung des Gegenstands angenommen.

[7] Das aufgewendete Entgelt für den nachträglichen Einbau der Klimaanlage beträgt 2500 €, also mehr als 20% der ursprünglichen Anschaffungskosten des Pkw. [8] Mit dem Einbau der Klimaanlage in den Pkw hat diese ihre körperliche und wirtschaftliche Eigenart endgültig verloren und zu einer dauerhaften, im Zeitpunkt der Entnahme nicht vollständig verbrauchten Werterhöhung des Gegenstands geführt. [9] Die Entnahme der Klimaanlage unterliegt daher nach § 3 Abs. 1b Satz 1 Nr. 1 i. V. m. Satz 2 UStG mit einer Bemessungsgrundlage nach § 10 Abs. 4 Satz 1 Nr. 1 UStG i. H. v. 1500 € der Umsatzsteuer.

[5] Die vorstehende Bagatellgrenze gilt auch für entsprechende unentgeltliche Zuwendungen eines Gegenstands im Sinne des § 3 Abs. 1b Satz 1 Nr. 2 und 3 UStG.

Entnahme von Gegenständen (§ 3 Abs. 1b Satz 1 Nr. 1 UStG)[1)]

(5) [1] Eine Entnahme eines Gegenstands aus dem Unternehmen im Sinne des § 3 Abs. 1b Satz 1 Nr. 1 UStG liegt nur dann vor, wenn der Vorgang bei entsprechender Ausführung an einen Dritten als Lieferung – einschließlich Werklieferung – anzusehen wäre. [2] Ein Vorgang, der Dritten gegenüber als sonstige Leistung – einschließlich Werkleistung – zu beurteilen wäre, erfüllt zwar die Voraussetzungen des § 3 Abs. 1b Satz 1 Nr. 1 UStG nicht, kann aber nach § 3 Abs. 9a Nr. 2 UStG steuerbar sein (vgl. Abschnitt 3.4). [3] Das gilt auch insoweit, als dabei Gegenstände, z. B. Materialien, verbraucht werden (vgl. BFH-Urteil vom 13.2.1964, V 99/63 U, BStBl. III S. 174). [4] Der Grundsatz der Einheitlichkeit der Leistung (vgl. Abschnitt 3.10) gilt auch für die unentgeltlichen Wertabgaben (vgl. BFH-Urteil vom 3.11.1983, V R 4/73, BStBl. 1984 II S. 169).

1) Hinweis auf A 4.28.1 Abs. 5 i. V. m. Abs. 4 UStAE.

(6) [1] Wird ein dem Unternehmen dienender Gegenstand während der Dauer einer nichtunternehmerischen Verwendung auf Grund äußerer Einwirkung zerstört, z.B. Totalschaden eines Personenkraftwagens infolge eines Unfalls auf einer Privatfahrt, liegt keine Entnahme eines Gegenstands aus dem Unternehmen vor. [2] Das Schadensereignis fällt in den Vorgang der nichtunternehmerischen Verwendung und beendet sie wegen Untergangs der Sache. [3] Eine Entnahmehandlung ist in Bezug auf den unzerstörten Gegenstand nicht mehr möglich (vgl. BFH-Urteile vom 28.2.1980, V R 138/72, BStBl. II S. 309, und vom 28.6.1995, XI R 66/94, BStBl. II S. 850).

(7) [1] Bei einem Rohbauunternehmer, der für eigene Wohnzwecke ein schlüsselfertiges Haus mit Mitteln des Unternehmens errichtet, ist Gegenstand der Entnahme das schlüsselfertige Haus, nicht lediglich der Rohbau (vgl. BFH-Urteil vom 3.11.1983, V R 4/73, BStBl. 1984 II S. 169). [2] Entscheidend ist nicht, was der Unternehmer in der Regel im Rahmen seines Unternehmens herstellt, sondern was im konkreten Fall Gegenstand der Wertabgabe des Unternehmens ist (vgl. BFH-Urteil vom 21.4.1988, V R 135/83, BStBl. II S. 746). [3] Wird ein Einfamilienhaus für unternehmensfremde Zwecke auf einem zum Betriebsvermögen gehörenden Grundstück errichtet, überführt der Bauunternehmer das Grundstück in aller Regel spätestens im Zeitpunkt des Baubeginns in sein Privatvermögen. [4] Dieser Vorgang ist unter den Voraussetzungen des § 3 Abs. 1b Satz 2 UStG eine nach § 4 Nr. 9 Buchstabe a UStG steuerfreie Lieferung im Sinne des § 3 Abs. 1b Satz 1 Nr. 1 UStG.

(8) [1] Die unentgeltliche Übertragung eines Betriebsgrundstücks durch einen Unternehmer auf seine Kinder unter Anrechnung auf deren Erb- und Pflichtteil ist – wenn nicht die Voraussetzungen des § 1 Abs. 1a UStG vorliegen (vgl. Abschnitt 1.5) – eine steuerfreie Lieferung im Sinne des § 3 Abs. 1b Satz 1 Nr. 1 UStG, auch wenn das Grundstück auf Grund eines mit den Kindern geschlossenen Pachtvertrages weiterhin für die Zwecke des Unternehmens verwendet wird und die Kinder als Nachfolger des Unternehmers nach dessen Tod vorgesehen sind (vgl. BFH-Urteil vom 2.10.1986, V R 91/78, BStBl. 1987 II S. 44). [2] Die unentgeltliche Übertragung des Miteigentums an einem Betriebsgrundstück durch einen Unternehmer auf seinen Ehegatten ist eine nach § 4 Nr. 9 Buchstabe a UStG steuerfreie Wertabgabe des Unternehmers, auch wenn das Grundstück weiterhin für die Zwecke des Unternehmens verwendet wird. [3] Hinsichtlich des dem Unternehmer verbleibenden Miteigentumsanteils liegt keine unentgeltliche Wertabgabe im Sinne des § 3 Abs. 1b oder Abs. 9a UStG vor (vgl. BFH-Urteile vom 6.9.2007, V R 41/05, BStBl. 2008 II S. 65, und vom 22.11.2007, V R 5/06, BStBl. 2008 II S. 448). [4] Zur Vorsteuerberichtigung nach § 15a UStG vgl. Abschnitt 15a.2 Abs. 6 Nr. 3 und zur Bestellung eines lebenslänglichen unentgeltlichen Nießbrauchs an einem unternehmerisch genutzten bebauten Grundstück vgl. BFH-Urteil vom 16.9.1987, X R 51/81, BStBl. 1988 II S. 205.

Sachzuwendungen an das Personal (§ 3 Abs. 1b Satz 1 Nr. 2 UStG)

(9) [1] Zuwendungen von Gegenständen (Sachzuwendungen) an das Personal für dessen privaten Bedarf sind auch dann steuerbar, wenn sie unentgeltlich sind, d. h. wenn sie keine Vergütungen für die Dienstleistung des Arbeitnehmers darstellen (vgl. hierzu Abschnitt 1.8). [2] Abs. 1 Sätze 7 und 8 bleiben unberührt.

Andere unentgeltliche Zuwendungen (§ 3 Abs. 1b Satz 1 Nr. 3 UStG)[1)]

(10) [1] Unentgeltliche Zuwendungen von Gegenständen, die nicht bereits in der Entnahme von Gegenständen oder in Sachzuwendungen an das Personal bestehen, werden Lieferungen gegen Entgelt gleichgestellt. [2] Ausgenommen sind Geschenke von geringem Wert und Warenmuster für Zwecke des Unternehmens. [3] Der Begriff „unentgeltliche Zuwendung" im Sinne von § 3 Abs. 1b Satz 1 Nr. 3 UStG setzt nicht lediglich die Unentgeltlichkeit einer Lieferung voraus, sondern verlangt darüber hinaus, dass der Zuwendende dem Empfänger zielgerichtet einen Vermögensvorteil verschafft (vgl. BFH-Urteile vom 14.5.2008, XI R 60/07, BStBl. II S. 721,[2)] und vom 10.8.2017, V R 3/16, BStBl. II S. 1264). [4] Voraussetzung für die Steuerbarkeit ist, dass der Gegenstand oder seine Bestandteile zum vollen oder teilweisen Vorsteuerabzug berechtigt haben (§ 3 Abs. 1b Satz 2 UStG). [5] Mit der Regelung soll ein umsatzsteuerlich unbelasteter Endverbrauch vermieden werden. [6] Gleichwohl entfällt die Steuerbarkeit nicht, wenn der Empfänger die zugewendeten Geschenke in seinem Unternehmen verwendet. [7] Gegenstände des Unternehmens, die der Unternehmer aus unternehmensfremden (privaten) Gründen abgibt, sind als Entnahmen nach § 3 Abs. 1b Satz 1 Nr. 1 UStG zu beurteilen (vgl. Absätze 5 bis 8). [8] Gegenstände des Unternehmens, die der Unternehmer aus unternehmerischen Gründen abgibt, sind als unentgeltliche Zuwendungen nach § 3 Abs. 1b Satz 1 Nr. 3 UStG zu beurteilen. [9] Hierzu gehört die Abgabe von neuen oder gebrauchten Gegenständen insbesondere zu Werbezwecken, zur Verkaufsförderung oder zur Imagepflege, z.B. Sachspenden an Vereine oder Schulen, Warenabgaben anlässlich von Preisausschreiben, Verlosungen usw. zu Werbezwecken. [10] Nicht steuerbar ist dagegen die Gewährung unentgeltlicher sonstiger Leistungen aus unternehmerischen Gründen (vgl. Abschnitt 3.4 Abs. 1). [11] Hierunter fällt z.B. die unentgeltliche Überlassung von Gegenständen, die im Eigentum des Zuwendenden verbleiben und die der Empfänger später an den Zuwendenden zurückgeben muss.

(11) [1] Die Abgabe von Geschenken von geringem Wert ist nicht steuerbar. [2] Derartige Geschenke liegen vor, wenn die Anschaffungs- oder Herstellungskosten der dem Empfänger im Kalenderjahr zugewendeten Gegenstände insgesamt 35 € (Nettobetrag ohne Umsatzsteuer) nicht übersteigen. [3] Dies kann bei geringwertigen Werbeträgern (z.B. Kugelschreiber, Feuerzeuge, Kalender usw.) unterstellt werden.

(12) [1] Bei Geschenken über 35 €, für die nach § 15 Abs. 1a UStG i.V.m. § 4 Abs. 5 Satz 1 Nr. 1 EStG kein Vorsteuerabzug vorgenommen werden kann, entfällt nach § 3 Abs. 1b Satz 2 UStG eine Besteuerung der Zuwendungen. [2] Deshalb ist zunächst anhand der ertragsteuerrechtlichen Regelungen (vgl. R 4.10 Abs. 2 bis 4 EStR)[3)] zu prüfen, ob es sich bei einem abgegebenen

---

[1)] Zum Vorsteuerabzug bei Repräsentationsaufwendungen vgl. A 15.6 UStAE.

[2)] Zum Vorsteuerabzug aus Dritten zugutekommenden Leistungen siehe aber BFH v. 16.12.2020 XI R 26/20 (XI R 28/17), DStR 2021, 1167, als Nachfolgeentscheidung zu EuGH v. 16.9.2020 C-528/19, MwStR 2020, 927 (Rspr.-Änderung).

[3)] Nr. **1.**

Gegenstand begrifflich um ein „Geschenk“ handelt. [3]Insbesondere setzt ein Geschenk eine unentgeltliche Zuwendung an einen Dritten voraus. [4]Die Unentgeltlichkeit ist nicht gegeben, wenn die Zuwendung als Entgelt für eine bestimmte Gegenleistung des Empfängers anzusehen ist. [5]Falls danach ein Geschenk vorliegt, ist weiter zu prüfen, ob hierfür der Vorsteuerabzug nach § 15 Abs. 1a UStG ausgeschlossen ist (vgl. Abschnitt 15.6 Abs. 4 und 5). [6]Nur wenn danach der Gegenstand oder seine Bestandteile zum vollen oder teilweisen Vorsteuerabzug berechtigt haben, kommt eine Besteuerung als unentgeltliche Wertabgabe in Betracht.

(13) [1]Warenmuster sind ausdrücklich von der Steuerbarkeit ausgenommen. [2]Ein Warenmuster ist ein Probeexemplar eines Produkts, durch das dessen Absatz gefördert werden soll und das eine Bewertung der Merkmale und der Qualität dieses Produkts ermöglicht, ohne zu einem anderen als dem mit solchen Werbeumsätzen naturgemäß verbundenen Endverbrauch zu führen (vgl. EuGH-Urteil vom 30.9.2010, C-581/08, EMI Group,[1)] und BFH-Urteil vom 12.12.2012, XI R 36/10, BStBl. 2013 II S. 412). [3]Ist das Probeexemplar ganz oder im Wesentlichen identisch mit dem im allgemeinen Verkauf erhältlichen Produkt, kann es sich gleichwohl um ein Warenmuster handeln, wenn die Übereinstimmung mit dem verkaufsfertigen Produkt für die Bewertung durch den potenziellen oder tatsächlichen Käufer erforderlich ist und die Absicht der Absatzförderung des Produkts im Vordergrund steht. [4]Die Abgabe eines Warenmusters soll in erster Linie nicht dem Empfänger den Kauf ersparen, sondern ihn oder Dritte zum Kauf anregen. [5]Ohne Bedeutung ist, ob Warenmuster einem anderen Unternehmer für dessen unternehmerische Zwecke oder einem Endverbraucher zugewendet werden. [6]Nicht steuerbar ist die Abgabe sog. Probierpackungen im Getränke- und Lebensmitteleinzelhandel (z. B. die kostenlose Abgabe von losen oder verpackten Getränken und Lebensmitteln im Rahmen von Verkaufsaktionen, Lebensmittelprobierpackungen, Probepackungen usw.) an Endverbraucher.

(14) [1]Unentgeltlich abgegebene Verkaufskataloge, Versandhauskataloge, Reisekataloge, Werbeprospekte und -handzettel, Veranstaltungsprogramme und -kalender usw. dienen der Werbung, insbesondere der Anbahnung eines späteren Umsatzes. [2]Eine (private) Bereicherung des Empfängers ist damit regelmäßig nicht verbunden. [3]Dies gilt auch für Anzeigenblätter mit einem redaktionellen Teil (z. B. für Lokales, Vereinsnachrichten usw.), die an alle Haushalte in einem bestimmten Gebiet kostenlos verteilt werden. [4]Bei der Abgabe derartiger Erzeugnisse handelt es sich nicht um unentgeltliche Zuwendungen im Sinne des § 3 Abs. 1b Satz 1 Nr. 3 UStG.

(15) [1]Die unentgeltliche Abgabe von Werbe- und Dekorationsmaterial, das nach Ablauf der Werbe- oder Verkaufsaktion vernichtet wird oder bei dem Empfänger nicht zu einer (privaten) Bereicherung führt (z. B. Verkaufsschilder, Preisschilder, sog. Displays), an andere Unternehmer (z. B. vom Hersteller an Großhändler oder vom Großhändler an Einzelhändler) dient ebenfalls der Werbung bzw. Verkaufsförderung. [2]Das Gleiche gilt für sog. Verkaufshilfen oder -ständer (z. B. Suppenständer, Süßwarenständer), die z. B. von Herstellern

[1)] DStR 2010, 2030.

oder Großhändlern an Einzelhändler ohne besondere Berechnung abgegeben werden, wenn beim Empfänger eine Verwendung dieser Gegenstände im nichtunternehmerischen Bereich ausgeschlossen ist. [3]Bei der Abgabe derartiger Erzeugnisse handelt es sich nicht um unentgeltliche Zuwendungen im Sinne des § 3 Abs. 1b Satz 1 Nr. 3 UStG. [4]Dagegen handelt es sich bei der unentgeltlichen Abgabe auch nichtunternehmerisch verwendbarer Gegenstände, die nach Ablauf von Werbe- oder Verkaufsaktionen für den Empfänger noch einen Gebrauchswert haben (z. B. Fahrzeuge, Spielzeug, Sport- und Freizeitartikel), um unentgeltliche Zuwendungen im Sinne des § 3 Abs. 1b Satz 1 Nr. 3 UStG.

(16) Ein Set – bestehend aus Blutzuckermessgerät, Stechhilfe und Teststreifen –, das über Ärzte, Schulungszentren für Diabetiker und sonstige Laboreinrichtungen unentgeltlich an die Patienten abgegeben wird, ist kein Warenmuster im Sinne des § 3 Abs. 1b Satz 1 Nr. 3 UStG (vgl. BFH-Urteil vom 12.12.2012, XI R 36/10, BStBl. 2013 II S. 412); vgl. im Übrigen Abschnitt 15.2b Abs. 2.

(17) [1]Wenn der Empfänger eines scheinbar kostenlos abgegebenen Gegenstands für den Erhalt dieses Gegenstands tatsächlich eine Gegenleistung erbringt, ist die Abgabe dieses Gegenstands nicht als unentgeltliche Zuwendung nach § 3 Abs. 1b Satz 1 Nr. 3 UStG, sondern als entgeltliche Lieferung nach § 1 Abs. 1 Nr. 1 UStG steuerbar. [2]Die Gegenleistung des Empfängers kann in Geld oder in Form einer Lieferung bzw. sonstigen Leistung bestehen (vgl. § 3 Abs. 12 UStG).

Einzelfälle

(18) [1]Falls ein Unternehmer dem Abnehmer bei Abnahme einer bestimmten Menge zusätzliche Stücke desselben Gegenstands ohne Berechnung zukommen lässt (z. B. elf Stücke zum Preis von zehn Stücken), handelt es sich bei wirtschaftlicher Betrachtung auch hinsichtlich der zusätzlichen Stücke um eine insgesamt entgeltliche Lieferung. [2]Ähnlich wie bei einer Staffelung des Preises nach Abnahmemengen hat in diesem Fall der Abnehmer mit dem Preis für die berechneten Stücke die unberechneten Stücke mitbezahlt. [3]Wenn ein Unternehmer dem Abnehmer bei Abnahme einer bestimmten Menge zusätzlich andere Gegenstände ohne Berechnung zukommen lässt (z. B. bei Abnahme von 20 Kühlschränken wird ein Mikrowellengerät ohne Berechnung mitgeliefert), handelt es sich bei wirtschaftlicher Betrachtungsweise ebenfalls um eine insgesamt entgeltliche Lieferung.

(19) Eine insgesamt entgeltliche Lieferung ist auch die unberechnete Abgabe von Untersetzern (Bierdeckel), Saugdecken (Tropfdeckchen), Aschenbechern und Gläsern einer Brauerei oder eines Getränkevertriebs an einen Gastwirt im Rahmen einer Getränkelieferung, die unberechnete Abgabe von Autozubehörteilen (Fußmatten, Warndreiecke) und Pflegemitteln usw. eines Fahrzeughändlers an den Käufer eines Neuwagens oder die unberechnete Abgabe von Schuhpflegemitteln eines Schuhhändlers an einen Schuhkäufer.

(20) In folgenden Fällen liegen ebenfalls regelmäßig entgeltliche Lieferungen bzw. einheitliche entgeltliche Leistungen vor:

– unberechnete Übereignung eines Mobilfunk-Geräts (Handy) von einem Mobilfunk-Anbieter an einen neuen Kunden, der gleichzeitig einen längerfristigen Netzbenutzungsvertrag abschließt,
– Sachprämien von Zeitungs- und Zeitschriftenverlagen an die Neuabonnenten einer Zeitschrift, die ein längerfristiges Abonnement abgeschlossen haben,
– [1]Sachprämien an Altkunden für die Vermittlung von Neukunden. [2]Der Sachprämie steht eine Vermittlungsleistung des Altkunden gegenüber,
– Sachprämien eines Automobilherstellers an das Verkaufspersonal eines Vertragshändlers, wenn dieses Personal damit für besondere Verkaufserfolge belohnt wird.

3.4 Den sonstigen Leistungen gleichgestellte Wertabgaben[1), 2)]

(1) [1]Die unentgeltlichen Wertabgaben im Sinne des § 3 Abs. 9a UStG umfassen alle sonstigen Leistungen, die ein Unternehmer im Rahmen seines Unternehmens für eigene, außerhalb des Unternehmens liegende Zwecke oder für den privaten Bedarf seines Personals ausführt. [2]Sie erstrecken sich auf alles, was seiner Art nach Gegenstand einer sonstigen Leistung im Sinne des § 3 Abs. 9 UStG sein kann. [3]Nicht steuerbar ist dagegen die Gewährung unentgeltlicher sonstiger Leistungen aus unternehmerischen Gründen. [4]Zu den unentgeltlichen sonstigen Leistungen für den privaten Bedarf des Personals im Sinne des § 3 Abs. 9a UStG vgl. Abschnitt 1.8.

(2) [1]Eine Wertabgabe im Sinne von § 3 Abs. 9a Nr. 1 UStG setzt voraus, dass der verwendete Gegenstand dem Unternehmen zugeordnet ist und die unternehmerische Nutzung des Gegenstands zum vollen oder teilweisen Vorsteuerabzug berechtigt hat. [2]Zur Frage der Zuordnung zum Unternehmen gilt Abschnitt 3.3 Abs. 1 entsprechend; vgl. dazu auch Abschnitt 15.2b Abs. 2. [3]Wird ein dem Unternehmen zugeordneter Gegenstand, bei dem kein Recht zum Vorsteuerabzug bestand (z. B. ein von einer Privatperson erworbener Computer), für nichtunternehmerische Zwecke genutzt, liegt eine sonstige Leistung im Sinne von § 3 Abs. 9a Nr. 1 UStG nicht vor. [4]Ändern sich bei einem dem unternehmerischen Bereich zugeordneten Gegenstand die Verhältnisse für den Vorsteuerabzug durch Erhöhung der Nutzung für nichtwirtschaftliche Tätigkeiten i. e. S., ist eine unentgeltliche Wertabgabe nach § 3 Abs. 9a Nr. 1 UStG zu versteuern. [5]Ändern sich die Verhältnisse durch Erhöhung der Nutzung für unternehmerische Tätigkeiten, kann eine Vorsteuerberichtigung nach § 15a UStG in Betracht kommen (vgl. Abschnitt 15a.1 Abs. 7). [6]Bei einer teilunternehmerischen Nutzung von Grundstücken sind die Absätze 5a bis 8 zu beachten.

(3) [1]Unter den Tatbestand des § 3 Abs. 9a Nr. 1 UStG fällt grundsätzlich auch die private Nutzung eines unternehmenseigenen Fahrzeugs durch den Unternehmer oder den Gesellschafter (vgl. BFH-Urteil vom 5.6.2014, XI R 2/12, BStBl. 2015 II S. 785). [2]Die Verwendung eines dem Unternehmen

---

1) Zum Aufwendungseigenverbrauch beim Halten von Rennpferden siehe BFH v. 2.7.2008 XI R 66/06, BStBl. II 2009, 206.

2) Zur Steuerbarkeit einer Kfz-Überlassung an Handelsvertreter siehe BFH v. 12.5.2009 V R 24/08, BStBl. II 2010, 854.

zugeordneten Pkw für Fahrten des Unternehmers zwischen Wohnung und Betriebsstätte erfolgt nicht für Zwecke außerhalb des Unternehmens und unterliegt damit nicht der Wertabgabenbesteuerung nach § 3 Abs. 9a Nr. 1 UStG (vgl. BFH-Urteil vom 5.6.2014, XI R 36/12, BStBl. 2015 II S. 43).

(4) [1]Umsatzsteuer aus den Anschaffungskosten unternehmerisch genutzter Telekommunikationsgeräte (z. B. von Telefonanlagen nebst Zubehör, Faxgeräten, Mobilfunkeinrichtungen) kann der Unternehmer unter den Voraussetzungen des § 15 UStG in voller Höhe als Vorsteuer abziehen. [2]Die unternehmensfremde (private) Nutzung dieser Geräte unterliegt nach § 3 Abs. 9a Nr. 1 UStG der Umsatzsteuer (vgl. Abschnitt 15.2c). [3]Bemessungsgrundlage sind die Ausgaben für die jeweiligen Geräte (vgl. Abschnitt 10.6 Abs. 3). [4]Nicht zur Bemessungsgrundlage gehören die Grund- und Gesprächsgebühren (vgl. BFH-Urteil vom 23.9.1993, V R 87/89, BStBl. 1994 II S. 200). [5]Die auf diese Gebühren entfallenden Vorsteuern sind in einen abziehbaren und einen nicht abziehbaren Anteil aufzuteilen (vgl. Abschnitt 15.2c).

(5) Der Einsatz betrieblicher Arbeitskräfte für unternehmensfremde (private) Zwecke zu Lasten des Unternehmens (z. B. Einsatz von Betriebspersonal im Privatgarten oder im Haushalt des Unternehmers) ist grundsätzlich eine steuerbare Wertabgabe nach § 3 Abs. 9a Nr. 2 UStG (vgl. BFH-Urteil vom 18.5.1993, V R 134/89, BStBl. II S. 885).

Teilunternehmerische Nutzung von Grundstücken

(5a) [1]Ist der dem Unternehmen zugeordnete Gegenstand ein Grundstück – insbesondere ein Gebäude als wesentlicher Bestandteil eines Grundstücks – und wird das Grundstück teilweise für unternehmensfremde (private) Tätigkeiten genutzt, so dass der Vorsteuerabzug nach § 15 Abs. 1b UStG insoweit ausgeschlossen ist (vgl. Abschnitt 15.6a), entfällt eine Wertabgabenbesteuerung nach § 3 Abs. 9a Nr. 1 UStG. [2]Sofern sich später der Anteil der unternehmensfremden Nutzung des dem Unternehmensvermögen insgesamt zugeordneten Grundstücks im Sinne des § 15 Abs. 1b UStG erhöht, erfolgt eine Berichtigung nach § 15a Abs. 6a UStG (vgl. Abschnitt 15.6a Abs. 5) und keine Wertabgabenbesteuerung nach § 3 Abs. 9a Nr. 1 UStG. [3]Wird das Grundstück nicht für unternehmensfremde, sondern für nichtwirtschaftliche Tätigkeiten i. e. S. verwendet (z. B. für ideelle Zwecke eines Vereins, vgl. Abschnitt 2.3 Abs. 1a), ist insoweit eine Zuordnung nach § 15 Abs. 1 UStG nicht möglich (vgl. BFH-Urteil vom 3.3.2011, V R 23/10, BStBl. 2012 II S. 74, Abschnitt 15.2b Abs. 2). [4]Erhöht sich später der Anteil der Nutzung des Grundstücks für nichtwirtschaftliche Tätigkeiten i. e. S., erfolgt eine Wertabgabenbesteuerung nach § 3 Abs. 9a Nr. 1 UStG. [5]Vermindert sich später der Anteil der Nutzung des Grundstücks für nichtwirtschaftliche Tätigkeiten i. e. S., kann der Unternehmer aus Billigkeitsgründen eine Berichtigung entsprechend § 15a Abs. 1 UStG vornehmen (vgl. Abschnitt 15a.1 Abs. 7).

(6) [1]Überlässt eine Gemeinde eine Mehrzweckhalle unentgeltlich an Schulen, Vereine usw., handelt es sich um eine Nutzung für nichtwirtschaftliche Tätigkeiten i. e. S. (vgl. Abschnitt 2.3 Abs. 1a); insoweit ist eine Zuordnung der Halle zum Unternehmen nach § 15 Abs. 1 UStG nicht möglich (vgl. Abs. 5a Satz 3 sowie Abschnitt 15.2b Abs. 2) und dementsprechend keine unentgeltliche Wertabgabe zu besteuern. [2]Das gilt nicht, wenn die Halle ausnahmsweise

zur Anbahnung späterer Geschäftsbeziehungen mit Mietern für kurze Zeit unentgeltlich überlassen wird (vgl. BFH-Urteil vom 28.11.1991, V R 95/86, BStBl. 1992 II S. 569). [3]Auf Grund eines partiellen Zuordnungsverbots liegt auch keine unentgeltliche Wertabgabe vor, wenn Schulen und Vereine ein gemeindliches Schwimmbad unentgeltlich nutzen können (vgl. Abschnitt 2.11 Abs. 18). [4]Die Mitbenutzung von Kurparkanlagen, die eine Gemeinde unternehmerisch nutzt, durch Personen, die nicht Kurgäste sind, führt bei der Gemeinde nicht zu einer steuerbaren unentgeltlichen Wertabgabe (vgl. BFH-Urteil vom 18.8.1988, V R 18/83, BStBl. II S. 971), ggf. ist jedoch insoweit kein Vorsteuerabzug möglich (vgl. Abschnitt 15.19). [5]Es liegt auch keine unentgeltliche Wertabgabe vor, wenn eine Gemeinde ein Parkhaus den Benutzern zeitweise (z.B. in der Weihnachtszeit) gebührenfrei zur Verfügung stellt, wenn damit neben dem Zweck der Verkehrsberuhigung auch dem Parkhausunternehmen dienende Zwecke (z.B. Kundenwerbung) verfolgt werden (vgl. BFH-Urteil vom 10.12.1992, V R 3/88, BStBl. 1993 II S. 380).

Wertabgabenbesteuerung nach § 3 Abs. 9a Nr. 1 UStG bei teilunternehmerisch genutzten Grundstücken, die die zeitlichen Grenzen des § 27 Abs. 16 UStG erfüllen

(7) [1]Die Verwendung von Räumen in einem dem Unternehmen zugeordneten Gebäude für Zwecke außerhalb des Unternehmens kann eine steuerbare oder nicht steuerbare Wertabgabe sein. [2]Diese Nutzung ist nur steuerbar, wenn die unternehmerische Nutzung anderer Räume zum vollen oder teilweisen Vorsteuerabzug berechtigt hat (vgl. BFH-Urteile vom 8.10.2008, XI R 58/07, BStBl. 2009 II S. 394, und vom 11.3.2009, XI R 69/07, BStBl. II S. 496). [3]Ist die unentgeltliche Wertabgabe steuerbar, kommt die Anwendung der Steuerbefreiung nach § 4 Nr. 12 UStG nicht in Betracht (vgl. Abschnitt 4.12.1 Abs. 1 und 3).

Beispiel 1:

[1]U hat ein Zweifamilienhaus, in dem er eine Wohnung steuerfrei vermietet und die andere Wohnung für eigene Wohnzwecke nutzt, insgesamt seinem Unternehmen zugeordnet.
[2]U steht hinsichtlich der steuerfrei vermieteten Wohnung kein Vorsteuerabzug zu (§ 15 Abs. 2 Satz 1 Nr. 1 UStG). [3]Die private Nutzung ist keine steuerbare unentgeltliche Wertabgabe im Sinne des § 3 Abs. 9a Nr. 1 UStG, da der dem Unternehmen zugeordnete Gegenstand nicht zum vollen oder teilweisen Vorsteuerabzug berechtigt hat.

Beispiel 2:

[1]U ist Arzt und nutzt in seinem Einfamilienhaus, das er zulässigerweise insgesamt seinem Unternehmen zugeordnet hat, das Erdgeschoss für seine unternehmerische Tätigkeit und das Obergeschoss für eigene Wohnzwecke. [2]Er erzielt nur steuerfreie Umsätze im Sinne des § 4 Nr. 14 UStG, die den Vorsteuerabzug ausschließen.
[3]U steht kein Vorsteuerabzug zu. [4]Die private Nutzung des Obergeschosses ist keine steuerbare unentgeltliche Wertabgabe im Sinne des § 3 Abs. 9a Nr. 1 UStG, da das dem Unternehmen zugeordnete Gebäude hinsichtlich des unternehmerisch genutzten Gebäudeteils nicht zum Vorsteuerabzug berechtigt hat.

Beispiel 3:

[1]U ist Schriftsteller und nutzt in seinem ansonsten für eigene Wohnzwecke genutzten Einfamilienhaus, das er insgesamt seinem Unternehmen zugeordnet hat, ein Arbeitszimmer für seine unternehmerische Tätigkeit.
[2]U steht hinsichtlich des gesamten Gebäudes der Vorsteuerabzug zu. [3]Die private Nutzung der übrigen Räume ist eine unentgeltliche Wertabgabe im Sinne des § 3 Abs. 9a Nr. 1 UStG,

da der dem Unternehmen zugeordnete Gegenstand hinsichtlich des unternehmerisch genutzten Gebäudeteils zum Vorsteuerabzug berechtigt hat. [4] Die unentgeltliche Wertabgabe ist steuerpflichtig.

[4] Das gilt auch, wenn die Nutzung für Zwecke außerhalb des Unternehmens in der unentgeltlichen Überlassung an Dritte besteht.

Beispiel 4:

[1] U hat ein Haus, in dem er Büroräume im Erdgeschoss steuerpflichtig vermietet und die Wohnung im Obergeschoss unentgeltlich an die Tochter überlässt, insgesamt seinem Unternehmen zugeordnet.

[2] U steht hinsichtlich des gesamten Gebäudes der Vorsteuerabzug zu. [3] Die Überlassung an die Tochter ist eine steuerbare unentgeltliche Wertabgabe im Sinne des § 3 Abs. 9a Nr. 1 UStG, weil das dem Unternehmen zugeordnete Gebäude hinsichtlich des unternehmerisch genutzten Gebäudeteils zum Vorsteuerabzug berechtigt hat. [4] Die unentgeltliche Wertabgabe ist steuerpflichtig.

Beispiel 5:

[1] U hat ein Zweifamilienhaus, das er im Jahr 01 zu 50 % für eigene unternehmerische Zwecke und zum Vorsteuerabzug berechtigende Zwecke (Büroräume) nutzt und zu 50 % steuerfrei vermietet, insgesamt seinem Unternehmen zugeordnet. [2] Ab dem Jahr 04 nutzt er die Büroräume ausschließlich für eigene Wohnzwecke.

[3] U steht ab dem Jahr 01 nur hinsichtlich der Büroräume der Vorsteuerabzug zu; für den steuerfrei vermieteten Gebäudeteil ist der Vorsteuerabzug hingegen ausgeschlossen. [4] Ab dem Jahr 04 unterliegt die Nutzung der Büroräume zu eigenen Wohnzwecken des U als steuerbare unentgeltliche Wertabgabe im Sinne des § 3 Abs. 9a Nr. 1 UStG der Umsatzsteuer, da das dem Unternehmen zugeordnete Gebäude hinsichtlich der vorher als Büro genutzten Räume zum Vorsteuerabzug berechtigt hat. [5] Die unentgeltliche Wertabgabe ist steuerpflichtig. [6] Eine Änderung der Verhältnisse im Sinne des § 15a UStG liegt nicht vor.

(8) [1] Verwendet ein Gemeinschafter seinen Miteigentumsanteil, welchen er seinem Unternehmen zugeordnet und für den er den Vorsteuerabzug beansprucht hat, für nichtunternehmerische Zwecke, ist diese Verwendung eine steuerpflichtige unentgeltliche Wertabgabe im Sinne des § 3 Abs. 9a Nr. 1 UStG.

Beispiel:

[1] U und seine Ehefrau E erwerben zu 25 % bzw. 75 % Miteigentum an einem unbebauten Grundstück, das sie von einem Generalunternehmer mit einem Einfamilienhaus bebauen lassen. [2] U nutzt im Einfamilienhaus einen Raum, der 9 % der Fläche des Gebäudes ausmacht für seine unternehmerische Tätigkeit. [3] Die übrigen Räume des Hauses werden durch U und E für eigene Wohnzwecke genutzt. [4] U macht 25 % der auf die Baukosten entfallenden Vorsteuern geltend.

[5] Durch die Geltendmachung des Vorsteuerabzuges aus 25 % der Baukosten gibt U zu erkennen, dass er seinen Miteigentumsanteil in vollem Umfang seinem Unternehmen zugeordnet hat. [6] U kann daher unter den weiteren Voraussetzungen des § 15 UStG 25 % der auf die Baukosten entfallenden Vorsteuern abziehen. [7] Soweit U den seinem Unternehmen zugeordneten Miteigentumsanteil für private Zwecke nutzt (16 % der Baukosten), muss er nach § 3 Abs. 9a Nr. 1 UStG eine unentgeltliche Wertabgabe versteuern.

[2] Zur Wertabgabe bei der Übertragung von Miteigentumsanteilen an Grundstücken vgl. Abschnitt 3.3 Abs. 8.

3.5 Abgrenzung zwischen Lieferungen und sonstigen Leistungen

Allgemeine Grundsätze

(1) Bei einer einheitlichen Leistung, die sowohl Lieferungselemente als auch Elemente einer sonstigen Leistung enthält, richtet sich die Einstufung als Lie-

ferung oder sonstige Leistung danach, welche Leistungselemente aus der Sicht des Durchschnittsverbrauchers und unter Berücksichtigung des Willens der Vertragsparteien den wirtschaftlichen Gehalt der Leistungen bestimmen (vgl. BFH-Urteil vom 19.12.1991, V R 107/86, BStBl. 1992 II S. 449, und BFH-Urteil vom 21.6.2001, V R 80/99, BStBl. 2003 II S. 810).

(2)[1)] Lieferungen sind z. B.:

1. der Verkauf von Standard-Software und sog. Updates auf Datenträgern;
2. die Anfertigung von Kopien, wenn sich die Tätigkeit auf die bloße Vervielfältigung von Dokumenten beschränkt (vgl. EuGH-Urteil vom 11.2.2010, C-88/09, Graphic Procédé)[2)] oder wenn hieraus zugleich neue Gegenstände (Bücher, Broschüren) hergestellt und den Abnehmern an diesen Gegenständen Verfügungsmacht verschafft wird (vgl. BFH-Urteil vom 19.12.1991, V R 107/86, BStBl. 1992 II S. 449);
3. die Überlassung von Offsetfilmen, die unmittelbar zum Druck von Reklamematerial im Offsetverfahren verwendet werden können (vgl. BFH-Urteil vom 25.11.1976, V R 71/72, BStBl. 1977 II S. 270);
4. [1]die Abgabe von Basissaatgut an Züchter im Rahmen sog. Vermehrerverträge sowie die Abgabe des daraus gewonnenen sog. zertifizierten Saatguts an Landwirte zur Produktion von Konsumgetreide oder an Handelsunternehmen. [2]Zur Anwendung der Durchschnittssatzbesteuerung nach § 24 UStG vgl. Abschnitte 24.1 und 24.2;
5. [1]die Entwicklung eines vom Kunden belichteten Films sowie die Bearbeitung von auf physischen Datenträgern oder auf elektronischem Weg übersandten Bilddateien, wenn gleichzeitig Abzüge angefertigt werden oder dem Kunden die bearbeiteten Bilder auf einem anderen Datenträger übergeben werden. [2]In diesen Fällen stellt das Entwickeln des Films und das Bearbeiten der Bilder eine unselbständige Nebenleistung zu einer einheitlichen Werklieferung dar;
6. [1]die Übertragung von Miteigentumsanteilen (Bruchteilseigentum) an einem Gegenstand im Sinne des § 3 UStG (vgl. BFH-Urteil vom 18.2.2016, V R 53/14, BStBl. 2019 II S. 333) – siehe auch für Anlagegold Abschnitt 25c.1. [2]Zur Übertragung eines Miteigentumsanteils zur Sicherheit vgl. Abschnitt 3.1 Abs. 3 Satz 1 und Abschnitt 1.2 Abs. 1. [3]Die Gemeinschafter einer nicht selbst unternehmerisch tätigen Bruchteilsgemeinschaft (vgl. Abschnitt 15.2b Abs. 1) können über ihren Anteil an dem Gegenstand ohne Zwischenerwerb durch die Gemeinschaft verfügen und ihn veräußern (BFH-Urteil vom 28.8.2014, V R 49/13, BStBl. 2021 II S. 825);
7. [1]Transaktionen auf Gewichtskonten, wenn eine Konkretisierung von Übergabeort, Form, Stückelung und Reinheit des Metalls vorgenommen wurde bzw. schon bei Abschluss des Grundgeschäfts beabsichtigt ist, eine solche Konkretisierung noch vor der Übertragung vorzunehmen. [2]Indizien hierfür sind, wenn der Belegenheitsort des gelagerten/physischen Metalls dem

[1)] A 3.5 UStAE Abs. 2 Nr. 6 Satz 3 angef. durch BMF v. 27.10.2021, BStBl. I 2021, 2137, anzuwenden in allen offenen Fällen; Abs. 2 Nr. 7 angef. durch BMF v. 17.1.2022, BStBl. I 2022, 161, anzuwenden in allen offenen Fällen.

[2)] DStRE 2010, 623.

Gewichtskonteninhaber im Zeitpunkt des Erwerbs bekannt ist, zwischen den Beteiligten weitgehend feststeht, in welcher Form, Stückelung und Reinheit die Metalle abgerufen werden, ausreichende physische Vorräte am Erfüllungsort, um diese Gewichtskontenansprüche erfüllen zu können, gegeben sind und ein Herausgabeanspruch unter Berücksichtigung gegebener logistischer Anforderungen vereinbart wurde.

(3)[1] Sonstige Leistungen sind z. B.:

1. die Übermittlung von Nachrichten zur Veröffentlichung;
2. *(aufgehoben)*
3. die Überlassung von Lichtbildern zu Werbezwecken (vgl. BFH-Urteil vom 12.1.1956, V 272/55 S, BStBl. III S. 62);
4. die Überlassung von Konstruktionszeichnungen und Plänen für technische Bauvorhaben sowie die Überlassung nicht geschützter Erfahrungen und technischer Kenntnisse (vgl. BFH-Urteil vom 18.5.1956, V 276/55 U, BStBl. III S. 198);
5. die Veräußerung von Modellskizzen (vgl. BFH-Urteil vom 26.10.1961, V 307/59);
6. die Übertragung eines Verlagsrechts (vgl. BFH-Urteil vom 16.7.1970, V R 95/66, BStBl. II S. 706);
7. die Überlassung von Know-how und von Ergebnissen einer Meinungsumfrage auf dem Gebiet der Marktforschung (vgl. BFH-Urteil vom 22.11.1973, V R 164/72, BStBl. 1974 II S. 259);
8. [1] die Überlassung von nicht standardisierter Software, die speziell nach den Anforderungen des Anwenders erstellt wird oder die eine vorhandene Software den Bedürfnissen des Anwenders individuell anpasst. [2] Gleiches gilt für die Übertragung von Standard-Software oder Individual-Software auf elektronischem Weg (z. B. über Internet);
9. die Überlassung sendefertiger Filme durch einen Filmhersteller im Sinne von § 94 UrhG[2] – sog. Auftragsproduktion – (vgl. BFH-Urteil vom 19.2.1976, V R 92/74, BStBl. II S. 515);
10. die Überlassung von Fotografien zur Veröffentlichung durch Zeitungs- oder Zeitschriftenverlage (vgl. BFH-Urteil vom 12.5.1977, V R 111/73, BStBl. II S. 808);
11. die Entwicklung eines vom Kunden belichteten Films sowie die Bearbeitung von auf physischen Datenträgern oder auf elektronischem Weg übersandten Bilddateien;
12. die Herstellung von Fotokopien, wenn über das bloße Vervielfältigen hinaus weitere Dienstleistungen erbracht werden, insbesondere Beratung des Kunden oder Anpassung, Umgestaltung oder Verfremdung des Originals (vgl. EuGH-Urteil vom 11.2.2010, C-88/09, Graphic Procédé);[3]

---

[1] A 3.5 UStAE Abs. 3 Nr. 19 angef. durch BMF v. 17.1.2022, BStBl. I 2022, 161, anzuwenden in allen offenen Fällen.

[2] **Habersack** Nr. **65.**

[3] DStRE 2010, 623.

13. [1]Nachbaugebühren im Sinne des § 10a Abs. 2 ff. SortSchG, die ein Landwirt dem Inhaber des Sortenschutzes zu erstatten hat, werden als Entgelt für eine sonstige Leistung des Sortenschutzinhabers gezahlt, welche in der Duldung des Nachbaus durch den Landwirt besteht. [2]Bei der Überlassung von Vorstufen- oder Basissaatgut im Rahmen von sog. Vertriebsorganisationsverträgen handelt es sich ebenfalls um eine sonstige Leistung des Sortenschutzinhabers, welche in der Überlassung des Rechts, eine Saatgutsorte zu produzieren und zu vermarkten, und der Überlassung des hierzu erforderlichen Saatguts besteht. [3]Zur Anwendung der Durchschnittssatzbesteuerung nach § 24 UStG vgl. Abschnitte 24.1 und 24.3;
14. die entgeltliche Überlassung von Eintrittskarten (vgl. BFH-Urteil vom 3.6.2009, XI R 34/08, BStBl. 2010 II S. 857);
15. [1]die Abgabe eines sog. Mobilfunk-Startpakets ohne Mobilfunkgerät. [2]Leistungsinhalt ist hierbei die Gewährung eines Anspruchs auf Abschluss eines Mobilfunkvertrags einschließlich Zugang zu einem Mobilfunknetz. [3]Zur Abgabe von Startpaketen mit Mobilfunkgerät vgl. BMF-Schreiben vom 3.12.2001, BStBl. I S. 1010. [4]Zur Behandlung von Einzweckguthabenkarten in der Telekommunikation vgl. BMF-Schreiben vom 24.9.2012, BStBl. I S. 947;
16. der Verkauf einer Option und der Zusammenbau einer Maschine (vgl. Artikel 8 und 9 der MwStVO);[1)]
17. der An- und Verkauf in- und ausländischer Banknoten und Münzen im Rahmen von Sortengeschäften (Geldwechselgeschäft) (vgl. BFH-Urteil vom 19.5.2010, XI R 6/09, BStBl. 2011 II S. 831);
18. die entgeltliche Überlassung von Transporthilfsmitteln im Rahmen reiner Tauschsysteme (z. B. Euro-Flachpaletten und Euro-Gitterboxpaletten; vgl. BMF-Schreiben vom 5.11.2013, BStBl. I S. 1386);
19. Transaktionen auf Gewichtskonten, wenn zwischen den Beteiligten nicht feststeht, wann und ob überhaupt das Metall physisch zur Verfügung gestellt wird oder der Belegenheitsort des gelagerten/physischen Metalls dem Gewichtskonteninhaber im Zeitpunkt des Erwerbs des Anspruchs nicht bekannt ist oder zwischen den Beteiligten nicht feststeht, in welcher Form, Stückelung oder Reinheit die Metalle abgerufen werden.

(4) [1]Die Überlassung von Matern, Klischees und Abzügen kann sowohl eine Lieferung als auch eine sonstige Leistung sein (vgl. BFH-Urteile vom 13.10.1960, V 299/58 U, BStBl. 1961 III S. 26, und vom 14.2.1974, V R 129/70, BStBl. II S. 261). [2]Kauft ein Unternehmer von einem Waldbesitzer Holz und beauftragt dieser den Holzkäufer mit der Fällung, Aufarbeitung und Rückung des Holzes (sog. Selbstwerbung), kann sowohl ein tauschähnlicher Umsatz (Waldarbeiten gegen Lieferung des Holzes mit Baraufgabe) als auch eine bloße Holzlieferung in Betracht kommen (vgl. BFH-Urteil vom 19.2.2004, V R 10/03, BStBl. II S. 675).

---

1) **Steuergesetze** Nr. **550a.**

Lieferungen und sonstige Leistungen bei Miet- und Leasingverträgen

(5) [1] Werden Gegenstände im Leasingverfahren überlassen, ist die Übergabe des Gegenstands durch den Leasinggeber an den Leasingnehmer nur dann eine Lieferung, wenn:

1. der Vertrag ausdrücklich eine Klausel zum Übergang des Eigentums an diesem Gegenstand vom Leasinggeber auf den Leasingnehmer enthält und
2. aus den – zum Zeitpunkt der Vertragsunterzeichnung und objektiv zu beurteilenden – Vertragsbedingungen deutlich hervorgeht, dass das Eigentum am Gegenstand automatisch auf den Leasingnehmer übergehen soll, wenn der Vertrag bis zum Vertragsablauf planmäßig ausgeführt wird.

[2] Eine ausdrückliche Klausel zum Eigentumsübergang liegt auch vor, wenn der Vertrag eine Kaufoption für den Gegenstand enthält. [3] Bei einer im Vertrag enthaltenen – formal zwar völlig unverbindlichen – Kaufoption ist die zweite Voraussetzung erfüllt, wenn angesichts der finanziellen Vertragsbedingungen die Optionsausübung zum gegebenen Zeitpunkt in Wirklichkeit als einzig wirtschaftlich rationale Möglichkeit für den Leasingnehmer erscheint. [4] Der Vertrag darf dem Leasingnehmer keine echte wirtschaftliche Alternative in dem Sinne bieten, dass er zu dem Zeitpunkt, an dem er eine Wahl zu treffen hat, je nach Interessenlage den Gegenstand erwerben, zurückgeben oder weiter mieten kann. [5] Dies kann z. B. dann der Fall sein, wenn nach dem Vertrag zu dem Zeitpunkt, zu dem die Option ausgeübt werden darf, die Summe der vertraglichen Raten dem Verkehrswert des Gegenstands einschließlich der Finanzierungskosten entspricht und der Leasingnehmer wegen der Ausübung der Option nicht zusätzlich eine erhebliche Summe entrichten muss (vgl. EuGH-Urteil vom 4.10.2017, C-164/16, Mercedes-Benz Financial Services UK Ltd., BStBl. 2020 II S. 179).[1] [6] Eine erhebliche Summe ist im Sinne des Satzes 5 zu entrichten, wenn der zusätzlich zu entrichtende Betrag 1 Prozent des Verkehrswertes des Gegenstandes im Zeitpunkt der Ausübung der Option übersteigt. [7] Für die Überlassung eines Gegenstands außerhalb des Leasingverfahrens (z. B. Mietverträge im Sinne des § 535 BGB mit Recht zum Kauf) gelten die Sätze 1 bis 5 sinngemäß.

(6) Erfolgt bei einer grenzüberschreitenden Überlassung eines Leasing-Gegenstands (sog. Cross-Border-Leasing) die Zuordnung dieses Gegenstands auf Grund eines Rechts eines anderen Mitgliedstaates ausnahmsweise abweichend von Absatz 5 bei dem im Inland ansässigen Vertragspartner, ist dieser Zuordnung zur Vermeidung von endgültigen Steuerausfällen zu folgen; ist die Zuordnung abweichend von Absatz 5 bei dem im anderen Mitgliedstaat ansässigen Vertragspartner erfolgt, kann dieser gefolgt werden, wenn der Nachweis erbracht wird, dass die Überlassung in dem anderen Mitgliedstaat der Besteuerung unterlegen hat.

(7) [1] Die Annahme einer Lieferung nach den Grundsätzen der Absätze 5 und 6 setzt voraus, dass die Verfügungsmacht an dem Gegenstand bei dem Unternehmer liegt, der den Gegenstand überlässt. [2] In den Fällen, in denen der Überlassung des Gegenstands eine zivilrechtliche Eigentumsübertragung

---

[1] DStR 2017, 2215.

vom späteren Nutzenden des Gegenstands an den überlassenden Unternehmer vorausgeht (z.B. beim sog. sale-and-lease-back), ist daher zu prüfen, ob die Verfügungsmacht an dem Gegenstand sowohl im Rahmen dieser Eigentumsübertragung, als auch im Rahmen der nachfolgenden Nutzungsüberlassung jeweils tatsächlich übertragen wird und damit eine Hin- und Rücklieferung stattfindet oder ob dem der Nutzung vorangehenden Übergang des zivilrechtlichen Eigentums an dem Gegenstand vielmehr eine bloße Sicherungs- und Finanzierungsfunktion zukommt, so dass insgesamt eine Kreditgewährung vorliegt (vgl. BFH-Urteil vom 9.2.2006, V R 22/03, BStBl. II S. 727). [3]Diese Prüfung richtet sich nach dem Gesamtbild der Verhältnisse des Einzelfalls, d.h. den konkreten vertraglichen Vereinbarungen und deren jeweiliger tatsächlicher Durchführung unter Berücksichtigung der Interessenlage der Beteiligten. [4]Von einem Finanzierungsgeschäft ist insbesondere auszugehen, wenn die Vereinbarungen über die Eigentumsübertragung und über das Leasingverhältnis bzw. über die Rückvermietung in einem unmittelbaren sachlichen Zusammenhang stehen und eine Ratenkauf- oder Mietkaufvereinbarung geschlossen wird, auf Grund derer das zivilrechtliche Eigentum mit Ablauf der Vertragslaufzeit wieder auf den Nutzenden zurückfällt oder den Überlassenden zur Rückübertragung des Eigentums verpflichtet. [5]Daher ist z. B. bei einer nach Absatz 5 als Lieferung zu qualifizierenden Nutzungsüberlassung mit

(Fortsetzung S. 135)

vorangehender Eigentumsübertragung auf den Überlassenden (sog. sale-and-Mietkauf-back) ein Finanzierungsgeschäft anzunehmen.

Beispiel 1:

[1] Der Hersteller von Kopiergeräten H und die Kopierervermietungsgesellschaft V schließen einen Kaufvertrag über die Lieferung von Kopiergeräten, wobei das zivilrechtliche Eigentum auf die Vermietungsgesellschaft übergeht. [2] Gleichzeitig verpflichtet sich V, dem Hersteller H die Rückübertragung der Kopiergeräte nach Ablauf von 12 Monaten anzudienen, H macht regelmäßig von seinem Rücknahmerecht Gebrauch. [3] Zur endgültigen Rückübertragung bedarf es eines weiteren Vertrags, in dem die endgültigen Rückgabe – und Rücknahmekonditionen einschließlich des Rückkaufpreises festgelegt werden. [4] Während der „Vertragslaufzeit" von 12 Monaten vermietet die Vermietungsgesellschaft die Kopiergeräte an ihre Kunden.

[5] Umsatzsteuerrechtlich liegen zwei voneinander getrennt zu beurteilende Lieferungen i. S. d. § 3 Abs. 1 UStG vor. [6] Die Verfügungsmacht an den Kopiergeräten geht zunächst auf V über und fällt nach Ablauf von 12 Monaten bei regelmäßigem Ablauf durch einen neuen Vertragsabschluss wieder an H zurück.

Beispiel 2:

[1] Wie Beispiel 1, wobei V nunmehr einen weiteren Vertrag mit der Leasinggesellschaft L zur Finanzierung des Geschäfts mit H schließt. [2] Hiernach verkauft V die Kopiergeräte an L weiter und least sie gleichzeitig von L zurück, die sich ihrerseits unwiderruflich zur Rückübertragung des Eigentums nach Ablauf des Leasingzeitraums verpflichtet. [3] Das zivilrechtliche Eigentum wird übertragen und L ermächtigt V, die geleasten Kopiergeräte im Rahmen des Vermietungsgeschäfts für ihre Zwecke zu nutzen. [4] Die Laufzeit des Vertrags beschränkt sich auf 12 Monate und die für die spätere Bestimmung des Rückkaufpreises maßgebenden Konditionen werden bereits jetzt vereinbart.

[5] In der Veräußerung der Kopiergeräte von H an V und deren Rückübertragung nach 12 Monaten liegen entsprechend den Ausführungen zum Ausgangsfall zwei voneinander zu trennende Lieferungen vor.

[6] Die Übertragung des zivilrechtlichen Eigentums an den Kopiergeräten durch V an L dient dagegen lediglich der Besicherung der Refinanzierung des V bei L. [7] Es findet keine Übertragung von Substanz, Wert und Ertrag der Kopiergeräte statt. [8] Die Gesamtbetrachtung aller Umstände und vertraglichen Vereinbarungen des Einzelfalls führt zu dem Ergebnis, dass insgesamt nur eine Kreditgewährung von L an V vorliegt. [9] Im Gegensatz zum Ausgangsfall wird die Verfügungsmacht an den Kopiergeräten nicht übertragen.

Beispiel 3:

[1] Wie Beispiel 1, wobei die Leasinggesellschaft L dem zuvor zwischen H und V geschlossenen Kaufvertrag mit Rückandienungsverpflichtung in Form von Nachtragsvereinbarungen beitritt, bevor die Kopiergeräte von H an V ausgeliefert werden. [2] Infolge des Vertragsbeitritts wird L schuldrechtlich neben V Vertragspartnerin der späteren Kauf- und Rückkaufverträge mit H. [3] Über die Auslieferung der Kopiergeräte rechnet H mit L ab, welche anschließend einen Leasingvertrag bis zum Rückkauftermin mit V abschließt. [4] Im Unternehmen der V werden die Kopiergeräte den Planungen entsprechend ausschließlich für Vermietungszwecke genutzt. [5] Zum Rückkauf-Termin nach 12 Monaten werden die Geräte gemäß den vereinbarten Konditionen von V an H zurückgegeben.

[6] Die Vorstellungen der Beteiligten H, V und L sind bei der gebotenen Gesamtbetrachtung darauf gerichtet, V unmittelbar die Verfügungsmacht an den Geräten zu verschaffen, während L lediglich die Finanzierung des Geschäfts übernehmen soll. [7] Mit der Übergabe der Geräte werden diese deshalb durch H an V geliefert. [8] Es findet mithin weder eine (Weiter-)Lieferung der Geräte von V an L noch eine Rückvermietung der Geräte durch L an V statt. [9] L erbringt vielmehr eine sonstige Leistung in Form der Kreditgewährung an V. [10] Die Rückübertragung der Geräte an H nach Ablauf der 12 Monate führt zu einer Lieferung von V an H.

[6] Ist ein sale-and-lease-back-Geschäft hingegen maßgeblich darauf gerichtet, dem Verkäufer und Leasingnehmer eine vorteilhafte bilanzielle Gestaltung zu

ermöglichen und hat dieser die Anschaffung des Leasinggegenstandes durch den Käufer und Leasinggeber überwiegend mitfinanziert, stellt das Geschäft keine Lieferung mit nachfolgender Rücküberlassung und auch keine Kreditgewährung dar, sondern eine steuerpflichtige sonstige Leistung nach § 3 Abs. 9 Satz 1 UStG, die in der Mitwirkung des Käufers und Leasinggebers an einer bilanziellen Gestaltung des Verkäufers und Leasingnehmers besteht (vgl. BFH-Urteil vom 6.4.2016, V R 12/15, BStBl. 2017 II S. 188).

(7a) [1]Bei der Beschaffung von Investitionsgütern kommt es häufig zu einem Dreiecksverhältnis, bei dem der Kunde (künftiger Leasingnehmer) zunächst einen Kaufvertrag über den Liefergegenstand mit dem Lieferanten und anschließend einen Leasingvertrag mit dem Leasing-Unternehmen abschließt. [2]Durch Eintritt in den Kaufvertrag (sog. Bestelleintritt) verpflichtet sich das Leasing-Unternehmen zur Zahlung des Kaufpreises und erlangt den Anspruch auf Übertragung des zivilrechtlichen Eigentums an dem Gegenstand. [3]Für die Frage, von wem in diesen Fällen der Leasing-Gegenstand geliefert und von wem er empfangen wird, ist darauf abzustellen, wer aus dem schuldrechtlichen Vertragsverhältnis, das dem Leistungsaustausch zugrunde liegt, berechtigt und verpflichtet ist (vgl. Abschnitt 2.1 Abs. 3 und Abschnitt 15.2b Abs. 1). [4]Maßgebend dafür sind die Vertragsverhältnisse im Zeitpunkt der Leistungsausführung. [5]Bis zur Ausführung der Leistung können die Vertragspartner mit umsatzsteuerlicher Wirkung ausgetauscht werden, z.B. durch einen Bestelleintritt oder jede andere Form der Vertragsübernahme. [6]Vertragsänderungen nach Ausführung der Leistung sind dagegen umsatzsteuerlich unbeachtlich. [7]Das bedeutet:

1. [1]Tritt das Leasing-Unternehmen vor der Lieferung des Leasing-Gegenstandes an den Kunden in den Kaufvertrag ein, liefert der Lieferant den Leasing-Gegenstand an das Leasing-Unternehmen, weil dieses im Zeitpunkt der Lieferung aus dem Kaufvertrag berechtigt und verpflichtet ist. [2]Die körperliche Übergabe des Leasing-Gegenstandes an den Kunden steht dabei einer Lieferung an das Leasing-Unternehmen nicht entgegen (§ 3 Abs. 1 UStG). [3]Das sich anschließende Leasing-Verhältnis zum Kunden führt je nach ertragsteuerlicher Zurechnung des Leasing-Gegenstandes zu einer Vermietungsleistung oder einer weiteren Lieferung (Absatz 5).
2. [1]Tritt dagegen das Leasing-Unternehmen in den Kaufvertrag ein, nachdem der Kunde bereits die Verfügungsmacht über den Leasing-Gegenstand erhalten hat (sog. nachträglicher Bestelleintritt), liegt eine Lieferung des Lieferanten an den Kunden vor. [2]Diese wird durch den Bestelleintritt des Leasing-Unternehmens nicht nach § 17 Abs. 2 Nr. 3 UStG rückgängig gemacht. [3]Bei dem anschließenden Leasing-Verhältnis zwischen dem Kunden und dem Leasing-Unternehmen handelt es sich um ein sale-and-lease-back-Geschäft, das nach dem Gesamtbild der Verhältnisse des Einzelfalls entweder als Lieferung des Kunden an das Leasing-Unternehmen („sale") mit anschließender sonstiger Leistung des Leasing-Unternehmens an den Kunden („lease-back") oder insgesamt als Kreditgewährung des Leasing-Unternehmens an den Kunden zu beurteilen ist (vgl. Absatz 7). [4]Zwischen dem Lieferanten und dem Leasing-Unternehmen liegt dagegen keine umsatzsteuerrechtlich relevante Leistung vor. [5]Eine nur im Innenverhältnis

zwischen dem Lieferanten und dem Leasing-Unternehmen bestehende Rahmenvereinbarung zur Absatzfinanzierung hat im Regelfall keine Auswirkungen auf die umsatzsteuerlichen Lieferbeziehungen.

Übertragung von Gesellschaftsanteilen

(8) [1]Die Übertragung von Anteilen an Personen- oder Kapitalgesellschaften (Gesellschaftsanteile, vgl. Abschnitt 4.8.10) ist als sonstige Leistung zu beurteilen (vgl. EuGH-Urteil vom 26.5.2005, C-465/03, Kretztechnik).[1)] [2]Dies gilt entsprechend bei der Übertragung von Wertpapieren anderer Art, z. B. Fondsanteilen oder festverzinslichen Wertpapieren; zur Steuerbarkeit bei der Übertragung von Gesellschaftsanteilen und bei der Ausgabe nichtverbriefter Genussrechte vgl. Abschnitte 1.1 Abs. 15, 1.5 Abs. 9 und 1.6 Abs. 2. [3]Ist das übertragene Recht in einem Papier verbrieft, kommt es nicht darauf an, ob das Papier effektiv übertragen oder in einem Sammeldepot verwahrt wird.

3.6 Abgrenzung von Lieferungen und sonstigen Leistungen bei der Abgabe von Speisen und Getränken

(1) [1]Verzehrfertig zubereitete Speisen können sowohl im Rahmen einer ggf. ermäßigt besteuerten Lieferung als auch im Rahmen einer nicht ermäßigt besteuerten sonstigen Leistung abgegeben werden. [2]Die Abgrenzung von Lieferungen und sonstigen Leistungen richtet sich dabei nach allgemeinen Grundsätzen (vgl. Abschnitt 3.5). [3]Nach Artikel 6 Abs. 1 MwStVO[2)] gilt die Abgabe zubereiteter oder nicht zubereiteter Speisen und/oder von Getränken zusammen mit ausreichenden unterstützenden Dienstleistungen, die deren sofortigen Verzehr ermöglichen, als sonstige Leistung. [4]Die Abgabe von Speisen und/oder Getränken ist nur eine Komponente der gesamten Leistung, bei der der Dienstleistungsanteil qualitativ überwiegt. [5]Ob der Dienstleistungsanteil qualitativ überwiegt, ist nach dem Gesamtbild der Verhältnisse des Umsatzes zu beurteilen. [6]Bei dieser wertenden Gesamtbetrachtung aller Umstände des Einzelfalls sind nur solche Dienstleistungen zu berücksichtigen, die sich von denen unterscheiden, die notwendig mit der Vermarktung der Speisen verbunden sind (vgl. Absatz 3). [7]Dienstleistungselemente, die notwendig mit der Vermarktung von Lebensmitteln verbunden sind, bleiben bei der vorzunehmenden Prüfung unberücksichtigt (vgl. Absatz 2). [8]Ebenso sind Dienstleistungen des speiseabgebenden Unternehmers oder Dritter, die in keinem Zusammenhang mit der Abgabe von Speisen stehen (z. B. Vergnügungsangebote in Freizeitparks, Leistungen eines Pflegedienstes oder Gebäudereinigungsleistungen außerhalb eigenständiger Cateringverträge), nicht in die Prüfung einzubeziehen.

(2) [1]Insbesondere folgende Elemente sind notwendig mit der Vermarktung verzehrfertiger Speisen verbunden und im Rahmen der vorzunehmenden Gesamtbetrachtung nicht zu berücksichtigen:
- Darbietung von Waren in Regalen;
- Zubereitung der Speisen;

[1)] DStR 2005, 965.
[2)] **Steuergesetze** Nr. **550a.**

– Transport der Speisen und Getränke zum Ort des Verzehrs einschließlich der damit in Zusammenhang stehenden Leistungen wie Kühlen oder Wärmen, der hierfür erforderlichen Nutzung von besonderen Behältnissen und Geräten sowie der Vereinbarung eines festen Lieferzeitpunkts;
– übliche Nebenleistungen (z. B. Verpacken, Beigabe von Einweggeschirr oder -besteck);
– Bereitstellung von Papierservietten;
– Abgabe von Senf, Ketchup, Mayonnaise, Apfelmus oder ähnlicher Beigaben;
– Bereitstellung von Abfalleimern an Kiosken, Verkaufsständen, Würstchenbuden usw.;
– Bereitstellung von Einrichtungen und Vorrichtungen, die in erster Linie dem Verkauf von Waren dienen (z. B. Verkaufstheken und -tresen sowie Ablagebretter an Kiosken, Verkaufsständen, Würstchenbuden usw.);
– bloße Erstellung von Leistungsbeschreibungen (z. B. Speisekarten oder -pläne);
– allgemeine Erläuterung des Leistungsangebots;
– Einzug des Entgelts für Schulverpflegung von den Konten der Erziehungsberechtigten.

[2]Die Abgabe von zubereiteten oder nicht zubereiteten Speisen mit oder ohne Beförderung, jedoch ohne andere unterstützende Dienstleistungen, stellt stets eine Lieferung dar (Artikel 6 Abs. 2 MwStVO).[1)] [3]Die Sicherstellung der Verzehrfertigkeit während des Transports (z. B. durch Warmhalten in besonderen Behältnissen) sowie die Vereinbarung eines festen Zeitpunkts für die Übergabe der Speisen an den Kunden sind unselbständiger Teil der Beförderung und daher nicht gesondert zu berücksichtigen. [4]Die Abgabe von Waren aus Verkaufsautomaten ist stets eine Lieferung.

(3) [1]Nicht notwendig mit der Vermarktung von Speisen verbundene und damit für die Annahme einer Lieferung schädliche Dienstleistungselemente liegen vor, soweit sich der leistende Unternehmer nicht auf die Ausübung der Handels- und Verteilerfunktion des Lebensmitteleinzelhandels und des Lebensmittelhandwerks beschränkt (vgl. BFH-Urteil vom 24.11.1988, V R 30/83, BStBl. 1989 II S. 210). [2]Insbesondere die folgenden Elemente sind nicht notwendig mit der Vermarktung von Speisen verbunden und daher im Rahmen der Gesamtbetrachtung zu berücksichtigen:
– Bereitstellung einer die Bewirtung fördernden Infrastruktur (vgl. Absatz 4);
– Servieren der Speisen und Getränke;
– Gestellung von Bedienungs-, Koch- oder Reinigungspersonal;
– Durchführung von Service-, Bedien- oder Spülleistungen im Rahmen einer die Bewirtung fördernden Infrastruktur oder in den Räumlichkeiten des Kunden;
– Nutzungsüberlassung von Geschirr oder Besteck;
– Überlassung von Mobiliar (z. B. Tischen und Stühlen) zur Nutzung außerhalb der Geschäftsräume des Unternehmers;

---

1) **Steuergesetze** Nr. **550a**.

– Reinigung bzw. Entsorgung von Gegenständen, wenn die Überlassung dieser Gegenstände ein berücksichtigungsfähiges Dienstleistungselement darstellt (vgl. BFH-Urteil vom 10.8.2006, V R 55/04, BStBl. 2007 II S. 480);
– individuelle Beratung bei der Auswahl der Speisen und Getränke;
– Beratung der Kunden hinsichtlich der Zusammenstellung und Menge von Mahlzeiten für einen bestimmten Anlass.

[3]Erfüllen die überlassenen Gegenstände (Geschirr, Platten etc.) vornehmlich Verpackungsfunktion, stellt deren Überlassung kein berücksichtigungsfähiges Dienstleistungselement dar. [4]In diesem Fall ist auch die anschließende Reinigung bzw. Entsorgung der überlassenen Gegenstände bei der Gesamtbetrachtung nicht zu berücksichtigen.

Bereitstellung einer die Bewirtung fördernden Infrastruktur

(4) [1]Die Bereitstellung einer die Bewirtung fördernden Infrastruktur stellt ein im Rahmen der Gesamtbetrachtung zu berücksichtigendes Dienstleistungselement dar. [2]Zu berücksichtigen ist dabei insbesondere die Bereitstellung von Vorrichtungen, die den bestimmungsgemäßen Verzehr der Speisen und Getränke an Ort und Stelle fördern sollen (z.B. Räumlichkeiten, Tische und Stühle oder Bänke, Bierzeltgarnituren). [3]Auf die Qualität der zur Verfügung gestellten Infrastruktur kommt es nicht an. [4]Daher genügt eine Abstellmöglichkeit für Speisen und Getränke mit Sitzgelegenheit für die Annahme einer sonstigen Leistung (vgl. BFH-Urteil vom 30.6.2011, V R 18/10, BStBl. 2013 II S. 246). [5]Daneben sind beispielsweise die Bereitstellung von Garderoben und Toiletten in die Gesamtbetrachtung einzubeziehen. [6]Eine in erster Linie zur Förderung der Bewirtung bestimmte Infrastruktur muss nicht einer ausschließlichen Nutzung durch die verzehrenden Kunden vorbehalten sein. [7]Duldet der Unternehmer daneben eine Nutzung durch andere Personen, steht dies einer Berücksichtigung nicht entgegen. [8]Vorrichtungen, die nach ihrer Zweckbestimmung im Einzelfall nicht in erster Linie dazu dienen, den Verzehr von Speisen und Getränken zu erleichtern (z.B. Stehtische und Sitzgelegenheiten in den Wartebereichen von Kinofoyers sowie die Bestuhlung in Kinos, Theatern und Stadien, Parkbänke im öffentlichen Raum, Nachttische in Kranken- und Pflegezimmern), sind nicht zu berücksichtigen (vgl. BFH-Urteil vom 30.6.2011, V R 3/07, BStBl. 2013 II S. 241). [9]Dies gilt auch dann, wenn sich an diesen Gegenständen einfache, behelfsmäßige Vorrichtungen befinden, die den Verzehr fördern sollen (z.B. Getränkehalter, Ablagebretter). [10]Nicht zu berücksichtigen sind außerdem behelfsmäßige Verzehrvorrichtungen, wie z.B. Verzehrtheken ohne Sitzgelegenheit oder Stehtische. [11]Sofern die Abgabe der Speisen und Getränke zum Verzehr vor Ort erfolgt, kommt es jedoch nicht darauf an, dass sämtliche bereitgestellte Einrichtungen tatsächlich genutzt werden. [12]Vielmehr ist das bloße Zur-Verfügung-Stellen ausreichend. [13]In diesem Fall ist auf sämtliche Vor-Ort-Umsätze der allgemeine Steuersatz anzuwenden. [14]Für die Berücksichtigung einer die Bewirtung fördernden Infrastruktur ist die Zweckabrede zum Zeitpunkt des Vertragsabschlusses maßgeblich. [15]Bringt der Kunde zum Ausdruck, dass er eine Speise vor Ort verzehren will, nimmt diese anschließend jedoch mit, bleibt es bei der Anwendung des allgemeinen Umsatzsteuersatzes. [16]Werden Speisen sowohl unter Einsatz von nicht zu berücksichtigenden Infrastrukturelementen (z.B. in Warteberei-

chen von Kinos) als auch hiervon getrennt in Gastronomiebereichen abgegeben, ist eine gesonderte Betrachtung der einzelnen Bereiche vorzunehmen.

(5) [1]Die in Absatz 3 genannten Elemente sind nur dann zu berücksichtigen, wenn sie dem Kunden vom speiseabgebenden Unternehmer im Rahmen einer einheitlichen Leistung zur Verfügung gestellt werden und vom Leistenden ausschließlich dazu bestimmt wurden, den Verzehr von Lebensmitteln zu erleichtern (vgl. BFH-Urteil vom 30.6.2011, V R 18/10, BStBl. 2013 II S. 246). [2]Von Dritten erbrachte Dienstleistungselemente sind grundsätzlich nicht zu berücksichtigen. [3]Voraussetzung für eine Nichtberücksichtigung ist, dass der Dritte unmittelbar gegenüber dem verzehrenden Kunden tätig wird. [4]Etwas anderes gilt aber, wenn dem Leistenden durch den Dritten der Art nach ein Mitbenutzungsrecht in Form von Verfügungs- und Dispositionsmöglichkeiten an dessen Dienstleistungselementen (z. B. Verzehrvorrichtungen) zugestanden worden ist (vgl. BFH-Urteil vom 3.8.2017, V R 15/17, BStBl. 2021 II S. 403). [5]Maßgebend sind immer die Umstände des jeweiligen Einzelfalls. [6]Dabei ist – ggf. unter Berücksichtigung der getroffenen Vereinbarungen – zu prüfen, inwieweit augenscheinlich von einem Dritten erbrachte Dienstleistungselemente dem speiseabgebenden Unternehmer zuzurechnen sind. [7]Leistet der Dritte an diesen Unternehmer und dieser wiederum an den Kunden, handelt es sich um ein Dienstleistungselement des speiseabgebenden Unternehmers, das im Rahmen der Gesamtbetrachtung zu berücksichtigen ist.

(6) [1]Die in den Absätzen 1 bis 5 dargestellten Grundsätze gelten gleichermaßen für Imbissstände wie für Verpflegungsleistungen in Kindertagesstätten, Schulen und Kantinen, Krankenhäusern, Pflegeheimen oder ähnlichen Einrichtungen, bei Leistungen von Catering-Unternehmen (Partyservice) und Mahlzeitendiensten („Essen auf Rädern"). [2]Sie gelten ebenso für unentgeltliche Wertabgaben. [3]Ist der Verzehr durch den Unternehmer selbst als sonstige Leistung anzusehen, liegt eine unentgeltliche Wertabgabe nach § 3 Abs. 9a Nr. 2 UStG vor, die dem allgemeinen Steuersatz unterliegt. [4]Für unentgeltliche Wertabgaben nach § 3 Abs. 1b UStG – z. B. Entnahme von Nahrungsmitteln durch einen Gastwirt zum Verzehr in einer von der Gaststätte getrennten Wohnung – kommt der ermäßigte Steuersatz in Betracht. [5]Auf die jährlich im BStBl. Teil I veröffentlichten Pauschbeträge für unentgeltliche Wertabgaben (Sachentnahmen)[1)] wird hingewiesen (vgl. Abschnitt 10.6 Abs. 1 Satz 8).

Beispiel 1:

[1]Der Betreiber eines Imbissstandes gibt verzehrfertige Würstchen, Pommes frites usw. an seine Kunden in Pappbehältern oder auf Mehrweggeschirr ab. [2]Der Kunde erhält dazu eine Serviette, Einweg- oder Mehrwegbesteck und auf Wunsch Ketchup, Mayonnaise oder Senf. [3]Der Imbissstand verfügt über eine Theke, an der Speisen im Stehen eingenommen werden können. [4]Der Betreiber hat vor dem Stand drei Stehtische aufgestellt. [5]80 % der Speisen werden zum sofortigen Verzehr abgegeben. [6]20 % der Speisen werden zum Mitnehmen abgegeben.

[7]Unabhängig davon, ob die Kunden die Speisen zum Mitnehmen oder zum Verzehr an Ort und Stelle erwerben, liegen insgesamt begünstigte Lieferungen im Sinne des § 12 Abs. 2 Nr. 1 UStG vor. [8]Die erbrachten Dienstleistungselemente (Bereitstellung einfachster Verzehrvorrichtungen wie einer Theke und Stehtischen sowie von Mehrweggeschirr) führen bei einer wertenden Gesamtbetrachtung des Vorgangs auch hinsichtlich der vor Ort verzehrten Speisen nicht zur

---

[1)] Für **2020** siehe BMF v. 27.8.2020, BStBl. I 2020, 867, für **2021** siehe BMF v. 15.6.2021, BStBl. I 2021, 811.

Annahme einer sonstigen Leistung (vgl. BFH-Urteil vom 8.6.2011, XI R 37/08, BStBl. 2013 II S. 238, und vom 30.6.2011, V R 35/08, BStBl. 2013 II S. 244). [9] Die Qualität der Speisen und die Komplexität der Zubereitung haben auf die Beurteilung des Sachverhalts keinen Einfluss.

Beispiel 2:

[1] Wie Beispiel 1, jedoch verfügt der Imbissstand neben den Stehtischen über aus Bänken und Tischen bestehende Bierzeltgarnituren, an denen die Kunden die Speisen einnehmen können.

[2] Soweit die Speisen zum Mitnehmen abgegeben werden, liegen begünstigte Lieferungen im Sinne des § 12 Abs. 2 Nr. 1 UStG vor. [3] Soweit die Speisen zum Verzehr vor Ort abgegeben werden, liegen nicht begünstigte sonstige Leistungen im Sinne des § 3 Abs. 9 UStG vor. [4] Mit der Bereitstellung der Tische und der Sitzgelegenheiten wird die Schwelle zum Restaurationsumsatz überschritten (vgl. BFH-Urteil vom 30.6.2011, V R 18/10, BStBl. 2013 II S. 246). [5] Auf die tatsächliche Inanspruchnahme der Sitzgelegenheiten kommt es nicht an. [6] Maßgeblich ist die Absichtserklärung des Kunden, die Speisen vor Ort verzehren zu wollen.

Beispiel 3:

[1] Der Catering-Unternehmer A verabreicht in einer Schule auf Grund eines mit dem Schulträger geschlossenen Vertrags verzehrfertig angeliefertes Mittagessen. [2] A übernimmt mit eigenem Personal die Ausgabe des Essens, die Reinigung der Räume sowie der Tische, des Geschirrs und des Bestecks.

[3] Es liegen nicht begünstigte sonstige Leistungen im Sinne des § 3 Abs. 9 UStG vor. [4] Neben den Speisenlieferungen werden Dienstleistungen erbracht, die nicht notwendig mit der Vermarktung von Speisen verbunden sind (Bereitstellung von Verzehrvorrichtungen, Reinigung der Räume sowie der Tische, des Geschirrs und des Bestecks) und die bei Gesamtbetrachtung des Vorgangs das Lieferelement qualitativ überwiegen.

Beispiel 4:

[1] Ein Schulverein bietet in der Schule für die Schüler ein Mittagessen an. [2] Das verzehrfertige Essen wird von dem Catering-Unternehmer A dem Schulverein in Warmhaltebehältern zu festgelegten Zeitpunkten angeliefert und anschließend durch die Mitglieder des Schulvereins an die Schüler ausgegeben. [3] Das Essen wird von den Schülern in einem Mehrzweckraum, der über Tische und Stühle verfügt, eingenommen. [4] Der Schulverein übernimmt auch die Reinigung der Räume sowie der Tische, des Geschirrs und des Bestecks.

[5] Der Catering-Unternehmer A erbringt begünstigte Lieferungen im Sinne des § 12 Abs. 2 Nr. 1 UStG, da sich seine Leistung auf die Abgabe von zubereiteten Speisen und deren Beförderung ohne andere unterstützende Dienstleistungen beschränkt.

[6] Der Schulverein erbringt sonstige Leistungen im Sinne des § 3 Abs. 9 UStG. [7] Neben den Speisenlieferungen werden Dienstleistungen erbracht, die nicht notwendig mit der Vermarktung von Speisen verbunden sind (Bereitstellung von Verzehrvorrichtungen, Reinigung der Räume sowie der Tische, des Geschirrs und des Bestecks) und die bei Gesamtbetrachtung des Vorgangs das Lieferelement qualitativ überwiegen. [8] Bei Vorliegen der weiteren Voraussetzungen können die Umsätze dem ermäßigten Steuersatz nach § 12 Abs. 2 Nr. 8 UStG unterliegen.

Beispiel 5:

[1] Wie Beispiel 4, jedoch beliefert der Catering-Unternehmer A den Schulverein mit Tiefkühlgerichten. [2] Er stellt hierfür einen Tiefkühlschrank und ein Auftaugerät (Regeneriertechnik) zur Verfügung. [3] Die Endbereitung der Speisen (Auftauen und Erhitzen) sowie die Ausgabe erfolgt durch den Schulverein.

[4] Der Catering-Unternehmer A erbringt begünstigte Lieferungen im Sinne des § 12 Abs. 2 Nr. 1 UStG. [5] Die Bereitstellung der Regeneriertechnik stellt eine Nebenleistung zur Speisenlieferung dar.

Beispiel 6:

[1] Ein Unternehmer beliefert ein Krankenhaus mit Mittag- und Abendessen für die Patienten. [2] Er bereitet die Speisen nach Maßgabe eines mit dem Leistungsempfänger vereinbarten Speiseplans in der Küche des auftraggebenden Krankenhauses fertig zu. [3] Die Speisen werden zu festgelegten Zeitpunkten in Großgebinden an das Krankenhauspersonal übergeben, das den

Transport auf die Stationen, die Portionierung und Ausgabe der Speisen an die Patienten sowie die anschließende Reinigung des Geschirrs und Bestecks übernimmt.
[4] Es liegen begünstigte Lieferungen im Sinne des § 12 Abs. 2 Nr. 1 UStG vor, da sich die Leistung des Unternehmers auf die Abgabe von zubereiteten Speisen ohne andere unterstützende Dienstleistungen beschränkt. [5] Die durch das Krankenhauspersonal erbrachten Dienstleistungselemente sind bei der Beurteilung des Gesamtvorgangs nicht zu berücksichtigen.

Beispiel 7:

[1] Sachverhalt wie im Beispiel 6. [2] Ein Dritter ist jedoch verpflichtet, das Geschirr und Besteck in der Küche des Krankenhauses zu reinigen.
[3] Soweit dem Unternehmer die durch den Dritten erbrachten Spülleistungen nicht zuzurechnen sind, beschränkt sich seine Leistung auch in diesem Fall auf die Abgabe von zubereiteten Speisen ohne andere unterstützende Dienstleistungen. [4] Es liegen daher ebenfalls begünstigte Lieferungen an das Krankenhaus vor.

Beispiel 8:

[1] Ein Unternehmer bereitet mit eigenem Personal die Mahlzeiten für die Patienten in der angemieteten Küche eines Krankenhauses zu, transportiert die portionierten Speisen auf die Stationen und reinigt das Geschirr und Besteck. [2] Die Ausgabe der Speisen an die Patienten erfolgt durch das Krankenhauspersonal.
[3] Es liegen begünstigte Lieferungen im Sinne des § 12 Abs. 2 Nr. 1 UStG vor. [4] Die Reinigung des Geschirrs und Bestecks ist im Rahmen der Gesamtbetrachtung nicht zu berücksichtigen, da die Überlassung dieser Gegenstände kein berücksichtigungsfähiges Dienstleistungselement darstellt.

Beispiel 9:

[1] Eine Metzgerei betreibt einen Partyservice. [2] Nachdem der Unternehmer die Kunden bei der Auswahl der Speisen, deren Zusammenstellung und Menge individuell beraten hat, bereitet er ein kalt-warmes Buffet zu. [3] Die fertig belegten Platten und Warmhaltebehälter werden von den Kunden abgeholt oder von der Metzgerei zu den Kunden geliefert. [4] Die leeren Platten und Warmhaltebehälter werden am Folgetag durch den Metzger abgeholt und gereinigt.
[5] Es liegen begünstigte Lieferungen im Sinne des § 12 Abs. 2 Nr. 1 UStG vor, da sich die Leistung des Unternehmers auf die Abgabe von zubereiteten Speisen, ggf. deren Beförderung sowie die Beratung beschränkt. [6] Die Überlassung der Platten und Warmhaltebehälter besitzt vornehmlich Verpackungscharakter und führt bei der Gesamtbetrachtung des Vorgangs auch zusammen mit dem zu berücksichtigenden Dienstleistungselement „Beratung" nicht zu einem qualitativen Überwiegen der Dienstleistungselemente. [7] Da die Platten und Warmhaltebehälter vornehmlich Verpackungsfunktion besitzen, ist deren Reinigung nicht zu berücksichtigen.

Beispiel 10:

[1] Sachverhalt wie Beispiel 9, zusätzlich verleiht die Metzgerei jedoch Geschirr und/oder Besteck, das vor Rückgabe vom Kunden zu reinigen ist.
[2] Es liegen nicht begünstigte sonstige Leistungen im Sinne des § 3 Abs. 9 UStG vor. [3] Das Geschirr erfüllt in diesem Fall keine Verpackungsfunktion. [4] Mit der Überlassung des Geschirrs und des Bestecks in größerer Anzahl tritt daher ein Dienstleistungselement hinzu, durch das der Vorgang bei Betrachtung seines Gesamtbildes als nicht begünstigte sonstige Leistung anzusehen ist. [5] Unerheblich ist dabei, dass das Geschirr und Besteck vom Kunden gereinigt zurückgegeben wird (vgl. BFH-Urteil vom 23.11.2011, XI R 6/08, BStBl. 2013 II S. 253).

Beispiel 11:

[1] Der Betreiber eines Partyservice liefert zu einem festgelegten Zeitpunkt auf speziellen Wunsch des Kunden zubereitete, verzehrfertige Speisen in warmem Zustand für eine Feier seines Auftraggebers an. [2] Er richtet das Buffet her, indem er die Speisen in Warmhaltevorrichtungen auf Tischen des Auftraggebers anordnet und festlich dekoriert.
[3] Es liegen nicht begünstigte sonstige Leistungen im Sinne des § 3 Abs. 9 UStG vor. [4] Die Überlassung der Warmhaltevorrichtungen erfüllt zwar vornehmlich eine Verpackungsfunktion. [5] Sie führt bei der vorzunehmenden Gesamtbetrachtung des Vorgangs zusammen mit

den zu berücksichtigenden Dienstleistungselementen (Herrichtung des Buffets, Anordnung und festliche Dekoration) jedoch zu einem qualitativen Überwiegen der Dienstleistungselemente.

Beispiel 12:

[1] Der Betreiber eines Partyservice liefert auf speziellen Wunsch des Kunden zubereitete, verzehrfertige Speisen zu einem festgelegten Zeitpunkt für eine Party seines Auftraggebers an. [2] Der Auftraggeber erhält darüber hinaus Servietten, Einweggeschirr und -besteck. [3] Der Betreiber des Partyservice hat sich verpflichtet, das Einweggeschirr und -besteck abzuholen und zu entsorgen.

[4] Es liegen nicht begünstigte sonstige Leistungen im Sinne des § 3 Abs. 9 UStG vor. [5] Bei der vorzunehmenden Gesamtbetrachtung des Vorgangs überwiegen die zu berücksichtigenden Dienstleistungselemente (Überlassung von Einweggeschirr und -besteck in größerer Anzahl zusammen mit dessen Entsorgung) das Lieferelement qualitativ.

Beispiel 13:

[1] Wie Beispiel 12, jedoch entsorgt der Kunde das Einweggeschirr und -besteck selbst.

[2] Es liegen begünstigte Lieferungen im Sinne des § 12 Abs. 2 Nr. 1 UStG vor. [3] Da der Kunde die Entsorgung selbst übernimmt, beschränkt sich die Leistung des Unternehmers auf die Abgabe von zubereiteten Speisen und deren Beförderung ohne andere unterstützende Dienstleistungen.

Beispiel 14:

[1] Ein Mahlzeitendienst übergibt Einzelabnehmern verzehrfertig zubereitetes Mittag- und Abendessen in Warmhaltevorrichtungen auf vom Mahlzeitendienst zur Verfügung gestelltem Geschirr, auf dem die Speisen nach dem Abheben der Warmhaltehaube als Einzelportionen verzehrfertig angerichtet sind. [2] Dieses Geschirr wird – nach einer Vorreinigung durch die Einzelabnehmer – zu einem späteren Zeitpunkt vom Mahlzeitendienst zurückgenommen und endgereinigt.

[3] Es liegen begünstigte Lieferungen im Sinne des § 12 Abs. 2 Nr. 1 UStG vor. [4] Da das Geschirr vornehmlich eine Verpackungsfunktion erfüllt, überwiegt seine Nutzungsüberlassung sowie Endreinigung das Lieferelement nicht qualitativ. [5] Auf das Material oder die Form des Geschirrs kommt es dabei nicht an.

Beispiel 15:

[1] Ein Mahlzeitendienst übergibt Einzelabnehmern verzehrfertig zubereitetes Mittag- und Abendessen in Transportbehältnissen und Warmhaltevorrichtungen, die nicht dazu bestimmt sind, dass Speisen von diesen verzehrt werden. [2] Die Ausgabe der Speisen auf dem Geschirr der Einzelabnehmer und die anschließende Reinigung des Geschirrs und Bestecks in der Küche der Einzelabnehmer übernimmt der Pflegedienst des Abnehmers. [3] Zwischen Mahlzeiten- und Pflegedienst bestehen keine Verbindungen.

[4] Es liegen begünstigte Lieferungen im Sinne des § 12 Abs. 2 Nr. 1 UStG vor, da sich die Leistung des Mahlzeitendienstes auf die Abgabe von zubereiteten Speisen und deren Beförderung ohne andere unterstützende Dienstleistungen beschränkt. [5] Die Leistungen des Pflegedienstes sind bei der Beurteilung des Gesamtvorgangs nicht zu berücksichtigen.

Beispiel 16:[1)]

[1] Verschiedene Unternehmer bieten in einem zusammenhängenden Teil eines Einkaufszentrums diverse Speisen und Getränke an. [2] In unmittelbarer Nähe der Stände befinden sich Tische und Stühle, die von allen Kunden der Unternehmer gleichermaßen genutzt werden können (sog. „Food Court"). [3] Für die Rücknahme des Geschirrs stehen Regale bereit, die von allen Unternehmern genutzt werden.

[4] Soweit die Speisen zum Mitnehmen abgegeben werden, liegen begünstigte Lieferungen im Sinne des § 12 Abs. 2 Nr. 1 UStG vor. [5] Soweit die Speisen zum Verzehr vor Ort abgegeben werden, liegen nicht begünstigte sonstige Leistungen im Sinne des § 3 Abs. 9 UStG vor. [6] Maßgeblich ist die Absichtserklärung des Kunden, die Speisen mitnehmen oder vor Ort

---

1) Zur Abgrenzung siehe auch BFH v. 26.8.2021 V R 42/20, DStR 2021, 2785.

verzehren zu wollen. [7] Die gemeinsam genutzte Infrastruktur ist allen Unternehmern zuzurechnen. [8] Einer Berücksichtigung beim einzelnen Unternehmer steht nicht entgegen, dass die Tische und Stühle auch von Personen genutzt werden, die keine Speisen oder Getränke verzehren.

3.7 Vermittlung oder Eigenhandel

(1) [1] Ob jemand eine Vermittlungsleistung erbringt oder als Eigenhändler tätig wird, ist nach den Leistungsbeziehungen zwischen den Beteiligten zu entscheiden. [2] Maßgebend für die Bestimmung der umsatzsteuerrechtlichen Leistungsbeziehungen ist grundsätzlich das Zivilrecht; ob der Vermittler gegenüber dem Leistungsempfänger oder dem Leistenden tätig wird, ist insoweit ohne Bedeutung. [3] Entsprechend der Regelung des § 164 Abs. 1 BGB liegt danach eine Vermittlungsleistung umsatzsteuerrechtlich grundsätzlich nur vor, wenn der Vertreter – Vermittler – das Umsatzgeschäft erkennbar im Namen des Vertretenen abgeschlossen hat. [4] Das gilt jedoch nicht, wenn durch das Handeln in fremdem Namen lediglich verdeckt wird, dass der Vertreter und nicht der Vertretene das Umsatzgeschäft ausführt (vgl. BFH-Urteile vom 25.6.1987, V R 78/79, BStBl. II S. 657, vom 29.9.1987, X R 13/81, BStBl. 1988 II S. 153, und vom 10.8.2016, V R 4/16, BStBl. 2017 II S. 135). [5] Dies kann der Fall sein, wenn dem Vertreter von dem Vertretenen Substanz, Wert und Ertrag des Liefergegenstands vor der Weiterlieferung an den Leistungsempfänger übertragen worden ist (BFH-Urteil vom 16.3.2000, V R 44/99, BStBl. II S. 361). [6] Dem Leistungsempfänger muss beim Abschluss des Umsatzgeschäfts nach den Umständen des Falls bekannt sein, dass er zu einem Dritten in unmittelbare Rechtsbeziehungen tritt (vgl. BFH-Urteil vom 21.12. 1965, V 241/63 U, BStBl. 1966 III S. 162); dies setzt nicht voraus, dass der Name des Vertretenen bei Vertragsabschluss genannt wird, sofern er feststellbar ist (vgl. BFH-Urteil vom 16.3.2000, V R 44/99, BStBl. II S. 361). [7] Werden Zahlungen für das Umsatzgeschäft an den Vertreter geleistet, ist es zur Beschränkung des Entgelts auf die Vermittlungsprovision nach § 10 Abs. 1 Satz 5 UStG erforderlich, dass der Vertreter nicht nur im Namen, sondern auch für Rechnung des Vertretenen handelt (vgl. auch Absatz 7 und Abschnitt 10.4).

(2) [1] Werden beim Abschluss von Verträgen über die Vermittlung des Verkaufs von Kraftfahrzeugen vom Kraftfahrzeughändler die vom Zentralverband Deutsches Kraftfahrzeuggewerbe e.V. (ZDK) empfohlenen Vertragsmuster „Vertrag über die Vermittlung eines privaten Kraftfahrzeugs“ (Stand: 2019) und „Verbindlicher Vermittlungsauftrag zum Erwerb eines neuen Kraftfahrzeuges“ (Stand: 2017) nebst „Allgemeinen Geschäftsbedingungen“ verwendet, ist die Leistung des Kraftfahrzeughändlers als Vermittlungsleistung anzusehen, wenn die tatsächliche Geschäftsabwicklung den Voraussetzungen für die Annahme von Vermittlungsleistungen entspricht (vgl. Absatz 1). [2] Unschädlich ist jedoch, dass ein Kraftfahrzeughändler einem Gebrauchtwagenverkäufer die Höhe des über den vereinbarten Mindestverkaufspreis hinaus erzielten Erlöses nicht mitteilt (vgl. BFH-Urteil vom 27.7.1988, X R 40/82, BStBl. II S. 1017). [3] Entscheidend – insbesondere in Verbindung mit Neuwagengeschäften – ist, dass mit der Übergabe des Gebrauchtfahrzeugs an den Kraftfahrzeughändler das volle Verkaufsrisiko nicht auf diesen übergeht. [4] Nicht gegen die Annahme eines Vermittlungsgeschäfts spricht die Aufnahme einer Ver-

einbarung in einen Neuwagenkaufvertrag, wonach dem Neuwagenkäufer, der ein Gebrauchtfahrzeug zur Vermittlung übergeben hat, in Höhe der Preisuntergrenze des Gebrauchtfahrzeugs ein zinsloser Kredit bis zu einem bestimmten Termin, z.B. sechs Monate, eingeräumt wird.

(3) [1]Bei einem sog. Minusgeschäft wird der Kraftfahrzeughändler nicht als Vermittler tätig. [2]Ein Minusgeschäft ist gegeben, wenn ein Kraftfahrzeughändler den bei einem Neuwagengeschäft in Zahlung genommenen Gebrauchtwagen unter dem vereinbarten Mindestverkaufspreis verkauft, den vereinbarten Mindestverkaufspreis aber auf den Kaufpreis für den Neuwagen voll anrechnet (vgl. BFH-Urteil vom 29.9.1987, X R 13/81, BStBl. 1988 II S. 153). [3]Das Gleiche gilt für Fälle, bei denen im Kaufvertrag über den Neuwagen vorgesehen ist, dass der Kraftfahrzeughändler einen Gebrauchtwagen unter Anrechnung auf den Kaufpreis des Neuwagens „in Zahlung nimmt" und nach der Bezahlung des nicht zur Verrechnung vorgesehenen Teils des Kaufpreises und der Hingabe des Gebrauchtwagens der Neuwagenverkauf endgültig abgewickelt ist, ohne Rücksicht darauf, ob der festgesetzte Preis für den Gebrauchtwagen erzielt wird oder nicht (vgl. BFH-Urteil vom 25.6.1987, V R 78/79, BStBl. II S. 657). [4]Zur Besteuerung der Umsätze von Gebrauchtfahrzeugen (Differenzbesteuerung) vgl. Abschnitt 25a.1.

(4) [1]Die Abgabe von Autoschmierstoffen durch Tankstellen und Kraftfahrzeug-Reparaturwerkstätten ist wie folgt zu beurteilen: Wird lediglich ein Ölwechsel (Ablassen und Entsorgung des Altöls, Einfüllen des neuen Öls) vorgenommen, liegt eine Lieferung von Öl vor. [2]Wird die Lieferung im fremden Namen und für fremde Rechnung ausgeführt, handelt es sich um eine Vermittlungsleistung. [3]Das im Rahmen einer Inspektion im eigenen Namen abgegebene Motoröl ist jedoch Teil einer einheitlichen sonstigen Leistung (vgl. BFH-Urteil vom 30.9.1999, V R 77/98, BStBl. 2000 II S. 14).

(5) [1]Kraftfahrzeugunternehmer, z.B. Tankstellenagenten, Kraftfahrzeug-Reparaturwerkstätten, entnehmen für eigene unternehmerische Zwecke Kraft- und Schmierstoffe und stellen hierfür Rechnungen aus, in denen zum Ausdruck kommt, dass sie diese Waren im Namen und für Rechnung der betreffenden Mineralölgesellschaft an sich selbst veräußern. [2]Grundsätzlich ist davon auszugehen, dass Bestellungen, die ein Handelsvertreter bei dem Unternehmer für eigene Rechnung macht, in der Regel keinen Anspruch auf Handelsvertreterprovisionen nach § 87 Abs. 1 HGB begründen. [3]Ist jedoch etwas anderes vereinbart und sind Provisionszahlungen auch für eigene Bestellungen in dem betreffenden Handelszweig üblich, und steht ferner fest, dass der Handelsvertreter nicht zu besonderen Preisen bezieht, kann gleichwohl ein Provisionsanspruch des Vertreters begründet sein. [4]Bei dieser Sachlage ist das zivilrechtlich gewollte In-sich-Geschäft mit Provisionsanspruch auch umsatzsteuerrechtlich als solches anzuerkennen.

(6) [1]Der Versteigerer, der Gegenstände im eigenen Namen versteigert, wird als Eigenhändler behandelt und bewirkt Lieferungen. [2]Dabei macht es umsatzsteuerrechtlich keinen Unterschied aus, ob der Versteigerer die Gegenstände für eigene Rechnung oder für die Rechnung eines anderen, des Einlieferers, versteigert. [3]Wenn der Auktionator jedoch Gegenstände im fremden Namen und für fremde Rechnung, d.h. im Namen und für Rechnung

des Einlieferers, versteigert, führt er lediglich Vermittlungsleistungen aus. [4]Für die umsatzsteuerrechtliche Beurteilung kommt es entscheidend darauf an, wie der Auktionator nach außen den Abnehmern (Ersteigerern) gegenüber auftritt. [5]Der Versteigerer kann grundsätzlich nur dann als Vermittler (Handelsmakler) anerkannt werden, wenn er bei der Versteigerung erkennbar im fremden Namen und für fremde Rechnung auftritt. [6]Das Handeln des Auktionators im fremden Namen und für fremde Rechnung muss in den Geschäfts- und Versteigerungsbedingungen oder an anderer Stelle mit hinreichender Deutlichkeit zum Ausdruck kommen. [7]Zwar braucht dem Ersteigerer nicht sogleich bei Vertragsabschluss der Name des Einlieferers mitgeteilt zu werden. [8]Er muss aber die Möglichkeit haben, jederzeit den Namen und die Anschrift des Einlieferers zu erfahren (vgl. BFH-Urteil vom 24.5.1960, V 152/58 U, BStBl. III S. 374).

(7) [1]Unternehmer, die im eigenen Laden – dazu gehören auch gemietete Geschäftsräume – Waren verkaufen, sind umsatzsteuerrechtlich grundsätzlich als Eigenhändler anzusehen. [2]Vermittler kann ein Ladeninhaber nur sein, wenn zwischen demjenigen, von dem er die Ware bezieht, und dem Käufer unmittelbare Rechtsbeziehungen zustande kommen. [3]Auf das Innenverhältnis des Ladeninhabers zu seinem Vertragspartner, der die Ware zur Verfügung stellt, kommt es für die Frage, ob Eigenhandels- oder Vermittlungsgeschäfte vorliegen, nicht entscheidend an. [4]Wesentlich ist das Außenverhältnis, d.h. das Auftreten des Ladeninhabers dem Kunden gegenüber. [5]Wenn der Ladeninhaber eindeutig vor oder bei dem Geschäftsabschluss zu erkennen gibt, dass er in fremdem Namen und für fremde Rechnung handelt, kann seine Vermittlereigenschaft umsatzsteuerrechtlich anerkannt werden. [6]Deshalb können bei entsprechender Ausgestaltung des Geschäftsablaufs auch beim Verkauf von Gebrauchtwaren in Secondhandshops Vermittlungsleistungen angenommen werden (vgl. auch Abschnitt 25a.1). [7]Die für Verkäufe im eigenen Laden aufgestellten Grundsätze sind auch auf Fälle anwendbar, in denen der Ladeninhaber nicht liefert, sondern wegen der Art des Betriebs seinen Kunden gegenüber lediglich sonstige Leistungen erbringt (BFH-Urteil vom 9.4.1970, V R 80/66, BStBl. II S. 506). [8]Beim Bestehen einer echten Ladengemeinschaft sind die o.a. Grundsätze nicht anzuwenden. [9]Eine echte Ladengemeinschaft ist anzuerkennen, wenn mehrere Unternehmer in einem Laden mehrere Betriebe unterhalten und dort Waren in eigenem Namen und für eigene Rechnung verkaufen. [10]In einem solchen Fall handelt es sich um verschiedene Unternehmer, die mit den Entgelten der von ihnen bewirkten Lieferungen zur Umsatzsteuer heranzuziehen sind, ohne dass die Umsätze des einen dem anderen zugerechnet werden dürfen (vgl. BFH-Urteil vom 6.3.1969, V 23/65, BStBl. II S. 361).

(8) [1]Die Grundsätze über den Verkauf im eigenen Laden (vgl. Absatz 7) gelten nicht für den Verkauf von Waren, z.B. Blumen, Zeitschriften, die durch Angestellte eines anderen Unternehmers in Gastwirtschaften angeboten werden (vgl. BFH-Urteil vom 7.6.1962, V 214/59 U, BStBl. III S. 361). [2]Werden in Gastwirtschaften mit Genehmigung des Gastwirts Warenautomaten aufgestellt, liefert der Aufsteller die Waren an die Benutzer der Automaten. [3]Der Gastwirt bewirkt eine steuerpflichtige sonstige Leistung an den Aufsteller, die

darin besteht, dass er die Aufstellung der Automaten in seinen Räumen gestattet. [4] Entsprechendes gilt für die Aufstellung von Spielautomaten in Gastwirtschaften. [5] Als Unternehmer, der den Spielautomat in eigenem Namen und für eigene Rechnung betreibt, ist in der Regel der Automatenaufsteller anzusehen (vgl. BFH-Urteil vom 24.9.1987, V R 152/78, BStBl. 1988 II S. 29).

(9) [1] Mit dem Verkauf von Eintrittskarten, die z. B. ein Reisebüro vom Veranstalter zu Festpreisen (ohne Ausweis einer Provision) oder von Dritten erworben hat und mit eigenen Preisaufschlägen weiterveräußert, erbringt das Reisebüro keine Vermittlungsleistung, wenn nach der Vertragsgestaltung das Reisebüro das volle Unternehmerrisiko trägt. [2] Dies ist der Fall, wenn das Reisebüro die Karten nicht zurückgeben kann.

(10) Zu den Grundsätzen des Handelns von sog. Konsolidierern bei postvorbereitenden Leistungen vgl. BMF-Schreiben vom 13.12.2006, BStBl. 2007 I S. 119.

3.8 Werklieferung, Werkleistung[1)]

(1)[2)] [1] Eine Werklieferung liegt vor, wenn der Werkhersteller für das Werk einen fremden Gegenstand be- oder verarbeitet und dafür selbstbeschaffte Stoffe verwendet, die nicht nur Zutaten oder sonstige Nebensachen sind (vgl. BFH-Urteil vom 22.8.2013, V R 37/10, BStBl. 2014 II S. 128). [2] Besteht das Werk aus mehreren Hauptstoffen, bewirkt der Werkunternehmer bereits dann eine Werklieferung, wenn er nur einen Hauptstoff oder einen Teil eines Hauptstoffs selbst beschafft hat, während alle übrigen Stoffe vom Besteller beigestellt werden. [3] Verwendet der Werkunternehmer bei seiner Leistung keinerlei selbstbeschaffte Stoffe oder nur Stoffe, die als Zutaten oder sonstige Nebensachen anzusehen sind, handelt es sich um eine Werkleistung. [4] Unter Zutaten und sonstigen Nebensachen im Sinne des § 3 Abs. 4 Satz 1 UStG sind Lieferungen zu verstehen, die bei einer Gesamtbetrachtung aus der Sicht des Durchschnittsbetrachters nicht das Wesen des Umsatzes bestimmen (vgl. BFH-Urteil vom 9.6.2005, V R 50/02, BStBl. 2006 II S. 98). [5] Für die Frage, ob es sich um Zutaten oder sonstige Nebensachen handelt, kommt es daher nicht auf das Verhältnis des Werts der Arbeit oder des Arbeitserfolgs zum Wert der vom Unternehmer beschafften Stoffe an, sondern darauf, ob diese Stoffe ihrer Art nach sowie nach dem Willen der Beteiligten als Hauptstoffe oder als Nebenstoffe bzw. Zutaten des herzustellenden Werks anzusehen sind (vgl. BFH-Urteil vom 28.5.1953, V 22/53 U, BStBl. III S. 217). [6] Die Unentbehrlichkeit eines Gegenstands allein macht diesen noch nicht zu einem Hauptstoff. [7] Kleinere technische Hilfsmittel, z. B. Nägel, Schrauben, Splinte usw., sind in aller Regel Nebensachen. [8] Beim Austausch eines unbrauchbar gewordenen Teilstücks, dem eine gewisse selbständige Bedeutung zukommt,

---

1) Zur Umsatzbesteuerung in der Bauwirtschaft vgl. BMF v. 12.10.2009, BStBl. I 2009, 1292, mit Merkblatt USt M2.

2) A 3.8 UStAE Abs. 1 Satz 1 neugef. durch BMF v. 1.10.2020, BStBl. I 2020, 983, anzuwenden in allen offenen Fällen, mit Nichtbeanstandungsregelung (auch für Vorsteuerabzug und Fälle des § 13b UStG) für **vor dem 1.7.2021** (BMF v. 11.3.2021, BStBl. I 2021, 380) entstandene gesetzliche Umsatzsteuer, wenn Unternehmer Lieferungen nach A 3.8 Abs. 1 Satz 1 a. F. behandelt haben.

z. B. Kurbelwelle eines Kraftfahrzeugs, kann nicht mehr von einer Nebensache gesprochen werden (vgl. BFH-Urteil vom 25.3.1965, V 253/63 U, BStBl. III S. 338). 9 Haupt- oder Nebenstoffe sind Werkstoffe, die gegenständlich im fertigen Werk enthalten sein müssen. 10 Elektrizität, die bei der Herstellung des Werks verwendet wird, ist kein Werkstoff (vgl. BFH-Urteil vom 8.7.1971, V R 38/68, BStBl. 1972 II S. 44).

(2) 1 Bei Werklieferungen scheiden Materialbeistellungen des Bestellers aus dem Leistungsaustausch aus. 2 Das Material, das der Besteller dem Auftragnehmer zur Bewirkung der Werklieferung beistellt, geht nicht in die Verfügungsmacht des Werkherstellers über (vgl. BFH-Urteil vom 17.1.1957, V 157/55 U, BStBl. III S. 92). 3 Die beigestellte Sache kann ein Hauptstoff sein, die Beistellung kann sich aber auch auf Nebenstoffe oder sonstige Beistellungen, z. B. Arbeitskräfte, Maschinen, Hilfsstoffe wie Elektrizität, Kohle, Baustrom und Bauwasser oder ähnliche Betriebsmittel, beziehen (vgl. BFH-Urteil vom 12.3.1959, V 205/56 S, BStBl. III S. 227), nicht dagegen auf die Bauwesenversicherung. 4 Gibt der Auftraggeber zur Herstellung des Werks den gesamten Hauptstoff hin, liegt eine Materialgestellung vor (vgl. BFH-Urteil vom 10.9.1959, V 32/57 U, BStBl. III S. 435).

(3) 1 Es gehört grundsätzlich zu den Voraussetzungen für das Vorliegen einer Materialbeistellung, dass das beigestellte Material im Rahmen einer Werklieferung für den Auftraggeber be- oder verarbeitet wird. 2 Der Werkunternehmer muss sich verpflichtet haben, die ihm überlassenen Stoffe ausschließlich zur Herstellung des bestellten Werks zu verwenden (vgl. BFH-Urteil vom 17.1.1957, V 157/55 U, BStBl. III S. 92). 3 Auf das Erfordernis der Stoffidentität kann verzichtet werden, wenn die anderen Voraussetzungen für die Materialbeistellung zusammen gegeben sind, der Auftragnehmer den vom Auftraggeber zur Verfügung gestellten Stoff gegen gleichartiges und gleichwertiges Material austauscht und der Austausch wirtschaftlich geboten ist (vgl. BFH-Urteile vom 10.2.1966, V 105/63, BStBl. III S. 257, und vom 3.12.1970, V R 122/67, BStBl. 1971 II S. 355). 4 Eine Materialbeistellung ist jedoch zu verneinen, wenn der beigestellte Stoff ausgetauscht wird und der mit der Herstellung des Gegenstands beauftragte Unternehmer den Auftrag weitergibt (BFH-Urteil vom 21.9.1970, V R 76/67, BStBl. 1971 II S. 77).

(4) 1 Eine Materialbeistellung liegt nicht vor, wenn der Werkunternehmer an der Beschaffung der Werkstoffe als Kommissionär (§ 3 Abs. 3 UStG) mitgewirkt hat. 2 In diesem Fall umfasst die Lieferung des Werkunternehmers auch die beschafften Stoffe. 3 Eine Materialbeistellung ist aber anzunehmen, wenn der Werkunternehmer nur als Agent oder Berater an der Stoffbeschaffung beteiligt ist und dementsprechend zwischen dem Lieferer und dem Besteller der Werkstoffe unmittelbare Rechtsbeziehungen begründet werden. 4 Die Annahme einer Materialbeistellung hat zur Folge, dass der Umsatz des Werkunternehmers sich nicht auf die vom Besteller eingekauften Stoffe erstreckt. 5 Wenn dagegen unmittelbare Rechtsbeziehungen zwischen dem Lieferer der Werkstoffe und dem Werkunternehmer und eine Werklieferung dieses Unternehmers an den Besteller vorliegen, ist davon auszugehen, dass eine Lieferung der Stoffe vom Lieferer an den Werkunternehmer und eine Werklieferung dieses Unternehmers an den Besteller vorliegt. 6 In einem solchen

Fall schließt die Werklieferung den vom Werkunternehmer beschafften Stoff ein.

(5) Zur umsatzsteuerrechtlichen Behandlung der Beistellung von Personal zu sonstigen Leistungen vgl. Abschnitt 1.1 Abs. 6 und 7.

(6) [1] Reparaturen beweglicher körperlicher Gegenstände können in Form einer Werklieferung oder Werkleistung erbracht werden. [2] Nach ständiger EuGH- und BFH-Rechtsprechung ist für die Abgrenzung zwischen Lieferung und sonstiger Leistung das Wesen des Umsatzes aus Sicht des Durchschnittsverbrauchers zu bestimmen. [3] Im Rahmen einer Gesamtbetrachtung ist zu entscheiden, ob die charakteristischen Merkmale einer Lieferung oder einer sonstigen Leistung überwiegen (vgl. EuGH-Urteile vom 2.5.1996, C-231/94, Faaborg-Gelting Linien, BStBl. 1998 II S. 282,[1]) und vom 17.5.2001, C-322/99 und 323/99, Fischer und Brandenstein,[1]) sowie BFH-Urteil vom 9.6.2005, V R 50/02, BStBl. 2006 II S. 98). [4] Das Verhältnis des Wertes der Arbeit oder des Arbeitserfolges zum Wert der vom Unternehmer beschafften Stoffe ist allein kein ausschlaggebendes Abgrenzungskriterium. [5] Es kann lediglich einen Anhaltspunkt für die Einstufung des Umsatzes als Werklieferung oder Werkleistung darstellen (vgl. EuGH-Urteil vom 29.3.2007, C-111/05, Aktiebolaget NN).[2]) [6] Sofern nach diesen sowie den in den Absätzen 1 bis 4 dargestellten Abgrenzungskriterien nicht zweifelsfrei entschieden werden kann, ob die Reparaturleistung als Werklieferung oder Werkleistung zu qualifizieren ist, kann von einer Werklieferung ausgegangen werden, wenn der Entgeltanteil, der auf das bei der Reparatur verwendete Material entfällt, mehr als 50% des für die Reparatur berechneten Gesamtentgelts beträgt.

3.9 Lieferungsgegenstand bei noch nicht abgeschlossenen Werklieferungen[3])

(1) [1] Wird über das Vermögen eines Unternehmers vor Lieferung des auf einem fremden Grundstück errichteten Bauwerks das Insolvenzverfahren eröffnet und lehnt der Insolvenzverwalter die weitere Erfüllung des Werkvertrags nach § 103 InsO[4]) ab, ist neu bestimmter Gegenstand der Werklieferung das nicht fertiggestellte Bauwerk (vgl. BFH-Urteil vom 2.2.1978, V R 128/76, BStBl. II S. 483, zum Werkunternehmer-Konkurs). [2] Wird über das Vermögen des Bestellers eines Werks vor dessen Fertigstellung das Insolvenzverfahren eröffnet und lehnt der Insolvenzverwalter die weitere Erfüllung des Werkvertrags ab, beschränkt sich der Leistungsaustausch zwischen Werkunternehmer und Besteller auf den vom Werkunternehmer gelieferten Teil des Werks, der nach § 105 InsO nicht mehr zurückgefordert werden kann (vgl. BFH-Beschluss vom 24.4.1980, V S 14/79, BStBl. II S. 541, zum Besteller-Konkurs).

---

[1]) DStR 1996, 2005. – DStRE 2001, 715.

[2]) IStR 2007, 401.

[3]) Vgl. auch A 2.1 Abs. 7 UStAE und BMF v. 12.10.2009, BStBl. I 2009, 1292, mit Merkblatt USt M2.

[4]) **Habersack** Nr. **110.**

(2)[1] Die Ausführungen in Absatz 1 gelten entsprechend, wenn der Werkunternehmer aus anderen Gründen die Arbeiten vorzeitig und endgültig einstellt (vgl. BFH-Urteil vom 28.2.1980, V R 90/75, BStBl. II S. 535).

(3) Zur Entstehung der Steuer in diesen Fällen vgl. Abschnitt 13.2.

3.10 Einheitlichkeit der Leistung

Allgemeine Grundsätze

(1) [1] Ob von einer einheitlichen Leistung oder von mehreren getrennt zu beurteilenden selbständigen Einzelleistungen auszugehen ist, hat umsatzsteuerrechtlich insbesondere Bedeutung für die Bestimmung des Orts und des Zeitpunkts der Leistung sowie für die Anwendung von Befreiungsvorschriften und des Steuersatzes. [2] Es ist das Wesen des fraglichen Umsatzes zu ermitteln, um festzustellen, ob der Unternehmer dem Abnehmer mehrere selbständige Hauptleistungen oder eine einheitliche Leistung erbringt (vgl. EuGH-Urteil vom 4.9.2019, C-71/18, KPC Herning).[2] [3] Dabei ist auf die Sicht des Durchschnittsverbrauchers abzustellen (vgl. BFH-Urteile vom 31.5.2001, V R 97/98, BStBl. II S. 658, und vom 14.2.2019, V R 22/17, BStBl. II S. 350).

(2) [1] In der Regel ist jede Lieferung und jede sonstige Leistung als eigene selbständige Leistung zu betrachten (vgl. EuGH-Urteil vom 25.2.1999, C-349/96, CPP,[3] und BFH-Urteil vom 14.2.2019, V R 22/17, BStBl. II S. 350). [2] Deshalb können zusammengehörige Vorgänge nicht bereits als einheitliche Leistung angesehen werden, weil sie einem einheitlichen wirtschaftlichen Ziel dienen. [3] Wenn mehrere, untereinander gleichzuwertende Faktoren zur Erreichung dieses Ziels beitragen und aus diesem Grund zusammengehören, ist die Annahme einer einheitlichen Leistung nur gerechtfertigt, wenn die einzelnen Faktoren so ineinandergreifen, dass sie bei natürlicher Betrachtung hinter dem Ganzen zurücktreten. [4] Dass die einzelnen Leistungen auf einem einheitlichen Vertrag beruhen und für sie ein Gesamtentgelt entrichtet wird, reicht ebenfalls noch nicht aus, sie umsatzsteuerrechtlich als Einheit zu behandeln. [5] Entscheidend ist der wirtschaftliche Gehalt der erbrachten Leistungen (vgl. BFH-Urteil vom 24.11.1994, V R 30/92, BStBl. 1995 II S. 151). [6] Die dem Leistungsempfänger aufgezwungene Koppelung mehrerer Leistungen allein führt nicht zu einer einheitlichen Leistung (vgl. BFH-Urteil vom 13.7.2006, V R 24/02, BStBl. II S. 935).

(3) [1] Allerdings darf ein einheitlicher wirtschaftlicher Vorgang umsatzsteuerrechtlich nicht in mehrere Leistungen aufgeteilt werden (vgl. BFH-Urteil vom 14.2.2019, V R 22/17, BStBl. II S. 350). [2] Dies gilt auch dann, wenn sich die Abnehmer dem leistenden Unternehmer gegenüber mit einer solchen Aufspaltung einverstanden erklären (vgl. BFH-Urteile vom 20.10.1966, V 169/63, BStBl. 1967 III S. 159, und vom 12.12.1969, V R 105/69, BStBl. 1970 II S. 362). [3] Auch der Umstand, dass beide Bestandteile im Wirtschaftsleben auch getrennt erbracht werden, rechtfertigt allein keine Aufspaltung des Vorgangs,

---

1) Zur Zurechnung vgl. A 2.1 Abs. 3, A 13.2 Satz 2 Nr. 1 und A 15.2 Abs. 15 UStAE.
2) DStRE 2019, 1399.
3) DStRE 1999, 271.

wenn es dem durchschnittlichen Verbraucher gerade um die Verbindung beider Elemente geht (vgl. BFH-Urteil vom 10.1.2013, V R 31/10, BStBl. II S. 352). 4 Zur Qualifizierung einer einheitlichen Leistung, die sowohl Lieferungselemente als auch Elemente sonstiger Leistungen aufweist, vgl. Abschnitt 3.5.

(4) 1 Voraussetzung für das Vorliegen einer einheitlichen Leistung anstelle mehrerer selbständiger Leistungen ist stets, dass es sich um Tätigkeiten desselben Unternehmers handelt. 2 Entgeltliche Leistungen verschiedener Unternehmer sind auch dann jeweils für sich zu beurteilen, wenn sie gegenüber demselben Leistungsempfänger erbracht werden und die weiteren Voraussetzungen für das Vorliegen einer einheitlichen Leistung erfüllt sind. 3 Eine einheitliche Leistung kann, im Gegensatz zur Beurteilung bei Leistungen mehrerer Unternehmer, allerdings im Verhältnis von Organträger und Organgesellschaft vorliegen (vgl. BFH-Urteil vom 29.10.2008, XI R 74/07, BStBl. 2009 II S. 256).

Abgrenzung von Haupt- und Nebenleistung

(5) 1 Nebenleistungen teilen umsatzsteuerrechtlich das Schicksal der Hauptleistung (vgl. jedoch Abschnitt 4.12.10 Satz 1 zum Aufteilungsgebot bei der Vermietung und Verpachtung von Grundstücken mit Betriebsvorrichtungen und Abschnitt 12.16 Abs. 8 zum Aufteilungsgebot bei Beherbergungsumsätzen). 2 Das gilt auch dann, wenn für die Nebenleistung ein besonderes Entgelt verlangt und entrichtet wird (vgl. BFH-Urteil vom 28.4.1966, V 158/63, BStBl. III S. 476). 3 Eine Leistung ist grundsätzlich dann als Nebenleistung zu einer Hauptleistung anzusehen, wenn sie im Vergleich zu der Hauptleistung nebensächlich ist, mit ihr eng – im Sinne einer wirtschaftlich gerechtfertigten Abrundung und Ergänzung – zusammenhängt und üblicherweise in ihrem Gefolge vorkommt (vgl. BFH-Urteil vom 10.9.1992, V R 99/88, BStBl. 1993 II S. 316). 4 Davon ist insbesondere auszugehen, wenn die Leistung für den Leistungsempfänger keinen eigenen Zweck, sondern das Mittel darstellt, um die Hauptleistung des Leistenden unter optimalen Bedingungen in Anspruch zu nehmen (vgl. BFH-Urteil vom 14.2.2019, V R 22/17, BStBl. II S. 350). 5 Gegenstand einer Nebenleistung kann sowohl eine unselbständige Lieferung von Gegenständen als auch eine unselbständige sonstige Leistung sein.

Hin- und Rückgabe von Transporthilfsmitteln und Warenumschließungen gegen Pfandgeld

(5a) 1 Die Hingabe des Transporthilfsmittels gegen Pfandgeld ist als eigenständige Lieferung zu beurteilen. 2 Warenumschließungen teilen im Gegensatz hierzu stets das Schicksal der Hauptleistung. 3 Bei Rückgabe und Rückzahlung des Pfandgeldes liegen sowohl bei Transporthilfsmitteln als auch bei Warenumschließungen Entgeltminderungen vor. 4 Zur Anwendung der Vereinfachungsregelung bei Rückgabe von Transporthilfsmitteln bzw. Warenumschließungen vgl. Abschnitt 10.1 Abs. 8. 5 Zur Abgrenzung zwischen Transporthilfsmitteln und Warenumschließungen vgl. BMF-Schreiben vom 20.10.2014, BStBl. I S. 1372, und zur Überlassung des Transporthilfsmittels im Rahmen reiner Tauschsysteme vgl. Abschnitt 3.5 Abs. 3 Nr. 18.

Einzelfälle

(6)[1] Einzelfälle zur Abgrenzung einer einheitlichen Leistung von mehreren Hauptleistungen und zur Abgrenzung von Haupt- und Nebenleistung:

1. zur Einheitlichkeit der Leistung bei Erbringung der üblichen Baubetreuung im Rahmen von Bauherrenmodellen vgl. BMF-Schreiben vom 27.6.1986, BStBl. I S. 352, und BFH-Urteil vom 10.9.1992, V R 99/88, BStBl. 1993 II S. 316;

2. zur Einheitlichkeit der Leistung bei der Nutzungsüberlassung von Sportanlagen und anderen Anlagen, vgl. Abschnitt 4.12.11 und BMF-Schreiben vom 17.4.2003, BStBl. I S. 279;

3. die Verschaffung von Versicherungsschutz oder die entgeltliche Garantiezusage durch einen Kraftfahrzeughändler im Zusammenhang mit einer Fahrzeuglieferung ist keine unselbständige Nebenleistung zur Fahrzeuglieferung, sondern eine eigenständige Leistung, vgl. BFH-Urteile vom 9.10.2002, V R 67/01, BStBl. 2003 II S. 378, und vom 14.11.2018, XI R 16/17, BStBl. 2021 II S. 461;

4. zur Qualifizierung der Lieferung von Saatgut und dessen Einsaat bzw. der Lieferung von Pflanzen und deren Einpflanzen durch denselben Unternehmer als jeweils selbständige Hauptleistungen vgl. BFH-Urteile vom 9.10.2002, V R 5/02, BStBl. 2004 II S. 470, und vom 25.6.2009, V R 25/07, BStBl. 2010 II S. 239;[2]

5. [1]bei der Überlassung von Grundstücksteilen zur Errichtung von Strommasten für eine Überlandleitung, der Einräumung des Rechts zur Überspannung der Grundstücke und der Bewilligung einer beschränkten persönlichen Dienstbarkeit zur dinglichen Sicherung dieser Rechte handelt es sich um eine nach § 4 Nr. 12 Satz 1 Buchstabe a UStG steuerbefreite einheitliche sonstige Leistung. [2]Eine damit im Zusammenhang stehende Duldung der Verursachung baubedingter Flur- und Aufwuchsschäden stellt im Verhältnis hierzu eine Nebenleistung dar. [3]Das gilt auch dann, wenn Zahlungen sowohl an den Grundstückseigentümer, z.B. für die Rechtseinräumung, als auch an den Pächter, z.B. für die Flur- und Aufwuchsschäden, erfolgen (vgl. BFH-Urteil vom 11.11.2004, V R 30/04, BStBl. 2005 II S. 802);

6. die unentgeltliche Abgabe von Hardwarekomponenten im Zusammenhang mit dem Abschluss eines längerfristigen Netzbenutzungsvertrags ist eine unselbständige Nebenleistung zu der (einheitlichen) Telekommunikationsleistung (vgl. Abschnitt 3.3 Abs. 20) oder der auf elektronischem Weg erbrachten sonstigen Leistung; bei der Entrichtung einer Zuzahlung ist diese regelmäßig Entgelt für die Lieferung des Wirtschaftsguts;

---

[1] A 3.10 UStAE Abs. 6 Nr. 3 neugef. durch BMF v. 11.5.2021, BStBl. I 2021, 781, anzuwenden auf nach dem 31.12.2022 abgegebene Garantiezusagen, die Anwendung auf vor dem 1.1.2023 abgegebene Garantiezusagen wird nicht beanstandet; gilt branchenunabhängig (BMF v. 18.10.2021, BStBl. I 2021, 2142).

[2] Zu Pflanzenlieferungen für eine Gartenanlage als Teil einer einheitlichen komplexen Leistung siehe aber BFH v. 14.2.2019 V R 22/17, BStBl. II 2019, 350.

7. die Übertragung und spätere Rückübertragung von Wertpapieren oder Emissionszertifikaten nach dem TEHG im Rahmen von Pensionsgeschäften (§ 340b HGB) ist jeweils gesondert als sonstige Leistung zu beurteilen;
8. bei der Verwaltung fremden Vermögens, die zwar entsprechend hierzu vereinbarter allgemeiner Anlagerichtlinien oder -strategien, jedoch im eigenen Ermessen und ohne vorherige Einholung von Einzelfallweisungen des Kunden erfolgt (Portfolioverwaltung), beinhaltet die einheitliche sonstige Leistung der Vermögensverwaltung auch die in diesem Rahmen erforderlichen Transaktionsleistungen bei Wertpapieren, vgl. EuGH-Urteil vom 19.7.2012, C-44/11, Deutsche Bank, BStBl. II S. 945,[1] und BFH-Urteil vom 11.10.2012, V R 9/10, BStBl. 2014 II S. 279;
9. zur Einheitlichkeit der Leistung bei betriebsärztlichen Leistungen nach § 3 ASiG vgl. BMF-Schreiben vom 4.5.2007, BStBl. I S. 481;
10. zur Frage der Einheitlichkeit der Leistung bei Leistungen, die sowohl den Charakter bzw. Elemente einer Grundstücksüberlassung als auch anderer Leistungen aufweisen, vgl. Abschnitt 4.12.5;
11. zu Gegenstand und Umfang der Werklieferung eines Gebäudes vgl. BFH-Urteil vom 24.1.2008, V R 42/05, BStBl. II S. 697;
12. zum Vorliegen einer einheitlichen Leistung bei der Lieferung eines noch zu bebauenden Grundstücks vgl. BFH-Urteil vom 19.3.2009, V R 50/07, BStBl. II S. 78;
13. zu Verpflegungsleistungen als Nebenleistungen zu Übernachtungsleistungen, vgl. BFH-Urteil vom 15.1.2009, V R 9/06, BStBl. 2010 II S. 433, zum Aufteilungsgebot bei Beherbergungsumsätzen vgl. jedoch Abschnitt 12.16 Abs. 8;
14. Zahlungen der Hersteller/Händler an Finanzierungsinstitute zum Ausgleich von vergünstigten Kredit- bzw. Leasinggeschäften können Entgeltzahlungen für eine Leistung eigener Art des Finanzierungsinstituts an den Hersteller/Händler oder Entgelt von dritter Seite für die Finanzierungsleistung des Instituts an den Abnehmer darstellen, vgl. BMF-Schreiben vom 28.9.2011, BStBl. I S. 935, und vom 24.9.2013, BStBl. I S. 1219, vgl. auch BFH-Urteil vom 24.2.2021, XI R 15/19, BStBl. II S. 729;
15. dient ein Insolvenzverfahren der Befriedigung sowohl von Verbindlichkeiten des zum Vorsteuerabzug berechtigten Unternehmers wie auch von dessen Privatverbindlichkeiten, erbringt der Insolvenzverwalter eine einheitliche Leistung, aus der der Unternehmer nur zum anteiligen Vorsteuerabzug berechtigt ist (vgl. BFH-Urteil vom 15.4.2015, V R 44/14, BStBl. II S. 679; vgl. auch Abschnitt 15.2b Abs. 3 Sätze 11 und 12);
16. zur Aufteilung eines Gesamtentgelts für die Nutzung von Saunaleistungen in Schwimmbädern vgl. BMF-Schreiben vom 18.12.2019, BStBl. I S. 1396;

[1] DStR 2012, 1061.

17. zur Abgrenzung von Nebenleistung und selbstständiger Lieferung für Fälle, in denen Formen, Modelle oder Werkzeuge zur Herstellung steuerfrei ausgeführter Gegenstände benötigt wurden, vgl. BMF-Schreiben vom 27.11.1975, BStBl. I S. 1126.

3.11 Kreditgewährung im Zusammenhang mit anderen Umsätzen

Inhalt des Leistungsaustauschs

(1) [1]Im Falle der Kreditgewährung im Zusammenhang mit einer Lieferung oder sonstigen Leistung erbringt der leistende Unternehmer grundsätzlich jeweils eigene selbständige Leistungen. [2]Die naturgemäße Verbindung des Kreditgeschäfts zu der Lieferung oder sonstigen Leistungen reicht für sich genommen für die Annahme einer einheitlichen Leistung nicht aus. [3]Ob mehrere, voneinander unabhängige Leistungen oder eine einheitliche Gesamtleistung vorliegen, ist im konkreten Einzelfall unter Beachtung der in Abschnitt 3.10 dargelegten objektiven Abgrenzungskriterien zu beurteilen. [4]Anhaltspunkte, die für die Annahme mehrerer selbständiger Leistungen sprechen, sind dabei u. a.:
– gesonderte Vereinbarung von Lieferung oder sonstiger Leistung und Kreditgewährung;
– eigenständige Bildung von Leistungspreisen;
– gesonderte Rechnungsstellung.

[5]Bei der Kreditgewährung im Rahmen von Public-Private-Partnership-Projekten ist von zwei getrennt zu beurteilenden Leistungen auszugehen, wenn Werklieferung und Finanzierung nicht so aufeinander abgestimmt sind, dass es die Verflechtung beider Komponenten nicht möglich machen würde, nur eine der beiden Leistungen in Anspruch zu nehmen (vgl. BFH-Urteil vom 13.11.2013, XI R 24/11, BStBl. 2017 II S. 1147). [6]Zur Kreditgewährung im Zusammenhang mit einem Forderungskauf vgl. Abschnitt. 2.4.

(2) *(aufgehoben)*

(3) Als Entgelt für gesonderte Kreditleistungen können in entsprechender Anwendung des Absatzes 1 z. B. angesehen werden:

1. [1]Stundungszinsen. [2]Sie werden berechnet, wenn dem Leistungsempfänger, der bei Fälligkeit der Kaufpreisforderung nicht zahlen kann, gestattet wird, die Zahlung zu einem späteren Termin zu leisten;

2. [1]Zielzinsen. [2]Sie werden erhoben, wenn dem Leistungsempfänger zur Wahl gestellt wird, entweder bei kurzfristiger Zahlung den Barpreis oder bei Inanspruchnahme des Zahlungsziels einen höheren Zielpreis für die Leistung zu entrichten. [3]Für die Annahme einer Kreditleistung reicht jedoch die bloße Gegenüberstellung von Barpreis und Zielpreis nicht aus; es müssen vielmehr die in Absatz 1 genannten Voraussetzungen erfüllt sein.

(4) [1]Kontokorrentzinsen sind stets Entgelt für eine Kreditgewährung, wenn zwischen den beteiligten Unternehmern ein echtes Kontokorrentverhältnis im Sinne des § 355 HGB vereinbart worden ist, bei dem die gegenseitigen Forderungen aufgerechnet werden und bei dem der jeweilige Saldo an die Stelle der einzelnen Forderungen tritt. [2]Besteht kein echtes Kontokorrent-

verhältnis, können die neben dem Entgelt für die Lieferung erhobenen Zinsen nur dann als Entgelt für eine Kreditleistung behandelt werden, wenn entsprechende Vereinbarungen (vgl. Absatz 2) vorliegen.

(5) [1]Bietet ein Unternehmer in seinen Zahlungsbedingungen die Gewährung eines Nachlasses (Skonto, Rabatt) auf den ausgezeichneten Preis bei vorzeitiger Zahlung an und macht der Leistungsempfänger davon Gebrauch, führt der Preisnachlass zu einer Entgeltminderung. [2]Nimmt der Leistungsempfänger jedoch keinen Preisnachlass in Anspruch und entrichtet den Kaufpreis erst mit Ablauf der Zahlungsfrist, bewirkt der Unternehmer in Höhe des angebotenen Preisnachlasses keine Kreditleistung (vgl. BFH-Urteil vom 28.1.1993, V R 43/89, BStBl. II S. 360).

Beispiel:

[1]Ein Unternehmer liefert eine Ware für 1000 € (einschließlich Umsatzsteuer), zahlbar nach 6 Wochen. [2]Bei Zahlung innerhalb von 10 Tagen wird ein Skonto von 3% des Kaufpreises gewährt. [3]Der Leistungsempfänger zahlt nach 6 Wochen den vollen Kaufpreis von 1000 €. [4]Der Unternehmer darf seine Leistung nicht in eine steuerpflichtige Warenlieferung i. H. v. 970 € (einschließlich Umsatzsteuer) und eine steuerfreie Kreditleistung i. H. v. 30 € aufteilen.

Steuerfreiheit der Kreditgewährung

(6) [1]Ist die Kreditgewährung als selbständige Leistung anzusehen, fällt sie unter die Steuerbefreiung nach § 4 Nr. 8 Buchstabe a UStG. [2]Unberührt bleibt die Möglichkeit, unter den Voraussetzungen des § 9 UStG auf die Steuerbefreiung zu verzichten.

Entgeltminderungen

(7) [1]Entgeltminderungen, die sowohl auf steuerpflichtige Umsätze als auch auf die im Zusammenhang damit erbrachten steuerfreien Kreditgewährungen entfallen, sind anteilig dem jeweiligen Umsatz zuzuordnen. [2]Deshalb hat z. B. bei Uneinbringlichkeit von Teilzahlungen der Unternehmer die Steuer für die Warenlieferung entsprechend ihrem Anteil zu berichtigen (§ 17 Abs. 2 Nr. 1 i. V. m. Abs. 1 UStG). [3]Bei der Zuordnung der Entgeltminderung zu den steuerpflichtigen und steuerfreien Umsätzen kann nach Abschnitt 22.6 Abs. 20 und 21 verfahren werden. [4]Fällt eine Einzelforderung, die in ein Kontokorrent im Sinne des § 355 HGB eingestellt wurde, vor der Anerkennung des Saldos am Ende eines Abrechnungszeitraums ganz oder zum Teil aus, mindert sich dadurch das Entgelt für die der Forderung zu Grunde liegende Warenlieferung.

Auswirkungen auf den Vorsteuerabzug des leistenden Unternehmers

(8) [1]Die den steuerfreien Kreditgewährungen zuzurechnenden Vorsteuerbeträge sind unter den Voraussetzungen des § 15 Abs. 2 und 3 UStG vom Abzug ausgeschlossen. [2]Das gilt auch für solche Vorsteuerbeträge, die lediglich in mittelbarem wirtschaftlichem Zusammenhang mit diesen Umsätzen stehen, z. B. Vorsteuerbeträge, die im Bereich der Gemeinkosten anfallen. [3]Vorsteuerbeträge, die den Kreditgewährungen nur teilweise zuzurechnen sind, hat der Unternehmer nach den Grundsätzen des § 15 Abs. 4 UStG in einen abziehbaren und einen nichtabziehbaren Teil aufzuteilen (vgl. im Übrigen Abschnitte 15.16 ff.). [4]Die Vorschrift des § 43 UStDV kann auf die den Kreditgewährungen zuzurechnenden Vorsteuerbeträge nicht angewendet werden.

[5]Werden die Kredite im Zusammenhang mit einer zum Vorsteuerabzug berechtigenden Lieferung oder sonstigen Leistung an einen Unternehmer gewährt, ist es jedoch nicht zu beanstanden, wenn aus Vereinfachungsgründen die Vorsteuern abgezogen werden, die den Kreditgewährungen nicht ausschließlich zuzurechnen sind.

Beispiel:

[1]Ein Maschinenhersteller M liefert eine Maschine an den Unternehmer U in Österreich. [2]Für die Entrichtung des Kaufpreises räumt M dem U einen Kredit ein, der als selbständige Leistung zu behandeln ist.

[3]Die Lieferung der Maschine ist nach § 4 Nr. 1 Buchstabe b, § 6a UStG steuerfrei und berechtigt zum Vorsteuerabzug. [4]Die Kreditgewährung ist nach § 3a Abs. 2 UStG in Deutschland nicht steuerbar und schließt nach § 15 Abs. 2 und 3 UStG den Vorsteuerabzug aus. [5]Aus Vereinfachungsgründen kann jedoch M die Vorsteuern, die der Kreditgewährung nicht ausschließlich zuzurechnen sind, z. B. Vorsteuern im Bereich der Verwaltungsgemeinkosten, in vollem Umfang abziehen.

3.12 Ort der Lieferung

(1) [1]Lieferungen gelten – vorbehaltlich der Sonderregelungen in den §§ 3c bis 3g UStG – nach § 3 Abs. 6 Satz 1 UStG grundsätzlich dort als ausgeführt, wo die Beförderung oder Versendung an den Abnehmer oder in dessen Auftrag an einen Dritten (z. B. an einen Lohnveredeler oder Lagerhalter) beginnt. [2]Dies gilt sowohl für Fälle, in denen der Unternehmer selbst oder ein von ihm beauftragter Dritter den Gegenstand der Lieferung befördert oder versendet als auch für Fälle, in denen der Abnehmer oder ein von ihm beauftragter Dritter den Gegenstand bei dem Lieferer abholt (Abholfall). [3]Auch der sog. Handkauf ist damit als Beförderungs- oder Versendungslieferung anzusehen.

(2) [1]Eine Beförderungslieferung im Sinne des § 3 Abs. 6 Satz 1 UStG setzt voraus, dass der liefernde Unternehmer, der Abnehmer oder ein unselbständiger Erfüllungsgehilfe den Gegenstand der Lieferung befördert. [2]Eine Beförderung liegt auch vor, wenn der Gegenstand der Lieferung mit eigener Kraft fortbewegt wird, z. B. bei Kraftfahrzeugen auf eigener Achse, bei Schiffen auf eigenem Kiel (vgl. BFH-Urteil vom 20.12.2006, V R 11/06, BStBl. 2007 II S. 424). [3]Die Bewegung eines Gegenstands innerhalb des Unternehmens, die lediglich der Vorbereitung des Transports dient, stellt keine Beförderung an den Abnehmer im Sinne des § 3 Abs. 6 Satz 1 UStG dar. [4]Befördert im Falle eines Kommissionsgeschäfts (§ 3 Abs. 3 UStG) der Kommittent das Kommissionsgut mit eigenem Fahrzeug an den im Ausland ansässigen Kommissionär, liegt eine Lieferung im Inland nach § 3 Abs. 6 Satz 1 UStG nicht vor, weil die – anschließende – Übergabe des Kommissionsguts an den Verkaufskommissionär keine Lieferung im Sinne des § 3 Abs. 1 UStG ist (vgl. BFH-Urteil vom 25.11.1986, V R 102/78, BStBl. 1987 II S. 278, Abschnitt 3.1 Abs. 2). [5]Zur Ausnahmeregelung bei innergemeinschaftlichen Kommissionsgeschäften vgl. Abschnitt 1a.2 Abs. 7.

(3)[1)] [1]Eine Versendungslieferung im Sinne des § 3 Abs. 6 Satz 1 UStG setzt voraus, dass der Gegenstand an den Abnehmer oder in dessen Auftrag an ei-

---

[1)] A 3.12 UStAE Abs. 3 Sätze 5 u. 8 neugef. durch BMF v. 10.12.2021, BStBl. I 2021, 2492; Anwendungsregelung siehe Anlage 8.

nen Dritten versendet wird, d.h. die Beförderung durch einen selbständigen Beauftragten ausgeführt oder besorgt wird. [2]Die Versendung beginnt mit der Übergabe des Gegenstands an den Beauftragten. [3]Der Lieferer muss bei der Übergabe des Gegenstands an den Beauftragten alles Erforderliche getan haben, um den Gegenstand an den bereits feststehenden Abnehmer, der sich grundsätzlich aus den Versendungsunterlagen ergibt, gelangen zu lassen. [4]Von einem feststehenden Abnehmer ist auszugehen, wenn er zwar dem mit der Versendung Beauftragten im Zeitpunkt der Übergabe des Gegenstands nicht bekannt ist, aber mit hinreichender Sicherheit leicht und einwandfrei aus den unstreitigen Umständen, insbesondere aus Unterlagen abgeleitet werden kann (vgl. BFH-Urteil vom 30.7.2008, XI R 67/07, BStBl. 2009 II S. 552). [5]Gleiches gilt, wenn der Abnehmer den Liefergegenstand bei Beginn der Versendung bereits verbindlich bestellt oder bezahlt hat (vgl. BFH-Urteil vom 16.11.2016, V R 1/16, BStBl. 2017 II S. 1079) und § 6b UStG bereits dem Grunde nach keine Anwendung findet bzw. von Seiten des liefernden Unternehmers und späteren Erwerbers § 6b UStG keine Anwendung finden soll; eine nur wahrscheinliche Begründung einer Abnehmerstellung ohne tatsächliche Abnahmeverpflichtung reicht nicht aus (vgl. BFH-Urteil vom 20.10.2016, V R 31/15, BStBl. 2017 II S. 1076). [6]Dem Tatbestand, dass der Abnehmer feststeht, steht nicht entgegen, dass der Gegenstand von dem mit der Versendung Beauftragten zunächst in ein inländisches Lager des Lieferanten gebracht und erst nach Eingang der Zahlung durch eine Freigabeerklärung des Lieferanten an den Abnehmer herausgegeben wird (vgl. BFH-Urteil vom 30.7.2008, XI R 67/07, a.a.O.). [7]Entscheidend ist, dass der Lieferant im Zeitpunkt der Übergabe des Gegenstands an den Beauftragten die Verfügungsmacht dem zu diesem Zeitpunkt feststehenden Abnehmer verschaffen will. [8]Unter der Bedingung, dass der Abnehmer bereits bei Beginn der Versendung feststeht, kann eine Versendungslieferung auch dann vorliegen, wenn der Liefergegenstand nach dem Beginn der Versendung für kurze Zeit in einem Auslieferungs- oder Konsignationslager, welches nicht in den Anwendungsbereich der Konsignationslagerregelung nach § 6b UStG fällt, gelagert wird (vgl. BFH-Urteile vom 20.10.2016, V R 31/15, a.a.O., und vom 16.11.2016, V R 1/16, a.a.O.; vgl. auch Abschnitt 1a.2 Abs. 6 Sätze 4 bis 9).

(4) [1]Der Ort der Lieferung bestimmt sich nicht nach § 3 Abs. 6 UStG, wenn der Gegenstand der Lieferung nach dem Beginn der Beförderung oder nach der Übergabe des Gegenstands an den Beauftragten vom Lieferer noch einer Behandlung unterzogen wird, die seine Marktgängigkeit ändert. [2]In diesen Fällen wird nicht der Liefergegenstand, sondern ein Gegenstand anderer Wesensart befördert. [3]Das ist insbesondere dann der Fall, wenn Gegenstand der Lieferung eine vom Lieferer errichtete ortsgebundene Anlage oder eine einzelne Maschine ist, die am Bestimmungsort fundamentiert oder funktionsfähig gemacht wird, indem sie in einen Satz bereits vorhandener Maschinen eingefügt und hinsichtlich ihrer Arbeitsgänge auf diese Maschinen abgestimmt wird. [4]Das Gleiche gilt für Einbauten, Umbauten und Anbauten bei Maschinen (Modernisierungsarbeiten) sowie für Reparaturen. [5]Da die einzelnen Teile einer Maschine ein Gegenstand anderer Marktgängigkeit sind als die

ganze Maschine, ist § 3 Abs. 6 UStG auch dann nicht anzuwenden, wenn die einzelnen Teile einer Maschine zum Abnehmer befördert werden und dort vom Lieferer zu der betriebsfertigen Maschine zusammengesetzt werden. [6]Ob die Montagekosten dem Abnehmer gesondert in Rechnung gestellt werden, ist unerheblich. [7]Dagegen bestimmt sich der Ort der Lieferung nach § 3 Abs. 6 UStG, wenn eine betriebsfertig hergestellte Maschine lediglich zum Zweck eines besseren und leichteren Transports in einzelne Teile zerlegt und dann von einem Monteur des Lieferers am Bestimmungsort wieder zusammengesetzt wird. [8]Zur betriebsfertigen Herstellung beim Lieferer gehört in der Regel ein dort vorgenommener Probelauf. [9]Ein nach der Wiederzusammensetzung beim Abnehmer vom Lieferer durchgeführter erneuter Probelauf ist unschädlich. [10]§ 3 Abs. 6 UStG ist auch dann anzuwenden, wenn die Bearbeitung oder Verarbeitung, die sich an die Beförderung oder Versendung des Liefergegenstands anschließt, vom Abnehmer selbst oder in seinem Auftrag von einem Dritten vorgenommen wird.

(5) Erstreckt sich der Gegenstand einer Werklieferung auf das Gebiet verschiedener Staaten (z.B. bei der Errichtung von Verkehrsverbindungen, der Verlegung von Telefon- und Glasfaserkabeln sowie von Elektrizitäts-, Gas- und Wasserleitungen), kann diese Werklieferung verschiedene Lieferorte haben, auf die die Bemessungsgrundlage jeweils aufzuteilen ist (vgl. EuGH-Urteil vom 29.3.2007, C-111/05, Aktiebolaget NN).[1)]

(6) [1]Wird der Gegenstand der Lieferung nicht befördert oder versendet, ist § 3 Abs. 7 UStG anzuwenden. [2]§ 3 Abs. 7 Satz 1 UStG gilt insbesondere für Fälle, in denen die Verfügungsmacht z.B. durch Vereinbarung eines Besitzkonstituts (§ 930 BGB), durch Abtretung des Herausgabeanspruchs (§ 931 BGB) oder durch Übergabe von Traditionspapieren (Ladescheine, Lagerscheine, Konnossemente, §§ 444, 475c, 647 HGB) verschafft wird. [3]§ 3 Abs. 7 Satz 2 UStG bestimmt den Lieferort für die Fälle des § 3 Abs. 6 Satz 5 UStG, in denen mehrere Unternehmer über denselben Gegenstand Umsatzgeschäfte abschließen und diese Geschäfte dadurch erfüllen, dass der Gegenstand der Lieferungen unmittelbar vom ersten Unternehmer an den letzten Abnehmer befördert oder versendet wird (Reihengeschäft, vgl. Abschnitt 3.14).

(7)[2)] [1]§ 3 Abs. 6 und 7 UStG regeln den Lieferort und damit zugleich auch den Zeitpunkt der Lieferung (vgl. BFH-Urteil vom 6.12.2007, V R 24/05, BStBl. 2009 II S. 490, Abschnitt 13.1 Abs. 2 und 6); dies gilt hinsichtlich der Verschaffung der Verfügungsmacht auch in den Fällen einer Beförderungs- oder Versendungslieferung nach § 3 Abs. 6 Satz 1 UStG, in denen der Liefergegenstand nach dem Beginn der Beförderung oder Versendung für kurze Zeit in einem Auslieferungs- oder Konsignationslager, welches nicht in den Anwendungsbereich der Konsignationslagerregelung nach § 6b UStG fällt, gelagert wird. [2]Die Anwendbarkeit von § 3 Abs. 6 und 7 UStG setzt dabei voraus, dass tatsächlich eine Lieferung zu Stande gekommen ist.

---

1) IStR 2007, 401.

2) A 3.12 UStAE Abs. 7 Satz 1 2. Halbs. neugef. durch BMF v. 10.12.2021, BStBl. I 2021, 2492; Anwendungsregelung siehe Anlage 8.

3.13 Lieferort in besonderen Fällen (§ 3 Abs. 8 UStG)[1)]

(1) [1]§ 3 Abs. 8 UStG regelt den Ort der Lieferung in den Fällen, in denen der Gegenstand der Lieferung bei der Beförderung oder Versendung aus dem Drittlandsgebiet in das Inland gelangt und der Lieferer oder sein Beauftragter Schuldner der Einfuhrumsatzsteuer ist. [2]Unabhängig von den Lieferkonditionen ist maßgeblich, wer nach den zollrechtlichen Vorschriften Schuldner der Einfuhrumsatzsteuer ist. [3]Abweichend von § 3 Abs. 6 UStG gilt der Ort der Lieferung dieses Gegenstands als im Inland gelegen. [4]Der Ort der Lieferung bestimmt sich auch dann nach § 3 Abs. 8 UStG, wenn der Lieferer Schuldner der Einfuhrumsatzsteuer ist, diese jedoch nach der EUStBV[2)] nicht erhoben wird. [5]Die örtliche Zuständigkeit eines Finanzamts für die Umsatzsteuer im Ausland ansässiger Unternehmer richtet sich vorbehaltlich einer abweichenden Zuständigkeitsvereinbarung (§ 27 AO) nach § 21 Abs. 1 Satz 2 AO[3)] i. V. m. der UStZustV.[3)]

(2)[4)] [1]Entrichtet der Lieferer die Steuer für die Einfuhr des Gegenstands, wird diese Steuer unter Umständen von einer niedrigeren Bemessungsgrundlage als dem Veräußerungsentgelt erhoben. [2]In diesen Fällen wird durch die Verlagerung des Orts der Lieferung in das Inland erreicht, dass der Umsatz mit der Steuer belastet wird, die für die Lieferung im Inland in Betracht kommt.

Beispiel 1:

[1]Der Unternehmer B in Bern liefert Gegenstände, die er mit eigenem Lkw befördert, an seinen Abnehmer K in Köln. [2]K lässt die Gegenstände in den freien Verkehr überführen und entrichtet dementsprechend die Einfuhrumsatzsteuer (Lieferkondition „unversteuert und unverzollt“).

[3]Ort der Lieferung ist Bern (§ 3 Abs. 6 UStG). [4]K kann die entstandene Einfuhrumsatzsteuer als Vorsteuer abziehen, da die Gegenstände für sein Unternehmen in das Inland eingeführt worden sind.

Beispiel 2:

[1]Wie Beispiel 1, jedoch lässt B die Gegenstände in den freien Verkehr überführen und entrichtet dementsprechend die Einfuhrumsatzsteuer (Lieferkondition „verzollt und versteuert“).

[2]Der Ort der Lieferung gilt als im Inland gelegen (§ 3 Abs. 8 UStG). [3]B hat den Umsatz im Inland zu versteuern. [4]Er ist zum Abzug der Einfuhrumsatzsteuer als Vorsteuer berechtigt, da die Gegenstände für sein Unternehmen eingeführt worden sind.

[3]In den Fällen des Reihengeschäfts kann eine Verlagerung des Lieferorts nach § 3 Abs. 8 UStG nur für die Beförderungs- oder Versendungslieferung in Betracht kommen (vgl. Abschnitt 3.14 Abs. 15 und 16).

(3) § 3 Abs. 8 UStG ist nicht anzuwenden, wenn der Ort für die Lieferung von Erdgas oder Elektrizität nach § 3g UStG zu bestimmen ist (vgl. Abschnitt 3g.1 Abs. 6 Sätze 5 und 6).

---

1) Zum zentralisierten Vertrieb von Kleinsendungen aus dem Drittland (Schuldner der EUSt i. S. d. § 3 Abs. 8 UStG) siehe BFH v. 21.3.2007 V R 32/05, BStBl. II 2008, 153, und BMF v. 1.2.2008, BStBl. I 2008, 295.

2) **Zölle und Verbrauchsteuern** Nr. **455**.

3) **Steuergesetze** Nr. **800** bzw. Nr. **519**.

4) Zum Abzug der EUSt als Vorsteuer vgl. A 15.8 UStAE.

3.14 Reihengeschäfte

Begriff des Reihengeschäfts (§ 3 Abs. 6 Satz 5 UStG)

(1) 1 Umsatzgeschäfte im Sinne des § 3 Abs. 6 Satz 5 UStG, die von mehreren Unternehmern über denselben Gegenstand abgeschlossen werden und bei denen dieser Gegenstand im Rahmen einer Beförderung oder Versendung unmittelbar vom ersten Unternehmer (Ort der Lieferung des ersten Unternehmers) an den letzten Abnehmer gelangt, werden nachfolgend als Reihengeschäfte bezeichnet. 2 Ein besonderer Fall des Reihengeschäfts ist das innergemeinschaftliche Dreiecksgeschäft im Sinne des § 25b Abs. 1 UStG (vgl. Abschnitt 25b.1).

(2) 1 Bei Reihengeschäften werden im Rahmen einer Warenbewegung (Beförderung oder Versendung) mehrere Lieferungen ausgeführt, die in Bezug auf den Lieferort und den Lieferzeitpunkt jeweils gesondert betrachtet werden müssen. 2 Die Beförderung oder Versendung des Gegenstands ist nur einer der Lieferungen zuzuordnen (§ 3 Abs. 6 Satz 5 UStG). 3 Diese ist die Beförderungs- oder Versendungslieferung; nur bei ihr kommt die Steuerbefreiung für Ausfuhrlieferungen (§ 6 UStG) oder für innergemeinschaftliche Lieferungen (§ 6a UStG) in Betracht. 4 Bei allen anderen Lieferungen in der Reihe findet keine Beförderung oder Versendung statt (ruhende Lieferungen). 5 Sie werden entweder vor oder nach der Beförderungs- oder Versendungslieferung ausgeführt (§ 3 Abs. 7 Satz 2 UStG). 6 Umsatzgeschäfte, die von mehreren Unternehmern über denselben Gegenstand abgeschlossen werden und bei denen keine Beförderung oder Versendung stattfindet (z. B. Grundstückslieferungen oder Lieferungen, bei denen die Verfügungsmacht durch Vereinbarung eines Besitzkonstituts oder durch Abtretung des Herausgabeanspruchs verschafft wird), können nicht Gegenstand eines Reihengeschäfts sein.

(3) 1 Die Beförderung oder Versendung kann durch den Lieferer, den Abnehmer oder einen vom Lieferer oder vom Abnehmer beauftragten Dritten durchgeführt werden (§ 3 Abs. 6 Satz 1 UStG). 2 Ein Beförderungs- oder Versendungsfall liegt daher auch dann vor, wenn ein an einem Reihengeschäft beteiligter Abnehmer den Gegenstand der Lieferung selbst abholt oder abholen lässt (Abholfall). 3 Beauftragter Dritter kann z. B. ein Lohnveredelungsunternehmer oder ein Lagerhalter sein, der jeweils nicht unmittelbar in die Liefervorgänge eingebunden ist. 4 Beauftragter Dritter ist nicht der selbständige Spediteur, da der Transport in diesem Fall dem Auftraggeber zugerechnet wird (Versendungsfall).

(4) 1 Das unmittelbare Gelangen im Sinne des § 3 Abs. 6 Satz 5 UStG setzt grundsätzlich eine Beförderung oder Versendung durch einen am Reihengeschäft beteiligten Unternehmer voraus; diese Voraussetzung ist bei der Beförderung oder Versendung durch mehrere beteiligte Unternehmer (sog. gebrochene Beförderung oder Versendung) nicht erfüllt. 2 Der Gegenstand der Lieferung gelangt auch dann unmittelbar an den letzten Abnehmer, wenn die Beförderung oder Versendung an einen beauftragten Dritten ausgeführt wird, der nicht unmittelbar in die Liefervorgänge eingebunden ist, z. B. an einen Lohnveredeler oder Lagerhalter. 3 Im Fall der vorhergehenden Be- oder Ver-

arbeitung des Gegenstands durch einen vom Lieferer beauftragten Dritten ist Gegenstand der Lieferung der be- oder verarbeitete Gegenstand.

Beispiel 1:

[1] Der Unternehmer D 1 in Köln bestellt bei dem Großhändler D 2 in Hamburg eine dort nicht vorrätige Maschine. [2] D 2 gibt die Bestellung an den Hersteller DK in Dänemark weiter. [3] DK befördert die Maschine mit eigenem Lkw unmittelbar nach Köln und übergibt sie dort D 1.

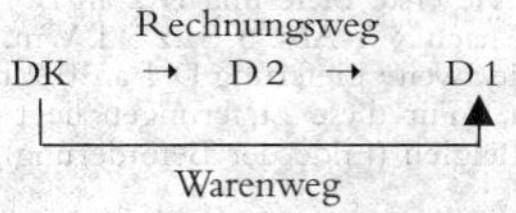

[4] Es liegt ein Reihengeschäft im Sinne des § 3 Abs. 6 Satz 5 UStG vor, da mehrere Unternehmer über dieselbe Maschine Umsatzgeschäfte abschließen und die Maschine im Rahmen einer Beförderung unmittelbar vom ersten Unternehmer (DK) an den letzten Abnehmer (D 1) gelangt.

Beispiel 2:

[1] Sachverhalt wie Beispiel 1. [2] D 2 weist DK an, die Maschine zur Zwischenlagerung an einen von D 1 benannten Lagerhalter (L) nach Hannover zu befördern.

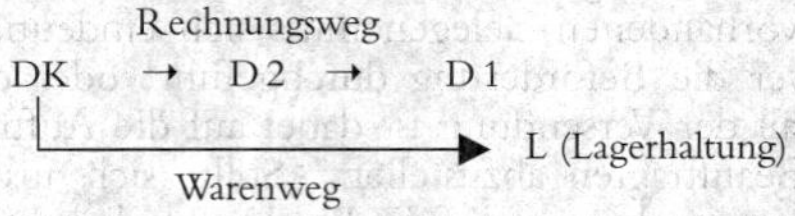

[3] Es liegt wie im Beispiel 1 ein Reihengeschäft im Sinne des § 3 Abs. 6 Satz 5 UStG vor, da mehrere Unternehmer über dieselbe Maschine Umsatzgeschäfte abschließen und die Maschine unmittelbar vom ersten Unternehmer (DK) an einen vom letzten Abnehmer (D 1) benannten Lagerhalter (L) befördert wird. [4] Mit der auftragsgemäßen Übergabe der Maschine an den Lagerhalter ist die Voraussetzung des unmittelbaren Gelangens an den letzten Abnehmer erfüllt.

Ort der Lieferungen (§ 3 Abs. 6 und Abs. 7 UStG)

(5) [1] Für die in einem Reihengeschäft ausgeführten Lieferungen ergeben sich die Lieferorte sowohl aus § 3 Abs. 6 als auch aus § 3 Abs. 7 UStG. [2] Im Fall der Beförderungs- oder Versendungslieferung gilt die Lieferung dort als ausgeführt, wo die Beförderung oder Versendung an den Abnehmer oder in dessen Auftrag an einen Dritten beginnt (§ 3 Abs. 6 Satz 1 UStG). [3] In den Fällen der ruhenden Lieferungen ist der Lieferort nach § 3 Abs. 7 Satz 2 UStG zu bestimmen.

(6) [1] Die ruhenden Lieferungen, die der Beförderungs- oder Versendungslieferung vorangehen, gelten an dem Ort als ausgeführt, an dem die Beförderung oder Versendung des Gegenstands beginnt. [2] Die ruhenden Lieferungen, die der Beförderungs- oder Versendungslieferung nachfolgen, gelten an dem Ort als ausgeführt, an dem die Beförderung oder Versendung des Gegenstands endet.

Beispiel:

[1] Der Unternehmer B 1 in Belgien bestellt bei dem ebenfalls in Belgien ansässigen Großhändler B 2 eine dort nicht vorrätige Ware. [2] B 2 gibt die Bestellung an den Großhändler D 1 in

Frankfurt weiter. [3]D 1 bestellt die Ware beim Hersteller D 2 in Köln. [4]D 2 befördert die Ware von Köln mit eigenem Lkw unmittelbar nach Belgien und übergibt sie dort B 1.

Rechnungsweg
D 2 → D 1 → B 2 → B 1
Warenweg

[5]Bei diesem Reihengeschäft werden nacheinander drei Lieferungen (D 2 an D 1, D 1 an B 2 und B 2 an B 1) ausgeführt. [6]Die erste Lieferung D 2 an D 1 ist die Beförderungslieferung. [7]Der Ort der Lieferung liegt nach § 3 Abs. 6 Satz 5 i. V. m. Satz 1 UStG in Deutschland (Beginn der Beförderung). [8]Die zweite Lieferung D 1 an B 2 und die dritte Lieferung B 2 an B 1 sind ruhende Lieferungen. [9]Für diese Lieferungen liegt der Lieferort nach § 3 Abs. 7 Satz 2 Nr. 2 UStG jeweils in Belgien (Ende der Beförderung), da sie der Beförderungslieferung folgen.

Zuordnung der Beförderung oder Versendung (§ 3 Abs. 6 Satz 6 UStG)

(7) [1]Die Zuordnung der Beförderung oder Versendung zu einer der Lieferungen des Reihengeschäfts ist davon abhängig, ob der Gegenstand der Lieferung durch den ersten Unternehmer, den letzten Abnehmer oder einen mittleren Unternehmer in der Reihe befördert oder versendet wird. [2]Die Zuordnungsentscheidung muss einheitlich für alle Beteiligten getroffen werden. [3]Aus den vorhandenen Belegen muss sich eindeutig und leicht nachprüfbar ergeben, wer die Beförderung durchgeführt oder die Versendung veranlasst hat. [4]Im Fall der Versendung ist dabei auf die Auftragserteilung an den selbständigen Beauftragten abzustellen. [5]Sollte sich aus den Geschäftsunterlagen nichts anderes ergeben, ist auf die Frachtzahlerkonditionen abzustellen.

(8) [1]Wird der Gegenstand der Lieferung durch den ersten Unternehmer in der Reihe befördert oder versendet, ist seiner Lieferung die Beförderung oder Versendung zuzuordnen. [2]Wird der Liefergegenstand durch den letzten Abnehmer befördert oder versendet, ist die Beförderung oder Versendung der Lieferung des letzten Lieferers in der Reihe zuzuordnen.[1)]

Beispiel:

[1]Der Unternehmer SP aus Spanien bestellt eine Maschine bei dem Unternehmer D 1 in Kassel. [2]D 1 bestellt die Maschine seinerseits bei dem Großhändler D 2 in Bielefeld. [3]D 2 wiederum gibt die Bestellung an den Hersteller F in Frankreich weiter.

Rechnungsweg
F → D 2 → D 1 → SP
Warenweg

a) [1]F lässt die Maschine durch einen Beförderungsunternehmer von Frankreich unmittelbar nach Spanien an SP transportieren.
[2]Bei diesem Reihengeschäft werden nacheinander drei Lieferungen (F an D 2, D 2 an D 1 und D 1 an SP) ausgeführt. [3]Die Versendung ist der ersten Lieferung F an D 2 zuzuordnen, da F als erster Unternehmer in der Reihe die Maschine versendet. [4]Der Ort der Lieferung liegt nach § 3 Abs. 6 Satz 5 i. V. m. Satz 1 UStG in Frankreich (Beginn der Versendung). [5]Die zweite Lieferung D 2 an D 1 und die dritte Lieferung D 1 an SP sind ruhende Lieferungen. [6]Für diese Lieferungen liegt der Lieferort nach § 3 Abs. 7 Satz 2 Nr. 2 UStG

[1)] Siehe hierzu aber BFH v. 11.8.2011 V R 3/10, DStR 2011, 2047, mit dem Hinweis auf EuGH v. 16.12.2010 C-430/09, Euro-Tyre-Holding, DStR 2011, 23.

jeweils in Spanien (Ende der Versendung), da sie der Versendungslieferung folgen. [7]D 2 und D 1 müssen sich demnach in Spanien steuerlich registrieren lassen.

b) [1]SP holt die Maschine mit eigenem Lkw bei F in Frankreich ab und transportiert sie unmittelbar nach Spanien.
[2]Bei diesem Reihengeschäft werden nacheinander drei Lieferungen (F an D 2, D 2 an D 1 und D 1 an SP) ausgeführt. [3]Die Beförderung ist der dritten Lieferung D 1 an SP zuzuordnen, da SP als letzter Abnehmer in der Reihe die Maschine befördert (Abholfall). [4]Der Ort der Lieferung liegt nach § 3 Abs. 6 Satz 5 i. V. m. Satz 1 UStG in Frankreich (Beginn der Beförderung). [5]Die erste Lieferung F an D 2 und die zweite Lieferung D 2 an D 1 sind ruhende Lieferungen. [6]Für diese Lieferungen liegt der Lieferort nach § 3 Abs. 7 Satz 2 Nr. 1 UStG ebenfalls jeweils in Frankreich (Beginn der Beförderung), da sie der Beförderungslieferung vorangehen. [7]D 2 und D 1 müssen sich demnach in Frankreich steuerlich registrieren lassen.

(9) [1]Befördert oder versendet ein mittlerer Unternehmer in der Reihe den Liefergegenstand, ist dieser zugleich Abnehmer der Vorlieferung und Lieferer seiner eigenen Lieferung. [2]In diesem Fall ist die Beförderung oder Versendung nach § 3 Abs. 6 Satz 6 1. Halbsatz UStG grundsätzlich der Lieferung des vorangehenden Unternehmers zuzuordnen (widerlegbare Vermutung). [3]Der befördernde oder versendende Unternehmer kann jedoch anhand von Belegen, z. B. durch eine Auftragsbestätigung, das Doppel der Rechnung oder andere handelsübliche Belege und Aufzeichnungen nachweisen, dass er als Lieferer aufgetreten und die Beförderung oder Versendung dementsprechend seiner eigenen Lieferung zuzuordnen ist (§ 3 Abs. 6 Satz 6 2. Halbsatz UStG).

(10) [1]Aus den Belegen im Sinne des Absatzes 9 muss sich eindeutig und leicht nachprüfbar ergeben, dass der Unternehmer die Beförderung oder Versendung in seiner Eigenschaft als Lieferer getätigt hat und nicht als Abnehmer der Vorlieferung. [2]Hiervon kann regelmäßig ausgegangen werden, wenn der Unternehmer unter der USt-IdNr. des Mitgliedstaates auftritt, in dem die Beförderung oder Versendung des Gegenstands beginnt, und wenn er auf Grund der mit seinem Vorlieferanten und seinem Auftraggeber vereinbarten Lieferkonditionen Gefahr und Kosten der Beförderung oder Versendung übernommen hat. [3]Den Anforderungen an die Lieferkonditionen ist genügt, wenn handelsübliche Lieferklauseln (z. B. Incoterms) verwendet werden. [4]Wird die Beförderung oder Versendung der Lieferung des mittleren Unternehmers zugeordnet, muss dieser die Voraussetzungen der Zuordnung nachweisen (z. B. über den belegmäßigen und den buchmäßigen Nachweis der Voraussetzungen für seine Ausfuhrlieferung – §§ 8 bis 17 UStDV – oder innergemeinschaftliche Lieferung – §§ 17a bis 17c UStDV).

Beispiel:

[1]Der Unternehmer SP aus Spanien bestellt eine Maschine bei dem Unternehmer D 1 in Kassel. [2]D 1 bestellt die Maschine seinerseits bei dem Großhändler D 2 in Bielefeld. [3]D 2 wiederum gibt die Bestellung an den Hersteller D 3 in Dortmund weiter. [4]D 2 lässt die Maschine durch einen Transportunternehmer bei D 3 abholen und sie von Dortmund unmittelbar nach Spanien transportieren. [5]Dort übergibt sie der Transportunternehmer an SP. [6]Alle Beteiligten treten unter der USt-IdNr. ihres Landes auf.

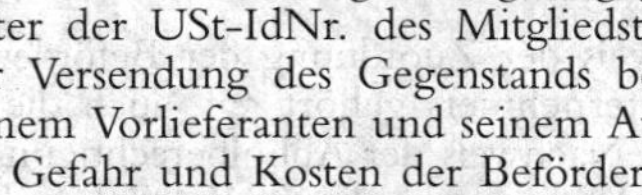

a) [1] Es werden keine besonderen Lieferklauseln vereinbart.
[2] Bei diesem Reihengeschäft werden nacheinander drei Lieferungen (D 3 an D 2, D 2 an D 1 und D 1 an SP) ausgeführt. [3] Die Versendung ist der ersten Lieferung D 3 an D 2 zuzuordnen, da D 2 als mittlerer Unternehmer in der Reihe die Maschine mangels besonderer Lieferklauseln in seiner Eigenschaft als Abnehmer der Lieferung des D 3 transportieren lässt. [4] Der Ort der Lieferung liegt nach § 3 Abs. 6 Satz 5i. V. m. Satz 1 UStG in Deutschland (Beginn der Versendung). [5] Die zweite Lieferung D 2 an D 1 und die dritte Lieferung D 1 an SP sind ruhende Lieferungen. [6] Für diese Lieferungen liegt der Lieferort nach § 3 Abs. 7 Satz 2 Nr. 2 UStG jeweils in Spanien (Ende der Versendung), da sie der Versendungslieferung folgen; sie sind daher nach spanischem Recht zu beurteilen. [7] D 2 und D 1 müssen sich demnach in Spanien steuerlich registrieren lassen.

b) [1] Es werden folgende Lieferklauseln vereinbart: D 2 vereinbart mit D 1 „Lieferung frei Haus Spanien (Lieferklausel DDP)" und mit D 3 „Lieferung ab Werk Dortmund (Lieferklausel EXW)". [2] Die vereinbarten Lieferklauseln ergeben sich sowohl aus der Rechnungsdurchschrift als auch aus der Buchhaltung des D 2.
[3] Bei diesem Reihengeschäft werden nacheinander drei Lieferungen (D 3 an D 2, D 2 an D 1 und D 1 an SP) ausgeführt. [4] Die Versendung kann in diesem Fall der zweiten Lieferung D 2 an D 1 zugeordnet werden, da D 2 als mittlerer Unternehmer in der Reihe die Maschine in seiner Eigenschaft als Lieferer versendet. [5] Er tritt unter seiner deutschen USt-IdNr. auf und hat wegen der Lieferklauseln DDP mit seinem Kunden und EXW mit seinem Vorlieferanten Gefahr und Kosten des Transports übernommen. [6] Darüber hinaus kann D 2 nachweisen, dass die Voraussetzungen für die Zuordnung der Versendung zu seiner Lieferung erfüllt sind. [7] Der Ort der Lieferung liegt nach § 3 Abs. 6 Satz 5 i. V. m. Satz 1 UStG in Deutschland (Beginn der Versendung). [8] Die erste Lieferung D 3 an D 2 und die dritte Lieferung D 1 an SP sind ruhende Lieferungen. [9] Da die erste Lieferung der Versendungslieferung vorangeht, gilt sie nach § 3 Abs. 7 Satz 2 Nr. 1 UStG ebenfalls als in Deutschland ausgeführt (Beginn der Versendung). [10] Für die dritte Lieferung liegt der Lieferort nach § 3 Abs. 7 Satz 2 Nr. 2 UStG in Spanien (Ende der Versendung), da sie der Versendungslieferung folgt; sie ist daher nach spanischem Recht zu beurteilen. [11] D 1 muss sich demnach in Spanien steuerlich registrieren lassen. [12] Die Registrierung von D 2 in Spanien ist nicht erforderlich.

(10a) [1] Zum Nachweis der Zuordnung der Beförderung oder Versendung zur Lieferung des Unternehmers gehört ggf. auch die Vorlage einer schriftlichen Vollmacht zum Nachweis der Abholberechtigung. [2] Das Finanzamt hat die Möglichkeit, beim Vorliegen konkreter Zweifel im Einzelfall diesen Nachweis zu überprüfen. [3] Somit kann der Unternehmer in Zweifelsfällen ggf. zur Vorlage einer Vollmacht, die den Beauftragten berechtigt hat, den Liefergegenstand abzuholen, sowie zur Vorlage der Legitimation des Ausstellers der Vollmacht aufgefordert werden. [4] Bestehen auf Grund von Ermittlungen der ausländischen Steuerverwaltung Zweifel an der tatsächlichen Existenz des vorgeblichen Abnehmers, können vom Unternehmer nachträglich vorgelegte Belege und Bestätigungen nur dann anerkannt werden, wenn die Existenz des Abnehmers im Zeitpunkt der nachträglichen Ausstellung dieser Unterlagen nachgewiesen werden kann und auch dessen Unternehmereigenschaft zum Zeitpunkt der Lieferung feststeht.

(11) *(aufgehoben)*

Auf das Inland beschränkte Warenbewegungen

(12) [1] Die Grundsätze der Absätze 1 bis 10 finden auch bei Reihengeschäften Anwendung, bei denen keine grenzüberschreitende Warenbewegung stattfindet. [2] Ist an solchen Reihengeschäften ein in einem anderen Mitgliedstaat oder im Drittland ansässiger Unternehmer beteiligt, muss er sich wegen der im Inland steuerbaren Lieferung stets im Inland steuerlich registrieren lassen.

Beispiel:

[1]Der Unternehmer D 1 aus Essen bestellt eine Maschine bei dem Unternehmer B in Belgien. [2]B bestellt die Maschine seinerseits bei dem Großhändler D 2 in Bielefeld. [3]D 2 lässt die Maschine durch einen Beförderungsunternehmer von Bielefeld unmittelbar nach Essen an D 1 transportieren.

Rechnungsweg

D 2 → B → D 1

Warenweg

[4]Bei diesem Reihengeschäft werden nacheinander zwei Lieferungen (D 2 an B und B an D 1) ausgeführt. [5]Die Versendung ist der ersten Lieferung D 2 an B zuzuordnen, da D 2 als erster Unternehmer in der Reihe die Maschine versendet. [6]Der Ort der Lieferung liegt nach § 3 Abs. 6 Satz 5 i. V. m. Satz 1 UStG in Bielefeld (Beginn der Versendung). [7]Die zweite Lieferung B an D 1 ist eine ruhende Lieferung. [8]Für diese Lieferung liegt der Lieferort nach § 3 Abs. 7 Satz 2 Nr. 2 UStG in Essen (Ende der Versendung), da sie der Versendungslieferung folgt. [9]B muss sich in Deutschland bei dem zuständigen Finanzamt registrieren lassen und seine Lieferung zur Umsatzbesteuerung erklären.

Innergemeinschaftliche Lieferung und innergemeinschaftlicher Erwerb

(13) [1]Im Rahmen eines Reihengeschäfts, bei dem die Warenbewegung im Inland beginnt und im Gebiet eines anderen Mitgliedstaates endet, kann mit der Beförderung oder Versendung des Liefergegenstands in das übrige Gemeinschaftsgebiet nur **eine** innergemeinschaftliche Lieferung im Sinne des § 6a UStG bewirkt werden. [2]Die Steuerbefreiung nach § 4 Nr. 1 Buchstabe b UStG kommt demnach nur bei der Beförderungs- oder Versendungslieferung zur Anwendung. [3]Beginnt die Warenbewegung in einem anderen Mitgliedstaat und endet sie im Inland, ist von den beteiligten Unternehmern nur derjenige Erwerber im Sinne des § 1a UStG, an den die Beförderungs- oder Versendungslieferung ausgeführt wird.

Beispiel:

[1]Der Unternehmer B 1 in Belgien bestellt bei dem ebenfalls in Belgien ansässigen Großhändler B 2 eine dort nicht vorrätige Ware. [2]B 2 gibt die Bestellung an den Großhändler D 1 in Frankfurt weiter. [3]D 1 bestellt die Ware beim Hersteller D 2 in Köln. [4]Alle Beteiligten treten unter der USt-IdNr. ihres Landes auf.

Rechnungsweg

D 2 → D 1 → B 2 → B 1

Warenweg

a) [1]D 2 befördert die Ware von Köln mit eigenem Lkw unmittelbar nach Belgien und übergibt sie dort B 1.
[2]Es werden nacheinander drei Lieferungen (D 2 an D 1, D 1 an B 2 und B 2 an B 1) ausgeführt. [3]Die erste Lieferung D 2 an D 1 ist die Beförderungslieferung. [4]Der Ort der Lieferung liegt nach § 3 Abs. 6 Satz 5 i. V. m. Satz 1 UStG in Deutschland (Beginn der Beförderung). [5]Die Lieferung ist im Inland steuerbar und steuerpflichtig, da D 1 ebenfalls mit deutscher USt-IdNr. auftritt. [6]Der Erwerb der Ware unterliegt bei D 1 der Besteuerung des innergemeinschaftlichen Erwerbs in Belgien, weil die Warenbewegung dort endet (§ 3d Satz 1 UStG). [7]Solange D 1 eine Besteuerung des innergemeinschaftlichen Erwerbs in Belgien nicht nachweisen kann, hat er einen innergemeinschaftlichen Erwerb in Deutsch-

land zu besteuern (§ 3d Satz 2 UStG). [8]Die zweite Lieferung D 1 an B 2 und die dritte Lieferung B 2 an B 1 sind ruhende Lieferungen. [9]Für diese Lieferungen liegt der Lieferort nach § 3 Abs. 7 Satz 2 Nr. 2 UStG jeweils in Belgien (Ende der Beförderung), da sie der Beförderungslieferung folgen. [10]Beide Lieferungen sind nach belgischem Recht zu beurteilen. [11]D 1 muss sich in Belgien umsatzsteuerlich registrieren lassen.
[12]Würde D 1 mit belgischer USt-IdNr. auftreten, wäre die Lieferung des D 2 an D 1 als innergemeinschaftliche Lieferung steuerfrei, wenn D 2 die Voraussetzungen hierfür nachweist.

b) [1]D 1 befördert die Ware von Köln mit eigenem Lkw unmittelbar nach Belgien an B 1 und tritt hierbei in seiner Eigenschaft als Abnehmer der Vorlieferung auf.
[2]Da D 1 in seiner Eigenschaft als Abnehmer der Vorlieferung auftritt, ist die Beförderung der ersten Lieferung (D 2 an D 1) zuzuordnen (§ 3 Abs. 6 Satz 6 UStG). [3]Die Beurteilung entspricht daher der von Fall a.

c) [1]B 2 befördert die Ware von Köln mit eigenem Lkw unmittelbar nach Belgien an B 1 und tritt hierbei in seiner Eigenschaft als Abnehmer der Vorlieferung auf.
[2]Da B 2 in seiner Eigenschaft als Abnehmer der Vorlieferung auftritt, ist die Beförderung der zweiten Lieferung (D 1 an B 2) zuzuordnen (§ 3 Abs. 6 Satz 6 UStG). [3]Diese Lieferung ist die Beförderungslieferung. [4]Der Ort der Lieferung liegt nach § 3 Abs. 6 Satz 5 i. V. m. Satz 1 UStG in Deutschland (Beginn der Beförderung). [5]Die Lieferung ist bei Nachweis der Voraussetzungen des § 6a UStG als innergemeinschaftliche Lieferung nach § 4 Nr. 1 Buchstabe b UStG steuerfrei. [6]Der Erwerb der Ware unterliegt bei B 2 der Besteuerung des innergemeinschaftlichen Erwerbs in Belgien, weil die Warenbewegung dort endet (§ 3d Satz 1 UStG). [7]Die erste Lieferung D 2 an D 1 und die dritte Lieferung B 2 an B 1 sind ruhende Lieferungen. [8]Der Lieferort für die erste Lieferung liegt nach § 3 Abs. 7 Satz 2 Nr. 1 UStG in Deutschland (Beginn der Beförderung), da sie der Beförderungslieferung vorangeht. [9]Sie ist eine steuerbare und steuerpflichtige Lieferung in Deutschland. [10]Der Lieferort für die dritte Lieferung liegt nach § 3 Abs. 7 Satz 2 Nr. 2 UStG in Belgien (Ende der Beförderung), da sie der Beförderungslieferung folgt. [11]Sie ist nach belgischem Recht zu beurteilen.

d) [1]B 1 holt die Ware bei D 2 in Köln ab und befördert sie von dort mit eigenem Lkw nach Belgien.
[2]Die Beförderung ist in diesem Fall der dritten Lieferung (B 2 an B 1) zuzuordnen, da der letzte Abnehmer die Ware selbst befördert (Abholfall). [3]Diese Lieferung ist die Beförderungslieferung. [4]Der Ort der Lieferung liegt nach § 3 Abs. 6 Satz 5 i. V. m. Satz 1 UStG in Deutschland (Beginn der Beförderung). [5]Die Lieferung des B 2 ist bei Nachweis der Voraussetzungen des § 6a UStG als innergemeinschaftliche Lieferung nach § 4 Nr. 1 Buchstabe b UStG steuerfrei. [6]Der Erwerb der Ware unterliegt bei B 1 der Besteuerung des innergemeinschaftlichen Erwerbs in Belgien, weil die innergemeinschaftliche Warenbewegung dort endet (§ 3d Satz 1 UStG). [7]Die erste Lieferung D 2 an D 1 und die zweite Lieferung D 1 an B 2 sind ruhende Lieferungen. [8]Für diese Lieferungen liegt der Lieferort nach § 3 Abs. 7 Satz 2 Nr. 1 UStG jeweils in Deutschland (Beginn der Beförderung), da sie der Beförderungslieferung vorangehen. [9]Beide Lieferungen sind steuerbare und steuerpflichtige Lieferungen in Deutschland. [10]D 2, D 1 und B 2 müssen ihre Lieferungen zur Umsatzbesteuerung erklären.

Warenbewegungen im Verhältnis zum Drittland

(14) [1]Im Rahmen eines Reihengeschäfts, bei dem die Warenbewegung im Inland beginnt und im Drittlandsgebiet endet, kann mit der Beförderung oder Versendung des Liefergegenstands in das Drittlandsgebiet nur eine Ausfuhrlieferung im Sinne des § 6 UStG bewirkt werden. [2]Die Steuerbefreiung nach § 4 Nr. 1 Buchstabe a UStG kommt demnach nur bei der Beförderungs- oder Versendungslieferung zur Anwendung.

Beispiel:

[1]Der russische Unternehmer R bestellt eine Werkzeugmaschine bei dem Unternehmer S aus der Schweiz. [2]S bestellt die Maschine bei D 1 in Frankfurt, der die Bestellung an den Herstel-

ler D 2 in Stuttgart weitergibt. [3]S holt die Maschine in Stuttgart ab und befördert sie mit eigenem Lkw unmittelbar nach Russland zu R.

Rechnungsweg

D 2 → D 1 → S → R

Warenweg (D 2 → R)

[4]Bei diesem Reihengeschäft werden drei Lieferungen (D 2 an D 1, D 1 an S und S an R) ausgeführt. [5]Die Beförderung ist nach § 3 Abs. 6 Sätze 5 und 6 UStG der zweiten Lieferung D 1 an S zuzuordnen, da S als mittlerer Unternehmer in der Reihe offensichtlich in seiner Eigenschaft als Abnehmer der Vorlieferung auftritt. [6]Ort der Beförderungslieferung ist nach § 3 Abs. 6 Satz 5 i. V. m. Satz 1 UStG Stuttgart (Beginn der Beförderung). [7]Die Lieferung ist bei Nachweis der Voraussetzungen des § 6 UStG als Ausfuhrlieferung nach § 4 Nr. 1 Buchstabe a UStG steuerfrei. [8]Die erste Lieferung D 2 an D 1 und die dritte Lieferung S an R sind ruhende Lieferungen. [9]Der Lieferort für die erste Lieferung liegt nach § 3 Abs. 7 Satz 2 Nr. 1 UStG in Deutschland (Beginn der Beförderung), da sie der Beförderungslieferung vorangeht. [10]Sie ist eine steuerbare und steuerpflichtige Lieferung in Deutschland. [11]Die Steuerbefreiung für Ausfuhrlieferungen kommt bei ruhenden Lieferungen nicht in Betracht. [12]Der Lieferort für die dritte Lieferung liegt nach § 3 Abs. 7 Satz 2 Nr. 2 UStG in Russland (Ende der Beförderung), da sie der Beförderungslieferung folgt.

[13]Holt im vorliegenden Fall R die Maschine selbst bei D 2 in Stuttgart ab und befördert sie mit eigenem Lkw nach Russland, ist die Beförderung der dritten Lieferung (S an R) zuzuordnen. [14]Ort der Beförderungslieferung ist nach § 3 Abs. 6 Satz 5 i. V. m. Satz 1 UStG Stuttgart (Beginn der Beförderung). [15]Die Lieferung ist bei Nachweis der Voraussetzungen des § 6 UStG als Ausfuhrlieferung nach § 4 Nr. 1 Buchstabe a UStG steuerfrei. [16]Die erste Lieferung (D 2 an D 1) und die zweite Lieferung (D 1 an S) sind als ruhende Lieferungen jeweils in Deutschland steuerbar und steuerpflichtig, da sie der Beförderungslieferung vorangehen (§ 3 Abs. 7 Satz 2 Nr. 1 UStG). [17]S muss seine Lieferung beim zuständigen Finanzamt in Deutschland zur Umsatzbesteuerung erklären.

(15) [1]Gelangt im Rahmen eines Reihengeschäfts der Gegenstand der Lieferungen aus dem Drittlandsgebiet in das Inland, kann eine Verlagerung des Lieferorts nach § 3 Abs. 8 UStG nur für die Beförderungs- oder Versendungslieferung in Betracht kommen. [2]Dazu muss derjenige Unternehmer, dessen Lieferung im Rahmen des Reihengeschäfts die Beförderung oder Versendung zuzuordnen ist, oder sein Beauftragter zugleich auch Schuldner der Einfuhrumsatzsteuer sein.

(16) Gelangt der Gegenstand der Lieferungen im Rahmen eines Reihengeschäfts aus dem Drittlandsgebiet in das Inland und hat ein Abnehmer in der Reihe oder dessen Beauftragter den Gegenstand der Lieferung eingeführt, sind die der Einfuhr in der Lieferkette vorausgegangenen Lieferungen nach § 4 Nr. 4b UStG steuerfrei.

Beispiel:

[1]Der deutsche Unternehmer D bestellt bei dem französischen Unternehmer F Computerteile. [2]Dieser bestellt die Computerteile seinerseits bei dem Hersteller S in der Schweiz. [3]S befördert die Teile im Auftrag des F unmittelbar an D nach Deutschland.

Rechnungsweg

S → F → D

Warenweg (S → D)

a) [1]D lässt die Teile zur Überlassung zum zoll- und steuerrechtlich freien Verkehr abfertigen, nachdem ihm S die Computerteile übergeben hat.

[2]Bei diesem Reihengeschäft werden zwei Lieferungen (S an F und F an D) ausgeführt. [3]Die Beförderung ist nach § 3 Abs. 6 Satz 5 und Satz 1 UStG der ersten Lieferung S an F zuzuordnen, da S als erster Unternehmer in der Reihe die Computerteile selbst befördert. [4]Lieferort ist nach § 3 Abs. 6 Satz 5 i. V. m. Satz 1 UStG die Schweiz (Beginn der Beförderung). [5]Die Lieferung des S unterliegt bei der Einfuhr in Deutschland der deutschen Einfuhrumsatzsteuer. [6]Eine Verlagerung des Lieferorts nach § 3 Abs. 8 UStG kommt nicht in Betracht, da S als Lieferer der Beförderungslieferung nicht zugleich Schuldner der Einfuhrumsatzsteuer ist. [7]Die zweite Lieferung (F an D) ist eine ruhende Lieferung. [8]Sie gilt nach § 3 Abs. 7 Satz 2 Nr. 2 UStG in Deutschland als ausgeführt (Ende der Beförderung), da sie der Beförderung nachfolgt. [9]F führt eine nach § 4 Nr. 4b UStG steuerfreie Lieferung aus, da seine Lieferung in der Lieferkette der Einfuhr durch den Abnehmer D vorausgeht. [10]Erteilt F dem D eine Rechnung mit gesondertem Steuerausweis, kann D lediglich die geschuldete Einfuhrumsatzsteuer als Vorsteuer abziehen. [11]Ein Abzug der in einer solchen Rechnung des F gesondert ausgewiesenen Steuer als Vorsteuer kommt für D nur dann in Betracht, wenn diese Steuer gesetzlich geschuldet ist. [12]Kann F den Nachweis nicht erbringen, dass sein Folgeabnehmer D die Computerteile zur Überlassung zum zoll- und steuerrechtlich freien Verkehr abgefertigt hat, muss er die Lieferung an D als steuerpflichtig behandeln. [13]Die Umsatzsteuer ist dann gesetzlich geschuldet und D kann in diesem Fall die in der Rechnung des F gesondert ausgewiesene Umsatzsteuer nach § 15 Abs. 1 Satz 1 Nr. 1 UStG neben der *von ihm* entstandenen Einfuhrumsatzsteuer nach § 15 Abs. 1 Satz 1 Nr. 2 UStG als Vorsteuer abziehen, vgl. Abschnitt 15.8 Abs. 10 Satz 3.

b) [1]Die Computerteile werden bereits bei Grenzübertritt für F zur Überlassung zum zoll- und steuerrechtlich freien Verkehr abgefertigt.
[2]Es liegt wie im Fall a) ein Reihengeschäft vor, bei dem die (Beförderungs-)Lieferung des S an F mit Beginn der Beförderung in der Schweiz (§ 3 Abs. 6 Satz 5 i. V. m. Satz 1 UStG) und die ruhende Lieferung des F an D am Ende der Beförderung in Deutschland ausgeführt wird (§ 3 Abs. 7 Satz 2 Nr. 2 UStG). [3]Im Zeitpunkt der Überlassung zum zoll- und steuerrechtlich freien Verkehr hat F die Verfügungsmacht über die eingeführten Computerteile, weil die Lieferung von S an ihn bereits in der Schweiz und seine Lieferung an D erst mit der Übergabe der Waren an D im Inland als ausgeführt gilt. [4]Die angefallene Einfuhrumsatzsteuer kann daher von F als Vorsteuer abgezogen werden. [5]Die Lieferung des F an D ist nicht nach § 4 Nr. 4b UStG steuerfrei, da sie innerhalb der Lieferkette der Einfuhr nachgeht. [6]Erteilt F dem D eine Rechnung mit gesondertem Steuerausweis, kann D diese unter den allgemeinen Voraussetzungen des § 15 UStG als Vorsteuer abziehen.

(17) Die Absätze 14 bis 16 gelten entsprechend, wenn bei der Warenbewegung vom Inland in das Drittlandsgebiet (oder umgekehrt) das Gebiet eines anderen Mitgliedstaates berührt wird.

Reihengeschäfte mit privaten Endabnehmern

(18) [1]An Reihengeschäften können auch Nichtunternehmer als letzte Abnehmer in der Reihe beteiligt sein. [2]Die Grundsätze der Absätze 1 bis 10 und Absatz 19 Satz 1 sind auch in diesen Fällen anzuwenden. [3]Wenn der letzte Abnehmer im Rahmen eines Reihengeschäfts, bei dem die Warenbewegung im Inland beginnt und im Gebiet eines anderen Mitgliedstaates endet (oder umgekehrt), nicht die subjektiven Voraussetzungen für die Besteuerung des innergemeinschaftlichen Erwerbs erfüllt und demzufolge nicht mit einer USt-IdNr. auftritt, ist § 3c UStG zu beachten, wenn der letzten Lieferung in der Reihe die Beförderung oder Versendung zugeordnet wird; dies gilt nicht, wenn der private Endabnehmer den Gegenstand abholt.

Beispiel:

[1]Der niederländische Privatmann NL kauft für sein Einfamilienhaus in Venlo Möbel beim Möbelhaus D 1 in Köln. [2]D 1 bestellt die Möbel bei der Möbelfabrik D 2 in Münster. [3]D 2

versendet die Möbel unmittelbar zu NL nach Venlo. [4]D 1 und D 2 treten jeweils unter ihrer deutschen USt-IdNr. auf.

Rechnungsweg
D 2 → D 1 → NL (Privatperson)
Warenweg

[5]Bei diesem Reihengeschäft werden nacheinander zwei Lieferungen (D 2 an D 1 und D 1 an NL) ausgeführt. [6]Die erste Lieferung D 2 an D 1 ist die Versendungslieferung, da D 2 als erster Unternehmer in der Reihe den Transport durchführen lässt. [7]Der Ort der Lieferung liegt nach § 3 Abs. 6 Satz 5 i. V. m. Satz 1 UStG in Deutschland (Beginn der Versendung). [8]Die Lieferung ist im Inland steuerbar und steuerpflichtig, da D 1 ebenfalls mit deutscher USt-IdNr. auftritt. [9]Der Erwerb der Ware unterliegt bei D 1 der Besteuerung des innergemeinschaftlichen Erwerbs in den Niederlanden, weil die innergemeinschaftliche Warenbewegung dort endet (§ 3d Satz 1 UStG). [10]Solange D 1 einen innergemeinschaftlichen Erwerb in den Niederlanden nicht nachweisen kann, hat er einen innergemeinschaftlichen Erwerb in Deutschland zu besteuern (§ 3d Satz 2 UStG). [11]Die zweite Lieferung D 1 an NL ist eine ruhende Lieferung. [12]Die Lieferung des D 1 an NL fällt deshalb nicht unter die Regelung des § 3c UStG. [13]Der Lieferort für diese Lieferung liegt nach § 3 Abs. 7 Satz 2 Nr. 2 UStG in den Niederlanden (Ende der Versendung), da sie der Versendungslieferung folgt. [14]Die Lieferung ist nach niederländischem Recht zu beurteilen. [15]D 1 muss sich in den Niederlanden umsatzsteuerlich registrieren lassen.

[16]Würde D 1 mit niederländischer USt-IdNr. auftreten, wäre die Lieferung des D 2 an D 1 als innergemeinschaftliche Lieferung steuerfrei, wenn D 2 die Voraussetzungen hierfür nachweist.

[17]Würde die Versendung im vorliegenden Fall allerdings der zweiten Lieferung (D 1 an NL) zuzuordnen sein, wäre diese Lieferung nach § 3c UStG zu beurteilen, da der Gegenstand vom Lieferer in einen anderen Mitgliedstaat versendet wird und der Abnehmer NL als Privatperson nicht zu den in § 1a Abs. 1 Nr. 2 UStG genannten Personen gehört.

Vereinfachungsregelungen

(19) [1]Ist die Zuordnung der Beförderung oder Versendung zu einer der Lieferungen von einem an dem Reihengeschäft beteiligten Unternehmer auf Grund des Rechts eines anderen Mitgliedstaates ausnahmsweise abweichend von den Absätzen 7 bis 10 vorgenommen worden, ist es nicht zu beanstanden, wenn dieser Zuordnung gefolgt wird. [2]Bei einer gebrochenen Beförderung oder Versendung aus einem anderen Mitgliedstaat ins Drittlandsgebiet ist die Behandlung als Reihengeschäft nicht zu beanstanden, wenn der erste Unternehmer den Liefergegenstand aus dem Mitgliedstaat des Beginns der Beförderung oder Versendung (Abgangsmitgliedstaat) nur zum Zweck der Verschiffung ins Drittlandsgebiet in das Inland befördert oder versendet, aufgrund des Rechts des Abgangsmitgliedstaats die Behandlung als Reihengeschäft vorgenommen worden ist und der Unternehmer, dessen Lieferung bei Nichtannahme eines Reihengeschäfts im Inland steuerbar wäre, dies nachweist.

3.15 Dienstleistungskommission (§ 3 Abs. 11 UStG)

(1) [1]Wird ein Unternehmer (Auftragnehmer) in die Erbringung einer sonstigen Leistung eingeschaltet und handelt er dabei im eigenen Namen und für fremde Rechnung (Dienstleistungskommission), gilt diese sonstige Leistung als an ihn und von ihm erbracht. [2]Dabei wird eine Leistungskette fingiert. [3]Sie behandelt den Auftragnehmer als Leistungsempfänger und zugleich Leis-

tenden. [4] Die Dienstleistungskommission erfasst die Fälle des sog. Leistungseinkaufs und des sog. Leistungsverkaufs. [5] Ein sog. Leistungseinkauf liegt vor, wenn ein von einem Auftraggeber bei der Beschaffung einer sonstigen Leistung eingeschalteter Unternehmer (Auftragnehmer) für Rechnung des Auftraggebers im eigenen Namen eine sonstige Leistung durch einen Dritten erbringen lässt. [6] Ein sog. Leistungsverkauf liegt vor, wenn ein von einem Auftraggeber bei der Erbringung einer sonstigen Leistung eingeschalteter Unternehmer (Auftragnehmer) für Rechnung des Auftraggebers im eigenen Namen eine sonstige Leistung an einen Dritten erbringt.

(2) [1] Die Leistungen der Leistungskette, d.h. die an den Auftragnehmer erbrachte und die von ihm ausgeführte Leistung, werden bezüglich ihres Leistungsinhalts gleich behandelt.[1)] [2] Die Leistungen werden zum selben Zeitpunkt erbracht. [3] Im Übrigen ist jede der beiden Leistungen unter Berücksichtigung der Leistungsbeziehung gesondert für sich nach den allgemeinen Regeln des UStG zu beurteilen. [4] Dies gilt z. B. in den Fällen des Verzichts auf die Steuerbefreiung nach § 9 UStG (Option). [5] Fungiert ein Unternehmer bei der Erbringung einer steuerfreien sonstigen Leistung als Strohmann für einen Dritten („Hintermann"), liegt ein Kommissionsgeschäft nach § 3 Abs. 11 UStG vor mit der Folge, dass auch die Besorgungsleistung des Hintermanns steuerfrei zu behandeln ist (vgl. BFH-Urteil vom 22.9.2005, V R 52/01, BStBl. II S. 278).

(3)[2)] [1] Personenbezogene Merkmale der an der Leistungskette Beteiligten sind weiterhin für jede Leistung innerhalb einer Dienstleistungskommission gesondert in die umsatzsteuerrechtliche Beurteilung einzubeziehen. [2] Dies kann z. B. für die Anwendung von Steuerbefreiungsvorschriften von Bedeutung sein (vgl. z. B. § 4 Nr. 19 Buchstabe a UStG) oder für die Bestimmung des Orts der sonstigen Leistung, wenn er davon abhängig ist, ob die Leistung an einen Unternehmer oder einen Nichtunternehmer erbracht wird. [3] Besorgt ein Unternehmer für Dritte Leistungen, für die die Befreiungsvorschrift des § 4 Nr. 20 Buchstabe a UStG zur Anwendung kommt, ist auch die Besorgungsleistung an die Abnehmer nach § 4 Nr. 20 Buchstabe a UStG steuerbefreit, vgl. BFH-Urteil vom 25.4.2018, XI R 16/16, BStBl. 2021 II S. 457. [4] Die Steuer kann nach § 13 UStG für die jeweilige Leistung zu unterschiedlichen Zeitpunkten entstehen; z. B. wenn der Auftraggeber der Leistung die Steuer nach vereinbarten und der Auftragnehmer die Steuer nach vereinnahmten Entgelten berechnet. [5] Außerdem ist z. B. zu berücksichtigen, ob die an der Leistungskette Beteiligten Nichtunternehmer, Kleinunternehmer (§ 19 UStG), Land- und Forstwirte, die für ihren Betrieb die Durchschnittssatzbesteuerung nach § 24 UStG anwenden, sind.

Beispiel:

[1] Der Bauunternehmer G besorgt für den Bauherrn B die sonstige Leistung des Handwerkers C, für dessen Umsätze die Umsatzsteuer nach § 19 Abs. 1 UStG nicht erhoben wird.

[2] Das personenbezogene Merkmal – Kleinunternehmer – des C ist nicht auf den Bauunternehmer G übertragbar. [3] Die Leistung des G unterliegt dem allgemeinen Steuersatz.

---

1) Zur Steuerfreiheit von Besorgungsleistungen i. Z. m. Opern-Eintrittskarten siehe BFH v. 25.4.2018 XI R 16/16, BStBl. II 2021, 457.

2) A 3.15 UStAE Abs. 3 neugef. durch BMF v. 9.6.2021, BStBl. I 2021, 780, anzuwenden in allen offenen Fällen.

(4) [1] Die zivilrechtlich vom Auftragnehmer an den Auftraggeber erbrachte Besorgungsleistung bleibt umsatzsteuerrechtlich ebenso wie beim Kommissionsgeschäft nach § 3 Abs. 3 UStG unberücksichtigt. [2] Der Auftragnehmer erbringt im Rahmen einer Dienstleistungskommission nicht noch eine (andere) Leistung (Vermittlungsleistung). [3] Der Auftragnehmer darf für die vereinbarte Geschäftsbesorgung keine Rechnung erstellen. [4] Eine solche Rechnung, in der die Umsatzsteuer offen ausgewiesen ist, führt zu einer Steuer nach § 14c Abs. 2 UStG.

(5) [1] Erbringen Sanierungsträger, die ihre Aufgaben nach § 159 Abs. 1 BauGB[1)] im eigenen Namen und für Rechnung der auftraggebenden Körperschaften des öffentlichen Rechts (Gemeinden) als deren Treuhänder erfüllen, Leistungen nach § 157 BauGB und beauftragen sie zur Erbringung dieser Leistungen andere Unternehmer, gelten die von den beauftragten Unternehmern erbrachten Leistungen als an den Sanierungsträger und von diesem an die treugebende Gemeinde erbracht. [2] Satz 1 gilt entsprechend für vergleichbare Leistungen der Entwicklungsträger nach § 167 BauGB.

(6) Beispiele zur sog. Leistungseinkaufskommission:

Beispiel 1:

[1] Der im Inland ansässige Spediteur G besorgt für den im Inland ansässigen Unternehmer B im eigenen Namen und für Rechnung des B die inländische Beförderung eines Gegenstands von München nach Berlin. [2] Die Beförderungsleistung bewirkt der im Inland ansässige Unternehmer C.

[3] Da G in die Erbringung einer Beförderungsleistung eingeschaltet wird und dabei im eigenen Namen, jedoch für fremde Rechnung handelt, gilt diese Leistung als an ihn und von ihm erbracht.

B ◄——— G ◄——— C

Beförderungsleistung Beförderungsleistung

[4] Die Leistungskette wird fingiert. [5] Die zivilrechtlich vereinbarte Geschäftsbesorgungsleistung ist umsatzsteuerrechtlich unbeachtlich.

[6] C erbringt an G eine im Inland steuerpflichtige Beförderungsleistung (§ 3a Abs. 2 UStG). [7] G hat gegenüber B ebenfalls eine im Inland steuerpflichtige Beförderungsleistung (§ 3a Abs. 2 UStG) abzurechnen.

Beispiel 2:

[1] Der im Inland ansässige Spediteur G besorgt für den in Frankreich ansässigen Unternehmer F im eigenen Namen und für Rechnung des F die Beförderung eines Gegenstands von Paris nach München. [2] Die Beförderungsleistung bewirkt der im Inland ansässige Unternehmer C. [3] G und C verwenden jeweils ihre deutsche, F seine französische USt-IdNr.

F ◄——— G ◄——— C

Beförderungsleistung Beförderungsleistung

[4] Die Leistungskette wird fingiert. [5] Die zivilrechtlich vereinbarte Geschäftsbesorgungsleistung ist umsatzsteuerrechtlich unbeachtlich.

[6] C erbringt an G eine in Deutschland steuerbare Beförderungsleistung (§ 3a Abs. 2 UStG). [7] G hat gegenüber F eine nach § 3a Abs. 2 UStG in Frankreich steuerbare Beförderungsleistung abzurechnen. [8] Die Verwendung der französischen USt-IdNr. durch F hat auf die Ortsbestimmung keine Auswirkung.

Beispiel 3:

[1] Der private Endverbraucher E beauftragt das im Inland ansässige Reisebüro R mit der Beschaffung der für die Reise notwendigen Betreuungsleistungen durch das Referenzunter-

---

1) **Sartorius** Nr. **300**.

nehmen D mit Sitz im Drittland. [2]R besorgt diese sonstige Leistung im eigenen Namen, für Rechnung des E.
[3]Da R in die Erbringung einer sonstigen Leistung eingeschaltet wird und dabei im eigenen Namen, jedoch für fremde Rechnung handelt, gilt diese Leistung als an ihn und von ihm erbracht.

E ←———— R ←———— D

[4]Die Leistungskette wird fingiert. [5]Die zivilrechtlich vereinbarte Geschäftsbesorgungsleistung ist umsatzsteuerrechtlich unbeachtlich. [6]Die Leistungen der Leistungskette, d. h. die an R erbrachte und die von R ausgeführte Leistung, werden bezüglich des Leistungsinhalts gleich behandelt. [7]Im Übrigen ist jede der beiden Leistungen unter Berücksichtigung der Leistungsbeziehungen gesondert für sich nach den allgemeinen Regeln des UStG zu beurteilen (vgl. Absatz 2).
[8]Die von D an R erbrachte Betreuungsleistung wird grundsätzlich an dem Ort ausgeführt, von dem aus der Leistungsempfänger sein Unternehmen betreibt (§ 3a Abs. 2 UStG). [9]Sie stellt aber eine Reisevorleistung im Sinne des § 25 Abs. 1 Satz 5 UStG dar, da sie dem Reisenden unmittelbar zugute kommt. [10]Die Leistung wird nach § 3a Abs. 8 Satz 1 UStG als im Drittland ausgeführt behandelt. [11]R erbringt nach § 3 Abs. 11 UStG ebenfalls eine Betreuungsleistung. [12]Es handelt sich nach § 25 Abs. 1 Satz 1 UStG um eine Reiseleistung. [13]Diese Leistung wird nach § 25 Abs. 1 Satz 4 in Verbindung mit § 3a Abs. 1 UStG an dem Ort ausgeführt, von dem aus R sein Unternehmen betreibt. [14]Sie ist steuerbar, aber nach § 25 Abs. 2 Satz 1 UStG steuerfrei, da die ihr zuzurechnende Reisevorleistung im Drittlandsgebiet bewirkt wurde (vgl. BFH-Urteil vom 2. März 2006, V R 25/03, BStBl. II S. 788).

(7) Beispiele zur sog. Leistungsverkaufskommission:

Kurzfristige Vermietung von Ferienhäusern

Beispiel 1:

[1]Der im Inland ansässige Eigentümer E eines in Belgien belegenen Ferienhauses beauftragt G mit Sitz im Inland, im eigenen Namen und für Rechnung des E Mieter für kurzfristige Ferienaufenthalte in seinem Ferienhaus zu besorgen.
[2]Da G in die Erbringung sonstiger Leistungen (kurzfristige – steuerpflichtige – Vermietungsleistungen nach § 4 Nr. 12 Satz 2 UStG) eingeschaltet wird und dabei im eigenen Namen, jedoch für fremde Rechnung handelt, gelten die Leistungen als an ihn und von ihm erbracht.

E ————→ G ————→ Mieter

kurzfristige Vermietungsleistungen — Reiseleistungen

[3]Die Leistungskette wird fingiert. [4]Die zivilrechtlich vereinbarte Geschäftsbesorgungsleistung ist umsatzsteuerrechtlich unbeachtlich.
[5]Die Vermietungsleistungen des E an G sind im Inland nicht steuerbar (§ 3a Abs. 3 Nr. 1 Satz 2 Buchstabe a UStG).
[6]G erbringt an die Mieter Reiseleistungen im Sinne des § 25 UStG. [7]Die Leistungen sind nach § 25 Abs. 1 Satz 4 in Verbindung mit § 3a Abs. 1 UStG steuerbar und mangels Steuerbefreiung steuerpflichtig.

Beispiel 2:

[1]Sachverhalt wie in Beispiel 1, jedoch befindet sich das Ferienhaus des E in der Schweiz.
[2]Die Vermietungsleistungen des E an G sind im Inland nicht steuerbar. [3]Die sonstigen Leistungen werden nach § 3a Abs. 3 Nr. 1 Satz 2 Buchstabe a UStG in der Schweiz ausgeführt (Belegenheitsort). [4]G erbringt an die Mieter steuerbare Reiseleistungen, die nach § 25 Abs. 2 UStG steuerfrei sind, weil die Reisevorleistungen im Drittlandsgebiet bewirkt werden.

Beispiel 3:

[1]Sachverhalt wie in Beispiel 1, jedoch liegt das Ferienhaus des E im Inland.
[2]Die Vermietungsleistungen des E an G sind im Inland steuerbar (§ 3a Abs. 3 Nr. 1 Satz 2 Buchstabe a UStG) und als kurzfristige Vermietungsleistungen (§ 4 Nr. 12 Satz 2 UStG)

steuerpflichtig. [3]G erbringt an die Mieter steuerbare und steuerpflichtige Reiseleistungen im Sinne des § 25 UStG. [4]G ist nach § 25 Abs. 4 UStG nicht berechtigt, die in den Rechnungen des E ausgewiesenen Steuerbeträge als Vorsteuer abzuziehen.

Leistungen in der Kreditwirtschaft

Beispiel 4:

[1]Ein nicht im Inland ansässiges Kreditinstitut K (ausländischer Geldgeber) beauftragt eine im Inland ansässige GmbH G mit der Anlage von Termingeldern im eigenen Namen für fremde Rechnung bei inländischen Banken.

[2]Da G als Unternehmer in die Erbringung einer sonstigen Leistung (Kreditgewährungsleistung im Sinne des § 4 Nr. 8 Buchstabe a UStG) eingeschaltet wird und dabei im eigenen Namen, jedoch für fremde Rechnung handelt, gilt die Leistung als an sie und von ihr erbracht.

K ⟶ G ⟶ inländische Banken

Anlage von Termingeldern (steuerfreie Kreditgewährung) | Anlage von Termingeldern (steuerfreie Kreditgewährung)

[3]Die Leistungskette wird fingiert. [4]Die zivilrechtlich vereinbarte Geschäftsbesorgungsleistung ist umsatzsteuerrechtlich unbeachtlich.

[5]K erbringt an G und G an die inländischen Banken durch die Kreditgewährung im Inland steuerbare (§ 3a Abs. 2 UStG), jedoch steuerfreie Leistungen (§ 4 Nr. 8 Buchstabe a UStG).

Vermietung beweglicher körperlicher Gegenstände

Beispiel 5:

[1]Ein im Inland ansässiger Netzbetreiber T beauftragt eine im Inland ansässige GmbH G mit der Vermietung von Telekommunikationsanlagen (ohne Einräumung von Nutzungsmöglichkeiten von Übertragungskapazitäten) im eigenen Namen für fremde Rechnung an den im Ausland ansässigen Unternehmer U.

[2]Da G als Unternehmer in die Erbringung einer sonstigen Leistung (Vermietung beweglicher körperlicher Gegenstände) eingeschaltet wird und dabei im eigenen Namen, jedoch für fremde Rechnung handelt, gilt die Leistung als an sie und von ihr erbracht.

T ⟶ G ⟶ U

Vermietung | Vermietung

[3]Die Leistungskette wird fingiert. [4]Die zivilrechtlich vereinbarte Geschäftsbesorgungsleistung ist umsatzsteuerrechtlich unbeachtlich. [5]Die Leistungen der Leistungskette, d. h. die an G erbrachte und die von G ausgeführte Leistung, werden bezüglich des Leistungsinhalts gleich behandelt. [6]Im Übrigen ist jede der beiden Leistungen unter Berücksichtigung der Leistungsbeziehungen gesondert für sich nach den allgemeinen Regeln des UStG zu beurteilen (vgl. Absatz 2).

[7]T erbringt an G durch die Vermietung beweglicher körperlicher Gegenstände im Inland steuerbare (§ 3a Abs. 2 UStG) und, soweit keine Steuerbefreiung greift, steuerpflichtige Leistungen.

[8]G erbringt an den im Ausland ansässigen U durch die Vermietung beweglicher körperlicher Gegenstände nicht im Inland steuerbare (§ 3a Abs. 2 UStG) Leistungen.

3.16 Leistungsbeziehungen bei der Abgabe werthaltiger Abfälle

(1) [1]Beauftragt ein Abfallerzeuger oder -besitzer einen Dritten mit der ordnungsgemäßen Entsorgung seines Abfalls, erbringt der Dritte mit der Übernahme und Erfüllung der Entsorgungspflicht eine sonstige Leistung im Sinne von § 3 Abs. 9 UStG, sofern der Entsorgung eine eigenständige wirtschaftliche Bedeutung zukommt. [2]Ist dem zur Entsorgung überlassenen Abfall ein

wirtschaftlicher Wert beizumessen (sog. werthaltiger Abfall), liegt ein tauschähnlicher Umsatz (Entsorgungsleistung gegen Lieferung des Abfalls) – ggf. mit Baraufgabe – vor, wenn nach den übereinstimmenden Vorstellungen der Vertragspartner

– der überlassene Abfall die Höhe der Barvergütung für die Entsorgungsleistung oder
– die übernommene Entsorgung die Barvergütung für die Lieferung des Abfalls

beeinflusst hat (vgl. Abschnitt 10.5 Abs. 2).

Entsorgungsleistung von eigenständiger wirtschaftlicher Bedeutung

(2) [1] Eine Entsorgungsleistung von eigenständiger wirtschaftlicher Bedeutung liegt vor, wenn Vereinbarungen über die Aufarbeitung oder Entsorgung der Abfälle getroffen wurden. [2] Nicht ausreichend ist, dass sich der Entsorger allgemein zur Einhaltung abfallrechtlicher Normen (z.B. Einhaltung vorgeschriebener Verwertungsquoten) verpflichtet hat oder ein Entsorgungsnachweis ausgestellt wird. [3] Leistet der Entsorger dem Abfallerzeuger oder -besitzer eine Vergütung für den gelieferten Abfall, ohne dass der Entsorgungsleistung eine eigenständige wirtschaftliche Bedeutung zukommt, ist von einer bloßen Abfalllieferung durch den Abfallerzeuger/-besitzer an den Entsorger auszugehen. [4] Haben Abfälle einen positiven Marktwert und werden sie unmittelbar in Produktionsprozessen z.B. als Roh- oder Brennstoff eingesetzt, steht im Falle ihrer Veräußerung nicht die Entsorgungsleistung im Vordergrund, selbst wenn die Stoffe ihre Abfalleigenschaft noch nicht verloren haben. [5] Gleiches gilt für bereits sortenrein gesammelte Produktionsabfälle. [6] Auch beim Handel mit derartigen Produkten liegt keine Entsorgungsleistung vor.

Beeinflussung der Barvergütung

(3) [1] Auch wenn der Entsorgungsleistung eine eigenständige wirtschaftliche Bedeutung zukommt, ist aus Vereinfachungsgründen eine zum tauschähnlichen Umsatz führende Beeinflussung der Barvergütung durch den überlassenen Abfall grundsätzlich nur anzunehmen,

1. wenn die Beteiligten ausdrücklich hierauf gerichtete Vereinbarungen getroffen, also neben dem Entsorgungsentgelt einen bestimmten Wert für eine bestimmte Menge der überlassenen Abfälle vereinbart haben, oder
2. die wechselseitige Beeinflussung auf Grund der getroffenen Vereinbarungen offensichtlich ist. [2] Hiervon ist nur in folgenden Fällen auszugehen:
   a) [1] Es wird vertraglich die Anpassung des ursprünglich ausdrücklich vereinbarten Entsorgungsentgelts an sich ändernde Marktverhältnisse für den übernommenen Abfall ausbedungen (sog. Preisanpassungsklauseln). [2] Preisanpassungsklauseln, die nur Auswirkungen für zukünftige Umsätze haben, sind insoweit ohne Bedeutung.

Beispiel 1:

[1] Unternehmer U1 übernimmt gegenüber dem Reifenservice R die Entsorgung von Altreifen. [2] R zahlt U1 einen Preis von 2,– € je übernommenen Altreifen. [3] Bei einer Veränderung des Preisindexes von Stahl oder Gummigranulat im Vergleich zu den Verhältnissen bei Vertragsabschluss sind beide Beteiligten berechtigt, diesen Preis um 50 % der Indexveränderung anzupassen.

b) Das nach Art und Menge bestimmte Entsorgungsentgelt ändert sich in Abhängigkeit von der Qualität der überlassenen Abfälle.

Beispiel 2:

[1] Unternehmer U2 übernimmt gegenüber dem Bauunternehmer B die Entsorgung von Baustellenmischabfällen. [2] Die Beteiligten vereinbaren einen Grundpreis von 250,– € je Fuhre, welcher sich ab einem bestimmten Metall- und Folienanteil im Abfall um 50,– € reduziert.

c) Es wird eine (Mehr-)Erlösverteilungsabrede getroffen.

Beispiel 3:

[1] Unternehmer U3 übernimmt gegenüber dem Reifenhersteller R die Entsorgung von Fehlproduktionen und Materialresten für 80,– € je Tonne. [2] Die Beteiligten verabreden, dass R an den von U3 bei der Veräußerung von daraus gewonnenem Gummigranulat und Stahl erzielten Erlösen zu 25% beteiligt wird.

Vereinfachungsregelung

(4) Sofern in den unter Absatz 3 Nr. 2 genannten Fällen weder die Barvergütung einen Betrag von 50,– € je Umsatz noch die entsorgte Menge ein Gewicht von 100 kg je Umsatz übersteigt, ist das Vorliegen eines tauschähnlichen Umsatzes aus Vereinfachungsgründen nicht zu prüfen.

Beispiel 1:

[1] U1 übernimmt die Entsorgung des bei der Buchhaltungsfirma B anfallenden Altpapiers. [2] Er entsorgt dort eine Menge von max. 20 kg Altpapier und berechnet hierfür 10,– €. [3] Da die für B entsorgte Menge das Gewicht von 100 kg je Abholung nicht übersteigt und die Entgelte hierfür 50,– € je Abholung nicht übersteigen, ist es aus Vereinfachungsgründen nicht zu beanstanden, wenn die Beteiligten keinen tauschähnlichen Umsatz angenommen und nur die Entsorgungsleistung des U1 der Besteuerung unterworfen haben.

Beispiel 2:

[1] U2 betreibt einen Abholservice für bestimmten Schrott und unbrauchbare Haushaltsgeräte, wie Waschmaschinen, Wäschetrockner und Geschirrspüler. [2] Er bietet seinen Service privaten Haushalten kostenlos an. [3] Daneben führt er unentgeltlich Altkleidersammlungen in Wohngebieten durch. [4] Soweit das Gewicht des Abfalls je Abholung und Haushalt 100 kg nicht übersteigt, ist es aus Vereinfachungsgründen nicht zu beanstanden, wenn die Beteiligten ohne weitere Prüfung nur eine Entsorgungsleistung annehmen, die jedoch mangels Entgelt nicht steuerbar ist.

Einzelfälle

(5) [1] Ein tauschähnlicher Umsatz liegt insbesondere **nicht** vor,

1. im Falle sog. Umleersammeltouren (z. B. Leerung von Altpapiertonnen, Austausch bzw. Leerpumpen von Altölsammelbehältern), bei denen die Menge des im Einzelfall abgelieferten Abfalls und seine Zusammensetzung und Qualität nicht festgestellt werden; hier ist davon auszugehen, dass eine wechselseitige Beeinflussung von Barvergütung und Entsorgungsleistung und damit ein tauschähnlicher Umsatz nicht vorliegt.
2. in den Fällen, in denen die Werthaltigkeit von zur Entsorgung überlassenen Abfällen erst später festgestellt werden kann, ohne dass sich hierdurch Auswirkungen auf die Höhe der Vergütung bereits getätigter Umsätze ergeben; eine Berücksichtigung der Werthaltigkeit der Abfälle beim Abschluss zukünftiger Entsorgungsverträge ist für bereits ausgeführte Umsätze unschädlich.

3. wenn Nebenerzeugnisse oder Abfälle im Rahmen von Gehaltslieferungen im Sinne des § 3 Abs. 5 UStG zurückgenommen werden; hier fehlt es an einer Lieferung von Abfall.

Beispiel 1:

[1] U1 liefert zum Preis von 4,10 € je Dezitonne Zuckerrüben an die Zuckerfabrik Z und behält sich die Rückgabe der bei der Zuckerproduktion anfallenden Rübenschnitzel für Fütterungszwecke vor. [2] Es handelt sich lediglich um eine (Gehalts-)Lieferung des U1 an Z (Entgelt 4,10 € je Dezitonne). [3] Z erbringt keine Lieferung von Abfall in Form von Rübenschnitzeln, weil diese nicht am Leistungsaustausch teilgenommen haben und somit nicht Gegenstand der Gehaltslieferung des U1 geworden sind.

4. wenn das angekaufte Material ohne weitere Behandlung marktfähig (z. B. an einer Rohstoffbörse handelbar) ist, auch keiner gesetzlichen Entsorgungsverpflichtung mehr unterliegt und damit seine Eigenschaft als Abfall verloren hat. [2] Da in diesem Fall das Material nur noch den Status eines normalen Handelsguts hat, kann davon ausgegangen werden, dass ggf. erforderliche Transport- oder Sortierleistungen ausschließlich im eigenen unternehmerischen Interesse des Erwerbers ausgeführt werden und keine Entsorgungsleistung vorliegt.

Beispiel 2:

[1] U2 erwirbt von verschiedenen Entsorgern unsortierte Altbleche, welche er nach Reinigung und Zerkleinerung einer elektrolytischen Entzinnung unterzieht. [2] Das dabei gewonnene Eisen veräußert U2 an Stahlbearbeitungsbetriebe, das anfallende Zinn an Zinnhütten.

[3] Bei dem von U2 aus dem Altblechabfall zurück gewonnenen Zinn und Eisen handelt es sich um Rohstoffe für die weiterverarbeitende Industrie, die keiner gesetzlichen Entsorgungspflicht (mehr) unterliegen und deshalb nicht als Abfall anzusehen sind. [4] Zwischen U2 und seinen Abnehmern finden keine tauschähnlichen Umsätze, sondern ausschließlich Rohstofflieferungen statt.

5. wenn bei der Entsorgung der Abfälle die werthaltigen Bestandteile (z. B. Edelmetalle) im Eigentum des Abfallerzeugers verbleiben und Barvergütungen für diese Entsorgungsleistungen gesondert abgerechnet werden.

(6) Für die Annahme eines tauschähnlichen Umsatzes ist es nicht erforderlich, dass beide Beteiligte Unternehmer sind bzw. die Abgabe des Abfalls im unternehmerischen Bereich erfolgt; dies ist jedoch für die ggf. erforderliche gegenseitige Rechnungsstellung sowie für die Steuerschuldnerschaft nach § 13b Abs. 2 Nr. 7 i. V. mit Abs. 5 Satz 1 UStG von Bedeutung, wenn der überlassene Abfall zu den Gegenständen i. S. der Anlage 3 zum UStG gehört (vgl. Abschnitt 13b.4).

(7) [1] Im Falle eines tauschähnlichen Umsatzes ist der Wert des hingegebenen Abfalls Bemessungsgrundlage für die erbrachte Entsorgungsleistung. [2] Bemessungsgrundlage für die Lieferung des Abfalls ist der Wert der Gegenleistung (Entsorgungsleistung). [3] Baraufgaben sind zu berücksichtigen; eine ggf. enthaltene Umsatzsteuer ist stets herauszurechnen (vgl. Abschnitt 10.5). [4] Der maßgebliche Zeitpunkt für die Ermittlung des Wertes der gelieferten Abfälle ist der Zeitpunkt der Übergabe an den Entsorger. [5] Dabei ist nicht auf die einzelnen Inhaltsstoffe abzustellen, d. h. der Wert muss dem Abfall im Zeitpunkt der Überlassung als solchem zukommen. [6] Spätere Bearbeitungsschritte (Bündelung, Sortierung, Aufbereitung usw.) durch den

Entsorger sind bei der Wertermittlung außer Betracht zu lassen. 7 Es bestehen keine Bedenken, dem zwischen den Beteiligten vereinbarten Wert der zur Entsorgung übergebenen Abfälle auch für umsatzsteuerrechtliche Zwecke zu folgen, sofern dieser Wert nicht offensichtlich unzutreffend erscheint.

(8) 1 Verändert sich der Marktpreis für die zu entsorgenden Abfälle nach Abschluss des Entsorgungs- und Liefervertrags, hat dies zunächst keine Auswirkung auf die Ermittlung der Bemessungsgrundlagen für die tauschähnlichen Umsätze und die Rechnungsstellung. 2 Für diese Zwecke ist vielmehr so lange auf den im Zeitpunkt des Vertragsabschlusses maßgeblichen Wert abzustellen, bis dieser durch eine Vertragsänderung oder durch Änderung der Bemessungsgrundlage, z. B. auf Grund einer vereinbarten Preisanpassungsklausel oder einer vereinbarten Mehr- oder Mindererlösbeteiligung, angepasst wird.

3.17 Einzweck- und Mehrzweck-Gutscheine

Definition und Abgrenzung von Gutscheinen

(1) 1 Gutscheine im Sinne des § 3 Abs. 13 UStG sind solche Instrumente, die vom Berechtigten ganz oder teilweise anstelle einer regulären Geldzahlung als Gegenleistung zur Einlösung gegen Gegenstände oder sonstige Leistungen verwendet werden können. 2 Diese Instrumente können körperlicher Art sein (z. B. Papierdokumente oder Plastikkarten) oder in elektronischer Form bestehen. 3 Ein Gutschein im Sinne des § 3 Abs. 13 UStG kann auch dann vorliegen, wenn der auf dem Gutschein aufgedruckte Nennwert nicht zur vollständigen Begleichung der Leistung ausreicht und der Gutscheininhaber im Zeitpunkt der Inanspruchnahme des Gutscheins eine Zuzahlung leisten muss. 4 § 3 Abs. 13 UStG findet keine Anwendung bei Instrumenten, die den Inhaber lediglich zu einem Preisnachlass oder zu einer Preiserstattung beim Erwerb von Gegenständen oder Dienstleistungen berechtigen, aber nicht das Recht verleihen, solche Gegenstände oder sonstige Leistungen auch tatsächlich zu erhalten (vgl. § 3 Abs. 13 Satz 2 UStG, Abschnitt 17.2). 5 Gutscheine für Warenproben oder Muster lösen grundsätzlich kein Entgelt aus und stellen keinen Gutschein i. S. d. § 3 Abs. 13 UStG dar. 6 Briefmarken, Fahrscheine, Eintrittskarten für Kinos und Museen sowie vergleichbare Instrumente fallen ebenfalls nicht in den Anwendungsbereich des § 3 Abs. 13 UStG. 7 Kann das Zahlungsinstrument jederzeit und voraussetzungslos gegen den ursprünglich gezahlten bzw. den noch nicht verwendeten Betrag zurückgetauscht werden, ist von einer Guthabenkarte im Unterschied zu einer Gutscheinkarte und damit von einem bloßen Zahlungsmittel auszugehen. 8 Ein Zahlungsdienst i. S. d. Richtlinie (EU) 2015/2366 des Europäischen Parlaments und des Rates vom 25. November 2015 über Zahlungsdienste im Binnenmarkt, zur Änderung der Richtlinien 2002/65/EG, 2009/110/EG und 2013/36/EU und der Verordnung (EU) Nr. 1093/2010 sowie zur Aufhebung der Richtlinie 2007/64/EG gilt auch nicht als Gutschein i. S. d. § 3 Abs. 13 UStG. 9 Aussteller des Gutscheins ist derjenige, der den Gutschein im eigenen Namen ausgestellt hat. 10 Der Verkauf eines Gutscheins zwischen Unternehmern wird im Folgenden als Übertragung bezeichnet. 11 Der Verkauf eines Gutscheins an Kunden wird im Folgenden als Ausgabe bezeichnet.

Einzweck-Gutscheine i. S. d. § 3 Abs. 14 UStG

(2) [1]Ein Einzweck-Gutschein nach § 3 Abs. 14 Satz 1 UStG ist dadurch gekennzeichnet, dass der Ort der Lieferung oder sonstigen Leistung, zu deren Bezug der Gutschein berechtigt, sowie die geschuldete Umsatzsteuer, bei dessen Ausgabe bzw. erstmaliger Übertragung durch den Aussteller des Gutscheins feststehen. [2]Für die Annahme eines Einzweck-Gutscheins ist die Identität des leistenden Unternehmers anzugeben sowie die Leistung dahingehend zu konkretisieren, dass der steuerberechtigte Mitgliedstaat und der auf die Leistung entfallende Steuersatz und damit der zutreffende Steuerbetrag mit Sicherheit bestimmt werden können. [3]Zudem muss zur zutreffenden Bestimmung des Orts der sonstigen Leistung, deren Ortsbestimmung vom Status des Empfängers abhängt, feststehen, ob der Leistungsempfänger ein Unternehmer ist und diese für sein Unternehmen bezieht. [4]Der Leistungsgegenstand muss für die Annahme eines Einzweck-Gutscheins zumindest im Hinblick auf die Gattung des jeweiligen Leistungsgegenstands auf dem Gutschein angegeben sein. [5]Unter Gattung ist in diesem Zusammenhang die Gesamtheit von Arten von Waren oder sonstigen Leistungen zu verstehen, die in ihren wesentlichen Eigenschaften derart übereinstimmen, dass hieraus der zutreffende Steuersatz eindeutig bestimmbar ist. [6]Der Gutschein soll vom Aussteller sichtbar als Einzweck-Gutschein gekennzeichnet werden. [7]Grundlage dieser Kennzeichnung ist die rechtliche Einordnung des Gutscheins durch den leistenden Unternehmer. [8]Auf die rechtliche Einordnung und die darauf basierende Kennzeichnung dürfen der Aussteller des Gutscheins sowie die nachfolgenden Unternehmer der Leistungskette vertrauen. [9]Dies gilt nicht, soweit die Unternehmer der Leistungskette Kenntnis hatten oder nach der Sorgfalt eines ordentlichen Kaufmannes hätten Kenntnis haben müssen, dass die rechtliche Einordnung bzw. die Kennzeichnung des Gutscheins als Einzweck-Gutschein zu Unrecht erfolgt ist.

Beispiel 1:

[1]Eine Parfümerie mit mehreren Filialen in Deutschland gibt einen Gutschein zur Einlösung gegen alle im Sortiment befindlichen Parfümartikel im Wert von 20 € an einen Kunden für 20 € aus. [2]Der Gutschein ist in einer beliebigen Filiale der Parfümerie in Deutschland einlösbar. [3]Es handelt sich um einen Einzweck-Gutschein. [4]Der Leistungsort ist in entsprechender Anwendung des § 3 Abs. 7 Satz 1 UStG hinsichtlich des steuerberechtigten Mitgliedstaates hinreichend bestimmt (= Deutschland). [5]Somit kann die geschuldete Umsatzsteuer bei Ausgabe des Gutscheins ermittelt werden.

[10]Es kann sich auch dann um einen Einzweck-Gutschein handeln, wenn der Gutschein zum Bezug mehrerer, genau bezeichneter Einzelleistungen berechtigt. [11]In diesen Fällen ist der Gesamtbetrag im jeweiligen Verhältnis der Einzelleistungen aufzuteilen.

Beispiel 2:

[1]Ein Restaurant in München gibt im Januar 01 einen Gutschein im Wert von 150 € (2 Essen im Restaurant inklusive zwei alkoholfreie Getränke für 2 Personen im Wert von 100 € sowie das Buch „Der Restaurant-Guide" im Wert von 50 €; der Restaurantgutschein berechtigt ausschließlich zum Verzehr an Ort und Stelle) zu einem Preis von 100 € an eine Privatperson aus. [2]Der Gutschein wird im April 01 vom Gutscheininhaber in diesem Restaurant eingelöst. [3]Es handelt sich um einen Einzweck-Gutschein. [4]Das Restaurant muss in diesem Fall den erhaltenen Gesamtbetrag von 100 € im Verhältnis 100/150 zu 19 % und 50/150 zu 7 % aufteilen.

[12] Die Umsatzsteuer für die durch den Einzweck-Gutschein geschuldete Leistung entsteht bei Besteuerung nach vereinbarten Entgelten im Zeitpunkt der Ausgabe des Gutscheins. [13] Wird ein Gutschein vor Ausgabe an einen anderen Unternehmer übertragen, entsteht die Umsatzsteuer insoweit im Übertragungszeitpunkt. [14] Die spätere Gutscheineinlösung, also die tatsächliche Lieferung bzw. Leistungserbringung, ist für die umsatzsteuerliche Würdigung nicht mehr relevant, da diese nicht als unabhängiger Umsatz gilt. [15] Sollte eine Zuzahlung durch den Gutscheininhaber bei Einlösung des Gutscheins erfolgen, so ist lediglich die bislang noch nicht versteuerte Differenz zu versteuern.

Beispiel 3:

[1] Ein Kunde A erwirbt anlässlich einer Werbeaktion im Januar 01 beim örtlichen Elektroeinzelhändler B in Cottbus einen Gutschein im Wert von 50 € für 40 €. [2] Der Gutschein berechtigt zum Erwerb eines Elektroartikels in dem Geschäft des B. [3] A erwirbt im April 01 ein Lautsprecher-System bei B im Gesamtwert von 350 € und begleicht den Rechnungsbetrag unter Anrechnung seines Gutscheins im Wert von 50 € durch die Zuzahlung von 300 € in bar. [4] Es handelt sich um einen Einzweck-Gutschein. [5] Die Bemessungsgrundlage für den Umsatz des B beträgt gem. § 10 Abs. 1 Satz 1 UStG im Zeitpunkt der Ausgabe des Gutscheins im Januar 01 40 € abzüglich USt. [6] Im April 01 hat B noch einen Umsatz in Höhe von 300 € abzüglich USt zu versteuern.

Einzweck-Gutscheine in Vertriebsketten (Handeln im eigenen Namen)

(3) [1] Stellt der leistende Unternehmer einen Einzweck-Gutschein aus und überträgt ihn auf einen anderen Unternehmer, der ihn im eigenen Namen an den Kunden ausgibt, gilt auch der ausgebende Unternehmer als Leistender der auf dem Gutschein bezeichneten Leistung. [2] Maßgeblicher Zeitpunkt für die Besteuerung der Leistungsfiktion des leistenden Unternehmers an den ausgebenden Unternehmer ist derjenige, in dem der ausstellende und leistende Unternehmer den Gutschein an den ausgebenden Unternehmer überträgt. [3] Maßgeblicher Zeitpunkt für die Besteuerung der Leistungsfiktion des ausgebenden Unternehmers ist die Ausgabe des Gutscheins an den Kunden; dies gilt unabhängig davon, ob der ausgebende Unternehmer im eigenen Namen, aber für fremde Rechnung auftritt oder ob er im eigenen Namen und für eigene Rechnung tätig wird.

Beispiel 1:

[1] A ist Fahrradhersteller und überträgt im Januar 01 an den Gutscheinhändler B 10 Gutscheine über E-Bikes im Wert von jeweils 3500 € für jeweils 2500 €. [2] B gibt einen der Gutscheine im März 01 im eigenen Namen an den Radfahrer R zum Preis von 3000 € aus. [3] R löst den Gutschein bei A im April 01 ein. [4] A hat im Januar 01 einen Umsatz von 25 000 € abzüglich USt zu versteuern. [5] B hat im März 01 einen Umsatz von 3000 € abzüglich USt zu versteuern.

[4] Stellt ein Unternehmer im eigenen Namen einen Einzweck-Gutschein mit der versprochenen Leistung aus, erbringt die darin bezeichnete Leistung jedoch nicht selbst, wird der spätere Leistungserbringer so behandelt, als habe er die in dem Gutschein genannte Leistung an den Gutscheinaussteller erbracht. [5] Maßgeblicher Zeitpunkt der Leistungsfiktion und damit der Besteuerung beider Leistungen ist der Zeitpunkt der Ausgabe des Gutscheins an den Kunden. [6] Der Gutscheinaussteller muss dem letztendlich leistenden Unternehmer zur fristgerechten Versteuerung mitteilen, zu welchem Zeitpunkt und in welcher Höhe Einzweck-Gutscheine an Kunden ausgegeben wurden.

Beispiel 2:

[1]Der Unternehmer B betreibt ein Gutscheinportal, auf dem er Gutscheine anbietet, mit denen Fahrräder des Herstellers A erworben werden können. [2]A und B haben im Januar 01 vereinbart, dass B die E-Bike-Gutscheine jeweils im Wert von 3500 € für 3000 € an Kunden ausgibt. [3]B hat an A für jeden ausgegebenen Gutschein 2500 € weiterzuleiten. [4]B verkauft einen der Gutscheine im April 01 im eigenen Namen an den Radfahrer R. [5]R löst den Gutschein bei A im Juni 01 ein. [6]A und B haben ihren Umsatz jeweils im April 01 zu versteuern, A in Höhe von 2500 € abzüglich USt und B in Höhe von 3000 € abzüglich USt.

Einzweck-Gutscheine in Vertriebsketten (Handeln im fremden Namen)

(4) [1]Gibt ein Unternehmer einen Einzweck-Gutschein im fremden Namen aus, wird er nicht Teil der Leistungskette. [2]Vielmehr gilt die Ausgabe des Gutscheins an den Kunden als Leistung desjenigen, in dessen Namen der Unternehmer handelt. [3]Der ausgebende Unternehmer muss dem leistenden Unternehmer zur fristgerechten Versteuerung mitteilen, zu welchem Zeitpunkt Einzweck-Gutscheine an Kunden ausgegeben wurden, da der leistende Unternehmer zu diesem Zeitpunkt die fiktiv erbrachte Leistung zu versteuern hat. [4]Der leistende Unternehmer hat als Bruttowert den vom Vermittler vereinnahmten Preis anzusetzen. [5]Der ausgebende Unternehmer erbringt eine Vermittlungsleistung (vgl. Abschnitt 3.7).

Beispiel:

[1]Der Unternehmer B betreibt ein Gutscheinportal, auf dem er Büchergutscheine im Namen und für Rechnung des Buchhändlers A anbietet. [2]Diese Gutscheine können in dem Buchladen des A eingelöst werden. [3]B hat mit A vereinbart, im Falle eines ausgegebenen Gutscheins 20% des Gutscheinwerts als Vermittlungsprovision einzubehalten und den Rest an A weiterzuleiten. [4]B erstellt gegenüber A monatliche Abrechnungen über die veräußerten Gutscheine und gibt diese zusammen mit seiner eigenen Provisionsabrechnung an A weiter. [5]Kunde C erwirbt im Januar 01 einen Büchergutschein des A auf der Internetseite des B. [6]C bezahlt hierfür 10 € an B. [7]A muss im Januar 01 für den Verkauf eines Buchs 10 € abzüglich 7% USt versteuern. [8]B muss für die Vermittlung des Gutscheins 2 € abzüglich 19% USt versteuern.

Bestimmung des Leistungsorts bei Einzweck-Gutscheinen

(5) [1]Berechtigt der Einzweck-Gutschein den Leistungsempfänger zum Bezug einer Lieferung nach § 3 Abs. 1 UStG, so bestimmt sich der Ort der fiktiven Lieferung aufgrund fehlender Warenbewegung im Zeitpunkt der Ausgabe bzw. erstmaligen Übertragung in entsprechender Anwendung des § 3 Abs. 7 Satz 1 UStG. [2]Die Anwendung der Steuerbefreiung nach § 4 Nr. 1 Buchstabe a oder b UStG kommt daher nicht in Betracht. [3]Bezieht sich die Ausgabe bzw. erstmalige Übertragung eines Einzweck-Gutscheins auf die Erbringung einer sonstigen Leistung nach § 3 Abs. 9 UStG, so bestimmt sich der Leistungsort im Zeitpunkt der Ausgabe bzw. erstmaligen Übertragung nach den allgemeinen Regelungen des § 3a Abs. 1 – vorbehaltlich der Absätze 2 bis 8 – sowie der §§ 3b und 3e UStG. [4]Für eine genaue Ortsbestimmung bei der Ausgabe bzw. erstmaligen Übertragung eines Einzweck-Gutscheins muss daher bei sonstigen Leistungen, deren Ortsbestimmung vom Status des Empfängers abhängt, feststehen, ob der Empfänger der sonstigen Leistung ein Unternehmer ist und diese für sein Unternehmen bezieht. [5]Abschnitt 3a.2 Abs. 11a gilt entsprechend. [6]Handelt ein Unternehmer bei der Ausgabe bzw.

Übertragung eines Einzweck-Gutscheins erkennbar im Namen des ausstellenden oder eines übertragenden Unternehmers, wird er nicht Teil der Leistungskette, sondern erbringt im Zeitpunkt der Ausgabe bzw. Übertragung eine Vermittlungsleistung. [7]Der Ort dieser Vermittlungsleistung bestimmt sich nach den allgemeinen Regelungen des § 3a Abs. 2 UStG.

Bemessungsgrundlage bei Einzweck-Gutscheinen

(6) [1]Wird ein Einzweck-Gutschein entgeltlich übertragen bzw. ausgegeben, bestimmt sich die Bemessungsgrundlage nach den allgemeinen Vorschriften des § 10 Abs. 1 UStG.

Beispiel 1:

[1]Kunde C erwirbt einen Büchergutschein bei Händler B für die Buchhandlung des A. [2]Der Gutschein hat einen Wert von 60 €. [3]Er wird für 50 € verkauft. [4]Damit beträgt die Bemessungsgrundlage des B 50 € abzüglich USt, also 46,73 €.

[2]Diese Grundsätze gelten auch in Vertriebsketten, bei denen jeder Unternehmer die Gutscheine im eigenen Namen überträgt bzw. ausgibt. [3]Bemessungsgrundlage ist auf jeder Stufe das vereinbarte Entgelt.

Beispiel 2:

[1]Unternehmer A überträgt im Januar 01 einen Büchergutschein für 80 € an Unternehmer B. [2]A verzichtet auf Vorgaben zum Endverkaufspreis der Gutscheine. [3]B bietet den Gutschein im eigenen Namen für 90 € inklusive Umsatzsteuer an. [4]B gibt den Gutschein im April 01 an einen Kunden aus. [5]A muss den Umsatz von 80 € abzüglich USt im Januar 01 versteuern. [6]B muss den Umsatz von 90 € abzüglich USt im April 01 versteuern.

[4]Bei der unentgeltlichen Übertragung bzw. Ausgabe eines Einzweck-Gutscheins ist aufgrund der fiktiven Leistung bei Vorliegen der allgemeinen Voraussetzungen von einer unentgeltlichen Wertabgabe auszugehen. [5]Bemessungsgrundlage ist nach § 10 Abs. 4 Satz 1 UStG der im Zeitpunkt der Übertragung bzw. Ausgabe maßgebende Einkaufspreis, subsidiär der Selbstkostenpreis.

Nichteinlösung von Einzweck-Gutscheinen

(7) [1]Sollte ein Einzweck-Gutschein vom Gutscheininhaber nicht (innerhalb der Gültigkeitsdauer) eingelöst werden und somit verfallen, ergeben sich hieraus allein keine weiteren umsatzsteuerlichen Folgen, da die ursprüngliche Leistung bereits bei Übertragung bzw. Ausgabe des Gutscheins als erbracht gilt und demzufolge in diesem Zeitpunkt zu versteuern ist. [2]Eine Änderung der Bemessungsgrundlage nach § 17 Abs. 1 UStG kommt nur dann in Betracht, wenn das Entgelt ausnahmsweise zurückgezahlt wird.

Beispiel 1:

[1]Kunde A kauft beim Unternehmer B am 31. Januar 01 einen in seinem Bekleidungsgeschäft in Stuttgart einzulösenden Gutschein für Textilien in Höhe von 50 € für 40 €. [2]Der Gutschein unterliegt der regelmäßigen Verjährung. [3]A löst den Gutschein bis zum 31. Dezember 04 nicht ein. [4]B hat im Januar 01 eine fiktive Lieferung in Höhe von 40 € abzüglich USt zu versteuern. [5]Die Nichteinlösung führt nicht zu einer Minderung der Bemessungsgrundlage.

Beispiel 2:

[1]Der Unternehmer G betreibt ein Gutscheinportal, auf dem er Gutscheine verschiedener Unternehmen im fremden Namen anbietet. [2]Privatperson A erwirbt im Januar 01 einen Gutschein des Unternehmers B im Wert von 100 € für einen Fallschirmsprung und bezahlt

hierfür 100 € an G. [3] G hat mit B vereinbart, im Falle eines veräußerten Gutscheins 20 % des Gutscheinwerts als Vermittlungsprovision einzubehalten und den Rest an B weiterzuleiten. [4] B hat im Januar 01 für den Verkauf des Gutscheins 100 € abzüglich USt zu versteuern, soweit er seine Umsätze nach vereinbarten Entgelten versteuert. [5] G muss im Januar 01 20 € abzüglich USt versteuern. [6] G hat in seinen Allgemeinen Geschäftsbedingungen mit den einzelnen Unternehmern, so auch mit B, geregelt, den vereinnahmten Gutscheinpreis abzüglich der Vermittlungsprovision erst bei Einlösung des Gutscheins auszuschütten. [7] Hierfür muss B dem G innerhalb einer bestimmten Frist mitteilen, wann ein Kunde seinen Gutschein eingelöst hat. [8] Erfolgt diese Mitteilung nicht oder wird der Gutschein nicht eingelöst, werden die von G vereinnahmten Gelder nicht an B weitergeleitet. [9] A löst seinen Gutschein nicht ein. [10] Zu einer Rückzahlung des Gutscheinwerts kommt es nicht. [11] Eine Änderung der Bemessungsgrundlage nach § 17 Abs. 1 UStG kommt daher für die fiktiv erbrachte Leistung des B an A nicht in Betracht. [12] G hat den bei ihm verbleibenden Betrag in Höhe von 80 € abzüglich USt als zusätzliches Entgelt für die an B erbrachte Vermittlungsleistung zu versteuern. [13] Der Vorsteuerabzug des B in Bezug auf die Vermittlungsleistung des G erhöht sich entsprechend.

Remonetarisierbarkeit von Einzweck-Gutscheinen

(8) [1] Wird ein Einzweck-Gutschein zurückgegeben und erhält der Kunde den Gutscheinwert ausnahmsweise zurückerstattet, so wird der ursprüngliche Umsatz rückgängig gemacht. [2] Die Umsatzsteuer ist nach § 17 Abs. 2 Nr. 3 UStG beim Gutscheinaussteller, beim leistenden Unternehmer sowie ggf. beim Kommissionär zu berichtigen.

Mehrzweck-Gutscheine i. S. d. § 3 Abs. 15 UStG

(9) [1] Ein Mehrzweck-Gutschein liegt dann vor, wenn zum Zeitpunkt der Übertragung bzw. Ausgabe des Gutscheins der Ort der Leistung und/oder der leistende Unternehmer und/oder der Leistungsgegenstand noch nicht endgültig feststehen und daher die geschuldete Umsatzsteuer nicht bestimmbar ist. [2] Bei einem Mehrzweck-Gutschein gilt die Lieferung der Gegenstände oder die Erbringung der sonstigen Leistung erst im Zeitpunkt der tatsächlichen Erbringung der Leistung als erbracht. [3] Die Ausgabe eines Mehrzweck-Gutscheins und alle bis dahin erfolgten Übertragungen sind steuerlich unbeachtlich. [4] Es handelt sich insbesondere auch dann um einen Mehrzweck-Gutschein, wenn sich der Gutschein gegen Leistungen eintauschen lässt, die dem ermäßigten oder dem Regelsteuersatz unterliegen. [5] In diesen Fällen lässt sich die geschuldete Umsatzsteuer zum Zeitpunkt der Gutscheinübertragung oder Ausgabe noch nicht abschließend bestimmen. [6] Der Gutschein soll vom Aussteller sichtbar als Mehrzweck-Gutschein gekennzeichnet werden. [7] Grundlage dieser Kennzeichnung ist die rechtliche Einordnung des Gutscheins durch den leistenden Unternehmer. [8] Auf die rechtliche Einordnung und die darauf basierende Kennzeichnung dürfen der Aussteller des Gutscheins sowie die nachfolgenden übertragenden und der ausgebende Unternehmer der Leistungskette vertrauen. [9] Dies gilt nicht, soweit die Unternehmer der Leistungskette Kenntnis hatten oder nach der Sorgfalt eines ordentlichen Kaufmannes hätten Kenntnis haben müssen, dass die rechtliche Einordnung bzw. die Kennzeichnung des Gutscheins als Mehrzweck-Gutschein zu Unrecht erfolgt ist.

Beispiel 1:

[1] Eine Parfümerie mit europaweiten Filialen veräußert einen Gutschein zur Einlösung gegen alle im Sortiment befindlichen Parfümerieartikel im Wert von 20 € an einen Kunden für 20 €. [2] Der Gutschein kann in einer beliebigen Filiale eingelöst werden. [3] In diesen Fällen

steht im Zeitpunkt der Ausgabe des Gutscheins noch nicht abschließend fest, in welchem Mitgliedstaat der Gutschein eingelöst wird. [4] Demzufolge steht die gesetzlich geschuldete Umsatzsteuer zu diesem Zeitpunkt noch nicht fest. [5] Es handelt sich um einen Mehrzweck-Gutschein.

Beispiel 2:

[1] Ein Kunde erwirbt in einem Kaufhaus in München im Rahmen einer Werbeaktion einen Gutschein im Wert von 50 € für 45 €. [2] Der Gutschein berechtigt den Kunden, diesen sowohl in der Lebensmittel- als auch in der Haushaltsgeräteabteilung einzulösen. [3] Es handelt sich um einen Mehrzweck-Gutschein, da sich zum Zeitpunkt der Gutscheinausgabe zwar der Leistungsort (München), nicht aber die geschuldete Umsatzsteuer bestimmen lässt.

Mehrzweck-Gutscheine in Vertriebsketten (Handeln im fremden und im eigenen Namen)

(10) [1] Die Übertragung und Ausgabe eines Mehrzweck-Gutscheins in der Vertriebskette stellt lediglich einen Tausch von Zahlungsmitteln dar. [2] Der erkennbar im Namen des ausstellenden/übertragenden Unternehmers handelnde Vermittler erbringt im Zeitpunkt der Übertragung und Ausgabe eine grundsätzlich steuerbare Vermittlungsleistung. [3] Eine grundsätzlich steuerbare Leistung an den ausstellenden/übertragenden Unternehmer liegt auch dann vor, wenn die Mittelperson Gutscheine im eigenen Namen ausgibt.

Beispiel:

[1] Eine deutsche Parfümerie A überträgt Gutscheine im Wert von jeweils 50 € im Januar 01 an den Unternehmer B zum Preis von jeweils 40 €. [2] Mit den Gutscheinen können sowohl Waren, die dem Regelsteuersatz, als auch Waren, die dem ermäßigten Steuersatz unterliegen, erworben werden. [3] A und B vereinbaren, dass B die Gutscheine im eigenen Namen zum Preis von 45 € an Kunden ausgibt. [4] B gibt im Februar 01 einen Gutschein an den Kunden C aus. [5] C löst den Gutschein im April 01 ein und erwirbt eine Ware zum Regelsteuersatz. [6] B hat im Februar 01 einen Umsatz in Höhe von 5 € abzüglich USt zu versteuern. [7] A hat im April 01 einen Umsatz von 45 € abzüglich USt zu versteuern.

Bestimmung des Leistungsorts bei Mehrzweck-Gutscheinen

(11) [1] Bei einem Mehrzweck-Gutschein unterliegt erst bei dessen Einlösung die tatsächliche Lieferung oder die tatsächliche Erbringung der sonstigen Leistung der Umsatzsteuer; über diese Leistung ist dann nach den allgemeinen Regelungen abzurechnen. [2] Die Ausgabe eines Mehrzweck-Gutscheins und alle bis dahin erfolgten Übertragungen sind umsatzsteuerlich unbeachtlich. [3] Richtet sich der Mehrzweck-Gutschein auf die Ausführung einer Lieferung, so bestimmt sich der Ort der Lieferung nach den allgemeinen Bestimmungen (§ 3 Abs. 5a UStG). [4] Richtet sich der Mehrzweck-Gutschein auf die Erbringung einer sonstigen Leistung, so bestimmt sich der Ort der sonstigen Leistung nach den Vorschriften des § 3a Abs. 1 UStG vorbehaltlich der Absätze 2 bis 8 und der §§ 3b und 3e UStG. [5] Handelt ein Unternehmer bei der Ausgabe oder der Übertragung von Mehrzweck-Gutscheinen erkennbar im Namen des ausstellenden/übertragenden Unternehmers, erbringt er als Vermittler im Zeitpunkt der Übertragung und Ausgabe eine grundsätzlich steuerbare Vermittlungsleistung. [6] Der Ort der Vermittlungsleistung bestimmt sich nach § 3a Abs. 2 UStG.

Beispiel:

[1] F hat als Franchisegeber in Deutschland ein erfolgreiches Franchisesystem im Fast-Food-Bereich aufgebaut. [2] Gutscheinportal G stellt Gutscheine im fremden Namen für F und seine

Franchisenehmer aus. [3]Der Gutschein berechtigt zum Erwerb von zwei Burgern zum Preis von einem Burger. [4]Der Gutschein kann bei F und seinen Franchisenehmern eingelöst werden. [5]F und G haben vereinbart, dass G die Gutscheine für den Preis von 2 € an Kunden ausgibt und hierfür eine Vergütung in Höhe von jeweils 0,50 € für seine Vermittlungsleistung erhalten soll. [6]G erstellt gegenüber F monatliche Abrechnungen über die Anzahl der ausgegebenen Gutscheine. [7]Kunde K erwirbt Ende April 01 bei G einen solchen Gutschein zum Preis von 2 € und löst ihn im Juni 01 beim Franchisenehmer N ein. [8]Es handelt sich um einen Mehrzweck-Gutschein, weil sowohl die Identität des leistenden Unternehmers als auch der Umsatzsteuersatz zum Zeitpunkt der Ausgabe des Gutscheins noch nicht feststehen. [9]G erbringt eine Vermittlungsleistung an F, welche im April 01 in Deutschland (vgl. § 3a Abs. 2 UStG) bei Übergabe an den Kunden als ausgeführt gilt und hat diese in Höhe von 0,50 € abzüglich USt zu versteuern. [10]N hat im Juni 01 für den Verkauf der Burger 2 € abzüglich USt zu versteuern.

Bemessungsgrundlage bei Mehrzweck-Gutscheinen

(12) [1]Die Bemessungsgrundlage bei Mehrzweck-Gutscheinen bestimmt sich nach den Regelungen in § 10 Abs. 1 Satz 2 UStG. [2]Wird ein Mehrzweck-Gutschein, der über Vertriebsketten übertragen wurde, vom Gutscheininhaber eingelöst und liegen beim leistenden Unternehmer im Zeitpunkt der Einlösung keine Angaben über die Höhe der vom Kunden an den letzten Unternehmer in der Vertriebskette gezahlten Gegenleistung vor, bemisst sich das Entgelt nach § 10 Abs. 1 Satz 6 UStG. [3]Haben der leistende Unternehmer und der gutscheinausgebende Unternehmer keine Vereinbarungen über die Höhe der Vergütung für die Vermittlungsleistung getroffen, ergibt sich diese aus der Differenz zwischen dem Gutscheinausgabepreis und dem Einkaufspreis des gutscheinausgebenden Unternehmers.

Beispiel 1:

[1]Der Unternehmer B erwirbt im Buch- und Geschenkartikelladen des A in München einen Gutschein über einen Wert von 20 € für 10 €. [2]Mit den Gutscheinen können sowohl Waren, die dem Regelsteuersatz, als auch Waren, die dem ermäßigten Steuersatz unterliegen, erworben werden. [3]B verkauft den Gutschein für 15 € an den Kunden C weiter. [4]C löst den Gutschein ein und erwirbt eine Ware im Wert von 20 € zum Regelsteuersatz. [5]Kennt A den Verkaufspreis von B an C, beträgt die Bemessungsgrundlage für die erworbene Ware 15 € abzüglich USt. [6]Kennt A den Verkaufspreis nicht, beträgt die Bemessungsgrundlage 20 € abzüglich USt. [7]Es ist somit möglich, dass eine Umsatzsteuerbelastung beim leistenden Unternehmer A verbleibt.

Beispiel 2:

[1]Der Unternehmer B erwirbt im April 01 im Buch- und Geschenkartikelladen des A in München 10 Gutscheine über einen Wert von jeweils 20 € für 100 €. [2]Mit den Gutscheinen können sowohl Waren, die dem Regelsteuersatz, als auch Waren, die dem ermäßigten Steuersatz unterliegen, erworben werden. [3]A und B vereinbaren, dass die Gutscheine im Rahmen einer Werbeaktion höchstens für jeweils 15 € an Kunden ausgegeben werden. [4]B gibt einen der Gutscheine im Mai 01 für 14 € an den Kunden C aus. [5]C löst den Gutschein im Juni 01 bei A ein und erwirbt eine Ware im Wert von 20 € zum Regelsteuersatz. [6]Indem A dem B einen maximalen Verkaufspreis an den Kunden vorgegeben hat, ist dieser Preis für die Ermittlung der Bemessungsgrundlage zugrunde zu legen, da er dem leistenden Unternehmer A bekannt ist. [7]A hat im Juni 01 einen Umsatz in Höhe von 15 € abzüglich USt zu versteuern. [8]Aufgrund der Vorgabe des maximalen Verkaufspreises ist für die Bemessungsgrundlage weder der Wert des Gutscheins noch der tatsächliche Verkaufspreis, sondern der vorgegebene maximale Verkaufspreis maßgebend. [9]B hat im Mai 01 für seine Vermittlungsleistung 4 € abzüglich USt zu versteuern. [10]Das ergibt sich aus der Differenz zwischen dem Gutscheinausgabepreis in Höhe von 14 € und dem Einkaufspreis des B in Höhe von 10 €.

[4]Bei der unentgeltlichen Übertragung bzw. Ausgabe eines Mehrzweck-Gutscheins ist im Zeitpunkt der tatsächlichen Erbringung der Leistung bei Vorliegen der allgemeinen Voraussetzungen von einer unentgeltlichen Wertabgabe auszugehen. [5]Dies gilt auch in dem Fall, in dem der leistende Unternehmer einen anderen Unternehmer mit der unentgeltlichen Ausgabe eines Gutscheins beauftragt. [6]Die Bemessungsgrundlage ist nach den allgemeinen Regelungen in § 10 Abs. 4 Satz 1 UStG zu bestimmen. [7]Gibt ein Unternehmer, der nicht personenidentisch mit dem leistenden Unternehmer ist, einen Mehrzweck-Gutschein aus eigener Entscheidung für unternehmensfremde (private) Zwecke unentgeltlich aus, handelt es sich um eine Entnahme eines Zahlungsmittels, die nicht Gegenstand einer unentgeltlichen Wertabgabe ist. [8]Umsatzsteuerrelevant ist in diesen Fällen allein die tatsächliche Lieferung oder sonstige Leistung durch den die Leistung erbringenden Unternehmer an den Empfänger des unentgeltlich ausgegebenen Mehrzweck-Gutscheins. [9]Dieser Umsatz ist grundsätzlich mit dem Betrag zu bemessen, den der ausgebende Unternehmer beim Einkauf des Gutscheins aufgewendet hat (§ 10 Abs. 1 Satz 2 UStG). [10]Hat der die Leistung erbringende Unternehmer von diesem Betrag und der unentgeltlichen Gutscheinausgabe keine Kenntnis, ist die tatsächliche Lieferung oder sonstige Leistung nach § 10 Abs. 1 Satz 6 UStG mit dem Gutscheinwert zu versteuern.

Beispiel 3:

[1]Der Unternehmer A betreibt ein Hotel, in dem er am Wochenende ein Brunchbuffet anbietet. [2]A überträgt an den Unternehmer B, der ein Gutscheinportal betreibt, Gutscheine im Wert von jeweils 50 € für 25 €. [3]Die Gutscheine können sowohl für die Übernachtungsleistung als auch für das Buffet eingelöst werden. [4]B gibt einen Gutschein für unternehmensfremde (private) Zwecke an seinen Freund C unentgeltlich ab. [5]C löst den Gutschein bei A für eine Übernachtung ein. [6]Ist dem A bekannt, dass B den Gutschein unentgeltlich ausgegeben hat, so hat A im Zeitpunkt der Einlösung des Gutscheins die von B erhaltenen 25 € abzüglich USt zu versteuern. [7]Hat A keine Kenntnis von der unentgeltlichen Gutscheinausgabe, richtet sich die Bemessungsgrundlage für seine an C erbrachte Leistung nach § 10 Abs. 1 Satz 6 UStG und beträgt damit 50 € abzüglich USt.

Nichteinlösung von Mehrzweck-Gutscheinen

(13) [1]Sollte ein Mehrzweck-Gutschein vom Gutscheininhaber nicht (innerhalb der Gültigkeitsdauer) eingelöst werden und somit verfallen, ergeben sich hieraus keine umsatzsteuerlichen Konsequenzen, da bei einem Mehrzweck-Gutschein die tatsächliche Leistungserbringung durch den leistenden Unternehmer erst in dem Zeitpunkt erfolgt, in dem der Gutschein eingelöst wird. [2]Die Nichteinlösung des Gutscheins hat allerdings Auswirkung auf die Bemessungsgrundlage einer Vermittlungsleistung, wenn der auf den leistenden Unternehmer entfallende Entgeltanteil bei Nichteinlösung beim Vermittler verbleibt und das Entgelt für die Vermittlungsleistung sich erhöht.

Beispiel:

[1]Der Unternehmer G betreibt ein Gutscheinportal, auf dem er Gutscheine verschiedener Unternehmen im fremden Namen anbietet. [2]Privatperson A erwirbt im Januar 01 einen Gutschein des Unternehmers B im Wert von 100 € für eine Übernachtung in einem seiner weltweit gelegenen Hotels und bezahlt hierfür 100 € an G. [3]G hat mit B vereinbart, im Falle eines veräußerten Gutscheins 20% des Gutscheinwerts als Vermittlungsprovision einzubehalten und den Rest an B weiterzuleiten. [4]G muss im Januar 01 20 € abzüglich USt versteuern. [5]G hat in seinen Allgemeinen Geschäftsbedingungen mit den einzelnen Unternehmern, so

auch mit B, geregelt, den vereinnahmten Gutscheinpreis abzüglich der Vermittlungsprovision erst bei Einlösung des Gutscheins auszuschütten. [6] Hierfür muss B dem G innerhalb einer bestimmten Frist mitteilen, wann ein Kunde seinen Gutschein eingelöst hat. [7] Erfolgt diese Mitteilung nicht oder wird der Gutschein nicht eingelöst, werden die von G vereinnahmten Gelder nicht an B weitergeleitet. [8] A löst seinen Gutschein nicht ein. [9] Den vereinnahmten Gutscheinpreis erhält B von G nicht. [10] G hat den bei ihm verbleibenden Betrag in Höhe von 80 € abzüglich USt als zusätzliches Entgelt für die an B erbrachte Vermittlungsleistung zu versteuern. [11] Der Vorsteuerabzug des B in Bezug auf die Vermittlungsleistung des G erhöht sich entsprechend. [12] B erbringt keine Leistung und hat somit auch keinen Umsatz zu versteuern.

Remonetarisierbarkeit von Mehrzweck-Gutscheinen

(14) Wird ein Mehrzweck-Gutschein zurückgegeben und erhält der Kunde ausnahmsweise den Gutscheinwert zurückerstattet, so ergeben sich hieraus keine umsatzsteuerlichen Auswirkungen, da lediglich ein Rücktausch von Zahlungsmitteln erfolgt.

3.18[1)] Einbeziehung von Betreibern elektronischer Schnittstellen in fiktive Lieferketten

(1) [1] § 3 Abs. 3a Sätze 1 und 2 UStG regelt die Einbeziehung von Betreibern elektronischer Schnittstellen in fiktive Lieferketten. [2] Nach § 3 Abs. 3a Satz 1 UStG werden Unternehmer, die mittels ihrer elektronischen Schnittstelle Lieferungen von Gegenständen durch einen nicht im Gemeinschaftsgebiet ansässigen Unternehmer an einen Nichtunternehmer (siehe Abschnitt 3a.1 Abs. 1) unterstützen, deren Beförderung oder Versendung im Gemeinschaftsgebiet beginnt und endet, so behandelt, als ob sie diese Gegenstände für ihr Unternehmen selbst erhalten und geliefert hätten. [3] Gleiches gilt nach § 3 Abs. 3a Satz 2 UStG für die Unterstützung von Fernverkäufen von aus dem Drittlandsgebiet eingeführten Gegenständen in Sendungen mit einem Sachwert von höchstens 150 € mittels einer elektronischen Schnittstelle. [4] Während tatsächlich lediglich ein einziges Verkaufsgeschäft vorliegt, werden für umsatzsteuerliche Zwecke zwei Lieferungen fingiert, indem eine (erste) Lieferung von dem Unternehmer an den Betreiber der elektronischen Schnittstelle sowie eine (zweite) Lieferung von dem Betreiber der elektronischen Schnittstelle an den Enderwerber angenommen werden. [5] Die Regelungen des § 3 Abs. 3a Satz 1 und Satz 2 UStG gelten für unterschiedliche Erwerberkreise. [6] In den Fällen des § 3 Abs. 3a Satz 1 UStG muss es sich bei dem Empfänger der Liefergegenstände um eine Person im Sinne des § 3a Abs. 5 Satz 1 UStG (insbesondere kein Unternehmer, für dessen Unternehmen die Leistung bezogen wird) handeln. [7] Dagegen kann ein Erwerber in den Fällen des § 3 Abs. 3a Satz 2 UStG ein in § 3a Abs. 5 Satz 1 UStG bezeichneter Empfänger oder eine in § 1a Abs. 3 Nr. 1 UStG genannte Person sein, die weder die maßgebende Erwerbsschwelle überschreitet noch auf ihre Anwendung verzichtet (vgl. § 3 Abs. 3a Sätze 4 und 5 UStG); Abschnitt 3c.1 Abs. 2 Sätze 3 bis 6 gelten insoweit entsprechend.

(2) [1] Von § 3 Abs. 3a Satz 1 UStG werden sowohl Fälle erfasst, in denen die Beförderung oder Versendung im gleichen EU-Mitgliedstaat beginnt und endet, als auch solche, in denen Beginn und Ende der Beförderung oder Ver-

---

1) A 3.18 UStAE angef. durch BMF v. 1.4.2021, BStBl. I 2021, 629, anzuwenden mWv 1.7.2021.

sendung in verschiedenen EU-Mitgliedstaaten liegen. [2]Der liefernde Unternehmer muss im Drittlandsgebiet ansässig sein. [3]Lieferungen von im Gemeinschaftsgebiet ansässigen Unternehmern fallen nicht unter diese Vorschrift. [4]Ein Unternehmer ist auch dann im Gemeinschaftsgebiet ansässig, wenn er im Drittlandsgebiet seinen Sitz oder seine Geschäftsleitung, im Gemeinschaftsgebiet aber eine Betriebsstätte hat. [5]Wie beim Reihengeschäft nach § 3 Abs. 6a Satz 1 UStG kann dabei die Warenbewegung nur einer der Lieferungen zugeordnet werden, um insbesondere den Lieferort bestimmen zu können, weshalb nach § 3 Abs. 6b UStG die fiktive Lieferung des Betreibers der elektronischen Schnittstelle als die bewegte Lieferung zu behandeln ist.

Beispiel 1:

[1]Ein in Südkorea ansässiger Händler H veräußert über eine elektronische Schnittstelle Handyzubehör an eine Privatperson in Frankreich. [2]Die Ware wird aus einem inländischen Lager eines anderen Unternehmers an den Wohnsitz der Privatperson in Frankreich versendet. [3]Der Betreiber der elektronischen Schnittstelle überschreitet die Umsatzschwelle von 10 000 € (§ 3c Abs. 4 Satz 1 UStG) bzw. verzichtet auf die Anwendung des § 3c Abs. 4 Satz 1 UStG (§ 3c Abs. 4 Satz 2 UStG).

[4]Es werden eine Lieferung des H an den Betreiber der elektronischen Schnittstelle und eine Lieferung des Betreibers der elektronischen Schnittstelle an die Privatperson nach § 3 Abs. 3a Satz 1 UStG fingiert. [5]Die Warenbewegung wird nach § 3 Abs. 6b UStG der Lieferung des Betreibers der elektronischen Schnittstelle zugeschrieben. [6]Die Lieferung des H an den Betreiber der elektronischen Schnittstelle ist gemäß § 3 Abs. 7 Satz 2 Nr. 1 UStG im Inland steuerbar, aber nach § 4 Nr. 4c UStG steuerbefreit (vgl. Abschnitt 4.4c.1). [7]Die Ortsbestimmung der Lieferung des Betreibers der elektronischen Schnittstelle an die Privatperson richtet sich nach § 3c Abs. 1 UStG. [8]Danach ist der Ort der Lieferung der Ort, an dem sich der Gegenstand bei Beendigung der Versendung an die Privatperson befindet (hier: Frankreich). [9]Der Betreiber der elektronischen Schnittstelle kann das besondere Besteuerungsverfahren im Sinne des § 18j UStG (vgl. Abschnitt 18j.1) in Anspruch nehmen und den Umsatz darüber erklären. [10]Andernfalls hat der Betreiber der elektronischen Schnittstelle den Umsatz im Bestimmungsland (hier: Frankreich) im allgemeinen Besteuerungsverfahren (Artikel 250 bis 261 MwStSystRL) zu erklären.

Beispiel 2:

[1]Ein in Südkorea ansässiger Händler H veräußert über eine elektronische Schnittstelle Handyzubehör an eine im Inland ansässige Privatperson. [2]Die Ware wird aus einem inländischen Lager eines anderen Unternehmers an den Wohnsitz der Privatperson versendet.

[3]Es werden eine Lieferung des H an den Betreiber der elektronischen Schnittstelle und eine Lieferung des Betreibers der elektronischen Schnittstelle an die Privatperson nach § 3 Abs. 3a Satz 1 UStG fingiert. [4]Die Warenbewegung wird nach § 3 Abs. 6b UStG der Lieferung des Betreibers der elektronischen Schnittstelle zugeschrieben. [5]Die Lieferung des H an den Betreiber der elektronischen Schnittstelle ist gemäß § 3 Abs. 7 Satz 2 Nr. 1 UStG im Inland steuerbar, aber nach § 4 Nr. 4c UStG steuerbefreit (vgl. Abschnitt 4.4c.1). [6]Die Lieferung des Betreibers der elektronischen Schnittstelle an die Privatperson ist gemäß § 3 Abs. 6 Satz 1 UStG im Inland steuerbar und steuerpflichtig. [7]§ 3c Abs. 1 UStG findet keine Anwendung, weil die Ware nicht aus dem Gebiet eines EU-Mitgliedstaates in das Gebiet eines anderen EU-Mitgliedstaates gelangt (vgl. § 3c Abs. 1 Satz 2 UStG). [8]Der Betreiber der elektronischen Schnittstelle kann das besondere Besteuerungsverfahren im Sinne des § 18j UStG (vgl. Abschnitt 18j.1) in Anspruch nehmen und den Umsatz darüber erklären. [9]Andernfalls hat der Betreiber der elektronischen Schnittstelle den Umsatz in Deutschland im allgemeinen Besteuerungsverfahren (§ 18 Abs. 1 bis 4 UStG) zu erklären.

Beispiel 3:

[1]Ein im Inland ansässiger Händler H veräußert über eine elektronische Schnittstelle Handyzubehör an eine Privatperson in Frankreich. [2]Die Ware wird aus einem Lager im Inland an den Wohnsitz der Privatperson in Frankreich versendet. [3]H überschreitet die Umsatzschwelle von 10 000 € (§ 3c Abs. 4 Satz 1 UStG) bzw. verzichtet auf die Anwendung des § 3c Abs. 4 Satz 1 UStG (§ 3c Abs. 4 Satz 2 UStG).

[4] Nach § 3 Abs. 3a Satz 1 UStG wird keine Lieferung zwischen dem Betreiber der elektronischen Schnittstelle und der Privatperson fingiert, da H im Gemeinschaftsgebiet ansässig ist. [5] § 3 Abs. 3a Satz 2 UStG findet keine Anwendung, da die Ware nicht aus dem Drittlandsgebiet eingeführt wurde. [6] Für die Lieferung des H an die Privatperson findet § 3c Abs. 1 UStG Anwendung. [7] Der Ort der Lieferung ist der Ort, an dem sich der Gegenstand bei Beendigung der Versendung an die Privatperson befindet (hier: Frankreich). [8] H kann das besondere Besteuerungsverfahren nach § 18j UStG (vgl. Abschnitt 18j.1) in Anspruch nehmen und den Umsatz darüber erklären. [9] Andernfalls hat H den Umsatz im Bestimmungsland (hier: Frankreich) im allgemeinen Besteuerungsverfahren (Artikel 250 bis 261 MwStSystRL) zu erklären.

Beispiel 4:

[1] Ein im Inland ansässiger Händler H veräußert über eine elektronische Schnittstelle Handyzubehör an eine im Inland ansässige Privatperson. [2] Die Ware wird aus einem Fulfillment-Center in Polen an den Wohnsitz der Privatperson versendet. [3] H überschreitet die Umsatzschwelle von 10 000 € (§ 3c Abs. 4 Satz 1 UStG) bzw. verzichtet auf die Anwendung des § 3c Abs. 4 Satz 1 UStG (§ 3c Abs. 4 Satz 2 UStG) und nimmt an dem besonderen Besteuerungsverfahren nach § 18j UStG teil.

[4] Nach § 3 Abs. 3a Satz 1 UStG wird keine Lieferung zwischen dem Betreiber der elektronischen Schnittstelle und der Privatperson fingiert, da H im Gemeinschaftsgebiet ansässig ist. [5] § 3 Abs. 3a Satz 2 UStG findet keine Anwendung, da die Ware nicht aus dem Drittlandsgebiet eingeführt wird. [6] Für die Lieferung des H an die Privatperson findet § 3c Abs. 1 UStG Anwendung. [7] Der Ort der Lieferung ist der Ort, an dem sich der Gegenstand bei Beendigung der Versendung an die Privatperson befindet (hier: Inland). [8] Der Händler hat die Umsätze über das besondere Besteuerungsverfahren nach § 18j UStG (vgl. Abschnitt 18j.1) zu erklären.

(3) [1] Dem Begriff der elektronischen Schnittstelle im Sinne des § 3 Abs. 3a Sätze 1 und 2 UStG ist ein sehr weites Verständnis zugrunde zu legen, so dass in den Anwendungsbereich der Vorschriften nicht nur elektronische Marktplätze, Plattformen oder Portale fallen, sondern auch alle anderen vergleichbaren elektronischen Handelsplätze. [2] Wann von einer Unterstützung im Sinne des § 3 Abs. 3a Satz 1 und 2 UStG auszugehen ist, ist in Artikel 5b MwStVO[1)] geregelt. [3] Demnach unterstützt ein Unternehmer eine Lieferung im Sinne des § 3 Abs. 3a Satz 1 UStG oder einen Fernverkauf im Sinne des § 3 Abs. 3a Satz 2 UStG mittels seiner elektronischen Schnittstelle, wenn er es einem Erwerber und einem Lieferer, der über diese elektronische Schnittstelle Gegenstände zum Verkauf anbietet, ermöglicht, in Kontakt zu treten, woraus eine Lieferung von Gegenständen über diese elektronische Schnittstelle an den Erwerber resultiert. [4] Ein Unternehmer unterstützt eine solche Lieferung dann nicht, wenn kumulativ die folgenden Voraussetzungen erfüllt sind:

1. der Unternehmer legt weder unmittelbar noch mittelbar irgendeine der Bedingungen für die Lieferung der Gegenstände fest,
2. der Unternehmer ist weder unmittelbar noch mittelbar an der Autorisierung der Abrechnung mit dem Erwerber bezüglich der getätigten Zahlung beteiligt und
3. der Unternehmer ist weder unmittelbar noch mittelbar an der Bestellung oder Lieferung der Gegenstände beteiligt.

[5] Die Merkmale der folgenden Auflistung können darauf hindeuten, dass im Sinne des Satzes 4 Nr. 1 ein Unternehmer eine elektronische Schnittstelle betreibt, für die er die Bedingungen für die Lieferung der Gegenstände festlegt (diese Auflistung ist nicht als kumulativ und nicht als erschöpfend zu betrachten):

---

1) **Steuergesetze** Nr. **550a**.

– Die elektronische Schnittstelle ist Eigentümer oder Verwalter der technischen Plattform, über die die Gegenstände geliefert werden.
– Die elektronische Schnittstelle legt Regeln für die Auflistung und den Verkauf von Gegenständen über ihre Plattform fest.
– Die elektronische Schnittstelle ist Eigentümer der Daten des Erwerbers in Verbindung mit der Lieferung.
– Die elektronische Schnittstelle stellt die technische Lösung für die Erteilung der Bestellung oder die Einleitung des Kaufs bereit (z. B. durch Platzierung der Gegenstände in einem Warenkorb).
– Die elektronische Schnittstelle organisiert bzw. verwaltet die Übermittlung des Angebots, die Annahme des Auftrags oder die Bezahlung der Gegenstände.
– Die elektronische Schnittstelle legt die Bedingungen fest, unter denen der Lieferer oder der Erwerber die Kosten für die Rücksendung der Gegenstände zu tragen hat.
– Die elektronische Schnittstelle schreibt dem zugrunde liegenden Lieferer eine oder mehrere spezifische Zahlungsmethoden, Lager- oder Erfüllungsbedingungen oder Versand- oder Liefermethoden vor, die zur Erfüllung des Geschäfts verwendet werden müssen.
– Die elektronische Schnittstelle hat das Recht, die Zahlung des Erwerbers für den zugrundeliegenden Lieferer zu bearbeiten oder einzubehalten oder den Zugriff auf die Beträge in anderer Weise einzuschränken.
– Die elektronische Schnittstelle ist in der Lage, eine Gutschrift für den Umsatz ohne Zustimmung oder Genehmigung des zugrundeliegenden Lieferers auszustellen, falls die Gegenstände nicht ordnungsgemäß empfangen wurden.
– Die elektronische Schnittstelle bietet Kundendienst, Unterstützung bei der Rücksendung oder dem Umtausch von Gegenständen oder Beschwerde- oder Streitbeilegungsverfahren für Lieferer und/oder deren Erwerber.
– Die elektronische Schnittstelle hat das Recht, den Preis festzulegen, zu dem die Gegenstände verkauft werden, z. B. indem sie im Rahmen eines Kundenbindungsprogramms einen Rabatt anbietet, die Preisgestaltung kontrolliert oder beeinflusst.

[6]Die Merkmale der folgenden Auflistung können darauf hindeuten, dass im Sinne des Satzes 4 Nr. 2 eine elektronische Schnittstelle an der Autorisierung der Abrechnung beteiligt ist (diese Auflistung ist nicht als kumulativ und nicht als erschöpfend zu betrachten):
– Über die elektronische Schnittstelle werden dem Erwerber Informationen zur Zahlung wie der zu zahlende Preis, seine Zusammensetzung, etwaige zusätzliche Gebühren, Zahlungsfristen, Zahlungsmodalitäten usw. bereitgestellt.
– Die elektronische Schnittstelle leitet das Verfahren ein, über das dem Erwerber die Zahlung in Rechnung gestellt wird.
– Die elektronische Schnittstelle erfasst bzw. erhält vom Erwerber Zahlungsdaten bzw. Informationen wie Kredit-/Debitkartennummer, Gültigkeit der Karte, Sicherheitscode, Name und/oder Konto des Zahlungsinhabers, Informationen zum in digitaler Währung oder Kryptowährung geführten Konto, Informationen zur digitalen Brieftasche usw.

– Die elektronische Schnittstelle zieht die Zahlung für die gelieferten Gegenstände ein und leitet sie dann an den zugrundeliegenden Lieferer weiter.
– Die elektronische Schnittstelle verbindet den Erwerber mit einem Dritten, der die Zahlung entsprechend den Anweisungen der elektronischen Schnittstelle verarbeitet (Tätigkeiten eines Unternehmers, der die Zahlung nur ohne jede andere Beteiligung an der Lieferung verarbeitet, sind von der Bestimmung des fiktiven Lieferers ausgeschlossen).

[7]Die Merkmale der folgenden Auflistung können darauf hindeuten, dass im Sinne des Satzes 4 Nr. 3 ein Unternehmer, der eine elektronische Schnittstelle betreibt, an der Bestellung oder Lieferung der Gegenstände beteiligt ist (diese Auflistung ist nicht als kumulativ und nicht als erschöpfend zu betrachten):
– Die elektronische Schnittstelle stellt das technische Instrument für die Erteilung der Bestellung durch den Erwerber bereit (in der Regel der Warenkorb/der Kaufabwicklungsvorgang).
– Die elektronische Schnittstelle übermittelt dem Erwerber und dem zugrundeliegenden Lieferer die Bestätigung und/oder die Einzelheiten der Bestellung.
– Die elektronische Schnittstelle stellt dem zugrundeliegenden Lieferer eine Gebühr oder Provision auf der Grundlage des Werts der Bestellung in Rechnung.
– Die elektronische Schnittstelle übermittelt die Genehmigung, mit der Lieferung der Gegenstände zu beginnen, oder weist den zugrundeliegenden Lieferer oder einen Dritten an, die Gegenstände zu liefern.
– Die elektronische Schnittstelle erbringt Fulfillment-Dienstleistungen für den zugrundeliegenden Lieferer.
– Die elektronische Schnittstelle organisiert die Lieferung der Gegenstände.
– Die elektronische Schnittstelle übermittelt dem Erwerber Einzelheiten zur Zustellung.

[8]§ 3 Abs. 3a UStG findet auch keine Anwendung auf Unternehmer, die lediglich eine der folgenden Leistungen anbieten:

1. die Verarbeitung von Zahlungen im Zusammenhang mit der Lieferung von Gegenständen,
2. die Auflistung von Gegenständen oder die Werbung für diese oder
3. die Weiterleitung oder Vermittlung von Erwerbern an andere elektronische Schnittstellen, über die Gegenstände zum Verkauf angeboten werden, ohne dass eine weitere Einbindung in die Lieferung besteht.

(4) [1]Ein Fernverkauf im Sinne des § 3 Abs. 3a Satz 2 UStG ist die Lieferung eines Gegenstands, der durch den Lieferer oder für dessen Rechnung aus dem Drittlandsgebiet an einen Erwerber in einem EU-Mitgliedstaat befördert oder versendet wird, einschließlich jener Lieferung, an deren Beförderung oder Versendung der Lieferer indirekt beteiligt ist (§ 3 Abs. 3a Satz 4 UStG). [2]Die Lieferkettenfiktion nach § 3 Abs. 3a Satz 2 UStG gilt unabhängig von der Ansässigkeit des liefernden Unternehmers. [3]Lieferungen von Gas, Elektrizität, Wärme und Kälte sind keine bewegten Lieferungen und sind deshalb nicht vom Begriff des Fernverkaufs im Sinne des § 3 Abs. 3a Satz 2 UStG erfasst. [4]Erwerber im Sinne des § 3 Abs. 3a Satz 2 UStG sind Nichtunternehmer (siehe Abschnitt 3a.1 Abs. 1) sowie Unternehmer, die nur steuerfreie – nicht zum Vorsteuerabzug berechtigende – Umsätze ausführen, Kleinunter-

nehmer, pauschalierende Land- und Forstwirte und juristische Personen, die nicht Unternehmer sind oder den Gegenstand nicht für das Unternehmen erwerben. [5]Im Hinblick auf die in § 1a Abs. 3 Nr. 1 UStG genannten Personen ist der Erwerberkreis auf diejenigen Personen beschränkt, die weder die maßgebende Erwerbsschwelle im Sinne des § 1a Abs. 3 Nr. 2 UStG überschreiten, noch auf ihre Anwendung nach § 1a Abs. 4 UStG verzichten. [6]Sofern die Beförderung oder Versendung im Gebiet eines anderen EU-Mitgliedstaates endet, ist die von diesem EU-Mitgliedstaat festgesetzte Erwerbsschwelle maßgebend (vgl. Abschnitt 1a.1 Abs. 2). [7]Die Erwerbsschwellen in den anderen EU-Mitgliedstaaten betragen nach nicht amtlicher Veröffentlichung der EU-Kommission zum 1.4.2018:

– Belgien:	11 200 €,
– Bulgarien:	20 000 BGN,
– Dänemark:	80 000 DKK,
– Estland:	10 000 €,
– Finnland:	10 000 €,
– Frankreich:	10 000 €,
– Griechenland:	10 000 €,
– Irland:	41 000 €,
– Italien:	10 000 €,
– Kroatien:	77 000 HKR,
– Lettland:	10 000 €,
– Litauen:	14 000 €,
– Luxemburg:	10 000 €,
– Malta:	10 000 €,
– Niederlande:	10 000 €,
– Österreich:	11 000 €,
– Polen:	50 000 PLN,
– Portugal:	10 000 €,
– Rumänien:	34 000 RON,
– Schweden:	90 000 SEK,
– Slowakei:	14 000 €,
– Slowenien:	10 000 €,
– Spanien:	10 000 €,
– Tschechien:	326 000 CZK,
– Ungarn:	10 000 €,
– Zypern:	10 251 €.

[8]Folgende Fälle sind gemäß Artikel 5a MwStVO[1)] als indirekte Beteiligung des Lieferers am Versand oder der Beförderung der Gegenstände anzusehen:

1. die Versendung oder Beförderung der Gegenstände wird vom Lieferer als Unterauftrag an einen Dritten vergeben, der die Gegenstände an den Erwerber transportiert oder transportieren lässt;
2. die Versendung oder Beförderung der Gegenstände erfolgt durch einen Dritten, der Lieferer trägt jedoch entweder die gesamte oder die teilweise Verantwortung für die Lieferung der Gegenstände an den Erwerber;

1) **Steuergesetze** Nr. **550a**.

3. der Lieferer stellt dem Erwerber die Transportkosten in Rechnung, zieht diese ein und leitet sie dann an einen Dritten weiter, der die Versendung oder Beförderung der Waren übernimmt;
4. der Lieferer bewirbt in jeglicher Weise gegenüber dem Erwerber die Zustelldienste eines Dritten, stellt den Kontakt zwischen dem Erwerber und einem Dritten her oder übermittelt einem Dritten auf andere Weise die Informationen, die dieser für die Zustellung der Gegenstände an den Erwerber benötigt.

Beispiel 1:

[1] Ein in Südkorea ansässiger Händler H veräußert über eine elektronische Schnittstelle Handyzubehör (Sachwert: 50 €) an eine im Inland ansässige Privatperson. [2] Die Ware wird von H aus einem Lager in Südkorea an den Wohnsitz der Privatperson versendet. [3] Die Zollanmeldung in Deutschland erfolgt durch den Betreiber der elektronischen Schnittstelle, welcher im Inland ansässig ist und das besondere Besteuerungsverfahren nach § 18k UStG (vgl. Abschnitt 18k.1) in Anspruch nimmt.
[4] Nach § 3 Abs. 3a Satz 2 UStG werden eine Lieferung des H an den Betreiber der elektronischen Schnittstelle und eine Lieferung des Betreibers der elektronischen Schnittstelle an die im Inland ansässige Privatperson fingiert. [5] Die Einfuhr der Waren ist nach § 5 Abs. 1 Nr. 7 UStG steuerfrei. [6] Die Warenbewegung wird nach § 3 Abs. 6b UStG der Lieferung des Betreibers der elektronischen Schnittstelle zugeschrieben. [7] Die Lieferung des H an den Betreiber der elektronischen Schnittstelle ist daher nach § 3 Abs. 7 Satz 2 Nr. 1 UStG im Inland nicht steuerbar. [8] Die Lieferung des Betreibers der elektronischen Schnittstelle an die Privatperson ist im Inland nach § 3c Abs. 3 Satz 1 UStG steuerbar und steuerpflichtig (vgl. Abschnitt 3c.1 Abs. 4). [9] Der Betreiber der elektronischen Schnittstelle hat diesen Umsatz im besonderen Besteuerungsverfahren nach § 18k UStG zu erklären (vgl. Abschnitt 18k.1).

Beispiel 2:

[1] Ein im Inland ansässiger Händler H veräußert über eine elektronische Schnittstelle Handyzubehör (Sachwert: 60 €) an eine im Inland ansässige Privatperson. [2] Die Ware wird aus einem Lager in der Schweiz an den Wohnsitz der Privatperson versendet. [3] Die Zollanmeldung in Deutschland erfolgt durch den Betreiber der elektronischen Schnittstelle, welcher das besondere Besteuerungsverfahren nach § 18k UStG (vgl. Abschnitt 18k.1) in Anspruch nimmt.
[4] Nach § 3 Abs. 3a Satz 2 UStG werden eine Lieferung des H an den Betreiber der elektronischen Schnittstelle und eine Lieferung des Betreibers der elektronischen Schnittstelle an die im Inland ansässige Privatperson fingiert. [5] Die Einfuhr der Ware ist nach § 5 Abs. 1 Nr. 7 UStG steuerfrei. [6] Die Warenbewegung wird nach § 3 Abs. 6b UStG der Lieferung durch den Betreiber der elektronischen Schnittstelle zugeschrieben. [7] Die Lieferung des H an den Betreiber der elektronischen Schnittstelle ist daher nach § 3 Abs. 7 Satz 2 Nr. 1 UStG im Inland nicht steuerbar. [8] Die Lieferung des Betreibers der elektronischen Schnittstelle an die Privatperson ist im Inland nach § 3c Abs. 3 Satz 1 UStG steuerbar und steuerpflichtig. [9] Der Betreiber der elektronischen Schnittstelle hat diesen Umsatz im besonderen Besteuerungsverfahren nach § 18k UStG zu erklären (vgl. Abschnitt 18k.1).

(5) [1] Nach § 3 Abs. 6b UStG wird im Falle des § 3 Abs. 3a UStG die Lieferung des Betreibers der elektronischen Schnittstelle an den Erwerber als die bewegte Lieferung behandelt. [2] Bei der Bestimmung der Warenbewegung geht § 3 Abs. 6b UStG als speziellere Vorschrift der Regelung des § 3 Abs. 6a UStG vor.

Beispiel:

[1] Eine in Italien ansässige Privatperson K bestellt Handyzubehör (Sachwert: 50 €) bei dem im Inland ansässigen Händler D über die elektronische Schnittstelle des im Inland ansässigen Betreibers B. [2] D bestellt die Ware seinerseits bei dem in Südkorea ansässigen Händler H. [3] H *versendet die Ware direkt an* K. [4] Die Zollanmeldung in Deutschland erfolgt durch den Spediteur S in indirekter Vertretung des H.

[5] Nach § 3 Abs. 3a Satz 2 UStG werden eine Lieferung des D an den Betreiber der elektronischen Schnittstelle B und eine Lieferung des Betreibers der elektronischen Schnittstelle B an die in Italien ansässige Privatperson K fingiert. [6] Außerdem liegt eine Lieferung von H an D vor. [7] Bei der Bestimmung der Warenbewegung geht § 3 Abs. 6b UStG als speziellere Vorschrift der Regelung des § 3 Abs. 6a UStG vor. [8] Die Warenbewegung wird daher nach § 3 Abs. 6b UStG der Lieferung durch den Betreiber der elektronischen Schnittstelle B zugeschrieben. [9] Der Ort dieser Lieferung liegt nach § 3c Abs. 2 UStG in Italien. [10] Die Lieferungen des H an D und die fingierte Lieferung des D an B sind als ruhende Lieferungen gemäß § 3 Abs. 7 Satz 2 Nr. 1 UStG im Inland nicht steuerbar.

(6) [1] Jedes einzelne Packstück stellt grundsätzlich eine Sendung im Sinne des § 3 Abs. 3a Satz 2 UStG dar. [2] Gegenstände, die zusammen in demselben Packstück verpackt und gleichzeitig vom selben Versender (z.B. zugrundeliegender Lieferer oder möglicherweise elektronische Schnittstelle, die als fiktiver Lieferer handelt) an denselben Empfänger (z.B. Erwerber in der EU) unter einem Beförderungsvertrag (z.B. Luftfrachtbrief, CMR, Postsendung nach Weltpostvertrag mit S-10 Barcode) versandt werden, gelten als eine einzige Sendung. [3] Gegenstände, die von ein und derselben Person getrennt bestellt, aber zusammen in demselben Packstück versandt werden, werden ebenfalls als eine einzige Sendung betrachtet. [4] Gegenstände, die vom selben Versender an denselben Empfänger versandt und getrennt bestellt und geliefert werden, gelten auch dann, wenn sie am selben Tag, aber in gesonderten Packstücken beim Postbetreiber oder Expresskurierdienstleister des Bestimmungsorts ankommen, als getrennte Sendungen.

(7) Sachwert im Sinne des § 3 Abs. 3a Satz 2 UStG ist der Preis der Waren selbst beim sog. Verkauf zur Ausfuhr in das Zollgebiet der Union ohne Transport- und Versicherungskosten, sofern sie nicht im Preis enthalten und nicht gesondert auf der Rechnung ausgewiesen sind, sowie alle anderen Steuern und Abgaben, die von den Zollbehörden anhand der einschlägigen Dokumente ermittelt werden können.

Beispiel 1:

[1] Der Rechnungsbetrag setzt sich aus dem Preis für die Ware und den Beförderungskosten zusammen:

Preis für die Ware auf der Rechnung:	140,00 €
Beförderungskosten auf der Rechnung:	20,00 €
Rechnungsbetrag insgesamt:	160,00 €

[2] Der Sachwert der Ware beträgt 140,00 €.

Beispiel 2:

[1] Der Rechnungsbetrag beinhaltet die Beförderungskosten. [2] Es ist anhand der Rechnung oder sonstiger Unterlagen nicht erkennbar, ob und in welcher Höhe Beförderungskosten im Rechnungspreis enthalten sind:

Rechnungsbetrag insgesamt:	160,00 €

[3] Der Sachwert der Ware beträgt 160,00 €.

Beispiel 3:

[1] Der Rechnungsbetrag setzt sich aus dem Preis für die Ware, den Beförderungskosten und der Umsatzsteuer zusammen:

Preis für die Ware auf der Rechnung:	140,00 €
Beförderungskosten auf der Rechnung:	20,00 €
Umsatzsteuer (19 %) auf der Rechnung:	30,40 €
Rechnungsbetrag insgesamt:	190,40 €

[2] Der Sachwert der Ware beträgt 140,00 €.

Beispiel 4:

[1] Der Rechnungsbetrag setzt sich aus dem Preis für die Ware, den Beförderungskosten und der drittländischen Umsatzsteuer zusammen:

Preis für die Ware auf der Rechnung:	140,00 €
Rechnungsbetrag insgesamt:	195,00 €

[2] Der Sachwert der Ware beträgt auch in diesem Fall 140,00 €.

Zu § 3a UStG (§ 1 UStDV)

3a.1 Ort der sonstigen Leistung bei Leistungen an Nichtunternehmer

(1) [1] Der Ort der sonstigen Leistung bestimmt sich nach § 3a Abs. 1 UStG nur bei Leistungen an

– Leistungsempfänger, die nicht Unternehmer sind,
– Unternehmer, wenn die Leistung nicht für ihr Unternehmen bezogen wird (vgl. Abschnitt 3a.2 Abs. 11a) und es sich nicht um eine juristische Person handelt,
– sowohl unternehmerisch als auch nicht unternehmerisch tätige juristische Personen, wenn die Leistung für den privaten Bedarf des Personals bestimmt ist, oder
– nicht unternehmerisch tätige juristische Personen, denen keine USt-IdNr. erteilt worden ist

(Nichtunternehmer); maßgebend für diese Beurteilung ist der Zeitpunkt, in dem die Leistung an den Leistungsempfänger erbracht wird (vgl. Artikel 25 der MwStVO).[1)] [2] Der Leistungsort bestimmt sich außerdem nur nach § 3a Abs. 1 UStG, wenn kein Tatbestand des § 3a Abs. 3 bis 8 UStG, des § 3b UStG oder des § 3e UStG vorliegt. [3] Maßgeblich ist grundsätzlich der Ort, von dem aus der Unternehmer sein Unternehmen betreibt (bei Körperschaften, Personenvereinigungen oder Vermögensmassen ist dabei der Ort der Geschäftsleitung maßgeblich). [4] Das ist der Ort, an dem die Handlungen zur zentralen Verwaltung des Unternehmens vorgenommen werden; hierbei werden der Ort, an dem die wesentlichen Entscheidungen zur allgemeinen Leitung des Unternehmens getroffen werden, der Ort seines satzungsmäßigen Sitzes und der Ort, an dem die Unternehmensleitung zusammenkommt, berücksichtigt. [5] Kann danach der Ort, von dem aus der Unternehmer sein Unternehmen betreibt, nicht mit Sicherheit bestimmt werden, ist der Ort, an dem die wesentlichen Entscheidungen zur allgemeinen Leitung des Unternehmens getroffen werden, vorrangiger Anknüpfungspunkt. [6] Allein aus dem Vorliegen einer Postanschrift kann nicht geschlossen werden, dass sich dort der Ort befindet, von dem aus der Unternehmer sein Unternehmen betreibt (vgl. Artikel 10 der MwStVO).[2)] [7] Wird die Leistung tatsächlich von einer Betriebsstätte erbracht, ist dort der Leistungsort (vgl. Absatz 2 und 3). [8] Verfügt eine natürliche Person weder über einen Unternehmenssitz noch über eine Betriebsstätte, kommen als Leistungsort der Wohnsitz des leistenden Unternehmers oder der Ort seines gewöhnlichen Aufenthalts in Betracht. [9] Als Wohnsitz einer natürlichen Person gilt der im Melderegister oder in einem

---

1) **Steuergesetze** Nr. **550a**.
2) Siehe auch BFH v. 7.2.2019 V B 68/18, BFH/NV 2019, 595.

ähnlichen Register eingetragene Wohnsitz oder der Wohnsitz, den die betreffende Person bei der zuständigen Steuerbehörde angegeben hat, es sei denn, es liegen Anhaltspunkte dafür vor, dass diese Eintragung nicht die tatsächlichen Gegebenheiten widerspiegelt (vgl. Artikel 12 der MwStVO). [10]Als gewöhnlicher Aufenthaltsort einer natürlichen Person gilt der Ort, an dem diese aufgrund persönlicher und beruflicher Bindungen gewöhnlich lebt. [11]Liegen die beruflichen Bindungen einer natürlichen Person in einem anderen Land als dem ihrer persönlichen Bindungen oder gibt es keine beruflichen Bindungen, bestimmt sich der gewöhnliche Aufenthaltsort nach den persönlichen Bindungen, die enge Beziehungen zwischen der natürlichen Person und einem Wohnort erkennen lassen (vgl. Artikel 13 der MwStVO). [12]Als gewöhnlicher Aufenthalt im Inland ist stets und von Beginn an ein zeitlich zusammenhängender Aufenthalt von mehr als sechs Monaten Dauer anzusehen; kurzfristige Unterbrechungen bleiben unberücksichtigt. [13]Dies gilt nicht, wenn der Aufenthalt ausschließlich zu Besuchs-, Erholungs-, Kur- oder ähnlichen privaten Zwecken genommen wird und nicht länger als ein Jahr dauert. [14]Der Ort einer einheitlichen sonstigen Leistung liegt nach § 3a Abs. 1 UStG auch dann an dem Ort, von dem aus der Unternehmer sein Unternehmen betreibt, wenn einzelne Leistungsteile nicht von diesem Ort aus erbracht werden (vgl. BFH-Urteil vom 26.3.1992, V R 16/88, BStBl. II S. 929).

(2) [1]Der Ort einer Betriebsstätte ist nach § 3a Abs. 1 Satz 2 UStG Leistungsort, wenn die sonstige Leistung von dort ausgeführt wird, d.h. die sonstige Leistung muss der Betriebsstätte tatsächlich zuzurechnen sein. [2]Dies ist der Fall, wenn die für die sonstige Leistung erforderlichen einzelnen Arbeiten ganz oder überwiegend durch Angehörige oder Einrichtungen der Betriebsstätte ausgeführt werden. [3]Es ist nicht erforderlich, dass das Umsatzgeschäft von der Betriebsstätte aus abgeschlossen wurde. [4]Wird ein Umsatz sowohl an dem Ort, von dem aus der Unternehmer sein Unternehmen betreibt, als auch von einer Betriebsstätte ausgeführt, ist der Leistungsort nach dem Ort zu bestimmen, an dem die sonstige Leistung überwiegend erbracht wird.

(3)[1)] [1]Betriebsstätte im Sinne des Umsatzsteuerrechts ist jede feste Geschäftseinrichtung oder Anlage, die der Tätigkeit des Unternehmers dient. [2]Eine solche Einrichtung oder Anlage kann aber nur dann als Betriebsstätte angesehen werden, wenn sie über einen ausreichenden Mindestbestand an Personal- und Sachmitteln verfügt, der für die Erbringung der betreffenden Dienstleistungen erforderlich ist. [3]Außerdem muss die Einrichtung oder Anlage einen hinreichenden Grad an Beständigkeit sowie eine Struktur aufweisen, die von der personellen und technischen Ausstattung her eine autonome Erbringung der jeweiligen Dienstleistungen ermöglicht (vgl. hierzu EuGH-Urteile vom 4.7.1985, C-168/84 Berkholz, vom 2.5.1996, C-231/94, Faaborg-Gelting Linien,[2)] vom 17.7.1997, C-190/95, ARO Lease,[2)] und vom 20.2.1997, C-260/95, DFDS,[2)] und Artikel 11 der MwStVO).[3)] [4]Eine solche

---

1) Zum Begriff der Betriebsstätte bzw. festen Niederlassung im Umsatzsteuerrecht siehe BFH v. 29.4.2020 XI R 3/18, DStR 2020, 1792; siehe auch EuGH v. 7.5.2020 C-547/18, DStR 2020, 1047.

2) DStR 1996, 1005. – DStRE 1997, 725. – DStRE 1997, 342.

3) **Steuergesetze** Nr. **550a**.

beständige Struktur liegt z. B. vor, wenn die Einrichtung über eine Anzahl von Beschäftigten verfügt, von hier aus Verträge abgeschlossen werden können, Rechnungslegung und Aufzeichnungen dort erfolgen und Entscheidungen getroffen werden, z. B. über den Wareneinkauf. [5]Betriebsstätte kann auch eine Organgesellschaft im Sinne des § 2 Abs. 2 Nr. 2 UStG sein. [6]Der Ort sonstiger Leistungen, die an Bord eines Schiffes tatsächlich von einer dort belegenen Betriebsstätte erbracht werden, bestimmt sich nach § 3a Abs. 1 Satz 2 UStG. [7]Hierzu können z. B. Leistungen in den Bereichen Friseurhandwerk, Kosmetik, Massage und Landausflüge gehören.

(4) Die Leistungsortbestimmung nach § 3a Abs. 1 UStG kommt z. B. in folgenden Fällen in Betracht:

– Reiseleistungen (§ 25 Abs. 1 Satz 4 UStG);
– Reisebetreuungsleistungen von angestellten Reiseleitern (vgl. BFH-Urteil vom 23.9.1993, V R 132/99, BStBl. 1994 II S. 272);
– Leistungen der Testamentsvollstrecker (vgl. EuGH-Urteil vom 6.12.2007, C-401/06, Kommission/Deutschland);[1)]
– Leistungen der Notare, soweit sie nicht Grundstücksgeschäfte beurkunden (vgl. Abschnitt 3a.3 Abs. 6 und 8) oder nicht selbständige Beratungsleistungen an im Drittlandsgebiet ansässige Leistungsempfänger erbringen (vgl. Abschnitt 3a.9 Abs. 11);
– die in § 3a Abs. 4 Satz 2 UStG bezeichneten sonstigen Leistungen, wenn der Leistungsempfänger Nichtunternehmer und innerhalb der EG ansässig ist (vgl. jedoch Abschnitt 3a.14);
– sonstige Leistungen im Rahmen einer Bestattung, soweit diese Leistungen als einheitliche Leistungen (vgl. Abschnitt 3.10) anzusehen sind (vgl. Artikel 28 der MwStVO).[2)]

(5) Zur Sonderregelung für den Ort der sonstigen Leistung nach § 3a Abs. 6 UStG wird auf Abschnitt 3a.14 verwiesen.

3a.2 Ort der sonstigen Leistung bei Leistungen an Unternehmer und diesen gleichgestellte juristische Personen

(1) [1]Voraussetzung für die Anwendung des § 3a Abs. 2 UStG ist, dass der Leistungsempfänger

– ein Unternehmer ist und die Leistung für sein Unternehmen bezogen hat (vgl. im Einzelnen Absätze 8 bis 12),
– eine nicht unternehmerisch tätige juristische Person ist, der eine USt-IdNr. erteilt worden ist (einem Unternehmer gleichgestellte juristische Person; vgl. Absatz 7), oder
– eine sowohl unternehmerisch als auch nicht unternehmerisch tätige juristische Person ist und die Leistung für den unternehmerischen oder den nicht unternehmerischen Bereich, nicht aber für den privaten Bedarf des Personals, bezogen hat; vgl. im Einzelnen Absätze 13 bis 15

(Leistungsempfänger im Sinne des § 3a Abs. 2 UStG); maßgebend für diese Beurteilung ist der Zeitpunkt, in dem die Leistung erbracht wird (vgl. Arti-

---

1) *DStRE 2008, 1387.*
2) **Steuergesetze** Nr. **550a.**

kel 25 der MwStVO).[1] [2]Der Leistungsort bestimmt sich nur dann nach § 3a Abs. 2 UStG, wenn kein Tatbestand des § 3a Abs. 3 Nr. 1, 2, 3 Buchstabe b und Nr. 5, Abs. 6 Satz 1 Nr. 1, Abs. 7 und Abs. 8 UStG, des § 3b Abs. 1 Sätze 1 und 2 UStG oder des § 3e UStG vorliegt.

(2) [1]Als Leistungsempfänger im umsatzsteuerrechtlichen Sinn ist grundsätzlich derjenige zu behandeln, in dessen Auftrag die Leistung ausgeführt wird (vgl. Abschnitt 15.2b Abs. 1). [2]Aus Vereinfachungsgründen ist bei steuerpflichtigen Güterbeförderungen, steuerpflichtigen selbständigen Nebenleistungen hierzu und bei der steuerpflichtigen Vermittlung der vorgenannten Leistungen, bei denen sich der Leistungsort nach § 3a Abs. 2 UStG richtet, der Rechnungsempfänger auch als Leistungsempfänger anzusehen.

Beispiel:

[1]Der in Deutschland ansässige Unternehmer U versendet Güter per Frachtnachnahme an den Unternehmer D mit Sitz in Dänemark. [2]Die Güterbeförderungsleistung ist für unternehmerische Zwecke des D bestimmt.

[3]Bei Frachtnachnahmen wird regelmäßig vereinbart, dass der Beförderungsunternehmer die Beförderungskosten dem Empfänger der Sendung in Rechnung stellt und dieser die Beförderungskosten bezahlt. [4]Der Rechnungsempfänger der innergemeinschaftlichen Güterbeförderung ist als Empfänger der Beförderungsleistung und damit als Leistungsempfänger anzusehen, auch wenn er den Transportauftrag nicht unmittelbar erteilt hat.

[3]Hierdurch wird erreicht, dass diese Leistungen in dem Staat besteuert werden, in dem der Rechnungsempfänger umsatzsteuerlich erfasst ist.

(3) [1]Nach § 3a Abs. 2 UStG bestimmt sich der Leistungsort maßgeblich nach dem Ort, von dem aus der Leistungsempfänger sein Unternehmen betreibt; zur Definition vgl. Abschnitt 3a.1 Abs. 1. [2]Wird die Leistung tatsächlich an eine Betriebsstätte (vgl. Abschnitt 3a.1 Abs. 3) erbracht, ist dort der Leistungsort (vgl. hierzu im Einzelnen Absätze 4 und 6). [3]Verfügt eine natürliche Person weder über einen Unternehmenssitz noch über eine Betriebsstätte, kommen als Leistungsort der Wohnsitz des Leistungsempfängers oder der Ort seines gewöhnlichen Aufenthalts in Betracht (vgl. Artikel 21 der MwStVO).[1] [4]Zu den Begriffen „Sitz", „Wohnsitz" und „Ort des gewöhnlichen Aufenthalts" vgl. Abschnitt 3a.1 Abs. 1.

(4)[2] [1]Die sonstige Leistung kann auch an eine Betriebsstätte des Leistungsempfängers ausgeführt werden (zum Begriff der Betriebsstätte vgl. Abschnitt 3a.1 Abs. 3); eine Betriebsstätte kann nur angenommen werden, wenn sie einen hinreichenden Grad an Beständigkeit sowie eine Struktur aufweist, die es ihr von der personellen und technischen Ausstattung her erlaubt, Dienstleistungen, die an sie für ihren eigenen Bedarf erbracht werden, zu empfangen und zu verwenden. [2]Dies ist der Fall, wenn die Leistung ausschließlich oder überwiegend für die Betriebsstätte bestimmt ist, also dort verwendet werden soll (vgl. Artikel 21 Abs. 2 der MwStVO).[1] [3]In diesem Fall ist es nicht erforderlich, dass der Auftrag von der Betriebsstätte aus an den leistenden Unternehmer erteilt wird, der die sonstige Leistung durchführt, z. B.

---

[1] **Steuergesetze** Nr. **550a**.

[2] Zum Begriff der Betriebsstätte bzw. festen Niederlassung im Umsatzsteuerrecht siehe BFH v. 29.4.2020 XI R 3/18, DStR 2020, 1792; siehe auch EuGH v. 7.5.2020 C-547/18, DStR 2020, 1047.

Verleger, Werbeagentur, Werbungsmittler; auch ist unerheblich, ob das Entgelt für die Leistung von der Betriebsstätte aus bezahlt wird.

Beispiel:

[1] Ein Unternehmen mit Sitz im Inland unterhält im Ausland Betriebsstätten. [2] Durch Aufnahme von Werbeanzeigen in ausländischen Zeitungen und Zeitschriften wird für die Betriebsstätten geworben. [3] Die Anzeigenaufträge werden an ausländische Verleger durch eine inländische Werbeagentur im Auftrag des im Inland ansässigen Unternehmens erteilt.

[4] Die ausländischen Verleger und die inländische Werbeagentur unterliegen mit ihren Leistungen für die im Ausland befindlichen Betriebsstätten nicht der deutschen Umsatzsteuer.

[4] Kann der leistende Unternehmer weder anhand der Art der von ihm erbrachten sonstigen Leistung noch ihrer Verwendung ermitteln, ob und ggf. an welche Betriebsstätte des Leistungsempfängers die Leistung erbracht wird, hat er anhand anderer Kriterien, insbesondere des mit dem Leistungsempfänger geschlossenen Vertrags, der vereinbarten Bedingungen für die Leistungserbringung, der vom Leistungsempfänger verwendeten USt-IdNr. und der Bezahlung der Leistung festzustellen, ob die von ihm erbrachte Leistung tatsächlich für eine Betriebsstätte des Leitungsempfängers bestimmt ist (vgl. Artikel 22 Abs. 1 Unterabs. 2 der MwStVO). [5] Kann der leistende Unternehmer anhand dieser Kriterien nicht bestimmen, ob die Leistung tatsächlich an eine Betriebsstätte des Leistungsempfängers erbracht wird, oder ist bei Vereinbarungen über eine oder mehrere sonstige Leistungen nicht feststellbar, ob diese Leistungen tatsächlich vom Sitz oder von einer bzw. mehreren Betriebsstätten des Leistungsempfängers genutzt werden, kann der Unternehmer davon ausgehen, dass der Leistungsort an dem Ort ist, von dem aus der Leistungsempfänger sein Unternehmen betreibt (vgl. Artikel 22 Abs. 1 Unterabs. 3 der MwStVO). [6] Zur Regelung in Zweifelsfällen vgl. Absatz 6.

(5) Bei Werbeanzeigen in Zeitungen und Zeitschriften und bei Werbesendungen in Rundfunk und Fernsehen oder im Internet ist davon auszugehen, dass sie ausschließlich oder überwiegend für im Ausland belegene Betriebsstätten bestimmt und daher im Inland nicht steuerbar sind, wenn die folgenden Voraussetzungen erfüllt sind:

1. Es handelt sich um
   a) fremdsprachige Zeitungen und Zeitschriften, um fremdsprachige Rundfunk- und Fernsehsendungen oder um fremdsprachige Internet-Seiten oder
   b) deutschsprachige Zeitungen und Zeitschriften oder um deutschsprachige Rundfunk- und Fernsehsendungen, die überwiegend im Ausland verbreitet werden.
2. Die im Ausland belegenen Betriebsstätten sind in der Lage, die Leistungen zu erbringen, für die geworben wird.

(5a) [1] Wird eine in § 3a Abs. 5 Satz 2 UStG bezeichnete sonstige Leistung an einen Leistungsempfänger im Sinne des § 3a Abs. 2 UStG (siehe Absatz 1) an *Orten wie Telefonzellen*, Kiosk-Telefonen, WLAN-Hot-Spots, Internetcafés, Restaurants oder Hotellobbys erbracht und muss der Leistungsempfänger an diesem Ort physisch anwesend sein, damit ihm der leistende Unternehmer die sonstige Leistung erbringen kann, gilt der Leistungsempfänger insoweit als an diesem Ort ansässig (vgl. Artikel 24a Abs. 1 MwStVO).[1)] [2]Werden diese Leistungen an Bord eines Schiffs, eines Flugzeugs oder in einer Eisenbahn während des innerhalb des Gemeinschaftsgebiets stattfindenden Teils einer Personenbeförderung (vgl. § 3e Abs. 2 UStG) erbracht, gilt abweichend von § 3a Abs. 2 UStG der Abgangsort des jeweiligen Beförderungsmittels im Gemeinschaftsgebiet als Leistungsort (vgl. Artikel 24a Abs. 2 MwStVO).

(6) [1]Bei einer einheitlichen sonstigen Leistung (vgl. Abschnitt 3.10 Abs. 1 bis 4) ist es nicht möglich, für einen Teil der Leistung den Ort der Betriebsstätte und für den anderen Teil den Sitz des Unternehmens als maßgebend anzusehen und die Leistung entsprechend aufzuteilen. [2]Ist die Zuordnung zu einer Betriebsstätte nach den Grundsätzen des Absatzes 4 zweifelhaft und verwendet der Leistungsempfänger eine ihm von einem anderen EU-Mitgliedstaat erteilte USt-IdNr., kann davon ausgegangen werden, dass die Leistung für die im EU-Mitgliedstaat der verwendeten USt-IdNr. belegene Betriebsstätte bestimmt ist. [3]Entsprechendes gilt bei der Verwendung einer deutschen USt-IdNr.

(7) [1]Für Zwecke der Bestimmung des Leistungsorts werden nach § 3a Abs. 2 Satz 3 UStG nicht unternehmerisch tätige juristische Personen, denen für die Umsatzbesteuerung innergemeinschaftlicher Erwerbe eine USt-IdNr. erteilt wurde – die also für umsatzsteuerliche Zwecke erfasst sind –, einem Unternehmer gleichgestellt. [2]Hierunter fallen insbesondere juristische Personen des öffentlichen Rechts, die ausschließlich hoheitlich tätig sind, aber auch juristische Personen, die nicht Unternehmer sind (z.B. eine Holding, die ausschließlich eine bloße Vermögensverwaltungstätigkeit ausübt). [3]Ausschließlich nicht unternehmerisch tätige juristische Personen, denen eine USt-IdNr. erteilt worden ist, müssen diese gegenüber dem leistenden Unternehmer verwenden, damit dieser die Leistungsortregelung des § 3a Abs. 2 UStG anwenden kann; Absatz 9 Sätze 4 bis 10 gilt entsprechend. [4]Verwendet die nicht unternehmerisch tätige juristische Person als Leistungsempfänger keine USt-IdNr., hat der leistende Unternehmer nachzufragen, ob ihr eine solche Nummer erteilt worden ist.

Beispiel:

[1]Der in Belgien ansässige Unternehmer U erbringt an eine juristische Person des öffentlichen Rechts J mit Sitz in Deutschland eine Beratungsleistung. [2]J verwendet für diesen Umsatz keine USt-IdNr. [3]Auf Nachfrage teilt J dem U mit, ihr sei keine USt-IdNr. erteilt worden. [4]Da J angegeben hat, ihr sei keine USt-IdNr. erteilt worden, kann U davon ausgehen, dass die Voraussetzungen des § 3a Abs. 2 Satz 3 UStG nicht erfüllt sind. [5]Der Ort der Beratungsleistung des U an J liegt in Belgien (§ 3a Abs. 1 UStG).

[5]Zur Bestimmung des Leistungsorts bei sonstigen Leistungen an juristische Personen, die sowohl unternehmerisch als auch nicht unternehmerisch tätig sind, vgl. Absätze 13 bis 15.

(8) [1]Voraussetzung für die Anwendung der Ortsbestimmung nach § 3a Abs. 2 Satz 1 UStG ist, dass die Leistung für den unternehmerischen Bereich des Leistungsempfängers ausgeführt worden ist. [2]Hierunter fallen auch Leistungen an einen Unternehmer, soweit diese Leistungen für die Erbringung

---

1) **Steuergesetze** Nr. **550a.**

von der Art nach nicht steuerbaren Umsätzen (z. B. Geschäftsveräußerungen im Ganzen) bestimmt sind. [3]Wird eine der Art nach in § 3a Abs. 2 UStG erfasste sonstige Leistung sowohl für den unternehmerischen als auch für den nicht unternehmerischen Bereich des Leistungsempfängers erbracht, ist der Leistungsort einheitlich nach § 3a Abs. 2 Satz 1 UStG zu bestimmen (vgl. Artikel 19 Abs. 3 der MwStVO).[1)] [4]Zur Bestimmung des Leistungsorts bei sonstigen Leistungen an juristische Personen, die sowohl unternehmerisch als auch nicht unternehmerisch tätig sind, vgl. Absätze 13 bis 15.

(9) [1]§ 3a Abs. 2 UStG regelt nicht, wie der leistende Unternehmer nachzuweisen hat, dass sein Leistungsempfänger Unternehmer ist, der die sonstige Leistung für den unternehmerischen Bereich bezieht. [2]Bezieht ein im Gemeinschaftsgebiet ansässiger Unternehmer eine sonstige Leistung, die der Art nach unter § 3a Abs. 2 UStG fällt, für seinen unternehmerischen Bereich, muss er die ihm von dem EU-Mitgliedstaat, von dem aus er sein Unternehmen betreibt, erteilte USt-IdNr. für diesen Umsatz gegenüber seinem Auftragnehmer verwenden; wird die Leistung tatsächlich durch eine Betriebsstätte des Leistungsempfängers bezogen, ist die der Betriebsstätte erteilte USt-IdNr. zu verwenden (vgl. Artikel 55 Abs. 1 der MwStVO).[1)] [3]Satz 2 gilt entsprechend für einen Unternehmer,
- der nur steuerfreie Umsätze ausführt, die zum Ausschluss vom Vorsteuerabzug führen,
- für dessen Umsätze Umsatzsteuer nach § 19 Abs. 1 UStG nicht erhoben wird oder
- der die Leistung zur Ausführung von Umsätzen verwendet, für die die Steuer nach den Durchschnittssätzen des § 24 UStG festgesetzt wird,

und der weder zur Besteuerung seiner innergemeinschaftlichen Erwerbe verpflichtet ist, weil er die Erwerbsschwelle nicht überschreitet, noch zur Erwerbsbesteuerung nach § 1a Abs. 4 UStG optiert hat. [4]Verwendet der Leistungsempfänger gegenüber seinem Auftragnehmer eine ihm von einem Mitgliedstaat erteilte USt-IdNr., kann dieser regelmäßig davon ausgehen, dass der Leistungsempfänger Unternehmer ist und die Leistung für dessen unternehmerischen Bereich bezogen wird (vgl. Artikel 18 Abs. 1 und Artikel 19 Abs. 2 der MwStVO;[1)] zu den Leistungen, die ihrer Art nach aber mit hoher Wahrscheinlichkeit nicht für das Unternehmen bezogen werden, siehe im Einzelnen Absatz 11a); dies gilt auch dann, wenn sich nachträglich herausstellt, dass die Leistung vom Leistungsempfänger tatsächlich für nicht unternehmerische Zwecke verwendet worden ist. [5]Voraussetzung ist, dass der leistende Unternehmer nach § 18e UStG von der Möglichkeit Gebrauch gemacht hat, sich die Gültigkeit einer USt-IdNr. eines anderen EU-Mitgliedstaates sowie den Namen und die Anschrift der Person, der diese Nummer erteilt wurde, durch das BZSt bestätigen zu lassen (vgl. Artikel 18 Abs. 1 Buchst. a der MwStVO).

Beispiel:

[1]Der Schreiner S mit Sitz in Frankreich erneuert für den Unternehmer U mit Sitz in Freiburg einen Aktenschrank. [2]U verwendet für diesen Umsatz seine deutsche USt-IdNr. [3]Bei einer Betriebsprüfung stellt sich im Nachhinein heraus, dass U den Aktenschrank für seinen privaten Bereich verwendet.

[1)] **Steuergesetze** Nr. **550a.**

[4] Der Leistungsort für die Reparatur des Schranks ist nach § 3a Abs. 2 UStG in Deutschland. [5] Da U gegenüber S seine USt-IdNr. verwendet hat, gilt die Leistung als für das Unternehmen des U bezogen. [6] Unbeachtlich ist, dass der Aktenschrank tatsächlich von U für nicht unternehmerische Zwecke verwendet wurde. [7] U ist für die Leistung des S Steuerschuldner (§ 13b Abs. 1 und Abs. 5 Satz 1 UStG). [8] U ist allerdings hinsichtlich der angemeldeten Steuer nicht zum Vorsteuerabzug berechtigt, da die Leistung nicht für unternehmerische Zwecke bestimmt ist.

[6] Hat der Leistungsempfänger noch keine USt-IdNr. erhalten, eine solche Nummer aber bei der zuständigen Behörde des EU-Mitgliedstaats, von dem aus er sein Unternehmen betreibt oder eine Betriebsstätte unterhält, beantragt, bleibt es dem leistenden Unternehmer überlassen, auf welche Weise er den Nachweis der Unternehmereigenschaft und der unternehmerischen Verwendung führt (vgl. Artikel 18 Abs. 1 Buchst. b der MwStVO).[1)] [7] Dieser Nachweis hat nur vorläufigen Charakter. [8] Für den endgültigen Nachweis bedarf es der Vorlage der dem Leistungsempfänger erteilten USt-IdNr.; dieser Nachweis kann bis zur letzten mündlichen Verhandlung vor dem Finanzgericht geführt werden. [9] Verwendet ein im Gemeinschaftsgebiet ansässiger Leistungsempfänger gegenüber seinem Auftragnehmer keine USt-IdNr., kann dieser grundsätzlich davon ausgehen, dass sein Leistungsempfänger ein Nichtunternehmer ist oder ein Unternehmer, der die Leistung für den nicht unternehmerischen Bereich bezieht, sofern ihm keine anderen Informationen vorliegen (vgl. Artikel 18 Abs. 2 der MwStVO); in diesem Fall bestimmt sich der Leistungsort nach § 3a Abs. 1 UStG, soweit kein Tatbestand des § 3a Abs. 3 bis 8 UStG, des § 3b UStG oder des § 3e UStG vorliegt.

(10) [1] Verwendet der Leistungsempfänger eine USt-IdNr., soll dies grundsätzlich vor Ausführung der Leistung erfolgen und in dem jeweiligen Auftragsdokument schriftlich festgehalten werden. [2] Der Begriff „Verwendung" einer USt-IdNr. setzt ein positives Tun des Leistungsempfängers, in der Regel bereits bei Vertragsabschluss, voraus. [3] So kann z. B. auch bei mündlichem Abschluss eines Auftrags zur Erbringung einer sonstigen Leistung eine Erklärung über die Unternehmereigenschaft und den unternehmerischen Bezug durch Verwendung einer bestimmten USt-IdNr. abgegeben und dies vom Auftragnehmer aufgezeichnet werden. [4] Es reicht ebenfalls aus, wenn bei der erstmaligen Erfassung der Stammdaten eines Leistungsempfängers zusammen mit der für diesen Zweck erfragten USt-IdNr. zur Feststellung der Unternehmereigenschaft und des unternehmerischen Bezugs zusätzlich eine Erklärung des Leistungsempfängers aufgenommen wird, dass diese USt-IdNr. bei allen künftigen – unternehmerischen – Einzelaufträgen verwendet werden soll. [5] Eine im Briefkopf eingedruckte USt-IdNr. oder eine in einer Gutschrift des Leistungsempfängers formularmäßig eingedruckte USt-IdNr. reicht allein nicht aus, um die Unternehmereigenschaft und den unternehmerischen Bezug der zu erbringenden Leistung zu dokumentieren. [6] Ein positives Tun liegt auch dann vor, wenn der Leistungsempfänger (Erwerber bzw. Empfänger der Dienstleistung) die Erklärung über die Unternehmereigenschaft und den unternehmerischen Bezug objektiv nachvollziehbar vorgenommen hat und der Leistungsbezug vom Leistungsempfänger in zutreffender Weise erklärt worden

---

1) **Steuergesetze** Nr. **550a.**

ist, der leistende Unternehmer seinen Meldepflichten nach § 18a UStG nachgekommen ist und die Rechnung über die Leistung einen Hinweis auf die USt-IdNr., die nach § 18a Abs. 7 UStG in der Zusammenfassenden Meldung angegeben wurde, enthält. [7] Unschädlich ist es im Einzelfall, wenn der Leistungsempfänger eine USt-IdNr. erst nachträglich verwendet oder durch eine andere ersetzt. [8] In diesem Fall muss ggf. die Besteuerung in dem einen EU-Mitgliedstaat rückgängig gemacht und in dem anderen EU-Mitgliedstaat nachgeholt und die übermittelte ZM berichtigt werden. [9] In einer bereits erteilten Rechnung sind die USt-IdNr. des Leistungsempfängers (vgl. § 14a Abs. 1 UStG) und ggf. ein gesonderter Steuerausweis (vgl. § 14 Abs. 4 Nr. 8 und § 14c Abs. 1 UStG) zu berichtigen. [10] Die nachträgliche Angabe oder Änderung einer USt-IdNr. als Nachweis der Unternehmereigenschaft und des unternehmerischen Bezugs ist der Umsatzsteuerfestsetzung nur zu Grunde zu legen, wenn die Steuerfestsetzung in der Bundesrepublik Deutschland noch änderbar ist.

(11) [1] Ist der Leistungsempfänger im Drittlandsgebiet ansässig, kann der Nachweis der Unternehmereigenschaft durch eine Bescheinigung einer Behörde des Sitzstaates geführt werden, in der diese bescheinigt, dass der Leistungsempfänger dort als Unternehmer erfasst ist. [2] Die Bescheinigung sollte inhaltlich der Unternehmerbescheinigung nach § 61a Abs. 4 UStDV entsprechen (vgl. Abschnitt 18.14 Abs. 7). [3] Kann der Leistungsempfänger den Nachweis nicht anhand einer Bescheinigung nach Satz 1 und 2 führen, bleibt es dem leistenden Unternehmer überlassen, auf welche Weise er nachweist, dass der im Drittlandsgebiet ansässige Leistungsempfänger Unternehmer ist (vgl. Artikel 18 Abs. 3 der MwStVO).[1)]

(11a) [1] Erbringt der Unternehmer sonstige Leistungen, die unter § 3a Abs. 2 UStG fallen können, die ihrer Art nach aber mit hoher Wahrscheinlichkeit nicht für das Unternehmen, sondern für den privaten Gebrauch einschließlich des Gebrauchs durch das Personal des Unternehmers bestimmt sind, ist es – abweichend von den Absätzen 9 und 11 – als Nachweis der unternehmerischen Verwendung dieser Leistung durch den Leistungsempfänger nicht ausreichend, wenn dieser gegenüber dem leistenden Unternehmer für diesen Umsatz seine USt-IdNr. verwendet bzw. seinen Status als Unternehmer nachweist. [2] Vielmehr muss der leistende Unternehmer über ausreichende Informationen verfügen, die eine Verwendung der sonstigen Leistung für die unternehmerischen Zwecke dieses Leistungsempfängers bestätigen. [3] Als ausreichende Information ist in der Regel eine Erklärung des Leistungsempfängers anzusehen, in der dieser bestätigt, dass die bezogene sonstige Leistung für sein Unternehmen bestimmt ist.

[4] Sonstige Leistungen im Sinne des Satzes 1 sind insbesondere:
- Krankenhausbehandlungen und ärztliche Heilbehandlungen,
- von Zahnärzten und Zahntechnikern erbrachte sonstige Leistungen,
- persönliche und häusliche Pflegeleistungen,
- sonstige Leistungen im Bereich der Sozialfürsorge und der sozialen Sicherheit,

---

1) **Steuergesetze** Nr. **550a.**

– Betreuung von Kindern und Jugendlichen,
– Erziehung von Kindern und Jugendlichen, Schul- und Hochschulunterricht,
– Nachhilfeunterricht für Schüler oder Studierende,
– sonstige Leistungen im Zusammenhang mit sportlicher Betätigung einschließlich der entgeltlichen Nutzung von Anlagen wie Turnhallen und vergleichbaren Anlagen,
– Wetten, Lotterien und sonstige Glücksspiele mit Geldeinsatz,
– Herunterladen von Filmen und Musik,
– Bereitstellen von digitalisierten Texten einschließlich Büchern, ausgenommen Fachliteratur,
– Abonnements von Online-Zeitungen und -Zeitschriften, mit Ausnahme von Online-Fachzeitungen und -Fachzeitschriften,
– Online-Nachrichten einschließlich Verkehrsinformationen und Wettervorhersagen,
– Beratungsleistungen in familiären und persönlichen Angelegenheiten,
– Beratungsleistungen im Zusammenhang mit der persönlichen Einkommensteuererklärung und Sozialversicherungsfragen.

(12) [1]Erbringt der leistende Unternehmer gegenüber einem im Drittlandsgebiet ansässigen Auftraggeber eine in § 3a Abs. 4 Satz 2 UStG bezeichnete Leistung, muss der leistende Unternehmer grundsätzlich nicht prüfen, ob der Leistungsempfänger Unternehmer oder Nichtunternehmer ist, da der Leistungsort – unabhängig vom Status des Leistungsempfängers – im Drittlandsgebiet liegt (§ 3a Abs. 2 UStG oder § 3a Abs. 4 Satz 1 UStG). [2]Dies gilt nicht für die in § 3a Abs. 5 Satz 2 Nr. 1 und 2 UStG bezeichneten Leistungen, bei denen die Nutzung oder Auswertung im Inland erfolgt, so dass der Leistungsort nach § 3a Abs. 6 Satz 1 Nr. 3 UStG im Inland liegen würde, wenn der Leistungsempfänger kein Unternehmer wäre (vgl. Abschnitt 3a.14). [3]Eine Prüfung der Unternehmereigenschaft entfällt auch bei Vermittlungsleistungen gegenüber einem im Drittlandsgebiet ansässigen Auftraggeber, wenn der Ort der vermittelten Leistung im Drittlandsgebiet liegt, da der Ort der Vermittlungsleistung – unabhängig vom Status des Leistungsempfängers – in solchen Fällen immer im Drittlandsgebiet liegt (§ 3a Abs. 2 UStG, § 3a Abs. 3 Nr. 1 oder 4 UStG).

(13) [1]Bei Leistungsbezügen juristischer Personen des privaten Rechts, die sowohl unternehmerisch als auch nicht unternehmerisch tätig sind, kommt es für die Frage der Ortsbestimmung nicht darauf an, ob die Leistung für das Unternehmen ausgeführt worden ist (vgl. EuGH-Urteil vom 17.3.2021, C-459/19, Wellcome Trust).[1)] [2]Absatz 14 Sätze 2 bis 7 gilt entsprechend.

(14) [1]Bei Leistungsbezügen juristischer Personen des öffentlichen Rechts, die hoheitlich und unternehmerisch tätig sind, kommt es für die Frage der Ortsbestimmung nicht darauf an, ob die Leistung für den unternehmerischen oder den hoheitlichen Bereich ausgeführt worden ist; bei den Gebietskörperschaften Bund und Länder ist stets davon auszugehen, dass sie sowohl hoheitlich als auch unternehmerisch tätig sind. [2]Der Leistungsort bestimmt sich

---

1) DStR 2021, 721.

in diesen Fällen – unabhängig davon, ob die Leistung für den hoheitlichen oder den unternehmerischen Bereich bezogen wird – nach § 3a Abs. 2 Sätze 1 und 3 UStG. [3]Ausgeschlossen sind nur die der Art nach unter § 3a Abs. 2 UStG fallenden sonstigen Leistungen, die für den privaten Bedarf des Personals der juristischen Person des öffentlichen Rechts bestimmt sind. [4]Ist einer in Satz 1 genannten juristischen Person des öffentlichen Rechts eine USt-IdNr. erteilt worden, ist diese USt-IdNr. auch dann zu verwenden, wenn die bezogene Leistung ausschließlich für den hoheitlichen Bereich oder sowohl für den unternehmerischen als auch für den hoheitlichen Bereich bestimmt ist. [5]Haben die Gebietskörperschaften Bund und Länder für einzelne Organisationseinheiten (z. B. Ressorts, Behörden und Ämter) von der Vereinfachungsregelung in Abschnitt 27a.1 Abs. 3 Sätze 4 und 5 Gebrauch gemacht, ist für den einzelnen Leistungsbezug stets die jeweilige, der einzelnen Organisationseinheit erteilte USt-IdNr. zu verwenden, unabhängig davon, ob dieser Leistungsbezug für den unternehmerischen Bereich, für den hoheitlichen Bereich oder sowohl für den unternehmerischen als auch für den hoheitlichen Bereich erfolgt. [6]Dies gilt auch dann, wenn die einzelne Organisationseinheit ausschließlich hoheitlich tätig ist und ihr eine USt-IdNr. nur für Zwecke der Umsatzbesteuerung innergemeinschaftlicher Erwerbe erteilt wurde.

Beispiel:

[1]Der in Luxemburg ansässige Unternehmer U erbringt an eine ausschließlich hoheitlich tätige Behörde A eines deutschen Bundeslandes B eine Beratungsleistung. [2]B hat neben dem hoheitlichen Bereich noch einen Betrieb gewerblicher Art, der für umsatzsteuerliche Zwecke erfasst ist. [3]A ist eine gesonderte USt-IdNr. für Zwecke der Besteuerung innergemeinschaftlicher Erwerbe erteilt worden.

[4]Der Leistungsort für die Leistung des U an A richtet sich nach § 3a Abs. 2 Sätze 1 und 3 UStG und liegt in Deutschland. [5]A hat die ihr für Zwecke der Besteuerung innergemeinschaftlicher Erwerbe erteilte USt-IdNr. zu verwenden.

[7]Bezieht eine sowohl unternehmerisch als auch hoheitlich tätige juristische Person des öffentlichen Rechts die sonstige Leistung für den privaten Bedarf ihres Personals, hat sie weder die ihr für den unternehmerischen Bereich noch die ihr für Zwecke der Umsatzbesteuerung innergemeinschaftlicher Erwerbe erteilte USt-IdNr. zu verwenden.

(15) [1]Soweit inländische und ausländische Rundfunkanstalten untereinander entgeltliche sonstige Leistungen ausführen, gelten hinsichtlich der Umsatzbesteuerung solcher grenzüberschreitender Leistungen die allgemeinen Regelungen zum Leistungsort. [2]Der Leistungsort bestimmt sich bei grenzüberschreitenden Leistungen der Rundfunkanstalten nach § 3a Abs. 2 UStG, wenn die die Leistung empfangende Rundfunkanstalt

– Unternehmer ist und die Leistung entweder ausschließlich für den unternehmerischen oder sowohl für den unternehmerischen als auch den nicht unternehmerischen Bereich bezogen wurde oder
– eine juristische Person des öffentlichen Rechts ist, die sowohl nicht unternehmerisch (hoheitlich) als auch unternehmerisch tätig ist, sofern die Leistung nicht für den privaten Bedarf des Personals bezogen wird,
– eine einem Unternehmer gleichgestellte juristische Person ist (siehe Absatz 1).

(16) [1] Grundsätzlich fallen unter die Ortsregelung des § 3a Abs. 2 UStG alle sonstigen Leistungen an einen Leistungsempfänger im Sinne des § 3a Abs. 2 UStG, soweit sich nicht aus § 3a Abs. 3 Nr. 1, 2, 3 Buchstabe b und Nr. 5, Abs. 7 und Abs. 8, § 3b Abs. 1 Sätze 1 und 2 und § 3e UStG eine andere Ortsregelung ergibt. [2] Sonstige Leistungen, die unter die Ortsbestimmung nach § 3a Abs. 2 UStG fallen, sind insbesondere:
- Arbeiten an beweglichen körperlichen Gegenständen und die Begutachtung dieser Gegenstände,
- alle Vermittlungsleistungen, soweit diese nicht unter § 3a Abs. 3 Nr. 1 UStG fallen,
- Leistungen, die in § 3a Abs. 4 Satz 2 und Abs. 5 Satz 2 UStG genannt sind,
- die langfristige Vermietung eines Beförderungsmittels,
- Güterbeförderungen, einschließlich innergemeinschaftlicher Güterbeförderungen sowie der Vor- und Nachläufe zu innergemeinschaftlichen Güterbeförderungen (Beförderungen eines Gegenstands, die in dem Gebiet desselben Mitgliedstaats beginnt und endet, wenn diese Beförderung unmittelbar einer innergemeinschaftlichen Güterbeförderung vorangeht oder folgt),
- das Beladen, Entladen, Umschlagen und ähnliche mit einer Güterbeförderung im Zusammenhang stehende selbständige Leistungen;
- [1] Planung, Gestaltung sowie Aufbau, Umbau und Abbau von Ständen im Zusammenhang mit Messen und Ausstellungen (vgl. EuGH-Urteil vom 27.10.2011, C-530/09, Inter-Mark Group, BStBl. 2012 II S. 160).[1)] [2] Unter die „Planung" fallen insbesondere Architektenleistungen, z.B. Anfertigung des Entwurfs für einen Stand. [3] Zur „Gestaltung" zählt z.B. die Leistung eines Gartengestalters oder eines Beleuchtungfachmannes".

(17) Zu den sonstigen Leistungen, die unter § 3a Abs. 2 Satz 1 UStG fallen, gehören auch sonstige Leistungen, die im Zusammenhang mit der Beantragung oder Vereinnahmung der Steuer im Vorsteuer-Vergütungsverfahren (§ 18 Abs. 9 UStG) stehen (vgl. auch Artikel 27 der MwStVO).[2)]

(18) Wird ein Gegenstand im Zusammenhang mit einer Ausfuhr oder einer Einfuhr grenzüberschreitend befördert und ist der Leistungsort für diese Leistung unter Anwendung von § 3a Abs. 2 UStG im Inland, ist dieser Umsatz unter den weiteren Voraussetzungen des § 4 Nr. 3 UStG steuerfrei (§ 4 Nr. 3 Satz 1 Buchstabe a UStG), auch wenn bei dieser Beförderung das Inland nicht berührt wird.

(19)[3)] Nicht unter die Ortsregelung des § 3a Abs. 2 UStG fallen folgende sonstigen Leistungen:
- Sonstige Leistungen im Zusammenhang mit einem Grundstück (§ 3a Abs. 3 Nr. 1 UStG, vgl. Abschnitt 3a.3),
- die kurzfristige Vermietung von Beförderungsmitteln (§ 3a Abs. 3 Nr. 2 und Abs. 7 UStG; vgl. Abschnitte 3a.5 Abs. 1 bis 6 und 3a.14 Abs. 4),
- die Einräumung der Eintrittsberechtigung zu kulturellen, künstlerischen, wissenschaftlichen, unterrichtenden, sportlichen, unterhaltenden oder ähn-

---

1) DStR 2011, 2145.

2) **Steuergesetze** Nr. **550a.**

3) A 3a.2 UStAE Abs. 19 geänd. durch BMF v. 9.6.2021, BStBl. I 2021, 778, anzuwenden in allen offenen Fällen.

lichen Veranstaltungen, wie Messen und Ausstellungen, sowie die damit zusammenhängenden sonstigen Leistungen (§ 3a Abs. 3 Nr. 5 UStG; vgl. Abschnitt 3a.7a),
- die Abgabe von Speisen und Getränken zum Verzehr an Ort und Stelle (Restaurationsleistungen) nach § 3a Abs. 3 Nr. 3 Buchstabe b UStG (vgl. Abschnitt 3a.6 Abs. 8 und 9) und nach § 3e UStG (vgl. Abschnitt 3e.1),
- Personenbeförderungen (§ 3b Abs. 1 Sätze 1 und 2 UStG; vgl. Abschnitt 3b.1).

3a.3 Ort der sonstigen Leistung im Zusammenhang mit einem Grundstück

(1) § 3a Abs. 3 Nr. 1 UStG gilt sowohl für sonstige Leistungen an Nichtunternehmer (siehe Abschnitt 3a.1 Abs. 1) als auch an Leistungsempfänger im Sinne des § 3a Abs. 2 UStG (siehe Abschnitt 3a.2 Abs. 1).

(2) [1]Für den Ort einer sonstigen Leistung – einschließlich Werkleistung – im Zusammenhang mit einem Grundstück ist die Lage des Grundstücks entscheidend. [2]Der Grundstücksbegriff im Sinne des Umsatzsteuerrechts ist ein eigenständiger Begriff des Unionsrechts; er richtet sich nicht nach dem zivilrechtlichen Begriff eines Grundstücks. [3]Unter einem Grundstück im Sinne des § 3a Abs. 3 Nr. 1 UStG ist zu verstehen:
- ein bestimmter über- oder unterirdischer Teil der Erdoberfläche, an dem Eigentum und Besitz begründet werden kann,
- jedes mit oder in dem Boden über oder unter dem Meeresspiegel befestigte Gebäude oder jedes derartige Bauwerk, das nicht leicht abgebaut oder bewegt werden kann,
- jede Sache, die einen wesentlichen Bestandteil eines Gebäudes oder eines Bauwerks bildet, ohne die das Gebäude oder das Bauwerk unvollständig ist, wie zum Beispiel Türen, Fenster, Dächer, Treppenhäuser und Aufzüge,
- [1]Sachen, Ausstattungsgegenstände oder Maschinen, die auf Dauer in einem Gebäude oder einem Bauwerk installiert sind, und die nicht bewegt werden können, ohne das Gebäude oder das Bauwerk zu zerstören oder erheblich zu verändern. [2]Die Veränderung ist immer dann unerheblich, wenn die betreffenden Sachen einfach an der Wand hängen und wenn sie mit Nägeln oder Schrauben so am Boden oder an der Wand befestigt sind, dass nach ihrer Entfernung lediglich Spuren oder Markierungen zurück bleiben (z. B. Dübellöcher), die leicht überdeckt oder ausgebessert werden können.

(3) [1]Die sonstige Leistung muss nach Sinn und Zweck der Vorschrift in engem Zusammenhang mit einem ausdrücklich bestimmten Grundstück stehen. [2]Ein enger Zusammenhang ist beispielsweise gegeben, wenn sich die sonstige Leistung nach den tatsächlichen Umständen überwiegend auf die Bebauung, Verwertung, Nutzung oder Unterhaltung des Grundstücks selbst bezieht. [3]Hierzu gehört auch die Eigenverwaltung, die sich auf den Betrieb von Geschäfts-, Industrie- oder Wohnimmobilien durch oder für den Eigentümer des Grundstücks bezieht, mit Ausnahme von Portfolio-Management in Zusammenhang mit Eigentumsanteilen an Grundstücken.

(3a) [1]Das Grundstück selbst muss zudem Gegenstand der sonstigen Leistung sein. [2]Dies ist u.a. dann der Fall, wenn ein ausdrücklich bestimmtes Grundstück insoweit als wesentlicher Bestandteil einer sonstigen Leistung anzusehen ist, als es einen zentralen und unverzichtbaren Bestandteil dieser sonstigen Leistung darstellt (vgl. EuGH-Urteil vom 27.6.2013, C-155/12, RR Donnelley Global Turnkey Solutions Poland).[1)]

(4)[2)] [1]Zu den in § 4 Nr. 12 UStG der Art nach bezeichneten sonstigen Leistungen (§ 3a Abs. 3 Nr. 1 Satz 2 Buchstabe a UStG), gehört die Vermietung und die Verpachtung von Grundstücken. [2]Zum Begriff der Vermietung und Verpachtung von Grundstücken vgl. Abschnitt 4.12.1. [3]Es kommt nicht darauf an, ob die Vermietungs- oder Verpachtungsleistung nach § 4 Nr. 12 UStG steuerfrei ist. [4]Unter § 3a Abs. 3 Nr. 1 Satz 2 Buchstabe a UStG fallen auch:

1. die Vermietung von Wohn- und Schlafräumen, die ein Unternehmer bereithält, um kurzfristig Fremde zu beherbergen,
2. die Vermietung von Plätzen, um Fahrzeuge abzustellen,
3. die Überlassung von Wasser- und Bootsliegeplätze für Sportboote (vgl. BFH-Urteil vom 8.10.1991, V R 46/88, BStBl. 1992 II S. 368),
4. die kurzfristige Vermietung auf Campingplätzen,
5. die entgeltliche Unterbringung auf einem Schiff, das für längere Zeit auf einem Liegeplatz befestigt ist (vgl. BFH-Urteil vom 7.3.1996, V R 29/95, BStBl. II S. 341),
6. die Überlassung von Wochenmarkt-Standplätzen an Markthändler (vgl. BFH-Urteil vom 24.1.2008, V R 12/05, BStBl. 2009 II S. 60),
7. die Einräumung des Nutzungsrechts an einem Grundstück oder einem Grundstücksteil einschließlich der Gewährung von Fischereirechten und Jagdrechten sowie der Benutzung einer Straße, einer Brücke oder eines Tunnels gegen eine Mautgebühr,
8. die Umwandlung von Teilnutzungsrechten – sog. Timesharing – von Grundstücken oder Grundstücksteilen (vgl. EuGH-Urteil vom 3.9.2009, C-37/08, RCI Europe)[3)] und
9. die Überlassung von Räumlichkeiten für Aufnahme- und Sendezwecke von inländischen und ausländischen Rundfunkanstalten des öffentlichen Rechts untereinander.

[5]Das gilt auch für die Vermietung und Verpachtung von Maschinen und Vorrichtungen aller Art, die zu einer Betriebsanlage gehören, wenn sie wesentliche Bestandteile eines Grundstücks sind.

(5) [1]Die Überlassung von Camping-, Park- und Bootsliegeplätzen steht auch dann im Zusammenhang mit einem Grundstück, wenn sie nach den

---

[1)] MwStR 2013, 405.

[2)] A 3a.3 UStAE Abs. 4 Satz 4 Nr. 7 geänd. durch BMF v. 26.4.2022, BStBl. I 2022, 655, anzuwenden in allen offenen Fällen, zur Übergangsregelung für **vor dem 1.7.2022** ausgeführte Leistungen siehe Anlage 8.

[3)] DStR 2009, 2003.

Grundsätzen des BFH-Urteils vom 4.12.1980, V R 60/79, BStBl. 1981 II S. 231, bürgerlich-rechtlich nicht auf einem Mietvertrag beruht. [2]Vermieten Unternehmer Wohnwagen, die auf Campingplätzen aufgestellt sind und ausschließlich zum stationären Gebrauch als Wohnung überlassen werden, ist die Vermietung als sonstige Leistung im Zusammenhang mit einem Grundstück anzusehen (§ 3a Abs. 3 Nr. 1 UStG). [3]Dies gilt auch in den Fällen, in denen die Wohnwagen nicht fest mit dem Grund und Boden verbunden sind und deshalb auch als Beförderungsmittel verwendet werden könnten. [4]Maßgebend ist nicht die abstrakte Eignung eines Gegenstands als Beförderungsmittel. [5]Entscheidend ist, dass die Wohnwagen nach dem Inhalt der abgeschlossenen Mietverträge nicht als Beförderungsmittel, sondern zum stationären Gebrauch als Wohnungen überlassen werden. [6]Das gilt ferner in den Fällen, in denen die Vermietung der Wohnwagen nicht die Überlassung des jeweiligen Standplatzes umfasst und die Mieter deshalb über die Standplätze besondere Verträge mit den Inhabern der Campingplätze abschließen müssen.

(6) Zu den Leistungen der in § 4 Nr. 12 UStG bezeichneten Art zählen auch die Überlassung von Grundstücken und Grundstücksteilen zur Nutzung auf Grund eines auf Übertragung des Eigentums gerichteten Vertrages oder Vorvertrages (§ 4 Nr. 12 Satz 1 Buchstabe b UStG) sowie die Bestellung und Veräußerung von Dauerwohnrechten und Dauernutzungsrechten (§ 4 Nr. 12 Satz 1 Buchstabe c UStG).

(7) [1]Zu den sonstigen Leistungen im Zusammenhang mit der Veräußerung oder dem Erwerb von Grundstücken (§ 3a Abs. 3 Nr. 1 Satz 2 Buchstabe b UStG) gehören beispielsweise die sonstigen Leistungen der Grundstücksmakler und Grundstückssachverständigen sowie der Notare bei der Beurkundung von Grundstückskaufverträgen und anderen Verträgen, die auf die Veränderung von Rechten an einem Grundstück gerichtet sind; dies gilt auch dann, wenn die Veränderung des Rechts an dem Grundstück tatsächlich nicht erfolgt. [2]Bei juristischen Dienstleistungen ist zu prüfen, ob diese im Zusammenhang mit Grundstücksübertragungen oder mit der Begründung oder Übertragung von bestimmten Rechten an Grundstücken stehen (siehe Absatz 9 Nummer 9 sowie Absatz 10 Nummer 7).

(8) [1]Zu den sonstigen Leistungen, die der Erschließung von Grundstücken oder der Vorbereitung oder der Ausführung von Bauleistungen dienen (§ 3a Abs. 3 Nr. 1 Satz 2 Buchstabe c UStG), gehören z. B. die Leistungen der Architekten, Bauingenieure, Vermessungsingenieure, Bauträgergesellschaften, Sanierungsträger sowie der Unternehmer, die Abbruch- und Erdarbeiten ausführen. [2]Voraussetzung ist, dass die Leistung in engem Zusammenhang mit einem ausdrücklich bestimmten Grundstück erbracht wird, d. h. dass beispielsweise bei Ingenieur- oder Planungsleistungen der Standort des Grundstücks zum Zeitpunkt der Erbringung der Dienstleistung bereits feststeht. [3]Dazu gehören ferner:

1. Wartungs-, Renovierungs- und Reparaturarbeiten an einem Gebäude oder an Gebäudeteilen einschließlich Abrissarbeiten, Verlegen von Fließen und Parkett sowie Tapezieren, Errichtung von auf Dauer angelegten Konstruktionen, wie Gas-, Wasser- oder Abwasserleitungen,

2. die Installation oder Montage von Maschinen oder Ausrüstungsgegenständen, soweit diese wesentlichen Bestandteile des Grundstücks sind,
3. Bauaufsichtsmaßnahmen,
4. Leistungen zum Aufsuchen oder Gewinnen von Bodenschätzen,
5. die Begutachtung und die Bewertung von Grundstücken, auch zu Versicherungszwecken und zur Ermittlung des Grundstückswerts,
6. die Vermessung von Grundstücken,
7. die Errichtung eines Baugerüsts und
8. die Überlassung von Personal, insbesondere bei der Einschaltung von Subunternehmern, wenn gleichzeitig eine bestimmte Leistung oder ein bestimmter Erfolg des überlassenen Personals im Zusammenhang mit einem Grundstück geschuldet wird (vgl. Abschnitt 3a.9 Abs. 18a).

(9)[1] In engem Zusammenhang mit einem Grundstück stehen auch:

1. die Einräumung dinglicher Rechte, z. B. dinglicher Nießbrauch, Dienstbarkeiten, Erbbaurechte; zu den sonstigen Leistungen, die dabei ausgeführt werden, siehe Nummer 9 sowie Absatz 10 Nummer 7;
2. die Vermittlung von Vermietungen von Grundstücken, nicht aber die Vermittlung der kurzfristigen Vermietung von Zimmern in Hotels, Gaststätten oder Pensionen, von Fremdenzimmern, Ferienwohnungen, Ferienhäusern und vergleichbaren Einrichtungen;

2a. die Verwaltung von Grundstücken und Grundstücksteilen (z. B. Mietzinsverwaltung, Buchhaltung und Verwaltung der laufenden Ausgaben). [2]Hiervon ausgenommen ist die Portfolioverwaltung im Zusammenhang mit Eigentumsanteilen an Grundstücken, selbst wenn das Portfolio Grundstücke enthält;

2b. die Bearbeitung landwirtschaftlicher Grundstücke, einschließlich sonstiger Leistungen wie Landbestellung, Säen, Bewässerung, Düngung;

2c. [1]die Zugangsberechtigung zu Warteräumen in Flughäfen, unabhängig davon, ob diese mit der Nutzung von üblichen begleitenden Annehmlichkeiten (z. B. Sitzmöglichkeiten, TV-Unterhaltung, Zeitschriftenauslage, WLAN, Getränke oder Snacks) verbunden ist. [2]Dies gilt auch, wenn die Leistung darin besteht, dass dem Leistungsempfänger das Recht eingeräumt wird, die Zugangsberechtigung zu Warteräumen in Flughäfen an seine Kunden weiterzugeben. [3]Wird die Zugangsberechtigung zusammen mit der Flugbeförderung vereinbart und vergütet, stellt die Zugangsberechtigung keine in engem Zusammenhang mit dem Grundstück stehende Leistung, sondern eine unselbständige Nebenleistung zur Flugbeförderung dar, so dass sich der Leistungsort nach § 3b UStG bestimmt;

3. Lagerung von Gegenständen, wenn dem Empfänger dieser sonstigen Leistung ein Recht auf Nutzung eines ausdrücklich bestimmten Grundstücks

[1] A 3a.3 UStAE Abs. 9 Nr. 2c eingef. durch BMF v. 26.4.2022, BStBl. I 2022, 655, anzuwenden in allen offenen Fällen, zur Übergangsregelung für **vor dem 1.7.2022** ausgeführte Leistungen siehe Anlage 8.

oder eines Teils desselben gewährt wird (vgl. EuGH-Urteil vom 27.6.2013, C-155/12, RR Donnelley Global Turnkey Solutions Poland);[1)]

4. Reinigung von Gebäuden oder Gebäudeteilen;
5. Wartung und Überwachung von auf Dauer angelegten Konstruktionen, wie Gas-, Wasser- oder Abwasserleitungen;
6. Wartung und Überwachung von Maschinen oder Ausrüstungsgegenständen, soweit diese wesentliche Bestandteile des Grundstücks sind. [2]Hiervon umfasst sind auch Leistungen, die nicht vollständig vor Ort erbracht werden (z. B. Fälle der Fernwartung), sofern der Schwerpunkt der Wartungsdienstleistung vor Ort erbracht wird;
7. grundstücksbezogene Sicherheitsleistungen;
8. Leistungen bei der Errichtung eines Windparks im Zusammenhang mit einem ausdrücklich bestimmten Grundstück, insbesondere Studien und Untersuchungen zur Prüfung der Voraussetzungen zur Errichtung eines Windparks sowie für bereits genehmigte Windparks, ingenieurtechnische und gutachterliche Leistungen sowie Planungsleistungen im Rahmen der Projektzertifizierung (z. B. gutachterliche Stellungnahmen im Genehmigungsverfahren und standortbezogene Beratungs-, Prüf- und Überwachungsleistungen bei Projektzertifizierungen), die parkinterne Verkabelung einschließlich Umspannplattform sowie der parkexterne Netzanschluss zur Stromabführung an Land einschließlich Konverterplattform;
9. [1]sonstige Leistungen juristischer Art im Zusammenhang mit Grundstücksübertragungen sowie mit der Begründung oder Übertragung von bestimmten Rechten an Grundstücken oder dinglichen Rechten an Grundstücken (unabhängig davon, ob diese Rechte einem körperlichen Gegenstand gleichgestellt sind), selbst wenn die zugrunde liegende Transaktion, die zur rechtlichen Veränderung an dem Grundstück führt, letztendlich nicht stattfindet. [2]Zu den bestimmten Rechten an Grundstücken zählen z. B. das Miet- und Pachtrecht. [3]Die Erbringung sonstiger Leistungen juristischer Art ist nicht auf bestimmte Berufsgruppen beschränkt. [4]Erforderlich ist jedoch, dass die Dienstleistung mit einer zumindest beabsichtigten Veränderung des rechtlichen Status des Grundstücks zusammenhängt. [5]Zu den sonstigen Leistungen im Sinne der Sätze 1 bis 4 zählen z. B.:
   - das Aufsetzen eines Vertrags über den Verkauf oder den Kauf eines Grundstücks und das Verhandeln der Vertragsbedingungen sowie damit in Zusammenhang stehende Beratungsleistungen (z. B. Finanzierungsberatung, Erstellung einer Due Diligence), sofern diese als unselbständige Nebenleistungen anzusehen sind;
   - die sonstigen Leistungen der Notare bei der Beurkundung von Grundstückskaufverträgen und anderen Verträgen, die auf die Veränderung von Rechten an einem Grundstück gerichtet sind, unabhängig davon, ob sie zwingend einer notariellen Beurkundung bedürfen;

[1)] MwStR 2013, 405.

– die Beratung hinsichtlich einer Steuerklausel in einem Grundstücksübertragungsvertrag;
– das Aufsetzen und Verhandeln der Vertragsbedingungen eines sale-and-lease-back-Vertrags über ein Grundstück oder einen Grundstücksteil sowie damit in Zusammenhang stehende Beratungsleistungen (z. B. Finanzierungsberatung), sofern diese als unselbständige Nebenleistungen anzusehen sind;
– das Aufsetzen und Verhandeln von Miet- und Pachtverträgen über ein bestimmtes Grundstück oder einen bestimmten Grundstücksteil;
– die rechtliche Prüfung bestehender Miet- oder Pachtverträge im Hinblick auf den Eigentümerwechsel im Rahmen einer Grundstücksübertragung.

(10) Folgende Leistungen stehen nicht im engen Zusammenhang mit einem Grundstück bzw. das Grundstück stellt bei diesen Leistungen keinen zentralen und unverzichtbaren Teil dar:

1. Erstellung von Bauplänen für Gebäude und Gebäudeteile, die keinem bestimmten Grundstück oder Grundstücksteil zugeordnet werden können;
2. Installation oder Montage, Arbeiten an sowie Kontrolle und Überwachung von Maschinen oder Ausstattungsgegenständen, die kein wesentlicher Bestandteil eines Grundstücks sind bzw. werden;

(Fortsetzung S. 211)

3. Portfolio-Management in Zusammenhang mit Eigentumsanteilen an Grundstücken;
4. der Verkauf von Anteilen und die Vermittlung der Umsätze von Anteilen an Grundstücksgesellschaften sowie Beratungsleistungen hinsichtlich des Abschlusses eines Kaufvertrags über Anteile an einer Grundstücksgesellschaft (Share Deal);
5. die Veröffentlichung von Immobilienanzeigen, z.B. durch Zeitungen;
6. die Finanzierung und Finanzierungsberatung im Zusammenhang mit dem Erwerb eines Grundstücks und dessen Bebauung;
7. [1] sonstige Leistungen juristischer Art, mit Ausnahme der unter Absatz 9 Nummer 9 genannten sonstigen Leistungen, einschließlich Beratungsleistungen betreffend die Vertragsbedingungen eines Grundstücksübertragungsvertrags, die Durchsetzung eines solchen Vertrags oder den Nachweis, dass ein solcher Vertrag besteht, sofern diese Leistungen nicht speziell mit der Übertragung von Rechten an Grundstücken zusammenhängen. [2] Zu diesen Leistungen gehören z.B.
   - die Rechts- und Steuerberatung in Grundstückssachen;
   - die Erstellung von Mustermiet- oder -pachtverträgen ohne Bezug zu einem konkreten Grundstück;
   - die Beratung zur Akquisitionsstruktur einer Transaktion (Asset Deal oder Share Deal);
   - die Prüfung der rechtlichen Verhältnisse eines Grundstücks (Due Diligence);
   - die Durchsetzung von Ansprüchen aus einer bereits vorgenommenen Übertragung von Rechten an Grundstücken;
8. Planung, Gestaltung sowie Aufbau, Umbau und Abbau von Ständen im Zusammenhang mit Messen und Ausstellungen (vgl. EuGH-Urteil vom 27.10.2011, C-530/09, Inter-Mark Group, BStBl. 2012 II S. 160);[1)]
9. Lagerung von Gegenständen auf einem Grundstück, wenn hierfür zwischen den Vertragsparteien kein bestimmter Teil eines Grundstücks zur ausschließlichen Nutzung festgelegt worden ist;
10. Werbeleistungen, selbst wenn sie die Nutzung eines Grundstücks einschließen;
11. Zurverfügungstellen von Gegenständen oder Vorrichtungen, mit oder ohne Personal für deren Betrieb, mit denen der Leistungsempfänger Arbeiten im Zusammenhang mit einem Grundstück durchführt (z.B. Vermietung eines Baugerüsts), wenn der leistende Unternehmer mit dem Zurverfügungstellen keinerlei Verantwortung für die Durchführung der genannten Arbeiten übernimmt;
12. Leistungen bei der Errichtung eines Windparks, die nicht im Zusammenhang mit einem ausdrücklich bestimmten Grundstück stehen, insbesondere die Übertragung von Rechten im Rahmen der öffentlich-rechtlichen Projektverfahren sowie von Rechten an in Auftrag gegebenen Studien und Untersuchungen, Planungsarbeiten und Konzeptionsleistungen (z.B.

---

1) DStR 2011, 2145.

Ermittlung der Eigentümer oder Abstimmung mit Versorgungsträgern), Projektsteuerungsarbeiten wie Organisation, Terminplanung, Kostenplanung, Kostenkontrolle und Dokumentation (z. B. im Zusammenhang mit der Kabelverlegung, Gleichstromübertragung und Anbindung an das Umspannwerk als Leistungsbündel bei der Netzanbindung);

13. die Einräumung der Berechtigung, auf einem Golfplatz Golf zu spielen (vgl. BFH-Urteil vom 12.10.2016, XI R 5/14, BStBl. 2017 II S. 500).

3a.4 Ort der sonstigen Leistung bei Messen, Ausstellungen und Kongressen

(1) [1]Bei der Überlassung von Standflächen auf Messen und Ausstellungen an die Aussteller handelt es sich um sonstige Leistungen im Zusammenhang mit einem Grundstück. [2]Diese Leistungen werden im Rahmen eines Vertrages besonderer Art (vgl. Abschnitt 4.12.6 Abs. 2 Nr. 1) dort ausgeführt, wo die Standflächen liegen (§ 3a Abs. 3 Nr. 1 UStG). [3]Die vorstehenden Ausführungen gelten entsprechend für folgende Leistungen an die Aussteller:

1. Überlassung von Räumen und ihren Einrichtungen auf dem Messegelände für Informationsveranstaltungen einschließlich der üblichen Nebenleistungen;
2. Überlassung von Parkplätzen auf dem Messegelände.

[4]Übliche Nebenleistungen sind z. B. die Überlassung von Mikrofonanlagen und Simultandolmetscheranlagen sowie Bestuhlungsdienste, Garderobendienste und Hinweisdienste.

(2) [1]In der Regel erbringen Unternehmer neben der Überlassung von Standflächen usw. eine Reihe weiterer Leistungen an die Aussteller. [2]Es kann sich dabei insbesondere um folgende sonstige Leistungen handeln:

1. [1]Technische Versorgung der überlassenen Stände. [2]Hierzu gehören z. B.
   a) Herstellung der Anschlüsse für Strom, Gas, Wasser, Wärme, Druckluft, Telefon, Telex, Internetzugang und Lautsprecheranlagen,
   b) die Abgabe von Energie, z. B. Strom, Gas, Wasser und Druckluft, wenn diese Leistungen umsatzsteuerrechtlich Nebenleistungen zur Hauptleistung der Überlassung der Standflächen darstellen.
2. [1]Planung, Gestaltung sowie Aufbau, Umbau und Abbau von Ständen. [2]Unter die „Planung" fallen insbesondere Architektenleistungen, z. B. Anfertigung des Entwurfs für einen Stand. [3]Zur „Gestaltung" zählt z. B. die Leistung eines Gartengestalters oder eines Beleuchtungsfachmannes;
3. Überlassung von Standbauteilen und Einrichtungsgegenständen, einschließlich Miet-System-Ständen;
4. Standbetreuung und Standbewachung;
5. Reinigung von Ständen;
6. Überlassung von Garderoben und Schließfächern auf dem Messegelände;
7. Überlassung von Eintrittsausweisen einschließlich Eintrittskarten;
8. Überlassung von Telefonapparaten, Telefaxgeräten und sonstigen Kommunikationsmitteln zur Nutzung durch die Aussteller;

9. Überlassung von Informationssystemen, z.B. von Bildschirmgeräten oder Lautsprecheranlagen, mit deren Hilfe die Besucher der Messen und Ausstellungen unterrichtet werden sollen;
10. Schreibdienste und ähnliche sonstige Leistungen auf dem Messegelände;
11. Beförderung und Lagerung von Ausstellungsgegenständen wie Exponaten und Standausrüstungen;
12. Übersetzungsdienste;
13. Eintragungen in Messekatalogen, Aufnahme von Werbeanzeigen usw. in Messekatalogen, Zeitungen, Zeitschriften usw., Anbringen von Werbeplakaten, Verteilung von Werbeprospekten und ähnliche Werbemaßnahmen;
14. Besuchermarketing;
15. Vorbereitung und Durchführung von Foren und Sonderschauen, von Pressekonferenzen, von Eröffnungsveranstaltungen und Ausstellerabenden;
16. Gestellung von Hosts und Hostessen.

[3]Handelt es sich um eine einheitliche Leistung – sog. Veranstaltungsleistung – (vgl. Abschnitt 3.10 und EuGH-Urteil vom 9.3.2006, C-114/05, Gillan Beach),[1)] bestimmt sich der Ort dieser sonstigen Leistung nach § 3a Abs. 2 UStG, wenn der Leistungsempfänger ein Leistungsempfänger im Sinne des § 3a Abs. 2 UStG ist (siehe Abschnitt 3a.2 Abs. 1); zum Leistungsort bei Veranstaltungsleistungen im Zusammenhang mit Messen und Ausstellungen, wenn die Veranstaltungsleistung ausschließlich im Drittlandsgebiet genutzt oder ausgewertet wird, vgl. Abschnitt 3a.14 Abs. 5. [4]Ist in derartigen Fällen der Leistungsempfänger ein Nichtunternehmer (siehe Abschnitt 3a.1 Abs. 1), richtet sich der Leistungsort nach § 3a Abs. 3 Nr. 3 Buchstabe a UStG. [5]Eine Veranstaltungsleistung im Sinne von Satz 3 kann dann angenommen werden, wenn neben der Überlassung von Standflächen zumindest noch drei weitere Leistungen der in Satz 2 genannten Leistungen vertraglich vereinbart worden sind und auch tatsächlich erbracht werden. [6]Werden nachträglich die Erbringung einer weiteren Leistung oder mehrerer weiterer Leistungen zwischen Auftragnehmer und Auftraggeber vereinbart, gilt dies als Vertragsergänzung und wird in die Beurteilung für das Vorliegen einer Veranstaltungsleistung einbezogen. [7]Werden im Zusammenhang mit der Veranstaltungsleistung auch Übernachtungs- und/oder Verpflegungsleistungen erbracht, sind diese stets als eigenständige Leistungen zu beurteilen.

(2a) [1]Die Absätze 1 und 2 gelten entsprechend bei der Überlassung eines Kongresszentrums oder Teilen hiervon einschließlich des Veranstaltungsequipments an einen Veranstalter. [2]Gleiches gilt für die Überlassung von Flächen in einem Hotel (Konferenz-, Seminar- oder Tagungsräume) einschließlich der Konferenztechnik.

(3) Werden die in Absatz 2 Satz 2 bezeichneten sonstigen Leistungen nicht im Rahmen einer einheitlichen Leistung im Sinne des Absatzes 2 Satz 5, sondern als selbständige Leistungen einzeln erbracht, gilt Folgendes:

---

1) DStRE 2006, 816.

1. Der Leistungsort der in Absatz 2 Satz 2 Nr. 1 Buchstabe a sowie Nr. 4 bis 6, 9 und 10 bezeichneten sonstigen Leistungen richtet sich nach § 3a Abs. 1 oder 2 UStG.
2. Der Leistungsort der in Absatz 2 Satz 2 Nr. 2 bezeichneten Leistungen richtet sich nach § 3a Abs. 1, 2 (vgl. Abschnitt 3a.2 Abs. 16), 3 Nr. 3 Buchstabe a (vgl. Abschnitt 3a.6 Abs. 7) oder 4 Sätze 1 und 2 Nr. 2 UStG (vgl. Abschnitt 3a.9 Abs. 8a).
3. Der Leistungsort der in Absatz 2 Satz 2 Nr. 3 bezeichneten Leistungen richtet sich nach § 3a Abs. 1, 2 (vgl. Abschnitt 3a.2 Abs. 16) oder 4 Sätze 1 und 2 Nr. 10 UStG (vgl. Abschnitt 3a.9 Abs. 19).
4. Der Leistungsort der in Absatz 2 Satz 2 Nr. 7 bezeichneten Leistungen richtet sich nach § 3a Abs. 3 Nr. 3 Buchstabe a oder Nr. 5 UStG.
5. Der Leistungsort der in Absatz 2 Satz 2 Nr. 8 bezeichneten sonstigen Leistungen richtet sich nach § 3a Abs. 2 oder 5 Sätze 1 und 2 Nr. 1 und Abs. 6 Satz 1 Nr. 3 UStG.
6. Der Leistungsort der in Absatz 2 Satz 2 Nr. 11 bezeichneten Beförderungsleistungen richtet sich nach § 3a Abs. 2 und 8 Sätze 1 und 3, § 3b Abs. 1 oder 3 UStG.
7. Der Leistungsort der in Absatz 2 Satz 2 Nr. 11 bezeichneten Lagerung von Ausstellungsgegenständen richtet sich nach § 3a Abs. 2 und 8 Sätze 1 und 3 oder § 3b Abs. 2 UStG.
8. Der Leistungsort der in Absatz 2 Satz 2 Nr. 12 bezeichneten Übersetzungsleistungen richtet sich nach § 3a Abs. 1, 2, 4 Sätze 1 und 2 Nr. 3 und Abs. 6 Satz 1 Nr. 2 UStG.
9. Der Leistungsort der in Absatz 2 Satz 2 Nr. 13 bezeichneten Werbeleistungen richtet sich nach § 3a Abs. 1, 2, 4 Sätze 1 und 2 Nr. 2 und Abs. 6 Satz 1 Nr. 2 UStG.
10. Der Leistungsort der in Absatz 2 Satz 2 Nr. 14 und 15 bezeichneten Leistungen richtet sich grundsätzlich nach § 3a Abs. 1 oder 2 UStG; soweit es sich um Werbeleistungen handelt, kommt auch die Ortsbestimmung nach § 3a Abs. 4 Sätze 1 und 2 Nr. 2 und Abs. 6 Satz 1 Nr. 2 UStG in Betracht.
11. Der Leistungsort der in Absatz 2 Satz 2 Nr. 16 bezeichneten Gestellung von Personal richtet sich nach § 3a Abs. 1, 2, 4 Sätze 1 und 2 Nr. 7 oder Abs. 6 Satz 1 Nr. 2 UStG.

Sonstige Leistungen ausländischer Durchführungsgesellschaften

(4) [1]Im Rahmen von Messen und Ausstellungen werden auch Gemeinschaftsausstellungen durchgeführt, z. B. von Ausstellern, die in demselben ausländischen Staat ansässig sind. [2]Vielfach ist in diesen Fällen zwischen dem Veranstalter und den Ausstellern ein Unternehmen eingeschaltet, das im eigenen Namen die Gemeinschaftsausstellung organisiert (sog. Durchführungsgesellschaft). [3]In diesen Fällen erbringt der Veranstalter die in den Absätzen 1 und 2 bezeichneten sonstigen Leistungen an die zwischengeschaltete Durchführungsgesellschaft. [4]Diese erbringt die sonstigen Leistungen an die an der Gemeinschaftsausstellung beteiligten Aussteller. [5]Für die umsatzsteuerliche

Behandlung der Leistungen der Durchführungsgesellschaft gelten die Ausführungen in den Absätzen 1 bis 3 entsprechend. [6]Zur Steuerschuldnerschaft des Leistungsempfängers bei Leistungen im Ausland ansässiger Durchführungsgesellschaften vgl. Abschnitt 13b.10 Abs. 3.

(5) [1]Einige ausländische Staaten beauftragen mit der Organisation von Gemeinschaftsausstellungen keine Durchführungsgesellschaft, sondern eine staatliche Stelle, z. B. ein Ministerium. [2]Im Inland werden die ausländischen staatlichen Stellen vielfach von den Botschaften oder Konsulaten der betreffenden ausländischen Staaten vertreten. [3]Im Übrigen werden Gemeinschaftsausstellungen entsprechend den Ausführungen in Absatz 4 durchgeführt. [4]Hierbei erheben die ausländischen staatlichen Stellen von den einzelnen Ausstellern ihres Landes Entgelte, die sich in der Regel nach der beanspruchten Ausstellungsfläche richten. [5]Bei dieser Gestaltung sind die ausländischen staatlichen Stellen als Unternehmer im Sinne des § 2 Abs. 3 UStG anzusehen. [6]Die Ausführungen in Absatz 4 gelten deshalb für die ausländischen staatlichen Stellen entsprechend.

(6) Ist die Festlegung des Leistungsortes bei Veranstaltungsleistungen im Sinne des Absatzes 2 auf Grund des Rechts eines anderen Mitgliedstaates ausnahmsweise abweichend von Absatz 2 vorgenommen worden, ist es nicht zu beanstanden, wenn dieser Ortsregelung gefolgt wird.

(7) Zur Übergangsregelung bei der Anwendung des Leistungsortes bei Veranstaltungsleistungen im Zusammenhang mit Messen und Ausstellungen, vgl. Abschnitt II Nr. 1 des BMF-Schreibens vom 4.2.2011, BStBl. I S. 162.

3a.5 Ort der Vermietung eines Beförderungsmittels

Allgemeines

(1) [1]Der Ort der Vermietung eines Beförderungsmittels ist insbesondere von der Dauer der Vermietung abhängig. [2]Dabei richtet sich die Dauer der Vermietung nach der tatsächlichen Dauer der Nutzungsüberlassung; wird der Zeitraum der Vermietung auf Grund höherer Gewalt verlängert, ist dieser Zeitraum bei der Abgrenzung einer kurzfristigen von einer langfristigen Vermietung nicht zu berücksichtigen (vgl. Artikel 39 Abs. 1 Unterabs. 3 der MwStVO).[1)] [3]Wird ein Beförderungsmittel mehrfach unmittelbar hintereinander an denselben Leistungsempfänger für einen Zeitraum vermietet, liegt eine kurzfristige Vermietung grundsätzlich nur dann vor, wenn der ununterbrochene Vermietungszeitraum von nicht mehr als 90 Tagen bzw. 30 Tagen insgesamt nicht überschritten wird (vgl. Artikel 39 Abs. 1 Unterabs. 1 und 2 und Abs. 2 Unterabs. 1 und 2 der MwStVO). [4]Wird ein Beförderungsmittel zunächst kurzfristig und anschließend über einen als langfristig geltenden Zeitraum an denselben Leistungsempfänger vermietet, sind die beiden Vermietungszeiträume abweichend von Satz 3 getrennt voneinander zu betrachten, sofern diese vertraglichen Regelungen nicht zur Erlangung steuerrechtlicher Vorteile erfolgten (vgl. Artikel 39 Abs. 2 Unterabs. 3 der MwStVO). [5]Werden aufeinander folgende Verträge über die Vermietung von Beförderungsmitteln

---

1) **Steuergesetze** Nr. **550a.**

geschlossen, die tatsächlich unterschiedliche Beförderungsmittel betreffen, sind die jeweiligen Vermietungen gesondert zu betrachten, sofern diese vertraglichen Regelungen nicht zur Erlangung steuerrechtlicher Vorteile erfolgten (vgl. Artikel 39 Abs. 3 der MwStVO).

(2) [1]Als Beförderungsmittel sind Gegenstände anzusehen, deren Hauptzweck auf die Beförderung von Personen und Gütern zu Lande, zu Wasser oder in der Luft gerichtet ist und die sich auch tatsächlich fortbewegen (vgl. Artikel 38 Abs. 1 der MwStVO).[1)] [2]Zu den Beförderungsmitteln gehören auch Auflieger, Sattelanhänger, Fahrzeuganhänger, Eisenbahnwaggons, Elektro-Caddywagen, Transportbetonmischer, Segelboote, Ruderboote, Paddelboote, Motorboote, Sportflugzeuge, Segelflugzeuge, Wohnmobile, Wohnwagen (vgl. jedoch Abschnitt 3a.3 Abs. 5) sowie landwirtschaftliche Zugmaschinen und andere landwirtschaftliche Fahrzeuge, Fahrzeuge, die speziell für den Transport von kranken oder verletzten Menschen konzipiert sind, und Rollstühle und ähnliche Fahrzeuge für kranke und körperbehinderte Menschen, mit mechanischen oder elektronischen Vorrichtungen zur Fortbewegung (vgl. Artikel 38 Abs. 2 der MwStVO). [3]Keine Beförderungsmittel sind z. B. Bagger, Planierraupen, Bergungskräne, Schwertransportkräne, Transportbänder, Gabelstapler, Elektrokarren, Rohrleitungen, Ladekräne, Schwimmkräne, Schwimmrammen, Container, militärische Kampffahrzeuge, z. B. Kriegsschiffe – ausgenommen Versorgungsfahrzeuge –, Kampfflugzeuge, Panzer, und Fahrzeuge, die dauerhaft stillgelegt worden sind (vgl. Artikel 38 Abs. 3 der MwStVO). [4]Unabhängig hiervon kann jedoch mit diesen Gegenständen eine Beförderungsleistung ausgeführt werden. [5]Als Vermietung von Beförderungsmitteln gilt auch die Überlassung von betrieblichen Kraftfahrzeugen durch Arbeitgeber an ihre Arbeitnehmer zur privaten Nutzung sowie die Überlassung eines Rundfunk- oder Fernsehübertragungswagens oder eines sonstigen Beförderungsmittels inländischer und ausländischer Rundfunkanstalten des öffentlichen Rechts untereinander.

(3) [1]Wird eine Segel- oder Motoryacht oder ein Luftfahrzeug ohne Besatzung verchartert, ist eine Vermietung eines Beförderungsmittels anzunehmen. [2]Bei einer Vercharterung mit Besatzung ohne im Chartervertrag festgelegte Reiseroute ist ebenfalls eine Vermietung eines Beförderungsmittels anzunehmen. [3]Dagegen ist eine Beförderungsleistung anzunehmen, wenn die Yacht oder das Luftfahrzeug mit Besatzung an eine geschlossene Gruppe vermietet wird, die mit dem Vercharterer vorher die Reiseroute festgelegt hat, diese Reiseroute aber im Verlauf der Reise ändern oder in anderer Weise auf den Ablauf der Reise Einfluss nehmen kann. [4]Das gilt auch, wenn nach dem Chartervertrag eine bestimmte Beförderung geschuldet wird und der Unternehmer diese unter eigener Verantwortung vornimmt, z. B. bei einer vom Vercharterer organisierten Rundreise mit Teilnehmern, die auf Ablauf und nähere Ausgestaltung der Reise keinen Einfluss haben.

(4) [1]Überlässt der Unternehmer (Arbeitgeber) seinem Personal (Arbeitnehmer) ein erworbenes Fahrzeug auch zur privaten Nutzung (Privatfahrten, Fahrten zwischen Wohnung und erster Tätigkeitsstätte sowie Familien-

---

[1)] **Steuergesetze** Nr. **550a.**

heimfahrten aus Anlass einer doppelten Haushaltsführung), ist dies regelmäßig als entgeltliche Vermietung eines Beförderungsmittels anzusehen (vgl. Abschnitt 15.23 Abs. 8 bis 11). [2]Der Leistungsort dieser Leistung bestimmt sich nach § 3a Abs. 3 Nr. 2 UStG. [3]Sofern ausnahmsweise eine unentgeltliche Überlassung im Sinne des § 3 Abs. 9a Nr. 1 UStG vorliegt (vgl. Abschnitt 15.23 Abs. 12), bestimmt sich deren Leistungsort ebenfalls nach § 3a Abs. 3 Nr. 2 UStG.

Kurzfristige Vermietung eines Beförderungsmittels

(5) [1]Die Ortsbestimmung des § 3a Abs. 3 Nr. 2 Satz 1 und 2 UStG gilt für die kurzfristige Vermietungsleistung von Beförderungsmitteln sowohl an Nichtunternehmer (siehe Abschnitt 3a.1 Abs. 1) als auch an Leistungsempfänger im Sinne des § 3a Abs. 2 UStG (siehe Abschnitt 3a.2 Abs. 1). [2]Zum Ort der kurzfristigen Fahrzeugvermietung zur Nutzung im Drittlandsgebiet vgl. Abschnitt 3a.14 Abs. 4; zum Ort der kurzfristigen Vermietung eines Beförderungsmittels durch einen im Drittlandsgebiet ansässigen Unternehmer zur Nutzung im Inland vgl. Abschnitt 3a.14 Abs. 1 und 2.

(6) [1]Leistungsort bei der kurzfristigen Vermietung eines Beförderungsmittels ist regelmäßig der Ort, an dem das Beförderungsmittel dem Leistungsempfänger tatsächlich zur Verfügung gestellt wird, das ist der Ort, an dem das Beförderungsmittel dem Leistungsempfänger übergeben wird (vgl. Artikel 40 der MwStVO).[1)] [2]Eine kurzfristige Vermietung liegt vor, wenn die Vermietung über einen ununterbrochenen Zeitraum von nicht mehr als 90 Tagen bei Wasserfahrzeugen und von nicht mehr als 30 Tagen bei anderen Beförderungsmitteln erfolgt.

Beispiel:

[1]Das Bootsvermietungsunternehmen B mit Sitz in Düsseldorf vermietet an den Unternehmer U eine Yacht für drei Wochen. [2]Die Übergabe der Yacht erfolgt an der Betriebsstätte des B in einem italienischen Adriahafen.

[3]Der Leistungsort für die Vermietungsleistung des B an U ist in Italien, dem Ort, an dem das vermietete Boot tatsächlich von B an U übergeben wird.

Langfristige Vermietung eines Beförderungsmittels

(7) Die Ortsbestimmung des § 3a Abs. 3 Nr. 2 Satz 3 UStG gilt nur für sonstige Leistungen an Nichtunternehmer (siehe Abschnitt 3a.1 Abs. 1).

(8) [1]Leistungsort bei der langfristigen Vermietung eines Beförderungsmittels ist regelmäßig der Ort, an dem der Leistungsempfänger seinen Wohnsitz, seinen gewöhnlichen Aufenthaltsort oder einen Sitz hat. [2]Zur Definition des Wohnsitzes und des gewöhnlichen Aufenthaltsorts vgl. Abschnitt 3a.1 Abs. 1 Sätze 9 und 10. [3]Der Leistungsempfänger gilt an dem Ort als ansässig bzw. hat dort seinen Wohnsitz oder gewöhnlichen Aufenthaltsort, der vom leistenden Unternehmer unter Darlegung von zwei in Satz 4 genannten, sich nicht widersprechenden Beweismitteln als Leistungsort bestimmt worden ist (vgl. Artikel 24c MwStVO).[1)] [4]Als Beweismittel gelten insbesondere (vgl. Artikel 24e MwStVO):

[1)] **Steuergesetze** Nr. **550a.**

1. die Rechnungsanschrift des Leistungsempfängers;
2. Bankangaben, wie der Ort, an dem das bei der unbaren Zahlung der Gegenleistung verwendete Bankkonto geführt wird, oder die der Bank vorliegende Rechnungsanschrift des Leistungsempfängers;
3. die Zulassungsdaten des vom Leistungsempfänger gemieteten Beförderungsmittels, wenn dieses in dem Staat, in dem es genutzt wird, zugelassen sein muss, oder vergleichbare Informationen;
4. sonstige für die Vermietung wirtschaftlich wichtige Informationen.

[5] Liegen Hinweise vor, dass der leistende Unternehmer den Ort nach Satz 3 falsch oder missbräuchlich festgelegt hat, kann das für den leistenden Unternehmer zuständige Finanzamt die Vermutungen widerlegen (vgl. Artikel 24d Abs. 2 MwStVO). [6] Eine langfristige Vermietung liegt vor, wenn die Vermietung über einen ununterbrochenen Zeitraum von mehr als 90 Tagen bei Wasserfahrzeugen und von mehr als 30 Tagen bei anderen Beförderungsmitteln erfolgt.

Beispiel:

[1] Ein österreichischer Staatsbürger mit Wohnsitz in Salzburg tritt eine private Deutschlandreise in München an und mietet ein Kraftfahrzeug bei einem Unternehmer mit Sitz in München für zwei Monate. [2] Das Fahrzeug soll ausschließlich im Inland genutzt werden.

[3] Es handelt sich um eine langfristige Vermietung. [4] Der Leistungsort ist deshalb nach § 3a Abs. 3 Nr. 2 Satz 3 UStG zu bestimmen. [5] Die Vermietung des Kraftfahrzeugs durch einen im Inland ansässigen Unternehmer ist insgesamt in Österreich am Wohnsitz des Leistungsempfängers steuerbar, auch wenn das vermietete Beförderungsmittel während der Vermietung nicht in Österreich, sondern ausschließlich im Inland genutzt wird.

(8a) Wird die langfristige Vermietung eines Beförderungsmittels an einen Nichtunternehmer (siehe Abschnitt 3a.1 Abs. 1) erbracht, der in verschiedenen Ländern ansässig ist oder seinen Wohnsitz in einem Land und seinen gewöhnlichen Aufenthaltsort in einem anderen Land hat, ist

1. bei Leistungen an eine nicht unternehmerisch tätige juristische Person, der keine USt-IdNr. erteilt worden ist, der Leistungsort vorrangig an dem Ort, an dem die Handlungen zur zentralen Verwaltung der juristischen Person vorgenommen werden, soweit keine Anhaltspunkte dafür vorliegen, dass die Leistung an deren Betriebsstätte genutzt oder ausgewertet wird (vgl. Artikel 24 Buchstabe a MwStVO),[1)]
2. bei Leistungen an eine natürliche Person der Leistungsort vorrangig an deren gewöhnlichem Aufenthaltsort (siehe Abschnitt 3a.1 Abs. 1 Sätze 10 bis 14), soweit keine Anhaltspunkte dafür vorliegen, dass die Leistung an deren Wohnsitz genutzt oder ausgewertet wird (vgl. Artikel 24 Buchstabe b MwStVO).

(9) [1] Werden Beförderungsmittel langfristig durch einen im Drittlandsgebiet ansässigen Unternehmer an Nichtunternehmer zur Nutzung im Inland vermietet, bestimmt sich der Leistungsort bei der Vermietung nach § 3a Abs. 6 Satz 1 Nr. 1 UStG; vgl. hierzu Abschnitt 3a.14 Abs. 1 und 2. [2] Der Ort der langfristigen Vermietung von Beförderungsmitteln an Leistungsempfänger im Sinne des § 3a Abs. 2 UStG (siehe Abschnitt 3a.2 Abs. 1) richtet sich nach § 3a Abs. 2 UStG.

[1)] **Steuergesetze** Nr. **550a**.

Langfristige Vermietung eines Sportbootes

(10) Die Ortsbestimmung des § 3a Abs. 3 Nr. 2 Satz 4 UStG gilt nur für sonstige Leistungen an Nichtunternehmer (siehe Abschnitt 3a.1 Abs. 1).

(11) [1]Der Leistungsort bei der langfristigen Vermietung von Sportbooten an Nichtunternehmer richtet sich grundsätzlich nach dem Ort, an dem der Leistungsempfänger seinen Wohnsitz oder Sitz hat; die Absätze 7 bis 9 sind anzuwenden. [2]Abweichend hiervon richtet sich der Leistungsort aber nach dem Ort, an dem das Sportboot dem Leistungsempfänger tatsächlich zur Verfügung gestellt, d. h. es ihm übergeben wird (§ 3a Abs. 3 Nr. 2 Satz 4 UStG), wenn sich auch der Sitz, die Geschäftsleitung oder eine Betriebsstätte des leistenden Unternehmers an diesem Ort befindet.

Beispiel:

[1]Das Bootsvermietungsunternehmen B mit Sitz in Düsseldorf vermietet an den Nichtunternehmer N mit Wohnsitz in Köln eine Yacht für vier Monate. [2]Die Übergabe der Yacht erfolgt an der Betriebsstätte des B in einem italienischen Adriahafen.
[3]Der Leistungsort für die Vermietungsleistung des B an N ist in Italien, dem Ort, an dem das vermietete Boot tatsächlich von B an N übergeben wird, da sich an dem Übergabeort auch eine Betriebsstätte des B befindet.

(12) Sportboote im Sinne des § 3a Abs. 3 Nr. 2 Satz 4 UStG sind unabhängig von der Antriebsart sämtliche Boote mit einer Rumpflänge von 2,5 bis 24 Metern, die ihrer Bauart nach für Sport- und Freizeitzwecke bestimmt sind, insbesondere Segelyachten, Motoryachten, Segelboote, Ruderboote, Paddelboote oder Motorboote.

3a.6 Ort der Tätigkeit

(1) [1]Die Regelung des § 3a Abs. 3 Nr. 3 UStG gilt nur für sonstige Leistungen, die in einem positiven Tun bestehen. [2]Bei diesen Leistungen bestimmt sich der Leistungsort nach dem Ort, an dem die sonstige Leistung tatsächlich bewirkt wird (vgl. EuGH-Urteil vom 9.3.2006, C-114/05, Gillan Beach).[1)] [3]Der Ort, an dem der Erfolg eintritt oder die sonstige Leistung sich auswirkt, ist ohne Bedeutung (BFH-Urteil vom 4.4.1974, V R 161/72, BStBl. II S. 532). [4]Dabei kommt es nicht entscheidend darauf an, wo der Unternehmer, z. B. Künstler, im Rahmen seiner Gesamttätigkeit überwiegend tätig wird; vielmehr ist der jeweilige Umsatz zu betrachten. [5]Es ist nicht erforderlich, dass der Unternehmer im Rahmen einer Veranstaltung tätig wird.

Leistungen nach § 3a Abs. 3 Nr. 3 Buchstabe a UStG

(2)[2)] [1]§ 3a Abs. 3 Nr. 3 Buchstabe a UStG gilt nur für sonstige Leistungen an Nichtunternehmer (siehe Abschnitt 3a.1 Abs. 1). [2]Die Regelung ist auch anzuwenden beim Verkauf von Eintrittskarten für kulturelle, künstlerische, wissenschaftliche, unterrichtende, sportliche, unterhaltende oder ähnliche Veranstaltungen durch einen anderen Unternehmer als den Veranstalter. [3]Durch den Verkauf von Eintrittskarten wird dem Erwerber das Recht auf Zu-

---

1) DStRE 2006, 816.

2) A 3a.6 UStAE Abs. 2 Satz 4 geänd. durch BMF v. 9.6.2021, BStBl. I 2021, 778, anzuwenden in allen offenen Fällen.

gang zu der jeweiligen Veranstaltung verschafft. [4]Die Vermittlung von Eintrittskarten fällt nicht unter § 3a Abs. 3 Nr. 3 Buchstabe a UStG (siehe Abschnitt 3a.7a Abs. 3 Satz 2).

(2a) [1]Zu den unter § 3a Abs. 3 Nr. 3 Buchstabe a UStG fallenden sonstigen Leistungen eines auftretenden Künstlers gehören auch die Leistungen von Gastspielagenturen, die den auftretenden Künstler im eigenen Namen und als eigene Leistung am Markt anbieten. [2]Es ist nicht erforderlich, dass eine Leistung nach § 3a Abs. 3 Nr. 3 Buchstabe a UStG höchstpersönlich erbracht wird (vgl. BFH-Urteil vom 1.3.2018, V R 25/17, BStBl. II S. 555). [3]Der Leistungsort für die Vermittlung von Künstlern richtet sich bei Leistungsempfängern im Sinne des § 3a Abs. 2 UStG (siehe Abschnitt 3a.2 Abs. 1) nach § 3a Abs. 2 UStG und bei Leistungen an Nichtunternehmer (siehe Abschnitt 3a.1 Abs. 1) nach § 3a Abs. 3 Nr. 4 in Verbindung mit Nr. 3 Buchstabe a UStG.

(3) [1]Leistungen, die im Zusammenhang mit Leistungen im Sinne des § 3a Abs. 3 Nr. 3 Buchstabe a UStG unerlässlich sind, werden an dem Ort erbracht, an dem diese Leistungen tatsächlich bewirkt werden. [2]Hierzu können auch tontechnische Leistungen im Zusammenhang mit künstlerischen oder unterhaltenden Leistungen gehören (EuGH-Urteil vom 26.9.1996, C-327/94, Dudda, BStBl. 1998 II S. 313).[1)]

(4) [1]Insbesondere bei künstlerischen und wissenschaftlichen Leistungen ist zu beachten, dass sich im Falle der reinen Übertragung von Nutzungsrechten an Urheberrechten und ähnlichen Rechten (vgl. Abschnitt 3a.9 Abs. 1 und 2 sowie Abschnitt 12.7) der Leistungsort nicht nach § 3a Abs. 3 Nr. 3 Buchstabe a UStG richtet. [2]Der Leistungsort bestimmt sich nach § 3a Abs. 1 UStG (vgl. Abschnitt 3a.1) oder nach § 3a Abs. 4 Sätze 1 und 2 Nr. 1 UStG (vgl. Abschnitt 3a.9 Abs. 1 und 2).

(5) [1]Die Frage, ob bei einem wissenschaftlichen Gutachten eine wissenschaftliche Leistung nach § 3a Abs. 3 Nr. 3 Buchstabe a UStG oder eine Beratungsleistung vorliegt, ist nach dem Zweck zu beurteilen, den der Auftraggeber mit dem von ihm bestellten Gutachten verfolgt. [2]Eine wissenschaftliche Leistung im Sinne des § 3a Abs. 3 Nr. 3 Buchstabe a UStG setzt voraus, dass das erstellte Gutachten nicht auf Beratung des Auftraggebers gerichtet ist; dies ist der Fall, wenn das Gutachten nach seinem Zweck keine konkrete Entscheidungshilfe für den Auftraggeber darstellt. [3]Soll das Gutachten dem Auftraggeber dagegen als Entscheidungshilfe für die Lösung konkreter technischer, wirtschaftlicher oder rechtlicher Fragen dienen, liegt eine Beratungsleistung vor. [4]Der Leistungsort bestimmt sich bei Leistungen an Nichtunternehmer (siehe Abschnitt 3a.1 Abs. 1) nach § 3a Abs. 1 oder 4 Satz 1 UStG.

Beispiel 1:

[1]Ein Hochschullehrer hält im Auftrag eines ausschließlich nicht unternehmerisch tätigen Verbandes, dem für Umsatzsteuerzwecke keine USt-IdNr. erteilt worden ist, auf einem Fachkongress einen Vortrag. [2]Inhalt des Vortrags ist die Mitteilung und Erläuterung der von ihm auf seinem Forschungsgebiet, z. B. Maschinenbau, gefundenen Ergebnisse. [3]Zugleich händigt

---

1) DStR 1996, 1688.

der Hochschullehrer allen Teilnehmern ein Manuskript seines Vortrags aus. [4] Vortrag und Manuskript haben nach Inhalt und Form den Charakter eines wissenschaftlichen Gutachtens. [5] Sie sollen allen Teilnehmern des Fachkongresses zur Erweiterung ihrer beruflichen Kenntnisse dienen.
[6] Der Leistungsort bestimmt sich nach § 3a Abs. 3 Nr. 3 Buchstabe a UStG.

Beispiel 2:

[1] Ein Wirtschaftsforschungsunternehmen erhält von einer inländischen juristischen Person des öffentlichen Rechts, die nicht unternehmerisch tätig und der keine USt-IdNr. erteilt worden ist, den Auftrag, in Form eines Gutachtens Struktur- und Standortanalysen für die Errichtung von Gewerbebetrieben zu erstellen.
[2] Auch wenn das Gutachten nach wissenschaftlichen Grundsätzen erstellt worden ist, handelt es sich um eine Beratung, da das Gutachten zur Lösung konkreter wirtschaftlicher Fragen verwendet werden soll. [3] Der Leistungsort bestimmt sich nach § 3a Abs. 1 UStG.

(5a) Die Einräumung der Berechtigung, auf einem Golfplatz Golf zu spielen, ist als sportliche Leistung nach § 3a Abs. 3 Nr. 3 Buchstabe a UStG anzusehen (vgl. BFH-Urteil vom 12.10.2016, XI R 5/14, BStBl. 2017 II S. 500).

(6) [1] Eine sonstige Leistung, die darin besteht, der Allgemeinheit gegen Entgelt die Benutzung von Geldspielautomaten zu ermöglichen, die in Spielhallen aufgestellt sind, ist als unterhaltende oder ähnliche Tätigkeit nach § 3a Abs. 3 Nr. 3 Buchstabe a UStG anzusehen (vgl. EuGH-Urteil vom 12.5.2005, C-452/03, RAL (Channel Islands) u. a.).¹⁾ [2] Für die Benutzung von Geldspielautomaten außerhalb von Spielhallen richtet sich der Leistungsort nach § 3a Abs. 1 UStG (vgl. EuGH-Urteil vom 4.7.1985, 168/84, Berkholz).

(7) [1] Eine Leistung im Sinne des § 3a Abs. 3 Nr. 3 Buchstabe a UStG liegt – unbeschadet Abschnitt 3a.9 Abs. 8a – auch bei der Planung, Gestaltung sowie dem Aufbau, Umbau und Abbau von Ständen im Zusammenhang mit Messen und Ausstellungen vor, wenn dieser Stand für eine bestimmte Messe oder Ausstellung im Bereich der Kultur, der Künste, des Sports, der Wissenschaften, des Unterrichts, der Unterhaltung oder einem ähnlichen Gebiet bestimmt ist (vgl. EuGH-Urteil vom 27.10.2011, C-530/09, Inter-Mark Group, BStBl. 2012 II S. 160).²⁾ [2] Zum Ort der sonstigen Leistung bei Messen und Ausstellungen vgl. im Übrigen Abschnitt 3a.4.

Leistungen nach § 3a Abs. 3 Nr. 3 Buchstabe b UStG

(8) § 3a Abs. 3 Nr. 3 Buchstabe b UStG gilt sowohl für sonstige Leistungen an Nichtunternehmer (siehe Abschnitt 3a.1 Abs. 1) als auch an Leistungsempfänger im Sinne des § 3a Abs. 2 UStG (siehe Abschnitt 3a.2 Abs. 1).

(9) [1] Bei der Abgabe von Speisen und Getränken zum Verzehr an Ort und Stelle (Restaurationsleistung) richtet sich der Leistungsort nach dem Ort, an dem diese Leistung tatsächlich erbracht wird (§ 3a Abs. 3 Nr. 3 Buchstabe b UStG). [2] Die Restaurationsleistung muss aber als sonstige Leistung anzusehen sein; zur Abgrenzung zwischen Lieferung und sonstiger Leistung bei der Abgabe von Speisen und Getränken wird auf die BMF-Schreiben vom 16.10. 2008, BStBl. I S. 949, und vom 29.3.2010, BStBl. I S. 330, verwiesen. [3] Die

---

¹⁾ IStR 2005, 415.
²⁾ DStR 2011, 2145.

Ortsregelung gilt nicht für Restaurationsleistungen an Bord eines Schiffs, in einem Luftfahrzeug oder in einer Eisenbahn während einer Beförderung im Inland oder im übrigen Gemeinschaftsgebiet. [4]In diesen Fällen bestimmt sich der Leistungsort nach § 3e UStG (vgl. Abschnitt 3e.1).

Leistungen nach § 3a Abs. 3 Nr. 3 Buchstabe c UStG

(10) [1]Bei Arbeiten an beweglichen körperlichen Gegenständen und bei der Begutachtung dieser Gegenstände für Nichtunternehmer (siehe Abschnitt 3a.1 Abs. 1) bestimmt sich der Leistungsort nach dem Ort, an dem der Unternehmer tatsächlich die Leistung ausführt (§ 3a Abs. 3 Nr. 3 Buchstabe c UStG). [2]Ist der Leistungsempfänger ein Leistungsempfänger im Sinne des § 3a Abs. 2 UStG (siehe Abschnitt 3a.2 Abs. 1), richtet sich der Leistungsort nach § 3a Abs. 2 UStG (vgl. Abschnitt 3a.2). [3]Zum Leistungsort bei Arbeiten an beweglichen körperlichen Gegenständen und bei der Begutachtung dieser Gegenstände, wenn diese Leistungen im Drittlandsgebiet genutzt oder ausgewertet werden, vgl. § 3a Abs. 8 Satz 1 UStG und Abschnitt 3a.14 Abs. 5.

(11) [1]Als Arbeiten an beweglichen körperlichen Gegenständen sind insbesondere Werkleistungen in Gestalt der Bearbeitung oder Verarbeitung von beweglichen körperlichen Gegenständen anzusehen. [2]Hierzu ist grundsätzlich eine Veränderung des beweglichen Gegenstands erforderlich. [3]Wartungsleistungen an Anlagen, Maschinen und Kraftfahrzeugen können als Werkleistungen angesehen werden. [4]Verwendet der Unternehmer bei der Be- oder Verarbeitung eines Gegenstands selbstbeschaffte Stoffe, die nicht nur Zutaten oder sonstige Nebensachen sind, ist keine Werkleistung, sondern eine Werklieferung gegeben (§ 3 Abs. 4 UStG). [5]Baut der leistende Unternehmer die ihm vom Leistungsempfänger sämtlich zur Verfügung gestellten Teile einer Maschine nur zusammen und wird die zusammengebaute Maschine nicht Bestandteil eines Grundstücks, bestimmt sich der Ort der sonstigen Leistung nach § 3a Abs. 3 Nr. 3 Buchstabe c UStG (vgl. Artikel 8 und 34 der MwStVO),[1)] wenn der Leistungsempfänger ein Nichtunternehmer ist.

(12) [1]Bei der Begutachtung beweglicher körperlicher Gegenstände durch Sachverständige hat § 3a Abs. 3 Nr. 3 Buchstabe c UStG Vorrang vor § 3a Abs. 4 Satz 1 und 2 Nr. 3 UStG. [2]Wegen der Leistungen von Handelschemikern vgl. Abschnitt 3a.9 Abs. 12 Satz 3.

(13)[2)] *(aufgehoben)*

3a.7 Ort der Vermittlungsleistung

(1) [1]Unter den Begriff Vermittlungsleistung fallen sowohl Vermittlungsleistungen, die im Namen und für Rechnung des Empfängers der vermittelten Leistung erbracht werden, als auch Vermittlungsleistungen, die im Namen und für Rechnung des Unternehmers erbracht werden, der die vermittelte Leistung ausführt (vgl. Artikel 30 der MwStVO).[1)] [2]Der Leistungsort einer Vermitt-

[1)] **Steuergesetze** Nr. **550a**.

[2)] A 3a.6 UStAE Zwischenüberschrift und Abs. 13 aufgeh. durch BMF v. 9.6.2021, BStBl. I 2021, 778, anzuwenden in allen offenen Fällen (siehe FN zu A 3a.7a UStAE).

lungsleistung bestimmt sich nur bei Leistungen an Nichtunternehmer (siehe Abschnitt 3a.1 Abs. 1) nach § 3a Abs. 3 Nr. 4 UStG. [3]Hierunter fällt auch die Vermittlung der kurzfristigen Vermietung von Zimmern in Hotels, Gaststätten oder Pensionen, von Fremdenzimmern, Ferienwohnungen, Ferienhäusern und vergleichbaren Einrichtungen an Nichtunternehmer (vgl. Artikel 31 Buchst. b der MwStVO). [4]Bei Leistungen an einen Unternehmer oder an eine gleichgestellte juristische Person (siehe Abschnitt 3a.2 Abs. 1) richtet sich der Leistungsort nach § 3a Abs. 2 UStG (vgl. Artikel 31 Buchst. a der MwStVO), bei der Vermittlung von Vermietungen von Grundstücken nach § 3a Abs. 3 Nr. 1 UStG. [5]Zur Abgrenzung der Vermittlungsleistung vom Eigenhandel vgl. Abschnitt 3.7.

(2) [1]Die Vermittlung einer nicht steuerbaren Leistung zwischen Nichtunternehmern wird an dem Ort erbracht, an dem die vermittelte Leistung ausgeführt wird (vgl. EuGH-Urteil vom 27.5.2004, C-68/03, Lipies).[1)] [2]Bei der Werbung von Mitgliedschaften liegt keine Vermittlung eines Umsatzes vor, weil die Begründung der Mitgliedschaft in einem Verein keinen Leistungsaustausch darstellt; der Leistungsort dieser Leistung richtet sich bei Leistungen an Nichtunternehmer (siehe Abschnitt 3a.1 Abs. 1) nicht nach § 3a Abs. 3 Nr. 4 UStG, sondern nach § 3a Abs. 1 UStG (vgl. BFH-Urteil vom 12.12.2012, XI R 30/10, BStBl. 2013 II S. 348), bei Leistungen an einen Leistungsempfänger im Sinne des § 3a Abs. 2 UStG (siehe Abschnitt 3a.2 Abs. 1) nach § 3a Abs. 2 UStG.

3a.7a[2)] Ort der Veranstaltung

(1) [1]§ 3a Abs. 3 Nr. 5 UStG gilt nur für Leistungen an einen Leistungsempfänger im Sinne des § 3a Abs. 2 UStG (siehe Abschnitt 3a.2 Abs. 1). [2]Die Regelung ist auch anzuwenden, wenn ein anderer Unternehmer als der Veranstalter auf eigene oder auf Rechnung des Veranstalters Eintrittsberechtigungen an einen Unternehmer für dessen unternehmerischen Bereich oder an eine einem Unternehmer gleichgestellte juristische Person einräumt. [3]Werden die in der Vorschrift genannten sonstigen Leistungen an Nichtunternehmer (siehe Abschnitt 3a.1 Abs. 1) erbracht, richtet sich der Leistungsort nach § 3a Abs. 3 Nr. 3 Buchstabe a UStG (siehe Abschnitt 3a.6 Abs. 2 Satz 2). [4]Eine Veranstaltung im Sinne des § 3a Abs. 3 Nr. 5 UStG erfordert die physische Anwesenheit des Leistungsempfängers bei dieser; die Vorschrift gilt daher nicht in Fällen der Online-Teilnahme des Leistungsempfängers.

(2) [1]Zu den Eintrittsberechtigungen gehören insbesondere (vgl. Artikel 32 Abs. 1 und 2 der MwStVO)[3)]

---

1) DStRE 2004, 987.

2) A 3a.7a UStAE eingef. durch BMF v. 9.6.2021, BStBl. I 2021, 778, anzuwenden in allen offenen Fällen mit Nichtbeanstandungsregelung (BMF v. 19.8.2021, BStBl. I 2021, 1088): Für vor dem 1.1.2022 ausgeführte, für die Öffentlichkeit nicht allgemein zugängliche Leistungen kann A 3a.6 UStAE Abs. 13 Satz 3 Nr. 3 u. Beispiel 2 a. F. angewendet werden (gilt nicht für A 3a.7a Abs. 1 Satz 4 UStAE).

3) **Steuergesetze** Nr. **550a**.

1. das Recht auf Zugang zu Darbietungen, Theateraufführungen, Zirkusvorstellungen, Freizeitparks, Konzerten, Ausstellungen sowie zu anderen ähnlichen kulturellen Veranstaltungen, auch wenn das Entgelt in Form eines Abonnements oder eines Jahresbeitrags entrichtet wird;
2. das Recht auf Zugang zu Sportveranstaltungen, wie Spiele und Wettkämpfe gegen Entgelt, auch wenn das Entgelt in Form einer Zahlung für einen bestimmten Zeitraum oder eine festgelegte Anzahl von Veranstaltungen in einem Betrag erfolgt;
3. [1]das Recht auf Zugang zu Veranstaltungen auf dem Gebiet des Unterrichts und der Wissenschaft, wie beispielsweise Konferenzen und Seminare. [2]Dies gilt unabhängig davon, ob der Unternehmer selbst oder ein Arbeitnehmer an der Veranstaltung teilnimmt und das Entgelt vom Unternehmer (Arbeitgeber) entrichtet wird.

[2]Zu den Eintrittsberechtigungen für Messen, Ausstellungen und Kongresse gehören insbesondere Leistungen, für die der Leistungsempfänger Kongress-, Teilnehmer- oder Seminarentgelte entrichtet, sowie damit im Zusammenhang stehende Nebenleistungen, wie z.B. Beförderungsleistungen, Vermietung von Fahrzeugen oder Unterbringung, wenn diese Leistungen vom Veranstalter der Messe, der Ausstellung oder des Kongresses zusammen mit der Einräumung der Eintrittsberechtigung als einheitliche Leistung (vgl. Abschnitt 3.10) angeboten werden. [3]Zu den mit den in § 3a Abs. 3 Nr. 5 UStG genannten Veranstaltungen zusammenhängenden sonstigen Leistungen gehören auch die Nutzung von Garderoben und von sanitären Einrichtungen gegen gesondertes Entgelt (vgl. Artikel 33 der MwStVO).

(3) [1]Nicht unter § 3a Abs. 3 Nr. 5 UStG fällt die Berechtigung zur Nutzung von Räumlichkeiten, wie beispielsweise Turnhallen oder anderen Räumen, gegen Entgelt (vgl. Artikel 32 Abs. 3 der MwStVO).[1)] [2]Auch die Vermittlung von Eintrittsberechtigungen fällt nicht unter § 3a Abs. 3 Nr. 5 UStG; der Leistungsort dieser Umsätze richtet sich bei Leistungen an einen Leistungsempfänger im Sinne des § 3a Abs. 2 UStG (siehe Abschnitt 3a.2 Abs. 1) nach § 3a Abs. 2 UStG, bei Leistungen an einen Nichtunternehmer (siehe Abschnitt 3a.1 Abs. 1) nach § 3a Abs. 3 Nr. 4 UStG.

3a.8 Ort der in § 3a Abs. 4 Satz 2 UStG bezeichneten sonstigen Leistungen

Bei der Bestimmung des Leistungsorts für die in § 3a Abs. 4 Satz 2 UStG bezeichneten Leistungen sind folgende Fälle zu unterscheiden:

1. Ist der Empfänger der sonstigen Leistung ein Nichtunternehmer (siehe Abschnitt 3a.1 Abs. 1) und hat er seinen Wohnsitz oder Sitz außerhalb des Gemeinschaftsgebiets (vgl. Abschnitt 1.10 Abs. 1), wird die sonstige Leistung dort ausgeführt, wo der Empfänger seinen Wohnsitz oder Sitz hat (§ 3a Abs. 4 Satz 1 UStG).
2. [1]Ist der Empfänger der sonstigen Leistung ein Nichtunternehmer (siehe Abschnitt 3a.1 Abs. 1) und hat er seinen Wohnsitz oder Sitz innerhalb des Ge-

---

1) **Steuergesetze** Nr. **550a**.

meinschaftsgebiets (vgl. Abschnitt 1.10 Abs. 1), wird die sonstige Leistung dort ausgeführt, wo der leistende Unternehmer sein Unternehmen betreibt. [2]Insoweit verbleibt es bei der Regelung des § 3a Abs. 1 UStG (vgl. jedoch § 3a Abs. 6 Satz 1 Nr. 2 UStG und Abschnitt 3a.14 Abs. 1 und 3).

2a. Wird die sonstige Leistung an einen Nichtunternehmer (siehe Abschnitt 3a.1 Abs. 1) erbracht, der in verschiedenen Ländern ansässig ist oder seinen Wohnsitz in einem Land und seinen gewöhnlichen Aufenthaltsort in einem anderen Land hat, ist
   a) bei Leistungen an eine nicht unternehmerisch tätige juristische Person, der keine USt-IdNr. erteilt worden ist, der Leistungsort vorrangig an dem Ort, an dem die Handlungen zur zentralen Verwaltung der juristischen Person vorgenommen werden, soweit keine Anhaltspunkte dafür vorliegen, dass die Leistung an deren Betriebsstätte genutzt oder ausgewertet wird (vgl. Artikel 24 Buchstabe a MwStVO),[1)]
   b) bei Leistungen an eine natürliche Person der Leistungsort vorrangig an deren gewöhnlichem Aufenthaltsort (siehe Abschnitt 3a.1 Abs. 1 Sätze 10 bis 14), soweit keine Anhaltspunkte dafür vorliegen, dass die Leistung an deren Wohnsitz genutzt oder ausgewertet wird (vgl. Artikel 24 Buchstabe b MwStVO).

3. Ist der Empfänger der sonstigen Leistung ein Leistungsempfänger im Sinne des § 3a Abs. 2 UStG (siehe Abschnitt 3a.2 Abs. 1), wird die sonstige Leistung dort ausgeführt, wo der Empfänger sein Unternehmen betreibt bzw. die juristische Person ihren Sitz hat (§ 3a Abs. 2 UStG; vgl. Abschnitt 3a.2).

3a.9 Leistungskatalog des § 3a Abs. 4 Satz 2 Nr. 1 bis 10 UStG

Patente, Urheberrechte, Markenrechte

(1) Sonstige Leistungen im Sinne des § 3a Abs. 4 Satz 2 Nr. 1 UStG ergeben sich u. a. auf Grund folgender Gesetze:[2)]

1. Gesetz über Urheberrecht und verwandte Schutzrechte;
2. Gesetz über die Wahrnehmung von Urheberrechten und verwandten Schutzrechten;
3. Patentgesetz;
4. Markenrechtsreformgesetz;
5. Gesetz über das Verlagsrecht;
6. Gebrauchsmustergesetz.

(2) [1]Hinsichtlich der Leistungen auf dem Gebiet des Urheberrechts vgl. Abschnitt 3a.6 Abs. 4. [2]Außerdem sind die Ausführungen in Abschnitt 12.7 zu beachten. [3]Bei der Auftragsproduktion von Filmen wird auf die Rechtsprechung des BFH zur Abgrenzung zwischen Lieferung und sonstiger Leistung

---

1) **Steuergesetze** Nr. **550a**.

2) **Habersack** bzw. **Habersack Ergänzungsband** (E) Nr. **65** (UrhG), Nr. **65a** (UrhWG – E), Nr. **70** (PatG – E), Nr. **72** (MarkenG), Nr. **66** (VerlG – E) und Nr. **71** (GebrMG – E).

hingewiesen (vgl. BFH-Urteil vom 19.2.1976, V R 92/74, BStBl. II S. 515). [4]Die Überlassung von Fernsehübertragungsrechten und die Freigabe eines Berufsfußballspielers gegen Ablösezahlung sind als ähnliche Rechte im Sinne des § 3a Abs. 4 Satz 2 Nr. 1 UStG anzusehen.

Werbung, Öffentlichkeitsarbeit, Werbungsmittler, Werbeagenturen

(3) [1]Unter dem Begriff „Leistungen, die der Werbung dienen" im Sinne des § 3a Abs. 4 Satz 2 Nr. 2 UStG sind die Leistungen zu verstehen, die bei den Werbeadressaten den Entschluss zum Erwerb von Gegenständen oder zur Inanspruchnahme von sonstigen Leistungen auslösen sollen (vgl. BFH-Urteil vom 24.9.1987, V R 105/77, BStBl. 1988 II S. 303). [2]Unter den Begriff fallen auch die Leistungen, die bei den Werbeadressaten ein bestimmtes außerwirtschaftliches, z. B. politisches, soziales, religiöses Verhalten herbeiführen sollen. [3]Es ist nicht erforderlich, dass die Leistungen üblicherweise und ausschließlich der Werbung dienen.

(4) Zu den Leistungen, die der Werbung dienen, gehören insbesondere:

1. [1]**die Werbeberatung.** [2]Hierbei handelt es sich um die Unterrichtung über die Möglichkeiten der Werbung;
2. [1]**die Werbevorbereitung und die Werbeplanung.** [2]Bei ihr handelt es sich um die Erforschung und Planung der Grundlagen für einen Werbeeinsatz, z. B. die Markterkundung, die Verbraucheranalyse, die Erforschung von Konsumgewohnheiten, die Entwicklung einer Marktstrategie und die Entwicklung von Werbekonzeptionen;
3. [1]**die Werbegestaltung.** [2]Hierzu zählen die graphische Arbeit, die Abfassung von Werbetexten und die vorbereitenden Arbeiten für die Film-, Funk- und Fernsehproduktion;
4. [1]**die Werbemittelherstellung.** [2]Hierzu gehört die Herstellung oder Beschaffung der Unterlagen, die für die Werbung notwendig sind, z. B. Reinzeichnungen und Tiefdruckvorlagen für Anzeigen, Prospekte, Plakate usw., Druckstöcke, Bild- und Tonträger, einschließlich der Überwachung der Herstellungsvorgänge;
5. [1]**die Werbemittlung** (vgl. Absatz 7). [2]Der Begriff umfasst die Auftragsabwicklung in dem Bereich, in dem die Werbeeinsätze erfolgen sollen, z. B. die Erteilung von Anzeigenaufträgen an die Verleger von Zeitungen, Zeitschriften, Fachblättern und Adressbüchern sowie die Erteilung von Werbeaufträgen an Funk- und Fernsehanstalten und an sonstige Unternehmer, die Werbung durchführen;
6. [1]**die Durchführung von Werbung.** [2]Hierzu gehören insbesondere die Aufnahmen von Werbeanzeigen in Zeitungen, Zeitschriften, Fachblättern, auf Bild- und Tonträgern und in Adressbüchern, die sonstige Adresswerbung, z. B. Zusatzeintragungen oder hervorgehobene Eintragungen, die Beiheftung, Beifügung oder Verteilung von Prospekten oder sonstige Formen der Direktwerbung, das Anbringen von Werbeplakaten und Werbetexten an Werbeflächen, Verkehrsmitteln usw., das Abspielen von Werbefilmen in Filmtheatern oder die Ausstrahlung von Werbesendungen im Fernsehen oder Rundfunk.

(5) [1]Zeitungsanzeigen von Unternehmern, die Stellenangebote enthalten, ausgenommen Chiffreanzeigen, und sog. Finanzanzeigen, z.B. Veröffentlichung von Bilanzen, Emissionen, Börsenzulassungsprospekten usw., sind Werbeleistungen. [2]Zeitungsanzeigen von Nichtunternehmern, z.B. Stellengesuche, Stellenangebote von juristischen Personen des öffentlichen Rechts für den hoheitlichen Bereich, Familienanzeigen, Kleinanzeigen, sind dagegen als nicht der Werbung dienend anzusehen.

(6) [1]Unter Leistungen, die der Öffentlichkeitsarbeit dienen, sind die Leistungen zu verstehen, durch die Verständnis, Wohlwollen und Vertrauen erreicht oder erhalten werden sollen. [2]Es handelt sich hierbei in der Regel um die Unterrichtung der Öffentlichkeit über die Zielsetzungen, Leistungen und die soziale Aufgeschlossenheit staatlicher oder privater Stellen. [3]Die Ausführungen in den Absätzen 3 und 4 gelten entsprechend.

(7) Werbungsmittler ist, wer Unternehmern, die Werbung für andere durchführen, Werbeaufträge für andere im eigenen Namen und für eigene Rechnung erteilt (vgl. Absatz 4 Nr. 5).

(8) [1]Eine Werbeagentur ist ein Unternehmer, der neben der Tätigkeit eines Werbungsmittlers weitere Leistungen, die der Werbung dienen, ausführt. [2]Bei den weiteren Leistungen handelt es sich insbesondere um Werbeberatung, Werbeplanung, Werbegestaltung, Beschaffung von Werbemitteln und Überwachung der Werbemittelherstellung (vgl. Absatz 4 Nr. 1 bis 4).

(8a) Eine Leistung im Sinne des § 3a Abs. 4 Satz 2 Nr. 2 UStG liegt auch bei der Planung, Gestaltung sowie Aufbau, Umbau und Abbau von Ständen im Zusammenhang mit Messen und Ausstellungen vor, wenn dieser Stand für Werbezwecke verwendet wird (vgl. EuGH-Urteil vom 27.10.2011, C-530/09, Inter-Mark Group, BStBl. 2012 II S. 160).[1)]

Beratungs- und Ingenieurleistungen

(9) [1]§ 3a Abs. 4 Satz 2 Nr. 3 UStG[2)] ist z.B. bei folgenden sonstigen Leistungen anzuwenden, wenn sie Hauptleistungen sind: Rechts-, Steuer- und Wirtschaftsberatung. [2]Nicht unter § 3a Abs. 4 Satz 2 Nr. 3 UStG fallen Beratungsleistungen, wenn die Beratung nach den allgemeinen Grundsätzen des Umsatzsteuerrechts nur als Nebenleistung, z.B. zu einer Werklieferung, zu beurteilen ist.

(10)[3)] [1]Bei Rechtsanwälten, Patentanwälten, Steuerberatern und Wirtschaftsprüfern fallen alle berufstypischen Leistungen unter § 3a Abs. 4 Satz 2 Nr. 3 UStG. [2]Zur Beratungstätigkeit gehören daher z.B. bei einem Rechtsanwalt die Prozessführung, bei einem Wirtschaftsprüfer auch die im Rahmen von Abschlussprüfungen erbrachten Leistungen. [3]Keine berufstypische Leistung eines Rechtsanwaltes oder Steuerberaters ist die Tätigkeit als Testamentsvollstrecker oder Nachlasspfleger (vgl. BFH-Urteil vom 3.4.2008, V R 62/05, BStBl. II S. 900).

[1)] DStR 2011, 2145.

[2)] Unter § 3a Abs. 4 Nr. 3 UStG fallen auch Leistungen von Aufsichtsratsmitgliedern, Dolmetschern und Übersetzern.

[3)] Zum Leistungsort für Beratungsleistungen bei der Personalsuche vgl. BFH v. 18.6.2009 V R 57/07, BStBl. II 2010, 83.

(11) [1]§ 3a Abs. 4 Satz 2 Nr. 3 UStG erfasst auch die selbständigen Beratungsleistungen der Notare. [2]Sie erbringen jedoch nur dann selbständige Beratungsleistungen, wenn die Beratungen nicht im Zusammenhang mit einer Beurkundung stehen. [3]Das sind insbesondere die Fälle, in denen sich die Tätigkeit der Notare auf die Betreuung der Beteiligten auf dem Gebiet der vorsorgenden Rechtspflege, insbesondere die Anfertigung von Urkundsentwürfen und die Beratung der Beteiligten beschränkt (vgl. § 24 BNotO[1]) und *§§ 145 und 147 Abs. 2 KostO*[2])).

(12) [1]Unter § 3a Abs. 4 Satz 2 Nr. 3 UStG fallen auch die Beratungsleistungen von Sachverständigen. [2]Hierzu gehören z. B. die Anfertigung von rechtlichen, wirtschaftlichen und technischen Gutachten, soweit letztere nicht in engem Zusammenhang mit einem Grundstück (§ 3a Abs. 3 Nr. 1 UStG und Abschnitt 3a.3 Abs. 3) oder mit beweglichen Gegenständen (§ 3a Abs. 3 Nr. 3 Buchstabe c UStG und Abschnitt 3a.6 Abs. 12) stehen, sowie die Aufstellung von Finanzierungsplänen, die Auswahl von Herstellungsverfahren und die Prüfung ihrer Wirtschaftlichkeit. [3]Leistungen von Handelschemikern sind als Beratungsleistungen im Sinne des § 3a Abs. 4 Satz 2 Nr. 3 UStG zu beurteilen, wenn sie Auftraggeber neben der chemischen Analyse von Warenproben insbesondere über Kennzeichnungsfragen beraten.

(13) [1]Ingenieurleistungen sind alle sonstigen Leistungen, die zum Berufsbild eines Ingenieurs gehören, also nicht nur beratende Tätigkeiten; die Ausübung von Ingenieurleistungen ist dadurch gekennzeichnet, Kenntnisse und bestehende Prozesse auf konkrete Probleme anzuwenden sowie neue Kenntnisse zu erwerben und neue Prozesse zur Lösung dieser und neuer Probleme zu entwickeln (vgl. EuGH-Urteil vom 7.10.2010, C-222/09, Kronospan Mielec, und BFH-Urteil vom 13.1.2011, V R 63/09, BStBl. II S. 461). [2]Es ist nicht erforderlich, dass der leistende Unternehmer Ingenieur ist. [3]Nicht hierzu zählen Ingenieurleistungen in engem Zusammenhang mit einem Grundstück (vgl. Abschnitt 3a.3 Abs. 3 und 8). [4]Die Anpassung von Software an die besonderen Bedürfnisse des Abnehmers gehört zu den sonstigen Leistungen, die von Ingenieuren erbracht werden, oder zu denen, die Ingenieurleistungen ähnlich sind (vgl. EuGH-Urteil vom 27.10.2005, C-41/04, Levob Verzekeringen und OV Bank).[3]) [5]Ebenso sind Leistungen eines Ingenieurs, die in Forschungs- und Entwicklungsarbeiten, z. B. im Umwelt- und Technologiebereich, bestehen, Ingenieurleistungen im Sinne des § 3a Abs. 4 Satz 2 Nr. 3 UStG (vgl. EuGH-Urteil vom 7.10.2010, C-222/09, Kronospan Mielec).

(14) Zu den unter § 3a Abs. 4 Satz 2 Nr. 3 UStG fallenden sonstigen Leistungen der Übersetzer gehören auch die Übersetzungen von Texten (vgl. Artikel 41 der MwStVO),[4]) soweit es sich nicht um urheberrechtlich geschützte Übersetzungen handelt (vgl. auch Abschnitt 12.7 Abs. 12).

---

[1]) Bundesnotarordnung i. d. F. v. 24.2.1961, BGBl. I 1961, 97, zuletzt geänd. durch G v. 21.12.2021, BGBl. II 2021, 1282 (**Habersack** Nr. **98a**).

[2]) Siehe jetzt Gerichts- und Notarkostengesetz (GNotKG) v. 23.7.2013, BGBl. I 2013, 2586, zuletzt geänd. durch G v. 10.8.2021, BGBl. I 2021, 3436 (**Habersack** Nr. **119**).

[3]) DStRE 2006, 41.

[4]) **Steuergesetze** Nr. **550a.**

Datenverarbeitung

(15) [1]Unter Datenverarbeitung im Sinne des § 3a Abs. 4 Satz 2 Nr. 4 UStG ist die manuelle, mechanische oder elektronische Speicherung, Umwandlung, Verknüpfung und Verarbeitung von Daten zu verstehen. [2]Hierzu gehören insbesondere die Automatisierung von gleichförmig wiederholbaren Abläufen, die Sammlung, Aufbereitung, Organisation, Speicherung und Wiedergewinnung von Informationsmengen sowie die Verknüpfung von Datenmengen oder Datenstrukturen mit der Verarbeitung dieser Informationen auf Grund computerorientierter Verfahren. [3]Die Erstellung von Datenverarbeitungsprogrammen (Software) ist keine Datenverarbeitung im Sinne von § 3a Abs. 4 Satz 2 Nr. 4 UStG (vgl. aber Abschnitt 3a.12).

Überlassung von Informationen

(16) [1]§ 3a Abs. 4 Satz 2 Nr. 5 UStG behandelt die Überlassung von Informationen einschließlich gewerblicher Verfahren und Erfahrungen, soweit diese sonstigen Leistungen nicht bereits unter § 3a Abs. 4 Satz 2 Nr. 1, 3 und 4 UStG fallen. [2]Gewerbliche Verfahren und Erfahrungen können im Rahmen der laufenden Produktion oder der laufenden Handelsgeschäfte gesammelt werden und daher bei einer Auftragserteilung bereits vorliegen, z. B. Überlassung von Betriebsvorschriften, Unterrichtung über Fabrikationsverbesserungen, Unterweisung von Arbeitern des Auftraggebers im Betrieb des Unternehmers. [3]Gewerbliche Verfahren und Erfahrungen können auch auf Grund besonderer Auftragsforschung gewonnen werden, z. B. Analysen für chemische Produkte, Methoden der Stahlgewinnung, Formeln für die Automation. [4]Es ist ohne Belang, in welcher Weise die Verfahren und Erfahrungen übermittelt werden, z. B. durch Vortrag, Zeichnungen, Gutachten oder durch Übergabe von Mustern und Prototypen. [5]Unter die Vorschrift fällt die Überlassung aller Erkenntnisse, die ihrer Art nach geeignet sind, technisch oder wirtschaftlich verwendet zu werden. [6]Dies gilt z. B. auch für die Überlassung von Know-how und von Ergebnissen einer Meinungsumfrage auf dem Gebiet der Marktforschung (vgl. BFH-Urteil vom 22.11.1973, V R 164/72, BStBl. 1974 II S. 259) sowie für die Überlassung von Informationen durch Journalisten oder Pressedienste, soweit es sich nicht um die Überlassung urheberrechtlich geschützter Rechte handelt (vgl. Abschnitt 12.7 Abs. 9 bis 11). [7]Bei den sonstigen Leistungen der Detektive handelt es sich um Überlassungen von Informationen im Sinne des § 3a Abs. 4 Satz 2 Nr. 5 UStG. [8]Dagegen stellt die Unterrichtung des Erben über den Erbfall durch einen Erbenermittler keine Überlassung von Informationen dar (vgl. BFH-Urteil vom 3.4.2008, V R 62/05, BStBl. II S. 900).

Finanzumsätze[1)]

(17) [1]Wegen der Bank-, Finanz- und Versicherungsumsätze, die in § 4 Nr. 8 Buchstabe a bis h und Nr. 10 UStG bezeichnet sind, vgl. Abschnitte 4.8.1 bis 4.8.13 und Abschnitte 4.10.1 und 4.10.2. [2]Die Verweisung auf § 4 Nr. 8 Buchstabe a bis h und Nr. 10 UStG in § 3a Abs. 4 Satz 2 Nr. 6 Buch-

---

1) Zum Leistungsort bei bankmäßiger Vermögensverwaltung vgl. BFH v. 11.10.2007 V R 22/04, BStBl. II 2008, 993.

stabe a UStG erfasst auch die dort als nicht steuerfrei bezeichneten Leistungen. [3]Zu den unter § 3a Abs. 4 Satz 2 Nr. 6 UStG fallenden Umsätzen gehört auch die Vermögensverwaltung mit Wertpapieren (vgl. EuGH-Urteil vom 19.7.2012, C-44/11, Deutsche Bank, BStBl. II S. 945,[1)] und BFH-Urteil vom 11.10.2012, V R 9/10, BStBl. 2014 II S. 279).

Edelmetallumsätze

(18) [1]Zu den sonstigen Leistungen im Geschäft mit Platin nach § 3a Abs. 4 Satz 2 Nr. 6 Buchstabe b UStG gehört auch der börsenmäßige Handel mit Platinmetallen (Palladium, Rhodium, Iridium, Osmium, Ruthenium). [2]Dies gilt jedoch nicht für Geschäfte mit Platinmetallen, bei denen die Versorgungsfunktion der Verarbeitungsunternehmen im Vordergrund steht. [3]Hierbei handelt es sich um Warengeschäfte.

Personalgestellung

(18a) [1]Unter einer Gestellung von Personal ist die entgeltliche Überlassung von weiterhin beim leistenden Unternehmer angestellten Arbeitnehmern an einen Dritten zu verstehen, welcher das Personal für seine Zwecke einsetzt. [2]Dabei muss der Leistungsempfänger in der Lage sein, das Personal entsprechend seines Weisungsrechts einzusetzen. [3]Die Verantwortung für die Durchführung der Arbeiten muss beim Leistungsempfänger liegen. [4]Schuldet hingegen der leistende Unternehmer den Eintritt eines bestimmten Erfolges oder Ereignisses, steht nicht die Überlassung des Personals, sondern die Ausführung einer anderen Art der Leistung im Vordergrund (zu den sonstigen Leistungen im Zusammenhang mit einem Grundstück vgl. Abschnitt 3a.3 Abs. 8).

Vermietung von beweglichen körperlichen Gegenständen

(19) Eine Vermietung von beweglichen körperlichen Gegenständen im Sinne des § 3a Abs. 4 Satz 2 Nr. 10 UStG liegt z. B. vor, wenn ein bestehender Messestand oder wesentliche Bestandteile eines Standes im Zusammenhang mit Messen und Ausstellungen an Aussteller vermietet werden und die Vermietung ein wesentliches Element dieser Dienstleistung ist (vgl. EuGH-Urteil vom 27.10.2011, C-530/09, Inter-Mark Group, BStBl. 2012 II S. 160).[2)]

3a.9a Ort der sonstigen Leistungen auf dem Gebiet der Telekommunikation, der Rundfunk- und Fernsehdienstleistungen und der auf elektronischem Weg erbrachten sonstigen Leistungen

Ort der Leistungen

(1)[3)] [1]Bei der Bestimmung des Leistungsorts für die in § 3a Abs. 5 Satz 2 UStG bezeichneten Leistungen (Telekommunikations-, Rundfunk- und Fernsehdienstleistungen und auf elektronischem Weg erbrachte sonstige Leistungen) sind folgende Fälle zu unterscheiden:

[1)] DStR 2012, 1601.

[2)] DStR 2011, 2145.

[3)] A 3a.9a UStAE Abs. 1 Satz 1 Nr. 1 Satz 2 neugef. durch BMF v. 1.4.2021, BStBl. I 2021, 629, anzuwenden mWv 1.7.2021.

1. [1]Ist der Empfänger der sonstigen Leistung ein Nichtunternehmer (siehe Abschnitt 3a.1 Abs. 1), wird die sonstige Leistung vorbehaltlich des Satzes 2 dort ausgeführt, wo der Empfänger seinen Wohnsitz, gewöhnlichen Aufenthaltsort oder Sitz hat (§ 3a Abs. 5 Satz 1 UStG). [2]Wird die sonstige Leistung von einem Unternehmer erbracht, der in nur einem EU-Mitgliedstaat ansässig ist, bestimmt sich der Leistungsort insoweit nach § 3a Abs. 1 UStG, wenn der Gesamtbetrag der Entgelte der in § 3a Abs. 5 Satz 2 UStG bezeichneten sonstigen Leistungen an in anderen EU-Mitgliedstaaten ansässige Nichtunternehmer sowie der innergemeinschaftlichen Fernverkäufe (Abschnitt 3c.1 Abs. 2 Satz 1) insgesamt 10 000 € im vorangegangenen Kalenderjahr nicht überschritten hat und im laufenden Kalenderjahr nicht überschreitet (§ 3a Abs. 5 Satz 3 UStG); für die Beurteilung des Leistungsorts im Besteuerungszeitraum 2021 sind auch die vorgenannten sonstigen Leistungen und innergemeinschaftlichen Fernverkäufe einzubeziehen, die im Kalenderjahr 2020 und im ersten Halbjahr 2021 ausgeführt wurden; eine zeitanteilige Aufteilung der Umsatzschwelle von 10 000 € ist im Kalenderjahr 2021 nicht vorzunehmen.

Beispiel:

[1]Der im Inland ansässige Unternehmer U erbringt in den Jahren 2020 und 2021 in § 3a Abs. 5 Satz 2 UStG bezeichnete sonstige Leistungen an in anderen EU-Mitgliedstaaten ansässige Nichtunternehmer im folgenden Wert:

im Kalenderjahr 2020:	3 000 €
im ersten Halbjahr 2021:	5 000 €
im zweiten Halbjahr 2021:	2 000 €

[2]Außerdem versendet U in den Jahren 2020 und 2021 Waren im folgenden Wert an in anderen EU-Mitgliedstaaten ansässige Nichtunternehmer:

im Kalenderjahr 2020:	6 000 €
im ersten Halbjahr 2021:	20 000 €
im zweiten Halbjahr 2021:	5 000 €

[3]Im vorangegangenen Kalenderjahr 2020 wurde die ab dem 1.7.2021 maßgebliche Umsatzschwelle von 10 000 € nicht überschritten. [4]Da die ab dem 1.7.2021 auch für innergemeinschaftliche Fernverkäufe maßgebliche Umsatzschwelle von 10 000 € für das Kalenderjahr 2021 jedoch bereits im ersten Halbjahr überschritten wurde, kommt es ab dem 1.7.2021 ab dem ersten Umsatz zur Ortsverlagerung in den EU-Mitgliedstaat, in dem der Empfänger ansässig ist. [5]Die innergemeinschaftlichen Fernverkäufe vor dem 1.7.2021 sind zu berücksichtigen, unabhängig davon, ob die Ortsbestimmung nach § 3c UStG in der bis zum 30.6.2021 geltenden Fassung aufgrund des Überschreitens der Lieferschwelle zur Anwendung kam. [6]U hat demnach alle in § 3a Abs. 5 Satz 2 UStG bezeichneten sonstigen Leistungen an in anderen EU-Mitgliedstaaten ansässige Nichtunternehmer sowie innergemeinschaftlichen Fernverkäufe ab dem 1.7.2021 in den EU-Mitgliedstaaten zu versteuern, in denen die Empfänger ansässig sind, und kann dafür das besondere Besteuerungsverfahren nach § 18j UStG (vgl. Abschnitt 18j.1) in Anspruch nehmen.

[3]Sobald der Gesamtbetrag nach Satz 2 im laufenden Kalenderjahr überschritten wird, verlagert sich der Leistungsort an den Ort nach Satz 1; dies gilt bereits für den Umsatz, der zur Überschreitung des Gesamtbetrags führt. [4]Satz 2 gilt nicht, wenn der leistende Unternehmer gegenüber dem Finanzamt bis zur Unanfechtbarkeit der Steuerfestsetzung (§ 18 Abs. 3 und 4 UStG, vgl. Abschnitt 19.2 Abs. 6), bzw. solange ein Vorbehalt der Nachprüfung nach § 164 AO besteht (vgl. Abschnitt 9.1 Abs. 3 Satz 1), erklärt, dass er auf die Anwendung von § 3a Abs. 5 Satz 3 UStG verzichtet; diese Erklärung gilt vom Beginn des Kalenderjahres an, für das der Unternehmer

sie abgegeben hat, und bindet ihn für mindestens zwei Kalenderjahre (§ 3a Abs. 5 Sätze 4 und 5 UStG). [5]Die Erklärung ist an keine besondere Form gebunden; sie gilt auch als abgegeben, wenn der leistende Unternehmer die Voraussetzungen nach § 3a Abs. 5 Satz 3 UStG erfüllt, jedoch weiterhin die Regelung nach § 3a Abs. 5 Satz 1 UStG anwendet. [6]Nach Ablauf der Zweijahresfrist kann der Unternehmer die Erklärung nach Satz 4 mit Wirkung zu einem vom Unternehmer festgelegten Zeitpunkt widerrufen; der Widerruf ist spätestens bis zur Unanfechtbarkeit der Steuerfestsetzung des Kalenderjahres, für das er gelten soll, bzw. solange ein Vorbehalt der Nachprüfung nach § 164 AO besteht, zu erklären.

2. Ist der Empfänger der sonstigen Leistung ein Leistungsempfänger im Sinne des § 3a Abs. 2 UStG (siehe Abschnitt 3a.2 Abs. 1), wird die sonstige Leistung dort ausgeführt, wo der Empfänger sein Unternehmen betreibt bzw. die juristische Person ihren Sitz hat (§ 3a Abs. 2 UStG; vgl. Abschnitt 3a.2).

[2]Der leistende Unternehmer kann regelmäßig davon ausgehen, dass ein im Inland oder im übrigen Gemeinschaftsgebiet ansässiger Leistungsempfänger ein Nichtunternehmer ist, wenn dieser dem leistenden Unternehmer keine USt-IdNr. mitgeteilt hat (vgl. Artikel 18 Abs. 2 Unterabs. 2 MwStVO).[1)]

(2) Wird eine in § 3a Abs. 5 Satz 2 UStG bezeichnete sonstige Leistung an einen Nichtunternehmer (siehe Abschnitt 3a.1 Abs. 1) erbracht, der in verschiedenen Ländern ansässig ist oder seinen Wohnsitz in einem Land und seinen gewöhnlichen Aufenthaltsort in einem anderen Land hat, ist – vorbehaltlich § 3a Abs. 5 Satz 3 UStG und der Absätze 3 bis 7 –

1. bei Leistungen an eine nicht unternehmerisch tätige juristische Person, der keine USt-IdNr. erteilt worden ist, der Leistungsort vorrangig an dem Ort, an dem die Handlungen zur zentralen Verwaltung der juristischen Person vorgenommen werden, soweit keine Anhaltspunkte dafür vorliegen, dass die Leistung an deren Betriebsstätte genutzt oder ausgewertet wird (vgl. Artikel 24 Buchstabe a MwStVO),[1)]
2. bei Leistungen an eine natürliche Person der Leistungsort vorrangig an deren gewöhnlichem Aufenthaltsort (siehe Abschnitt 3a.1 Abs. 1 Sätze 10 bis 14), soweit keine Anhaltspunkte dafür vorliegen, dass die Leistung an deren Wohnsitz genutzt oder ausgewertet wird (vgl. Artikel 24 Buchstabe b MwStVO).

(3) [1]Wird eine in § 3a Abs. 5 Satz 2 UStG bezeichnete sonstige Leistung an einen Nichtunternehmer (siehe Abschnitt 3a.1 Abs. 1) an Orten wie Telefonzellen, Kiosk-Telefonen, WLAN-Hot-Spots, Internetcafés, Restaurants oder Hotellobbys erbracht, und muss der Leistungsempfänger an diesem Ort physisch anwesend sein, damit ihm der leistende Unternehmer die sonstige Leistung erbringen kann, gilt der Leistungsempfänger als an diesem Ort ansässig (vgl. Artikel 24a Abs. 1 MwStVO).[1)] [2]Werden diese Leistungen an Bord eines Schiffs, eines Flugzeugs oder in einer Eisenbahn während des innerhalb des Gemeinschaftsgebiets stattfindenden Teils einer Personenbeförderung (vgl. § 3e Abs. 2 UStG) erbracht, gilt der Abgangsort des jeweiligen Beförderungsmittels im Gemeinschaftsgebiet als Leistungsort (vgl. Artikel 24a Abs. 2 MwStVO).

---

1) **Steuergesetze** Nr. **550a.**

(4) [1] Wird eine in § 3a Abs. 5 Satz 2 UStG bezeichnete sonstige Leistung an einen Nichtunternehmer (siehe Abschnitt 3a.1 Abs. 1)

1. über dessen Festnetzanschluss erbracht, gilt der Leistungsempfänger an dem Ort als ansässig, an dem sich dieser Anschluss befindet (vgl. Artikel 24b Abs. 1 Buchstabe a MwStVO);[1)]
2. über ein mobiles Telekommunikationsnetz erbracht, gilt der Leistungsempfänger in dem Land als ansässig, das durch den Ländercode der bei Inanspruchnahme dieser Leistung verwendeten SIM-Karte bezeichnet wird (vgl. Artikel 24b Abs. 1 Buchstabe b MwStVO);

   Beispiel:

   [1] Der Unternehmer A mit Sitz in Hannover schließt einen Vertrag über die Erbringung von Telekommunikationsleistungen (Übertragung von Signalen, Schrift, Bild, Ton oder Sprache via Mobilfunk) mit der im Inland ansässigen Privatperson P ab, die für ein Jahr beruflich eine Tätigkeit in Russland ausübt; P hat dort eine Wohnung angemietet. [2] Danach werden an P nur Telekommunikationsleistungen erbracht, wenn sie von Russland aus ihr Handy benutzt. [3] Das Handy wird mit der von A ausgegebenen deutschen SIM-Karte verwendet. [4] Das Entgelt wird über Prepaid-Karten von P an A entrichtet. [5] Eine Verwendung des Guthabens auf der Prepaid-Karte für Telekommunikationsdienstleistungen außerhalb Russlands ist vertraglich ausgeschlossen.

   [6] Der Leistungsort für die von A erbrachten Telekommunikationsleistungen liegt in Deutschland, weil eine deutsche SIM-Karte verwendet wird. [7] Unbeachtlich ist, an welchem Ort P seinen Wohnsitz oder seinen gewöhnlichen Aufenthaltsort hat. [8] Absatz 5 bleibt unberührt;

3. [1] erbracht, für die ein Decoder oder ein ähnliches Gerät, eine Programm- oder Satellitenkarte verwendet wird, gilt der Leistungsempfänger an dem Ort als ansässig, an dem sich der Decoder oder das ähnliche Gerät befindet. [2] Ist dieser Ort unbekannt, gilt der Leistungsempfänger an dem Ort als ansässig, an den die Programm- oder Satellitenkarte vom leistenden Unternehmer zur Verwendung gesendet worden ist (vgl. Artikel 24b Abs. 1 Buchstabe c MwStVO).

(5) [1] Wird die Leistung unter anderen als den in den Absätzen 3 und 4 genannten Bedingungen erbracht, gilt die Vermutung, dass der Leistungsempfänger an dem Ort ansässig ist oder seinen Wohnsitz oder seinen gewöhnlichen Aufenthaltsort hat, der vom leistenden Unternehmer unter Darlegung von zwei sich nicht widersprechenden Beweismitteln nach Absatz 6 Satz 2 als solcher bestimmt worden ist (vgl. Artikel 24b Abs. 1 Buchstabe d MwStVO).[1)] [2] Unbeschadet dessen gilt bei Verwendung eines Beweismittels nach Absatz 6 Satz 2 Nr. 1 bis 5, das von einer an der Erbringung der sonstigen Leistungen beteiligten Person erbracht wurde, bei der es sich weder um den leistenden Unternehmer noch um den Leistungsempfänger handelt, die Vermutung, dass der Leistungsempfänger an dem Ort ansässig ist, den der leistende Unternehmer auf Grundlage dieses Beweismittels bestimmt; vorausgesetzt, dass der Gesamtbetrag der Entgelte der sonstigen Leistungen nach Satz 1, die ein leistender Unternehmer von seinem Sitz oder seiner Betriebsstätte in einem Mitgliedstaat erbringt, insgesamt 100 000 € im vorangegangenen Kalenderjahr nicht überschritten hat und im laufenden Kalenderjahr nicht über-

---

[1)] **Steuergesetze** Nr. **550a.**

schreitet (vgl. Artikel 24b Abs. 2 MwStVO). [3]Sobald dieser Betrag in einem Kalenderjahr überschritten wird, gilt Satz 2 so lange nicht mehr, bis die in Satz 2 festgelegten Bedingungen wieder erfüllt sind (vgl. Artikel 24b Abs. 3 MwStVO).

(6) [1]Der leistende Unternehmer kann die in den Absätzen 3 und 4 genannten Vermutungen widerlegen, wenn er durch drei sich nicht widersprechende Beweismittel nachweisen kann, dass der Leistungsempfänger seinen Sitz, seinen Wohnsitz oder seinen gewöhnlichen Aufenthaltsort an einem anderen Ort als dem nach den Absätzen 3 und 4 genannten Ort hat (vgl. Artikel 24d Abs. 1 MwStVO).[1)] [2]Als Beweismittel gelten insbesondere (vgl. Artikel 24f MwStVO):

1. die Rechnungsanschrift des Leistungsempfängers;
2. die Internet-Protokoll-Adresse (IP-Adresse) des von dem Leistungsempfänger verwendeten Geräts oder jedes Verfahren der Geolokalisierung;
3. Bankangaben, wie der Ort, an dem das bei der unbaren Zahlung der Gegenleistung verwendete Bankkonto geführt wird, oder die der Bank vorliegende Rechnungsanschrift des Leistungsempfängers;
4. der Mobilfunk-Ländercode (Mobile Country Code – MCC) der Internationalen Mobilfunk-Teilnehmerkennung (International Mobile Subscriber Identity – IMSI), der auf der von dem Dienstleistungsempfänger verwendeten SIM-Karte (Teilnehmer-Identifikationsmodul – Subscriber Identity Module) gespeichert ist;
5. der Ort des Festnetzanschlusses des Dienstleistungsempfängers, über den ihm die Dienstleistung erbracht wird;
6. sonstige für die Leistungserbringung wirtschaftlich wichtige Informationen.

(7) Das für den leistenden Unternehmer zuständige Finanzamt kann die Vermutungen nach den Absätzen 3 bis 5 widerlegen, wenn ihm Hinweise vorliegen, dass der leistende Unternehmer den Leistungsort falsch oder missbräuchlich festgelegt hat.

Beispiel:

[1]Der Unternehmer A mit Sitz in Hannover schließt einen Vertrag über die Erbringung von Telekommunikationsleistungen (Übertragung von Signalen, Schrift, Bild, Ton oder Sprache) mit der Privatperson P ab. [2]Nach den Vertragsvereinbarungen werden an P Telekommunikationsleistungen über den Festnetzanschluss des P in Spanien sowie über mobile Netze erbracht, bei denen P eine deutsche SIM-Karte verwendet. [3]P gibt als Rechnungsadresse die Adresse der ihm gehörenden Ferienwohnung in Spanien an. [4]Die für die Telekommunikationsleistungen in Rechnung gestellten Beträge werden von A über das von P angegebene Konto einer Bank in Spanien abgewickelt. [5]A sieht als Leistungsort entsprechend der Beweismittel Spanien an.

[6]Bei einer Betriebsprüfung stellt das Finanzamt des A fest, dass die mobil erbrachten Telekommunikationsleistungen des A über das Handy des P mit deutscher SIM-Karte erbracht wurden (vgl. Absatz 4 Nr. 2). [7]Absatz 5 ist von A falsch angewendet worden. [8]Als Leistungsort gilt danach insoweit Deutschland.

(8) Wird an einen Nichtunternehmer (siehe Abschnitt 3a.1 Abs. 1) neben der kurzfristigen Vermietung von Wohn- und Schlafräumen oder Campingplätzen noch eine in § 3a Abs. 5 Satz 2 UStG bezeichnete sonstige Leistung

---

1) **Steuergesetze** Nr. **550a.**

erbracht, gilt diese Leistung als am Ort der Vermietungsleistung erbracht (vgl. Artikel 31c MwStVO).[1)]

Besteuerungsverfahren und Aufzeichnungspflichten

(9) Zum Besteuerungsverfahren bei Leistungen im Sinne des § 3a Abs. 5 UStG, die im Rahmen der Regelungen nach § 18 Abs. 4c, 4d, 4e oder § 18h UStG erbracht werden, vgl. Abschnitt 3a.16 Abs. 8 bis 10 sowie die Abschnitte 18.7a, 18.7b und 18h.1, zu den Aufzeichnungspflichten zu den vorgenannten Leistungen vgl. Abschnitt 22.3a.

3a.10 Sonstige Leistungen auf dem Gebiet der Telekommunikation

(1) [1]Als sonstige Leistungen auf dem Gebiet der Telekommunikation im Sinne des § 3a Abs. 5 Satz 2 Nr. 1 UStG sind die Leistungen anzusehen, mit denen die Übertragung, die Ausstrahlung oder der Empfang von Signalen, Schrift, Bild und Ton oder Informationen jeglicher Art über Draht, Funk, optische oder sonstige elektromagnetische Medien ermöglicht und gewährleistet werden, einschließlich der damit im Zusammenhang stehenden Abtretung und Einräumung von Nutzungsrechten an Einrichtungen zur Übertragung, zur Ausstrahlung oder zum Empfang. [2]Der Ort dieser Telekommunikationsdienstleistungen bestimmt sich nach § 3a Abs. 5 Satz 1 UStG, wenn der Leistungsempfänger ein Nichtunternehmer (siehe Abschnitt 3a.1 Abs. 1) ist. [3]Für den per Telekommunikation übertragenen Inhalt bestimmt sich der Ort der sonstigen Leistung grundsätzlich nach der Art der Leistung (vgl. auch Absatz 4). [4]Hierbei ist der Grundsatz der Einheitlichkeit der Leistung zu beachten (vgl. hierzu Abschnitt 3.10).

(2) [1]Zu den sonstigen Leistungen im Sinne des Absatzes 1 gehören insbesondere:

1. [1]Die Übertragung von Signalen, Schrift, Bild, Ton, Sprache oder Informationen jeglicher Art
   a) via Festnetz;
   b) via Mobilfunk;
   c) via Satellitenkommunikation;
   d) via Internet.

   [2]Hierzu gehören auch Videoübertragungen und Schaltungen von Videokonferenzen;
2. [1]die Bereitstellung von Leitungskapazitäten oder Frequenzen im Zusammenhang mit der Einräumung von Übertragungskapazitäten
   a) im Festnetz;
   b) im Mobilfunknetz;
   c) in der Satellitenkommunikation;
   d) im Rundfunk- und Fernsehnetz;
   e) beim Kabelfernsehen.

1) **Steuergesetze** Nr. **550a.**

[2]Dazu gehören auch Kontroll- und Überwachungsmaßnahmen im Zusammenhang mit der Einräumung von Übertragungskapazitäten zur Sicherung der Betriebsbereitschaft durch Fernüberwachung oder Vor-Ort-Service;

3. [1]die Verschaffung von Zugangsberechtigungen zu
   a) den Festnetzen;
   b) den Mobilfunknetzen;
   c) der Satellitenkommunikation;
   d) dem Internet;
   e) dem Kabelfernsehen.

   [2]Hierzu gehört auch die Überlassung von sog. „Calling-Cards", bei denen die Telefongespräche, unabhängig von welchem Apparat sie geführt werden, über die Telefonrechnung für den Anschluss im Heimatland abgerechnet werden;
4. [1]die Vermietung und das Zurverfügungstellen von Telekommunikationsanlagen im Zusammenhang mit der Einräumung von Nutzungsmöglichkeiten der verschiedenen Übertragungskapazitäten. [2]Dagegen handelt es sich bei der Vermietung von Telekommunikationsanlagen ohne Einräumung von Nutzungsmöglichkeiten von Übertragungskapazitäten um die Vermietung beweglicher körperlicher Gegenstände im Sinne des § 3a Abs. 4 Satz 2 Nr. 10 UStG;
5. die Einrichtung von „voice-mail-box-Systemen".

[2]Zu den Telekommunikationsdienstleistungen gehören beispielsweise:

1. Festnetz- und Mobiltelefondienste zur wechselseitigen Ton-, Daten- und Videoübertragung einschließlich Telefondienstleistungen mit bildgebender Komponente (Videofonie);
2. über das Internet erbrachte Telefondienstleistungen einschließlich VoIP-Dienstleistungen (Voice over Internet Protocol);
3. Sprachspeicherung (Voicemail), Anklopfen, Rufumleitung, Anruferkennung, Dreiwegeanruf und andere Anrufverwaltungsdienste;
4. Personenrufdienste (sog. Paging-Dienste);
5. Audiotextdienste;
6. Fax, Telegrafie und Fernschreiben;
7. der Zugang zum Internet und World Wide Web;
8. private Netzanschlüsse für Telekommunikationsverbindungen zur ausschließlichen Nutzung durch den Dienstleistungsempfänger.

(3) [1]Von den Telekommunikationsleistungen im Sinne des § 3a Abs. 5 Satz 2 Nr. 1 UStG sind u. a. die über globale Informationsnetze (z. B. Online-Dienste, Internet) entgeltlich angebotenen Inhalte der übertragenen Leistungen zu unterscheiden. [2]Hierbei handelt es sich um gesondert zu beurteilende selbständige Leistungen, deren Art für die umsatzsteuerrechtliche Beurteilung maßgebend ist.

(4) [1]Nicht zu den Telekommunikationsleistungen im Sinne des § 3a Abs. 5 Satz 2 Nr. 1 UStG gehören insbesondere:

1. Angebote im Bereich Onlinebanking und Datenaustausch;
2. Angebote zur Information (Datendienste, z.B. Verkehrs-, Wetter-, Umwelt- und Börsendaten, Verbreitung von Informationen über Waren und Dienstleistungsangebote);
3. Angebote zur Nutzung des Internets oder weiterer Netze (z.B. Navigationshilfen);
4. Angebote zur Nutzung von Onlinespielen;
5. Angebote von Waren und Dienstleistungen in elektronisch abrufbaren Datenbanken mit interaktivem Zugriff und unmittelbarer Bestellmöglichkeit.

[2]Der Inhalt dieser Leistungen kann z.B. in der Einräumung, Übertragung und Wahrnehmung von bestimmten Rechten (§ 3a Abs. 4 Satz 2 Nr. 1 UStG), in der Werbung und Öffentlichkeitsarbeit (§ 3a Abs. 4 Satz 2 Nr. 2 UStG), in der rechtlichen, wirtschaftlichen und technischen Beratung (§ 3a Abs. 4 Satz 2 Nr. 3 UStG), in der Datenverarbeitung (§ 3a Abs. 4 Satz 2 Nr. 4 UStG), in der Überlassung von Informationen (§ 3a Abs. 4 Satz 2 Nr. 5 UStG) oder in einer auf elektronischem Weg erbrachten sonstigen Leistung (§ 3a Abs. 5 Satz 2 Nr. 3 UStG) bestehen.

(5) [1]Die Anbieter globaler Informationsnetze (sog. Online-Anbieter) erbringen häufig ein Bündel sonstiger Leistungen an ihre Abnehmer. [2]Zu den sonstigen Leistungen der Online-Anbieter auf dem Gebiet der Telekommunikation im Sinne des § 3a Abs. 5 Satz 2 Nr. 1 UStG gehören insbesondere:

1. Die Einräumung des Zugangs zum Internet;
2. die Ermöglichung des Bewegens im Internet;
3. die Übertragung elektronischer Post (E-Mail) einschließlich der Zeit, die der Anwender zur Abfassung und Entgegennahme dieser Nachrichten benötigt, sowie die Einrichtung einer Mailbox.

(6) Die Leistungen der Online-Anbieter sind wie folgt zu beurteilen:

1. Grundsätzlich ist jede einzelne sonstige Leistung gesondert zu beurteilen.
2. [1]Besteht die vom Online-Anbieter als sog. „Zugangs-Anbieter“ erbrachte sonstige Leistung allerdings vornehmlich darin, dem Abnehmer den Zugang zum Internet oder das Bewegen im Internet zu ermöglichen (Telekommunikationsleistung im Sinne des § 3a Abs. 5 Satz 2 Nr. 1 UStG), handelt es sich bei daneben erbrachten sonstigen Leistungen zwar nicht um Telekommunikationsleistungen. [2]Sie sind jedoch Nebenleistungen, die das Schicksal der Hauptleistung teilen.

   Beispiel:
   [1]Der Zugangs-Anbieter Z ermöglicht dem Abnehmer A entgeltlich den Zugang zum Internet, ohne eigene Dienste anzubieten. [2]Es wird lediglich eine Anwenderunterstützung (Navigationshilfe) zum Bewegen im Internet angeboten.
   [3]Die Leistung des Z ist insgesamt eine Telekommunikationsleistung im Sinne des § 3a Abs. 5 Satz 2 Nr. 1 UStG.

3. Erbringt der Online-Anbieter dagegen als Zugangs- und sog. Inhalts-Anbieter („Misch-Anbieter“) neben den Telekommunikationsleistungen im Sinne des § 3a Abs. 5 Satz 2 Nr. 1 UStG weitere sonstige Leistungen, die nicht als Nebenleistungen zu den Leistungen auf dem Gebiet der Tele-

kommunikation anzusehen sind, handelt es sich insoweit um selbständige Hauptleistungen, die gesondert zu beurteilen sind.

Beispiel:

[1] Der Misch-Anbieter M bietet die entgeltliche Nutzung eines Online-Dienstes an. [2] Der Anwender B hat die Möglichkeit, neben dem Online-Dienst auch die Zugangsmöglichkeit für das Internet zu nutzen. [3] Neben der Zugangsberechtigung zum Internet werden Leistungen im Bereich des Datenaustausches angeboten.

[4] Bei den Leistungen des M handelt es sich um selbständige Hauptleistungen, die gesondert zu beurteilen sind.

(7) [1] Wird vom Misch-Anbieter für die selbständigen Leistungen jeweils ein gesondertes Entgelt erhoben, ist es den jeweiligen Leistungen zuzuordnen. [2] Wird ein einheitliches Entgelt entrichtet, ist es grundsätzlich auf die jeweils damit vergüteten Leistungen aufzuteilen. [3] Eine Aufteilung des Gesamtentgelts ist allerdings nicht erforderlich, wenn die sonstigen Leistungen insgesamt an demselben Ort ausgeführt werden. [4] Dies gilt nicht, wenn die erbrachten Leistungen teilweise dem ermäßigten Steuersatz unterliegen oder steuerfrei sind.

Beispiel:

[1] Der Privatmann C mit Sitz in Los Angeles zahlt an den Misch-Anbieter M mit Sitz in München ein monatliches Gesamtentgelt. [2] C nutzt zum einen den Zugang zum Internet und zum anderen die von M im Online-Dienst angebotene Leistung, sich über Waren und Dienstleistungsangebote zu informieren.

[3] Die Nutzung des Zugangs zum Internet ist eine Telekommunikationsleistung im Sinne des § 3a Abs. 5 Satz 2 Nr. 1 UStG. [4] Dagegen ist die Information über Waren und Dienstleistungsangebote eine auf elektronischem Weg erbrachte sonstige Leistung im Sinne des § 3a Abs. 5 Satz 2 Nr. 3 UStG. [5] Eine Aufteilung des Gesamtentgelts ist allerdings nicht erforderlich, da die sonstigen Leistungen insgesamt nach § 3a Abs. 5 Satz 1 UStG am Wohnsitz des C in Los Angeles bzw. bei Vorliegen der Voraussetzungen des § 3a Abs. 5 Satz 3 UStG insgesamt am Unternehmenssitz des M in München erbracht werden.

(8) [1] Ist ein einheitlich entrichtetes Gesamtentgelt aufzuteilen, kann die Aufteilung im Schätzungswege vorgenommen werden. [2] Das Aufteilungsverhältnis der Telekommunikationsleistungen im Sinne des § 3a Abs. 5 Satz 2 Nr. 1 UStG und der übrigen sonstigen Leistungen bestimmt sich nach den Nutzungszeiten für die Inanspruchnahme der einzelnen sonstigen Leistungen durch die Anwender. [3] Das Finanzamt kann gestatten, dass ein anderer Aufteilungsmaßstab verwendet wird, wenn dieser Aufteilungsmaßstab nicht zu einem unzutreffenden Ergebnis führt.

Beispiel:

[1] Der Misch-Anbieter M führt in den Voranmeldungszeiträumen Januar bis März sowohl Telekommunikationsleistungen als auch sonstige Leistungen im Sinne des § 3a Abs. 4 UStG aus, für die er ein einheitliches Gesamtentgelt vereinnahmt hat.

[2] Das Gesamtentgelt kann entsprechend dem Verhältnis der jeweils genutzten Einzelleistungen zur gesamten Anwendernutzzeit aufgeteilt werden.

3a.11 Rundfunk- und Fernsehdienstleistungen[1)]

(1) [1] Rundfunk- und Fernsehdienstleistungen sind Rundfunk- und Fernsehprogramme, die auf der Grundlage eines Sendeplans über Kommunika-

---

1) Zum Leistungsort bei Bezug von sog. Katalogleistungen im nichtunternehmerischen Bereich (öff.-rechtl. Rundfunkanstalt) vgl. BFH v. 10.12.2009 XI R 62/06, BStBl. II 2010, 436.

tionsnetze, wie Kabel, Antenne oder Satellit, durch einen Mediendiensteanbieter unter dessen redaktioneller Verantwortung der Öffentlichkeit zum zeitgleichen Anhören oder Ansehen verbreitet werden (vgl. Artikel 6b Abs. 1 MwStVO).[1)] [2]Dies gilt auch dann, wenn die Verbreitung gleichzeitig über das Internet oder ein ähnliches elektronisches Netz erfolgt. [3]Der Ort dieser Rundfunk- und Fernsehdienstleistungen bestimmt sich nach § 3a Abs. 5 Satz 1 UStG, wenn der Leistungsempfänger ein Nichtunternehmer (siehe Abschnitt 3a.1 Abs. 1) ist.

(2) [1]Ein Rundfunk- und Fernsehprogramm, das nur über das Internet oder ein ähnliches elektronisches Netz verbreitet und nicht zeitgleich durch herkömmliche Rundfunk- oder Fernsehdienstleister übertragen wird, gehört nicht zu den Rundfunk- und Fernsehdienstleistungen, sondern gilt als auf elektronischem Weg erbrachte sonstige Leistung (§ 3a Abs. 5 Satz 2 Nr. 3 UStG). [2]Die Bereitstellung von Sendungen und Veranstaltungen aus den Bereichen Politik, Kultur, Kunst, Sport, Wissenschaft und Unterhaltung ist ebenfalls eine auf elektronischem Weg erbrachte sonstige Leistung (vgl. Abschnitt 3a.12 Abs. 3 Nr. 8). [3]Hierunter fällt der Web-Rundfunk, der ausschließlich über das Internet oder ähnliche elektronische Netze und nicht gleichzeitig über Kabel, Antenne oder Satellit verbreitet wird.

(2a) Nicht zu den Rundfunk- und Fernsehdienstleistungen im Sinne des § 3a Abs. 5 Satz 2 Nr. 2 UStG gehören insbesondere:

1. die Bereitstellung von Informationen über bestimmte auf Abruf erhältliche Programme;
2. die Übertragung von Sende- oder Verbreitungsrechten;
3. das Leasing von Geräten und technischer Ausrüstung zum Empfang von Rundfunk- und Fernsehdienstleistungen.

(3) Zum Leistungsort bei sonstigen Leistungen inländischer und ausländischer Rundfunkanstalten des öffentlichen Rechts untereinander vgl. Abschnitt 3a.2 Abs. 15.

3a.12 Auf elektronischem Weg erbrachte sonstige Leistungen

Anwendungsbereich

(1) [1]Eine auf elektronischem Weg erbrachte sonstige Leistung im Sinne des § 3a Abs. 5 Satz 2 Nr. 3 UStG ist eine Leistung, die über das Internet oder ein elektronisches Netz, einschließlich Netze zur Übermittlung digitaler Inhalte, erbracht wird und deren Erbringung auf Grund der Merkmale der sonstigen Leistung in hohem Maße auf Informationstechnologie angewiesen ist; d. h. die Leistung ist im Wesentlichen automatisiert, wird nur mit minimaler menschlicher Beteiligung erbracht und wäre ohne Informationstechnologie nicht möglich (vgl. Artikel 7 sowie Anhang I der MwStVO).[1)] [2]Maßgeblich ist insoweit, ob eine „menschliche Beteiligung" den eigentlichen Leistungsvorgang betrifft. [3]Deshalb stellen weder die (ursprüngliche) Inbetriebnahme noch die Wartung des elektronischen Systems eine wesentliche „menschliche Beteiligung" dar.

[1)] **Steuergesetze** Nr. **550a.**

[4]Auf Leistungselemente, welche nur der Vorbereitung und der Sicherung der Hauptleistung (z.B. Gewährung des Zugangs zu einer Online-Community) dienen, kommt es dabei nicht an. [5]Die menschliche Betätigung durch die Nutzer ist nicht zu berücksichtigen. [6]Eine auf elektronischem Weg erbrachte Dienstleistung ist nicht deshalb ausgeschlossen, weil dieselbe Leistung auch ohne Internetnutzung denkbar wäre; maßgeblich ist insoweit, wie die Ausführung der Leistung tatsächlich geschieht (vgl. BFH-Urteil vom 1.6.2016, XI R 29/14, BStBl. II S. 905). [7]Der Ort der auf elektronischem Weg erbrachten sonstigen Leistung bestimmt sich nach § 3a Abs. 5 Satz 1 UStG, wenn der Leistungsempfänger ein Nichtunternehmer (siehe Abschnitt 3a.1 Abs. 1) ist.

(2) Auf elektronischem Weg erbrachte sonstige Leistungen umfassen im Wesentlichen:

1. Digitale Produkte, wie z.B. Software und zugehörige Änderungen oder Updates;
2. Dienste, die in elektronischen Netzen eine Präsenz zu geschäftlichen oder persönlichen Zwecken vermitteln oder unterstützen (z.B. Website, Webpage);
3. von einem Computer automatisch generierte Dienstleistungen über das Internet oder ein elektronisches Netz auf der Grundlage spezifischer Dateneingabe des Leistungsempfängers;
4. sonstige automatisierte Dienstleistungen, für deren Erbringung das Internet oder ein elektronisches Netz erforderlich ist (z.B. Dienstleistungen, die von Online-Markt-Anbietern erbracht und die z.B. über Provisionen und andere Entgelte abgerechnet werden).

(3) Auf elektronischem Weg erbrachte sonstige Leistungen sind insbesondere:

1. [1]Bereitstellung von Websites, Webhosting, Fernwartung von Programmen und Ausrüstungen.
   [2]Hierzu gehören z.B. die automatisierte Online-Fernwartung von Programmen, die Fernverwaltung von Systemen, das Online-Data-Warehousing (Datenspeicherung und -abruf auf elektronischem Weg), Online-Bereitstellung von Speicherplatz nach Bedarf;
2. [1]Bereitstellung von Software und deren Aktualisierung.
   [2]Hierzu gehört z.B. die Gewährung des Zugangs zu oder das Herunterladen von Software (wie z.B. Beschaffungs- oder Buchhaltungsprogramme, Software zur Virusbekämpfung) und Updates, Bannerblocker (Software zur Unterdrückung der Anzeige von Webbannern), Herunterladen von Treibern (z.B. Software für Schnittstellen zwischen PC und Peripheriegeräten wie z.B. Drucker), automatisierte Online-Installation von Filtern auf Websites und automatisierte Online-Installation von Firewalls;
3. Bereitstellung von Bildern, wie z.B. die Gewährung des Zugangs zu oder das Herunterladen von Desktop-Gestaltungen oder von Fotos, Bildern und Bildschirmschonern;

4. [1]Bereitstellung von Texten und Informationen.
   [2]Hierzu gehören z. B. E-Books und andere elektronische Publikationen, Abonnements von Online-Zeitungen und Online-Zeitschriften, Web-Protokolle und Website-Statistiken, Online-Nachrichten, Online-Verkehrsinformationen und Online-Wetterberichte, Online-Informationen, die automatisch anhand spezifischer vom Leistungsempfänger eingegebener Daten etwa aus dem Rechts- und Finanzbereich generiert werden (z. B. regelmäßig aktualisierte Börsendaten), Werbung in elektronischen Netzen und Bereitstellung von Werbeplätzen (z. B. Bannerwerbung auf Websites und Webpages);
5. [1]Bereitstellung von Datenbanken, wie z. B. die Benutzung von Suchmaschinen und Internetverzeichnissen einschließlich der Sammlung und Bereitstellung von Mitgliederprofilen (vgl. BFH-Urteil vom 1.6.2016, XI R 29/14, BStBl. II S. 905). [2]Eine „Datenbank" ist eine Sammlung von Werken, Daten und anderen unabhängigen Elementen, die systematisch oder methodisch angeordnet und einzeln mit elektronischen Mitteln oder auf andere Weise zugänglich sind;
6. Bereitstellung von Musik (z. B. die Gewährung des Zugangs zu oder das Herunterladen von Musik auf PC, Mobiltelefone usw. und die Gewährung des Zugangs zu oder das Herunterladen von Jingles, Ausschnitten, Klingeltönen und anderen Tönen);
7. [1]Bereitstellung von Filmen und Spielen, einschließlich Glücksspielen und Lotterien.
   [2]Hierzu gehören z. B. die Gewährung des Zugangs zu oder das Herunterladen von Filmen und die Gewährung des Zugangs zu automatisierten Online-Spielen, die nur über das Internet oder ähnliche elektronische Netze laufen und bei denen die Spieler räumlich voneinander getrennt sind;
8. [1]Bereitstellung von Sendungen und Veranstaltungen aus den Bereichen Politik, Kultur, Kunst, Sport, Wissenschaft und Unterhaltung.
   [2]Hierzu gehört z. B. der Web-Rundfunk, der ausschließlich über das Internet oder ähnliche elektronische Netze verbreitet und nicht gleichzeitig auf herkömmlichem Weg ausgestrahlt wird. [3]Hierzu gehört auch die Bereitstellung von über ein Rundfunk- oder Fernsehnetz, das Internet oder ein ähnliches elektronisches Netz verbreitete Rundfunk- oder Fernsehsendungen, die der Nutzer zum Anhören oder Anschauen zu einem von ihm bestimmten Zeitpunkt aus einem von dem Mediendiensteanbieter bereitgestelltem Programm auswählt, wie Fernsehen auf Abruf oder Video-on-Demand (vgl. Artikel 7 Abs. 2 Buchstabe f und Anhang I Nr. 4 Buchstabe g MwStVO);[1)]

8a. die Erbringung von Audio- und audiovisuellen Inhalten über Kommunikationsnetze, die weder durch einen Mediendiensteanbieter noch unter dessen redaktioneller Verantwortung erfolgt (vgl. Artikel 7 Abs. 2 Buchstabe f und Anhang I Nr. 4 Buchstabe h MwStVO);[1)]

[1)] **Steuergesetze** Nr. **550a.**

8b. die Weiterleitung von Audio- und audiovisuellen Inhalten eines Mediendiensteanbieters über Kommunikationsnetze durch einen anderen Unternehmer als den Mediendiensteanbieter (vgl. Artikel 7 Abs. 2 Buchstabe f und Anhang I Nr. 4 Buchstabe i MwStVO);[1)]

9. [1] Erbringung von Fernunterrichtsleistungen.

   [2] Hierzu gehört z. B. der automatisierte Unterricht, der auf das Internet oder ähnliche elektronische Netze angewiesen ist, auch sog. virtuelle Klassenzimmer. [3] Dazu gehören auch Arbeitsunterlagen, die vom Schüler online bearbeitet und anschließend ohne menschliches Eingreifen automatisch korrigiert werden;

10. Online-Versteigerungen (soweit es sich nicht bereits um Web-Hosting-Leistungen handelt) über automatisierte Datenbanken und mit Dateneingabe durch den Leistungsempfänger, die kein oder nur wenig menschliches Eingreifen erfordern (z. B. Online-Marktplatz, Online-Einkaufsportal);

11. Internet-Service-Pakete, die mehr als nur die Gewährung des Zugangs zum Internet ermöglichen und weitere Elemente umfassen (z. B. Nachrichten, Wetterbericht, Reiseinformationen, Spielforen, Web-Hosting, Zugang zu Chatlines usw.).

(4) Von den auf elektronischem Weg erbrachten sonstigen Leistungen sind die Leistungen zu unterscheiden, bei denen es sich um Lieferungen oder um andere sonstige Leistungen im Sinne des § 3a UStG handelt.

(5) Insbesondere in den folgenden Fällen handelt es sich um Lieferungen, so dass keine auf elektronischem Weg erbrachten sonstigen Leistungen vorliegen:

1. Lieferungen von Gegenständen nach elektronischer Bestellung und Auftragsbearbeitung;
2. Lieferungen von CD-ROM, Disketten und ähnlichen körperlichen Datenträgern;
3. Lieferungen von Druckerzeugnissen wie Büchern, Newsletter, Zeitungen und Zeitschriften;
4. Lieferungen von CD, Audiokassetten, Videokassetten und DVD;
5. Lieferungen von Spielen auf CD-ROM.

(6) In den folgenden Fällen handelt es sich um andere als auf elektronischem Weg erbrachte sonstige Leistungen im Sinne des § 3a Abs. 5 Satz 2 Nr. 3 UStG, d. h. Dienstleistungen, die zum wesentlichen Teil durch Menschen erbracht werden, wobei das Internet oder ein elektronisches Netz nur als Kommunikationsmittel dient:

1. [1] Data-Warehousing – offline –. [2] Der Leistungsort richtet sich nach § 3a Abs. 1 oder 2 UStG.
2. [1] Versteigerungen herkömmlicher Art, bei denen Menschen direkt tätig werden, unabhängig davon, wie die Gebote abgegeben werden – z. B.

[1)] **Steuergesetze** Nr. **550a.**

persönlich, per Internet oder per Telefon –. [2]Der Leistungsort richtet sich nach § 3a Abs. 1 oder 2 UStG.

3. [1]Fernunterricht, z.B. per Post. [2]Der Leistungsort richtet sich nach § 3a Abs. 2 oder 3 Nr. 3 Buchstabe a UStG.
4. [1]Reparatur von EDV-Ausrüstung. [2]Der Leistungsort richtet sich nach § 3a Abs. 2 oder 3 Nr. 3 Buchstabe c UStG (vgl. Abschnitt 3a.6 Abs. 10 und 11).
5. [1]Zeitungs-, Plakat- und Fernsehwerbung (§ 3a Abs. 4 Satz 2 Nr. 2 UStG; vgl. Abschnitt 3a.9 Abs. 3 bis 5). [2]Der Leistungsort richtet sich nach § 3a Abs. 1, 2 oder 4 Satz 1 UStG.
6. [1]Beratungsleistungen von Rechtsanwälten und Finanzberatern usw. per E-Mail (§ 3a Abs. 4 Satz 2 Nr. 3 UStG; vgl. Abschnitt 3a.9 Abs. 9 bis 13). [2]Der Leistungsort richtet sich nach § 3a Abs. 1, 2 oder 4 Satz 1 UStG.
7. [1]Anpassung von Software an die besonderen Bedürfnisse des Abnehmers (§ 3a Abs. 4 Satz 2 Nr. 3 UStG, vgl. Abschnitt 3a.9 Abs. 13). [2]Der Leistungsort richtet sich nach § 3a Abs. 1, 2 oder 4 Satz 1 UStG.
8. [1]Internettelefonie (§ 3a Abs. 5 Satz 2 Nr. 1 UStG). [2]Der Leistungsort richtet sich nach § 3a Abs. 2 oder 5 Satz 1 UStG.
9. [1]Kommunikation, wie z.B. E-Mail (§ 3a Abs. 5 Satz 2 Nr. 1 UStG). [2]Der Leistungsort richtet sich nach § 3a Abs. 2 oder 5 Satz 1 UStG.
10. [1]Telefon-Helpdesks (§ 3a Abs. 5 Satz 2 Nr. 1 UStG). [2]Der Leistungsort richtet sich nach § 3a Abs. 2 oder 5 Satz 1 UStG.
11. [1]Videofonie, d.h. Telefonie mit Video-Komponente (§ 3a Abs. 5 Satz 2 Nr. 1 UStG). [2]Der Leistungsort richtet sich nach § 3a Abs. 2 oder 5 Satz 1 UStG.
12. [1]Zugang zum Internet und World Wide Web (§ 3a Abs. 5 Satz 2 Nr. 1 UStG). [2]Der Leistungsort richtet sich nach § 3a Abs. 2 oder 5 Satz 1 UStG.
13. [1]Rundfunk- und Fernsehdienstleistungen über das Internet oder ein ähnliches elektronisches Netz bei gleichzeitiger Übertragung der Sendung auf herkömmlichem Weg (§ 3a Abs. 5 Satz 2 Nr. 2 UStG, vgl. Abschnitt 3a.11). [2]Der Leistungsort richtet sich nach § 3a Abs. 2 oder 5 Satz 1 UStG.
14. [1]Online gebuchte Eintrittskarten für kulturelle, künstlerische, wissenschaftliche, unterrichtende, sportliche, unterhaltende oder ähnliche Veranstaltungen. [2]Der Leistungsort richtet sich nach § 3a Abs. 3 Nr. 3 Buchstabe a oder Nr. 5 UStG.
15. [1]Online gebuchte Beherbergungsleistungen. [2]Der Leistungsort richtet sich nach § 3a Abs. 3 Nr. 1 UStG.
16. [1]Online gebuchte Vermietung von Beförderungsmitteln. [2]Der Leistungsort richtet sich nach § 3a Abs. 2, 3 Nr. 2, Abs. 6 Satz 1 Nr. 1 oder Abs. 7 UStG.

17. [1]Online gebuchte Restaurationsleistungen. [2]Der Leistungsort richtet sich nach § 3a Abs. 3 Nr. 3 Buchstabe b oder § 3e UStG.
18. [1]Online gebuchte Personenbeförderungen. [2]Der Leistungsort richtet sich nach § 3b Abs. 1 Satz 1 und 2 UStG.
19. [1]Die Online-Vermittlung von online gebuchten Leistungen. [2]Der Leistungsort richtet sich nach § 3a Abs. 2 oder 3 Nr. 1 und 4 UStG.

(7), (8) *(aufgehoben)*

3a.13 Gewährung des Zugangs zu Erdgas- und Elektrizitätsnetzen und die Fernleitung, die Übertragung oder die Verteilung über diese Netze sowie damit unmittelbar zusammenhängende sonstige Leistungen

(1) [1]Bei bestimmten sonstigen Leistungen im Zusammenhang mit Lieferungen von Gas über das Erdgasnetz, von Elektrizität über das Elektrizitätsnetz oder von Wärme oder Kälte über Wärme- oder Kältenetze (§ 3a Abs. 4 Satz 2 Nr. 14 UStG) richtet sich der Leistungsort bei Leistungen an im Drittlandsgebiet ansässige Nichtunternehmer (siehe Abschnitt 3a.1 Abs. 1) regelmäßig nach § 3a Abs. 4 Satz 1 UStG. [2]Zu diesen Leistungen gehören die Gewährung des Zugangs zu Erdgas-, Elektrizitäts-, Wärme- oder Kältenetzen, die Fernleitung, die Übertragung oder die Verteilung über diese Netze sowie andere mit diesen Leistungen unmittelbar zusammenhängende Leistungen in Bezug auf Gas für alle Druckstufen und in Bezug auf Elektrizität für alle Spannungsstufen sowie in Bezug auf Wärme und auf Kälte.

(2) Zu den mit der Gewährung des Zugangs zu Erdgas-, Elektrizitäts-, Wärme- oder Kältenetzen und der Fernleitung, der Übertragung oder der Verteilung über diese Netze unmittelbar zusammenhängenden Umsätzen gehören insbesondere Serviceleistungen wie Überwachung, Netzoptimierung, Notrufbereitschaften.

(3) Der Ort der Vermittlung von unter § 3a Abs. 4 Satz 2 Nr. 14 UStG fallenden Leistungen bestimmt sich grundsätzlich nach § 3a Abs. 2 und 3 Nr. 4 UStG.

3a.14 Sonderfälle des Orts der sonstigen Leistung

Nutzung und Auswertung bestimmter sonstiger Leistungen im Inland (§ 3a Abs. 6 UStG)

(1) Die Sonderregelung des § 3a Abs. 6 UStG betrifft sonstige Leistungen, die von einem im Drittlandsgebiet ansässigen Unternehmer oder von einer dort belegenen Betriebsstätte erbracht und im Inland genutzt oder ausgewertet werden.

(2) Die Ortsbestimmung richtet sich nur bei der kurzfristigen Vermietung eines Beförderungsmittels an Leistungsempfänger im Sinne des § 3a Abs. 2 UStG (siehe Abschnitt 3a.2 Abs. 1) oder an Nichtunternehmer (siehe Abschnitt 3a.1 Abs. 1) und bei langfristiger Vermietung an Nichtunternehmer nach § 3a Abs. 6 Satz 1 Nr. 1 UStG.

Beispiel:

[1] Der Privatmann P mit Wohnsitz in der Schweiz mietet bei einem in der Schweiz ansässigen Autovermieter S einen Personenkraftwagen für ein Jahr; das Fahrzeug soll ausschließlich im Inland genutzt werden.

[2] Der Ort der Leistung bei der langfristigen Vermietung des Beförderungsmittels richtet sich nach § 3a Abs. 3 Nr. 2 Satz 3 UStG (vgl. Abschnitt 3a.5 Abs. 7 bis 9). [3] Da der Personenkraftwagen im Inland genutzt wird, ist die Leistung jedoch nach § 3a Abs. 6 Satz 1 Nr. 1 UStG als im Inland ausgeführt zu behandeln. [4] Steuerschuldner ist S (§ 13a Abs. 1 Nr. 1 UStG).

(3) [1] § 3a Abs. 6 Satz 1 Nr. 2 UStG gilt nur für Leistungen an im Inland ansässige juristische Personen des öffentlichen Rechts, wenn diese Nichtunternehmer sind (siehe Abschnitt 3a.1 Abs. 1). [2] Die Leistungen eines Aufsichtsratmitgliedes werden am Sitz der Gesellschaft genutzt oder ausgewertet. [3] Sonstige Leistungen, die der Werbung oder der Öffentlichkeitsarbeit dienen (vgl. Abschnitt 3a.9 Abs. 4 bis 8), werden dort genutzt oder ausgewertet, wo die Werbung oder Öffentlichkeitsarbeit wahrgenommen werden soll. [4] Wird eine sonstige Leistung sowohl im Inland als auch im Ausland genutzt oder ausgewertet, ist darauf abzustellen, wo die Leistung überwiegend genutzt oder ausgewertet wird.

Beispiel 1:

[1] Die Stadt M (ausschließlich nicht unternehmerisch tätige juristische Person des öffentlichen Rechts ohne USt-IdNr.) im Inland platziert im Wege der Öffentlichkeitsarbeit eine Anzeige für eine Behörden-Service-Nummer über einen in der Schweiz ansässigen Werbungsmittler W in einer deutschen Zeitung.

[2] Die Werbeleistung der deutschen Zeitung an W ist im Inland nicht steuerbar (§ 3a Abs. 2 UStG). [3] Der Ort der Leistung des W an M liegt nach § 3a Abs. 6 Satz 1 Nr. 2 UStG im Inland. [4] Steuerschuldner für die Leistung des W ist M (§ 13b Abs. 5 Satz 1 UStG).

Beispiel 2:

[1] Die im Inland ansässige Rundfunkanstalt R (ausschließlich nicht unternehmerisch tätige juristische Person des öffentlichen Rechts ohne USt-IdNr.) verpflichtet für ihren nicht unternehmerischen Bereich

1. den in Norwegen ansässigen Künstler N für die Aufnahme und Sendung einer künstlerischen Darbietung;
2. den in der Schweiz ansässigen Journalisten S, Nachrichten, Übersetzungen und Interviews auf Tonträgern und in Manuskriptform zu verfassen.

[2] N und S räumen R das Nutzungsrecht am Urheberrecht ein. [3] Die Sendungen werden sowohl in das Inland als auch in das Ausland ausgestrahlt.

[4] Die Leistungen des N und des S sind in § 3a Abs. 4 Satz 2 Nr. 1 UStG bezeichnete sonstige Leistungen. [5] Der Ort dieser Leistungen liegt im Inland, da sie von R hier genutzt werden (§ 3a Abs. 6 Satz 1 Nr. 2 UStG). [6] Es kommt nicht darauf an, wohin die Sendungen ausgestrahlt werden. [7] Steuerschuldner für die Leistungen des N und des S ist R (§ 13b Abs. 5 Satz 1 UStG).

(3a)[1)] [1] § 3a Abs. 6 Satz 1 Nr. 3 UStG gilt für Leistungen an Nichtunternehmer. [2] Roamingleistungen, die von einem in einem Drittland ansässigen Mobilfunkbetreiber an seine Kunden, die ebenfalls in diesem Drittland ansässig sind bzw. dort ihren Wohnsitz oder gewöhnlichen Aufenthalt haben, erbracht werden und die es diesen Kunden ermöglichen, das inländische Mobilfunknetz, in dem sie sich vorübergehend aufhalten, zu nutzen, sind als Dienstleis-

---

1) A 3a.14 Abs. 3a eingef. durch BMF v. 17.12.2021, BStBl. I 2021, 2504.

tungen anzusehen, die im Inland genutzt oder ausgewertet werden (vgl. EuGH-Urteil vom 15.4.2021, C-593/19, SK Telecom). [3] Für die Behandlung als im Inland ausgeführte Roamingleistung ist es unbeachtlich, welcher steuerlichen Behandlung die Roamingleistung nach dem nationalen Steuerrecht des Drittlands unterliegt (vgl. EuGH-Urteil vom 15.4.2021, C-593/19, SK Telecom).

Kurzfristige Fahrzeugvermietung zur Nutzung im Drittlandsgebiet (§ 3a Abs. 7 UStG)

(4) [1] Die Sonderregelung des § 3a Abs. 7 UStG betrifft ausschließlich die kurzfristige Vermietung eines Schienenfahrzeugs, eines Kraftomnibusses oder eines ausschließlich zur Güterbeförderung bestimmten Straßenfahrzeugs, die an einen im Drittlandsgebiet ansässigen Unternehmer oder an eine dort belegene Betriebsstätte eines Unternehmers erbracht wird, das Fahrzeug für dessen Unternehmen bestimmt ist und im Drittlandsgebiet auch tatsächlich genutzt wird. [2] Wird eine sonstige Leistung sowohl im Inland als auch im Drittlandsgebiet genutzt, ist darauf abzustellen, wo die Leistung überwiegend genutzt wird.

Beispiel:

[1] Der im Inland ansässige Unternehmer U vermietet an einen in der Schweiz ansässigen Mieter S einen Lkw für drei Wochen. [2] Der Lkw wird von S bei U abgeholt. [3] Der Lkw wird ausschließlich in der Schweiz genutzt.

[4] Der Ort der Leistung bei der kurzfristigen Vermietung des Beförderungsmittels richtet sich grundsätzlich nach § 3a Abs. 3 Nr. 2 Satz 1 und 2 UStG (vgl. Abschnitt 3a.5 Abs. 1 bis 6). [5] Da der Lkw aber nicht im Inland, sondern in der Schweiz genutzt wird, ist die Leistung nach § 3a Abs. 7 UStG als in der Schweiz ausgeführt zu behandeln.

Sonstige im Drittlandsgebiet ausgeführte Leistungen an Unternehmer

(5) [1] § 3a Abs. 8 UStG gilt nur für sonstige Leistungen an Leistungsempfänger im Sinne des § 3a Abs. 2 UStG (siehe Abschnitt 3a.2 Abs. 1). [2] Güterbeförderungsleistungen, im Zusammenhang mit einer Güterbeförderung stehende Leistungen wie Beladen, Entladen, Umschlagen oder ähnliche mit der Beförderung eines Gegenstands im Zusammenhang stehende Leistungen (vgl. § 3b Abs. 2 UStG und Abschnitt 3b.2), Arbeiten an und Begutachtungen von beweglichen körperlichen Gegenständen (vgl. Abschnitt 3a.6 Abs. 11), Reisevorleistungen im Sinne des § 25 Abs. 1 Satz 5 UStG und Veranstaltungsleistungen im Zusammenhang mit Messen und Ausstellungen (vgl. Abschnitt 3a.4 Abs. 2 Sätze 2, 3, 5 und 6) werden regelmäßig im Drittlandsgebiet genutzt oder ausgewertet, wenn sie tatsächlich ausschließlich dort in Anspruch genommen werden können. [3] Ausgenommen hiervon sind Leistungen, die in einem der in § 1 Abs. 3 UStG genannten Gebiete (insbesondere Freihäfen) erbracht werden. [4] Die Regelung gilt nur in den Fällen, in denen der Leistungsort für die in § 3a Abs. 8 Satz 1 UStG genannten Leistungen unter Anwendung von § 3a Abs. 2 UStG im Inland liegen würde und

- der leistende Unternehmer für den jeweiligen Umsatz Steuerschuldner nach § 13a Abs. 1 Nr. 1 UStG wäre, oder
- der Leistungsempfänger für den jeweiligen Umsatz Steuerschuldner nach § 13b Abs. 1 oder Abs. 2 und Abs. 5 Satz 1 UStG wäre.

3a.15 Ort der sonstigen Leistung bei Einschaltung eines Erfüllungsgehilfen

Bedient sich der Unternehmer bei Ausführung einer sonstigen Leistung eines anderen Unternehmers als Erfüllungsgehilfen, der die sonstige Leistung im eigenen Namen und für eigene Rechnung ausführt, ist der Ort der Leistung für jede dieser Leistungen für sich zu bestimmen.

Beispiel:

[1] Die ausschließlich hoheitlich tätige juristische Person des öffentlichen Rechts P mit Sitz im Inland, der keine USt-IdNr. zugeteilt worden ist, erteilt dem Unternehmer F in Frankreich den Auftrag, ein Gutachten zu erstellen, das P in ihrem Hoheitsbereich auswerten will. [2] F vergibt bestimmte Teilbereiche an den Unternehmer U im Inland und beauftragt ihn, die Ergebnisse seiner Ermittlungen unmittelbar P zur Verfügung zu stellen.

[3] Die Leistung des U wird nach § 3a Abs. 2 UStG dort ausgeführt, wo F sein Unternehmen betreibt; sie ist daher im Inland nicht steuerbar. [4] Der Ort der Leistung des F an P ist nach § 3a Abs. 1 UStG zu bestimmen; die Leistung ist damit ebenfalls im Inland nicht steuerbar.

3a.16 Besteuerungsverfahren bei sonstigen Leistungen

Leistungsort in der Bundesrepublik Deutschland

(1) [1] Bei im Inland erbrachten sonstigen Leistungen ist grundsätzlich der leistende Unternehmer der Steuerschuldner, wenn er im Inland ansässig ist; auf die Möglichkeit der Steuerschuldnerschaft des Leistungsempfängers (§ 13b UStG) wird hingewiesen (vgl. hierzu Abschnitt 13b.1). [2] Die Umsätze sind im allgemeinen Besteuerungsverfahren nach § 16 und § 18 Abs. 1 bis 4 UStG zu versteuern.

(2) Ist der leistende Unternehmer im Ausland ansässig, schuldet der Leistungsempfänger nach § 13b Abs. 5 Satz 1 UStG die Steuer, wenn er ein Unternehmer oder eine juristische Person ist (vgl. hierzu Abschnitt 13b.1).

(3) Ist der Empfänger einer sonstigen Leistung weder ein Unternehmer noch eine juristische Person, hat der leistende ausländische Unternehmer diesen Umsatz im Inland im allgemeinen Besteuerungsverfahren nach § 16 und § 18 Abs. 1 bis 4 UStG zu versteuern.

Leistungsort in anderen EU-Mitgliedstaaten

(4) Grundsätzlich ist der Unternehmer, der sonstige Leistungen in einem anderen EU-Mitgliedstaat ausführt, in diesem EU-Mitgliedstaat Steuerschuldner der Umsatzsteuer (Artikel 193 MwStSystRL).[1)]

(5) Liegt der Ort einer sonstigen Leistung, bei der sich der Leistungsort nach § 3a Abs. 2 UStG bestimmt, in einem EU-Mitgliedstaat, und ist der leistende Unternehmer dort nicht ansässig, schuldet der Leistungsempfänger die Umsatzsteuer, wenn er in diesem EU-Mitgliedstaat als Unternehmer für Umsatzsteuerzwecke erfasst ist oder eine nicht steuerpflichtige juristische Person mit USt-IdNr. ist (vgl. Artikel 196 MwStSystRL).[1)]

---

1) **Steuergesetze** Nr. **550.**

(6) [1] Ist der Leistungsempfänger Steuerschuldner, darf in der Rechnung des in einem anderen EU-Mitgliedstaat ansässigen leistenden Unternehmers keine Umsatzsteuer im Rechnungsbetrag gesondert ausgewiesen sein. [2] In der Rechnung ist auf die Steuerschuldnerschaft des Leistungsempfängers besonders hinzuweisen.

(7) Steuerpflichtige sonstige Leistungen nach § 3a Abs. 2 UStG, für die der in einem anderen Mitgliedstaat ansässige Leistungsempfänger die Steuer dort schuldet, hat der leistende Unternehmer in der Voranmeldung und der Umsatzsteuererklärung für das Kalenderjahr (§ 18b Satz 1 Nr. 2 UStG) und in der ZM (§ 18a UStG) anzugeben.

Besonderes Besteuerungsverfahren für im Ausland ansässige Unternehmer, die vor dem 1.7.2021 sonstige Leistungen nach § 3a Abs. 5 UStG erbringen[1)]

(8)[1)] Nicht im Gemeinschaftsgebiet ansässige Unternehmer, die vor dem 1.7.2021 im Gemeinschaftsgebiet als Steuerschuldner Telekommunikationsdienstleistungen, Rundfunk- und Fernsehdienstleistungen und/oder sonstige Leistungen auf elektronischem Weg an in der EU ansässige Nichtunternehmer (siehe Abschnitt 3a.1 Abs. 1) erbringen (§ 3a Abs. 5 UStG), können sich abweichend von § 18 Abs. 1 bis 4 UStG unter bestimmten Bedingungen dafür entscheiden, nur in einem EU-Mitgliedstaat erfasst zu werden (§ 18 Abs. 4c UStG); wegen der Einzelheiten vgl. Abschnitt 18.7a.

(9)[1)] Im übrigen Gemeinschaftsgebiet ansässige Unternehmer (Abschnitt 13b.11 Abs. 1 Satz 2), die vor dem 1.7.2021 im Inland als Steuerschuldner Telekommunikationsdienstleistungen, Rundfunk- und Fernsehdienstleistungen und/oder sonstige Leistungen auf elektronischem Weg an im Inland ansässige Nichtunternehmer (siehe Abschnitt 3a.1 Abs. 1) erbringen (§ 3a Abs. 5 UStG), können sich abweichend von § 18 Abs. 1 bis 4 UStG unter bestimmten Bedingungen dafür entscheiden, an dem besonderen Besteuerungsverfahren teilzunehmen (§ 18 Abs. 4e UStG); wegen der Einzelheiten vgl. Abschnitt 18.7b.

Besonderes Besteuerungsverfahren für im Inland ansässige Unternehmer, die vor dem 1.7.2021 sonstige Leistungen nach § 3a Abs. 5 UStG erbringen[2)]

(10)[2)] Im Inland ansässige Unternehmer (Abschnitt 18h.1 Abs. 8), die vor dem 1.7.2021 in einem anderen EU-Mitgliedstaat Telekommunikationsdienstleistungen, Rundfunk- und Fernsehdienstleistungen und/oder sonstige Leistungen auf elektronischem Weg an in diesem EU-Mitgliedstaat ansässige Nichtunternehmer (siehe Abschnitt 3a.1 Abs. 1) erbringen (§ 3a Abs. 5 UStG), für die sie dort die Umsatzsteuer schulden und Umsatzsteuererklärungen abzugeben haben, können sich unter bestimmten Bedingungen dafür entscheiden, an dem besonderen Besteuerungsverfahren teilzunehmen (§ 18h UStG); wegen der Einzelheiten vgl. Abschnitt 18h.1.

---

1) A 3a.16 UStAE Zwischenüberschrift, Abs. 8 und Abs. 9 neugef. durch BMF v. 1.4.2021, BStBl. I 2021, 629, anzuwenden mWv 1.7.2021.

2) A 3a.16 UStAE Zwischenüberschrift und Abs. 10 neugef. durch BMF v. 1.4.2021, BStBl. I 2021, 629, anzuwenden mWv 1.7.2021.

Besonderes Besteuerungsverfahren für von nicht im Gemeinschaftsgebiet ansässigen Unternehmern erbrachte sonstige Leistungen[1]

(11)[1] Nicht im Gemeinschaftsgebiet ansässige Unternehmer, die nach dem 30.6.2021 als Steuerschuldner sonstige Leistungen an in der EU ansässige Nichtunternehmer (siehe Abschnitt 3a.1 Abs. 1) erbringen, können sich abweichend von § 18 Abs. 1 bis 4 UStG unter bestimmten Bedingungen dafür entscheiden, an dem besonderen Besteuerungsverfahren teilzunehmen (§ 18i UStG); wegen der Einzelheiten vgl. Abschnitt 18i.1.

Besonderes Besteuerungsverfahren für von im Gemeinschaftsgebiet, nicht aber im Mitgliedstaat des Verbrauchs ansässigen Unternehmern erbrachte sonstige Leistungen[1]

(12)[1] Im Gemeinschaftsgebiet ansässige Unternehmer, die nach dem 30.6.2021 in einem anderen EU-Mitgliedstaat sonstige Leistungen an Nichtunternehmer (siehe Abschnitt 3a.1 Abs. 1) erbringen, können sich abweichend von § 18 Abs. 1 bis 4 UStG unter bestimmten Bedingungen dafür entscheiden, an dem besonderen Besteuerungsverfahren teilzunehmen (§ 18j UStG); wegen der Einzelheiten vgl. Abschnitt 18j.1.

Zu § 3b UStG
(§§ 2 bis 7 UStDV)

3b.1 Ort einer Personenbeförderung und Ort einer Güterbeförderung, die keine innergemeinschaftliche Güterbeförderung ist

(1) Die Ortsbestimmung des § 3b Abs. 1 Sätze 1 und 2 UStG (Personenbeförderung) ist bei sonstigen Leistungen sowohl an Nichtunternehmer (siehe Abschnitt 3a.1 Abs. 1) als auch an Leistungsempfänger im Sinne des § 3a Abs. 2 UStG (siehe Abschnitt 3a.2 Abs. 1) anzuwenden.

(2) [1]Der Ort einer Personenbeförderung liegt dort, wo die Beförderung tatsächlich bewirkt wird (§ 3b Abs. 1 Satz 1 UStG). [2]Hieraus folgt für diejenigen Beförderungsfälle, in denen der mit der Beförderung beauftragte Unternehmer (Hauptunternehmer) die Beförderung durch einen anderen Unternehmer (Subunternehmer) ausführen lässt, dass sowohl die Beförderungsleistung des Hauptunternehmers als auch diejenige des Subunternehmers dort ausgeführt werden, wo der Subunternehmer die Beförderung bewirkt. [3]Die Sonderregelung über die Besteuerung von Reiseleistungen (§ 25 Abs. 1 UStG) bleibt jedoch unberührt.

Beispiel:

[1]Der Reiseveranstalter A veranstaltet im eigenen Namen und für eigene Rechnung einen Tagesausflug. [2]Er befördert die teilnehmenden Reisenden (Nichtunternehmer) jedoch nicht selbst, sondern bedient sich zur Ausführung der Beförderung des Omnibusunternehmers B. [3]Dieser bewirkt an A eine Beförderungsleistung, indem er die Beförderung im eigenen Namen, unter eigener Verantwortung und für eigene Rechnung durchführt.

---

[1] A 3a.16 UStAE Zwischenüberschrift, Abs. 11 und 12 angef. durch BMF v. 1.4.2021, BStBl. I 2021, 629, anzuwenden mWv 1.7.2021.

4 Der Ort der Beförderungsleistung des B liegt dort, wo dieser die Beförderung bewirkt. 5 Für A stellt die Beförderungsleistung des B eine Reisevorleistung dar. 6 A führt deshalb umsatzsteuerrechtlich keine Beförderungsleistung, sondern eine sonstige Leistung im Sinne des § 25 Abs. 1 UStG aus. 7 Diese sonstige Leistung wird dort ausgeführt, von wo aus A sein Unternehmen betreibt (§ 3a Abs. 1 UStG).

(3) 1 Die Ortsbestimmung des § 3b Abs. 1 Satz 3 UStG (Güterbeförderung) ist nur bei Güterbeförderungen, die keine innergemeinschaftlichen Güterbeförderungen im Sinne des § 3b Abs. 3 UStG sind, an Nichtunternehmer (siehe Abschnitt 3a.1 Abs. 1) anzuwenden. 2 Der Leistungsort liegt danach dort, wo die Beförderung tatsächlich bewirkt wird. 3 Der Ort einer Güterbeförderung, die keine innergemeinschaftliche Güterbeförderung ist, an einen Leistungsempfänger im Sinne des § 3a Abs. 2 UStG (siehe Abschnitt 3a.2 Abs. 1) richtet sich nach § 3a Abs. 2 UStG. 4 Zum Leistungsort bei Güterbeförderungen, die im Drittlandsgebiet genutzt oder ausgewertet werden, vgl. § 3a Abs. 8 Satz 1 UStG und Abschnitt 3a.14 Abs. 5.

Grenzüberschreitende Beförderungen

(4) 1 Grenzüberschreitende Beförderungen – Personenbeförderungen sowie Güterbeförderungen an Nichtunternehmer (siehe Abschnitt 3a.1 Abs. 1) mit Ausnahme der innergemeinschaftlichen Güterbeförderungen im Sinne des § 3b Abs. 3 UStG – sind in einen steuerbaren und einen nicht steuerbaren Leistungsteil aufzuteilen (§ 3b Abs. 1 Satz 2 UStG). 2 Die Aufteilung unterbleibt jedoch bei grenzüberschreitenden Beförderungen mit kurzen in- oder ausländischen Beförderungsstrecken, wenn diese Beförderungen entweder insgesamt als steuerbar oder insgesamt als nicht steuerbar zu behandeln sind (siehe auch Absätze 7 bis 17). 3 Wegen der Auswirkung der Sonderregelung des § 1 Abs. 3 Satz 1 Nr. 2 und 3 UStG auf Beförderungen – in der Regel i. V. m. den §§ 4, 6 oder 7 UStDV – wird auf die Absätze 11 und 13 bis 17 verwiesen.

(5) 1 Bei einer Beförderungsleistung, bei der nur ein Teil der Leistung steuerbar ist und bei der die Umsatzsteuer für diesen Teil auch erhoben wird, ist Bemessungsgrundlage das Entgelt, das auf diesen Teil entfällt. 2 Bei Personenbeförderungen im Gelegenheitsverkehr mit Kraftomnibussen, die nicht im Inland zugelassen sind und die bei der Ein- oder Ausreise eine Grenze zu einem Drittland überqueren, ist ein Durchschnittsbeförderungsentgelt für den Streckenanteil im Inland maßgebend (vgl. Abschnitte 10.8 und 16.2). 3 In allen übrigen Fällen ist das auf den steuerbaren Leistungsteil entfallende tatsächlich vereinbarte oder vereinnahmte Entgelt zu ermitteln (vgl. hierzu Absatz 6). 4 Das Finanzamt kann jedoch Unternehmer, die nach § 4 Nr. 3 UStG steuerfreie Umsätze bewirken, von der Verpflichtung befreien, die Entgelte für die vorbezeichneten steuerfreien Umsätze und die Entgelte für nicht steuerbare Beförderungen getrennt aufzuzeichnen (vgl. Abschnitt 22.6 Abs. 18 und 19).

(6) 1 Wird bei einer Beförderungsleistung, die sich nicht nur auf das Inland erstreckt und bei der kein Durchschnittsbeförderungsentgelt maßgebend ist, ein Gesamtpreis vereinbart oder vereinnahmt, ist der auf den inländischen Streckenanteil entfallende Entgeltanteil anhand dieses Gesamtpreises zu ermitteln. 2 Hierzu gilt Folgendes:

1. [1]Grundsätzlich ist vom vereinbarten oder vereinnahmten Nettobeförderungspreis auszugehen. [2]Zum Nettobeförderungspreis gehören nicht die Umsatzsteuer für die Beförderungsleistung im Inland und die für den nicht steuerbaren Leistungsanteil in anderen Staaten zu zahlende Umsatzsteuer oder ähnliche Steuer. [3]Sofern nicht besondere Umstände (wie z.B. tarifliche Vereinbarungen im internationalen Eisenbahnverkehr) eine andere Aufteilung rechtfertigen, ist der Nettobeförderungspreis für jede einzelne Beförderungsleistung im Verhältnis der Längen der inländischen und ausländischen Streckenanteile – einschließlich sog. Leerkilometer – aufzuteilen (vgl. BFH-Urteil vom 12.3.1998, V R 17/93, BStBl. II S. 523). [4]Unter Leerkilometer sind dabei nur die während der Beförderungsleistung ohne zu befördernde Personen zurückgelegten Streckenanteile zu verstehen. [5]Die Hin- bzw. Rückfahrt vom bzw. zum Betriebshof – ohne zu befördernde Personen – ist nicht Teil der Beförderungsleistung und damit auch nicht bei der Aufteilung der Streckenanteile zu berücksichtigen. [6]Das auf den inländischen Streckenanteil entfallende Entgelt kann nach folgender Formel ermittelt werden:

$$\text{Entgelt für den inländischen Streckenanteil} = \frac{\text{Nettobeförderungspreis für die Gesamtstrecke} \times \text{Anzahl der km des inländischen Streckenanteils}}{\text{Anzahl der km der Gesamtstrecke}}$$

2. [1]Bei Personenbeförderungen ist es nicht zu beanstanden, wenn zur Ermittlung des auf den inländischen Streckenanteil entfallenden Entgelts nicht vom Nettobeförderungspreis ausgegangen wird, sondern von dem für die Gesamtstrecke vereinbarten oder vereinnahmten Bruttobeförderungspreis, z.B. Gesamtpreis einschließlich der im Inland und im Ausland erhobenen Umsatzsteuer oder ähnlichen Steuer. [2]Für die Entgeltsermittlung kann in diesem Falle die folgende geänderte Berechnungsformel dienen:

$$\text{Bruttoentgelt (Entgelt zuzüglich Umsatzsteuer) für den inländischen Streckenanteil} = \frac{\text{Bruttobeförderungspreis für die Gesamtstrecke} \times \text{Anzahl der km des inländischen Streckenanteils}}{\text{Anzahl der km der Gesamtstrecke}}$$

[3]Innerhalb eines Besteuerungszeitraumes muss bei allen Beförderungen einer Verkehrsart, z.B. bei Personenbeförderungen im Gelegenheitsverkehr mit Kraftfahrzeugen, nach ein und derselben Methode verfahren werden.

Verbindungsstrecken im Inland

(7) [1]Zu den Verbindungsstrecken im Inland nach § 2 UStDV gehören insbesondere diejenigen Verbindungsstrecken von nicht mehr als 30 km Länge, für die in den folgenden Abkommen und Verträgen Erleichterungen für den Durchgangsverkehr vereinbart worden sind:

1. Deutsch-Schweizerisches Abkommen vom 5.2.1958, Anlage III (BGBl. 1960 II S. 2162), geändert durch Vereinbarung vom 15.5.1981 (BGBl. II S. 211);

2. Deutsch-Österreichisches Abkommen vom 14.9.1955, Artikel 1 Abs. 1 (BGBl. 1957 II S. 586);
3. Deutsch-Österreichisches Abkommen vom 14.9.1955, Artikel 1 (BGBl. 1957 II S. 589);
4. Deutsch-Österreichischer Vertrag vom 6.9.1962, Anlage II (BGBl. 1963 II S. 1280), zuletzt geändert durch Vereinbarung vom 3.12.1981 (BGBl. 1982 II S. 28);
5. Deutsch-Österreichischer Vertrag vom 17.2.1966, Artikel 1 und 14 (BGBl. 1967 II S. 2092);
6. Deutsch-Niederländischer Vertrag vom 8.4.1960, Artikel 33 (BGBl. 1963 II S. 463).

[2]Bei diesen Strecken ist eine Prüfung, ob sie den nächsten oder verkehrstechnisch günstigsten Weg darstellen, nicht erforderlich. [3]Bei anderen Verbindungsstrecken muss diese Voraussetzung im Einzelfall geprüft werden.

(8) [1]§ 2 UStDV umfasst die grenzüberschreitenden Personen- und Güterbeförderungen, die von im Inland oder im Ausland ansässigen Unternehmern bewirkt werden, mit Ausnahme der Personenbeförderungen im Linienverkehr mit Kraftfahrzeugen. [2]Bei grenzüberschreitenden Beförderungen im Passagier- und Fährverkehr mit Wasserfahrzeugen hat § 7 Abs. 2, 3 und 5 UStDV Vorrang (vgl. Absätze 15 bis 17).

Verbindungsstrecken im Ausland

(9) Zu den Verbindungsstrecken im Ausland nach § 3 UStDV gehören insbesondere diejenigen Verbindungsstrecken von nicht mehr als 10 km Länge, die in den in Absatz 7 und in den nachfolgend aufgeführten Abkommen und Verträgen enthalten sind:

1. Deutsch-Österreichischer Vertrag vom 17.2.1966, Artikel 1 (BGBl. 1967 II S. 2086);
2. Deutsch-Belgischer Vertrag vom 24.9.1956, Artikel 12 (BGBl. 1958 II S. 263);
3. Deutsch-Schweizerischer Vertrag vom 25.4.1977, Artikel 5 (BGBl. 1978 II S. 1201).

(10) [1]Der Anwendungsbereich des § 3 UStDV umfasst die grenzüberschreitenden Personen- und Güterbeförderungen, die von im Inland oder im Ausland ansässigen Unternehmern durchgeführt werden, mit Ausnahme der Personenbeförderungen im Linienverkehr mit Kraftfahrzeugen. [2]Bei grenzüberschreitenden Beförderungen im Passagier- und Fährverkehr mit Wasserfahrzeugen hat § 7 Abs. 2, 3 und 5 UStDV Vorrang (vgl. Absätze 15 bis 17).

Anschlussstrecken im Schienenbahnverkehr

(11) [1]Im Eisenbahnverkehr enden die Beförderungsstrecken der nationalen Eisenbahnverwaltungen in der Regel an der Grenze des jeweiligen Hoheitsgebiets. [2]In Ausnahmefällen betreiben jedoch die Eisenbahnverwaltungen kurze Beförderungsstrecken im Nachbarstaat bis zu einem dort befindlichen vertraglich festgelegten Gemeinschafts- oder Betriebswechselbahnhof (Anschlussstrecken). [3]Bei Personenbeförderungen im grenzüberschreitenden Eisenbahnver-

kehr sind die nach § 4 UStDV von inländischen Eisenbahnverwaltungen im Ausland betriebenen Anschlussstrecken als inländische Beförderungsstrecken und die von ausländischen Eisenbahnverwaltungen im Inland betriebenen Anschlussstrecken als ausländische Beförderungsstrecken anzusehen. [4]Ferner gelten bei Personenbeförderungen Schienenbahnstrecken in den in § 1 Abs. 3 UStG bezeichneten Gebieten als inländische Beförderungsstrecken.

(12)[1)] *(aufgehoben)*

Straßenstrecken in den in § 1 Abs. 3 UStG bezeichneten Gebieten

(13) [1]Bei grenzüberschreitenden Personenbeförderungen mit Kraftfahrzeugen, die von im Inland oder im Ausland ansässigen Unternehmern von und zu den in § 1 Abs. 3 UStG bezeichneten Gebieten sowie zwischen diesen Gebieten bewirkt werden, sind die Streckenanteile in diesen Gebieten nach § 6 UStDV als inländische Beförderungsstrecken anzusehen. [2]Damit sind diese Beförderungen insgesamt steuerbar und mangels einer Befreiungsvorschrift auch steuerpflichtig.

Kurze Strecken im grenzüberschreitenden Verkehr mit Wasserfahrzeugen

(14) [1]Bei grenzüberschreitenden Beförderungen im Passagier- und Fährverkehr mit Wasserfahrzeugen jeglicher Art, die lediglich im Inland und in den in § 1 Abs. 3 UStG bezeichneten Gebieten ausgeführt werden, sind nach § 7 Abs. 1 UStDV die Streckenanteile in den in § 1 Abs. 3 UStG bezeichneten Gebieten als inländische Beförderungsstrecken anzusehen. [2]Hieraus ergibt sich, dass diese Beförderungen insgesamt steuerbar sind. [3]Unter die Regelung fallen insbesondere folgende Sachverhalte:

1. Grenzüberschreitende Beförderungen zwischen Hafengebieten im Inland und Freihäfen.

   Beispiel:
   Ein Unternehmer befördert mit seinem Schiff Personen zwischen dem Freihafen Cuxhaven und dem übrigen Cuxhavener Hafengebiet.

2. Grenzüberschreitende Beförderungen, die zwischen inländischen Häfen durchgeführt werden und bei denen neben dem Inland lediglich die in § 1 Abs. 3 UStG bezeichneten Gebiete durchfahren werden.

   Beispiel:
   [1]Ein Unternehmer befördert mit seinem Schiff Touristen zwischen den ostfriesischen Inseln und benutzt hierbei den Seeweg nördlich der Inseln. [2]Bei den Fahrten wird jedoch die Hoheitsgrenze nicht überschritten.

(15) Für grenzüberschreitende Beförderungen im Passagier- und Fährverkehr mit Wasserfahrzeugen jeglicher Art, die zwischen inländischen Häfen durchgeführt werden, bei denen jedoch nicht lediglich das Inland und die in § 1 Abs. 3 UStG bezeichneten Gebiete, sondern auch das übrige Ausland berührt werden, enthält § 7 Abs. 2 UStDV folgende Sonderregelungen:

---

1) A 3b.1 UStAE Zwischenüberschrift und Abs. 12 aufgeh. durch BMF v. 1.4.2021, BStBl. I 2021, 629, anzuwenden mWv 1.7.2021.

1. [1]Ausländische Beförderungsstrecken sind als inländische Beförderungsstrecken anzusehen, wenn die ausländischen Streckenanteile außerhalb der in § 1 Abs. 3 UStG bezeichneten Gebiete jeweils nicht mehr als 10 km betragen (§ 7 Abs. 2 Satz 1 Nr. 1 UStDV). [2]Die Vorschrift ist im Ergebnis eine Ergänzung des § 7 Abs. 1 UStDV.

Beispiel:

[1]Ein Unternehmer befördert Touristen mit seinem Schiff zwischen den Nordseeinseln und legt dabei nicht mehr als 10 km jenseits der Hoheitsgrenze zurück.

[2]Die Beförderungen im Seegebiet bis zur Hoheitsgrenze sind ohne Rücksicht auf die Länge der Beförderungsstrecke steuerbar. [3]Die Beförderungen im Seegebiet jenseits der Hoheitsgrenze sind ebenfalls steuerbar, weil die Beförderungsstrecke hier nicht länger als 10 km ist.

2. [1]Inländische Streckenanteile sind als ausländische Beförderungsstrecken anzusehen und Beförderungsleistungen, die auf die in § 1 Abs. 3 UStG bezeichneten Gebiete entfallen, sind nicht wie Umsätze im Inland zu behandeln, wenn bei der einzelnen Beförderung
   a) der ausländische Streckenanteil außerhalb der in § 1 Abs. 3 UStG bezeichneten Gebiete länger als 10 km und
   b) der Streckenanteil im Inland und in den in § 1 Abs. 3 UStG bezeichneten Gebieten nicht länger als 20 km

   sind (§ 7 Abs. 2 Satz 1 Nr. 2 UStDV). [2]Die Beförderungen sind deshalb insgesamt nicht steuerbar.

(16) [1]Keine Sonderregelung besteht für die Fälle, in denen die ausländischen Streckenanteile außerhalb der in § 1 Abs. 3 UStG bezeichneten Gebiete jeweils länger als 10 km und die Streckenanteile im Inland und in den vorbezeichneten Gebieten jeweils länger als 20 km sind. [2]In diesen Fällen ist deshalb die jeweilige Beförderungsleistung in einen steuerbaren Teil und einen nicht steuerbaren Teil aufzuteilen. [3]Bei der Aufteilung ist zu beachten, dass Beförderungen in den in § 1 Abs. 3 UStG bezeichneten Gebieten steuerbar sind, wenn sie für unternehmensfremde Zwecke des Auftraggebers ausgeführt werden oder eine sonstige Leistung im Sinne von § 3 Abs. 9a Nr. 2 UStG vorliegt.

Beispiel:

[1]Ein Unternehmer befördert mit seinem Schiff Touristen auf die hohe See hinaus. [2]Der Streckenanteil vom Hafen bis zur Hoheitsgrenze hin und zurück beträgt 50 km. [3]Der Streckenanteil jenseits der Hoheitsgrenze beträgt 12,5 km.

[4]Die Beförderung ist zu 80% steuerbar und zu 20% nicht steuerbar.

(17) [1]Bei grenzüberschreitenden Beförderungen im Passagier- und Fährverkehr mit Wasserfahrzeugen für die Seeschifffahrt nach § 7 Abs. 3 UStDV handelt es sich um folgende Beförderungen:

1. Beförderungen, die zwischen ausländischen Seehäfen durchgeführt werden und durch das Inland oder durch die in § 1 Abs. 3 UStG bezeichneten Gebiete führen.

Beispiel:

[1]Ein Unternehmer befördert Touristen mit seinem Schiff von Stockholm durch den Nord-Ostsee-Kanal nach London. [2]Die Strecke durch den Nord-Ostsee-Kanal ist als ausländischer Streckenanteil anzusehen.

2. [1] Beförderungen, die zwischen einem inländischen Seehafen und einem ausländischen Seehafen durchgeführt werden. [2] Inländische Seehäfen sind nach § 7 Abs. 4 UStDV auch die Freihäfen und die Insel Helgoland.[1)]

Beispiel 1:

Beförderungen im Passagier- und Fährverkehr zwischen Kiel und Oslo (Norwegen) oder Göteborg (Schweden).

Beispiel 2:

Beförderungen im Rahmen von Kreuzfahrten, die zwar in ein und demselben inländischen Seehafen beginnen und enden, bei denen aber zwischendurch mindestens ein ausländischer Seehafen angelaufen wird.

[2] Die Regelung des § 7 Abs. 3 UStDV hat zur Folge, dass die Beförderungen insgesamt nicht steuerbar sind. [3] Das gilt auch für die Gewährung von Unterbringung und Verpflegung sowie die Erbringung sonstiger – im Zusammenhang mit der Reise stehender – Dienstleistungen an die beförderten Personen, soweit diese Leistungen erforderlich sind, um die Personenbeförderung planmäßig durchführen und optimal in Anspruch nehmen zu können (vgl. BFH-Urteile vom 1.8.1996, V R 58/94, BStBl. 1997 II S. 160, und vom 2.3.2011, XI R 25/09, BStBl. II S. 737).

(18) Bei Beförderungen von Personen mit Schiffen auf dem Rhein zwischen Basel (Rhein-km 170) und Neuburgweier (Rhein-km 353) über insgesamt 183 km ist hinsichtlich der einzelnen Streckenanteile wie folgt zu verfahren:

1. Streckenanteil zwischen der Grenze bei Basel (Rhein-km 170) und Breisach (Rhein-km 227) über insgesamt 57 km:

   [1] Die Beförderungen erfolgen hier auf dem in Frankreich gelegenen Rheinseitenkanal. [2] Sie unterliegen deshalb auf diesem Streckenanteil nicht der deutschen Umsatzsteuer.

2. Streckenanteil zwischen Breisach (Rhein-km 227) und Straßburg (Rhein-km 295) über insgesamt 68 km:

   a) [1] Hier werden die Beförderungen auf einzelnen Streckenabschnitten (Schleusen und Schleusenkanälen) von zusammen 34 km auf französischem Hoheitsgebiet durchgeführt. [2] Die Beförderungen unterliegen insoweit nicht der deutschen Umsatzsteuer.

   b) [1] Auf einzelnen anderen Streckenabschnitten von zusammen 34 km finden die Beförderungen auf dem Rheinstrom statt. [2] Die Hoheitsgrenze zwischen Frankreich und der Bundesrepublik Deutschland wird durch die Achse des Talwegs bestimmt. [3] Bedingt durch den Verlauf der Fahrrinne und mit Rücksicht auf den übrigen Verkehr muss die Schifffahrt häufig die Hoheitsgrenze überfahren. [4] In der Regel wird der Verkehr je zur Hälfte (= 17 km) auf deutschem und französischem Hoheitsgebiet abgewickelt.

3. Streckenanteil zwischen Straßburg (Rhein-km 295) und der Grenze bei Neuburgweier (Rhein-km 353) über insgesamt 58 km:

---

1) Zu Personenbeförderungen zwischen inländischen Seehäfen und der Insel Helgoland vgl. § 4 Nr. 6 Buchst. d UStG.

[1] Die Hoheitsgrenze im Rhein wird auch hier durch die Achse des Talwegs bestimmt. [2] Deshalb ist auch hier davon auszugehen, dass die Beförderungen nur zur Hälfte (= 29 km) im Inland stattfinden.

3b.2 Ort der Leistung, die im Zusammenhang mit einer Güterbeförderung steht

(1) [1] Die Ortsregelung des § 3b Abs. 2 UStG ist nur bei Leistungen an Nichtunternehmer (siehe Abschnitt 3a.1 Abs. 1) anzuwenden. [2] Werden mit der Beförderung eines Gegenstands in Zusammenhang stehende Leistungen an einen Leistungsempfänger im Sinne des § 3a Abs. 2 UStG (siehe Abschnitt 3a.2 Abs. 1) erbracht, richtet sich der Leistungsort nach § 3a Abs. 2 UStG. [3] Zum Leistungsort bei Leistungen, die im Zusammenhang mit einer Güterbeförderung stehen und die im Drittlandsgebiet genutzt oder ausgewertet werden, vgl. § 3a Abs. 8 Satz 1 UStG und Abschnitt 3a.14 Abs. 5.

(2) [1] Für den Ort einer Leistung, die im Zusammenhang mit einer Güterbeförderung steht (§ 3b Abs. 2 UStG), gelten die Ausführungen in Abschnitt 3a.6 Abs. 1 sinngemäß. [2] Bei der Anwendung der Ortsregelung kommt es nicht darauf an, ob die Leistung mit einer rein inländischen, einer grenzüberschreitenden oder einer innergemeinschaftlichen Güterbeförderung im Zusammenhang steht.

(3) [1] Die Regelung des § 3b Abs. 2 UStG gilt für Umsätze, die selbständige Leistungen sind. [2] Sofern das Beladen, das Entladen, der Umschlag, die Lagerung oder eine andere sonstige Leistung Nebenleistungen zu einer Güterbeförderung darstellen, teilen sie deren umsatzsteuerliches Schicksal.

3b.3 Ort der innergemeinschaftlichen Güterbeförderung

(1) [1] § 3b Abs. 3 UStG ist nur anzuwenden, wenn die innergemeinschaftliche Beförderung eines Gegenstands (innergemeinschaftliche Güterbeförderung) an einen Nichtunternehmer (siehe Abschnitt 3a.1 Abs. 1) erfolgt. [2] In diesen Fällen wird die Leistung an dem Ort ausgeführt, an dem die Beförderung des Gegenstands beginnt (Abgangsort). [3] Wird eine innergemeinschaftliche Güterbeförderung an einen Leistungsempfänger im Sinne des § 3a Abs. 2 UStG (siehe Abschnitt 3a.2 Abs. 1) ausgeführt, richtet sich der Leistungsort nach § 3a Abs. 2 UStG.

(2) [1] Eine innergemeinschaftliche Güterbeförderung liegt nach § 3b Abs. 3 Satz 1 UStG vor, wenn sie in dem Gebiet von zwei verschiedenen EU-Mitgliedstaaten beginnt (Abgangsort) und endet (Ankunftsort). [2] Eine Anfahrt des Beförderungsunternehmers zum Abgangsort ist unmaßgeblich. [3] Entsprechendes gilt für den Ankunftsort. [4] Die Voraussetzungen einer innergemeinschaftlichen Güterbeförderung sind für jeden Beförderungsauftrag gesondert zu prüfen; sie müssen sich aus den im Beförderungs- und Speditionsgewerbe üblicherweise verwendeten Unterlagen (z. B. schriftlicher Speditionsauftrag oder Frachtbrief) ergeben. [5] Für die Annahme einer innergemeinschaftlichen Güterbeförderung ist es unerheblich, ob die Beförderungsstrecke ausschließlich über Gemeinschaftsgebiet oder auch über Drittlandsgebiet führt (vgl. Absatz 4 Beispiel 2).

(3) [1]Die deutschen Freihäfen gehören unionsrechtlich zum Gebiet der Bundesrepublik Deutschland (Artikel 5 MwStSystRL).[1)] [2]Deshalb ist eine innergemeinschaftliche Güterbeförderung auch dann gegeben, wenn die Beförderung in einem deutschen Freihafen beginnt und in einem anderen EU-Mitgliedstaat endet oder umgekehrt.

(4) Beispielsfälle für innergemeinschaftliche Güterbeförderungen:

Beispiel 1:

[1]Die Privatperson P aus Deutschland beauftragt den deutschen Frachtführer F, Güter von Spanien nach Deutschland zu befördern.
[2]Bei der Beförderungsleistung des F handelt es sich um eine innergemeinschaftliche Güterbeförderung, weil der Transport in einem EU-Mitgliedstaat beginnt und in einem anderen EU-Mitgliedstaat endet. [3]Der Ort dieser Beförderungsleistung liegt in Spanien, da die Beförderung der Güter in Spanien beginnt (§ 3b Abs. 3 UStG). [4]F ist Steuerschuldner in Spanien (Artikel 193 MwStSystRL; vgl. auch Abschnitt 3a.16 Abs. 4). [5]Die Abrechnung richtet sich nach den Regelungen des spanischen Umsatzsteuerrechts.

Beispiel 2:

[1]Die Privatperson P aus Italien beauftragt den in der Schweiz ansässigen Frachtführer F, Güter von Deutschland über die Schweiz nach Italien zu befördern.
[2]Bei der Beförderungsleistung des F handelt es sich um eine innergemeinschaftliche Güterbeförderung, weil der Transport in zwei verschiedenen EU-Mitgliedstaaten beginnt und endet. [3]Der Ort dieser Leistung bestimmt sich nach dem inländischen Abgangsort (§ 3b Abs. 3 UStG). [4]Die Leistung ist in Deutschland steuerbar und steuerpflichtig. [5]Unbeachtlich ist dabei, dass ein Teil der Beförderungsstrecke auf das Drittland Schweiz entfällt (vgl. Absatz 2 Satz 5). [6]Der leistende Unternehmer F ist Steuerschuldner (§ 13a Abs. 1 Nr. 1 UStG) und hat den Umsatz im Rahmen des allgemeinen Besteuerungsverfahrens (§ 18 Abs. 1 bis 4 UStG) zu versteuern (vgl. hierzu Abschnitt 3a.16 Abs. 3).

3b.4 Ort der gebrochenen innergemeinschaftlichen Güterbeförderung

(1) [1]Eine gebrochene Güterbeförderung liegt vor, wenn einem Beförderungsunternehmer für eine Güterbeförderung über die gesamte Beförderungsstrecke ein Auftrag erteilt wird, jedoch bei der Durchführung der Beförderung mehrere Beförderungsunternehmer nacheinander mitwirken. [2]Liegen Beginn und Ende der gesamten Beförderung in den Gebieten verschiedener EU-Mitgliedstaaten, ist hinsichtlich der Beförderungsleistung des Beförderungsunternehmers an den Auftraggeber eine gebrochene innergemeinschaftliche Güterbeförderung nach § 3b Abs. 3 UStG gegeben, wenn der Auftraggeber ein Nichtunternehmer (siehe Abschnitt 3a.1 Abs. 1) ist. [3]Die Beförderungsleistungen der vom Auftragnehmer eingeschalteten weiteren Beförderungsunternehmer sind für sich zu beurteilen. [4]Da es sich insoweit jeweils um Leistungen an einen anderen Unternehmer für dessen unternehmerischen Bereich handelt, richtet sich der Leistungsort für diese Beförderungsleistungen nicht nach § 3b Abs. 1 Sätze 1 bis 3 oder Abs. 3 UStG, sondern nach § 3a Abs. 2 UStG.

Beispiel 1:

[1]Die in Deutschland ansässige Privatperson P beauftragt den in Frankreich ansässigen Frachtführer S, Güter von Paris nach Rostock zu befördern. [2]S befördert die Güter von Paris nach

---

[1)] **Steuergesetze** Nr. **550**.

Aachen und beauftragt für die Strecke von Aachen nach Rostock den in Köln ansässigen Unterfrachtführer F mit der Beförderung. [3]Dabei teilt S im Frachtbrief an F den Abgangsort und den Bestimmungsort der Gesamtbeförderung mit. [4]S verwendet gegenüber F seine französische USt-IdNr.
[5]Die Beförderungsleistung des S an seinen Auftraggeber P umfasst die Gesamtbeförderung von Paris nach Rostock. [6]Die Leistung ist in Deutschland nicht steuerbar, da der Abgangsort in Frankreich liegt (§ 3b Abs. 3 UStG).
[7]Die Beförderungsleistung des F von Aachen nach Rostock an seinen Auftraggeber S ist keine innergemeinschaftliche Güterbeförderung, sondern eine inländische Güterbeförderung. [8]Da aber S Unternehmer ist und den Umsatz zur Ausführung von Umsätzen, also für den unternehmerischen Bereich verwendet, ist der Leistungsort in Frankreich (§ 3a Abs. 2 UStG). [9]Steuerschuldner der französischen Umsatzsteuer ist der Leistungsempfänger S, da der leistende Unternehmer F nicht in Frankreich ansässig ist (vgl. Artikel 196 MwStSystRL, vgl. auch Abschnitt 3a.16 Abs. 5). [10]In der Rechnung an S darf keine französische Umsatzsteuer enthalten sein (vgl. hierzu Abschnitt 3a.16 Abs. 6); auf die Steuerschuldnerschaft des Leistungsempfängers S ist in der Rechnung hinzuweisen.

Beispiel 2:

[1]Die deutsche Privatperson P beauftragt den in Deutschland ansässigen Frachtführer S, Güter von Amsterdam nach Dresden zu befördern. [2]S beauftragt den in den Niederlanden ansässigen Unterfrachtführer F, die Güter von Amsterdam nach Venlo zu bringen. [3]Dort übernimmt S die Güter und befördert sie weiter nach Dresden. [4]Dabei teilt S im Frachtbrief an F den Abgangsort und den Bestimmungsort der Gesamtbeförderung mit. [5]S verwendet gegenüber F seine deutsche USt-IdNr.
[6]Die Beförderungsleistung des S an seinen Auftraggeber P umfasst die Gesamtbeförderung von Amsterdam nach Dresden und ist eine innergemeinschaftliche Güterbeförderung. [7]Die Leistung ist in Deutschland nicht steuerbar, der Leistungsort ist am Abgangsort in den Niederlanden (§ 3b Abs. 3 UStG). [8]Steuerschuldner in den Niederlanden ist der leistende Unternehmer S (Artikel 193 MwStSystRL).
[9]Die Beförderungsleistung des F an seinen Auftraggeber S von Amsterdam nach Venlo ist keine innergemeinschaftliche Güterbeförderung, sondern eine inländische Güterbeförderung in den Niederlanden. [10]Da S Unternehmer ist und den Umsatz zur Ausführung von Umsätzen, also für den unternehmerischen Bereich verwendet, ist der Leistungsort in Deutschland (§ 3a Abs. 2 UStG). [11]Steuerschuldner in Deutschland ist der Leistungsempfänger S (§ 13b Abs. 1 und Abs. 5 Satz 1 UStG). [12]F darf in der Rechnung an S die deutsche Umsatzsteuer nicht gesondert ausweisen.

(2) [1]Wird bei Vertragsabschluss einer gebrochenen innergemeinschaftlichen Güterbeförderung eine „unfreie Versendung" bzw. „Nachnahme der Fracht beim Empfänger" vereinbart, trägt der Empfänger der Frachtsendung die gesamten Beförderungskosten. [2]Dabei erhält jeder nachfolgende Beförderungsunternehmer die Rechnung des vorhergehenden Beförderungsunternehmers über die Kosten der bisherigen Teilbeförderung. [3]Der letzte Beförderungsunternehmer rechnet beim Empfänger der Ware über die Gesamtbeförderung ab. [4]In diesen Fällen ist jeder Rechnungsempfänger als Leistungsempfänger im Sinne des § 3b Abs. 3 bzw. des § 3a Abs. 2 UStG anzusehen (vgl. Abschnitt 3a.2 Abs. 2).

Beispiel:

[1]Die deutsche Privatperson P beauftragt den deutschen Frachtführer S, Güter von Potsdam nach Bordeaux zu befördern. [2]Die Beförderungskosten sollen dem Empfänger (Privatperson) A in Bordeaux in Rechnung gestellt werden (Frachtnachnahme). [3]S befördert die Güter zu seinem Unterfrachtführer F in Paris und stellt diesem seine Kosten für die Beförderung bis Paris in Rechnung. [4]F befördert die Güter nach Bordeaux und berechnet dem Empfänger A die Kosten der Gesamtbeförderung. [5]Bei Auftragserteilung wird angegeben, dass F gegenüber S seine französische USt-IdNr. verwendet.

[6] Als Leistungsempfänger des S ist F anzusehen, da S gegenüber F abrechnet und F die Frachtkosten des S als eigene Schuld übernommen hat. [7] Als Leistungsempfänger von F ist A anzusehen, da F gegenüber A abrechnet (vgl. Abschnitt 3a.2 Abs. 2).
[8] Die Beförderungsleistung des S an F umfasst die Beförderung von Potsdam nach Paris. [9] Die Leistung ist in Frankreich steuerbar, da der Leistungsempfänger F Unternehmer ist und den Umsatz zur Ausführung von Umsätzen, also für den unternehmerischen Bereich verwendet (§ 3a Abs. 2 UStG). [10] Steuerschuldner der französischen Umsatzsteuer ist der Leistungsempfänger F, da der leistende Unternehmer S nicht in Frankreich ansässig ist (vgl. Artikel 196 MwStSystRL, vgl. auch Abschnitt 3a.16 Abs. 5). [11] In der Rechnung an F darf keine französische Umsatzsteuer enthalten sein (vgl. hierzu Abschnitt 3a.16 Abs. 6); auf die Steuerschuldnerschaft des F ist in der Rechnung hinzuweisen.
[12] Da F gegenüber A die gesamte Beförderung abrechnet, ist F so zu behandeln, als ob er die Gesamtbeförderung von Potsdam nach Bordeaux erbracht hätte. [13] Die Leistung ist als innergemeinschaftliche Güterbeförderung in Deutschland steuerbar und steuerpflichtig (§ 3b Abs. 3 UStG). [14] Steuerschuldner der deutschen Umsatzsteuer ist der leistende Unternehmer F (§ 13a Abs. 1 Nr. 1 UStG; vgl. auch Abschnitt 3a.16 Abs. 3).

Zu § 3c UStG

3c.1[1)] Ort der Lieferung beim Fernverkauf

(1) [1] § 3c Abs. 1 UStG verlagert den Ort der Lieferung eines innergemeinschaftlichen Fernverkaufs gemäß dem Bestimmungslandprinzip an den Ort, an dem sich der Gegenstand bei Beendigung der Beförderung oder Versendung an den Erwerber befindet, sofern nicht der Ausschlusstatbestand des § 3c Abs. 4 Satz 1 UStG greift. [2] Im Falle des § 3c Abs. 4 Satz 1 UStG verlagert sich der Ort der Lieferung eines innergemeinschaftlichen Fernverkaufs nicht an den Ort, an dem sich der Gegenstand bei Beendigung der Beförderung oder Versendung an den Erwerber befindet, sondern es verbleibt bei der Regelung des § 3 Abs. 6 Satz 1 UStG. [3] Abschnitt 3a.9a Abs. 1 Satz 1 Nr. 1 Sätze 2 bis 4 und 6 gelten entsprechend; Abschnitt 3a.9a Abs. 1 Satz 1 Nr. 1 Satz 5 gilt entsprechend unter der Maßgabe, dass die Erklärung als abgegeben gilt, wenn der liefernde Unternehmer die Voraussetzungen nach § 3c Abs. 4 Satz 1 UStG erfüllt, jedoch weiterhin die Regelung nach § 3c Abs. 1 UStG anwendet.

Beispiel 1:
[1] Ein im Inland ansässiger Händler veräußert über die eigene Internetseite einen Fernseher an eine Privatperson in Frankreich. [2] Die Ware wird aus seinem Lager im Inland an den Wohnsitz der Privatperson in Frankreich versendet. [3] Der Händler überschreitet die Umsatzschwelle von 10 000 € nicht und verzichtet nicht auf die Anwendung des § 3c Abs. 4 Satz 1 UStG (§ 3c Abs. 4 Satz 2 UStG).
[4] Die Lieferung des Händlers an die Privatperson ist gemäß § 3 Abs. 6 Satz 1 UStG im Inland steuerbar und steuerpflichtig. [5] § 3c Abs. 1 UStG ist nach § 3c Abs. 4 Satz 1 UStG nicht anzuwenden, weil der Händler nur in einem EU-Mitgliedstaat ansässig ist und die Umsatzschwelle nicht überschreitet.

Beispiel 2:
[1] Sachverhalt wie Beispiel 1. [2] Der Händler überschreitet jedoch die Umsatzschwelle von 10 000 € (§ 3c Abs. 4 Satz 1 UStG) bzw. verzichtet auf die Anwendung des § 3c Abs. 4 Satz 1 UStG (§ 3c Abs. 4 Satz 2 UStG).
[3] Auf die Lieferung des Händlers an die Privatperson ist § 3c Abs. 1 UStG anzuwenden. [4] Der Ort der Lieferung ist der Ort, an dem sich der Gegenstand bei Beendigung der Versendung an die

---

1) A 3c.1 UStAE neugef. durch BMF v. 1.4.2021, BStBl. I 2021, 629, anzuwenden mWv 1.7.2021.

Privatperson befindet (hier: Frankreich). [5] Der Händler kann das besondere Besteuerungsverfahren im Sinne des § 18j UStG (vgl. Abschnitt 18j.1) in Anspruch nehmen und den Umsatz darüber erklären. [6] Andernfalls hat der Händler den Umsatz im Bestimmungsland (hier: Frankreich) im allgemeinen Besteuerungsverfahren (Artikel 250 bis 261 MwStSystRL) zu erklären.

Beispiel 3:

[1] Ein in Südkorea ansässiger Händler veräußert über die eigene Internetseite einen Fernseher an eine Privatperson in Frankreich. [2] Die Ware wird aus dem Lager seiner Betriebsstätte im Inland an den Wohnsitz der Privatperson in Frankreich versendet. [3] Der Händler überschreitet die Umsatzschwelle von 10 000 € nicht und verzichtet nicht auf die Anwendung des § 3c Abs. 4 Satz 1 UStG (§ 3c Abs. 4 Satz 2 UStG).

[4] Die Lieferung des Händlers an die Privatperson ist gemäß § 3 Abs. 6 Satz 1 UStG im Inland steuerbar und steuerpflichtig. [5] § 3c Abs. 1 UStG ist nach § 3c Abs. 4 Satz 1 UStG nicht anzuwenden, weil der Händler eine Betriebsstätte in nur einem EU-Mitgliedstaat hat und die Umsatzschwelle nicht überschreitet.

Beispiel 4:

[1] Sachverhalt wie Beispiel 3. [2] Der Händler überschreitet jedoch die Umsatzschwelle von 10 000 € (§ 3c Abs. 4 Satz 1 UStG) bzw. verzichtet auf die Anwendung des § 3c Abs. 4 Satz 1 UStG (§ 3c Abs. 4 Satz 2 UStG).

[3] Auf die Lieferung des Händlers an die Privatperson ist § 3c Abs. 1 UStG anzuwenden. [4] Der Ort der Lieferung ist der Ort, an dem sich der Gegenstand bei Beendigung der Versendung an die Privatperson befindet (hier: Frankreich). [5] Der Händler kann das besondere Besteuerungsverfahren im Sinne des § 18j UStG (vgl. Abschnitt 18j.1) in Anspruch nehmen und den Umsatz darüber erklären. [6] Andernfalls hat der Händler den Umsatz im Bestimmungsland (hier: Frankreich) im allgemeinen Besteuerungsverfahren (Artikel 250 bis 261 MwStSystRL) zu erklären.

Beispiel 5:

[1] Ein im Inland ansässiger Händler H veräußert über die eigene Internetseite Handyzubehör an eine im Inland ansässige Privatperson. [2] Die Ware wird aus seinem Lager in Frankreich an den Wohnsitz der Privatperson versendet. [3] H verzichtet auf die Anwendung von § 3c Abs. 4 Satz 1 UStG und nimmt an dem besonderen Besteuerungsverfahren nach § 18j UStG (vgl. Abschnitt 18j.1) teil.

[4] Auf die Lieferung des Händlers an die Privatperson ist § 3c Abs. 1 UStG anzuwenden. [5] Der Ort der Lieferung ist der Ort, an dem sich der Gegenstand bei Beendigung der Versendung an die Privatperson befindet (hier: Inland). [6] Der Händler hat die Umsätze über das besondere Besteuerungsverfahren im Sinne des § 18j UStG (vgl. Abschnitt 18j.1) zu erklären.

(2) [1] Ein innergemeinschaftlicher Fernverkauf ist die Lieferung eines Gegenstands, der durch den Lieferer oder für dessen Rechnung aus dem Gebiet eines EU-Mitgliedstaates in das Gebiet eines anderen EU-Mitgliedstaates oder aus dem übrigen Gemeinschaftsgebiet in die in § 1 Abs. 3 UStG bezeichneten Gebiete an eine in § 1a Abs. 3 Nr. 1 UStG genannte Person oder eine Person nach § 3a Abs. 5 Satz 1 UStG – unter direkter oder indirekter Beteiligung – befördert oder versendet wird. [2] Lieferungen von Gas, Elektrizität, Wärme und Kälte sind keine bewegten Lieferungen und sind deshalb nicht vom Begriff des innergemeinschaftlichen Fernverkaufs im Sinne des § 3c Abs. 1 Satz 2 UStG erfasst. [3] Erwerber im Sinne des Satzes 1 sind daher Nichtunternehmer (siehe Abschnitt 3a.1 Abs. 1) sowie Unternehmer, die nur steuerfreie – nicht zum Vorsteuerabzug berechtigende – Umsätze ausführen, Kleinunternehmer, pauschalierende Land- und Forstwirte und juristische Personen, die nicht Unternehmer sind oder den Gegenstand nicht für das Unternehmen erwerben. [4] Im Hinblick auf die in § 1a Abs. 3 Nr. 1 UStG genannten Personen ist der Erwerberkreis auf diejenigen Personen beschränkt, die weder die maßgebende Erwerbsschwelle im Sinne des § 1a Abs. 3 Nr. 2 UStG überschreiten, noch auf ihre

Anwendung nach § 1a Abs. 4 UStG verzichten (vgl. zu den Erwerbsschwellen in den EU-Mitgliedstaaten Abschnitt 3.18 Abs. 4 Satz 7). [5] Sofern die Beförderung oder Versendung im Gebiet eines anderen EU-Mitgliedstaates endet, ist die von diesem EU-Mitgliedstaat festgesetzte Erwerbsschwelle maßgebend. [6] Als indirekte Beteiligung des Lieferers am Versand oder der Beförderung der Gegenstände sind die in Abschnitt 3.18 Abs. 4 Satz 8 genannten Fälle anzusehen.

Beispiel:

[1] Händler H aus Köln verkauft Waren über die eigene Internetseite an eine Privatperson in Belgien. [2] Die Waren werden durch eine Spedition zum Kunden transportiert. [3] H stellt dem Kunden die Transportkosten in Rechnung und leitet sie nach Zahlung an die Spedition weiter.

[4] Da H seinem Kunden die Transportkosten berechnet und der Spedition weiterleitet, ist von einer indirekten Beteiligung am Transport auszugehen und es liegt ein innergemeinschaftlicher Fernverkauf von Gegenständen vor. [5] Der Lieferort verlagert sich damit nach § 3c Abs. 1 UStG nach Belgien, wenn H die Umsatzschwelle von 10 000 € überschreitet oder überschritten hat (§ 3c Abs. 4 Satz 1 UStG) bzw. auf die Anwendung des § 3c Abs. 4 Satz 1 UStG verzichtet (§ 3c Abs. 4 Satz 2 UStG).

(3) [1] § 3c Abs. 2 UStG verlagert den Ort der Lieferung eines Fernverkaufs eines Gegenstands, der aus dem Drittlandsgebiet in einen anderen EU-Mitgliedstaat als den, in dem die Beförderung oder Versendung des Gegenstands an den Erwerber endet, eingeführt wird, an den Ort, an dem sich der Gegenstand bei Beendigung der Beförderung oder Versendung an den Erwerber befindet. [2] Absatz 2 Sätze 3 bis 6 und Abschnitt 3.18 Abs. 4 Sätze 1 bis 8 gelten entsprechend.

Beispiel:

[1] Ein in Südkorea ansässiger Händler H veräußert über die eigene Internetseite Handyzubehör (Sachwert: 200 €) an eine Privatperson in Frankreich. [2] Die Ware wird durch H aus dem Lager in Südkorea nach Deutschland versendet, wo die Zollanmeldung erfolgt. [3] Von dort aus wird die Ware weiter an den Wohnsitz der Privatperson in Frankreich versendet.

[4] Da die Ware aus dem Drittlandsgebiet in einen anderen EU-Mitgliedstaat (hier: Deutschland) als den, in dem die Beförderung oder Versendung des Gegenstandes an den Erwerber endet (hier: Frankreich), eingeführt wird, verlagert sich der Ort nach § 3c Abs. 2 Satz 1 UStG an den Ort, an dem sich der Gegenstand bei Beendigung der Beförderung oder Versendung an den Erwerber befindet (hier: Frankreich). [5] H hat den Umsatz im Bestimmungsland (hier: Frankreich) im allgemeinen Besteuerungsverfahren (Artikel 250 bis 261 MwStSystRL) zu erklären.

(4) [1] § 3c Abs. 3 Satz 1 UStG verlagert den Ort der Lieferung eines Fernverkaufs eines Gegenstands, der aus dem Drittlandsgebiet in den EU-Mitgliedstaat, in dem die Beförderung oder Versendung des Gegenstands an den Erwerber endet, eingeführt wird, in diesen EU-Mitgliedstaat, sofern die Steuer auf diesen Gegenstand gemäß dem besonderen Besteuerungsverfahren nach § 18k UStG (vgl. Abschnitt 18k.1) zu erklären ist.

Beispiel 1:

[1] Ein in Südkorea ansässiger Händler H veräußert über die eigene Internetseite Handyzubehör (Sachwert: 50 €) an eine im Inland ansässige Privatperson. [2] Die Ware wird aus seinem Lager in Südkorea an den Wohnsitz der Privatperson versendet. [3] Die Zollanmeldung in Deutschland erfolgt durch den Spediteur S in indirekter Vertretung des H. [4] H nimmt das besondere Besteuerungsverfahren nach § 18k UStG (vgl. Abschnitt 18k.1) nicht in Anspruch.

[5] Da die Zollanmeldung für Rechnung des H erfolgt, schuldet H die Einfuhrumsatzsteuer, die er unter den allgemeinen Voraussetzungen des § 15 UStG als Vorsteuer abziehen kann. [6] Die

Lieferung des H an die Privatperson ist gemäß § 3 Abs. 8 UStG im Inland steuerbar und steuerpflichtig. [7] H hat den Umsatz im Inland im allgemeinen Besteuerungsverfahren (§ 18 Abs. 1 bis 4 UStG) zu erklären. [8] § 3c Abs. 3 Satz 1 UStG ist nicht anzuwenden, weil H das besondere Besteuerungsverfahren nach § 18k UStG nicht in Anspruch nimmt.

Beispiel 2:

[1] Sachverhalt wie Beispiel 1. [2] H nimmt jedoch durch einen im Inland ansässigen Vertreter das besondere Besteuerungsverfahren nach § 18k UStG (vgl. Abschnitt 18k.1) in Anspruch.
[3] Die Einfuhr der Waren ist gemäß § 5 Abs. 1 Nr. 7 UStG steuerfrei. [4] Die Lieferung des H an die Privatperson ist im Inland nach § 3c Abs. 3 Satz 1 UStG steuerbar und steuerpflichtig. [5] H hat diesen Umsatz im besonderen Besteuerungsverfahren nach § 18k UStG zu erklären (vgl. Abschnitt 18k.1).

Beispiel 3:

[1] Sachverhalt wie Beispiel 1. [2] Die Zollanmeldung in Deutschland erfolgt jedoch durch die Privatperson oder durch einen Post- oder Kurierdienstleister im Namen und für Rechnung der Privatperson.
[3] Da die Zollanmeldung im Namen der Privatperson erfolgt, schuldet die Privatperson die Einfuhrumsatzsteuer, weshalb § 3 Abs. 8 UStG keine Anwendung findet. [4] Die Lieferung des H an die Privatperson ist im Inland nicht steuerbar, da sich der Ort der Lieferung nach § 3 Abs. 6 Satz 1 UStG in Südkorea befindet. [5] § 3c Abs. 3 Satz 1 UStG ist nicht anzuwenden, weil H das besondere Besteuerungsverfahren nach § 18k UStG nicht in Anspruch nimmt.

Beispiel 4:

[1] Ein im Inland ansässiger Händler H veräußert Handyzubehör (Sachwert: 60 €) über die eigene Internetseite an eine im Inland ansässige Privatperson. [2] Die Ware wird aus seinem Lager in der Schweiz an den Wohnsitz der Privatperson versendet. [3] Die Zollanmeldung in Deutschland erfolgt durch H. [4] Der Unternehmer nimmt das besondere Besteuerungsverfahren nach § 18k UStG (vgl. Abschnitt 18k.1) in Anspruch.
[5] Auf die Lieferung des H an die Privatperson ist § 3c Abs. 3 Satz 1 UStG anzuwenden. [6] Der Ort der Lieferung ist der Ort, an dem sich der Gegenstand bei Beendigung der Versendung an die Privatperson befindet (hier: Inland). [7] Die Einfuhr der Ware ist nach § 5 Abs. 1 Nr. 7 UStG steuerfrei. [8] H hat die Umsätze über das besondere Besteuerungsverfahren im Sinne des § 18k UStG (vgl. Abschnitt 18k.1) zu erklären.

[2] Durch § 3c Abs. 3 Satz 3 UStG wird sichergestellt, dass bei einem Fernverkauf nach § 3 Abs. 3a Satz 2 UStG die Ortsverlagerung auch dann eintritt, wenn der Umsatz nicht in dem besonderen Besteuerungsverfahren nach § 18k UStG zu erklären ist sowie ein Unternehmer oder dessen Beauftragter Schuldner der Einfuhrumsatzsteuer sein sollte.

Beispiel 5:

[1] Ein in Südkorea ansässiger Händler H veräußert über eine elektronische Schnittstelle Handyzubehör (Sachwert: 50 €) an eine im Inland ansässige Privatperson. [2] Die Ware wird aus einem Lager in Südkorea an den Wohnsitz der Privatperson versendet. [3] Die Zollanmeldung in Deutschland erfolgt durch den Spediteur S in indirekter Vertretung des H. [4] Der Betreiber der elektronischen Schnittstelle nimmt das besondere Besteuerungsverfahren nach § 18k UStG (vgl. Abschnitt 18k.1) nicht in Anspruch.
[5] Nach § 3 Abs. 3a Satz 2 UStG werden eine Lieferung des H an den Betreiber der elektronischen Schnittstelle und eine Lieferung des Betreibers der elektronischen Schnittstelle an die im Inland ansässige Privatperson fingiert. [6] Da die Zollanmeldung für Rechnung des H erfolgt, schuldet H die Einfuhrumsatzsteuer. [7] Die Warenbewegung wird nach § 3 Abs. 6b UStG der Lieferung des Betreibers der elektronischen Schnittstelle zugeschrieben. [8] Zum Abzug der Einfuhrumsatzsteuer als Vorsteuer ist H nicht berechtigt, da er eine ruhende Lieferung in Südkorea bewirkt und daher die anschließende Einfuhr im Zuge der bewegten Lieferung nicht für sein Unternehmen ausgeführt wird (siehe Abschnitt 15.8 Abs. 4). [9] Vorsteuerabzugsberechtigt ist der Betreiber der elektronischen Schnittstelle, der die bewegte Lieferung ausführt und dabei so zu behandeln ist, als

ob er den Gegenstand für sein Unternehmen selbst erhalten und geliefert hätte. [10] Voraussetzung ist, dass H ihm den Beleg für den Vorsteuerabzug aushändigt (vgl. Abschnitt 15.8 Abs. 7). [11] Die Lieferung des H an den Betreiber der elektronischen Schnittstelle ist gemäß § 3 Abs. 7 Satz 2 Nr. 1 UStG im Inland nicht steuerbar. [12] Die Lieferung des Betreibers der elektronischen Schnittstelle an die Privatperson ist im Inland nach § 3c Abs. 3 Satz 3 UStG steuerbar und steuerpflichtig. [13] § 3 Abs. 8 UStG findet keine Anwendung, da die Lieferung des H an den Betreiber der elektronischen Schnittstelle unbewegt ist und der Betreiber der elektronischen Schnittstelle nicht die Einfuhrumsatzsteuer schuldet.

(5) Nach § 3c Abs. 5 UStG kommt es zu keiner Verlagerung des Orts der Lieferung an den Bestimmungsort, wenn
- ein neues Fahrzeug geliefert wird,
- ein Gegenstand, der mit oder ohne probeweise Inbetriebnahme durch den Lieferer oder für dessen Rechnung montiert oder installiert geliefert wird,
- auf die Lieferung eines Gegenstands die Differenzbesteuerung nach § 25a Abs. 1 oder 2 UStG angewendet wird oder
- verbrauchsteuerpflichtige Waren an eine in § 1a Abs. 3 Nr. 1 UStG genannte Person geliefert werden.

Zu § 3d UStG

3d.1 Ort des innergemeinschaftlichen Erwerbs

(1) [1] Die Beurteilung der Frage, in welchem Mitgliedstaat die Beförderung eines Gegenstands endet, ist im Wesentlichen das Ergebnis einer Würdigung der tatsächlichen Umstände. [2] Beim Erwerb einer Yacht können die Angaben in einem „T2L"-Versandpapier im Sinne des Artikels 205 UZK-IA[1)] sowie ein im Schiffsregister eingetragener Heimathafen Anhaltspunkte sein (vgl. BFH-Urteil vom 20.12.2006, V R 11/06, BStBl. 2007 II S. 424).

(2) [1] Der EU-Mitgliedstaat, in dem der innergemeinschaftliche Erwerb bewirkt wird oder als bewirkt gilt, nimmt seine Besteuerungskompetenz unabhängig von der umsatzsteuerlichen Behandlung des Vorgangs im EU-Mitgliedstaat des Beginns der Beförderung oder Versendung des Gegenstands wahr. [2] Dabei ist unbeachtlich, ob der Umsatz bereits im EU-Mitgliedstaat des Beginns der Beförderung oder Versendung besteuert wurde. [3] Etwaige Anträge auf Berichtigung einer vom Abgangsstaat festgesetzten Steuer werden von diesem Staat nach dessen nationalen Vorschriften bearbeitet (vgl. Artikel 16 der MwStVO).[2)]

(3) Zur Verwendung einer USt-IdNr. vgl. Abschnitt 3a.2 Abs. 10.

(4) [1] Entsteht die Umsatzsteuer für einen innergemeinschaftlichen Erwerb im Inland nur auf Grund der Verwendung einer von Deutschland erteilten USt-IdNr. nach § 3d Satz 2 UStG, ist der Abzug dieser Umsatzsteuer als Vorsteuer ausgeschlossen (vgl. Abschnitt 15.10 Abs. 2 Satz 2). [2] Eine Entlastung von dieser Umsatzsteuer ist dem Unternehmer ausschließlich durch den Nachweis möglich, dass der Erwerb in dem Gebiet eines anderen Mitglied-

---

1) **Zölle und Verbrauchsteuern** Nr. **8**.
2) **Steuergesetze** Nr. **550a**.

staats besteuert worden ist oder nach § 25b Abs. 3 UStG als besteuert gilt (vgl. § 17 Abs. 2 Nr. 4 UStG). [3]In der Wahl der Mittel der Nachweisführung im Sinne des § 3d Satz 2 UStG ist der Unternehmer grundsätzlich frei. [4]Eine Besteuerung im Mitgliedstaat der Beendigung der Beförderung oder Versendung ist insbesondere dann nachgewiesen, wenn anhand der steuerlichen Aufzeichnungen des Unternehmers nachvollziehbar ist, dass der Umsatz in eine von ihm in diesem Mitgliedstaat abgegebene Steuererklärung eingeflossen ist und dort zu einer Besteuerung geführt hat.

Zu § 3e UStG

3e.1 Ort der Lieferung und der Restaurationsleistung während einer Beförderung an Bord eines Schiffs, in einem Luftfahrzeug oder in der Eisenbahn (§ 3e UStG)

[1]Der Ort der Lieferung von Gegenständen sowie der Ort der Abgabe von Speisen und Getränken zum Verzehr an Ort und Stelle (Restaurationsleistung) während einer Beförderung an Bord eines Schiffs, in einem Luftfahrzeug oder in der Eisenbahn ist grundsätzlich nach § 3e UStG im Inland belegen, wenn die Beförderung im Inland beginnt bzw. der Abgangsort des Beförderungsmittels im Inland belegen ist und die Beförderung im Gemeinschaftsgebiet endet bzw. der Ankunftsort des Beförderungsmittels im Gemeinschaftsgebiet belegen ist. [2]Ausgenommen sind dabei lediglich Lieferungen und Restaurationsleistungen während eines Zwischenaufenthalts eines Schiffs im Drittland, bei dem die Reisenden das Schiff, und sei es nur für kurze Zeit, verlassen können, sowie während des Aufenthalts des Schiffs im Hoheitsgebiet dieses Staates. [3]Lieferungen von Gegenständen und Restaurationsleistungen auf einem Schiff während eines solchen Zwischenaufenthalts und im Verlauf der Beförderung im Hoheitsgebiet dieses Staates, unterliegen der Besteuerungskompetenz des Staates, in dem der Zwischenaufenthalt erfolgt (vgl. EuGH-Urteil vom 15.9.2005, C-58/04, Köhler, BStBl. 2007 II S. 150,[1]) sowie BFH-Urteil vom 20.12.2005, V R 30/02, BStBl. 2007 II S. 139). [4]Gilt der Abgangsort des Beförderungsmittels nicht als Ort der Lieferung oder Restaurationsleistung, bestimmt sich dieser nach § 3 Abs. 6 bis 8 UStG bzw. nach § 3a Abs. 3 Nr. 3 Buchstabe b UStG (vgl. Abschnitt 3a.6 Abs. 9). [5]Snacks, kleine Süßigkeiten und Getränke, die an Bord eines Flugzeugs während einer Beförderung innerhalb des Gemeinschaftsgebiets gegen gesondertes Entgelt abgegeben werden, werden nach § 3e UStG am Abgangsort des Flugzeugs geliefert; eine Nebenleistung zur Flugbeförderung liegt nicht vor (vgl. BFH-Urteil vom 27.2.2014, V R 14/13, BStBl. II S. 869).

Zu § 3f UStG[2])

3f.1 *(aufgehoben)*

---

[1]) DStR 2005, 1283.

[2]) § 3f UStG aufgeh. durch G v. 12.12.2019, BGBl. I 2019, 2451, mWv 18.12.2019; A 3f.1 UStAE aufgeh. durch BMF v. 15.12.2020, BStBl. I 2020, 1374.

Zu § 3g UStG

3g.1 Ort der Lieferung von Gas oder Elektrizität[1)]

Allgemeines

(1) [1] § 3g UStG ist in Bezug auf Gas für alle Druckstufen und in Bezug auf Elektrizität für alle Spannungsstufen anzuwenden. [2] Bezüglich der Lieferung von Gas ist die Anwendung auf Lieferungen über das Erdgasnetz beschränkt und findet z. B. keine Anwendung auf den Verkauf von Gas in Flaschen oder die Befüllung von Gastanks mittels Tanklastzügen. [3] Zum Erdgasnetz gehören auch die Erdgasspeicheranlagen, deren Zugang ausschließlich über eine Erdgasleitung erfolgt, die fest und dauerhaft an das Erdgasverteil- bzw. Erdgasübertragungsnetz angeschlossen ist. [4] Zur Steuerbarkeit von Umsätzen im Zusammenhang mit der Abgabe von Energie durch einen Netzbetreiber vgl. Abschnitt 1.7.

Wiederverkäufer

(2) [1] Bei der Lieferung von Gas über das Erdgasnetz oder Elektrizität ist danach zu unterscheiden, ob diese Lieferung an einen Unternehmer, dessen Haupttätigkeit in Bezug auf den Erwerb dieser Gegenstände in deren Lieferung besteht und dessen eigener Verbrauch dieser Gegenstände von untergeordneter Bedeutung ist (sog. Wiederverkäufer von Gas oder Elektrizität) oder an einen anderen Abnehmer erfolgt. [2] Die Haupttätigkeit des Unternehmers in Bezug auf den Erwerb von Gas über das Erdgasverteilungsnetz oder von Elektrizität besteht dann in deren Lieferung, d. h. im Wiederverkauf dieser Gegenstände, wenn der Unternehmer mehr als die Hälfte der von ihm erworbenen Menge weiterveräußert. [3] Lieferungen von Elektrizität, die als Nebenleistung erfolgen (vgl. Abschnitt 4.12.1 Abs. 5 Satz 3), gelten nicht als weiterveräußert in diesem Sinne. [4] Zur Wiederverkäufereigenschaft eines Betreibers von dezentralen Stromgewinnungsanlagen vgl. Abschnitt 2.5 Abs. 3. [5] Der eigene Gas- bzw. Elektrizitätsverbrauch des Unternehmers ist von untergeordneter Bedeutung, wenn nicht mehr als 5% der erworbenen Menge zu eigenen (unternehmerischen sowie nichtunternehmerischen) Zwecken verwendet wird. [6] Die Bereiche „Gas“ und „Elektrizität“ sind dabei getrennt, jedoch für das gesamte Unternehmen im Sinne des § 2 UStG zu beurteilen. [7] In der Folge werden grenzüberschreitende Leistungen zwischen Unternehmensteilen, die als nicht steuerbare Innenumsätze zu behandeln sind und die nach § 3g Abs. 3 UStG auch keinen Verbringungstatbestand erfüllen, in diese Betrachtung einbezogen. [8] Außerdem ist damit ein Unternehmer, der z. B. nur im Bereich „Elektrizität“ mehr als die Hälfte der von ihm erworbenen Menge weiterveräußert und nicht mehr als 5% zu eigenen Zwecken verwendet, diese Voraussetzungen aber für den Bereich „Gas“ nicht erfüllt, nur für Lieferungen an ihn im Bereich „Elektrizität“ als Wiederverkäufer anzusehen.

[1)] Zur Erweiterung auf Lieferung von Wärme und Kälte vgl. Art. 38 und 39 MwStSystRL i. d. F. der RL 2009/162/EU (**Steuergesetze** Nr. **550**).

(3) [1]Maßgeblich sind die Verhältnisse im vorangegangenen Kalenderjahr. [2]Verwendet der Unternehmer zwar mehr als 5%, jedoch nicht mehr als 10% der erworbenen Menge an Gas oder Elektrizität zu eigenen Zwecken, ist weiterhin von einer untergeordneten Bedeutung auszugehen, wenn die im Mittel der vorangegangenen drei Jahre zu eigenen Zwecken verbrauchte Menge 5% der in diesem Zeitraum erworbenen Menge nicht überschritten hat. [3]Im Unternehmen selbst erzeugte Mengen bleiben bei der Beurteilung unberücksichtigt. [4]Ob die selbst erzeugte Menge veräußert oder zum eigenen Verbrauch im Unternehmen verwendet wird, ist daher unbeachtlich. [5]Ebenso ist die veräußerte Energiemenge, die selbst erzeugt wurde, hinsichtlich der Beurteilung der Wiederverkäufereigenschaft aus der Gesamtmenge der veräußerten Energie auszuscheiden; auch sie beeinflusst die nach Absatz 2 Sätze 1 und 2 einzuhaltenden Grenzwerte nicht. [6]Sowohl hinsichtlich der erworbenen als auch hinsichtlich der veräußerten Menge an Energie ist wegen der Betrachtung des gesamten Unternehmens darauf abzustellen, ob die Energie von einem anderen Unternehmen erworben bzw. an ein anderes Unternehmen veräußert worden ist. [7]Netzverluste bleiben bei der Ermittlung der Menge der zu eigenen Zwecken verwendeten Energie außer Betracht. [8]Anderer Abnehmer ist ein Abnehmer, der nicht Wiederverkäufer ist.

Ort der Lieferung von Gas oder Elektrizität

(4) [1]Bei der Lieferung von Gas oder Elektrizität an einen Wiederverkäufer gilt entweder der Ort, von dem aus dieser sein Unternehmen betreibt, oder – wenn die Lieferung an eine Betriebsstätte des Wiederverkäufers ausgeführt wird – der Ort dieser Betriebsstätte als Ort der Lieferung. [2]Eine Lieferung erfolgt an eine Betriebsstätte, wenn sie ausschließlich oder überwiegend für diese bestimmt ist; Abschnitt 3a.2 Abs. 4 gilt sinngemäß. [3]Dementsprechend ist auf die Bestellung durch und die Abrechnung für Rechnung der Betriebsstätte abzustellen. [4]Es kommt nicht darauf an, wie und wo der Wiederverkäufer die gelieferten Gegenstände tatsächlich verwendet. [5]Somit gilt diese Regelung auch für die für den eigenen Verbrauch des Wiederverkäufers gelieferte Menge. [6]Dies ist insbesondere von Bedeutung bei der Verwendung für eigene Zwecke in eigenen ausländischen Betriebsstätten und ausländischen Betriebsstätten des Organträgers; auch insoweit verbleibt es bei der Besteuerung im Sitzstaat, soweit nicht unmittelbar an die ausländische Betriebsstätte geliefert wird.

(5) [1]Bei der Lieferung von Gas oder Elektrizität an einen anderen Abnehmer wird grundsätzlich auf den Ort des tatsächlichen Verbrauchs dieser Gegenstände abgestellt. [2]Das ist regelmäßig der Ort, wo sich der Zähler des Abnehmers befindet. [3]Sollte der andere Abnehmer die an ihn gelieferten Gegenstände nicht tatsächlich verbrauchen (z.B. bei Weiterverkauf von Überkapazitäten), wird insoweit für die Lieferung an diesen Abnehmer der Verbrauch nach § 3g Abs. 2 Satz 2 UStG dort fingiert, wo dieser sein Unternehmen betreibt oder eine Betriebsstätte hat, an die die Gegenstände geliefert werden. [4]Im Ergebnis führt dies dazu, dass im Falle des Weiterverkaufs von Gas über das Erdgasnetz oder Elektrizität für den Erwerb dieser Gegenstände stets das Empfängerortprinzip gilt. [5]Da Gas und Elektrizität allenfalls in begrenztem Umfang gespeichert werden, steht regelmäßig bereits bei Abnahme von Gas über das Erdgasnetz oder Elektrizität fest, in welchem Umfang ein Wiederverkauf erfolgt.

Innergemeinschaftlicher Erwerb, innergemeinschaftliches Verbringen sowie Einfuhr von Gas oder Elektrizität

(6) [1]Durch die spezielle Ortsregelung für die Lieferung von Gas über das Erdgasnetz oder Elektrizität wird klargestellt, dass Lieferungen dieser Gegenstände keine bewegten Lieferungen sind. [2]Daraus folgt, dass weder eine Ausfuhrlieferung nach § 6 UStG noch eine innergemeinschaftliche Lieferung nach § 6a UStG vorliegen kann. [3]Bei Lieferungen von Gas über das Erdgasnetz und von Elektrizität unter den Bedingungen von § 3g Abs. 1 oder 2 UStG liegt weder ein innergemeinschaftliches Verbringen noch ein innergemeinschaftlicher Erwerb vor. [4]Die Einfuhr von Gas über das Erdgasnetz oder von Elektrizität ist nach § 5 Abs. 1 Nr. 6 UStG steuerfrei. [5]§ 3g UStG gilt auch im Verhältnis zum Drittlandsgebiet; die Anwendung von § 3 Abs. 8 UStG ist demgegenüber mangels Beförderung oder Versendung ausgeschlossen. [6]Die Lieferung von Gas über das Erdgasnetz und von Elektrizität aus dem Drittlandsgebiet in das Inland ist damit im Inland steuerbar und steuerpflichtig; die Steuerschuldnerschaft des Leistungsempfängers unter den Voraussetzungen des § 13b Abs. 2 Nr. 5 Buchstabe a und Abs. 5 Satz 1 UStG ist zu beachten (vgl. Abschnitt 13b.1 Abs. 2 Nr. 7 Buchstabe a und Abschnitt 13b.3a Abs. 1). [7]Die Lieferung von Gas über das Erdgasnetz und von Elektrizität aus dem Inland in das Drittlandsgebiet ist eine im Inland nicht steuerbare Lieferung.

Zu § 4 Nr. 1 UStG
(§§ 8 bis 17c UStDV)

4.1.1 Ausfuhrlieferungen und Lohnveredelungen an Gegenständen der Ausfuhr

Auf die Abschnitte 6.1 bis 6.12 und 7.1 bis 7.4 wird hingewiesen.

4.1.2 Innergemeinschaftliche Lieferungen

Allgemeines

(1) Auf die Abschnitte 6a.1 bis 6a.8 wird hingewiesen.

Zusammenfassende Meldung – Allgemeines

(2)[1)] [1]Gemäß § 4 Nr. 1 Buchstabe b UStG ist die Steuerfreiheit der innergemeinschaftlichen Lieferung davon abhängig, dass der Unternehmer seiner gesetzlichen Pflicht zur Abgabe einer Zusammenfassenden Meldung (ZM) gemäß § 18a UStG nachkommt und diese im Hinblick auf die jeweilige Lieferung richtig und vollständig ist. [2]Gibt der Unternehmer die ZM für den betreffenden Meldezeitraum nicht, unrichtig oder unvollständig ab, erfüllt er die Voraussetzung für die Steuerbefreiung nicht. [3]Die Feststellung, dass die Voraussetzungen nicht erfüllt sind, kann immer erst nachträglich getroffen wer-

---

1) A 4.1.2 UStAE Abs. 2 Sätze 2 und 3 neugef., Satz 4 angef. durch BMF v. 20.5.2022, BStBl. I 2022, 738, anzuwenden auf **nach dem 31.12.2019** bewirkte innergemeinschaftliche Lieferungen.

den, da die Abgabe einer ZM zu einer innergemeinschaftlichen Lieferung immer erst später, nämlich bis zum 25. Tag nach Ablauf des jeweiligen Meldezeitraums erfolgt. [4] § 18a Abs. 8 UStG ist entsprechend zu berücksichtigen.

Zusammenfassende Meldung – Berichtigung und verspätete Abgabe[1)]

(3)[1)] [1] Die Pflicht zur Berichtigung einer fehlerhaften ZM nach § 18a Abs. 10 UStG bleibt vom Vorliegen der Voraussetzungen gemäß § 4 Nr. 1 Buchstabe b UStG unberührt. [2] Eine fehlerhafte ZM ist gemäß § 18a Abs. 10 UStG innerhalb eines Monats zu berichtigen, wenn der Unternehmer nachträglich erkennt, dass die von ihm abgegebene ZM unrichtig oder unvollständig ist. [3] Auf § 18a Abs. 7 Satz 2 UStG wird hingewiesen. [4] Die in § 18a Abs. 10 UStG normierte Frist dient ausschließlich den Zwecken der Durchführung eines ordnungsgemäßen innergemeinschaftlichen Kontrollverfahrens sowie eines etwaigen Bußgeldverfahrens (§ 26a Abs. 2 Nr. 5 UStG). [5] Die Verpflichtung zur Abgabe einer richtigen und vollständigen ZM für Zwecke der Steuerbefreiung nach § 4 Nr. 1 Buchstabe b UStG besteht auch über die in § 18a Abs. 10 UStG genannte Frist hinaus. [6] Berichtigt der Unternehmer die fehlerhafte ursprüngliche ZM für den Meldezeitraum nicht, ist die Steuerbefreiung für die betreffende Lieferung nachträglich zu versagen. [7] Eine Berichtigung von Fehlern in einer anderen ZM als der ursprünglichen, führt zu keinem Aufleben der Steuerfreiheit für die betreffende Lieferung. [8] Wird eine nicht fristgerecht abgegebene ZM erstmalig für den betreffenden Meldezeitraum richtig und vollständig abgegeben, liegen in diesem Zeitpunkt erstmals die materiell-rechtlichen Voraussetzungen für die Steuerbefreiung vor und diese ist bei Vorliegen der weiteren Voraussetzungen zu gewähren. [9] Die erstmalige Abgabe einer ZM und die Berichtigung einer fehlerhaften ZM durch den Unternehmer innerhalb der Festsetzungsfrist entfalten für Zwecke der Steuerbefreiung Rückwirkung. [10] Die rückwirkende Gewährung der Steuerbefreiung im Veranlagungsverfahren schließt ein Bußgeldverfahren des BZSt nach § 26a Abs. 2 Nr. 5 UStG nicht aus.

Beispiel 1:[1)]

[1] Der in Deutschland ansässige Unternehmer U liefert an einen französischen Kraftwerksbetreiber A am 10.2.01 eine Maschine im Wert von 50 000 €. [2] Die Rechnungsstellung erfolgt ebenfalls am 10.2.01. [3] A hat gegenüber U seine französische USt-IdNr. bei Auftragserteilung verwendet. [4] In der ZM für Februar 01 gibt U versehentlich durch einen fehlerhaften Abgleich im Buchhaltungssystem an, Gegenstände im Wert von 5 000 € an A geliefert zu haben. [5] U entdeckt den Fehler zufällig am 10.6.01 und meldet in der ZM Juni 01, die er am 5.7.01 an das BZSt übermittelt, dass er an A Waren im Wert von 45 000 € geliefert hat. [6] Zwar liegen die übrigen Voraussetzungen für eine steuerfreie innergemeinschaftliche Lieferung vor, allerdings hat U für Februar 01 eine unrichtige ZM in Bezug auf die Lieferung an A abgegeben. [7] Da er den Fehler nicht in der ursprünglichen ZM für Februar 01 berichtigt hat, sondern in der ZM für Juni 01, ist die Steuerfreiheit insgesamt zu versagen. [8] Würde U sowohl die ZM für Februar 01, als auch für Juni 01 berichtigen, wäre die Steuerbefreiung für die Lieferung an A rückwirkend zu gewähren, sofern die entsprechenden Steuerfestsetzungen noch änderbar sind.

[1)] A 4.1.2 UStAE Zwischenüberschrift neugef., Abs. 3 Satz 1 neugef., Sätze 4 und 5 eingef., bish. Sätze 4 und 5 werden Sätze 6 und 7, neuer Satz 6 neugef., Sätze 8 bis 10 angef., bish. Beispiel neugef. und Beispiel 2 angef. durch BMF v. 20.5.2022, BStBl. I 2022, 738, anzuwenden auf **nach dem 31.12.2019** bewirkte innergemeinschaftliche Lieferungen.

Beispiel 2:[1)]

[1] Der in Deutschland ansässige Unternehmer U liefert an einen französischen Kraftwerksbetreiber A am 10.2.01 eine Maschine im Wert von 50 000 €. [2] Die Rechnungsstellung erfolgt ebenfalls am 10.2.01. [3] A hat gegenüber U seine französische USt-IdNr. bei Auftragserteilung verwendet. [4] U gibt nach Ablauf des Meldezeitraums für Februar 01 keine ZM ab. [5] Damit liegen nicht alle materiell-rechtlichen Voraussetzungen für die Steuerbefreiung einer innergemeinschaftlichen Lieferung vor. [6] Die Steuerbefreiung ist für diese Lieferung zu versagen. [7] Gibt U die ZM für Februar 01 nach Ablauf der Abgabefrist noch richtig und vollständig ab, liegen die Voraussetzungen für die Steuerbefreiung im Zeitpunkt der verspäteten Abgabe erstmals vor und die Steuerbefreiung für die Lieferung an A ist rückwirkend zu gewähren, sofern die entsprechende Steuerfestsetzung noch änderbar ist.

Zu § 4 Nr. 2 UStG
(§ 18 UStDV)

4.2.1 Umsätze für die Seeschifffahrt und für die Luftfahrt

Auf die Abschnitte 8.1 bis 8.3 wird hingewiesen.

Zu § 4 Nr. 3 UStG
(§§ 19 bis 21 UStDV)

4.3.1 Allgemeines

(1) [1] Die Steuerbefreiung nach § 4 Nr. 3 UStG setzt voraus, dass die in der Vorschrift bezeichneten Leistungen umsatzsteuerrechtlich selbständig zu beurteilende Leistungen sind. [2] Ist eine Leistung nur eine unselbständige Nebenleistung zu einer Hauptleistung, teilt sie deren umsatzsteuerrechtliches Schicksal (vgl. Abschnitt 3.10 Abs. 5). [3] Vortransporte zu sich anschließenden Luftbeförderungen sind keine unselbständigen Nebenleistungen. [4] Hingegen ist die Beförderung im Eisenbahngepäckverkehr als unselbständige Nebenleistung zur Personenbeförderung anzusehen. [5] Zum Eisenbahngepäckverkehr zählt auch der „Auto-im-Reisezugverkehr“.

(Fortsetzung S. 269)

[1)] A 4.1.2 UStAE Zwischenüberschrift neugef., Abs. 3 Satz 1 neugef., Sätze 4 und 5 eingef., bish. Sätze 4 und 5 werden Sätze 6 und 7, neuer Satz 6 neugef., Sätze 8 bis 10 angef., bish. Beispiel neugef. und Beispiel 2 angef. durch BMF v. 20.5.2022, BStBl. I 2022, 738, anzuwenden auf **nach dem 31.12.2019** bewirkte innergemeinschaftliche Lieferungen.

(2) Das Finanzamt kann die Unternehmer von der Verpflichtung befreien, die Entgelte für Leistungen, die nach § 4 Nr. 3 UStG steuerfrei sind, und die Entgelte für nicht steuerbare Umsätze, z.B. für Beförderungen im Ausland, getrennt aufzuzeichnen (vgl. Abschnitt 22.6 Abs. 18 und 19).

4.3.2 Grenzüberschreitende Güterbeförderungen

(1) [1]Eine grenzüberschreitende Beförderung von Gegenständen, die im Zusammenhang mit einer Ausfuhr, einer Durchfuhr oder einer Einfuhr steht, ist unter den Voraussetzungen des § 4 Nr. 3 Satz 1 Buchstabe a und Sätze 2 bis 4 UStG steuerfrei (vgl. Abschnitte 4.3.3 und 4.3.4). [2]Sie liegt vor, wenn sich eine Güterbeförderung sowohl auf das Inland als auch auf das Ausland erstreckt (§ 3b Abs. 1 Satz 4 UStG). [3]Zu den grenzüberschreitenden Beförderungen im Allgemeinen vgl. Abschnitt 3b.1. [4]Grenzüberschreitende Beförderungen sind grundsätzlich auch die Beförderungen aus einem Freihafen in das Inland oder vom Inland in einen Freihafen (§ 1 Abs. 2 UStG); Güterbeförderungen vom Inland in einen Freihafen sind jedoch nicht nach § 4 Nr. 3 Buchstabe a Doppelbuchstabe aa UStG als grenzüberschreitende Beförderungen, die sich unmittelbar auf Gegenstände der Ausfuhr beziehen, steuerfrei, wenn der Beförderungsunternehmer nicht das nach der Weiterverschiffung der Güter vorgesehene Transportziel im Drittlandsgebiet nachweisen kann, auch wenn das Transportziel des Güterbeförderungsunternehmers (Freihafen) selbst – zumindest nach den Regelungen des nationalen Rechts – nach § 1 Abs. 2 Satz 1 in Verbindung mit Abs. 2a Satz 1 UStG als Drittlandsgebiet gilt. [5]Wird ein Gegenstand im Zusammenhang mit einer Ausfuhr oder einer Einfuhr grenzüberschreitend befördert und ist der Leistungsort für diese Leistung unter Anwendung von § 3a Abs. 2 UStG im Inland, ist dieser Umsatz unter den weiteren Voraussetzungen des § 4 Nr. 3 UStG steuerfrei (§ 4 Nr. 3 Satz 1 Buchstabe a UStG), auch wenn bei dieser Beförderung das Inland nicht berührt wird.

(2) [1]Beförderungen im internationalen Eisenbahnfrachtverkehr sind Güterbeförderungen, auf die die „Einheitlichen Rechtsvorschriften für den Vertrag über die internationale Eisenbahnbeförderung von Gütern (CIM)" anzuwenden sind. [2]Die Rechtsvorschriften sind im Anhang B des Übereinkommens über den internationalen Eisenbahnverkehr (COTIF) vom 9.5.1980 (BGBl. 1985 II S. 225), geändert durch Protokoll vom 3.6.1999 (BGBl. 2002 II S. 2221), enthalten. [3]Sie finden auf Sendungen von Gütern Anwendung, die mit durchgehendem Frachtbrief zur Beförderung auf einem Schienenwege aufgegeben werden, der das Inland und mindestens einen Nachbarstaat berührt.

(3) [1]Für die Befreiung nach § 4 Nr. 3 Satz 1 Buchstabe a UStG ist es unerheblich, auf welche Weise die Beförderungen durchgeführt werden, z.B. mit Kraftfahrzeugen, Luftfahrzeugen, Eisenbahnen, Seeschiffen, Binnenschiffen oder durch Rohrleitungen. [2]Auf Grund der Definition des Beförderungsbegriffs in § 3 Abs. 6 Satz 2 UStG sind auch das Schleppen und Schieben stets als Beförderung anzusehen.

(4)[1] [1]Ein Frachtführer, der die Beförderung von Gegenständen übernommen hat, bewirkt auch dann eine Beförderungsleistung, wenn er die Beförderung nicht selbst ausführt, sondern sie von einem oder mehreren anderen Frachtführern (Unterfrachtführern) ausführen lässt. [2]In diesen Fällen hat er die Stellung eines Hauptfrachtführers, für den der oder die Unterfrachtführer ebenfalls Beförderungsleistungen bewirken. [3]Beförderungsleistungen können grenzüberschreitend sein. [4]Die Beförderungsleistungen des Hauptfrachtführers sowie der Unterfrachtführer, deren Leistungen sich sowohl auf das Inland als auch auf das Ausland erstrecken, sind grenzüberschreitend. [5]Zur Anwendung der Steuerbefreiung bei grenzüberschreitenden Beförderungen und anderen Leistungen, die sich unmittelbar auf Gegenstände der Ausfuhr oder Durchfuhr beziehen (§ 4 Nr. 3 Satz 1 Buchstabe a Doppelbuchstabe aa UStG), in Haupt- und Unterfrachtführerkonstellationen vgl. Abschnitt 4.3.4 Abs. 3.

(5) [1]Spediteure sind in den Fällen des Selbsteintritts der Spedition zu festen Kosten – Übernahmesätzen – sowie des Sammelladungsverkehrs umsatzsteuerrechtlich als Beförderer anzusehen. [2]Der Fall eines Selbsteintritts liegt vor, wenn der Spediteur die Beförderung selbst ausführt (§ 458 HGB). [3]Im Fall der Spedition zu festen Kosten – Übernahmesätzen – hat sich der Spediteur mit dem Auftraggeber über einen bestimmten Satz der Beförderungskosten geeinigt (§ 459 HGB). [4]Der Fall eines Sammelladungsverkehrs ist gegeben, wenn der Spediteur die Versendung des Gegenstands zusammen mit den Gegenständen anderer Auftraggeber bewirkt, und zwar auf Grund eines für seine Rechnung über eine Sammelladung geschlossenen Frachtvertrags (§ 460 HGB).

(6) [1]Im Güterfernverkehr mit Kraftfahrzeugen ist verkehrsrechtlich davon auszugehen, dass den Frachtbriefen jeweils besondere Beförderungsverträge zu Grunde liegen und dass es sich bei der Durchführung dieser Verträge jeweils um selbständige Beförderungsleistungen handelt. [2]Dementsprechend ist auch umsatzsteuerrechtlich jede frachtbriefmäßig gesondert behandelte Beförderung als selbständige Beförderungsleistung anzusehen.

4.3.3 Grenzüberschreitende Güterbeförderungen und andere sonstige Leistungen, die sich auf Gegenstände der Einfuhr beziehen

(1) [1]Die Steuerbefreiung nach § 4 Nr. 3 Satz 1 Buchstabe a Doppelbuchstabe bb UStG kommt insbesondere für folgende sonstige Leistungen in Betracht:

1. für grenzüberschreitende Güterbeförderungen und Beförderungen im internationalen Eisenbahnfrachtverkehr (vgl. Abschnitt 4.3.2) bis zum ersten Bestimmungsort in der Gemeinschaft (vgl. Absatz 8 Beispiel 1);

[1] A 4.3.2 UStAE Abs. 4 neugef. durch BMF v. 6.2.2020, BStBl. I 2020, 235, anzuwenden in allen offenen Fällen, mit Nichtbeanstandungsregelung für **vor dem 1.1.2022** (BMF v. 14.10.2020, BStBl. I 2020, 1043) ausgeführte Umsätze (§ 4 Nr. 3 Buchst. a UStG), wenn A 4.3.2 Abs. 4 a. F. angewendet wird; Satz 5 neugef., Satz 6 aufgeh. durch BMF v. 27.9.2021, BStBl. I 2021, 1810, anzuwenden auf **nach dem 31.12.2021** ausgeführte Umsätze.

2. für Güterbeförderungen, die nach vorangegangener Beförderung nach Nr. 1 nach einem weiteren Bestimmungsort in der Gemeinschaft durchgeführt werden, z. B. Beförderungen auf Grund einer nachträglichen Verfügung oder Beförderungen durch Rollfuhrunternehmer vom Flughafen, Binnenhafen oder Bahnhof zum Empfänger (vgl. Absatz 8 Beispiele 2 und 3);
3. für den Umschlag und die Lagerung von eingeführten Gegenständen (vgl. Absatz 8 Beispiele 1 bis 6);
4. für handelsübliche Nebenleistungen, die bei grenzüberschreitenden Güterbeförderungen oder bei den in den Nummern 2 und 3 bezeichneten Leistungen vorkommen, z. B. Wiegen, Messen, Probeziehen oder Anmelden zur Abfertigung zum freien Verkehr;
5. für die Besorgung der in den Nummern 1 bis 4 bezeichneten Leistungen;
6. für Vermittlungsleistungen, für die die Steuerbefreiung nach § 4 Nr. 5 UStG nicht in Betracht kommt, z. B. für die Vermittlung von steuerpflichtigen Lieferungen, die von einem Importlager im Inland ausgeführt werden (vgl. Absatz 8 Beispiele 5 und 6).

[2] Die Steuerbefreiung setzt nicht voraus, dass die Leistungen an einen ausländischen Auftraggeber bewirkt werden. [3] Die Leistungen sind steuerfrei, wenn sie sich auf Gegenstände der Einfuhr beziehen und soweit die Kosten für die Leistungen in der Bemessungsgrundlage für diese Einfuhr enthalten sind.

(2) [1] Da die Steuerbefreiung für jede Leistung, die sich auf Gegenstände der Einfuhr bezieht, in Betracht kommen kann, braucht nicht geprüft zu werden, ob es sich um eine Beförderung, einen Umschlag oder eine Lagerung von Einfuhrgegenständen oder um handelsübliche Nebenleistungen dazu handelt. [2] Voraussetzung für die Steuerbefreiung ist, dass die Kosten für die Leistungen in der Bemessungsgrundlage für die Einfuhr enthalten sind. [3] Diese Voraussetzung ist in den Fällen erfüllt, in denen die Kosten einer Leistung nach § 11 Abs. 1 oder 2 und/oder 3 Nr. 3 und 4 UStG Teil der Bemessungsgrundlage für die Einfuhr geworden sind (vgl. Absatz 8 Beispiele 1, 2 und 4 bis 6). [4] Dies ist auch bei Gegenständen der Fall, deren Einfuhr nach den für die Einfuhrbesteuerung geltenden Vorschriften befreit ist (z. B. Umzugs- oder Messegut).

(3) [1] Der leistende Unternehmer hat im Geltungsbereich des UStG durch Belege nachzuweisen, dass die Kosten für die Leistung in der Bemessungsgrundlage für die Einfuhr enthalten sind (§ 20 Abs. 2 und 3 UStDV). [2] Aus Vereinfachungsgründen wird jedoch bei Leistungen an ausländische Auftraggeber auf den Nachweis durch Belege verzichtet, wenn das Entgelt für die einzelne Leistung weniger als 100 € beträgt und sich aus der Gesamtheit der beim leistenden Unternehmer vorhandenen Unterlagen keine berechtigten Zweifel daran ergeben, dass die Kosten für die Leistung Teil der Bemessungsgrundlage für die Einfuhr sind.

(4) Als Belege für den in Absatz 3 bezeichneten Nachweis kommen in Betracht:

1. zollamtliche Belege, und zwar
   a) [1] ein Stück der Zollanmeldung – auch ergänzende Zollanmeldung – mit der Festsetzung der Einfuhrabgaben und gegebenenfalls auch der Zollquittung. [2] Diese Belege können als Nachweise insbesondere in den Fällen dienen, in denen der leistende Unternehmer, z.B. der Spediteur, selbst die Abfertigung der Gegenstände, auf die sich seine Leistung bezieht, zum freien Verkehr beantragt,
   b) [1] ein Beleg mit einer Bestätigung der Zollstelle, dass die Kosten für die Leistung in die Bemessungsgrundlage für die Einfuhr einbezogen worden sind. [2] Für diesen Beleg soll von den deutschen Zollstellen eine Bescheinigung nach vorgeschriebenem Muster verwendet werden. [3] Die Zollstelle erteilt die vorbezeichnete Bestätigung auf Antrag, und zwar auch auf anderen im Beförderungs- und Speditionsgewerbe üblichen Papieren. [4] Diese Papiere müssen jedoch alle Angaben enthalten, die das Muster vorsieht. [5] Auf Absatz 8 Beispiele 2 und 4 bis 6 wird hingewiesen. [6] Sind bei der Besteuerung der Einfuhr die Kosten für die Leistung des Unternehmers geschätzt worden, genügt es für den Nachweis, dass der geschätzte Betrag in den Belegen angegeben ist. [7] Bescheinigungen entsprechenden Inhalts von Zollstellen anderer EU-Mitgliedstaaten sind ebenfalls anzuerkennen;
2. andere Belege
   [1] In den Fällen, in denen die Kosten für eine Leistung nach § 11 Abs. 1 und 2 und/oder 3 Nr. 3 und 4 UStG Teil der Bemessungsgrundlage für die Einfuhr geworden sind, genügt der eindeutige Nachweis hierüber. [2] Als Nachweisbelege kommen in diesen Fällen insbesondere der schriftliche Speditionsauftrag, das im Speditionsgewerbe übliche Bordero, ein Doppel des Versandscheins, ein Doppel der Rechnung des Lieferers über die Lieferung der Gegenstände oder der vom Lieferer ausgestellte Lieferschein in Betracht (vgl. Absatz 8 Beispiele 1, 5 und 6). [3] Erfolgt die Beförderung und die Zollabfertigung durch verschiedene Beauftragte, wird als ausreichender Nachweis auch eine Bestätigung eines Verzollungsspediteurs auf einem der in Satz 2 genannten Belege anerkannt, wenn der Verzollungsspediteur in dieser eigenhändig unterschriebenen Bestätigung versichert, dass es sich bei den beförderten Gegenständen um Gegenstände der Einfuhr handelt, die zollamtlich abgefertigt wurden und die Beförderungskosten (des Beförderungsspediteurs) in der Bemessungsgrundlage für die Einfuhrumsatzsteuer enthalten sind. [4] Die Belege können auch auf elektronischem Weg übermittelt werden; bei einer elektronischen Übermittlung eines Belegs ist eine Unterschrift nicht erforderlich, sofern erkennbar ist, dass die elektronische Übermittlung im Verfügungsbereich des Ausstellers begonnen hat. [5] Abschnitt 6a.4 Abs. 3 Satz 2 und Abs. 6 ist entsprechend anzuwenden;
3. Fotokopien
   Fotokopien können nur in Verbindung mit anderen beim leistenden Unternehmer vorhandenen Belegen als ausreichend anerkannt werden, wenn sich aus der Gesamtheit der Belege keine ernsthaften Zweifel an der Erfassung der Kosten bei der Besteuerung der Einfuhr ergeben.

(5) [1]Bei der Inanspruchnahme der Steuerbefreiung ist es aus Vereinfachungsgründen nicht zu beanstanden, wenn der Unternehmer den in § 20 Abs. 2 UStDV vorgeschriebenen Nachweis durch einen Beleg erbringt, aus dem sich eindeutig und leicht nachprüfbar ergibt, dass im Zeitpunkt seiner Leistungserbringung die Einfuhrumsatzsteuer noch nicht entstanden ist. [2]Hierfür kommen beispielsweise die vom Lagerhalter im Rahmen der vorübergehenden Verwahrung oder eines bewilligten Zolllagerverfahrens zu führenden Bestandsaufzeichnungen sowie das im Seeverkehr übliche Konnossement in Betracht. [3]Im Übrigen ist Absatz 4 sinngemäß anzuwenden.

(6) [1]Ist bei einer Beförderung im Eisenbahnfrachtverkehr, die im Anschluss an eine grenzüberschreitende Beförderung oder Beförderung im internationalen Eisenbahnfrachtverkehr bewirkt wird, der Absender im Ausland außerhalb der Gebiete im Sinne des § 1 Abs. 3 UStG ansässig und werden die Beförderungskosten von diesem Absender bezahlt, kann der Nachweis über die Einbeziehung der Beförderungskosten in die Bemessungsgrundlage für die Einfuhr aus Vereinfachungsgründen durch folgende Bescheinigungen auf dem Frachtbrief erbracht werden:

„Bescheinigungen für Umsatzsteuerzwecke

1. Bescheinigung des im Gemeinschaftsgebiet ansässigen Beauftragten des ausländischen Absenders

   Nach meinen Unterlagen handelt es sich um Gegenstände der Einfuhr. Die Beförderungskosten werden von

   ____

   (Name und Anschrift des ausländischen Absenders)

   bezahlt.

   ______________ ______________

   (Ort und Datum) (Unterschrift)

2. Bescheinigung der Zollstelle (zu Zollbeleg-Nr. …)

   Bei der Ermittlung der Bemessungsgrundlage für die Einfuhr (§ 11 UStG) wurden die Beförderungskosten bis

   ____

   (Bestimmungsort im Gemeinschaftsgebiet)

   entsprechend der Anmeldung erfasst.

   ______________ ______________

   (Ort und Datum) (Unterschrift und Dienststempel)“

[2]Der in der Bescheinigung Nummer 1 angegebene ausländische Absender muss der im Frachtbrief angegebene Absender sein. [3]Als Beauftragter des ausländischen Absenders kommt insbesondere ein im Gemeinschaftsgebiet ansässiger Unternehmer in Betracht, der im Namen und für Rechnung des ausländischen Absenders die Weiterbeförderung der eingeführten Gegenstände über Strecken, die ausschließlich im Gemeinschaftsgebiet gelegen sind, veranlasst. [4]Die Bescheinigung kann auch auf elektronischem Weg übermittelt werden; bei einer elektronischen Übermittlung der Bescheinigung ist eine Unterschrift nicht erforderlich, sofern erkennbar ist, dass die elektronische Übermittlung im Verfügungsbereich des Ausstellers begonnen hat. [5]Abschnitt 6a.4 Abs. 3 Satz 2 und Abs. 6 ist entsprechend anzuwenden.

(7) [1]Bei grenzüberschreitenden Beförderungen von einem Drittland in das Gemeinschaftsgebiet werden die Kosten für die Beförderung der eingeführten Gegenstände bis zum ersten Bestimmungsort im Gemeinschaftsgebiet in die Bemessungsgrundlage für die Einfuhrumsatzsteuer einbezogen (§ 11 Abs. 3 Nr. 3 UStG). [2]Beförderungskosten zu einem weiteren Bestimmungsort im Gemeinschaftsgebiet sind ebenfalls einzubeziehen, sofern dieser weitere Bestimmungsort im Zeitpunkt des Entstehens der Einfuhrumsatzsteuer bereits feststeht (§ 11 Abs. 3 Nr. 4 UStG). [3]Dies gilt auch für die auf inländische oder innergemeinschaftliche Beförderungsleistungen und andere sonstige Leistungen entfallenden Kosten im Zusammenhang mit einer Einfuhr (vgl. Absatz 8 Beispiele 2 und 3).

(8) Beispiele zur Steuerbefreiung für sonstige Leistungen, die sich auf Gegenstände der Einfuhr beziehen und steuerbar sind:

Beispiel 1:

[1]Der Lieferer L mit Sitz in Lübeck liefert aus Norwegen kommende Gegenstände an den Abnehmer A in Mailand, und zwar „frei Bestimmungsort Mailand“. [2]Im Auftrag und für Rechnung des L werden die folgenden Leistungen bewirkt:

[3]Der Reeder R befördert die Gegenstände bis Lübeck. [4]Die Weiterbeförderung bis Mailand führt der Spediteur S mit seinem Lastkraftwagen aus. [5]Den Umschlag vom Schiff auf den Lastkraftwagen bewirkt der Unternehmer U.

[6]A beantragt bei der Ankunft der Gegenstände in Mailand deren Abfertigung zur Überlassung zum zollrechtlich freien Verkehr. [7]Bemessungsgrundlage für die Einfuhr ist der Zollwert. [8]Das ist regelmäßig der Preis (Artikel 70 UZK). [9]In den Preis hat L auf Grund der Lieferkondition „frei Bestimmungsort Mailand“ auch die Kosten für die Leistungen von R, S und U einkalkuliert.

[10]Bei der grenzüberschreitenden Güterbeförderung des R von Norwegen nach Lübeck, der Anschlussbeförderung des S von Lübeck bis Mailand und der Umschlagsleistung des U handelt es sich um Leistungen, die sich auf Gegenstände der Einfuhr beziehen. [11]R, S und U weisen jeweils anhand des von L empfangenen Doppels der Lieferrechnung die Lieferkondition „frei Bestimmungsort Mailand“ nach. [12]Ferner ergibt sich aus der Lieferrechnung, dass L Gegenstände geliefert hat, bei deren Einfuhr der Preis Bemessungsgrundlage ist. [13]Dadurch ist nachgewiesen, dass die Kosten für die Leistungen des R, des S und des U in der Bemessungsgrundlage für die Einfuhr enthalten sind. [14]R, S und U können deshalb für ihre Leistungen, sofern sie auch den buchmäßigen Nachweis führen, die Steuerbefreiung nach § 4 Nr. 3 Satz 1 Buchstabe a Doppelbuchstabe bb UStG in Anspruch nehmen. [15]Der Nachweis kann auch durch die in Absatz 4 Nr. 2 bezeichneten Belege erbracht werden.

Beispiel 2:

[1]Sachverhalt wie im Beispiel 1, jedoch mit Abnehmer A in München und der Liefervereinbarung „frei Grenze“. [2]A hat die Umschlagskosten und die Beförderungskosten von Lübeck bis München gesondert angemeldet. [3]Ferner hat A der Zollstelle die für den Nachweis der Höhe der Umschlags- und Beförderungskosten erforderlichen Unterlagen vorgelegt. [4]In diesem Falle ist Bemessungsgrundlage für die Einfuhr nach § 11 Abs. 1 und 3 Nr. 3 und 4 UStG der Zollwert der Gegenstände frei Grenze zuzüglich darin noch nicht enthaltener Umschlags- und Beförderungskosten bis München (= weiterer Bestimmungsort im Gemeinschaftsgebiet).

[5]Wie im Beispiel 1 ist die grenzüberschreitende Güterbeförderung des R von Norwegen nach Lübeck nach § 4 Nr. 3 Satz 1 Buchstabe a Doppelbuchstabe bb UStG steuerfrei. [6]Die Anschlussbeförderung des S von Lübeck bis München und die Umschlagsleistung des U sind ebenfalls Leistungen, die sich auf Gegenstände der Einfuhr beziehen. [7]Die Kosten für die Leistungen sind in die Bemessungsgrundlage für die Einfuhr einzubeziehen, da der weitere Bestimmungsort im Gemeinschaftsgebiet im Zeitpunkt des Entstehens der Einfuhrumsatzsteuer bereits feststeht (§ 11 Abs. 3 Nr. 4 UStG). [8]Die Leistungen sind deshalb ebenfalls nach § 4 Nr. 3 Satz 1 Buchstabe a Doppelbuchstabe bb UStG steuerfrei.

Beispiel 3:

[1] Der in Deutschland ansässige Unternehmer U beauftragt den niederländischen Frachtführer F, Güter von New York nach München zu befördern. [2] F beauftragt mit der Beförderung per Schiff bis Rotterdam den niederländischen Reeder R. [3] In Rotterdam wird die Ware umgeladen und von F per LKW bis München weiterbefördert. [4] F beantragt für U bei der Einfuhr in die Niederlande, die Ware erst im Bestimmungsland Deutschland zur Überlassung zum zoll- und steuerrechtlichen freien Verkehr für U abfertigen zu lassen (sog. T 1-Versandverfahren). [5] Diese Abfertigung erfolgt bei einem deutschen Zollamt.
[6] Die Beförderungsleistung des F von New York nach München ist eine grenzüberschreitende Güterbeförderung. [7] Die Einfuhr der Ware in die Niederlande wird dort nicht besteuert, da die Ware unter zollamtlicher Überwachung im T 1-Verfahren nach Deutschland verbracht wird. [8] Die Kosten für die Beförderung bis München (= erster Bestimmungsort im Gemeinschaftsgebiet) werden in die Bemessungsgrundlage der deutschen Einfuhrumsatzsteuer einbezogen (§ 11 Abs. 3 Nr. 3 UStG). [9] Die Beförderungsleistung des F an U ist in Deutschland steuerbar (§ 3a Abs. 2 Satz 1 UStG), jedoch nach § 4 Nr. 3 Satz 1 Buchstabe a Doppelbuchstabe bb UStG steuerfrei. [10] Die Beförderungsleistung des R an den Frachtführer F ist in Deutschland nicht steuerbar (§ 3a Abs. 2 Satz 1 UStG).

Beispiel 4:

[1] Der Lieferer L in Odessa liefert Gegenstände an den Abnehmer A mit Sitz in München für dessen Unternehmen zu der Lieferbedingung „ab Werk". [2] Der Spediteur S aus Odessa übernimmt im Auftrag des A die Beförderung der Gegenstände von Odessa bis München zu einem festen Preis – Übernahmesatz –. [3] S führt die Beförderung jedoch nicht selbst durch, sondern beauftragt auf seine Kosten (franco) den Binnenschiffer B mit der Beförderung von Odessa bis Passau und der Übergabe der Gegenstände an den Empfangsspediteur E. [4] Dieser führt ebenfalls im Auftrag des S auf dessen Kosten den Umschlag aus dem Schiff auf den Lastkraftwagen und die Übergabe an den Frachtführer F durch. [5] F führt die Weiterbeförderung im Auftrag des S von Passau nach München durch. [6] Der Abnehmer A beantragt in München die Abfertigung zum freien Verkehr und rechnet den Übernahmesatz unmittelbar mit S ab. [7] Mit dem zwischen S und A vereinbarten Übernahmesatz sind auch die Kosten für die Leistungen des B, des E und des F abgegolten.
[8] Bei der Leistung des S handelt es sich um eine Spedition zu festen Kosten (vgl. Abschnitt 4.3.2 Abs. 5). [9] S bewirkt damit eine sonstige Leistung (grenzüberschreitende Güterbeförderung von Odessa bis München), die insgesamt steuerbar (§ 3a Abs. 2 Satz 1 UStG), aber steuerfrei ist (§ 4 Nr. 3 Satz 1 Buchstabe a Doppelbuchstabe bb UStG). [10] Der Endpunkt dieser Beförderung ist der erste Bestimmungsort im Gemeinschaftsgebiet im Sinne des § 11 Abs. 3 Nr. 3 UStG. [11] Nach dieser Vorschrift sind deshalb die Kosten für die Beförderung des S bis München in die Bemessungsgrundlage für die Einfuhr einzubeziehen. [12] Über die Leistung des S an A sind die Kosten der Leistungen von B, E und F in der Bemessungsgrundlage für die Einfuhr enthalten.
[13] Die Beförderung des B von Odessa bis Passau ist als grenzüberschreitende Güterbeförderung insgesamt nicht steuerbar (§ 3a Abs. 2 Satz 1 UStG), da S seinen Sitz im Drittlandsgebiet hat. [14] Die Umschlagsleistung des E und die Beförderung des F von Passau bis München sind zwar Leistungen, die sich auf Gegenstände der Einfuhr beziehen, jedoch ebenfalls nicht steuerbar.

Beispiel 5:

[1] Der im Inland ansässige Handelsvertreter H ist damit betraut, Lieferungen von Nicht-Unionswaren für den im Inland ansässigen Unternehmer U zu vermitteln. [2] Um eine zügige Auslieferung der vermittelten Gegenstände zu gewährleisten, hat U die Gegenstände bereits vor der Vermittlung in das Inland einführen und auf ein Zolllager des H bringen lassen. [3] Nachdem H die Lieferung der Gegenstände vermittelt hat, entnimmt er sie aus dem Zolllager in den freien Verkehr und sendet sie dem Abnehmer zu. [4] Mit der Entnahme der Gegenstände aus dem Zolllager entsteht die Einfuhrumsatzsteuer. [5] Die Vermittlungsprovision des H und die an H gezahlten Lagerkosten sind in die Bemessungsgrundlage für die Einfuhr (§ 11 Abs. 3 Nr. 3 UStG) einzubeziehen. [6] H weist dies durch einen zollamtlichen Beleg nach. [7] Die Vermittlungsleistung des H fällt nicht unter die Steuerbefreiung des § 4 Nr. 5 UStG. [8] H kann

jedoch für die Vermittlung die Steuerbefreiung nach § 4 Nr. 3 Satz 1 Buchstabe a Doppelbuchstabe bb UStG in Anspruch nehmen, sofern er den erforderlichen buchmäßigen Nachweis führt. [9] Dasselbe gilt für die Lagerung.

Beispiel 6:

[1] Sachverhalt wie im Beispiel 5, jedoch werden die Gegenstände nicht auf ein Zolllager verbracht, sondern sofort zum freien Verkehr abgefertigt und von H außerhalb eines Zolllagers gelagert. [2] Im Zeitpunkt der Abfertigung stehen die Vermittlungsprovision und die Lagerkosten des H noch nicht fest. [3] Die Beträge werden deshalb nicht in die Bemessungsgrundlage für die Einfuhr einbezogen.
[4] Die Leistungen des H sind weder nach § 4 Nr. 5 UStG noch nach § 4 Nr. 3 Satz 1 Buchstabe a Doppelbuchstabe bb UStG steuerfrei.
[5] Falls die erst nach der Abfertigung zum freien Verkehr entstehenden Kosten (Vermittlungsprovision und Lagerkosten) bereits bei der Abfertigung bekannt sind, sind diese Kosten in die Bemessungsgrundlage für die Einfuhr einzubeziehen (§ 11 Abs. 3 Nr. 3 UStG). [6] Die Rechtslage ist dann dieselbe wie in Beispiel 5.

(9) Beförderungen aus einem Freihafen in das Inland sowie ihre Besorgung sind von der Steuerbefreiung ausgenommen, wenn sich die beförderten Gegenstände in einer zollamtlich bewilligten Freihafen-Veredelung (§ 12b EUStBV)[1)] oder in einer zollamtlich besonders zugelassenen Freihafenlagerung (§ 12a EUStBV) befunden haben (§ 4 Nr. 3 Satz 1 Buchstabe a Doppelbuchstabe bb Satz 2 UStG).

4.3.4 Grenzüberschreitende Beförderungen und andere sonstige Leistungen, die sich unmittelbar auf Gegenstände der Ausfuhr oder der Durchfuhr beziehen

(1) [1] Die Steuerbefreiung nach § 4 Nr. 3 Satz 1 Buchstabe a Doppelbuchstabe aa UStG kommt insbesondere für folgende sonstige Leistungen in Betracht:

1. für grenzüberschreitende Güterbeförderungen und Beförderungen im internationalen Eisenbahnfrachtverkehr (vgl. Abschnitt 4.3.2) ins Drittlandsgebiet;
2. für inländische und innergemeinschaftliche Güterbeförderungen, die einer Beförderung nach Nr. 1 vorangehen, z. B. Beförderungen durch Rollfuhrunternehmer vom Absender zum Flughafen, Binnenhafen oder Bahnhof oder Beförderungen von leeren Transportbehältern, z. B. Containern, zum Beladeort;
3. für den Umschlag und die Lagerung von Gegenständen vor ihrer Ausfuhr oder während ihrer Durchfuhr;
4. für die handelsüblichen Nebenleistungen, die bei Güterbeförderungen aus dem Inland in das Drittlandsgebiet oder durch das Inland oder bei den in den Nummern 1 bis 3 bezeichneten Leistungen vorkommen, z. B. Wiegen, Messen oder Probeziehen;
5. für die Besorgung der in den Nummern 1 bis 4 bezeichneten Leistungen.

---

1) **Steuergesetze** Nr. **518.**

[2]Die Leistungen müssen sich unmittelbar auf Gegenstände der Ausfuhr oder der Durchfuhr beziehen. [3]Eine Ausfuhr liegt vor, wenn ein Gegenstand in das Drittlandsgebiet verbracht wird. [4]Dabei ist nicht Voraussetzung, dass der Gegenstand im Drittlandsgebiet verbleibt. [5]Es ist unbeachtlich, ob es sich um eine Beförderung, einen Umschlag oder eine Lagerung oder um eine handelsübliche Nebenleistung zu diesen Leistungen handelt. [6]Auch die Tätigkeit einer internationalen Kontroll- und Überwachungsgesellschaft, deren „Bescheinigung über die Entladung und Einfuhr" von Erzeugnissen in das Drittland Voraussetzung für eine im Inland zu gewährende Ausfuhrerstattung ist, steht in unmittelbarem Zusammenhang mit Gegenständen der Ausfuhr (vgl. BFH-Urteil vom 10.11.2010, V R 27/09, BStBl. 2011 II S. 557).

(2) Folgende sonstige Leistungen sind nicht als Leistungen anzusehen, die sich unmittelbar auf Gegenstände der Ausfuhr oder der Durchfuhr beziehen:

1. [1]Vermittlungsleistungen im Zusammenhang mit der Ausfuhr oder der Durchfuhr von Gegenständen. [2]Diese Leistungen können jedoch nach § 4 Nr. 5 UStG steuerfrei sein (vgl. Abschnitt 4.5.1);
2. [1]Leistungen, die sich im Rahmen einer Ausfuhr oder einer Durchfuhr von Gegenständen nicht auf diese Gegenstände, sondern auf die Beförderungsmittel beziehen, z. B. die Leistung eines Gutachters, die sich auf einen verunglückten Lastkraftwagen – und nicht auf seine Ladung – bezieht, oder die Überlassung eines Liegeplatzes in einem Binnenhafen. [2]Für Leistungen, die für den unmittelbaren Bedarf von Seeschiffen oder Luftfahrzeugen, einschließlich ihrer Ausrüstungsgegenstände und ihrer Ladungen, bestimmt sind, kann jedoch die Steuerbefreiung nach § 4 Nr. 2, § 8 Abs. 1 Nr. 5 oder Abs. 2 Nr. 4 UStG in Betracht kommen (vgl. Abschnitt 8.1 Abs. 7 und Abschnitt 8.2 Abs. 7).

(3)[1)] [1]Die Steuerbefreiung kommt grundsätzlich nur für die Leistung des Hauptfrachtführers, nicht aber für die Leistungen der Unterfrachtführer in Betracht, da diese die Beförderungsleistungen nicht unmittelbar an den Versender oder den Empfänger der Gegenstände erbringen, sondern an den Hauptfrachtführer (vgl. EuGH-Urteil vom 29.6.2017, C-288/16, L.C.).[2)] [2]Versender ist der liefernde Unternehmer; Empfänger ist der Abnehmer des Gegenstandes. [3]In Fällen, in denen ein Versender (z. B. ein Händler) oder Empfänger (z. B. Nichtunternehmer oder Unternehmer) einen Hauptfrachtführer (z. B. einen Logistikdienstleister) mit der grenzüberschreitenden Beförderung von Gegenständen beauftragt, dieser hierzu einen Unterfrachtführer (z. B. ein Speditionsunternehmen) beauftragt und neben der Beförderung dieser Gegenstände, z. B. in einem Container oder einem Paket, auch Gegenstände grenzüberschreitend befördert werden, für die der Hauptfrachtführer selbst liefernder Unternehmer und damit Versender ist (gemischte Sendung), kommt

---

[1)] A 4.3.4 UStAE Abs. 3 eingef., bish. Abs. 3 bis 8 werden Abs. 4 bis 9 durch BMF v. 27.9.2021, BStBl. I 2021, 1810, anzuwenden auf **nach dem 31.12.2021** ausgeführte Umsätze.

[2)] DStRE 2018, 366.

die Steuerbefreiung grundsätzlich nur für die grenzüberschreitende Beförderung des Unterfrachtführers hinsichtlich der Gegenstände in Betracht, für die der Hauptfrachtführer selbst Versender ist. [4]Die grenzüberschreitende Beförderungsleistung des Unterfrachtführers für die Gegenstände, für die der Hauptfrachtführer jedoch nicht selbst Versender ist, ist wegen der fehlenden Unmittelbarkeit nicht von der Steuerbefreiung umfasst (vgl. EuGH-Urteil vom 29.6.2017, C-288/16, L.C.). [5]Die Beförderungsleistung bei solch einer gemischten Sendung ist entsprechend in einen steuerpflichtigen und steuerfreien Teil aufzuteilen. [6]Es wird jedoch nicht beanstandet, wenn diese Leistung, auch für Zwecke des Vorsteuerabzugs, insgesamt als steuerpflichtig behandelt wird. [7]Der Unternehmer (Hauptfrachtführer) muss für die Anwendung der Steuerbefreiung durch Belege nachweisen, dass er im Sinne von § 4 Nr. 3 Buchstabe a Doppelbuchstabe aa UStG begünstigte Leistungen unmittelbar an den Versender oder den Empfänger erbringt, etwa durch eine beleghafte Erklärung über eine Versendereigenschaft. [8]In Fällen, in denen sich herausstellt, dass die Angaben über die Eigenschaft als Versender unzutreffend waren, kann die Steuerbefreiung zur Vermeidung von Unbilligkeiten gleichwohl gewährt werden, wenn der Unternehmer keine Kenntnis davon hatte und auch nicht mit der Sorgfalt eines ordentlichen Kaufmanns erkennen konnte, dass die Angaben des Versenders unzutreffend waren. [9]Werden grenzüberschreitende Beförderungsleistungen oder sonstige begünstigte Leistungen im Namen eines Unternehmers, jedoch für Rechnung eines anderen Unternehmers beauftragt und vom ersten Unternehmer die Versendereigenschaft bestätigt, ist davon auszugehen, dass diese Angabe unzutreffend ist. [10]Zur Frage der Steuerbefreiung bei Leistungen im Bereich des Be- und Entladens eines Seeschiffes auf einer vorhergehenden Stufe vgl. Abschnitt 8.1 Abs. 1 Sätze 4 und 5.

(4) [1]Als Gegenstände der Ausfuhr oder der Durchfuhr sind auch solche Gegenstände anzusehen, die sich vor der Ausfuhr im Rahmen einer Bearbeitung oder Verarbeitung im Sinne des § 6 Abs. 1 Satz 2 UStG oder einer Lohnveredelung im Sinne des § 7 UStG befinden. [2]Die Steuerbefreiung erstreckt sich somit auch auf sonstige Leistungen, die sich unmittelbar auf diese Gegenstände beziehen.

(5) [1]Bei grenzüberschreitenden Güterbeförderungen und anderen sonstigen Leistungen, einschließlich Besorgungsleistungen, die sich unmittelbar auf Gegenstände der Ausfuhr oder der Durchfuhr beziehen, hat der leistende Unternehmer im Geltungsbereich des UStG die Ausfuhr oder Wiederausfuhr der Gegenstände durch Belege eindeutig und leicht nachprüfbar nachzuweisen (§ 20 Abs. 1 und 3 UStDV). [2]Bei grenzüberschreitenden Güterbeförderungen kommen insbesondere die vorgeschriebenen Frachturkunden (z.B. Frachtbrief, Konnossement), der schriftliche Speditionsauftrag, das im Speditionsgewerbe übliche Bordero, ein Doppel des Versandscheins oder im EDV-gestützten Ausfuhrverfahren (ATLAS-Ausfuhr) die durch die AfZSt per EDIFACT-Nachricht übermittelte Statusmeldung über die Erlaubnis des Ausgangs „STA" als Nachweisbelege in Betracht. [3]Bei anderen sonstigen Leistungen kommen als Ausfuhrbelege insbesondere Belege mit einer Ausfuhrbestätigung der den Ausgang aus dem Zollgebiet der Gemeinschaft überwachenden

Grenzzollstelle, Versendungsbelege oder sonstige handelsübliche Belege in Betracht (§§ 9 bis 11 UStDV, vgl. Abschnitte 6.6 bis 6.8). [4]Die sonstigen handelsüblichen Belege können auch von den Unternehmern ausgestellt werden, die für die Lieferung die Steuerbefreiung für Ausfuhrlieferungen (§ 4 Nr. 1 Buchstabe a, § 6 UStG) oder für die Bearbeitung oder Verarbeitung die Steuerbefreiung für Lohnveredelungen an Gegenständen der Ausfuhr (§ 4 Nr. 1 Buchstabe a, § 7 UStG) in Anspruch nehmen. [5]Diese Unternehmer müssen für die Inanspruchnahme der vorbezeichneten Steuerbefreiungen die Ausfuhr der Gegenstände nachweisen. [6]Anhand der bei ihnen vorhandenen Unterlagen können sie deshalb einen sonstigen handelsüblichen Beleg, z.B. für einen Frachtführer, Umschlagbetrieb oder Lagerhalter, ausstellen. [7]Die Belege können auch auf elektronischem Weg übermittelt werden; bei einer elektronischen Übermittlung der Belege ist eine Unterschrift nicht erforderlich, sofern erkennbar ist, dass die elektronische Übermittlung im Verfügungsbereich des Ausstellers des Belegs begonnen hat. [8]Abschnitt 6a.4 Abs. 3 Satz 2 und Abs. 6 ist entsprechend anzuwenden.

(6) Bei Vortransporten, die mit Beförderungen im Luftfrachtverkehr aus dem Inland in das Drittlandsgebiet verbunden sind, ist der Nachweis der Ausfuhr oder Wiederausfuhr als erfüllt anzusehen, wenn sich aus den Unterlagen des Unternehmers eindeutig und leicht nachprüfbar ergibt, dass im Einzelfall

1. die Vortransporte auf Grund eines Auftrags bewirkt worden sind, der auch die Ausführung der nachfolgenden grenzüberschreitenden Beförderung zum Gegenstand hat,
2. die Vortransporte als örtliche Rollgebühren oder Vortransportkosten abgerechnet worden sind und
3. die Kosten der Vortransporte wie folgt ausgewiesen worden sind:
   a) im Luftfrachtbrief – oder im Sammelladungsverkehr im Hausluftfrachtbrief – oder
   b) in der Rechnung an den Auftraggeber, wenn die Rechnung die Nummer des Luftfrachtbriefs – oder im Sammelladungsverkehr die Nummer des Hausluftfrachtbriefs – enthält.

(7) [1]Ist bei einer Beförderung im Eisenbahnfrachtverkehr, die einer grenzüberschreitenden Beförderung oder einer Beförderung im internationalen Eisenbahnfrachtverkehr vorausgeht, der Empfänger oder der Absender im Ausland außerhalb der Gebiete im Sinne des § 1 Abs. 3 UStG ansässig und werden die Beförderungskosten von diesem Empfänger oder Absender bezahlt, kann die Ausfuhr oder Wiederausfuhr aus Vereinfachungsgründen durch folgende Bescheinigung auf dem Frachtbrief nachgewiesen werden:

„**Bescheinigung für Umsatzsteuerzwecke**

Nach meinen Unterlagen bezieht sich die Beförderung unmittelbar auf Gegenstände der Ausfuhr oder der Durchfuhr (§ 4 Nr. 3 Satz 1 Buchstabe a Doppelbuchstabe aa UStG).

Die Beförderungskosten werden von ______________________________

(Name und Anschrift des ausländischen Empfängers oder Absenders)

bezahlt.

______________________________ ______________________________

(Ort und Datum) (Unterschrift)"

[2] Der in der vorbezeichneten Bescheinigung angegebene ausländische Empfänger oder Absender muss der im Frachtbrief angegebene Empfänger oder Absender sein. [3] Die Bescheinigung kann auch auf elektronischem Weg übermittelt werden; bei einer elektronischen Übermittlung der Bescheinigung ist eine Unterschrift nicht erforderlich, sofern erkennbar ist, dass die elektronische Übermittlung im Verfügungsbereich des Ausstellers des Belegs begonnen hat. [4] Abschnitt 6a.4 Abs. 3 Satz 2 und Abs. 6 ist entsprechend anzuwenden.

(8) [1] Bei einer Güterbeförderung, die einer grenzüberschreitenden Güterbeförderung vorangeht, kann die Ausfuhr oder die Wiederausfuhr aus Vereinfachungsgründen durch folgende Bescheinigung des auftraggebenden Spediteurs/Hauptfrachtführers oder des auftraggebenden Lieferers auf dem schriftlichen Transportauftrag nachgewiesen werden:

„**Bescheinigung für Umsatzsteuerzwecke**

Ich versichere, dass ich die im Auftrag genannten Gegenstände nach … (Ort im Drittlandsgebiet) versenden werde. Die Angaben habe ich nach bestem Wissen und Gewissen auf Grund meiner Geschäftsunterlagen gemacht, die im Gemeinschaftsgebiet nachprüfbar sind.

______________________________ ______________________________

(Ort und Datum) (Unterschrift)"

[2] Rechnen der Spediteur/Hauptfrachtführer bzw. der auftraggebende Lieferer und der Unterfrachtführer durch Gutschrift (§ 14 Abs. 2 Satz 2 UStG) ab, kann die Bescheinigung nach Satz 1 auch auf der Gutschrift erfolgen. [3] Auf die eigenhändige Unterschrift des auftraggebenden Spediteurs/Frachtführers bzw. des auftraggebenden Lieferers kann verzichtet werden, wenn die für den Spediteur/Hauptfrachtführer bzw. den auftraggebenden Lieferer zuständige Oberfinanzdirektion bzw. oberste Landesfinanzbehörde dies genehmigt hat und in dem Transportauftrag oder der Gutschrift auf die Genehmigungsverfügung bzw. den Genehmigungserlass unter Angabe von Datum und Aktenzeichen hingewiesen wird. [4] Die Belege können auch auf elektronischem Weg über mittelt werden; bei einer elektronischen Übermittlung der Bescheinigung nach Satz 1 ist eine Unterschrift nicht erforderlich, sofern erkennbar ist, dass die elektronische Übermittlung im Verfügungsbereich des Spediteurs/Hauptfrachtführers bzw. des auftraggebenden Lieferers begonnen hat. [5] Abschnitt 6a.4 Abs. 3 Satz 2 und Abs. 6 ist entsprechend anzuwenden.

(9)[1)] [1] Eine grenzüberschreitende Beförderung zwischen dem Inland und einem Drittland liegt auch vor, wenn die Güterbeförderung vom Inland über

[1)] A 4.3.4 UStAE Abs. 8 Sätze 2 und 6 geänd., Beispiel Sätze 6, 8 und 10 neugef., früheres Beispiel 2 aufgeh. durch BMF v. 6.2.2020, BStBl. I 2020, 235, anzuwenden in allen offenen Fällen, mit Nichtbeanstandungsregelung für **vor dem 1.1.2022** (BMF v. 14.10.2020, BStBl. I 2020, 1043) ausgeführte Umsätze (§ 4 Nr. 3 Buchst. a UStG), wenn A 4.3.2 Abs. 4 a. F. angewendet wird.

einen anderen EU-Mitgliedstaat in ein Drittland durchgeführt wird. [2]Befördert in diesem Fall ein Unternehmer die Güter auf einer Teilstrecke vom Inland in das übrige Gemeinschaftsgebiet, ist diese Leistung nach § 4 Nr. 3 Satz 1 Buchstabe a Doppelbuchstabe aa UStG steuerfrei. [3]Der Unternehmer hat die Ausfuhr der Güter durch Belege nachzuweisen (§ 4 Nr. 3 Sätze 3 und 4 UStG i. V. m. § 20 Abs. 1 und 3 UStDV). [4]Der Beleg kann auch auf elektronischem Weg übermittelt werden; bei einer elektronischen Übermittlung des Belegs ist eine Unterschrift nicht erforderlich, sofern erkennbar ist, dass die elektronische Übermittlung im Verfügungsbereich des Ausstellers begonnen hat. [5]Abschnitt 6a.4 Abs. 3 Satz 2 und Abs. 6 ist entsprechend anzuwenden. [6]Wird der Nachweis nicht erbracht, ist die Güterbeförderung steuerpflichtig.

Beispiel:

[1]Die in der Schweiz ansässige Privatperson P beauftragt den in Deutschland ansässigen Frachtführer F, Güter von Mainz nach Istanbul (Türkei) zu befördern. [2]F beauftragt den deutschen Unterfrachtführer F1 mit der Beförderung von Mainz nach Bozen (Italien) und den italienischen Unterfrachtführer F2 mit der Beförderung von Bozen nach Istanbul. [3]Dabei kann F2 die Ausfuhr in die Türkei durch Belege nachweisen, F1 dagegen nicht.

[4]Die Beförderungsleistung des F an seinen Leistungsempfänger P umfasst die Gesamtbeförderung von Mainz nach Istanbul. [5]Nach § 3b Abs. 1 Sätze 2 und 3 UStG ist nur der Teil der Leistung steuerbar, der auf den inländischen Streckenanteil entfällt. [6]Dieser Teil der Leistung ist nach § 4 Nr. 3 Satz 1 Buchstabe a Doppelbuchstabe aa UStG allerdings steuerfrei, da sich diese Güterbeförderung unmittelbar auf Gegenstände der Ausfuhr bezieht und unmittelbar an den Versender erbracht wird.

[7]Der Ort der Beförderungsleistung des Unterfrachtführers F1 an den Frachtführer F bestimmt sich nach dem Ort, von dem aus F sein Unternehmen betreibt (§ 3a Abs. 2 Satz 1 UStG). [8]Die Leistung des F1 ist nicht steuerfrei, da F1 keinen belegmäßigen Nachweis nach § 20 Abs. 1 und Abs. 3 UStDV erbringen kann und zudem keine unmittelbare Beförderung für den Versender P erbringt. [9]Steuerschuldner ist der leistende Unternehmer F1 (§ 13a Abs. 1 Nr. 1 UStG).

[10]Die Beförderungsleistung des Unterfrachtführers F2 an den Frachtführer F ist in Deutschland steuerbar (§ 3a Abs. 2 Satz 1 UStG) und aufgrund der fehlenden Unmittelbarkeit der Beförderungsleistung für den Versender P steuerpflichtig.

4.3.5 Ausnahmen von der Steuerbefreiung

(1) [1]Die Steuerbefreiung nach § 4 Nr. 3 UStG (vgl. Abschnitte 4.3.3 und 4.3.4) ist ausgeschlossen für die in § 4 Nr. 8, 10, 11 und 11b UStG bezeichneten Umsätze. [2]Dadurch wird bei Umsätzen des Geld- und Kapitalverkehrs, bei Versicherungsumsätzen und bei Post-Universaldienstleistungen eine Steuerbefreiung mit Vorsteuerabzug in anderen als in den in § 15 Abs. 3 Nr. 1 Buchstabe b und Nr. 2 Buchstabe b UStG bezeichneten Fällen vermieden. [3]Die Regelung hat jedoch nur Bedeutung für umsatzsteuerrechtlich selbständige Leistungen.

(2) [1]Von der Steuerbefreiung nach § 4 Nr. 3 UStG sind ferner Bearbeitungen oder Verarbeitungen von Gegenständen einschließlich Werkleistungen im Sinne des § 3 Abs. 10 UStG ausgeschlossen. [2]Diese Leistungen können jedoch z. B. unter den Voraussetzungen des § 4 Nr. 1 Buchstabe a, § 7 UStG steuerfrei sein.

4.3.6 Buchmäßiger Nachweis

[1]Die jeweiligen Voraussetzungen der Steuerbefreiung nach § 4 Nr. 3 UStG müssen vom Unternehmer buchmäßig nachgewiesen sein (§ 21 UStDV). [2]Hierfür gelten die Ausführungen zum buchmäßigen Nachweis bei Ausfuhrlieferungen in Abschnitt 6.10 Abs. 1 bis 5 entsprechend. [3]Regelmäßig soll der Unternehmer Folgendes aufzeichnen:

1. die Art und den Umfang der sonstigen Leistung – bei Besorgungsleistungen einschließlich der Art und des Umfangs der besorgten Leistung –,
2. den Namen und die Anschrift des Auftraggebers,
3. den Tag der sonstigen Leistung,
4. das vereinbarte Entgelt oder das vereinnahmte Entgelt und den Tag der Vereinnahmung und
5. a) die Einbeziehung der Kosten für die Leistung in die Bemessungsgrundlage für die Einfuhr, z. B. durch Hinweis auf die Belege im Sinne des § 20 Abs. 2 UStDV (vgl. Abschnitt 4.3.3 Abs. 3 und 4), oder
   b) die Ausfuhr oder Wiederausfuhr der Gegenstände, auf die sich die Leistung bezogen hat, z. B. durch Hinweis auf die Ausfuhrbelege (vgl. Abschnitt 4.3.4 Abs. 4 bis 6 und 8).

Zu § 4 Nr. 4 UStG

4.4.1 Lieferungen von Gold an Zentralbanken

[1]Unter die Steuerbefreiung nach § 4 Nr. 4 UStG fallen Goldlieferungen an die Deutsche Bundesbank und die Europäische Zentralbank. [2]Die Steuerbefreiung erstreckt sich ferner auf Goldlieferungen, die an Zentralbanken anderer Staaten oder an die den Zentralbanken entsprechenden Währungsbehörden anderer Staaten bewirkt werden. [3]Es ist hierbei nicht erforderlich, dass das gelieferte Gold in das Ausland gelangt. [4]Liegen für Goldlieferungen nach § 4 Nr. 4 UStG auch die Voraussetzungen der Steuerbefreiung für Anlagegold (§ 25c Abs. 1 und 2 UStG) vor, geht die Steuerbefreiung des § 25c Abs. 1 und 2 UStG der Steuerbefreiung des § 4 Nr. 4 UStG vor.

Zu § 4 Nr. 4a UStG

4.4a.1 Umsatzsteuerlagerregelung

Zur Umsatzsteuerlagerregelung (§ 4 Nr. 4a UStG) vgl. BMF-Schreiben vom 28.1.2004, BStBl. I S. 242.

Zu § 4 Nr. 4b UStG

4.4b.1 Steuerbefreiung für die einer Einfuhr vorangehenden Lieferungen von Gegenständen

[1]Nach § 4 Nr. 4b UStG ist die einer Einfuhr vorangehende Lieferung (Einfuhrlieferung) von der Umsatzsteuer befreit, wenn der Abnehmer oder dessen Beauftragter den Gegenstand einführt. [2]Die Steuerbefreiung gilt für Lieferungen von Nicht-Unionswaren, die sich in einem besonderen Zollverfahren nach Artikel 210 UZK[1)] befinden (vgl. im Einzelnen BMF-Schreiben vom 28.1.2004, BStBl. 2004 I S. 242). [3]Zu den Nicht-Unionswaren gehören nach Artikel 5 Nr. 24 UZK auch Waren, die aus der gemeinsamen Be- oder Verarbeitung von Unions- und Nicht-Unionsware entstehen.

[1)] **Zölle und Verbrauchsteuern** Nr. 1.

Beispiel:

[1] Eine im Drittland gefertigte Glasscheibe wird von Unternehmer A bei der Ankunft in Deutschland in die aktive Veredelung übergeführt. [2] Die Glasscheibe wird anschließend in einen Kunststoffrahmen, der sich im freien Verkehr befindet, eingebaut. [3] Die Glasscheibe einschließlich Kunststoffrahmen wird danach im Rahmen des aktiven Veredelungsverkehrs an Unternehmer B veräußert, der die gesamte Scheibe in sein Produkt (Fahrzeug) einbaut. [4] Unternehmer B fertigt die Fahrzeuge, die nicht in das Drittland ausgeführt werden, zum freien Verkehr ab und entrichtet die fälligen Einfuhrabgaben (Zoll und Einfuhrumsatzsteuer).

[5] Nach Artikel 256 Abs. 1 Buchstabe a UZK werden grundsätzlich nur Nicht-Unionswaren in das Verfahren der aktiven Veredelung übergeführt. [6] Durch das „Hinzufügen" von Nicht-Unionswaren (hier die Glasscheibe) verlieren die Unionswaren (hier der verwendete Glasrahmen) allerdings ihren zollrechtlichen Status „Unionswaren" und werden zu Nicht-Unionswaren.

[7] Wird das Endprodukt (hier die gerahmte Glasscheibe) im Rahmen eines weiteren Verfahrens der aktiven Veredelung an einen Abnehmer veräußert, der das Endprodukt in ein neues Produkt (z. B. ein Fahrzeug) einbaut, und gelangt das Wirtschaftsgut in diesem Zusammenhang in den Wirtschaftskreislauf der EU (z. B. durch Abfertigung zur Überlassung zum zoll- und steuerrechtlich freien Verkehr), entstehen Einfuhrabgaben.

[8] Soweit der Unternehmer, der den Gegenstand eingeführt hat, zum Vorsteuerabzug berechtigt ist, kann er unter den weiteren Voraussetzungen des § 15 UStG die entstandene Einfuhrumsatzsteuer als Vorsteuer abziehen (§ 15 Abs. 1 Satz 1 Nr. 2 UStG).

[9] Die Lieferung des im Rahmen der aktiven Veredelung bearbeiteten und gelieferten Gegenstands (hier die gerahmte Glasscheibe) ist nach § 4 Nr. 4b UStG umsatzsteuerfrei, wenn der Abnehmer der Lieferung oder dessen Beauftragter den Gegenstand einführt.

Zu § 4 Nr. 4c UStG

4.4c.1[1)] Steuerbefreiung der Lieferung im Sinne des § 3 Abs. 3a Satz 1 UStG an einen Unternehmer

[1] Wird ein Gegenstand, dessen Beförderung oder Versendung im Gemeinschaftsgebiet beginnt und endet, durch einen nicht im Gemeinschaftsgebiet ansässigen Unternehmer an einen Nichtunternehmer (siehe Abschnitt 3a.1 Abs. 1) geliefert und wird dies durch einen Unternehmer mittels seiner elektronischen Schnittstelle unterstützt, so wird dieser Unternehmer nach § 3 Abs. 3a Satz 1 UStG behandelt, als ob er diesen Gegenstand für sein Unternehmen selbst erhalten und geliefert hätte (vgl. Abschnitt 3.18 Abs. 1). [2] Die gemäß § 3 Abs. 3a Satz 1 UStG fingierte Lieferung des nicht im Gemeinschaftsgebiet ansässigen Unternehmers an den Unternehmer, der den Gegenstand im Gemeinschaftsgebiet weiterliefert (Betreiber der elektronischen Schnittstelle), wird nach § 4 Nr. 4c UStG von der Umsatzsteuer befreit. [3] Zur Frage, wann ein Unternehmer eine Lieferung im Sinne des § 3 Abs. 3a Satz 1 UStG unterstützt, und zum Begriff „elektronische Schnittstelle" wird auf Abschnitt 3.18 Abs. 3 verwiesen.

Zu § 4 Nr. 5 UStG
(§ 22 UStDV)

4.5.1 Steuerfreie Vermittlungsleistungen[2)]

(1) [1] Die Vermittlungsleistung erfordert ein Handeln in fremdem Namen und für fremde Rechnung. [2] Der Wille, in fremdem Namen zu handeln und unmit-

---

[1)] A 4.4c.1 UStAE eingef. durch BMF v. 1.4.2021, BStBl. I 2021, 629, anzuwenden mWv 1.7.2021.

[2)] Zur Abgrenzung Vermittlung/Eigenhandel vgl. A 3.7 UStAE; zum Ort der Vermittlungsleistungen vgl. § 3a Abs. 3 Nr. 4, Abs. 4 Nr. 10 UStG.

telbare Rechtsbeziehungen zwischen dem leistenden Unternehmer und dem Leistungsempfänger herzustellen, muss hierbei den Beteiligten gegenüber deutlich zum Ausdruck kommen (vgl. BFH-Urteil vom 19.1.1967, V 52/63, BStBl. III S. 211). [3]Für die Annahme einer Vermittlungsleistung reicht es aus, dass der Unternehmer nur eine Vermittlungsvollmacht – also keine Abschlussvollmacht – besitzt (vgl. § 84 HGB). [4]Zum Begriff der Vermittlungsleistung vgl. Abschnitt 3.7 Abs. 1.

(2) [1]Die Steuerbefreiung des § 4 Nr. 5 UStG erstreckt sich nicht auf die als handelsübliche Nebenleistungen bezeichneten Tätigkeiten, die im Zusammenhang mit Vermittlungsleistungen als selbständige Leistungen vorkommen. [2]Nebenleistungen sind daher im Rahmen des § 4 Nr. 5 UStG nur dann steuerfrei, wenn sie als unselbständiger Teil der Vermittlungsleistung anzusehen sind, z.B. die Übernahme des Inkasso oder der Entrichtung der Einfuhrabgaben durch den Vermittler. [3]Für die selbständigen Leistungen, die im Zusammenhang mit den Vermittlungsleistungen ausgeübt werden, kann jedoch gegebenenfalls Steuerbefreiung nach § 4 Nr. 2 UStG oder nach § 4 Nr. 3 UStG in Betracht kommen.

(3) Für die Steuerbefreiung nach § 4 Nr. 5 Satz 1 Buchstabe a UStG wird zu der Frage, welche der vermittelten Umsätze unter die Befreiungsvorschriften des § 4 Nr. 1 Buchstabe a, Nr. 2 bis 4b sowie Nr. 6 und 7 UStG fallen, auf die Abschnitte 1.9, 3.13, 4.1.1 bis 4.4b.1, 4.6.1, 4.6.2, 4.7.1, 6.1 bis 6.12 und 7.1 bis 8.3 hingewiesen.

(4) Bei der Vermittlung von grenzüberschreitenden Personenbeförderungen mit Luftfahrzeugen oder Seeschiffen (§ 4 Nr. 5 Satz 1 Buchstabe b UStG) ist es unerheblich, wenn kurze ausländische Streckenanteile als Beförderungsstrecken im Inland oder kurze Streckenanteile im Inland als Beförderungsstrecken im Ausland anzusehen sind (vgl. Abschnitt 3b.1 Abs. 7 bis 18).

(5) [1]Nicht unter die Befreiungsvorschrift des § 4 Nr. 5 UStG fällt die Vermittlung der Lieferungen, die im Anschluss an die Einfuhr an einem Ort im Inland bewirkt werden. [2]Hierbei handelt es sich insbesondere um die Fälle, in denen der Gegenstand nach der Einfuhr gelagert und erst anschließend vom Lager aus an den Abnehmer geliefert wird. [3]Für die Vermittlung dieser Lieferungen kann jedoch die Steuerbefreiung nach § 4 Nr. 3 Satz 1 Buchstabe a Doppelbuchstabe bb UStG in Betracht kommen (vgl. Abschnitt 4.3.3 Abs. 1 Satz 1 Nr. 6).

(6) Zur Möglichkeit der Steuerbefreiung von Ausgleichszahlungen an Handelsvertreter nach § 89b HGB vgl. BFH-Urteil vom 25.6.1998, V R 57/97, BStBl. 1999 II S. 102.

4.5.2 Vermittlungsleistungen der Reisebüros

(1) [1]Die Steuerbefreiung nach § 4 Nr. 5 UStG erstreckt sich auch auf steuerbare Vermittlungsleistungen der Reisebüros. [2]Ausgenommen von der Befreiung sind jedoch die in § 4 Nr. 5 Satz 2 UStG bezeichneten Vermittlungsleistungen (vgl. hierzu Absatz 5). [3]Die Befreiung kommt insbesondere für Vermittlungsleistungen in Betracht, bei denen die Reisebüros als Vermittler für die so genannten Leistungsträger, z.B. Beförderungsunternehmer, auf-

treten. [4]Zu Abgrenzungsfragen beim Zusammentreffen von Vermittlungsleistungen und Reiseleistungen vgl. Abschnitt 25.1 Abs. 5.

(2) Die Steuerbefreiung für Vermittlungsleistungen an einen Leistungsträger kommt in Betracht, wenn das Reisebüro die Vermittlungsprovision nicht vom Leistungsträger oder einer zentralen Vermittlungsstelle überwiesen erhält, sondern in der vertraglich zulässigen Höhe selbst berechnet und dem Leistungsträger nur den Preis abzüglich der Provision zahlt.

(3) [1]Zum Ort der Leistung bei der Vermittlung von Unterkünften siehe Abschnitte 3a.3 Abs. 9 und 3a.7 Abs. 1. [2]Liegt danach der Ort nicht im Inland, ist die Vermittlungsleistung nicht steuerbar. [3]§ 4 Nr. 5 Satz 1 Buchstabe c UStG kommt daher für diese Vermittlungsleistungen nicht in Betracht.

(4) [1]Die Vermittlung einer Reiseleistung im Sinne des § 25 UStG für einen im Inland ansässigen Reiseveranstalter ist steuerpflichtig, auch wenn sich die betreffende Reiseleistung aus einer oder mehreren in § 4 Nr. 5 Satz 1 Buchstabe b und c UStG bezeichneten Leistungen zusammensetzt. [2]Es liegt jedoch keine Vermittlung einer Reiseleistung im Sinne des § 25 Abs. 1 UStG, sondern eine Vermittlung von Einzelleistungen durch das Reisebüro vor, soweit der Reiseveranstalter die Reiseleistung mit eigenen Mitteln erbringt. [3]Das gilt auch, wenn die vermittelten Leistungen in einer Summe angeboten werden und die Reisebüros für die Vermittlung dieser Leistungen eine einheitliche Provision erhalten.

(5) [1]Die Ausnahmeregelung des § 4 Nr. 5 Satz 2 UStG betrifft alle Unternehmer, die Reiseleistungen für Reisende vermitteln. [2]Es kommt nicht darauf an, ob sich der Unternehmer als Reisebüro bezeichnet. [3]Maßgebend ist vielmehr, ob er die Tätigkeit eines Reisebüros ausübt. [4]Da die Reisebüros die Reiseleistungen in der Regel im Auftrag der Leistungsträger und nicht im Auftrag der Reisenden vermitteln, fällt im Allgemeinen nur die Vermittlung solcher Tätigkeiten unter die Ausnahmeregelung, für die das Reisebüro dem Reisenden ein gesondertes Entgelt berechnet. [5]Das ist z.B. dann der Fall, wenn der Leistungsträger die Zahlung einer Vergütung an das Reisebüro ausgeschlossen hat und das Reisebüro daher dem Reisenden von sich aus einen Zuschlag zu dem vom Leistungsträger für seine Leistung geforderten Entgelt berechnet. [6]Das Gleiche trifft auf die Fälle zu, in denen das Reisebüro dem Reisenden für eine besondere Leistung gesondert Kosten berechnet, wie z.B. Telefon- oder Telefaxkosten, Visabeschaffungsgebühren oder besondere Bearbeitungsgebühren. [7]Für diese Leistungen scheidet die Steuerbefreiung auch dann aus, wenn sie im Zusammenhang mit nicht steuerbaren oder steuerfreien Vermittlungsleistungen an einen Leistungsträger bewirkt werden.

Beispiel:

[1]Das Reisebüro vermittelt dem Reisenden einen grenzüberschreitenden Flug. [2]Gleichzeitig vermittelt es im Auftrag des Reisenden die Erteilung des Visums. [3]Die Steuerbefreiung des § 4 Nr. 5 UStG kann in diesem Fall nur für die Vermittlung des Fluges in Betracht kommen.

(6) [1]Erhält ein Reisebüro eine Zahlung von einem Luftverkehrsunternehmen, das die dem Reisenden vermittelte grenzüberschreitende Personenbeförderung im Luftverkehr erbringt, obwohl eine Vermittlungsprovision nicht vereinbart wurde (z.B. im Rahmen des sog. Nullprovisionsmodells oder

einer sog. Incentive-Vereinbarung), ist im Einzelfall auf Basis der vertraglichen Vereinbarungen zu prüfen, welche Leistungen des Reisebüros mit der Zahlung vergütet werden. [2] Zahlungen des Luftverkehrsunternehmens für die Bereitschaft des Reisebüros, die Erbringung von Leistungen des Luftverkehrsunternehmens in besonderem Maß zu fördern und in Kundengesprächen bevorzugt anzubieten, sind Entgelt für eine steuerpflichtige Vertriebsleitung eigener Art des Reisebüros gegenüber dem Luftverkehrsunternehmen. [3] Erhält ein Reisebüro, das grenzüberschreitende Personenbeförderungsleistungen im Luftverkehr im Auftrag des Luftverkehrsunternehmens vermittelt, von diesem für den Flugscheinverkauf ein Entgelt, und erhebt es daneben einen zusätzlichen Betrag vom Reisenden (z. B. sog. Service-Fee), erbringt es beim Flugscheinverkauf eine nach § 4 Nr. 5 Satz 1 Buchstabe b UStG steuerfreie Vermittlungsleistung an das Luftverkehrsunternehmen und gleichzeitig eine Vermittlungsleistung an den Reisenden (vgl. im Einzelnen Abschnitt 10.1 Abs. 9).

(7) [1] Firmenkunden-Reisebüros erbringen mit ihren Leistungen an Firmenkunden hauptsächlich Vermittlungsleistungen und nicht eine einheitliche sonstige Leistung der Kundenbetreuung. [2] Wesen des Vertrags zwischen Firmenkunden-Reisebüro und Firmenkunden ist die effiziente Vermittlung von Reiseleistungen unter Beachtung aller Vorgaben des Firmenkunden. [3] Hierzu gehört insbesondere auch die Einhaltung der kundeninternen Reisekosten-Richtlinie und die erleichterte Reisebuchung mittels Online-Buchungsplattformen. [4] Das Entgelt wird in erster Linie für die Vermittlung der Reiseleistung des Leistungsträgers und nicht für eine gesonderte Betreuungsleistung gezahlt.

(8) [1] Das Firmenkunden-Reisebüro wird nicht (nur) im Auftrag des jeweiligen Leistungsträgers tätig. [2] Es tritt regelmäßig als Vermittler im Namen und für Rechnung des Firmenkunden auf. [3] Die Vermittlungsleistung des Reisebüros ist gemäß Absatz 5 Satz 4 steuerpflichtig, wenn dem Kunden für die Vermittlung der Tätigkeit ein gesondertes Entgelt berechnet wird. [4] Das betrifft insbesondere Fälle, in denen das Reisebüro dem Kunden für eine besondere Leistung gesondert Kosten berechnet (z. B. besondere Bearbeitungsgebühren).

(9) [1] Eine von einem Reisebüro an einen Reiseveranstalter erbrachte Leistung ist auch dann noch als Vermittlungsleistung anzusehen, wenn der Reisende von der Reise vertragsgemäß zurücktritt und das Reisebüro in diesem Fall vom Reiseveranstalter nur noch ein vermindertes Entgelt (sog. Stornoprovision) für die von ihm erbrachte Leistung erhält.

4.5.3 Verkauf von Flugscheinen durch Reisebüros oder Tickethändler („Consolidator")

(1) [1] Bei Verkäufen von Flugscheinen sind grundsätzlich folgende Sachverhalte zu unterscheiden:

1. [1] Der Linienflugschein wird von einem lizenzierten IATA-Reisebüro verkauft und das Reisebüro erhält hierfür eine Provision. [2] Der Linienflugschein enthält einen Preiseindruck, der dem offiziellen IATA-Preis entspricht. [3] Der Kunde erhält sofort oder auch später eine Gutschrift in Höhe

des gewährten Rabattes. [4]Die Abrechnung erfolgt als „Nettopreisticket", so dass keine übliche Vermittlungsprovision vereinbart wird. [5]Die Flugscheine werden mit einem am Markt durchsetzbaren Aufschlag auf den Festpreis an den Reisenden veräußert. [6]Der Festpreis liegt in der Regel deutlich unter dem um die Provision geminderten offiziellen Ticketpreis. [7]Erfolgt die Veräußerung über einen Vermittler („Consolidator"), erhöht sich der Festpreis um einen Gewinnzuschlag des Vermittlers. [8]Die Abrechnung erfolgt dann über eine sog. „Bruttoabrechnung".

2. [1]Bei „IT-Flugscheinen" (Linientickets mit einem besonderen Status) darf der Flugpreis nicht im Flugschein ausgewiesen werden, da er nur im Zusammenhang mit einer Pauschalreise (Kombination des Flugs mit einer anderen Reiseleistung, z. B. Hotel) gültig ist. [2]Der Verkauf des Flugscheins an den Kunden mit einem verbundenen, zusätzlichen Leistungsgutschein (Voucher) erfolgt in einem Gesamtpaket zu einem Pauschalpreis. [3]Sind sich der Kunde und der Verkäufer der Leistung aber einig, dass der Leistungsgutschein wertlos ist (Null-Voucher), handelt es sich wirtschaftlich um den Verkauf eines günstigen Fluges und nicht um eine Pauschalreise.
3. [1]„Weichwährungstickets" sind Flugscheine mit regulärem Preiseindruck (IATA-Tarif). [2]Allerdings lautet der Flugpreis nicht auf Euro, sondern wird in einer beliebigen „weicheren" Währung ausgedruckt. [3]Dabei wird der Flugschein entweder unmittelbar im „Weichwährungsland" erworben oder in Deutschland mit einem fingierten ausländischen Abflugort ausgestellt und der für den angeblichen Abflugort gültige, günstigere Preis zu Grunde gelegt.
4. [1]Charterflugscheine unterlagen bis zur Änderung der luftfahrtrechtlichen Bestimmungen den gleichen Beschränkungen wie „IT-Flugscheine", d. h. nur die Bündelung der Flugleistung mit einer/mehreren anderen touristischen Leistungen führte zu einem gültigen Ticket. [2]Die Umgehung der luftfahrtrechtlichen Beschränkungen wurde über die Ausstellung von „Null-Vouchers" erreicht. [3]Nach der Aufhebung der Beschränkungen ist der Verkauf von einzelnen Charterflugscheinen ohne Leistungsgutschein (sog. Nur-Flüge) zulässig.

[2]Die Veräußerung dieser Flugscheine an den Kunden erfolgt entweder unmittelbar über Reisebüros oder über einen oder mehrere zwischengeschaltete Tickethändler („Consolidator"). [3]Die eigentliche Beförderung kommt zwischen der Fluggesellschaft und dem Kunden zustande. [4]Kennzeichnend ist in allen Sachverhalten, dass die Umsätze Elemente eines Eigengeschäfts (Veranstalterleistung) sowie eines Vermittlungsgeschäfts enthalten.

(2) [1]Aus Vereinfachungsgründen kann der Verkauf von Einzeltickets für grenzüberschreitende Flüge (Linien- oder Charterflugschein) vom Reisebüro im Auftrag des Luftverkehrsunternehmens an die Kunden als steuerfreie Vermittlungsleistung nach § 4 Nr. 5 Satz 1 Buchstabe b UStG behandelt werden. [2]Gleiches gilt für die Umsätze des Consolidators, der in den Verkauf der Einzeltickets eingeschaltet worden ist. [3]Die Vereinfachungsregelung findet ausschließlich Anwendung beim Verkauf von Einzelflugtickets durch Reisebüros und Tickethändler. [4]Sobald diese ein „Paket" von Flugtickets erwerben und mit anderen Leistungen (z. B. Unterkunft und Verpflegung) zu einer Pauschal-

reise verbinden, handelt es sich um eine Reiseleistung, deren Umsatzbesteuerung sich nach § 25 UStG richtet. [5]Können nicht alle Reisen aus diesem „Paket" veräußert werden und werden daher Flugtickets ohne die vorgesehenen zusätzlichen Leistungen veräußert, sind die Voraussetzungen einer Vermittlungsleistung im Sinne des Satzes 1 nicht erfüllt, da insoweit das Reisebüro bzw. der Tickethändler auf eigene Rechnung und eigenes Risiko tätig wird. [6]Nachträglich (rückwirkend) kann diese Leistung nicht in eine Vermittlungsleistung umgedeutet werden. [7]Die Versteuerung richtet sich in diesen Fällen daher weiterhin nach § 25 UStG. [8]Reisebüros/Tickethändler müssen deshalb beim Erwerb der Flugtickets entscheiden, ob sie die Flugtickets einzeln „veräußern" oder zusammen mit anderen Leistungen in einem „Paket" anbieten wollen. [9]Der Nachweis hierüber ist entsprechend den Regelungen des § 25 Abs. 5 Nr. 2 i. V. m. § 22 Abs. 2 Nr. 1 UStG zu führen.

(3) Erhebt das Reisebüro beim Verkauf eines Einzeltickets vom Reisenden zusätzlich Gebühren (z. B. sog. Service-Fee), liegt insoweit eine Vermittlungsleistung vor (vgl. Abschnitt 10.1 Absatz 9 Nr. 1 und 4).

(4) Wird dem Flugschein eine zusätzliche „Leistung" des Reisebüros oder des Consolidators ohne entsprechenden Gegenwert (z. B. Null-Voucher) hinzugefügt, handelt es sich bei dem wertlosen Leistungsgutschein um eine unentgeltliche Beigabe.

(5) [1]Das Reisebüro bzw. der Consolidator hat die Voraussetzungen der steuerfreien Vermittlungsleistung im Einzelnen nachzuweisen. [2]Dabei muss dem Käufer des Flugscheins deutlich werden, dass sich die angebotene Leistung auf die bloße Vermittlung der Beförderung beschränkt und die Beförderungsleistung tatsächlich von einem anderen Unternehmer (der Fluggesellschaft) erbracht wird.

(6) [1]Steht ein Ticketverkauf dagegen im Zusammenhang mit anderen Leistungen, die vom leistenden Unternehmer erbracht werden (Transfer, Unterkunft, Verpflegung usw.), liegt in der Gesamtleistung eine eigenständige Veranstaltungsleistung, die unter den Voraussetzungen des § 25 UStG der Margenbesteuerung unterworfen wird. [2]Dabei kommt es nicht auf die Art des Flugscheins (Linien- oder Charterflugschein) an.

4.5.4 Buchmäßiger Nachweis

(1) [1]Der Unternehmer hat den Buchnachweis eindeutig und leicht nachprüfbar zu führen. [2]Wegen der allgemeinen Grundsätze wird auf die Ausführungen zum buchmäßigen Nachweis bei Ausfuhrlieferungen hingewiesen (vgl. Abschnitt 6.10 Abs. 1 bis 3).

(2) [1]In § 22 Abs. 2 UStDV ist geregelt, welche Angaben der Unternehmer für die Steuerbefreiung des § 4 Nr. 5 UStG aufzeichnen soll. [2]Zum Nachweis der Richtigkeit dieser buchmäßigen Aufzeichnung sind im Allgemeinen schriftliche Angaben des Auftraggebers oder schriftliche Bestätigungen mündlicher Angaben des Auftraggebers durch den Unternehmer über das Vorliegen der maßgeblichen Merkmale erforderlich. [3]Außerdem kann dieser Nachweis durch geeignete Unterlagen über das vermittelte Geschäft geführt werden, wenn daraus der Zusammenhang mit der Vermittlungsleistung, z. B. durch ein Zweitstück der Verkaufs- oder Versendungsunterlagen, hervorgeht.

(3) [1]Bei einer mündlich vereinbarten Vermittlungsleistung kann der Nachweis auch dadurch geführt werden, dass der Vermittler, z. B. das Reisebüro, den Vermittlungsauftrag seinem Auftraggeber, z. B. dem Beförderungsunternehmer, auf der Abrechnung oder dem Überweisungsträger bestätigt. [2]Das kann z. B. in der Weise geschehen, dass der Vermittler in diesen Unterlagen den vom Auftraggeber für die vermittelte Leistung insgesamt geforderten Betrag angibt und davon den einbehaltenen Betrag unter der Bezeichnung „vereinbarte Provision“ ausdrücklich absetzt.

(4) [1]Zum buchmäßigen Nachweis gehören auch Angaben über den vermittelten Umsatz (§ 22 Abs. 2 Nr. 1 UStDV). [2]Im Allgemeinen ist es als ausreichend anzusehen, wenn der Unternehmer die erforderlichen Merkmale in seinen Aufzeichnungen festhält. [3]Bei der Vermittlung der in § 4 Nr. 5 Satz 1 Buchstabe a UStG bezeichneten Umsätze sollen sich daher die Aufzeichnungen auch darauf erstrecken, dass der vermittelte Umsatz unter eine der Steuerbefreiungen des § 4 Nr. 1 Buchstabe a, Nr. 2 bis 4b sowie Nr. 6 und 7 UStG fällt. [4]Dementsprechend sind in den Fällen des § 4 Nr. 5 Satz 1 Buchstaben b und c UStG auch der Ort und in den Fällen des Buchstabens b zusätzlich die Art des vermittelten Umsatzes aufzuzeichnen. [5]Bei der Vermittlung von Einfuhrlieferungen genügen Angaben darüber, dass der Liefergegenstand im Zuge der Lieferung vom Drittlandsgebiet in das Inland gelangt ist. [6]Einer Unterscheidung danach, ob es sich hierbei um eine Lieferung im Drittlandsgebiet oder um eine unter § 3 Abs. 8 UStG fallende Lieferung handelt, bedarf es für die Inanspruchnahme der Steuerbefreiung des § 4 Nr. 5 UStG aus Vereinfachungsgründen nicht.

Zu § 4 Nr. 6 UStG

4.6.1 Leistungen der Eisenbahnen des Bundes

Bei den Leistungen der Eisenbahnen des Bundes handelt es sich insbesondere um die Überlassung von Anlagen und Räumen, um Personalgestellungen und um Lieferungen von Betriebsstoffen, Schmierstoffen und Energie.

4.6.2 Steuerbefreiung für Restaurationsumsätze an Bord von Seeschiffen

[1]Die Steuerbefreiung nach § 4 Nr. 6 Buchstabe e UStG umfasst die entgeltliche und unentgeltliche Abgabe von Speisen und Getränken zum Verzehr an Bord von Seeschiffen, sofern diese eine selbständige sonstige Leistung ist. [2]Nicht befreit ist die Lieferung von Speisen und Getränken. [3]Zur Abgrenzung vgl. Abschnitt 3.6.

Zu § 4 Nr. 7 UStG

4.7.1 Leistungen an Vertragsparteien des Nordatlantikvertrages, NATO-Streitkräfte, diplomatische Missionen und zwischenstaatliche Einrichtungen

(1) [1]Die Steuerbefreiung nach § 4 Nr. 7 Satz 1 Buchstabe a UStG betrifft insbesondere wehrtechnische Gemeinschaftsprojekte der NATO-Partner, bei

denen der Generalunternehmer im Inland ansässig ist. [2]Die Leistungen eines Generalunternehmers sind steuerfrei, wenn die Verträge so gestaltet und durchgeführt werden, dass der Generalunternehmer seine Leistungen unmittelbar an jeden einzelnen der beteiligten Staaten ausführt. [3]Diese Voraussetzungen sind auch dann erfüllt, wenn beim Abschluss und bei der Durchführung der Verträge das Bundesamt für Ausrüstung, Informationstechnik und Nutzung der Bundeswehr oder eine von den beteiligten Staaten geschaffene Einrichtung im Namen und für Rechnung der beteiligten Staaten handelt.

(2) [1]Die Steuerbefreiung nach § 4 Nr. 7 Satz 1 Buchstabe a UStG umfasst auch Lieferungen von Rüstungsgegenständen an andere NATO-Partner. [2]Für diese Lieferungen kann auch die Steuerbefreiung für Ausfuhrlieferungen nach § 4 Nr. 1 Buchstabe a, § 6 Abs. 1 UStG in Betracht kommen (vgl. Abschnitt 6.1).

(3) [1]Nach § 4 Nr. 7 Satz 1 Buchstabe b UStG sind Lieferungen und sonstige Leistungen an die im Gebiet eines anderen Mitgliedstaats stationierten NATO-Streitkräfte befreit. [2]Dabei darf es sich nicht um die Streitkräfte dieses Mitgliedstaates handeln (z.B. Lieferungen an die belgischen Streitkräfte in Belgien). [3]Begünstigt sind Leistungsbezüge, die für unmittelbare amtliche Zwecke der Streitkraft selbst und für den persönlichen Gebrauch oder Verbrauch durch Angehörige der Streitkraft bestimmt sind. [4]Die Steuerbefreiung kann nicht für Leistungen an den einzelnen Soldaten in Anspruch genommen werden, sondern nur, wenn die Beschaffungsstelle der im übrigen Gemeinschaftsgebiet stationierten Streitkraft Auftraggeber und Rechnungsempfänger der Leistung ist.

(4) [1]Die Steuerbefreiung nach § 4 Nr. 7 Satz 1 UStG gilt nicht für die Lieferungen neuer Fahrzeuge im Sinne des § 1b Abs. 2 und 3 UStG. [2]In diesen Fällen richtet sich die Steuerbefreiung nach § 4 Nr. 1 Buchstabe b, § 6a UStG.

(5) [1]Die Steuerbefreiung nach § 4 Nr. 7 Satz 1 Buchstabe b bis d UStG setzt voraus, dass der Gegenstand der Lieferung in das Gebiet des anderen Mitgliedstaates befördert oder versendet wird. [2]Die Beförderung oder Versendung ist durch einen Beleg entsprechend § 17a oder § 17b UStDV nachzuweisen. [3]Eine Steuerbefreiung kann nur für Leistungsbezüge gewährt werden, die noch für mindestens sechs Monate zum Gebrauch oder Verbrauch im übrigen Gemeinschaftsgebiet bestimmt sind.

(6) [1]Für die genannten Einrichtungen und Personen ist die Steuerbefreiung nach § 4 Nr. 7 Satz 1 Buchstabe b bis d UStG – abgesehen von den beleg- und buchmäßigen Nachweiserfordernissen – von den Voraussetzungen und Beschränkungen abhängig, die im Gastmitgliedstaat gelten. [2]Bei Lieferungen und sonstigen Leistungen an Organe oder sonstige Organisationseinheiten (z.B. Außenstellen oder Vertretungen) von zwischenstaatlichen Einrichtungen gelten die umsatzsteuerlichen Privilegien des Mitgliedstaates, in dem sich diese Einrichtungen befinden. [3]Der Unternehmer hat durch eine von der zuständigen Behörde des Gastmitgliedstaates erteilte Bestätigung (Sichtvermerk) nachzuweisen, dass die für die Steuerbefreiung in dem Gastmitgliedstaat geltenden Voraussetzungen und Beschränkungen eingehalten sind. [4]Die Gastmitgliedstaaten können zur Vereinfachung des Bestätigungsverfahrens bestimmte Ein-

richtungen von der Verpflichtung befreien, einen Sichtvermerk der zuständigen Behörde einzuholen. [5]In diesen Fällen tritt an die Stelle des Sichtvermerks eine Eigenbestätigung der Einrichtung, in der auf die entsprechende Genehmigung (Datum und Aktenzeichen) hinzuweisen ist. [6]Für die von der zuständigen Behörde des Gastmitgliedstaates zu erteilende Bestätigung bzw. die Eigenbestätigung der begünstigten Einrichtung ist ein Vordruck nach amtlich vorgeschriebenem Muster zu verwenden (vgl. BMF-Schreiben vom 23. Juni 2011, BStBl. I S. 677, und Artikel 51 i. V. m. Anhang II der MwStVO).[1)]

(7) [1]Die Voraussetzungen der Steuerbefreiung müssen vom Unternehmer im Geltungsbereich des UStG buchmäßig nachgewiesen werden. [2]Die Voraussetzungen müssen eindeutig und leicht nachprüfbar aus der Buchführung zu ersehen sein. [3]Der Unternehmer soll den Nachweis bei Lieferungen entsprechend § 17d Abs. 2 UStDV und bei sonstigen Leistungen entsprechend § 13 Abs. 2 UStDV führen. [4]Kann der Unternehmer den beleg- und buchmäßigen Nachweis nicht, nicht vollständig oder nicht zeitnah führen, ist grundsätzlich davon auszugehen, dass die Voraussetzungen der Steuerbefreiung nicht erfüllt sind. [5]Etwas anderes gilt ausnahmsweise dann, wenn auf Grund der vorliegenden Belege und der sich daraus ergebenden tatsächlichen Umstände objektiv feststeht, dass die Voraussetzungen der Steuerbefreiung vorliegen (vgl. auch BFH-Urteil vom 5.7.2012, V R 10/10, BStBl. 2014 II S. 539).

Zu § 4 Nr. 8 UStG

4.8.1 Vermittlungsleistungen im Sinne des § 4 Nr. 8 und 11 UStG

[1]Die in § 4 Nr. 8 und 11 UStG bezeichneten Vermittlungsleistungen setzen die Tätigkeit einer Mittelsperson voraus, die nicht den Platz einer der Parteien des zu vermittelnden Vertragsverhältnisses einnimmt und deren Tätigkeit sich von den vertraglichen Leistungen, die von den Parteien dieses Vertrages erbracht werden, unterscheidet. [2]Zweck der Vermittlungstätigkeit ist, das Erforderliche zu tun, damit zwei Parteien einen Vertrag schließen, an dessen Inhalt der Vermittler kein Eigeninteresse hat. [3]Es genügt, wenn der jeweilige Vermittler zu den Parteien eine mittelbare Verbindung über andere Steuerpflichtige unterhält, die selbst in unmittelbarer Verbindung zu einer dieser Parteien stehen (vgl. BFH-Urteil vom 28.5.2009, V R 7/08, BStBl. II 2010, S. 80). [4]Die Mittlertätigkeit kann darin bestehen, einer Vertragspartei Gelegenheit zum Abschluss eines Vertrages nachzuweisen, mit der anderen Partei Kontakt aufzunehmen oder über die Einzelheiten der gegenseitigen Leistungen zu verhandeln, wobei sich die Tätigkeit auf ein einzelnes Geschäft, das vermittelt werden soll, beziehen muss. [5]Die spezifischen und wesentlichen Funktionen einer Vermittlung sind auch erfüllt, wenn ein Unternehmer einem Vermittler am Abschluss eines Vertrages potentiell interessierte Personen nachweist und hierfür eine sog. „Zuführungsprovision" erhält (vgl. BFH-Urteil vom 28.5.2009, V R 7/08, a. a. O.). [6]Nicht steuerfrei sind hingegen Leistungen, die keinen spezifischen und wesentlichen Bezug zu einzelnen Vermittlungsgeschäften aufweisen, sondern allenfalls dazu dienen, als Sub-

---

[1)] **Steuergesetze** Nr. **550a.**

unternehmer den Versicherer bei den ihm selbst obliegenden Aufgaben zu unterstützen, ohne Vertragsbeziehungen zu den Versicherten zu unterhalten (vgl. BFH-Urteil vom 28.5.2009, V R 7/08, a.a.O.). [7] Wer lediglich einen Teil der mit einem zu vermittelnden Vertragsverhältnis verbundenen Sacharbeit übernimmt oder lediglich einem anderen Unternehmer Vermittler zuführt und diese betreut, erbringt insoweit keine steuerfreie Vermittlungsleistung (vgl. BFH-Urteil vom 14.5.2014, XI R 13/11, BStBl. II S. 734). [8] Die Steuerbefreiung einer Vermittlungsleistung setzt nicht voraus, dass es tatsächlich zum Abschluss des zu vermittelnden Vertragsverhältnisses gekommen ist. [9] Unbeschadet dessen erfüllen bloße Beratungsleistungen den Begriff der Vermittlung nicht (vgl. EuGH-Urteil vom 21.6.2007, C-453/05, Ludwig).[1)] [10] Auch die Betreuung, Überwachung oder Schulung von nachgeordneten selbständigen Vermittlern kann zur berufstypischen Tätigkeit eines Bausparkassenvertreters, Versicherungsvertreters oder Versicherungsmaklers nach § 4 Nr. 11 UStG oder zu Vermittlungsleistungen der in § 4 Nr. 8 UStG bezeichneten Art gehören. [11] Dies setzt aber voraus, dass der Unternehmer, der die Leistung der Betreuung, Überwachung und Schulung übernimmt, durch Prüfung eines jeden Vertragsangebots mittelbar auf eine der Vertragsparteien einwirken kann. [12] Dabei ist auf die Möglichkeit abzustellen, eine solche Prüfung im Einzelfall durchzuführen (vgl. BFH-Urteil vom 3.8.2017, V R 19/16, BStBl. II S. 1207).

4.8.2 Gewährung und Vermittlung von Krediten

(1) [1] Gewährt ein Unternehmer im Zusammenhang mit einer Lieferung oder sonstigen Leistung einen Kredit, ist diese Kreditgewährung nach § 4 Nr. 8 Buchstabe a UStG steuerfrei, wenn sie als selbständige Leistung anzusehen ist. [2] Entgelte für steuerfreie Kreditleistungen können Stundungszinsen, Zielzinsen und Kontokorrentzinsen sein (vgl. Abschnitt 3.11 Abs. 3 und 4). [3] Als Kreditgewährung ist auch die Kreditbereitschaft anzusehen, zu der sich ein Unternehmer vertraglich bis zur Auszahlung des Darlehens verpflichtet hat. [4] Zur umsatzsteuerrechtlichen Behandlung von Krediten, die im eigenen Namen, aber für fremde Rechnung gewährt werden, siehe Abschnitt 3.15.

(2) [1] Werden bei der Gewährung von Krediten Sicherheiten verlangt, müssen zur Ermittlung der Beleihungsgrenzen der Sicherungsobjekte, z.B. Grundstücke, bewegliche Sachen, Warenlager, deren Werte festgestellt werden. [2] Die dem Kreditgeber hierdurch entstehenden Kosten, insbesondere Schätzungsgebühren und Fahrtkosten, werden dem Kreditnehmer bei der Kreditgewährung in Rechnung gestellt. [3] Mit der Ermittlung der Beleihungsgrenzen der Sicherungsobjekte werden keine selbständigen wirtschaftlichen Zwecke verfolgt. [4] Diese Tätigkeit dient vielmehr lediglich dazu, die Kreditgewährung zu ermöglichen. [5] Dieser unmittelbare, auf wirtschaftlichen Gegebenheiten beruhende Zusammenhang rechtfertigt es, in der Ermittlung des Wertes der Sicherungsobjekte eine Nebenleistung zur Kreditgewährung zu sehen und sie damit als steuerfrei nach § 4 Nr. 8 Buchstabe a UStG zu behandeln (BFH-Urteil vom 9.7.1970, V R 32/70, BStBl. II S. 645).

---

1) DStR 2007, 1160.

(3) Zur umsatzsteuerrechtlichen Behandlung des Factoring siehe Abschnitt 2.4.

(4) [1]Die Darlehenshingabe der Bausparkassen durch Auszahlung der Baudarlehen auf Grund von Bausparverträgen ist als Kreditgewährung nach § 4 Nr. 8 Buchstabe a UStG steuerfrei. [2]Die Steuerfreiheit umfasst die gesamte Vergütung, die von den Bausparkassen für die Kreditgewährung vereinnahmt wird. [3]Darunter fallen außer den Zinsbeträgen auch die Nebengebühren, wie z. B. die Abschluss- und die Zuteilungsgebühren. [4]Steuerfrei sind ferner die durch die Darlehensgebühr und durch die Kontogebühr abgegoltenen Leistungen der Bausparkasse (BFH-Urteil vom 13.2.1969, V R 68/67, BStBl. II S. 449). [5]Dagegen sind insbesondere die Herausgabe eines Nachrichtenblatts, die Bauberatung und Bauaufsicht steuerpflichtig, weil es sich dabei um selbständige Leistungen neben der Kreditgewährung handelt.

(5) Die Vergütungen, die dem Pfandleiher nach § 10 Abs. 1 Nr. 2 der Verordnung über den Geschäftsbetrieb der gewerblichen Pfandleiher zustehen, sind Entgelt für eine nach § 4 Nr. 8 Buchstabe a UStG steuerfreie Kreditgewährung (BFH-Urteil vom 9.7.1970, V R 32/70, BStBl. II S. 645).

(6) Hat der Kunde einer Hypothekenbank bei Nichtabnahme des Hypothekendarlehens, bei dessen vorzeitiger Rückzahlung oder bei Widerruf einer Darlehenszusage oder Rückforderung des Darlehens als Folge bestimmter, vom Kunden zu vertretender Ereignisse im Voraus festgelegte Beträge zu zahlen (sog. Nichtabnahme- bzw. Vorfälligkeitsentschädigungen), handelt es sich – soweit nicht Schadensersatz vorliegt – um Entgelte für nach § 4 Nr. 8 Buchstabe a UStG steuerfreie Kreditleistungen (BFH-Urteil vom 20.3.1980, V R 32/76, BStBl. II S. 538).

(7) [1]Eine nach § 4 Nr. 8 Buchstabe a UStG steuerfreie Kreditgewährung liegt nicht vor, wenn jemand einem Unternehmer Geld für dessen Unternehmen oder zur Durchführung einzelner Geschäfte gegen Beteiligung nicht nur am Gewinn, sondern auch am Verlust zur Verfügung stellt. [2]Eine Beteiligung am Verlust ist mit dem Wesen des Darlehens, bei dem die hingegebene Geldsumme zurückzuzahlen ist, unvereinbar (BFH-Urteil vom 19.3.1970, V R 137/69, BStBl. II S. 602).

(8) [1]Vereinbart eine Bank mit einem Kreditvermittler, dass dieser in die Kreditanträge der Kreditkunden einen höheren Zinssatz einsetzen darf, als sie ohne die Einschaltung eines Kreditvermittlers verlangen würde (sog. Packing), ist die Zinsdifferenz das Entgelt für eine Vermittlungsleistung des Kreditvermittlers gegenüber der Bank (BFH-Urteil vom 8.5.1980, V R 126/76, BStBl. II S. 618). [2]Die Leistung ist als Kreditvermittlung nach § 4 Nr. 8 Buchstabe a UStG steuerfrei.

(9) Eine vorab erstellte Finanzanalyse der Kundendaten durch den Vermittler, in der Absicht den Kunden bei der Auswahl des Finanzproduktes zu unterstützen bzw. das für ihn am besten passende Finanzprodukt auswählen zu können, kann, wenn sie ähnlich einer Kaufberatung das Mittel darstellt, um die Hauptleistung Kreditvermittlung in Anspruch zu nehmen, als unselbständige Nebenleistung (vgl. hierzu Abschnitt 3.10 Abs. 5) zur Kreditvermittlung angesehen werden.

4.8.3 Gesetzliche Zahlungsmittel

(1)[1)] [1]Von der Steuerfreiheit für die Umsätze von gesetzlichen Zahlungsmitteln (kursgültige Münzen und Banknoten) und für die Vermittlung dieser Umsätze sind solche Zahlungsmittel ausgenommen, die wegen ihres Metallgehalts oder ihres Sammlerwerts umgesetzt werden. [2]Hierdurch sollen gesetzliche Zahlungsmittel, die als Waren gehandelt werden, auch umsatzsteuerrechtlich als Waren behandelt werden.

(2) [1]Bei anderen Münzen als Goldmünzen, deren Umsätze nach § 25c UStG steuerbefreit sind, und bei Banknoten ist davon auszugehen, dass sie wegen ihres Metallgehalts oder ihres Sammlerwerts umgesetzt werden, wenn sie mit einem höheren Wert als ihrem Nennwert umgesetzt werden. [2]Die Umsätze dieser Münzen und Banknoten sind nicht von der Umsatzsteuer befreit.

(3) [1]Das Sortengeschäft (Geldwechselgeschäft) bleibt von den Regelungen der Absätze 1 und 2 unberührt. [2]Dies gilt auch dann, wenn die fremde Währung auf Wunsch des Käufers in kleiner Stückelung (kleine Scheine oder Münzen) ausgezahlt und hierfür ein vom gültigen Wechselkurs abweichender Kurs berechnet wird oder Verwaltungszuschläge erhoben werden.

(3a) [1]Sog. virtuelle Währungen (Kryptowährungen, z.B. Bitcoin) werden den gesetzlichen Zahlungsmitteln gleichgestellt, soweit diese sog. virtuellen Währungen von den an der Transaktion Beteiligten als alternatives vertragliches und unmittelbares Zahlungsmittel akzeptiert worden sind und keinem anderen Zweck als der Verwendung als Zahlungsmittel dienen (vgl. EuGH-Urteil vom 22.10.2015, C-264/14, Hedqvist, BStBl. 2018 II S. 211). [2]Dies gilt nicht für virtuelles Spielgeld (sog. Spielwährungen oder Ingame-Währungen, insbesondere in Onlinespielen).

(4) [1]Die durch Geldspielautomaten erzielten Umsätze sind keine Umsätze von gesetzlichen Zahlungsmitteln. [2]Die Steuerbefreiung nach § 4 Nr. 8 Buchstabe b UStG kommt daher für diese Umsätze nicht in Betracht (BFH-Urteil vom 4.2.1971, V R 41/69, BStBl. II S. 467).

4.8.4 Umsätze im Geschäft mit Forderungen

(1) Unter die Steuerbefreiung nach § 4 Nr. 8 Buchstabe c UStG fallen auch die Umsätze von aufschiebend bedingten Geldforderungen (BFH-Urteil vom 12.12.1963, V 60/61 U, BStBl. 1964 III S. 109).

(2) Die Veräußerung eines Bausparvorratsvertrags ist als einheitliche Leistung anzusehen, die in vollem Umfang nach § 4 Nr. 8 Buchstabe c UStG steuerfrei ist.

(3) Zur Steuerbefreiung bei der Veräußerung von Kapitallebensversicherungen auf dem Zweitmarkt vgl. BFH-Urteil vom 5.9.2019, V R 57/17, BStBl. 2020 II S. 356.

[1)] *Gilt auch für „Platinum Nobles" (Isle of Man), vgl. Art. 45 MwStVO* (**Steuergesetze** Nr. **550a**).

(4) Zur umsatzsteuerrechtlichen Behandlung des Factoring siehe Abschnitt 2.4.

(5) [1] Zu den Umsätzen im Geschäft mit Forderungen gehören auch die Optionsgeschäfte mit Geldforderungen. [2] Gegenstand dieser Optionsgeschäfte ist das Recht, bestimmte Geldforderungen innerhalb einer bestimmten Frist zu einem festen Kurs geltend machen oder veräußern zu können. [3] Unter die Steuerbefreiung fallen auch die Optionsgeschäfte mit Devisen.

(6) [1] Bei Geschäften mit Warenforderungen (z.B. Optionen im Warentermingeschäft) handelt es sich ebenfalls um Umsätze im Geschäft mit Forderungen (vgl. BFH-Urteil vom 30.3.2006, V R 19/02, BStBl. 2007 II S. 68). [2] Optionsgeschäfte auf Warenterminkontrakte sind nur dann nach § 4 Nr. 8 Buchstabe c UStG steuerfrei, wenn die Optionsausübung nicht zu einer Warenlieferung führt.

(7) Ein Umsatz im Geschäft mit Forderungen wird nicht ausgeführt, wenn lediglich Zahlungsansprüche (z.B. Zahlungsansprüche nach der EU-Agrarreform (GAP-Reform) für land- und forstwirtschaftliche Betriebe) zeitweilig oder endgültig übertragen werden (vgl. BFH-Urteil vom 30.3.2011, XI R 19/10, BStBl. II S. 772).

4.8.5 Einlagengeschäft

(1) Zu den nach § 4 Nr. 8 Buchstabe d UStG steuerfreien Umsätzen im Einlagengeschäft gehören z.B. die Verwahrung des Kontoguthabens, die Kontoführung, Kontenauflösungen, Kontensperrungen, die Veräußerung von Heimsparbüchsen und sonstige mittelbar mit dem Einlagengeschäft zusammenhängende Leistungen, die durch Kontogebühren oder durch den Einbehalt negativer Einlagezinsen aus der Einlage des Leistungsempfängers vergütet werden.

(2) Die von Bausparkassen und anderen Instituten erhobenen Gebühren für die Bearbeitung von Wohnungsbauprämienanträgen sind Entgelte für steuerfreie Umsätze im Einlagengeschäft im Sinne des § 4 Nr. 8 Buchstabe d UStG.

4.8.6 Inkasso von Handelspapieren

Handelspapiere im Sinne des § 4 Nr. 8 Buchstabe d UStG sind Wechsel, Schecks, Quittungen oder ähnliche Dokumente im Sinne der „Einheitlichen Richtlinien für Inkassi – ERI 522“ der Internationalen Handelskammer.

4.8.7 Zahlungs-, Überweisungs- und Kontokorrentverkehr

(1) [1] Nach § 4 Nr. 8 Buchstabe d UStG steuerfreie Leistungen im Rahmen des Kontokorrentverkehrs sind z.B. die Veräußerung von Scheckheften, der Firmeneindruck auf Zahlungs- und Überweisungsvordrucken und die Anfertigung von Kontoabschriften und Fotokopien. [2] Die Steuerfreiheit der Umsätze im Zahlungsverkehr hängt nicht davon ab, dass der

Unternehmer ein Kreditinstitut im Sinne des § 1 Abs. 1 Satz 1 KWG[1]) betreibt (vgl. BFH-Urteil vom 27.8.1998, V R 84/97, BStBl. 1999 II S. 106).

(2) [1]Umsätze im Überweisungsverkehr liegen nur dann vor, wenn die erbrachten Dienstleistungen eine Weiterleitung von Geldern bewirken und zu rechtlichen und finanziellen Änderungen führen (vgl. BFH-Urteil vom 13.7.2006, V R 57/04, BStBl. 2007 II S. 19). [2]Es liegt kein nach § 4 Nr. 8 Buchstabe d UStG steuerfreier Umsatz vor, wenn für eine Bank, die Geldausgabeautomaten betreibt, Dienstleistungen erbracht werden, die darin bestehen, diese Automaten aufzustellen und zu warten, sie mit Bargeld zu befüllen und mit Hard- und Software zum Einlesen der Geldkartendaten auszustatten, Autorisierungsanfragen wegen Bargeldabhebungen an die Bank weiterzuleiten, die die verwendete Geldkarte ausgegeben hat, die gewünschte Bargeldauszahlung vorzunehmen und einen Datensatz über die Auszahlungen zu generieren (vgl. EuGH-Urteil vom 3.10.2019, C-42/18, Cardpoint,[2]) und BFH-Urteil vom 13.11.2019, V R 30/19, BStBl. 2020 II S. 522). [3]Leistungen eines Rechenzentrums (Rechenzentrale) an Banken können nur dann nach § 4 Nr. 8 Buchstabe d UStG steuerfrei sein, wenn diese Leistungen ein im Großen und Ganzen eigenständiges Ganzes sind, das die spezifischen und wesentlichen Funktionen der Leistungen des § 4 Nr. 8 Buchstabe d UStG erfüllt. [4]Besteht ein Leistungspaket aus diversen Einzelleistungen, die einzeln vergütet werden, können nicht einzelne dieser Leistungen zu nach § 4 Nr. 8 Buchstabe d UStG steuerfreien Leistungen zusammengefasst werden. [5]Unerheblich für die Anwendung der Steuerbefreiung nach § 4 Nr. 8 Buchstabe d UStG auf Leistungen eines Rechenzentrums an die Bank ist die inhaltliche Vorgabe der Bank, dass das Rechenzentrum für die Ausführung der Kundenanweisung keine dispositive Entscheidung zu treffen hat (vgl. BFH-Urteil vom 12.6.2008, V R 32/06, BStBl. II S. 777). [6]Die Steuerbefreiung nach § 4 Nr. 8 Buchstabe d UStG gilt für die Leistungen der Banken und der Rechenzentren dagegen nicht, wenn sie die ihnen übertragenen Vorgänge sämtlich nur technisch abwickeln (vgl. BFH-Urteil vom 16.11.2016, XI R 35/14, BStBl. 2017 II S. 327).

4.8.8[3]) Umsätze im Geschäft mit Wertpapieren

(1) [1]Zu den Umsätzen im Geschäft mit Wertpapieren gehören auch die Optionsgeschäfte mit Wertpapieren (vgl. BFH-Urteil vom 30.3.2006, V R 19/02, BStBl. 2007 II S. 68). [2]Gegenstand dieser Optionsgeschäfte ist das Recht, eine bestimmte Anzahl von Wertpapieren innerhalb einer bestimmten Frist jederzeit zu einem festen Preis fordern (Kaufoption) oder liefern (Verkaufsoption) zu können. [3]Die Steuerbefreiung nach § 4 Nr. 8 Buchstabe e UStG umfasst sowohl den Abschluss von Optionsgeschäften als auch die Übertragung von Optionsrechten.

---

1) Kreditwesengesetz i. d. F. v. 9.9.1998, BGBl. I 1998, 2776, zuletzt geänd. durch G v. 10.8.2021, BGBl. I 2021, 3436 (**Wirtschaftsgesetze** Nr. **145**).

2) DStR 2019, 2200.

3) Zur umsatzsteuerrechtlichen Behandlung der Leistungen von Börsen und anderen Handelsplattformen für Finanzprodukte siehe BMF v. 3.5.2021, BStBl. I 2021, 713.

(2)[1] Zu den Umsätzen im Geschäft mit Wertpapieren gehören auch die sonstigen Leistungen im Emissionsgeschäft, z. B. die Übernahme und Platzierung von Neuemissionen und die Börseneinführung von Wertpapieren.

(3) Zur Vermittlung von erstmalig ausgegebenen Anteilen vgl. Abschnitt 4.8.10 Abs. 4 i. V. m. Abschnitt 1.6 Abs. 2.

(4) Zur Frage der Beschaffung von Anschriften von Wertpapieranlegern gilt Abschnitt 4.8.1 entsprechend.

(5) Die Erfüllung der Meldepflichten nach § 22 WpHG[2] durch ein Zentralinstitut oder ein anderes Kreditinstitut für den Meldepflichtigen ist nicht nach § 4 Nr. 8 Buchstabe e UStG steuerfrei.

(6) [1] Eine steuerfreie Vermittlungsleistung kommt auch in den Fällen der von einem Wertpapieremittenten, z. B. einer Fondsgesellschaft, gezahlten Bestands- und Kontinuitätsprovisionen in Betracht, in denen – bezogen auf den einzelnen Kunden – die im Depotbestand enthaltenen Wertpapiere nicht ausschließlich durch das depotführende Kreditinstitut vermittelt wurden. [2] Überträgt ein Kunde sein Depot auf ein anderes Kreditinstitut und hat dieses bei Depotübergang noch keine der im übertragenen Depot befindlichen Wertpapiere an diesen Kunden bis dahin vermittelt, stellen auch die für die übertragenen Wertpapiere an das aufnehmende Kreditinstitut gezahlten Bestands- und Kontinuitätsprovisionen Entgelt für steuerfreie Vermittlungsleistungen dar, wenn

– die Bestands- und Kontinuitätsprovisionen ausschließlich auf der Grundlage der zwischen Emittent und aufnehmendem Kreditinstitut abgeschlossenen Vertriebsvereinbarung gezahlt werden,
– neben der Vertriebsleistung keine weitere Leistung zwischen Emittent und aufnehmendem Kreditinstitut erbracht wird,
– der Emittent auch nach Depotüberträgen – bezogen auf die gesamten Wertpapierbestände – in der Summe die gleichen Bestands- und Kontinuitätsprovisionen an die Kreditinstitute zahlt, mit denen eine Vertriebsvereinbarung besteht, und
– der Zahlung der Bestands- und Kontinuitätsprovisionen immer eine zuvor getätigte Vertriebsleistung eines Kreditinstituts vorausgeht.

[3] Satz 2 gilt entsprechend, wenn nur einzelne Wertpapiere in ein Depot eines anderen Kreditinstituts übertragen werden.

4.8.9 Verwahrung und Verwaltung von Wertpapieren

(1) [1] Bei der Abgrenzung der steuerfreien Umsätze im Geschäft mit Wertpapieren von der steuerpflichtigen Verwahrung und Verwaltung von Wertpapieren gilt Folgendes: [2] Die Leistung des Unternehmers (Kreditinstitut) ist grundsätzlich steuerfrei, wenn das Entgelt dem Emittenten in Rechnung gestellt wird. [3] Sie ist grundsätzlich steuerpflichtig, wenn sie dem Depotkunden in Rechnung gestellt wird. [4] Zu den steuerpflichtigen Leistungen gehören z. B. auch die Depotunterhaltung, das Inkasso von fremden Zins- und Dividenden-

---

1) A 4.8.8 Abs. 2 neugef. durch BMF v. 17.12.2021, BStBl. I 2021, 2504.

2) Wertpapierhandelsgesetz i. d. F. v. 9.9.1998, BGBl. I 1998, 2708, zuletzt geänd. durch G v. 10.8.2021, BGBl. I 2021, 3436 (**Wirtschaftsgesetze** Nr. **152**).

scheinen, die Ausfertigung von Depotauszügen, von Erträgnis-, Kurswert- und Steuerkurswertaufstellungen sowie die Informationsübermittlung von Kreditinstituten an Emittenten zur Führung des Aktienregisters bei Namensaktien.

(2) [1]Bei der Vermögensverwaltung (Portfolioverwaltung) nimmt eine Bank einerseits die Vermögensverwaltung und andererseits Transaktionen vor. [2]Dabei handelt es sich um eine einheitliche Leistung der Vermögensverwaltung (vgl. Abschnitt 3.10 Abs. 1 und 3), die nicht nach § 4 Nr. 8 Buchstabe e UStG steuerfrei ist. [3]Eine Aufspaltung dieser wirtschaftlich einheitlichen Leistung ist nicht möglich (vgl. EuGH-Urteile vom 25.2.1999, C-349/96, CPP,[1)] und vom 19.7.2012, C-44/11, Deutsche Bank, BStBl. II S. 945,[1)] und BFH-Urteil vom 11.10.2012, V R 9/10, BStBl. 2014 II S. 279). [4]Zur Abgrenzung der Vermögensverwaltung von der Verwaltung von Investmentvermögen (§ 4 Nr. 8 Buchstabe h UStG) siehe Abschnitt 4.8.13.

4.8.10 Gesellschaftsanteile

(1) [1]Zu den Anteilen an Gesellschaften gehören insbesondere die Anteile an Kapitalgesellschaften, z.B. GmbH-Anteile, die Anteile an Personengesellschaften, z.B. OHG-Anteile, und die stille Beteiligung (§ 230 HGB). [2]Zur Steuerbarkeit bei der Ausgabe von Gesellschaftsanteilen vgl. Abschnitt 1.6 Abs. 2.

(2) [1]Erwirbt jemand treuhänderisch Gesellschaftsanteile und verwaltet diese gegen Entgelt, werden ihm dadurch keine Gesellschaftsanteile verschafft. [2]Die Tätigkeit ist deshalb grundsätzlich steuerpflichtig. [3]Dies gilt auch dann, wenn sich der Unternehmer treuhänderisch an einer Anlagegesellschaft beteiligt und deren Geschäfte führt (vgl. BFH-Urteil vom 29.1.1998, V R 67/96, BStBl. II S. 413). [4]Eine Befreiung nach § 4 Nr. 8 Buchstabe h UStG kommt nur in Betracht, wenn der Unternehmer nach den Vorschriften des KAGB[2)] tätig geworden ist.

(3) [1]Zum Begriff der Vermittlung siehe Abschnitt 4.8.1. [2]Eine unmittelbare Beauftragung durch eine der Parteien des vermittelnden Vertrages ist nicht erforderlich (vgl. BFH-Urteil vom 20.12.2007, V R 62/06, BStBl. 2008 II S. 641). [3]Marketing- und Werbeaktivitäten, die darin bestehen, dass sich ein Vertriebsunternehmen nur in allgemeiner Form an die Öffentlichkeit wendet, sind mangels Handelns gegenüber individuellen Vertragsinteressenten keine Vermittlung nach § 4 Nr. 8 Buchstabe f UStG (BFH-Urteil vom 6.12.2007, V R 66/05, BStBl. 2008 II S. 638). [4]Keine Vermittlungsleistung erbringt ein Unternehmer, der einem mit dem Vertrieb von Gesellschaftsanteilen betrauten Unternehmer Abschlussvertreter zuführt und diese betreut (BFH-Urteil vom 23.10.2002, V R 68/01, BStBl. 2003 II S. 618). [5]Die Steuerfreiheit für die Vermittlung nach § 4 Nr. 8 Buchstabe f UStG setzt eine Tätigkeit voraus, die einzelne Vertragsabschlüsse fördert. [6]Eine der Art nach geschäftsführende Leitung einer Vermittlungsorganisation ist keine derartige Vermittlung (vgl. BFH-Urteil vom 20.12.2007, V R 62/06, BStBl. 2008 II S. 641).

---

1) DStRE 1999, 271. – DStR 2012, 1601.

2) Kapitalanlagegesetzbuch v. 4.7.2013, BGBl. I 2013, 1981, zuletzt geänd. durch G v. 10.8.2021, BGBl. I 2021, 3483 (**Wirtschaftsgesetze Nr. 142**).

(4) Die Vermittlung von erstmalig ausgegebenen Gesellschaftsanteilen (zur Ausgabe von Gesellschaftsanteilen vgl. Abschnitt 1.6 Abs. 2) ist steuerbar und nach § 4 Nr. 8 Buchstabe f UStG steuerfrei (vgl. EuGH-Urteil vom 27.5.2004, C-68/03, Lipjes).[1]

(5) Die Vermittlung der Mitgliedschaften in einem Idealverein ist nicht nach § 4 Nr. 8 Buchstabe f UStG steuerfrei (vgl. BFH-Urteil vom 27.7.1995, V R 40/93, BStBl. II S. 753).

4.8.11 Übernahme von Verbindlichkeiten

[1]Der Begriff „Übernahme von Verbindlichkeiten" erfasst lediglich Geldverbindlichkeiten im Bereich von Finanzdienstleistungen. [2]Die Übernahme anderer Verpflichtungen, wie beispielsweise die Renovierung einer Immobilie, ist vom Anwendungsbereich des § 4 Nr. 8 Buchstabe g UStG ausgeschlossen (vgl. EuGH-Urteil vom 19.4.2007, C-455/05, Velvet & Steel Immobilien).[2] [3]Nach § 4 Nr. 8 Buchstabe g UStG ist die Übernahme von Verbindlichkeiten, soweit hierin nicht lediglich – wie im Regelfall – eine Entgeltzahlung zu sehen ist (vgl. Abschnitt 1.1 Abs. 3 und BFH-Urteil vom 31.7.1969, V R 149/66, BStBl. 1970 II S. 73), steuerfrei, z.B. Übernahme von Einlagen bei der Zusammenlegung von Kreditinstituten.

4.8.12 Übernahme von Bürgschaften und anderen Sicherheiten

(1)[3] [1]Als andere Sicherheiten, deren Übernahme nach § 4 Nr. 8 Buchstabe g UStG steuerfrei ist, sind z.B. Garantieverpflichtungen (vgl. BFH-Urteile vom 14.12.1989, V R 125/84, BStBl. 1990 II S. 401, vom 24.1.1991, V R 19/87, BStBl. II S. 539 – Zinshöchstbetragsgarantie und Liquiditätsgarantie –, und vom 22.10.1992, V R 53/89, BStBl. 1993 II S. 318 – Ausbietungsgarantie und Vermietungsgarantie –) und Kautionsversicherungen (vgl. Abschnitt 4.10.1 Abs. 2 Satz 3) anzusehen. [2]Der umsatzsteuerbare Verzicht auf eine Garantie ist steuerfrei, wenn die Einräumung dieser Garantie nach § 4 Nr. 8 Buchstabe g UStG steuerfrei ist oder – bei Entgeltlichkeit – steuerfrei wäre (vgl. BFH-Urteil vom 15.4.2015, V R 46/13, BStBl. II S. 947). [3]Umsätze, die keine Finanzdienstleistungen sind, sind vom Anwendungsbereich des § 4 Nr. 8 Buchstabe g UStG ausgeschlossen (vgl. Abschnitt 4.8.11 Sätze 1 und 2). [4]Zur Garantiezusage eines Kraftfahrzeughändlers vgl. Abschnitt 4.10.1 Abs. 4 Satz 3.

(2) [1]Ein Garantieversprechen ist nach § 4 Nr. 8 Buchstabe g UStG steuerfrei, wenn es ein vom Eigenverhalten des Garantiegebers unabhängiges Risiko abdeckt; diese Voraussetzung liegt nicht vor, wenn lediglich garantiert wird, eine aus einem anderen Grund geschuldete Leistung vertragsgemäß auszuführen (vgl. BFH-Urteil vom 14.12.1989, V R 125/84, BStBl. 1990 II S. 401). [2]Leistungen persönlich haftender Gesellschafter, für die eine unabhängig vom Gewinn bemessene Haftungsvergütung gezahlt wird, sind nicht

[1] DStR 2004, 987.

[2] DStRE 2007, 1519.

[3] A 4.8.12 UStAE Abs. 1 Satz 4 neugef. durch BMF v. 11.5.2021, BStBl. I 2021, 781, zur Anwendung siehe FN zu A 4.10.1 Abs. 4 UStAE.

nach § 4 Nr. 8 Buchstabe g UStG steuerfrei, weil ein ggf. haftender Gesellschafter über seine Geschäftsführungstätigkeit unmittelbaren Einfluss auf das Gesellschaftsergebnis – und damit auf die Frage, ob es zu einem Haftungsfall kommt – hat.

(3) Bei den im Rahmen der Einlagensicherung von den jeweiligen Sicherungseinrichtungen an ihre Mitglieder erbrachten Präventiv- und Sicherungsmaßnahmen handelt es sich unter den weiteren Voraussetzungen des § 4 Nr. 8 Buchstabe a (Kreditgewährung) und Buchstabe g (Bürgschaften, Garantiezusagen und -verpflichtungen) UStG um steuerfreie Leistungen.

4.8.13 Verwaltung von Investmentvermögen und von Versorgungseinrichtungen

Allgemeines und Begriffsbestimmungen

(1) [1]Die Steuerbefreiung nach § 4 Nr. 8 Buchstabe h UStG erstreckt sich auf die Verwaltung von OGAW im Sinne des § 1 Abs. 2 KAGB, die Verwaltung von AIF im Sinne des § 1 Abs. 3 KAGB, die mit OGAW vergleichbar sind, und die Verwaltung von Versorgungseinrichtungen im Sinne des Versicherungsaufsichtsgesetzes (siehe Absatz 22). [2]Nicht unter die Steuerbefreiung fallen Leistungen der Vermögensverwaltung mit Wertpapieren, bei der die mit den Leistungen beauftragte Bank auf Grund eigenen Ermessens über den Kauf und Verkauf von Wertpapieren entscheidet und diese Entscheidung durch den Kauf und Verkauf der Wertpapiere vollzieht (vgl. EuGH-Urteil vom 19.7.2012, C-44/11, Deutsche Bank, BStBl. II S. 945,[1)] und BFH-Urteil vom 11.10.2012, V R 9/10, BStBl. 2014 II S. 279).

(2) [1]OGAW sind Investmentvermögen, die die Anforderungen der sog. OGAW-Richtlinie (Richtlinie 2009/65/EG des Europäischen Parlaments und des Rates vom 13. Juli 2009 zur Koordinierung der Rechts- und Verwaltungsvorschriften betreffend bestimmte OGAW, ABl. EU 2009 Nr. L 302/32) erfüllen (§ 1 Abs. 2 KAGB).[2)] [2]AIF sind alle Investmentvermögen, die keine OGAW sind (§ 1 Abs. 3 KAGB). [3]Unter AIF fallen somit alle geschlossenen Investmentvermögen und alle offenen Investmentvermögen, die nicht als OGAW gelten. [4]Ein Investmentvermögen ist nach § 1 Abs. 1 Satz 1 KAGB jeder Organismus für gemeinsame Anlagen, der von einer Anzahl von Anlegern Kapital einsammelt, um es nach einer festgelegten Anlagestrategie zum Nutzen dieser Anleger zu investieren und der kein operativ tätiges Unternehmen außerhalb des Finanzsektors ist. [5]Eine Anzahl von Anlegern ist gegeben, wenn die Anlagebedingungen, die Satzung oder der Gesellschaftsvertrag des Organismus für gemeinsame Anlagen die Anzahl möglicher Anleger nicht auf einen Anleger begrenzen (§ 1 Abs. 1 Satz 2 KAGB). [6]Inländische Investmentvermögen sind Investmentvermögen, die dem inländischen Recht unterliegen (§ 1 Abs. 7 KAGB). [7]EU-Investmentvermögen sind Investmentvermögen, die dem Recht eines anderen Mitgliedstaates des

---

1) DStR 2012, 1601.

2) Kapitalanlagegesetzbuch v. 4.7.2013, BGBl. I 2013, 1981, zuletzt geänd. durch G v. 10.8.2021, BGBl. I 2021, 3483 (**Wirtschaftsgesetze** Nr. **142**).

Abkommens über den Europäischen Wirtschaftsraum unterliegen (§ 1 Abs. 8 KAGB). [8]Ausländische AIF sind AIF, die dem Recht eines Drittstaates unterliegen (§ 1 Abs. 9 KAGB).

(3) [1]Offene inländische Investmentvermögen dürfen unter den Voraussetzungen des § 91 KAGB[1)] in Form eines Sondervermögens, einer Investmentaktiengesellschaft mit veränderlichem Kapital oder einer offenen Investmentkommanditgesellschaft gebildet werden. [2]Geschlossene inländische Investmentvermögen dürfen nach § 139 KAGB als Investmentaktiengesellschaft mit fixem Kapital oder als geschlossene Investmentkommanditgesellschaft aufgelegt werden. [3]Sondervermögen sind inländische offene Investmentvermögen in Vertragsform, die von einer Verwaltungsgesellschaft, z. B. der Kapitalverwaltungsgesellschaft im Sinne des § 17 Abs. 2 Nr. 1 KAGB, für Rechnung der Anleger nach Maßgabe des KAGB und den Anlagebedingungen, nach denen sich das Rechtsverhältnis der Verwaltungsgesellschaft zu den Anlegern bestimmt, verwaltet werden (§ 1 Abs. 10 KAGB).

(4) [1]Kapitalverwaltungsgesellschaften sind Unternehmen mit satzungsmäßigem Sitz und Hauptverwaltung im Inland, deren Geschäftsbetrieb darauf gerichtet ist, inländische Investmentvermögen, EU-Investmentvermögen oder ausländische AIF zu verwalten (§ 17 Abs. 1 Satz 1 KAGB).[1)] [2]Je nach Art des verwalteten Investmentvermögens bestehen Kapitalverwaltungsgesellschaften in zwei Ausprägungen. [3]OGAW-Kapitalverwaltungsgesellschaften sind Kapitalverwaltungsgesellschaften nach § 17 KAGB, die mindestens einen OGAW verwalten oder zu verwalten beabsichtigen (§ 1 Abs. 15 KAGB). [4]AIF-Kapitalverwaltungsgesellschaften sind Kapitalverwaltungsgesellschaften nach § 17 KAGB, die mindestens einen AIF verwalten oder zu verwalten beabsichtigen (§ 1 Abs. 16 KAGB). [5]Kapitalverwaltungsgesellschaften, die vom Investmentvermögen oder im Namen des Investmentvermögens bestellt sind und auf Grund dieser Bestellung für die Verwaltung des Investmentvermögens verantwortlich sind (externe Kapitalverwaltungsgesellschaften, § 17 Abs. 2 Nr. 1 KAGB), dürfen neben der kollektiven Vermögensverwaltung (§ 1 Abs. 19 Nr. 24 KAGB) von OGAW bzw. AIF nur die Dienstleistungen und Nebendienstleistungen nach § 20 Abs. 2 bzw. Abs. 3 KAGB erbringen. [6]Sie dürfen jedoch nicht ausschließlich die in § 20 Abs. 2 Nr. 1 bis 4 KAGB bzw. § 20 Abs. 3 Nr. 1 bis 6 KAGB genannten Leistungen erbringen, ohne auch die kollektive Vermögensverwaltung zu erbringen (§ 20 Abs. 4 KAGB).

(5) [1]Die OGAW-Kapitalverwaltungsgesellschaft hat sicherzustellen, dass für jeden von ihr verwalteten OGAW eine Verwahrstelle beauftragt wird, die ein zugelassenes Kreditinstitut im Sinne des § 68 Abs. 2 KAGB ist (§ 68 Abs. 1 Satz 1 KAGB);[1)] die AIF-Kapitalverwaltungsgesellschaft muss nach § 80 Abs. 1 Satz 1 KAGB dafür sorgen, dass eine Verwahrstelle im Sinne des § 80 Abs. 2 oder 3 KAGB beauftragt wird. [2]Die Verwahrstelle ist neben den Verwahraufgaben nach § 72 KAGB bzw. § 81 KAGB zu sonstigen Aufgaben nach Maßgabe der §§ 74 bis 79 KAGB bzw. der §§ 83 bis 89a KAGB verpflichtet. [3]Nach Artikel 22 Abs. 3 Buchstaben a und b der OGAW-Richtlinie muss die Verwahrstelle u. a. dafür sorgen, dass die Ausgabe und die Rücknahme sowie

---

[1)] **Wirtschaftsgesetze** Nr. **142.**

die Berechnung des Wertes der Anteile nach den gesetzlichen Vorschriften oder Vertragsbedingungen erfolgt. [4] Für OGAW-Kapitalverwaltungsgesellschaften bestimmt § 76 Abs. 1 Nr. 1 KAGB demgemäß, dass die Verwahrstelle im Rahmen ihrer Kontrollfunktion sicherzustellen hat, dass die Ausgabe und Rücknahme von Anteilen und die Ermittlung des Wertes der Anteile den Vorschriften des KAGB und den Anlagebedingungen entsprechen. [5] Die Ausgabe und die Rücknahme der Anteile hat die Verwahrstelle selbst vorzunehmen (§ 71 Abs. 1 Satz 1 KAGB). [6] Die Bewertung des Werts eines inländischen OGAW je Anteil oder Aktie wird entweder von der Verwahrstelle unter Mitwirkung der OGAW-Kapitalverwaltungsgesellschaft oder nur von der OGAW-Kapitalverwaltungsgesellschaft vorgenommen (§ 212 KAGB). [7] Hinsichtlich der Bestimmungen für die Verwahrstellen von AIF-Kapitalverwaltungsgesellschaften wird auf die Vorschriften für AIF-Verwahrstellen (§§ 80 bis 90 KAGB) verwiesen.

(6) [1] Die Kapitalverwaltungsgesellschaft kann unter den Bedingungen des § 36 Abs. 1 KAGB[1)] Aufgaben, die für die Durchführung der Geschäfte wesentlich sind, zum Zwecke einer effizienteren Geschäftsführung auf ein anderes Unternehmen (Auslagerungsunternehmen) auslagern. [2] So muss das Auslagerungsunternehmen z. B. über ausreichende Ressourcen für die Ausführung der ihm übertragenen Aufgaben verfügen und die Personen, die die Geschäfte des Auslagerungsunternehmens tatsächlich leiten, müssen zuverlässig sein und über ausreichende Erfahrung verfügen (§ 36 Abs. 1 Satz 1 Nr. 2 KAGB). [3] Eine weitere Bedingung ist, dass die Auslagerung die Wirksamkeit der Beaufsichtigung der Kapitalverwaltungsgesellschaft in keiner Weise beeinträchtigen darf; insbesondere darf sie weder die Kapitalverwaltungsgesellschaft daran hindern, im Interesse ihrer Anleger zu handeln, noch darf sie verhindern, dass das Investmentvermögen im Interesse der Anleger verwaltet wird (§ 36 Abs. 1 Satz 1 Nr. 5 KAGB). [4] Das Auslagerungsunternehmen darf die ihm übertragenen ausgelagerten Aufgaben unter den Bedingungen des § 36 Abs. 6 KAGB weiter übertragen (Unterauslagerung).

(7) [1] Die Verwahrstelle darf der Kapitalverwaltungsgesellschaft aus den zu einem inländischen OGAW bzw. AIF gehörenden Konten nur die für die Verwaltung des inländischen OGAW bzw. AIF zustehende Vergütung und den ihr zustehenden Ersatz von Aufwendungen auszahlen (§§ 79 Abs. 1 und 89a Abs. 1 KAGB).[1)] [2] Werden die zu einem inländischen AIF gehörenden Konten bei einer anderen Stelle nach § 83 Abs. 6 Satz 2 KAGB geführt, bedarf die Auszahlung der der AIF-Kapitalverwaltungsgesellschaft für die Verwaltung des inländischen AIF zustehenden Vergütung und des ihr zustehenden Ersatzes von Aufwendungen der Zustimmung der Verwahrstelle (§ 89a Abs. 1 Satz 2 KAGB).

Investmentvermögen, deren Verwaltung unter die Umsatzsteuerbefreiung nach § 4 Nr. 8 Buchstabe h UStG fällt (sog. begünstigte Investmentvermögen)

(8) [1] Steuerbegünstigt können inländische Investmentvermögen, EU-Investmentvermögen und ausländische AIF sein. [2] Investmentvermögen, die die Anforderungen der OGAW-Richtlinie erfüllen, stellen grundsätzlich steuer-

[1)] **Wirtschaftsgesetze** Nr. **142.**

begünstigte Investmentvermögen dar. [3]Darüber hinaus können auch AIF in den Anwendungsbereich der Steuerbefreiung fallen, sofern sie mit OGAW vergleichbar sind (vgl. EuGH-Urteil vom 9.12.2015, C-595/13, Fiscale Eenheid X).[1)] [4]Die Vergleichbarkeit mit OGAW setzt insbesondere folgende kumulativ zu erfüllende Kriterien voraus:

1. [1]die AIF unterliegen einer vergleichbaren besonderen staatlichen Aufsicht (vgl. BFH-Urteil vom 5.9.2019, V R 2/16, BStBl. 2020 II S. 109). [2]AIF, die nach KAGB reguliert sind, unterliegen dieser vergleichbaren Aufsicht grundsätzlich,
2. die AIF sprechen den gleichen Anlegerkreis an (Kleinanleger, vgl. EuGH-Urteile vom 4.5.2006, C-169/04, Abbey National, BStBl. 2010 II S. 567,[2)] und vom 28.6.2007, C-363/05, JP Morgan Fleming Claverhouse Investment Trust und The Association of Investment Trust Companies, BStBl. 2010 II S. 573),[2)]
3. die AIF unterliegen den gleichen Wettbewerbsbedingungen (unterliegen vergleichbaren Pflichten und Kontrollen),
4. die AIF haben Anteilsrechte an mehrere Anleger ausgegeben,
5. der Ertrag der Anlage hängt von den Ergebnissen der Anlage ab, die die Verwalter im Laufe des Zeitraums, in dem die Anteilsinhaber diese Anteilsrechte innehaben, getätigt haben,
6. die Anteilsinhaber haben Anrecht auf die vom AIF erzielten Gewinne und auf den Gewinn infolge einer Wertsteigerung ihres Anteils und tragen das Risiko, das mit der Verwaltung des darin gesammelten Vermögens einhergeht, und
7. [1]die Anlage des gesammelten Vermögens erfolgt nach dem Grundsatz der Risikomischung zum Zwecke der Risikostreuung. [2]Der Grundsatz gilt regelmäßig als erfüllt, wenn das Vermögen in mindestens drei Vermögensgegenständen mit unterschiedlichen Anlagerisiken angelegt ist. [3]Hierbei sind die Anlagenfristen des KAGB zu beachten.

Beispiel:

[1]Ein Investmentvermögen, das bis zu 30% in physischem Gold angelegt ist und darüber hinaus ausschließlich 1 : 1-Zertifikate von mindestens drei unterschiedlichen Emittenten erwirbt, die alle die Entwicklung des Goldpreises abbilden, kann nicht als Risikogemischt angesehen werden. [2]Es werden zwar mindestens drei Vermögensgegenstände für das Investmentvermögen erworben, jedoch bilden alle Vermögensgegenstände das gleiche Anlagerisiko ab. [3]Der Anleger erleidet einen hohen Verlust, wenn der Goldpreis sinkt.

(9) [1]Offene inländische Spezial-AIF mit festen Anlagebedingungen im Sinne des § 284 KAGB sowie vergleichbare EU-Investmentvermögen und ausländische AIF können unabhängig von den in Absatz 8 Satz 4 Nummern 2 bis 4 genannten Bestimmungen begünstigte Investmentvermögen darstellen. [2]Begünstigt können auch geschlossene Investmentvermögen sein, soweit solche geschlossenen Investmentvermögen die Kriterien nach Absatz 8 Satz 4 erfüllen (vgl. EuGH-Urteil vom 28.6.2007, C-363/05, JP Morgan

---

1) MwStR 2016, 109.

2) IStR 2006, 381. – IStR 2007, 708.

Fleming Claverhouse Investment Trust und The Association of Investment Trust Companies, BStBl. 2010 II S. 573).[1)]

Verwaltung von Investmentvermögen

(10) [1] Die Steuerbefreiung umfasst lediglich Tätigkeiten der Verwaltung; andere Tätigkeiten als die Verwaltung, insbesondere Tätigkeiten der Verwahrung von Vermögensgegenständen des Investmentvermögens sowie sonstige Aufgaben nach Maßgabe der §§ 72 bis 79 KAGB[2)] bzw. der §§ 81 bis 89a KAGB, sind nicht steuerbegünstigt.

(11) [1] Die Anwendung der Steuerbefreiung setzt das Vorliegen eines steuerbaren Leistungsaustauschs voraus. [2] Die Steuerbefreiung ist unabhängig davon anzuwenden, in welcher Rechtsform der Leistungserbringer auftritt. [3] Für die Steuerbefreiung ist auch unerheblich, dass § 36 Abs. 1 Satz 1 Nr. 3 KAGB[2)] (Auslagerung) verlangt, dass bei der Übertragung der Portfolioverwaltung ein für Zwecke der Vermögensverwaltung oder Finanzportfolioverwaltung zugelassenes oder registriertes Unternehmen, das der Aufsicht unterliegt, benannt wird.

Verwaltung des Investmentvermögens durch eine externe Kapitalverwaltungsgesellschaft

(12) [1] Bei einem Investmentvermögen in der Form eines Sondervermögens erfüllt die Kapitalverwaltungsgesellschaft durch die Verwaltung des Investmentvermögens ihre gegenüber den Anlegern auf Grund des Investmentvertrags bestehenden Verpflichtungen. [2] Dabei können die zum Investmentvermögen gehörenden Vermögensgegenstände nach Maßgabe der Vertragsbedingungen im Eigentum der Kapitalverwaltungsgesellschaft oder im Miteigentum der Anleger stehen. [3] Es liegt eine Verwaltungsleistung gegenüber den Anlegern als Leistungsempfänger vor. [4] Bei einem Investmentvermögen in der Form einer Investmentgesellschaft (§ 1 Abs. 11 KAGB),[2)] das eine externe Kapitalverwaltungsgesellschaft mit der Verwaltung und Anlage ihrer Mittel bestellt hat, wird die Kapitalverwaltungsgesellschaft ausschließlich auf Grund der vertraglichen Vereinbarung zwischen ihr und der Investmentgesellschaft tätig. [5] Es liegt eine Verwaltungsleistung gegenüber der Investmentgesellschaft als Leistungsempfänger vor.

Investmentvermögen in Form einer intern verwalteten Investmentgesellschaft

(13) [1] Hat das Investmentvermögen die Organisationsform einer Investmentaktiengesellschaft im Sinne des KAGB[2)] oder einer Investmentkommanditgesellschaft im Sinne des KAGB, ist der Anleger Aktionär bzw. Gesellschafter. [2] Seine konkrete Rechtsstellung richtet sich nach gesellschaftsrechtlichen Regelungen und der Satzung bzw. dem Gesellschaftsvertrag der Investmentgesellschaft. [3] Soweit keine separate schuldrechtliche Vereinbarung über die Erbringung einer besonderen Verwaltungsleistung besteht, ist insofern kein Leistungsaustausch zwischen der Investmentgesellschaft und ihren Aktionären bzw. Gesellschaf-

---

[1)] IStR 2007, 708.
[2)] **Wirtschaftsgesetze** Nr. **142.**

tern anzunehmen. [4]Der Anspruch auf die Verwaltungsleistung ergibt sich aus der Gesellschafterstellung. [5]Die Verwaltung des Investmentvermögens durch die Investmentgesellschaft ist insoweit ein nicht steuerbarer Vorgang.

Auslagerung von Verwaltungstätigkeiten durch eine Kapitalverwaltungsgesellschaft

(14) [1]Beauftragt eine Kapitalverwaltungsgesellschaft einen Dritten mit der Verwaltung des Investmentvermögens, erbringt dieser eine Leistung gegenüber der Kapitalverwaltungsgesellschaft, indem er die ihr insoweit obliegende Pflicht erfüllt. [2]Der Dritte wird ausschließlich auf Grund der vertraglichen Vereinbarung zwischen ihm und der Kapitalverwaltungsgesellschaft tätig, so dass er auch nur ihr gegenüber zur Leistung verpflichtet ist.

Auslagerung von Verwaltungstätigkeiten bei Investmentgesellschaften

(15) [1]Beauftragt eine intern verwaltete Investmentaktiengesellschaft bzw. eine intern verwaltete Investmentkommanditgesellschaft einen Dritten mit der Wahrnehmung von Aufgaben, erbringt der Dritte ihr gegenüber eine Leistung, da grundsätzlich der intern verwalteten Investmentgesellschaft die Anlage und die Verwaltung ihrer Mittel obliegt. [2]Beauftragt eine extern verwaltete Investmentgesellschaft eine Kapitalverwaltungsgesellschaft mit der Verwaltung und Anlage ihrer Mittel, ist die Kapitalverwaltungsgesellschaft Vertragspartnerin des von ihr mit bestimmten Verwaltungstätigkeiten beauftragten Dritten. [3]Dieser erbringt somit auch nur gegenüber der Kapitalverwaltungsgesellschaft und nicht gegenüber der Investmentgesellschaft eine Leistung.

Ausgelagerte Verwaltungstätigkeiten als Gegenstand der Steuerbefreiung

(16) [1]Für Tätigkeiten im Rahmen der Verwaltung von Investmentvermögen, die nach § 36 Abs. 1 KAGB[1)] auf ein anderes Unternehmen ausgelagert worden sind, kann ebenfalls die Steuerbefreiung in Betracht kommen. [2]Zur steuerfreien Verwaltung gehören auch Dienstleistungen der administrativen und buchhalterischen Verwaltung von Investmentvermögen durch einen außen stehenden Verwalter, wenn sie ein im Großen und Ganzen eigenständiges Ganzes bilden und für die Verwaltung dieses Investmentvermögens spezifisch und wesentlich sind. [3]Rein materielle oder technische Dienstleistungen, die in diesem Zusammenhang erbracht werden, wie z.B. die Zurverfügungstellung eines Datenverarbeitungssystems, fallen nicht unter die Steuerbefreiung. [4]Ob die Dienstleistungen der administrativen und buchhalterischen Verwaltung von Investmentvermögen durch einen außen stehenden Verwalter ein im Großen und Ganzen eigenständiges Ganzes bilden, ist danach zu beurteilen, ob die übertragenen Aufgaben für die Durchführung der Geschäfte der Kapitalverwaltungsgesellschaft/Investmentgesellschaft unerlässlich sind und ob der außen stehende Verwalter die Aufgaben eigenverantwortlich auszuführen hat. [5]Vorbereitende Handlungen, bei denen sich die Kapitalverwaltungsgesellschaft/Investmentgesellschaft eine abschließende Entscheidung vorbehält, bilden regelmäßig nicht ein im Großen und Ganzen

---

1) **Wirtschaftsgesetze** Nr. **142.**

eigenständiges Ganzes. [6] Demgegenüber fallen Leistungen, die in der Abgabe von Empfehlungen zum An- und Verkauf von Vermögenswerten (z. B. Wertpapiere oder Immobilien) gegenüber einer Kapitalverwaltungsgesellschaft bestehen, unter die Steuerbefreiung, wenn eine enge Verbindung zu der spezifischen Tätigkeit einer Kapitalverwaltungsgesellschaft besteht. [7] Davon ist auszugehen, wenn die Empfehlung für den Kauf oder Verkauf von Vermögenswerten konkret an den rechtlichen und tatsächlichen Erfordernissen der jeweiligen Wertpapieranlage ausgerichtet ist, die Empfehlung für den Kauf oder Verkauf von Vermögenswerten auf Grund ständiger Beobachtung des Fondsvermögens erteilt wird und auf einem stets aktuellen Kenntnisstand über die Zusammenstellung des Vermögens beruht (vgl. BFH-Urteil vom 11.4.2013, V R 51/10, BStBl. II S. 877, EuGH-Urteil vom 7.3.2013, C-275/11, GfBk, BStBl. II S. 900).[1)]

(17) [1] Für die Beurteilung der Steuerbefreiung ist im Übrigen grundsätzlich ausschließlich die Art der ausgelagerten Tätigkeiten maßgebend und nicht die Eigenschaft des Unternehmens, das die betreffende Leistung erbringt. [2] § 36 KAGB[2)] ist insoweit für die steuerliche Beurteilung der Auslagerung ohne Bedeutung. [3] Soweit Aufgaben der Kapitalverwaltungsgesellschaft/Investmentgesellschaft von den Verwahrstellen wahrgenommen oder auf diese übertragen werden, die zu den administrativen Tätigkeiten der Kapitalverwaltungsgesellschaft/Investmentgesellschaft und nicht zu den Tätigkeiten als Verwahrstelle gehören, kann die Steuerbefreiung auch dann in Betracht kommen, wenn sie durch die Verwahrstellen wahrgenommen werden.

Steuerfreie Verwaltungstätigkeiten

(18) Insbesondere folgende Tätigkeiten der Verwaltung von Investmentvermögen durch die Kapitalverwaltungsgesellschaft, die Investmentaktiengesellschaft, die Investmentkommanditgesellschaft oder die Verwahrstelle sind steuerfrei nach § 4 Nr. 8 Buchstabe h UStG:

1. Portfolioverwaltung,
2. Risikomanagement,
3. Ausübung des Sicherheitenmanagements (Verwalten von Sicherheiten, sog. Collateral Management, das im Rahmen von Wertpapierleihgeschäften nach § 200 Abs. 2 KAGB[2)] Aufgabe der OGAW-Kapitalverwaltungsgesellschaft ist),
4. Folgende administrative Leistungen, soweit sie nicht dem Anteilsvertrieb dienen:
   a) Gesetzlich vorgeschriebene und im Rahmen der Fondsverwaltung vorgeschriebene Rechnungslegungsdienstleistungen (u. a. Fondsbuchhaltung und die Erstellung von Jahresberichten und sonstiger Berichte),
   b) Bewertung und Preisfestsetzung (Ermittlung und verbindliche Festsetzung des Anteilspreises),
   c) Überwachung und Einhaltung der Rechtsvorschriften (u. a. Kontrolle der Anlagegrenzen und der Marktgerechtigkeit [Fonds-Controlling]),

[1)] MwStR 2013, 121.
[2)] **Wirtschaftsgesetze** Nr. **142.**

d) Ausgabe und Rücknahme von Anteilen (diese Aufgabe wird nach § 71 Abs. 1 KAGB von der Verwahrstelle ausgeführt),

e) Führung des Anteilinhaberregisters,

f) Beantwortung von Kundenanfragen und Übermittlung von Informationen an Kunden, auch für potentielle Neukunden,

g) Tätigkeiten im Zusammenhang mit der Gewinnausschüttung,

h) Erstellung von Kontraktabrechnungen (einschließlich Versand und Zertifikate, ausgenommen Erstellung von Steuererklärungen),

i) Führung gesetzlich vorgeschriebener und im Rahmen der Fondsverwaltung vorgeschriebener Aufzeichnungen,

j) die aufsichtsrechtlich vorgeschriebene Prospekterstellung.

(19) [1] Wird von einem außen stehenden Dritten, auf den Verwaltungsaufgaben übertragen wurden, nur ein Teil der Leistungen aus dem vorstehenden Leistungskatalog erbracht, kommt die Steuerbefreiung nur in Betracht, wenn die erbrachte Leistung ein im Großen und Ganzen eigenständiges Ganzes bildet und für die Verwaltung von Investmentvermögen spezifisch und wesentlich ist. [2] Leistungen, die in der Abgabe von Empfehlungen zum An- und Verkauf von Vermögenswerten (z. B. Wertpapiere oder Immobilien) gegenüber einer Kapitalverwaltungsgesellschaft bestehen, können unter die Steuerbefreiung fallen (vgl. Absatz 16 Sätze 6 und 7). [3] Für eine administrative Leistung nach Absatz 18 Nr. 4 Buchstabe e bis j kommt im Fall der Auslagerung auf einen außen stehenden Dritten die Steuerbefreiung nur in Betracht, wenn die Leistung von dem Dritten gemeinsam mit einer der in Absatz 18 Nr. 4 Buchstabe a bis d aufgeführten administrativen Leistungen erbracht wird. [4] Erbringt eine Kapitalverwaltungsgesellschaft, eine Investmentaktiengesellschaft, eine Investmentkommanditgesellschaft oder eine Verwahrstelle Verwaltungsleistungen bezüglich des ihr nach dem KAGB[1)] zugewiesenen Investmentvermögens, kann die Steuerbefreiung unabhängig davon in Betracht kommen, ob ggf. nur einzelne Verwaltungsleistungen aus dem vorstehenden Leistungskatalog erbracht werden.

Steuerpflichtige Tätigkeiten im Zusammenhang mit der Verwaltung

(20) Insbesondere folgende Tätigkeiten können nicht als Tätigkeiten der Verwaltung von Investmentvermögen angesehen werden und fallen daher nicht unter die Steuerbefreiung nach § 4 Nr. 8 Buchstabe h UStG, soweit sie nicht Nebenleistungen zu einer nach Absatz 18 steuerfreien Tätigkeit sind (zur allgemeinen Abgrenzung von Haupt- und Nebenleistung vgl. Abschnitt 3.10):

1. Erstellung von Steuererklärungen,
2. Tätigkeiten im Zusammenhang mit der Portfolioverwaltung wie allgemeine Recherchelistungen – sofern diese nicht unselbständige Nebenleistungen zu Beratungsleistungen mit konkreten Kauf- oder Verkaufsempfehlungen für Vermögenswerte (z. B. Wertpapiere oder Immobilien) sind –, insbesondere

---

1) **Wirtschaftsgesetze** Nr. **142.**

a) die planmäßige Beobachtung der Wertpapiermärkte,

b) die Beobachtung der Entwicklungen auf den Märkten,

c) das Analysieren der wirtschaftlichen Situation in den verschiedenen Währungszonen, Staaten oder Branchen,

d) die Prüfung der Gewinnaussichten einzelner Unternehmen,

e) die Aufbereitung der Ergebnisse dieser Analysen,

3. Beratungsleistungen ohne konkrete Kauf- oder Verkaufsempfehlungen,
4. Tätigkeiten im Zusammenhang mit dem Anteilsvertrieb, wie z. B. die Erstellung von Werbematerialien,
5. Tätigkeiten im Zusammenhang mit der tatsächlichen Bewirtschaftung gehaltener Immobilien, insbesondere ihre Vermietung, die Verwaltung der bestehenden Mietverhältnisse, die Beauftragung Dritter mit Instandhaltungsmaßnahmen sowie deren Überwachung und Überprüfung (vgl. EuGH-Urteil vom 9.12.2015, C-595/13 Fiscale Eenheid X).[1)]

Andere steuerpflichtige Tätigkeiten

(21) [1] Nicht nach § 4 Nr. 8 Buchstabe h UStG steuerfrei sind insbesondere alle Leistungen der Verwahrstelle als Verwahr- oder Kontrollstelle gegenüber der Kapitalverwaltungsgesellschaft. [2] Dies sind insbesondere folgende Leistungen:

1. Verwahrung der Vermögensgegenstände des Investmentvermögens; hierzu gehören z. B.:

   a) die Verwahrung der zu einem Investmentvermögen gehörenden Wertpapiere, Einlagenzertifikate und Bargeldbestände in gesperrten Depots und Konten,

   b) die Verwahrung von als Sicherheiten für Wertpapiergeschäfte oder Wertpapier-Pensionsgeschäfte verpfändeten Wertpapieren oder abgetretenen Guthaben bei der Verwahrstelle oder unter Kontrolle der Verwahrstelle bei einem geeigneten Kreditinstitut,

   c) die Übertragung der Verwahrung von zu einem Investmentvermögen gehörenden Wertpapieren an eine Wertpapiersammelbank oder an eine andere in- oder ausländische Bank,

   d) die Unterhaltung von Geschäftsbeziehungen mit Drittverwahrern;
2. Leistungen zur Erfüllung der Zahlstellenfunktion,
3. Einzug und Gutschrift von Zinsen und Dividenden,
4. Mitwirkung an Kapitalmaßnahmen (Corporate Actions) und der Stimmrechtsausübung (Proxy Voting),
5. Abwicklung des Erwerbs und Verkaufs der Vermögensgegenstände, inklusive Abgleich der Geschäftsdaten mit dem Broker (Broker-Matching); hierbei handelt es sich nicht um Verwaltungstätigkeiten, die von der Kapitalverwaltungsgesellschaft auf die Verwahrstelle übertragen werden könnten, sondern um Tätigkeiten der Verwahrstelle im Rahmen der Verwahrung der Vermögensgegenstände;

---

1) MwStR 2016, 109.

6. Leistungen der Kontrolle und Überwachung, die gewährleisten, dass die Verwaltung des Investmentvermögens nach den entsprechenden gesetzlichen Vorschriften erfolgt, wie insbesondere
   a) Kontrolle der Ermittlung und der verbindlichen Feststellung des Anteilspreises,
   b) Kontrolle der Ausgabe und Rücknahme von Anteilen,
   c) Erstellung aufsichtsrechtlicher Meldungen, z. B. Meldungen, zu denen die Verwahrstelle verpflichtet ist.

Verwaltung von Versorgungseinrichtungen

(22) [1] Nach § 4 Nr. 8 Buchstabe h UStG ist die Verwaltung von Versorgungseinrichtungen, welche Leistungen im Todes- oder Erlebensfall, bei Arbeitseinstellung oder bei Minderung der Erwerbstätigkeit vorsehen, steuerfrei (§ 1 Abs. 2 VAG).[1)] [2] Die Versorgungswerke der Ärzte, Apotheker, Architekten, Notare, Rechtsanwälte, Steuerberater bzw. Steuerbevollmächtigten, Tierärzte, Wirtschaftsprüfer und vereidigten Buchprüfer sowie Zahnärzte zählen zu den Versorgungseinrichtungen im Sinne des § 1 Abs. 2 VAG; Pensionsfonds sind Versorgungseinrichtungen im Sinne des § 236 Abs. 1 VAG. [3] Damit sind die unmittelbaren Verwaltungsleistungen durch Unternehmer an die auftraggebenden Versorgungseinrichtungen steuerfrei. [4] Voraussetzung für die Steuerbefreiung ist jedoch nicht, dass die Versorgungseinrichtungen der Versicherungsaufsicht unterliegen. [5] Einzelleistungen an die jeweilige Versorgungseinrichtung, die keine unmittelbare Verwaltungstätigkeit darstellen (z. B. Erstellung eines versicherungsmathematischen Gutachtens), fallen dagegen nicht unter die Steuerbefreiung nach § 4 Nr. 8 Buchstabe h UStG. [6] Zu weiteren Einzelheiten, insbesondere bei Unterstützungskassen, vgl. BMF-Schreiben vom 18.12.1997, BStBl. I S. 1046. [7] Bei Leistungen zur Durchführung des Versorgungsausgleichs nach dem Gesetz über den Versorgungsausgleich (Versorgungsausgleichsgesetz – VersAusglG)[2)] handelt es sich abweichend von diesem BMF-Schreiben um typische und somit steuerfreie Verwaltungsleistungen.

Vermögensverwaltung

(23) [1] Bei der Vermögensverwaltung (Portfolioverwaltung) nimmt eine Bank einerseits die Vermögensverwaltung und andererseits Transaktionen vor (vgl. Abschnitt 4.8.9 Abs. 2). [2] Die Steuerbefreiung nach § 4 Nr. 8 Buchstabe h UStG kommt in Betracht, soweit tatsächlich begünstigte Investmentvermögen verwaltet werden (vgl. Absätze 1 bis 19).

4.8.14 Amtliche Wertzeichen

[1] Durch die Worte „zum aufgedruckten Wert" wird zum Ausdruck gebracht, dass die Steuerbefreiung nach § 4 Nr. 8 Buchstabe i UStG für die im Inland gültigen amtlichen Wertzeichen nur in Betracht kommt, wenn die Wertzeichen zum aufgedruckten Wert geliefert werden. [2] Zum aufgedruck-

---

1) Versicherungsaufsichtsgesetz v. 1.4.2015, BGBl. I 2015, 434, zuletzt geänd. durch G v. 10.8.2021, BGBl. I 2021, 3436 (**Wirtschaftsgesetze** Nr. **90**).

2) G v. 3.4.2009, BGBl. I 2009, 700, zuletzt geänd. durch G v. 12.5.2021, BGBl. I 2021, 1085 (**Habersack** Nr. **48**).

ten Wert gehören auch aufgedruckte Sonderzuschläge, z. B. Zuschlag bei Wohlfahrtsmarken. [3]Werden die Wertzeichen mit einem höheren Preis als dem aufgedruckten Wert gehandelt, ist der Umsatz insgesamt steuerpflichtig. [4]Lieferungen der im Inland postgültigen Briefmarken sind auch dann steuerfrei, wenn diese zu einem Preis veräußert werden, der unter ihrem aufgedruckten Wert liegt.

Zu § 4 Nr. 9 UStG

4.9.1 Umsätze, die unter das Grunderwerbsteuergesetz[1)] fallen[2)·3)]

(1) [1]Zu den Umsätzen, die unter das GrEStG fallen (grunderwerbsteuerbare Umsätze), gehören insbesondere die Umsätze von unbebauten und bebauten Grundstücken. [2]Für die Grunderwerbsteuer können mehrere von dem Grundstückserwerber mit verschiedenen Personen – z. B. Grundstückseigentümer, Bauunternehmer, Bauhandwerker – abgeschlossene Verträge als ein einheitliches, auf den Erwerb von fertigem Wohnraum gerichtetes Vertragswerk anzusehen sein (BFH-Urteile vom 27.10.1982, II R 102/81, BStBl. 1983 II S. 55, und vom 27.10.1999, II R 17/99, BStBl. 2000 II S. 34). [3]Dieser dem GrEStG unterliegende Vorgang wird jedoch nicht zwischen dem Grundstückserwerber und den einzelnen Bauunternehmern bzw. Bauhandwerkern verwirklicht (BFH-Urteile vom 7.2.1991, V R 53/85, BStBl. II S. 737, vom 29.8.1991, V R 87/86, BStBl. 1992 II S. 206, und vom 10.9.1992, V R 99/88, BStBl. 1993 II S. 316). [4]Die Leistungen der Architekten, der einzelnen Bauunternehmer und der Bauhandwerker sind mit dem der Grund–erwerbsteuer unterliegenden Erwerbsvorgang nicht identisch und fallen daher auch nicht unter die Umsatzsteuerbefreiung nach § 4 Nr. 9 Buchstabe a UStG (vgl. auch BFH-Beschluss vom 30.10.1986, V B 44/86, BStBl. 1987 II S. 145, und BFH-Urteil vom 24.2.2000, V R 89/98, BStBl. II S. 278). [5]Ein nach § 4 Nr. 9 Buchstabe a UStG insgesamt steuerfreier einheitlicher Grundstücksumsatz kann nicht nur bei der Veräußerung eines bereits bebauten Grundstücks vorliegen, sondern auch dann, wenn derselbe Veräußerer in zwei getrennten Verträgen ein Grundstück veräußert und die Pflicht zur Erstellung eines schlüsselfertigen Bürohauses und Geschäftshauses übernimmt. [6]Leistungsgegenstand ist in diesem Fall ein noch zu bebauendes Grundstück (BFH-Urteil vom 19.3.2009, V R 50/07, BStBl. 2010 II S. 78).

(2) Unter die Steuerbefreiung nach § 4 Nr. 9 Buchstabe a UStG fallen z. B. auch:

1. die Bestellung von Erbbaurechten (BFH-Urteile vom 28.11.1967, II 1/64, BStBl. 1968 II S. 222, und vom 28.11.1967, II R 37/66, BStBl. 1968 II S. 223) und die Übertragung von Erbbaurechten (BFH-Urteil vom 5.12. 1979, II R 122/76, BStBl. 1980 II S. 136),

---

[1)] **Steuergesetze** Nr. **600.** – Zum Entgelt bei steuerpflichtigen Grundstücksumsätzen vgl. A 10.1 Abs. 7 UStAE.

[2)] Die Doppelbelastung mit USt und GrESt verstößt nicht gegen Art. 33 Abs. 1 RL 77/388/ EWG (= Art. 401 MwStSystRL); vgl. EuGH v. 27.11.2008 C-156/08, Vollkommer, DStR 2009, 223.

[3)] Keine USt-Freiheit bei Verzicht auf Ankaufsrecht an Grundstück; vgl. BFH v. 3.9.2008 XI R 54/07, BStBl. II 2009, 499.

2. die Übertragung von Miteigentumsanteilen an einem Grundstück,
3. die Lieferung von auf fremdem Boden errichteten Gebäuden nach Ablauf der Miet- oder Pachtzeit (vgl. Abschnitt F II des BMF-Schreibens vom 23.7.1986, BStBl. I S. 432),
4. die Übertragung eines Betriebsgrundstückes zur Vermeidung einer drohenden Enteignung (BFH-Urteil vom 24.6.1992, V R 60/88, BStBl. II S. 986),
5. die Umsätze von Grundstücken und von Gebäuden nach dem Sachenrechtsbereinigungsgesetz, und
6. die Entnahme von Grundstücken, unabhängig davon, ob damit ein Rechtsträgerwechsel verbunden ist.

4.9.2 Umsätze, die unter das Rennwett- und Lotteriegesetz[1] fallen

(1) [1]Die Leistungen der Buchmacher im Wettgeschäft sind nach § 4 Nr. 9 Buchstabe b UStG umsatzsteuerfrei, weil sie der Rennwettsteuer unterliegen. [2]Zum Entgelt für diese Leistungen zählt alles, was der Wettende hierfür aufwendet. [3]Dazu gehören auch der von den Buchmachern zum Wetteinsatz erhobene Zuschlag und die Wettscheingebühr, weil ihnen keine besonderen selbständig zu beurteilenden Leistungen des Buchmachers gegenüberstehen. [4]Auch wenn die Rennwettsteuer lediglich nach dem Wetteinsatz bemessen wird, erstreckt sich daher die Umsatzsteuerbefreiung auf die gesamte Leistung des Buchmachers.

(2) [1]Buchmacher, die nicht selbst Wetten abschließen, sondern nur vermitteln, sind mit ihrer Vermittlungsleistung, für die sie eine Provision erhalten, nicht nach § 4 Nr. 9 Buchstabe b UStG von der Umsatzsteuer befreit. [2]Die Tätigkeit von Vertretern, die die Wetten für einen Buchmacher entgegennehmen, fällt nicht unter § 4 Nr. 9 Buchstabe b UStG (vgl. EuGH-Beschluss vom 14.5.2008, C-231/07 und C-232/07, Tiercé Ladbrocke).

(3) [1]Im Inland veranstaltete öffentliche Lotterien unterliegen der Lotteriesteuer. [2]Schuldner der Lotteriesteuer ist der Veranstalter der Lotterie. [3]Lässt ein Wohlfahrtsverband eine ihm genehmigte Lotterie von einem gewerblichen Lotterieunternehmen durchführen, ist Veranstalter der Verband. [4]Der Lotterieunternehmer kann die Steuerbefreiung nach § 4 Nr. 9 Buchstabe b UStG nicht in Anspruch nehmen (BFH-Urteil vom 10.12.1970, V R 50/67, BStBl. 1971 II S. 193).

(4) [1]Spiele, die dem Spieler lediglich die Möglichkeit einräumen, seinen Geldeinsatz wiederzuerlangen (sog. Fun-Games), fallen nicht unter die Steuerbefreiung des § 4 Nr. 9 Buchstabe b UStG (BFH-Urteil vom 29.5.2008, V R 7/06, BStBl. 2009 II S. 64). [2]Das gilt auch für den Betrieb von Geldspielautomaten (BFH-Urteil vom 10.11.2010, XI R 79/07, BStBl. 2011 II S. 311).[2]

---

[1] **Steuergesetze** Nr. **630**.

[2] Vgl. auch EuGH v. 10.6.2010 C-58/09, Leo-Libera, DStR 2010, 943, BFH v. 22.4.2010 V R 26/08, BStBl. II 2010, 883, und v. 11.12.2019 XI R 13/18, BStBl. II 2020, 296.

Zu § 4 Nr. 10 UStG

4.10.1 Versicherungsleistungen[1)]

(1) Die Befreiungsvorschrift betrifft auch Leistungen aus Versicherungs- und Rückversicherungsverträgen, die wegen Fehlens der in § 1 Abs. 1 bis 4 VersStG[2)] genannten Voraussetzungen nicht der Versicherungsteuer unterliegen.

(2) [1] Nicht befreit sind Versicherungsleistungen, die aus anderen Gründen nicht unter das VersStG fallen. [2] Hierbei handelt es sich um Leistungen aus einem Vertrag, durch den der Versicherer sich verpflichtet, für den Versicherungsnehmer Bürgschaft oder sonstige Sicherheit zu leisten (§ 2 Abs. 2 VersStG). [3] Hierunter sind insbesondere die Kautionsversicherungen (Bürgschafts- und Personenkautionsversicherungen) zu verstehen (vgl. BFH-Urteil vom 13.7. 1972, V R 33/68). [4] Es kann jedoch die Steuerbefreiung nach § 4 Nr. 8 Buchstabe g UStG in Betracht kommen (vgl. Abschnitt 4.8.12).

(3) [1] Übernimmt bei der durch eine Beteiligungsklausel im Versicherungsvertrag offengelegten Mitversicherung eines Risikos durch mehrere Versicherer (sog. offene Mitversicherung) der führende Versicherer die bei Begründung und Abwicklung der Mitversicherungsverträge anfallenden Verwaltungsaufgaben (sog. Führungsleistungen) gegen einen erhöhten Anteil aus dem Versicherungsentgelt (sog. Führungsprovision), liegt darin eine steuerbare und steuerpflichtige sonstige Leistung an den/die Mitversicherer. [2] Hierbei handelt es sich nicht um Leistungen auf Grund eines Versicherungsverhältnisses im Sinne des VersStG (BFH-Urteil vom 24.4.2013, XI R 7/11, BStBl. II S. 648).

(4)[3)] [1] Die Dienstleistung eines von einem Kraftfahrzeughändler unabhängigen Wirtschaftsteilnehmers, die darin besteht, gegen Zahlung eines Pauschalbetrags mechanische Ausfälle bestimmter Teile eines Gebrauchtfahrzeugs zu versichern, stellt einen nach § 4 Nr. 10 Buchstabe a UStG steuerfreien Versicherungsumsatz dar (vgl. EuGH-Urteil vom 16.7.2015, C-584/13, Mapfre asistencia und Mapfre warranty).[4)] [2] Zur Verschaffung von Versicherungsschutz durch einen Kraftfahrzeughändler vgl. Abschnitt 3.10 Abs. 6 Nr. 3 und Abschnitt 4.10.2 Abs. 1 Satz 1. [3] Die entgeltliche Garantiezusage eines Kraftfahrzeughändlers, mit der dieser als Garantiegeber im Garantiefall eine Geldleistung verspricht, ist eine Leistung auf Grund eines Versicherungsverhältnisses im Sinne des VersStG, die nach § 4 Nr. 10 Buchstabe a UStG steuerfrei ist (vgl. BFH-Urteil vom 14.11.2018, XI R 16/17, BStBl. 2021 II S. 461); Gleiches gilt für das Versprechen einer Reparaturleistung durch den Garantiegeber (vgl. BMF-Schreiben vom 11.5.2021, BStBl. I S. 781).

---

1) Übertragung von Versicherungsverträgen ist eine nicht steuerbefreite sonstige Leistung; vgl. EuGH v. 22.10.2009 C-242/08, Swiss Re Germany, BStBl. II 2011, 559, auf Vorlage des BFH v. 16.4.2008 XI R 54/06, BStBl. II 2008, 772.

2) **Steuergesetze** Nr. **620**.

3) A 4.10.1 UStAE Abs. 4 Satz 3 neugef. durch BMF v. 11.5.2021, BStBl. I 2021, 781, anzuwenden auf nach dem 31.12.2022 abgegebene Garantiezusagen, die Anwendung auf vor dem 1.1.2023 abgegebene Garantiezusagen wird nicht beanstandet; gilt branchenunabhängig (BMF v. 18.10.2021, BStBl. I 2021, 2142).

4) MwStR 2017, 762.

4.10.2 Verschaffung von Versicherungsschutz

(1) [1]Die Verschaffung eines Versicherungsschutzes liegt vor, wenn der Unternehmer mit einem Versicherungsunternehmen einen Versicherungsvertrag zugunsten eines Dritten abschließt (vgl. BFH-Urteil vom 9.10.2002, V R 67/01, BStBl. 2003 II S. 378). [2]Der Begriff Versicherungsschutz umfasst alle Versicherungsarten. [3]Hierzu gehören z. B. Lebens-, Kranken-, Unfall-, Haftpflicht-, Rechtsschutz-, Diebstahl-, Feuer- und Hausratversicherungen. [4]Unter die Steuerbefreiung fällt auch die Besorgung einer Transportversicherung durch den Unternehmer, der die Beförderung der versicherten Gegenstände durchführt; das gilt nicht für die Haftungsversicherung des Spediteurs, auch wenn diese dem Kunden in Rechnung gestellt wird.

(2) [1]Durch den Versicherungsvertrag muss der begünstigte Dritte – oder bei Lebensversicherungen auf den Todesfall der Bezugsberechtigte – das Recht erhalten, im Versicherungsfall die Versicherungsleistung zu fordern. [2]Unerheblich ist es, ob dieses Recht unmittelbar gegenüber dem Versicherungsunternehmen oder mittelbar über den Unternehmer geltend gemacht werden kann. [3]Bei der Frage, ob ein Versicherungsverhältnis vorliegt, ist von den Grundsätzen des VersStG auszugehen. [4]Ein Vertrag, der einem Dritten (Arbeitnehmer oder Vereinsmitglied) lediglich die Befugnis einräumt, einen Versicherungsvertrag zu günstigeren Konditionen abzuschließen, verschafft keinen unmittelbaren Anspruch des Dritten gegen das Versicherungsunternehmen und demnach keinen Versicherungsschutz nach § 4 Nr. 10 Buchstabe b UStG. [5]Auch in der Übernahme weiterer Aufgaben für das Versicherungsunternehmen (insbesondere Beitragsinkasso und Abwicklung des Geschäftsverkehrs) liegt kein Verschaffen von Versicherungsschutz. [6]Für diese Tätigkeit kommt auch eine Steuerbefreiung nach § 4 Nr. 11 UStG nicht in Betracht.

Zu § 4 Nr. 11 UStG

4.11.1 Bausparkassenvertreter, Versicherungsvertreter, Versicherungsmakler[1)]

(1) [1]Die Befreiungsvorschrift des § 4 Nr. 11 UStG enthält eine ausschließliche Aufzählung der begünstigten Berufsgruppen. [2]Sie kann auf andere Berufe, z. B. Bankenvertreter, auch wenn sie ähnliche Tätigkeitsmerkmale aufweisen, nicht angewendet werden (vgl. BFH-Urteil vom 16.7.1970, V R 138/69, BStBl. II S. 709). [3]Die Begriffe des Versicherungsvertreters und Versicherungsmaklers sind richtlinienkonform nach dem Unionsrecht und nicht handelsrechtlich im Sinne von § 92 und § 93 HGB auszulegen (vgl. BFH-Urteil vom 6.9.2007, V R 50/05, BStBl. 2008 II S. 829).

(2) [1]Die Befreiung erstreckt sich auf alle Leistungen, die in Ausübung der begünstigten Tätigkeiten erbracht werden. [2]Sie ist weder an eine bestimmte Rechtsform des Unternehmens gebunden, noch stellt sie darauf ab, dass die

[1)] Zur Untervermittlung von Versicherungsverträgen siehe EuGH v. 3.4.2008 C-124/07, J. C. M. Beheer, BB 2008, 1152, und BFH v. 28.5.2009 V R 7/08, BStBl. II 2010, 80.

begünstigten Tätigkeiten im Rahmen der gesamten unternehmerischen Tätigkeit überwiegen. [3]Unter die Befreiung fällt z. B. auch ein Kreditinstitut, das Bauspar- oder Versicherungsverträge vermittelt; zum Begriff der Vermittlung siehe Abschnitt 4.8.1. [4]Zu der Tätigkeit der Kreditinstitute als Bausparkassenvertreter gehört auch die im Zusammenhang mit dieser Tätigkeit übernommene Bewilligung und Auszahlung der Bauspardarlehen. [5]Der Wortlaut der Vorschrift „aus der Tätigkeit als“ erfordert, dass die Umsätze des Berufsangehörigen für seinen Beruf charakteristisch, d. h. berufstypisch, sind. [6]Auch die Betreuung, Überwachung oder Schulung von nachgeordneten selbständigen Vermittlern kann zur berufstypischen Tätigkeit eines Bausparkassenvertreters, Versicherungsvertreters oder Versicherungsmaklers gehören, wenn der Unternehmer, der diese Leistungen übernimmt, durch Prüfung eines jeden Vertragsangebots mittelbar auf eine der Vertragsparteien einwirken kann. [7]Dabei ist auf die Möglichkeit abzustellen, eine solche Prüfung im Einzelfall durchzuführen. [8]Die Zahlung erfolgsabhängiger Vergütungen (sog. Superprovisionen) ist ein Beweisanzeichen, dass berufstypische Leistungen erbracht werden (vgl. BFH-Urteil vom 9.7.1998, V R 62/97, BStBl. 1999 II S. 253). [9]Sog. „Backoffice-Tätigkeiten“, die darin bestehen, gegen Vergütung Dienstleistungen für ein Versicherungsunternehmen zu erbringen, stellen keine zu Versicherungsumsätzen gehörenden Dienstleistungen im Sinne des § 4 Nr. 11 UStG dar, die von Versicherungsmaklern oder Versicherungsvertretern erbracht werden (vgl. EuGH-Urteil vom 3.3.2005, C-472/03, Arthur Andersen[1)] und BFH-Urteil vom 3.8.2017, V R 19/16, BStBl. II S. 1207). [10]Nach dem Wortlaut der Vorschrift sind die Hilfsgeschäfte von der Steuerbefreiung ausgeschlossen (vgl. BFH-Urteil vom 11.4.1957, V 46/56 U, BStBl. III S. 222). [11]Es kann jedoch die Steuerbefreiung nach § 4 Nr. 28 UStG in Betracht kommen (vgl. Abschnitt 4.28.1). [12]Versicherungsmakler, die nach § 34d Abs. 1 Satz 8 GewO gegenüber Dritten, die nicht Verbraucher sind, beratend tätig werden (Honorarberatung), erbringen keine steuerfreie Leistung nach § 4 Nr. 11 UStG.

(3) Bestandspflegeleistungen in Form von nachwirkender Vertragsbetreuung, z. B. durch Hilfen bei Modifikationen oder Abwicklung von Verträgen, die gegen Bestandspflegeprovision erbracht werden, sind berufstypisch und somit nach § 4 Nr. 11 UStG steuerfrei.

Zu § 4 Nr. 11b UStG

4.11b.1 Umsatzsteuerbefreiung für Post-Universaldienstleistungen

Begünstigte Leistungen

(1) [1]Unter die Steuerbefreiung nach § 4 Nummer 11b UStG fallen nur bestimmte Post-Universaldienstleistungen. [2]Post-Universaldienstleistungen sind ein Mindestangebot an Postdienstleistungen, die flächendeckend im gesamten Gebiet der Bundesrepublik Deutschland in einer bestimmten Qualität und zu einem erschwinglichen Preis erbracht werden (§ 11 Postgesetz – PostG).[2)]

---

1) DStR 2005, 467.

2) PostG v. 22.12.1997, BGBl. I 1997, 3294, zuletzt geänd. durch VO v. 18.1.2021, BGBl. I 2021, 2 (**Sartorius** Nr. **910**).

[3]Inhalt, Umfang und Qualitätsmerkmale von Post-Universaldienstleistungen sind in der Post-Universaldienstleistungsverordnung (PUDLV)[1)] festgelegt.

(2)[2)] Unter die Steuerbefreiung nach § 4 Nr. 11b UStG fallen nur folgende Post-Universaldienstleistungen:

1. [1]Die Beförderung von Briefsendungen bis zu einem Gewicht von 2000 Gramm. [2]Briefsendungen sind adressierte schriftliche Mitteilungen; Mitteilungen, die den Empfänger nicht mit Namen bezeichnen, sondern lediglich mit einer Sammelbezeichnung von Wohnung oder Geschäftssitz versehen sind, gelten nicht als adressiert und sind dementsprechend keine Briefsendungen (§ 4 Nr. 2 Sätze 1 und 3 PostG).
   [3]Briefsendungen sind nur dann der Art nach begünstigte Post-Universaldienstleistungen, wenn die Qualitätsmerkmale des § 2 PUDLV erfüllt sind:
   a) [1]Bundesweit müssen mindestens 12000 stationäre Einrichtungen vorhanden sein, in denen Verträge über Briefbeförderungsleistungen abgeschlossen und abgewickelt werden können. [2]In allen Gemeinden mit mehr als 2000 Einwohnern muss mindestens eine stationäre Einrichtung vorhanden sein; dies gilt in der Regel auch für Gemeinden, die gemäß landesplanerischen Vorgaben zentralörtliche Funktionen haben. [3]In Gemeinden mit mehr als 4000 Einwohnern und Gemeinden, die gemäß landesplanerischen Vorgaben zentralörtliche Funktionen haben, ist grundsätzlich zu gewährleisten, dass in zusammenhängend bebauten Gebieten eine stationäre Einrichtung in maximal 2000 Metern für die Kunden erreichbar ist. [4]Bei Veränderungen der stationären Einrichtungen ist frühzeitig, mindestens zehn Wochen vor der Maßnahme, das Benehmen mit der zuständigen kommunalen Gebietskörperschaft herzustellen. [5]Daneben muss in allen Landkreisen mindestens je Fläche von 80 Quadratkilometern eine stationäre Einrichtung vorhanden sein. [6]Alle übrigen Orte müssen durch einen mobilen Postservice versorgt werden. [7]Die Einrichtungen müssen werktäglich nachfragegerecht betriebsbereit sein.
   b) [1]Briefkästen müssen so ausreichend vorhanden sein, dass die Kunden in zusammenhängend bebauten Wohngebieten in der Regel nicht mehr als 1000 Meter zurückzulegen haben, um zu einem Briefkasten zu gelangen. [2]Briefkästen sind jeden Werktag sowie bedarfsgerecht jeden Sonn- und Feiertag so zu leeren, dass die in Buchstabe c genannten Qualitätsmerkmale eingehalten werden können. [3]Dabei sind die Leerungszeiten der Briefkästen an den Bedürfnissen des Wirtschaftslebens zu orientieren; die Leerungszeiten und die nächste Leerung sind auf den Briefkästen anzugeben. [4]Briefkästen im Sinne der Sätze 1 und 2 sind auch andere zur Einlieferung von Briefsendungen geeignete Vorrichtungen.
   c) [1]Von den an einem Werktag eingelieferten inländischen Briefsendungen müssen – mit Ausnahme der Sendungen, die eine Mindesteinliefe-

---

1) PUDLV v. 15.12.1999, BGBl. I 1999, 2418, zuletzt geänd. durch G v. 7.7.2005, BGBl. I 2005, 1970 (**Sartorius Ergänzungsband** Nr. **910a**).

2) A 4.11b.1 UStAE Abs. 2 Nr. 6 angef. durch BMF v. 28.9.2021, BStBl. I 2021, 1858, anzuwenden in allen offenen Fällen.

rungsmenge von 50 Stück je Einlieferungsvorgang voraussetzen – im Jahresdurchschnitt mindestens 80% an dem ersten auf den Einlieferungstag folgenden Werktag und 95% bis zum zweiten auf den Einlieferungstag folgenden Werktag ausgeliefert werden. [2]Im grenzüberschreitenden Briefverkehr mit Mitgliedstaaten der Europäischen Union gelten die im Anhang der Richtlinie 97/67/EG des Europäischen Parlaments und des Rates vom 15.12.1997 über gemeinsame Vorschriften für die Entwicklung des Binnenmarktes der Postdienste der Gemeinschaft und die Verbesserung der Dienstequalität (ABl. EG 1998 Nr. L 15 S. 14) in der jeweils geltenden Fassung festgelegten Qualitätsmerkmale. [3]Wird der Anhang dieser Richtlinie geändert, gelten die Qualitätsmerkmale in der geänderten Fassung vom ersten Tage des dritten auf die Veröffentlichung der Änderung folgenden Monats an.

d) [1]Briefsendungen sind zuzustellen, sofern der Empfänger nicht durch Einrichtung eines Postfaches oder in sonstiger Weise erklärt hat, dass er die Sendungen abholen will. [2]Die Zustellung hat an der in der Anschrift genannten Wohn- oder Geschäftsadresse durch Einwurf in eine für den Empfänger bestimmte und ausreichend aufnahmefähige Vorrichtung für den Empfang von Briefsendungen oder durch persönliche Aushändigung an den Empfänger zu erfolgen. [3]Kann eine Sendung nicht gemäß Satz 2 zugestellt werden, ist sie nach Möglichkeit einem Ersatzempfänger auszuhändigen, soweit keine gegenteilige Weisung des Absenders oder Empfängers vorliegt. [4]Ist die Wohn- oder Geschäftsadresse des Empfängers nur unter unverhältnismäßigen Schwierigkeiten zu erreichen oder fehlt eine geeignete und zugängliche Vorrichtung für den Empfang von Briefsendungen, kann der Empfänger von der Zustellung ausgeschlossen werden. [5]Der Betroffene ist von dem beabsichtigten Ausschluss zu unterrichten.

e) Die Zustellung hat mindestens einmal werktäglich zu erfolgen (vgl. BFH-Urteil vom 2.3.2016, V R 20/15, BStBl. II S. 548).

2. [1]Die Beförderung von adressierten Büchern, Katalogen, Zeitungen und Zeitschriften, bis zu einem Gewicht von 2000 Gramm. [2]Die Beförderung muss durch Unternehmer erfolgen, die die Beförderung von Briefsendungen (vgl. vorstehende Nr. 1) oder die Beförderung von adressierten Paketen bis zu einem Gewicht von 20 Kilogramm durchführen (vgl. § 1 Abs. 1 Nr. 1 und 3 PUDLV in Verbindung mit § 4 Nr. 1 Buchstabe c PostG).
[3]Für das Vorliegen einer Post-Universaldienstleistung gelten für die Beförderung von adressierten Büchern und Katalogen die Qualitätsmerkmale für Briefsendungen (§ 2 PUDLV) entsprechend (vgl. vorstehende Nummer 1 Satz 3).
[4]Die Beförderung von Zeitungen und Zeitschriften ist nur dann der Art nach eine begünstigte Post-Universaldienstleistung, wenn die Qualitätsmerkmale des § 4 PUDLV erfüllt sind:

a) Zeitungen und Zeitschriften sind im Rahmen des betrieblich Zumutbaren bedarfsgerecht zu befördern.

b) [1]Zeitungen und Zeitschriften sind zuzustellen, sofern der Empfänger nicht durch Einrichtung eines Postfaches oder in sonstiger Weise erklärt hat, dass er die Sendungen abholen will. [2]Die Zustellung hat an der in der Anschrift genannten Wohn- oder Geschäftsadresse durch Einwurf in eine für den Empfänger bestimmte und ausreichend aufnahmefähige Vorrichtung für den Empfang von Zeitungen und Zeitschriften oder durch persönliche Aushändigung an den Empfänger zu erfolgen. [3]Kann eine Sendung nicht gemäß Satz 2 zugestellt werden, ist sie nach Möglichkeit einem Ersatzempfänger auszuhändigen, soweit keine gegenteilige Weisung des Absenders oder Empfängers vorliegt. [4]Ist die Wohn- oder Geschäftsadresse des Empfängers nur unter unverhältnismäßigen Schwierigkeiten zu erreichen oder fehlt eine geeignete und zugängliche Vorrichtung für den Empfang von Zeitungen und Zeitschriften, kann der Empfänger von der Zustellung ausgeschlossen werden. [5]Der Betroffene ist von dem beabsichtigten Ausschluss zu unterrichten.

c) Die Zustellung hat mindestens einmal werktäglich zu erfolgen (vgl. BFH-Urteil vom 2.3.2016, V R 20/15, a. a. O.).

3. [1]Die Beförderung von adressierten Paketen bis zu einem Gewicht von 10 Kilogramm.
[2]Die Beförderung von adressierten Paketen ist nur dann der Art nach eine begünstigte Post-Universaldienstleistung, wenn die Qualitätsmerkmale des § 3 PUDLV erfüllt sind:

a) Für die Bereitstellung von Einrichtungen, in denen Verträge über Paketbeförderungsleistungen abgeschlossen und abgewickelt werden können, gelten die Qualitätsmerkmale für Briefsendungen (§ 2 Nr. 1 PUDLV) entsprechend (vgl. vorstehende Nummer 1 Satz 3 Buchstabe a).

b) [1]Von den an einem Werktag eingelieferten inländischen Paketen müssen im Jahresdurchschnitt mindestens 80 % bis zum zweiten auf den Einlieferungstag folgenden Werktag ausgeliefert werden. [2]Im grenzüberschreitenden Paketverkehr mit Mitgliedstaaten der Europäischen Union gelten die im Anhang der Richtlinie 97/67/EG des Europäischen Parlaments und des Rates vom 15.12.1997 über gemeinsame Vorschriften für die Entwicklung des Binnenmarktes der Postdienste der Gemeinschaft und die Verbesserung der Dienstequalität (ABl. EG 1998 Nr. L 15 S. 14) in der jeweils geltenden Fassung festgelegten Qualitätsmerkmale. [3]Wird der Anhang dieser Richtlinie geändert, gelten die Qualitätsmerkmale in der geänderten Fassung vom ersten Tage des dritten auf die Veröffentlichung der Änderung folgenden Monats an.

c) [1]Pakete sind zuzustellen, sofern der Empfänger nicht erklärt hat, dass er die Sendungen abholen will. [2]Die Zustellung hat an der in der Anschrift genannten Wohn- oder Geschäftsadresse durch persönliche Aushändigung an den Empfänger oder einen Ersatzempfänger zu erfolgen, soweit keine gegenteilige Weisung des Absenders oder Empfängers vorliegt.

d) Die Zustellung hat mindestens einmal werktäglich zu erfolgen (vgl. BFH-Urteil vom 2.3.2016, V R 20/15, a. a. O.).

4. [1]Einschreibsendungen; Einschreibsendungen sind Briefsendungen, die pauschal gegen Verlust, Entwendung oder Beschädigung versichert sind und gegen Empfangsbestätigung ausgehändigt werden (§ 1 Abs. 2 Nr. 1 PUDLV).
   [2]Für das Vorliegen einer Post-Universaldienstleistung gelten die Qualitätsmerkmale für Briefsendungen (§ 2 PUDLV) entsprechend (vgl. vorstehende Nummer 1 Satz 3).
5. [1]Wertsendungen; Wertsendungen sind Briefsendungen, deren Inhalt in Höhe des vom Absender angegebenen Wertes gegen Verlust, Entwendung oder Beschädigung versichert ist (§ 1 Abs. 2 Nr. 2 PUDLV).
   [2]Für das Vorliegen einer Post-Universaldienstleistung gelten die Qualitätsmerkmale für Briefsendungen (§ 2 PUDLV) entsprechend (vgl. vorstehende Nummer 1 Satz 3).
6. Förmliche Zustellungen von Schriftstücken von Gerichten oder Verwaltungsbehörden auf der Grundlage der Prozessordnungen und der Gesetze, die die Verwaltungszustellungen regeln, entsprechend einer seitens der Bundesnetzagentur zu diesem Zweck erteilten Lizenz, wenn sich der Lizenznehmer verpflichtet, diese Zustellungen im gesamten Bundesgebiet anzubieten (vgl. EuGH-Urteil vom 16.10.2019, C-4/18 und C-5/18, Winterhoff u. a.[1]) sowie BFH-Urteile vom 6.2.2020, V R 36/19 (V R 30/15), BStBl. 2021 II S. 790, und vom 6.2.2020, V R 37/19 (V R 8/16), BStBl. 2021 II S. 792.

(3) [1]Weitere Voraussetzung für das Vorliegen einer der Art nach begünstigten Post-Universaldienstleistung ist für die unter Absatz 2 genannten Leistungen, dass der Preis für diese Leistungen erschwinglich sein muss. [2]Der Preis gilt als erschwinglich, wenn er dem realen Preis für die durchschnittliche Nachfrage eines Privathaushalts nach der jeweiligen Post-Universaldienstleistung entspricht. [3]Dies ist bei Briefsendungen bis zu einem Gewicht von 1000 Gramm bis zu einer Einlieferungsmenge von weniger als 50 Sendungen grundsätzlich das nach § 19 PostG genehmigte Entgelt, wenn der Unternehmer auf diesem Markt marktbeherrschend ist. [4]Bei allen anderen Post-Universaldienstleistungen, die nicht dieser Entgeltsgenehmigungspflicht unterliegen, ist dies das Entgelt, das der Unternehmer für die jeweilige Einzelleistung an Privathaushalte allgemein festgelegt hat. [5]Als genehmigtes Entgelt ist auch das um 1% verminderte Entgelt anzusehen, das der Leistungsempfänger für unter Absatz 2 genannte begünstigte Briefsendungen entrichtet, für die die Freimachung mittels einer Frankiermaschine (sog. Freistempler) durch den Leistungsempfänger erfolgt. [6]Soweit eine Entgeltsminderung jedoch aus anderen Gründen gewährt wird, z. B. weil die Briefsendungen unmittelbar beim Anbieter der Post-Universaldienstleistung eingeliefert werden müssen, liegen die Voraussetzungen für die Steuerbefreiung nicht vor (vgl. nachfolgend unter Absatz 7).

Begünstigter Unternehmerkreis

(4) [1]Begünstigt können alle Unternehmer sein, die die in Absatz 2 genannten Leistungen selbst erbringen; hierzu gehören auch Unternehmenszusam-

[1]) DStRE 2020, 27.

menschlüsse. [2]Voraussetzung ist, dass sie sich verpflichten, alle Post-Universaldienstleistungsbereiche bzw. einen einzelnen der in Absatz 2 genannten Post-Universaldienstleistungsbereiche ständig und flächendeckend im gesamten Gebiet der Bundesrepublik Deutschland anzubieten.

Beispiel 1:

[1]Der Postdienstleistungsanbieter P verpflichtet sich, ständig anzubieten, Briefsendungen bis zu einem Gewicht von 2000 Gramm im gesamten Gebiet der Bundesrepublik Deutschland durchzuführen. [2]Die Voraussetzungen des § 2 PUDLV sind erfüllt.

[3]Die Durchführung der Briefsendungen bis zu einem Gewicht von 2000 Gramm ist unter den weiteren Voraussetzungen des § 4 Nr. 11b UStG steuerfrei.

Beispiel 2:

[1]Der Postdienstleistungsanbieter P verpflichtet sich, ständig anzubieten, Briefsendungen bis zu einem Gewicht von 2000 Gramm sowie Paketsendungen bis zu einem Gewicht von 5 Kilogramm im gesamten Gebiet der Bundesrepublik Deutschland durchzuführen. [2]Die Voraussetzungen der §§ 2 und 3 PUDLV sind erfüllt.

[3]Die Durchführung der Briefsendungen bis zu einem Gewicht von 2000 Gramm durch P ist unter den weiteren Voraussetzungen des § 4 Nr. 11b UStG steuerfrei. [4]Die Durchführung der Paketsendungen bis zu einem Gewicht von 5 Kilogramm ist dagegen steuerpflichtig, da P sich nicht verpflichtet hat, den gesamten Bereich der Paketsendungen bis zu einem Gewicht von 10 Kilogramm anzubieten.

Beispiel 3:

[1]Der Postdienstleistungsanbieter P verpflichtet sich, ständig anzubieten, Briefsendungen bis zu einem Gewicht von 1000 Gramm im gesamten Gebiet der Bundesrepublik Deutschland durchzuführen. [2]Die Voraussetzungen der §§ 2 und 3 PUDLV sind erfüllt.

[3]Die Durchführung der Briefsendungen bis zu einem Gewicht von 1000 Gramm ist steuerpflichtig, da P sich nicht verpflichtet hat, den gesamten Bereich der Briefsendungen bis zu einem Gewicht von 2000 Gramm anzubieten.

Beispiel 4:

[1]Der Postdienstleistungsanbieter P verpflichtet sich, ständig anzubieten, Briefsendungen bis zu einem Gewicht von 1000 Gramm im gesamten Gebiet der Bundesrepublik Deutschland und Briefsendungen mit einem Gewicht von mehr als 1000 Gramm bis zu einem Gewicht von 2000 Gramm nur in Nordrhein-Westfalen durchzuführen. [2]Die Voraussetzungen der §§ 2 und 3 PUDLV sind erfüllt.

[3]Die Durchführung der Briefsendungen ist insgesamt steuerpflichtig, da P sich nicht verpflichtet hat, den gesamten Bereich der Briefsendungen bis zu einem Gewicht von 2000 Gramm ständig und flächendeckend im gesamten Gebiet der Bundesrepublik Deutschland anzubieten.

Der Art nach nicht unter die Steuerbefreiung fallende Leistungen

(5) Nicht unter die Steuerbefreiung fallen folgende in § 1 PUDLV genannte Leistungen:

1. Die Beförderung von Paketsendungen mit einem Gewicht von mehr als 10 Kilogramm,
2. die Beförderung von adressierten Büchern, Katalogen, Zeitungen und Zeitschriften mit einem Gewicht von jeweils mehr als 2 Kilogramm,
3. Expresszustellungen; Expresszustellungen sind Briefsendungen, die so bald wie möglich nach ihrem Eingang bei einer Zustelleinrichtung des leistenden Unternehmers durch besonderen Boten zugestellt werden (§ 1 Abs. 2 Nummer 4 PUDLV),

4. Nachnahmesendungen; Nachnahmesendungen sind Briefsendungen, die erst nach Einziehung eines bestimmten Geldbetrages an den Empfänger ausgehändigt werden (§ 1 Abs. 2 Nr. 3 PUDLV).

(6) [1] Ausdrücklich sind auch Leistungen, deren Bedingungen zwischen den Vertragsparteien individuell vereinbart werden, nicht steuerfrei (§ 4 Nr. 11b Satz 3 Buchstabe a UStG). [2] Hierunter fallen auch Leistungen eines Postdienstleistungsanbieters an einen im eigenen Namen und für eigene Rechnung auftretenden sog. Konsolidierer, der Inhaber einer postrechtlichen Lizenz gem. § 51 Abs. 1 Satz 2 Nr. 5 PostG ist und Briefsendungen eines oder mehrerer Absender bündelt und vorsortiert in die Briefzentren des Postdienstleistungsanbieters einliefert, wenn der Postdienstleistungsanbieter dem Konsolidierer nachträglich Rabatte auf die festgelegten Entgelte für einzelne Briefsendungen gewährt.

Beispiel 1:

[1] Der Konsolidierer K liefert an einem Tag 1000 Briefsendungen des Absenders A vereinbarungsgemäß beim Postdienstleistungsanbieter P ein. [2] K tritt gegenüber P im eigenen Namen und für eigene Rechnung auf. [3] Das Standardporto für eine Briefsendung beträgt 0,80 €. [4] K erhält für die Einlieferung von P einen Rabatt in Höhe von 21 %.

[5] Die von P an K erbrachte Postdienstleistung ist steuerpflichtig. [6] Eine Steuerbefreiung ist wegen individueller Vereinbarungen zwischen den Vertragsparteien ausgeschlossen (§ 4 Nr. 11b Satz 3 Buchstabe a UStG).

[3] Tritt der Konsolidierer gegenüber dem Postdienstleistungsanbieter im Namen und für Rechnung der Absender auf, so dass die Postdienstleistung vom Postdienstleistungsanbieter gegenüber dem Absender der Briefsendung erbracht wird, und gewährt der Postdienstleistungsanbieter dem Absender über den Konsolidierer nachträglich einen Rabatt, fällt die Leistung ebenfalls nicht unter die Steuerbefreiung nach § 4 Nr. 11b UStG.

Beispiel 2:

[1] Der Konsolidierer K liefert an einem Tag 1000 Briefsendungen des Absenders A vereinbarungsgemäß beim Postdienstleistungsanbieter P ein. [2] K tritt gegenüber P im Namen und für Rechnung des A auf. [3] Das Standardporto für eine Briefsendung beträgt 0,80 €. [4] K erhält für die Einlieferung von P einen Rabatt in Höhe von 21 %. [5] K gewährt dem A einen Rabatt in Höhe von 8 %. [6] Die Rabatte werden bereits im Zeitpunkt der Ausführung der sonstigen Leistung gewährt.

[7] Die von P an A erbrachte Postdienstleistung ist steuerpflichtig. [8] Der Rabatt in Höhe von 21 % mindert das Entgelt für die von P an A erbrachte Postdienstleistung. [9] § 4 Nr. 11b Satz 3 Buchstabe a UStG schließt eine Steuerbefreiung aus.

[4] Zur Behandlung von Leistungen eines sog. Konsolidierers wird im Übrigen auf das BMF-Schreiben vom 13.12.2006 (BStBl. 2007 I S. 119) verwiesen.

(7) [1] Nicht unter die Steuerbefreiung fallen außerdem nach § 4 Nr. 11b Satz 3 Buchstabe b UStG sog. AGB-Leistungen

a) mit nach den Allgemeinen Geschäftsbedingungen eines Anbieters festgelegten Qualitätsmerkmalen, die von den festgelegten Qualitätsmerkmalen (vgl. Absatz 2) abweichen,

Beispiel:

[1] Der Postdienstleistungsanbieter P befördert den einzelnen Standardbrief bis 20 Gramm für ein Entgelt von 0,45 €. [2] In seinen Allgemeinen Geschäftsbedingungen bietet er an, Standardbriefe ab einer Einlieferungsmenge von 50 Stück für ein Entgelt von 0,40 € zu

befördern, wenn die Briefe beim Anbieter unmittelbar eingeliefert werden. [3]Der Kunde K macht hiervon Gebrauch und liefert 100 Standardbriefe ein. [4]P stellt K ein Entgelt von 40 € in Rechnung.
[5]Die Beförderung der 100 Standardbriefe zu einem Entgelt von 40 € ist steuerpflichtig. [6]Die Steuerbefreiung nach § 4 Nr. 11b UStG kann nicht in Anspruch genommen werden, weil die Standardbriefe zwingend bei einer stationären Einrichtung des P eingeliefert werden müssen und nicht in einen Briefkasten eingeworfen werden können. [7]Es liegt somit keine begünstigte Post-Universaldienstleistung vor.

und/oder

b) zu nach den Allgemeinen Geschäftsbedingungen eines Anbieters festgelegten Tarifen, die zwar grundsätzlich für jedermann zugänglich sind, aber nicht für den durchschnittlichen Nachfrager eines Privathaushalts bestimmt sind.

Beispiel:

[1]Der Postdienstleistungsanbieter P befördert den einzelnen Standardbrief bis 20 Gramm für ein Entgelt von 0,45 €. [2]In seinen Allgemeinen Geschäftsbedingungen bietet er an, Standardbriefe ab einer Einlieferungsmenge von 50 Stück für ein Entgelt von 0,40 € zu befördern. [3]Der Kunde K macht hiervon Gebrauch und liefert 100 Standardbriefe ein. [4]P stellt K ein Entgelt von 40 € in Rechnung.
[5]Die Beförderung der 100 Standardbriefe zu einem Entgelt von 40 € ist steuerpflichtig. [6]Die Steuerbefreiung nach § 4 Nr. 11b UStG kann nicht in Anspruch genommen werden, weil das Entgelt für die Einlieferung der 100 Standardbriefe von dem Entgelt für die Einlieferung von bis zu 50 Standardbriefen abweicht und der zugrunde liegende Tarif damit nicht für den durchschnittlichen Nachfrager eines Privathaushalts bestimmt ist.

[2]Hierzu gehört auch der Versand von sog. Postvertriebsstücken (Zeitungen und Zeitschriften), bei denen das Entgelt dasjenige unterschreitet, das für die Einzelsendung festgelegt ist,

bzw.

c) zu günstigeren Preisen als den nach § 19 PostG genehmigten Entgelten.

Beispiel:

[1]Der Postdienstleistungsanbieter P befördert den einzelnen Standardbrief bis 20 Gramm für ein nach § 19 PostG von der Bundesnetzagentur genehmigtes Entgelt von 0,45 €. [2]In seinen Allgemeinen Geschäftsbedingungen bietet er an, Standardbriefe ab einer Einlieferungsmenge von 50 Stück für ein Entgelt von 0,40 € zu befördern. [3]Der Kunde K macht hiervon Gebrauch und liefert 100 Standardbriefe ein. [4]P stellt K ein Entgelt von 40 € in Rechnung.
[5]Die Beförderung der 100 Standardbriefe zu einem Entgelt von 40 € ist steuerpflichtig. [6]Die Steuerbefreiung nach § 4 Nr. 11b UStG kann nicht in Anspruch genommen werden, weil das Entgelt für die Einlieferung der 100 Standardbriefe von dem nach § 19 PostG von der Bundesnetzagentur genehmigten Entgelt für die Einlieferung von bis zu 50 Standardbriefen abweicht.

[2]Eine Steuerbefreiung kommt für diese Leistungen schon deshalb nicht in Betracht, weil es sich hierbei nicht um Post-Universaldienstleistungen im Sinne des Artikel 3 der 1. Post-Richtlinie und damit auch im Sinne des § 11 PostG und der PUDLV handelt, da die darin genannten Qualitätsmerkmale nicht erfüllt werden. [3]Unbeachtlich ist, aus welchen Gründen das nach den Allgemeinen Geschäftsbedingungen vorgesehene niedrigere Entgelt vereinbart wurde. [4]So ist z. B. die Beförderung von Paketen und Büchern nicht steuerfrei, wenn diese mit einem Leitcode auf der Sendung eingeliefert werden und hierfür eine Entgeltsminderung gewährt wird.

(8)[1] *(aufgehoben)*

(9) [1]Nicht unter die Steuerbefreiung nach § 4 Nummer 11b UStG fällt auch die Transportversicherung für einen Brief. [2]Diese Leistung ist keine Nebenleistung zur Briefsendung, sondern eine eigenständige Leistung, die unter die Steuerbefreiung nach § 4 Nr. 10 Buchstabe a UStG fällt.

Feststellung des Vorliegens der Voraussetzungen der Steuerbefreiung

(10) [1]Die Feststellung, dass die Voraussetzungen für die Anwendung der Steuerbefreiung erfüllt sind, trifft nicht das für den Postdienstleister zuständige Finanzamt, sondern das Bundeszentralamt für Steuern (§ 4 Nummer 11b Satz 2 UStG). [2]Hierzu muss der Unternehmer, der die Steuerbefreiung für alle oder für Teilbereiche der unter die Begünstigung fallenden Leistungen (vgl. Absatz 2) in Anspruch nehmen will, einen entsprechenden formlosen Antrag beim Bundeszentralamt für Steuern (BZSt), An der Küppe 1, 53225 Bonn, stellen. [3]Der Antragsteller hat in seinem Antrag darzulegen, für welche Leistungen er die Steuerbefreiung in Anspruch nehmen will. [4]Hierzu muss er erklären, dass er sich verpflichtet, die genannten Leistungen flächendeckend zu erbringen und im Einzelnen nachweisen, dass die weiteren Voraussetzungen für das Vorliegen einer Post-Universaldienstleistung bei den von ihm zu erbringenden Leistungen erfüllt sind. [5]Dabei hat der Antragsteller seine unternehmerische Konzeption für sein Angebot an Post-Universaldienstleistungen darzulegen.

(11) Stellt das BZSt fest, dass die Voraussetzungen für die Steuerbefreiung vorliegen, erteilt es hierüber dem Antragsteller eine entsprechende Bescheinigung.

(12) Stellt sich im Nachhinein heraus, dass die Voraussetzungen für die Bescheinigung nicht oder nicht mehr vorliegen, nimmt sie das Bundeszentralamt für Steuern – ggf. auch rückwirkend – zurück.

Anwendung

(13) Soweit das BMF-Schreiben vom 13.12.2006 (BStBl. 2007 I S. 119) diesem Abschnitt entgegensteht, ist es nicht mehr anzuwenden.

(14) Liegen für Leistungen nach § 4 Nr. 11b UStG auch die Voraussetzungen der Steuerbefreiung für Leistungen im Zusammenhang mit Gegenständen der Ausfuhr (§ 4 Nr. 3 Satz 1 Buchstabe a Doppelbuchstabe aa UStG) vor, geht die Steuerbefreiung des § 4 Nr. 11b UStG dieser Steuerbefreiung vor.

Zu § 4 Nr. 12 UStG

4.12.1 Vermietung und Verpachtung von Grundstücken[2]

(1) [1]Zum Begriff des Grundstücks vgl. im Einzelnen Abschnitt 3a.3 Abs. 2 Sätze 2 und 3. [2]Die Frage, ob eine Vermietung oder Verpachtung eines Grundstücks im Sinne des § 4 Nr. 12 Satz 1 Buchstabe a UStG vorliegt, richtet

[1] A 4.11b.1 UStAE Abs. 8 aufgeh. durch BMF v. 28.9.2021, BStBl. I 2021, 1858, anzuwenden in allen offenen Fällen.

[2] Zu Vermietungsumsätzen juristischer Personen des öff. Rechts vgl. BFH v. 20.12.2007 V R 70/05, BStBl. II 2008, 454.

sich nicht nach den Vorschriften des nationalen Zivilrechts, sondern nach Unionsrecht (BFH-Urteile vom 8.11.2012, V R 15/12, BStBl. 2013 II S. 455, und vom 28.5.2013, XI R 32/11, BStBl. 2014 II S. 411). [3]Danach setzt die Vermietung eines Grundstücks voraus, dass dem Mieter vom Vermieter auf bestimmte Zeit gegen eine Vergütung das Recht eingeräumt wird, das Grundstück so in Besitz zu nehmen, als ob er dessen Eigentümer wäre, und jede andere Person von diesem Recht auszuschließen. [4]Für die Beurteilung, ob eine bestimmte Vereinbarung als „Vermietung" in diesem Sinne zu behandeln ist, sind alle Umstände des Einzelfalls, vor allem der tatsächlich verwirklichte Sachverhalt zu berücksichtigen. [5]Maßgebend ist insoweit der objektive Inhalt des Vorgangs, unabhängig von der Bezeichnung, die die Parteien ihm gegeben haben (vgl. EuGH-Urteil vom 16.12.2010, C-270/09, Macdonald Resorts Limited).[1] [6]Diese Voraussetzungen gelten auch für die Verpachtung eines Grundstücks (vgl. EuGH-Urteil vom 6.12.2007, C-451/06, Walderdorff)[2] und die hierdurch typischerweise eingeräumten Berechtigungen an dem Grundstück zur Ausübung einer sachgerechten und nachhaltigen Bewirtschaftung. [7]Der Vermietung eines Grundstücks gleichzusetzen ist der Verzicht auf Rechte aus dem Mietvertrag gegen eine Abstandszahlung (vgl. EuGH-Urteil vom 15.12.1993, C-63/92, Lubbock Fine, BStBl. 1995 II S. 480, und Abschnitt 1.3 Abs. 13).[3] [8]Eine Dienstleistung, die darin besteht, dass eine Person, die ursprünglich kein Recht an einem Grundstück hat, aber gegen Entgelt die Rechte und Pflichten aus einem Mietvertrag über dieses Grundstück übernimmt, ist nicht von der Umsatzsteuer befreit (vgl. EuGH-Urteile vom 9.10.2001, C-409/98, Mirror Group,[4] und C-108/99, Cantor Fitzgerald International).[4]

(2) [1]Für die Vermietung eines Grundstücks ist es nicht erforderlich, dass die vermietete Grundstücksfläche bereits im Zeitpunkt des Abschlusses des Mietvertrags bestimmt ist. [2]Der Mietvertrag kann auch über eine zunächst unbestimmte, aber bestimmbare Grundstücksfläche (z.B. Fahrzeugabstellplatz) geschlossen werden. [3]Die spätere Konkretisierung der Grundstücksfläche kann durch den Vermieter oder den Mieter erfolgen. [4]Die Dauer des Vertragsverhältnisses ist ohne Bedeutung. [5]Auch die kurzfristige Gebrauchsüberlassung eines Grundstücks kann daher die Voraussetzungen einer Vermietung erfüllen. [6]Die Dauer der Gebrauchsüberlassung muss nicht von vornherein festgelegt sein. [7]Auch vertragliche Beschränkungen des an der Mietsache bestehenden Nutzungsrechts schließen nicht aus, dass es sich um ein ausschließliches Nutzungsrecht handelt (vgl. EuGH-Urteil vom 18.11.2004, C-284/03, Temco Europe).

(3) [1]Die Steuerbefreiung nach § 4 Nr. 12 Satz 1 Buchstabe a UStG gilt nicht nur für die Vermietung und die Verpachtung von ganzen Grundstücken, sondern auch für die Vermietung und die Verpachtung von Grundstücksteilen. [2]Hierzu gehören insbesondere Gebäude und Gebäudeteile wie Stockwerke, Wohnungen und einzelne Räume (vgl. BFH-Urteil vom 8.10.1991,

[1] DStR 2011, 119.
[2] IStR 2008, 110.
[3] Siehe auch BFH v. 22.5.2019 XI R 20/17, BFH/NV 2019, 1256.
[4] DStRE 2002, 40. – DStRE 2002, 38.

V R 89/86, BStBl. 1992 II S. 108). [3]Auch räumlich abgrenzbare und individualisierte Grundstücksparzellen fallen hierunter (vgl. BFH-Urteile vom 21.6.2017, V R 3/17, BStBl. 2018 II S. 372, und V R 4/17, BStBl. 2018 II S. 370). [4]Die Steuerbefreiung erstreckt sich in der Regel auch auf mitvermietete oder mitverpachtete Einrichtungsgegenstände, z. B. auf das bewegliche Büromobiliar oder das bewegliche Inventar eines Seniorenheims (vgl. BFH-Urteil vom 11.11.2015, V R 37/14, BStBl. 2017 II S. 1259); vgl. aber Abschnitt 4.12.10 zur Vermietung und Verpachtung von Betriebsvorrichtungen. [5]Zur Vermietung von Abstellflächen für Fahrzeuge vgl. Abschnitt 4.12.2. [6]Steuerfrei ist auch die Überlassung von Werkdienstwohnungen durch Arbeitgeber an Arbeitnehmer (vgl. BFH-Urteile vom 30.7.1986, V R 99/76, BStBl. II S. 877, und vom 7.10.1987, V R 2/79, BStBl. 1988 II S. 88), wenn sie mehr als sechs Monate dauert (vgl. Abschnitt 4.12.9 Abs. 1 Satz 2). [7]Wegen der Überlassung von Räumen einer Pension an Saison-Arbeitnehmer vgl. aber Abschnitt 4.12.9 Abs. 2 Satz 3. [8]Soweit die Verwendung eines dem Unternehmen zugeordneten Grundstücks/Gebäudes für nichtunternehmerische Zwecke steuerbar ist und die Übergangsregelung nach § 27 Abs. 16 UStG Anwendung findet (vgl. auch Abschnitt 3.4 Abs. 6 bis 8), ist diese nicht einer steuerfreien Grundstücksvermietung im Sinne des § 4 Nr. 12 Satz 1 Buchstabe a UStG gleichgestellt (vgl. BFH-Urteil vom 24.7.2003, V R 39/99, BStBl. 2004 II S. 371, und BMF-Schreiben vom 13.4.2004, BStBl. I S. 469).

(4) [1]Eine Grundstücksvermietung liegt regelmäßig nicht vor bei der Vermietung von Baulichkeiten, die nur zu einem vorübergehenden Zweck mit dem Grund und Boden verbunden und daher keine Bestandteile des Grundstücks sind (vgl. BFH-Urteil vom 15.12.1966, V 252/63, BStBl. 1967 III S. 209). [2]Steuerpflichtig kann hiernach insbesondere die Vermietung von Büro- und Wohncontainern, Baubuden, Kiosken, Tribünen und ähnlichen Einrichtungen sein. [3]Allerdings stellt die Vermietung eines Gebäudes, das aus Fertigteilen errichtet wird, die so in das Erdreich eingelassen werden, dass sie weder leicht demontiert noch leicht versetzt werden können, die Vermietung eines Grundstücks dar, auch wenn dieses Gebäude nach Beendigung des Mietvertrags entfernt und auf einem anderen Grundstück wieder verwendet werden soll (vgl. EuGH-Urteil vom 16.1.2003, C-315/00, Maierhofer).[1] [4]Gleiches gilt für die Verpachtung eines Hausboots einschließlich der dazugehörenden Liegefläche und Steganlage, wenn das Hausboot mit nicht leicht zu lösenden Befestigungen, die am Ufer oder auf dem Grund eines Gewässers angebracht sind, ortsfest gehalten wird und an einem abgegrenzten und identifizierbaren Liegeplatz im Gewässer liegt sowie vertraglich und tatsächlich auf Dauer ausschließlich ortsfest und damit wie ein mit einem Grundstück fest verbundenes Gebäude genutzt wird (vgl. EuGH-Urteil vom 15.11.2012, C-532/11, Leichenich, BStBl. 2013 II S. 891).[2] [5]Steuerpflichtig ist hingegen die Vermietung beweglicher Gegenstände wie z. B. Zelte, Wohnanhänger und Mobilheime (vgl. EuGH-Urteil vom 3.7.1997, C-60/96, Kommission); vgl. aber Abschnitt 4.12.3 zur Vermietung von Campingflächen.

---

[1] DStRE 2003, 237.
[2] SteuK 2013, 39.

(5)[1)·2)] [1]Zu den nach § 4 Nr. 12 Satz 1 UStG steuerfreien Leistungen der Vermietung und Verpachtung von Grundstücken gehören auch die damit in unmittelbarem wirtschaftlichen Zusammenhang stehenden üblichen Nebenleistungen (BFH-Urteil vom 9.12.1971, V R 84/71, BStBl. 1972 II S. 203). [2]Dies sind Leistungen, die im Vergleich zur Grundstücksvermietung bzw. -verpachtung nebensächlich sind, mit ihr eng zusammenhängen und in ihrem Gefolge üblicherweise vorkommen. [3]Als Nebenleistungen sind in der Regel die Lieferung von Wärme, die Versorgung mit Wasser, auch mit Warmwasser, die Überlassung von Waschmaschinen, die Flur- und Treppenreinigung, die Treppenbeleuchtung, die Lieferung von Strom sowie die Bereitstellung von Internet- und/oder TV-Anschluss durch den Vermieter anzusehen (vgl. BFH-Urteil vom 15.1.2009, V R 91/07, BStBl. II S. 615, und EuGH-Urteile vom 11.6.2009, C-572/07, RLRE Tellmer Property,[3)] und vom 27.9.2012, C-392/11, Field Fisher Waterhouse).[4)] [4]Eine Nebenleistung zur Wohnungsvermietung ist in der Regel auch die von dem Vermieter einer Wohnanlage vertraglich übernommene Balkonbepflanzung (BFH-Urteil vom 9.12.1971, V R 84/71, BStBl. 1972 II S. 203). [5]Keine Nebenleistungen sind die Lieferungen von Heizgas und Heizöl.

(6) *(aufgehoben)*

4.12.2 Vermietung von Plätzen für das Abstellen von Fahrzeugen

(1) [1]Die Vermietung von Plätzen für das Abstellen von Fahrzeugen ist nach § 4 Nr. 12 Satz 2 UStG umsatzsteuerpflichtig. [2]Als Plätze für das Abstellen von Fahrzeugen kommen Grundstücke einschließlich Wasserflächen (vgl. BFH-Urteil vom 8.10.1991, V R 46/88, BStBl. 1992 II S. 368, und EuGH-Urteil vom 3.3.2005, C-428/02, Fonden Marselisbarg Lystbådehavn)[5)] oder Grundstücksteile in Betracht. [3]Die Bezeichnung des Platzes und die bauliche oder technische Gestaltung (z. B. Befestigung, Begrenzung, Überdachung) sind ohne Bedeutung. [4]Auch auf die Dauer der Nutzung als Stellplatz kommt es nicht an. [5]Die Stellplätze können sich im Freien (z. B. Parkplätze, Parkbuchten, Bootsliegeplätze) oder in Parkhäusern, Tiefgaragen, Einzelgaragen, Boots- und Flugzeughallen befinden. [6]Auch andere Flächen (z. B. landwirtschaftliche Grundstücke), die aus besonderem Anlass (z. B. Sport- und Festveranstaltung) nur vorübergehend für das Abstellen von Fahrzeugen genutzt werden, gehören zu den Stellplätzen in diesem Sinne.

(2) [1]Als Fahrzeuge sind vor allem Beförderungsmittel anzusehen. [2]Das sind Gegenstände, deren Hauptzweck auf die Beförderung von Personen und Gütern zu Lande, zu Wasser oder in der Luft gerichtet ist und die sich auch tatsächlich fortbewegen. [3]Hierzu gehören auch Fahrzeuganhänger sowie Elektro-Caddywagen. [4]Tiere (z. B. Reitpferde) können zwar Beförderungs-

---

[1)] A 4.12.1 Abs. 5 Satz 3 neugef. durch BMF v. 2.5.2022, BStBl. I 2022, 736, anzuwenden in allen offenen Fällen, für **vor dem 1.7.2022** ausgeführte Leistungen wird die übereinstimmende Anwendung des § 13b Abs. 2 Nr. 12 UStG nicht beanstandet.

[2)] Zur Vermietung von Standplätzen auf Wochenmärkten siehe BFH v. 24.1.2008 V R 12/05, BStBl. II 2009, 60.

[3)] DStR 2009, 1260.

[4)] Zu Mietnebenleistungen als grds. von der Vermietung getrennt zu beurteilenden Leistungen des Vermieters siehe EuGH v. 16.4.2015 C-42/14, DStR 2015, 888.

[5)] DStRE 2005, 658.

mittel sein, sie fallen jedoch nicht unter den Fahrzeugbegriff. [5]Der Begriff des Fahrzeugs nach § 4 Nr. 12 Satz 2 UStG geht jedoch über den Begriff des Beförderungsmittels hinaus. [6]Als Fahrzeuge sind auch Gegenstände anzusehen, die sich tatsächlich fortbewegen, ohne dass die Beförderung von Personen und Gütern im Vordergrund steht. [7]Hierbei handelt es sich insbesondere um gewerblich genutzte Gegenstände (z. B. Bau- und Ladekräne, Bagger, Planierraupen, Gabelstapler, Elektrokarren), landwirtschaftlich genutzte Gegenstände (z. B. Mähdrescher, Rübenernter) und militärisch genutzte Gegenstände (z. B. Panzer, Kampfflugzeuge, Kriegsschiffe).

(3) [1]Eine Vermietung von Plätzen für das Abstellen von Fahrzeugen liegt vor, wenn dem Fahrzeugbesitzer der Gebrauch einer Stellfläche überlassen wird. [2]Auf die tatsächliche Nutzung der überlassenen Stellfläche als Fahrzeugstellplatz durch den Mieter kommt es nicht an. [3]§ 4 Nr. 12 Satz 2 UStG gilt auch für die Vermietung eines Parkplatz-Grundstücks, wenn der Mieter dort zwar nicht selbst parken will, aber entsprechend der Vereinbarung im Mietvertrag das Grundstück Dritten zum Parken überlässt (vgl. BFH-Urteil vom 30.3.2006, V R 52/05, BStBl. II S. 731). [4]Die Vermietung ist steuerfrei, wenn sie eine Nebenleistung zu einer steuerfreien Leistung, insbesondere zu einer steuerfreien Grundstücksvermietung nach § 4 Nr. 12 Satz 1 UStG ist. [5]Für die Annahme einer Nebenleistung ist es unschädlich, wenn die steuerfreie Grundstücksvermietung und die Stellplatzvermietung zivilrechtlich in getrennten Verträgen vereinbart werden. [6]Beide Verträge müssen aber zwischen denselben Vertragspartnern abgeschlossen sein. [7]Die Verträge können jedoch zu unterschiedlichen Zeiten zustande kommen. [8]Für die Annahme einer Nebenleistung ist ein räumlicher Zusammenhang zwischen Grundstück und Stellplatz erforderlich. [9]Dieser Zusammenhang ist gegeben, wenn der Platz für das Abstellen des Fahrzeugs Teil eines einheitlichen Gebäudekomplexes ist oder sich in unmittelbarer Nähe des Grundstücks befindet (z. B. Reihenhauszeile mit zentralem Garagengrundstück).

Beispiel 1:

[1]Vermieter V und Mieter M schließen über eine Wohnung und einen Fahrzeugstellplatz auf dem gleichen Grundstück zwei Mietverträge ab.
[2]Die Vermietung des Stellplatzes ist eine Nebenleistung zur Wohnungsvermietung. [3]Das gilt auch, wenn der Vertrag über die Stellplatzvermietung erst zu einem späteren Zeitpunkt abgeschlossen wird.

Beispiel 2:

[1]Ein Vermieter vermietet an eine Gemeinde ein Bürogebäude und die auf dem gleichen Grundstück liegenden und zur Nutzung des Gebäudes erforderlichen Plätze zum Abstellen von Fahrzeugen.
[2]Die Vermietung der Fahrzeugstellplätze ist als Nebenleistung zur Vermietung des Bürogebäudes anzusehen.

Beispiel 3:

[1]Vermieter V schließt mit dem Mieter M1 einen Wohnungsmietvertrag und mit dem im Haushalt von M1 lebenden Sohn M2 einen Vertrag über die Vermietung eines zur Wohnung gehörenden Fahrzeugstellplatzes ab.
[2]Die Vermietung des Stellplatzes ist eine eigenständige steuerpflichtige Leistung. [3]Eine Nebenleistung liegt nicht vor, weil der Mieter der Wohnung und der Mieter des Stellplatzes verschiedene Personen sind. [4]Ohne Bedeutung ist, dass M2 im Haushalt von M1 lebt.

Beispiel 4:

[1] Eine GmbH vermietet eine Wohnung. [2] Der Geschäftsführer der GmbH vermietet seine im Privateigentum stehende Garage im gleichen Gebäudekomplex an denselben Mieter.
[3] Da die Mietverträge nicht zwischen denselben Personen abgeschlossen sind, liegen zwei selbständig zu beurteilende Leistungen vor.

Beispiel 5:

[1] Vermieter V1 eines Mehrfamilienhauses kann keine eigenen Stellplätze anbieten. [2] Zur besseren Vermietung seiner Wohnungen hat er mit seinem Nachbarn V2 einen Rahmenvertrag über die Vermietung von Fahrzeugstellplätzen abgeschlossen. [3] Dieser vermietet die Stellplätze unmittelbar an die Wohnungsmieter.
[4] Es bestehen zwei Leistungsbeziehungen zu den Wohnungs- und Stellplatzmietern. [5] Die Stellplatzvermietung durch V2 ist als selbständige Leistung steuerpflichtig. [6] Gleiches gilt, wenn V1 den Rahmenvertrag mit V2 aus baurechtlichen Verpflichtungen zur Bereitstellung von Parkflächen abschließt.

Beispiel 6:

[1] Ein Grundstückseigentümer ist gegenüber einem Wohnungsvermieter V verpflichtet, auf einem in seinem Eigentum befindlichen Nachbargrundstück die Errichtung von Fahrzeugstellplätzen für die Mieter des V zu dulden (Eintragung einer dinglichen Baulast im Grundbuch). [2] V mietet die Parkflächen insgesamt an und vermietet sie an seine Wohnungsmieter weiter.
[3] Die Vermietung der Stellplätze durch den Grundstückseigentümer an V ist steuerpflichtig.
[4] Die Weitervermietung der in räumlicher Nähe zu den Wohnungen befindlichen Stellplätze ist eine Nebenleistung zur Wohnungsvermietung des V.

Beispiel 7:

[1] Eine Behörde einer Gebietskörperschaft vermietet im Rahmen eines Betriebes gewerblicher Art Wohnungen und zu den Wohnungen gehörige Fahrzeugstellplätze. [2] Die Vermietung der Wohnung wird durch Verwaltungsvereinbarung einer anderen Behörde der gleichen Gebietskörperschaft übertragen. [3] Die Stellplatzmietverträge werden weiterhin von der bisherigen Behörde abgeschlossen.
[4] Da die Behörden der gleichen Gebietskörperschaft angehören, ist auf der Vermieterseite Personenidentität bei der Vermietung der Wohnung und der Stellplätze gegeben. [5] Die Stellplatzvermietungen sind Nebenleistungen zu den Wohnungsvermietungen.

4.12.3 Vermietung von Campingflächen

(1) [1] Die Leistungen der Campingplatzunternehmer sind als Grundstücksvermietungen im Sinne des § 4 Nr. 12 Satz 1 UStG anzusehen, wenn sie darauf gerichtet sind, dem Benutzer des Campingplatzes den Gebrauch einer bestimmten, nur ihm zur Verfügung stehenden Campingfläche zu gewähren (vgl. Abschnitt 4.12.1 Abs. 2). [2] Die Dauer der Überlassung der Campingfläche ist für die Frage, ob eine Vermietung vorliegt, ohne Bedeutung.

(2) [1] Die Überlassung einer Campingfläche ist nur dann steuerfrei, wenn sie nicht kurzfristig ist, d. h., wenn die tatsächliche Gebrauchsüberlassung mehr als sechs Monate beträgt (vgl. BFH-Urteil vom 13.2.2008, XI R 51/06, BStBl. 2009 II S. 63).

Beispiel 1:

[1] Eine Campingfläche wird auf unbestimmte Dauer vermietet. [2] Der Vertrag kann monatlich gekündigt werden.
[3] Die Vermietung ist als langfristig anzusehen und somit steuerfrei. [4] Endet die tatsächliche Gebrauchsüberlassung jedoch vor Ablauf von sechs Monaten, handelt es sich insgesamt um eine steuerpflichtige kurzfristige Vermietung.

Beispiel 2:

[1] Eine Campingfläche wird für drei Monate vermietet. [2] Der Mietvertrag verlängert sich automatisch um je einen Monat, wenn er nicht vorher gekündigt wird.
[3] Die Vermietung ist als kurzfristig anzusehen und somit steuerpflichtig. [4] Dauert die tatsächliche Gebrauchsüberlassung jedoch mehr als sechs Monate, handelt es sich insgesamt um eine steuerfreie langfristige Vermietung.

[2] Zur Anwendung des ermäßigten Steuersatzes auf Umsätze aus der kurzfristigen Vermietung von Campingflächen siehe Abschnitt 12.16.

(3) [1] Die vom Campingplatzunternehmer durch die Überlassung von üblichen Gemeinschaftseinrichtungen gewährten Leistungen sind gegenüber der Vermietung der Campingfläche von untergeordneter Bedeutung. [2] Sie sind als Nebenleistungen anzusehen, die den Charakter der Hauptleistung als Grundstücksvermietung nicht beeinträchtigen. [3] Zu den üblichen Gemeinschaftseinrichtungen gehören insbesondere Wasch- und Duschräume, Toiletten, Wasserzapfstellen, elektrische Anschlüsse, Vorrichtungen zur Müllbeseitigung, Kinderspielplätze. [4] Die Nebenleistungen fallen unter die Steuerbefreiung für die Grundstücksvermietung. [5] Dies gilt auch dann, wenn für sie ein besonderes Entgelt berechnet wird. [6] Die vom Campingplatzunternehmer durch die Überlassung von Wasserzapfstellen, Abwasseranschlüssen und elektrischen Anschlüssen erbrachten Leistungen sind in den Fällen nicht als Nebenleistungen steuerfrei, in denen die Einrichtungen nicht für alle Benutzer gemeinschaftlich, sondern gesondert für einzelne Benutzer bereitgestellt werden und es sich um Betriebsvorrichtungen im Sinne von § 4 Nr. 12 Satz 2 UStG handelt (vgl. BFH-Urteil vom 28.5.1998, V R 19/96, BStBl. 2010 II S. 307). [7] Bei den Lieferungen von Strom, Wärme und Wasser durch den Campingplatzunternehmer ist entsprechend den Regelungen in Abschnitt 4.12.1 Abs. 5 und 6 zu verfahren.

(4) [1] Leistungen, die nicht durch die Überlassung von üblichen Gemeinschaftseinrichtungen erbracht werden, sind nicht als Nebenleistungen anzusehen. [2] Es handelt sich hier in der Regel um Leistungen, die darin bestehen, dass den Benutzern der Campingplätze besondere Sportgeräte, Sportanlagen usw. zur Verfügung gestellt werden wie z. B. Segelboote, Wasserski, Reitpferde, Tennisplätze, Minigolfplätze, Hallenbäder, Saunabäder. [3] Derartige Leistungen sind umsatzsteuerrechtlich gesondert zu beurteilen. [4] Die Überlassung von Sportgeräten fällt nicht unter die Steuerbefreiung nach § 4 Nr. 12 Satz 1 Buchstabe a UStG. [5] Das Gleiche gilt für die Überlassung von Sportanlagen (BFH-Urteil vom 31.5.2001, V R 97/98, BStBl. II S. 658). [6] Wird für die bezeichneten Leistungen und für die Vermietung der Campingfläche ein Gesamtentgelt berechnet, ist dieses Entgelt im Schätzungswege aufzuteilen.

4.12.4 Abbau- und Ablagerungsverträge

[1] Verträge, durch die der Grundstückseigentümer einem anderen gestattet, die im Grundstück vorhandenen Bodenschätze, z. B. Sand, Kies, Kalk, Torf, abzubauen, sind unter den in Abschnitt 4.12.1 Abs. 1 genannten Voraussetzungen in der Regel als Pachtverträge anzusehen und von der Umsatzsteuer befreit (vgl. BFH-Urteil vom 28.6.1973, V R 7/72, BStBl. II S. 717). [2] Verträge über die entgeltliche Überlassung von Grundstücken zur Ablage-

rung von Abfällen – z. B. Überlassung eines Steinbruchs zur Auffüllung mit Klärschlamm – sind unter den in Abschnitt 4.12.1 Abs. 1 genannten Voraussetzungen in der Regel als Mietverträge anzusehen und von der Umsatzsteuer befreit. [3]Dies gilt auch dann, wenn sich das Entgelt nicht nach der Nutzungsdauer, sondern nach der Menge der abgelagerten Abfälle bemisst.

4.12.5 Gemischte Verträge

(1) [1]Ein gemischter Vertrag liegt vor, wenn die Leistungsvereinbarung sowohl Elemente einer Grundstücksüberlassung als auch anderer Leistungen umfasst. [2]Bei einem solchen Vertrag ist nach den allgemeinen Grundsätzen des Abschnitts 3.10 Absätze 1 bis 4 zunächst zu prüfen, ob es sich um eine einheitliche Leistung oder um mehrere selbständige Leistungen handelt. [3]Liegen mehrere selbständige Leistungen vor, ist zu prüfen, ob diese nach den Grundsätzen von Haupt- und Nebenleistung (vgl. Abschnitt 3.10 Abs. 5) einheitlich zu beurteilen sind.

(2) [1]Liegt nach Absatz 1 eine einheitlich zu beurteilende Leistung vor, ist für die Steuerbefreiung nach § 4 Nr. 12 Satz 1 Buchstabe a UStG entscheidend, ob das Vermietungselement der Leistung ihr Gepräge gibt (vgl. BFH-Urteile vom 31.5.2001, V R 97/98, BStBl. II S. 658, und vom 24.1.2008, V R 12/05, BStBl. 2009 II S. 60). [2]In diesem Fall ist die Leistung insgesamt steuerfrei. [3]Eine Aufteilung des Entgelts in einen auf das Element der Grundstücksüberlassung und einen auf den Leistungsteil anderer Art entfallenden Teil ist nicht zulässig. [4]Dies kann z. B. die Vermietung von Standflächen bei Kirmesveranstaltungen oder auf Wochenmärkten betreffen, wenn die Überlassung der Standplätze als wesentliches Leistungselement prägend ist und darüber hinaus erbrachte Leistungen als Nebenleistungen anzusehen sind. [5]Zur Abgrenzung gegenüber insgesamt steuerpflichtigen Leistungen vgl. Abschnitt 4.12.6 Abs. 2.

4.12.6 Verträge besonderer Art[1)]

(1) [1]Ein Vertrag besonderer Art liegt vor, wenn die Gebrauchsüberlassung des Grundstücks gegenüber anderen wesentlicheren Leistungen zurücktritt und das Vertragsverhältnis ein einheitliches, unteilbares Ganzes darstellt (vgl. BFH-Urteile vom 19.12.1952, V 4/51 U, BStBl. 1953 III S. 98, und vom 31.5.2001, V R 97/98, BStBl. II S. 658). [2]Bei einem Vertrag besonderer Art kommt die Steuerbefreiung nach § 4 Nr. 12 UStG weder für die gesamte Leistung noch für einen Teil der Leistung in Betracht.

(2) Verträge besonderer Art liegen z. B. in folgenden Fällen vor:

1. Der Veranstalter einer Ausstellung überlässt den Ausstellern unter besonderen Auflagen Freiflächen in Hallen zur Schaustellung gewerblicher Erzeugnisse.

---

1) Zur USt-Freiheit der langfristigen Vermietung einer Turnhalle samt Betriebsvorrichtungen ohne weitere Leistungen siehe BFH v. 17.12.2008 XI R 23/08, BStBl. II 2010, 208.

2., 3. *(aufgehoben)*

4. Ein Hausbesitzer überlässt Prostituierten Zimmer und erbringt zusätzliche Leistungselemente, die die Ausübung des Gewerbes der Bewohnerinnen fördern und die der Gesamtleistung das Gepräge geben (vgl. BFH-Urteil vom 17.12.2014, XI R 16/11, BStBl. 2015 II S. 427).
5. Ein Unternehmer übernimmt neben der Raumüberlassung die Lagerung und Aufbewahrung von Gütern – Lagergeschäft §§ 467 ff. HGB – (vgl. BFH-Urteil vom 14.11.1968, V 191/65, BStBl. 1969 II S. 120).
6. Ein Hausbesitzer überlässt die Außenwandflächen oder Dachflächen des Gebäudes zu Reklamezwecken (vgl. BFH-Urteil vom 23.10.1957, V 153/55 U, BStBl. III S. 457).
7. Eine Gemeinde gestattet einem Unternehmer, auf öffentlichen Wegen und Plätzen Anschlagtafeln zu errichten und auf diesen Wirtschaftswerbung zu betreiben (BFH-Urteil vom 31.7.1962, I 283/61 U, BStBl. III S. 476).
8. Ein Unternehmer gestattet die Benutzung eines Sportplatzes oder eines Schwimmbads (Sportanlage) gegen Eintrittsgeld (vgl. BFH-Urteil vom 31.5.2001, V R 97/98, BStBl. II S. 658).
9. Ein Golfclub stellt vereinsfremden Spielern seine Anlage gegen Entgelt (sog. Greenfee) zur Verfügung (vgl. BFH-Urteil vom 9.4.1987, V R 150/78, BStBl. II S. 659).
10. Vereinen oder Schulen werden einzelne Schwimmbahnen zur Verfügung gestellt (vgl. BFH-Urteile vom 10.2.1994, V R 33/92, BStBl. II S. 668, und vom 31.5.2001, V R 97/98, BStBl. II S. 658).
11. Zwischen denselben Beteiligten werden ein Tankstellenvertrag – Tankstellenagenturvertrag – und ein Tankstellenmietvertrag – Vertrag über die Nutzung der Tankstelle – abgeschlossen, die beide eine Einheit bilden, wobei die Bestimmungen des Tankstellenvertrags eine beherrschende und die des Mietvertrags eine untergeordnete Rolle spielen (BFH-Urteile vom 5.2.1959, V 138/57 U, BStBl. III S. 223, und vom 21.4.1966, V 200/63, BStBl. III S. 415).
12. [1] Betreiber eines Alten- oder Pflegeheims erbringen gegenüber pflegebedürftigen Heiminsassen umfassende medizinische und pflegerische Betreuung und Versorgung. [2] Die nach § 4 Nr. 12 Satz 1 Buchstabe a UStG steuerfreie Vermietung von Grundstücken tritt hinter diese Leistungen zurück (vgl. BFH-Urteil vom 21.4.1993, XI R 55/90, BStBl. 1994 II S. 266). [3] Für die Leistungen der Alten- oder Pflegeheimbetreiber kann die Steuerbefreiung nach § 4 Nr. 16 Satz 1 Buchstabe c, d oder l UStG in Betracht kommen.
13. Schützen wird gestattet, eine überdachte Schießanlage zur Ausübung des Schießsports gegen ein Eintrittsgeld und ein nach Art und Anzahl der abgegebenen Schüsse bemessenes Entgelt zu nutzen (vgl. BFH-Urteile vom 24.6.1993, V R 69/92, BStBl. 1994 II S. 52, und vom 31.5.2001, V R 97/98, BStBl. II S. 658).

14. Ein Gastwirt räumt das Recht zum Aufstellen eines Zigarettenautomaten in seiner Gastwirtschaft ein (vgl. EuGH-Urteil vom 12.6.2003, C-275/01, Sinclair Collins).[1]
15. Der Eigentümer einer Wasserfläche räumt ein Fischereirecht ein, ohne die Grundstücksfläche unter Ausschluss anderer zu überlassen (vgl. EuGH-Urteil vom 6.12.2007, C-451/06, Walderdorff).[2]
16. [1]Eine Einrichtung stellt ihren Bewohnern aufgrund eines Wohn- und Betreuungsvertrags, der unter das Wohn- und Betreuungsvertragsgesetz (WBVG)[3] fällt, Wohnraum, Pflege- und Betreuungsleistungen und ggf. Verpflegung als Teil der Betreuungsleistung zur Verfügung. [2]Die nach § 4 Nr. 12 Satz 1 Buchstabe a UStG steuerfreie Vermietung von Grundstücken tritt hinter diese Leistungen zurück. [3]Für die Umsätze aus diesen Wohn- und Betreuungsverträgen kommt insgesamt die Steuerbefreiung nach § 4 Nr. 16 Satz 1 Buchstabe h UStG in Betracht.

4.12.7 Kaufanwartschaftsverhältnisse

[1]Nach § 4 Nr. 12 Satz 1 Buchstabe b UStG ist die Überlassung von Grundstücken und Grundstücksteilen zur Nutzung auf Grund von Kaufanwartschaftsverhältnissen steuerfrei. [2]Der hierbei zu Grunde liegende Kaufanwartschaftsvertrag und der gleichzeitig abgeschlossene Nutzungsvertrag sehen in der Regel vor, dass dem Kaufanwärter das Grundstück bis zur Auflassung zur Nutzung überlassen wird. [3]Vielfach liegt zwischen der Auflassung und der Eintragung des neuen Eigentümers in das Grundbuch eine längere Zeitspanne, in der das bestehende Nutzungsverhältnis zwischen den Beteiligten auch nach der Auflassung fortgesetzt wird und in der der Kaufanwärter bis zur Eintragung in das Grundbuch die im Nutzungsvertrag vereinbarte Nutzungsgebühr weiter zahlt. [4]In diesen Fällen ist davon auszugehen, dass die Nutzungsgebühren auch in der Zeit zwischen Auflassung und Grundbucheintragung auf Grund des – stillschweigend verlängerten – Nutzungsvertrags entrichtet werden und damit nach § 4 Nr. 12 Satz 1 Buchstabe b UStG steuerfrei sind.

4.12.8 Dingliche Nutzungsrechte

(1) [1]Unter die Steuerbefreiung nach § 4 Nr. 12 Satz 1 Buchstabe c UStG fallen insbesondere der Nießbrauch (§ 1030 BGB), die Grunddienstbarkeit (§ 1018 BGB), die beschränkte persönliche Dienstbarkeit (§ 1090 BGB) sowie das Dauerwohnrecht und das Dauernutzungsrecht (§ 31 WoEigG),[4] wenn die Bestellung solcher dinglicher Nutzungsrechte vom Begriff der Vermietung und Verpachtung nach Abschnitt 4.12.1 umfasst wird. [2]Danach ist z. B. die entgeltliche Bestellung eines unwiderruflich eingeräumten dinglichen Nutzungsrechts zur Durchführung von Ausgleichsmaßnahmen nach den Naturschutzgesetzen nicht nach § 4 Nr. 12 UStG befreit (vgl. BFH-Urteile

[1] DStRE 2003, 874.
[2] IStR 2008, 110.
[3] WBVG v. 29.7.2009, BGBl. I 2009, 2319, zuletzt geänd. durch G v. 30.11.2019, BGBl. I 2019, 1948 (**Habersack Ergänzungsband** Nr. **30a**).
[4] **Habersack** Nr. **37**.

vom 8.11.2012, V R 15/12, BStBl. 2013 II S. 455, und vom 28.5.2013, XI R 32/11, BStBl. 2014 II S. 411). [3]Es fallen nur jene dinglichen Nutzungsrechte unter die Steuerbefreiung, die – wie z.B. die Einräumung des Wegerechts – dem Inhaber ein Nutzungsrecht an dem Grundstück geben (vgl. BFH-Urteil vom 24.2.2005, V R 45/02, BStBl. 2007 II S. 61).

(2) [1]Bei der Überlassung von Grundstücksteilen zur Errichtung von Strommasten für eine Überlandleitung, der Einräumung des Rechts zur Überspannung der Grundstücke und der Bewilligung einer beschränkten persönlichen Dienstbarkeit zur dinglichen Sicherung dieser Rechte handelt es sich um eine einheitliche sonstige Leistung, die nach § 1 Abs. 1 Nr. 1 UStG steuerbar und nach § 4 Nr. 12 Satz 1 Buchstabe a UStG steuerfrei ist. [2]Der Bewilligung der Grunddienstbarkeit kommt neben der Vermietung und Verpachtung der Grundstücke in diesem Fall kein eigenständiger umsatzsteuerlicher Gehalt zu, da sie nur der Absicherung der Rechte aus dem Miet- bzw. Pachtvertrag dient. [3]Die vorstehenden Grundsätze gelten z.B. auch bei der Überlassung von Grundstücken zum Verlegen von Erdleitungen (z.B. Erdgas- oder Elektrizitätsleitungen) oder bei der Überlassung von Grundstücken für Autobahn- oder Eisenbahntrassen (vgl. BFH-Urteil vom 11.11.2004, V R 30/04, BStBl. 2005 II S. 802).

4.12.9 Beherbergungsumsätze

(1) [1]Die nach § 4 Nr. 12 Satz 2 UStG steuerpflichtige Vermietung von Wohn- und Schlafräumen, die ein Unternehmer zur kurzfristigen Beherbergung von Fremden bereithält, setzt kein gaststättenähnliches Verhältnis voraus. [2]Entscheidend ist vielmehr die Absicht des Unternehmers, die Räume nicht auf Dauer und damit nicht für einen dauernden Aufenthalt im Sinne der §§ 8 und 9 AO zur Verfügung zu stellen (BFH-Beschluss vom 18.1.1973, V B 47/72, BStBl. II S. 426). [3]Die halbstündige oder stundenweise Überlassung von Zimmern in einem „Stundenhotel" ist keine Beherbergung im Sinne von § 4 Nr. 12 Satz 2 UStG und daher steuerfrei (vgl. BFH-Urteil vom 24.9.2015, V R 30/14, BStBl. 2017 II S. 132).

(2) [1]Hat ein Unternehmer den einen Teil der in einem Gebäude befindlichen Räume längerfristig, den anderen Teil nur kurzfristig vermietet, ist die Vermietung nur insoweit steuerfrei, als er die Räume eindeutig und leicht nachprüfbar zur nicht nur vorübergehenden Beherbergung von Fremden bereitgehalten hat (vgl. BFH-Urteil vom 9.12.1993, V R 38/91, BStBl. 1994 II S. 585). [2]Bietet der Unternehmer dieselben Räume wahlweise zur langoder kurzfristigen Beherbergung von Fremden an, sind sämtliche Umsätze steuerpflichtig (vgl. BFH-Urteil vom 20.4.1988, X R 5/82, BStBl. II S. 795). [3]Steuerpflichtig ist auch die Überlassung von Räumen einer Pension an Saison-Arbeitnehmer (Kost und Logis), wenn diese Räume wahlweise zur kurzfristigen Beherbergung von Gästen oder des Saison-Personals bereitgehalten werden (BFH-Urteil vom 13.9.1988, V R 46/83, BStBl. II S. 1021). [4]Zur Anwendung des ermäßigten Steuersatzes auf Umsätze aus der kurzfristigen Vermietung von Wohn- und Schlafräumen siehe Abschnitt 12.16.

4.12.10 Vermietung und Verpachtung von Betriebsvorrichtungen[1)]

[1]Die Vermietung und Verpachtung von Betriebsvorrichtungen ist selbst dann nach § 4 Nr. 12 Satz 2 UStG steuerpflichtig, wenn diese wesentliche Bestandteile des Grundstücks sind (vgl. BFH-Urteil vom 28.5.1998, V R 19/96, BStBl. 2010 II S. 307). [2]Der Begriff der „Maschinen und sonstigen Vorrichtungen aller Art, die zu einer Betriebsanlage gehören (Betriebsvorrichtungen)", ist in § 4 Nr. 12 Satz 2 UStG in gleicher Weise auszulegen wie für das Bewertungsrecht (BFH-Urteil vom 16.10.1980, V R 51/76, BStBl. 1981 II S. 228). [3]Im Bewertungsrecht sind die Betriebsvorrichtungen von den Gebäuden, den einzelnen Teilen eines Gebäudes und den Außenanlagen des Grundstücks, z. B. Umzäunungen, Bodenbefestigungen, abzugrenzen. [4]Liegen dabei alle Merkmale des Gebäudebegriffs vor, kann das Bauwerk keine Betriebsvorrichtung sein (BFH-Urteil vom 15.6.2005, II R 67/04, BStBl. II S. 688). [5]Ein Bauwerk ist als Gebäude anzusehen, wenn es Menschen, Tieren oder Sachen durch räumliche Umschließung Schutz gegen Witterungseinflüsse gewährt, den Aufenthalt von Menschen gestattet, fest mit dem Grund und Boden verbunden, von einiger Beständigkeit und ausreichend standfest ist (BFH-Urteil vom 28.5.2003, II R 41/01, BStBl. II S. 693). [6]Zu den Betriebsvorrichtungen gehören hiernach neben Maschinen und maschinenähnlichen Anlagen alle Anlagen, die – ohne Gebäude, Teil eines Gebäudes oder Außenanlage eines Gebäudes zu sein – in besonderer und unmittelbarer Beziehung zu dem auf dem Grundstück ausgeübten Gewerbebetrieb stehen, d. h. Anlagen, durch die das Gewerbe unmittelbar betrieben wird (BFH-Urteil vom 11.12.1991, II R 14/89, BStBl. 1992 II S. 278). [7]Die Überlassung eines landwirtschaftlichen Betriebs mit aus Rebflächen bestehenden landwirtschaftlichen Grundflächen kann nicht als Vermietung und Verpachtung von Vorrichtungen oder Maschinen eingestuft werden (vgl. EuGH-Urteil vom 28.2.2019, C-278/18, Sequeira Mesquita).[2)] [8]Wegen der Einzelheiten zum Begriff der Betriebsvorrichtungen und zur Abgrenzung zum Gebäudebegriff wird auf den gleich lautenden Ländererlass vom 5.6.2013, BStBl. I S. 734, hingewiesen.[3)]

4.12.11 Nutzungsüberlassung von Sportanlagen und anderen Anlagen[4)]

(1) [1]Die Überlassung von Sportanlagen durch den Sportanlagenbetreiber an Endverbraucher ist eine einheitliche steuerpflichtige Leistung (vgl. BFH-Urteil vom 31.5.2001, V R 97/98, BStBl. II S. 658, siehe auch Abschnitt 3.10). [2]Dies gilt auch für die Überlassung anderer Anlagen an Endverbraucher. [3]Die Absätze 2 bis 4 sind insoweit nicht anzuwenden.

---

1) Siehe hierzu auch BFH v. 26.5.2021 V R 22/20, DStR 2021, 2010, zur Vorlage an den EuGH (Rs. C-516/21).

2) MwStR 2019, 212.

3) Sog. Abgrenzungserlass (**Steuererlasse** Nr. **200** § 68/1).

4) Zur entgeltlichen Überlassung eines Fußballstadions siehe EuGH v. 22.1.2015 C-55/14, Stade Luc Varenne, MwStR 2015, 172.

(2) [1] Überlässt ein Unternehmer eine gesamte Sportanlage einem anderen Unternehmer als Betreiber zur Überlassung an Dritte (sog. Zwischenvermietung), ist die Nutzungsüberlassung an diesen Betreiber in eine steuerfreie Grundstücksüberlassung und eine steuerpflichtige Vermietung von Betriebsvorrichtungen aufzuteilen (vgl. BFH-Urteil vom 11.3.2009, XI R 71/07, BStBl. 2010 II S. 209). [2] Nach den Vorschriften des Bewertungsrechts und damit auch nach § 4 Nr. 12 UStG (vgl. Abschnitt 4.12.10) sind bei den nachstehend aufgeführten Sportanlagen insbesondere folgende Einrichtungen als Grundstücksteile bzw. Betriebsvorrichtungen anzusehen:

1. Sportplätze und Sportstadien

   a) Grundstücksteile:
   Überdachungen von Zuschauerflächen, wenn sie nach der Verkehrsauffassung einen Raum umschließen und dadurch gegen Witterungseinflüsse Schutz gewähren, allgemeine Beleuchtungsanlagen, Einfriedungen, allgemeine Wege- und Platzbefestigungen, Kassenhäuschen – soweit nicht transportabel –, Kioske, Umkleideräume, Duschen im Gebäude, Toiletten, Saunen, Unterrichts- und Ausbildungsräume, Übernachtungsräume für Trainingsmannschaften.

   b) Betriebsvorrichtungen:
   besonders hergerichtete Spielfelder – Spielfeldbefestigung, Drainage, Rasen, Rasenheizung –, Laufbahnen, Sprunggruben, Zuschauerwälle, Zuschauertribünen – soweit nicht Grundstücksteil nach Buchstabe a –, spezielle Beleuchtungsanlagen, z. B. Flutlicht, Abgrenzungszäune und Sperrgitter zwischen Spielfeld und Zuschaueranlagen, Anzeigetafeln, Schwimm- und Massagebecken, Küchen- und Ausschankeinrichtungen.

2. Schwimmbäder (Frei- und Hallenbäder)

   a) Grundstücksteile:
   Überdachungen von Zuschauerflächen unter den unter Nummer 1 Buchstabe a bezeichneten Voraussetzungen, Kassenhäuschen – soweit nicht transportabel –, Kioske, allgemeine Wege- und Platzbefestigungen, Duschräume, Toiletten, technische Räume, allgemeine Beleuchtungsanlagen, Emporen, Galerien.

   b) Betriebsvorrichtungen:
   Schwimmbecken, Sprunganlagen, Duschen im Freien und im Gebäude, Rasen von Liegewiesen, Kinderspielanlagen, Umkleidekabinen, Zuschauertribünen – soweit nicht Grundstücksteil nach Nummer 1 Buchstabe a –, technische Ein- und Vorrichtungen, Einrichtungen der Saunen, der Solarien und der Wannenbäder, spezielle Beleuchtungsanlagen, Bestuhlung der Emporen und Galerien.

3. Tennisplätze und Tennishallen

   a) Grundstücksteile:
   Überdachungen von Zuschauerflächen unter den unter Nummer 1 Buchstabe a bezeichneten Voraussetzungen, Open-Air-Hallen, allgemeine Beleuchtungsanlagen, Duschen, Umkleideräume, Toiletten.

b) Betriebsvorrichtungen:
besonders hergerichtete Spielfelder – Spielfeldbefestigung mit Unterbau bei Freiplätzen, spezielle Oberböden bei Hallenplätzen –, Drainage, Bewässerungsanlagen der Spielfelder, Netz mit Haltevorrichtungen, Schiedsrichterstühle, freistehende Übungswände, Zuschauertribünen – soweit nicht Grundstücksteil nach Nummer 1 Buchstabe a –, Einfriedungen der Spielplätze, Zuschauerabsperrungen, Brüstungen, Traglufthallen, spezielle Beleuchtungsanlagen, Ballfangnetze, Ballfanggardinen, zusätzliche Platzbeheizung in Hallen.

4. Schießstände

a) Grundstücksteile:
allgemeine Einfriedungen.

b) Betriebsvorrichtungen:
Anzeigevorrichtungen, Zielscheibenanlagen, Schutzvorrichtungen, Einfriedungen als Sicherheitsmaßnahmen.

5. Kegelbahnen

a) Grundstücksteile:
allgemeine Beleuchtungsanlagen.

b) Betriebsvorrichtungen:
Bahnen, Kugelfangeinrichtungen, Kugelrücklaufeinrichtungen, automatische Kegelaufstelleinrichtungen, automatische Anzeigeeinrichtungen, spezielle Beleuchtungsanlagen, Schallisolierungen.

6. Squashhallen

a) Grundstücksteile:
Zuschauertribünen, allgemeine Beleuchtungsanlagen, Umkleideräume, Duschräume, Toiletten.

b) Betriebsvorrichtungen:
Trennwände zur Aufteilung in Boxen – soweit nicht tragende Wände –, besondere Herrichtung der Spielwände, Ballfangnetze, Schwingböden, Bestuhlung der Zuschauertribünen, spezielle Beleuchtungsanlagen.

7. Reithallen

a) Grundstücksteile:
Stallungen – einschließlich Boxenaufteilungen und Futterraufen –, Futterböden, Nebenräume, allgemeine Beleuchtungsanlagen, Galerien, Emporen.

b) Betriebsvorrichtungen:
spezieller Reithallenboden, Befeuchtungseinrichtungen für den Reithallenboden, Bande an den Außenwänden, spezielle Beleuchtungsanlagen, Tribünen – soweit nicht Grundstücksteil nach Nummer 1 Buchstabe a –, Richterstände, Pferdesolarium, Pferdewaschanlage, Schmiede – technische Einrichtungen –, Futtersilos, automatische Pferdebewegungsanlage, sonstiges Zubehör wie Hindernisse, Spiegel, Geräte zur Aufarbeitung des Bodens, Markierungen.

8. Turn-, Sport- und Festhallen, Mehrzweckhallen
   a) Grundstücksteile:
   Galerien, Emporen, Schwingböden in Mehrzweckhallen, allgemeine Beleuchtungsanlagen, Duschen, Umkleidekabinen und -räume, Toiletten, Saunen, bewegliche Trennwände.
   b) Betriebsvorrichtungen:
   Zuschauertribünen – soweit nicht Grundstücksteil nach Nummer 1 Buchstabe a –, Schwingböden in reinen Turn- und Sporthallen, Turngeräte, Bestuhlung der Tribünen, Galerien und Emporen, spezielle Beleuchtungsanlagen, Kücheneinrichtungen, Ausschankeinrichtungen, Bühneneinrichtungen, Kühlsystem bei Nutzung für Eissportzwecke.
9. Eissportstadien, -hallen, -zentren
   a) Grundstücksteile:
   Unterböden von Eislaufflächen, Eisschnellaufbahnen und Eisschießbahnen, Unterböden der Umgangszonen und des Anschnallbereichs, allgemeine Beleuchtungsanlagen, Klimaanlagen im Hallenbereich, Duschräume, Toiletten, Umkleideräume, Regieraum, Werkstatt, Massageräume, Sanitätsraum, Duschen, Heizungs- und Warmwasserversorgungsanlagen, Umschließungen von Trafostationen und Notstromversorgungsanlagen – wenn nicht Betriebsvorrichtung nach Buchstabe b –, Überdachungen von Zuschauerflächen unter den unter Nummer 1 Buchstabe a bezeichneten Voraussetzungen, Emporen und Galerien, Kassenhäuschen – soweit nicht transportabel –, Kioske, allgemeine Wege- und Platzbefestigungen, Einfriedungen, Ver- und Entsorgungsleitungen.
   b) Betriebsvorrichtungen:
   Oberböden von Eislaufflächen, Eisschnellaufbahnen und Eisschießbahnen, Schneegruben, Kälteerzeuger, Schlittschuh schonender Bodenbelag, Oberbodenbelag des Anschnallbereichs, spezielle Beleuchtungsanlagen, Lautsprecheranlagen, Spielanzeige, Uhren, Anzeigetafeln, Abgrenzungen, Sicherheitseinrichtungen, Sperrgitter zwischen Spielfeld und Zuschauerbereich, Massagebecken, Transformatorenhäuser oder ähnliche kleine Bauwerke, die Betriebsvorrichtungen enthalten und nicht mehr als 30 qm Grundfläche haben, Trafo und Schalteinrichtungen, Notstromaggregat, Zuschauertribünen – soweit nicht Grundstücksteil nach Nummer 1 Buchstabe a –, Bestuhlung der Zuschauertribünen, der Emporen und Galerien, Küchen- und Ausschankeinrichtungen.
10. Golfplätze
    a) Grundstücksteile:
    Einfriedungen, soweit sie nicht unmittelbar als Schutzvorrichtungen dienen, allgemeine Wege- und Platzbefestigungen, Kassenhäuschen – soweit nicht transportabel –, Kioske, Klubräume, Wirtschaftsräume, Büros, Aufenthaltsräume, Umkleideräume, Duschräume, Toiletten, Verkaufsräume, Caddy-Räume, Lager- und Werkstatträume.

b) Betriebsvorrichtungen:
besonders hergerichtete Abschläge, Spielbahnen, roughs und greens (Spielbefestigung, Drainage, Rasen), Spielbahnhindernisse, Übungsflächen, Einfriedungen, soweit sie unmittelbar als Schutzvorrichtungen dienen, Abgrenzungseinrichtungen zwischen Spielbahnen und Zuschauern, Anzeige- und Markierungseinrichtungen oder -gegenstände, Unterstehhäuschen, Küchen- und Ausschankeinrichtungen, Bewässerungsanlagen – einschließlich Brunnen und Pumpen – und Drainagen, wenn sie ausschließlich der Unterhaltung der für das Golfspiel notwendigen Rasenflächen dienen.

(3) [1] Für die Aufteilung bei der Überlassung einer gesamten Sportanlage an einen anderen Unternehmer als Betreiber zur Überlassung an Dritte (sog. Zwischenvermietung) in den steuerfreien Teil für die Vermietung des Grundstücks (Grund und Boden, Gebäude, Gebäudeteile, Außenanlagen) sowie in den steuerpflichtigen Teil für die Vermietung der Betriebsvorrichtungen sind die jeweiligen Verhältnisse des Einzelfalles maßgebend. [2] Bei der Aufteilung ist im Regelfall von dem Verhältnis der Herstellungs- bzw. Anschaffungskosten der Grundstücke zu denen der Betriebsvorrichtungen auszugehen. [3] Zu berücksichtigen sind hierbei die Nutzungsdauer und die kalkulatorischen Zinsen auf das eingesetzte Kapital. [4] Die Aufteilung ist erforderlichenfalls im Schätzungswege vorzunehmen. [5] Der Vermieter kann das Aufteilungsverhältnis aus Vereinfachungsgründen für die gesamte Vermietungsdauer beibehalten und – soweit eine wirtschaftliche Zuordnung nicht möglich ist – auch der Aufteilung der Vorsteuern zu Grunde legen.

Beispiel:

[1] Ein Unternehmer überlässt ein Hallenbad einem anderen Unternehmer als Betreiber, der die gesamte Sportanlage zur Überlassung an Dritte für einen Zeitraum von 10 Jahren nutzt. [2] Die Herstellungs- bzw. Anschaffungskosten des Hallenbads haben betragen:

Grund und Boden	1 Mio. €
Gebäude	2 Mio. €
Betriebsvorrichtungen	3 Mio. €
insgesamt	6 Mio. €

[3] Bei den Gebäuden wird von einer Nutzungsdauer von 50 Jahren und einer AfA von 2 %, bei den Betriebsvorrichtungen von einer Nutzungsdauer von 20 Jahren und einer AfA von 5 % ausgegangen. [4] Die kalkulatorischen Zinsen werden mit 6 % angesetzt. [5] Es ergibt sich:

	AfA	Zinsen	Gesamt
Grund und Boden	–	60 000	60 000
Gebäude	40 000	120 000	160 000
insgesamt	40 000	180 000	220 000
Betriebsvorrichtungen	150 000	180 000	330 000

[6] Die Gesamtsumme von AfA und Zinsen beträgt danach 550 000 €. [7] Davon entfallen auf den Grund und Boden sowie auf die Gebäude 220 000 € (2/5) und auf die Betriebsvorrichtungen 330 000 € (3/5).

[8] Die Umsätze aus der Überlassung des Hallenbads sind zu zwei Fünfteln nach § 4 Nr. 12 Satz 1 Buchstabe a UStG steuerfrei und zu drei Fünfteln steuerpflichtig.

(4) [1] Bei der Nutzungsüberlassung anderer Anlagen mit vorhandenen Betriebsvorrichtungen beurteilt sich die Leistung aus der Sicht eines Durch-

schnittsverbrauchers unter Berücksichtigung der vorgesehenen Art der Nutzung, wie sie sich aus Unterlagen des leistenden Unternehmers ergibt (z. B. aus dem Mietvertrag), und hilfsweise aus der Ausstattung der überlassenen Räumlichkeiten. [2]Dies gilt beispielsweise bei der Nutzungsüberlassung von Veranstaltungsräumen an einen Veranstalter für Konzerte, Theateraufführungen, Hochzeiten, Bürger- und Vereinsversammlungen und sonstige Veranstaltungen (vgl. BMF-Schreiben vom 17.4.2003, BStBl. I S. 279). [3]Hierbei ist von folgenden Grundsätzen auszugehen:

1. [1]Umfasst die Nutzungsüberlassung von Räumen auch die Nutzung vorhandener Betriebsvorrichtungen, auf die es einem Veranstalter bei der vorgesehenen Art der Nutzung nicht ankommt, weil er in erster Linie die Räumlichkeiten als solche nutzen will, ist die Leistung als steuerfreie Grundstücksüberlassung anzusehen. [2]Die Überlassung der vorhandenen Betriebsvorrichtungen bleibt dann umsatzsteuerrechtlich unberücksichtigt. [3]Die Umsatzsteuerbefreiung der Grundstücksüberlassung umfasst auch die mit der Grundstücksüberlassung in unmittelbarem wirtschaftlichem Zusammenhang stehenden üblichen Nebenleistungen. [4]Zusatzleistungen mit aus Sicht eines Durchschnittsverbrauchers eigenständigem wirtschaftlichem Gewicht sind als weitere Hauptleistungen umsatzsteuerrechtlich separat zu beurteilen.

   Beispiel:

   [1]Ein Anlagenbetreiber überlässt seine Veranstaltungshalle einschließlich der vorhandenen Betriebsvorrichtungen zur Durchführung einer schriftlichen Leistungsprüfung einer Schulungseinrichtung. [2]Der Schulungseinrichtung kommt es auf die Nutzung des Raumes und nicht auf die Nutzung der Betriebsvorrichtungen an.

   [3]Der Anlagenbetreiber erbringt an die Schulungseinrichtung eine steuerfreie Grundstücksüberlassung.

2. [1]Überlässt ein Anlagenbetreiber Veranstaltungsräume mit Betriebsvorrichtungen (z. B. vorhandener Bestuhlung, Bühne, speziellen Beleuchtungs- oder Lautsprecheranlagen und anderen Einrichtungen mit Betriebsvorrichtungscharakter), die für die vorgesehene Art der Nutzung regelmäßig benötigt werden, ist die Leistung des Anlagenbetreibers in aller Regel in eine steuerfreie Grundstücksvermietung und in eine steuerpflichtige Vermietung von Betriebsvorrichtungen aufzuteilen. [2]Eine andere Beurteilung ergibt sich lediglich in den Ausnahmefällen, in denen ein Durchschnittsverbraucher die Leistungselemente als eine einheitliche Leistung ansieht und die Grundstücksvermietung gegenüber anderen Leistungen derart in den Hintergrund tritt, dass die Raumüberlassung aus seiner Sicht – wie die Überlassung von Sportanlagen zur sportlichen Nutzung durch Endverbraucher – keinen leistungsbestimmenden Bestandteil mehr ausmacht. [3]In diesen Fällen liegt insgesamt eine umsatzsteuerpflichtige Leistung eigener Art vor.

   Beispiel:

   [1]Ein Betreiber überlässt seine Veranstaltungshalle an einen Veranstalter zur Durchführung einer Ausstellung. [2]Dem Veranstalter kommt es auch darauf an, vorhandene Betriebsvorrichtungen zu nutzen.

   [3]Der Betreiber erbringt an den Veranstalter eine sonstige Leistung, die in eine steuerfreie Grundstücksvermietung und in eine steuerpflichtige Vermietung von Betriebsvorrichtun-

gen aufzuteilen ist. [4]Die Nutzungsüberlassung des Veranstalters an die Ausstellungsteilnehmer ist – soweit sie gegen Entgelt erbracht wird – nach den Grundsätzen des BFH-Urteils vom 31.5.2001, V R 97/98, BStBl. II S. 658, eine einheitliche steuerpflichtige Leistung (vgl. Abschnitte 3a.4 und 4.12.6 Abs. 2 Nr. 1).

Zu § 4 Nr. 13 UStG

4.13.1 Wohnungseigentümergemeinschaften

(1) [1]Das WoEigG[1)] unterscheidet zwischen dem Sondereigentum der einzelnen und dem gemeinschaftlichen Eigentum aller Wohnungs- und Teileigentümer (§ 1 WoEigG). [2]Gemeinschaftliches Eigentum sind das Grundstück sowie die Teile, Anlagen und Einrichtungen eines Gebäudes, die nicht im Sondereigentum eines Mitglieds der Gemeinschaft oder im Eigentum eines Dritten stehen. [3]Das gemeinschaftliche Eigentum wird in der Regel von der Gemeinschaft der Wohnungseigentümer verwaltet (§ 21 WoEigG).

(2) [1]Im Rahmen ihrer Verwaltungsaufgaben erbringen die Wohnungseigentümergemeinschaften neben nicht steuerbaren Gemeinschaftsleistungen, die den Gesamtbelangen aller Mitglieder dienen, auch steuerbare Sonderleistungen an einzelne Mitglieder. [2]Die Wohnungseigentümergemeinschaften erheben zur Deckung ihrer Kosten von ihren Mitgliedern (Wohnungs- und Teileigentümern) Umlagen, insbesondere für

– Lieferungen von Wärme (Heizung), Wasser und Strom;
– Waschküchen- und Waschmaschinenbenutzung;
– Verwaltungsgebühren (Entschädigung für den Verwalter der Gemeinschaft);
– Hausmeisterlohn;
– Instandhaltung und Instandsetzung des gemeinschaftlichen Eigentums;
– Flurbeleuchtung;
– Schornsteinreinigung;
– Feuer- und Haftpflichtversicherung;
– Müllabfuhr;
– Straßenreinigung;
– Entwässerung.

[3]Diese Umlagen sind das Entgelt für steuerbare Sonderleistungen der Wohnungseigentümergemeinschaften an ihre Mitglieder. [4]Hinsichtlich der verschiedenartigen Lieferungen und sonstigen Leistungen liegen jeweils selbständige Umsätze der Wohnungseigentümergemeinschaften an ihre Mitglieder vor, die nach § 4 Nr. 13 UStG steuerfrei sind. [5]Die Instandhaltung, Instandsetzung und Verwaltung des Sondereigentums der Mitglieder oder des Eigentums Dritter fallen nicht unter die Befreiungsvorschrift. [6]Zu den ähnlichen Gegenständen wie Wärme, deren Lieferung an die Mitglieder der Gemeinschaft steuerfrei ist, gehören nicht Kohlen, Koks, Heizöl und Gas.

[1)] Wohnungseigentumsgesetz – WEG – v. 12.1.2021, BGBl. I 2021, 34 (**Habersack** Nr. **37**).

Zu § 4 Nr. 14 UStG

4.14.1 Anwendungsbereich und Umfang der Steuerbefreiung

Anwendungsbereich

(1)[1) 1]Kriterium für die Abgrenzung der Anwendungsbereiche von § 4 Nr. 14 Buchstabe a und Buchstabe b UStG ist weniger die Art der Leistung als vielmehr der Ort ihrer Erbringung. [2]Während Leistungen nach § 4 Nr. 14 Buchstabe b UStG aus einer Gesamtheit von ärztlichen Heilbehandlungen in Einrichtungen mit sozialer Zweckbestimmung bestehen, ist § 4 Nr. 14 Buchstabe a UStG auf Leistungen anzuwenden, die außerhalb von Krankenhäusern oder ähnlichen Einrichtungen im Rahmen eines persönlichen Vertrauensverhältnisses zwischen Patienten und Behandelndem, z. B. in Praxisräumen des Behandelnden, in der Wohnung des Patienten oder an einem anderen Ort erbracht werden (vgl. EuGH-Urteil vom 6.11.2003, C-45/01, Dornier).[2)]

(2) [1]Neben dem Kriterium der Heilbehandlung (vgl. Absatz 4) muss für die Anwendung der Steuerbefreiung des § 4 Nr. 14 Buchstabe a UStG auch eine entsprechende Befähigung des Unternehmers vorliegen. [2]Diese ergibt sich aus der Ausübung eines der in § 4 Nr. 14 Buchstabe a Satz 1 UStG bezeichneten Katalogberufe oder einer ähnlichen heilberuflichen Tätigkeit (vgl. Abschnitt 4.14.4 Abs. 6 und 7).

(3) [1]Krankenhausbehandlungen und ärztliche Heilbehandlungen nach § 4 Nr. 14 Buchstabe b UStG zeichnen sich dadurch aus, dass sie in Einrichtungen mit sozialer Zweckbestimmung, wie der des Schutzes der menschlichen Gesundheit, erbracht werden. [2]Krankenhausbehandlungen und ärztliche Heilbehandlungen umfassen in Anlehnung an die im Fünften Buch Sozialgesetzbuch (SGB V – Gesetzliche Krankenversicherung)[3)] bzw. Elften Buch Sozialgesetzbuch (SGB XI – Soziale Pflegeversicherung)[3)] und im Strafvollzugsgesetz (StVollzG)[4)] definierten Leistungen u. a. Leistungen der Diagnostik, Befunderhebung, Vorsorge, Rehabilitation, Geburtshilfe und Hospizleistungen (vgl. Abschnitt 4.14.5 Abs. 1 ff.).

Umfang der Steuerbefreiung

(4) [1]Unter Beachtung der Rechtsprechung des Europäischen Gerichtshofs sind „ärztliche Heilbehandlungen" ebenso wie „Heilbehandlungen im Bereich der Humanmedizin" Tätigkeiten, die zum Zweck der Vorbeugung, Diagnose, Behandlung und, soweit möglich, der Heilung von Krankheiten oder Gesundheitsstörungen bei Menschen vorgenommen werden. [2]Die befreiten Leistungen müssen dem Schutz der Gesundheit des Betroffenen dienen (EuGH-

---

[1)] Siehe aber BFH v. 18.12.2019 XI R 23/19, DStR 2020, 563, als Nachfolgeentscheidung zu EuGH v. 18.9.2019 C-700/17, DStR 2019, 1972.

[2)] DStR 2004, 99.

[3)] **Aichberger SGB** Nr. **5** bzw. Nr. **11.**

[4)] **Habersack Ergänzungsband** Nr. **91.**

Urteile vom 14.9.2000, C-384/98, D.,[1] vom 20.11.2003, C-212/01, Unterpertinger,[1] und vom 20.11.2003, C-307/01, d'Ambrumenil und Dispute Resolution Services).[1] [3]Dies gilt unabhängig davon, um welche konkrete heilberufliche Leistung es sich handelt (Untersuchung, Attest, Gutachten usw.), für wen sie erbracht wird (Patient, Gericht, Sozialversicherung o. a.) und wer sie erbringt (freiberuflicher oder angestellter Arzt, Heilpraktiker, Physiotherapeut oder Unternehmer, der ähnliche heilberufliche Tätigkeiten ausübt, bzw. Krankenhäuser, Kliniken usw.). [4]Heilberufliche Leistungen sind daher nur steuerfrei, wenn bei der Tätigkeit ein therapeutisches Ziel im Vordergrund steht. [5]Nicht unter die Befreiung fallen Tätigkeiten, die nicht Teil eines konkreten, individuellen, der Diagnose, Behandlung, Vorbeugung und Heilung von Krankheiten oder Gesundheitsstörungen dienenden Leistungskonzeptes sind. [6]Neben (Zahn-)Ärzten und Psychotherapeuten dürfen lediglich Heilpraktiker als Angehörige der Heilberufe eigenverantwortlich körperliche oder seelische Leiden behandeln. [7]Das gilt auch für die auf das Gebiet der Physiotherapie beschränkten Heilpraktiker (vgl. BVerwG-Urteil vom 26.8.2009, 3 C 19.08, BVerwGE 134 S. 345). [8]Für Leistungen aus der Tätigkeit von Gesundheitsfachberufen kommt die Steuerbefreiung grundsätzlich nur in Betracht, wenn sie aufgrund ärztlicher Verordnung bzw. einer Verordnung eines Heilpraktikers oder im Rahmen einer Vorsorge- oder Rehabilitationsmaßnahme durchgeführt werden (vgl. BFH-Urteil vom 7.7.2005, V R 23/04, BStBl. II S. 904). [9]Behandlungen durch Angehörige von Gesundheitsfachberufen im Anschluss/Nachgang einer Verordnung eines Arztes oder Heilpraktikers sind grundsätzlich nicht als steuerfreie Heilbehandlung anzusehen, sofern für diese Anschlussbehandlungen keine neue Verordnung vorliegt.

(5) Danach sind z. B. folgende Tätigkeiten keine Heilbehandlungsleistungen:

1. die schriftstellerische oder wissenschaftliche Tätigkeit, auch soweit es sich dabei um Berichte in einer ärztlichen Fachzeitschrift handelt;
2. die Vortragstätigkeit, auch wenn der Vortrag vor Ärzten im Rahmen einer Fortbildung gehalten wird;
3. die Lehrtätigkeit;
4. die Lieferungen von Hilfsmitteln, z. B. Kontaktlinsen, Schuheinlagen;
5. die entgeltliche Nutzungsüberlassung von medizinischen Großgeräten;
6. die Erstellung von Alkohol-Gutachten, Zeugnissen oder Gutachten über das Sehvermögen, über Berufstauglichkeit, in Versicherungsangelegenheiten oder in Unterbringungssachen (vgl. z. B. BFH-Beschluss vom 31.7.2007, V B 98/06, BStBl. 2008 II S. 35, und BFH-Urteil vom 8.10.2008, V R 32/07, BStBl. 2009 II S. 429), Einstellungsuntersuchungen, Untersuchungsleistungen wie z. B. Röntgenaufnahmen zur Erstellung eines umsatzsteuerpflichtigen Gutachtens (vgl. hierzu auch BMF-Schreiben vom 8.11.2001, BStBl. I S. 826, BMF-Schreiben vom 4.5.2007, BStBl. I S. 481, und EuGH-Urteil vom 20.11.2003, C-307/01, d'Ambrumenil und Dispute Resolution Services);[2]

---

[1] IStR 2000, 594. – DStRE 2004, 44. – DStRE 2004, 47.
[2] DStRE 2004, 47.

6a. [1]Meldungen eines Arztes zur reinen Dokumentation von Patientendaten, wenn diese Meldungen keine Auswirkungen auf die Heilbehandlung eines bestimmten Patienten haben (vgl. BFH-Urteil vom 9.9.2015, XI R 31/13, n. v.). [2]Steuerfrei sind dagegen Meldungen, z. B. zur klinischen Krebsregistrierung nach § 65c Abs. 6 SGB V, bei denen nach der Auswertung der übermittelten Daten eine patientenindividuelle Rückmeldung an den Arzt erfolgt und hierdurch weitere im Einzelfall erforderliche Behandlungsmaßnahmen getroffen werden können. [3]Dies gilt auch für Meldungen zum Abschluss der Behandlung. [4]Als patientenindividuell ist auch eine pseudonymisierte Rückmeldung anzusehen, wenn der Arzt auf Grund des Inhalts und Bezugs der Rückmeldung eine konkrete Behandlungsentscheidung für den von der Rückmeldung individuell betroffenen Patienten vornehmen kann;

7. kosmetische Leistungen von Podologinnen/Podologen in der Fußpflege;

8.[1)] [1]ästhetisch-plastische Leistungen, soweit ein therapeutisches Ziel nicht im Vordergrund steht. [2]Indiz hierfür kann sein, dass die Kosten regelmäßig nicht durch Krankenversicherungen übernommen werden (vgl. BFH-Urteil vom 17.7.2004, V R 27/03, BStBl. II S. 862);

9. [1]Leistungen zur Prävention und Selbsthilfe im Sinne des § 20 SGB V, die keinen unmittelbaren Krankheitsbezug haben, weil sie lediglich „den allgemeinen Gesundheitszustand verbessern und insbesondere einen Beitrag zur Verminderung sozial bedingter Ungleichheiten von Gesundheitschancen erbringen" sollen – § 20 Abs. 1 Satz 2 SGB V – (vgl. BFH-Urteil vom 7.7.2005, V R 23/04, BStBl. II S. 904). [2]Etwas anderes gilt, wenn die entsprechenden Maßnahmen im Rahmen einer medizinischen Behandlung – auf Grund ärztlicher Anordnung oder mithilfe einer Vorsorge- oder Rehabilitationsmaßnahme – durchgeführt werden, z. B. auf Grund der von Betriebsärzten vorgenommenen und auf medizinischen Feststellungen der Betriebsärzte beruhenden Sammelüberweisung von Arbeitnehmern zur Teilnahme an Raucherentwöhnungsseminaren (vgl. BFH-Urteil vom 26.8.2014, XI R 19/12, BStBl. 2015 II S. 310);

10. Supervisionsleistungen (vgl. BFH-Urteil vom 30.6.2005, V R 1/02, BStBl. II S. 675);

11. die Durchführung einer Leichenschau, soweit es sich um die zweite Leichenschau oder weitere handelt sowie das spätere Ausstellen der Todesbescheinigung als Genehmigung zur Feuerbestattung;

12. die bloße Überlassung von Praxis- und Operationsräumen nebst Ausstattung sowie die Gestellung von Personal durch einen Arzt an andere Ärzte (vgl. BFH-Urteil vom 18.3.2015, XI R 15/11, BStBl. II S. 1058).

(5a) [1]Als ärztliche Verordnung gilt im Allgemeinen sowohl das Kassenrezept als auch das Privatrezept; bei Rezepten von Heilpraktikern handelt es sich durchweg um Privatrezepte. [2]Eine Behandlungsempfehlung durch einen Arzt

---

1) Zu medizinisch indizierten ästhetischen Operationen siehe EuGH v. 21.3.2013 C-91/12, PFC Clinic, DStR 2013, 757.

oder Heilpraktiker, z. B. bei Antritt des Aufenthalts in einem „Kur"-Hotel, gilt nicht als für die Steuerbefreiung ausreichende Verordnung.

(6) [1]Hilfsgeschäfte sind nicht nach § 4 Nr. 14 UStG steuerfrei. [2]Es kann jedoch die Steuerbefreiung nach § 4 Nr. 28 UStG in Betracht kommen (vgl. Abschnitt 4.28.1).

4.14.2 Tätigkeit als Arzt

(1) [1]Tätigkeit als Arzt im Sinne von § 4 Nr. 14 Buchstabe a UStG ist die Ausübung der Heilkunde unter der Berufsbezeichnung „Arzt" oder „Ärztin". [2]Zur Ausübung der Heilkunde gehören Maßnahmen, die der Feststellung, Heilung oder Linderung von Krankheiten, Leiden oder Körperschäden beim Menschen dienen. [3]Auch die Leistungen der vorbeugenden Gesundheitspflege (z. B. prophylaktische Impfungen und Vorsorgeuntersuchungen) gehören zur Ausübung der Heilkunde; dabei ist es unerheblich, ob die Leistungen gegenüber Einzelpersonen oder Personengruppen bewirkt werden. [4]Zum Umfang der Steuerbefreiung siehe Abschnitt 4.14.1.

(2) [1]Leistungen eines Arztes aus dem Betrieb eines Krankenhauses oder einer anderen Einrichtung im Sinne des § 4 Nr. 14 Buchstabe b UStG sind auch hinsichtlich der ärztlichen Leistung nur dann befreit, wenn die in § 4 Nr. 14 Buchstabe b UStG bezeichneten Voraussetzungen erfüllt sind (vgl. BFH-Urteil vom 18.3.2004, V R 53/00, BStBl. II S. 677).[1)] [2]Heilbehandlungsleistungen eines selbständigen Arztes, die in einem Krankenhaus erbracht werden (z. B. Belegarzt), sowie die selbständigen ärztlichen Leistungen eines im Krankenhaus angestellten Arztes (z. B. in der eigenen Praxis im Krankenhaus), sind demgegenüber nach § 4 Nr. 14 Buchstabe a UStG steuerfrei.

(3) [1]Die im Zusammenhang mit einem Schwangerschaftsabbruch nach § 218a StGB[2)] stehenden ärztlichen Leistungen stellen umsatzsteuerfreie Heilbehandlungsleistungen dar; dies gilt auch für die nach den §§ 218b, 219 StGB vorgesehene Sozialberatung durch einen Arzt. [2]Bei den sonstigen Leistungen eines Arztes im Zusammenhang mit Empfängnisverhütungsmaßnahmen handelt es sich um umsatzsteuerfreie Heilbehandlungsleistungen. [3]Die sonstigen ärztlichen Leistungen bei Schwangerschaftsabbrüchen und Empfängnisverhütungsmaßnahmen sind auch steuerfrei, wenn sie von Einrichtungen nach § 4 Nr. 14 Buchstabe b UStG ausgeführt werden.

(4) [1]Sonstige Leistungen eines Arztes im Zusammenhang mit Fruchtbarkeitsbehandlungen, z. B. das Einfrieren (Kryokonservierung) und Lagern von Eizellen oder Spermien, sind umsatzsteuerfreie Heilbehandlungsleistungen. [2]Steuerfrei ist auch die weitere Lagerung der vom Arzt im Rahmen einer Fruchtbarkeitsbehandlung eingefrorenen Eizellen oder Spermien, wenn damit ein therapeutischer Zweck verfolgt wird, z. B. zur Herbeiführung einer weiteren Schwangerschaft bei einer andauernden organisch bedingten Sterili-

---

1) Siehe aber BFH v. 18.12.2019 XI R 23/19, DStR 2020, 553, als Nachfolgeentscheidung zu EuGH v. 18.9.2019 C-700/17, DStR 2019, 1972.

2) Strafgesetzbuch i. d. F. v. 13.11.1998, BGBl. I 1998, 3322, zuletzt geänd. durch G v. 22.11.2021, BGBl. I 2021, 4906 (**Habersack** Nr. **85**).

tät. [3]Steuerpflichtig ist hingegen die vorsorgliche Lagerung von Eizellen oder Spermien ohne medizinischen Anlass, wie z. B. das sog. Social Freezing (vgl. BFH-Urteil vom 29.7.2015, XI R 23/13, BStBl. 2017 II S. 733). [4]Die bloße Lagerung eingefrorener Eizellen oder Spermien durch dritte Unternehmer, wie z. B. Kryobanken, die nicht auch die vorhergehende oder die sich ggf. anschließende Fruchtbarkeitsbehandlung erbringen, ist regelmäßig umsatzsteuerpflichtig. [5]Die Sätze 1 bis 4 gelten entsprechend, wenn die sonstigen Leistungen im Rahmen einer Fruchtbarkeitsbehandlung von Einrichtungen nach § 4 Nr. 14 Buchstabe b UStG erbracht werden.

4.14.3 Tätigkeit als Zahnarzt

(1) [1]Tätigkeit als Zahnarzt im Sinne von § 4 Nr. 14 Buchstabe a UStG ist die Ausübung der Zahnheilkunde unter der Berufsbezeichnung „Zahnarzt" oder „Zahnärztin". [2]Als Ausübung der Zahnheilkunde ist die berufsmäßige, auf zahnärztlich wissenschaftliche Kenntnisse gegründete Feststellung und Behandlung von Zahn-, Mund- und Kieferkrankheiten anzusehen. [3]Ausübung der Zahnheilkunde ist auch der Einsatz einer intraoralen Videokamera eines CEREC-Gerätes für diagnostische Zwecke.

(2) [1]Die Lieferung oder Wiederherstellung von Zahnprothesen, anderen Waren der Zahnprothetik sowie kieferorthopädischen Apparaten und Vorrichtungen ist von der Steuerbefreiung ausgeschlossen, soweit die bezeichneten Gegenstände im Unternehmen des Zahnarztes hergestellt oder wiederhergestellt werden. [2]Dabei ist es unerheblich, ob die Arbeiten vom Zahnarzt selbst oder von angestellten Personen durchgeführt werden.

(3) [1]Füllungen (Inlays), Dreiviertelkronen (Onlays) und Verblendschalen für die Frontflächen der Zähne (Veneers) aus Keramik sind Zahnprothesen im Sinne der Unterposition 9021 29 00 des Zolltarifs, auch wenn sie vom Zahnarzt computergesteuert im sog. CEREC-Verfahren hergestellt werden (vgl. BFH-Urteil vom 28.11.1996, V R 23/95, BStBl. 1999 II S. 251). [2]Zur Herstellung von Zahnprothesen und kieferorthopädischen Apparaten gehört auch die Herstellung von Modellen, Bissschablonen, Bisswällen und Funktionslöffeln. [3]Hat der Zahnarzt diese Leistungen in seinem Unternehmen erbracht, besteht insoweit auch dann Steuerpflicht, wenn die übrigen Herstellungsarbeiten von anderen Unternehmern durchgeführt werden.

(4) [1]Lassen Zahnärzte Zahnprothesen und andere Waren der Zahnprothetik außerhalb ihres Unternehmens fertigen, stellen sie aber Material, z. B. Gold und Zähne, bei, ist die Beistellung einer Herstellung gleichzusetzen. [2]Die Lieferung der Zahnprothesen durch den Zahnarzt ist daher hinsichtlich des beigestellten Materials steuerpflichtig.

(5) [1]Die Zahnärzte sind berechtigt, Pauschbeträge oder die tatsächlich entstandenen Kosten gesondert zu berechnen für

1. Abformmaterial zur Herstellung von Kieferabdrücken,
2. Hülsen zum Schutz beschliffener Zähne für die Zeit von der Präparierung der Zähne bis zur Eingliederung der Kronen,
3. nicht individuell hergestellte provisorische Kronen,

4. Material für direkte Unterfütterungen von Zahnprothesen und

5. Versandkosten für die Übersendung von Abdrücken usw. an das zahntechnische Labor.

2Die Pauschbeträge oder die berechneten tatsächlichen Kosten gehören zum Entgelt für steuerfreie zahnärztliche Leistungen. 3Steuerpflichtig sind jedoch die Lieferungen von im Unternehmen des Zahnarztes individuell hergestellten provisorischen Kronen und die im Unternehmen des Zahnarztes durchgeführten indirekten Unterfütterungen von Zahnprothesen.

(6) Als Entgelt für die Lieferung oder Wiederherstellung des Zahnersatzes usw. sind die Material- und zahntechnischen Laborkosten anzusetzen, die der Zahnarzt nach § 9 GOZ neben den Gebühren für seine ärztliche Leistung berechnen kann.

(7) 1Wird der Zahnersatz teils durch einen selbständigen Zahntechniker, teils im Unternehmen des Zahnarztes hergestellt, ist der Zahnarzt nur mit dem auf sein Unternehmen entfallenden Leistungsanteil steuerpflichtig. 2Bei der Ermittlung des steuerpflichtigen Leistungsanteils sind deshalb die Beträge nicht zu berücksichtigen, die der Zahnarzt an den selbständigen Zahntechniker zu zahlen hat.

(8) 1Die Überlassung von kieferorthopädischen Apparaten (Zahnspangen) und Vorrichtungen, die der Fehlbildung des Kiefers entgegenwirken, ist Teil der steuerfreien Heilbehandlung. 2Steuerpflichtige Lieferungen von kieferorthopädischen Apparaten können jedoch nicht schon deshalb ausgeschlossen werden, weil Zahnärzte sich das Eigentum daran vorbehalten haben (vgl. BFH-Urteil vom 23.10.1997, V R 36/96, BStBl. 1998 II S. 584).

(8a) 1Umsätze aus der professionellen Zahnreinigung sind umsatzsteuerfreie Heilbehandlungsleistungen, weil sie zur zahnmedizinischen Prophylaxe gehören. 2Werden derartige Leistungen nicht von Zahnärzten, sondern von einem Angehörigen eines ähnlichen Heilberufs erbracht, ist für die Steuerbefreiung eine ärztliche Verordnung/Indikation erforderlich. 3Von den umsatzsteuerfreien Zahnreinigungen abzugrenzen sind Maßnahmen aus ästhetischen Gründen wie Bleaching, sofern diese nicht dazu dienen, die negativen Folgen einer vorherigen steuerfreien Heilbehandlung zu beseitigen (vgl. BFH-Urteil vom 19.3.2015, V R 60/14, BStBl. II S. 946).

(9) Die Steuerfreiheit für die Umsätze der Zahnärzte gilt auch für die Umsätze der Dentisten.

4.14.4 Tätigkeit als Heilpraktiker, Physiotherapeut, Hebamme sowie als Angehöriger ähnlicher Heilberufe

Tätigkeit als Heilpraktiker

(1) Die Tätigkeit als Heilpraktiker im Sinne des § 4 Nr. 14 Buchstabe a UStG ist die berufsmäßige Ausübung der Heilkunde am Menschen – ausgenommen Zahnheilkunde – durch den Inhaber einer Erlaubnis nach § 1 Abs. 1 des Heilpraktikergesetzes.

Tätigkeit als Physiotherapeut

(2) [1]Die Tätigkeit eines Physiotherapeuten im Sinne des § 4 Nr. 14 Buchstabe a UStG besteht darin, Störungen des Bewegungssystems zu beheben und die sensomotorische Entwicklung zu fördern. [2]Ein Teilbereich der Physiotherapie ist die Krankengymnastik. [3]Die Berufsbezeichnung des Krankengymnasten ist mit Einführung des Masseur- und Physiotherapeutengesetzes – MPhG – durch die Bezeichnung „Physiotherapeut" ersetzt worden. [4]Zu den Heilmethoden der Physiotherapie kann u. a. die Hippotherapie gehören (vgl. BFH-Urteil vom 30.1.2008, XI R 53/06, BStBl. II S. 647).

Tätigkeit als Hebamme

(3) [1]Die Tätigkeit einer Hebamme bzw. eines Entbindungspflegers im Sinne des § 4 Nr. 14 Buchstabe a UStG umfasst die eigenverantwortliche Betreuung, Beratung und Pflege der Frau von Beginn der Schwangerschaft an, bei der Geburt, im Wochenbett und in der gesamten Stillzeit. [2]Eine ärztliche Verordnung ist für die Umsatzsteuerbefreiung dieser Tätigkeit nicht erforderlich.

(4) [1]Zu den steuerfreien Leistungen einer Hebamme gehören u. a. die Aufklärung und Beratung zu den Methoden der Familienplanung, die Feststellung der Schwangerschaft, die Schwangerschaftsvorsorge der normal verlaufenden Schwangerschaft mit deren notwendigen Untersuchungen sowie Veranlassung von Untersuchungen, Vorbereitung auf die Elternschaft, Geburtsvorbereitung, die eigenverantwortliche kontinuierliche Betreuung der Gebärenden und Überwachung des Fötus mit zu Hilfenahme geeigneter Mittel (Geburtshilfe) bei Spontangeburten (Entbindung), Pflege und Überwachung im gesamten Wochenbett von Wöchnerin und Kind, Überwachung der Rückbildungsvorgänge, Hilfe beim Stillen/Stillberatung, Rückbildungsgymnastik und Beratung zur angemessenen Pflege und Ernährung des Neugeborenen. [2]Unter die Steuerbefreiung fallen auch die Leistungen als Beleghebamme.

(5) Die Leistungen im Rahmen der Entbindung in von Hebammen geleiteten Einrichtungen können unter den weiteren Voraussetzungen des § 4 Nr. 14 Buchstabe b Satz 2 Doppelbuchstabe ff UStG steuerfrei sein (vgl. Abschnitt 4.14.5 Abs. 19).

Tätigkeit als Angehöriger ähnlicher heilberuflicher Tätigkeiten

(6) [1]Neben den Leistungen aus der Tätigkeit als (Zahn-)Arzt oder (Zahn-)Ärztin und aus den in § 4 Nr. 14 Buchstabe a Satz 1 UStG genannten nichtärztlichen Heil- und Gesundheitsfachberufen können auch die Umsätze aus der Tätigkeit von nicht ausdrücklich genannten Heil- und Gesundheitsfachberufen unter die Steuerbefreiung fallen. [2]Dies gilt jedoch nur dann, wenn es sich um eine einem Katalogberuf ähnliche heilberufliche Tätigkeit handelt und die sonstigen Voraussetzungen dieser Vorschrift erfüllt sind. [3]Für die Frage, ob eine ähnliche heilberufliche Tätigkeit vorliegt, ist entscheidendes Kriterium die Qualifikation des Behandelnden (vgl. EuGH-Urteil vom 27.6.2006, C-443/04, Solleveld).[1] [4]Die Steuerbefreiung der Umsätze aus heilberuflicher Tätig-

---

[1] DStRE 2007, 377.

keit im Sinne von § 4 Nr. 14 Buchstabe a UStG setzt voraus, dass es sich um ärztliche oder arztähnliche Leistungen handeln muss, und dass diese von Personen erbracht werden, die die erforderlichen beruflichen Befähigungsnachweise besitzen (vgl. BFH-Urteil vom 12.8.2004, V R 18/02, BStBl. 2005 II S. 227). [5]Grundsätzlich kann vom Vorliegen der Befähigungsnachweise ausgegangen werden, wenn die heilberufliche Tätigkeit in der Regel von Sozialversicherungsträgern finanziert wird, d.h., wenn ein Großteil der Träger der gesetzlichen Krankenkassen eine Kostentragung in ihrer Satzung regelt (vgl. BVerfG-Urteil vom 29.10.1999, 2 BvR 1264/90, BStBl. 2000 II S. 155, und BFH-Urteil vom 8.3.2012, V R 30/09, BStBl. II S. 623). [6]Auf die ertragsteuerliche Auslegung des § 18 EStG kommt es für die Frage der Umsatzsteuerfreiheit nach § 4 Nr. 14 Buchstabe a UStG nicht an, da diese Norm unter Berücksichtigung der MwStSystRL und damit nicht nach einkommensteuerrechtlichen Grundsätzen auszulegen ist.

(7) [1]Ein Beruf ist einem der im Gesetz genannten Katalogberufe ähnlich, wenn das typische Bild des Katalogberufs mit seinen wesentlichen Merkmalen dem Gesamtbild des zu beurteilenden Berufs vergleichbar ist. [2]Dazu gehören die Vergleichbarkeit der jeweils ausgeübten Tätigkeit nach den sie charakterisierenden Merkmalen, die Vergleichbarkeit der Ausbildung und die Vergleichbarkeit der Bedingungen, an die das Gesetz die Ausübung des zu vergleichenden Berufs knüpft (BFH-Urteil vom 29.1.1998, V R 3/96, BStBl. II S. 453). [3]Dies macht vergleichbare berufsrechtliche Regelungen über Ausbildung, Prüfung, staatliche Anerkennung sowie staatliche Erlaubnis und Überwachung der Berufsausübung erforderlich.

(8) [1]Das Fehlen einer berufsrechtlichen Regelung ist für sich allein kein Hinderungsgrund für die Befreiung. [2]Als Nachweis der beruflichen Befähigung für eine ärztliche oder arztähnliche Leistung ist grundsätzlich auch die Zulassung des jeweiligen Unternehmers bzw. die regelmäßige Zulassung seiner Berufsgruppe nach § 124 Abs. 2 SGB V[1)] durch die zuständigen Stellen der gesetzlichen Krankenkassen anzusehen. [3]Ist weder der jeweilige Unternehmer selbst noch – regelmäßig – seine Berufsgruppe nach § 124 Abs. 2 SGB V durch die zuständigen Stellen der gesetzlichen Krankenkassen zugelassen, kann Indiz für das Vorliegen eines beruflichen Befähigungsnachweises die Aufnahme von Leistungen der betreffenden Art in den Leistungskatalog der gesetzlichen Krankenkassen (§ 92 SGB V) sein (vgl. BFH-Urteil vom 11.11.2004, V R 34/02, BStBl. 2005 II S. 316).

(9) [1]Darüber hinaus kommen nach § 4 Nr. 14 UStG steuerfreie Leistungen auch dann in Betracht, wenn eine Rehabilitationseinrichtung auf Grund eines Versorgungsvertrags nach § 11 Abs. 2, §§ 40, 111 SGB V mit Hilfe von Fachkräften Leistungen der Rehabilitation erbringt. [2]In diesem Fall sind regelmäßig sowohl die Leistungen der Rehabilitationseinrichtung als auch die Leistungen der Fachkräfte an die Rehabilitationseinrichtung steuerfrei, soweit sie die im Versorgungsvertrag benannte Qualifikation besitzen (vgl. BFH-Urteil vom 25.11.2004, V R 44/02, BStBl. 2005 II S. 190). [3]Leistungen im Rahmen von Rehabilitationssport und Funktionstraining, die im Sinne des § 64 Abs. 1

[1)] **Aichberger SGB** Nr. 5.

Nr. 3 und 4 SGB IX[1] in Verbindung mit der „Rahmenvereinbarung über den Rehabilitationssport und das Funktionstraining" erbracht werden, können nach § 4 Nr. 14 UStG steuerfrei sein (vgl. BFH-Urteil vom 30.4.2009, V R 6/07, BStBl. II S. 679).

(9a) [1] Der berufliche Befähigungsnachweis kann sich auch aus dem Abschluss eines Integrierten Versorgungsvertrags nach §§ 140a ff. SGB V[1] zwischen dem Berufsverband des Leistungserbringers und den gesetzlichen Kassen ergeben. [2] Dies setzt voraus, dass der Leistungserbringer Mitglied des Berufsverbands ist, der Integrierte Versorgungsvertrag Qualitätsanforderungen für diese Leistungserbringer aufstellt und der Leistungserbringer diese Anforderungen auch erfüllt (vgl. BFH-Urteile vom 8.3.2012, V R 30/09, BStBl. II S. 623 und vom 26.7.2017, XI R 3/15, BStBl. 2018 II S. 793).

(10) [1] Bei Einschaltung von Subunternehmern gilt Folgendes: [2] Wird eine ärztliche oder arztähnliche Leistung in der Unternehmerkette erbracht, müssen bei jedem Unternehmer in der Kette die Voraussetzungen nach § 4 Nr. 14 Buchstabe a UStG geprüft werden.

(11)[2] [1] Eine ähnliche heilberufliche Tätigkeit nach § 4 Nr. 14 Buchstabe a Satz 1 UStG üben z. B. aus:

1. Dental-Hygienikerinnen und Dental-Hygieniker im Auftrag eines Zahnarztes (vgl. BFH-Urteil vom 12.10.2004, V R 54/03, BStBl. 2005 II S. 106);
2. Diätassistentinnen und Diätassistenten (Diätassistentengesetz – DiätAssG –);
3. Ergotherapeutinnen und Ergotherapeuten (Ergotherapeutengesetz – ErgThG –);
4. [1] Krankenschwestern, Gesundheits- und Krankenpflegerinnen und Gesundheits- und Krankenpfleger, Gesundheits- und Kinderkrankenpflegerinnen und Gesundheits- und Kinderkrankenpfleger (Krankenpflegegesetz – KrPflG –) sowie Altenpflegerinnen und Altenpfleger (Altenpflegegesetz – AltpflG –). [2] Sozialpflegerische Leistungen (z. B. Grundpflege und hauswirtschaftliche Versorgung) sind nicht nach § 4 Nr. 14 UStG steuerfrei. [3] Es kann jedoch die Steuerbefreiung nach § 4 Nr. 16 UStG in Betracht kommen (vgl. Abschnitt 4.16.5 Abs. 6);
5. Logopädinnen und Logopäden (Gesetz über den Beruf des Logopäden – LogopG –);
6. [1] Masseurinnen und medizinische Bademeisterinnen und Masseure und medizinische Bademeister (Masseur- und Physiotherapeutengesetz – MPhG –). [2] Die Steuerbefreiung kann von den genannten Unternehmern u. a. für die medizinische Fußpflege und die Verabreichung von medizinischen Bädern, Unterwassermassagen, Fangopackungen (BFH-Urteil vom 24.1.1985, IV R 249/82, BStBl. II S. 676) und Wärmebestrahlungen in Anspruch genommen werden. [3] Das gilt auch dann, wenn diese Verabreichungen selbständige Leistungen und nicht Hilfstätigkeiten zur Heilmassage darstellen;

---

[1] **Aichberger SGB** Nr. **9.**

[2] A 4.14.4 UStAE Abs. 11 Nr. 14 angef. durch BMF v. 12.3.2021, BStBl. I 2021, 380, anzuwenden in allen offenen Fällen; für vor dem 1.4.2021 ausgeführte Umsätze wird es nicht beanstandet, wenn der Unternehmer seine Leistungen abweichend von Abschnitt 4.14.4 Abs. 11 Nr. 14 UStAE umsatzsteuerpflichtig behandelt.

7. auf dem Gebiet der Humanmedizin selbständig tätige medizinisch-technische Assistentinnen für Funktionsdiagnostik und medizinisch-technische Assistenten für Funktionsdiagnostik (Gesetz über technische Assistenten der Medizin – MTAG – vgl. BFH-Urteil vom 29.1.1998, V R 3/96, BStBl. II S. 453);
8. Dipl. Oecotrophologinnen und Dipl. Oecotrophologen (Ernährungsberatende) im Rahmen einer medizinischen Behandlung (vgl. BFH-Urteile vom 10.3.2005, V R 54/04, BStBl. II S. 669, und vom 7.7.2005, V R 23/04, BStBl. II S. 904);
9. Orthoptistinnen und Orthoptisten (Orthoptistengesetz – OrthoptG –);
10. Podologinnen und Podologen (Podologengesetz – PodG –);
11. Psychologische Psychotherapeutinnen und Psychologische Psychotherapeuten sowie Kinder- und Jugendlichenpsychotherapeutinnen und Kinder- und Jugendlichenpsychotherapeuten (Psychotherapeutengesetz – PsychThG –);
12. Rettungsassistentinnen und Rettungsassistenten (Rettungsassistentengesetz – RettAssG – in der bis zum 31.12.2014 geltenden Fassung (BGBl. 2013 I S. 1348)) bzw. Notfallsanitäterinnen und Notfallsanitäter (Notfallsanitätergesetz – NotSanG –);
13. Sprachtherapeutinnen und Sprachtherapeuten, die staatlich anerkannt und nach § 124 Abs. 2 SGB V zugelassen sind;
14. Apothekerinnen und Apotheker, die im Rahmen des Modellvorhabens nach § 132j SGB V Grippeschutzimpfungen durchführen, oder die nach § 5 Abs. 10 Satz 2 Nr. 2 Betäubungsmittel-Verschreibungsverordnung Substitutionsmittel dem Patienten zum unmittelbaren Verbrauch überlassen.

2 Personen, die eine Ausbildung in einem nichtärztlichen Heil- und Gesundheitsfachberuf absolviert haben, verfügen im Regelfall bereits dann über die erforderliche Berufsqualifikation zur Erbringung steuerfreier Heilbehandlungsleistungen nach § 4 Nr. 14 Buchstabe a UStG, wenn sie die nach dem jeweiligen Berufszulassungsgesetz vorgesehene staatliche Prüfung mit Erfolg abgelegt haben (vgl. BFH-Urteil vom 7.2.2013, V R 22/12, BStBl. 2014 II S. 126). 3 Satz 2 gilt nicht, soweit Personen im Sinne des Satzes 1 Nr. 4 im Rahmen von Modellvorhaben nach § 63 Abs. 3c SGB V tätig werden.

(12) Keine ähnliche heilberufliche Tätigkeit nach § 4 Nr. 14 Buchstabe a Satz 1 UStG üben z. B. aus:

1. Fußpraktikerinnen und Fußpraktiker, weil sie vorwiegend auf kosmetischem Gebiet tätig werden;
2. Heileurythmistinnen und Heileurythmisten (BFH-Urteil vom 11.11.2004, V R 34/02, BStBl. 2005 II S. 316); etwas anderes gilt, wenn diese den Nachweis ihrer beruflichen Qualifikation durch die Teilnahmeberechtigung an einem Vertrag zur Integrierten Versorgung erbringen (vgl. Absatz 9a);
3. Krankenpflegehelferinnen und Krankenpflegehelfer (BFH-Urteil vom 26.8. 1993, V R 45/89, BStBl. II S. 887);
4. Logotherapeutinnen und Logotherapeuten (BFH-Urteil vom 23.8.2007, V R 38/04, BStBl. 2008 II S. 37);

5. Kosmetikerinnen und Kosmetiker (BFH-Urteil vom 2.9.2010, V R 47/09, BStBl. 2011 II S. 195);
6. Vitalogistinnen und Vitalogisten.

(12a) [1]Medizinisch indizierte osteopathische Leistungen stellen Heilbehandlungen i. S. d. § 4 Nr. 14 Buchstabe a UStG dar, wenn sie von einem Arzt oder Heilpraktiker mit einer entsprechenden Zusatzausbildung erbracht werden. [2]Auch Physiotherapeuten oder Masseure bzw. medizinische Bademeister mit entsprechender Zusatzausbildung können umsatzsteuerfreie osteopathische Leistungen erbringen, sofern eine ärztliche Verordnung bzw. eine Verordnung eines Heilpraktikers vorliegt.

(13) [1]Die Umsätze aus dem Betrieb einer Sauna sind grundsätzlich keine Umsätze aus der Tätigkeit eines der in § 4 Nr. 14 Buchstabe a UStG ausdrücklich genannten Berufe oder aus einer ähnlichen heilberuflichen Tätigkeit. [2]Die Verabreichung von Saunabädern ist nur insoweit nach § 4 Nr. 14 UStG umsatzsteuerfrei, als hierin eine Hilfstätigkeit zu einem Heilberuf oder einem diesen ähnlichen Beruf, z. B. als Vorbereitung oder als Nachbehandlung zu einer Massagetätigkeit, zu sehen ist (BFH-Urteile vom 21.10.1971, V R 19/71, BStBl. 1972 II S. 78, und vom 13.7.1994, XI R 90/92, BStBl. 1995 II S. 84).

4.14.5 Krankenhausbehandlungen und ärztliche Heilbehandlungen

(1) [1]Krankenhausbehandlungen und ärztliche Heilbehandlungen einschließlich der Diagnostik, Befunderhebung, Vorsorge, Rehabilitation, Geburtshilfe und Hospizleistungen sowie damit eng verbundene Umsätze, sind nach § 4 Nr. 14 Buchstabe b UStG steuerfrei, wenn sie

– von Einrichtungen des öffentlichen Rechts (§ 4 Nr. 14 Buchstabe b Satz 1 UStG) oder
– von den in § 4 Nr. 14 Buchstabe b Satz 2 Doppelbuchstabe aa bis hh UStG genannten Einrichtungen jeweils im Rahmen des von der Zulassung, dem Vertrag bzw. der Regelung nach Sozialgesetzbuch erfassten Bereichs (vgl. Absatz 24) erbracht werden.

[2]Die Behandlung der Leistungen im Maßregelvollzug durch Einrichtungen des privaten Rechts bestimmt sich nach § 4 Nr. 14 Buchstabe b Satz 2 Doppelbuchstabe ii UStG (vgl. Absatz 23).

Krankenhäuser (§ 4 Nr. 14 Buchstabe b Satz 2 Doppelbuchstabe aa UStG)

(2) Krankenhäuser sind Einrichtungen, die der Krankenhausbehandlung oder Geburtshilfe dienen, fachlich-medizinisch unter ständiger ärztlicher Leitung stehen, über ausreichende, ihrem Versorgungsauftrag entsprechende diagnostische und therapeutische Möglichkeiten verfügen und nach wissenschaftlich anerkannten Methoden arbeiten, mit Hilfe von jederzeit verfügbarem ärztlichen, Pflege-, Funktions- und medizinisch-technischen Personal darauf eingerichtet sind, vorwiegend durch ärztliche und pflegerische Hilfeleistung Krankheiten der Patienten zu erkennen, zu heilen, ihre Verschlimmerung zu

verhüten, Krankheitsbeschwerden zu lindern oder Geburtshilfe zu leisten, und in denen die Patienten untergebracht und verpflegt werden können (§ 107 Abs. 1 SGB V).[1)]

(3) [1] Krankenhäuser, die von Einrichtungen des privaten Rechts betrieben werden, unterliegen der Steuerbefreiung nach § 4 Nr. 14 Buchstabe b Satz 2 Doppelbuchstabe aa UStG, wenn sie nach § 108 SGB V[1)] zugelassen sind. [2] Dies sind somit

1. Krankenhäuser, die nach den landesrechtlichen Vorschriften als Hochschulklinik anerkannt sind,
2. Krankenhäuser, die in den Krankenhausplan eines Landes aufgenommen sind (Plankrankenhäuser), sowie
3. Krankenhäuser, die einen Versorgungsvertrag mit den Landesverbänden der Krankenkassen und den Verbänden der Ersatzkassen abgeschlossen haben.

(4)[2)] [1] Krankenhäuser, die nicht von juristischen Personen des öffentlichen Rechts betrieben werden und die weder eine Zulassung nach § 108 SGB V[1)] besitzen noch eine sonstige Einrichtung im Sinne des § 4 Nr. 14 Buchstabe b Satz 2 UStG sind, sind mit ihren in § 4 Nr. 14 Buchstabe b Satz 1 UStG genannten Leistungen steuerpflichtig. [2] Auch ihre in einer Vielzahl sonstiger Krankenhausleistungen eingebetteten ärztlichen Heilbehandlungsleistungen sind demnach von der Umsatzsteuerbefreiung ausgeschlossen (vgl. BFH-Urteil vom 18.3.2004, V R 53/00, BStBl. II S. 677). [3] Zur Anwendung der BFH-Urteile vom 23.10.2014, V R 20/14, BStBl. 2016 II S. 785, und vom 18.3.2015, XI R 38/13, BStBl. 2016 II S. 793, vgl. BMF-Schreiben vom 6.10.2016, BStBl. I S. 1076.

Zentren für ärztliche Heilbehandlung und Diagnostik oder Befunderhebung (§ 4 Nr. 14 Buchstabe b Satz 2 Doppelbuchstabe bb oder cc UStG)

(5) [1] In Zentren für ärztliche Heilbehandlung und Diagnostik werden durch ärztliche Leistungen Krankheiten, Leiden und Körperschäden festgestellt, geheilt oder gelindert. [2] Im Gegensatz zu Krankenhäusern wird den untersuchten und behandelten Personen regelmäßig weder Unterkunft noch Verpflegung gewährt.

(6) [1] Zentren für ärztliche Befunderhebung sind Einrichtungen, in denen durch ärztliche Leistung der Zustand menschlicher Organe, Gewebe, Körperflüssigkeiten usw. festgestellt wird. [2] Die Leistungen unterliegen nur der Steuerbefreiung, sofern ein therapeutisches Ziel im Vordergrund steht. [3] Blutalkoholuntersuchungen für gerichtliche Zwecke in Einrichtungen ärztlicher Befunderhebung sind daher nicht steuerfrei.

(7) [1] Leistungen von Zentren für ärztliche Heilbehandlung, Diagnostik oder Befunderhebung als Einrichtungen des privaten Rechts sind steuerfrei, wenn sie die Voraussetzungen nach § 4 Nr. 14 Buchstabe b Satz 2 Doppelbuchsta-

---

1) **Aichberger SGB** Nr. **5**.

2) Zur Steuerbefreiung für private Krankenhäuser ohne Zulassung nach § 108 SGB V siehe FG Nds. v. 2.3.2020, DStR 2021, 983, zur Vorlage an den EuGH (Rs. C-228/20).

be bb UStG erfüllen. [2]Die Befreiung setzt hiernach entweder eine Teilnahme an der ärztlichen Versorgung nach § 95 SGB V[1)] oder die Anwendung der Regelungen nach § 115 SGB V voraus. [3]Eine Teilnahme an der vertragsärztlichen Versorgung nach § 95 SGB V ist auch dann gegeben, wenn eine Einrichtung nach § 13 des Schwangerschaftskonfliktgesetzes mit einer kassenärztlichen Vereinigung eine Vergütungsvereinbarung nach § 75 Abs. 9 SGB V abgeschlossen hat. [4]Die Anforderung an die Steuerbefreiung gilt auch dann als erfüllt, wenn eine diagnostische Leistung von einer Einrichtung erbracht wird, die auf Grundlage einer durch die gesetzlichen Krankenversicherung abgeschlossenen vertraglichen Vereinbarung an der Heilbehandlung beteiligt worden ist. [5]Dies gilt insbesondere für labordiagnostische Typisierungsleistungen, die im Rahmen der Vorbereitung einer Stammzellentransplantation zur Suche nach einem geeigneten Spender für die Behandlung einer lebensbedrohlich erkrankten Person erbracht und durch das Zentrale Knochenmarkspender-Register Deutschland beauftragt werden. [6]Die vertragliche Regelung zwischen dem Spitzenverband der gesetzlichen Krankenversicherung und dem Zentralen Knochenmarkspender-Register Deutschland schließt auch labordiagnostische Typisierungsleistungen von durch zugelassene Spenderdateien beauftragte Labore mit ein.

Einrichtungen von klinischen Chemikern und Laborärzten

(8) Klinische Chemiker sind Personen, die den von der Deutschen Gesellschaft für Klinische Chemie e. V. entwickelten Ausbildungsgang mit Erfolg beendet haben und dies durch die von der genannten Gesellschaft ausgesprochene Anerkennung nachweisen.

(9)[2)] [1]Leistungen klinischer Chemiker beruhen, wie auch Leistungen von Laborärzten, nicht auf einem persönlichen Vertrauensverhältnis zu den Patienten. [2]Eine Steuerbefreiung kommt deshalb insbesondere nur nach § 4 Nr. 14 Buchstabe b Satz 2 Doppelbuchstabe bb oder cc UStG in Betracht, sofern die Leistungen im Rahmen einer Heilbehandlung erbracht werden. [3]Erforderlich ist damit eine Teilnahme an der ärztlichen Versorgung nach § 95 SGB V,[1)] die Anwendung der Regelungen nach § 115 SGB V, ein Vertrag oder eine Beteiligung an der Versorgung nach § 34 SGB VII.[3)]

Medizinische Versorgungszentren

(10) [1]Medizinische Versorgungszentren sind rechtsformunabhängige fachlich übergreifende ärztlich geleitete Einrichtungen, in denen Ärzte – mit verschiedenen Facharzt- oder Schwerpunktbezeichnungen – als Angestellte oder Vertragsärzte tätig sind (§ 95 Abs. 1 SGB V).[1)] [2]Medizinische Versorgungszentren, die an der vertragsärztlichen Versorgung nach § 95 SGB V teilnehmen, erbringen steuerfreie Leistungen nach § 4 Nr. 14 Buchstabe b Satz 2 Doppelbuchstabe bb UStG. [3]Die an einem medizinischen Versorgungszentrum als selbständige Unternehmer tätigen Ärzte erbringen dagegen steuer-

---

1) **Aichberger SGB** Nr. **5**.

2) Siehe aber BFH v. 18.12.2019 XI R 23/19, DStR 2020, 553, als Nachfolgeentscheidung zu EuGH v. 18.9.2019 C-700/17, DStR 2019, 1972.

3) **Aichberger SGB** Nr. **7**.

freie Leistungen im Sinne des § 4 Nr. 14 Buchstabe a Satz 1 UStG, wenn sie ihre Leistungen gegenüber dem medizinischen Versorgungszentrum erbringen. [4] Zu den Leistungen von Einrichtungen, mit denen Verträge nach §§ 73b, 73c oder 140a SGB V bestehen, vgl. Abschnitt 4.14.9.

Einrichtungen nach § 115 SGB V[1)]

(11) Die Regelungen des § 115 SGB V beziehen sich auf Verträge und Rahmenempfehlungen zwischen Krankenkassen, Krankenhäusern und Vertragsärzten, deren Ziel in der Gewährleistung einer nahtlosen ambulanten und stationären Heilbehandlung gegenüber dem Leistungsempfänger besteht.

(12) [1] Hierunter fallen insbesondere Einrichtungen, in denen Patienten durch Zusammenarbeit mehrerer Vertragsärzte ambulant oder stationär versorgt werden (z. B. Praxiskliniken). [2] Zu den Leistungen von Einrichtungen, mit denen Verträge nach §§ 73b, 73c oder 140a SGB V[1)] bestehen, vgl. Abschnitt 4.14.9.

(13) Des Weiteren gehören zum Kreis der nach § 4 Nr. 14 Buchstabe b Satz 2 Doppelbuchstabe bb UStG anerkannten Einrichtungen alle Einrichtungen des Vierten Abschnitts des Vierten Kapitels SGB V, für die die Regelung nach § 115 SGB V[1)] anzuwenden sind, z. B. auch Hochschulambulanzen nach § 117 SGB V, Psychiatrische Institutsambulanzen nach § 118 SGB V und Sozialpädiatrische Zentren nach § 119 SGB V.

Einrichtungen der gesetzlichen Unfallversicherung (§ 4 Nr. 14 Buchstabe b Satz 2 Doppelbuchstabe cc UStG)

(14) [1] Einrichtungen, die von den Trägern der gesetzlichen Unfallversicherung nach § 34 SGB VII[2)] an der Versorgung beteiligt worden sind, erbringen als anerkannte Einrichtung nach § 4 Nr. 14 Buchstabe b Satz 2 Doppelbuchstabe cc UStG steuerfreie Heilbehandlungen im Sinne des § 4 Nr. 14 Buchstabe b Satz 1 UStG. [2] Die Beteiligung von Einrichtungen an der Durchführung von Heilbehandlungen bzw. der Versorgung durch Träger der gesetzlichen Unfallversicherungen nach § 34 SGB VII kann auch durch Verwaltungsakt erfolgen.

Vorsorge- und Rehabilitationseinrichtungen (§ 4 Nr. 14 Buchstabe b Satz 2 Doppelbuchstabe dd UStG)

(15) Vorsorge- oder Rehabilitationseinrichtungen sind fachlich-medizinisch unter ständiger ärztlicher Verantwortung und unter Mitwirkung von besonders geschultem Personal stehende Einrichtungen, die der stationären Behandlung der Patienten dienen, um eine Schwächung der Gesundheit zu beseitigen oder einer Gefährdung der gesundheitlichen Entwicklung eines Kindes entgegenzuwirken (Vorsorge) oder eine Krankheit zu heilen, ihre Verschlimmerung zu verhüten oder Krankheitsbeschwerden zu lindern oder im Anschluss an eine Krankenhausbehandlung den dabei erzielten Behandlungserfolg zu sichern oder zu festigen (Rehabilitation), wobei Leistungen der aktivierenden Pflege nicht von den Krankenkassen übernommen werden dürfen (vgl. § 107 Abs. 2 SGB V).

---

1) **Aichberger SGB** Nr. **5**.
2) **Aichberger SGB** Nr. **7**.

(16) Vorsorge- oder Rehabilitationseinrichtungen, mit denen ein Versorgungsvertrag nach § 111 SGB V[1] besteht, sind mit ihren medizinischen Leistungen zur Vorsorge oder Leistungen zur medizinischen Rehabilitation einschließlich der Anschlussheilbehandlung, die eine stationäre Behandlung, aber keine Krankenhausbehandlung erfordern, nach § 4 Nr. 14 Buchstabe b Satz 2 Doppelbuchstabe dd UStG steuerfrei.

Einrichtungen des Müttergenesungswerks oder gleichartige Einrichtungen (§ 4 Nr. 14 Buchstabe b Satz 2 Doppelbuchstabe dd UStG)

(17) Einrichtungen des Müttergenesungswerks oder gleichartige Einrichtungen oder für Vater-Kind-Maßnahmen geeignete Einrichtungen, mit denen ein Versorgungsvertrag nach § 111a SGB V[1] besteht, sind mit ihren stationären medizinischen Leistungen zur Vorsorge oder Rehabilitation für Mütter und Väter nach § 4 Nr. 14 Buchstabe b Satz 2 Doppelbuchstabe dd UStG steuerfrei.

Medizinische Rehabilitationseinrichtungen (§ 4 Nr. 14 Buchstabe b Satz 2 Doppelbuchstabe ee UStG)

(18) [1] Nach § 4 Nr. 14 Buchstabe b Satz 2 Doppelbuchstabe ee UStG gelten Rehabilitationsdienste und Rehabilitationseinrichtungen, mit denen Verträge nach § 38 SGB IX[2] (Rehabilitation und Teilhabe behinderter Menschen) bestehen, als anerkannte Einrichtungen. [2] Dies gilt auch für ambulante Rehabilitationseinrichtungen, die Leistungen nach § 40 Abs. 1 SGB V[1] erbringen und mit denen Verträge unter Berücksichtigung von § 38 SGB IX bestehen (§ 2 Abs. 3 der Richtlinie des Gemeinsamen Bundesausschusses über Leistungen zur medizinischen Rehabilitation).

Einrichtungen zur Geburtshilfe (§ 4 Nr. 14 Buchstabe b Satz 2 Doppelbuchstabe ff UStG)

(19) [1] Von Hebammen geleitete Einrichtungen zur Geburtshilfe, z. B. Geburtshäuser und Entbindungsheime, erbringen mit der Hilfe bei der Geburt und der Überwachung des Wochenbettverlaufs sowohl ambulante wie auch stationäre Leistungen. [2] Werden diese Leistungen von Einrichtungen des privaten Rechts erbracht, unterliegen sie der Steuerbefreiung, wenn für sie nach § 4 Nr. 14 Buchstabe b Satz 2 Doppelbuchstabe ff UStG Verträge nach § 134a SGB V[1] gelten. [3] Verträge dieser Art dienen der Regelung und Versorgung mit Hebammenhilfe. [4] Die Steuerbefreiung ist unabhängig von einer sozialversicherungsrechtlichen Abrechnungsfähigkeit dieser Leistung.

Hospize (§ 4 Nr. 14 Buchstabe b Satz 2 Doppelbuchstabe gg UStG)

(20) [1] Hospize dienen der Begleitung eines würdevolleren Sterbens. [2] Leistungen in und von Hospizen werden sowohl ambulant als auch stationär ausgeführt.

(21) [1] Stationäre und teilstationäre Hospizleistungen fallen unter die Befreiungsvorschrift nach § 4 Nr. 14 Buchstabe b Satz 2 Doppelbuchstabe gg UStG,

---

[1] **Aichberger SGB** Nr. **5.**
[2] **Aichberger SGB** Nr. **9.**

sofern sie von Einrichtungen des Privatrechts erbracht werden, mit denen Verträge nach § 39a Abs. 1 SGB V[1] bestehen. [2]Diese Verträge regeln Zuschüsse zur stationären oder teilstationären Versorgung in Hospizen, in denen palliativ-medizinische Behandlungen erbracht werden, wenn eine ambulante Versorgung im eigenen Haushalt ausgeschlossen ist.

(22) [1]Ambulante Hospizleistungen, die unter der fachlichen Verantwortung von Gesundheits- und Krankenpflegern oder anderen vergleichbar qualifizierten medizinischen Fachkräften erbracht werden, unterliegen der Steuerbefreiung nach § 4 Nr. 14 Buchstabe a UStG. [2]Das Gleiche gilt für Leistungen der spezialisierten ambulanten Palliativversorgung nach § 37b SGB V.[1]

Dialyseeinrichtungen (§ 4 Nr. 14 Buchstabe b Satz 2 Doppelbuchstabe hh UStG)

(22a) Einrichtungen, die nicht bereits nach § 95 SGB V als Dialysezentren zugelassen sind, mit denen aber Verträge nach § 127 in Verbindung mit § 126 Abs. 3 SGB V[1] über die Erbringung nichtärztlicher Dialyseleistungen bestehen, sind mit ihren entsprechenden Dialyseleistungen nach § 4 Nr. 14 Buchstabe b Satz 2 Doppelbuchstabe hh UStG von der Umsatzsteuer befreit.

Maßregelvollzug (§ 4 Nr. 14 Buchstabe b Satz 2 Doppelbuchstabe ii UStG)

(23) [1]Die Umsätze von Krankenhäusern des Maßregelvollzugs, die von juristischen Personen des öffentlichen Rechts betrieben werden, sind nach § 4 Nr. 14 Buchstabe b Satz 1 UStG umsatzsteuerfrei. [2]Einrichtungen des privaten Rechts, denen im Wege der Beleihung die Durchführung des Maßregelvollzugs übertragen wird und die nicht über eine Zulassung nach § 108 SGB V[1] verfügen, sind mit ihren Leistungen nach § 4 Nr. 14 Buchstabe b Satz 2 Doppelbuchstabe ii UStG ebenfalls von der Umsatzsteuer befreit, wenn es sich um Einrichtungen nach § 138 Abs. 1 Satz 1 StVollzG[2] handelt. [3]Hierunter fallen insbesondere psychiatrische Krankenhäuser und Entziehungsanstalten, in denen psychisch kranke oder suchtkranke Straftäter behandelt und untergebracht werden. [4]Neben den ärztlichen Behandlungsleistungen umfasst die Steuerbefreiung auch die Unterbringung, Verpflegung und Verwahrung der in diesen Einrichtungen untergebrachten Personen.

Beschränkung der Steuerbefreiungen

(24) [1]Leistungen nach § 4 Nr. 14 Buchstabe b UStG sind sowohl im Bereich gesetzlicher Versicherungen steuerfrei als auch bei Vorliegen eines privaten Versicherungsschutzes. [2]Die Steuerbefreiung für Einrichtungen im Sinne des § 4 Nr. 14 Buchstabe b Satz 2 Doppelbuchstabe aa bis hh UStG wird jedoch jeweils auf den Bereich der Zulassung, des Vertrages bzw. der Regelung nach Sozialgesetzbuch beschränkt.

Beispiel:

Eine Einrichtung ohne Zulassung nach § 108 SGB V, mit der ein Versorgungsvertrag nach § 111 SGB V besteht, kann keine steuerfreien Krankenhausbehandlungen erbringen.

---

[1] **Aichberger SGB** Nr. **5**.

[2] Strafvollzugsgesetz v. 16.3.1976, BGBl. I 581, 2088, 1977 I, 436, zuletzt geänd. durch G v. 5.10.2021, BGBl. I 2021, 4607 (**Habersack Ergänzungsband** Nr. **91**).

(25) [1]Die Steuerbefreiung beschränkt sich allerdings nicht auf den „Umfang" z.B. des im Rahmen der Zulassung vereinbarten Leistungspakets. [2]Sofern z.B. ein nach § 108 SGB V[1)] zugelassenes Krankenhaus Leistungen erbringt, die über den Leistungskatalog der gesetzlichen Krankenversicherung hinausgehen (z.B. Chefarztbehandlung, Doppel- oder Einzelzimmerbelegung), fallen auch diese unter die Steuerbefreiung nach § 4 Nr. 14 Buchstabe b UStG.

4.14.6 Eng mit Krankenhausbehandlungen und ärztlichen Heilbehandlungen verbundene Umsätze

(1) [1]Als eng mit Krankenhausbehandlungen und ärztlichen Heilbehandlungen nach § 4 Nr. 14 Buchstabe b UStG verbundene Umsätze sind Leistungen anzusehen, die für diese Einrichtungen nach der Verkehrsauffassung typisch und unerlässlich sind, regelmäßig und allgemein beim laufenden Betrieb vorkommen und damit unmittelbar oder mittelbar zusammenhängen (vgl. BFH-Urteil vom 1.12.1977, V R 37/75, BStBl. 1978 II S. 173). [2]Die Umsätze dürfen nicht im Wesentlichen dazu bestimmt sein, den Einrichtungen zusätzliche Einnahmen durch Tätigkeiten zu verschaffen, die in unmittelbarem Wettbewerb zu steuerpflichtigen Umsätzen anderer Unternehmer stehen (vgl. EuGH-Urteil vom 1.12.2005, C-394/04 und C-395/04, Ygeia).[2)]

(2)[3)] Unter diesen Voraussetzungen können zu den eng verbundenen Umsätzen gehören:

1. die stationäre oder teilstationäre Aufnahme von Patienten, deren ärztliche und pflegerische Betreuung einschließlich der Lieferungen der zur Behandlung erforderlichen Medikamente;
2. die Behandlung und Versorgung ambulanter Patienten;
3. [1]die Abgabe von individuell für den einzelnen Patienten in einer Apotheke des Krankenhauses hergestellten Arzneimitteln, wenn diese im Rahmen einer ambulant in den Räumen dieses Krankenhauses durchgeführten Heilbehandlung verwendet werden; auf die sozialrechtliche Ermächtigungsform für die ambulante Heilbehandlung kommt es nicht an (vgl. BFH-Urteil vom 24.9.2014, V R 19/11, BStBl. 2016 II S. 781). [2]Eine Behandlung im selben Gebäude ist nicht erforderlich. [3]Für die Steuerbefreiung ist die Abgabe von patientenindividuell hergestellten Arzneimitteln durch die Krankenhausapotheke eines Krankenhauses zur Behandlung eines Patienten in einem Krankenhaus desselben Unternehmers an einem anderen Standort unschädlich;
4. die Lieferungen von Körperersatzstücken und orthopädischen Hilfsmitteln, soweit sie unmittelbar mit einer Leistung im Sinne des § 4 Nr. 14 Buchstabe b UStG in Zusammenhang stehen;
5. die Überlassung von Einrichtungen (z.B. Operationssaal, Röntgenanlage, medizinisch-technische Großgeräte) und die damit verbundene Gestellung von medizinischem Hilfspersonal durch Einrichtungen nach § 4 Nr. 14

---

1) **Aichberger SGB** Nr. **5.**
2) DStRE 2006, 86.
3) Siehe ergänzend OFD Ffm v. 7.12.2017 – S 7170 A – 92 – St 16, UR 2018, 370.

Buchstabe b UStG an andere Einrichtungen dieser Art, an angestellte Ärzte für deren selbständige Tätigkeit und an niedergelassene Ärzte zur Mitbenutzung;

6. *(aufgehoben)*
7. die Gestellung von Ärzten und von medizinischem Hilfspersonal durch Einrichtungen nach § 4 Nr. 14 Buchstabe b UStG an andere Einrichtungen dieser Art;
8. [1] die Lieferungen von Gegenständen des Anlagevermögens, z. B. Röntgeneinrichtungen, Krankenfahrstühle und sonstige Einrichtungsgegenstände. [2] Zur Veräußerung des gesamten Anlagevermögens siehe jedoch Absatz 3 Nummer 11;
9. die Erstellung von ärztlichen Gutachten gegen Entgelt, sofern ein therapeutischer Zweck im Vordergrund steht.

(3)[1)] Nicht zu den eng verbundenen Umsätzen gehören insbesondere:

1. die entgeltliche Abgabe von Speisen und Getränken an Besucher;
2. die Lieferungen von Arzneimitteln an das Personal oder Besucher sowie die Abgabe von Medikamenten gegen gesondertes Entgelt an ehemals ambulante oder stationäre Patienten zur Überbrückung;
3. [1] die Arzneimittellieferungen einer Krankenhausapotheke an Krankenhäuser anderer Träger (BFH-Urteil vom 18.10.1990, V R 76/89, BStBl. 1991 II S. 268) sowie die entgeltlichen Medikamentenlieferungen an ermächtigte Ambulanzen des Krankenhauses, an Polikliniken, an Institutsambulanzen, an sozialpädiatrische Zentren – soweit es sich in diesen Fällen nicht um nicht steuerbare Innenumsätze des Trägers der jeweiligen Krankenhausapotheke handelt – und an öffentliche Apotheken. [2] Auch die Steuerbefreiung nach § 4 Nr. 18 UStG kommt insoweit nicht in Betracht;
4. die Abgabe von nicht patientenindividuell hergestellten Medikamenten zur unmittelbaren Anwendung durch ermächtigte Krankenhausambulanzen an Patienten während der ambulanten Behandlung sowie die Abgabe von Medikamenten durch Krankenhausapotheken an Patienten im Rahmen der ambulanten Behandlung im Krankenhaus;
5. die in Abschnitt 4.14.1 Abs. 5 Nr. 6 genannten Leistungen;
6. [1] ästhetisch-plastische Leistungen, soweit ein therapeutisches Ziel nicht im Vordergrund steht. [2] Indiz hierfür kann sein, dass die Kosten regelmäßig nicht durch Krankenversicherungen übernommen werden (vgl. BFH-Urteil vom 17.7.2004, V R 27/03, BStBl. II S. 862);
7. Leistungen zur Prävention und Selbsthilfe im Sinne des § 20 SGB V,[2)] die keinen unmittelbaren Krankheitsbezug haben, weil sie lediglich „den allgemeinen Gesundheitszustand verbessern und insbesondere einen Beitrag zur Verminderung sozial bedingter Ungleichheiten von Gesundheitschancen erbringen" sollen – § 20 Abs. 1 Satz 2 SGB V – (vgl. BFH-Urteil vom 7.7.2005, V R 23/04, BStBl. II S. 904);

[1)] Siehe ergänzend OFD Ffm v. 7.12.2017 – S 7170 A – 92 – St 16, UR 2018, 370.
[2)] **Aichberger SGB** Nr. 5.

8. Supervisionsleistungen (vgl. BFH-Urteil vom 30.6.2005, V R 1/02, BStBl. II S. 675);
9. [1] die Leistungen der Zentralwäschereien (vgl. BFH-Urteil vom 18.10. 1990, V R 35/85, BStBl. 1991 II S. 157). [2] Dies gilt sowohl für die Fälle, in denen ein Krankenhaus in seiner Wäscherei auch die Wäsche anderer Krankenhäuser reinigt, als auch für die Fälle, in denen die Wäsche mehrerer Krankenhäuser in einer verselbständigten Wäscherei gereinigt wird. [3] Auch die Steuerbefreiung nach § 4 Nr. 18 UStG kommt nicht in Betracht;
10. die Telefongestellung an Patienten, die Vermietung von Fernsehgeräten und die Unterbringung und Verpflegung von Begleitpersonen (EuGH-Urteil vom 1.12.2005, C-394/04 und C-395/04, Ygeia);[1)]
11. [1] die Veräußerung des gesamten beweglichen Anlagevermögens und der Warenvorräte nach Einstellung des Betriebs (BFH-Urteil vom 1.12.1977, V R 37/75, BStBl. 1978 II S. 173). [2] Es kann jedoch die Steuerbefreiung nach § 4 Nr. 28 UStG in Betracht kommen.

4.14.7 Rechtsform des Unternehmers

Tätigkeit als Arzt, Zahnarzt, Heilpraktiker, Physiotherapeut, Hebamme oder ähnliche heilberufliche Tätigkeit (§ 4 Nr. 14 Buchstabe a UStG)

(1) [1] Werden Leistungen aus der Tätigkeit als Arzt, Zahnarzt, Heilpraktiker oder aus einer anderen heilberuflichen Tätigkeit im Sinne des § 4 Nr. 14 Buchstabe a UStG erbracht, kommt es für die Steuerbefreiung nach dieser Vorschrift nicht darauf an, in welcher Rechtsform der Unternehmer die Leistung erbringt (vgl. BFH-Urteile vom 4.3.1998, XI R 53/96, BStBl. 2000 II S. 13, und vom 26.9.2007, V R 54/05, BStBl. 2008 II S. 262). [2] Auch ein in der Rechtsform einer GmbH & Co. KG betriebenes Unternehmen kann bei Vorliegen der Voraussetzungen die Steuerbefreiung nach § 4 Nr. 14 UStG in Anspruch nehmen (vgl. Beschluss des BVerfG vom 10.11.1999, 2 BvR 2861/93, BStBl. 2000 II S. 160). [3] Die Steuerbefreiung hängt im Wesentlichen davon ab, dass es sich um ärztliche oder arztähnliche Leistungen handelt und dass diese von Personen erbracht werden, die die erforderlichen beruflichen Befähigungsnachweise besitzen (vgl. EuGH-Urteil vom 10.9.2002, C-141/00, Kügler).[2)] [4] Die Leistungen können auch mit Hilfe von Arbeitnehmern, die die erforderliche berufliche Qualifikation aufweisen, erbracht werden (vgl. BFH-Urteil vom 1.4.2004, V R 54/98, BStBl. II S. 681, für eine Stiftung).

(2) Die Umsätze einer Personengesellschaft aus einer heilberuflichen Tätigkeit sind auch dann nach § 4 Nr. 14 Buchstabe a UStG steuerfrei, wenn die Gesellschaft daneben eine Tätigkeit im Sinne des § 15 Abs. 1 Nr. 1 EStG ausübt und ihre Einkünfte deshalb ertragsteuerlich als Einkünfte aus Gewerbebetrieb nach § 15 Abs. 3 Nr. 1 EStG zu qualifizieren sind (vgl. BFH-Urteil vom 13.7.1994, XI R 90/92, BStBl. 1995 II S. 84).

---

1) DStRE 2006, 286.
2) DStRE 2002, 1196.

(3) [1]Der Befreiung von Heilbehandlungen im Bereich der Humanmedizin steht nicht entgegen, wenn diese im Rahmen von Verträgen der hausarztzentrierten Versorgung nach § 73b SGB V[1)] oder der besonderen ambulanten ärztlichen Versorgung nach § 73c SGB V bzw. nach anderen sozialrechtlichen Vorschriften erbracht werden. [2]Zu den Leistungen von Einrichtungen, mit denen Verträge nach §§ 73b, 73c oder 140a SGB V bestehen, vgl. Abschnitt 4.14.9.

Krankenhausbehandlungen und ärztliche Heilbehandlungen (§ 4 Nr. 14 Buchstabe b UStG)

(4) Neben Leistungen, die unmittelbar von Ärzten oder anderen Heilkundigen unter ärztlicher Aufsicht erbracht werden, umfasst der Begriff ärztliche Heilbehandlung auch arztähnliche Leistungen, die u. a. in Krankenhäusern unter der alleinigen Verantwortung von Personen, die keine Ärzte sind, erbracht werden (vgl. EuGH-Urteil vom 6.11.2003, C-45/01, Dornier).[2)]

(5) [1]Begünstigte Leistungserbringer können Einrichtungen des öffentlichen Rechts (§ 4 Nr. 14 Buchstabe b Satz 1 UStG) oder Einrichtungen des privaten Rechts, die nach § 4 Nr. 14 Buchstabe b Satz 2 UStG mit Einrichtungen des öffentlichen Rechts in sozialer Hinsicht, insbesondere hinsichtlich der Bedingungen, vergleichbar sind, sein. [2]Der Begriff „Einrichtung" umfasst dabei auch natürliche Personen. [3]Als privatrechtliche Einrichtungen sind auch Einrichtungen anzusehen, die in der Form privatrechtlicher Gesellschaften betrieben werden, deren Anteile nur von juristischen Personen des öffentlichen Rechts gehalten werden.

4.14.8 Praxis- und Apparategemeinschaften

(1) [1]Steuerbefreit werden sonstige Leistungen von Gemeinschaften, deren Mitglieder ausschließlich Angehörige der in § 4 Nr. 14 Buchstabe a UStG bezeichneten Berufe und/oder Einrichtungen im Sinne des § 4 Nr. 14 Buchstabe b UStG sind, soweit diese Leistungen für unmittelbare Zwecke der Ausübung der Tätigkeit nach § 4 Nr. 14 Buchstabe a oder b UStG verwendet werden und die Gemeinschaft von ihren Mitgliedern lediglich die genaue Erstattung des jeweiligen Anteils an den gemeinsamen Kosten fordert. [2]Als Gemeinschaften gelten nur Einrichtungen, die als Unternehmer im Sinne des § 2 UStG anzusehen sind.

(2) [1]Die Leistungen von Gemeinschaften nach § 4 Nr. 14 Buchstabe d UStG bestehen u. a. in der Zurverfügungstellung von medizinischen Einrichtungen, Apparaten und Geräten. [2]Des Weiteren führen die Gemeinschaften beispielsweise mit eigenem medizinisch-technischen Personal Laboruntersuchungen, Röntgenaufnahmen und andere medizinisch-technische Leistungen an ihre Mitglieder aus.

(3) [1]Voraussetzung für die Steuerbefreiung ist, dass die Leistungen von den Mitgliedern unmittelbar für ihre nach § 4 Nr. 14 Buchstabe a oder b UStG

[1)] **Aichberger SGB** Nr. **5.**
[2)] DStRE 2004, 99.

steuerfreien Umsätze verwendet werden. [2]Übernimmt die Gemeinschaft für ihre Mitglieder z. B. die Buchführung, Rechtsberatung oder die Tätigkeit einer ärztlichen Verrechnungsstelle, handelt es sich um Leistungen, die nur mittelbar zur Ausführung von steuerfreien Heilbehandlungsleistungen bezogen werden und deshalb nicht von der Umsatzsteuer nach § 4 Nr. 14 Buchstabe d UStG befreit sind. [3]Die Anwendung der Steuerbefreiung setzt allerdings nicht voraus, dass die Leistungen stets allen Mitgliedern gegenüber erbracht werden (vgl. EuGH-Urteil vom 11.12.2008, C-407/07, Stichting Centraal Begeleidingsorgaan voor de Intercollegiale Toetsing).[1)]

(4) [1]Für die Steuerbefreiung ist es unschädlich, wenn die Gemeinschaft den jeweiligen Anteil der gemeinsamen Kosten des Mitglieds direkt im Namen des Mitglieds mit den Krankenkassen abrechnet. [2]Die Leistungsbeziehung zwischen Gemeinschaft und Mitglied bleibt weiterhin bestehen. [3]Der verkürzte Abrechnungsweg kann als Serviceleistung angesehen werden, die als unselbständige Nebenleistung das Schicksal der Hauptleistung teilt.

(5) Auch Laborleistungen gemäß § 25 Abs. 3 des Bundesmantelvertrags-Ärzte, wonach die Laborgemeinschaft für den Arzt die auf ihn entfallenden Analysekosten gegenüber der zuständigen Kassenärztlichen Vereinigung abrechnet, erfüllen hinsichtlich der dort geforderten „genauen Erstattung des jeweiligen Anteils an den gemeinsamen Kosten" die Voraussetzung des § 4 Nr. 14 Buchstabe d UStG.

(6) [1]Beschafft und überlässt die Gemeinschaft ihren Mitgliedern Praxisräume, ist dieser Umsatz nicht nach § 4 Nr. 14 Buchstabe d UStG befreit. [2]Vielmehr handelt es sich hierbei um sonstige Leistungen, die in der Regel unter die Steuerbefreiung für die Vermietung von Grundstücken nach § 4 Nr. 12 Satz 1 Buchstabe a UStG fallen.

(7) [1]Die Befreiung darf nach Artikel 132 Abs. 1 Buchstabe f MwStSystRL[2)] nicht zu einer Wettbewerbsverzerrung führen. [2]Sie kann sich deshalb nur auf die sonstigen Leistungen der ärztlichen Praxis- und Apparategemeinschaften beziehen, nicht aber auf Fälle, in denen eine Gemeinschaft für ihre Mitglieder z. B. die Buchführung, die Rechtsberatung oder die Tätigkeit einer ärztlichen Verrechnungsstelle übernimmt.

(8) [1]Leistungen der Gemeinschaft an Nicht-Mitglieder sind von der Befreiung nach § 4 Nr. 14 Buchstabe d UStG ausgeschlossen. [2]Das gilt auch dann, wenn ein Leistungsempfänger, der nicht Mitglied ist, der Gemeinschaft ein Darlehen oder einen Zuschuss gegeben hat.

4.14.9 Leistungen von Einrichtungen mit Versorgungsverträgen nach §§ 73b, 73c oder 140a SGB V[3)]

(1) Im Rahmen eines Versorgungsvertrags nach §§ 73b, 73c oder 140a SGB V[3)] wird die vollständige bzw. teilweise ambulante und/oder stationäre Versorgung der Mitglieder der jeweiligen Krankenkasse auf eine Einrichtung

---

[1)] DStRE 2009, 110.
[2)] **Steuergesetze** Nr. **550.**
[3)] **Aichberger SGB** Nr. **5.**

im Sinne der §§ 73b Abs. 4, 73c Abs. 3 oder 140b Abs. 1 SGB V übertragen mit dem Ziel, eine bevölkerungsbezogene Flächendeckung der Versorgung zu ermöglichen.

(2) Einrichtungen im Sinne der §§ 73b Abs. 4, 73c Abs. 3 und 140b Abs. 1 SGB V,[1] die Leistungen nach § 4 Nr. 14 Buchstabe a und b UStG erbringen, führen nach § 4 Nr. 14 Buchstabe c UStG steuerfreie Umsätze aus, soweit mit ihnen Verträge

- zur hausarztzentrierten Versorgung nach § 73b SGB V,
- zur besonderen ambulanten ärztlichen Versorgung nach § 73c SGB V oder
- zur integrierten Versorgung nach § 140a SGB V

bestehen.

(3) Zu den Einrichtungen nach § 73b Abs. 4 SGB V[1] zählen:

- vertragsärztliche Leistungserbringer, die an der hausärztlichen Versorgung nach § 73 Abs. 1a SGB V teilnehmen, und deren Gemeinschaften;
- Gemeinschaften, die mindestens die Hälfte der an der hausärztlichen Versorgung teilnehmenden Allgemeinärzte des Bezirks einer Kassenärztlichen Vereinigung vertreten;
- Träger von Einrichtungen, die eine hausarztzentrierte Versorgung nach § 73b Abs. 1 SGB V durch vertragsärztliche Leistungserbringer, die an der hausärztlichen Versorgung nach § 73 Abs. 1a SGB V teilnehmen, anbieten;
- Kassenärztliche Vereinigungen, soweit Gemeinschaften von vertragsärztlichen Leistungserbringern, die an der hausärztlichen Versorgung nach § 73 Abs. 1a SGB V teilnehmen, sie hierzu ermächtigt haben.

(4) Zu den Einrichtungen nach § 73c Abs. 3 SGB V[1] zählen:

- vertragsärztliche Leistungserbringer;
- Gemeinschaften vertragsärztlicher Leistungserbringer;
- Träger von Einrichtungen, die eine besondere ambulante Versorgung nach § 73c Abs. 1 SGB V durch vertragsärztliche Leistungserbringer anbieten;
- Kassenärztliche Vereinigungen.

(5) Zu den Einrichtungen nach § 140b Abs. 1 SGB V[1] zählen:

- einzelne, zur vertragsärztlichen Versorgung zugelassene Ärzte und Zahnärzte und einzelne sonstige, nach dem Vierten Kapitel des SGB V zur Versorgung der Versicherten berechtigte Leistungserbringer;
- Träger zugelassener Krankenhäuser, soweit sie zur Versorgung berechtigt sind, Träger von stationären Vorsorge- und Rehabilitationseinrichtungen, soweit mit ihnen ein Versorgungsvertrag nach § 111 SGB V besteht, Träger von ambulanten Rehabilitationseinrichtungen;
- Träger von Einrichtungen nach § 95 Abs. 1 Satz 2 SGB V (medizinische Versorgungszentren);
- Träger von Einrichtungen, die eine integrierte Versorgung nach § 140a SGB V durch zur Versorgung der Versicherten nach dem Vierten Kapitel des SGB V berechtigte Leistungserbringer anbieten (sog. Managementgesellschaften);

---

[1] **Aichberger SGB** Nr. 5.

– Pflegekassen und zugelassene Pflegeeinrichtungen auf der Grundlage des § 92b SGB XI;[1)]
– Gemeinschaften der vorgenannten Leistungserbringer und deren Gemeinschaften;
– Praxiskliniken nach § 115 Abs. 2 Satz 1 Nr. 1 SGB V.

(6) [1] Gemeinschaften der in Absatz 3 bis 5 genannten Einrichtungen sind z. B. Managementgesellschaften, die als Träger dieser Einrichtungen nicht selbst Versorger sind, sondern eine Versorgung durch dazu berechtigte Leistungserbringer anbieten. [2] Sie erbringen mit der Übernahme der Versorgung von Patienten und dem „Einkauf" von Behandlungsleistungen Dritter sowie der Einhaltung vereinbarter Ziele und Qualitätsstandards steuerfreie Leistungen, wenn die beteiligten Leistungserbringer die jeweiligen Heilbehandlungsleistungen unmittelbar mit dem Träger abrechnen. [3] In diesen Fällen ist die Wahrnehmung von Managementaufgaben als unselbständiger Teil der Heilbehandlungsleistung der Managementgesellschaften gegenüber der jeweiligen Krankenkasse anzusehen. [4] Sofern in einem Vertrag zur vollständigen bzw. teilweisen ambulanten und/oder stationären Versorgung der Mitglieder der Krankenkasse jedoch lediglich Steuerungs-, Koordinierungs- und/oder Managementaufgaben von der Krankenkasse auf die Managementgesellschaft übertragen werden, handelt es sich hierbei um eine Auslagerung von Verwaltungsaufgaben. [5] Diese Leistungen gegenüber der jeweiligen Krankenkasse stellen keine begünstigten Heilbehandlungen dar und sind steuerpflichtig.

Zu § 4 Nr. 15 UStG

4.15.1[2)] *(aufgehoben)*

Zu § 4 Nr. 16 UStG

4.16.1 Anwendungsbereich und Umfang der Steuerbefreiung

Anwendungsbereich

(1) [1] § 4 Nr. 16 UStG selbst enthält nur eine allgemeine Definition der Betreuungs- und Pflegeleistungen. [2] Welche Leistungen letztlich im Einzelnen in den Anwendungsbereich der Steuerbefreiung fallen, ergibt sich aus der Definition der nach § 4 Nr. 16 Satz 1 Buchstaben a bis l UStG begünstigten Einrichtungen. [3] Soweit diese im Rahmen ihrer sozialrechtlichen Anerkennung Betreuungs- und Pflegeleistungen ausführen (vgl. auch Absatz 8 und 9), fallen ihre Leistungen in den Anwendungsbereich der Steuerbefreiung.

(2) Die mit dem Betrieb von Einrichtungen zur Betreuung oder Pflege körperlich, geistig oder seelisch hilfsbedürftiger Personen eng verbundenen Leistungen sind nach § 4 Nr. 16 Satz 1 Buchstabe a UStG steuerfrei, wenn sie von Einrichtungen des öffentlichen Rechts erbracht werden.

[1)] **Aichberger SGB** Nr. **11**.
[2)] A 4.15.1 UStAE aufgeh. durch BMF v. 15.12.2020, BStBl. I 2020, 1374.

(3)[1)] [1]Ferner sind die Betreuungs- oder Pflegeleistungen nach § 4 Nr. 16 Satz 1 Buchstaben b bis l UStG steuerfrei, wenn sie von anderen anerkannten Einrichtungen mit sozialem Charakter im Sinne des Artikels 132 Abs. 1 Buchstabe g MwStSystRL[2)] erbracht werden. [2]Dabei umfasst der Begriff „Einrichtungen" unabhängig von der Rechts- oder Organisationsform des Leistungserbringers sowohl natürliche als auch juristische Personen. [3]Als andere Einrichtungen sind auch Einrichtungen anzusehen, die in der Form privatrechtlicher Gesellschaften betrieben werden, deren Anteile nur von juristischen Personen des öffentlichen Rechts gehalten werden. [4]Für die Anerkennung eines Unternehmers als eine Einrichtung mit sozialem Charakter reicht es für sich allein nicht schon aus, dass der Unternehmer lediglich als Subunternehmer für eine anerkannte Einrichtung tätig ist. [5]Ein Zeitarbeitsunternehmen, das anerkannten Pflegeeinrichtungen staatlich geprüfte Pflegekräfte zur Verfügung stellt, ist selbst keine Einrichtung mit sozialem Charakter (vgl. EuGH-Urteil vom 12.3.2015, C-594/13, „go fair" Zeitarbeit, BStBl. II S. 980).

Umfang der Steuerbefreiung an hilfsbedürftige Personen

(4) [1]Die Steuerbefreiung erfasst sowohl Betreuungs- als auch Pflegeleistungen für hilfsbedürftige Personen. [2]Hilfsbedürftig sind alle Personen, die auf Grund ihres körperlichen, geistigen oder seelischen Zustands der Betreuung oder Pflege bedürfen. [3]Der Betreuung oder Pflege bedürfen Personen, die krank, behindert oder von einer Behinderung bedroht sind. [4]Dies schließt auch Personen mit ein, bei denen ein Grundpflegebedarf oder eine erhebliche Einschränkung der Alltagskompetenz (§ 45a SGB XI),[3)] besteht. [5]Hilfsbedürftig sind darüber hinaus auch Personen, denen Haushaltshilfe nach dem KVLG 1989, dem ALG oder dem SGB VII[4)] gewährt wird, etwa im Fall der Arbeitsunfähigkeit nach § 10 Abs. 1 KVLG 1989.

Umfang der Steuerbefreiung bei Leistungen auch an nicht hilfsbedürftige Personen

(5) [1]Soweit Pflege- oder Betreuungsleistungen in stationären Einrichtungen in geringem Umfang auch an nicht hilfsbedürftige Personen erbracht werden, ist die Inanspruchnahme der Steuerbefreiung nicht zu beanstanden. [2]Von einem geringen Umfang ist auszugehen, wenn die Leistungen in nicht mehr als 10% der Fälle an nicht hilfsbedürftige Personen erbracht werden. [3]Die Steuerbefreiung gilt dann insgesamt für die mit dem Betrieb eines Altenheims oder Pflegeheims eng verbundenen Umsätze, auch wenn hier in geringem Umfang bereits Personen aufgenommen werden, die nicht betreuungs- oder pflegebedürftig sind.

Umfang der Steuerbefreiung bei Betreuungs- und Pflegeleistungen

(6) [1]Die Steuerbefreiung umfasst die mit dem Betrieb von Einrichtungen zur Betreuung oder Pflege körperlich, geistig oder seelisch hilfsbedürftiger

---

[1)] Zur umsatzsteuerrechtlichen Behandlung von Gutachtertätigkeiten im Auftrag des MDK siehe BFH v. 24.2.2021 XI R 30/20 (XI R 11/17), DStR 2021, 1534, als Nachfolgeentscheidung zu EuGH v. 8.10.2020 C-657/19, MwStR 2020, 1059 (Rspr.-Änderung).

[2)] **Steuergesetze** Nr. **550**.

[3)] **Aichberger SGB** Nr. **11**.

[4)] **Aichberger SGB** Nr. **30/20** (KVLG), Nr. **30/10** (ALG), Nr. **7** (SGB VII).

Personen eng verbundenen Umsätze, unabhängig davon, ob diese Leistungen ambulant oder stationär erbracht werden. [2]Werden die Leistungen stationär erbracht, kommt es zudem nicht darauf an, ob die Personen vorübergehend oder dauerhaft aufgenommen werden.

(7) [1]Unter den Begriff der Betreuung oder Pflege fallen z. B. die in § 36 Abs. 1 SGB XI[1)] bzw. § 64b SGB XII[2)] aufgeführten körperbezogenen Pflegemaßnahmen und pflegerischen Betreuungsmaßnahmen sowie Hilfen bei der Haushaltsführung; bei teilstationärer oder stationärer Aufnahme gilt dies auch für die Unterbringung und Verpflegung. [2]Auch in den Fällen, in denen eine Einrichtung im Sinne von § 4 Nr. 16 UStG für eine hilfsbedürftige Person ausschließlich Leistungen der hauswirtschaftlichen Versorgung erbringt, handelt es sich um mit dem Betrieb von Einrichtungen zur Betreuung oder Pflege eng verbundene und somit steuerfreie Leistungen.

Beschränkung der Steuerbefreiung

(8) [1]Leistungen nach § 4 Nr. 16 UStG sind sowohl im Bereich gesetzlicher Versicherungen steuerfrei als auch bei Vorliegen eines privaten Versicherungsschutzes. [2]Nach § 4 Nr. 16 Satz 2 UStG sind Betreuungs- oder Pflegeleistungen, die von den in § 4 Nr. 16 Satz 1 UStG genannten Einrichtungen erbracht werden, befreit, soweit es sich ihrer Art nach um Leistungen handelt, auf die sich die Anerkennung, der Vertrag oder die Vereinbarung nach Sozialrecht oder die Vergütung jeweils bezieht.

Beispiel 1:

[1]Ein Unternehmer erbringt Haushaltshilfeleistungen im Rahmen eines Vertrages nach § 132 SGB V mit der Krankenkasse A an eine hilfsbedürftige Person. [2]Daneben erbringt er die identischen Haushaltshilfeleistungen an hilfsbedürftige Privatpersonen, an hilfsbedürftige Privatversicherte sowie an die Krankenkasse B. [3]Ein Vertrag nach § 132 SGB V besteht mit der Krankenkasse B nicht. [4]Der Unternehmer stellt eine begünstigte Einrichtung nach § 4 Nr. 16 Satz 1 Buchstabe b UStG dar. [5]Somit sind die gesamten Haushaltshilfeleistungen im Sinne des § 132 SGB V steuerfrei.

Beispiel 2:

Ein Unternehmer, der Leistungen in verschiedenen Bereichen erbringt, z. B. neben einem nach § 72 SGB XI zugelassenen Pflegeheim auch einen Integrationsfachdienst betreibt, hat die Voraussetzung für die Steuerbefreiung für beide Bereiche gesondert nachzuweisen (Vereinbarung nach § 194 SGB IX).

(9) [1]Die Steuerbefreiung beschränkt sich allerdings nicht auf den „Umfang" z. B. des im Rahmen der Zulassung vereinbarten Leistungspakets. [2]Sofern z. B. eine nach § 72 SGB XI[1)] zugelassene Pflegeeinrichtung Leistungen erbringt, die über den Leistungskatalog der gesetzlichen Krankenversicherung hinausgehen (z. B. tägliche Hilfe beim Baden anstatt nur einmal wöchentlich), fallen auch diese unter die Steuerbefreiung nach § 4 Nr. 16 Satz 1 Buchstabe c UStG.

4.16.2 Nachweis der Voraussetzungen

(1) [1]Die Voraussetzungen für die Steuerbefreiung, dass die Leistungen an hilfsbedürftige Personen erbracht wurden, müssen für jede betreute oder ge-

---

1) **Aichberger SGB** Nr. **11**.
2) **Aichberger SGB** Nr. **12**.

pflegte Person beleg- und buchmäßig nachgewiesen werden. [2] Hierzu gehören insbesondere

- der Nachweis der Pflegebedürftigkeit und ihrer voraussichtlichen Dauer durch eine Bestätigung der Krankenkasse, der Pflegekasse, des Sozialhilfeträgers, des Gesundheitsamts oder durch ärztliche Verordnung;
- der Nachweis der Kosten des Falls durch Rechnungen und der Höhe der Kostenerstattung der gesetzlichen Träger der Sozialversicherung oder Sozialhilfe durch entsprechende Abrechnungsunterlagen;
- die Aufzeichnung des Namens und der Anschrift der hilfsbedürftigen Person;
- die Aufzeichnung des Entgelts für die gesamte Betreuungs- oder Pflegeleistung und der Höhe des Kostenersatzes durch den Träger der Sozialversicherung oder Sozialhilfe für den einzelnen Fall;
- die Summe der gesamten Fälle eines Kalenderjahres;
- die Summe der Fälle dieses Jahres mit überwiegender Kostentragung durch die Träger der Sozialversicherung oder Sozialhilfe.

[3] Übernimmt eine anerkannte und zugelassene Pflegeeinrichtung als Kooperationspartner einer anderen Einrichtung einen Teil des Pflegeauftrags für eine zu pflegende Person, kann für beide Einrichtungen die Steuerbefreiung nach § 4 Nr. 16 UStG in Betracht kommen.

(2) [1] Als Nachweis über die Hilfsbedürftigkeit der gepflegten oder betreuten Personen kommen ferner andere Belege/Aufzeichnungen, die als Nachweis eines Betreuungs- und Pflegebedarfs geeignet sind und oftmals bereits auf Grund sozialrechtlicher Vorgaben vorhanden sind, z.B. Betreuungstagebücher und Pflegeleistungsaufzeichnungen der Pflegekräfte, in Betracht. [2] Ferner kann sich der Pflegebedarf insbesondere aus der Anerkennung eines Pflegegrads nach den §§ 14 oder 15 SGB XI[1)] oder aus einem diesbezüglichen Ablehnungsbescheid ergeben.

4.16.3 Einrichtungen nach § 4 Nr. 16 Satz 1 Buchstabe l UStG

(1) Sofern Betreuungs- oder Pflegeleistungen an hilfsbedürftige Personen von Einrichtungen erbracht werden, die nicht nach Sozialrecht anerkannt sind und mit denen weder ein Vertrag noch eine Vereinbarung nach Sozialrecht besteht, sind diese nach § 4 Nr. 16 Satz 1 Buchstabe l UStG steuerfrei, wenn im vorangegangenen Kalenderjahr die Betreuungs- oder Pflegekosten in mindestens 25% der Fälle dieser Einrichtung von den gesetzlichen Trägern der Sozialversicherung, den Trägern der Sozialhilfe, den Trägern der Eingliederungshilfe nach § 94 SGB IX[2)] oder der für die Durchführung der Kriegsopferversorgung zuständigen Versorgungsverwaltung einschließlich der Träger der Kriegsopferfürsorge ganz oder zum überwiegenden Teil vergütet worden sind.

(2) [1] Eine Vergütung der Betreuungs- oder Pflegeleistungen aus Geldern des Persönlichen Budgets (§ 29 SGB IX)[2)] durch die hilfsbedürftige Person

---

[1)] **Aichberger SGB** Nr. **11**.
[2)] **Aichberger SGB** Nr. **9**.

als mittelbare Vergütung ist nicht in die Ermittlung der Sozialgrenze bei der erbringenden Einrichtung mit einzubeziehen. [2] Auch Betreuungs- und Pflegeleistungen von Einrichtungen (Subunternehmer), die diese gegenüber begünstigten Einrichtungen erbringen, sind nicht begünstigt, sofern diese nicht selbst eine begünstigte Einrichtung nach § 4 Nr. 16 UStG sind.

(3) [1] Für die Ermittlung der 25%-Grenze nach § 4 Nr. 16 Satz 1 Buchstabe l UStG müssen die Betreuungs- und Pflegekosten im vorangegangenen Kalenderjahr in mindestens 25% der Fälle von den gesetzlichen Trägern der Sozialversicherung, den Trägern der Sozialhilfe, den Trägern der Eingliederungshilfe nach § 94 SGB IX[1] oder der für die Durchführung der Kriegsopferversorgung zuständigen Versorgungsverwaltung einschließlich der Träger der Kriegsopferfürsorge ganz oder zum überwiegenden Teil vergütet worden sein. [2] Für die Auslegung des Begriffs „Fälle“ ist von der Anzahl der hilfsbedürftigen Personen im Laufe eines Kalendermonats auszugehen. [3] Bei der stationären oder teilstationären Unterbringung in einer Einrichtung gilt daher die Aufnahme einer Person innerhalb eines Kalendermonats als ein „Fall“. [4] Bei der Erbringung ambulanter Betreuungs- oder Pflegeleistungen gelten alle Leistungen für eine Person in einem Kalendermonat als ein „Fall“. [5] Werden von einem Unternehmer mehrere verschiedenartige Einrichtungen im Sinne des § 4 Nr. 16 Satz 1 UStG betrieben, sind die im Laufe eines Kalendermonats betreuten oder gepflegten Personen zur Ermittlung der Gesamtzahl der Fälle jeder Einrichtung gesondert zuzuordnen.

(4) [1] Die Kosten eines „Falls“ werden von den gesetzlichen Trägern der Sozialversicherung, Sozialhilfe, Eingliederungshilfe nach § 94 SGB IX,[1] Kriegsopferfürsorge oder der für die Durchführung der Kriegsopferversorgung zuständigen Versorgungsverwaltung zum überwiegenden Teil getragen, wenn sie die Kosten des Falls allein oder gemeinsam zu mehr als 50% übernehmen. [2] Der Zeitpunkt der Kostenerstattung ist dabei ohne Bedeutung. [3] Kostenzuschüsse oder Kostenerstattungen anderer Einrichtungen (z. B. private Krankenkassen, Beihilfestellen für Beamte, Wohlfahrtsverbände) sind den eigenen Aufwendungen der hilfsbedürftigen Person zuzurechnen.

(5) [1] Für die Ermittlung der 25%-Grenze sind die Verhältnisse des Vorjahres maßgebend. [2] Nimmt der Unternehmer seine Tätigkeit im Laufe eines Kalenderjahres neu auf, ist auf die voraussichtlichen Verhältnisse des laufenden Jahres abzustellen.

(6) [1] Schulungskurse und Beratungen, die Pflegeeinrichtungen im Auftrag der Pflegekassen durchführen, sind eng mit den Pflegeleistungen verbundene Umsätze. [2] Sie werden grundsätzlich nicht als „Fall“ angesehen und bei der Berechnung der 25%-Grenze außen vor gelassen. [3] Diese Umsätze sind danach steuerfrei, wenn im vorangegangenen Kalenderjahr mindestens 25% der Fälle der Einrichtung ganz oder zum überwiegenden Teil von der Sozialversicherung, Sozialhilfe, Eingliederungshilfe (SGB IX Teil 2),[1] Kriegsopferfürsorge oder der für die Durchführung der Kriegopferversorgung zuständigen Versorgungsverwaltung getragen worden sind.

---

[1] **Aichberger SGB** Nr. 9.

4.16.4 Leistungen der Altenheime, Pflegeheime und Altenwohnheime

Altenheime (§ 4 Nr. 16 Satz 1 Buchstabe l UStG)

(1) Altenheime sind Einrichtungen, in denen ältere Menschen, die grundsätzlich nicht pflegebedürftig, aber zur Führung eines eigenen Hausstands außerstande sind, Unterkunft, Verpflegung und Betreuung erhalten.

(2) Die Inanspruchnahme der Steuerbefreiung nach § 4 Nr. 16 Satz 1 Buchstabe l UStG für Betreuungs- oder Pflegeleistungen an hilfsbedürftige Personen durch private Altenheime setzt grundsätzlich voraus, dass die Leistungen im vorangegangenen Kalenderjahr in 25 % der Fälle von den gesetzlichen Trägern der Sozialversicherung oder der Sozialhilfe oder der für die Durchführung der Kriegsopferversorgung zuständigen Versorgungsverwaltung einschließlich der Träger der Kriegsopferfürsorge ganz oder zum überwiegenden Teil vergütet worden sind.

Pflegeheime (§ 4 Nr. 16 Satz 1 Buchstaben c oder d UStG)

(3) Stationäre Pflegeeinrichtungen (Pflegeheime) sind selbständige wirtschaftliche Einrichtungen, in denen Pflegebedürftige unter ständiger Verantwortung einer ausgebildeten Pflegefachkraft gepflegt werden und ganztägig (vollstationär) oder nur tagsüber oder nur nachts (teilstationär) untergebracht und verpflegt werden (§ 71 Abs. 2 SGB XI).[1]

(4) Die Betreuungs- oder Pflegeleistungen an hilfsbedürftige Personen in stationären Pflegeeinrichtungen sind nach § 4 Nr. 16 Satz 1 Buchstabe c bzw. d UStG steuerfrei, wenn mit den Einrichtungen ein Versorgungsvertrag nach § 72 SGB XI[1] besteht bzw. diese zur Heimpflege nach § 26 Abs. 5 in Verbindung mit § 44 SGB VII[2] bestimmt oder die Voraussetzungen nach § 4 Nr. 16 Satz 1 Buchstabe l UStG erfüllt sind.

Altenwohnheime

(5) [1]Beim Betrieb eines Altenwohnheims ist grundsätzlich nur von einer nach § 4 Nr. 12 UStG steuerfreien Vermietungsleistung auszugehen. [2]Wird mit den Bewohnern eines Altenwohnheims ein Vertrag über die Aufnahme in das Heim geschlossen, der neben der Wohnraumüberlassung auch Leistungen zur Betreuung oder Pflege vorsieht, wobei die Betreuungs- und Pflegeleistungen die Wohnraumüberlassung aber nicht überlagern, handelt es sich um zwei getrennt voneinander zu betrachtende Leistungen. [3]Auch in diesem Fall ist die Wohnraumüberlassung grundsätzlich nach § 4 Nr. 12 UStG steuerfrei. [4]Werden daneben eigenständige Leistungen der Betreuung oder Pflege erbracht, können diese unter den Voraussetzungen des § 4 Nr. 16 UStG steuerfrei sein (vgl. BFH-Urteil vom 4.5.2011, XI R 35/10, BStBl. II S. 836).

---

1) **Aichberger SGB** Nr. **11.**
2) **Aichberger SGB** Nr. **7.**

4.16.5 Weitere Betreuungs- und/oder Pflegeeinrichtungen

Haushaltshilfeleistungen (§ 4 Nr. 16 Satz 1 Buchstaben b, d, i oder l UStG)

(1) Haushaltshilfe erhalten Personen, denen z.B. wegen einer Krankenhausbehandlung und ggf. weiterer Voraussetzungen die Weiterführung des Haushalts nicht möglich ist.

(2) [1] Haushaltshilfeleistungen sind nach § 4 Nr. 16 Satz 1 Buchstabe b UStG steuerfrei, wenn diese von Einrichtungen erbracht werden, mit denen ein Vertrag nach § 132 SGB V[1)] besteht. [2] Hierunter fallen insbesondere Umsätze, die eine Einrichtung durch Gestellung von Haushaltshilfen im Sinne des § 38 SGB V erzielt (vgl. BFH-Urteil vom 30.7.2008, XI R 61/07, BStBl. 2009 II S. 68).

(3) [1] Auch die Haushaltshilfeleistungen von Einrichtungen, die hierzu nach § 26 Abs. 5 in Verbindung mit § 42 SGB VII[2)] (Haushaltshilfe und Kinderbetreuung) bestimmt sind (§ 4 Nr. 16 Satz 1 Buchstabe d UStG) oder mit denen ein Vertrag nach § 8 Abs. 3 Satz 2 SVLFGG[3)] (Inanspruchnahme anderer geeigneter Personen, Einrichtungen oder Unternehmen zur Gewährung von häuslicher Krankenpflege, Betriebs- und Haushaltshilfe) über die Gewährung von Leistungen

- nach den §§ 10 und 11 KLVG 1989[4)] (Betriebs- und Haushaltshilfe in der landwirtschaftlichen Krankenversicherung wegen Krankheit, einer medizinischen Vorsorge- oder Rehabilitationsleistung oder Schwangerschaft und Entbindung),
- nach den §§ 10, 36, 37 und 39 ALG[5)] (Betriebs- und Haushaltshilfe in der Alterssicherung der Landwirte bei medizinischer Rehabilitation, bei Arbeitsunfähigkeit, Schwangerschaft und Kuren, bei Tod und in anderen Fällen) oder
- nach § 54 Abs. 2 SGB VII (Betriebs- oder Haushaltshilfe in der landwirtschaftlichen Unfallversicherung)

besteht (§ 4 Nr. 16 Satz 1 Buchstabe i UStG) sind steuerfrei. [2] Zudem sind Haushaltshilfeleistungen steuerfrei, wenn die Voraussetzungen des § 4 Nr. 16 Satz 1 Buchstabe l UStG erfüllt sind.

(4) [1] Für die Leistungen aus der Gestellung von Betriebshelfern kann die Steuerbefreiung nach § 4 Nr. 27 Buchstabe b UStG unter den dortigen Voraussetzungen in Betracht kommen.

Leistungen der häuslichen Pflege (§ 4 Nr. 16 Satz 1 Buchstabe c, i oder l UStG)

(5) [1] Einrichtungen, die Leistungen zur häuslichen Pflege und Betreuung sowie zur hauswirtschaftlichen Versorgung erbringen, sind mit ihren Leistun-

---

[1)] **Aichberger SGB** Nr. **5.**

[2)] **Aichberger SGB** Nr. **7.**

[3)] Gesetz zur Errichtung der Sozialversicherung für Landwirtschaft, Forsten und Gartenbau (SVLFGG) v. 12.4.2012, BGBl. I 2012, 579, zuletzt geänd. durch G v. 12.6.2020, BGBl. I 2020, 1248.

[4)] **Aichberger SGB** Nr. **30/210.**

[5)] **Aichberger SGB** Nr. **30/10.**

gen steuerfrei, wenn mit ihnen die Krankenkasse einen Vertrag nach § 132a SGB V[1] (Versorgung mit häuslicher Krankenpflege) bzw. die zuständige Pflegekasse einen Vertrag nach § 77 SGB XI[1] (Häusliche Pflege durch Einzelpersonen) geschlossen hat oder mit ihnen ein Versorgungsvertrag

- nach § 72 SGB XI (zugelassene Pflegeeinrichtungen – § 4 Nr. 16 Satz 1 Buchstabe c UStG) bzw.
- nach § 8 Abs. 3 Satz 2 SVLFGG (Inanspruchnahme anderer geeigneter Personen, Einrichtungen oder Unternehmen zur Gewährung von häuslicher Krankenpflege, Betriebs- und Haushaltshilfe – § 4 Nr. 16 Satz 1 Buchstabe i UStG) über die Gewährung von Leistungen nach § 8 KVLG 1989 i. V. m. § 37 SGB V besteht,
- oder wenn sie hierzu nach § 26 Abs. 5 in Verbindung mit §§ 32 bzw. 44 SGB VII[1] (Leistungen bei Pflegebedürftigkeit durch häusliche Krankenpflege bzw. Pflege) bestimmt sind (§ 4 Nr. 16 Satz 1 Buchstabe c UStG)

bzw. wenn die Voraussetzungen nach § 4 Nr. 16 Satz 1 Buchstabe l UStG erfüllt sind. [2]Unter die Steuerbefreiung fallen auch die von diesen Einrichtungen erbrachten Pflegeberatungsleistungen nach §§ 7a bzw. 37 Abs. 3 SGB XI.

(6) [1]Häusliche Krankenpflege kann die auf Grund ärztlicher Verordnung erforderliche Grund- und Behandlungspflege sowie die hauswirtschaftliche Versorgung umfassen. [2]Nach § 4 Nr. 16 UStG sind aber nur die Grundpflegeleistungen und die hauswirtschaftliche Versorgung befreit. [3]Dabei fallen auch isolierte hauswirtschaftliche Versorgungsleistungen, die an hilfsbedürftige Personen erbracht werden, unter diese Steuerbefreiung. [4]Leistungen der Behandlungspflege können aber unter den weiteren Voraussetzungen des § 4 Nr. 14 UStG steuerfrei sein (vgl. Abschnitt 4.14.4 Abs. 11 Nr. 4).

Leistungen der Integrationsfachdienste (§ 4 Nr. 16 Satz 1 Buchstabe e UStG)

(7) [1]Integrationsfachdienste sind Dienste Dritter, die bei der Durchführung der Maßnahmen zur Teilhabe schwer behinderter Menschen am Arbeitsleben, um die Erwerbsfähigkeit des genannten Personenkreises herzustellen oder wiederherzustellen, beteiligt sind. [2]Sie können unter weiteren Voraussetzungen auch zur beruflichen Eingliederung von behinderten Menschen, die nicht schwer behindert sind, tätig werden (§ 192 Abs. 1 und 4 SGB IX).[2] [3]Sie können zur Teilhabe (schwer-)behinderter Menschen am Arbeitsleben (Aufnahme, Ausübung und Sicherung einer möglichst dauerhaften Beschäftigung) beteiligt werden, indem sie die (schwer-)behinderten Menschen beraten, unterstützen und auf geeignete Arbeitsplätze vermitteln, sowie die Arbeitgeber informieren, beraten und ihnen Hilfe leisten (§ 193 SGB IX). [4]Anders als bei den Leistungen der Arbeitsvermittlungsagenturen steht hier die Betreuung behinderter Menschen zur Eingliederung ins Arbeitsleben im Vordergrund.

(8) [1]Die Inanspruchnahme der Steuerbefreiung nach § 4 Nr. 16 Satz 1 Buchstabe e UStG für Leistungen der Integrationsfachdienste setzt voraus, dass

---

[1] **Aichberger SGB** Nr. **5, 7** bzw. **11.**
[2] **Aichberger SGB** Nr. **9.**

diese im Auftrag der Integrationsämter oder der Rehabilitationsträger tätig werden und mit ihnen eine Vereinbarung nach § 194 SGB IX[1)] besteht. [2]Für die Inanspruchnahme der Steuerbefreiung nach § 4 Nr. 16 Satz 1 Buchstabe e UStG kommt es ausschließlich darauf an, dass das Integrationsamt mit dem Integrationsfachdienst eine Vereinbarung abgeschlossen hat, in der dieser als Integrationsfachdienst benannt ist. [3]Wenn diese (Grund-)Vereinbarung besteht, sind alle Tätigkeiten des Integrationsfachdienstes im Rahmen des gesetzlichen Auftrages (§ 193 SGB IX) steuerbefreit. [4]Dabei ist es unerheblich, wer den konkreten Auftrag im Einzelfall erteilt (z.B. Integrationsamt, Rehabilitationsträger oder Träger der Arbeitsverwaltung).

Leistungen der Werkstätten für behinderte Menschen (§ 4 Nr. 16 Satz 1 Buchstabe f UStG)

(9) [1]Eine Werkstatt für behinderte Menschen ist eine Einrichtung zur Teilhabe behinderter Menschen am Arbeitsleben und zur Eingliederung in das Arbeitsleben. [2]Eine solche Werkstatt steht allen behinderten Menschen offen, sofern erwartet werden kann, dass sie spätestens nach Teilnahme an Maßnahmen im Berufsbildungsbereich wenigstens ein Mindestmaß wirtschaftlich verwertbarer Arbeitsleistungen erbringen werden (§ 219 Abs. 1 und 2 SGB IX).[1)] [3]Behinderte Menschen, die die Voraussetzungen für die Beschäftigung in der Werkstatt nicht erfüllen, sollen in Einrichtungen oder Gruppen betreut und gefördert werden, die der Werkstatt angegliedert sind (§ 219 Abs. 3 SGB IX).

(10) [1]Die nach dem Sozialgesetzbuch an Werkstätten für behinderte Menschen und deren angegliederten Betreuungseinrichtungen gezahlten Pflegegelder sind als Entgelte für die Betreuungs-, Beköstigungs-, Beherbergungs- und Beförderungsleistungen dieser Werkstätten anzusehen (vgl. Abschnitt 4.18.1 Abs. 11). [2]Diese Leistungen sind nach § 4 Nr. 16 Satz 1 Buchstabe f UStG befreit, wenn sie von Werkstätten bzw. deren Zusammenschlüssen erbracht werden, die nach § 225 SGB IX[1)] anerkannt sind.

(11) Zur umsatzsteuerlichen Behandlung der Umsätze im Werkstattbereich wird auf Abschnitt 12.9 Abs. 4 Nr. 4 hingewiesen.

Angebote zur Unterstützung im Alltag (§ 4 Nr. 16 Satz 1 Buchstabe g UStG)

(12) [1]Angebote zur Unterstützung im Alltag sind zum einen Angebote, in denen Helferinnen und Helfer unter pflegefachlicher Anleitung die Betreuung von Pflegebedürftigen mit allgemeinem oder mit besonderem Betreuungsbedarf in Gruppen oder im häuslichen Bereich übernehmen sowie pflegende Angehörige und vergleichbar nahestehende Pflegepersonen entlasten und beratend unterstützen (Betreuungsangebote sowie Angebote zur Entlastung von Pflegenden, § 45a Abs. 1 Satz 2 Nr. 1 und Nr. 2 SGB XI).[2)] [2]Das sind z.B. Betreuungsgruppen für Pflegebedürftige mit demenzbedingten Fähigkeitsstörungen, mit geistigen Behinderungen oder mit psychischen Erkran-

---

1) **Aichberger SGB** Nr. **9.**
2) **Aichberger SGB** Nr. **11.**

kungen, Helferinnen- und Helferkreise zur stundenweisen Entlastung pflegender Angehöriger im häuslichen Bereich, die Tagesbetreuung in Kleingruppen oder die Einzelbetreuung durch anerkannte Helferinnen und Helfer oder familienentlastende Dienste. [3]Angebote zur Unterstützung im Alltag sind zum anderen Angebote, die dazu dienen, die Pflegebedürftigen bei der Bewältigung von allgemeinen oder pflegebedingten Anforderungen des Alltags oder im Haushalt, insbesondere der Haushaltsführung, oder bei der eigenverantwortlichen Organisation individuell benötigter Hilfeleistungen zu unterstützen (Angebote zur Entlastung im Alltag, § 45a Abs. 1 Satz 2 Nr. 3 SGB XI). [4]Das sind z. B. Alltagsbegleiterinnen und -begleiter oder Angebote für haushaltsnahe Dienstleistungen.

(13) [1]Solche Angebote zur Unterstützung im Alltag werden z. B. von ambulanten Pflegediensten, von Wohlfahrtsverbänden, Betroffenenverbänden, Nachbarschaftshäusern, Kirchengemeinden und anderen Organisationen und Vereinen erbracht, aber auch von Einzelpersonen. [2]Umsätze von Einrichtungen sind nach § 4 Nr. 16 Satz 1 Buchstabe g UStG steuerfrei, soweit sie Leistungen erbringen, die landesrechtlich als Angebote zur Unterstützung im Alltag nach § 45a SGB XI[1)] anerkannt oder zugelassen sind.

Eingliederungshilfe- und Sozialhilfeleistungen (§ 4 Nr. 16 Satz 1 Buchstabe h UStG)

(14) [1]Die Träger der Eingliederungshilfe nach § 94 SGB IX[2)] und der Sozialhilfe sind für alle Vertragsangelegenheiten der Leistungserbringer im Bereich Eingliederungshilfe und Sozialhilfe zuständig. [2]Neben dem Abschluss von Rahmenvereinbarungen mit den Vereinigungen der Leistungserbringer werden auch individuelle Leistungs- und Vergütungsvereinbarungen nach § 123 SGB IX oder nach § 76 SGB XII[3)] geschlossen.

(15) [1]Im Bereich Eingliederungshilfe (SGB IX Teil 2)[2)] werden mit den Leistungserbringern nach §§ 123 ff. SGB IX ausschließlich Verträge über die Erbringung der Fachleistungen der Eingliederungshilfe (z. B. Assistenzleistungen) an Menschen mit wesentlichen Behinderungen (§ 99 SGB IX) abgeschlossen. [2]Im Bereich des SGB XII[3)] werden nach §§ 75 ff. SGB XII insbesondere Verträge für die folgenden Leistungsbereiche abgeschlossen:
– Leistungen der Hilfe zur Pflege (§§ 61 ff. SGB XII [7. Kapitel]);
– Leistungen zur Überwindung besonderer sozialer Schwierigkeiten (§§ 67 ff. SGB XII [8. Kapitel]).

(16) Leistungserbringer, die Vereinbarungen nach § 123 SGB IX[2)] oder nach § 76 SGB XII[3)] mit den Trägern der Eingliederungshilfe und der Sozialhilfe geschlossen haben, sind nach § 4 Nr. 16 Satz 1 Buchstabe h UStG begünstigte Einrichtungen.

Interdisziplinäre Frühförderstellen (§ 4 Nr. 16 Satz 1 Buchstabe j UStG)

(17) [1]Interdisziplinäre Frühförderstellen sind familien- und wohnortnahe Dienste und Einrichtungen, die der Früherkennung, Behandlung und Förde-

1) **Aichberger SGB** Nr. **11.**
2) **Aichberger SGB** Nr. **9.**
3) **Aichberger SGB** Nr. **12.**

rung von Kindern dienen, um in interdisziplinärer Zusammenarbeit von qualifizierten medizinisch-therapeutischen und pädagogischen Fachkräften eine drohende oder bereits eingetretene Behinderung zum frühestmöglichen Zeitpunkt zu erkennen und die Behinderung durch gezielte Förder- und Behandlungsmaßnahmen auszugleichen oder zu mildern. [2]Leistungen durch interdisziplinäre Frühförderstellen werden in der Regel in ambulanter, einschließlich mobiler Form erbracht (§ 3 Frühförderungsverordnung).

(18) Die Leistungen der interdisziplinären Frühförderstellen sind nach § 4 Nr. 16 Satz 1 Buchstabe j UStG steuerfrei, wenn die Stellen auf der Grundlage einer Landesrahmenempfehlung nach § 2 Frühförderungsverordnung als fachlich geeignet anerkannt sind.

(19) Leistungen der sozialpädiatrischen Zentren (§ 4 Frühförderungsverordnung, § 119 SGB V),[1)] die Leistungen zur Früherkennung und Frühförderung behinderter oder von Behinderung bedrohter Kinder erbringen, können unter den weiteren Voraussetzungen nach § 4 Nr. 14 Buchstabe b Satz 2 Doppelbuchstabe. bb UStG steuerfrei sein.

Rechtliche Betreuungsleistungen (§ 4 Nr. 16 Satz 1 Buchstabe k UStG)

(20) [1]Rechtliche Betreuung erhalten volljährige Personen, die ihre Angelegenheiten auf Grund einer psychischen Krankheit oder einer körperlichen, geistigen oder seelischen Behinderung ganz oder teilweise nicht besorgen können. [2]Rechtliche Betreuungsleistungen nach §§ 1896 ff. BGB sind nach § 4 Nr. 16 Satz 1 Buchstabe k UStG steuerfrei, wenn sie von Einrichtungen erbracht werden, denen die rechtliche Betreuung nach § 1896 BGB durch einen Betreuungsbeschluss übertragen wurde. [3]Der Begriff „Einrichtungen" erfasst – unabhängig von der Rechts- oder Organisationsform des Leistungserbringers – sowohl natürliche als auch juristische Personen. [4]Nicht unter die Steuerbefreiung des § 4 Nr. 16 Satz 1 Buchstabe k UStG fallen Leistungen, die nach § 1908i Abs. 1 Satz 1 in Verbindung mit § 1835 Abs. 3 BGB vergütet werden (Dienste, die zum Gewerbe oder Beruf des Betreuers gehören), da es sich bei ihnen nicht um Betreuungsleistungen im eigentlichen Sinne handelt; z. B. wenn der Betreuer Rechtsanwalt ist und den Betreuten in einem Prozess vertritt oder wenn er Steuerberater ist und die Steuererklärung für den Betreuten erstellt (vgl. BFH-Urteil vom 25.4.2013, V R 7/11, BStBl. II S. 976). [5]Zu rechtlichen Betreuungsleistungen für Kinder und Jugendliche vgl. auch Abschnitt 4.25.2 Abs. 7 ff.

Sonstige Betreuungs- oder Pflegeleistungen (§ 4 Nr. 16 Satz 1 Buchstabe l UStG)

(21) [1]Zu den begünstigten Leistungen zählen auch Leistungen zur Betreuung hilfsbedürftiger Personen zum Erwerb und Erhalt praktischer Kenntnisse und Fähigkeiten, die erforderlich und geeignet sind, Menschen mit Behinderungen oder von Behinderung bedrohten Menschen die für sie erreichbare Teilhabe am Leben in der Gemeinschaft zu ermöglichen, z. B. die Unterrichtung im Umgang mit dem Langstock als Orientierungshilfe für blinde Menschen. [2]Zu den begünstigten Leistungen zählen auch Leistungen

---

[1)] **Aichberger SGB** Nr. **5**.

der Eingliederungshilfe für Menschen mit Behinderungen, für die mit den Leistungserbringern keine Vereinbarungen nach § 123 SGB IX[1)] geschlossen wurden. [3] Zur umsatzsteuerlichen Behandlung der Leistungen von Gebärdensprachdolmetschern vgl. BMF-Schreiben vom 1.2.2016, BStBl. I S. 219. [4] Auch Pflegeberatungsleistungen nach § 7a SGB XI,[2)] sofern diese nicht bereits Teil der Betreuungs- oder Pflegeleistung einer Einrichtungen zur häuslichen Pflege sind, sind als Betreuungsleistungen anzusehen.

4.16.6 Eng verbundene Umsätze

(1) [1] Als eng mit dem Betrieb von Einrichtungen zur Betreuung oder Pflege körperlich, geistig oder seelisch hilfsbedürftiger Personen verbundene Umsätze sind Leistungen anzusehen, die für diese Einrichtungen nach der Verkehrsauffassung typisch und unerlässlich sind, regelmäßig und allgemein beim laufenden Betrieb vorkommen und damit unmittelbar oder mittelbar zusammenhängen (vgl. BFH-Urteil vom 1.12.1977, V R 37/75, BStBl. 1978 II S. 173). [2] Die Umsätze dürfen nicht im Wesentlichen dazu bestimmt sein, den Einrichtungen zusätzliche Einnahmen durch Tätigkeiten zu verschaffen, die in unmittelbarem Wettbewerb zu steuerpflichtigen Umsätzen anderer Unternehmer stehen (vgl. EuGH-Urteil vom 1.12.2005, C-394/04 und C-395/04, EuGHE I S. 10373).[3)]

(2) Unter diesen Voraussetzungen können zu den eng verbundenen Umsätzen gehören:

1. die stationäre oder teilstationäre Aufnahme von hilfsbedürftigen Personen, deren Betreuung oder Pflege einschließlich der Lieferungen der zur Betreuung oder Pflege erforderlichen Medikamente und Hilfsmittel z. B. Verbandsmaterial;
2. die (ambulante) Betreuung, Pflege oder hauswirtschaftliche Versorgung (Einkaufen, Kochen, Verpflegen, Reinigen der Wohnung, Waschen der Kleidung) hilfsbedürftiger Personen (vgl. BFH-Urteil vom 22.4.2004, V R 1/98, BStBl. II S. 849);
3. [1] die Lieferungen von Gegenständen, die im Wege der Arbeitstherapie hergestellt worden sind, sofern kein nennenswerter Wettbewerb zu den entsprechenden Unternehmen der gewerblichen Wirtschaft besteht. [2] Ein solcher Wettbewerb ist anzunehmen, wenn für den Absatz der im Wege der Arbeitstherapie hergestellten Gegenstände geworben wird;
4. die Gestellung von Personal durch Einrichtungen nach § 4 Nr. 16 Satz 1 UStG an andere Einrichtungen dieser Art;
5. Verpflegungsleistungen, die durch Werkstätten für behinderte Menschen an die Menschen mit Behinderung erbracht werden.

(3) Nicht zu den eng verbundenen Umsätzen gehören insbesondere:

1. die entgeltliche Abgabe von Speisen und Getränken an Besucher;

---

1) **Aichberger SGB** Nr. **9.**
2) **Aichberger SGB** Nr. **11.**
3) DStRE 2006, 286.

2. die Telefongestellung an hilfsbedürftige Personen, die Vermietung von Fernsehgeräten und die Unterbringung und Verpflegung von Begleitpersonen (EuGH-Urteil vom 1.12.2005, C-394/04 und C-395/04, Ygeia);[1)]
3. [1]die Veräußerung des gesamten beweglichen Anlagevermögens und der Warenvorräte nach Einstellung des Betriebs (BFH-Urteil vom 1.12.1977, V R 37/75, BStBl. 1978 II S. 173). [2]Es kann jedoch die Steuerbefreiung nach § 4 Nr. 28 UStG in Betracht kommen;
4. die Abgabe von Medikamenten und Hilfsmitteln gegen gesondertes Entgelt an ehemals stationär oder teilstationär untergebrachte körperlich, geistig oder seelisch hilfsbedürftige Personen.

Zu § 4 Nr. 17 UStG

4.17.1 Menschliche Organe, menschliches Blut und Frauenmilch

(1) [1]Unter den Begriff „menschliches Blut" fallen sowohl Vollblut als auch Blutbestandteile, wie z. B. Blutzellen und Blutplasma. [2]Die Steuerbefreiung für die Lieferung von menschlichem Blut setzt weiter voraus, dass die Lieferung unmittelbar zu den dem Gemeinwohl dienenden Tätigkeiten beiträgt, d. h. unmittelbar für Gesundheitsleistungen oder zu therapeutischen Zwecken eingesetzt wird. [3]In den Anwendungsbereich der Steuerbefreiung fallen danach Frischblutkonserven, Vollblutkonserven, Serum- und Plasmakonserven, Serumaugentropfen und Konserven zellulärer Blutbestandteile, z. B. Thrombozytenkonzentrat und Erythrozytenkonzentrat. [4]Die Steuerbefreiung für die Lieferung von menschlichem Blut umfasst nicht die Lieferung von aus menschlichem Blut gewonnenem Blutplasma, wenn dieses Blutplasma nicht unmittelbar für therapeutischen Zwecke, sondern ausschließlich zur Herstellung von Arzneimitteln bestimmt ist (vgl. EuGH-Urteil vom 5.10.2016, C-412/15, TMD, BStBl. 2017 II S. 505).[2)]

(2) [1]Nicht unter die Befreiung fallen die aus Mischungen von humanem Blutplasma hergestellten Plasmapräparate. [2]Hierzu gehören insbesondere: Faktoren-Präparate, Humanalbumin, Fibrinogen, Immunglobuline. [3]Dies gilt ebenso für die Lieferung allogener menschlicher Knochen, welche als Teil des Skeletts nicht unter den Begriff „Organe" fallen.

(3) Für die Steuerfreiheit der Lieferungen von Frauenmilch ist es ohne Bedeutung, ob die Frauenmilch bearbeitet, z. B. gereinigt, erhitzt, tiefgekühlt, getrocknet, wird.

(4) Liegen für die Lieferungen nach § 4 Nr. 17 Buchstabe a UStG auch die Voraussetzungen einer Ausfuhrlieferung (§ 4 Nr. 1 Buchstabe a, § 6 UStG) bzw. einer innergemeinschaftlichen Lieferung (§ 4 Nr. 1 Buchstabe b, § 6a UStG) vor, geht die Steuerbefreiung des § 4 Nr. 17 Buchstabe a UStG diesen Steuerbefreiungen vor.

---

1) DStRE 2006, 286.
2) MwStR 2016, 999.

4.17.2 Beförderung von kranken und verletzten Personen

(1) [1]Ein Fahrzeug (Kraft-, Luft- und Wasserfahrzeug) ist für die Beförderung von kranken und verletzten Personen besonders eingerichtet, wenn es durch die vorhandenen Einrichtungen die typischen Merkmale eines Krankenfahrzeugs aufweist, z. B. Liegen, Spezialsitze. [2]Spezielle Einrichtungen für die Beförderung von Kranken und Verletzten können u. a. auch eine Bodenverankerung für Rollstühle, eine Auffahrrampe sowie eine seitlich ausfahrbare Trittstufe sein. [3]Bei Fahrzeugen, die nach dem Fahrzeugschein als Krankenkraftwagen anerkannt sind (§ 4 Abs. 6 PBefG),[1)] ist stets davon auszugehen, dass sie für die Beförderung von kranken und verletzten Personen besonders eingerichtet sind. [4]Serienmäßige Personenkraftwagen, die lediglich mit blauem Rundumlicht und Einsatzhorn, sog. Martinshorn, ausgerüstet sind, erfüllen die Voraussetzungen nicht (BFH-Urteil vom 16.11.1989, V R 9/85, BStBl. 1990 II S. 255). [5]Die Ausstattung mit einer Trage und einer Grundausstattung für „Erste Hilfe" reicht nicht aus.

(2) [1]Für die Inanspruchnahme der Steuerbefreiung nach § 4 Nr. 17 Buchstabe b UStG ist es nicht erforderlich, dass das verwendete Fahrzeug für die Beförderung von kranken und verletzten Personen dauerhaft besonders eingerichtet ist; das Fahrzeug muss aber im Zeitpunkt der begünstigten Beförderung nach seiner Bauart und Ausstattung speziell für die Beförderung verletzter und kranker Personen bestimmt sein (vgl. BFH-Urteil vom 12.8.2004, V R 45/03, BStBl. 2005 II S. 314). [2]Bei der Beförderung mit Fahrzeugen, die zum Zweck einer anderweitigen Verwendung umgerüstet werden können, sind die Voraussetzungen für jede einzelne Fahrt, z. B. mittels eines Fahrtenbuchs, nachzuweisen. [3]Befördert der Unternehmer neben kranken oder verletzten Personen in einem hierfür besonders eingerichteten Fahrzeug weitere Personen, ist das auf die Beförderung der weiteren Personen entfallende Entgelt steuerpflichtig; ein für steuerfreie und steuerpflichtige Beförderungsleistungen einheitliches Entgelt ist aufzuteilen.

(3) Die Steuerbefreiung gilt nicht nur für die Beförderung von akut erkrankten und verletzten Personen, sondern auch für die Beförderung von Personen, die körperlich oder geistig behindert und auf die Benutzung eines Rollstuhls angewiesen sind (vgl. BFH-Urteil vom 12.8.2004, V R 45/03, BStBl. 2005 II S. 314).

(4) [1]Nach § 4 Nr. 17 Buchstabe b UStG sind bestimmte Beförderungsleistungen befreit. [2]Dabei ist es nicht erforderlich, dass die Beförderungen auf Grund eines Beförderungsvertrages ausgeführt werden oder dass der Empfänger der umsatzsteuerlichen Leistung und die beförderte Person identisch sind. [3]Es können deshalb auch die Beförderungen von kranken oder verletzten Personen im Rahmen von Dienstverträgen über den Betrieb einer Rettungswache befreit werden (vgl. BFH-Urteil vom 18.1.1995, XI R 71/93, BStBl. II S. 559).

---

1) Personenbeförderungsgesetz i. d. F. v. 8.8.1990, BGBl. I 1990, 1690, zuletzt geänd. durch G v. 16.4.2021, BGBl. I 2021, 822 (**Sartorius** Nr. **950**).

(5) [1] Die Leistungen der Notfallrettung umfassen sowohl Leistungen der Lebensrettung und Betreuung von Notfallpatienten als auch deren Beförderung. [2] Die lebensrettenden Maßnahmen i. e. S. werden regelmäßig durch selbständige Ärzte erbracht, die sich dazu gegenüber dem beauftragten Unternehmen verpflichtet haben und insoweit als Unternehmer im Sinne des § 2 UStG tätig werden. [3] Die Leistungen dieser Ärzte sind nach § 4 Nr. 14 Buchstabe a UStG steuerfrei. [4] Die vom beauftragten Unternehmer am Einsatzort erbrachten lebensrettenden Maßnahmen im weiteren Sinne können unter den Voraussetzungen des § 4 Nr. 14 Buchstabe a oder b UStG steuerfrei sein. [5] Die Beförderung von Notfallpatienten in dafür besonders eingerichteten Fahrzeugen ist steuerfrei nach § 4 Nr. 17 Buchstabe b UStG. [6] Wird der Verletzte im Anschluss an eine Notfallrettung in ein Krankenhaus befördert, stellen die lebensrettenden Maßnahmen, die der Vorbereitung der Transportfähigkeit des Patienten dienen, eine einheitliche Leistung dar, die nach § 4 Nr. 17 Buchstabe b UStG steuerfrei ist.

(6) [1] Werden Leistungen zur Sicherstellung der Einsatzbereitschaft der Rettungsmittel und des Personals (sog. Vorhalteleistungen) von demselben Unternehmer erbracht, der die Beförderung von Notfallpatienten als Hauptleistung ausführt, teilen die Vorhalteleistungen als Nebenleistungen das Schicksal der Hauptleistung. [2] Eine Steuerbefreiung nach § 4 Nr. 17 Buchstabe b UStG kommt hingegen nicht in Betracht, wenn Vorhalteleistungen und Hauptleistungen von verschiedenen Unternehmern erbracht werden.

Zu § 4 Nr. 18 UStG

(§ 23 UStDV)[1)]

4.18.1 Wohlfahrtseinrichtungen

(1) Amtlich anerkannte Verbände der freien Wohlfahrtspflege sind nur die in § 23 UStDV aufgeführten Vereinigungen.

(2) Ob ein Unternehmer ausschließlich und unmittelbar gemeinnützigen, mildtätigen oder kirchlichen Zwecken dient, ist nach den §§ 52 bis 68 AO zu beurteilen.[2)]

(3) [1] Ein Unternehmer verfolgt steuerbegünstigte Zwecke unmittelbar, wenn er sie selbst verwirklicht. [2] Unmittelbar gemeinnützigen Zwecken können Leistungen aber auch dann dienen, wenn sie an einen Empfänger bewirkt werden, der seinerseits ausschließlich gemeinnützige oder wohltätige Zwecke verfolgt (BFH-Urteil vom 8.7.1971, V R 1/68, BStBl. 1972 II S. 70).

(4) [1] Als Mitgliedschaft im Sinne des § 4 Nr. 18 UStG ist nicht nur die unmittelbare Mitgliedschaft in einem amtlich anerkannten Wohlfahrtsverband anzusehen. [2] Auch bei einer nur mittelbaren Mitgliedschaft kann die Steuerbefreiung in Betracht kommen. [3] Als mittelbare Mitgliedschaft ist die Mitgliedschaft bei einer der freien Wohlfahrtspflege dienenden Körperschaft oder Personenvereinigung anzusehen, die ihrerseits einem amtlich anerkannten

---

[1)] § 23 UStDV aufgeh. durch G v. 12.12.2019, BGBl. I 2019, 2451, mWv 1.1.2020.

[2)] Vgl. auch AEAO zu §§ 55 bis 68 AO (Nr. **800**).

Wohlfahrtsverband als Mitglied angeschlossen ist (z. B. Werkstätten für behinderte Menschen als Mitglieder einer Wohlfahrtseinrichtung, die Mitglied eines amtlich anerkannten Wohlfahrtsverbandes ist). [4]Die mittelbare Mitgliedschaft bei einem amtlich anerkannten Wohlfahrtsverband reicht daher aus, wenn auch die übrigen Voraussetzungen des § 4 Nr. 18 UStG gegeben sind, um die Steuerbefreiung nach dieser Vorschrift in Anspruch zu nehmen.

(5) [1]Ob eine Leistung dem nach der Satzung, Stiftung oder sonstigen Verfassung begünstigten Personenkreis unmittelbar zugute kommt, ist unabhängig davon zu prüfen, wer Vertragspartner der Wohlfahrtseinrichtung und damit Leistungsempfänger im Rechtssinne ist. [2]Liefert ein Unternehmer z. B. Gegenstände, mit deren Herstellung Schwerversehrte aus arbeitstherapeutischen Gründen beschäftigt werden, gegen Entgelt an die auftraggebenden Firmen, sind diese Umsätze nicht nach § 4 Nr. 18 UStG steuerfrei.

(6) [1]Leistungen einer Einrichtung der Wohlfahrtspflege an andere steuerbegünstigte Körperschaften oder Behörden sind nicht nach § 4 Nr. 18 UStG steuerfrei, wenn sie nicht unmittelbar, sondern allenfalls mittelbar hilfsbedürftigen Personen im Sinne der §§ 53, 66 AO zugute kommen (vgl. BFH-Urteile vom 7.11.1996, V R 34/96, BStBl. 1997 II S. 366, und vom 30.4.2009, V R 3/08, BStBl. 2013 II S. 873). [2]Deshalb sind z. B. die Übernahme von Verwaltungsaufgaben und die Nutzungsüberlassung von Telefonanlagen steuerpflichtig. [3]Dagegen kommt die Steuerfreiheit für personenbezogene Leistungen wie z. B. die Aufnahme vom Sozialamt zugewiesener Personen in einem Obdachlosenheim in Betracht (vgl. BFH-Urteil vom 7.11.1996, V R 34/96, a. a. O.).

(7) [1]Die Steuerfreiheit für die Beherbergung, Beköstigung, ausgenommen die Abgabe von alkoholischen Getränken, und die üblichen Naturalleistungen an Personen, die bei den begünstigten Leistungen tätig sind, kommt nur dann in Betracht, wenn diese Sachzuwendungen als Vergütung für geleistete Dienste gewährt werden. [2]Diese Voraussetzung ist erfüllt, wenn der Arbeitnehmer nach dem Arbeitsvertrag, den mündlichen Abreden oder nach den sonstigen Umständen des Arbeitsverhältnisses (z. B. faktische betriebliche Übung) neben dem Barlohn einen zusätzlichen Lohn in Form der Sachzuwendungen erhält. [3]Unschädlich ist es hierbei, wenn die Beteiligten aus verrechnungstechnischen Gründen einen Bruttogesamtlohn bilden und hierauf die Sachzuwendungen anrechnen. [4]Die Sachzuwendungen werden jedoch nicht als Vergütung für geleistete Dienste gewährt, wenn sie auf den Barlohn des Arbeitnehmers angerechnet werden. [5]Die Sachzuwendungen haben hier nicht die Eigenschaft eines Arbeitslohnes. [6]Vielmehr liegt ein besonderer Umsatz an den Arbeitnehmer vor, der nicht unter die Befreiung des § 4 Nr. 18 UStG fällt (vgl. BFH-Urteil vom 3.3.1960, V 103/58 U, BStBl. III S. 169).

(8) [1]Die Umsätze der Altenheime von Körperschaften, die einem Wohlfahrtsverband als Mitglied angeschlossen sind, sind unter den in § 4 Nr. 18 UStG genannten Voraussetzungen steuerfrei, wenn die Körperschaft der freien Wohlfahrtspflege dient. [2]Diese Voraussetzung kann auch dann erfüllt sein, wenn die in dem Altenheim aufgenommenen Personen nicht wirtschaftlich, sondern körperlich oder geistig hilfsbedürftig sind, denn die Wohlfahrtspflege

umfasst nicht nur die Sorge für das wirtschaftliche, sondern u. a. auch für das gesundheitliche Wohl (BFH-Urteil vom 20.11.1969, V R 40/66, BStBl. 1970 II S. 190).

(9) [1] Gemeinnützige Studentenwerke, die Mitglieder eines amtlich anerkannten Wohlfahrtsverbands sind, können für ihre in Mensa- und Cafeteria-Betrieben getätigten Umsätze von Speisen und Getränken an Studenten die Steuerbefreiung nach § 4 Nr. 18 UStG in Anspruch nehmen. [2] Dies gilt für die entgeltliche Abgabe von alkoholischen Getränken nur dann, wenn damit das Warenangebot ergänzt wird und dieser Anteil im vorangegangenen Kalenderjahr nicht mehr als 5% des Gesamtumsatzes betragen hat. [3] Wegen der Anwendung des ermäßigten Steuersatzes bei der entgeltlichen Abgabe von Speisen und Getränken an Nichtstudierende vgl. Abschnitt 12.9 Abs. 4 Nr. 6.

(10) [1] Die Kolpinghäuser sind zwar Mitglieder des Deutschen Caritasverbandes, sie dienen jedoch nicht der freien Wohlfahrtspflege, weil die Aufnahme in den Kolpinghäusern ohne Rücksicht auf die Bedürftigkeit der aufzunehmenden Personen erfolgt. [2] Die Befreiungsvorschrift des § 4 Nr. 18 UStG ist daher auf die Kolpinghäuser nicht anzuwenden.

(11) [1] Die nach dem SGB XII[1)] an Werkstätten für behinderte Menschen gezahlten Pflegegelder sind als Entgelte für die Betreuungs-, Beköstigungs-, Beherbergungs- und Beförderungsleistungen dieser Werkstätten anzusehen. [2] Diese Leistungen sind unter den Voraussetzungen des § 4 Nr. 18 UStG umsatzsteuerfrei. [3] Zur umsatzsteuerlichen Behandlung der Leistungen der Werkstätten für behinderte Menschen bzw. deren Zusammenschlüssen vgl. auch Abschnitt 4.16.5 Abs. 9 und 10. [4] Zur Frage der Behandlung der Umsätze im Werkstattbereich wird auf Abschnitt 12.9 Abs. 4 Nr. 4 hingewiesen.

(12) [1] Gemeinnützige und mildtätige Organisationen führen vielfach Krankenfahrten mit Personenkraftwagen durch, die für die Beförderung von Kranken nicht besonders eingerichtet sind (vgl. Abschnitt 4.17.2). [2] Auf diese Fahrten kann die Steuerbefreiung nach § 4 Nr. 18 UStG keine Anwendung finden, weil die Voraussetzungen der Wohlfahrtspflege im Sinne des § 66 Abs. 2 AO nicht erfüllt sind.[2)] [3] Die Leistungen unterliegen dem allgemeinen Steuersatz, sofern nicht die Steuerermäßigung nach § 12 Abs. 2 Nr. 10 UStG zum Tragen kommt (vgl. Abschnitt 12.9 Abs. 4 Nr. 3 und Abschnitt 12.13 Abs. 8).

(13) [1] Arzneimittellieferungen einer Krankenhausapotheke an Krankenhäuser anderer Träger kommen nicht unmittelbar dem nach der Satzung, Stiftung oder sonstigen Verfassung des Trägers der Apotheke begünstigten Personenkreis zugute (BFH-Urteil vom 18.10.1990, V R 76/89, BStBl. 1991 II S. 268). [2] Die Umsätze sind daher nicht nach § 4 Nr. 18 UStG steuerfrei. [3] Gleiches gilt für die Leistungen der Wäscherei eines Krankenhauses an Krankenhäuser oder Heime anderer Träger (vgl. BFH-Urteil vom 18.10.1990, V R 35/85,

---

[1)] **Aichberger SGB** Nr. 12.

[2)] Zu Behindertenfahrdiensten siehe BFH v. 15.9.2011 V R 16/11, BFH/NV 2012, 354.

BStBl. 1991 II S. 157). 4Auch die Steuerbefreiung nach § 4 Nr. 14 Buchstabe b UStG kommt in beiden Fällen nicht in Betracht (vgl. Abschnitt 4.14.6 Abs. 3 Nr. 3 und 9).

(14) 1Zur umsatzsteuerrechtlichen Behandlung von Leistungen im Rahmen der rechtlichen Betreuung vgl. Abschnitt 4.16.5 Abs. 20.

(15) 1Die Voraussetzung des § 4 Nr. 18 Satz 1 Buchstabe c UStG gilt auch als erfüllt, wenn das Entgelt für die in Betracht kommende Leistung von den zuständigen Behörden genehmigt ist oder das genehmigte Entgelt nicht übersteigt (vgl. BFH-Urteil vom 17.2.2009, XI R 67/06, BStBl. 2013 II S. 967). 2Dementsprechend erfüllen auch die im Rahmen des außergerichtlichen Verbraucherinsolvenzverfahrens gezahlten Fallpauschalen, die sich der Höhe nach an die im Rechtsanwaltsvergütungsgesetz (RVG) geregelte Beratungshilfevergütung anlehnen, die Voraussetzungen des § 4 Nr. 18 Buchstabe c UStG.

Zu § 4 Nr. 19 UStG

4.19.1 Blinde

(1) Der Unternehmer hat den Nachweis der Blindheit in der gleichen Weise wie bei der Einkommensteuer für die Inanspruchnahme eines Pauschbetrags nach § 33b EStG i. V. m. § 65 EStDV zu führen.

(2) 1Bei der Frage nach den beschäftigten Arbeitnehmern kommt es nach dem Sinn und Zweck der Steuerbefreiung nicht auf die Anzahl der Arbeitnehmer schlechthin, sondern auf ihre zeitliche Arbeitsleistung an. 2Die Umsätze von Blinden sind daher auch dann steuerfrei, wenn mehr als zwei Teilzeitkräfte beschäftigt werden, sofern ihre Beschäftigungszeit – bezogen jeweils auf den Kalendermonat – diejenige von zwei ganztägig beschäftigten Arbeitnehmern nicht übersteigt.

(3) 1Die Einschränkung der Steuerbefreiung für die Lieferungen von Mineralöl und Alkoholerzeugnissen in den Fällen, in denen der Blinde für diese Waren Energiesteuer oder Alkoholsteuer zu entrichten hat, ist insbesondere für blinde Tankstellenunternehmer von Bedeutung, denen nach § 7 EnergieStG ein Lager für Energieerzeugnisse bewilligt ist. 2Der Begriff Mineralöl richtet sich nach § 1 Abs. 2 und 3 EnergieStG.[1] 3Hiernach fallen unter diesen Begriff vor allem Vergaserkraftstoffe, Dieselkraftstoffe, Flüssiggase (Autogase). 4Der Begriff Alkoholerzeugnisse richtet sich nach § 1 Alkoholsteuergesetzes (AlkStG).[2] 5Bei einer Erhöhung der Energiesteuer oder Alkoholsteuer können die entsprechenden Waren einer Nachsteuer unterliegen. 6Wenn blinde Unternehmer lediglich eine solche Nachsteuer zu entrichten haben, entfällt die Steuerbefreiung nicht.

(4) Liegen für die Lieferungen durch einen in § 4 Nr. 19 Buchstabe a UStG genannten Unternehmer auch die Voraussetzungen einer Ausfuhrlieferung (§ 4 Nr. 1 Buchstabe a, § 6 UStG) bzw. einer innergemeinschaftlichen

[1] **Zölle und Verbrauchsteuern** Nr. **330**.
[2] **Zölle und Verbrauchsteuern** Nr. **310**.

Lieferung (§ 4 Nr. 1 Buchstabe b, § 6a UStG) vor, geht die Steuerbefreiung des § 4 Nr. 19 Buchstabe a UStG diesen Steuerbefreiungen vor.

4.19.2 Blindenwerkstätten

(1) [1]Blindenwerkstätten sind Betriebe, in denen ausschließlich Blindenwaren hergestellt und in denen bei der Herstellung andere Personen als Blinde nur mit Hilfs- oder Nebenarbeiten beschäftigt werden. [2]Die Unternehmer sind im Besitz eines Anerkennungsbescheids auf Grund des Blindenwarenvertriebsgesetzes vom 9.4.1965 (BGBl. I S. 311) in der bis zum 13.9.2007 geltenden Fassung (BGBl. I S. 2246).

(2) [1]Welche Waren als Blindenwaren und Zusatzwaren anzusehen sind, bestimmt sich nach § 2 des Blindenwarenvertriebsgesetzes vom 9.4.1965 (BGBl. I S. 311) in der bis zum 13.9.2007 geltenden Fassung (BGBl. I S. 2246) und nach den §§ 1 und 2 der zu diesem Gesetz ergangenen Durchführungsverordnung vom 11.8.1965 (BGBl. I S. 807), geändert durch die Verordnung vom 10.7.1991 (BGBl. I S. 1491) in der bis zum 13.9.2007 geltenden Fassung (BGBl. I S. 2246). [2]Unter die Steuerbefreiung fallen auch die Umsätze von solchen Blindenwaren, die nicht in der eigenen Blindenwerkstätte hergestellt sind.

(3) Liegen für die Lieferungen durch einen in § 4 Nr. 19 Buchstabe b UStG genannten Unternehmer auch die Voraussetzungen einer Ausfuhrlieferung (§ 4 Nr. 1 Buchstabe a, § 6 UStG) bzw. einer innergemeinschaftlichen Lieferung (§ 4 Nr. 1 Buchstabe b, § 6a UStG) vor, geht die Steuerbefreiung des § 4 Nr. 19 Buchstabe b UStG diesen Steuerbefreiungen vor.

Zu § 4 Nr. 20 UStG

4.20.1 Theater

(1)[1)] [1]Ein Theater im Sinne des § 4 Nr. 20 UStG wendet sich in der Regel an eine unbestimmte Zahl von Zuschauern und hat die Aufgabe, der Öffentlichkeit Theaterstücke in künstlerischer Form nahezubringen (BVerwG-Urteil vom 31.7.2008, 9 B 80/07).[2)] [2]Danach können Umsätze eines Theaters nur vorliegen, wenn Personen in irgendeiner Weise auf einer Bühne vor einem Publikum ein Stück zur Aufführung bringen oder eine für Zuschauer bestimmte Aufführung durch eine Person erfolgt (vgl. BFH-Urteile vom 4.5.2011, XI R 44/08, BStBl. II 2014 S. 200, und vom 10.1. 2013, V R 31/10, BStBl. II S. 352). [3]Wenn z. B. so viele künstlerische und technische Kräfte und die zur Aufführung von Theaterveranstaltungen notwendigen technischen Voraussetzungen unterhalten werden, dass die Durchführung eines Spielplans aus eigenen Kräften möglich ist (BFH-Urteil vom 14.11.1968, V 217/64, BStBl. 1969 II S. 274), liegt ein Theater vor. [4]Es genügt,

---

1) A 4.20.1 UStAE Abs. 1 und 2 neugef. durch BMF v. 12.11.2020, BStBl. I 2020, 1265, anzuwenden in allen offenen Fällen, zur Übergangsregelung für **vor dem 1.1.2021** ausgeführte Umsätze siehe Anlage 8.

2) NJW 2009, 793.

dass ein Theater die künstlerischen und technischen Kräfte nur für die Spielzeit eines Stückes verpflichtet. [5] Ein eigenes oder gemietetes Theatergebäude braucht nicht vorhanden zu sein (BFH-Urteil vom 24.3.1960, V 158/58 U, BStBl. III S. 277). [6] Unter die Befreiungsvorschrift fallen deshalb auch die Theatervorführungen in einem Fernsehstudio, und zwar unabhängig davon, ob die Theatervorführung unmittelbar übertragen oder aufgezeichnet wird.

(2)[1)] [1] Zu den Theatern gehören auch Freilichtbühnen, Wanderbühnen, Zimmertheater, Heimatbühnen, Puppen-, Marionetten- und Schattenspieltheater sowie literarische und politische Kabaretts, wenn sie die in Absatz 1 bezeichneten Voraussetzungen erfüllen. [2] Theatervorführungen sind auch Aufführungen der Pantomime und Tanzkunst, der Kleinkunst, des Varietés (u. a. Zauberei, Artistik und Bauchrednerei), der Eisrevuen sowie Mischformen von Sprech-, Musik- und Tanzdarbietungen (vgl. BFH-Urteile vom 4.5. 2011, XI R 44/08, BStBl. II 2014 S. 200, und vom 10.1.2013, V R 31/10, BStBl. II S. 352). [3] Filmvorführungen fallen nicht unter die Steuerbefreiung. [4] Dasselbe gilt für reine Autorenlesungen vor Publikum (vgl. BFH-Urteil vom 25.2.2015, XI R 35/12, BStBl. II S. 677).

(3)[1)] [1] Befreit sind die eigentlichen Theaterleistungen einschließlich der damit üblicherweise verbundenen Nebenleistungen. [2] Als Theaterleistungen sind auch solche Leistungen anzusehen, die gegenüber einem gastgebenden Theater ausgeführt werden, z. B. zur Verfügung stellen eines Ensembles. [3] Zu den Nebenleistungen gehören insbesondere die Aufbewahrung der Garderobe, der Verkauf von Programmen und die Vermietung von Operngläsern. [4] Die Abgabe von Speisen und Getränken bei Theatervorstellungen ist keine nach § 4 Nr. 20 Buchstabe a UStG steuerfreie Nebenleistung (BFH-Urteile vom 14.5.1998, V R 85/97, BStBl. 1999 II S. 145, vom 21.4.2005, V R 6/03, BStBl. II S. 899, und vom 18.8.2005, V R 20/03, BStBl. II S. 910). [5] Bei einer Veranstaltung, bei der kulinarische und künstlerische Elemente untrennbar gleichwertig nebeneinander angeboten werden und aus Sicht des Durchschnittsverbrauchers gerade dieses Kombinationserlebnis im Vordergrund steht, liegt eine einheitliche sonstige Leistung eigener Art vor; diese unterliegt dem allgemeinen Steuersatz nach § 12 Abs. 1 UStG (vgl. BFH-Urteil vom 13.6.2018, XI R 2/16, BStBl. II S. 678, sowie Abschnitt 12.5 Abs. 2 Satz 10). [6] Der Betrieb einer Theatergaststätte und die Vermietung oder Verpachtung eines Theaters oder eines Nebenbetriebs, z. B. Gaststätte, Kleiderablage, sind steuerpflichtig, sofern nicht besondere Befreiungsvorschriften, z. B. § 4 Nr. 12 UStG, anzuwenden sind.

(4) [1] Veranstalter ist derjenige, der im eigenen Namen die organisatorischen Maßnahmen dafür trifft, dass die Theatervorführung abgehalten werden kann, wobei er die Umstände, den Ort und die Zeit der Darbietung selbst bestimmt. [2] Werden bei Theatervorführungen mehrere Veranstalter tätig, kann jeder Veranstalter die Steuerbefreiung des § 4 Nr. 20 Buchstabe b UStG unter den Voraussetzungen dieser Vorschrift in Anspruch nehmen. [3] Bei Tournee-Ver-

---

[1)] Zur Steuerfreiheit von Besorgungsleistungen i. Z. m. Opern-Eintrittskarten siehe BFH v. 25.4.2018 XI R 16/16, BStBl. II 2021, 457, und A 3.15 Abs. 3 UStAE.

anstaltungen kann deshalb die Steuerbefreiung sowohl dem Tournee-Veranstalter als auch dem örtlichen Veranstalter zustehen.

4.20.2 Orchester, Kammermusikensembles und Chöre

(1) [1] Zu den Orchestern, Kammermusikensembles und Chören gehören alle Musiker- und Gesangsgruppen, die aus zwei oder mehr Mitwirkenden bestehen. [2] Artikel 132 Abs. 1 Buchstabe n MwStSystRL[1)] ist dahin auszulegen, dass der Begriff der „anderen … anerkannten Einrichtungen" als Einzelkünstler auftretende Solisten und Dirigenten nicht ausschließt (vgl. auch EuGH-Urteil vom 3.4.2003, C-144/00, BStBl. II S. 679).[2)] [3] Demnach ist auch die Leistung eines einzelnen Orchestermusikers gegenüber dem Orchester, in dem er tätig ist, als kulturelle Dienstleistung eines Solisten anzusehen (vgl. BFH-Urteile vom 18.2.2010, V R 28/08, BStBl. II S. 876, und vom 22.8.2019, V R 14/17, BStBl. 2020 II S. 720). [4] Auf die Art der Musik kommt es nicht an; auch Unterhaltungsmusik kann unter die Vorschrift fallen. [5] Unter Konzerten sind Aufführungen von Musikstücken zu verstehen, bei denen Instrumente und/oder die menschliche Stimme eingesetzt werden (BFH-Urteil vom 26.4.1995, XI R 20/94, BStBl. II S. 519).

(2) Zur umsatzsteuerlichen Behandlung von Konzerten, bei denen mehrere Veranstalter tätig werden, wird auf Abschnitt 4.20.1 Abs. 4 hingewiesen.

4.20.3 Museen und Denkmäler der Bau- und Gartenbaukunst

(1)[3)] [1] Museen im Sinne des § 4 Nr. 20 Buchstabe a UStG sind wissenschaftliche Sammlungen und Kunstsammlungen. [2] Deren Umsätze sind steuerfrei, wenn die Einrichtungen die Voraussetzungen des § 4 Nr. 20 Buchstabe a Sätze 1 und 2 UStG erfüllen. [3] Ob eine Sammlung wissenschaftlich ist, richtet sich nach dem Gesamtbild der Umstände, z. B. danach, ob die Sammlung nach wissenschaftlichen Gesichtspunkten zusammengestellt oder geordnet ist und ob sie entsprechend durch Beschriftungen und/oder Kataloge erläutert wird. [4] Als Gegenstände derartiger Sammlungen kommen auch technische Gegenstände wie Luftfahrzeuge in Betracht (vgl. BFH-Urteil vom 19.5.1993, V R 110/88, BStBl. 1993 II S 779).

(2)[1)] [1] Als Museen können auch Kunstausstellungen in Betracht kommen. [2] Hierbei muss es sich um Kunstsammlungen handeln, die ausgestellt und dadurch der Öffentlichkeit zum Betrachten und zu den damit verbundenen kulturellen und bildenden Zwecken zugänglich gemacht werden. [3] Es kann sich dabei auch um die Kunstsammlung einer anderen Person handeln. [4] Die Sammlungen können auch eigens für die Ausstellung zusammengestellt sein. [5] Es kommt nicht darauf an, ob Sonderausstellungen entweder komplett aus den Sammlungsbeständen anderer Einrichtungen oder privater Leihgeber zu-

---

[1)] **Steuergesetze** Nr. **550**.

[2)] IStR 2003, 309.

[3)] A 4.20.3 UStAE Abs. 1 Satz 2 eingef., bish. Sätze 2 und 3 werden Sätze 3 und 4, Abs. 2 Sätze 3 bis 7 eingef., bish. Sätze 3 und 4 werden Sätze 8 und 9 durch BMF v. 28.6.2021, BStBl. I 2021, 868, anzuwenden in allen offenen Fällen.

sammengestellt sind oder aber nur zu einem geringen Anteil aus der eigenen Sammlung bestückt werden. [6]Aus dem Begriff der Sammlung folgt ferner kein Erfordernis der Dauerhaftigkeit (vgl. BFH-Urteil vom 22.11.2018, V R 29/17, BStBl. 2021 II S. 495). [7]Daher können auch Ausstellungen, welche nur für eine begrenzte Zeit besichtigt werden können (sog. Wanderausstellungen), sowie Sammlungen vergänglicher Gegenstände (wie beispielsweise Eis- oder Sandskulpturen) grundsätzlich hierunter fallen, sofern es sich bei den ausgestellten Objekten um Kunstwerke handelt. [8]Kunstausstellungen, die Verkaufszwecken dienen und damit gewerbliche Ziele verfolgen, können demgegenüber nicht als Museen angesehen werden. [9]Verkäufe von sehr untergeordneter Bedeutung beeinträchtigen die Eigenschaft der Kunstausstellung als Kunstsammlung dagegen nicht.

(3) [1]Steuerfrei sind insbesondere die Leistungen der Museen, für die als Entgelte Eintrittsgelder erhoben werden, und zwar auch insoweit, als es sich um Sonderausstellungen, Führungen und Vorträge handelt. [2]Die Steuerbefreiung erfasst auch die bei diesen Leistungen üblichen Nebenleistungen, z. B. den Verkauf von Katalogen und Museumsführern und die Aufbewahrung der Garderobe. [3]Weitere typische Museumsleistungen sind das Dulden der Anfertigung von Reproduktionen, Abgüssen und Nachbildungen sowie die Restaurierung und Pflege von Kunstwerken in Privatbesitz, die von den Museen im Interesse der Erhaltung dieser Werke für die Allgemeinheit vorgenommen werden. [4]Der Verkauf von Kunstpostkarten, Fotografien, Dias, Plakaten, Klischees, Reproduktionen, Abgüssen, Nachbildungen, Farbdrucken und Bildbänden ist nur dann als typische Museumsleistung steuerfrei, wenn

1. es sich um Darstellungen von Objekten des betreffenden Museums handelt,
2. das Museum die genannten Gegenstände selbst herstellt oder herstellen lässt und
3. diese Gegenstände ausschließlich in diesem Museum vertrieben werden.

[5]Der Verkauf von Literatur, die in Beziehung zu der Sammlung des betreffenden Museums steht, ist bei Vorliegen der Voraussetzungen zu Satz 4 Nummern 2 und 3 ebenfalls steuerfrei. [6]Die Veräußerung von Museumsobjekten sowie von Altmaterial ist dagegen von der Steuerbefreiung nach § 4 Nr. 20 UStG ausgeschlossen. [7]Es kann jedoch die Steuerbefreiung nach § 4 Nr. 28 UStG in Betracht kommen (vgl. Abschnitt 4.28.1).

(4) [1]Denkmäler der Baukunst sind Bauwerke, die nach denkmalpflegerischen Gesichtspunkten als schützenswerte Zeugnisse der Architektur anzusehen sind. [2]Hierzu gehören z. B. Kirchen, Schlösser, Burgen und Burgruinen. [3]Auf eine künstlerische Ausgestaltung kommt es nicht an. [4]Zu den Denkmälern der Gartenbaukunst gehören z. B. Parkanlagen mit künstlerischer Ausgestaltung.

4.20.4 Zoologische Gärten und Tierparks

(1) [1]Zoologische Gärten im Sinne der Befreiungsvorschrift sind auch Aquarien und Terrarien. [2]Sog. Vergnügungsparks sind keine begünstigten Einrichtungen; das gilt auch für Delfinarien, die auf dem Gelände zoolo-

gischer Gärten von anderen Unternehmern in eigener Regie betrieben werden (BFH-Urteil vom 20.4.1988, X R 20/82, BStBl. II S. 796).

(2) [1] Die Umsätze der zoologischen Gärten und Tierparks sind unter der Voraussetzung steuerfrei, dass es sich um typische Leistungen der bezeichneten Einrichtungen handelt. [2] Typische Umsätze sind insbesondere:

1. Zurschaustellung von Tieren;
2. Erteilung der Erlaubnis zum Fotografieren;
3. Verkauf von Ansichtskarten, Fotografien und Dias mit Zoo- und Tierparkmotiven;
4. Verkauf von Zoo- und Tierparkführern;
5. Verkauf von Tierfutter an die Besucher zum Füttern der zur Schau gestellten Tiere;
6. Verkauf von Tieren, wenn der Verkauf den Aufgaben der zoologischen Gärten und Tierparks dient oder mit dem Betrieb dieser Einrichtung zwangsläufig verbunden ist, z.B. Verkauf zum Zweck der Zurschaustellung in einem anderen zoologischen Garten oder Tierpark, Verkauf zum Zweck der Zucht oder Verkauf zum Zweck der Verjüngung des Tierbestandes.

(3) Insbesondere folgende Umsätze der zoologischen Gärten und Tierparks sind für diese nicht typisch und fallen deshalb nicht unter die Steuerbefreiung:

1. Umsätze in den Gaststättenbetrieben;
2. Verkauf von Gebrauchsartikeln, z.B. Zeitungen, und anderen als den in Absatz 2 Satz 2 Nr. 3 bezeichneten Andenken;
3. Duldung der Jagd in einem Tierpark;
4. Verkauf von Wildbret, Fellen, Jagdtrophäen und Abwurfstangen;
5. Überlassung besonderer Vergnügungseinrichtungen, z.B. Kleinbahnen, Autoscooter, Boote, Minigolfplätze;
6. [1] Verkauf von Gegenständen des Anlagevermögens, ausgenommen die in Absatz 2 Satz 2 Nr. 6 bezeichneten Umsätze von Tieren. [2] Es kann jedoch die Steuerbefreiung nach § 4 Nr. 28 UStG in Betracht kommen (vgl. Abschnitt 4.28.1).

4.20.5 Bescheinigungsverfahren

(1) [1] Für die Erteilung der Bescheinigung der zuständigen Landesbehörde[1)] gilt Abschnitt 4.21.5 Abs. 2, 3 und 6 entsprechend. [2] Gastieren ausländische Theater und Orchester im Inland an verschiedenen Orten, genügt eine Bescheinigung der Landesbehörde, in deren Zuständigkeitsbereich das ausländische Ensemble erstmalig im Inland tätig wird.[2)]

(2) *(aufgehoben)*

---

1) Vgl. hierzu BVerwG v. 4.5.2006 10 C 10/05, DStRE 2006, 1476, und v. 11.10.2006 10 C 7/05, NJW 2007, 711 u. 10 C 4/06, NJW 2007, 714.

2) Zur Bescheinigung nach § 4 Nr. 20 Buchst. a Satz 2 UStG (hier Orchestermusiker) vgl. BFH v. 18.2.2010 V R 28/08, BStBl. II 2010, 876.

Zu § 4 Nr. 21 UStG

4.21.1 Ersatzschulen

Der Nachweis, dass für den Betrieb der Ersatzschule eine staatliche Genehmigung oder landesrechtliche Erlaubnis vorliegt, kann durch eine Bescheinigung der Schulaufsichtsbehörde geführt werden.

4.21.2 Ergänzungsschulen und andere allgemein bildende oder berufsbildende Einrichtungen

(1) [1]Zu den allgemein bildenden oder berufsbildenden Einrichtungen gehören u. a. auch Fernlehrinstitute, Fahrlehrerausbildungsstätten, Heilpraktiker-Schulen, Kurse zur Erteilung von Nachhilfeunterricht für Schüler und Repetitorien, die Studierende auf akademische Prüfungen vorbereiten. [2]Zum Begriff der allgemein bildenden Einrichtung wird auf das Urteil des BVerwG vom 3.12.1976, VII C 73.75, BStBl. 1977 II S. 334, hingewiesen. [3]Berufsbildende Einrichtungen sind Einrichtungen, die Leistungen erbringen, die ihrer Art nach den Zielen der Berufsaus- oder Berufsfortbildung dienen. [4]Sie müssen spezielle Kenntnisse und Fertigkeiten vermitteln, die zur Ausübung bestimmter beruflicher Tätigkeiten notwendig sind (BFH-Urteil vom 18.12. 2003, V R 62/02, BStBl. 2004 II S. 252). [5]Auf die Rechtsform des Trägers der Einrichtung kommt es nicht an. [6]Es können deshalb auch natürliche Personen oder Personenzusammenschlüsse begünstigte Einrichtungen betreiben, wenn neben den personellen auch die organisatorischen und sächlichen Voraussetzungen vorliegen, um einen Unterricht zu ermöglichen.

(2)[1)] [1]Der Unternehmer ist Träger einer Bildungseinrichtung, wenn er selbst entgeltliche Unterrichtsleistungen gegenüber seinen Vertragspartnern (z. B. Schüler, Studenten, Berufstätige oder Arbeitgeber) anbietet. [2]Dies erfordert ein festliegendes Lehrprogramm und Lehrpläne zur Vermittlung eines Unterrichtsstoffs für die Erreichung eines bestimmten Lehrgangsziels sowie geeignete Unterrichtsräume oder -vorrichtungen. [3]Der Betrieb der Bildungseinrichtung muss auf eine gewisse Dauer angelegt sein. [4]Die Einrichtung braucht im Rahmen ihres Lehrprogramms keinen eigenen Lehrstoff anzubieten. [5]Daher reicht es aus, wenn sich die Leistung auf eine Unterstützung des Schul- oder Hochschulangebots bzw. auf die Verarbeitung oder Repetition des von der Schule angebotenen Stoffs beschränkt. [6]Die Veranstaltung einzelner Vorträge oder einer Vortragsreihe erfüllt dagegen nicht die Voraussetzungen einer Unterrichtsleistung. [7]Unschädlich ist jedoch die Einbindung von Vorträgen in ein Lehrprogramm für die Befreiung der Unterrichtsleistungen des Trägers der Bildungseinrichtung.

(3) [1]Die Vorbereitung auf einen Beruf umfasst die berufliche Ausbildung, die berufliche Fortbildung und die berufliche Umschulung; die Dauer der

---

1) Zur Definition des Begriffs „Unterricht“ siehe BFH v. 25.10.2018 XI B 57/18, BFH/NV 2019, 130.

jeweiligen Maßnahme ist unerheblich (vgl. Art. 44 der MwStVO).[1)] [2]Dies sind unter anderem Maßnahmen zur Aktivierung und beruflichen Eingliederung im Sinne von § 45 SGB III[2)] mit Ausnahme von § 45 Abs. 4 Satz 3 Nr. 2 und Abs. 7 SGB III, Weiterbildungsmaßnahmen entsprechend den Anforderungen der §§ 179, 180 SGB III, Aus- und Weiterbildungsmaßnahmen (einschließlich der Berufsvorbereitung und der blindentechnischen und vergleichbaren speziellen Grundausbildung zur beruflichen Eingliederung von Menschen mit Behinderung) im Sinne von § 112 SGB III sowie berufsvorbereitende, berufsbegleitende bzw. außerbetriebliche Maßnahmen nach §§ 48, 130 SGB III, §§ 51, 53 SGB III, §§ 75, 76 SGB III bzw. § 49 SGB III, die von der Bundesagentur für Arbeit und – über § 16 SGB II[3)] – den Trägern der Grundsicherung für Arbeitsuchende nach §§ 6, 6a SGB II gefördert werden. [3]Mit ihrer Durchführung beauftragen die Bundesagentur für Arbeit und die Träger der Grundsicherung für Arbeitsuchende nach §§ 6, 6a SGB II in manchen Fällen gewerbliche Unternehmen oder andere Einrichtungen, z. B. Berufsverbände, Kammern, Schulen, anerkannte Werkstätten für behinderte Menschen, die über geeignete Ausbildungsstätten verfügen. [4]Es ist davon auszugehen, dass die genannten Unternehmen und andere Einrichtungen die von der Bundesagentur für Arbeit und den Trägern der Grundsicherung für Arbeitsuchende nach §§ 6, 6a SGB II geförderten Ausbildungs-, Fortbildungs- und Umschulungsmaßnahmen im Rahmen einer berufsbildenden Einrichtung im Sinne des § 4 Nr. 21 Buchstabe a UStG erbringen.

(3a) [1]Die nach § 43 AufenthG[4)] erbrachten Leistungen (Integrationskurse) dienen als Maßnahme der Eingliederung in den Arbeitsmarkt dem Erwerb ausreichender Kenntnisse der deutschen Sprache. [2]Diese Maßnahmen fallen daher unter die Steuerbefreiung des § 4 Nr. 21 Buchst. a UStG, wenn sie von einem vom Bundesamt für Migration und Flüchtlinge zur Durchführung der Integrationskurse zugelassenen Kursträger erbracht werden.

(4) [1]Die Aufgaben der Integrationsfachdienste (§§ 192 ff. SGB IX)[5)] entsprechen in Teilbereichen den in § 45 SGB III[2)] genannten Tätigkeiten, gehen jedoch insgesamt darüber hinaus. [2]Da eine Trennung der einzelnen Aufgaben nicht möglich ist, kommt eine Steuerbefreiung nach § 4 Nr. 21 UStG für die Leistungen der Integrationsfachdienste insgesamt nicht in Betracht; auf die Ausführungen in Abschnitt 4.16.5 Abs. 7 und 8 wird hingewiesen.

(5) [1]Eine Einrichtung, die Unterricht für das Erlernen des Umgangs mit Computern erteilt (z. B. Grundkurse für die Erstellung von Textdokumenten), erbringt unmittelbar dem Schul- und Bildungszweck dienende Leistungen. [2]Sie kann somit die Voraussetzungen des § 4 Nr. 21 UStG erfüllen.

(6)[6)] [1]Fahrschulen können grundsätzlich nicht als allgemein bildende oder berufsbildende Einrichtungen beurteilt werden (BFH-Urteil vom 14.3.1974,

---

1) **Steuergesetze** Nr. **550a**.

2) **Aichberger SGB** Nr. **3**.

3) **Aichberger SGB** Nr. **2**.

4) AufenthG v. 25.2.2008, BGBl. I 2008, 162 (**Sartorius** Nr. **565**).

5) **Aichberger SGB** Nr. **9**.

6) Zur USt-Befreiung von Kursen „Sofortmaßnahmen am Unfallort“ siehe BFH v. 10.1.2008 V R 52/06, DStRE 2008, 445.

V R 54/73, BStBl. II S. 527).[1] [2]Eine Steuerfreiheit der Umsätze nach § 4 Nr. 21 UStG kann aber insoweit in Betracht kommen, als Fahrschulen Lehrgänge zur Ausbildung für die Fahrerlaubnis der Klassen C, CE, D, DE, D1, D1E, T und L durchführen, da diese Leistungen in der Regel der Berufsausbildung dienen. [3]Eine Fahrerlaubnis der Klassen C, CE, D, DE, D1 und D1E darf nur erteilt werden, wenn der Bewerber bereits die Fahrerlaubnis der Klasse B besitzt oder die Voraussetzungen für deren Erteilung erfüllt hat (§ 9 Fahrerlaubnis-Verordnung). [4]Eine Steuerbefreiung kommt deshalb auch in Betracht, wenn der Fahrschüler im Rahmen seiner Ausbildung zeitgleich neben den Klassen C und CE die Fahrerlaubnis der Klasse B erwerben möchte; die Ausbildungsleistung, die auf die Klasse B entfällt, ist aber steuerpflichtig. [5]Als Lehrgang ist die dem einzelnen Fahrschüler gegenüber erbrachte Leistung anzusehen. [6]Bei Fahrschulen gelten als Bescheinigung im Sinne des § 4 Nr. 21 Buchstabe a Doppelbuchstabe bb UStG für den Nachweis, dass sie ordnungsgemäß auf einen Beruf vorbereiten:

– die nach dem 31.12.2017 erteilte Fahrschulerlaubnis (§ 26 Abs. 1 FahrlG) in den Fahrlehrerlaubnisklassen CE und DE oder
– die vor dem 1.1.2018 ausgestellte Fahrschulerlaubnisurkunde, die zur Ausbildung zum Erwerb der Fahrerlaubnis der Klasse 2 bzw. 3 (ausgestellt bis zum 31.12.1998) bzw. der Fahrerlaubnisklassen C, CE, D, DE, D1, D1E, T und L (ausgestellt ab Januar 1999) berechtigt oder
– bei Fahrschulen, die bei Inkrafttreten des FahrlG alter Fassung bestanden und die Fahrschulerlaubnis somit nach § 69 FahrlG als erteilt gilt, eine Bescheinigung der zuständigen Landesbehörde, welche die Angabe enthält, dass die Fahrschulerlaubnis für die Ausbildung zum Erwerb der Klasse 2 berechtigt.

[7]Die Anerkennung von Fahrschulen als berufsbildende Einrichtungen gemäß § 4 Nr. 21 Buchstabe a Doppelbuchstabe bb erstreckt sich auch auf Lehrgänge zum Erwerb der Grundqualifikation nach § 4 Abs. 1 Nr. 1 BKrFQG,[2] der beschleunigten Grundqualifikation nach § 4 Abs. 2 BKrFQG sowie die in § 5 BKrFQG vorgeschriebenen Weiterbildungskurse. [8]Bei nach § 7 Abs. 2 BKrFQG anerkannten Ausbildungsstätten gilt die durch eine nach Landesrecht zuständige Behörde erfolgte staatliche Anerkennung als Ausbildungsstätte im Sinne von § 7 Abs. 1 Nr. 5 BKrFQG ebenfalls als Bescheinigung im Sinne des § 4 Nr. 21 Buchstabe a Doppelbuchstabe bb UStG. [9]Unter die Steuerbefreiung fallen auch die Leistungen von Fahrschulen, die zur Ausbildung gegenüber Mitgliedern der Freiwilligen Feuerwehren, der nach Landesrecht anerkannten Rettungsdienste und der technischen Hilfsdienste sowie des Katastrophenschutzes erbracht werden und zum Führen von Einsatzfahrzeugen bis zu einer zulässigen Gesamtmasse von 7,5t berechtigen.

(7) [1]Eine „Jagdschule“, die Schulungen zur Vorbereitung auf die Jägerprüfung durchführt, ist keine allgemein bildende oder berufsbildende Einrichtung

---

[1] Siehe BFH v. 23.5.2019 V R 7/19 (V R 38/16), DStR 2019, 1748, zuvor EuGH v. 14.3.2019 C 449/17, DStR 2019, 620, zum Begriff „Schul- und Hochschulunterricht“ iSd Art. 132 Abs. 1 Buchst. i und j MwStSystRL.

[2] Berufskraftfahrer-QualifikationsG v. 14.8.2006, BGBl. I 2006, 1958, zuletzt geänd. durch G v. 26.11.2020, BGBl. I 2020, 2575 (**Straßenverkehrsrecht** Nr. **10d**).

im Sinne des § 4 Nr. 21 UStG. [2]Eine Steuerbefreiung nach dieser Vorschrift kommt daher nicht in Betracht (BFH-Urteil vom 18.12.2003, V R 62/02, BStBl. 2004 II S. 252).

(8) [1]Ballett- und Tanzschulen können als allgemein bildende oder berufsbildende Einrichtungen beurteilt werden. [2]Eine Steuerfreiheit der Umsätze von Ballett- und Tanzschulen nach § 4 Nr. 21 UStG kommt insoweit in Betracht, als vergleichbare Leistungen in Schulen erbracht werden und die Leistungen nicht der bloßen Freizeitgestaltung dienen. [3]Steuerfrei können demnach insbesondere Kurse der tänzerischen Früherziehung und Kindertanzen für Kinder ab 3 Jahren und klassischer Ballettunterricht sein. [4]Unter Kurse, die von ihrer Zielsetzung auf reine Freizeitgestaltung gerichtet sind, fallen z. B. Kurse, die sich an Eltern von Schülern richten, um die Wartezeit während des Unterrichts der Kinder sinnvoll zu nutzen, Kurse für Senioren oder Kurse für allgemein am Tanz interessierte Menschen (vgl. BFH-Urteil vom 24.1.2008, V R 3/05, BStBl. 2012 II S. 267). [5]Kurse für allgemein am Tanz interessierte Menschen können z. B. spezielle Hochzeits- und Crashkurse sein.

4.21.3 Erteilung von Unterricht durch selbständige Lehrer an Schulen und Hochschulen[1), 2)]

(1) [1]Die Steuerbefreiung nach § 4 Nr. 21 Buchstabe b UStG gilt für Personen, die als freie Mitarbeiter an Schulen, Hochschulen oder ähnlichen Bildungseinrichtungen (z. B. Volkshochschulen) Unterricht erteilen. [2]Auf die Rechtsform des Unternehmers kommt es nicht an. [3]Daher ist die Vorschrift auch anzuwenden, wenn Personenzusammenschlüsse oder juristische Personen beauftragt werden, an anderen Bildungseinrichtungen Unterricht zu erteilen.

(2) [1]Eine Unterrichtstätigkeit liegt vor, wenn Kenntnisse im Rahmen festliegender Lehrprogramme und Lehrpläne vermittelt werden. [2]Die Tätigkeit muss regelmäßig und für eine gewisse Dauer ausgeübt werden. [3]Sie dient Schul- und Bildungszwecken unmittelbar, wenn sie den Schülern und Studenten tatsächlich zugute kommt. [4]Auf die Frage, wer Vertragspartner der den Unterricht erteilenden Personen und damit Leistungsempfänger im Rechtssinne ist, kommt es hierbei nicht an. [5]Einzelne Vorträge fallen nicht unter die Steuerbefreiung.

(2a) (Fach-)Autoren erbringen mit der Erstellung von Lehrbriefen keine unmittelbare Unterrichtstätigkeit; hierbei fehlt es an der Einflussnahme durch den persönlichen Kontakt mit den Studenten.

(3) [1]Der Unternehmer hat in geeigneter Weise nachzuweisen, dass er an einer Hochschule, Schule oder Einrichtung im Sinne des § 4 Nr. 21 Buchstabe a UStG tätig ist. [2]Dient die Einrichtung verschiedenartigen Bildungszwecken, hat er nachzuweisen, dass er in einem Bereich tätig ist, der eine

---

1) Zur USt-Pflicht von (beruflichen) Fortbildungsseminaren selbstständiger Referenten und zur Bescheinigung nach § 4 Nr. 21 Buchst. b UStG siehe BFH v. 17.4.2008 V R 58/05, DStR 2008, 1329.

2) Zum Umfang der Steuerbefreiung für selbstständige Lehrer siehe EuGH v. 28.1.2010 C-473/08, Ingenieurbüro Eulitz, DStR 2010, 218, auch zur gemeinschaftsrechtswidrigen Umsetzung durch § 4 Nr. 21 Buchst. b UStG („Privatunterricht").

ordnungsgemäße Berufs- oder Prüfungsvorbereitung gewährleistet (begünstigter Bereich). [3]Der Nachweis ist durch eine Bestätigung der Bildungseinrichtung zu führen, aus der sich ergibt, dass diese die Voraussetzungen des § 4 Nr. 21 Buchstabe a Doppelbuchstabe bb UStG erfüllt und die Unterrichtsleistung des Unternehmers im begünstigten Bereich der Einrichtung erfolgt. [4]Auf die Bestätigung wird verzichtet, wenn die Unterrichtsleistungen an folgenden Einrichtungen erbracht werden:

1. Hochschulen im Sinne der §§ 1 und 70 des Hochschulrahmengesetzes;[1)]
2. öffentliche allgemein- und berufsbildende Schulen, z. B. Gymnasien, Realschulen, Berufsschulen;
3. als Ersatzschulen nach Artikel 7 Abs. 4 GG staatlich genehmigte oder nach Landesrecht erlaubte Schulen.

(4) [1]Die Bestätigung soll folgende Angaben enthalten:

– Bezeichnung und Anschrift der Bildungseinrichtung,
– Name und Anschrift des Unternehmers,
– Bezeichnung des Fachs, des Kurses oder Lehrgangs, in dem der Unternehmer unterrichtet,
– Unterrichtszeitraum und
– Versicherung über das Vorliegen einer Bescheinigung nach § 4 Nr. 21 Buchstabe a Doppelbuchstabe bb UStG für den oben bezeichneten Unterrichtsbereich.

[2]Erteilt der Unternehmer bei einer Bildungseinrichtung in mehreren Fächern, Kursen oder Lehrgängen Unterricht, können diese in einer Bestätigung zusammengefasst werden. [3]Sie sind gesondert aufzuführen. [4]Die Bestätigung ist für jedes Kalenderjahr gesondert zu erteilen. [5]Erstreckt sich ein Kurs oder Lehrgang über den 31. Dezember eines Kalenderjahrs hinaus, reicht es für den Nachweis aus, wenn nur eine Bestätigung für die betroffenen Besteuerungszeiträume erteilt wird. [6]Der Unterrichtszeitraum muss in diesem Falle beide Kalenderjahre benennen.

(5) [1]Die Bildungseinrichtung darf dem bei ihr tätigen Unternehmer nur dann eine Bestätigung erteilen, wenn sie selbst über eine Bescheinigung der zuständigen Landesbehörde verfügt. [2]Bei der Bestimmung der zuständigen Landesbehörde gilt Abschnitt 4.21.5 Abs. 3 entsprechend. [3]Es ist daher nicht zu beanstanden, wenn der Bestätigung eine Bescheinigung der Behörde eines anderen Bundeslands zu Grunde liegt. [4]Erstreckt sich die Bescheinigung der Landesbehörde für die Bildungseinrichtung nur auf einen Teilbereich ihres Leistungsangebots, darf die Bildungseinrichtung dem Unternehmer nur dann eine Bestätigung erteilen, soweit er bei ihr im begünstigten Bereich unterrichtet. [5]Erteilt die Bildungseinrichtung dem Unternehmer eine Bestätigung, obwohl sie selbst keine Bescheinigung der zuständigen Landesbehörde besitzt, oder erteilt die Bildungseinrichtung eine Bestätigung für einen Tätigkeitsbereich, für den die ihr erteilte Bescheinigung der zuständigen Landesbehörde nicht gilt, ist die Steuerbefreiung für die Unterrichtsleistung des Unternehmers zu versagen. [6]Sofern eine Bestätigung bzw. Zulassung gemäß Ab-

[1)] HRG i. d. F. v. 19.1.1999, BGBl. I 1999, 18, zuletzt geänd. durch G v. 15.11.2019, BGBl. I 2019, 1622 (**Sartorius** Nr. **500**).

schnitt 4.21.5 Abs. 5 vorliegt, tritt diese an die Stelle der Bescheinigung der zuständigen Landesbehörde.

4.21.4 Unmittelbar dem Schul- und Bildungszweck dienende Leistungen

(1) [1]Leistungen dienen dem Schul- und Bildungszweck dann unmittelbar, wenn dieser gerade durch die jeweils in Frage stehende Leistung erfüllt wird (BFH-Urteil vom 26.10.1989, V R 25/84, BStBl. 1990 II S. 98). [2]Für die Steuerbefreiung nach § 4 Nr. 21 Buchstabe a UStG ist ausreichend, dass die darin bezeichneten Leistungen ihrer Art nach den Zielen der Berufsaus- oder der Berufsfortbildung dienen. [3]Es ist unerheblich, wem gegenüber sich der Unternehmer zivilrechtlich zur Ausführung dieser Leistungen verpflichtet hat. [4]Stellt der Unternehmer im Rahmen der Erteilung des Unterrichts Lehrkräfte oder für den Unterricht geeignete Räume zur Verfügung, fallen auch diese Leistungen unter die Steuerbefreiung nach § 4 Nr. 21 Buchstabe a UStG (vgl. BFH-Urteil vom 10.6.1999, V R 84/98, BStBl. II S. 578). [5]Auf die Ziele der Personen, welche die Einrichtungen besuchen, kommt es nicht an. [6]Unerheblich ist deshalb, ob sich die Personen, an die sich die Leistungen der Einrichtung richten, tatsächlich auf einen Beruf oder eine Prüfung vor einer juristischen Person des öffentlichen Rechts vorbereiten (BFH-Urteil vom 3.5.1989, V R 83/84, BStBl. II S. 815). [7]Entscheidend sind vielmehr die Art der erbrachten Leistungen und ihre generelle Eignung als Schul- oder Hochschulunterricht. [8]Deshalb ist es auch ohne Belang, wie hoch der Anteil der Schüler ist, die den Unterricht tatsächlich im Hinblick auf eine Berufsausbildung oder eine Prüfungsvorbereitung besuchen oder später tatsächlich den entsprechenden Beruf ergreifen (vgl. BFH-Urteil vom 24.1.2008, V R 3/05, BStBl. 2012 II S. 267).

(1a) [1]Für die Annahme eines Schul- und Bildungszwecks ist entscheidend, ob vergleichbare Leistungen in Schulen erbracht werden und ob die Leistungen der bloßen Freizeitgestaltung dienen. [2]Die Bescheinigung der zuständigen Landesbehörde, dass eine Einrichtung auf einen Beruf oder eine vor einer juristischen Person des öffentlichen Rechts abzulegende Prüfung ordnungsgemäß vorbereitet, kann ein Indiz dafür sein, dass Leistungen, die tatsächlich dem Anforderungsprofil der Bescheinigung entsprechen, nicht den Charakter einer bloßen Freizeitgestaltung haben, sofern keine gegenteiligen Anhaltspunkte vorliegen; vgl. Abschnitt 4.21.5 Abs. 2 Satz 4. [3]Solche gegenteiligen Anhaltspunkte, die zur Annahme reiner Freizeitgestaltungen führen, können sich z. B. aus dem Teilnehmerkreis oder aus der thematischen Zielsetzung der Unterrichtsleistung ergeben. [4]Unterrichtsleistungen, die von ihrer Zielsetzung auf reine Freizeitgestaltung gerichtet sind, sind von der Steuerbefreiung nach § 4 Nr. 21 UStG ausgeschlossen (vgl. BFH-Urteil vom 24.1.2008, V R 3/05, BStBl. 2012 II S. 267).

(2) [1]Die Lieferungen von Lehr- und Lernmaterial dienen nicht unmittelbar dem Schul- und Bildungszweck. [2]Sie sind nur insoweit steuerfrei, als es sich um Nebenleistungen handelt. [3]Eine Nebenleistung liegt in diesen Fällen vor, wenn das den Lehrgangsteilnehmern überlassene Lehr- und Lernmaterial inhaltlich den Unterricht ergänzt, zum Einsatz im Unterricht bestimmt ist, von

von der Schule oder der Bildungseinrichtung oder dem Lehrer für diese Zwecke selbst entworfen worden ist und bei Dritten nicht bezogen werden kann (vgl. BFH-Urteil vom 12.12.1985, V R 15/80, BStBl. 1986 II S. 499).

(3) [1]Leistungen, die sich auf die Unterbringung und Verpflegung von Schülern beziehen, dienen dem Schul- und Bildungszweck im Regelfall nicht unmittelbar, sondern nur mittelbar (BFH-Urteil vom 17.3.1981, VIII R 149/76, BStBl. II S. 746). [2]Diese Leistungen können aber unter den Voraussetzungen des § 4 Nr. 23 UStG steuerfrei sein.

4.21.5 Bescheinigungsverfahren für Ergänzungsschulen und andere allgemein bildende oder berufsbildende Einrichtungen

(1) [1]Träger von Ergänzungsschulen und anderen allgemein bildenden oder berufsbildenden Einrichtungen benötigen, sofern sie keine Ersatzschule im Sinne des § 4 Nr. 21 Buchstabe a Doppelbuchstabe aa UStG betreiben, nach § 4 Nr. 21 Buchstabe a Doppelbuchstabe bb UStG eine Bescheinigung der zuständigen Landesbehörde.[1)] [2]Aus dieser Bescheinigung muss sich ergeben, dass die Leistungen des Unternehmers auf einen Beruf oder auf eine vor einer juristischen Person des öffentlichen Rechts abzulegende Prüfung ordnungsgemäß vorbereiten. [3]Die Sätze 1 und 2 gelten entsprechend, wenn der Träger der Einrichtung kein Unternehmer oder eine in § 4 Nr. 22 UStG bezeichnete Einrichtung ist.

(2) [1]Die für die Erteilung der Bescheinigung zuständige Landesbehörde kann nicht nur vom Unternehmer, sondern auch von Amts wegen eingeschaltet werden (vgl. BVerwG-Urteil vom 4.5.2006, 10 C 10.05);[2)] hierüber ist der Unternehmer zu unterrichten. [2]Die Bescheinigung ist zwingend zu erteilen, wenn die gesetzlichen Voraussetzungen für die Steuerbefreiung vorliegen (vgl. BVerwG-Urteil vom 4.5.2006, 10 C 10.05). [3]Die zuständige Landesbehörde befindet darüber, ob und für welchen Zeitraum die Bildungseinrichtung auf einen Beruf oder eine vor einer juristischen Person des öffentlichen Rechts abzulegende Prüfung ordnungsgemäß vorbereitet. [4]Die entsprechende Bescheinigung bindet die Finanzbehörden insoweit als Grundlagebescheid nach § 171 Abs. 10 in Verbindung mit § 175 Abs. 1 Satz 1 Nr. 1 AO (vgl. BFH-Urteil vom 20.8.2009, V R 25/08, BStBl. 2010 II S. 15); das schließt nicht aus, dass die Finanzbehörden bei der zuständigen Landesbehörde eine Überprüfung der Bescheinigung anregen. [5]Die Finanzbehörden entscheiden jedoch in eigener Zuständigkeit, ob die Voraussetzungen für die Steuerfreiheit im Übrigen vorliegen. [6]Dazu gehören insbesondere die Voraussetzungen einer allgemein bildenden oder berufsbildenden Einrichtung (BFH-Urteil vom 3.5.1989, V R 83/84, BStBl. II S. 815). [7]Eine für zurückliegende Zeiträume erteilte Bescheinigung kann nur unter den Voraussetzungen des § 171 Abs. 10 AO eine Ablaufhemmung auslösen (vgl. AEAO zu § 171,

---

[1)] Zur Bescheinigung für Leistungen zur beruflichen Orientierung siehe BVerwG v. 12.6.2013 9 C 4/12, DVBl. 2013, 1193 (Rspr.-Änderung).

[2)] DStRE 2006, 1476. – Nachweise weiterer BVerwG-Rspr. zitiert bei A 4.20.5 Satz 1 UStAE.

Nr. 6.1, 6.2 und 6.5).[1] [8]Die zuständige Landesbehörde kann darauf in der Bescheinigung hinweisen. [9]Die konkrete Feststellung, für welche Umsatzsteuerfestsetzung die Bescheinigung bzw. deren Aufhebung von Bedeutung ist, trifft die Finanzbehörde.

(3) [1]Erbringt der Unternehmer die dem Schul- und Bildungszweck dienenden Leistungen in mehreren Bundesländern, ist eine Bescheinigung der zuständigen Behörde des Bundeslands, in dem der Unternehmer steuerlich geführt wird, als für umsatzsteuerliche Zwecke ausreichend anzusehen. [2]Werden die Leistungen ausschließlich außerhalb dieses Bundeslands ausgeführt, genügt eine Bescheinigung der zuständigen Behörde eines der Bundesländer, in denen der Unternehmer tätig wird. [3]Erbringen Unternehmer Leistungen im Sinne des § 4 Nr. 21 Buchstabe a UStG im Rahmen eines Franchisevertrags, muss jeder Franchisenehmer selbst bei der für ihn zuständigen Landesbehörde die Ausstellung einer Bescheinigung nach § 4 Nr. 21 Buchstabe a Doppelbuchstabe bb UStG beantragen.

(4) Werden Leistungen erbracht, die verschiedenartigen Bildungszwecken dienen, ist der Begünstigungsnachweis im Sinne des § 4 Nr. 21 Buchstabe a Doppelbuchstabe bb UStG durch getrennte Bescheinigungen, bei Fernlehrinstituten z. B. für jeden Lehrgang, zu führen.

(5) [1]Bestätigt die Bundesagentur für Arbeit bzw. der Träger der Grundsicherung für Arbeitsuchende nach §§ 6, 6a SGB II,[2] dass für eine bestimmte berufliche Bildungsmaßnahme gemäß Abschnitt 4.21.2 Abs. 3 die gesetzlichen Voraussetzungen vorliegen, so gilt diese Bestätigung als Bescheinigung im Sinne des § 4 Nr. 21 Buchst. a Doppelbuchst. bb UStG, wenn die nach dieser Vorschrift für die Erteilung der Bescheinigung zuständige Landesbehörde – generell oder im Einzelfall – sich mit der Anerkennung einverstanden erklärt hat und von der Bundesagentur für Arbeit bzw. dem Träger der Grundsicherung für Arbeitsuchende nach §§ 6, 6a SGB II hierauf in der Bestätigung hingewiesen wird. [2]Das Gleiche gilt für Maßnahmen der Berufseinstiegsbegleitung im Rahmen der BMBF-Initiative „Abschluss und Anschluss – Bildungsketten bis zum Ausbildungsabschluss". [3]Auch die Zulassung eines Trägers zur Durchführung von Integrationskursen gemäß Abschnitt 4.21.2 Abs. 3a durch das Bundesamt für Migration und Flüchtlinge gilt als Bescheinigung im Sinne des § 4 Nr. 21 Buchst. a Doppelbuchst. bb UStG, wenn aus der Zulassung ersichtlich ist, dass sich die zuständige Landesbehörde – generell oder im Einzelfall – mit der Zulassung durch das Bundesamt für Migration und Flüchtlinge einverstanden erklärt hat. [4]Das gilt auch für die Zulassung eines Trägers sowie für die Zulassung von Maßnahmen zur beruflichen Weiterbildung sowie von Maßnahmen zur Aktivierung und beruflichen Eingliederung durch fachkundige Stellen nach § 176 SGB III,[3] wenn aus der Zulassung ersichtlich ist, dass die fachkundige Stelle von der Deutschen Akkreditierungsstelle GmbH (DAkkS) als Zertifizierungsstelle anerkannt wurde und sich auch die zuständige Landesbehörde – generell oder im Einzelfall –

---

[1] Nr. **800.**
[2] **Aichberger SGB** Nr. 2.
[3] **Aichberger SGB** Nr. 3.

mit der Zulassung durch die fachkundige Stelle einverstanden erklärt hat. [5]Liegen die Voraussetzungen der Sätze 1 bis 4 vor, so tritt die Bestätigung bzw. Zulassung an die Stelle der Bescheinigung der zuständigen Landesbehörde und bindet die Finanzbehörden insoweit ebenfalls als Grundlagenbescheid nach § 171 Abs. 10 in Verbindung mit § 175 Abs. 1 Satz 1 Nr. 1 AO.

(6) [1]Die Bescheinigung durch eine nach Landesrecht zuständige untergeordnete Behörde gilt als eine nach § 4 Nr. 21 Buchstabe a Doppelbuchstabe bb UStG erforderliche Bescheinigung der zuständigen Landesbehörde. [2]Das Gleiche gilt für die staatliche Anerkennung der Bildungseinrichtungen durch eine nach Landesrecht zuständige Behörde, wenn diese Anerkennung inhaltlich der Bescheinigung der zuständigen Landesbehörde entspricht.

Zu § 4 Nr. 22 UStG

4.22.1 Veranstaltung wissenschaftlicher und belehrender Art

(1) [1]Volkshochschulen sind Einrichtungen, die auf freiwilliger, überparteilicher und überkonfessioneller Grundlage Bildungsziele verfolgen. [2]Begünstigt sind auch Volkshochschulen mit gebundener Erwachsenenbildung. [3]Das sind Einrichtungen, die von einer festen politischen, sozialen oder weltanschaulichen Grundeinstellung ausgehen, im Übrigen aber den Kreis der Hörer nicht ausdrücklich einengen (BFH-Urteil vom 2.8.1962, V 37/60 U, BStBl. III S. 458).

(2) Veranstaltungen wissenschaftlicher oder belehrender Art sind solche, die als Erziehung von Kindern und Jugendlichen, als Schul- oder Hochschulunterricht, als Ausbildung, Fortbildung oder berufliche Umschulung zu qualifizieren sind (vgl. BFH-Urteil vom 27.4.2006, V R 53/04, BStBl. 2007 II S. 16).

(3) [1]Begünstigt sind nach § 4 Nr. 22 Buchstabe a UStG nur Leistungen, die von den im Gesetz genannten Unternehmern erbracht werden und in Vorträgen, Kursen und anderen Veranstaltungen wissenschaftlicher oder belehrender Art bestehen. [2]Es handelt sich hierbei um eine abschließende Aufzählung, die nicht im Auslegungswege erweitert werden kann. [3]Vergleichbare Tätigkeiten der bei den begünstigten Unternehmern tätigen externen Dozenten fallen nicht hierunter (vgl. BFH-Beschluss vom 12.5.2005, V B 146/03, BStBl. II S. 714). [4]Sie können unter den Voraussetzungen des § 4 Nr. 21 UStG steuerfrei sein (vgl. Abschnitt 4.21.3). [5]Beherbergung und Beköstigung sind grundsätzlich nur unter den Voraussetzungen des § 4 Nr. 23 UStG steuerfrei (vgl. BFH-Urteil vom 7.10.2010, V R 12/10, BStBl. 2011 II S. 303).

(4)[1)] [1]Zu den in § 4 Nr. 22 Buchstabe a UStG bezeichneten Veranstaltungen belehrender Art gehört auf dem Gebiet des Sports die Erteilung von Sportunterricht, z.B. die Erteilung von Schwimm-, Tennis-, Reit-, Segel- und Skiunterricht. [2]Tanzkurse stellen nur dann Sportunterricht dar, wenn die Teilnehmer das Tanzen als Tanzsportler in erster Linie als Wettkampf zwi-

---

1) Zur USt-Freiheit von Golfeinzelunterricht durch angestellte Golflehrer nach Unionsrecht siehe BFH v. 2.3.2011 XI R 21/09, DStR 2011, 1179.

schen Paaren bzw. Formationen im Rahmen des Vereins- bzw. Leistungssports betreiben (vgl. BFH-Urteil vom 27.4.2006, a. a. O.). [3]Der Sportunterricht ist steuerfrei, soweit er von einem Sportverein im Rahmen eines Zweckbetriebes im Sinne des § 67a AO[1)] durchgeführt wird.[2)] [4]Ein bestimmter Stunden- und Stoffplan sowie eine von den Teilnehmern abzulegende Prüfung sind nicht erforderlich. [5]Die Steuerbefreiung gilt unabhängig davon, ob der Sportunterricht Mitgliedern des Vereins oder anderen Personen erteilt wird.

4.22.2 Andere kulturelle und sportliche Veranstaltungen

(1) Als andere kulturelle Veranstaltungen kommen z. B. Musikwettbewerbe und Trachtenfeste in Betracht.

(2)[3)] [1]Eine sportliche Veranstaltung ist die organisatorische Maßnahme einer begünstigten Einrichtung, die es aktiven Sportlern erlaubt, Sport zu treiben. [2]Eine bestimmte Organisationsform oder -struktur ist für die Veranstaltung nicht notwendig (vgl. BFH-Urteil vom 25.7.1996, V R 7/95, BStBl. 1997 II S. 154).[4)] [3]Es ist auch nicht erforderlich, dass Publikum teilnimmt oder ausschließlich Mitglieder sich betätigen. [4]Deshalb können schon das bloße Training, Sportkurse und Sportlehrgänge eine sportliche Veranstaltung sein. [5]Eine sportliche Veranstaltung liegt auch vor, wenn ein Sportverein im Rahmen einer anderen Veranstaltung eine sportliche Darbietung präsentiert. [6]Die andere Veranstaltung braucht nicht notwendigerweise die sportliche Veranstaltung eines Sportvereins zu sein (BFH-Urteil vom 4.5.1994, XI R 109/90, BStBl. II S. 886). [7]Zu sportlichen Veranstaltungen, die gemeinnützige Sportvereine gegen Mitgliederbeiträge durchführen, vgl. BMF-Schreiben vom 4.2.2019, BStBl. I S. 115.

(3) [1]Sportreisen sind als sportliche Veranstaltung anzusehen, wenn die sportliche Betätigung wesentlicher und notwendiger Bestandteil der Reise ist (z. B. Reise zum Wettkampfort). [2]Reisen, bei denen die Erholung der Teilnehmer im Vordergrund steht (Touristikreisen), zählen dagegen nicht zu den sportlichen Veranstaltungen, selbst wenn anlässlich der Reise auch Sport getrieben wird.

(4) [1]Eine sportliche Veranstaltung ist nicht gegeben, wenn sich die organisatorische Maßnahme auf Sonderleistungen für einzelne Personen beschränkt. [2]Dies liegt vor, wenn die Maßnahme nur eine Nutzungsüberlassung von Sportgegenständen bzw. -anlagen oder bloße konkrete Dienstleistungen, wie z. B. die Beförderung zum Ort der sportlichen Betätigung oder ein spezielles Training für einzelne Sportler zum Gegenstand hat (BFH-Urteil vom

---

1) Vgl. AEAO zu § 67a AO (Nr. **800**).

2) Bei Fahrsicherheitstraining durch gemeinnützigen Verein ist die USt-Befreiung zweifelhaft; siehe BFH v. 10.7.2012 V B 33/12, DStR 2012, 1856.

3) Zur USt-Freiheit der Leistungen eines gemeinnützigen Golf-Clubs nach Gemeinschaftsrecht siehe BFH v. 3.4.2008 V R 74/07, DStR 2008, 1481.

4) Zur Überlassung vereinseigener Golfanlagen an Mitglieder sowie zu Mitgliedsbeiträgen und Aufnahmegebühren als umsatzsteuerliches Entgelt siehe BFH v. 11.10.2007 V R 69/06, DStRE 2008, 303. – Siehe auch BFH v. 20.3.2014 V R 4/13, DStR 2014, 1539. – Siehe nunmehr EuGH v. 10.12.2020 C-488/18, Golfclub Schloss Igling, DStR 2020, 2869, zur Umsatzbesteuerung von Vereinen, und BFH v. 21.4.2022 V R 48/20 (V R 20/17), DStR 2020, 930: Keine Berufung auf das Unionsrecht für Leistungen im Bereich des Sports (Rspr.-Änderung).

25.7.1996, V R 7/95, BStBl. 1997 II S. 154). [3]Auch die Genehmigung von Wettkampfveranstaltungen oder von Trikotwerbung sowie die Ausstellung oder Verlängerung von Sportausweisen durch einen Sportverband sind keine sportlichen Veranstaltungen im Sinne des § 4 Nr. 22 Buchstabe b UStG; wegen der Anwendung des ermäßigten Steuersatzes vgl. Abschnitt 12.9 Abs. 4 Nr. 1. [4]Die Verwaltung von Sporthallen sowie das Einziehen der Hallenmieten einschließlich des Mahnwesens und Vollstreckungswesens durch einen gemeinnützigen Verein gegen Entgelt einer Stadt ist ebenfalls keine sportliche Veranstaltung nach § 4 Nr. 22 Buchstabe b UStG (BFH-Urteil vom 5.8.2010, V R 54/09, BStBl. 2011 II S. 191).

(5) [1]Teilnehmergebühren sind Entgelte, die gezahlt werden, um an den Veranstaltungen aktiv teilnehmen zu können, z.B. Startgelder und Meldegelder. [2]Soweit das Entgelt für die Veranstaltung in Eintrittsgeldern der Zuschauer besteht, ist die Befreiungsvorschrift nicht anzuwenden.

Zu § 4 Nr. 23 UStG

4.23.1 Beherbergung und Beköstigung von Jugendlichen

(1) [1]Die Steuerbefreiung nach § 4 Nr. 23 UStG ist davon abhängig, dass die Aufnahme der Jugendlichen zu Erziehungs-, Ausbildungs- oder Fortbildungszwecken erfolgt. [2]Sie hängt nicht davon ab, in welchem Umfang und in welcher Organisationsform die Aufnahme von Jugendlichen zu den genannten Zwecken betrieben wird; die Tätigkeit muss auch nicht der alleinige Gegenstand oder der Hauptgegenstand des Unternehmens sein (BFH-Urteil vom 24.5.1989, V R 127/84, BStBl. II S. 912).

(2) [1]Die Erziehungs-, Ausbildungs- oder Fortbildungsleistungen müssen dem Unternehmer, der die Jugendlichen aufgenommen hat, selbst obliegen. [2]Dabei ist es nicht erforderlich, dass der Unternehmer die Leistungen allein erbringt. [3]Er kann die ihm obliegenden Leistungen zur Gänze selbst oder teilweise durch Beauftragte erbringen. [4]Für die Steuerbefreiung nach § 4 Nr. 23 UStG ist es auch ausreichend, wenn der leistende Unternehmer konkrete Erziehungs-, Ausbildungs- oder Fortbildungszwecke, z.B. in seiner Satzung, festschreibt und den Leistungsempfänger vertraglich verpflichtet, sich im Rahmen seines Aufenthaltes an diesen pädagogischen Grundsätzen zu orientieren. [5]Der leistende Unternehmer erbringt auch in diesen Fällen – zumindest mittelbar – Leistungen im Sinne des § 4 Nr. 23 UStG, die über Beherbergungs- und Verpflegungsleistungen hinausgehen. [6]Der Unternehmer, der Jugendliche für Erziehungszwecke bei sich aufnimmt, muss eine Einrichtung auf dem Gebiet der Kinder- und Jugendbetreuung oder der Kinder- und Jugenderziehung im Sinne des Artikels 132 Abs. 1 Buchstabe h oder i MwStSystRL[1)] unterhalten. [7]Daher können – unter Beachtung der übrigen Voraussetzungen des § 4 Nr. 23 UStG – die Steuerbefreiung nur Einrichtungen des öffentlichen Rechts auf dem Gebiet der Kinder- und Jugendbetreuung sowie der Kinder- und Jugenderziehung oder vergleichbare privatrechtliche Einrichtungen in Anspruch

1) **Steuergesetze** Nr. **550.**

nehmen (BFH-Urteil vom 28.9.2000, V R 26/99, BStBl. 2001 II S. 691); dies gilt entsprechend für Einrichtungen, die Jugendliche für die sonstigen in § 4 Nr. 23 Satz 1 UStG genannten Zwecke aufnehmen. [8] Vergleichbare privatrechtliche Einrichtungen sind insbesondere Kinder- und Jugendhilfeeinrichtungen, die als solche formal durch staatliche Einrichtungen anerkannt sind oder deren Kosten überwiegend von hierfür zuständigen Einrichtungen des öffentlichen Rechts übernommen werden. [9] Hierzu gehören nicht Einrichtungen, die im Rahmen des Hotel- und Gaststättengewerbes der Aufnahme von Kindern oder Jugendlichen dienen und die dafür nach § 45 Abs. 1 Satz 2 Nr. 3 SGB VIII einer Erlaubnis nicht bedürfen. [10] Die Leistungen im Zusammenhang mit der Aufnahme müssen dem in § 4 Nr. 23 UStG genannten Personenkreis tatsächlich zu Gute kommen. [11] Auf die Frage, wer Vertragspartner des Unternehmers und damit Leistungsempfänger im Rechtssinne ist, kommt es nicht an. [12] Dem Kantinenpächter einer berufsbildenden oder schulischen Einrichtung steht für die Abgabe von Speisen und Getränken an Schüler und Lehrpersonal die Steuerbefreiung nach § 4 Nr. 23 UStG nicht zu, weil er allein mit der Bewirtung der Schüler diese nicht zur Erziehung, Ausbildung oder Fortbildung bei sich aufnimmt (vgl. BFH-Beschluss vom 26.7.1979, V B 15/79, BStBl. II S. 721). [13] Dasselbe gilt für derartige Leistungen eines Schulfördervereins (vgl. BFH-Urteil vom 12.2.2009, V R 47/07, BStBl. II S. 677). [14] Die Befreiung ist aber möglich, wenn die Beköstigung im Rahmen der Aufnahme der Jugendlichen zu den begünstigten Zwecken zum Beispiel von der Bildungseinrichtung selbst erbracht wird. [15] Davon ausgenommen ist die Abgabe von alkoholischen Getränken. [16] Leistungen der Beherbergung und Beköstigung während kurzfristiger Urlaubsaufenthalte oder Fahrten, die von Sport- und Freizeitangeboten geprägt sind, stellen keine Aufnahme zu Erziehungs-, Ausbildungs- oder Fortbildungszwecken dar (vgl. BFH-Urteile vom 12.5.2009, V R 35/07, BStBl. II S. 1032, und vom 30.7.2008, V R 66/06, BStBl. 2010 II S. 507). [17] Fahrten, die nach § 11 SGB VIII[1)] ausgeführt werden, können unter den Voraussetzungen des § 4 Nr. 25 UStG steuerfrei sein.

(3) [1] Der Begriff „Aufnahme" ist nicht an die Voraussetzung gebunden, dass die Jugendlichen Unterkunft während der Nachtzeit und volle Verpflegung erhalten. [2] Es genügt außerdem, wenn die Aufnahme so lange andauert, dass der im Gesetz vorausgesetzte Erziehungs- oder Bildungszweck erreicht werden kann. [3] Zu den begünstigten Leistungen gehören neben der Beherbergung und Beköstigung insbesondere die Beaufsichtigung der häuslichen Schularbeiten und die Freizeitgestaltung durch Basteln, Spiele und Sport (BFH-Urteil vom 19.12.1963, V 102/61 U, BStBl. 1964 III S. 110). [4] Sowohl die Erziehungs-, Ausbildungs- und Fortbildungsleistung als auch die damit zusammenhängenden Unterbringungs- und Verpflegungsleistungen sind bei Vorliegen der weiteren Voraussetzungen des § 4 Nr. 23 UStG als einheitliche Leistung zu befreien.

(4) [1] Die Erziehungs-, Ausbildungs- und Fortbildungszwecke umfassen nicht nur den beruflichen Bereich, sondern die gesamte geistige, sittliche und körperliche Erziehung und Fortbildung von Jugendlichen (vgl. BFH-Urteil vom

---

1) **Aichberger SGB** Nr. 8.

21.11.1974, II R 107/68, BStBl. 1975 II S. 389). [2]Vorbehaltlich von Absatz 2 Satz 16 gehört hierzu u. a. auch die sportliche Erziehung. [3]Die Befreiungsvorschrift kommt deshalb sowohl bei von einer anerkannten Kinder- und Jugendhilfeeinrichtung durchgeführten Sportlehrgängen für Berufssportler als auch bei solchen für Amateursportler in Betracht.

(5) Hinsichtlich des Begriffs der Vergütung für geleistete Dienste wird auf Abschnitt 4.18.1 Abs. 7 hingewiesen.

(6) [1]§ 4 Nr. 23 Satz 4 UStG regelt, dass diese Steuerbefreiungsvorschrift nicht gilt, soweit eine Leistung der Jugendhilfe nach SGB VIII[1)] erbracht wird. [2]Die Leistungen nach § 2 Abs. 2 SGB VIII (Abschnitt 4.25.1 Abs. 1 Satz 2) und die Inobhutnahme nach § 42 SGB VIII sind somit nur unter den Voraussetzungen des § 4 Nr. 25 UStG steuerfrei.

Zu § 4 Nr. 24 UStG

4.24.1 Jugendherbergswesen

(1) Nach Satz 1 der Vorschrift des § 4 Nr. 24 UStG sind folgende Unternehmer begünstigt:

1. das Deutsche Jugendherbergswerk, Hauptverband für Jugendwandern und Jugendherbergen e. V. (DJH), und die ihm angeschlossenen Landes-, Kreis- und Ortsverbände;
2. kommunale, kirchliche und andere Träger von Jugendherbergen, die dem DJH als Mitglied angeschlossen sind und deren Häuser im Deutschen Jugendherbergsverzeichnis als Jugendherbergen ausgewiesen sind;
3. die Pächter der Jugendherbergen, die von den in den Nummern 1 und 2 genannten Unternehmern unterhalten werden;
4. die Herbergseltern, soweit sie einen Teil der Jugendherberge, insbesondere die Kantine, auf eigene Rechnung betreiben.

(2) Die in Absatz 1 genannten Unternehmer erbringen folgende Leistungen:

1. die Beherbergung und die Beköstigung in Jugendherbergen einschließlich der Lieferung von Lebensmitteln und alkoholfreien Getränken außerhalb der Tagesverpflegung (Zusatz- und Wanderverpflegung);
2. die Durchführung von Freizeiten, Wanderfahrten und Veranstaltungen, die dem Sport, der Erholung oder der Bildung dienen;
3. die Lieferungen von Schlafsäcken und die Überlassung von Schlafsäcken und Bettwäsche zum Gebrauch;
4. die Überlassung von Rucksäcken, Fahrrädern und Fotoapparaten zum Gebrauch;
5. die Überlassung von Spiel- und Sportgeräten zum Gebrauch sowie die Gestattung der Telefonbenutzung in Jugendherbergen;
6. die Lieferungen von Wanderkarten, Wanderbüchern und von Ansichtskarten mit Jugendherbergsmotiven;

---

1) **Aichberger SGB** Nr. 8.

7. die Lieferungen von Jugendherbergsverzeichnissen, Jugendherbergskalendern, Jugendherbergsschriften und von Wimpeln und Abzeichen mit dem Emblem des DJH oder des Internationalen Jugendherbergswerks (IYHF);
8. die Lieferungen der für den Betrieb von Jugendherbergen erforderlichen und vom Hauptverband oder von den Landesverbänden zentral beschafften Einrichtungsgegenstände.

(3) [1]Die in Absatz 2 bezeichneten Leistungen dienen unmittelbar den Satzungszwecken der begünstigten Unternehmer und sind daher steuerfrei, wenn

1. [1]die Leistungen in den Fällen des Absatzes 2 Nr. 1 bis 6 an folgende Personen bewirkt werden:
   a) Jugendliche; Jugendliche in diesem Sinne sind alle Personen vor Vollendung des 27. Lebensjahres,
   b) andere Personen, wenn sie sich in der Ausbildung oder Fortbildung befinden und Mitglied einer geführten Gruppe sind,
   c) Leiter und Betreuer von Gruppen, deren Mitglieder die in den Buchstaben a und b genannten Jugendlichen oder andere Personen sind,
   d) [1]wandernde Familien mit Kindern. [2]Hierunter fallen alle Inhaber von Familienmitgliedsausweisen in Begleitung von eigenen oder anderen minderjährigen Kindern.

   [2]Soweit die Leistungen in geringem Umfang auch an andere Personen erbracht werden, ist die Inanspruchnahme der Steuerbefreiung nicht zu beanstanden. [3]Von einem geringen Umfang ist auszugehen, wenn die Leistungen an diese Personen nicht mehr als 2% der in Absatz 2 Nr. 1 bis 6 bezeichneten Leistungen betragen;[1)]
2. die Leistungen im Fall des Absatzes 2 Nr. 8 an die in Absatz 1 genannten Unternehmer bewirkt werden.

[2]Die Steuerfreiheit der in Absatz 2 Nr. 7 bezeichneten Leistungen ist nicht von der Lieferung an bestimmte Personen oder Einrichtungen abhängig.

(4) Hinsichtlich des Begriffs der Vergütung für geleistete Dienste wird auf Abschnitt 4.18.1 Abs. 7 hingewiesen.

(5) [1]Nach § 4 Nr. 24 Satz 2 UStG gilt die Steuerbefreiung auch für andere Vereinigungen, die gleiche Aufgaben unter denselben Voraussetzungen erfüllen. [2]Hierbei ist es insbesondere erforderlich, dass die Unterkunftsstätten der anderen Vereinigungen nach der Satzung und ihrer tatsächlichen Durchführung überwiegend Jugendlichen dienen. [3]Zu den hiernach begünstigten „anderen Vereinigungen" gehören der Touristenverein „Natur Freunde Deutschlands Verband für Umweltschutz, sanften Tourismus, Sport und Kultur Bundesgruppe Deutschland e. V." und die ihm angeschlossenen Landesverbände, Bezirke und Ortsgruppen sowie die Pächter der von diesen Unternehmern unterhaltenen Naturfreundehäuser. [4]Die Absätze 2 bis 4 gelten entsprechend.

---

1) Siehe auch BFH v. 10.8.2016 V R 11/15, BStBl. II 2018, 113, sowie AEAO Nr. 3 Satz 2 zu § 68 Nr. 1 AO (Nr. **800**).

Zu § 4 Nr. 25 UStG

4.25.1 Leistungen im Rahmen der Kinder- und Jugendhilfe

(1) [1]Die Steuerbefreiungsvorschrift des § 4 Nr. 25 Satz 1 UStG umfasst die Leistungen der Jugendhilfe nach § 2 Abs. 2 SGB VIII[1)] und die Inobhutnahme nach § 42 SGB VIII. [2]Unter § 2 Abs. 2 SGB VIII fallen folgende Leistungen:

1. Angebote der Jugendarbeit, der Jugendsozialarbeit und des erzieherischen Kinder- und Jugendschutzes (§§ 11 bis 14 SGB VIII);
2. Angebote zur Förderung der Erziehung in der Familie (§§ 16 bis 21 SGB VIII);
3. Angebote zur Förderung von Kindern in Tageseinrichtungen und in Tagespflege (§§ 22 bis 25 SGB VIII);
4. Hilfe zur Erziehung und ergänzende Leistungen (§§ 27 bis 35, 36, 37, 39, 40 SGB VIII);
5. Hilfe für seelisch behinderte Kinder und Jugendliche und ergänzende Leistungen (§§ 35a bis 37, 39, 40 SGB VIII);
6. Hilfe für junge Volljährige und Nachbetreuung (§ 41 SGB VIII).

[3]Mit Wirkung vom 1.11.2015 wurde der Inobhutnahme von ausländischen Kindern und Jugendlichen nach § 42 Abs. 1 Nr. 3 SGB VIII die vorläufige Inobhutnahme von ausländischen Kindern und Jugendlichen nach unbegleiteter Einreise nach § 42a SGB VIII vorgeschaltet. [4]Da es sich hierbei ebenfalls um Leistungen der Jugendhilfe handelt, sind diese Leistungen nach § 42a SGB VIII unter den weiteren Voraussetzungen des § 4 Nr. 25 UStG ebenso wie die Leistungen der Inobhutnahme nach § 42 SGB VIII umsatzsteuerfrei.

Begünstigte Leistungserbringer

(2) [1]Die vorgenannten Leistungen sind steuerfrei, wenn sie durch Träger der öffentlichen Jugendhilfe (§ 69 SGB VIII)[1)] oder andere Einrichtungen mit sozialem Charakter erbracht werden. [2]Der Begriff der „anderen Einrichtung mit sozialem Charakter" entspricht der Formulierung der maßgeblichen unions-rechtlichen Grundlage (Artikel 132 Abs. 1 Buchstabe h MwStSystRL).[2)] [3]Auf der Grundlage der dort eingeräumten Befugnis der Mitgliedstaaten sind insoweit anerkannt:

1. von der zuständigen Jugendbehörde anerkannte Träger der freien Jugendhilfe (§ 75 Abs. 1 SGB VIII), die Kirchen und Religionsgemeinschaften des öffentlichen Rechts sowie die amtlich anerkannten Verbände der freien Wohlfahrtspflege nach § 23 UStDV;
2. [1]bestimmte weitere Einrichtungen soweit sie
   a) [1]für ihre Leistungen eine im SGB VIII geforderte Erlaubnis besitzen. [2]Insoweit handelt es sich um die Erlaubnistatbestände des § 43 SGB VIII

---

1) **Aichberger SGB** Nr. **8.**
2) **Steuergesetze** Nr. **550.**

(Erlaubnis zur Kindertagespflege), § 44 Abs. 1 Satz 1 SGB VIII (Erlaubnis zur Vollzeitpflege), § 45 Abs. 1 Satz 1 SGB VIII (Erlaubnis für den Betrieb einer Einrichtung, in der Kinder oder Jugendliche ganztägig oder für einen Teil des Tages betreut werden oder Unterkunft erhalten) und § 54 SGB VIII (Erlaubnis zur Übernahme von Pflegschaften oder Vormundschaften durch rechtsfähige Vereine). [3] Eine Betriebserlaubnis, die einer Einrichtung nach § 45 SGB VIII erteilt wurde, gilt auch als Erlaubnis für eine sonstige Wohnform im Sinne des § 48a Abs. 2 SGB VIII, wenn sie in der Erlaubnis ausdrücklich aufgeführt ist. [4] Das gilt auch bei einem Wechsel einer sonstigen Wohnform im Sinne des § 48a Abs. 2 SGB VIII, wenn die zuständige Behörde bestätigt hat, dass die Einrichtung ihrer Anzeigepflicht nachgekommen ist und der Unternehmer die für die Tätigkeit notwendige Eignung besitzt. [5] Die Ausführungen zur Wirkung der Betriebserlaubnis in den Sätzen 3 und 4 gelten sinngemäß auch für einen Unternehmer, der vom Träger einer Jugendhilfeeinrichtung mit der pädagogischen Leitung dieser Einrichtung beauftragt wurde,

b) [1] für ihre Leistungen einer Erlaubnis nach SGB VIII nicht bedürfen. [2] Dies sind die in § 44 Abs. 1 Satz 2 SGB VIII geregelten Fälle der Vollzeitpflege sowie der Betrieb einer Einrichtung nach § 45 SGB VIII, allerdings nur, wenn es sich um eine Jugendfreizeiteinrichtung, eine Jugendausbildungseinrichtung, eine Jugendherberge oder ein Schullandheim im Sinne des § 45 Abs. 1 Satz 2 Nr. 1 SGB VIII oder um ein landesgesetzlich der Schulaufsicht unterstehendes Schülerheim im Sinne des § 45 Abs. 1 Satz 2 Nr. 2 SGB VIII handelt. [3] Ausgenommen sind somit die Einrichtungen im Sinne des § 45 Abs. 1 Satz 2 Nr. 3 SGB VIII, die außerhalb der Jugendhilfe liegende Aufgaben für Kinder oder Jugendliche wahrnehmen,

c) [1] Leistungen erbringen, die im vorangegangenen Kalenderjahr ganz oder zum überwiegenden Teil von Trägern der öffentlichen Jugendhilfe (§ 69 SGB VIII), anerkannten Trägern der freien Jugendhilfe (§ 75 Abs. 1 SGB VIII), Kirchen und Religionsgemeinschaften des öffentlichen Rechts oder amtlich anerkannten Verbänden der freien Wohlfahrtspflege nach § 23 UStDV vergütet wurden. [2] Eine Vergütung durch die zuvor genannten Träger und Einrichtungen ist aber nur dann gegeben, wenn der Leistungserbringer von diesen unmittelbar bezahlt wird. [3] Die Vergütung ist nicht um eine eventuelle Kostenbeteiligung nach §§ 90 ff. SGB VIII, z. B. der Eltern, zu mindern,

d) [1] Leistungen der Kindertagespflege erbringen, für die die Einrichtungen nach § 23 Abs. 3 SGB VIII geeignet sind und aufgrund dessen nach § 24 i. V. m. § 23 Abs. 1 SGB VIII vermittelt werden können. [2] Da der Befreiungstatbestand insoweit allein darauf abstellt, dass die Einrichtung nach § 23 Abs. 3 SGB VIII als Tagespflegeperson geeignet ist, greift die Steuerbefreiung somit auch in den Fällen, in denen die Leistung „privat", also ohne Vermittlung durch das Jugendamt, nachgefragt wird.

[2] Der Begriff „Einrichtungen" umfasst dabei auch natürliche Personen. [3] Für die Anerkennung eines Unternehmers als eine Einrichtung mit sozialem

Charakter reicht es für sich allein nicht schon aus, dass der Unternehmer lediglich als Subunternehmer für eine nach § 4 Nr. 25 Satz 2 Buchstabe b UStG anerkannte Einrichtung tätig ist.

Leistungsberechtigte/-adressaten

(3) [1]Das SGB VIII[1)] unterscheidet Leistungsberechtigte und Leistungsadressaten. [2]Leistungen der Jugendhilfe – namentlich im Eltern-Kind-Verhältnis – sind meist nicht personenorientiert, sondern systemorientiert. [3]Sie zielen nicht nur auf die Verhaltensänderung einer bestimmten Person ab, sondern auf die Änderung bzw. Verbesserung des Eltern-Kind-Verhältnisses. [4]Deshalb sind leistungsberechtigte Personen
– in der Regel die Eltern,
darüber hinaus
– Kinder im Rahmen der Förderung in Tageseinrichtungen und in Tagespflege,
– Kinder und Jugendliche als Teilnehmer an Veranstaltungen der Jugendarbeit (§ 11 SGB VIII),
– Kinder und Jugendliche im Rahmen der Eingliederungshilfe für seelisch Behinderte (§ 35a SGB VIII),
– junge Volljährige im Rahmen von Veranstaltungen der Jugendarbeit (§ 11 SGB VIII) und von Hilfe für junge Volljährige (§ 41 SGB VIII).

[5]Leistungsadressaten sind bei Hilfen für Eltern regelmäßig auch Kinder und Jugendliche.

(4) [1]§ 4 Nr. 25 UStG verzichtet zudem auf eine eigenständige Definition des „Jugendlichen". [2]Umsatzsteuerbefreit können daher auch Leistungen an Personen über 27 Jahren sein, z.B. Angebote der Jugendarbeit (§ 11 SGB VIII),[1)] die nach § 11 Abs. 4 SGB VIII in angemessenem Umfang auch Personen einbeziehen, die das 27. Lebensjahr vollendet haben.

(5)–(9) *(aufgehoben)*

4.25.2 Eng mit der Jugendhilfe verbundene Leistungen

Durchführung von kulturellen und sportlichen Veranstaltungen

(1) Steuerfrei ist nach § 4 Nr. 25 Satz 3 Buchstabe a UStG auch die Durchführung von kulturellen und sportlichen Veranstaltungen, wenn die Darbietungen von den von der Jugendhilfe begünstigten Personen (vgl. Abschnitt 4.25.1 Absätze 3 und 4) selbst erbracht oder die Einnahmen überwiegend zur Deckung der Kosten verwendet werden und diese Leistungen in engem Zusammenhang mit den in § 4 Nr. 25 Satz 1 UStG bezeichneten Leistungen (vgl. Abschnitt 4.25.1 Abs. 1 und 2) stehen.

(2) [1]In § 4 Nr. 25 Satz 3 Buchstabe a UStG wird auf „die von der Jugendhilfe begünstigten Personen" abgestellt. [2]Danach ist die Einbeziehung von Eltern in die Durchführung von kulturellen und sportlichen Veranstaltungen für die Steuerbefreiung unschädlich, sofern diese Leistungen in engem Zusammenhang mit den Leistungen der Jugendhilfe stehen.

---

1) **Aichberger SGB** Nr. **8.**

Beherbergung, Beköstigung und die üblichen Naturalleistungen

(3) [1] Nach § 4 Nr. 25 Satz 3 Buchstabe b UStG sind auch die Beherbergung, Beköstigung und die üblichen Naturalleistungen steuerfrei, die diese Einrichtungen den Empfängern der Jugendhilfeleistungen und Mitarbeitern in der Jugendhilfe sowie den bei den Leistungen nach § 4 Nr. 25 Satz 1 UStG tätigen Personen als Vergütung für die geleisteten Dienste gewähren. [2] Davon ausgenommen ist die Abgabe von alkoholischen Getränken. [3] Hinsichtlich des Begriffs der Vergütung für geleistete Dienste wird auf Abschnitt 4.18.1 Abs. 7 hingewiesen.

(4) Durch das Abstellen auf den „Empfänger der Jugendhilfeleistungen" wird auch insoweit eine steuerfreie Einbeziehung von Eltern ermöglicht.

Leistungen von Vormündern und Ergänzungspflegern

(5) Von der Umsatzsteuer sind nach § 4 Nr. 25 Satz 3 Buchstabe c UStG auch die Leistungen befreit, die von einer Einrichtung erbracht werden, die als Vormund nach § 1773 BGB oder als Ergänzungspfleger nach § 1909 BGB bestellt worden ist, es sei denn, es handelt sich um Leistungen, die nach § 1835 Abs. 3 BGB vergütet werden.

(6) Für alle Pflegschaften gelten die Vorschriften über die Vormundschaft nach § 1915 BGB entsprechend; hinsichtlich der von nicht mittellosen Pfleglingen zu zahlenden Vergütung gilt eine Sonderregelung zur Berechnung der Vergütung abweichend von § 3 Abs. 1 bis 3 Vormünder- und Betreuervergütungsgesetz (§ 1915 Abs. 1 Satz 2 BGB).

(7) [1] Die Ergänzungspflegschaft nach § 1909 BGB dient – wie die Vormundschaft – der Fürsorge für Minderjährige, wenn deren Angelegenheiten in Teilbereichen nicht von dem Sorgeberechtigten (Eltern oder Vormund) besorgt werden können. [2] Die Ergänzungspflegschaft kann sich, der Betreuung vergleichbar, auf die gesamte Personen- oder Vermögenssorge oder auf einzelne Angelegenheiten dieser Teilbereiche beziehen. [3] Wird die Pflegschaft in Teilbereichen wahrgenommen, bleibt die sorgerechtliche Zuständigkeit der Eltern oder des Vormunds in den übrigen Angelegenheiten bestehen. [4] So kann z. B. Eltern, die ihr Kind vernachlässigen, nur die Personensorge entzogen und einem Ergänzungspfleger übertragen werden; die Vermögenssorge bleibt in diesem Fall bei den Eltern. [5] Andererseits kann auch die Ergänzungspflegschaft für Vermögensangelegenheiten des Minderjährigen erforderlich sein, insbesondere in den Fällen des § 1909 Abs. 1 Satz 2 BGB in Verbindung mit § 1638 Abs. 1 BGB.

(7a) [1] Als eine Form der Ergänzungspflegschaft fallen auch die Leistungen, die von einer Einrichtung erbracht werden, die als Umgangspfleger nach § 1684 Abs. 3 BGB bestellt worden ist, unter die Steuerbefreiung nach § 4 Nr. 25 Satz 3 Buchstabe c UStG. [2] Für die Umgangspflegschaft, die als ein Sonderfall der Pflegschaft den Umgang zwischen Eltern(-teil) und Kind regelt, sind ebenfalls die Regelungen über die Pflegschaft (§§ 1909 ff. BGB) entsprechend anzuwenden (vgl. § 1915 Abs. 1 Satz 1 BGB).

(8) [1] Die sonstigen Pflegschaften des BGB sind mit der Vormundschaft und Ergänzungspflegschaft nicht vergleichbar, da diese nicht auf die Fürsorge für

Minderjährige gerichtet sind und somit bei ihnen der spezifisch soziale Charakter nicht gegeben ist. [2]Für die Leistungen im Rahmen der sonstigen Pflegschaften des BGB wird deshalb keine Umsatzsteuerbefreiung gewährt. [3]Unter die sonstigen Pflegschaften fallen die Abwesenheitspflegschaft für abwesende Volljährige (§ 1911 BGB) und die Nachlasspflegschaft (§§ 1960 ff. BGB) sowie die Sammlungspflegschaft (§ 1914 BGB). [4]Sie betreffen nur die Verwaltung von Vermögen und haben keinen spezifischen Bezug auf Minderjährige, für die die elterlichen Sorgeberechtigten ersetzt werden müssen. [5]Des Weiteren zählen hierzu die Pflegschaft für einen unbekannten Beteiligten nach § 1913 BGB und die Pflegschaft für eine Leibesfrucht nach § 1912 BGB, die ebenfalls in der Regel nur die Verwaltung von Vermögen betreffen.

(9)[1)] [1]Auch Verfahrenspfleger oder -beistände üben keine den rechtlichen Betreuern (vgl. Abschnitt 4.16.5 Abs. 20) oder Vormündern vergleichbare Tätigkeit aus, da sie lediglich in Gerichtsverfahren auftreten und dort die Interessen der betroffenen Person vertreten. [2]Deshalb wird auch für diese Tätigkeiten keine Umsatzsteuerbefreiung gewährt. [3]Bei den Verfahrenspflegern oder -beiständen ist der Gegenstand der Leistung begrenzt, z. B. nur auf die Stellungnahme zu der Frage, wer das Sorgerecht erhalten soll. [4]Eine umfassende Personen- oder Vermögenssorge wird hingegen nicht wahrgenommen.

Reiseleistungen im Drittland

(10) Liegen für Leistungen nach § 4 Nr. 25 UStG auch die Voraussetzungen der Steuerbefreiung für Reiseleistungen im Drittland (§ 25 Abs. 2 UStG) vor, geht die Steuerbefreiung des § 4 Nr. 25 UStG der Steuerbefreiung nach § 25 Abs. 2 UStG vor.

Zu § 4 Nr. 26 UStG

4.26.1 Ehrenamtliche Tätigkeit

(1) [1]Für die Steuerbefreiung nach § 4 Nr. 26 Buchstabe a und Buchstabe b UStG ist das Vorliegen einer ehrenamtlichen Tätigkeit erforderlich (vgl. BFH-Urteil vom 17.12.2015, V R 45/14, BStBl. 2017 II S. 658). [2]Hierzu rechnen neben den in einem Gesetz ausdrücklich als solche genannten Tätigkeiten auch die, die man im allgemeinen Sprachgebrauch herkömmlicherweise als ehrenamtlich bezeichnet (vgl. BFH-Urteil vom 27.7.1972, V R 33/72, BStBl. II S. 844) oder die dem materiellen Begriffsinhalt der Ehrenamtlichkeit entsprechen (vgl. BFH-Urteil vom 14.5.2008, XI R 70/07, BStBl. II S. 912, und vom 20.8.2009, V R 32/08, BStBl. 2010 II S. 88). [3]Die Annahme der Ehrenamtlichkeit kraft gesetzlicher Regelung erfordert die Benennung in einem materiellen oder formellen Gesetz. [4]Eine Ehrenamtlichkeit kraft gesetzlicher Regelung ist allerdings nicht anzunehmen, wenn es sich um eine Bestimmung in einer im Bereich der Selbstverwaltung erlassenen Satzung handelt (vgl. BFH-Urteil vom 17.12.2015, V R 45/14, a. a. O.). [5]Die Tätigkeit im Aufsichtsrat einer Volksbank wird im allgemeinen Sprachgebrauch herkömmlicherweise nicht als ehrenamtlich bezeichnet (vgl. BFH-Urteil vom

---

[1)] Die nach §§ 276, 317 FamFG gerichtlich bestellten Verfahrenspfleger für Betreuungs- und Unterbringungssachen können sich auf die unionsrechtliche Steuerbefreiung nach Art. 132 Abs. 1 Buchst. g MwStRL berufen, siehe BFH v. 25.11.2021 V R 34/19, DStR 2022, 653.

20.8.2009, V R 32/08, a.a.O.). [6]Ergibt sich die Bezeichnung „ehrenamtlich" weder aus einem Gesetz noch lässt sich ein diesbezüglicher Sprachgebrauch ermitteln, bedarf es einer Bestimmung des materiellen Begriffsinhalts. [7]Im öffentlich-rechtlichen Bereich ist darunter die unentgeltliche Mitwirkung natürlicher Personen bei der Erfüllung öffentlicher Aufgaben zu verstehen, die auf Grund behördlicher Bestellung außerhalb eines haupt- oder nebenamtlichen Dienstverhältnisses stattfindet und für die lediglich eine Entschädigung besonderer Art gezahlt wird (vgl. BFH-Urteil vom 16.12.1987, X R 7/82, BStBl. 1988 II S. 384). [8]Wenn eine Tätigkeit für den hoheitlichen Bereich einer juristischen Person des öffentlichen Rechts (vgl. Abschnitt 4.26.1 Abs. 2 Satz 1) in einem anderen Gesetz oder im allgemeinen Sprachgebrauch als ehrenamtlich bezeichnet wird, kann grundsätzlich vom Vorliegen der Befreiungsvoraussetzungen ausgegangen werden, es sei denn, die Anwendung des Begriffs der Ehrenamtlichkeit auf die Tätigkeit ist mit der gebotenen engen Auslegung des Begriffs der Ehrenamtlichkeit ausnahmsweise nicht mehr vereinbar, insbesondere wenn sie in einem Umfang ausgeführt wird, bei dem die Annahme einer beruflichen Ausübung nicht mehr ausgeschlossen werden kann. [9]Für den nicht-öffentlichen Bereich kommt es nach dem materiellen Begriffsinhalt hingegen auf das Fehlen eines eigennützigen Erwerbsstrebens, die fehlende Hauptberuflichkeit und den Einsatz für eine fremdnützig bestimmte Einrichtung an. [10]Danach kann sowohl die Tätigkeit eines Ratsmitgliedes im Aufsichtsrat einer kommunalen Eigengesellschaft (BFH-Urteil vom 4.5.1994, XI R 86/92, BStBl. II S. 773) als auch die Tätigkeit in Gremien der berufsständischen Kammern und Verbände eine ehrenamtliche Tätigkeit im Sinne der Befreiungsvorschrift sein. [11]Liegt ein eigennütziges Erwerbsstreben oder eine Hauptberuflichkeit vor bzw. wird der Einsatz nicht für eine fremdnützig bestimmte Einrichtung erbracht, kann unabhängig von der Höhe der Entschädigung nicht von einer ehrenamtlichen Tätigkeit ausgegangen werden. [12]Das ist insbesondere dann der Fall, wenn der Zeitaufwand der Tätigkeit auf eine hauptberufliche Teilzeit- oder sogar Vollzeitbeschäftigung hindeutet. [13]Ein Entgelt, das nicht lediglich im Sinne einer Entschädigung für Zeitversäumnis oder eines Verdienstausfalls gezahlt wird, sondern sich an der Qualifikation des Tätigen und seiner Leistung orientiert, steht dem Begriff der ehrenamtlichen Tätigkeit entgegen.

(2) [1]Die ehrenamtlichen Tätigkeiten für juristische Personen des öffentlichen Rechts fallen nur dann unter § 4 Nr. 26 Buchstabe a UStG, wenn sie für deren nichtunternehmerischen Bereich ausgeführt werden. [2]Es muss sich also um die Ausübung einer ehrenamtlichen Tätigkeit für den öffentlich-rechtlichen Bereich handeln. [3]Wird die ehrenamtliche Tätigkeit für den Betrieb gewerblicher Art einer Körperschaft des öffentlichen Rechts ausgeübt, kann sie deshalb nur unter den Voraussetzungen des § 4 Nr. 26 Buchstabe b UStG steuerfrei belassen werden (BFH-Urteil vom 4.4.1974, V R 70/73, BStBl. II S. 528).

(3) Die Mitwirkung von Rechtsanwälten in Rechtsberatungsdiensten ist keine ehrenamtliche Tätigkeit, weil die Rechtsanwälte in diesen Fällen nicht außerhalb ihres Hauptberufs tätig werden.

(4) [1]Geht in Fällen des § 4 Nr. 26 Buchstabe b UStG das Entgelt über einen Auslagenersatz und eine angemessene Entschädigung für Zeitversäumnis hinaus, besteht in vollem Umfang Steuerpflicht. [2]Was als angemessene Ent-

schädigung für Zeitversäumnis anzusehen ist, muss nach den Verhältnissen des Einzelfalls beurteilt werden; dabei ist eine Entschädigung in Höhe von bis zu 50 € je Tätigkeitsstunde regelmäßig als angemessen anzusehen, sofern die Vergütung für die gesamten ehrenamtlichen Tätigkeiten im Sinne des § 4 Nr. 26 Buchstabe b UStG den Betrag von 17 500 € im Jahr nicht übersteigt. [3]Zur Ermittlung der Grenze von 17 500 € ist auf die tatsächliche Höhe der Aufwandsentschädigung im Vorjahr sowie die voraussichtliche Höhe der Aufwandsentschädigung im laufenden Jahr abzustellen. [4]Ein (echter) Auslagenersatz, der für die tatsächlich entstandenen und nachgewiesenen Aufwendungen der ehrenamtlichen Tätigkeit vergütet wird, bleibt bei der Berechnung der Betragsgrenzen unberücksichtigt. [5]Als Auslagenersatz im Sinne des Satzes 4 werden beispielsweise auch ein Fahrtkostenersatz nach den pauschalen Kilometersätzen oder auch Verpflegungsmehraufwendungen anerkannt, sofern sie lohnsteuerlich ihrer Höhe nach als Reisekosten angesetzt werden könnten (vgl. R 9.4 Abs. 1 LStR).[1)]

(5) [1]Eine vom tatsächlichen Zeitaufwand unabhängige z. B. laufend gezahlte pauschale bzw. monatliche oder jährlich laufend gezahlte pauschale Vergütung sowie ein gesondert gezahltes Urlaubs-, Weihnachts- bzw. Krankheitsgeld stehen dem Charakter einer Entschädigung für Zeitversäumnis entgegen und führen zur Nichtanwendbarkeit der Befreiungsvorschrift mit der Folge, dass sämtliche für diese Tätigkeit gezahlten Vergütungen – auch soweit sie daneben in Auslagenersatz oder einer Entschädigung für Zeitaufwand bestehen – der Umsatzsteuer unterliegen. [2]Dies gilt für eine pauschal gezahlte Aufwandsentschädigung nicht, wenn der Vertrag, die Satzung oder der Beschluss eines laut Satzung hierzu befugten Gremiums zwar eine Pauschale vorsieht, aber zugleich festgehalten ist, dass der ehrenamtlich Tätige durchschnittlich eine bestimmte Anzahl an Stunden pro Woche/Monat/Jahr für die fremdnützig bestimmte Einrichtung tätig ist und die in Absatz 4 genannten Betragsgrenzen nicht überschritten werden. [3]Der tatsächliche Zeitaufwand ist glaubhaft zu machen. [4]Aus Vereinfachungsgründen kann die Steuerbefreiung auch ohne weitere Prüfung gewährt werden, wenn der Jahresgesamtbetrag der Entschädigungen den Freibetrag nach § 3 Nr. 26 EStG nicht übersteigt. [5]In diesen Fällen bedarf es lediglich der Angabe der Tätigkeiten und der Höhe der dabei erhaltenen Entschädigungen.

Beispiel 1:

[1]Ein ehrenamtlich Tätiger, der für seine Ehrenamtstätigkeit (1 Stunde/Woche) eine pauschale Entschädigung für Zeitversäumnis in Höhe von 120 € monatlich und zusätzlich für eine weitere ehrenamtliche Tätigkeit (ca. 20 Stunden/Jahr) eine jährliche Entschädigung für Zeitversäumnis in Höhe von 500 € erhält, kann die Steuerbefreiung nach § 4 Nr. 26 Buchstabe b UStG – auch ohne zusätzliche Nachweise – in Anspruch nehmen, da der Jahresgesamtbetrag seiner Entschädigungen (1940 €) den Freibetrag nach § 3 Nr. 26 EStG nicht übersteigt. [2]Ein daneben gezahlter Auslagenersatz für tatsächlich entstandene Aufwendungen bleibt bei der Berechnung der Betragsgrenzen unberücksichtigt.

Beispiel 2:

[1]Ein ehrenamtlich Tätiger, der für seine ehrenamtliche Tätigkeit (7 Stunden/Woche) eine pauschale monatliche Entschädigung für Zeitversäumnis in Höhe von 1200 € erhält und in

---

[1)] Nr. **20**.

acht Wochen im Jahr seine Tätigkeit auf Grund Urlaub/Krankheit nicht ausübt, hat einen durchschnittlichen Stundensatz in Höhe von rund 46 € (44 Wochen je 7 Stunden, Gesamtvergütung 14 400 €). [2] Eine weitere ehrenamtliche Tätigkeit wird durch ihn nicht ausgeübt. [3] Die Steuerbefreiung kann gewährt werden, da die Vergütung nicht mehr als 50 € je Tätigkeitsstunde beträgt und die Grenze von 17 500 € nicht übersteigt.

Zu § 4 Nr. 27 UStG

4.27.1 Gestellung von Personal durch religiöse und weltanschauliche Einrichtungen

(1) [1] Die Steuerbefreiung nach § 4 Nr. 27 Buchstabe a UStG umfasst die Gestellung von selbständigem, nicht beim leistenden Unternehmer abhängig beschäftigtem Personal, wie z. B. die Gestellung von Mitgliedern oder Angehörigen der Einrichtungen sowie die Gestellung abhängig beschäftigter Arbeitnehmer. [2] Unter den Begriff religiöse und weltanschauliche Einrichtungen fallen alle Einrichtungen, die den Schutz des Artikels 4 Abs. 1 und 2 GG und des Artikels 140 GG in Verbindung mit Artikel 137 der deutschen Verfassung vom 11.8.1919 (Weimarer Verfassung) in Anspruch zu nehmen berechtigt sind. [3] Hierunter fallen z. B. Kirchen in der Rechtsform einer juristischen Person des öffentlichen Rechts, geistliche Genossenschaften oder Mutterhäuser.

(2) [1] Die Voraussetzung, dass die Personalgestellung für bestimmte unter § 4 Nr. 27 Buchstabe a UStG genannte Tätigkeiten erfolgt, ist erfüllt, wenn die Einrichtung, der das Personal gestellt wird, steuerfreie Leistungen nach § 4 Nr. 14 Buchstabe b, Nr. 16, 18, 21, 22 Buchstabe a sowie Nr. 23 und 25 UStG erbringt, und wenn die überlassene Person in diesem steuerbegünstigten Bereich tätig wird. [2] In Betracht kommen insbesondere die Gestellung von Gesundheits- und Krankenpflegern oder Altenpflegern an Krankenhäuser oder Altenheime sowie die Gestellung von Lehrern an Schulen zur Erteilung von Unterricht. [3] Dies gilt für die Erteilung von Unterricht jeder Art, also nicht nur für die Erteilung von Religionsunterricht. [4] Wird Personal für Zwecke geistlichen Beistands, z. B. für Zwecke des Abhaltens von Gottesdiensten, gestellt, muss die aufnehmende Einrichtung keine weiteren Voraussetzungen erfüllen.

4.27.2 Gestellung von land- und forstwirtschaftlichen Arbeitskräften sowie Gestellung von Betriebshelfern

(1) [1] Steuerfrei sind insbesondere Leistungen land- und forstwirtschaftlicher Selbsthilfeeinrichtungen – Betriebshilfsdienste- und Dorfhelferinnendienste –, die in der Regel in der Rechtsform eines eingetragenen Vereins betrieben werden. [2] Die Vorschrift des § 4 Nr. 27 Buchstabe b UStG unterscheidet zwischen unmittelbaren Leistungen an land- und forstwirtschaftliche Betriebe und Leistungen an die gesetzlichen Träger der Sozialversicherung.

Unmittelbare Leistungen an land- und forstwirtschaftliche Betriebe

(2) [1] *Die Steuerbefreiung* für unmittelbare Leistungen an land- und forstwirtschaftliche Betriebe kann nur von juristischen Personen des privaten oder

öffentlichen Rechts – z.B. eingetragenen Vereinen oder Genossenschaften – beansprucht werden, nicht aber von Einzelunternehmern oder Personengesellschaften. [2]Befreit ist nur die Gestellung land- und forstwirtschaftlicher Arbeitskräfte. [3]Die Arbeitskräfte müssen unmittelbar land- und forstwirtschaftlichen Unternehmern für deren land- und forstwirtschaftliche Betriebe im Sinne des § 24 Abs. 2 UStG gestellt werden. [4]Indessen hängt die Steuerbefreiung nicht davon ab, ob die Kosten für die Ersatzkräfte von den gesetzlichen Trägern der Sozialversicherung erstattet werden.

(3) [1]Der Unternehmer hat nachzuweisen, dass die Arbeitskräfte für einen land- und forstwirtschaftlichen Betrieb mit höchstens drei Vollarbeitskräften gestellt worden sind. [2]Dieser Nachweis kann durch eine schriftliche Bestätigung des betreffenden Land- und Forstwirts geführt werden. [3]Darüber hinaus ist nachzuweisen, dass die gestellte Arbeitskraft den Ausfall des Betriebsinhabers oder eines voll mitarbeitenden Familienangehörigen wegen Krankheit, Unfalls, Schwangerschaft, eingeschränkter Erwerbsfähigkeit oder Todes überbrückt. [4]Für diesen Nachweis sind entsprechende Bescheinigungen oder Bestätigungen Dritter – z.B. ärztliche Bescheinigungen, Bescheinigungen der Krankenhäuser und Heilanstalten oder Bestätigungen der Sozialversicherungsträger – erforderlich.

Leistungen an die gesetzlichen Träger der Sozialversicherung

(4) [1]Die Steuerbefreiung des § 4 Nr. 27 Buchstabe b UStG umfasst weiterhin die Gestellung von Betriebshelfern an die gesetzlichen Träger der Sozialversicherung (Berufsgenossenschaften, Krankenkassen, Rentenversicherungsträger, landwirtschaftliche Alterskassen). [2]Diese Träger sind verpflichtet, ihren Mitgliedern in bestimmten Notfällen – z.B. bei einem Arbeitsunfall, einem Krankenhausaufenthalt oder einer Heilanstaltspflege – Betriebshilfe zu gewähren. [3]Sie bedienen sich dabei anderer Unternehmer – z.B. der Betriebshilfsdienste und der Dorfhelferinnendienste – und lassen sich von diesen die erforderlichen Ersatzkräfte zur Verfügung stellen. [4]Die Unternehmer, die Ersatzkräfte zur Verfügung stellen, erbringen damit steuerfreie Leistungen an die gesetzlichen Träger der Sozialversicherung. [5]Auf die Rechtsform des Unternehmens kommt es dabei nicht an. [6]Unter die Steuerbefreiung fällt auch die „Selbstgestellung“ eines Einzelunternehmers, der seine Betriebshelferleistungen gegenüber einem Träger der Sozialversicherung erbringt.

(5) [1]Die Steuerbefreiung nach Absatz 4 ist nicht anwendbar, wenn es die gesetzlichen Träger der Sozialversicherung ihren Mitgliedern überlassen, die Ersatzkräfte selbst zu beschaffen, und ihnen lediglich die dadurch entstandenen Kosten erstatten. [2]In diesen Fällen kann aber die Steuerbefreiung für unmittelbare Leistungen an land- und forstwirtschaftliche Betriebe (Absätze 2 und 3) in Betracht kommen.

Zu § 4 Nr. 28 UStG

4.28.1 Lieferung bestimmter Gegenstände

(1) [1]Nach § 4 Nr. 28 UStG ist die Lieferung von Gegenständen befreit, die der Unternehmer ausschließlich für Tätigkeiten verwendet, die nach § 4 Nr. 8

bis 27 und 29 UStG steuerfrei sind (vgl. BFH-Urteil vom 21.9.2016, V R 43/15, BStBl. 2017 II S. 1203). [2] Diese Voraussetzungen müssen während des gesamten Verwendungszeitraumes vorgelegen haben.

Beispiel:

Ein Arzt veräußert Einrichtungsgegenstände, die ausschließlich seiner nach § 4 Nr. 14 UStG steuerfreien Tätigkeit gedient haben.

[3] § 4 Nr. 28 UStG ist weder unmittelbar noch entsprechend auf sonstige Leistungen anwendbar (vgl. BFH-Urteil vom 26.4.1995, XI R 75/94, BStBl. II S. 746).

(2) [1] Aus Vereinfachungsgründen kann die Steuerbefreiung nach § 4 Nr. 28 UStG auch in den Fällen in Anspruch genommen werden, in denen der Unternehmer die Gegenstände in geringfügigem Umfang (höchstens 5%) für Tätigkeiten verwendet hat, die nicht nach § 4 Nr. 8 bis 27 und 29 UStG befreit sind. [2] Voraussetzung hierfür ist jedoch, dass der Unternehmer für diese Gegenstände darauf verzichtet, einen anteiligen Vorsteuerabzug vorzunehmen.

(3) [1] Nach § 4 Nr. 28 UStG ist auch die Lieferung von Gegenständen befreit, für die der Vorsteuerabzug nach § 15 Abs. 1a UStG ausgeschlossen ist. [2] Die Steuerbefreiung kommt hiernach nur in Betracht, wenn im Zeitpunkt der Lieferung die Vorsteuer für die gesamten Anschaffungs- oder Herstellungskosten einschließlich der Nebenkosten und der nachträglichen Anschaffungs- oder Herstellungskosten nicht abgezogen werden konnte.

Beispiel:

[1] Ein Unternehmer veräußert im Jahr 2 Einrichtungen seines Gästehauses. [2] Ein Vorsteuerabzug aus den Anschaffungs- und Herstellungskosten, die auf die Einrichtungen entfallen, war im Jahr 01 nach § 15 Abs. 1a UStG ausgeschlossen. [3] Die Lieferung der Einrichtungsgegenstände im Jahr 02 ist hiernach steuerfrei.

(4) [1] Die Lieferung von Gegenständen ist auch dann nach § 4 Nr. 28 UStG befreit, wenn die anteiligen Anschaffungs- oder Herstellungskosten in der Zeit bis zum 31.3.1999 als Repräsentationsaufwendungen der Besteuerung des Eigenverbrauchs unterworfen waren und für die Zeit nach dem 31.3.1999 eine Vorsteuerberichtigung nach § 17 Abs. 1 i. V.m. Abs. 2 Nr. 5 UStG vorgenommen wurde.[1)] [2] Die Steuerbefreiung kommt hiernach nur in Betracht, wenn im Zeitpunkt der Lieferung der Vorsteuerabzug aus der Anschaffung, Herstellung oder Einfuhr des Gegenstands im Ergebnis durch die Besteuerung als Eigenverbrauch oder durch die Vorsteuerberichtigung nach § 17 UStG vollständig ausgeglichen worden ist. [3] Dies bedeutet, dass die Steuer für den Eigenverbrauch und die Vorsteuerberichtigung angemeldet und entrichtet sein muss. [4] Im Übrigen wird auf das BFH-Urteil vom 2.7.2008, XI R 60/06, BStBl. 2009 II S. 167 hingewiesen.

Beispiel:

[1] Der Unternehmer U hat ein Segelschiff für 100 000 € zuzüglich Umsatzsteuer erworben. [2] Er verkauft es im Kalenderjahr 2004. [3] Bis zum 31.3.1999 hat er die Aufwendungen für das Schiff als Repräsentationsaufwendungen der Eigenverbrauchsbesteuerung nach § 1 Abs. 1 Nr. 2 Buchstabe c UStG 1993 unterworfen. [4] Für die Zeit nach dem 31.3.1999 bis zum

---

1) Vgl. A 15.6 UStAE.

31.12.2003 nimmt er eine Vorsteuerberichtigung nach § 17 Abs. 1 in Verbindung mit Abs. 2 Nr. 5 UStG vor. [5]Die Steuer für den Aufwendungseigenverbrauch und die Vorsteuerberichtigung nach § 17 UStG ist vollständig entrichtet worden. [6]Das Schiff ist mit Ablauf des 31.12.2003 vollständig abgeschrieben.
[7]Der Verkauf im Kalenderjahr 2004 ist nach § 4 Nr. 28 UStG steuerfrei.

(5) Absatz 4 gilt entsprechend für die Lieferungen im Sinne des § 3 Abs. 1b Satz 1 Nr. 1 UStG.

(6) Liegen für die Lieferungen von Gegenständen nach § 4 Nr. 28 UStG durch den Unternehmer auch die Voraussetzungen einer Ausfuhrlieferung (§ 4 Nr. 1 Buchstabe a, § 6 UStG) bzw. einer innergemeinschaftlichen Lieferung (§ 4 Nr. 1 Buchstabe b, § 6a UStG) vor, geht die Steuerbefreiung des § 4 Nr. 28 UStG diesen Steuerbefreiungen vor.

(7) § 4 Nr. 28 UStG ist auch dann anwendbar, wenn der Abzug der Vorsteuer aus den Anschaffungskosten der gelieferten Gegenstände in unmittelbarer Anwendung der MwStSystRL nach § 15 Abs. 2 Satz 1 Nr. 1 UStG ausgeschlossen war (vgl. BFH-Urteil vom 16.5.2012, XI R 24/10, BStBl. 2013 II S. 52).

Zu § 4a UStG
(§ 24 UStDV)

4a.1 Vergütungsberechtigte

Vergütungsberechtigte nach § 4a Abs. 1 UStG sind:

1. Körperschaften, Personenvereinigungen und Vermögensmassen im Sinne des KStG, die ausschließlich und unmittelbar gemeinnützige, mildtätige oder kirchliche Zwecke verfolgen (§§ 51 bis 68 AO), und
2. juristische Personen des öffentlichen Rechts.

4a.2 Voraussetzungen für die Vergütung

(1) [1]Die Voraussetzungen für die Vergütung (§ 4a Abs. 1 UStG) sind nicht erfüllt, wenn die Lieferung des Gegenstands an den Vergütungsberechtigten nicht der Umsatzsteuer unterlegen hat. [2]Dies ist z. B. der Fall bei steuerfreien Lieferungen, bei Lieferungen durch Privatpersonen sowie bei unentgeltlichen Lieferungen, zu denen insbesondere Sachspenden gehören. [3]Unbeachtlich ist, ob die der Lieferung an den Vergütungsberechtigten vorausgegangene Lieferung umsatzsteuerpflichtig gewesen ist.

(2) [1]Ist in der Rechnung ein zu niedriger Steuerbetrag ausgewiesen, ist nur dieser Betrag zu vergüten. [2]Bei einem zu hohen Steuerausweis wird die Vergütung nur bis zur Höhe der für den betreffenden Umsatz gesetzlich vorgeschriebenen Steuer gewährt. [3]Ausgeschlossen ist die Vergütung der Steuer außerdem in den Fällen eines unberechtigten Steuerausweises nach § 14c Abs. 2 UStG, z. B. bei Lieferungen durch Privatpersonen oder durch Kleinunternehmer im Sinne des § 19 Abs. 1 UStG.

(3) [1]Die Vergütung kann erst beantragt werden, wenn der Kaufpreis einschließlich Umsatzsteuer für den erworbenen Gegenstand in voller Höhe ge-

zahlt worden ist. [2]Abschlags- oder Teilzahlungen genügen nicht. [3]Bei einem vorher eingeführten Gegenstand ist es erforderlich, dass die für die Einfuhr geschuldete Einfuhrumsatzsteuer entrichtet ist. [4]Schuldet die juristische Person die Steuer für den innergemeinschaftlichen Erwerb, muss diese entrichtet worden sein.

(4) [1]Die Vergütung ist nur zu gewähren, wenn der ausgeführte Gegenstand im Drittlandsgebiet (§ 1 Abs. 2a Satz 3 UStG) verbleibt und dort zu humanitären, karitativen oder erzieherischen Zwecken verwendet wird. [2]Der Vergütungsberechtigte muss diese Zwecke im Drittlandsgebiet nicht selbst – z. B. mit eigenen Einrichtungen und Hilfskräften – erfüllen. [3]Es reicht aus, wenn der Gegenstand einem Empfänger im Drittlandsgebiet übereignet wird – z. B. einer nationalen oder internationalen Institution –, der ihn dort zu den begünstigten Zwecken verwendet.

(5) [1]Ist die Verwendung der ausgeführten Gegenstände zu den nach § 4a Abs. 1 Satz 1 Nr. 5 UStG begünstigten Zwecken vorgesehen (vgl. Absatz 9), kann die Vergütung schon beansprucht werden, wenn die Gegenstände zunächst im Drittlandsgebiet – z. B. in einem Freihafen – eingelagert werden. [2]Nicht zu gewähren ist die Vergütung bei einer zugelassenen vorübergehenden Freihafenlagerung nach § 12a EUStBV.[1)] [3]Werden Gegenstände im Anschluss an eine vorübergehende Freihafenlagerung einer begünstigten Verwendung im Drittlandsgebiet zugeführt, kann die Vergütung von diesem Zeitpunkt an beansprucht werden.

(6) [1]Humanitär im Sinne des § 4a Abs. 1 Satz 1 Nr. 5 UStG ist nicht nur die Beseitigung und Milderung besonderer Notlagen, sondern auch die Verbesserung der wirtschaftlichen und sozialen Verhältnisse und der Umweltbedingungen. [2]Karitative Zwecke werden verfolgt, wenn anderen selbstlose Hilfe gewährt wird. [3]Erzieherischen Zwecken (vgl. Abschnitt 4.23.1 Abs. 4) dienen auch Gegenstände, die für die berufliche und nichtberufliche Aus- und Weiterbildung einschließlich der Bildungsarbeit auf politischem, weltanschaulichem, künstlerischem und wissenschaftlichem Gebiet verwendet werden. [4]Es ist davon auszugehen, dass die steuerbegünstigten Zwecke im Sinne der §§ 52 bis 54 AO zugleich auch den in § 4a Abs. 1 Satz 1 Nr. 5 UStG bezeichneten Verwendungszwecken entsprechen.

(7) [1]Die ausgeführten Gegenstände brauchen nicht für Gruppen von Menschen verwendet zu werden; sie können auch Einzelpersonen im Drittlandsgebiet überlassen werden. [2]Eine Vergütung kann deshalb z. B. für die Versendung von Lebensmitteln, Medikamenten oder Bekleidung an Privatpersonen in Betracht kommen.

(8) Bei Körperschaften, die steuerbegünstigte Zwecke verfolgen, stehen der Erwerb oder die Einfuhr und die Ausfuhr im Rahmen eines Zweckbetriebs (§§ 65 bis 68 AO) dem Anspruch auf Vergütung nicht entgegen.

(9) Eine Vergütung der Umsatzsteuer ist ausgeschlossen, wenn der Vergütungsberechtigte die Gegenstände vor der Ausfuhr in das Drittland im Inland genutzt hat.

---

1) **Steuergesetze** Nr. **518.**

4a.3 Nachweis der Voraussetzungen

(1) [1]Das Vorliegen der Voraussetzungen für die Steuervergütung ist durch Belege nachzuweisen (§ 4a Abs. 1 Satz 1 Nr. 7 UStG, § 24 Abs. 2 und 3 UStDV). [2]Als Belege für den Ausfuhrnachweis (vgl. § 24 Abs. 2 UStDV) kommen insbesondere Frachtbriefe, Konnossemente, Posteinlieferungsscheine oder deren Doppelstücke sowie Spediteurbescheinigungen in Betracht (vgl. Abschnitte 6.5 bis 6.9).

(2) Für den buchmäßigen Nachweis der Voraussetzungen (vgl. § 24 Abs. 3 UStDV) ist folgendes zu beachten:

1. Zur Bezeichnung des Lieferers genügt es im Allgemeinen, seinen Namen aufzuzeichnen.
2. [1]Wird der Gegenstand von dem Vergütungsberechtigten selbst zu begünstigten Zwecken verwendet, ist als Empfänger die Anschrift der betreffenden Stelle des Vergütungsberechtigten im Drittlandsgebiet anzugeben. [2]Werden ausgeführte Gegenstände von Hilfskräften des Vergütungsberechtigten im Drittlandsgebiet Einzelpersonen übergeben – z. B. Verteilung von Lebensmitteln, Medikamenten und Bekleidung –, ist lediglich der Ort aufzuzeichnen, an dem die Übergabe vorgenommen wird.
3. Bei Zweifeln über den Verwendungszweck im Drittlandsgebiet kann die begünstigte Verwendung durch eine Bestätigung einer staatlichen Stelle oder einer internationalen Organisation nachgewiesen werden.
4. [1]Statt des Ausfuhrtags kann auch der Kalendermonat aufgezeichnet werden, in dem der Gegenstand ausgeführt worden ist. [2]Bei einer vorübergehenden Freihafenlagerung, an die sich eine begünstigte Verwendung der ausgeführten Gegenstände im Drittlandsgebiet anschließt (vgl. Abschnitt 4a.2 Abs. 5), ist zusätzlich der Zeitpunkt (Tag oder Kalendermonat) des Beginns der begünstigten Verwendung aufzuzeichnen.
5. Zum Nachweis, dass die Umsatzsteuer bezahlt oder die Einfuhrumsatzsteuer entrichtet wurde, ist in den Aufzeichnungen auf die betreffende Rechnung und den Zahlungsbeleg bzw. auf den Beleg über die Einfuhrumsatzsteuer (vgl. Abschnitt 15.11 Abs. 1 Satz 2 Nr. 2) hinzuweisen.
6. [1]Ändert sich die Umsatzsteuer – z. B. durch die Inanspruchnahme eines Skontos, durch die Gewährung eines nachträglichen Rabatts, durch eine Preisherabsetzung oder durch eine Nachberechnung –, sind der Betrag der Entgeltänderung und der Betrag, um den sich die Umsatzsteuer erhöht oder vermindert, aufzuzeichnen. [2]Ist die Festsetzung der Einfuhrumsatzsteuer nachträglich geändert worden, muss neben dem Betrag, um den sich die Einfuhrumsatzsteuer verringert oder erhöht hat, ggf. der Betrag aufgezeichnet werden, um den sich die Bemessungsgrundlage der Einfuhrumsatzsteuer geändert hat. [3]Aufzuzeichnen sind darüber hinaus erlassene oder erstattete Einfuhrumsatzsteuerbeträge.

4a.4 Antragsverfahren

(1) [1]Die Vergütung ist nur auf Antrag zu gewähren (§ 4a Abs. 1 Satz 1 UStG). [2]Bestandteil des Vergütungsantrags ist eine Anlage, in der die Ausfuhren einzeln aufzuführen sind. [3]In der Anlage sind auch nachträgliche Minderungen von Vergütungsansprüchen anzugeben, die der Vergütungsberechtigte bereits mit früheren Anträgen geltend gemacht hat.

(2) [1]Der Vergütungsantrag einschließlich Anlage (vgl. BMF-Schreiben vom 5.11.2019, BStBl. I S. 1041) ist bei dem Finanzamt einzureichen, in dessen Bezirk der Vergütungsberechtigte seinen Sitz hat. [2]Der Antrag ist bis zum Ablauf des Kalenderjahrs zu stellen, das dem Kalenderjahr folgt, in dem der Gegenstand in das Drittlandsgebiet gelangt ist (§ 24 Abs. 1 Satz 1 UStDV). [3]Die Antragsfrist kann nicht verlängert werden (Ausschlussfrist). [4]Bei Versäumung der Antragsfrist kann unter den Voraussetzungen des § 110 AO allenfalls Wiedereinsetzung in den vorigen Stand gewährt werden. [5]Ist der ausgeführte Gegenstand zunächst im Rahmen einer zugelassenen Freihafenlagerung nach § 12a EUStBV[1)] vorübergehend in einem Freihafen gelagert worden, ist für die Antragsfrist der Zeitpunkt des Beginns der begünstigten Verwendung des Gegenstands maßgebend.

4a.5 Wiedereinfuhr von Gegenständen

[1]Wiedereingeführte Gegenstände, für die bei der Ausfuhr eine Vergütung nach § 4a UStG gewährt worden ist, sind nicht als Rückwaren einfuhrumsatzsteuerfrei (§ 12 Nr. 3 EUStBV).[1)] [2]Vergütungsberechtigte müssen deshalb bei der Wiedereinfuhr von Gegenständen erklären, ob der betreffende Gegenstand zur Verwendung für humanitäre, karitative oder erzieherische Zwecke in das Drittlandsgebiet ausgeführt und dafür die Vergütung beansprucht worden ist.

Zu § 4b UStG

4b.1 Steuerbefreiung beim innergemeinschaftlichen Erwerb von Gegenständen

(1) [1]Die Steuerbefreiung nach § 4b UStG setzt einen innergemeinschaftlichen Erwerb voraus. [2]Durch § 4b Nr. 1 und 2 UStG ist der innergemeinschaftliche Erwerb bestimmter Gegenstände, deren Lieferung im Inland steuerfrei wäre, von der Umsatzsteuer befreit. [3]Danach ist steuerfrei insbesondere der innergemeinschaftliche Erwerb von:

a) Gold durch Zentralbanken – z. B. durch die Deutsche Bundesbank – (Abschnitt 4.4.1),
b) gesetzlichen Zahlungsmitteln, die nicht wegen ihres Metallgehalts oder ihres Sammlerwerts umgesetzt werden (Abschnitt 4.8.3 Abs. 1);
c) Wasserfahrzeugen, die nach ihrer Bauart dem Erwerb durch die Seeschifffahrt oder der Rettung Schiffbrüchiger dienen (Abschnitt 8.1 Abs. 2).

---

1) **Steuergesetze** Nr. **518.**

(2) [1]Nach § 4b Nr. 3 UStG ist der innergemeinschaftliche Erwerb der Gegenstände, deren Einfuhr steuerfrei wäre, von der Steuer befreit. [2]Der Umfang dieser Steuerbefreiung ergibt sich zu einem wesentlichen Teil aus der EUStBV.

(3) [1]§ 4b Nr. 4 UStG befreit den innergemeinschaftlichen Erwerb von Gegenständen, die der Unternehmer für Umsätze verwendet, für die der Ausschluss vom Vorsteuerabzug nach § 15 Abs. 3 UStG nicht eintritt (z. B. für steuerfreie innergemeinschaftliche Lieferungen, steuerfreie Ausfuhrlieferungen oder nicht umsatzsteuerbare Lieferungen im Drittlandsgebiet). [2]Es wird jedoch nicht beanstandet, wenn in diesen Fällen der innergemeinschaftliche Erwerb steuerpflichtig behandelt wird.

Zu § 6 UStG

(§§ 8 bis 11 und 13 bis 17 UStDV)

6.1 Ausfuhrlieferungen[1)]

(1) [1]Hat der Unternehmer den Gegenstand der Lieferung in das Drittlandsgebiet außerhalb der in § 1 Abs. 3 UStG bezeichneten Gebiete befördert oder versendet, braucht der Abnehmer kein ausländischer Abnehmer zu sein (§ 6 Abs. 1 Satz 1 Nr. 1 UStG). [2]Die Steuerbefreiung kann deshalb in diesen Ausfuhrfällen z. B. auch für die Lieferungen an Abnehmer in Anspruch genommen werden, die ihren Wohnort oder Sitz im Inland oder in den in § 1 Abs. 3 UStG bezeichneten Gebieten haben. [3]Das gilt auch für Lieferungen, bei denen der Unternehmer den Gegenstand auf die Insel Helgoland oder in das Gebiet von Büsingen befördert oder versendet hat, weil diese Gebiete umsatzsteuerrechtlich nicht zum Inland im Sinne des § 1 Abs. 2 Satz 1 UStG gehören und auch nicht zu den in § 1 Abs. 3 UStG bezeichneten Gebieten zählen.

(2) [1]Hat der Abnehmer den Gegenstand der Lieferung in das Drittlandsgebiet – außerhalb der in § 1 Abs. 3 UStG bezeichneten Gebiete – befördert oder versendet (Abholfall), muss er ein ausländischer Abnehmer sein (§ 6 Abs. 1 Satz 1 Nr. 2 UStG). [2]Zum Begriff des ausländischen Abnehmers wird auf Abschnitt 6.3 hingewiesen.

(3) [1]Haben der Unternehmer oder der Abnehmer den Gegenstand der Lieferung in die in § 1 Abs. 3 UStG bezeichneten Gebiete, d. h. in einen Freihafen oder in die Gewässer oder Watten zwischen der Hoheitsgrenze und der jeweiligen Basislinie (vgl. Abschnitt 1.9 Abs. 3) befördert oder versendet, kommt die Steuerbefreiung (§ 6 Abs. 1 Satz 1 Nr. 3 UStG) in Betracht, wenn der Abnehmer ein Unternehmer ist, der den Gegenstand für Zwecke seines Unternehmens erworben hat (vgl. Abschnitt 15.2b) und dieser nicht ausschließlich oder nicht zum Teil für eine nach § 4 Nr. 8 bis 27 und 29 UStG steuerfreie Tätigkeit verwendet werden soll. [2]Bei der Lieferung eines einheitlichen Gegenstands, z. B. eines Kraftfahrzeugs, ist im Allgemeinen davon aus-

---

1) Zur Steuerbefreiung für Ausfuhrlieferungen trotz Nichterfüllung der Nachweispflichten vgl. BFH v. 19.11.2009 V R 8/09, BFH/NV 2010, 1141; siehe auch A 6.11 UStAE.

zugehen, dass der Abnehmer den Gegenstand dann für Zwecke seines Unternehmens erwirbt, wenn der unternehmerische Verwendungszweck zum Zeitpunkt des Erwerbs überwiegt. [3]Bei der Lieferung von vertretbaren Sachen, die der Abnehmer sowohl für unternehmerische als auch für nichtunternehmerische Zwecke erworben hat, ist der Anteil, der auf den unternehmerischen Erwerbszweck entfällt, durch eine Aufteilung entsprechend den Erwerbszwecken zu ermitteln. [4]Bei ausländischen Abnehmern, die keine Unternehmer sind, muss der Gegenstand in das übrige Drittlandsgebiet gelangen.

(3a) [1]Die sog. gebrochene Beförderung oder Versendung des Gegenstands der Lieferung durch mehrere Beteiligte (Lieferer und Abnehmer bzw. in deren Auftrag jeweils ein Dritter) ist für die Annahme der Steuerbefreiung einer Ausfuhrlieferung unschädlich, wenn der Abnehmer zu Beginn des Transports feststeht (vgl. Abschnitt 3.12 Abs. 3 Satz 4 ff.) und der Transport ohne nennenswerte Unterbrechung erfolgt. [2]Der liefernde Unternehmer muss nachweisen, dass ein zeitlicher und sachlicher Zusammenhang zwischen der Lieferung des Gegenstands und seiner Beförderung oder Versendung sowie ein kontinuierlicher Ablauf dieses Vorgangs gegeben sind. [3]In den Fällen, in denen der Abnehmer den Gegenstand der Lieferung im Rahmen seines Teils der Lieferstrecke in das Drittlandsgebiet befördert oder versendet, müssen die Voraussetzungen des § 6 Abs. 1 Satz 1 Nr. 2 UStG erfüllt sein.

(4) Liegt ein Reihengeschäft vor, kann nur die Beförderungs- oder Versendungslieferung (vgl. Abschnitt 3.14 Abs. 14) unter den Voraussetzungen des § 6 UStG als Ausfuhrlieferung steuerfrei sein.

(5) [1]Der Gegenstand der Lieferung kann durch einen Beauftragten oder mehrere Beauftragte vor der Ausfuhr sowohl im Inland als auch in einem anderen EU-Mitgliedstaat bearbeitet oder verarbeitet worden sein. [2]Es kann sich nur um Beauftragte des Abnehmers oder eines folgenden Abnehmers handeln. [3]Erteilt der liefernde Unternehmer oder ein vorangegangener Lieferer den Bearbeitungs- oder Verarbeitungsauftrag, ist die Ausführung dieses Auftrags ein der Lieferung des Unternehmers vorgelagerter Umsatz. [4]Gegenstand der Lieferung des Unternehmers ist in diesem Fall der bearbeitete oder verarbeitete Gegenstand und nicht der Gegenstand vor seiner Bearbeitung oder Verarbeitung. [5]Der Auftrag für die Bearbeitung oder Verarbeitung des Gegenstands der Lieferung kann auch von einem Abnehmer erteilt worden sein, der kein ausländischer Abnehmer ist.

(6) Besondere Regelungen sind getroffen worden:

1. für Lieferungen von Gegenständen der Schiffsausrüstung an ausländische Binnenschiffer (vgl. BMF-Schreiben vom 19.6.1974, BStBl. I S. 438);
2. für Fälle, in denen Formen, Modelle oder Werkzeuge zur Herstellung steuerfrei ausgeführter Gegenstände benötigt wurden (vgl. BMF-Schreiben vom 27.11.1975, BStBl. I S. 1126).

(7) Die Steuerbefreiung für Ausfuhrlieferungen (§ 4 Nr. 1 Buchstabe a, § 6 UStG) kommt nicht in Betracht, wenn für die Lieferung eines Gegenstands in das Drittlandsgebiet auch die Voraussetzungen der Steuerbefreiungen nach § 4 Nr. 17, 19 oder 28 oder nach § 25c Abs. 1 und 2 UStG vorliegen.

6.2 Elektronisches Ausfuhrverfahren (Allgemeines)

(1) [1]Seit 1.7.2009 besteht EU-einheitlich die Pflicht zur Teilnahme am elektronischen Ausfuhrverfahren (Artikel 326 UZK-IA).[1)] [2]In Deutschland steht hierfür das IT-System ATLAS-Ausfuhr zur Verfügung. [3]Die Pflicht zur Abgabe elektronischer Anmeldungen betrifft alle Anmeldungen unabhängig vom Beförderungsweg (Straßen-, Luft-, See-, Post- und Bahnverkehr).

(2) [1]Die Ausfuhrzollstelle (AfZSt) überführt die elektronisch angemeldeten Waren in das Ausfuhrverfahren und übermittelt der angegebenen Ausgangszollstelle (AgZSt) vorab die Angaben zum Ausfuhrvorgang. [2]Über das europäische IT-System AES (Automated Export System)/ECS (Export Control System) kann die AgZSt, unabhängig davon, in welchem Mitgliedstaat sie sich befindet, anhand der Registriernummer der Ausfuhranmeldung (MRN) den Ausfuhrvorgang aufrufen und den körperlichen Ausgang der Waren überwachen. [3]Die AgZSt vergewissert sich unter anderem, dass die gestellten Waren den angemeldeten entsprechen, und überwacht den körperlichen Ausgang der Waren aus dem Zollgebiet der Gemeinschaft. [4]Der körperliche Ausgang der Waren ist der AfZSt durch die AgZSt mit der „Ausgangsbestätigung/Kontrollergebnis" unmittelbar anzuzeigen. [5]Weder im nationalen noch im europäischen Zollrecht existiert eine Differenzierung zwischen Beförderungs- und Versendungsfällen. [6]Für alle elektronisch angemeldeten Waren übersendet die AgZSt der AfZSt die Nachricht „Ausgangsbestätigung/Kontrollergebnis".

(3) [1]Der Nachrichtenaustausch zwischen den Teilnehmern und den Zolldienststellen wird im IT-Verfahren ATLAS mit EDIFACT-Nachrichten durchgeführt, die auf EDIFACT-Nachrichtentypen basieren. [2]Die (deutsche) AfZSt erledigt den Ausfuhrvorgang auf Basis der von der AgZSt übermittelten „Ausgangsbestätigung" dadurch, dass sie dem Ausführer/Anmelder elektronisch den „Ausgangsvermerk" (Artikel 334 UZK-IA)[1)] als PDF-Dokument (vgl. Anlage 1 zum BMF-Schreiben vom 3.5.2010, BStBl. I S. 499) übermittelt. [3]Der „Ausgangsvermerk" beinhaltet die Daten der ursprünglichen Ausfuhranmeldung, ergänzt um die zusätzlichen Feststellungen und Ergebnisse der AgZSt. [4]Der belegmäßige Nachweis der Ausfuhr wird daher zollrechtlich in allen Fällen (Beförderungs- und Versendungsfällen) durch den „Ausgangsvermerk" erbracht.

(4) [1]Von dem seit 1.7.2009 geltenden elektronischen Nachrichtenaustauschverfahren sind – aus zollrechtlicher Sicht – Abweichungen nur zulässig

1. [1]im Ausfall- und Sicherheitskonzept (erkennbar am Stempelabdruck „ECS/AES Notfallverfahren"). [2]Hier wird das Exemplar Nr. 3 des Einheitspapiers, ein Handelsbeleg oder ein Verwaltungspapier als schriftliche Ausfuhranmeldung verwendet,
2. [1]bei der Ausfuhr mit mündlicher oder konkludenter Anmeldung (in Fällen von geringer wirtschaftlicher Bedeutung). [2]Hier wird ggf. ein sonstiger handelsüblicher Beleg als Ausfuhranmeldung verwendet.

[1)] **Zölle und Verbrauchsteuern** Nr. 8.

[2]Nur in diesen Fällen wird die vom Ausführer/Anmelder vorgelegte Ausfuhranmeldung von der AgZSt auf der Rückseite mit Dienststempelabdruck versehen.

(5) [1]Geht die Nachricht „Ausgangsbestätigung/Kontrollergebnis" der AgZSt bei der AfZSt – aus welchen Gründen auch immer – nicht ein, kann das Ausfuhrverfahren nicht automatisiert mit dem PDF-Dokument „Ausgangsvermerk" erledigt werden. [2]Das Gemeinschaftszollrecht sieht in diesen Fällen eine Überprüfung des Ausfuhrvorgangs vor (Artikel 334 und 335 UZK-IA).[1)] [3]Sofern der Ausfuhrvorgang weder verwaltungsintern noch durch den Anmelder/Ausführer geklärt werden kann, wird die ursprüngliche Ausfuhranmeldung für ungültig erklärt. [4]Wird durch die Recherchen der AgZSt der Ausgang bestätigt, erstellt die AfZSt einen per EDIFACT-Nachricht übermittelten „Ausgangsvermerk". [5]Legt der Anmelder/Ausführer einen sog. Alternativnachweis vor, erstellt die AfZSt ebenfalls einen per EDIFACT-Nachricht übermittelten „Alternativ-Ausgangsvermerk" (vgl. Anlage 2 zum BMF-Schreiben vom 3.5.2010, BStBl. I S. 499).

6.3 Ausländischer Abnehmer

(1) Ausländische Abnehmer sind Personen mit Wohnort oder Sitz im Ausland (§ 1 Abs. 2 Satz 2 UStG) – also auch auf Helgoland oder in der Gemeinde Büsingen – mit Ausnahme der in § 1 Abs. 3 UStG bezeichneten Gebiete (z.B. in den Freihäfen).

(2) [1]Wer ausländischer Abnehmer ist, bestimmt sich bei einer natürlichen Person nach ihrem Wohnort. [2]Es ist unbeachtlich, welche Staatsangehörigkeit der Abnehmer hat. [3]Wohnort ist der Ort, an dem der Abnehmer für längere Zeit Wohnung genommen hat und der nicht nur auf Grund subjektiver Willensentscheidung, sondern auch bei objektiver Betrachtung als der örtliche Mittelpunkt seines Lebens anzusehen ist (BFH-Urteil vom 31.7.1975, V R 52/74, BStBl. 1976 II S. 80). [4]Der Begriff des Wohnorts ist nicht mit den in §§ 8 und 9 AO verwendeten Begriffen des Wohnsitzes und des gewöhnlichen Aufenthalts inhaltsgleich. [5]Eine Wohnsitzbegründung im Inland und im Ausland ist gleichzeitig möglich; dagegen kann ein Abnehmer jeweils nur einen Wohnort im Sinne des § 6 Abs. 2 Satz 1 Nr. 1 UStG haben. [6]Die zeitliche Dauer eines Aufenthalts ist ein zwar wichtiges, aber nicht allein entscheidendes Kriterium für die Bestimmung des Wohnorts. [7]Daneben müssen die sonstigen Umstände des Aufenthalts, insbesondere sein Zweck, in Betracht gezogen werden. [8]Arbeitnehmer eines ausländischen Unternehmers, die lediglich zur Durchführung eines bestimmten, zeitlich begrenzten Auftrags in das Inland kommen, ohne hier objektiv erkennbar den örtlichen Mittelpunkt ihres Lebens zu begründen, bleiben daher ausländische Abnehmer, auch wenn ihr Aufenthalt im Inland von längerer Dauer ist (BFH-Urteil vom 31.7.1975, a.a.O.). [9]Personen, die ihren Wohnort vom Inland in das Ausland mit Ausnahme der in § 1 Abs. 3 UStG bezeichneten Gebiete verlegen oder zurückverlegen, sind bis zu ihrer tatsächlichen Ausreise (Grenzübergang) keine ausländischen Abnehmer (BFH-Urteil vom 14.12.1994, XI R 70/93, BStBl. 1995 II S. 515). [10]Eine nach § 6 Abs. 1 Satz 1 Nr. 2 oder Nr. 3 Buchstabe b

UStG steuerfreie Ausfuhrlieferung kann an sie nur nach diesem Zeitpunkt erbracht werden. [11]Maßgebend für den Zeitpunkt der Lieferung ist das Erfüllungsgeschäft und nicht das Verpflichtungsgeschäft. [12]Zum Nachweis des Wohnorts des Abnehmers bei Ausfuhrlieferungen im nichtkommerziellen Reiseverkehr vgl. Abschnitt 6.11 Abs. 11.

(3) Bei Abnehmern mit wechselndem Aufenthalt ist wie folgt zu verfahren:

1. [1]Deutsche Auslandsbeamte, die ihren Wohnort im staatsrechtlichen Ausland haben, sind ausländische Abnehmer. [2]Das Gleiche gilt für deutsche Auslandsvertretungen, z. B. Botschaften, Gesandtschaften, Konsulate, für Zweigstellen oder Dozenturen des Goethe-Instituts im Ausland, für im Ausland errichtete Bundeswehrdienststellen und im Ausland befindliche Bundeswehr-Einsatzkontingente, wenn sie das Umsatzgeschäft im eigenen Namen abgeschlossen haben.
2. Ausländische Diplomaten, die in der Bundesrepublik Deutschland akkreditiert sind, sind keine ausländischen Abnehmer.
3. [1]Ausländische Touristen, die sich nur vorübergehend im Inland aufhalten, verlieren auch bei längerem Aufenthalt nicht ihre Eigenschaft als ausländische Abnehmer. [2]Das Gleiche gilt für Ausländer, die sich aus beruflichen Gründen vorübergehend im Inland aufhalten, wie z. B. ausländische Künstler und Angehörige von Gastspiel-Ensembles.
4. [1]Ausländische Gastarbeiter verlegen mit Beginn ihres Arbeitsverhältnisses ihren Wirkungskreis vom Ausland in das Inland. [2]In der Regel sind sie daher bis zu ihrer endgültigen Ausreise nicht als ausländische Abnehmer anzusehen. [3]Ausländische Studenten sind in gleicher Weise zu behandeln.
5. Arbeitnehmer eines ausländischen Unternehmers, die nur zur Durchführung eines bestimmten zeitlich begrenzten Auftrags in das Inland kommen, bleiben ausländische Abnehmer (vgl. Absatz 2 Satz 8).
6. Mitglieder der in der Bundesrepublik Deutschland stationierten ausländischen Truppen und die im Inland wohnenden Angehörigen der Mitglieder sind keine ausländischen Abnehmer.

6.4 Ausschluss der Steuerbefreiung bei der Ausrüstung und Versorgung bestimmter Beförderungsmittel[1) · 2)]

(1) [1]Die Steuerbefreiung für Ausfuhrlieferungen ist bei der Lieferung eines Gegenstands, der zur Ausrüstung oder Versorgung nichtunternehmerischer Beförderungsmittel bestimmt ist, insbesondere in den Fällen ausgeschlossen, in denen der ausländische Abnehmer – und nicht der Lieferer – den Liefergegenstand in das Drittlandsgebiet befördert oder versendet hat (§ 6 Abs. 3 UStG). [2]Zu den Gegenständen zur Ausrüstung eines privaten Kraftfahrzeugs gehören alle Kraftfahrzeugteile einschließlich Kraftfahrzeug-Ersatzteile und Kraftfahrzeug-Zubehörteile. [3]Werden diese Teile im Rahmen einer Werklieferung

---

1) Zum Ausschluss der Steuerbefreiung bei unentgeltlicher Wertabgabe vgl. § 6 Abs. 5 UStG und A 3.2 Abs. 2 UStAE.

2) Zu privaten Zwecken dienenden Beförderungsmitteln vgl. Art. 47 MwStVO (**Steuergesetze** Nr. **550a**).

geliefert, ist die Steuerbefreiung für Ausfuhrlieferungen nicht nach § 6 Abs. 3 UStG ausgeschlossen. [4]Für diese Werklieferungen kommt die Steuerbefreiung für Ausfuhrlieferungen nach § 6 Abs. 1 UStG in Betracht. [5]Zu den Gegenständen zur Versorgung eines privaten Kraftfahrzeugs gehören Gegenstände, die zum Verbrauch in dem Kraftfahrzeug bestimmt sind, z. B. Treibstoff, Motoröl, Bremsflüssigkeit, Autowaschmittel und Autopflegemittel, Farben und Frostschutzmittel. [6]Für Liefergegenstände, die zur Ausrüstung oder Versorgung eines privaten Wasserfahrzeugs oder eines privaten Luftfahrzeugs bestimmt sind, gelten die Ausführungen in den Sätzen 2 bis 5 entsprechend.

(2) [1]Unter § 6 Abs. 3 UStG fallen auch die Lieferungen, bei denen der Unternehmer den Gegenstand, der zur Ausrüstung oder Versorgung eines nichtunternehmerischen Beförderungsmittels, z. B. eines Sportbootes, bestimmt ist, in die in § 1 Abs. 3 UStG bezeichneten Gebiete befördert oder versendet hat (Fall des § 6 Abs. 1 Satz 1 Nr. 3 Buchstabe b UStG). [2]In diesem Fall ist die Steuerbefreiung für Ausfuhrlieferungen stets ausgeschlossen.

(3) In den Fällen des § 6 Abs. 3 UStG, in denen das Beförderungsmittel den Zwecken des Unternehmens des ausländischen Abnehmers dient und deshalb die Steuerbefreiung für Ausfuhrlieferungen nicht ausgeschlossen ist, hat der Lieferer den Gewerbezweig oder Beruf des Abnehmers und den Verwendungszweck des Beförderungsmittels zusätzlich aufzuzeichnen (vgl. Abschnitt 6.10 Abs. 7).

(4) [1]Die Ausnahmeregelung des § 6 Abs. 3 UStG findet nach ihrem Sinn und Zweck nur auf diejenigen Lieferungen Anwendung, bei denen die Gegenstände zur Ausrüstung oder Versorgung des eigenen Beförderungsmittels des Abnehmers oder des von ihm mitgeführten fremden Beförderungsmittels bestimmt sind. [2]Die Regelung gilt jedoch nicht für Lieferungen von Ausrüstungsgegenständen und Versorgungsgegenständen, die ein Unternehmer zur Weiterlieferung oder zur Verwendung in seinem Unternehmen, z. B. für Reparaturen, erworben hat.

Beispiel 1:

[1]Der Unternehmer U verkauft 100 Pkw-Reifen an den ausländischen Abnehmer K, der einen Kraftfahrzeughandel und eine Kraftfahrzeugwerkstatt betreibt. [2]K holt die Reifen mit eigenem Lastkraftwagen im Inland ab. [3]Die Reifen sind zur Weiterveräußerung oder zur Verwendung bei Kraftfahrzeugreparaturen bestimmt.

[4]Es liegt eine Lieferung im Sinne des § 6 Abs. 1 Satz 1 Nr. 2 UStG vor. [5]Gleichwohl findet § 6 Abs. 3 UStG keine Anwendung. [6]Die Lieferung ist deshalb steuerfrei, wenn U den Ausfuhrnachweis und den buchmäßigen Nachweis geführt hat.

Beispiel 2:

[1]Sachverhalt wie im Beispiel 1. [2]U versendet jedoch die Reifen zur Verfügung des K in einen Freihafen.

[3]Es liegt eine Lieferung im Sinne des § 6 Abs. 1 Satz 1 Nr. 3 Buchstabe a UStG vor. [4]Für sie gilt die rechtliche Beurteilung wie im Beispiel 1.

6.5 Ausfuhrnachweis (Allgemeines)

(1) [1]Der Unternehmer hat die Ausfuhr durch Belege nachzuweisen (§ 6 Abs. 4 UStG und §§ 8 bis 11 UStDV). [2]Die Vorlage der Belege reicht jedoch für die Annahme einer Ausfuhrlieferung nicht in jedem Fall aus. [3]Die

geforderten Unterlagen bilden nur die Grundlage einer sachlichen Prüfung auf die inhaltliche Richtigkeit der Angaben (BFH-Urteil vom 14.12.1994, XI R 70/93, BStBl. 1995 II S. 515). 4 Für die Führung des Ausfuhrnachweises hat der Unternehmer in jedem Falle die Grundsätze des § 8 UStDV zu beachten (Mussvorschrift). 5 Für die Form und den Inhalt des Ausfuhrnachweises enthalten die §§ 9 bis 11 UStDV Mussvorschriften. 6 Der Unternehmer kann den Ausfuhrnachweis nur in besonders begründeten Einzelfällen auch abweichend von diesen Vorschriften führen, wenn

1. sich aus der Gesamtheit der Belege die Ausfuhr eindeutig und leicht nachprüfbar ergibt (§ 8 Abs. 1 Satz 2 UStDV) und
2. die buchmäßig nachzuweisenden Voraussetzungen eindeutig und leicht nachprüfbar aus der Buchführung zu ersehen sind (§ 13 Abs. 1 Satz 2 UStDV).

7 Zu den besonders begründeten Einzelfällen gehören z. B. Funktionsstörungen der elektronischen Systeme der Zollverwaltung. 8 Kann der Unternehmer den beleg- und buchmäßigen Nachweis nicht, nicht vollständig oder nicht zeitnah führen, ist grundsätzlich davon auszugehen, dass die Voraussetzungen für die Steuerbefreiung nicht erfüllt sind. 9 Etwas anderes gilt im Falle der Nichteinhaltung einer formellen Anforderung ausnahmsweise dann, wenn nach objektiven Kriterien zweifelsfrei feststeht, dass die materiell-rechtlichen Voraussetzungen für die Steuerfreiheit der Ausfuhrlieferung vorliegen, insbesondere, wenn objektiv erkennbar feststeht, dass der Gegenstand der Lieferung das Gemeinschaftsgebiet tatsächlich verlassen hat (Grundsatz der Steuerneutralität und Grundsatz der Verhältnismäßigkeit, vgl. EuGH-Urteile vom 17.10. 2019, C-653/18, Unitel Sp,[1] vom 28.3.2019, C-275/18, Vinš,[2] und vom 8.11.2018, C-495/17, Cartrans Spedition,[3] und BFH-Urteil vom 12.3.2020, V R 20/19, BStBl. II S. 608). 10 Allerdings kann sich der liefernde Unternehmer nicht auf die Grundsätze steuerlicher Neutralität und der Verhältnismäßigkeit berufen, wenn

1. sich der liefernde Unternehmer vorsätzlich an einer das Funktionieren des gemeinsamen Mehrwertsteuersystems gefährdenden Steuerhinterziehung beteiligt hat bzw. davon Kenntnis hatte oder nach der Sorgfalt eines ordentlichen Kaufmanns hätte haben müssen, dass der von ihm bewirkte Umsatz mit einer Steuerhinterziehung des Erwerbers zu Lasten eines Mitgliedstaates verknüpft war und er nicht alle ihm zur Verfügung stehenden, zumutbaren Maßnahmen ergriffen hat, um diese zu verhindern (vgl. EuGH-Urteile vom 17.10.2019, C-653/18, Unitel Sp, vom 28.3.2019, C-275/18, Vinš, und vom 8.11.2018, C-495/17, Cartrans Spedition, und BFH-Urteil vom 12.3.2020, V R 2019, a. a. O.), oder
2. der Verstoß gegen die formellen Anforderungen den sicheren Nachweis verhindert, dass die materiell-rechtlichen Voraussetzungen für die Steuerbefreiung erfüllt wurden (vgl. EuGH-Urteile vom 17.10.2019, C-653/18, Unitel Sp, vom 28.3.2019, C-275/18, Vinš, und vom 8.11.2018, C-495/17, Cartrans Spedition, und BFH-Urteil vom 12.9.2020, V R 20/19, a. a. O.).

---

[1] DStR 2019, 2254.
[2] MwStR 2019, 486.
[3] DStRE 2019, 633.

(2) [1]Die Angaben in den Belegen für den Ausfuhrnachweis müssen im Geltungsbereich des UStG nachprüfbar sein. [2]Es genügt, wenn der Aussteller der Belege die Geschäftsunterlagen, auf denen die Angaben in den Belegen beruhen, dem Finanzamt auf Verlangen im Geltungsbereich des UStG vorlegt. [3]Die Regelung in § 10 Abs. 1 Satz 1 Nr. 2 Buchstabe b Doppelbuchstabe ff UStDV bleibt unberührt. [4]Die Ausfuhrbelege müssen sich im Besitz des Unternehmers befinden. [5]Sie sind nach § 147 Abs. 3 Satz 1 AO zehn Jahre aufzubewahren. [6]Diese Aufbewahrungsfrist kann sich nach § 147 Abs. 3 Satz 5 AO verlängern.

(3) [1]Der Ausfuhrnachweis kann als Bestandteil des buchmäßigen Nachweises noch bis zur letzten mündlichen Verhandlung vor dem Finanzgericht über eine Klage gegen die erstmalige endgültige Steuerfestsetzung oder den Berichtigungsbescheid geführt werden (BFH-Urteil vom 28.2.1980, V R 118/76, BStBl. II S. 415). [2]Das gilt nicht, wenn das Finanzgericht für die Vorlage des Ausfuhrnachweises eine Ausschlussfrist gesetzt hat.

(4) [1]Ausfuhrbelege können nach § 147 Abs. 2 AO auch auf solchen Datenträgern aufbewahrt werden, bei denen das Verfahren den Grundsätzen ordnungsmäßiger Buchführung entspricht und sichergestellt ist, dass bei der Lesbarmachung die Wiedergabe mit den empfangenen Ausfuhrbelegen bildlich übereinstimmt. [2]Als solche bildlich wiedergabefähige Datenträger kommen neben Bildträgern (z.B. Mikrofilm oder Mikrokopie) insbesondere auch die maschinell lesbaren Datenträger (z.B. Diskette, Magnetband, Magnetplatte, elektro-optische Speicherplatte) in Betracht, soweit auf diesen eine Veränderung bzw. Verfälschung nicht möglich ist (vgl. BMF-Schreiben vom 1.2.1984, BStBl. I S. 155, und vom 28.11.2019, BStBl. I S. 1269). [3]Unternehmer, die ihre Geschäftspapiere unter Beachtung der in den vorbezeichneten BMF-Schreiben festgelegten Verfahren aufbewahren, können mit Hilfe der gespeicherten Daten oder mikroverfilmten Unterlagen den Ausfuhrnachweis erbringen. [4]Wird kein zugelassenes Verfahren angewendet, gelten Ausdrucke oder Fotokopien für sich allein nicht als ausreichender Ausfuhrnachweis. [5]Sie können nur in Verbindung mit anderen Belegen als Ausfuhrnachweis anerkannt werden, wenn sich aus der Gesamtheit der Belege die Ausfuhr des Gegenstands zweifelsfrei ergibt.

(5) Die Bescheide des Hauptzollamts Hamburg-Jonas über die Ausfuhrerstattung werden als Belege für den Ausfuhrnachweis anerkannt.

(6) [1]Aus den im Steuerrecht allgemein geltenden Grundsätzen der Verhältnismäßigkeit und des Vertrauensschutzes ergibt sich, dass die Steuerfreiheit einer Ausfuhrlieferung nicht versagt werden darf, wenn der liefernde Unternehmer die Fälschung des Ausfuhrnachweises, den der Abnehmer ihm vorlegt, auch bei Beachtung der Sorgfalt eines ordentlichen Kaufmanns nicht hat erkennen können (BFH-Urteil vom 30.7.2008, V R 7/03, BStBl. 2010 II S. 1075). [2]Ob die Grundsätze des Vertrauensschutzes die Gewährung der Steuerbefreiung gebieten, obwohl die Voraussetzungen einer Ausfuhrlieferung nicht erfüllt sind, kann nur im Billigkeitsverfahren entschieden werden. [3]Hat der liefernde Unternehmer alle ihm zu Gebote stehenden zumutbaren Maßnahmen ergriffen, um sicherzustellen, dass die von ihm getätigten Umsätze

nicht zu einer Beteiligung an einer Steuerhinterziehung führen, ist das Verwaltungsermessen hinsichtlich der Gewährung einer Billigkeitsmaßnahme auf Null reduziert (vgl. BFH-Urteil vom 30.7.2008, V R 7/03, a. a. O.).

6.6 Ausfuhrnachweis in Beförderungsfällen

(1) In Beförderungsfällen (vgl. Abschnitt 3.12 Abs. 2) ist die Ausfuhr wie folgt nachzuweisen (§ 9 UStDV):

1. bei einer Ausfuhr außerhalb des gVV/Unionsversandverfahrens oder des Versandverfahrens mit Carnet TIR
   a) [1]in Fällen, in denen die Ausfuhranmeldung im EDV-gestützten Ausfuhrverfahren (ATLAS-Ausfuhr) auf elektronischem Weg erfolgt, mit dem durch die AfZSt an den Anmelder/Ausführer per EDIFACT-Nachricht übermittelten PDF-Dokument „Ausgangsvermerk" (vgl. Anlage 1 zum BMF-Schreiben vom 3.5.2010, BStBl. I S. 499 und Abschnitt 6.7a). [2]Dies gilt unabhängig davon, ob der Gegenstand der Ausfuhr vom Unternehmer oder vom Abnehmer befördert oder versendet wird. [3]Hat der Unternehmer statt des Ausgangsvermerks einen von der AfZSt erstellten „Alternativ-Ausgangsvermerk" (vgl. Anlage 2 zum BMF-Schreiben vom 3.5.2010, BStBl. I S. 499), gilt dieser als Ausfuhrnachweis. [4]Liegt dem Unternehmer weder ein „Ausgangsvermerk" noch ein „Alternativ-Ausgangsvermerk" vor, kann er den Belegnachweis entsprechend Absatz 6 führen. [5]Die Unternehmen haben die mit der Zollverwaltung ausgetauschten EDIFACT-Nachrichten zu archivieren (§ 147 Abs. 1 Nr. 4a in Verbindung mit Abs. 2 und 3 AO). [6]Das Ausfuhrbegleitdokument (ABD) ist nicht als Ausfuhrnachweis geeignet, weil es von der AgZSt weder abgestempelt noch zurückgegeben wird. [7]Ein nachträglich von einer ausländischen Grenzzollstelle abgestempeltes ABD ist als Ausfuhrnachweis geeignet,
   b) [1]in Fällen, in denen die Ausfuhranmeldung nicht im elektronischen Ausfuhrverfahren durchgeführt werden kann (im Ausfall- und Sicherheitskonzept), wird das Exemplar Nr. 3 der Ausfuhranmeldung (= Exemplar Nr. 3 des Einheitspapiers – Einheitspapier Ausfuhr/Sicherheit, Zollvordruck 033025 oder Einheitspapier, Zollvordruck 0733 mit Sicherheitsdokument, Zollvordruck 033023) als Nachweis der Beendigung des zollrechtlichen Ausfuhrverfahrens verwendet. [2]Dieser Beleg wird als Nachweis für Umsatzsteuerzwecke anerkannt, wenn die Ausfuhrbestätigung durch einen Vermerk (Dienststempelabdruck der Grenzzollstelle mit Datum) auf der Rückseite des Exemplars Nr. 3 der Ausfuhranmeldung angebracht ist. [3]Dieser Beleg muss im Fall des Ausfallkonzepts außerdem den Stempelabdruck „ECS/AES Notfallverfahren" tragen, da im Ausfallkonzept stets alle anstelle einer elektronischen Ausfuhranmeldung verwendeten schriftlichen Ausfuhranmeldungen mit diesem Stempelabdruck versehen werden,
   c) [1]in Fällen, in denen die Ausfuhranmeldung nicht im elektronischen Ausfuhrverfahren erfolgt (bei Ausfuhren mit mündlicher oder konkludenter Anmeldung in Fällen von geringer wirtschaftlicher Bedeutung

bzw. bei Ausfuhranmeldungen bis zu einem Warenwert von 1000 €), wird auf andere Weise als mit dem Exemplar Nr. 3 der Ausfuhranmeldung (= Exemplar Nr. 3 des Einheitspapiers) der Ausgang der Ware überwacht. [2]Wird hierfür ein handelsüblicher Beleg (z.B. Frachtbrief, Rechnung, Lieferschein) verwendet, wird er als Nachweis für Umsatzsteuerzwecke anerkannt, wenn die Ausfuhrbestätigung durch einen Vermerk (Dienststempelabdruck der Grenzzollstelle mit Datum) auf der Rückseite angebracht ist. [3]In diesem Beleg müssen in jedem Fall Name und Anschrift des liefernden Unternehmers, die handelsübliche Bezeichnung und die Menge des ausgeführten Gegenstands, der Ort und der Tag der Ausfuhr sowie die Ausfuhrbestätigung der zuständigen Grenzzollstelle enthalten sein;

2. bei einer Ausfuhr im gVV/Unionsversandverfahren[1)] oder im Versandverfahren mit Carnet TIR[1)]

   a) [1]Ausfuhr nach Absatz 1 Nr. 1 Buchstabe a: durch das von der AfZSt übermittelte oder erstellte Dokument „Ausgangsvermerk", wenn das EDV-gestützte Ausfuhrverfahren erst nach Eingang der Kontrollergebnisnachricht/des Rückscheins oder Trennabschnitts im Versandverfahren (Beendigung des Versandverfahrens) durch die Abgangsstelle, die in diesen Fällen als AgZSt handelt, beendet wurde. [2]Dies gilt nur, wenn das EDV-gestützte Ausfuhrverfahren von einer deutschen Abgangsstelle (AgZSt) beendet wurde, oder

   b) [1]Ausfuhr nach Absatz 1 Nr. 1 Buchstabe b: durch eine Ausfuhrbestätigung der Abgangsstelle, die bei einer Ausfuhr im Versandverfahren (gVV/Unionsversandverfahren oder Carnet TIR) nach Eingang der Kontrollergebnisnachricht erteilt wird, sofern das Versandverfahren EDV-gestützt eröffnet wurde. [2]Bei einer Ausfuhr im Versandverfahren (gVV/Unionsversandverfahren oder Carnet TIR), das nicht EDV-gestützt eröffnet wurde, wird die Ausfuhrbestätigung nach Eingang des Rückscheins (Exemplar Nr. 5 des Einheitspapiers im gVV/Unionsversandverfahren) bzw. nach Eingang der Bescheinigung über die Beendigung im Carnet TIR (Trennabschnitt) erteilt, sofern sich aus letzterer die Ausfuhr ergibt.

(2) [1]Das Unionsversandverfahren[1)] dient der Erleichterung des innergemeinschaftlichen Warenverkehrs, und der Erleichterung des Warenverkehrs zwischen EU-Mitgliedstaaten und den Drittstaaten Andorra und San Marino, während das gemeinsame Versandverfahren[1)] den Warenverkehr zwischen EU-Mitgliedstaaten und den EFTA-Ländern (Island, Liechtenstein, Norwegen und Schweiz) erleichtert. [2]Beide Verfahren werden im Wesentlichen einheitlich abgewickelt. [3]Bei Ausfuhren im Rahmen dieser Verfahren werden die Grenzzollstellen grundsätzlich nicht eingeschaltet. [4]Die Waren sind der Abgangsstelle per Teilnehmernachricht (E_DEC_DAT/Versandanmeldung) oder Internetversandanmeldung über das System ATLAS-Versand anzumelden. [5]Die Abgangsstelle überlässt – nach Prüfung der Anmeldung – die Waren in

---

[1)] Gemeinsames Versandverfahren EU-EFTA (**Zölle und Verbrauchsteuern** Nr. **40**); *Unionsversandverfahren* gem. Art. 226 ff. UZK (ebd. Nr. **1**); TIR-Übereinkommen (ebd. Nr. **160**).

das gVV/Unionsversandverfahren und händigt dem Hauptverpflichteten ein Versandbegleitdokument (VBD) aus. [6]Die Bestimmungsstelle leitet der Abgangsstelle nach Gestellung der Waren die Eingangsbestätigung und die Kontrollergebnisnachricht zu. [7]Die Abgangsstelle schließt hierauf das Ausfuhrverfahren im Rahmen ihrer Eigenschaft als Ausgangszollstelle durch einen manuellen Datenabgleich ab. [8]Bestehen auf Grund von Unstimmigkeiten in der Kontrollergebnisnachricht (oder Exemplar Nr. 5 des Einheitspapiers im gVV/Unionsversandverfahren bzw. Bescheinigung über die Beendigung im Carnet TIR (Trennabschnitt)) der Bestimmungs(zoll)stelle Zweifel an der tatsächlich erfolgten Ausfuhr der Waren, kann der Ausfuhrnachweis für den entsprechenden Ausfuhrvorgang nur durch Alternativnachweise (z.B. Drittlandsverzollungsbeleg) geführt werden. [9]Die Teilnehmernachricht, die Internetversandanmeldung oder das VBD sind in diesem Zusammenhang nicht als Ausfuhrnachweise geeignet.

(3) [1]Die Ausfuhrbestätigung der den Ausgang des Gegenstands aus dem Gemeinschaftsgebiet überwachenden Grenzzollstelle oder der Abgangsstelle kann sich auf einem üblichen Geschäftsbeleg, z.B. Lieferschein, Rechnungsdurchschrift, Versandbegleitdokument oder der Ausfuhranmeldung (Exemplar Nr. 3 des Einheitspapiers) befinden. [2]Es kann auch ein besonderer Beleg, der die Angaben des § 9 UStDV enthält, oder ein dem Geschäftsbeleg oder besonderen Beleg anzustempelnder Aufkleber verwendet werden.

(4) [1]Die deutschen Zollstellen wirken auf Antrag bei der Erteilung der Ausfuhrbestätigung wie folgt mit:

1. Mitwirkung der Grenzzollstelle außerhalb des EDV-gestützten Ausfuhrverfahrens

   [1]Die Grenzzollstelle prüft die Angaben in dem vom Antragsteller vorgelegten Beleg und bescheinigt auf Antrag den körperlichen Ausgang der Waren durch einen Vermerk. [2]Der Vermerk erfolgt durch einen Dienststempelabdruck, der den Namen der Zollstelle und das Datum enthält. [3]Das nach der Verfahrensanweisung ATLAS Kapitel 8.2.6 Abs. 8 behandelte Exemplar Nr. 3 des Einheitspapiers Ausfuhr/Sicherheit (EPAS) dient grundsätzlich nur als Nachweis der Beendigung des zollrechtlichen Ausfuhrverfahrens. [4]In den Fällen, in denen das Exemplar Nr. 3 durch die letzte Zollstelle oder – wenn die Waren im Eisenbahn-, Post-, Luft- oder Seeverkehr ausgeführt werden – durch die für den Ort der Übernahme der Ausfuhrsendung durch die Beförderungsgesellschaften bzw. Postdienste zuständige Ausgangszollstelle behandelt wird, kann das Exemplar Nr. 3 als Ausfuhrnachweis für Umsatzsteuerzwecke (Ausfuhrbestätigung der Grenzzollstelle im Sinne von § 9 UStDV) verwendet werden. [5]Eines gesonderten Antrags bedarf es nicht.

2. Mitwirkung der Abgangsstelle bei Ausfuhren im gVV/Unionsversandverfahren[1)] oder im Versandverfahren mit Carnet TIR[1)]

   [1]Bei Ausfuhren im gVV/Unionsversandverfahren oder im Versandverfahren mit Carnet TIR wird, wenn diese Verfahren nicht bei einer Grenzzollstelle beginnen, die Ausfuhrbestätigung der Grenzzollstelle ersetzt durch

---

[1)] Gemeinsames Versandverfahren EU-EFTA (**Zölle und Verbrauchsteuern** Nr. **40**); Unionsversandverfahren gem. Art. 226 ff. UZK (ebd. Nr. **1**).

a) eine Ausgangsbestätigung der Ausfuhrzollstelle bei einer Ausfuhr im EDV-gestützten Ausfuhrverfahren mit einem in Deutschland erzeugten Dokument „Ausgangsvermerk" (unter Beachtung von Absatz 1 Nr. 2 Buchstabe a), oder

b) eine Ausfuhrbestätigung (§ 9 Abs. 3 UStDV) der Abgangsstelle, die bei einer Ausfuhr im gVV/Unionsversandverfahren nach Eingang der Kontrollergebnisnachricht/des Rückscheins oder Trennabschnitts erteilt wird (siehe unter Absatz 1 Nr. 2 Buchstabe b).

[2]Die Ausfuhrbestätigung wird von der Abgangsstelle in den Fällen des Satzes 1 mit folgendem Vermerk erteilt: „Ausgeführt mit Versandanmeldung MRN/mit Carnet TIR VAB-Nr. … vom …". [3]Der Vermerk muss Ort, Datum, Unterschrift und Dienststempelabdruck enthalten. [4]Die Sätze 1 bis 3 gelten sinngemäß für im Rahmen des Ausfallkonzepts für ATLAS-Versand erstellte Versandanmeldungen auf Basis des Einheitspapiers (vgl. Absatz 1 Nr. 1 Buchstabe b Satz 2).

[2]Die den Ausgang des Ausfuhrgegenstands aus dem Gemeinschaftsgebiet überwachenden Grenzzollstellen (Ausgangszollstellen) anderer EU-Mitgliedstaaten bescheinigen im Ausfall- und Sicherheitskonzept (vgl. Abschnitt 6.2 Abs. 4 Satz 1 Nr. 1) auf Antrag den körperlichen Ausgang der Waren ebenfalls durch einen Vermerk auf der Rückseite des Exemplars Nr. 3 der Ausfuhranmeldung (= Exemplar Nr. 3 des Einheitspapiers).

(4a) [1]Bei der Ausfuhr von Fahrzeugen im Sinne des § 1b Abs. 2 Nr. 1 UStG (vgl. Abschnitt 1b.1), die zum bestimmungsmäßigen Gebrauch im Straßenverkehr einer Zulassung bedürfen, muss der Beleg nach § 9 Abs. 1 UStDV (vgl. Absätze 1 bis 3) immer auch die Fahrzeug-Identifikationsnummer im Sinne des § 6 Abs. 5 Nr. 5 FZV[1)] enthalten (§ 9 Abs. 2 Satz 1 Nr. 1 UStDV), unabhängig davon, ob das Fahrzeug mit Hilfe eines Beförderungsmittels oder auf eigener Achse ausgeführt wird. [2]Ob das ausgeführte Fahrzeug zum bestimmungsmäßigen Gebrauch im Straßenverkehr einer Zulassung bedarf, richtet sich dabei nach § 3 Abs. 1 und 2 Nr. 1 in Verbindung mit § 2 Nr. 1 und 3 FZV. [3]Außerdem muss der Unternehmer bei der Ausfuhr eines solchen Fahrzeugs nach § 9 Abs. 2 Satz 1 Nr. 2 UStDV grundsätzlich zusätzlich über eine Bescheinigung über die Zulassung, die Verzollung oder die Einfuhrbesteuerung im Drittland verfügen; Absatz 6 Sätze 4 und 5 gilt entsprechend. [4]Dies gilt nach § 9 Abs. 2 Satz 2 UStDV jedoch nicht in den Fällen, in denen das Fahrzeug

1. mit einem Ausfuhrkennzeichen ausgeführt wird, das im Beleg nach § 9 Abs. 1 UStDV aufgeführt ist, oder
2. nicht im Sinne der FZV auf öffentlichen Straßen in Betrieb gesetzt worden ist (vgl. § 3 und §§ 16 bis 19 FZV) und nicht auf eigener Achse in das Drittlandsgebiet ausgeführt wird.

(5) Bei einer Werklieferung an einem beweglichen Gegenstand, z. B. bei dem Einbau eines Motors in ein Kraftfahrzeug, kann der Ausfuhrnachweis

---

1) Fahrzeug-Zulassungsverordnung v. 3.2.2011, BGBl. I 2011, 139, zuletzt geänd. durch G v. 12.7.2021, BGBl. I 2021, 3091 (**Straßenverkehrsrecht** Nr. **2.3**).

auch dann als erbracht angesehen werden, wenn die Grenzzollstelle oder Abgangsstelle die Ausfuhr des tatsächlich in das Drittlandsgebiet gelangten Gegenstands, z.B. des Kraftfahrzeugs, bestätigt und sich aus der Gesamtheit der vorliegenden Unterlagen kein ernstlicher Zweifel ergibt, dass die verwendeten Stoffe mit dem ausgeführten Gegenstand in das Drittlandsgebiet gelangt sind.

(6)[1] [1] Ist der Nachweis der Ausfuhr durch Belege mit einer Bestätigung der Grenzzollstelle oder der Abgangsstelle nicht möglich oder nicht zumutbar, z.B. bei der Ausfuhr von Gegenständen im Reiseverkehr an Flughäfen, an denen die Zollverwaltung nicht im gesamten Transit- bzw. Sicherheitsbereich präsent ist, durch die Kurier- und Poststelle des Auswärtigen Amts oder durch Transportmittel der Bundeswehr oder der Stationierungstruppen, kann der Unternehmer den Ausfuhrnachweis auch durch andere Belege führen. [2] Als Ersatzbelege können insbesondere Bescheinigungen amtlicher Stellen der Bundesrepublik Deutschland anerkannt werden; amtliche Stellen der Bundesrepublik Deutschland im Bestimmungsland können aber keine Ausfuhrbescheinigungen für Kraftfahrzeuge erteilen. [3] Grundsätzlich sind anzuerkennen:

1. Bescheinigungen des Auswärtigen Amts oder des Bundesamts für Auswärtige Angelegenheiten einschließlich der diplomatischen oder konsularischen Vertretungen der Bundesrepublik Deutschland im Bestimmungsland,
2. Bescheinigungen der Bundeswehr einschließlich ihrer im Drittlandsgebiet stationierten Truppeneinheiten,
3. Belege über die Verzollung oder Einfuhrbesteuerung durch außergemeinschaftliche Zollstellen oder beglaubigte Abschriften davon,
4. Transportbelege der Stationierungstruppen, z.B. Militärfrachtbriefe, und
5. Abwicklungsscheine.

[4] Nachweise in ausländischer Sprache können grundsätzlich nur in Verbindung mit einer amtlich anerkannten Übersetzung anerkannt werden. [5] Bei Einfuhrverzollungsbelegen aus dem Drittlandsgebiet in englischer Sprache kann im Einzelfall auf eine amtliche Übersetzung verzichtet werden. [6] Zahlungsnachweise oder Rechnungen (Artikel 335 Abs. 4 Buchstabe b und c UZK-IA)[2] können grundsätzlich nicht als Nachweise anerkannt werden. [7] Können die materiell-rechtlichen Voraussetzungen für die Inanspruchnahme der Steuerbefreiung anhand objektiver Kriterien zweifelsfrei nachgewiesen werden, gebietet es der Grundsatz der steuerlichen Neutralität, dass die Steuerbefreiung für die Ausfuhrlieferung zu gewähren ist, selbst wenn der liefernde Unternehmer bestimmten formellen Anforderungen nicht genügen konnte (vgl. EuGH-Urteile vom 17.10.2019, C-653/18, Unitel Sp,[3] vom 28.3.2019, C-275/18, Vinš,[4] vom 8.11.2018, C-495/17, Cartrans Spedition,[5] und BFH-Urteil vom 12.3.2020, V R 20/19, BStBl. II S. 608).

---

[1] A 6.6 UStAE Abs. 6 Satz 3 Nr. 1 neugef. durch BMF v. 27.9.2021, BStBl. I 2021, 1812, anzuwenden in allen offenen Fällen.

[2] **Zölle und Verbrauchsteuern** Nr. 8.

[3] DStR 2019, 2254.

[4] MwStR 2019, 486.

[5] DStRE 2019, 633.

(7) [1]In Beförderungsfällen, bei denen der Unternehmer den Gegenstand der Lieferung in eine Freizone (Freihäfen Bremerhaven und Cuxhaven; vgl. Abschnitt 1.9 Abs. 1) befördert, ist die Beschaffung der Bestätigung bei den den Ausgang aus dem Gemeinschaftsgebiet überwachenden Zollämtern an der Freihafengrenze wegen der großen Anzahl der Beförderungsfälle nicht zumutbar. [2]Als Ausfuhrnachweis kann deshalb ein Beleg anerkannt werden, der neben den in § 9 Abs. 1 Satz 1 Nr. 2 Buchstaben a bis c UStDV bezeichneten Angaben Folgendes enthält:

1. einen Hinweis darauf, dass der Unternehmer den Gegenstand in eine Freizone befördert hat;
2. eine Empfangsbestätigung des Abnehmers oder seines Beauftragten mit Datum, Unterschrift, Firmenstempel und Bezeichnung des Empfangsorts. [2]Die Empfangsbestätigung kann auch auf elektronischem Weg übermittelt werden; bei einer elektronischen Übermittlung der Empfangsbestätigung ist eine Unterschrift nicht erforderlich, sofern erkennbar ist, dass die elektronische Übermittlung im Verfügungsbereich des Abnehmers begonnen hat. [3]Abschnitt 6a.4 Abs. 3 Satz 2 und Abs. 6 ist entsprechend anzuwenden;

[3]Als Belege kommen alle handelsüblichen Belege, insbesondere Lieferscheine, Kaiempfangsscheine oder Rechnungsdurchschriften, in Betracht. [4]Soweit sie die erforderlichen Angaben nicht enthalten, sind sie entsprechend zu ergänzen oder mit Hinweisen auf andere Belege zu versehen, aus denen sich die notwendigen Angaben ergeben.

6.7 Ausfuhrnachweis in Versendungsfällen

(1) In den Versendungsfällen (vgl. Abschnitt 3.12 Abs. 3) muss der Ausfuhrnachweis, sofern die Ausfuhranmeldung im EDV-gestützten Ausfuhrverfahren (ATLAS-Ausfuhr) auf elektronischem Weg erfolgt, durch den „Ausgangsvermerk“ bzw. „Alternativ-Ausgangsvermerk“ geführt werden; Abschnitt 6.6 Abs. 1 Nr. 1 Buchstabe a gilt entsprechend.

(1a) [1]Bei allen anderen Ausfuhranmeldungen muss der Ausfuhrnachweis durch Versendungsbelege oder durch sonstige handelsübliche Belege geführt werden. [2]Versendungsbelege sind neben dem Eisenbahnfrachtbrief insbesondere der Luftfrachtbrief, der Einlieferungsschein für im Postverkehr beförderte Sendungen (vgl. Abschnitt 6.9 Abs. 5), das zur Auftragserteilung an einen Kurierdienst gefertigte Dokument (vgl. Abschnitt 6.9 Abs. 6), das Konnossement, der Ladeschein sowie deren Doppelstücke, wenn sich aus ihnen die grenzüberschreitende Warenbewegung ergibt. [3]Zum Begriff der sonstigen handelsüblichen Belege vgl. Absatz 2. [4]Die bei der Abwicklung eines Ausfuhrgeschäfts anfallenden Geschäftspapiere, z. B. Rechnungen, Auftragsschreiben, Lieferscheine oder deren Durchschriften, Kopien und Abschriften von Versendungsbelegen, Spediteur-Übernahmebescheinigungen, Frachtabrechnungen, sonstiger Schriftwechsel, können als Ausfuhrnachweis in Verbindung mit anderen Belegen anerkannt werden, wenn sich aus der Gesamtheit der Belege die Angaben nach § 10 Abs. 1 Satz 1 Nr. 2 UStDV eindeutig und leicht nachprüfbar ergeben. [5]Unternehmer oder Abnehmer, denen Belege über die Ausfuhr eines Gegenstands, z. B. Versendungsbelege oder sonstige handelsübliche Belege, ausgestellt worden sind, obwohl sie diese für Zwecke des Ausfuhrnachweises nicht benötigen, können die Belege mit einem Übertragungsvermerk versehen und an den Unternehmer, der die Lieferung bewirkt hat, zur Führung des Ausfuhrnachweises weiterleiten. [6]Ist der Versendungsbeleg ein Frachtbrief (z. B. CMR-Frachtbrief), muss dieser vom Absender als Auftraggeber des Frachtführers, also dem Versender des Liefergegenstands, unterzeichnet sein (beim CMR-Frachtbrief in Feld 22). [7]Der Auftraggeber kann hierbei von einem Dritten vertreten werden (z. B. Lagerhalter); es reicht aus, dass die Berechtigung des Dritten, den Frachtbrief zu unterschreiben, glaubhaft gemacht wird (z. B. durch Vorliegen eines Lagervertrages). [8]Beim Eisenbahnfrachtbrief kann die Unterschrift auch durch einen Stempelaufdruck oder einen maschinellen Bestätigungsvermerk ersetzt werden. [9]Die Unterschrift eines zur Besorgung des Warentransports eingeschalteten Dritten (z. B. ein Spediteur) ist nicht erforderlich. [10]Der Versendungsbeleg kann auch auf elektronischem Weg übermittelt werden; bei einer elektronischen Übermittlung des Versendungsbelegs ist eine Unterschrift nicht erforderlich, sofern erkennbar ist, dass die elektronische Übermittlung im Verfügungsbereich des Übermittlers begonnen hat. [11]Abschnitt 6a.4 Abs. 6 ist entsprechend anzuwenden.

(2) [1]Ist ein Spediteur, Frachtführer oder Verfrachter mit der Beförderung oder Versendung des Gegenstands in das Drittlandsgebiet beauftragt worden, soll der Unternehmer in den Fällen des Absatzes 1a die Ausfuhr durch eine Ausfuhrbescheinigung nach vorgeschriebenem Muster nachweisen. [2]Die Bescheinigung muss vom Spediteur nicht eigenhändig unterschrieben worden sein, wenn die für den Spediteur zuständige Landesfinanzbehörde die Verwendung des Unterschriftsstempels (Faksimile) oder einen Ausdruck des Namens der verantwortlichen Person genehmigt hat und auf der Bescheinigung auf die Genehmigungsverfügung der Landesfinanzbehörde unter Angabe von Datum und Aktenzeichen hingewiesen wird. [3]Die Bescheinigung kann auch auf elektronischem Weg übermittelt werden; bei einer elektronischen Übermittlung der Bescheinigung ist eine Unterschrift nicht erforderlich, sofern erkennbar ist, dass die elektronische Übermittlung im Verfügungsbereich des Spediteurs begonnen hat. [4]Abschnitt 6a.4 Abs. 3 Satz 2 und Abs. 6 ist entsprechend anzuwenden. [5]Anstelle der Ausfuhrbescheinigung des Spediteurs, Frachtführers oder Verfrachters kann der Unternehmer den Ausfuhrnachweis im Ausfall- und Sicherheitskonzept (vgl. Abschnitt 6.2 Abs. 4 Satz 1 Nr. 1) auch mit dem Exemplar Nr. 3 des Einheitspapiers führen, wenn diese mit einem Ausfuhrvermerk der Ausgangszollstelle versehen sind (vgl. Abschnitt 6.6 Abs. 4 Satz 1 Nr. 1 Sätze 3 bis 5).

(2a) [1]Ist eine Ausfuhr elektronisch angemeldet worden und ist es dem Unternehmer nicht möglich oder nicht zumutbar, den Ausfuhrnachweis mit dem „Ausgangsvermerk" oder dem „Alternativ-Ausgangsvermerk" zu führen, kann der Unternehmer die Ausfuhr mit den in § 10 Abs. 1 Satz 1 Nr. 2 UStDV genannten Belegen nachweisen. [2]In diesen Fällen muss der Beleg zusätzlich zu den nach § 10 Abs. 1 Satz 1 Nr. 2 UStDV erforderlichen Angaben die Versendungsbezugsnummer der Ausfuhranmeldung nach Artikel 226 UZK-IA[1)] und Artikel 1 Nr. 22 UZK-DA[1)] (MRN) enthalten. [3]An den Nachweis des Unternehmers, dass ein Ausnahmefall im Sinne des § 10 Abs. 3 UStDV vorliegt, sind keine erhöhten Anforderungen zu stellen. [4]Die Regelung in § 10 Abs. 3 UStDV betrifft hauptsächlich diejenigen Fälle, in denen ein anderer als der liefernde Unternehmer die Ausfuhr elektronisch anmeldet; die Sätze 1 bis 3 gelten jedoch auch in den Fällen, in denen das Ausfuhrverfahren nach Ablauf von 150 Tagen zollrechtlich für ungültig erklärt worden ist, weil eine ordnungsgemäße Beendigung des Ausfuhrverfahrens nicht möglich war. [5]Ein Beleg nach § 10 Abs. 1 Satz 1 Nr. 2 UStDV, der in den Fällen des § 10 Abs. 3 UStDV nicht die richtige MRN enthält, ist nicht als Ausfuhrnachweis anzuerkennen. [6]Eine unrichtige MRN kann jedoch korrigiert werden.

(3) [1]Die Regelung in § 10 Abs. 4 UStDV betrifft hauptsächlich diejenigen Fälle, in denen der selbständige Beauftragte, z.B. der Spediteur mit Sitz im Drittlandsgebiet oder die Privatperson, die in § 10 Abs. 1 Satz 1 Nr. 2 Buchstabe b Doppelbuchstabe ff UStDV vorgesehene Versicherung über die Nachprüfbarkeit seiner Angaben im Gemeinschaftsgebiet nicht abgeben kann. [2]An den Nachweis des Unternehmers, dass ein Ausnahmefall im Sinne des § 10 Abs. 4 UStDV vorliegt, sind keine erhöhten Anforderungen zu stellen.

(4) [1]Bei der Ausfuhr von Fahrzeugen im Sinne des § 1b Abs. 2 Nr. 1 UStG (vgl. Abschnitt 1b.1), die zum bestimmungsmäßigen Gebrauch im Straßenverkehr einer Zulassung bedürfen, muss der Beleg nach § 10 Abs. 1 UStDV (vgl. Absätze 1 und 2) immer auch die Fahrzeug-Identifikationsnummer im Sinne des § 6 Abs. 5 Nr. 5 FZV[2)] enthalten (§ 10 Abs. 2 Satz 1 Nr. 1 UStDV), unabhängig davon, ob das Fahrzeug mit Hilfe eines Beförderungsmittels oder auf eigener Achse ausgeführt wird. [2]Ob das ausgeführte Fahrzeug zum bestimmungsmäßigen Gebrauch im Straßenverkehr einer Zulassung bedarf, richtet sich dabei nach § 3 Abs. 1 und 2 Nr. 1 in Verbindung mit § 2 Nr. 1 und 3 FZV. [3]Außerdem muss der Unternehmer bei der Ausfuhr eines solchen Fahrzeugs nach § 10 Abs. 2 Satz 1 Nr. 2 UStDV grundsätzlich zusätzlich über eine Bescheinigung über die Zulassung, die Verzollung oder die Einfuhrbesteuerung im Drittland verfügen; Abschnitt 6.6 Abs. 6 Sätze 4 und 5 gilt entsprechend. [4]Dies gilt gemäß § 10 Abs. 2 Satz 2 UStDV jedoch nicht in den Fällen, in denen das Fahrzeug

1. mit einem Ausfuhrkennzeichen ausgeführt wird, das im Beleg nach § 10 Abs. 1 UStDV aufgeführt ist, oder
2. nicht im Sinne der FZV auf öffentlichen Straßen in Betrieb gesetzt worden ist (§ 3 und §§ 16 bis 19 FZV) und nicht auf eigener Achse in das Drittlandsgebiet ausgeführt wird.

6.7a Ausgangsvermerke als Ausfuhrnachweis

[1]Neben dem allgemeinen „Ausgangsvermerk" und dem „Alternativ-Ausgangsvermerk" (vgl. Abschnitt 6.6 Abs. 1 Nr. 1 Buchstabe a und Abschnitt 6.7

---

1) **Zölle und Verbrauchsteuern** Nr. **8** bzw. **4.**

2) Fahrzeug-Zulassungsverordnung v. 3.2.2011, BGBl. I 2011, 139, zuletzt geänd. durch G v. 12.7.2021, BGBl. I 2021, 3091 (**Straßenverkehrsrecht** Nr. **2.3**).

Abs. 1) werden folgende Ausgangsvermerke, die im EDV-gestützten Ausfuhrverfahren ATLAS durch die AfZSt an den Anmelder/Ausführer übermittelt werden, als Ausfuhrnachweis anerkannt:

1. Ausgangsvermerk auf Grund einer monatlichen Sammelanmeldung nach Artikel 167 und 182 UZK,[1)] sowie 225 UZK-IA,[1)] soweit sich aus den begleitenden Dokumenten und aus der Buchführung die Ausfuhr der Ware eindeutig und leicht nachprüfbar ergibt,
2. Ausgangsvermerk auf Grund einer nachträglichen Ausfuhranmeldung im Ausfallverfahren,
3. Ausgangsvermerk auf Grund einer rückwirkenden Ausfuhranmeldung nach Artikel 337 UZK-IA und
4. Ausgangsvermerk auf Grund einer nachträglichen Ausfuhranmeldung bei vorheriger ganz oder teilweise unrichtiger Ausfuhranmeldung.

[2]Zu den Mustern dieser Ausgangsvermerke siehe Anlagen 1 bis 4 des BMF-Schreibens vom 23.1.2015 (BStBl. I S. 144).

6.8 Ausfuhrnachweis in Bearbeitungs- und Verarbeitungsfällen

(1) [1]Wenn der Gegenstand der Lieferung vor der Ausfuhr durch einen Beauftragten des Abnehmers bearbeitet oder verarbeitet worden ist (vgl. Abschnitt 6.1 Abs. 5), muss der Beleg über den Ausfuhrnachweis die in § 11 Abs. 1 UStDV aufgeführten zusätzlichen Angaben enthalten. [2]Dieser Beauftragte kann zu diesem Zweck den Beleg mit einem die zusätzlichen Angaben enthaltenden Übertragungsvermerk versehen oder die zusätzlichen Angaben auf einem gesonderten Beleg machen. [3]Er kann auch auf Grund der bei ihm vorhandenen Geschäftsunterlagen, z.B. Versendungsbeleg, Ausfuhrbescheinigung des beauftragten Spediteurs oder Bestätigung der den Ausgang aus dem Gemeinschaftsgebiet überwachenden Grenzzollstelle, dem Unternehmer eine kombinierte Ausfuhr- und Bearbeitungsbescheinigung nach vorgeschriebenem Muster ausstellen.

(2) [1]Ist der Gegenstand der Lieferung nacheinander durch mehrere Beauftragte des Abnehmers und/oder eines nachfolgenden Abnehmers bearbeitet oder verarbeitet worden, muss aus den Belegen des Unternehmers die von jedem Beauftragten vorgenommene Bearbeitung oder Verarbeitung ersichtlich sein. [2]In der Regel wird der Unternehmer den Nachweis hierüber durch eine Ausfuhr- und Bearbeitungsbescheinigung des Beauftragten des Abnehmers führen können, dem er den Gegenstand der Lieferung übergeben oder übersandt hat. [3]Der Beauftragte kann in der Ausfuhrbescheinigung nicht nur die von ihm selbst vorgenommene Bearbeitung oder Verarbeitung, sondern auch die Bearbeitung oder Verarbeitung nachfolgender Beauftragter sowie deren Namen und Anschrift angeben. [4]Der Unternehmer kann sich aber auch die verschiedenen Bearbeitungen oder Verarbeitungen durch gesonderte Bescheinigung der einzelnen Beauftragten bestätigen lassen.

[1)] **Zölle und Verbrauchsteuern** Nr. **1** bzw. **8.**

(3) [1]Der Beleg nach Absatz 1 bzw. die Bescheinigung nach Absatz 1 oder Absatz 2 können auch auf elektronischem Weg übermittelt werden; bei einer elektronischen Übermittlung des Belegs bzw. der Bescheinigung ist eine Unterschrift nicht erforderlich, sofern erkennbar ist, dass die elektronische Übermittlung im Verfügungsbereich des Ausstellers begonnen hat. [2]Abschnitt 6a.4 Abs. 3 Satz 2 und Abs. 6 ist entsprechend anzuwenden.

6.9 Sonderregelungen zum Ausfuhrnachweis

Lieferungen im Freihafen

(1) [1]In einem Freihafen ausgeführte Lieferungen von Gegenständen, die sich im Zeitpunkt der Lieferung einfuhrumsatzsteuerrechtlich im freien Verkehr befinden (§ 1 Abs. 3 Satz 1 Nr. 4 Buchstabe b UStG), sind wie steuerfreie Ausfuhrlieferungen zu behandeln, wenn die Gegenstände bei Ausführung der Lieferungen in das Drittlandsgebiet außerhalb der in § 1 Abs. 3 UStG bezeichneten Gebiete gelangen. [2]Da eine Ausfuhr nicht vorliegt, kann kein Ausfuhrnachweis geführt werden. [3]Es genügt, dass der Unternehmer die vorbezeichneten Voraussetzungen glaubhaft macht. [4]Auch das Fehlen des buchmäßigen Nachweises ist in diesen Fällen zur Vermeidung von unbilligen Härten nicht zu beanstanden. [5]Eine entsprechende Regelung ist für die Fälle des Freihafen-Veredelungsverkehrs und der Freihafenlagerung (§ 1 Abs. 3 Satz 1 Nr. 4 Buchstabe a UStG) nicht erforderlich, weil in diesen Fällen keine steuerbaren Lieferungen vorliegen (vgl. Abschnitt 1.12 Abs. 3).

Versendungen nach Grenzbahnhöfen oder Güterabfertigungsstellen

(2) [1]Werden Liefergegenstände von einem Ort im Inland nach einem Grenzbahnhof oder einer Güterabfertigungsstelle eines deutschen Eisenbahnunternehmens im Drittlandsgebiet versendet, kann der Ausfuhrnachweis mit Hilfe des verwendeten Frachtbriefes, des Frachtbriefdoppels oder mit der von dem Eisenbahnunternehmen ausgestellten Bescheinigung zu Umsatzsteuerzwecken geführt werden. [2]Im Drittlandsgebiet liegen die folgenden Grenzbahnhöfe oder Güterabfertigungsstellen:
Basel Bad Bf,
Basel Bad Gbf,
Bremerhaven Nordhafen (ohne Carl-Schurz-Gelände) und
Schaffhausen.
[3]Als Grenzbahnhof im Drittlandsgebiet ist auch der Bahnhof Bremerhaven Kaiserhafen (ohne Ladebezirk Industriestammgleis Speckenbüttel) anzusehen. [4]Bei diesem Bahnhof liegen zwar die Gebäude im Inland, die jeweiligen Be- und Entladestellen befinden sich jedoch im Freihafen. [5]Über den Bahnhof Bremerhaven Kaiserhafen können auch Liefergegenstände versandt werden, bei denen als Bestimmungsort Privatgleisanschlüsse, private Ladestellen oder Freiladegleise im Inland angegeben sind. [6]Es liegt deshalb keine Ausfuhr vor, wenn einer dieser Gleisanschlüsse, eine dieser Ladestellen oder eines dieser Ladegleise Bestimmungsort ist.

(3) [1]Werden Liefergegenstände aus dem Inland nach einem Grenzbahnhof oder einer Güterabfertigungsstelle im Inland versendet, liegt keine Ausfuhr

vor. [2]Die verwendeten Frachtbriefe oder Frachtbriefdoppel kommen deshalb als Ausfuhrbelege nicht in Betracht. [3]Lediglich bei Versendungen nach dem Bahnhof Cuxhaven ist es möglich, Liefergegenstände durch zusätzliche Angabe des Anschlusses in den Freihafen zu versenden. [4]Die Bezeichnungen hierfür lauten

1. Cuxhaven, Anschluss Amerika-Bahnhof Gleise 1 und 2,
2. Cuxhaven, Anschluss Amerika-Bahnhof Lentzkai Gleise 9 und 10.

[5]Frachtbriefe oder Frachtbriefdoppel, in denen einer der bezeichneten Anschlüsse als Bestimmungsort angegeben ist, können deshalb als Ausfuhrnachweis anerkannt werden.

(4) [1]In den Fällen, in denen Gegenstände nach ihrer Ankunft auf einem Grenzbahnhof oder einer Güterabfertigungsstelle im Inland weiter in das Drittlandsgebiet befördert oder versendet werden, gelten für die Führung des Ausfuhrnachweises die allgemeinen Regelungen (vgl. Abschnitte 6.5 bis 6.7). [2]Jedoch ist Folgendes zu beachten:

1. [1]Auf folgenden Grenzbahnhöfen im Inland besteht auch eine Güterabfertigungsstelle der Schweizerischen Bundesbahnen (SBB):
   Konstanz, SBB
   und Singen (Hohentwiel), SBB.
   [2]Werden Liefergegenstände von diesen Gemeinschaftsbahnhöfen zu einem Bestimmungsort in der Schweiz versendet und zu diesem Zweck an den Güterabfertigungsstellen der SBB aufgegeben, kann der Ausfuhrnachweis auch mit Hilfe des Frachtbriefs oder Frachtbriefdoppels der SBB geführt werden.
2. [1]Auf dem Grenzbahnhof Waldshut kann die Güterabfertigungsstelle der Eisenbahnen des Bundes beim Güterverkehr mit der Schweiz die Abfertigungsarbeiten für die SBB erledigen. [2]Satz 2 der Nummer 1 gilt deshalb für diese Fälle entsprechend.

Postsendungen

(5) [1]Bei Postsendungen kommen als Ausfuhrnachweise in Betracht:

1. Versendungsbelege, und zwar
   a) [1]der Einlieferungsbeleg für eingeschriebene Briefsendungen einschließlich eingeschriebener Päckchen, für Briefe mit Wertangabe und für gewöhnliche Briefe mit Nachnahme sowie der Einlieferungsschein für Filialkunden bzw. die Einlieferungsliste (Auftrag zur Beförderung Ausland) für Vertragskunden für Postpakete (Wertpakete und gewöhnliche Postpakete). [2]Die Bescheinigung wird erteilt auf den Einlieferungsbelegen bzw. -scheinen, im Einlieferungsbuch, auf Belegen des Absenders, die im Aufdruck mit dem Einlieferungsbeleg bzw. -schein, der Einlieferungsliste oder dem Einlieferungsbuch im Wesentlichen übereinstimmen, und – bei gewöhnlichen Postpaketen – auch auf vom Absender vorbereiteten Bescheinigungen,
   b) die Versandbestätigung für gewöhnliche Päckchen auf vom Absender vorbereiteten Bescheinigungen;

2. andere Belege, und zwar

a) [1] die von der AfZSt mit Dienststempelabdruck und von der AgZSt mit einem Dienststempelabdruck, der den Namen der Zollstelle und das Datum enthält, versehene und dem Beteiligten zurückgegebene bzw. zurückgesandte Ausfuhranmeldung (Exemplar Nr. 3 des Einheitspapiers) im Ausfall- und Sicherheitskonzept (Abschnitt 6.2 Abs. 4 Satz 1 Nr. 1). [2] Der Anmelder ist jedoch von der Vorlage einer schriftlichen Ausfuhranmeldung nach Artikel 141 Abs. 4 UZK-DA[1)] unter Einschränkung des Artikels 142 UZK-DA insbesondere in folgenden Fällen befreit:

   aa) bei Postsendungen (Pakete oder Päckchen, Artikel 1 Nr. 24 UZK-DA), die zu kommerziellen Zwecken bestimmte Waren enthalten, bis zu einem Wert von 1000 €;

   bb) bei Postsendungen mit Waren zu nichtkommerziellen Zwecken (Artikel 1 Nr. 21 UZK-DA);

   cc) bei Briefsendungen (Artikel 1 Nr. 26 UZK-DA).

   [3] In diesen Fällen kann deshalb der Ausfuhrnachweis nicht mit Hilfe der Ausfuhranmeldung (Exemplar Nr. 3 des Einheitspapiers) geführt werden,

b) [1] leicht nachprüfbare innerbetriebliche Versendungsunterlagen in Verbindung mit den Aufzeichnungen in der Finanzbuchhaltung. [2] Dieser Nachweis kommt bei der Ausfuhr von Gegenständen in gewöhnlichen Briefen, für die eine Ausfuhranmeldung nicht erforderlich ist, in Betracht. [3] Diese Regelung trägt dem Umstand Rechnung, dass bei diesen Ausfuhrsendungen der Ausfuhrnachweis weder nach Nummer 1 noch nach Nummer 2 Buchstabe a geführt werden kann.

[2] Erfolgt die Versendung in ATLAS-Ausfuhr, gilt Abschnitt 6.6 Abs. 1 Nr. 1 Buchstaben a und b entsprechend.

Kurierdienste

(6) [1] Grundsätzlich sind an die schriftliche Auftragserteilung an den Unternehmer, der Kurierdienstleistungen erbringt, die gleichen Anforderungen zu stellen wie an einen Posteinlieferungsschein. [2] Ein Unternehmer erbringt eine Kurierdienstleistung, wenn er adressierte Sendungen in einer Weise befördert, dass entweder einzelne nachgewiesene Sendungen im Interesse einer schnellen und zuverlässigen Beförderung auf dem Weg vom Absender zum Empfänger ständig begleitet werden und die Begleitperson die Möglichkeit hat, jederzeit auf die einzelne Sendung zuzugreifen und die erforderlichen Dispositionen zu treffen, oder eine Kontrolle des Sendungsverlaufs durch den Einsatz elektronischer Kontroll- und Steuerungssysteme jederzeit möglich ist (sog. tracking and tracing). [3] Im Einzelnen sollen folgende Angaben vorhanden sein:

– Name und Anschrift des Ausstellers des Belegs;
– Name und Anschrift des Absenders;
– Name und Anschrift des Empfängers;
– handelsübliche Bezeichnung und Menge der beförderten Gegenstände;
– Tag der Einlieferung der beförderten Gegenstände beim Unternehmer.

---

1) **Zölle und Verbrauchsteuern** Nr. **4.**

[4]Aus Vereinfachungsgründen kann bzgl. der Angaben zur handelsüblichen Bezeichnung, Menge und Wert der beförderten Gegenstände auf die Rechnung des Auftraggebers durch Angabe der Rechnungsnummer verwiesen werden, wenn auf dieser die Nummer des Versendungsbelegs angegeben ist. [5]Überwacht ein Transportunternehmen den Sendungsverlauf elektronisch, wird für Zwecke des Ausfuhrnachweises nicht zwischen den Leistungen von Kurierdiensten und anderen Transportunternehmen (Spediteure/Frachtführer) unterschieden. [6]Erfolgt die Versendung in ATLAS-Ausfuhr, gilt Abschnitt 6.6 Abs. 1 Nr. 1 Buchstaben a und b entsprechend.

Druckerzeugnisse

(7) [1]Bücher, Zeitungen, Zeitschriften und sonstige Druckerzeugnisse werden vielfach als Sendungen zu ermäßigtem Entgelt oder als Sendungen zu ermäßigtem Entgelt in besonderem Beutel („M"-Beutel) in das Drittlandsgebiet versandt. [2]Bei diesen Sendungen kann der Ausfuhrnachweis nicht durch Versendungsbelege geführt werden. [3]Die Ausfuhr kann deshalb durch leicht nachprüfbare innerbetriebliche Versendungsunterlagen in Verbindung mit den Aufzeichnungen in der Finanzbuchhaltung nachgewiesen werden. [4]Innerbetriebliche Versendungsunterlagen können sein:

1. bei Lieferungen von Büchern in das Drittlandsgebiet
   a) Auslieferungslisten oder Auslieferungskarteien mit Versanddaten, nach Nummern oder alphabetisch geordnet;
   b) Durchschriften von Rechnungen oder Lieferscheinen, nach Nummern oder alphabetisch geordnet;
   c) Postausgangsbücher oder Portobücher;
2. bei Lieferungen von Zeitungen, Zeitschriften und sonstigen periodisch erscheinenden Druckschriften in das Drittlandsgebiet
   a) Fortsetzungskarteien oder Fortsetzungslisten mit Versanddaten – in der Regel nur bei geringer Anzahl von Einzellieferungen –;
   b) Fortsetzungskarteien oder Fortsetzungslisten ohne Versanddaten – bei Massenversand häufig erscheinender Zeitschriften –, und zwar entweder in Verbindung mit Strichvermerken auf den Karteikarten oder in Verbindung mit maschinell erstellten Aufklebeadressen;
   c) Durchschriften von Rechnungen, nach Nummern oder alphabetisch geordnet;
   d) Postausgangsbücher oder Portobücher – nicht bei Massenversand –.

[5]Die bezeichneten Versendungsunterlagen können unter den Voraussetzungen des § 146 Abs. 5 und des § 147 Abs. 2 AO auch auf Datenträgern geführt werden.

(8) [1]In den Fällen des Absatzes 7 soll durch Verweisungen zwischen den Versendungsunterlagen und der Finanzbuchhaltung der Zusammenhang zwischen den jeweiligen Lieferungen und den dazugehörigen Entgelten leicht nachprüfbar nachgewiesen werden. [2]Dazu dienen in der Regel die Nummern oder die Daten der Rechnungen oder der Lieferscheine, die auf den Debitorenkonten und auf den Auslieferungslisten, Auslieferungskarteien oder

sonstigen Versendungsunterlagen zu vermerken sind. [3]Zulässig ist auch jedes andere System gegenseitiger Hinweise, sofern es die leichte Nachprüfbarkeit gewährleistet.

(9) [1]Werden Bücher, Zeitungen und Zeitschriften von einem Vertreter des Unternehmers, z.B. von einem sog. Auslieferer, gelagert und auf Weisung des Unternehmers an Abnehmer im Drittlandsgebiet versendet, kann der Unternehmer die Ausfuhr in der Regel durch eine Ausfuhrbestätigung seines Lieferers oder des Vertreters, die auf innerbetrieblichen Versendungsunterlagen beruhen kann, nachweisen. [2]Es bestehen keine Bedenken, Ausfuhrbestätigungen des versendenden Vertreters auch ohne Angabe des Tages der Versendung als ausreichenden Ausfuhrnachweis anzuerkennen, wenn nach der Gesamtheit der beim Unternehmer vorliegenden Unterlagen kein ernstlicher Zweifel an der Ausfuhr der Gegenstände besteht. [3]Die Ausfuhrbestätigung des versendenden Vertreters kann auch auf elektronischem Weg übermittelt werden; bei einer elektronischen Übermittlung der Ausfuhrbestätigung ist eine Unterschrift nicht erforderlich, sofern erkennbar ist, dass die elektronische Übermittlung im Verfügungsbereich des Ausstellers begonnen hat. [4]Abschnitt 6a.4 Abs. 3 Satz 2 und Abs. 6 ist entsprechend anzuwenden.

(10) Erfolgt die Versendung der genannten Druckerzeugnisse in ATLAS-Ausfuhr, gilt Abschnitt 6.6 Abs. 1 Nr. 1 Buchstaben a und b entsprechend.

(11)–(13) *(aufgehoben)*

Ausfuhranmeldungen im Rahmen der einzigen Bewilligung

(14) [1]Mit Wirkung vom 1.1.2009 wurden die Vorschriften über die Binnengrenzen überschreitende Abfertigungsmöglichkeiten im Rahmen einer sog. einzigen Bewilligung auch auf das Ausfuhrverfahren ausgedehnt (Verordnung [EG] Nr. 1192/2008 der Kommission vom 17.11.2008, ABl. EU 2008 Nr. L 329). [2]Mit dieser zentralisierten Zollabwicklung werden der Ort, an dem sich die Waren befinden und der Ort, an dem die Ausfuhranmeldung abgegeben wird, Mitgliedstaaten übergreifend entkoppelt.

(15) [1]Ein Unternehmen, das von mehreren Warenorten in der EU seine Ausfuhren tätigt, kann die Ausfuhrsendung zentral in dem Mitgliedstaat anmelden, in dem sich seine Hauptbuchhaltung befindet. [2]Für den Nachrichtenaustausch im EDV-gestützten Ausfuhrsystem bedeutet dies, dass der elektronische Ausfuhrvorgang in dem Mitgliedstaat begonnen und erledigt wird, in dem die ursprüngliche elektronische Anmeldung abgegeben wurde und zwar unabhängig davon, in welchem Mitgliedstaat sich die Waren im Anmeldezeitpunkt befanden. [3]Bei Ausfuhranmeldungen, die im Rahmen der „ausländischen" einzigen Bewilligung bei einer für den Ausführer/Anmelder zuständigen AfZSt in Deutschland abgegeben werden, müssen zwar in allen Mitgliedstaaten die Anmelder/Ausführer gemäß Artikel 334 UZK-IA[1)] über den körperlichen Ausgang der Waren per EDIFACT-Nachricht unterrichtet werden; ob – wie in Deutschland – dazu zusätzlich noch ein PDF-Dokument beigefügt wird, obliegt der Entscheidung der Mitgliedstaaten.

---

1) **Zölle und Verbrauchsteuern** Nr. **8.**

Beispiel 1:

[1] Ein Unternehmen hat seine Hauptbuchhaltung in den Niederlanden und unterhält Warenorte in den Niederlanden und in Deutschland. [2] Die Ausfuhranmeldung erfolgt über das niederländische IT-System DSU auch für die in Deutschland befindlichen Waren. [3] Im deutschen IT-System ATLAS-Ausfuhr kann von der für den Warenort zuständigen AfZSt kein PDF-Dokument „Ausgangsvermerk“ erzeugt werden.
[4] In diesen Fällen ist die von der ausländischen Zolldienststelle erhaltene EDIFACT-Nachricht über den körperlichen Ausgang der Waren als Beleg im Sinne des § 9 Abs. 1 UStDV oder des § 10 Abs. 1 UStDV und als Nachweis für Umsatzsteuerzwecke anzuerkennen, wenn der Unternehmer zusammen mit der Nachricht über Aufzeichnungen/Dokumentationen verfügt, dass er diese von der ausländischen Zolldienststelle erhalten hat. [5] Zusätzlich muss der Unternehmer die Verbindung der Nachricht mit der entsprechenden Ausfuhranmeldung bei der ausländischen Zolldienststelle aufzeichnen.

[4] Bei Ausfuhranmeldungen, die im Rahmen der „deutschen“ einzigen Bewilligung bei einer für den Ausführer/Anmelder zuständigen AfZSt in einem anderen Mitgliedstaat abgegeben werden, erhält der Ausführer/Anmelder für alle Waren, die er über das deutsche IT-System ATLAS angemeldet hat, ein PDF-Dokument „Ausgangsvermerk“.

Beispiel 2:

[1] Ein Unternehmen hat seine Hauptbuchhaltung in Deutschland und unterhält Warenorte in den Niederlanden und in Deutschland. [2] Die Ausfuhranmeldung erfolgt über das deutsche IT-System ATLAS-Ausfuhr auch für die in den Niederlanden befindlichen Waren. [3] Anhand der Angabe in Feld 15a (Ausfuhr-/Versendungsland) des Ausgangsvermerks ist für die deutschen Finanzämter erkennbar, dass sich die Waren im Anmeldezeitpunkt in einem anderen Mitgliedstaat befanden.

Abgabe der Ausfuhranmeldung in einem Mitgliedstaat des übrigen Gemeinschaftsgebiets

(16) Wurde die Ausfuhranmeldung zulässigerweise ohne einzige Bewilligung in einem Mitgliedstaat des übrigen Gemeinschaftsgebiets abgegeben, gilt Folgendes:

1. Hat die ausländische Zolldienststelle der von ihr übermittelten elektronischen Nachricht (z. B. EDIFACT-Nachricht) das PDF-Dokument „Ausgangsvermerk“ beigefügt, ist der Ausfuhrnachweis mit diesem Ausgangsvermerk, der den Regelungen in § 9 Abs. 1 Satz 1 Nr. 1 UStDV und § 10 Abs. 1 Satz 1 Nr. 1 UStDV entspricht, zu führen.
2. Wurde dem Ausführer von der ausländischen Zolldienststelle lediglich eine elektronische Nachricht übersandt, ist der Ausfuhrnachweis wie folgt zu führen und unter folgenden Voraussetzungen anzuerkennen:
   a) der Unternehmer weist den körperlichen Ausgang der Waren mit der von der ausländischen Zolldienststelle erhaltenen elektronischen Nachricht nach,
   b) er verfügt über Aufzeichnungen/Dokumentationen, dass er die Nachricht von der ausländischen Zolldienststelle erhalten hat,
   c) er zeichnet die Verbindung der Nachricht mit der entsprechenden Ausfuhranmeldung bei der ausländischen Zolldienststelle auf und
   d) es bestehen keine Zweifel bezüglich des ordnungsgemäßen Ausgangs der Waren aus dem Zollgebiet der EU.

6.10 Buchmäßiger Nachweis

(1) Der Unternehmer hat die Ausfuhr – neben dem Ausfuhrnachweis (vgl. Abschnitt 6.5 Abs. 1) – buchmäßig nachzuweisen (§ 6 Abs. 4 UStG und § 13 UStDV).

(2) [1] Der buchmäßige Nachweis muss grundsätzlich im Geltungsbereich des UStG geführt werden. [2] Steuerlich zuverlässigen Unternehmern kann jedoch gestattet werden, die Aufzeichnungen über den buchmäßigen Nachweis im Ausland vorzunehmen und dort aufzubewahren. [3] Voraussetzung ist hierfür, dass andernfalls der buchmäßige Nachweis in unverhältnismäßiger Weise erschwert würde und dass die erforderlichen Unterlagen den deutschen Finanzbehörden jederzeit auf Verlangen im Geltungsbereich des UStG vorgelegt werden. [4] Der Bewilligungsbescheid ist unter einer entsprechenden Auflage und unter dem Vorbehalt jederzeitigen Widerrufs zu erteilen.

(3) [1] Aus dem Grundsatz, dass die buchmäßig nachzuweisenden Voraussetzungen eindeutig und leicht nachprüfbar aus der Buchführung zu ersehen sein müssen (§ 13 Abs. 1 UStDV), ergibt sich, dass die erforderlichen Aufzeichnungen laufend und unmittelbar nach Ausführung des jeweiligen Umsatzes vorgenommen werden müssen. [2] Der Unternehmer muss den buchmäßigen Nachweis der steuerfreien Ausfuhrlieferung (§ 6 Abs. 4 UStG in Verbindung mit § 13 UStDV) bis zu dem Zeitpunkt führen, zu dem er die Umsatzsteuer-Voranmeldung für die Ausfuhrlieferung zu übermitteln hat (vgl. BFH-Urteil vom 28.8.2014, V R 16/14, BStBl. 2015 II S. 46). [3] Der Unternehmer kann fehlende oder fehlerhafte Aufzeichnungen eines rechtzeitig erbrachten Buchnachweises bis zum Schluss der letzten mündlichen Verhandlung vor dem Finanzgericht nach den für Rechnungsberichtigungen geltenden Grundsätzen ergänzen oder berichtigen (BFH-Urteil vom 28.5.2009, V R 23/08, BStBl. 2010 II S. 517).

(3a)[1)] Wird der Buchnachweis weder rechtzeitig geführt noch zulässigerweise ergänzt oder berichtigt, kann die Ausfuhrlieferung gleichwohl steuerfrei sein, wenn auf Grund der objektiven Beweislage feststeht, dass die Voraussetzungen des § 6 Abs. 1 bis Abs. 3a UStG vorliegen (BFH-Urteil vom 28.5.2009, V R 23/08, BStBl. 2010 II S. 517).

(4) [1] Der Inhalt und der Umfang des buchmäßigen Nachweises sind in Form von Mussvorschriften geregelt (§ 13 Abs. 2 bis 7 UStDV). [2] Der Unternehmer kann den Nachweis aber in besonders begründeten Einzelfällen auch in anderer Weise führen. [3] Er muss jedoch in jedem Fall die Grundsätze des § 13 Abs. 1 UStDV beachten.

(5) [1] Bei der Aufzeichnung der Menge und der handelsüblichen Bezeichnung des Gegenstands der Lieferung sind Sammelbezeichnungen, z. B. Lebensmittel oder Textilien, in der Regel nicht ausreichend (vgl. Abschnitt 14.5 Abs. 15). [2] Aus der Aufzeichnung der Art und des Umfangs einer etwaigen Bearbeitung oder Verarbeitung vor der Ausfuhr (vgl. Abschnitt 6.1 Abs. 5) sollen auch der Name und die Anschrift des mit der Bearbeitung oder Ver-

---

1) Siehe auch FM Schl-H Kurzinfo USt Nr. 2015/05 v. 12.8.2015, StEd 2015, 590, mit Anlage Arbeitspapier der EU-Kommission v. 14.11.1995 XXI/1667/94 endg.

arbeitung Beauftragten, die Bezeichnung des betreffenden Auftrags sowie die Menge und handelsübliche Bezeichnung des ausgeführten Gegenstands hervorgehen. 3 Als Grundlage dieser Aufzeichnungen können die Belege dienen, die der Unternehmer über die Bearbeitung oder Verarbeitung erhalten hat (vgl. Abschnitt 6.8). 4 Die Aufzeichnung der Fahrzeug-Identifikationsnummer bei der Lieferung eines Fahrzeugs im Sinne des § 1b Abs. 2 UStG nach § 13 Abs. 2 Nr. 1 UStDV und die Aufzeichnung der MRN nach § 13 Abs. 2 Nr. 7 UStDV sind unerlässlich.

(6) 1 Befördert oder versendet der Unternehmer oder der Abnehmer den Gegenstand der Lieferung in die in § 1 Abs. 3 UStG bezeichneten Gebiete, muss sich aus der Angabe des Berufs oder des Gewerbezweigs des Abnehmers dessen Unternehmereigenschaft sowie aus der Angabe des Erwerbszwecks des Abnehmers dessen Absicht, den Gegenstand für sein Unternehmen zu verwenden, ergeben. 2 Bei Lieferungen, deren Gegenstände nach Art und/oder Menge nur zur Verwendung in dem Unternehmen des Abnehmers bestimmt sein können, genügt neben der Aufzeichnung des Berufs oder Gewerbezweigs des Abnehmers die Angabe der Art und Menge der gelieferten Gegenstände. 3 In Zweifelsfällen kann der Erwerbszweck durch eine Bestätigung des Abnehmers nachgewiesen werden. 4 Bei Lieferungen an juristische Personen des öffentlichen Rechts ist davon auszugehen, dass die Lieferungen für deren hoheitlichen und nicht für deren unternehmerischen Bereich ausgeführt worden sind, sofern nicht der Unternehmer anhand von Aufzeichnungen und Belegen, z. B. durch eine Bescheinigung des Abnehmers, das Gegenteil nachweist. 5 Wenn der Abnehmer kein Unternehmer ist, muss sich aus den Aufzeichnungen der Bestimmungsort im übrigen Drittlandsgebiet ergeben.

(7) Bei den in § 6 Abs. 3 UStG bezeichneten Lieferungen von Gegenständen, die zur Ausrüstung oder Versorgung eines Beförderungsmittels bestimmt sind (vgl. Abschnitt 6.4), muss der Unternehmer zusätzlich zu den in § 13 Abs. 2 UStDV bezeichneten Angaben Folgendes aufzeichnen (§ 13 Abs. 6 UStDV):

1. den Gewerbezweig oder Beruf des ausländischen Abnehmers zum Nachweis der Unternehmereigenschaft des Abnehmers und
2. 1 den Zweck, dem das ausgerüstete oder versorgte Beförderungsmittel dient, zum Nachweis des unternehmerischen Verwendungszwecks. 2 Es genügt die Angabe der Art des Beförderungsmittels, wenn es seiner Art nach nur unternehmerischen Zwecken dienen kann, z. B. Lastkraftwagen, Reiseomnibus, Frachtschiff. 3 Bei anderen Beförderungsmitteln, z. B. Personenkraftwagen, Krafträdern, Sport- und Vergnügungsbooten oder Sportflugzeugen, ist davon auszugehen, dass sie nichtunternehmerischen Zwecken dienen, es sei denn, dass nach der Gesamtheit der bei dem Unternehmer befindlichen Unterlagen kein ernstlicher Zweifel daran besteht, dass das Beförderungsmittel den Zwecken des Unternehmens des Abnehmers dient. 4 Eine Bescheinigung des Abnehmers über den Verwendungszweck des Beförderungsmittels reicht wegen der fehlenden Nachprüfungsmöglichkeit in der Regel nicht aus.

(8) Zum Buchnachweis beim nichtkommerziellen Reiseverkehr vgl. Abschnitt 6.11 Abs. 16.

6.11 Ausfuhrlieferungen im nichtkommerziellen Reiseverkehr[1), 2), 3)]

Allgemeines

(1) [1]Bei den Ausfuhrlieferungen im nichtkommerziellen Reiseverkehr (§ 6 Abs. 3a UStG) handelt es sich um Fälle, in denen der Abnehmer Waren zu nichtunternehmerischen Zwecken erwirbt und im persönlichen Reisegepäck in das Drittlandsgebiet verbringt. [2]Voraussetzung für die Steuerbefreiung ist, dass der Gesamtwert der Lieferung einschließlich Umsatzsteuer 50 € übersteigt. [3]Zum „persönlichen Reisegepäck" gehören diejenigen Gegenstände, die der Abnehmer bei einem Grenzübertritt mit sich führt, z.B. das Handgepäck oder die in einem von ihm benutzten Fahrzeug befindlichen Gegenstände, sowie das anlässlich einer Reise aufgegebene Handgepäck. [4]Als Reise sind auch Einkaufsfahrten und der Berufsverkehr anzusehen. [5]Ein Fahrzeug, seine Bestandteile und sein Zubehör sind kein persönliches Reisegepäck. [6]Keine Ausfuhr im Reiseverkehr liegt vor, wenn der Käufer die Ware durch einen Spediteur, durch Bahn oder Post oder durch einen sonstigen Frachtführer in ein Drittland versendet.

Wertgrenze

(2) Ausfuhrlieferungen im nichtkommerziellen Reiseverkehr sind erst dann von der Umsatzsteuer befreit, wenn der Gesamtwert der Lieferung einschließlich Umsatzsteuer 50 € übersteigt (Wertgrenze).

(3) [1]Für die Feststellung, ob die Wertgrenze überschritten wurde, ist der Rechnungsbetrag maßgeblich (vgl. Artikel 48 Satz 1 MwStVO). [2]Der Rechnungsbetrag kann neben dem Entgelt und dem auf das Entgelt entfallenden Steuerbetrag u.a. auch Kosten für Nebenleistungen (z.B. für Beförderung oder für Warenumschließungen) enthalten, die in die Ermittlung der Wertgrenze mit einzubeziehen sind (vgl. Abschnitt 10.1 Abs. 3). [3]Pfandgeld auf Warenumschließungen, das dem Abnehmer bei der Lieferung berechnet wird, ist grundsätzlich Teil des Entgelts für die Lieferung (Nebenleistungen zur Hauptleistung; vgl. Abschnitt 3.10 Abs. 5a Satz 2). [4]Unabhängig davon, ob einzelne Liefergegenstände von der Steuerbefreiung für Ausfuhrlieferungen ausgeschlossen sind (z.B. Gegenstände, die zur Ausrüstung oder Versorgung nichtunternehmerischer Beförderungsmittel bestimmt sind; § 6 Abs. 3 UStG), werden diese jedoch bei der Ermittlung der Wertgrenze berücksichtigt.

(4) [1]Werden mehrere Gegenstände von ein und demselben Unternehmer an ein und denselben Abnehmer geliefert, darf der Gesamtwert der Lieferung

---

1) Vordruckmuster und Merkblatt vgl. BMF v. 10.1.2020, BStBl. I 2020, 186.

2) Zu Verkäufen von „Duty-Free-Waren" im Transitbereich vgl. BFH v. 3.11.2005 V R 63/02, BStBl. II 2006, 337.

3) Zum Vertrauensschutz für Ausfuhrlieferer vgl. EuGH v. 21.2.2008 C-271/06, Netto-Supermarkt, DStR 2008, 450, und BFH v. 30.7.2008 V R 7/03, BStBl. II 2010, 1075.

nur dann zugrunde gelegt werden, wenn alle diese Gegenstände auf einer gemeinsamen Rechnung aufgeführt sind (vgl. Artikel 48 Satz 2 MwStVO).[1] [2]Eine Zusammenfassung mehrerer einzelner Rechnungen, um dadurch die Wertgrenze von 50 € zu überschreiten, ist nicht zulässig.

(5) [1]Bei nachträglichen Entgeltminderungen ist für die Beurteilung der Wertgrenze zu unterscheiden: Pfandrückgaben bleiben aus Vereinfachungsgründen unberücksichtigt. [2]Nachträgliche Teilrückabwicklungen (etwa bei Reklamation, Umtausch gegen Barauszahlung) sind demgegenüber zu berücksichtigen.

(6) [1]Bei Einzweckgutscheinen im Sinne des § 3 Abs. 14 Satz 1 UStG kommt die Steuerbefreiung für Ausfuhrlieferungen im nichtkommerziellen Reiseverkehr – unabhängig von der Überschreitung der Wertgrenze – nicht in Betracht (ruhende Lieferung). [2]Die Ausgabe oder erstmalige Übertragung eines Mehrzweckgutscheins im Sinne des § 3 Abs. 15 Satz 1 UStG stellt keine umsatzsteuerbare Lieferung dar. [3]Bei einem Mehrzweckgutschein gilt die Lieferung des Gegenstandes erst im Zeitpunkt der tatsächlichen Lieferung (= Einlösung) als erbracht. [4]Die Wertgrenze ist daher auch für Mehrzweckgutscheine anzuwenden, die vor dem 1.1.2020 ausgegeben, aber erst nach dem 31.12.2019 eingelöst werden.

Beispiel:

[1]Kauf eines Mehrzweckgutscheins am 23.12.2019 in Höhe von 20 €; Einlösung des Gutscheins für den Kauf einer CD zum Rechnungsbetrag von 20 € am 4.1.2020. [2]Die Ausgabe des Mehrzweckgutscheins am 23.12.2019 ist umsatzsteuerlich unbeachtlich. [3]Erst mit Einlösung des Gutscheins am 4.1.2020 wird die tatsächliche Lieferung erbracht. [4]Die Steuerbefreiung kommt mangels Überschreiten der Wertgrenze nicht in Betracht.

Ausfuhrnachweis

(7) [1]Die Verbringung des Liefergegenstands in das Drittlandsgebiet muss grundsätzlich durch eine Ausfuhrbestätigung der den Ausgang des Gegenstands aus dem Gemeinschaftsgebiet überwachenden Grenzzollstelle eines EU-Mitgliedstaats (Ausgangszollstelle) nachgewiesen werden (§ 9 Abs. 1 Satz 1 Nr. 2 UStDV, Abschnitt 6.6 Abs. 3). [2]Die Ausfuhrbestätigung erfolgt durch einen Sichtvermerk der Ausgangszollstelle der Gemeinschaft auf der vorgelegten Rechnung oder dem vorgelegten Ausfuhrbeleg. [3]Unter Sichtvermerk ist der Dienststempelabdruck der Ausgangszollstelle mit Namen der Zollstelle und Datum zu verstehen.

(8) [1]Als ausreichender Ausfuhrnachweis ist grundsätzlich ein Beleg (Rechnung oder ein entsprechender Beleg) anzuerkennen, der mit einem gültigen Stempelabdruck der Ausgangszollstelle versehen ist. [2]Das gilt auch dann, wenn außer dem Stempelabdruck keine weiteren Angaben, z. B. Datum und Unterschrift, gemacht wurden oder wenn auf besonderen Ausfuhrbelegen die vordruckmäßig vorgesehenen Ankreuzungen fehlen. [3]Entscheidend ist, dass sich aus dem Beleg die Abfertigung des Liefergegenstands zur Ausfuhr durch die Ausgangszollstelle erkennen lässt. [4]Ist der Ausfuhrnachweis durch Belege mit einer Bestätigung der Grenzzollstelle nicht möglich oder nicht zumutbar,

---

[1] **Steuergesetze** Nr. **550a**.

kann der Nachweis im begründeten Einzelfall auch durch geeignete Alternativbelege geführt werden (vgl. Abschnitt 6.6 Abs. 6).

(9) [1]Der Ausfuhrbeleg (Rechnung oder entsprechender Beleg) muss u.a. auch die handelsübliche Bezeichnung und die Menge des ausgeführten Gegenstands enthalten. [2]Handelsüblich ist dabei jede im Geschäftsverkehr für einen Gegenstand allgemein verwendete Bezeichnung, z.B. auch Markenbezeichnungen. [3]Handelsübliche Sammelbezeichnungen, z.B. Baubeschläge, Büromöbel, Kurzwaren, Spirituosen, Tabakwaren, Waschmittel, sind ausreichend. [4]Dagegen reichen Bezeichnungen allgemeiner Art, die Gruppen verschiedener Gegenstände umfassen, z.B. Geschenkartikel, nicht aus (vgl. Abschnitt 14.5 Abs. 15). [5]Die im Ausfuhrbeleg verwendete handelsübliche Bezeichnung von Gegenständen ist nicht zu beanstanden, wenn die Ausgangszollstelle anhand der Angaben im Ausfuhrbeleg die Ausfuhr dieser Gegenstände bestätigt. [6]Damit ist ausreichend belegt, dass die Gegenstände im Ausfuhrbeleg so konkret bezeichnet worden sind, dass die Ausgangszollstellein der Lage war, die Abfertigung dieser Gegenstände zur Ausfuhr zu bestätigen.

Nachweis der Ausfuhrfrist

(10) [1]Der Unternehmer hat die Einhaltung der Ausfuhrfrist (§ 6 Abs. 3a Nr. 2 UStG) durch Angabe des Tags der Ausfuhr im Ausfuhrbeleg nachzuweisen. [2]Fehlt auf dem Ausfuhrbeleg die Angabe des Ausfuhrtags (z.B. in den Fällen des Absatzes 2), muss der Unternehmer den Tag der Ausfuhr durch andere überprüfbare Unterlagen nachweisen.

Abnehmernachweis

(11)[1)] [1]Außer der Ausfuhr der Gegenstände hat der Unternehmer durch einen Beleg nachzuweisen, dass der Abnehmer im Zeitpunkt der Lieferung seinen Wohnort im Drittlandsgebiet hatte. [2]Bei einem Abnehmer aus dem Vereinigten Königreich Großbritannien und Nordirland befindet sich dessen Wohnort für Zwecke des Warenverkehrs nur dann im Drittlandsgebiet, wenn der Abnehmer diesen in Großbritannien (nicht Nordirland) hat (vgl. Abschnitt 1.10). [3]Wohnort ist der Ort, an dem der Abnehmer für längere Zeit seine Wohnung hat und der als der örtliche Mittelpunkt seines Lebens anzusehen ist. [4]Als Wohnort in diesem Sinne gilt der Ort, der im Reisepass oder in einem anderen in der Bundesrepublik Deutschland anerkannten Grenzübertrittspapier (insbesondere Personalausweis) eingetragen ist. [5]Der Unternehmer kann sich hiervon durch Einsichtnahme in das vom Abnehmer vorgelegte Grenzübertrittspapier überzeugen. [6]Aus dem Ausfuhrbeleg (Rechnung oder entsprechender Beleg) müssen sich daher der Name und die Anschrift des Abnehmers ergeben (Land, Wohnort, Straße und Hausnummer). [7]Ist die Angabe der vollständigen Anschrift des Abnehmers zum Beispiel auf Grund von Sprachproblemen nicht möglich, genügt neben dem Namen des Abnehmers die Angabe des Landes, in dem der Abnehmer wohnt, und die Angabe der Nummer des Reisepasses oder eines anderen anerkannten Grenzübertrittspapiers.

---

1) A 6.11 UStAE Abs. 11 Satz 2 eingef., bish. Sätze 2 bis 6 werden Sätze 3 bis 7 durch BMF v. 15.3.2022, BStBl. I 2022, 351, anzuwenden auf nach dem 30.6.2022 ausgeführte Umsätze.

(12) [1]Im Ausfuhrbeleg bestätigt die Ausgangszollstelle außer der Ausfuhr, dass die Angaben zum Namen und zur Anschrift des Abnehmers mit den Eintragungen in dem vorgelegten Pass oder sonstigen Grenzübertrittspapier desjenigen übereinstimmen, der den Gegenstand in seinem Reisegepäck in das Drittlandsgebiet verbringt (§ 17 UStDV). [2]Ist aus dem ausländischen Grenzübertrittspapier nicht die volle Anschrift, sondern nur das Land und der Wohnort oder nur das Land ersichtlich, erteilen die Ausgangszollstellen auch in diesen Fällen die Abnehmerbestätigung. [3]Derartige Abnehmerbestätigungen sind als ausreichender Belegnachweis anzuerkennen. [4]Absatz 8 Sätze 2 und 4 sind für Abnehmerbestätigungen entsprechend anzuwenden.

(13)[1)] [1]Die Abnehmerbestätigung wird von den deutschen Grenzzollstellen in folgenden Fällen trotz Vorlage eines gültigen Grenzübertrittspapiers des Ausführers nicht erteilt:

1. Die Angaben über den ausländischen Abnehmer in dem vorgelegten Beleg stimmen nicht mit den Eintragungen in dem vorgelegten Pass oder sonstigen Grenzübertrittspapier des Ausführers überein.
2. [1]Der Ausführer weist einen in einem Drittland ausgestellten Pass vor, in dem ein Aufenthaltstitel im Sinne des Aufenthaltsgesetzes für einen drei Monate übersteigenden Aufenthalt in der Bundesrepublik Deutschland oder in einem anderen EU-Mitgliedstaat eingetragen ist, wenn diese Erlaubnis noch nicht abgelaufen ist oder nach ihrem Ablauf noch kein Monat vergangen ist. [2]Entsprechendes gilt bei der Eintragung: „Aussetzung der Abschiebung (Duldung)". [3]Die Abnehmerbestätigung wird jedoch nicht versagt, wenn der Ausführer einen in einem Drittland ausgestellten Pass vorweist, in dem ein Aufenthaltstitel im Sinne des Aufenthaltsgesetzes durch eine Auslandsvertretung eines anderen EU-Mitgliedstaates für die Dauer von 180 Tagen eingetragen ist und mit dem kein Titel für einen gewöhnlichen Aufenthalt oder Wohnsitz in diesem anderen EU-Mitgliedstaat erworben wurde. [4]Die Abnehmerbestätigung wird ebenfalls nicht versagt, wenn der Ausführer einen Pass vorweist, in dem zwar eine Aufenthaltserlaubnis eingetragen ist, die formell noch nicht abgelaufen ist, er aber gleichzeitig eine Abmeldebestätigung vorlegt, die mindestens sechs Monate vor der erneuten Ausreise ausgestellt worden ist oder der Ausführer nur eine Aufenthaltserlaubnis in der Form des Sichtvermerks (Visum) einer Auslandsvertretung der Bundesrepublik Deutschland oder eines anderen Mitgliedstaats besitzt, die zu mehrmaligen Einreisen in die Gemeinschaft, dabei jedoch nur zu einem Aufenthalt von bis zu maximal drei Monaten pro Halbjahr berechtigt (sog. Geschäftsvisum). [5]Die Gültigkeit solcher Geschäftsvisa kann bis zu zehn Jahre betragen.
3. Der Ausführer weist einen ausländischen Personalausweis vor, der in einem Drittland ausgestellt worden ist, dessen Staatsangehörige nur unter Vorlage eines Passes und nicht lediglich unter Vorlage eines Personalausweises in die Bundesrepublik Deutschland einreisen dürfen.

[1)] A 6.11 UStAE Abs. 13 Satz 1 Nr. 8 angef. durch BMF v. 15.3.2022, BStBl. I 2022, 351, anzuwenden auf nach dem 30.6.2022 ausgeführte Umsätze.

4. [1]Der Ausführer weist einen deutschen oder einen in einem anderen EU-Mitgliedstaat ausgestellten Personalausweis vor. [2]Bei Vorlage des deutschen Personalausweises wird die Abnehmerbestätigung jedoch in den Fällen erteilt, in denen der Inhaber des Ausweises ein Bewohner Helgolands oder der Gemeinde Büsingen ist.
5. [1]Der Ausführer weist einen deutschen oder einen in einem anderen EU-Mitgliedstaat ausgestellten Pass vor, ohne seinen im Drittland befindlichen Wohnort durch Eintragung in den Pass oder durch eine besondere Bescheinigung nachweisen zu können; als eine solche Bescheinigung ist auch ein Aufenthaltstitel eines Drittlands mit mindestens noch einjähriger Gültigkeitsdauer anzusehen. [2]Bei Vorlage eines deutschen Passes wird die Abnehmerbestätigung jedoch in den Fällen erteilt, in denen der Inhaber des Passes ein Bewohner Helgolands oder der Gemeinde Büsingen ist.
6. Der Ausführer ist erkennbar ein Mitglied einer nicht in einem Drittland, sondern in der Bundesrepublik Deutschland oder in einem anderen EU-Mitgliedstaat stationierten Truppe, eines in diesen Gebieten befindlichen Gefolges oder deren Angehöriger.
7. [1]Der Ausführer legt einen vom Auswärtigen Amt ausgestellten amtlichen Pass (Diplomaten-, Ministerial- oder Dienstpass) vor. [2]Bei Diplomaten- und Dienstpässen mit eingetragenem Dienstort in einem Drittland kann die Abnehmerbestätigung erteilt werden, wenn der Ausführer nachweist, dass er die Auslandsmission bereits in der Vergangenheit angetreten hat (Einreisestempel des Drittstaates, Reisepass mit entsprechendem Wohnorteintrag, durch eine besondere Bescheinigung oder durch ein Dokument über den diplomatischen oder konsularischen Aufenthalt im Ausland, das auch in den Diplomaten- oder Dienstpass eingetragen oder eingeklebt sein kann).
8. [1]Der Abnehmer weist ausschließlich einen Reisepass des Vereinigten Königreichs Großbritannien und Nordirland vor. [2]Da dieser lediglich den Ländercode „GBR“ und darüber hinaus keine Angaben zum Wohnort des Abnehmers enthält, ist eine Bestimmung des Wohnortes anhand dieses Reisepasses nicht möglich. [3]Weist der Abnehmer jedoch durch einen gültigen britischen Führerschein, einen aktuellen Kommunalsteuerbescheid oder eine aktuelle Strom-, Gas- oder Wasserrechnung (nicht älter als 12 Monate) seinen Wohnsitz in Großbritannien (nicht Nordirland) oder durch einen Aufenthaltstitel seinen Wohnsitz in einem anderen Drittland nach, kann die Abnehmerbestätigung durch die Grenzzollstelle erteilt werden.

[2]In diesen Fällen kann mit Hilfe des Grenzübertrittspapiers nicht der Nachweis erbracht werden, dass der Wohnort des Abnehmers in einem Drittland liegt. [3]Die deutsche Grenzzollstelle bestätigt dann lediglich die Ausfuhr des Gegenstands der Lieferung. [4]Ferner vermerkt sie auf dem Ausfuhrbeleg den Grund dafür, warum sie die Richtigkeit des Namens und der Anschrift des ausländischen Abnehmers nicht bestätigen kann.

(14) [1]Ist der Abnehmernachweis durch eine Bestätigung der Grenzzollstelle nicht möglich oder nicht zumutbar, bestehen keine Bedenken, auch

eine entsprechende Bestätigung einer amtlichen Stelle der Bundesrepublik Deutschland im Wohnsitzstaat des Abnehmers, z. B. einer diplomatischen oder konsularischen Vertretung der Bundesrepublik Deutschland oder einer im Drittlandsgebiet stationierten Truppeneinheit der Bundeswehr, als ausreichend anzuerkennen. 2 Aus dieser Bestätigung muss hervorgehen, dass die Angaben über den ausländischen Abnehmer – Name und Anschrift – im Zeitpunkt der Lieferung zutreffend waren. 3 Eine Ersatzbestätigung einer Zollstelle im Drittlandsgebiet kommt dagegen nicht in Betracht. 4 Die Erteilung von Ersatzbestätigungen durch Auslandsvertretungen der Bundesrepublik Deutschland ist gebührenpflichtig und unterliegt besonderen Anforderungen.

Ausfuhr- und Abnehmerbescheinigung

(15)[1)] 1 Für den Ausfuhrbeleg im Sinne des § 17 UStDV soll ein Vordruck nach vorgeschriebenem Muster (vgl. Anlage 2 der Anlage zum BMF-Schreiben vom 15.3.2022, BStBl. I S. 352) verwendet werden. 2 Es bestehen keine Bedenken, wenn die in den Abschnitten B und C des Musters enthaltenen Angaben nicht auf einem besonderen Vordruck, sondern, z. B. durch Stempelaufdruck, auf einer Rechnung angebracht werden, sofern aus dieser Rechnung der Lieferer, der ausländische Abnehmer und der Gegenstand der Lieferung ersichtlich sind.

Buchnachweis

(16) 1 Neben dem belegmäßigen Ausfuhr- und Abnehmernachweis müssen sich die Voraussetzungen der Steuerbefreiung auch eindeutig und leicht nachprüfbar aus der Buchführung ergeben (§ 13 UStDV). 2 Grundlage des buchmäßigen Nachweises ist grundsätzlich der Beleg mit der Ausfuhr- und Abnehmerbestätigung der Ausgangszollstelle. 3 Hat die Ausgangszollstelle die Ausfuhr der Gegenstände sowie die Angaben zum Abnehmer in dem vorgelegten Beleg bestätigt, sind die in dem Beleg enthaltenen Angaben (z. B. hinsichtlich der handelsüblichen Bezeichnung der Gegenstände und der Anschrift des Abnehmers) insoweit auch als ausreichender Buchnachweis anzuerkennen. 4 Dies gilt auch dann, wenn zum Beispiel bei Sprachproblemen anstelle der vollständigen Anschrift lediglich das Land und die Passnummer aufgezeichnet werden.

Merkblatt

(17)[1)] Weitere Hinweise enthält das Merkblatt zur Umsatzsteuerbefreiung für Ausfuhrlieferungen im nichtkommerziellen Reiseverkehr, Stand Juli 2022 (Anlage 1 zum BMF-Schreiben vom 15.3.2022, BStBl. I S. 352).

6.12 Gesonderter Steuerausweis bei Ausfuhrlieferungen

1 Zu den Folgen eines gesonderten Steuerausweises bei Ausfuhrlieferungen vgl. Abschnitt 14c.1 Abs. 1 Satz 5 Nr. 3 und zur Möglichkeit der Berichtigung

---

1) A 6.11 UStAE Abs. 15 Satz 1 geänd. und Abs. 17 neugef. durch BMF v. 15.3.2022, BStBl. I 2022, 351, anzuwenden auf nach dem 30.6.2022 ausgeführte Umsätze.

vgl. Abschnitt 14c.1 Abs. 7. [2]Bei Ausfuhren im nichtkommerziellen Reiseverkehr vgl. Abschnitt 14c.1 Abs. 8.

Zu § 6a UStG
(§§ 17a bis 17c UStDV)[1)]

6a.1 Innergemeinschaftliche Lieferungen

(1) [1]Eine innergemeinschaftliche Lieferung setzt eine im Inland steuerbare Lieferung (§ 1 Abs. 1 Nr. 1 UStG) voraus. [2]Gegenstand der Lieferung muss ein körperlicher Gegenstand sein, der vom liefernden Unternehmer, vom Abnehmer oder von einem vom liefernden Unternehmer oder vom Abnehmer beauftragten Dritten in das übrige Gemeinschaftsgebiet befördert oder versendet wird (§ 3 Abs. 6 Satz 1 UStG). [3]Das Vorliegen einer innergemeinschaftlichen Lieferung kommt nicht in Betracht für Lieferungen von Gas über das Erdgasnetz und von Elektrizität im Sinne des § 3g UStG. [4]Werklieferungen (§ 3 Abs. 4 UStG) können unter den Voraussetzungen des § 3 Abs. 6 Satz 1 UStG innergemeinschaftliche Lieferungen sein.

(2) [1]Bei Reihengeschäften (§ 3 Abs. 6a Satz 1 UStG) kommt die Steuerbefreiung einer innergemeinschaftlichen Lieferung nur für die Lieferung in Betracht, der die Beförderung oder Versendung des Liefergegenstands zuzurechnen ist. [2]Im Rahmen eines Reihengeschäfts, bei dem die Warenbewegung im Inland beginnt und im Gebiet eines anderen Mitgliedstaates endet, kann daher mit der Beförderung oder Versendung des Liefergegenstands in das übrige Gemeinschaftsgebiet nur eine innergemeinschaftliche Lieferung im Sinne des § 6a UStG bewirkt werden. [3]Die Steuerbefreiung kommt demnach nur bei der Beförderungs- oder Versendungslieferung zur Anwendung (vgl. Abschnitt 3.14 Abs. 13).

(2a) Die Steuerbefreiung für innergemeinschaftliche Lieferungen (§ 4 Nr. 1 Buchstabe b, § 6a UStG) kommt nicht in Betracht, wenn für die Lieferung eines Gegenstands in das übrige Gemeinschaftsgebiet auch die Voraussetzungen der Steuerbefreiungen nach § 4 Nr. 17, 19 oder 28 oder nach § 25c Abs. 1 und 2 UStG vorliegen.

(3) [1]Die Person/Einrichtung, die eine steuerfreie innergemeinschaftliche Lieferung bewirken kann, muss ein Unternehmer sein, der seine Umsätze nach den allgemeinen Vorschriften des Umsatzsteuergesetzes besteuert (sog. Regelversteuerer). [2]Auf Umsätze von Kleinunternehmern, die nicht gemäß § 19 Abs. 2 UStG zur Besteuerung nach den allgemeinen Vorschriften des Umsatzsteuergesetzes optiert haben, auf Umsätze im Rahmen eines land- und forstwirtschaftlichen Betriebs, auf die die Durchschnittssätze gemäß § 24 UStG angewendet werden, und auf Umsätze, die der Differenzbesteuerung gemäß § 25a UStG unterliegen, findet die Steuerbefreiung nach § 4 Nr. 1 Buchstabe b, § 6a UStG keine Anwendung (vgl. § 19 Abs. 1 Satz 4, § 24 Abs. 1 Satz 2, § 25a Abs. 5 Satz 2 und § 25a Abs. 7 Nr. 3 UStG).

[1)] **Ab 1.1.2020:** §§ 17a bis 17d UStDV; neuer § 17a UStDV eingef. durch G v. 12.12. 2019, BGBl. I 2019, 2451.

(4) Die Steuerbefreiung einer innergemeinschaftlichen Lieferung erstreckt sich auf das gesamte Entgelt, das für die Lieferung vereinbart oder vereinnahmt worden ist.

(5) Abschnitt 6.1 Abs. 6 Nr. 2 ist entsprechend anzuwenden.

Beförderung oder Versendung in das übrige Gemeinschaftsgebiet (§ 6a Abs. 1 Satz 1 Nr. 1 UStG)

(6) [1] Das Vorliegen einer innergemeinschaftlichen Lieferung setzt voraus, dass der Unternehmer, der Abnehmer oder ein vom liefernden Unternehmer oder vom Abnehmer beauftragter Dritter den Gegenstand der Lieferung in das übrige Gemeinschaftsgebiet befördert oder versendet hat. [2] Eine Beförderungslieferung liegt vor, wenn der liefernde Unternehmer, der Abnehmer oder ein von diesen beauftragter unselbständiger Erfüllungsgehilfe den Gegenstand der Lieferung befördert. [3] Befördern ist jede Fortbewegung eines Gegenstands (§ 3 Abs. 6 Satz 2 UStG). [4] Eine Versendungslieferung liegt vor, wenn die Beförderung durch einen selbständigen Beauftragten ausgeführt oder besorgt wird. [5] Zu den weiteren Voraussetzungen einer Beförderungs- oder Versendungslieferung vgl. Abschnitt 3.12 Abs. 2 bzw. Abs. 3.

(7) [1] Das übrige Gemeinschaftsgebiet umfasst die unionsrechtlichen Inlandsgebiete der EU-Mitgliedstaaten mit Ausnahme des Inlands der Bundesrepublik

(Fortsetzung S. 445)

Deutschland im Sinne des § 1 Abs. 2 Satz 1 UStG. [2]Zu den einzelnen Gebieten des übrigen Gemeinschaftsgebiets vgl. Abschnitt 1.10.

(8) [1]Die Beförderung oder Versendung des Gegenstands der Lieferung „in das übrige Gemeinschaftsgebiet" erfordert, dass die Beförderung oder Versendung im Inland beginnt und im Gebiet eines anderen Mitgliedstaats endet. [2]Der Liefergegenstand muss somit das Inland der Bundesrepublik Deutschland physisch verlassen haben und tatsächlich in das übrige Gemeinschaftsgebiet gelangt, d.h. dort physisch angekommen sein. [3]Die sog. gebrochene Beförderung oder Versendung durch mehrere Beteiligte (Lieferer und Abnehmer bzw. in deren Auftrag jeweils ein Dritter) ist für die Annahme der Steuerbefreiung einer innergemeinschaftlichen Lieferung unschädlich, wenn der Abnehmer zu Beginn des Transports feststeht (vgl. Abschnitt 3.12 Abs. 3 Satz 4ff.) und der Transport ohne nennenswerte Unterbrechung erfolgt. [4]Der liefernde Unternehmer muss nachweisen, dass ein zeitlicher und sachlicher Zusammenhang zwischen der Lieferung des Gegenstands und seiner Beförderung oder Versendung sowie ein kontinuierlicher Ablauf dieses Vorgangs gegeben sind. [5]Hat der Empfänger einer innergemeinschaftlichen Lieferung (Abnehmer) im Bestimmungsmitgliedstaat in seiner Mehrwertsteuererklärung den Erwerb des Gegenstands als innergemeinschaftlichen Erwerb erklärt, kann dies nur ein zusätzliches Indiz dafür darstellen, dass der Liefergegenstand tatsächlich das Inland physisch verlassen hat. [6]Ein maßgeblicher Anhaltspunkt für das Vorliegen einer innergemeinschaftlichen Lieferung ist dies jedoch nicht.

Empfänger (= Abnehmer) der Lieferung (§ 6a Abs. 1 Satz 1 Nr. 2 UStG)

(9) Empfänger einer innergemeinschaftlichen Lieferung können nur folgende Personen sein:

1. Unternehmer, die den Gegenstand der Lieferung für ihr Unternehmen erworben haben;

2. juristische Personen, die nicht Unternehmer sind oder die den Gegenstand der Lieferung nicht für ihr Unternehmen erworben haben oder

3. bei der Lieferung eines neuen Fahrzeugs auch jeder andere Erwerber.

(10) [1]Der Abnehmer im Sinne des § 6a Abs. 1 Satz 1 Nr. 2 UStG muss der Empfänger der Lieferung bzw. der Abnehmer des Gegenstands der Lieferung sein. [2]Das ist regelmäßig diejenige Person/Einrichtung, der der Anspruch auf die Lieferung zusteht und gegen die sich der zivilrechtliche Anspruch auf Zahlung des Kaufpreises richtet.

(11) [1]Eine Person/Einrichtung, die den Gegenstand für ihr Unternehmen erwirbt, muss zum Zeitpunkt der Lieferung Unternehmer sein. [2]Es ist nicht erforderlich, dass dieser Unternehmer im Ausland ansässig ist. [3]Es kann sich auch um einen im Inland ansässigen Unternehmer handeln. [4]Unerheblich ist auch, ob es sich (ggf. nach dem Recht eines anderen Mitgliedstaates) bei dem Abnehmer um einen Kleinunternehmer, um einen Unternehmer, der ausschließlich steuerfreie den Vorsteuerabzug ausschließende Umsätze ausführt, oder um einen Land- und Forstwirt handelt, der seine Umsätze nach einer Pauschalregelung besteuert.

(12) [1]Von der Unternehmereigenschaft des Abnehmers kann regelmäßig ausgegangen werden, wenn dieser gegenüber dem liefernden Unternehmer mit einer ihm von einem anderen Mitgliedstaat erteilten, im Zeitpunkt der Lieferung gültigen USt-IdNr. auftritt. [2]Nicht ausreichend ist es, wenn die USt-IdNr. im Zeitpunkt des Umsatzes vom Abnehmer lediglich beantragt wurde. [3]Die USt-IdNr. muss vielmehr im Zeitpunkt des Umsatzes gültig sein.

(13) Von einem Erwerb des Gegenstands für das Unternehmen des Abnehmers kann regelmäßig ausgegangen werden, wenn der Abnehmer mit einer ihm von einem anderen Mitgliedstaat erteilten, im Zeitpunkt der Lieferung gültigen USt-IdNr. auftritt und sich aus der Art und Menge der erworbenen Gegenstände keine berechtigten Zweifel an der unternehmerischen Verwendung ergeben.

(14) [1]Die Lieferung kann auch an eine juristische Person, die nicht Unternehmer ist oder die den Gegenstand nicht für ihr Unternehmen erwirbt, bewirkt werden. [2]Es kann sich um eine juristische Person des öffentlichen oder des privaten Rechts handeln. [3]Die juristische Person kann im Ausland (z. B. eine ausländische Gebietskörperschaft, Anstalt oder Stiftung des öffentlichen Rechts oder ein ausländischer gemeinnütziger Verein) oder im Inland ansässig sein. [4]Von der Eigenschaft der juristischen Person als zur Erwerbsbesteuerung verpflichteter Abnehmer kann nur dann ausgegangen werden, wenn sie gegenüber dem liefernden Unternehmer mit einer ihr von einem anderen Mitgliedstaat erteilten, im Zeitpunkt der Lieferung gültigen USt-IdNr. auftritt.

(15) [1]Bei der Lieferung eines neuen Fahrzeugs kommt es auf die Eigenschaft des Abnehmers nicht an. [2]Hierbei kann es sich auch um Privatpersonen handeln. [3]Zum Begriff der neuen Fahrzeuge vgl. § 1b UStG und Abschnitt 1b.1.

Besteuerung des innergemeinschaftlichen Erwerbs in einem anderen Mitgliedstaat (§ 6a Abs. 1 Satz 1 Nr. 3 UStG)

(16) [1]Zu den Voraussetzungen einer innergemeinschaftlichen Lieferung gehört nach § 6a Abs. 1 Satz 1 Nr. 3 UStG, dass der Erwerb des Gegenstands der Lieferung beim Abnehmer in einem anderen Mitgliedstaat den Vorschriften der Umsatzbesteuerung (Besteuerung des innergemeinschaftlichen Erwerbs; kurz: Erwerbsbesteuerung) unterliegt. [2]Die Steuerbefreiung für innergemeinschaftliche Lieferungen kommt daher für andere Gegenstände als verbrauchsteuerpflichtige Waren und neue Fahrzeuge nicht in Betracht, wenn der Abnehmer Kleinunternehmer, Unternehmer, der ausschließlich steuerfreie den Vorsteuerabzug ausschließende Umsätze ausführt, Land- oder Forstwirt ist, der seine Umsätze nach einer Pauschalregelung versteuert, oder eine nicht unternehmerische juristische Personen ist und die innergemeinschaftlichen Erwerbe dieses Abnehmerkreises im Bestimmungsmitgliedstaat des gelieferten Gegenstands nicht der Mehrwertsteuer unterliegen, weil im Bestimmungsmitgliedstaat die dortige Erwerbsschwelle vom Abnehmer nicht überschritten wird und er dort auch nicht zur Besteuerung seiner innergemeinschaftlichen Erwerbe optiert hat.

Beispiel 1:

[1]Das in Deutschland ansässige Saatgutunternehmen D liefert am 3.3.01 Saatgut an einen in Frankreich ansässigen Landwirt F, der dort mit seinen Umsätzen der Pauschalregelung für Land- und Forstwirte unterliegt. [2]Das Saatgut wird durch einen Spediteur im Auftrag des D vom Sitz des D zum Sitz des F nach Amiens befördert. [3]Das Entgelt für das Saatgut beträgt 2000 €. [4]F hat außer dem Saatgut im Jahr 01 keine weiteren innergemeinschaftlichen Erwerbe getätigt und in Frankreich auch nicht zur Besteuerung der innergemeinschaftlichen Erwerbe optiert. [5]F hat gegenüber D keine französische USt-IdNr. verwendet. [6]Die Lieferung des D ist nicht als innergemeinschaftliche Lieferung zu behandeln, weil F mit seinem Erwerb in Frankreich nicht der Besteuerung des innergemeinschaftlichen Erwerbs unterliegt, da er unter die Pauschalregelung für Land- und Forstwirte fällt, die Erwerbsschwelle nicht überschreitet und er auf deren Anwendung nicht verzichtet hat sowie F keine USt-IdNr. gegenüber D verwendet hat. [7]Die Lieferung des D ist als inländische Lieferung steuerbar und steuerpflichtig.

Beispiel 2:

[1]Der in Deutschland ansässige Weinhändler D, dessen Umsätze nicht der Durchschnittssatzbesteuerung (§ 24 UStG) unterliegen, liefert am 1.4.01 fünf Kisten Wein an den in Limoges (Frankreich) ansässigen Versicherungsvertreter F (nicht zum Vorsteuerabzug berechtigter Unternehmer). [2]D befördert die Ware mit eigenem Lkw nach Limoges. [3]Das Entgelt für die Lieferung beträgt 1500 €. [4]F hat gegenüber D seine französische USt-IdNr. verwendet. [5]F hat außer dem Wein im Jahr 01 keine weiteren innergemeinschaftlichen Erwerbe getätigt.

[6]Für D ist die Lieferung des Weins als verbrauchsteuerpflichtige Ware eine innergemeinschaftliche Lieferung, weil der Wein aus dem Inland nach Frankreich gelangt, der Abnehmer ein Unternehmer ist und mit der Verwendung seiner USt-IdNr. zum Ausdruck bringt, dass er die Ware für sein Unternehmen erwirbt und den Erwerb in Frankreich der Besteuerung des innergemeinschaftlichen Erwerbs zu unterwerfen hat. [7]Da F seine französische USt-IdNr. verwendet, kann D davon ausgehen, dass der Wein für das Unternehmen des F erworben wird. [8]Unbeachtlich ist, ob F in Frankreich die Erwerbsschwelle überschritten hat oder nicht (vgl. analog für Deutschland § 1a Abs. 5 i. V. m. Abs. 3 UStG). [9]Unbeachtlich ist auch, ob F in Frankreich tatsächlich einen innergemeinschaftlichen Erwerb erklärt oder nicht. [10]Indem F gegenüber D seine USt-IdNr. verwendet hat, sind zudem die Voraussetzungen des § 6a Abs. 1 Satz 1 Nr. 4 UStG erfüllt.

(17) Durch die Regelung des § 6a Abs. 1 Satz 1 Nr. 3 UStG, nach der der Erwerb des Gegenstands in einem anderen Mitgliedstaat der Erwerbsbesteuerung unterliegen muss, wird sichergestellt, dass die Steuerbefreiung für innergemeinschaftliche Lieferungen in den Fällen nicht anzuwenden ist, in denen die in Absatz 16 bezeichneten Ausschlusstatbestände vorliegen.

(18) [1]Die Voraussetzung des § 6a Abs. 1 Satz 1 Nr. 3 UStG ist erfüllt, wenn der Abnehmer gegenüber dem liefernden Unternehmer mit einer ihm von einem anderen Mitgliedstaat erteilten, im Zeitpunkt der Lieferung gültigen USt-IdNr. auftritt (vgl. BFH-Beschluss vom 5.2.2004, V B 180/03 n. v.). [2]Hiermit gibt der Abnehmer zu erkennen, dass er den Gegenstand steuerfrei erwerben will, weil der Erwerb in dem anderen Mitgliedstaat den dortigen Besteuerungsvorschriften unterliegt. [3]Es ist nicht erforderlich, dass der Erwerb des Gegenstands dort tatsächlich besteuert wird.

Beispiel:

[1]Der deutsche Computer-Händler H verkauft dem spanischen Abnehmer S einen Computer. [2]S lässt den Computer von seinem Beauftragten, dem in Frankreich ansässigen F abholen. [3]F tritt im Abholungszeitpunkt mit seiner ihm in Frankreich erteilten USt-IdNr. auf, die H als Abnehmer-USt-IdNr. aufzeichnet. [4]S verwendet gegenüber H keine USt-IdNr. [5]Die

Voraussetzung des § 6a Abs. 1 Satz 1 Nr. 3 UStG ist im vorliegenden Fall nicht erfüllt, weil der Abnehmer S gegenüber dem liefernden Unternehmer H nicht eine ihm von einem anderen Mitgliedstaat erteilte USt-IdNr. verwendet. [6]Die USt-IdNr. des F als Beauftragter des S kann für Zwecke des § 6a Abs. 1 Satz 1 Nr. 3 UStG keine Verwendung finden.

[4]Die Voraussetzung, dass der Erwerb des Gegenstands der Erwerbsbesteuerung unterliegt, ist auch erfüllt, wenn der innergemeinschaftliche Erwerb in dem anderen Mitgliedstaat steuerfrei ist oder dem sog. Nullsatz (Steuerbefreiung mit Vorsteuerabzug) unterliegt.

Verwendung einer von einem anderen Mitgliedstaat erteilten gültigen Umsatzsteuer-Identifikationsnummer (§ 6a Abs. 1 Satz 1 Nr. 4 UStG)

(19) [1]§ 6a Abs. 1 Satz 1 Nr. 4 UStG bestimmt, dass eine innergemeinschaftliche Lieferung nur vorliegt, wenn der Abnehmer gegenüber dem Unternehmer eine ihm von einem anderen Mitgliedstaat erteilte gültige USt-IdNr. verwendet. [2]Zum Begriff der Verwendung vgl. Abschnitt 3a.2 Abs. 10 Sätze 2 bis 10. [3]Die nachträgliche Verwendung einer im Zeitpunkt der Lieferung gültigen USt-IdNr. durch den Abnehmer entfaltet für Zwecke der Steuerbefreiung Rückwirkung. [4]Die (ausländische) USt-IdNr. muss nicht durch den Mitgliedstaat erteilt worden sein, in dem die Beförderung oder Versendung endet. [5]Die Regelung des § 3d Satz 2 UStG ist zu beachten. [6]Wurde eine USt-IdNr. gegenüber dem Unternehmer verwendet, die von dem Mitgliedstaat erteilt wurde, in dem die Beförderung oder Versendung beginnt, liegt tatbestandlich keine innergemeinschaftliche Lieferung vor. [7]Erteilt die Steuerverwaltung eines anderen Mitgliedstaates einem Organkreis nur eine USt-IdNr., ist diese bei der Verwendung durch die Organgesellschaft gegenüber einem inländischen Unternehmer anzuerkennen.

Bearbeitung oder Verarbeitung vor der Beförderung oder Versendung in das übrige Gemeinschaftsgebiet (§ 6a Abs. 1 Satz 2 UStG)

(20) [1]Der Gegenstand der Lieferung kann durch Beauftragte vor der Beförderung oder Versendung in das übrige Gemeinschaftsgebiet bearbeitet oder verarbeitet worden sein. [2]Der Ort, an dem diese Leistungen tatsächlich erbracht werden, kann sich im Inland, im Drittland oder in einem anderen Mitgliedstaat mit Ausnahme des Bestimmungsmitgliedstaats befinden. [3]Die genannten Leistungen dürfen unter den Voraussetzungen des § 6a Abs. 1 Satz 2 UStG nur von einem Beauftragten des Abnehmers oder eines folgenden Abnehmers erbracht werden. [4]Erteilt der liefernde Unternehmer oder ein vorangegangener Lieferer den Bearbeitungs- oder Verarbeitungsauftrag, ist die Ausführung dieses Auftrags ein der innergemeinschaftlichen Lieferung des Unternehmers vorgelagerter Umsatz. [5]Gegenstand der Lieferung des Unternehmers ist in diesem Fall der bearbeitete oder verarbeitete Gegenstand und nicht der Gegenstand vor seiner Bearbeitung oder Verarbeitung.

Beispiel 1:

[1]Das in Italien ansässige Textilverarbeitungsunternehmen I hat bei einer in Deutschland ansässigen Weberei D1 Stoffe zur Herstellung von Herrenanzügen bestellt. [2]D1 soll die Stoffe auftragsgemäß nach Italien befördern, nachdem sie von einer in Deutschland ansässigen Färberei D2 gefärbt worden sind. [3]D2 erbringt die Färbearbeiten im Auftrag von I.

[4]D1 erbringt mit der Lieferung der Stoffe an I eine innergemeinschaftliche Lieferung.[1)] Gegenstand dieser Lieferung sind die ungefärbten Stoffe. [5]Das Einfärben der Stoffe vor ihrer Beförderung nach Italien stellt eine Bearbeitung im Sinne von § 6a Abs. 1 Satz 2 UStG dar, die unabhängig von der innergemeinschaftlichen Lieferung des D1 zu beurteilen ist. [6]Voraussetzung hierfür ist allerdings, dass I (und nicht D1) den Auftrag zu der Verarbeitung erteilt hat.

Beispiel 2:

[1]Wie Beispiel 1; die Stoffe werden jedoch vor ihrer Beförderung durch D1 in Belgien von dem dort ansässigen Unternehmen B (im Auftrag des I) eingefärbt. [2]Zu diesem Zweck transportiert D1 die Stoffe zunächst nach Belgien und nach ihrer Einfärbung von dort nach Italien.

[3]D1 erbringt auch in diesem Falle eine im Inland steuerbare innergemeinschaftliche Lieferung an I. [4]Die Be- oder Verarbeitung des Liefergegenstands kann auch in einem anderen Mitgliedstaat als dem des Beginns oder Endes der Beförderung oder Versendung erfolgen.

Innergemeinschaftliches Verbringen als innergemeinschaftliche Lieferung (§ 6a Abs. 2 UStG)

(21) [1]Als innergemeinschaftliche Lieferung gilt nach § 6a Abs. 2 UStG auch das einer Lieferung gleichgestellte Verbringen eines Gegenstands (§ 3 Abs. 1a UStG). [2]Zu den Voraussetzungen eines innergemeinschaftlichen Verbringens vgl. Abschnitt 1a.2. [3]Ebenso wie bei einer innergemeinschaftlichen Lieferung nach § 6a Abs. 1 UStG ist auch bei einem innergemeinschaftlichen Verbringen nach § 6a Abs. 2 UStG die Steuerbefreiung davon abhängig, dass der Vorgang in dem anderen Mitgliedstaat der Erwerbsbesteuerung unterliegt und das Verbringen in der ZM gemäß § 4 Nr. 1 Buchstabe b UStG zutreffend erklärt wird. [4]Die Absätze 16 bis 18 sowie Abschnitt 4.1.2 sind entsprechend anzuwenden.

6a.2 Nachweis der Voraussetzungen der Steuerbefreiung für innergemeinschaftliche Lieferungen

Allgemeines

(1) [1]Nach § 6a Abs. 3 Satz 1 UStG muss der liefernde Unternehmer die Voraussetzungen für das Vorliegen einer innergemeinschaftlichen Lieferung im Sinne von § 6a Abs. 1 und 2 UStG nachweisen. [2]Nach § 17d Abs. 1 Satz 1 UStDV hat der Unternehmer die Voraussetzungen der Steuerbefreiung der innergemeinschaftlichen Lieferung einschließlich der USt-IdNr. des Abnehmers buchmäßig nachzuweisen; die Voraussetzungen müssen eindeutig und leicht nachprüfbar aus der Buchführung zu ersehen sein (sog. Buchnachweis; § 17d Abs. 1 Satz 2 UStDV). [3]Unter einem Buchnachweis ist ein Nachweis durch Bücher oder Aufzeichnungen in Verbindung mit Belegen zu verstehen. [4]Der Buchnachweis verlangt deshalb stets mehr als den bloßen Nachweis entweder nur durch Aufzeichnungen oder nur durch Belege. [5]Belege werden durch die entsprechenden und erforderlichen Hinweise bzw. Bezugnahmen in den stets notwendigen Aufzeichnungen Bestandteil der Buchführung und damit des Buchnachweises, so dass beide eine Einheit bilden.

---

1) *Anm. d. Red.:* Hier fehlt der Satzzähler im amtl. Text.

(2) [1] Die §§ 17a (Gelangensvermutung bei innergemeinschaftlichen Lieferungen in Beförderungs- und Versendungsfällen), 17b UStDV (Gelangensnachweis bei innergemeinschaftlichen Lieferungen in Beförderungs- und Versendungsfällen) und 17c UStDV (Nachweis bei innergemeinschaftlichen Lieferungen in Bearbeitungs- oder Verarbeitungsfällen) regeln, mit welchen Belegen der Unternehmer den Nachweis zu führen hat. [2] Werden die Voraussetzungen von § 17a UStDV erfüllt, wird widerlegbar vermutet, dass der Gegenstand der Lieferung in das übrige Gemeinschaftsgebiet befördert oder versendet wurde. [3] Besteht keine Vermutung nach § 17a UStDV, hat der Unternehmer nach § 17b Abs. 1 UStDV bei innergemeinschaftlichen Lieferungen durch Belege nachzuweisen, dass er oder der Abnehmer den Gegenstand der Lieferung in das übrige Gemeinschaftsgebiet befördert oder versendet hat. [4] Die Voraussetzung muss sich aus den Belegen eindeutig und leicht nachprüfbar ergeben (sog. Belegnachweis). [5] Hinsichtlich der übrigen Voraussetzungen des § 6a Abs. 1 UStG (z.B. Unternehmereigenschaft des Abnehmers, Verpflichtung des Abnehmers zur Erwerbsbesteuerung im Bestimmungsmitgliedstaat), die auch nachgewiesen werden müssen, enthält die UStDV keine besonderen Regelungen für den Belegnachweis.

(3) [1] Grundsätzlich hat allein der Unternehmer die Feststellungslast für das Vorliegen der Voraussetzungen der Steuerbefreiung zu tragen. [2] Die Finanzverwaltung ist nicht an seiner Stelle verpflichtet, die Voraussetzungen der Steuerbefreiung nachzuweisen. [3] Insbesondere ist die Finanzverwaltung nicht verpflichtet, auf Verlangen des Unternehmers ein Auskunftsersuchen an die Finanzverwaltung im Zuständigkeitsbereich des vermeintlichen Abnehmers der innergemeinschaftlichen Lieferung zu stellen (vgl. EuGH-Urteil vom 27.9.2007, C-184/05, Twoh International, BStBl. 2009 II S. 83).[1)] [4] Kann der Unternehmer den beleg- und buchmäßigen Nachweis nicht, nicht vollständig oder nicht zeitnah führen, ist deshalb grundsätzlich davon auszugehen, dass die Voraussetzungen der Steuerbefreiung einer innergemeinschaftlichen Lieferung (§ 6a Abs. 1 und 2 UStG) nicht erfüllt sind. [5] Etwas anderes gilt ausnahmsweise dann, wenn – trotz der Nichterfüllung, der nicht vollständigen oder der nicht zeitnahen Erfüllung des Buchnachweises – auf Grund der vorliegenden Belege und der sich daraus ergebenden tatsächlichen Umstände objektiv feststeht, dass die Voraussetzungen des § 6a Abs. 1 und 2 UStG vorliegen. [6] Damit kann ein zweifelsfreier Belegnachweis Mängel beim Buchnachweis heilen. [7] Dient der Verstoß gegen die Nachweispflichten nach § 6a Abs. 3 UStG aber dazu, die Identität des Abnehmers der innergemeinschaftlichen Lieferung zu verschleiern, um diesem im Bestimmungsmitgliedstaat eine Mehrwertsteuerhinterziehung zu ermöglichen, kann der Unternehmer die Steuerbefreiung für die innergemeinschaftliche Lieferung auch nicht aufgrund des objektiven Nachweises ihrer Voraussetzungen in Anspruch nehmen (vgl. BFH-Urteile vom 17.2.2011, V R 30/10, BStBl. II S. 769, und vom 11.8.2011, V R 19/10, BStBl. 2012 II S. 156, sowie EuGH-Urteil vom 7.12.2010, C-285/09, R., BStBl. 2011 II S. 846).[2)] [8] Das Gleiche gilt, wenn sich ein Unternehmer

---

1) IStR 2007, 745.

2) DStR 2010, 2572.

wissentlich an einem „strukturierten Verfahrensablauf" beteiligt, der darauf abzielt, die Besteuerung des innergemeinschaftlichen Erwerbs im Bestimmungsmitgliedstaat durch Vortäuschen einer differenzbesteuerten Lieferung zu verdecken (vgl. BFH-Urteil vom 11.8.2011, V R 19/10, a. a. O.).

(4) Sind Mängel im Buch- und/oder Belegnachweis festgestellt worden und hat das Finanzamt z. B. durch ein bereits erfolgtes Auskunftsersuchen an den Bestimmungsmitgliedstaat die Kenntnis erlangt, dass der Liefergegenstand tatsächlich in das übrige Gemeinschaftsgebiet gelangt ist, ist auch diese Information in die objektive Beweislage einzubeziehen.

(5) [1]Der Unternehmer ist nicht von seiner grundsätzlichen Verpflichtung entbunden, den Beleg- und Buchnachweis vollständig und rechtzeitig zu führen. [2]Nur unter dieser Voraussetzung kann der Unternehmer die Vertrauensschutzregelung nach § 6a Abs. 4 UStG in Anspruch nehmen (vgl. Abschnitt 6a.8 Abs. 1 bis 4). [3]An die Nachweispflichten sind besonders hohe Anforderungen zu stellen, wenn der (angeblichen) innergemeinschaftlichen Lieferung eines hochwertigen Gegenstands (z. B. eines hochwertigen PKW) ein Barkauf mit Beauftragten zu Grunde liegt (vgl. BFH-Urteil vom 14.11. 2012, XI R 17/12, BStBl. 2013 II S. 407).

Voraussetzungen des Beleg- und Buchnachweises nach den §§ 17a bis 17d UStDV[1)]

(6)[1)] [1]Die §§ 17a bis 17d UStDV regeln im Einzelnen, wie der Unternehmer die Nachweise der Steuerbefreiung einer innergemeinschaftlichen Lieferung zu führen hat. [2]Während gemäß § 17a UStDV bei Vorliegen der Voraussetzungen widerlegbar vermutet wird, dass der Gegenstand der Lieferung in das übrige Gemeinschaftsgebiet befördert oder versendet wurde, gilt bei Erfüllung der Voraussetzungen von § 17b UStDV der Belegnachweis als erbracht (siehe Absatz 8). [3]Zwischen § 17a UStDV einerseits und §§ 17b bzw. 17c UStDV anderseits besteht kein Vorrangverhältnis. [4]Der Unternehmer kann den Belegnachweis entweder nach § 17a UStDV oder nach § 17b UStDV führen. [5]§ 17b Abs. 1 UStDV bestimmt in Form einer Generalklausel (Mussvorschrift), dass der Unternehmer im Geltungsbereich des UStG durch Belege nachzuweisen hat, dass er oder der Abnehmer den Liefergegenstand in das übrige Gemeinschaftsgebiet befördert oder versendet hat. [6]Dies muss sich aus den Belegen leicht und eindeutig nachprüfbar ergeben. [7]Der Unternehmer muss den Belegnachweis einer innergemeinschaftlichen Lieferung nicht zwingend mit einer Gelangensbestätigung nach § 17b Abs. 2 Nr. 2 UStDV oder mit den in § 17b Abs. 3 UStDV aufgeführten weiteren Nachweismöglichkeiten führen. [8]Die Gelangensbestätigung ist eine mögliche Form des Belegnachweises, mit dem die Voraussetzungen der Steuerbefreiung einer innergemeinschaftlichen Lieferung für die Finanzverwaltung eindeutig und leicht nachprüfbar sind. [9]Gleiches gilt auch für die in § 17b Abs. 3 UStDV aufgeführten Belege, mit denen der Unternehmer anstelle der Gelangensbestätigung die Steuerbefreiung einer innergemeinschaftlichen Lieferung nachweisen

---

[1)] Zum Nachweis für das Vorliegen einer innergemeinschaftlichen Lieferung siehe auch BFH v. 26.6.2019 V R 38/18, BStBl. II 2020, 112.

kann. [10]Dem Unternehmer steht es frei, den Belegnachweis mit allen geeigneten Belegen und Beweismitteln zu führen, aus denen sich das Gelangen des Liefergegenstands in das übrige Gemeinschaftsgebiet an den umsatzsteuerrechtlichen Abnehmer in der Gesamtschau nachvollziehbar und glaubhaft ergibt.

(7)[1)] § 17d Abs. 1 UStDV setzt voraus, dass auch in der Person des Abnehmers die Voraussetzungen für die Inanspruchnahme der Steuerbefreiung durch den liefernden Unternehmer vorliegen müssen und bestimmt, dass der Unternehmer die ausländische USt-IdNr. des Abnehmers buchmäßig nachzuweisen, d. h. aufzuzeichnen hat.

(8)[1)] [1]Führt der Unternehmer den Belegnachweis anhand der in § 17b Abs. 2 und 3 UStDV geregelten Nachweismöglichkeiten, ist der belegmäßige Nachweis als erfüllt anzuerkennen. [2]Das Fehlen einer der in den Vorschriften des § 17b Abs. 2 und 3 UStDV aufgeführten Voraussetzungen führt jedoch nicht zwangsläufig zur Versagung der Steuerbefreiung. [3]Der jeweils bezeichnete Nachweis kann auch durch andere Belege – z. B. durch die auf den Rechnungen ausgewiesene Anschrift des Leistungsempfängers als Belegnachweis des Bestimmungsorts nach § 17b Abs. 2 Nr. 2 Buchstabe c UStDV – erbracht werden. [4]Diese können nur dann als Nachweise anerkannt werden, wenn

1. sich aus der Gesamtheit der Belege die innergemeinschaftliche Lieferung eindeutig und leicht nachprüfbar ergibt (§ 17b Abs. 1 Satz 2 UStDV) und
2. die buchmäßig nachzuweisenden Voraussetzungen eindeutig und leicht nachprüfbar aus der Buchführung zu ersehen sind (§ 17d Abs. 1 UStDV).

(9) Abschnitt 6.5 Abs. 2 bis 4 ist entsprechend anzuwenden.

6a.3 Belegnachweis in Beförderungs- und Versendungsfällen – Allgemeines

Allgemeine Anforderungen an die Belegnachweise

(1) [1]Der Unternehmer kann den Belegnachweis nach § 17a und b UStDV erforderlichenfalls bis zum Schluss der mündlichen Verhandlung vor dem Finanzgericht nachholen. [2]Mit einer Rechnung nach § 17b Abs. 2 Nr. 1 UStDV, die nicht auf die Steuerfreiheit der innergemeinschaftlichen Lieferung hinweist, und/oder einer nicht gegenüber dem liefernden Unternehmer abgegebenen Spediteurversicherung nach Abschnitt 6a.5 Abs. 9 und 10, die den Unternehmer auch nicht namentlich bezeichnet, kann der Belegnachweis nach § 17b Abs. 2 Nr. 1 und Abs. 3 Satz 1 Nr. 2 UStDV nicht geführt werden (vgl. BFH-Urteile vom 12.5.2011, V R 46/10, BStBl. II S. 957, und vom 14.11.2012, XI R 8/11 zu § 17a UStDV a. F.).[1)] [3]In Fällen der innergemeinschaftlichen Lieferung eines Fahrzeugs im Sinne des § 1b Abs. 2 UStG müssen die Belege nach § 17b Abs. 2 Nr. 2 UStDV bzw. nach § 17b Abs. 3 Satz 1 UStDV zusätzlich die Fahrzeug-Identifikationsnummer des Fahrzeugs enthalten.

[1)] MwStR 2013, 165.

Bestimmungsort im übrigen Gemeinschaftsgebiet

(2) [1]Die Begriffe des Orts des Erhalts des Liefergegenstands bzw. des Orts des Endes der Beförderung des Liefergegenstands im übrigen Gemeinschaftsgebiet in § 17b Abs. 2 Satz 1 Nr. 2 Buchstabe c UStDV sind dahingehend zu verstehen, dass aus den Belegen der jeweilige EU-Mitgliedstaat, in den der gelieferte Gegenstand im Rahmen der innergemeinschaftlichen Lieferung gelangt, und der dort belegene Bestimmungsort des Liefergegenstands (z. B. Stadt, Gemeinde) hervorgehen. [2]Mit einer Bescheinigung des Kraftfahrt-Bundesamtes, wonach ein vorgeblich innergemeinschaftlich geliefertes Fahrzeug nicht in Deutschland für den Straßenverkehr zugelassen ist, kann der Nachweis, dass ein Fahrzeug das Inland verlassen hat bzw. in das übrige Gemeinschaftsgebiet befördert worden ist, nicht geführt werden. [3]Die Risiken hinsichtlich der Voraussetzungen einer innergemeinschaftlichen Lieferung, die sich daraus ergeben, dass der Lieferer die Beförderung oder Versendung der Sache dem Erwerber überlässt, trägt grundsätzlich der liefernde Unternehmer. [4]So kann der Unternehmer nicht mit Erfolg einwenden, er habe z. B. als Zwischenhändler in einem Reihengeschäft ein berechtigtes wirtschaftliches Interesse daran, den endgültigen Bestimmungsort des Liefergegenstands nicht nachzuweisen, um den Endabnehmer nicht preisgeben zu müssen, zumal die Regelungen über die Nachweise bei der Inanspruchnahme der Steuerbefreiung für innergemeinschaftliche Lieferungen keine Sonderregelungen für Reihengeschäfte vorsehen. [5]Auch ein Einwand des liefernden Unternehmers, dass er im Falle der Beförderung oder Versendung durch den Abnehmer in einem Reihengeschäft keine verlässlichen Nachweise über den Bestimmungsort des Gegenstands führen könne, weil dieser ihm nur bekannt sein könne, wenn er selbst den Transportauftrag erteilt habe, ist nicht durchgreifend.

(3) [1]Entspricht der Ort des Erhalts des Gegenstands im übrigen Gemeinschaftsgebiet bzw. der Ort des Endes der Beförderung des Gegenstands im übrigen Gemeinschaftsgebiet nicht den Angaben des Abnehmers, ist dies nicht zu beanstanden, wenn es sich bei dem tatsächlichen Ort um einen Ort im übrigen Gemeinschaftsgebiet handelt. [2]Zweifel über das Gelangen des Gegenstands in das übrige Gemeinschaftsgebiet gehen zu Lasten des Steuerpflichtigen.

6a.3a Belegnachweis in Beförderungs- und Versendungsfällen – Gelangensvermutung

Allgemeines

(1) [1]Nach § 17a Abs. 1 UStDV wird bei Vorliegen der Voraussetzungen vermutet, dass der Gegenstand der Lieferung in das übrige Gemeinschaftsgebiet befördert oder versendet wurde. [2]§ 17a Abs. 1 UStDV beinhaltet zwei Sachverhaltsvarianten, die zu unterschiedlichen Anforderungen beim Belegnachweis führen. [3]Während § 17a Abs. 1 Nr. 1 UStDV den Fall der Beförderung oder Versendung durch den Unternehmer oder durch einen von ihm beauftragten Dritten regelt, gilt § 17a Abs. 1 Nr. 2 UStDV für alle übrigen Fälle (z. B. Abholfall durch den Abnehmer). [4]Der Unternehmer kann anstatt

der Voraussetzungen des § 17a UStDV den Belegnachweis auch nach den in § 17b bzw. § 17c UStDV statuierten Regelungen erbringen.

Belege

(2) [1] § 17a Abs. 2 UStDV benennt die notwendigen Belege und verweist hierzu unter anderem auf die in § 17b Abs. 3 Satz 1 Nr. 3 UStDV benannten Beförderungsbelege (vgl. hierzu Abschnitt 6a.5 Abs. 11) und die in § 17b Abs. 3 Satz 1 Nr. 1 Buchstabe a UStDV aufgeführten Versendungsbelege (vgl. hierzu Abschnitt 6a.5 Abs. 1 und 2). [2] Die Gelangensvermutung erfordert immer mindestens zwei Belege, die von unterschiedlichen Parteien ausgestellt wurden und die zudem vom Unternehmer und Abnehmer unabhängig sind.

Widerlegbare Vermutung

(3) [1] Gemäß § 17a Abs. 3 UStDV kann das Finanzamt eine nach Absatz 1 bestehende Vermutung widerlegen. [2] Die Vermutung ist widerlegt, wenn das Finanzamt (z.B. anhand vorliegender Unterlagen oder Belege) feststellt, dass die Gegenstände beispielsweise nicht in das übrige Gemeinschaftsgebiet gelangt sind, sodass keine innergemeinschaftliche Lieferung vorliegt. [3] Kann das Finanzamt nachweisen, dass Belege unzutreffende Angaben enthalten oder gefälscht sind, steht es dem Unternehmer frei, durch andere Belege im Sinne von § 17a Abs. 2 UStDV das Gelangen in das übrige Gemeinschaftsgebiet zu belegen.

6a.4 Belegnachweis in Beförderungs- und Versendungsfällen – Gelangensbestätigung

Allgemeines

(1) Nach § 17b Abs. 2 Satz 1 UStDV gilt in den Fällen, in denen der Unternehmer oder der Abnehmer den Gegenstand der Lieferung in das übrige Gemeinschaftsgebiet befördert oder versendet hat, insbesondere ein Nachweis, den der Unternehmer hierüber wie folgt führt, als eindeutig und leicht nachprüfbar:

1. durch das Doppel der Rechnung (§§ 14, 14a UStG) und
2. [1] durch eine Bestätigung des Abnehmers, dass der Gegenstand der Lieferung in das übrige Gemeinschaftsgebiet gelangt ist (Gelangensbestätigung).[1)]
   [2] Diese Bestätigung hat folgende Angaben zu enthalten:
   a) den Namen und die Anschrift des Abnehmers,
   b) die Menge des Gegenstands der Lieferung und die handelsübliche Bezeichnung einschließlich der Fahrzeug-Identifikationsnummer bei Fahrzeugen im Sinne des § 1b Abs. 2 UStG,
   c) im Fall der Beförderung oder Versendung durch den Unternehmer oder im Fall der Versendung durch den Abnehmer den Ort und den Monat des Erhalts des Gegenstands im übrigen Gemeinschaftsgebiet und im Fall der Beförderung des Gegenstands durch den Abnehmer den Ort und den Monat des Endes der Beförderung des Gegenstands im übrigen Gemeinschaftsgebiet,

---

[1)] Anlagen 1–3 zum UStAE (Nr. **500** Anl. 1–Anl. 3).

d) das Ausstellungsdatum der Bestätigung sowie

e) [1] die Unterschrift des Abnehmers oder eines von ihm zur Abnahme Beauftragten. [2] Bei einer elektronischen Übermittlung der Gelangensbestätigung ist eine Unterschrift nicht erforderlich, sofern erkennbar ist, dass die elektronische Übermittlung im Verfügungsbereich des Abnehmers oder des Beauftragten begonnen hat.

Unterschrift des Abnehmers

(2) [1] Die Gelangensbestätigung muss u. a. die Unterschrift des Abnehmers enthalten. [2] Die Unterschrift des Abnehmers kann auch von einem von dem Abnehmer zur Abnahme des Liefergegenstands Beauftragten oder von einem zur Vertretung des Abnehmers Berechtigten geleistet werden. [3] Dies kann z. B. ein Arbeitnehmer des Abnehmers sein, ein selbständiger Lagerhalter, der für den Abnehmer die Ware entgegennimmt, ein anderer Unternehmer, der mit der Warenannahme beauftragt wurde, oder in einem Reihengeschäft der tatsächliche (letzte) Abnehmer am Ende der Lieferkette. [4] Sofern an der Vertretungsberechtigung für das Leisten der Unterschrift des Abnehmers im konkreten Einzelfall Zweifel bestehen, ist der Nachweis der Vertretungsberechtigung zu führen. [5] Dieser Nachweis kann sich aus der Gesamtschau mit anderen Unterlagen, die dem liefernden Unternehmer vorliegen, ergeben (unter anderem Lieferauftrag, Bestellvorgang, Firmenstempel des Abnehmers auf der Gelangensbestätigung). [6] Ein mit dem Warentransport beauftragter selbständiger Dritter kann für Zwecke der Gelangensbestätigung nicht zur Abnahme der Ware beauftragt sein.

(3) [1] Bei einer elektronischen Übermittlung der Gelangensbestätigung ist eine Unterschrift nach Absatz 2 nicht erforderlich, sofern erkennbar ist, dass die elektronische Übermittlung im Verfügungsbereich des Abnehmers oder des Beauftragten begonnen hat (§ 17b Abs. 2 Nr. 2 Buchstabe e Satz 2 UStDV). [2] Von der Erkennbarkeit des Beginns der elektronischen Übermittlung im Verfügungsbereich des Abnehmers ist insbesondere auszugehen, wenn bei der elektronischen Übermittlung der Gelangensbestätigung keine begründeten Zweifel daran bestehen, dass die Angaben dem Abnehmer zugerechnet werden können (z. B. Absenderangabe und Datum der Erstellung der E-Mail in dem sog. Header-Abschnitt der E-Mail, Nutzung einer im Zusammenhang mit dem Abschluss oder der Durchführung des Liefervertrags bekannt gewordenen E-Mail-Adresse, Verwendung eines zuvor zwischen dem Unternehmer und dem Abnehmer vereinbarten elektronischen Verfahrens). [3] Eine bei der Übermittlung der Gelangensbestätigung verwendete E-Mail-Adresse muss dem liefernden Unternehmer nicht bereits vorher bekannt gewesen sein. [4] Für die Erkennbarkeit des Übermittlungsbeginns im Verfügungsbereich des Abnehmers ist es unschädlich, wenn die E-Mail-Adresse eine Domain enthält, die nicht auf den Ansässigkeitsmitgliedstaat des Abnehmers oder auf den Bestimmungsmitgliedstaat der Lieferung hinweist.

Sammelbestätigung

(4) [1] Die Gelangensbestätigung kann als Sammelbestätigung ausgestellt werden. [2] In dieser können Umsätze aus bis zu einem Quartal zusammengefasst werden (§ 17b Abs. 2 Nr. 2 Sätze 2 und 3 UStDV). [3] Es ist somit nicht

erforderlich, die Gelangensbestätigung für jeden einzelnen Liefergegenstand auszustellen. [4]Bei Lieferungen, die mehrere Gegenstände umfassen, oder bei Rechnungen, in denen einem Abnehmer gegenüber über mehrere Lieferungen abgerechnet wird, ist es regelmäßig ausreichend, wenn sich die Gelangensbestätigung auf die jeweilige Gesamtlieferung bzw. auf die Sammelrechnung bezieht. [5]Die Sammelbestätigung nach einem Quartal ist auch bei der Pflicht zur monatlichen Übermittlung von Umsatzsteuer-Voranmeldungen zulässig.

Beispiel 1:

[1]Der deutsche Unternehmer U hat mit einem dänischen Unternehmer K eine ständige Geschäftsbeziehung und liefert in den Monaten Juli bis September Waren, über die in insgesamt 150 Rechnungen abgerechnet wird. [2]K kann in einer einzigen Gelangensbestätigung den Erhalt der Waren unter Bezugnahme auf die jeweiligen Rechnungsnummern bestätigen. [3]Als Zeitpunkt des Warenerhalts kann der jeweilige Monat angegeben werden.

Beispiel 2:

[1]Der deutsche Unternehmer U hat an den italienischen Unternehmer K am 10. Januar, 20. Februar und 30. Juni eines Jahres Lieferungen ausgeführt. [2]K kann die Lieferungen des 10. Januar und des 20. Februar in einer Gelangensbestätigung zusammenfassen. [3]Für die Lieferung am 30. Juni muss eine weitere Gelangensbestätigung (oder ein anderer Beleg als die Gelangensbestätigung) ausgestellt werden, weil diese Lieferung außerhalb des ersten Quartals liegt.

Formen der Gelangensbestätigung

(5) [1]Die Gelangensbestätigung kann in jeder die erforderlichen Angaben enthaltenen Form erbracht werden; sie kann auch aus mehreren Dokumenten bestehen, aus denen sich die geforderten Angaben insgesamt ergeben (§ 17b Abs. 2 Satz 4 UStDV); eine gegenseitige Bezugnahme in den entsprechenden Dokumenten ist dabei nicht erforderlich. [2]Die Bestätigung muss sich also keineswegs zwingend aus einem einzigen Beleg ergeben. [3]Sie kann z. B. auch aus einer Kombination des Lieferscheins mit einer entsprechenden Bestätigung über den Erhalt des Liefergegenstands bestehen. [4]Sie kann auch aus einer Kopie der Rechnung über die innergemeinschaftliche Lieferung, ergänzt um die weiteren erforderlichen Angaben, bestehen. [5]In den Fällen der Versendung des Gegenstands der innergemeinschaftlichen Lieferung durch den Unternehmer oder durch den Abnehmer können die Angaben der Gelangensbestätigung auch auf einem Versendungsbeleg enthalten sein. [6]Eine dem Muster der Anlagen 1 bis 3[1)] inhaltlich entsprechende Gelangensbestätigung ist als Beleg im Sinne des § 17b Abs. 2 Satz 1 Nr. 2 UStDV anzuerkennen. [7]Die Gelangensbestätigung oder die die Gelangensbestätigung bildenden Dokumente können danach auch in englischer oder französischer Sprache abgefasst werden; entsprechende Nachweise in anderen Sprachfassungen bedürfen einer amtlich beglaubigten Übersetzung. [8]Auch die Verwendung des Musters einer Gelangensbestätigung bedeutet nicht, dass die Gelangensbestätigung zwingend ein einziger Beleg sein muss. [9]Das Muster soll lediglich verdeutlichen, welche Angaben für eine Gelangensbestätigung erforderlich sind.

---

1) Nr. **500** Anl. 1–Anl. 3.

Beispiel 1:

[1] Der deutsche Unternehmer U hat einem französischen Unternehmer K am 5. Dezember 01 einen Büroschrank geliefert. [2] K hat den Schrank mit eigenem Lkw abgeholt und nach Paris transportiert. [3] Das Ende der Beförderung war am 7. Dezember 01. [4] U hat K am 10. Januar 02 über die Lieferung eine Rechnung mit der Nr. 1234 ausgestellt.
[5] K kann U das Gelangen des Schranks nach Frankreich sinngemäß wie folgt bestätigen: „Die Beförderung der mit Rechnung Nummer 1234 vom 10. Januar 02 abgerechneten Waren endete im Dezember 01 in Paris“.

Beispiel 2:

[1] Der deutsche Unternehmer U hat einem polnischen Unternehmer K in der Zeit vom 10. Januar bis 30. März 02 Waren geliefert, die jeweils bar bezahlt und von einem von K beauftragten Frachtführer nach Warschau transportiert wurden (Verschaffung der Verfügungsmacht durch Übergabe der Ware an den von K beauftragten Frachtführer). [2] Es wurden insgesamt zehn Lieferungen getätigt bzw. zehn Transporte nach Warschau durchgeführt. [3] Drei Transporte endeten am 14., 20. und 24. Januar 02. [4] Vier Transporte endeten am 5., 9., 15. und 25. Februar 02. [5] Die restlichen drei Transporte endeten am 10. und 23. März sowie am 5. April des Jahres 02. [6] U hat K über jede Lieferung eine Rechnung mit den Nummern X1 bis X10 ausgestellt, wobei die ersten drei Rechnungen auf Tage im Januar 02, die folgenden vier Rechnungen auf Tage im Februar 02 und die restlichen drei Rechnungen auf Tage im April 02 datiert sind.
[7] K kann U das Gelangen der Liefergegenstände nach Polen, z. B. durch Übersendung einer E-Mail (vgl. Absatz 6), als Sammelbestätigung (vgl. Absatz 4) sinngemäß wie folgt bestätigen: „Ich habe die mit den Rechnungen Nr. X1 bis X3 abgerechneten Waren im Monat Januar 02, die mit den Rechnungen X4 bis X7 abgerechneten Waren im Monat Februar 02, die mit Rechnungen X8 und X9 abgerechneten Waren im März 02 und die mit Rechnung X10 abgerechneten Waren im April 02 in Warschau erhalten.“

(6) [1] Die Gelangensbestätigung kann auf elektronischem Weg, z.B. per E-Mail, ggf. mit PDF- oder Textdateianhang, per Computer-Telefax oder Fax-Server, per Web-Download oder im Wege des elektronischen Datenaustauschs (EDI) übermittelt werden; eine wirksame elektronische Übermittlung ist auch dann möglich, wenn der Ort der elektronischen Übermittlung nicht mit dem Ort des Gelangens des Liefergegenstands im übrigen Gemeinschaftsgebiet übereinstimmt. [2] Eine auf elektronischem Weg erhaltene Gelangensbestätigung kann für umsatzsteuerliche Zwecke auch in ausgedruckter Form aufbewahrt werden. [3] Wird die Gelangensbestätigung per E-Mail übersandt, soll, um den Nachweis der Herkunft des Dokuments vollständig führen zu können, auch die E-Mail archiviert werden, die für umsatzsteuerliche Zwecke ebenfalls in ausgedruckter Form aufbewahrt werden kann. [4] Die GoBD (vgl. BMF-Schreiben vom 28.11.2019, BStBl. I S. 1296) bleiben unberührt.

6a.5 Belegnachweis in Beförderungs- und Versendungsfällen – Andere Belege als die Gelangensbestätigung

Versendungsbeleg in Versendungsfällen (Frachtbrief, Konnossement)

(1) [1] Nach § 17b Abs. 3 Satz 1 Nr. 1 Buchstabe a UStDV kann der Unternehmer in den Fällen, in denen er oder der Abnehmer den Gegenstand der Lieferung in das übrige Gemeinschaftsgebiet versendet hat, den Nachweis der innergemeinschaftlichen Lieferung wie folgt führen: durch einen Ver-

sendungsbeleg, insbesondere durch einen handelsrechtlichen Frachtbrief, der vom Auftraggeber des Frachtführers unterzeichnet ist und die Unterschrift des Empfängers als Bestätigung des Erhalts des Gegenstands der Lieferung enthält, durch ein Konnossement oder durch Doppelstücke des Frachtbriefs oder des Konnossements. [2]Abschnitt 6a.4 Abs. 5 Satz 1 ist entsprechend anzuwenden.

(2) [1]Die Unterschrift eines zur Besorgung des Warentransports eingeschalteten Dritten (z. B. eines Spediteurs) ist nicht erforderlich. [2]Ist der Versendungsbeleg ein Frachtbrief (z. B. CMR-Frachtbrief), muss dieser vom Absender als Auftraggeber des Frachtführers, also dem Versender des Liefergegenstands, unterzeichnet sein (beim CMR-Frachtbrief in Feld 22). [3]Der Auftraggeber kann hierbei von einem Dritten vertreten werden (z. B. Lagerhalter); es reicht aus, dass die Berechtigung des Dritten, den Frachtbrief zu unterschreiben, glaubhaft gemacht wird (z. B. durch Vorliegen eines Lagervertrages). [4]Beim internationalen Eisenbahnfrachtbrief (CIM-Frachtbrief) wird die Unterschrift regelmäßig durch einen Stempelaufdruck oder einen maschinellen Bestätigungsvermerk ersetzt; dies ist grundsätzlich ausreichend. [5]Hinsichtlich der Unterschrift des Empfängers (z. B. beim CMR-Frachtbrief in Feld 24) sind die Regelungen in Abschnitt 6a.4 Abs. 2 entsprechend anzuwenden. [6]Bei Frachtbriefen in Form des Seawaybill oder Airwaybill kann von einer Unterschrift des Auftraggebers des Frachtführers abgesehen werden. [7]Hinsichtlich der Ausstellung des Versendungsbelegs als Sammelbestätigung und der Form der Ausstellung sind die Regelungen in Abschnitt 6a.4 Abs. 4 bis 6 entsprechend anzuwenden. [8]Bei der Lieferung eines Fahrzeugs im Sinne des § 1b Abs. 2 UStG muss der Versendungsbeleg zusätzlich die Fahrzeug-Identifikationsnummer enthalten.

Anderer handelsüblicher Beleg als ein Versendungsbeleg in Versendungsfällen (Spediteurbescheinigung)

(3) [1]Nach § 17b Abs. 3 Satz 1 Nr. 1 Buchstabe b UStDV kann der Unternehmer in den Fällen, in denen er oder der Abnehmer den Gegenstand der Lieferung in das übrige Gemeinschaftsgebiet versendet hat, den Nachweis der innergemeinschaftlichen Lieferung wie folgt führen: durch einen anderen handelsüblichen Beleg als einen Versendungsbeleg nach Absatz 1 und 2, insbesondere mit einer Bescheinigung des beauftragten Spediteurs (Spediteurbescheinigung). [2]Diese Bescheinigung hat folgende Angaben zu enthalten:

1. den Namen und die Anschrift des mit der Beförderung beauftragten Unternehmers sowie das Ausstellungsdatum,
2. den Namen und die Anschrift des liefernden Unternehmers sowie des Auftraggebers der Versendung,
3. die Menge des Gegenstands der Lieferung und dessen handelsübliche Bezeichnung,
4. den Empfänger des Gegenstands der Lieferung und den Bestimmungsort im übrigen Gemeinschaftsgebiet,
5. den Monat, in dem die Beförderung des Gegenstands der Lieferung im übrigen Gemeinschaftsgebiet geendet hat,

6. eine Versicherung des mit der Beförderung beauftragten Unternehmers, dass die Angaben in dem Beleg auf Grund von Geschäftsunterlagen gemacht wurden, die im Gemeinschaftsgebiet nachprüfbar sind, sowie
7. die Unterschrift des mit der Beförderung beauftragten Unternehmers.

(4) [1]Eine dem Muster der Anlage 4[1)] entsprechende, vollständig und richtig ausgefüllte Spediteurbescheinigung ist als Beleg im Sinne des § 17b Abs. 3 Satz 1 Nr. 1 Buchstabe b UStDV anzuerkennen. [2]Abschnitt 6a.4 Abs. 5 Satz 1 und Abschnitt 6.7 Abs. 2 Satz 2 gelten entsprechend. [3]Bei einer elektronischen Übermittlung des Belegs an den liefernden Unternehmer ist eine Unterschrift des mit der Beförderung beauftragten Unternehmers nicht erforderlich, sofern erkennbar ist, dass die elektronische Übermittlung im Verfügungsbereich des mit der Beförderung beauftragten Unternehmers begonnen hat. [4]Abschnitt 6a.4 Abs. 3 bis 6 ist entsprechend anzuwenden.

Versendungsprotokoll in Versendungsfällen

(5) [1]Nach § 17b Abs. 3 Satz 1 Nr. 1 Buchstabe c UStDV kann der Unternehmer in den Fällen, in denen er oder der Abnehmer den Gegenstand der Lieferung in das übrige Gemeinschaftsgebiet versendet hat, den Nachweis der innergemeinschaftlichen Lieferung wie folgt führen: durch eine schriftliche oder elektronische Auftragserteilung und ein von dem mit der Beförderung Beauftragten (z. B. Kurierdienstleister) erstelltes Protokoll, das den Transport lückenlos bis zur Ablieferung beim Empfänger nachweist. [2]Hinsichtlich der Ausstellung des Versendungsprotokolls als Sammelbestätigung und der Form der Ausstellung sind die Regelungen in Abschnitt 6a.4 Abs. 4 bis 6 entsprechend anzuwenden. [3]Abweichend von Satz 1 kann der Unternehmer aus Vereinfachungsgründen bei der Versendung eines oder mehrerer Gegenstände, deren Wert insgesamt 500 € nicht übersteigt, den Nachweis der innergemeinschaftlichen Lieferung wie folgt führen: durch eine schriftliche oder elektronische Auftragserteilung und durch einen Nachweis über die Entrichtung der Gegenleistung für die Lieferung des Gegenstands oder der Gegenstände.

(6) [1]Für eine schriftliche oder elektronische Auftragserteilung sind inhaltlich die folgenden Angaben ausreichend:
– Name und Anschrift des Ausstellers des Belegs;
– Name und Anschrift des Absenders;
– Name und Anschrift des Empfängers;
– handelsübliche Bezeichnung und Menge der beförderten Gegenstände;
– Tag der Abholung bzw. Übernahme der beförderten Gegenstände durch den mit der Beförderung beauftragten Unternehmer.

[2]Aus Vereinfachungsgründen kann bezüglich der Angaben zur handelsüblichen Bezeichnung und Menge der beförderten Gegenstände auf die Rechnung über die Lieferung durch Angabe der Rechnungsnummer verwiesen werden, wenn auf dieser die Nummer des Versendungsbelegs angegeben ist. [3]Eine schriftliche oder elektronische Auftragserteilung kann darin bestehen, dass der liefernde Unternehmer mit dem mit der Beförderung beauftragten Unternehmer eine schriftliche Rahmenvereinbarung über periodisch zu er-

---

1) Nr. **500** Anl. 4.

bringende Warentransporte abgeschlossen hat oder schriftliche Bestätigungen des mit der Beförderung beauftragten Unternehmers über den Beförderungsauftrag vorliegen, wie z.B. Einlieferungslisten oder Versandquittungen. [4] Aus dem von dem mit der Beförderung beauftragten Unternehmer erstellten Protokoll, das den Warentransport nachvollziehbar bis zu Ablieferung beim Empfänger nachweist (sog. tracking-and-tracing-Protokoll) muss sich der Monat und der Ort des Endes der Beförderung im übrigen Gemeinschaftsgebiet ergeben. [5] Ein Nachweis der Bestätigung des Empfängers, die Ware erhalten zu haben (z.B. Nachweis der Unterschrift des Empfängers gegenüber dem örtlichen Frachtführer), ist nicht erforderlich. [6] Der liefernde Unternehmer kann das Protokoll über den Warentransport, wenn es ihm in elektronischer Form zur Verfügung gestellt wird, elektronisch oder in Form eines Ausdrucks aufbewahren. [7] Bei einer elektronischen Aufbewahrung des Protokolls ist Abschnitt 6a.4 Abs. 6 entsprechend anzuwenden.

Empfangsbescheinigung eines Postdienstleisters in Versendungsfällen

(7) [1] Nach § 17b Abs. 3 Satz 1 Nr. 1 Buchstabe d UStDV kann der Unternehmer in den Fällen von Postsendungen, in denen er oder der Abnehmer den Gegenstand der Lieferung in das übrige Gemeinschaftsgebiet versendet hat und in denen eine Belegnachweisführung nach § 17b Abs. 3 Satz 1 Nr. 1 Buchstabe c UStDV nicht möglich ist, den Nachweis wie folgt führen: durch eine Empfangsbescheinigung eines Postdienstleisters über die Entgegennahme der an den Abnehmer adressierten Postsendung und den Nachweis über die Bezahlung der Lieferung. [2] Abschnitt 6a.4 Abs. 5 Satz 1 ist entsprechend anzuwenden. [3] Eine Belegnachweisführung nach § 17b Abs. 3 Satz 1 Nr. 1 Buchstabe c UStDV gilt auch dann als möglich, wenn der mit der Beförderung Beauftragte (z.B. ein Kurierdienstleister) kein nachvollziehbares Protokoll, das den Transport bis zur Ablieferung beim Empfänger nachweist, sondern z.B. nur ein Protokoll bis zur Übergabe der Waren an den letzten Unterfrachtführer zur Verfügung stellt; in diesen Fällen kann der Belegnachweis damit nicht mit einer Empfangsbescheinigung eines Postdienstleisters nach § 17b Abs. 3 Satz 1 Nr. 1 Buchstabe d UStDV geführt werden.

(8) [1] Für eine Empfangsbescheinigung des Postdienstleisters über die Entgegennahme der Postsendung an den Abnehmer sind die folgenden Angaben ausreichend:
- Name und Anschrift des Ausstellers des Belegs;
- Name und Anschrift des Absenders;
- Name und Anschrift des Empfängers;
- handelsübliche Bezeichnung und Menge der beförderten Gegenstände;
- Tag der Abholung bzw. Übernahme der beförderten Gegenstände durch den mit der Beförderung beauftragten Postdienstleister.

[2] Die Angaben in der Empfangsbescheinigung über den Empfänger und die gelieferten Gegenstände können durch einen entsprechenden Verweis auf die Rechnung, einen Lieferschein oder entsprechende andere Dokumente über die Lieferung ersetzt werden. [3] Der Zusammenhang zwischen der Empfangsbescheinigung des Postdienstleisters und der jeweiligen Rechnung über die innergemeinschaftliche Lieferung muss, ggf. durch ein gegenseitiges Verweissystem, leicht nachprüfbar sein. [4] Der Nachweis der Bezahlung des Liefer-

gegenstands ist grundsätzlich mit Hilfe des entsprechenden Kontoauszugs oder im Fall einer Barzahlung mit einem Doppel der Zahlungsquittierung zu führen. [5] Als Bezahlung des Liefergegenstands gilt bei verbundenen Unternehmen auch die Verrechnung über ein internes Abrechnungssystem (sog. inter company clearing). [6] In diesen Fällen ist der Nachweis in entsprechender Form zu führen.

Andere Bescheinigung des Spediteurs in Versendungsfällen im Auftrag des Abnehmers (Spediteurversicherung)

(9) Nach § 17b Abs. 3 Satz 1 Nr. 2 UStDV kann der Unternehmer bei der Versendung des Gegenstands der Lieferung durch den Abnehmer den Nachweis der innergemeinschaftlichen Lieferung wie folgt führen: durch einen Nachweis über die Entrichtung der Gegenleistung für die Lieferung des Gegenstands von einem Bankkonto des Abnehmers sowie durch eine Bescheinigung des beauftragten Spediteurs (Spediteurversicherung), die folgende Angaben zu enthalten hat:

1. den Namen und die Anschrift des mit der Beförderung beauftragten Unternehmers sowie das Ausstellungsdatum,
2. den Namen und die Anschrift des liefernden Unternehmers sowie des Auftraggebers der Versendung,
3. die Menge des Gegenstands der Lieferung und die handelsübliche Bezeichnung,
4. den Empfänger des Gegenstands der Lieferung und den Bestimmungsort im übrigen Gemeinschaftsgebiet,
5. eine Versicherung des mit der Beförderung beauftragten Unternehmers, den Gegenstand der Lieferung an den Bestimmungsort im übrigen Gemeinschaftsgebiet zu befördern, sowie
6. die Unterschrift des mit der Beförderung beauftragten Unternehmers; Abschnitt 6.7 Abs. 2 Satz 2 gilt entsprechend.

(10) [1] Der liefernde Unternehmer hat den Nachweis der Bezahlung des Liefergegenstands von einem Bankkonto des Abnehmers zu führen. [2] Das Bankkonto des Abnehmers kann ein ausländisches oder inländisches Konto (z. B. auch ein inländisches Konzernverrechnungskonto) sein; als Bezahlung des Liefergegenstands gilt bei verbundenen Unternehmen auch die Verrechnung über ein internes Abrechnungssystem (sog. inter company clearing). [3] Neben dem Nachweis über die Bezahlung des Liefergegenstands hat der liefernde Unternehmer den Nachweis in Form der Spediteurversicherung zu führen. [4] Der Nachweis mit einer Spediteurversicherung kommt nur in den Fällen in Betracht, in denen der Abnehmer den Liefergegenstand versendet. [5] Eine dem Muster der Anlage 5[1)] entsprechende, vollständig und richtig ausgefüllte Spediteurversicherung ist als Beleg im Sinne des § 17b Abs. 3 Satz 1 Nr. 2 UStDV anzuerkennen. [6] Bestehen in den Fällen der Versendung des Liefergegenstands im Auftrag des Abnehmers begründete Zweifel daran, dass der Liefergegenstand tatsächlich in das übrige Gemeinschaftsgebiet gelangt ist,

---

1) Nr. **500** Anl. 5.

hat der Unternehmer den Nachweis der innergemeinschaftlichen Lieferung mit anderen Mitteln als der Spediteurversicherung, z. B. mit der Gelangensbestätigung nach Abschnitt 6a.4 oder einem der anderen Belege nach § 17b Abs. 3 UStDV zu führen.

Bestätigung der Abgangsstelle in Beförderungsfällen im Unionsversandverfahren

(11) [1]Nach § 17b Abs. 3 Satz 1 Nr. 3 UStDV kann der Unternehmer bei der Beförderung des Gegenstands der Lieferung im Unionsversandverfahren in das übrige Gemeinschaftsgebiet den Nachweis der innergemeinschaftlichen Lieferung wie folgt führen: durch eine Bestätigung der Abgangsstelle über die innergemeinschaftliche Lieferung, die nach Eingang des Beendigungsnachweises für das Versandverfahren erteilt wird, sofern sich daraus die Lieferung in das übrige Gemeinschaftsgebiet ergibt. [2]Diese Nachweismöglichkeit ist auch in den Fällen der Versendung des Gegenstands der Lieferung zulässig.

EMCS-Eingangsmeldung bei der Lieferung verbrauchsteuerpflichtiger Waren in Beförderungsfällen

(12) [1]Nach § 17b Abs. 3 Satz 1 Nr. 4 Buchstabe a UStDV kann der Unternehmer bei der Beförderung verbrauchsteuerpflichtiger Waren unter Steueraussetzung und Verwendung des IT-Verfahrens EMCS (Excise Movement and Control System – EDV-gestütztes Beförderungs- und Kontrollsystem für verbrauchsteuerpflichtige Waren) den Nachweis der innergemeinschaftlichen Lieferung wie folgt führen: durch die von der zuständigen Behörde des anderen Mitgliedstaats (Bestimmungsmitgliedstaates) validierte EMCS-Eingangsmeldung. [2]Diese Nachweismöglichkeit ist auch in den Fällen der Versendung verbrauchsteuerpflichtiger Waren zulässig.

(13) Als Nachweis der innergemeinschaftlichen Lieferung nach Absatz 12 ist eine nach den Anforderungen der Tabelle 6 in Anhang I der Verordnung (EG) Nr. 684/2009 der Kommission vom 24.7.2009 zur Durchführung der Richtlinie 2008/118/EG des Rates in Bezug auf die EDV-gestützten Verfahren für die Beförderung verbrauchsteuerpflichtiger Waren unter Steueraussetzung (ABl. EU 2009 Nr. L 197 S. 24; vgl. Anlage 6)[1)] vollständig und richtig ausgefüllte Eingangsmeldung anzuerkennen.

Dritte Ausfertigung des vereinfachten Begleitdokuments bei Lieferung verbrauchsteuerpflichtiger Waren des steuerrechtlich freien Verkehrs in Beförderungsfällen

(14) [1]Nach § 17b Abs. 3 Satz 1 Nr. 4 Buchstabe b UStDV kann der Unternehmer bei der Beförderung verbrauchsteuerpflichtiger Waren des steuerrechtlich freien Verkehrs den Nachweis der innergemeinschaftlichen Lieferung wie folgt führen: durch die dritte Ausfertigung des vereinfachten Begleitdokuments, das dem zuständigen Hauptzollamt für Zwecke der Verbrauchsteuerentlastung vorzulegen ist. [2]Diese Nachweismöglichkeit ist auch in den Fällen der Versendung verbrauchsteuerpflichtiger Waren zulässig.

---

1) Nr. **500** Anl. 6.

(15) Eine nach dem Muster des im Anhang zu der Verordnung (EWG) Nr. 3649/92 der Kommission vom 17.12.1992 über ein vereinfachtes Begleitdokument für die Beförderung von verbrauchsteuerpflichtigen Waren, die sich bereits im steuerrechtlich freien Verkehr des Abgangsmitgliedstaats befinden, (ABl. EG 1992 Nr. L 369 S. 17) enthaltenen Begleitdokuments vollständig und richtig ausgefüllte dritte Ausfertigung (3. Ausfertigung; vgl. Anlage 7)[1)] ist als Beleg im Sinne von Absatz 14 anzuerkennen.

Zulassung des Fahrzeugs auf den Erwerber bei Beförderung durch den Abnehmer

(16) Nach § 17b Abs. 3 Satz 1 Nr. 5 UStDV kann der Unternehmer bei der innergemeinschaftlichen Lieferung von Fahrzeugen, die durch den Abnehmer befördert werden und für die eine Zulassung für den Straßenverkehr erforderlich ist, den Nachweis der innergemeinschaftlichen Lieferung wie folgt führen: durch einen Nachweis über die Zulassung des Fahrzeugs auf den Erwerber im Bestimmungsmitgliedstaat der Lieferung; dabei ist eine einfache Kopie der Zulassung ausreichend.

(17) [1]Der Nachweis der Zulassung muss die Fahrzeug-Identifikationsnummer enthalten. [2]Ein Nachweis der Zulassung des Fahrzeugs im übrigen Gemeinschaftsgebiet auf eine andere Person als den Erwerber, d.h. den Abnehmer der Lieferung, ist kein ausreichender Nachweis.

6a.6 Belegnachweis in Bearbeitungs- oder Verarbeitungsfällen

[1]In Bearbeitungs- oder Verarbeitungsfällen im Zusammenhang mit innergemeinschaftlichen Lieferungen hat der liefernde Unternehmer den Belegnachweis durch Belege nach § 17b UStDV zu führen, die zusätzlich die in § 11 Abs. 1 Nr. 1 bis 4 UStDV bezeichneten Angaben enthalten (§ 17c Satz 2 UStDV). [2]Abschnitt 6.8 ist entsprechend anzuwenden.

6a.7 Buchmäßiger Nachweis

(1) [1]Zur Führung des Buchnachweises muss der liefernde Unternehmer die ausländische USt-IdNr. des Abnehmers aufzeichnen (§ 17d Abs. 1 UStDV). [2]Darüber hinaus muss er den Namen und die Anschrift des Abnehmers aufzeichnen (§ 17d Abs. 2 Nr. 1 UStDV). [3]Zu den erforderlichen Voraussetzungen der Steuerbefreiung gehört auch die Unternehmereigenschaft des Abnehmers. [4]Diese muss der liefernde Unternehmer nachweisen (§ 17d Abs. 1 UStDV in Verbindung mit § 6a Abs. 1 Satz 1 Nr. 2 Buchstabe a UStG). [5]Die Aufzeichnung der ausländischen USt-IdNr. allein reicht hierfür nicht aus, weil sich aus ihr nicht ergibt, wer der tatsächliche Leistungsempfänger ist. [6]Die Beteiligten eines Leistungsaustausches – und somit auch der Abnehmer – ergeben sich regelmäßig aus den zivilrechtlichen Vereinbarungen. [7]Handelt jemand im fremden Namen, kommt es darauf an, ob er hierzu Vertretungsmacht hat. [8]Der Unternehmer muss daher die Identität des Abnehmers (bzw. dessen Vertretungsberechtigten), z.B. durch Vorlage des Kauf-

[1)] Nr. **500** Anl. 7.

vertrags, nachweisen. [9]Handelt ein Dritter im Namen des Abnehmers, muss der Unternehmer auch die Vollmacht des Vertretungsberechtigten nachweisen, weil beim Handeln im fremden Namen die Wirksamkeit der Vertretung davon abhängt, ob der Vertretungsberechtigte Vertretungsmacht hat (vgl. zu den Anforderungen an die Vollmacht zum Nachweis der Abholberechtigung Abschnitt 3.14 Abs. 10a).

(2) [1]Die nach § 17d Abs. 1 Satz 1 UStDV buchmäßig nachzuweisende USt-IdNr. des Abnehmers bezeichnet die gültige ausländische USt-IdNr. des Abnehmers im Sinne des Abschnitts 6a.1 Abs. 10. [2]Wenn der liefernde Unternehmer die gültige USt-IdNr. des Abnehmers nicht aufzeichnen bzw. im Bestätigungsverfahren beim BZSt nicht erfragen kann, weil ihm eine unrichtige USt-IdNr. genannt worden ist, steht nicht objektiv fest, an welchen Abnehmer die Lieferung bewirkt wurde. [3]Im Übrigen steht nicht entsprechend § 6a Abs. 1 Satz 1 Nr. 3 UStG fest, dass der Erwerb des Gegenstands in dem anderen Mitgliedstaat der Erwerbsbesteuerung unterliegt. [4]In einem solchen Fall liegen die Voraussetzungen für die Inanspruchnahme der Steuerbefreiung für eine innergemeinschaftliche Lieferung nicht vor. [5]Zu einer etwaigen Gewährung von Vertrauensschutz in diesen Fällen vgl. Abschnitt 6a.8.

(3) Hat der Unternehmer eine im Zeitpunkt der Lieferung gültige ausländische USt-IdNr. des Abnehmers im Sinne des Abschnitts 6a.1 Abs. 10 aufgezeichnet, kann

– die Feststellung, dass der Adressat einer Lieferung den Gegenstand nicht zur Ausführung entgeltlicher Umsätze verwendet hat,
– die Feststellung, der Empfänger der Lieferung habe die mit Hilfe der bezogenen Lieferungen ausgeführten Umsätze nicht versteuert, oder
– die Mitteilung eines anderen Mitgliedstaates, bei dem Abnehmer handele es sich um einen „missing trader“,

für sich genommen nicht zu dem Schluss führen, nicht der Vertragspartner, sondern eine andere Person sei Empfänger der Lieferung gewesen.

(4) Für die Unternehmereigenschaft des Abnehmers ist es auch unerheblich, ob dieser im Bestimmungsmitgliedstaat des Gegenstands der Lieferung seine umsatzsteuerlichen Pflichten erfüllt.

(5) [1]Regelmäßig ergibt sich aus den abgeschlossenen zivilrechtlichen Vereinbarungen, wer bei einem Umsatz als Leistender und wer als Leistungsempfänger anzusehen ist. [2]Allerdings kommt unter vergleichbaren Voraussetzungen eine von den „vertraglichen Vereinbarungen“ abweichende Bestimmung des Leistungsempfängers in Betracht, wenn bei einer innergemeinschaftlichen Lieferung nach den konkreten Umständen des Falles für den liefernden Unternehmer erkennbar eine andere Person als sein „Vertragspartner“ unter dessen Namen auftritt, und bei denen der liefernde Unternehmer mit der Nichtbesteuerung des innergemeinschaftlichen Erwerbs rechnet oder rechnen muss.

(6) [1]Der Inhalt und der Umfang des buchmäßigen Nachweises sind in Form von Mussvorschriften geregelt (§ 17d Abs. 2 bis 4 UStDV). [2]Der Unternehmer kann den Nachweis aber auch in anderer Weise führen. [3]Er muss jedoch in jedem Fall die Grundsätze des § 17d Abs. 1 UStDV beachten.

(7) [1]Der buchmäßige Nachweis muss grundsätzlich im Geltungsbereich des UStG geführt werden. [2]Steuerlich zuverlässigen Unternehmern kann jedoch gestattet werden, die Aufzeichnungen über den buchmäßigen Nachweis im Ausland vorzunehmen und dort aufzubewahren. [3]Voraussetzung ist hierfür, dass andernfalls der buchmäßige Nachweis in unverhältnismäßiger Weise erschwert würde und dass die erforderlichen Unterlagen den deutschen Finanzbehörden jederzeit auf Verlangen im Geltungsbereich des UStG vorgelegt werden. [4]Der Bewilligungsbescheid ist unter einer entsprechenden Auflage und unter dem Vorbehalt jederzeitigen Widerrufs zu erteilen. [5]Die zuständige Finanzbehörde kann unter den Voraussetzungen des § 146 Abs. 2a und 2b AO auf schriftlichen Antrag des Unternehmers bewilligen, dass die elektronischen Aufzeichnungen über den buchmäßigen Nachweis im Ausland geführt und aufbewahrt werden.

(8) [1]Aus dem Grundsatz, dass die buchmäßig nachzuweisenden Voraussetzungen eindeutig und leicht nachprüfbar aus der Buchführung zu ersehen sein müssen (§ 17d Abs. 1 UStDV), ergibt sich, dass die erforderlichen Aufzeichnungen grundsätzlich laufend und unmittelbar nach Ausführung des jeweiligen Umsatzes vorgenommen werden sollen. [2]Der buchmäßige Nachweis darf um den gegebenenfalls später eingegangenen Belegnachweis vervollständigt werden. [3]Der Unternehmer muss den buchmäßigen Nachweis der steuerfreien innergemeinschaftlichen Lieferung bis zu dem Zeitpunkt führen, zu dem er die Umsatzsteuer-Voranmeldung für die innergemeinschaftliche Lieferung zu übermitteln hat. [4]Der Unternehmer kann fehlende oder fehlerhafte Aufzeichnungen eines rechtzeitig erbrachten Buchnachweises bis zum Schluss der letzten mündlichen Verhandlung vor dem Finanzgericht ergänzen oder berichtigen.

(9) [1]Bei der Aufzeichnung der Menge und der handelsüblichen Bezeichnung des Gegenstands der Lieferung sind Sammelbezeichnungen, z. B. Lebensmittel oder Textilien, in der Regel nicht ausreichend (vgl. Abschnitt 14.5 Abs. 15). [2]Die Aufzeichnung der Fahrzeug-Identifikationsnummer bei der Lieferung eines Fahrzeugs im Sinne von § 1b Abs. 2 UStG nach § 17d Abs. 2 Nr. 4 UStDV ist unerlässlich. [3]Aus der Aufzeichnung der Art und des Umfangs einer etwaigen Bearbeitung oder Verarbeitung vor der Beförderung oder Versendung in das übrige Gemeinschaftsgebiet sollen auch der Name und die Anschrift des mit der Bearbeitung oder Verarbeitung Beauftragten, die Bezeichnung des betreffenden Auftrags sowie die Menge und handelsübliche Bezeichnung des gelieferten Gegenstands hervorgehen. [4]Als Grundlage dieser Aufzeichnungen können die Belege dienen, die der Unternehmer über die Bearbeitung oder Verarbeitung erhalten hat.

6a.8 Gewährung von Vertrauensschutz

(1)[1)] [1]Nach § 6a Abs. 4 UStG ist eine Lieferung, die der Unternehmer als steuerfreie innergemeinschaftliche Lieferung behandelt hat, obwohl die Voraussetzungen nach § 6a Abs. 1 UStG nicht vorliegen, gleichwohl als steuerfrei anzusehen, wenn die Inanspruchnahme der Steuerbefreiung auf unrichtigen

---

[1)] Keine Anwendung des § 6a Abs. 4 UStG bei unvollständigem Belegnachweis; vgl. BFH v. 14.11.2012 XI R 8/11, BFH/NV 2013, 596.

Angaben des Abnehmers beruht und der Unternehmer die Unrichtigkeit dieser Angaben auch bei Beachtung der Sorgfalt eines ordentlichen Kaufmanns nicht erkennen konnte. [2]In diesem Fall schuldet der Abnehmer die entgangene Steuer. [3]Die Frage, ob der Unternehmer die Unrichtigkeit der Angaben des Abnehmers auch bei Sorgfalt eines ordentlichen Kaufmanns nicht erkennen konnte, stellt sich erst dann, wenn der Unternehmer seinen Nachweispflichten nach §§ 17a ff. UStDV vollständig nachgekommen ist. [4]Entscheidend dabei ist, dass die vom Unternehmer vorgelegten Nachweise (buch- und belegmäßig) eindeutig und schlüssig auf die Ausführung einer innergemeinschaftlichen Lieferung hindeuten und dass der Unternehmer bei der Nachweisführung – insbesondere mit Blick auf die Unrichtigkeit der Angaben – der Sorgfaltspflicht des ordentlichen Kaufmanns genügte und in gutem Glauben war. [5]Die Steuerbefreiung nach § 6a Abs. 4 Satz 1 UStG setzt voraus, dass der Unternehmer den Nachweispflichten nach § 6a Abs. 3 UStG in Verbindung mit §§ 17a ff. UStDV als Voraussetzung für die Steuerbefreiung nach § 6a Abs. 4 Satz 1 UStG ihrer Art nach vollständig nachkommt. [6]Maßgeblich ist hierfür die formelle Vollständigkeit, nicht aber auch die inhaltliche Richtigkeit der Beleg- und Buchangaben, da § 6a Abs. 4 Satz 1 UStG das Vertrauen auf unrichtige Abnehmerangaben schützt (vgl. BFH-Urteil vom 12.5.2011, V R 46/10, BStBl. II S. 957).

(2) [1]„Abnehmer" im Sinne des § 6a Abs. 4 Satz 2 UStG ist derjenige, der den Unternehmer durch falsche Angaben getäuscht hat, d.h. derjenige, der gegenüber dem Unternehmer als (vermeintlicher) Erwerber aufgetreten ist. [2]Dieser schuldet die entgangene Steuer und die Steuer ist gegen ihn festzusetzen und ggf. zu vollstrecken (ggf. im Wege der Amtshilfe, da es sich bei den Betroffenen in der Regel um nicht im Inland ansässige Personen handelt). [3]Der (vermeintliche) Abnehmer im Sinne des § 6a Abs. 4 Satz 2 UStG muss nicht notwendigerweise mit der im Beleg- und Buchnachweis des Unternehmers als Leistungsempfänger dokumentierten Person übereinstimmen. [4]Liegen die Voraussetzungen für die Gewährung von Vertrauensschutz vor, ist eine Lieferung, die der Unternehmer als steuerfreie innergemeinschaftliche Lieferung behandelt hat, obwohl die Voraussetzungen nach § 6a Abs. 1 UStG nicht vorliegen, auch dann als steuerfrei anzusehen, wenn eine Festsetzung der Steuer nach § 6a Abs. 4 Satz 2 UStG gegen den Abnehmer nicht möglich ist, z. B. weil dieser sich dem Zugriff der Finanzbehörde entzogen hat.

(3) Die örtliche Zuständigkeit des Finanzamts für die Festsetzung der entgangenen Steuer ergibt sich aus § 21 Abs. 1 AO und der UStZustV.[1)]

(4) [1]Der gute Glaube im Sinne des § 6a Abs. 4 UStG bezieht sich allein auf unrichtige Angaben über die in § 6a Abs. 1 UStG bezeichneten Voraussetzungen (Unternehmereigenschaft des Abnehmers, Verwendung des Liefergegenstands für sein Unternehmen, körperliche Warenbewegung in den anderen Mitgliedstaat). [2]Er bezieht sich nicht auch auf die Richtigkeit der nach § 6a Abs. 3 UStG in Verbindung mit §§ 17a ff. UStDV vom Unternehmer zu erfüllenden Nachweise (vgl. BFH-Urteil vom 12.5.2011, V R 46/10, BStBl. II S. 957).

---

1) **Steuergesetze** Nr. **519**.

(5) [1]Die Erfüllung des Beleg- und Buchnachweises gehört zu den Sorgfaltspflichten eines ordentlichen Kaufmanns. [2]Deshalb stellt sich die Frage, ob der Unternehmer die Unrichtigkeit der Angaben des Abnehmers auch bei Sorgfalt eines ordentlichen Kaufmanns nicht erkennen konnte, erst dann, wenn der Unternehmer seinen Nachweispflichten nach §§ 17a bis 17d UStDV vollständig nachgekommen ist. [3]Allerdings kann die Gewährung von Vertrauensschutz im Einzelfall in Betracht kommen, wenn der Unternehmer eine unrichtige USt-IdNr. aufgezeichnet hat, dies jedoch auch bei Beachtung der Sorgfalt eines ordentlichen Kaufmanns nicht erkennen konnte (z.B. weil der Bestimmungsmitgliedstaat die USt-IdNr. des Abnehmers rückwirkend für ungültig erklärt hat). [4]Der Unternehmer trägt die Feststellungslast, dass er die Sorgfalt eines ordentlichen Kaufmanns beachtet hat.

(6) [1]War die Unrichtigkeit einer USt-IdNr. erkennbar und hat der Unternehmer dies nicht erkannt (z.B. weil das Bestätigungsverfahren nicht oder zu einem späteren Zeitpunkt als dem des Umsatzes durchgeführt wird), genügt dies nicht der Sorgfaltspflicht eines ordentlichen Kaufmanns. [2]Gleiches gilt in Fällen, in denen der Abnehmer oder dessen Beauftragter den Gegenstand der Lieferung befördert und der liefernde Unternehmer die Steuerbefreiung in Anspruch nimmt, ohne über eine schriftliche Versicherung des Abnehmers zu verfügen, den Gegenstand der Lieferung in einen anderen Mitgliedstaat befördern zu wollen.

(7) [1]An die Nachweispflichten sind besonders hohe Anforderungen zu stellen, wenn der vermeintlichen innergemeinschaftlichen Lieferung ein Barkauf zu Grunde liegt. [2]In Fällen dieser Art ist es dem Unternehmer auch zumutbar, dass er sich über den Namen, die Anschrift des Abnehmers und ggf. über den Namen, die Anschrift und die Vertretungsmacht eines Vertreters des Abnehmers vergewissert und entsprechende Belege vorlegen kann. [3]Wird der Gegenstand der Lieferung von einem Vertreter des Abnehmers beim liefernden Unternehmer abgeholt, reicht die alleinige Durchführung eines qualifizierten Bestätigungsverfahrens nach § 18e UStG über die vom Abnehmer verwendete USt-IdNr. nicht aus, um den Sorgfaltspflichten eines ordentlichen Kaufmanns zu genügen. [4]Auffällige Unterschiede zwischen der Unterschrift des Abholers unter der Empfangsbestätigung auf der Rechnung und der Unterschrift auf dem vorgelegten Personalausweis können Umstände sein, die den Unternehmer zu besonderer Sorgfalt hinsichtlich der Identität des angeblichen Vertragspartners und des Abholers veranlassen müssen (vgl. BFH-Urteil vom 14.11. 2012, XI R 17/12, BStBl. 2013 II S. 407).

(8) [1]Die Vertrauensschutzregelung ist auf Fälle, in denen der Abnehmer in sich widersprüchliche oder unklare Angaben zu seiner Identität macht, von vornherein nicht anwendbar. [2]Bei unklarer Sachlage verstößt es stets gegen die einem ordentlichen Kaufmann obliegenden Sorgfaltspflichten, wenn der liefernde Unternehmer diese Unklarheiten bzw. Widersprüchlichkeiten aus Unachtsamkeit gar nicht erkennt oder im Vertrauen auf diese Angaben die weitere Aufklärung unterlässt. [3]Für einen Vertrauensschutz ist nur dort Raum, wo eine Täuschung des liefernden Unternehmers festgestellt werden kann.

(9) [1]Für die Inanspruchnahme des Vertrauensschutzes nach § 6a Abs. 4 Satz 1 UStG muss der Lieferer in gutem Glauben handeln und alle Maßnah-

men ergreifen, die vernünftigerweise verlangt werden können, um sicherzustellen, dass der von ihm getätigte Umsatz nicht zu seiner Beteiligung an einer Steuerhinterziehung führt. [2]Dabei sind alle Gesichtspunkte und tatsächlichen Umstände umfassend zu berücksichtigen. [3]Danach kann sich die zur Steuerpflicht führende Bösgläubigkeit auch aus Umständen ergeben, die nicht mit den Beleg- und Buchangaben zusammenhängen (vgl. BFH-Urteil vom 25.4.2013, V R 28/11, BStBl. II S. 656).

Zu § 6b UStG

6b.1[1)] Lieferung in ein Lager im Sinne des § 6b UStG im Gemeinschaftsgebiet (Konsignationslagerregelung)

Allgemeines

(1) [1]§ 6b UStG beinhaltet eine Vereinfachungsregelung für Lieferungen in ein Lager zu Abrufzwecken im Gemeinschaftsgebiet (Konsignationslagerregelung). [2]Lager im Sinne des § 6b UStG (vgl. Artikel 17a Abs. 1 MwStSystRL) sind Warenlager, in welche der liefernde Unternehmer oder ein von ihm beauftragter Dritter Gegenstände aus dem Gebiet eines Mitgliedstaates (Abgangsmitgliedstaat) in das Gebiet eines anderen Mitgliedstaates (Bestimmungsmitgliedstaat) in einen zum Verbleib gedachten Bestand und zur Entnahme nach eigenem Ermessen durch einen dem liefernden Unternehmer bekannten Erwerber befördert oder versendet. [3]Für die Anwendung der Konsignationslagerregelung müssen dem Unternehmer aufgrund einer vertraglichen Vereinbarung im Sinne des Absatzes 3 zum Beginn der Beförderung oder Versendung die folgenden Angaben des Erwerbers bekannt sein:

- der vollständige Name,
- die vollständige Adresse,
- die dem Erwerber vom Bestimmungsmitgliedstaat erteilte USt-IdNr.

(2) [1]Die Vereinfachungsregelung nach § 6b UStG kommt nicht in Betracht, wenn der Unternehmer im Bestimmungsmitgliedstaat ansässig ist, d. h. wenn er dort seinen Sitz, seine Geschäftsleitung oder eine Betriebsstätte (vgl. Abschnitt 3a.1 Abs. 3) oder in Ermangelung eines Sitzes, einer Geschäftsleitung oder einer Betriebsstätte seinen Wohnsitz oder gewöhnlichen Aufenthalt hat. [2]Dies gilt unabhängig davon, ob eine der vorgenannten Ansässigkeitsformen am Liefergeschehen beteiligt ist. [3]Bereits ein im Eigentum des Unternehmers befindliches Lager oder ein durch den Unternehmer angemietetes oder gepachtetes Lager, welches mit eigenen Mitteln (z. B. mit eigenem Personal), aus dem Bestimmungsmitgliedstaat betrieben wird, begründet eine solche Ansässigkeit. [4]Eine alleinige Registrierung für mehrwertsteuerliche Zwecke im Bestimmungsmitgliedstaat begründet jedoch noch keine Ansässigkeit.

(3) [1]Die vertragliche Vereinbarung mit dem dem liefernden Unternehmer bekannten späteren Erwerber muss die Verschaffung der Verfügungsmacht zu einem späteren Zeitpunkt als dem der Beendigung der Beförderung oder Versendung vorsehen. [2]Ausreichend ist ein (Rahmen-)Vertrag, der die Modalitäten bestimmt, unter denen der Erwerber zur Entnahme der im Bestand des

---

1) A 6b.1 UStAE eingef. durch BMF v. 10.12.2021, BStBl. I 2021, 2492; Anwendungsregelung siehe Anlage 8.

Lagers befindlichen Waren berechtigt, aber nicht verpflichtet, ist. [3]Hat der spätere Erwerber vor dem Zeitpunkt der Entnahme des Liefergegenstandes diesen bereits verbindlich bestellt oder bezahlt, kann die Vereinfachungsregelung nach § 6b UStG unter den übrigen Voraussetzungen angewendet werden, wenn der liefernde Unternehmer und der spätere Erwerber deren Anwendung z. B. in einem Rahmenvertrag vereinbaren. [4]Für Fälle, in denen § 6b UStG bereits dem Grunde nach keine Anwendung findet, gelten die Regelungen in Abschnitt 1a.2 Abs. 6 Satz 6 bzw. Abschnitt 3.12 Abs. 3 Satz 8 sowie Abs. 7 Satz 1; in den Fällen des § 6b Abs. 3 und 6 UStG sind die Regelungen in Abschnitt 1a.2 Abs. 6 Satz 6 bzw. Abschnitt 3.12 Abs. 3 Satz 8 sowie Abs. 7 Satz 1 jedoch nicht anzuwenden.

Beispiel:

[1]Beim belgischen Automobilhersteller Z mit Sitz in Belgien werden im Februar 02 Motorenteile von einem deutschen Zulieferer A mit Sitz in Köln eingelagert, die Z zuvor bei A verbindlich bestellt hat. [2]Nach einem entsprechenden Rahmenvertrag soll die Vereinfachungsregelung nach § 6b UStG Anwendung finden und die Verfügungsmacht an den Motorenteilen erst im Zeitpunkt der Entnahme durch Z auf Z übergehen. [3]Aufgrund erheblicher Produktionsverzögerungen erfolgt die Entnahme der Motorenteile durch Z erst im März 03. [4]Bereits am Tag nach Ablauf der 12-Monatsfrist im Februar 03 tritt die Rechtsfolge nach § 6b Abs. 3 UStG ein, sodass die Beförderung oder Versendung durch A als das einer innergemeinschaftlichen Lieferung gleichgestellte Verbringen nach § 6b Abs. 3 UStG in Verbindung mit § 6a Abs. 2 und § 3 Abs. 1a Satz 1 UStG gilt. [5]A muss sich spätestens im Zeitpunkt, in dem das Ereignis (am Tag nach Ablauf der 12-Monatsfrist) eintritt, unverzüglich im Bestimmungsmitgliedstaat für Mehrwertsteuerzwecke registrieren lassen und die Erteilung einer USt-IdNr. beantragen (vgl. Absätze 15 und 17).

[5]Für ein Lager im Sinne des § 6b UStG können auch Vereinbarungen mit mehreren bekannten Erwerbern geschlossen werden. [6]Sind entsprechende Vereinbarungen mit mehreren Erwerbern geschlossen, muss für jeden Erwerber entsprechend des § 22 Abs. 4f und 4g UStG sichergestellt sein, dass die Gegenstände dem jeweiligen Erwerber eindeutig und klar zugeordnet werden können. [7]Zur Ersetzung eines Erwerbers siehe Absatz 6.

(4) [1]Ein Lager im Sinne des § 6b UStG kann zum Beispiel ein Konsignationslager oder ein Auslieferungslager sein. [2]Ein Lager nach Satz 1, in welches die Gegenstände der Lieferung gelangen, muss nicht zwingend ein Lager im Sinne eines Gebäudes sein. [3]Eine Zwischenlagerung der Gegenstände in einem Lager im Sinne des § 6b UStG kann an jedem räumlich und physisch bestimmbaren Ort erfolgen, für den ein vorhandener Inhaber gegeben ist und für den die eingelagerten Gegenstände der Art und Menge nach bestimmbar sind. [4]Die Angaben müssen mit den Aufzeichnungen nach § 22 Abs. 4f UStG übereinstimmen. [5]Hierzu zählen sowohl ortsfeste Behälterlager für körperliche Gegenstände in flüssigem oder gasförmigem Aggregatzustand, z. B. ortsfeste Tanklager (oberirdisch oder unterirdisch), als auch jeder andere räumlich und physisch bestimmbare Ort (z. B. Eisenbahnwaggons, Container, Trailer oder Binnenschiffe), wenn hinreichend nachgewiesen wird, dass es sich um ein Lager im Sinne des § 6b UStG handelt (vgl. hierzu § 22 Abs. 4f Nr. 6 UStG). [6]Für eine leichte und eindeutige Nachprüfbarkeit muss daher für jeden Zeitpunkt bis zur Entnahme mit hinreichender Sicherheit leicht und einwandfrei aus den Aufzeichnungen im Sinne des § 22 Abs. 4f UStG erkennbar sein, wo sich die Gegenstände bis zum Zeitpunkt der Entnahme durch den Erwerber befinden.

Erwerber (= Abnehmer) der Lieferung (§ 6b Abs. 1 UStG)

(5) [1]Erwerber einer Lieferung nach § 6b Abs. 1 UStG kann nur sein, wer im Zeitpunkt des Abschlusses der Vereinbarung nach § 6b Abs. 1 Nr. 1 UStG Unternehmer ist und die Gegenstände für sein Unternehmen erwerben will. [2]Auch ein Kommissionär kann als berechtigter Erwerber fungieren. [3]Ein Sitz, eine Geschäftsleitung oder eine Betriebsstätte (vgl. Abschnitt 3a.1 Abs. 3) oder in Ermangelung eines Sitzes, einer Geschäftsleitung oder einer Betriebsstätte ein Wohnsitz oder gewöhnlicher Aufenthalt im Bestimmungsmitgliedstaat ist nicht Voraussetzung. [4]Der dem liefernden Unternehmer bekannte und zur Entnahme der Gegenstände berechtigte Erwerber muss zum Zwecke der Inanspruchnahme der Konsignationslagerregelung die ihm vom Bestimmungsmitgliedstaat erteilte USt-IdNr. verwenden. [5]Hinsichtlich der Auslegung des Begriffs der Verwendung der von einem anderen Mitgliedsstaat erteilten und gültigen USt-IdNr. siehe Abschnitt 3a.2 Abs. 10 Sätze 2 bis 10. [6]Die Verwendung einer anderen als vom Bestimmungsmitgliedstaat erteilten USt-IdNr. schließt die Anwendung des § 6b UStG hingegen aus.

Wechsel des Erwerbers (§ 6b Abs. 5 UStG)

(6) [1]Wird der berechtigte Erwerber durch einen anderen Erwerber innerhalb von 12 Monaten ersetzt, müssen alle Voraussetzungen des Absatzes 1 Satz 3 erfüllt sein. [2]Die vertragliche Vereinbarung für die Substitution muss zudem bereits am Tag des Wirksamwerdens des Erlöschens der bisherigen Vereinbarung wirksam abgeschlossen sein. [3]Es ist auch möglich, dass der neue Erwerber nur über einen Teil der sich im Lager im Sinne des § 6b UStG befindlichen Gegenstände eine Vereinbarung abschließt. [4]Auch hier gelten die Regelungen der klaren und eindeutigen Identifizierbarkeit der Gegenstände (vgl. Absatz 3 Satz 6). [5]Durch den Wechsel eines Erwerbers wird die 12-Monatsfrist nach § 6b Abs. 3 UStG (vgl. auch Absatz 15 Satz 2) nicht verlängert. [6]Die Frist beginnt im Zeitpunkt der ersten Ankunft der Waren im Lager (Einlagerung) im anderen Mitgliedstaat, in den sie versendet oder befördert wurden (vgl. Absatz 15 Satz 2). [7]Eine im Rahmen der Substitution erfolgende Beförderung durch den Unternehmer an einen anderen Lagerort im Bestimmungsmitgliedstaat bleibt unschädlich und verlängert nicht die 12-Monatsfrist nach § 6b Abs. 3 UStG (vgl. auch Absatz 15 Satz 2). [8]Wegen der Melde- und Aufzeichnungspflichten im Falle eines Wechsels des Erwerbers wird auf die Abschnitte 18a.1 und 18a.3 sowie 22.3b verwiesen.

Beispiel 1:

[1]Der deutsche Zulieferer A befördert im Rahmen einer Lagerabrufvereinbarung mit Unternehmer B (berechtigter Erwerber) ab Februar 01 Motorenteile in ein Lager in Frankreich. [2]Im September desselben Jahres ändern Zulieferer A und Unternehmer B ihre Vereinbarung für den Teil der Motorenteile, die von Unternehmer B noch nicht entnommen wurden. [3]Diese Motorenteile verbleiben im Lager. [4]Gleichzeitig schließt Zulieferer A mit Unternehmer C (weiterer berechtigter Erwerber) eine Vereinbarung über die noch im Lager befindlichen Motorenteile ab. [5]C entnimmt diese Motorenteile im November und Dezember 01.

[6]Im Februar 01 hat A die Beförderung der Motorenteile aufzuzeichnen und in der ZM die verwendete USt-IdNr. des Unternehmers B anzugeben. [7]Auch der Lagerhalter muss im Februar 01 die Ankunft der Waren im Bestand registrieren. [8]Für die entnommenen Motorenteile durch Unternehmer B gilt jeweils im Zeitpunkt der Entnahme für A die Annahme einer innergemeinschaftlichen Lieferung und für B die eines innergemeinschaftlichen Erwerbes

(§ 6b Abs. 2 UStG). [9]Ab dem Zeitpunkt der Änderung der Vereinbarung im September 01 tritt die Rechtsfolge des § 6b Abs. 2 UStG für A und B nicht mehr ein. [10]Die Ersetzung des B durch C nach § 6b Abs. 5 UStG ist von A nach § 22 Abs. 4f UStG aufzuzeichnen und in der ZM anzugeben. [11]C hat seine ihm vom Bestimmungsmitgliedstaat erteilte USt-IdNr. gegenüber A zu verwenden. [12]Bei Entnahme der Motorenteile durch C im November und Dezember 01 tritt die Rechtsfolge des § 6b Abs. 2 UStG ein.

Beispiel 2:

[1]Sachverhalt wie in Beispiel 1, jedoch erfolgt die neue Vereinbarung mit Unternehmer C erst im Oktober 01. [2]Alle Ausführungen in Beispiel 1 Sätze 1 bis 9 finden analog Anwendung. [3]Die Vereinbarung mit C im Oktober 01 stellt jedoch für die bereits im Lager befindlichen Motorenteile keine wirksame Ersetzung im Sinne des § 6b Abs. 5 UStG dar, da die vertragliche Vereinbarung mit dem neuen Erwerber C nicht bereits am Tag des Wirksamwerdens des Erlöschens der bisherigen Vereinbarung mit B abgeschlossen war. [4]Die Beförderung oder Versendung durch A in sein Lager gilt am Tag des Wegfalls der Voraussetzungen nach § 6b Abs. 1 UStG im September 01 als ein einer innergemeinschaftlichen Lieferung gleichgestelltes Verbringen nach § 6b Abs. 6 in Verbindung mit § 6a Abs. 2 und § 3 Abs. 1a Satz 1 UStG. [5]A unterliegt somit einer unverzüglichen Registrierungspflicht im Bestimmungsmitgliedstaat.

Gelangen eines Gegenstandes aus dem Abgangsmitgliedstaat in den Bestimmungsmitgliedstaat

(7) [1]Die Beförderung (vgl. § 3 Abs. 6 Satz 2 UStG) oder Versendung (vgl. § 3 Abs. 6 Satz 3 UStG) in den Bestimmungsmitgliedstaat muss durch den Unternehmer oder durch einen von ihm beauftragten Dritten erfolgen. [2]Übernimmt der spätere Erwerber den Transport, darf dies für die Anwendung der Konsignationslagerregelung nur ausdrücklich und erkennbar im Namen des liefernden Unternehmers erfolgen, und ohne dass dem späteren Erwerber bereits die Verfügungsmacht an dem Gegenstand verschafft wird. [3]Hiervon kann regelmäßig ausgegangen werden, wenn entsprechende Vereinbarungen z. B. in einem Rahmenvertrag aufgenommen wurden.

(8) [1]Bei dem Gegenstand, der vom Erwerber aus dem Lager im Sinne des § 6b UStG entnommen wird, muss es sich um denselben Gegenstand handeln, der aus dem Abgangsmitgliedstaat in das Lager im Sinne des § 6b UStG im Bestimmungsmitgliedstaat befördert oder versendet worden ist. [2]Die Verwendung des Gegenstandes vor Entnahme durch den Erwerber für eine Werklieferung oder Werkleistung (vgl. Abschnitt 3.8) des Unternehmers führt zum Ausschluss der Vereinfachungsregelung nach § 6b UStG.

(9) Für den Ort der Lieferung im Sinne des § 6b Abs. 1 UStG gilt Abschnitt 3.12 Abs. 1 Satz 1 entsprechend.

(10) Bestimmungsmitgliedstaat und Abgangsmitgliedstaat sind die unionsrechtlichen Inlandsgebiete der übrigen EU-Mitgliedstaaten und das Inland der Bundesrepublik Deutschland im Sinne des § 1 Abs. 2 Satz 1 UStG (vgl. Abschnitt 1.10).

(11) [1]Für Lieferungen eines im Drittland ansässigen Unternehmers aus einem Mitgliedstaat in ein Lager im Sinne des § 6b UStG in einem anderen Mitgliedstaat (Bestimmungsmitgliedstaat) kann die Konsignationslagerregelung angewendet werden. [2]Voraussetzung ist die Registrierung für mehrwertsteuerliche Zwecke des Unternehmers im Abgangsmitgliedstaat. [3]Auf die tatsächliche Ansässigkeit der Vertragsparteien ist nicht abzustellen. [4]Der Unternehmer kann auch Gegenstände, die zur Einlagerung und Entnahme durch einen oder mehrere berechtigte(n) Erwerber in einem Lager im Sinne des § 6b UStG

bestimmt sind, aus verschiedenen anderen Mitgliedstaaten in das Lager im Sinne des § 6b UStG im Bestimmungsmitgliedstaat befördern oder versenden.

(12) Eine Kombination der Steuerbefreiung nach § 5 Abs. 1 Nr. 3 UStG (Einfuhr mit anschließender steuerfreier innergemeinschaftlicher Lieferung) mit einer Beförderung/Versendung in ein Lager im Sinne des § 6b UStG ist nicht möglich, da es hier an einer unmittelbar ausgeführten innergemeinschaftlichen Lieferung fehlt.

Verbleiben im Bestimmungsmitgliedstaat

(13) [1]Die Konsignationslagerregelung setzt ein Verbleiben des Liefergegenstandes im Bestimmungsmitgliedstaat vom Zeitpunkt der Einlagerung bis zur Entnahme durch den Erwerber voraus. [2]Eine der Entnahme des Liefergegenstandes aus dem Lager im Sinne des § 6b UStG nachfolgende Lieferung des Erwerbers über die Grenzen des Bestimmungsmitgliedstaates hinaus, ist unschädlich. [3]Die Beförderung oder Versendung in ein anderes im Bestimmungsmitgliedstaat gelegenes Lager im Sinne des § 6b UStG vor Entnahme aus dem ursprünglichen Lager durch den Erwerber führt ebenfalls nicht zum Ausschluss dieser Regelung. [4]Die Beförderung oder Versendung in ein Lager im Sinne des § 6b UStG in einem anderen als dem vereinbarten Mitgliedstaat setzt eine Rücklieferung (§ 6b Abs. 4 UStG) voraus (vgl. Absatz 18). [5]Erfolgt der Verzicht auf die Rücklieferung und werden die Gegenstände unmittelbar in einen weiteren Mitgliedstaat oder ins Drittland befördert oder versendet, tritt die Rechtsfolge nach § 6b Abs. 6 UStG ein.

Reihengeschäfte

(14) Bei Reihengeschäften (§ 3 Abs. 6a UStG) kommt die Vereinfachungsregelung nach § 6b UStG nicht in Betracht, da bei Reihengeschäften im Rahmen der Warenbewegung dem Erwerber bereits die Verfügungsmacht an dem Gegenstand der Lieferung verschafft wird.

12-Monatsfrist (§ 6b Abs. 3 UStG)

(15) [1]Die Vereinfachungsregelung nach § 6b UStG setzt eine Entnahme des Gegenstandes aus dem Lager im Sinne des § 6b UStG durch den berechtigten Erwerber binnen eines Zeitraums von 12 Monaten voraus (12-Monatsfrist nach § 6b Abs. 3 UStG). [2]Der Zeitraum von 12 Monaten beginnt am Tag nach Beendigung des Warentransportes im Bestimmungsmitgliedstaat (Einlagerung im Lager). [3]Für die Berechnung der Frist gelten die Grundsätze der Artikel 2 und 3 der Verordnung (EWG, Euratom) Nr. 1182/71 vom 3.6.1971; § 108 Abs. 1 AO findet insoweit keine Anwendung. [4]Der Unternehmer hat die Einhaltung der Frist durch Angabe des Tags der Einlagerung und des Tags der Entnahme (Lieferung im Sinne des § 6b Abs. 2 UStG) nachzuweisen. [5]Der Inhalt und der Umfang der Aufzeichnungspflichten ergibt sich aus § 22 Abs. 4f UStG.

Beispiel:

[1]Der deutsche Zulieferer A befördert im Rahmen einer Lagerabrufvereinbarung mit Unternehmer B (berechtigter Erwerber) ab Januar 01 Motorenteile in ein Lager in Frankreich. [2]Ein Warentransport beginnt am Donnerstag, 14.1.01, von Deutschland nach Frankreich und trifft

am selben Tag am Lagerort in Frankreich ein. [3]Die Motorenteile werden ebenfalls am 14.1.01 eingelagert. [4]Die 12-Monatsfrist beginnt nach Artikel 3 Abs. 1 Unterabs. 2 der Verordnung (EWG, Euratom) Nr. 1182/71 vom 3.6.1971 am Freitag, 15.1.01. [5]Grundsätzlich würde diese nach Artikel 3 Abs. 2 Buchstabe c der Verordnung (EWG, Euratom) Nr. 1182/71 vom 3.6.1971 am Sonnabend, 15.1.02, enden, aufgrund Artikel 2 Abs. 1 Unterabs. 2 der Verordnung (EWG, Euratom) Nr. 1182/71 vom 3.6.1971 endet diese am Montag, 17.1.02. [6]Die Rechtsfolge nach § 6b Abs. 3 UStG tritt somit am Tag nach Ablauf der 12-Monatsfrist am Dienstag, 18.1.02 ein (siehe Absatz 17).

(16) [1]Aus Vereinfachungsgründen wird es für Waren besonderer Form (Flüssigkeiten, Gase, Schüttgüter) nicht beanstandet, wenn für Zwecke der Fristberechnung das Verfahren FIFO „First in – First out" angewendet wird. [2]Dieses Verfahren kann auch für andere identische und eindeutig identifizierbare Waren, die nicht als Massengüter anzusehen sind, zur Anwendung kommen. [3]Für identische Waren verschiedener liefernder Unternehmen in einem Lager im Sinne des § 6b UStG ist das Verfahren auf den Bestand eines jeden liefernden Unternehmers gesondert anzuwenden.

(17) [1]Wird die Lagerfrist nach § 6b Abs. 3 UStG überschritten und liegt keine der Voraussetzungen des § 6b Abs. 6 UStG vor, ist für die Waren am Tag nach Ablauf der 12-Monatsfrist ein einer innergemeinschaftlichen Lieferung gleichgestelltes Verbringen im Sinne des § 6a Abs. 2 in Verbindung mit § 3 Abs. 1a UStG anzunehmen. [2]Hieraus ergibt sich für den Unternehmer die Pflicht zur unverzüglichen Registrierung in dem Mitgliedstaat, in dem sich das Lager im Sinne des § 6b UStG befindet. [3]Dies gilt auch dann, wenn das im Bestimmungsmitgliedstaat einem innergemeinschaftlichen Erwerb gleichgestellte Verbringen steuerbefreit wäre. [4]Gegebenenfalls besteht, in Abhängigkeit von den Bestimmungen in dem Mitgliedstaat, in dem sich das Lager im Sinne des § 6b UStG befindet, die Möglichkeit, einen Fiskalvertreter zu beauftragen. [5]Bemessungsgrundlage für das der innergemeinschaftlichen Lieferung und dem innergemeinschaftlichen Erwerb gleichgestellte Verbringen ist der Einkaufspreis zuzüglich der Nebenkosten für den Gegenstand oder mangels eines Einkaufspreises die Selbstkosten, jeweils zum Zeitpunkt des Umsatzes und ohne Umsatzsteuer (§ 10 Abs. 4 Satz 1 Nr. 1 UStG).

Beispiel:

[1]Sachverhalt wie in Beispiel 1 zu Absatz 6, jedoch entnimmt Unternehmer C die Waren erst im April 02. [2]Alle Ausführungen in Absatz 6 Beispiel 1 Sätze 1 bis 11 finden analog Anwendung. [3]Jedoch wurde für die verbliebenen Motorenteile im Lager die 12-Monatsfrist überschritten (siehe § 6b Abs. 3 UStG), sodass am Tag nach Ablauf des Zeitraums von 12 Monaten die Beförderung oder Versendung durch A als das einer innergemeinschaftlichen Lieferung gleichgestellte Verbringen nach § 6b Abs. 3 UStG in Verbindung mit § 6a Abs. 2 und § 3 Abs. 1a Satz 1 UStG gilt. [4]A muss sich spätestens im Zeitpunkt, in dem das Ereignis (am Tag nach Ablauf der 12-Monatsfrist) eintritt, unverzüglich im Bestimmungsmitgliedstaat für Mehrwertsteuerzwecke registrieren lassen und die Erteilung einer USt-IdNr. beantragen. [5]Nur dann und bei Vorliegen der übrigen tatbestandlichen Voraussetzungen, etwa der Abgabe einer zutreffenden ZM, kann eine Steuerbefreiung im Sinne des § 4 Nr. 1 Buchstabe b UStG für dieses innergemeinschaftliche Verbringen nach § 6b Abs. 3 in Verbindung mit § 6a Abs. 2 UStG vorliegen.

Rückausnahme durch Rücklieferung (§ 6b Abs. 4 UStG)

(18) [1]Nach § 6b Abs. 4 UStG gilt § 6b Abs. 3 UStG in den Fällen nicht, in denen der Unternehmer die beabsichtigte Lieferung nicht bewirkt hat und der Gegenstand binnen 12 Monaten (zur Fristberechnung vgl. Absatz 15) nach

Einlagerung im Lager im Sinne des § 6b UStG im Bestimmungsmitgliedstaat in den Abgangsmitgliedstaat zurückbefördert bzw. -versendet wird und der Beginn der Rückbeförderung bzw. -versendung (Rücklieferung) nach § 22 Abs. 4f Nr. 14 UStG aufgezeichnet worden ist. 2 Wegen der Meldepflichten im Falle einer Rücklieferung wird auf die Abschnitte 18a.1 und 18a.3 verwiesen.

Ausschluss der Vereinfachungsregelung (§ 6b Abs. 6 UStG)

(19) 1 Die Fiktion nach § 6b Abs. 2 UStG findet nach ihrem Sinn und Zweck nur auf diejenigen Lieferungen Anwendung, für die die Voraussetzungen nach § 6b Abs. 1 und 5 UStG innerhalb von 12 Monaten nach Ende der Beförderung oder Versendung in den Bestimmungsmitgliedsstaat vorliegen. 2 Durch die Nichterfüllung einer dieser Voraussetzungen kann der liefernde Unternehmer erreichen, dass die Vereinfachungsregelung nach § 6b UStG keine Anwendung findet. 3 Die Anwendung der Regelung ist gegenstandsbezogen. 4 Ein Ausschluss der Vereinfachungsregelung für eine bestimmte Lieferung eines oder mehrerer Gegenstände führt daher nicht zur grundsätzlichen Versagung der Regelung für weitere Lieferungen von Gegenständen in ein Lager im Sinne des § 6b UStG.

(20) 1 Unter § 6b Abs. 6 Satz 2 UStG fallen Lieferungen, bei denen ein anderer Erwerber als der nach § 6b Abs. 1 Nr. 1 oder Abs. 5 UStG die Verfügungsmacht an dem Gegenstand erhält. 2 Die Voraussetzungen nach § 6b Abs. 1 und 5 UStG gelten an dem Tag vor der Lieferung als nicht mehr erfüllt. 3 In diesem Fall liegt stets ein einer innergemeinschaftlichen Lieferung gleichgestelltes Verbringen vor.

(21) 1 Nach § 6b Abs. 6 Satz 3 UStG kommt § 6b Abs. 2 UStG ebenfalls nicht zur Anwendung, wenn der Gegenstand der Lieferung vor der Lieferung oder bei Lieferung in einen anderen Mitgliedstaat als den Abgangsmitgliedstaat oder in das Drittland befördert oder versendet wird. 2 Vielmehr liegt in diesem Fall am Tag vor der Beförderung oder Versendung ein einer innergemeinschaftlichen Lieferung gleichgestelltes Verbringen vor. 3 Soll ein sich bereits in einem Lager im Sinne des § 6b UStG im Bestimmungsmitgliedstaat befindlicher Gegenstand vor Lieferung aus diesem Lager in ein in einem anderen Mitgliedstaat gelegenes Lager im Sinne des § 6b UStG befördert oder versendet werden, bedarf es zur Vermeidung der Ausschlussregelung des § 6b Abs. 6 Satz 3 in Verbindung mit Satz 2 UStG einer Rücklieferung nach § 6b Abs. 4 UStG in den Abgangsmitgliedstaat (vgl. Absätze 13 und 18).

(22) 1 In den Fällen des § 6b Abs. 6 Satz 4 UStG, in denen der Gegenstand nach dem Ende der Beförderung oder Versendung in das Lager im Sinne des § 6b UStG und vor dem Zeitpunkt der Lieferung durch Zerstörung, Verlust oder Diebstahl verloren geht, ist die Anwendung des § 6b Abs. 2 UStG grundsätzlich ausgeschlossen. 2 Die Voraussetzungen nach § 6b Abs. 1 und 5 UStG gelten an dem Tag, an dem die Zerstörung, der Verlust oder der Diebstahl festgestellt wird, als nicht mehr erfüllt. 3 Gewöhnliche, branchenübliche, sich aus den Erfahrungen der letzten Lagerungsjahre ergebende Mengenverluste von Gegenständen, die aufgrund ihrer Beschaffenheit oder infolge unvorhersehbarer Umstände nach dem Ende der Beförderung oder Versendung

und vor dem Zeitpunkt der Lieferung entstanden sind, gelten als sog. „kleine Verluste“, für die § 6b Abs. 6 Satz 4 UStG keine Anwendung findet. [4]Von „kleinen Verlusten“ ist im Regelfall auszugehen, wenn diese wert- oder mengenmäßig weniger als 5% des Gesamtbestands (Freigrenze) der identischen Gegenstände betragen, der an dem Tag der Zerstörung, des Verlustes oder des Diebstahls oder, falls ein solcher Tag nicht bestimmt werden kann, an dem Tag, an dem die Zerstörung oder das Fehlen der Gegenstände erkannt worden ist, festgestellt wurde.

Beispiel:

[1]Der deutsche Zulieferer A befördert im Rahmen einer Lagerabrufvereinbarung mit Unternehmer B (berechtigter Erwerber) ab Februar 01 5000 Motorenteile in ein Lager im Sinne des § 6b UStG in Frankreich. [2]Am 2.10.01 werden 6000 Motorenteile bei einem Diebstahl entwendet und im Rahmen der Inventur stellt A im Dezember 01 fest, dass von den jährlich gelieferten 60 000 Motorenteilen 300 Stück durch Rost unbrauchbar geworden sind. [3]Am Tag der Inventur befinden sich noch 10 000 Motorenteile im Lager. [4]Aus den Unterlagen des A ist zu entnehmen, dass in den Jahren 00 und 01 bereits jährlich 300 bis 400 Motorenteile selbige Mängel durch Verrostung aufgewiesen haben.

[5]Im Februar 01 hat A die Beförderung der 5 000 Motorenteile aufzuzeichnen und in der ZM die verwendete USt-IdNr. des Unternehmers B anzugeben. [6]Für die 6 000 entwendeten Motorenteile tritt am 2.10.01 die Rechtsfolge nach § 6b Abs. 6 Satz 4 UStG ein und die Lieferung gilt als ein einer innergemeinschaftlichen Lieferung gleichgestelltes Verbringen nach § 6b Abs. 6 in Verbindung mit § 6a Abs. 2 und § 3 Abs. 1a Satz 1 UStG. [7]A unterliegt für die 6000 Motorenteile somit einer unverzüglichen Registrierungspflicht im Bestimmungsmitgliedstaat und muss die Erteilung einer USt-IdNr. beantragen. [8]Für den im Dezember 01 im Rahmen der Inventur festgestellten Verlust der 300 Motorenteile tritt aus Vereinfachungsgründen (weniger als 5% des Gesamtbestandes der am Tag der Feststellung im Lager befindlichen identischen Gegenstände) die Rechtsfolge des § 6b Abs. 6 UStG nicht ein. [9]A unterläge nur für die 300 Motorenteile nicht einer Registrierungspflicht im Bestimmungsmitgliedstaat. [10]A ist bereits durch den Diebstahl im Bestimmungsland zur Registrierung verpflichtet, eine Meldung für den „kleinen“ Verlust der 300 Motorenteile muss nicht erfolgen.

(23) [1]Für alle in den Absätzen 19 bis 22 eintretenden Fälle, in denen ein einer innergemeinschaftlichen Lieferung gleichgestelltes Verbringen anzunehmen ist, sind Absatz 17 Sätze 2 bis 5 entsprechend anzuwenden; zur Anwendung der Steuerbefreiung nach § 4 Nr. 1 Buchstabe b UStG gelten die Grundsätze des Beispiels in Absatz 17 entsprechend. [2]Die steuerliche Registrierung im Bestimmungsmitgliedstaat ist bis zum Erhalt der USt-IdNr. anhand geeigneter Unterlagen nachzuweisen.

Konsequenzen des Austritts des Vereinigten Königreichs Großbritannien und Nordirland aus der Europäischen Union

(24) [1]Das Vereinigte Königreich Großbritannien und Nordirland ist mit Ablauf des 31.12.2020 Drittlandsgebiet. [2]Allerdings wird Nordirland für die Umsatzbesteuerung des Warenverkehrs auch nach dem 31.12.2020 als zum Gemeinschaftsgebiet gehörig behandelt; vgl. Abschnitt 1.10 Abs. 3. [3]Die Absätze 1 bis 23 gelten demnach nicht für die Lieferung gemäß § 6b UStG, deren Warentransport durch Beförderung oder Versendung nach dem 31.12.2020 in das oder aus dem Vereinigten Königreich Großbritannien (ohne Nordirland) erfolgt. [4]Für die Entnahme der Waren, die vor dem 1.1.2021 eingelagert wurden und für die die Voraussetzungen nach § 6b Abs. 1 UStG vorliegen, wird bei einer Entnahme nach dem 31.12.2020 im Zeitpunkt der Entnahme die Lieferung an den Erwerber einer innergemeinschaftlichen Lie-

ferung (§ 6a UStG) gleichgestellt, unabhängig davon, ob das Lager im Sinne des § 6b UStG in dem Vereinigten Königreich Großbritannien (ohne Nordirland) oder in Deutschland belegen ist. [5]Für die entsprechenden Lieferungen können keine Angaben in der ZM gemacht werden. [6]Es sind jedoch die Aufzeichnungen entsprechend § 22 Abs. 4f und 4g UStG vorzuhalten und aufzubewahren. [7]Für einen Gegenstand, der vor dem 1.1.2021 im Rahmen der Konsignationslagerregelung aus dem Vereinigten Königreich Großbritannien (ohne Nordirland) in ein Lager im Sinne des § 6b UStG in einen Bestimmungsmitgliedstaat befördert oder versendet worden ist, für den der liefernde Unternehmer die beabsichtigte Lieferung nicht innerhalb der Frist bewirkt hat und der Gegenstand binnen 12 Monaten (zur Fristberechnung vgl. Absatz 15) nach Einlagerung im Bestimmungsmitgliedstaat in den Abgangsmitgliedstaat zurückbefördert oder -versendet wird (siehe § 6b Abs. 4 UStG), gelten die Regelungen für Ausfuhrlieferungen im Sinne des § 6 UStG. [8]Für Fälle im Sinne des § 6b Abs. 6 UStG, deren Warenbeförderung oder -versendung aus dem oder in das Vereinigte(n) Königreich Großbritanniens (ohne Nordirland) vor dem 1.1.2021 endet, gilt Satz 3 entsprechend. [9]Für Waren, die nicht innerhalb der 12-Monatsfrist (letzter Stichtag: 31.12.2021) durch den Erwerber entnommen wurden, wird aus Vereinfachungsgründen auf eine Anwendung des § 6b Abs. 3 UStG verzichtet, sofern sich aus den Aufzeichnungen nach § 22 Abs. 4f und 4g UStG ergibt, dass sich die Gegenstände weiterhin im Vereinigten Königreich Großbritannien (ohne Nordirland) befinden und keine Anzeichen für einen Betrug vorliegen. [10]Darüber hinausgehende zusätzliche Verpflichtungen bestehen nicht.

6b.2[1)] Nachweis der Voraussetzungen der Konsignationslagerregelung nach § 6b UStG

Nachweise (Allgemeines)

(1) Wegen des Belegnachweises und der Aufzeichnungspflichten im Zeitpunkt der Entnahme der Waren (§ 6b Abs. 2 UStG) wird auf Abschnitt 22.3b verwiesen.

(2) Hinsichtlich der Verpflichtungen zur Abgabe der ZM siehe Abschnitte 4.1.2 Abs. 2 und 3, 18a.1 Abs. 1 und 2, 18a.2 Abs. 7 und 18a.3 Abs. 1 und 2.

Zu § 7 UStG
(§§ 12 und 13 UStDV)

7.1 Lohnveredelung an Gegenständen der Ausfuhr

(1) [1]Die Befreiungstatbestände in § 7 Abs. 1 Satz 1 Nr. 1 und 2 UStG entsprechen den Befreiungstatbeständen bei der Steuerbefreiung für Ausfuhrlieferungen in § 6 Abs. 1 Satz 1 Nr. 1 und 2 UStG. [2]Die Ausführungen in Abschnitt 6.1 Abs. 1 und 2 gelten deshalb entsprechend.

[1)] A 6b.2 UStAE eingef. durch BMF v. 10.12.2021, BStBl. I 2021, 2492; Anwendungsregelung siehe Anlage 8.

(1a) [1]Hat der Unternehmer den zu bearbeitenden oder zu verarbeitenden Gegenstand in die in § 1 Abs. 3 UStG bezeichneten Gebiete, d. h. in einen Freihafen oder in die Gewässer oder Watten zwischen der Hoheitsgrenze und der jeweiligen Strandlinie (vgl. Abschnitt 1.9 Abs. 3) befördert oder versendet, liegt bei ausländischen Auftraggebern (§ 7 Abs. 2 UStG) eine Lohnveredelung nach § 7 Abs. 1 Satz 1 Nr. 3 Buchstabe a UStG vor. [2]Bei Auftraggebern, die im Inland oder in den bezeichneten Gebieten nach § 1 Abs. 3 UStG ansässig sind, liegt eine Lohnveredelung nach § 7 Abs. 1 Satz 1 Nr. 3 Buchstabe b UStG vor, wenn der Auftraggeber den bearbeiteten oder verarbeiteten Gegenstand für Zwecke seines Unternehmens verwendet (vgl. Abschnitt 15.2b). [3]Der Auftraggeber erwirbt im Allgemeinen den zu bearbeitenden oder zu verarbeitenden Gegenstand für Zwecke seines Unternehmens, wenn der beabsichtigte unternehmerische Verwendungszweck im Zeitpunkt des Beginns der Beförderung oder Versendung überwiegt. [4]Bei der Be- oder Verarbeitung von vertretbaren Sachen, die der Auftraggeber sowohl für unternehmerische als auch für nichtunternehmerische Zwecke verwendet, ist der Anteil, der auf den unternehmerischen Erwerbszweck entfällt, durch eine Aufteilung entsprechend den Erwerbszwecken zu ermitteln.

(2) [1]Voraussetzung für die Steuerbefreiung bei jedem der Befreiungstatbestände ist, dass der Auftraggeber den zu bearbeitenden oder zu verarbeitenden Gegenstand zum Zwecke der Bearbeitung oder Verarbeitung in das Gemeinschaftsgebiet eingeführt oder zu diesem Zweck in diesem Gebiet erworben hat (§ 7 Abs. 1 Satz 1 UStG). [2]Die Bearbeitung oder Verarbeitung braucht nicht der ausschließliche Zweck für die Einfuhr oder für den Erwerb zu sein. [3]Die Absicht, den Gegenstand bearbeiten oder verarbeiten zu lassen, muss jedoch bei dem Auftraggeber bereits zum Zeitpunkt der Einfuhr oder des Erwerbs bestehen. [4]Eine Einfuhr durch den Auftraggeber liegt auch dann vor, wenn dieser den zu bearbeitenden oder zu verarbeitenden Gegenstand von dem Unternehmer im Drittlandsgebiet abholen lässt.

(3) [1]Die Voraussetzung der Einfuhr eines Gegenstands zum Zwecke seiner Bearbeitung oder Verarbeitung ist insbesondere in den folgenden Fällen als erfüllt anzusehen:

1. Der Gegenstand wurde in einer zollamtlich bewilligten aktiven Veredelung – einschließlich einer Ausbesserung – veredelt.

Beispiel 1:

[1]Der im Inland ansässigen Weberei W ist von der zuständigen Zollstelle eine aktive Veredelung (Artikel 256 UZK)[1)] mit Garnen zum Verweben für den in der Schweiz ansässigen Trachtenverein (nicht unternehmerisch tätiger Auftraggeber) S bewilligt worden. [2]S versendet zu diesem Zweck Garne an W. [3]Die Garne werden zollamtlich zur aktiven Veredelung abgefertigt. [4]Für ihre Einfuhr werden keine Einfuhrabgaben erhoben. [5]W verwebt die Garne, meldet die hergestellten Gewebe zur Wiederausfuhr an und sendet sie an S in die Schweiz zurück.

2. [1]Der eingeführte Gegenstand wurde in die Überlassung zum zollrechtlich freien Verkehr übergeführt. [2]Die Einfuhrumsatzsteuer ist entstanden.

[1)] **Zölle und Verbrauchsteuern** Nr. **1**.

Beispiel 2:

[1] Der in der Schweiz ansässige Auftraggeber S (Nichtunternehmer) beauftragt die im Inland ansässige Weberei W mit dem Verweben von Garnen. [2] S versendet zu diesem Zweck Garne an W. [3] Da es sich auf Grund des vorliegenden Präferenznachweises um eine zollfreie Einfuhr handelt und W zum Vorsteuerabzug berechtigt ist, wird keine aktive Veredelung bewilligt. [4] W verwebt die Garne und sendet die Gewebe an S in die Schweiz zurück. [5] Die für die Einfuhr der Garne entstandene Einfuhrumsatzsteuer kann W als Vorsteuer abziehen (vgl. Abschnitt 15.8 Abs. 8).

3. Das Bestimmungsland hat für die Wiedereinfuhr des bearbeiteten oder verarbeiteten Gegenstands Einfuhrabgaben, z.B. Zoll oder Einfuhrumsatzsteuer, erhoben.

Beispiel 3:

[1] Der im Drittlandsgebiet wohnhafte Kfz-Besitzer K hat seinen Personenkraftwagen zur Reparatur durch eine Kraftfahrzeugwerkstatt im Inland eingeführt. [2] Die Reparatur besteht in einer Werkleistung. [3] Der Kraftwagen ist bei der Einfuhr konkludent (Artikel 139 Abs. 1 UZK-DA)[1)] in die vorübergehende Verwendung (Artikel 250 UZK)[1)] übergeführt worden. [4] Die Einfuhr in das Inland kann deshalb nicht durch zollamtliche Belege einer deutschen Zollstelle nachgewiesen werden. [5] Das Wohnsitzland hat jedoch bei der Wiedereinfuhr des reparierten Kraftfahrzeugs Einfuhrabgaben erhoben.

[2] Wegen des in den in Satz 1 Nummern 1 bis 3 genannten Sachverhalten zu führenden buchmäßigen Nachweises wird auf Abschnitt 7.3 Abs. 2 hingewiesen.

(4) [1] Bei Beförderungsmitteln und Transportbehältern, die ihrer Art nach von einem ausländischen Auftraggeber nur für unternehmerische Zwecke verwendet werden können – z.B. Binnenschiffe für gewerbliche Zwecke, Eisenbahnwagen, Container, Kraftomnibusse, Lastkraftwagen, Anhänger, Tankauflieger, Tanksattelschlepper und Tankcontainer – kann unterstellt werden, dass sie nicht nur zu Transportzwecken, sondern regelmäßig auch zur Wartung, Reinigung und Instandsetzung eingeführt werden. [2] In diesen Fällen braucht deshalb der Einfuhrzweck nicht nachgewiesen zu werden.

(5) [1] Die Voraussetzung des Erwerbs im Gemeinschaftsgebiet zum Zwecke der Bearbeitung oder Verarbeitung ist bei einem Gegenstand insbesondere als erfüllt anzusehen, wenn

1. das Bestimmungsland für die Einfuhr des bearbeiteten oder verarbeiteten Gegenstands Einfuhrabgaben, z.B. Zoll, Einfuhrumsatzsteuer, erhoben hat, die nach dem Wert des eingeführten Gegenstands, einschließlich der durch die Bearbeitung oder Verarbeitung eingetretenen Wertsteigerung, berechnet worden sind, oder
2. der Gegenstand unmittelbar vom Lieferer an den beauftragten Unternehmer oder – im Falle der Bearbeitung oder Verarbeitung durch mehrere Beauftragte – vom vorangegangenen Beauftragten an den nachfolgenden Beauftragten gelangt ist.

[2] Zum buchmäßigen Nachweis wird auf Abschnitt 7.3 Abs. 2 hingewiesen.

(6) [1] In der Regel liegt keine Einfuhr zum Zwecke der Bearbeitung oder Verarbeitung vor, wenn ein Gegenstand, der in das Inland gelangt ist, hier

---

1) **Zölle und Verbrauchsteuern** Nr. **4** bzw **1**.

wider Erwarten reparaturbedürftig geworden und deshalb bearbeitet oder verarbeitet worden ist. [2]Die Steuerbefreiung kommt hiernach z. B. nicht in Betracht, wenn ein im Drittlandsgebiet zugelassenes Kraftfahrzeug während einer Fahrt im Inland unerwartet repariert werden musste. [3]Entsprechendes gilt, wenn ein Gegenstand, z. B. ein Kraftwagen, den ein ausländischer Abnehmer im Inland erworben hat, hier vor der Ausfuhr genutzt wurde und während dieser Zeit wider Erwarten repariert werden musste.

(7) [1]Der bearbeitete oder verarbeitete oder – im Falle der Werkleistung nach § 3 Abs. 10 UStG – der überlassene Gegenstand kann durch einen weiteren Beauftragten oder mehrere weitere Beauftragte des Auftraggebers oder eines folgenden Auftraggebers vor der Ausfuhr bearbeitet oder verarbeitet worden sein. [2]Die Ausführungen in Abschnitt 6.1 Abs. 5 gelten hierzu entsprechend.

7.2 Ausfuhrnachweis[1)]

(1) [1]Die für den Ausfuhrnachweis bei Ausfuhrlieferungen maßgebenden Vorschriften sind entsprechend anzuwenden. [2]Auf die Ausführungen in den Abschnitten 6.5 bis 6.8 wird hingewiesen. [3]Hat der Unternehmer einen anderen Unternehmer (Subunternehmer) mit der Bearbeitung oder Verarbeitung beauftragt und befördert oder versendet dieser den bearbeiteten, verarbeiteten oder überlassenen Gegenstand in das Drittlandsgebiet, kann die Ausfuhr in diesen Fällen durch eine Versandbestätigung nachgewiesen werden. [4]Die Versandbestätigung des versendenden Vertreters kann auch auf elektronischem Weg übermittelt werden; bei einer elektronischen Übermittlung der Versandbestätigung ist eine Unterschrift nicht erforderlich, sofern erkennbar ist, dass die elektronische Übermittlung im Verfügungsbereich des Ausstellers begonnen hat. [5]Abschnitt 6a.4 Abs. 3 Satz 2 und Abs. 6 ist entsprechend anzuwenden.

(2) Beziehen sich die Bearbeitungen oder Verarbeitungen auf Binnenschiffe, die gewerblichen Zwecken dienen, Eisenbahnwagen oder Container ausländischer Auftraggeber (vgl. Abschnitt 7.1 Abs. 4), kann der Unternehmer den Nachweis der Ausfuhr dadurch erbringen, dass er neben dem Namen und der Anschrift des ausländischen Auftraggebers und des Verwenders, wenn dieser nicht der Auftraggeber ist, Folgendes aufzeichnet:

1. bei Binnenschiffen, die gewerblichen Zwecken dienen, den Namen und den Heimathafen des Schiffes,
2. bei Eisenbahnwagen das Kennzeichen der ausländischen Eisenbahnverwaltung und die Nummer des Eisenbahnwagens und
3. bei Containern das Kennzeichen des Behälters.

(3) [1]Wird der Nachweis der Einfuhr zum Zwecke der Bearbeitung oder Verarbeitung durch Hinweis auf die Belege über die Bezahlung der Einfuhrabgaben des Bestimmungslandes geführt (vgl. Abschnitt 7.3 Abs. 2 Nr. 3), kann dieser Nachweis zugleich als Ausfuhrnachweis angesehen werden.

[1)] Zur Mitwirkung der Zolldienststellen vgl. BMF v. 16.10.1997 IV C 4 – S 7134 – 78/97, UR 1998, 37, geänd. durch BMF v. 21.6.2006 IV A 6 – S 7134 – 21/06.

[2]Eines weiteren Nachweises für die Ausfuhr bedarf es in diesen Fällen nicht mehr.

7.3 Buchmäßiger Nachweis

(1) [1]Die Ausführungen zum buchmäßigen Nachweis bei Ausfuhrlieferungen in Abschnitt 6.10 Abs. 1 bis 6 gelten entsprechend. [2]Ist der Gegenstand durch mehrere Unternehmer – Beauftragte – nacheinander bearbeitet oder verarbeitet worden (vgl. Abschnitt 7.1 Abs. 7), muss jeder dieser Unternehmer die Voraussetzungen der Steuerbefreiung einschließlich der Einfuhr oder des Erwerbs im Gemeinschaftsgebiet zum Zwecke der Bearbeitung oder Verarbeitung buchmäßig nachweisen.

(2) Der Nachweis der Einfuhr oder des Erwerbs für Zwecke der Bearbeitung und Verarbeitung muss in den Fällen des Abschnitts 7.1 Abs. 3 und 5 wie folgt geführt werden:

1. in den Fällen der aktiven Lohnveredelung (vgl. Abschnitt 7.1 Abs. 3 Satz 1 Nr. 1) durch Hinweis auf die zollamtlichen Belege über die Anmeldung der Waren zur Veredelung und über die Abmeldung der Waren aus der Veredelung;
2. [1]in den Fällen der Einfuhrbesteuerung (vgl. Abschnitt 7.1 Abs. 3 Satz 1 Nr. 2) durch Hinweis auf den zollamtlichen Beleg über die Entstehung der Einfuhrumsatzsteuer. [2]Im Falle der Bearbeitung oder Verarbeitung durch mehrere Unternehmer – Beauftragte – genügt bei den nachfolgenden Beauftragten ein Hinweis auf eine Bescheinigung des vorangegangenen Beauftragten, worin dieser die Entstehung der Einfuhrumsatzsteuer bestätigt hat;
3. in den Fällen der Erhebung von Einfuhrabgaben durch das Bestimmungsland (vgl. Abschnitt 7.1 Abs. 3 Satz 1 Nr. 3 und Abs. 5 Satz 1 Nr. 1) durch Hinweis auf die bei dem Unternehmer vorhandenen Belege oder ihre beglaubigten Abschriften über die Bezahlung der Einfuhrabgaben des Bestimmungslands;
4. in den Fällen, in denen der im Gemeinschaftsgebiet erworbene Gegenstand unmittelbar vom Lieferer an den Unternehmer – Beauftragten – oder von dem vorangegangenen Beauftragten an den nachfolgenden Beauftragten gelangt ist (vgl. Abschnitt 7.1 Abs. 5 Satz 1 Nr. 2), durch Hinweis auf die Durchschrift der Ausfuhrbestätigung für Umsatzsteuerzwecke in Bearbeitungs- oder Verarbeitungsfällen.

(3) [1]Bei der Bearbeitung, z. B. Wartung, Reinigung oder Instandsetzung, eines Kraftfahrzeuges eines ausländischen Auftraggebers kann der Unternehmer den Nachweis der Einfuhr des Kraftfahrzeuges zum Zwecke dieser Bearbeitung auch in anderer Weise führen. [2]In Betracht kommen z. B. Hinweise auf eine schriftliche Anmeldung des Auftraggebers zur Reparatur oder auf eine Bescheinigung einer ausländischen Behörde, dass das Kraftfahrzeug bei einem Unfall im Drittlandsgebiet beschädigt worden ist. [3]Diese Regelung gilt jedoch nur dann, wenn nach den Umständen des Einzelfalls keine ernsthaften Zweifel daran bestehen, dass der Auftraggeber das Kraftfahrzeug zum Zwecke der Bearbeitung eingeführt hat.

7.4 Abgrenzung zwischen Lohnveredelungen im Sinne des § 7 UStG und Ausfuhrlieferungen im Sinne des § 6 UStG

[1]Die Steuerbefreiung für Ausfuhrlieferungen kommt für Werklieferungen an eingeführten oder im Gemeinschaftsgebiet erworbenen Gegenständen – anders als die Steuerbefreiung nach § 4 Nr. 1 Buchstabe a, § 7 UStG bei Werkleistungen (Lohnveredelungen) – ohne Rücksicht darauf in Betracht, zu welchem Zweck die Gegenstände eingeführt oder erworben worden sind. [2]Deshalb ist für die Frage, ob für einen Umsatz Steuerfreiheit gewährt werden kann, insbesondere bei Reparaturen beweglicher körperlicher Gegenstände häufig von entscheidender Bedeutung, ob der Umsatz eine Werklieferung (§ 3 Abs. 4 UStG) oder eine Werkleistung darstellt. [3]Zur Abgrenzung zwischen Werklieferung und Werkleistung allgemein und bei Reparaturen beweglicher körperlicher Gegenstände vgl. Abschnitt 3.8.

Zu § 8 UStG
(§ 18 UStDV)

8.1 Umsätze für die Seeschifffahrt

(1) [1]Die Steuerbefreiung nach § 4 Nr. 2, § 8 Abs. 1 UStG ist grundsätzlich davon abhängig, dass die Umsätze unmittelbar an Betreiber eines Seeschiffes oder an die Gesellschaft zur Rettung Schiffbrüchiger bewirkt werden. [2]Die Lieferung eines Wasserfahrzeuges im Sinne des § 8 Abs. 1 Nr. 1 UStG ist auch dann umsatzsteuerfrei, wenn die Lieferung an einen Unternehmer erfolgt, der das Wasserfahrzeug zum Zweck der Überlassung an einen Betreiber eines Seeschiffes oder die Gesellschaft zur Rettung Schiffbrüchiger zu deren ausschließlicher Nutzung erwirbt und diese Zweckbestimmung im Zeitpunkt der Lieferung endgültig feststeht und vom liefernden Unternehmer nachgewiesen wird (vgl. EuGH-Urteil vom 19.7.2012, C-33/11, A). [3]Die Steuerbefreiung kann sich nicht auf Umsätze auf den vorhergehenden Stufen erstrecken, wenn im Zeitpunkt dieser Leistungen deren endgültige Verwendung für den Bedarf eines konkreten, eindeutig identifizierbaren Seeschiffes ihrem Wesen nach nicht feststeht; steht jedoch im Zeitpunkt der Leistung deren endgültige Verwendung für den Bedarf eines solchen Seeschiffes fest und ist die endgültige Zweckbestimmung der Leistung bereits aufgrund der Befolgung der steuerlichen Buchführungs- und Aufzeichnungspflichten (Beleg- und Buchnachweis) sowie der Befolgung der Aufbewahrungspflichten und nicht erst durch besondere Kontroll- und Überwachungsmechanismen nachvollziehbar, kann sich die Steuerbefreiung auch auf vorhergehende Stufen erstrecken (vgl. EuGH-Urteile vom 14.9.2006, C-181/04 bis C-183/04, Elmeka,[1)] und vom 19.7.2012, C-33/11, A). [4]Auch Dienstleistungen im Bereich des Beladens und Entladens eines Seeschiffes können steuerfrei sein, wenn sie nicht unmittelbar an den Betreiber eines Seeschiffes, sondern auf einer vorhergehenden Stufe erbracht werden, wie etwa eine von einem Unterauftragnehmer an einen Auftraggeber erbrachte Be- oder Entladeleistung, die dieser dann einem Speditions- oder Transportunternehmen weiterberechnet. [5]Auch

---

1) HFR 2006, 1171.

können Be- und Entladedienstleistungen steuerfrei sein, die an den Verfügungsberechtigten der Schiffsladung, etwa deren Ausführer oder Einführer, erbracht werden (vgl. EuGH-Urteil vom 4.5.2017, C-33/16, A, BStBl. II S. 1027).[1] [6]Unter den Begriff „Betreiber" fallen unter Berücksichtigung des unionsrechtlichen Umfangs der Befreiung von Umsätzen für die Seeschifffahrt sowohl Reeder als auch Bereederer von Seeschiffen, sofern die Leistungen unmittelbar dem Erwerb durch die Seeschifffahrt dienen. [7]Die Eigentumsverhältnisse sind für die Steuerbefreiung insoweit unerheblich. [8]Eine Zwischenlagerung von Lieferungsgegenständen im Sinne des § 8 Abs. 1 UStG ist ebenfalls unschädlich. [9]Chartervergütungen, die von Linienreedereien geleistet werden, die wiederum Bereederungsverträge mit Reedereien abschließen, sind als Gegenleistung für steuerbefreite Umsätze für die Seeschifffahrt anzusehen.

(2)[2] [1]Bei den begünstigten Schiffen (§ 8 Abs. 1 Nr. 1 UStG) muss es sich um bereits vorhandene Wasserfahrzeuge handeln, die nach ihrer Bauart dem Erwerb durch die Seeschifffahrt oder der Rettung Schiffbrüchiger dienen; maßgebend ist die zolltarifliche Einordnung. [2]Ein Wasserfahrzeug ist ab dem Zeitpunkt seiner Abnahme durch den Besteller als „vorhanden" anzusehen. [3]Zu den vorbezeichneten Schiffen gehören insbesondere Seeschiffe der Handelsschifffahrt, seegehende Fahrgast- und Fährschiffe, Fischereifahrzeuge und Schiffe des Seeschifffahrtshilfsgewerbes, z.B. Seeschlepper und Bugsierschiffe. [4]Nicht dazu gehören Wassersportfahrzeuge (vgl. BFH-Urteil vom 13.2.1992, V R 141/90, BStBl. II S. 576) und Behördenfahrzeuge. [5]Weitere Voraussetzung für die Steuerbefreiung ist, dass die nach ihrer Bauart begünstigten Wasserfahrzeuge auch tatsächlich ausschließlich oder überwiegend in der Erwerbsseeschifffahrt oder zur Rettung Schiffbrüchiger eingesetzt werden.[3] [6]Als Erwerbsseeschifffahrt ist die Schifffahrt seewärts des Küstenmeeres im Sinne des Seerechtsübereinkommens der Vereinten Nationen vom 10.12.1982 (BGBl. 1994 II S. 1798) und die Küstenfischerei nach Absatz 5 anzusehen. [7]Zur seewärtigen Abgrenzung veröffentlicht jeder Küstenstaat Seekarten oder Verzeichnisse geographischer Koordinaten (vgl. Art. 16 des Seerechtsübereinkommens der Vereinten Nationen, Bekanntmachung der Proklamation der Bundesregierung über die Ausweitung des deutschen Küstenmeeres vom 11.11.1994, BGBl. 1994 I S. 3428). [8]Die seewärtige Begrenzung des Küstenmeeres der Bundesrepublik Deutschland verläuft im Wesentlichen in einem Abstand von 12 Seemeilen, gemessen von der Niedrigwasserlinie und den geraden Basislinien und ergibt sich aus den Seegrenzkarten 2920 und 2921 (Bundesamt für Seeschifffahrt und Hydrographie). [9]In den Fällen der Reise-, Zeit-, Slot- und Bareboat-Vercharterung handelt es sich jeweils um eine steuerfreie Vercharterung eines Wasserfahrzeuges für die Seeschifffahrt nach

---

[1] MwStR 2017, 578.

[2] A 8.1 UStAE Abs. 2 Satz 1 und Sätze 5–7 neugef., neuer Satz 8 eingef., bish. Sätze 8–10 werden Sätze 9–11 durch BMF v. 15.6.2020, BStBl. I 2020, 580, anzuwenden in allen offenen Fällen, mit Übergangsregelung für **vor dem 1.1.2021** ausgeführte Umsätze: Anwendung der bish. Fassungen von Abs. 2 und 5, Anwendung bish. Abs. 4: **bis 31.3.2021** (BMF v. 18.12.2020, BStBl. I 2021, 64).

[3] Lieferung selbsthebender Offshore-Bohreinheiten ist kein steuerbefreiter Umsatz für die Seeschifffahrt, siehe EuGH v. 20.6.2019 C-291/18, MwStR 2019, 695.

§ 4 Nr. 2, § 8 Abs. 1 Nr. 1 UStG. [10] Wesentliches Merkmal dieser Verträge ist das Zurverfügungstellen eines Schiffes bzw. von Schiffsraum. [11] Lediglich die Beförderung im Rahmen von Stückgutverträgen wird als Güterbeförderung angesehen, deren Behandlung sich nach §§ 3a, 3b, 4 Nr. 3 UStG (vgl. Abschnitte 3b.3, 4.3.2 bis 4.3.4) richtet.

(3) Zu den Gegenständen der Schiffsausrüstung (§ 8 Abs. 1 Nr. 2 UStG) gehören:

1. die an Bord eines Schiffes zum Gebrauch mitgeführten in der Regel beweglichen Gegenstände, z. B. optische und nautische Geräte, Drahtseile und Tauwerk, Persenninge, Werkzeug und Ankerketten, nicht aber Transportbehälter, z. B. Container,
2. das Schiffszubehör, z. B. Rettungsboote und andere Rettungsvorrichtungen, Möbel, Wäsche und anderes Schiffsinventar, Seekarten und Handbücher, sowie
3. Teile von Schiffen und andere Gegenstände, die in ein bestimmtes nach § 8 Abs. 1 Nr. 1 UStG begünstigtes Wasserfahrzeug eingebaut werden sollen oder die zum Ersatz von Teilen oder zur Reparatur eines begünstigten Wasserfahrzeugs bestimmt sind; Absatz 2 Sätze 1 und 2 gilt entsprechend.

(4)[1)] Gegenstände zur Versorgung von Schiffen (§ 8 Abs. 1 Nr. 3 Satz 1 UStG) sind die technischen Verbrauchsgegenstände – z. B. Treibstoffe, Schmierstoffe, Farbe oder Putzwolle –, die sonstigen zum Verbrauch durch die Besatzungsmitglieder und die Fahrgäste bestimmten Gegenstände – z. B. Proviant, Genussmittel, Toilettenartikel, Zeitungen und Zeitschriften – und die Waren für Schiffsapotheken, Bordkantinen sowie Bordläden, wenn diese üblicherweise für den Gebrauch oder Verbrauch durch die Besatzungsmitglieder oder die Fahrgäste an Bord bestimmt sind.

(5)[2)] [1] Küstenfischerei (§ 8 Abs. 1 Nr. 3 Satz 2 UStG) ist die Fischerei, die in dem Gebiet des Küstenmeeres (vgl. Absatz 2 Satz 6) durchgeführt wird. [2] Unter Bordproviant sind die ausschließlich zum Verbrauch an Bord durch Besatzung und Passagiere bestimmten Waren (Mundvorrat) zu verstehen.

(6) [1] Bei der Versorgung ausländischer Kriegsschiffe (§ 8 Abs. 1 Nr. 4 UStG) kann davon ausgegangen werden, dass die Voraussetzung für die Steuerbefreiung stets erfüllt ist. [2] Bei der Versorgung von Kriegsschiffen der Bundeswehr ist die Voraussetzung durch einen Bestellschein, der die erforderlichen Angaben enthält, nachzuweisen. [3] Zu dem Begriff „Gegenstände zur Versorgung von Schiffen" gelten die Ausführungen in Absatz 4 entsprechend.

(7)[3)] [1] Zu den in § 8 Abs. 1 Nr. 5 UStG bezeichneten sonstigen Leistungen gehören, wenn die Voraussetzungen des Absatzes 1 erfüllt sind, insbesondere:

---

1) A 8.1 UStAE Abs. 4 neugef. durch BMF v. 26.3.2021, BStBl. I 2021, 385, anzuwenden auf nach dem 31.3.2021 ausgeführte Umsätze.

2) A 8.1 UStAE Abs. 5 Satz 1 neugef. durch BMF v. 15.6.2020, BStBl. I 2020, 580, anzuwenden in allen offenen Fällen, mit Übergangsregelung für **vor dem 1.1.2021** ausgeführte Umsätze (s. FN zu Abs. 2).

3) A 8.1 UStAE Abs. 7 Satz 2 geänd. durch BMF v. 22.7.2021, BStBl. I 2021, 1023, anzuwenden auf nach dem 31.12.2020 ausgeführte Umsätze, mit Übergangsregelung für **vor dem 1.10.2021** ausgeführte Umsätze, siehe Anlage 8.

1. [1]die Leistungen des **Schiffsmaklers,** soweit es sich hierbei nicht um Vermittlungsleistungen handelt. [2]Der Schiffsmakler vermittelt im Allgemeinen den Abschluss von Seefrachtverträgen. [3]Sein Aufgabenbereich bestimmt sich jedoch nicht allein nach den Vorschriften über den Handelsmakler (§§ 93 ff. HGB). [4]Nach der Verkehrsauffassung und Verwaltungsübung ist vielmehr davon auszugehen, dass er, im Gegensatz zum Handelsmakler, nicht nur von Fall zu Fall tätig wird, sondern auch ständig mit der Betreuung eines Schiffs betraut sein kann;
2. [1]die Leistungen des **Havariekommissars.** [2]Dieser ist in der Regel als Schadensagent für Versicherer, Versicherungsnehmer, Versicherte oder Beförderungsunternehmer tätig. [3]Er hat hauptsächlich die Aufgabe, die Interessen seines Auftraggebers wahrzunehmen, wenn bei Beförderungen Schäden an den Beförderungsmitteln oder ihren Ladungen eintreten;
3. [1]die Leistungen des **Schiffsbesichtigers.** [2]Dieser ist ein Sachverständiger, der Schiffe und Ladungen besichtigt oder der auf Wunsch der Beteiligten bei Schiffshavarien oder Ladungsschäden Gutachten über Ursache, Art und Umfang der Schäden anfertigt;
4. [1]die Leistungen des **Güterbesichtigers.** [2]Dieser ist ein Sachverständiger, der zu einer Güterbesichtigung im Falle von Transportschäden aus Anlass einer Güterbeförderung berufen ist. [3]Eine amtliche Bestellung ist nicht zu fordern;
5. [1]die Leistungen des **Dispacheurs.** [2]Seine Tätigkeit besteht in der Feststellung und Verteilung von Schäden in den Fällen der großen Havarie (§ 595 HGB);
6. [1]die Leistungen der **Hafenbetriebe.** [2]Hierzu gehören alle Unternehmen, die Leistungen erbringen, die in unmittelbarem Zusammenhang mit der Zweckbestimmung eines Hafens stehen;
7. [1]das **Schleppen.** [2]Diese Leistung wird auf Grund eines Dienst- oder Werkvertrags, z.B. Assistieren beim Ein- und Auslaufen, Einschleppen eines Schiffes in den Hafen, Verholen eines Schiffes innerhalb des Hafens, oder auf Grund eines Frachtvertrags im Sinne des § 527 HGB (Fortbewegung eines unbemannten Schiffes) bewirkt;
8. [1]das **Lotsen.** [2]Diese Leistung liegt vor, wenn ein Schiff auf See oder Wasserstraßen von einem orts- und schifffahrtskundigen Berater geleitet wird, der dieser Tätigkeit berufsmäßig auf Grund behördlicher Zulassung oder eines Lotsenpatents nachgeht;
9. [1]das **Bergen.** [2]Hierunter fallen alle Leistungen für ein Schiff, seine Besatzung oder Ladung, die den Anspruch auf Berge- oder Hilfslohn begründen (vgl. § 574 HGB);
10. [1]die **selbständigen Nebenleistungen** zu den in den Nummern 1 bis 8 bezeichneten Leistungen. [2]Haupt- und Nebenleistungen können von verschiedenen Unternehmern bewirkt werden;
11. [1]die Personalgestellung im Rahmen des sog. **Crew-Management.** [2]Dagegen fallen die Personalbewirtschaftungsleistungen schon deshalb nicht unter die Steuerbefreiung, weil sie nicht unmittelbar an Unternehmer der

Seeschifffahrt erbracht werden. [3]Die Personalvermittlung ist nach § 4 Nr. 5 UStG steuerfrei (vgl. Absatz 8);

12. die Vermietung (Leasing), das Be- und Entladen, das Lagern und die Reparatur von Seetransport-Containern, wenn sie für den unmittelbaren Bedarf der Schiffsladung bestimmt sind;
13. die **bewaffnete Sicherheitsbegleitung.**

[2]Im Übrigen ist Abschnitt 8.2 Abs. 7 und Abs. 8 auf die Umsätze für die Seeschifffahrt entsprechend anzuwenden.

(8) [1]Vermittlungsleistungen sind keine Leistungen für den unmittelbaren Bedarf der begünstigten Schiffe. [2]Das gilt auch dann, wenn sie von im Absatz 7 genannten Unternehmern erbracht werden. [3]Die Vermittlung der in § 8 UStG bezeichneten Umsätze ist jedoch unter den Voraussetzungen des § 4 Nr. 5 UStG steuerfrei.

(9) Sonstige Leistungen, die sich unmittelbar auf Gegenstände beziehen, die in das Drittlandsgebiet verbracht werden, oder die sich auf Gegenstände der Einfuhr in das Gebiet eines Mitgliedstaates der Europäischen Gemeinschaft beziehen, aber keine Leistungen für den unmittelbaren Bedarf der in § 8 Abs. 1 Nr. 1 und 2 UStG bezeichneten Wasserfahrzeuge darstellen, können nach § 4 Nr. 3 UStG unter den dort genannten Voraussetzungen steuerfrei sein.

8.2 Umsätze für die Luftfahrt

(1) Abschnitt 8.1 Abs. 1 bis 3 ist auf Umsätze für die Luftfahrt entsprechend anzuwenden.

(2) [1]Die Steuerbefreiung nach § 8 Abs. 2 Nr. 1 UStG ist davon abhängig, dass der Unternehmer nur in unbedeutendem Umfang nach § 4 Nr. 17 Buchstabe b UStG steuerfreie, auf das Inland beschränkte Beförderungen mit Luftfahrzeugen durchführt (vgl. Abschnitt 4.17.2). [2]Der Unternehmer führt dann steuerfreie, auf das Inland beschränkte Beförderungen mit Luftfahrzeugen in unbedeutendem Umfang durch, wenn die Entgelte für diese Umsätze im vorangegangenen Kalenderjahr nicht mehr als 1% der Entgelte seiner im jeweiligen Zeitraum ausgeführten Personenbeförderungen im Binnenluftverkehr und im internationalen Luftverkehr betragen oder die Anzahl der Flüge, bei denen nach § 4 Nr. 17 Buchstabe b UStG steuerfreie, auf das Inland beschränkte Beförderungen ausgeführt werden, im vorangegangenen Kalenderjahr nicht mehr als 1% der Gesamtzahl der ausgeführten Flüge des Unternehmers im Personenverkehr beträgt.

(3) [1]Von den Beförderungen im internationalen Luftverkehr im Sinne des § 8 Abs. 2 Nr. 1 UStG sind die Beförderungen zu unterscheiden, die sich ausschließlich auf das Inland erstrecken (Binnenluftverkehr). [2]Die Frage, welcher der beiden Verkehre überwiegt, bestimmt sich nach der Höhe der Entgelte für die Personen- und Güterbeförderungen im Luftverkehr. [3]Übersteigen bei einem Unternehmer, der ausschließlich – oder mit einem Unternehmensteil oder auch nur im Rahmen von Hilfsumsätzen – entgeltlichen Luftverkehr betreibt, die Entgelte für die Beförderungen im internationalen

Luftverkehr die Entgelte für die Beförderungen im Binnenluftverkehr, kommt für die Lieferungen usw. von Luftfahrzeugen, die zum Einsatz bei diesem Unternehmer bestimmt sind, die Steuerbefreiung in Betracht. 4 Auf den Zweck, für den das einzelne Flugzeug bestimmt ist oder verwendet wird – Einsatz im internationalen Luftverkehr oder im Binnenluftverkehr –, kommt es nicht an. 5 Bei den Luftverkehrsunternehmern mit Sitz im Ausland ist davon auszugehen, dass sie im Rahmen ihres entgeltlichen Luftverkehrs überwiegend internationalen Luftverkehr betreiben und nur in unbedeutendem Umfang nach § 4 Nr. 17 Buchstabe b UStG steuerfreie, auf das Inland beschränkte Beförderungen durchführen. 6 Bei den Luftverkehrsunternehmern mit Sitz im Inland kann diese Voraussetzung als erfüllt angesehen werden, wenn sie in der für den Besteuerungszeitraum maßgeblichen im Bundessteuerblatt veröffentlichten Liste aufgeführt sind.[1)] 7 Die Liste wird jeweils zu Beginn eines Kalenderjahres neu herausgegeben, soweit bis zu diesem Zeitpunkt Änderungen eingetreten sind. 8 Das Vorliegen einer aktiven Betriebsgenehmigung durch das Luftfahrtbundesamt kann ein Indiz dafür sein, dass das betreffende Unternehmen in die Liste aufgenommen werden kann, ist aber keine materiell-rechtliche Voraussetzung für die Anwendung der Steuerbefreiung nach § 8 Abs. 2 UStG.

(4)[2)] 1 Bis zur Aufnahme eines Unternehmers in die in Absatz 3 bezeichnete Liste gilt Folgendes: Haben die zuständigen Landesfinanzbehörden bei einem Unternehmer festgestellt, dass er im entgeltlichen Luftverkehr überwiegend internationalen Luftverkehr betreibt und nur in unbedeutendem Umfang nach § 4 Nr. 17 Buchstabe b UStG steuerfreie, auf das Inland beschränkte Beförderungsleistungen erbringt, erteilt das zuständige Finanzamt dem Unternehmer hierüber einen schriftlichen bis zum Ablauf des Kalenderjahres befristeten Bescheid. 2 Der Unternehmer kann anderen Unternehmern Ablichtungen oder Abschriften des Bescheids des Finanzamts übersenden und sie auf diese Weise unterrichten. 3 Die anderen Unternehmer sind berechtigt, diese Ablichtungen oder Abschriften bis zum Beginn des neuen Kalenderjahres für die Führung des buchmäßigen Nachweises zu verwenden.

(5) 1 Das Finanzamt prüft einmal jährlich, ob der in die Liste aufgenommene Unternehmer die Voraussetzungen hierfür noch erfüllt. 2 Ist der Unternehmer danach in die nächste Liste nicht mehr aufzunehmen, können andere Unternehmer aus Vereinfachungsgründen bei Umsätzen, die sie bis zum Beginn des neuen Kalenderjahres bewirken, noch davon ausgehen, dass der Unternehmer im entgeltlichen Luftverkehr überwiegend internationalen Luftverkehr betreibt und nur in unbedeutendem Umfang nach § 4 Nr. 17 Buchstabe b UStG steuerfreie, auf das Inland beschränkte Beförderungen durchführt.

(6)[3)] 1 Bezüglich der Begriffe „Ausrüstungsgegenstände" und „Versorgungsgegenstände" gelten die Ausführungen in Abschnitt 8.1 Abs. 3 und 4 entspre-

---

1) Ab **1.1.2021** siehe BMF v. 4.12.2020, BStBl. I 2020, 1340, ab **1.1.2022** siehe BMF v. 9.12.2021, BStBl. I 2021, 2489.

2) So die amtliche Satzzählung in Abs. 4.

3) A 8.2 UStAE Abs. 6 Satz 4 aufgeh. durch BMF v. 22.7.2021, BStBl. I 2021, 1023, anzuwenden auf nach dem 31.12.2020 ausgeführte Umsätze, mit Übergangsregelung für **vor dem 1.10.2021** ausgeführte Umsätze, siehe Anlage 8.

chend. [2]Jedoch ist es nicht erforderlich, dass der Unternehmer die Gegenstände zur Ausrüstung oder Versorgung eines bestimmten Luftfahrzeuges liefert. [3]Bei speziell nur für die Luftfahrt zu verwendenden Containern (z. B. für einen bestimmten Flugzeugtyp angefertigte Container) handelt es sich um Ausrüstungsgegenstände im Sinne von § 8 Abs. 2 Nr. 2 UStG.

(7)[1)] Zu den sonstigen Leistungen im Sinne des § 8 Abs. 2 Nr. 4 UStG gehören insbesondere:

1. die Duldung der Benutzung des Flughafens und seiner Anlagen einschließlich der Erteilung der Start- und Landeerlaubnis;
2. die Reinigung von Luftfahrzeugen;
3. die Umschlagsleistungen auf Flughäfen;
4. die Leistungen der Havariekommissare, soweit sie bei Beförderungen im Luftverkehr anlässlich von Schäden an den Beförderungsmitteln oder ihren Ladungen tätig werden (vgl. Abschnitt 8.1 Abs. 7 Satz 1 Nr. 2);
5. die mit dem Flugbetrieb zusammenhängenden sonstigen Leistungen auf Flughäfen, z. B. das Schleppen von Flugzeugen;
6. die sog. Standby-Leistungen selbständiger Piloten bei Vorliegen der sonstigen Voraussetzungen des § 8 Abs. 2 Nr. 4 UStG und
7. [1]die Leistungen für Zwecke der Luftsicherheitskontrollen zur Überprüfung von Fluggästen und deren Gepäck an eine Luftsicherheitsbehörde (§ 5 LuftSiG in Verbindung mit § 29 LuftVG)[2)] oder an einen zur Wahrnehmung der Luftsicherheitskontrollen Beliehenen (§ 16a LuftSiG). [2]Dies gilt auch für die Aufwendungen für den Erwerb, die Nutzung und die Erhaltung von Sicherheitseinrichtungen zur Fluggast- und Gepäckkontrolle (z. B. Körper- oder Gepäckscanner) und den Einkauf von Security-Leistungen.

(8)[1), 3)] [1]Nicht befreit nach § 4 Nr. 2, § 8 Abs. 2 Nr. 4 UStG sind insbesondere die folgenden sonstigen Leistungen:

1. [1]die Vermittlung von befreiten Umsätzen. [2]Es kann jedoch die Steuerbefreiung nach § 4 Nr. 5 UStG in Betracht kommen (vgl. Abschnitt 4.5.1 Abs. 3);
2. die Vermietung von Hallen für Werftbetriebe auf Flughäfen;
3. die Leistungen zu Kontrollzwecken des Flughafen- und Bodenpersonals sowie sonstige Bodendienstleistungen (z. B. die Reinigung des Flughafens), soweit sie nicht nach Absatz 7 Nr. 7 begünstigt sind;
4. die Beherbergung und Beköstigung von Besatzungsmitgliedern eines Luftfahrzeuges;
5. die Beförderung von Besatzungsmitgliedern, z. B. mit einem Taxi, vom Flughafen zum Hotel und zurück;

[1)] A 8.2 UStAE neuer Abs. 7 eingef., bish. Abs. 7 wird Abs. 8 und neugef. durch BMF v. 22.7.2021, BStBl. I 2021, 1023, anzuwenden auf nach dem 31.12.2020 ausgeführte Umsätze, mit Übergangsregelung für **vor dem 1.10.2021** ausgeführte Umsätze, siehe Anlage 8.

[2)] Luftverkehrsgesetz i. d. F. v. 10.5.2007, BGBl. I 2007, 698, zuletzt geänd. durch G v. 10.8.2021, BGBl. I 2021, 3436 (**Sartorius Ergänzungsband** Nr. **975**).

[3)] A 8.2 UStAE Abs. 8 Nr. 8 angef. durch BMF v. 26.4.2022, BStBl. I 2022, 655, anzuwenden in allen offenen Fällen, zur Übergangsregelung für **vor dem 1.7.2022** ausgeführte Leistungen siehe Anlage 8.

6. die Beherbergung und Beköstigung von Passagieren bei Flugunregelmäßigkeiten;
7. die Beförderung von Passagieren und des Fluggepäcks, z. B. mit einem Kraftfahrzeug, zu einem Ausweichflughafen und
8. die Zugangsberechtigung zu Warteräumen in Flughäfen (siehe Abschnitt 3a.3 Abs. 9 Nr. 2c).

8.3 Buchmäßiger Nachweis

(1) [1]Der Unternehmer hat die Voraussetzungen der Steuerbefreiung buchmäßig nachzuweisen. [2]Hierzu gelten die Ausführungen zu den Ausfuhrlieferungen entsprechend (vgl. Abschnitt 6.10 Abs. 1 bis 4).

(2) [1]Der Unternehmer soll nach § 18 UStDV neben den in § 13 Abs. 2 Nr. 1 bis 4 UStDV bezeichneten Angaben auch aufzeichnen, für welchen Zweck der Gegenstand der Lieferung oder die sonstige Leistung bestimmt ist. [2]Es genügt der Hinweis auf Urkunden, z. B. auf ein Schiffszertifikat, oder auf Belege, wenn sich aus diesen Unterlagen der Zweck eindeutig und leicht nachprüfbar ergibt. [3]In Zweifelsfällen kann der begünstigte Zweck durch eine Bestätigung desjenigen, bei dem er verwirklicht werden soll, nachgewiesen werden. [4]Soll der begünstigte Zweck bei einem Dritten verwirklicht werden (vgl. Abschnitt 8.1 Abs. 1 und Abschnitt 8.2 Abs. 1), sollen auch der Name und die Anschrift dieses Dritten aufgezeichnet sein.

(3) [1]Bei Reihengeschäften können ausländische Unternehmer in der Reihe den buchmäßigen Nachweis in der Regel nicht im Geltungsbereich des UStG erbringen. [2]In diesen Fällen ist zur Vermeidung von Unbilligkeiten das Fehlen des Nachweises nicht zu beanstanden.

Zu § 9 UStG

9.1 Verzicht auf Steuerbefreiungen (§ 9 Abs. 1 UStG)[1)]

(1) [1]Ein Verzicht auf Steuerbefreiungen (Option) ist nur in den Fällen des § 4 Nr. 8 Buchstaben a bis g, Nr. 9 Buchstabe a, Nr. 12, 13 oder 19 UStG zulässig. [2]Der Unternehmer hat bei diesen Steuerbefreiungen die Möglichkeit, seine Entscheidung für die Steuerpflicht bei jedem Umsatz einzeln zu treffen. [3]Zu den Aufzeichnungspflichten wird auf Abschnitt 22.2 Abs. 4 hingewiesen.

(2) [1]Der Verzicht auf die Steuerbefreiung ist in den Fällen des § 19 Abs. 1 Satz 1 UStG nicht zulässig (§ 19 Abs. 1 Satz 4 UStG). [2]Für Unternehmer, die ihre Umsätze aus land- und forstwirtschaftlichen Betrieben nach den Vorschriften des § 24 UStG versteuern, findet § 9 UStG keine Anwendung (§ 24 Abs. 1 Satz 2 UStG). [3]Ferner ist § 9 UStG in den Fällen der unentgeltlichen Wertabgabe nach § 3 Abs. 1b Satz 1 Nr. 1 und 2 UStG nicht anzuwenden.[2)]

---

1) Zum Vorsteuerabzug aus den Herstellungskosten einer in 1993/1994 errichteten und stpfl. vermieteten Sporthalle vgl. BFH v. 11.3.2009 XI R 71/07, BStBl. II 2010, 209.

2) Hinweis auf A 3.2 Abs. 2 UStAE.

(3) [1]Die Erklärung zur Option nach § 9 UStG sowie die Rücknahme dieser Option sind zulässig, solange die Steuerfestsetzung für das Jahr der Leistungserbringung anfechtbar oder auf Grund eines Vorbehalts der Nachprüfung nach § 164 AO noch änderbar ist (vgl. BFH-Urteile vom 19.12.2013, V R 6/12, BStBl. 2017 II S. 837, und V R 7/12, BStBl. 2017 II S. 841). [2]Im Rahmen einer Geschäftsveräußerung im Ganzen kommt eine Option grundsätzlich nicht in Betracht. [3]Gehen die Parteien jedoch im Rahmen des notariellen Kaufvertrags übereinstimmend von einer Geschäftsveräußerung im Ganzen aus und beabsichtigen sie lediglich für den Fall, dass sich ihre rechtliche Beurteilung später als unzutreffend herausstellt, eine Option zur Steuerpflicht, gilt diese vorsorglich und im Übrigen unbedingt im notariellen Kaufvertrag erklärte Option als mit Vertragsschluss wirksam. [4]Weitere Einschränkungen ergeben sich für Umsätze im Sinne des § 4 Nr. 9 Buchstabe a UStG aus § 9 Abs. 3 UStG (vgl. hierzu Abschnitt 9.2 Abs. 8 und 9). [5]An eine besondere Form ist die Ausübung des Verzichts auf Steuerbefreiung nicht gebunden. [6]Die Option erfolgt, indem der leistende Unternehmer den Umsatz als steuerpflichtig behandelt. [7]Dies geschieht regelmäßig, wenn er gegenüber dem Leistungsempfänger mit gesondertem Ausweis der Umsatzsteuer abrechnet. [8]Der Verzicht kann auch in anderer Weise (durch schlüssiges Verhalten) erklärt werden, soweit aus den Erklärungen oder sonstigen Verlautbarungen, in die das gesamte Verhalten einzubeziehen ist, der Wille zum Verzicht eindeutig hervorgeht.

(4) [1]Unter den in Absatz 3 genannten Voraussetzungen kann der Verzicht auch wieder rückgängig gemacht werden. [2]Sind für diese Umsätze Rechnungen oder Gutschriften mit gesondertem Steuerausweis erteilt worden, entfällt die Steuerschuld nur, wenn die Rechnungen oder Gutschriften berichtigt werden (vgl. § 14c Abs. 1 Satz 3 UStG und Abschnitt 14c.1 Abs. 11). [3]Einer Zustimmung des Leistungsempfängers zur Rückgängigmachung des Verzichts bedarf es grundsätzlich nicht.

(5) [1]Voraussetzung für einen Verzicht auf die Steuerbefreiungen der in § 9 Abs. 1 UStG genannten Umsätze ist, dass steuerbare Umsätze von einem Unternehmer im Rahmen seines Unternehmens an einen Unternehmer für dessen Unternehmen ausgeführt werden bzw. eine entsprechende Verwendungsabsicht besteht, auch wenn es, z.B. bei erfolglosen Vorbereitungshandlungen, tatsächlich nicht zu einem Verwendungsumsatz kommt (BFH-Urteil vom 17.5.2001, V R 38/00, BStBl. 2003 II S. 434; vgl. Abschnitt 2.6 Abs. 1). [2]Diese Verwendungsabsicht muss der Unternehmer, der von dem Verzicht auf die Steuerbefreiung Gebrauch machen möchte, objektiv belegen und in gutem Glauben erklären (BFH-Urteil vom 22.3.2001, V R 46/00, BStBl. 2003 II S. 433, vgl. Abschnitt 15.12). [3]Eine Option ist nicht zulässig, soweit der leistende Unternehmer den Gegenstand der Leistung oder der Leistungsempfänger die erhaltene Leistung zulässigerweise anteilig nicht seinem Unternehmen zugeordnet hat oder zuordnen konnte (vgl. BFH-Urteile vom 20.7.1988, X R 6/80, BStBl. II S. 915, und vom 28.2.1996, XI R 70/90, BStBl. II S. 459). [4]Wegen der Grundsätze für die Zuordnung einer Leistung zum Unternehmen wird auf Abschnitt 15.2c verwiesen.

(6)[1] [1]Der Verzicht auf die Steuerbefreiung kann bei der Lieferung vertretbarer Sachen sowie bei aufteilbaren sonstigen Leistungen auf deren Teile begrenzt werden (Teiloption). [2]Eine Teiloption kommt z. B. bei der Gebäudelieferung, insbesondere bei unterschiedlichen Nutzungsarten der Gebäudeteile, in Betracht. [3]Unter Zugrundelegung unterschiedlicher wirtschaftlicher Funktionen ist auch eine Aufteilung nach räumlichen Gesichtspunkten (nicht dagegen eine bloße quotale Aufteilung) möglich (vgl. BFH-Urteil vom 26.6. 1996, XI R 43/90, BStBl. 1997 II S. 98, und vom 24.4.2014, V R 27/13, BStBl. II S. 732). [4]Bei der Lieferung von Gebäuden oder Gebäudeteilen und dem dazugehörigen Grund und Boden kann die Option für eine Besteuerung nur zusammen für die Gebäude oder Gebäudeteile und den dazugehörigen Grund und Boden ausgeübt werden (EuGH-Urteil vom 8.6.2000, C-400/98, Breitsohl, BStBl. 2003 II S. 452).[2] [5]Sind bei der Vermietung an mehrere Personen die einzelnen Gemeinschafter als Leistungsempfänger anzusehen (vgl. Abschnitt 15.2b Abs. 1), kann der Vermieter nur insoweit optieren, als der Vermietungsumsatz an einen unternehmerisch tätigen Gemeinschafter ausgeführt wird (vgl. BFH-Urteil vom 1.2.2001, V R 79/99, BStBl. 2008 II S. 495).

9.2 Einschränkung des Verzichts auf Steuerbefreiungen (§ 9 Abs. 2 und 3 UStG)

(1) [1]Der Verzicht auf die in § 9 Abs. 2 UStG genannten Steuerbefreiungen ist nur zulässig, soweit der Leistungsempfänger das Grundstück ausschließlich für Umsätze verwendet oder zu verwenden beabsichtigt, die den Vorsteuerabzug nach § 15 Abs. 1 UStG nicht ausschließen. [2]Unter den Begriff des Grundstücks fallen nicht nur Grundstücke insgesamt, sondern auch selbständig nutzbare Grundstücksteile (z. B. Wohnungen, gewerbliche Flächen, Büroräume, Praxisräume). [3]Soweit der Leistungsempfänger das Grundstück oder einzelne Grundstücksteile ausschließlich für Umsätze verwendet, die zum Vorsteuerabzug berechtigen, kann auf die Steuerbefreiung des einzelnen Umsatzes weiterhin verzichtet werden. [4]Werden mehrere Grundstücksteile räumlich oder zeitlich unterschiedlich genutzt, ist die Frage der Option bei jedem Grundstücksteil gesondert zu beurteilen. [5]Dabei ist es unschädlich, wenn die Verwendung der Grundstücksteile zivilrechtlich in einem einheitlichen Vertrag geregelt ist. [6]Ein vereinbartes Gesamtentgelt ist, ggf. im Schätzungswege, aufzuteilen.

Beispiel 1:

[1]V 1 errichtet ein Gebäude mit mehreren Wohnungen und vermietet es insgesamt an V 2. [2]Dieser vermietet die Wohnungen an Privatpersonen weiter.
[3]Die Vermietung des Gebäudes durch V 1 an V 2 und die Vermietung der Wohnungen durch V 2 an die Privatpersonen sind nach § 4 Nr. 12 Satz 1 Buchstabe a UStG steuerfrei. [4]V 1 kann auf die Steuerbefreiung nicht verzichten, weil sein Mieter das Gebäude für steuerfreie Umsätze verwendet, die den Vorsteuerabzug ausschließen (§ 9 Abs. 2 UStG). [5]V 2 kann auf die Steuerbefreiung nicht verzichten, weil er nicht an Unternehmer vermietet (§ 9 Abs. 1 UStG).

---

[1] A 9.1 UStAE Abs. 6 Satz 5 angef. durch BMF v. 27.10.2021, BStBl. I 2021, 2137, anzuwenden in allen offenen Fällen.

[2] DStRE 2000, 881.

Beispiel 2:

[1]V 1 errichtet ein Gebäude und vermietet es an V 2. [2]Dieser vermietet es an eine Gemeinde zur Unterbringung der Gemeindeverwaltung weiter.

[3]Die Vermietung des Gebäudes durch V 1 an V 2 und die Weitervermietung durch V 2 an die Gemeinde sind nach § 4 Nr. 12 Satz 1 Buchstabe a UStG steuerfrei. [4]V 1 kann auf die Steuerbefreiung nicht verzichten, weil V 2 das Gebäude für steuerfreie Umsätze verwendet, die den Vorsteuerabzug ausschließen (§ 9 Abs. 2 UStG). [5]V 2 kann auf die Steuerbefreiung nicht verzichten, weil das Gebäude von der Gemeinde für nichtunternehmerische Zwecke genutzt wird (§ 9 Abs. 1 UStG).

Beispiel 3:

[1]V 1 errichtet ein gewerblich zu nutzendes Gebäude mit Einliegerwohnung und vermietet es insgesamt an V 2. [2]Dieser betreibt in den gewerblichen Räumen einen Supermarkt. [3]Die Einliegerwohnung vermietet V 2 an seinen angestellten Hausmeister.

[4]Die Vermietung des Gebäudes durch V 1 an V 2 und die Vermietung der Wohnung durch V 2 an den Hausmeister sind nach § 4 Nr. 12 Satz 1 Buchstabe a UStG steuerfrei. [5]V 1 kann bei der Vermietung der gewerblichen Räume auf die Steuerbefreiung verzichten, weil V 2 diese Räume ausschließlich für Umsätze verwendet, die zum Vorsteuerabzug berechtigen (§ 9 Abs. 2 UStG). [6]Bei der Vermietung der Einliegerwohnung kann V 1 auf die Steuerbefreiung nicht verzichten, weil V 2 die Wohnung für steuerfreie Umsätze verwendet, die den Vorsteuerabzug ausschließen (§ 9 Abs. 2 UStG). [7]V 2 kann bei der Vermietung der Einliegerwohnung nicht auf die Steuerbefreiung verzichten, weil der Hausmeister kein Unternehmer ist (§ 9 Abs. 1 UStG).

Beispiel 4:

[1]V errichtet ein mehrgeschossiges Gebäude und vermietet es wie folgt:
- die Räume des Erdgeschosses an eine Bank;
- die Räume im 1. Obergeschoss an einen Arzt;
- die Räume im 2. Obergeschoss an einen Rechtsanwalt;
- die Räume im 3. Obergeschoss an das städtische Schulamt.

[2]Die Vermietungsumsätze des V sind von der Umsatzsteuer befreit (§ 4 Nr. 12 Satz 1 Buchstabe a UStG). [3]Die Geschosse des Gebäudes sind selbständig nutzbare Grundstücksteile. [4]Die Frage der Option ist für jeden Grundstücksteil gesondert zu prüfen.
- Erdgeschoss
  [5]V kann auf die Steuerbefreiung nicht verzichten, weil die Bank die Räume für grundsätzlich steuerfreie Umsätze (§ 4 Nr. 8 UStG) verwendet, die den Vorsteuerabzug ausschließen (§ 9 Abs. 2 UStG).
- 1. Obergeschoss
  [6]V kann auf die Steuerbefreiung nicht verzichten, weil der Arzt die Räume für grundsätzlich steuerfreie Umsätze (§ 4 Nr. 14 UStG) verwendet, die den Vorsteuerabzug ausschließen (§ 9 Abs. 2 UStG).
- 2. Obergeschoss
  [7]V kann auf die Steuerbefreiung verzichten, weil der Rechtsanwalt die Räume ausschließlich für Umsätze verwendet, die zum Vorsteuerabzug berechtigen (§ 9 Abs. 2 UStG).
- 3. Obergeschoss
  [8]V kann auf die Steuerbefreiung nicht verzichten, weil die Stadt die Räume nicht unternehmerisch nutzt (§ 9 Abs. 1 UStG).

Beispiel 5:

[1]V 1 errichtet ein mehrgeschossiges Gebäude und vermietet es an V 2. [2]Dieser vermietet das Gebäude wie im Beispiel 4 weiter.

[3]Die Vermietung des Gebäudes durch V 1 an V 2 und die Weitervermietung durch V 2 sind nach § 4 Nr. 12 Satz 1 Buchstabe a UStG steuerfrei. [4]V 2 kann, wie in Beispiel 4 dargestellt, nur bei der Vermietung des 2. Obergeschosses an den Rechtsanwalt auf die Steuerbefreiung verzichten (§ 9 Abs. 2 UStG). [5]V 1 kann bei der Vermietung des 2. Obergeschosses auf die Steuerbefreiung verzichten, wenn V 2 von seiner Optionsmöglichkeit Gebrauch macht.

[6] V 2 verwendet das 2. Obergeschoss in diesem Fall für steuerpflichtige Umsätze. [7] Bei der Vermietung der übrigen Geschosse kann V 1 auf die Steuerbefreiung nicht verzichten, weil V 2 diese Geschosse für steuerfreie Umsätze verwendet, die den Vorsteuerabzug ausschließen (§ 9 Abs. 2 UStG).

Beispiel 6:

[1] V errichtet ein zweistöckiges Gebäude und vermietet es an den Zahnarzt Z. [2] Dieser nutzt das Obergeschoss als Wohnung und betreibt im Erdgeschoss seine Praxis. [3] Einen Raum im Erdgeschoss nutzt Z ausschließlich für die Anfertigung und Wiederherstellung von Zahnprothesen.

[4] Die Vermietung des Gebäudes durch V an Z ist von der Umsatzsteuer befreit (§ 4 Nr. 12 Satz 1 Buchstabe a UStG). [5] Die Geschosse des Gebäudes und auch die Räume im Erdgeschoss sind selbständig nutzbare Grundstücksteile. [6] Die Frage der Option ist für jeden Grundstücksteil gesondert zu prüfen.

– Erdgeschoss
  [7] V kann auf die Steuerbefreiung insoweit nicht verzichten, als Z die Räume für seine grundsätzlich steuerfreie zahnärztliche Tätigkeit (§ 4 Nr. 14 Buchstabe a Satz 1 UStG) verwendet, die den Vorsteuerabzug ausschließt (§ 9 Abs. 2 UStG). [8] Dagegen kann V auf die Steuerbefreiung insoweit verzichten, als Z einen Raum zur Anfertigung und Wiederherstellung von Zahnprothesen, also ausschließlich zur Erbringung von steuerpflichtigen und damit den Vorsteuerabzug nicht ausschließenden Umsätzen verwendet (§ 4 Nr. 14 Buchstabe a Satz 2 UStG).
– Obergeschoss
  [9] V kann auf die Steuerbefreiung nicht verzichten, weil Z die Räume nicht unternehmerisch nutzt (§ 9 Abs. 1 UStG).

(2) [1] Die Option ist unter den Voraussetzungen des Absatzes 1 auch dann zulässig, wenn der Leistungsempfänger ein Unternehmer ist, der Reiseleistungen erbringt (§ 25 UStG) oder die Differenzbesteuerung für die Umsätze von beweglichen körperlichen Gegenständen anwendet (§ 25a UStG). [2] Die Option ist nicht zulässig, wenn der Leistungsempfänger ein Unternehmer ist, der das Grundstück für Umsätze verwendet, für die er seine abziehbaren Vorsteuerbeträge nach Durchschnittssätzen entsprechend den Sonderregelungen nach §§ 23, 23a UStG berechnet, oder der seine Umsätze nach den Durchschnittssätzen für land- und forstwirtschaftliche Betriebe nach § 24 UStG versteuert (vgl. BFH-Urteil vom 1.3.2018, V R 35/17, BStBl. 2020 II S. 749). [3] Dasselbe gilt, wenn der Leistungsempfänger ein Unternehmer ist, bei dem die Umsatzsteuer nach § 19 Abs. 1 Satz 1 UStG nicht erhoben wird.

(3) [1] Verwendet der Leistungsempfänger das Grundstück bzw. einzelne Grundstücksteile nur in sehr geringem Umfang für Umsätze, die den Vorsteuerabzug ausschließen (Ausschlussumsätze), ist der Verzicht auf Steuerbefreiung zur Vermeidung von Härten weiterhin zulässig. [2] Eine geringfügige Verwendung für Ausschlussumsätze kann angenommen werden, wenn im Falle der steuerpflichtigen Vermietung die auf den Mietzins für das Grundstück bzw. für den Grundstücksteil entfallende Umsatzsteuer im Besteuerungszeitraum (Kalenderjahr, § 16 Abs. 1 Satz 2 UStG) höchstens zu 5% vom Vorsteuerabzug ausgeschlossen wäre (Bagatellgrenze). [3] Für die Vorsteueraufteilung durch den Leistungsempfänger (Mieter) gelten die allgemeinen Grundsätze (vgl. Abschnitte 15.16 bis 15.18).

Beispiel 1:

[1] V vermietet das Erdgeschoss eines Gebäudes an den Schönheitschirurgen S. [2] Neben den steuerpflichtigen Leistungen (Durchführung von plastischen und ästhetischen Operationen) bewirkt S auch in geringem Umfang steuerfreie Heilbehandlungsleistungen (§ 4 Nr. 14 Buch-

stabe a UStG). [3]Die Aufteilung der sowohl mit den steuerpflichtigen als auch mit den steuerfreien Umsätzen in wirtschaftlichem Zusammenhang stehenden Vorsteuerbeträge nach ihrer wirtschaftlichen Zuordnung führt im Besteuerungszeitraum zu einem Vorsteuerausschluss von 3%.

[4]Die Vermietung des Erdgeschosses von V an S ist nach § 4 Nr. 12 Satz 1 Buchstabe a UStG steuerfrei. [5]V kann auf die Steuerbefreiung verzichten, weil S das Erdgeschoss nur in geringfügigem Umfang für Umsätze verwendet, die den Vorsteuerabzug ausschließen.

Beispiel 2:

[1]V vermietet an den Autohändler A einen Ausstellungsraum. [2]A vermietet den Ausstellungsraum jährlich für zwei Wochen an ein Museum zur Ausstellung von Kunst.

[3]Die Vermietung des Ausstellungsraums durch V an A und die Weitervermietung durch A sind nach § 4 Nr. 12 Satz 1 Buchstabe a UStG steuerfrei. [4]Da A den Ausstellungsraum im Besteuerungszeitraum lediglich an 14 von 365 Tagen (ca. 4%) zur Ausführung von Umsätzen verwendet, die den Vorsteuerabzug ausschließen, kann V auf die Steuerbefreiung der Vermietung des Ausstellungsraums verzichten. [5]A kann auf die Steuerbefreiung nicht verzichten, weil das Museum den Ausstellungsraum für steuerfreie Umsätze (§ 4 Nr. 20 Buchstabe a UStG) verwendet, die den Vorsteuerabzug ausschließen (§ 9 Abs. 2 UStG).

(4) [1]Der Unternehmer hat die Voraussetzungen für den Verzicht auf die Steuerbefreiungen nachzuweisen. [2]Der Nachweis ist an keine besondere Form gebunden. [3]Er kann sich aus einer Bestätigung des Mieters, aus Bestimmungen des Mietvertrags oder aus anderen Unterlagen ergeben. [4]Ständig wiederholte Bestätigungen des Mieters über die Verwendung des Grundstücks bzw. Grundstücksteils sind nicht erforderlich, solange beim Mieter keine Änderungen bei der Verwendung des Grundstücks zu erwarten sind. [5]Im Einzelfall kann es aber erforderlich sein, vom Mieter zumindest eine jährliche Bestätigung einzuholen.

(5) [1]§ 9 Abs. 2 UStG in der ab 1.1.1994 geltenden Fassung ist nicht anzuwenden, wenn das auf dem Grundstück errichtete Gebäude vor dem 1.1. 1998 fertig gestellt wird und wenn mit der Errichtung des Gebäudes vor dem 11.11.1993 begonnen wurde. [2]Unter dem Beginn der Errichtung eines Gebäudes ist der Zeitpunkt zu verstehen, in dem einer der folgenden Sachverhalte als Erster verwirklicht worden ist:

1. Beginn der Ausschachtungsarbeiten,
2. Erteilung eines spezifizierten Bauauftrags an den Bauunternehmer oder
3. Anfuhr nicht unbedeutender Mengen von Baumaterial auf dem Bauplatz.

[3]Vor diesem Zeitpunkt im Zusammenhang mit der Errichtung eines Gebäudes durchgeführte Arbeiten oder die Stellung eines Bauantrags sind noch nicht als Beginn der Errichtung anzusehen. [4]Dies gilt auch für die Arbeiten zum Abbruch eines Gebäudes, es sei denn, dass unmittelbar nach dem Abbruch des Gebäudes mit der Errichtung eines neuen Gebäudes begonnen wird. [5]Hiervon ist stets auszugehen, wenn der Steuerpflichtige die Entscheidung zu bauen für sich bindend und unwiderruflich nach außen hin erkennbar macht. [6]Dies kann z.B. durch eine Abbruchgenehmigung nachgewiesen werden, die nur unter der Auflage erteilt wurde, zeitnah ein neues Gebäude zu errichten.

(6) [1]Wird durch einen Anbau an einem Gebäude oder eine Aufstockung eines Gebäudes ertragsteuerlich ein selbständiges Wirtschaftsgut hergestellt, ist auf dieses Wirtschaftsgut die seit dem 1.1.1994 geltende Rechtslage anzu-

wenden. [2]Diese Rechtslage gilt auch, wenn ein Gebäude nachträglich durch Herstellungsarbeiten so umfassend saniert oder umgebaut wird, dass nach ertragsteuerlichen Grundsätzen ein anderes Wirtschaftsgut entsteht (vgl. H 7.3 EStH zu R 7.3 EStR).[1)] [3]Die Ausführungen in den Sätzen 1 und 2 sind jedoch in den Fällen nicht anzuwenden, in denen die Herstellungsarbeiten vor dem 11.11.1993 begonnen haben und vor dem 1.1.1998 abgeschlossen werden. [4]Die Einschränkung der Optionsmöglichkeiten ab 1.1.1994 hat keine Auswirkungen auf einen für die Errichtung des Gebäudes in Anspruch genommenen Vorsteuerabzug.

(7) [1]Durch die Veräußerung eines Grundstücks wird die Frage, ob der Verzicht auf die in § 9 Abs. 2 UStG genannten Steuerbefreiungen zulässig ist, nicht beeinflusst. [2]Für Grundstücke mit Altbauten gilt daher, auch wenn sie veräußert werden, die Rechtslage vor dem 1.1.1994. [3]Zu beachten sind aber weiterhin die Grundsätze des BMF-Schreibens vom 29.5.1992, BStBl. I S. 378, zum Missbrauch rechtlicher Gestaltungsmöglichkeiten (§ 42 AO);[2)] vgl. auch BFH-Urteil vom 14.5.1992, V R 12/88, BStBl. II S. 931.

(8) Ein Verzicht auf die Steuerbefreiung nach § 9 Abs. 1 UStG bei Lieferungen von Grundstücken (§ 4 Nr. 9 Buchstabe a UStG) im Zwangsversteigerungsverfahren durch den Vollstreckungsschuldner an den Ersteher ist bis zur Aufforderung zur Abgabe von Geboten im Versteigerungstermin zulässig.

(9)[3)] [1]Der Verzicht auf die Umsatzsteuerbefreiung der Lieferung eines Grundstücks außerhalb eines Zwangsversteigerungsverfahrens kann nur in dem dieser Grundstückslieferung zu Grunde liegenden notariell zu beurkundenden Vertrag erklärt werden. [2]Ein späterer Verzicht auf die Umsatzsteuerbefreiung ist unwirksam, auch wenn er notariell beurkundet wird (vgl. BGH-Urteil vom 21.10.2015, XI R 40/13, BStBl. 2017 II S. 852). [3]Gleiches gilt für die Rücknahme des Verzichts auf die Umsatzsteuerbefreiung.

Zu § 10 UStG
(§ 25 UStDV)

10.1 Entgelt

(1) [1]Der Begriff des Entgelts in § 10 Abs. 1 UStG gilt sowohl für die Besteuerung nach vereinbarten Entgelten (§ 16 Abs. 1 UStG) als auch für die Besteuerung nach vereinnahmten Entgelten (§ 20 UStG). [2]Zwischen den beiden Besteuerungsarten besteht insoweit kein Unterschied, als auch bei der Besteuerung nach vereinbarten Entgelten grundsätzlich nur das zu versteuern ist, was für die Lieferung oder sonstige Leistung tatsächlich vereinnahmt wird (vgl. BFH-Urteile vom 2.4.1981, V R 39/79, BStBl. II S. 627, und vom 10.11.1983, V R 91/80, BStBl. 1984 II S. 120). [3]Wegen der Änderung der Bemessungsgrundlage vgl. Abschnitte 17.1 und 17.2.

---

1) Nr. **1**.

2) Siehe auch BFH v. 9.11.2006 V R 43/04, BStBl. II 2007, 344 (Sparkassen-/Bankenmodell).

3) Zum Widerruf des Verzichts auf die Steuerbefreiung nach § 4 Nr. 9 Buchst. a außerhalb notarieller Urkunde siehe BFH v. 2.7.2021 XI R 22/19, DStR 2021, 2584.

(2) [1]Das Entgelt ist auch dann Bemessungsgrundlage, wenn es dem objektiven Wert der bewirkten Leistung nicht entspricht. [2]Eine Ausnahme besteht für unentgeltliche oder verbilligte Leistungen durch Unternehmer an ihr Personal, von Vereinigungen an ihre Mitglieder und von Einzelunternehmern an ihnen nahe stehende Personen; vgl. Abschnitte 1.8, 10.6 und 10.7. [3]Liefert eine Kapitalgesellschaft einer Tochtergesellschaft einen Gegenstand zu einem überhöhten Preis, bildet dieser grundsätzlich selbst dann das Entgelt im Sinne des § 10 Abs. 1 UStG, wenn ein Teil der Gegenleistung ertragsteuerrechtlich als verdeckte Gewinnausschüttung zu beurteilen ist (BFH-Urteil vom 25.11. 1987, X R 12/87, BStBl. 1988 II S. 210).

(3) [1]Der Umfang des Entgelts beschränkt sich nicht auf die bürgerlichrechtlich bestimmte oder bestimmbare Gegenleistung für eine Leistung, sondern erstreckt sich auf alles, was der Leistungsempfänger tatsächlich für die an ihn bewirkte Leistung aufwendet. [2]Dazu gehören auch Nebenkosten des Leistenden, die er vom Leistungsempfänger einfordert (vgl. BFH-Urteil vom 16.3.2000, V R 16/99, BStBl. II S. 360). [3]Verlangt der Leistende für die Annahme einer Bezahlung mit Kredit- oder Geldkarte, dass der Leistungsempfänger ihm oder einem anderen Unternehmer hierfür einen Betrag entrichtet und wird der von diesem Empfänger zu zahlende Gesamtpreis durch die Zahlungsweise nicht beeinflusst, ist dieser Betrag Bestandteil der Bemessungsgrundlage für seine Leistung (vgl. Artikel 42 der MwStVO).[1)] [4]Vereinbaren die Beteiligten rechtsirrtümlich die Gegenleistung ohne Umsatzsteuer, ist der ursprünglich vereinbarte Betrag in Entgelt und darauf entfallende Umsatzsteuer aufzuteilen (vgl. BFH-Urteil vom 20.1.1997, V R 28/95, BStBl. II S. 716). [5]Neben dem vereinbarten Preis einer Leistung können auch zusätzliche Aufwendungen des Leistungsempfängers Leistungsentgelt sein, wenn der Leistungsempfänger sie zugunsten des Leistenden für die Leistung erbringt (vgl. BFH-Urteil vom 13.12.1995, XI R 16/95, BStBl. 1996 II S. 208). [6]Wenn der Leistungsempfänger die Leistung irrtümlich doppelt bezahlt oder versehentlich zu viel zahlt, ist der Gesamtbetrag Entgelt im Sinne des § 10 Abs. 1 Satz 2 UStG (vgl. BFH-Urteil vom 19.7.2007, V R 11/05, BStBl. II S. 966). [7]Es kommt nicht darauf an, ob der Leistungsempfänger gewillt ist, die vom Leistenden zu erbringende oder erbrachte Leistung anzunehmen, und ob er auf sie Wert legt oder nicht (vgl. BFH-Urteil vom 28.1.1988, V R 112/86, BStBl. II S. 473). [8]Vertragsstrafen, die wegen Nichterfüllung oder wegen nicht gehöriger Erfüllung geleistet werden, haben Schadensersatzcharakter (vgl. Abschnitt 1.3 Abs. 3). [9]Auch Verzugszinsen, Fälligkeitszinsen, Prozesszinsen und Nutzungszinsen sind nicht Teil des Entgelts, sondern Schadensersatz (vgl. Abschnitt 1.3 Abs. 6). [10]Wegen der Behandlung der Teilzahlungszuschläge vgl. Abschnitt 3.11. [11]Das erhöhte Beförderungsentgelt, das Personenbeförderungsunternehmer von sog. Schwarzfahrern erheben, ist regelmäßig kein Entgelt für die Beförderungsleistung oder eine andere steuerbare Leistung des Beförderungsunternehmers (BFH-Urteil vom 25.11.1986, V R 109/78, BStBl. 1987 II S. 228). [12]Als Entgelt für die Lieferung sind auch die dem Abnehmer vom Lieferer berechneten Beförderungskosten anzusehen. [13]Bei einer

[1)] **Steuergesetze** Nr. **550a.**

unfreien Versendung im Sinne des § 40 UStDV gehören jedoch die Kosten für die Beförderung oder deren Besorgung nicht zum Entgelt für die vom Absender ausgeführte Lieferung. [14]Bei Versendungen per Nachnahme ist als Entgelt für die gelieferte Ware der vom Empfänger entrichtete Nachnahmebetrag – ohne Umsatzsteuer – anzusehen, der auch die Zahlkarten- oder Überweisungsgebühr einschließt (vgl. BFH-Urteil vom 13.12.1973, V R 57/72, BStBl. 1974 II S. 191). [15]Beim Pfandleihgeschäft sind die notwendigen Kosten der Verwertung, die der Pfandleiher einbehalten darf, nicht Entgelt innerhalb eines Leistungsaustauschs (vgl. BFH-Urteil vom 9.7.1970, V R 32/70, BStBl. II S. 645). [16]Zahlungen im Rahmen einer sog. Erlöspoolung, die nicht leistungsbezogen sind, fehlt der Entgeltcharakter (BFH-Urteil vom 28.2.1974, V R 55/72, BStBl. II S. 345). [17]Auch die Übernahme von Schulden kann Entgelt sein (vgl. Abschnitt 1.6 Abs. 2).

(4) [1]Eine Lieferung oder sonstige Leistung eines Unternehmers wird nur mit der Bemessungsgrundlage versteuert, die sich auf Grund der von ihm vereinnahmten Gegenleistung ergibt. [2]Umsatzsteuerrechtlich macht es keinen Unterschied, ob der Besteller eines Werks, das sich als mangelhaft erweist, das Werk behält und statt der Minderung Schadensersatz wegen Nichterfüllung verlangt (vgl. BFH-Urteil vom 16.1.2003, V R 72/01, BStBl. II S. 620). [3]Weicht der vom Leistungsempfänger aufgewendete Betrag im Einzelfall von dem vom Unternehmer vereinnahmten Betrag ab, ist von den Aufwendungen des Abnehmers für die Lieferung oder sonstige Leistung auszugehen. [4]Bei der Abtretung einer Forderung unter dem Nennwert bestimmt sich deshalb das Entgelt für die der abgetretenen Forderung zu Grunde liegende Leistung nach den tatsächlichen Aufwendungen des Leistungsempfängers (vgl. BFH-Urteil vom 27.5.1987, X R 2/81, BStBl. II S. 739). [5]Wegen der Steuer- und Vorsteuerberichtigung in diesen Fällen wird auf Abschnitt 17.1 Abs. 6 verwiesen.

(5) [1]Zum Entgelt gehören auch freiwillig an den Unternehmer gezahlte Beträge, z. B. Trinkgelder, wenn zwischen der Zahlung und der Leistung des Unternehmers eine innere Verknüpfung besteht (vgl. BFH-Urteil vom 17.2.1972, V R 118/71, BStBl. II S. 405). [2]Der im Gaststätten- und Beherbergungsgewerbe erhobene Bedienungszuschlag ist Teil des vom Unternehmer vereinnahmten Entgelts, auch wenn das Bedienungspersonal den Zuschlag nicht abführt, sondern vereinbarungsgemäß als Entlohnung für seine Dienste zurückbehält (vgl. BFH-Urteil vom 19.8.1971, V R 74/68, BStBl. 1972 II S. 24). [3]Dagegen rechnen die an das Bedienungspersonal gezahlten freiwilligen Trinkgelder nicht zum Entgelt für die Leistungen des Unternehmers.

(6)[1)] [1]Geschäftskosten dürfen das Entgelt nicht mindern. [2]Dies gilt auch für Provisionen, die der Unternehmer an seinen Handelsvertreter oder Makler für die Vermittlung des Geschäfts zu zahlen hat. [3]Mit Ausnahme der auf den Umsatz entfallenden Umsatzsteuer rechnen zum Entgelt auch die vom Unternehmer geschuldeten Steuern (Verbrauch- und Verkehrsteuern), öffentlichen Gebühren und Abgaben, auch wenn diese Beträge offen auf den Leistungsempfänger überwälzt werden. [4]Diese Abgaben können auch nicht als durch-

---

1) A 10.1 UStAE Abs. 6 Satz 4 geänd. durch BMF v. 30.3.2022, BStBl. I 2022, 568, anzuwenden in allen offenen Fällen. Dieses Schreiben ersetzt das BMF v. 3.2.2005, BStBl. I 2005, 414.

laufende Posten im Sinne des § 10 Abs. 1 Satz 5 UStG behandelt werden (vgl. BFH-Urteil vom 4.6.1970, V R 92/66, V R 10/67, BStBl. II S. 648, sowie Abschnitt 10.4).

(7) [1] Als Entgelt im Sinne des § 10 Abs. 1 Satz 2 UStG kommen auch Zahlungen des Leistungsempfängers an Dritte in Betracht, sofern sie für Rechnung des leistenden Unternehmers entrichtet werden und im Zusammenhang mit der Leistung stehen. [2] Dies gilt jedoch nicht für diejenigen Beträge, die der Leistungsempfänger im Rahmen eines eigenen Schuldverhältnisses mit einem Dritten aufwenden muss, damit der Unternehmer seine Leistung erbringen kann (vgl. BFH-Urteil vom 22.2.1968, V 84/64, BStBl. II S. 463). [3] Nicht zum Entgelt nach § 10 UStG gehören auch öffentlich-rechtliche Abgaben, die der Leistungsempfänger auf Grund eigener Verpflichtung schuldet, auch wenn sie durch die bezogenen Leistungen veranlasst sind (vgl. zu Sozialversicherungsbeiträgen BFH-Urteil vom 25.6.2009, V R 37/08, BStBl. II S. 873). [4] Zahlt eine Rundfunkanstalt zugunsten ihrer freien Mitarbeiter Beiträge an die Pensionskasse für freie Mitarbeiter der Deutschen Rundfunkanstalten, gehören auch die Beträge zum Entgelt für die Leistungen der Mitarbeiter (vgl. BFH-Urteil vom 9.10.2002, V R 73/01, BStBl. 2003 II S. 217). [5] Erfüllt der Leistungsempfänger durch seine Zahlungen an einen Dritten sowohl eine eigene Verbindlichkeit als auch eine Schuld des leistenden Unternehmers, weil beide im Verhältnis zu dem Dritten Gesamtschuldner sind, rechnen die Zahlungen nur insoweit zum Entgelt, wie die Schuldbefreiung des leistenden Unternehmers für diesen von wirtschaftlichem Interesse ist und damit für ihn einen Wert darstellt. [6] Bei einer Grundstücksveräußerung gehört die gesamtschuldnerisch von Erwerber und Veräußerer geschuldete Grunderwerbsteuer auch dann nicht zum Entgelt für die Grundstücksveräußerung, wenn die Parteien des Grundstückskaufvertrags vereinbaren, dass der Erwerber die Grunderwerbsteuer allein zu tragen hat, weil der Erwerber mit der Zahlung der vertraglich übernommenen Grunderwerbsteuer eine ausschließlich eigene Verbindlichkeit begleicht. [7] Gleiches gilt hinsichtlich der vom Käufer zu tragenden Kosten der Beurkundung des Kaufvertrags und der Auflassung, der Eintragung ins Grundbuch und der zu der Eintragung erforderlichen Erklärungen (§ 448 Abs. 2 BGB), vgl. BFH-Urteil vom 9.11.2006, V R 9/04, BStBl. 2007 II S. 285.

(8) [1] Wird das Pfandgeld für Warenumschließungen dem Abnehmer bei jeder Lieferung berechnet, ist es Teil des Entgelts für die Lieferung. [2] Bei Rücknahme des Leerguts und Rückzahlung des Pfandbetrags liegt eine Entgeltminderung vor. [3] Dabei wird es nicht beanstandet, wenn der Unternehmer die ausgezahlten Pfandgelder für Leergut unabhängig von dem Umfang der Vollgutlieferungen des jeweiligen Besteuerungszeitraums als Entgeltminderungen behandelt. [4] Es muss jedoch sichergestellt sein, dass die Entgeltminderungen in sachgerechter Weise (z. B. durch Aufteilung im gleichen Verhältnis wie bei den Vollgutlieferungen) den geltenden Steuersätzen zugeordnet werden. [5] Aus Vereinfachungsgründen kann dem Unternehmer auf Antrag auch folgendes Verfahren genehmigt werden:

1. [1] Die bei der Warenlieferung jeweils in Rechnung gestellten und bei Rückgabe des Leerguts dem Abnehmer zurückgewährten Pfandbeträge bleiben

bei der laufenden Umsatzbesteuerung zunächst unberücksichtigt. [2]Der Unternehmer hat spätestens am Schluss jedes Kalenderjahrs den Pfandbetragssaldo, der sich aus dem Unterschiedsbetrag zwischen den den Abnehmern im Laufe des jeweiligen Abrechnungszeitraums berechneten und den zurückgewährten Pfandbeträgen ergibt, auf Grund seiner Aufzeichnungen zu ermitteln. [3]Dabei bleibt jedoch ein bereits versteuerter Saldovortrag, z. B. aus dem Vorjahr, außer Betracht. [4]Ein sich danach ergebender Überschuss an berechneten Pfandbeträgen ist zusammen mit den Umsätzen des betreffenden letzten Voranmeldungszeitraums der Umsatzsteuer zu unterwerfen. [5]Bei diesem Pfandbetragssaldo handelt es sich um einen Nettobetrag – ohne Umsatzsteuer –. [6]Der Abnehmer kann die auf den Pfandbetragssaldo entfallende Steuer als Vorsteuer abziehen, wenn sie ihm gesondert in Rechnung gestellt ist. [7]Ergibt sich ein Pfandbetragssaldo zugunsten des Abnehmers, liegt bei diesem – seine Unternehmereigenschaft vorausgesetzt – eine steuerpflichtige Lieferung von Leergut vor. [8]Der Unternehmer, der dieses Verfahren beantragt, muss die bei den einzelnen Lieferungen berechneten und bei Rückgabe des Leerguts zurückgewährten Pfandbeträge – nach Abnehmern getrennt – gesondert von den sonstigen Entgelten aufzeichnen. [9]Die Aufzeichnungen müssen eindeutig und leicht nachprüfbar sein und fortlaufend geführt werden (vgl. § 63 Abs. 1 UStDV, § 146 AO). [10]Aus ihnen muss gegebenenfalls zu ersehen sein, wie sich die Pfandbeträge auf verschiedene Steuersätze verteilen (§ 22 Abs. 2 Nr. 1 UStG). [11]Für den Abnehmer muss aus der Rechnung klar ersichtlich sein, dass für die in Rechnung gestellten Pfandbeträge Umsatzsteuer nicht berechnet worden ist.

2. [1]Abweichend von dem unter Nummer 1 geregelten Verfahren kann der Unternehmer in jeder einzelnen Rechnung die Leergutrücknahme mit der Vollgutlieferung verrechnen und nur den verbleibenden Netto-Rechnungsbetrag der Umsatzsteuer unterwerfen. [2]Einen sich möglicherweise zum Jahresende ergebenden Pfandbetragssaldo zugunsten des Abnehmers hat in diesem Fall weder der Lieferer noch der Abnehmer zu ermitteln und zu versteuern. [3]Auch gesonderte Aufzeichnungen über die Pfandbeträge sind nicht erforderlich.

[6]Bei den folgenden Abwicklungsarten ist zunächst ein Entgelt für die Überlassung der Warenumschließung nicht gegeben:

1. [1]Für den jeweiligen Abnehmer wird ein Leergutkonto geführt, auf dem der Lieferer das hingegebene und zurückgenommene Leergut mengenmäßig festhält. [2]Über den Saldo wird periodisch, häufig aber erst bei Lösung des Vertragsverhältnisses abgerechnet.
2. [1]Die Pfandbeträge für Leergutabgänge und Leergutzugänge werden vom Lieferer auf einem besonderen Konto verbucht und auch – nachrichtlich – in den jeweiligen Rechnungen ausgewiesen, ohne aber in die Rechnungssumme einbezogen zu werden. [2]Von Zeit zu Zeit wird über das Leergut abgerechnet.
3. [1]Der Lieferer erhebt mit jeder Lieferung einen Kautionsbetrag, z. B. 1 oder 2 Ct. je Flasche. [2]Diese Beträge dienen der Ansammlung eines Kautionsguthabens zugunsten des Abnehmers. [3]Die Verbuchung erfolgt auf einem

besonderen Konto. [4]Daneben werden die Leergutbewegungen mengenmäßig festgehalten. [5]Über das Leergut wird in der Regel bei Auflösung der Vertragsbeziehungen abgerechnet.

[7]In diesen Fällen kommt ein von der vorangegangenen Warenlieferung losgelöster selbständiger Leistungsaustausch erst im Zeitpunkt der Leergutabrechnung zustande. [8]Die Annahme eines nicht steuerbaren Schadensersatzes scheidet aus, weil der Zahlung des Kunden eine Leistung des Unternehmers gegenübersteht. [9]Die dargestellten Vereinfachungsregelungen gelten sinngemäß auch für die Hin- und Rückgabe von Transporthilfsmitteln. [10]Zur Behandlung von Transporthilfsmitteln vgl. Abschnitt 3.10 Abs. 5a und zur Abgrenzung zwischen Transporthilfsmitteln und Warenumschließungen vgl. BMF-Schreiben vom 20.10.2014, BStBl. I S. 1372.

(9) Hinsichtlich des Entgelts für die Vermittlung von grenzüberschreitenden Personenbeförderungsleistungen im Luftverkehr durch Reisebüros gilt:

1. [1]Die Vermittlung grenzüberschreitender Beförderungen von Personen im Luftverkehr gegenüber einem Reisenden ist steuerpflichtig, soweit die vermittelte Leistung auf das Inland entfällt (§ 3b Abs. 1, § 4 Nr. 5 Satz 2 UStG). [2]Abschnitt 4.5.3 Abs. 2 ist in diesen Fällen nicht anwendbar, weil das Reisebüro nicht im Auftrag des Luftverkehrsunternehmens tätig wird. [3]Soweit die vermittelte Leistung nicht auf das Inland entfällt, ist deren Vermittlung nicht steuerbar.
2. [1]Das Entgelt für eine Vermittlungsleistung im Sinne der Nummer 1 ist in einen steuerpflichtigen und einen nicht steuerbaren Teil aufzuteilen. [2]Die Umsatzsteuer ist aus der anteiligen Zahlung des Reisenden herauszurechnen. [3]Der Vorsteuerabzug ist auch hinsichtlich des nicht steuerbaren Teils dieser Vermittlungsleistung nicht ausgeschlossen.
3. [1]Erhält ein Reisebüro von einem Luftverkehrsunternehmen, das die dem Reisenden vermittelte Personenbeförderungsleistung erbringt, eine Zahlung, ohne von diesem ausdrücklich zur Vermittlung beauftragt zu sein (z.B. im Rahmen eines sog. Nullprovisionsmodells oder einer sog. Incentive-Vereinbarung), ist im Einzelfall auf Basis der vertraglichen Vereinbarungen zu prüfen, welche Leistungen des Reisebüros mit der Zahlung vergütet werden. [2]Zahlungen des Luftverkehrsunternehmens für die Bereitschaft des Reisebüros, die Erbringung von Leistungen des Luftverkehrsunternehmens in besonderem Maß zu fördern und in Kundengesprächen bevorzugt anzubieten, sind Entgelt für eine steuerpflichtige Vertriebsleistung eigener Art des Reisebüros gegenüber dem Luftverkehrsunternehmen.
4. Erhält ein Reisebüro, das grenzüberschreitende Personenbeförderungsleistungen im Luftverkehr im Auftrag des Luftverkehrsunternehmens vermittelt, von diesem für den Flugscheinverkauf ein Entgelt, und erhebt es daneben einen zusätzlichen Betrag vom Reisenden, erbringt es beim Flugscheinverkauf eine nach § 4 Nr. 5 Satz 1 Buchstabe b UStG steuerfreie Vermittlungsleistung an das Luftverkehrsunternehmen und gleichzeitig eine nach Maßgabe der Nummer 1 anteilig steuerpflichtige Vermittlungsleistung an den Reisenden.
5. Soweit eine vom Luftverkehrsunternehmen gezahlte Vergütung auf den vom Reisenden erhobenen Preis angerechnet wird, mindert sich die Bemessungsgrundlage für die Leistung gegenüber dem Reisenden entsprechend.

6. [1]Unter der Voraussetzung, dass der Unternehmer bei allen Vermittlungsleistungen im Sinne der Nummer 1 entsprechend verfährt, ist es nicht zu beanstanden, wenn der steuerpflichtige Teil einer Vermittlungsleistung im Sinne der Nummer 1 wie folgt ermittelt wird:
   – bei der Vermittlung von grenzüberschreitenden Beförderungen von Personen im Luftverkehr von bzw. zu Beförderungszielen im übrigen Gemeinschaftsgebiet (sog. EU-Flüge) mit 25% des Entgelts für die Vermittlungsleistung,
   – bei der Vermittlung von grenzüberschreitenden Beförderungen von Personen im Luftverkehr von bzw. zu Beförderungszielen außerhalb des übrigen Gemeinschaftsgebiets (sog. Drittlandsflüge) mit 5% des Entgelts für die Vermittlungsleistung.

   [2]Zwischen- oder Umsteigehalte gelten dabei nicht als Beförderungsziele. [3]Dieser vereinfachte Aufteilungsmaßstab gilt nicht, soweit das vom Reisenden erhobene Entgelt auf andere als die in Nummer 1 bezeichneten Leistungen entfällt (z.B. auf die Vermittlung von Unterkunft oder Mietwagen).

(10)[1)] [1]Zur Bemessungsgrundlage in den Fällen der Steuerschuldnerschaft des Leistungsempfängers nach § 13b UStG vgl. Abschnitt 13b.13. [2]Zur Bemessungsgrundlage bei Leistungen im Rahmen sog. Public-Private-Partnerships (PPP) im Bundesfernstraßenbau vgl. BMF-Schreiben vom 30.3.2022, BStBl. I S. 568. [3]Zur Bemessungsgrundlage im Fall des Direktverbrauchs nach § 33 Abs. 2 EEG[2)] vgl. Abschnitt 2.5.

(11) [1]Erbringt ein Unternehmer im Rahmen eines Gesamtverkaufspreises zwei oder mehrere unterschiedlich zu besteuernde Lieferungen oder sonstige Leistungen, ist der einheitliche Preis sachgerecht auf die einzelnen Leistungen aufzuteilen. [2]Dabei hat der Unternehmer grundsätzlich die einfachstmögliche sachgerechte Aufteilungsmethode zu wählen (vgl. BFH-Beschluss vom 3.4.2013, V B 125/12, BStBl. 2013 II S. 973 und BFH-Urteil vom 30.6. 2011, V R 44/10, BStBl. II S. 1003). [3]Bestehen mehrere sachgerechte, gleich einfache Aufteilungsmethoden, kann der Unternehmer zwischen diesen Methoden frei wählen. [4]Bietet der Unternehmer die im Rahmen des Gesamtverkaufspreises erbrachten Leistungen auch einzeln an, ist der Gesamtverkaufspreis grundsätzlich nach dem Verhältnis der Einzelverkaufspreise aufzuteilen. [5]Daneben sind auch andere Aufteilungsmethoden wie das Verhältnis des Wareneinsatzes zulässig, sofern diese gleich einfach sind und zu sachgerechten Ergebnissen führen. [6]Die Aufteilung nach den betrieblichen Kosten ist keine gleich einfache Aufteilungsmethode und danach nicht zulässig. [7]Nach den vorstehenden Grundsätzen ist auch zu verfahren, wenn das Entgelt für eine einheitliche Leistung für Zwecke der Umsatzsteuer auf unterschiedlich besteuerte Leistungsbestandteile aufzuteilen ist, z.B. bei grenzüberschreitenden Personenbeförderungen i.S. von § 3b Abs. 1 Satz 2 UStG oder bei der Vermietung von Grundstücken mit aufstehenden Betriebsvorrichtungen nach § 4 Nr. 12 Satz 2 UStG. [8]Zur Aufteilung eines pauschalen Gesamtpreises/Gesamtentgelts

---

[1)] A 10.1 UStAE Abs. 10 Satz 2 neugef. durch BMF v. 30.3.2022, BStBl. I 2022, 568, anzuwenden in allen offenen Fällen. Dieses Schreiben ersetzt das BMF v. 3.2.2005, BStBl. I 2005, 414.

[2)] **Sartorius Ergänzungsband** Nr. **833**.

– für unterschiedlich besteuerte Dienstleistungen auf dem Gebiet der Telekommunikation siehe Abschnitt 3a.10 Abs. 7 und 8,
– für grenzüberschreitende Personenbeförderungen siehe Abschnitt 3b.1 Abs. 6,
– für die Vermietung von Sportanlagen zusammen mit den darauf befindlichen Betriebsvorrichtungen siehe Abschnitt 4.12.11 Abs. 3,
– für die Vermittlung von grenzüberschreitenden Personenbeförderungsleistungen im Luftverkehr durch Reisebüros siehe Abschnitt 10.1 Abs. 9,
– für Beherbergungsleistungen zusammen mit nicht von der Steuerermäßigung nach § 12 Abs. 2 Nr. 11 Satz 1 UStG erfassten Leistungen siehe Abschnitt 12.16 Abs. 11 und 12.

[9] Zu den Aufzeichnungspflichten vgl. Abschnitt 22.2 Abs. 6.

(12)[1)] Für die befristete Anwendung des ermäßigten Umsatzsteuersatzes für Restaurations- und Verpflegungsdienstleistungen mit Ausnahme der Abgabe von Getränken ist es nicht zu beanstanden, wenn zur Aufteilung des Gesamtkaufpreises von sogenannten Kombiangeboten aus Speisen inklusive Getränken (z. B. Buffet, All-Inclusive-Angeboten) der auf die Getränke entfallende Entgeltanteil mit 30 % des Pauschalpreises angesetzt wird.

10.2 Zuschüsse

Allgemeines

(1) [1] Zahlungen unter den Bezeichnungen „Zuschuss, Zuwendung, Beihilfe, Prämie, Ausgleichsbetrag u. ä." (Zuschüsse) können entweder

1. Entgelt für eine Leistung an den Zuschussgeber (Zahlenden);
2. (zusätzliches) Entgelt eines Dritten oder
3. echter Zuschuss

sein. [2] Der Zahlende ist Leistungsempfänger, wenn er für seine Zahlung eine Leistung vom Zahlungsempfänger erhält. [3] Der Zahlende kann ein Dritter sein (§ 10 Abs. 1 Satz 2 UStG), der selbst nicht Leistungsempfänger ist.

Zuschüsse als Entgelt für Leistungen an den Zahlenden

(2) [1] Zuschüsse sind Entgelt für eine Leistung an den Zahlenden,

1. wenn ein Leistungsaustauschverhältnis zwischen dem leistenden Unternehmer (Zahlungsempfänger) und dem Zahlenden besteht (vgl. dazu Abschnitte 1.1 bis 1.6);
2. wenn ein unmittelbarer Zusammenhang zwischen der erbrachten Leistung und dem Zuschuss besteht, d. h. wenn der Zahlungsempfänger seine Leistung – insbesondere bei gegenseitigen Verträgen – erkennbar um der Gegenleistung willen erbringt;
3. wenn der Zahlende einen Gegenstand oder einen sonstigen Vorteil erhält, auf Grund dessen er als Empfänger einer Lieferung oder sonstigen Leistung angesehen werden kann;

---

1) A 10.1 UStAE Abs. 12 angef. durch BMF v. 2.7.2020, BStBl. I 2020, 610, anzuwenden in allen Fällen **ab 1.7.2020 bis 31.12.2022** (BMF v. 3.6.2021, BStBl. I 2021, 777).

4. wenn (beim Zahlenden oder am Ende der Verbraucherkette) ein Verbrauch im Sinne des gemeinsamen Mehrwertsteuerrechts vorliegt.

[2]Ob die Leistung des Zahlungsempfängers derart mit der Zahlung verknüpft ist, dass sie sich auf den Erhalt einer Gegenleistung (Zahlung) richtet, ergibt sich aus den Vereinbarungen des Zahlungsempfängers mit dem Zahlenden, z. B. den zu Grunde liegenden Verträgen oder den Vergaberichtlinien (vgl. BFH-Urteil vom 13.11.1997, V R 11/97, BStBl. 1998 II S. 169). [3]Die Zwecke, die der Zahlende mit den Zahlungen verfolgt, können allenfalls Aufschlüsse darüber geben, ob der erforderliche unmittelbare Zusammenhang zwischen Leistung und Zahlung vorliegt. [4]Die Annahme eines Leistungsaustauschs setzt weder auf der Seite des Zahlenden noch auf der Seite des Zahlungsempfängers rechtlich durchsetzbare Ansprüche voraus (vgl. BFH-Urteile vom 23.2.1989, V R 141/84, BStBl. II S. 638, und vom 9.10.2003, V R 51/02, BStBl. 2004 II S. 322). [5]Zuwendungen im Rahmen von Vertragsnaturschutzmaßnahmen, die für die Bearbeitung von Flächen des Zuwendungsgebers erfolgen, werden im Rahmen eines Leistungsaustauschs gezahlt; erfolgt die Zuwendung dagegen für eigene Flächen des Land- und Forstwirts, liegt im Allgemeinen ein nicht der Umsatzsteuer unterliegender echter Zuschuss vor. [6]Zahlungen für die Übernahme der Erfüllung von Aufgaben einer juristischen Person des öffentlichen Rechts, zu deren Ausführung sich die Parteien in einem gegenseitigen Vertrag verpflichtet haben, erfolgen grundsätzlich im Rahmen eines Leistungsaustauschs. [7]Die Zuwendung erfolgt in diesem Fall nicht lediglich zur Subventionierung aus strukturpolitischen, volkswirtschaftlichen oder allgemeinpolitischen Gründen, wenn der Zuwendungsgeber damit auch eigene wirtschaftliche Interessen verfolgt. [8]Gewährt eine juristische Person des öffentlichen Rechts in diesem Zusammenhang eine als „Starthilfe" bezeichnete Zuwendung neben der Übertragung des für die Durchführung der Aufgabe erforderlichen Vermögens zu einem symbolischen Kaufpreis, ist diese Zuwendung Entgelt für die Entbindung aus der Durchführung der öffentlichen Aufgabe (vgl. BFH-Urteil vom 21.4.2005, V R 11/03, BStBl. 2007 II S. 63). [9]Besteht aufgrund eines Rechtsverhältnisses ein unmittelbarer Zusammenhang zwischen der Leistung des Zahlungsempfängers und der Zahlung, ist die Zahlung Entgelt für die Leistung des Zahlungsempfängers.

Beispiel 1:

Zuschüsse einer Gemeinde an einen eingetragenen Verein, z. B. eine Werbegemeinschaft zur vertragsgemäßen Durchführung einer Werbeveranstaltung in der Vorweihnachtszeit.

Beispiel 2:

[1]Ein Bauherr errichtet ein Geschäftshaus mit einer Tiefgarage und verpflichtet sich gegenüber der Stadt, einen Teil der Stellplätze der Allgemeinheit zur Verfügung zu stellen. [2]Er erhält dafür ein Entgelt von der Stadt (vgl. BFH-Urteil vom 13.11.1997, V R 11/97, a. a. O.).

Beispiel 3:

Anfertigung von Auftragsgutachten gegen Entgelt, wenn der öffentliche Auftraggeber das Honorar für das Gutachten und nicht dafür leistet, die Tätigkeit des Zahlungsempfängers zu ermöglichen oder allgemein zu fördern; zum Leistungsaustausch bei der Durchführung von Forschungsvorhaben, zu der die öffentliche Hand Zuwendungen bewilligt hat, vgl. BFH-Urteil vom 23.2.1989, V R 141/84, a. a. O.

Beispiel 4:

[1] Eine Gemeinde bedient sich zur Erfüllung der ihr nach Landesrecht obliegenden Verpflichtung zur Abwasserbeseitigung einschließlich der Errichtung der dafür benötigten Bauwerke eines Unternehmers. [2] Dieser erlangt dafür u. a. einen vertraglichen Anspruch auf die Fördermittel, die der Gemeinde zustehen.

[3] Der Unternehmer erbringt eine steuerbare Leistung an die Gemeinde. [4] Ein für Rechnung der Gemeinde vom Land an den Unternehmer gezahlter Investitionszuschuss für die Errichtung der Kläranlage ist Entgelt (vgl. BFH-Urteil vom 20.12.2001, V R 81/99, BStBl. 2003 II S. 213).

Zuschüsse als zusätzliches Entgelt eines Dritten[1)]

(3) [1] Zusätzliches Entgelt im Sinne des § 10 Abs. 1 Satz 2 UStG sind solche Zahlungen, die der leistende Unternehmer (Zahlungsempfänger) von einem anderen als dem Leistungsempfänger für die Lieferung oder sonstige Leistung erhält. [2] Ein zusätzliches Entgelt kommt in der Regel nur dann in Betracht, wenn ein unmittelbarer Leistungsaustausch zwischen dem Zahlungsempfänger und dem zahlenden Dritten zu verneinen ist (vgl. BFH-Urteil vom 20.2.1992, V R 107/87, BStBl. II S. 705). [3] Der Dritte ist in diesen Fällen nicht Leistungsempfänger. [4] Ein zusätzliches Entgelt liegt vor, wenn der Leistungsempfänger einen Rechtsanspruch auf die Zahlung hat, die Zahlung in Erfüllung einer öffentlich-rechtlichen Verpflichtung gegenüber dem Leistungsempfänger oder zumindest im Interesse des Leistungsempfängers gewährt wird (vgl. BFH-Urteil vom 25.11.1986, V R 109/78, BStBl. 1987 II S. 228). [5] Diese Zahlung gehört unabhängig von der Bezeichnung als „Zuschuss" zum Entgelt, wenn der Zuschuss dem Abnehmer des Gegenstands oder dem Dienstleistungsempfänger zugutekommt, der Zuschuss gerade für die Lieferung eines bestimmten Gegenstands oder die Erbringung einer bestimmten sonstigen Leistung gezahlt wird und mit der Verpflichtung der den Zuschuss gewährenden Stelle zur Zuschusszahlung das Recht des Zahlungsempfängers (des Leistenden) auf Auszahlung des Zuschusses einhergeht, wenn er einen steuerbaren Umsatz bewirkt hat (vgl. BFH-Urteil vom 9.10.2003, V R 51/02, BStBl. 2004 II S. 322).

Beispiel 1:

[1] Die BA gewährt einer Werkstatt für behinderte Menschen pauschale Zuwendungen zu den Sach-, Personal- und Beförderungskosten, die für die Betreuung und Ausbildung der behinderten Menschen entstehen.

[2] Die Zahlungen sind Entgelt von dritter Seite für die Leistungen der Werkstatt für behinderte Menschen (Zahlungsempfänger) an die behinderten Menschen, da der einzelne behinderte Mensch auf diese Zahlungen einen Anspruch hat.

Beispiel 2:

[1] Ein Bundesland gewährt einem Studentenwerk einen Zuschuss zum Bau eines Studentenwohnheims. [2] Der Zuschuss wird unmittelbar dem Bauunternehmer ausgezahlt.

[3] Es liegt Entgelt von dritter Seite für die Leistung des Bauunternehmers an das Studentenwerk vor.

[6] Wird das Entgelt für eine Leistung des Unternehmers wegen der Insolvenz des Leistungsempfängers uneinbringlich und zahlt eine Bank, die zu dem Leis-

---

1) Hinweis auf A 14.10 Abs. 1 UStAE.

tungsempfänger Geschäftsbeziehungen unterhalten hat, an den Unternehmer gegen Abtretung der Insolvenzforderung einen Betrag, der sich – unter Berücksichtigung von Gewährleistungsansprüchen – an der Höhe des noch nicht bezahlten Entgelts orientiert, kann diese Zahlung Entgelt eines Dritten für die Leistung des Unternehmers sein (vgl. BFH-Urteil vom 19.10.2001, V R 48/00, BStBl. 2003 II S. 210, zur Abtretung einer Konkursforderung).

(4) [1]Nicht zum zusätzlichen Entgelt gehören hingegen Zahlungen eines Dritten dann, wenn sie dem leistenden Unternehmer (Zahlungsempfänger) zu dessen Förderung und nicht überwiegend im Interesse des Leistungsempfängers gewährt werden. [2]Die Abgrenzung von zusätzlichem Entgelt und echtem Zuschuss wird somit nach der Person des Bedachten und nach dem Förderungsziel vorgenommen (BFH-Urteil vom 8.3.1990, V R 67/89, BStBl. II S. 708). [3]Ist die Zahlung des Dritten an den Zahlungsempfänger ein echter Zuschuss, weil sie zur Förderung des Zahlungsempfängers gewährt wird, ist es unbeachtlich, dass der Zuschuss auch dem Leistungsempfänger zugutekommt, weil er nicht das Entgelt aufzubringen hat, das der Zahlungsempfänger – ohne den Zuschuss – verlangen müsste (vgl. BFH-Urteil vom 9.10.1975, V R 88/74, BStBl. 1976 II S. 105).

(5) [1]Ein zusätzliches Entgelt ist anzunehmen, wenn die Zahlung die Entgeltzahlung des Leistungsempfängers ergänzt und sie damit preisauffüllenden Charakter hat. [2]Die Zahlung dient der Preisauffüllung, wenn sie den erklärten Zweck hat, das Entgelt für die Leistung des Zahlungsempfängers an den Leistungsempfänger auf die nach Kalkulationsgrundsätzen erforderliche Höhe zu bringen und dadurch das Zustandekommen eines Leistungsaustauschs zu sichern oder wenigstens zu erleichtern (vgl. BFH-Urteil vom 24.8.1967, V 31/64, BStBl. III S. 717). [3]Die von Versicherten der gesetzlichen Krankenkassen nach § 31 Abs. 3 SGB V[1)] zu entrichtende Zuzahlung bei der Abgabe von Arzneimitteln ist Entgelt von dritter Seite für die Lieferung des Arzneimittels durch die Apotheke an die Krankenkasse. [4]Hinsichtlich der den Verlagen zugewendeten Druckkostenzuschüsse bei der Vervielfältigung und Verbreitung von Druckwerken gilt:

1. [1]Der Druckkostenzuschuss des Autors an den Verlag ist grundsätzlich Entgelt für die Leistung des Verlags an den Autor, wenn zwischen dem Verlag und dem Autor ein Leistungsaustauschverhältnis z. B. auf Grund eines Verlagsvertrags besteht (vgl. BFH-Urteil vom 21.10.2015, XI R 22/13, BStBl. 2018 II S. 612). [2]Dabei ist es unerheblich, ob der Autor den Druckkostenzuschuss aus eigenen Mitteln oder mit Fördermitteln finanziert. [3]Zahlt der Dritte die Fördermittel für den Autor unmittelbar an den Verlag, liegt ein verkürzter Zahlungsweg vor.
2. Der Druckkostenzuschuss eines Dritten an den Verlag, der nicht im Namen und für Rechnung des Autors gewährt wird, ist grundsätzlich dann Entgelt von dritter Seite für die Leistung des Verlags an den Autor, wenn zwischen dem Verlag und dem Autor ein Leistungsaustauschverhältnis z. B. auf Grund eines Verlagsvertrags besteht.

[1)] **Aichberger SGB** Nr. 5.

3. Druckkostenzuschüsse eines Dritten an den Verlag sind grundsätzlich dann Entgelt für die Leistung des Verlags an den Dritten, wenn zwischen dem Verlag und dem Dritten ein Leistungsaustauschverhältnis z.B. auf Grund eines gegenseitigen Vertrags besteht.

[5] Entgelt von dritter Seite liegt auch dann vor, wenn der Zahlungsempfänger in pauschalierter Form das erhalten soll, was ihm vom Begünstigten (Leistungsempfänger) für die Leistung zustünde, wobei eine Kostendeckung nicht erforderlich ist (vgl. BFH-Urteil vom 26.6.1986, V R 93/77, BStBl. II S. 723). [6] Wegen der Rechnungserteilung bei der Vereinnahmung von Entgelten von dritter Seite vgl. Abschnitt 14.10 Abs. 1. [7] Liefert der Vermittler eines Mobilfunkvertrags im eigenen Namen an den Kunden ein Mobilfunkgerät oder einen sonstigen Elektronikartikel und gewährt das Mobilfunkunternehmen dem Vermittler auf Grund vertraglicher Vereinbarung eine von der Abgabe des Mobilfunkgeräts oder sonstigen Elektronikartikels abhängige Provision bzw. einen davon abhängigen Provisionsbestandteil, handelt es sich bei dieser Provision oder diesem Provisionsbestandteil insoweit nicht um ein Entgelt für die Vermittlungsleistung an das Mobilfunkunternehmen, sondern um ein von einem Dritten gezahltes Entgelt im Sinne des § 10 Abs. 1 Satz 2 UStG für die Lieferung des Mobilfunkgeräts oder des sonstigen Elektronikartikels (vgl. BFH-Urteil vom 16.10.2013, XI R 39/12, BStBl. 2014 II S. 1024). [8] Dies gilt unabhängig von der Höhe einer von dem Kunden zu leistenden Zuzahlung.

(6) [1] Nach den vorstehenden Grundsätzen ist auch dann zu verfahren, wenn bei der Einschaltung von Unternehmern in die Erfüllung hoheitlicher Aufgaben einer juristischen Person des öffentlichen Rechts der eingeschaltete Unternehmer einen eigenen gesetzlichen oder sonstigen Anspruch auf die Zahlung hat. [2] Auch wenn es nach den Vergabebedingungen im Ermessen des Zuwendungsgebers steht, ob er die Mittel der juristischen Person des öffentlichen Rechts oder unmittelbar dem eingeschalteten Unternehmer gewährt, ist entscheidend, dass der Unternehmer einen eigenen Anspruch auf die Zuwendung hat (vgl. BMF-Schreiben vom 27.12.1990, BStBl. 1991 I S. 81).

Beispiel 1:

[1] Erstattung von Fahrgeldausfällen für die unentgeltliche Beförderung schwer behinderter Menschen im öffentlichen Personenverkehr nach §§ 145 ff. SGB IX.[1)]

[2] Die erstatteten Fahrgeldausfälle sind Entgelt eines Dritten, da die Zahlungen das Fahrgeld abgelten sollen, das die begünstigten Personen ansonsten als Leistungsempfänger entsprechend dem geltenden Tarif hätten aufwenden müssen. [3] Nicht entscheidungserheblich ist, dass die Erstattungen pauschaliert erfolgen. [4] Maßgeblich ist vielmehr, dass die Zuwendungen nach einem Prozentsatz der Fahrgeldeinnahmen berechnet werden und damit in geschätzter Höhe die erbrachten Beförderungsleistungen abgelten sollen. [5] Inwieweit mit der Erstattung eine Äquivalenz von Leistung und Gegenleistung erreicht wird, ist nicht entscheidend (vgl. BFH-Urteil vom 26.6.1986, BStBl. II S. 723).

Beispiel 2:

[1] Eine Gemeinde bedient sich zur Erfüllung ihrer hoheitlichen Aufgaben im Bereich der Abfallwirtschaft einer GmbH. [2] Die GmbH übernimmt die Errichtung und den Betrieb von Entsorgungseinrichtungen. [3] Hierfür gewährt das Land Zuwendungen, die nach den För-

1) **Aichberger SGB** Nr. **9.**

derrichtlinien von den abfallbeseitigungspflichtigen Gemeinden oder den mit der Abfallbeseitigung beauftragten privaten Unternehmern beantragt werden können.

a) [1] Die Gemeinde ist Antragstellerin.
[2] Das Land zahlt die Zuwendungen an die antragstellende Gemeinde aus. [3] Die Gemeinde reicht die Gelder an die GmbH weiter.
[4] Die GmbH erbringt steuerbare und steuerpflichtige Leistungen (Errichtung und Betrieb der Entsorgungseinrichtungen) an die Gemeinde. [5] Zum Entgelt für diese Leistungen gehören auch die von der Gemeinde an die GmbH weitergeleiteten Zuwendungen des Landes.
[6] Selbst wenn das Land auf Antrag der Gemeinde die Mittel direkt an die GmbH überwiesen hätte, wären diese Teile des Entgelts für die Leistungen der GmbH.

b) [1] Die GmbH ist Antragstellerin.
[2] Das Land zahlt die Zuwendungen an die antragstellende GmbH aus.
[3] Die GmbH erbringt auch in diesem Fall steuerbare und steuerpflichtige Leistungen an die Gemeinde. [4] Die Zahlungen des Landes an die GmbH sind zusätzliches Entgelt eines Dritten für die Leistungen der GmbH an die Gemeinde, da die Zahlungen im Interesse der Gemeinde geleistet werden.

Echte Zuschüsse

(7) [1] Echte Zuschüsse liegen vor, wenn die Zahlungen nicht auf Grund eines Leistungsaustauschverhältnisses erbracht werden (vgl. BFH-Urteile vom 28.7.1994, V R 19/92, BStBl. 1995 II S. 86, und vom 13.11.1997, V R 11/97, BStBl. 1998 II S. 169). [2] Das ist der Fall, wenn die Zahlungen nicht an bestimmte Umsätze anknüpfen, sondern unabhängig von einer bestimmten Leistung gewährt werden, weil z. B. der leistende Unternehmer (Zahlungsempfänger) einen Anspruch auf die Zahlung hat oder weil in Erfüllung einer öffentlich-rechtlichen Verpflichtung bzw. im überwiegenden öffentlich-rechtlichen Interesse an ihn gezahlt wird (vgl. BFH-Urteile vom 24.8.1967, V 31/64, BStBl. III S. 717, und vom 25.11.1986, V R 109/78, BStBl. 1987 II S. 228). [3] Echte Zuschüsse liegen auch vor, wenn der Zahlungsempfänger die Zahlungen lediglich erhält, um ganz allgemein in die Lage versetzt zu werden, überhaupt tätig zu werden oder seine nach dem Gesellschaftszweck obliegenden Aufgaben erfüllen zu können. [4] So sind Zahlungen echte Zuschüsse, die vorrangig dem leistenden Zahlungsempfänger zu seiner Förderung aus strukturpolitischen, volkswirtschaftlichen oder allgemeinpolitischen Gründen gewährt werden (BFH-Urteil vom 13.11.1997, V R 11/97, a. a. O.). [5] Dies gilt auch für Beihilfen in der Landwirtschaft, durch die Strukturveränderungen oder Verhaltensänderungen z. B. auf Grund von EG-Marktordnungen gefördert werden sollen. [6] Ebenso stellen Marktprämie einschließlich Managementprämie (§ 33g EEG) bzw. Flexibilitätsprämie (§ 33i EEG) echte, nichtsteuerbare Zuschüsse dar, vgl. Abschnitt 2.5 Abs. 24. [7] Vorteile in Form von Subventionen, Beihilfen, Förderprämien, Geldpreisen und dergleichen, die ein Unternehmer als Anerkennung oder zur Förderung seiner im allgemeinen Interesse liegenden Tätigkeiten ohne Bindung an bestimmte Umsätze erhält, sind kein Entgelt (vgl. BFH-Urteil vom 6.8.1970, V R 94/68, BStBl. II S. 730). [8] Die bloße technische Anknüpfung von Förderungsmaßnahmen an eine Leistung des Zahlungsempfängers führt nicht dazu, dass die Förderung als zusätzliches Entgelt für die Leistung zu beurteilen ist, wenn das Förderungsziel nicht die Subvention der Preise zugunsten der Abnehmer (Leistungsempfänger), sondern die Subvention des Zahlungsempfängers ist (vgl. BFH-Urteil vom 8.3.1990, V R 67/89, BStBl. II S. 708).

Beispiel 1:

[1] Zuschüsse, die die BA bestimmten Unternehmern zu den Löhnen und Ausbildungsvergütungen oder zu den Kosten für Arbeitserprobung und Probebeschäftigung gewährt.
[2] Damit erbringt die BA weder als Dritter zusätzliche Entgelte zugunsten der Vertragspartner des leistenden Unternehmers, noch erfüllt sie als dessen Leistungsempfänger eigene Entgeltverpflichtungen.

Beispiel 2:

[1] Zuschüsse, die von den gesetzlichen Trägern der Grundsicherung für Arbeitssuchende für die Teilnehmer an Arbeitsgelegenheiten mit Mehraufwandsentschädigung zur Abdeckung des durch die Ausübung des Zusatzjobs entstehenden tatsächlichen Mehraufwands gezahlt werden, sind echte Zuschüsse. [2] Ein unmittelbarer Zusammenhang zwischen einer erbrachten Leistung und der Zuwendung besteht nicht.

Beispiel 3:

[1] Für die Einrichtung von Zusatzjobs können den Arbeitsgelegenheiten mit Mehraufwandsentschädigung die entstehenden Kosten von den gesetzlichen Trägern der Grundsicherung für Arbeitssuchende erstattet werden. [2] Die Erstattung kann sowohl Sach- als auch Personalkosten umfassen und pauschal ausgezahlt werden.
[3] Diese Maßnahmekostenpauschale stellt einen echten Zuschuss an die Arbeitsgelegenheit dar, sie soll ihre Kosten für die Einrichtung und die Durchführung der Zusatzjobs abdecken. [4] Ein individualisierbarer Leistungsempfänger ist nicht feststellbar.

Beispiel 4:

[1] Qualifizierungsmaßnahmen, die eine Arbeitsgelegenheit mit Mehraufwandsentschädigung selbst oder von einem externen Weiterbildungsträger durchführen lässt.
[2] Qualifizierungsmaßnahmen, die von der Arbeitsgelegenheit selbst durchgeführt werden und bei denen deren eigenunternehmerisches Interesse im Vordergrund steht, sind keine Leistungen im umsatzsteuerrechtlichen Sinn; ebenso begründet die Vereinbarung zur Durchführung von Qualifizierungsmaßnahmen, bei denen deren eigenunternehmerisches Interesse im Vordergrund steht, durch externe Weiterbildungsträger keinen Vertrag zugunsten Dritter. [3] Die von den gesetzlichen Trägern der Grundsicherung für Arbeitssuchende insoweit geleisteten Zahlungen sind kein Entgelt für eine Leistung der Arbeitsgelegenheit gegenüber diesen Trägern oder dem Weiterzubildenden, sondern echte Zuschüsse. [4] Für die Beurteilung der Leistungen der externen Weiterbildungsträger gelten die allgemeinen umsatzsteuerrechtlichen Grundsätze.

Beispiel 5:

[1] Zuwendungen des Bundes und der Länder nach den vom Bundesministerium des Innern (BMI) herausgegebenen Grundsätzen zur Regelung von Kriterien und Höhe der Förderung des Deutschen Olympischen Sportbundes – Bereich Leistungssport – sowie den vom BMI entworfenen Vereinbarungs-/Vertragsmuster, die bundesweit zur Weiterleitung der Bundeszuwendung bei der Förderung der Olympiastützpunkte und Bundesleistungszentren verwendet werden sollen, zu den Betriebs- und Unterhaltskosten ausgewählter Sportstätten.
[2] Im Allgemeinen liegt kein Leistungsaustausch zwischen dem Träger der geförderten Sportstätte und dem Träger des Olympiastützpunkts vor, auch wenn Nutzungszeiten für einen bestimmten Personenkreis in den Zuwendungsbedingungen enthalten sind, denn die Zuwendungen werden im Regelfall für die im allgemeinen Interesse liegende Sportförderung zur Verfügung gestellt. [3] Dies gilt auch für die Förderung des Leistungssports. [4] Die normierten Auflagen für den Zuwendungsempfänger reichen für die Annahme eines Leistungsaustauschverhältnisses nicht aus. [5] Sie haben lediglich den Zweck, den Zuwendungsgeber über den von ihm erhofften und erstrebten Nutzen des Projekts zu unterrichten und die sachgerechte Verwendung der eingesetzten Fördermittel sicherzustellen und werden daher als echte Zuschüsse gewährt.

Zuwendungen aus öffentlichen Kassen

(8) [1] Ob Zuwendungen aus öffentlichen Kassen echte Zuschüsse sind, ergibt sich nicht aus der haushaltsrechtlichen Erlaubnis zur Ausgabe, sondern allein aus

dem Grund der Zahlung (vgl. BFH-Urteile vom 27.11.2008, V R 8/07, BStBl. 2009 II S. 397, und vom 18.12.2008, V R 38/06, BStBl. 2009 II S. 749). [2]Werden Zuwendungen aus öffentlichen Kassen ausschließlich auf der Grundlage des Haushaltsrechts in Verbindung mit den dazu erlassenen Allgemeinen Nebenbestimmungen vergeben, liegen in der Regel echte Zuschüsse vor.[1)] [3]Denn die in den Allgemeinen Nebenbestimmungen normierten Auflagen für den Zuwendungsempfänger reichen grundsätzlich für die Annahme eines Leistungsaustauschverhältnisses nicht aus. [4]Sie haben den Sinn, den Zuwendungsgeber über den von ihm erhofften und erstrebten Nutzen des Projekts zu unterrichten und die sachgerechte Verwendung der eingesetzten Fördermittel sicherzustellen. [5]Grund der Zahlung ist in diesen Fällen die im überwiegenden öffentlichen Interesse liegende Förderung des Zuwendungsempfängers, nicht der Erwerb eines verbrauchsfähigen Vorteils durch den Zuwendungsgeber.

(9) [1]Wird die Bewilligung der Zuwendungen über die Allgemeinen Nebenbestimmungen hinaus mit besonderen Nebenbestimmungen verknüpft, kann ein Leistungsaustauschverhältnis vorliegen. [2]Besondere Nebenbestimmungen sind auf den jeweiligen Einzelfall abgestellte Regelungen, die Bestandteil jeder Zuwendung sein können und im Zuwendungsbescheid oder -vertrag besonders kenntlich zu machen sind. [3]Dort können Auflagen und insbesondere Vorbehalte des Zuwendungsgebers hinsichtlich der Verwendung des Tätigkeitsergebnisses geregelt sein, die auf einen Leistungsaustausch schließen lassen. [4]Entsprechendes gilt für vertraglich geregelte Vereinbarungen. [5]Denn bei Leistungen, zu denen sich die Vertragsparteien in einem gegenseitigen Vertrag verpflichtet haben, liegt grundsätzlich ein Leistungsaustausch vor (vgl. BFH-Urteil vom 18.12.2008, V R 38/06, BStBl. 2009 II S. 749). [6]Regelungen zur technischen Abwicklung der Zuwendung und zum haushaltsrechtlichen Nachweis ihrer Verwendung sind umsatzsteuerrechtlich regelmäßig unbeachtlich (vgl. BFH-Urteil vom 28.7.1994, V R 19/92, BStBl. 1995 II S. 86).

(10) [1]Zuwendungen, die zur Projektförderung oder zur institutionellen Förderung auf der Grundlage folgender Nebenbestimmungen gewährt werden, sind grundsätzlich als nicht der Umsatzsteuer unterliegende echte Zuschüsse zu beurteilen:

1. Nebenbestimmungen für Zuwendungen auf Kostenbasis des Bundesministeriums für Bildung und Forschung (BMBF) an Unternehmen der gewerblichen Wirtschaft für Forschungs- und Entwicklungsvorhaben (NKBF-98); diese gelten z.B. auch im Geschäftsbereich des Bundesministeriums für Wirtschaft und Energie (BMWi) und des Bundesministeriums für Umwelt, Naturschutz und nukleare Sicherheit (BMU);
2. Allgemeine Nebenbestimmungen für Zuwendungen zur Projektförderung (ANBest-P) – Anlage 2 der VV zu § 44 BHO;
3. Allgemeine Nebenbestimmungen für Zuwendungen zur Projektförderung an Gebietskörperschaften und Zusammenschlüsse von Gebietskörperschaften (ANBest-GK) – Anlage 3 der VV zu § 44 BHO;

---

1) Siehe aber BFH v. 18.12.2019 XI R 31/17, BFH/NV 2020, 565 (Zuschüsse einer Stadt an Fremdenverkehrsverein).

4. Besondere Nebenbestimmungen für Zuwendungen des BMBF zur Projektförderung auf Ausgabenbasis (BNBest-BMBF 98); diese gelten z. B. auch im Geschäftsbereich des BMWi und des BMU;
5. Allgemeine Nebenbestimmungen für Zuwendungen zur Projektförderung auf Kostenbasis (ANBest-P-Kosten) – Anlage 4 der VV zu § 44 BHO;
6. Allgemeine Nebenbestimmungen für Zuwendungen zur institutionellen Förderung (ANBest-I) – Anlage 1 der VV zu § 44 BHO;
7. Finanzstatut für Forschungseinrichtungen der Hermann von Helmholtz-Gemeinschaft Deutscher Forschungszentren e. V. (FinSt-HZ);
8. Nebenbestimmungen für Zuwendungen auf Kostenbasis des Bundesministeriums für Bildung und Forschung an gewerbliche Unternehmen für Forschungs- und Entwicklungsvorhaben (NKBF 2017); diese gelten z. B. auch im Geschäftsbereich des BMWi und des BMU;
9. Nebenbestimmungen für Zuwendungen auf Ausgabenbasis (NABF); diese gelten z. B. auch im Geschäftsbereich des BMWi und des BMU.

[2]Entsprechendes gilt für Zuwendungen, die nach Richtlinien und Nebenbestimmungen zur Förderung bestimmter Vorhaben gewährt werden, die inhaltlich den o. a. Förderbestimmungen entsprechen (z. B. Zuwendungen im Rahmen der Programme der Biotechnologie- und Energieforschung sowie zur Förderung des Forschungs- und Entwicklungspersonals in der Wirtschaft). [3]Diese Beurteilung schließt im Einzelfall eine Prüfung nicht aus, ob auf Grund zusätzlicher Auflagen oder Bedingungen des Zuwendungsgebers oder sonstiger Umstände ein steuerbarer Leistungsaustausch zwischen dem Zuwendungsgeber und dem Zuwendungsempfänger begründet worden ist. [4]Dabei ist bei Vorliegen entsprechender Umstände auch die Frage des Entgelts von dritter Seite zu prüfen. [5]Eine Prüfung kommt insbesondere in Betracht, wenn die Tätigkeit zur Erfüllung von Ressortaufgaben des Zuwendungsgebers durchgeführt wird und deshalb z. B. folgende zusätzliche Vereinbarungen getroffen wurden (vgl. auch BFH-Urteile vom 23.2. 1989, V R 141/84, BStBl. II S. 638, und vom 28.7.1994, V R 19/92, BStBl. 1995 II S. 86):

1. Vorbehalt von Verwertungsrechten für den Zuwendungsgeber;
2. Zustimmungsvorbehalt des Zuwendungsgebers für die Veröffentlichung der Ergebnisse;
3. fachliche Detailsteuerung durch den Zuwendungsgeber;
4. Vollfinanzierung bei Zuwendungen an Unternehmen der gewerblichen Wirtschaft.

[6]Die Vorbehalte sprechen nicht für einen Leistungsaustausch, wenn sie lediglich dazu dienen, die Tätigkeit zu optimieren und die Ergebnisse für die Allgemeinheit zu sichern. [7]Nach den vorstehenden Grundsätzen ist auch bei der umsatzsteuerlichen Beurteilung von Zuwendungen zur Projektförderung sowie zur institutionellen Förderung auf Grund entsprechender Bestimmungen der Bundesländer zu verfahren.

10.3 Entgeltminderungen

(1) [1]Entgeltminderungen liegen vor, wenn der Leistungsempfänger bei der Zahlung Beträge abzieht, z. B. Skonti, Rabatte, Preisnachlässe usw., oder wenn dem Leistungsempfänger bereits gezahlte Beträge zurückgewährt werden, ohne dass er dafür eine Leistung zu erbringen hat. [2]Hierbei ist der Abzugsbetrag oder die Rückzahlung in Entgelt und Umsatzsteuer aufzuteilen (vgl. BFH-Urteil vom 28.5.2009, V R 2/08, BStBl. II S. 870). [3]Auf die Gründe, die für die Ermäßigung des Entgelts maßgebend waren, kommt es nicht an (vgl. BFH-Urteil vom 21.3.1968, V R 85/65, BStBl. II S. 466). [4]Die Pflicht des Unternehmers, bei nachträglichen Änderungen des Entgelts die Steuer bzw. den Vorsteuerabzug zu berichtigen, ergibt sich aus § 17 UStG. [5]Eine Entgeltminderung liegt grundsätzlich auch vor, wenn ein in der Leistungskette beteiligter Unternehmer einem nicht unmittelbar nachfolgenden Abnehmer einen Teil des von diesem gezahlten Leistungsentgelts erstattet oder ihm gegenüber einen Preisnachlass gewährt. [6]Erstattet danach der erste Unternehmer in einer Leistungskette dem Endverbraucher einen Teil des von diesem ge-zahlten Leistungsentgelts oder gewährt er ihm einen Preisnachlass, mindert sich dadurch grundsätzlich die Bemessungsgrundlage des ersten Unternehmers an seinen unmittelbaren Abnehmer (vgl. EuGH-Urteil vom 24.10.1996, C-317/94, Elida Gibbs, BStBl. 2004 II S. 324).[1)] [7]Auf die Abschnitte 17.1 und 17.2 wird hingewiesen.

(2) [1]Eine Entgeltminderung kann vorliegen, wenn der Erwerber einer Ware Mängel von sich aus beseitigt und dem Lieferer die entstandenen Kosten berechnet. [2]Zur Frage, ob in derartigen Fällen ein Schadensersatz vorliegt, vgl. Abschnitt 1.3 Abs. 1. [3]Wird jedoch von den Vertragspartnern von vornherein ein pauschaler Abzug vom Kaufpreis vereinbart und dafür vom Erwerber global auf alle Ansprüche aus der Sachmängelhaftung des Lieferers verzichtet, erbringt der Käufer eine entgeltliche sonstige Leistung (vgl. BFH-Urteil vom 15.12.1966, V R 83/64, BStBl. 1967 III S. 234). [4]Zuwendungen, die ein Lieferant seinem Abnehmer für die Durchführung von Werbemaßnahmen gewährt, sind regelmäßig als Preisnachlass zu behandeln, wenn und soweit keine Verpflichtung zur Werbung besteht, der Werber die Werbung im eigenen Interesse am Erfolg der Werbemaßnahme ausführt und die Gewährung des Zuschusses nicht losgelöst von der Warenlieferung, sondern mit dieser eng verknüpft ist (vgl. BFH-Urteil vom 5.8.1965, V 144/62 U, BStBl. III S. 630). [5]Werbeprämien, die den Abnehmern für die Werbung eines neuen Kunden gewährt werden, mindern daher nicht das Entgelt (vgl. BFH-Urteil vom 7.3.1995, XI R 72/93, BStBl. II S. 518). [6]Entsprechendes gilt bei der Überlassung von Prämienbüchern durch eine Buchgemeinschaft an ihre Mitglieder für die Werbung neuer Mitglieder (vgl. BFH-Urteil vom 17.12.1959, V 251/58 U, BStBl. 1960 III S. 97). [7]Soweit einem Altabonnenten eine Prämie als Belohnung für die Verlängerung seines eigenen Belieferungsverhältnisses gewährt wird, liegt eine Entgeltminderung vor (vgl. BFH-Urteil vom 7.3.1995, XI R 73/93, a. a. O.). [8]Die Teilnahme eines Händlers an einem Verkaufswettbewerb seines Lieferanten, dessen Gegenstände die vertriebenen Produkte sind, begründet regelmäßig keinen besonderen Leistungsaustausch,

---

1) IStR 1996, 583.

die Zuwendung des Preises kann jedoch als Preisnachlass durch den Lieferanten zu behandeln sein (BFH-Urteil vom 9.11.1994, XI R 81/92, BStBl. 1995 II S. 277). [9] Gleiches gilt für die Zuwendung eines Lieferanten an einen Abnehmer als Belohnung für Warenbezüge in einer bestimmten Größenordnung (vgl. BFH-Urteil vom 28.6.1995, XI R 66/94, BStBl. II S. 850). [10] Hat der leistende Unternehmer eine Vertragsstrafe wegen nicht gehöriger Erfüllung an den Leistungsempfänger zu zahlen, liegt darin keine Entgeltminderung (vgl. Abschnitt 1.3 Abs. 3). [11] Die nach der Milch-Garantiemengen-Verordnung erhobene Abgabe mindert nicht das Entgelt für die Milchlieferungen des Erzeugers.

(3) Eine Minderung des Kaufpreises einer Ware liegt nicht vor, wenn der Käufer vom Verkäufer zur Ware einen Chip erhält, der zum verbilligten Bezug von Leistungen eines Dritten berechtigt, und der Kunde den vereinbarten Kaufpreis für die Ware unabhängig davon, ob er den Chip annimmt, zu zahlen hat und die Rechnung über den Warenkauf diesen Kaufpreis ausweist (BFH-Urteil vom 11.5.2006, V R 33/03, BStBl. II S. 699, und vgl. Abschnitt 17.2 Abs. 8).

(4) Sog. Preisnachlässe, die von Verkaufsagenten eingeräumt werden, sind wie folgt zu behandeln:

Beispiel 1:

[1] Der Agent räumt den Abnehmern mit Zustimmung der Lieferfirma einen Preisnachlass vom Listenpreis zu Lasten seiner Provision ein. [2] Der Lieferer erteilt dem Abnehmer eine Rechnung über den geminderten Preis. [3] Dem Agenten wird auf Grund der vereinbarten „Provisionsklausel" nur die um den Preisnachlass gekürzte Provision gutgeschrieben.

[4] In diesem Fall hat der Lieferer nur den vom Abnehmer aufgewendeten Betrag zu versteuern. [5] Der vom Agenten eingeräumte Preisnachlass ist ihm nicht in Form eines Provisionsverzichts des Agenten als Entgelt von dritter Seite zugeflossen. [6] Das Entgelt für die Leistung des Agenten besteht in der ihm gutgeschriebenen, gekürzten Provision.

Beispiel 2:

[1] Der Agent räumt den Preisnachlass ohne Beteiligung der Lieferfirma zu Lasten seiner Provision ein. [2] Der Lieferer erteilt dem Abnehmer eine Rechnung über den vollen Listenpreis und schreibt dem Agenten die volle Provision nach dem Listenpreis gut. [3] Der Agent gewährt dem Abnehmer den zugesagten Preisnachlass in bar, durch Gutschrift oder durch Sachleistungen, z. B. kostenlose Lieferung von Zubehör o. Ä.

[4] In diesem Fall mindert der vom Agenten eingeräumte Preisnachlass weder das Entgelt der Lieferfirma noch die Provision des Agenten (vgl. BFH-Urteil vom 27.2.2014, V R 18/11, BStBl. 2015 II S. 306, und Abschnitt 17.2 Abs. 7). [5] Der Agent ist nicht berechtigt, dem Abnehmer eine Abrechnung über den Preisnachlass mit Ausweis der Umsatzsteuer zu erteilen und einen entsprechenden Vorsteuerabzug vorzunehmen, weil zwischen ihm und dem Abnehmer kein Leistungsaustausch stattfindet (vgl. auch BFH-Beschluss vom 14.4.1983, V B 28/81, BStBl. II S. 393).

(5) Sog. Preisnachlässe, die ein Zentralregulierer seinen Anschlusskunden für den Bezug von Waren von bestimmten Lieferanten gewährt, mindern nicht die Bemessungsgrundlage für die Leistungen, die der Zentralregulierer gegenüber den Lieferanten erbringt, und führen dementsprechend auch nicht zu einer Berichtigung des Vorsteuerabzuges beim Anschlusskunden aus den Warenbezügen (BFH-Urteil vom 3.7.2014, V R 3/12, BStBl. 2015 II S. 307).

(6) [1] Wechselvorzinsen (Wechseldiskont), die dem Unternehmer bei der Weitergabe (Diskontierung) eines für seine Lieferung oder sonstige Leistung in

Zahlung genommenen Wechsels abgezogen werden, mindern das Entgelt für seinen Umsatz (vgl. BFH-Urteil vom 27.10.1967, V 206/64, BStBl. 1968 II S. 128). 2 Dies gilt auch für die bei Prolongation eines Wechsels berechneten Wechselvorzinsen. 3 Dagegen sind die Wechselumlaufspesen (Diskontspesen) Kosten des Zahlungseinzugs, die das Entgelt nicht mindern (vgl. BFH-Urteil vom 29.11.1955, V 79/55 S, BStBl. 1956 III S. 53). 4 Hat der Unternehmer für seine steuerpflichtige Leistung eine Rechnung mit gesondertem Steuerausweis im Sinne des § 14 Abs. 2 UStG erteilt und unterlässt er es, seinem Abnehmer die Entgeltminderung und die darauf entfallende Steuer mitzuteilen, schuldet er die auf den Wechseldiskont entfallende Steuer nach § 14c Abs. 1 UStG. 5 Gewährt der Unternehmer im Zusammenhang mit einer Lieferung oder sonstigen Leistung einen Kredit, der als gesonderte Leistung anzusehen ist (vgl. Abschnitt 3.11 Abs. 1 und 2), und hat er über die zu leistenden Zahlungen Wechsel ausgestellt, die vom Leistungsempfänger akzeptiert werden, mindern die bei der Weitergabe der Wechsel berechneten Wechselvorzinsen nicht das Entgelt für die Lieferung oder sonstige Leistung.

(7) 1 Der vom Hersteller eines Arzneimittels den gesetzlichen Krankenkassen zu gewährende gesetzliche Rabatt führt beim Hersteller zu einer Minderung des Entgelts für seine Lieferung an den Zwischenhändler oder die Apotheke. 2 Gleiches gilt bei der verbilligten Abgabe des Arzneimittels durch die in der Lieferkette beteiligten Unternehmer. 3 Die Erstattung des Abschlags durch den Hersteller ist in diesem Fall Entgelt von dritter Seite für die Lieferung des Arzneimittels.[1)] 4 Verzichtet eine Apotheke, die nicht nach § 43b SGB V[2)] zum Einzug der Zuzahlung nach § 31 Abs. 3 SGB V verpflichtet ist, auf diese Zuzahlung, mindert sich insoweit die Bemessungsgrundlage für die Lieferung an die jeweilige Krankenkasse. 5 Gleiches gilt bei der Gewährung von Boni auf erhobene Zuzahlungen. 6 Wegen der Änderung des für die ursprüngliche Lieferung geschuldeten Umsatzsteuerbetrags sowie des in Anspruch genommenen Vorsteuerabzugs vgl. Abschnitt 17.1. 7 Zahlungen des Herstellers auf Grundlage des § 1 des Gesetzes über Rabatte für Arzneimittel (AMRabG)[3)] an die Unternehmen der privaten Krankenversicherung und an die Träger der Kosten in Krankheits-, Pflege- und Geburtsfällen nach beamtenrechtlichen Vorschriften mindern ebenfalls die Bemessungsgrundlage für die gelieferten Arzneimittel (vgl. BFH-Urteil vom 8.2.2018, V R 42/15, BStBl. II S. 676).

10.4 Durchlaufende Posten

(1) 1 Durchlaufende Posten gehören nicht zum Entgelt (§ 10 Abs. 1 Satz 5 UStG). 2 Sie liegen vor, wenn der Unternehmer, der die Beträge vereinnahmt und verauslagt, im Zahlungsverkehr lediglich die Funktion einer Mittelsperson ausübt, ohne selbst einen Anspruch auf den Betrag gegen den Leistenden zu haben und auch nicht zur Zahlung an den Empfänger verpflichtet zu sein. 3 Ob der Unternehmer Beträge im Namen und für Rechnung eines anderen

---

1) Zum Herstellerrabatt als Entgeltbestandteil des innergemeinschaftlichen Erwerbs von Arzneimitteln siehe BFH v. 10.12.2020 V R 34/18, BStBl. II 2021, 576.

2) **Aichberger SGB Nr. 5.**

3) G v. 22.12.2010, BGBl. I 2010, 2262, zuletzt geänd. durch G v. 9.12.2020, BGBl. I 2020, 2870.

vereinnahmt und verauslagt, kann nicht nach der wirtschaftlichen Betrachtungsweise entschieden werden. [4]Es ist vielmehr erforderlich, dass zwischen dem Zahlungsverpflichteten und dem, der Anspruch auf die Zahlung hat (Zahlungsempfänger), unmittelbare Rechtsbeziehungen bestehen (vgl. BFH-Urteil vom 24.2.1966, V 135/63, BStBl. III S. 263). [5]Liegen solche unmittelbaren Rechtsbeziehungen mit dem Unternehmer vor, sind Rechtsbeziehungen ohne Bedeutung, die zwischen dem Zahlungsempfänger und der Person bestehen, die an den Unternehmer leistet oder zu leisten verpflichtet ist (vgl. BFH-Urteil vom 2.3.1967, V 54/64, BStBl. III S. 377).

(2) [1]Unmittelbare Rechtsbeziehungen setzen voraus, dass der Zahlungsverpflichtete und der Zahlungsempfänger jeweils den Namen des anderen und die Höhe des gezahlten Betrags erfahren (vgl. BFH-Urteil vom 4.12.1969, V R 104/66, BStBl. 1970 II S. 191). [2]Dieser Grundsatz findet jedoch regelmäßig auf Abgaben und Beiträge keine Anwendung. [3]Solche Beträge können auch dann durchlaufende Posten sein, wenn die Mittelsperson dem Zahlungsempfänger die Namen der Zahlungsverpflichteten und die jeweilige Höhe der Beträge nicht mitteilt (vgl. BFH-Urteil vom 11.8.1966, V 13/64, BStBl. III S. 647). [4]Kosten (Gebühren und Auslagen), die Rechtsanwälte, Notare und Angehörige verwandter Berufe bei Behörden und ähnlichen Stellen für ihre Auftraggeber auslegen, können als durchlaufende Posten auch dann anerkannt werden, wenn dem Zahlungsempfänger Namen und Anschriften der Auftraggeber nicht mitgeteilt werden. [5]Voraussetzung ist, dass die Kosten nach Kosten(Gebühren-)ordnungen berechnet werden, die den Auftraggeber als Kosten(Gebühren-)schuldner bestimmen (vgl. BFH-Urteil vom 24.8.1967, V 239/64, BStBl. III S. 719). [6]Zur umsatzsteuerrechtlichen Behandlung von Deponiegebühren vgl. BMF-Schreiben vom 11.2.2000, BStBl. I S. 360. [7]Zu durchlaufenden Posten im Rahmen von postvorbereitenden sonstigen Leistungen von Konsolidierern an die Deutsche Post AG vgl. BMF-Schreiben vom 13.12.2006, BStBl. 2007 I S. 119. [8]Die von den gesetzlichen Trägern der Grundsicherung für Arbeitssuchende gezahlte Mehraufwandsentschädigung ist bei der Auszahlung durch die Arbeitsgelegenheit bei dieser als durchlaufender Posten zu beurteilen.

(3) [1]Steuern, öffentliche Gebühren und Abgaben, die vom Unternehmer geschuldet werden, sind bei ihm keine durchlaufenden Posten, auch wenn sie dem Leistungsempfänger gesondert berechnet werden (vgl. BFH-Urteil vom 4.6. 1970, V R 10/67, BStBl. II S. 648, und Abschnitt 10.1 Abs. 6). [2]Dementsprechend sind z.B. Gebühren, die im Rahmen eines Grundbuchabrufverfahrens vom Notar geschuldet werden, bei diesem keine durchlaufenden Posten, auch wenn sie als verauslagte Gerichtskosten in Rechnung gestellt werden dürfen.

(4)[1)] [1]Die Annahme eines durchlaufenden Postens scheidet auch aus, wenn der Unternehmer die Beträge gesamtschuldnerisch mit dem Empfänger seiner Leistung schuldet.[2)] [2]Die Weiterberechnung der nach § 2 BFStrMG[3)] geschul-

---

[1)] A 10.4 UStAE Abs. 4 Satz 2 geänd. durch BMF v. 30.3.2022, BStBl. I 2022, 568.

[2)] Siehe aber BFH v. 3.7.2014 V R 1/14, DStR 2014, 2126, zu Gebühren für eine zweite Leichenschau als durchlaufende Posten.

[3)] Bundesfernstraßenmautgesetz (BFStrMG) v. 12.7.2011, BGBl. I 2011, 1378, zuletzt geänd. durch G v. 8.6.2021, BGBl. I 2021, 1603.

deten Mautbeträge kann daher weder zwischen verschiedenen Gesamtschuldnern der Maut noch durch einen Mautschuldner gegenüber einem anderen Leistungsempfänger als durchlaufender Posten erfolgen.

10.5 Bemessungsgrundlage beim Tausch und bei tauschähnlichen Umsätzen

Allgemeines

(1)[1)] [1]Beim Tausch und bei tauschähnlichen Umsätzen gilt der Wert jedes Umsatzes als Entgelt für den anderen Umsatz. [2]Der Wert des anderen Umsatzes wird durch den subjektiven Wert für die tatsächlich erhaltene und in Geld ausdrückbare Gegenleistung bestimmt. [3]Subjektiver Wert ist derjenige, den der Leistungsempfänger der Leistung beimisst, die er sich verschaffen will und deren Wert dem Betrag entspricht, den er zu diesem Zweck aufzuwenden bereit ist (vgl. BFH-Urteil vom 16.4.2008, XI R 56/06, BStBl. II S. 909, und EuGH-Urteil vom 2.6.1994, C-33/93, Empire Stores). [4]Dieser Wert umfasst alle Ausgaben einschließlich der Nebenleistungen, die der Empfänger der jeweiligen Leistung aufwendet, um diese Leistung zu erhalten (vgl. BFH-Urteile vom 1.8.2002, V R 21/01, BStBl. 2003 II S. 438, und vom 16.4.2008, XI R 56/06, a. a. O.; zu Versandkosten vgl. z. B. EuGH-Urteil vom 3.7.2001, C-380/99, Bertelsmann).[2)] [5]Soweit der Leistungsempfänger konkrete Aufwendungen für die von ihm erbrachte Gegenleistung getätigt hat, ist daher der gemeine Wert (§ 9 BewG) dieser Gegenleistung nicht maßgeblich. [6]Hat er keine konkreten Aufwendungen für seine Gegenleistung getätigt, ist das Entgelt für die Leistung gem. § 162 AO zu schätzen (vgl. BFH-Urteil vom 25.4.2018, XI R 21/16, BStBl. II S. 505). [7]Wird ein Geldbetrag zugezahlt, handelt es sich um einen Tausch oder tauschähnlichen Umsatz mit Baraufgabe. [8]In diesen Fällen ist der Wert der Sachleistung um diesen Betrag zu mindern. [9]Wird im Rahmen eines tauschähnlichen Umsatzes Kapital zinslos oder verbilligt zur Nutzung überlassen, richtet sich der Wert dieses Vorteils nach den allgemeinen Vorschriften des BewG (§§ 13 bis 16 BewG).[3)] [10]Danach ist ein einjähriger Betrag der Nutzung mit 5,5% des Darlehens zu ermitteln (vgl. BFH-Urteil vom 28.2.1991, V R 12/85, BStBl. II S. 649).

Materialabfall und werthaltige Abfälle

(2) [1]Zum Entgelt für eine Werkleistung oder eine Werklieferung kann neben der vereinbarten Barvergütung auch der bei der Werkleistung oder Werklieferung anfallende Materialabfall gehören, den der Leistungsempfänger dem leistenden Unternehmer überlässt. [2]Das gilt insbesondere, wenn Leis-

---

1) A 10.5 UStAE Abs. 1 Satz 6 neugef., Satz 7 aufgeh., bish. Sätze 8 bis 11 werden Sätze 7 bis 10 durch BMF v. 28.8.2020, BStBl. I 2020, 928, anzuwenden in allen offenen Fällen; zur **bis 1.1.2022** begrenzten Anwendung der bisherigen Regelungen siehe Anlage 8. – Vgl. BFH v. 30.9.2008 XI B 74/08, BFH/NV 2008, 2066 (tauschähnlicher Umsatz beim Reinigen von Toilettenanlagen gegen Entgelt).

2) DStRE 2001, 936.

3) **Steuergesetze** Nr. **200.**

tungsempfänger und leistender Unternehmer sich darüber einig sind, dass die Barvergütung kein hinreichender Gegenwert für die Werkleistung oder die Werklieferung ist. [3]Der Wert des Materialabfalls kann auch dann anteilige Gegenleistung für die Werkleistung oder die Werklieferung sein, wenn über den Verbleib des Materialabfalls keine besondere Vereinbarung getroffen worden ist. [4]Die Vermutung, dass in diesem Fall die Höhe der vereinbarten Barvergütung durch den überlassenen Materialabfall beeinflusst worden ist, besteht insbesondere, wenn es sich um wertvollen Materialabfall handelt (vgl. BFH-Urteil vom 15.12.1988, V R 24/88, BStBl. 1989 II S. 252). [5]Übernimmt bei der Entsorgung werthaltiger Abfälle der Unternehmer (Entsorger) die vertraglich geschuldete industrielle Aufbereitung und erhält er die Verwertungs- und Vermarktungsmöglichkeit über die im Abfall enthaltenen Wertstoffe, bleibt der Charakter der Leistung als Entsorgungsleistung ungeachtet des durch den Entsorger erzielten Preises für die Wertstoffe unberührt. [6]Der Wert des Wertstoffs ist Bemessungsgrundlage für die erbrachte Entsorgungsleistung, ggf. – je nach Marktlage – abzüglich bzw. zuzüglich einer Baraufgabe. [7]Die für die Höhe der Baraufgabe maßgebenden Verhältnisse ergeben sich dabei regelmäßig aus den vertraglichen Vereinbarungen und Abrechnungen. [8]Bemessungsgrundlage für die Lieferung des Unternehmers, der den werthaltigen Abfall abgibt, ist der Wert der Gegenleistung (Entsorgungsleistung) ggf. – je nach Marktlage – abzüglich bzw. zuzüglich einer Baraufgabe. [9]Zu tauschähnlichen Umsätzen bei der Abgabe von werthaltigen Abfällen vgl. Abschnitt 3.16. [10]Beginnt die Beförderung oder Versendung an den Abnehmer (Entsorger) in einem anderen EU-Mitgliedstaat, kann die Leistung des liefernden Unternehmers als innergemeinschaftliche Lieferung steuerfrei sein. [11]Der Entsorger hat einen betragsmäßig identischen inneremeinschaftlichen Erwerb des werthaltigen Abfalls der Umsatzbesteuerung in Deutschland zu unterwerfen, wenn hier die Entsorgung des Abfalls erfolgt.

Austauschverfahren in der Kraftfahrzeugwirtschaft

(3)[1)] [1]Die Umsätze beim Austauschverfahren in der Kraftfahrzeugwirtschaft sind in der Regel Tauschlieferungen mit Baraufgabe (vgl. BFH-Urteil vom 3.5.1962, V 298/59 S, BStBl. III S. 265). [2]Der Lieferung eines aufbereiteten funktionsfähigen Austauschteils (z.B. Motor, Aggregat, Achse, Benzinpumpe, Kurbelwelle, Vergaser) durch den Unternehmer der Kraftfahrzeugwirtschaft stehen eine Geldzahlung und eine Lieferung des reparaturbedürftigen Kraftfahrzeugteils (Altteils) durch den Kunden gegenüber. [3]Als Entgelt für die Lieferung des Austauschteils sind demnach die vereinbarte Geldzahlung und der subjektive Wert des Altteils, jeweils abzüglich der darin enthaltenen Umsatzsteuer, anzusetzen (vgl. BFH-Urteil vom 25.4.2018, XI R 21/16, BStBl. II S. 505). [4]Dabei können die Altteile mit einem Durchschnittswert von 10% des sog. Bruttoaustauschentgelts bewertet werden. [5]Als Bruttoaustauschentgelt ist der Betrag anzusehen, den der Endabnehmer für den Erwerb eines dem zurückgegebenen Altteil entsprechenden Austauschteils abzüglich Umsatzsteu-

---

1) A 10.5 UStAE Abs. 3 Satz 3 neugef. durch BMF v. 28.8.2020, BStBl. I 2020, 928, anzuwenden in allen offenen Fällen; zur **bis 1.1.2022** begrenzten Anwendung der bisherigen Regelungen siehe Anlage 8.

er, jedoch ohne Abzug eines Rabatts zu zahlen hat. [6]Der Durchschnittswert ist danach auf allen Wirtschaftsstufen gleich. [7]Er kann beim Austauschverfahren sowohl für Personenkraftwagen als auch für andere Kraftfahrzeuge, insbesondere auch Traktoren, Mähdrescher und andere selbst fahrende Arbeitsmaschinen im Sinne des § 3 Abs. 2 Nr. 1 Buchstabe a FZV,[1)] angewandt werden. [8]Setzt ein Unternehmer bei der Abrechnung an Stelle des Durchschnittswerts andere Werte an, sind die tatsächlichen Werte der Umsatzsteuer zu unterwerfen. [9]Zur Vereinfachung der Abrechnung (§ 14 UStG) und zur Erleichterung der Aufzeichnungspflichten (§ 22 UStG) kann wie folgt verfahren werden:

1. [1]Die Lieferungen von Altteilen durch die am Kraftfahrzeug-Austauschverfahren beteiligten Unternehmer werden nicht zur Umsatzsteuer herangezogen. [2]Soweit der Endabnehmer des Austauschteils ein Land- und Forstwirt ist und seine Umsätze nach § 24 UStG nach Durchschnittssätzen versteuert, ist der Lieferer des Austauschteils, z. B. Reparaturwerkstatt, verpflichtet, über die an ihn ausgeführte Lieferung des Altteils auf Verlangen eine Gutschrift nach § 14 Abs. 2 Sätze 3 und 4 UStG zu erteilen (vgl. Nummer 2 Satz 2 Buchstabe a Beispiel 2).
2. [1]Bei der Lieferung des Austauschteils wird der Wert des zurückgegebenen Altteils in allen Fällen von den Lieferern – Hersteller, Großhändler, Reparaturwerkstatt – als Teil der Bemessungsgrundlage berücksichtigt. [2]Dabei ist Folgendes zu beachten:
   a) [1]In der Rechnung über die Lieferung des Austauschteils braucht der Wert des Altteils nicht in den Rechnungsbetrag einbezogen zu werden. [2]Es genügt, dass der Unternehmer den auf den Wert des Altteils entfallenden Steuerbetrag angibt.

Beispiel 1:

1 Austauschmotor	1000,– €
+ Umsatzsteuer (19 %)	190,– €
+ Umsatzsteuer (19 %) auf den Wert des Altteils von 100 € (10 % von 1000 €)	19,– €
	1209,– €

Beispiel 2:

(Lieferung eines Austauschteils an einen Landwirt, der § 24 UStG anwendet)

1 Austauschmotor	1000,– €
+ Umsatzsteuer (19 %)	190,– €
+ Umsatzsteuer (19 %) auf den Wert des Altteils von 100 € (10 % von 1000 €)	19,– €
	1209,– €
./. Gutschrift 10,7 % ./. Umsatzsteuer auf den Wert des Altteils (100 €)	10,70 €
	1198,30 €

[1)] Fahrzeug-Zulassungsverordnung v. 3.2.2011, BGBl. I 2011, 139, zuletzt geänd. durch G v. 12.7.2021, BGBl. I 2021, 3091 (**Straßenverkehrsrecht** Nr. **2.3**).

b) [1]Der Lieferer der Austauschteile – Hersteller, Großhändler, Reparaturwerkstatt – hat die auf die Werte der Altteile entfallenden Steuerbeträge gesondert aufzuzeichnen. [2]Am Schluss des Voranmeldungs- und des Besteuerungszeitraums ist aus der Summe dieser Steuerbeträge die Summe der betreffenden Entgeltteile zu errechnen.

c) Der Lieferungsempfänger muss, sofern er auf der Eingangsseite die Entgelte für empfangene steuerpflichtige Lieferungen und sonstige Leistungen und die darauf entfallenden Steuerbeträge nicht getrennt voneinander, sondern nach § 63 Abs. 5 UStDV in einer Summe aufzeichnet, die um die Steuer auf die Werte der Altteile verminderten Bruttorechnungsbeträge (nach den vorstehenden Beispielen 1190 €) und die auf die Werte der Altteile entfallenden Steuerbeträge getrennt voneinander aufzeichnen.

(4)[1)] [1]Nimmt ein Kraftfahrzeughändler beim Verkauf eines Kraftfahrzeugs einen Gebrauchtwagen in Zahlung und leistet der Käufer in Höhe des Differenzbetrags eine Zuzahlung, liegt ein Tausch mit Baraufgabe vor. [2]Zum Entgelt des Händlers gehört neben der Zuzahlung auch der subjektive Wert des in Zahlung genommenen gebrauchten Fahrzeugs. [3]Der subjektive Wert ergibt sich aus dem individuell vereinbarten Verkaufspreis zwischen dem Kraftfahrzeughändler und dem Käufer abzüglich der vom Käufer zu leistenden Zuzahlung. [4]Denn dies ist der Wert, den der Händler dem Gebrauchtwagen beimisst und den er bereit ist, hierfür aufzuwenden (vgl. Abs. 1 Sätze 2 bis 4).

(5)[1)] *(aufgehoben)*

Forderungskauf

(6) [1]Der Forderungskauf ohne Übernahme des Forderungseinzugs stellt einen tauschähnlichen Umsatz dar, bei dem der Forderungskäufer eine Baraufgabe leistet, vgl. Abschnitt 2.4 Abs. 5 Sätze 1 bis 3. [2]Die Baraufgabe des Forderungskäufers ist der von ihm ausgezahlte Betrag. [3]Der Wert der Leistung des Forderungskäufers besteht aus dem Wert für die Kreditgewährung, welcher durch die Gebühr und den Zins bestimmt wird, sowie dem bar aufgegebenen Betrag. [4]Der Wert der Leistung des Forderungsverkäufers besteht aus dem Kaufpreis, d. h. dem (Brutto-)Nennwert der abgetretenen Forderung zzgl. der darauf entfallenden Umsatzsteuer. [5]Dementsprechend ist Bemessungsgrundlage für die Leistung des Forderungsverkäufers der Wert des gewährten Kredits – dieser wird regelmäßig durch die vereinbarten Gebühren und Zinsen bestimmt – zzgl. des vom Käufer gezahlten Auszahlungsbetrags. [6]Bemessungsgrundlage für die Leistung des Forderungskäufers ist der Wert der übertragenen Forderung – dieser entspricht dem Bruttoverkaufspreis der Forderung, abzüglich der selbst geleisteten Baraufgabe in Höhe des Auszahlungsbetrags.

[1)] A 10.5 UStAE Abs. 4 neugef., Abs. 5 aufgeh. durch BMF v. 28.8.2020, BStBl. I 2020, 928, anzuwenden in allen offenen Fällen; zur **bis 1.1.2022** begrenzten Anwendung der bisherigen Regelungen siehe Anlage 8.

Beispiel:
[1] V hat eine Forderung über 1 190 000 € gegenüber einem Dritten, die er an den Erwerber K veräußert und abtritt. [2] Der Einzug der Forderung verbleibt bei V. [3] Sowohl V als auch K machen von der Möglichkeit der Option nach § 9 UStG Gebrauch. [4] K zahlt dem V den Forderungsbetrag (1 190 000 €) zuzüglich Umsatzsteuer (226 100 €) und abzüglich einer vereinbarten Gebühr von 5950 €, also 1 410 150 €.
[5] Da der Einzug der Forderung nicht vom Erwerber der Forderung übernommen wird, erbringt K keine Factoringleistung, sondern eine grundsätzlich nach § 4 Nr. 8 Buchstabe a UStG steuerfreie Kreditgewährung. [6] Die Leistung des V besteht in der Abtretung seiner Forderung; auch diese Leistung ist grundsätzlich nach § 4 Nr. 8 Buchstabe c UStG steuerfrei. [7] Da sowohl V als auch K für ihre Leistung zur Steuerpflicht optiert haben, sind die Bemessungsgrundlagen für ihre Leistungen wie folgt zu ermitteln:
[8] Bemessungsgrundlage für die Leistung des V ist der Wert des gewährten Kredits – dieser wird durch die vereinbarte Gebühr i. H. v. 5950 € bestimmt – zuzüglich des vom Käufer gezahlten Auszahlungsbetrags i. H. v. 1 410 150 €, abzüglich der darin enthaltenen Umsatzsteuer von 226 100 €. [9] Im Ergebnis ergibt sich somit eine Bemessungsgrundlage in Höhe des Bruttowerts der abgetretenen Forderung von 1 190 000 €.

[10] Bemessungsgrundlage für die Leistung des Forderungskäufers ist der Wert der übertragenen Forderung – dieser entspricht dem Bruttoverkaufspreis der Forderung von 1 416 100 €, abzüglich der selbst geleisteten Baraufgabe in Höhe des Auszahlungsbetrags von 1 410 150 €. [11] Im Ergebnis ergibt sich dabei eine Bemessungsgrundlage in Höhe der vereinbarten Gebühr, abzüglich der darin enthaltenen Umsatzsteuer, also 5000 €.

10.6 Bemessungsgrundlage bei unentgeltlichen Wertabgaben

(1) [1] Bei den einer Lieferung gleichgestellten Wertabgaben im Sinne des § 3 Abs. 1b UStG (vgl. Abschnitt 3.3) ist bei der Ermittlung der Bemessungsgrundlage grundsätzlich vom Einkaufspreis zuzüglich der Nebenkosten für den Gegenstand oder für einen gleichartigen Gegenstand im Zeitpunkt der Entnahme oder Zuwendung auszugehen (§ 10 Abs. 4 Satz 1 Nr. 1 UStG). [2] Dieser fiktive Einkaufspreis entspricht in der Regel dem – auf der Handelsstufe des Unternehmers ermittelbaren – Wiederbeschaffungspreis im Zeitpunkt der Entnahme. [3] Bei im eigenen Unternehmen hergestellten Gegenständen ist ebenfalls grundsätzlich der fiktive Einkaufspreis maßgebend. [4] Ist der hergestellte Gegenstand eine Sonderanfertigung, für die ein Marktpreis nicht ermittelbar ist, oder lässt sich aus anderen Gründen ein Einkaufspreis am Markt für einen gleichartigen Gegenstand nicht ermitteln, sind die Selbstkosten zum Zeitpunkt des Umsatzes anzusetzen (vgl. BFH-Urteil vom 12.12.2012, XI R 3/10, BStBl. 2014 II S. 809). [5] Diese umfassen alle durch den betrieblichen Leistungsprozess bis zum Zeitpunkt der Entnahme oder Zuwendung entstandenen Ausgaben; dabei sind auch die nicht zum Vorsteuerabzug berechtigenden Kosten in die Bemessungsgrundlage einzubeziehen. [6] Bei der Ermittlung der Selbstkosten sind die Anschaffungs- oder Herstellungskosten des Unternehmensgegenstandes, soweit dieser der Fertigung des unentgeltlich zugewendeten Gegenstandes gedient hat, auf die betriebsgewöhnliche Nutzungsdauer, die nach den ertragsteuerrechtlichen Grundsätzen anzusetzen ist, zu verteilen. [7] Die auf die Wertabgabe entfallende Umsatzsteuer gehört nicht zur Bemessungsgrundlage. [8] Zu den Pauschbeträgen für unentgeltliche Wertabgaben (Sachentnahmen) 2021 vgl. BMF-Schreiben vom 15.6.2021, BStBl. I S. 811. [9] Zur Frage der Bemessungsgrund-

lage der unentgeltlichen Wertabgabe von Wärme, die durch eine KWK-Anlage erzeugt wird, vgl. Abschnitt 2.5 Abs. 20 bis 22.

(1a)[1)] [1] Bei der Ermittlung der Bemessungsgrundlage nach den Grundsätzen des Absatzes 1 Sätze 1 bis 6 ist auch zu berücksichtigen, ob Gegenstände zum Zeitpunkt der unentgeltlichen Wertabgabe aufgrund ihrer Beschaffenheit nicht mehr oder nur noch stark eingeschränkt verkehrsfähig sind. [2] Hiervon ist bei Lebensmitteln auszugehen, wenn diese kurz vor Ablauf des Mindesthaltbarkeitsdatums stehen oder die Verkaufsfähigkeit als Frischware, wie Backwaren, Obst und Gemüse, wegen Mängeln nicht mehr gegeben ist. [3] Dies gilt auch für Non-Food-Artikel mit Mindesthaltbarkeitsdatum wie beispielsweise Kosmetika, Drogerieartikel, pharmazeutische Artikel, Tierfutter oder Bauchemieprodukte wie Silikon oder Beschichtungen sowie Blumen und andere verderbliche Waren. [4] Bei anderen Gegenständen ist die Verkehrsfähigkeit eingeschränkt, wenn diese aufgrund von erheblichen Material- oder Verpackungsfehlern (z.B. Befüllungsfehler, Falschetikettierung, beschädigte Retouren) oder fehlender Marktgängigkeit (z.B. Vorjahresware oder saisonale Ware wie Weihnachts- oder Osterartikel) nicht mehr oder nur noch schwer verkäuflich sind. [5] Werden solche Gegenstände im Rahmen einer unentgeltlichen Wertabgabe abgegeben (z.B. Hingabe als Spende), kann eine im Vergleich zu noch verkehrsfähiger Ware geminderte Bemessungsgrundlage angesetzt werden. [6] Die Minderung ist im Umfang der Einschränkung der Verkehrsfähigkeit vorzunehmen, so dass der Ansatz einer Bemessungsgrundlage von 0 € nur bei wertloser Ware (z.B. Lebensmittel und Non-Food-Artikel kurz vor Ablauf des Mindesthaltbarkeitsdatums oder bei Frischwaren, bei denen die Verkaufsfähigkeit nicht mehr gegeben ist) in Betracht kommt. [7] Eine eingeschränkte Verkehrsfähigkeit liegt insbesondere nicht vor, wenn Neuware ohne jegliche Beeinträchtigung aus wirtschaftlichen oder logistischen Gründen aus dem Warenverkehr ausgesondert wird. [8] Auch wenn diese Neuware ansonsten vernichtet werden würde, weil z.B. Verpackungen beschädigt sind, bei Bekleidung deutliche Spuren einer Anprobe erkennbar sind oder Ware verschmutzt ist, ohne dass sie beschädigt ist, führt dies nicht dazu, dass die Neuware ihre Verkaufsfähigkeit vollständig verliert. [9] Auch in diesen Fällen ist ein fiktiver Einkaufspreis anhand objektiver Schätzungsunterlagen zu ermitteln.

(2) [1] Im Fall einer nach § 3 Abs. 1b Satz 1 Nr. 1 i.V.m. Satz 2 UStG steuerpflichtigen Entnahme eines Gegenstands, den der Unternehmer ohne Berechtigung zum Vorsteuerabzug erworben hat und an dem Arbeiten ausgeführt worden sind, die zum Vorsteuerabzug berechtigt und zum Einbau von Bestandteilen geführt haben (vgl. Abschnitt 3.3 Abs. 2 bis 4), ist Bemessungsgrundlage nach § 10 Abs. 4 Satz 1 Nr. 1 UStG der Einkaufspreis der Bestandteile im Zeitpunkt der Entnahme (Restwert). [2] Ob ein nachträglich z.B. in einen Pkw eingebauter Bestandteil im Zeitpunkt der Entnahme des Pkw noch einen Restwert hat, lässt sich im Allgemeinen unter Heranziehung anerkannter Marktübersichten für den Wert gebrauchter Pkw (z.B. sog. „Schwacke-

[1)] Siehe auch BMF v. 18.3.2021, BStBl. I 2021, 628, zum **Verzicht** auf die Besteuerung einer unentgeltlichen Wertabgabe bei Sachspenden von Einzelhändlern an steuerbegünstigte Organisationen **vom 1.3.2020 bis 31.12.2021.**

Liste" oder vergleichbare Übersichten von Automobilclubs) beurteilen. [3]Wenn insoweit kein Aufschlag auf den – im Wesentlichen nach Alter und Laufleistung bestimmten – durchschnittlichen Marktwert des Pkw im Zeitpunkt der Entnahme üblich ist, scheidet der Ansatz eines Restwertes aus.

(3) [1]Bei den einer sonstigen Leistung gleichgestellten Wertabgaben im Sinne des § 3 Abs. 9a UStG (vgl. Abschnitt 3.4) bilden die bei der Ausführung der Leistung entstandenen Ausgaben die Bemessungsgrundlage (§ 10 Abs. 4 Satz 1 Nr. 2 und 3 UStG). [2]Soweit ein Gegenstand für die Erbringung der sonstigen Leistung verwendet wird, zählen hierzu auch die Anschaffungs- und Herstellungskosten für diesen Gegenstand. [3]Diese sind gleichmäßig auf einen Zeitraum zu verteilen, der dem Berichtigungszeitraum nach § 15a UStG für diesen Gegenstand entspricht (vgl. EuGH-Urteil vom 14.9.2006, C-72/05, Wollny, BStBl. 2007 II S. 32).[1)] [4]In diese Ausgaben sind – unabhängig von der Einkunftsermittlungsart – die nach § 15 UStG abziehbaren Vorsteuerbeträge nicht einzubeziehen. [5]Besteht die Wertabgabe in der Verwendung eines Gegenstands (§ 3 Abs. 9a Nr. 1 UStG), sind nach § 10 Abs. 4 Satz 1 Nr. 2 UStG aus der Bemessungsgrundlage solche Ausgaben auszuscheiden, die nicht zum vollen oder teilweisen Vorsteuerabzug berechtigt haben. [6]Dabei ist es unerheblich, ob das Fehlen des Abzugsrechts darauf zurückzuführen ist, dass

a) für die Leistung an den Unternehmer keine Umsatzsteuer geschuldet wird oder
b) die Umsatzsteuer für die empfangene Leistung beim Unternehmer nach § 15 Abs. 1a oder 2 UStG vom Vorsteuerabzug ausgeschlossen ist oder
c) die Aufwendungen in öffentlichen Abgaben (Steuern, Gebühren oder Beiträgen) bestehen.

[7]Zur Bemessungsgrundlage zählen auch Ausgaben, die aus Zuschüssen finanziert worden sind.

(4) Zur Bemessungsgrundlage
– bei unentgeltlichen Leistungen an das Personal vgl. Abschnitt 1.8;
– bei nichtunternehmerischer Verwendung eines dem Unternehmen (teilweise) zugeordneten Fahrzeugs vgl. Abschnitt 15.23.

(5) [1]Bei der privaten Nutzung von Freizeitgegenständen ist nur der Teil der Ausgaben zu berücksichtigen, der zu den Gesamtausgaben im selben Verhältnis steht wie die Dauer der tatsächlichen Verwendung des Gegenstands für unternehmensfremde Zwecke zur Gesamtdauer seiner tatsächlichen Verwendung (vgl. BFH-Urteil vom 24.8.2000, V R 9/00, BStBl. 2001 II S. 76). [2]Das ist der Fall, wenn der Unternehmer über den Gegenstand – wie ein Endverbraucher – nach Belieben verfügen kann und ihn nicht (zugleich) für unternehmerische Zwecke bereithält oder bereithalten muss.

Beispiel:

[1]Ein Unternehmer vermietet eine dem Unternehmensvermögen zugeordnete Yacht im Kalenderjahr an insgesamt 49 Tagen. [2]Er nutzte seine Yacht an insgesamt 7 Tagen für eine private Segeltour. [3]Die gesamten vorsteuerbelasteten Ausgaben im Kalenderjahr betragen 28 000 €. [4]In der übrigen Zeit stand sie ihm für private Zwecke jederzeit zur Verfügung.

---

1) DStR 2006, 1746.

5 Als Bemessungsgrundlage bei der unentgeltlichen Wertabgabe werden von den gesamten vorsteuerbelasteten Ausgaben (28 000 €) die anteiligen auf die private Verwendung entfallenden Ausgaben im Verhältnis von 56 Tagen der tatsächlichen Gesamtnutzung zur Privatnutzung von 7 Tagen angesetzt. 6 Die Umsatzsteuer beträgt demnach 665 € (7/56 von 28 000 € = 3500 €, darauf 19 % Umsatzsteuer).

10.7 Mindestbemessungsgrundlage (§ 10 Abs. 5 UStG)

(1) 1 Die Mindestbemessungsgrundlage gilt nur für folgende Umsätze:

1. Umsätze der in § 10 Abs. 5 Nr. 1 UStG genannten Vereinigungen an ihre Anteilseigner, Gesellschafter, Mitglieder und Teilhaber oder diesen nahestehende Personen (vgl. Beispiele 2 und 3);
2. Umsätze von Einzelunternehmern an ihnen nahestehende Personen;
3. Umsätze von Unternehmern an ihr Personal oder dessen Angehörige auf Grund des Dienstverhältnisses (vgl. Abschnitt 1.8).

2 Als „nahestehende Personen" sind Angehörige im Sinne des § 15 AO sowie andere Personen und Gesellschaften anzusehen, zu denen ein Anteilseigner, Gesellschafter usw. eine enge rechtliche, wirtschaftliche oder persönliche Beziehung hat. 3 Ist das für die genannten Umsätze entrichtete Entgelt niedriger als die nach § 10 Abs. 4 UStG in Betracht kommenden Werte oder Ausgaben für gleichartige unentgeltliche Leistungen, sind als Bemessungsgrundlage die Werte oder Ausgaben nach § 10 Abs. 4 UStG anzusetzen (vgl. Abschnitt 10.6). 4 Die Anwendung der Mindestbemessungsgrundlage setzt voraus, dass die Gefahr einer Steuerhinterziehung oder -umgehung besteht (vgl. BFH-Urteil vom 8.10.1997, XI R 8/86, BStBl. II S. 840, und EuGH-Urteil vom 29.5.1997, C-63/96, Skripalle, BStBl. II S. 841). 5 Hieran fehlt es, wenn das vereinbarte Entgelt dem marktüblichen Entgelt entspricht oder der Unternehmer seine Leistung in Höhe des marktüblichen Entgelts versteuert (vgl. BFH-Urteil vom 7.10.2010, V R 4/10, BStBl. 2016 II S. 181). 6 Insoweit ist der Umsatz höchstens nach dem marktüblichen Entgelt zu bemessen. 7 Marktübliches Entgelt ist der gesamte Betrag, den ein Leistungsempfänger an einen Unternehmer unter Berücksichtigung der Handelsstufe zahlen müsste, um die betreffende Leistung zu diesem Zeitpunkt unter den Bedingungen des freien Wettbewerbs zu erhalten. 8 Dies gilt auch bei Dienstleistungen z. B. in Form der Überlassung von Leasingfahrzeugen an Arbeitnehmer. 9 Sonderkonditionen für besondere Gruppen von Kunden oder Sonderkonditionen für Mitarbeiter und Führungskräfte anderer Arbeitgeber haben daher keine Auswirkung auf das marktübliche Entgelt. 10 Das marktübliche Entgelt wird durch im Einzelfall gewährte Zuschüsse nicht gemindert. 11 Das Vorliegen und die Höhe eines die Mindestbemessungsgrundlage mindernden marktüblichen Entgelts ist vom Unternehmer darzulegen.

Beispiel 1:

Fall	Vereinbartes Entgelt	Marktübliches Entgelt	Wert nach § 10 Abs. 4 UStG	Bemessungsgrundlage
1	10	20	15	15
2	12	10	15	12
3	12	12	15	12
4	10	12	15	12

Beispiel 2:

[1] Eine KG überlässt einem ihrer Gesellschafter einen firmeneigenen Personenkraftwagen zur privaten Nutzung. [2] Sie belastet in der allgemeinen kaufmännischen Buchführung das Privatkonto des Gesellschafters im Kalenderjahr mit 2400 €. [3] Der auf die private Nutzung des Pkw entfallende Anteil an den zum Vorsteuerabzug berechtigten Ausgaben (z. B. Anschaffungs- oder Herstellungskosten verteilt auf den maßgeblichen Berichtigungszeitraum nach § 15a UStG, Kraftstoff, Öl, Reparaturen) beträgt jedoch 3600 €.

a) [1] Die marktübliche Miete für den Pkw beträgt 4500 € für das Kalenderjahr.
[2] Das vom Gesellschafter durch Belastung seines Privatkontos entrichtete Entgelt ist niedriger als die Bemessungsgrundlage nach § 10 Abs. 4 Satz 1 Nr. 2 UStG sowie als das marktübliche Entgelt. [3] Nach § 10 Abs. 5 Satz 1 1. Halbsatz UStG ist deshalb die Pkw-Überlassung mit 3600 € zu versteuern.

b) [1] Die marktübliche Miete für den Pkw beträgt 1800 € für das Kalenderjahr.
[2] Das vom Gesellschafter durch Belastung seines Privatkontos entrichtete Entgelt übersteigt zwar nicht die Bemessungsgrundlage nach § 10 Abs. 4 Satz 1 Nr. 2 UStG, jedoch das niedrigere marktübliche Entgelt. [3] Nach § 10 Abs. 5 Satz 2 UStG ist daher die Pkw-Überlassung mit dem vereinbarten Entgelt in Höhe von 2400 € zu versteuern.

c) [1] Die marktübliche Miete für den Pkw beträgt 2800 € für das Kalenderjahr.
[2] Das marktübliche Entgelt bildet die Höchstgrenze für die Mindestbemessungsgrundlage. [3] Da das vereinbarte Entgelt unter dem marktüblichen Entgelt liegt, kommt nach § 10 Abs. 5 Satz 1 2. Halbsatz UStG das marktübliche Entgelt in Höhe von 2800 € zum Ansatz.

Beispiel 3:

[1] Ein Verein gestattet seinen Mitgliedern und auch Dritten die Benutzung seiner Vereinseinrichtungen gegen Entgelt. [2] Das von den Mitgliedern zu entrichtende Entgelt ist niedriger als das von Dritten zu zahlende Entgelt.

a) [1] Der Verein ist nicht als gemeinnützig anerkannt.
[2] Es ist zu prüfen, ob die bei der Überlassung der Vereinseinrichtungen entstandenen Ausgaben das vom Mitglied gezahlte Entgelt übersteigen. [3] Ist dies der Fall, sind nach § 10 Abs. 5 Nr. 1 UStG grundsätzlich die Ausgaben als Bemessungsgrundlage anzusetzen. [4] Übersteigen die Ausgaben das von den Dritten zu zahlende Entgelt, ist dieses (marktübliche) Entgelt die Bemessungsgrundlage. [5] Bei einem Ansatz der Mindestbemessungsgrundlage erübrigt sich die Prüfung, ob ein Teil der Mitgliederbeiträge als Entgelt für Sonderleistungen anzusehen ist.

b) [1] Der Verein ist als gemeinnützig anerkannt.
[2] Mitglieder gemeinnütziger Vereine dürfen im Gegensatz zu Mitgliedern anderer Vereine nach § 55 Abs. 1 Nr. 1 AO keine Gewinnanteile und in ihrer Eigenschaft als Mitglieder auch keine sonstigen Zuwendungen aus Mitteln des Vereins erhalten. [3] Erbringt der Verein an seine Mitglieder Sonderleistungen gegen Entgelt, braucht aus Vereinfachungsgründen eine Ermittlung der Ausgaben und ggf. des marktüblichen Entgelts erst dann vorgenommen zu werden, wenn die Entgelte offensichtlich nicht kostendeckend sind.

(2) [1] Die Mindestbemessungsgrundlage nach § 10 Abs. 5 Nr. 2 UStG findet keine Anwendung, wenn die Leistung des Unternehmers an sein Personal nicht zur Befriedigung persönlicher Bedürfnisse des Personals erfolgt, sondern durch betriebliche Erfordernisse bedingt ist, weil dann keine Leistung „auf Grund des Dienstverhältnisses" vorliegt (vgl. zur verbilligten Überlassung von Arbeitskleidung BFH-Urteile vom 27.2.2008, XI R 50/07, BStBl. 2009 II S. 426, und vom 29.5.2008, V R 12/07, BStBl. 2009 II S. 428). [2] Auch die entgeltliche Beförderung von Arbeitnehmern zur Arbeitsstätte ist keine Leistung „auf Grund des Dienstverhältnisses", wenn für die Arbeitnehmer keine zumutbaren Mög-

lichkeiten bestehen, die Arbeitsstätte mit öffentlichen Verkehrsmitteln zu erreichen (vgl. BFH-Urteil vom 15.11.2007, V R 15/06, BStBl. 2009 II S. 423). [3]Vgl. im Einzelnen Abschnitt 1.8 Abs. 4 und Abs. 6 Satz 5.

(3) Wegen der Rechnungserteilung in den Fällen der Mindestbemessungsgrundlage vgl. Abschnitt 14.9.

(4) Zur Mindestbemessungsgrundlage in den Fällen des § 13b Abs. 2 UStG vgl. Abschnitt 13b.13 Abs. 1.

(5) Zur Mindestbemessungsgrundlage im Fall der Lieferung von Wärme, die durch eine KWK-Anlage erzeugt wird, vgl. Abschnitt 2.5 Abs. 23.

(6) [1]Der Anwendung der Mindestbemessungsgrundlage steht nicht entgegen, dass über eine ordnungsgemäß erbrachte Leistung an einen vorsteuerabzugsberechtigten Unternehmer abgerechnet wird (vgl. BFH-Urteil vom 24.1.2008, V R 39/06, BStBl. 2009 II S. 786). [2]Die Mindestbemessungsgrundlage ist jedoch bei Leistungen an einen zum vollen Vorsteuerabzug berechtigten Unternehmer dann nicht anwendbar, wenn der vom Leistungsempfänger in Anspruch genommene Vorsteuerabzug keiner Vorsteuerberichtigung nach § 15a UStG unterliegt (vgl. BFH-Urteil vom 5.6.2014, XI R 44/12, BStBl. 2016 II S. 187). [3]Dies ist der Fall, wenn die bezogene Leistung der Art nach keinem Berichtigungstatbestand des § 15a UStG unterfällt. [4]Bei der Lieferung von Strom und Wärme an einen zum vollen Vorsteuerabzug berechtigten Unternehmer findet die Mindestbemessungsgrundlage keine Anwendung, wenn die Leistung im Zeitpunkt der Lieferung verbraucht wird. [5]Abnehmer, die ihre Vorsteuern nach Durchschnittssätzen entsprechend den Sonderregelungen nach §§ 23, 23a und 24 UStG ermitteln, sind keine zum vollen Vorsteuerabzug berechtigte Unternehmer.

(7)[1)] Die Mindestbemessungsgrundlage nach § 10 Abs. 5 UStG findet auch bei der Bestimmung der Bemessungsgrundlage bei Einzweck- und Mehrzweck-Gutscheinen i. S. d. § 3 Abs. 13 bis 15 UStG (vgl. hierzu Abschnitt 3.17 Abs. 6 und Abs. 12) Anwendung.

10.8 Durchschnittsbeförderungsentgelt

[1]Bei der Beförderungseinzelbesteuerung wird aus Vereinfachungsgründen als Bemessungsgrundlage ein Durchschnittsbeförderungsentgelt angesetzt (§ 10 Abs. 6 UStG). [2]Das Durchschnittsbeförderungsentgelt beträgt 4,43 Cent je Personenkilometer (§ 25 UStDV). [3]Auf diese Bemessungsgrundlage ist der allgemeine Steuersatz (§ 12 Abs. 1 UStG) anzuwenden. [4]Der Unternehmer kann nach Ablauf des Besteuerungszeitraums anstelle der Beförderungseinzelbesteuerung die Berechnung der Steuer nach § 16 Abs. 1 und 2 UStG beantragen (§ 16 Abs. 5b UStG), vgl. Abschnitt 18.8 Abs. 3.

---

1) A 10.7 UStAE Abs. 7 angef., durch BMF v. 2.11.2020, BStBl. I 2020, 1121, anzuwenden auf **nach dem 31.12.2018** ausgestellte Gutscheine. Es wird – auch für Zwecke des Vorsteuerabzugs – nicht beanstandet, wenn **ab dem 1.1.2019 und vor dem 2.2.2021** ausgestellte Gutscheine von den Beteiligten nicht entsprechend den Vorgaben dieses BMF-Schreibens behandelt worden sind.

Zu § 12 UStG

12.1 Steuersätze (§ 12 Abs. 1 und 2 UStG)[1) · 2) · 3) · 4) · 5)]

(1) [1] Nach § 12 UStG bestehen für die Besteuerung nach den allgemeinen Vorschriften des UStG zwei Steuersätze:

	allgemeiner Steuersatz	ermäßigter Steuersatz
vom 1.1.1968 bis 30.6.1968	10%	5%
vom 1.7.1968 bis 31.12.1977	11%	5,5%
vom 1.1.1978 bis 30.6.1979	12%	6%
vom 1.7.1979 bis 30.6.1983	13%	6,5%
vom 1.7.1983 bis 31.12.1992	14%	7%
vom 1.1.1993 bis 31.3.1998	15%	7%
vom 1.4.1998 bis 31.12.2006	16%	7%
vom 1.1.2007 bis 30.6.2020	19%	7%
vom 1.7.2020 bis 31.12.2020	16%	5%
ab 1.1.2021	19%	7%

[2] Zur Anwendung des ermäßigten Steuersatzes auf die in der Anlage 2 des UStG aufgeführten Gegenstände vgl. das BMF-Schreiben vom 5.8.2004, BStBl. I S. 638.[6)] [3] Zur Frage des anzuwendenden Steuersatzes in besonderen Fällen wird auf folgende Regelungen hingewiesen:

1. Lieferung sog. Kombinationsartikel, vgl. BMF-Schreiben vom 21.3.2006, BStBl. I S. 286;
2. Umsätze mit getrockneten Schweineohren, vgl. BMF-Schreiben vom 16.10.2006, BStBl. I S. 620;
3. Lieferung von Pflanzen und damit in Zusammenhang stehende sonstige Leistungen, vgl. BMF-Schreiben vom 4.2.2010, BStBl. I S. 214;
4. Legen von Hauswasseranschlüssen, vgl. BMF-Schreiben vom 4.2.2021, BStBl. I S. 312;

---

1) Zur befristeten Absenkung
– des allgemeinen Steuersatzes von 19% auf 16% (§ 28 Abs. 1 UStG),
– des ermäßigten Steuersatzes von 7% auf 5% (§ 28 Abs. 2 UStG) sowie
– des Steuersatzes für land- und forstwirtschaftliche Betriebe nach § 24 Abs. 1 Satz 1 Nr. 2 UStG von 19% auf 16% (§ 28 Abs. 3 UStG),
vom 1.7.2020 bis zum 31.12.2020 vgl. BMF v. 30.6.2020, BStBl. I 2020, 584, ergänzt durch BMF v. 4.11.2020, BStBl. I 2020, 1129.

2) Zur Abgrenzung von Lieferungen und sonstigen Leistungen bei der Abgabe von Speisen und Getränken siehe A 3.6 UStAE.

3) Zum Verkauf von Kontaktlisten als ermäßigt zu besteuernde Druckerzeugnisse vgl. BFH v. 13.5.2009 XI R 75/07, BStBl. II 2009, 865.

4) Zur Anwendung des ab 1.1.2010 geltenden ermäßigten Steuersatzes für Beherbergungsleistungen (§ 12 Abs. 2 Nr. 11 UStG) vgl. BMF v. 5.3.2010, BStBl. I 2010, 259.

5) Zum Steuersatz auf Umsätze aus dem Verkauf von Messekatalogen siehe BFH v. 14.6.2016 VII R 12/15, BFH/NV 2016, 1594.

6) Zu **Sammlermünzen** siehe für **Kj. 2021** BMF v. 2.12.2020, BStBl. I 2020, 1339 (Gold u. Silber), für **Kj. 2022** BMF v. 1.12.2021, BStBl. I 2021, 2485; BMF v. 7.1.2005, BStBl. I 2005, 75 (unedle Metalle).

5. Umsätze mit Gehhilfe-Rollatoren, vgl. BMF-Schreiben vom 11.8.2011, BStBl. I S. 824;
6. Umsätze mit Hörbüchern, vgl. BMF-Schreiben vom 1.12.2014, BStBl. I S. 1605;
7. Umsätze mit Kunstgegenständen und Sammlungsstücken, vgl. BMF-Schreiben vom 18.12.2014, BStBl. 2015 I S. 44;
8. Umsätze mit Fotobüchern, vgl. BMF-Schreiben vom 20.4.2016, BStBl. I S. 483.

[4]Bestehen Zweifel, ob eine beabsichtigte Lieferung oder ein beabsichtigter innergemeinschaftlicher Erwerb eines Gegenstands unter die Steuermäßigung nach § 12 Abs. 2 Nr. 1 oder 13 UStG fällt, haben die Lieferer und die Abnehmer bzw. die innergemeinschaftlichen Erwerber die Möglichkeit, bei der zuständigen Dienststelle des Bildungs- und Wissenschaftszentrums der Bundesfinanzverwaltung eine unverbindliche Zolltarifauskunft für Umsatzsteuerzwecke (uvZTA) einzuholen. [5]UvZTA können auch von den Landesfinanzbehörden (z.B. den Finanzämtern) beantragt werden (vgl. Rz. 8 des BMF-Schreibens vom 5.8.2004, a.a.O., und des BMF-Schreibens vom 23.10.2006, BStBl. I S. 622).[1)] [6]Das Vordruckmuster mit Hinweisen zu den Zuständigkeiten für die Erteilung von uvZTA steht auf den Internetseiten der Zollabteilung des Bundesministeriums der Finanzen (http://www.zoll.de) unter der Rubrik Formulare und Merkblätter zum Ausfüllen und Herunterladen bereit. [7]Zu den für land- und forstwirtschaftliche Betriebe geltenden Durchschnittssätzen vgl. § 24 Abs. 1 UStG. [8]Zur Abgrenzung von Lieferungen und sonstigen Leistungen bei der Abgabe von Speisen und Getränken vgl. Abschnitt 3.6.

(2) [1]Anzuwenden ist jeweils der Steuersatz, der in dem Zeitpunkt gilt, in dem der Umsatz ausgeführt wird. [2]Zu beachten ist der Zeitpunkt des Umsatzes besonders bei

1. der Änderung (Anhebung oder Herabsetzung) der Steuersätze,
2. der Einführung oder Aufhebung von Steuervergünstigungen (Steuerbefreiungen und Steuerermäßigungen) sowie
3. der Einführung oder Aufhebung von steuerpflichtigen Tatbeständen.

(3) [1]Bei einer Änderung der Steuersätze sind die neuen Steuersätze auf Umsätze anzuwenden, die von dem Inkrafttreten der jeweiligen Änderungsvorschrift an bewirkt werden. [2]Auf den Zeitpunkt der Vereinnahmung des Entgelts kommt es für die Frage, welchem Steuersatz eine Leistung oder Teilleistung unterliegt, ebenso wenig an wie auf den Zeitpunkt der Rechnungserteilung. [3]Auch in den Fällen der Istversteuerung (§ 20 UStG) und der Istversteuerung von Anzahlungen (§ 13 Abs. 1 Nr. 1 Buchstabe a Satz 4 UStG) ist entscheidend, wann der Umsatz bewirkt wird. [4]Das gilt unabhängig davon, wann die Steuer nach § 13 Abs. 1 Nr. 1 UStG entsteht.

(4) [1]Für Leistungen, die in wirtschaftlich abgrenzbaren Teilen (Teilleistungen, vgl. Abschnitt 13.4) geschuldet werden, können bei einer Steuersatzände-

---

1) Geänd. durch BMF v. 6.2.2008, UR 2008, 281.

rung unterschiedliche Steuersätze in Betracht kommen. [2]Vor dem Inkrafttreten der Steuersatzänderung bewirkte Teilleistungen sind nach dem bisherigen Steuersatz zu versteuern. [3]Auf die danach bewirkten Teilleistungen ist der neue Steuersatz anzuwenden.

Zu § 12 Abs. 2 Nr. 3 UStG

12.2 Vieh- und Pflanzenzucht (§ 12 Abs. 2 Nr. 3 UStG)[1)]

(1) [1]Die Steuerermäßigung nach § 12 Abs. 2 Nr. 3 UStG gilt für sonstige Leistungen, die in der Aufzucht und dem Halten von Vieh, in der Anzucht von Pflanzen oder in der Teilnahme an Leistungsprüfungen für Tiere bestehen. [2]Hierunter fällt nicht die Klauen- oder Hufpflege (vgl. BFH-Urteil vom 16.1.2014, V R 26/13, BStBl. II S. 350). [3]Sie kommt für alle Unternehmer in Betracht, die nicht § 24 UStG anwenden.

(2) [1]Unter Vieh sind solche Tiere zu verstehen, die als landwirtschaftliche Nutztiere in Nummer 1 der Anlage 2 des UStG aufgeführt sind; hierzu gehören außerdem Pferde, sofern sie der landwirtschaftlichen Erzeugung dienen (vgl. BFH-Urteil vom 10.9.2014, XI R 33/13, BStBl. 2015 II S. 720). [2]Nicht begünstigt sind die Aufzucht und das Halten anderer Tiere, z. B. von Katzen oder Hunden.

(3) [1]Das Einstellen und Betreuen von Reitpferden, die von ihren Eigentümern zur Ausübung von Freizeitsport genutzt werden, fällt nicht unter den Begriff „Halten von Vieh" im Sinne des § 12 Abs. 2 Nr. 3 UStG und ist deshalb nicht mit dem ermäßigten, sondern mit dem allgemeinen Steuersatz zu versteuern (BFH-Urteil vom 22.1.2004, V R 41/02, BStBl. II S. 757). [2]Gleiches gilt für Pferde, die zu gewerblichen Zwecken genutzt werden (z. B. durch Berufsreiter oder Reitlehrer), sowie für alle anderen Pferde, die ebenfalls nicht zu land- und forstwirtschaftlichen Zwecken genutzt werden (vgl. BFH-Urteil vom 10.9.2014, XI R 33/13, BStBl. 2015 II S. 720). [3]Die Steuerermäßigung nach § 12 Abs. 2 Nr. 8 UStG bleibt bei Vorliegen der Voraussetzungen unberührt; zu den Voraussetzungen des § 24 UStG vgl. Abschnitt 24.3 Abs. 12.

(4) [1]Eine Anzucht von Pflanzen liegt vor, wenn ein Pflanzenzüchter einem Unternehmer (Kostnehmer) junge Pflanzen – in der Regel als Sämlinge bezeichnet – überlässt, damit dieser sie auf seinem Grundstück einpflanzt, pflegt und dem Pflanzenzüchter auf Abruf zurückgibt. [2]Die Hingabe der Sämlinge an den Kostnehmer stellt keine Lieferung dar (BFH-Urteil vom 19.7.1962, V 145/59 U, BStBl. III S. 543). [3]Dementsprechend kann auch die Rückgabe der aus den Sämlingen angezogenen Pflanzen nicht als Rücklieferung angesehen werden. [4]Die Tätigkeit des Kostnehmers ist vielmehr eine begünstigte sonstige Leistung.

[1)] Zum Steuersatz für die Lieferung von Pflanzen und damit in Zusammenhang stehende sonstige Leistungen vgl. BFH v. 25.6.2009 V R 25/07, BStBl. II 2010, 239, und BMF v. 4.2.2010, BStBl. I 2010, 214. Siehe aber auch BFH v. 14.2.2019 V R 22/17, BStBl. II 2019, 350 (Pflanzenlieferungen für eine Gartenanlage als komplexe einheitliche Leistung).

(5) [1]Leistungsprüfungen für Tiere sind tierzüchterische Veranstaltungen, die als Wettbewerbe mit Prämierung durchgeführt werden, z.B. Tierschauen, Pferderennen oder Pferdeleistungsschauen (Turniere). [2]Der ermäßigte Steuersatz nach § 12 Abs. 2 Nr. 3 UStG ist auf Entgelte anzuwenden, die dem Unternehmer platzierungsunabhängig für die Teilnahme an solchen Leistungsprüfungen zufließen (z.B. Antrittsgelder), insbesondere auf Zahlungen, die den Prämien im Sinne des Abschnitts 12.3 Abs. 3 Satz 1 Nr. 8 entsprechen, sowie platzierungsunabhängige Preisgelder; zu den grundsätzlichen Voraussetzungen für einen Leistungsaustausch vgl. Abschnitt 1.1 Abs. 24. [3]Für die Inanspruchnahme der Steuerermäßigung nach § 12 Abs. 2 Nr. 3 UStG ist es jedoch nicht Voraussetzung, dass es sich bei dem geprüften Tier um ein Zuchttier handelt. [4]Nach dieser Vorschrift ist nur die Teilnahme an Tierleistungsprüfungen begünstigt. [5]Für die Veranstaltung dieser Prüfungen kann jedoch der ermäßigte Steuersatz nach § 12 Abs. 2 Nr. 4 oder 8 UStG oder Steuerfreiheit nach § 4 Nr. 22 Buchstabe b UStG in Betracht kommen.

Zu § 12 Abs. 2 Nr. 4 UStG

12.3 Vatertierhaltung, Förderung der Tierzucht usw. (§ 12 Abs. 2 Nr. 4 UStG)

(1) [1]§ 12 Abs. 2 Nr. 4 UStG betrifft nur Leistungen, die einer für landwirtschaftliche Zwecke geeigneten Tierzucht usw. zu dienen bestimmt sind (vgl. BFH-Urteil vom 17.11.1966, V 20/65, BStBl. 1967 III S. 164). [2]Die Leistungen müssen den begünstigten Zwecken unmittelbar dienen. [3]Diese Voraussetzung ist nicht erfüllt bei Lieferungen von Impfstoffen durch die Pharmaindustrie an Tierseuchenkassen, Trächtigkeitsuntersuchungen bei Zuchttieren, Maßnahmen der Unfruchtbarkeitsbekämpfung, Kaiserschnitt, Geburtshilfe und bei der Klauenpflege (vgl. BFH-Urteil vom 16.1.2014, V R 26/13, BStBl. I S. 350).

(2) [1]Entgelte für Leistungen, die unmittelbar der Vatertierhaltung dienen, sind insbesondere:

1. Deckgelder;
2. Umlagen (z.T. auch Mitgliederbeiträge genannt), die nach der Zahl der deckfähigen Tiere bemessen werden;
3. Zuschüsse, die nach der Zahl der gedeckten Tiere oder nach sonstigen mit den Umsätzen des Unternehmers (Vatertierhalters) verknüpften Maßstäben bemessen werden (zusätzliche Entgelte von dritter Seite nach § 10 Abs. 1 Satz 2 UStG).

[2]Die kurzfristige Einstallung von Pferden zum Zwecke der Bedeckung ist auch dann eine unselbständige Nebenleistung zu der ermäßigt zu besteuernden Hauptleistung Bedeckung, wenn die Halter der Pferde nicht landwirtschaftliche Pferdeeigentümer sind. [3]In den Fällen der langfristigen Einstallung sind die Pensions- und die Deckleistung zwei selbständige Hauptleistungen. [4]Die Pensionsleistung unterliegt dem allgemeinen Steuersatz, sofern das einge-

stallte Tier keiner land- und forstwirtschaftlichen Erzeugertätigkeit dient (vgl. Abschnitt 12.2 Abs. 3). [5]Dies gilt auch für den Zeitraum, in dem die Deckleistung erbracht wird. [6]Die Deckleistung ist nach § 12 Abs. 2 Nr. 4 UStG ermäßigt zu besteuern.

(3) [1]Entgelte für Leistungen, die unmittelbar der Förderung der Tierzucht dienen, sind insbesondere:

1. Gebühren für Eintragungen in Zuchtbücher, zu denen z.B. Herdbücher, Leistungsbücher und Elite-Register gehören;
2. Gebühren für die Zuchtwertschätzung von Zuchttieren;
3. Gebühren für die Ausstellung und Überprüfung von Abstammungsnachweisen (einschließlich der damit verbundenen Blutgruppenbestimmungen), für Kälberkennzeichnung durch Ohrmarken und für die Bereitstellung von Stall- und Gestütbüchern;
4. Entgelte für prophylaktische und therapeutische Maßnahmen nach tierseuchenrechtlichen Vorschriften bei Zuchttieren (z.B. die staatlich vorgeschriebenen Reihenuntersuchungen auf Tuberkulose, Brucellose und Leukose, die jährlichen Impfungen gegen Maul- und Klauenseuche, Maßnahmen zur Bekämpfung der Aujeszkyschen Krankheit, Leistungen zur Verhütung, Kontrolle und Tilgung bestimmter transmissibler spongiformer Enzephalopathien (TSE) auch an toten Zuchttieren sowie Bekämpfungsprogramme von IBR (Infektiöse Bovine Rhinitis)/IVB (Infektiöse Bovine Vulvovaginitis) und BVD (Bovine Virus Diarrhoe) oder die Behandlung gegen Dassellarven) sowie die Entgelte für die Ausstellung von Gesundheitszeugnissen bei Zuchttieren;
5. Entgelte für die Durchführung von Veranstaltungen, insbesondere Versteigerungen, auf denen Zuchttiere mit Abstammungsnachweis abgesetzt werden (z.B. Standgelder, Kataloggelder und Impfgebühren), sowie Provisionen für die Vermittlung des An- und Verkaufs von Zuchttieren im Rahmen solcher Absatzveranstaltungen (vgl. BFH-Urteil vom 18.12.1996, XI R 19/96, BStBl. 1997 II S. 334);
6. [1]Entgelte, die von Tierzüchtern oder ihren Angestellten für die Teilnahme an Ausstellungen und Lehrschauen, die lediglich die Tierzucht betreffen, zu entrichten sind (z.B. Eintritts-, Katalog- und Standgelder). [2]Der ermäßigte Steuersatz ist auch anzuwenden, wenn mit den Ausstellungen oder Lehrschauen Material- und Eignungsprüfungen verbunden sind;
7. unechte Mitgliederbeiträge, die von Tierzuchtvereinigungen für Leistungen der vorstehenden Art erhoben werden;
8. Züchterprämien, wenn sie ausnahmsweise die umsatzsteuerrechtlich Leistungsentgelte darstellen (vgl. BFH-Urteile vom 2.10.1969, V R 163/66, BStBl. 1970 II S. 111, und vom 6.8.1970, V R 94/68, BStBl. II S. 730); zur Nichtsteuerbarkeit vgl. Abschnitt 10.2 Abs. 7 Satz 7;
9. Entgelte für die Lieferung von Embryonen an Tierzüchter zum Einsetzen in deren Tiere sowie die unmittelbar mit dem Einsetzen der Embryonen in Zusammenhang stehenden Leistungen.

[2]Zuchttiere im Sinne dieser Vorschrift sind Tiere der in der Nummer 1 der Anlage 2 des UStG aufgeführten Nutztierarten sowie Pferde, die in Beständen stehen, die zur Vermehrung bestimmt sind und deren Identität gesichert ist. [3]Aus Vereinfachungsgründen kommt es nicht darauf an, ob das Einzeltier tatsächlich zur Zucht verwendet wird. [4]Es genügt, dass das Tier einem zur Vermehrung bestimmten Bestand angehört. [5]Zuchttiere sind auch Reit- und Rennpferde sowie die ihrer Nachzucht dienenden Pferde. [6]Wallache sind Zuchttiere, wenn sie die Voraussetzungen des § 2 Nr. 11 TierZG erfüllen (vgl. BFH-Urteil vom 18.12.1996, XI R 19/96, a. a. O.). [7]Die Steuerermäßigung ist auf Eintrittsgelder, die bei Pferderennen, Pferdeleistungsschauen (Turnieren) und ähnlichen Veranstaltungen erhoben werden, nicht anzuwenden. [8]Bei gemeinnützigen Vereinen, z. B. Rennvereinen oder Reit- und Fahrvereinen, kann hierfür jedoch der ermäßigte Steuersatz unter den Voraussetzungen des § 12 Abs. 2 Nr. 8 Buchstabe a UStG in Betracht kommen.

(4) Unmittelbar der künstlichen Tierbesamung dienen nur

1. die Besamungsleistung, z. B. durch Besamungsgenossenschaften, Tierärzte oder Besamungstechniker, und
2. die Tiersamenlieferung an Tierhalter zur Besamung ihrer Tiere.

(5) Entgelte für Leistungen, die unmittelbar der Leistungs- und Qualitätsprüfung in der Tierzucht und in der Milchwirtschaft dienen, sind insbesondere:

1. Entgelte für Milchleistungsprüfungen bei Kühen, Ziegen oder Schafen einschließlich der Untersuchungen der Milchbestandteile;
2. Entgelte für Mastleistungsprüfungen bei Rindern, Schweinen, Schafen und Geflügel;
3. Entgelte für Eierleistungsprüfungen bei Geflügel;
4. Entgelte für die Prüfung der Aufzuchtleistung bei Schweinen;
5. Entgelte für Leistungsprüfungen bei Pferden, z. B. Nenn- und Startgelder bei Pferdeleistungsschauen (Turnieren) oder Rennen;
6. Entgelte für Leistungsprüfungen bei Brieftauben, z. B. Korb- und Satzgelder;
7. Entgelte für Milch-Qualitätsprüfungen, insbesondere für die Anlieferungskontrolle bei den Molkereien;
8. unechte Mitgliederbeiträge, die von Kontrollverbänden oder sonstigen Vereinigungen für Leistungen der vorstehenden Art erhoben werden.

(6) [1]Nebenleistungen teilen umsatzsteuerrechtlich das Schicksal der Hauptleistung. [2]Zu Nebenleistungen vgl. Abschnitt 3.10 Abs. 5. [3]Begünstigte Nebenleistungen liegen z. B. vor, wenn bei einer tierseuchen-prophylaktischen Impfung von Zuchttieren Impfstoffe eingesetzt werden, oder wenn im Rahmen einer Besamungsleistung Tiersamen und Arzneimittel abgegeben werden, die bei der künstlichen Tierbesamung erforderlich sind. [4]Die Kontrolle des Erfolgs einer künstlichen Besamung (z. B. mittels Ultraschall-Scannertechnik) kann eine Nebenleistung zur Besamungsleistung sein.

Zu § 12 Abs. 2 Nr. 6 UStG

12.4 Umsätze der Zahntechniker und Zahnärzte (§ 12 Abs. 2 Nr. 6 UStG)

(1) [1]Der ermäßigte Steuersatz nach § 12 Abs. 2 Nr. 6 UStG ist auf alle sonstigen Leistungen aus der Tätigkeit als Zahntechniker und auf die Lieferungen von Zahnersatz einschließlich der unentgeltlichen Wertabgaben anzuwenden (vgl. BFH-Urteil vom 24.10.2013, V R 14/12, BStBl. 2014 II S. 286). [2]Begünstigt sind auch Lieferungen von halbfertigen Teilen von Zahnprothesen. [3]Die Steuerermäßigung setzt nicht voraus, dass der Zahntechniker als Einzelunternehmer tätig wird. [4]Begünstigt sind auch Leistungen der zahntechnischen Labors, die in der Rechtsform einer Gesellschaft – z. B. OHG, KG oder GmbH – betrieben werden.

(2) [1]Bei den Zahnärzten umfasst die Steuerermäßigung die Leistungen, die nach § 4 Nr. 14 Buchstabe a Satz 2 UStG von der Steuerbefreiung ausgeschlossen sind. [2]Es handelt sich um die Lieferung oder Wiederherstellung von Zahnprothesen (aus Unterpositionen 9021 21 und 9021 29 00 des Zolltarifs) und kieferorthopädischen Apparaten (aus Unterposition 9021 10 des Zolltarifs), soweit sie der Zahnarzt in seinem Unternehmen hergestellt oder wiederhergestellt hat. [3]Dabei ist es unerheblich, ob die Arbeiten vom Zahnarzt selbst oder von angestellten Personen ausgeführt werden. [4]Zur Abgrenzung der steuerfreien Umsätze von den dem ermäßigten Steuersatz unterliegenden Prothetikumsätzen vgl. Abschnitt 4.14.3.

(3) [1]Dentisten stehen den Zahnärzten gleich. [2]Sie werden deshalb in § 12 Abs. 2 Nr. 6 UStG nicht besonders genannt.

(4) Hilfsgeschäfte, wie z. B. der Verkauf von Anlagegegenständen, Bohrern, Gips und sonstigem Material, unterliegen nicht dem ermäßigten Steuersatz (vgl. auch BFH-Urteil vom 28.10.1971, V R 101/71, BStBl. 1972 II S. 102).

Zu § 12 Abs. 2 Nr. 7 UStG
(§ 30 UStDV)

12.5 Eintrittsberechtigung für Theater, Konzerte, Museen usw. (§ 12 Abs. 2 Nr. 7 Buchstabe a UStG)

(1)[1)] [1]Begünstigt sind die in § 12 Abs. 2 Nr. 7 Buchstabe a UStG bezeichneten Leistungen, wenn sie nicht unter die Befreiungsvorschrift des § 4 Nr. 20 Buchstabe a UStG fallen. [2]Die Begriffe Theater und Konzert sowie auch der Umfang der ermäßigt zu besteuernden Leistungen ausübender Künstler sind nach den Merkmalen abzugrenzen, die für die Steuerbefreiung maßgebend sind. [3]Zum Museumsbegriff wird auf Absatz 6 verwiesen. [4]Artikel 98 Abs. 1 und 2 in Verbindung mit Anhang III Nr. 7 und 9

[1)] A 12.5 UStAE Abs. 1 neugef. durch BMF v. 12.11.2020, BStBl. I 2020, 1265, anzuwenden in allen offenen Fällen, zur Übergangsregelung für **vor dem 1.1.2021** ausgeführte Umsätze siehe Anlage 8; Satz 2 neugef., Satz 3 eingef., bish. Sätze 3 bis 8 werden Sätze 4 bis 9 durch BMF v. 28.6.2021, BStBl. I 2021, 868, anzuwenden in allen offenen Fällen.

MwStSystRL[1]) erfasst sowohl die Leistungen einzelner ausübender Künstler als auch die Leistungen der zu einer Gruppe zusammengeschlossenen Künstler (vgl. EuGH-Urteil vom 23.10.2003, C-109/02, Kommission/Deutschland, BStBl. 2004 II S. 337, 482).[2]) [5] Die Leistungen von Dirigenten können dem ermäßigten Steuersatz nach § 12 Abs. 2 Nr. 7 Buchstabe a UStG unterliegen; nicht dagegen die Leistungen von Regisseuren (soweit nicht umsatzsteuerfrei), Bühnen- und Kostümbildnern (vgl. aber Abschnitt 12.7 Abs. 19), Tontechnikern, Beleuchtern, Maskenbildnern, Souffleusen, Cuttern oder Kameraleuten. [6] Die Tätigkeit eines Hochzeits- oder Trauerredners stellt grundsätzlich keine künstlerische Tätigkeit dar. [7] Ist die Tätigkeit jedoch als die eines ausübenden Künstlers anzusehen, kann der ermäßigte Steuersatz anzuwenden sein. [8] Dies ist dann der Fall, wenn die künstlerische Leistung von einer eigenschöpferischen Leistung des Künstlers geprägt wird, in der seine besondere Gestaltungskraft zum Ausdruck kommt. [9] Gegen eine künstlerische Tätigkeit spricht bei einer Redetätigkeit die Beschränkung auf eine schablonenartige Wiederholung anhand eines Redegerüstes (vgl. BFH-Urteil vom 3.12.2015, V R 61/14, BStBl. 2020 II S. 797).

(2)[3]) [1] Die Steuerermäßigung erstreckt sich auch auf die Veranstaltung von Theatervorführungen und Konzerten. [2] Eine Veranstaltung setzt nicht voraus, dass der Veranstalter und der Darbietende verschiedene Personen sind. [3] Die Theatervorführung bzw. das Konzert müssen den eigentlichen Zweck der Veranstaltung ausmachen (vgl. BFH-Urteil vom 26.4.1995, XI R 20/94, BStBl. II S. 519). [4] Zum Begriff Theater/Theatervorführungen gilt Abschnitt 4.20.1 entsprechend. [5] Als Konzerte sind musikalische und gesangliche Aufführungen durch einzelne oder mehrere Personen anzusehen. [6] Das bloße Abspielen eines Tonträgers durch einen Diskjockey ist kein Konzert. [7] Jedoch kann eine „Techno"-Veranstaltung ein Konzert im Sinne des § 12 Abs. 2 Nr. 7 Buchstabe a UStG sein (BFH-Urteile vom 18.8.2005, V R 50/04, BStBl. 2006 II S. 101, und vom 23.7.2020, V R 17/17, BStBl. 2021 II S. 406). [8] Pop- und Rockkonzerte, die den Besuchern die Möglichkeit bieten, zu der im Rahmen des Konzerts dargebotenen Musik zu tanzen, können Konzerte sein (vgl. BFH-Urteil vom 26.4.1995, XI R 20/94, a.a.O.). [9] Begünstigt ist auch die Veranstaltung von Mischformen zwischen Theatervorführung und Konzert (vgl. BFH-Urteil vom 26.4.1995, XI R 20/94, a.a.O.). [10] Leistungen anderer Art, die in Verbindung mit diesen Veranstaltungen erbracht werden, müssen von so untergeordneter Bedeutung sein, dass dadurch der Charakter der Veranstaltungen als Theatervorführung oder Konzert nicht beeinträchtigt wird (für eine sog. Dinner-Show siehe BFH-Urteile vom 10.1.2013, V R 31/10, a.a.O., und vom 13.6.2018, XI R 2/16, BStBl. II S. 678). [11] Nicht begünstigt sind nach dieser Vorschrift z.B. gesangliche, kabarettistische oder tänzerische Darbietungen im Rahmen einer Tanzbelustigung, einer sportlichen Veranstaltung oder zur Unterhaltung der Besucher von Gaststätten.

(3) [1] Der ausübende Künstler hat nicht zu unterscheiden, ob seine Leistung im Rahmen einer nicht begünstigten Tanzveranstaltung oder eines begünstig-

---

[1]) **Steuergesetze** Nr. **550**.

[2]) DStRE 2003, 1411.

[3]) A 12.5 UStAE Abs. 2 neugef. durch BMF v. 12.11.2020, BStBl. I 2020, 1265, anzuwenden in allen offenen Fällen, zur Übergangsregelung für **vor dem 1.1.2021** ausgeführte Umsätze siehe Anlage 8.

ten Konzertes dargeboten wird, es sei denn, er selbst wird als Veranstalter tätig. [2]Seine Leistung an einen Veranstalter kann unabhängig von dem für die Veranstaltung selbst anzuwendenden Steuersatz ermäßigt zu besteuern sein.

(4) [1]Werden bei Theatervorführungen und Konzerten mehrere Veranstalter tätig, kann nur der Veranstalter die Steuerermäßigung in Anspruch nehmen, der die Eintrittsberechtigung verschafft. [2]Bei Tournee-Veranstaltungen steht deshalb die Steuerermäßigung regelmäßig nur dem örtlichen Veranstalter zu. [3]Dem ermäßigten Steuersatz unterliegen ebenfalls die Umsätze von Ticket-Eigenhändlern aus dem Verkauf von Eintrittsberechtigungen. [4]Auf Vermittlungsleistungen ist die Steuerermäßigung hingegen nicht anzuwenden (vgl. BFH-Urteil vom 3.11.2011, V R 16/09, BStBl. 2012 II S. 378).

(5) Nicht begünstigt nach § 12 Abs. 2 Nr. 7 Buchst. a UStG sind die Leistungen der Gastspieldirektionen, welche im eigenen Namen Künstler verpflichten und im Anschluss daran das von diesen dargebotene Programm an einen Veranstalter in einem gesonderten Vertrag verkaufen.

(6)[1)] [1]Bei der Bestimmung des Museumsbegriffs in § 12 Abs. 2 Nr. 7 Buchstabe a UStG ist die grundlegende Begriffsdefinition in § 4 Nr. 20 Buchstabe a Satz 4 UStG zu beachten (vgl. Abschnitt 4.20.3 Abs. 1 und 2). [2]Die Steuersatzermäßigung in § 12 Abs. 2 Nr. 7 Buchstabe a UStG erfasst nur die Eintrittsberechtigung für die in § 4 Nr. 20 Buchstabe a Satz 4 UStG genannten wissenschaftlichen Sammlungen und Kunstsammlungen, sofern das Museum die Voraussetzungen des § 4 Nr. 20 Buchstabe a Sätze 1 und 2 UStG nicht erfüllt (vgl. BFH-Urteil vom 22.11.2018, V R 29/17, BStBl. 2021 II S. 495).

12.6 Überlassung von Filmen und Filmvorführungen (§ 12 Abs. 2 Nr. 7 Buchstabe b UStG)

(1) [1]Nach § 12 Abs. 2 Nr. 7 Buchstabe b UStG sind die Überlassung von Filmen zur Auswertung und Vorführung sowie die Filmvorführungen begünstigt, wenn die Filme vor dem 1.1.1970 erstaufgeführt wurden. [2]Sind die Filme nach dem 31.12.1969 erstaufgeführt worden, kommt die Begünstigung nur in Betracht, wenn die Filme nach § 6 Abs. 3 Nr. 1 bis 5 JÖSchG oder nach § 14 Abs. 2 Nr. 1 bis 5 JuSchG vom 23.7.2002 (BGBl. I S. 2730, 2003 I S. 476)[2)] in der jeweils geltenden Fassung gekennzeichnet sind. [3]Begünstigt sind danach auch die mit „Nicht freigegeben unter achtzehn Jahren" gekennzeichneten Filme.

(2) [1]Die Überlassung von Filmen zur Auswertung und Vorführung fällt zugleich unter § 12 Abs. 2 Nr. 7 Buchstabe c UStG (vgl. Abschnitt 12.7). [2]Das Senden von Spielfilmen durch private Fernsehunternehmen oder Hotelbesitzer, z.B. im Rahmen des Pay-TV (Abruf-Fernsehen), ist weder nach Buchstabe b noch nach Buchstabe c des § 12 Abs. 2 Nr. 7 UStG begünstigt (vgl. BFH-Urteil vom 26.1.2006, V R 70/03, BStBl. II S. 387). [3]Ebenso fällt die Vorführung eines oder mehrerer Filme oder Filmausschnitte in einem zur alleinigen Nutzung durch den Leistungsempfänger überlassenen Raum (z.B. Einzelkabinen in

---

1) A 12.5 UStAE Abs. 6 angef. durch BMF v. 28.6.2021, BStBl. I 2021, 868, anzuwenden in allen offenen Fällen.

2) **Sartorius** Nr. **400**.

Erotikläden) nicht unter die Steuerermäßigung nach § 12 Abs. 2 Nr. 7 Buchstabe b UStG (vgl. EuGH-Urteil vom 18.3.2010, C-3/09, Erotic Center).[1]

(3) [1]Bei begünstigten Filmvorführungen ist der ermäßigte Steuersatz auf die Eintrittsgelder anzuwenden. [2]Die Aufbewahrung der Garderobe und der Verkauf von Programmen sind als Nebenleistungen ebenfalls begünstigt. [3]Andere Umsätze – z. B. die Abgabe von Speisen und Getränken oder Hilfsumsätze – fallen nicht unter diese Steuerermäßigung (vgl. BFH-Urteile vom 7.3.1995, XI R 46/93, BStBl. II S. 429, und vom 1.6.1995, V R 90/93, BStBl. II S. 914). [4]Werbeleistungen durch Vorführungen von Werbefilmen sowie Lichtbildervorführungen, auch sog. Dia-Multivisionsvorführungen, sind keine begünstigten Filmvorführungen (vgl. BFH-Urteil vom 10.12.1997, XI R 73/96, BStBl. 1998 II S. 222).

(4) [1]Mit Filmen bespielte Videokassetten, DVDs und Blue-ray Discs sind als Filme anzusehen. [2]Ihre Überlassung an andere Unternehmer zur Vorführung oder Weitervermietung ist unter den Voraussetzungen des Absatzes 1 eine begünstigte Überlassung von Filmen zur Auswertung. [3]Die Vermietung zur Verwendung im nichtöffentlichen – privaten – Bereich durch den Mieter ist dagegen nicht nach § 12 Abs. 2 Nr. 7 Buchstaben b oder c begünstigt (vgl. BFH-Urteil vom 29.11.1984, V R 96/84, BStBl. 1985 II S. 271).

12.7 Einräumung, Übertragung und Wahrnehmung urheberrechtlicher Schutzrechte (§ 12 Abs. 2 Nr. 7 Buchstabe c UStG)

Allgemeines

(1) [1]Nach § 12 Abs. 2 Nr. 7 Buchstabe c UStG sind sonstige Leistungen begünstigt, deren wesentlicher Inhalt in der Einräumung, Übertragung und Wahrnehmung von Rechten nach dem UrhG besteht. [2]Ob dies der Fall ist, bestimmt sich nach dem entsprechend der vertraglichen Vereinbarung erzielten wirtschaftlichen Ergebnis. [3]Hierfür ist neben dem vertraglich vereinbarten Leistungsentgelt maßgebend, für welchen Teil der Leistung die Gegenleistung im Rahmen des Leistungsaustausches erbracht wird (vgl. BFH-Urteil vom 14.2.1974, V R 129/70, BStBl. II S. 261). [4]Nicht ausschlaggebend ist die Leistungsbezeichnung in der Rechnung, z. B. „Übertragung von Nutzungsrechten" oder „künstlerische Tätigkeit". [5]Ist eine nicht begünstigte Lieferung anzunehmen, ändert eine Aufsplittung des Rechnungsbetrags in Honorar und Lieferung daran nichts. [6]Nicht begünstigt sind z. B. Leistungen auf dem Gebiet der Meinungs-, Sozial-, Wirtschafts-, Markt-, Verbraucher- und Werbeforschung, weil der Hauptinhalt dieser Leistungen nicht in einer Rechtsübertragung, sondern in der Ausführung und Auswertung demoskopischer Erhebungen usw. besteht. [7]Das Gleiche gilt für die Überlassung von Programmen für Anlagen der elektronischen Datenverarbeitung (Software) zum Betrieb von EDV-Anlagen. [8]Wenn der wirtschaftliche Gehalt der Überlassung des Computerprogramms überwiegend auf seine Anwendung für die Bedürfnisse des Leistungsempfängers gerichtet ist, ist die hiermit verbundene

---

[1]) HFR 2010, 679.

Übertragung urheberrechtlicher Nutzungsrechte Bestandteil einer einheitlichen wirtschaftlichen Gesamtleistung, die nicht in der Übertragung urheberrechtlicher Schutzrechte, sondern in der Überlassung von Software zur Benutzung besteht. 9 Die Einräumung oder Übertragung von urheberrechtlichen Befugnissen stellt dazu nur eine Nebenleistung dar. 10 Dagegen unterliegt die Überlassung von urheberrechtlich geschützten Computerprogrammen dem ermäßigten Steuersatz, wenn dem Leistungsempfänger die in § 69c Satz 1 Nr. 1 bis 4 UrhG[1)] bezeichneten Rechte auf Vervielfältigung und Verbreitung nicht nur als Nebenfolge eingeräumt werden (vgl. BFH-Urteil vom 27.9.2001, V R 14/01, BStBl. 2002 II S. 114). 11 Dabei ist von den vertraglichen Vereinbarungen und den tatsächlichen Leistungen auszugehen. 12 Ergänzend ist auf objektive Beweisanzeichen (z. B. die Tätigkeit des Leistungsempfängers, die vorhandenen Vertriebsvorbereitungen und Vertriebswege, die wirkliche Durchführung der Vervielfältigung und Verbreitung sowie die Vereinbarungen über die Bemessung und Aufteilung des Entgelts) abzustellen (vgl. BFH-Urteile vom 25.11.2004, V R 4/04, BStBl. 2005 II S. 415, und vom 25.11.2004, V R 25/04, 26/04, BStBl. 2005 II S. 419). 13 Bei Standort- und Biotopkartierungen ist Hauptinhalt der Leistung nicht die Übertragung von Urheberrechten, sondern die vertragsgemäße Durchführung der Untersuchungen und die Erstellung der Kartierung. 14 Die entgeltliche Nutzungsüberlassung von digitalen Informationsquellen (z. B. Datenbanken und elektronische Zeitschriften, Bücher und Nachschlagewerke) durch Bibliotheken kann der Einräumung, Übertragung und Wahrnehmung von Patenten, Urheberrechten, Markenrechten und ähnlichen Rechten, wie z. B. Gebrauchs- und Verlagsrechten nicht gleichgestellt werden. 15 Die Steuerermäßigung gilt auch nicht für Leistungen, mit denen zwar derartige Rechtsübertragungen verbunden sind, die jedoch nach ihrem wirtschaftlichen Gehalt als Lieferungen oder elektronische Dienstleistungen anzusehen sind (vgl. BFH-Urteil vom 3.12.2015, V R 43/13, BStBl. 2016 II S. 858). 16 Zur Frage der Abgrenzung zwischen Lieferung und sonstiger Leistung vgl. Abschnitt 3.5.

(2) 1 Zu den Rechten, deren Einräumung, Übertragung und Wahrnehmung begünstigt sind, gehören nicht nur die Urheberrechte nach dem ersten Teil des UrhG (§§ 1 bis 69g), sondern alle Rechte, die sich aus dem Gesetz ergeben. 2 Urheberrechtlich geschützt sind z. B. auch die Darbietungen ausübender Künstler (vgl. Absätze 19 bis 21). 3 Dem ermäßigten Steuersatz unterliegen außerdem die Umsätze der Verwertungsgesellschaften, die nach dem *Urheberrechtswahrnehmungsgesetz*[2)] Nutzungsrechte, Einwilligungsrechte oder Vergütungsansprüche wahrnehmen.

(3) 1 Urheber ist nach § 7 UrhG[1)] der Schöpfer des Werks. 2 Werke im urheberrechtlichen Sinn sind nach § 2 Abs. 2 UrhG nur persönliche geistige Schöpfungen. 3 Zu den urheberrechtlich geschützten Werken der Literatur, Wissenschaft und Kunst gehören nach § 2 Abs. 1 UrhG insbesondere

---

[1)] Urhebergesetz v. 9.9.1965, BGBl. I 1965, 1273, zuletzt geänd. durch G v. 23.6.2021, BGBl. I 2021, 1858 (**Habersack Nr. 65**).

[2)] Siehe jetzt Verwertungsgesellschaftengesetz (VGG) v. 24.5.2016, BGBl. I 2016, 1190, zuletzt geänd. durch G v. 31.5.2021, BGBl. I 2021, 1204 (**Habersack Ergänzungsband** Nr. **65a**).

1. Sprachwerke, wie Schriftwerke, Reden und Computerprogramme (vgl. Absätze 1 und 6 bis 14);
2. Werke der Musik (vgl. Absatz 15);
3. pantomimische Werke einschließlich der Werke der Tanzkunst;
4. Werke der bildenden Künste einschließlich der Werke der Baukunst und der angewandten Kunst und Entwürfe solcher Werke (vgl. Absätze 16 und 17);
5. Lichtbildwerke einschließlich der Werke, die ähnlich wie Lichtbildwerke geschaffen werden (vgl. Absatz 18);
6. Filmwerke einschließlich der Werke, die ähnlich wie Filmwerke geschaffen werden;
7. Darstellungen wissenschaftlicher oder technischer Art, wie Zeichnungen, Pläne, Karten, Skizzen, Tabellen und plastische Darstellungen.

(4) [1]Der Urheber hat das ausschließliche Recht, sein Werk zu verwerten. [2]Dabei wird zwischen der Verwertung in körperlicher Form und der öffentlichen Wiedergabe in unkörperlicher Form unterschieden. [3]Das Recht der Verwertung eines Werks in körperlicher Form umfasst nach § 15 Abs. 1 UrhG[1)] insbesondere

1. das Vervielfältigungsrecht (§ 16 UrhG),
2. das Verbreitungsrecht (§ 17 UrhG) und
3. das Ausstellungsrecht (§ 18 UrhG).

[4]Zum Recht der öffentlichen Wiedergabe gehören nach § 15 Abs. 2 UrhG insbesondere

1. das Vortrags-, Aufführungs- und Vorführungsrecht (§ 19 UrhG),
2. das Recht der öffentlichen Zugänglichmachung (§ 19a UrhG),
3. das Senderecht (§ 20 UrhG),
4. das Recht der Wiedergabe durch Bild- und Tonträger (§ 21 UrhG) und
5. das Recht der Wiedergabe von Funksendungen und der Wiedergabe von öffentlicher Zugänglichmachung (§ 22 UrhG).

(5) [1]Der Urheber kann nach § 31 Abs. 1 UrhG[1)] einem anderen das Recht einräumen, das Werk auf einzelne oder alle Nutzungsarten zu nutzen. [2]Dieses Nutzungsrecht kann als einfaches oder ausschließliches Recht eingeräumt und außerdem räumlich, zeitlich oder inhaltlich beschränkt werden.

Schriftsteller

(6) [1]Für Schriftsteller kommt die Steuerermäßigung in Betracht, soweit sie einem anderen Nutzungsrechte an urheberrechtlich geschützten Werken einräumen. [2]Zu den geschützten Sprachwerken gehören z. B. Romane, Epen, Sagen, Erzählungen, Märchen, Fabeln, Novellen, Kurzgeschichten, Essays, Satiren, Anekdoten, Biographien, Autobiographien, Reiseberichte, Aphorismen, Traktate, Gedichte, Balladen, Sonette, Oden, Elegien, Epigramme, Liedtexte, Bühnenwerke aller Art, Libretti, Hörspiele, Drehbücher, wissenschaftliche Bücher, Abhandlungen und Vorträge, Forschungsberichte, Denkschriften,

---

1) **Habersack** Nr. **65**.

Kommentare zu politischen und kulturellen Ereignissen sowie Reden und Predigten (vgl. aber Absatz 13).

(7) [1]Mit der Veräußerung des Originals eines Werks, z. B. des Manuskripts eines Sprachwerks, wird nach § 44 Abs. 1 UrhG[1)] im Zweifel dem Erwerber ein Nutzungsrecht nicht eingeräumt. [2]Auf die bloße Lieferung eines Manuskripts ist deshalb grundsätzlich der allgemeine Steuersatz anzuwenden. [3]Eine nach § 12 Abs. 2 Nr. 7 Buchstabe c UStG begünstigte sonstige Leistung ist nur dann anzunehmen, wenn zugleich mit der Veräußerung des Werkoriginals dem Erwerber auf Grund einer besonderen Vereinbarung Nutzungsrechte an dem Werk eingeräumt werden.

(8) [1]Der Schriftsteller, der im Rahmen einer Veranstaltung seine Werkausgaben signiert oder Autogramme gibt und dafür vom Veranstalter – z. B. Verleger oder Buchhändler – ein Entgelt erhält, erbringt eine sonstige Leistung, die dem allgemeinen Steuersatz unterliegt. [2]Das Gleiche gilt grundsätzlich auch dann, wenn der Schriftsteller aus seinen Werken liest oder mit bestimmten Personengruppen – z. B. Lesern, Politikern, Schriftstellern, Buchhändlern – Gespräche oder Aussprachen führt. [3]Wird die Lesung oder das Gespräch von einer Rundfunk- und Fernsehanstalt – z. B. in einem Studio – veranstaltet und gesendet, führt der Schriftsteller eine Leistung aus, deren wesentlicher Inhalt in der Einräumung urheberrechtlicher Nutzungsrechte – u. a. des Senderechts – besteht und auf die deshalb der ermäßigte Steuersatz anzuwenden ist. [4]Dabei ist es unerheblich, ob die Lesung oder das Gespräch zugleich mit der Aufnahme gesendet (Live-Sendung) oder zunächst auf Bild- und Tonträger aufgenommen und später gesendet wird. [5]Das Gleiche gilt, wenn nur Teile oder Ausschnitte gesendet werden oder eine Sendung unterbleibt.

Journalisten, Presseagenturen

(9) [1]Zu den begünstigten Leistungen der Journalisten gehören u. a. Kommentare zu politischen, kulturellen, wissenschaftlichen, wirtschaftlichen, technischen und religiösen Ereignissen und Entwicklungen, Kunstkritiken einschließlich Buch-, Theater-, Musik-, Schallplatten- und Filmkritiken sowie Reportagen, die über den bloßen Bericht hinaus eine kritische Würdigung vornehmen. [2]Nicht urheberrechtlich geschützt sind z. B. Tatsachennachrichten und Tagesneuigkeiten, es sei denn, sie haben durch eine individuelle Formgebung Werkcharakter erlangt.

(10) [1]Zur Vermeidung von Abgrenzungsschwierigkeiten wird aus Vereinfachungsgründen zugelassen, dass Journalisten grundsätzlich auf ihre Leistungen aus journalistischer Tätigkeit insgesamt den ermäßigten Steuersatz anwenden. [2]Nur die Journalisten, die lediglich Daten sammeln und ohne redaktionelle Bearbeitung weiterleiten – z. B. Kurs- und Preisnotierungen, Börsennotizen, Wettervorhersagen, Rennergebnisse, Fußball- und andere Sportergebnisse, Theater-, Opern- und Kinospielpläne sowie Ausstellungs- und Tagungspläne –, haben ihre Leistungen nach dem allgemeinen Steuersatz zu versteuern.

(11) Bei den Leistungen der Pressedienste und -agenturen, deren wesentlicher Inhalt in der Einräumung oder Übertragung der Verwertungsrechte – z. B. Vervielfältigungsrecht, Verbreitungsrecht, Senderecht – an dem in den sog. Pressediensten enthaltenen Material besteht, ist Folgendes zu beachten:

1. [1]Die Bilderdienste sind nach § 2 Abs. 1 Nr. 5 und § 72 UrhG[1)] geschützt. [2]Die Einräumung oder Übertragung von Verwertungsrechten an dem Bildmaterial führt deshalb stets zur Anwendung des ermäßigten Steuersatzes (vgl. Absatz 18).

2. [1]Bei sonstigen Pressediensten kann der Anteil der urheberrechtlich geschützten Beiträge – insbesondere Namensberichte, Aufsätze und redaktionell besonders aufgemachte Nachrichten – unterschiedlich sein. [2]Die Vereinfachungsregelung in Absatz 10 gilt entsprechend.

Übersetzungen und andere Bearbeitungen

(12) [1]Die Übersetzer fremdsprachiger Werke – z. B. Romane, Gedichte, Schauspiele, wissenschaftliche Bücher und Abhandlungen – räumen urheberrechtliche Nutzungsrechte ein, wenn die Werke in der Übersetzung z. B. veröffentlicht oder aufgeführt werden. [2]Unerheblich ist es, ob ein Sprachwerk einzeln – z. B. als Buch – oder in Sammlungen – z. B. Zeitschriften, Zeitungen, Kalendern, Almanachen – veröffentlicht wird. [3]Entsprechendes gilt für andere Bearbeitungen urheberrechtlich geschützter Werke, sofern sie persönliche geistige Schöpfungen des Bearbeiters sind, z. B. für die Dramatisierung eines Romans oder einer Novelle, für die Episierung eines Bühnenstücks, einer Ballade oder eines Gedichts, für die Umgestaltung eines Romans, einer Kurzgeschichte, einer Anekdote oder eines Bühnenstücks zu einer Ballade oder einem Gedicht, für die Umwandlung eines Schauspiels, eines Romans oder einer Novelle in ein Opernlibretto oder ein Musical, für die Fortsetzung eines literarischen Werks, für die Verwendung einer literarischen Vorlage – Roman, Novelle, Schauspiel usw. – für Comicstrips – Comics – sowie für das Schreiben eines Filmdrehbuchs nach einer Vorlage und die Verfilmung. [4]Die Übertragung von Senderechten an Übersetzungen von Nachrichtensendungen in die Deutsche Gebärdensprache unterliegt dem ermäßigten Steuersatz nach § 12 Abs. 2 Nr. 7 Buchstabe c UStG (vgl. BFH-Urteil vom 18.8. 2005, V R 42/03, BStBl. 2006 II S. 44).

Vorträge, Reden, Gutachten, technische Darstellungen

(13) [1]Vorträge und Reden sind zwar urheberrechtlich geschützte Sprachwerke. [2]Wer einen Vortrag oder eine Rede hält, räumt damit jedoch einem anderen keine urheberrechtlichen Nutzungsrechte ein. [3]Das Gleiche gilt für Vorlesungen, das Abhalten von Seminaren, die Erteilung von Unterricht sowie die Beteiligung an Aussprachen. [4]Urheberrechtliche Nutzungsrechte werden auch dann nicht eingeräumt, wenn z. B. der Inhalt oder der Text eines Vortrags oder einer Rede in schriftlicher Wiedergabe dem Veranstalter oder den Teilnehmern übergeben wird. [5]Eine steuerermäßigte Einräumung von urheberrechtlichen Nutzungsrechten liegt aber insoweit vor, als ein Vortrag oder eine Rede – z. B. in einer Fachzeitschrift oder als Sonderdruck – veröffentlicht wird. [6]Außerdem kommt der ermäßigte Steuersatz z. B. dann in Betracht, wenn Vorträge oder Unterrichtsveranstaltungen von Rundfunk- und Fernsehanstalten gesendet werden.

---

1) **Habersack** Nr. **65.**

(14) [1]Die Übergabe eines Gutachtens oder einer Studie ist regelmäßig nicht mit der Einräumung urheberrechtlicher Nutzungsrechte verbunden, auch wenn das Werk urheberrechtlichen Schutz genießt. [2]Das gilt auch, wenn sich der Auftraggeber vorsorglich das Recht der alleinigen Verwertung und Nutzung einräumen lässt. [3]Werden im Zusammenhang mit der Erstellung eines Gutachtens oder einer Studie auch Urheberrechte zur Vervielfältigung und Verbreitung des Gutachtens oder der Studie übertragen, ist auf diese Gesamtleistung der allgemeine Steuersatz anzuwenden, wenn der Schwerpunkt der Leistung nicht in der Übertragung der Urheberrechte liegt, sondern in der Erstellung des Gutachtens oder der Studie im eigenständigen Interesse des Auftraggebers. [4]Entgeltliche Leistungen auf Grund von Forschungs- und Entwicklungsaufträgen unterliegen, sofern sie nicht im Rahmen eines Zweckbetriebs (§§ 65 und 68 Nr. 9 AO)[1)] erbracht werden, stets insgesamt der Umsatzsteuer nach dem allgemeinen Steuersatz. [5]Das gilt auch dann, wenn hinsichtlich der Forschungs- und Entwicklungsergebnisse eine Übertragung urheberrechtlicher Nutzungsrechte vereinbart wird und die Forschungs- und Entwicklungsergebnisse in der Form von Berichten, Dokumentationen usw. tatsächlich veröffentlicht werden. [6]Die Übertragung urheberrechtlicher Nutzungsrechte ist in diesen Fällen lediglich eine Nebenleistung und muss somit bei der umsatzsteuerrechtlichen Beurteilung unbeachtet bleiben. [7]Zu den geschützten Werken im Sinne des § 2 Abs. 1 Nr. 1 UrhG[2)] können auch Sprachwerke gehören, in die ausschließlich handwerkliche, technische und wissenschaftliche Kenntnisse und Erfahrungen eingeflossen sind, z. B. technische Darstellungen und Handbücher, Darstellungen und Erläuterungen technischer Funktionen, Bedienungs- und Gebrauchsanleitungen sowie Wartungs-, Pflege- und Reparaturanleitungen. [8]Voraussetzung hierfür ist, dass es sich um persönliche geistige Schöpfungen handelt, die eine individuelle Eigenart aufweisen. [9]Es genügt, dass die individuelle Prägung in der Form und Gestaltung des Werks zum Ausdruck kommt.

Werke der Musik

(15) [1]Die Urheber von Musikwerken erbringen mit der Einräumung urheberrechtlicher Nutzungsrechte an ihren Werken steuerbegünstigte Leistungen. [2]Urheberrechtlichen Schutz genießt auch elektronische Musik. [3]Zu den urheberrechtlich geschützten Musikwerken bzw. Bearbeitungen gehören außerdem z. B. Klavierauszüge aus Orchesterwerken, Potpourris, in denen nicht nur verschiedene Musikstücke oder Melodien aneinandergereiht sind, die Instrumentierungen von Melodien und die Orchesterbearbeitungen von Klavierstücken.

Werke der bildenden Künste und der angewandten Kunst

(16) [1]Mit der vertraglichen Vereinbarung über die Vervielfältigung und Verbreitung von Werken der bildenden Künste – z. B. in Büchern und Zeitschriften, auf Kalendern, Postkarten und Kunstblättern sowie mit Diapositiven – werden urheberrechtliche Nutzungsrechte eingeräumt. [2]Der Graphiker, der einem Galeristen oder Verleger das Recht überträgt, Originalgraphiken zu

---

1) Vgl. auch AEAO zu § 65 AO (Nr. **800**).
2) **Habersack** Nr. **65.**

drucken und zu vertreiben, erbringt eine begünstigte Leistung. [3]Das Gleiche gilt z. B. für die Einräumung des Rechts zur Herstellung und zum Vertrieb künstlerischer Siebdrucke – sog. Serigraphien –, die vom Künstler signiert und nummeriert werden. [4]Urheberrechtlichen Schutz genießen auch die Werke der Karikaturisten, Cartoonisten und Pressezeichner. [5]Das Folgerecht, das bei der Weiterveräußerung eines Originals der bildenden Künste entsteht (§ 26 UrhG),[1)] zählt nicht zu den urheberrechtlichen Nutzungs- und Verwertungsrechten. [6]Zur Nichtsteuerbarkeit vgl. Abschnitt 1.1 Abs. 21.

(17) [1]Für die Frage, ob Leistungen der Gebrauchsgraphiker und der Graphik-Designer ermäßigt zu besteuern sind, ist aus Vereinfachungsgründen auf die dem Leistungsaustausch zugrunde liegende zivilrechtliche Vereinbarung abzustellen, sofern dies nicht zu offensichtlich unzutreffenden steuerlichen Ergebnissen führt. [2]Gehen die Vertragspartner ausweislich der zwischen ihnen geschlossenen Vereinbarung einvernehmlich von der Einräumung urheberrechtlicher Nutzungsrechte an einem Muster oder einem Entwurf aus, ist der ermäßigte Steuersatz anzuwenden. [3]Ein Tätowierer erbringt mit dem Aufbringen einer Tätowierung keine begünstigte Leistung (vgl. BFH-Urteil vom 23.7.1998, V R 87/97, BStBl. II S. 641).

Lichtbildwerke und Lichtbilder

(18) [1]Urheberrechtlich geschützt sind Lichtbildwerke und Werke, die ähnlich wie Lichtbildwerke geschaffen werden. [2]Lichtbilder und Erzeugnisse, die ähnlich wie Lichtbilder hergestellt werden, sind nach § 72 UrhG[1)] den Lichtbildwerken urheberrechtlich praktisch gleichgestellt. [3]Dem ermäßigten Steuersatz unterliegen deshalb insbesondere die Leistungen der Bildjournalisten (Bildberichterstatter), Bildagenturen (vgl. Absatz 11 Nr. 1), Kameramänner und Foto-Designer. [4]Übergibt der Fotograf seinem Auftraggeber nur die bestellten Positive oder Bilddateien – z. B. Passbilder, Familien- oder Gruppenaufnahmen –, geht die Rechtsübertragung in der nicht begünstigten Lieferung auf. [5]Das Gleiche gilt für die Herstellung und Überlassung von Luftbildaufnahmen für planerische Zwecke – z. B. Landesplanung, Natur- und Umweltschutz oder Erfassung und Bilanzierung der Flächennutzung –, für Zwecke der Geodäsie – z. B. auch fotografische Messbilder (Fotogramme) nach dem Verfahren der Fotogrammetrie – oder für bestimmte wissenschaftliche Zwecke – z. B. auf dem Gebiet der Archäologie –, selbst wenn damit auch urheberrechtliche Nutzungsrechte übertragen werden.

Darbietungen ausübender Künstler

(19) 1Außer den Werken der Literatur, Wissenschaft und Kunst sind auch die Darbietungen ausübender Künstler urheberrechtlich geschützt. [2]Diese Schutzrechte sind in §§ 74 ff. UrhG[1)] abschließend aufgeführt (verwandtes Schutzrecht). [3]Ausübender Künstler ist nach § 73 UrhG, wer ein Werk vorträgt oder aufführt oder hierbei künstlerisch mitwirkt. [4]Zu den ausübenden Künstlern zählen insbesondere Schauspieler, Sänger, Musiker, Tänzer, Dirigenten, Kapellmeister, Regisseure und Spielleiter sowie Bühnen- und Kostümbildner (vgl. BMF-Schreiben vom 7.2.2014, BStBl. I S. 273). [5]Aus-

---

[1)] **Habersack** Nr. **65.**

übende Künstler sind z. B. auch Tonmeister, die bei Aufführungen elektronischer Musik mitwirken. [6]Im Einzelfall kann auch der Beleuchter ein ausübender Künstler sein.

(20) [1]Nach § 79 UrhG kann der ausübende Künstler die ihm durch §§ 77 und 78 UrhG[1)] gewährten Rechte und Ansprüche übertragen. [2]Begünstigte Leistungen ausübender Künstler liegen z. B. in folgenden Fällen vor:

1. Musikwerke – z. B. Opern, Operetten, Musicals, Ballette, Chorwerke, Gesänge, Messen, Kantaten, Madrigale, Motetten, Orgelwerke, Sinfonien, Kammermusikwerke, Solokonzerte, Lieder, Chansons, Spirituals und Jazz –, Bühnenwerke – z. B. Schauspiele, Schauspielszenen, Mysterienspiele, Fastnachtsspiele, Kabarettszenen, Varietészenen und die Bühnenfassung einer Erzählung – sowie Hörspiele und Hörspielfassungen von Sprachwerken werden
   a) im Studio oder Sendesaal einer Rundfunk- und Fernsehanstalt aufgeführt, auf Bild- und Tonträger aufgenommen und gesendet oder
   b) im Studio eines Tonträgerherstellers – z. B. eines Schallplattenproduzenten – aufgeführt, auf Tonträger aufgenommen und vervielfältigt.
2. Öffentliche Aufführungen von Musikwerken und Bühnenwerken – z. B. in einem Konzertsaal oder Theater – werden
   a) von einer Rundfunk- und Fernsehanstalt veranstaltet, auf Bild- und Tonträger aufgenommen und – z. B. als Live-Sendung – gesendet oder
   b) von einem Tonträgerhersteller veranstaltet, auf Tonträger aufgenommen – sog. Live-Mitschnitt – und vervielfältigt.
3. Fernsehfilme werden von einer Fernsehanstalt oder in ihrem Auftrag von einem Filmproduzenten hergestellt.
4. Vorführfilme – Spielfilme – werden von einem Filmproduzenten hergestellt.
5. Darbietungen ausübender Künstler – z. B. die Rezitation von Gedichten und Balladen, das Vorlesen einer Novelle, der Vortrag von Liedern, das Spielen eines Musikwerks – werden in einem Studio auf Bild- und Tonträger aufgenommen und von einer Rundfunk- und Fernsehanstalt gesendet oder von einem Tonträgerhersteller vervielfältigt.
6. Darbietungen ausübender Künstler – z. B. Sänger, Musiker, Schauspieler, Tänzer – im Rahmen von Rundfunk- und Fernsehsendungen – z. B. in Shows und sonstigen Unterhaltungssendungen, in Quizveranstaltungen sowie bei Sportsendungen und Diskussionsveranstaltungen – werden auf Bild- und Tonträger aufgenommen und gesendet.

(21) [1]Mit der Darbietung eines ausübenden Künstlers ist nicht in jedem Fall eine Einwilligung zu ihrer Verwertung oder eine Übertragung urheberrechtlicher Nutzungsrechte verbunden. [2]Eine Einräumung, Übertragung oder Wahrnehmung urheberrechtlicher Schutzrechte liegt auch dann nicht vor, wenn die Darbietung zur Dokumentation, für Archivzwecke oder z. B. zum wissenschaftlichen Gebrauch mitgeschnitten wird. [3]Hat ein an eine Agentur gebundener Künstler dieser sein Recht der Funksendung und der öffentlichen

---

1) **Habersack** Nr. **65.**

Wiedergabe zur ausschließlichen Verwertung übertragen und stellt die Agentur den Künstler vertragsgemäß einer Rundfunk- oder Fernsehanstalt für die Mitwirkung in einer Rundfunk- oder Fernsehsendung zur Verfügung, ist Hauptinhalt der Leistung der Agentur gegenüber der Rundfunk- und Fernsehanstalt die Einräumung von urheberrechtlichen Nutzungsrechten, auf die der ermäßigte Steuersatz nach § 12 Abs. 2 Nr. 7 Buchstabe c UStG anzuwenden ist. [4]Soweit die Voraussetzungen nach § 12 Abs. 2 Nr. 7 Buchstabe c UStG nicht vorliegen, kann auch eine Steuerermäßigung nach § 12 Abs. 2 Nr. 7 Buchstabe a UStG in Betracht kommen, vgl. Abschnitt 12.5 Abs. 1.

(22) [1]Kann ein urheberrechtlich geschütztes Werk, z. B. ein Sprachwerk, vom Auftraggeber nur durch die Ausnutzung von Rechten an diesem Werk bestimmungsgemäß verwendet werden und werden ihm daher die entsprechenden Nutzungsrechte eingeräumt oder übertragen, bildet die Einräumung oder Übertragung urheberrechtlicher Nutzungsrechte den wesentlichen Inhalt der Leistung. [2]Die Herstellung des Werks geht als Vorstufe für die eigentliche Leistung in dieser auf, und zwar auch dann, wenn das Werkoriginal dem Auftraggeber überlassen wird.

Beispiel 1:

[1]Bei der Überlassung von urheberrechtlich geschützten Kopiervorlagen für Unterrichtszwecke ist wesentlicher Inhalt der Leistung die Übertragung urheberrechtlicher Nutzungsrechte. [2]Das gilt auch für die Überlassung von Kopiervorlagen an Personen, die diese nicht selbst für Unterrichtszwecke verwenden, z. B. an Buchhändler.

Beispiel 2:

[1]Bei der Erarbeitung urheberrechtlich geschützter technischer Dienstvorschriften (Benutzungsunterlagen) für den Hersteller eines Produkts stellt die Überlassung des Manuskripts oder druckfertiger Vorlagen zur Verwertung – z. B. zur Vervielfältigung – lediglich eine unselbständige Nebenleistung zur Hauptleistung dar, die in der Übertragung urheberrechtlicher Nutzungsrechte besteht. [2]Wird jedoch vertraglich neben der Erarbeitung einer Dienstvorschrift auch die Lieferung der benötigten Druckexemplare dieses Werks vereinbart, liegt eine einheitliche Hauptleistung (Lieferung) vor, in der die Einarbeitung der Dienstvorschrift als unselbständige Nebenleistung aufgeht. [3]Auf diese Lieferung ist aber nach § 12 Abs. 2 Nr. 1 UStG i. V. m. Nr. 49 der Anlage 2 des UStG ebenfalls der ermäßigte Steuersatz anzuwenden.

Beispiel 3:

[1]Die Erstellung von urheberrechtlich geschütztem technischen Schulungsmaterial – Lehrtafeln, Lehrfilme, bei denen der Auftragnehmer im urheberrechtlichen Sinne Hersteller des Lehrfilms ist, Diapositive – ist nach ihrem wesentlichen Inhalt auch dann eine unter § 12 Abs. 2 Nr. 7 Buchstabe c UStG fallende sonstige Leistung, wenn der erstellte Entwurf, die Druck- oder Kopiervorlagen, das Filmwerk oder die Diapositive dem Auftraggeber übergeben werden.

[2]Wird bei der Erstellung von Lehrtafeln zusätzlich zur Übertragung urheberrechtlicher Nutzungsrechte auch die Herstellung und Lieferung der benötigten Exemplare (Vervielfältigungsstücke) übernommen, liegt eine nicht unter § 12 Abs. 2 Nr. 7 Buchstabe c UStG fallende Werklieferung vor, auf die nach § 12 Abs. 1 UStG der allgemeine Steuersatz anzuwenden ist.

(23) [1]Die Gestattung der Herstellung von Aufnahmen von Sportveranstaltungen ist keine nach § 12 Abs. 2 Nr. 7 Buchstabe c UStG begünstigte Übertragung urheberrechtlicher Nutzungsrechte, da ein urheberrechtlich geschütztes Werk erst mit der Herstellung der Aufnahmen entsteht. [2]Vielmehr willigt der Veranstalter hierdurch in Eingriffe ein, die er auf Grund außerhalb des Urheberrechts bestehender Rechte verbieten könnte (z. B. durch Ausübung

des Hausrechts). [3]Wenn der Veranstalter des Sportereignisses die Aufnahmen selbst herstellt und die daran bestehenden Urheberrechte verwertet, sind die Umsätze aus der Verwertung von Rechten an Laufbildern nach § 12 Abs. 2 Nr. 7 Buchstabe c UStG ermäßigt zu besteuern (Absatz 3 Satz 3 Nr. 6).

12.8 Zirkusunternehmen, Schausteller und zoologische Gärten (§ 12 Abs. 2 Nr. 7 Buchstabe d UStG)

(1) [1]Zirkusvorführungen sind auch die von den Zirkusunternehmen veranstalteten Tierschauen. [2]Begünstigt sind auch die üblichen Nebenleistungen, z. B. der Verkauf von Programmen und die Aufbewahrung der Garderobe. [3]Bei Fernsehaufzeichnungen und -übertragungen ist die Leistung des Zirkusunternehmens sowohl nach Buchstabe c als auch nach Buchstabe d des § 12 Abs. 2 Nr. 7 UStG begünstigt. [4]Nicht begünstigt sind Hilfsgeschäfte, wie z. B. Veräußerungen von Anlagegegenständen. [5]Für den Verkauf der in Nummer 1 der Anlage 2 des UStG bezeichneten Tiere kommt jedoch die Steuerermäßigung nach § 12 Abs. 2 Nr. 1 UStG in Betracht.

(2) [1]Als Leistungen aus der Tätigkeit als Schausteller gelten Schaustellungen, Musikaufführungen, unterhaltende Vorstellungen oder sonstige Lustbarkeiten, die auf Jahrmärkten, Volksfesten, Schützenfesten oder ähnlichen Veranstaltungen erbracht werden (§ 30 UStDV). [2]Begünstigt sind tätigkeits- und nicht personenbezogene Leistungen, die voraussetzen, dass der jeweilige Umsatz auf einer ambulanten, d. h. ortsungebunden ausgeführten schaustellerischen Leistung beruht (vgl. BFH-Urteil vom 25.11.1993, V R 59/91, BStBl. 1994 II S. 336). [3]Dabei reicht es aus, wenn diese Leistungen vom Unternehmer im eigenen Namen mit Hilfe seiner Arbeitnehmer oder sonstiger Erfüllungsgehilfen (z. B. engagierte Schaustellergruppen) an die Besucher der Veranstaltungen ausgeführt werden (vgl. BFH-Urteil vom 18.7.2002, V R 89/01, BStBl. 2004 II S. 88). [4]Unter die Steuerermäßigung fällt auch die Gewährung von Eintrittsberechtigungen zu Stadt- oder Dorffesten, die nur einmal jährlich durchgeführt werden und bei denen die schaustellerischen Leistungen ausschließlich mit Hilfe von sonstigen Erfüllungsgehilfen erbracht werden (vgl. BFH-Urteil vom 5.11.2014, XI R 42/12, BStBl. 2017 II S. 849). [5]Ähnliche Veranstaltungen können auch durch den Schausteller selbst organisierte und unter seiner Regie stattfindende Eigenveranstaltungen sein (vgl. BFH-Urteil vom 25.11.1993, V R 59/91, a. a. O.). [6]Ortsgebundene Schaustellungsunternehmen – z. B. Märchenwaldunternehmen, Vergnügungsparks – sind mit ihren Leistungen nicht begünstigt (vgl. BFH-Urteile vom 22.10. 1970, V R 67/70, BStBl. 1971 II S. 37, vom 22.6.1972, V R 36/71, BStBl. II S. 684, vom 25.11.1993, V R 59/91, a. a. O., und vom 2.8.2018, V R 6/16, BStBl. 2019 II S. 293, und EuGH-Urteil vom 9.9.2021, C-406/20, Phantasialand).[1)] [7]Zu den begünstigten Leistungen (§ 30 UStDV) gehören auch die Leistungen der Schau- und Belustigungsgeschäfte, der Fahrgeschäfte aller Art – Karussells, Schiffschaukeln, Achterbahnen usw. –, der Schießstände sowie die Ausspielungen. [8]Nicht begünstigt sind Warenlieferungen, sofern sie nicht unter § 12 Abs. 2 Nr. 1 UStG fallen, und Hilfsgeschäfte.

---

1) DStR 2021, 2199.

(3) [1]Die Steuerermäßigung kommt für die Leistungen der zoologischen Gärten in Betracht, die nicht unter § 4 Nr. 20 Buchstabe a UStG (vgl. Abschnitt 4.20.4) fallen. [2]Zoologische Gärten sind z.B. auch Aquarien und Terrarien, nicht dagegen Delphinarien (vgl. BFH-Urteil vom 20.4.1988, X R 20/82, BStBl. II S. 796). [3]Für Tierparks gilt die Steuerermäßigung nicht; ihre Umsätze können aber nach § 4 Nr. 20 Buchstabe a UStG steuerfrei sein. [4]Tierpark in diesem Sinn ist eine Anlage, in der weniger Tierarten als in zoologischen Gärten, diese aber in Herden oder Zuchtgruppen auf großen Flächen gehalten werden.

(4) [1]Zu den Umsätzen, die unmittelbar mit dem Betrieb der zoologischen Gärten verbunden sind, gehören nur Leistungen, auf die der Betrieb eines zoologischen Gartens im eigentlichen Sinn gerichtet ist, in denen sich also dieser Betrieb verwirklicht (BFH-Urteil vom 4.12.1980, V R 60/79, BStBl. 1981 II S. 231). [2]Hierunter fallen insbesondere die Umsätze, bei denen die Entgelte in Eintrittsgeldern bestehen, einschließlich etwaiger Nebenleistungen (z.B. Abgabe von Wegweisern und Lageplänen). [3]Nicht zu den begünstigten Umsätzen gehören z.B. Hilfsumsätze und die entgeltliche Überlassung von Parkplätzen an Zoobesucher.

Zu § 12 Abs. 2 Nr. 8 UStG[1)]

12.9 Gemeinnützige, mildtätige und kirchliche Einrichtungen (§ 12 Abs. 2 Nr. 8 Buchstabe a UStG)

Allgemeines

(1) [1]Begünstigt nach § 12 Abs. 2 Nr. 8 Buchstabe a UStG sind die Leistungen der Körperschaften, die gemeinnützige, mildtätige oder kirchliche Zwecke im Sinne der §§ 51 bis 68 AO verfolgen. [2]Die abgabenrechtlichen Vorschriften gelten auch für Betriebe gewerblicher Art von juristischen Personen des öffentlichen Rechts. [3]Es ist nicht erforderlich, dass der gesamte unternehmerische Bereich einer juristischen Person des öffentlichen Rechts gemeinnützigen Zwecken dient. [4]Wenn bereits für andere Steuern (vgl. z.B. § 5 Abs. 1 Nr. 9 KStG) darüber entschieden ist, ob und gegebenenfalls in welchen Bereichen das Unternehmen steuerbegünstigte Zwecke verfolgt, ist von dieser Entscheidung im Allgemeinen auch für Zwecke der Umsatzsteuer auszugehen. [5]Ist diese Frage für andere Steuern nicht entschieden worden, sind die Voraussetzungen für die Steuerermäßigung nach § 12 Abs. 2 Nr. 8 Buchstabe a UStG besonders zu prüfen. [6]Der ermäßigte Steuersatz nach § 12 Abs. 2 Nr. 8 Buchstabe a UStG kommt nicht nur für entgeltliche Leistungen der begünstigten Körperschaften in Betracht, sondern auch für unentgeltliche Wertabgaben an den eigenen nichtunternehmerischen Bereich, wenn diese aus Tätigkeitsbereichen erfolgen, die nicht nach § 12 Abs. 2 Nr. 8 Buchstabe a Sätze 2 und 3 UStG einer Besteuerung mit dem allgemeinen Steuersatz unterliegen (vgl. Abschnitt 3.2 Abs. 2 Satz 3).

---

1) Zu Anforderungen an die Vereinssatzung (Vermögensbindung) vgl. BFH v. 23.7.2009 V R 20/08, BStBl. II 2010, 719 und BMF v. 7.7.2010, BStBl. I 2010, 630.

(2) [1]Die auf Grund des Reichssiedlungsgesetzes von den zuständigen Landesbehörden begründeten oder anerkannten gemeinnützigen Siedlungsunternehmen sind nur begünstigt, wenn sie alle Voraussetzungen der Gemeinnützigkeit im Sinne der AO erfüllen. [2]Dem allgemeinen Steuersatz unterliegen die Leistungen insbesondere dann, wenn in der Satzung oder dem Gesellschaftsvertrag die Ausschüttung von Dividenden vorgesehen ist. [3]Von Hoheitsträgern zur Ausführung hoheitlicher Aufgaben, z.B. im Bereich der Müll- und Abwasserbeseitigung, eingeschaltete Kapitalgesellschaften sind wegen fehlender Selbstlosigkeit (§ 55 AO) nicht gemeinnützig tätig.

Wirtschaftlicher Geschäftsbetrieb, Zweckbetrieb

(3)[1)] [1]Die Steuerermäßigung gilt nicht für die Leistungen, die im Rahmen eines wirtschaftlichen Geschäftsbetriebs ausgeführt werden. [2]Der Begriff des wirtschaftlichen Geschäftsbetriebs ist in § 14 AO bestimmt. [3]Nach § 64 AO bleibt die Steuervergünstigung für einen wirtschaftlichen Geschäftsbetrieb jedoch bestehen, soweit es sich um einen Zweckbetrieb im Sinne der §§ 65 bis 68 AO handelt. [4]Für die Annahme eines Zweckbetriebs ist nach § 65 AO vor allem erforderlich, dass der wirtschaftliche Geschäftsbetrieb zu den nicht begünstigten Betrieben derselben oder ähnlichen Art nicht in größerem Umfang in Wettbewerb treten darf, als es bei der Erfüllung der steuerbegünstigten Zwecke unvermeidbar ist. [5]Liegt nach den §§ 66 bis 68 AO ein Zweckbetrieb vor, müssen die allgemeinen Voraussetzungen des § 65 AO für die Annahme eines Zweckbetriebs nicht erfüllt sein (vgl. BFH-Urteile vom 18.1.1995, V R 139–142/92, BStBl. II S. 446, und vom 25.7.1996, V R 7/95, BStBl. 1997 II S. 154). [6]Ist nach den Grundsätzen des § 14 AO lediglich Vermögensverwaltung gegeben, wird die Steuerermäßigung ebenfalls nicht ausgeschlossen.

(4) Folgende Regelungen zur Abgrenzung von wirtschaftlichen Geschäftsbetrieben und Zweckbetrieben sind zu beachten:

1. [1]Die Tätigkeit der Landessportbünde im Rahmen der Verleihung des Deutschen Sportabzeichens und des Deutschen Jugendsportabzeichens stellt einen Zweckbetrieb im Sinne des § 65 AO dar. [2]Entsprechendes kann bei gemeinnützigen Sportverbänden für die Genehmigung von Wettkampfveranstaltungen der Sportvereine sowie für die Ausstellung oder Verlängerung von Sportausweisen für Sportler gelten.
2. [1]Die Herstellung und Veräußerung von Erzeugnissen, die in der 2. Stufe der Blutfraktionierung gewonnen werden – Plasmaderivate wie Albumin, Globulin, Gerinnungsfaktoren –, durch die Blutspendedienste des Deutschen Roten Kreuzes sind ein nicht begünstigter wirtschaftlicher Geschäftsbetrieb (§§ 14 und 64 Abs. 6 Nr. 3 AO). [2]Bei der Veräußerung von Produkten der 1. Fraktionierungsstufe handelt es sich stets um Lieferungen im Rahmen eines Zweckbetriebs.
3. [1]Krankenfahrten, die von gemeinnützigen und mildtätigen Organisationen ausgeführt werden, erfüllen nicht die Voraussetzungen des § 66 Abs. 2

---

1) Zu steuerbaren Leistungen eines Sportvereins siehe auch BFH v. 20.3.2014 V R 4/13, DStR 2014, 1539. – Zu Leistungen einer Pferdepension durch Verein siehe BFH v. 10.8.2016 V R 14/15, DStR 2017, 152 (weder USt-befreit noch -begünstigt).

AO und finden deshalb nicht im Rahmen einer Einrichtung der Wohlfahrtspflege statt. [2]Die Annahme eines Zweckbetriebs nach § 65 AO scheidet aus Wettbewerbsgründen aus, so dass die Krankenfahrten als wirtschaftlicher Geschäftsbetrieb im Sinne der §§ 64 und 14 AO zu behandeln sind. [3]Krankenfahrten sind Fahrten von Patienten, für die ein Arzt die Beförderung in einem Personenkraftwagen, Mietwagen oder Taxi verordnet hat. [4]Zur Steuerbefreiung vgl. Abschnitte 4.17.2 und 4.18.1 Abs. 12. [5]Zur Steuerermäßigung nach § 12 Abs. 2 Nr. 10 UStG vgl. Abschnitt 12.13 Abs. 8.

4.[1)] [1]Bei den Werkstätten für behinderte Menschen umfasst der Zweckbetrieb (§ 68 Nr. 3 Buchstabe a AO) auch den eigentlichen Werkstattbereich. [2]Im Werkstattbereich werden in der Regel keine nach § 4 Nr. 16 Satz 1 Buchstabe f oder Nr. 18 UStG steuerfreien Umsätze ausgeführt. [3]Die steuerpflichtigen Umsätze unterliegen nach Maßgabe der Absätze 8 bis 15 dem ermäßigten Steuersatz. [4]Die den Werkstätten für behinderte Menschen in Rechnung gestellten Umsatzsteuerbeträge, die auf Leistungen entfallen, die andere Unternehmer für den Werkstattbetrieb ausgeführt haben, können deshalb nach § 15 Abs. 1 UStG in vollem Umfang als Vorsteuern abgezogen werden. [5]Eine Aufteilung der Vorsteuerbeträge in einen abziehbaren und einen nicht abziehbaren Teil entfällt. [6]Das gilt insbesondere auch insoweit, als Investitionen für den Werkstattbereich – z. B. Neubau oder Umbau, Anschaffung von Einrichtungsgegenständen oder Maschinen – vorgenommen werden.

5. [1]Als Zweckbetrieb werden nach § 68 Nr. 6 AO die von den zuständigen Behörden genehmigten Lotterien und Ausspielungen steuerbegünstigter Körperschaften anerkannt, wenn der Reinertrag unmittelbar und ausschließlich zur Förderung gemeinnütziger, mildtätiger oder kirchlicher Zwecke verwendet wird. [2]Eine nachhaltige Tätigkeit im Sinne des § 14 AO und des § 2 Abs. 1 Satz 3 UStG liegt auch dann vor, wenn Lotterien oder Ausspielungen jedes Jahr nur einmal veranstaltet werden. [3]Deshalb ist auch in diesen Fällen grundsätzlich ein Zweckbetrieb gegeben, für dessen Umsätze der ermäßigte Steuersatz in Betracht kommt. [4]Soweit öffentliche Lotterien und Ausspielungen von steuerbegünstigten Körperschaften der Lotteriesteuer unterliegen (vgl. §§ 17 und 18 RennwLottG),[2)] sind die daraus erzielten Umsätze nach § 4 Nr. 9 Buchstabe b UStG steuerfrei.

6. [1]Mensa- und Cafeteria-Betriebe, die von gemeinnützigen Studentenwerken unterhalten werden, werden nach Maßgabe des § 66 AO als Zweckbetriebe angesehen. [2]Speisen- und Getränkeumsätze, die in diesen Betrieben an Nichtstudierende ausgeführt werden, unterliegen deshalb nach Abs. 9 Satz 3 Nr. 1 dem ermäßigten Steuersatz. [3]Nichtstudierender ist, wer nach dem jeweiligen Landesstudentenwerks- bzw. Landeshochschulgesetz nicht unter den begünstigten Personenkreis des Studenten-

---

[1)] Zu Umsätzen eines gemeinnützigen Vereins aus dem Betrieb eines Bistros und einer öff. Toilette siehe BFH v. 23.7.2019 XI R 2/17, DStR 2019, 2476, Vb. eingelegt (Az. BVerfG 1 BvR 2837/19).

[2)] **Steuergesetze** Nr. **630**.

werks fällt, insbesondere Hochschulbedienstete, z. B. Hochschullehrer, wissenschaftliche Räte, Assistenten und Schreibkräfte sowie Studentenwerksbedienstete und Gäste. [4]Dies gilt z. B. auch für die Umsätze von alkoholischen Flüssigkeiten, sofern diese das Warenangebot des Mensa- und Cafeteria-Betriebs ergänzen und lediglich einen geringen Teil des Gesamtumsatzes ausmachen. [5]Als geringer Anteil am Gesamtumsatz wird es angesehen, wenn diese Umsätze im vorangegangenen Kalenderjahr nicht mehr als 5% des Gesamtumsatzes betragen haben. [6]Wegen der Steuerbefreiung für die Umsätze in Mensa- und Cafeteria-Betrieben vgl. Abschnitt 4.18.1 Abs. 9.

7.[1)] [1]Die kurzfristige Vermietung von Wohnräumen und Schlafräumen an Nichtstudierende durch ein Studentenwerk ist ein selbständiger wirtschaftlicher Geschäftsbetrieb, wenn sie sich aus tatsächlichen Gründen von den satzungsmäßigen Leistungen abgrenzen lässt. [2]Dieser wirtschaftliche Geschäftsbetrieb ist kein Zweckbetrieb. [3]Zur Anwendung der Steuerermäßigung nach § 12 Abs. 2 Nr. 11 UStG vgl. Abschnitt 12.16.

8. Die entgeltliche Überlassung von Kfz durch einen „Carsharing"-Verein an seine Mitglieder ist kein Zweckbetrieb (vgl. BFH-Urteil vom 12.6.2008, V R 33/05, BStBl. 2009 II S. 221).

9. Die nicht nur gelegentliche Erbringung von Geschäftsführungs- und Verwaltungsleistungen für einem Verein angeschlossene Mitgliedsvereine stellt keinen Zweckbetrieb dar (vgl. BFH-Urteil vom 29.1.2009, V R 46/06, BStBl. II S. 560).

10. Die Verwaltung von Sporthallen sowie das Einziehen der Hallenmieten einschließlich des Mahn- und Vollstreckungswesens durch einen gemeinnützigen Verein gegen Entgelt im Namen und für Rechnung einer Stadt ist kein begünstigter Zweckbetrieb (vgl. BFH-Urteil vom 5.8.2010, V R 54/09, BStBl. 2011 II S. 191).

(5) [1]Nach § 68 Nr. 7 AO sind kulturelle Einrichtungen und Veranstaltungen einer steuerbegünstigten Körperschaft unabhängig von einer Umsatz- oder Einkommensgrenze als Zweckbetrieb zu behandeln. [2]Die Umsätze von Speisen und Getränken sowie die Werbung gehören nicht zum Zweckbetrieb.

(6) [1]Nach § 67a Abs. 1 AO sind sportliche Veranstaltungen eines Sportvereins ein Zweckbetrieb, wenn die Einnahmen einschließlich Umsatzsteuer 45 000 € im Jahr nicht übersteigen. [2]Das gilt unabhängig davon, ob bezahlte Sportler im Sinne des § 67a Abs. 3 AO teilnehmen oder nicht. [3]Die Umsätze von Speisen und Getränken sowie die Werbung anlässlich einer sportlichen Veranstaltung gehören nicht zum Zweckbetrieb. [4]Ein nach § 67a Abs. 2 und 3 AO körperschaftsteuerrechtlich wirksamer Verzicht auf die Anwendung des § 67a Abs. 1 Satz 1 AO gilt auch für Zwecke der Umsatzsteuer. [5]Wegen weiterer Einzelheiten zur Behandlung sportlicher Veranstaltungen vgl. AEAO zu § 67a.[2)]

[1)] Ebenso für Jugendherbergen: Der ermäßigte USt-Satz gilt nicht für allein reisende Erwachsene; siehe BFH v. 10.8.2016 V R 11/15, BStBl. II 2018, 113; siehe auch AEAO Nr. 3 zu § 68 Nr. 1 AO (Nr. **800**).

[2)] Nr. **800**.

(7) [1]Eine steuerbegünstigte sportliche oder kulturelle Veranstaltung im Sinne der §§ 67a, 68 Nr. 7 AO kann auch dann vorliegen, wenn ein Sport- oder Kulturverein in Erfüllung seiner Satzungszwecke im Rahmen einer Veranstaltung einer anderen Person oder Körperschaft eine sportliche oder kulturelle Darbietung erbringt. [2]Die Veranstaltung, bei der die sportliche oder kulturelle Darbietung präsentiert wird, braucht keine steuerbegünstigte Veranstaltung zu sein (vgl. BFH-Urteil vom 4.5.1994, XI R 109/90, BStBl. II S. 886).

Ermäßigter Steuersatz bei Leistungen der Zweckbetriebe steuerbegünstigter Körperschaften

(8) [1]Die umsatzsteuerliche Begünstigung eines wirtschaftlichen Geschäftsbetriebs nach § 12 Abs. 2 Nr. 8 UStG kann auch dann gewährt werden, wenn sich die Auswirkungen auf den Wettbewerb, die von den Umsätzen eines wirtschaftlichen Geschäftsbetriebs ausgehen, nicht auf das zur Erfüllung des steuerbegünstigten Zwecks unvermeidbare Maß beschränken. [2]Voraussetzung ist jedoch, dass sich ein derartiger Geschäftsbetrieb in seiner Gesamtrichtung als ein Zweckbetrieb darstellt, mit dem erkennbar darauf abgezielt wird, die satzungsmäßigen Zwecke der Körperschaft zu verwirklichen. [3]Die Anwendung der Steuerermäßigungsvorschrift des § 12 Abs. 2 Nr. 8 Buchstabe a UStG kann daher nicht lediglich von einer gesetzlichen Zugehörigkeitsfiktion zum begünstigten Bereich einer Körperschaft abhängig gemacht werden. [4]Vielmehr ist es erforderlich, dass auch die ausgeführten Leistungen von ihrer tatsächlichen Ausgestaltung her und in ihrer Gesamtrichtung dazu bestimmt sind, den in der Satzung bezeichneten steuerbegünstigten Zweck der Körperschaft selbst zu verwirklichen. [5]Insoweit gilt allein der Betrieb eines steuerbegünstigten Zweckbetriebs selbst nicht als steuerbegünstigter Zweck. [6]Die Regelung des § 12 Abs. 2 Nr. 8 Buchstabe a Satz 3 UStG zielt darauf ab, Wettbewerbsverzerrungen durch die Inanspruchnahme des ermäßigten Steuersatzes auf den unionsrechtlich zulässigen Umfang zu beschränken und dadurch missbräuchlichen Gestaltungen zu begegnen: [7]Nur soweit die Körperschaft mit den Leistungen ihrer in §§ 66 bis 68 AO bezeichneten Zweckbetriebe ihre steuerbegünstigten satzungsgemäßen Zwecke selbst verwirklicht, kommt der ermäßigte Steuersatz uneingeschränkt zur Anwendung. [8]Für die übrigen Umsätze gilt dies nur, wenn der Zweckbetrieb nicht in erster Linie der Erzielung zusätzlicher Einnahmen dient, die in unmittelbarem Wettbewerb mit dem allgemeinen Steuersatz unterliegenden Leistungen anderer Unternehmer ausgeführt werden (vgl. BFH-Urteil vom 5.8.2010, V R 54/09, BStBl. 2011 II S. 191); ist diese Voraussetzung nicht erfüllt, unterliegen die übrigen Leistungen des Zweckbetriebs dem allgemeinen Steuersatz.

Zweckbetriebe, die nicht in erster Linie der Erzielung zusätzlicher Einnahmen dienen

(9)[1)] [1]Nach § 65 AO als Zweckbetriebe anerkannte wirtschaftliche Geschäftsbetriebe gewährleisten bereits, dass sie auch hinsichtlich der Umsätze, mit deren Ausführung selbst sie ausnahmsweise nicht auch ihre satzungsmäßi-

[1)] Zu individuellem Verbraucherschutz als Zweckbetrieb siehe aber BFH v. 26.8.2021 V R 5/19, DStR 2021, 2895 (gegen A 12.9 Abs. 9 UStAE).

gen Zwecke verwirklichen, zu nicht begünstigten Betrieben derselben oder ähnlicher Art nicht in größerem Umfang in Wettbewerb treten, als es zur Erfüllung der steuerbegünstigten Zwecke unvermeidbar ist und sie damit nicht in erster Linie der Erzielung zusätzlicher Einnahmen durch die Ausführung von Umsätzen dienen, die in unmittelbarem Wettbewerb mit dem allgemeinen Steuersatz unterliegenden Leistungen anderer Unternehmer ausgeführt werden. [2]Der ermäßigte Steuersatz ist daher auf Zweckbetriebe nach § 65 AO uneingeschränkt anwendbar. [3]Gleiches gilt für folgende, als Zweckbetriebe anerkannte wirtschaftliche Geschäftsbetriebe:

1. Einrichtungen der Wohlfahrtspflege im Sinne des § 66 AO, denn diese dürfen nach Abs. 2 dieser Vorschrift nicht des Erwerbs wegen ausgeübt werden;
2. in § 68 Nr. 1 Buchstabe a AO aufgeführte Alten-, Altenwohn- und Pflegeheime, Erholungsheime oder Mahlzeitendienste, denn diese müssen mindestens zwei Drittel ihrer Leistungen gegenüber den in § 53 AO genannten Personen erbringen (§ 66 Abs. 3 AO), um Zweckbetrieb sein zu können;
3. Selbstversorgungseinrichtungen nach § 68 Nr. 2 AO, denn diese dürfen höchstens 20% ihrer Leistungen an Außenstehende erbringen, um als Zweckbetrieb anerkannt zu werden.

Leistungen, mit deren Ausführung selbst lediglich steuerbegünstigte Zwecke verwirklicht werden

(10) [1]Auch die satzungsmäßig erbrachten Leistungen der folgenden als Katalog-Zweckbetriebe anerkannten wirtschaftlichen Geschäftsbetriebe unterliegen, sofern sie nicht bereits unter eine Steuerbefreiungsvorschrift fallen, weiterhin dem ermäßigten Steuersatz, weil mit ihrer Ausführung selbst die steuerbegünstigten Zwecke der Körperschaft unmittelbar verwirklicht werden:

1. [1]Krankenhäuser. [2]Umsätze auf dem Gebiet der Heilbehandlung sind Leistungen, mit deren Ausführung selbst der steuerbegünstigte Zweck eines in § 67 AO bezeichneten Zweckbetriebs verwirklicht wird (vgl. AEAO zu § 67);[1)]
2. [1]Sportvereine. [2]Die z.B. als Eintrittsgeld für die von den Vereinen durchgeführten sportlichen Veranstaltungen erhobenen Beträge sind Entgelte für Leistungen, mit deren Ausführung selbst die steuerbegünstigten Zwecke eines in § 67a AO bezeichneten Zweckbetriebs verwirklicht werden. [3]Dies gilt nicht, wenn die Besteuerungsgrenze des § 67a Abs. 1 AO überschritten wurde und im Falle des Verzichts auf deren Anwendung hinsichtlich der in § 67a Abs. 3 Satz 2 AO genannten Veranstaltungen;
3. [1]Kindergärten, Kinder-, Jugend- und Studenten- oder Schullandheime. [2]Mit der Ausführung der Betreuungs- oder Beherbergungsumsätze selbst werden die steuerbegünstigten Zwecke der in § 68 Nr. 1 Buchstabe b AO bezeichneten Zweckbetriebe verwirklicht;[2)]
4. [1]Einrichtungen für Beschäftigungs- und Arbeitstherapie. [2]Mit der Ausführung der auf Grund ärztlicher Indikation außerhalb eines Beschäftigungsverhältnisses erbrachten Therapie-, Ausbildungs- oder Förderungsleistungen

---

1) Nr. **800**.

2) Siehe auch AEAO Nr. 3 zu § 68 Nr. 1 AO (Nr. **800**).

selbst wird der steuerbegünstigte Zweck eines in § 68 Nr. 3 Buchstabe b AO bezeichneten Zweckbetriebs verwirklicht;

5. [1]Einrichtungen zur Durchführung der Blindenfürsorge, der Fürsorge für Körperbehinderte, der Fürsorgeerziehung und der freiwilligen Erziehungshilfe. [2]Mit der Ausführung der gegenüber diesem Personenkreis erbrachten Leistungen auf dem Gebiet der Fürsorge selbst werden die steuerbegünstigten Zwecke der in § 68 Nr. 4 und 5 AO bezeichneten Zweckbetriebe verwirklicht;
6. [1]Kulturelle Einrichtungen, wie Museen, Theater, Konzerte und Kunstausstellungen. [2]Die z. B. als Eintrittsgeld erhobenen Beträge sind Entgelt für Leistungen, mit deren Ausführung selbst die steuerbegünstigten Zwecke eines in § 68 Nr. 7 AO bezeichneten Zweckbetriebs verwirklicht werden;
7. [1]Volkshochschulen u. ä. Einrichtungen. [2]Mit der Durchführung von Lehrveranstaltungen selbst werden die steuerbegünstigten Zwecke der in § 68 Nr. 8 AO bezeichneten Zweckbetriebe verwirklicht; soweit dabei den Teilnehmern Beherbergungs- oder Beköstigungsleistungen erbracht werden, vgl. BFH-Urteil vom 8.3.2012, V R 14/11, BStBl. II S. 630 sowie die Ausführungen in Absatz 11;
8.[1)] [1]Wissenschafts- und Forschungseinrichtungen, deren Träger sich überwiegend aus Zuwendungen der öffentlichen Hand oder Dritter oder aus der Vermögensverwaltung finanzieren. [2]Mit der Ausführung von Forschungsumsätzen selbst werden die steuerbegünstigten Zwecke der in § 68 Nr. 9 AO bezeichneten Forschungseinrichtungen verwirklicht. [3]Dies gilt auch für die Auftragsforschung. [4]Die Steuerermäßigung kann nicht in Anspruch genommen werden für Tätigkeiten, die sich auf die Anwendung gesicherter wissenschaftlicher Erkenntnisse beschränken, für die Übernahme von Projekttätigkeiten sowie für wirtschaftliche Tätigkeiten ohne Forschungsbezug.

[2]Sofern besondere Ausgestaltungsformen gemeinnütziger Zwecke nach den allgemeinen abgabenrechtlichen Regelungen ebenfalls bestimmten Katalogzweckbetrieben zugeordnet werden, besteht kein Anlass, hiervon umsatzsteuerrechtlich abzuweichen. [3]So werden beispielsweise mit Leistungen wie „Betreutes Wohnen", „Hausnotrufleistungen", „Betreute Krankentransporte" selbst die in § 66 AO bezeichneten steuerbegünstigten Zwecke verwirklicht. [4]Werden derartige Leistungen von wirtschaftlichen Geschäftsbetrieben, die nach §§ 66 oder 68 Nr. 1 AO als Zweckbetrieb anerkannt sind, satzungsmäßig ausgeführt, fallen auch sie in den Anwendungsbereich des ermäßigten Steuersatzes. [5]Hinsichtlich der übrigen Umsätze der genannten Zweckbetriebe gelten die Ausführungen in Absatz 11.

Leistungen, mit deren Ausführung selbst nicht steuerbegünstigte Zwecke verwirklicht werden

(11) [1]Vorbehaltlich der Regelungen der Absätze 12 bis 14 unterliegen von Zweckbetrieben ausgeführte Leistungen, mit deren Ausführung selbst nicht

---

[1)] Zum ermäßigten Steuersatz für Wissenschafts- und Forschungszweckbetriebe siehe BFH v. 26.9.2019 V R 16/18, DStR 2019, 2586 (Finanzierung durch Mitteltransfer ohne eigene Gegenleistung, Zweckbetrieb nur für notwendige Nebentätigkeiten zur Eigen- und Grundlagenforschung).

steuerbegünstigte Zwecke verwirklicht werden, nur dann dem ermäßigten Steuersatz, wenn der Zweckbetrieb insgesamt nicht in erster Linie der Erzielung von zusätzlichen Einnahmen durch die Ausführung von Umsätzen dient, die in unmittelbarem Wettbewerb mit dem allgemeinen Steuersatz unterliegenden Leistungen anderer Unternehmer ausgeführt werden. [2]Einnahmen aus derartigen Umsätzen werden zusätzlich erzielt, wenn die Umsätze nicht lediglich Hilfsumsätze (Abschnitt 19.3 Abs. 2 Sätze 4 und 5) sind (zusätzliche Einnahmen). [3]Ein Zweckbetrieb dient in erster Linie der Erzielung zusätzlicher Einnahmen, wenn mehr als 50% seiner gesamten steuerpflichtigen Umsätze durch derartige (zusätzliche und wettbewerbsrelevante) Leistungen erzielt werden. [4]Leistungen sind dann nicht wettbewerbsrelevant, wenn sie auch bei allen anderen Unternehmern dem ermäßigten Steuersatz unterliegen (z. B. die Lieferungen von Speisen oder seit dem 1.1.2010 Beherbergungsleistungen). [5]Umsatzsteuerfreie Umsätze sowie umsatzsteuerrechtlich als nicht steuerbare Zuschüsse zu beurteilende Zuwendungen sind – unabhängig von einer ertragsteuerrechtlichen Beurteilung als Betriebseinnahmen – keine zusätzlichen Einnahmen im Sinne des Satzes 3. [6]Aus Vereinfachungsgründen kann davon ausgegangen werden, dass ein Zweckbetrieb nicht in erster Linie der Erzielung zusätzlicher Einnahmen dient, wenn der Gesamtumsatz im Sinne des § 19 Abs. 3 UStG des Zweckbetriebs die Besteuerungsgrenze des § 64 Abs. 3 AO insgesamt nicht übersteigt. [7]Da sich bei Leistungen gegenüber in vollem Umfang zum Vorsteuerabzug berechtigten Unternehmen kein Wettbewerbsvorteil ergibt, ist es nicht zu beanstanden, wenn diese Umsätze bei der betragsmäßigen Prüfung unberücksichtigt bleiben.

Einzelfälle

(12) [1]Bei **Werkstätten für behinderte Menschen** (§ 68 Nr. 3 Buchstabe a AO) gehören sowohl der Verkauf von Waren, die in einer Werkstätte für behinderte Menschen selbst hergestellt worden sind, als auch die Umsätze von Handelsbetrieben, die nach § 225 SGB IX[1)] als zusätzlicher Arbeitsbereich, zusätzlicher Betriebsteil oder zusätzliche Betriebsstätte einer Werkstatt für behinderte Menschen anerkannt sind, sowie sonstige Leistungen, sofern sie in die Anerkennung nach § 225 SGB IX einbezogen sind, zum Zweckbetrieb. [2]Für die Frage, ob der Zweckbetrieb in erster Linie der Erzielung von zusätzlichen Einnahmen dient, gelten die folgenden Ausführungen für Zweckbetriebe nach § 68 Nr. 3 Buchstabe c AO entsprechend.

(13) [1]**Inklusionsbetriebe** im Sinne von § 215 Abs. 1 SGB IX[1)] unterliegen weder nach § 215 SGB IX noch nach § 68 Nr. 3 Buchstabe c AO bestimmten Voraussetzungen in Bezug auf die Ausführung ihrer Leistungen; sie können dementsprechend mit der Ausführung ihrer Leistungen selbst keinen steuerbegünstigten Zweck erfüllen. [2]Daher ist bei Überschreiten der Besteuerungsgrenze (§ 64 Abs. 3 AO) grundsätzlich zu prüfen, ob die Einrichtung in erster Linie der Erzielung von zusätzlichen Einnahmen dient. [3]Dies ist regelmäßig der Fall,

– wenn die besonders betroffenen schwerbehinderten Menschen im Sinne des § 215 Abs. 1 SGB IX oder die psychisch kranken beschäftigten Men-

---

[1)] **Aichberger SGB** Nr. 9.

schen im Sinne des § 215 Abs. 4 SGB IX nicht als Arbeitnehmer der Einrichtung beschäftigt sind, sondern lediglich z. B. von Zeitarbeitsfirmen entliehen werden; dies gilt nicht, soweit die entliehenen Arbeitnehmer über die nach § 68 Nr. 3 Buchstabe c AO erforderliche Quote hinaus beschäftigt werden, oder

– wenn die Einrichtung von anderen Unternehmern in die Erbringung von Leistungen lediglich zwischengeschaltet wird oder sich zur Erbringung eines wesentlichen Teils der Leistung anderer Subunternehmer bedient, die nicht selbst steuerbegünstigt sind.

[4] Anhaltspunkte dafür, dass ein Zweckbetrieb nach § 68 Nr. 3 Buchstabe c AO in erster Linie der Erzielung zusätzlicher Einnahmen durch Steuervorteile dient, sind insbesondere:

– Fehlen einer nach Art und Umfang der erbrachten Leistungen erforderlichen Geschäftseinrichtung;
– Nutzung des ermäßigten Steuersatzes als Werbemittel, insbesondere zur Anbahnung von Geschäftsverbindungen zu nicht vorsteuerabzugsberechtigten Leistungsempfängern;
– Erbringung von Leistungen fast ausschließlich gegenüber nicht vorsteuerabzugsberechtigten Leistungsempfängern;
  das Fehlen von medizinisch, psychologisch, pädagogisch oder anderweitig spezifiziert geschultem Personal, welches im Hinblick auf die besonderen Belange der besonders betroffenen schwerbehinderten Menschen geeignet ist, deren Heranführung an das Erwerbsleben zu fördern, bzw. die Unterlassung gleichwertiger Ersatzmaßnahmen;
– die Beschäftigung der besonders betroffenen schwerbehinderten Menschen nicht im eigentlichen Erwerbsbereich der Einrichtung, sondern überwiegend in Hilfsfunktionen.

[5] Aus Vereinfachungsgründen können diese Anhaltspunkte unberücksichtigt bleiben, wenn der Gesamtumsatz der Einrichtung (§ 19 Abs. 3 UStG) den für Kleinunternehmer geltenden Betrag von 22 000 € im Jahr (Kleinunternehmergrenze, § 19 Abs. 1 UStG) je Beschäftigtem, der zu der Gruppe der besonders betroffenen schwerbehinderten Menschen im Sinne des § 215 Abs. 1 SGB IX[1)] oder der psychisch kranken beschäftigten Menschen im Sinne des § 215 Abs. 4 SGB IX zählt, nicht übersteigt, oder wenn der durch die Anwendung des ermäßigten Steuersatzes im Kalenderjahr erzielte Steuervorteil insgesamt den um Zuwendungen Dritter gekürzten Betrag nicht übersteigt, welchen die Einrichtung im Rahmen der Beschäftigung aller besonders betroffenen schwerbehinderten Menschen im Sinne des § 215 Abs. 1 SGB IX oder der psychisch kranken beschäftigten Menschen im Sinne des § 215 Abs. 4 SGB IX in diesem Zeitraum zusätzlich aufwendet. [6] Vorbehaltlich des Nachweises höherer tatsächlicher Aufwendungen kann als zusätzlich aufgewendeter Betrag die um Lohnzuschüsse Dritter gekürzte Summe der Löhne und Gehälter, die an die besonders betroffenen schwerbehinderten Menschen im Sinne des § 215 Abs. 1 SGB IX und an die psychisch kranken beschäftigten Menschen im Sinne des § 215 Abs. 4 SGB IX ausgezahlt wird, zu Grunde

---

[1)] **Aichberger SGB** Nr. **9**.

gelegt werden. [7]Als erzielter Steuervorteil gilt die Differenz zwischen der Anwendung des allgemeinen Steuersatzes und der Anwendung des ermäßigten Steuersatzes auf den ohne Anwendung der Steuerermäßigung nach § 12 Abs. 2 Nr. 8 UStG dem allgemeinen Steuersatz unterliegenden Teil des Gesamtumsatzes der Einrichtung.

(14) [1]**Behördlich genehmigte Lotterien und Ausspielungen** können mit dem Verkauf ihrer Lose selbst regelmäßig nicht den gemeinnützigen Zweck eines Zweckbetriebs nach § 68 Nr. 6 AO verwirklichen, da sie lediglich den Reinertrag dafür zu verwenden haben. [2]Aus Vereinfachungsgründen kann jedoch auch bei Überschreiten der Besteuerungsgrenze des § 64 Abs. 3 AO davon ausgegangen werden, dass der Zweckbetrieb nicht in erster Linie der Erzielung zusätzlicher Einnahmen dient, wenn der Gesamtpreis der Lose je genehmigter Lotterie oder Ausspielung zu ausschließlich gemeinnützigen, mildtätigen oder kirchlichen Zwecken 40 000 € (§ 18 RennwLottG)[1)] nicht überschreitet. [3]Die nicht nach § 4 Nr. 9 Buchstabe b UStG steuerfreien Leistungen nicht gemeinnütziger Lotterieveranstalter unterliegen auch dann dem allgemeinen Steuersatz, wenn die Reinerlöse für steuerbegünstigte Zwecke verwendet werden.

(15) [1]Für die Anwendung der Absätze 8 ff. ist das Gesamtbild der Verhältnisse im Einzelfall maßgebend. [2]Bei der Prüfung der betragsmäßigen Nichtaufgriffsgrenzen sowie bei der Gegenüberstellung der zusätzlichen Einnahmen zu den übrigen Einnahmen ist dabei auf die Verhältnisse des abgelaufenen Kalenderjahres sowie auf die voraussichtlichen Verhältnisse des laufenden Kalenderjahres abzustellen.

12.10 Zusammenschlüsse steuerbegünstigter Einrichtungen (§ 12 Abs. 2 Nr. 8 Buchstabe b UStG)

[1]Die Steuerermäßigung nach § 12 Abs. 2 Nr. 8 Buchstabe b UStG für Leistungen von nichtrechtsfähigen Personenvereinigungen oder Gemeinschaften steuerbegünstigter Körperschaften wird unter folgenden Voraussetzungen gewährt:

1. Alle Mitglieder der nichtrechtsfähigen Personenvereinigung oder Gemeinschaft müssen steuerbegünstigte Körperschaften im Sinne der §§ 51 ff. AO sein.
2. Alle Leistungen müssten, falls sie anteilig von den Mitgliedern der Personenvereinigung oder der Gemeinschaft ausgeführt würden, nach § 12 Abs. 2 Nr. 8 Buchstabe a UStG ermäßigt zu besteuern sein.

[2]Eine Personenvereinigung oder Gemeinschaft kann somit für ihre Leistungen nur dann die Umsatzsteuerermäßigung nach § 12 Abs. 2 Nr. 8 Buchstabe b UStG beanspruchen, wenn sie sich auf steuerbegünstigte Bereiche, z. B. Zweckbetriebe, erstreckt. [3]Daneben kann jedoch mit den wirtschaftlichen Geschäftsbetrieben, die nicht Zweckbetriebe sind, z. B. Vereinsgaststätten, jeweils eine gesonderte Personenvereinigung oder Gemeinschaft gebildet werden, deren Leistungen der Umsatzsteuer nach dem allgemeinen Steuersatz

---

1) **Steuergesetze** Nr. **630**.

unterliegen. [4]Bestehen begünstigte und nicht begünstigte Personenvereinigungen oder Gemeinschaften nebeneinander, müssen u. a. die für Umsatzsteuerzwecke erforderlichen Aufzeichnungen dieser Zusammenschlüsse voneinander getrennt geführt werden. [5]Die Steuerermäßigung ist ausgeschlossen, wenn eine Personenvereinigung oder Gemeinschaft auch Zweckbetriebe, für deren Leistungen der ermäßigte Steuersatz nach § 12 Abs. 2 Nr. 8 Buchstabe a Satz 3 UStG auch nur teilweise ausgeschlossen ist, oder wirtschaftliche Geschäftsbetriebe umfasst, die keine Zweckbetriebe sind, z. B. Gemeinschaft aus der kulturellen Veranstaltung des einen und dem Bewirtungsbetrieb des anderen gemeinnützigen Vereins. [6]Auch bei gemeinschaftlichen Sportveranstaltungen darf durch die Zurechnung der anteiligen Einnahmen der Personenvereinigung oder der Gemeinschaft bei keinem Vereinigungs- oder Gemeinschaftsmitglied ein wirtschaftlicher Geschäftsbetrieb entstehen, der nicht Zweckbetrieb ist.

Zu § 12 Abs. 2 Nr. 9 UStG

12.11 Schwimm- und Heilbäder, Bereitstellung von Kureinrichtungen (§ 12 Abs. 2 Nr. 9 UStG)

(1) [1]Unmittelbar mit dem Betrieb der Schwimmbäder verbundene Umsätze liegen insbesondere vor bei

1. der Benutzung der Schwimmbäder, z. B. durch Einzelbesucher, Gruppen oder Vereine (gegen Eintrittsberechtigung oder bei Vermietung des ganzen Schwimmbads an einen Verein);
2. ergänzenden Nebenleistungen, z. B. Benutzung von Einzelkabinen;
3. der Erteilung von Schwimmunterricht;
4. notwendigen Hilfsleistungen, z. B. Vermietung von Schwimmgürteln, Handtüchern und Badekleidung, Aufbewahrung der Garderobe, Benutzung von Haartrocknern.

[2]Ein Schwimmbad im Sinne des § 12 Abs. 2 Nr. 9 UStG muss dazu bestimmt und geeignet sein, eine Gelegenheit zum Schwimmen zu bieten. [3]Dies setzt voraus, dass insbesondere die Wassertiefe und die Größe des Beckens das Schwimmen oder andere sportliche Betätigungen ermöglichen (vgl. BFH-Urteil vom 28.8.2014, V R 24/13, BStBl. 2015 II S. 194). [4]Die sportliche Betätigung muss nicht auf einem bestimmten Niveau oder in einer bestimmten Art und Weise, etwa regelmäßig oder organisiert oder im Hinblick auf die Teilnahme an sportlichen Wettkämpfen, ausgeübt werden. [5]Die Steuerermäßigung nach § 12 Abs. 2 Nr. 9 UStG scheidet aus, wenn die Überlassung des Schwimmbads mit weiteren, nicht begünstigten Einrichtungen im Rahmen einer eigenständigen Leistung besonderer Art erfolgt (vgl. BMF-Schreiben vom 18.12.2019, BStBl. I S. 1396, und BFH-Urteil vom 8.9.1994, V R 88/92, BStBl. II S. 959).

(2) [1]Nicht unmittelbar mit dem Betrieb eines Schwimmbads verbunden und deshalb nicht begünstigt sind u. a. die Abgabe von Reinigungsbädern, die Lieferungen von Seife und Haarwaschmitteln, die Vermietung von Liegestühlen und Strandkörben, die Zurverfügungstellung von Unterhaltungseinrich-

tungen – Minigolf, Tischtennis und dgl. – und die Vermietung oder Verpachtung einzelner Betriebsteile, wie z. B. die Vermietung eines Parkplatzes, einer Sauna oder von Reinigungsbädern. [2]Das Gleiche gilt für die Parkplatzüberlassung, die Fahrradaufbewahrung sowie für die Umsätze in Kiosken, Milchbars und sonstigen angegliederten Wirtschaftsbetrieben.

(3) [1]Die Verabreichung eines Heilbads im Sinne des § 12 Abs. 2 Nr. 9 UStG muss der Behandlung einer Krankheit oder einer anderen Gesundheitsstörung und damit dem Schutz der menschlichen Gesundheit dienen (vgl. BFH-Urteil vom 12.5.2005, V R 54/02, BStBl. 2007 II S. 283). [2]Davon ist auszugehen, wenn das Heilbad im Einzelfall nach § 4 der Richtlinie des Gemeinsamen Bundesausschusses über die Verordnung von Heilmitteln in der vertragsärztlichen Versorgung (Heilmittel-Richtlinie/HeilM-RL in der jeweils geltenden Fassung) in Verbindung mit dem sog. Heilmittelkatalog als Heilmittel verordnungsfähig ist, unabhängig davon, ob eine Verordnung tatsächlich vorliegt. [3]Die Heilmittel-Richtlinie und der Katalog verordnungsfähiger Heilmittel nach § 92 Abs. 6 SGB V (Zweiter Teil der Heilmittel-Richtlinie) stehen auf den Internetseiten des Gemeinsamen Bundesausschusses unter – Informationsarchiv – Richtlinien – (https://www.g-ba.de/informationen/richtlinien/12/) zum Herunterladen bereit. [4]Als verordnungsfähig anerkannt sind danach beispielsweise Peloidbäder und -packungen, Inhalationen, Elektrotherapie, Heilmassage, Heilgymnastik und Unterwasserdruckstrahl-Massagen. [5]Für diese Maßnahmen kommt eine Steuerermäßigung nach § 12 Abs. 2 Nr. 9 UStG in Betracht, sofern sie im Einzelfall nicht nach § 4 Nr. 14 UStG steuerfrei sind. [6]Nicht verordnungsfähig und somit keine Heilbäder im Sinne des § 12 Abs. 2 Nr. 9 UStG sind nach § 5 der Heilmittel-Richtlinie u. a. folgende in der Anlage zu der Richtlinie aufgeführte Maßnahmen:

1. Maßnahmen, deren therapeutischer Nutzen nach Maßgabe der Verfahrensordnung des Gemeinsamen Bundesausschusses (VerfO) nicht nachgewiesen ist, z. B. Höhlen-/Speläotherapie, nicht-invasive Magnetfeldtherapie, Fußreflexzonenmassage, Akupunkturmassage und Atlas-Therapie nach Arlen;
2. Maßnahmen, die der persönlichen Lebensführung zuzuordnen sind, z. B.:
   a) Massage des ganzen Körpers (Ganz- bzw. Vollmassagen), Massage mittels Geräten sowie Unterwassermassage mittels automatischer Düsen, sofern es sich nicht um eine Heilmassage handelt;
   b) Teil- und Wannenbäder, soweit sie nicht nach den Vorgaben des Heilmittelkataloges verordnungsfähig sind;
   c) Sauna, römisch-irische und russisch-römische Bäder;
   d) Schwimmen und Baden, auch in Thermal- und Warmwasserbädern – hier kommt allerdings eine Ermäßigung nach § 12 Abs. 2 Nr. 9 Satz 1 Alternative 1 UStG in Betracht;
   e) Maßnahmen, die der Veränderung der Körperform (z. B. Bodybuilding) oder dem Fitness-Training dienen.

[7]Keine Heilbäder sind außerdem z. B. sog. Floating-Bäder, Heubäder, Schokobäder, Kleopatrabäder, Aromabäder, Meerwasserbäder, Lichtbehandlungen, Garshan und Reiki.

(4) [1]Die Verabreichung von Heilbädern setzt eine Abgabe des Heilbades unmittelbar an den Kurgast voraus. [2]An dieser Voraussetzung fehlt es, wenn Kurbetriebe Heilwasser nicht an Kurgäste, sondern an Dritte – z. B. an Sozialversicherungsträger – liefern, die das Wasser zur Verabreichung von Heilbädern in ihren eigenen Sanatorien verwenden. [3]Das Gleiche gilt, wenn Heilwässer nicht unmittelbar zur Anwendung durch den Kurgast abgegeben werden. [4]Für die Abgrenzung gegenüber den nicht begünstigten Leistungen der Heilbäder gelten im Übrigen die Absätze 1 und 2 entsprechend.

(5) [1]Bei der Bereitstellung von Kureinrichtungen handelt es sich um eine einheitliche Gesamtleistung, die sich aus verschiedenartigen Einzelleistungen (z. B. die Veranstaltung von Kurkonzerten, das Gewähren von Trinkkuren sowie das Überlassen von Kurbädern, Kurstränden, Kurparks und anderen Kuranlagen oder -einrichtungen zur Benutzung) zusammensetzt. [2]Eine aufgrund der Kommunalabgabengesetze der Länder oder vergleichbarer Regelungen erhobene Kurtaxe kann aus Vereinfachungsgründen als Gegenleistung für eine in jedem Fall nach § 12 Abs. 2 Nr. 9 UStG ermäßigt zu besteuernde Leistung angesehen werden. [3]Eine andere Bezeichnung als „Kurtaxe" (z. B. Kurbeitrag oder -abgabe) ist unschädlich. [4]Voraussetzung für die Anwendung der Steuerermäßigung ist, dass die Gemeinde als Kur-, Erholungs- oder Küstenbadeort anerkannt ist. [5]Nicht begünstigt sind Einzelleistungen, wie z. B. die Gebrauchsüberlassung einzelner Kureinrichtungen oder -anlagen und die Veranstaltung von Konzerten, Theatervorführungen oder Festen, für die neben der Kurtaxe ein besonderes Entgelt zu zahlen ist.

Zu § 12 Abs. 2 Nr. 10 UStG

12.12 *(aufgehoben)*

12.13 Begünstigte Verkehrsarten

(1) Die einzelnen nach § 12 Abs. 2 Nr. 10 UStG begünstigten Verkehrsarten sind grundsätzlich nach dem Verkehrsrecht abzugrenzen.

Verkehr mit Schienenbahnen

(2)[1)] [1]Schienenbahnen sind die Vollbahnen – Haupt- und Nebenbahnen – und die Kleinbahnen sowie die sonstigen Eisenbahnen, z. B. Anschlussbahnen und Straßenbahnen. [2]Als Straßenbahnen gelten auch Hoch- und Untergrundbahnen, Schwebebahnen und ähnliche Bahnen besonderer Bauart (§ 4 Abs. 2 PBefG).[2)] [3]Zu den Schienenbahnen gehören auch Kleinbahnen in Tierparks und Ausstellungen (BFH-Urteil vom 14.12.1951, II 176/51 U, BStBl. 1952 III S. 22) sowie Bergbahnen.

---

1) Zur Absenkung des Steuersatzes für die Personenbeförderung im Schienenbahnfernverkehr ab 1.1.2020 siehe BMF v. 21.1.2020, BStBl. I 2020, 197.

2) Personenbeförderungsgesetz i. d. F. v. 8.8.1990, BGBl. I 1990, 1690, zuletzt geänd. durch G v. 16.4.2021, BGBl. I 2021, 822 (**Sartorius** Nr. **950**).

Verkehr mit Oberleitungsomnibussen

(3) Oberleitungsomnibusse sind nach § 4 Abs. 3 PBefG[1)] elektrisch angetriebene, nicht an Schienen gebundene Straßenfahrzeuge, die ihre Antriebsenergie einer Fahrleitung entnehmen.

Genehmigter Linienverkehr mit Kraftfahrzeugen

(4) [1] Linienverkehr mit Kraftfahrzeugen ist eine zwischen bestimmten Ausgangs- und Endpunkten eingerichtete regelmäßige Verkehrsverbindung, auf der Fahrgäste an bestimmten Haltestellen ein- und aussteigen können. [2] Er setzt nicht voraus, dass ein Fahrplan mit bestimmten Abfahrts- und Ankunftszeiten besteht oder Zwischenhaltestellen eingerichtet sind (§ 42 PBefG).[1)] [3] Als Linienverkehr gilt auch die Beförderung von

1. Berufstätigen zwischen Wohnung und Arbeitsstelle (Berufsverkehr);
2. Schülern zwischen Wohnung und Lehranstalt (Schülerfahrten; hierzu gehören z. B. Fahrten zum Schwimmunterricht, nicht jedoch Klassenfahrten);
3. Kindern zwischen Wohnung und Kindergarten (Kindergartenfahrten);
4. Personen zum Besuch von Märkten (Marktfahrten);
5. Theaterbesuchern.

[4] Linienverkehr kann mit Kraftomnibussen und mit Personenkraftwagen sowie in besonderen Ausnahmefällen auch mit Lastkraftwagen betrieben werden.

(5) [1] Beförderungen im Linienverkehr mit Kraftfahrzeugen sind jedoch nur dann begünstigt, wenn der Linienverkehr genehmigt ist oder unter die Freistellungsverordnung zum PBefG[1)] fällt oder eine genehmigungsfreie Sonderform des Linienverkehrs im Sinne der Verordnung (EWG) Nr. 684/92 vom 16.3.1992 (ABl. EG Nr. L 74 S. 1) darstellt. [2] Über die Genehmigung muss eine entsprechende Genehmigungsurkunde oder eine einstweilige Erlaubnis der zuständigen Genehmigungsstelle vorliegen. [3] Eine begünstigte Personenbeförderungsleistung setzt nicht voraus, dass sie durch den Genehmigungsinhaber (§ 2 Abs. 1 PBefG) mit eigenbetrieblichen Kraftomnibussen erbracht wird. [4] Hinsichtlich des Leistungsverhältnisses zwischen Auftraggeber und Subunternehmer ist im Einzelfall zu prüfen, ob es sich um eine nicht begünstigte Gestellungsleistung, wie z. B. die Anmietung eines Busses, oder um eine begünstigungsfähige Beförderungsleistung, z. B. auf Grund eines Betriebsführungsübertragungsvertrages, handelt. [5] Nur der Genehmigungsinhaber kann auf die von ihm erbrachten Beförderungsleistungen den ermäßigten Umsatzsteuersatz anwenden. [6] Eine Genehmigung für den Mietomnibusverkehr ist nicht ausreichend. [7] Im Falle der Betriebsübertragung nach § 2 Abs. 2 PBefG gelten die vom Betriebsführungsberechtigten ausgeführten Beförderungsleistungen als solche im genehmigten Linienverkehr, sofern die Betriebsübertragung von der zuständigen Behörde (§ 11 PBefG) genehmigt worden ist. [8] Für bestimmte Beförderungen im Linienverkehr sieht die Freistellungs-

---

[1)] Personenbeförderungsgesetz i. d. F. v. 8.8.1990, BGBl. I 1990, 1690, zuletzt geänd. durch G v. 16.4.2021, BGBl. I 2021, 822 (**Sartorius** Nr. **950**).

verordnung zum PBefG von dem Erfordernis einer Genehmigung für den Linienverkehr ab. [9]Hierbei handelt es sich um Beförderungen durch die Streitkräfte oder durch die Polizei mit eigenen Kraftfahrzeugen sowie um die folgenden Beförderungen, wenn von den beförderten Personen selbst ein Entgelt nicht zu entrichten ist:

1. Beförderungen von Berufstätigen mit Kraftfahrzeugen zu und von ihrer Eigenart nach wechselnden Arbeitsstellen, insbesondere Baustellen, sofern nicht ein solcher Verkehr zwischen gleichbleibenden Ausgangs- und Endpunkten länger als ein Jahr betrieben wird;
2. Beförderungen von Berufstätigen mit Kraftfahrzeugen zu und von Arbeitsstellen in der Land- und Forstwirtschaft;
3. Beförderungen mit Kraftfahrzeugen durch oder für Kirchen oder sonstigen Religionsgesellschaften zu und von Gottesdiensten;
4. Beförderungen mit Kraftfahrzeugen durch oder für Schulträger zum und vom Unterricht;
5. Beförderungen von Kranken wegen einer Beschäftigungstherapie oder zu sonstigen Behandlungszwecken durch Krankenhäuser oder Heilanstalten mit eigenen Kraftfahrzeugen;
6. Beförderungen von Berufstätigen mit Personenkraftwagen von und zu ihren Arbeitsstellen;
7. Beförderungen von körperlich, geistig oder seelisch behinderten Personen mit Kraftfahrzeugen zu und von Einrichtungen, die der Betreuung dieser Personenkreise dienen;
8. Beförderungen von Arbeitnehmern durch den Arbeitgeber zu betrieblichen Zwecken zwischen Arbeitsstätten desselben Betriebes;
9. Beförderungen mit Kraftfahrzeugen durch oder für Kindergartenträger zwischen Wohnung und Kindergarten.

[10]Diese Beförderungen sind wie genehmigter Linienverkehr zu behandeln. [11]Ebenso zu behandeln sind die nach der Verordnung (EWG) Nr. 684/92 genehmigungsfreien Sonderformen des grenzüberschreitenden Linienverkehrs, der der regelmäßigen ausschließlichen Beförderung bestimmter Gruppen von Fahrgästen dient, wenn der besondere Linienverkehr zwischen dem Veranstalter und dem Verkehrsunternehmer vertraglich geregelt ist. [12]Zu den Sonderformen des Linienverkehrs zählen insbesondere:

1. die Beförderung von Arbeitnehmern zwischen Wohnort und Arbeitsstätte;
2. die Beförderung von Schülern und Studenten zwischen Wohnort und Lehranstalt;
3. die Beförderung von Angehörigen der Streitkräfte und ihren Familien zwischen Herkunftsland und Stationierungsort.

[13]Der Verkehrsunternehmer muss neben der in Satz 7 genannten vertraglichen Regelung die Genehmigung für Personenbeförderungen im Linien-, Pendel- oder Gelegenheitsverkehr mit Kraftomnibussen durch den Niederlassungsstaat erhalten haben, die Voraussetzungen der gemeinschaftlichen Rechtsvorschriften über den Zugang zum Beruf des Personenkraftverkehrsunternehmers im innerstaatlichen und grenzüberschreitenden Verkehr sowie die Rechtsvor-

schriften über die Sicherheit im Straßenverkehr für Fahrer und Fahrzeuge erfüllen. [14]Der Nachweis über das Vorliegen einer genehmigungsfreien Sonderform des Linienverkehrs nach der Verordnung (EWG) Nr. 684/92 kann durch die Vorlage des zwischen dem Veranstalter und dem Verkehrsunternehmer abgeschlossenen Beförderungsvertrags erbracht werden.

(6) [1]Keine Beförderungsleistung liegt vor, wenn ein Kraftfahrzeug unbemannt – auf Grund eines Miet- oder Leihvertrags – zur Durchführung von Beförderungen im genehmigten Linienverkehr zur Verfügung gestellt wird. [2]Diese Leistung ist deshalb nicht begünstigt.

Verkehr mit Taxen

(7)[1)] [1]Verkehr mit Taxen ist nach § 47 Abs. 1 PBefG[2)] die Beförderung von Personen mit Personenkraftwagen, die der Unternehmer an behördlich zugelassenen Stellen bereithält und mit denen er Fahrten zu einem vom Fahrgast bestimmten Ziel ausführt. [2]Der Unternehmer kann Beförderungsaufträge auch während einer Fahrt oder am Betriebssitz entgegennehmen. [3]Das der Abgrenzung zum Linien- und Ausflugsfahrtenverkehr dienende Merkmal der Bestimmung des Fahrtziels durch den Fahrgast ist auch dann erfüllt, wenn nicht die zu befördernde Person persönlich, sondern eine andere, ihrer Sphäre (der „Fahrgastseite“) zuzurechnende Person das Fahrtziel vorgibt oder mitteilt und dabei Auftraggeber und/oder Rechnungsadressat des Taxiunternehmers ist (z. B. bei Transferleistungen für Reisebüros). [4]Personenkraftwagen sind Kraftfahrzeuge, die nach ihrer Bauart und Ausstattung zur Beförderung von nicht mehr als 9 Personen – einschließlich Führer – geeignet und bestimmt sind (§ 4 Abs. 4 Nr. 1 PBefG). [5]Der Verkehr mit Taxen bedarf der Genehmigung. [6]Über die Genehmigung wird eine besondere Urkunde erteilt. [7]Eine begünstigte Personenbeförderungsleistung setzt nicht voraus, dass sie durch den Genehmigungsinhaber mit eigenbetriebenen Taxen erbracht wird (vgl. BFH-Urteil vom 23.9.2015, V R 4/15, BStBl. 2016 II S. 494). [8]Deshalb kann die Steuerermäßigung auch dann anzuwenden sein, wenn der leistende Unternehmer über keine eigene Genehmigung nach dem PBefG verfügt und die Personenbeförderung durch einen Subunternehmer durchführen lässt, der eine entsprechende Genehmigung besitzt. [9]Ist im Gebiet einer Gemeinde der Verkehr mit Pkw allgemein unzulässig, kann ein umsatzsteuerrechtlich begünstigter Verkehr mit Taxen auch ohne Personenkraftwagen (z. B. mit Pferdefuhrwerken) vorliegen, wenn die übrigen Merkmale des Taxenverkehrs in vergleichbarer Form gegeben sind. [10]Maßgeblich ist, ob die durchgeführten Beförderungen dem Leitbild des Verkehrs mit Taxen im Sinne von § 47 PBefG als Beförderung von Personen mit Wagen entsprechen, die der Unternehmer an öffentlich zugänglichen Stellen bereithält und mit denen er Fahrten zu einem vom Fahrgast bestimmten Ziel ausführt. [11]Zu prüfen ist auch, ob allgemeine Beförderungsentgelte (Tarife) oder jeweils speziell ausgehandelte Beförderungspreise vorliegen (vgl. BFH-Urteil vom 13.11.2019, V R 9/18, BStBl. 2021 II S. 540).

---

1) A 12.13 UStAE Abs. 7 Sätze 9 bis 11 angef. durch BMF v. 2.7.2021, BStBl. I 2021, 918, anzuwenden in allen offenen Fällen.

2) Personenbeförderungsgesetz i. d. F. v. 8.8.1990, BGBl. I 1990, 1690, zuletzt geänd. durch G v. 16.4.2021, BGBl. I 2021, 822 (**Sartorius** Nr. **950**).

(8) [1]Grundsätzlich nicht begünstigt ist der Verkehr mit Mietwagen (BFH-Urteile vom 30.10.1969, V R 99/69, BStBl. 1970 II S. 78, vom 2.7.2014, XI R 22/10, BStBl. 2015 II S. 416 und XI R 39/10, BStBl. 2015 II S. 421, und BVerfG-Beschluss vom 11.2.1992, 1 BvL 29/87, BVerfGE 85, 238). [2]Der Mietwagenverkehr unterscheidet sich im Wesentlichen vom Taxenverkehr dadurch, dass nur Beförderungsaufträge ausgeführt werden dürfen, die am Betriebssitz oder in der Wohnung des Unternehmers eingegangen sind (§ 49 Abs. 4 PBefG).[1)] [3]Führt ein Mietwagenunternehmer hingegen Krankenfahrten mit hierfür nicht besonders eingerichteten Fahrzeugen durch (vgl. Abschnitt 4.17.2) und beruhen diese steuerpflichtigen Leistungen auf mit Krankenkassen geschlossenen Sondervereinbarungen, die ebenfalls für Taxiunternehmer gelten, ist die Steuerermäßigung bei Vorliegen der weiteren Voraussetzungen anwendbar (vgl. BFH-Urteil vom 2.7.2014, XI R 39/10, a. a. O.). [4]Liegt in diesem Fall der Beförderungsleistung eines Mietwagenunternehmers eine nur für Mietwagenunternehmen geltende Sondervereinbarung zu Grunde, kann die Steuerermäßigung zur Anwendung kommen, wenn der Unternehmer nachweist, dass im selben räumlichen Geltungsbereich eine hinsichtlich Beförderungsentgelt und Transportpflicht inhaltsgleiche Sondervereinbarung für Taxiunternehmer gilt. [5]Die Gleichartigkeit dieser für Mietwagen- bzw. Taxiunternehmer geltenden Sondervereinbarungen kann für den Bereich der Krankenfahrten aus Vereinfachungsgründen in solchen Fällen regelmäßig unterstellt werden, in denen dem Mietwagenunternehmer ein Nachweis gleichartiger Sondervereinbarungen (z. B. über den Verband) praktisch nicht möglich ist oder in denen keine Vergleichsmöglichkeit besteht. [6]Die entgeltliche Überlassung von Kfz durch einen Carsharing-Verein an seine Mitglieder ist nicht begünstigt (BFH-Urteil vom 12.6.2008, V R 33/05, BStBl. 2009 II S. 221).

Verkehr mit Drahtseilbahnen und sonstigen mechanischen Aufstiegshilfen

(9) [1]Zu den Drahtseilbahnen gehören Standseilbahnen und andere Anlagen, deren Fahrzeuge von Rädern oder anderen Einrichtungen getragen und durch ein oder mehrere Seile bewegt werden, Seilschwebebahnen, deren Fahrzeuge von einem oder mehreren Seilen getragen und/oder bewegt werden (einschließlich Kabinenbahnen und Sesselbahnen) und Schleppaufzüge, bei denen mit geeigneten Geräten ausgerüstete Benutzer durch ein Seil fortbewegt werden (vgl. Artikel 1 Abs. 3 der Richtlinie 2000/9/EG vom 20.3. 2000, ABl. EG 2000 Nr. L 106, S. 21). [2]Zu den sonstigen mechanischen Aufstiegshilfen gehören auch Seilschwebebahnen, Sessellifte und Skilifte.

(10) [1]Nicht begünstigt ist grundsätzlich der Betrieb einer Sommer- oder Winterrodelbahn. [2]Ebenso unterliegen die mit einer sog. „Coaster-Bahn" erbrachten Umsätze, bei denen die Fahrtkunden auf schienengebundenen Schlitten zu Tal fahren, nicht dem ermäßigten Steuersatz, da es sich umsatzsteuerrechtlich insoweit nicht um Beförderungsleistungen handelt (vgl. BFH-Urteil vom 20.2.2013, XI R 12/11, BStBl. II S. 645).

---

1) Personenbeförderungsgesetz i. d. F. v. 8.8.1990, BGBl. I 1990, 1690, zuletzt geänd. durch G v. 16.4.2021, BGBl. I 2021, 822 (**Sartorius** Nr. **950**).

Genehmigter Linienverkehr mit Schiffen

(10a) [1] Hinsichtlich des Linienverkehrs mit Schiffen gelten die Regelungen in Absatz 4 sinngemäß. [2] Die Steuerermäßigung gilt damit insbesondere nicht für Floßfahrten, Wildwasserrafting-Touren oder für andere Leistungen zur Ausübung des Wassersports. [3] Ebenso sind organisierte Schiffsfahrten mit angeschlossener Tanz-, Verkaufs- oder einer ähnlichen Veranstaltung, Sonderfahrten wie z. B. Sommernachts- oder Feiertagsfahrten, die Vercharterung von Schiffen inklusive Besatzung zum Transport geschlossener Gesellschaften (z. B. anlässlich von Betriebsausflügen oder von privaten Feiern) sowie Rundfahrten, bei denen Anfangs- und Endpunkt identisch sind und kein Zwischenhalt angeboten wird, nicht begünstigt. [4] Personenbeförderungen im Linienverkehr mit Schiffen sind nur dann begünstigt, wenn der Linienverkehr genehmigt ist. [5] Soweit die verkehrsrechtlichen Bestimmungen des Bundes und der Länder kein Genehmigungsverfahren vorsehen, ist von einer stillschweigenden Genehmigung des Linienverkehrs auszugehen. [6] Erbringt der Unternehmer neben der Beförderung im Linienverkehr mit Schiffen weitere selbständige Einzelleistungen wie z. B. Restaurationsleistungen (vgl. Abschnitt 3.6), sind die Einzelleistungen umsatzsteuerlich jeweils für sich zu beurteilen.

Fährverkehr

(10b) [1] Fährverkehr ist der Übersetzverkehr mit Schiffen zwischen zwei festen Anlegestellen (z. B. bei Flussquerungen oder im Verkehr zwischen dem Festland und Inseln). [2] Die Anwendung der Steuerermäßigung ist nicht vom Vorliegen einer Genehmigung abhängig.

Nebenleistungen

(11) [1] Der ermäßigte Steuersatz erstreckt sich auch auf die Nebenleistungen zu einer begünstigten Hauptleistung. [2] Als Nebenleistung zur Personenbeförderung ist insbesondere die Beförderung des Reisegepäcks des Reisenden anzusehen. [3] Zum Reisegepäck gehören z. B. die Gegenstände, die nach der EVO und nach den Einheitlichen Rechtsvorschriften für den Vertrag über die internationale Eisenbahnbeförderung von Personen (CIV), Anhang A zum Übereinkommen über den internationalen Eisenbahnverkehr (COTIF) vom 9.5.1980 in der Fassung vom 3.6.1999 (BGBl. 2002 II S. 2140), als Reisegepäck befördert werden. [4] Nebenleistung zur Personenbeförderung ist auch der Transport von Personenkraftwagen, Krafträdern und anderen Fahrzeugen. [5] Dies gilt nicht, wenn Schwerpunkt der Fährleistung, wie z. B. beim Transport von Lkw, die Güterbeförderung ist.

12.14 Begünstigte Beförderungsstrecken

(1) Unter Gemeinde im Sinne des § 12 Abs. 2 Nr. 10 Buchstabe b Doppelbuchstabe aa UStG ist die politische Gemeinde zu verstehen.

(2) [1] Beförderungsstrecke (§ 12 Abs. 2 Nr. 10 Buchstabe b Doppelbuchstabe bb UStG) ist die Strecke, auf der der Beförderungsunternehmer einen Fahrgast oder eine Mehrzahl von Fahrgästen auf Grund eines Beförderungsvertrags oder mehrerer Beförderungsverträge befördert oder, z. B. durch einen Subunternehmer, befördern lässt. [2] Werden mehrere Beförderungsverträge

abgeschlossen, erbringt der Beförderungsunternehmer eine entsprechende Zahl von Beförderungsleistungen, von denen jede für sich zu beurteilen ist. [3]Nur eine Beförderungsleistung liegt vor, wenn der Beförderungsunternehmer mit einer Mehrzahl von Personen bzw. zur Beförderung einer Mehrzahl von Personen einen Beförderungsvertrag abgeschlossen hat. [4]Maßgebliche Beförderungsstrecke ist in diesem Fall die vom Beförderungsunternehmer aufgrund des Beförderungsvertrages zurückgelegte Strecke. [5]Sie beginnt mit dem Einstieg der ersten und endet mit dem Ausstieg der letzten beförderten Person innerhalb einer Fahrtrichtung. [6]Bei grenzüberschreitenden Beförderungen ist nur die Länge des auf das Inland entfallenden Teils der Beförderungsstrecke maßgebend. [7]Bei der Bemessung dieses Streckenanteils sind die §§ 2 bis 7 UStDV zu beachten.

(3) [1]Maßgebliche Beförderungsstrecke ist bei Ausgabe von Fahrausweisen grundsätzlich die im Fahrausweis ausgewiesene Tarifentfernung, sofern die Beförderungsleistung nur auf Beförderungsstrecken im Inland durchgeführt wird. [2]Bei Fahrausweisen für grenzüberschreitende Beförderungen ist die Tarifentfernung der auf das Inland entfallenden Beförderungsstrecke unter Berücksichtigung der §§ 2 bis 7 UStDV maßgebend. [3]Vorstehende Grundsätze gelten auch für die Fälle, in denen der Fahrgast die Fahrt unterbricht oder auf ein anderes Verkehrsmittel desselben Beförderers umsteigt. [4]Wird eine Umwegkarte gelöst, ist der gefahrene Umweg bei Ermittlung der Länge der Beförderungsstrecke zu berücksichtigen. [5]Bei Bezirkskarten, Netzkarten, Streifenkarten usw. ist als maßgebliche Beförderungsstrecke die längste Strecke anzusehen, die der Fahrgast mit dem Fahrausweis zurücklegen kann. [6]Zwei getrennte Beförderungsstrecken liegen vor, wenn ein Fahrausweis ausgegeben wird, der zur Hin- und Rückfahrt berechtigt.

(4) [1]Verkehrsunternehmer haben sich vielfach zu einem Verkehrsverbund zusammengeschlossen. [2]Ein solcher Verbund bezweckt die Ausgabe von durchgehenden Fahrausweisen, die den Fahrgast zur Inanspruchnahme von Beförderungsleistungen verschiedener, im Verkehrsverbund zusammengeschlossener Beförderungsunternehmer berechtigen (Wechselverkehr). [3]In diesen Fällen bewirkt jeder Beförderungsunternehmer mit seinem Verkehrsmittel eine eigene Beförderungsleistung unmittelbar an den Fahrgast, wenn folgende Voraussetzungen vorliegen:

1. In den Tarifen der beteiligten Beförderungsunternehmer bzw. des Verkehrsverbundes muss festgelegt sein, dass der Fahrgast den Beförderungsvertrag jeweils mit dem Beförderungsunternehmer abschließt, mit dessen Verkehrsmittel er befördert wird; ferner muss sich aus ihnen ergeben, dass die Fahrausweise im Namen und für Rechnung des jeweiligen Beförderungsunternehmers verkauft werden und dass für die von ihm durchfahrene Beförderungsstrecke seine Beförderungsbedingungen gelten.
2. Die praktische Durchführung der Beförderungen muss den Tarifbedingungen entsprechen.

(5) [1]Bei Taxifahrten sind Hin- und Rückfahrt eine einheitliche Beförderungsleistung, wenn vereinbarungsgemäß die Fahrt unterbrochen wird und der Fahrer auf den Fahrgast wartet (Wartefahrt). [2]Keine einheitliche Beförderungsleistung liegt jedoch vor, wenn das Taxi nicht auf den Fahrgast wartet,

sondern später – sei es aufgrund vorheriger Vereinbarung über den Abholzeitpunkt oder aufgrund erneuter Bestellung – wieder abholt und zum Ausgangspunkt zurückbefördert (Doppelfahrt). 3 In diesem Fall ist die Gesamtfahrtstrecke nicht zusammenzurechnen und die beiden Fahrten sind als Nahverkehrsleistungen mit dem begünstigten Steuersatz abzurechnen, wenn die als einheitliche Nahverkehrsleistung zu wertende Hinfahrt 50 km nicht überschreitet. 4 Bemessungsgrundlage für diese Taxifahrten ist das für die jeweilige Fahrt vereinbarte Entgelt; dabei ist ohne Bedeutung, ob der Fahrpreis unter Berücksichtigung unterschiedlicher Tarife für die „Leerfahrt" berechnet wird (vgl. BFH-Urteil vom 19.7.2007, V R 68/05, BStBl. 2008 II S. 208).

12.15 Beförderung von Arbeitnehmern zwischen Wohnung und Arbeitsstelle

(1) 1 Für die Beförderung von Arbeitnehmern zwischen Wohnung und Arbeitsstelle kann der ermäßigte Steuersatz nach § 12 Abs. 2 Nr. 10 UStG nur dann in Betracht kommen, wenn es sich bei den Beförderungen verkehrsrechtlich um Beförderungen im genehmigten Linienverkehr handelt (vgl. Abschnitt 12.13 Abs. 4 bis 6). 2 Bei den in Abschnitt 12.13 Abs. 5 Satz 5 bezeichneten Beförderungen ist auf Grund der Freistellung keine personenbeförderungsrechtliche Genehmigung erforderlich. 3 Gleichwohl sind diese Beförderungen umsatzsteuerrechtlich wie Beförderungen im genehmigten Linienverkehr zu behandeln (vgl. BFH-Urteil vom 11.3.1988, V R 114/83, BStBl. II S. 651). 4 Im Zweifel ist eine Stellungnahme der für die Erteilung der Genehmigung zuständigen Verkehrsbehörde einzuholen. 5 Zur genehmigungsfreien Sonderform des Linienverkehrs im Sinne der Verordnung (EWG) Nr. 684/92 vom 16.3.1992 vgl. Abschnitt 12.13 Abs. 5 Satz 7 ff.

(2) In den Fällen, in denen der Arbeitgeber selbst seine Arbeitnehmer zwischen Wohnung und Arbeitsstelle befördert, muss er in eigener Person die in Absatz 1 bezeichneten Voraussetzungen erfüllen, wenn er für die Beförderung den ermäßigten Steuersatz nach § 12 Abs. 2 Nr. 10 UStG in Anspruch nehmen will.

(3) 1 Hat der Arbeitgeber einen Beförderungsunternehmer mit der Beförderung beauftragt, liegen umsatzsteuerrechtlich einerseits eine Leistung des Beförderungsunternehmers an den Arbeitgeber, andererseits Leistungen des Arbeitgebers an jeden Arbeitnehmer vor. 2 Erfüllt der Beförderungsunternehmer die in Absatz 1 bezeichneten Voraussetzungen, ist seine Leistung als Beförderungsleistung im Sinne des § 12 Abs. 2 Nr. 10 UStG anzusehen. 3 Dabei ist davon auszugehen, dass der Beförderungsunternehmer als Genehmigungsinhaber den Verkehr auch dann im eigenen Namen, unter eigener Verantwortung und für eigene Rechnung betreibt, wenn der Arbeitgeber den Einsatz allgemein regelt, insbesondere Zweck, Ziel und Ablauf der Fahrt bestimmt. 4 Die Steuerermäßigung nach § 12 Abs. 2 Nr. 10 UStG kommt für die Beförderungsleistung des Arbeitgebers, der den Linienverkehr nicht selbst betreibt, dagegen nicht in Betracht (BFH-Urteil vom 11.3.1988, V R 30/84, BStBl. II S. 643).[1)]

---

1) Hinweis auf A 12.13 Abs. 7 UStAE.

Zu § 12 Abs. 2 Nr. 11 UStG

12.16 Umsätze aus der kurzfristigen Vermietung von Wohn- und Schlafräumen sowie aus der kurzfristigen Vermietung von Campingflächen (§ 12 Abs. 2 Nr. 11 UStG)

(1) [1]Die in § 12 Abs. 2 Nr. 11 Satz 1 UStG bezeichneten Umsätze gehören zu den nach § 4 Nr. 12 Satz 2 UStG von der Steuerbefreiung ausgenommenen Umsätzen. [2]Hinsichtlich des Merkmals der Kurzfristigkeit gelten daher die in den Abschnitten 4.12.3 Abs. 2 und 4.12.9 Abs. 1 dargestellten Grundsätze. [3]Die Anwendung des ermäßigten Steuersatzes setzt neben der Kurzfristigkeit voraus, dass die Umsätze unmittelbar der Beherbergung dienen.

(2) Sonstige Leistungen eigener Art, bei denen die Überlassung von Räumen nicht charakterbestimmend ist (z. B. Leistungen des Prostitutionsgewerbes), unterliegen auch hinsichtlich dieses Leistungsaspekts nicht der Steuerermäßigung nach § 12 Abs. 2 Nr. 11 UStG.

Vermietung von Wohn- und Schlafräumen, die ein Unternehmer zur kurzfristigen Beherbergung von Fremden bereithält

(3) [1]Die Steuerermäßigung nach § 12 Abs. 2 Nr. 11 Satz 1 UStG setzt ebenso wie § 4 Nr. 12 Satz 2 UStG eine Vermietung von Wohn- und Schlafräumen zur kurzfristigen Beherbergung voraus. [2]Hieran fehlt es bei einer Vermietung z. B. in einem „Bordell“ (vgl. BFH-Urteil vom 22.8.2013, V R 18/12, BStBl. II S. 1058). [3]Auch das halbstündige oder stundenweise Überlassen von Zimmern in einem „Stundenhotel“ ist keine Beherbergung im Sinne des § 12 Abs. 2 Nr. 11 Satz 1 UStG (vgl. BFH-Urteil vom 24.9.2015, V R 30/14, BStBl. 2017 II S. 132). [4]Die Steuerermäßigung für Beherbergungsleistungen umfasst sowohl die Umsätze des klassischen Hotelgewerbes als auch kurzfristige Beherbergungen in Pensionen, Fremdenzimmern, Ferienwohnungen und vergleichbaren Einrichtungen.[1)] [5]Für die Inanspruchnahme der Steuerermäßigung ist es jedoch nicht Voraussetzung, dass der Unternehmer einen hotelartigen Betrieb führt oder Eigentümer der überlassenen Räumlichkeiten ist. [6]Begünstigt ist daher beispielsweise auch die Unterbringung von Begleitpersonen in Krankenhäusern, sofern diese Leistung nicht nach § 4 Nr. 14 Buchstabe b UStG (z. B. bei Aufnahme einer Begleitperson zu therapeutischen Zwecken) steuerfrei ist.

(4) [1]Die erbrachte Leistung muss unmittelbar der Beherbergung dienen. [2]Diese Voraussetzung ist insbesondere hinsichtlich der folgenden Leistungen erfüllt, auch wenn die Leistungen gegen gesondertes Entgelt erbracht werden:
- Überlassung von möblierten und mit anderen Einrichtungsgegenständen (z. B. Fernsehgerät, Radio, Telefon, Zimmersafe) ausgestatteten Räumen;
- Stromanschluss;
- Überlassung von Bettwäsche, Handtüchern und Bademänteln;
- Reinigung der gemieteten Räume;

---

1) Die Vermietung von Ferienwohnungen, die der Unternehmer von anderen Unternehmern angemietet hat, unterliegt der Margenbesteuerung nach § 25 UStG unter Anwendung des Regelsteuersatzes; siehe BFH v. 27.3.2019 V R 10/19 (V R 60/16), BStBl. II 2021, 497. Siehe auch A 25 UStAE.

– Bereitstellung von Körperpflegeutensilien, Schuhputz- und Nähzeug;
– Weckdienst;
– Bereitstellung eines Schuhputzautomaten;
– Mitunterbringung von Tieren in den überlassenen Wohn- und Schlafräumen.

(5) Insbesondere folgende Leistungen sind keine Beherbergungsleistungen im Sinne von § 12 Abs. 2 Nr. 11 UStG und daher nicht begünstigt:
– Überlassung von Tagungsräumen;
– Überlassung von Räumen zur Ausübung einer beruflichen oder gewerblichen Tätigkeit (vgl. BFH-Urteil vom 22.8.2013, V R 18/12, BStBl. II S. 1058);
– Gesondert vereinbarte Überlassung von Plätzen zum Abstellen von Fahrzeugen;
– Überlassung von nicht ortsfesten Wohnmobilen, Caravans, Wohnanhängern, Hausbooten und Yachten;
– Beförderungen in Schlafwagen der Eisenbahnen;
– Überlassung von Kabinen auf der Beförderung dienenden Schiffen;
– Vermittlung von Beherbergungsleistungen;
– Umsätze von Tierpensionen;
– Unentgeltliche Wertabgaben (z. B. Selbstnutzung von Ferienwohnungen).

(6) Stornokosten stellen grundsätzlich nichtsteuerbaren Schadensersatz dar (vgl. EuGH-Urteil vom 18.7.2007, C-277/05, Société thermale d'Eugénie-Les-Bains).[1)]

Kurzfristige Vermietung von Campingflächen

(7) [1]Die kurzfristige Vermietung von Campingflächen betrifft Flächen zum Aufstellen von Zelten und Flächen zum Abstellen von Wohnmobilen und Wohnwagen. [2]Ebenso ist die kurzfristige Vermietung von ortsfesten Wohnmobilen, Wohncaravans und Wohnanhängern begünstigt. [3]Für die Steuerermäßigung ist es unschädlich, wenn auf der überlassenen Fläche auch das zum Transport des Zelts bzw. zum Ziehen des Wohnwagens verwendete Fahrzeug abgestellt werden kann. [4]Zur begünstigten Vermietung gehört auch die Lieferung von Strom (vgl. Abschnitt 4.12.1 Abs. 5 Satz 3). [5]Nicht unter die Steuerermäßigung fällt die entgeltliche Überlassung von Bootsliegeplätzen (vgl. EuGH-Urteil vom 19.12.2019, C-715/18, Segler-Vereinigung Cuxhaven,[2)] und BFH-Urteil vom 24.6.2020, V R 47/19, BStBl. II S. 853).

Leistungen, die nicht unmittelbar der Vermietung dienen

(8) [1]Nach § 12 Abs. 2 Nr. 11 Satz 2 UStG gilt die Steuerermäßigung nicht für Leistungen, die nicht unmittelbar der Vermietung dienen, auch wenn es sich um Nebenleistungen zur Beherbergung handelt und diese Leistungen mit dem Entgelt für die Vermietung abgegolten sind (Aufteilungsgebot). [2]Der Grundsatz, dass eine (unselbständige) Nebenleistung das Schicksal der Hauptleistung teilt, wird von diesem Aufteilungsgebot verdrängt. [3]Das in § 12 Abs. 2 Nr. 11 Satz 2 UStG gesetzlich normierte Aufteilungsgebot für einheitliche Leistungen geht den allgemeinen Grundsätzen zur Abgrenzung von

---

1) EuZW 2007, 706.
2) DStR 2019, 2696.

Haupt- und Nebenleistung vor (BFH-Urteil vom 24.4.2013, XI R 3/11, BStBl. 2014 II S. 86). [4]Unter dieses Aufteilungsgebot fallen insbesondere:

- Verpflegungsleistungen (z. B. Frühstück, Halb- oder Vollpension, „All inclusive“);
- Getränkeversorgung aus der Minibar;
- Nutzung von Kommunikationsnetzen (insbesondere Telefon und Internet);
- Nutzung von Fernsehprogrammen außerhalb des allgemein und ohne gesondertes Entgelt zugänglichen Programms („pay per view“);
- [1]Leistungen, die das körperliche, geistige und seelische Wohlbefinden steigern („Wellnessangebote“). [2]Die Überlassung von Schwimmbädern oder die Verabreichung von Heilbädern im Zusammenhang mit einer begünstigten Beherbergungsleistung kann dagegen nach § 12 Abs. 2 Nr. 9 Satz 1 UStG dem ermäßigten Steuersatz unterliegen;
- Überlassung von Fahrberechtigungen für den Nahverkehr, die jedoch nach § 12 Abs. 2 Nr. 10 UStG dem ermäßigten Steuersatz unterliegen können;
- Überlassung von Eintrittsberechtigungen für Veranstaltungen, die jedoch nach § 4 Nr. 20 UStG steuerfrei sein oder nach § 12 Abs. 2 Nr. 7 Buchstabe a oder d UStG dem ermäßigten Steuersatz unterliegen können;
- Transport von Gepäck außerhalb des Beherbergungsbetriebs;
- Überlassung von Sportgeräten und -anlagen;
- Ausflüge;
- Reinigung und Bügeln von Kleidung, Schuhputzservice;
- Transport zwischen Bahnhof/Flughafen und Unterkunft;
- Einräumung von Parkmöglichkeiten, auch wenn diese nicht gesondert vereinbart und vergütet werden (vgl. BFH-Urteil vom 1.3.2016, XI R 11/14, BStBl. II S. 753).

Anwendung der Steuerermäßigung in den Fällen des § 25 UStG

(9) [1]Soweit Reiseleistungen der Margenbesteuerung nach § 25 UStG unterliegen, gelten sie nach § 25 Abs. 1 Satz 3 UStG als eine einheitliche sonstige Leistung. [2]Eine Reiseleistung unterliegt als sonstige Leistung eigener Art auch hinsichtlich ihres Beherbergungsanteils nicht der Steuerermäßigung nach § 12 Abs. 2 Nr. 11 UStG. [3]Das gilt auch, wenn die Reiseleistung nur aus einer Übernachtungsleistung besteht.

Angaben in der Rechnung

(10) [1]Der Unternehmer ist nach § 14 Abs. 2 Satz 1 Nr. 1 UStG grundsätzlich verpflichtet, innerhalb von 6 Monaten nach Ausführung der Leistung eine Rechnung mit den in § 14 Abs. 4 UStG genannten Angaben auszustellen. [2]Für Umsätze aus der Vermietung von Wohn- und Schlafräumen zur kurzfristigen Beherbergung von Fremden sowie die kurzfristige Vermietung von Campingflächen besteht eine Rechnungserteilungspflicht jedoch nicht, wenn die Leistung weder an einen anderen Unternehmer für dessen Unternehmen noch an eine juristische Person erbracht wird (vgl. Abschnitt 14.1 Abs. 3 Satz 5).

(11) [1]Wird für Leistungen, die nicht von der Steuerermäßigung nach § 12 Abs. 2 Nr. 11 Satz 1 UStG erfasst werden, kein gesondertes Entgelt berechnet, ist deren Entgeltanteil zu schätzen. [2]Schätzungsmaßstab kann hierbei beispielsweise der kalkulatorische Kostenanteil zuzüglich eines angemessenen Gewinnaufschlags sein.

(12)[1] [1]Aus Vereinfachungsgründen wird es – auch für Zwecke des Vorsteuerabzugs des Leistungsempfängers – nicht beanstandet, wenn folgende in einem Pauschalangebot enthaltene nicht begünstigte Leistungen in der Rechnung zu einem Sammelposten (z. B. „Business-Package“, „Servicepauschale“) zusammengefasst und der darauf entfallende Entgeltanteil in einem Betrag ausgewiesen werden:
- Abgabe eines Frühstücks;
- Nutzung von Kommunikationsnetzen;
- Reinigung und Bügeln von Kleidung, Schuhputzservice;
- Transport zwischen Bahnhof/Flughafen und Unterkunft;
- Transport von Gepäck außerhalb des Beherbergungsbetriebs;
- Nutzung von Saunaeinrichtungen;
- Überlassung von Fitnessgeräten;
- Überlassung von Plätzen zum Abstellen von Fahrzeugen.[2]

[2]Es wird ebenfalls nicht beanstandet, wenn der auf diese Leistungen entfallende Entgeltanteil mit 15 % des Pauschalpreises angesetzt wird. [3]Für Kleinbetragsrechnungen (§ 33 UStDV) gilt dies für den in der Rechnung anzugebenden Steuerbetrag entsprechend. [4]Die Vereinfachungsregelung gilt nicht für Leistungen, für die ein gesondertes Entgelt vereinbart wird.

Zu § 12 Abs. 2 Nr. 14 UStG

12.17[3] Digitale Medien (§ 12 Abs. 2 Nr. 14 UStG)

(1) [1]Nach § 12 Abs. 2 Nr. 14 Satz 1 UStG unterliegt die Überlassung der in Nummer 49 Buchstabe a bis e und Nummer 50 der Anlage 2 des UStG bezeichneten Erzeugnisse in elektronischer Form dem ermäßigten Steuersatz. [2]Dies gilt unabhängig davon, ob das Erzeugnis auch auf einem physischen Träger angeboten wird. [3]Von der Ermäßigung ausgenommen sind Veröffentlichungen, die vollständig oder im Wesentlichen aus Videoinhalten oder hörbarer Musik bestehen. [4]Entscheidend ist, ob die digitalen Produkte in ihrer Funktion über die gedruckter Bücher, Zeitungen oder Zeitschriften deutlich hinausgehen. [5]Die Durchsuchbarkeit, Filtermöglichkeit und Verlinkung innerhalb des digitalen Produkts schließen die Anwendung des ermäßigten Steuersatzes nicht aus. [6]Ebenfalls ausgenommen sind nach § 12 Abs. 2 Nr. 14 Satz 2 UStG Erzeugnisse, für die Beschränkungen als jugendgefährdende Trägermedien oder Hinweispflichten nach § 15 Abs. 1 bis 3 und 6 JuSchG in der jeweils geltenden Fassung bestehen, sowie Veröffentlichungen, die vollständig oder im Wesentlichen Werbezwecken, einschließlich Reisewerbung, dienen. [7]Bei einem Angebot verschiedener kombinierter Produkte zu einem einheitlichen Entgelt (sog. Bundling-Angebot) ist nach den Grundsätzen des Abschnitts 3.10 im Einzelfall zu entscheiden, ob eine einheitliche Leistung vorliegt, die einem einheitlichen Steuersatz unterliegt, oder ob ein Leistungs-

---

[1] A 12.16 Abs. 12 Satz 2 Prozentsatz geändert durch BMF v. 2.7.2020, BStBl. I 2020, 610, anzuwenden in allen Fällen **ab 1.7.2020 bis 31.12.2022** (BMF v. 3.6.2021, BStBl. I 2021, 777).

[2] Siehe hierzu auch BFH v. 1.3.2016 XI R 11/14, BStBl. II 2016, 753.

[3] A 12.17 eingef. durch BMF v. 17.12.2021, BStBl. I 2021, 2502, anzuwenden in allen offenen Fällen; zur Anwendungsregelung siehe Anlage 8.

bündel gegeben ist, dessen einzelne Leistungsbestandteile separat zu betrachten sind und ggf. unterschiedlichen Steuersätzen unterliegen. [8]Ob ausschließlich in elektronischer Form vertriebene Produkte dem ermäßigten Steuersatz unterliegen, kann nicht im Wege einer uvZTA (vgl. Abschnitt 12.1 Abs. 1 Satz 4) geklärt werden.

(2) [1]Dem ermäßigten Steuersatz unterliegt nach § 12 Abs. 2 Nr. 14 Satz 3 UStG auch die Bereitstellung eines Zugangs zu Datenbanken, die eine Vielzahl von elektronischen Büchern, Zeitungen oder Zeitschriften oder Teile von diesen enthalten. [2]Die Bereitstellung eines Zugangs zu einer Datenbank kann in rein elektronischer Form (z. B. über einen Online-Zugang u.ä.) oder mittels eines physischen Datenträgers (z. B. CD-Rom, DVD, USB-Stick u.ä.) erfolgen. [3]Die Bereitstellung eines Zugangs zu einer Datenbank stellt eine einheitliche Leistung dar. [4]Eine Datenbank im Sinne des § 12 Abs. 2 Nr. 14 Satz 3 UStG ist eine Sammlung von Werken, Daten und anderen unabhängigen Elementen, die systematisch oder methodisch angeordnet und einzeln mit elektronischen Mitteln zugänglich sind (vgl. Abschnitt 3a.12 Abs. 3 Nr. 5 Satz 2). [5]Erforderlich für die Begünstigung ist, dass die Datenbank eine Vielzahl von elektronischen Büchern, Zeitungen oder Zeitschriften oder Teile von diesen enthält und somit primär durch die Bereitstellung begünstigter Werke im Sinne des § 12 Abs. 2 Nr. 14 Satz 1 UStG geprägt wird. [6]Dabei ist auf die Sicht des Durchschnittsverbrauchers abzustellen. [7]Unschädlich ist, wenn die Datenbank auch oder nur andere der in Nummer 49 Buchstabe a bis e und Nummer 50 der Anlage 2 des UStG bezeichneten Erzeugnisse (z. B. Noten) in elektronischer Form enthält. [8]Datenbanken, die überwiegend andere Elemente als elektronische Bücher, Zeitungen oder Zeitschriften oder Teile von diesen enthalten, sind nicht begünstigt. [9]Ob andere Elemente als die nach § 12 Abs. 2 Nr. 14 Satz 1 UStG begünstigten überwiegen, beurteilt sich sowohl quantitativ als auch qualitativ anhand der in der Datenbank enthaltenen Elemente.. [10]Die Durchsuchbarkeit, Filtermöglichkeit und Verlinkung innerhalb der Datenbank schließen die Anwendung des ermäßigten Steuersatzes nicht aus. [11]Nicht begünstigt sind Datenbanken, die Elemente im Sinne des § 12 Abs. 2 Nr. 14 Satz 2 UStG enthalten. [12]Unschädlich ist, wenn eine Datenbank Werbung enthält, ohne den Tatbestand des § 12 Abs. 2 Nr. 14 Satz 2 UStG zu erfüllen.

Beispiel 1:

[1]Eine Datenbank enthält Noten sowie kurze Hörbeispiele der einzelnen Lieder zur besseren Auffindbarkeit und bietet zusätzlich die Möglichkeit, die Noten in eine andere Tonart umzuwandeln. [2]In der Datenbank überwiegen die begünstigten Elemente (Noten) sowohl qualitativ als auch quantitativ.

[3]Der Zugang zur Datenbank unterliegt insgesamt dem ermäßigten Steuersatz.

Beispiel 2:

[1]Im Rahmen eines digitalen Office-Pakets bietet ein Verlag neben Kommentaren, Gerichtsurteilen, Aufsätzen, Gesetzestexten und Verordnungen auch Formulare zum Ausfüllen oder Tools wie Steuer- oder auch Mindestlohnrechner sowie e-Trainings, Generatoren und Online-Live-Seminare an. [2]Sowohl bei der Anzahl der in der Datenbank enthaltenen Dateien als auch bei den abgerufenen Inhalten überwiegen die begünstigten Elemente (Kommentare, Gerichtsurteile, Aufsätze, Gesetzestexte, Verordnungen und Formulare).

[3]Der Zugang zur Datenbank unterliegt insgesamt dem ermäßigten Steuersatz.

Beispiel 3:

[1]Eine Plattform bietet neben Texten auch kurze Videos, einen Chatroom mit anderen Teilnehmern und die Möglichkeit eines interaktiven Abschlusstests. [2]Bei qualitativer/quantitativer Betrachtungsweise überwiegen die nicht begünstigten Elemente.
[3]Der Zugang zur Datenbank unterliegt insgesamt nicht dem ermäßigten Steuersatz.

Beispiel 4:

[1]Im Rahmen einer Plattform zur Bereitstellung von Lehr- und Lernmedien bietet ein Verlag neben Schulbüchern, Wörterbüchern, Enzyklopädien, Handreichungen für den Unterricht, Test- und Prüfungsbögen in Textform auch kurze Erklärvideos und Hörbeispiele oder Tools für das kollaborative digitale Lernen, beispielsweise Zuweisfunktionen von Aufgaben sowie Lernstandsanzeigen und Planer zur Unterrichtsgestaltung an.
[2]Bei qualitativer/quantitativer Betrachtungsweise überwiegen die begünstigten Elemente (Schulbücher, Wörterbücher, Enzyklopädien, Handreichungen für den Unterricht, Test- und Prüfungsbögen in Textform). [3]Der Zugang zur Datenbank unterliegt insgesamt dem ermäßigten Steuersatz.

Zu § 13 UStG

13.1 Entstehung der Steuer bei der Besteuerung nach vereinbarten Entgelten

(1) [1]Bei der Besteuerung nach vereinbarten Entgelten (Sollversteuerung) entsteht die Steuer grundsätzlich mit Ablauf des Voranmeldungszeitraums, in dem die Lieferung oder sonstige Leistung ausgeführt worden ist. [2]Das gilt auch für unentgeltliche Wertabgaben im Sinne des § 3 Abs. 1b und 9a UStG. [3]Die Steuer entsteht in der gesetzlichen Höhe unabhängig davon, ob die am Leistungsaustausch beteiligten Unternehmer von den ihnen vom Gesetz gebotenen Möglichkeiten der Rechnungserteilung mit gesondertem Steuerausweis und des Vorsteuerabzugs Gebrauch machen oder nicht. [4]Für Umsätze, die ein Unternehmer in seinen Voranmeldungen nicht angibt (auch bei Rechtsirrtum über deren Steuerbarkeit), entsteht die Umsatzsteuer ebenso wie bei ordnungsgemäß erklärten Umsätzen (vgl. BFH-Urteil vom 20.1.1997, V R 28/95, BStBl. II S. 716). [5]Der Zeitpunkt der Leistung ist entscheidend, für welchen Voranmeldungszeitraum ein Umsatz zu berücksichtigen ist (vgl. BFH-Urteil vom 13.10.1960, V 294/58 U, BStBl. III S. 478). [6]Dies gilt nicht für die Istversteuerung von Anzahlungen im Sinne des § 13 Abs. 1 Nr. 1 Buchstabe a Satz 4 UStG (vgl. Abschnitt 13.5).

(2) [1]Lieferungen – einschließlich Werklieferungen – sind grundsätzlich dann ausgeführt, wenn der Leistungsempfänger die Verfügungsmacht über den zu liefernden Gegenstand erlangt. [2]Lieferungen, bei denen der Lieferort nach § 3 Abs. 6 UStG bestimmt wird, werden im Zeitpunkt des Beginns der Beförderung oder Versendung des Gegenstands ausgeführt (vgl. BFH-Urteil vom 6.12.2007, V R 24/05, BStBl. 2009 II S. 490). [3]Bei Sukzessivlieferungsverträgen ist der Zeitpunkt jeder einzelnen Lieferung maßgebend. [4]Lieferungen von Elektrizität, Gas, Wärme, Kälte und Wasser sind jedoch erst mit Ablauf des jeweiligen Ablesezeitraums als ausgeführt zu behandeln. [5]Die während des Ablesezeitraums geleisteten Abschlagszahlungen der Tarifabnehmer sind nicht als Entgelt für Teilleistungen (vgl. Abschnitt 13.4) anzusehen; sie führen jedoch bereits mit Ablauf des Voranmeldungszeitraums ihrer Vereinnahmung nach § 13 Abs. 1 Nr. 1 Buchstabe a Satz 4 UStG zur Entstehung der Steuer (vgl. Abschnitt 13.5).

(3) [1] Sonstige Leistungen, insbesondere Werkleistungen, sind grundsätzlich im Zeitpunkt ihrer Vollendung ausgeführt. [2] Bei zeitlich begrenzten Dauerleistungen, z. B. Duldungs- oder Unterlassungsleistungen (vgl. Abschnitt 3.1 Abs. 4) ist die Leistung mit Beendigung des entsprechenden Rechtsverhältnisses ausgeführt, es sei denn, die Beteiligten hatten Teilleistungen (vgl. Abschnitt 13.4) vereinbart. [3] Anzahlungen sind stets im Zeitpunkt ihrer Vereinnahmung zu versteuern (vgl. Abschnitt 13.5).

(4) [1] Eine Leasinggesellschaft, die ihrem Kunden (Mieter) eine Sache gegen Entrichtung monatlicher Leasingraten überlässt, erbringt eine Dauerleistung, die entsprechend der Vereinbarung über die monatlich zu zahlenden Leasingraten in Form von Teilleistungen (vgl. Abschnitt 13.4) bewirkt wird. [2] Die Steuer entsteht jeweils mit Ablauf des monatlichen Voranmeldungszeitraums, für den die Leasingrate zu entrichten ist. [3] Tritt die Leasinggesellschaft ihre Forderung gegen den Mieter auf Zahlung der Leasingraten an eine Bank ab, die das Risiko des Ausfalls der erworbenen Forderung übernimmt, führt die Vereinnahmung des Abtretungsentgelts nicht zur sofortigen Entstehung der Steuer für die Vermietung nach § 13 Abs. 1 Nr. 1 Buchstabe a Satz 4 UStG, weil das Abtretungsentgelt nicht zugleich Entgelt für die der Forderung zu Grunde liegende Vermietungsleistung ist. [4] Die Bank zahlt das Abtretungsentgelt für den Erwerb der Forderung, nicht aber als Dritter für die Leistung der Leasinggesellschaft an den Mieter. [5] Die Leasinggesellschaft vereinnahmt das Entgelt für ihre Vermietungsleistung vielmehr jeweils mit der Zahlung der Leasingraten durch den Mieter an die Bank, weil sie insoweit gleichzeitig von ihrer Gewährleistungspflicht für den rechtlichen Bestand der Forderung gegenüber der Bank befreit wird. [6] Dieser Vereinnahmungszeitpunkt wird in der Regel mit dem Zeitpunkt der Ausführung der einzelnen Teilleistung übereinstimmen.

(5) Nach den Grundsätzen des Absatzes 4 ist auch in anderen Fällen zu verfahren, in denen Forderungen für noch zu erbringende Leistungen oder Teilleistungen verkauft werden.

(6) [1] Bei einem Kauf auf Probe (§ 454 BGB) im Versandhandel kommt der Kaufvertrag noch nicht mit der Zusendung der Ware, sondern erst nach Ablauf der vom Verkäufer eingeräumten Billigungsfrist oder durch Überweisung des Kaufpreises zustande. [2] Erst zu diesem Zeitpunkt ist umsatzsteuerrechtlich die Lieferung ausgeführt (vgl. BFH-Urteil vom 6.12.2007, V R 24/05, BStBl. 2009 II S. 490). [3] Dagegen ist bei einem Kauf mit Rückgaberecht bereits mit der Zusendung der Ware der Kaufvertrag zustande gekommen und die Lieferung ausgeführt.

(7)[1)] [1] Eine Abmahnleistung im Sinne des Abschnitts 1.3 Abs. 16a gilt mit dem Zugang der Abmahnung beim Abgemahnten als ausgeführt. [2] Aus Vereinfachungsgründen wird es nicht beanstandet, wenn der Steuerpflichtige die Besteuerung für die Abmahnleistung in demjenigen Voranmeldungszeitraum vornimmt, in dem die Abmahnung an den Abgemahnten abgesendet wurde (vgl. BMF-Schreiben vom 1.10.2021, BStBl. I S. 1859).

---

1) A 13.1 UStAE Abs. 7 angef. durch BMF v. 1.10.2021, BStBl. I 2021, 1859, anzuwenden in allen offenen Fällen.

13.2 Sollversteuerung in der Bauwirtschaft

(1) [1]In der Bauwirtschaft werden Werklieferungen und Werkleistungen auf dem Grund und Boden der Auftraggeber im Allgemeinen nicht in Teilleistungen (vgl. Abschnitt 13.4), sondern als einheitliche Leistungen erbracht. [2]Diese Leistungen sind ausgeführt:

1. [1]Werklieferungen, wenn dem Auftraggeber die Verfügungsmacht verschafft wird. [2]Das gilt auch dann, wenn das Eigentum an den verwendeten Baustoffen nach §§ 946, 93, 94 BGB zur Zeit der Verbindung mit dem Grundstück auf den Auftraggeber übergeht. [3]Der Werklieferungsvertrag wird mit der Übergabe und Abnahme des fertiggestellten Werks erfüllt. [4]Der Auftraggeber erhält die Verfügungsmacht mit der Übergabe des fertiggestellten Werks (vgl. BFH-Urteil vom 26.2.1976, V R 132/73, BStBl. II S. 309). [5]Auf die Form der Abnahme kommt es dabei nicht an. [6]Insbesondere ist eine Verschaffung der Verfügungsmacht bereits dann anzunehmen, wenn der Auftraggeber das Werk durch schlüssiges Verhalten, z. B. durch Benutzung, abgenommen hat und eine förmliche Abnahme entweder gar nicht oder erst später erfolgen soll. [7]Wird das vertraglich vereinbarte Werk nicht fertiggestellt und ist eine Vollendung des Werks durch den Werkunternehmer nicht mehr vorgesehen, entsteht ein neuer Leistungsgegenstand. [8]Dieser beschränkt sich bei der Eröffnung eines Insolvenzverfahrens auf den vom Werkunternehmer bis zu diesem Zeitpunkt gelieferten Teil des Werks, wenn der Insolvenzverwalter die weitere Erfüllung des Werkvertrags nach § 103 InsO ablehnt (vgl. Abschnitt 3.9). [9]In diesen Fällen ist die Lieferung im Zeitpunkt der Insolvenzeröffnung bewirkt. [10]Wählt der Insolvenzverwalter die Erfüllung eines bei Eröffnung des Insolvenzverfahrens noch nicht oder nicht vollständig erfüllten Werkvertrags, wird die Werklieferung – wenn keine Teilleistungen im Sinne des § 13 Abs. 1 Nr. 1 Buchstabe a Sätze 2 und 3 UStG gesondert vereinbart worden sind – erst mit der Leistungserbringung nach Verfahrenseröffnung ausgeführt (BFH-Urteil vom 30.4.2009, V R 1/06, BStBl. 2010 II S. 138). [11]Im Falle der Kündigung des Werkvertrags wird die Leistung mit dem Tag des Zugangs der Kündigung ausgeführt. [12]Stellt der Werkunternehmer die Arbeiten an dem vereinbarten Werk vorzeitig ein, weil der Besteller – ohne eine eindeutige Erklärung abzugeben – nicht willens und in der Lage ist, seinerseits den Vertrag zu erfüllen, wird das bis dahin errichtete halbfertige Werk zum Gegenstand der Werklieferung. [13]Es wird in dem Zeitpunkt geliefert, in dem für den Werkunternehmer nach den gegebenen objektiven Umständen feststeht, dass er wegen fehlender Aussicht auf die Erlangung weiteren Werklohns nicht mehr leisten wird (vgl. BFH-Urteil vom 28.2.1980, V R 90/75, BStBl. II S. 535).
2. Sonstige Leistungen, insbesondere Werkleistungen, grundsätzlich im Zeitpunkt ihrer Vollendung, der häufig mit dem Zeitpunkt der Abnahme zusammenfallen wird.

(2) [1]Die in der Bauwirtschaft regelmäßig vor Ausführung der Leistung vereinnahmten Vorauszahlungen, Abschlagszahlungen usw. führen jedoch bereits mit Ablauf des Voranmeldungszeitraums ihrer Vereinnahmung nach § 13

Abs. 1 Nr. 1 Buchstabe a Satz 4 UStG (vgl. Abschnitt 13.5) zur Entstehung der Steuer. [2]Wird über die bereits erbrachten Bauleistungen erst einige Zeit nach Ausführung der Leistungen abgerechnet, ist das Entgelt – sofern es noch nicht feststeht – sachgerecht zu schätzen, z. B. anhand des Angebots (vgl. auch BMF-Schreiben vom 12.10.2009, BStBl. I S. 1292). [3]Weitere Hinweise enthält das Merkblatt zur Umsatzbesteuerung in der Bauwirtschaft, Stand Oktober 2009 (BMF-Schreiben vom 12.10.2009, a. a. O.).

13.3 Sollversteuerung bei Architekten und Ingenieuren

Leistungen nach der Verordnung über die Honorare für Architekten- und Ingenieurleistungen (HOAI)[1), 2)]

(1) [1]Die Leistungen der Architekten und Ingenieure, denen Leistungsbilder nach der HOAI zu Grunde liegen, werden grundsätzlich als einheitliche Leistung erbracht, auch wenn die Gesamtleistung nach der Beschreibung in der HOAI, insbesondere durch die Aufgliederung der Leistungsbilder in Leistungsphasen, teilbar ist. [2]Allein die Aufgliederung der Leistungsbilder zur Ermittlung des (Teil-)Honorars führt nicht zur Annahme von Teilleistungen im Sinne des § 13 Abs. 1 Nr. 1 Buchstabe a Satz 3 UStG (vgl. Abschnitt 13.4). [3]Nur wenn zwischen den Vertragspartnern im Rahmen des Gesamtauftrags über ein Leistungsbild zusätzliche Vereinbarungen über die gesonderte Ausführung und Honorierung einzelner Leistungsphasen getroffen werden, sind insoweit Teilleistungen anzunehmen.

(2) Absatz 1 gilt sinngemäß auch für Architekten- und Ingenieurleistungen, die nicht nach der HOAI abgerechnet werden.

Leistungen nach den Richtlinien für die Durchführung von Bauaufgaben des Bundes im Zuständigkeitsbereich der Finanzbauverwaltungen (RBBau)

(3) [1]Architekten- und Ingenieurleistungen werden entsprechend des Vertragsmusters (Teil 3/VM1/1 RBBau) vergeben. [2]Nach § 1 dieses Vertragsmusters wird der Auftragnehmer zunächst nur mit der Aufstellung der Entscheidungsunterlage – Bau – beauftragt. [3]Für diese Leistung wird das Honorar auch gesondert ermittelt. [4]Im Vertrag wird die Absichtserklärung abgegeben, dem Auftragnehmer weitere Leistungen zu übertragen, wenn die Voraussetzungen dazu gegeben sind. [5]Die Übertragung dieser weiteren Leistungen erfolgt durch gesonderte Schreiben. [6]Bei dieser Abwicklung ist das Aufstellen der Entscheidungsunterlage – Bau – als eine selbständige Leistung des Architekten oder Ingenieurs anzusehen. [7]Mit der Ausführung der ihm gesondert übertragenen weiteren Leistungen erbringt er ebenfalls eine selbständige einheitliche Gesamtleistung, es sei denn, dass die unter Absatz 1 bezeichneten Voraussetzungen für die Annahme von Teilleistungen vorliegen.

---

1) **dtv 5596 VOB/HOAI.**

2) Zum Verstoß der Mindest- und Höchstsätze der HOAI gegen EU-Recht siehe EuGH v. 4.7.2019 C-377/17, EU-Kommission/Deutschland, NVwZ 2019, 1120; s. auch EuGH v. 18.1.2022 C-261/20. HOAI jetzt idF der VO v. 2.12.2020, BGBl. I 2020, 2636.

13.4 Teilleistungen[1)]

[1] Teilleistungen setzen voraus, dass eine nach wirtschaftlicher Betrachtungsweise teilbare Leistung nicht als Ganzes, sondern in Teilen geschuldet und bewirkt wird. [2] Eine Leistung ist in Teilen geschuldet, wenn für bestimmte Teile das Entgelt gesondert vereinbart wird (§ 13 Abs. 1 Nr. 1 Buchstabe a Satz 3 UStG). [3] Vereinbarungen dieser Art werden im Allgemeinen anzunehmen sein, wenn für einzelne Leistungsteile gesonderte Entgeltabrechnungen durchgeführt werden. [4] Das Entgelt ist auch in diesen Fällen nach den Grundsätzen des § 10 Abs. 1 UStG zu ermitteln. [5] Deshalb gehören Vorauszahlungen auf spätere Teilleistungen zum Entgelt für diese Teilleistungen (vgl. BFH-Urteil vom 19.5.1988, V R 102/83, BStBl. II S. 848), die jedoch nach § 13 Abs. 1 Nr. 1 Buchstabe a Satz 4 UStG bereits mit Ablauf des Voranmeldungszeitraums ihrer Vereinnahmung zur Entstehung der Steuer führen (vgl. Abschnitt 13.5).

Beispiel 1:

In einem Mietvertrag über 2 Jahre ist eine monatliche Mietzahlung vereinbart.

Beispiel 2:

[1] Ein Bauunternehmer hat sich verpflichtet, zu Einheitspreisen (§ 4 Abs. 1 Nr. 1 VOB/A) die Maurer- und Betonarbeiten sowie den Innen- und Außenputz an einem Bauwerk auszuführen. [2] Die Maurer- und Betonarbeiten werden gesondert abgenommen und abgerechnet. [3] Der Innen- und der Außenputz werden später ausgeführt, gesondert abgenommen und abgerechnet.

[6] In den Beispielen 1 und 2 werden Leistungen in Teilen geschuldet und bewirkt.

Beispiel 3:

[1] Eine Fahrschule schließt mit ihren Fahrschülern Verträge über die praktische und theoretische Ausbildung zur Erlangung des Führerscheins ab und weist darin die Grundgebühr, den Preis je Fahrstunde und die Gebühr für die Vorstellung zur Prüfung gesondert aus. [2] Entsprechend werden die Abrechnungen durchgeführt.
[3] Die einzelnen Fahrstunden und die Vorstellung zur Prüfung sind als Teilleistungen zu behandeln, weil für diese Teile das Entgelt gesondert vereinbart worden ist. [4] Die durch die Grundgebühr abgegoltenen Ausbildungsleistungen können mangels eines gesondert vereinbarten Entgelts nicht in weitere Teilleistungen zerlegt werden (vgl. BFH-Urteil vom 21.4.1994, V R 59/92).

Beispiel 4:

[1] Ein Unternehmer wird beauftragt, in einem Wohnhaus Parkettfußböden zu legen. [2] In der Auftragsbestätigung sind die Materialkosten getrennt ausgewiesen. [3] Der Unternehmer versendet die Materialien zum Bestimmungsort und führt dort die Arbeiten aus.
[4] Gegenstand der vom Auftragnehmer auszuführenden Werklieferung ist der fertige Parkettfußboden. [5] Die Werklieferung bildet eine Einheit, die nicht in eine Materiallieferung und in eine Werkleistung zerlegt werden kann (vgl. Abschnitte 3.8 und 3.10).

Beispiel 5:

[1] Eine Gebietskörperschaft überträgt einem Bauunternehmer nach Maßgabe der VOB als Gesamtleistung die Maurer- und Betonarbeiten an einem Hausbau. [2] Sie gewährt dem Bauunter-

---

1) Unternehmer können sich bei ratenweise vergüteten Vermittlungsleistungen auf eine unmittelbare Anwendung von Art. 64 Abs. 1 MwStSystRL berufen; siehe BFH v. 26.6.2019 V R 8/19 (V R 51/16), DStR 2019, 1745.

nehmer auf Antrag nach Maßgabe des § 16 Abs. 1 Nr. 1 VOB/B „in Höhe des Wertes der jeweils nachgewiesenen vertragsgemäßen Leistungen" Abschlagszahlungen.
[3] Die Abschlagszahlungen sind ohne Einfluss auf die Haftung und gelten nicht als Abnahme von Teilleistungen. [4] Der Bauunternehmer erteilt die Schlussrechnung erst, wenn die Gesamtleistung ausgeführt ist. [5] Die Abschlagszahlungen unterliegen der Istversteuerung (vgl. Abschnitt 13.5). [6] Soweit das Entgelt laut Schlussrechnung die geleisteten Abschlagszahlungen übersteigt, entsteht die Steuer mit Ablauf des Voranmeldungszeitraums, in dem der Bauunternehmer die gesamte, vertraglich geschuldete Werklieferung bewirkt hat. [7] Weitere Hinweise zu Teilleistungen enthält das Merkblatt zur Umsatzbesteuerung in der Bauwirtschaft, Stand Oktober 2009 (BMF-Schreiben vom 12.10.2009, BStBl. I S. 1292).

13.5 Istversteuerung von Anzahlungen

(1) [1] Nach § 13 Abs. 1 Nr. 1 Buchstabe a Satz 4 UStG entsteht die Steuer in den Fällen, in denen das Entgelt oder ein Teil des Entgelts (z. B. Anzahlungen, Abschlagszahlungen, Vorauszahlungen) vor Ausführung der Leistung oder Teilleistung gezahlt wird, bereits mit Ablauf des Voranmeldungszeitraums, in dem das Entgelt oder Teilentgelt vereinnahmt worden ist. [2] Zum Zeitpunkt der Vereinnahmung vgl. Abschnitt 13.6 Abs. 1.

(2) [1] Anzahlungen können außer in Barzahlungen auch in Lieferungen oder sonstigen Leistungen bestehen, die im Rahmen eines Tauschs oder tauschähnlichen Umsatzes als Entgelt oder Teilentgelt hingegeben werden. [2] Eine Vereinnahmung der Anzahlung durch den Leistungsempfänger wird in diesen Fällen nicht dadurch ausgeschlossen, dass diese Leistung selbst noch nicht als ausgeführt gilt und die Steuer hierfür nach § 13 Abs. 1 Nr. 1 Buchstabe a Satz 1 UStG noch nicht entstanden ist (vgl. EuGH-Urteil vom 19.12.2012, C-549/11, Orfey Bulgaria).[1)]

(3) [1] Anzahlungen führen zur Entstehung der Steuer, wenn sie für eine bestimmte Lieferung oder sonstige Leistung entrichtet werden. [2] Dies setzt voraus, dass alle maßgeblichen Elemente der künftigen Lieferung oder künftigen Dienstleistung bereits bekannt sind, insbesondere die Gegenstände oder die Dienstleistungen zum Zeitpunkt der Anzahlung genau bestimmt sind (vgl. BFH-Urteile vom 15.9.2011, V R 36/09, BStBl. 2012 II S. 365, vom 14.11.2018, XI R 27/16, n. v., und vom 10.4.2019, XI R 4/17, BStBl. II S. 635). [3] Bezieht sich eine Anzahlung auf mehrere Lieferungen oder sonstige Leistungen, ist sie entsprechend aufzuteilen. [4] Was Gegenstand der Lieferung oder sonstigen Leistung ist, muss nach den Gegebenheiten des Einzelfalls beurteilt werden. [5] Wird eine Leistung in Teilen geschuldet und bewirkt (Teilleistung), sind Anzahlungen der jeweiligen Teilleistung zuzurechnen, für die sie geleistet werden (vgl. BFH-Urteil vom 19.5.1988, V R 102/83, BStBl. II S. 848). [6] Fehlt es bei der Vereinnahmung der Zahlung noch an einer konkreten Leistungsvereinbarung, ist zu prüfen, ob die Zahlung als bloße Kreditgewährung zu betrachten ist; aus den Umständen des Einzelfalles, z. B. bei dauernder Geschäftsverbindung mit regelmäßig sich wiederholenden Aufträgen, kann sich ergeben, dass es sich dennoch um eine Anzahlung für eine künftige Leistung handelt, die zur Entstehung der Steuer führt.

---

1) MwStR 2013, 28.

(4) [1]Eine Anzahlung für eine Leistung, die voraussichtlich unter eine Befreiungsvorschrift des § 4 UStG fällt oder nicht steuerbar ist, braucht nicht der Steuer unterworfen zu werden. [2]Dagegen ist die Anzahlung zu versteuern, wenn bei ihrer Vereinnahmung noch nicht abzusehen ist, ob die Voraussetzungen für die Steuerbefreiung oder Nichtsteuerbarkeit der Leistung erfüllt werden. [3]Ergibt sich im Nachhinein, dass die Leistung nicht der Umsatzsteuer unterliegt, ist die Bemessungsgrundlage in entsprechender Anwendung des § 17 Abs. 2 Nr. 2 UStG zu berichtigen (vgl. BFH-Urteil vom 8.9.2011, V R 42/10, BStBl. 2012 II S. 248).

(5) Zur Behandlung von Anzahlungen für steuerpflichtige Reiseleistungen, für die die Bemessungsgrundlage nach § 25 Abs. 3 UStG zu ermitteln ist, vgl. Abschnitt 25.3 Abs. 5.

(6) Zur Rechnungserteilung bei der Istversteuerung von Anzahlungen vgl. Abschnitt 14.8, zum Vorsteuerabzug bei Anzahlungen vgl. Abschnitt 15.3 und zur Minderung der Bemessungsgrundlage bei Rückgewährung einer Anzahlung vgl. Abschnitt 17.1 Abs. 7.

(7) Werden Anzahlungen in fremder Währung geleistet, ist die einzelne Anzahlung nach dem im Monat der Vereinnahmung geltenden Durchschnittskurs[1)] umzurechnen (§ 16 Abs. 6 UStG); bei dieser Umrechnung verbleibt es, auch wenn im Zeitpunkt der Leistungsausführung ein anderer Durchschnittskurs gilt.

(8) Zur Behandlung von Anzahlungen für Leistungen im Sinne des § 13b UStG, wenn die Voraussetzungen für die Steuerschuld des Leistungsempfängers im Zeitpunkt der Vereinnahmungen der Anzahlungen noch nicht vorlagen, vgl. Abschnitt 13b.12 Abs. 3.

13.6 Entstehung der Steuer bei der Besteuerung nach vereinnahmten Entgelten[2)]

(1) [1]Bei der Besteuerung nach vereinnahmten Entgelten (vgl. Abschnitt 20.1) entsteht die Steuer für Lieferungen und sonstige Leistungen mit Ablauf des Voranmeldungszeitraums, in dem die Entgelte vereinnahmt worden sind. [2]Anzahlungen (vgl. Abschnitt 13.5) sind stets im Voranmeldungszeitraum ihrer Vereinnahmung zu versteuern. [3]Als Zeitpunkt der Vereinnahmung gilt bei Überweisungen auf ein Bankkonto grundsätzlich der Zeitpunkt der Gutschrift. [4]Zur Frage der Vereinnahmung bei Einzahlung auf ein gesperrtes Konto vgl. BFH-Urteile vom 27.11.1958, V 284/57 U, BStBl. 1959 III S. 64, und vom 23.4.1980, VII R 156/75, BStBl. II S. 643. [5]Vereinnahmt sind auch Beträge, die der Schuldner dem Gläubiger am Fälligkeitstag gutschreibt, wenn die Beträge dem Berechtigten von nun an zur Verwendung zur Verfügung stehen (vgl. BFH-Urteil vom 24.3.1993, X R 55/91, BStBl. II S. 499). [6]Dies gilt jedoch nicht, wenn die Beträge im Zeitpunkt der Gutschrift nicht fällig waren und das Guthaben nicht verzinst wird (vgl. BFH-Urteil vom

---

1) Monatlich veröffentlicht im BStBl. I, siehe auch die Zusammenstellungen in **Steuererlasse** Nr. **500** § 16/6 und § 16/7.

2) Zur Vereinnahmung von Entgelten für vor Eröffnung des Insolvenzverfahrens erbrachte Leistungen vgl. BFH v. 29.1.2009 V R 64/07, BStBl. II 2009, 682.

12.11.1997, XI R 30/97, BStBl. 1998 II S. 252). [7]Beim Kontokorrentverkehr ist das Entgelt mit der Anerkennung des Saldos am Ende eines Abrechnungszeitraums vereinnahmt. [8]Wird für eine Leistung ein Wechsel in Zahlung genommen, gilt das Entgelt erst mit dem Tag der Einlösung oder – bei Weitergabe – mit dem Tag der Gutschrift oder Wertstellung als vereinnahmt. [9]Ein Scheckbetrag ist grundsätzlich nicht erst mit Einlösung des Schecks, sondern bereits mit dessen Hingabe zugeflossen, wenn der sofortigen Vorlage des Schecks keine zivilrechtlichen Abreden entgegenstehen und wenn davon ausgegangen werden kann, dass die bezogene Bank im Falle der sofortigen Vorlage des Schecks den Scheckbetrag auszahlen oder gutschreiben wird (vgl. BFH-Urteil vom 20.3.2001, IX R 97/97, BStBl. II S. 482). [10]Die Abtretung einer Forderung an Zahlungs statt (§ 364 Abs. 1 BGB) führt im Zeitpunkt der Abtretung in Höhe des wirtschaftlichen Wertes, der der Forderung im Abtretungszeitpunkt zukommt, zu einem Zufluss. [11]Das Gleiche gilt bei einer zahlungshalber erfolgten Zahlungsabtretung (§ 364 Abs. 2 BGB), wenn eine fällige, unbestrittene und einziehbare Forderung vorliegt (vgl. BFH-Urteil vom 30.10.1980, IV R 97/78, BStBl. 1981 II S. 305). [12]Eine Aufrechnung ist im Zeitpunkt der Aufrechnungserklärung einer Zahlung gleichzusetzen (vgl. BFH-Urteil vom 19.4.1977, VIII R 119/75, BStBl. II S. 601).

(2) Führen Unternehmer, denen die Besteuerung nach vereinnahmten Entgelten gestattet worden ist, Leistungen an ihr Personal aus, für die kein besonderes Entgelt berechnet wird, entsteht die Steuer insoweit mit Ablauf des Voranmeldungszeitraums, in dem diese Leistungen ausgeführt worden sind.

(3)[1)] [1]Die im Zeitpunkt der Ausführung der Lieferung oder sonstigen Leistung geltenden Voraussetzungen für die Entstehung der Steuer bleiben auch dann maßgebend, wenn der Unternehmer von der Berechnung der Steuer nach vereinnahmten Entgelten zur Berechnung der Steuer nach vereinbarten Entgelten wechselt. [2]Für Umsätze, die in einem Besteuerungszeitraum ausgeführt wurden, für den dem Unternehmer die Berechnung der Steuer nach vereinnahmten Entgelten erlaubt war, gilt diese Besteuerung weiter, auch wenn in späteren Besteuerungszeiträumen ein Wechsel zur Sollversteuerung eintritt. [3]Danach entsteht die Steuer insoweit bei Vereinnahmung des Entgelts (vgl. BFH-Urteil vom 30.1.2003, V R 58/01, BStBl. II S. 817). [4]Im Falle eines bereits sollversteuerten Umsatzes bleibt der Zeitpunkt des Entstehens der Steuer auch dann unverändert, wenn der Unternehmer zur Ist-Versteuerung wechselt und das Entgelt noch nicht vereinnahmt hat.

13.7 Entstehung der Steuer in den Fällen des unrichtigen Steuerausweises

[1]In den Fällen des unrichtigen Steuerausweises (§ 14c Abs. 1 Satz 1 UStG, Abschnitt 14c.1) entsteht die Steuer nach § 13 Abs. 1 Nr. 3 UStG im Zeitpunkt der Ausgabe der Rechnung. [2]Weist der leistende Unternehmer oder der von ihm beauftragte Dritte in einer Rechnung über eine steuerpflichtige Leistung einen höheren Steuerbetrag aus, als der leistende Unternehmer nach

[1)] Zum rückwirkenden Wechsel von der Ist- zur Sollbesteuerung vgl. BFH v. 10.12.2008 XI R 1/08, BStBl. II 2009, 1026.

dem Gesetz schuldet, wird es aus Vereinfachungsgründen jedoch nicht beanstandet, wenn der Unternehmer den Mehrbetrag für den Voranmeldungszeitraum anmeldet, mit dessen Ablauf die Steuer für die zu Grunde liegende Leistung nach § 13 Abs. 1 Nr. 1 Buchstabe a oder b UStG entsteht.[1)]

Beispiel 1:

[1]Der Unternehmer U liefert im Voranmeldungszeitraum Januar 01 einen Rollstuhl (Position 8713 des Zolltarifs) für insgesamt 238 € und weist in der am 2. 2. 01 ausgegebenen Rechnung unter Anwendung des Steuersatzes 19 % eine darin enthaltene Umsatzsteuer in Höhe von 38 € gesondert aus.
[2]Die gesetzlich geschuldete Steuer in Höhe von 7 % entsteht mit Ablauf des Voranmeldungszeitraums Januar 01. [3]Der nach § 14c Abs. 1 Satz 1 UStG geschuldete Mehrbetrag entsteht im Zeitpunkt der Ausgabe der Rechnung im Februar 01. [4]Es wird jedoch nicht beanstandet, wenn der Unternehmer die in der Rechnung ausgewiesene Steuer in voller Höhe für den Voranmeldungszeitraum Januar 01 anmeldet.

13.8[2)] Entstehung der Steuer in den Fällen des § 3 Abs. 3a und § 18k UStG

[1]In den Fällen des § 3 Abs. 3a UStG entsteht die Steuer zu dem Zeitpunkt, zu dem die Zahlung angenommen wurde. [2]In den Fällen des § 18k UStG entsteht die Steuer mit Ablauf des Besteuerungszeitraums (Kalendermonat; § 16 Abs. 1e Satz 1 UStG), in dem die Lieferungen ausgeführt worden sind; die Gegenstände gelten als zu dem Zeitpunkt geliefert, zu dem die Zahlung angenommen wurde. [3]Der Zeitpunkt, zu dem die Zahlung angenommen wurde, ist der Zeitpunkt, zu dem die Zahlung bestätigt wurde oder die Zahlungsgenehmigungsmeldung oder eine Zahlungszusage des Erwerbers beim Lieferer, der die Gegenstände über eine elektronische Schnittstelle verkauft bzw. an dem besonderen Besteuerungsverfahren nach § 18k UStG teilnimmt, oder für dessen Rechnung eingeht, und zwar unabhängig davon, wann die tatsächliche Zahlung erfolgt, je nachdem, welcher Zeitpunkt der frühere ist (vgl. Artikel 41a MwStVO).[3)]

Zu § 13b UStG
(§ 30a UStDV)

13b.1 Leistungsempfänger als Steuerschuldner

(1)[4)] [1]Unternehmer und juristische Personen schulden als Leistungsempfänger für bestimmte an sie im Inland ausgeführte steuerpflichtige Umsätze die Steuer. [2]Dies gilt sowohl für im Inland ansässige als auch für im Ausland ansässige Leistungsempfänger. [3]Auch Kleinunternehmer (§ 19 UStG), pauschalversteuernde Land- und Forstwirte (§ 24 UStG) und Unternehmer, die

---

1) Siehe aber BFH v. 5.6.2014 XI R 44/12, BStBl. II 2016, 187, zur Anwendung der Mindestbemessungsgrundlage und zum Zeitpunkt der Steuerentstehung bei Nachberechnung.

2) A 13.8 UStAE eingef. durch BMF v. 1.4.2021, BStBl. I 2021, 629, anzuwenden mWv 1.7.2021.

3) **Steuergesetze** Nr. **550**.

4) A 13b.1 UStAE Abs. 1 Satz 4 Angabe geänd. durch BMF v. 23.12.2020, BStBl. I 2021, 92, anzuwenden auf nach dem 31.12.2020 ausgeführte Umsätze, mit Übergangsregelung **für nach dem 31.12.2020 und vor dem 1.4.2021** ausgeführte Leistungen, siehe Anlage 8.

ausschließlich steuerfreie Umsätze tätigen, schulden die Steuer. [4]Die Steuerschuldnerschaft erstreckt sich mit Ausnahme der in § 13b Abs. 5 Satz 11 UStG genannten Leistungen, die ausschließlich an den nichtunternehmerischen Bereich von juristischen Personen des öffentlichen Rechts erbracht werden, sowohl auf die Umsätze für den unternehmerischen als auch auf die Umsätze für den nichtunternehmerischen Bereich des Leistungsempfängers. [5]Zuständig für die Besteuerung dieser Umsätze ist das Finanzamt, bei dem der Leistungsempfänger als Unternehmer umsatzsteuerlich erfasst ist. [6]Für juristische Personen ist das Finanzamt zuständig, in dessen Bezirk sie ihren Sitz haben.

(2) [1]Für folgende steuerpflichtige Umsätze schuldet der Leistungsempfänger die Steuer:

1. Nach § 3a Abs. 2 UStG im Inland steuerpflichtige sonstige Leistungen eines im übrigen Gemeinschaftsgebiet ansässigen Unternehmers (§ 13b Abs. 1 UStG).
2. Werklieferungen im Ausland ansässiger Unternehmer (§ 13b Abs. 2 Nr. 1 UStG).

Beispiel:

[1]Der in Kiel ansässige Bauunternehmer U hat den Auftrag erhalten, in Flensburg ein Geschäftshaus zu errichten. [2]Lieferung und Einbau der Fenster lässt U von seinem dänischen Subunternehmer D aus Kopenhagen ausführen.

[3]Der im Ausland ansässige Unternehmer D erbringt im Inland eine steuerpflichtige Werklieferung an U (§ 3 Abs. 4 und 7 Satz 1 UStG). [4]Die Umsatzsteuer für diese Werklieferung schuldet U (§ 13b Abs. 5 Satz 1 in Verbindung mit Abs. 2 Nr. 1 UStG).

3. Sonstige Leistungen im Ausland ansässiger Unternehmer (§ 13b Abs. 2 Nr. 1 UStG).

Beispiel:

[1]Der in Frankreich ansässige Architekt F plant für den in Stuttgart ansässigen Unternehmer U die Errichtung eines Gebäudes in München.

[2]Der im Ausland ansässige Unternehmer F erbringt im Inland steuerpflichtige Leistungen an U (§ 3a Abs. 3 Nr. 1 UStG). [3]Die Umsatzsteuer für diese Leistung schuldet U (§ 13b Abs. 5 Satz 1 in Verbindung mit Abs. 2 Nr. 1 UStG).

4.[1)] [1]Lieferungen von sicherungsübereigneten Gegenständen durch den Sicherungsgeber an den Sicherungsnehmer außerhalb des Insolvenzverfahrens (§ 13b Abs. 2 Nr. 2 UStG). [2]§ 13b Abs. 2 Nr. 2 und Abs. 5 Sätze 1 und 7 bis 9 UStG findet keine Anwendung, wenn ein sicherungsübereigneter Gegenstand vom Sicherungsgeber unter den Voraussetzungen des § 25a UStG geliefert wird.

Beispiel:

[1]Für den Unternehmer U in Leipzig finanziert eine Bank B in Dresden die Anschaffung eines PKW. [2]Bis zur Rückzahlung des Darlehens lässt sich B den PKW zur Sicherheit übereignen. [3]Da U seinen Zahlungsverpflichtungen nicht nachkommt, verwertet B den PKW durch Veräußerung an einen privaten Abnehmer A.

[1)] A 13b.1 UStAE Abs. 2 Satz 1 Nr. 4 Satz 2 Angabe geänd. durch BMF v. 23.12.2020, BStBl. I 2021, 92, anzuwenden auf nach dem 31.12.2020 ausgeführte Umsätze, mit Übergangsregelung für **nach dem 31.12.2020 und vor dem 1.4.2021** ausgeführte Leistungen, siehe Anlage 8.

[4] Mit der Veräußerung des PKW durch B liegen eine Lieferung des U (Sicherungsgeber) an B (Sicherungsnehmer) sowie eine Lieferung von B an A vor (vgl. Abschnitt 1.2 Abs. 1). [5] Für die Lieferung des U schuldet B als Leistungsempfänger die Umsatzsteuer (§ 13b Abs. 5 Satz 1 in Verbindung mit Abs. 2 Nr. 2 UStG).

5. [1] Umsätze, die unter das GrEStG[1)] fallen (§ 13b Abs. 2 Nr. 3 UStG). [2] Zu den Umsätzen, die unter das GrEStG fallen, vgl. Abschnitt 4.9.1. [3] Hierzu gehören insbesondere:
   – die Umsätze von unbebauten und bebauten Grundstücken und
   – die Bestellung und Übertragung von Erbbaurechten gegen Einmalzahlung oder regelmäßig wiederkehrende Erbbauzinsen.

   [4] Da die Umsätze, die unter das GrEStG fallen, nach § 4 Nr. 9 Buchstabe a UStG steuerfrei sind, ist für die Anwendung der Steuerschuldnerschaft des Leistungsempfängers (Abnehmers) erforderlich, dass ein wirksamer Verzicht auf die Steuerbefreiung (Option) durch den Lieferer vorliegt (vgl. Abschnitte 9.1 und 9.2 Abs. 8 und 9).

   Beispiel:

   [1] Der Unternehmer U in Berlin ist Eigentümer eines Werkstattgebäudes, dessen Errichtung mit Darlehen einer Bank B finanziert wurde. [2] Da U seine Zahlungsverpflichtungen nicht erfüllt, betreibt B die Zwangsversteigerung des Grundstückes. [3] Den Zuschlag erhält der Unternehmer E. [4] Auf die Steuerbefreiung der Grundstückslieferung (§ 4 Nr. 9 Buchstabe a UStG) verzichtet U rechtzeitig (§ 9 Abs. 3 Satz 1 UStG).

   [5] Mit dem Zuschlag in der Zwangsversteigerung erbringt U an E eine steuerpflichtige Lieferung. [6] E schuldet als Leistungsempfänger die Umsatzsteuer (§ 13b Abs. 5 Satz 1 in Verbindung mit Abs. 2 Nr. 3 UStG).

6. [1] Bauleistungen, einschließlich Werklieferungen und sonstigen Leistungen im Zusammenhang mit Grundstücken, die der Herstellung, Instandsetzung, Instandhaltung, Änderung oder Beseitigung von Bauwerken dienen, mit Ausnahmen von Planungs- und Überwachungsleistungen (§ 13b Abs. 2 Nr. 4 Satz 1 UStG). [2] Als Grundstücke gelten insbesondere auch Sachen, Ausstattungsgegenstände und Maschinen, die auf Dauer in einem Gebäude oder Bauwerk installiert sind und die nicht bewegt werden können, ohne das Gebäude oder Bauwerk zu zerstören oder zu verändern (§ 13b Abs. 2 Nr. 4 Satz 2 UStG). [3] Die Veränderung muss dabei erheblich sein; Abschnitt 3a.3 Abs. 2 Satz 3 vierter Spiegelstrich Satz 2 gilt entsprechend. [4] § 13b Abs. 2 Nr. 1 UStG bleibt unberührt.
7. Lieferungen
   a) der in § 3g Abs. 1 Satz 1 UStG genannten Gegenstände eines im Ausland ansässigen Unternehmers unter den Bedingungen des § 3g UStG (vgl. Abschnitt 3g.1) und
   b) von Gas über das Erdgasnetz und von Elektrizität, die nicht unter Buchstabe a fallen.
8. [1] Übertragung von Berechtigungen nach § 3 Nr. 3 des Treibhausgas-Emissionshandelsgesetzes vom 21.7.2011 (BGBl. I S. 1475), Emissionsreduktionseinheiten nach § 2 Nr. 20 des Projekt-Mechanismen-Gesetzes, zertifizierten Emissionsreduktionen nach § 2 Nr. 21 des Projekt-Mecha-

---

[1)] **Steuergesetze** Nr. **600.**

nismen-Gesetzes sowie Gas- und Elektrizitätszertifikaten (§ 13b Abs. 2 Nr. 6 UStG). [2] Zu den Elektrizitätszertifikaten gehören insbesondere Herkunftsnachweise nach § 79 Erneuerbare-Energien-Gesetz und Regionalnachweise nach § 79a Erneuerbare-Energien-Gesetz.

9.[1)] [1] Lieferungen der in der Anlage 3 des UStG bezeichneten Gegenstände (§ 13b Abs. 2 Nr. 7 UStG). [2] § 13b Abs. 2 Nr. 7 und Abs. 5 Sätze 1 und 7 bis 9 UStG findet keine Anwendung, wenn ein in der Anlage 3 bezeichneter Gegenstand von dem liefernden Unternehmer unter den Voraussetzungen des § 25a UStG geliefert wird.

10. [1] Reinigen von Gebäuden und Gebäudeteilen (§ 13b Abs. 2 Nr. 8 UStG). [2] § 13b Abs. 2 Nr. 1 bleibt unberührt.

11.[1)] [1] Lieferungen von Gold mit einem Feingehalt von mindestens 325 Tausendstel, in Rohform oder als Halbzeug (aus Position 7108 des Zolltarifs) und von Goldplattierungen mit einem Goldfeingehalt von mindestens 325 Tausendstel (aus Position 7109) (§ 13b Abs. 2 Nr. 9 UStG). [2] § 13b Abs. 2 Nr. 9 und Abs. 5 Sätze 1 und 7 bis 9 UStG findet keine Anwendung, wenn ein in § 13b Abs. 2 Nr. 9 UStG bezeichneter Gegenstand von dem liefernden Unternehmer unter den Voraussetzungen des § 25a UStG geliefert wird.

12.[1)] [1] Lieferungen von Mobilfunkgeräten, Tablet-Computern und Spielekonsolen sowie von integrierten Schaltkreisen vor Einbau in einen zur Lieferung auf der Einzelhandelsstufe geeigneten Gegenstand, wenn die Summe der für sie in Rechnung zu stellenden Entgelte im Rahmen eines wirtschaftlichen Vorgangs mindestens 5000 € beträgt; nachträgliche Minderungen des Entgelts bleiben dabei unberücksichtigt (§ 13b Abs. 2 Nr. 10 UStG). [2] § 13b Abs. 2 Nr. 10 und Abs. 5 Sätze 1 und 7 bis 9 UStG findet keine Anwendung, wenn ein in § 13b Abs. 2 Nr. 10 UStG bezeichneter Gegenstand von dem liefernden Unternehmer unter den Voraussetzungen des § 25a UStG geliefert wird.

13.[1)] [1] Lieferungen der in der Anlage 4 des UStG bezeichneten Gegenstände, wenn die Summe der für sie in Rechnung zu stellenden Entgelte im Rahmen eines wirtschaftlichen Vorgangs mindestens 5000 € beträgt; nachträgliche Minderungen des Entgelts bleiben dabei unberücksichtigt (§ 13b Abs. 2 Nr. 11 UStG). [2] § 13b Abs. 2 Nr. 11 und Abs. 5 Sätze 1 und 7 bis 9 UStG findet keine Anwendung, wenn ein in der Anlage 4 bezeichneter Gegenstand von dem liefernden Unternehmer unter den Voraussetzungen des § 25a UStG geliefert wird.

14.[1)] [1] Sonstige Leistungen auf dem Gebiet der Telekommunikation (§ 13b Abs. 2 Nr. 12 Satz 1 UStG). [2] § 13b Abs. 2 Nr. 1 UStG bleibt unberührt.

[1)] A 13b.1 UStAE Abs. 2 Satz 1 Nrn. 9 Satz 2, 11 Satz 2, 12 Satz 2 und 13 Satz 2 Angabe geänd., Nr. 14 angef. durch BMF v. 23.12.2020, BStBl. I 2021, 92, anzuwenden auf nach dem 31.12.2020 ausgeführte Umsätze, mit Übergangsregelung für **nach dem 31.12.2020 und vor dem 1.4.2021** ausgeführte Leistungen, siehe Anlage 8.

[2] Der Leistungsempfänger schuldet die Steuer auch beim Tausch und bei tauschähnlichen Umsätzen.

13b.2 Bauleistungen

(1) [1] Der Begriff des Bauwerks (vgl. Abschnitt 13b.1 Abs. 2 Nr. 6) ist weit auszulegen und umfasst nicht nur Gebäude, sondern darüber hinaus sämtliche irgendwie mit dem Erdboden verbundene oder infolge ihrer eigenen Schwere auf ihm ruhende, aus Baustoffen oder Bauteilen hergestellte Anlagen (z. B. Brücken, Straßen oder Tunnel, Versorgungsleitungen, Schiffshebewerke, Windkraftanlagen). [2] In jedem Fall gelten die in Abschnitt 3a.3 Abs. 2 Satz 3 Spiegelstriche 2 bis 4 genannten Grundstücke als Bauwerke im Sinne des § 13b Abs. 2 Nr. 4 UStG.

(2) *(aufgehoben)*

(3) [1] Eine Bauleistung muss sich unmittelbar auf die Substanz des Bauwerks auswirken, d. h. es muss eine Substanzerweiterung, Substanzverbesserung, Substanzbeseitigung oder Substanzerhaltung bewirkt werden. [2] Hierzu zählen auch Erhaltungsaufwendungen (z. B. Reparaturleistungen); vgl. hierzu aber Absatz 7 Nr. 15.

(4) [1] Werden im Rahmen eines Vertragsverhältnisses mehrere Leistungen erbracht, bei denen es sich teilweise um Bauleistungen handelt, kommt es darauf an, welche Leistung im Vordergrund steht, also der vertraglichen Beziehung das Gepräge gibt. [2] Die Leistung fällt nur dann – insgesamt – unter § 13b Abs. 2 Nr. 4 Satz 1 UStG, wenn die Bauleistung als Hauptleistung anzusehen ist. [3] Ein auf einem Gesamtvertrag beruhendes Leistungsverhältnis ist jedoch aufzuteilen, wenn hierin mehrere ihrem wirtschaftlichen Gehalt nach selbständige und von einander unabhängige Einzelleistungen zusammengefasst werden (vgl. BFH-Urteil vom 24.11.1994, V R 30/92, BStBl. 1995 II S. 151).

(5) Zu den Bauleistungen gehören insbesondere auch:

1. Der Einbau von Fenstern, Türen, Bodenbelägen, Aufzügen, Rolltreppen und Heizungsanlagen sowie die Errichtung von Dächern und Treppenhäusern;
2. [1] die Werklieferungen oder der Einbau von Ausstattungsgegenständen oder Maschinenanlagen, sofern diese sich unmittelbar auf die Substanz des Bauwerks auswirken (vgl. Absatz 3). [2] Dies ist der Fall, wenn die Ausstattungsgegenstände oder Maschinenanlagen auf Dauer in einem Gebäude oder Bauwerk installiert sind und nicht bewegt werden können, ohne das Gebäude oder Bauwerk zu zerstören oder erheblich zu verändern; Abschnitt 3a.3 Abs. 2 Satz 3 vierter Spiegelstrich Satz 2 gilt entsprechend;

3., 4. *(aufgehoben)*

5. Erdarbeiten im Zusammenhang mit der Erstellung eines Bauwerks;
6. [1] EDV- oder Telefonanlagen, die fest mit dem Bauwerk verbunden sind, in das sie eingebaut werden. [2] Die Lieferung von Endgeräten allein ist dagegen keine Bauleistung;
7. die Dachbegrünung eines Bauwerks;

8.[1] der Hausanschluss durch Versorgungsunternehmen (die Hausanschlussarbeiten umfassen regelmäßig Erdarbeiten, Mauerdurchbruch, Installation der Hausanschlüsse und Verlegung der Hausanschlussleitungen vom Netz des Versorgungsunternehmens zum Hausanschluss), wenn es sich um eine eigenständige Leistung handelt;

9. [1] künstlerische Leistungen an Bauwerken, wenn sie sich unmittelbar auf die Substanz auswirken und der Künstler auch die Ausführung des Werks als eigene Leistung schuldet. [2] Stellt der Künstler lediglich Ideen oder Planungen zur Verfügung oder überwacht er die Ausführung des von einem Dritten geschuldeten Werks durch einen Unternehmer, liegt keine Bauleistung vor;

10. [1] ein Reinigungsvorgang, bei dem die zu reinigende Oberfläche verändert wird. [2] Dies gilt z. B. für eine Fassadenreinigung, bei der die Oberfläche abgeschliffen oder mit Sandstrahl bearbeitet wird;

11. Werklieferungen von Photovoltaikanlagen, die auf oder an einem Gebäude oder Bauwerk installiert werden (z. B. dachintegrierte Anlagen, Auf-Dach-Anlagen oder Fassadenmontagen) oder mit dem Grund und Boden auf Dauer fest verbunden werden (Freiland-Photovoltaikanlagen).

(6) [1] Von den Bauleistungen ausgenommen sind nach § 13b Abs. 2 Nr. 4 Satz 1 UStG ausdrücklich Planungs- und Überwachungsleistungen. [2] Hierunter fallen ausschließlich planerische Leistungen (z. B. von Statikern, Architekten, Garten- und Innenarchitekten, Vermessungs-, Prüf- und Bauingenieuren), Labordienstleistungen (z. B. chemische Analyse von Baustoffen) oder reine Leistungen zur Bauüberwachung, zur Prüfung von Bauabrechnungen und zur Durchführung von Ausschreibungen und Vergaben.

(7) Insbesondere folgende Leistungen fallen nicht unter die in § 13b Abs. 2 Nr. 4 Satz 1 UStG genannten Umsätze:

1. Materiallieferungen (z. B. durch Baustoffhändler oder Baumärkte), auch wenn der liefernde Unternehmer den Gegenstand der Lieferung im Auftrag des Leistungsempfängers herstellt, nicht aber selbst in ein Bauwerk einbaut;
2. [1] Lieferungen einzelner Maschinen, die vom liefernden Unternehmer im Auftrag des Abnehmers auf ein Fundament gestellt werden. [2] Stellt der liefernde Unternehmer das Fundament oder die Befestigungsvorrichtung allerdings vor Ort selbst her, ist nach den Grundsätzen in Absatz 4 zu entscheiden, ob es sich um eine Bauleistung handelt;
3. [1] Anliefern von Beton. [2] Wird Beton geliefert und durch Personal des liefernden Unternehmers an der entsprechenden Stelle des Bauwerks lediglich abgelassen oder in ein gesondertes Behältnis oder eine Verschalung eingefüllt, liegt eine Lieferung, aber keine Werklieferung, und somit keine Bauleistung vor. [3] Dagegen liegt eine Bauleistung vor, wenn der liefernde Unternehmer den Beton mit eigenem Personal fachgerecht verarbeitet;
4. Lieferungen von Wasser und Energie;
5. [1] Zurverfügungstellen von Betonpumpen und anderen Baugeräten. [2] Das Zurverfügungstellen von Baugeräten ist dann eine Bauleistung, wenn gleichzeitig Personal für substanzverändernde Arbeiten zur Verfügung gestellt wird.

---

[1] Vgl. hierzu BMF v. 4.2.2021, BStBl. I 2021, 312.

[3]Zu den Baugeräten gehören auch Großgeräte wie Krane oder selbstfahrende Arbeitsmaschinen. [4]Das reine Zurverfügungstellen (Vermietung) von Kranen – auch mit Personal – stellt keine Bauleistung dar. [5]Eine Bauleistung liegt auch dann nicht vor, wenn Leistungsinhalt ist, einen Kran an die Baustelle zu bringen, diesen aufzubauen und zu bedienen und nach Weisung des Anmietenden bzw. dessen Erfüllungsgehilfen Güter am Haken zu befördern. [6]Ebenso liegt keine Bauleistung vor, wenn ein Baukran mit Personal vermietet wird und die mit dem Kran bewegten Materialien vom Personal des Auftraggebers befestigt oder mit dem Bauwerk verbunden werden, da nicht vom Personal des Leistungserbringers in die Substanz des Bauwerks eingegriffen wird;

6. Aufstellen von Material- und Bürocontainern, mobilen Toilettenhäusern;
7. Entsorgung von Baumaterialien (Schuttabfuhr durch Abfuhrunternehmer);
8. Aufstellen von Messeständen;
9. Gerüstbau;
10. [1]Anlegen von Bepflanzungen und deren Pflege (z.B. Bäume, Gehölze, Blumen, Rasen) mit Ausnahme von Dachbegrünungen. [2]Nicht zu den Bauleistungen im Zusammenhang mit einem Bauwerk gehören das Anlegen von Gärten und von Wegen in Gärten, soweit dabei keine Bauwerke hergestellt, instand gesetzt, geändert oder beseitigt werden, die als Hauptleistung anzusehen sind. [3]Das Anschütten von Hügeln und Böschungen sowie das Ausheben von Gräben und Mulden zur Landschaftsgestaltung sind ebenfalls keine Bauleistungen;
11. [1]Aufhängen und Anschließen von Beleuchtungen sowie das Anschließen von Elektrogeräten. [2]Dagegen ist die Installation einer Lichtwerbeanlage und die Montage und das Anschließen von Beleuchtungssystemen, z.B. in Kaufhäusern oder Fabrikhallen, eine Bauleistung;
12. [1]als Verkehrssicherungsleistungen bezeichnete Leistungen (Auf- und Abbau, Vorhaltung, Wartung und Kontrolle von Verkehrseinrichtungen, unter anderem Absperrgeräte, Leiteinrichtungen, Blinklicht- und Lichtzeichenanlagen, Aufbringung von vorübergehenden Markierungen, Lieferung und Aufstellen von transportablen Verkehrszeichen, Einsatz von fahrbaren Absperrtafeln und die reine Vermietung von Verkehrseinrichtungen und Bauzäunen). [2]Dagegen sind das Aufbringen von Endmarkierungen (sog. Weißmarkierungen) sowie das Aufstellen von Verkehrszeichen und Verkehrseinrichtungen, die dauerhaft im öffentlichen Verkehrsraum verbleiben, Bauleistungen, wenn es sich um jeweils eigenständige Leistungen handelt;
13. die Arbeitnehmerüberlassung, auch wenn die überlassenen Arbeitnehmer für den Entleiher Bauleistungen erbringen, unabhängig davon, ob die Leistungen nach dem Arbeitnehmerüberlassungsgesetz erbracht werden oder nicht;
14. die bloße Reinigung von Räumlichkeiten oder Flächen, z.B. von Fenstern;
15.[1)] [1]Reparatur- und Wartungsarbeiten an Bauwerken oder Teilen von Bauwerken, wenn das (Netto-)Entgelt für den einzelnen Umsatz nicht mehr als 500 € beträgt. [2]Wartungsleistungen an Bauwerken oder Teilen von

[1)] Vgl. detaillierte Übersicht in der Vfg. OFD Ffm v. 10.10.2012 – S 7279 A-14-St 113, DStR 2013, 363.

Bauwerken, die einen Nettowert von 500 € übersteigen, sind nur dann als Bauleistungen zu behandeln, wenn Teile verändert, bearbeitet oder ausgetauscht werden;

16. Luftdurchlässigkeitsmessungen an Gebäuden, die für die Erfüllung von *§ 6 EnEV*[1]) *und Anlage 4 zur EnEV* durchgeführt werden, da sich diese Leistungen nicht auf die Substanz eines Gebäudes auswirken;
17. [1] Bebauung von eigenen Grundstücken zum Zwecke des Verkaufs; insoweit liegt eine Lieferung und keine Werklieferung vor. [2] Dies gilt auch dann, wenn die Verträge mit den Abnehmern bereits zu einem Zeitpunkt geschlossen werden, in dem diese noch Einfluss auf die Bauausführung und Baugestaltung – unabhängig vom Umfang – nehmen können.

13b.3 Bauleistender Unternehmer als Leistungsempfänger

(1) [1] Werden Bauleistungen von einem im Inland ansässigen Unternehmer im Inland erbracht, ist der Leistungsempfänger nur dann Steuerschuldner, wenn er Unternehmer ist und selbst Bauleistungen erbringt, unabhängig davon, ob er sie für eine von ihm erbrachte Bauleistung verwendet (§ 13b Abs. 5 Satz 2 UStG). [2] Der Leistungsempfänger muss derartige Bauleistungen nachhaltig erbringen oder erbracht haben. [3] Die Steuerschuldnerschaft des Leistungsempfängers gilt deshalb vor allem nicht für Nichtunternehmer sowie für Unternehmer mit anderen als den vorgenannten Umsätzen, z. B. Baustoffhändler, die ausschließlich Baumaterial liefern, oder Unternehmer, die ausschließlich Lieferungen erbringen, die unter das GrEStG fallen.

(2) [1] Ein Unternehmer erbringt zumindest dann nachhaltig Bauleistungen, wenn er mindestens 10 % seines Weltumsatzes (Summe seiner im Inland steuerbaren und nicht steuerbaren Umsätze) als Bauleistungen erbringt. [2] Unternehmer, die Bauleistungen unterhalb dieser Grenze erbringen, sind danach grundsätzlich keine bauleistenden Unternehmer. [3] Hat der Unternehmer zunächst keine Bauleistungen ausgeführt oder nimmt er seine Tätigkeit in diesem Bereich erst auf, ist er – abweichend von Absatz 1 – auch schon vor der erstmaligen Erbringung von Bauleistungen als bauleistender Unternehmer anzusehen, wenn er nach außen erkennbar mit ersten Handlungen zur nachhaltigen Erbringung von Bauleistungen begonnen hat und die Bauleistungen voraussichtlich mehr als 10 % seines Weltumsatzes im Sinne des Satzes 1 betragen werden.

(3) [1] Es ist davon auszugehen, dass die Voraussetzung nach Absatz 2 erfüllt ist, wenn dem Unternehmer das nach den abgabenrechtlichen Vorschriften für die Besteuerung seiner Umsätze zuständige Finanzamt auf Antrag oder von Amts wegen eine im Zeitpunkt der Ausführung des Umsatzes gültige Bescheinigung nach dem Vordruckmuster USt 1 TG erteilt hat; hinsichtlich dieses Musters wird auf das BMF-Schreiben vom 5.11.2019, BStBl. I S. 1041, verwiesen. [2] Zur Erteilung dieser Bescheinigung sind die Voraussetzungen in geeigneter Weise glaubhaft zu machen. [3] Aus Vereinfachungsgründen kann auf den Weltumsatz des im Zeitpunkt der Ausstellung der Bescheinigung ab-

---

[1]) Energieeinsparverordnung v. 24.7.2007, BGBl. I 2007, 1519, aufgeh. und ersetzt durch GebäudeenergieG (GEG) v. 8.8.2020, BGBl. I 2020, 1728, mWv 1.11.2020 (**Sartorius Ergänzungsband** Nr. **832a**).

gelaufenen Besteuerungszeitraums abgestellt werden, für den dem Finanzamt bereits Umsatzsteuer-Voranmeldungen bzw. Umsatzsteuererklärungen für das Kalenderjahr vorliegen. [4]In den Fällen des Absatzes 2 Satz 3 muss glaubhaft gemacht werden, dass der Umfang der ausgeführten Bauleistungen zukünftig die 10%-Grenze nach Absatz 2 Satz 1 überschreiten wird.

(4) Die Gültigkeitsdauer der Bescheinigung nach Absatz 3 Satz 1 ist auf längstens drei Jahre zu beschränken; sie kann nur mit Wirkung für die Zukunft widerrufen oder zurückgenommen werden.

(5) [1]Hat das Finanzamt dem Unternehmer eine Bescheinigung nach dem Vordruckmuster USt 1 TG ausgestellt, ist er auch dann als Leistungsempfänger Steuerschuldner, wenn er diesen Nachweis gegenüber dem leistenden Unternehmer nicht – im Original oder in Kopie – verwendet oder sich herausstellt, dass der Unternehmer tatsächlich nicht mindestens 10% seines Weltumsatzes nach Absatz 1 Satz 1 als Bauleistungen erbringt oder erbracht hat. [2]Wurde die Bescheinigung mit Wirkung für die Zukunft widerrufen oder zurückgenommen, und erbringt der Leistungsempfänger nicht nachhaltig Bauleistungen, schuldet der leistende Unternehmer dann die Steuer, wenn er hiervon Kenntnis hatte oder hätte haben können. [3]Hatte der leistende Unternehmer in diesen Fällen keine Kenntnis oder hat er keine Kenntnis haben können, wird es beim leistenden Unternehmer und beim Leistungsempfänger nicht beanstandet, wenn beide einvernehmlich von einer Steuerschuldnerschaft des Leistungsempfängers ausgehen und durch diese Handhabung keine Steuerausfälle entstehen; dies gilt dann als erfüllt, wenn der Umsatz vom Leistungsempfänger in zutreffender Höhe versteuert wird.

(6)[1)] [1]Arbeitsgemeinschaften (ARGE) sind auch dann als Leistungsempfänger Steuerschuldner, wenn sie nur eine Bauleistung als Gesamtleistung erbringen. [2]Dies gilt bereits für den Zeitraum, in dem sie noch keinen Umsatz erbracht haben. [3]Soweit Gesellschafter einer ARGE Bauleistungen an die ARGE erbringen, ist die ARGE als Leistungsempfänger Steuerschuldner. [4]Bestehen Zweifel, ob die Leistung an die ARGE eine Bauleistung ist, kann § 13b Abs. 5 Satz 8 UStG (vgl. Abschnitt 13b.8) angewendet werden.

(7)[2)] [1]Erbringt bei einem Organschaftsverhältnis nur ein Teil des Organkreises (z. B. der Organträger oder eine Organgesellschaft) nachhaltig Bauleistungen, ist der Organträger nur für die Bauleistungen Steuerschuldner, die an diesen Teil des Organkreises erbracht werden. [2]Die Absätze 1 bis 5 sind auf den jeweiligen Unternehmensteil entsprechend anzuwenden. [3]Bei der Berechnung der 10%-Grenze sind nur die Bemessungsgrundlagen der Umsätze zu berücksichtigen, die dieser Teil des Organkreises erbracht hat; nicht steuerbare Innenumsätze sind dabei unbeachtlich. [4]Die Bescheinigung nach dem Vordruckmuster USt 1 TG stellt das für den Organkreis für Zwecke der Umsatzsteuer zuständige Finanzamt für alle im Inland gelegenen Unternehmens-

---

[1)] A 13b.3 UStAE Abs. 6 Satz 4 Angabe geänd. durch BMF v. 23.12.2020, BStBl. I 2021, 92, anzuwenden auf nach dem 31.12.2020 ausgeführte Umsätze, mit Übergangsregelung für **nach dem 31.12.2020 und vor dem 1.4.2021** ausgeführte Leistungen, siehe Anlage 8.

[2)] A 13b.3 UStAE Abs. 7 Sätze 4 bis 6 angef. durch BMF v. 10.2.2021, BStBl. I 2021, 314; Satz 3 neugef. durch BMF v. 27.9.2021, BStBl. I 2021, 1856, anzuwenden in allen offenen Fällen.

teile im Sinne des Abschnitts 2.9 Abs. 3 bis 5 auf Antrag oder von Amts wegen aus. [5]Der Antrag im Sinne des Satzes 4 ist von dem Organträger zu stellen; Abschnitt 2.9 Abs. 6 und 7 gilt entsprechend. [6]Der Antrag hat folgende Informationen zu enthalten:

– Steuernummer, unter der der Organkreis im Inland für Zwecke der Umsatzsteuer geführt wird,
– Name und Anschrift des Organträgers; im Falle der Ansässigkeit des Organträgers im Ausland zusätzlich Name und Anschrift des im Inland gelegenen wirtschaftlich bedeutendsten Unternehmensteils,
– Name und Anschrift der betreffenden Organgesellschaft bzw. im Inland gelegenen Betriebsstätte,
– Steuernummer, unter der die betreffende Organgesellschaft bzw. im Inland gelegene Betriebsstätte ertragsteuerlich geführt wird,
– Bezeichnung des zuständigen Finanzamts, bei dem die betreffende Organgesellschaft bzw. im Inland gelegene Betriebsstätte ertragsteuerlich geführt wird.

(8) [1]Bauträger, die ausschließlich eigene Grundstücke zum Zwecke des Verkaufs bebauen, führen eine bloße Grundstückslieferung mit der Folge aus, dass sie für an sie erbrachte, in § 13b Abs. 2 Nr. 4 Satz 1 UStG genannte Leistungen grundsätzlich nicht Steuerschuldner nach § 13b Abs. 5 Satz 2 UStG sind; § 13b Abs. 2 Nr. 1 und Abs. 5 Satz 1 erster Halbsatz UStG sowie die Absätze 3 und 5 bleiben unberührt. [2]Dies gilt auch dann, wenn die entsprechenden Kaufverträge mit den Kunden bereits zu einem Zeitpunkt geschlossen werden, in dem der Kunde noch Einfluss auf die Bauausführung und Baugestaltung – unabhängig vom Umfang – nehmen kann, unabhängig davon, ob dieser Umsatz steuerpflichtig ist oder unter die Steuerbefreiung nach § 4 Nr. 9 Buchstabe a UStG fällt (vgl. Abschnitt 13b.2 Abs. 7 Nr. 17). [3]Bei Unternehmern (Bauträgern), die sowohl Umsätze erbringen, die unter das GrEStG fallen, als auch, z. B. als Generalunternehmer, Bauleistungen im Sinne von § 13b Abs. 2 Nr. 4 Satz 1 UStG, sind die allgemeinen Grundsätze der Absätze 1 bis 7 anzuwenden.

(9) [1]Wohnungseigentümergemeinschaften sind für Bauleistungen als Leistungsempfänger nicht Steuerschuldner, wenn diese Leistungen als nach § 4 Nr. 13 UStG steuerfreie Leistungen der Wohnungseigentümergemeinschaften an die einzelnen Wohnungseigentümer weitergegeben werden. [2]Dies gilt auch dann, wenn die Wohnungseigentümergemeinschaft derartige Umsätze nach § 9 Abs. 1 UStG als steuerpflichtig behandelt.

(10) Es ist nicht erforderlich, dass die an den Leistungsempfänger erbrachten Bauleistungen mit von ihm erbrachten Bauleistungen unmittelbar zusammenhängen.

Beispiel:

[1]Der Bauunternehmer A beauftragt den Unternehmer B mit dem Einbau einer Heizungsanlage in sein Bürogebäude. [2]A bewirkt nachhaltig Bauleistungen.

[3]Der Einbau der Heizungsanlage durch B ist eine unter § 13b Abs. 2 Nr. 4 Satz 1 und Abs. 5 Satz 2 UStG fallende Werklieferung. [4]Für diesen Umsatz ist A Steuerschuldner, da er selbst nachhaltig Bauleistungen erbringt. [5]Unbeachtlich ist, dass der von B erbrachte Umsatz nicht mit den Ausgangsumsätzen des A in unmittelbarem Zusammenhang steht.

(11) Die Steuerschuldnerschaft des Leistungsempfängers nach § 13b Abs. 2 Nr. 4 Satz 1 UStG ist von Personengesellschaften (z. B. KG, GbR) und Ka-

pitalgesellschaften (AG, GmbH) nicht anzuwenden, wenn ein Unternehmer eine Bauleistung für den privaten Bereich eines (Mit-)Gesellschafters oder Anteilseigners erbringt, da es sich hierbei um unterschiedliche Personen handelt.

(12)[1)] [1]Erfüllt der Leistungsempfänger die Voraussetzungen des § 13b Abs. 5 Satz 2 UStG, ist er auch dann Steuerschuldner, wenn die Leistung für den nichtunternehmerischen Bereich erbracht wird (§ 13b Abs. 5 Satz 7 UStG). [2]Ausgenommen hiervon sind Bauleistungen, die ausschließlich an den nichtunternehmerischen Bereich von juristischen Personen des öffentlichen Rechts erbracht werden, auch wenn diese im Rahmen von Betrieben gewerblicher Art unternehmerisch tätig sind und nachhaltig Bauleistungen erbringen (vgl. § 13b Abs. 5 Satz 11 UStG). [3]Absatz 1 ist auf den jeweiligen Betrieb gewerblicher Art einer juristischen Person des öffentlichen Rechts entsprechend anzuwenden, der Bauleistungen erbringt.

(13) Erbringt ein Unternehmer eine Leistung, die keine Bauleistung ist, und bezeichnet er sie dennoch in der Rechnung als Bauleistung, ist der Leistungsempfänger für diesen Umsatz nicht Steuerschuldner nach § 13b Abs. 5 UStG.

13b.3a Lieferungen von Gas, Elektrizität, Wärme oder Kälte

(1) [1]Die Steuerschuldnerschaft des Leistungsempfängers nach § 13b Abs. 2 Nr. 5 Buchstabe a in Verbindung mit Abs. 5 Satz 1 zweiter Halbsatz UStG gilt für Lieferungen von Gas über das Erdgasnetz, von Elektrizität sowie von Wärme und Kälte über ein Wärme- oder Kältenetz durch einen im Ausland ansässigen Unternehmer an einen anderen Unternehmer unter den Bedingungen des § 3g UStG. [2]Zu den Bedingungen nach § 3g UStG vgl. Abschnitt 3g.1 Abs. 1 bis 3.

(2) [1]Bei Lieferungen von Gas über das Erdgasnetz durch einen im Inland ansässigen Unternehmer ist der Leistungsempfänger Steuerschuldner nach § 13b Abs. 2 Nr. 5 Buchstabe b in Verbindung mit Abs. 5 Satz 3 UStG, wenn er ein Wiedereinkäufer von Erdgas im Sinne des § 3g UStG ist. [2]Bei Lieferungen von Elektrizität durch einen im Inland ansässigen Unternehmer ist der Leistungsempfänger Steuerschuldner nach § 13b Abs. 2 Nr. 5 Buchstabe b in Verbindung mit Abs. 5 Satz 4 UStG, wenn er und der liefernde Unternehmer Wiederverkäufer von Elektrizität im Sinne des § 3g Abs. 1 UStG sind. [3]Betreiber von dezentralen Stromgewinnungsanlagen (z. B. Photovoltaik- bzw. Windkraftanlagen, Biogas-Blockheizkraftwerke) sind regelmäßig keine Wiederverkäufer von Elektrizität im Sinne des § 3g UStG (vgl. Abschnitt 2.5 Abs. 3), wenn sie ausschließlich selbsterzeugte Elektrizität liefern. [4]Zum Begriff des Wiederverkäufers von Erdgas oder Elektrizität im Sinne des § 3g Abs. 1 UStG vgl. Abschnitt 3g.1 Abs. 2 und 3. [5]Es ist davon auszugehen, dass ein Unternehmer Wiederverkäufer von Erdgas oder Elektrizität ist, wenn er einen im Zeitpunkt der Ausführung des Umsatzes gültigen Nachweis nach dem Vordruckmuster USt 1 TH im Original oder in Kopie vorlegt; hinsichtlich dieses

---

[1)] A 13b.3 UStAE Abs. 12 Sätze 1 und 2 Klammerzusatz geänd. durch BMF v. 23.12.2020, BStBl. I 2021, 92, anzuwenden auf nach dem 31.12.2020 ausgeführte Umsätze, mit Übergangsregelung für **nach dem 31.12.2020 und vor dem 1.4.2021** ausgeführte Leistungen, siehe Anlage 8.

Musters wird auf das BMF-Schreiben vom 5.11.2019, BStBl. I S. 1041, verwiesen. [6]Verwendet bei der Lieferung von Erdgas der Leistungsempfänger einen Nachweis nach dem Vordruckmuster USt 1 TH, ist er Steuerschuldner, auch wenn er im Zeitpunkt der Lieferung tatsächlich kein Wiederverkäufer von Erdgas im Sinne des § 3g UStG ist; dies gilt nicht, wenn der Leistungsempfänger einen gefälschten Nachweis nach dem Vordruckmuster USt 1 TH verwendet hat und der Vertragspartner hiervon Kenntnis hatte. [7]Bei der Lieferung von Elektrizität gilt dies entsprechend für die Verwendung eines Nachweises nach dem Vordruckmuster USt 1 TH durch den leistenden Unternehmer und/oder den Leistungsempfänger.

(3)[1)] [1]Erfüllt bei einem Organschaftsverhältnis nur ein Teil des Organkreises (z. B. der Organträger oder eine Organgesellschaft) die Voraussetzung als Wiederverkäufer nach § 3g Abs. 1 UStG, ist für Zwecke der Anwendung der Steuerschuldnerschaft des Leistungsempfängers nach § 13b Abs. 2 Nr. 5 Buchstabe b und Abs. 5 Satz 3 und 4 UStG nur dieser Teil des Organkreises als Wiederverkäufer anzusehen. [2]Absatz 2 und Abschnitt 3g.1 Abs. 2 und 3 sind insoweit nur auf den jeweiligen Unternehmensteil anzuwenden; nicht steuerbare Innenumsätze sind bei der Ermittlung der Wiederverkäufereigenschaft unbeachtlich. [3]Die Bescheinigung nach dem Vordruckmuster USt 1 TH stellt das für den Organkreis für Zwecke der Umsatzsteuer zuständige Finanzamt für alle im Inland gelegenen Unternehmensteile im Sinne des Abschnitts 2.9 Abs. 3 bis 5 auf Antrag aus. [4]Der Antrag im Sinne des Satzes 3 ist von dem Organträger zu stellen; Abschnitt 2.9 Abs. 6 und 7 sowie Abschnitt 13b.3 Abs. 7 Satz 6 gelten entsprechend.

(4)[2)] [1]Erfüllen der leistende Unternehmer und der Leistungsempfänger die Voraussetzungen des § 13b Abs. 5 Satz 3 und 4 UStG, ist der Leistungsempfänger auch dann Steuerschuldner, wenn die Leistung für den nichtunternehmerischen Bereich erbracht wird (§ 13b Abs. 5 Satz 7 UStG). [2]Ausgenommen hiervon sind die Lieferungen von Erdgas und Elektrizität, die ausschließlich an den nichtunternehmerischen Bereich von juristischen Personen des öffentlichen Rechts erbracht werden, auch wenn diese im Rahmen von Betrieben gewerblicher Art als Wiederverkäufer von Erdgas bzw. Elektrizität im Sinne von § 3g Abs. 1 UStG unternehmerisch tätig sind (vgl. § 13b Abs. 5 Satz 11 UStG). [3]Absatz 2 ist auf den jeweiligen Betrieb gewerblicher Art einer juristischen Person des öffentlichen Rechts entsprechend anzuwenden, der Wiederverkäufer von Erdgas bzw. Elektrizität im Sinne von § 3g Abs. 1 UStG ist.

(4a) Der Ausgleich von Mehr- bzw. Mindermengen Gas stellt eine Lieferung dar (vgl. Abschnitt 1.7 Abs. 5).

[1)] A 13b.3a UStAE Abs. 3 Sätze 3 u. 4 angef. durch BMF v. 10.2.2021, BStBl. I 2021, 314; Satz 2 neugef. durch BMF v. 27.9.2021, BStBl. I 2021, 1856, anzuwenden in allen offenen Fällen.

[2)] A 13b.3a UStAE Abs. 4 Sätze 1 und 2 Klammerzusatz geänd. durch BMF v. 23.12.2020, BStBl. I 2021, 92, anzuwenden auf nach dem 31.12.2020 ausgeführte Umsätze, mit Übergangsregelung für **nach dem 31.12.2020 und vor dem 1.4.2021** ausgeführte Leistungen, siehe Anlage 8.

(5) Lieferungen von Elektrizität sind auch:

1. Die Lieferung von Elektrizität aus dezentralen Stromgewinnungsanlagen durch Verteilernetzbetreiber und Übertragungsnetzbetreiber zum Zweck der Vermarktung an der Strombörse EEX.
2. [1]Die Energiebeschaffung zur Deckung von Netzverlusten. [2]Hierbei handelt es sich um physische Beschaffungsgeschäfte durch Netzbetreiber zur Deckung des Bedarfes an Netzverlustenergie.
3. [1]Der horizontale Belastungsausgleich der Übertragungsnetzbetreiber (nur Anteil physischer Ausgleich). [2]Hierbei handelt es sich um den physikalischen Ausgleich der Elektrizitätsmengen zwischen den einzelnen Regelzonen im Übertragungsnetz untereinander.
4. Die Regelenergielieferung (positiver Preis), das ist der Energiefluss zum Ausgleich des Bedarfs an Regelenergie und damit eine physische Elektrizitätslieferung.
5. Ausgleich von Mehr- bzw. Mindermengen Strom (vgl. Abschnitt 1.7 Abs. 6).

(6) Keine Lieferungen von Elektrizität sind:

1. [1]Der Bilanzkreis- und Regelzonenausgleich sowie die Bilanzkreisabrechnung. [2]Dabei handelt es sich um die Verteilung der Kosten des Regelenergieeinsatzes beim Übertragungsnetzbetreiber auf alle Bilanzkreisverantwortlichen (z. B. Händler, Lieferanten) im Rahmen der Bilanzkreisabrechnung. [3]Leistungserbringer dieser sonstigen Leistung ist stets der Übertragungsnetzbetreiber, wobei sich im Rahmen der Verteilung auf die einzelnen Bilanzkreise infolge der energetischen Über- und Unterdeckungen der Bilanzkreise positive bzw. negative (finanzielle) Abrechnungsergebnisse ergeben (vgl. auch Abschnitt 1.7 Abs. 1 Satz 1).
2. Die Netznutzung in Form der Bereitstellung und Vorhaltung des Netzes bzw. des Netzzugangs durch den Netzbetreiber (Verteilernetzbetreiber bzw. Übertragungsnetzbetreiber) gegenüber seinen Netzkunden.
3. [1]Die Regelleistung (primär, sekundär, Minutenreserve – Anteil Leistungsvorhaltung). [2]Hierbei handelt es sich um eine sonstige Leistung, die in der Bereitschaft zur Bereitstellung von Regelleistungskapazität zur Aufrechterhaltung der Systemstabilität des elektrischen Systems (Stromnetz) besteht.
4. [1]Die Regelenergielieferung (negativer Preis), bei der ein Energieversorger seine am Markt nicht mehr zu einem positiven Kaufpreis veräußerbare überschüssige Elektrizität in Verbindung mit einer Zuzahlung abgibt, um sich eigene Aufwendungen für das Zurückfahren der eigenen Produktionsanlagen zu ersparen. [2]Hier liegt keine Lieferung von Elektrizität vor, sondern eine sonstige Leistung des Abnehmers (vgl. auch Abschnitt 1.7 Abs. 1 Satz 3).

13b.4 Lieferungen von Industrieschrott, Altmetallen und sonstigen Abfallstoffen

(1) [1]Zu den in der Anlage 3 des UStG bezeichneten Gegenständen gehören:

1. [1]Unter Nummer 1 der Anlage 3 des UStG fallen nur granulierte Schlacken (Schlackensand) aus der Eisen- und Stahlherstellung im Sinne der

Unterposition 2618 00 00 des Zolltarifs. [2]Hierzu gehört granulierte Schlacke (Schlackensand), die zum Beispiel durch rasches Eingießen flüssiger, aus dem Hochofen kommender Schlacken in Wasser gewonnen wird. [3]Nicht hierzu gehören dagegen mit Dampf oder Druckluft hergestellte Schlackenwolle sowie Schaumschlacke, die man erhält, wenn man schmelzflüssiger Schlacke etwas Wasser zusetzt, und Schlackenzement.

2. [1]Unter Nummer 2 der Anlage 3 des UStG fallen nur Schlacken (ausgenommen granulierte Schlacke), Zunder und andere Abfälle der Eisen- und Stahlherstellung im Sinne der Unterposition 2619 00 des Zolltarifs. [2]Die hierzu gehörenden Schlacken bestehen entweder aus Aluminium- oder Calciumsilicaten, die beim Schmelzen von Eisenerz (Hochofenschlacke), beim Raffinieren von Roheisen oder bei der Stahlherstellung (Konverterschlacke) entstehen. [3]Diese Schlacken gehören auch dann hierzu, wenn ihr Eisenanteil zur Wiedergewinnung des Metalls ausreicht. [4]Außerdem gehören Hochofenstaub und andere Abfälle oder Rückstände der Eisen- oder Stahlherstellung hierzu, sofern sie nicht bereits von Nummer 8 der Anlage 3 des UStG (vgl. nachfolgende Nummer 8) umfasst sind. [5]Nicht hierzu gehören dagegen phosphorhaltige Schlacken (Thomasphosphat-Schlacke). [6]Bei der Lieferung von nach der Düngemittelverordnung hergestellten Konverter- und Hüttenkalken wird es aus Vereinfachungsgründen nicht beanstandet, wenn die Unternehmer übereinstimmend § 13a Abs. 1 Nr. 1 UStG angewendet haben und der Umsatz in zutreffender Höhe versteuert wurde.

3. [1]Unter Nummer 3 der Anlage 3 des UStG fallen nur Schlacken, Aschen und Rückstände (ausgenommen solche der Eisen- und Stahlherstellung), die Metalle, Arsen oder deren Verbindungen enthalten, im Sinne der Position 2620 des Zolltarifs. [2]Hierzu gehören Schlacken, Aschen und Rückstände (andere als solche der Nummern 1, 2 und 7 der Anlage 3 des UStG, vgl. Nummern 1, 2 und 7), die Arsen und Arsenverbindungen (auch Metalle enthaltend), Metalle oder deren Verbindungen enthalten und die eine Beschaffenheit aufweisen, wie sie zum Gewinnen von Arsen oder Metall oder zum Herstellen von Metallverbindungen verwendet werden. [3]Derartige Schlacken, Aschen und Rückstände fallen bei der Aufarbeitung von Erzen oder von metallurgischen Zwischenerzeugnissen (z. B. Matten) an oder stammen aus elektrolytischen, chemischen oder anderen industriellen Verfahren, die keine mechanischen Bearbeitungen einschließen. [4]Nicht hierzu gehören Aschen und Rückstände vom Verbrennen von Siedlungsabfällen, Schlämme aus Lagertanks für Erdöl (überwiegend aus solchen Ölen bestehend), chemisch einheitliche Verbindungen sowie Zinkstaub, der durch Kondensation von Zinkdämpfen gewonnen wird.

4. [1]Unter Nummer 4 der Anlage 3 des UStG fallen nur Abfälle, Schnitzel und Bruch von Kunststoffen der Position 3915 des Zolltarifs. [2]Diese Waren können entweder aus zerbrochenen oder gebrauchten Kunststoffwaren, die in diesem Zustand eindeutig für den ursprünglichen Verwendungszweck unbrauchbar sind, bestehen oder es sind Bearbeitungsabfälle (Späne, Schnitzel, Bruch usw.). [3]Gewisse Abfälle können als Formmasse, Lackrohstoffe, Füllstoffe usw. wieder verwendet werden. [4]Außerdem gehö-

ren hierzu Abfälle, Schnitzel und Bruch aus einem einzigen duroplastischen Stoff oder aus Mischungen von zwei oder mehr thermoplastischen Stoffen, auch wenn sie in Primärformen umgewandelt worden sind. [5]Hierunter fallen auch Styropor sowie gebrauchte (leere) Tonerkartuschen und Tintenpatronen, soweit diese nicht von Position 8443 des Zolltarifs erfasst sind. [6]Nicht hierzu gehören jedoch Abfälle, Schnitzel und Bruch aus einem einzigen thermoplastischen Stoff, in Primärformen umgewandelt.

5. [1]Unter Nummer 5 der Anlage 3 des UStG fallen nur Abfälle, Bruch und Schnitzel von Weichkautschuk, auch zu Pulver oder Granulat zerkleinert, der Unterposition 4004 00 00 des Zolltarifs. [2]Hierzu gehören auch zum Runderneuern ungeeignete gebrauchte Reifen sowie Granulate daraus. [3]Nicht dazu gehören zum Runderneuern geeignete gebrauchte Reifen sowie Abfälle, Bruch, Schnitzel, Pulver und Granulat aus Hartkautschuk.

6. [1]Unter Nummer 6 der Anlage 3 des UStG fallen nur Bruchglas und andere Abfälle und Scherben von Glas der Unterposition 7001 00 10 des Zolltarifs. [2]Der Begriff „Bruchglas" bezeichnet zerbrochenes Glas zur Wiederverwertung bei der Glasherstellung.

7. [1]Unter Nummer 7 der Anlage 3 des UStG fallen nur Abfälle und Schrott von Edelmetallen oder Edelmetallplattierungen sowie andere Abfälle und Schrott, Edelmetalle oder Edelmetallverbindungen enthaltend, von der hauptsächlich zur Wiedergewinnung von Edelmetallen verwendeten Art, im Sinne der Position 7112 des Zolltarifs. [2]Hierzu gehören Abfälle und Schrott, die Edelmetalle enthalten und ausschließlich zur Wiedergewinnung des Edelmetalls oder als Base zur Herstellung chemischer Erzeugnisse geeignet sind. [3]Hierher gehören auch Abfälle und Schrott aller Materialien, die Edelmetalle oder Edelmetallverbindungen von der hauptsächlich zur Wiedergewinnung von Edelmetallen verwendeten Art enthalten. [4]Hierunter fallen ebenfalls durch Zerbrechen, Zerschlagen oder Abnutzung für ihren ursprünglichen Verwendungszweck unbrauchbar gewordene alte Waren (Tischgeräte, Gold- und Silberschmiedewaren, Katalysatoren in Form von Metallgeweben usw.); ausgenommen sind daher Waren, die – mit oder ohne Reparatur oder Aufarbeiten – für ihren ursprünglichen Zweck brauchbar sind oder – ohne Anwendung eines Verfahrens zum Wiedergewinnen des Edelmetalls – zu anderen Zwecken gebraucht werden können. [5]Eingeschmolzener und zu Rohblöcken, Masseln oder ähnlichen Formen gegossener Abfall und Schrott von Edelmetallen ist als unbearbeitetes Metall einzureihen und fällt deshalb nicht unter Nummer 7 der Anlage 3 des UStG, sondern unter Nummer 1 oder 2 der Anlage 4 des UStG (vgl. § 13b Abs. 2 Nr. 11 UStG und Abschnitt 13b.7a Abs. 1 Satz 1 Nr. 1 und 2). [6]Sofern es sich um Gold handelt, kann auch § 13b Abs. 2 Nr. 9 UStG in Betracht kommen (vgl. Abschnitt 13b.6).

8. [1]Unter Nummer 8 der Anlage 3 des UStG fallen nur Abfälle und Schrott aus Eisen oder Stahl sowie Abfallblöcke aus Eisen oder Stahl der Position 7204 des Zolltarifs. [2]Hierzu gehören Abfälle und Schrott, die beim Herstellen oder beim Be- und Verarbeiten von Eisen oder Stahl anfallen, und Waren aus Eisen oder Stahl, die durch Bruch, Verschnitt, Verschleiß oder aus anderen Gründen als solche endgültig unbrauchbar sind. [3]Als Abfallblöcke

aus Eisen oder Stahl gelten grob in Masseln oder Rohblöcke ohne Gießköpfe gegossene Erzeugnisse mit deutlich sichtbaren Oberflächenfehlern, die hinsichtlich ihrer chemischen Zusammensetzung nicht den Begriffsbestimmungen für Roheisen, Spiegeleisen oder Ferrolegierungen entsprechen. [4] Hinsichtlich der Lieferung von Roheisen, Spiegeleisen und massiven stranggegossenen, nur vorgewalzten oder vorgeschmiedeten Erzeugnissen aus Eisen oder Stahl vgl. Abschnitt 13b.7a Abs. 1 Satz 1 Nr. 3.

9. [1] Unter Nummer 9 der Anlage 3 des UStG fallen nur Abfälle und Schrott aus Kupfer der Position 7404 des Zolltarifs. [2] Hierzu gehören Abfälle und Schrott, die beim Herstellen oder beim Be- und Verarbeiten von Kupfer anfallen, und Waren aus Kupfer, die durch Bruch, Verschnitt, Verschleiß oder aus anderen Gründen als solche endgültig unbrauchbar sind. [3] Außerdem gehört hierzu der beim Ziehen von Kupfer entstehende Schlamm, der hauptsächlich aus Kupferpulver besteht, das mit den beim Ziehvorgang verwendeten Schmiermitteln vermischt ist. [4] Hinsichtlich der Lieferung von Kupfer vgl. Abschnitt 13b.7a Abs. 1 Satz 1 Nr. 4.

10. [1] Unter Nummer 10 der Anlage 3 des UStG fallen nur Abfälle und Schrott aus Nickel der Position 7503 des Zolltarifs. [2] Hierzu gehören Abfälle und Schrott, die beim Herstellen oder beim Be- und Verarbeiten von Nickel anfallen, und Waren aus Nickel, die durch Bruch, Verschnitt, Verschleiß oder aus anderen Gründen als solche endgültig unbrauchbar sind. [3] Hinsichtlich der Lieferung von Nickel vgl. Abschnitt 13b.7a Abs. 1 Satz 1 Nr. 5.

11. [1] Unter Nummer 11 der Anlage 3 des UStG fallen nur Abfälle und Schrott aus Aluminium der Position 7602 des Zolltarifs. [2] Hierzu gehören Abfälle und Schrott, die beim Herstellen oder beim Be- und Verarbeiten von Aluminium anfallen, und Waren aus Aluminium, die durch Bruch, Verschnitt, Verschleiß oder aus anderen Gründen als solche endgültig unbrauchbar sind. [3] Hinsichtlich der Lieferung von Aluminium vgl. Abschnitt 13b.7a Abs. 1 Satz 1 Nr. 6.

12. [1] Unter Nummer 12 der Anlage 3 des UStG fallen nur Abfälle und Schrott aus Blei der Position 7802 des Zolltarifs. [2] Hierzu gehören Abfälle und Schrott, die beim Herstellen oder beim Be- und Verarbeiten von Blei anfallen, und Waren aus Blei, die durch Bruch, Verschnitt, Verschleiß oder aus anderen Gründen als solche endgültig unbrauchbar sind. [3] Hinsichtlich der Lieferung von Blei vgl. Abschnitt 13b.7a Abs. 1 Satz 1 Nr. 7.

13. [1] Unter Nummer 13 der Anlage 3 des UStG fallen nur Abfälle und Schrott aus Zink der Position 7902 des Zolltarifs. [2] Hierzu gehören Abfälle und Schrott, die beim Herstellen oder beim Be- und Verarbeiten von Zink anfallen, und Waren aus Zink, die durch Bruch, Verschnitt, Verschleiß oder aus anderen Gründen als solche endgültig unbrauchbar sind. [3] Hinsichtlich der Lieferung von Zink vgl. Abschnitt 13b.7a Abs. 1 Satz 1 Nr. 8.

14. [1] Unter Nummer 14 der Anlage 3 des UStG fallen nur Abfälle und Schrott aus Zinn der Position 8002 des Zolltarifs. [2] Hierzu gehören Abfälle und Schrott, die beim Herstellen oder beim Be- und Verarbeiten von Zinn anfallen, und Waren aus Zinn, die durch Bruch, Verschnitt, Verschleiß oder aus anderen Gründen als solche endgültig unbrauchbar sind. [3] Hinsichtlich der Lieferung von Zinn vgl. Abschnitt 13b.7a Abs. 1 Satz 1 Nr. 9.

15. [1]Unter Nummer 15 der Anlage 3 des UStG fallen nur Abfälle und Schrott der in den Positionen 8101 bis 8113 des Zolltarifs genannten anderen unedlen Metallen. [2]Hierzu gehören Abfälle und Schrott, die beim Herstellen oder beim Be- und Verarbeiten der genannten unedlen Metalle anfallen, sowie Waren aus diesen unedlen Metallen, die durch Bruch, Verschnitt, Verschleiß oder aus anderen Gründen als solche endgültig unbrauchbar sind. [3]Zu den unedlen Metallen zählen hierbei Wolfram, Molybdän, Tantal, Magnesium, Cobalt, Bismut (Wismut), Cadmium, Titan, Zirconium, Antimon, Mangan, Beryllium, Chrom, Germanium, Vanadium, Gallium, Hafnium, Indium, Niob (Columbium), Rhenium, Thallium und Cermet. [4]Hinsichtlich der Lieferung der vorgenannten unedlen Metalle vgl. Abschnitt 13b.7a Abs. 1 Satz 1 Nr. 10 und 11.
16. [1]Unter Nummer 16 der Anlage 3 des UStG fallen nur Abfälle und Schrott von elektrischen Primärelementen, Primärbatterien und Akkumulatoren; ausgebrauchte elektrische Primärelemente, Primärbatterien und Akkumulatoren im Sinne der Unterposition 8548 10 des Zolltarifs. [2]Diese Erzeugnisse sind im Allgemeinen als Fabrikationsabfälle erkennbar, oder sie bestehen entweder aus elektrischen Primärelementen, Primärbatterien oder Akkumulatoren, die durch Bruch, Zerstörung, Abnutzung oder aus anderen Gründen als solche nicht mehr verwendet werden können oder nicht wiederaufladbar sind, oder aus Schrott davon. [3]Ausgebrauchte elektrische Primärelemente und Akkumulatoren dienen im Allgemeinen zur Rückgewinnung von Metallen (Blei, Nickel, Cadmium usw.), Metallverbindungen oder Schlacken. [4]Unter Nummer 16 der Anlage 3 des UStG fallen insbesondere nicht mehr gebrauchsfähige Batterien und nicht mehr aufladbare Akkus.

[2]Bestehen Zweifel, ob ein Gegenstand unter die Anlage 3 des UStG fällt, haben der Lieferer und der Abnehmer die Möglichkeit, bei dem zuständigen Bildungs- und Wissenschaftszentrum der Bundesfinanzverwaltung eine unverbindliche Zolltarifauskunft für Umsatzsteuerzwecke (uvZTA) mit dem Vordruckmuster 0310 einzuholen. [3]Das Vordruckmuster mit Hinweisen zu den Zuständigkeiten für die Erteilung von uvZTA steht auf den Internetseiten der Zollabteilung des Bundesministeriums der Finanzen (http://www.zoll.de) unter der Rubrik Formulare und Merkblätter zum Ausfüllen und Herunterladen bereit. [4]UvZTA können auch von den Landesfinanzbehörden (z. B. den Finanzämtern) beantragt werden.

(2) [1]Werden sowohl Gegenstände geliefert, die unter die Anlage 3 des UStG fallen, als auch Gegenstände, die nicht unter die Anlage 3 des UStG fallen, ergeben sich unterschiedliche Steuerschuldner. [2]Dies ist auch bei der Rechnungsstellung zu beachten.

Beispiel 1:

[1]Der in München ansässige Aluminiumhersteller U liefert Schlackenzement und Schlackensand in zwei getrennten Partien an den auf Landschafts-, Tief- und Straßenbau spezialisierten Unternehmer B in Köln.

[2]Es liegen zwei Lieferungen vor. [3]Die Umsatzsteuer für die Lieferung des Schlackenzements wird vom leistenden Unternehmer U geschuldet (§ 13a Abs. 1 Nr. 1 UStG), da Schlackenzement in der Anlage 3 des UStG nicht aufgeführt ist (insbesondere fällt Schlackenzement nicht unter die Nummer 1 der Anlage 3 des UStG).

[4] Für die Lieferung des Schlackensands schuldet der Empfänger B die Umsatzsteuer (§ 13b Abs. 5 Satz 1 in Verbindung mit Abs. 2 Nr. 7 UStG).

[5] In der Rechnung ist hinsichtlich des gelieferten Schlackenzements u. a. das Entgelt sowie die hierauf entfallende Umsatzsteuer gesondert auszuweisen (§ 14 Abs. 4 Satz 1 Nr. 7 und 8 UStG). [6] Hinsichtlich des gelieferten Schlackensands ist eine Steuer nicht gesondert auszuweisen (§ 14a Abs. 5 Satz 2 UStG). [7] U ist zur Ausstellung einer Rechnung mit der Angabe „Steuerschuldnerschaft des Leistungsempfängers" verpflichtet (§ 14a Abs. 5 Satz 1 UStG).

[3] Erfolgt die Lieferung von Gegenständen der Anlage 3 des UStG im Rahmen eines Tauschs oder eines tauschähnlichen Umsatzes, gilt als Entgelt für jede einzelne Leistung der Wert der vom Leistungsempfänger erhaltenen Gegenleistung, beim Tausch oder tauschähnlichen Umsatz mit Baraufgabe ggf. abzüglich bzw. zuzüglich einer Baraufgabe (vgl. Abschnitt 10.5 Abs. 1 Sätze 5 bis 9). [4] Zum Entgelt bei Werkleistungen, bei denen zum Entgelt neben der vereinbarten Barvergütung auch der bei der Werkleistung anfallende Materialabfall gehört, vgl. Abschnitt 10.5 Abs. 2.

Beispiel 2:

[1] Der Metallverarbeitungsbetrieb B stellt Spezialmuttern für das Maschinenbauunternehmen M im Werklohn her. [2] Der erforderliche Stahl wird von M gestellt. [3] Dabei wird für jeden Auftrag gesondert festgelegt, aus welcher Menge Stahl welche Menge Muttern herzustellen ist. [4] Der anfallende Schrott verbleibt bei B und wird auf den Werklohn angerechnet.

[5] Es liegt ein tauschähnlicher Umsatz vor, bei dem die Gegenleistung für die Herstellung der Muttern in der Lieferung des Stahlschrotts zuzüglich der Barausgabe besteht (vgl. Abschnitt 10.5 Abs. 2 Sätze 1 und 8). [6] Neben der Umsatzsteuer für das Herstellen der Spezialmuttern (§ 13a Abs. 1 Nr. 1 UStG) schuldet B als Leistungsempfänger auch die Umsatzsteuer für die Lieferung des Stahlschrotts (§ 13b Abs. 5 Satz 1 in Verbindung mit Abs. 2 Nr. 7 UStG).

[5] Zur Bemessungsgrundlage bei tauschähnlichen Umsätzen bei der Abgabe von werthaltigen Abfällen, für die gesetzliche Entsorgungspflichten bestehen, vgl. Abschnitt 10.5 Abs. 2 Satz 9.

(3)[1)] [1] Werden Mischungen oder Warenzusammensetzungen geliefert, die sowohl aus in der Anlage 3 des UStG bezeichneten als auch dort nicht genannten Gegenständen bestehen, sind die Bestandteile grundsätzlich getrennt zu beurteilen. [2] Ist eine getrennte Beurteilung nicht möglich, werden Waren nach Satz 1 nach dem Stoff oder Bestandteil beurteilt, der ihnen ihren wesentlichen Charakter verleiht; die Steuerschuldnerschaft des Leistungsempfängers nach § 13b Abs. 2 Nr. 7 UStG ist demnach auf Lieferungen von Gegenständen anzuwenden, sofern der Stoff oder der Bestandteil, der den Gegenständen ihren wesentlichen Charakter verleiht, in der Anlage 3 des UStG bezeichnet ist; § 13b Abs. 5 Satz 8 UStG und Abschnitt 13b.8 bleibt unberührt. [3] Bei durch Bruch, Verschleiß oder aus ähnlichen Gründen nicht mehr gebrauchsfähigen Maschinen, Elektro- und Elektronikgeräten und Heizkesseln und Fahrzeugwracks ist aus Vereinfachungsgründen davon auszugehen, dass sie unter die Steuerschuldnerschaft des Leistungsempfängers nach § 13b Abs. 2 Nr. 7 UStG fallen; dies gilt auch für Gegenstände, für die es eine eigene Zolltarifposition gibt. [4] Unterliegt die Lieferung unbrauchbar gewordener landwirtschaftlicher

---

1) A 13b.4 UStAE Abs. 3 Satz 2 Hs. 3 geänd. durch BMF v. 23.12.2020, BStBl. I 2021, 92, anzuwenden auf nach dem 31.12.2020 ausgeführte Umsätze, mit Übergangsregelung für **nach dem 31.12.2020 und vor dem 1.4.2021** ausgeführte Leistungen, siehe Anlage 8.

Geräte der Durchschnittssatzbesteuerung nach § 24 UStG (vgl. Abschnitt 24.2 Abs. 6), findet § 13b Abs. 2 Nr. 7 UStG keine Anwendung.

(4)[1] [1]Erfüllt der Leistungsempfänger die Voraussetzungen des § 13b Abs. 5 Satz 1 zweiter Halbsatz UStG, ist er auch dann Steuerschuldner, wenn die Leistung für den nichtunternehmerischen Bereich erbracht wird (§ 13b Abs. 5 Satz 7 UStG). [2]Ausgenommen hiervon sind Lieferungen der in der Anlage 3 des UStG bezeichneten Gegenstände, die ausschließlich an den nichtunternehmerischen Bereich von juristischen Personen des öffentlichen Rechts erbracht werden, auch wenn diese im Rahmen von Betrieben gewerblicher Art unternehmerisch tätig sind (vgl. § 13b Abs. 5 Satz 11 UStG).

13b.5 Reinigung von Gebäuden und Gebäudeteilen

(1) [1]Zu den Gebäuden gehören Baulichkeiten, die auf Dauer fest mit dem Grundstück verbunden sind. [2]Zu den Gebäudeteilen zählen insbesondere Stockwerke, Wohnungen und einzelne Räume. [3]Nicht zu den Gebäuden oder Gebäudeteilen gehören Baulichkeiten, die nur zu einem vorübergehenden Zweck mit dem Grund und Boden verbunden und daher keine Bestandteile eines Grundstücks sind, insbesondere Büro- oder Wohncontainer, Baubuden, Kioske, Tribünen oder ähnliche Einrichtungen.

(2) Unter die Reinigung von Gebäuden und Gebäudeteilen fällt insbesondere:

1. Die Reinigung sowie die pflegende und schützende (Nach-)Behandlung von Gebäuden und Gebäudeteilen (innen und außen);
2. [1]die Hausfassadenreinigung (einschließlich Graffitientfernung). [2]Dies gilt nicht für Reinigungsarbeiten, die bereits unter § 13b Abs. 2 Nr. 4 Satz 1 UStG fallen (vgl. Abschnitt 13b.2 Abs. 5 Nr. 10);
3. die Fensterreinigung;
4. die Reinigung von Dachrinnen und Fallrohren;
5. die Bauendreinigung;
6. die Reinigung von haustechnischen Anlagen, soweit es sich nicht um Wartungsarbeiten handelt;
7. die Hausmeisterdienste und die Objektbetreuung, wenn sie auch Gebäudereinigungsleistungen beinhalten.

(3) Insbesondere folgende Leistungen fallen nicht unter die in § 13b Abs. 2 Nr. 8 Satz 1 UStG genannten Umsätze:

1. Die Schornsteinreinigung;
2. die Schädlingsbekämpfung;
3. der Winterdienst, soweit es sich um eine eigenständige Leistung handelt;
4. die Reinigung von Inventar, wie Möbel, Teppiche, Matratzen, Bettwäsche, Gardinen und Vorhänge, Geschirr, Jalousien und Bilder, soweit es sich um eine eigenständige Leistung handelt;

[1] A 13b.4 UStAE Abs. 4 Sätze 1 und 2 Klammerzusatz geänd. durch BMF v. 23.12.2020, BStBl. I 2021, 92, anzuwenden auf nach dem 31.12.2020 ausgeführte Umsätze, mit Übergangsregelung für **nach dem 31.12.2020 und vor dem 1.4.2021** ausgeführte Leistungen, siehe Anlage 8.

5. die Arbeitnehmerüberlassung, auch wenn die überlassenen Arbeitnehmer für den Entleiher Gebäudereinigungsleistungen erbringen, unabhängig davon, ob die Leistungen nach dem Arbeitnehmerüberlassungsgesetz erbracht werden oder nicht.

(4) [1]Werden Gebäudereinigungsleistungen von einem im Inland ansässigen Unternehmer im Inland erbracht, ist der Leistungsempfänger nur dann Steuerschuldner, wenn er Unternehmer ist und selbst nachhaltig Gebäudereinigungsleistungen erbringt, unabhängig davon, ob er sie für eine von ihm erbrachte Gebäudereinigungsleistung verwendet (§ 13b Abs. 5 Satz 5 UStG). [2]Abschnitt 13b.2 Abs. 4 und Abschnitt 13b.3 Abs. 1 bis 5, 7, 9, 11 und 13 gelten sinngemäß.

(5) Es ist nicht erforderlich, dass die an den Leistungsempfänger erbrachten Gebäudereinigungsleistungen mit von ihm erbrachten Gebäudereinigungsleistungen unmittelbar zusammenhängen.

Beispiel:

[1]Der Gebäudereiniger A beauftragt den Unternehmer B mit der Reinigung seines Bürogebäudes. [2]A bewirkt nachhaltig Gebäudereinigungsleistungen.

[3]Die Gebäudereinigungsleistung durch B ist eine unter § 13b Abs. 2 Nr. 8 Satz 1 und Abs. 5 Satz 5 UStG fallende sonstige Leistung. [4]Für diesen Umsatz ist A Steuerschuldner, da er selbst nachhaltig Gebäudereinigungsleistungen erbringt. [5]Unbeachtlich ist, dass der von B erbrachte Umsatz nicht mit den Ausgangsumsätzen des A in unmittelbarem Zusammenhang steht.

(6)[1)] [1]Erfüllt der Leistungsempfänger die Voraussetzungen des § 13b Abs. 5 Satz 5 UStG, ist er auch dann Steuerschuldner, wenn die Leistung für den nichtunternehmerischen Bereich erbracht wird (§13b Abs. 5 Satz 7 UStG). [2]Ausgenommen hiervon sind Gebäudereinigungsleistungen, die ausschließlich an den nichtunternehmerischen Bereich von juristischen Personen des öffentlichen Rechts erbracht werden, auch wenn diese im Rahmen von Betrieben gewerblicher Art unternehmerisch tätig sind und nachhaltig Gebäudereinigungsleistungen erbringen (vgl. § 13b Abs. 5 Satz 11 UStG). [3]Absatz 4 ist auf den jeweiligen Betrieb gewerblicher Art einer juristischen Person des öffentlichen Rechts entsprechend anzuwenden, der Gebäudereinigungsleistungen erbringt.

13b.6 Lieferungen von Gold mit einem Feingehalt von mindestens 325 Tausendstel

(1) [1]Unter die Umsätze nach § 13b Abs. 2 Nr. 9 UStG (vgl. Abschnitt 13b.1 Abs. 2 Nr. 11) fallen die Lieferung von Gold (einschließlich von platiniertem Gold) oder Goldlegierungen in Rohform oder als Halbzeug mit einem Feingehalt von mindestens 325 Tausendstel und Goldplattierungen mit einem Feingehalt von mindestens 325 Tausendstel und die steuerpflichtigen Lieferungen von Anlagegold mit einem Feingehalt von mindestens 995 Tausendstel nach § 25c Abs. 3 UStG. [2]Ebenfalls darunter fällt die Lieferung von Barren, die in einer zufälligen groben Verschmelzung von Schrott und verschiedenen goldhaltigen Metallgegenständen sowie verschiedenen anderen Metallen,

---

1) A 13b.5 UStAE Abs. 6 Sätze 1 und 2 Klammerzusatz geänd. durch BMF v. 23.12.2020, BStBl. I 2021, 92, anzuwenden auf nach dem 31.12.2020 ausgeführte Umsätze, mit Übergangsregelung für **nach dem 31.12.2020 und vor dem 1.4.2021** ausgeführte Leistungen, siehe Anlage 8.

Stoffen und Substanzen bestehen und die einen Goldgehalt von mindestens 325 Tausendstel haben (vgl. EuGH-Urteil vom 26.5.2016, C-550/14, Envirotec Denmark).[1)] [3] Goldplattierungen sind Waren, bei denen auf einer Metallunterlage auf einer Seite oder auf mehreren Seiten Gold in beliebiger Dicke durch Schweißen, Löten, Warmwalzen oder ähnliche mechanische Verfahren aufgebracht worden ist. [4] Zum Umfang der Lieferungen von Anlagegold vgl. Abschnitt 25c.1 Abs. 1 Satz 2, Abs. 2 und 4, zur Möglichkeit der Option zur Umsatzsteuerpflicht bei der Lieferung von Anlagegold vgl. Abschnitt 25c.1 Abs. 5.

Beispiel:

[1] Der in Bremen ansässige Goldhändler G überlässt der Scheideanstalt S in Hamburg verunreinigtes Gold mit einem Feingehalt von 500 Tausendstel. [2] S trennt vereinbarungsgemäß das verunreinigte Gold in Anlagegold und unedle Metalle und stellt aus dem Anlagegold einen Goldbarren mit einem Feingehalt von 995 Tausendstel her; das hergestellte Gold fällt unter die Position 7108 des Zolltarifs. [3] Der entsprechende Goldgewichtsanteil wird G auf einem Anlagegoldkonto gutgeschrieben; G hat nach den vertraglichen Vereinbarungen auch nach der Bearbeitung des Goldes und der Gutschrift auf dem Anlagegoldkonto noch die Verfügungsmacht an dem Gold. [4] Danach verzichtet G gegen Entgelt auf seinen Herausgabeanspruch des Anlagegolds. [5] G hat nach § 25c Abs. 3 Satz 2 UStG zur Umsatzsteuerpflicht optiert.

[6] Der Verzicht auf Herausgabe des Anlagegolds gegen Entgelt stellt eine Lieferung des Anlagegolds von G an S dar. [7] Da G nach § 25c Abs. 3 Satz 2 UStG zur Umsatzsteuerpflicht optiert hat, schuldet S als Leistungsempfänger die Umsatzsteuer für diese Lieferung (§ 13b Abs. 5 Satz 1 in Verbindung mit Abs. 2 Nr. 9 UStG).

(2)[2)] [1] Erfüllt der Leistungsempfänger die Voraussetzungen des § 13b Abs. 5 Satz 1 zweiter Halbsatz UStG, ist er auch dann Steuerschuldner, wenn die Leistung für den nichtunternehmerischen Bereich erbracht wird (§ 13b Abs. 5 Satz 7 UStG). [2] Ausgenommen hiervon sind Lieferungen von Gold in der in § 13b Abs. 2 Nr. 9 UStG bezeichneten Art, die ausschließlich an den nichtunternehmerischen Bereich von juristischen Personen des öffentlichen Rechts erbracht werden, auch wenn diese im Rahmen von Betrieben gewerblicher Art unternehmerisch tätig sind (vgl. § 13b Abs. 5 Satz 11 UStG).

13b.7 Lieferungen von Mobilfunkgeräten, Tablet-Computern, Spielekonsolen und integrierten Schaltkreisen

(1) [1] Mobilfunkgeräte sind Geräte, die zum Gebrauch mittels eines zugelassenen Mobilfunk-Netzes und auf bestimmten Frequenzen hergestellt oder hergerichtet wurden, unabhängig von etwaigen weiteren Nutzungsmöglichkeiten. [2] Hiervon werden insbesondere alle Geräte erfasst, mit denen Telekommunikationsleistungen in Form von Sprachübertragung über drahtlose Mobilfunk-Netzwerke in Anspruch genommen werden können, z. B. Telefone zur Verwendung in beliebigen drahtlosen Mobilfunk-Netzwerken (insbesondere für den zellularen Mobilfunk – Mobiltelefone – und Satellitentelefone) und mobile Datenerfassungsgeräte mit der Möglichkeit zur Verwendung in beliebigen drahtlosen Mobilfunk-Netzwerken; hierzu gehören nicht

---

1) MwStR 2016, 580.

2) A 13b.6 UStAE Abs. 2 Sätze 1 und 2 Klammerzusatz geänd. durch BMF v. 23.12.2020, BStBl. I 2021, 92, anzuwenden auf nach dem 31.12.2020 ausgeführte Umsätze, mit Übergangsregelung für **nach dem 31.12.2020 und vor dem 1.4.2021** ausgeführte Leistungen, siehe Anlage 8.

CB-Funkgeräte und Walkie-Talkies. [3]Ebenso fällt die Lieferung von kombinierten Produkten (sog. Produktbundle), d.h. gemeinsame Lieferungen von Mobilfunkgeräten und Zubehör zu einem einheitlichen Entgelt, unter die Regelung, wenn die Lieferung des Mobilfunkgeräts die Hauptleistung darstellt. [4]Die Lieferung von Geräten, die ausschließlich reine Daten übertragen, ohne diese in akustische Signale umzusetzen, fällt dagegen nicht unter die Regelung. [5]Zum Beispiel gehören daher folgende Gegenstände nicht zu den Mobilfunkgeräten im Sinne von § 13b Abs. 2 Nr. 10 UStG:

1. Navigationsgeräte;
2. Computer, soweit sie eine Sprachübertragung über drahtlose Mobilfunk-Netzwerke nicht ermöglichen (z.B. Tablet-PC);
3. mp3-Player;
4. Spielekonsolen;
5. On-Board-Units.

(1a) [1]Ein Tablet-Computer (aus Unterposition 8471 30 00 des Zolltarifs) ist ein tragbarer, flacher Computer in besonders leichter Ausführung, der vollständig in einem Touchscreen-Gehäuse untergebracht ist und mit den Fingern oder einem Stift bedient werden kann.

(1b) [1]Spielekonsolen sind Computer oder computerähnliche Geräte, die in erster Linie für Videospiele entwickelt werden. [2]Neben dem Spielen können sie weitere Funktionen bieten, z.B. Wiedergabe von Audio-CDs, Video-DVDs und Blu-ray-Discs.

(2) [1]Ein integrierter Schaltkreis ist eine auf einem einzelnen (Halbleiter-)Substrat (sog. Chip) untergebrachte elektronische Schaltung (elektronische Bauelemente mit Verdrahtung). [2]Zu den integrierten Schaltkreisen zählen insbesondere Mikroprozessoren und CPUs (Central Processing Unit, Hauptprozessor einer elektronischen Rechenanlage). [3]Die Lieferungen dieser Gegenstände fallen unter die Umsätze im Sinne von § 13b Abs. 2 Nr. 10 UStG (vgl. Abschnitt 13b.1 Abs. 2 Nr. 12), sofern sie (noch) nicht in einen zur Lieferung auf der Einzelhandelsstufe geeigneten Gegenstand (Endprodukt) eingebaut wurden; ein Gegenstand ist für die Lieferung auf der Einzelhandelsstufe insbesondere dann geeignet, wenn er ohne weitere Be- oder Verarbeitung an einen Endverbraucher geliefert werden kann. [4]Die Voraussetzungen des Satzes 3 erster Halbsatz sind immer dann erfüllt, wenn integrierte Schaltkreise unverbaut an Unternehmer geliefert werden; dies gilt auch dann, wenn unverbaute integrierte Schaltkreise auch an Letztverbraucher abgegeben werden können. [5]Wird ein integrierter Schaltkreis in einen anderen Gegenstand eingebaut oder verbaut, handelt es sich bei dem weiter gelieferten Wirtschaftsgut nicht mehr um einen integrierten Schaltkreis; in diesem Fall ist es unbeachtlich, ob der weiter gelieferte Gegenstand ein Endprodukt ist und auf der Einzelhandelsstufe gehandelt werden kann.

Beispiel:

[1]Der in Halle ansässige Chiphersteller C liefert dem in Erfurt ansässigen Computerhändler A CPUs zu einem Preis von insgesamt 20 000 €. [2]Diese werden von C an A unverbaut, d.h. ohne Einarbeitung in ein Endprodukt, übergeben. [3]A baut einen Teil der CPUs in Computer ein und bietet den Rest in seinem Geschäft zum Einzelverkauf an. [4]Im Anschluss liefert A

unverbaute CPUs in seinem Geschäft an den Unternehmer U für insgesamt 6000 €. [5] Außerdem liefert er Computer mit den eingebauten CPUs an den Einzelhändler E für insgesamt 7000 €.

[6] A schuldet als Leistungsempfänger der Lieferung des C die Umsatzsteuer nach § 13b Abs. 5 Satz 1 in Verbindung mit Abs. 2 Nr. 10 UStG, weil es sich insgesamt um die Lieferung unverbauter integrierter Schaltkreise handelt; auf die spätere Verwendung durch A kommt es nicht an.

[7] Für die sich anschließende Lieferung der CPUs von A an U schuldet U als Leistungsempfänger die Umsatzsteuer nach § 13b Abs. 5 Satz 1 in Verbindung mit Abs. 2 Nr. 10 UStG, weil es sich insgesamt um die Lieferung unverbauter integrierter Schaltkreise handelt; auf die spätere Verwendung durch U kommt es nicht an.

[8] Für die Lieferung der Computer mit den eingebauten CPUs von A an E schuldet A als leistender Unternehmer die Umsatzsteuer (§ 13a Abs. 1 Nr. 1 UStG), weil Liefergegenstand nicht mehr integrierte Schaltkreise, sondern Computer sind.

[6] Aus Vereinfachungsgründen kann die Abgrenzung der unter § 13b Abs. 2 Nr. 10 UStG fallenden integrierten Schaltkreise anhand der Unterposition 8542 31 90 des Zolltarifs vorgenommen werden; dies sind insbesondere monolithische und hybride elektronische integrierte Schaltungen mit in großer Dichte angeordneten und als eine Einheit anzusehenden passiven und aktiven Bauelementen, die sich als Prozessoren bzw. Steuer- und Kontrollschaltungen darstellen.

[7] Die Lieferungen folgender Gegenstände fallen beispielsweise nicht unter die in § 13b Abs. 2 Nr. 10 UStG genannten Umsätze, auch wenn sie elektronische Komponenten im Sinne der Sätze 1 und 2 enthalten:

1. Antennen;
2. elektrotechnische Filter;
3. Induktivitäten (passive elektrische oder elektronische Bauelemente mit festem oder einstellbarem Induktivitätswert);
4. Kondensatoren;
5. Sensoren (Fühler).

[8] Als verbaute integrierte Schaltkreise im Sinne des Satzes 5 sind insbesondere die folgenden Gegenstände anzusehen, bei denen der einzelne integrierte Schaltkreis bereits mit anderen Bauteilen verbunden wurde:

1. Platinen, die mit integrierten Schaltkreisen und ggf. mit verschiedenen anderen Bauelementen bestückt sind;
2. Bauteile, in denen mehrere integrierte Schaltkreise zusammengefasst sind;
3. zusammengesetzte elektronische Schaltungen;
4. Platinen, in die integrierte Schaltkreise integriert sind (sog. Chips on board);
5. Speicherkarten mit integrierten Schaltungen (sog. Smart Cards);
6. Grafikkarten, Flashspeicherkarten, Schnittstellenkarten, Soundkarten, Memory-Sticks.

[9] Ebenfalls nicht unter § 13b Abs. 2 Nr. 10 UStG fallen:

1. Verarbeitungseinheiten für automatische Datenverarbeitungsmaschinen, auch mit einer oder zwei der folgenden Arten von Einheiten in einem gemeinsamen Gehäuse: Speichereinheit, Eingabe- und Ausgabeeinheit (Unterposition 8471 50 00 des Zolltarifs);

2. Baugruppen zusammengesetzter elektronischer Schaltungen für automatische Datenverarbeitungsmaschinen oder für andere Maschinen der Position 8471 (Unterposition 8473 30 20 des Zolltarifs);
3. Teile und Zubehör für automatische Datenverarbeitungsmaschinen oder für andere Maschinen der Position 8471 (Unterposition 8473 30 80 des Zolltarifs).

(3) [1] Lieferungen von Mobilfunkgeräten, Tablet-Computern, Spielekonsolen und integrierten Schaltkreisen fallen nur unter die Regelung zur Steuerschuldnerschaft des Leistungsempfängers nach § 13b Abs. 2 Nr. 10 UStG, wenn der Leistungsempfänger ein Unternehmer ist und die Summe der für die steuerpflichtigen Lieferungen dieser Gegenstände in Rechnung zu stellenden Bemessungsgrundlagen mindestens 5000 € beträgt. [2] Abzustellen ist dabei auf alle im Rahmen eines zusammenhängenden wirtschaftlichen Vorgangs gelieferten Gegenstände der genannten Art. [3] Als Anhaltspunkt für einen wirtschaftlichen Vorgang dient insbesondere die Bestellung, der Auftrag, der Vertrag oder der Rahmen-Vertrag mit konkretem Auftragsvolumen. [4] Lieferungen bilden stets einen einheitlichen wirtschaftlichen Vorgang, wenn sie im Rahmen eines einzigen Erfüllungsgeschäfts geführt werden, auch wenn hierüber mehrere Aufträge vorliegen oder mehrere Rechnungen ausgestellt werden.

Beispiel:

[1] Der in Stuttgart ansässige Großhändler G bestellt am 1. 7. 01 bei dem in München ansässigen Handyhersteller H 900 Mobilfunkgeräte zu einem Preis von insgesamt 45 000 €. [2] Vereinbarungsgemäß liefert H die Mobilfunkgeräte in zehn Tranchen mit je 90 Stück zu je 4500 € an G aus.

[3] Die zehn Tranchen Mobilfunkgeräte stellen einen zusammenhängenden wirtschaftlichen Vorgang dar, denn die Lieferung der Geräte erfolgte auf der Grundlage einer Bestellung über die Gesamtmenge von 900 Stück. [4] G schuldet daher als Leistungsempfänger die Umsatzsteuer für diese zusammenhängenden Lieferungen (§ 13b Abs. 5 Satz 1 in Verbindung mit Abs. 2 Nr. 10 UStG).

[5] Keine Lieferungen im Rahmen eines zusammenhängenden wirtschaftlichen Vorgangs liegen in folgenden Fällen vor:

1. Lieferungen aus einem Konsignationslager, das der liefernde Unternehmer in den Räumlichkeiten des Abnehmers unterhält, wenn der Abnehmer Mobilfunkgeräte, Tablet-Computer, Spielekonsolen oder integrierte Schaltkreise jederzeit in beliebiger Menge entnehmen kann;
2. Lieferungen auf Grund eines Rahmenvertrags, in dem lediglich Lieferkonditionen und Preise der zu liefernden Gegenstände, nicht aber deren Menge festgelegt wird;
3. Lieferungen im Rahmen einer dauerhaften Geschäftsbeziehung, bei denen Aufträge – ggf. mehrmals täglich – schriftlich, per Telefon, per Telefax oder auf elektronischem Weg erteilt werden, die zu liefernden Gegenstände ggf. auch zusammen ausgeliefert werden, es sich aber bei den Lieferungen um voneinander unabhängige Erfüllungsgeschäfte handelt.

[6] Bei der Anwendung des Satzes 1 bleiben nachträgliche Entgeltminderungen für die Beurteilung der Betragsgrenze von 5000 € unberücksichtigt; dies gilt auch für nachträgliche Teilrückabwicklungen. [7] Ist auf Grund der vertraglichen Vereinbarungen nicht absehbar oder erkennbar, ob die Betragsgrenze von

5000 € für Lieferungen erreicht oder überschritten wird, wird es aus Vereinfachungsgründen nicht beanstandet, wenn die Steuerschuldnerschaft des Leistungsempfängers nach § 13b Abs. 2 Nr. 10 und Abs. 5 Satz 1 zweiter Halbsatz UStG angewendet wird, sofern beide Vertragspartner übereinstimmend vom Vorliegen der Voraussetzungen zur Anwendung von § 13b UStG ausgegangen sind und dadurch keine Steuerausfälle entstehen; dies gilt dann als erfüllt, wenn der Umsatz vom Leistungsempfänger in zutreffender Höhe versteuert wird.

(4)[1)] [1] Erfüllt der Leistungsempfänger die Voraussetzungen des § 13b Abs. 5 Satz 1 zweiter Halbsatz UStG, ist er auch dann Steuerschuldner, wenn die Leistung für den nichtunternehmerischen Bereich erbracht wird (§ 13b Abs. 5 Satz 7 UStG). [2] Ausgenommen hiervon sind Lieferungen von Mobilfunkgeräten, Tablet-Computern und Spielekonsolen sowie von integrierten Schaltkreisen vor Einbau in einen zur Lieferung auf der Einzelhandelsstufe geeigneten Gegenstand, die ausschließlich an den nichtunternehmerischen Bereich von juristischen Personen des öffentlichen Rechts erbracht werden, auch wenn diese im Rahmen von Betrieben gewerblicher Art unternehmerisch tätig sind (vgl. § 13b Abs. 5 Satz 11 UStG). [3] Absatz 3 ist auf den jeweiligen Betrieb gewerblicher Art einer juristischen Person des öffentlichen Rechts entsprechend anzuwenden.

13b.7a Lieferungen von Edelmetallen, unedlen Metallen und Cermets

(1) [1] Zu den in der Anlage 4 des UStG bezeichneten Gegenständen gehören vor allem Metalle in Rohform oder als Halberzeugnis, im Einzelnen sind das:

1. [1] Unter Nummer 1 der Anlage 4 des UStG fallen nur Silber (in Rohform, als Halbzeug oder als Pulver) sowie Silberplattierungen auf unedlen Metallen (in Rohform oder als Halbzeug) im Sinne der Positionen 7106 und 7107 des Zolltarifs. [2] Hierzu gehören Silber und Silberlegierungen sowie vergoldetes Silber, platiniertes Silber und mit Platinbeimetallen überzogenes Silber (z.B. palladiniertes, rhodiniertes Silber) in den verschiedenen Roh- und Halbzeugformen und in Pulverform. [3] Als Silberplattierungen gelten u.a. Waren, bei denen auf einer Metallunterlage auf einer Seite oder mehreren Seiten Silber durch Löten, Schweißen, Warmwalzen oder ähnliche mechanische Verfahren aufgebracht ist. [4] Nicht hierzu gehören gegossene, gesinterte, getriebene, gestanzte usw. Stücke in Form von Rohlingen für Schmuckwaren usw. (z.B. Fassungen, Rohlinge von Ringen, Blumen, Tiere, andere Figuren) sowie Abfälle und Schrott aus Silber (vgl. hierzu Abschnitt 13b.4 Abs. 1 Satz 1 Nr. 7).
2. [1] Unter Nummer 2 der Anlage 4 des UStG fallen nur Platin, Palladium, Rhodium, Iridium, Osmium und Ruthenium (in Rohform, als Halbzeug oder als Pulver) sowie Platinplattierungen auf unedlen Metallen, auf Silber oder auf Gold (in Rohform oder als Halbzeug) im Sinne der Posi-

[1)] A 13b.7 UStAE Abs. 4 Sätze 1 und 2 Klammerzusatz geänd. durch BMF v. 23.12.2020, BStBl. I 2021, 92, anzuwenden auf nach dem 31.12.2020 ausgeführte Umsätze, mit Übergangsregelung für **nach dem 31.12.2020 und vor dem 1.4.2021** ausgeführte Leistungen, siehe Anlage 8.

tion 7110 und der Unterposition 7111 00 00 des Zolltarifs. [2]Hierzu gehören Platin oder Platinlegierungen in Rohform oder als Halbzeug. [3]Als Platinplattierungen gelten u. a. Waren, bei denen auf einer Metallunterlage auf einer Seite oder mehreren Seiten Platin durch Löten, Schweißen, Warmwalzen oder ähnliche mechanische Verfahren aufgebracht ist. [4]Nicht hierzu gehören gegossene, gesinterte, getriebene, gestanzte usw. Stücke in Form von Rohlingen für Schmuckwaren usw. (z. B. Fassungen, Rohlinge von Ringen, Blumen, Tiere, andere Figuren) sowie Abfälle und Schrott aus Platin (vgl. hierzu Abschnitt 13b.4 Abs. 1 Satz 1 Nr. 7).

3. [1]Unter Nummer 3 der Anlage 4 des UStG fallen nur Roheisen oder Spiegeleisen (in Masseln, Blöcken oder anderen Rohformen), Körner und Pulver aus Roheisen oder Spiegeleisen, Eisen oder Stahl, Rohblöcke und andere Rohformen aus Eisen oder Stahl, Halbzeug aus Eisen oder Stahl im Sinne der Positionen 7201, 7205, 7206, 7207, 7218 und 7224 des Zolltarifs. [2]Roheisen kann in Form von Masseln, Barren oder Blöcken, auch gebrochen oder in flüssiger Form vorliegen, jedoch gehören geformte oder bearbeitete Waren (z. B. rohe oder bearbeitete Gussstücke oder Rohre) nicht hierzu. [3]Zu der Nummer 3 der Anlage 4 des UStG gehören Eisen und nicht legierter Stahl, nicht rostender Stahl und anderer legierter Stahl in Rohblöcken (Ingots) oder anderen Rohformen (auch als Halbzeug). [4]Nicht hierzu gehören radioaktive Eisenpulver (Isotope), als Arzneiwaren aufgemachte Eisenpulver, Rohre oder Behälter aus Stahl sowie Abfälle und Schrott aus Eisen oder Stahl (vgl. hierzu Abschnitt 13b.4 Abs. 1 Satz 1 Nr. 8).
4. [1]Unter Nummer 4 der Anlage 4 des UStG fallen nur nicht raffiniertes Kupfer und Kupferanoden zum elektrolytischen Raffinieren, raffiniertes Kupfer und Kupferlegierungen (in Rohform), Kupfervorlegierungen, Pulver und Flitter aus Kupfer im Sinne der Positionen 7402, 7403, 7405 und 7406 des Zolltarifs. [2]Hierzu gehören Schwarzkupfer und Blisterkupfer sowie Kupferkathoden und Kupferkathodenabschnitte (Unterposition 7403 11 00 des Zolltarifs). [3]Nicht hierzu gehören Pulver und Flitter aus Kupfer, die zubereitete Farben sind, zugeschnittener Flitter sowie Abfälle und Schrott aus Kupfer (vgl. hierzu Abschnitt 13b.4 Abs. 1 Satz 1 Nr. 9).
5. [1]Unter Nummer 5 der Anlage 4 des UStG fallen nur Nickelmatte, Nickeloxidsinter und andere Zwischenerzeugnisse der Nickelmetallurgie, Nickel in Rohform sowie Pulver und Flitter aus Nickel im Sinne der Positionen 7501, 7502 und 7504 des Zolltarifs. [2]Hierzu gehören unreine Nickeloxide, unreines Ferronickel und Nickelspeise. [3]Nicht hierzu gehören Abfälle und Schrott aus Nickel (vgl. hierzu Abschnitt 13b.4 Abs. 1 Satz 1 Nr. 10).
6. [1]Unter Nummer 6 der Anlage 4 des UStG fallen nur Aluminium in Rohform, Pulver und Flitter aus Aluminium im Sinne der Positionen 7601 und 7603 des Zolltarifs. [2]Nicht hierzu gehören Pulver und Flitter aus Aluminium, die zubereitete Farben sind, zugeschnittener Flitter sowie Abfälle und Schrott aus Aluminium (vgl. hierzu Abschnitt 13b.4 Abs. 1 Satz 1 Nr. 11).
7. [1]Unter Nummer 7 der Anlage 4 des UStG fallen nur Blei in Rohform, Pulver und Flitter aus Blei im Sinne der Position 7801 und aus der Position 7804 des Zolltarifs. [2]Hierzu gehören Blei in Rohformen in verschie-

denen Reinheitsgraden (von unreinem Blei und silberhaltigem Blei bis zum raffinierten Elektrolytblei), gegossene Anoden zum elektrolytischen Raffinieren und gegossene Stangen, die z.B. zum Walzen, Ziehen oder zum Gießen in geformte Waren bestimmt sind. [3]Nicht hierzu gehören Pulver und Flitter aus Blei, die zubereitete Farben sind, sowie Abfälle und Schrott aus Blei (vgl. hierzu Abschnitt 13b.4 Abs. 1 Satz 1 Nr. 12).

8. [1]Unter Nummer 8 der Anlage 4 des UStG fallen nur Zink in Rohform, Staub, Pulver und Flitter aus Zink im Sinne der Positionen 7901 und 7903 des Zolltarifs. [2]Hierzu gehören Zink in Rohform der verschiedenen Reinheitsgrade. [3]Nicht hierzu gehören Staub, Pulver und Flitter aus Zink, die zubereitete Farben sind, sowie Abfälle und Schrott aus Zink (vgl. hierzu Abschnitt 13b.4 Abs. 1 Satz 1 Nr. 13).
9. [1]Unter Nummer 9 der Anlage 4 des UStG fällt nur Zinn in Rohform im Sinne der Position 8001 des Zolltarifs. [2]Nicht hierzu gehören Abfälle und Schrott aus Zinn (vgl. hierzu Abschnitt 13b.4 Abs. 1 Satz 1 Nr. 14).
10. [1]Unter Nummer 10 der Anlage 4 des UStG fallen nur andere unedle Metalle in Rohform oder als Pulver aus den Positionen 8101 bis 8112 des Zolltarifs. [2]Hierzu gehören Wolfram, Molybdän, Tantal, Magnesium, Cobalt, Bismut (Wismut), Cadmium, Titan, Zirconium, Antimon, Mangan, Beryllium, Chrom, Germanium, Vanadium, Gallium, Hafnium, Indium, Niob (Columbium), Rhenium und Thallium. [3]Nicht hierzu gehören Wolfram-, Molybdän-, Tantal- und Titancarbid sowie Abfälle und Schrott aus anderen unedlen Metallen (vgl. hierzu Abschnitt 13b.4 Abs. 1 Satz 1 Nr. 15).
11. [1]Unter Nummer 11 der Anlage 4 des UStG fallen nur Cermets (Erzeugnisse aus einem keramischen und einem metallischen Bestandteil) in Rohform im Sinne der Unterposition 8113 00 20 des Zolltarifs. [2]Nicht hierzu gehören Waren aus Cermets, Cermets, die spaltbare oder radioaktive Stoffe enthalten, Plättchen, Stäbchen, Spitzen und ähnliche Formstücke für Werkzeuge aus Cermets sowie Abfälle und Schrott aus Cermets (vgl. aber Abschnitt 13b.4 Abs. 1 Satz 1 Nr. 15).

[2]Bestehen Zweifel, ob ein Gegenstand unter die Anlage 4 des UStG fällt, gilt Abschnitt 13b.4 Abs. 1 Sätze 2 bis 4 entsprechend. [3]Abschnitt 13b.4 Abs. 2 Sätze 1 bis 3 und Abs. 3 Sätze 1 und 2 gilt sinngemäß.

(2) [1]Lieferungen von Edelmetallen, unedlen Metallen und Cermets fallen nur unter die Regelung zur Steuerschuldnerschaft des Leistungsempfängers nach § 13b Abs. 2 Nr. 11 UStG, wenn der Leistungsempfänger ein Unternehmer ist und die Summe der für die steuerpflichtigen Lieferungen dieser Gegenstände in Rechnung zu stellenden Bemessungsgrundlagen im Rahmen eines wirtschaftlichen Vorgangs mindestens 5000 € beträgt. [2]Abschnitt 13b.7 Abs. 3 gilt sinngemäß.

(3)[1)] [1]Erfüllt der Leistungsempfänger die Voraussetzungen des § 13b Abs. 5 Satz 1 zweiter Halbsatz UStG, ist er auch dann Steuerschuldner, wenn die

---

1) A 13b.7a UStAE Abs. 3 Sätze 1 und 2 Klammerzusatz geänd. durch BMF v. 23.12.2020, BStBl. I 2021, 92, anzuwenden auf nach dem 31.12.2020 ausgeführte Umsätze, mit Übergangsregelung für **nach dem 31.12.2020 und vor dem 1.4.2021** ausgeführte Leistungen, siehe Anlage 8.

Leistung für den nichtunternehmerischen Bereich erbracht wird (§ 13b Abs. 5 Satz 7 UStG). [2]Ausgenommen hiervon sind Lieferungen von Edelmetallen, unedlen Metallen und Cermets, die ausschließlich an den nichtunternehmerischen Bereich von juristischen Personen des öffentlichen Rechts erbracht werden, auch wenn diese im Rahmen von Betrieben gewerblicher Art unternehmerisch tätig sind (vgl. § 13b Abs. 5 Satz 11 UStG). [3]Absatz 2 ist auf den jeweiligen Betrieb gewerblicher Art einer juristischen Person des öffentlichen Rechts entsprechend anzuwenden.

13b.7b[1)] Sonstige Leistungen auf dem Gebiet der Telekommunikation

(1) Zum Begriff der sonstigen Leistung auf dem Gebiet der Telekommunikation im Sinne des § 13b Abs. 2 Nr. 12 Satz 1 UStG wird auf Abschnitt 3a.10 verwiesen.

(2) [1]Bei diesen sonstigen Leistungen auf dem Gebiet der Telekommunikation schuldet der Leistungsempfänger die Steuer, wenn er ein Unternehmer ist, dessen Haupttätigkeit in Bezug auf den Erwerb dieser Leistungen in deren Erbringung besteht und dessen eigener Verbrauch dieser Leistungen von untergeordneter Bedeutung ist (§ 13b Abs. 5 Satz 6 erster Halbsatz UStG, sog. Wiederverkäufer). [2]Die Haupttätigkeit des Unternehmers in Bezug auf den Erwerb dieser Leistungen besteht dann in deren Erbringung, wenn der Unternehmer mehr als die Hälfte der von ihm erworbenen Leistungen weiterveräußert. [3]Der eigene Verbrauch dieser Leistungen ist von untergeordneter Bedeutung, wenn nicht mehr als 5% der erworbenen Leistungen zu eigenen (unternehmerischen sowie nichtunternehmerischen) Zwecken verwendet wird. [4]Maßgeblich sind die Verhältnisse im vorangegangenen Kalenderjahr; nimmt der Unternehmer seine Tätigkeit in diesem Bereich erst auf, ist er auch schon vor der erstmaligen Erbringung von Leistungen auf dem Gebiet der Telekommunikation als Wiederverkäufer anzusehen, wenn er nach außen erkennbar mit ersten Handlungen zur Erbringung von Leistungen auf dem Gebiet der Telekommunikation begonnen hat und mit diesen Leistungen voraussichtlich die vorgenannten Voraussetzungen erfüllen wird. [5]Verwendet der Unternehmer zwar mehr als 5%, jedoch nicht mehr als 10% der erworbenen Leistungen zu eigenen Zwecken, ist weiterhin von einer untergeordneten Bedeutung auszugehen, wenn die im Mittel der vorangegangenen drei Jahre zu eigenen Zwecken verbrauchten Leistungen 5% der in diesem Zeitraum erworbenen Leistungen nicht überschritten haben. [6]Im Unternehmen selbst erzeugte Leistungen bleiben bei der Beurteilung unberücksichtigt. [7]Ob die selbst erzeugten Leistungen veräußert oder zum eigenen Verbrauch im Unternehmen verwendet werden, ist daher unbeachtlich. [8]Ebenso sind die veräußerten Leistungen, die selbst erzeugt wurden, hinsichtlich der Beurteilung der Wiederverkäufereigenschaft aus der Gesamtheit der veräußerten Leistungen auszuscheiden; auch beeinflussen sie die nach den Sätzen 1 und 2 einzuhaltenden Grenzwerte nicht.

[1)] A 13b.7b UStAE eingef. durch BMF v. 23.12.2020, BStBl. I 2021, 92, anzuwenden auf nach dem 31.12.2020 ausgeführte Umsätze, mit Übergangsregelung für **nach dem 31.12. 2020 und vor dem 1.4.2021** ausgeführte Leistungen, siehe Anlage 8.

(3) [1] Es ist davon auszugehen, dass ein Unternehmer Wiederverkäufer nach Absatz 2 ist, wenn ihm das nach den abgabenrechtlichen Vorschriften für die Besteuerung seiner Umsätze zuständige Finanzamt auf Antrag oder von Amts wegen eine im Zeitpunkt der Ausführung des Umsatzes gültige Bescheinigung nach dem Vordruckmuster USt 1 TQ erteilt hat; hinsichtlich dieses Musters wird auf das BMF-Schreiben vom 23.12.2020, BStBl. 2021 I S. 92, verwiesen. [2] Die Gültigkeitsdauer der Bescheinigung ist auf längstens drei Jahre zu beschränken; sie kann nur mit Wirkung für die Zukunft widerrufen oder zurückgenommen werden. [3] Verwendet der Leistungsempfänger einen Nachweis nach dem Vordruckmuster USt 1 TQ – im Original oder in Kopie –, ist er Steuerschuldner, auch wenn er im Zeitpunkt der Leistung tatsächlich kein Wiederverkäufer nach Absatz 2 ist; dies gilt nicht, wenn der Leistungsempfänger einen gefälschten Nachweis nach dem Vordruckmuster USt 1 TQ verwendet hat und der leistende Unternehmer hiervon Kenntnis hatte.

(4) [1] Hat das Finanzamt dem Unternehmer eine Bescheinigung nach dem Vordruckmuster USt 1 TQ ausgestellt, ist er auch dann als Leistungsempfänger Steuerschuldner, wenn er diesen Nachweis gegenüber dem leistenden Unternehmer nicht – im Original oder in Kopie – verwendet. [2] Wurde die Bescheinigung mit Wirkung für die Zukunft widerrufen oder zurückgenommen und ist der Leistungsempfänger kein Wiederverkäufer nach Absatz 2, schuldet der leistende Unternehmer dann die Steuer, wenn er hiervon Kenntnis hatte oder hätte haben können. [3] Hatte der leistende Unternehmer in diesen Fällen keine Kenntnis oder hat er keine Kenntnis haben können, wird es beim leistenden Unternehmer und beim Leistungsempfänger nicht beanstandet, wenn beide einvernehmlich von einer Steuerschuldnerschaft des Leistungsempfängers ausgehen und durch diese Handhabung keine Steuerausfälle entstehen; dies gilt dann als erfüllt, wenn der Umsatz vom Leistungsempfänger in zutreffender Höhe versteuert wird.

(5)[1)] [1] Erfüllt bei einem Organschaftsverhältnis nur ein Teil des Organkreises (z. B. der Organträger oder eine Organgesellschaft) die Voraussetzung als Wiederverkäufer nach Absatz 2, ist für Zwecke der Anwendung der Steuerschuldnerschaft des Leistungsempfängers nach § 13b Abs. 2 Nr. 12 und Abs. 5 Satz 6 UStG nur dieser Teil des Organkreises als Wiederverkäufer anzusehen. [2] Die Absätze 2 und 3 sind insoweit nur auf den jeweiligen Unternehmensteil anzuwenden; nicht steuerbare Innenumsätze sind bei der Ermittlung der Wiederverkäufereigenschaft unbeachtlich. [3] Die Bescheinigung nach dem Vordruckmuster USt 1 TQ stellt das für den Organkreis für Zwecke der Umsatzsteuer zuständige Finanzamt für alle im Inland gelegenen Unternehmensteile im Sinne des Abschnitts 2.9 Abs. 3 bis 5 auf Antrag aus. [4] Der Antrag im Sinne des Satzes 3 ist von dem Organträger zu stellen; Abschnitt 2.9 Abs. 6 und 7 sowie Abschnitt 13b.3 Abs. 7 Satz 6 gelten entsprechend.

(6) [1] Erfüllt der Leistungsempfänger die Voraussetzungen des § 13b Abs. 5 Satz 6 erster Halbsatz UStG, ist der Leistungsempfänger auch dann Steuerschuld-

---

1) A 13b.7b UStAE Abs. 5 Sätze 3 u. 4 angef. durch BMF v. 10.2.2021, BStBl. I 2021, 314; Satz 2 neugef. durch BMF v. 27.9.2021, BStBl. I 2021, 1856, anzuwenden in allen offenen Fällen.

ner, wenn die Leistung für den nichtunternehmerischen Bereich erbracht wird (§ 13b Abs. 5 Satz 7 UStG). 2 Ausgenommen hiervon sind die sonstigen Leistungen auf dem Gebiet der Telekommunikation, die ausschließlich an den nichtunternehmerischen Bereich von juristischen Personen des öffentlichen Rechts erbracht werden, auch wenn diese im Rahmen von Betrieben gewerblicher Art als Wiederverkäufer von sonstigen Leistungen auf dem Gebiet der Telekommunikation unternehmerisch tätig sind (vgl. § 13b Abs. 5 Satz 11 UStG). 3 Absätze 2 und 3 sind auf den jeweiligen Betrieb gewerblicher Art einer juristischen Person des öffentlichen Rechts entsprechend anzuwenden, der Wiederverkäufer von sonstigen Leistungen auf dem Gebiet der Telekommunikation ist.

(7)[1] 1 Wohnungseigentümergemeinschaften sind für Telekommunikationsdienstleistungen als Leistungsempfänger nicht Steuerschuldner, wenn diese Leistungen als nach § 4 Nr. 13 UStG steuerfreie Leistungen der Wohnungseigentümergemeinschaften an die einzelnen Wohnungseigentümer weitergegeben werden. 2 Dies gilt auch, wenn die Wohnungseigentümergemeinschaft derartige Umsätze nach § 9 Abs. 1 UStG als steuerpflichtig behandelt.

(8)[1] 1 Vermieter sind für Telekommunikationsdienstleistungen als Leistungsempfänger nicht Steuerschuldner, wenn diese Leistungen als nach § 4 Nr. 12 UStG steuerfreie Nebenleistungen der Vermieter an die einzelnen Mieter weitergegeben werden. 2 Dies gilt auch, wenn der Vermieter derartige Umsätze nach § 9 Abs. 1 UStG als steuerpflichtig behandelt.

13b.8[2] Vereinfachungsregelung

(1) 1 Haben der leistende Unternehmer und der Leistungsempfänger für einen an ihn erbrachten Umsatz § 13b Abs. 2 Nr. 4, Nr. 5 Buchstabe b oder Nr. 7 bis 12 in Verbindung mit Abs. 5 Satz 1 zweiter Halbsatz und Sätze 3 bis 6 UStG angewandt, obwohl dies nach Art der Umsätze unter Anlegung objektiver Voraussetzungen nicht zutreffend war, gilt der Leistungsempfänger dennoch als Steuerschuldner (§ 13b Abs. 5 Satz 8 UStG). 2 Voraussetzung ist, dass durch diese Handhabung keine Steuerausfälle entstehen. 3 Dies gilt dann als erfüllt, wenn der Umsatz vom Leistungsempfänger in zutreffender Höhe versteuert wird.

(2)[3] § 13b Abs. 5 Satz 8 UStG gilt nicht bei einer Anwendung der Steuerschuldnerschaft des Leistungsempfängers, wenn fraglich war, ob die Voraussetzungen hierfür in der Person der beteiligten Unternehmer (z. B. die Eigenschaft als Bauleistender; vgl. dazu Abschnitt 13b.3 Abs. 1 bis 7) erfüllt sind.

---

[1] A 13b.7b UStAE Abs. 7 und 8 angef. durch BMF v. 2.5.2022, BStBl. I 2022, 736, anzuwenden in allen offenen Fällen, für **vor dem 1.7.2022** ausgeführte Leistungen wird die übereinstimmende Anwedung des § 13b Abs. 2 Nr. 12 UStG nicht beanstandet.

[2] A 13b.8 UStAE Abs. 1 Satz 1 neugef. durch BMF v. 23.12.2020, BStBl. I 2021, 92, anzuwenden auf nach dem 31.12.2020 ausgeführte Umsätze, mit Übergangsregelung für **nach dem 31.12.2020 und vor dem 1.4.2021** ausgeführte Leistungen, siehe Anlage 8.

[3] A 13b.8 UStAE Abs. 2 Satz 1 Angabe geänd. durch BMF v. 23.12.2020, BStBl. I 2021, 92, anzuwenden auf nach dem 31.12.2020 ausgeführte Umsätze, mit Übergangsregelung für **nach dem 31.12.2020 und vor dem 1.4.2021** ausgeführte Leistungen, siehe Anlage 8.

13b.9 Unfreie Versendungen

[1]Zu den sonstigen Leistungen, für die der Leistungsempfänger die Steuer schuldet (vgl. Abschnitt 13b.1 Abs. 2 Nr. 3), können auch die unfreie Versendung oder die Besorgung einer solchen gehören (§§ 453 ff. HGB). [2]Eine unfreie Versendung liegt vor, wenn ein Absender einen Gegenstand durch einen Frachtführer oder Verfrachter unfrei zum Empfänger der Frachtsendung befördern oder eine solche Beförderung durch einen Spediteur unfrei besorgen lässt. [3]Die Beförderungsleistung wird nicht gegenüber dem Absender, sondern gegenüber dem Empfänger der Frachtsendung abgerechnet. [4]Nach § 30a UStDV wird der Rechnungsempfänger aus Vereinfachungsgründen unter folgenden Voraussetzungen an Stelle des Absenders zum Steuerschuldner für die Beförderungsleistung bestimmt:

1. Der Gegenstand wird durch einen im Ausland ansässigen Unternehmer befördert oder eine solche Beförderung durch einen im Ausland ansässigen Spediteur besorgt;
2. der Empfänger der Frachtsendung (Rechnungsempfänger) ist ein Unternehmer oder eine juristische Person des öffentlichen Rechts;
3. der Empfänger der Frachtsendung (Rechnungsempfänger) hat die Entrichtung des Entgelts für die Beförderung oder für ihre Besorgung übernommen und
4. aus der Rechnung über die Beförderung oder ihre Besorgung ist auch die in der Nummer 3 bezeichnete Voraussetzung zu ersehen.

[5]Der Rechnungsempfänger erkennt seine Steuerschuldnerschaft anhand der Angaben in der Rechnung (§ 14a UStG und § 30a Satz 1 Nr. 3 UStDV).

Beispiel:

[1]Der in Frankreich ansässige Unternehmer F versendet vereinbarungsgemäß einen Gegenstand per Frachtnachnahme durch den ebenfalls in Frankreich ansässigen Beförderungsunternehmer B von Paris nach Stuttgart an den dort ansässigen Unternehmer U. [2]B stellt dem U die Beförderungsleistung in Rechnung. [3]U verwendet gegenüber B seine deutsche USt-IdNr. [4]B erbringt eine in Deutschland steuerpflichtige innergemeinschaftliche Güterbeförderung, weil U, der als Leistungsempfänger anzusehen ist (vgl. Abschnitt 3a.2 Abs. 2), ein Unternehmer ist, der die Leistung für sein Unternehmen bezieht (§ 3a Abs. 2 Satz 1 UStG). [5]U schuldet damit auch die Umsatzsteuer für diese Beförderungsleistung (§ 13b Abs. 9 UStG, § 30a UStDV).

13b.10 Ausnahmen

(1) [1]§ 13b Abs. 1 bis 5 UStG findet keine Anwendung, wenn die Leistung des im Ausland ansässigen Unternehmers in einer Personenbeförderung im Gelegenheitsverkehr mit nicht im Inland zugelassenen Kraftomnibussen besteht und bei der eine Grenze zum Drittland überschritten wird (§ 13b Abs. 6 Nr. 1 UStG). [2]Dies gilt auch, wenn die Personenbeförderung mit einem Fahrzeug im Sinne des § 1b Abs. 2 Satz 1 Nr. 1 UStG (insbesondere Taxi und Kraftomnibus) durchgeführt worden ist (§ 13b Abs. 6 Nr. 2 UStG). [3]Der Unternehmer hat diese Beförderungen im Wege der Beförderungseinzelbesteuerung (§ 16 Abs. 5 UStG, § 18 Abs. 5 UStG) oder im allgemeinen Besteuerungsverfahren zu versteuern. [4]§ 13b Abs. 1 bis 5 UStG findet ebenfalls keine Anwendung, wenn die Leistung des im Ausland ansässigen Unter-

nehmers in einer grenzüberschreitenden Personenbeförderung im Luftverkehr besteht (§ 13b Abs. 6 Nr. 3 UStG).

(2) [1] § 13b Abs. 1 bis 5 UStG findet auch keine Anwendung, wenn die Leistung des im Ausland ansässigen Unternehmers in der Einräumung der Eintrittsberechtigung für Messen, Ausstellungen und Kongresse im Inland besteht (§ 13b Abs. 6 Nr. 4 UStG). [2] Unter die Umsätze, die zur Einräumung der Eintrittsberechtigung für Messen, Ausstellungen und Kongresse gehören, fallen insbesondere Leistungen, für die der Leistungsempfänger Kongress-, Teilnehmer- oder Seminarentgelte entrichtet, sowie damit im Zusammenhang stehende Nebenleistungen, wie z. B. Beförderungsleistungen, Vermietung von Fahrzeugen oder Unterbringung, wenn diese Leistungen vom Veranstalter der Messe, der Ausstellung oder des Kongresses zusammen mit der Einräumung der Eintrittsberechtigung als einheitliche Leistung (vgl. Abschnitt 3.10) angeboten werden.

(3) [1] Im Rahmen von Messen und Ausstellungen werden auch Gemeinschaftsausstellungen durchgeführt, z. B. von Ausstellern, die in demselben ausländischen Staat ansässig sind. [2] Vielfach ist in diesen Fällen zwischen dem Ver-

(Fortsetzung S. 607)

anstalter und den Ausstellern ein Unternehmen eingeschaltet, das im eigenen Namen die Gemeinschaftsausstellung organisiert (Durchführungsgesellschaft). [3]In diesen Fällen erbringt der Veranstalter sonstige Leistungen an die zwischengeschaltete Durchführungsgesellschaft. [4]Diese erbringt die sonstigen Leistungen an die an der Gemeinschaftsausstellung beteiligten Aussteller. [5]§ 13b Abs. 1 bis 5 UStG findet keine Anwendung, wenn die im Ausland ansässige Durchführungsgesellschaft sonstige Leistungen an im Ausland ansässige Unternehmer erbringt, soweit diese Leistung im Zusammenhang mit der Veranstaltung von Messen und Ausstellungen im Inland steht (§ 13b Abs. 6 Nr. 5 UStG). [6]Für ausländische staatliche Stellen, die mit der Organisation von Gemeinschaftsausstellungen im Rahmen von Messen und Ausstellungen beauftragt worden sind, gelten die Ausführungen in den Sätzen 1 bis 5 entsprechend, sofern die betreffende ausländische staatliche Stelle von den einzelnen Ausstellern ihres Landes Entgelte in der Regel in Abhängigkeit von der beanspruchten Ausstellungsfläche erhebt und deshalb insoweit als Unternehmer anzusehen ist.

(4) § 13b Abs. 1 bis 5 UStG findet ebenfalls keine Anwendung, wenn die Leistung des im Ausland ansässigen Unternehmers in der Abgabe von Speisen und Getränken zum Verzehr an Ort und Stelle (Restaurationsleistung) besteht, wenn diese Abgabe an Bord eines Schiffs, in einem Luftfahrzeug oder in einer Eisenbahn erfolgt (§ 13b Abs. 6 Nr. 6 UStG).

13b.11 Im Ausland bzw. im übrigen Gemeinschaftsgebiet ansässiger Unternehmer

(1) [1]Ein im Ausland ansässiger Unternehmer im Sinne des § 13b Abs. 7 UStG ist ein Unternehmer, der im Inland (§ 1 Abs. 2 UStG), auf der Insel Helgoland und in einem der in § 1 Abs. 3 UStG bezeichneten Gebiete weder einen Wohnsitz, seinen gewöhnlichen Aufenthalt, seinen Sitz, seine Geschäftsleitung noch eine Betriebsstätte hat (§ 13b Abs. 7 Satz 1 erster Halbsatz UStG); dies gilt auch, wenn der Unternehmer ausschließlich einen Wohnsitz oder einen gewöhnlichen Aufenthaltsort im Inland, aber seinen Sitz, den Ort der Geschäftsleitung oder eine Betriebsstätte im Ausland hat (§ 13b Abs. 7 Satz 1 zweiter Halbsatz UStG). [2]Ein im übrigen Gemeinschaftsgebiet ansässiger Unternehmer ist ein Unternehmer, der in den Gebieten der anderen EU-Mitgliedstaaten, die nach dem Unionsrecht als Inland dieser Mitgliedstaaten gelten, einen Wohnsitz, seinen gewöhnlichen Aufenthalt, seinen Sitz, seine Geschäftsleitung oder eine Betriebsstätte hat (§ 13b Abs. 7 Satz 2 erster Halbsatz UStG); dies gilt nicht, wenn der Unternehmer ausschließlich einen Wohnsitz oder einen gewöhnlichen Aufenthaltsort in den Gebieten der anderen EU-Mitgliedstaaten der Europäischen Union, die nach dem Unionsrecht als Inland dieser Mitgliedstaaten gelten, aber seinen Sitz, den Ort der Geschäftsleitung oder eine Betriebsstätte im Drittlandsgebiet hat (§ 13b Abs. 7 Satz 2 zweiter Halbsatz UStG). [3]Hat der Unternehmer im Inland eine Betriebsstätte (vgl. Abschnitt 3a.1 Abs. 3) und führt er einen Umsatz nach § 13b Abs. 1 oder Abs. 2 Nr. 1 oder Nr. 5 Buchstabe a UStG aus, gilt er hinsichtlich dieses Umsatzes als im Ausland oder im übrigen Gemeinschaftsgebiet ansässig, wenn die Betriebsstätte an dem Umsatz nicht beteiligt ist (§ 13b Abs. 7 Satz 3 UStG). [4]Dies ist regelmäßig dann der Fall, wenn der Unternehmer hierfür nicht die

technische und personelle Ausstattung dieser Betriebsstätte nutzt. [5] Nicht als Nutzung der technischen und personellen Ausstattung der Betriebsstätte gelten unterstützende Arbeiten durch die Betriebsstätte wie Buchhaltung, Rechnungsausstellung oder Einziehung von Forderungen. [6] Stellt der leistende Unternehmer die Rechnung über den von ihm erbrachten Umsatz aber unter Angabe der der Betriebsstätte erteilten USt-IdNr. aus, gilt die Betriebsstätte als an dem Umsatz beteiligt, so dass der Unternehmer als im Inland ansässig anzusehen ist (vgl. Artikel 53 der MwStVO).[1)] [7] Hat der Unternehmer seinen Sitz im Inland und wird ein im Inland steuerbarer und steuerpflichtiger Umsatz vom Ausland aus, z. B. von einer Betriebsstätte, erbracht, ist der Unternehmer als im Inland ansässig zu betrachten, selbst wenn der Sitz des Unternehmens an diesem Umsatz nicht beteiligt war (vgl. Artikel 54 der MwStVO).

(2) [1] Für die Frage, ob ein Unternehmer im Ausland bzw. im übrigen Gemeinschaftsgebiet ansässig ist, ist der Zeitpunkt maßgebend, in dem die Leistung ausgeführt wird (§ 13b Abs. 7 Satz 3 UStG); dieser Zeitpunkt ist auch dann maßgebend, wenn das Merkmal der Ansässigkeit im Ausland bzw. im übrigen Gemeinschaftsgebiet bei Vertragsabschluss noch nicht vorgelegen hat. [2] Unternehmer, die ein im Inland gelegenes Grundstück besitzen und steuerpflichtig vermieten, sind insoweit als im Inland ansässig zu behandeln. [3] Sie haben diese Umsätze im allgemeinen Besteuerungsverfahren zu erklären. [4] Der Leistungsempfänger schuldet nicht die Steuer für diese Umsätze. [5] Die Tatsache, dass ein Unternehmer bei einem Finanzamt im Inland umsatzsteuerlich geführt wird, ist kein Merkmal dafür, dass er im Inland ansässig ist. [6] Das Gleiche gilt grundsätzlich, wenn dem Unternehmer eine deutsche USt-IdNr. erteilt wurde. [7] Zur Frage der Ansässigkeit bei Organschaftsverhältnissen vgl. Abschnitt 2.9.

(3) [1] Ist es für den Leistungsempfänger nach den Umständen des Einzelfalls ungewiss, ob der leistende Unternehmer im Zeitpunkt der Leistungserbringung im Inland ansässig ist – z. B. weil die Standortfrage in rechtlicher oder tatsächlicher Hinsicht unklar ist oder die Angaben des leistenden Unternehmers zu Zweifeln Anlass geben –, schuldet der Leistungsempfänger die Steuer nur dann nicht, wenn ihm der leistende Unternehmer durch eine Bescheinigung des nach den abgabenrechtlichen Vorschriften für die Besteuerung seiner Umsätze zuständigen Finanzamts nachweist, dass er kein Unternehmer im Sinne des § 13b Abs. 7 Satz 1 UStG ist (§ 13b Abs. 7 Satz 5 UStG). [2] Die Bescheinigung hat der leistende Unternehmer bei dem für ihn zuständigen Finanzamt zu beantragen. [3] Soweit erforderlich hat er hierbei in geeigneter Weise darzulegen, dass er im Inland ansässig ist. [4] Die Bescheinigung nach § 13b Abs. 7 Satz 5 UStG ist vom zuständigen Finanzamt nach dem Muster USt 1 TS zu erteilen. [5] Hinsichtlich dieses Musters wird auf das BMF-Schreiben vom 5.11.2019, BStBl. I S. 1041, hingewiesen.

(4) [1] Die Gültigkeitsdauer der Bescheinigung (Absatz 3) ist auf ein Jahr beschränkt. [2] Ist nicht auszuschließen, dass der leistende Unternehmer für eine kürzere Dauer als ein Jahr im Inland ansässig bleibt, hat das Finanzamt die Gültigkeit der Bescheinigung entsprechend zu befristen.

[1)] **Steuergesetze** Nr. **550a.**

13b.12 Entstehung der Steuer beim Leistungsempfänger

(1)[1)] Schuldet der Leistungsempfänger für einen Umsatz die Steuer, gilt zur Entstehung der Steuer Folgendes:

1. [1] Für die in Abschnitt 13b.1 Abs. 2 Nr. 1 bezeichneten steuerpflichtigen Umsätze entsteht die Steuer mit Ablauf des Voranmeldungszeitraums, in dem die Leistungen ausgeführt worden sind (§ 13b Abs. 1 UStG). [2] § 13 Abs. 1 Nr. 1 Buchstabe a Sätze 2 und 3 UStG gilt entsprechend (§ 13b Abs. 4 Satz 1 UStG).
2. [1] Für die in Abschnitt 13b.1 Abs. 2 Nr. 2 bis 14 bezeichneten steuerpflichtigen Umsätze entsteht die Steuer mit Ausstellung der Rechnung, spätestens jedoch mit Ablauf des der Ausführung der Leistung folgenden Kalendermonats (§ 13b Abs. 2 UStG). [2] § 13 Abs. 1 Nr. 1 Buchstabe a Sätze 2 und 3 UStG gilt entsprechend (§ 13b Abs. 4 Satz 1 UStG).

Beispiel:

[1] Der in Belgien ansässige Unternehmer B führt am 18.3.01 in Köln eine Werklieferung (Errichtung und Aufbau eines Messestandes) an seinen deutschen Abnehmer D aus. [2] Die Rechnung über diesen im Inland steuerpflichtigen Umsatz, für den D als Leistungsempfänger die Steuer schuldet, erstellt B am 15.4.01. [3] Sie geht D am 17.4.01 zu. [4] D hat monatliche Umsatzsteuer-Voranmeldungen zu übermitteln.

[5] Die Steuer entsteht mit Ablauf des Monats, in dem die Rechnung ausgestellt worden ist (§ 13b Abs. 2 Nr. 1 UStG); das ist mit Ablauf des Monats April 01. [6] D hat den Umsatz in seiner Umsatzsteuer-Voranmeldung April 01 anzumelden. [7] Dies würde auch dann gelten, wenn die Rechnung erst im Mai 01 erstellt oder erst in diesem Monat bei D angekommen wäre.

(2) Abweichend von § 13b Abs. 1 und 2 Nr. 1 UStG entsteht die Steuer für sonstige Leistungen, die dauerhaft über einen Zeitraum von mehr als einem Jahr erbracht werden, spätestens mit Ablauf eines jeden Kalenderjahres, in dem sie tatsächlich erbracht werden (§ 13b Abs. 3 UStG).

(3) [1] Wird das Entgelt oder ein Teil des Entgelts vereinnahmt, bevor die Leistung oder Teilleistung ausgeführt worden ist, entsteht insoweit die Steuer mit Ablauf des Voranmeldungszeitraums, in dem das Entgelt oder das Teilentgelt vereinnahmt worden ist (§ 13b Abs. 4 Satz 2 UStG). [2] Aus Vereinfachungsgründen ist es nicht zu beanstanden, wenn der Leistungsempfänger die Steuer auf das Entgelt oder Teilentgelt bereits in dem Voranmeldungszeitraum anmeldet, in dem die Beträge von ihm verausgabt werden. [3] Liegen die Voraussetzungen für die Steuerschuld des Leistungsempfängers im Zeitpunkt der Vereinnahmung der Anzahlungen nicht vor, schuldet der leistende Unternehmer die Umsatzsteuer. [4] Erfüllt der Leistungsempfänger im Zeitpunkt der Leistungserbringung die Voraussetzungen als Steuerschuldner, bleibt die bisherige Besteuerung der Anzahlungen beim leistenden Unternehmer bestehen (vgl. BFH-Urteil vom 21.6.2001, V R 68/00, BStBl. 2002 II S. 255). [5] In den Fällen des Abschnitts 13b.1 Abs. 2 Nr. 12 und 13 ist auch im Fall einer Anzahlungsrechnung für die Prüfung der Betragsgrenze von 5000 € auf den gesamten wirtschaftlichen Vorgang und nicht auf den Betrag in der Anzahlungsrechnung abzustellen.

---

1) A 13b.12 UStAE Abs. 1 Nr. 2 Satz 1 geänd. durch BMF v. 23.12.2020, BStBl. I 2021, 92, anzuwenden auf nach dem 31.12.2020 ausgeführte Umsätze, mit Übergangsregelung für **nach dem 31.12.2020 und vor dem 1.4.2021** ausgeführte Leistungen, siehe Anlage 8.

13b.13 Bemessungsgrundlage und Berechnung der Steuer

(1) [1]In den Fällen, in denen der Leistungsempfänger die Steuer schuldet, ist Bemessungsgrundlage der in der Rechnung oder Gutschrift ausgewiesene Betrag (Betrag ohne Umsatzsteuer); zur Bemessungsgrundlage für steuerpflichtige Umsätze, die unter das GrEStG fallen, vgl. Abschnitt 10.1 Abs. 7 Sätze 6 und 7. [2]Die Umsatzsteuer ist von diesem Betrag vom Leistungsempfänger zu berechnen (vgl. Absatz 4 und Abschnitt 13b.14 Abs. 1). [3]Bei tauschähnlichen Umsätzen mit oder ohne Baraufgabe ist § 10 Abs. 2 Sätze 2 und 3 UStG anzuwenden. [4]Die Mindestbemessungsgrundlage nach § 10 Abs. 5 UStG ist auch bei Leistungen eines im Ausland bzw. im übrigen Gemeinschaftsgebiet ansässigen Unternehmers zu beachten. [5]Ist der Leistungsempfänger Steuerschuldner nach § 13b Abs. 5 UStG, hat er die Bemessungsgrundlage für den Umsatz nach § 10 Abs. 5 UStG zu ermitteln.

(2) Im Zwangsversteigerungsverfahren ist das Meistgebot der Berechnung als Nettobetrag zu Grunde zu legen.

(3) *(aufgehoben)*

(4) [1]Der Leistungsempfänger hat bei der Steuerberechnung den Steuersatz zu Grunde zu legen, der sich für den maßgeblichen Umsatz nach § 12 UStG ergibt. [2]Das gilt auch in den Fällen, in denen der Leistungsempfänger die Besteuerung nach § 19 Abs. 1 oder § 24 Abs. 1 UStG anwendet (§ 13b Abs. 8 UStG). [3]Ändert sich die Bemessungsgrundlage, gilt § 17 Abs. 1 Sätze 1 bis 4 UStG in den Fällen des § 13b UStG sinngemäß.

13b.14 Rechnungserteilung

(1)[1)] [1]Führt der im Inland ansässige Unternehmer Umsätze im Sinne des § 13b Abs. 2 Nr. 2 bis 12 UStG aus, für die der Leistungsempfänger nach § 13b Abs. 5 UStG die Steuer schuldet, ist er zur Ausstellung von Rechnungen verpflichtet (§ 14a Abs. 5 Satz 1 UStG), in denen die Steuer nicht gesondert ausgewiesen ist (§ 14a Abs. 5 Satz 2 UStG). [2]Auch eine Gutschrift ist eine Rechnung (§ 14 Abs. 2 Satz 3 UStG). [3]Neben den übrigen Angaben nach § 14 Abs. 4 UStG müssen die Rechnungen die Angabe „Steuerschuldnerschaft des Leistungsempfängers" enthalten (§ 14a Abs. 5 Satz 1 UStG). [4]Fehlt diese Angabe in der Rechnung, wird der Leistungsempfänger von der Steuerschuldnerschaft nicht entbunden. [5]Weist der leistende Unternehmer die Steuer in der Rechnung gesondert aus, wird diese Steuer von ihm nach § 14c Abs. 1 UStG geschuldet.

(2) [1]Der leistende Unternehmer und der Leistungsempfänger haben ein Doppel der Rechnung zehn Jahre aufzubewahren. [2]Die Aufbewahrungsfrist beginnt mit dem Schluss des Kalenderjahres, in dem die Rechnung ausgestellt worden ist (§ 14b Abs. 1 UStG).

---

1) A 13b.14 UStAE Abs. 1 Satz 1 geänd. durch BMF v. 23.12.2020, BStBl. I 2021, 92, anzuwenden auf nach dem 31.12.2020 ausgeführte Umsätze, mit Übergangsregelung für **nach dem 31.12.2020 und vor dem 1.4.2021** ausgeführte Leistungen, siehe Anlage 8.

13b.15 Vorsteuerabzug des Leistungsempfängers

(1) [1]Der Leistungsempfänger kann die von ihm nach § 13b Abs. 5 UStG geschuldete Umsatzsteuer als Vorsteuer abziehen, wenn er die Lieferung oder sonstige Leistung für sein Unternehmen bezieht und zur Ausführung von Umsätzen verwendet, die den Vorsteuerabzug nicht ausschließen. [2]Soweit die Steuer auf eine Zahlung vor Ausführung dieser Leistung entfällt, ist sie bereits abziehbar, wenn die Zahlung geleistet worden ist (§ 15 Abs. 1 Satz 1 Nr. 4 UStG).

(2) Erteilt der leistende Unternehmer dem Leistungsempfänger eine Rechnung, die entgegen § 14a Abs. 5 Satz 1 UStG nicht die Angabe „Steuerschuldnerschaft des Leistungsempfängers" enthält (vgl. Abschnitt 13b.14 Abs. 1), ist dem Leistungsempfänger dennoch der Vorsteuerabzug unter den weiteren Voraussetzungen des § 15 UStG zu gewähren, da nach § 15 Abs. 1 Satz 1 Nr. 4 UStG das Vorliegen einer Rechnung nach §§ 14, 14a UStG nicht Voraussetzung für den Abzug der nach § 13b Abs. 5 UStG geschuldeten Steuer als Vorsteuer ist.

(3) [1]Liegt dem Leistungsempfänger im Zeitpunkt der Erstellung der Voranmeldung bzw. Umsatzsteuererklärung für das Kalenderjahr, in der der Umsatz anzumelden ist, für den der Leistungsempfänger die Steuer schuldet, keine Rechnung vor, muss er die Bemessungsgrundlage ggf. schätzen. [2]Die von ihm angemeldete Steuer kann er im gleichen Besteuerungszeitraum unter den weiteren Voraussetzungen des § 15 UStG als Vorsteuer abziehen.

(4) [1]Soweit an nicht im Inland ansässige Unternehmer Umsätze ausgeführt werden, für die diese die Steuer nach § 13b Abs. 5 UStG schulden, haben sie die für Vorleistungen in Rechnung gestellte Steuer im allgemeinen Besteuerungsverfahren und nicht im Vorsteuer-Vergütungsverfahren als Vorsteuer geltend zu machen.

Beispiel:

[1]Der in Frankreich ansässige Unternehmer A wird von dem ebenfalls in Frankreich ansässigen Unternehmer B beauftragt, eine Maschine nach Frankfurt zu liefern und dort zu montieren. [2]Der Lieferort soll sich nach § 3 Abs. 7 UStG richten.

[3]In diesem Fall erbringt A im Inland eine steuerpflichtige Werklieferung an B (§ 13b Abs. 2 Nr. 1 UStG). [4]Die Umsatzsteuer für diese Werklieferung schuldet B (§ 13b Abs. 5 Satz 1 UStG). [5]Unter den weiteren Voraussetzungen des § 15 UStG kann B im allgemeinen Besteuerungsverfahren die nach § 13b Abs. 5 Satz 1 UStG geschuldete Steuer und die für Vorleistungen an ihn in Rechnung gestellte Steuer als Vorsteuer abziehen (§ 15 Abs. 1 Satz 1 Nr. 1 und 4 UStG).

[2]Für Unternehmer, die nicht im Gemeinschaftsgebiet ansässig sind und die nur Steuer nach § 13b Abs. 5 UStG, nur Steuer nach § 13b Abs. 5 und § 13a Abs. 1 Nr. 1 in Verbindung mit § 14c Abs. 1 UStG oder nur Steuer nach § 13b Abs. 5 und § 13a Abs. 1 Nr. 4 UStG schulden, gelten die Einschränkungen des § 18 Abs. 9 Sätze 5 und 6 UStG entsprechend (§ 15 Abs. 4b UStG).[1)] [3]Satz 2 gilt nicht, wenn Unternehmer, die nicht im Gemeinschaftsgebiet ansässig sind, auch steuerpflichtige Umsätze im Inland ausführen, für die sie oder ein anderer die Steuer schulden.

---

1) Vorsteuerabzug von Drittlands-Unternehmern auch im allgemeinen Besteuerungsverfahren nur bei Gegenseitigkeit, siehe BFH v. 22.5.2019 XI R 1/18, MwStR 2019, 828.

(5) Der Unternehmer kann bei Vorliegen der weiteren Voraussetzungen des § 15 UStG den Vorsteuerabzug in der Voranmeldung oder in der Umsatzsteuererklärung für das Kalenderjahr geltend machen, in der er den Umsatz zu versteuern hat (vgl. § 13b Abs. 1 und 2 UStG).

13b.16 Steuerschuldnerschaft des Leistungsempfängers und allgemeines Besteuerungsverfahren

(1) [1] Voranmeldungen (§ 18 Abs. 1 und 2 UStG) und eine Umsatzsteuererklärung für das Kalenderjahr (§ 18 Abs. 3 und 4 UStG) haben auch Unternehmer und juristische Personen abzugeben, soweit sie als Leistungsempfänger ausschließlich eine Steuer nach § 13b Abs. 5 UStG zu entrichten haben (§ 18 Abs. 4a Satz 1 UStG). [2] Voranmeldungen sind nur für die Voranmeldungszeiträume abzugeben, in denen die Steuer für die Umsätze im Sinne des § 13b Abs. 1 und 2 UStG zu erklären ist (§ 18 Abs. 4a Satz 2 UStG). [3] Die Anwendung des § 18 Abs. 2a UStG ist ausgeschlossen.

(2) [1] Hat der im Ausland bzw. im übrigen Gemeinschaftsgebiet ansässige Unternehmer im Besteuerungszeitraum oder Voranmeldungszeitraum nur Umsätze ausgeführt, für die der Leistungsempfänger die Steuer schuldet (§ 13b Abs. 5 UStG), sind von ihm nur dann Steueranmeldungen abzugeben, wenn er selbst als Leistungsempfänger eine Steuer nach § 13b UStG schuldet, er eine Steuer nach § 14c UStG schuldet oder wenn ihn das Finanzamt hierzu besonders auffordert. [2] Das Finanzamt hat den Unternehmer insbesondere in den Fällen zur Abgabe von Steueranmeldungen aufzufordern, in denen es zweifelhaft ist, ob er tatsächlich nur Umsätze ausgeführt hat, für die der Leistungsempfänger die Steuer schuldet. [3] Eine Besteuerung des im Ausland bzw. im übrigen Gemeinschaftsgebiet ansässigen Unternehmers nach § 16 und § 18 Abs. 1 bis 4 UStG ist jedoch nur dann durchzuführen, wenn er im Inland steuerpflichtige Umsätze ausgeführt hat, für die der Leistungsempfänger die Steuer nicht schuldet.

(3) [1] Bei der Besteuerung des im Ausland bzw. im übrigen Gemeinschaftsgebiet ansässigen Unternehmers nach § 16 und § 18 Abs. 1 bis 4 UStG sind die Umsätze, für die der Leistungsempfänger die Steuer schuldet, nicht zu berücksichtigen. [2] Ferner bleiben die Vorsteuerbeträge unberücksichtigt, die im Vorsteuer-Vergütungsverfahren (§ 18 Abs. 9 UStG, §§ 59 bis 61a UStDV) vergütet wurden. [3] Die danach verbleibenden Vorsteuerbeträge sind ggf. durch Vorlage der Rechnungen und Einfuhrbelege nachzuweisen. [4] Abschnitt 15.11 Abs. 1 gilt sinngemäß. [5] Das Finanzamt hat die vorgelegten Rechnungen und Einfuhrbelege durch Stempelaufdruck oder in anderer Weise zu entwerten und dem Unternehmer zurückzusenden.

(4) Hat der im Ausland bzw. im übrigen Gemeinschaftsgebiet ansässige Unternehmer im Besteuerungszeitraum oder im Voranmeldungszeitraum nur Umsätze ausgeführt, für die der Leistungsempfänger die Steuer schuldet, und kommt deshalb das allgemeine Besteuerungsverfahren nach § 16 und § 18 Abs. 1 bis 4 UStG nicht zur Anwendung, können die nach § 15 UStG abziehbaren Vorsteuerbeträge unter den weiteren Voraussetzungen nur im *Vorsteuer-Vergütungsverfahren* (§ 18 Abs. 9 UStG, §§ 59 bis 61a UStDV) vergütet werden.

13b.17[1)] Aufzeichnungspflichten

[1]Neben den allgemeinen Aufzeichnungspflichten nach § 22 UStG müssen in den Fällen des § 13b Abs. 1 bis 5 UStG beim Leistungsempfänger die in § 22 Abs. 2 Nr. 1 und 2 UStG enthaltenen Angaben über die an ihn ausgeführten oder noch nicht ausgeführten Lieferungen und sonstigen Leistungen aus den Aufzeichnungen zu ersehen sein. [2]Auch der leistende Unternehmer hat diese Angaben gesondert aufzuzeichnen (§ 22 Abs. 2 Nr. 8 UStG). [3]Die Verpflichtung, zur Feststellung der Steuer und der Grundlagen ihrer Berechnung Aufzeichnungen zu machen, gilt in den Fällen der Steuerschuldnerschaft des Leistungsempfängers auch für Personen, die nicht Unternehmer sind (§ 22 Abs. 1 Satz 2 UStG); z. B. Bezug einer Leistung für den nichtunternehmerischen Bereich des Unternehmers oder den Hoheitsbereich einer juristischen Person des öffentlichen Rechts mit Ausnahme der in § 13b Abs. 5 Satz 11 UStG genannten Leistungen, die ausschließlich an den nichtunternehmerischen Bereich von juristischen Personen des öffentlichen Rechts erbracht werden.

13b.18[2)] Übergangsregelungen

[1]Zur Übergangsregelung in § 27 Abs. 4 UStG vgl. BMF-Schreiben vom 5.12.2001, BStBl. I S. 1013. [2]Zur Übergangsregelung bei der Anwendung der Erweiterung des § 13b UStG ab 1.4.2004 auf alle Umsätze, die unter das GrEStG fallen, und auf bestimmte Bauleistungen vgl. BMF-Schreiben vom 31.3.2004, BStBl. I S. 453, und vom 2.12.2004, BStBl. I S. 1129. [3]Zur Übergangsregelung bei der Anwendung der Erweiterung der Ausnahmen, in denen die Steuerschuldnerschaft des Leistungsempfängers nicht anzuwenden ist, ab 1.1.2007 bei Messen, Ausstellungen und Kongressen vgl. BMF-Schreiben vom 20.12.2006, BStBl. I S. 796. [4]Zur Übergangsregelung bei der Abgrenzung des Begriffs des Unternehmers, der selbst Bauleistungen erbringt, vgl. BMF-Schreiben vom 16.10.2009, BStBl. I S. 1298. [5]Zum Übergang auf die Anwendung der Erweiterung des § 13b UStG ab 1.1.2011 auf Lieferungen von Kälte und Wärme, Lieferungen der in der Anlage 3 des UStG bezeichneten Gegenstände und bestimmte Lieferungen von Gold sowie zur Übergangsregelung bei der Anwendung der Erweiterung des § 13b UStG ab 1.1.2011 auf Gebäudereinigungsleistungen vgl. BMF-Schreiben vom 4.2.2011, BStBl. I S. 156. [6]Zum Übergang auf die Anwendung der Erweiterung des § 13b UStG ab 1.7.2011 auf bestimmte Lieferungen von Mobilfunkgeräten und integrierten Schaltkreisen vgl. Teil II des BMF-Schreibens vom 24.6.2011, BStBl. I S. 687, und Teil II des BMF-Schreibens vom 22.9.2011, BStBl. I S. 910. [7]Zum Übergang auf die Anwendung der Erweiterung des § 13b UStG ab 1.9.2013 auf Lieferungen von Gas über das Erdgasnetz oder Elektrizität durch

---

[1)] A 13b.17 UStAE Satz 3 Hs. 2 geänd. durch BMF v. 23.12.2020, BStBl. I 2021, 92, anzuwenden auf nach dem 31.12.2020 ausgeführte Umsätze, mit Übergangsregelung für **nach dem 31.12.2020 und vor dem 1.4.2021** ausgeführte Leistungen, siehe Anlage 8.

[2)] A 13b.18 UStAE Satz 11 angef. durch BMF v. 23.3.2020, BStBl. I 2020, 288; siehe Anlage 8; Satz 12 angef. durch BMF v. 23.12.2020, BStBl. I 2021, 92, anzuwenden auf nach dem 31.12.2020 ausgeführte Umsätze, mit Übergangsregelung für **nach dem 31.12.2020 und vor dem 1.4.2021** ausgeführte Leistungen, siehe Anlage 8.

einen im Inland ansässigen Unternehmer vgl. BMF-Schreiben vom 19.9.2013, BStBl. I S. 1212. [8] Zum Übergang auf die Anwendung der Erweiterung des § 13b UStG ab 1.10.2014 auf Lieferungen von Tablet-Computern, Spielekonsolen, Edelmetallen, unedlen Metallen, Selen und Cermets sowie zur Änderung der Anwendung des § 13b UStG ab 1.10.2014 bei Bauleistungen und Gebäudereinigungsleistungen vgl. Teil II des BMF-Schreibens vom 26.9. 2014, BStBl. I S. 1297. [9] Zum Übergang auf die Anwendung der Änderung des § 13b UStG ab 1.1.2015 auf Lieferungen von Edelmetallen, unedlen Metallen und Cermets vgl. Teil II des BMF-Schreibens vom 13.3.2015, BStBl. I S. 234. [10] Zum Übergang auf die Anwendung der Änderung des § 13b UStG ab 6.11.2015 auf Lieferungen der in der Anlage 3 des UStG bezeichneten Gegenstände, auf Gebäudereinigungsleistungen, auf bestimmte Lieferungen von Gold sowie auf Lieferungen von Mobilfunkgeräten, Tablet-Computern, Spielekonsolen, integrierten Schaltkreisen, Edelmetallen, unedlen Metallen und Cermets vgl. Teil II des BMF-Schreibens vom 10.8.2016, BStBl. I S. 820. [11] Zum Übergang auf die Anwendung der Änderung des § 13b UStG ab 1.1.2020 auf Übertragungen von Gas- und Elektrizitätszertifikaten vgl. Teil II des BMF-Schreibens vom 23.3.2020, BStBl. I S. 288. [12] Zum Übergang auf die Anwendung der Änderung des § 13b UStG ab 1.1.2021 auf sonstige Leistungen auf dem Gebiet der Telekommunikation vgl. Teil II des BMF-Schreibens vom 23.12.2020, BStBl. 2021 I S. 92.

Zu § 13c UStG

13c.1 Haftung bei Abtretung, Verpfändung oder Pfändung von Forderungen

(1) [1] § 13c UStG regelt eine Haftung für die Fälle, in denen ein leistender Unternehmer (Steuerschuldner) seinen Anspruch auf die Gegenleistung für einen steuerpflichtigen Umsatz (Forderung) abtritt, der Abtretungsempfänger die Forderung einzieht oder an einen Dritten überträgt und der Steuerschuldner die in der Forderung enthaltene Umsatzsteuer bei Fälligkeit nicht oder nicht rechtzeitig entrichtet. [2] § 13c UStG umfasst auch die Fälle, in denen Forderungen des leistenden Unternehmers verpfändet oder gepfändet werden.

Tatbestandsmerkmale

(2) [1] § 13c UStG erfasst nur die Abtretung, Verpfändung oder Pfändung von Forderungen aus steuerbaren und steuerpflichtigen Umsätzen eines Unternehmers. [2] Der steuerpflichtige Umsatz muss nicht an einen anderen Unternehmer erbracht worden sein, es kann sich auch um einen steuerpflichtigen Umsatz an einen Nichtunternehmer handeln.

(3) [1] Der Haftungstatbestand umfasst grundsätzlich alle Formen der Abtretung, Verpfändung oder Pfändung von Forderungen aus diesen Umsätzen. [2] Insbesondere fällt unter § 13c UStG die Abtretung bestimmter künftiger Forderungen aus bestehenden Geschäftsverbindungen zugunsten eines Dritten im Zusammenhang mit Waren- oder Bankkrediten. [3] Hauptfälle dieser Abtretungen künftiger Forderungen sind u. a. die Sicherungsabtretung zugunsten eines Kreditgebers, einschließlich der sog. Globalzession.

(4) [1]Die Abtretung (§ 398 BGB) ist grundsätzlich nicht formbedürftig. [2]Unmittelbare Folge der Abtretung ist der Wechsel der Gläubigerstellung.

(5) Die Rechtsfolgen des § 13c UStG für die Forderungsabtretung treten auch bei der Verpfändung oder Pfändung von Forderungen ein.

(6) [1]Bei der Pfändung von Forderungen kommt eine Haftung des Vollstreckungsgläubigers in Betracht. [2]Durch die Pfändung wird eine Geldforderung beschlagnahmt (z. B. § 829 ZPO). [3]Die Pfändung ist mit der Zustellung des Beschlusses an den Drittschuldner als bewirkt anzusehen (§ 829 Abs. 3 ZPO).

(7) [1]Die Abtretung, Verpfändung oder Pfändung von Forderungen kann auf einen Teilbetrag der Gesamtforderung beschränkt werden. [2]Dabei ist die Umsatzsteuer zivilrechtlich unselbständiger Teil des abgetretenen, verpfändeten oder gepfändeten Forderungsbetrags. [3]Die Abtretung kann nicht auf einen (fiktiven) Nettobetrag ohne Umsatzsteuer beschränkt werden, vielmehr erstreckt sich die Haftung auf die im abgetretenen, verpfändeten oder gepfändeten Betrag enthaltene Umsatzsteuer. [4]Die Umsatzsteuer, für die gehaftet wird, ist somit aus dem abgetretenen, verpfändeten oder gepfändeten Forderungsbetrag heraus zu rechnen.

(8) [1]Voraussetzung für die Haftung ist, dass der Leistende ein Unternehmer im Sinne des § 2 UStG ist. [2]Zur Anwendung des § 13c UStG bei Kleinunternehmern im Sinne des § 19 UStG und land- und forstwirtschaftlichen Unternehmern, die die Durchschnittssatzbesteuerung nach § 24 UStG anwenden, vgl. Absatz 11.

(9) [1]Der Abtretungsempfänger, Pfandgläubiger oder Vollstreckungsgläubiger muss nach § 13c Abs. 1 Satz 1 in Verbindung mit Abs. 3 UStG Unternehmer im Sinne des § 2 UStG sein. [2]Kleinunternehmer im Sinne des § 19 UStG oder land- und forstwirtschaftliche Unternehmer, die die Durchschnittssatzbesteuerung nach § 24 UStG anwenden, können auch Haftungsschuldner im Sinne des § 13c UStG sein. [3]Nicht Voraussetzung für die Haftung nach § 13c UStG ist, dass die Abtretung, Verpfändung oder Pfändung der Forderung für den unternehmerischen Bereich des Abtretungsempfängers, Pfandgläubigers oder Vollstreckungsgläubigers erfolgt. [4]Pfändet z. B. ein Unternehmer eine Forderung für seinen nichtunternehmerischen Bereich, kann er als Haftungsschuldner nach § 13c UStG in Anspruch genommen werden.

(10) [1]Bei Abtretungen und Verpfändungen an Nichtunternehmer oder Pfändungen durch Nichtunternehmer kommt die Haftung nach § 13c UStG nicht in Betracht. [2]Zu den Nichtunternehmern gehören auch juristische Personen des öffentlichen Rechts, soweit nicht ein Betrieb gewerblicher Art (vgl. § 2 Abs. 3 UStG) vorliegt.

(11) [1]§ 13c UStG setzt voraus, dass der leistende Unternehmer die Steuer, bei deren Ermittlung der steuerpflichtige Umsatz ganz oder teilweise berücksichtigt wurde, für den der Anspruch auf Gegenleistung (Forderung) abgetreten, verpfändet oder gepfändet wird, zum Zeitpunkt der Fälligkeit nicht oder nicht vollständig entrichtet hat. [2]§ 13c UStG kann deshalb nicht angewendet werden, wenn sich keine zu entrichtende Steuer ergibt (z. B. bei Vorsteuerüberschüssen; bei leistenden Unternehmern, die die sog. Kleinunternehmerregelung im Sinne des § 19 UStG anwenden). [3]Bei der Abtretung, Verpfändung oder Pfändung

von Forderungen eines land- und forstwirtschaftlichen Unternehmers, der die Durchschnittssatzbesteuerung nach § 24 UStG anwendet, kommt eine Haftung in Betracht, soweit bei diesem eine Zahllast entsteht.

(12) [1] War die Umsatzsteuer, für die eine Haftung in Betracht kommen würde, in der Vorauszahlung für den maßgeblichen Voranmeldungszeitraum nicht enthalten, kommt eine Haftung nicht in Betracht. [2] Ist die in der abgetretenen, verpfändeten oder gepfändeten Forderung enthaltene Umsatzsteuer erstmals in der zu entrichtenden Steuer für das Kalenderjahr enthalten, greift die Haftung ein, wenn der leistende Unternehmer den Unterschiedsbetrag im Sinne des § 18 Abs. 4 UStG bei Fälligkeit nicht oder nicht vollständig entrichtet hat.

(13) [1] Hat der leistende Unternehmer die Vorauszahlung für den maßgeblichen Voranmeldungszeitraum vollständig entrichtet und war die in der abgetretenen, verpfändeten oder gepfändeten Forderung enthaltene Umsatzsteuer in der Vorauszahlung enthalten, haftet der Abtretungsempfänger, Pfandgläubiger oder Vollstreckungsgläubiger nicht. [2] Dies gilt auch dann, wenn sich für das entsprechende Kalenderjahr eine zu entrichtende Steuer im Sinne des § 18 Abs. 3 UStG zugunsten des Finanzamts ergibt und der Unternehmer den Unterschiedsbetrag nach § 18 Abs. 4 UStG bei Fälligkeit nicht oder nicht vollständig entrichtet hat.

(14) [1] Die Haftung greift dem Grunde nach, wenn die Steuer nicht bis zum Ablauf des Fälligkeitstags entrichtet wird. [2] Die Fälligkeit richtet sich nach § 220 Abs. 1 AO i. V. m. § 18 Abs. 1 und 4 UStG. [3] Die Anwendung von § 13c UStG kommt nicht in Betracht, wenn die Steuer innerhalb der Zahlungs-Schonfrist nach § 240 Abs. 3 AO entrichtet wird. [4] Ein bis zum Ablauf der Zahlungs-Schonfrist entrichteter Betrag ist bei der Berechnung des Haftungsbetrags zu berücksichtigen. [5] Soweit die Steuer nach diesem Zeitpunkt entrichtet wird, fallen die Voraussetzungen für den Erlass eines Haftungsbescheids (vgl. Absatz 40) ab diesem Zeitpunkt weg.

(15) Ist die umsatzsteuerrechtliche Behandlung des der Forderung zu Grunde liegenden steuerpflichtigen Umsatzes streitig und wurde in Bezug darauf bei der entsprechenden Steuerfestsetzung Aussetzung der Vollziehung gewährt, ist insoweit keine Fälligkeit gegeben (§ 13c Abs. 1 Satz 2 UStG).

(16) [1] Für die Begründung der Haftung reicht es aus, wenn der der abgetretenen, verpfändeten oder gepfändeten Forderung zu Grunde liegende Umsatz bei der Steuer berücksichtigt wurde. [2] Eine weitere Zuordnung der in der abgetretenen, verpfändeten oder gepfändeten Forderung enthaltenen Umsatzsteuer ist nicht erforderlich. [3] Deshalb kann die Haftung nicht dadurch ausgeschlossen werden, dass der leistende Unternehmer Zahlungen an das Finanzamt speziell der in den abgetretenen, verpfändeten oder gepfändeten Forderungen enthaltenen Umsatzsteuer zuordnet.

(17) [1] Wird über das Vermögen des leistenden Unternehmers das Insolvenzverfahren eröffnet, können Steuerbeträge nicht mehr festgesetzt werden, das Steuerfestsetzungsverfahren wird unterbrochen. [2] Ist die Umsatzsteuer, für die die Haftung in Betracht kommt, durch den Insolvenzverwalter bzw. den Insolvenzschuldner für Zeiträume vor Eröffnung des Insolvenzverfahrens angemel-

det worden, gilt die Umsatzsteuer nach § 41 Abs. 1 InsO[1)] insoweit als fällig im Sinne des § 13c UStG. [3]Entsprechendes gilt, wenn die Umsatzsteuer von Amts wegen zur Insolvenztabelle angemeldet worden ist. [4]Hierbei ist es unerheblich, ob der Insolvenzverwalter der Anmeldung widerspricht. [5]Nur in Fällen der Aussetzung der Vollziehung (vgl. Absatz 15) ist keine Fälligkeit im Sinne des § 13c UStG gegeben. [6]Von einer Nichtentrichtung der Steuer ist auch dann auszugehen, wenn eine Insolvenzquote zu erwarten ist. [7]Wird tatsächlich eine Zahlung durch den Insolvenzverwalter auf die angemeldete Umsatzsteuer geleistet, ist ein rechtmäßiger Haftungsbescheid zugunsten des Haftungsschuldners insoweit zu widerrufen (vgl. Absatz 40).

Vereinnahmung

(18) [1]Die Haftung setzt voraus, dass der Abtretungsempfänger, Pfandgläubiger oder Vollstreckungsgläubiger die abgetretene, verpfändete oder gepfändete Forderung ganz oder teilweise vereinnahmt hat. [2]Wurde die Forderung teilweise vereinnahmt, erstreckt sich die Haftung nur auf die Umsatzsteuer, die im tatsächlich vereinnahmten Betrag enthalten ist.

(19) [1]In den Fällen der Sicherungsabtretung gilt die Forderung durch den Abtretungsempfänger auch dann als vereinnahmt, soweit der leistende Unternehmer die Forderung selbst einzieht und den Geldbetrag an den Abtretungsempfänger weiterleitet oder soweit der Abtretungsempfänger die Möglichkeit des Zugriffs auf den Geldbetrag hat. [2]Bei der Vereinnahmung des Forderungsbetrags durch den Abtretungsempfänger selbst ist dessen Einziehungs- oder Verfügungsbefugnis an einer Forderung zu berücksichtigen.

(20) [1]Macht der Abtretungsempfänger von seiner Einziehungsbefugnis Gebrauch, ist maßgebender Rechtsgrund die mit der Abtretung verbundene Sicherungsabrede. [2]Eine Vereinnahmung durch das kontoführende Unternehmen (z.B. ein Kreditinstitut) als Abtretungsempfänger liegt in den Fällen der Sicherungsabtretung (insbesondere der Globalzession) vor, wenn dieses die Forderung unter Offenlegung der Sicherungsabrede selbst beim Schuldner der Forderung einzieht. [3]In diesem Fall entzieht es dem leistenden Unternehmer dessen Einziehungsbefugnis auf Grund der im Rahmen der Globalzession getroffenen Vereinbarungen.

(21) Eine Vereinnahmung durch den Abtretungsempfänger bzw. Gläubiger liegt darüber hinaus auch dann vor, wenn die Einziehung der Forderung durch den Abtretungsempfänger auf der Grundlage anderer Ansprüche, wie z.B. einer Einzelabrede, eines Pfandrechts oder ohne Rechtsgrundlage erfolgt.

(22) [1]Macht der Abtretungsempfänger von seiner Verfügungsbefugnis Gebrauch, ist insoweit die Abtretung für die Inhaberschaft an der Forderung maßgebend. [2]Diese begründet auch bei mittelbarer Vereinnahmung (z.B. mittels Bareinzahlung oder Überweisung von einem anderen Konto des Gläubigers nach Vereinnahmung durch den Gläubiger) das Recht auf Entzug der Verfügungsbefugnis.

(23) [1]Der Abtretungsempfänger soll nach Sinn und Zweck des § 13c UStG haften, soweit nicht mehr der leistende Unternehmer, sondern der Abtre-

---

1) **Habersack** Nr. **110**.

tungsempfänger über den eingegangenen Geldbetrag verfügen kann und daher die Verfügungsmacht über die in der abgetretenen Forderung enthaltene Umsatzsteuer hat. [2]In den Fällen der Sicherungsabtretung gilt demnach die Forderung auch dann durch den Abtretungsempfänger als vereinnahmt, wenn und soweit der leistende Unternehmer die Forderung zwar selbst einzieht, den Geldbetrag jedoch an den Abtretungsempfänger weiterleitet oder dieser die Möglichkeit des Zugriffs auf diesen Betrag hat (vgl. Absatz 19). [3]Dies betrifft insbesondere die Fälle, in denen Forderungsbeträge auf einem beim Abtretungsempfänger geführten Konto des leistenden Unternehmers eingehen. [4]Die Vereinnahmung des Forderungsbetrags durch den Abtretungsempfänger wird jedoch nicht bereits bei jedem Geldeingang auf einem bei dem Abtretungsempfänger geführten Konto des leistenden Unternehmers fingiert, dies grundsätzlich auch dann nicht, wenn sich das Konto des leistenden Unternehmers im Debet befindet, sondern nur soweit der Abtretungsempfänger die Verfügungsbefugnis erhält.

(24) [1]Die Verfügungsbefugnis am Forderungsbetrag liegt in folgenden Fällen beim Abtretungsempfänger, so dass insoweit eine Vereinnahmung durch diesen fingiert wird:

1. Das beim Abtretungsempfänger geführte Konto des leistenden Unternehmers befindet sich auch nach der Gutschrift des Forderungseingangs im Debet und es besteht keine Kreditvereinbarung („Kreditlinie“, „Kreditrahmen“).

   Beispiel:

   [1]Unternehmer A unterhält ein Kontokorrentkonto bei dem kontoführenden Unternehmen B. [2]B hat sich die Forderungen aus der Geschäftstätigkeit des A im Wege der Globalzession abtreten lassen.[3]Es besteht keine Kreditvereinbarung für das Konto des A bei B. [4]Ein Kunde des A begleicht eine Forderung i. H. v. 34 800 € durch Barzahlung; A zahlt den Betrag auf sein Konto bei B ein, welches nach der Gutschrift noch einen Saldo von 5000 € im Debet aufweist.

   [5]B hat das Recht, den Betrag ausschließlich zum Ausgleich der eigenen Forderung zu verwenden und dem A insoweit eine anderweitige Verfügung zu versagen. [6]Die Forderung gilt in voller Höhe als durch B vereinnahmt.

2. Das beim Abtretungsempfänger geführte Konto des leistenden Unternehmers befindet sich auch nach der Gutschrift des Forderungseingangs im Debet und eine bestehende Kreditvereinbarung („vereinbarte Überziehung“) ist ausgeschöpft.

   Beispiel:

   [1]Unternehmer A unterhält ein Kontokorrentkonto bei dem kontoführenden Unternehmen B. [2]B hat sich die Forderungen aus der Geschäftstätigkeit des A im Wege der Globalzession abtreten lassen. [3]Für das Konto des A bei B besteht ein Kreditrahmen von 100 000 € (sog. „vereinbarte Überziehung“). [4]Ein Kunde des A begleicht eine Forderung i. H. v. 34 800 € durch Überweisung auf das Konto des A bei B, welches nach der Gutschrift noch einen Saldo von 120 000 € im Debet aufweist.

   [5]B hat das Recht, den Betrag ausschließlich zum Ausgleich der eigenen Forderung zu verwenden und dem A insoweit eine anderweitige Verfügung zu versagen. [6]Die Forderung gilt in voller Höhe als durch B vereinnahmt.

3. [1]Das beim Abtretungsempfänger geführte Konto des leistenden Unternehmers befindet sich auch nach der Gutschrift des Forderungseingangs im Debet und ein bestehender Kreditrahmen ist zwar noch nicht ausgeschöpft,

wird jedoch im unmittelbaren Zusammenhang mit dem Geldeingang eingeschränkt. [2]Das Konto des leistenden Unternehmers ist nach dieser Einschränkung (z. B. durch Kündigung oder Reduzierung des Kreditrahmens) über das vereinbarte Maß in Anspruch genommen.

Beispiel:

[1]Unternehmer A unterhält ein Kontokorrentkonto bei dem kontoführenden Unternehmen B. [2]B hat sich die Forderungen aus der Geschäftstätigkeit des A im Wege der Globalzession abtreten lassen. [3]Für das Konto des A bei B besteht ein Kreditrahmen von 100 000 € (sog. „vereinbarte Überziehung"). [4]Ein Kunde des A begleicht eine Forderung i. H. v. 34 800 € durch Überweisung auf das Konto des A bei B, welches nach der Gutschrift noch einen Saldo von 70 000 € im Debet aufweist. [5]B reduziert den vereinbarten Kreditrahmen unmittelbar nach Gutschrift des Forderungseingangs auf 50 000 €.

[6]A kann über den gutgeschriebenen Forderungsbetrag nicht mehr verfügen, da er von B zum Ausgleich der eigenen (durch die Reduzierung des Kontokorrentkredits entstandenen) Forderung verwendet worden ist und dem A kein weiterer Verfügungsrahmen auf seinem Konto verblieben ist. [7]Die Forderung gilt in voller Höhe als durch B vereinnahmt.

4. Der Abtretungsempfänger separiert den Geldbetrag nach Eingang auf dem Konto des leistenden Unternehmers auf ein anderes Konto, z. B. ein Sicherheitenerlöskonto.

Beispiel:

[1]Unternehmer A unterhält ein Kontokorrentkonto bei dem kontoführenden Unternehmen B. [2]B hat sich die Forderungen aus der Geschäftstätigkeit des A im Wege der Globalzession abtreten lassen. [3]Für das Konto des A bei B besteht ein Kreditrahmen von 100 000 € (sog. „vereinbarte Überziehung"). [4]Ein Kunde des A begleicht eine Forderung i. H. v. 34 800 € durch Überweisung auf das Konto des A bei B, welches nach der Gutschrift zunächst noch einen Saldo von 80 000 € im Debet aufweist. [5]B bucht den zunächst gutgeschriebenen Betrag auf ein Darlehnskonto des A um, welches von diesem nicht bedient worden war.

[6]A kann über den gutgeschriebenen Forderungsbetrag nach Separierung durch B nicht mehr verfügen, da er von B zum Ausgleich der eigenen (neben dem Kontokorrent bestehenden Darlehns-)Forderung verwendet worden ist. [7]Dies gilt unabhängig davon, ob dem A ein Verfügungsrahmen auf seinem Konto verblieben ist. [8]Die Forderung gilt in voller Höhe als durch B vereinnahmt.

[9]Gleiches gilt bei Umbuchung auf ein gesondertes Sicherheitenerlöskonto.

(25) [1]Bei einem Kontokorrentkonto widerspricht das kontoführende Unternehmen Verfügungen des leistenden Unternehmers regelmäßig nicht bereits bei jedem Überschreiten des vereinbarten Kreditrahmens. [2]In der Regel erfolgt ein Widerspruch erst dann, wenn die vorgenommene Anweisung den vereinbarten Kreditrahmen um mehr als 15 % überschreitet. [3]In diesem Rahmen kann der leistende Unternehmer die Erfüllung seiner Kontoanweisungen vom kontoführenden Unternehmen regelmäßig noch erwarten. [4]Es ist daher nur insoweit von einem Entzug der Verfügungsbefugnis über eingehende Beträge durch das kontoführende Unternehmen auszugehen, als das Konto des leistenden Unternehmers den vereinbarten Kreditrahmen auch nach der Gutschrift des Forderungseingangs um 15 % überschreitet; nur insoweit muss der leistende Unternehmer davon ausgehen, dass er über den gutgeschriebenen Betrag nicht mehr verfügen können wird.

Beispiel:

[1]Unternehmer A unterhält ein Kontokorrentkonto bei dem kontoführenden Unternehmen B. [2]B hat sich die Forderungen aus der Geschäftstätigkeit des A im Wege der Globalzession abtreten lassen. [3]Für das Konto des A bei B besteht ein Kreditrahmen von 100 000 € (sog.

„vereinbarte Überziehung"). [4] Ein Kunde des A begleicht eine Forderung i. H. v. 34 800 € durch Überweisung auf das Konto des A bei B, welches nach der Gutschrift noch einen Saldo von 110 000 € im Debet aufweist.

[5] Obwohl der Kreditrahmen des A keine weiteren Verfügungen zulässt und die Forderung damit als in voller Höhe als durch B vereinnahmt gelten könnte, ist davon auszugehen, dass A über einen Teilbetrag der gutgeschriebenen Forderung i. H. v. 5000 € noch verfügen kann, da die kontoführenden Unternehmen im Allgemeinen nur den die Kreditlinie um 15 % übersteigenden Forderungseingang zum Ausgleich der eigenen (durch ausnahmsweise geduldete Überziehung des Kontokorrentkredits entstandenen) Forderung verwenden wird und den A insoweit von einer Verfügung ausschließen. [6] Die Forderung gilt daher i. H. v. 29800 € als durch B vereinnahmt.

(26) [1] Kündigt oder reduziert das kontoführende Unternehmen die Kreditlinie zwar ganz oder teilweise, ggf. auf einen geringeren Betrag, räumt es dem leistenden Unternehmer jedoch einen gewissen Zeitraum ein, um dieses Kreditziel (vereinbarte Überziehung) zu erreichen, wird es während dieses Zeitraums auch weiterhin Verfügungen des Unternehmers zu Lasten seines Kontokorrents innerhalb des bisherigen Kreditrahmens zulassen (geduldete Überziehung). [2] In diesem Fall ist von einer Vereinnahmung durch das kontoführende Unternehmen für eigene Zwecke der Rückführung eingeräumter Kredite nur insoweit auszugehen, als die geduldete Überziehung insgesamt zu einer Verringerung des in Anspruch genommenen Kredits geführt hat. [3] Bei dieser Betrachtung ist auf den Unterschiedsbetrag abzustellen, der sich nach Gutschrift des Geldeingangs zum Kreditbetrag im Kündigungszeitpunkt ergibt.

Beispiel:

[1] Unternehmer A unterhält ein Kontokorrentkonto bei dem kontoführenden Unternehmen B. [2] B hat sich die Forderungen aus der Geschäftstätigkeit des A im Wege der Globalzession abtreten lassen. [3] Für das Konto des A bei B besteht ein Kreditrahmen von 100 000 € (sog. „vereinbarte Überziehung"), der auch vollständig ausgeschöpft ist. [3] B kündigt diesen Kreditrahmen auf 40 000 € herab, räumt dem A jedoch eine Zeitspanne von drei Monaten ein, um dieses Kreditziel zu erreichen und sagt dem A zu, Verfügungen zu Lasten dieses Kontos innerhalb des bisherigen Kreditrahmens zunächst nicht zu widersprechen. [4] Innerhalb dieses Zeitraums verzeichnet B insgesamt 348 000 € Zahlungseingänge und führt Verfügungen von insgesamt 298 000 € zu Lasten des A aus.

[5] A hat bei einem Debet von 50 000 € nach Ablauf der drei Monate nicht mehr die Möglichkeit, über die seinem Konto gutgeschriebenen Forderungseingänge zu verfügen, da sowohl der (nun i. H. v. 40 000 €) vereinbarte, als auch der üblicherweise zusätzlich geduldete Kreditrahmen (i. H. v. weiteren 15 %, hier 6000 €) ausgeschöpft ist und B diese Beträge zum Ausgleich der eigenen (durch die teilweise Kündigung des Kontokorrentkredits entstandenen) Forderung verwendet hat. [6] Wegen der Zusage von B, zunächst die Verfügungsmöglichkeit des A im bisherigen Umfang zu belassen, gelten die Forderungen nicht i. H. v. 348 000 € als durch B vereinnahmt, sondern nur im Umfang der tatsächlichen Verwendung zur Darlehensrückführung von 50 000 €. [7] Eine Haftung des B besteht dementsprechend für die in den durch B als vereinnahmt geltenden Forderungen enthaltene Umsatzsteuer von 7983 €.

(27) [1] In den Fällen des Forderungsverkaufs gilt die Forderung nicht durch den Abtretungsempfänger als vereinnahmt, soweit der leistende Unternehmer für die Abtretung der Forderung eine Gegenleistung in Geld vereinnahmt (z. B. bei entsprechend gestalteten Asset-Backed-Securities (ABS)-Transaktionen). [2] Voraussetzung ist, dass dieser Geldbetrag tatsächlich in den Verfügungsbereich des leistenden Unternehmers gelangt. [3] Davon ist nicht auszugehen, soweit dieser Geldbetrag auf ein Konto gezahlt wird, auf das der Abtretungsempfänger die Möglichkeit des Zugriffs hat. [4] Hinsichtlich der Vereinnahmung

eines Kaufpreises für eine abgetretene Forderung durch den Forderungskäufer bzw. Abtretungsempfänger gelten die Absätze 20 bis 26 entsprechend, soweit der Kaufpreis auf einem beim Forderungskäufer bzw. Abtretungsempfänger geführten Konto des leistenden Unternehmers eingeht.

(28) [1] § 13c UStG ist anzuwenden, wenn im Rahmen von Insolvenzverfahren beim leistenden Unternehmer anstelle des Abtretungsempfängers der Insolvenzverwalter die abgetretene Forderung einzieht oder verwertet (§ 166 Abs. 2 InsO).[1)] [2] Der Abtretungsempfänger vereinnahmt den vom Insolvenzverwalter eingezogenen Geldbetrag nach Abzug der Feststellungs- und Verwertungskosten (§ 170 InsO) auf Grund des durch die Abtretung begründeten Absonderungsrechts. [3] Die Absätze 18, 30 und 41 ff. sind hinsichtlich des Umfangs der Haftung entsprechend anzuwenden.

(29) [1] Vereinnahmt der Abtretungsempfänger, Pfandgläubiger oder Vollstreckungsgläubiger die Forderung und zahlt er den eingezogenen Geldbetrag ganz oder teilweise an den leistenden Unternehmer zurück, beschränkt sich die Haftung auf die im einbehaltenen Restbetrag enthaltene Umsatzsteuer. [2] Die Haftung kann nicht dadurch ausgeschlossen werden, dass der Abtretungsempfänger, Pfandgläubiger oder Vollstreckungsgläubiger an den leistenden Unternehmer einen Betrag in Höhe der auf die Forderung entfallenden Umsatzsteuer entrichtet, vielmehr beschränkt sich auch in diesem Fall die Haftung auf die im einbehaltenen Restbetrag enthaltene Umsatzsteuer.

(30) [1] Hat der Abtretungsempfänger die abgetretene Forderung ganz oder teilweise an einen Dritten abgetreten, gilt dieses Rechtsgeschäft insoweit als Vereinnahmung, d. h. der Abtretungsempfänger kann für die im Gesamtbetrag der weiter übertragenen Forderung enthaltene Umsatzsteuer in Haftung genommen werden. [2] Dies gilt unabhängig davon, welche Gegenleistung er für die Übertragung der Forderung erhalten hat. [3] Entsprechendes gilt für die Pfandgläubiger und Vollstreckungsgläubiger in den Fällen der Verpfändung und Pfändung von Forderungen.

Inanspruchnahme des Haftenden

(31) [1] Die Haftungsinanspruchnahme ist frühestens in dem Zeitpunkt zulässig, in dem die Steuer fällig war und nicht oder nicht vollständig entrichtet wurde (unter Beachtung von § 240 Abs. 3 AO). [2] Hat der Abtretungsempfänger, Pfandgläubiger oder Vollstreckungsgläubiger die Forderung zu diesem Zeitpunkt noch nicht vereinnahmt, ist der Zeitpunkt der nachfolgenden Vereinnahmung maßgebend.

(32) [1] Der Abtretungsempfänger, Pfandgläubiger oder Vollstreckungsgläubiger ist bei Vorliegen der gesetzlichen Voraussetzungen durch Haftungsbescheid in Anspruch zu nehmen. [2] Die Haftungsinanspruchnahme nach anderen Haftungstatbeständen (z. B. auf Grund §§ 69 AO, 128 HGB) bleibt unberührt.

(33) [1] Für den Erlass des Haftungsbescheids gelten die allgemeinen Regeln des § 191 AO, ohne dass dabei ein Ermessen besteht. [2] Auf ein Verschulden des leistenden Unternehmers oder des Abtretungsempfängers kommt es nicht

---

1) **Habersack** Nr. **110**.

an. [3]Bei der Inanspruchnahme des Haftungsschuldners durch Zahlungsaufforderung (Leistungsgebot) ist § 219 AO zu beachten.

(34) Der Haftungsbescheid ist durch das Finanzamt zu erlassen, das für die Umsatzsteuer des leistenden Unternehmers örtlich zuständig ist (vgl. §§ 21, 24 AO).

(35) [1]Stellt das Finanzamt fest, dass der Anspruch des leistenden Unternehmers auf Gegenleistung für einen steuerpflichtigen Umsatz im Sinne des § 1 Abs. 1 Nr. 1 UStG an einen anderen Unternehmer abgetreten, verpfändet oder gepfändet wurde, ist zu prüfen, ob die Steuer, bei deren Berechnung der Umsatz berücksichtigt worden ist, bei Fälligkeit nicht oder nicht vollständig entrichtet wurde. [2]Es ist insbesondere im Vollstreckungsverfahren und im Rahmen von Außenprüfungen auf entsprechende Haftungstatbestände zu achten und ggf. zeitnah der Erlass eines Haftungsbescheids anzuregen.

(36) [1]Das für den leistenden Unternehmer zuständige Finanzamt ist berechtigt, den Abtretungsempfänger, Pfandgläubiger oder Vollstreckungsgläubiger über den Zeitpunkt und die Höhe der vereinnahmten abgetretenen, verpfändeten oder gepfändeten Forderung zu befragen und Belege anzufordern, weil es für den Erlass des Haftungsbescheids zuständig ist. [2]Diese Befragung soll in der Regel in schriftlicher Form durchgeführt werden. [3]Es gelten die Mitwirkungspflichten im Sinne der §§ 90 ff. AO.

(37) [1]Der leistende Unternehmer hat nach § 93 AO Auskunft über den der Abtretung, Verpfändung oder Pfändung zu Grunde liegenden Umsatz (Höhe des Umsatzes und den darauf entfallenen Steuerbetrag) sowie über den Abtretungsempfänger, Pfandgläubiger oder Vollstreckungsgläubiger zu geben. [2]Es gelten die Mitwirkungspflichten im Sinne des §§ 90 ff. AO. [3]Der Abtretungsempfänger, Pfandgläubiger oder Vollstreckungsgläubiger muss vom leistenden Unternehmer so eindeutig bezeichnet werden, dass er durch das anfragende Finanzamt eindeutig und leicht identifiziert werden kann. [4]Wird keine oder keine hinreichende Antwort erteilt, kann diese mit Zwangsmitteln (§§ 328 ff. AO) durchgesetzt oder eine Außenprüfung, bzw. eine Umsatzsteuer-Nachschau (§ 27b UStG) durchgeführt werden.

(38) [1]Dem Abtretungsempfänger, Pfandgläubiger oder Vollstreckungsgläubiger soll vor Erlass eines Haftungsbescheids rechtliches Gehör gewährt werden (vgl. § 91 AO). [2]Er hat nach § 93 AO Auskunft zu geben. [3]Wird keine oder keine hinreichende Antwort erteilt, kann das für den leistenden Unternehmer zuständige Finanzamt z.B. ein Ersuchen auf Amtshilfe bei dem für den Abtretungsempfänger, Pfandgläubiger oder Vollstreckungsgläubiger örtlich zuständigen Finanzamt stellen. [4]Die Ermittlungen können auch im Rahmen einer Außenprüfung oder einer Umsatzsteuer-Nachschau nach § 27b UStG durchgeführt werden.

(39) Mit der Festsetzung der Haftungsschuld wird ein Gesamtschuldverhältnis im Sinne des § 44 AO begründet.

(40) [1]Die Rechtmäßigkeit des Haftungsbescheids richtet sich nach den Verhältnissen im Zeitpunkt seines Erlasses bzw. der entsprechenden Einspruchsentscheidung. [2]Minderungen der dem Haftungsbescheid zu Grunde liegenden Steuerschuld durch Zahlungen des Steuerschuldners nach Ergehen

einer Einspruchsentscheidung berühren die Rechtmäßigkeit des Haftungsbescheids nicht. [3]Ein rechtmäßiger Haftungsbescheid ist aber zugunsten des Haftungsschuldners zu widerrufen, soweit die ihm zu Grunde liegende Steuerschuld später gemindert worden ist.

(41) Die Haftung ist der Höhe nach auf den Betrag der im Fälligkeitszeitpunkt nicht entrichteten Steuer und auf die im vereinnahmten Betrag der abgetretenen, verpfändeten oder gepfändeten Forderung enthaltene Umsatzsteuer begrenzt (zweifache Begrenzung).

Beispiel 1:

[1]Der Unternehmer U hat auf Grund der Angaben in seiner Umsatzsteuer-Voranmeldung eine Vorauszahlung i. H. v. 20 000 € an das Finanzamt zu entrichten. [2]In der Bemessungsgrundlage für die Umsatzsteuer ist auch ein Betrag i. H. v. 100 000 € enthalten, der zivilrechtlich zuzüglich 19 000 € Umsatzsteuer an den Abtretungsempfänger A, der Unternehmer im Sinne des § 2 UStG ist, abgetreten worden ist. [3]A hat 119 000 € vereinnahmt. [4]U entrichtet bei Fälligkeit der Vorauszahlung nur einen Betrag i. H. v. 15 000 € an das Finanzamt.
[5]Eine Haftungsinanspruchnahme des A ist i. H. v. 5000 € zulässig. [6]Die Differenz zwischen der Vorauszahlung (20 000 €) und dem von U entrichteten Betrag (15 000 €) ist geringer als der in der abgetretenen Forderung enthaltene Umsatzsteuerbetrag (19 000 €).

Beispiel 2:

[1]Wie Beispiel 1. [2]U entrichtet die Vorauszahlung bei Fälligkeit nicht. [3]Das Finanzamt stellt fest, dass A die abgetretene Forderung an einen Dritten für 80 000 € zuzüglich 15 200 € Umsatzsteuer übertragen hat.
[4]Die Haftungsinanspruchnahme des A ist i. H. v. 19 000 € zulässig. [5]Die abgetretene Forderung gilt infolge der Übertragung an den Dritten als in voller Höhe vereinnahmt.

Beispiel 3:

[1]Der Unternehmer U hat auf Grund der Angaben in seiner Umsatzsteuer-Voranmeldung für den Monat Juli eine Vorauszahlung i. H. v. 20 000 € an das Finanzamt zu entrichten. [2]In der Bemessungsgrundlage für die Umsatzsteuer ist auch ein Betrag i. H. v. 100 000 € enthalten, der zivilrechtlich zuzüglich 19 000 € Umsatzsteuer an den Abtretungsempfänger A, der Unternehmer im Sinne des § 2 UStG ist, abgetreten worden ist. [3]U entrichtet bei Fälligkeit nur einen Betrag i. H. v. 5000 € an das Finanzamt. [4]Das Finanzamt stellt fest, dass A am 20. August aus der abgetretenen Forderung einen Teilbetrag i. H. v. 59 500 € erhalten hat.
[5]Der Haftungstatbestand ist frühestens zum 20. August erfüllt. [6]Der Haftungsbetrag ist der Höhe nach auf 15 000 € (20 000 € – 5000 €) begrenzt. [7]Wegen der nur teilweisen Vereinnahmung der Forderung ist A nur i. H. v. 9500 € (in dem vereinnahmten Betrag enthaltene Steuer) in Anspruch zu nehmen.

Haftungsausschluss

(42) Der Abtretungsempfänger, Pfandgläubiger oder Vollstreckungsgläubiger kann sich der Haftungsinanspruchnahme entziehen, soweit er als Dritter Zahlungen im Sinne des § 48 AO zugunsten des leistenden Unternehmers bewirkt.

(43) [1]Derartige Zahlungen soll der Abtretungsempfänger, Pfandgläubiger oder Vollstreckungsgläubiger an das für den leistenden Unternehmer örtlich zuständige Finanzamt unter Angabe der Steuernummer des Steuerschuldners leisten. [2]Insbesondere soll der Anlass der Zahlung angegeben werden sowie der Name desjenigen, für den die Zahlung geleistet wird. [3]Zusätzlich soll der Abtretungsempfänger, Pfandgläubiger oder Vollstreckungsgläubiger die Zahlung zeitraumbezogen der Vorauszahlung oder dem Unterschiedsbetrag

zuordnen, in der/dem die Umsatzsteuer aus dem der abgetretenen, verpfändeten oder gepfändeten Forderung zu Grunde liegenden Umsatz enthalten ist. [4]Die Steuerschuld des leistenden Unternehmers verringert sich um die vom Abtretungsempfänger, Pfandgläubiger oder Vollstreckungsschuldner geleisteten Zahlungen. [5]Wird die Steuer vom leistenden Unternehmer im Fälligkeitszeitpunkt entrichtet, kann der vom Abtretungsempfänger, Pfandgläubiger oder Vollstreckungsgläubiger geleistete Betrag an den leistenden Unternehmer erstattet oder mit anderen Steuerrückständen des leistenden Unternehmers verrechnet werden.

Übergangsregelung

(44) [1]§ 27 Abs. 7 UStG regelt, dass § 13c UStG auf Forderungen anzuwenden ist, die nach dem 7.11.2003 abgetreten, verpfändet oder gepfändet worden sind. [2]Wird eine nach dem 31.12.2003 entstandene Forderung vereinnahmt, die auf Grund einer Globalzession vor dem 8.11.2003 abgetreten wurde, ist § 13c UStG nicht anwendbar (vgl. BFH-Urteil vom 3.6.2009, XI R 57/07, BStBl. 2010 II S. 520).

Zu § 14 UStG
(§§ 31 bis 34 UStDV)

14.1 Zum Begriff der Rechnung

(1) [1]Nach § 14 Abs. 1 Satz 1 UStG in Verbindung mit § 31 Abs. 1 UStDV ist eine Rechnung jedes Dokument oder eine Mehrzahl von Dokumenten, mit denen über eine Lieferung oder sonstige Leistung abgerechnet wird. [2]Rechnungen im Sinne des § 14 UStG brauchen nicht ausdrücklich als solche bezeichnet zu werden. [3]Es reicht aus, wenn sich aus dem Inhalt des Dokuments ergibt, dass der Unternehmer über eine Leistung abrechnet. [4]Keine Rechnungen sind Schriftstücke, die nicht der Abrechnung einer Leistung dienen, sondern sich ausschließlich auf den Zahlungsverkehr beziehen (z. B. Mahnungen), auch wenn sie alle in § 14 Abs. 4 UStG geforderten Angaben enthalten. [5]Soweit ein Kreditinstitut mittels Kontoauszug über eine von ihm erbrachte Leistung abrechnet, kommt diesem Kontoauszug Abrechnungscharakter zu mit der Folge, dass dieser Kontoauszug eine Rechnung im Sinne des § 14 Abs. 1 Satz 1 UStG darstellt. [6]Rechnungen können auf Papier oder, vorbehaltlich der Zustimmung des Empfängers, auf elektronischem Weg übermittelt werden (vgl. Abschnitt 14.4).

(2) [1]Als Rechnung ist auch ein Vertrag anzusehen, der die in § 14 Abs. 4 UStG geforderten Angaben enthält. [2]Im Vertrag fehlende Angaben müssen in anderen Unterlagen enthalten sein, auf die im Vertrag hinzuweisen ist (§ 31 Abs. 1 UStDV). [3]Ist in einem Vertrag – z. B. in einem Miet- oder Pachtvertrag, Wartungsvertrag oder Pauschalvertrag mit einem Steuerberater – der Zeitraum, über den sich die jeweilige Leistung oder Teilleistung erstreckt, nicht angegeben, reicht es aus, wenn sich dieser aus den einzelnen Zahlungsbelegen, z. B. aus den Ausfertigungen der Überweisungsaufträge, ergibt (vgl. BFH-Beschluss vom 7.7.1988, V B 72/86, BStBl. II S. 913). [4]Die in einem Vertrag enthaltene gesonderte Inrechnungstellung der Steuer muss jedoch wie

bei jeder anderen Abrechnungsform eindeutig, klar und unbedingt sein. [5]Das ist nicht der Fall, wenn z.B. die in einem Vertrag enthaltene Abrechnung offen lässt, ob der leistende Unternehmer den Umsatz versteuern oder als steuerfrei behandeln will, und demnach die Abrechnungsvereinbarung für jeden der beiden Fälle eine wahlweise Ausgestaltung enthält (vgl. BFH-Urteil vom 4.3.1982, V R 55/80, BStBl. II S. 317).

(3) [1]Nach § 14 Abs. 2 Satz 1 Nr. 1 UStG ist der Unternehmer bei Ausführung einer steuerpflichtigen Werklieferung oder sonstigen Leistung im Zusammenhang mit einem Grundstück (vgl. Abschnitt 14.2) stets verpflichtet, innerhalb von sechs Monaten nach Ausführung der Leistung eine Rechnung auszustellen. [2]Wird in diesen Fällen das Entgelt oder ein Teil des Entgelts vor Ausführung der Leistung vereinnahmt, ist die Rechnung innerhalb von sechs Monaten nach Vereinnahmung des Entgelts oder des Teilentgelts auszustellen. [3]Die Verpflichtung zur Erteilung einer Rechnung besteht auch dann, wenn es sich beim Leistungsempfänger nicht um einen Unternehmer handelt, der die Leistung für sein Unternehmen bezieht, und ist nicht davon abhängig, ob der Empfänger der steuerpflichtigen Werklieferung oder sonstigen Leistung der Eigentümer des Grundstücks ist. [4]Die Verpflichtung zur Erteilung einer Rechnung bei steuerpflichtigen Werklieferungen oder sonstigen Leistungen im Zusammenhang mit einem Grundstück gilt auch für Kleinunternehmer im Sinne des § 19 Abs. 1 UStG und Land- und Forstwirte, die die Durchschnittssatzbesteuerung nach § 24 UStG anwenden. [5]Für steuerpflichtige sonstige Leistungen der in § 4 Nr. 12 Satz 1 und 2 UStG bezeichneten Art, die weder an einen anderen Unternehmer für dessen Unternehmen noch an eine juristische Person erbracht werden, besteht keine Rechnungserteilungspflicht. [6]Nach § 14 Abs. 2 Satz 1 Nr. 2 UStG ist der Unternehmer bei Ausführung von Lieferungen oder sonstigen Leistungen an einen anderen Unternehmer für dessen Unternehmen oder an eine juristische Person, soweit sie nicht Unternehmer ist, grundsätzlich verpflichtet, innerhalb von sechs Monaten nach Ausführung der Leistung eine Rechnung auszustellen. [7]Die Verpflichtung zur Rechnungserteilung in den Fällen des Satzes 6 entfällt, wenn die Leistungen nach § 4 Nr. 8 bis 29 UStG steuerfrei sind und den Leistungsempfänger grundsätzlich nicht zum Vorsteuerabzug berechtigen. [8]Die zusätzlichen Pflichten bei der Ausstellung von Rechnungen in besonderen Fällen nach § 14a UStG bleiben hiervon unberührt. [9]Eine Rechnung kann durch den leistenden Unternehmer selbst oder durch einen von ihm beauftragten Dritten, der im Namen und für Rechnung des Unternehmers abrechnet (§ 14 Abs. 2 Satz 4 UStG),[1)] ausgestellt werden. [10]Der Leistungsempfänger kann nicht Dritter sein. [11]Zur Rechnungsausstellung durch den Leistungsempfänger (Gutschrift, § 14 Abs. 2 Satz 2 UStG) vgl. Abschnitt 14.3. [12]Bedient sich der leistende Unternehmer zur Rechnungserstellung eines Dritten, hat der leistende Unternehmer sicher zu stellen, dass der Dritte die Einhaltung der sich aus §§ 14 und 14a UStG ergebenden formalen Voraussetzungen gewährleistet.

[1)] Zur Rechnungsausstellung durch Beauftragte/Vermittler/Dritte vgl. A 3.7 Abs. 1, A 14.4 Abs. 8, A 14.5 Abs. 6 u. A 14c.2 Abs. 4 UStAE.

(4) [1]Sog. Innenumsätze, z.B. zwischen Betriebsabteilungen desselben Unternehmens oder innerhalb eines Organkreises, sind innerbetriebliche Vorgänge. [2]Werden für sie Belege mit gesondertem Steuerausweis ausgestellt, handelt es sich umsatzsteuerrechtlich nicht um Rechnungen, sondern um unternehmensinterne Buchungsbelege. [3]Die darin ausgewiesene Steuer wird nicht nach § 14c Abs. 2 UStG geschuldet (vgl. BFH-Urteil vom 28.10.2010, V R 7/10, BStBl. 2011 II S. 391, und Abschnitt 14c.2 Abs. 2a).

(5) [1]Der Anspruch nach § 14 Abs. 2 UStG auf Erteilung einer Rechnung mit gesondert ausgewiesener Steuer steht dem umsatzsteuerrechtlichen Leistungsempfänger zu, sofern er eine juristische Person oder ein Unternehmer ist, der die Leistung für sein Unternehmen bezogen hat. [2]Hierbei handelt es sich um einen zivilrechtlichen Anspruch, der nach § 13 GVG vor den ordentlichen Gerichten geltend zu machen ist (vgl. BGH-Urteil vom 11.12.1974, VIII ZR 186/73).[1] [3]Dieser Anspruch (Erfüllung einer aus § 242 BGB abgeleiteten zivilrechtlichen Nebenpflicht aus dem zu Grunde liegenden Schuldverhältnis) setzt voraus, dass der leistende Unternehmer zur Rechnungsausstellung mit gesondertem Steuerausweis berechtigt ist und ihn zivilrechtlich die Abrechnungslast trifft (vgl. BFH-Urteil vom 4.3.1982, V R 107/79, BStBl. II S. 309). [4]Die Verjährung richtet sich nach § 195 BGB; weiterhin gelten die allgemeinen Vorschriften des BGB über die Verjährung. [5]Ist es ernstlich zweifelhaft, ob eine Leistung der Umsatzsteuer unterliegt, kann der Leistungsempfänger die Erteilung einer Rechnung mit gesondert ausgewiesener Steuer nur verlangen, wenn der Vorgang bestandskräftig der Umsatzsteuer unterworfen wurde (vgl. BGH-Urteile vom 24.2.1988, VIII ZR 64/87,[1] und vom 10.11.1988, VII ZR 137/87,[1] und BFH-Urteil vom 30.3.2011, XI R 12/08, BStBl. II S. 819). [6]Zu der Möglichkeit des Leistungsempfängers, die Steuerpflicht des Vorgangs auch durch eine Feststellungsklage nach § 41 FGO klären zu lassen, vgl. BFH-Urteil vom 10.7.1997, V R 94/96, BStBl. II S. 707. [7]Nach Eröffnung des Insolvenzverfahrens ist der Anspruch auf Ausstellung einer Rechnung nach § 14 Abs. 1 UStG vom Insolvenzverwalter auch dann zu erfüllen, wenn die Leistung vor Eröffnung des Insolvenzverfahrens bewirkt wurde (vgl. BGH-Urteil vom 6.5.1981, VIII ZR 45/80,[1] zum Konkursverfahren).

(6) [1]Für Umsätze, die nach § 1 Abs. 1 Nr. 1 UStG im Inland steuerbar sind, gelten grundsätzlich die Vorschriften zur Rechnungsausstellung nach den §§ 14, 14a UStG. [2]Ist der Unternehmer zwar nicht im Inland, aber in einem anderen Mitgliedstaat ansässig und führt er einen nach § 1 Abs. 1 Nr. 1 UStG im Inland steuerbaren Umsatz aus, für den der Leistungsempfänger die Steuer nach § 13b Abs. 5 in Verbindung mit Abs. 1 und 2 UStG schuldet, gelten für die Rechnungserteilung die Vorschriften des Mitgliedstaates, in dem der Unternehmer seinen Sitz, seine Geschäftsleitung, eine Betriebsstätte, von der aus der Umsatz ausgeführt wird, oder in Ermangelung eines Sitzes seinen Wohnsitz oder gewöhnlichen Aufenthalt hat (§ 14 Abs. 7 Satz 1 UStG). [3]Der Unternehmer ist bei Anwendung des § 14 Abs. 7 Satz 1 UStG nicht im Inland ansässig, wenn er weder seinen Sitz noch seine Geschäftsleitung, eine Betriebsstätte (vgl.

---

[1] NJW 1975, 310. – NJW 1988, 2042. – NJW 1989, 302. – DB 1981, 1770.

Abschnitt 3a.1 Abs. 3), von der aus der Umsatz ausgeführt wird oder die an der Erbringung dieses Umsatzes beteiligt ist, oder in Ermangelung eines Sitzes seinen Wohnsitz oder gewöhnlichen Aufenthalt im Inland hat; dies gilt auch, wenn der Unternehmer ausschließlich einen Wohnsitz oder gewöhnlichen Aufenthaltsort im Inland, aber seinen Sitz, den Ort der Geschäftsleitung oder eine Betriebsstätte im Ausland hat. [4] Vereinbaren die am Leistungsaustausch Beteiligten, dass der Leistungsempfänger über den Umsatz abrechnet, greift der Grundsatz nach Satz 1 (§ 14 Abs. 7 Satz 2 UStG). [5] Ist der Unternehmer im Ausland ansässig und macht er von dem Besteuerungsverfahren nach § 18 Abs. 4d UStG (vgl. Abschnitt 18.7a Abs. 7) bzw. nach § 18 Abs. 4e UStG (vgl. Abschnitt 18.7b) Gebrauch, dessen Inanspruchnahme er in einem anderen Mitgliedstaat angezeigt hat, gelten nach § 14 Abs. 7 Satz 3 UStG für die in diesen Besteuerungsverfahren zu erklärenden Umsätze abweichend von § 14 Abs. 1 bis 6 UStG für die Rechnungserteilung die Vorschriften des anderen Mitgliedstaates. [6] Für im Drittlandsgebiet ansässige Unternehmer und für im Inland ansässige Unternehmer, die von dem Besteuerungsverfahren nach § 18 Abs. 4c UStG (vgl. Abschnitt 18.7a) bzw. nach § 18h UStG (vgl. Abschnitt 18h.1) Gebrauch machen, dessen Inanspruchnahme sie beim BZSt angezeigt haben, gelten die Vorschriften zur Rechnungserteilung nach § 14 Abs. 1 bis 6 UStG.

Beispiel 1:

[1] Der französische Unternehmer F erbringt an den deutschen Unternehmer D eine Unternehmensberatungsleistung. [2] F hat seinen Unternehmenssitz in Frankreich, von dem aus die Leistung erbracht wird.

[3] F erbringt an D eine sonstige Leistung, die nach § 3a Abs. 2 UStG im Inland steuerbar ist. [4] Steuerschuldner für die steuerpflichtige Leistung ist D als Leistungsempfänger nach § 13b Abs. 5 Satz 1 in Verbindung mit Abs. 1 UStG.

a) [1] F erteilt die Rechnung.
   [2] F hat eine Rechnung nach den in Frankreich geltenden Vorgaben zur Rechnungserteilung auszustellen.

b) [1] F und D vereinbaren, dass D mit Gutschrift abrechnet.
   [2] D hat die Gutschrift nach den in Deutschland geltenden Rechnungserteilungspflichten zu erstellen.

Beispiel 2:

[1] Wie Beispiel 1. [2] F weist in der Rechnung gesondert deutsche Umsatzsteuer aus.

[3] F hat deutsche Umsatzsteuer gesondert ausgewiesen, obwohl er diese nach deutschem Umsatzsteuergesetz nicht schuldet. [4] Solange F den unrichtigen Steuerbetrag gegenüber D nicht berichtigt, schuldet er den gesondert ausgewiesenen Steuerbetrag nach § 14c Abs. 1 UStG (vgl. Abschnitt 14c.1). [5] Auch ohne Rechnungsberichtigung durch F wird D von der Steuerschuldnerschaft des Leistungsempfängers nach § 13b Abs. 5 Satz 1 in Verbindung mit Abs. 1 UStG nicht entbunden.

14.2 Rechnungserteilungspflicht bei Leistungen im Zusammenhang mit einem Grundstück

(1) [1] Der Begriff der steuerpflichtigen Werklieferungen oder sonstigen Leistungen im Zusammenhang mit einem Grundstück (vgl. Abschnitt 14.1 Abs. 3 Sätze 1 bis 5) umfasst Bauleistungen nach § 13b Abs. 2 Nr. 4 UStG und sonstige Leistungen im Zusammenhang mit einem Grundstück im Sinne des § 3a Abs. 3 Nr. 1 UStG (vgl. Abschnitt 3a.3). [2] Sofern in den Absätzen 2 bis 4 für die Rechnungserteilungspflicht nach § 14 Abs. 2 Satz 1 Nr. 1 UStG darüber

hinaus Leistungen als im Zusammenhang mit einem Grundstück qualifiziert werden, sind hieraus keine Rückschlüsse für die Anwendung von § 3a Abs. 3 Nr. 1 und § 13b Abs. 2 Nr. 4 UStG zu ziehen.

(2) [1]Zu den Leistungen, bei denen nach § 14 Abs. 2 Satz 1 Nr. 1 UStG eine Verpflichtung zur Rechnungserteilung besteht, gehören zunächst alle Bauleistungen, bei denen der Leistungsempfänger unter den weiteren Voraussetzungen des § 13b Abs. 2 Nr. 4 UStG Steuerschuldner sein kann (vgl. Abschnitt 13b.2). [2]Weiter gehören dazu die steuerpflichtigen Werklieferungen oder sonstigen Leistungen, die der Erschließung von Grundstücken oder der Vorbereitung von Bauleistungen dienen. [3]Damit sind z. B. auch die folgenden Leistungen von der Rechnungserteilungspflicht erfasst:
– Planerische Leistungen (z. B. von Statikern, Architekten, Garten- und Innenarchitekten, Vermessungs-, Prüf- und Bauingenieuren);
– Labordienstleistungen (z. B. die chemische Analyse von Baustoffen oder Bodenproben);
– reine Leistungen der Bauüberwachung;
– Leistungen zur Prüfung von Bauabrechnungen;
– Leistungen zur Durchführung von Ausschreibungen und Vergaben;
– Abbruch- oder Erdarbeiten.

(3) [1]Die steuerpflichtige Werklieferung oder sonstige Leistung muss in engem Zusammenhang mit einem Grundstück stehen. [2]Ein enger Zusammenhang ist gegeben, wenn sich die Werklieferung oder sonstige Leistung nach den tatsächlichen Umständen überwiegend auf die Bebauung, Verwertung, Nutzung oder Unterhaltung, aber auch Veräußerung oder den Erwerb des Grundstücks selbst bezieht. [3]Es besteht bei der Erbringung u. a. folgender Leistungen eine Verpflichtung zur Erteilung einer Rechnung:
– Zurverfügungstellen von Betonpumpen oder von anderem Baugerät;
– Aufstellen von Material- oder Bürocontainern;
– Aufstellen von mobilen Toilettenhäusern;
– Entsorgung von Baumaterial (z. B. Schuttabfuhr durch ein Abfuhrunternehmen);
– Gerüstbau;
– bloße Reinigung von Räumlichkeiten oder Flächen (z. B. Fensterreinigung);
– Instandhaltungs-, Reparatur-, Wartungs- oder Renovierungsarbeiten an Bauwerken oder Teilen von Bauwerken (z. B. Klempner- oder Malerarbeiten);
– Anlegen von Grünanlagen und Bepflanzungen und deren Pflege (z. B. Bäume, Gehölze, Blumen, Rasen);
– Beurkundung von Grundstückskaufverträgen durch Notare;
– Vermittlungsleistungen der Makler bei Grundstücksveräußerungen oder Vermietungen.

(4) Sofern selbständige Leistungen vorliegen, sind folgende Leistungen keine Leistungen im Zusammenhang mit einem Grundstück, bei denen nach § 14 Abs. 2 Satz 1 Nr. 1 UStG die Verpflichtung zur Erteilung einer Rechnung besteht:
– Veröffentlichung von Immobilienanzeigen, z. B. durch Zeitungen;
– Rechts- und Steuerberatung in Grundstückssachen.

(5) [1] Alltägliche Geschäfte, die mit einem Kaufvertrag abgeschlossen werden (z. B. der Erwerb von Gegenständen durch einen Nichtunternehmer in einem Baumarkt), unterliegen nicht der Verpflichtung zur Rechnungserteilung. [2] Auch die Lieferung von Baumaterial auf eine Baustelle eines Nichtunternehmers oder eines Unternehmers, der das Baumaterial für seinen nichtunternehmerischen Bereich bezieht, wird nicht von der Verpflichtung zur Erteilung einer Rechnung umfasst.

14.3 Rechnung in Form der Gutschrift[1)]

(1) [1] Eine Gutschrift ist eine Rechnung, die vom Leistungsempfänger ausgestellt wird (§ 14 Abs. 2 Satz 2 UStG). [2] Eine Gutschrift kann auch durch eine juristische Person, die nicht Unternehmer ist, ausgestellt werden, wenn sie Leistungsempfänger ist (§ 14 Abs. 2 Satz 1 Nr. 2 in Verbindung mit Satz 2 UStG). [3] Der Leistungsempfänger kann mit der Ausstellung einer Gutschrift auch einen Dritten beauftragen, der im Namen und für Rechnung des Leistungsempfängers abrechnet (§ 14 Abs. 2 Satz 4 UStG). [4] Eine Gutschrift kann auch ausgestellt werden, wenn über steuerfreie Umsätze abgerechnet wird oder wenn beim leistenden Unternehmer nach § 19 Abs. 1 UStG die Steuer nicht erhoben wird. [5] Dies kann dazu führen, dass der Empfänger der Gutschrift unrichtig oder unberechtigt ausgewiesene Steuer nach § 14c UStG schuldet. [6] Keine Gutschrift ist die im allgemeinen Sprachgebrauch ebenso bezeichnete Korrektur einer zuvor ergangenen Rechnung.

(2) [1] Die am Leistungsaustausch Beteiligten können frei vereinbaren, ob der leistende Unternehmer oder der in § 14 Abs. 2 Satz 1 Nr. 2 UStG bezeichnete Leistungsempfänger abrechnet. [2] Die Vereinbarung hierüber muss vor der Abrechnung getroffen sein und kann sich aus Verträgen oder sonstigen Geschäftsunterlagen ergeben. [3] Sie ist an keine besondere Form gebunden und kann auch mündlich getroffen werden. [4] Die Gutschrift ist, vorbehaltlich der Regelungen des § 14a UStG, innerhalb von sechs Monaten zu erteilen (vgl. Abschnitt 14.1 Abs. 3) und hat die Angabe „Gutschrift" zu enthalten (§ 14 Abs. 4 Satz 1 Nr. 10 UStG, vgl. Abschnitt 14.5 Abs. 24). [5] Keine Gutschrift ist die im allgemeinen Sprachgebrauch ebenso bezeichnete Stornierung oder Korrektur der ursprünglichen Rechnung (vgl. Abschnitt 14c.1 Abs. 3 Satz 3). [6] Wird in einem Dokument sowohl über empfangene Leistungen (Gutschrift) als auch über ausgeführte Leistungen (Rechnung) zusammen abgerechnet, muss das Dokument die Rechnungsangabe „Gutschrift" enthalten. [7] Zudem muss aus dem Dokument zweifelsfrei hervorgehen, über welche Leistung als Leistungsempfänger bzw. leistender Unternehmer abgerechnet wird. [8] In dem Dokument sind Saldierung und Verrechnung der gegenseitigen Leistungen unzulässig.

(3) [1] Voraussetzung für die Wirksamkeit einer Gutschrift ist, dass die Gutschrift dem leistenden Unternehmer übermittelt worden ist und dieser dem ihm zugeleiteten Dokument nicht widerspricht (§ 14 Abs. 2 Satz 3 UStG).

---

1) Zur Abrechnung über nicht ausgeführte sonstige Leistung mittels Gutschrift und zu BFH v. 27.11.2019 V R 23/19 (V R 62/17), BStBl. II 2021, 542, siehe BMF v. 19.8.2021, BStBl. I 2021, 1087.

[2]Die Gutschrift ist übermittelt, wenn sie dem leistenden Unternehmer so zugänglich gemacht worden ist, dass er von ihrem Inhalt Kenntnis nehmen kann (vgl. BFH-Urteil vom 15.9.1994, XI R 56/93, BStBl. 1995 II S. 275).

(4) [1]Der leistende Unternehmer kann der Gutschrift widersprechen. [2]Mit dem Widerspruch verliert die Gutschrift die Wirkung als Rechnung. [3]Dies gilt auch dann, wenn die Gutschrift den zivilrechtlichen Vereinbarungen entspricht und die Umsatzsteuer zutreffend ausweist. [4]Es genügt, dass der Widerspruch eine wirksame Willenserklärung darstellt (vgl. BFH-Urteil vom 23.1.2013, XI R 25/11, BStBl. II S. 417). [5]Der Widerspruch wirkt – auch für den Vorsteuerabzug des Leistungsempfängers – erst in dem Besteuerungszeitraum, in dem er erklärt wird (vgl. BFH-Urteil vom 19.5.1993, V R 110/88, BStBl. II S. 779, und Abschnitt 15.2a Abs. 11). [6]Die Wirksamkeit des Widerspruchs setzt den Zugang beim Gutschriftsaussteller voraus.

14.4 Echtheit und Unversehrtheit von Rechnungen

(1) [1]Rechnungen sind auf Papier oder vorbehaltlich der Zustimmung des Rechnungsempfängers elektronisch zu übermitteln (§ 14 Abs. 1 Satz 7 UStG). [2]Die Zustimmung des Empfängers der elektronisch übermittelten Rechnung bedarf dabei keiner besonderen Form; es muss lediglich Einvernehmen zwischen Rechnungsaussteller und Rechnungsempfänger darüber bestehen, dass die Rechnung elektronisch übermittelt werden soll. [3]Die Zustimmung kann z. B. in Form einer Rahmenvereinbarung (z. B. in den Allgemeinen Geschäftsbedingungen) erklärt werden. [4]Sie kann auch nachträglich erklärt werden. [5]Es genügt aber auch, dass die Beteiligten diese Verfahrensweise tatsächlich praktizieren und damit stillschweigend billigen.

(2) [1]Eine elektronische Rechnung im Sinne des § 14 Abs. 1 Satz 8 UStG ist eine Rechnung, die in einem elektronischen Format ausgestellt und empfangen wird. [2]Der Rechnungsaussteller ist – vorbehaltlich der Zustimmung des Rechnungsempfängers – frei in seiner Entscheidung, in welcher Weise er elektronische Rechnungen übermittelt. [3]Elektronische Rechnungen können z. B. per E-Mail (ggf. mit Bilddatei- oder Textdokumentanhang) oder De-Mail (vgl. De-Mail-Gesetz vom 28.4.2011, BGBl. I S. 666), per Computer-Fax oder Fax-Server, per Web-Download oder per EDI übermittelt werden. [4]Eine von Standard-Telefax an Standard-Telefax oder von Computer-Telefax/Fax-Server an Standard-Telefax übermittelte Rechnung gilt als Papierrechnung.

(3) [1]Papier- und elektronische Rechnungen werden ordnungsgemäß übermittelt, wenn die Echtheit der Herkunft, die Unversehrtheit des Inhalts und die Lesbarkeit der Rechnung gewährleistet sind; sie sind auch inhaltlich ordnungsgemäß, wenn alle erforderlichen Angaben nach § 14 Abs. 4 und § 14a UStG enthalten sind. [2]Die Echtheit der Herkunft einer Rechnung ist gewährleistet, wenn die Identität des Rechnungsausstellers sichergestellt ist. [3]Die Unversehrtheit des Inhalts einer Rechnung ist gewährleistet, wenn die nach dem UStG erforderlichen Angaben während der Übermittlung der Rechnung nicht geändert worden sind. [4]Eine Rechnung gilt als lesbar, wenn sie für

das menschliche Auge lesbar ist; Rechnungsdaten, die per EDI-Nachrichten, XML-Nachrichten oder anderen strukturierten elektronischen Nachrichtenformen übermittelt werden, sind in ihrem Originalformat nicht lesbar, sondern erst nach einer Konvertierung.

Innerbetriebliche Kontrollverfahren

(4) Die Echtheit der Herkunft, die Unversehrtheit des Inhalts und die Lesbarkeit der Rechnung müssen, sofern keine qualifizierte elektronische Signatur verwendet oder die Rechnung per elektronischen Datenaustausch (EDI) übermittelt wird (vgl. Absätze 7 bis 10), durch ein innerbetriebliches Kontrollverfahren, das einen verlässlichen Prüfpfad zwischen Rechnung und Leistung schaffen kann, gewährleistet werden (§ 14 Abs. 1 Satz 5 und 6 UStG).

(5) [1] Als innerbetriebliches Kontrollverfahren im Sinne des § 14 Abs. 1 UStG ist ein Verfahren ausreichend, das der Unternehmer zum Abgleich der Rechnung mit seiner Zahlungsverpflichtung einsetzt, um zu gewährleisten, dass nur die Rechnungen beglichen werden, zu deren Begleichung eine Verpflichtung besteht. [2] Der Unternehmer kann hierbei auf bereits bestehende Rechnungsprüfungssysteme zurückgreifen. [3] Es werden keine technischen Verfahren vorgegeben, die der Unternehmer verwenden muss. [4] Es kann daher ein EDV-unterstütztes, aber auch ein manuelles Verfahren sein.

(6) [1] Ein innerbetriebliches Kontrollverfahren erfüllt die Anforderungen des § 14 Abs. 1 UStG, wenn es einen verlässlichen Prüfpfad beinhaltet, durch den ein Zusammenhang zwischen der Rechnung und der zu Grunde liegenden Leistung hergestellt werden kann. [2] Dieser Prüfpfad kann z. B. durch (manuellen) Abgleich der Rechnung mit vorhandenen geschäftlichen Unterlagen (z. B. Kopie der Bestellung, Auftrag, Kaufvertrag, Lieferschein oder Überweisung bzw. Zahlungsbeleg) gewährleistet werden. [3] Das innerbetriebliche Kontrollverfahren und der verlässliche Prüfpfad unterliegen keiner gesonderten Dokumentationspflicht. [4] Eine inhaltlich zutreffende Rechnung – insbesondere Leistung, Entgelt, leistender Unternehmer und Zahlungsempfänger sind zutreffend angegeben – rechtfertigt die Annahme, dass bei der Übermittlung keine die Echtheit der Herkunft oder die Unversehrtheit des Inhalts beeinträchtigenden Fehler vorgekommen sind.

Qualifizierte elektronische Signatur und elektronischer Datenaustausch (EDI)

(7)[1)] Beispiele für Technologien, die die Echtheit der Herkunft und die Unversehrtheit des Inhalts bei einer elektronischen Rechnung gewährleisten, sind zum einen eine qualifizierte elektronische Signatur oder ein qualifiziertes elektronisches Siegel im Sinne der eIDAS-VO und zum anderen der elektronische Datenaustausch (EDI) nach Artikel 2 der Empfehlung 94/820/EG der

---

[1)] A 14.4 UStAE Abs. 7 neugef., Abs. 8 Sätze 1 bis 3 eingef., bish. Satz 1 wird Satz 4 und neugef., bish. Satz 2 aufgeh., bish. Sätze 3 und 4 werden Sätze 5 und 6, bish. Satz 5 wird Satz 7 und neugef., bish. Sätze 6 und 7 werden Sätze 8 und 9, bish. Sätze 8 bis 10 werden Sätze 10 bis 12 und neugef., bish. Sätze 11 und 12 werden Sätze 13 und 14 durch BMF v. 27.10.2021, BStBl. I 2021, 2139, anzuwenden in allen offenen Fällen auf Sachverhalte ab dem 29.7.2017; das BMF v. 2.7.2012, BStBl. I 2017, 726, ist auf Sachverhalte nach dem 28.7.2017 nicht mehr anzuwenden.

Kommission vom 19.10.1994 über die rechtlichen Aspekte des elektronischen Datenaustauschs (ABl. EG 1994, Nr. L 338 S. 98), wenn in der Vereinbarung über diesen Datenaustausch der Einsatz von Verfahren vorgesehen ist, die die Echtheit der Herkunft und die Unversehrtheit der Daten gewährleisten (§ 14 Abs. 3 Nr. 1 und 2 UStG).

(8)[1)] [1]Das VDG regelt die nationalen Ergänzungen zu der unmittelbar anwendbaren eIDAS-VO (ABl. EU 2014 Nr. L 257 S. 73). [2]Im Sinne der eIDAS-VO ist die elektronische Signatur die elektronische Bescheinigung für eine natürliche Person und das elektronische Siegel die elektronische Bescheinigung für eine juristische Person. [3]Beide Begriffe nach der eIDAS-VO fallen unter den umsatzsteuerlichen Begriff der qualifizierten elektronischen Signatur im Sinne von § 14 Abs. 3 Nr. 1 UStG. [4]Zur Erstellung einer qualifizierten elektronischen Signatur oder eines qualifizierten elektronischen Siegels nach der eIDAS-VO wird ein qualifiziertes Zertifikat benötigt, das von einem Vertrauensdiensteanbieter ausgestellt wird und mit dem die Identität des Zertifikatsinhabers bestätigt wird (Art. 3 Nr. 14 und 29 eIDAS-VO). [5]Es ist zulässig, dass eine oder mehrere natürliche Personen im Unternehmen bevollmächtigt werden, für den Unternehmer zu signieren. [6]Eine Verlagerung der dem leistenden Unternehmer oder dem von diesem beauftragten Dritten obliegenden steuerlichen Verpflichtungen ist damit jedoch nicht verbunden. [7]Die grundlegenden Anforderungen für ein qualifiziertes Zertifikat ergeben sich für qualifizierte elektronische Signaturen aus Art. 28 Abs. 1 in Verbindung mit Anhang I eIDAS-VO und für qualifizierte elektronische Siegel aus Art. 38 Abs. 1 in Verbindung mit Anhang III eIDAS-VO, der Zertifikatsinhaber kann zusätzliche Attribute einsetzen (vgl. § 12 VDG). [8]Ein Attribut kann z.B. lauten „Frau Musterfrau ist Handlungsbevollmächtigte des Unternehmers A und berechtigt, für Unternehmer A Rechnungen bis zu einer Höhe von 100 000 € Gesamtbetrag zu unterzeichnen". [9]Auch Vertreterregelungen und ggf. erforderliche Zeichnungsberechtigungen, die an die Unterzeichnung durch mehrere Berechtigte gekoppelt sind, können durch Attribute abgebildet werden. [10]Nach § 12 Abs. 2 VDG in Verbindung mit Anhang I Buchstabe c eIDAS-VO kann in einem qualifizierten Zertifikat für eine elektronische Signatur auf Verlangen des Zertifikatsinhabers anstelle seines Namens ein Pseudonym aufgeführt werden. [11]Das Finanzamt hat nach § 8 Abs. 2 Nr. 1 Buchstabe c VDG einen Anspruch auf Auskunft gegenüber dem Vertrauensdiensteanbieter, soweit dies zur Erfüllung der gesetzlichen Aufgaben erforderlich ist. [12]Für die Erstellung qualifizierter elektronischer Signaturen sind alle technischen Verfahren (z.B. Smart-Card, „Kryptobox") zulässig, die den Vorgaben des VDG entsprechen. [13]Der Rechnungsaussteller kann die Rechnungen auch in einem automatisierten Massenverfahren signieren. [14]Es ist zulässig, mehrere Rech-

---

1) A 14.4 UStAE Abs. 7 neugef., Abs. 8 Sätze 1 bis 3 eingef., bish. Satz 1 wird Satz 4 und neugef., bish. Satz 2 aufgeh., bish. Sätze 3 und 4 werden Sätze 5 und 6, bish. Satz 5 wird Satz 7 und neugef., bish. Sätze 6 und 7 werden Sätze 8 und 9, bish. Sätze 8 bis 10 werden Sätze 10 bis 12 und neugef., bish. Sätze 11 und 12 werden Sätze 13 und 14 durch BMF v. 27.10.2021, BStBl. I 2021, 2139, anzuwenden in allen offenen Fällen auf Sachverhalte ab dem 29.7.2017; das BMF v. 2.7.2012, BStBl. I 2017, 726, ist auf Sachverhalte nach dem 28.7.2017 nicht mehr anzuwenden.

nungen an einen Rechnungsempfänger in einer Datei zusammenzufassen und diese Datei mit nur einer qualifizierten elektronischen Signatur an den Empfänger zu übermitteln.

(9)[1] Voraussetzung für die Anerkennung von im EDI-Verfahren übermittelten Rechnungen ist, dass über den elektronischen Datenaustausch eine Vereinbarung nach Artikel 2 der Empfehlung 94/820/EG der Kommission vom 19.10.1994 über die rechtlichen Aspekte des elektronischen Datenaustausches (ABl. EG 1994, Nr. L 338 S. 98) besteht, in der der Einsatz von Verfahren vorgesehen ist, die die Echtheit der Herkunft und die Unversehrtheit der Daten gewährleisten.

Echtheit und Unversehrtheit bei besonderen Formen der Rechnungsstellung

(10) [1]Die Absätze 1 bis 9 gelten entsprechend für Gutschriften (§ 14 Abs. 2 Satz 2 UStG), Rechnungen, die im Namen und für Rechnung des Unternehmers oder eines in § 14 Abs. 2 Satz 1 Nr. 2 UStG bezeichneten Leistungsempfängers von einem Dritten ausgestellt werden (§ 14 Abs. 2 Satz 4 UStG) sowie für Anzahlungsrechnungen (§ 14 Abs. 5 UStG). [2]Wird eine Gutschrift ausgestellt, ist der leistende Unternehmer als Gutschriftsempfänger zur Durchführung des innerbetrieblichen Kontrollverfahrens entsprechend den Absätzen 4 bis 6 verpflichtet. [3]Der Dritte ist nach §§ 93 ff. AO verpflichtet, dem Finanzamt die Prüfung des Verfahrens durch Erteilung von Auskünften und Vorlage von Unterlagen in seinen Räumen zu gestatten. [4]Der Empfänger einer elektronischen Rechnung, die mit einer qualifizierten elektronischen Signatur versehen wurde, kann die ihm nach den GoBD[2] vorgeschriebenen Prüfungsschritte auch auf einen Dritten übertragen. [5]Dies gilt insbesondere für die entsprechende Prüfung einer elektronischen Rechnung in Form einer Gutschrift mit einer qualifizierten elektronischen Signatur.

(11) Bei Fahrausweisen (§ 34 UStDV) ist es für Zwecke des Vorsteuerabzugs nicht zu beanstanden, wenn der Fahrausweis im Online-Verfahren abgerufen wird und durch das Verfahren sichergestellt ist, dass eine Belastung auf einem Konto erfolgt.

14.5 Pflichtangaben in der Rechnung[3]

(1)[4] [1]§ 14 Abs. 4 und § 14a UStG gelten nur für Rechnungen an andere Unternehmer oder an juristische Personen, soweit sie nicht Unternehmer sind, sowie an andere Leistungsempfänger, die in § 14a UStG bezeichnet sind. [2]Dabei ist es unerheblich, ob es sich um steuerpflichtige oder steuerfreie Leistungen oder um Teilleistungen handelt oder ob die Sonderregelungen nach den §§ 23 bis 25c UStG angewendet werden. [3]Sofern eine Verpflichtung zur Ertei-

---

[1] A 14.4 UStAE Abs. 9 Klammerzusatz neugef. durch BMF v. 27.10.2021, BStBl. I 2021, 2139.

[2] BMF v. 28.11.2019, BStBl. I 2019, 1269, betr. Neufassung der GoBD.

[3] Zu Anforderungen an die Rechnung und zur Feststellungslast vgl. BFH v. 6.12.2007 V R 61/05, BStBl. II 2008, 695.

[4] A 14.5 UStAE Abs. 1 Satz 4 eingef., bish. Sätze 4 bis 12 werden Sätze 5 bis 13 durch BMF v. 1.12.2021, BStBl. I 2021, 2486, anzuwenden in allen offenen Fällen.

lung einer Rechnung besteht, muss die Rechnung alle Pflichtangaben, die sich aus § 14 Abs. 4, § 14a UStG sowie aus den §§ 33 und 34 UStDV ergeben, enthalten und die übrigen formalen Voraussetzungen des § 14 UStG erfüllen. [4]Die Angaben, die eine Rechnung enthalten muss, sollen es der Finanzverwaltung insbesondere ermöglichen, die Entrichtung der geschuldeten Steuer und das Bestehen des Vorsteuerabzugsrechts zu kontrollieren (Kontrollfunktion der Rechnung, vgl. EuGH-Urteil vom 15.9.2016, C-516/14, Barlis 06).[1)] [5]Die Gesamtheit aller Dokumente, die die nach § 14 Abs. 4 und § 14a UStG geforderten Angaben insgesamt enthalten, bildet die Rechnung. [6]In einem Dokument fehlende Angaben müssen in anderen Dokumenten enthalten sein. [7]In einem dieser Dokumente müssen mindestens das Entgelt und der Steuerbetrag angegeben werden. [8]Außerdem sind in diesem Dokument alle anderen Dokumente zu bezeichnen, aus denen sich die nach § 14 Abs. 4 und § 14a UStG erforderlichen Angaben insgesamt ergeben (§ 31 Abs. 1 UStDV). [9]Alle Dokumente müssen vom Rechnungsaussteller erstellt werden. [10]Im Fall der Gutschrift muss deshalb der Gutschriftsaussteller alle Dokumente erstellen. [11]Ist ein Dritter mit der Rechnungserstellung beauftragt (§ 14 Abs. 2 Satz 4 UStG), ist auch derjenige, der den Dritten mit der Rechnungserstellung beauftragt hat, zur Erstellung der fehlenden Dokumente berechtigt. [12]Hinsichtlich der Leistungsbeschreibung ist es zulässig, auf den vom leistenden Unternehmer erstellten Lieferschein Bezug zu nehmen. [13]Die Erteilung einer Rechnung, die nicht alle in § 14 Abs. 4 Satz 1 UStG aufgeführten Pflichtangaben enthält, gilt nicht als Ordnungswidrigkeit im Sinne des § 26a Abs. 2 Nr. 1 UStG.

Name und Anschrift des leistenden Unternehmers und des Leistungsempfängers

(2)[2)] [1]Nach § 14 Abs. 4 Satz 1 Nr. 1 UStG sind in der Rechnung der Name und die Anschrift des leistenden Unternehmers und des Leistungsempfängers jeweils vollständig anzugeben. [2]Dabei ist es nach § 31 Abs. 2 UStDV ausreichend, wenn sich auf Grund der in die Rechnung aufgenommenen Bezeichnungen der Name und die Anschrift sowohl des leistenden Unternehmers als auch des Leistungsempfängers eindeutig feststellen lassen. [3]Unter diesen Voraussetzungen kann auch die Verwendung eines Aliasnamens nach dem ProstSchG eine ausreichende Rechnungsangabe sein (siehe BMF-Schreiben vom 7.9.2021, BStBl. I S. 1591). [4]Es reicht jede Art von Anschrift, sofern der leistende Unternehmer bzw. der Leistungsempfänger unter dieser Anschrift erreichbar ist. [5]Dabei ist es unerheblich, ob die wirtschaftlichen Tätigkeiten des leistenden Unternehmers unter der Anschrift ausgeübt werden, die in der von ihm ausgestellten Rechnung angegeben ist (vgl. BFH-Urteile vom 13.6.2018, XI R 20/14, BStBl. II S. 800, und vom 21.6.2018, V R 25/15, BStBl. II S. 809, und V R 28/16, BStBl. II S. 806). [6]Maßgeblich für eine Erreichbarkeit ist der Zeitpunkt der Rechnungsausstellung (vgl. BFH-Urteil vom 5.12.2018, XI R 22/14, BStBl. 2020 II S. 418). [7]Verfügt der leistende Unternehmer bzw. der Leistungsempfänger über ein Postfach, über eine

---

1) DStR 2016, 2216.

2) A 14.5 UStAE Abs. 2 neuer Satz 3 eingef., bish. Sätze 3 bis 6 werden Sätze 4 bis 7 durch BMF v. 7.9.2021, BStBl. 2021, 1591, anzuwenden in allen offenen Fällen.

Großkundenadresse oder über eine c/o-Adresse, genügt die jeweilige Angabe in der Rechnung den Anforderungen des § 14 Abs. 4 Satz 1 Nr. 1 UStG an eine vollständige Anschrift.

(3) *(aufgehoben)*

(4) [1]Im Fall der umsatzsteuerlichen Organschaft kann der Name und die Anschrift der Organgesellschaft angegeben werden, wenn der leistende Unternehmer oder der Leistungsempfänger unter dem Namen und der Anschrift der Organgesellschaft die Leistung erbracht bzw. bezogen hat. [2]Entsprechendes gilt für die Angabe der Anschrift einer Zweigniederlassung, einer Betriebsstätte oder eines Betriebsteils des Unternehmers.

Steuernummer oder USt-IdNr. des leistenden Unternehmers

(5) [1]Nach § 14 Abs. 4 Satz 1 Nr. 2 UStG muss der leistende Unternehmer in der Rechnung entweder die ihm vom inländischen Finanzamt erteilte Steuernummer oder die vom BZSt erteilte USt-IdNr. angeben (vgl. BFH-Urteil vom 2.9.2010, V R 55/09, BStBl. 2011 II S. 235). [2]Wurde dem leistenden Unternehmer keine USt-IdNr. erteilt, ist zwingend die erteilte Steuernummer anzugeben. [3]Wenn das Finanzamt eine gesonderte Steuernummer für Zwecke der Umsatzbesteuerung erteilt hat (z. B. bei von der Zuständigkeit nach dem Betriebssitz abweichender Zuständigkeit nach § 21 AO), ist diese anzugeben. [4]Erteilt das Finanzamt dem leistenden Unternehmer eine neue Steuernummer (z. B. bei Verlagerung des Unternehmenssitzes), ist nur noch diese zu verwenden. [5]Es ist nicht erforderlich, dass der Unternehmer die vom Finanzamt erteilte Steuernummer um zusätzliche Angaben (z. B. Name oder Anschrift des Finanzamts, Finanzamtsnummer oder Länderschlüssel) ergänzt. [6]Im Fall der Gutschrift ist die Steuernummer bzw. die USt-IdNr. des leistenden Unternehmers und nicht die des die Gutschrift erteilenden Leistungsempfängers anzugeben. [7]Zu diesem Zweck hat der leistende Unternehmer (Gutschriftsempfänger) dem Aussteller der Gutschrift seine Steuernummer oder USt-IdNr. mitzuteilen. [8]Dies gilt auch für einen ausländischen Unternehmer, dem von einem inländischen Finanzamt eine Steuernummer oder vom BZSt eine USt-IdNr. erteilt wurde. [9]Hinsichtlich des Anspruchs natürlicher Personen auf Erteilung einer Steuernummer für Umsatzsteuerzwecke vgl. BFH-Urteil vom 23.9.2009, II R 66/07, BStBl. 2010 II S. 712, und BMF-Schreiben vom 1.7.2010, BStBl. I S. 625.

(6) [1]Leistet ein Unternehmer im eigenen Namen (Eigengeschäft) und vermittelt er einen Umsatz in fremdem Namen und für fremde Rechnung (vermittelter Umsatz), gilt für die Angabe der Steuernummer oder der USt-IdNr. Folgendes:

– [2]Für das Eigengeschäft gibt der leistende Unternehmer seine Steuernummer oder USt-IdNr. an.
– [3]Rechnet der Unternehmer über einen vermittelten Umsatz ab (z. B. Tankstellenbetreiber, Reisebüro), hat er die Steuernummer oder USt-IdNr. des leistenden Unternehmers (z. B. Mineralölgesellschaft, Reiseunternehmen) anzugeben.
– [4]Werden das Eigengeschäft und der vermittelte Umsatz in einer Rechnung aufgeführt (vgl. Abschnitt 14.10 Abs. 3), kann aus Vereinfachungs-

gründen der jeweilige Umsatz durch Kennziffern oder durch Symbole der jeweiligen Steuernummer oder USt-IdNr. zugeordnet werden. [5] Diese sind in der Rechnung oder in anderen Dokumenten (§ 31 UStDV) zu erläutern.

(7) Im Fall der umsatzsteuerlichen Organschaft muss die Organgesellschaft die ihr oder dem Organträger erteilte USt-IdNr. oder die Steuernummer des Organträgers angeben.

(8) Die Angabe der Steuernummer oder der USt-IdNr. ist vorbehaltlich der §§ 33 und 34 UStDV auch erforderlich, wenn

- beim leistenden Unternehmer die Umsatzsteuer nach § 19 Abs. 1 UStG nicht erhoben wird,
- ausschließlich über steuerfreie Umsätze abgerechnet wird,
- der Leistungsempfänger nach § 13b Abs. 1 Satz 1 Nr. 2 bis 4 UStG Steuerschuldner ist (vgl. auch § 14a Abs. 5 UStG).

(9) [1] Ein Vertrag erfüllt die Anforderung des § 14 Abs. 4 Satz 1 Nr. 2 UStG, wenn er die Steuernummer oder die USt-IdNr. des leistenden Unternehmers enthält. [2] Ist in dem Vertrag die Steuernummer angegeben und erteilt das Finanzamt dem leistenden Unternehmer eine neue Steuernummer (z. B. bei Verlagerung des Unternehmenssitzes), ist der Vertragspartner in geeigneter Weise darüber zu informieren. [3] Die leichte Nachprüfbarkeit dieser Angabe muss beim Leistungsempfänger gewährleistet sein. [4] Es ist nicht erforderlich, dass auf den Zahlungsbelegen die Steuernummer oder die USt-IdNr. des leistenden Unternehmers angegeben ist.

Fortlaufende Nummer (Rechnungsnummer)

(10) [1] Durch die fortlaufende Nummer (Rechnungsnummer) soll sichergestellt werden, dass die vom Unternehmer erstellte Rechnung einmalig ist. [2] Bei der Erstellung der Rechnungsnummer ist es zulässig, eine oder mehrere Zahlen- oder Buchstabenreihen zu verwenden. [3] Auch eine Kombination von Ziffern mit Buchstaben ist möglich. [4] Eine lückenlose Abfolge der ausgestellten Rechnungsnummern ist nicht zwingend. [5] Es ist auch zulässig, im Rahmen eines weltweiten Abrechnungssystems verschiedener, in unterschiedlichen Ländern angesiedelter Konzerngesellschaften nur einen fortlaufenden Nummernkreis zu verwenden.

(11) [1] Bei der Erstellung der Rechnungsnummer bleibt es dem Rechnungsaussteller überlassen, wie viele und welche separaten Nummernkreise geschaffen werden, in denen eine Rechnungsnummer jeweils einmalig vergeben wird. [2] Dabei sind Nummernkreise für zeitlich, geographisch oder organisatorisch abgegrenzte Bereiche zulässig, z. B. für Zeiträume (Monate, Wochen, Tage), verschiedene Filialen, Betriebsstätten einschließlich Organgesellschaften oder Bestandsobjekte. [3] Die einzelnen Nummernkreise müssen dabei nicht zwingend lückenlos sein. [4] Es muss jedoch gewährleistet sein (z. B. durch Vergabe einer bestimmten Klassifizierung für einen Nummernkreis), dass die jeweilige Rechnung leicht und eindeutig dem jeweiligen Nummernkreis zugeordnet werden kann und die Rechnungsnummer einmalig ist.

(12) [1] Bei Verträgen über Dauerleistungen ist es ausreichend, wenn diese Verträge eine einmalige Nummer enthalten (z. B. Wohnungs- oder Objekt-

nummer, Mieternummer). [2]Es ist nicht erforderlich, dass Zahlungsbelege eine gesonderte fortlaufende Nummer erhalten.

(13) [1]Im Fall der Gutschrift ist die fortlaufende Nummer durch den Gutschriftsaussteller zu vergeben. [2]Wird die Rechnung nach § 14 Abs. 2 Satz 4 UStG von einem Dritten ausgestellt, kann dieser die fortlaufende Nummer vergeben.

(14) Kleinbetragsrechnungen nach § 33 UStDV und Fahrausweise nach § 34 UStDV müssen keine fortlaufende Nummer enthalten.

Menge und Art der gelieferten Gegenstände oder Umfang und Art der sonstigen Leistung

(15)[1), 2)] [1]Die Bezeichnung der Leistung muss eine eindeutige und leicht nachprüfbare Feststellung der Leistung ermöglichen, über die abgerechnet worden ist (vgl. BFH-Urteile vom 10.11.1994, V R 45/93, BStBl. 1995 II S. 395, vom 8.10.2008, V R 59/07, BStBl. 2009 II S. 218, vom 16.1.2014, V R 28/13, BStBl. II S. 867, und vom 12.3.2020, V R 48/17, DStR S. 1846). [2]Unrichtige oder ungenaue Angaben, die eventuell auch keinen Rückschluss auf den Ort der Leistungserbringung und eine mögliche Steuerpflicht ermöglichen, genügen diesen Anforderungen nicht (vgl. BFH-Urteil vom 1.3.2018, V R 18/17, BStBl. 2021 II S. 644). [3]Bei Lieferungen kann neben der Angabe der Menge die Angabe der Art der gelieferten Gegenstände in Form einer handelsüblichen Bezeichnung erfolgen (§ 14 Abs. 4 Satz 1 Nr. 5 UStG). [4]Handelsüblich ist jede im Geschäftsverkehr für die Gegenstände allgemein verwendete Bezeichnung, die den Erfordernissen von Kaufleuten im Sinne des HGB genügt und von Unternehmern in den entsprechenden Geschäftskreisen allgemein (d.h. nicht nur gelegentlich) verwendet wird, z.B. auch eine Markenartikelbezeichnung. [5]Ob eine Bezeichnung handelsüblich ist, ist unter Berücksichtigung von Handelsstufe, Art und Inhalt der Lieferungen und dem Wert der einzelnen Gegenstände im Einzelfall zu bestimmen (zu den Anforderungen bei hochpreisigen Uhren und Armbändern vgl. BFH-Beschluss vom 29.11.2002, V B 119/02, n.v.; abgrenzend dazu im Niedrigpreissegment vgl. BFH-Urteil vom 10.7.2019, XI R 28/18, BStBl. 2021 II S. 961). [6]Bezeichnungen allgemeiner Art, die Gruppen verschiedenartiger Gegenstände umfassen, z.B. Geschenkartikel, reichen grundsätzlich nicht aus. [7]In Rechnungen über die Lieferung von Präsentkörben reicht es aus, als handelsübliche Bezeichnung des Liefergegenstandes lediglich „Präsentkorb" anzugeben. [8]Die

---

1) A 14.5 UStAE Abs. 15 Satz 1 Klammerzusatz neugef. durch BMF v. 18.9.2020, BStBl. I 2020, 976, anzuwenden in allen offenen Fällen; zur **Übergangsregelung** siehe Anlage 8.

2) A 14.5 UStAE Abs. 15 Sätze 5 und 6 eingef., bish. Satz 5 wird Satz 7 durch BMF v. 2.11.2020, BStBl. I 2020, 1121, anzuwenden auf **nach dem 31.12.2018** ausgestellte Gutscheine. Es wird – auch für Zwecke des Vorsteuerabzugs – nicht beanstandet, wenn **ab dem 1.1.2019 und vor dem 2.2.2021** ausgestellte Gutscheine von den Beteiligten nicht entsprechend den Vorgaben dieses BMF-Schreibens behandelt worden sind. Abs. 15 Satz 4 neugef., Sätze 5 und 6 eingef., bish. Sätze 5 bis 7 werden Sätze 7 bis 9 durch BMF v. 15.12.2020, BStBl. I 2020, 1374; neuer Satz 2 eingef., bish. Sätze 2 bis 9 werden Sätze 3 bis 10 durch BMF v. 9.9.2021, BStBl. I 2021, 1593, anzuwenden in allen offenen Fällen; Abs. 15 Sätze 3 u. 4 neugef., Satz 5 eingef., bish. Sätze 5 bis 10 werden Sätze 6 bis 11 durch BMF v. 1.12.2021, BStBl. I 2021, 2486, anzuwenden in allen offenen Fällen.

Mengen und die handelsüblichen Bezeichnungen der im Präsentkorb enthaltenen einzelnen Gegenstände brauchen in der Rechnung nicht genannt zu werden. 9 In einer Rechnung über die Übertragung bzw. Ausgabe eines Einzweck-Gutscheins nach § 3 Abs. 14 UStG ist die Bezeichnung der Gutscheinart (Einzweck-Gutschein) sowie eine kurze Beschreibung der Lieferung oder der sonstigen Leistung, zu deren Bezug der Gutschein berechtigt, ausreichend (vgl. hierzu Abschnitt 3.17 Abs. 2). 10 Bei einem Mehrzweck-Gutschein nach § 3 Abs. 15 UStG unterliegt erst bei dessen Einlösung die tatsächliche Lieferung oder die tatsächliche Erbringung der sonstigen Leistung der Umsatzsteuer (vgl. hierzu Abschnitt 3.17 Abs. 9); über diese Leistung ist dann nach den allgemeinen Regelungen abzurechnen. 11 Zur Verwendung der Geräteidentifikationsnummer als Bestandteil der handelsüblichen Bezeichnung des gelieferten Gegenstands vgl. BMF-Schreiben vom 1.4.2009, BStBl. I S. 525.

Zeitpunkt der Leistung und Vereinnahmung des Entgelts

(16)[1] 1 Nach § 14 Abs. 4 Satz 1 Nr. 6 UStG ist in der Rechnung der Zeitpunkt der Lieferung oder sonstigen Leistung anzugeben. 2 Dies gilt auch dann, wenn das Ausstellungsdatum der Rechnung (§ 14 Abs. 4 Satz 1 Nr. 3 UStG) mit dem Zeitpunkt der Lieferung oder der sonstigen Leistung übereinstimmt; in diesen Fällen genügt eine Angabe wie z. B. „Leistungsdatum entspricht Rechnungsdatum“ (vgl. BFH-Urteil vom 17.12.2008, XI R 62/07, BStBl. 2009 II S. 432). 3 Nach § 31 Abs. 4 UStDV kann als Zeitpunkt der Lieferung oder der sonstigen Leistung der Kalendermonat angegeben werden, in dem die Leistung ausgeführt wird. 4 Die Verpflichtung zur Angabe des Zeitpunkts der Lieferung oder der sonstigen Leistung besteht auch in den Fällen, in denen die Ausführung der Leistung gegen Barzahlung erfolgt. 5 Im Einzelnen gilt hierbei Folgendes:

1. Angabe des Zeitpunkts der Lieferung in einem Lieferschein:
   1 Nach § 31 Abs. 1 UStDV kann eine Rechnung aus mehreren Dokumenten bestehen, aus denen sich die nach § 14 Abs. 4 Satz 1 UStG erforderlichen Angaben insgesamt ergeben. 2 Demzufolge können sich Rechnungsangaben auch aus einem in dem Dokument, in dem Entgelt und Steuerbetrag angegeben sind, zu bezeichnenden Lieferschein ergeben. 3 Sofern sich der nach § 14 Abs. 4 Satz 1 Nr. 6 UStG erforderliche Leistungszeitpunkt aus dem Lieferschein ergeben soll, ist es erforderlich, dass der Lieferschein neben dem Lieferscheindatum eine gesonderte Angabe des Leistungsdatums enthält. 4 Sofern das Leistungsdatum dem Lieferscheindatum entspricht, kann an Stelle der gesonderten Angabe des Leistungsdatums ein Hinweis in die Rechnung aufgenommen werden, dass das Lieferscheindatum dem Leistungsdatum entspricht.
2. Angabe des Zeitpunkts der Lieferung in den Fällen, in denen der Ort der Lieferung nach § 3 Abs. 6 UStG bestimmt wird:
   1 In den Fällen, in denen der Gegenstand der Lieferung durch den Lieferer, den Abnehmer oder einen vom Lieferer oder vom Abnehmer beauftragten Dritten befördert oder versendet wird, gilt die Lieferung nach § 3 Abs. 6

[1] A 14.5 Abs. 16 Satz 5 Nr. 4 Satz 6 angef. durch BMF v. 17.12.2021, BStBl. I 2021, 2504.

Satz 1 UStG dort als ausgeführt, wo die Beförderung oder Versendung an den Abnehmer oder in dessen Auftrag an einen Dritten beginnt (vgl. Abschnitt 3.12). [2]Soweit es sich um eine Lieferung handelt, für die der Ort der Lieferung nach § 3 Abs. 6 UStG bestimmt wird, ist in der Rechnung als Tag der Lieferung der Tag des Beginns der Beförderung oder Versendung des Gegenstands der Lieferung anzugeben. [3]Dieser Tag ist auch maßgeblich für die Entstehung der Steuer nach § 13 Abs. 1 Nr. 1 Buchstabe a Satz 1 UStG (vgl. Abschnitt 13.1 Abs. 1 und 2 Satz 2).

3. Angabe des Zeitpunkts der Lieferung in anderen Fällen:
[1]In allen Fällen, in denen sich der Ort der Lieferung nicht nach § 3 Abs. 6 UStG bestimmt, ist als Tag der Lieferung in der Rechnung der Tag der Verschaffung der Verfügungsmacht anzugeben. [2]Zum Begriff der Verschaffung der Verfügungsmacht vgl. Abschnitt 3.1 Abs. 2.

4. Angabe des Zeitpunkts der sonstigen Leistung:
[1]Nach § 14 Abs. 4 Satz 1 Nr. 6 UStG ist in der Rechnung der Zeitpunkt der sonstigen Leistung anzugeben. [2]Dies ist der Zeitpunkt, zu dem die sonstige Leistung ausgeführt ist. [3]Sonstige Leistungen sind grundsätzlich im Zeitpunkt ihrer Vollendung ausgeführt. [4]Bei zeitlich begrenzten Dauerleistungen ist die Leistung mit Beendigung des entsprechenden Rechtsverhältnisses ausgeführt, es sei denn, die Beteiligten hatten Teilleistungen vereinbart (vgl. Abschnitt 13.1 Abs. 3). [5]Bei sonstigen Leistungen, die sich über mehrere Monate oder Jahre erstrecken, reicht die Angabe des gesamten Leistungszeitraums (z. B. „1.1.01 bis 31.12.01") aus. [6]Eine Rechnung, die nur die Angabe einer Leistung „bis zum heutigen Tag" ohne Konkretisierung des Beginns des Leistungszeitraums enthält, erfüllt diese Voraussetzungen nicht (vgl. EuGH-Urteil vom 15.9.2016, C-516/14, Barlis 06).[1)]

5. Noch nicht ausgeführte Lieferung oder sonstige Leistung:
[1]Wird über eine noch nicht ausgeführte Lieferung oder sonstige Leistung abgerechnet, handelt es sich um eine Rechnung über eine Anzahlung, in der die Angabe des Zeitpunkts der Vereinnahmung des Entgelts oder des Teilentgelts entsprechend § 14 Abs. 4 Satz 1 Nr. 6 UStG nur dann erforderlich ist, wenn der Zeitpunkt der Vereinnahmung bei der Rechnungsstellung feststeht und nicht mit dem Ausstellungsdatum der Rechnung übereinstimmt (vgl. BFH-Urteil vom 2.12.2015, V R 15/15, BStBl. 2016 II S. 486). [2]Auch in diesem Fall reicht es aus, den Kalendermonat der Vereinnahmung anzugeben. [3]Auf der Rechnung ist kenntlich zu machen, dass über eine noch nicht erbrachte Leistung abgerechnet wird (vgl. Abschnitt 14.8 Abs. 4).

(17) [1]Ist in einem Vertrag – z. B. Miet- oder Pachtvertrag, Wartungsvertrag oder Pauschalvertrag mit einem Steuerberater – der Zeitraum, über den sich die jeweilige Leistung oder Teilleistung erstreckt, nicht angegeben, reicht es aus, wenn sich dieser Zeitraum aus den einzelnen Zahlungsbelegen, z. B. aus den Überweisungsaufträgen oder den Kontoauszügen, ergibt. [2]Soweit periodisch wiederkehrende Zahlungen im Rahmen eines Dauer-

---

1) DStR 2016, 2216.

schuldverhältnisses in der Höhe und zum Zeitpunkt der vertraglichen Fälligkeiten erfolgen und keine ausdrückliche Zahlungsbestimmung vorliegt, ergibt sich der Zeitpunkt der Leistung aus Vereinfachungsgründen durch die Zuordnung der Zahlung zu der Periode, in der sie geleistet wird. [3]Dabei wird es nicht beanstandet, wenn der Zahlungsbeleg vom Leistungsempfänger ausgestellt wird.

Entgelt

(18) Nach § 14 Abs. 4 Satz 1 Nr. 7 UStG ist in der Rechnung das nach Steuersätzen und einzelnen Steuerbefreiungen aufgeschlüsselte Entgelt anzugeben.

Im Voraus vereinbarte Minderung des Entgelts

(19) [1]Zusätzlich ist jede im Voraus vereinbarte Minderung des Entgelts, sofern sie nicht bereits im Entgelt berücksichtigt ist, anzugeben. [2]Dies bedeutet im Fall der Vereinbarung von Boni, Skonti und Rabatten, bei denen im Zeitpunkt der Rechnungserstellung die Höhe der Entgeltminderung nicht feststeht, dass in der Rechnung auf die entsprechende Vereinbarung hinzuweisen ist (§ 31 Abs. 1 UStDV). [3]Dies gilt sowohl im Fall des Steuerausweises in einer Rechnung als auch im Fall des Hinweises auf eine Steuerbefreiung. [4]Da Vereinbarungen über Entgeltminderungen ebenfalls Bestandteil einer Rechnung sind, gelten die sich aus § 14 Abs. 1 Satz 2 UStG ergebenden Formerfordernisse auch für diese. [5]Sofern die Entgeltminderungsvereinbarung in dem Dokument, in dem Entgelt und Steuerbetrag angegeben sind, nicht enthalten ist, muss diese als gesondertes Dokument schriftlich beim leistenden Unternehmer und beim Leistungsempfänger oder dem jeweils beauftragten Dritten vorliegen. [6]Allerdings sind in dem Dokument, in dem das Entgelt und der darauf entfallende Steuerbetrag zusammengefasst angegeben sind, die anderen Dokumente zu bezeichnen, aus denen sich die übrigen Angaben ergeben (§ 31 Abs. 1 UStDV). [7]Bei Rabatt- und Bonusvereinbarungen ist es deshalb ausreichend, wenn in dem Dokument, das zusammengefasst die Angabe des Entgelts und des darauf entfallenden Steuerbetrags enthält, auf die entsprechende Konditionsvereinbarung hingewiesen wird. [8]Für eine leichte und eindeutige Nachprüfbarkeit ist allerdings eine hinreichend genaue Bezeichnung erforderlich. [9]Dies ist gegeben, wenn die Dokumente über die Entgeltminderungsvereinbarung in Schriftform vorhanden sind und auf Nachfrage ohne Zeitverzögerung bezogen auf die jeweilige Rechnung vorgelegt werden können. [10]Ändert sich eine vor Ausführung der Leistung getroffene Vereinbarung nach diesem Zeitpunkt, ist es nicht erforderlich, die Rechnung zu berichtigen. [11]Die Verpflichtung zur Angabe der im Voraus vereinbarten Minderungen des Entgelts bezieht sich nur auf solche Vereinbarungen, die der Leistungsempfänger gegenüber dem leistenden Unternehmer unmittelbar geltend machen kann. [12]Vereinbarungen des leistenden Unternehmers mit Dritten, die nicht Leistungsempfänger sind, müssen in der Rechnung nicht bezeichnet werden. [13]Bei Skontovereinbarungen genügt eine Angabe wie z. B. „2% Skonto bei Zahlung bis" den Anforderungen des § 14 Abs. 4 Satz 1 Nr. 7 UStG. [14]Das Skonto muss nicht betragsmäßig (weder mit dem Bruttobetrag noch mit dem Nettobetrag zzgl. USt) ausgewiesen werden. [15]Ein Belegaustausch ist bei tat-

sächlicher Inanspruchnahme der im Voraus vereinbarten Entgeltminderung nicht erforderlich (vgl. aber Abschnitt 17.1 Abs. 3 Satz 4).

Steuersatz und Steuerbetrag oder Hinweis auf eine Steuerbefreiung

(20) [1]Nach § 14 Abs. 4 Satz 1 Nr. 8 UStG ist in der Rechnung der Steuersatz sowie der auf das Entgelt entfallende Steuerbetrag oder im Fall der Steuerbefreiung ein Hinweis auf die Steuerbefreiung anzubringen. [2]Der Steuerbetrag muss vom Unternehmer für die von ihm ausgeführte steuerpflichtige Leistung nach Cent genau berechnet werden. [3]Ergibt sich bei der Steuerberechnung kein voller Centbetrag, ist der Centbetrag abzurunden, wenn die nachfolgende Ziffer höchstens 4 ist, bzw. aufzurunden, wenn die unmittelbar folgende Ziffer größer als 4 ist. [4]Bei dem Hinweis auf eine Steuerbefreiung ist es nicht erforderlich, dass der Unternehmer die entsprechende Vorschrift des UStG oder der MwStSystRL nennt. [5]Allerdings soll in der Rechnung ein Hinweis auf den Grund der Steuerbefreiung enthalten sein. [6]Dabei reicht eine Angabe in umgangssprachlicher Form aus (z. B. „Ausfuhr", zur Angabe „innergemeinschaftliche Lieferung" für den Belegnachweis vgl. BFH-Urteil vom 12.5.2011, V R 46/10, BStBl. II S. 957, und Abschnitt 6a.3 Abs. 1).

(21) [1]Die Regelung des § 32 UStDV für Rechnungen über Umsätze, die verschiedenen Steuersätzen unterliegen, gilt entsprechend, wenn in einer Rechnung neben steuerpflichtigen Umsätzen auch nicht steuerbare oder steuerfreie Umsätze aufgeführt werden. [2]Soweit Kosten für Nebenleistungen, z. B. für Beförderung, Verpackung, Versicherung, besonders berechnet werden, sind sie den unterschiedlich besteuerten Hauptleistungen entsprechend zuzuordnen. [3]Die Aufteilung ist nach geeigneten Merkmalen, z. B. nach dem Verhältnis der Werte oder Gewichte, vorzunehmen.

(22) In Rechnungen für Umsätze, auf die die Durchschnittssätze des § 24 Abs. 1 UStG anzuwenden sind, ist außer dem Steuerbetrag der für den Umsatz maßgebliche Durchschnittssatz anzugeben (§ 24 Abs. 1 Satz 5 UStG).

Hinweis auf die Aufbewahrungspflicht des Leistungsempfängers

(23) [1]Nach § 14 Abs. 4 Satz 1 Nr. 9 UStG ist der leistende Unternehmer bei Ausführung einer steuerpflichtigen Werklieferung oder sonstigen Leistung im Zusammenhang mit einem Grundstück verpflichtet, in der Rechnung auf die einem nichtunternehmerischen Leistungsempfänger nach § 14b Abs. 1 Satz 5 UStG obliegenden Aufbewahrungspflichten hinzuweisen. [2]Hierbei ist es ausreichend, wenn in der Rechnung z. B. ein allgemeiner Hinweis enthalten ist, dass ein nichtunternehmerischer Leistungsempfänger diese Rechnung zwei Jahre aufzubewahren hat. [3]Ein Hinweis auf die Aufbewahrungspflicht des Leistungsempfängers nach § 14b Abs. 1 Satz 5 UStG ist nicht erforderlich, wenn es sich bei der steuerpflichtigen Werklieferung oder sonstigen Leistung um eine Bauleistung im Sinne des § 13b Abs. 2 Nr. 4 UStG an einen anderen Unternehmer handelt, für die dieser die Umsatzsteuer schuldet, oder mit einer Kleinbetragsrechnung im Sinne des § 33 UStDV abgerechnet wird.

Gutschrift

(24) [1]Vereinbaren die am Leistungsaustausch Beteiligten, dass der in § 14 Abs. 2 Satz 1 Nr. 2 UStG bezeichnete Leistungsempfänger abrechnet (Gut-

schrift, § 14 Abs. 2 Satz 2 UStG), muss die Rechnung die Angabe „Gutschrift" enthalten (§ 14 Abs. 4 Satz 1 Nr. 10 UStG). [2]Darüber hinaus kommt die Anerkennung von Formulierungen in Betracht, die in anderen Amtssprachen für den Begriff „Gutschrift" in Artikel 226 Nr. 10a MwStSystRL[1)] der jeweiligen Sprachfassung verwendet werden (z. B. „Self-billing"; vgl. Teil II des BMF-Schreibens vom 25.10.2013, BStBl. I S. 1305). [3]Die Verwendung anderer Begriffe entspricht nicht § 14 Abs. 4 Satz 1 Nr. 10 UStG. [4]Gleichwohl ist der Vorsteuerabzug des Leistungsempfängers nicht allein wegen begrifflicher Unschärfen zu versagen, wenn die gewählte Bezeichnung hinreichend eindeutig ist (z. B. Eigenfaktura), die Gutschrift im Übrigen ordnungsgemäß erteilt wurde und keine Zweifel an ihrer inhaltlichen Richtigkeit bestehen.

14.6 Rechnungen über Kleinbeträge

(1) [1]Nach § 33 UStDV sind in Rechnungen, deren Gesamtbetrag 250 € nicht übersteigt (Kleinbetragsrechnungen), abweichend von § 14 Abs. 4 UStG nur folgende Angaben erforderlich:
– der vollständige Name und die vollständige Anschrift des leistenden Unternehmers;
– das Ausstellungsdatum;
– die Menge und die Art der gelieferten Gegenstände oder der Umfang und die Art der sonstigen Leistung und
– das Entgelt und der darauf entfallende Steuerbetrag in einer Summe sowie
– der anzuwendende Steuersatz oder
– im Fall einer Steuerbefreiung ein Hinweis darauf, dass für die Lieferung oder sonstige Leistung eine Steuerbefreiung gilt.

[2]Wird in einer Rechnung über verschiedene Leistungen abgerechnet, die verschiedenen Steuersätzen unterliegen, sind für die verschiedenen Steuersätzen unterliegenden Leistungen die jeweiligen Summen anzugeben.

(2) [1]Dabei sind die übrigen formalen Voraussetzungen des § 14 UStG zu beachten. [2]Die Grundsätze der §§ 31 (Angaben in der Rechnung) und 32 (Rechnungen über Umsätze, die verschiedenen Steuersätzen unterliegen) UStDV sind entsprechend anzuwenden.

(3) Wird über Leistungen im Sinne der §§ 3c (Ort der Lieferung in besonderen Fällen), 6a (innergemeinschaftliche Lieferung) oder 13b (Leistungsempfänger als Steuerschuldner) UStG abgerechnet, gilt § 33 UStDV nicht.

14.7 Fahrausweise als Rechnungen

(1) [1]Fahrausweise (§ 34 UStDV) sind Dokumente, die einen Anspruch auf Beförderung von Personen gewähren. [2]Dazu gehören auch Zuschlagkarten für zuschlagspflichtige Züge, Platzkarten, Bettkarten und Liegekarten. [3]Mit Fahrscheindruckern ausgestellte Fahrscheine sind auch dann Fahrausweise im Sinne des § 34 UStDV, wenn auf ihnen der Steuersatz in Verbindung mit einem Symbol angegeben ist (z. B. „V" mit dem zusätzlichen Ver-

---

1) **Steuergesetze** Nr. **550.**

merk „V = 19% USt“). [4]Keine Fahrausweise sind Rechnungen über die Benutzung eines Taxis oder Mietwagens.

(2) [1]Zeitfahrausweise (Zeitkarten) werden von den Verkehrsunternehmen in folgenden Formen ausgegeben:

1. Die Zeitkarte wird für jeden Gültigkeitszeitraum insgesamt neu ausgestellt,
2. [1]die Zeitkarte ist zweigeteilt in eine Stammkarte und eine Wertkarte oder Wertmarke. [2]Hierbei gilt die Stammkarte, die lediglich der Identitätskontrolle dient, für einen längeren Zeitraum als die jeweilige Wertkarte oder Wertmarke.

[2]Beide Formen der Zeitkarten sind als Fahrausweise anzuerkennen, wenn sie die in § 34 Abs. 1 UStDV bezeichneten Angaben enthalten. [3]Sind diese Angaben bei den unter Satz 1 Nummer 2 aufgeführten Zeitkarten insgesamt auf der Wertkarte oder der Wertmarke vermerkt, sind diese Belege für sich allein als Fahrausweise anzusehen.

(3) [1]Fahrausweise gelten nach § 34 UStDV als Rechnungen im Sinne des § 14 UStG, wenn sie mindestens die folgenden Angaben enthalten:
– den vollständigen Namen und die vollständige Anschrift des Unternehmers, der die Beförderungsleistung ausführt (§ 31 Abs. 2 UStDV ist entsprechend anzuwenden);
– das Ausstellungsdatum;
– das Entgelt und den darauf entfallenden Steuerbetrag in einer Summe;
– den anzuwendenden Steuersatz, wenn die Beförderungsleistung nicht dem ermäßigten Steuersatz nach § 12 Abs. 2 Nr. 10 UStG unterliegt;
– im Fall der Anwendung des § 26 Abs. 3 UStG ein Hinweis auf die grenzüberschreitende Beförderung im Luftverkehr.

[2]Die übrigen formalen Voraussetzungen des § 14 UStG sind zu beachten. [3]Zur Erstellung von Fahrausweisen im Online-Verfahren vgl. Abschnitt 14.4 Absatz 11. [4]Fahrausweise für eine grenzüberschreitende Beförderung im Personenverkehr und im internationalen Eisenbahn-Personenverkehr gelten nur dann als Rechnung im Sinne des § 14 UStG, wenn eine Bescheinigung des Beförderungsunternehmers oder seines Beauftragten darüber vorliegt, welcher Anteil des Beförderungspreises auf das Inland entfällt. [5]In der Bescheinigung ist der Steuersatz anzugeben, der auf den auf das Inland entfallenden Teil der Beförderungsleistung anzuwenden ist. [6]Die Ausführungen gelten für Belege im Reisegepäckverkehr entsprechend.

14.8 Rechnungserteilung bei der Istversteuerung von Anzahlungen

(1) [1]Aus Rechnungen über Zahlungen vor Ausführung der Leistung muss hervorgehen, dass damit Voraus- oder Anzahlungen (vgl. Abschnitt 13.5) abgerechnet werden, z.B. durch Angabe des voraussichtlichen Zeitpunkts der Leistung. [2]Unerheblich ist, ob vor Ausführung der Leistung über das gesamte Entgelt oder nur einen Teil des Entgelts abgerechnet wird. [3]Die Regelung gilt auch für die Unternehmer, die die Steuer nach § 20 UStG nach vereinnahmten Entgelten berechnen.

(2) [1]Sofern die berechneten Voraus- oder Anzahlungen nicht geleistet werden, tritt eine Besteuerung nach § 14c Abs. 2 UStG nicht ein. [2]Das gilt

auch dann, wenn der Unternehmer die Leistung nicht ausführt, es sei denn, die Leistung war von vornherein nicht beabsichtigt (vgl. BFH-Urteil vom 21.2.1980, V R 146/73, BStBl. II S. 283).

(3) [1]Über Voraus- und Anzahlungen kann auch mit Gutschriften abgerechnet werden. [2]In diesen Fällen gilt § 14 Abs. 2 Sätze 2 und 3 UStG (vgl. Abschnitt 14.3).

(4) [1]Für Rechnungen über Voraus- oder Anzahlungen ist § 14 Abs. 4 UStG sinngemäß anzuwenden (vgl. Abschnitt 14.5 ff.). [2]In Rechnungen über Lieferungen oder sonstige Leistungen, auf die eine Voraus- oder Anzahlung geleistet wurde, müssen die Gegenstände der Lieferung oder die Art der sonstigen Leistung zum Zeitpunkt der Voraus- oder Anzahlung genau bestimmt sein (vgl. BFH-Urteil vom 24.8.2006, V R 16/05, BStBl. 2007 II S. 340). [3]Statt des Zeitpunkts der Lieferung oder sonstigen Leistung (§ 14 Abs. 4 Satz 1 Nr. 6 UStG) ist der voraussichtliche Zeitpunkt oder der Kalendermonat der Leistung anzugeben (§ 31 Abs. 4 UStDV). [4]Haben die Beteiligten lediglich vereinbart, in welchem Zeitraum oder bis zu welchem Zeitpunkt die Leistung ausgeführt werden soll, ist dieser Zeitraum oder der betreffende Zeitpunkt in der Rechnung anzugeben. [5]Ist der Leistungszeitpunkt noch nicht vereinbart worden, genügt es, dass dies aus der Rechnung hervorgeht. [6]An die Stelle des Entgelts für die Lieferung oder sonstige Leistung tritt in einer Rechnung über eine Voraus- oder Anzahlung die Angabe des vor der Ausführung der Leistung vereinnahmten Entgelts oder Teilentgelts (§ 14 Abs. 4 Satz 1 Nr. 7 UStG). [7]Außerdem ist in einer Rechnung über eine Voraus- oder Anzahlung der auf das Entgelt oder Teilentgelt entfallende Umsatzsteuerbetrag auszuweisen (§ 14 Abs. 4 Satz 1 Nr. 8 UStG).

(5) [1]In einer Rechnung über Zahlungen vor Ausführung der Leistung können mehrere oder alle Voraus- oder Anzahlungen zusammengefasst werden. [2]Dabei genügt es, wenn der Unternehmer den Gesamtbetrag der vorausgezahlten Teilentgelte und die darauf entfallende Steuer angibt. [3]Rechnungen mit gesondertem Steuerausweis können schon erteilt werden, bevor eine Voraus- oder Anzahlung vereinnahmt worden ist. [4]Ist das im Voraus vereinnahmte Entgelt oder Teilentgelt niedriger als in der Rechnung angegeben, entsteht die Umsatzsteuer nur insoweit, als sie auf das tatsächlich vereinnahmte Entgelt oder Teilentgelt entfällt. [5]Einer Berichtigung der Rechnung bedarf es in diesem Falle nicht.

(6) [1]Der Unternehmer kann über die Leistung im Voraus eine Rechnung erteilen, in der das gesamte Entgelt und die Steuer für diese Leistung insgesamt gesondert ausgewiesen werden. [2]Zusätzliche Rechnungen über Voraus- oder Anzahlungen entfallen dann.

(7) [1]In einer Endrechnung, mit der ein Unternehmer über die ausgeführte Leistung insgesamt abrechnet, sind die vor der Ausführung der Leistung vereinnahmten Entgelte oder Teilentgelte sowie die hierauf entfallenden Steuerbeträge abzusetzen, wenn über diese Entgelte oder Teilentgelte Rechnungen mit gesondertem Steuerausweis erteilt worden sind (§ 14 Abs. 5 Satz 2 UStG). [2]Bei mehreren Voraus- oder Anzahlungen genügt es, wenn der Gesamtbetrag der vorausgezahlten Entgelte oder Teilentgelte und die Summe der darauf

entfallenden Steuerbeträge abgesetzt werden. [3] Statt der vorausgezahlten Entgelte oder Teilentgelte und der Steuerbeträge können auch die Gesamtbeträge der Voraus- oder Anzahlungen abgesetzt und die darin enthaltenen Steuerbeträge zusätzlich angegeben werden. [4] Wird in der Endrechnung der Gesamtbetrag der Steuer für die Leistung angegeben, braucht der auf das verbleibende restliche Entgelt entfallende Steuerbetrag nicht angegeben zu werden.

Beispiel 1:

Absetzung der einzelnen im Voraus vereinnahmten Teilentgelte und der auf sie entfallenden Steuerbeträge

Endrechnung

Errichtung einer Lagerhalle
Ablieferung und Abnahme: 10.10.01

	Summe	Preis	Entgelt	Umsatzsteuer
		7 140 000 €	6 000 000 €	1 140 000 €
./. Abschlagszahlungen				
5.3.01	1 190 000 €		1 000 000 €	190 000 €
2.4.01	1 190 000 €		1 000 000 €	190 000 €
4.6.01	1 190 000 €		1 000 000 €	190 000 €
3.9.01	2 380 000 €	5 950 000 €	2 000 000 €	380 000 €
Verbleibende Restzahlung		1 190 000 €	1 000 000 €	190 000 €

Beispiel 2:

Absetzung des Gesamtbetrags der vorausgezahlten Teilentgelte und der Summe der darauf entfallenden Steuerbeträge

Endrechnung

Lieferung und Einbau eines Fahrstuhls
Ablieferung und Abnahme: 10.9.01

	Preis	Entgelt	Umsatzsteuer
	1 428 000 €	1 200 000 €	228 000 €
./. Abschlagszahlungen am 2.4. und 4.6.01	1 190 000 €	1 000 000 €	190 000 €
Verbleibende Restzahlung	238 000 €	200 000 €	38 000 €

Beispiel 3:

Absetzung des Gesamtbetrags der Abschlagszahlungen (Vorauszahlungen)

Endrechnung

Lieferung und Montage einer Heizungsanlage

Ablieferung und Abnahme: 10.7.01

Entgelt insgesamt	1 500 000 €
+ Umsatzsteuer	285 000 €
Gesamtpreis	1 785 000 €
./. Abschlagszahlungen am 1.2. und 7.5.01	1 428 000 €
Verbleibende Restzahlung	357 000 €
Darin enthaltene Umsatzsteuer	57 000 €
In den Abschlagszahlungen enthaltene Umsatzsteuer	228 000 €

Beispiel 4:

Verzicht auf die Angabe des auf das restliche Entgelt entfallenden Steuerbetrags

Endrechnung

Lieferung eines Baukrans am 20.8.01

1 Baukran	Entgelt		1 600 000 €
	+ Umsatzsteuer		304 000 €
	Preis		1 904 000 €
./. Abschlagszahlungen, geleistet am 12.3., 14.5. und 10.7.01:			
Entgelt		1 300 000 €	
+ Umsatzsteuer		247 000 €	1 547 000 €
Verbleibende Restzahlung			357 000 €

(8) Für die Erteilung der Endrechnung gelten folgende Vereinfachungen:

1. [1]Die vor der Ausführung der Leistung vereinnahmten Teilentgelte und die darauf entfallenden Steuerbeträge werden nicht vom Rechnungsbetrag abgesetzt, sondern auf der Endrechnung zusätzlich angegeben. [2]Auch hierbei können mehrere Voraus- oder Anzahlungen zusammengefasst werden.

Beispiel 1:

Angabe der einzelnen Anzahlungen

Endrechnung

Lieferung einer Entlüftungsanlage am 23.7.01

Entgelt	800 000 €
+ Umsatzsteuer	152 000 €
Preis	952 000 €

Geleistete Anzahlungen:

	Gesamtbetrag	Entgelt	Umsatzsteuer
1.2.01:	238 000 €	200 000 €	38 000 €
5.3.01:	238 000 €	200 000 €	38 000 €
7.5.01:	238 000 €	200 000 €	38 000 €
	714 000 €	600 000 €	114 000 €

Beispiel 2:

Angabe der Gesamt-Anzahlungen

Endrechnung

Lieferung eines Baggers am 18.6.01

	Preis	Entgelt	Umsatzsteuer
1 Bagger	535 500 €	450 000 €	85 500 €

Geleistete Anzahlungen am 13.3. und 21.5.01:

Entgelt	350 000 €
+ Umsatzsteuer	66 500 €
Gesamtbetrag	416 500 €

2. [1]Die vor der Ausführung der Leistung vereinnahmten Teilentgelte und die darauf entfallenden Steuerbeträge werden in einem Anhang der Endrechnung aufgeführt. [2]Auf diesen Anhang ist in der Endrechnung ausdrücklich hinzuweisen.

Beispiel:

Angabe der einzelnen Anzahlungen in einem Anhang zur Endrechnung

Endrechnung Nr. . . ., 19.11.01
Errichtung einer Montagehalle
Ablieferung und Abnahme: 12.11.01
Montagehalle

Gesamtentgelt	6 500 000 €
+ Umsatzsteuer	1 235 000 €
Gesamtpreis	7 735 000 €

Die geleisteten Anzahlungen sind in der angefügten Zahlungsübersicht zusammengestellt.
Anhang der Rechnung Nr. . . . vom 19.11.01
Zahlungsübersicht

	Gesamtbetrag	Entgelt	Umsatzsteuer
Anzahlung am 1.2.01	2 380 000 €	2 000 000 €	380 000 €
Anzahlung am 2.4.01	1 190 000 €	1 000 000 €	190 000 €
Anzahlung am 4.6.01	1 190 000 €	1 000 000 €	190 000 €
Anzahlung am 1.8.01	1 190 000 €	1 000 000 €	190 000 €
	5 950 000 €	5 000000 €	950 000 €

3. [1]Der Leistungsempfänger erhält außer der Endrechnung eine besondere Zusammenstellung der Anzahlungen, über die Rechnungen mit gesondertem Steuerausweis erteilt worden sind. [2]In der Endrechnung muss ausdrücklich auf die Zusammenstellung der Anzahlungen hingewiesen werden. [3]Die Zusammenstellung muss einen entsprechenden Hinweis auf die Endrechnung enthalten.

(9) [1]Wenn der Unternehmer ordnungsgemäß erteilte Rechnungen über Voraus- oder Anzahlungen, in denen die Steuer gesondert ausgewiesen ist, nachträglich bei der Abrechnung der gesamten Leistung widerruft oder zurücknimmt, ist er gleichwohl nach § 14 Abs. 5 Satz 2 UStG verpflichtet, in der Endrechnung die vorausgezahlten Entgelte oder Teilentgelte und die darauf entfallenden Steuerbeträge abzusetzen. [2]Dementsprechend ändert sich in diesem Falle auch an der Berechtigung des Leistungsempfängers zum Vorsteuerabzug auf Grund von Voraus- oder Anzahlungsrechnungen nichts.

(10) [1]Werden – entgegen der Verpflichtung nach § 14 Abs. 5 Satz 2 UStG – in einer Endrechnung oder der zugehörigen Zusammenstellung die vor der Leistung vereinnahmten Teilentgelte und die auf sie entfallenden Steuerbeträge nicht abgesetzt oder angegeben, hat der Unternehmer den in dieser Rechnung ausgewiesenen gesamten Steuerbetrag an das Finanzamt abzuführen. [2]Entsprechendes gilt, wenn in der Endrechnung oder der zugehörigen Zusammenstellung nur ein Teil der im Voraus vereinnahmten Teilentgelte und der auf sie entfallenden Steuerbeträge abgesetzt wird. [3]Der Teil der in der Endrechnung ausgewiesenen Steuer, der auf die vor der Leistung vereinnahmten Teilentgelte entfällt, wird in diesen Fällen zusätzlich nach § 14c Abs. 1 UStG geschuldet. [4]Der Leistungsempfänger kann jedoch nur den Teil des in der Endrechnung ausgewiesenen Steuerbetrags als Vorsteuer abziehen, der auf das nach der Ausführung der Leistung zu entrichtende restliche Entgelt entfällt. [5]Erteilt der Unternehmer dem Leistungsempfänger nachträglich eine

berichtigte Endrechnung, die den Anforderungen des § 14 Abs. 5 Satz 2 UStG genügt, kann er die von ihm geschuldete Steuer in entsprechender Anwendung des § 17 Abs. 1 UStG berichtigen.

(11) [1]Statt einer Endrechnung kann der Unternehmer über das restliche Entgelt oder den verbliebenen Restpreis eine Rechnung erteilen (Restrechnung). [2]In ihr sind die im Voraus vereinnahmten Teilentgelte und die darauf entfallenden Steuerbeträge nicht anzugeben. [3]Es ist jedoch nicht zu beanstanden, wenn zusätzlich das Gesamtentgelt (ohne Steuer) angegeben wird und davon die im Voraus vereinnahmten Teilentgelte (ohne Steuer) abgesetzt werden.

14.9 Rechnungserteilung bei verbilligten Leistungen (§ 10 Abs. 5 UStG)

(1) [1]Grundsätzlich können in einer Rechnung nur das Entgelt und der darauf entfallende Umsatzsteuerbetrag ausgewiesen werden. [2]Hiervon abweichend sind Unternehmer berechtigt und bei Ausführung einer Leistung an einen unternehmerischen Leistungsempfänger oder an eine juristische Person verpflichtet, in den folgenden Fällen die Mindestbemessungsgrundlage des § 10 Abs. 5 i. V. m. § 10 Abs. 4 UStG sowie den darauf entfallenden Steuerbetrag in einer Rechnung auszuweisen:

1. Körperschaften und Personenvereinigungen im Sinne des § 1 Abs. 1 Nr. 1 bis 5 KStG, nichtrechtsfähige Personenvereinigungen sowie Gemeinschaften führen im Inland verbilligte Lieferungen oder sonstige Leistungen an ihre Anteilseigner, Gesellschafter, Mitglieder, Teilhaber oder diesen nahe stehende Personen aus (§ 10 Abs. 5 Nr. 1 UStG).
2. Einzelunternehmer führen verbilligte Leistungen an ihnen nahe stehende Personen aus (§ 10 Abs. 5 Nr. 1 UStG).
3. Unternehmer führen verbilligte Leistungen an ihr Personal oder dessen Angehörige auf Grund des Dienstverhältnisses aus (§ 10 Abs. 5 Nr. 2 UStG).

Beispiel:

[1]Eine Gesellschaft liefert an ihren unternehmerisch tätigen Gesellschafter eine gebrauchte Maschine, deren Wiederbeschaffungskosten netto 50 000 € betragen, zu einem Kaufpreis von 30 000 €.

[2]In diesem Fall muss die Rechnung neben den übrigen erforderlichen Angaben enthalten:

Mindestbemessungsgrundlage	50 000 €
19 % Umsatzsteuer	9 500 €

[3]Der die Maschine erwerbende Gesellschafter kann unter den weiteren Voraussetzungen des § 15 UStG 9500 € als Vorsteuer abziehen.

(2) Für Land- und Forstwirte, die nach den Durchschnittssätzen des § 24 Abs. 1 bis 3 UStG besteuert werden, gilt die Regelung nicht.

14.10 Rechnungserteilung in Einzelfällen

(1) [1]Erhält ein Unternehmer für seine Leistung von einem anderen als dem Leistungsempfänger ein zusätzliches Entgelt im Sinne des § 10 Abs. 1 Satz 2 UStG (Entgelt von dritter Seite), entspricht die Rechnung den Anforderungen des § 14 Abs. 4 Satz 1 Nr. 7 und 8 UStG, wenn in ihr das Gesamtentgelt

– einschließlich der Zuzahlung – und der darauf entfallende Steuerbetrag angegeben sind. [2]Gibt der Unternehmer in der Rechnung den vollen Steuerbetrag, nicht aber das Entgelt von dritter Seite an, ist die Rechnung für Zwecke des Vorsteuerabzugs durch den Leistungsempfänger ausreichend, wenn der angegebene Steuerbetrag die für den Umsatz geschuldete Steuer nicht übersteigt.

(2) Auf folgende Regelungen wird hingewiesen:

1. Pfandgeld für Warenumschließungen, vgl. Abschnitt 10.1 Abs. 8;
2. Austauschverfahren in der Kraftfahrzeugwirtschaft, vgl. Abschnitt 10.5 Abs. 3;
3. Briefmarkenversteigerungsgeschäft, Versteigerungsgewerbe, vgl. Abschnitt 3.7 Abs. 6 und BMF-Schreiben vom 7.5.1971;
4. Kraft- und Schmierstofflieferungen für den Eigenbedarf der Tankstellenagenten, vgl. Abschnitt 3.7 Abs. 5;
5. Garantieleistungen in der Reifenindustrie, vgl. BMF-Schreiben vom 21.11.1974, BStBl. I S. 1021;
6. Garantieleistungen und Freiinspektionen in der Kraftfahrzeugwirtschaft, vgl. BMF-Schreiben vom 3.12.1975, BStBl. I S. 1132.

(3) [1]Leistungen verschiedener Unternehmer können in einer Rechnung aufgeführt werden, wenn darin über die Leistungen eines jeden Unternehmers getrennt abgerechnet wird, z.B. die Rechnung einer Tankstelle über eine eigene Reparaturleistung und über eine Kraftstofflieferung einer Mineralölgesellschaft. [2]Zur Angabe der Steuernummer oder USt-IdNr. in der Rechnung vgl. Abschnitt 14.5 Abs. 6. [3]Erfolgt die Trennung nicht zutreffend, entsteht auch Steuer nach § 14c Abs. 2 UStG.

14.11 Berichtigung von Rechnungen

(1)[1)] [1]Nach § 14 Abs. 6 Nr. 5 UStG, § 31 Abs. 5 UStDV kann eine Rechnung berichtigt werden, wenn sie nicht alle Angaben nach § 14 Abs. 4 und § 14a UStG enthält oder wenn Angaben in der Rechnung unzutreffend sind. [2]Dabei müssen nur die fehlenden oder unzutreffenden Angaben ergänzt oder berichtigt werden. [3]Die Berichtigung einer Rechnung um fehlende oder unzutreffende Angaben ist kein rückwirkendes Ereignis im Sinne von § 175 Abs. 1 Satz 1 Nr. 2 und § 233a Abs. 2a AO (§ 14 Abs. 4 Satz 4 UStG). [4]Die Berichtigung muss durch ein Dokument erfolgen, das spezifisch und eindeutig auf die Rechnung bezogen ist (vgl. BFH-Urteil vom 22.1.2020, XI R 10/17, DStR S. 1124). [5]Dies ist regelmäßig der Fall, wenn in diesem Dokument die fortlaufende Nummer der ursprünglichen Rechnung angegeben ist; eine neue Rechnungsnummer für dieses Dokument ist nicht erforderlich.

---

1) A 14.11 UStAE Abs. 1 Satz 3 Klammerzusatz angef. durch BMF v. 18.9.2020, BStBl. I 2020, 976, anzuwenden in allen offenen Fällen; zur **Übergangsregelung** siehe Anlage 8; Abs. 1 Satz 3 eingef., bish. Sätze 3 bis 7 werden Sätze 4 bis 8 durch BMF v. 17.12.2021, BStBl. I 2021, 2504.

[6]Das Dokument, mit dem die Berichtigung durchgeführt werden soll, muss die formalen Anforderungen der §§ 14 und 14a UStG erfüllen. [7]Für die Berichtigung einer Rechnung genügt die einfache Schriftform auch dann, wenn in einem notariell beurkundeten Kaufvertrag mit Umsatzsteuerausweis abgerechnet worden ist (BFH-Urteil vom 11.10.2007, V R 27/05, BStBl. 2008 II S. 438). [8]Die Rückgabe der ursprünglichen Rechnung durch den Leistungsempfänger ist nicht erforderlich (vgl. BFH-Urteil vom 25.2.1993, V R 112/91, BStBl. II S. 643).

(2) [1]Die Berichtigung einer Rechnung kann nur durch den Rechnungsaussteller selbst vorgenommen werden (vgl. BFH-Urteil vom 27.9.1979, V R 78/73, BStBl. 1980 II S. 228). [2]Lediglich in dem Fall, in dem ein Dritter mit der Ausstellung der Rechnung beauftragt wurde (§ 14 Abs. 2 Satz 4 UStG), kann die Berichtigung durch den leistenden Unternehmer selbst oder im Fall der Gutschrift durch den Gutschriftsaussteller vorgenommen werden. [3]Der Abrechnungsempfänger kann von sich aus den Inhalt der ihm erteilten Abrechnung nicht mit rechtlicher Wirkung verändern. [4]Insbesondere kann der gesonderte Ausweis der Steuer nur vom Abrechnenden vorgenommen werden. [5]Der Leistungsempfänger kann den in einer ihm erteilten Rechnung enthaltenen Gesamtkaufpreis selbst dann nicht mit rechtlicher Wirkung in Entgelt und darauf entfallende Steuer aufteilen, wenn diese Änderung der Rechnung im Beisein des leistenden Unternehmers vorgenommen wird. [6]Eine Berichtigung oder Ergänzung des Abrechnungspapiers durch den Abrechnungsempfänger ist jedoch anzuerkennen, wenn sich der Abrechnende die Änderung zu eigen macht und dies aus dem Abrechnungspapier oder anderen Unterlagen hervorgeht, auf die im Abrechnungspapier hingewiesen ist (vgl. BFH-Beschluss vom 17.4.1980, V S 18/79, BStBl. II S. 540). [7]Zu der Möglichkeit des Rechnungsempfängers, in § 14 Abs. 4 Satz 1 Nr. 5 und 6 UStG bezeichnete Angaben für Zwecke des Vorsteuerabzugs selbst zu ergänzen oder nachzuweisen, vgl. Abschnitt 15.11 Abs. 3.

(3) [1]Da der Leistungsempfänger nach § 15 Abs. 1 Satz 1 Nr. 1 UStG im Besitz einer nach §§ 14, 14a UStG ausgestellten Rechnung sein muss, kann er vom Rechnungsaussteller eine Berichtigung verlangen, wenn die Rechnung nicht diesen Anforderungen genügt und dadurch der Vorsteuerabzug beim Leistungsempfänger gefährdet würde. [2]Zum zivilrechtlichen Anspruch vgl. Abschnitt 14.1 Abs. 5.

Zu § 14a UStG

14a.1 Zusätzliche Pflichten bei der Ausstellung von Rechnungen in besonderen Fällen

(1)[1)] [1]§ 14a UStG regelt die zusätzlichen Pflichten bei der Ausstellung von Rechnungen in besonderen Fällen. [2]§ 14a UStG ergänzt § 14 UStG. [3]Soweit nichts anderes bestimmt ist, bleiben die Regelungen des § 14 UStG unberührt. [4]Dies schließt die nach § 14 Abs. 4 UStG geforderten Angaben ein.

1) A 14a.1 UStAE Abs. 1 Satz 6 2. Spiegelstrich neugef. durch BMF v. 1.4.2021, BStBl. I 2021, 629, anzuwenden mWv 1.7.2021.

[5]Entsprechend § 14 Abs. 2 Satz 2 UStG kann auch mit einer Gutschrift abgerechnet werden. [6]Zu den besonderen Fällen gehören:

- sonstige Leistungen im Sinne des § 3a Abs. 2 UStG, für die der Leistungsempfänger die Steuer nach § 13b Abs. 1 und Abs. 5 Satz 1 UStG schuldet;
- Lieferungen im Sinne des § 3c Abs. 1 UStG, wenn der Unternehmer nicht an dem besonderen Besteuerungsverfahren nach § 18j UStG (vgl. Abschnitt 18j.1) teilnimmt;
- innergemeinschaftliche Lieferungen (§ 6a UStG);
- innergemeinschaftliche Lieferungen neuer Fahrzeuge (§§ 2a, 6a UStG);
- Fälle der Steuerschuldnerschaft des Leistungsempfängers (§ 13b UStG);
- Besteuerung von Reiseleistungen (§ 25 UStG);
- Differenzbesteuerung (§ 25a UStG) und
- innergemeinschaftliche Dreiecksgeschäfte (§ 25b UStG).

(2) [1]Hat der Unternehmer seinen Sitz, seine Geschäftsleitung, eine Betriebsstätte, von der aus der Umsatz ausgeführt wird, oder in Ermangelung eines Sitzes seinen Wohnsitz oder gewöhnlichen Aufenthalt im Inland und führt er einen Umsatz in einem anderen Mitgliedstaat aus, an dem eine Betriebsstätte in diesem Mitgliedstaat nicht beteiligt ist, ist er zur Ausstellung einer Rechnung mit der Angabe „Steuerschuldnerschaft des Leistungsempfängers" verpflichtet, wenn die Steuer in dem anderen Mitgliedstaat von dem Leistungsempfänger geschuldet wird (§ 14a Abs. 1 Satz 1 UStG). [2]Dies gilt nicht, wenn eine Abrechnung durch Gutschrift im Sinne des § 14 Abs. 2 Satz 2 UStG vereinbart worden ist. [3]Absatz 6 Satz 2 gilt entsprechend. [4]Vereinbaren die am Leistungsaustausch Beteiligten, dass der Leistungsempfänger über eine sonstige Leistung im Sinne des § 3a Abs. 2 UStG abrechnet (Gutschrift, § 14 Abs. 2 Satz 2 UStG), die im Inland ausgeführt wird und für die der Leistungsempfänger die Steuer nach § 13b Abs. 1 und 5 UStG schuldet, sind Absatz 3 Sätze 2 und 3 und Absatz 6 entsprechend anzuwenden.

(3) [1]Führt der Unternehmer eine innergemeinschaftliche Lieferung (§ 6a UStG) aus, ist er nach § 14a Abs. 3 UStG verpflichtet, spätestens am 15. Tag des Monats, der auf den Monat folgt, in dem die Lieferung ausgeführt worden ist, eine Rechnung auszustellen. [2]Die gleiche Frist gilt, wenn der Unternehmer eine sonstige Leistung im Sinne des § 3a Abs. 2 UStG in einem anderen Mitgliedstaat ausführt, für die der Leistungsempfänger die Steuer schuldet (§ 14a Abs. 1 Satz 2 UStG). [3]In beiden Fällen ist in der Rechnung sowohl die USt-IdNr. des Unternehmers als auch die des Leistungsempfängers anzugeben. [4]Eine Nichteinhaltung der vorgenannten Frist stellt keine Ordnungswidrigkeit nach § 26a UStG dar. [5]Zum zivilrechtlichen Anspruch auf Erteilung einer ordnungsgemäßen Rechnung vgl. Abschnitt 14.1 Abs. 5.

(4) [1]Der Unternehmer, der steuerfreie innergemeinschaftliche Lieferungen (§ 4 Nr. 1 Buchstabe b, § 6a UStG) ausführt, muss in den Rechnungen auf die Steuerfreiheit hinweisen. [2]Eine Verpflichtung zur Ausstellung einer Rechnung besteht in diesen Fällen nicht nur, wenn der Abnehmer ein Unternehmer ist, der den Gegenstand der Lieferung für unternehmerische Zwecke erworben hat. [3]Sie besteht auch dann, wenn die innergemeinschaftliche Lieferung an eine juristische Person (z.B. eingetragener Verein oder Körperschaft des öffentlichen Rechts) erfolgt, die entweder kein Unternehmer ist oder den

Gegenstand der Lieferung für ihren nichtunternehmerischen Bereich erworben hat.

(5) [1]Die Verpflichtung zur Ausstellung von Rechnungen über steuerfreie Lieferungen im Sinne des § 6a UStG greift beim innergemeinschaftlichen Verbringen von Gegenständen nicht ein, weil Belege in Verbringensfällen weder als Abrechnungen anzusehen sind noch eine Außenwirkung entfalten (vgl. auch Abschnitt 14.1 Abs. 4) und deshalb keine Rechnungen im Sinne des § 14 Abs. 1 UStG sind. [2]Zur Abwicklung von Verbringensfällen hat der inländische Unternehmensteil gleichwohl für den ausländischen Unternehmensteil einen Beleg auszustellen, in dem die verbrachten Gegenstände aufgeführt sind und der die Bemessungsgrundlagen, die USt-IdNr. des inländischen Unternehmensteils und die USt-IdNr. des ausländischen Unternehmensteils enthält (z. B. in einer sog. Pro-forma-Rechnung).

(6) [1]Führt der Unternehmer eine Leistung im Sinne des § 13b Abs. 2 UStG aus, für die der Leistungsempfänger nach § 13b Abs. 5 UStG die Steuer schuldet, ist er zur Ausstellung einer Rechnung mit der Angabe „Steuerschuldnerschaft des Leistungsempfängers“ verpflichtet (vgl. Abschnitt 13b.14 Abs. 1). [2]Alternativ kommen Formulierungen in Betracht, die in anderen Amtssprachen für den Begriff „Steuerschuldnerschaft des Leistungsempfängers“ in Artikel 226 Nr. 11a MwStSystRL[1)] der jeweiligen Sprachfassung verwendet werden (z. B. „Reverse Charge“; vgl. Teil II des BMF-Schreibens vom 25.10.2013, BStBl. I S. 1305). [3]Zur Rechnungslegung bei in einem anderen Mitgliedstaat ansässigen Unternehmer vgl. Abschnitt 14.1 Abs. 6.

(7)[2)] [1]Der gesonderte Ausweis der Steuer ist auch in den Rechnungen des Unternehmers erforderlich, in denen er über die im Inland ausgeführten Fernverkäufe im Sinne des § 3c UStG abrechnet. [2]Nimmt der Unternehmer an dem besonderen Besteuerungsverfahren nach § 18j UStG teil, besteht keine besondere Pflicht zur Ausstellung einer Rechnung (§ 14a Abs. 2 Satz 2 UStG). [3]In diesem Fall ist die Rechnung nach den Vorschriften des Mitgliedstaates zu erteilen, in dem der Unternehmer seine Teilnahme anzeigt (§ 14 Abs. 7 Satz 3 UStG).

(8) Ein Abrechnungspapier über die innergemeinschaftliche Lieferung von neuen Fahrzeugen muss neben den Angaben des § 14 Abs. 4 UStG alle für die ordnungsgemäße Durchführung der Erwerbsbesteuerung benötigten Merkmale (§ 1b Abs. 2 und 3 UStG) enthalten.

(9) Zu den Besonderheiten bei der Rechnungserteilung im Rahmen

1. des innergemeinschaftlichen Dreiecksgeschäfts nach § 25b UStG vgl. Abschnitt 25b.1 Abs. 8,
2. der Steuerschuldnerschaft des Leistungsempfängers nach § 13b UStG vgl. Abschnitt 13b.14 Abs. 1.

(10) [1]In den Fällen der Besteuerung von Reiseleistungen nach § 25 UStG muss die Rechnung die Angabe „Sonderregelung für Reisebüros“ und in den Fällen der Differenzbesteuerung nach § 25a UStG die Angabe „Ge-

---

1) **Steuergesetze** Nr. **550.**
2) A 14a.1 Abs. 7 neugef. durch BMF v. 17.12.2021, BStBl. I 2021, 2504.

brauchtgegenstände/Sonderregelung", „Kunstgegenstände/Sonderregelung" oder „Sammlungsstücke und Antiquitäten/Sonderregelung" enthalten (§ 14a Abs. 6 Satz 1 UStG). [2]Der Rechnungsaussteller kann anstelle der deutschen Begriffe auch Formulierungen verwenden, die in anderen Amtssprachen für die Rechnungsangaben nach Artikel 226 Nr. 13 und 14 MwStSystRL[1)] der jeweiligen Sprachfassung verwendet werden (z. B. „Margin scheme – Travel agents" für „Sonderregelung für Reisebüros", „Margin scheme – Second-hand goods" für „Gebrauchtgegenstände/Sonderregelung", „Margin scheme – Works of art" für „Kunstgegenstände/Sonderregelung" oder „Margin scheme – Collectors's items and antiques" für „Sammlungsstücke und Antiquitäten/Sonderregelung"; vgl. Teil II des BMF-Schreibens vom 25.10.2013, BStBl. I S. 1305). [3]Ein gesonderter Steuerausweis ist in den Fällen des § 25 Abs. 3 und § 25a Abs. 3 und 4 UStG unzulässig (§ 14a Abs. 6 Satz 2 UStG) und ein Vorsteuerabzug aus diesen Rechnungen ausgeschlossen.

Zu § 14b UStG

14b.1 Aufbewahrung von Rechnungen

(1)[2)] [1]Nach § 14b Abs. 1 UStG hat der Unternehmer aufzubewahren:

– ein Doppel der Rechnung, die er selbst oder ein Dritter in seinem Namen und für seine Rechnung ausgestellt hat,
– alle Rechnungen, die er erhalten oder die ein Leistungsempfänger oder in dessen Namen und für dessen Rechnung ein Dritter ausgestellt hat.

[2]Soweit der Unternehmer Rechnungen mithilfe elektronischer oder computergestützter Kassensysteme oder Registrierkassen erteilt, ist es hinsichtlich der erteilten Rechnungen im Sinne des § 33 UStDV ausreichend, wenn ein Doppel der Ausgangsrechnung (Kassenbeleg) aus den unveränderbaren digitalen Aufzeichnungen reproduziert werden kann, die auch die übrigen Anforderungen der GoBD (vgl. BMF-Schreiben vom 28.11.2019, BStBl. I S. 1269) erfüllen, insbesondere die Vollständigkeit, Richtigkeit und Zeitgerechtigkeit der Erfassung (siehe auch § 146 Abs. 1 und 4 AO). [3]Aufbewahrungspflichten nach anderen Vorschriften bleiben davon unberührt. [4]Sind bei gemeinsamem Leistungsbezug durch mehrere Personen die einzelnen Gemeinschafter als Leistungsempfänger anzusehen (vgl. Abschnitt 15.2b Abs. 1), hat einer dieser Gemeinschafter das Original der Rechnung und jeder andere unternehmerisch tätige Gemeinschafter zumindest eine Ablichtung der Rechnung aufzubewahren.

(2) [1]Die Aufbewahrungsfrist beträgt zehn Jahre und beginnt mit dem Ablauf des Kalenderjahres, in dem die Rechnung ausgestellt wird. [2]Die Aufbewahrungsfrist läuft jedoch nicht ab, soweit und solange die Unterlagen für Steuern von Bedeutung sind, für welche die Festsetzungsfrist noch nicht abgelaufen ist (§ 147 Abs. 3 Satz 5 AO).

[1)] **Steuergesetze** Nr. **550.**

[2)] A 14b.1 UStAE Abs. 1 Satz 3 neugef. durch BMF v. 27.10.2021, BStBl. I 2021, 2137, anzuwenden in allen offenen Fällen; Satz 2 neugef., neuer Satz 3 eingef., bish. Satz 3 wird Satz 4 durch BMF v. 16.11.2021, BStBl. I 2021, 2329, anzuwenden in allen offenen Fällen, für Zeiträume bis 31.12.2021 wird es nicht beanstandet, wenn die Aufbewahrungspflicht nach der bisherigen Regelung in A 14b.1 Abs. 1 Satz 2 erfüllt wird.

(3) Die Aufbewahrungspflichten gelten auch:

- für Fahrzeuglieferer (§ 2a UStG);
- in den Fällen, in denen der letzte Abnehmer die Steuer nach § 13a Abs. 1 Nr. 5 UStG schuldet, für den letzten Abnehmer und
- in den Fällen, in denen der Leistungsempfänger die Steuer nach § 13b Abs. 5 UStG schuldet, für den Leistungsempfänger (unabhängig davon, ob die Leistung für den unternehmerischen oder nichtunternehmerischen Bereich bezogen wurde, mit Ausnahme der in § 13b Abs. 5 Satz 10 UStG genannten Leistungen, die ausschließlich an den nichtunternehmerischen Bereich von juristischen Personen des öffentlichen Rechts erbracht werden).

(4) [1] In den Fällen des § 14 Abs. 2 Satz 1 Nr. 1 UStG hat der Leistungsempfänger die Rechnung, einen Zahlungsbeleg oder eine andere beweiskräftige Unterlage zwei Jahre aufzubewahren soweit er

- nicht Unternehmer ist oder
- Unternehmer ist, aber die Leistung für seinen nichtunternehmerischen Bereich verwendet.

[2] Als Zahlungsbelege kommen z. B. Kontobelege und Quittungen in Betracht. [3] Andere beweiskräftige Unterlagen im Sinne des § 14b Abs. 1 Satz 5 UStG können z. B. Bauverträge, Abnahmeprotokolle nach VOB oder Unterlagen zu Rechtsstreitigkeiten im Zusammenhang mit der Leistung sein, mittels derer sich der Leistende, Art und Umfang der ausgeführten Leistung sowie das Entgelt bestimmen lassen. [4] Die Verpflichtung zur Aufbewahrung gilt auch dann, wenn der leistende Unternehmer entgegen § 14 Abs. 4 Satz 1 Nr. 9 UStG in der Rechnung nicht auf die Aufbewahrungspflichten nach § 14b Abs. 1 Satz 5 UStG hingewiesen hat bzw. wenn ein Hinweis auf die Aufbewahrungspflichten des Leistungsempfängers nicht erforderlich war, weil es sich um eine Kleinbetragsrechnung im Sinne des § 33 UStDV handelt (vgl. Abschnitt 14.5 Abs. 23). [5] Für steuerpflichtige sonstige Leistungen der in § 4 Nr. 12 Sätze 1 und 2 UStG bezeichneten Art, die weder an einen anderen Unternehmer für dessen Unternehmen noch an eine juristische Person erbracht werden, besteht keine Verpflichtung des Leistungsempfängers zur Aufbewahrung von Rechnungen, Zahlungsbelegen oder anderen beweiskräftigen Unterlagen. [6] § 14b Abs. 1 Satz 4 Nr. 3 UStG geht § 14b Abs. 1 Satz 5 UStG vor.

(5) [1] Die Rechnungen müssen über den gesamten Aufbewahrungszeitraum die Anforderungen des § 14 Absatz 1 Satz 2 UStG – Echtheit der Herkunft, Unversehrtheit des Inhalts und Lesbarkeit der Rechnung – erfüllen. [2] Nachträgliche Änderungen sind nicht zulässig. [3] Sollte die Rechnung auf Thermopapier ausgedruckt sein, ist sie durch einen nochmaligen Kopiervorgang auf Papier zu konservieren, das für den gesamten Aufbewahrungszeitraum nach § 14b Absatz 1 UStG lesbar ist. [4] Dabei ist es nicht erforderlich, die ursprüngliche, auf Thermopapier ausgedruckte Rechnung aufzubewahren.

(6) [1] Die Anforderungen des Umsatzsteuergesetzes an die Aufbewahrung elektronischer Rechnungen (vgl. Abschnitt 14.4 Abs. 2) sind erfüllt, wenn durch innerbetriebliche Kontrollverfahren (vgl. Abschnitt 14.4 Absätze 4 bis 6) die Echtheit der Herkunft und die Unversehrtheit des Inhalts sichergestellt sowie die Lesbarkeit der Rechnung gewährleistet sind. [2] Wird eine elektro-

nische Rechnung mit einer qualifizierten elektronischen Signatur übermittelt, ist auch die Signatur an sich als Nachweis über die Echtheit und die Unversehrtheit der Daten aufzubewahren, selbst wenn nach anderen Vorschriften die Gültigkeit dieser Nachweise bereits abgelaufen ist.

(7) [1] Im Inland oder in einem der in § 1 Abs. 3 UStG genannten Gebiete ansässige Unternehmer sind verpflichtet, die Rechnungen im Inland oder in einem der in § 1 Abs. 3 UStG genannten Gebiete aufzubewahren (§ 14b Abs. 2 Satz 1 UStG). [2] Ein im Inland oder in einem der in § 1 Abs. 3 UStG bezeichneten Gebiete ansässiger Unternehmer ist ein Unternehmer, der in einem dieser Gebiete einen Wohnsitz, seinen Sitz, seine Geschäftsleitung oder eine Zweigniederlassung hat (§ 14b Abs. 3 UStG).

(8) [1] Bei elektronisch aufbewahrten Rechnungen (dabei muss es sich nicht um elektronisch übermittelte Rechnungen handeln) kann der im Inland oder der in einem der in § 1 Abs. 3 UStG genannten Gebiete ansässige Unternehmer die Rechnungen im Gemeinschaftsgebiet, in einem der in § 1 Abs. 3 UStG genannten Gebiete, im Gebiet von Büsingen oder auf der Insel Helgoland aufbewahren, soweit eine vollständige Fernabfrage (Online-Zugriff) der betreffenden Daten und deren Herunterladen und Verwendung durch das Finanzamt gewährleistet ist. [2] Bewahrt der Unternehmer in diesem Fall die Rechnungen nicht im Inland oder in einem der in § 1 Abs. 3 UStG genannten Gebiete auf, hat er dem für die Umsatzbesteuerung zuständigen Finanzamt den Aufbewahrungsort unaufgefordert und schriftlich mitzuteilen. [3] Will der Unternehmer die Rechnungen außerhalb des Gemeinschaftsgebiets elektronisch aufbewahren, gilt § 146 Abs. 2b AO (§ 14b Abs. 5 UStG).

(9) [1] Ein nicht im Inland oder in einem der in § 1 Abs. 3 UStG bezeichneten Gebiete ansässiger Unternehmer hat die Rechnungen im Gemeinschaftsgebiet, in einem der in § 1 Abs. 3 UStG bezeichneten Gebiete, im Gebiet von Büsingen oder auf der Insel Helgoland aufzubewahren. [2] Er ist verpflichtet, dem Finanzamt auf dessen Verlangen alle aufzubewahrenden Rechnungen und Daten oder die an deren Stelle tretenden Bild- und Datenträger unverzüglich zur Verfügung zu stellen. [3] Kommt der Unternehmer dieser Verpflichtung nicht oder nicht rechtzeitig nach, kann das Finanzamt verlangen, dass er die Rechnungen im Inland oder in einem der in § 1 Abs. 3 UStG bezeichneten Gebiete aufbewahrt. [4] Ist ein nicht im Gemeinschaftsgebiet ansässiger Unternehmer nach den Bestimmungen des Staates, in dem er ansässig ist, verpflichtet, die Rechnungen im Staat der Ansässigkeit aufzubewahren, ist es ausreichend, wenn dieser Unternehmer im Gemeinschaftsgebiet Ablichtungen der aufzubewahrenden Rechnungen aufbewahrt.

(10) [1] Verletzt der Unternehmer seine Aufbewahrungspflichten nach § 14b UStG, kann dies als eine Ordnungswidrigkeit im Sinne des § 26a Abs. 2 Nr. 2 UStG geahndet werden. [2] Der Anspruch auf Vorsteuerabzug nach § 15 Abs. 1 Satz 1 Nr. 1 UStG bleibt hiervon zwar unberührt, der Unternehmer trägt nach allgemeinen Grundsätzen jedoch die objektive Feststellungslast für alle Tatsachen, die den Anspruch begründen. [3] Verletzungen der GoBD (vgl. BMF-Schreiben vom 28.11.2019, BStBl. I S. 1269) wirken sich ebenfalls nicht auf den ursprünglichen Vorsteuerabzug aus, sofern die Voraussetzungen für den

Vorsteuerabzug nachgewiesen werden (vgl. Abschnitt 15.11 Abs. 1 Satz 3). [4]Sind Unterlagen für den Vorsteuerabzug unvollständig oder nicht vorhanden, kann das Finanzamt die abziehbare Vorsteuer unter bestimmten Voraussetzungen schätzen oder aus Billigkeitsgründen ganz oder teilweise anerkennen, sofern im Übrigen die Voraussetzungen für den Vorsteuerabzug vorliegen (vgl. Abschnitt 15.11 Abs. 5 bis 7).

Zu § 14c UStG

14c.1 Unrichtiger Steuerausweis (§ 14c Abs. 1 UStG)

Zu hoher Steuerausweis

(1)[1)] [1]Weist der leistende Unternehmer oder der von ihm beauftragte Dritte in einer Rechnung einen höheren Steuerbetrag aus, als der leistende Unternehmer nach dem Gesetz schuldet (unrichtiger Steuerausweis), schuldet der leistende Unternehmer auch den Mehrbetrag (§ 14c Abs. 1 Satz 1 UStG). [2]Die Rechtsfolgen treten unabhängig davon ein, ob die Rechnung alle in § 14 Abs. 4 und § 14a UStG aufgeführten Angaben enthält, die abstrakte Gefahr einer Vorsteuerinanspruchnahme ist ausreichend (vgl. BFH-Urteil vom 17.2.2011 V R 39/09, BStBl. II S. 734). [3]Dies ist jedenfalls der Fall, wenn die Rechnung den Rechnungsaussteller, den Leistungsempfänger, eine Leistungsbeschreibung sowie das Entgelt und die gesondert ausgewiesene Umsatzsteuer enthält. [4]Die Vorschrift des § 14c Abs. 1 UStG gilt für Unternehmer, die persönlich zum gesonderten Steuerausweis berechtigt sind und für eine Lieferung oder sonstige Leistung einen Steuerbetrag in der Rechnung gesondert ausgewiesen haben, obwohl sie für diesen Umsatz keine oder eine niedrigere Steuer schulden. [5]Hiernach werden von § 14c Abs. 1 UStG Rechnungen mit gesondertem Steuerausweis erfasst (vgl. BFH-Urteil vom 7.5.1981, V R 126/75, BStBl. II S. 547):

1. für steuerpflichtige Leistungen, wenn eine höhere als die dafür geschuldete Steuer ausgewiesen wurde;
2. für steuerpflichtige Leistungen in den Fällen der Steuerschuldnerschaft des Leistungsempfängers (vgl. Abschnitt 13b.14 Abs. 1 Satz 5);
3. für steuerfreie Leistungen;
4. für nicht steuerbare Leistungen (unentgeltliche Leistungen, Leistungen im Ausland und Geschäftsveräußerungen im Sinne des § 1 Abs. 1a UStG) und außerdem
5. für nicht versteuerte steuerpflichtige Leistungen, wenn die Steuer für die Leistung wegen des Ablaufs der Festsetzungsfrist (§§ 169 bis 171 AO) nicht mehr erhoben werden kann (vgl. BFH-Urteil vom 13.11.2003, V R 79/01, BStBl. 2004 II S. 375).

[6]Die zu hoch ausgewiesene Steuer wird vom Unternehmer geschuldet, obwohl der Leistungsempfänger diese Steuer nicht als Vorsteuer abziehen kann

---

1) A 14c.1 UStAE Abs. 1 Sätze 2 und 3 neugef. durch BMF v. 11.1.2021, BStBl. I 2021, 120, anzuwenden in allen offenen Fällen.

(vgl. BFH-Urteil vom 6.12.2007, V R 3/06, BStBl. 2009 II S. 203, Abschnitt 15.2 Abs. 1 Sätze 1 und 2). 7 Zur Steuerentstehung vgl. Abschnitt 13.7.

(2)[1)] 1 Ein zu hoher Steuerausweis im Sinne des § 14c Abs. 1 UStG liegt auch vor, wenn in Rechnungen über Kleinbeträge (§ 33 UStDV) oder in Fahrausweisen (§ 34 UStDV) ein zu hoher Steuersatz angegeben ist. 2 Die Angabe einer falschen Beförderungsstrecke nach § 12 Abs. 2 Nr. 10 UStG führt für sich alleine noch nicht zu einer Steuerschuld nach § 14c Abs. 1 UStG, da diese nicht zu den Mindestangaben nach § 34 Abs. 1 UStDV gehört.

(3) 1 Die Regelung des § 14c Abs. 1 UStG ist auch auf Gutschriften (§ 14 Abs. 2 Satz 2 UStG) anzuwenden, soweit der Gutschriftsempfänger einem zu hohen Steuerbetrag nicht widerspricht (vgl. BFH-Urteil vom 23.4.1998, V R 13/92, BStBl. II S. 418). 2 Zum Widerspruch vgl. Abschnitt 14.3 Abs. 4. 3 Wird in einem Dokument der Begriff „Gutschrift" verwendet, obwohl keine Gutschrift im umsatzsteuerrechtlichen Sinne nach § 14 Abs. 2 Satz 2 UStG vorliegt (z. B. kaufmännische Gutschrift), führt allein die Bezeichnung als „Gutschrift" nicht zur Anwendung des § 14c UStG.

(4) 1 § 14c Abs. 1 UStG gilt auch, wenn der Steuerbetrag von einem zu hohen Entgelt berechnet wurde (bei verdecktem Preisnachlass vgl. BMF-Schreiben vom 28.8.2020, BStBl. I S. 928). 2 Die Folgen des § 14c Abs. 1 UStG treten nicht ein, wenn in Rechnungen für nicht steuerpflichtige Leistungen lediglich der Gesamtpreis einschließlich Umsatzsteuer in einem Betrag angegeben wird. 3 Das Gleiche gilt, wenn der für eine Leistung geschuldete Kaufpreis auf Grund einer nachträglichen Vereinbarung wirksam herabgesetzt wird. 4 Zu Anzahlungen vgl. Abschnitt 13.5 Abs. 4. 5 Sind für ein und dieselbe Leistung mehrere Rechnungen ausgestellt worden, ohne dass sie als Duplikat oder Kopie gekennzeichnet wurden, schuldet der leistende Unternehmer den hierin gesondert ausgewiesenen Steuerbetrag (vgl. BFH-Urteil vom 27.4.1994, XI R 54/93, BStBl. II S. 718). 6 Dies gilt nicht, wenn inhaltlich identische (s. § 14 Abs. 4 UStG) Mehrstücke derselben Rechnung übersandt werden. 7 Besteht eine Rechnung aus mehreren Dokumenten, sind diese Regelungen für die Dokumente in ihrer Gesamtheit anzuwenden.

Berichtigung eines zu hohen Steuerausweises

(5) 1 Der leistende Unternehmer oder der von ihm beauftragte Dritte kann den Steuerbetrag gegenüber dem Leistungsempfänger berichtigen (vgl. Absatz 7). 2 In diesem Fall ist § 17 Abs. 1 UStG entsprechend anzuwenden. 3 Die Berichtigung des geschuldeten Mehrbetrags ist folglich für den Besteuerungszeitraum vorzunehmen, in welchem dem Leistungsempfänger die berichtigte Rechnung erteilt wurde (vgl. BFH-Urteil vom 19.3.2009, V R 48/07, BStBl. 2010 II S. 92). 4 Wurde ein zu hoch ausgewiesener Rechnungsbetrag bereits vereinnahmt und steht dem Leistungsempfänger aus der Rechnungsberichtigung ein Rückforderungsanspruch zu, ist die Berichtigung des geschuldeten Mehrbetrags erst nach einer entsprechenden Rückzahlung an den Leistungsempfänger zulässig (vgl. BFH-Urteile vom 18.9.2008, V R

1) A 14.c.1 Abs. 2 neugef. durch BMF v. 17.12.2021, BStBl. I 2021, 2504.

56/06, BStBl 2009 II S. 250, und vom 2.9.2010, V R 34/09, BStBl. 2011 II S. 991).[1)]

Beispiel:

[1] Ein Unternehmer berechnet für eine Lieferung die Umsatzsteuer mit 19 %, obwohl hierfür nach § 12 Abs. 2 UStG nur 7 % geschuldet werden.

Entgelt	1 000,– €
+ 19 % Umsatzsteuer	190,– €
Rechnungsbetrag	1 190,– €

[2] Wird der Rechnungsbetrag um die zu hoch ausgewiesene Steuer herabgesetzt, ergibt sich folgende berichtigte Rechnung:

Entgelt	1 000,– €
+ 7 % Umsatzsteuer	70,– €
Rechnungsbetrag	1 070,– €

[3] Diese berichtigte Rechnung ist für Zwecke der Berichtigung des Steuerbetrags nur anzuerkennen, soweit der leistende Unternehmer vom bereits vereinnahmten Rechnungsbetrag den Differenzbetrag in Höhe von 120 € (= 1190 € – 1070 €) an den Leistungsempfänger zurück gewährt.

[4] Bleibt der Rechnungsbetrag in der berichtigten Rechnung unverändert, ergibt sich die richtige Steuer durch Herausrechnen aus dem bisherigen Rechnungsbetrag:

Rechnungsbetrag mit Steuer	1 190,– €
darin enthaltene Steuer auf der Grundlage des ermäßigten Steuersatzes von 7 % = $^7/_{107}$	77,85 €
Rechnungsbetrag ohne Steuer	1 112,15 €

Berichtigte Rechnung:	
Entgelt	1 112,15 €
+ 7 % Umsatzsteuer	77,85 €
Rechnungsbetrag	1 190,– €

[5] Diese Rechnungsberichtigung ist für Zwecke der Berichtigung des Steuerbetrags auch ohne Rückgewähr des Entgelts anzuerkennen.

(6) [1] Im Rahmen eines Organschaftsverhältnisses ist eine von der Organgesellschaft mit einem zu hohen Steuerausweis ausgestellte Rechnung durch sie oder einen von ihr beauftragten Dritten gegenüber dem Leistungsempfänger zu berichtigen. [2] Die Steuerschuldnerschaft des Organträgers für den zu hohen Steuerausweis bleibt unberührt.

(7) [1] Die Berichtigung der zu hoch ausgewiesenen Umsatzsteuer im Sinne des § 14c Abs. 1 UStG erfolgt durch Berichtigungserklärung gegenüber dem Leistungsempfänger (vgl. BFH-Urteil vom 10.12.1992, V R 73/90, BStBl. 1993 II S. 383). [2] Dem Leistungsempfänger muss eine hinreichend bestimmte, schriftliche Berichtigung tatsächlich zugehen. [3] Es können mehrere Berichtigungen in einer einzigen Korrekturmeldung zusammengefasst werden, wenn sich daraus erkennen lässt, auf welche Umsatzsteuerbeträge im Einzelnen sich die Berichtigung beziehen soll (vgl. BFH-Urteil vom 25.2.1993, V R 112/91, BStBl. II S. 643). [4] Zur Berichtigung von Rechnungen im Übrigen vgl. Abschnitt 14.11.

1) Bestätigt durch BFH v. 16.5.2018 XI R 28/16, DStR 2018, 1663.

(8) [1]Hat ein Unternehmer – insbesondere im Einzelhandel – über eine Lieferung an einen Abnehmer aus einem Drittland eine Rechnung mit gesondertem Steuerausweis (§ 14 Abs. 4 UStG) bzw. eine Kleinbetragsrechnung im Sinne des § 33 UStDV (z.B. einen Kassenbon mit Angabe des Steuersatzes) erteilt, schuldet er die Steuer nach § 14c Abs. 1 UStG, wenn nachträglich die Voraussetzungen für die Steuerbefreiung als Ausfuhrlieferung im nichtkommerziellen Reiseverkehr (sog. Export über den Ladentisch) erfüllt werden (vgl. im Einzelnen Abschnitt 6.11). [2]Die Steuerschuld nach § 14c Abs. 1 UStG erlischt erst, wenn der Lieferer die Rechnung wirksam berichtigt (vgl. Absatz 7). [3]Aus Vereinfachungsgründen ist die Rechnungsberichtigung entbehrlich, wenn der ausländische Abnehmer die ursprüngliche Rechnung bzw. den ursprünglichen Kassenbon an den Unternehmer zurückgibt und dieser den zurückerhaltenen Beleg aufbewahrt.

Zu niedriger Steuerausweis

(9) [1]Bei zu niedrigem Steuerausweis schuldet der Unternehmer die gesetzlich vorgeschriebene Steuer. [2]Der Unternehmer hat in diesem Fall die Steuer unter Zugrundelegung des maßgeblichen Steuersatzes aus dem Gesamtrechnungsbetrag herauszurechnen.

Beispiel:

[1]Ein Unternehmer berechnet für eine Lieferung die Steuer mit 7%, obwohl hierfür nach § 12 Abs. 1 UStG eine Steuer von 19% geschuldet wird.

Berechnetes Entgelt	400,– €
+ 7% Umsatzsteuer	28,– €
Gesamtrechnungsbetrag	428,– €
Herausrechnung der Steuer mit $^{19}/_{119}$ ./.	68,34 €
Entgelt	359,66 €
Vom Unternehmer gesetzlich geschuldete Steuer: 19% von 359,66 € =	68,34 €

[2]Der Leistungsempfänger darf als Vorsteuer nur den in der Rechnung ausgewiesenen Steuerbetrag abziehen. [3]Es bleibt aber dem leistenden Unternehmer unbenommen, den zu niedrig ausgewiesenen Steuerbetrag zu berichtigen.

(10) [1]Hat der Leistungsempfänger entgegen § 15 Abs. 1 Satz 1 Nr. 1 UStG einen höheren Betrag als die für die Lieferung oder sonstige Leistung gesetzlich geschuldete Steuer als Vorsteuer geltend gemacht, hat er den Mehrbetrag an das Finanzamt zurückzuzahlen. [2]Die Rückzahlung ist für den Besteuerungszeitraum vorzunehmen, für den der Mehrbetrag als Vorsteuer abgezogen wurde.

(11) [1]In den Fällen eines unrichtigen Steuerausweises bei Umsätzen im Rahmen einer Geschäftsveräußerung an einen anderen Unternehmer für dessen Unternehmen (§ 1 Abs. 1a UStG) und bei Rückgängigmachung des Verzichts auf die Steuerbefreiung nach § 9 UStG ist die Berichtigung des geschuldeten Betrags nur zulässig, wenn die Rechnung berichtigt wird und soweit die Gefährdung des Steueraufkommens beseitigt ist (§ 14c Abs. 1 Satz 3 UStG). [2]Zur Beseitigung der Gefährdung des Steueraufkommens und zum besonderen Berichtigungsverfahren vgl. Abschnitt 14c.2.

14c.2 Unberechtigter Steuerausweis (§ 14c Abs. 2 UStG)

(1)[1)] [1]Wer in einer Rechnung einen Steuerbetrag ausweist, obwohl er dazu nicht berechtigt ist (unberechtigter Steuerausweis), schuldet den ausgewiesenen Betrag (§ 14c Abs. 2 Sätze 1 und 2 UStG). [2]Dies betrifft vor allem Kleinunternehmer, bei denen die Umsatzsteuer nach § 19 Abs. 1 UStG nicht erhoben wird, gilt aber auch, wenn jemand wie ein leistender Unternehmer abrechnet und einen Steuerbetrag ausweist, obwohl er nicht Unternehmer ist oder eine Lieferung oder sonstige Leistung nicht ausführt. [3]Die Rechtsfolgen treten unabhängig davon ein, ob die Rechnung alle in § 14 Abs. 4 und § 14a UStG aufgeführten Angaben enthält (vgl. BFH-Urteile vom 17.2.2011, V R 39/09, BStBl. II S. 734, und vom 14.2.2019, V R 68/17, BStBl. 2020 II S. 65). [4]Die Anforderungen an einen unberechtigten Steuerausweis erfüllt eine Rechnung vielmehr schon dann, wenn sie den Rechnungsaussteller, den (vermeintlichen) Leistungsempfänger, eine Leistungsbeschreibung sowie das Entgelt und die gesondert ausgewiesene Umsatzsteuer enthält. [5]Die Umsatzsteuer ist bereits dann gesondert ausgewiesen, wenn die Steuer als Geldbetrag genannt und als Steuerbetrag gekennzeichnet ist. [6]Der eindeutige, klare und unbedingte Ausweis der Umsatzsteuer genügt. [7]An den Steuerausweis im Sinne von § 14c Abs. 2 UStG sind im Übrigen keine bestimmten optischen Anforderungen zu stellen. [8]Die Steuer kann auch im Rahmen eines erläuternden Hinweises gesondert ausgewiesen werden (BFH-Urteil vom 21.9.2016, XI R 4/15, BStBl. 2021 II S. 106). [9]Bei Kleinbetragsrechnungen (§ 33 UStDV) hat der angegebene Steuersatz die Wirkung des gesonderten Ausweises einer Steuer (vgl. BFH-Urteil vom 25.9.2013, XI R 41/12, BStBl. 2014 II S. 135). [10]Entsprechendes gilt für Fahrausweise (§ 34 UStDV).

(2) Von § 14c Abs. 2 UStG werden die folgenden Fälle erfasst:

1. [1]Ein Unternehmer weist in der Rechnung einen Steuerbetrag aus, obwohl er nach § 19 Abs. 1 UStG dazu nicht berechtigt ist (§ 14c Abs. 2 Satz 1 UStG). [2]Ein gesonderter Steuerausweis liegt auch vor, wenn der Rechnungsaussteller in einer Umlagenabrechnung über eine (Neben-)Leistung, z. B. Heizkostenabrechnung, den auf den jeweiligen Leistungsempfänger entfallenden Anteil am Gesamtbetrag der Kosten nicht ausschließlich als Bruttobetrag darstellt, sondern auch die anteilige Umsatzsteuer aufführt (vgl. BFH-Urteil vom 18.5.1988, X R 43/81, BStBl. II S. 752).
2. [1]Ein Unternehmer erteilt eine Rechnung mit gesondertem Steuerausweis, obwohl er eine Leistung nicht ausführt, z. B. eine Schein- oder Gefälligkeitsrechnung oder in den Fällen des Schadensersatzes. [2]Hierunter fallen nicht Rechnungen, die vor Ausführung der Leistung erteilt werden und die ihrer Aufmachung (z. B. durch die Bezeichnung) oder ihrem Inhalt nach (z. B. durch Hinweis auf einen erst in der Zukunft liegenden Zeitpunkt der Leistung) eindeutig als Vorausrechnungen erkennbar sind (vgl. BFH-Urteile vom 20.3.1980, V R 131/74, BStBl. II S. 287, vom 7.4.2011, V R 44/09,

---

1) A 14c.2 UStAE Abs. 1 Satz 4 neugef., neue Sätze 5 bis 8 eingef., bish. Sätze 5 und 6 werden Sätze 9 und 10 durch BMF v. 11.1.2021, BStBl. I 2021, 120, anzuwenden in allen offenen Fällen.

BStBl. II S. 954, und vom 6.4.2016, V R 12/15, BStBl. 2017 II S. 188). [3]Steht der Leistungszeitpunkt noch nicht fest, muss dies aus der Rechung oder aus anderen Unterlagen, auf die in der Rechnung hingewiesen wird, hervorgehen. [4]Unterbleibt nach Erteilung einer Vorausrechnung mit Steuerausweis die zunächst beabsichtigte Leistung, z.B. bei Rückgängigmachung eines Kaufvertrags, ist § 14c Abs. 2 UStG nicht anzuwenden (vgl. BFH-Urteil vom 21.2.1980, V R 146/73, BStBl. II S. 283). [5]Das gilt unabhängig davon, ob die angeforderten Voraus- oder Anzahlungen geleistet werden (vgl. Abschnitt 14.8 Abs. 2). [6]Wer dagegen eine Vorausrechung mit gesondertem Steuerausweis erteilt, obwohl bereits feststeht, dass er die darin aufgeführte Leistung nicht mehr ausführen wird, schuldet diese Steuer nach § 14c Abs. 2 UStG (vgl. BFH-Urteil vom 5.2.1998, V R 65/97, BStBl. II S. 415).

3. [1]Ein Unternehmer erteilt eine Rechnung mit gesondertem Steuerausweis, in der er statt des tatsächlich gelieferten Gegenstands einen anderen, von ihm nicht gelieferten Gegenstand aufführt, oder statt der tatsächlich ausgeführten sonstigen Leistung eine andere, von ihm nicht erbrachte Leistung angibt (unrichtige Leistungsbezeichnung). [2]Der leistende Unternehmer schuldet die gesondert ausgewiesene Steuer nach § 14c Abs. 2 UStG neben der Steuer für die tatsächlich ausgeführte Leistung (vgl. BFH-Urteil vom 8.9.1994, V R 70/91, BStBl. 1995 II S. 32).

Beispiele:

a) Es wird eine Büromaschine aufgeführt, während tatsächlich ein Fernsehgerät geliefert worden ist.

b) Es werden Antriebsmotoren angegeben, während tatsächlich der Schrott solcher Motoren geliefert worden ist (vgl. BFH-Beschluss vom 21.5.1987, V R 129/78, BStBl. II S. 652).

c) Es wird hergestelltes Mauerwerk abgerechnet, während tatsächlich ein Kranführer überlassen worden ist (vgl. BFH-Beschluss vom 9.12.1987, V B 54/85, BStBl. 1988 II S. 700).

d) Es werden „Malerarbeiten in Büroräumen" in Rechnung gestellt, während die Malerarbeiten tatsächlich in der Wohnung des Leistungsempfängers ausgeführt worden sind.

[3]Die in Rechnungen mit ungenauer Angabe der Leistungsbezeichnung gesondert ausgewiesenen Steuerbeträge werden dagegen nicht nach § 14c Abs. 2 UStG geschuldet. [4]Ungenaue Angaben liegen vor, wenn die Rechnungsangaben nicht so eingehend und eindeutig sind, dass sie ohne weiteres völlige Gewissheit über Art und Umfang des Leistungsgegenstands verschaffen.

Beispiel:

Es werden ausgeführte Bauarbeiten lediglich durch Angabe einer Baustelle und „Arbeiten wie gesehen und besichtigt" beschrieben (vgl. BFH-Beschluss vom 4.12.1987, V S 9/85, BStBl. 1988 II S. 702).

4. Ein Unternehmer erteilt eine Rechnung mit gesondertem Steuerausweis für eine Leistung, die er nicht im Rahmen seines Unternehmens ausführt, z.B. Verkauf eines Gegenstands aus dem Privatbereich.

5. [1]Ein Nichtunternehmer, z.B. eine Privatperson oder ein Hoheitsbetrieb einer juristischen Person des öffentlichen Rechts, weist in einem Doku-

ment einen Steuerbetrag gesondert aus. [2]Das gilt auch für denjenigen, der Abrechnungen dadurch in den Verkehr bringt, dass er sie einem anderen zur beliebigen Verwendung überlässt oder ein blanko unterschriebenes Papier zum Ausfüllen als Kaufvertrag aushändigt, ohne ausdrücklich den gesonderten Steuerausweis zu untersagen (vgl. auch BFH-Urteil vom 5.8.1988, X R 66/82, BStBl. II S. 1019). [3]Der Nichtunternehmer schuldet den Steuerbetrag, gleichgültig ob er eine Leistung ausführt oder nicht.

(2a) [1]Bei Umsätzen zwischen Betriebsabteilungen desselben Unternehmens oder innerhalb eines Organkreises handelt es sich nicht um steuerbare Lieferungen oder sonstige Leistungen, sondern um innerbetriebliche Vorgänge (sog. Innenumsätze). [2]Werden für sie Belege mit gesondertem Steuerausweis erteilt, sind diese Belege nicht als Rechnungen im Sinne des § 14c UStG, sondern als unternehmensinterne Buchungsbelege zu beurteilen. [3]Die darin ausgewiesene Steuer wird nicht nach § 14c Abs. 2 UStG geschuldet (vgl. BFH-Urteil vom 28.10.2010, V R 7/10, BStBl. 2011 II S. 391, und Abschnitt 14.1 Abs. 4).

(3) [1]Soweit der Aussteller der Rechnung den unberechtigten Steuerausweis gegenüber dem Belegempfänger für ungültig erklärt hat und die Gefährdung des Steueraufkommens beseitigt wurde, ist dem Schuldner des Steuerbetrags die Möglichkeit zur Berichtigung einzuräumen (§ 14c Abs. 2 Satz 3 ff. UStG). [2]Im Rahmen eines Organschaftsverhältnisses ist die Organgesellschaft oder ein von ihr beauftragter Dritter berechtigt, eine von ihr ausgestellte Rechnung mit unberechtigtem Steuerausweis gegenüber dem Belegempfänger für ungültig zu erklären. [3]Bei der Berichtigung des unberechtigten Steuerausweises ist § 17 Abs. 1 UStG entsprechend anzuwenden. [4]Auf den guten Glauben des Ausstellers der betreffenden Rechnung kommt es nicht an (vgl. BFH-Urteil vom 22.2.2001, V R 5/99, BStBl. 2004 II S. 143). [5]Die Gefährdung des Steueraufkommens ist beseitigt, wenn ein Vorsteuerabzug beim Empfänger der Rechnung nicht durchgeführt oder die geltend gemachte Vorsteuer an das Finanzamt zurückgezahlt worden ist (§ 14c Abs. 2 Satz 4 UStG). [6]Dies ist in dem Sinne zu verstehen, dass endgültig feststehen muss, dass jedwede Gefährdung des Steueraufkommens ausgeschlossen ist (BFH-Urteil vom 8.11. 2016, VII R 34/15, BStBl. 2017 II S. 496). [7]Die nach § 14c Abs. 2 Satz 5 UStG erforderliche Zustimmung ist nicht von einer Rückzahlung eines vereinnahmten Betrags durch den Steuerschuldner an den Belegempfänger abhängig.

(4) [1]Steuerschuldner nach § 14c Abs. 2 UStG ist der Aussteller der Rechnung (§ 13a Abs. 1 Nr. 4 UStG). [2]Im Rahmen eines Organschaftsverhältnisses schuldet hingegen der Organträger die durch eine Organgesellschaft unberechtigt ausgewiesene Steuer. [3]Eine GmbH schuldet die Steuer nach § 14c Abs. 2 UStG, wenn ein nur zur Gesamtvertretung berechtigter Geschäftsführer ohne Mitwirkung des anderen Geschäftsführers das Abrechnungspapier mit unberechtigtem Steuerausweis erstellt, ohne den allgemeinen Rahmen des ihm übertragenen Geschäftskreises zu überschreiten (vgl. BFH-Urteil vom 28.1.1993, V R 75/88, BStBl. II S. 357). [4]Wirkt dagegen der in der Rechnung als Aussteller Bezeichnete in keiner Weise bei der Erstellung des Dokuments mit, kommt eine Inanspruchnahme nach § 14c Abs. 2 UStG nicht in

Betracht (vgl. BFH-Urteil vom 16.3.1993, XI R 103/90, BStBl. II S. 531). [5]Zur Frage der Mitwirkung sind die Grundsätze der Stellvertretung, zu denen auch die Grundsätze der Anscheins- und Duldungsvollmacht gehören, zu berücksichtigen (vgl. BFH-Urteil vom 7.4.2011, V R 44/09, BStBl. II S. 954). [6]Zur Frage, wem die Rechnung zuzurechnen ist, die ein Vermittler auf den Namen seines Auftraggebers ausgestellt hat, vgl. BFH-Urteil vom 4.3.1982, V R 59/81, BStBl. II S. 315.[1)]

(5) [1]Der Schuldner des unberechtigt ausgewiesenen Betrages hat die Berichtigung des geschuldeten Steuerbetrags bei dem für seine Besteuerung zuständigen Finanzamt gesondert schriftlich zu beantragen. [2]Diesem Antrag hat er ausreichende Angaben über die Identität des Rechnungsempfängers beizufügen. [3]Das Finanzamt des Schuldners des unberechtigt ausgewiesenen Betrags hat durch Einholung einer Auskunft beim Finanzamt des Rechnungsempfängers zu ermitteln, in welcher Höhe und wann ein unberechtigt in Anspruch genommener Vorsteuerabzug durch den Rechnungsempfänger zurückgezahlt wurde. [4]Nach Einholung dieser Auskunft teilt das Finanzamt des Schuldners des unberechtigt ausgewiesenen Betrags diesem mit, für welchen Besteuerungszeitraum und in welcher Höhe die Berichtigung des geschuldeten Steuerbetrags vorgenommen werden kann. [5]Die Berichtigung des geschuldeten Steuerbetrags ist in entsprechender Anwendung des § 17 Abs. 1 UStG für den Besteuerungszeitraum vorzunehmen, in dem die Gefährdung des Steueraufkommens beseitigt worden ist (§ 14c Abs. 2 Satz 5 UStG). [6]Wurde beim Empfänger der Rechnung kein Vorsteuerabzug vorgenommen, ist der wegen unberechtigten Steuerausweises geschuldete Betrag beim Aussteller der Rechnung für den Zeitraum zu berichtigen, in dem die Steuer nach § 13 Abs. 1 Nr. 3 UStG entstanden ist.

(6) Hat ein Kleinunternehmer eine Erklärung nach § 19 Abs. 2 Satz 1 UStG abgegeben, aber vor Eintritt der Unanfechtbarkeit der Steuerfestsetzung (vgl. Abschnitt 19.2 Abs. 2) zurückgenommen, kann er die in der Zwischenzeit erteilten Rechnungen mit gesondertem Steuerausweis und den geschuldeten unberechtigt ausgewiesenen Steuerbetrag unter den in Absatz 5 bezeichneten Voraussetzungen berichtigen.

(7)[2)] [1]Der Steueranspruch aus § 14c Abs. 2 UStG besteht vorbehaltlich Absatz 5 unabhängig davon, ob der Rechnungsempfänger die gesondert ausgewiesene Umsatzsteuer unberechtigt als Vorsteuer abgezogen hat oder nicht. [2]Es reicht aus, dass das Dokument als Abrechnung abstrakt die Gefahr begründet, vom Empfänger oder einem Dritten zur Inanspruchnahme des Vorsteuerabzugs gebraucht zu werden (vgl. BFH-Urteil vom 17.2.2011, V R 39/09, BStBl. II S. 734).

(8) Für die Berichtigung der auf Grund des unberechtigt ausgewiesenen Steuerbetrags nach § 14c Abs. 2 UStG ergangenen Steuerbescheide gelten die allgemeinen verfahrensrechtlichen Vorschriften der AO.

---

1) Zur Rechnungsausstellung durch Beauftragte/Vermittler/Dritte vgl. § 14 Abs. 2 Satz 4 UStG, A 3.7 Abs. 1, A 14.1 Abs. 3 Satz 9, A 14.4 Abs. 8 u. A 14.5 Abs. 6 UStAE.

2) A 14c.2 UStAE Abs. 7 bish. Text wird Satz 1, Satz 2 angef. durch BMF v. 11.1.2021, BStBl. I 2021, 120, anzuwenden in allen offenen Fällen.

Zu § 15 UStG
(§§ 35 bis 43 UStDV)

15.1 Zum Vorsteuerabzug berechtigter Personenkreis

(1)[1)] [1]Zum Vorsteuerabzug sind ausschließlich Unternehmer im Sinne der §§ 2 und 2a UStG im Rahmen ihrer unternehmerischen Tätigkeit berechtigt. [2]Abziehbar sind hierbei auch Vorsteuerbeträge, die vor der Ausführung von Umsätzen (vgl. BFH-Urteile vom 6.5.1993, V R 45/88, BStBl. II S. 564, und vom 16.12.1993, V R 103/88, BStBl. 1994 II S. 278) oder die nach Aufgabe des Unternehmens anfallen, sofern sie der unternehmerischen Tätigkeit zuzurechnen sind. [3]Zum Beginn und Ende der Unternehmereigenschaft vgl. Abschnitt 2.6.

(2) [1]Im Ausland ansässige Unternehmer können den Vorsteuerabzug grundsätzlich auch dann beanspruchen, wenn sie im Inland keine Lieferungen oder sonstige Leistungen ausgeführt haben (vgl. aber Abschnitt 18.11 Abs. 4 zur erforderlichen Gegenseitigkeit beim Vorsteuer-Vergütungsverfahren für Unternehmer, die nicht im Gemeinschaftsgebiet ansässig sind). [2]Auch ihnen steht der Vorsteuerabzug nur insoweit zu, als die Vorsteuerbeträge ihrer unternehmerischen Tätigkeit zuzurechnen sind. [3]Das gilt auch für die Vorsteuern, die im Zusammenhang mit den im Ausland bewirkten Umsätzen stehen. [4]Zur Frage, ob die im Ausland ansässigen Unternehmer ihre abziehbaren Vorsteuerbeträge im Vorsteuer-Vergütungsverfahren (§§ 59 bis 61a UStDV) oder im allgemeinen Besteuerungsverfahren (§ 16 und § 18 Abs. 1 bis 4 UStG) geltend zu machen haben, vgl. Abschnitt 18.15.

(3) [1]Folgende Unternehmer können ihre abziehbaren Vorsteuern ganz oder teilweise nach Durchschnittssätzen ermitteln:

1. Unternehmer bestimmter Berufs- und Gewerbezweige mit einem Vorjahresumsatz bis zu 61 356 € (§ 23 UStG, §§ 69, 70 und Anlage der UStDV);
2. Körperschaften, Personenvereinigungen und Vermögensmassen im Sinne des § 5 Abs. 1 Nr. 9 KStG mit einem Vorjahresumsatz bis zu 35 000 € (§ 23a UStG) und
3. land- und forstwirtschaftliche Betriebe (§ 24 UStG).

[2]Unterhält ein Land- und Forstwirt neben einem – der Vorsteuerpauschalierung unterliegenden – landwirtschaftlichen Betrieb einen – der Regelbesteuerung unterliegenden – Gewerbebetrieb, muss er die einzelnen Leistungsbezüge und damit die dafür in Rechnung gestellten Steuerbeträge je einem der beiden Unternehmensteile zuordnen und diese Steuerbeträge in die nach § 15 Abs. 1 UStG abziehbaren Vorsteuerbeträge und die im Rahmen der Vorsteuerpauschalierung zu berücksichtigenden Steuerbeträge aufteilen (vgl. BFH-Urteil vom 13.11.2013, XI R 2/11, BStBl. 2014 II S. 543). [3]Für diese Zuordnung kommt es darauf an, ob der Unternehmer mit den bezogenen Eingangs-

---

1) Zum Vorsteuerabzug bei Einbau einer Photovoltaikanlage siehe BFH v. 11.4.2008 V R 10/07, BStBl. II 2009, 741. – Zur Vorsteuerabzugsberechtigung eines Treuhänders siehe BFH v. 18.2.2009 V R 82/07, BStBl. II 2009, 876. – Zum Vorsteuerabzug bei Wechsel des Organträgers siehe BFH v. 13.5.2009 XI R 84/07, BStBl. II 2009, 868.

leistungen der Durchschnittssatzbesteuerung oder der Regelbesteuerung unterliegende Umsätze ausführt.

(4) Kleinunternehmer sind nicht zum Vorsteuerabzug berechtigt, wenn sie der Sonderregelung des § 19 Abs. 1 UStG unterliegen (§ 19 Abs. 1 Satz 4 UStG); dies gilt auch, wenn sie bei einem unzulässigen Ausweis der Steuer für ihre eigenen Umsätze diese Steuer nach § 14c Abs. 2 UStG schulden.

(5)[1)] [1]Unternehmer, die von der Besteuerung nach § 19 Abs. 1, §§ 23, 23a oder 24 UStG zur allgemeinen Besteuerung des UStG übergegangen sind, können den Vorsteuerabzug nach § 15 UStG für folgende Beträge vornehmen:

1. gesondert in Rechnung gestellte Steuerbeträge für Lieferungen und sonstige Leistungen, die nach dem Zeitpunkt an sie ausgeführt worden sind, zu dem sie zur allgemeinen Besteuerung übergingen;
2. Einfuhrumsatzsteuer für Gegenstände, die nach dem Zeitpunkt, zu dem sie zur allgemeinen Besteuerung übergingen, für ihr Unternehmen eingeführt worden sind;
3. die Steuer für den innergemeinschaftlichen Erwerb von Gegenständen, die nach dem Zeitpunkt für ihr Unternehmen erworben wurden, zu dem sie zur allgemeinen Besteuerung übergingen;
4. die vom Leistungsempfänger nach § 13b UStG und § 25b UStG geschuldete Steuer für Leistungen, die nach dem Zeitpunkt an sie ausgeführt worden sind, zu dem sie zur allgemeinen Besteuerung übergingen.

[2]Vom Vorsteuerabzug ausgeschlossen sind die Steuerbeträge für Umsätze, die vor dem Zeitpunkt des Übergangs zur allgemeinen Besteuerung ausgeführt worden sind. [3]Das gilt auch für Bezüge, die erstmalig nach dem Übergang zur allgemeinen Besteuerung verwendet werden. [4]Wechselt ein Landwirt, der einen Stall errichtet, vor dessen Fertigstellung von der Besteuerung nach § 24 UStG zur allgemeinen Besteuerung, können die Vorsteuerbeträge, die vor dem Wechsel angefallen sind, erst ab dem Zeitpunkt der erstmaligen Verwendung nach § 15a UStG (anteilig) geltend gemacht werden (vgl. BFH-Urteil vom 12.6.2008, V R 22/06, BStBl. 2009 II S. 165, sowie Abschnitt 15a.9 Abs. 2). [5]Auf den Zeitpunkt des Eingangs der Rechnung oder der Entrichtung der Einfuhrumsatzsteuer kommt es nicht an (vgl. BFH-Urteile vom 6.12.1979, V R 87/72, BStBl. 1980 II S. 279, und vom 17.9.1981, V R 76/75, BStBl. 1982 II S. 198). [6]Wegen des Vorsteuerabzugs bei Zahlungen vor Ausführung des Umsatzes vgl. Abschnitt 15.3.

(6) [1]Bei einem Übergang von der allgemeinen Besteuerung zur Besteuerung nach § 19 Abs. 1, §§ 23, 23a oder 24 UStG sind umgekehrt die in Absatz 5 bezeichneten Vorsteuerbeträge nicht nach § 15 UStG abziehbar. [2]Bei Anwendung des § 23 UStG gilt dies jedoch nur für die Vorsteuerbeträge, auf die sich die Durchschnittssätze nach § 70 UStDV erstrecken.

(7) Zum Verfahren bei der Geltendmachung von Vorsteuerbeträgen aus der Beteiligung an Gesamtobjekten vgl. BMF-Schreiben vom 24.4.1992, BStBl. I S. 291.

---

1) Zum Wechsel der Besteuerungsform vgl. auch A 19.5 u. A 24.7 UStAE.

15.2 Allgemeines zum Vorsteuerabzug

(1) [1]Nach § 15 Abs. 1 Satz 1 Nr. 1 UStG ist nur die gesetzlich geschuldete Steuer für Lieferungen und sonstige Leistungen, die von einem anderen Unternehmer für das Unternehmen des Leistungsempfängers ausgeführt worden sind, als Vorsteuer abziehbar. [2]Ein Vorsteuerabzug ist damit nicht zulässig, soweit der die Rechnung ausstellende Unternehmer die Steuer nach § 14c UStG schuldet. [3]Abziehbar sind nur die Steuerbeträge, die nach dem deutschen UStG geschuldet werden (vgl. BFH-Urteile vom 2.4.1998, V R 34/97, BStBl. II S. 695, und vom 6.12.2007, V R 3/06, BStBl. 2009 II S. 203). [4]Abziehbar ist damit auch die Steuer für die Lieferungen und sonstigen Leistungen, die nach § 1 Abs. 3 UStG wie Umsätze im Inland zu behandeln sind. [5]Unternehmer, die mit ausländischen Vorsteuerbeträgen belastet wurden, haben sich wegen eines eventuellen Abzugs an den Staat zu wenden, der die Steuer erhoben hat. [6]Die EU-Mitgliedstaaten vergüten nach Maßgabe der Richtlinie 2008/9/EG des Rates vom 12.2.2008[1)] den in einem anderen Mitgliedstaat ansässigen Unternehmern die Vorsteuern in einem besonderen Verfahren und haben hierfür zentrale Erstattungsbehörden bestimmt. [7]In der Bundesrepublik Deutschland sind Anträge auf Vergütung der Vorsteuerbeträge in anderen EU-Mitgliedstaaten elektronisch über das BZSt (www.bzst.de) zu übermitteln (vgl. auch Abschnitt 18g.1).

(2)[2)] [1]Die Berechtigung zum Vorsteuerabzug aus Lieferungen und sonstigen Leistungen ist unter folgenden Voraussetzungen gegeben:

1. Die Steuer muss für eine Lieferung oder sonstige Leistung gesondert in Rechnung gestellt worden sein (vgl. Abschnitt 15.2a);
2. die Lieferung oder sonstige Leistung muss von einem Unternehmer ausgeführt worden sein (vgl. Abschnitt 15.2a Abs. 1);
3. der Leistungsempfänger muss Unternehmer und die Lieferung oder sonstige Leistung für sein Unternehmen ausgeführt worden sein (vgl. Abschnitte 15.2b und 15.2c);
4. der Leistungsempfänger ist im Besitz einer nach den §§ 14, 14a UStG ausgestellten Rechnung, in der die Angaben vollständig und richtig sind (vgl. Abschnitt 15.2a Abs. 6). [2]Wegen der Ausnahmen hiervon vgl. Abschnitt 15.2a Abs. 1a.

[2]Diese Voraussetzungen müssen insgesamt erfüllt werden. [3]Das gilt auch für Leistungsempfänger, die die Steuer für ihre Umsätze nach vereinnahmten Entgelten berechnen (§ 20 UStG). [4]Der den Vorsteuerabzug begehrende Unternehmer trägt die Feststellungslast für die Erfüllung der Anspruchsvoraussetzungen (vgl. BFH-Urteil vom 6.4.2016, V R 6/14, BStBl. 2017 II S. 577). [5]Ein Unternehmer, der alle Maßnahmen getroffen hat, die vernünftigerweise von ihm verlangt werden können, um sicherzustellen, dass seine Umsätze nicht in einen Betrug – sei es eine Umsatzsteuerhinterziehung oder ein sonstiger Betrug – einbezogen sind, kann auf die Rechtmäßigkeit dieser Umsätze

---

1) ABl. EU 2008 Nr. L 44, 33 (**Steuergesetze** Nr. **550b**).

2) A 15.2 UStAE Abs. 2 Satz 1 Nr. 4 neuer Satz 2 angef., neue Sätze 9 und 10 eingef., bish. Sätze 9 bis 11 werden Sätze 11 bis 13 durch BMF v. 18.9.2020, BStBl. I 2020, 976, anzuwenden in allen offenen Fällen; zur **Übergangsregelung** siehe Anlage 8.

vertrauen, ohne Gefahr zu laufen, sein Recht auf Vorsteuerabzug zu verlieren. [6]Der Umstand, dass eine Lieferung an einen Unternehmer vorgenommen wird, der weder wusste noch wissen konnte, dass der betreffende Umsatz in einen vom Verkäufer begangenen Betrug einbezogen war, steht dem Vorsteuerabzug nicht entgegen (vgl. BFH-Urteil vom 19.4.2007, V R 48/04, BStBl. 2009 II S. 315). [7]Der Vorsteuerabzug ist von einem Unternehmer für den Besteuerungszeitraum geltend zu machen, in dem die Berechtigung zum Vorsteuerabzug entstanden ist; für einen späteren Besteuerungszeitraum kann die Vorsteuer nicht abgezogen werden (vgl. BFH-Urteile vom 1.12.2010, XI R 28/08, BStBl. 2011 II S. 994, und vom 13.2.2014, V R 8/13, BStBl. II S. 595). [8]Fallen Empfang der Leistung und Empfang der Rechnung zeitlich auseinander, ist der Vorsteuerabzug für den Besteuerungszeitraum zulässig, in dem erstmalig beide Voraussetzungen erfüllt sind (vgl. BFH-Urteile vom 1.7.2004, V R 33/01, BStBl. II S. 861, und vom 19.6.2013, XI R 41/10, BStBl. 2014 II S. 738). [9]Im Falle eines objektiven Nachweises einzelner materieller Voraussetzungen für den Vorsteuerabzug ohne ordnungsmäßige (berichtigte) Rechnung (vgl. Abschnitt 15.2a Abs. 1a) ist der Vorsteuerabzug in dem Zeitpunkt vorzunehmen, in dem die Leistung bezogen wurde und eine Rechnung mit offen ausgewiesener Umsatzsteuer vorlag. [10]Zum Zeitpunkt des Vorsteuerabzuges aus einer berichtigten Rechnung siehe Abschnitt 15.2a Abs. 7. [11]Die Berechtigung des Organträgers zum Vorsteuerabzug aus Eingangsleistungen auf Ebene der Organgesellschaft richtet sich nach den Verhältnissen im Zeitpunkt des Leistungsbezugs, nicht der Rechnungserteilung (vgl. BFH-Urteil vom 13.5.2009, XI R 84/07, BStBl. II S. 868). [12]Bei Zahlungen vor Empfang der Leistung vgl. aber Abschnitt 15.3. [13]Bezieht ein Unternehmer Teilleistungen (z. B. Mietleistungen) für sein Unternehmen, ist sowohl für den Leistungsbezug (§ 15 Abs. 1 Satz 1 Nr. 1 UStG) als auch für die Frage der Verwendung dieser Leistungen (§ 15 Abs. 2 UStG, vgl. Abschnitt 15.12) auf die monatlichen (Teil-)Leistungsabschnitte abzustellen (BFH-Urteil vom 9.9.1993, V R 42/91, BStBl. 1994 II S. 269).

(3) Folgende Sonderregelungen für den Vorsteuerabzug sind zu beachten:

1. [1]Nach § 15 Abs. 1a UStG sind Vorsteuerbeträge nicht abziehbar, die auf Aufwendungen entfallen, für die das Abzugsverbot des § 4 Abs. 5 Satz 1 Nr. 1 bis 4, 7 oder des § 12 Nr. 1 EStG gilt. [2]Ausgenommen von der Vorsteuerabzugsbeschränkung sind Bewirtungsaufwendungen, soweit § 4 Abs. 5 Satz 1 Nr. 2 EStG einen Abzug angemessener und nachgewiesener Aufwendungen ausschließt (vgl. auch Abschnitt 15.6 Abs. 6).
2. Nach § 15 Abs. 1b UStG sind Vorsteuerbeträge für ein dem Unternehmen zugeordnetes teilunternehmerisch genutztes Grundstück nicht abziehbar, soweit sie nicht auf die Verwendung des Grundstücks für Zwecke des Unternehmens entfallen (vgl. Abschnitt 15.6a).
3. Ein Kleinunternehmer, der der Sonderregelung des § 19 Abs. 1 UStG unterliegt, ist nicht zum Vorsteuerabzug berechtigt (§ 19 Abs. 1 Satz 4 UStG; vgl. Abschnitt 15.1 Abs. 4 bis 6 und Abschnitt 19.5).
4. [1]Ermitteln Unternehmer ihre abziehbaren Vorsteuern nach den Durchschnittssätzen des § 23 UStG, ist insoweit ein weiterer Vorsteuerabzug ausgeschlossen (§ 70 Abs. 1 UStDV; vgl. Abschnitt 15.1 Abs. 3 Satz 1 Nr. 1,

Abs. 5 und 6 sowie Abschnitte 23.1 und 23.3). [2]Dasselbe gilt für die Berechnung nach den Durchschnittssätzen des § 23a UStG (§ 23a Abs. 1 UStG; vgl. Abschnitt 15.1 Abs. 3 Satz 1 Nr. 2, Abs. 5 und 6).

5. Werden die Vorsteuerbeträge, die den im Rahmen eines land- und forstwirtschaftlichen Betriebs ausgeführten Umsätzen zuzurechnen sind, nach Durchschnittssätzen ermittelt, entfällt ein weiterer Vorsteuerabzug (§ 24 Abs. 1 Satz 3 und 4 UStG; vgl. Abschnitt 15.1 Abs. 3 Satz 1 Nr. 3, Abs. 5 und 6 sowie Abschnitt 24.7 Abs. 2 und 3).
6. Bewirkt der Unternehmer Reiseleistungen im Sinne des § 25 Abs. 1 UStG, ist er nicht berechtigt, die ihm in diesen Fällen für die Reisevorleistungen gesondert in Rechnung gestellten Steuerbeträge als Vorsteuern abzuziehen (§ 25 Abs. 4 UStG, vgl. Abschnitt 25.4).
7. Ein Wiederverkäufer, der für die Lieferung beweglicher körperlicher Gegenstände die Differenzbesteuerung des § 25a Abs. 2 UStG anwendet, kann die entstandene Einfuhrumsatzsteuer sowie die Steuer für die an ihn ausgeführte Lieferung nicht als Vorsteuer abziehen (§ 25a Abs. 5 UStG; vgl. Abschnitt 25a.1 Abs. 7).

15.2a Ordnungsmäßige Rechnung als Voraussetzung für den Vorsteuerabzug

Rechnung im Sinne der §§ 14, 14a UStG

(1) [1]Nach § 15 Abs. 1 Satz 1 Nr. 1 Satz 2 in Verbindung mit § 14 Abs. 4 Satz 1 Nr. 8 UStG muss die Steuer in einer nach den §§ 14, 14a UStG ausgestellten Rechnung gesondert ausgewiesen sein. [2]Der Begriff der Rechnung ergibt sich aus § 14 Abs. 1 UStG (vgl. auch Abschnitt 14.1). [3]Für den Vorsteuerabzug muss eine Rechnung das Entgelt und den Steuerbetrag getrennt ausweisen; die Angabe des Entgelts als Grundlage des gesondert ausgewiesenen Steuerbetrags ist damit zwingend erforderlich (vgl. Abschnitt 15.11 Abs. 4). [4]Ein gesonderter Steuerausweis liegt nicht vor, wenn die in einem Vertrag enthaltene Abrechnung offen lässt, ob der leistende Unternehmer den Umsatz steuerfrei oder steuerpflichtig (§ 9 UStG) behandeln will (vgl. Abschnitt 14.1 Abs. 2 Satz 5), oder in dem Dokument nicht durch Angaben tatsächlicher Art zum Ausdruck kommt, dass die gesondert ausgewiesene Steuer auf Lieferungen oder sonstigen Leistungen des Rechnungsausstellers an den Leistungsempfänger beruht (BFH-Urteil vom 12.6.1986, V R 75/78, BStBl. II S. 721). [5]Eine nach den §§ 14, 14a UStG ausgestellte Rechnung ist auch bei der Abrechnung der Leistung des Insolvenzverwalters an den Gemeinschuldner erforderlich. [6]Der Beschluss des Insolvenzgerichts über die Festsetzung der Vergütung ist für den Vorsteuerabzug nicht ausreichend (vgl. BFH-Urteile vom 20.2.1986, V R 16/81, BStBl. II S. 579 und vom 26.9.2012, V R 9/11, BStBl. II 2013 S. 346).

(1a)[1)] [1]Das Recht auf Vorsteuerabzug kann ausnahmsweise auch geltend gemacht werden, wenn der Unternehmer im Besitz einer Rechnung ist, die nicht

---

[1)] A 15.2a UStAE Abs. 1a eingef. durch BMF v. 18.9.2020, BStBl. I 2020, 976, anzuwenden in allen offenen Fällen, zur **Übergangsregelung** siehe Anlage 8; neuer Satz 8 eingef., bish. Sätze 8 und 9 werden Sätze 9 und 10 durch BMF v. 9.9.2021, BStBl. I 2021, 1593, anzuwenden in allen offenen Fällen.

alle formellen Voraussetzungen erfüllt und die auch nicht berichtigt wurde (vgl. Absatz 7). [2]Der Vorsteuerabzug ist unter Anwendung eines strengen Maßstabes auch zu gewähren, wenn die Finanzverwaltung über sämtliche Angaben verfügt, um die materiellen Voraussetzungen zu überprüfen (vgl. EuGH-Urteil vom 15.9.2016, C-516/14, Barlis 06). [3]Der Unternehmer kann daher durch objektive Nachweise belegen, dass ihm andere Unternehmer auf einer vorausgehenden Umsatzstufe tatsächlich Gegenstände oder Dienstleistungen geliefert bzw. erbracht haben, die seinen der Mehrwertsteuer unterliegenden Umsätzen dienten und für die er die Umsatzsteuer tatsächlich entrichtet hat. [4]Aus dieser Rechtsprechung folgt aber insbesondere nicht, dass ein Vorsteuerabzug gänzlich ohne Rechnung geltend gemacht werden kann (vgl. Rz. 39ff. des BFH-Urteils vom 15.10.2019, V R 14/18, BStBl. 2020 II S. 596). [5]Der Nachweis über die tatsächliche Entrichtung der Steuer kann nämlich nur über eine Rechnung oder deren Kopie (vgl. Abschnitt 15.11. Abs. 1 Satz 4) mit offen ausgewiesener Umsatzsteuer erfolgen. [6]Ohne diesen Ausweis verbleiben Zweifel, ob und in welcher Höhe die Steuer in dem Zahlbetrag enthalten ist und damit, ob die Steuer tatsächlich entrichtet worden ist. [7]Entscheidend ist, dass die vorgelegten Beweismittel eine leichte und zweifelsfreie Feststellung der Voraussetzungen durch die Finanzbehörden ermöglichen (vgl. BFH-Urteil vom 12.3.2020, V R 48/17, BStBl. II S. 604), anderenfalls ist die Kontrollfunktion nicht erfüllt. [8]Der Leistungszeitpunkt kann sich im Einzelfall aus dem Rechnungsdatum ergeben, wenn keine Zweifel bestehen, dass die Leistung in dem Monat der Rechnungsstellung ausgeführt wurde (vgl. BFH-Urteile vom 1.3.2018, V R 18/17, BStBl. 2021 II S. 644, und vom 15.10.2019, V R 29/19 (V R 44/16), BStBl. 2021 II S. 646). [9]Solche Zweifel bestehen insbesondere, wenn das Zusammenfallen von Rechnungs- und Leistungsdatum nicht branchenüblich ist, der Rechnungsaussteller eine zeitnahe Abrechnung nicht regelmäßig durchführt oder bei der konkreten Leistung sonstige Zweifel am Zusammenfallen der Daten bestehen. [10]Es besteht keine Pflicht der Finanzbehörden, fehlende Informationen selbst von Amts wegen zu ermitteln. [11]Zweifel und Unklarheiten wirken zu Lasten des Unternehmers (vgl. Abschnitt 15.11. Abs. 3 Satz 1).

Rechnungsaussteller

(2) [1]Die Rechnung muss grundsätzlich vom leistenden Unternehmer oder vom Leistungsempfänger (Gutschrift) ausgestellt sein. [2]Ein Vorsteuerabzug ist deshalb nicht zulässig, wenn ein anderer im Namen des Leistenden oder des Leistungsempfängers eine Rechnung mit gesondertem Steuerausweis erteilt, ohne vom Leistenden oder vom Leistungsempfänger dazu beauftragt zu sein. [3]Der Rechnungsaussteller (Gutschriftsempfänger) muss mit dem leistenden Unternehmer grundsätzlich identisch sein, um eine Verbindung zwischen einer bestimmten wirtschaftlichen Transaktion und dem Rechnungsaussteller (Gutschriftsempfänger) herzustellen (vgl. BFH-Urteil vom 14.2.2019, V R 47/16, BStBl. II 2020 S. 424). [4]Zur Abrechnung durch den Vermittler vgl. BFH-Urteil vom 4.3.1982, V R 59/81, BStBl. II S. 315. [5]Der Vorsteuerabzug ist nur möglich, wenn die Rechnung die Angabe des vollständigen Namens und der vollständigen Anschrift des leistenden Unternehmers enthält, wobei es nicht erforderlich ist, dass die wirtschaftlichen Tätigkeiten des leistenden

Unternehmers unter der Anschrift ausgeübt werden, die in der von ihm ausgestellten Rechnung angegeben ist; es reicht vielmehr jede Art von Anschrift und damit auch eine Briefkastenanschrift, sofern der Unternehmer unter dieser Anschrift erreichbar ist (vgl. BFH-Urteile vom 13.6.2018, XI R 20/14, BStBl. II S. 800, und vom 21.6.2018, V R 25/15, BStBl. II S. 809, und V R 28/16, BStBl. II S. 806). [6] Maßgeblich für eine Erreichbarkeit ist der Zeitpunkt der Rechnungsausstellung. [7] Die Feststellungslast für die postalische Erreichbarkeit zu diesem Zeitpunkt trifft den den Vorsteuerabzug begehrenden Leistungsempfänger (vgl. BFH-Urteil vom 5.12.2018, XI R 22/14, BStBl. 2020 II S. 418). [8] Der Unternehmer, der die Lieferung oder sonstige Leistung ausgeführt hat, muss in der Rechnung (Abrechnungspapier) grundsätzlich mit seinem wirklichen Namen bzw. mit der wirklichen Firma angegeben sein (vgl. auch § 31 Abs. 2 UStDV). [9] Bei der Verwendung eines unzutreffenden und ungenauen Namens (z. B. Scheinname oder Scheinfirma) kann der Vorsteuerabzug ausnahmsweise zugelassen werden, wenn der tatsächlich leistende Unternehmer eindeutig und leicht nachprüfbar aus dem Abrechnungspapier ersichtlich ist (vgl. BFH-Urteil vom 7.10.1987, X R 60/82, BStBl. 1988 II S. 34). [10] Diese Ausnahmekriterien sind eng auszulegen, so dass z. B. der Vorsteuerabzug unter folgenden Umständen unzulässig ist:

1.[1)] [1] Bei Verwendung einer Scheinfirma oder eines Scheinnamens ergibt sich aus dem Abrechnungspapier kein Hinweis auf den tatsächlich leistenden Unternehmer (vgl. BFH-Urteil vom 19.10.1978, V R 39/75, BStBl. 1979 II S. 345). [2] Hinweise auf den tatsächlich leistenden Unternehmer fehlen in der Regel in Rechnungen mit willkürlich ausgesuchten Firmenbezeichnungen und/oder unzutreffenden Anschriften sowie bei Rechnungen von zwar existierenden Firmen, die aber die Leistung nicht ausgeführt haben (z. B. bei Verwendung von echten Rechnungsformularen dieser Firmen ohne ihr Wissen oder bei gefälschten Rechnungsformularen). [3] Das gilt auch, wenn der Abrechnende bereits bei der Leistungsbewirkung unter dem fremden Namen aufgetreten ist (BFH-Urteil vom 17.9.1992, V R 41/89, BStBl. 1993 II S. 205) oder wenn die als Rechnungsaussteller bezeichnete Person einen auf ihren Namen lautenden Gewerbebetrieb vortäuscht, ohne tatsächlich selber direkt oder über einen rechtsgeschäftlichen Vertreter zivilrechtliche Vertragsbeziehungen mit dem Leistungsempfänger zu unterhalten (vgl. BFH-Urteil vom 15.10.2019, V R 29/19 (V R 44/16), BStBl. 2021 II S. 646).
2. [1] Aus dem Abrechnungspapier geht der tatsächlich leistende Unternehmer nicht eindeutig hervor. [2] Dies ist beispielsweise anzunehmen, wenn nach der Abrechnung mehrere leistende Unternehmer in Betracht kommen und sich der tatsächlich leistende Unternehmer nicht zweifelsfrei ergibt. [3] Die Feststellung, welcher Leistungsbeziehung die Verschaffung der Verfügungsmacht zuzurechnen ist, ist im Wesentlichen tatsächliche Würdigung (vgl. BFH-Urteil vom 4.9.2003, V R 9, 10/02, BStBl. 2004 II S. 627). [4] Im Fall eines Strohmannverhältnisses sind die von dem (weisungsabhängigen) Strohmann bewirkten Leistungen trotz selbständigen Auftretens im Außenverhältnis dem

[1)] A 15.2a UStAE Abs. 2 Satz 10 Nr. 1 Satz 3 neugef. durch BMF v. 9.9.2021, BStBl. I 2021, 1593, anzuwenden in allen offenen Fällen.

Hintermann als Leistendem zuzurechnen (vgl. BFH-Urteil vom 15.9.1994, XI R 56/93, BStBl. 1995 II S. 275). [5] Ein Strohmann, der im eigenen Namen Gegenstände verkauft und bewirkt, dass dem Abnehmer die Verfügungsmacht daran eingeräumt wird, kann aber umsatzsteuerrechtlich Leistender sein (vgl. BFH-Urteil vom 28.1.1999, V R 4/98, BStBl. II S. 628, und BFH-Beschluss vom 31.1.2002, V B 108/01, BStBl. 2004 II S. 622). [6] Ein Unternehmer, der unter fremdem Namen auftritt, liefert dagegen selbst, wenn nach den erkennbaren Umständen durch sein Handeln unter fremdem Namen lediglich verdeckt wird, dass er und nicht der „Vertretene" die Lieferung erbringt (vgl. BFH-Urteil vom 4.9.2003, V R 9, 10/02, a. a. O.). [7] Im Übrigen vgl. zum Begriff des Leistenden Abschnitt 2.1 Abs. 3.

3. Aus dem Abrechnungspapier ist der tatsächlich leistende Unternehmer nur schwer zu ermitteln, also nicht leicht nachprüfbar festzustellen.
4. Der tatsächlich leistende Unternehmer ist zwar bekannt, seine Identität ergibt sich jedoch nicht aus dem Abrechnungspapier oder aus solchen Unterlagen, auf die in dem Abrechnungspapier verwiesen wird (vgl. hierzu die zur zutreffenden Leistungsbezeichnung in Rechnungen ergangenen BFH-Beschlüsse vom 4.12.1987, V S 9/85, BStBl. 1988 II S. 702, und vom 9.12.1987, V B 54/85, BStBl. 1988 II S. 700).

[11] Steuern, die dem Unternehmer von einem Lieferer oder Leistenden in Rechnung gestellt werden, der nicht Unternehmer ist, sind – obwohl sie von diesem nach § 14c Abs. 2 UStG geschuldet werden – nicht abziehbar (vgl. BFH-Urteile vom 8.12.1988, V R 28/84, BStBl. 1989 II S. 250, und vom 2.4.1998, V R 34/97, BStBl. II S. 695).

Rechnungsadressat

(3)[1)] [1] Der Vorsteuerabzug setzt grundsätzlich eine auf den Namen des umsatzsteuerlichen Leistungsempfängers lautende Rechnung mit gesondert ausgewiesener Steuer voraus. [2] Es ist jede Bezeichnung des Leistungsempfängers ausreichend, die eine eindeutige und leicht nachprüfbare Feststellung seines Namens und seiner Anschrift ermöglicht (vgl. BFH-Urteil vom 2.4.1997, V B 26/96, BStBl. II S. 443). [3] Eine andere Rechnungsadresse ist nicht zu beanstanden, wenn aus dem übrigen Inhalt der Rechnung oder aus anderen Unterlagen, auf die in der Rechnung hingewiesen wird (§ 31 Abs. 1 UStDV), Name und Anschrift des umsatzsteuerlichen Leistungsempfängers eindeutig hervorgehen (z. B. bei einer Rechnungsausstellung auf den Namen eines Gesellschafters für Leistungen an die Gesellschaft). [4] Eine Gesellschaft kann jedoch aus einer Rechnung, die nur auf einen Gesellschafter ausgestellt ist, keinen Vorsteuerabzug vornehmen, wenn die Rechnung keinen Hinweis auf die Gesellschaft als Leistungsempfänger enthält (vgl. BFH-Urteile vom 5.10.1995, V R 113/92, BStBl. 1996 II S. 111). [5] Entsprechendes gilt für Gemeinschaften (vgl. BFH-Urteil vom 23.9.2009, XI R 14/08, BStBl. 2010 II S. 243). [6] Der in einer Rechnung an die Bauherren eines Gesamtobjekts (z. B. Wohnanlage mit Eigentumswohnungen) gesondert ausgewiesene Steuerbetrag kann nach § 1 Abs. 2 der Verordnung über die gesonderte Feststellung von Besteuerungs-

[1)] A 15.2a UStAE Abs. 3 Sätze 8 und 9 neugef. durch BMF v. 27.10.2021, BStBl. I 2021, 2137, auszuwenden in allen offenen Fällen.

grundlagen nach § 180 Abs. 2 AO auf die Beteiligten verteilt und ihnen zugerechnet werden. [7]Die Bezeichnung der einzelnen Leistungsempfänger und der für sie abziehbare Steuerbetrag kann aus einer Abrechnung über das bezeichnete Gesamtobjekt abgeleitet werden (BFH-Urteil vom 27.1.1994, V R 31/91, BStBl. II S. 488). [8]Sind bei gemeinsamem Leistungsbezug durch mehrere Personen die einzelnen Gemeinschafter als Leistungsempfänger anzusehen (vgl. Abschnitt 15.2b Abs. 1), genügt für Zwecke des Vorsteuerabzugs des einzelnen Gemeinschafters grundsätzlich eine Rechnung an die Gemeinschaft, die als Angabe nach § 14 Abs. 4 Satz 1 Nr. 1 UStG nur den vollständigen Namen und die vollständige Anschrift der Gemeinschaft enthält. [9]Aus den durch die den Vorsteuerabzug begehrenden Gemeinschafter nach § 22 UStG zu führenden Aufzeichnungen müssen sich dann die Namen und die Anschriften der übrigen Gemeinschafter sowie die auf die Gemeinschafter entfallenden Anteile am Gemeinschaftsvermögen ergeben. [10]In den Fällen eines Entgelts von dritter Seite (§ 10 Abs. 1 Satz 2 UStG) ist nicht der Dritte, sondern nur der Leistungsempfänger zum Vorsteuerabzug berechtigt (vgl. auch Abschnitt 14.10 Abs. 1).

Leistungsbeschreibung

(4)[1)] [1]In der Rechnung sind als Nachweis dafür, dass die Leistung für das Unternehmen bezogen wurde, zutreffende Angaben des leistenden Unternehmers über die Menge und die Art der von ihm gelieferten Gegenstände oder den Umfang und die Art der von ihm ausgeführten sonstigen Leistungen erforderlich (vgl. Abschnitt 14.5 Abs. 15). [2]Bei Lieferungen kann die erforderliche Angabe der Art in der (unter Berücksichtigung von Handelsstufe, Art und Inhalt der Lieferung und dem Wert der einzelnen Gegenstände) zutreffenden handelsüblichen Bezeichnung der einzelnen Liefergegenstände bestehen (zu den Anforderungen bei hochpreisigen Uhren und Armbändern vgl. BFH-Beschluss vom 29.11.2002, V B 119/02, n. v.; abgrenzend dazu im Niedrigpreissegment vgl. BFH-Urteil vom 10.7.2019, XI R 28/18, BStBl. 2021 II S. 961). [3]In Zweifelsfällen ist der Unternehmer nach den allgemeinen Regeln (vgl. Absätze 5 und 6) nachweispflichtig, dass eine in der Rechnung aufgeführte Bezeichnung (z. B. bloße Gattungsbezeichnung wie „T-Shirts" oder „Bluse") auf der betreffenden Handelsstufe handelsüblich ist. [4]Bei sonstigen Leistungen müssen die Angaben eine eindeutige Identifizierung der abgerechneten Leistungen ermöglichen. [5]Der Umfang und die Art der erbrachten Dienstleistungen sind zu präzisieren; dies bedeutet jedoch nicht, dass die konkreten erbrachten Dienstleistungen erschöpfend beschrieben werden müssen (BFH-Urteil vom 15.10.2019, V R 29/19 (V R 44/16), BStBl. 2021 II S. 646 und EuGH-Urteil vom 15.9.2016, C-516/14, Barlis 06). [6]Allein nicht ausreichend sind allgemeine Angaben wie „Erbringung juristischer Dienstleistungen", „Bauarbeiten" (vgl. BFH-Urteil vom 10.11.1994, V R 45/93, BStBl. 1995 II S. 395), „Beratungsleistung" (vgl. BFH-Beschluss vom 16.12.2008, V B 228/07, n.v.), „Werbungskosten lt. Absprache", „Akquisitions-Aufwand" oder „Reinigungskosten" (vgl. BFH-Urteil vom 1.3.2018, V R 18/17, BStBl. 2021 II S. 644), da sie nicht die erforderliche Kontrollfunktion (vgl. Abschnitt 14.5 Abs. 1) erfüllen.

---

1) A 15.2a UStAE Abs. 4 neugef. durch BMF v. 1.12.2021, BStBl. I 2021, 2486, anzuwenden in allen offenen Fällen.

(5)[1] [1]Der Vorsteuerabzug kann nur auf Grund einer Rechnung geltend gemacht werden, die eine eindeutige und leicht nachprüfbare Feststellung der Leistung ermöglicht, über die abgerechnet worden ist (BFH-Urteile vom 10.11.1994, V R 45/93, BStBl. 1995 II S. 395, vom 16.1.2014, V R 28/13, BStBl. II S. 867, vom 1.3.2018, V R 18/17, BStBl. 2021 II S. 644 und vom 15.10.2019, V R 29/19 (V R 44/16), BStBl. 2021 II S. 646). [2]Eine für die Gewährung des Vorsteuerabzugs ausreichende Leistungsbezeichnung ist dann nicht gegeben, wenn die Angaben tatsächlicher Art im Abrechnungspapier unrichtig oder so ungenau sind, dass sie eine Identifizierung des Leistungsgegenstands nicht ermöglichen. [3]Den Vorsteuerabzug ausschließende

1. unrichtige Angaben liegen vor, wenn eine in der Rechnung aufgeführte Leistung tatsächlich nicht erbracht ist und auch nicht erbracht werden soll (z.B. bei Gefälligkeitsrechnungen), oder zwar eine Leistung ausgeführt ist oder ausgeführt werden soll, jedoch in der Rechnung nicht auf die tatsächliche Leistung, sondern auf eine andere hingewiesen wird (vgl. Beispielsfälle in Abschnitt 14c.2 Abs. 2 Nr. 3);
2. [1]ungenaue Angaben liegen vor, wenn die Rechnungsangaben zwar nicht unrichtig, aber nicht so eingehend und präzise sind, dass sie ohne weiteres völlige Gewissheit über Art und Umfang des Leistungsgegenstands verschaffen. [2]Dies ist regelmäßig der Fall, wenn sich anhand der Rechnung nachträglich nicht genau feststellen lässt, auf welchen gelieferten Gegenstand bzw. auf welchen beim Leistungsempfänger eingetretenen Erfolg einer sonstigen Leistung sich die gesondert ausgewiesene Steuer beziehen soll (vgl. Beispielsfälle in Abschnitt 14c.2 Abs. 2 Nr. 3). [3]Die erforderlichen Angaben müssen aus der vom leistenden Unternehmer erstellten Rechnung oder aus weiteren, ergänzenden Unterlagen hervorgehen (vgl. Absätze 1a und 7). [4]Rechnungsergänzungen durch den Leistungsempfänger können nicht berücksichtigt werden (vgl. BFH-Beschluss vom 4.12.1987, V S 9/85, BStBl. 1988 II S. 702).

Überprüfung der Rechnungsangaben

(6)[2] [1]Der Leistungsempfänger hat die in der Rechnung enthaltenen Angaben auf ihre Vollständigkeit und Richtigkeit zu überprüfen (vgl. BFH-Urteil vom 6.12.2007, V R 61/05, BStBl. 2008 II S. 695). [2]Dabei ist allerdings der Grundsatz der Verhältnismäßigkeit zu wahren. [3]Enthält die Rechnung entgegen § 14 Abs. 4 Satz 1 Nr. 2 UStG nur eine Zahlen- und Buchstabenkombination, bei der es sich nicht um die dem leistenden Unternehmer erteilte Steuernummer handelt, ist der Leistungsempfänger nach § 15 Abs. 1 Satz 1 Nr. 1 Satz 2 UStG – vorbehaltlich einer Rechnungsberichtigung – nicht zum Vorsteuerabzug berechtigt (BFH-Urteil vom 2.9.2010, V R 55/09, BStBl. 2011 II S. 235). [4]Die Überprüfung der Richtigkeit der Steuernummer oder der inländischen USt-IdNr. und der Rechnungsnummer ist dem Rech-

---

[1] A 15.2a UStAE Abs. 5 Satz 3 Nr. 2 Sätze 3 und 4 neugef. durch BMF v. 15.12.2020, BStBl. I 2021, 1374; Satz 1 Klammerzusatz neugef. durch BMF v. 9.9.2021, BStBl. I 2021, 1593, anzuwenden in allen offenen Fällen.

[2] A 15.2a UStAE Abs. 6 Satz 11 Klammerzusatz neugef. durch BMF v. 27.10.2021, BStBl. I 2021, 2137, anzuwenden in allen offenen Fällen.

nungsempfänger regelmäßig nicht möglich (vgl. BFH-Urteil vom 2.9.2010, V R 55/09, a. a. O.). [5]Ist eine dieser Angaben unrichtig und konnte der Unternehmer dies nicht erkennen, bleibt der Vorsteuerabzug erhalten, wenn im Übrigen die Voraussetzungen für den Vorsteuerabzug gegeben sind. [6]Unberührt davon bleibt, dass der Unternehmer nach § 15 Abs. 1 Satz 1 Nr. 1 UStG nur die gesetzlich geschuldete Steuer für Lieferungen und sonstige Leistungen eines anderen Unternehmers für sein Unternehmen als Vorsteuer abziehen kann. [7]Deshalb ist z. B. der Vorsteuerabzug zu versagen, wenn die Identität des leistenden Unternehmers mit den Rechnungsangaben nicht übereinstimmt oder über eine nicht ausgeführte Lieferung oder sonstige Leistung abgerechnet wird. [8]Hinsichtlich der übrigen nach den §§ 14, 14a UStG erforderlichen Angaben hat der Rechnungsempfänger die inhaltliche Richtigkeit der Angaben zu überprüfen. [9]Dazu gehört insbesondere, ob es sich bei der ausgewiesenen Steuer um gesetzlich geschuldete Steuer für eine Lieferung oder sonstige Leistung handelt. [10]Bei unrichtigen Angaben entfällt grundsätzlich der Vorsteuerabzug. [11]Enthält eine Rechnung Rechenfehler oder die unrichtige Angabe des Entgelts, des Steuersatzes oder des Steuerbetrags, kann ggf. der zu niedrig ausgewiesene Steuerbetrag abgezogen werden (vgl. Abschnitt 14c.1 Abs. 9 und BFH-Urteil vom 28.8.2014, V R 49/13, BStBl. 2021 II S. 825). [12]Im Fall des § 14c Abs. 1 UStG kann der Vorsteuerabzug unter den übrigen Voraussetzungen in Höhe der für die bezogene Leistung geschuldeten Steuer vorgenommen werden. [13]Ungenauigkeiten führen unter den übrigen Voraussetzungen nicht zu einer Versagung des Vorsteuerabzugs, wenn z. B. bei Schreibfehlern im Namen oder der Anschrift des leistenden Unternehmers oder des Leistungsempfängers oder in der Leistungsbeschreibung ungeachtet dessen eine eindeutige und unzweifelhafte Identifizierung der am Leistungsaustausch Beteiligten, der Leistung und des Leistungszeitpunkts möglich ist und die Ungenauigkeiten nicht sinnentstellend sind.

Berichtigte Rechnung

(7)[1] [1]Ist eine Rechnung nicht ordnungsmäßig und kann auch kein Nachweis im Sinne von Absatz 1a geführt werden, ist sie für das Recht auf einen Vorsteuerabzug zu berichtigen (vgl. Abschnitt 14.11.). [2]Eine Rechnungsberichtigung kann auf den Zeitpunkt zurückwirken, in dem die Rechnung erstmals ausgestellt wurde (vgl. BFH-Urteil vom 20.10.2016, V R 26/15, DStR S. 2697). [3]Auch der Stornierung einer Rechnung nebst Neuausstellung einer sie ersetzenden Rechnung kann eine Rückwirkung beim Vorsteuerabzug zukommen (vgl. BFH-Urteil vom 22.1.2020, XI R 10/17, DStR S. 1124). [4]Die Rückwirkung einer Rechnungsberichtigung beim Vorsteuerabzug gilt unabhängig davon, ob die Berichtigung zum Vorteil oder zum Nachteil des Leistungsempfängers wirkt. [5]Eine Rechnung ist auch dann „unzutreffend“ im Sinne des § 31 Abs. 5 Satz 1 Buchstabe b UStDV, wenn sie im Einvernehmen aller Beteiligten vollständig rückabgewickelt und die gezahlte Umsatzsteuer zurückgezahlt wurde (vgl. BFH-Urteil vom 22.1.2020, XI R 10/17, DStR S. 1124). [6]Ein Dokument ist dann eine rückwirkend berichti-

[1] A 15.2a UStAE Abs. 7 neugef. durch BMF v. 18.9.2020, BStBl. I 2020, 976, anzuwenden in allen offenen Fällen; zur **Übergangsregelung** siehe Anlage 8.

gungsfähige Rechnung, wenn es Angaben zum Rechnungsaussteller, zum Leistungsempfänger, zur Leistungsbeschreibung, zum Entgelt und zur gesondert ausgewiesenen Umsatzsteuer enthält. [7] Hierfür reicht es aus, dass die Rechnung diesbezügliche Angaben enthält und die Angaben nicht in so hohem Maße unbestimmt, unvollständig oder offensichtlich unzutreffend sind, dass sie fehlenden Angaben gleichstehen. [8] Sind diese Anforderungen erfüllt, entfaltet die Rechnungsberichtigung immer Rückwirkung. [9] Die Rechnung kann bis zum Schluss der letzten mündlichen Verhandlung vor dem Finanzgericht berichtigt und vorgelegt werden. [10] Kleinbetragsrechnungen nach § 33 UStDV müssen nur berichtigt werden, soweit diese Vorschrift die in Rede stehenden Angaben erfordert. [11] Zu den Einzelheiten vgl. BMF-Schreiben vom 18.9.2020, DStR S. 2131). [12] Das Recht auf Vorsteuerabzug aus einer mit Rückwirkung berichtigten Rechnung ist grundsätzlich in dem Zeitpunkt auszuüben, in dem die Leistung bezogen wurde und die ursprüngliche Rechnung vorlag. [13] Abweichend hiervon kann bei einem zu niedrigen Steuerausweis in der ursprünglichen Rechnung das Recht auf Vorsteuerabzug in Höhe der Differenz zwischen dem zu niedrigen Steuerbetrag, für den ein Vorsteuerabzug bereits vorgenommen wurde, und dem zutreffenden Steuerbetrag erst dann ausgeübt werden, wenn der Leistungsempfänger im Besitz einer Rechnung ist, die den Steuerbetrag in zutreffender Höhe ausweist. [14] Wird eine Rechnung berichtigt, die nach den vorstehenden Ausführungen nicht rückwirkend berichtigungsfähig ist, kann der Vorsteuerabzug erst zu dem Zeitpunkt in Anspruch genommen werden, in dem der Rechnungsaussteller die Rechnung berichtigt und die zu berichtigenden Angaben an den Rechnungsempfänger übermittelt hat.

Endrechnungen

(8) Hat der leistende Unternehmer in einer Endrechnung die vor Ausführung der Lieferung oder sonstigen Leistung vereinnahmten Teilentgelte und die auf sie entfallenden Steuerbeträge nicht nach § 14 Abs. 5 Satz 2 UStG abgesetzt, ist die zu hoch ausgewiesene Umsatzsteuer nicht als Vorsteuer abziehbar (BFH-Urteil vom 11.4.2002, V R 26/01, BStBl. 2004 II S. 317).

Gutschriften

(9) [1] Wird über die Lieferung oder sonstige Leistung mit einer Gutschrift abgerechnet, kommt der Vorsteuerabzug für den Leistungsempfänger nur in Betracht, wenn der leistende Unternehmer zum gesonderten Ausweis der Steuer in einer Rechnung berechtigt ist. [2] Daher kann auch in diesen Fällen der Vorsteuerabzug nicht in Anspruch genommen werden, wenn der leistende Unternehmer § 19 Abs. 1 UStG anwendet.

(10) [1] Der Vorsteuerabzug aus einer Gutschrift entfällt auch, wenn die Lieferung oder sonstige Leistung nicht steuerpflichtig ist (vgl. auch BFH-Urteil vom 31.1.1980, V R 60/74, BStBl. II S. 369). [2] Hat der Aussteller der Gutschrift die Steuer zu hoch ausgewiesen, kann er den zu hoch ausgewiesenen Steuerbetrag nicht als Vorsteuer abziehen (vgl. Absatz 6). [3] Ein Vorsteuerabzug ist ebenfalls nicht zulässig, wenn eine Gutschrift ohne das Einverständnis des Gutschriftsempfängers erteilt wird oder wenn der Leistungsempfänger eine unvollständige und daher zum Vorsteuerabzug nicht berechtigende Rechnung

(z. B. bei fehlendem gesonderten Steuerausweis) ohne ausdrückliche Anerkennung des Lieferers oder Leistenden durch eine Gutschrift ersetzt (vgl. auch Abschnitt 14.3 Abs. 1).

(11) [1]Der Vorsteuerabzug entfällt, soweit der Gutschriftsempfänger dem in der Gutschrift angegebenen Steuerbetrag widerspricht (vgl. § 14 Abs. 2 Satz 3 UStG). [2]Dieser Widerspruch wirkt auch für den Vorsteuerabzug des Gutschriftausstellers erst in dem Besteuerungszeitraum, in dem er erklärt wird (vgl. BFH-Urteil vom 19.5.1993, V R 110/88, BStBl. II S. 779). [3]Widerspricht der Gutschriftsempfänger dem übermittelten Abrechnungsdokument, verliert die Gutschrift die Wirkung einer zum Vorsteuerabzug berechtigenden Rechnung auch dann, wenn die Gutschrift den zivilrechtlichen Vereinbarungen entspricht und die Umsatzsteuer zutreffend ausweist; es genügt, dass der Widerspruch eine wirksame Willenserklärung darstellt (vgl. BFH-Urteil vom 23.1.2013, XI R 25/11, BStBl. II S. 417).

Betriebsinterne Abrechnungen

(12) [1]Steuerbeträge, die für einen Innenumsatz (z. B. zwischen Betriebsabteilungen desselben Unternehmers oder innerhalb eines Organkreises) gesondert ausgewiesen werden, berechtigen nicht zum Vorsteuerabzug (vgl. auch Abschnitt 14.1 Abs. 4). [2]Bei Sacheinlagen von bisher nichtunternehmerisch (unternehmensfremd oder nichtwirtschaftlich i. e. S., vgl. Abschnitt 2.3 Abs. 1a) verwendeten Gegenständen ist ein Vorsteuerabzug ebenfalls nicht zulässig.

15.2b Leistung für das Unternehmen

Leistungsempfänger

(1)[1)] [1]Eine Lieferung oder sonstige Leistung wird grundsätzlich an diejenige Person ausgeführt, die aus dem schuldrechtlichen Vertragsverhältnis, das dem Leistungsaustausch zu Grunde liegt, berechtigt oder verpflichtet ist (vgl. BFH-Urteil vom 28.8.2013, XI R 4/11, BStBl. 2014 II S. 282). [2]Leistungsempfänger ist somit regelmäßig der Auftraggeber oder Besteller einer Leistung. [3]Alleine die Umlage der Umsatzsteuer durch den Leistungsempfänger auf sein unternehmerisch tätiges Mitglied führt auch unter Beachtung des Grundsatzes der Neutralität der Umsatzsteuer nicht dazu, dass das Mitglied zum Leistungsempfänger wird (vgl. BFH-Urteil vom 31.5.2017, XI R 40/14, BStBl. 2021 II S. 828). [4]Saniert ein Treuhänder ein Gebäude für Zwecke einer umsatzsteuerpflichtigen Vermietung, ist der Treuhänder und nicht der Treugeber auf Grund der im Namen des Treuhänders bezogenen Bauleistungen zum Vorsteuerabzug berechtigt (BFH-Urteil vom 18.2.2009, V R 82/07, BStBl. II S. 876). [5]Wird auf einem Grundstück, an dem die Ehegatten gemeinschaftlich Miteigentümer sind, ein Bauwerk errichtet, kann statt der Ehegattengemeinschaft auch einer der Ehegatten allein Leistungsempfänger sein. [6]In

---

1) A 15.2b UStAE Abs. 1 Satz 3 eingef., bish. Sätze 3 bis 5 werden Sätze 4 bis 6, bish. Satz 6 wird Satz 7 und neugef., bish. Satz 7 aufgeh., Sätze 8 bis 10 und Satz 11 Klammerzusatz neugef. durch BMF v. 27.10.2021, BStBl. I 2021, 2137, anzuwenden in allen offenen Fällen.

derartigen Fällen muss sich schon aus der Auftragserteilung klar ergeben, wer Auftraggeber und damit Leistungsempfänger ist. 7 Bei gemeinsamem Erwerb durch mehrere Personen in Form einer nicht selbst unternehmerisch tätigen Bruchteilsgemeinschaft sind die einzelnen Gemeinschafter als Leistungsempfänger anzusehen (BFH-Urteil vom 28.8.2014, V R 49/13, BStBl. 2021 II S. 825). 8 Dies gilt für den Bezug von sonstigen Leistungen gleichermaßen, z.B. bei der Vermietung eines Ladenlokals an eine nichtunternehmerische Ehegattengemeinschaft (vgl. BFH-Urteil vom 1.2.2001, V R 79/99, BStBl. 2008 II S. 495). 9 Alleine die unentgeltliche Nutzung eines in gemeinschaftlichem Eigentum stehenden Wirtschaftsgutes durch einen Gemeinschafter begründet weder eine eigene Rechtspersönlichkeit noch eine wirtschaftliche Tätigkeit der Gemeinschaft. 10 Einem Unternehmer, der nach den vorstehenden Grundsätzen als Leistungsempfänger anzusehen ist, steht nach § 15 Abs. 1 UStG der Vorsteuerabzug zu, wenn und soweit die Leistung für sein Unternehmen ausgeführt wurde (vgl. Absatz 2 und 3). 11 Ist bei einer solchen Gemeinschaft nur ein Gemeinschafter unternehmerisch tätig und verwendet dieser einen Teil des Gegenstands ausschließlich für seine unternehmerischen Zwecke, steht ihm das Vorsteuerabzugsrecht aus den bezogenen Leistungen anteilig zu, soweit der seinem Unternehmen zugeordnete Anteil am Gegenstand seinen Miteigentumsanteil nicht übersteigt (vgl. BFH-Urteil vom 6.10.2005, V R 40/01, BStBl. 2007 II S. 13 sowie Abschnitt 15a.2 Abs. 4). 12 Die tatsächliche Durchführung muss den getroffenen Vereinbarungen entsprechen (vgl. BFH-Urteile vom 11.12.1986, V R 57/76, BStBl. 1987 II S. 233, vom 26.11.1987, V R 85/83, BStBl. 1988 II S. 158, und vom 5.10.1995, V R 113/92, BStBl. 1996 II S. 111). 13 Wird unter Missachtung des sich aus dem schuldrechtlichen Vertragsverhältnis ergebenden Anspruchs die Leistung tatsächlich an einen Dritten erbracht, kann der Dritte unabhängig von den zu Grunde liegenden Rechtsbeziehungen Leistungsempfänger sein (BFH-Urteil vom 1.6.1989, V R 72/84, BStBl. II S. 677). 14 Zur Bestimmung des Leistungsempfängers bei Leistungen im Sinne des § 3a Abs. 2 UStG vgl. Abschnitt 3a.2 Abs. 2.

Leistung für das Unternehmen

(2) 1 Ein Unternehmer, der für Zwecke des Vorsteuerabzugs als Leistungsempfänger anzusehen ist (vgl. Absatz 1), ist nach § 15 Abs. 1 UStG zum Vorsteuerabzug berechtigt, soweit er Leistungen für sein Unternehmen im Sinne des § 2 Abs. 1 UStG und damit für seine unternehmerischen Tätigkeiten zur Erbringung entgeltlicher Leistungen zu verwenden beabsichtigt (vgl. BFH-Urteil vom 27.1.2011, V R 38/09, BStBl. 2012 II S. 68). 2 Bei der Prüfung des Vorsteuerabzugs sind die Ausschlusstatbestände nach § 15 Abs. 1a, 1b und 2 UStG zu berücksichtigen (vgl. Abschnitte 15.6, 15.6a und 15.12 bis 15.14). 3 Zwischen Eingangs- und Ausgangsleistung muss nach dem objektiven Inhalt der bezogenen Leistung ein direkter und unmittelbarer Zusammenhang bestehen (vgl. BFH-Urteil vom 11.4.2013, V R 29/10, BStBl. II S. 840; nur mittelbar verfolgte Zwecke sind unerheblich, vgl. BFH-Urteil vom 13.1.2011, V R 12/08, BStBl. 2012 II S. 61). 4 Im Hinblick auf den erforderlichen Zusammenhang ist wie folgt zu differenzieren (vgl. BFH-Urteil vom 11.4.2013, V R 29/10, a. a. O.):

1. [1]Besteht der direkte und unmittelbare Zusammenhang zu einem einzelnen Ausgangsumsatz seiner wirtschaftlichen Tätigkeit, der steuerpflichtig ist (bzw. von § 15 Abs. 3 UStG umfasst wird), kann der Unternehmer den Vorsteuerabzug in Anspruch nehmen. [2]Die für den Leistungsbezug getätigten Aufwendungen gehören dann zu den Kostenelementen dieses Ausgangsumsatzes.
2. [1]Bei einem direkten und unmittelbaren Zusammenhang zu einem Ausgangsumsatz, der mangels wirtschaftlicher Tätigkeit nicht dem Anwendungsbereich der Umsatzsteuer unterliegt oder ohne Anwendung von § 15 Abs. 3 UStG steuerfrei ist, besteht keine Berechtigung zum Vorsteuerabzug. [2]Dies gilt auch, wenn der Unternehmer eine Leistung z. B. für einen steuerfreien Ausgangsumsatz bezieht, um mittelbar seine zum Vorsteuerabzug berechtigende wirtschaftliche Gesamttätigkeit zu stärken, da der von ihm verfolgte endgültige Zweck unerheblich ist.
3. [1]Fehlt ein direkter und unmittelbarer Zusammenhang zwischen einem bestimmten Eingangsumsatz und einem oder mehreren Ausgangsumsätzen, kann der Unternehmer zum Vorsteuerabzug berechtigt sein, wenn die Kosten für die Eingangsleistung zu seinen allgemeinen Aufwendungen gehören und – als solche – Bestandteile des Preises der von ihm erbrachten Leistungen sind. [2]Derartige Kosten hängen direkt und unmittelbar mit seiner wirtschaftlichen Gesamttätigkeit zusammen und berechtigen nach Maßgabe dieser Gesamttätigkeit zum Vorsteuerabzug (vgl. Abschnitte 15.15, 15.21 und 15.22).

[5]Beabsichtigt der Unternehmer bereits bei Leistungsbezug, die bezogene Leistung nicht für seine unternehmerische Tätigkeit, sondern ausschließlich und unmittelbar für die Erbringung unentgeltlicher Wertabgaben im Sinne des § 3 Abs. 1b oder 9a UStG zu verwenden, ist er nicht zum Vorsteuerabzug berechtigt (vgl. Abschnitt 15.15 sowie BFH-Urteile vom 9.12.2010, V R 17/10, BStBl. 2012 II S. 53, und vom 26.8.2014, XI R 26/10, BStBl. 2021 II S. 881). [6]Beabsichtigt der Unternehmer bei Bezug der Leistung, diese teilweise für unternehmerische und nichtunternehmerische Tätigkeiten zu verwenden (teilunternehmerische Verwendung), ist er grundsätzlich nur im Umfang der beabsichtigten Verwendung für seine unternehmerische Tätigkeit zum Vorsteuerabzug berechtigt (vgl. BFH-Urteil vom 3.3.2011, V R 23/10, BStBl. 2012 II S. 74). [7]Eine weiter gehende Berechtigung zum Vorsteuerabzug besteht bei einer teilunternehmerischen Verwendung nur, wenn es sich bei der nichtunternehmerischen Tätigkeit um die Verwendung für Privatentnahmen im Sinne des § 3 Abs. 1b oder 9a UStG, also um Entnahmen für den privaten Bedarf des Unternehmers als natürliche Person und für den privaten Bedarf seines Personals (unternehmensfremde Tätigkeiten), handelt (vgl. Abschnitt 15.2c Abs. 2 Satz 1 Nr. 2 Buchstabe b und BFH-Urteil vom 3.3.2011, V R 23/10, a. a. O.). [8]Keine Privatentnahme in diesem Sinne ist dagegen eine Verwendung für nichtwirtschaftliche Tätigkeiten i. e. S. wie z. B. unentgeltliche Tätigkeiten eines Vereins aus ideellen Vereinszwecken oder hoheitliche Tätigkeiten einer juristischen Person des öffentlichen Rechts (vgl. Abschnitte 2.3 Abs. 1a, 2.10, 2.11, 15.19, 15.21 und 15.22 und BFH-Urteile vom 6.5.2010, V R 29/09, BStBl. II S. 885, und vom 3.3.2011, V R 23/10, a. a. O.) [9]Hinsichtlich der Änderung des Nutzungsumfangs der Eingangsumsätze vgl. Abschnitte 3.3, 3.4 und 15a.1 Abs. 6 und 7.

Schaubild:[1)]

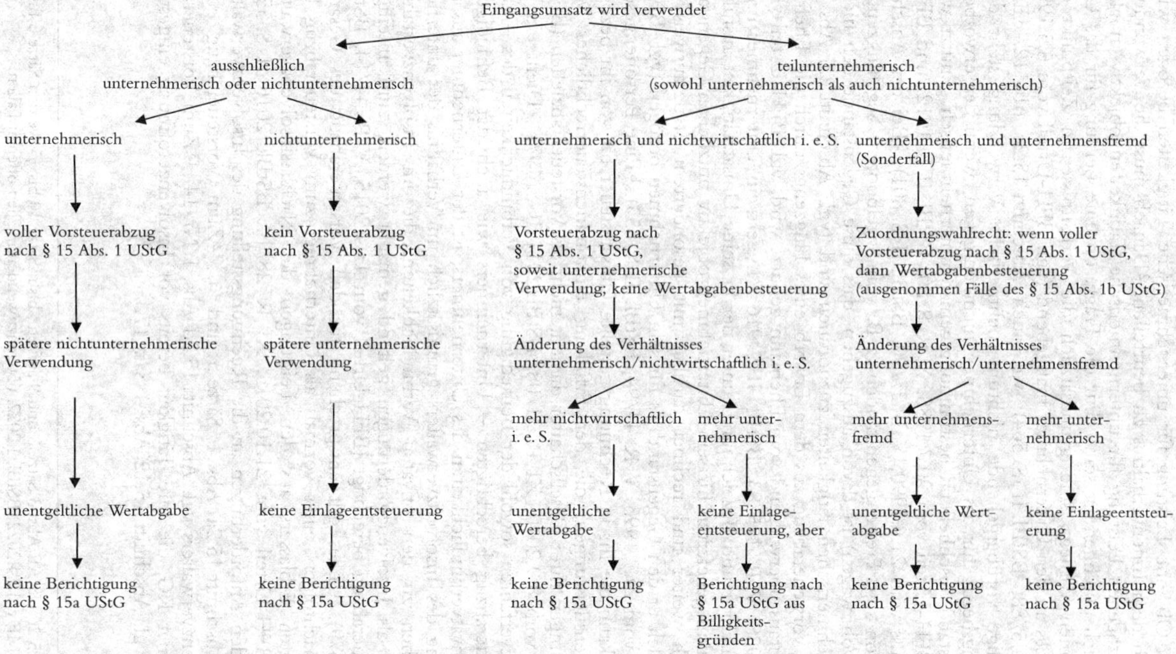

1) A 15.2b UStAE Abs. 2 Satz 8 Schaubild eingef. durch BMF v. 14.12.2018, BStBl. I 2018, 1402.

(3)[1] [1]Ob eine Leistung für unternehmerische Tätigkeiten bezogen wird, ist nach dem Innenverhältnis zu beurteilen. [2]Danach muss die Verwendung der bezogenen Leistung für unternehmerische Tätigkeiten objektiv möglich und auch durchgeführt sein. [3]Für die Frage, ob eine Leistung für das Unternehmen vorliegt, sind grundsätzlich die Verhältnisse im Zeitpunkt des Umsatzes an den Unternehmer maßgebend (vgl. BFH-Urteil vom 6.5.1993, V R 45/88, BStBl. II S. 564); vgl. auch Abschnitt 15.2c Abs. 12. [4]Eine erstmalige vorübergehende nichtunternehmerische Verwendung steht dem Leistungsbezug für das Unternehmen nicht entgegen, wenn der erworbene Gegenstand anschließend bestimmungsgemäß unternehmerisch genutzt wird (vgl. BFH-Urteil vom 20.7.1988, X R 8/80, BStBl. II S. 1012, und BFH-Beschluss vom 21.6.1990, V B 27/90, BStBl. II S. 801). [5]Bei der Anschaffung von sog. Freizeitgegenständen (z.B. von Segelbooten, Segelflugzeugen und Wohnwagen) ist davon auszugehen, dass diese Gegenstände den nichtunternehmerischen tätigkeiten zuzuordnen sind (vgl. Abschnitt 2.6 Abs. 3). [6]Zum Vorsteuerabzug aus dem Erwerb eines Flugzeugs durch die Ehefrau, das weitaus überwiegend vom Ehemann genutzt wird, vgl. BFH-Urteil vom 19.5.1988, V R 115/83, BStBl. II S. 916. [7]Liefert ein Unternehmer unter der Anschrift und Bezeichnung, unter der er seine Umsatztätigkeit ausführt, einen ihm gelieferten für sein Unternehmen objektiv nützlichen Gegenstand sogleich weiter und rechnet darüber mit gesondertem Steuerausweis ab, behandelt er den Gegenstand als für sein Unternehmen bezogen (vgl. BFH-Urteil vom 27.7.1995, V R 44/94, BStBl. II S. 853). [8]Eine Personengesellschaft kann die ihr in Rechnung gestellte Umsatzsteuer für von ihr bezogene Dienstleistungen, die der Erfüllung einkommensteuerrechtlicher Verpflichtungen ihrer Gesellschafter dienen, nicht als Vorsteuer abziehen (BFH-Urteil vom 8.9.2010, XI R 31/08, BStBl. 2011 II S. 197). [9]Dient ein Insolvenzverfahren sowohl der Befriedigung von Verbindlichkeiten des – zum Vorsteuerabzug berechtigten – Unternehmers wie auch der Befriedigung von Privatverbindlichkeiten des Unternehmers, ist der Unternehmer aus der Leistung des Insolvenzverwalters grundsätzlich im Verhältnis der unternehmerischen zu den privaten Verbindlichkeiten, die im Insolvenzverfahren jeweils als Insolvenzforderungen geltend gemacht werden, zum anteiligen Vorsteuerabzug berechtigt (BFH-Urteil vom 15.4.2015, V R 44/14, BStBl. II S. 679). [10]Dies gilt entsprechend für den Vorsteuerabzug des Gesamtrechtsnachfolgers eines vormals als Unternehmer zum Vorsteuerabzug berechtigten Erblassers aus den Leistungen des Nachlassinsolvenzverwalters (vgl. BFH-Urteil vom 21.10.2015, XI R 28/14, BStBl. 2016 II S. 550). [11]Zu den Anforderungen an die Rechnungsstellung des Insolvenzverwalters vgl. Abschnitt 15.2a Abs. 1 Sätze 5 und 6. [12]Zum Vorsteuerabzug eines Insolvenzverwalters vgl. Abschnitt 15.2d Abs. 1 Nr. 14. [13]Zum Vorsteuerabzug einer KG, die ihre Tätigkeit bereits vor Insolvenzeröffnung eingestellt hatte, vgl. Abschnitt 15.12 Abs. 1 Satz 17.

[1] A 15.2b UStAE Abs. 3 Sätze 8 und 9 aufgeh., bish. Sätze 10 bis 15 werden Sätze 8 bis 13 durch BMF v. 12.4.2022, BStBl. I 2022, 650, anzuwenden in allen offenen Fällen.

Leistungsbezug durch Vorgründungsgesellschaft oder Gesellschafter[1)]

(4)[1)] [1]Ein Gesellschafter oder eine zur Gründung einer Kapitalgesellschaft errichtete Personengesellschaft (sog. Vorgründungsgesellschaft), der bzw. die nach Gründung der Kapitalgesellschaft die bezogenen Leistungen in einem Akt gegen Entgelt an diese veräußert und andere Ausgangsumsätze von vornherein nicht beabsichtigt hatte, ist unter den übrigen Voraussetzungen des § 15 UStG zum Abzug der Vorsteuer für den Bezug von Dienstleistungen und Gegenständen ungeachtet dessen berechtigt, dass die Umsätze im Rahmen einer Geschäftsveräußerung nach § 1 Abs. 1a UStG nicht der Umsatzsteuer unterliegen. [2]Maßgebend sind insoweit die beabsichtigten Umsätze der Kapitalgesellschaft (vgl. BFH-Urteil vom 15.7.2004, V R 84/99, BStBl. 2005 II S. 155). [3]Erfolgt die Übertragung außerhalb einer entgeltlichen Leistung, kann dem Gesellschafter bzw. der Vorgründungsgesellschaft unter den übrigen Voraussetzungen des § 15 UStG der Vorsteuerabzug aus einer bezogenen Leistung zustehen, wenn es sich aus Sicht der (geplanten) Gesellschaft um einen Investitionsumsatz handelt und soweit die beabsichtigte Tätigkeit der Gesellschaft einen Vorsteuerabzug nicht ausschließt. [4]Unter Investitionsumsatz fallen dabei bezogene Lieferungen oder sonstige Leistungen, die der Gesellschafter (bzw. die Vorgründungsgesellschaft) tatsächlich an die Gesellschaft überträgt und die von dieser für ihre wirtschaftliche Tätigkeit genutzt werden. [5]Gleiches gilt, wenn der Investitionsumsatz zwar beabsichtigt ist, aber nur deshalb nicht tatsächlich erfolgt, weil eine geplante Gesellschaftsgründung scheitert. [6]Der private Verbrauch oder der Weiterverkauf eines Investitionsumsatzes nach einer gescheiterten Gesellschaftsgründung führt nicht zum Verlust des ursprünglichen Vorsteuerabzugs, sondern zu einer Entnahmebesteuerung bzw. Lieferung im Rahmen eines Hilfsgeschäfts. [7]Für einen Vorsteuerabzug aus einem Investitionsumsatz genügt es, dass die Eigenschaft des Gesellschafters als (erfolgloser) Unternehmer aus diesem Investitionsumsatz resultiert. [8]Von einem Investitionsumsatz abzugrenzen sind bezogene Leistungen, die generell nicht an die Gesellschaft übertragen werden können (vgl. BFH-Urteil vom 11.11.2015, V R 8/15, BStBl. 2022 II S. 288), sondern z. B. durch den Gesellschafter selbst genutzt oder verbraucht werden, oder die zwar von der Gesellschaft genutzt, aber nicht tatsächlich an sie übertragen werden (vgl. BFH-Urteil vom 26.8.2014, XI R 26/10, BStBl. 2021 II S. 881).

15.2c Zuordnung von Leistungen zum Unternehmen

Zuordnungsgebot, Zuordnungsverbot und Zuordnungswahlrecht

(1) [1]Wird eine Leistung ausschließlich für unternehmerische Tätigkeiten bezogen, ist sie vollständig dem Unternehmen zuzuordnen (Zuordnungsgebot). [2]Bei einer Leistung, die ausschließlich für nichtunternehmerische Tätigkeiten bezogen wird, ist eine Zuordnung zum Unternehmen hingegen ausgeschlossen (Zuordnungsverbot). [3]Erreicht der Umfang der unternehmerischen Verwendung eines einheitlichen Gegenstands nicht mindestens 10% (unter-

1) A 15.2b UStAE Zwischenüberschrift und Abs. 4 angef. durch BMF v. 12.4.2022, BStBl. I 2022, 650, anzuwenden in allen offenen Fällen.

nehmerische Mindestnutzung), greift das Zuordnungsverbot nach § 15 Abs. 1 Satz 2 UStG (vgl. Absätze 5 bis 7).

(2)[1] [1]Bei einer Leistung, die sowohl für unternehmerische als auch für nichtunternehmerische Tätigkeiten bezogen wird, ist zwischen vertretbaren Sachen und sonstigen Leistungen auf der einen Seite und einheitlichen Gegenständen auf der anderen Seite zu differenzieren:

1. Lieferung vertretbarer Sachen und sonstige Leistungen:
   [1]Lieferungen vertretbarer Sachen und sonstige Leistungen sind entsprechend der beabsichtigten Verwendung aufzuteilen (Aufteilungsgebot, vgl. BFH-Urteil vom 14.10.2015, V R 10/14, BStBl. 2016 II S. 717). [2]Telefondienstleistungen bezieht ein Unternehmer nur insoweit für sein Unternehmen, als er das Telefon unternehmerisch nutzt.
2. Einheitliche Gegenstände
   Beabsichtigt der Unternehmer, einen einheitlichen Gegenstand sowohl für die unternehmerische als auch nichtunternehmerische Tätigkeit zu verwenden (teilunternehmerische Verwendung), gilt Folgendes:
   a) Teilunternehmerische nichtwirtschaftliche Verwendung i. e. S.
      [1]Besteht die nichtunternehmerische Tätigkeit in einer nichtwirtschaftlichen Tätigkeit i. e. S. (vgl. Abschnitt 2.3 Abs. 1a Satz 4), hat der Unternehmer kein Wahlrecht zur vollständigen Zuordnung (vgl. Abschnitte 2.10, 2.11, 15.19, 15.21 und 15.22 und BFH-Urteil vom 3.3.2011, V R 23/10, BStBl. 2012 II S. 74); es besteht grundsätzlich ein Aufteilungsgebot. [2]Aus Billigkeitsgründen kann der Unternehmer den Gegenstand im vollen Umfang in seinem nichtunternehmerischen Bereich belassen. [3]In diesem Fall ist eine spätere Vorsteuerberichtigung zugunsten des Unternehmers im Billigkeitswege nach Abschnitt 15a.1 Abs. 7 ausgeschlossen.
   b) Teilunternehmerische unternehmensfremde Verwendung
      [1]Besteht die nichtunternehmerische Tätigkeit in einer unternehmensfremden Verwendung (vgl. Abschnitt 2.3 Abs. 1a Satz 3, sog. Sonderfall), hat der Unternehmer ein Zuordnungswahlrecht. [2]Er kann den Gegenstand
      – insgesamt seiner unternehmerischen Tätigkeit zuordnen,
      – in vollem Umfang in seinem nichtunternehmerischen Bereich belassen, oder
      – im Umfang der tatsächlichen (ggf. zu schätzenden) unternehmerischen Verwendung seiner unternehmerischen Tätigkeit zuordnen (vgl. BFH-Urteile vom 7.7.2011, V R 42/09, BStBl. 2014 II S. 76 und V R 21/10, BStBl. 2014 II S. 81).

      [3]Ein Zuordnungswahlrecht besteht nicht, wenn ein getrenntes Wirtschaftsgut im umsatzsteuerrechtlichen Sinne neu hergestellt wird. [4]Errichtet der Unternehmer daher ein ausschließlich für private Wohnzwecke zu nutzendes Einfamilienhaus als Anbau an eine Werkshalle auf seinem Betriebsgrundstück, darf er den Anbau nicht seinem Unternehmen zuordnen, wenn beide Bauten räumlich voneinander abgrenzbar

---

[1] A 15.2c UStAE Abs. 2 Satz 1 Nr. 2 Satz 5 neugef. durch BMF v. 27.10.2021, BStBl. I 2021, 2137, anzuwenden in allen offenen Fällen.

sind (vgl. BFH-Urteil vom 23.9.2009, XI R 18/08, BStBl. 2010 II S. 313). [5]Soweit bei gemeinsamem Erwerb durch mehrere Personen der einzelne Gemeinschafter als Leistungsempfänger anzusehen ist (vgl. Abschnitt 15.2b Abs. 1) und Miteigentum an einem Gegenstand erwirbt, steht dem Gemeinschafter das Zuordnungswahlrecht bezogen auf seinen Anteil am Miteigentum zu. [6]Voraussetzung für die Zuordnung des Miteigentumsanteils ist, dass dieser zu mindestens 10% für das Unternehmen genutzt wird (§ 15 Abs. 1 Satz 2 UStG).

Beispiel 1:

[1]Der Arzt A hat ausschließlich nach § 4 Nr. 14 Buchstabe a UStG steuerfreie Umsätze aus Heilbehandlungsleistungen und kauft einen PKW, den er privat und unternehmerisch nutzt. [2]Der PKW wurde in vollem Umfang dem Unternehmen zugeordnet.

[3]A führt keine Umsätze aus, die zum Vorsteuerabzug berechtigen. [4]Der Vorsteuerabzug aus den Kosten der Anschaffung und Nutzung des PKW für die unternehmerische und private Verwendung ist deshalb ausgeschlossen. [5]Die private Verwendung führt zu keiner steuerbaren unentgeltlichen Wertabgabe.

Beispiel 2:

[1]Der Arzt A erbringt im Umfang von 80% seiner entgeltlichen Umsätze steuerfreie Heilbehandlungsleistungen und nimmt zu 20% steuerpflichtige plastische und ästhetische Operationen vor. [2]Er kauft einen PKW, den er je zur Hälfte privat und für seine gesamte ärztliche Tätigkeit nutzt. [3]Der PKW wurde in vollem Umfang dem Unternehmen zugeordnet.

[4]Die Vorsteuern aus der Anschaffung und Nutzung des PKW sind zu 60% (20% steuerpflichtige von 50% unternehmerischer Nutzung + 50% der Art nach steuerpflichtige Privatnutzung) abzugsfähig und zu 40% (80% steuerfreie von 50% unternehmerischer Nutzung) nicht abzugsfähig. [5]Die unentgeltliche Wertabgabe (50% Privatanteil) ist in voller Höhe steuerbar und steuerpflichtig.

[2]Aufwendungen, die im Zusammenhang mit dem Gebrauch, der Nutzung oder der Erhaltung eines einheitlichen Gegenstands stehen, der nur teilweise unternehmerisch genutzt wird, sind grundsätzlich nur in Höhe der unternehmerischen Verwendung für das Unternehmen bezogen (Aufteilungsgebot). [3]Dabei ist vorrangig zu prüfen, ob die bezogene Leistung unmittelbar für die unternehmerische oder nichtunternehmerische Nutzung des Gegenstands verwendet wird. [4]Ist eine direkte Zuordnung im Zusammenhang mit der Verwendung des Gegenstands nicht möglich, ist eine Aufteilung der Vorsteuerbeträge analog § 15 Abs. 4 UStG vorzunehmen. [5]Diese Aufteilung kann

(Fortsetzung S. 683)

[illegible]

auf einer sachgerechten Schätzung beruhen (z. B. Aufteilungsmaßstab des Vorjahres), die erforderlichenfalls im Voranmeldungsverfahren oder in der Jahreserklärung anzupassen ist. [6]Für einheitliche Gegenstände, die keine Grundstücke im Sinne des § 15 Abs. 1b UStG sind und für die der Unternehmer sein Wahlrecht zur vollständigen Zuordnung zum Unternehmen ausgeübt hat (vgl. Nr. 2 Buchstabe b), kann für Aufwendungen, die durch die Verwendung des Gegenstands anfallen, aus Vereinfachungsgründen grundsätzlich unter den übrigen Voraussetzungen des § 15 UStG der volle Vorsteuerabzug geltend gemacht werden; im Gegenzug sind diese Aufwendungen in die Bemessungsgrundlage einer für die nicht unternehmerische Verwendung des einheitlichen Gegenstands zu besteuernden unentgeltlichen Wertabgabe einzubeziehen.

(3) [1]Die Entscheidung über die Zuordnung zum Unternehmen hat der Unternehmer zu treffen (BFH-Urteile vom 25.3.1988, V R 101/83, BStBl. II S. 649, und vom 27.10.1993, XI R 86/90, BStBl. 1994 II S. 274). [2]Wird ein nicht zum Unternehmen gehörender Gegenstand gelegentlich dem Unternehmen überlassen, können die im Zusammenhang mit dem Betrieb des Gegenstands anfallenden Vorsteuern (z. B. Vorsteuerbeträge aus Betrieb und Wartung eines nicht dem Unternehmen zugeordneten Kraftfahrzeugs) im Verhältnis der unternehmerischen zur unternehmensfremden Nutzung abgezogen werden. [3]Vorsteuerbeträge, die unmittelbar und ausschließlich auf die unternehmerische Verwendung des Kraftfahrzeugs entfallen (z. B. die Steuer für den Bezug von Kraftstoff anlässlich einer betrieblichen Fahrt mit einem privaten Kraftfahrzeug oder Vorsteuerbeträge aus Reparaturaufwendungen in Folge eines Unfalls während einer unternehmerisch veranlassten Fahrt), können unter den übrigen Voraussetzungen des § 15 UStG in voller Höhe abgezogen werden.

(4) [1]Im Fall der Zuordnung des unternehmensfremd genutzten Teils zum nichtunternehmerischen Bereich wird dieser als separater Gegenstand angesehen, der nicht „für das Unternehmen" im Sinne des § 15 Abs. 1 Satz 1 Nr. 1 UStG bezogen wird. [2]Somit entfällt der Vorsteuerabzug aus den Kosten, die auf diesen Gegenstand entfallen. [3]Zur Ermittlung des Anteils der abziehbaren Vorsteuerbeträge vgl. Abschnitt 15.17 Abs. 5 bis 8. [4]Wird dieser Gegenstand später unternehmerisch genutzt (z. B. durch Umwandlung von Wohnräumen in Büroräume), ist eine Vorsteuerberichtigung zugunsten des Unternehmers nach § 15a UStG nicht zulässig (vgl. Abschnitt 15a.1 Abs. 6). [5]Bei einer späteren Veräußerung des bebauten Grundstücks kann der Unternehmer unter den Voraussetzungen des § 9 UStG lediglich auf die Steuerbefreiung des § 4 Nr. 9 Buchstabe a UStG für die Lieferung des zu diesem Zeitpunkt unternehmerisch genutzten Teils verzichten. [6]Die Lieferung des zu diesem Zeitpunkt unternehmensfremd genutzten Teils erfolgt nicht im Rahmen des Unternehmens und ist somit nicht steuerbar. [7]Ein Gesamtkaufpreis ist entsprechend aufzuteilen. [8]Weist der Unternehmer für die Lieferung des unternehmensfremd genutzten Teils dennoch in der Rechnung Umsatzsteuer aus, schuldet er diese nach § 14c Abs. 2 UStG.

Unternehmerische Mindestnutzung nach § 15 Abs. 1 Satz 2 UStG

(5) [1]Die Lieferung, die Einfuhr oder der innergemeinschaftliche Erwerb eines Gegenstands gilt als nicht für das Unternehmen ausgeführt, wenn der Unternehmer den Gegenstand zu weniger als 10% für seine unternehmerische

Tätigkeit verwendet (unternehmerische Mindestnutzung, Zuordnungsverbot nach § 15 Abs. 1 Satz 2 UStG). [2] Geht der bezogene Gegenstand als Bestandteil in einen bereits vorhandenen Gegenstand ein, ist die unternehmerische Mindestnutzung für den Bestandteil gesondert zu prüfen.

(6) [1] Grundsätzlich prägt die Nutzung eines Gebäudes auch die Nutzung des dazugehörigen Grund und Bodens. [2] Sofern ausnahmsweise Teile des Grundstücks als eigenständige Zuordnungsobjekte anzusehen sind (vgl. Absatz 11), ist für jedes Zuordnungsobjekt die unternehmerische Mindestnutzung gesondert zu ermitteln.

(7) Nicht ausschließlich unternehmerisch genutzte Räume eines Gebäudes sind nur mit dem Anteil der tatsächlichen unternehmerischen Nutzung in die Ermittlung der unternehmerischen Mindestnutzung einzubeziehen.

Beispiel:

[1] Unternehmer U hat in seinem Einfamilienhaus ein Arbeitszimmer mit einer Nutzfläche von 12% der Gesamtnutzfläche, das er zu 50% für seine unternehmerischen Zwecke verwendet. [2] Bezogen auf das gesamte Gebäude beträgt die unternehmerische Nutzung nur 6% (50% von 12%). [3] Eine Zuordnung des Gebäudes zum Unternehmen ist nach § 15 Abs. 1 Satz 2 UStG nicht möglich (Zuordnungsverbot).

Zuordnungsschlüssel

(8) [1] Als Zuordnungsschlüssel bei teilunternehmerischer Verwendung des Zuordnungsobjekts ist der Aufteilungsschlüssel nach § 15 Abs. 4 UStG analog anzuwenden. [2] Der unternehmerische Nutzungsanteil ist danach im Wege einer sachgerechten und vom Finanzamt überprüfbaren Schätzung zu ermitteln. [3] Bei der Anschaffung oder Herstellung von Gebäuden ist der Umfang der Zuordnung auf der Basis einer räumlichen Betrachtung vorzunehmen. [4] Sachgerechter Aufteilungsmaßstab ist deshalb in der Regel das Verhältnis der Nutzflächen (vgl. Abschnitt 15.17 Abs. 7). [5] Die Anwendung eines Umsatzschlüssels als Zuordnungsschlüssel ist nur sachgerecht, wenn keine andere wirtschaftliche Zuordnung möglich ist (vgl. BFH-Urteile vom 19.7.2011, XI R 29/09, BStBl. 2012 II S. 430, XI R 29/10, BStBl. 2012 II S. 438, und XI R 21/10, BStBl. 2012 II S. 434). [6] Er kommt in Betracht, wenn bei einem Gebäude Nutzflächen nicht wesensgleich sind, wie z.B. Dach- und Innenflächen eines Gebäudes. [7] Für den Zuordnungsschlüssel ist in diesen Fällen auf das Verhältnis der Vermietungsumsätze für die Dach- und Gebäudeinnenfläche abzustellen. [8] Werden tatsächlich keine Vermietungsumsätze erzielt, sind fiktive Vermietungsumsätze anzusetzen.

Beispiel 1:

[1] Unternehmer U errichtet im Jahr 01 einen Schuppen, auf dessen Dach er eine Photovoltaikanlage zur Erzeugung von Strom betreibt (sog. „Auf-Dach-Montage"). [2] Die Herstellungskosten des Schuppens betragen 20 000 € zzgl. 3800 € Umsatzsteuer. [3] U beabsichtigt für den Innenraum des Schuppens dauerhaft keine weitere Nutzung (vgl. BFH-Urteil vom 19.7.2011, XI R 29/09, a.a.O.). [4] Den mit der Photovoltaikanlage erzeugten Strom speist U vollständig in das örtliche Stromnetz gegen Entgelt ein. [5] Für den Schuppen wäre in der betreffenden Region ein Mietpreis von 1000 € und für die Dachfläche, die für Zwecke der Photovoltaikanlage genutzt wird, von 180 € jährlich realisierbar. [6] Im Jahr 02 lässt U ein Sicherheitsschloss für 100 € zzgl. 19 € Umsatzsteuer anbringen, um den Schuppen vor unberechtigter Nutzung zu schützen.

[7] Da das Dach des Schuppens für die Installation der Photovoltaikanlage erforderlich ist, besteht hinsichtlich der Dachfläche ein direkter und unmittelbarer Zusammenhang mit der

unternehmerischen Tätigkeit (Verkauf von Strom). [8] Hinsichtlich der übrigen Flächen besteht ein direkter und unmittelbarer Zusammenhang zu der nichtwirtschaftlichen Tätigkeit i. e. S. des U (Leerstand des Schuppens). [9] U kann den Schuppen im Umfang des unternehmerisch verwendeten Anteils (Dachfläche) seinem Unternehmen zuordnen, sofern diese Verwendung insgesamt mindestens 10 % beträgt (§ 15 Abs. 1 Satz 2 UStG). [10] Für die Zuordnungsmöglichkeit ist die Verwendung des gesamten Gebäudes entscheidend. [11] Die Nutzflächen innerhalb des Schuppens und die Nutzfläche auf dessen Dach können dabei nicht zu einer Gesamtnutzfläche addiert werden, da sie nicht wesensgleich sind. [12] Eine Ermittlung anhand eines Flächenschlüssels ist deshalb für die Zuordnung nicht möglich. [13] Stattdessen ist in diesem Fall die Anwendung eines Umsatzschlüssels sachgerecht. [14] Da es an einer entgeltlichen Nutzung des Schuppens und der Dachfläche fehlt, ist auf das Verhältnis der fiktiven Vermietungsumsätze abzustellen. [15] U hätte für den Schuppen (Dachfläche und übrige Flächen) jährlich insgesamt 1180 € erzielen können; hiervon wären 180 € auf die Dachfläche entfallen. [16] Der Zuordnungsschlüssel beträgt somit 15,25 % (Verhältnis der fiktiven Miete für das Dach in Höhe von 180 € zur fiktiven Gesamtmiete von 1180 €). [17] U kann in Bezug auf die Herstellung des Schuppens einen Vorsteuerabzug von 579,66 € (15,25 % von 3800 €) geltend machen. [18] Das Sicherheitsschloss ist der nichtwirtschaftlichen Verwendung i. e. S. des Schuppens zuzurechnen und berechtigt deshalb nicht zum Vorsteuerabzug. [19] Die Photovoltaikanlage stellt umsatzsteuerrechtlich ein eigenständiges Zuordnungsobjekt dar (vgl. Absatz 10), welches ausschließlich unternehmerisch zur Ausführung entgeltlicher Stromlieferungen verwendet wird und deshalb zwingend dem Unternehmen zuzuordnen ist (Zuordnungsgebot).

Beispiel 2:

[1] Unternehmer U lässt das Dach seines privat genutzten Einfamilienhauses nach dem 31. Dezember 2012 (Anwendung des § 15 Abs. 1b UStG) sanieren (Werklieferung) und dort anschließend eine Photovoltaikanlage installieren, die 50 % der Dachfläche bedeckt. [2] Die Photovoltaikanlage wird zu 70 % zur Ausführung entgeltlicher Stromlieferungen verwendet. [3] Die verbleibenden 30 % des selbstproduzierten Stroms verbraucht U privat. [4] Die Sanierung des asbesthaltigen Daches ist u. a. auch für die Installation der Photovoltaikanlage erforderlich. [5] Für das Einfamilienhaus wäre in der betreffenden Region ein Mietpreis von 10 000 € und für die Dachfläche, die für Zwecke der Photovoltaikanlage genutzt wird, von 500 € jährlich realisierbar.

[6] Die Dachsanierung stellt Erhaltungsaufwand dar und ist somit einer eigenständigen Zuordnungsentscheidung zugänglich (vgl. Absatz 9). [7] Bei der Zuordnung von Erhaltungsaufwendungen ist grundsätzlich der Gebäudeteil maßgeblich, für den die Aufwendungen entstehen. [8] Die Dachsanierung ist danach dem gesamten Gebäude zuzurechnen, da das Dach mit allen Gebäudeteilen in einem einheitlichen Nutzungs- und Funktionszusammenhang steht. [9] Für die Zuordnungsmöglichkeit zum Unternehmen ist damit die Verwendung des gesamten Gebäudes entscheidend (vgl. BFH-Urteil vom 3.8.2017, V R 59/16, BStBl. II S. 1209). [10] Da das Zuordnungsobjekt ein Gegenstand ist, ist nach § 15 Abs. 1 Satz 2 UStG die unternehmerische Mindestnutzung zu prüfen. [11] Eine Ermittlung anhand eines Flächenschlüssels ist für die Zuordnung nicht möglich, weil die Dach- und Gebäudeinnenflächen nicht wesensgleich sind (vgl. Beispiel 1). [12] Stattdessen ist die Anwendung eines Umsatzschlüssels sachgerecht. [13] Da es an einer entgeltlichen Nutzung des Gebäudes und der Dachfläche fehlt, ist in diesem Fall auf das Verhältnis der fiktiven Umsätze aus der Vermietung der Dachfläche und des Gebäudes abzustellen. [14] U hätte bei einer Vermietung des Einfamilienhauses (Dachfläche und übrige Flächen) jährlich insgesamt 10 500 € erzielen können. [15] Der Umsatzschlüssel auf Basis der fiktiven Mieten beträgt somit 4,76 % (Verhältnis der fiktiven Miete für das Dach in Höhe von 500 € zur fiktiven Gesamtmiete von 10 500 €). [16] Da die Photovoltaikanlage nur zu 70 % unternehmerisch genutzt wird, beträgt der Zuordnungsschlüssel 3,33 % (70 % von 4,76 % = 3,33 %) und erreicht somit nicht die erforderliche unternehmerische Mindestnutzung im Sinne des § 15 Abs. 1 Satz 2 UStG von 10 %. [17] U ist deshalb hinsichtlich der Dachsanierung nicht zum Vorsteuerabzug berechtigt. [18] Die Photovoltaikanlage stellt umsatzsteuerrechtlich ein eigenständiges Zuordnungsobjekt dar (vgl. Absatz 10), welches unternehmerisch und unternehmensfremd verwendet wird. [19] Da die unternehmerische Mindestnutzung von 10 % überschritten ist, hat der Unternehmer die Wahl, die Photovoltaikanlage nicht, vollständig oder nur im Umfang der unternehmerischen Nutzung seinem Unternehmen zuzuordnen.

Zuordnungsobjekt

(9)[1] [1]Objekt der Zuordnungsentscheidung des Unternehmers nach Absatz 2 Nr. 2 Buchstabe b ist grundsätzlich jeder Leistungsbezug, d.h. jeder bezogene Gegenstand und jede bezogene sonstige Leistung im Rahmen der Anschaffung oder Herstellung eines einheitlichen Gegenstands. [2]Dies gilt auch für Erhaltungsaufwendungen, weil die Vorsteuern aus der Anschaffung bzw. Herstellung eines Gegenstands und die Vorsteuern aus seinem Gebrauch und seiner Erhaltung einer getrennten umsatzsteuerrechtlichen Beurteilung unterliegen. [3]Erhaltungsaufwendungen, die nach § 6 Abs. 1 Nr. 1a EStG zu Herstellungskosten (anschaffungsnahe Herstellungskosten) umqualifiziert werden, sind umsatzsteuerlich weiterhin wie Erhaltungsaufwendungen zu behandeln.

1. (Zeitlich gestreckte) Herstellung eines einheitlichen Gegenstands:
   [1]Bezieht der Unternehmer sonstige Leistungen und Lieferungen zur Herstellung eines einheitlichen Gegenstands, ist dieser herzustellende bzw. hergestellte Gegenstand endgültiges Zuordnungsobjekt. [2]Bei dieser Zuordnung ist bereits auf die im Zeitpunkt des Bezugs bestehende Verwendungsabsicht für den fertig gestellten Gegenstand (z.B. das zu errichtende Gebäude) als Summe der im Rahmen seiner Herstellung bezogenen Leistungen abzustellen. [3]Bei Anzahlungen für eine Leistung ist entsprechend zu verfahren. [4]Nach dem Grundsatz des Sofortabzugs ist für den Vorsteuerabzug die Verwendungsabsicht im Zeitpunkt des jeweiligen Leistungsbezugs entscheidend. [5]Ändert der Unternehmer während eines zeitlich sich über einen Veranlagungszeitraum hinaus erstreckenden Herstellungsvorgangs (gestreckter Herstellungsvorgang) seine Verwendungsabsicht, führt dies aus Vereinfachungsgründen nicht zu einer sofortigen Einlage oder Entnahme der zuvor bezogenen Leistungen für die Herstellung des einheitlichen Gegenstands. [6]Zu der Frage, inwieweit der Unternehmer in diesen Fällen den fertig gestellten einheitlichen Gegenstand seinem Unternehmen zugeordnet hat, vgl. Absätze 14 bis 19.
2. Nachträgliche Herstellungskosten:
   [1]Die Begriffe Herstellungskosten und nachträgliche Herstellungskosten sind grundsätzlich nach den für das Einkommensteuerrecht geltenden Grundsätzen auszulegen. [2]Dies gilt jedoch nicht, soweit nach § 6 Abs. 1 Nr. 1a EStG Erhaltungsaufwendungen zu Herstellungskosten (anschaffungsnahe Herstellungskosten) umqualifiziert werden (vgl. Abschnitt 15.17 Abs. 6). [3]Nachträgliche Herstellungskosten sind getrennt vom ursprünglichen Herstellungsvorgang zu betrachten. [4]Sie bilden deshalb ein eigenständiges Zuordnungsobjekt, über dessen Zuordnung anhand der Tätigkeiten zu entscheiden ist, denen die nachträglichen Herstellungskosten konkret dienen oder dienen sollen. [5]Wird im Rahmen einer nachträglichen Herstellungsmaßnahme ein bestehendes Gebäude um neue Gebäudeteile erweitert (z.B. durch Aufstockung, Anbau oder Vergrößerung der Nutzflächen), ist dem entsprechend für die Zuordnung der nachträglichen Herstellungskosten ausschließlich auf die Verwendungsverhältnisse in den neuen Gebäudeteilen

[1] Zum Zuordnungswahlrecht bei sonstigen Leistungen siehe BFH v. 14.10.2015 V R 10/14, BStBl. II 2016, 717.

abzustellen. [6]Dies gilt entsprechend für Aufteilungsobjekte im Sinne des § 15 Abs. 4 UStG (vgl. Abschnitt 15.17 Abs. 7 Satz 12).

Beispiel 1:

[1]Unternehmer U ist Eigentümer eines teilunternehmerisch genutzten Gebäudes (200 qm), das er im Anschaffungsjahr 01 (nach dem Stichtag 31.12.2010 und damit Anwendung des § 15 Abs. 1b UStG) zu 50% für seine zum Vorsteuerabzug berechtigende Tätigkeit als Steuerberater (Steuerberaterpraxis im Erdgeschoss, 100 qm) und zu 50% privat (Wohnung im 1. Obergeschoss, 100 qm) nutzt. [2]U hat das Gebäude vollständig seinem Unternehmen zugeordnet.
[3]Fallvarianten:

a) [1]Im Jahr 03 wird in dem Steuerberaterbüro des U eine neue Trennwand für 1000 € zzgl. 190 € Umsatzsteuer eingezogen.
[2]Die Aufwendungen für die Trennwand sind nachträgliche Herstellungskosten und bilden ein eigenständiges Zuordnungsobjekt. [3]U nutzt die Trennwand ausschließlich unternehmerisch, da sie in einem Raum des Steuerberaterbüros eingezogen wird. [4]Die Trennwand ist deshalb dem Unternehmen des U zuzuordnen (Zuordnungsgebot). [5]U ist zum Vorsteuerabzug in Höhe von 190 € berechtigt (§ 15 Abs. 1 UStG).

b) [1]Im Jahr 03 lässt U an seiner privat genutzten Wohnung im 1. Obergeschoss eine Markise mit Motor für 3000 € zzgl. 570 € Umsatzsteuer anbauen.
[2]Die Aufwendungen für die Markise sind nachträgliche Herstellungskosten und bilden ein eigenständiges Zuordnungsobjekt. [3]U nutzt die Markise ausschließlich unternehmensfremd, da sie Teil der privaten Wohnung wird. [4]Die Markise ist deshalb nicht dem Unternehmen des U zuzuordnen (Zuordnungsverbot). [5]U ist nicht zum Vorsteuerabzug berechtigt.

c) [1]Im Jahr 03 wird das Steuerberaterbüro um einen Anbau (50 qm) erweitert. [2]Die Herstellungskosten betragen 50 000 € zzgl. 9500 € Umsatzsteuer.
[3]Die Aufwendungen für den Anbau an das Steuerberaterbüro stellen nachträgliche Herstellungskosten dar, die ein selbständiges Zuordnungsobjekt bilden. [4]U nutzt den Anbau zu 100% unternehmerisch für seine Steuerberatertätigkeit. [5]Der Anbau ist deshalb dem Unternehmen zuzuordnen (Zuordnungsgebot). [6]U ist zum Vorsteuerabzug in Höhe von 9500 € berechtigt (§ 15 Abs. 1 UStG).

d) [1]Im Jahr 03 lässt U das Dachgeschoss ausbauen. [2]Es entsteht eine neue Wohnung (100 qm), die U steuerfrei zu Wohnzwecken vermieten möchte. [3]Die Aufwendungen für den Dachausbau betragen 100 000 € zzgl. 19 000 € Umsatzsteuer.
[4]Die Aufwendungen für den Dachausbau stellen nachträgliche Herstellungskosten dar, die ein selbständiges Zuordnungsobjekt bilden. [5]Die Wohnung soll umsatzsteuerfrei zu Wohnzwecken vermietet werden und ist dem Unternehmen zuzuordnen (Zuordnungsgebot), da durch die Vermietung eine ausschließliche unternehmerische Nutzung vorliegt. [6]Der Vorsteuerabzug ist auf Grund der geplanten steuerfreien Vermietung nach § 15 Abs. 2 Satz 1 Nr. 1 UStG ausgeschlossen.

e) [1]Im Jahr 03 lässt U das Dachgeschoss ausbauen. [2]Die neue Nutzfläche von 100 qm beabsichtigt U zu 80% (80 qm) als Archiv für sein Steuerberaterbüro und zu 20% (20 qm) für einen privaten Fitnessraum zu verwenden. [3]Die Aufwendungen für den Dachausbau betragen 100 000 € zzgl. 19 000 € Umsatzsteuer.
[4]Die Aufwendungen für den Dachausbau stellen nachträgliche Herstellungskosten dar, die ein selbständiges Zuordnungsobjekt bilden. [5]Soweit U das Dachgeschoss unternehmensfremd (privater Fitnessraum) verwendet, ist der Vorsteuerabzug nach § 15 Abs. 1b UStG ausgeschlossen. [6]Für die Aufteilung ist der Flächenschlüssel des Dachgeschosses maßgebend. [7]Da U nur 80 qm von 100 qm für seine unternehmerische Tätigkeit zu verwenden beabsichtigt, ist er nur in Höhe von 15 200 € (80% von 19 000 €) zum Vorsteuerabzug berechtigt.

Beispiel 2:

[1]Wie Beispiel 1. [2]U hat das Gebäude in 01 jedoch nur im Umfang der unternehmerischen Nutzung zu 50% seinem Unternehmen zugeordnet.
[3]Lösung zu a) bis e) wie Beispiel 1.

(10) Photovoltaikanlagen, Blockheizkraftwerke und Betriebsvorrichtungen gelten unabhängig davon, ob es sich um einen wesentlichen Bestandteil des Gebäudes handelt (§ 94 BGB), als umsatzsteuerrechtlich eigenständige Zuordnungsobjekte.

(11) [1] Das Gebäude und der dazugehörige Grund und Boden sind für Zwecke der Umsatzsteuer nicht getrennt voneinander zu behandeln (EuGH-Urteil vom 8.6.2000, C-400/98, Breitsohl, BStBl. 2003 II S. 452).[1)] [2] Grundsätzlich folgt die Behandlung des Grund und Bodens der Nutzung des Gebäudes. [3] Die Nutzung des Gebäudes prägt in diesen Fällen auch die Nutzung des dazugehörigen Grund und Bodens. [4] Der Umfang des zum Gebäude gehörigen Grund und Bodens muss aber nicht immer identisch sein mit dem Umfang des gesamten Grundstücks, auf dem das Gebäude steht. [5] Sofern nach der Verkehrsanschauung Teile des Grundstücks einer eigenständigen wirtschaftlichen Nutzung unterliegen und deswegen nicht mehr von der Nutzung des Gebäudes geprägt werden, können diese Teile des Grund und Bodens ausnahmsweise ein eigenständiges Zuordnungsobjekt darstellen.

Beispiel:

[1] Unternehmer U besitzt ein privat genutztes Einfamilienhaus auf einem 10 000 qm großen Grundstück. [2] Ein Zimmer in seinem Einfamilienhaus nutzt U als Bürozimmer für seine unternehmerische Tätigkeit als Spediteur. [3] Das Zimmer entspricht flächenmäßig 5 % der Gesamtfläche des Einfamilienhauses. [4] 8000 qm des Grundstücks werden als Parkplatz für die unternehmerisch genutzten LKW ausgewiesen und entsprechend genutzt.

[5] Die Nutzung des Gebäudes prägt nicht die Nutzung des gesamten Grundstücks. [6] Nach der Verkehrsanschauung stellen die Parkflächen ein eigenes Wirtschaftsgut dar. [7] Das Einfamilienhaus mit dazugehörigem Grund und Boden (2000 qm) kann nicht dem Unternehmen zugeordnet werden, da die unternehmerische Nutzung weniger als 10 % beträgt (Zuordnungsverbot nach § 15 Abs. 1 Satz 2 UStG). [8] Die 8000 qm des Grundstücks, die als Parkplatz genutzt werden, sind dem Unternehmen zuzuordnen, da insoweit eine ausschließliche Verwendung für die unternehmerische Tätigkeit vorliegt (Zuordnungsgebot).

Prognosezeitraum

(12) [1] Bei der Zuordnung eines einheitlichen Gegenstands handelt es sich um eine Prognoseentscheidung, die sich grundsätzlich nach der im Zeitpunkt des Leistungsbezugs beabsichtigten Verwendung für den Besteuerungszeitraum der erstmaligen Verwendung des bezogenen oder herzustellenden oder hergestellten Gegenstands richtet (vgl. auch Abschnitt 15.2b Abs. 3 Satz 3). [2] Dies gilt auch, wenn die erstmalige Verwendung des Gegenstands in einem auf den Besteuerungszeitraum der Anschaffung oder Fertigstellung folgenden Besteuerungszeitraum erfolgt. [3] Für die Zuordnung zum Unternehmen muss die Verwendungsabsicht objektiv belegt und in gutem Glauben erklärt werden (vgl. Absätze 13 bis 19).

Beispiel 1:

[1] Unternehmer U erwirbt zum 1.4.01 ein Gebäude (Jahr 01 nach dem Stichtag 31.12.2010 und damit Anwendung des § 15 Abs. 1b UStG). [2] U beabsichtigt nachweislich, das Gebäude vom 1.5.01 bis 30.6.01 zu 70 % und ab dem 1.7.01 bis 31.12.01 sowie in den Folgejahren zu 50 % für seine unternehmerische Tätigkeit und ansonsten für private Zwecke zu nutzen.

---

1) DStRE 2000, 881.

[3]Die beabsichtigte unternehmerische Nutzung für das Jahr der erstmaligen Verwendung beträgt im Jahr 01 als gemittelter Wert 55% (2 Monate zu 70% + 6 Monate zu 50%) und überschreitet damit die unternehmerische Mindestnutzung des § 15 Abs. 1 Satz 2 UStG. [4]U kann das Gebäude somit entweder zu 0%, zu 55% oder zu 100% seinem Unternehmen zuordnen. [5]Die beabsichtigte Nutzung im Folgejahr ist für die Zuordnungsentscheidung unerheblich, da nur der Besteuerungszeitraum der ersten Verwendung maßgebend ist. [6]Entscheidet sich U für eine vollständige oder teilweise Zuordnung des Gebäudes zum Unternehmen, kann sich in den Folgejahren eine Vorsteuerberichtigung nach § 15a Abs. 1 in Verbindung mit Abs. 6a UStG ergeben.

Beispiel 2:

[1]Unternehmer U erwirbt zum 1.4.01 ein Gebäude (Jahr 01 nach dem Stichtag 31.12.2010 und damit Anwendung des § 15 Abs. 1b UStG). [2]U beabsichtigt nachweislich, dieses zu 20% für seine unternehmerische Tätigkeit und zu 80% für private Zwecke zu verwenden. [3]Tatsächlich verwendet U das Gebäude bis zum 31.12.01 (erstmalige Verwendung 1.6.01) nur zu 5% für seine unternehmerische Tätigkeit.

[4]U hat im Zeitpunkt des Erwerbs (1.4.01) über die Zuordnung des Gebäudes zu entscheiden. [5]Da er zu diesem Zeitpunkt das Gebäude zu mindestens 10% unternehmerisch (§ 15 Abs. 1 Satz 2 UStG) und ansonsten für seine unternehmensfremden Tätigkeiten zu nutzen beabsichtigt, hat U ein Zuordnungswahlrecht, d. h. er kann das Gebäude zu 0%, zu 100% oder zu 20% seinem Unternehmen zuordnen. [6]Ordnet U das Gebäude zu 100% seinem Unternehmen zu, ist der Vorsteuerabzug nach § 15 Abs. 1b UStG ausgeschlossen, soweit das Gebäude für unternehmensfremde Zwecke verwendet wird. [7]Soweit die tatsächliche Verwendung von der vorgesehenen Verwendung abweicht, ist eine Berichtigung des Vorsteuerabzugs nach § 15a Abs. 6a UStG zu prüfen.

(13) [1]Wird ein einheitlicher Gegenstand von Anfang an ausschließlich nichtunternehmerisch verwendet, kann grundsätzlich davon ausgegangen werden, dass der Gegenstand nicht für das Unternehmen bezogen worden ist. [2]Wenn ein Gegenstand, für den von vornherein die Absicht zu einer dauerhaften unternehmerischen Nutzung besteht, zunächst und nur übergangsweise nichtunternehmerisch verwendet wird, kann in Ausnahmefällen jedoch ein Leistungsbezug für das Unternehmen vorliegen. [3]Bei dieser Beurteilung ist u. a. das Verhältnis der vorübergehenden nichtunternehmerischen Nutzungszeit zur Gesamtnutzungsdauer des Gegenstands von Bedeutung (vgl. EuGH-Urteil vom 19.7.2012, C-334/10, X).[1)] [4]Als Gesamtnutzungsdauer gilt in der Regel die betriebsgewöhnliche Nutzungsdauer, die nach ertragsteuerrechtlichen Grundsätzen für den Gegenstand anzusetzen ist. [5]Nur eine im Verhältnis zur Gesamtnutzungsdauer untergeordnete nichtunternehmerische Nutzungszeit ist für einen Bezug für das Unternehmen unschädlich. [6]Je länger die anfängliche nichtunternehmerische Nutzung andauert, desto höher sind die Anforderungen an den Nachweis der von vornherein bestehenden unternehmerischen Nutzungsabsicht. [7]Dies gilt insbesondere, wenn sich die anfängliche nichtunternehmerische Nutzungszeit über das erste Kalenderjahr der Nutzung hinaus erstreckt.

Beispiel 1:

[1]Verein V lässt eine Mehrzweckhalle errichten (Fertigstellung 1.1.01; Herstellungskosten 300 000 € zzgl. 57 000 € Umsatzsteuer). [2]V beabsichtigt nachweislich von Anfang an, die Halle ab dem 1.12.01 umsatzsteuerpflichtig zu vermieten, und zwar im Umfang von 50% der Hallennutzung. [3]Bis zum 1.12.01 wird die Sporthalle vorübergehend nur für ideelle Vereinszwecke genutzt.

---

1) DStR 2012, 1551.

[4]Die bestimmungsgemäße unternehmerische Nutzung im Jahr 01 beträgt 50%. [5]Die Mehrzweckhalle ist deshalb zu 50% dem Unternehmen zuzuordnen. [6]Dabei ist die anfängliche ausschließliche nichtwirtschaftliche Verwendung i. e. S. unbeachtlich (vgl. BFH-Urteil vom 20.7.1988, X R 8/80, BStBl. II S. 1012). [7]Die vorübergehende nichtwirtschaftliche Verwendung i. e. S. des dem Unternehmen zugeordneten Gebäudeanteils im Jahr 01 unterliegt der Wertabgabenbesteuerung nach § 3 Abs. 9a Nr. 1 UStG (Abschnitt 3.4 Abs. 5a Satz 4).

Zeitpunkt und Dokumentation der Zuordnungsentscheidung – Auswirkungen der Zuordnungsentscheidung auf den Vorsteuerabzug und dessen Berichtigung nach § 15a UStG

(14) [1]Beabsichtigt der Unternehmer einen einheitlichen Gegenstand teilunternehmerisch sowohl für unternehmerische als auch für unternehmensfremde Tätigkeiten zu verwenden, hat der Unternehmer ein Zuordnungswahlrecht (vgl. Absatz 2 Satz 1 Nr. 2 Buchstabe b). [2]Die (vollständige oder teilweise) Zuordnung des Gegenstands zum Unternehmen erfordert aus diesem Grund eine durch Beweisanzeichen gestützte Zuordnungsentscheidung des Unternehmers. [3]In den Fällen, in denen ein einheitlicher Gegenstand für unternehmerische und nichtwirtschaftliche Tätigkeiten i. e. S. verwendet wird, bedarf es dagegen keiner Zuordnungsentscheidung, da ein grundsätzliches Aufteilungsgebot gilt. [4]Eine solche ist nur erforderlich, wenn der Unternehmer von der Billigkeitsregelung nach Absatz 2 Satz 1 Nr. 2 Buchstabe a Gebrauch macht.

(15) [1]Für die zur Herstellung des Gegenstands verwendeten Leistungen erfolgt die Zuordnung zum Unternehmen bereits beim ersten Leistungsbezug oder bzw. bei der ersten Anzahlung, unabhängig vom Vorliegen der Rechnung (vgl. Abschnitte 15.12 Abs. 1 Satz 15 und 15a.4 Abs. 2 Sätze 1 und 2). [2]Die Zuordnungsentscheidung ist im Hinblick auf die Zulässigkeit der Zuordnung nach § 15 Abs. 1 Satz 2 UStG stets mit Blick auf die beabsichtigte Nutzung des gesamten herzustellenden Gegenstands zu treffen.

(16) [1]Aus dem Grundsatz des Sofortabzugs der Vorsteuer folgt, dass die Zuordnungsentscheidung bereits bei Leistungsbezug für einen einheitlichen Gegenstand zu treffen ist (vgl. BFH-Beschluss vom 28.10.2020, XI B 26/20, n. v.). [2]Die Zuordnungsentscheidung ist jedoch eine innere Tatsache, die erst durch äußere Beweisanzeichen erkennbar wird. [3]Es bedarf daher einer Dokumentation der Zuordnungsentscheidung, die grundsätzlich in der erstmöglichen Voranmeldung vorzunehmen ist. [4]Gleichwohl kann die Zuordnungsentscheidung spätestens und mit endgültiger Wirkung noch in einer „zeitnah" erstellten Umsatzsteuererklärung für das Jahr, in das der Leistungsbezug fällt, nach außen dokumentiert werden, wenn frühere Anhaltspunkte für eine vollständige oder teilweise Zuordnung der bezogenen Leistung zum Unternehmen fehlen (vgl. BFH-Urteil vom 7.7.2011, V R 42/09, BStBl. 2014 II S. 76). [5]Eine zeitnahe gesonderte Dokumentation der Zuordnungsentscheidung liegt vor, wenn sie bis zur gesetzlichen Regelabgabefrist für Steuererklärungen (31.7. des Folgejahres, § 149 Abs. 2 Satz 1 AO) vorliegt; Fristverlängerungen für die Abgabe der Steuererklärungen haben darauf keinen Einfluss (vgl. BFH-Urteile vom 7.7.2011, V R 42/09, a. a. O., und V R 21/10, BStBl. 2014 II S. 81). [6]Bis zu diesem Zeitpunkt kann auch eine im Voranmeldungsverfahren getroffene Zuordnungsentscheidung korrigiert werden (vgl. BFH-Urteil vom 7.7.2011, V R 21/10, a. a. O.).

(17) [1]Die Geltendmachung des Vorsteuerabzugs ist regelmäßig ein gewichtiges Indiz für, die Unterlassung des Vorsteuerabzugs ein ebenso gewichtiges Indiz gegen die Zuordnung eines Gegenstands zum Unternehmen. [2]Ist ein Vorsteuerabzug nicht möglich, müssen andere Beweisanzeichen herangezogen werden (BFH-Urteil vom 31.1.2002, V R 61/96, BStBl. 2003 II S. 813). [3]Gibt es keine Beweisanzeichen für eine Zuordnung zum Unternehmen, kann diese nicht unterstellt werden (BFH-Urteile vom 28.2.2002, V R 25/96, BStBl. 2003 II S. 815; und vom 7.7.2011, V R 42/09, BStBl. 2014 II S. 76). [4]Ob andere Beweisanzeichen für die Zuordnung vorliegen, ist unter Berücksichtigung aller Gegebenheiten des Sachverhalts, zu denen die Art der betreffenden Gegenstände und der zwischen dem Erwerb der Gegenstände und ihrer Verwendung für Zwecke der wirtschaftlichen Tätigkeiten des Unternehmers liegende Zeitraum gehören, zu prüfen. [5]Hierbei kann zu berücksichtigen sein, ob der Unternehmer bei An- und Verkauf des teilunternehmerisch genutzten Gegenstands unter seinem Firmennamen auftritt oder ob er den Gegenstand betrieblich oder privat versichert hat. [6]Unter Umständen kann auch die bilanzielle und ertragsteuerrechtliche Behandlung ein Indiz für die umsatzsteuerrechtliche Behandlung sein (vgl. BFH-Urteil vom 7.7.2011, V R 42/09, a.a.O.). [7]Zwar ist die Wahrnehmung von Bilanzierungspflichten für die umsatzsteuerrechtliche Zuordnung nicht maßgeblich, jedoch kann z.B. der Umstand, dass der Unternehmer einen Gegenstand nicht als gewillkürtes Betriebsvermögen behandelt, obwohl die Voraussetzungen dafür gegeben sind, Indiz dafür sein, dass er ihn auch umsatzsteuerrechtlich nicht seinem Unternehmen zuordnen wollte (vgl. BFH-Urteil vom 31.1.2002, V R 61/96, a.a.O.). [8]Umgekehrt spricht insoweit für eine Zuordnung zum Unternehmen, als der Unternehmer einen aktivierungspflichtigen Gegenstand nur mit den Netto-Anschaffungs- oder Herstellungskosten aktiviert, weil nach § 9b Abs. 1 Satz 1 EStG der Vorsteuerbetrag nach § 15 UStG, soweit er umsatzsteuerrechtlich abgezogen werden kann, nicht zu den Anschaffungs- oder Herstellungskosten des Wirtschaftsgutes gehört (vgl. BFH-Urteil vom 7.7.2011, V R 42/09, a.a.O.).

(18) [1]Bei der Anschaffung oder Herstellung von teilunternehmerisch genutzten Grundstücken und Gebäuden ist die Zuordnung bei Leistungsbezug ebenfalls grundsätzlich in der erstmöglichen Voranmeldung zu dokumentieren. [2]Im Hinblick auf die steuerliche Bedeutung dieser Gegenstände sind an die Eindeutigkeit dieser Dokumentation erhöhte Anforderungen zu stellen. [3]Ist bei der Anschaffung oder Herstellung eines Gebäudes ein Vorsteuerabzug nach § 15 Abs. 1, 1b oder 2 UStG (teilweise) nicht möglich, kann der Unternehmer durch eine gegenüber dem Finanzamt abgegebene schriftliche Erklärung dokumentieren, in welchem Umfang er das Gebäude dem Unternehmen zugeordnet hat, wenn sich aus dem Umfang des geltend gemachten Vorsteuerabzugs nicht ergibt, mit welchem Anteil das Gebäude dem Unternehmen zugeordnet wurde. [4]Gibt es in diesem Fall keine anderen Beweisanzeichen für eine Zuordnung zum Unternehmen, kann diese nicht unterstellt werden. [5]Eine zeitnahe eindeutige Dokumentation der Zuordnungsentscheidung kann ebenfalls noch bis zur gesetzlichen Regelabgabefrist für Steuererklärungen (31.7. des Folgejahres, § 149 Abs. 2 Satz 1 AO) dem zuständigen

Finanzamt gegenüber erfolgen; Fristverlängerungen für die Abgabe der Steuererklärung haben darauf keinen Einfluss.

(19) [1] Auch bei Herstellungsvorgängen, die sich über mehr als ein Kalenderjahr erstrecken, hat der Unternehmer sein Zuordnungswahlrecht für das Gebäude ab Beginn des Herstellungsprozesses (vgl. § 27 Abs. 16 Satz 2 UStG) jeweils spätestens zum 31.7. des Folgejahres zu dokumentieren. [2] Macht der Unternehmer bis zu diesem Zeitpunkt jeweils keinen Vorsteuerabzug geltend und liegen keine anderen Beweisanzeichen für eine Zuordnung zum Unternehmen vor, kann diese nicht unterstellt werden. [3] Das Gebäude gilt dann – ggf. bis zu einer späteren Änderung der Zuordnung – insgesamt als nicht zugeordnet, so dass alle Leistungsbezüge bis zur Änderung der Zuordnung für den nichtunternehmerischen Bereich bezogen gelten und den Vorsteueranspruch ausschließen. [4] Eine Berichtigung des Vorsteuerabzuges aus den Herstellungskosten des Gebäudes nach § 15a UStG ist insoweit ausgeschlossen. [5] Die dargestellten Grundsätze gelten auch für nachträgliche Herstellungskosten, die eigenständige Zuordnungsobjekte darstellen (vgl. Absatz 9 Nr. 2). [6] Wenn sich die beabsichtigte Verwendung des Gebäudes während des Herstellungsvorgangs ändert, der Unternehmer jedoch nicht erklärt, in welchem Umfang er das Gebäude seinem Unternehmen zuordnet, sondern nur entsprechend angepasste Vorsteuerbeträge geltend macht, gilt das Gebäude aus Vereinfachungsgründen in Höhe des durchschnittlich geltend gemachten Vorsteuerabzugs als dem Unternehmen zugeordnet. [7] Beispiele zur Darstellung der Auswirkung der Zuordnungsentscheidung auf den Vorsteuerabzug und dessen Berichtigung nach § 15a UStG:

Beispiel 1:

[1] Unternehmer U beginnt im Jahr 01 mit der Errichtung eines Gebäudes, das er zu 50% für private Zwecke und zu 50% für seine vorsteuerunschädliche unternehmerische Tätigkeit zu nutzen beabsichtigt (Herstellungsjahr 01 nach dem Stichtag 31.12.2010 und damit Anwendung des § 15 Abs. 1b UStG). [2] Die Fertigstellung erfolgt im Jahr 03. [3] U verwendet das Gebäude ab dem 1.1.04 erstmalig wie beabsichtigt zu 50% privat und zu 50% vorsteuerunschädlich für unternehmerische Zwecke. [4] U erklärt vor dem 31.7.02 die vollständige Zuordnung des Gebäudes schriftlich gegenüber dem Finanzamt. [5] Während der Herstellungsphase macht U keinen Vorsteuerabzug geltend, sondern reicht zum 31.7.04 berichtigte Erklärungen für die Jahre 01 und 02 sowie eine Erklärung für das Jahr 03 ein, in denen er 50% der Vorsteuerbeträge geltend macht.

	ausgewiesene Umsatzsteuer	bis zum 31.7. des Folgejahres geltend gemachte Vorsteuer
01	40 000 €	0 €
02	20 000 €	0 €
03	30 000 €	15 000 €
Σ	90 000 €	15 000 €

[6] Das Gebäude des U soll für unternehmerische und unternehmensfremde (private) Zwecke verwendet werden. [7] U hat deshalb grundsätzlich das Wahlrecht, das Gebäude vollständig, gar nicht oder im Umfang der unternehmerischen Nutzung dem Unternehmen zuzuordnen. [8] Eine zeitnahe Dokumentation der Zuordnungsentscheidung ist bis zum 31.7. des Folgejahres möglich. [9] U hat das sich im Herstellungsprozess befindende Gebäude seinem Unternehmen zugeordnet und die Zuordnung gegenüber dem Finanzamt rechtzeitig dokumentiert. [10] U kann im Rahmen der berichtigten Jahreserklärungen für 01 und 02 und der Jahreserklärung 03 Vorsteuerbeträge geltend machen, soweit diese auf die beabsichtigte unternehmerische Nutzung entfallen (01 = 20 000 €, 02 = 10 000 €, 03 = 15 000 €). [11] Soweit eine private Ver-

wendung des Gebäudes beabsichtigt ist, greift der Vorsteuerausschluss nach § 15 Abs. 1b UStG. [12] Spätere Änderungen der Verwendung des Gebäudes können nach § 15a Abs. 6a in Verbindung mit Abs. 1 UStG berichtigt werden.

Beispiel 2:

[1] Sachverhalt wie Beispiel 1. [2] U hat aber keine schriftliche Erklärung gegenüber dem Finanzamt abgegeben, dass er das Gebäude seinem Unternehmen vollständig zuordnen möchte. [3] Die erstmaligen Jahreserklärungen für die Jahre 01, 02 und 03 reicht U erst zum 31.7.04 ein.

[4] Das Gebäude des U soll für unternehmerische und unternehmensfremde (private) Zwecke verwendet werden. [5] U hat deshalb grundsätzlich das Wahlrecht, das Gebäude vollständig, gar nicht oder im Umfang der unternehmerischen Nutzung dem Unternehmen zuzuordnen. [6] Eine zeitnahe Dokumentation der Zuordnungsentscheidung ist bis zum 31.7. des Folgejahres möglich. [7] Mit der Übermittlung der Jahreserklärungen 01 bis 03, in denen U 50 % der Vorsteuerbeträge geltend macht, will U dokumentieren, dass er den unternehmerisch genutzten Gebäudeteil seinem Unternehmen zuordnet. [8] In Bezug auf den unternehmensfremd (privat) verwendeten Anteil hat U bis zum 31.7.02 bzw. bis zum 31.7.03 keine Zuordnung dokumentiert (weder Erklärung noch Vorsteuerabzug), so dass diese nicht unterstellt werden kann.

[9] Da U für die Jahre 01 und 02 bis zum 31.7. des jeweiligen Folgejahres keine Zuordnung zum Unternehmen dokumentiert hat, ist für diese Jahre ein Vorsteuerabzug nicht möglich. [10] Das unfertige Gebäude (Herstellungsvolumen aus den Jahren 01 und 02) gilt zum 1.1.03 zu 50 % als in sein Unternehmen eingelegt, weil die ggf. zuvor erfolgte Zuordnung zum Unternehmen in Folge der verspäteten Dokumentation für die Jahre 01 und 02 nicht berücksichtigt werden kann. [11] Das Vorsteuervolumen für eine Berichtigung nach § 15a UStG reduziert sich deshalb auf die Vorsteuerbeträge aus dem Jahr 03 in Höhe von 15 000 €, für die die Zuordnung zum Unternehmen rechtzeitig dokumentiert worden ist.

Beispiel 3:

[1] Sachverhalt wie Beispiel 1. [2] U erklärt aber erst zum 31.7.04 die vollständige Zuordnung des Gebäudes zu seinem Unternehmen schriftlich gegenüber dem Finanzamt.

[3] U hat bis zum 31.7.02 bzw. bis zum 31.7.03 keine Zuordnung des herzustellenden Gebäudes dokumentiert. [4] Die berichtigten Erklärungen für die Jahre 01 und 02 und die schriftliche Erklärung der vollständigen Zuordnung sind erst nach dem 31.7. des jeweiligen Folgejahres beim Finanzamt eingegangen. [5] U ist deshalb nicht zum Vorsteuerabzug aus den Herstellungskosten aus den Jahren 01 und 02 berechtigt (§ 15 Abs. 1 UStG). [6] Eine Berichtigung nach § 15a UStG ist ebenfalls ausgeschlossen.

[7] Die Zuordnung der im Jahr 03 bezogenen Leistungen ist hingegen rechtzeitig bis zum 31.7. des Folgejahres dokumentiert worden. [8] U ist in Höhe des beabsichtigten unternehmerischen Nutzungsanteils von 50 % zum Vorsteuerabzug aus diesen Leistungen berechtigt (15 000 €). [9] Soweit eine private Verwendung des Gebäudes beabsichtigt ist, greift der Vorsteuerausschluss nach § 15 Abs. 1b UStG.

[10] Mit seiner schriftlichen Erklärung gegenüber dem Finanzamt, das Gebäude dem Unternehmen vollständig zuzuordnen, hat U das unfertige Gebäude (Herstellungsvolumen aus den Jahren 01 und 02) zum 1.1.03 in sein Unternehmen eingelegt, weil die ggf. zuvor erfolgte Zuordnung in Folge der verspäteten Dokumentation für die Jahre 01 und 02 nicht berücksichtigt werden kann. [11] Die Vorsteuerbeträge aus den Jahren 01 und 02 sind für Zwecke der Vorsteuerberichtigung nach § 15a UStG verloren. [12] Für das Berichtigungsobjekt im Sinne des § 15a UStG sind nur die rechtzeitig zugeordneten Vorsteuerbeträge aus dem Jahr 03 in Höhe von 30 000 € maßgebend. [13] Für diese Vorsteuerbeträge ist eine unternehmerische und unternehmensfremde Nutzung von jeweils 50 % berücksichtigt worden. [14] Da U in Jahr 04 das Berichtigungsobjekt im gleichen Verhältnis verwendet, liegt keine Änderung der Verhältnisse im Sinne des § 15a UStG vor.

Beispiel 4:

[1] Sachverhalt wie Beispiel 2. [2] U führt ab dem 1.1.05 zu 50 % steuerfreie Umsätze aus, die nicht zum Vorsteuerabzug berechtigen.

[3] Wirtschaftsgut im Sinne des § 15a UStG ist nur der dem Unternehmen zugeordnete Gebäudeteil. [4] Es liegt eine Änderung der Verhältnisse im Sinne des § 15a Abs. 1 UStG vor, da U das Berichtigungsobjekt im Sinne des § 15a UStG bisher für zu 100% steuerpflichtige Ausgangsumsätze verwendet hat.
§ 15a-UStG-fähige Vorsteuerbeträge (allein aus dem Jahr 03): 15 000 €
Ursprünglicher Vorsteuerabzug: 15 000 € (100% von 15 000 €)
Zeitpunkt der erstmaligen Verwendung: 1.1.04
Dauer des Berichtigungszeitraums: 1.1.04 bis 31.12.13
Zum Vorsteuerabzug berechtigende Verwendung: 50% (neue Nutzung: 50% steuerpflichtig und 50% steuerfrei)
Änderung der Verhältnisse: 50 Prozentpunkte (50% statt bisher 100%)
Vorsteuerberichtigung ab Jahr 05: 50 Prozentpunkte von 1/10 von 15 000 € = 750 € sind zuungunsten des U zu korrigieren.

Beispiel 5:

[1] Sachverhalt wie Beispiel 2. [2] U nutzt das Gesamtgebäude ab dem 1.1.06 zu 70% für unternehmensfremde (private) Zwecke und führt zu 50% steuerfreie Umsätze aus, die nicht zum Vorsteuerabzug berechtigen.
[3] Es liegen ab dem Jahr 06 zwei Änderungen der Verhältnisse nach § 15a Abs. 1 in Verbindung mit Abs. 6a UStG vor, da U das Berichtigungsobjekt (den zugeordneten hälftigen Gebäudeteil) bisher zu 100% für steuerpflichtige Tätigkeiten verwendet hat. [4] Die unternehmerische Nutzung dieses ursprünglich zugeordneten Gebäudeteils beträgt nur noch 60%, da der Umfang der unternehmerischen Nutzung des gesamten Gebäudes auf nunmehr 30% gesunken ist, was 60% des zugeordneten hälftigen Teils entspricht. [5] Außerdem ist U auf Grund der steuerfreien Umsätze in Bezug auf den unternehmerisch verwendeten Gebäudeteil nur noch zu 50% zum Vorsteuerabzug berechtigt, was 30% des zugeordneten hälftigen Teils entspricht.
§ 15a-UStG-fähige Vorsteuerbeträge (allein aus dem Jahr 03): 15 000 €
Ursprünglicher Vorsteuerabzug: 15 000 € (100% von 15 000 €)
Zeitpunkt der erstmaligen Verwendung: 1.1.04
Dauer des Berichtigungszeitraums: 1.1.04 bis 31.12.13
Zum Vorsteuerabzug berechtigende Verwendung: 30% (neue Nutzung: 60% × 50% = 30% steuerpflichtig, 30% steuerfrei, 40% unternehmensfremd)
Änderung der Verhältnisse: 70 Prozentpunkte (30% statt bisher 100%)
Vorsteuerberichtigung ab Jahr 06: 70 Prozentpunkte von 1/10 von 15 000 € = 1050 € sind zuungunsten des U zu korrigieren.

Beispiel 6:

[1] Unternehmer U beginnt im Jahr 01 mit der Errichtung eines Gebäudes, das er zu 60% für private Zwecke und zu 40 % für seine vorsteuerunschädliche unternehmerische Tätigkeit zu nutzen beabsichtigt (Herstellungsjahr 01 nach dem Stichtag 31.12.2010 und damit Anwendung des § 15 Abs. 1b UStG). [2] Die Fertigstellung erfolgt im Jahr 03. [3] U verwendet das Gebäude ab dem 1.1.04 erstmalig wie von Anfang an beabsichtigt zu 60% privat und zu 40% vorsteuerunschädlich für unternehmerische Zwecke. [4] U macht während der Herstellungsphase aus den Aufwendungen 40% Vorsteuerabzug geltend. [5] Außer der Geltendmachung des Vorsteuerabzugs liegen keine Beweisanzeichen für eine Zuordnung zum Unternehmen vor.

	ausgewiesene Umsatzsteuer	bis zum 31.7. des Folgejahres geltend gemachte Vorsteuer
01	40 000 €	16 000 € (40%)
02	20 000 €	8 000 € (40%)
03	30 000 €	12 000 € (40%)
Σ	90 000 €	36 000 € (40%)

[6] U hat das Gebäude im Umfang seiner unternehmerischen Nutzung von 40% seinem Unternehmen zugeordnet. [7] Durch die Geltendmachung des Vorsteuerabzugs in Höhe von insgesamt 36 000 € hat U seine Zuordnungsentscheidung dokumentiert. [8] In Bezug auf den wie beabsichtigt unternehmensfremd verwendeten Gebäudeanteil hat U keine Zuordnung zum

Unternehmen dokumentiert. [9] Ohne Beweisanzeichen kann diese nicht unterstellt werden. [10] Die Vorsteuerbeträge in Höhe von 54 000 € können deshalb weder nach § 15 Abs. 1 UStG noch nachträglich nach § 15a UStG geltend gemacht werden. [11] Wirtschaftsgut im Sinne des § 15a UStG ist nur der dem Unternehmen zugeordnete Gebäudeteil. [12] Auf das Berichtigungsobjekt entfallen somit nur die Vorsteuerbeträge in Höhe von 36 000 € bei einer 100% unternehmerischen vorsteuerunschädlichen Nutzung. [13] Da U in Jahr 04 das Berichtigungsobjekt ebenfalls nur unternehmerisch verwendet, liegt keine Änderung der Verhältnisse im Sinne des § 15a UStG vor.

Beispiel 7:

[1] Sachverhalt wie Beispiel 6. [2] U verwendet den unternehmerisch genutzten Gebäudeteil ab dem 1.1.05 zu 50% für steuerfreie Umsätze, die nicht zum Vorsteuerabzug berechtigen. [3] Es liegt im Jahr 05 eine Änderung der Verhältnisse im Sinne des § 15a Abs. 1 UStG vor, da U den dem Unternehmen zugeordneten Gebäudeteil bisher zu 100% für steuerpflichtige Umsätze genutzt hat.
§ 15a-UStG-fähige Vorsteuerbeträge: 36 000 €
Ursprünglicher Vorsteuerabzug: 36 000 € (100% von 36 000 €)
Zeitpunkt der erstmaligen Verwendung: 1.1.04
Dauer des Berichtigungszeitraums: 1.1.04 bis 31.12.13
Zum Vorsteuerabzug berechtigende Verwendung: 50% (neue Nutzung: 50% steuerpflichtig und 50% steuerfrei)
Änderung der Verhältnisse: 50 Prozentpunkte (50% statt bisher 100%)
Vorsteuerberichtigung ab Jahr 05: 50 Prozentpunkte von $^1/_{10}$ von 36 000 € = 1800 € sind zuungunsten des U zu korrigieren.

Beispiel 8:

[1] Sachverhalt wie Beispiel 6. [2] U nutzt das Gesamtgebäude ab dem 1. 1. 06 nur noch zu 30% für unternehmerische Zwecke und führt zu 50% steuerfreie Umsätze aus, die nicht zum Vorsteuerabzug berechtigen.
[3] Es liegen zwei Änderungen der Verhältnisse im Sinne des § 15a Abs. 1 in Verbindung mit Abs. 6a UStG vor, da U das Berichtigungsobjekt im Sinne des § 15a UStG bisher zu 100% für steuerpflichtige Tätigkeiten verwendet hat. [4] Die unternehmerische Nutzung des ursprünglich zugeordneten Gebäudeteils beträgt nur noch $^3/_4$ = 75%, da 10% bezogen auf die bisherige unternehmerische Nutzung von 40% nunmehr unternehmensfremd genutzt werden. [5] Außerdem ist U auf Grund der steuerfreien Umsätze in Bezug auf den unternehmerisch verwendeten Gebäudeteil nur noch zu 50% zum Vorsteuerabzug berechtigt.
§ 15a-UStG-fähige Vorsteuerbeträge: 36 000 €
Ursprünglicher Vorsteuerabzug: 36 000 € (100% von 36 000 €)
Zeitpunkt der erstmaligen Verwendung: 1.1.04
Dauer des Berichtigungszeitraums: 1.1.04 bis 31.12.13
Zum Vorsteuerabzug berechtigende Verwendung: 37,5% (neue Nutzung: 75% × $^1/_2$ = 37,5% steuerpflichtig, 37,5% steuerfrei, 25% unternehmensfremd)
Änderung der Verhältnisse: 62,5 Prozentpunkte (37,5% statt bisher 100%)
Vorsteuerberichtigung ab Jahr 06: 62,5 Prozentpunkte von $^1/_{10}$ von 36 000 € = 2250 € sind zuungunsten des U zu korrigieren.

Beispiel 9:

[1] Unternehmer U beginnt im Jahr 01 mit der Errichtung eines Gebäudes, das er teilunternehmerisch für unternehmerische und private Zwecke zu nutzen beabsichtigt (Herstellungsjahr 01 nach dem Stichtag 31.12.2010 und damit Anwendung des § 15 Abs. 1b UStG). [2] Die Fertigstellung erfolgt im Jahr 03. [3] Während des Herstellungsvorgangs ändert sich die Verwendungsabsicht von U nachweisbar wie folgt: Im Jahr 01 beabsichtigt U, das Gebäude zu 80%, im Jahr 02 zu 60% und im Jahr 03 zu 70% für seine unternehmerische vorsteuerunschädliche Tätigkeit zu verwenden. [4] Es liegen keine Beweisanzeichen einer Zuordnung über die Geltendmachung des Vorsteuerabzugs hinaus vor. [5] Die erstmalige Verwendung des Gebäudes erfolgt am 1.1.04. [6] U nutzt das Gebäude, wie im Jahr 03 beabsichtigt, zu 70% für seine unternehmerische vorsteuerunschädliche Tätigkeit und zu 30% privat.

	ausgewiesene Umsatzsteuer	bis zum 31.7. des Folgejahres geltend gemachte Vorsteuer
01	40 000 €	32 000 € (80 %)
02	20 000 €	12 000 € (60 %)
03	30 000 €	21 000 € (70 %)
Σ	90 000 €	65 000 € (72,22 % von 90 000 €)

[7] Das Gebäude des U soll für unternehmerische und unternehmensfremde Zwecke verwendet werden. [8] U hat deshalb grundsätzlich das Wahlrecht, das Gebäude vollständig, gar nicht oder im Umfang der unternehmerischen Nutzung dem Unternehmen zuzuordnen. [9] Da sich die beabsichtigte Verwendung des Gebäudes im Herstellungsvorgang ändert und U nicht erklärt, in welchem Umfang er das Gebäude seinem Unternehmen zuordnet, gilt das Gebäude aus Vereinfachungsgründen zu 72,22 % dem Unternehmen des U als zugeordnet.
[10] In Bezug auf den unternehmensfremd verwendeten Gebäudeanteil hat U keine Zuordnung zum Unternehmen dokumentiert. [11] Ohne Beweisanzeichen kann diese nicht unterstellt werden. [12] Die Vorsteuerbeträge in Höhe von (90 000 € abzgl. 65 000 € =) 25 000 € können deshalb weder nach § 15 Abs. 1 UStG noch nachträglich nach § 15a UStG geltend gemacht werden. [13] Wirtschaftsgut im Sinne des § 15a UStG ist nur der dem Unternehmen zugeordnete Gebäudeteil.
[14] Da die tatsächliche Verwendung von der beabsichtigten Verwendung während des Herstellungsprozesses abweicht, liegt im Zeitpunkt der erstmaligen Verwendung (70 % unternehmerisch) eine Änderung der Verhältnisse im Sinne des § 15a Abs. 1 in Verbindung mit Abs. 6a UStG vor. [15] Die geltend gemachten Vorsteuerbeträge in Höhe von 65 000 € entsprechen 100 % des zugeordneten Gebäudeteils. [16] Die unternehmerische Verwendung in Höhe von 70 % hätte U nur zu einem Vorsteuerabzug in Höhe von 63 000 € berechtigt (70 % von 90 000 €). [17] Die Verhältnisse ändern sich somit um 3,08 Prozentpunkte (63 000 € von 65 000 € = 96,92 %). [18] Da sich die Verhältnisse um weniger als 10 Prozentpunkte ändern und der Änderungsbetrag nicht 1000 € übersteigt, entfällt eine Vorsteuerberichtigung (§ 44 Abs. 2 UStDV).

Beispiel 10:

[1] Sachverhalt wie Beispiel 9. [2] U beabsichtigt in den Jahren 01 bis 03 jedoch folgende unternehmerische Verwendung des Gebäudes und macht entsprechende Vorsteuerbeträge geltend:

	ausgewiesene Umsatzsteuer	bis zum 31.7. des Folgejahres geltend gemachte Vorsteuer
01	30 000 €	21 000 € (70 %)
02	20 000 €	12 000 € (60 %)
03	40 000 €	32 000 € (80 %)
Σ	90 000 €	65 000 € (72,22 % von 90 000 €)

[3] U nutzt das gesamte Gebäude ab dem 1.1.04 zu 80 % für unternehmerische vorsteuerunschädliche Zwecke.
[4] Eine Berichtigung nach § 15a UStG ist nicht möglich, da das Gebäude nur zu 72,22 % als dem Unternehmen zugeordnet gilt und er damit bereits 100 % des berichtigungsfähigen Vorsteuervolumens ausgeschöpft hat.

Beispiel 11:

[1] Sachverhalt wie Beispiel 9. [2] U führt ab dem 1.1.05 zu 50 % steuerfreie Umsätze aus, die nicht zum Vorsteuerabzug berechtigen.
[3] Es liegt eine Änderung der Verhältnisse im Sinne des § 15a Abs. 1 UStG vor, da U bisher zu 100 % steuerpflichtige Ausgangsumsätze ausgeführt hat. [4] Der dem Unternehmen zugeordnete Gebäudeteil wurde bisher zu 96,92 % für steuerpflichtige Tätigkeiten und zu 3,08 % unternehmensfremd genutzt.
§ 15a-UStG-fähige Vorsteuerbeträge: 65 000 €
Ursprünglicher Vorsteuerabzug: 65 000 € (100 % von 65 000 €)
Zeitpunkt der erstmaligen Verwendung: 1.1.04
Dauer des Berichtigungszeitraums: 1.1.04 bis 31.12.13
Zum Vorsteuerabzug berechtigende Verwendung: 48,46 % (neue Nutzung: 48,46 % steuerpflichtig, 48,46 % steuerfrei, 3,08 % unternehmensfremd)

Änderung der Verhältnisse: 51,54 Prozentpunkte (48,46 % statt bisher 100 %)
Vorsteuerberichtigung ab Jahr 05: 51,54 Prozentpunkte von $^{1}/_{10}$ von 65 000 € = 3350,10 € sind zuungunsten des U zu korrigieren.

Beispiel 12:

[1] Sachverhalt wie Beispiel 9. [2] U nutzt das Gesamtgebäude ab dem 1.1.06 zu 50 % für unternehmensfremde (private) Zwecke und führt zu 50 % steuerfreie Umsätze aus, die nicht zum Vorsteuerabzug berechtigen.
[3] Es liegen zwei Änderungen der Verhältnisse im Sinne des § 15a Abs. 1 in Verbindung mit Abs. 6a UStG vor, da U das Berichtigungsobjekt im Sinne des § 15a UStG bisher nur zu 3,08 % unternehmensfremd genutzt hat. [4] Die unternehmerische Nutzung des ursprünglich zugeordneten Gebäudeteils beträgt nur 69,24 %, da 22,22 % bezogen auf den zugeordneten Gebäudeteil von 72,22 % (= 30,76 %) nunmehr unternehmensfremd genutzt werden. [5] Außerdem ist U auf Grund der steuerfreien Umsätze in Bezug auf den unternehmerisch verwendeten Gebäudeteil nur noch zu 50 % zum Vorsteuerabzug berechtigt.
§ 15a-UStG-fähige Vorsteuerbeträge: 65 000 €
Ursprünglicher Vorsteuerabzug: 65 000 € (100 % von 65 000 €)
Zeitpunkt der erstmaligen Verwendung: 1.1.04
Dauer des Berichtigungszeitraums: 1.1.04 bis 31.12.13
Zum Vorsteuerabzug berechtigende Verwendung: 34,62 % (neue Nutzung: 34,62 % steuerpflichtig, 34,62 % steuerfrei, 30,76 % unternehmensfremd – 27,78 % des zu 50 % unternehmensfremd verwendeten Gebäudes sind nicht dem Unternehmen zugeordnet worden –)
Änderung der Verhältnisse: 65,38 Prozentpunkte (34,62 % statt bisher 100 %)
Vorsteuerberichtigung ab Jahr 06: 65,38 Prozentpunkte von $^{1}/_{10}$ von 65 000 € = 4249,70 € sind zuungunsten des U zu korrigieren.

Beispiel 13:

[1] Die Gemeinde G beginnt im Jahr 01 mit der Errichtung eines Gebäudes, das sie im Jahr 01 zu 100 % für hoheitliche Zwecke zu nutzen beabsichtigt. [2] Im Jahr 02 beschließt der Gemeinderat jedoch, das Gebäude zu 50 % für vorsteuerunschädliche unternehmerische Zwecke zu nutzen. [3] Die Fertigstellung des Gebäudes erfolgt im Jahr 03. [4] Die erstmalige Verwendung erfolgt am 1.1.04 wie im Jahr 02 beschlossen zu 50 % hoheitlich und zu 50 % unternehmerisch. [5] Vorsteuerbeträge wurden entsprechend der zum jeweiligen Leistungsbezug bestehenden Verwendungsabsicht wie folgt erklärt:

	ausgewiesene Umsatzsteuer	geltend gemachte Vorsteuer
01	40 000 €	0 €
02	20 000 €	10 000 €
03	30 000 €	15 000 €
Σ	90 000 €	25 000 €

[6] Soweit G beabsichtigt, das Gebäude für nichtwirtschaftliche Tätigkeiten i. e. S. zu verwenden, ist der Vorsteuerabzug nach § 15 Abs. 1 UStG ausgeschlossen. [7] G hat deshalb kein Zuordnungswahlrecht und muss zum 31.7. des Folgejahres keine Zuordnung dokumentieren. [8] Da G im Jahr 01 beabsichtigt hat, das Gebäude zu 100 % für nichtwirtschaftliche Tätigkeiten i. e. S. zu verwenden, können die Vorsteuerbeträge aus dem Jahr 01 nachträglich nicht geltend gemacht werden. [9] Eine Berichtigung nach § 15a UStG aus Billigkeitsgründen (vgl. Abschnitt 15a.1 Abs. 7) ist insoweit ebenfalls ausgeschlossen, weil es sich vorliegend nicht um eine Erhöhung des wirtschaftlich verwendeten Teils eines bereits zugeordneten Gebäudes handelt, sondern um die erstmalige unternehmerische Zuordnung. [10] Das Gebäude wird für Zwecke des § 15a UStG wie zu 50 % (25 000 € von 50 000 €) dem Unternehmen zugeordnet behandelt, weil für die Jahre 02 und 03 ein Aufteilungsgebot gilt (vgl. Absatz 2 Satz 1 Nr. 2 Buchstabe a). [11] Das Volumen für eine Berichtigung nach den Grundsätzen des § 15a UStG beträgt 50 000 € (25 000 € auf Basis der Zuordnung und 25 000 € aus Billigkeitsgründen, vgl. Abschnitt 15a.1 Abs. 7).

Beispiel 14:

[1] Sachverhalt wie Beispiel 13. [2] G verwendet das Gebäude ab dem 1. 1. 05 zu 70 % für unternehmerische Tätigkeiten.
§ 15a-UStG-fähige Vorsteuerbeträge: 50 000 € (Vorsteuerbeträge aus den Jahren 02 und 03)

Ursprünglicher Vorsteuerabzug: 25 000 € (50 % von 50 000 €)
Zeitpunkt der erstmaligen Verwendung: 1.1.04
Dauer des Berichtigungszeitraums: 1.1.04 bis 31.12.13
Zum Vorsteuerabzug berechtigende Verwendung: 70 %
Änderung der Verhältnisse: 20 Prozentpunkte (70 % statt bisher 50 %)
Vorsteuerberichtigung ab dem Jahr 05 aus Billigkeitsgründen nach Abschnitt 15a.1 Abs. 7: 20 Prozentpunkte von $1/_{10}$ von 50 000 € = 1000 € sind zugunsten des G zu korrigieren.
3 Der Gegenstand gilt durch die Berichtigung aus Billigkeitsgründen zu 70 % als dem Unternehmen zugeordnet.

Beispiel 15:

1 Die Gemeinde G beginnt im Jahr 01 mit der Errichtung eines Gebäudes, das sie in 01 zu 75 % für hoheitliche und zu 25 % für vorsteuerunschädliche unternehmerische Zwecke zu nutzen beabsichtigt. 2 Im Jahr 02 beschließt der Gemeinderat jedoch, das Gebäude zu 50 % für vorsteuerunschädliche unternehmerische Zwecke zu nutzen. 3 Die Fertigstellung des Gebäudes erfolgt im Jahr 03. 4 Die erstmalige Verwendung erfolgt am 1.1.04 wie im Jahr 02 beschlossen zu 50 % hoheitlich und zu 50 % unternehmerisch. 5 Vorsteuerbeträge wurden entsprechend der zum jeweiligen Leistungsbezug bestehenden Verwendungsabsicht wie folgt erklärt:

	ausgewiesene Umsatzsteuer	geltend gemachte Vorsteuer
01	40 000 €	10 000 € (25 %)
02	20 000 €	10 000 € (50 %)
03	30 000 €	15 000 € (50 %)
Σ	90 000 €	35 000 € (38,88 %)

6 Soweit G beabsichtigt, das Gebäude für nichtwirtschaftliche Tätigkeiten i. e. S. zu verwenden, ist der Vorsteuerabzug nach § 15 Abs. 1 UStG ausgeschlossen. 7 G hat deshalb kein Zuordnungswahlrecht und muss bis zum 31.7. des Folgejahres keine Zuordnung dokumentieren. 8 Das Gebäude gilt aus Vereinfachungsgründen zu 38,88 % als dem Unternehmen zugeordnet. 9 Für das Jahr 04 kann aus Billigkeitsgründen wegen der Änderung der Verhältnisse um 11,12 % (50 % statt 38,88 %) eine Korrektur nach den Grundsätzen des § 15a UStG erfolgen (vgl. Abschnitt 15a.1 Abs. 7).

15.2d Regelungen zum Vorsteuerabzug in Einzelfällen

(1)[1] Zum Vorsteuerabzug in besonderen Fällen wird auf folgende Regelungen hingewiesen:

1. Errichtung von Gebäuden auf fremdem Boden,
   vgl. BMF-Schreiben vom 23.7.1986, BStBl. I S. 432;
2. Einrichtungen, bei denen neben dem unternehmerischen auch ein nichtunternehmerischer Bereich besteht (z. B. bei juristischen Personen des öffentlichen Rechts, Vereinen),
   vgl. Abschnitte 2.10 und 15.19;
3. Garantieleistungen in der Reifenindustrie,
   vgl. BMF-Schreiben vom 21.11.1974, BStBl. I S. 1021;
4. Garantieleistungen und Freiinspektionen in der Kraftfahrzeugwirtschaft,
   vgl. BMF-Schreiben vom 3.12.1975, BStBl. I S. 1132;
5. Austauschverfahren in der Kraftfahrzeugwirtschaft,
   vgl. Abschnitt 10.5 Abs. 3;

[1] A 15.2d UStAE Abs. 1 Nr. 15 angef. durch BMF v. 7.9.2021, BStBl. 2021, 1591, anzuwenden in allen offenen Fällen; Nr. 11 neugef. durch BMF v. 27.10.2021, BStBl. I 2021, 2137, anzuwenden in allen offenen Fällen; Nr. 10 neugef. durch BMF v. 30.3.2022, BStBl. I 2022, 568, anzuwenden in allen offenen Fällen.

6. Einschaltung von Personengesellschaften beim Erwerb oder der Errichtung von Betriebsgebäuden der Kreditinstitute,
vgl. BMF-Schreiben vom 29.5.1992, BStBl. I S. 378;
7. Einschaltung von Unternehmern in die Erfüllung hoheitlicher Aufgaben,
vgl. BMF-Schreiben vom 27.12.1990, BStBl. 1991 I S. 81;
8. Essensabgabe an das Personal durch eine vom Arbeitgeber nicht selbst betriebene Kantine oder Gaststätte,
vgl. Abschnitt 1.8 Abs. 12;
9. Vorsteuerabzug und Umsatzbesteuerung bei zwischen dem 1.4.1999 und dem 31.12.2003 angeschafften teilunternehmerisch genutzten Fahrzeugen,
vgl. Tz. 6 des BMF-Schreibens vom 27.8.2004, BStBl. I S. 864;
10. Public-Private-Partnerships (PPP) im Bundesfernstraßenbau,
vgl. BMF-Schreiben vom 30.3.2022, BStBl. I S. 568;
11. Vorsteuerabzug bei gemeinsamem Leistungsbezug durch mehrere Personen,
vgl. BMF-Schreiben vom 27.10.2021, BStBl. I S. 2137;
12. Vorsteuerabzug beim Betrieb von Anlagen zur Energieerzeugung,
vgl. Abschnitt 2.5;
13. Vorsteuerabzug bei Errichtung von Erschließungsanlagen,
vgl. BMF-Schreiben vom 7.6.2012, BStBl. I S. 621;
14. [1] Vorsteuerabzug eines Insolvenzverwalters; ein Insolvenzverwalter kann eine Leistung im Zusammenhang mit seiner Tätigkeit entweder kraft Amtes für die Masse oder persönlich beziehen. [2] Das Recht auf Vorsteuerabzug steht der Insolvenzmasse zu, wenn der Insolvenzverwalter die Masse wirksam verpflichtet hat (vgl. BFH-Urteil vom 18.9.2019, XI R 19/17, BStBl. 2020 II S. 172);
15. Vorsteuerabzug bei der Verwendung eines Aliasnamens nach dem ProstSchG, vgl. BMF-Schreiben vom 7.9.2021, BStBl. I S. 1591.

(2) [1] Erwachsen dem Unternehmer Aufwendungen durch Beköstigung des im Unternehmen beschäftigten Personals in seinem Haushalt, gilt folgende Vereinfachungsregelung: Für die auf diese Aufwendungen entfallenden Vorsteuern kann ohne Einzelnachweis ein Betrag abgezogen werden, der sich unter Anwendung eines durchschnittlichen Steuersatzes von 7,9% auf den Wert errechnet, der bei der Einkommensteuer für die außerbetrieblichen Zukäufe als Betriebsausgabe anerkannt wird. [2] Dementsprechend kann in diesen Fällen die abziehbare Vorsteuer von 7,32% dieses Werts (Bruttobetrag) errechnet werden.

(3) Zur Minderung des Vorsteuerabzugs beim Leistungsempfänger im Zusammenhang mit Preisnachlässen und Preiserstattungen sowie der Einlösung von Gutscheinen vgl. Abschnitt 17.2 Abs. 3 und 4.

15.3 Vorsteuerabzug bei Zahlungen vor Empfang der Leistung

(1) [1]Der vorgezogene Vorsteuerabzug setzt in den Fällen des § 15 Abs. 1 Satz 1 Nr. 1 UStG bei Zahlungen vor Empfang der Leistung (§ 15 Abs. 1 Satz 1 Nr. 1 Satz 3 UStG) voraus, dass

1. eine nach §§ 14, 14a UStG ausgestellte Rechnung vorliegt und
2. die Zahlung geleistet worden ist.

[2]Der Vorsteuerabzug kommt für den Voranmeldungs- bzw. Besteuerungszeitraum in Betracht, in dem erstmalig beide Voraussetzungen erfüllt sind. [3]Voraussetzung für den Vorsteuerabzug aus Rechnungen über Lieferungen, auf die eine Anzahlung geleistet wurde, ist, dass alle maßgeblichen Elemente des Steuertatbestands, d. h. der künftigen Lieferung, bereits bekannt und somit insbesondere die Gegenstände der Lieferung zum Zeitpunkt der Anzahlung genau bestimmt sind (vgl. BFH-Urteil vom 24.8.2006, V R 16/05, BStBl. 2007 II S. 340, vgl. Abschnitt 14.8 Abs. 4 Satz 2).

(2) Hat ein Kleinunternehmer, der von der Sonderregelung des § 19 Abs. 1 UStG zur allgemeinen Besteuerung übergegangen ist, bereits vor dem Übergang Zahlungen für einen nach dem Übergang an ihn bewirkten Umsatz geleistet, kann er den vorgezogenen Vorsteuerabzug in der Voranmeldung für den ersten Voranmeldungszeitraum nach dem Übergang zur allgemeinen Besteuerung geltend machen.

(3) Für den vorgezogenen Vorsteuerabzug ist es ohne Bedeutung, ob die vor Ausführung des Umsatzes geleistete Zahlung das volle Entgelt oder nur einen Teil des Entgelts einschließt.

(4) [1]Ist der gesondert ausgewiesene Steuerbetrag höher als die Steuer, die auf die Zahlung vor der Umsatzausführung entfällt, kann vorweg nur der Steuerbetrag abgezogen werden, der in der im Voraus geleisteten Zahlung enthalten ist. [2]Das gilt auch, wenn vor der Ausführung des Umsatzes über die gesamte Leistung abgerechnet wird, die Gegenleistung aber in Teilbeträgen gezahlt wird. [3]In diesen Fällen hat daher der Unternehmer den insgesamt ausgewiesenen Steuerbetrag auf die einzelnen Teilbeträge aufzuteilen.

Beispiel:

[1]Der Unternehmer hat bereits im Januar eine Gesamtrechnung für einen im Juli zu liefernden Gegenstand über 100 000 € zuzüglich gesondert ausgewiesener Umsatzsteuer i. H. v. 19 000 €, insgesamt 119 000 €, erhalten. [2]Er leistet in den Monaten März, April und Mai Anzahlungen von jeweils 23 800 €. [3]Die Restzahlung i. H. v. 47 600 € überweist er einen Monat nach Empfang der Leistung.

[4]Der Unternehmer kann für die Voranmeldungszeiträume März, April und Mai den in der jeweiligen Anzahlung enthaltenen Steuerbetrag von 3800 € als Vorsteuer abziehen. [5]Die in der Restzahlung von 47 600 € enthaltene Vorsteuer von 7600 € kann für den Voranmeldungszeitraum Juli (zum Zeitpunkt der Umsatzausführung) abgezogen werden.

(5) [1]Aus einer Endrechnung (§ 14 Abs. 5 Satz 2 UStG) kann der Leistungsempfänger nur den Steuerbetrag als Vorsteuer abziehen, der auf die verbliebene Restzahlung entfällt. [2]Das Gleiche gilt bei der Abrechnung mit Gutschriften. [3]Ein höherer Vorsteuerabzug ist auch dann nicht zulässig, wenn in

der Endrechnung die im Voraus gezahlten Teilentgelte und die darauf entfallenden Steuerbeträge nicht oder nicht vollständig abgesetzt wurden (vgl. Abschnitt 14.8 Abs. 10). [4]Sind die Rechnungen oder Gutschriften für die im Voraus geleisteten Zahlungen im Zusammenhang mit der Erteilung der Endrechnung widerrufen oder zurückgenommen worden, ist aus der Endrechnung ebenfalls nur der auf die Restzahlung entfallende Steuerbetrag als Vorsteuer abziehbar (vgl. Abschnitt 14.8 Abs. 9).

(6) Für Anzahlungen, bei denen erst im Zeitpunkt der Leistungserbringung der Leistungsempfänger die Voraussetzungen als Steuerschuldner nach Maßgabe des § 13b UStG erfüllt, vgl. Abschnitt 13b.12 Abs. 3 Sätze 3 und 4.

15.4 Vorsteuerabzug bei Rechnungen über Kleinbeträge

(1) Für die Berechnung des Steuerbetrages aus Rechnungen bis zu einem Gesamtbetrag von 250 € (vgl. § 35 Abs. 1 UStDV) können die auf einen Voranmeldungszeitraum entfallenden Rechnungen zusammengefasst werden, soweit derselbe Steuersatz anzuwenden ist.

(2) Die Vorsteuer kann aus dem Rechnungsbetrag durch Anwendung der folgenden Formel ermittelt werden:

$$\frac{\text{Rechnungspreis} \times \text{Steuersatz}}{(100 + \text{Steuersatz})}$$

Beispiel:

Rechnungspreis 149,95 €, Steuersatz 19 %

$$\frac{149{,}95\ € \times 19}{(100 + 19)} = 23{,}94\ € \text{ Vorsteuer.}$$

(3) Der auf die Rechnung entfallende Steuerbetrag kann auch mittels eines Faktors oder eines Divisors ermittelt werden.

1. [1]Bei Verwendung eines Faktors ist folgende Formel anzuwenden:

$$\frac{\text{Rechnungspreis} \times \text{Faktor}}{100}$$

[2]Der Faktor beträgt bei einem Steuersatz von
7 % = 6,54 (6,5421)
19 % = 15,97 (15,9664).

Beispiel:

Rechnungspreis 149,95 €, Steuersatz 19 %

$$\frac{149{,}95\ € \times 15{,}97}{100} = 23{,}94\ € \text{ Vorsteuer.}$$

2. [1]Mit einem Divisor kann zunächst das auf den Rechnungspreis entfallende Entgelt berechnet und sodann der abziehbare Vorsteuerbetrag durch Abzug

des Entgelts vom Rechnungspreis ermittelt werden. [2]Das Entgelt wird nach folgender Formel berechnet:

$$\frac{\text{Rechnungspreis}}{\text{Divisor}}$$

[3]Der Divisor beträgt bei einem in der Rechnung angegebenen Steuersatz von
7% = 1,07
19% = 1,19.

Beispiel:

Rechnungspreis 149,95 €, Steuersatz 19%

$$\frac{149{,}95\ €}{1{,}19} = 126{,}01\ €\ \text{Entgelt}$$

149,95 € ./. 126,01 € = 23,94 € Vorsteuer.

15.5 Vorsteuerabzug bei Fahrausweisen

(1) [1]Fahrausweise und Belege im Sinne des § 34 UStDV, die für die Beförderung im Personenverkehr und im Reisegepäckverkehr ausgegeben werden, berechtigen nach § 35 Abs. 2 UStDV zum Vorsteuerabzug, soweit sie auf das Inland entfallende Beförderungsleistungen für das Unternehmen betreffen. [2]Stellt der Unternehmer seinen Arbeitnehmern Fahrausweise für die Fahrten zwischen Wohnung und regelmäßiger Arbeitsstätte zur Verfügung, sind die von den Arbeitnehmern in Anspruch genommenen Beförderungsleistungen nicht als Umsätze für das Unternehmen anzusehen. [3]Die dafür vom Unternehmer beschafften Fahrausweise berechtigen ihn daher nicht zur Vornahme des Vorsteuerabzugs.

(2) [1]Bei Zuschlagkarten ist für den Vorsteuerabzug der Steuersatz zu Grunde zu legen, der nach § 35 Abs. 2 UStDV für den dazugehörigen Fahrausweis gilt. [2]Bei Fahrausweisen für Beförderungsleistungen im grenzüberschreitenden Personenverkehr und im internationalen Eisenbahnpersonenverkehr ist die Vorsteuer aus den Angaben der in § 34 Abs. 2 UStDV bezeichneten Bescheinigung zu ermitteln. [3]Fahrausweise für Beförderungsleistungen auf ausländischen Strecken, die nach §§ 3, 4, 6 und 7 UStDV als Strecken im Inland gelten, berechtigen insoweit zum Vorsteuerabzug. [4]Umgekehrt kann auf Grund von Fahrausweisen für Beförderungsleistungen auf Strecken im Inland, die nach §§ 2, 4, 5 und 7 UStDV als ausländische Strecken gelten, ein Vorsteuerabzug nicht vorgenommen werden.

(3) Enthalten gemeinsame Fahrausweise für Beförderungsleistungen durch mehrere in einem Verkehrs- und Tarifverbund zusammengeschlossene Unternehmer keine Angaben über den Steuersatz, ist für die Berechnung der abziehbaren Vorsteuerbeträge der ermäßigte Steuersatz zu Grunde zu legen.

(4) *(aufgehoben)*

(5) [1]Bei Fahrausweisen im Luftverkehr kommt ein Vorsteuerabzug unter Zugrundelegung des ermäßigten Steuersatzes nicht in Betracht. [2]Der Abzug auf der Grundlage des allgemeinen Steuersatzes ist nur zulässig, wenn dieser Steuersatz auf dem Fahrausweis ausdrücklich angegeben ist.

(6) [1]Bei Belegen im Reisegepäckverkehr sind die Vorschriften für den Vorsteuerabzug bei Fahrausweisen entsprechend anzuwenden. [2]Zum Vorsteuerabzug berechtigen die Belege, die für die Beförderung von Reisegepäck im Zusammenhang mit einer Personenbeförderung ausgegeben werden.

(7) Keine Fahrausweise im Sinne des § 34 UStDV sind Belege über die Benutzung von Taxen, von Mietwagen oder von Kraftomnibussen außerhalb des Linienverkehrs.

(8) Zur Herausrechnung des Steuerbetrags aus dem Fahrpreis vgl. Abschnitt 15.4.

(9) Zum Vorsteuerabzug von Fahrausweisen, die im Online-Verfahren abgerufen werden, vgl. Abschnitt 14.4 Abs. 11.

15.6 Vorsteuerabzug bei Repräsentationsaufwendungen

Allgemeines

(1) [1]Nach § 15 Abs. 1a UStG sind Vorsteuerbeträge aus Leistungen für das Unternehmen (vgl. insbesondere Abschnitte 15.2a, 15.2b und 15.2c) nicht abziehbar, die auf Aufwendungen entfallen, für die das Abzugsverbot des § 4 Abs. 5 Satz 1 Nr. 1 bis 4, 7 oder des § 12 Nr. 1 EStG gilt. [2]Vom Vorsteuerausschluss ausgenommen sind Bewirtungsaufwendungen, soweit § 4 Abs. 5 Satz 1 Nr. 2 EStG einen Abzug angemessener und nachgewiesener Aufwendungen ausschließt (vgl. Absätze 6 und 7). [3]Die Regelung des § 15 Abs. 1a UStG bezieht sich nicht auf die Tatbestände des § 4 Abs. 5 Satz 1 Nr. 5, 6, 6a und 6b EStG. [4]Aus Aufwendungen im Sinne des § 4 Abs. 5 Satz 1 Nr. 6, 6a und 6b EStG für Fahrten zwischen Wohnung und Betriebsstätte, für Familienheimfahrten wegen einer aus betrieblichem Anlass begründeten doppelten Haushaltsführung, für betrieblich veranlasste Übernachtungen sowie für ein häusliches Arbeitszimmer kann der Unternehmer beim Vorliegen der übrigen Voraussetzungen des § 15 UStG den Vorsteuerabzug beanspruchen.

(2) [1]Für die Abgrenzung der nicht abziehbaren Aufwendungen gelten die ertragsteuerrechtlichen Grundsätze in R 4.10 EStR.[1)] [2]Maßgeblich ist, ob der Aufwand seiner Art nach von § 4 Abs. 5 Satz 1 Nr. 1 bis 7 EStG erfasst wird (vgl. BFH-Urteil vom 2.7.2008, XI R 66/06, BStBl. 2009 II S. 206). [3]Die tatsächliche ertragsteuerrechtliche Behandlung ist für den Bereich der Umsatzsteuer nicht bindend. [4]So führen z. B. Aufwendungen im Sinne des § 4 Abs. 5 Satz 1 Nr. 1 bis 4 und Nr. 7 EStG auch dann zum Ausschluss des Vorsteuerabzugs, wenn ihr Abzug ertragsteuerrechtlich zu Unrecht zugelassen worden ist. [5]Die Versagung des Vorsteuerabzugs für ertragsteuerrechtlich angemessene Bewirtungsaufwendungen allein wegen nicht eingehaltener Formvorschriften für den Nachweis für Betriebsausgaben (einzelne und getrennte Aufzeichnung nach § 4 Abs. 7 EStG, vgl. R 4.11 EStR) ist aber nicht zulässig. [6]Für den Vorsteuerabzug gelten die allgemeinen Voraussetzungen des § 15 UStG.

(3) [1]Bei Unternehmern, für die § 4 Abs. 5 EStG ertragsteuerrechtlich keine Bedeutung hat, weil sie keinen Gewinn zu ermitteln haben (z. B. gemeinnüt-

---

1) Nr. **1**.

zige Einrichtungen, die nach § 5 Abs. 1 Nr. 9 KStG von der Körperschaftsteuer befreit sind), ist für Umsatzsteuerzwecke darauf abzustellen, ob die Aufwendungen ihrer Art nach unter das Abzugsverbot des § 4 Abs. 5 Satz 1 Nr. 1 bis 4 und Nr. 7 EStG fallen. 2 Dabei ist grundsätzlich der gleiche Nachweis zu verlangen, der ertragsteuerrechtlich zu führen wäre (z. B. bei Bewirtungsaufwendungen).

Geschenke[1)]

(4) 1 Durch die Bezugnahme auf § 4 Abs. 5 Satz 1 Nr. 1 EStG wird die Umsatzsteuer für Aufwendungen für Geschenke an Personen, die nicht Arbeitnehmer des Unternehmers sind, vom Vorsteuerabzug ausgeschlossen, wenn die Anschaffungs- oder Herstellungskosten der Zuwendungen an einen Empfänger zusammengerechnet 35 € übersteigen (vgl. BFH-Urteil vom 12.12.2012, XI R 36/10, BStBl. 2013 II S. 412). 2 Für die Ermittlung der Anschaffungs- und Herstellungskosten gelten die Grundsätze in R 4.10 Abs. 3 i. V. m. R 9b Abs. 2 Satz 3 EStR.[2)] 3 Die Freigrenze ist für Umsatzsteuerzwecke auf das Kalenderjahr zu beziehen. 4 Bei der Prüfung des Überschreitens der 35 €-Grenze sind Geldgeschenke einzubeziehen. 5 Für die Abgrenzung der Geschenke von anderen Zuwendungen gelten die ertragsteuerrechtlichen Grundsätze (vgl. R 4.10 Abs. 4 EStR). 6 Der Vorsteuerausschluss und die Freigrenze gelten nicht nur für Sachgeschenke, sondern auch für Geschenke in Form anderer geldwerter Vorteile (z. B. Eintrittsberechtigungen zu kulturellen oder sportlichen Veranstaltungen).

(5) 1 Steht im Zeitpunkt des Erwerbs oder der Herstellung eines Gegenstands seine Verwendung als Geschenk noch nicht fest, kann der Vorsteuerabzug zunächst unter den allgemeinen Voraussetzungen des § 15 UStG beansprucht werden. 2 Im Zeitpunkt der Hingabe des Geschenks ist eine Vorsteuerkorrektur nach § 17 Abs. 2 Nr. 5 UStG vorzunehmen, wenn die Freigrenze von 35 € überschritten wird.

Beispiel:

1 Der Unternehmer A schenkt seinem Geschäftskunden B im April 01 eine Uhr aus seinem Warenbestand. 2 Die Uhr hatte A im Dezember 00 für 25 € zuzüglich 4,75 € Umsatzsteuer eingekauft. 3 Im Dezember 01 erhält B von A aus Anlass des Weihnachtsfestes ein Weinpräsent, das A im Dezember 01 für 35 € zuzüglich 6,65 € Umsatzsteuer gekauft hatte.
4 Durch das zweite Geschenk werden auch die Aufwendungen für das erste Geschenk nicht abziehbar im Sinne des § 4 Abs. 5 EStG. 5 A hat in der Umsatzsteuer-Voranmeldung für Dezember 01 eine Vorsteuerberichtigung nach § 17 Abs. 2 Nr. 5 UStG vorzunehmen (Minderung der Vorsteuern um 4,75 €). 6 Die Umsatzsteuer für das zweite Geschenk ist nach § 15 Abs. 1a UStG nicht abziehbar.

Bewirtungskosten

(6) 1 Angemessene und nachgewiesene Bewirtungsaufwendungen berechtigen auch insoweit zum Vorsteuerabzug, als § 4 Abs. 5 Satz 1 Nr. 2 EStG einen Abzug als Betriebsausgaben ausschließt. 2 Voraussetzung für den Vorsteuerabzug ist damit neben den allgemeinen Voraussetzungen des § 15 UStG, dass die

1) Zur Abgrenzung entgeltliche Lieferungen/unentgeltliche Zuwendungen vgl. A 3.3 Abs. 10 ff. UStAE.

2) Nr. **1**.

Bewirtungsaufwendungen nach der allgemeinen Verkehrsauffassung als angemessen zu beurteilen sind. [3]Soweit es sich nicht um angemessene Bewirtungsaufwendungen handelt, ist der Vorsteuerabzug mangels unternehmerischer Veranlassung des Leistungsbezugs nicht möglich.

(7) [1]Der Vorsteuerabzug aus den angemessenen Aufwendungen ist auch zulässig bei Bewirtungen von Geschäftsfreunden in unternehmenseigenen Kantinen, Casinos und Restaurants. [2]Es bestehen keine Bedenken gegen eine sachgerechte Schätzung in Anlehnung an die ertragsteuerrechtliche Vereinfachungsregelung in R 4.10 Abs. 6 EStR.[1)]

Repräsentationsaufwendungen

(8) [1]Der Ausschluss des Vorsteuerabzugs setzt nicht voraus, dass die in § 4 Abs. 5 Satz 1 Nr. 4 EStG genannten Aufwendungen im Rahmen eines andere Zwecke verfolgenden Unternehmens getätigt werden (vgl. BFH-Urteil vom 2.7.2008, XI R 66/06, BStBl. 2009 II S. 206). [2]Vorsteuerbeträge, die auf Aufwendungen für den Erwerb und den Unterhalt von Segeljachten entfallen, sind nicht abziehbar, wenn der Unternehmer die Segeljachten zwar nachhaltig und zur Erzielung von Einnahmen, jedoch ohne Gewinn-/Überschusserzielungsabsicht vermietet (vgl. BFH-Urteile vom 2.7.2008, XI R 60/06, BStBl. 2009 II S. 167, und vom 21.5.2014, V R 34/13, BStBl. II S. 914). [3]Das Halten von Rennpferden aus Repräsentationsgründen ist ein ähnlicher Zweck im Sinne des § 4 Abs. 5 Satz 1 Nr. 4 EStG (BFH-Urteil vom 2.7.2008, XI R 66/06, a. a. O.); hiermit zusammenhängende Vorsteuerbeträge sind nicht abziehbar. [4]Hingegen dient der Betrieb einer Pferdezucht in größerem Umfang mit erheblichen Umsätzen bei typisierender Betrachtung nicht in vergleichbarer Weise wie die ausdrücklich in § 4 Abs. 5 Satz 1 Nr. 4 EStG genannten Gegenstände (Jagd, Fischerei, Segel- oder Motorjacht) einer überdurchschnittlichen Repräsentation, der Unterhaltung von Geschäftsfreunden, der Freizeitgestaltung oder der sportlichen Betätigung (BFH-Urteil vom 12.2.2009, V R 61/06, BStBl. II S. 828).

15.6a Vorsteuerabzug bei teilunternehmerisch genutzten Grundstücken

(1) [1]Teilunternehmerisch genutzte Grundstücke im Sinne des § 15 Abs. 1b UStG sind Grundstücke, die sowohl unternehmerisch als auch unternehmensfremd (privat) genutzt werden. [2]Den Grundstücken gleichgestellt sind nach § 15 Abs. 1b Satz 2 UStG Gebäude auf fremdem Grund und Boden sowie Berechtigungen, für die die Vorschriften des bürgerlichen Rechts über Grundstücke gelten (z. B. Erbbaurechte). [3]§ 15 Abs. 1b UStG stellt eine Vorsteuerabzugsbeschränkung dar, die nicht das Zuordnungswahlrecht des Unternehmers nach § 15 Abs. 1 UStG berührt (vgl. Abschnitt 15.2c). [4]Soweit ein Grundstück für nichtwirtschaftliche Tätigkeiten i. e. S. verwendet wird (vgl. Abschnitt 2.3 Abs. 1a), ist die Vorsteuer bereits nach § 15 Abs. 1 UStG nicht abziehbar; für die Anwendung des § 15 Abs. 1b UStG bleibt insoweit kein Raum (vgl. BFH-Urteil vom 3.3.2011, V R 23/10, BStBl. 2012 II S. 74, Abschnitte 2.10, 2.11, 15.2b Abs. 2 und Abschnitt 15.19).

---

1) Nr. 1.

(2)[1] 1 Eine teilunternehmerische Verwendung im Sinne des § 15 Abs. 1b UStG liegt unter Berücksichtigung des Absatz 1 Satz 4 nur vor, wenn das dem Unternehmen zugeordnete Grundstück teilweise für unternehmensfremde Zwecke verwendet wird. 2 Hierzu gehören nur solche Grundstücksverwendungen, die ihrer Art nach zu einer unentgeltlichen Wertabgabe im Sinne des § 3 Abs. 9a Nr. 1 UStG führen können. 3 Zu einer teilweisen Verwendung für hoheitliche Zwecke vgl. Abschnitte 3.4 Abs. 6 und 15.19 Abs. 2 und 3. 4 Ist die Verwendung eines dem Unternehmen zugeordneten Grundstücks für den privaten Bedarf des Personals ausnahmsweise überwiegend durch das betriebliche Interesse des Arbeitgebers veranlasst oder als Aufmerksamkeit zu beurteilen, ist der Vorsteuerabzug ebenfalls nicht nach § 15 Abs. 1b UStG eingeschränkt, weil die in der Nutzungsüberlassung liegenden unternehmerischen Zwecke den privaten Bedarf des Personals überlagern (vgl. dazu Abschnitt 1.8 Abs. 3 und 4). 5 Eine teilunternehmerische Verwendung im Sinne des § 15 Abs. 1b UStG liegt nicht nur vor, wenn die verschiedenen Nutzungen räumlich voneinander abgegrenzt sind, sondern auch, wenn sie – wie z. B. bei Ferienwohnungen oder Mehrzweckhallen – zeitlich wechselnd stattfinden.

(3) 1 Nach § 15 Abs. 1b Satz 1 UStG ist die Steuer für die Lieferungen, die Einfuhr und den innergemeinschaftlichen Erwerb sowie für die sonstigen Leistungen im Zusammenhang mit einem Grundstück vom Vorsteuerabzug ausgeschlossen, soweit sie nicht auf die Verwendung des Grundstücks für Zwecke des Unternehmens entfällt. 2 Dem Vorsteuerausschluss unterliegen auch die wesentlichen Bestandteile des Grundstücks, z. B. Gebäude und Außenanlagen. 3 Hiervon unberührt bleiben Gegenstände, die umsatzsteuerrechtlich selbständige Zuordnungsobjekte im Sinne des § 15 Abs. 1 UStG darstellen (z. B. Photovoltaikanlage und Blockheizkraftwerk). 4 Aufgrund der Vorsteuerabzugsbeschränkung nach § 15 Abs. 1b UStG unterliegt die Verwendung eines Grundstücks für unternehmensfremde Zwecke nicht der unentgeltlichen Wertabgabenbesteuerung nach § 3 Abs. 9a Nr. 1 UStG (vgl. Abschnitt 3.4 Abs. 5a).

(4) 1 Für die Aufteilung von Vorsteuerbeträgen für Zwecke des § 15 Abs. 1b UStG gelten die Grundsätze des § 15 Abs. 4 UStG entsprechend. 2 Zur Vorsteueraufteilung bei Gebäuden vgl. Abschnitt 15.17 Abs. 5 bis 8.

(5) 1 Sofern sich die Verwendung des teilunternehmerisch genutzten Grundstücks ändert, liegt eine Änderung der Verhältnisse im Sinne des § 15a UStG vor (§ 15a Abs. 6a UStG, vgl. Abschnitt 15a.2). 2 Unter Beachtung der Bagatellgrenzen des § 44 UStDV ist eine Vorsteuerberichtigung nach § 15a UStG durchzuführen. 3 Eine Vorsteuerberichtigung nach § 15a UStG ist nur möglich, soweit das Grundstück dem Unternehmensvermögen zugeordnet worden ist (vgl. Abschnitt 15a.1 Abs. 6 Nr. 2, 4 und 5).

(6) 1 Wird ein insgesamt dem Unternehmensvermögen zugeordnetes teilunternehmerisch genutztes Grundstück, das nach § 15 Abs. 1b UStG nur teilweise zum Vorsteuerabzug berechtigt hat, veräußert, unterliegt der Umsatz im

---

[1] A 15.6a UStAE Abs. 2 Satz 3 neugef., Satz 4 aufgeh., bish. Sätze 5 und 6 werden Sätze 4 und 5 durch BMF v. 18.1.2021, BStBl. I 2020, 121, anzuwenden in allen offenen Fällen; das BMF-Schreiben v. 27.7.2017, BStBl. I 2017, 1239, ist anzuwenden.

vollen Umfang der Umsatzsteuer, wenn auf die Steuerbefreiung nach § 4 Nr. 9 Buchstabe a UStG wirksam verzichtet wird (§ 9 UStG, vgl. Abschnitt 9.1). [2]Es liegt insoweit eine Änderung der Verhältnisse vor, die zu einer Vorsteuerberichtigung nach § 15a UStG führt (§ 15a Abs. 8 Satz 2 UStG, vgl. Abschnitt 15a.2).

(7) Beispiele zum Vorsteuerabzug bei teilunternehmerisch genutzten Grundstücken im Sinne des § 15 Abs. 1b UStG; die Übergangsregelung nach § 27 Abs. 16 UStG findet keine Anwendung:

Beispiel 1:

[1]Unternehmer U, der nur vorsteuerunschädliche Ausgangsumsätze ausführt, lässt zum 1.1.02 ein Einfamilienhaus (EFH) fertigstellen. [2]Die Herstellungskosten betragen insgesamt 300 000 € zzgl. 57 000 € Umsatzsteuer. [3]U nutzt das Gebäude ab Fertigstellung planungsgemäß zu 40 % für seine vorsteuerunschädlichen Ausgangsumsätze und zu 60 % für private Wohnzwecke. [4]U macht einen Vorsteuerabzug in Höhe von 22 800 € (40 % von 57 000 €) bei dem zuständigen Finanzamt geltend ohne schriftlich mitzuteilen, in welchem Umfang er das Grundstück seinem Unternehmen zugeordnet hat.

[5]U hat durch die Geltendmachung des Vorsteuerabzugs in Höhe von 40 % dokumentiert, dass er in dieser Höhe das Grundstück seinem Unternehmen zugeordnet hat (vgl. Abschnitt 15.2c Abs. 17 Satz 1). [6]Da U gegenüber dem Finanzamt nicht schriftlich erklärt hat, dass er das Grundstück insgesamt seinem Unternehmen zugeordnet hat, kann diese Zuordnung zum Unternehmen nicht unterstellt werden (vgl. Abschnitt 15.2c Abs. 17 Satz 3). [7]Nach § 15 Abs. 1 Satz 1 Nr. 1 UStG sind 22 800 € (57 000 € × 40 %) als Vorsteuer abziehbar. [8]§ 15 Abs. 1b UStG findet keine Anwendung, da U den für die privaten Wohnzwecke genutzten Grundstücksanteil nicht seinem Unternehmen zugeordnet hat.

[9]Sofern der für private Wohnzwecke genutzte Grundstücksanteil später unternehmerisch genutzt wird, ist eine Vorsteuerberichtigung zu Gunsten des U nach § 15a UStG nicht zulässig, da U diesen Grundstücksanteil nicht nachweisbar seinem Unternehmen zugeordnet hat (vgl. Abschnitt 15a.1 Abs. 6). [10]Verringert sich hingegen später der Umfang der unternehmerischen Nutzung des dem Unternehmen zugeordneten Grundstücksanteils (z. B. Nutzung des gesamten Grundstücks zu 80 % für private Wohnzwecke und zu 20 % für unternehmerische Zwecke), ist unter Beachtung der Bagatellgrenzen des § 44 UStDV eine Vorsteuerberichtigung nach § 15a UStG durchzuführen. [11]Eine Wertabgabenbesteuerung nach § 3 Abs. 9a Nr. 1 UStG erfolgt nicht.

Beispiel 2:

[1]Unternehmer U, der nur vorsteuerunschädliche Ausgangsumsätze ausführt, lässt zum 1.1.02 ein Einfamilienhaus fertigstellen. [2]Die Herstellungskosten betragen insgesamt 300 000 € zzgl. 57 000 € Umsatzsteuer. [3]Die Nutzfläche des Einfamilienhauses beträgt 200 qm. [4]U nutzt das Gebäude ab Fertigstellung planungsgemäß zu 40 % für seine vorsteuerunschädlichen Ausgangsumsätze und zu 60 % für private Wohnzwecke. [5]Die laufenden Aufwendungen, die auf das gesamte Grundstück entfallen, betragen in dem Jahr 02 1500 € zzgl. 285 € Umsatzsteuer. [6]U hat dem zuständigen Finanzamt schriftlich mitgeteilt, dass er das Grundstück im vollen Umfang seinem Unternehmen zugeordnet hat.

[7]U hat das Grundstück insgesamt seinem Unternehmen zugeordnet und seine Zuordnungsentscheidung dokumentiert. [8]Da U 60 % des Gebäudes für seine privaten nichtunternehmerischen Zwecke verwendet, ist der Vorsteuerabzug nach § 15 Abs. 1b UStG nur in Höhe von 22 800 € (57 000 € × 40 %) zulässig. [9]Da die laufenden Kosten nicht direkt der unternehmerischen bzw. privaten Nutzung des Grundstücks zugeordnet werden können, beträgt der Vorsteuerabzug aus den laufenden Aufwendungen nach Aufteilung nach dem Verhältnis der Nutzflächen 114 € (§ 15 Abs. 4 Satz 4 UStG).

Beispiel 3:

[1]Sachverhalt wie Beispiel 2. [2]Zum 1.1.05 erhöht sich

a) die unternehmerische Nutzung des Gebäudes (EFH) um 12 Prozentpunkte auf 52 %. [2]U führt wie bisher nur vorsteuerunschädliche Ausgangsumsätze aus.

b) die private Nutzung des Gebäudes (EFH) um 15 Prozentpunkte auf 75 %.

Zu a)

[1] Es liegt zum 1.1.05 eine Änderung der Verhältnisse im Sinne des § 15a Abs. 6a UStG vor, da sich die unternehmerische Nutzung erhöht hat. [2] Die Bagatellgrenzen des § 44 UStDV sind überschritten.

Jahr 05:
Insgesamt in Rechnung gestellte Umsatzsteuer: 57 000 €
Ursprünglicher Vorsteuerabzug: 22 800 € (entspricht 40 % von 57 000 €)
Zeitpunkt der erstmaligen Verwendung: 1.1.02
Dauer des Berichtigungszeitraums: 1.1.02 bis 31.12.11
Tatsächliche zum Vorsteuerabzug berechtigende Verwendung in 05: 52 %
Vorsteuerberichtigung wegen Änderung der Verhältnisse im Vergleich zum ursprünglichen Vorsteuerabzug: Vorsteuer zu 52 % statt zu 40 %
Berichtigungsbetrag: 12 Prozentpunkte von $^1/_{10}$ von 57 000 € = 684 € sind zu Gunsten des U zu korrigieren.

Zu b)

[1] Es liegt zum 1.1.05 eine Änderung der Verhältnisse im Sinne des § 15a Abs. 6a UStG vor, da sich die private Nutzung erhöht hat. [2] Die Bagatellgrenzen des § 44 UStDV sind überschritten.

Jahr 05:
Insgesamt in Rechnung gestellte Umsatzsteuer: 57 000 €
Ursprünglicher Vorsteuerabzug: 22 800 € (entspricht 40 % von 57 000 €)
Zeitpunkt der erstmaligen Verwendung: 1.1.02
Dauer des Berichtigungszeitraums: 1.1.02 bis 31.12.11
Tatsächliche zum Vorsteuerabzug berechtigende Verwendung in 05: 25 %
Vorsteuerberichtigung wegen Änderung der Verhältnisse im Vergleich zum ursprünglichen Vorsteuerabzug: Vorsteuer zu 25 % statt zu 40 %
Berichtigungsbetrag: 15 Prozentpunkte von $^1/_{10}$ von 57 000 € = 855 € sind zu Ungunsten des U zu korrigieren.

Beispiel 4:

[1] Sachverhalt wie Beispiel 2. [2] Im Jahr 06 lässt U das Einfamilienhaus um ein Dachgeschoss erweitern, welches für fremde unternehmerische Zwecke, die nicht mit der Nutzung der eigenen unternehmerisch genutzten Flächen in Zusammenhang stehen, steuerpflichtig vermietet wird. [3] Die Herstellungskosten hierfür betragen 100 000 € zzgl. 19 000 € Umsatzsteuer. [4] Das Dachgeschoss ist zum 1.7.06 bezugsfertig und hat eine Nutzfläche von 100 qm. [5] Zusätzlich lässt U im gleichen Jahr die Außenfassade neu streichen. [6] Die Aufwendungen hierfür betragen 10 000 € zzgl. 1900 € Umsatzsteuer.
[7] Der Ausbau des Dachgeschosses steht nicht in einem einheitlichen Nutzungs- und Funktionszusammenhang mit den bereits vorhandenen Flächen. [8] Es liegt deshalb ein eigenständiges Zuordnungsobjekt vor. [9] Unabhängig von der bereits bei Herstellung des Gebäudes getroffenen Zuordnungsentscheidung kann das Dachgeschoss dem Unternehmen zugeordnet werden. [10] Da U das Dachgeschoss steuerpflichtig vermietet, ist er zum Vorsteuerabzug in Höhe von 19 000 € berechtigt; es erfolgt keine Vorsteuerkürzung nach § 15 Abs. 1b UStG.
[11] Der Anstrich der Außenfassade entfällt auf alle Stockwerke. [12] Nach § 15 Abs. 1b UStG berechtigt nur der Teil der Aufwendungen zum Vorsteuerabzug, der auf die unternehmerische Nutzung des Gebäudes entfällt. [13] Die Aufteilung nach § 15 Abs. 4 Satz 4 UStG erfolgt nach dem Verhältnis der Nutzflächen:
40 % von 200 qm (bisherige Nutzfläche) + 100 % von 100 qm (Dachgeschoss) = 180 qm von 300 qm (60 %)
60 % von 1900 € = 1140 € Vorsteuer

Beispiel 5:

[1] Sachverhalt wie Beispiel 2. [2] U verkauft das Grundstück zum 1.1.09 an

a) eine Privatperson steuerfrei für 400 000 €.

b) einen anderen Unternehmer und optiert nach § 9 Abs. 1 UStG zur Steuerpflicht. [2] Der Verkaufspreis beträgt 400 000 € (netto). [3] Eine Geschäftsveräußerung im Ganzen im Sinne des § 1 Abs. 1a UStG liegt nicht vor.

Zu a)

[1]Die nach § 4 Nr. 9 Buchst. a UStG steuerfreie Veräußerung führt zu einer Änderung der Verhältnisse nach § 15a Abs. 8 UStG, da das Gebäude teilweise zum Vorsteuerabzug berechtigt hat. [2]Die Bagatellgrenzen des § 44 UStDV sind überschritten.

Insgesamt in Rechnung gestellte Umsatzsteuer: 57 000 €
Ursprünglicher Vorsteuerabzug: 22 800 € (entspricht 40 % von 57 000 €)
Zeitpunkt der erstmaligen Verwendung: 1.1.02
Dauer des Berichtigungszeitraums: 1.1.02 bis 31.12.11
Tatsächliche zum Vorsteuerabzug berechtigende Verwendung im Berichtigungszeitraum:
Jahr 02 bis 08 = 40 %
Änderung der Verhältnisse:
ab Jahr 09 = 40 Prozentpunkte (0 % statt 40 %)
Vorsteuerberichtigung pro Jahr:
(57 000 €/10 Jahre = 5700 €)
Jahre 09 bis 11 = je 2280 € (5700 € × 40 %)

[3]Die Berichtigung des Vorsteuerabzugs ist für die Jahre 09 bis 11 zusammengefasst in der ersten Voranmeldung für das Kalenderjahr 09 vorzunehmen (§ 44 Abs. 3 Satz 2 UStDV).

Zu b)

[1]Die steuerpflichtige Veräußerung führt zu einer Änderung der Verhältnisse nach § 15a Abs. 8 UStG, da das Gebäude nur teilweise zum Vorsteuerabzug berechtigt hat. [2]Die Bagatellgrenzen des § 44 UStDV sind überschritten. [3]Die Umsatzsteuer für die steuerpflichtige Lieferung schuldet der Erwerber (§ 13b Abs. 2 Nr. 3 UStG).
Insgesamt in Rechnung gestellte Umsatzsteuer: 57 000 €
Ursprünglicher Vorsteuerabzug: 22 800 € (entspricht 40 % von 57 000 €)
Zeitpunkt der erstmaligen Verwendung: 1.1.02
Dauer des Berichtigungszeitraums: 1.1.02 bis 31.12.11
Tatsächliche zum Vorsteuerabzug berechtigende Verwendung im Berichtigungszeitraum:
Jahr 02 bis 08 = 40 %
Änderung der Verhältnisse:
ab Jahr 09 = 60 Prozentpunkte (100 % statt 40 %)
Vorsteuerberichtigung pro Jahr:
(57 000 €/10 Jahre = 5700 €)
Jahre 09 bis 11 = je 3420 € (5700 € × 60 %)

[4]Die Berichtigung des Vorsteuerabzugs ist für die Jahre 09 bis 11 zusammengefasst in der ersten Voranmeldung für das Kalenderjahr 09 vorzunehmen (§ 44 Abs. 3 Satz 2 UStDV).

(8) [1]Die gesetzliche Übergangsregelung nach § 27 Abs. 16 UStG gilt für teilunternehmerisch genutzte Grundstücke. [2]Sie bezieht sich auf Wirtschaftsgüter im Sinne des § 15 Abs. 1b UStG, die auf Grund eines vor dem 1.1.2011 rechtswirksam abgeschlossenen obligatorischen Vertrags oder gleichstehenden Rechtsakts angeschafft worden sind oder mit deren Herstellung vor dem 1.1.2011 begonnen worden ist. [3]Leistungen im Zusammenhang mit diesen teilunternehmerischen Grundstücken, die keine Anschaffungs- und Herstellungskosten darstellen und die nach dem Stichtag 31.12.2010 bezogen werden, sind in § 27 Abs. 16 UStG nicht erwähnt und fallen deshalb nicht unter die Übergangsregelung. [4]Für diese Leistungen ist der Vorsteuerabzug seit dem 1.1.2011 nur noch in Höhe des unternehmerisch genutzten Anteils möglich (§ 15 Abs. 1b UStG). [5]Für den nichtwirtschaftlich i. e. S. genutzten Anteil ist der Vorsteuerabzug bereits nach § 15 Abs. 1 UStG ausgeschlossen.

15.7 Vorsteuerabzug bei unfreien Versendungen und Güterbeförderungen

Unfreie Versendungen

(1) [1]Nach § 40 UStDV wird die Berechtigung zum Vorsteuerabzug vom Absender der Frachtsendung auf den Empfänger übertragen. [2]Die Regelung lässt keine Wahlmöglichkeit zu. [3]Liegt frachtrechtlich eine unfreie Versendung vor, ist deshalb der Absender als der eigentliche Leistungsempfänger vom Vorsteuerabzug allgemein ausgeschlossen. [4]§ 40 UStDV gilt außer bei Frachtsendungen im Rahmen von Lieferungen auch bei Versendungsaufträgen im Zusammenhang mit Materialgestellungen und Materialbeistellungen.

(2) Wird bei unfreien Versendungen das Frachtgut von dem beauftragten Spediteur nicht unmittelbar, sondern über einen Empfangsspediteur an den endgültigen Frachtempfänger versendet, gilt Folgendes:

1. [1]Zieht der Empfangsspediteur die ihm berechneten Frachtkosten (Vorkosten) in eigenem Namen ein, ist er als Empfänger der diesen Kosten zu Grunde liegenden Frachtleistungen anzusehen. [2]Er kann daher die ihm dafür gesondert in Rechnung gestellte Steuer nach § 40 Abs. 1 UStDV als Vorsteuer abziehen. [3]Der Inanspruchnahme des Vorsteuerabzugs steht nicht entgegen, dass der Empfangsspediteur die Vorkosten weiterberechnet. [4]§ 40 Abs. 1 Satz 3 Nr. 2 UStDV setzt nur voraus, dass der Frachtempfänger die Entrichtung der Frachtkosten an den Versandspediteur oder Frachtführer übernommen hat, nicht aber, dass er diese Kosten auch wirtschaftlich trägt. [5]Bei dieser Gestaltung sind die verauslagten Frachtkosten beim Empfangsspediteur Teil der Bemessungsgrundlage für seine Leistung. [6]Der endgültige Frachtempfänger ist zum Abzug der Steuer auf die gesamte Bemessungsgrundlage beim Vorliegen der Voraussetzungen des § 15 UStG berechtigt.
2. [1]Tritt der Empfangsspediteur als Vermittler auf und behandelt er dementsprechend die Vorkosten als durchlaufende Posten, werden die diesen Kosten zu Grunde liegenden Frachtleistungen an den endgültigen Frachtempfänger erbracht. [2]In diesen Fällen ist § 40 Abs. 1 UStDV auf den Empfangsspediteur nicht anwendbar. [3]Der Vorsteuerabzug steht allein dem endgültigen Frachtempfänger zu.

Güterbeförderungen

(3) [1]Als Leistungsempfänger im umsatzsteuerrechtlichen Sinn ist grundsätzlich derjenige zu behandeln, in dessen Auftrag die Leistung ausgeführt wird (vgl. Abschnitt 15.2b Abs. 1). [2]Aus Vereinfachungsgründen ist bei steuerpflichtigen Güterbeförderungen (Abschnitt 3a.2 Abs. 2), bei denen sich der Leistungsort nach § 3a Abs. 2 UStG richtet, der Rechnungsempfänger als ggf. zum Vorsteuerabzug berechtigter Leistungsempfänger anzusehen.

Beispiel:

[1]Der in Frankreich ansässige Unternehmer U versendet Güter per Frachtnachnahme an den Unternehmer A in Deutschland. [2]Bei Frachtnachnahmen wird regelmäßig vereinbart, dass der Beförderungsunternehmer dem Empfänger der Sendung die Beförderungskosten in Rechnung stellt und dieser die Beförderungskosten zahlt.

[3]Der Rechnungsempfänger A der innergemeinschaftlichen Güterbeförderung ist als Empfänger der Beförderungsleistung (Leistungsempfänger) im Sinne des § 3a Abs. 2 UStG anzusehen. [4]A ist ggf. zum Vorsteuerabzug berechtigt.

15.8 Abzug der Einfuhrumsatzsteuer bei Einfuhr im Inland

(1)[1)] [1]Der Unternehmer kann nach § 15 Abs. 1 Satz 1 Nr. 2 UStG die entstandene Einfuhrumsatzsteuer als Vorsteuer abziehen, wenn die Gegenstände für sein Unternehmen im Inland oder in den österreichischen Gebieten Jungholz und Mittelberg eingeführt worden sind. [2]Die Entstehung der Einfuhrumsatzsteuer ist durch einen zollamtlichen Beleg nachzuweisen (vgl. Abschnitt 15.11 Abs. 1 Satz 1 Nr. 2).

(2) [1]Die Verwirklichung des umsatzsteuerrechtlichen Einfuhrtatbestands setzt voraus, dass eine Nicht-Unionsware in das Inland verbracht wird und dieser Vorgang hier steuerbar ist, d. h., die Nicht-Unionsware in die Überlassung zum zoll- und steuerrechtlich freien Verkehr übergeführt wird. [2]Für den einfuhrumsatzsteuerrechtlichen Einfuhrtatbestand ist damit nicht allein entscheidend, dass der Gegenstand aus dem Drittland in das Inland gelangt, sondern hier auch grundsätzlich der Besteuerung unterliegt, d. h. im Regelfall eine Einfuhrumsatzsteuerschuld entsteht. [3]Danach liegt z. B. keine Einfuhr im umsatzsteuerrechtlichen Sinne vor, wenn sich die Nicht-Unionsware in einem zollrechtlichen Versandverfahren[2)] befindet.

(3) [1]Bei Einfuhren über die in § 1 Abs. 3 UStG bezeichneten Gebiete ist der Gegenstand ebenfalls erst beim Übergang in das umsatzsteuerrechtliche Inland und Überlassung zum zoll- und steuerrechtlich freien Verkehr eingeführt. [2]In diesen Fällen ist jedoch die Einfuhr im Inland für den Abzug der Einfuhrumsatzsteuer nur dann bedeutsam, wenn der eingeführte Gegenstand nicht zur Ausführung der in § 1 Abs. 3 UStG bezeichneten Umsätze verwendet wird (vgl. hierzu Abschnitt 15.9). [3]Im Allgemeinen kommt es daher hierbei nur dann auf den Übergang des Gegenstands in das umsatzsteuerrechtliche Inland an, wenn der eingeführte Gegenstand nicht schon in den in § 1 Abs. 3 UStG bezeichneten Gebieten (insbesondere im Freihafen), sondern erst im Inland einfuhrumsatzsteuerrechtlich abgefertigt wird.

(4) [1]Eine Einfuhr für das Unternehmen ist gegeben, wenn der Unternehmer den eingeführten Gegenstand im Inland zur Überlassung zum zoll- und steuerrechtlich freien Verkehr abfertigt und danach im Rahmen seiner unternehmerischen Tätigkeit zur Ausführung von Umsätzen einsetzt. [2]Diese Voraussetzung ist bei dem Unternehmer gegeben, der im Zeitpunkt der Überführung in die Überlassung zum zoll- und steuerrechtlich freien Verkehr die Verfügungsmacht über den Gegenstand besitzt (vgl. auch BFH-Urteil vom 24.4.1980, V R 52/73, BStBl. II S. 615). [3]Für diese Zwecke ist der Zeitpunkt der Lieferung nach der umsatzsteuerlichen Ortsbestimmung (§ 3 Abs. 6 bis 8 UStG) zu ermitteln (vgl. Absatz 5 und Abschnitt 3.12 Abs. 7). [4]Dies gilt auch beim Reihengeschäft. [5]Die der Lieferung zu Grunde gelegten Lieferklauseln (z. B. Incoterms) sind insoweit hingegen als zivilrechtliche Verpflichtungen unbeachtlich. [6]Kommt tatsächlich

---

1) Zum Schuldner der EUSt siehe auch BFH v. 22.2.2012 VII B 17/11, ZfZ 2012, 134.
2) Hinweis auf A 6.6 UStAE.

keine Lieferung zustande, gelten Absätze 11 und 12. [7]Nicht entscheidend ist, wer die Einfuhrumsatzsteuer entrichtet hat und wer den für den vorsteuerabzugsberechtigten Unternehmer eingeführten Gegenstand tatsächlich über die Grenze gebracht hat. [8]Überlässt ein ausländischer Unternehmer einem inländischen Unternehmer einen Gegenstand zur Nutzung, ohne ihm die Verfügungsmacht an dem Gegenstand zu verschaffen, ist daher der inländische Unternehmer nicht zum Abzug der Einfuhrumsatzsteuer als Vorsteuer berechtigt (vgl. BFH-Urteil vom 16.3.1993, V R 65/89, BStBl. II S. 473).

(5) [1]In den Fällen des § 3 Abs. 8 UStG steht der Abzug der Einfuhrumsatzsteuer nur dem Lieferer zu, wenn er den Gegenstand zur eigenen Verfügung im Inland zur Überlassung zum zoll- und steuerrechtlich freien Verkehr abfertigt und danach an seinen Abnehmer liefert (vgl. auch die Beispiele in Abschnitt 3.13 Abs. 2). [2]Hingegen kann nur der Abnehmer von der Abzugsberechtigung Gebrauch machen, wenn er zum Zeitpunkt der Überführung in die Überlassung zum zoll- und steuerrechtlich freien Verkehr die Verfügungsmacht innehat. [3]Personen, die lediglich an der Einfuhr mitgewirkt haben, ohne über den Gegenstand verfügen zu können (z. B. Spediteure, Frachtführer, Handelsvertreter, Zolllagerbetreiber), sind auch dann nicht abzugsberechtigt, wenn sie den eingeführten Gegenstand vorübergehend entsprechend den Weisungen ihres Auftraggebers auf Lager nehmen (vgl. BFH-Urteil vom 11.11.2015, V R 68/14, BStBl. 2016 II S. 720).

(6) *(aufgehoben)*

(7) [1]Nicht erforderlich ist, dass der Unternehmer die Einfuhrumsatzsteuer entrichtet hat. [2]Er kann sie als Vorsteuer auch dann abziehen, wenn sein Beauftragter (z. B. der Spediteur, der Frachtführer oder der Handelsvertreter) Schuldner der Einfuhrumsatzsteuer ist. [3]In diesen Fällen ist der Abzug davon abhängig, dass sich der Unternehmer den betreffenden zollamtlichen Beleg oder einen zollamtlich bescheinigten Ersatzbeleg für den Vorsteuerabzug aushändigen lässt.

(8) [1]Überlässt ein ausländischer Auftraggeber einem im Inland ansässigen Unternehmer einen Gegenstand zur Ausführung einer Werkleistung (z. B. einer Lohnveredelung) oder stellt der ausländische Auftraggeber einem im Inland ansässigen Unternehmer einen Gegenstand zur Ausführung einer Werklieferung bei, kann die auf die Einfuhr des Gegenstands entfallende Einfuhrumsatzsteuer von dem im Inland ansässigen Unternehmer als Vorsteuer abgezogen werden, wenn der Gegenstand nach Ausführung der Werkleistung oder Werklieferung in das Drittlandsgebiet zurückgelangt. [2]Entsprechend kann verfahren werden, wenn der ausländische Auftraggeber den Gegenstand nach Ausführung der Werkleistung oder Werklieferung im Inland weiterliefert und diese Lieferung nicht nach § 4 Nr. 8 ff. UStG steuerfrei ist. [3]Diese Voraussetzungen sind vom Unternehmer nachzuweisen. [4]Wird der Gegenstand nach Ausführung der Werkleistung oder Werklieferung vom ausländischen Auftraggeber im Inland für eigene Zwecke verwendet oder genutzt, kann der im Inland ansässige Unternehmer den Abzug der Einfuhrumsatzsteuer nicht vornehmen. [5]Ein von ihm bereits vorgenommener Vorsteuerabzug ist rückgängig zu machen. [6]In diesem Falle bleibt es somit bei der durch die Einfuhr entstandenen Belastung, sofern nicht der ausländische Auftraggeber hinsichtlich des eingeführten Gegenstands zum Vorsteuerabzug berechtigt ist.

(9) [1]Bei der Einfuhr eines Gegenstands, den der Unternehmer im Inland vermietet, ist nicht der Mieter, sondern der Vermieter zum Abzug der Einfuhrumsatzsteuer berechtigt (vgl. auch BFH-Urteil vom 24.4.1980, V R 52/73, BStBl. II S. 615). [2]Gleiches gilt, wenn der Gegenstand geliehen oder auf Grund eines ähnlichen Rechtsverhältnisses zur Nutzung überlassen wird (BFH-Urteil vom 16.3.1993, V R 65/89, BStBl. II S. 473).

(10) [1]Die Vorschriften des § 15 Abs. 1 Satz 1 Nr. 1 UStG und des § 15 Abs. 1 Satz 1 Nr. 2 UStG schließen sich gegenseitig aus. [2]Der Unternehmer kann somit grundsätzlich im Zusammenhang mit dem Bezug eines Gegenstands nicht zugleich eine gesondert in Rechnung gestellte Steuer und Einfuhrumsatzsteuer als Vorsteuer abziehen. [3]Lediglich in den Fällen, in denen der Leistungsempfänger den Gegenstand zum zoll- und steuerrechtlich freien Verkehr abfertigt und die Lieferung an ihn steuerpflichtig ist, weil der Lieferant die Voraussetzungen der Steuerbefreiung für die der Einfuhr vorangehende Lieferung nicht nachweist (vgl. § 4 Nr. 4b Sätze 1 und 3 UStG), kann dieser Leistungsempfänger zugleich die in Rechnung gestellte Steuer und die geschuldete Einfuhrumsatzsteuer als Vorsteuer abziehen (vgl. auch Abschnitt 3.14 Abs. 16). [4]Auch in den Fällen, in denen nicht der Unternehmer, der im Zeitpunkt der Einfuhr die Verfügungsmacht hat, sondern ein späterer Abnehmer den eingeführten Gegenstand beim Zollamt zur Überlassung zum zollrechtlich freien Verkehr abfertigen lässt, kann nur der Unternehmer den Abzug der Einfuhrumsatzsteuer geltend machen, der bei der Einfuhr verfügungsberechtigt war. [5]Zur Vermeidung von Schwierigkeiten kann der Unternehmer in diesen Fällen den eingeführten Gegenstand unmittelbar nach der Einfuhr einfuhrumsatzsteuerrechtlich zur Überlassung zum freien Verkehr abfertigen lassen.

(11) [1]Wird ein Gegenstand im Rahmen einer beabsichtigten Lieferung (§ 3 Abs. 6 oder 8 UStG) im Inland eingeführt, von dem vorgesehenen Abnehmer jedoch nicht angenommen, ist entsprechend den allgemeinen Grundsätzen der Unternehmer zum Abzug der Einfuhrumsatzsteuer berechtigt, der im Zeitpunkt der Einfuhr die Verfügungsmacht über den Gegenstand besitzt (vgl. Absatz 4). [2]Hierbei sind folgende Fälle zu unterscheiden:

1. Abfertigung des Gegenstands zur Überlassung zum zoll- und steuerrechtlich freien Verkehr auf Antrag des Abnehmers oder seines Beauftragten

   [1]Bei dieser Gestaltung ist vorgesehen, den Gegenstand im Rahmen einer Beförderungs- oder Versendungslieferung im Sinne des § 3 Abs. 6 UStG einzuführen. [2]Ob hierbei der Absender oder der vorgesehene Abnehmer im Zeitpunkt der Einfuhr als Verfügungsberechtigter anzusehen ist, hängt davon ab, wann der eingeführte Gegenstand zurückgewiesen wurde.

   a) [1]Nimmt der vorgesehene Abnehmer den Gegenstand von vornherein nicht an (z. B. wegen offensichtlicher Mängel, verspäteter Lieferung oder fehlenden Lieferauftrags), ist der Gegenstand nicht im Rahmen einer Lieferung eingeführt worden. [2]Wegen der sofortigen Annahmeverweigerung ist eine Lieferung nicht zu Stande gekommen. [3]In diesen Fällen ist somit der Absender während des gesamten Zeitraums der Anlieferung im Besitz der Verfügungsmacht geblieben und deshalb allein zum Abzug der Einfuhrumsatzsteuer berechtigt.

b) [1]Hat der vorgesehene Abnehmer den eingeführten Gegenstand vorerst angenommen, später jedoch zurückgewiesen (z. B. wegen erst nachher festgestellter Mängel), ist zunächst eine Lieferung zu Stande gekommen. [2]Durch die spätere Zurückweisung wird sie zwar wieder rückgängig gemacht. [3]Das ändert jedoch nichts daran, dass der Abnehmer im Zeitpunkt der Einfuhr, die als selbständiger umsatzsteuerrechtlicher Tatbestand bestehen bleibt, noch als Verfügungsberechtigter anzusehen war. [4]Die Berechtigung zum Abzug der Einfuhrumsatzsteuer steht deshalb in diesen Fällen dem vorgesehenen Abnehmer zu (vgl. auch Absatz 5). [5]Der Nachweis, dass der Gegenstand erst später zurückgewiesen wurde, kann durch einen Vermerk auf den Versandunterlagen und die Buchung als Wareneingang geführt werden.

2. Abfertigung des Gegenstandes zur Überlassung zum zoll- und steuerrechtlich freien Verkehr auf Antrag des Absenders oder seines Beauftragten
[1]Bei dieser Abwicklung beabsichtigen die Beteiligten eine Beförderungs- oder Versendungslieferung im Sinne des § 3 Abs. 8 UStG. [2]Hierbei hat der Absender im Zeitpunkt der Einfuhr die Verfügungsmacht über den Gegenstand, gleichgültig ob der vorgesehene Abnehmer den Gegenstand von vornherein oder erst später zurückweist (vgl. Absatz 5). [3]Deshalb kann stets nur der Absender die Einfuhrumsatzsteuer abziehen.

[3]Nach Satz 2 Nummer 1 und 2 ist grundsätzlich auch dann zu verfahren, wenn der Absender den eingeführten Gegenstand nach der Annahmeverweigerung durch den vorgesehenen Abnehmer im Inland an einen anderen Abnehmer liefert. [4]Ist der vorgesehene Abnehmer ausnahmsweise nicht oder nicht in vollem Umfang zum Vorsteuerabzug berechtigt (z. B. weil er kein Unternehmer ist oder vom Vorsteuerabzug ausgeschlossene Umsätze ausführt), bestehen keine Bedenken, wenn zur Vermeidung einer vom Gesetzgeber nicht gewollten Belastung die Berechtigung zum Abzug der Einfuhrumsatzsteuer dem Absender zugestanden wird.

(12) [1]Geht der eingeführte Gegenstand während des Transports an den vorgesehenen Abnehmer im Inland verloren oder wird er vernichtet, bevor eine Lieferung ausgeführt worden ist, kommt der Abzug der Einfuhrumsatzsteuer nur für den Absender in Betracht. [2]Das Gleiche gilt, wenn der Gegenstand aus einem anderen Grund nicht an den vorgesehenen Abnehmer gelangt.

(13) Werden eingeführte Gegenstände sowohl für unternehmerische als auch für unternehmensfremde Zwecke verwendet, gilt für den Abzug der Einfuhrumsatzsteuer Abschnitt 15.2c entsprechend.

15.9 Abzug der Einfuhrumsatzsteuer in den Fällen des § 1 Abs. 3 UStG

(1) [1]Abziehbar ist auch die Einfuhrumsatzsteuer für die Gegenstände, die zur Ausführung bestimmter Umsätze in den in § 1 Abs. 3 UStG bezeichneten Gebieten verwendet werden (§ 15 Abs. 1 Satz 1 Nr. 2 UStG). [2]Der Vorsteuerabzug setzt voraus, dass der Unternehmer den einfuhrumsatzsteuerrechtlich abgefertigten Gegenstand mittelbar oder unmittelbar zur Ausführung der

in § 1 Abs. 3 UStG bezeichneten Umsätze einsetzt. [3]Die Abzugsberechtigung erstreckt sich nicht nur auf die Einfuhrumsatzsteuer für die Gegenstände, die in die in § 1 Abs. 3 UStG bezeichneten Umsätze eingehen. [4]Vielmehr ist auch die Einfuhrumsatzsteuer für solche Gegenstände abziehbar, die der Unternehmer in seinem Unternehmen einsetzt, um diese Umsätze auszuführen (z.B. für betriebliche Investitionsgüter oder Hilfsstoffe, die zur Ausführung dieser Umsätze genutzt oder verwendet werden).

(2) [1]Bewirkt der Unternehmer außer Umsätzen, die unter § 1 Abs. 3 UStG fallen, auch Umsätze der gleichen Art, die nicht steuerbar sind, kann er dafür den Abzug der Einfuhrumsatzsteuer aus Vereinfachungsgründen ebenfalls in Anspruch nehmen. [2]Voraussetzung ist jedoch, dass die nicht steuerbaren Umsätze auch im Falle der Steuerbarkeit zum Vorsteuerabzug berechtigen würden.

Beispiel:

[1]Ein im Freihafen ansässiger Unternehmer beliefert einen Abnehmer mit Gegenständen, die bei diesem zum Ge- und Verbrauch im Freihafen bestimmt sind. [2]Hierbei wird ein Teil dieser Lieferung für das Unternehmen des Abnehmers, ein Teil für den nichtunternehmerischen Bereich des Abnehmers ausgeführt (§ 1 Abs. 3 Satz 1 Nr. 1 UStG). [3]Obwohl nur die für den nichtunternehmerischen Bereich ausgeführten Lieferungen sowie die Lieferungen, die vom Abnehmer ausschließlich oder zum wesentlichen Teil für eine nach § 4 Nr. 8 bis 27 und 29 UStG steuerfreie Tätigkeit verwendet werden, unter § 1 Abs. 3 UStG fallen, kann der Lieferer auch die Einfuhrumsatzsteuer für die Gegenstände abziehen, die den für das Unternehmen des Abnehmers bestimmten Lieferungen zuzuordnen sind. [4]Die gleiche Vereinfachung gilt bei sonstigen Leistungen, die der Unternehmer teils für das Unternehmen des Auftraggebers, teils für den nichtunternehmerischen Bereich des Auftraggebers (§ 1 Abs. 3 Satz 1 Nr. 2 UStG) ausführt.

(3) [1]Hat ein Unternehmer Gegenstände einfuhrumsatzsteuerrechtlich abfertigen lassen, um sie nach einer Be- oder Verarbeitung vom Freihafen aus teils in das übrige Ausland, teils im Rahmen einer zollamtlich bewilligten Freihafen-Veredelung (§ 1 Abs. 3 Satz 1 Nr. 4 Buchstabe a UStG) in das Inland zu liefern, kann er die Einfuhrumsatzsteuer in beiden Fällen abziehen. [2]Das Gleiche gilt für Gegenstände, die der Unternehmer im Freihafen zur Ausführung dieser Umsätze im eigenen Unternehmen gebraucht oder verbraucht. [3]Entsprechend kann in den Fällen einer zollamtlich besonders zugelassenen Freihafenlagerung verfahren werden.

(4) [1]Zum Abzug der Einfuhrumsatzsteuer für Gegenstände, die sich im Zeitpunkt der Lieferung einfuhrumsatzsteuerrechtlich im freien Verkehr befinden (§ 1 Abs. 3 Satz 1 Nr. 4 Buchstabe b UStG), ist der Unternehmer unabhängig davon berechtigt, ob die Gegenstände aus dem Freihafen in das übrige Ausland oder in das Inland gelangen. [2]Auch bei einem Verbleiben der Gegenstände im Freihafen oder in den anderen in § 1 Abs. 3 UStG bezeichneten Gebieten steht dem Unternehmer der Vorsteuerabzug zu. [3]Bedeutung hat diese Regelung für die Lieferungen, bei denen der Liefergegenstand nach der einfuhrumsatzsteuerrechtlichen Abfertigung vom Freihafen aus in das übrige Ausland gelangt oder von einem im Inland ansässigen Abnehmer im Freihafen abgeholt wird. [4]In den Fällen, in denen der Lieferer den Gegenstand im Rahmen einer Lieferung vom Freihafen aus in das Inland befördert oder versendet, überschneiden sich die Vorschriften des § 1 Abs. 3 Satz 1 Nr. 4 Buchstabe b UStG und des § 3 Abs. 8 UStG. [5]Für den Abzug der Einfuhrum-

satzsteuer ist die Überschneidung ohne Bedeutung, da nach beiden Vorschriften allein dem Lieferer die Abzugsberechtigung zusteht (vgl. auch Abschnitt 15.8 Abs. 5).

(5) [1]Auch bei den in § 1 Abs. 3 UStG bezeichneten Umsätzen ist der Abzug der Einfuhrumsatzsteuer davon abhängig, dass die Steuer entstanden ist. [2]Der Abzug bestimmt sich nach dem Zeitpunkt der einfuhrumsatzsteuerrechtlichen Abfertigung des Gegenstands. [3]Das gilt auch, wenn der Gegenstand nach der Abfertigung in das Inland gelangt (z.B. wenn der Unternehmer den Gegenstand in den Fällen des § 1 Abs. 3 Satz 1 Nr. 4 UStG vom Freihafen aus an einen Abnehmer im Inland liefert oder der Abnehmer den Gegenstand in den Fällen des § 1 Abs. 3 Satz 1 Nr. 4 Buchstabe b UStG im Freihafen abholt) oder wenn der Unternehmer den Gegenstand nach einer zollamtlich bewilligten Freihafen-Veredelung ausnahmsweise nicht vom Freihafen, sondern vom Inland aus an den Abnehmer liefert (z.B. ab einem Lagerplatz im Inland).

(6) [1]Sind die Voraussetzungen der Absätze 1 bis 5 nicht gegeben und liegt auch keine Einfuhr im Inland vor (vgl. Abschnitt 15.8), kann die Einfuhrumsatzsteuer für Gegenstände, die auf einem Abfertigungsplatz in einem Freihafen einfuhrumsatzsteuerrechtlich abgefertigt wurden, nicht als Vorsteuer abgezogen werden. [2]In diesen Fällen kommt daher als Entlastungsmaßnahme nur ein Erlass oder eine Erstattung der Einfuhrumsatzsteuer durch die zuständige Zollstelle in Betracht. [3]Das trifft z.B. auf Unternehmer zu, die einen einfuhrumsatzsteuerrechtlich abgefertigten Gegenstand nur zum unternehmerischen Ge- und Verbrauch im Freihafen aus dem übrigen Ausland bezogen haben. [4]Das Gleiche gilt beim Bezug von Gegenständen aus dem übrigen Ausland, wenn sie nach der einfuhrumsatzsteuerrechtlichen Abfertigung zum freien Verkehr vom Abnehmer nicht ausschließlich oder zum wesentlichen Teil für eine nach § 4 Nr. 8 bis 27 und 29 UStG steuerfreie Tätigkeit verwendet werden, sondern vom Freihafen aus wieder in das übrige Ausland verbracht werden. [5]Voraussetzung für den Erlass oder die Erstattung ist, dass die Einfuhrumsatzsteuer als Vorsteuer abgezogen werden könnte, wenn entweder eine Einfuhr in das Inland oder eine Verwendung für die in § 1 Abs. 3 UStG bezeichneten Umsätze vorgelegen hätte.

15.10 Vorsteuerabzug ohne gesonderten Steuerausweis in einer Rechnung

(1) Für den Vorsteuerabzug nach § 15 Abs. 1 Satz 1 Nr. 3 bis 5 UStG ist es nicht Voraussetzung, dass der Leistungsempfänger im Besitz einer nach §§ 14, 14a UStG ausgestellten Rechnung ist (vgl. EuGH-Urteil vom 1.4.2004, C-90/02, Bockemühl).[1)]

Abzug der Steuer für den innergemeinschaftlichen Erwerb von Gegenständen

(2) [1]Der Erwerber kann die für den innergemeinschaftlichen Erwerb geschuldete Umsatzsteuer als Vorsteuer abziehen, wenn er den Gegenstand für

[1)] DStRE 2004, 1172.

sein Unternehmen bezieht und zur Ausführung von Umsätzen verwendet, die den Vorsteuerabzug nicht ausschließen. [2]Dies gilt nicht für die Steuer, die der Erwerber schuldet, weil er gegenüber dem Lieferer eine ihm von einem anderen Mitgliedstaat als dem, in dem sich der erworbene Gegenstand am Ende der Beförderung oder Versendung befindet, erteilte USt-IdNr. verwendet und der innergemeinschaftliche Erwerb nach § 3d Satz 2 UStG deshalb im Gebiet dieses Mitgliedstaates als bewirkt gilt (vgl. BFH-Urteile vom 1.9.2010, V R 39/08, BStBl. 2011 II S. 658, und vom 8.9.2010, XI R 40/08, BStBl. 2011 II S. 661). [3]Bei Land- und Forstwirten, die der Durchschnittssatzbesteuerung unterliegen und die auf die Anwendung von § 1a Abs. 3 UStG verzichtet haben, ist der Abzug der Steuer für den innergemeinschaftlichen Erwerb als Vorsteuer durch die Pauschalierung abgegolten (vgl. BFH-Urteil vom 24.9.1998, V R 17/98, BStBl. 1999 II S. 39).

(3) [1]Das Recht auf Vorsteuerabzug der Erwerbssteuer entsteht in dem Zeitpunkt, in dem die Erwerbssteuer entsteht (§ 13 Abs. 1 Nr. 6 UStG). [2]Der Unternehmer kann damit den Vorsteuerabzug in der Voranmeldung oder Umsatzsteuererklärung für das Kalenderjahr geltend machen, in der er den innergemeinschaftlichen Erwerb zu versteuern hat.

Vorsteuerabzug bei Steuerschuldnerschaft des Leistungsempfängers

(4) Zum Vorsteuerabzug bei der Steuerschuldnerschaft des Leistungsempfängers nach § 13b UStG vgl. Abschnitt 13b.15.

Vorsteuerabzug im Rahmen eines innergemeinschaftlichen Dreiecksgeschäfts[1)]

(5) [1]Im Rahmen eines innergemeinschaftlichen Dreiecksgeschäfts wird die Steuer für die Lieferung des ersten Abnehmers an den letzten Abnehmer von diesem geschuldet (§ 25b Abs. 2 UStG, vgl. Abschnitt 25b.1 Abs. 6). [2]Der letzte Abnehmer kann diese Steuer als Vorsteuer abziehen, wenn er den Gegenstand für sein Unternehmen bezieht und soweit er ihn zur Ausführung von Umsätzen verwendet, die den Vorsteuerabzug nicht ausschließen (§ 25b Abs. 5 UStG).

15.11 Nachweis der Voraussetzungen für den Vorsteuerabzug

Aufzeichnungen und Belege

(1) [1]Die Voraussetzungen für den Vorsteuerabzug hat der Unternehmer aufzuzeichnen und durch Belege nachzuweisen. [2]Als ausreichender Beleg ist anzusehen:

1. für die von einem anderen Unternehmer gesondert in Rechnung gestellten Steuern eine nach den §§ 14, 14a UStG in Verbindung mit §§ 31 bis 34 UStDV ausgestellte Rechnung;
2. [1]für die entstandene Einfuhrumsatzsteuer ein zollamtlicher Beleg (z. B. der Einfuhrabgabenbescheid) oder ein vom zuständigen Zollamt bescheinigter

---

1) Kein Vorsteuerabzug des Zwischenhändlers bei fehlgeschlagenem innergemeinschaftlichen Dreiecksgeschäft; vgl. EuGH v. 22.4.2010 C-536/08, X, u. C-539/08, Facet Trading, DStR 2010, 926.

Ersatzbeleg (z. B. Ersatzbeleg für den Vorsteuerabzug nach amtlich vorgeschriebenem Muster). [2]Bei Einfuhren, die über das IT-Verfahren ATLAS abgewickelt werden, bestehen keine Bedenken, den Nachweis elektronisch oder bei Bedarf durch einen Ausdruck des elektronisch übermittelten Bescheids über die Einfuhrabgaben zu führen (vgl. Artikel 52 der MwStVO).[1)] [3]Bei Zweifeln über die Höhe der als Vorsteuer abgezogenen Einfuhrumsatzsteuer können die Finanzämter über das vom BZSt bereitgestellte Verfahren zur Online-Abfrage von im Verfahren ATLAS gespeicherten Einfuhrdaten entsprechende Auskünfte anfordern.

[3]Geht die Originalrechnung verloren, kann der Unternehmer den Nachweis darüber, dass ihm ein anderer Unternehmer Steuer für Lieferungen oder sonstige Leistungen gesondert in Rechnung gestellt hat, nicht allein durch Vorlage der Originalrechnung, sondern mit allen verfahrensrechtlich zulässigen Mitteln führen (BFH-Urteile vom 5.8.1988, X R 55/81, BStBl. 1989 II S. 120, vom 16.4.1997, XI R 63/93, BStBl. II S. 582, und vom 23.10.2014, V R 23/13, BStBl. 2015 II S. 313). [4]In Einzelfällen ist auch die Zweitschrift einer Rechnung oder eines Einfuhrbelegs ausreichend (vgl. BFH-Urteile vom 20.8.1998, V R 55/96, BStBl. 1999 II S. 324, und vom 19.11.1998, V R 102/96, BStBl. 1999 II S. 255, sowie Abschnitt 18.13 Abs. 4). [5]Zu den Folgen der Verletzung der Aufbewahrungspflichten nach § 14b UStG vgl. Abschnitt 14b.1 Abs. 10.

(2) Der Umfang der Aufzeichnungspflichten, die für den Unternehmer zum Vorsteuerabzug und zur Aufteilung der Vorsteuerbeträge bestehen, ergibt sich aus § 22 UStG und den §§ 63 bis 67 UStDV.

Mängel

(3)[2)] [1]Mängel im Nachweis über das Vorliegen der Voraussetzungen für den Vorsteuerabzug hat grundsätzlich der Unternehmer zu vertreten. [2]Rechnungen, die die in § 14 Abs. 4 Satz 1 Nr. 1 bis 8 und 10 UStG bezeichneten Angaben nicht vollständig enthalten, berechtigen den Unternehmer nicht zum Vorsteuerabzug, es sei denn, die Rechnungen werden vom Rechnungsaussteller nachträglich vervollständigt. [3]Enthält die Rechnung ungenaue oder unzutreffende Angaben über den leistenden Unternehmer (vgl. § 14 Abs. 4 Satz 1 Nr. 1 UStG), ist nach Abschnitt 15.2a Abs. 2 zu verfahren. [4]Bei fehlerhafter Rechnungsadresse (vgl. § 14 Abs. 4 Satz 1 Nr. 1 UStG) gelten die Ausführungen in Abschnitt 15.2a Abs. 3. [5]Sind die Angaben über den Liefergegenstand oder über Art und Umfang der ausgeführten sonstigen Leistung in einer Rechnung (§ 14 Abs. 4 Satz 1 Nr. 5 UStG) unrichtig oder ungenau, ist der Vorsteuerabzug grundsätzlich ausgeschlossen (vgl. wegen der Einzelheiten Abschnitt 15.2a Abs. 4 und 5). [6]Beim Fehlen der in § 14 Abs. 4 Satz 1 Nr. 5 und 6 UStG bezeichneten Angaben über die Menge der gelieferten Gegenstände oder den Zeitpunkt des Umsatzes bestehen keine Bedenken, wenn der

---

1) **Steuergesetze** Nr. **550a.**

2) A 15.11 UStAE Abs. 3 Sätze 8 und 9 angef. durch BMF v. 18.9.2020, BStBl. I 2020, 976, anzuwenden in allen offenen Fällen, zur **Übergangsregelung** siehe Anlage 8; Abs. 3 Satz 6 neugef. durch BMF v. 9.9.2021, BStBl. I 2021, 1593, anzuwenden in allen offenen Fällen.

Unternehmer diese Merkmale anhand der sonstigen Geschäftsunterlagen (z. B. des Lieferscheins) ergänzt oder zweifelsfrei nachweist. [7]Die Erleichterungen nach §§ 31 bis 34 UStDV bleiben unberührt. [8]Zum Vorsteuerabzug aus einer berichtigten Rechnung siehe Abschnitt 15.2a Abs. 7. [9]Zum Vorsteuerabzug ohne Rechnung, die jedenfalls alle formellen Voraussetzungen erfüllt, siehe Abschnitt 15.2a Abs. 1a und BMF-Schreiben vom 18.9.2020, DStR S. 2131).

(4) [1]Eine Rechnung, in der zwar der Bruttopreis, der Steuersatz und der Umsatzsteuerbetrag, nicht aber das Entgelt ausgewiesen sind, berechtigt grundsätzlich nicht zum Vorsteuerabzug (BFH-Urteil vom 27.7.2000, V R 55/99, BStBl. 2001 II S. 426). [2]Aus Rechnungen über Kleinbeträge (§ 33 UStDV) kann der Vorsteuerabzug vorgenommen werden, wenn der Rechnungsempfänger den Rechnungsbetrag unter Berücksichtigung des in der Rechnung angegebenen Steuersatzes selbst in Entgelt und Steuerbetrag aufteilt (§ 35 UStDV).

Schätzung und Billigkeitsmaßnahmen

(5)[1)] [1]§ 15 UStG schützt nicht den guten Glauben an die Erfüllung der Voraussetzungen für den Vorsteuerabzug (BFH-Urteil vom 30.4.2009, V R 15/07, BStBl. II S. 744). [2]Sind die Unterlagen für den Vorsteuerabzug (Rechnungen, EUSt-Belege) unvollständig oder nicht vorhanden, kann zwar der Unternehmer den Vorsteuerabzug regelmäßig nicht vornehmen (zu den Ausnahmen siehe Abschnitt 15.2a Abs. 1a). [3]Gleichwohl kann das Finanzamt den Vorsteuerabzug unter bestimmten Voraussetzungen schätzen (vgl. Absatz 6) oder aus Billigkeitsgründen anerkennen (vgl. Absatz 7), sofern im Übrigen die Voraussetzungen für den Vorsteuerabzug vorliegen. [4]Ist jedoch zu vermuten, dass der maßgebliche Umsatz an den Unternehmer nicht steuerpflichtig gewesen oder von einem unter § 19 Abs. 1 UStG fallenden Unternehmer ausgeführt worden ist, ist ein Vorsteuerabzug zu versagen.

(6) [1]Der Vorsteuerabzug ist materiell-rechtlich eine Steuervergütung. [2]Auf ihn sind daher die für die Steuerfestsetzung geltenden Vorschriften sinngemäß anzuwenden. [3]Die abziehbaren Vorsteuern sind eine Besteuerungsgrundlage im Sinne von § 199 Abs. 1, § 157 Abs. 2 und § 162 Abs. 1 AO. [4]Dem Grunde nach bestehen somit gegen eine Schätzung keine Bedenken (vgl. auch BFH-Urteil vom 12.6.1986, V R 75/78, BStBl. II S. 721). [5]Sie ist jedoch nur insoweit zulässig, als davon ausgegangen werden kann, dass vollständige Unterlagen für den Vorsteuerabzug vorhanden waren.

(7)[1)] [1]Soweit Unterlagen für den Vorsteuerabzug nicht vorhanden sind und auch nicht vorhanden waren oder soweit die Unterlagen unvollständig sind, kommt eine Anerkennung des Vorsteuerabzugs regelmäßig nur aus Billigkeitsgründen in Betracht (§ 163 AO; vgl. BFH-Urteil vom 30.4.2009, V R 15/07, BStBl. II S. 744). [2]Dabei sind folgende Grundsätze zu beachten:

1. [1]Die Gewährung von Billigkeitsmaßnahmen wegen sachlicher Härte setzt voraus, dass die Versagung des Vorsteuerabzugs im Einzelfall mit dem Sinn

---

[1)] A 15.11 UStAE Abs. 5 Satz 2 und Abs. 7 Satz 1 neugef. durch BMF v. 18.9.2020, BStBl. I 2020, 976, anzuwenden in allen offenen Fällen; zur **Übergangsregelung** siehe Anlage 8.

und Zweck des UStG nicht vereinbar wäre. [2]Eine Billigkeitsmaßnahme ist daher zu gewähren, wenn die Versagung des Vorsteuerabzugs in diesen Fällen einen Überhang des gesetzlichen Tatbestandes über die Wertungen des Gesetzgebers bei der Festlegung der Voraussetzungen für den Vorsteuerabzug darstellen würde (vgl. auch BFH-Urteile vom 25.7.1972, VIII R 59/68, BStBl. II S. 918, vom 26.10.1972, I R 125/70, BStBl. 1973 II S. 271, vom 15.2.1973, V R 152/69, BStBl. II S. 466, und vom 19.10.1978, V R 39/75, BStBl. 1979 II S. 345). [3]Die Nichtgewährung eines Vorsteuerabzugs kann auch sachlich unbillig sein, wenn dies den Geboten der Gleichheit und des Vertrauensschutzes, den Grundsätzen von Treu und Glauben oder dem Erfordernis der Zumutbarkeit widerspricht (vgl. BFH-Urteil vom 26.4.1995, XI R 81/93, BStBl. II S. 754). [4]Dem Unternehmer ist grundsätzlich zuzumuten, von sich aus alles zu tun, um die Mangelhaftigkeit der Unterlagen zu beseitigen. [5]An die Zumutbarkeit ist ein strenger Maßstab anzulegen. [6]Eine Billigkeitsmaßnahme ist daher erst in Betracht zu ziehen, wenn eine Vervollständigung oder nachträgliche Beschaffung der Unterlagen nicht möglich ist oder für den Unternehmer mit unzumutbaren Schwierigkeiten verbunden wäre. [7]Aber auch in einem solchen Fall ist der Unternehmer verpflichtet, an einer möglichst vollständigen Sachaufklärung mitzuwirken. [8]Unsicherheiten bei der Feststellung des Sachverhalts gehen zu seinen Lasten. [9]Die Voraussetzungen für eine Billigkeitsmaßnahme liegen nicht vor, wenn der Unternehmer über die empfangene Leistung keine ordnungsgemäße Rechnung erhalten hat (vgl. BFH-Urteil vom 12.6.1986, V R 75/78, BStBl. II S. 721).

2. [1]Im Rahmen einer Billigkeitsmaßnahme kann die Höhe des anzuerkennenden Vorsteuerabzugs durch Schätzung ermittelt werden. [2]Sind ungerechtfertigte Steuervorteile nicht auszuschließen, ist ein ausreichender Sicherheitsabschlag zu machen.

(8)[1)] [1]In der Rechtsprechung wurde das sich aus dem Unionsrecht ergebende Rechtsinstrument des Direktanspruchs in der Umsatzsteuer entwickelt (vgl. EuGH-Urteil vom 15.3.2007, C-35/05, Reemtsma Cigarettenfabriken). [2]Danach kann ein Leistungsempfänger unter bestimmten Voraussetzungen über eine Billigkeitsmaßnahme die Erstattung einer rechtsgrundlos an den Leistenden gezahlten Umsatzsteuer direkt vom Fiskus (statt vom Leistenden) verlangen, vgl. BMF-Schreiben vom 12.4.2022, BStBl. I S. 652.

15.12 Allgemeines zum Ausschluss vom Vorsteuerabzug

(1) [1]Der allgemeine Grundsatz, dass die in § 15 Abs. 1 Satz 1 Nr. 1 bis 5 UStG bezeichneten Vorsteuern abgezogen werden können, gilt nicht, wenn der Unternehmer bestimmte steuerfreie oder bestimmte nicht steuerbare Umsätze ausführt. [2]Zu diesen Umsätzen gehören auch die entsprechenden unentgeltlichen Wertabgaben nach § 3 Abs. 1b und Abs. 9a UStG. [3]Der Ausschluss vom Vorsteuerabzug erstreckt sich nach § 15 Abs. 2 und 3 UStG auf die Steuer für die Lieferungen, die Einfuhr und den innergemeinschaftlichen

---

[1)] A 15.11 UStAE Abs. 8 angef. durch BMF v. 12.4.2022, BStBl. I 2022, 652, anzuwenden in allen offenen Fällen.

Erwerb von Gegenständen, die der Unternehmer zur Ausführung der dort bezeichneten Umsätze verwendet, sowie auf die Steuer für sonstige Leistungen, die er für diese Umsätze in Anspruch nimmt. [4]Der Ausschluss vom Vorsteuerabzug erstreckt sich außerdem auf Aufwendungen für Eingangsleistungen, die der Unternehmer für Ausgangsumsätze in Anspruch nimmt, auf die unmittelbar eine Steuerbefreiung der MwStSystRL angewandt wird, wenn die Voraussetzungen des § 15 Abs. 3 UStG nicht vorliegen (vgl. BFH-Urteil vom 16.5.2012, XI R 24/10, BStBl. 2013 II S. 52, und für den vergleichbaren Fall, dass eine nationale Steuerbefreiung in Anspruch genommen wird, die mit der MwStSystRL unvereinbar ist, vgl. EuGH-Urteil vom 26.2.2015, C-144/13,

(Fortsetzung S. 721)

VDP Dental Laboratory).[1] [5]Der Begriff der Verwendung einer Lieferung oder sonstigen Leistung umfasst auch die Verwendungsabsicht. [6]Das Recht auf Vorsteuerabzug des Unternehmers entsteht dem Grunde und der Höhe nach bereits im Zeitpunkt des Leistungsbezugs. [7]Im Rahmen des § 15 Abs. 2 und 3 UStG kommt es entscheidend darauf an, ob der Unternehmer im Zeitpunkt des Leistungsbezugs die Absicht hat, die Eingangsumsätze für solche Ausgangsumsätze zu verwenden, die den Vorsteuerabzug nicht ausschließen (BFH-Urteil vom 22.3.2001, V R 46/00, BStBl. 2003 II S. 433); zum Vorsteuerabzug aus allgemeinen Aufwendungen des Unternehmens siehe Abschnitt 15.16 Abs. 2a. [8]Bei jedem Leistungsbezug muss der Unternehmer über die beabsichtigte Verwendung der bezogenen Leistung sofort entscheiden (vgl. BFH-Beschluss vom 28.10.2020, XI B 26/20, n. v.). [9]Maßgeblich ist regelmäßig die erste Leistung oder die erste unentgeltliche Wertabgabe, in die die bezogene Leistung Eingang findet. [10]Bei der Zurechnung sind grundsätzlich nur Umsätze zu berücksichtigen, die nach Inanspruchnahme der vorsteuerbelasteten Leistungen ausgeführt werden sollen. [11]Die Verwendungsabsicht muss objektiv belegt (vgl. Absatz 2) und in gutem Glauben erklärt werden. [12]Es darf kein Fall von Betrug oder Missbrauch vorliegen. [13]Der Anspruch auf Vorsteuerabzug bleibt auch dann bestehen, wenn es später nicht zu den beabsichtigten Verwendungsumsätzen kommt (vgl. BFH-Urteil vom 17.5.2001, V R 38/00, BStBl. 2003 II S. 434). [14]Bei Anzahlungen für Leistungen ist die Verwendungsabsicht im Zeitpunkt der Anzahlung maßgeblich (vgl. BFH-Urteil vom 17.5.2001, V R 38/00, a. a. O.). [15]Änderungen in der Verwendungsabsicht wirken sich nur auf nachfolgende Leistungsbezüge bzw. Anzahlungen und den sich daraus ergebenden Vorsteuerabzug aus. [16]Absichtsänderungen wirken nicht zurück und führen deshalb z. B. nicht dazu, dass Steuerbeträge nachträglich als Vorsteuer abziehbar sind (vgl. BFH-Urteil vom 25.11.2004, V R 38/03, BStBl. 2005 II S. 414). [17]Im Insolvenzverfahren einer KG, die ihre Tätigkeit bereits vor Insolvenzeröffnung eingestellt hatte, ist über den Vorsteuerabzug aus der Rechnung des Insolvenzverwalters nach der früheren Unternehmenstätigkeit der KG zu entscheiden (BFH-Urteil vom 2.12.2015, V R 15/15, BStBl. 2016 II S. 486). [18]Der Verpächter eines Grundstücks ist bei vorzeitiger Auflösung einer steuerpflichtigen Verpachtung zum Abzug der ihm vom Pächter in Rechnung gestellten Steuer für dessen entgeltlichen Verzicht auf die Rechte aus einem langfristigen Pachtvertrag (vgl. Abschnitt 4.12.1 Abs. 1 Satz 7) jedenfalls dann berechtigt, wenn die vorzeitige Auflösung zu einem Zeitpunkt erfolgt, in dem das Pachtverhältnis noch besteht und eine beabsichtigte (steuerfreie) Grundstücksveräußerung noch nicht festgestellt werden kann (vgl. BFH-Urteil vom 13.12.2017, XI R 3/16, BStBl. 2018 II S. 727).

(2) [1]Die objektiven Anhaltspunkte (z. B. Mietverträge, Zeitungsinserate, Beauftragung eines Maklers, Schriftwechsel mit Interessenten, Vertriebskonzepte, Kalkulationsunterlagen), die die Verwendungsabsicht belegen, sind regelmäßig einzelfallbezogen zu betrachten. [2]Dabei ist das Gesamtbild der Verhältnisse entscheidend. [3]Behauptungen reichen nicht aus. [4]Es sind vielmehr

---

[1] MwStR 2015, 300.

konkrete Nachweise erforderlich, die einem strengen Prüfungsmaßstab unterliegen. [5]Dabei gehen Unklarheiten zu Lasten des Unternehmers. [6]Zur Behandlung von Fällen, bei denen die tatsächliche Verwendung im Zeitpunkt des Leistungsbezuges ungewiss ist, vgl. Absatz 5.

(3) [1]Vom Abzug ausgeschlossen sind nicht nur die Vorsteuerbeträge, bei denen ein unmittelbarer wirtschaftlicher Zusammenhang mit den zum Ausschluss vom Vorsteuerabzug führenden Umsätzen des Unternehmers besteht. [2]Der Ausschluss umfasst auch die Vorsteuerbeträge, die in einer mittelbaren wirtschaftlichen Verbindung zu diesen Umsätzen stehen.

Beispiel 1:

Bezieht eine Bank Werbeartikel bis 35 € je Gegenstand, für die ihr Umsatzsteuer in Rechnung gestellt wird, sind diese Vorsteuerbeträge insoweit vom Abzug ausgeschlossen, als sie den nach § 4 Nr. 8 UStG steuerfreien Umsätzen zuzuordnen sind (vgl. BFH-Urteile vom 26.7.1988, X R 50/82, BStBl. II S. 1015, und vom 4.3.1993, V R 68/89, BStBl. II S. 527).

Beispiel 2:

[1]Hat sich der Veräußerer eines unternehmerisch genutzten Grundstücks dem Erwerber gegenüber zur Demontage und zum Abtransport betrieblicher Einrichtungen verpflichtet, werden die für die Demontage bezogenen Leistungen zur Ausführung des steuerfreien Grundstücksumsatzes verwendet. [2]Die für die Transportleistungen in Rechnung gestellte Steuer ist nur mit dem gegebenenfalls geschätzten Betrag vom Vorsteuerabzug ausgeschlossen, der durch die bloße Räumung verursacht ist (vgl. BFH-Urteil vom 27.7.1988, X R 52/81, BStBl. 1989 II S. 65).

Beispiel 3:

[1]Ist eine Grundstücksvermietung beabsichtigt, kommt es darauf an, ob der Unternehmer das Grundstück steuerfrei vermieten oder auf die Steuerfreiheit der Grundstücksvermietung (§ 4 Nr. 12 Satz 1 Buchstabe a UStG) nach § 9 UStG verzichten will. [2]Im ersten Fall ist der Vorsteuerabzug nach § 15 Abs. 2 Satz 1 Nr. 1 UStG ausgeschlossen, im zweiten Fall ist die Vorsteuer abziehbar, wenn der Unternehmer die Verwendungsabsicht objektiv belegt und in gutem Glauben erklärt hat (BFH-Urteil vom 17.5.2001, V R 38/00, BStBl. 2003 II S. 434) und auch die weiteren Voraussetzungen des § 15 UStG erfüllt sind.

Beispiel 4:

Stellt eine Bank ihren Kunden und – um weitere Kunden zu gewinnen – anderen Autofahrern unentgeltlich Stellplätze zum Parken zur Verfügung, sind die Umsatzsteuern, die ihr für die Leistungen zur Errichtung und den Unterhalt des Parkhauses in Rechnung gestellt worden sind, im Verhältnis ihrer steuerfreien Umsätze an den gesamten Umsätzen im Sinne des § 1 Abs. 1 Nr. 1 UStG vom Vorsteuerabzug ausgeschlossen (BFH-Urteil vom 4.3.1993, V R 73/87, BStBl. II S. 525).

[3]Im Einzelfall können Vorsteuerbeträge mehreren gleichwertig nebeneinanderstehenden Ausgangsumsätzen wirtschaftlich zugeordnet werden.

Beispiel 5:

Vermietet ein Bauunternehmer ein Haus an einen privaten Mieter unter dem Vorbehalt, zur Förderung eigener steuerpflichtiger Umsätze das Haus bei Bedarf zu Besichtigungszwecken (als sog. Musterhaus) zu nutzen, tritt neben die Verwendung zur Ausführung steuerfreier Vermietungsumsätze die Verwendung zur Ausführung steuerpflichtiger (Bau-)Umsätze (sog. gemischte Verwendung im Sinne des § 15 Abs. 4 UStG, BFH-Urteil vom 9.9.1993, V R 42/91, BStBl. 1994 II S. 269).

Beispiel 6:

Veräußert ein Unternehmer mit seinem Namen versehene Werbeartikel an seine selbständigen Handelsvertreter zu einem Entgelt weiter, das die Anschaffungskosten erheblich unterschreitet, sind die Werbeartikel nicht ausschließlich den Ausgangslieferungen zuzuordnen, in die sie gegenständlich eingehen, sondern auch den übrigen Umsätzen des Unternehmers, für die geworben wird (BFH-Urteil vom 16.9.1993, V R 82/91, BStBl. 1994 II S. 271).

(4) Umsätze, die dem Unternehmer zur Vornahme einer Einfuhr dienen, sind für die Frage des Vorsteuerabzugs den Umsätzen zuzurechnen, für die der eingeführte Gegenstand verwendet wird.

Beispiel:

[1] Ein Arzt nimmt wegen rechtlicher Schwierigkeiten, die bei der Einfuhr eines medizinischen Geräts eingetreten sind, einen Rechtsanwalt in Anspruch. [2] Obwohl die Einfuhr der Einfuhrumsatzsteuer unterlegen hat, kann der Arzt die ihm vom Rechtsanwalt in Rechnung gestellte Steuer nicht als Vorsteuer abziehen. [3] Die Rechtsberatung ist ebenso wie das eingeführte medizinische Gerät der steuerfreien ärztlichen Tätigkeit zuzurechnen.

(5) [1] Beim Bezug von Eingangsleistungen, deren tatsächliche Verwendung ungewiss ist, weil die Verwendungsabsicht nicht durch objektive Anhaltspunkte belegt wird, ist kein Vorsteuerabzug möglich. [2] Für den Vorsteuerabzug sind ausschließlich die Erkenntnisse im Zeitpunkt des Leistungsbezugs zu Grunde zu legen. [3] Spätere Erkenntnisse über diesen Leistungsbezug haben auf die ursprüngliche Entscheidung keine Auswirkung. [4] Ein zunächst vorgenommener Vorsteuerabzug ist deshalb nach § 164 Abs. 2, § 165 Abs. 2 oder § 173 Abs. 1 AO durch Änderung der ursprünglichen Steuerfestsetzung rückgängig zu machen, wenn später festgestellt wird, dass objektive Anhaltspunkte für die Verwendungsabsicht im Zeitpunkt des Leistungsbezugs nicht vorlagen. [5] Dies gilt auch, wenn die Verwendungsabsicht nicht in gutem Glauben erklärt wurde oder ein Fall von Betrug oder Missbrauch vorliegt. [6] Für die Frage, ob ein nach § 9 Abs. 2 UStG zum Vorsteuerabzug berechtigender steuerpflichtiger Umsatz oder ein nicht zum Vorsteuerabzug berechtigender steuerfreier Umsatz vorliegt, kommt es auf die zutreffende umsatzsteuerrechtliche Beurteilung des tatsächlich verwirklichten Sachverhalts an (vgl. BFH-Urteil vom 11.3.2009, XI R 71/07, BStBl. 2010 II S. 209). [7] Geht der Unternehmer z.B. davon aus, dass nach der maßgeblichen Rechtslage im Zeitpunkt des Leistungsbezugs seine Leistung steuerpflichtig ist, während sie bei zutreffender Beurteilung ohne Recht auf Vorsteuerabzug steuerfrei ist, ist der Unternehmer nicht zum Vorsteuerabzug berechtigt. [8] Zum Vorsteuerabzug aus allgemeinen Aufwendungen des Unternehmens siehe Abschnitt 15.16 Abs. 2a.

15.13 Ausschluss des Vorsteuerabzugs bei steuerfreien Umsätzen

(1) [1] Vorsteuerbeträge für steuerfreie Umsätze sind nach § 15 Abs. 2 Satz 1 Nr. 1 UStG grundsätzlich vom Abzug ausgeschlossen. [2] Der Ausschluss erstreckt sich nicht auf die Vorsteuerbeträge, die den in § 15 Abs. 3 Nr. 1 Buchstaben a und b UStG bezeichneten steuerfreien Umsätzen zuzurechnen sind. [3] Ebenfalls nicht vom Vorsteuerabzug ausgeschlossen sind Steuerbeträge, die für bestimmte Leistungsbezüge von Unternehmern anfallen, die steuerfreie Umsätze mit Anlagegold ausführen (vgl. § 25c Abs. 4 und 5 UStG). [4] Zum Vorsteuerabzug bei einem Gebäude, das der Ausführung steuerfreier Umsätze, die den Vorsteuerabzug ausschließen, und privaten Wohnzwecken dient, vgl. Abschnitt 3.4 Abs. 7 Satz 3 Beispiel 2.

(2) [1]Unter Buchstabe a des § 15 Abs. 3 Nr. 1 UStG fallen insbesondere die Ausfuhrlieferungen (§ 4 Nr. 1 Buchstabe a, § 6 UStG), die innergemeinschaftlichen Lieferungen (§ 4 Nr. 1 Buchstabe b, § 6a UStG), die Lohnveredelungen an Gegenständen der Ausfuhr (§ 4 Nr. 1 Buchstabe a, § 7 UStG), die Umsätze für die Seeschifffahrt und für die Luftfahrt (§ 4 Nr. 2, § 8 UStG), die sonstigen Leistungen im Zusammenhang mit der Einfuhr, Ausfuhr und Durchfuhr (§ 4 Nr. 3 und 5 UStG), die Goldlieferungen an die Zentralbanken (§ 4 Nr. 4 UStG), bestimmte Umsätze im Zusammenhang mit einem Umsatzsteuerlager (§ 4 Nr. 4a UStG), bestimmte Umsätze der Eisenbahnen des Bundes (§ 4 Nr. 6 UStG), bestimmte Umsätze an im Gebiet eines anderen Mitgliedstaates ansässige NATO-Streitkräfte, ständige diplomatische Missionen und berufskonsularische Vertretungen sowie zwischenstaatliche Einrichtungen (§ 4 Nr. 7 UStG), die steuerfreien Reiseleistungen (§ 25 Abs. 2 UStG) sowie die Umsätze, die nach den in § 26 Abs. 5 UStG bezeichneten Vorschriften steuerfrei sind. [2]Wegen des Vorsteuerabzugs bei den nach § 25 Abs. 2 UStG steuerfreien sonstigen Leistungen vgl. Abschnitt 25.4.

(3) [1]Buchstabe b des § 15 Abs. 3 Nr. 1 UStG betrifft die Umsätze, die nach § 4 Nr. 8 Buchstaben a bis g, Nr. 10 oder Nr. 11 UStG steuerfrei sind. [2]Für diese Finanz- und Versicherungsumsätze tritt der Ausschluss vom Vorsteuerabzug jedoch nur dann nicht ein, wenn sie sich unmittelbar auf Gegenstände beziehen, die in das Drittlandsgebiet ausgeführt werden. [3]Die Voraussetzung „unmittelbar" bedeutet, dass die vorbezeichneten Umsätze in direktem Zusammenhang mit dem Gegenstand der Ausfuhr stehen müssen. [4]Nicht ausreichend ist es, wenn diese Umsätze in Verbindung mit solchen betrieblichen Vorgängen des Unternehmers stehen, die ihrerseits erst dazu dienen, die Ausfuhr zu bewirken.

Beispiel 1:

[1]Der Unternehmer lässt einen Gegenstand, den er in das Drittlandsgebiet ausführt, gegen Transportschäden versichern.
[2]Der unmittelbare Zusammenhang mit dem Gegenstand der Ausfuhr ist gegeben. [3]Die nach § 4 Nr. 10 Buchstabe a UStG steuerfreie Leistung des Versicherungsunternehmers schließt daher den Vorsteuerabzug nicht aus.

Beispiel 2:

[1]Der Unternehmer nimmt einen Kredit zur Anschaffung einer Maschine in Anspruch, die er ausschließlich zur Herstellung von Exportgütern einsetzt.
[2]Der unmittelbare Zusammenhang mit dem Gegenstand der Ausfuhr ist nicht gegeben. [3]Das Kreditinstitut kann deshalb die Vorsteuerbeträge, die der nach § 4 Nr. 8 Buchstabe a UStG steuerfreien Kreditgewährung zuzurechnen sind, nicht abziehen.

[5]Eine Ausfuhr im Sinne des § 15 Abs. 3 Nr. 1 Buchstabe b UStG ist anzunehmen, wenn der Gegenstand endgültig in das Drittlandsgebiet gelangt. [6]Es braucht keine Ausfuhrlieferung nach § 6 UStG vorzuliegen. [7]Außerdem kann der Gegenstand vor der Ausfuhr bearbeitet oder verarbeitet werden. [8]Die Ausflaggung eines Seeschiffes ist keine Ausfuhr, gleichgültig in welcher Form sich dieser Vorgang vollzieht.

(4) Zum Ausschluss des Vorsteuerabzugs bei Krediten, die im Zusammenhang mit anderen Umsätzen eingeräumt werden, vgl. Abschnitt 3.11.

(5) [1] Fällt ein Umsatz sowohl unter eine der in § 15 Abs. 3 Nr. 1 Buchstabe a und Nr. 2 Buchstabe a UStG bezeichneten Befreiungsvorschriften als auch unter eine Befreiungsvorschrift, die den Vorsteuerabzug ausschließt, z. B. die innergemeinschaftliche Lieferung von Blutkonserven zu therapeutischen Zwecken, geht die Steuerbefreiung, die den Vorsteuerabzug ausschließt – im Beispiel § 4 Nr. 17 Buchstabe a UStG – der in § 15 Abs. 3 Nr. 1 Buchstabe a und Nr. 2 Buchstabe a UStG aufgeführten Befreiungsvorschrift vor (vgl. BFH-Urteil vom 22.8.2013, V R 30/12, BStBl. 2014 II S. 133). [2] Daher kann für diese Umsätze kein Vorsteuerabzug beansprucht werden. [3] Abweichend davon geht eine Befreiung nach den in § 26 Abs. 5 UStG bezeichneten Vorschriften (z. B. nach Artikel 67 Abs. 3 NATO-ZAbk) als selbständiger Befreiungstatbestand außerhalb des UStG den Befreiungstatbeständen des UStG mit der Folge vor, dass für diese Umsätze ein Ausschluss des Vorsteuerabzugs nicht eintritt.

15.14 Ausschluss des Vorsteuerabzugs bei Umsätzen im Ausland

(1) [1] Umsätze im Ausland, die steuerfrei wären, wenn sie im Inland ausgeführt würden, schließen den Vorsteuerabzug aus inländischen Leistungsbezügen grundsätzlich aus (§ 15 Abs. 2 Satz 1 Nr. 2 UStG). [2] Der Abzug entfällt unabhängig davon, ob der maßgebliche Umsatz nach dem Umsatzsteuerrecht des Staates, in dem er bewirkt wird, steuerpflichtig ist oder als steuerfreier Umsatz zum Vorsteuerabzug berechtigt, da sich der Ausschluss vom Vorsteuerabzug ausschließlich nach dem deutschen Umsatzsteuerrecht beurteilt (vgl. BFH-Urteil vom 22.8.2019, V R 14/17, BStBl. 2020 II S. 720). [3] Bei einer Grundstücksvermietung im Ausland ist nach § 15 Abs. 2 Satz 1 Nr. 2 UStG zu prüfen, ob diese steuerfrei (vorsteuerabzugsschädlich) wäre, wenn sie im Inland ausgeführt würde. [4] Dies bestimmt sich nach den Vorschriften des § 4 Nr. 12 Satz 1 Buchstabe a und des § 9 UStG. [5] Die Grundstücksvermietung wäre im Inland nicht steuerfrei gewesen, wenn der Grundstücksvermieter die Grundstücksvermietung im Ausland tatsächlich als steuerpflichtig behandelt hat und die Voraussetzungen des § 9 UStG für den Verzicht auf die Steuerbefreiung einer Grundstücksvermietung vorlagen (vgl. BFH-Urteil vom 6.5.2004, V R 73/03, BStBl. II S. 856).

(2) [1] Ausgenommen vom Ausschluss des Vorsteuerabzugs sind die Umsätze, die nach den in § 15 Abs. 3 Nr. 2 UStG bezeichneten Vorschriften steuerfrei wären. [2] Zu den in Nummer 2 Buchstabe a dieser Vorschrift aufgeführten Steuerbefreiungen vgl. Abschnitt 15.13 Abs. 2.

(3) [1] Die Umsätze, die nach § 4 Nr. 8 Buchstaben a bis g, Nr. 10 oder Nr. 11 UStG steuerfrei wären, berechtigen dann zum Vorsteuerabzug, wenn der Leistungsempfänger im Drittlandsgebiet ansässig ist (§ 15 Abs. 3 Nr. 2 Buchstabe b UStG). [2] Die Frage, ob diese Voraussetzung erfüllt ist, beurteilt sich wie folgt:

1. [1] Ist der Leistungsempfänger ein Unternehmer und die Leistung für das Unternehmen bestimmt, ist der Ort maßgebend, von dem aus der Leistungsempfänger sein Unternehmen betreibt. [2] Ist die Leistung ausschließlich oder überwiegend für eine Betriebsstätte des Leistungsempfängers bestimmt, ist auf den Ort der Betriebsstätte abzustellen.

2. [1]Ist der Leistungsempfänger kein Unternehmer, kommt es für die Ansässigkeit darauf an, wo er seinen Wohnsitz oder Sitz hat. [2]Das Gleiche gilt, wenn der Leistungsempfänger zwar unternehmerisch tätig ist, die Leistung aber für seinen nichtunternehmerischen Bereich bestimmt ist.

Beispiel:

[1]Ein Kreditinstitut in Stuttgart gewährt der in Genf gelegenen Betriebsstätte eines Unternehmens, dessen Geschäftsleitung sich in Paris befindet, ein Darlehen. [2]Das Darlehen ist zur Renovierung des Betriebsgebäudes der Genfer Betriebsstätte bestimmt.

[3]Für die Ansässigkeit des Leistungsempfängers ist der Ort der Betriebsstätte maßgebend. [4]Er liegt im Drittlandsgebiet. [5]Das Kreditinstitut kann daher die Vorsteuern abziehen, die der nicht steuerbaren Darlehensgewährung (§ 3a Abs. 2 UStG) zuzurechnen sind.

[6]Wäre das Darlehen für den in Paris gelegenen Teil des Unternehmens bestimmt, entfiele der Vorsteuerabzug.

(4) [1]Für die in § 15 Abs. 3 Nr. 2 Buchstabe b UStG bezeichneten Finanz- und Versicherungsumsätze kann der Vorsteuerabzug auch in folgenden Fällen in Anspruch genommen werden:

[2]Der Leistungsempfänger ist zwar nicht im Drittlandsgebiet, sondern im Gemeinschaftsgebiet ansässig, die an ihn ausgeführte Leistung bezieht sich aber unmittelbar auf einen Gegenstand, der in das Drittlandsgebiet ausgeführt wird (vgl. hierzu Abschnitt 15.13 Abs. 3).

Beispiel:

[1]Ein Unternehmer in Kopenhagen lässt bei einem Versicherungsunternehmen in Hamburg einen Gegenstand gegen Diebstahl versichern. [2]Den Gegenstand liefert der Unternehmer an einen Abnehmer in Russland.

[3]Die Versicherungsleistung ist nicht steuerbar (§ 3a Abs. 2 UStG). [4]Das Versicherungsunternehmen kann die dieser Leistung zuzurechnenden Vorsteuern abziehen.

15.15 Vorsteuerabzug bei Eingangsleistungen im Zusammenhang mit unentgeltlichen Leistungen

(1) [1]Beabsichtigt der Unternehmer bereits bei Leistungsbezug, die bezogene Leistung nicht für seine unternehmerische Tätigkeit, sondern ausschließlich und unmittelbar für unentgeltliche Wertabgaben im Sinne des § 3 Abs. 1b oder 9a UStG zu verwenden, ist er nicht zum Vorsteuerabzug berechtigt; nur mittelbar verfolgte Zwecke sind unerheblich (vgl. BFH-Urteil vom 9.12.2010, V R 17/10, BStBl. 2012 II S. 53, und Abschnitt 15.2b Abs. 2). [2]Fehlt ein direkter und unmittelbarer Zusammenhang zwischen einem Eingangsumsatz und einem oder mehreren Ausgangsumsätzen, kann der Unternehmer zum Vorsteuerabzug berechtigt sein, wenn die Kosten für die Eingangsleistungen zu seinen allgemeinen Aufwendungen gehören und – als solche – Bestandteile des Preises der von ihm erbrachten entgeltlichen Leistungen sind (vgl. Abschnitte 15.2b Abs. 2, 15.21 und 15.22 und BFH-Urteil vom 27.1.2011, V R 38/09, BStBl. 2012 II S. 68).

Beispiel 1:

[1]Automobilhändler A verlost unter allen Kunden im Rahmen einer Werbeaktion

a) einen Laptop und

b) eine Konzertkarte,

mit einem Einkaufspreis von jeweils 300 €, die er beide zu diesem Zweck vorher gekauft hat. [2]Sowohl die Abgabe des Laptops als auch der Konzertkarte erfolgt aus unternehmerischen Gründen; ein Geschenk im Sinne des § 4 Abs. 5 Satz 1 Nr. 1 EStG und damit ein Fall des § 15 Abs. 1a UStG liegt nicht vor (vgl. R 4.10 Abs. 4 Satz 5 Nr. 3 EStR), da die Abgabe im Rahmen einer Verlosung geschieht.

Zu a)

[1]Die Abgabe des Laptops erfolgt aus unternehmerischen Gründen und fällt der Art nach unter § 3 Abs. 1b Satz 1 Nr. 3 UStG; es handelt sich nicht um ein Geschenk von geringem Wert. [2]Da A bereits bei Leistungsbezug beabsichtigt, den Laptop für die Verlosung zu verwenden, berechtigten die Aufwendungen für den Laptop bereits nach § 15 Abs. 1 UStG nicht zum Vorsteuerabzug. [3]Dementsprechend unterbleibt eine anschließende Wertabgabenbesteuerung (§ 3 Abs. 1b Satz 2 UStG).

Zu b)

[1]Die Abgabe der Konzertkarte erfolgt aus unternehmerischen Gründen und ist daher ein der Art nach nicht steuerbarer Vorgang, da § 3 Abs. 9a UStG Wertabgaben aus unternehmerischen Gründen nicht erfasst. [2]Da es an einem steuerbaren Ausgangsumsatz fehlt, dem der Leistungsbezug direkt und unmittelbar zugeordnet werden kann, ist für den Vorsteuerabzug die Gesamttätigkeit des A maßgeblich.

Beispiel 2:

[1]Unternehmer V errichtet ein Gebäude. [2]Nach der Fertigstellung des Gebäudes soll es an den Hotelunternehmer H überlassen werden, wobei nach der vertraglichen Vereinbarung das Gebäude zunächst für ein Jahr unentgeltlich und danach für weitere 20 Jahre steuerpflichtig verpachtet werden soll.
[3]V kann aus den Herstellungskosten des Gebäudes den Vorsteuerabzug in Anspruch nehmen, da bei Leistungsbezug feststeht, dass die Eingangsleistungen ausschließlich zur Erzielung von zum Vorsteuerabzug berechtigenden Ausgangsumsätzen verwendet werden sollen.

Beispiel 3:

[1]Unternehmer V errichtet ein Gebäude. [2]Nach der Fertigstellung des Gebäudes soll es an den Hotelunternehmer H überlassen werden, wobei nach der vertraglichen Vereinbarung das Gebäude zunächst für ein Jahr unentgeltlich und danach für weitere 20 Jahre steuerfrei verpachtet werden soll.
[3]V kann aus den Herstellungskosten des Gebäudes keinen Vorsteuerabzug in Anspruch nehmen, da bei Leistungsbezug feststeht, dass die Eingangsleistungen ausschließlich zur Erzielung von nicht zum Vorsteuerabzug berechtigenden Ausgangsumsätzen verwendet werden sollen.

(2) [1]Bestimmt sich ein Vorsteuerabzug mangels direkten und unmittelbaren Zusammenhangs des Eingangsumsatzes mit einem oder mehreren Ausgangsumsätzen nach der Gesamttätigkeit des Unternehmers, ist zunächst zu prüfen, ob der Leistungsbezug (mittelbar) einer bestimmten Gruppe von Ausgangsumsätzen wirtschaftlich zugeordnet werden kann (vgl. auch Abschnitt 15.12 Abs. 3). [2]Ist dies nicht möglich, ist die Aufteilung des Vorsteuerabzugs nach der Gesamtschau des Unternehmens vorzunehmen.

Beispiel 1:

[1]Unternehmer U betreibt einen Kfz-Handel und eine Versicherungsagentur. [2]Aus der Versicherungsagentur erzielt der Unternehmer ausschließlich nach § 4 Nr. 11 UStG steuerfreie Ausgangsumsätze. [3]U lässt sich gegen Honorar eine Internet-Homepage gestalten, auf der er zu Werbezwecken und zur Kundengewinnung für seine Versicherungsagentur kostenlose Versicherungstipps gibt. [4]Auf der Internetseite findet sich auch ein Kontaktformular für Anfragen zu Versicherungsbelangen. [5]Die über das Internet kostenlos durchgeführten Beratungen sind mangels Entgelt nicht steuerbar und auch der Art nach nicht nach § 3 Abs. 9a UStG steuerbar.
[6]U ist nicht zum Vorsteuerabzug aus der Gestaltung der Internet-Homepage berechtigt, da der Leistungsbezug insoweit ausschließlich Umsätzen zuzurechnen ist, die den Vorsteuerabzug

ausschließen. [7] Auch wenn die Gestaltung der Internet-Homepage nicht direkt mit den Umsätzen aus der Vermittlung von Versicherungen zusammenhängt, dient der Internetauftritt der Förderung dieses Unternehmensbereichs.

Beispiel 2:

[1] Ein Hautarzt führt sowohl nicht zum Vorsteuerabzug berechtigende (80 % Anteil am Gesamtumsatz) als auch zum Vorsteuerabzug berechtigende Umsätze (z. B. kosmetische Behandlungen; 20 % Anteil am Gesamtumsatz) aus. [2] Um für sein unternehmerisches Leistungsspektrum zu werben, lässt er eine Internet-Homepage erstellen, auf der er über die Vorbeugung und Behandlung der wichtigsten Hauterkrankungen informiert, aber auch Hautpflegetipps gibt.
[3] Die Eingangsleistung wird unternehmerisch bezogen, kann aber nicht direkt und unmittelbar bestimmten Ausgangsumsätzen zugeordnet werden. [4] Soweit die Eingangsleistung auch zur Ausführung von steuerfreien Umsätzen verwendet wird, besteht nach § 15 Abs. 2 Satz 1 Nr. 1 UStG keine Berechtigung zum Vorsteuerabzug. [5] Die abziehbaren Vorsteuerbeträge sind nach § 15 Abs. 4 UStG zu ermitteln (vgl. Abschnitt 15.17). [6] Die Aufteilung der Vorsteuern hat nach Kostenzurechnungsgesichtspunkten zu erfolgen. [7] Da keine andere Form der wirtschaftlichen Zurechnung erkennbar ist, ist der Umsatzschlüssel als sachgerechte Schätzmethode anzuerkennen (§ 15 Abs. 4 Satz 3 UStG).

Beispiel 3:

[1] Unternehmer U mit zur Hälfte steuerfreien, den Vorsteuerabzug ausschließenden Ausgangsumsätzen bezieht Leistungen für die Durchführung eines Betriebsausfluges. [2] Die Kosten pro Arbeitnehmer betragen
a) 80 €,
b) 200 €

Zu a)

[1] Die Zuwendungen an die Arbeitnehmer im Rahmen des Betriebsausflugs sind überwiegend betrieblich veranlasste nicht steuerbare Leistungen, weil sie je Arbeitnehmer den Betrag von 110 € nicht übersteigen (vgl. Abschnitt 1.8 Abs. 4 Satz 3 Nr. 6). [2] Da die Durchführung des Betriebsausflugs keinen Wertabgabentatbestand erfüllt, fehlt es an einem steuerbaren Ausgangsumsatz, dem die Leistungsbezüge direkt und unmittelbar zugeordnet werden können. [3] Für den Vorsteuerabzug ist deshalb die Gesamttätigkeit des U maßgeblich. [4] U kann daher aus der Hälfte der Aufwendungen den Vorsteuerabzug geltend machen.

Zu b)

[1] Die Zuwendungen an die Arbeitnehmer im Rahmen des Betriebsausflugs sind nicht überwiegend betrieblich veranlasste steuerbare Leistungen, weil sie je Arbeitnehmer den Betrag von 110 € übersteigen (vgl. Abschnitt 1.8 Abs. 4 Satz 3 Nr. 6). [2] Es liegt eine Mitveranlassung durch die Privatsphäre der Arbeitnehmer vor. [3] Bei Überschreiten des Betrags von 110 € besteht für U kein Anspruch auf Vorsteuerabzug, sofern die Verwendung bereits bei Leistungsbezug beabsichtigt ist. [4] Dementsprechend unterbleibt eine Wertabgabenbesteuerung. [5] Maßgeblich ist hierfür, dass sich ein Leistungsbezug zur Entnahme für unternehmensfremde Privatzwecke und ein Leistungsbezug für das Unternehmen gegenseitig ausschließen. [6] Der nur mittelbar verfolgte Zweck, das Betriebsklima zu fördern, ändert hieran nichts (vgl. BFH-Urteil vom 9.12.2010, V R 17/10, BStBl. 2012 II S. 53).

15.16 Grundsätze zur Aufteilung der Vorsteuerbeträge

(1) [1] Verwendet der Unternehmer die für sein Unternehmen gelieferten oder eingeführten Gegenstände und die in Anspruch genommenen sonstigen Leistungen sowohl für Umsätze, die zum Vorsteuerabzug berechtigen, als auch für Umsätze, die den Vorsteuerabzug nach § 15 Abs. 2 und 3 UStG ausschließen, hat er die angefallenen Vorsteuerbeträge in einen abziehbaren und einen nicht abziehbaren Teil aufzuteilen. [2] Die Aufteilung richtet sich allein nach der Verwendung des bezogenen Gegenstands oder der in Anspruch genommenen

sonstigen Leistung (vgl. Abschnitt 15.12 Abs. 1), nicht aber nach dem Anlass, aus dem der Unternehmer den Gegenstand oder die sonstige Leistung bezogen hat (BFH-Urteile vom 18.12.1986, V R 18/80, BStBl. 1987 II S. 280, und vom 10.4.1997, V R 26/96, BStBl. II S. 552). [3]Von der Aufteilung in einen abziehbaren und einen nicht abziehbaren Teil sind die Vorsteuerbeträge ausgenommen, die zwar der Verwendung nach für eine Aufteilung in Frage kämen, bei denen jedoch die sonstigen Voraussetzungen des § 15 UStG für den Abzug nicht vorliegen (z.B. bei fehlendem Steuerausweis in der Rechnung). [4]Außerdem scheiden die Steuerbeträge für eine Aufteilung aus, für die ein Abzugsverbot besteht (vgl. auch Abschnitt 15.2 Abs. 3). [5]Diese Vorsteuerbeträge bleiben insgesamt vom Abzug ausgeschlossen.

(2) [1]Die Aufteilung der Vorsteuern ist nach § 15 Abs. 4 UStG vorzunehmen. [2]Dies bedeutet, dass die Vorsteuern nach ihrer wirtschaftlichen Zuordnung aufzuteilen sind (vgl. Abschnitt 15.17). [3]Die Aufteilung schließt an die Grundsätze an, die sich aus § 15 Abs. 2 und 3 UStG für die Zuordnung der Vorsteuern zu den einzelnen Umsätzen des Unternehmers herleiten. [4]Dementsprechend erstreckt sich § 15 Abs. 4 UStG nicht auf die Vorsteuerbeträge, die entweder allein den zum Abzug berechtigenden Umsätzen oder allein den zum Ausschluss des Vorsteuerabzugs führenden Umsätzen zuzurechnen sind. [5]Die Abziehbarkeit der einer Umsatzart ausschließlich zurechenbaren Vorsteuerbeträge beurteilt sich daher stets nach den Vorschriften des § 15 Abs. 1 bis 3 UStG. [6]Die Aufteilung nach § 15 Abs. 4 UStG betrifft somit nur die Vorsteuerbeträge, die teils der einen und teils der anderen Umsatzart zuzuordnen sind (vgl. BFH-Urteil vom 16.9.1993, V R 82/91, BStBl. 1994 II S. 271). [7]Im Fall der Anschaffung oder Herstellung eines Gebäudes vgl. Abschnitt 15.17 Abs. 5 bis 8.

(2a) [1]Bei der Aufteilung von Vorsteuerbeträgen aus allgemeinen Aufwendungen des Unternehmens (vgl. Abschnitt 15.2b Abs. 2 Satz 4) ist regelmäßig auf das Verhältnis der gesamten Umsätze im Besteuerungszeitraum abzustellen. [2]Wird ein Aufteilungsschlüssel im Voranmeldungsverfahren vorläufig angewandt, z.B. auf der Grundlage der Umsätze des vorangegangenen Jahres, führt die Festsetzung des endgültigen, abweichenden Aufteilungsschlüssels zu einer Berichtigung der nach dem vorläufigen Aufteilungsschlüssel ermittelten Vorsteuerbeträge in der Jahresfestsetzung (vgl. BFH-Urteil vom 24.4.2013, XI R 25/10, BStBl. 2014 II S. 346).

(3) Ändern sich bei einem Wirtschaftsgut ab dem Zeitpunkt der erstmaligen Verwendung die für den ursprünglichen Vorsteuerabzug maßgebenden Verhältnisse, ist für die Berichtigung des Vorsteuerabzugs § 15a UStG maßgebend (vgl. Abschnitt 15a.2).

15.17 Aufteilung der Vorsteuerbeträge nach § 15 Abs. 4 UStG

Allgemeines

(1) [1]Eine Aufteilung der Vorsteuerbeträge nach der in § 15 Abs. 4 UStG bezeichneten Methode bezweckt eine genaue Zuordnung der Vorsteuerbeträge zu den Umsätzen, denen sie wirtschaftlich zuzurechnen sind. [2]Folgende drei Gruppen von Vorsteuerbeträgen sind zu unterscheiden:

1. [1] Vorsteuerbeträge, die in voller Höhe abziehbar sind, weil sie ausschließlich Umsätzen zuzurechnen sind, die zum Vorsteuerabzug berechtigen. [2] Das sind z. B. in einem Fertigungsbetrieb die Vorsteuerbeträge, die bei der Anschaffung von Material oder Anlagegütern anfallen. [3] Bei einem Handelsbetrieb kommen vor allem die Vorsteuerbeträge aus Warenbezügen in Betracht.
2. [1] Vorsteuerbeträge, die in voller Höhe vom Abzug ausgeschlossen sind, weil sie ausschließlich Umsätzen zuzurechnen sind, die nicht zum Vorsteuerabzug berechtigen. [2] Hierzu gehören z. B. bei steuerfreien Grundstücksverkäufen die Vorsteuerbeträge für die Leistungen des Maklers und des Notars sowie für Inserate. [3] Bei steuerfreien Vermietungen und Verpachtungen kommen vor allem die Vorsteuerbeträge in Betracht, die bei der Anschaffung oder Herstellung eines Wohngebäudes, beim Herstellungs- und Erhaltungsaufwand, bei Rechtsberatungen und der Grundstücksverwaltung anfallen.
3. [1] Übrige Vorsteuerbeträge. [2] In diese Gruppe fallen alle Vorsteuerbeträge, die sowohl mit Umsätzen, die zum Vorsteuerabzug berechtigen, als auch mit Umsätzen, die den Vorsteuerabzug ausschließen, in wirtschaftlichem Zusammenhang stehen. [3] Hierzu gehören z. B. die Vorsteuerbeträge, die mit dem Bau, der Einrichtung und der Unterhaltung eines Verwaltungsgebäudes in Verbindung stehen, das auch der Ausführung steuerfreier Umsätze im Sinne des § 4 Nr. 12 UStG dient. [4] Wegen der zugelassenen Erleichterungen bei der Aufteilung vgl. Abschnitt 15.18.

(2) [1] Für eine Aufteilung kommen nur die in Absatz 1 Satz 2 Nr. 3 bezeichneten Vorsteuerbeträge in Betracht. [2] Vor Anwendung des § 15 Abs. 4 UStG muss der Unternehmer zunächst die Vorsteuerbeträge den zum Vorsteuerabzug berechtigenden und den nicht zum Vorsteuerabzug berechtigenden Ausgangsumsätzen unmittelbar und wirtschaftlich zuordnen (Absatz 1 Satz 2 Nr. 1 und 2) sowie getrennte Aufzeichnungen führen (§ 22 Abs. 3 Satz 2 und 3 UStG; Abschnitt 22.4). [3] Jeder einzelne Leistungsbezug und jede Anzahlung ist zuzuordnen. [4] Kommt der Unternehmer dieser Zuordnungsverpflichtung nicht nach, sind die den einzelnen Bereichen zuzuordnenden Leistungsbezüge und die darauf entfallenden Vorsteuerbeträge gemäß § 162 AO im Wege der Schätzung zu ermitteln (vgl. Absatz 3). [5] Eine Einbeziehung auf derartige Leistungsbezüge entfallender Vorsteuern in die nach § 15 Abs. 4 UStG aufzuteilenden Vorsteuerbeträge kommt nicht in Betracht. [6] Die Aufteilung dieser Vorsteuern ist nach dem Prinzip der wirtschaftlichen Zurechnung durch die sog. gegenständliche Zuordnung oder nach Kostenzurechnungsgesichtspunkten vorzunehmen (vgl. BFH-Urteile vom 16.9.1993, V R 82/91, BStBl. 1994 II S. 271, und vom 10.4.1997, V R 26/96, BStBl. II S. 552). [7] Hierbei ist die betriebliche Kostenrechnung (Betriebsabrechnungsbogen, Kostenträgerrechnung) oder die Aufwands- und Ertragsrechnung in der Regel als geeigneter Anhaltspunkt heranzuziehen. [8] Zu beachten ist jedoch, dass die verrechneten Kosten und der verrechnete Aufwand nicht mit den Werten (Vorumsätzen) übereinstimmen, über deren Vorsteuern zu entscheiden ist. [9] Denn die Kostenrechnung erfasst nur die für die Erstellung einer Leistung notwendigen Kosten und die Aufwands- und Ertragsrechnung nur den in einer Abrechnungsperiode

entstandenen Aufwand. [10]Das betrifft insbesondere die Wirtschaftsgüter des Anlagevermögens, die in der Kostenrechnung wie in der Aufwands- und Ertragsrechnung nur mit den Abschreibungen angesetzt werden. [11]Der Unternehmer kann diese Unterlagen daher nur als Hilfsmittel verwenden.

(3) [1]Bei der nach § 15 Abs. 4 Satz 2 UStG zugelassenen Schätzung ist auf die im Einzelfall bestehenden wirtschaftlichen Verhältnisse abzustellen. [2]Hierbei ist es erforderlich, dass der angewandte Maßstab systematisch von der Aufteilung nach der wirtschaftlichen Zuordnung ausgeht. [3]Die Ermittlung der abziehbaren Vorsteuer nach dem Umsatzschlüssel ist nur zulässig, wenn keine andere Methode der wirtschaftlichen Zuordnung möglich ist (§ 15 Abs. 4 Satz 3 UStG). [4]Nur in diesen Fällen kann der nicht abziehbare Teil der einer Umsatzgruppe nicht ausschließlich zurechenbaren Vorsteuerbeträge (vgl. Absatz 1 Satz 2 Nr. 3) einheitlich nach dem Verhältnis der Umsätze, die den Vorsteuerabzug ausschließen, zu den anderen Umsätzen ermittelt werden. [5]Einfuhren und innergemeinschaftliche Erwerbe sindkeine Umsätze in diesem Sinne und daher nicht in den Umsatzschlüssel einzubeziehen.

(4) Ist die Umsatzsteuerfestsetzung für das Jahr der Anschaffung oder Herstellung eines gemischt genutzten Gegenstands formell bestandskräftig und hat der Unternehmer ein im Sinne des § 15 Abs. 4 UStG sachgerechtes Aufteilungsverfahren angewandt, ist dieser Maßstab auch für die nachfolgenden Kalenderjahre bindend (BFH-Urteil vom 2.3.2006, V R 49/05, BStBl. II S. 729).

Vorsteuerabzug bei Gebäuden

(5) [1]Für den Umfang des Vorsteuerabzugs bei Erwerb und erheblichem Umbau eines Gebäudes, das anschließend vom Erwerber für vorsteuerunschädliche und vorsteuerschädliche Verwendungsumsätze genutzt werden soll, ist vorgreiflich zu entscheiden, ob es sich bei den Umbaumaßnahmen um Erhaltungsaufwand am Gebäude oder um anschaffungsnahen Aufwand zur Gebäudeanschaffung handelt oder ob insgesamt die Herstellung eines neuen Gebäudes anzunehmen ist (vgl. BFH-Urteil vom 28.9.2006, V R 43/03, BStBl. 2007 II S. 417). [2]Vorsteuerbeträge, die einerseits den Gegenstand selbst oder aber andererseits die Erhaltung, Nutzung oder Gebrauch des Gegenstands betreffen, sind danach jeweils gesondert zu beurteilen. [3]Handelt es sich um Aufwendungen für den Gegenstand selbst (aus der Anschaffung oder Herstellung), kommt nur eine Aufteilung der gesamten auf den einheitlichen Gegenstand entfallenden Vorsteuerbeträge nach einem sachgerechten Aufteilungsmaßstab (§ 15 Abs. 4 UStG) in Betracht. [4]Der Umfang der abzugsfähigen Vorsteuerbeträge auf sog. Erhaltungsaufwendungen an dem Gegenstand kann sich hingegen danach richten, für welchen Nutzungsbereich des gemischt genutzten Gegenstands die Aufwendungen vorgenommen werden. [5]Selbst wenn Herstellungskosten eines Gebäudes aus einer Vielzahl von einzelnen Leistungsbezügen bestehen können, die für sich betrachtet einzelnen Gebäudeteilen zugeordnet werden oder auf mehrere unterschiedliche Nutzungen aufgeteilt werden könnten, muss einerseits zwischen der Verwendung des Gegenstands selbst und andererseits der Verwendung von Gegenständen und Dienstleistungen zur Erhaltung oder zum Gebrauch dieses Gegenstands

unterschieden werden. 6 Anschaffungs- oder Herstellungskosten betreffen jeweils die Anschaffung oder Herstellung eines bestimmten Gegenstands (bei einem Gebäude das einheitliche Gebäude) und nicht bestimmte Gebäudeteile. 7 Werden jedoch lediglich bestimmte Gebäudeteile angeschafft oder hergestellt, sind diese der jeweilige Gegenstand (vgl. BFH-Urteil vom 22.11.2007, V R 43/06, BStBl. 2008 II S. 770).

(6) 1 Die Begriffe der Anschaffungs- oder Herstellungskosten, der nachträglichen Anschaffungs- oder Herstellungskosten und der Erhaltungsaufwendungen sind nach den für das Einkommensteuerrecht geltenden Grundsätzen auszulegen. 2 Dies gilt jedoch nicht, soweit nach § 6 Abs. 1 Nr. 1a EStG Erhaltungsaufwendungen zu Herstellungskosten (anschaffungsnahe Herstellungskosten) umqualifiziert werden.

(7)[1)] 1 Wird ein Gebäude durch einen Unternehmer angeschafft oder hergestellt und soll dieses Gebäude sowohl für vorsteuerunschädliche als auch für vorsteuerschädliche Ausgangsumsätze verwendet werden, sind die gesamten auf die Anschaffungs- oder Herstellungskosten des Gebäudes entfallenden Vorsteuerbeträge nach § 15 Abs. 4 UStG aufzuteilen. 2 Für die Zurechnung dieser Vorsteuerbeträge ist die „prozentuale“ Aufteilung der Verwendung des gesamten Gebäudes zu vorsteuerunschädlichen bzw. vorsteuerschädlichen Umsätzen maßgebend (vgl. BFH-Urteil vom 28.9.2006, V R 43/03, BStBl. 2007 II S. 417). 3 Daraus folgt regelmäßig eine Ermittlung der nicht abziehbaren Vorsteuerbeträge nach § 15 Abs. 4 UStG im Wege einer sachgerechten Schätzung. 4 Als sachgerechter Aufteilungsmaßstab kommt bei Gebäuden in der Regel die Aufteilung nach dem Verhältnis der Nutzflächen in Betracht (vgl. BFH-Urteil vom 12.3.1992, V R 70/87, BStBl. II S. 755). 5 Der Unternehmer kann eine flächenbezogene Vorsteueraufteilung nur beanspruchen, wenn diese sachgerecht ist (vgl. BFH-Urteile vom 7.7.2011, V R 36/10, BStBl. 2012 II S. 77, und vom 5.9.2013, XI R 4/10, BStBl. 2014 II S. 95, zum Fall einer Spielhalle mit Spielgeräten, die teilweise umsatzsteuerpflichtigen und teilweise umsatzsteuerfreien Zwecken dienen). 6 Weicht die Ausstattung der unterschiedlich genutzten Räume erheblich voneinander ab, ist es erforderlich, den Bauaufwand den einzelnen Verwendungsumsätzen zuzuordnen (vgl. BFH-Urteil vom 20.7.1988, X R 8/80, BStBl. II S. 1012). 7 Entsprechendes gilt zum Beispiel bei Abweichungen in der Geschosshöhe. 8 Beim Erwerb, nicht jedoch bei der Herstellung von Gebäuden kommt auch eine Vorsteueraufteilung nach dem Verhältnis der Ertragswerte zur Verkehrswertermittlung in Betracht (vgl. BFH-Urteile vom 5.2.1998, V R 101/96, BStBl. II S. 492, und vom 12.3.1998, V R 50/97, BStBl. II S. 525). 9 Die Ermittlung des nicht abziehbaren Teils der Vorsteuerbeträge nach dem Verhältnis der vorsteuerschädlichen Umsätze zu den vorsteuerunschädlichen Umsätzen ist dabei nach § 15 Abs. 4 Satz 3 UStG nur zulässig, wenn keine andere

---

1) Zum Aufteilungsschlüssel (Fläche oder Umsatz) siehe EuGH v. 8.11.2012 C-511/10, BLC Baumarkt, DStR 2012, 2333, und BFH v. 22.8.2013 V R 19/09, DStR 2013, 2757, sowie EuGH v. 9.6.2016 C-332/14, Wolfgang und Dr. Wilfried Rey Grundstücksgemeinschaft, DStR 2016, 1370, und BFH v. 10.8.2016 XI R 31/09, DStR 2016, 2280. – Zur Vorsteueraufteilung bei Schulsportanlagen siehe BFH v. 26.4.2018 V R 23/16, DStR 2018, 1864 (Aufteilung nach Nutzungszeiten).

wirtschaftliche Zurechnung möglich ist. [10] Eine Zurechnung der Aufwendungen zu bestimmten Gebäudeteilen nach einer räumlichen (sog. „geografischen“) oder zeitlichen Anbindung oder nach einem Investitionsschlüssel (vgl. BFH-Urteil vom 18.11.2004, V R 16/03, BStBl. 2005 II S. 503) ist nicht zulässig.

Beispiel 1:

[1] U errichtet ein Wohn- und Geschäftshaus. [2] Er beabsichtigt, die Fläche des Hauses zu jeweils 50% vorsteuerunschädlich bzw. vorsteuerschädlich zu vermieten. [3] Aus der Erstellung des Fußbodenbelags im vorsteuerunschädlich verwendeten Gebäudeteil entstehen U Aufwendungen von 100 000 € zzgl. 19 000 € Umsatzsteuer.

[4] Es handelt sich um Aufwendungen für die (Neu-)Herstellung des Gebäudes („ursprüngliche“ Herstellungskosten). [5] U ist unter den weiteren Voraussetzungen des § 15 UStG berechtigt, den Vorsteuerabzug aus den Aufwendungen für den Fußbodenbelag zu 50% (= 9500 €) geltend zu machen.

[11] Entsprechend ist bei nachträglichen Anschaffungs- oder Herstellungskosten zu verfahren. [12] Maßgeblich für die Vorsteueraufteilung ist in diesem Fall die beabsichtigte Verwendung des Gegenstands, der durch die nachträglichen Anschaffungs- oder Herstellungskosten entsteht.

Beispiel 2:

[1] U errichtet ein Gebäude, bestehend aus einer vorsteuerunschädlich gewerblich genutzten (EG; Anteil 50%) und einer vorsteuerschädlich zu Wohnzwecken vermieteten Einheit (1. OG; Anteil 50%). [2] Das Dachgeschoss ist noch nicht ausgebaut. [3] U ordnet das Gebäude vollständig seinem Unternehmen zu.

[4] Ein Jahr nach Errichtung des Gebäudes baut U das Dachgeschoss aus. [5] Es entstehen dabei drei separat zugängliche gleich große Einheiten, von denen eine als Wohnung und zwei als Büroteile genutzt werden (sollen). [6] Die Wohnung wird umsatzsteuerfrei und die Büroteile werden umsatzsteuerpflichtig vermietet. [7] Gleichzeitig lässt U das Treppenhaus zum Dachgeschoss erweitern.

[8] Des Weiteren lässt U eine Alarmanlage installieren, die das gesamte Gebäude sichert. [9] Zudem lässt U einen Aufzug anbauen, mit dem jede Etage erreicht werden kann. [10] Mit dem Zugewinn an Nutzfläche erhöht sich der Anteil der vorsteuerunschädlich genutzten zum vorsteuerschädlich genutzten Teil an der Gesamtfläche des ausgebauten Gebäudes von 50% auf 60%. [11] Das neu ausgebaute Gebäude ist vollständig dem Unternehmen des U zugeordnet.

[12] Die Aufwendungen für den Ausbau des Dachgeschosses, die Erweiterung des Treppenhauses, den Einbau der Alarmanlage und den Einbau des Aufzugs sind jeweils (nachträgliche) Herstellungskosten.

[13] Der Ausbau des Dachgeschosses ist eine eigenständig genutzte Erweiterung des bestehenden Gebäudes (Altflächen) und ist damit eigenständiges Aufteilungsobjekt. [14] Entsprechend der vorsteuerunschädlichen Verwendung des Dachgeschosses i. H. v. $^2/_3$ sind die Vorsteuern aus dem Dachausbau zu $^2/_3$ abziehbar.

[15] Die Aufwendungen für die Erweiterung des Treppenhauses sind dem Dachgeschoss zuzuordnen, da sie ausschließlich durch den Ausbau des Dachgeschosses verursacht sind. [16] Die Vorsteuern sind daher nach den Nutzungsverhältnissen des Dachgeschosses aufzuteilen.

[17] Die Aufwendungen für den Einbau der Alarmanlage sind dem gesamten Gebäude in seinen neuen Nutzungsverhältnissen zuzuordnen, da sie das gesamte Gebäude sichert. [18] Folglich sind die Vorsteuern zu 60% abziehbar.

[19] Die Aufwendungen für den Einbau des Aufzugs sind dem gesamten Gebäude mit seinen neuen Nutzungsverhältnissen und nicht ausschließlich dem Dachgeschoss zuzuordnen, da mit dem Aufzug jede Etage erreicht werden kann. [20] Die Vorsteuern sind daher zu 60% abziehbar.

[21] Die jeweiligen (nachträglichen) Herstellungskosten stellen gesonderte Berichtigungsobjekte im Sinne von § 15a Abs. 6 UStG dar.

(8) [1] Handelt es sich bei den bezogenen Leistungen um Aufwendungen, die ertragsteuerrechtlich als Erhaltungsaufwand anzusehen sind, oder um solche, die mit dem Gebrauch oder der Nutzung des Gebäudes zusammenhängen, ist

vorrangig zu prüfen, ob die bezogenen Leistungen vorsteuerunschädlich oder vorsteuerschädlich verwendeten Gebäudeteilen zugeordnet werden können.

Beispiel 1:

[1] U besitzt ein Wohn- und Geschäftshaus, dessen Fläche er zu jeweils 50 % vorsteuerunschädlich bzw. vorsteuerschädlich vermietet hat. [2] In den vorsteuerunschädlich vermieteten Räumen lässt U durch den Maler M sämtliche Wände neu anstreichen.

[3] U ist aus den Aufwendungen zum Anstrich der Wände unter den weiteren Voraussetzungen des § 15 UStG in vollem Umfang zum Vorsteuerabzug berechtigt.

[2] Ist eine direkte Zurechnung des Erhaltungsaufwands oder der Aufwendungen im Zusammenhang mit dem Gebrauch zu bestimmten Gebäudeteilen nicht möglich, ist die Aufteilung der Vorsteuerbeträge nach § 15 Abs. 4 UStG vorzunehmen.

Beispiel 2:

[1] U lässt an seinem Wohn- und Geschäftshaus, dessen Fläche er zu jeweils 50 % vorsteuerunschädlich bzw. vorsteuerschädlich vermietet, die Fassade neu anstreichen.

[2] Der Fassadenanstrich kann keinem zur Erzielung von vorsteuerunschädlichen bzw. vorsteuerschädlichen Ausgangsumsätzen verwendeten Gebäudeteil zugeordnet werden. [3] U kann daher unter den weiteren Voraussetzungen des § 15 UStG zu 50 % aus den Aufwendungen den Vorsteuerabzug vornehmen.

15.18 Erleichterungen bei der Aufteilung der Vorsteuerbeträge

Allgemeines

(1) [1] Die Erleichterungen des § 43 UStDV erstrecken sich auf die Fälle, in denen die dort bezeichneten Umsätze den Vorsteuerabzug ausschließen würden. [2] Sie betreffen nur die Vorsteuerbeträge, die den in § 43 UStDV bezeichneten Umsätzen lediglich teilweise zuzurechnen sind. [3] Vorsteuerbeträge, die sich ausschließlich auf diese Umsätze beziehen, bleiben vom Abzug ausgeschlossen.

(2) [1] Die Erleichterungen des § 43 UStDV bestehen darin, dass die Vorsteuerbeträge, die den dort bezeichneten Umsätzen nur teilweise zuzuordnen sind, nicht in einen abziehbaren und einen nicht abziehbaren Anteil aufgeteilt werden müssen. [2] Sie sind somit voll abziehbar.

Bestimmte Umsätze von Geldforderungen

(3) § 43 Nr. 1 UStDV betrifft solche Umsätze von Geldforderungen (z. B. Wechselumsätze oder Forderungsabtretungen), denen zum Vorsteuerabzug berechtigende Umsätze des Unternehmers zu Grunde liegen.

Beispiel:

[1] Ein Unternehmer tritt eine Geldforderung, die er an einen Kunden für eine steuerpflichtige Warenlieferung hat, an einen Dritten ab, der aber den tatsächlichen Forderungseinzug nicht übernimmt.

[2] Dieser Umsatz ist nach § 4 Nr. 8 UStG unter Ausschluss des Vorsteuerabzugs steuerfrei (vgl. Abschnitt 2.4 Abs. 3 Satz 5). [3] Der Forderungsabtretung liegt jedoch die zum Vorsteuerabzug berechtigende Warenlieferung zu Grunde. [4] Der Unternehmer braucht daher die Vorsteuern, die der Forderungsabtretung nicht ausschließlich zuzurechnen sind (z. B. Vorsteuern, die im Bereich der Verwaltungsgemeinkosten angefallen sind), nicht in einen abziehbaren und einen nicht abziehbaren Anteil aufzuteilen. [5] Sie sind voll abziehbar.

[6] Der Unternehmer könnte in gleicher Weise verfahren, wenn er von seinem Kunden für die Warenlieferung einen Wechsel erhalten hätte, den er anschließend an einen Dritten weitergibt.

Bestimmte Umsätze von Wechseln

(4) [1] Unter § 43 Nr. 2 UStDV fallen nur Wechselumsätze. [2] Den Wechsel muss der Unternehmer für einen zum Vorsteuerabzug berechtigenden Umsatz eines Dritten von dessen Leistungsempfänger erhalten haben. [3] Außerdem muss der Unternehmer den Wechsel dafür erhalten haben, dass er den leistenden Unternehmer als Bürge oder Garantiegeber an Stelle des Leistungsempfängers befriedigt hat. [4] Schließt der Umsatz des leistenden Unternehmers den Vorsteuerabzug nach § 15 Abs. 2 und 3 UStG aus, kann die Erleichterung des § 43 UStDV für den Wechselumsatz nicht in Anspruch genommen werden (§ 43 Nr. 2 Satz 2 UStDV).

Beispiel:

[1] Der Zentralregulierer A gibt einer Bank oder einem sonstigen Empfänger einen Wechsel. [2] Dieser nach § 4 Nr. 8 UStG steuerfreie Umsatz schließt den Vorsteuerabzug aus. [3] Den Wechsel hat A von dem Leistungsempfänger B dafür erhalten, dass er dessen Zahlungsverpflichtung an den Lieferer C als Bürge beglichen hat. [4] Der Umsatz des C an B berechtigte C zum Vorsteuerabzug.

[5] A kann für seinen Wechselumsatz von der Erleichterung des § 43 UStDV Gebrauch machen.

[6] Die Auswirkungen sind die gleichen wie im Beispiel in Absatz 3.

[7] Würde der Umsatz des C an B den Vorsteuerabzug nach § 15 Abs. 2 und 3 UStG ausschließen, käme für A die Erleichterung des § 43 UStDV nicht in Betracht.

Bestimmte Hilfsumsätze

(5) [1] Für die in § 43 Nr. 3 UStDV bezeichneten Umsätze darf die Erleichterung des § 43 UStDV nur unter der Voraussetzung angewendet werden, dass es sich bei ihnen um Hilfsumsätze handelt. [2] Das ist dann der Fall, wenn diese Umsätze zur unternehmerischen Tätigkeit des Unternehmens gehören, jedoch nicht den eigentlichen Gegenstand des Unternehmens bilden. [3] Die Erleichterung ist insbesondere für folgende Hilfsumsätze von Bedeutung:

1. [1] Eintausch ausländischer Zahlungsmittel durch einen Unternehmer, der diese Beträge für seine Waren- und Dienstleistungsumsätze von seinen Kunden erhalten hat. [2] Dies gilt auch dann, wenn dieser Umsatz eine sonstige Leistung darstellt (vgl. BFH-Urteil vom 19.5.2010, XI R 6/09, BStBl. 2011 II S. 831).
2. Die Abgabe von Briefmarken im Zusammenhang mit dem Verkauf von Ansichtskarten durch Schreibwarenhändler oder Kioske.
3. Geschäftseinlagen bei Kreditinstituten von Unternehmern, soweit die Geschäftseinlagen nicht der unmittelbaren, dauerhaften und notwendigen Erweiterung der steuerbaren Tätigkeit des Unternehmens dienen (vgl. BFH-Urteil vom 19.1.2016, XI R 38/12, BStBl. 2017 II S. 567).

[4] Die Auswirkungen sind die gleichen wie im Beispiel in Absatz 3.

Verwaltungsgemeinkosten

(6) Aus Vereinfachungsgründen können bei der Aufteilung von Vorsteuerbeträgen alle Vorsteuerbeträge, die sich auf die sog. Verwaltungsgemeinkosten beziehen (z. B. die Vorsteuerbeträge für die Beschaffung des Büromaterials), nach einem einheitlichen Verhältnis ggf. schätzungsweise aufgeteilt werden, auch wenn einzelne Vorsteuerbeträge dieses Bereichs an sich bestimmten Umsätzen ausschließlich zuzurechnen wären.

15.19 Vorsteuerabzug bei juristischen Personen des öffentlichen Rechts

Allgemeines

(1) [1]Bei juristischen Personen des öffentlichen Rechts ist zwischen der umsatzsteuerrechtlich relevanten Betätigung im Unternehmen und der nichtunternehmerischen Tätigkeit zu unterscheiden (vgl. BFH-Urteil vom 3.7.2008, V R 51/06, BStBl. 2009 II S. 213). [2]Abziehbar sind Vorsteuerbeträge für Umsätze, die für den unternehmerischen Bereich der juristischen Person des öffentlichen Rechts ausgeführt werden (z. B. Lieferungen von Büromaterial für die Versorgungsbetriebe einer Stadtgemeinde) und in diesem Bereich nicht der Ausführung von Umsätzen dienen, die nach § 15 Abs. 2 und 3 UStG den Vorsteuerabzug ausschließen (Abschnitte 15.12 bis 15.15). [3]Werden dem Unternehmensbereich dienende Gegenstände später für den nichtunternehmerischen Bereich entnommen oder verwendet, liegt eine unentgeltliche Wertabgabe vor. [4]Die Einschränkung des Vorsteuerabzugs bei Repräsentationsaufwendungen nach § 15 Abs. 1a UStG (vgl. Abschnitt 15.6) gilt auch für juristische Personen des öffentlichen Rechts.

(2)[1)] [1]Der Vorsteuerabzug entfällt, wenn sich der Umsatz auf den nichtunternehmerischen Bereich bezieht (z. B. Lieferungen von Büromaschinen für die öffentliche Verwaltung einer Stadtgemeinde). [2]Werden die dem nichtunternehmerischen Bereich dienenden Gegenstände später in den unternehmerischen Bereich überführt oder dort verwendet, ist ein nachträglicher Vorsteuerabzug nicht zulässig. [3]Eine Gemeinde, die Einrichtungen (einschließlich Straßen, Wege und Plätze) sowohl für wirtschaftliche als auch für hoheitliche Zwecke verwendet, kann diese nicht in vollem Umfang ihrer wirtschaftlichen Tätigkeit zuordnen und ist deshalb nur anteilig zum Vorsteuerabzug berechtigt (zu einem Marktplatz vgl. BFH-Urteil vom 3.8.2017, V R 62/16, BStBl. 2021 II S. 109). [4]Eine Gemeinde kann keine Vorsteuern aus Herstellung und Unterhalt von Einrichtungen geltend machen, die zwar durch die Gemeinde als Teil der öffentlichen Kureinrichtungen/des Fremdenverkehrs vorgehalten werden, jedoch nach den landesrechtlichen Regelungen (z. B. Straßen- und Wegerecht) durch öffentlich-rechtliche Widmung als dem Gemeingebrauch zugänglich anzusehen bzw. einer solchen Widmung zuzuführen sind, selbst wenn die Gemeinde vom Kurgast auf der Grundlage einer Satzung einen allgemeinen Kurabgabebeitrag erhebt (vgl. BFH-Urteil vom 26.4.1990, V R 166/84, BStBl. II S. 799). [5]Die Nutzung der Einrichtungen durch den Kurgast erfolgt hier nicht im Rahmen einer über den Gemeingebrauch hinausgehenden Sondernutzung. [6]Bei Fehlen einer öffentlich-rechtlichen Widmung entfällt der Vorsteuerabzug, wenn die Einrichtung ausdrücklich (z. B. durch Gemeindeordnung) oder konkludent (z. B. durch Gewohnheitsrecht oder Ausschilderung als Spazier- oder Wanderweg) der Öffentlichkeit zur Nutzung überlassen wird und dadurch insoweit eine Sondernutzung in Zusammenhang mit einer wirtschaftlichen Tätigkeit ausgeschlossen ist.

---

1) A 15.19 UStAE Abs. 2 Sätze 2 und 3 aufgeh., bish. Satz 4 wird Satz 2, neue Sätze 3 bis 6 angef. durch BMF v. 18.1.2021, BStBl. I 2020, 121, anzuwenden in allen offenen Fällen; das BMF-Schreiben v. 27.7.2017, BStBl. I 2017, 1239, ist anzuwenden.

Leistung für den unternehmerischen und den nichtunternehmerischen Bereich

(3) [1]Wird ein Umsatz sowohl für den unternehmerischen als auch für den nichtunternehmerischen Bereich der juristischen Person des öffentlichen Rechts ausgeführt (teilunternehmerische Verwendung), besteht eine Berechtigung zum Vorsteuerabzug nur im Umfang der beabsichtigten Verwendung für die unternehmerische Tätigkeit (vgl. BFH-Urteil vom 3.3.2011, V R 23/10, BStBl. 2012 II S. 74, und Abschnitt 15.2b Abs. 2). [2]Die auf die Eingangsleistung entfallende Steuer ist entsprechend dem Verwendungszweck in einen abziehbaren und einen nicht abziehbaren Anteil aufzuteilen (z. B. beim Bezug einheitlicher Gegenstände, bei einem gemeinsamen Bezug von Heizmaterial oder bei Inanspruchnahme eines Rechtsanwalts, der auf Grund eines einheitlichen Vertrages ständig Rechtsberatungen für beide Bereiche erbringt). [3]Maßgebend für die Aufteilung sind die Verhältnisse bei Ausführung des betreffenden Umsatzes an die juristische Person des öffentlichen Rechts. [4]Für den Vorsteuerabzug beim Bezug einheitlicher Gegenstände, die teilunternehmerisch nichtwirtschaftlich i. e. S. verwendet werden, gilt eine Billigkeitsregelung, vgl. Abschnitt 15.2c Abs. 2 Satz 1 Nr. 2 Buchstabe a. [5]Zum Vorsteuerabzug bei teilunternehmerisch genutzten Grundstücken vgl. Abschnitte 3.4 Abs. 5a, 15.2b Abs. 2 und 15.6a Abs. 1 Satz 4.

Beispiel:

[1]Eine juristische Person des öffentlichen Rechts erwirbt einen PKW, der sowohl für den Eigenbetrieb „Wasserversorgung" (unternehmerische Tätigkeit) als auch für den hoheitlichen Bereich verwendet werden soll.
[2]Der Vorsteuerabzug aus der Anschaffung des PKW ist anteilig nur insoweit zu gewähren, als der PKW für die unternehmerische Tätigkeit verwendet werden soll.

Materialbeschaffungsstellen

(4) [1]Juristische Personen des öffentlichen Rechts haben vielfach zentrale Stellen zur Beschaffung von Material für den unternehmerischen und den nichtunternehmerischen Bereich eingerichtet (z. B. für Büromaterial, Heizmittel). [2]Beim Bezug des Materials ist häufig noch nicht bekannt, in welchem Bereich es verwendet wird. [3]In diesen Fällen sind die Beschaffungsstellen dem unternehmerischen Bereich zuzurechnen, sofern der auf diesen Bereich entfallende Anteil der Beschaffungen nicht unter 10% der Gesamtbezüge liegt. [4]Gehören danach die Beschaffungsstellen zu dem unternehmerischen Bereich, kann für den Bezug des gesamten Materials der Vorsteuerabzug in Anspruch genommen werden. [5]Die spätere Überführung von Gegenständen in den nichtunternehmerischen Bereich ist nach § 3 Abs. 1b Satz 1 Nr. 1 UStG steuerpflichtig. [6]Eine spätere teilweise Verwendung im nichtunternehmerischen Bereich ist nach § 3 Abs. 9a Nr. 1 UStG zu versteuern (vgl. Absatz 1). [7]Für Gegenstände, die zwar im unternehmerischen Bereich verbleiben, aber dort zur Ausführung von Umsätzen verwendet werden, die nach § 15 Abs. 2 und 3 UStG den Vorsteuerabzug ausschließen, ist der Vorsteuerabzug beim Verlassen der Beschaffungsstelle rückgängig zu machen. [8]Ist die zentrale Beschaffungsstelle dem nichtunternehmerischen Bereich zuzurechnen, entfällt der Vorsteuerabzug für das von ihr bezogene Material in vollem Umfang, und

zwar auch für Gegenstände, die später im unternehmerischen Bereich verwendet werden.

Juristische Personen des öffentlichen Rechts (§ 2b UStG)

(5) Zu Fragen bezüglich Vorsteuerabzug und Vorsteuerberichtigung im Zusammenhang mit der Regelung des § 2b UStG und der Übergangsregelung des § 27 Abs. 22 UStG vgl. BMF-Schreiben vom 16.12.2016, BStBl. I S. 1451.

15.20 Vorsteuerabzug bei Überlassung von Gegenständen durch Gesellschafter an die Gesellschaft

(1) [1]Erwirbt ein Gesellschafter, der bisher nur als Gesellschafter tätig ist, einen Gegenstand und überlässt er ihn der Gesellschaft entgeltlich zur Nutzung, wird er unternehmerisch tätig. [2]Er kann die ihm beim Erwerb des Gegenstands in Rechnung gestellte Steuer unter den übrigen Voraussetzungen des § 15 UStG als Vorsteuer abziehen (vgl. Abschnitt 1.6 Abs. 7 Nr. 1). [3]Ein Abzug der auf den Erwerb des Gegenstands entfallenden Vorsteuer durch die Gesellschaft ist ausgeschlossen, weil der Gegenstand nicht für das Unternehmen der Gesellschaft geliefert worden ist. [4]Die Gesellschaft kann gegebenenfalls die Vorsteuern abziehen, die bei der Verwendung des Gegenstands in ihrem Unternehmen anfallen (z. B. der Gesellschaft in Rechnung gestellte Steuer für Reparaturen usw.). [5]Überlässt der Gesellschafter dagegen den Gegenstand unentgeltlich zur Nutzung, handelt er insoweit nicht als Unternehmer.[1)] [6]Das Gleiche gilt, wenn die Gebrauchsüberlassung einen auf Leistungsvereinigung gerichteten Vorgang darstellt (vgl. BFH-Urteil vom 24.8.1994, XI R 74/93, BStBl. 1995 II S. 150). [7]In diesen Fällen ist weder der Gesellschafter noch die Gesellschaft berechtigt, die dem Gesellschafter beim Erwerb des Gegenstands in Rechnung gestellte Steuer als Vorsteuer abzuziehen (vgl. auch BFH-Urteile vom 26.1.1984, V R 65/76, BStBl. II S. 231, und vom 18.3.1988, V R 178/83, BStBl. II S. 646, sowie BFH-Beschluss vom 9.3.1989, V B 48/88, BStBl. II S. 580).

(2) [1]Ist ein Gesellschafter bereits als Unternehmer tätig und überlässt er der Gesellschaft einen Gegenstand seines Unternehmens zur Nutzung, kann er sowohl bei entgeltlicher als auch bei unentgeltlicher Überlassung die ihm bei der Anschaffung des überlassenen Gegenstands in Rechnung gestellte Steuer als Vorsteuer abziehen (vgl. Abschnitt 1.6 Abs. 7 Nr. 2). [2]Ein Vorsteuerabzug der Gesellschaft ist insoweit ausgeschlossen.

(3) [1]Der Vorsteuerabzug nach den Absätzen 1 und 2 ist beim Gesellschafter nicht zulässig, wenn die Überlassung des Gegenstands nach § 15 Abs. 2 und 3 UStG den Abzug ausschließt. [2]Ist der Überlassung eine Verwendung des Gegenstands im Unternehmen des Gesellschafters vorausgegangen, kann eine Vorsteueraufteilung oder eine Berichtigung des Vorsteuerabzugs nach § 15a UStG in Betracht kommen (vgl. Abschnitt 15.16).

---

1) Zum Vorsteuerabzug des geschäftsführenden Gesellschafters einer GbR aus dem Erwerb eines Mandantenstamms siehe BFH v. 26.8.2014 XI R 26/10, DStR 2014, 2499, sowie EuGH v. 13.3.2014 C-204/13, Malburg, DStR 2014, 592.

15.21 Vorsteuerabzug aus Aufwendungen im Zusammenhang mit der Ausgabe von gesellschaftsrechtlichen Anteilen

(1) [1]Eine Personengesellschaft erbringt bei Aufnahme eines Gesellschafters gegen Bareinlage an diesen keinen steuerbaren und mithin auch keinen nach § 4 Nr. 8 Buchstabe f UStG steuerfreien Umsatz (vgl. BFH-Urteil vom 1.7.2004, V R 32/00, BStBl. II S. 1022). [2]Auch bei der Gründung einer Gesellschaft durch die ursprünglichen Gesellschafter liegt kein steuerbarer Umsatz der Gesellschaft an die Gesellschafter vor. [3]Die Ausgabe neuer Aktien zur Aufbringung von Kapital stellt keinen Umsatz dar, der in den Anwendungsbereich von Artikel 2 Abs. 1 MwStSystRL[1)] fällt. [4]Dabei kommt es nicht darauf an, ob die Ausgabe der Aktien durch den Unternehmer im Rahmen einer Börseneinführung erfolgt oder von einem nicht börsennotierten Unternehmen ausgeführt wird (vgl. EuGH-Urteil vom 26.5.2005, C-465/03, Kretztechnik).[2)]

(2) Beim Vorsteuerabzug aus Aufwendungen, die im Zusammenhang mit der Ausgabe gesellschaftsrechtlicher Beteiligungen gegen Bareinlage stehen, ist zu beachten, dass Voraussetzung für den Vorsteuerabzug nach § 15 Abs. 1 UStG u. a. ist, dass der Unternehmer eine Leistung für sein Unternehmen (vgl. Abschnitt 15.2b Abs. 2) von einem anderen Unternehmer bezogen hat und die Eingangsleistung nicht mit Umsätzen im Zusammenhang steht, die den Vorsteuerabzug nach § 15 Abs. 2 UStG ausschließen.

(3) Da die unternehmerische Tätigkeit mit dem ersten nach außen erkennbaren, auf eine Unternehmertätigkeit gerichteten Tätigwerden beginnt, wenn die spätere Ausführung entgeltlicher Leistungen beabsichtigt ist (vgl. Abschnitt 2.6 Abs. 1 Satz 1), können auch Beratungsleistungen im Zusammenhang mit der Gründung einer Gesellschaft und der Aufnahme von Gesellschaftern für das Unternehmen der Gesellschaft bezogen werden.

(4) [1]Das Recht auf Vorsteuerabzug aus den bezogenen Lieferungen und sonstigen Leistungen ist nur gegeben, wenn die hierfür getätigten Aufwendungen zu den Kostenelementen der „versteuerten", zum Vorsteuerabzug berechtigenden Ausgangsumsätze gehören (vgl. Abschnitt 15.2b Abs. 2 sowie EuGH-Urteile vom 26.5.2005, C-465/03, Kretztechnik,[2)] und vom 13.3. 2008, C-437/06, Securenta).[3)] [2]In den Fällen der Aufnahme eines Gesellschafters gegen Bareinlage oder der Ausgabe neuer Aktien ist diese Voraussetzung ungeachtet der Nichtsteuerbarkeit dieser Vorgänge, also ungeachtet eines fehlenden direkten und unmittelbaren Zusammenhangs mit einem Ausgangsumsatz, vor dem Hintergrund des EuGH-Urteils vom 26.5.2005, C-465/03, Kretztechnik,[2)] für die mit den Vorgängen im Zusammenhang stehenden Eingangsleistungen erfüllt, wenn

1. die Aufnahme des Gesellschafters oder die Ausgabe neuer Aktien erfolgte, um das Kapital des Unternehmers zugunsten seiner wirtschaftlichen Tätigkeit im Allgemeinen zu stärken, und

---

[1)] **Steuergesetze** Nr. **550.**
[2)] DStR 2005, 965.
[3)] DStR 2008, 615.

2. die Kosten der Leistungen, die der Unternehmer in diesem Zusammenhang bezogen hat, Teil seiner allgemeinen Kosten sind und somit zu den Preiselementen seiner Produkte gehören.

(5) [1]Kosten für die Aufnahme eines Gesellschafters gegen Bareinlage, die Ausgabe von Aktien oder die Begebung von Inhaberschuldverschreibungen (vgl. BFH-Urteil vom 6.5.2010, V R 29/09, BStBl. II S. 885), die zu den allgemeinen Kosten des Unternehmers gehören, hängen somit grundsätzlich direkt und unmittelbar mit dessen wirtschaftlicher Tätigkeit zusammen. [2]Dies gilt auch für Aufwendungen des Unternehmers, die mit seiner rechtlichen Beratung im Zusammenhang mit der Aufnahme der unternehmerischen Tätigkeit oder mit einem Unternehmenskonzept entstehen.

(6) [1]Der Vorsteuerabzug ist nach den allgemeinen Grundsätzen des § 15 UStG zu gewähren. [2]In Bezug auf die mit der Ausgabe der Beteiligungen entstandenen Kosten ist daher hinsichtlich der Berechtigung zum Vorsteuerabzug Folgendes zu beachten:

1. [1]Dient die Ausgabe der Beteiligung der allgemeinen wirtschaftlichen Stärkung des Unternehmens und sind die dabei entstandenen Kosten zu Preisbestandteilen der Ausgangsumsätze geworden, gehören die Aufwendungen zu den allgemeinen Kosten, für die sich der Vorsteuerabzug nach den Verhältnissen des Besteuerungszeitraums des Leistungsbezugs bestimmt. [2]Führt der Unternehmer nicht ausschließlich zum Vorsteuerabzug berechtigende Umsätze aus, sind die abziehbaren Vorsteuern aus den im Zusammenhang mit der Gründung einer Gesellschaft, der Aufnahme eines Gesellschafters gegen Bareinlage oder die Ausgabe neuer Aktien im Zusammenhang stehenden Aufwendungen nach § 15 Abs. 4 UStG zu ermitteln (vgl. Abschnitt 15.17).
2. [1]Dienen die aus der Ausgabe der Beteiligungen zugeflossenen Mittel hingegen der Erweiterung oder Stärkung eines bestimmten Geschäftsbetriebs und sind die dabei entstandenen Kosten zu Preisbestandteilen nur bestimmter Ausgangsumsätze geworden (z. B. konkretes, aus dem Prospekt zur Ausgabe der Anteile ersichtliches Projekt), ist auf die insoweit beabsichtigte Verwendung abzustellen. [2]Maßgeblich für den Vorsteuerabzug sind die im Zeitpunkt des Leistungsbezugs für den Besteuerungszeitraum der Verwendung beabsichtigten Ausgangsumsätze (siehe BFH-Urteil vom 8.3.2001, V R 24/98, BStBl. 2003 II S. 430).
3. [1]Soweit das durch die Ausgabe von Beteiligungen beschaffte Kapital dem nichtunternehmerischen Bereich zufließt (z. B. Kapitalerhöhung durch eine Finanzholding), ist ein Vorsteuerabzug aus den damit verbundenen Aufwendungen nicht zulässig (vgl. BFH-Urteil vom 6.5.2010, V R 29/09, BStBl. II S. 885, und Abschnitt 15.2b Abs. 2). [2]In den Fällen, in denen eine Gesellschaft neben dem unternehmerischen auch einen nichtunternehmerischen Bereich unterhält, und in denen die Mittel aus der Ausgabe der Beteiligung nicht ausschließlich dem nichtunternehmerischen Bereich zufließen, sind die aus den mit der Ausgabe der Beteiligung zusammenhängenden Aufwendungen angefallenen Vorsteuerbeträge entsprechend dem Verwendungszweck in einen abziehbaren und einen nicht abziehbaren Anteil aufzuteilen. [3]Für die Aufteilung der Vorsteuerbeträge gelten die Grund-

sätze des § 15 Abs. 4 UStG entsprechend (vgl. BFH-Urteil vom 3.3.2011, V R 23/10, BStBl. 2012 II S. 74).

Beispiel:

[1] Das Unternehmen U bezieht Beratungsleistungen, die im unmittelbaren Zusammenhang mit der Ausgabe neuer Anteile zur Kapitalbeschaffung stehen. [2] U ist nur unternehmerisch tätig.

[3] Der Vorsteuerabzug richtet sich in diesem Fall nach der unternehmerischen Gesamttätigkeit, weil es sich bei der Ausgabe neuer Gesellschaftsanteile nicht um Leistungen handelt (vgl. BFH-Urteil vom 6.5.2010, V R 29/09, BStBl. II S. 885, und Abschnitt 15.2b Abs. 2). [4] Insofern liegt mangels Leistungscharakter kein konkreter Ausgangsumsatz vor, mit dem ein unmittelbarer Zusammenhang dergestalt besteht, dass die Berücksichtigung der wirtschaftlichen Gesamttätigkeit ausgeschlossen wäre.

(7) [1] Die Grundsätze dieses Abschnitts sind in den Fällen der Ausgabe von Beteiligungen gegen Sacheinlage sinngemäß anzuwenden. [2] Zur umsatzsteuerrechtlichen Behandlung der Ausgabe von Beteiligungen gegen Sacheinlage beim einbringenden Gesellschafter vgl. BFH-Urteil vom 13.11.2003, V R 79/01, BStBl. 2004 II S. 375.

15.22 Vorsteuerabzug im Zusammenhang mit dem Halten und Veräußern von gesellschaftsrechtlichen Beteiligungen

(1) [1] Wird ein Anteilseigner (insbesondere auch eine Holding) beim Erwerb einer gesellschaftsrechtlichen Beteiligung als Unternehmer tätig (vgl. Abschnitt 2.3 Abs. 2ff.), muss er die Beteiligung seinem Unternehmen zuordnen. [2] Vorsteuern, die im Zusammenhang mit den im unternehmerischen Bereich gehaltenen gesellschaftsrechtlichen Beteiligungen anfallen, sind unter den allgemeinen Voraussetzungen des § 15 UStG abziehbar. [3] Hält der Unternehmer (z.B. eine gemischte Holding) daneben auch gesellschaftsrechtliche Beteiligungen im nichtunternehmerischen Bereich, sind Eingangsleistungen, die sowohl für den unternehmerischen Bereich als auch für den nichtunternehmerischen Bereich bezogen werden (z.B. allgemeine Verwaltungskosten der Holding, allgemeine Beratungskosten, Steuerberatungskosten usw.), für Zwecke des Vorsteuerabzugs aufzuteilen (vgl. Abschnitt 15.2b Abs. 2 und BFH-Urteil vom 9.2.2012, V R 40/10, BStBl. II S. 844). [4] Ein Recht auf Vorsteuerabzug aus Leistungen im Zusammenhang mit dem Einwerben von Kapital zur Anschaffung einer gesellschaftsrechtlichen Beteiligung besteht für den Unternehmer (insbesondere für eine Holding) jedoch nicht, soweit das eingeworbene Kapital in keinem Verhältnis zu der im unternehmerischen Bereich gehaltenen gesellschaftsrechtlichen Beteiligung steht, oder wenn die Umsätze, die dieses Recht begründen sollen, eine missbräuchliche Praxis darstellen (vgl. BFH-Urteile vom 6.4.2016, V R 6/14, BStBl. 2017 II S. 577, und vom 1.6.2016, XI R 17/11, BStBl. 2017 II S. 581).

(2) [1] Das bloße Veräußern von gesellschaftsrechtlichen Beteiligungen ist keine unternehmerische Tätigkeit (vgl. Abschnitt 2.3 Abs. 2 Satz 1). [2] Dies gilt nicht, wenn die Beteiligung im Unternehmensvermögen gehalten wird (vgl. Abschnitt 2.3 Abs. 3 Satz 5ff.). [3] Der Abzug der Vorsteuer aus Aufwendungen, die im direkten und unmittelbaren Zusammenhang mit der Veräußerung einer gesellschaftsrechtlichen Beteiligung stehen, ist nur insofern zulässig,

als diese Veräußerung steuerbar ist und der Vorsteuerabzug nicht nach § 15 Abs. 2 UStG ausgeschlossen ist (vgl. BFH-Urteil vom 6.5.2010, V R 29/09, BStBl. II S. 885, und Abschnitt 15.2b Abs. 2). [4]Somit scheidet der Vorsteuerabzug im Fall der Veräußerung einer nicht im Unternehmensvermögen gehaltenen gesellschaftsrechtlichen Beteiligung wegen des direkten und unmittelbaren Zusammenhangs mit diesem nicht steuerbaren Umsatz aus. [5]Im Fall einer nach § 4 Nr. 8 Buchstabe e oder f UStG steuerfreien Veräußerung einer im Unternehmensvermögen gehaltenen Beteiligung scheidet der Vorsteuerabzug wegen des direkten und unmittelbaren Zusammenhangs mit dieser den Vorsteuerabzug nach § 15 Abs. 2 Satz 1 Nr. 1 UStG ausschließenden Veräußerung aus, ohne dass dafür auf die unternehmerische Gesamttätigkeit abzustellen ist (vgl. BFH-Urteil vom 27.1.2011, V R 38/09, BStBl. 2012 II S. 68).

15.23 Vorsteuerabzug und Umsatzbesteuerung bei (teil-)unternehmerisch verwendeten Fahrzeugen

Allgemeines[1)]

(1)[1)] [1]Der Begriff Fahrzeug im Sinne dieses Abschnitts ist gleichzusetzen mit dem Begriff Kraftfahrzeug und umfasst damit auch Elektrofahrräder, die einer Kennzeichen-, Versicherungs- oder Führerscheinpflicht unterliegen. [2]Für die Frage der Zuordnung eines angeschafften, hergestellten, eingeführten oder innergemeinschaftlich erworbenen Fahrzeugs sind die Zuordnungsgrundsätze nach Abschnitt 15.2c zu beachten. [3]Auf die ertragsteuerrechtliche Behandlung als Betriebs- oder Privatvermögen kommt es grundsätzlich nicht an. [4]Maßgebend für die Zuordnung ist die im Zeitpunkt der Anschaffung des Fahrzeugs beabsichtigte Verwendung für den Besteuerungszeitraum der erstmaligen Verwendung (vgl. Abschnitt 15.2c Abs. 12). [5]Dabei ist auf das voraussichtliche Verhältnis der Jahreskilometer für die unterschiedlichen Nutzungen abzustellen. [6]Im Falle einer Ersatzbeschaffung kann das Aufteilungsverhältnis des Vorjahres herangezogen werden. [7]Seine Verwendungsabsicht muss der Unternehmer objektiv belegen und in gutem Glauben erklären.

Zuordnung zum Unternehmen und Vorsteuerabzug[1)]

(2) [1]Beträgt der Umfang der unternehmerischen Verwendung des Fahrzeugs weniger als 10 % (unternehmerische Mindestnutzung), greift das Zuordnungsverbot nach § 15 Abs. 1 Satz 2 UStG. [2]Die Fahrten des Unternehmers zwischen Wohnung und Betriebsstätte sowie Familienheimfahrten wegen einer aus betrieblichem Anlass begründeten doppelten Haushaltsführung sind dabei der unternehmerischen Nutzung des Fahrzeugs zuzurechnen und unterliegen keiner Vorsteuerkürzung nach § 15 Abs. 1a UStG. [3]Maßgebend für die 10 %-Grenze nach § 15 Abs. 1 Satz 2 UStG ist bei einem Fahrzeug das Verhältnis der Kilometer unternehmerischer Fahrten zu den Jahreskilometern des Fahrzeugs. [4]In Zweifelsfällen muss der Unternehmer dem Finanzamt die

---

1) A 15.23 UStAE Zwischenüberschriften eingef., Abs. 1 Satz 1 eingef., bish. Sätze 1 bis 6 werden Sätze 2 bis 7 durch BMF v. 7.2.2022, BStBl. I 2022, 197, anzuwenden in allen offenen Fällen.

unternehmerische Mindestnutzung glaubhaft machen. [5]Bei sog. Zweit- oder Drittfahrzeugen von Einzelunternehmern oder sog. Alleinfahrzeugen bei einer nebenberuflichen Unternehmertätigkeit ist regelmäßig davon auszugehen, dass diese Fahrzeuge zu weniger als 10% unternehmerisch genutzt werden. [6]Das Gleiche gilt bei Personengesellschaften, wenn ein Gesellschafter mehr als ein Fahrzeug privat nutzt, für die weiteren privat genutzten Fahrzeuge.

(3) [1]Bei ausschließlich unternehmerischer Verwendung des Fahrzeugs kann der Unternehmer die auf die Anschaffung des Fahrzeugs entfallenden Vorsteuerbeträge abziehen (§ 15 Abs. 1 Satz 1 UStG), sofern kein Ausschlusstatbestand nach § 15 Abs. 1a und 2 in Verbindung mit Abs. 3 UStG vorliegt. [2]Das Gleiche gilt bei teilunternehmerischer Verwendung des Fahrzeugs für unternehmensfremde (private) Tätigkeiten, wenn der Unternehmer das Fahrzeug vollständig seinem Unternehmen zuordnet. [3]In diesem Fall unterliegt die unternehmensfremde Nutzung unter den Voraussetzungen des § 3 Abs. 9a Nr. 1 UStG als unentgeltliche Wertabgabe der Besteuerung. [4]Ordnet der Unternehmer nur den unternehmerisch genutzten Fahrzeugteil seinem Unternehmen zu (unter Beachtung der unternehmerischen Mindestnutzung), darf er nur die auf diesen Teil entfallende Vorsteuer aus den Anschaffungskosten nach § 15 Abs. 1 Satz 1 UStG abziehen, wobei die erforderliche Vorsteueraufteilung nach den Grundsätzen des § 15 Abs. 4 UStG zu erfolgen hat. [5]Die auf den anderen Fahrzeugteil entfallende unternehmensfremde Nutzung unterliegt dann nicht der Wertabgabenbesteuerung nach § 3 Abs. 9a Nr. 1 UStG. [6]Bei einer teilunternehmerischen Verwendung für nichtwirtschaftliche Tätigkeiten i. e. S. (vgl. Abschnitt 2.3 Abs. 1a) gehört das Fahrzeug nur in Höhe der beabsichtigten unternehmerischen Nutzung zum Unternehmen. [7]Dementsprechend ist ein Vorsteuerabzug nur für den dem Unternehmen zugeordneten Anteil des Fahrzeugs zulässig, sofern kein Ausschlusstatbestand nach § 15 Abs. 1a und Abs. 2 in Verbindung mit Abs. 3 UStG vorliegt (vgl. Abschnitt 15.2b Abs. 2).

(4) [1]Zu Aufwendungen im Zusammenhang mit einem Fahrzeug vgl. Abschnitt 15.2c Abs. 2 Satz 2 bis 6. [2]Werden zum Gebrauch des Fahrzeugs Gegenstände bezogen, die keine vertretbaren Sachen sind, gelten für diese die allgemeinen Zuordnungsgrundsätze. [3]Aus Vereinfachungsgründen kann der Unternehmer auf das Verhältnis der unternehmerischen zur nichtunternehmerischen Nutzung des Fahrzeugs abstellen.

Beispiel:

[1]Erwirbt der Unternehmer für ein Fahrzeug, das zu weniger als 10% für sein Unternehmen genutzt wird und deshalb nicht dem Unternehmen zugeordnet ist, z. B. einen Satz Winterreifen, können diese wie das Fahrzeug selbst nicht zugeordnet werden; ein Recht auf Vorsteuerabzug besteht insoweit nicht, es sei denn, der Unternehmer weist eine höhere unternehmerische Nutzung der Winterreifen nach. [2]Wird das Fahrzeug dagegen beispielsweise zu 40% unternehmerisch und zu 60% unternehmensfremd (privat) genutzt, kann der Unternehmer die Winterreifen im vollen Umfang seinem Unternehmen zuordnen (vgl. Anschnitt 15.2c Abs. 2 Satz 1 Nr. 2 Buchstabe b) und unter den Voraussetzungen des § 15 UStG den Vorsteuerabzug in voller Höhe geltend machen. [3]Der Bemessungsgrundlage der unentgeltlichen Wertabgabe kann ein Privatanteil von 60% zu Grunde gelegt werden, ohne dass die konkreten Nutzungsverhältnisse der Winterreifen ermittelt werden müssen.

Unternehmensfremde (private) Nutzung durch den Unternehmer[1)]

(5)[1)] [1]Die unternehmensfremde (private) Nutzung eines dem Unternehmen vollständig zugeordneten Fahrzeugs ist unter den Voraussetzungen des § 3 Abs. 9a Nr. 1 UStG als unentgeltliche Wertabgabe der Besteuerung zu unterwerfen. [2]Als Bemessungsgrundlage sind dabei nach § 10 Abs. 4 Satz 1 Nr. 2 UStG die Ausgaben anzusetzen, soweit sie zum vollen oder teilweisen Vorsteuerabzug berechtigt haben (vgl. Abschnitt 10.6 Abs. 3). [3]Sofern Anschaffungs- oder Herstellungskosten mindestens 500 € (Nettobetrag ohne Umsatzsteuer) betragen, sind sie gleichmäßig auf den für das Fahrzeug maßgeblichen Berichtigungszeitraum nach § 15a UStG zu verteilen. [4]Zur Ermittlung der Ausgaben, die auf die unternehmensfremde Nutzung des dem Unternehmen zugeordneten Fahrzeugs entfallen, hat der Unternehmer die Wahl zwischen folgenden Methoden:

1. Fahrzeuge, die zu mehr als 50% betrieblich genutzt werden
   a) 1%-Regelung
   [1]Ermittelt der Unternehmer für Ertragsteuerzwecke den Wert der Nutzungsentnahme nach der sog. 1%-Regelung nach § 6 Abs. 1 Nr. 4 Satz 2 EStG, kann er von diesem Wert aus Vereinfachungsgründen bei der Bemessungsgrundlage für die Umsatzbesteuerung der unternehmensfremden Nutzung ausgehen. [2]Für umsatzsteuerliche Zwecke sind die Sonderregelungen für Elektro- und Hybridelektrofahrzeuge nach § 6 Abs. 1 Nr. 4 Satz 2 Nr. 1 bis 5 EStG nicht anzuwenden. [3]Für die nicht mit Vorsteuern belasteten Ausgaben kann aus Vereinfachungsgründen ein pauschaler Abschlag von 20% vorgenommen werden. [4]Der so ermittelte Betrag ist der Nettowert; die Umsatzsteuer ist mit dem allgemeinen Steuersatz hinzuzurechnen.
   b) Fahrtenbuchregelung
   [1]Setzt der Unternehmer für Ertragsteuerzwecke die private Nutzung mit den auf die Privatfahrten entfallenden Aufwendungen an, indem er die für das Fahrzeug insgesamt entstehenden Aufwendungen durch Belege und das Verhältnis der privaten zu den übrigen Fahrten durch ein ordnungsgemäßes Fahrtenbuch nachweist (§ 6 Abs. 1 Nr. 4 Satz 3 EStG), ist von diesem Wert auch bei der Ermittlung der Bemessungsgrundlage für die Umsatzbesteuerung der unternehmensfremden Nutzung auszugehen. [2]Für umsatzsteuerliche Zwecke sind die Sonderregelungen für Elektro- und Hybridelektrofahrzeuge nach § 6 Abs. 1 Nr. 4 Satz 3 Nr. 1 bis 5 EStG nicht anzuwenden. [3]Aus den Gesamtaufwendungen sind für Umsatzsteuerzwecke die nicht mit Vorsteuern belasteten Ausgaben in der belegmäßig nachgewiesenen Höhe auszuscheiden.
2. Fahrzeuge, die nicht zu mehr als 50% betrieblich genutzt werden
   [1]Wird das Fahrzeug nicht zu mehr als 50% betrieblich genutzt, ist die Anwendung der 1%-Regelung nach § 6 Abs. 1 Nr. 4 Satz 2 EStG ausgeschlossen. [2]Der für ertragsteuerliche Zwecke nach § 6 Abs. 1 Nr. 4 Satz 1 EStG

---

1) A 15.23 UStAE Zwischenüberschrift eingef. Abs. 5 Satz 4 Nrn. 1 und 2 geänd., Satz 4 Nr. 1 Buchst. a Satz 2, Buchst. b Satz 2 und Nr. 2 Satz 3 neugef. durch BMF v. 7.2.2022, BStBl. I 2022, 197, anzuwenden in allen offenen Fällen.

ermittelte Nutzungsanteil ist grundsätzlich auch der Umsatzbesteuerung zu Grunde zu legen. [3]Für umsatzsteuerliche Zwecke sind die Sonderregelungen für Elektro- und Hybridelektrofahrzeuge nach § 6 Abs. 1 Nr. 4 Satz 3 Nr. 1 bis 5 EStG nicht anzuwenden.

3. Schätzung des unternehmensfremden (privaten) Nutzungsanteils
[1]Wendet der Unternehmer die 1%-Regelung nicht an oder werden die pauschalen Wertansätze durch die sog. Kostendeckelung auf die nachgewiesenen tatsächlichen Ausgaben begrenzt (vgl. Rdnr. 18 des BMF-Schreibens vom 18.11.2009, BStBl. I S. 1326) und liegen die Voraussetzungen zur Ermittlung nach der Fahrtenbuchregelung nicht vor (z.B. weil kein ordnungsgemäßes Fahrtenbuch geführt wird), ist der private Nutzungsanteil für Umsatzsteuerzwecke anhand geeigneter Unterlagen im Wege einer sachgerechten Schätzung zu ermitteln. [2]Als geeignete Unterlagen kommen insbesondere Aufzeichnungen für einen repräsentativen Zeitraum in Betracht, aus denen sich zumindest die unternehmerischen Fahrten mit Fahrtziel und gefahrenen Kilometern und die Gesamtkilometer ergeben. [3]Liegen keine geeigneten Unterlagen für eine Schätzung vor, ist der private Nutzungsanteil mit mindestens 50% zu schätzen, soweit sich aus den besonderen Verhältnissen des Einzelfalls nichts Gegenteiliges ergibt. [4]Aus den Gesamtaufwendungen sind die nicht mit Vorsteuern belasteten Ausgaben in der belegmäßig nachgewiesenen Höhe auszuscheiden.
4. Fahrzeugerwerb ohne Berechtigung zum Vorsteuerabzug
Konnte der Unternehmer bei der Anschaffung eines dem Unternehmen zugeordneten Fahrzeugs keinen Vorsteuerabzug vornehmen (z.B. Erwerb von einem Nichtunternehmer), sind nur die vorsteuerbelasteten Unterhaltskosten zur Ermittlung der Bemessungsgrundlage heranzuziehen.

(6) [1]Soweit ein Fahrzeug für nichtwirtschaftliche Tätigkeiten i.e.S. verwendet wird, entfällt grundsätzlich eine Wertabgabenbesteuerung nach § 3 Abs. 9a Nr. 1 UStG, da das Fahrzeug insoweit nicht dem Unternehmen zugeordnet werden konnte und der Vorsteuerabzug bereits nach § 15 Abs. 1 UStG ausgeschlossen ist. [2]Eine Wertabgabenbesteuerung ist jedoch vorzunehmen, wenn und soweit sich die Nutzung des Fahrzeugs für nichtwirtschaftliche Tätigkeiten i.e.S. erhöht (vgl. Abschnitt 3.4 Abs. 2). [3]Für laufende Aufwendungen ist das Aufteilungsgebot nach Absatz 4 zu beachten. [4]Bemessungsgrundlage für die Wertabgabenbesteuerung nach § 3 Abs. 9a Nr. 1 UStG sind insbesondere die Vorsteuerbeträge aus der Anschaffung, Herstellung, Einfuhr oder dem innergemeinschaftlichen Erwerb des Fahrzeugs, soweit es dem Unternehmen zugeordnet wurde. [5]Sofern die Anschaffungs- oder Herstellungskosten mindestens 500 € (Nettobetrag ohne Umsatzsteuer) betragen haben, sind sie gleichmäßig auf den für das Fahrzeug maßgeblichen Berichtigungszeitraum nach § 15a UStG zu verteilen. [6]Die Ermittlung der Erhöhung der nichtwirtschaftlichen Verwendung i.e.S. kann auf Grundlage eines ordnungsgemäß geführten Fahrtenbuchs oder anhand geeigneter Unterlagen im Wege einer sachgerechten Schätzung erfolgen. [7]Als geeignete Unterlagen kommen insbesondere Aufzeichnungen für einen repräsentativen Zeitraum in Betracht, aus denen sich zumindest die unternehmerischen Fahrten mit Fahrtziel und gefahrenen Kilometern und die Gesamtkilometer ergeben. [8]Bei Erhöhung der unternehmerischen Verwendung

des Fahrzeugs kommt eine Berichtigung des Vorsteuerabzugs nach § 15a UStG zugunsten des Unternehmers aus Billigkeitsgründen in Betracht (vgl. Abschnitt 15a.1 Abs. 7). 9 Macht der Unternehmer von dieser Billigkeitsmaßnahme Gebrauch, gilt das Fahrzeug auch insoweit als dem Unternehmen zugeordnet (vgl. Abschnitt 15a.1 Abs. 7 Satz 2). 10 Veräußert der Unternehmer nach Ablauf des Berichtigungszeitraums nach § 15a UStG dieses Fahrzeug, ist die Veräußerung in Höhe des für unternehmerische Tätigkeiten verwendeten Anteils im Besteuerungszeitraum der Veräußerung steuerbar; dabei darf der Umfang der Zuordnung des Fahrzeugs bei dessen Anschaffung, Erwerb oder Herstellung nicht unterschritten werden.

Beispiel 1:

1 Der Verein V schafft zum 1.1.01 ein Fahrzeug an (Anschaffungskosten 40 000 € zzgl. 7600 € Umsatzsteuer). 2 V beabsichtigt, das Fahrzeug zu 60 % für seinen wirtschaftlichen Geschäftsbetrieb (unternehmerische Tätigkeit) und zu 40 % für seinen ideellen Bereich (nichtwirtschaftliche Tätigkeit i. e. S.) zu verwenden. 3 V führt ein ordnungsgemäßes Fahrtenbuch. 4 In den Jahren 02 bis 06 verändert sich die Nutzung des Fahrzeugs wie folgt:

02: Verwendung zu 70 % für die unternehmerische Tätigkeit und zu 30 % für die nichtwirtschaftliche Tätigkeit i. e. S.
03: Verwendung zu 65 % für die unternehmerische Tätigkeit und zu 35 % für die nichtwirtschaftliche Tätigkeit i. e. S.
04: Verwendung zu 50 % für die unternehmerische Tätigkeit und zu 50 % für die nichtwirtschaftliche Tätigkeit i. e. S.
05: Verwendung zu 80 % für die unternehmerische Tätigkeit und zu 20 % für die nichtwirtschaftliche Tätigkeit i. e. S.
06: Verwendung zu 75 % für die unternehmerische Tätigkeit und zu 25 % für die nichtwirtschaftliche Tätigkeit i. e. S.

5 Am 1.7.06 veräußert V das Fahrzeug (vereinbartes Nettoentgelt 10 000 €).

Jahr 01:
6 V beabsichtigt bei Anschaffung des Fahrzeugs eine unternehmerische Nutzung zu 60 %. 7 In diesem Umfang kann V das Fahrzeug dem Unternehmen zuordnen (§ 15 Abs. 1 UStG) und ist unter den weiteren Voraussetzungen des § 15 UStG in Höhe von 4560 € (7600 € × 60 %) zum Vorsteuerabzug berechtigt. 8 Der für ideelle Tätigkeiten des Vereins verwendete Anteil des Fahrzeugs kann hingegen nicht dem Unternehmen zugeordnet werden (Aufteilungsgebot) und berechtigt nicht zum Vorsteuerabzug; dieser Anteil ist für Umsatzsteuerzwecke als separater Gegenstand anzusehen.

Jahr 02:
9 Die Bagatellgrenzen des § 44 UStDV sind überschritten. 10 Aus Billigkeitsgründen kann V eine Vorsteuerberichtigung nach § 15a UStG vornehmen:

Insgesamt in Rechnung gestellte Umsatzsteuer: 7600 €
Ursprünglicher Vorsteuerabzug: 4560 € (60 % von 7600 €)
Zeitpunkt der erstmaligen Verwendung: 1.1.01
Dauer des Berichtigungszeitraums: 1.1.01 bis 31.12.05
Aus Billigkeitsgründen zum Vorsteuerabzug berechtigende Verwendung: 70 %
Vorsteuerberichtigung aus Billigkeitsgründen im Vergleich zum ursprünglichen Vorsteuerabzug: Vorsteuer zu 70 % statt 60 %
Berichtigungsbetrag: 10 Prozentpunkte von 1/5 von 7600 € = 152 € sind zugunsten des V zu korrigieren.

11 Auf Grund der Vorsteuerberichtigung nach § 15a UStG aus Billigkeitsgründen gilt das Fahrzeug entsprechend der unternehmerischen Verwendung für das Jahr 02 als zu 70 % (60 % + 10 %) dem Unternehmen zugeordnet (Abschnitt 15a.1 Abs. 7 Satz 2).

Jahr 03:
12 Eine erneute Vorsteuerberichtigung nach § 15a UStG aus Billigkeitsgründen kommt nicht in Betracht:

Insgesamt in Rechnung gestellte Umsatzsteuer: 7600 €
Ursprünglicher Vorsteuerabzug: 4560 € (60 % von 7600 €)
Zeitpunkt der erstmaligen Verwendung: 1.1.01
Dauer des Berichtigungszeitraums: 1.1.01 bis 31.12.05
Aus Billigkeitsgründen zum Vorsteuerabzug berechtigende Verwendung: 65 %
Vorsteuerberichtigung aus Billigkeitsgründen im Vergleich zum ursprünglichen Vorsteuerabzug: Vorsteuer zu 65 % statt 60 %
Berichtigungsbetrag: 5 Prozentpunkte von 1/5 von 7600 € = 76 €.

[13] Die Berichtigung entfällt, da die Grenzen des § 44 Abs. 2 UStDV nicht überschritten sind. [14] Da eine Vorsteuerberichtigung an den Grenzen des § 44 Abs. 2 UStDV scheitert, bleibt es für das Jahr 03 bei der ursprünglichen Zuordnung des Fahrzeugs zum Unternehmen in Höhe von 60 % (vgl. Abschnitt 15a.1 Abs. 7 Satz 2). [15] Eine Entnahmebesteuerung wegen des im Verhältnis zum Vorjahr gesunkenen unternehmerischen Nutzungsumfangs kommt während des Berichtigungszeitraums nach § 15a UStG im Rahmen der Billigkeit nicht in Betracht, weil die in Abschnitt 15a.1 Abs. 7 Satz 2 angeordnete Zuordnung entsprechend dem Berichtigungsbetrag nach § 15a UStG nur eine zeitraumbezogene Korrekturgröße darstellt.

Jahr 04:

[16] Der Umfang der unternehmerischen Nutzung hat sich gegenüber dem Erstjahr vermindert (50 % statt 60 %). [17] Eine Vorsteuerberichtigung aus Billigkeitsgründen kommt daher für das Jahr 04 dem Grunde nach nicht in Betracht (Abschnitt 15a.1 Abs. 7 Satz 1) und es bleibt bei der ursprünglichen Zuordnung des Fahrzeugs zum Unternehmen in Höhe von 60 %. [18] Die auf den zugeordneten Fahrzeugteil entfallende Nutzung für nichtwirtschaftliche Tätigkeiten i. e. S. (= 10 % der Gesamtnutzung) ist als unentgeltliche Wertabgabe nach § 3 Abs. 9a Nr. 1 UStG zu versteuern (vgl. Abschnitt 3.4 Abs. 2 Satz 4). [19] Für die Bemessungsgrundlage sind die Anschaffungskosten des Fahrzeugs maßgebend, die auf 5 Jahre zu verteilen sind (§ 10 Abs. 4 Satz 1 Nr. 2 Satz 2 UStG). [20] Die Bemessungsgrundlage der unentgeltlichen Wertabgabe beträgt demnach 800 € (1/5 von 40 000 € × 10 %) und die Umsatzsteuer 152 € (800 € × 19 %).

Jahr 05:

[21] Aus Billigkeitsgründen kann V wieder eine Vorsteuerberichtigung nach § 15a UStG vornehmen:

Insgesamt in Rechnung gestellte Umsatzsteuer: 7600 €
Ursprünglicher Vorsteuerabzug: 4560 € (60 % von 7600 €)
Zeitpunkt der erstmaligen Verwendung: 1.1.01
Dauer des Berichtigungszeitraums: 1.1.01 bis 31.12.05
Aus Billigkeitsgründen zum Vorsteuerabzug berechtigende Verwendung: 80 %
Vorsteuerberichtigung aus Billigkeitsgründen im Vergleich zum ursprünglichen Vorsteuerabzug: Vorsteuer zu 80 % statt 60 %
Berichtigungsbetrag: 20 Prozentpunkte von 1/5 von 7600 € = 304 € sind zugunsten des V zu korrigieren.

[22] Auf Grund der Vorsteuerberichtigung nach § 15a UStG aus Billigkeitsgründen gilt das Fahrzeug entsprechend der unternehmerischen Verwendung im Jahr 05 als zu 80 % (60 % + 20 %) dem Unternehmen zugeordnet (vgl. Abschnitt 15a.1 Abs. 7 Satz 2).

Jahr 06:

[23] Der Berichtigungszeitraum nach § 15a UStG ist am 31.12.05 abgelaufen; eine Vorsteuerberichtigung aus Billigkeitsgründen kommt daher für das Jahr 06 nicht mehr in Betracht. [24] Der Umfang der unternehmerischen Nutzung beträgt im Besteuerungszeitraum der Veräußerung (1.1.–30.6.06) 75 %. [25] Die Veräußerung des Fahrzeugs ist daher in Höhe von 75 % steuerbar. [26] Der Gesamtverkaufspreis ist entsprechend aufzuteilen. [27] Eine Entnahmebesteuerung wegen des im Verhältnis zum Vorjahr gesunkenen unternehmerischen Nutzungsumfangs kommt im Anschluss an den Berichtigungszeitraum nach § 15a UStG im Rahmen der Billigkeit nicht in Betracht, weil die in Abschnitt 15a.1 Abs. 7 Satz 2 angeordnete Zuordnung entsprechend dem Berichtigungsbetrag nach § 15a UStG nur eine zeitraumbezogene Korrekturgröße darstellt. [28] Auszugehen ist damit vom tatsächlichen unternehmerischen Nutzungsumfang. [29] Die Umsatzsteuer aus der Fahrzeugveräußerung beträgt 1425 € (75 % von 10 000 € × 19 %). [30] Weist V in der Rechnung über den Gesamtverkaufspreis Umsatzsteuer gesondert aus, schuldet er

den anteiligen Umsatzsteuerbetrag, der auf den nichtwirtschaftlich i. e. S. genutzten Fahrzeugteil entfällt (25 %), nach § 14c Abs. 2 UStG.

Beispiel 2:

[1] Sachverhalt wie Beispiel 1. [2] Im Jahr 06 verwendet V das Fahrzeug allerdings nur zu 40 % für die unternehmerische Tätigkeit und zu 60 % für die nichtwirtschaftliche Tätigkeit i. e. S.

Jahr 06:
[3] Der Umfang der unternehmerischen Nutzung hat sich gegenüber dem Erstjahr vermindert (40 % statt 60 %). [4] Grundsätzlich unterliegt die Erhöhung der Verwendung für nichtwirtschaftliche Tätigkeiten i. e. S. der unentgeltlichen Wertabgabenbesteuerung nach § 3 Abs. 9a Nr. 1 UStG. [5] Da der Berichtigungszeitraum nach § 15a UStG am 31.12.05 jedoch abgelaufen ist und die Anschaffungskosten des Fahrzeugs damit verbraucht sind, beträgt die Bemessungsgrundlage 0 € (§ 10 Abs. 4 Satz 1 Nr. 2 Satz 2 UStG). [6] Die Veräußerung des Fahrzeugs am 1.7.06 ist in Höhe von 60 % steuerbar. [7] Zwar nutzt V im Besteuerungszeitraum der Veräußerung das Fahrzeug nur zu 40 % für seine unternehmerischen Tätigkeiten. [8] Der Umfang der Zuordnung des Fahrzeugs bei dessen Anschaffung darf jedoch nicht unterschritten werden. [9] Die Umsatzsteuer aus der Fahrzeugveräußerung beträgt 1140 € (60 % von 10 000 € × 19 %). [10] Weist V in der Rechnung über den Gesamtverkaufspreis Umsatzsteuer gesondert aus, schuldet er den anteiligen Umsatzsteuerbetrag, der auf den nichtwirtschaftlich i. e. S. genutzten Fahrzeugteil entfällt (40 %), nach § 14c Abs. 2 UStG.

(7) [1] Die auf die Miete, Mietsonderzahlung, Leasingraten und Unterhaltskosten entfallenden Vorsteuern eines angemieteten oder geleasten Fahrzeugs, das der Unternehmer sowohl unternehmerisch als auch für nichtunternehmerische Zwecke verwendet, sind grundsätzlich nach dem Verhältnis der unternehmerischen und nichtunternehmerischen Nutzung in einen abziehbaren und einen nichtabziehbaren Anteil aufzuteilen. [2] Das gilt sowohl für den Fall, dass die nichtunternehmerische Verwendung als Verwendung für nichtwirtschaftliche Tätigkeiten i. e. S. zu beurteilen ist, als auch für den Fall der unternehmensfremden (privaten) Verwendung. [3] Wird der Vorsteuerabzug so ermittelt, entfällt eine Wertabgabenbesteuerung nach § 3 Abs. 9a Nr. 1 UStG. [4] Aus Vereinfachungsgründen kann der Unternehmer jedoch im Fall der teilunternehmerischen unternehmensfremden (privaten) Verwendung des Fahrzeugs auch den Vorsteuerabzug aus der Miete bzw. den Leasingraten und den Unterhaltskosten vornehmen (sofern kein Ausschlusstatbestand nach § 15 Abs. 1a und 2 in Verbindung mit Abs. 3 UStG vorliegt) und die unternehmensfremde Nutzung nach den Regelungen in Absatz 5 besteuern.

Überlassung von Fahrzeugen an das Personal

(8)[1)] [1] Überlässt der Unternehmer (Arbeitgeber) seinem Personal (Arbeitnehmer) ein Fahrzeug auch zu Privatzwecken (Privatfahrten, Fahrten zwischen Wohnung und erster Tätigkeitsstätte sowie Familienheimfahrten aus Anlass einer doppelten Haushaltsführung), ist dies regelmäßig eine entgeltliche sonstige Leistung im Sinne des § 1 Abs. 1 Nr. 1 Satz 1 UStG. [2] Das Fahrzeug wird, wenn es nicht ausnahmsweise zusätzlich vom Unternehmer nichtunternehmerisch verwendet wird, durch die entgeltliche umsatzsteuerpflichtige Überlassung an das Personal ausschließlich unternehmerisch genutzt. [3] Die aus den Anschaffungskosten als auch aus den Unterhaltskosten der sog. Dienst- oder

---

1) A 15.23 UStAE Abs. 8 Satz 3 geänd. durch BMF v. 7.2.2022, BStBl. I 2022, 197, anzuwenden in allen offenen Fällen.

Firmenfahrzeuge anfallenden Vorsteuerbeträge können in voller Höhe abgezogen werden (§ 15 Abs. 1 Satz 1 UStG), sofern kein Ausschlusstatbestand nach § 15 Abs. 1a und 2 in Verbindung mit Abs. 3 UStG vorliegt. 4 Dies gilt auch für die Überlassung von Fahrzeugen an Gesellschafter-Geschäftsführer von Kapitalgesellschaften, wenn sie umsatzsteuerrechtlich insoweit nicht als Unternehmer anzusehen sind (vgl. Abschnitt 2.2 Abs. 2). 5 Die spätere Veräußerung und die Entnahme der Fahrzeuge unterliegen insgesamt der Umsatzsteuer, wenn sie insgesamt dem Unternehmen zugeordnet werden konnten.

(9)[1)] 1 Die Gegenleistung des Arbeitnehmers für die Fahrzeugüberlassung besteht regelmäßig in der anteiligen Arbeitsleistung, die er für die Privatnutzung des gestellten Fahrzeugs erbringt. 2 Die Überlassung des Fahrzeugs ist als Vergütung für geleistete Dienste und damit als entgeltlich anzusehen, wenn sie im Arbeitsvertrag geregelt ist oder auf mündlichen Abreden oder sonstigen Umständen des Arbeitsverhältnisses (z. B. der faktischen betrieblichen Übung) beruht. 3 Von Entgeltlichkeit ist stets auszugehen, wenn das Fahrzeug dem Arbeitnehmer für eine gewisse Dauer und nicht nur gelegentlich zur Privatnutzung überlassen wird. 4 Zur Bestimmung des Leistungsorts bei entgeltlicher Fahrzeugüberlassung vgl. Abschnitt 3a.5 Abs. 4.

(10) 1 Bei der entgeltlichen Fahrzeugüberlassung zu Privatzwecken des Personals liegt ein tauschähnlicher Umsatz (§ 3 Abs. 12 Satz 2 UStG) vor. 2 Die Bemessungsgrundlage ist nach § 10 Abs. 2 Satz 2 in Verbindung mit Abs. 1 Satz 1 UStG der Wert der nicht durch den Barlohn abgegoltenen Arbeitsleistung. 3 Deren Wert entspricht dem Betrag, den der Arbeitgeber zu diesem Zweck aufzuwenden bereit ist (vgl. Abschnitt 10.5 Abs. 1). 4 Das sind die Gesamtausgaben für die Überlassung des Fahrzeugs. 5 Die Gesamtausgaben für die entgeltliche sonstige Leistung im Sinne des § 1 Abs. 1 Nr. 1 Satz 1 UStG umfassen auch die Ausgaben, bei denen ein Vorsteuerabzug nicht möglich ist. 6 Der so ermittelte Wert ist der Nettowert; die Umsatzsteuer ist mit dem allgemeinen Steuersatz hinzuzurechnen. 7 Treffen die Parteien Aussagen zum Wert der Arbeitsleistungen, so ist dieser Wert als Bemessungsgrundlage für die Überlassung des Fahrzeugs zu Grunde zu legen, wenn er die Ausgaben für die Fahrzeugüberlassung übersteigt.

(11)[2)] 1 Aus Vereinfachungsgründen wird es nicht beanstandet, wenn für die umsatzsteuerrechtliche Bemessungsgrundlage anstelle der Ausgaben von den lohnsteuerrechtlichen Werten ausgegangen wird. 2 Die lohnsteuerrechtlichen Werte sind als Bruttowerte anzusehen, aus denen die Umsatzsteuer herauszurechnen ist (vgl. Abschnitt 1.8 Abs. 8).

1. Besteuerung auf Grundlage der sog. 1%-Regelung

   1 Wird der lohnsteuerrechtliche Wert der entgeltlichen Fahrzeugüberlassung für Privatfahrten und für Fahrten zwischen Wohnung und erster Tätigkeitsstätte nach § 8 Abs. 2 Satz 2 und 3 in Verbindung mit § 6 Abs. 1 Nr. 4 Satz 2 EStG mit dem vom Listenpreis abgeleiteten Pauschalwert angesetzt

---

1) Siehe hierzu aber auch EuGH v. 20.1.2022 C-288/19 QM, DStR 2021, 154.

2) A 15.23 UStAE Abs. 11 Satz 2 Nr. 1 Bsp. 1 Sätze 1 und 2 geänd., Nr. 2 Satz 4 neugef. und Nr. 2 Bsp. 2 Satz 1 geänd. durch BMF v. 7.2.2022, BStBl. I 2022, 197, anzuwenden in allen offenen Fällen.

(vgl. R 8.1 Abs. 9 Nr. 1 LStR),[1] kann von diesem Wert auch bei der Umsatzbesteuerung ausgegangen werden, wobei jedoch keine Kürzung des inländischen Listenpreises für Elektro- und Hybridelektrofahrzeuge vorzunehmen ist. [2]Der umsatzsteuerrechtliche Wert für Familienheimfahrten kann aus Vereinfachungsgründen für jede Fahrt mit 0,002% des Listenpreises (§ 6 Abs. 1 Nr. 4 Satz 2 EStG: für jeden Kilometer der Entfernung zwischen dem Ort des eigenen Hausstands und dem Beschäftigungsort) angesetzt werden, wobei keine Kürzung für Elektro- und Hybridelektrofahrzeuge erfolgt. [3]Der Umsatzsteuer unterliegen die auf die Familienheimfahrten entfallenden Kosten auch dann, wenn ein lohnsteuerrechtlicher Wert nach § 8 Abs. 2 Satz 5 EStG nicht anzusetzen ist. [4]Aus dem so ermittelten lohnsteuerrechtlichen Wert ist die Umsatzsteuer herauszurechnen. [5]Ein pauschaler Abschlag von 20% für nicht mit Vorsteuern belastete Ausgaben ist in diesen Fällen unzulässig.

Beispiel 1:

[1]Ein Arbeitnehmer mit einer am 1.1.01 begründeten doppelten Haushaltsführung nutzt ein Firmenfahrzeug mit einem Listenpreis einschließlich Umsatzsteuer von 30 000 € im gesamten Jahr 02 zu Privatfahrten, zu Fahrten zur 10 km entfernten ersten Tätigkeitsstätte und zu 20 Familienheimfahrten zum 150 km entfernten Wohnsitz der Familie.

[2]Die Umsatzsteuer für die Firmenfahrzeugüberlassung ist nach den lohnsteuerrechtlichen Werten wie folgt zu ermitteln:
- für die allgemeine Privatnutzung 1% von 30 000 € × 12 Monate = 3600 €
- für Fahrten zwischen Wohnung und erster Tätigkeitsstätte 0,03% von 30 000 € × 10 km × 12 Monate = 1080 €
- für Familienheimfahrten 0,002% von 30 000 € × 150 km × 20 Fahrten = 1800 €

[3]Die Umsatzsteuer für die sonstige Leistung an den Arbeitnehmer beträgt 19/119 von 6480 € = 1034,62 €.

2. Besteuerung auf der Grundlage der Fahrtenbuchregelung
[1]Wird bei der entgeltlichen Fahrzeugüberlassung an das Personal zu Privatzwecken der lohnsteuerrechtliche Nutzungswert mit Hilfe eines ordnungsgemäßen Fahrtenbuchs anhand der durch Belege nachgewiesenen Gesamtausgaben ermittelt (vgl. R 8.1 Abs. 9 Nr. 2 LStR),[1] ist das so ermittelte Nutzungsverhältnis auch bei der Umsatzsteuer zu Grunde zu legen. [2]Die Fahrten zwischen Wohnung und erster Tätigkeitsstätte sowie die Familienheimfahrten aus Anlass einer doppelten Haushaltsführung werden umsatzsteuerrechtlich den Privatfahrten des Arbeitnehmers zugerechnet. [3]Die Gesamtausgaben für die entgeltliche sonstige Leistung im Sinne des § 1 Abs. 1 Nr. 1 Satz 1 UStG umfassen auch die Ausgaben, bei denen ein Vorsteuerabzug nicht möglich ist. [4]Für umsatzsteuerliche Zwecke sind die Sonderregelungen für Elektro- und Hybridelektrofahrzeuge nach § 6 Abs. 1 Nr. 4 Satz 3 Nr. 1 bis 5 EStG nicht anzuwenden.

Beispiel 2:

[1]Ein Firmenfahrzeug mit einer Jahresfahrleistung von 20 000 km wird von einem Arbeitnehmer lt. ordnungsgemäß geführtem Fahrtenbuch an 180 Tagen jährlich für Fahrten zur 10 km entfernten ersten Tätigkeitsstätte benutzt. [2]Die übrigen Privatfahrten des Arbeitnehmers belaufen sich auf insgesamt 3400 km. [3]Die gesamten Fahrzeugkosten (Netto-

---

[1]) Nr. **20**.

aufwendungen einschließlich der auf die betriebsgewöhnliche Nutzungsdauer von 6 Jahren verteilten Anschaffungs- oder Herstellungskosten) betragen 9000 €.–
[4] Von den Privatfahrten des Arbeitnehmers entfallen 3600 km auf Fahrten zwischen Wohnung und erster Tätigkeitsstätte (180 Tage × 20 km) und 3400 km auf sonstige Fahrten. [5] Dies entspricht einer Privatnutzung von insgesamt 35 % (7000 km von 20 000 km). [6] Für die umsatzsteuerrechtliche Bemessungsgrundlage ist von einem Betrag von 35 % von 9000 € = 3150 € auszugehen. [7] Die Umsatzsteuer beträgt 19 % von 3150 € = 598,50 €.

(12) [1] Von einer unentgeltlichen Fahrzeugüberlassung an das Personal zu Privatzwecken im Sinne des § 3 Abs. 9a Nr. 1 UStG (vgl. Abschnitt 1.8 Abs. 2) kann ausnahmsweise ausgegangen werden, wenn die vereinbarte private Nutzung des Fahrzeugs derart gering ist, dass sie für die Gehaltsbemessung keine wirtschaftliche Rolle spielt, und nach den objektiven Gegebenheiten eine weitergehende private Nutzungsmöglichkeit ausscheidet (vgl. BFH-Urteil vom 4.10.1984, V R 82/83, BStBl. II S. 808). [2] Danach kann Unentgeltlichkeit nur angenommen werden, wenn dem Arbeitnehmer das Fahrzeug aus besonderem Anlass oder zu einem besonderen Zweck nur gelegentlich (von Fall zu Fall) an nicht mehr als fünf Kalendertagen im Kalendermonat für private Zwecke überlassen wird (vgl. Rdnr. 13 Satz 2 zweiter Spiegelstrich des BMF-Schreibens vom 4.4.2018, BStBl. I S. 592). [3] Bemessungsgrundlage für die unentgeltliche Fahrzeugüberlassung für den privaten Bedarf des Personals sind die Ausgaben, soweit sie zum vollen oder teilweisen Vorsteuerabzug berechtigt haben (§ 10 Abs. 4 Satz 1 Nr. 2 UStG). [4] Aus der Bemessungsgrundlage sind somit die nicht mit Vorsteuern belasteten Ausgaben auszuscheiden. [5] Der so ermittelte Wert ist der Nettowert ohne Umsatzsteuer; die Umsatzsteuer ist mit dem allgemeinen Steuersatz hinzuzurechnen. [6] Aus Vereinfachungsgründen wird es nicht beanstandet, wenn für die umsatzsteuerrechtliche Bemessungsgrundlage von den lohnsteuerrechtlichen Werten ausgegangen wird. [7] Die lohnsteuerrechtlichen Werte sind als Bruttowerte anzusehen, aus denen die Umsatzsteuer herauszurechnen ist (vgl. Abschnitt 1.8 Abs. 8).

(13)[1)] *(aufgehoben)*

15.24[2)] Vorsteuerabzug und Umsatzbesteuerung bei (teil-)unternehmerisch verwendeten Fahrrädern

(1) Die Regelungen in Abschnitt 15.23 gelten entsprechend auch für Fahrräder einschließlich Elektrofahrräder, die verkehrsrechtlich als Fahrrad (keine Kennzeichen-, Versicherungs- oder Führerscheinpflicht) einzuordnen sind, soweit nachfolgend nichts Anderes geregelt ist.

(2) [1] Für umsatzsteuerliche Zwecke ist bei der unternehmensfremden (privaten) Nutzung eines dem Unternehmen zugeordneten Fahrrades im Sinne von Absatz 1 durch den Unternehmer § 6 Abs. 1 Nr. 4 Satz 6 EStG nicht anzuwenden. [2] Der Anteil der unternehmensfremden Nutzung kann nicht durch ein Fahrtenbuch (Abschnitt 15.23 Abs. 5 Satz 4 Nr. 1 Buchstabe b) nachge-

---

1) A 15.23 Abs. 13 aufgeh. durch BMF v. 7.2.2022, BStBl. I 2022, 197, anzuwenden in allen offenen Fällen.

2) A 15.24 angef. durch BMF v. 7.2.2022, BStBl. I 2022, 197, anzuwenden in allen offenen Fällen.

wiesen werden. 3 Der Unternehmer kann den Wert der unternehmensfremden Nutzung aus Vereinfachungsgründen hilfsweise nach der sog. 1 %-Regelung (Abschnitt 15.23 Abs. 5 Satz 4 Nr. 1 Buchstabe a) berechnen, wenn er nicht eine andere umsatzsteuerrechtlich zulässige Methode zur Wertermittlung gewählt hat.

(3) 1 Für umsatzsteuerliche Zwecke ist bei entgeltlicher Überlassung eines Fahrrades im Sinne von Absatz 1 zu Privatzwecken des Personals (vgl. entsprechend Abschnitt 15.23 Abs. 10 und 11) § 3 Nr. 37 EStG nicht anzuwenden. 2 Der Anteil der Nutzung für Privatzwecke des Personals kann nicht durch ein Fahrtenbuch (Abschnitt 15.23 Abs. 11 Satz 2 Nr. 2) nachgewiesen werden. 3 Es wird aus Vereinfachungsgründen nicht beanstandet, wenn als Bemessungsgrundlage für die entgeltliche Nutzungsüberlassung monatlich 1 % der auf volle 100 € abgerundeten unverbindlichen Preisempfehlung des Herstellers, Importeurs oder Großhändlers im Zeitpunkt der Inbetriebnahme des Fahrrades berücksichtigt wird (entsprechend Rn. 1 der gleich lautenden Ländererlasse vom 9.1.2020, BStBl. I S. 174). 4 Dieser Wert ist als Bruttowert anzusehen, aus dem die Umsatzsteuer herauszurechnen ist. 5 Wenn der anzusetzende Wert des Fahrrades weniger als 500 € beträgt, wird es nicht beanstandet, wenn abweichend von dem Vorstehenden von keiner entgeltlichen Überlassung des Fahrrades ausgegangen wird. 6 In diesen Fällen ist keine Umsatzbesteuerung der Leistung an den Arbeitnehmer erforderlich.

Zu § 15a UStG
(§§ 44 und 45 UStDV)

15a.1 Anwendungsgrundsätze

(1) 1 Nach § 15 UStG entsteht das Recht auf Vorsteuerabzug bereits im Zeitpunkt des Leistungsbezugs (vgl. Abschnitt 15.12) oder im Fall der Voraus- oder Anzahlung im Zeitpunkt der Zahlung. 2 Ändern sich bei den in Abs. 2 genannten Berichtigungsobjekten die für den ursprünglichen Vorsteuerabzug maßgebenden Verhältnisse, ist der Vorsteuerabzug zu berichtigen, wenn die Grenzen des § 44 UStDV überschritten werden (vgl. Abschnitt 15a.11). 3 Durch § 15a UStG wird der Vorsteuerabzug so berichtigt, dass er den tatsächlichen Verhältnissen bei der Verwendung des Wirtschaftsguts oder der sonstigen Leistung entspricht. 4 Als Wirtschaftsgüter im Sinne des § 15a UStG gelten die Gegenstände, an denen nach § 3 Abs. 1 UStG die Verfügungsmacht verschafft werden kann (vgl. Abschnitt 3.1 Abs. 1 Sätze 1 und 2). 5 Das Wirtschaftsgut muss aus der Sicht des Durchschnittsverbrauchers selbständig verkehrsfähig und bewertbar sein (vgl. BFH-Urteil vom 3.11.2011, V R 32/10, BStBl. 2012 II S. 525). 6 Wird das Wirtschaftsgut bzw. die sonstige Leistung nicht nur einmalig zur Ausführung von Umsätzen verwendet, kommt es auf die tatsächlichen Verwendungsverhältnisse während des gesamten im Einzelfall maßgeblichen Berichtigungszeitraums an. 7 Der Ausgleich des Vorsteuerabzugs ist grundsätzlich bei der Steuerfestsetzung für den Voranmeldungszeitraum vorzunehmen, in dem sich die Verhältnisse gegenüber den für den ursprünglichen Vorsteuerabzug maßgebenden Verhältnissen geändert haben (vgl. jedoch Abschnitt 15a.11).

(2) Berichtigungsobjekte im Sinne des § 15a UStG sind:

1. Wirtschaftsgüter, die nicht nur einmalig zur Ausführung von Umsätzen verwendet werden (§ 15a Abs. 1 UStG)

   [1] Das sind in der Regel die Wirtschaftsgüter, die ertragsteuerrechtlich abnutzbares oder nicht abnutzbares (z. B. Grund und Boden) Anlagevermögen darstellen oder – sofern sie nicht zu einem Betriebsvermögen gehören – als entsprechende Wirtschaftsgüter anzusehen sind. [2] Dies können auch immaterielle Wirtschaftsgüter, die Gegenstand einer Lieferung sind (z. B. bestimmte Computerprogramme oder Mietereinbauten im Sinne des BMF-Schreibens vom 15.1.1976, BStBl. I S. 66), sein. [3] Die ertragsteuerliche Beurteilung als Anlagevermögen oder Umlaufvermögen ist umsatzsteuerrechtlich nicht entscheidend (BFH-Urteil vom 24.9.2009, V R 6/08, BStBl. 2010 II S. 315).

2. Wirtschaftsgüter, die nur einmalig zur Ausführung von Umsätzen verwendet werden (§ 15a Abs. 2 UStG)

   [1] Das sind im Wesentlichen die Wirtschaftsgüter, die ertragsteuerrechtlich Umlaufvermögen darstellen, wie z. B. die zur Veräußerung oder Verarbeitung bestimmten Wirtschaftsgüter. [2] Ertragsteuerrechtliches Anlagevermögen kann ebenfalls betroffen sein, wenn es veräußert oder entnommen wird, bevor es zu anderen Verwendungsumsätzen gekommen ist.

3. Nachträglich in ein Wirtschaftsgut eingehende Gegenstände, wenn diese Gegenstände dabei ihre körperliche und wirtschaftliche Eigenart endgültig verlieren (§ 15a Abs. 3 UStG)

   [1] Das ist der Fall, wenn diese Gegenstände nicht selbstständig nutzbar sind und mit dem Wirtschaftsgut in einem einheitlichen Nutzungs- und Funktionszusammenhang stehen. [2] Auf eine Werterhöhung bei dem Wirtschaftsgut, in das die Gegenstände eingehen, kommt es nicht an. [3] Kein Gegenstand im Sinne des § 15a Abs. 3 UStG ist ein Gegenstand, der abtrennbar ist, seine körperliche oder wirtschaftliche Eigenart behält und damit ein selbstständiges Wirtschaftsgut bleibt. [4] Werden im Rahmen einer Maßnahme mehrere Gegenstände in ein Wirtschaftsgut eingefügt bzw. sonstige Leistungen an einem Wirtschaftsgut ausgeführt, sind diese Leistungen zu einem Berichtigungsobjekt zusammenzufassen. [5] Bei der Bestimmung der 1000 €-Grenze nach § 44 Abs. 1 UStDV ist von den gesamten Vorsteuerbeträgen auszugehen, die auf die Anschaffung oder Herstellung des durch die Zusammenfassung entstandenen Berichtigungsobjekts entfallen.

4. Sonstige Leistungen an einem Wirtschaftsgut (§ 15a Abs. 3 UStG)

   [1] Es kommt nicht darauf an, ob die sonstige Leistung zu einer Werterhöhung des Wirtschaftsguts führt. [2] Maßnahmen, die lediglich der Werterhaltung dienen, fallen demnach auch unter die Berichtigungspflicht nach § 15a Abs. 3 UStG. [3] Nicht unter die Verpflichtung zur Berichtigung des Vorsteuerabzugs nach § 15a Abs. 3 UStG fallen sonstige Leistungen, die bereits im Zeitpunkt des Leistungsbezugs wirtschaftlich verbraucht werden. [4] Eine sonstige Leistung ist im Zeitpunkt des Leistungsbezugs dann nicht wirtschaftlich verbraucht, wenn ihr über den Zeitpunkt des Leistungsbezugs hinaus eine eigene Werthaltigkeit innewohnt. [5] Zur Zusammenfassung bei der Ausführung mehrerer Leistungen im Rahmen einer Maßnahme siehe Nr. 3.

5. Sonstige Leistungen, die nicht unter § 15a Abs. 3 Satz 1 UStG fallen (§ 15a Abs. 4 UStG)

[1]Dies sind solche sonstigen Leistungen, die nicht an einem Wirtschaftsgut ausgeführt werden. [2]Die Berichtigung des Vorsteuerabzugs ist auf solche sonstigen Leistungen beschränkt, für die in der Steuerbilanz ein Aktivposten gebildet werden müsste. [3]Dies gilt jedoch nicht, soweit es sich um sonstige

(Fortsetzung S. 753)

Leistungen handelt, für die der Leistungsempfänger bereits für einen Zeitraum vor Ausführung der sonstigen Leistung den Vorsteuerabzug vornehmen konnte (Voraus- und Anzahlung). [4]Unerheblich ist, ob der Unternehmer nach den §§ 140, 141 AO tatsächlich zur Buchführung verpflichtet ist.

6. Nachträgliche Anschaffungs- oder Herstellungskosten (§ 15a Abs. 6 UStG)
[1]Der Begriff der nachträglichen Anschaffungs- oder Herstellungskosten ist nach den für das Einkommensteuerrecht geltenden Grundsätzen abzugrenzen. [2]Voraussetzung ist, dass die nachträglichen Aufwendungen für Berichtigungsobjekte nach § 15a Abs. 1 bis 4 UStG angefallen sind. [3]Aufwendungen, die ertragsteuerrechtlich Erhaltungsaufwand sind, unterliegen der Vorsteuerberichtigung nach § 15a Abs. 3 UStG.

(3) [1]Bei der Berichtigung des Vorsteuerabzugs ist von den gesamten Vorsteuerbeträgen auszugehen, die auf die in Absatz 2 bezeichneten Berichtigungsobjekte entfallen. [2]Dabei ist ein prozentuales Verhältnis des ursprünglichen Vorsteuerabzugs zum Vorsteuervolumen insgesamt zu Grunde zu legen.

Beispiel 1:

[1]Ein Unternehmer errichtet ein Bürogebäude. [2]Die im Zusammenhang mit der Herstellung des Gebäudes in Rechnung gestellte Umsatzsteuer beträgt in den Jahren 01 150 000 € und 02 450 000 € (insgesamt 600 000 €). [3]Die abziehbaren Vorsteuerbeträge nach § 15 UStG belaufen sich vor dem Zeitpunkt der erstmaligen Verwendung (Investitionsphase) auf 150 000 €, da der Unternehmer im Jahr 01 beabsichtigte, das Gebäude zu 100 % für zum Vorsteuerabzug berechtigende Zwecke zu verwenden, während er im Jahr 02 beabsichtigte, das Gebäude nach der Fertigstellung zu 0 % für zum Vorsteuerabzug berechtigende Zwecke zu verwenden. [4]Diese Verwendungsabsicht wurde durch den Unternehmer jeweils schlüssig dargelegt.

Insgesamt in Rechnung gestellte Umsatzsteuer:	600 000 €
Ursprünglicher Vorsteuerabzug:	150 000 €

Ermittlung eines prozentualen Verhältnisses des ursprünglichen Vorsteuerabzugs zum Vorsteuervolumen insgesamt, das für eine Berichtigung nach § 15a UStG maßgebend ist:

150 000 € : 600 000 € = 25 %

Beispiel 2:

[1]Unternehmer U schließt mit dem Fahrzeughändler H im Januar 01 einen Vertrag über die Lieferung eines Pkw ab. [2]Der Pkw soll im Juli 01 geliefert werden. [3]U leistet bei Vertragsschluss eine Anzahlung i. H. v. 20 000 € zzgl. 3800 € Umsatzsteuer. [4]Bei Lieferung des Pkw im Juli 01 leistet U die Restzahlung von 60 000 € zzgl. 11 400 € Umsatzsteuer. [5]Im Zeitpunkt der Anzahlung beabsichtigte U, den Pkw ausschließlich zur Ausführung von zum Vorsteuerabzug berechtigenden Umsätzen zu nutzen. [6]U kann die Verwendungsabsicht durch entsprechende Unterlagen nachweisen. [7]Im Zeitpunkt der Lieferung steht hingegen fest, dass U den Pkw nunmehr ausschließlich zur Erzielung von nicht zum Vorsteuerabzug berechtigenden Umsätzen verwenden will.

[8]U steht aus der Anzahlung der Vorsteuerabzug nach § 15 Abs. 1 Satz 1 Nr. 1 UStG zu, da er im Zeitpunkt der Anzahlung beabsichtigte, den Pkw für zum Vorsteuerabzug berechtigende Umsätze zu nutzen. [9]Für die Restzahlung hingegen steht U der Vorsteuerabzug nicht zu.

Insgesamt in Rechnung gestellte Umsatzsteuer:	15 200 €
Ursprünglicher Vorsteuerabzug:	3 800 €

Ermittlung eines prozentualen Verhältnisses des ursprünglichen Vorsteuerabzugs zum Vorsteuervolumen insgesamt, das für eine Berichtigung nach § 15a UStG maßgebend ist:

3800 € : 15 200 € = 25 %

(4) In die Vorsteuerberichtigung sind alle Vorsteuerbeträge einzubeziehen ohne Rücksicht auf besondere ertragsteuerrechtliche Regelungen, z. B. sofort absetzbare Beträge oder Zuschüsse, die der Unternehmer erfolgsneutral

behandelt, oder AfA, die auf die Zeit bis zur tatsächlichen Verwendung entfällt.

(5) [1]Führt die Berichtigung nach § 15a UStG zu einem erstmaligen Vorsteuerabzug, weil der Vorsteuerabzug beim Leistungsbezug nach § 15 Abs. 2 und 3 UStG ausgeschlossen war, dürfen nur die Vorsteuerbeträge angesetzt werden, für die die allgemeinen Voraussetzungen des § 15 Abs. 1 UStG vorliegen. [2]Daher sind in diesen Fällen Vorsteuerbeträge, für die der Abzug zu versagen ist, weil keine ordnungsgemäße Rechnung oder kein zollamtlicher Einfuhrbeleg vorliegt, von der Berichtigung ausgenommen (vgl. BFH-Urteil vom 12.10.2006, V R 36/04, BStBl. 2007 II S. 485). [3]Zur Frage, wie zu verfahren ist, wenn die Voraussetzungen für den Vorsteuerabzug nach § 15 UStG erst nachträglich eintreten oder sich nachträglich ändern, vgl. Abschnitt 15a.4 Abs. 2.

(6) [1]Eine Berichtigung des Vorsteuerabzugs ist nur möglich, wenn und soweit die bezogenen Leistungen im Zeitpunkt des Leistungsbezugs dem Unternehmen zugeordnet wurden (vgl. Abschnitt 15.2c). [2]§ 15a UStG ist daher insbesondere nicht anzuwenden, wenn

1. ein Nichtunternehmer Leistungen bezieht und diese später unternehmerisch verwendet werden (vgl. EuGH-Urteil vom 2.6.2005, C-378/02, Waterschap Zeeuws Vlaanderen,[1)] sowie BFH-Urteil vom 1.12.2010, XI R 28/08, BStBl. 2011 II S. 994),
2. der Unternehmer ein Wirtschaftsgut oder eine sonstige Leistung im Zeitpunkt des Leistungsbezugs seinem nichtunternehmerischen Bereich zuordnet (vgl. Abschnitt 15.2c) und das Wirtschaftsgut oder die sonstige Leistung später für unternehmerische Zwecke verwendet (vgl. EuGH-Urteil vom 11.7.1991, C-97/90, Lennartz),[2)]
3. an einem Wirtschaftsgut, das nicht dem Unternehmen zugeordnet wurde, eine Leistung im Sinne des § 15a Abs. 3 UStG ausgeführt wird, die ebenfalls nicht für das Unternehmen bezogen wird, und das Wirtschaftsgut später unternehmerisch verwendet wird,
4. nichtunternehmerisch genutzte Gebäudeteile als separater Gegenstand beim Leistungsbezug dem nichtunternehmerischen Bereich zugeordnet und später unternehmerisch genutzt werden (z.B. bei Umwandlung bisheriger Wohnräume in Büroräume) oder
5. der Unternehmer einen bezogenen Gegenstand zunächst zu weniger als 10% für sein Unternehmen nutzt und die Leistung deshalb nach § 15 Abs. 1 Satz 2 UStG als nicht für sein Unternehmen ausgeführt gilt (vgl. Abschnitt 15.2c Abs. 5 bis 7) und diese Grenze später überschritten wird.

(7) [1]Ist ein Unternehmer für einen sowohl unternehmerisch als auch nichtwirtschaftlich i. e. S. verwendeten einheitlichen Gegenstand nach § 15 Abs. 1 UStG nur für den unternehmerisch genutzten Anteil zum Vorsteuerabzug berechtigt gewesen (vgl. Abschnitte 15.2b Abs. 2 und 15.2c Abs. 2 Satz 1 Nr. 2 Buchstabe a) – unternehmerische Nutzung zu mindestens 10% vorausgesetzt,

---

1) DStRE 2005, 902.
2) DStR 1992, 752.

§ 15 Abs. 1 Satz 2 UStG – und erhöht sich die unternehmerische Nutzung dieses Gegenstands innerhalb des Berichtigungszeitraums nach § 15a Abs. 1 UStG (vgl. Abschnitt 15a.3), kann eine Vorsteuerberichtigung nach den Grundsätzen des § 15a UStG zugunsten des Unternehmers aus Billigkeitsgründen vorgenommen werden, sofern die Bagatellgrenzen des § 44 UStDV überschritten sind. [2]Macht der Unternehmer von dieser Billigkeitsmaßnahme Gebrauch, gilt der Gegenstand auch insoweit als dem Unternehmen zugeordnet.

Beispiel:

[1]Der Verein V erwirbt zum 1.1.01 einen PKW für 30 000 € zzgl. 5700 € Umsatzsteuer. [2]Der PKW wird entsprechend der von Anfang an beabsichtigten Verwendung zu 50 % für unternehmerische Tätigkeiten im Sinne des § 2 Abs. 1 UStG und zu 50 % für unentgeltliche Tätigkeiten für ideelle Vereinszwecke verwendet. [3]Die Verwendung für unternehmerische Tätigkeiten erhöht sich ab dem 1.1.03 um 20 % auf insgesamt 70 %. [4]Zum 1.1.04 wird der PKW für einen vereinbarten Nettobetrag von 10 000 € veräußert.

Jahr 01:
[5]V ist zum Vorsteuerabzug in Höhe von 2850 € (50 % von 5700 €) nach § 15 Abs. 1 UStG berechtigt. [6]Der für unentgeltliche ideelle Tätigkeiten des Vereins (nichtwirtschaftliche Tätigkeit i. e. S., vgl. Abschnitt 2.3 Abs. 1a) verwendete Anteil des PKW berechtigt nicht zum Vorsteuerabzug (vgl. Abschnitte 15.2b Abs. 2 und 15.2c Abs. 2 Satz 1 Nr. 2 Buchstabe a).

Jahr 03:
[7]Die Bagatellgrenzen des § 44 UStDV sind überschritten. [8]Aus Billigkeitsgründen kann eine Vorsteuerberichtigung nach § 15a Abs. 1 UStG vorgenommen werden.
Insgesamt in Rechnung gestellte Umsatzsteuer: 5700 €
Ursprünglicher Vorsteuerabzug: 2850 € (entspricht 50 % von 5700 €)
Zeitpunkt der erstmaligen Verwendung: 1.1.01
Dauer des Berichtigungszeitraums: 1.1.01 bis 31.12.05
Aus Billigkeitsgründen zum Vorsteuerabzug berechtigende Verwendung in 03: 70 %
Vorsteuerberichtigung aus Billigkeitsgründen im Vergleich zum ursprünglichen Vorsteuerabzug: Vorsteuer zu 70 % statt zu 50 %
Berichtigungsbetrag: 20 Prozentpunkte von 1/5 von 5700 € = 228 € sind zugunsten des V zu korrigieren.

Jahr 04:
[9]Die Veräußerung des PKW ist in Höhe des für unternehmerische Tätigkeiten verwendeten Anteils im Zeitpunkt der Veräußerung steuerbar. [10]Die Umsatzsteuer beträgt 1330 € (70 % von 10 000 € × 19 %). [11]Aus Billigkeitsgründen ist auf Grund der Veräußerung auch eine Vorsteuerberichtigung nach § 15a UStG vorzunehmen. [12]Die Bagatellgrenzen des § 44 UStDV sind überschritten.
Insgesamt in Rechnung gestellte Umsatzsteuer: 5700 €
Ursprünglicher Vorsteuerabzug: 2850 € (entspricht 50 % von 5700 €)
Zeitpunkt der erstmaligen Verwendung: 1.1.01
Dauer des Berichtigungszeitraums: 1.1.01 bis 31.12.05
Tatsächliche zum Vorsteuerabzug berechtigende Verwendung im Berichtigungszeitraum:
Jahr 01 bis 03 = 50 %
Jahr 03 = 70 % (Berichtigung nach § 15a UStG aus Billigkeitsgründen)
Änderung aus Billigkeitsgründen:
ab Jahr 04 = 20 Prozentpunkte (70 % statt 50 %)
Vorsteuerberichtigung pro Jahr:
5700 € /5 Jahre × 20 % = 228 €
Jahr 04 und 05 = je 228 €
[13]Die Berichtigung des Vorsteuerabzugs in Höhe von 456 € zugunsten des V ist in der ersten Voranmeldung für das Kalenderjahr 04 vorzunehmen (§ 44 Abs. 3 Satz 2 UStDV).

15a.2 Änderung der Verhältnisse

(1) [1]Verwendung im Sinne des § 15a UStG ist die tatsächliche Nutzung des Berichtigungsobjekts zur Erzielung von Umsätzen. [2]Als Verwendung sind auch die Veräußerung, die unentgeltliche Wertabgabe nach § 3 Abs. 1b und 9a UStG (vgl. BFH-Urteil vom 2.10.1986, V R 91/78, BStBl. 1987 II S. 44) und die teilunternehmerische Nutzung eines Grundstücks im Sinne des § 15 Abs. 1b UStG (§ 15a Abs. 6a UStG, vgl. Abschnitt 15.6a) anzusehen. [3]Unter Veräußerung ist sowohl die Lieferung im Sinne des § 3 Abs. 1 UStG, z. B. auch die Verwertung in der Zwangsvollstreckung, als auch die Übertragung immaterieller Wirtschaftsgüter zu verstehen. [4]Voraussetzung ist jedoch, dass das Wirtschaftsgut im Zeitpunkt dieser Umsätze objektiv noch verwendungsfähig ist. [5]Die Eröffnung eines Insolvenzverfahrens bewirkt allein weder tatsächlich noch rechtlich eine Änderung in der Verwendung eines Berichtigungsobjekts (vgl. BFH-Urteil vom 8.3.2012, V R 24/11, BStBl. II S. 466).

(2) [1]Für die Frage, ob eine Änderung der Verhältnisse vorliegt, sind die Verhältnisse im Zeitpunkt der tatsächlichen Verwendung im Vergleich zum ursprünglichen Vorsteuerabzug entscheidend (vgl. BFH-Urteil vom 9.2.2011, XI R 35/09, BStBl. II S. 1000). [2]Für den ursprünglichen Vorsteuerabzug ist die Verwendungsabsicht im Zeitpunkt des Leistungsbezugs entscheidend, im Fall der Anzahlung oder Vorauszahlung die im Zeitpunkt der Anzahlung oder Vorauszahlung gegebene Verwendungsabsicht (Abschnitt 15.12 Abs. 1). [3]Eine Änderung der Verhältnisse im Sinne des § 15a UStG liegt z. B. vor,

1. wenn sich auf Grund der tatsächlichen Verwendung nach § 15 Abs. 2 und 3 UStG ein höherer oder niedrigerer Vorsteuerabzug im Vergleich zum ursprünglichen Vorsteuerabzug ergibt, z. B.
   a) wenn der Unternehmer ein Berichtigungsobjekt innerhalb des Unternehmens für Ausgangsumsätze nutzt, welche den Vorsteuerabzug anders als ursprünglich ausschließen oder zulassen (vgl. BFH-Urteile vom 15.9.2011, V R 8/11, BStBl. 2012 II S. 368, und vom 19.10.2011, XI R 16/09, BStBl. 2012 II S. 371),
   b) wenn der Unternehmer einen ursprünglich ausgeübten Verzicht auf eine Steuerbefreiung (§ 9 UStG) später nicht fortführt, oder
   c) wenn sich das prozentuale Verhältnis ändert, nach dem die abziehbaren Vorsteuern ursprünglich nach § 15 Abs. 4 UStG aufgeteilt worden sind,
2. wenn das Wirtschaftsgut veräußert oder entnommen wird und dieser Umsatz hinsichtlich des Vorsteuerabzugs anders zu beurteilen ist als der ursprüngliche Vorsteuerabzug (§ 15a Abs. 8 UStG),
3. wenn der Unternehmer von der allgemeinen Besteuerung zur Nichterhebung der Steuer nach § 19 Abs. 1 UStG oder umgekehrt übergeht (§ 15a Abs. 7 UStG), ohne dass sich die Nutzung der Wirtschaftsgüter oder sonstigen Leistungen selbst geändert haben muss,
4. wenn der Unternehmer von der allgemeinen Besteuerung zur Durchschnittssatzbesteuerung nach den §§ 23, 23a und 24 UStG oder umgekehrt übergeht (§ 15a Abs. 7 UStG), ohne dass sich die Nutzung der Wirtschaftsgüter oder sonstigen Leistungen selbst geändert haben muss (zur Vorsteuerberichtigung bei Wirtschaftsgütern, die sowohl in einem gewerblichen

Unternehmensteil als auch in einem landwirtschaftlichen Unternehmensteil (§ 24 UStG) eingesetzt werden, und zum Übergang von der allgemeinen Besteuerung zur Durchschnittssatzbesteuerung nach § 24 UStG oder umgekehrt siehe Abschnitt 15a.9 Abs. 5 ff.),

5. wenn sich eine Rechtsänderung nach dem Leistungsbezug auf die Beurteilung des Vorsteuerabzugs auswirkt, z. B. bei Wegfall oder Einführung einer den Vorsteuerabzug ausschließenden Steuerbefreiung (vgl. BFH-Urteil vom 14.5.1992, V R 79/87, BStBl. II S. 983),
6. wenn sich die rechtliche Beurteilung des ursprünglichen Vorsteuerabzugs später als unzutreffend erweist, sofern die Steuerfestsetzung für das Jahr des Leistungsbezugs bestandskräftig und unabänderbar ist (Abschnitt 15a.4 Abs. 3),
7. wenn sich die Verwendung eines Grundstücks im Sinne des § 15 Abs. 1b UStG ändert (§ 15a Abs. 6a UStG, vgl. Abschnitt 15.6a),
8. wenn der Unternehmer aufgrund einer Erklärung nach § 25a Abs. 2 Satz 1 UStG von der allgemeinen Besteuerung zur Differenzbesteuerung oder umgekehrt übergeht (vgl. hierzu Abschnitt 25a.1 Abs. 7 Satz 7 ff.).

(3) Eine Geschäftsveräußerung im Sinne des § 1 Abs. 1a UStG stellt keine Änderung der Verhältnisse dar, weil der Erwerber nach § 1 Abs. 1a Satz 3 UStG an die Stelle des Veräußerers tritt (vgl. BFH-Urteile vom 6.9.2007, V R 41/05, BStBl. 2008 II S. 65, und vom 30.4.2009, V R 4/07, BStBl. II S. 863; siehe auch Abschnitt 15a.10).

(4) Die Einräumung eines Miteigentumsanteils an einem zu eigenunternehmerischen Zwecken genutztem Grundstücksteil führt zu keiner Änderung der Verhältnisse, wenn der bisherige Alleineigentümer auch als Miteigentümer in Bruchteilsgemeinschaft insoweit zum Vorsteuerabzug berechtigt bleibt, als seine eigenunternehmerische Nutzung seinen quotalen Miteigentumsanteil am Grundstück nicht übersteigt (vgl. BFH-Urteil vom 22.11.2007, V R 5/06, BStBl. 2008 II S. 448).

Besonderheiten bei der Änderung der Verhältnisse bei Wirtschaftsgütern, die nicht nur einmalig zur Ausführung von Umsätzen verwendet werden

(5) Ändern sich im Laufe eines Kalenderjahres die Verhältnisse gegenüber den für den ursprünglichen Vorsteuerabzug maßgeblichen Verhältnissen, ist maßgebend, wie das Wirtschaftsgut während des gesamten Kalenderjahres verwendet wird.

Beispiel:

[1] Ein Unternehmer erwirbt am 1.3.01 eine Maschine. [2] Er beabsichtigt, sie bis zum 30.6.01 nur zur Ausführung von zum Vorsteuerabzug berechtigenden Umsätzen und ab 1.7.01 ausschließlich zur Ausführung von Umsätzen, die den Vorsteuerabzug ausschließen, zu verwenden. [3] Am 1.10.03 veräußert der Unternehmer die Maschine steuerpflichtig.

[4] Im Jahr 01 kann der Unternehmer im Zeitpunkt des Leistungsbezuges 40 % der auf die Anschaffung der Maschine entfallenden Vorsteuern abziehen (von den 10 Monaten des Jahres 01 soll die Maschine 4 Monate, d. h. zu 40 %, für zum Vorsteuerabzug berechtigende und 6 Monate, d. h. zu 60 %, für den Vorsteuerabzug ausschließende Umsätze verwendet werden). [5] Da die Maschine im Jahr 01 planmäßig verwendet wurde, ist der Vorsteuerabzug nicht zu berichtigen.

[6] Im Jahr 02 wird die Maschine nur für Umsätze verwendet, die den Vorsteuerabzug ausschließen. [7] Damit liegt eine Änderung der Verhältnisse um 40 Prozentpunkte vor. [8] Der Unternehmer muss die Vorsteuern entsprechend an das Finanzamt zurückzahlen.
[9] Im Jahr 03 wird die Maschine 9 Monate für Umsätze verwendet, die den Vorsteuerabzug ausschließen. [10] Die steuerpflichtige Veräußerung am 1.10.03 ist so zu behandeln, als ob die Maschine vom 1.10. bis 31.12. für zum Vorsteuerabzug berechtigende Umsätze verwendet worden wäre. [11] Auf das ganze Kalenderjahr bezogen sind 25% der Vorsteuern abziehbar (von den 12 Monaten des Jahres 03 berechtigt die Verwendung in 3 Monaten zum Vorsteuerabzug). [12] Gegenüber dem ursprünglichen Vorsteuerabzug haben sich somit die Verhältnisse um 15 Prozentpunkte zuungunsten geändert. [13] Der Unternehmer muss die Vorsteuern entsprechend an das Finanzamt zurückzahlen.
[14] Für die restlichen Kalenderjahre des Berichtigungszeitraums ist die Veräußerung ebenfalls wie eine Verwendung für zu 100% zum Vorsteuerabzug berechtigende Umsätze anzusehen. [15] Die Änderung der Verhältnisse gegenüber dem ursprünglichen Vorsteuerabzug beträgt somit für diese Kalenderjahre jeweils 60 Prozentpunkte. [16] Der Unternehmer hat einen entsprechenden nachträglichen Vorsteuerabzug (zum Berichtigungsverfahren in diesem Fall vgl. Abschnitt 15a.11 Abs. 4).

(6) Bei bebauten und unbebauten Grundstücken können sich die Verhältnisse insbesondere in folgenden Fällen ändern:

1. Nutzungsänderungen, insbesondere durch
   a) Übergang von einer durch Option nach § 9 UStG steuerpflichtigen Vermietung zu einer nach § 4 Nr. 12 Satz 1 Buchstabe a UStG steuerfreien Vermietung oder umgekehrt;
   b) Übergang von der Verwendung eigengewerblich genutzter Räume, die zur Erzielung zum Vorsteuerabzug berechtigender Umsätze verwendet werden, zu einer nach § 4 Nr. 12 Satz 1 Buchstabe a UStG steuerfreien Vermietung oder umgekehrt;
   c) Übergang von einer steuerfreien Vermietung nach Artikel 67 Abs. 3 NATO-ZAbk[1)] zu einer nach § 4 Nr. 12 Satz 1 Buchstabe a UStG steuerfreien Vermietung oder umgekehrt;
   d) Änderung des Vorsteueraufteilungsschlüssels bei Grundstücken, die sowohl zur Ausführung von Umsätzen, die zum Vorsteuerabzug berechtigen, als auch für Umsätze, die den Vorsteuerabzug ausschließen, verwendet werden (vgl. Abschnitte 15.16, 15.17 und 15a.4 Abs. 2);
   e) Änderung des Umfangs der teilunternehmerischen Nutzung eines Grundstücks im Sinne des § 15 Abs. 1b UStG (vgl. Abschnitt 15.6a);
2. Veräußerungen, die nicht als Geschäftsveräußerungen im Sinne des § 1 Abs. 1a UStG anzusehen sind, insbesondere
   a) nach § 4 Nr. 9 Buchstabe a UStG steuerfreie Veräußerung ganz oder teilweise eigengewerblich und vorsteuerunschädlich genutzter, ursprünglich steuerpflichtig vermieteter oder auf Grund des Artikels 67 Abs. 3 NATO-ZAbk[1)] steuerfrei vermieteter Grundstücke (vgl. auch Absatz 1);
   b) durch wirksame Option nach § 9 UStG steuerpflichtige Veräußerung ursprünglich ganz oder teilweise nach § 4 Nr. 12 Satz 1 Buchstabe a UStG steuerfrei vermieteter Grundstücke;

[1)] **Zölle und Verbrauchsteuern** Nr. **171.**

c) die entgeltliche Übertragung eines Miteigentumsanteils an einem ursprünglich teilweise steuerfrei vermieteten Grundstück auf einen Familienangehörigen, wenn die Teiloption beim Verkauf nicht in dem Verhältnis der bisherigen Nutzung ausgeübt wird (vgl. Abschnitt 9.1 Abs. 6);

3. unentgeltliche Wertabgaben, die nicht im Rahmen einer Geschäftsveräußerung nach § 1 Abs. 1a UStG erfolgen, und die steuerfrei sind, insbesondere

a) unentgeltliche Übertragung ganz oder teilweise eigengewerblich vorsteuerunschädlich genutzter, ursprünglich steuerpflichtig vermieteter oder auf Grund des Artikels 67 Abs. 3 NATO-ZAbk[1] steuerfrei vermieteter Grundstücke, z.B. an Familienangehörige (vgl. BFH-Urteil vom 25.6. 1987, V R 92/78, BStBl. II S. 655);

b) unentgeltliche Nießbrauchsbestellung an einem entsprechend genutzten Grundstück, z.B. an Familienangehörige (vgl. BFH-Urteil vom 16.9. 1987, X R 51/81, BStBl. 1988 II S. 205);

c) unentgeltliche Übertragung des Miteigentumsanteils an einem entsprechend genutzten Grundstück, z.B. an Familienangehörige (vgl. BFH-Urteil vom 27.4.1994, XI R 85/92, BStBl. 1995 II S. 30).

(7) [1]Die Lieferung eines Gegenstands (Verschaffung der Verfügungsmacht) setzt die Übertragung von Substanz, Wert und Ertrag voraus. [2]Die Verfügungsmacht an einem Mietgrundstück ist mangels Ertragsübergangs noch nicht verschafft, solange der Lieferer dieses auf Grund seines Eigentums wie bislang für Vermietungsumsätze verwendet. [3]Das gilt auch für eine unentgeltliche Lieferung des Mietwohngrundstücks. [4]Solange die Verfügungsmacht nicht übergegangen ist, liegen keine unentgeltliche Wertabgabe und keine durch sie verursachte Änderung der Verwendungsverhältnisse im Sinne des § 15a UStG vor (BFH-Urteil vom 18.11.1999, V R 13/99, BStBl. 2000 II S. 153).

(8) [1]Steht ein Gebäude im Anschluss an seine erstmalige Verwendung für eine bestimmte Zeit ganz oder teilweise leer, ist bis zur tatsächlichen erneuten Verwendung des Wirtschaftsgutes anhand der Verwendungsabsicht (vgl. Abschnitt 15.12) zu entscheiden, ob sich die für den ursprünglichen Vorsteuerabzug maßgebenden Verhältnisse ändern. [2]Keine Änderung der Verhältnisse liegt dabei vor, wenn im Anschluss an eine zum Vorsteuerabzug berechtigende Verwendung auch künftig zum Vorsteuerabzug berechtigende Umsätze ausgeführt werden sollen (vgl. BFH-Urteil vom 25.4.2002, V R 58/00, BStBl. 2003 II S. 435). [3]Dagegen kann die Änderung der Verwendungsabsicht oder die spätere tatsächliche Verwendung zu einer Vorsteuerberichtigung führen.

(9) Veräußerung und unentgeltliche Wertabgabe nach § 3 Abs. 1b UStG eines Wirtschaftsguts, das nicht nur einmalig zur Ausführung von Umsätzen verwendet wird, nach Beginn des nach § 15a Abs. 1 UStG maßgeblichen Berichtigungszeitraums sind so anzusehen, als ob das Wirtschaftsgut bis zum Ablauf des maßgeblichen Berichtigungszeitraums (vgl. Abschnitt 15a.3) entsprechend der umsatzsteuerrechtlichen Behandlung dieser Umsätze weiterhin innerhalb des Unternehmens verwendet worden wäre.

Beispiel:

[1] Ein Betriebsgrundstück, das vom 1.1.01 bis zum 31.10.01 innerhalb des Unternehmens zur Ausführung zum Vorsteuerabzug berechtigender Umsätze verwendet worden ist, wird am 1.11.01 nach § 4 Nr. 9 Buchstabe a UStG steuerfrei veräußert.

[2] Für die Berichtigung ist die Veräußerung so anzusehen, als ob das Grundstück ab dem Zeitpunkt der Veräußerung bis zum Ablauf des Berichtigungszeitraums nur noch zur Ausführung von Umsätzen verwendet würde, die den Vorsteuerabzug ausschließen. [3] Entsprechendes gilt bei einer steuerfreien unentgeltlichen Wertabgabe nach § 3 Abs. 1b Satz 1 Nr. 3 UStG.

15a.3 Berichtigungszeitraum nach § 15a Abs. 1 UStG

Beginn und Dauer des Berichtigungszeitraums

(1) [1] Der Zeitraum, für den eine Berichtigung des Vorsteuerabzugs durchzuführen ist, beträgt grundsätzlich volle fünf Jahre ab dem Beginn der erstmaligen tatsächlichen Verwendung. [2] Er verlängert sich bei Grundstücken einschließlich ihrer wesentlichen Bestandteile, bei Berechtigungen, für die die Vorschriften des bürgerlichen Rechts über Grundstücke gelten, und bei Gebäuden auf fremdem Grund und Boden auf volle zehn Jahre (§ 15a Abs. 1 Satz 2 UStG). [3] Der Berichtigungszeitraum von zehn Jahren gilt auch für Betriebsvorrichtungen, die als wesentliche Bestandteile auf Dauer in ein Gebäude eingebaut werden (vgl. BFH-Urteil vom 14.7.2010, XI R 9/09, BStBl. II S. 1086). [4] Bei Wirtschaftsgütern mit einer kürzeren Verwendungsdauer ist der entsprechend kürzere Berichtigungszeitraum anzusetzen (§ 15a Abs. 5 Satz 2 UStG). [5] Ob von einer kürzeren Verwendungsdauer auszugehen ist, beurteilt sich nach der betriebsgewöhnlichen Nutzungsdauer, die nach ertragsteuerrechtlichen Grundsätzen für das Wirtschaftsgut anzusetzen ist. [6] § 45 UStDV ist zur Ermittlung des Beginns des Berichtigungszeitraums analog anzuwenden (vgl. Absatz 6).

(2)[1)] [1] Wird ein Wirtschaftsgut, z. B. ein Gebäude, bereits entsprechend dem Baufortschritt verwendet, noch bevor es insgesamt fertig gestellt ist, ist für jeden gesondert in Verwendung genommenen Teil des Wirtschaftsguts ein besonderer Berichtigungszeitraum anzunehmen (vgl. BFH-Urteil vom 29.4. 2020, XI R 14/19, BStBl. II S. 613). [2] Gleiches gilt, wenn ein Wirtschaftsgut im Fall einer Sanierung entsprechend dem Sanierungsfortschritt wieder in Verwendung genommen wird. [3] Diese Berichtigungszeiträume beginnen jeweils zu dem Zeitpunkt, zu dem der einzelne Teil des Wirtschaftsguts erstmalig (wieder) zur Ausführung von Umsätzen verwendet wird. [4] Der einzelnen Berichtigung sind jeweils die Vorsteuerbeträge zu Grunde zu legen, die auf den entsprechenden Teil des Wirtschaftsguts entfallen. [5] Wird dagegen ein fertiges Wirtschaftsgut nur teilweise gebraucht oder, gemessen an seiner Einsatzmöglichkeit, nicht voll genutzt, besteht ein einheitlicher Berichtigungszeitraum für das ganze Wirtschaftsgut, der mit dessen erstmaliger Verwendung beginnt. [6] Dabei ist für die nicht genutzten Teile des Wirtschaftsguts (z. B. eines Gebäudes) die Verwendungsabsicht maßgebend.

---

1) A 15a.3 UStAE Abs. 2 neuer Satz 2 eingef., bish. Satz 2 wird Satz 3 und neugef., bish. Sätze 3 bis 5 werden Sätze 4 bis 6 durch BMF v. 17.12.2021, BStBl. I 2021, 2504.

(3) [1]Steht ein Gebäude vor der erstmaligen Verwendung leer, beginnt der Berichtigungszeitraum nach § 15a Abs. 1 UStG erst mit der erstmaligen tatsächlichen Verwendung.

Beispiel:

[1]Ein Unternehmer errichtet ein Bürogebäude. [2]Die im Zusammenhang mit der Herstellung des Gebäudes in Rechnung gestellte Umsatzsteuer beträgt in den Jahren 01 100 000 € und 02 300 000 € (insgesamt 400 000 €). [3]Die abziehbaren Vorsteuerbeträge nach § 15 UStG belaufen sich vor dem Zeitpunkt der erstmaligen Verwendung auf 100 000 €, da der Unternehmer im Jahr 01 beabsichtigte und dies schlüssig dargelegt hat, das Gebäude nach Fertigstellung zu 100% für zum Vorsteuerabzug berechtigende Zwecke zu verwenden, während er im Jahr 02 beabsichtigte, das Gebäude nach Fertigstellung zu 0% für zum Vorsteuerabzug berechtigende Zwecke zu verwenden. [4]Das Gebäude steht nach der Investitionsphase ein Jahr leer (Jahr 03). [5]Ab dem Jahr 04 wird das Gebäude zu 100% für zum Vorsteuerabzug berechtigende Umsätze verwendet.

Ingesamt in Rechnung gestellte Umsatzsteuer: 400 000 €
Ursprünglicher Vorsteuerabzug (Ermittlung eines prozentualen Verhältnisses des ursprünglichen Vorsteuerabzugs zum Vorsteuervolumen insgesamt): 100 000 € (25% von 400 000 €).
Zeitpunkt der erstmaligen Verwendung: 1.1.04
Dauer des Berichtigungszeitraums: 1.1.04 bis 31.12.13
ab Jahr 04: 100%
Änderung der Verhältnisse:
ab Jahr 04: 75 Prozentpunkte (100% statt 25%)
Vorsteuerberichtigung pro Jahr:
(400 000 €/10 Jahre = 40 000 € pro Jahr)
ab Jahr 04: jährlich 30 000 € (40 000 € × 75%) nachträglicher Vorsteuererstattungsanspruch

[2]Auch für Leistungsbezüge während des Leerstands vor der erstmaligen Verwendung richtet sich der Vorsteuerabzug nach der im Zeitpunkt des jeweiligen Leistungsbezugs gegebenen Verwendungsabsicht (vgl. Abschnitt 15.12).

(4) Wird ein dem Unternehmen zugeordnetes Wirtschaftsgut zunächst unentgeltlich überlassen, beginnt der Berichtigungszeitraum mit der unentgeltlichen Überlassung, unabhängig davon, ob die unentgeltliche Überlassung zu einer steuerbaren unentgeltlichen Wertabgabe führt.

Ende des Berichtigungszeitraums

(5) Endet der maßgebliche Berichtigungszeitraum während eines Kalenderjahres, sind nur die Verhältnisse zu berücksichtigen, die bis zum Ablauf dieses Zeitraums eingetreten sind.

Beispiel:

[1]Der Berichtigungszeitraum für ein Wirtschaftsgut endet am 31.8.01. [2]In diesem Kalenderjahr hat der Unternehmer das Wirtschaftsgut bis zum 30.6. nur zur Ausführung zum Vorsteuerabzug berechtigender Umsätze und vom 1.7. bis zum 9.10. ausschließlich zur Ausführung nicht zum Vorsteuerabzug berechtigender Umsätze verwendet. [3]Am 10.10.01 veräußert er das Wirtschaftsgut steuerpflichtig.

[4]Bei der Berichtigung des Vorsteuerabzugs für das Jahr 01 sind nur die Verhältnisse bis zum 31.8. zu berücksichtigen. [5]Da das Wirtschaftsgut in diesem Zeitraum 6 Monate für zum Vorsteuerabzug berechtigende und 2 Monate für nicht zum Vorsteuerabzug berechtigende Umsätze verwendet wurde, sind 25% des auf das Jahr 01 entfallenden Vorsteueranteils nicht abziehbar.

[6]Die auf die Zeit ab 1.9.01 entfallende Verwendung und die Veräußerung liegen außerhalb des Berichtigungszeitraums und bleiben deshalb bei der Prüfung, inwieweit eine Änderung der Verhältnisse gegenüber dem ursprünglichen Vorsteuerabzug vorliegt, außer Betracht.

(6) Endet der Berichtigungszeitraum innerhalb eines Kalendermonats, ist das für die Berichtigung maßgebliche Ende nach § 45 UStDV zu ermitteln.

Beispiel 1:

[1] Unternehmer U hat am 10.1.01 eine Maschine angeschafft, die er zunächst wie geplant ab diesem Zeitpunkt zu 90 % zur Erzielung von zum Vorsteuerabzug berechtigenden Umsätzen und zu 10 % zur Erzielung von nicht zum Vorsteuerabzug berechtigenden Umsätzen verwendet. [2] Die Vorsteuern aus der Anschaffung betragen 80 000 €. [3] Ab dem 1.8.01 nutzt U die Maschine nur noch zu 10 % für zum Vorsteuerabzug berechtigende Umsätze.
Insgesamt in Rechnung gestellte Umsatzsteuer: 80 000 €
Ursprünglicher Vorsteuerabzug (Ermittlung eines prozentualen Verhältnisses des ursprünglichen Vorsteuerabzugs zum Vorsteuervolumen insgesamt): 72 000 € (90 % von 80 000 €)
Zeitpunkt der erstmaligen Verwendung: 10.1.01
Dauer des Berichtigungszeitraums: 1.1.01 bis 31.12.05 (nach § 45 UStDV bleibt der Januar 06 für die Berichtigung unberücksichtigt, da der Berichtigungszeitraum vor dem 16.1.06 endet; entsprechend beginnt der Berichtigungszeitraum dann mit dem 1.1.01)
Tatsächliche zum Vorsteuerabzug berechtigende Verwendung im Berichtigungszeitraum:

Jahr 01	Nutzung Januar bis Juli 01	7 × 90 % = 630
	Nutzung August bis Dezember 01	5 × 10 % = 50
		680 : 12 Monate = 56,7

Änderung der Verhältnisse:
Jahr 01: 33,3 Prozentpunkte (56,7 % statt 90 %)
ab Jahr 02: jeweils 80 Prozentpunkte (10 % statt 90 %)
Vorsteuerberichtigung pro Jahr:
(80 000 €/5 Jahre = 16 000 € pro Jahr)
Jahr 01 = ./. 5 328 € (16 000 € × 33,3 %)
ab Jahr 02 jeweils = ./. 12 800 € (16 000 € × 80 %)

Beispiel 2:

Wie Beispiel 1, nur Anschaffung und Verwendungsbeginn der Maschine am 20.1.01.
Insgesamt in Rechnung gestellte Umsatzsteuer: 80 000 €
Ursprünglicher Vorsteuerabzug (Ermittlung eines prozentualen Verhältnisses des ursprünglichen Vorsteuerabzugs zum Vorsteuervolumen insgesamt): 72 000 € (90 % von 80 000 €)
Zeitpunkt der erstmaligen Verwendung: 20.1.01
Dauer des Berichtigungszeitraums: 1.2.01 bis 31.1.06 (nach § 45 UStDV ist der Januar 06 für die Berichtigung voll zu berücksichtigen, da der Berichtigungszeitraum nach dem 15.1.06 endet; entsprechend beginnt der Berichtigungszeitraum dann mit dem 1.2.01)
Tatsächliche zum Vorsteuerabzug berechtigende Verwendung im Berichtigungszeitraum:

Jahr 01	Nutzung Februar bis Juli 01	6 × 90 = 540
	Nutzung August bis Dezember 01	5 × 10 = 50
		590 : 11 Monate = 53,6

Änderung der Verhältnisse:
Jahr 01: 36,4 Prozentpunkte (53,6 % statt 90 %)
ab Jahr 02: jeweils 80 Prozentpunkte (10 % statt 90 %)
Vorsteuerberichtigung pro Jahr:
(80 000 € / 5 Jahre = 16 000 € pro Jahr)
Jahr 01 = ./. 5 338 € (16 000 € × 36,4 % × $^{11}/_{12}$)
Jahre 02 bis 05 jeweils = ./. 12 800 € (16 000 € × 80 %)
Jahr 06 = ./. 1 066 € (16 000 € × 80 % × $^{1}/_{12}$)

(7) [1] Kann ein Wirtschaftsgut vor Ablauf des Berichtigungszeitraums wegen Unbrauchbarkeit vom Unternehmer nicht mehr zur Ausführung von Umsätzen verwendet werden, endet damit der Berichtigungszeitraum. [2] Das gilt auch für die Berichtigungszeiträume, die für eventuell angefallene nachträgliche Anschaffungs- oder Herstellungskosten bestehen. [3] Eine Veräußerung des nicht

mehr verwendungsfähigen Wirtschaftsguts als Altmaterial bleibt für die Berichtigung des Vorsteuerabzuges unberücksichtigt.

(8) [1] Wird das Wirtschaftsgut vor Ablauf des Berichtigungszeitraums veräußert oder nach § 3 Abs. 1b UStG geliefert, verkürzt sich hierdurch der Berichtigungszeitraum nicht. [2] Zur Änderung der Verhältnisse in diesen Fällen vgl. Abschnitt 15a.2 Abs. 9.

15a.4 Berichtigung nach § 15a Abs. 1 UStG

(1) [1] Die Berichtigung des Vorsteuerabzugs ist jeweils für den Voranmeldungszeitraum bzw. das Kalenderjahr vorzunehmen, in dem sich die für den ursprünglichen Vorsteuerabzug maßgebenden Verhältnisse geändert haben (vgl. Abschnitt 15a.2). [2] Dabei sind die Vereinfachungsregelungen des § 44 UStDV zu beachten (vgl. Abschnitt 15a.11). [3] Weicht die tatsächliche Verwendung von den für den ursprünglichen Vorsteuerabzug maßgebenden Verhältnissen ab, wird die Berichtigung des Vorsteuerabzugs nicht durch eine Änderung der Steuerfestsetzung des Jahres der Inanspruchnahme des Vorsteuerabzugs nach den Vorschriften der AO, sondern verteilt auf den Berichtigungszeitraum von 5 bzw. 10 Jahren pro rata temporis vorgenommen. [4] Dabei ist für jedes Kalenderjahr des Berichtigungszeitraums von den in § 15a Abs. 5 UStG bezeichneten Anteilen der Vorsteuerbeträge auszugehen. [5] Beginnt oder endet der Berichtigungszeitraum innerhalb eines Kalenderjahres, ist für diese Kalenderjahre jeweils nicht der volle Jahresanteil der Vorsteuerbeträge, sondern nur der Anteil anzusetzen, der den jeweiligen Kalendermonaten entspricht.

Beispiel:

[1] Auf ein Wirtschaftsgut mit einem Berichtigungszeitraum von 5 Jahren entfällt eine Vorsteuer von insgesamt 5000 €. [2] Der Berichtigungszeitraum beginnt am 1.4.01 und endet am 31.3.06. [3] Bei der Berichtigung ist für die einzelnen Jahre jeweils von einem Fünftel der gesamten Vorsteuer (= 1000 €) auszugehen. [4] Der Berichtigung des Jahres 01 sind 9 Zwölftel dieses Betrages (= 750 €) und der des Jahres 06 3 Zwölftel dieses Betrages (= 250 €) zu Grunde zu legen.

(2) [1] Sind die Voraussetzungen für den Vorsteuerabzug nicht schon im Zeitpunkt des Leistungsbezugs, sondern erst nach Beginn der tatsächlichen erstmaligen Verwendung erfüllt, z. B. weil die zum Vorsteuerabzug berechtigende Rechnung vor Beginn der tatsächlichen erstmaligen Verwendung noch nicht vorgelegen hat, kann die Vorsteuer erst abgezogen werden, wenn die Voraussetzungen des § 15 Abs. 1 UStG insgesamt vorliegen. [2] Auch hierbei beurteilt sich die Berechtigung zum Vorsteuerabzug nach der Verwendung im Zeitpunkt des Leistungsbezugs (vgl. Abschnitt 15.12). [3] Von diesen Verhältnissen ist auch bei der Berichtigung auszugehen. [4] Folglich ist im Zeitpunkt des erstmaligen Vorsteuerabzugs gleichzeitig eine eventuell notwendige Berichtigung für die bereits abgelaufenen Teile des Berichtigungszeitraums vorzunehmen.

Beispiel 1:

[1] Ein im Jahr 01 neu errichtetes Gebäude, auf das eine Vorsteuer von 50 000 € entfällt, wird im Jahr 02 erstmalig tatsächlich verwendet. [2] Die Rechnung mit der gesondert ausgewiesenen Steuer erhält der Unternehmer aber erst im Jahr 04. [3] Der Unternehmer hat bereits während

der Bauphase schlüssig dargelegt, dass er das Gebäude zum Vorsteuerabzug berechtigend vermieten will. [4] Das Gebäude wurde tatsächlich wie folgt verwendet:

– im Jahr 02 nur zur Ausführung zum Vorsteuerabzug berechtigender Umsätze;
– im Jahr 03 je zur Hälfte zur Ausführung zum Vorsteuerabzug berechtigender und nicht zum Vorsteuerabzug berechtigender Umsätze;
– im Jahr 04 nur zur Ausführung nicht zum Vorsteuerabzug berechtigender Umsätze.

[5] Da der Unternehmer schlüssig dargelegt hat, dass er beabsichtigt, das Gebäude nach der Fertigstellung im Jahr 02 ausschließlich für zum Vorsteuerabzug berechtigende Umsätze zu verwenden, kann er nach § 15 Abs. 1 UStG die Vorsteuer von 50 000 € voll abziehen. [6] Der Abzug ist jedoch erst im Jahr 04 zulässig. [7] Bei der Steuerfestsetzung für dieses Jahr ist dieser Abzug aber gleichzeitig insoweit zu berichtigen, als für die Jahre 03 und 04 eine Änderung der Verhältnisse gegenüber der im Zeitpunkt des Leistungsbezuges dargelegten Verwendungsabsicht eingetreten ist. [8] Diese Änderung beträgt für das Jahr 03 50 % und für das Jahr 04 100 %. [9] Entsprechend dem zehnjährigen Berichtigungszeitraum ist bei der Berichtigung für das Jahr von einem Zehntel der Vorsteuer von 50 000 € = 5000 € auszugehen. [10] Es sind für das Jahr 03 die Hälfte dieses Vorsteueranteils, also 2500 €, und für das Jahr 04 der volle Vorsteueranteil von 5000 € vom Abzug ausgeschlossen. [11] Im Ergebnis vermindert sich somit die bei der Steuerfestsetzung für das Jahr 04 abziehbare Vorsteuer von 50 000 € um (2500 € + 5000 € =) 7500 € auf 42 500 €.

Beispiel 2:

[1] Ein Unternehmer (Immobilienfonds) errichtet ein Bürogebäude. [2] Die im Zusammenhang mit der Herstellung des Gebäudes in Rechnung gestellte Umsatzsteuer beträgt in den Jahren 01 150 000 € und 02 150 000 € (insgesamt 300 000 €). [3] Für einen weiteren Leistungsbezug des Jahres 01 liegt eine nach § 14 UStG ausgestellte Rechnung mit gesondertem Ausweis der Umsatzsteuer i. H. v. 100 000 € erst in 04 vor. [4] Die insgesamt in Rechnung gestellte Umsatzsteuer beträgt somit 400 000 €.

[5] Der Unternehmer beabsichtigte im Jahr 01 eine zu 100 % und im Jahr 02 eine zu 0 % zum Vorsteuerabzug berechtigende Verwendung des Gebäudes. [6] Die Verwendungsabsicht wurde durch den Unternehmer jeweils schlüssig dargelegt. [7] Das Gebäude wird erstmals ab dem Jahr 03 verwendet, und zwar zu 0 % für zum Vorsteuerabzug berechtigende Umsätze.

[8] Die abziehbaren Vorsteuerbeträge nach § 15 UStG belaufen sich vor dem Zeitpunkt der erstmaligen Verwendung (Investitionsphase) auf 150 000 € für die in 01 bezogenen Leistungen.

Jahr 03:
Insgesamt in Rechnung gestellte Umsatzsteuer: 300 000 €
Ursprünglicher Vorsteuerabzug: 150 000 € (entspricht 50 % von 300 000 €)
Zeitpunkt der erstmaligen Verwendung: 1.1.03
Dauer des Berichtigungszeitraums: 1.1.03 bis 31.12.12
Tatsächliche zum Vorsteuerabzug berechtigende Verwendung in 03: 0 %
Vorsteuerberichtigung wegen Änderung der Verhältnisse im Vergleich zum ursprünglichen Vorsteuerabzug: Vorsteuer zu 0 % abziehbar statt zu 50 %
Berichtigungsbetrag: 50 % von $1/_{10}$ von 300 000 € = 15 000 € sind zurückzuzahlen

Jahr 04:
[9] Da der Unternehmer das Gebäude im Jahr 01 ausschließlich für zum Vorsteuerabzug berechtigende Umsätze verwenden wollte, kann er nach § 15 Abs. 1 UStG die Vorsteuer für den weiteren Leistungsbezug von 100 000 € voll abziehen. [10] Der Abzug ist erst im Jahr 04 zulässig. [11] Bei der Steuerfestsetzung für dieses Jahr ist dieser Abzug aber gleichzeitig insoweit zu berichtigen, als für die Jahre 03 und 04 eine Änderung der Verhältnisse gegenüber der im Zeitpunkt des Leistungsbezuges dargelegten Verwendungsabsicht eingetreten ist.
Berichtigung im Jahr 04:
Insgesamt in Rechnung gestellte Umsatzsteuer: 400 000 €
Ursprünglicher Vorsteuerabzug: 250 000 € (62,5 % × 400 000 €)
Tatsächliche zum Vorsteuerabzug berechtigende Verwendung in 03 und 04: 0 %
Vorsteuerberichtigung wegen Änderung der Verhältnisse im Vergleich zum ursprünglichen Vorsteuerabzug: Vorsteuer zu 0 % abziehbar statt zu 62,5 %
Berichtigungsbetrag für 03 und 04 je: 62,5 % × $1/_{10}$ × 400 000 € = 25 000 €.

[12] Für 03 erfolgte bereits eine Rückzahlung von 15 000 €. [13] Daher ist in 04 noch eine Vorsteuerberichtigung für 03 i. H. v. 10 000 € zuungunsten des Unternehmers vorzunehmen. [14] Im Ergebnis vermindert sich somit die bei der Steuerfestsetzung für das Jahr 04 abziehbare Vorsteuer von 100 000 € um (10 000 € für 03 + 25 000 € für 04 =) 35 000 € auf 65 000 €.

[5] Entsprechend ist zu verfahren, wenn der ursprünglich in Betracht kommende Vorsteuerabzug nach § 17 UStG oder deswegen zu berichtigen ist, weil später festgestellt wird, dass objektive Anhaltspunkte für die vorgetragene Verwendungsabsicht im Zeitpunkt des Leistungsbezugs nicht vorlagen, die Verwendungsabsicht nicht in gutem Glauben erklärt wurde oder ein Fall von Betrug oder Missbrauch vorliegt (vgl. Abschnitt 15.12 Abs. 5).

(3)[1)·2)] [1] War der ursprünglich vorgenommene Vorsteuerabzug aus der Sicht des § 15 Abs. 1b bis 4 UStG sachlich unrichtig, weil der Vorsteuerabzug ganz oder teilweise zu Unrecht vorgenommen wurde oder unterblieben ist, ist die unrichtige Steuerfestsetzung nach den Vorschriften der AO zu ändern. [2] Ist eine Änderung der unrichtigen Steuerfestsetzung hiernach nicht mehr zulässig, bleibt die ihr zu Grunde liegende unzutreffende Beurteilung des Vorsteuerabzugs für alle Kalenderjahre maßgebend, in denen nach verfahrensrechtlichen Vorschriften eine Änderung der Festsetzung, in der über den Vorsteuerabzug entschieden wurde, noch möglich war. [3] Zur Unabänderbarkeit von Steuerfestsetzungen der Abzugsjahre bei der Errichtung von Gebäuden vgl. BFH-Urteil vom 5.2.1998, V R 66/94, BStBl. II S. 361. [4] Führt die rechtlich richtige Würdigung des Verwendungsumsatzes in einem noch nicht bestandskräftigen Jahr des Berichtigungszeitraums – gemessen an der tatsächlichen und nicht mehr änderbaren Beurteilung des ursprünglichen Vorsteuerabzugs – zu einer anderen Beurteilung des Vorsteuerabzugs, liegt eine Änderung der Verhältnisse vor (vgl. BFH-Urteile vom 12.6.1997, V R 36/95, BStBl. II S. 589, vom 13.11.1997, V R 140/93, BStBl. 1998 II S. 36, und vom 5.2.1998, V R 66/94, BStBl. II S. 361). [5] Der Vorsteuerabzug kann in allen noch änderbaren Steuerfestsetzungen für die Kalenderjahre des Berichtigungszeitraums, in denen eine Änderung der Steuerfestsetzung des Vorsteuerabzugs nach verfahrensrechtlichen Vorschriften nicht mehr möglich war, sowohl zugunsten als auch zuungunsten des Unternehmers nach § 15a UStG berichtigt werden.

Beispiel 1:

[1] Im Kalenderjahr 01 (Jahr des Leistungsbezugs) wurde der Vorsteuerabzug für ein gemischt genutztes Gebäude zu 100 % (= 100 000 €) gewährt, obwohl im Zeitpunkt des Leistungsbezugs beabsichtigt war, das Gebäude nach Fertigstellung zu 50 % zur Ausführung nicht zum Vorsteuerabzug berechtigender Umsätze zu verwenden und somit nur ein anteiliger Vorsteuerabzug von 50 000 € hätte gewährt werden dürfen. [2] Die Steuerfestsetzung für das Kalenderjahr des Leistungsbezugs ist bereits zu Beginn des Kalenderjahres 03 abgabenrechtlich nicht mehr änderbar. [3] In den Kalenderjahren 02 bis 11 wird das Gebäude zu 50 % zur Ausführung zum Vorsteuerabzug berechtigender Umsätze verwendet.

[4] Obwohl sich die tatsächliche Verwendung des Gebäudes nicht von der im Zeitpunkt des Leistungsbezugs gegebenen Verwendungsabsicht unterscheidet, sind ab dem Kalenderjahr 03 jeweils 50 % von einem Zehntel des gewährten Vorsteuerabzugs von 100 000 € (= 5000 € pro Jahr) zurückzuzahlen.

---

1) Hinweis auf A 15.11 Abs. 6 und A 15.12 Abs. 5 UStAE.

2) Zur Rückforderung abgetretener Vorsteuerüberschüsse vom Zessionar vgl. BFH v. 17.3.2009 VII R 38/08, BStBl. II 2009, 953.

Beispiel 2:

[1] Wie Beispiel 1, nur ist die Steuerfestsetzung des Kalenderjahres 01 erst ab Beginn des Kalenderjahres 05 abgabenrechtlich nicht mehr änderbar.
[2] Obwohl sich die tatsächliche Verwendung des Gebäudes nicht von der im Zeitpunkt des Leistungsbezugs gegebenen Verwendungsabsicht unterscheidet, sind ab dem Kalenderjahr 05 jeweils 50 % von einem Zehntel des zu Unrecht gewährten Vorsteuerabzugs von 100 000 € (= 5000 € pro Jahr) zurückzuzahlen. [3] Eine Berichtigung des zu Unrecht gewährten Vorsteuerabzugs für die Kalenderjahre 02 bis 04 unterbleibt.

(4) [1] Ein gewählter sachgerechter Aufteilungsmaßstab im Sinne des § 15 Abs. 4 UStG, der einem bestandskräftigen Umsatzsteuerbescheid für den entsprechenden Besteuerungszeitraum zu Grunde liegt, ist für eine mögliche Vorsteuerberichtigung nach § 15a UStG maßgebend, auch wenn ggf. noch andere sachgerechte Ermittlungsmethoden in Betracht kommen. [2] Die Bestandskraft der Steuerfestsetzung für das Erstjahr gestaltet die für das Erstjahr maßgebende Rechtslage für die Verwendungsumsätze (vgl. BFH-Urteil vom 28.9.2006, V R 43/03, BStBl. 2007 II S. 417).

15a.5 Berichtigung nach § 15a Abs. 2 UStG[1)]

(1) [1] Die Berichtigung nach § 15a Abs. 2 UStG unterliegt keinem Berichtigungszeitraum. [2] Eine Vorsteuerberichtigung ist im Zeitpunkt der tatsächlichen Verwendung durchzuführen, wenn diese von der ursprünglichen Verwendungsabsicht beim Erwerb abweicht. [3] Es ist unbeachtlich, wann das Wirtschaftsgut tatsächlich verwendet wird.

(2) Die Berichtigung ist für den Voranmeldungszeitraum bzw. das Kalenderjahr vorzunehmen, in dem das Wirtschaftsgut abweichend von der ursprünglichen Verwendungsabsicht verwendet wird.

Beispiel 1:

[1] Unternehmer U erwirbt am 1.7.01 ein Grundstück zum Preis von 2 000 000 €. [2] Der Verkäufer des Grundstücks hat im notariell beurkundeten Kaufvertrag auf die Steuerbefreiung verzichtet (§ 9 Abs. 3 Satz 2 UStG). [3] U möchte das Grundstück unter Verzicht auf die Steuerbefreiung nach § 4 Nr. 9 Buchstabe a UStG weiterveräußern, so dass er die von ihm geschuldete Umsatzsteuer nach § 15 Abs. 1 Satz 1 Nr. 4 in Verbindung mit § 13b Abs. 2 Nr. 3 UStG als Vorsteuer abzieht. [4] Am 1.7.03 veräußert er das Grundstück entgegen seiner ursprünglichen Planung an eine nichtunternehmerisch tätige juristische Person des öffentlichen Rechts, so dass für die Veräußerung des Grundstücks nicht nach § 9 Abs. 1 UStG zur Steuerpflicht optiert werden kann und diese somit nach § 4 Nr. 9 Buchstabe a UStG steuerfrei ist.
[5] Die tatsächliche steuerfreie Veräußerung schließt nach § 15 Abs. 2 UStG den Vorsteuerabzug aus und führt damit zu einer Änderung der Verhältnisse im Vergleich zu den für den ursprünglichen Vorsteuerabzug maßgebenden Verhältnissen. [6] Da das Grundstück nur einmalig zur Ausführung eines Umsatzes verwendet wird, ist der gesamte ursprüngliche Vorsteuerabzug i. H. v. 380 000 € nach § 15a Abs. 2 UStG im Zeitpunkt der Verwendung für den Besteuerungszeitraum der Veräußerung zu berichtigen. [7] Der Vorsteuerbetrag ist demnach für den Monat Juli 03 zurückzuzahlen.

Beispiel 2:

[1] Wie Beispiel 1, nur erfolgt die tatsächliche steuerfreie Veräußerung erst 18 Jahre nach dem steuerpflichtigen Erwerb des Grundstücks. [2] Das Grundstück ist zwischenzeitlich tatsächlich nicht genutzt worden.

---

1) Kein Anspruch auf Vorsteuerberichtigung von vor dem 1.1.2005 erworbenen Gegenständen des Umlaufvermögens; vgl. BFH v. 12.2.2009 V R 85/07, BStBl. II 2010, 76.

[3]Da § 15a Abs. 2 UStG keinen Berichtigungszeitraum vorsieht, muss auch hier die Vorsteuer nach § 15a Abs. 2 UStG berichtigt werden. [4]U hat den Vorsteuerbetrag i. H. v. 380 000 € für den Voranmeldungszeitraum der Veräußerung zurückzuzahlen.

15a.6 Berichtigung nach § 15a Abs. 3 UStG

Bestandteile

(1) [1]Unter der Voraussetzung, dass in ein Wirtschaftsgut (das ertragsteuerrechtlich entweder Anlagevermögen oder Umlaufvermögen ist) nachträglich ein anderer Gegenstand eingeht und dieser Gegenstand dabei seine körperliche und wirtschaftliche Eigenart endgültig verliert (Bestandteil), ist der Vorsteuerabzug bei Änderung der Verwendungsverhältnisse nach Maßgabe von § 15a Abs. 1 oder Abs. 2 UStG zu berichtigen. [2]Bestandteile sind alle nicht selbstständig nutzbaren Gegenstände, die mit dem Wirtschaftsgut in einem einheitlichen Nutzungs- und Funktionszusammenhang stehen (vgl. auch Abschnitt 3.3 Abs. 2). [3]Es kommt nicht darauf an, dass der Bestandteil zu einer Werterhöhung dieses Wirtschaftsguts geführt hat. [4]Kein Bestandteil ist ein eingebauter Gegenstand, der abtrennbar ist, seine körperliche oder wirtschaftliche Eigenart behält und damit ein selbstständiger – entnahmefähiger – Gegenstand bleibt. [5]Zum Begriff der Betriebsvorrichtungen als selbständige Wirtschaftsgüter vgl. Abschnitt 4.12.10. [6]Bestandteile können beispielsweise sein

1. Klimaanlage, fest eingebautes Navigationssystem, Austauschmotor in einem Kraftfahrzeug;
2. Klimaanlage, Einbauherd, Einbauspüle, Fenster, angebaute Balkone oder Aufzüge in einem Gebäude.

[7]In der Regel keine Bestandteile eines Kraftfahrzeugs werden beispielsweise

1. Funkgerät;
2. nicht fest eingebautes Navigationsgerät;
3. Autotelefon;
4. Radio.

(2) Maßnahmen, die auf nachträgliche Anschaffungs- oder Herstellungskosten im Sinne des § 15a Abs. 6 UStG entfallen und bei denen es sich um Bestandteile handelt, unterliegen vorrangig der Berichtigungspflicht nach § 15a Abs. 6 UStG.

(3) [1]Eine Berichtigung pro rata temporis ist nur dann vorzunehmen, wenn es sich bei dem Wirtschaftsgut, in das der Bestandteil eingegangen ist, um ein solches handelt, das nicht nur einmalig zur Erzielung von Umsätzen verwendet wird. [2]Für den Bestandteil gilt dabei ein eigenständiger Berichtigungszeitraum, dessen Dauer sich danach bestimmt, in welches Wirtschaftsgut nach § 15a Abs. 1 UStG der Bestandteil eingeht. [3]Die Verwendungsdauer des Bestandteils wird nicht dadurch verkürzt, dass der Gegenstand als Bestandteil in ein anderes Wirtschaftsgut einbezogen wird (§ 15a Abs. 5 Satz 3 UStG).

Beispiel 1:

[1]Unternehmer U lässt am 1.1.04 für 20 000 € zzgl. 3800 € gesondert ausgewiesener Umsatzsteuer einen neuen Motor in einen im Jahr 01 ins Unternehmensvermögen eingelegten Pkw

einbauen. [2]Die ihm berechnete Umsatzsteuer zieht er nach § 15 Abs. 1 Satz 1 Nr. 1 UStG als Vorsteuer ab, da die Nutzung des Pkw im Zusammenhang mit steuerpflichtigen Ausgangsumsätzen erfolgt. [3]Ab Januar 05 verwendet U den Pkw nur noch im Zusammenhang mit steuerfreien Ausgangsumsätzen, die den Vorsteuerabzug nach § 15 Abs. 2 Satz 1 Nr. 1 UStG ausschließen.
[4]Ab Januar 05 haben sich die Verwendungsverhältnisse geändert, weil der Pkw nun nicht mehr mit steuerpflichtigen, sondern mit steuerfreien Ausgangsumsätzen im Zusammenhang steht. [5]Für die Aufwendungen für den als Bestandteil des Pkw eingebauten Motor ist eine Vorsteuerberichtigung nach § 15a Abs. 3 i. V. m. Abs. 1 UStG vorzunehmen. [6]Hierfür sind die Aufwendungen unabhängig von der betriebsgewöhnlichen Nutzungsdauer des Pkw auf einen fünfjährigen Berichtigungszeitraum zu verteilen. [7]Es ergibt sich folgender Betrag, der bis zum Ablauf des Berichtigungszeitraums jährlich als Berichtigungsbetrag zurückzuzahlen ist:
Insgesamt in Rechnung gestellte Umsatzsteuer: 3800 €
Ursprünglicher Vorsteuerabzug: 3800 €
Dauer des Berichtigungszeitraums: 1.1.04 bis 31.12.08
Tatsächliche zum Vorsteuerabzug berechtigende Verwendung im Berichtigungszeitraum:
Jahr 04: 100 %
ab Jahr 05: 0 %
Änderung der Verhältnisse:
ab Jahr 05 = 100 Prozentpunkte (0 % statt 100 %)
Vorsteuerberichtigung pro Jahr ab Jahr 05:
(3800 €/5 Jahre = 760 € pro Jahr)
ab Jahr 05 = 760 € zurückzuzahlende Vorsteuer

Beispiel 2:

[1]Unternehmer U lässt am 1.1.01 für 100 000 € zzgl. 19 000 € gesondert ausgewiesener Umsatzsteuer ein neues Hallentor in ein Fabrikgebäude einbauen. [2]Die ihm in Rechnung gestellte Umsatzsteuer zieht er nach § 15 Abs. 1 Satz 1 Nr. 1 UStG als Vorsteuer ab, da die Nutzung des Gebäudes im Zusammenhang mit steuerpflichtigen Ausgangsumsätzen erfolgt. [3]Ab Januar 02 verwendet U das Gebäude nur noch im Zusammenhang mit steuerfreien Ausgangsumsätzen, die den Vorsteuerabzug nach § 15 Abs. 2 Satz 1 Nr. 1 UStG ausschließen. [4]Der Berichtigungszeitraum des Gebäudes endet am 30.6.02.
[5]Damit haben sich ab Januar 02 die Verwendungsverhältnisse sowohl für das Hallentor als auch für das Fabrikgebäude geändert. [6]Für die Aufwendungen für das als Bestandteil des Gebäudes eingebaute Hallentor ist eine Vorsteuerberichtigung nach § 15a Abs. 3 UStG vorzunehmen. [7]Hierfür sind die Aufwendungen unabhängig von der betriebsgewöhnlichen Nutzungsdauer des Gebäudes und unabhängig von der Dauer des Restberichtigungszeitraums des Gebäudes auf einen zehnjährigen Berichtigungszeitraum, der am 1.1.01 beginnt und am 31.12.10 endet, zu verteilen. [8]Unabhängig davon ist für das Fabrikgebäude der Vorsteuerabzug für den am 30.6.02 endenden Berichtigungszeitraum zu berichtigen.

[4]Eine kürzere Verwendungsdauer des Bestandteils ist zu berücksichtigen (§ 15a Abs. 5 Satz 2 UStG). [5]Soweit mehrere Leistungen Eingang in ein Wirtschaftsgut finden, sind diese Leistungen für Zwecke der Berichtigung des Vorsteuerabzugs zusammenzufassen, sofern sie innerhalb einer Maßnahme bezogen wurden (vgl. Absatz 11).

(4) Handelt es sich bei dem Wirtschaftsgut, in das der Bestandteil eingegangen ist, um ein solches, das nur einmalig zur Erzielung eines Umsatzes verwendet wird, ist die Berichtigung des Vorsteuerabzugs nach den Grundsätzen des § 15a Abs. 2 UStG vorzunehmen.

Sonstige Leistungen an einem Wirtschaftsgut

(5) [1]Unter der Voraussetzung, dass an einem Wirtschaftsgut eine sonstige Leistung ausgeführt wird, ist der Vorsteuerabzug bei Änderung der Verwen-

Beispiel 2:

[1]Unternehmer U beauftragt die Kfz-Werkstatt K, an seinem Pkw eine neue Lackierung anzubringen und einen neuen Motor einzubauen. [2]Beide Leistungen werden gleichzeitig ausgeführt.

[3]Beide Leistungen werden im Rahmen einer Maßnahme bezogen und sind daher zu einem Berichtigungsobjekt zusammenzufassen.

[5]Können bei einem gemischt genutzten Gebäude die innerhalb von sechs Monaten bezogenen Leistungen im Sinne des § 15a Abs. 3 UStG einem bestimmten Gebäudeteil, mit dem entweder ausschließlich vorsteuerschädliche oder vorsteuerunschädliche Ausgangsumsätze erzielt werden, direkt zugerechnet werden, bilden diese dem Gebäudeteil zuzurechnenden Leistungen jeweils ein Berichtigungsobjekt.

Beispiel 3:

[1]Unternehmer U will sein Wohn- und Geschäftshaus renovieren lassen. [2]Zu diesem Zweck beauftragt er Malermeister M mit der malermäßigen Instandsetzung der steuerpflichtig vermieteten Büroräume auf der Büroetage. [3]Gleichzeitig beauftragt er Klempnermeister K mit der Renovierung der Sanitärräume auf der steuerfrei vermieteten Wohnetage, bei der auch die vorhandenen Armaturen und Sanitäreinrichtungen ausgetauscht werden sollen. [4]Die malermäßige Instandhaltung der Büroräume und die Klempnerarbeiten werden im gleichen Kalendermonat beendet.

[5]Bei der Renovierung der Wohnetage und der Büroetage handelt es sich um jeweils eine Maßnahme. [6]Die im Rahmen der malermäßigen Instandhaltung und der Klempnerarbeiten bezogenen Leistungen stellen jeweils ein Berichtigungsobjekt dar.

[6]Für die Zusammenfassung zu einem Berichtigungsobjekt kommen hinsichtlich der an einem Gegenstand ausgeführten sonstigen Leistungen nur solche sonstigen Leistungen in Betracht, denen über den Zeitpunkt des Leistungsbezugs hinaus eine eigene Werthaltigkeit innewohnt (vgl. Absatz 6). [7]Die Grenzen des § 44 UStDV sind auf das so ermittelte Berichtigungsobjekt anzuwenden. [8]Der Berichtigungszeitraum beginnt zu dem Zeitpunkt, zu dem der Unternehmer das Wirtschaftsgut nach Durchführung der Maßnahme erstmalig zur Ausführung von Umsätzen verwendet.

Entnahme eines Wirtschaftsguts aus dem Unternehmen

(12) Wird dem Unternehmensvermögen ein Wirtschaftsgut entnommen, das bei seiner Anschaffung oder Herstellung nicht zum Vorsteuerabzug berechtigt hatte, für das aber nachträglich Aufwendungen im Sinne des § 15a Abs. 3 UStG getätigt wurden, die zum Vorsteuerabzug berechtigten, kann für diese Aufwendungen eine Vorsteuerberichtigung vorzunehmen sein.

(13) [1]Hat der Unternehmer in das Wirtschaftsgut einen anderen Gegenstand eingefügt, der dabei seine körperliche und wirtschaftliche Eigenart endgültig verloren hat und für den der Unternehmer zum Vorsteuerabzug berechtigt war, und hat dieser Gegenstand zu einer im Zeitpunkt der Entnahme nicht vollständig verbrauchten Werterhöhung geführt (Bestandteil nach Abschnitt 3.3 Abs. 2 Satz 3), unterliegt bei einer Entnahme des Wirtschaftsguts nur dieser Gegenstand der Umsatzbesteuerung nach § 3 Abs. 1b UStG. [2]Für eine Vorsteuerberichtigung nach § 15a Abs. 3 Satz 3 UStG ist insoweit kein Raum. [3]Eine Vorsteuerberichtigung nach § 15a Abs. 8 UStG bleibt unberührt.

(14) [1] Ist die durch den Bestandteil verursachte Werterhöhung im Zeitpunkt der Entnahme vollständig verbraucht, ist die Entnahme insgesamt nicht steuerbar. [2] In diesem Fall liegt in der Entnahme eine Änderung der Verhältnisse im Sinne des § 15a Abs. 3 Satz 3 UStG.

Beispiel:

[1] Unternehmer U erwirbt in 01 einen Pkw von einer Privatperson für 50 000 €. [2] Am 1.4.02 lässt er von einer Werkstatt für 2000 € eine Windschutzscheibe einbauen. [3] Die Vorsteuer i. H. v. 380 € macht er geltend. [4] Als er den Pkw am 31.12.04 entnimmt, hat der Wert der Windschutzscheibe den aktuellen Wert des Pkw nach der sog. Schwacke-Liste im Zeitpunkt der Entnahme nicht erhöht.

[5] Die Windschutzscheibe, für die U der Vorsteuerabzug nach § 15 Abs. 1 Satz 1 Nr. 1 UStG zustand, ist in den Pkw eingegangen und hat dabei ihre körperliche und wirtschaftliche Eigenart endgültig verloren. [6] Nur die Entnahme der Windschutzscheibe könnte steuerbar nach § 3 Abs. 1b Satz 1 Nr. 1 UStG sein, da U für einen in das Wirtschaftsgut eingegangenen Gegenstand den Vorsteuerabzug in Anspruch genommen hat. [7] Da jedoch im Zeitpunkt der Entnahme keine Werterhöhung durch den Gegenstand mehr vorhanden ist, ist die Entnahme nicht steuerbar (vgl. Abschnitt 3.3 Abs. 2 Satz 3). [8] U hat grundsätzlich eine Berichtigung des Vorsteuerabzugs nach § 15a Abs. 3 Satz 3 UStG vorzunehmen. [9] Nach § 44 Abs. 1 in Verbindung mit Abs. 4 UStDV unterbleibt jedoch eine Berichtigung, da der auf die Windschutzscheibe entfallende Vorsteuerbetrag 1000 € nicht übersteigt.

(15) [1] Hat der Unternehmer dem Wirtschaftsgut keinen Bestandteil zugefügt, hat also der eingebaute Gegenstand seine Eigenständigkeit behalten, liegen für umsatzsteuerrechtliche Zwecke zwei getrennt zu beurteilende Entnahmen vor. [2] In diesen Fällen kann die Entnahme des eingebauten Gegenstands auch zu einer Vorsteuerberichtigung führen, wenn die Entnahme anders zu beurteilen ist als die für den ursprünglichen Vorsteuerabzug maßgebliche Verwendung (§ 15a Abs. 8 UStG). [3] Eine Berichtigung nach § 15a Abs. 3 UStG scheidet insoweit aus.

(16) Soweit an dem Wirtschaftsgut eine sonstige Leistung ausgeführt wird und das Wirtschaftsgut später entnommen wird, ohne dass eine unentgeltliche Wertabgabe nach § 3 Abs. 1b Satz 1 Nr. 1 UStG zu besteuern ist, liegt ebenfalls eine Änderung der Verhältnisse vor (§ 15a Abs. 3 Satz 3 UStG).

Beispiel:

[1] U kauft am 1.5.01 einen Pkw von einer Privatperson zu einem Preis von 50 000 €. [2] Am 1.7.01 lässt er in einer Vertragswerkstatt eine Inspektion durchführen (200 € zuzüglich 38 € Umsatzsteuer), in den dafür vorgesehenen Standardschacht ein Autoradio einbauen (1500 € zuzüglich 285 € Umsatzsteuer) und den Pkw neu lackieren (7500 € zuzüglich 1425 € Umsatzsteuer). [3] U macht diese Vorsteuerbeträge ebenso wie den Vorsteuerabzug aus den laufenden Kosten geltend. [4] Am 31.12.03 entnimmt U den Pkw.

[5] Die Neulackierung des Pkw ist eine sonstige Leistung, die im Zeitpunkt des Leistungsbezugs nicht wirtschaftlich verbraucht ist (vgl. Absatz 7). [6] Die Inspektion ist bei Leistungsbezug wirtschaftlich verbraucht. [7] Das eingebaute Autoradio stellt, weil es ohne Funktionsverlust wieder entfernt werden kann, keinen Bestandteil des Pkw dar, sondern bleibt eigenständiges Wirtschaftsgut (vgl. Absatz 1).

[8] Da der Pkw nicht zum vollen oder teilweisen Vorsteuerabzug berechtigt hatte und in den Pkw kein Bestandteil eingegangen ist, ist die Entnahme des Pkw am 31.12.03 nicht nach § 3 Abs. 1b Satz 1 Nr. 1 UStG steuerbar (§ 3 Abs. 1b Satz 2 UStG). [9] Bezüglich der sonstigen Leistung „Neulackierung" ist jedoch nach § 15a Abs. 3 UStG eine Vorsteuerberichtigung durchzuführen, da der Wert der Neulackierung im Zeitpunkt der Entnahme noch nicht vollständig verbraucht ist. [10] Das Autoradio unterliegt als selbstständiges Wirtschaftsgut, für das der Vorsteuerabzug in Anspruch genommen wurde, der Besteuerung nach § 3 Abs. 1b Satz 1 Nr. 1 UStG. [11] Bemessungsgrundlage ist nach § 10 Abs. 4 Satz 1 Nr. 1 UStG der

Einkaufspreis zuzüglich Nebenkosten zum Zeitpunkt der Entnahme. [12]Eine Vorsteuerberichtigung nach § 15a UStG hinsichtlich der laufenden Kosten kommt nicht in Betracht.

Für die Lackierung in Rechnung gestellte Umsatzsteuer: 1425 €
Ursprünglicher Vorsteuerabzug: 1425 €
Zeitpunkt der erstmaligen Verwendung: 1.7.01
Dauer des Berichtigungszeitraums: 1.7.01 bis 30.6.06

Tatsächliche zum Vorsteuerabzug berechtigende Verwendung im Berichtigungszeitraum:
Jahr 01 bis 03 = 100 %
Änderung der Verhältnisse:
ab Jahr 04 = 100 Prozentpunkte (0 % statt 100 %)
Vorsteuerberichtigung pro Jahr:
(1425 €/5 Jahre = 285 € pro Jahr)
Jahre 04 und 05 = je 285 € (285 € × 100 %),
Jahr 06 = 142,50 € (285 € × 100 % × $^6/_{12}$)
[13]Die Berichtigung des Vorsteuerabzugs ist für die Jahre 04 bis 06 zusammengefasst in der Voranmeldung für Dezember 03 vorzunehmen (§ 44 Abs. 3 Satz 2 UStDV).

(17) [1]Im Fall der Entnahme eines Wirtschaftsguts, in das Bestandteile eingegangen oder an dem sonstige Leistungen ausgeführt worden sind, sind bei Prüfung der Vorsteuerberichtigung solche in das Wirtschaftsgut eingegangene Gegenstände aus dem Berichtigungsobjekt auszuscheiden, die bei der Entnahme der Umsatzbesteuerung nach § 3 Abs. 1b UStG unterliegen. [2]Die Grenzen des § 44 UStDV sind auf den entsprechend verminderten Vorsteuerbetrag anzuwenden.

Beispiel:

[1]Unternehmer U erwirbt am 1.7.01 aus privater Hand einen gebrauchten Pkw und ordnet ihn zulässigerweise seinem Unternehmen zu. [2]Am 1.3.02 lässt er in den Pkw nachträglich eine Klimaanlage einbauen (Entgelt 2500 €), am 1.4.02 die Scheiben verspiegeln (Entgelt 500 €) und am 15.8.02 eine Effektlackierung auftragen (Entgelt 4500 €). [3]Für alle drei Leistungen nimmt der Unternehmer zulässigerweise den vollen Vorsteuerabzug in Anspruch. [4]Als U am 1.3.03 den Pkw in sein Privatvermögen entnimmt, haben die vorstehend aufgeführten Arbeiten den aktuellen Wert des Pkw nach der sog. „Schwacke-Liste" für die Klimaanlage um 1500 €, für die Scheibenverspiegelung um 100 € und für die Effektlackierung um 3500 € erhöht.
[5]Die Entnahme des Pkw selbst unterliegt mangels Vorsteuerabzug bei der Anschaffung nicht der Besteuerung (§ 3 Abs. 1b Satz 2 UStG); auch eine Vorsteuerberichtigung kommt insoweit nicht in Betracht. [6]Mit dem Einbau der Klimaanlage in den Pkw hat diese ihre körperliche und wirtschaftliche Eigenart endgültig verloren und zu einer dauerhaften, im Zeitpunkt der Entnahme nicht vollständig verbrauchten Werterhöhung des Gegenstands geführt. [7]Die Entnahme der Klimaanlage unterliegt daher insoweit nach § 3 Abs. 1b Satz 1 Nr. 1 in Verbindung mit Satz 2 UStG mit einer Bemessungsgrundlage i. H. v. 1500 € der Umsatzsteuer.
[8]Hinsichtlich der Scheibenverspiegelung und der Effektlackierung entfällt eine Besteuerung nach § 3 Abs. 1b UStG, da sonstige Leistungen nicht zu Bestandteilen eines Gegenstands führen (vgl. Abschnitt 3.3 Abs. 2 Satz 4). [9]Für diese Leistungen ist allerdings zu prüfen, inwieweit eine Vorsteuerberichtigung nach § 15a Abs. 3 in Verbindung mit Abs. 8 UStG durchzuführen ist.
[10]Der Einbau der Klimaanlage, die Scheibenverspiegelung und die Effektlackierung werden im Rahmen einer Maßnahme bezogen und sind daher zu einem Berichtigungsobjekt zusammenzufassen. [11]Da die Entnahme der Klimaanlage jedoch nach § 3 Abs. 1b Satz 1 Nr. 1 UStG als eine unentgeltliche Wertabgabe zu versteuern ist, scheidet diese für Zwecke der Vorsteuerberichtigung aus dem Berichtigungsobjekt aus. [12]Die Grenze des § 44 Abs. 1 UStDV von 1000 € ist auf das verbleibende Berichtigungsobjekt anzuwenden, für das die Vorsteuerbeträge aus der Scheibenverspiegelung i. H. v. 95 € und der Effektlackierung i. H. v. 855 € insgesamt nur 950 € betragen. [13]Eine Vorsteuerberichtigung nach § 15a Abs. 3 UStG für das verbleibende Berichtigungsobjekt unterbleibt daher.

15a.7 Berichtigung nach § 15a Abs. 4 UStG

(1) [1] Eine Vorsteuerberichtigung nach § 15a Abs. 4 UStG ist vorzunehmen, wenn der Unternehmer eine sonstige Leistung bezieht, die nicht in einen Gegenstand eingeht oder an diesem ausgeführt wird und deren Verwendung anders zu beurteilen ist, als dies zum Zeitpunkt des Leistungsbezugs beabsichtigt war. [2] Sonstige Leistungen, die unter die Berichtigungspflicht nach § 15a Abs. 4 UStG fallen, sind z. B.:

1. Beratungsleistungen (z. B. für ein Unternehmenskonzept, eine Produktkonzeption);
2. gutachterliche Leistungen;
3. Anmietung eines Wirtschaftsguts;
4. Patente, Urheberrechte, Lizenzen;
5. bestimmte Computerprogramme;
6. Werbeleistungen;
7. Anzahlung für längerfristiges Mietleasing.

(2) [1] Wird die sonstige Leistung mehrfach zur Erzielung von Einnahmen verwendet, erfolgt die Vorsteuerberichtigung pro rata temporis (§ 15a Abs. 4 in Verbindung mit Abs. 5 UStG). [2] Wird die bezogene sonstige Leistung hingegen nur einmalig zur Erzielung von Umsätzen verwendet, erfolgt die Berichtigung des gesamten Vorsteuerbetrags unmittelbar für den Zeitpunkt der Verwendung.

(3) [1] Nach § 15a Abs. 4 Satz 2 UStG ist die Berichtigung des Vorsteuerabzugs bei sonstigen Leistungen, die nicht unter § 15a Abs. 3 UStG fallen, auf solche sonstigen Leistungen zu beschränken, für die in der Steuerbilanz ein Aktivierungsgebot bestünde. [2] Unerheblich ist, ob der Unternehmer nach den §§ 140, 141 AO tatsächlich zur Buchführung verpflichtet ist oder freiwillig Bücher führt oder einkommensteuerrechtlich insoweit Einkünfte erzielt, die als Überschuss der Einnahmen über die Werbungskosten ermittelt werden. [3] Eine Berichtigung des Vorsteuerabzugs kommt gemäß § 15a Abs. 4 Satz 3 UStG jedoch stets in Betracht, wenn der Leistungsempfänger für einen Zeitraum vor Ausführung der Leistung den Vorsteuerabzug vornehmen konnte (An- oder Vorauszahlungen).

(4) [1] Sonstige Leistungen sind umsatzsteuerrechtlich grundsätzlich erst im Zeitpunkt ihrer Vollendung ausgeführt (Abschnitt 13.1 Abs. 3 Satz 1). [2] Werden sonstige Leistungen im Sinne des § 15a Abs. 4 in Verbindung mit Abs. 1 UStG bereits vor ihrer Vollendung im Unternehmen des Leistungsempfängers verwendet, kommt eine Berichtigung des Vorsteuerabzugs bereits vor Leistungsbezug (Vollendung) in denjenigen Fällen in Betracht, in denen bereits vor Leistungsbezug die Voraussetzungen für den Vorsteuerabzug nach § 15 UStG gegeben sind (Zahlung vor Ausführung der Leistung). [3] Auch hier ist die Berichtigung des Vorsteuerabzugs durchzuführen, wenn sich im Zeitpunkt der Verwendung die Verhältnisse gegenüber den für den ursprünglichen Vorsteuerabzug maßgebenden Verhältnissen ändern.

Beispiel 1:

[1] Unternehmer U schließt mit dem Vermieter V einen Vertrag über die Anmietung eines Bürogebäudes (Fertigstellung vor dem 1.1.1998 und Baubeginn vor dem 1.1.1993) über eine

Laufzeit von fünf Jahren beginnend am 1.1.01. [2]Da U beabsichtigt, in den Büroräumen zum Vorsteuerabzug berechtigende Umsätze auszuführen, vermietet V das Gebäude unter Verzicht auf die Steuerbefreiung (§ 4 Nr. 12 Satz 1 Buchstabe a i. V. m. § 9 Abs. 1 und 2 UStG) zum Pauschalpreis von 1 000 000 € zzgl. 190 000 € Umsatzsteuer für die gesamte Mietlaufzeit. [3]Vereinbarungsgemäß zahlt U die vertraglich vereinbarte Miete zum Beginn der Vertragslaufzeit und macht entsprechend den Vorsteuerabzug geltend. [4]Ab dem 1.1.02 nutzt U das Gebäude bis zum Vertragsende am 31.12.05 nur noch zur Erzielung von nicht zum Vorsteuerabzug berechtigenden Umsätzen.

[5]U wäre bei bestehender Buchführungspflicht verpflichtet, für die vorausbezahlte Miete für die Jahre 02 bis 05 in der Steuerbilanz einen Rechnungsabgrenzungsposten zu bilanzieren.

[6]Bei der von V erbrachten Leistung handelt es sich nicht um Teilleistungen. [7]U ist nach § 15a Abs. 4 i. V. m. Abs. 1 UStG verpflichtet, die Vorsteuer in den Jahren 02 bis 05 um jeweils 38 000 € (190 000 €/5 Jahre) zu berichtigen.

Beispiel 2:

[1]Unternehmer U ist Chirurg und schließt mit A einen für die Zeit vom 1.1.01 bis zum 31.12.07 befristeten Leasingvertrag für ein medizinisches Gerät ab. [2]Als Leasingvorauszahlung wird ein Betrag von 100 000 € zzgl. 19 000 € Umsatzsteuer vereinbart; Teilleistungen liegen nach der vertraglichen Vereinbarung nicht vor. [3]U leistet im Januar 01 die gesamte Leasingvorauszahlung. [4]U beabsichtigt bei Zahlung, das Gerät zur Ausführung zum Vorsteuerabzug berechtigender Ausgangsumsätze (Schönheitsoperationen) zu verwenden. [5]Er macht für den Januar 01 deshalb den Vorsteuerabzug in voller Höhe geltend und nutzt das Gerät ab 1.1.01. [6]Tatsächlich kommt es ab dem 1.1.03 jedoch nur noch zur Erzielung nicht zum Vorsteuerabzug berechtigender Ausgangsumsätze. [7]Bei der Leasingvorauszahlung handelt es sich um eine Ausgabe, die nach ertragsteuerrechtlichen Grundsätzen als Rechnungsabgrenzungsposten zu bilanzieren wäre.

[8]Umsatzsteuerrechtlich ist davon auszugehen, dass es sich um eine Zahlung für eine sonstige Leistung handelt, die nicht mit der erstmaligen Verwendung verbraucht ist. [9]Der Vorsteuerabzug ist nach § 15a Abs. 4 in Verbindung mit Abs. 1 UStG pro rata temporis zu berichtigen. [10]Der Berichtigungszeitraum beträgt fünf Jahre, beginnt am 1.1.01 und endet am 31.12.05, obwohl der Leasingvertrag bis zum 31.12.07 befristet ist.

[11]U muss für die Jahre 03 bis 05 jeweils 3800 € im Rahmen der Berichtigung des Vorsteuerabzugs zurückzahlen.

Beispiel 3:

[1]Unternehmer U schließt am 1.2.01 mit Vermieter V einen Vertrag über die Anmietung eines Pavillons für die Dauer vom 1.9.01 bis zum 15.9.01 zum Preis von 7500 € zzgl. 1425 € USt. [2]Vereinbarungsgemäß zahlt U bereits bei Vertragsschluss das vereinbarte Mietentgelt und macht für den Februar 01 den Vorsteuerabzug geltend, da er beabsichtigt, in dem Pavillon zum Vorsteuerabzug berechtigende Umsätze (Veräußerung von Kraftfahrzeugen) auszuführen. [3]Tatsächlich nutzt er den Pavillon aber dann für eine Präsentation der von ihm betriebenen Versicherungsagentur.

[4]U muss den Vorsteuerabzug nach § 15a Abs. 4 i. V. m. Abs. 1 UStG berichtigen, weil die tatsächliche Verwendung von der Verwendungsabsicht abweicht. [5]U muss für das Kalenderjahr 01 1425 € Vorsteuer zurückzahlen. [6]Nach § 15a Abs. 5 Satz 2 UStG ist die kürzere Verwendungsdauer zu berücksichtigen.

15a.8 Berichtigung nach § 15a Abs. 6 UStG

(1) [1]Für nachträgliche Anschaffungs- oder Herstellungskosten, die an einem Wirtschaftsgut anfallen, das nicht nur einmalig zur Ausführung von Umsätzen verwendet wird, gilt ein gesonderter Berichtigungszeitraum (§ 15a Abs. 6 UStG). [2]Der Berichtigungszeitraum beginnt zu dem Zeitpunkt, zu dem der Unternehmer das in seiner Form geänderte Wirtschaftsgut erstmalig zur Ausführung von Umsätzen verwendet. [3]Die Dauer bestimmt sich nach § 15a Abs. 1 UStG und beträgt fünf bzw. zehn Jahre. [4]Der Berichtigungszeitraum

endet jedoch spätestens, wenn das Wirtschaftsgut, für das die nachträglichen Anschaffungs- oder Herstellungskosten angefallen sind, wegen Unbrauchbarkeit vom Unternehmer nicht mehr zur Ausführung von Umsätzen verwendet werden kann (§ 15a Abs. 5 Satz 2 UStG).

Beispiel:

[1] Ein am 1.7.01 erstmalig verwendetes bewegliches Wirtschaftsgut hat eine betriebsgewöhnliche Nutzungsdauer von 4 Jahren. [2] Am 31.1.03 fallen nachträgliche Herstellungskosten an, durch die aber die betriebsgewöhnliche Nutzungsdauer des Wirtschaftsguts nicht verlängert wird.
[3] Der Berichtigungszeitraum für das Wirtschaftsgut selbst beträgt 4 Jahre, endet also am 30.6.05. [4] Für die nachträglichen Herstellungskosten beginnt der Berichtigungszeitraum erst am 1.2.03. [5] Er endet am 31.1.08 und dauert somit unabhängig von der betriebsgewöhnlichen Nutzungsdauer des Wirtschaftsguts 5 Jahre.

[5] Die Berichtigung ist gesondert nach den dafür vorliegenden Verhältnissen und entsprechend dem dafür geltenden Berichtigungszeitraum durchzuführen (vgl. Abschnitt 15a.4). [6] Auch hier ist von den gesamten Vorsteuerbeträgen auszugehen, die auf die nachträglichen Anschaffungs- oder Herstellungskosten entfallen (zur Ermittlung eines prozentualen Verhältnisses des ursprünglichen Vorsteuerabzugs zum Vorsteuervolumen insgesamt vgl. Abschnitt 15a.1 Abs. 3).

(2) Für nachträgliche Anschaffungs- oder Herstellungskosten, die für ein Wirtschaftsgut anfallen, das nur einmalig zur Erzielung eines Umsatzes verwendet wird, ist die Berichtigung des Vorsteuerabzugs für den Besteuerungszeitraum vorzunehmen, in dem das Wirtschaftsgut verwendet wird (vgl. Abschnitt 15a.5).

15a.9 Berichtigung nach § 15a Abs. 7 UStG

(1) Eine Änderung der Verhältnisse ist auch beim Übergang von der allgemeinen Besteuerung zur Nichterhebung der Steuer nach § 19 Abs. 1 UStG oder umgekehrt und beim Übergang von der allgemeinen Besteuerung zur Durchschnittssatzbesteuerung nach den §§ 23, 23a und 24 UStG oder umgekehrt gegeben (§ 15a Abs. 7 UStG).

(2) Vorsteuerbeträge, die vor dem Wechsel der Besteuerungsform für ein noch nicht fertig gestelltes Wirtschaftsgut angefallen sind, sind erst ab dem Zeitpunkt der erstmaligen Verwendung dieses Wirtschaftsguts nach § 15a Abs. 7 UStG zu berichtigen (vgl. BFH-Urteil vom 12.6.2008, V R 22/06, BStBl. 2009 II S. 165).

Übergang von der Regelbesteuerung zur Nichterhebung der Steuer nach § 19 Abs. 1 UStG oder umgekehrt

(3) Bei Wirtschaftsgütern und sonstigen Leistungen, die nicht nur einmalig zur Ausführung von Umsätzen verwendet werden, ist eine Berichtigung nach § 15a Abs. 1 UStG vorzunehmen, wenn im Berichtigungszeitraum auf Grund des Wechsels der Besteuerungsform eine Änderung gegenüber den für den ursprünglichen Vorsteuerabzug maßgeblichen Verhältnissen vorliegt.

Beispiel:

[1] Unternehmer U ist im Jahr 01 Regelbesteuerer. [2] Für das Jahr 02 und die Folgejahre findet die Kleinunternehmerbesteuerung Anwendung, da die Umsatzgrenzen nicht überschritten

werden und U nicht optiert. [3] Im Jahr 01 schafft U eine Maschine für 100 000 € zuzüglich 19 000 € Umsatzsteuer an. [4] Aus der Anschaffung der Maschine macht U den Vorsteuerabzug geltend, da er im Zeitpunkt der Anschaffung beabsichtigt, die Maschine für steuerpflichtige Ausgangsumsätze zu verwenden. [5] Erst am 1.7.03 kommt es zu dieser Verwendung der Maschine.

[6] Da die Maschine nicht nur einmalig zur Ausführung von Umsätzen verwendet wird, ist für die Vorsteuerberichtigung § 15a Abs. 1 UStG maßgeblich. [7] Nach § 15a Abs. 7 UStG stellt der Übergang von der Regelbesteuerung zur Kleinunternehmerbesteuerung zum 1.1.02 eine Änderung der Verhältnisse dar.

[8] Bei Beginn der Verwendung der Maschine (Beginn des Berichtigungszeitraums) am 1.7.03 ist U Kleinunternehmer, der nicht zum Vorsteuerabzug berechtigt ist. [9] Er muss daher eine Berichtigung pro rata temporis zuungunsten vornehmen, obwohl er die Maschine tatsächlich entsprechend seiner Verwendungsabsicht im Zeitpunkt des Leistungsbezugs verwendet. [10] Es ergibt sich gegenüber dem ursprünglichen Vorsteuerabzug von 100 % eine Abweichung von 100 Prozentpunkten (0 % statt 100 %).

(4) Bei Wirtschaftsgütern oder sonstigen Leistungen, die nur einmalig zur Ausführung eines Umsatzes verwendet werden, ist die durch den Wechsel der Besteuerungsform ausgelöste Vorsteuerberichtigung in dem Besteuerungszeitraum vorzunehmen, in dem das Wirtschaftsgut verwendet wird (§ 15a Abs. 2 Satz 2 i. V. m. Abs. 7 UStG).

Beispiel:

[1] Unternehmer U ist im Jahr 01 Kleinunternehmer. [2] Er erwirbt im Jahr 01 Waren, die zur Veräußerung bestimmt sind (Umlaufvermögen). [3] Im Jahr 02 findet wegen Überschreitens der Umsatzgrenze die Kleinunternehmerregelung keine Anwendung. [4] Im Jahr 03 liegen die Voraussetzungen der Kleinunternehmerbesteuerung wieder vor und U wendet ab 03 wieder die Kleinunternehmerregelung an. [5] U veräußert die im Jahr 01 erworbenen Waren im Jahr 03.

[6] Für die Vorsteuerberichtigung der Waren ist § 15a Abs. 2 UStG maßgeblich, da diese nur einmalig zur Ausführung eines Umsatzes verwendet werden. [7] Nach § 15a Abs. 7 UStG stellt der Übergang zur Regelbesteuerung grundsätzlich eine Änderung der Verhältnisse dar. [8] Maßgeblich für die Vorsteuerberichtigung sind jedoch die Verhältnisse im Zeitpunkt der tatsächlichen Verwendung der Waren. [9] Die Verwendung ist mit der Veräußerung der Waren im Jahr 03 erfolgt. [10] Im Jahr 02 findet keine Verwendung statt. [11] Daher ist die in diesem Jahr eingetretene Änderung der Besteuerungsform ohne Belang. [12] Eine Änderung der Verhältnisse gegenüber den ursprünglichen für den Vorsteuerabzug maßgebenden Verhältnissen liegt nicht vor, da U wie im Jahr 01 auch in 03 Kleinunternehmer ist. [13] Daher ist weder im Jahr 02 noch im Jahr 03 eine Berichtigung des Vorsteuerabzugs vorzunehmen.

Übergang von der Regelbesteuerung zur Durchschnittssatzbesteuerung nach den §§ 23, 23a oder 24 UStG oder umgekehrt

(5) [1] Vorsteuern aus der Anschaffung einheitlicher Gegenstände, die sowohl in einem gewerblichen Unternehmensteil (Lohnunternehmen) als auch in einem landwirtschaftlichen Unternehmensteil (§ 24 UStG) verwendet werden, sind nicht nach § 15 UStG abziehbar, soweit sie den nach § 24 UStG versteuerten Umsätzen zuzurechnen sind (§ 24 Abs. 1 Satz 4 UStG, Abschnitt 24.7 Abs. 2). [2] Werden diese Gegenstände abweichend von der bei Leistungsbezug gegebenen Verwendungsabsicht in einem anderen Umfang im jeweils anderen Unternehmensteil verwendet, kommt eine Berichtigung des Vorsteuerabzugs nach § 15a UStG in Betracht.

Beispiel:

[1] Unternehmer U erwirbt Anfang Januar des Jahres 01 einen Mähdrescher für 200 000 € zuzüglich 38 000 € Umsatzsteuer, der zunächst zu 90 % im gewerblichen und zu 10 % im landwirtschaftlichen Unternehmensteil (§ 24 UStG) verwendet wird. [2] Ab dem Jahr 02 ändert sich dauerhaft das Nutzungsverhältnis in 50 % (Landwirtschaft) zu 50 % (Gewerbe).

3 Im Jahr 01 sind die auf die Verwendung im gewerblichen Unternehmensteil entfallenden Vorsteuerbeträge i. H. v. 34 200 € (90 % von 38 000 €) als Vorsteuer abziehbar. 4 In den Jahren 02 bis 05 sind jeweils 3040 € (40 % von 7600 €) nach § 15a UStG zurückzuzahlen.

(6) 1 Eine Vorsteuerberichtigung nach § 15a UStG ist auch vorzunehmen, wenn im Zeitpunkt des Leistungsbezugs nur ein Unternehmensteil besteht, im Zeitpunkt der späteren Verwendung dann jedoch zwei Unternehmensteile bestehen und das Wirtschaftsgut in beiden Unternehmensteilen verwendet wird. 2 Ebenfalls ist die Vorsteuer zu berichtigen, wenn bei zwei Unternehmensteilen das Wirtschaftsgut erst ausschließlich in einem Teil verwendet wird und sich die Nutzung in einem Folgejahr ändert.

Beispiel 1:

1 Unternehmer U erwirbt Anfang Januar des Jahres 01 einen Mähdrescher für 200 000 € zuzüglich 38 000 € Umsatzsteuer, der zunächst ausschließlich im gewerblichen Unternehmensteil (Lohnunternehmen) verwendet wird. 2 Ab dem Jahr 02 wird der Mähdrescher dauerhaft zu 50 % im landwirtschaftlichen Unternehmensteil (§ 24 UStG) genutzt.
3 Im Jahr 01 sind sämtliche Vorsteuern (38 000 €) abziehbar. 4 In den Jahren 02 bis 05 sind jeweils 3800 € (50 % von 7600 €) nach § 15a UStG an das Finanzamt zurückzuzahlen.

Beispiel 2:

1 Unternehmer U erwirbt Anfang Januar des Jahres 01 einen Mähdrescher für 200 000 € zuzüglich 38 000 € Umsatzsteuer, der zunächst ausschließlich im landwirtschaftlichen Unternehmensteil (§ 24 UStG) verwendet wird. 2 Ab dem Jahr 02 wird der Mähdrescher dauerhaft ausschließlich im gewerblichen Unternehmensteil (Lohnunternehmen) genutzt.
3 Im Jahr 01 entfällt der Vorsteuerabzug (§ 24 Abs. 1 Satz 4 UStG). 4 In den Jahren 02 bis 05 erhält der Unternehmer eine Vorsteuererstattung nach § 15a UStG von jeweils 7600 € (1/5 von 38 000 €).

(7) 1 Bei der Aufgabe oder Veräußerung eines land- und forstwirtschaftlichen Betriebs kann die Vermietung/Verpachtung von zurückbehaltenen Wirtschaftsgütern, die nicht nur einmalig zur Ausführung von Umsätzen verwendet werden und deren Berichtigungszeitraum nach § 15a Abs. 1 UStG noch nicht abgelaufen ist, zu einer Änderung der Verhältnisse führen. 2 In diesen Fällen ist der Vorsteuerabzug für derartige Wirtschaftsgüter nach § 15a Abs. 1 UStG zu berichtigen.

Beispiel 1:

1 Unternehmer U, der Landwirt ist und der nach § 24 Abs. 4 UStG zur Regelbesteuerung optiert hat, errichtet ein Stallgebäude für 500 000 € zzgl. 95 000 € Umsatzsteuer, das Anfang Januar des Jahres 01 erstmals verwendet wird. 2 Zum 1. 1. 02 veräußert er seinen Betrieb unter Zurückbehaltung dieses Stallgebäudes, das er nun nach § 4 Nr. 12 Satz 1 Buchstabe a UStG steuerfrei an den Käufer vermietet.
3 Die auf die Errichtung des Gebäudes entfallende Vorsteuer i. H. v. 95 000 € ist abziehbar, da der Landwirt bei Errichtung des Gebäudes beabsichtigte, dieses zur Erzielung von zum Vorsteuerabzug berechtigenden Umsätzen zu verwenden. 4 Die nach § 4 Nr. 12 Satz 1 Buchstabe a UStG steuerfreie Vermietung stellt eine Änderung der Verhältnisse dar. 5 In den Jahren 02 bis 10 sind jeweils 9500 € (1/10 von 95 000 €) nach § 15a Abs. 1 UStG zurückzuzahlen.

Beispiel 2:

1 Unternehmer U, der Landwirt ist und der die Durchschnittssatzbesteuerung nach § 24 UStG anwendet, erwirbt Anfang Januar des Jahres 01 einen Mähdrescher für 200 000 € zuzüglich 38 000 € Umsatzsteuer. 2 Zum 1.1.02 veräußert er seinen Betrieb unter Zurückbehaltung des Mähdreschers, den er steuerpflichtig an den Käufer vermietet.
3 Im Zeitpunkt des Leistungsbezugs (Jahr 01) ist der Vorsteuerabzug nach § 24 Abs. 1 Satz 4 UStG ausgeschlossen. 4 In den Folgejahren wird der Mähdrescher zur Ausführung steuer-

pflichtiger Vermietungsumsätze verwendet. [5]Es liegt eine Änderung der Verhältnisse vor. [6]In den Jahren 02 bis 05 erhält der Unternehmer eine Vorsteuererstattung nach § 15a UStG von jeweils 7600 € (1/5 von 38 000 €).

15a.10 Geschäftsveräußerung im Sinne des § 1 Abs. 1a UStG und andere Formen der Rechtsnachfolge

[1]Keine Änderung der Verhältnisse im Sinne des § 15a UStG liegt z. B. in folgenden Fällen der Rechtsnachfolge vor:

1. Geschäftsveräußerung im Sinne des § 1 Abs. 1a UStG (§ 1 Abs. 1a Satz 3, § 15a Abs. 10 UStG; siehe auch Abschnitt 15a.2 Abs. 3),
2. [1]Gesamtrechtsnachfolge, da der Rechtsnachfolger in die gesamte Rechtsposition des Rechtsvorgängers eintritt. [2]Der Berichtigungszeitraum des Erblassers geht nur auf den Erben über, wenn dieser die Unternehmereigenschaft durch eine eigene Tätigkeit begründet,
3. Anwachsung beim Ausscheiden eines Gesellschafters aus einer zweigliedrigen Personengesellschaft,
4. [1]Begründung oder Wegfall eines Organschaftsverhältnisses. [2]Eine Vorsteuerberichtigung nach § 15a UStG hat aber dann zu erfolgen, wenn eine Gesellschaft mit steuerpflichtigen Umsätzen für ein Wirtschaftsgut den vollen Vorsteuerabzug erhalten hat und später auf Grund der Vorschrift des § 2 Abs. 2 Nr. 2 UStG ihre Selbstständigkeit zugunsten eines Organträgers mit nach § 15 Abs. 2 Satz 1 Nr. 1 UStG steuerfreien Umsätzen verliert und das Wirtschaftsgut im Gesamtunternehmen des Organträgers zur Ausführung von steuerpflichtigen und steuerfreien Umsätzen verwendet wird (BFH-Beschluss vom 12.5.2003, V B 211/02, V B 220/02, BStBl. II S. 784).

[2]Der maßgebliche Berichtigungszeitraum wird nicht unterbrochen. [3]Eine Vorsteuerberichtigung wegen Änderung der Verhältnisse beim Rechtsnachfolger hat nur zu erfolgen, wenn sich die Verhältnisse im Vergleich zu den beim Vorsteuerabzug des Rechtsvorgängers ursprünglich maßgebenden Verhältnissen ändern.

15a.11 Vereinfachungen bei der Berichtigung des Vorsteuerabzugs

(1) [1]§ 44 UStDV enthält Regelungen zur Vereinfachung bei der Berichtigung des Vorsteuerabzugs. [2]Bei der Prüfung, ob die in § 44 UStDV aufgeführten Betragsgrenzen erreicht sind, ist jeweils auf den Gegenstand oder die bezogene sonstige Leistung abzustellen. [3]Dies gilt auch dann, wenn mehrere Gegenstände gleicher Art und Güte geliefert wurden. [4]Bei der Lieferung vertretbarer Sachen ist hingegen in der Regel auf die zwischen leistendem Unternehmer und Leistungsempfänger geschlossene vertragliche Vereinbarung abzustellen (zur Ausnahme vgl. BFH-Urteil vom 3.11.2011, V R 32/10, BStBl. 2012 II S. 525, und Abschnitt 15a.1 Abs. 1 Satz 5).

(2) [1]Die Regelung des § 44 Abs. 1 UStDV, nach der eine Berichtigung des Vorsteuerabzugs entfällt, wenn die auf die Anschaffungs- oder Herstellungskosten eines Wirtschaftsguts entfallende Vorsteuer 1000 € nicht übersteigt, gilt

für alle Berichtigungsobjekte unabhängig davon, nach welcher Vorschrift die Berichtigung des Vorsteuerabzugs vorzunehmen ist und in welchem Umfang sich die für den Vorsteuerabzug maßgebenden Verhältnisse später ändern. [2]Bei der Bestimmung der 1000 €-Grenze ist von den gesamten Vorsteuerbeträgen auszugehen, die auf die Anschaffung oder Herstellung bzw. den Bezug des einzelnen Berichtigungsobjekts entfallen. [3]Nachträgliche Anschaffungs- oder Herstellungskosten sind nicht einzubeziehen, da sie eigenständige Berichtigungsobjekte darstellen und selbstständig der 1000 €-Grenze unterliegen.

(3) [1]Nach der Vereinfachungsregelung des § 44 Abs. 2 UStDV entfällt eine Vorsteuerberichtigung, wenn die dort genannten Grenzen nicht überschritten sind. [2]Die Grenze von 10% ist in der Weise zu berechnen, dass das Aufteilungsverhältnis, das sich für das betreffende Jahr des Berichtigungszeitraums ergibt, dem Verhältnis gegenübergestellt wird, das für den ursprünglichen Vorsteuerabzug für das Berichtigungsobjekt nach § 15 UStG maßgebend war. [3]Für die absolute Grenze nach § 44 Abs. 2 UStDV von 1000 € ist der Betrag maßgebend, um den der Vorsteuerabzug für das Berichtigungsobjekt auf Grund der Verhältnisse des betreffenden Jahres des Berichtigungszeitraums tatsächlich zu berichtigen wäre. [4]Bei Berichtigungsobjekten, die nur einmalig zur Ausführung eines Umsatzes verwendet werden, gilt entsprechendes für den Zeitpunkt der tatsächlichen Verwendung des Berichtigungsobjekts.

(4) [1]Wird ein Wirtschaftsgut, das nicht nur einmalig zur Ausführung von Umsätzen verwendet wird, während des nach § 15a Abs. 1 UStG maßgeblichen Berichtigungszeitraums veräußert oder nach § 3 Abs. 1b UStG geliefert, stehen damit die Verhältnisse bis zum Ablauf des Berichtigungszeitraums fest. [2]Daher ist die Berichtigung stets für den Voranmeldungszeitraum durchzuführen, in dem die Veräußerung oder unentgeltliche Wertabgabe nach § 3 Abs. 1b UStG stattgefunden hat (§ 44 Abs. 3 Satz 2 UStDV). [3]Hierbei sind die Berichtigung für das Kalenderjahr der Veräußerung oder unentgeltlichen Wertabgabe nach § 3 Abs. 1b UStG und die Berichtigung für die noch folgenden Kalenderjahre des Berichtigungszeitraums gleichzeitig vorzunehmen. [4]Entsprechend ist zu verfahren, wenn eine sonstige Leistung entgeltlich oder durch eine Zuwendung im Sinne des § 3 Abs. 9a UStG aus dem Unternehmen ausscheidet (z. B. Veräußerung einer Lizenz).

(5) [1]Verkürzt sich der Berichtigungszeitraum deswegen, weil ein nicht nur einmalig zur Ausführung von Umsätzen dienendes Wirtschaftsgut wegen Unbrauchbarkeit vorzeitig nicht mehr zur Ausführung von Umsätzen verwendbar ist (vgl. Abschnitt 15a.3 Abs. 7), kann für die vorausgegangenen Abschnitte des Berichtigungszeitraums eine Neuberechnung des jeweiligen Berichtigungsbetrages erforderlich werden. [2]Die Unterschiede, die sich in einem solchen Fall ergeben, können aus Vereinfachungsgründen bei der Steuerfestsetzung für das letzte Kalenderjahr des verkürzten Berichtigungszeitraums berücksichtigt werden.

(6) [1]Die Vorsteuerberichtigung nach § 15a UStG ist grundsätzlich im Voranmeldungszeitraum durchzuführen, in dem die Änderung der Verhältnisse eingetreten ist. [2]Übersteigt allerdings der Betrag, um den der Vorsteuerab-

zug bei einem Wirtschaftsgut für das Kalenderjahr zu berichtigen ist, nicht 6000 €, ist nach § 44 Abs. 3 Satz 1 UStDV die Berichtigung erst im Rahmen der Steuerfestsetzung für den Besteuerungszeitraum vorzunehmen, in dem die Änderung der Verhältnisse eingetreten ist.

15a.12 Aufzeichnungspflichten für die Berichtigung des Vorsteuerabzugs

(1) [1]Nach § 22 Abs. 4 UStG hat der Unternehmer in den Fällen des § 15a UStG die Berechungsgrundlagen für den Ausgleich aufzuzeichnen, der von ihm in den in Betracht kommenden Kalenderjahren vorzunehmen ist. [2]Die Aufzeichnungspflichten des § 22 Abs. 4 UStG sind erfüllt, wenn der Unternehmer die folgenden Angaben eindeutig und leicht nachprüfbar aufzeichnet:

1. [1]die Anschaffungs- oder Herstellungskosten bzw. Aufwendungen für das betreffende Berichtigungsobjekt und die darauf entfallenden Vorsteuerbeträge. [2]Falls es sich hierbei um mehrere Einzelbeträge handelt, ist auch jeweils die Gesamtsumme aufzuzeichnen. [3]Insoweit sind auch die Vorsteuerbeträge aufzuzeichnen, die den nicht zum Vorsteuerabzug berechtigenden Umsätzen zuzurechnen sind;
2. den Zeitpunkt der erstmaligen Verwendung des Berichtigungsobjekts;
3. in den Fällen des § 15a Abs. 1 UStG die Verwendungsdauer (betriebsgewöhnliche Nutzungsdauer) im Sinne der einkommensteuerrechtlichen Vorschriften und den maßgeblichen Berichtigungszeitraum für das Berichtigungsobjekt;
4. [1]die Anteile, zu denen das Berichtigungsobjekt zur Ausführung der den Vorsteuerabzug ausschließenden Umsätze und zur Ausführung der zum Vorsteuerabzug berechtigenden Umsätze verwendet wurde. [2]In den Fällen des § 15a Abs. 1 UStG sind die Anteile für jedes Kalenderjahr des Berichtigungszeitraums aufzuzeichnen;
5. [1]bei einer Veräußerung oder unentgeltlichen Wertabgabe des Berichtigungsobjekts den Zeitpunkt und die umsatzsteuerrechtliche Behandlung dieses Umsatzes. [2]In den Fällen des § 15a Abs. 1 UStG gilt dies nur, wenn die Veräußerung oder die unentgeltliche Wertabgabe in den Berichtigungszeitraum fallen;
6. in den Fällen des § 15a Abs. 1 UStG bei einer Verkürzung des Berichtigungszeitraums wegen vorzeitiger Unbrauchbarkeit des Wirtschaftsguts die Ursache unter Angabe des Zeitpunkts und unter Hinweis auf die entsprechenden Unterlagen.

(2) Die Aufzeichnungen für das einzelne Berichtigungsobjekt sind von dem Zeitpunkt an zu führen, für den der Vorsteuerabzug vorgenommen worden ist.

(3) Die besondere Aufzeichnungspflicht nach § 22 Abs. 4 UStG entfällt insoweit, als sich die erforderlichen Angaben aus den sonstigen Aufzeichnungen oder der Buchführung des Unternehmers eindeutig und leicht nachprüfbar entnehmen lassen.

Zu § 16 UStG

16.1 Steuerberechnung

[1]Der Unternehmer hat alle im Rahmen seines Unternehmens ausgeführten Umsätze zusammenzurechnen. [2]Dem Unternehmer sind im Fall der Zwangsverwaltung über ein Grundstück des Unternehmers auch die Umsätze zuzurechnen, die der Zwangsverwalter im Rahmen seiner Verwaltungstätigkeit ausführt (vgl. BFH-Urteil vom 10.4.1997, V R 26/96, BStBl. II S. 552);[1)] zur Übermittlung von Voranmeldungen in diesen Fällen vgl. Abschnitt 18.6 Abs. 4.

16.2 Beförderungseinzelbesteuerung[2)]

(1) [1]Die Beförderungseinzelbesteuerung (§ 16 Abs. 5 UStG) setzt voraus, dass Kraftomnibusse, mit denen die Personenbeförderungen im Gelegenheitsverkehr durchgeführt werden, nicht im Inland (§ 1 Abs. 2 Satz 1 UStG) zugelassen sind. [2]Es ist nicht erforderlich, dass der Beförderer ein ausländischer Unternehmer ist. [3]Für die Besteuerung der Beförderungsleistung kommt es nicht darauf an, ob der Unternehmer Eigentümer des Kraftomnibusses ist oder ob er ihn gemietet hat. [4](Beförderungs-)Unternehmer im verkehrsrechtlichen und im umsatzsteuerrechtlichen Sinne ist derjenige, der die Beförderung im eigenen Namen, unter eigener Verantwortung und für eigene Rechnung durchführt (§ 3 Abs. 2 PBefG).[3)] [5]Führt ein Omnibusunternehmer die Beförderung mit einem gemieteten Kraftomnibus durch, geht der Beförderungsleistung eine Leistung voraus, die in der Vermietung des Kraftomnibusses besteht. [6]Es ist deshalb neben der Beförderungsleistung im Inland auch die Vermietungsleistung zu besteuern, sofern sie im Inland ausgeführt wird (vgl. Abschnitte 3a.2 und 3a.5). [7]Betreibt der Vermieter sein Unternehmen im Drittlandsgebiet, wird eine kurzfristige Vermietungsleistung als im Inland ausgeführt behandelt, soweit der Kraftomnibus im Inland genutzt wird (§ 3a Abs. 6 Satz 1 Nr. 1 UStG). [8]Ist der Vermieter im Ausland ansässig, obliegt die Besteuerung der Vermietungsleistung im Inland dem Beförderungsunternehmer als Leistungsempfänger (§ 13b Abs. 2 Nr. 1 und Abs. 5 Satz 1 UStG).

(2) [1]Personenbeförderungen im Gelegenheitsverkehr mit nicht im Inland zugelassenen Kraftomnibussen unterliegen der Beförderungseinzelbesteuerung, wenn bei der Ein- oder Ausreise eine Grenze zwischen dem Inland und dem Drittlandsgebiet (z.B. Grenze zur Schweiz) überschritten wird. [2]Führt der Unternehmer im Zusammenhang mit einer grenzüberschreitenden Beförderung von Personen weitere Personenbeförderungen im Inland durch (z.B. Sonderfahrten während des Aufenthalts einer Reisegruppe in Deutschland), unterliegen diese ebenfalls der Beförderungseinzelbesteuerung.

[1)] Zur Zwangsverwaltung von Grundstücken vgl. A 2.1 Abs. 7 UStAE und BMF v. 8.6.1992, BStBl. I 1992, 397.

[2)] Zum Verfahren vgl. A 18.8 und A 18.17 UStAE.

[3)] **Sartorius** Nr. **950.**

(3) Kraftomnibusse sind Kraftfahrzeuge, die nach ihrer Bauart und Ausstattung zur Beförderung von mehr als neun Personen – einschließlich Führer – geeignet und bestimmt sind (§ 4 Abs. 4 Nr. 2 PBefG).[1)]

(4) [1]Der Gelegenheitsverkehr mit Kraftomnibussen umfasst die Ausflugsfahrten, die Ferienziel-Reisen und den Verkehr mit Mietomnibussen (§ 46 PBefG).[1)] [2]Ausflugsfahrten sind Fahrten, die der Unternehmer nach einem bestimmten, von ihm aufgestellten Plan und zu einem für alle Teilnehmer gleichen und gemeinsam verfolgten Ausflugszweck anbietet und ausführt (§ 48 Abs. 1 PBefG). [3]Ferienziel-Reisen sind Reisen zu Erholungsaufenthalten, die der Unternehmer nach einem bestimmten, von ihm aufgestellten Plan zu einem Gesamtentgelt für Beförderung und Unterkunft mit oder ohne Verpflegung anbietet und ausführt (§ 48 Abs. 2 PBefG). [4]Verkehr mit Mietomnibussen ist die Beförderung von Personen mit Kraftomnibussen, die nur im Ganzen zur Beförderung angemietet werden und mit denen der Unternehmer Fahrten ausführt, deren Zweck, Ziel und Ablauf der Mieter bestimmt. [5]Die Teilnehmer müssen ein zusammengehöriger Personenkreis und über Ziel und Ablauf der Fahrt einig sein (§ 49 Abs. 1 PBefG). [6]Bei den in bilateralen Abkommen mit Drittstaaten als Pendelverkehr bezeichneten Personenbeförderungen handelt es sich um Gelegenheitsverkehr.

(5) [1]Der Beförderungseinzelbesteuerung unterliegt nur der inländische Streckenanteil. [2]Inländische Streckenanteile, die nach den §§ 2 oder 5 UStDV als ausländische Beförderungsstrecken anzusehen sind, bleiben unberücksichtigt. [3]Streckenanteile, die nach den §§ 3 oder 6 UStDV als inländische Beförderungsstrecken anzusehen sind, sind in die Besteuerung einzubeziehen.

(6) [1]Personenbeförderungen, die unentgeltlich oder nicht im Rahmen eines Unternehmens durchgeführt werden, unterliegen bei entsprechendem Nachweis nicht der Umsatzsteuer. [2]Werden Schülergruppen, Studentengruppen, Jugendgruppen, kulturelle Gruppen – z. B. Theater- und Musikensembles, Chöre – oder Mitglieder von Vereinen in Kraftomnibussen befördert, die dem Schulträger, dem Träger der kulturellen Gruppe oder dem Verein gehören, kann grundsätzlich angenommen werden, dass diese Beförderungsleistungen nicht im Rahmen eines Unternehmens erbracht werden. [3]Dies gilt entsprechend, wenn der Verein, die Gruppe oder die Schule einen Kraftomnibus anmietet und anschließend die Personen mit eigenem Fahrer, im eigenen Namen, unter eigener Verantwortung und für eigene Rechnung befördert. [4]Ist der Busfahrer Angestellter des den Omnibus vermietenden Unternehmers und wird er von diesem bezahlt, ist für Zwecke der Beförderungseinzelbesteuerung von einer Personenbeförderung durch den Busunternehmer auszugehen.

(7) [1]Die maßgebliche Zahl der Personenkilometer ergibt sich durch Vervielfachung der Anzahl der beförderten Personen mit der Anzahl der Kilometer der im Inland zurückgelegten Beförderungsstrecke (tatsächlich im Inland durchfahrene Strecke). [2]Bei der Ermittlung der Zahl der beförderten Personen bleiben der Fahrer, der Beifahrer, Begleitpersonen, die Angestellte des Beförderers sind – z. B. Reiseleiter, Dolmetscher und Stewardessen –, sowie unent-

---

[1)] **Sartorius** Nr. **950.**

geltlich mitbeförderte Kleinkinder (unter 4 Jahren) außer Betracht. [3]Personen, die der Beförderer aus privaten Gründen unentgeltlich mitbefördert, z. B. Angehörige, sind demgegenüber mitzuzählen, soweit eine sonstige Leistung im Sinne von § 3 Abs. 9a Nr. 2 UStG vorliegt, die nach § 3b Abs. 1 UStG im Inland ausgeführt wird.

(8) [1]Bei der Beförderungseinzelbesteuerung dürfen Vorsteuerbeträge nicht abgesetzt werden. [2]Der Beförderungsunternehmer kann jedoch die Vergütung der Vorsteuerbeträge, die den der Beförderungseinzelbesteuerung unterliegenden Beförderungsleistungen zuzurechnen sind, im Vorsteuer-Vergütungsverfahren beantragen (§§ 59 bis 61a UStDV). [3]Ist beim Unternehmer das allgemeine Besteuerungsverfahren nach § 16 und § 18 Abs. 1 bis 4 UStG durchzuführen, kann er die Vorsteuerbeträge in diesem Verfahren geltend machen. [4]Durch die Besteuerung nach § 16 und § 18 Abs. 1 bis 4 UStG wird die Beförderungseinzelbesteuerung nicht berührt. [5]Die hierbei bereits versteuerten Umsätze sind daher, abgesehen vom Fall des Absatzes 9, nicht in das allgemeine Besteuerungsverfahren einzubeziehen.

(9) [1]Anstelle der Beförderungseinzelbesteuerung kann der Unternehmer nach Ablauf des Besteuerungszeitraumes die Besteuerung nach § 16 Abs. 1 und 2 UStG beantragen. [2]Wegen der Anrechnung der im Wege der Beförderungseinzelbesteuerung festgesetzten Steuern und des Verfahrens vgl. Abschnitt 18.8 Abs. 3.

16.3 Fahrzeugeinzelbesteuerung[1)]

(1) [1]Die Fahrzeugeinzelbesteuerung (§ 16 Abs. 5a UStG) setzt voraus, dass andere als die in § 1a Abs. 1 Nr. 2 UStG genannten Personen einen innergemeinschaftlichen Erwerb neuer Fahrzeuge bewirken. [2]Sie ist daher durchzuführen von Privatpersonen, nichtunternehmerisch tätigen Personenvereinigungen und Unternehmern, die das Fahrzeug für ihren nichtunternehmerischen Bereich beziehen. [3]Zum Begriff des neuen Fahrzeugs vgl. Abschnitt 1b.1 Sätze 2 bis 8. [4]Bei der Fahrzeugeinzelbesteuerung dürfen Vorsteuerbeträge nicht abgesetzt werden.

(2) [1]Für den innergemeinschaftlichen Erwerb neuer Fahrzeuge durch Unternehmer, die das Fahrzeug für ihren unternehmerischen Bereich erwerben, oder durch juristische Personen, die nicht Unternehmer sind oder die das Fahrzeug nicht für ihr Unternehmen erwerben (§ 1a Abs. 1 Nr. 2 UStG), ist die Fahrzeugeinzelbesteuerung nicht durchzuführen. [2]Diese Unternehmer oder juristischen Personen haben den innergemeinschaftlichen Erwerb neuer Fahrzeuge in der Voranmeldung und in der Umsatzsteuererklärung für das Kalenderjahr anzumelden.

16.4 Umrechnung von Werten in fremder Währung

(1) [1]Die Umrechnung der Werte in fremder Währung (§ 16 Abs. 6 UStG) dient der Berechnung der Umsatzsteuer und der abziehbaren Vorsteuerbe-

1) Zum Verfahren vgl. A 18.9 UStAE.

träge. [2]Kursänderungen zwischen der Ausführung der Leistung und der Vereinnahmung des Entgelts bleiben unberücksichtigt.

(2) [1]Bei der Umrechnung nach dem Tageskurs ist der Nachweis durch Bankmitteilung oder Kurszettel zu führen, weil die Bankabrechnung im Zeitpunkt der Leistung noch nicht vorliegt. [2]Aus Vereinfachungsgründen kann das Finanzamt gestatten, dass die Umrechnung regelmäßig nach den Durchschnittskursen vorgenommen wird, die das Bundesministerium der Finanzen für den Monat bekannt gegeben hat, der dem Monat vorangeht, in dem die Leistung ausgeführt oder das Entgelt vereinnahmt wird.[1)]

(3)[2)] Zur Umrechnung der Werte in fremder Währung zur Berechnung der Umsatzsteuer in den besonderen Besteuerungsverfahren nach § 18 Abs. 4c und 4d, Abs. 4e, §§ 18h, 18i, 18j und 18k UStG, vgl. Abschnitt 18.7a Abs. 3, Abschnitt 18.7b Abs. 4, Abschnitt 18h.1 Abs. 3, Abschnitt 18i.1 Abs. 4, Abschnitt 18j.1 Abs. 4 und Abschnitt 18k.1 Abs. 4.

Zu § 17 UStG

17.1 Steuer- und Vorsteuerberichtigung bei Änderung der Bemessungsgrundlage

(1) [1]Die Frage, ob sich die Bemessungsgrundlage für einen steuerpflichtigen Umsatz geändert hat, beurteilt sich nach § 10 Abs. 1 bis 5 UStG. [2]Auf die Abschnitte 10.1 bis 10.7 wird verwiesen. [3]Zur Steuer- und Vorsteuerberichtigung bei Entgeltminderungen durch Gewährung von verdeckten Preisnachlässen vgl. BMF-Schreiben vom 28.8.2020, BStBl. I S. 928.

(2) [1]Die erforderlichen Berichtigungen sind für den Besteuerungszeitraum vorzunehmen, in dem die Änderung der Bemessungsgrundlage eingetreten ist. [2]Die Berichtigungspflicht ist bereits bei der Berechnung der Vorauszahlungen zu beachten (§ 18 Abs. 1 Satz 2 UStG). [3]Vereinbaren der leistende Unternehmer und der Leistungsempfänger die vollständige oder teilweise Rückzahlung des entrichteten Entgelts, mindert sich die Bemessungsgrundlage nur, soweit das Entgelt tatsächlich zurückgezahlt wird, und zwar in dem Besteuerungszeitraum, in dem die Rückgewähr erfolgt (BFH-Urteil vom 18.9.2008, V R 56/06, BStBl. 2009 II S. 250). [4]Dies gilt entsprechend für den Fall der nachträglichen Erhöhung des Entgelts (vgl. BFH-Urteil vom 10.4.2019, XI R 4/17, BStBl. II S. 635). [5]Mindert sich der Kaufpreis auf Grund einer Mängelrüge, ändert sich die Bemessungsgrundlage im Zeitpunkt der tatsächlichen Realisierung der Ansprüche (Erfüllungsgeschäft – vgl. EuGH-Urteil vom 29.5.2001, C-86/99, Freemans).[3)]

(3) [1]Die Berichtigungspflicht besteht auch dann, wenn sich die Berichtigung der Steuer und die Berichtigung des Vorsteuerabzugs im Ergebnis ausgleichen. [2]Berechnet der Leistungsempfänger z. B. Lieferantenskonti nicht vom Gesamtpreis einschließlich Umsatzsteuer, sondern nur vom Entgelt (ohne Umsatzsteuer), hat er unabhängig von der Behandlung der Skontobeträge

---

1) Vgl. Zusammenstellung in **Steuererlasse** Nr. **500** § 16/6 und § 16/7.

2) A 16.4 UStAE Abs. 3 neugef. durch BMF v. 1.4.2021, BStBl. I 2021, 629, anzuwenden mWv 1.7.2021.

3) DStRE 2001, 722.

durch den Lieferanten den in Anspruch genommenen Vorsteuerabzug nach § 17 Abs. 1 Satz 2 UStG zu berichtigen. [3]Die Berichtigungspflicht ist bei einer Änderung der Bemessungsgrundlage nicht von einer Änderung des Steuerbetrags in der ursprünglichen Rechnung abhängig. [4]Ein Belegaustausch ist nur für die in § 17 Abs. 4 UStG bezeichneten Fälle vorgeschrieben. [5]Gewährt eine Genossenschaft ihren Mitgliedern eine umsatzabhängige Zusatzvergütung für die an die Genossenschaft erbrachten Lieferungen, handelt es sich um eine nachträgliche Erhöhung des Entgelts (vgl. BFH-Urteil vom 6.6.2002, V R 59/00, BStBl. 2003 II S. 214).

(4) Die Berichtigung des Vorsteuerabzugs kann unterbleiben, soweit der auf die Entgeltminderung entfallende Steuerbetrag von einem dritten Unternehmer entrichtet wird (§ 17 Abs. 1 Satz 6 UStG).

Beispiel:

[1]Die Einkaufsgenossenschaft E (Zentralregulierer) vermittelt eine Warenlieferung von A an B. [2]E wird auch in den Abrechnungsverkehr eingeschaltet. [3]Sie zahlt für B den Kaufpreis an A unter Inanspruchnahme von Skonto. [4]B zahlt an E den Kaufpreis ohne Inanspruchnahme von Skonto.

[5]Nach § 17 Abs. 1 Satz 1 UStG hat A seine Steuer zu berichtigen. [6]B braucht nach § 17 Abs. 1 Satz 6 UStG seinen Vorsteuerabzug nicht zu berichtigen, soweit E die auf den Skontoabzug entfallende Steuer an das Finanzamt entrichtet.

(5) [1]Die Pflicht zur Berichtigung der Steuer und des Vorsteuerabzugs nach § 17 Abs. 1 UStG besteht auch dann, wenn das Entgelt für eine steuerpflichtige Lieferung oder sonstige Leistung uneinbringlich geworden ist (§ 17 Abs. 2 Nr. 1 UStG). [2]Uneinbringlichkeit im Sinne des § 17 Abs. 2 UStG liegt insbesondere vor, wenn der Schuldner zahlungsunfähig ist, wenn den Forderungen die Einrede des Einforderungsverzichts entgegengehalten werden kann (vgl. BFH-Beschluss vom 10.3.1983, V B 46/80, BStBl. II S. 389) oder wenn der Anspruch auf Entrichtung des Entgelts nicht erfüllt wird und bei objektiver Betrachtung damit zu rechnen ist, dass der Leistende die Entgeltforderung ganz oder teilweise jedenfalls auf absehbare Zeit rechtlich oder tatsächlich nicht durchsetzen kann (vgl. BFH-Urteil vom 20.7.2006, V R 13/04, BStBl. 2007 II S. 22). [3]Daher berechtigen vertragliche Einbehalte zur Absicherung von Gewährleistungsansprüchen der Leistungsempfänger (z.B. sog. Sicherungseinbehalte für Baumängel) zur Steuerberichtigung, soweit dem Unternehmer nachweislich die Absicherung dieser Gewährleistungsansprüche durch Gestellung von Bankbürgschaften im Einzelfall nicht möglich war und er dadurch das Entgelt insoweit für einen Zeitraum von über zwei bis fünf Jahren noch nicht vereinnahmen kann (vgl. BFH-Urteil vom 24.10.2013, V R 31/12, BStBl. 2015 II S. 674).[1)] [4]Auch soweit der Leistungsempfänger das Bestehen oder die Höhe des vereinbarten Entgelts substantiiert bestreitet, kommt – übereinstimmend mit der Berichtigung des Vorsteuerabzugs beim Leistungsempfänger – beim Leistenden eine Berichtigung der Umsatzsteuer wegen Uneinbringlichkeit in Betracht (vgl. BFH-Urteile vom 31.5.2001, V R 71/99, BStBl. 2003 II S. 206, und vom 22.4.2004, V R 72/03, BStBl. II S. 684). [5]Eine Berichtigung kommt auch in Betracht, wenn der Leistungsempfänger

[1)] Siehe aber EuGH v. 28.10.2021 C-324/20, DStR 2021, 2586.

zwar nicht die Entgeltforderung selbst bestreitet, sondern mit einer vom Leistenden substantiiert bestrittenen Gegenforderung aufrechnet, und wenn bei objektiver Betrachtung damit zu rechnen ist, dass der Leistende die Entgeltforderung ganz oder teilweise jedenfalls auf absehbare Zeit nicht durchsetzen kann (vgl. BFH-Urteil vom 20.7.2006, V R 13/04, a. a. O.). [6]Die Feststellung einer vom Finanzamt angemeldeten, einen früheren Vorsteuerabzug berichtigenden Umsatzsteuer zur Insolvenztabelle hat die gleiche Wirkung wie ein inhaltsgleicher Berichtigungsbescheid im Sinne des § 17 UStG (BFH-Urteil vom 19.8.2008, VII R 36/07, BStBl. 2009 II S. 250). [7]Zur Frage der Uneinbringlichkeit beim sog. Akzeptantenwechselgeschäft vgl. BFH-Urteil vom 8.12.1993, XI R 81/90, BStBl. 1994 II S. 338. [8]Ertragsteuerrechtlich zulässige pauschale Wertberichtigungen führen nicht zu einer Berichtigung nach § 17 Abs. 2 UStG. [9]Der Gläubiger, der eine Forderung als uneinbringlich behandelt, ist nicht verpflichtet, dem Schuldner hiervon Mitteilung zu machen. [10]Das Finanzamt des Gläubigers ist jedoch berechtigt, das Finanzamt des Schuldners auf die Ausbuchung der Forderung hinzuweisen. [11]Der Vorsteuerrückzahlungsanspruch dieses Finanzamts entsteht mit Ablauf des Voranmeldungszeitraums, in dem die Uneinbringlichkeit eingetreten ist (vgl. BFH-Urteil vom 8.10.1997, XI R 25/97, BStBl. 1998 II S. 69). [12]Der Schuldner hat nach § 17 Abs. 2 Nr. 1 i. V. m. Abs. 1 Satz 2 UStG seinen Vorsteuerabzug bereits dann entsprechend zu berichtigen, wenn sich aus den Gesamtumständen, insbesondere aus einem längeren Zeitablauf nach Eingehung der Verbindlichkeit ergibt, dass er seiner Zahlungsverpflichtung gegenüber seinem Gläubiger nicht mehr nachkommen wird. [13]Wird der Anspruch des Gläubigers später ganz oder teilweise befriedigt, ist § 17 Abs. 2 Nr. 1 Satz 2 UStG anzuwenden. [14]Wird das Entgelt für eine während des Bestehens einer Organschaft bezogene Leistung nach Beendigung der Organschaft uneinbringlich, ist der Vorsteuerabzug nicht gegenüber dem bisherigen Organträger, sondern gegenüber dem im Zeitpunkt des Uneinbringlichwerdens bestehenden Unternehmen, dem früheren Organ, zu berichtigen (BFH-Urteil vom 7.12.2006, V R 2/05, BStBl. 2007 II S. 848).

(6) Bei der Abtretung einer Forderung unter dem Nennwert bestimmt sich das Entgelt nach den tatsächlichen Aufwendungen des Leistungsempfängers (vgl. Abschnitt 10.1 Abs. 4).

Beispiel:

[1]Ein Unternehmer hat auf Grund einer Lieferung eine Forderung i. H. v. 11 900 € gegen seinen zum Vorsteuerabzug berechtigten Abnehmer. [2]Er tritt diese Forderung zum Festpreis von 5750 € an ein Inkassobüro ab. [3]Das Inkassobüro kann noch 8925 € einziehen.

[4]Die Steuer des Lieferers richtet sich zunächst nach dem für die Lieferung vereinbarten Entgelt von 10 000 € (Steuer bei einem Steuersatz von 19 % = 1900 €). [5]Die endgültige Steuer des Lieferers beträgt allerdings nur 1425 €, da der Abnehmer nur 8925 € aufgewandt hat (§ 10 Abs. 1 Satz 2 UStG), während die restlichen 2975 € uneinbringlich sind. [6]Eine entsprechende Minderung der Steuer nach § 17 Abs. 2 Nr. 1 in Verbindung mit § 17 Abs. 1 Satz 1 UStG von 1900 € auf 1425 € setzt jedoch voraus, dass der Lieferer die teilweise Uneinbringlichkeit der Forderung nachweist. [7]Er muss sich also Kenntnis davon verschaffen, welchen Betrag das Inkassobüro tatsächlich noch einziehen konnte. [8]Der Abnehmer hat zunächst auf Grund der ihm vom Lieferer erteilten Rechnung den Vorsteuerabzug in voller Höhe. [9]Er muss ihn jedoch von sich aus nach § 17 Abs. 2 Nr. 1 in Verbindung mit Abs. 1 Satz 2 UStG auf der Grundlage seiner tatsächlichen Zahlung an das Inkassobüro (im Beispielsfall auf 1425 €) berichtigen, da er die teilweise Uneinbringlichkeit der Forderung kennt. [10]Dies gilt entsprechend, wenn der Abnehmer weniger an das Inkassobüro zahlt, als der Lieferer für die Forde-

rung erhalten hat. [11] Zahlt der Abnehmer den vollen Rechnungsbetrag an das Inkassobüro, bleiben die Steuer des Lieferers und der Vorsteuerabzug des Abnehmers in voller Höhe bestehen.

(7)[1)] [1] Steuer- und Vorsteuerberichtigungen sind auch erforderlich, wenn für eine Leistung ein Entgelt entrichtet, die Leistung jedoch nicht ausgeführt worden ist (§ 17 Abs. 2 Nr. 2 UStG). [2] Diese Regelung steht im Zusammenhang mit der in § 13 Abs. 1 Nr. 1 Buchstabe a Satz 4 UStG vorgeschriebenen Besteuerung von Zahlungen vor Ausführung der Leistungen. [3] Die Minderung der Bemessungsgrundlage nach § 17 Abs. 2 Nr. 2 UStG erfolgt erst in dem Besteuerungszeitraum, in dem die Anzahlung oder das Entgelt zurückgewährt worden sind (vgl. BFH-Urteile vom 2.9.2010, V R 34/09, BStBl. 2011 II S. 991, und vom 15.9.2011, V R 36/09, BStBl. 2012 II S. 365).

Beispiel:

[1] Über das Vermögen eines Unternehmers, der Anzahlungen erhalten und versteuert hat, wird das Insolvenzverfahren eröffnet, bevor er eine Leistung erbracht hat. [2] Der Insolvenzverwalter lehnt die Erfüllung des Vertrages ab und gewährt die Anzahlungen zurück. [3] Der Unternehmer, der die vertraglich geschuldete Leistung nicht erbracht hat, hat die Steuer auf die Anzahlung im Besteuerungszeitraum der Rückgewähr nach § 17 Abs. 2 Nr. 2 UStG zu berichtigen. [4] Unabhängig davon hat der Unternehmer, an den die vertraglich geschuldete Leistung erbracht werden sollte, den Vorsteuerabzug in sinngemäßer Anwendung des § 17 Abs. 1 Satz 2 UStG im Besteuerungszeitraum der Rückgewähr zu berichtigen. [5] Werden Anzahlungen versteuert und ergibt sich im Nachhinein, dass die Leistung nicht der Umsatzsteuer unterliegt, ist die Bemessungsgrundlage ebenfalls nach § 17 Abs. 2 Nr. 2 UStG zu berichtigen (vgl. Abschnitt 13.5 Abs. 4 Satz 3).

(8) [1] Ob eine Rückgängigmachung einer Lieferung nach § 17 Abs. 2 Nr. 3 UStG oder eine selbständige Rücklieferung vorliegt, ist aus der Sicht des Empfängers und nicht aus der Sicht des ursprünglichen Lieferers zu beurteilen. [2] Eine Rückgängigmachung ist anzunehmen, wenn der Liefernde oder der Lieferungsempfänger das der Hinlieferung zu Grunde liegende Umsatzgeschäft beseitigt oder sich auf dessen Unwirksamkeit beruft, die zuvor begründete Erwartung des Lieferers auf ein Entgelt dadurch entfällt und der Lieferungsempfänger den empfangenen Gegenstand in Rückabwicklung des Umsatzgeschäfts zurückgibt. [3] Dagegen liegt eine einen selbständigen Umsatz auslösende Rücklieferung vor, wenn die Beteiligten ein neues Umsatzgeschäft eingehen und der Empfänger der Hinlieferung dieses dadurch erfüllt, dass er dem ursprünglichen Lieferer die Verfügungsmacht an dem gelieferten Gegenstand in Erwartung einer Gegenleistung überträgt (vgl. BFH-Urteil vom 12.11.2008, XI R 46/07, BStBl. 2009 II S. 558). [4] Wenn der Insolvenzverwalter die Erfüllung eines zur Zeit der Eröffnung des Insolvenzverfahrens vom Schuldner und seinem Vertragspartner noch nicht oder nicht vollständig erfüllten Vertrags ablehnt (§ 103 InsO) und der Lieferer infolgedessen die Verfügungsmacht an dem gelieferten Gegenstand zurückerhält, wird die Lieferung rückgängig gemacht (vgl. BFH-Urteil vom 8.5.2003, V R 20/02, BStBl. II S. 953, zum Konkursverfahren). [5] Wird die Leistung nach Vereinnahmung des Entgelts rückgängig gemacht, entsteht der Berichtigungsanspruch nach § 17

[1)] Zur Rückforderung eines abgetretenen USt-Vergütungsanspruchs bei Berichtigung der Vorsteuer nach § 17 UStG vgl. BFH v. 27.10.2009 VII R 4/08, BStBl. II 2010, 257.

Abs. 2 Nr. 3 UStG erst mit der Rückgewähr des Entgelts (vgl. BFH-Urteil vom 2.9.2010, V R 34/09, BStBl. 2011 II S. 991).

(9) [1]Zu den Aufwendungen im Sinne des § 17 Abs. 2 Nr. 5 UStG können auch AfA für abnutzbare Wirtschaftsgüter gehören, für deren Anschaffungskosten der Vorsteuerabzug gewährt wurde (vgl. BFH-Urteil vom 2.7.2008, XI R 60/06, BStBl. 2009 II S. 167). [2]§ 17 Abs. 2 Nr. 5 UStG setzt – anders als § 15a UStG – nicht zwingend voraus, dass sich die Verhältnisse in Bezug auf die Verwendungsumsätze geändert haben.

(10) [1]Die Vorschrift des § 17 Abs. 1 UStG ist entsprechend anzuwenden, wenn in einer Rechnung der Steuerbetrag nach § 14c Abs. 1 UStG berichtigt wird. [2]Die Berichtigung der wegen unrichtigen Steuerausweises geschuldeten Umsatzsteuer ist in dem Besteuerungszeitraum vorzunehmen, in dem sowohl eine Rechnung mit geändertem Steuerausweis erteilt als auch bei Bestehen eines Rückzahlungsanspruchs der zu hoch ausgewiesene Rechnungsbetrag an den Leistungsempfänger zurückgezahlt wurde (vgl. Abschnitt 14c.1 Abs. 5). [3]Der Widerspruch gegen den in einer Gutschrift enthaltenen Steuerausweis wirkt deshalb erst in dem Besteuerungszeitraum, in dem er erklärt wird (vgl. BFH-Urteil vom 19.5.1993, V R 110/88, BStBl. II S. 779). [4]Die Berichtigung der Vorsteuer durch den Leistungsempfänger hingegen ist für den Besteuerungszeitraum vorzunehmen, in dem diese abgezogen wurde. [5]§ 14c Abs. 1 Sätze 2 und 3 UStG betreffen nicht den Leistungsempfänger, sondern regeln nur die Voraussetzungen für die Erstattung der wegen unrichtigen Steuerausweises geschuldeten Umsatzsteuer des Steuerschuldners (vgl. BFH-Urteil vom 6.12.2007, V R 3/06, BStBl. 2009 II S. 203).

Uneinbringlichkeit im Insolvenzverfahren

(11) [1]Durch die Eröffnung des Insolvenzverfahrens über das Vermögen des leistenden Unternehmers geht nach § 80 Abs. 1 InsO die gesamte Verwaltungs- und Verfügungsbefugnis und damit auch die Empfangszuständigkeit für die offenen Forderungen auf den Insolvenzverwalter über. [2]Demzufolge kommt es zu einer Aufspaltung des Unternehmens in mehrere Unternehmensteile, zwischen denen einzelne umsatzsteuerrechtliche Berechtigungen und Verpflichtungen nicht miteinander verrechnet werden können. [3]Dabei handelt es sich um die Insolvenzmasse und das vom Insolvenzverwalter freigegebene Vermögen sowie einen vorinsolvenzrechtlichen Unternehmensteil. [4]Der Unternehmer ist auf Grund des Übergangs der Empfangszuständigkeit für die offenen Forderungen auf den Insolvenzverwalter nach § 80 Abs. 1 InsO selbst nicht mehr in der Lage, rechtswirksam Entgeltforderungen in seinem vorinsolvenzrechtlichen Unternehmensteil zu vereinnahmen. [5]Erbringt der Unternehmer, über dessen Vermögen das Insolvenzverfahren eröffnet wird, eine Leistung vor Verfahrenseröffnung, ohne das hierfür geschuldete Entgelt bis zu diesem Zeitpunkt zu vereinnahmen, tritt daher spätestens mit Eröffnung des Insolvenzverfahrens Uneinbringlichkeit im vorinsolvenzrechtlichen Unternehmensteil ein (Uneinbringlichkeit aus Rechtsgründen). [6]Der Steuerbetrag ist deshalb nach § 17 Abs. 2 Nr. 1 Satz 1 i. V. m. Absatz 1 Satz 1 UStG zu berichtigen. [7]Vereinnahmt der Insolvenzverwalter später das zunächst uneinbringlich gewordene Entgelt, ist der Umsatzsteuerbetrag nach § 17

Abs. 2 Nr. 1 Satz 2 UStG erneut zu berichtigen. [8]Diese auf Grund der Vereinnahmung entstehende Steuerberichtigung begründet eine sonstige Masseverbindlichkeit im Sinne des § 55 Abs. 1 Nr. 1 InsO (vgl. BFH-Urteile vom 9.12.2010, V R 22/10, BStBl. 2011 II S. 996, und vom 27.9.2018, V R 45/16, BStBl. 2019 II S. 356). [9]Denn der sich aus § 17 Abs. 2 Nr. 1 Satz 2 UStG ergebende Steueranspruch ist erst mit der Vereinnahmung vollständig verwirklicht und damit abgeschlossen.

Beispiel:

[1]Über das Vermögen des U wurde am 15. 7. 01 das Insolvenzverfahren eröffnet. [2]Nach dem Gutachten des Insolvenzgutachters hatte U zu diesem Zeitpunkt Forderungen aus umsatzsteuerpflichtigen Lieferungen und sonstigen Leistungen in Höhe von 119 000 €. [3]Hierin ist die Umsatzsteuer in Höhe von 19 000 € enthalten. [4]U hatte diese Umsätze in den entsprechenden Voranmeldungszeiträumen vor der Eröffnung des Insolvenzverfahrens angemeldet. [5]Der Insolvenzverwalter vereinnahmt im März 02 (nach Eröffnung des Insolvenzverfahrens) Forderungen in Höhe von 59 500 €. [6]Die restlichen Forderungen kann der Insolvenzverwalter nicht realisieren.

[7]U kann seine Forderungen zum Zeitpunkt der Eröffnung des Insolvenzverfahrens nicht mehr selbst realisieren. [8]Die Forderungen sind aus rechtlichen Gründen uneinbringlich (§ 17 Abs. 2 Nr. 1 Satz 1 i. V. m. Absatz 1 Satz 1 UStG). [9]Im Voranmeldungszeitraum der Insolvenzeröffnung ist daher eine Berichtigung der Bemessungsgrundlage um 100 000 € vorzunehmen. [10]Nach Vereinnahmung eines Teils der Forderungen durch den Insolvenzverwalter muss dieser eine – erneute – Berichtigung der Bemessungsgrundlage nach § 17 Abs. 2 Nr. 1 Satz 2 i. V. m. Absatz 1 Satz 1 UStG von 50 000 € für den Voranmeldungszeitraum der Vereinnahmung (März 02) vornehmen. [11]Die hieraus resultierende Umsatzsteuer ist als Masseverbindlichkeit vom Insolvenzverwalter zu entrichten.

(12) [1]Wird vom Insolvenzgericht ein sog. starker vorläufiger Insolvenzverwalter nach § 22 Abs. 1 InsO bestellt, ist dieser Vermögensverwalter im Sinne des § 34 Abs. 3 AO. [2]Da auf ihn die gesamte Verwaltungs- und Verfügungsbefugnis über das Vermögen des Schuldners übergeht, tritt bereits mit seiner Bestellung die Uneinbringlichkeit der Entgelte und die Aufspaltung des Unternehmens in mehrere Unternehmensteile ein und der Steuerbetrag ist nach § 17 Abs. 2 Nr. 1 Satz 1 i. V. m. Absatz 1 Satz 1 UStG zu berichtigen. [3]Vereinnahmt später der sog. starke vorläufige Insolvenzverwalter im vorläufigen Insolvenzverfahren oder der Insolvenzverwalter im eröffneten Insolvenzverfahren das uneinbringlich gewordene Entgelt für eine Leistung, die vor Bestellung des starken vorläufigen Insolvenzverwalters erbracht worden ist, ist der Umsatzsteuerbetrag nach § 17 Abs. 2 Nr. 1 Satz 2 UStG im Zeitpunkt der Vereinnahmung erneut zu berichtigen (vgl. BFH-Urteil vom 1.3.2016, XI R 21/14, BStBl. II S. 756). [4]Diese auf Grund der Vereinnahmung entstehende Steuerberichtigung begründet eine sonstige Masseverbindlichkeit im Sinne des § 55 Abs. 2 Satz 1 InsO bei Vereinnahmung durch den sog. starken vorläufigen Insolvenzverwalter bzw. eine sonstige Masseverbindlichkeit im Sinne des § 55 Abs. 1 Nr. 1 InsO bei Vereinnahmung durch den Insolvenzverwalter. [5]Wird das Insolvenzverfahren nicht eröffnet, ist die nach Satz 2 durchgeführte Berichtigung rückgängig zu machen. [6]Für Steuerbeträge aus Umsätzen, die nach der Bestellung des sog. starken vorläufigen Insolvenzverwalters erbracht worden sind, kommt hingegen keine Berichtigung des Umsatzsteuerbetrags nach § 17 Abs. 2 Nr. 1 Satz 1 in Verbindung mit Abs. 1 Satz 1 UStG in Betracht. [7]Diese Steuerbeträge gelten mit der Eröffnung des Insolvenzverfahrens als sonstige Masseverbindlichkeiten nach § 55 Abs. 2 Satz 1 InsO.

(13) [1]Die Grundsätze zur Uneinbringlichkeit aus Rechtsgründen nach den Absätzen 11 und 12 finden auch im Falle der Bestellung eines sog. schwachen vorläufigen Insolvenzverwalters mit allgemeinem Zustimmungsvorbehalt (§ 21 Abs. 2 Satz 1 Nr. 2 2. Alternative InsO) und dem Recht zum Forderungseinzug (§§ 22 Abs. 2, 23 InsO) Anwendung (vgl. BFH-Urteil vom 24.9.2014, V R 48/13, BStBl. 2015 II S. 506). [2]Gleiches gilt bei der Bestellung eines sog. schwachen vorläufigen Insolvenzverwalters mit dem Recht zum Forderungseinzug (§§ 22 Abs. 2, 23 InsO), mit allgemeinem Zustimmungsvorbehalt ohne ausdrückliches Recht zum Forderungseinzug oder wenn der schwache vorläufige Insolvenzverwalter zur Kassenführung berechtigt ist. [3]Steuerbeträge aus Umsätzen, die der Unternehmer vor Bestellung eines sog. schwachen vorläufigen Insolvenzverwalters mit in Satz 1 oder Satz 2 genannten rechtlichen Befugnissen erbracht hat, sind daher nach § 17 Abs. 2 Nr. 1 Satz 1 in Verbindung mit Abs. 1 Satz 1 UStG zu berichtigen. [4]Gleiches gilt – im Unterschied zur Bestellung des sog. starken vorläufigen Insolvenzverwalters (vgl. Abs. 12 Satz 6) – für die Steuerbeträge aus Umsätzen, die der Unternehmer danach bis zum Abschluss des Insolvenzeröffnungsverfahrens erbringt. [5]Im Anschluss an die Uneinbringlichkeit kommt es durch die Vereinnahmung des Entgelts nach § 17 Abs. 2 Nr. 1 Satz 2 UStG zu einer zweiten Berichtigung. [6]Dem steht nicht entgegen, dass die erste Berichtigung auf Grund Uneinbringlichkeit und die zweite Berichtigung auf Grund nachfolgender Vereinnahmung ggf. im selben Voranmeldungs- oder Besteuerungszeitraum zusammentreffen. [7]Die auf Grund der während des Insolvenzeröffnungsverfahrens erfolgenden Vereinnahmung entstehende Steuerberichtigung begründet eine sonstige Masseverbindlichkeit nach § 55 Abs. 4 InsO. [8]Wegen der Einzelheiten zum Anwendungsbereich des § 55 Abs. 4 InsO vgl. BMF-Schreiben vom 20.5.2015, BStBl. I S. 476, und vom 18.11.2015, BStBl. I S. 886. [9]Erfolgt die Entgeltvereinnahmung erst während des eröffneten Insolvenzverfahrens, begründet die dadurch entstehende Steuerberichtigung eine sonstige Masseverbindlichkeit im Sinne von § 55 Abs. 1 Nr. 1 InsO (vgl. Abs. 11).

(14) [1]Ungeachtet der Berichtigungspflichten wegen Uneinbringlichkeit aus Rechtsgründen (vgl. Absätze 11 bis 13) findet § 17 UStG weiterhin Anwendung, wenn der Steuerbetrag bereits vor der Bestellung des vorläufigen Insolvenzverwalters wegen Uneinbringlichkeit des Entgelts aus tatsächlichen Gründen (z. B. wegen Zahlungsunfähigkeit des Entgeltschuldners, vgl. auch Absatz 16) nach § 17 Abs. 2 Nr. 1 Satz 1 in Verbindung mit Abs. 1 Satz 1 UStG berichtigt wurde und der vorläufige Insolvenzverwalter oder der Insolvenzschuldner mit Zustimmung des schwachen vorläufigen Insolvenzverwalters das Entgelt im vorläufigen Insolvenzverfahren vereinnahmt. [2]Dann ist der hierauf entfallende Steuerbetrag (erneut) nach § 17 Abs. 2 Nr. 1 Satz 2 UStG zu berichtigen. [3]Diese auf Grund der Vereinnahmung entstehende Steuerberichtigung begründet bei Bestellung eines schwachen vorläufigen Insolvenzverwalters eine sonstige Masseverbindlichkeit nach § 55 Abs. 4 InsO. [4]Wird hingegen vom Insolvenzgericht ein sog. starker vorläufiger Insolvenzverwalter nach § 22 Abs. 1 InsO eingesetzt, liegen insoweit sonstige Masseverbindlichkeiten nach § 55 Abs. 2 InsO vor. [5]Denn der sich aus § 17 Abs. 2 Nr. 1 Satz 2 UStG ergebende Steueranspruch ist erst mit der Vereinnahmung vollständig verwirk-

licht, mithin im vorläufigen Insolvenzverfahren. [6]Das gilt auch, wenn die Berichtigung nach § 17 Abs. 2 Nr. 1 Satz 1 UStG während der vorläufigen Insolvenzverwaltung erfolgt und das Entgelt durch den starken vorläufigen Insolvenzverwalter vereinnahmt wird. [7]Dieser Steueranspruch ist ebenfalls als sonstige Masseverbindlichkeit nach § 55 Abs. 2 InsO zu qualifizieren.

Beispiel:

[1]U hat offene Forderungen aus umsatzsteuerpflichtigen Lieferungen in Höhe von 119 000 € gegenüber dem Leistungsempfänger S. [2]U hat diese Umsätze in den entsprechenden Voranmeldungszeiträumen angemeldet. [3]Über das Vermögen des S wird am 15.7.00 das Insolvenzverfahren eröffnet. [4]Auf Grund eines zulässigen Insolvenzeröffnungsantrages über das Vermögen des U wird vom Insolvenzgericht mit Wirkung zum 15.8.00 ein sog. schwacher vorläufiger Insolvenzverwalter bestellt. [5]U vereinnahmt mit Zustimmung des schwachen vorläufigen Insolvenzverwalters am 15.9.00 noch Forderungen gegenüber S (bzw. dem Insolvenzverwalter des S) in Höhe von 59 500 €.

[6]U hat die in den offenen Forderungen enthaltene Umsatzsteuer nach § 17 Abs. 2 Nr. 1 Satz 1 in Verbindung mit Absatz 1 Satz 1 UStG in Höhe von 19 000 € unbeschadet einer möglichen Insolvenzquote in voller Höhe spätestens im Zeitpunkt der Insolvenzeröffnung über das Vermögen des S zu berichtigen (vgl. Absatz 16 Sätze 1 und 2). [7]Die Berichtigung ist für den Voranmeldungszeitraum Juli 00 durchzuführen. [8]Nach Vereinnahmung eines Teils der Forderungen im vorläufigen Insolvenzverfahren ist eine erneute Berichtigung der Steuerbeträge nach § 17 Abs. 2 Nr. 1 Satz 2 UStG durchzuführen. [9]Die Berichtigung ist für den Voranmeldungszeitraum September 00 vorzunehmen. [10]Die hieraus resultierende Umsatzsteuer in Höhe von 9500 € stellt mit Eröffnung des Insolvenzverfahrens eine sonstige Masseverbindlichkeit nach § 55 Abs. 4 InsO dar, da es sich insoweit um Verbindlichkeiten des U aus dem Steuerschuldverhältnis handelt, die von einem schwachen vorläufigen Insolvenzverwalter oder vom Schuldner mit Zustimmung eines schwachen vorläufigen Insolvenzverwalters begründet worden sind.

(15) [1]Der Empfänger einer steuerpflichtigen Leistung, die vom Unternehmer vor Bestellung eines vorläufigen Insolvenzverwalters (vgl. Absätze 12 und 13) bzw. Eröffnung des Insolvenzverfahrens (vgl. Absatz 11) erbracht und für die das Entgelt aus Rechtsgründen uneinbringlich wurde, hat zu diesem Zeitpunkt die auf die steuerpflichtige Leistung entfallenden Vorsteuerbeträge nicht nach § 17 Abs. 2 Nr. 1 Satz 1 i. V. m. Absatz 1 Satz 1 UStG zu berichtigen. [2]Denn Zahlungsverpflichtung und Zahlungsbereitschaft des Leistungsempfängers bestehen fort und sind unabhängig von der Uneinbringlichkeit des Entgelts im vorinsolvenzrechtlichen Unternehmensteil des leistenden Unternehmers zu beurteilen.

(16) [1]Entgeltforderungen aus Lieferungen und sonstigen Leistungen, die vor Insolvenzeröffnung an den späteren Insolvenzschuldner erbracht wurden, werden im Augenblick der Bestellung eines vorläufigen Insolvenzverwalters im Sinne der Absätze 12 oder 13 – spätestens aber mit Eröffnung des Insolvenzverfahrens – unbeschadet einer möglichen Insolvenzquote in voller Höhe im Sinne des § 17 Abs. 2 Nr. 1 UStG uneinbringlich. [2]Zu diesem Zeitpunkt ist die Umsatzsteuer beim leistenden Unternehmer und dementsprechend der Vorsteuerabzug beim Leistungsempfänger nach § 17 Abs. 1 UStG zu berichtigen. [3]Dies gilt sinngemäß auch, wenn der Antrag auf Eröffnung des Insolvenzverfahrens (z. B. mangels Masse) abgewiesen wird. [4]Wird das uneinbringlich gewordene Entgelt nachträglich vereinnahmt, ist der Umsatzsteuerbetrag erneut zu berichtigen (§ 17 Abs. 2 Nr. 1 Satz 2 UStG). [5]Das gilt auch für den Fall, dass der Insolvenzverwalter die durch die Eröffnung uneinbringlich ge-

wordene Forderung erfüllt (vgl. BFH-Urteil vom 22.10.2009, V R 14/08, BStBl. 2011 II S. 988).

(17) [1]Wird auf Grund einer erfolgreichen Insolvenzanfechtung nach §§ 129ff. InsO ein bereits entrichtetes Entgelt für eine vom Insolvenzschuldner bezogene Leistung nach Eröffnung des Insolvenzverfahrens an den Insolvenzverwalter zurückgezahlt, ist der Vorsteuerabzug nach § 17 Abs. 2 Nr. 1 Satz 2 UStG durch den Insolvenzverwalter in dem Zeitpunkt der tatsächlichen Entgeltrückgewähr zu berichtigen. [2]Der Berichtigungsanspruch nach § 17 Abs. 2 Nr. 1 Satz 2 UStG entsteht dann im Rahmen der Masseverwaltung und stellt folglich nach § 55 Abs. 1 Satz 1 InsO eine Masseverbindlichkeit dar (vgl. BFH-Urteile vom 15.12.2016, V R 26/16, BStBl. 2017 II S. 735, und vom 29.3.2017, XI R 5/16, BStBl. II S. 738).

17.2 Preisnachlässe und Preiserstattungen außerhalb unmittelbarer Leistungsbeziehungen sowie Maßnahmen zur Verkaufsförderung

Preisnachlässe und Preiserstattungen innerhalb der Leistungskette allgemein

(1) [1]Die Minderung der Bemessungsgrundlage setzt nicht voraus, dass ein Preisnachlass oder eine Preiserstattung auf allen Stufen einer Leistungskette vom ersten Unternehmer bis zum letzten Abnehmer in der jeweiligen Leistungsbeziehung erfolgt. [2]Ebenso wenig kommt es auf die Position des Unternehmers, der den Preisnachlass gewährt, oder die des begünstigten Abnehmers in der Leistungskette an. [3]Auch bei Preisnachlässen oder Preiserstattungen über einzelne Stufen einer Leistungskette hinweg dürfen aus allen Umsatzgeschäften in der Leistungskette insgesamt nur die Umsatzsteuerbeträge berücksichtigt werden, die dem vom begünstigten Abnehmer wirtschaftlich aufgewendeten Umsatzsteuerbetrag entsprechen. [4]Für Unternehmer, die auf den Produktions- und Vertriebsstufen vor der Verbrauchsstufe des begünstigten Abnehmers tätig sind, muss die Umsatzbesteuerung neutral sein. [5]Erstattet daher ein Unternehmer in einer Leistungskette einem nicht unmittelbar nachfolgenden Abnehmer (begünstigter Abnehmer) einen Teil des von diesem gezahlten Leistungsentgelts oder gewährt er ihm einen Preisnachlass, mindert sich dadurch die Bemessungsgrundlage für den Umsatz dieses Unternehmers an seinen unmittelbaren Abnehmer, wenn folgende Voraussetzungen erfüllt sind:

1. Der den Preisnachlass gewährende Unternehmer hat eine im Inland steuerpflichtige Leistung erbracht,
2. die Leistung an den begünstigten Abnehmer ist im Inland steuerpflichtig und
3. der den Preisnachlass gewährende Unternehmer hat das Vorliegen der vorstehenden Voraussetzungen sowie den Preisnachlass bzw. die Preiserstattung nachgewiesen (vgl. Absatz 5).

Beispiel:

[1]Hersteller A verkauft Ware an Großhändler B. [2]B verkauft die Ware an einen Zwischenhändler C. [3]C verkauft die Ware an den Einzelhändler D, der die Ware an den letzten Abnehmer der

Leistungskette E verkauft. [4] B erstattet D wegen Abnahme einer bestimmten Menge von Waren, die über ihn vertrieben wurden, nachträglich einen Teil des von D für diese Waren aufgewendeten Preises. [5] Da es weder auf die Position des B als zweiten Unternehmer noch auf die des D als vierten und damit vorletzten Abnehmer in der Leistungskette ankommt, kann B die Bemessungsgrundlage seiner Lieferung an C mindern. [6] Gleichzeitig kann bei D nur ein entsprechend geminderter Vorsteuerabzug berücksichtigt werden (vgl. Absatz 3).

(2) [1] Die Bemessungsgrundlage der Leistung des den Preisnachlass gewährenden Unternehmers wird um den Betrag des Preisnachlasses/der Preiserstattung abzüglich der Umsatzsteuer gemindert, die sich nach dem Umsatzsteuersatz berechnet, der auf den Umsatz Anwendung findet, für den der Preisnachlass/die Preiserstattung gewährt wird. [2] Der Unternehmer hat entsprechend § 17 Abs. 1 Satz 8 UStG die Minderung der Bemessungsgrundlage für den Besteuerungszeitraum vorzunehmen, in dem er den Preisnachlass gewährt hat. [3] Durch die Minderung der Bemessungsgrundlage der Leistung des den Preisnachlass gewährenden Unternehmers wird die von ihm erteilte Rechnung an seinen unmittelbaren Abnehmer nicht unrichtig. [4] Insbesondere findet in diesem Verhältnis § 14c Abs. 1 UStG keine Anwendung (vgl. Abschnitt 14c.1 Abs. 4 Satz 2 und 3). [5] Auch ein möglicher Vorsteuerabzug dieses unmittelbaren Abnehmers ändert sich durch den Preisnachlass/die Preiserstattung nicht (vgl. § 17 Abs. 1 Satz 3 UStG). [6] Die Minderung der Bemessungsgrundlage beim Unternehmer, der den Preisnachlass/die Preiserstattung gewährt, ist nicht davon abhängig, dass der den Preisnachlass/die Preiserstattung empfangende Abnehmer zum Vorsteuerabzug berechtigt ist.

(3)[1)] [1] Ist in den Fällen des Absatzes 1 Satz 5 der durch den Preisnachlass/die Preiserstattung begünstigte Abnehmer ein in vollem Umfang oder teilweise zum Vorsteuerabzug berechtigter Unternehmer und bezieht er die Leistung für sein Unternehmen, mindert sich der Vorsteuerabzug aus seinem Leistungsbezug um den in dem Preisnachlass/der Preiserstattung enthaltenen Steuerbetrag (vgl. § 17 Abs. 1 Satz 4 in Verbindung mit Satz 1 UStG), ohne dass es bei dem Unternehmer, der den Umsatz an ihn ausgeführt hat, zu einer Berichtigung der Bemessungsgrundlage kommt (vgl. § 17 Abs. 1 Satz 3 UStG). [2] Der Vorsteuerabzug ist nicht zu mindern, soweit ein Unternehmer eine innergemeinschaftliche Lieferung aus dem übrigen Gemeinschaftsgebiet in das Inland erbringt und einem in der Lieferkette nicht unmittelbar nachfolgenden Unternehmer einen Teil des von diesem gezahlten Leistungsentgelts erstattet oder einen Preisnachlass gewährt, da die Lieferung des preisnachlassgewährenden Unternehmers bereits im Inland nicht steuerbar ist und sich durch den Preisnachlass/die Preiserstattung auch nicht die Bemessungsgrundlage für den innergemeinschaftlichen Erwerb seines unmittelbaren inländischen Abnehmers gemindert hat (vgl. BFH-Urteile vom 5.6.2014, XI R 25/12, BStBl. 2017 II S. 806, und vom 4.12.2014, V R 6/13, BStBl. 2017 II S. 810).

Beispiel 1:

[1] Der spanische Hersteller A verkauft Waren an den spanischen Großhändler B. [2] B verkauft die Ware an einen deutschen Zwischenhändler C. [3] C verkauft die Ware an den deutschen

1) Kein grenzüberschreitender Apothekenrabatt (keine Minderung der Steuerbemessungsgrundlage), siehe EuGH v. 11.3.2021 C-802/19, DStR 2021, 667, auf Vorlage des BFH v. 6.6.2019 V R 41/17, BStBl. II 2020, 164.

Einzelhändler D, der die Ware an den letzten Abnehmer der Leistungskette E in Deutschland verkauft. [4]D löst einen von B ausgegebenen Gutschein ein. [5]Der im anderen Mitgliedstaat ansässige spanische Großhändler B erbringt eine steuerfreie innergemeinschaftliche Lieferung an den in Deutschland ansässigen Zwischenhändler C. [6]Gleichzeitig erstattet er dem deutschen Einzelhändler D einen Teil des von diesem an C gezahlten Leistungsentgelts. [7]Da die Lieferung des spanischen Großhändlers B im Inland nicht steuerbar ist und sich durch die Erstattung auch nicht die Bemessungsgrundlage für den innergemeinschaftlichen Erwerb des Zwischenhändlers C ändert, hat der deutsche Einzelhändler D seinen Vorsteuerabzug aus der Lieferung des C nicht zu mindern.

[3]Der Vorsteuerabzug des begünstigten Unternehmers ist entsprechend den Grundsätzen der o. g. BFH-Urteile ebenfalls nicht zu mindern, soweit ein Unternehmer eine Lieferung im Drittland erbringt, bei der der Liefergegenstand in das Inland gelangt, und der Unternehmer einem in der Lieferkette nicht unmittelbar nachfolgenden Abnehmer einen Preisnachlass gewährt.

Beispiel 2:

[1]Der Unternehmer S in Zürich liefert Gegenstände, die er mit eigenem Lkw befördert, an seinen Abnehmer K in Stuttgart. [2]K verkauft die Waren an den deutschen Einzelhändler B in Baden-Baden. [3]K lässt die Gegenstände in den freien Verkehr überführen und wird Schuldner der Einfuhrumsatzsteuer. [4]B löst einen von S ausgegebenen Preiserstattungsgutschein ein. [5]Ort der Lieferung für die Lieferung des S an K ist Zürich (§ 3 Abs. 6 UStG). [6]K bewirkt mit der Einfuhr der Gegenstände im Inland einen nach § 1 Abs. 1 Nr. 4 UStG steuerbaren Umsatz. [7]K ist zum Abzug der Einfuhrumsatzsteuer als Vorsteuer berechtigt, da die Gegenstände für sein Unternehmen eingeführt worden sind. [8]Der Vorsteuerabzug von B aus der Lieferung des K an ihn ist infolge der Preiserstattung durch S nicht zu mindern, da der Unternehmer S eine im Inland nicht steuerbare Lieferung gegenüber K erbringt.

Preisnachlässe und Preiserstattungen bei der Ausgabe von Gutscheinen

(4)[1)] [1]Die Grundsätze der Absätze 1 und 3 gelten insbesondere bei der Ausgabe von Preisnachlass- und Preiserstattungsgutscheinen. [2]Als Gutscheine im Sinne dieses Abschnitts und in Abgrenzung zur Gutscheindefinition in § 3 Abs. 13 UStG bzw. Abschnitt 3.17 gelten allgemein schriftlich zugesicherte Rabatt- oder Vergütungsansprüche, z. B. in Form von Coupons, die ein Unternehmer zur Förderung seiner Umsätze ausgibt und die auf der gleichen oder nachfolgenden Umsatzstufe den Leistungsempfänger berechtigen, die Leistung im Ergebnis verbilligt um den Nennwert des Gutscheins in Anspruch zu nehmen. [3]Der Nennwert des Gutscheins entspricht einem Bruttobetrag, d. h. er schließt die Umsatzsteuer ein (vgl. Abschnitt 10.3 Abs. 1). [4]Das Einlösen des Gutscheins kann in der Weise erfolgen, dass der begünstigte Abnehmer den Gutschein beim Erwerb der Leistung an Zahlungs statt einsetzt und der Zwischenhändler sich den Nennwert des Gutscheins vom Unternehmer, der den Gutschein ausgegeben hat, oder in dessen Auftrag von einem anderen vergüten lässt (Preisnachlassgutschein) oder dass der begünstigte Abnehmer direkt vom Unternehmer, der den Gutschein ausgegeben hat, oder in dessen

---

[1)] A 17.2 UStAE Abs. 4 neugef. durch BMF v. 2.11.2020, BStBl. I 2020, 1121, anzuwenden auf **nach dem 31.12.2018** ausgestellte Gutscheine. Es wird – auch für Zwecke des Vorsteuerabzugs – nicht beanstandet, wenn **ab dem 1.1.2019 und vor dem 2.2.2021** ausgestellte Gutscheine von den Beteiligten nicht entsprechend den Vorgaben dieses BMF-Schreibens behandelt worden sind.

Auftrag von einem anderen eine nachträgliche Vergütung erhält (Preiserstattungsgutschein). [5]Bei den in § 3 Abs. 13 bis 15 UStG definierten Gutscheinarten (Einzweck- und Mehrzweck-Gutscheine) handelt es sich im Gegensatz zu den Preisnachlass- bzw. Erstattungsgutscheinen um Gutscheine, die zur Einlösung gegen eine Lieferung von Gegenständen oder zur Erbringung einer sonstigen Leistung verwendet werden können. [6]Die in Abschnitt 3.17 dargestellten Grundsätze sind nicht auf Gutscheine dieses Abschnitts anzuwenden.

Nachweisführung durch den preisnachlassgewährenden Unternehmer

(5) [1]Der Unternehmer, der dem begünstigten Abnehmer einen Teil des von diesem gezahlten Leistungsentgelts erstattet oder einen Preisnachlass gewährt und dafür eine Minderung der Bemessungsgrundlage geltend macht, hat das Vorliegen der hierfür nach Absatz 1 geltenden Voraussetzungen nachzuweisen. [2]Die Nachweise können sich aus der Gesamtheit der Unterlagen ergeben, die beim Unternehmer, der den Preisnachlass/die Preiserstattung gewährt, vorliegen. [3]Mit ihnen muss sich leicht und eindeutig nachprüfen lassen, dass die Voraussetzungen für eine Minderung der Bemessungsgrundlage vorgelegen haben. [4]Desweiteren müssen sie erkennen lassen, ob eine Vorsteuerabzugsberechtigung des begünstigten Abnehmers besteht.

(6) In den Fällen von Preisnachlass- oder Preiserstattungsgutscheinen kann der Unternehmer, der diesen Gutschein ausgegeben und vergütet hat, den Nachweis nach Absatz 5 regelmäßig auch wie folgt führen:

1. [1]Durch einen Beleg über die ihn belastende Vergütung (z. B. Überweisung oder Barzahlung) des Nennwerts des Gutscheins gegenüber dem Zwischenhändler (Preisnachlassgutschein) bzw. gegenüber dem begünstigten Abnehmer (Preiserstattungsgutschein). [2]Der Beleg soll außerdem folgende Angaben enthalten:
   a) Bezeichnung (z. B. Registriernummer) des Gutscheins,
   b) Name und Anschrift des begünstigten Abnehmers,
   c) Angaben zur Vorsteuerabzugsberechtigung des begünstigten Abnehmers, und
2. [1]durch Vorlage eines Belegs des Zwischenhändlers (z. B. Kopie der Rechnung), aus dem sich ergibt, dass die Leistung an den begünstigten Abnehmer im Inland steuerpflichtig ist. [2]In den Fällen der Preisnachlassgutscheine müssen sich aus dem Beleg zudem der maßgebliche Steuersatz und der Preis, aufgegliedert nach dem vom begünstigten Abnehmer aufgewendeten Betrag und Nennwert des Gutscheins, den der begünstigte Abnehmer an Zahlungs statt hingibt, ergeben.

Nachweisführung durch den begünstigten Abnehmer

(6a) [1]Führt der Preisnachlass oder die Preiserstattung in den Fällen des Absatzes 3 Satz 2 und 3 beim vorsteuerabzugsberechtigten begünstigten Unternehmer ausnahmsweise nicht zu einer Minderung des Vorsteuerabzugs, hat der begünstigte Unternehmer die Voraussetzungen der Ausnahme nachzuweisen. [2]Die Nachweise können sich aus der Gesamtheit der Unterlagen ergeben, die beim begünstigten Unternehmer vorliegen. [3]Die Voraussetzungen der Ausnahme müssen sich anhand dieser Unterlagen leicht und eindeutig nachprüfen lassen. [4]Der Nachweis kann regelmäßig auch wie folgt geführt werden:

1. Durch einen Beleg über die Höhe des erhaltenen Preisnachlasses (z.B. Abrechnung des Zwischenhändlers) bzw. die vereinnahmte Preiserstattung (z.B. Überweisung oder Barzahlung), auf dem die Bezeichnung (z.B. Registriernummer eines Gutscheins) vermerkt ist,
2. durch die Rechnung des Zwischenhändlers an den begünstigten Unternehmer und
3. [1]durch die Bestätigung des den Preisnachlass/die Preiserstattung gewährenden Unternehmers, dass seine Lieferung an seinen Abnehmer im Ausland ausgeführt wurde. [2]Die Bestätigung muss zudem Angaben zur eindeutigen Identifizierung dieses Abnehmers sowie über die zwischen den Preisnachlass/die Preiserstattung gewährenden Unternehmer und dem Abnehmer abgerechnete Leistung enthalten.

Preisnachlässe außerhalb der Leistungskette und Werbemaßnahmen

(7) [1]Eine Minderung der Bemessungsgrundlage kommt nicht in Betracht, wenn nicht ein an der Leistungskette beteiligter Unternehmer, sondern lediglich ein Vermittler dem Kunden der von ihm vermittelten Leistung einen sog. Preisnachlass gewährt (BFH-Urteil vom 27.2.2014, V R 18/11, BStBl. 2015 II S. 306). [2]Danach mindern beispielsweise Preisnachlässe, die dem Abnehmer von Reiseleistungen vom Reisebüro für eine vom Reisebüro lediglich vermittelte Reise gewährt werden, nicht die Bemessungsgrundlage des Umsatzes der vom Reisebüro dem Reiseveranstalter gegenüber erbrachten Vermittlungsleistung. [3]Auch Preisnachlässe, die dem Telefonkunden vom Vermittler des Telefonanbietervertrages gewährt werden, mindern nicht die Bemessungsgrundlage des Umsatzes der vom Vermittler dem Telefonunternehmen gegenüber erbrachten Vermittlungsleistungen. [4]Da der vom Vermittler gewährte Preisnachlass nicht das Entgelt für die Leistung des Vermittlers an seinen Auftraggeber mindert, führt dieser auch nicht zu einer Berichtigung des Vorsteuerabzugs aus der vermittelten Leistung beim (End-)Kunden (vgl. BFH-Urteil vom 3.7.2014, V R 3/12, BStBl. 2015 II S. 307). [5]Zur Behandlung von Preisnachlässen bei Verkaufsagenten vgl. Abschnitt 10.3 Abs. 4 und bei Zentralregulierern vgl. Abschnitt 10.3 Abs. 5.

(8) Eine Minderung der Bemessungsgrundlage kommt ebenfalls nicht in Betracht, wenn der mit einem Gutschein verbundene finanzielle Aufwand von dem Unternehmer aus allgemeinem Werbeinteresse getragen wird und nicht einem nachfolgenden Umsatz in der Leistungskette (Hersteller – letzter Abnehmer) zugeordnet werden kann (vgl. BFH-Urteil vom 11.5.2006, V R 33/03, BStBl. II S. 699, und Abschnitt 10.3 Abs. 3).

Beispiel 1:

[1]Das Kaufhaus K verteilt Gutscheine an Kunden zum Besuch eines in dem Kaufhaus von einem fremden Unternehmer F betriebenen Frisiersalons. [2]K will mit der Maßnahme erreichen, dass Kunden aus Anlass der Gutscheineinlösung bei F das Kaufhaus aufsuchen und dort Waren erwerben.
[3]K kann keine Minderung der Bemessungsgrundlage seiner Umsätze vornehmen.

Beispiel 2:

[1]Der Automobilhersteller A erwirbt bei einem Mineralölkonzern M Gutscheine, die zum Bezug sämtlicher Waren und Dienstleistungen berechtigen, die in den Tankstellen des M angeboten werden. [2]Diese Gutscheine gibt A über Vertragshändler an seine Kunden beim Erwerb eines neuen Autos als Zugabe weiter.

[3]A kann keine Minderung seiner Umsätze vornehmen. [4]Der Kunde erhält das Auto nicht billiger, sondern lediglich die Möglichkeit, bei einem dritten Unternehmer – hier M – Leistungen zu beziehen, deren Entgelt bereits von dritter Seite entrichtet wurde.

Zu § 18 Abs. 1 bis 7 UStG[1)]

(§§ 46 bis 49 UStDV)

18.1 Verfahren bei der Besteuerung nach § 18 Abs. 1 bis 4 UStG

(1) [1]Voranmeldungen sind nach amtlich vorgeschriebenem Datensatz durch Datenfernübertragung zu übermitteln. [2]Informationen zur elektronischen Übermittlung sind unter der Internet-Adresse www.elster.de abrufbar. [3]Zur Vermeidung von unbilligen Härten hat das Finanzamt auf Antrag auf eine elektronische Übermittlung der Voranmeldungen zu verzichten und die Abgabe der Voranmeldungen nach amtlich vorgeschriebenem Vordruck in herkömmlicher Form – auf Papier oder per Telefax – zuzulassen, wenn eine elektronische Übermittlung für den Unternehmer wirtschaftlich oder persönlich unzumutbar ist. [4]Dies ist insbesondere der Fall, wenn die Schaffung der technischen Möglichkeiten für eine elektronische Übermittlung des amtlichen Datensatzes nur mit einem nicht unerheblichen finanziellen Aufwand möglich wäre oder wenn der Unternehmer nach seinen individuellen Kenntnissen und Fähigkeiten nicht oder nur eingeschränkt in der Lage ist, die Möglichkeiten der Datenfernübertragung zu nutzen (§ 150 Abs. 8 AO; vgl. BFH-Urteil vom 16.6.2020, VIII R 29/19, BStBl. 2021 II S. 290, sowie AEAO zu § 150, Nr. 4). [5]Liegt eine solche wirtschaftliche und persönliche Unzumutbarkeit nicht vor, hat das Finanzamt im Rahmen des ihm durch § 18 Abs. 1 Satz 2 UStG eingeräumten Ermessens über den Antrag des Unternehmers, die Voranmeldungen nach amtlich vorgeschriebenem Vordruck in herkömmlicher Form abgeben zu dürfen, zu entscheiden (vgl. BFH-Urteil vom 14.3.2012, XI R 33/09, BStBl. II S. 477).

(2) Die Umsatzsteuererklärung für das Kalenderjahr ist nach amtlich vorgeschriebenem Datensatz durch Datenfernübertragung zu übermitteln; Absatz 1 Sätze 2 bis 5 gilt sinngemäß.

(3) [1]Liegt eine unbillige Härte vor und gibt der Unternehmer daher die Umsatzsteuererklärung für das Kalenderjahr nach amtlich vorgeschriebenem Vordruck in herkömmlicher Form – auf Papier – ab, muss er die Umsatzsteuererklärung für das Kalenderjahr eigenhändig unterschreiben (§ 18 Abs. 3 Satz 3 UStG). [2]Ein Bevollmächtigter darf die Umsatzsteuererklärung für das

---

[1)] Muster der USt-Erklärung 2021 siehe BMF v. 22.12.2020, BStBl. I 2021, 74; Muster der USt-Erklärung 2022 siehe BMF v. 11.10.2021, BStBl. I 2021, 2116, und v. 23.12.2021, BStBl. I 2022, 67; Muster der USt-Voranmeldung 2021 siehe BMF v. 22.12.2020, BStBl. I 2021, 65; Muster der USt-Voranmeldung 2022 siehe BMF v. 11.10.2021, BStBl. I 2021, 2107, und v. 23.12.2021, BStBl. I 2022, 62.

Kalenderjahr nur dann unterschreiben, wenn die in § 150 Abs. 3 AO bezeichneten Hinderungsgründe vorliegen.

(4) [1]Die Umsatzsteuererklärung für das Kalenderjahr ist in der Regel bis zum 31. Juli des folgenden Kalenderjahres zu übermitteln (§ 149 Abs. 2 AO). [2]Dieser Zeitpunkt gilt – abweichend von § 18 Abs. 3 Satz 2 UStG – auch in den Fällen, in denen der Unternehmer seine gewerbliche oder berufliche Tätigkeit im Laufe des Kalenderjahres begonnen hat.

18.2 Voranmeldungszeitraum

(1) [1]Der Voranmeldungszeitraum des laufenden Kalenderjahres bestimmt sich regelmäßig nach der Steuer des Vorjahres. [2]Umsätze des Unternehmers, für die der Leistungsempfänger die Umsatzsteuer nach § 13b Abs. 5 Sätze 1 bis 5 UStG schuldet, bleiben unberücksichtigt. [3]Nach Wegfall der Voraussetzungen für eine umsatzsteuerliche Organschaft bzw. nach dem Ausscheiden einer Organgesellschaft aus einer Organschaft bestimmt sich der Voranmeldungszeitraum der bisherigen Organgesellschaft aus Vereinfachungsgründen grundsätzlich anhand der Steuer des vorangegangenen Kalenderjahrs des bisherigen Organkreises; in Neugründungsfällen vgl. Abschnitt 18.7 Abs. 1 Satz 2. [4]Soweit die bisherige Organgesellschaft einen davon abweichenden Voranmeldungszeitraum begehrt, hat sie die fiktive anteilige Steuer für das vorangegangene Kalenderjahr selbst zu ermitteln. [5]Der Voranmeldungszeitraum umfasst grundsätzlich das Kalendervierteljahr. [6]Abweichend hiervon ist Voranmeldungszeitraum der Kalendermonat, wenn die Steuer für das vorangegangene Kalenderjahr mehr als 7500 € betragen hat. [7]Der Unternehmer kann den Kalendermonat als Voranmeldungszeitraum wählen, wenn sich im vorangegangenen Kalenderjahr ein Überschuss zu seinen Gunsten von mehr als 7500 € ergeben hat. [8]Die Frist zur Ausübung des Wahlrechts nach § 18 Abs. 2a Satz 2 UStG ist nicht verlängerbar; die Möglichkeit der Dauerfristverlängerung bleibt unberührt. [9]Die Vorschriften der AO über die Wiedereinsetzung in den vorigen Stand nach § 110 AO sind anzuwenden.

(2) [1]Der Unternehmer kann von der Verpflichtung zur Übermittlung von Voranmeldungen befreit werden, wenn die Steuer für das vorangegangene Kalenderjahr nicht mehr als 1000 € betragen hat und es sich weder um einen Neugründungsfall (§ 18 Abs. 2 Satz 4 UStG) noch um den Beginn der Aufnahme der selbständigen gewerblichen oder beruflichen Tätigkeit einer Vorratsgesellschaft (§ 18 Abs. 2 Satz 5 Nr. 1 UStG) noch um die Übernahme eines Firmenmantels (§ 18 Abs. 2 Satz 5 Nr. 2 UStG) handelt. [2]Hat sich im Vorjahr kein Überschuss zugunsten des Unternehmers ergeben, ist die Befreiung grundsätzlich von Amts wegen zu erteilen. [3]Sie unterbleibt dagegen in begründeten Fällen (z.B. bei nachhaltiger Veränderung in der betrieblichen Struktur oder wenn der Steueranspruch gefährdet erscheint oder im laufenden Jahr mit einer wesentlich höheren Steuer zu rechnen ist oder in Fällen des § 18 Abs. 4a UStG). [4]Hat das vorangegangene Kalenderjahr einen Überschuss zugunsten des Unternehmers ergeben, verbleibt es von Amts wegen bei dem Kalendervierteljahr als Voranmeldungszeitraum. [5]Anträgen der Unternehmer auf Befreiung von der Verpflichtung zur Übermittlung vierteljährlicher Voranmeldungen ist in diesen Fällen jedoch regelmäßig stattzugeben.

(3) [1] Eine Änderung der Steuer des vorangegangenen Kalenderjahres ist bei der Einordnung im laufenden Kalenderjahr zu berücksichtigen, soweit sich die Änderung für dieses Kalenderjahr noch auswirkt. [2] Ergibt sich für das Vorjahr nachträglich ein Überschuss zugunsten des Unternehmers von mehr als 7500 €, ist eine monatliche Übermittlung der Voranmeldungen im laufenden Kalenderjahr nur möglich, wenn die Antragsfrist nach § 18 Abs. 2a Satz 2 UStG eingehalten wurde.

(4) [1] Für Unternehmer und juristische Personen, die ausschließlich Steuern für Umsätze nach § 1 Abs. 1 Nr. 5 UStG, § 13b Abs. 5 UStG oder § 25b Abs. 2 UStG zu entrichten haben, sowie für Fahrzeuglieferer nach § 2a UStG gelten die Ausführungen in den Absätzen 1 bis 3 entsprechend. [2] Ein Wahlrecht zur monatlichen Übermittlung von Voranmeldungen (Absatz 1 Satz 7) besteht jedoch nicht.

(5) Zur Abgabe von Voranmeldungen in Sonderfällen vgl. Abschnitt 18.6 und in Neugründungsfällen Abschnitt 18.7; zur Übermittlung von Steuererklärungen in den Besteuerungsverfahren nach § 18 Abs. 4c und 4e UStG vgl. Abschnitte 18.7a und 18.7b.

18.3 Vordrucke, die von den amtlich vorgeschriebenen Vordrucken abweichen

Für die Verwendung vom amtlichen Muster abweichender Vordrucke für Umsatzsteuererklärungen für das Kalenderjahr gilt das BMF-Schreiben vom 3.4.2012, BStBl. I S. 522.

18.4 Dauerfristverlängerung

(1) [1] Die Dauerfristverlängerung kann ohne schriftlichen Bescheid gewährt werden. [2] Der Unternehmer kann deshalb die beantragte Dauerfristverlängerung in Anspruch nehmen, solange das Finanzamt den Antrag nicht ablehnt oder die Fristverlängerung nicht widerruft. [3] Das Finanzamt hat den Antrag abzulehnen oder die Fristverlängerung zu widerrufen, wenn der Steueranspruch gefährdet erscheint, z. B. wenn der Unternehmer seine Voranmeldungen nicht oder nicht rechtzeitig übermittelt oder angemeldete Vorauszahlungen nicht entrichtet. [4] Die Regelungen zur Dauerfristverlängerung gelten auch für Unternehmer und juristische Personen, die ausschließlich Steuern für Umsätze nach § 1 Abs. 1 Nr. 5 UStG, § 13b Abs. 5 UStG oder § 25b Abs. 2 UStG zu entrichten haben, sowie für Fahrzeuglieferer nach § 2a UStG. [5] Bei diesen Unternehmern ist die Sondervorauszahlung bei der Berechnung der Vorauszahlung für den letzten Voranmeldungszeitraum des Kalenderjahres zu berücksichtigen, für den eine Voranmeldung zu übermitteln ist. [6] Zum Abzug einer Sondervorauszahlung kann eine Voranmeldung für Dezember auch dann übermittelt werden, wenn keine Umsätze anzumelden sind.

(2) [1] Der Antrag auf Dauerfristverlängerung ist nach amtlich vorgeschriebenem Datensatz durch Datenfernübertragung übermitteln. [2] Dieser Datensatz ist auch für die Anmeldung der Sondervorauszahlung zu verwenden. [3] Zur Vermeidung von unbilligen Härten hat das Finanzamt auf Antrag auf eine elektronische Übermittlung zu verzichten, wenn eine elektronische Übermitt-

lung des Antrags auf Dauerfristverlängerung für den Unternehmer wirtschaftlich oder persönlich unzumutbar ist (vgl. Abschnitt 18.1 Abs. 1). [4]In diesem Fall hat der Unternehmer den Antrag auf Dauerfristverlängerung nach amtlich vorgeschriebenem Vordruck in herkömmlicher Form – auf Papier oder per Telefax – zu stellen.

(3) [1]Der Antrag auf Dauerfristverlängerung muss nicht jährlich wiederholt werden, da die Dauerfristverlängerung solange als gewährt gilt, bis der Unternehmer seinen Antrag zurücknimmt oder das Finanzamt die Fristverlängerung widerruft. [2]Die Sondervorauszahlung muss dagegen von den Unternehmern, die ihre Voranmeldungen monatlich zu übermitteln haben, für jedes Kalenderjahr, für das die Dauerfristverlängerung gilt, bis zum 10. Februar berechnet, angemeldet und entrichtet werden. [3]Auf die Sondervorauszahlung finden die für die Steuern geltenden Vorschriften der AO Anwendung, z. B. die Vorschriften über die Festsetzung von Verspätungszuschlägen nach § 152 AO (vgl. BFH-Urteil vom 7.7.2005, V R 63/03, BStBl. II S. 813) und über die Verwirkung von Säumniszuschlägen nach § 240 AO.

(4) Das Finanzamt kann die Sondervorauszahlung im Einzelfall abweichend von § 47 UStDV niedriger festsetzen, wenn

1. infolge von Rechtsänderungen die vorgeschriebene Berechnung zu einem offensichtlich unzutreffenden Ergebnis führt oder
2. die Vorauszahlungen des Vorjahres durch außergewöhnliche Umsätze beeinflusst worden sind, mit deren Wiederholung nicht zu rechnen ist.

(5) [1]Die festgesetzte Sondervorauszahlung ist bei der Festsetzung der Vorauszahlung für den letzten Voranmeldungszeitraum zu berücksichtigen, für den die Fristverlängerung im jeweiligen Besteuerungszeitraum in Anspruch genommen werden konnte (vgl. § 48 Abs. 4 UStDV). [2]Die Sondervorauszahlung wird daher grundsätzlich bei der Berechnung der Vorauszahlung für den Monat Dezember abgezogen. [3]Ein nach dem Abzug der Sondervorauszahlung verbleibender Erstattungsanspruch ist mit Ansprüchen aus dem Steuerschuldverhältnis aufzurechnen (§ 226 AO), im Übrigen zu erstatten. [4]Hat der Unternehmer seine gewerbliche oder berufliche Tätigkeit im Laufe eines Kalenderjahres eingestellt, hat er den Abzug der Sondervorauszahlung bereits in der Voranmeldung für den Voranmeldungszeitraum vorzunehmen, in dem der Betrieb eingestellt oder der Beruf aufgegeben worden ist. [5]Bei einem Verzicht des Unternehmers auf die Dauerfristverlängerung und bei einem Widerruf durch das Finanzamt im Laufe des Kalenderjahres gilt Satz 1 entsprechend (vgl. BFH-Urteil vom 16.12.2008, VII R 17/08, BStBl. 2010 II S. 91).

18.5 Vereinfachte Steuerberechnung bei Kreditverkäufen

(1) Es ist nicht zu beanstanden, wenn Einzelhändler und Handwerker, die § 20 UStG nicht in Anspruch nehmen können und von der vereinfachten Verbuchung ihrer Kreditverkäufe nach R 5.2 Abs. 1 Satz 7 Buchstabe b EStR[1)] zulässigerweise Gebrauch machen, bei der Erfassung der Außenstände wie folgt verfahren:

[1)] Nr. **1**.

1. [1]Bei der Berechnung der Umsatzsteuer für einen Voranmeldungszeitraum bleiben die ausstehenden Entgelte für ausgeführte steuerpflichtige Lieferungen und sonstige Leistungen unberücksichtigt. [2]Die Zahlungseingänge aus diesen Kreditgeschäften sind wie Zahlungseingänge aus Bargeschäften in dem Voranmeldungszeitraum zu versteuern, in dem sie vereinnahmt worden sind.
2. [1]Zum 31. Dezember eines jeden Jahres hat der Unternehmer anhand der nach R 5.2 Abs. 1 Satz 7 Buchstabe b EStR geführten Kladde die ausstehenden Entgelte festzustellen und in der Voranmeldung für den Monat Dezember den Entgelten zuzurechnen. [2]Der Forderungsbestand am 31. Dezember des Vorjahres ist in dieser Voranmeldung von den Entgelten abzusetzen.

(2) [1]Ändern sich die Steuersätze im Laufe eines Kalenderjahres, sind die Außenstände am Tage vor dem Inkrafttreten der geänderten Steuersätze zu ermitteln und in der nächsten Voranmeldung den Entgelten zuzurechnen, auf die die bisherigen Steuersätze Anwendung finden. [2]In dieser Voranmeldung sind die ausstehenden Entgelte am 31. Dezember des Vorjahres von den Entgelten abzusetzen. [3]Die Entgelte, die am Tage vor dem Inkrafttreten einer Änderung des Steuersatzes ausstehen, sind in der letzten Voranmeldung des Besteuerungszeitraums von den Entgelten abzusetzen, die den geänderten Steuersätzen unterliegen.

18.6 Abgabe der Voranmeldungen in Sonderfällen

(1)[1)] [1]Unabhängig von der Regelung des § 18 Abs. 2 Satz 3 UStG kann das Finanzamt den Unternehmer von der Abgabe der Voranmeldungen befreien, z. B. wenn und soweit in bestimmten Voranmeldungszeiträumen regelmäßig keine Umsatzsteuer entsteht.

Beispiel:

[1]Ein Aufsichtsratsmitglied erhält im Monat Mai eines jeden Jahres vertragsgemäß eine leistungsabhängige Vergütung (vgl. Abschnitt 2.2 Abs. 3a).

[2]Das Finanzamt kann das Aufsichtsratsmitglied für die Monate, in denen es keine Entgelte erhält, von der Abgabe der Voranmeldungen befreien. [3]Die Befreiung ist davon abhängig zu machen, dass in den betreffenden Voranmeldungszeiträumen tatsächlich keine Umsatzsteuer entstanden ist.

[2]Eine Befreiung von der Verpflichtung zur Abgabe von Voranmeldungen kommt in Neugründungsfällen (§ 18 Abs. 2 Satz 4 UStG) nicht in Betracht.

(2) Unternehmer, die die Durchschnittssätze nach § 24 UStG anwenden, haben über die Verpflichtung nach § 18 Abs. 4a UStG hinaus – sofern sie vom Finanzamt nicht besonders aufgefordert werden – insbesondere dann Voranmeldungen abzugeben und Vorauszahlungen zu entrichten, wenn

1. Umsätze von Sägewerkserzeugnissen bewirkt werden, für die der Durchschnittssatz nach § 24 Abs. 1 Satz 1 Nr. 2 UStG gilt, oder
2. Umsätze ausgeführt werden, die unter Berücksichtigung der Vereinfachungsregelung des Abschnittes 24.6 zu einer Vorauszahlung oder einem

---

1) A 18.6 UStAE Abs. 1 Satz 1 Beispiel Satz 1 neugef. durch BMF v. 8.7.2021, BStBl. I 2021, 919, mit Übergangsregelung für alle **bis einschl. 31.12.2021** ausgeführten Leistungen; siehe Anlage 8.

Überschuss führen und für die wegen der Abgabe der Voranmeldungen keine besondere Ausnahmeregelung gilt, oder

3. Steuerbeträge nach § 14c UStG geschuldet werden.

(3) [1]In den Fällen des Absatzes 2 müssen die Umsätze, die den Durchschnittssätzen nach § 24 UStG unterliegen und für die eine Steuer nicht zu entrichten ist, in den Voranmeldungen nicht aufgeführt werden. [2]Sind die in Absatz 2 Nr. 1 und 2 bezeichneten Voraussetzungen erst im Laufe des Kalenderjahres eingetreten, sind von dem in Betracht kommenden Zeitpunkt an Voranmeldungen abzugeben und Vorauszahlungen zu entrichten. [3]Auf vorausgegangene Voranmeldungszeiträume entfallende Umsatzsteuerbeträge müssen erst einen Monat nach Eingang der Umsatzsteuererklärung für das betreffende Kalenderjahr nachentrichtet werden (§ 18 Abs. 4 Satz 1 UStG). [4]In den Fällen des Absatzes 2 Nr. 2 erstreckt sich die Verpflichtung zur Abgabe der Voranmeldungen und zur Entrichtung der Vorauszahlungen auf die Voranmeldungszeiträume, für die diese Steuerbeträge geschuldet werden. [5]Die Möglichkeit, den Unternehmer unter den Voraussetzungen des § 18 Abs. 2 Satz 3 UStG von der Abgabe der Voranmeldungen zu entbinden, wird durch die vorstehende Regelung nicht berührt.

(4) Unterliegen mehrere Grundstücke der Zwangsverwaltung, ist die Umsatzsteuer grundsätzlich für jedes Grundstück gesondert zu berechnen und anzumelden (vgl. BFH-Urteil vom 18.10.2001, V R 44/00, BStBl. 2002 II S. 171).

(5) Zum Besteuerungsverfahren nach § 18 Abs. 4c UStG vgl. Abschnitte 3a.16 Abs. 8 und 18.7a; zum Besteuerungsverfahren nach § 18 Abs. 4e UStG vgl. Abschnitte 3a.16 Abs. 9 und 18.7b.

18.7 Abgabe von Voranmeldungen in Neugründungsfällen

(1)[1)] [1]Die Verpflichtung zur Abgabe monatlicher Voranmeldungen besteht für das Jahr der Aufnahme der beruflichen oder gewerblichen Tätigkeit (Neugründungsfälle) und für das folgende Kalenderjahr (§ 18 Abs. 2 Satz 4 UStG; vgl. aber Absatz 5). [2]Dies gilt auch für eine bisherige Organgesellschaft in Fällen des Wegfalls der Voraussetzungen für eine umsatzsteuerliche Organschaft bzw. des Ausscheidens der Organgesellschaft aus einer Organschaft, wenn die bisherige Organgesellschaft ihre unternehmerische Tätigkeit als eigenständiges Unternehmen – vor Eintritt in den Organkreis – erst in dem Kalenderjahr des Ausscheidens aus dem Organkreis oder in dem diesem Kalenderjahr vorangegangenen Kalenderjahr aufgenommen hat. [3]Satz 1 gilt auch ab dem Zeitpunkt des Beginns der tatsächlichen Ausübung der selbständigen gewerblichen oder beruflichen Tätigkeit einer Vorratsgesellschaft im Sinne von § 18 Abs. 2 Satz 5 Nr. 1 UStG und ab dem Zeitpunkt der Übernahme eines Firmenmantels im Sinne von § 18 Abs. 2 Satz 5 Nr. 2 UStG. [4]Neugründungsfälle, in denen auf Grund der beruflichen oder gewerblichen Tätigkeit keine Umsatzsteuer festzusetzen ist (z. B. Unternehmer mit ausschließlich

---

1) A 18.7 UStAE Abs. 1 Satz 1 Klammerzusatz geänd. durch BMF v. 16.12.2020, BStBl. I 2020, 1379; siehe FN zu Abs. 5.

steuerfreien Umsätzen ohne Vorsteuerabzug – § 4 Nr. 8 ff. UStG –, Kleinunternehmer – § 19 Abs. 1 UStG –, Land- und Forstwirte – § 24 UStG –), fallen nicht unter die Regelung des § 18 Abs. 2 Satz 4 UStG.

(2) [1] Bei Umwandlungen durch Verschmelzung (§ 2 UmwG),[1)] Spaltung (§ 123 UmwG) oder Vermögensübertragung (§ 174 UmwG) liegt eine Aufnahme der beruflichen und gewerblichen Tätigkeit vor, wenn dadurch ein Rechtsträger neu entsteht oder seine unternehmerische Tätigkeit aufnimmt. [2] Ein Formwechsel (§ 190 UmwG) führt nicht zu einem neuen Unternehmen, da der formwechselnde Rechtsträger weiter besteht (§ 202 Abs. 1 Nr. 1 UmwG). [3] Der bei einer Betriebsaufspaltung neu entstehende Rechtsträger fällt unter § 18 Abs. 2 Satz 4 UStG, wenn durch die Betriebsaufspaltung keine Organschaft begründet wird. [4] Ein Gesellschafterwechsel oder ein Gesellschafteraustritt bzw. -eintritt führt nicht zu einem Neugründungsfall.

(3) [1] Bei einem örtlichen Zuständigkeitswechsel liegt kein Neugründungsfall vor. [2] Stellt ein bestehendes Unternehmen einen Antrag auf Erteilung einer USt-IdNr., liegt allein deshalb kein Neugründungsfall vor.

(4) [1] Auch in Neugründungsfällen kann Dauerfristverlängerung (§ 18 Abs. 6 UStG i. V. m. §§ 46 bis 48 UStDV) gewährt werden. [2] Zur Dauerfristverlängerung vgl. Abschnitt 18.4.

(5)[2)] [1] Für die Besteuerungszeiträume 2021 bis 2026 gilt die generelle Verpflichtung zur Abgabe von monatlichen Voranmeldungen in Neugründungsfällen nach § 18 Abs. 2 Satz 4 UStG nicht. [2] Der Voranmeldungszeitraum richtet sich in den vorgenannten Besteuerungszeiträumen in Neugründungsfällen nach § 18 Abs. 2 Sätze 1 und 2 UStG. [3] Eine Befreiung von der Verpflichtung zur Abgabe von Voranmeldungen kommt für das Jahr der Aufnahme der gewerblichen oder beruflichen Tätigkeit und das folgende Kalenderjahr nicht in Betracht. [4] Für die Bestimmung des Voranmeldungszeitraums in dem Kalenderjahr der Aufnahme der gewerblichen oder beruflichen Tätigkeit ist die voraussichtliche Steuer dieses Jahres maßgebend; im folgenden Kalenderjahr ist die tatsächliche Steuer des Vorjahres in eine Jahressteuer umzurechnen. [5] Die voraussichtliche Steuer ist zu Beginn der gewerblichen oder beruflichen Tätigkeit vom Unternehmer zu schätzen und dem Finanzamt mitzuteilen. [6] Auch für Neugründungsfälle im Jahr 2020 gelten im Besteuerungszeitraum 2021 die vorgenannten Grundsätze, nach denen für die Bestimmung des Voranmeldungszeitraums im Besteuerungszeitraum 2021 nicht § 18 Abs. 2 Satz 4 UStG, sondern § 18 Abs. 2 Sätze 1 und 2 UStG anzuwenden ist, wobei die tatsächliche Steuer des Jahres 2020 in eine Jahressteuer umzurechnen ist. [7] Die Regelungen der Sätze 1 bis 6 gelten entsprechend in Fällen des § 18 Abs. 2a UStG; für die Anwendung des § 18 Abs. 2a UStG kommt es im Gründungsjahr auf den voraussichtlichen Überschuss und im Folgejahr auf den tatsächlichen Überschuss für das Gründungsjahr umgerechnet in einen Jahresüberschuss an. [8] Die Regelungen des Absatzes 1 zu Vorratsgesellschaften im Sinne des § 18

[1)] **Schönfelder** Nr. **52a**.

[2)] A 18.7 UStAE Abs. 5 angef. durch BMF v. 16.12.2020, BStBl. I 2020, 1379, anzuwenden auf **nach dem 31.12.2020 und vor dem 1.1.2027** endende Besteuerungs- und Voranmeldungszeiträume.

Abs. 2 Satz 5 Nr. 1 UStG und zu Firmenmänteln im Sinne des § 18 Abs. 2 Satz 5 Nr. 2 UStG bleiben hiervon unberührt.

18.7a[1] Besteuerungsverfahren für nicht im Gemeinschaftsgebiet ansässige Unternehmer, die vor dem 1.7.2021 sonstige Leistungen nach § 3a Abs. 5 UStG erbringen

(1)[1] [1]Nicht im Gemeinschaftsgebiet ansässige Unternehmer, die vor dem 1.7.2021 im Gemeinschaftsgebiet als Steuerschuldner Telekommunikationsdienstleistungen, Rundfunk- und Fernsehdienstleistungen und/oder sonstige Leistungen auf elektronischem Weg an in der EU ansässige Nichtunternehmer (siehe Abschnitt 3a.1 Abs. 1) erbringen (§ 3a Abs. 5 UStG), können sich abweichend von § 18 Abs. 1 bis 4 UStG unter bestimmten Bedingungen dafür entscheiden, nur in einem EU-Mitgliedstaat erfasst zu werden (§ 18 Abs. 4c UStG). [2]Macht ein Unternehmer von diesem Wahlrecht Gebrauch und entscheidet sich dafür, sich nur in Deutschland erfassen zu lassen, muss er dies dem für dieses Besteuerungsverfahren zuständigen BZSt vorbehaltlich des Satzes 3 vor Beginn des Besteuerungszeitraums, ab dessen Beginn er von diesem Besteuerungsverfahren Gebrauch macht, auf dem amtlich vorgeschriebenen, elektronisch zu übermittelnden Dokument anzeigen. [3]Erbringt der Unternehmer erstmals Leistungen im Sinne des Satzes 1, gilt die Ausübung des Wahlrechts nach Satz 1 ab dem Tag der ersten Leistungserbringung, wenn die Anzeige nach Satz 2 gegenüber dem BZSt bis zum 10. Tag des auf die erste Leistungserbringung folgenden Monats erfolgt. [4]Ändern sich die Angaben der Anzeige nach Satz 2, hat der Unternehmer dem BZSt die Änderungen bis zum 10. Tag des auf den Eintritt der Änderungen folgenden Monats auf elektronischem Weg mitzuteilen.

(2) [1]Abweichend von § 18 Abs. 1 bis 4 UStG hat der Unternehmer für jeden Besteuerungszeitraum (= Kalendervierteljahr; § 16 Abs. 1a Satz 1 UStG) eine Umsatzsteuererklärung bis zum 20. Tag nach Ablauf des Besteuerungszeitraums dem BZSt elektronisch zu übermitteln; dies gilt unabhängig davon, ob Leistungen nach Absatz 1 Satz 1 erbracht wurden oder nicht. [2]Hierbei hat er die auf den jeweiligen EU-Mitgliedstaat entfallenden Umsätze zu trennen und dem im betreffenden EU-Mitgliedstaat geltenden allgemeinen Steuersatz zu unterwerfen. [3]Der Unternehmer hat die Steuer selbst zu berechnen (§ 18 Abs. 4c Satz 1 in Verbindung mit § 16 Abs. 1a Satz 2 UStG). [4]Die Steuer ist spätestens am 20. Tag nach Ende des Besteuerungszeitraums an das BZSt zu entrichten (§ 18 Abs. 4c Satz 2 UStG).

(3) [1]Bei der Umrechnung von Werten in fremder Währung muss der Unternehmer einheitlich den von der Europäischen Zentralbank festgestellten Umrechnungskurs des letzten Tags des Besteuerungszeitraums bzw., falls für diesen Tag kein Umrechnungskurs festgelegt wurde, den für den nächsten Tag nach Ablauf des Besteuerungszeitraums festgelegten Umrechnungskurs anwenden (§ 16 Abs. 6 Sätze 4 und 5 UStG). [2]Die Anwendung eines monatlichen Durchschnittskurses entsprechend § 16 Abs. 6 Sätze 1 bis 3 UStG ist ausgeschlossen.

---

[1] A 18.7a UStAE Überschrift und Abs. 1 Satz 1 neugef. durch BMF v. 1.4.2021, BStBl. I 2021, 629, anzuwenden mWv 1.7.2021.

(4) [1]Der Unternehmer hat dem BZSt bis zum 10. Tag des auf den Eintritt der Änderung folgenden Monats auf elektronischem Weg mitzuteilen, wenn er keine Telekommunikationsdienstleistungen, Rundfunk- und Fernsehdienstleistungen und/oder sonstige Leistungen auf elektronischem Weg mehr erbringt oder wenn andere Änderungen vorliegen, durch die er die Voraussetzungen für die Anwendung des Besteuerungsverfahrens nach § 18 Abs. 4c UStG nicht mehr erfüllt. [2]Das BZSt stellt durch Verwaltungsakt fest, wenn der Unternehmer nicht oder nicht mehr die Voraussetzungen für die Anwendung des Besteuerungsverfahrens nach § 18 Abs. 4c UStG erfüllt.

(5) [1]Der Unternehmer kann die Ausübung des Wahlrechts auf elektronischem Weg widerrufen. [2]Ein Widerruf ist nur bis zum Beginn eines neuen Besteuerungszeitraums mit Wirkung ab diesem Zeitraum möglich (§ 18 Abs. 4c Sätze 4 und 5 UStG). [3]Das allgemeine Besteuerungsverfahren (§ 18 Abs. 1 bis 4 UStG) und das Besteuerungsverfahren nach § 18 Abs. 4c UStG schließen sich gegenseitig nicht aus.

(6) [1]Das BZSt kann den Unternehmer von dem Besteuerungsverfahren nach § 18 Abs. 4c UStG ausschließen, wenn er seinen Verpflichtungen nach § 18 Abs. 4c Sätze 1 bis 3 UStG oder seinen Aufzeichnungspflichten (§ 22 Abs. 1 UStG und Abschnitt 22.3a Abs. 1 und 4) in diesem Verfahren wiederholt nicht oder nicht rechtzeitig nachkommt. [2]Von einem wiederholten Verstoß gegen die Verpflichtungen oder Aufzeichnungspflichten nach Satz 1 ist insbesondere dann auszugehen, wenn

1. der Unternehmer für drei unmittelbar vorausgegangene Besteuerungszeiträume an die Übermittlung der Umsatzsteuererklärung erinnert wurde und er die Umsatzsteuererklärung für jeden dieser Besteuerungszeiträume nicht bis zum 10. Tag nach der Erinnerung übermittelt hat,
2. der Unternehmer für drei unmittelbar vorausgegangene Besteuerungszeiträume an die Zahlung der Steuer erinnert wurde und er den Gesamtbetrag der Steuer nicht für jeden dieser Besteuerungszeiträume bis zum 10. Tag nach der Zahlungserinnerung entrichtet hat, es sei denn, der rückständige Betrag beträgt weniger als 100 € für jeden dieser Besteuerungszeiträume, oder
3. der Unternehmer nach einer Aufforderung zur elektronischen Zurverfügungstellung seiner Aufzeichnungen (§ 22 Abs. 1 UStG und Abschnitt 22.3a Abs. 1 und 4) und einer nachfolgenden Erinnerung die angeforderten Aufzeichnungen nicht innerhalb eines Monats nach Erteilung der Erinnerung elektronisch zur Verfügung gestellt hat.

[3]Der Ausschluss gilt ab dem Besteuerungszeitraum, der nach dem Zeitpunkt der Bekanntgabe des Ausschlusses gegenüber dem Unternehmer beginnt. [4]Die Gültigkeit des Ausschlusses endet nicht vor Ablauf von acht Besteuerungszeiträumen, die dem Zeitpunkt der Bekanntgabe des Ausschlusses gegenüber dem Unternehmer folgen (vgl. Artikel 58b Abs. 1 MwStVO).[1)]

(7)[2)] Nicht im Gemeinschaftsgebiet ansässige Unternehmer, die vor dem 1.7.2021 im Inland als Steuerschuldner ausschließlich steuerbare Telekom-

---

[1)] **Steuergesetze** Nr. **550a**.

[2)] A 18.7a UStAE Abs. 7 neugef. durch BMF v. 1.4.2021, BStBl. I 2021, 629, anzuwenden mWv 1.7.2021.

munikationsdienstleistungen, Rundfunk- und Fernsehdienstleistungen und/oder sonstige Leistungen auf elektronischem Weg an Nichtunternehmer (siehe Abschnitt 3a.1 Abs. 1) erbringen, deren Umsatzbesteuerung aber in einem dem Besteuerungsverfahren nach § 18 Abs. 4c UStG entsprechenden Verfahren in einem anderen EU-Mitgliedstaat durchgeführt wird, sind insoweit nach § 18 Abs. 4d UStG von der Verpflichtung zur Übermittlung von Voranmeldungen und der Umsatzsteuererklärung für das Kalenderjahr im Inland befreit.

(8)[1] [1]Nicht im Gemeinschaftsgebiet ansässige Unternehmer, die vor dem 1.7.2021 im Gemeinschaftsgebiet als Steuerschuldner ausschließlich Telekommunikationsdienstleistungen, Rundfunk- und Fernsehdienstleistungen und/oder sonstige Leistungen auf elektronischem Weg an in der EU ansässige Nichtunternehmer (siehe Abschnitt 3a.1 Abs. 1) erbringen und von dem Wahlrecht der steuerlichen Erfassung in nur einem EU-Mitgliedstaat Gebrauch machen, können Vorsteuerbeträge nur im Rahmen des Vorsteuer-Vergütungsverfahrens geltend machen (§ 18 Abs. 9 Satz 1 UStG in Verbindung mit § 59 Satz 1 Nr. 4 und § 61a UStDV). [2]In diesen Fällen sind die Einschränkungen des § 18 Abs. 9 Sätze 5 und 6 UStG nicht anzuwenden (§ 18 Abs. 9 Satz 7 UStG). [3]Voraussetzung ist, dass die Steuer für die Telekommunikationsdienstleistungen, Rundfunk- und Fernsehdienstleistungen und/oder sonstigen Leistungen auf elektronischem Weg entrichtet wurde und die Vorsteuerbeträge im Zusammenhang mit diesen Umsätzen stehen. [4]Für Vorsteuerbeträge im Zusammenhang mit anderen Umsätzen (z. B. elektronisch erbrachte sonstige Leistungen durch einen nicht in der Gemeinschaft ansässigen Unternehmer an einen in der Gemeinschaft ansässigen Unternehmer, der Steuerschuldner ist) gelten die Einschränkungen des § 18 Abs. 9 Sätze 5 und 6 UStG unverändert.

(9)[1] Hinsichtlich des besonderen Besteuerungsverfahrens für nicht im Gemeinschaftsgebiet ansässige Unternehmer, die nach dem 30.6.2021 sonstige Leistungen erbringen, vgl. Abschnitt 18i.1.

18.7b[2] Besteuerungsverfahren für im übrigen Gemeinschaftsgebiet ansässige Unternehmer, die vor dem 1.7.2021 sonstige Leistungen nach § 3a Abs. 5 UStG im Inland erbringen

(1)[2] [1]Im übrigen Gemeinschaftsgebiet ansässige Unternehmer (Abschnitt 13b.11 Abs. 1 Satz 2), die vor dem 1.7.2021 im Inland als Steuerschuldner Telekommunikationsdienstleistungen, Rundfunk- und Fernsehdienstleistungen und/oder sonstige Leistungen auf elektronischem Weg an im Inland ansässige Nichtunternehmer (siehe Abschnitt 3a.1 Abs. 1) erbringen (§ 3a Abs. 5 UStG), können sich abweichend von § 18 Abs. 1 bis 4 UStG unter bestimmten Bedingungen dafür entscheiden, an dem besonderen Besteuerungsverfahren nach Titel XII Kapitel 6 Abschnitt 3 der MwStSystRL in der Fassung von Artikel 5 Nummer 15 der Richtlinie 2008/8/EG des Rates vom 12.2.2008 zur Änderung der Richtlinie 2006/112/EG bezüglich des Ortes der Dienst-

---

[1] A 18.7a UStAE Abs. 8 Satz 1 neugef., Abs. 9 angef. durch BMF v. 1.4.2021, BStBl. I 2021, 629, anzuwenden mWv 1.7.2021.

[2] A 18.7b UStAE Überschrift und Abs. 1 Satz 1 neugef. durch BMF v. 1.4.2021, BStBl. I 2021, 629, anzuwenden mWv 1.7.2021.

leistung (ABl. EU 2008 Nr. L 44 S. 11)[1)] teilzunehmen (vgl. § 18 Abs. 4e UStG). [2]Dies gilt nur, wenn der Unternehmer im Inland, auf der Insel Helgoland und in einem der in § 1 Abs. 3 UStG bezeichneten Gebiete weder seinen Sitz, seine Geschäftsleitung noch eine Betriebsstätte (Abschnitt 3a.1 Abs. 3) hat. [3]Macht ein Unternehmer von dem Wahlrecht nach Satz 1 Gebrauch, muss er dies der zuständigen Stelle in dem EU-Mitgliedstaat, in dem er ansässig ist, vorbehaltlich des Satzes 4 vor Beginn des Besteuerungszeitraums, ab dessen Beginn er von dem besonderen Besteuerungsverfahren Gebrauch macht, auf dem amtlich vorgeschriebenen, elektronisch zu übermittelnden Dokument anzeigen. [4]Erbringt der Unternehmer erstmals Leistungen im Sinne des Satzes 1, gilt das besondere Besteuerungsverfahren nach Satz 1 ab dem Tag der ersten Leistungserbringung, wenn die Anzeige nach Satz 3 gegenüber der zuständigen Stelle in dem EU-Mitgliedstaat, in dem er ansässig ist, bis zum 10. Tag des auf die erste Leistungserbringung folgenden Monats erfolgt.

(2) [1]Abweichend von § 18 Abs. 1 bis 4 UStG hat der an dem besonderen Besteuerungsverfahren nach Absatz 1 teilnehmende Unternehmer für jeden Besteuerungszeitraum (= Kalendervierteljahr; § 16 Abs. 1b Satz 1 UStG) eine Umsatzsteuererklärung bis zum 20. Tag nach Ablauf des Besteuerungszeitraums nach amtlich vorgeschriebenem Datensatz durch Datenfernübertragung über die zuständige Stelle in dem EU-Mitgliedstaat, in dem er ansässig ist, zu übermitteln. [2]Der Unternehmer hat die Steuer selbst zu berechnen (§ 18 Abs. 4e Satz 1 in Verbindung mit § 16 Abs. 1b UStG). [3]Die Umsatzsteuererklärung nach Satz 1 gilt als fristgemäß übermittelt, wenn sie bis zum 20. Tag nach Ablauf des Besteuerungszeitraums der zuständigen Stelle in dem EU-Mitgliedstaat, in dem der Unternehmer ansässig ist, übermittelt worden ist und dort in bearbeitbarer Weise aufgezeichnet wurde (§ 18 Abs. 4e Satz 10 UStG). [4]Sie ist ab dem Zeitpunkt eine Steueranmeldung im Sinne des § 150 Abs. 1 Satz 3 und § 168 AO, zu dem die in ihr enthaltenen Daten von der zuständigen Stelle in dem EU-Mitgliedstaat, an die der Unternehmer die Umsatzsteuererklärung übermittelt hat, dem BZSt übermittelt und dort in bearbeitbarer Weise aufgezeichnet wurden; dies gilt entsprechend für die Berichtigung einer Umsatzsteuererklärung.

(3) [1]Die Steuer ist spätestens am 20. Tag nach Ende des Besteuerungszeitraums zu entrichten (§ 18 Abs. 4e Satz 4 UStG). [2]Die Entrichtung der Steuer erfolgt fristgemäß, wenn die Zahlung bis zum 20. Tag nach Ablauf des Besteuerungszeitraums bei der zuständigen Stelle in dem EU-Mitgliedstaat, in dem der Unternehmer ansässig ist, eingegangen ist (§ 18 Abs. 4e Satz 11 UStG). [3]§ 240 AO ist mit der Maßgabe anzuwenden, dass eine Säumnis frühestens mit Ablauf des 10. Tags nach Ablauf des auf den Besteuerungszeitraum folgenden übernächsten Monats eintritt (§ 18 Abs. 4e Satz 12 UStG).

(4) [1]Bei der Umrechnung von Werten in fremder Währung muss der Unternehmer einheitlich den von der Europäischen Zentralbank festgestellten Umrechnungskurs des letzten Tages des Besteuerungszeitraums bzw., falls für diesen Tag kein Umrechnungskurs festgelegt wurde, den für den nächsten Tag nach

---

1) **Steuergesetze** Nr. **550**.

Ablauf des Besteuerungszeitraums festgelegten Umrechnungskurs anwenden (§ 16 Abs. 6 Sätze 4 und 5 UStG). [2]Die Anwendung eines monatlichen Durchschnittskurses entsprechend § 16 Abs. 6 Sätze 1 bis 3 UStG ist ausgeschlossen.

(5) [1]Der Unternehmer kann die Ausübung des Wahlrechts nach Absatz 1 Satz 1 gegenüber der zuständigen Stelle in dem EU-Mitgliedstaat, in dem er ansässig ist, auf elektronischem Weg widerrufen. [2]Ein Widerruf ist nur bis zum Beginn eines neuen Besteuerungszeitraums mit Wirkung ab diesem Zeitraum möglich (§ 18 Abs. 4e Sätze 6 und 7 UStG). [3]Das allgemeine Besteuerungsverfahren (§ 18 Abs. 1 bis 4 UStG) und das Besteuerungsverfahren nach § 18 Abs. 4e UStG schließen sich gegenseitig nicht aus.

(6) [1]Die zuständige Stelle in dem EU-Mitgliedstaat, in dem der Unternehmer ansässig ist, kann den Unternehmer von dem Besteuerungsverfahren nach § 18 Abs. 4e UStG ausschließen, wenn er seinen Verpflichtungen nach § 18 Abs. 4e Sätze 1 bis 5 UStG oder seinen Aufzeichnungspflichten (§ 22 Abs. 1 UStG und Abschnitt 22.3a Abs. 2 und 4) in diesem Verfahren wiederholt nicht oder nicht rechtzeitig nachkommt. [2]Das Finanzamt kann die zuständige Stelle in dem EU-Mitgliedstaat, in dem der Unternehmer ansässig ist, ersuchen, den Unternehmer von dem Besteuerungsverfahren nach § 18 Abs. 4e UStG auszuschließen, wenn der Unternehmer wiederholt gegen seine Verpflichtungen oder Aufzeichnungspflichten nach Satz 1 verstößt; zum Vorliegen eines wiederholten Verstoßes gegen die Verpflichtungen oder Aufzeichnungspflichten vgl. Abschnitt 18.7a Abs. 6 Satz 2. [3]Der Ausschluss gilt ab dem Besteuerungszeitraum, der nach dem Zeitpunkt der Bekanntgabe des Ausschlusses gegenüber dem Unternehmer beginnt. [4]Die Gültigkeit des Ausschlusses endet nicht vor Ablauf von acht Besteuerungszeiträumen, die dem Zeitpunkt der Bekanntgabe des Ausschlusses gegenüber dem Unternehmer folgen (vgl. Artikel 58b Abs. 1 MwStVO).[1)]

(7)[2)] [1]Im übrigen Gemeinschaftsgebiet ansässige Unternehmer (Abschnitt 13b.11 Abs. 1 Satz 2), die vor dem 1.7.2021 im Inland als Steuerschuldner ausschließlich Telekommunikationsdienstleistungen, Rundfunk- und Fernsehdienstleistungen und/oder sonstige Leistungen auf elektronischem Weg an im Inland ansässige Nichtunternehmer (siehe Abschnitt 3a.1 Abs. 1) erbringen und von dem Wahlrecht nach § 18 Abs. 4e UStG Gebrauch machen, können Vorsteuerbeträge nur im Rahmen des Vorsteuer-Vergütungsverfahrens geltend machen (§ 59 Satz 1 Nr. 5 und § 61 UStDV). [2]Erbringen im übrigen Gemeinschaftsgebiet ansässige Unternehmer, die von dem Wahlrecht nach § 18 Abs. 4e UStG Gebrauch machen, vor dem 1.7.2021 im Inland noch andere Umsätze, für die sie im Inland die Umsatzsteuer schulden und Umsatzsteuer-Voranmeldungen und/oder Umsatzsteuererklärungen für das Kalenderjahr zu übermitteln haben, können die Vorsteuerbeträge insgesamt nur im allgemeinen Besteuerungsverfahren (§ 18 Abs. 1 bis 4 UStG) geltend gemacht werden.

(8)[2)] Hinsichtlich des besonderen Besteuerungsverfahrens für nach dem 30.6.2021 von im Gemeinschaftsgebiet, nicht aber im Mitgliedstaat des Verbrauchs ansässigen Unternehmern erbrachte sonstige Leistungen vgl. Abschnitt 18j.1.

---

1) **Steuergesetze** Nr. **550a**.

2) A 18.7b UStAE Abs. 7 neugef., Abs. 8 angef. durch BMF v. 1.4.2021, BStBl. I 2021, 629, anzuwenden mWv 1.7.2021.

18.8 Verfahren bei der Beförderungseinzelbesteuerung

(1) [1]Befördert ein Unternehmer Personen im Gelegenheitsverkehr mit einem Kraftomnibus, der nicht im Inland zugelassen ist, wird die Umsatzsteuer für jede einzelne Beförderungsleistung durch die zuständige Zolldienststelle berechnet und festgesetzt, wenn bei der Ein- oder Ausreise eine Grenze zwischen dem Inland und dem Drittlandsgebiet (z. B. Grenze zur Schweiz) überschritten wird (§ 16 Abs. 5, § 18 Abs. 5 UStG, Abschnitt 16.2). [2]Wird im Einzelfall geltend gemacht, dass die Voraussetzungen für eine Besteuerung nicht gegeben seien, muss dies in eindeutiger und leicht nachprüfbarer Form gegenüber der Zolldienststelle nachgewiesen werden. [3]Anderenfalls setzt die Zolldienststelle die Umsatzsteuer durch Steuerbescheid fest (§ 155 Abs. 1 AO).

(2) [1]Gegen die Steuerfestsetzung durch die Zolldienststelle ist der Einspruch gegeben (§ 347 Abs. 1 Satz 1 AO). [2]Die Zolldienststelle ist berechtigt, dem Einspruch abzuhelfen (§ 367 Abs. 3 Satz 2 AO, § 16 Abs. 5 Satz 3 UStG). [3]Hilft sie ihm nicht in vollem Umfang ab, hat sie die Sache dem für sie örtlich zuständigen Finanzamt zur weiteren Entscheidung vorzulegen. [4]Der Einspruch kann auch unmittelbar bei dem zuständigen Finanzamt eingelegt werden.

(3) [1]Anstelle der Beförderungseinzelbesteuerung kann der Unternehmer bei dem für ihn zuständigen Finanzamt die Besteuerung der Beförderungsleistungen im allgemeinen Besteuerungsverfahren (§ 18 Abs. 3 und 4 UStG) beantragen (§ 16 Abs. 5b UStG). [2]Auf die Steuer, die sich danach ergibt, wird die bei den Zolldienststellen entrichtete Umsatzsteuer angerechnet, soweit sie auf diese Beförderungsleistungen entfällt (§ 18 Abs. 5b UStG). [3]Die Höhe der anzurechnenden Umsatzsteuer ist durch Vorlage aller im Verfahren der Beförderungseinzelbesteuerung von den Zolldienststellen ausgehändigten Durchschriften der Umsatzsteuererklärung (Vordruckmuster 2603) mit allen Steuerquittungen nachzuweisen.

(4) [1]Ist das Verfahren der Beförderungseinzelbesteuerung nicht durchzuführen, weil bei der Ein- und Ausreise keine Grenze zum Drittlandsgebiet überschritten wird, ist das allgemeine Besteuerungsverfahren (§ 18 Abs. 1 bis 4 UStG) durchzuführen. [2]Zur umsatzsteuerlichen Erfassung in diesen Fällen vgl. § 18 Abs. 12 UStG und Abschnitt 18.17.

18.9 Verfahren bei der Fahrzeugeinzelbesteuerung

(1) [1]Beim innergemeinschaftlichen Erwerb neuer Fahrzeuge (§ 1b UStG) durch andere Erwerber als die in § 1a Abs. 1 Nr. 2 UStG genannten Personen hat der Erwerber für jedes erworbene neue Fahrzeug eine Steuererklärung für die Fahrzeugeinzelbesteuerung nach amtlich vorgeschriebenem Vordruck abzugeben (§ 16 Abs. 5a, § 18 Abs. 5a UStG; Abschnitt 16.3).[1)] [2]Der Erwerber hat die Steuererklärung eigenhändig zu unterschreiben und ihr die vom Lieferer ausgestellte Rechnung beizufügen. [3]§§ 167 und 168 AO sind anzuwenden.

(2) [1]Der Erwerber hat die Steuererklärung für die Fahrzeugeinzelbesteuerung innerhalb von 10 Tagen nach dem Tag des innergemeinschaftlichen Er-

---

1) Muster USt 1 B (USt-Erklärung für die Fahrzeugeinzelbesteuerung) und Anlage USt 1 B siehe BMF v. 1.7.2020, BStBl. I 2020, 606.

werbs (§ 13 Abs. 1 Nr. 7 UStG) abzugeben und die Steuer zu entrichten. [2]Gibt er keine Steuererklärung ab oder berechnet er die Steuer nicht richtig, kann die Finanzbehörde die Steuer – ggf. im Schätzungswege – festsetzen. [3]Der Schätzung sind regelmäßig die Mitteilungen zu Grunde zu legen, die der Finanzbehörde von den für die Zulassung oder Registrierung von Fahrzeugen zuständigen Behörden (§ 18 Abs. 10 Nr. 1 UStG) oder dem für die Besteuerung des Fahrzeuglieferers zuständigen EU-Mitgliedstaat zur Verfügung gestellt werden.

Zu § 18 Abs. 9 UStG
(Vorsteuer-Vergütungsverfahren, §§ 59 bis 62 UStDV)

18.10 Unter das Vorsteuer-Vergütungsverfahren fallende Unternehmer und Vorsteuerbeträge

(1) [1]Das Vorsteuer-Vergütungsverfahren kommt nur für Unternehmer in Betracht, die im Ausland ansässig sind; die Ansässigkeit im Ausland richtet sich nach § 59 Satz 2 UStDV. [2]Ein Unternehmer ist bereits dann im Inland ansässig, wenn er eine inländische Betriebsstätte hat und von dieser im Inland steuerbare Umsätze ausführt (vgl. EuGH-Urteil vom 25.10.2012, C-318/11 und C-319/11);[1)] die Absicht, von dort Umsätze auszuführen, ist nicht ausreichend (vgl. BFH-Urteil vom 5.6.2014, V R 50/13, BStBl. II S. 813). [3]Die Vorsteuerbeträge des im Ausland gelegenen Unternehmensteils sind in den Fällen des Satzes 2 erster Halbsatz im Rahmen des allgemeinen Besteuerungsverfahrens von der Betriebsstätte geltend zu machen. [4]Unternehmer, die ein im Inland gelegenes Grundstück besitzen und vermieten oder beabsichtigen zu vermieten, sind als im Inland ansässig zu behandeln. [5]Zur Abgrenzung des Vorsteuer-Vergütungsverfahrens vom allgemeinen Besteuerungsverfahren vgl. Abschnitt 18.15.

(2) [1]Das Vergütungsverfahren setzt voraus, dass der im Ausland ansässige Unternehmer in einem Vergütungszeitraum (vgl. Abschnitt 18.12) im Inland entweder keine Umsätze oder nur die Umsätze ausgeführt hat, die in § 59 UStDV genannt sind. [2]Sind diese Voraussetzungen erfüllt, kann die Vergütung der Vorsteuerbeträge nur im Vorsteuer-Vergütungsverfahren durchgeführt werden.

Beispiel 1:

[1]Ein im Ausland ansässiger Beförderungsunternehmer hat im Inland in den Monaten Januar bis April nur steuerfreie Beförderungen im Sinne des § 4 Nr. 3 UStG ausgeführt. [2]In denselben Monaten ist ihm für empfangene Leistungen, z. B. für Beherbergungen, Umsatzsteuer i. H. v. insgesamt 300 € in Rechnung gestellt worden.
[3]Die Vergütung der abziehbaren Vorsteuerbeträge ist im Vorsteuer-Vergütungsverfahren durchzuführen (§ 59 Satz 1 Nr. 1 UStDV).

Beispiel 2:

[1]Der im Ausland ansässige Unternehmer U hat in den Monaten Januar bis April Gegenstände aus dem Drittlandsgebiet an Abnehmer im Inland geliefert. [2]U beförderte die Gegenstände mit eigenen Fahrzeugen an die Abnehmer. [3]Bei den Beförderungen ist dem Unternehmer im Inland für empfangene Leistungen, z. B. für Beherbergungen, Umsatzsteuer i. H. v. insgesamt 300 € in Rechnung gestellt worden. [4]Schuldner der Einfuhrumsatzsteuer für die eingeführten Gegenstände war jeweils der Abnehmer. [5]U hat in den Monaten Januar bis April keine weiteren Umsätze im Inland erbracht.

---

1) DStRE 2013, 872.

[6] U erbringt in den Monaten Januar bis April keine Umsätze im Inland. [7] Der Ort seiner Lieferungen liegt im Drittlandsgebiet (§ 3 Abs. 6 UStG). [8] Die Vergütung der abziehbaren Vorsteuerbeträge ist im Vorsteuer-Vergütungsverfahren durchzuführen (§ 59 Satz 1 Nr. 1 UStDV).

Beispiel 3:

[1] Der im Ausland ansässige Unternehmer A erbringt im Jahr 01 im Inland ausschließlich steuerpflichtige Werkleistungen an den Unternehmer U. [2] Zur Ausführung der Werkleistungen ist A im Inland für empfangene Leistungen, z. B. Materialeinkauf, Umsatzsteuer i. H. v. insgesamt 1000 € in Rechnung gestellt worden.

[3] Steuerschuldner für die Leistungen des A ist U (§ 13b Abs. 5 Satz 1 UStG). [4] Die Vergütung der abziehbaren Vorsteuerbeträge des A ist im Vorsteuer-Vergütungsverfahren durchzuführen (§ 59 Satz 1 Nr. 2 UStDV).

[3] Der vergütungsberechtigte Unternehmer (Leistender) ist im Rahmen der gesetzlichen Mitwirkungspflicht (§ 90 Abs. 1 AO) verpflichtet, auf Verlangen die Leistungsempfänger zu benennen, wenn diese für seine Leistungen die Steuer nach § 13b Abs. 5 Satz 1 und 6 UStG schulden.

18.11 Vom Vorsteuer-Vergütungsverfahren ausgeschlossene Vorsteuerbeträge

(1) Sind die Voraussetzungen für die Anwendung des Vorsteuer-Vergütungsverfahrens nach § 59 UStDV nicht erfüllt, können Vorsteuerbeträge nur im allgemeinen Besteuerungsverfahren nach § 16 und § 18 Abs. 1 bis 4 UStG berücksichtigt werden.

Beispiel 1:

[1] Einem im Ausland ansässigen Unternehmer ist im Vergütungszeitraum Januar bis März Umsatzsteuer für die Einfuhr oder den Kauf von Gegenständen und für die Inanspruchnahme von sonstigen Leistungen berechnet worden. [2] Der Unternehmer führt im März im Inland steuerpflichtige Lieferungen aus.

[3] Die Vorsteuer kann nicht im Vorsteuer-Vergütungsverfahren vergütet werden. [4] Das allgemeine Besteuerungsverfahren ist durchzuführen.

Beispiel 2:

[1] Der im Ausland ansässige Unternehmer U führt an dem im Inland belegenen Einfamilienhaus eines Privatmannes Schreinerarbeiten (Werklieferungen) durch. [2] Die hierfür erforderlichen Gegenstände hat U teils im Inland erworben, teils in das Inland eingeführt. [3] Für den Erwerb der Gegenstände im Inland ist U Umsatzsteuer i. H. v. 500 € in Rechnung gestellt worden. [4] Für die Einfuhr der Gegenstände ist Einfuhrumsatzsteuer in Höhe von 250 € entstanden.

[5] Auf die Umsätze des U findet § 13b UStG keine Anwendung, da der Leistungsempfänger als Privatmann nicht Steuerschuldner wird (§ 13b Abs. 5 Satz 1 UStG). [6] Die Vorsteuerbeträge (Umsatzsteuer und Einfuhrumsatzsteuer) können daher nicht im Vorsteuer-Vergütungsverfahren vergütet werden. [7] Das allgemeine Besteuerungsverfahren ist durchzuführen.

Beispiel 3:

[1] Sachverhalt wie in Abschnitt 18.10 Abs. 2 Beispiel 2. [2] Abweichend hiervon ist U Schuldner der Einfuhrumsatzsteuer.

[3] Der Ort der Lieferungen des U liegt im Inland (§ 3 Abs. 8 UStG). [4] U schuldet die Steuer für die Lieferungen. [5] Die Vorsteuerbeträge können daher nicht im Vorsteuer-Vergütungsverfahren vergütet werden. [6] Das allgemeine Besteuerungsverfahren ist durchzuführen.

(1a)[1)] [1] Nicht vergütet werden Vorsteuerbeträge, die in Rechnungen über Ausfuhrlieferungen oder innergemeinschaftliche Lieferungen gesondert ausgewiesen werden, wenn feststeht, dass die Voraussetzungen der Steuerbefreiung nach § 4 Nr. 1 Buchstabe a in Verbindung mit § 6 Abs. 1 bis 3a UStG bzw. § 4

---

1) A 18.11 UStAE Abs. 1a Satz 1 neugef. durch BMF v. 17.12.2021, BStBl. I 2021, 2504.

Nr. 1 Buchstabe b in Verbindung mit § 6a Abs. 1 oder Abs. 2 UStG vorliegen können, vgl. auch Abschnitt 6a.1 Abs. 19. [2]In diesen Fällen handelt es sich für die Beurteilung des Vergütungsanspruchs im Vorsteuer-Vergütungsverfahren um eine unrichtig ausgewiesene Steuer nach § 14c Abs. 1 UStG, die vom Leistungsempfänger nicht als Vorsteuer abgezogen (vgl. Abschnitt 14c.1 Abs. 1 Satz 5 Nr. 3 und Satz 6 sowie Abschnitt 15.2 Abs. 1 Sätze 1 und 2) und die demnach im Vorsteuer-Vergütungsverfahren nicht vergütet werden kann. [3]Die umsatzsteuerrechtliche Beurteilung der Lieferung des leistenden Unternehmers bleibt unberührt.

(2) [1]Reiseveranstalter sind nicht berechtigt, die ihnen für Reisevorleistungen gesondert in Rechnung gestellten Steuerbeträge als Vorsteuer abzuziehen (§ 25 Abs. 4 UStG). [2]Insoweit entfällt deshalb auch das Vorsteuer-Vergütungsverfahren.

(3) Nicht vergütet werden Vorsteuerbeträge, die mit Umsätzen im Ausland in Zusammenhang stehen, die – wenn im Inland ausgeführt – den Vorsteuerabzug ausschließen würden (vgl. Abschnitt 15.14).

Beispiel:

[1]Ein französischer Arzt besucht einen Ärztekongress im Inland. [2]Da ärztliche Leistungen grundsätzlich steuerfrei sind und den Vorsteuerabzug ausschließen, können die angefallenen Vorsteuerbeträge nicht vergütet werden.

(4)[1)·2)] [1]Einem Unternehmer, der nicht im Gemeinschaftsgebiet ansässig ist, wird die Vorsteuer nur vergütet, wenn in dem Land, in dem der Unternehmer seinen Sitz hat, keine Umsatzsteuer oder ähnliche Steuer erhoben oder im Fall der Erhebung im Inland ansässigen Unternehmern vergütet wird (sog. Gegenseitigkeit im Sinne von § 18 Abs. 9 Satz 5 UStG). [2]Unternehmer, die ihren Sitz auf den Kanarischen Inseln, in Ceuta oder in Melilla haben, sind für die Durchführung des Vorsteuer-Vergütungsverfahrens wie Unternehmer mit Sitz im Gemeinschaftsgebiet zu behandeln. [3]Hinsichtlich der Verzeichnisse der Drittstaaten, zu denen Gegenseitigkeit gegeben oder nicht gegeben ist, wird auf das BMF-Schreiben vom 15.3.2021, BStBl. I S. 381, hingewiesen. [4]Bei fehlender Gegenseitigkeit ist das Vorsteuer-Vergütungsverfahren nur durchzuführen, soweit der nicht im Gemeinschaftsgebiet ansässige Unternehmer vor dem 1.7.2021 als Steuerschuldner Umsätze nach § 3a Abs. 5 UStG im Gemeinschaftsgebiet erbracht und für diese Umsätze von dem Wahlrecht der steuerlichen Erfassung in nur einem EU-Mitgliedstaat (§ 18 Abs. 4c und 4d UStG) Gebrauch gemacht hat (vgl. Abschnitt 18.7a Abs. 8).

(5)[2)] Von der Vergütung ausgeschlossen sind bei Unternehmern, die nicht im Gemeinschaftsgebiet ansässig sind, die Vorsteuerbeträge, die auf den Bezug von Kraftstoffen entfallen (§ 18 Abs. 9 Satz 6 UStG).

18.12 Vergütungszeitraum

(1) [1]Der Vergütungszeitraum muss mindestens drei aufeinander folgende Kalendermonate in einem Kalenderjahr umfassen. [2]Es müssen nicht in jedem

---

1) A 18.11 UStAE Abs. 4 Satz 4 neugef. durch BMF v. 1.4.2021, BStBl. I 2021, 629, anzuwenden mWv 1.7.2021.

2) A 18.11 UStAE Abs. 4 Sätze 1 u. 3 und Abs. 5 geänd. durch BMF v. 15.3.2021, BStBl. I 2021, 381, anzuwenden in allen offenen Fällen.

Kalendermonat Vorsteuerbeträge angefallen sein. [3]Für den restlichen Zeitraum eines Kalenderjahres können die Monate November und Dezember oder es kann auch nur der Monat Dezember Vergütungszeitraum sein.

(2) [1]In den Vergütungsantrag für den Zeitraum nach Absatz 1 Sätze 1 und 3 können auch abziehbare Vorsteuerbeträge aufgenommen werden, die in vorangegangene Vergütungszeiträume des betreffenden Jahres fallen. [2]Hat der Unternehmer einen Vergütungsantrag für das Kalenderjahr oder für den letzten Zeitraum des Kalenderjahres gestellt, kann er für das betreffende Jahr einmalig einen weiteren Vergütungsantrag stellen, in welchem ausschließlich abziehbare Vorsteuerbeträge aufgenommen werden dürfen, die in den Vergütungsanträgen für die Zeiträume nach Absatz 1 Sätze 1 und 3 nicht enthalten sind. [3]Der weitere Vergütungsantrag nach Satz 2 wird aus Vereinfachungsgründen stets als Antrag für das betreffende Kalenderjahr behandelt, soweit die Voraussetzungen nach § 59 UStDV erfüllt sind; dies gilt unabhängig davon, welchen Vergütungszeitraum der Unternehmer in dem Antrag gewählt hat.

(3) [1]Wegen der Auswirkungen der Mindestbeträge auf den zu wählenden Vergütungszeitraum vgl. § 61 Abs. 3 und § 61a Abs. 3 UStDV. [2]Für den weiteren Vergütungsantrag nach Absatz 2 Satz 2 gelten die Mindestbeträge nach § 61 Abs. 3 Satz 3 und § 61a Abs. 3 Satz 3 UStDV entsprechend.

18.13 Vorsteuer-Vergütungsverfahren für im übrigen Gemeinschaftsgebiet ansässige Unternehmer

Antragstellung

(1) [1]Ein im übrigen Gemeinschaftsgebiet ansässiger Unternehmer, dem im Inland von einem Unternehmer für einen steuerpflichtigen Umsatz Umsatzsteuer in Rechnung gestellt worden ist, kann über die zuständige Stelle in dem Mitgliedstaat, in dem der Unternehmer ansässig ist, bei der zuständigen Behörde im Inland einen Antrag auf Vergütung dieser Steuer stellen. [2]Für die Vergütung der Vorsteuerbeträge im Vorsteuer-Vergütungsverfahren ist ausschließlich das BZSt zuständig (§ 5 Abs. 1 Nr. 8 FVG).[1)]

(2) [1]Der im übrigen Gemeinschaftsgebiet ansässige Unternehmer hat den Vergütungsantrag nach amtlich vorgeschriebenem Datensatz durch Datenfernübertragung über das in dem Mitgliedstaat, in dem der Unternehmer ansässig ist, eingerichtete elektronische Portal dem BZSt zu übermitteln (§ 61 Abs. 1 Satz 1 UStDV). [2]Der Vergütungsantrag gilt nur dann als vorgelegt, wenn der Unternehmer alle Angaben im Sinne von Abschnitt 18g.1 Abs. 4 und 5 Spiegelstriche 1 bis 8 gemacht und eine Beschreibung seiner Geschäftstätigkeit anhand harmonisierter Codes vorgenommen hat (vgl. § 61 Abs. 1 Satz 2 UStDV). [3]Eine unmittelbare Übermittlung des Vergütungsantrags von dem im übrigen Gemeinschaftsgebiet ansässigen Unternehmer an das BZSt ist nicht möglich. [4]Eine schriftliche Bescheinigung des Mitgliedstaats, in dem der Unternehmer ansässig ist, zur Bestätigung der Unternehmereigenschaft ist durch im übrigen Gemeinschaftsgebiet ansässige Unternehmer nicht beizufügen.

[1)] **Steuergesetze** Nr. **803**.

(3) [1]Die Vergütung ist binnen neun Monaten nach Ablauf des Kalenderjahres, in dem der Vergütungsanspruch entstanden ist, zu beantragen (§ 61 Abs. 2 UStDV). [2]Es handelt sich hierbei um eine Ausschlussfrist, bei deren Versäumung unter den Voraussetzungen des § 110 AO Wiedereinsetzung in den vorigen Stand gewährt werden kann (vgl. EuGH-Urteil vom 21.6.2012, C-294/11, Elsacom, BStBl. II S. 942).[1)]

(4)[2)] [1]Der Unternehmer hat die Vergütung selbst zu berechnen. [2]Dem Vergütungsantrag sind auf elektronischem Weg die Rechnungen und Einfuhrbelege als eingescannte Originale vollständig beizufügen, wenn das Entgelt für den Umsatz oder die Einfuhr mindestens 1000 €, bei Rechnungen über den Bezug von Kraftstoffen mindestens 250 € beträgt. [3]Bei begründeten Zweifeln an dem Recht auf Vorsteuerabzug in der beantragten Höhe kann das BZSt verlangen, dass die Vorsteuerbeträge – unbeschadet der Frage der Rechnungshöhe – durch Vorlage von Rechnungen und Einfuhrbelegen im Original nachgewiesen werden. [4]Vor Ablehnung eines Vergütungsantrages, der innerhalb der Antragsfrist (vgl. Absatz 3 Satz 1) gestellt wurde, dem aber nicht die Kopien der Rechnungen oder der Einfuhrdokumente beigefügt waren, ist der Unternehmer zur Vorlage der entsprechenden Kopien oder sachdienlicher Informationen aufzufordern, die die Bearbeitung dieser Anträge ermöglichen, und zwar unabhängig davon, ob die Antragsfrist für den zugrundeliegenden Vergütungszeitraum zum Zeitpunkt der Bearbeitung bereits abgelaufen ist (vgl. EuGH-Urteil vom 18.11.2020, C-371/19, Kommission/Deutschland).[3)]

(5) [1]Die beantragte Vergütung muss mindestens 400 € betragen (§ 61 Abs. 3 UStDV). [2]Das gilt nicht, wenn der Vergütungszeitraum das Kalenderjahr oder der letzte Zeitraum des Kalenderjahres ist. [3]Für diese Vergütungszeiträume muss die beantragte Vergütung mindestens 50 € betragen.

(6) Einem Unternehmer, der im Gemeinschaftsgebiet ansässig ist und Umsätze ausführt, die zum Teil den Vorsteuerabzug ausschließen, wird die Vorsteuer höchstens in der Höhe vergütet, in der er in dem Mitgliedstaat, in dem er ansässig ist, bei Anwendung eines Pro-rata-Satzes zum Vorsteuerabzug berechtigt wäre (§ 18 Abs. 9 Satz 3 UStG).

Bescheiderteilung

(7) [1]Das BZSt hat den Vergütungsantrag eines im übrigen Gemeinschaftsgebiet ansässigen Unternehmers grundsätzlich innerhalb von vier Monaten und zehn Tagen nach Eingang aller erforderlichen Unterlagen abschließend zu bearbeiten und den Vergütungsbetrag auszuzahlen. [2]Die Bearbeitungszeit verlängert sich bei Anforderung weiterer Informationen zum Vergütungsantrag durch das BZSt auf längstens acht Monate. [3]Die Fristen nach den Sätzen 1 und 2 gelten auch bei Vergütungsanträgen von Unternehmern, die auf den Kanarischen Inseln, in Ceuta oder in Melilla ansässig sind.

(8) [1]Der Bescheid über die Vergütung von Vorsteuerbeträgen ist durch Bereitstellung zum Datenabruf nach § 122a in Verbindung mit § 87a Abs. 8 AO

1) DStR 2012, 1272.
2) A 18.13 Abs. 4 Satz 4 angef. durch BMF v. 17.12.2021, BStBl. I 2021, 2504.
3) DStR 2020, 2671.

bekannt zu geben (§ 61 Abs. 4 Satz 1 UStDV). [2]Hat der Empfänger des Bescheids der Bekanntgabe durch Bereitstellung zum Datenabruf nicht zugestimmt, ist der Bescheid in Papierform zu versenden.

Verzinsung

(9) [1]Der nach § 18 Abs. 9 UStG zu vergütende Betrag ist zu verzinsen (§ 61 Abs. 5 UStDV). [2]Der Zinslauf beginnt grundsätzlich mit Ablauf von vier Monaten und zehn Arbeitstagen nach Eingang des Vergütungsantrags beim BZSt. [3]Übermittelt der Unternehmer Rechnungen oder Einfuhrbelege als eingescannte Originale abweichend von Absatz 4 Satz 2 nicht zusammen mit dem Vergütungsantrag, sondern erst zu einem späteren Zeitpunkt, beginnt der Zinslauf erst mit Ablauf von vier Monaten und zehn Arbeitstagen nach Eingang dieser eingescannten Originale beim BZSt. [4]Hat das BZSt zusätzliche oder weitere zusätzliche Informationen angefordert, beginnt der Zinslauf erst mit Ablauf von zehn Arbeitstagen nach Ablauf der Fristen in Artikel 21 der Richtlinie 2008/9/EG des Rates vom 12.2.2008 zur Regelung der Erstattung der Mehrwertsteuer nach der Richtlinie 2006/112/EG an nicht im Mitgliedstaat der Erstattung, sondern in einem anderen Mitgliedstaat ansässige Steuerpflichtige (ABl. EU 2008 Nr. L 44 S. 23).[1)] [5]Der Zinslauf endet mit erfolgter Zahlung des zu vergütenden Betrages; die Zahlung gilt als erfolgt mit dem Tag der Fälligkeit, es sei denn, der Unternehmer weist nach, dass er den zu vergütenden Betrag später erhalten hat. [6]Wird die Festsetzung oder Anmeldung der Steuervergütung geändert, ist eine bisherige Zinsfestsetzung zu ändern; § 233a Abs. 5 AO gilt entsprechend. [7]Für die Höhe und Berechnung der Zinsen gilt § 238 AO. [8]Auf die Festsetzung der Zinsen ist § 239 AO entsprechend anzuwenden. [9]Bei der Festsetzung von Prozesszinsen nach § 236 AO sind Zinsen anzurechnen, die für denselben Zeitraum nach den Sätzen 1 bis 5 festgesetzt wurden.

(10) [1]Ein Anspruch auf Verzinsung nach Absatz 9 besteht nicht, wenn der Unternehmer einer Mitwirkungspflicht nicht innerhalb einer Frist von einem Monat nach Zugang einer entsprechenden Aufforderung des BZSt nachkommt (§ 61 Abs. 6 UStDV). [2]Dabei handelt es sich nicht um eine nicht verlängerbare Ausschlussfrist (vgl. BFH-Urteil vom 17.7.2019, V R 7/17, BStBl. 2020 II S. 177).

18.14 Vorsteuer-Vergütungsverfahren für im Drittlandsgebiet ansässige Unternehmer

Antragstellung

(1) [1]Ein im Drittlandsgebiet ansässiger Unternehmer, dem im Inland von einem Unternehmer für einen steuerpflichtigen Umsatz Umsatzsteuer in Rechnung gestellt worden ist, kann bei der zuständigen Behörde im Inland einen Antrag auf Vergütung dieser Steuer stellen. [2]Für die Vergütung der Vorsteuerbeträge im Vorsteuer-Vergütungsverfahren ist ausschließlich das BZSt zuständig (§ 5 Abs. 1 Nr. 8 FVG).[2)] [3]Zum Vorliegen der Gegenseitigkeit so-

---

1) **Steuergesetze** Nr. **550b**.
2) **Steuergesetze** Nr. **803**.

wie zum Ausschluss bestimmter Vorsteuerbeträge vgl. Abschnitt 18.11 Abs. 4 und 5.

(2) [1]Der Antrag auf Vergütung der Vorsteuerbeträge ist nach amtlich vorgeschriebenem Datensatz durch Datenfernübertragung dem BZSt zu übermitteln; Absatz 4 Satz 2 und Absatz 7 Satz 1 bleiben unberührt. [2]Informationen zur elektronischen Übermittlung sind auf den Internetseiten des BZSt (www.bzst.de) abrufbar. [3]Auf Antrag hat das BZSt zur Vermeidung von unbilligen Härten auf eine elektronische Übermittlung zu verzichten und die Abgabe des Vergütungsantrags nach amtlich vorgeschriebenem Vordruck in herkömmlicher Form – auf Papier oder per Telefax – zuzulassen, wenn eine elektronische Übermittlung für den Unternehmer wirtschaftlich oder persönlich unzumutbar ist; Abschnitt 18.1 Abs. 1 Sätze 4 und 5 gelten entsprechend. [4]In diesem Fall hat der im Drittlandsgebiet ansässige Unternehmer die Vergütung nach amtlich vorgeschriebenem Vordruck beim BZSt zu beantragen und den Vergütungsantrag eigenhändig zu unterschreiben (vgl. § 61a Abs. 1 Satz 3 UStDV und BFH-Urteil vom 8.8.2013, V R 3/11, BStBl. 2014 II S. 46).

(2a) [1]In dem Antrag sind die Vorsteuerbeträge, deren Vergütung beantragt wird, im Einzelnen aufzuführen (Einzelaufstellung). [2]Es ist nicht erforderlich darzulegen, zu welcher konkreten unternehmerischen Tätigkeit die erworbenen Gegenstände oder empfangenen sonstigen Leistungen verwendet worden sind. [3]Pauschale Erklärungen, die die Art der unternehmerischen Tätigkeit erkennen lassen, reichen aus (z. B. grenzüberschreitende Güterbeförderungen im Monat Juni).

(3) Aus Gründen der Arbeitsvereinfachung wird für die Einzelaufstellung das folgende Verfahren zugelassen:

1. Bei Rechnungen, deren Gesamtbetrag 250 € nicht übersteigt und bei denen das Entgelt und die Umsatzsteuer in einer Summe angegeben sind (§ 33 UStDV):
   a) Der Unternehmer kann die Rechnungen getrennt nach Kostenarten mit laufenden Nummern versehen und sie mit diesen Nummern, den Nummern der Rechnungen und mit den Bruttorechnungsbeträgen in gesonderten Aufstellungen zusammenfassen.
   b) [1]Die in den Aufstellungen zusammengefassten Bruttorechnungsbeträge sind aufzurechnen. [2]Aus dem jeweiligen Endbetrag ist die darin enthaltene Umsatzsteuer herauszurechnen und in die Einzelaufstellung zu übernehmen. [3]Hierbei ist auf die gesonderte Aufstellung hinzuweisen.
   c) Bei verschiedenen Steuersätzen sind die gesonderten Aufstellungen getrennt für jeden Steuersatz zu erstellen.
2. Bei Fahrausweisen, in denen das Entgelt und der Steuerbetrag in einer Summe angegeben sind (§ 34 UStDV), gilt Nummer 1 entsprechend.
3. Bei Einfuhrumsatzsteuerbelegen:
   a) Der Unternehmer kann die Belege mit laufenden Nummern versehen und sie mit diesen Nummern, den Nummern der Belege und mit den in den Belegen angegebenen Steuerbeträgen in einer gesonderten Aufstellung zusammenfassen.

b) [1]Die Steuerbeträge sind aufzurechnen und in die Einzelaufstellung zu übernehmen. [2]Hierbei ist auf die gesonderte Aufstellung hinzuweisen.

4. Die gesonderten Aufstellungen sind dem BZSt zusammen mit den Rechnungen und Einfuhrbelegen (vgl. Absatz 4 Satz 2) zu übersenden.

(4) [1]Der Unternehmer hat die Vergütung selbst zu berechnen. [2]Die Vorsteuerbeträge sind durch Vorlage von Rechnungen und Einfuhrbelegen im Original nachzuweisen (§ 61a Abs. 2 Satz 3 UStDV); sie können allenfalls bis zum Ende der Antragsfrist nachgereicht werden (vgl. BFH-Urteile vom 18.1.2007, V R 23/05, BStBl. II S. 430, und vom 19.11.2014, V R 39/13, BStBl. 2015 II S. 352). [3]Kann ein Unternehmer in Einzelfällen den erforderlichen Nachweis der Vorsteuerbeträge nicht durch Vorlage von Originalbelegen erbringen, sind Zweitschriften nur anzuerkennen, wenn der Unternehmer den Verlust der Originalbelege nicht zu vertreten hat, der dem Vergütungsantrag zu Grunde liegende Vorgang stattgefunden hat und keine Gefahr besteht, dass weitere Vergütungsanträge gestellt werden (vgl. BFH-Urteil vom 20.8.1998, V R 55/96, BStBl. 1999 II S. 324). [4]Bei der Zweitausfertigung eines Ersatzbelegs für den Abzug der Einfuhrumsatzsteuer als Vorsteuer kommt es nicht darauf an, auf Grund welcher Umstände die Erstschrift des Ersatzbelegs nicht vorgelegt werden kann (vgl. BFH-Urteil vom 19.11.1998, V R 102/96, BStBl. 1999 II S. 255). [5]Hinsichtlich der Anerkennung von Rechnungen und zollamtlichen Abgabenbescheiden, die auf elektronischem Weg übermittelt wurden, vgl. Abschnitte 14.4 und 15.11 Abs. 1 Satz 2 Nr. 2 Sätze 2 und 3.

(5) [1]Die Vergütung ist binnen sechs Monaten nach Ablauf des Kalenderjahres, in dem der Vergütungsanspruch entstanden ist, zu beantragen (§ 61a Abs. 2 UStDV). [2]Die Antragsfrist ist eine Ausschlussfrist, bei deren Versäumung unter den Voraussetzungen des § 110 AO Wiedereinsetzung in den vorigen Stand gewährt werden kann.

(6) [1]Die beantragte Vergütung muss mindestens 1000 € betragen (§ 61a Abs. 3 UStDV). [2]Das gilt nicht, wenn der Vergütungszeitraum das Kalenderjahr oder der letzte Zeitraum des Kalenderjahres ist. [3]Für diese Vergütungszeiträume muss die beantragte Vergütung mindestens 500 € betragen.

(7) [1]Der Nachweis nach § 61a Abs. 4 UStDV ist nach dem Muster USt 1 TN zu führen und dem BZSt vorzulegen. [2]Hinsichtlich dieses Musters wird auf das BMF-Schreiben vom 5.11.2019, BStBl. I S. 1041, hingewiesen. [3]Die Bescheinigung muss den Vergütungszeitraum abdecken (vgl. BFH-Urteil vom 18.1.2007, V R 22/05, BStBl. II S. 426). [4]Für Vergütungsanträge, die später als ein Jahr nach dem Ausstellungsdatum der Bescheinigung gestellt werden, ist eine neue Bescheinigung vorzulegen. [5]Bei ausländischen staatlichen Stellen, die mit der Organisation von Gemeinschaftsausstellungen im Rahmen von Messen und Ausstellungen beauftragt worden und insoweit als Unternehmer anzusehen sind, ist auf die Vorlage einer behördlichen Bescheinigung (§ 61a Abs. 4 UStDV) zu verzichten. [6]Die Bindungswirkung der Unternehmerbescheinigung entfällt, wenn das BZSt bei Zweifeln an deren Richtigkeit auf Grund von Aufklärungsmaßnahmen (eigene Auskünfte des Unternehmers, Amtshilfe) Informationen erhält, aus denen hervorgeht, dass die in der Bescheinigung enthaltenen Angaben unrichtig sind (vgl. BFH-Urteil vom 14.5.2008, XI R 58/06, BStBl. II S. 831).

(8) Der Unternehmer kann den Vergütungsanspruch abtreten (§ 46 Abs. 2 und 3 AO).

(9) Im Falle der Vergütung hat das BZSt die Originalbelege durch Stempelaufdruck oder in anderer Weise zu entwerten.

Verzinsung

(10) Der nach § 18 Abs. 9 UStG zu vergütende Betrag ist nach § 233a AO zu verzinsen (vgl. BFH-Urteil vom 17.4.2008, V R 41/06, BStBl. 2009 II S. 2, und Nr. 62 des Anwendungserlasses zur AO zu § 233a AO).[1]

18.15 Vorsteuer-Vergütungsverfahren und allgemeines Besteuerungsverfahren

(1) [1] Für einen Voranmeldungszeitraum schließen sich das allgemeine Besteuerungsverfahren und das Vorsteuer-Vergütungsverfahren gegenseitig aus.[2] [2] Sind jedoch die Voraussetzungen des Vorsteuer-Vergütungsverfahrens erfüllt und schuldet der im Ausland ansässige Unternehmer ausschließlich Steuer im allgemeinen Besteuerungsverfahren nach § 13a Abs. 1 Nr. 1 in Verbindung mit § 14c Abs. 1 UStG oder § 13a Abs. 1 Nr. 4 UStG, kann die Vergütung der Vorsteuerbeträge nur im Vorsteuer-Vergütungsverfahren durchgeführt werden (vgl. § 16 Abs. 2 Satz 1 und § 18 Abs. 9 Satz 3 UStG). [3] Im Laufe eines Kalenderjahres kann zudem der Fall eintreten, dass die Vorsteuerbeträge eines im Ausland ansässigen Unternehmers abschnittsweise im Wege des Vorsteuer-Vergütungsverfahrens und im Wege des allgemeinen Besteuerungsverfahrens zu vergüten oder von der Steuer abzuziehen sind. [4] In diesen Fällen ist für jedes Kalenderjahr wie folgt zu verfahren:

1. Vom Beginn des Voranmeldungszeitraums an, in dem erstmalig das allgemeine Besteuerungsverfahren durchzuführen ist, endet insoweit die Zuständigkeit des BZSt.
2. [1] Der im Ausland ansässige Unternehmer hat seine Vorsteuerbeträge für diesen Voranmeldungszeitraum und für die weiteren verbleibenden Voranmeldungszeiträume dieses Kalenderjahres im allgemeinen Besteuerungsverfahren geltend zu machen. [2] Erfüllt der Unternehmer im Laufe des Kalenderjahres erneut die Voraussetzungen des Vorsteuer-Vergütungsverfahrens, bleibt es demnach für dieses Kalenderjahr bei der Zuständigkeit des Finanzamts; ein unterjähriger Wechsel vom allgemeinen Besteuerungsverfahren zum Vorsteuer-Vergütungsverfahren ist somit nicht möglich.
3. [1] Hat der im Ausland ansässige Unternehmer Vorsteuerbeträge, die in einem Voranmeldungszeitraum entstanden sind, für den das allgemeine Besteuerungsverfahren noch nicht durchzuführen war, nicht im Vorsteuer-Vergütungsverfahren geltend gemacht, kann er diese Vorsteuerbeträge ab dem Zeitpunkt, ab dem das allgemeine Besteuerungsverfahren anzuwenden ist, nur noch in diesem Verfahren geltend machen. [2] Beim Abzug dieser Vorsteuerbeträge von der Steuer gelten die Einschränkungen des § 18 Abs. 9 Sätze 4 bis 6 UStG sowie § 61 Abs. 3 und § 61a Abs. 3 UStDV entsprechend.

---

[1] Nr. **800**.

[2] Siehe aber BMF v. 21.5.2014, BStBl. I 2014, 863.

4. [1]Ab dem Zeitraum, ab dem erstmalig die Voraussetzungen für das allgemeine Besteuerungsverfahren vorliegen, hat der Unternehmer unter den Voraussetzungen von § 18 Abs. 2 und 2a UStG eine Voranmeldung zu übermitteln. [2]In diesem Fall sind die abziehbaren Vorsteuerbeträge durch Vorlage der Rechnung und Einfuhrbelege im Original nachzuweisen (§ 62 Abs. 2 UStDV).
5. [1]Nach Ablauf eines Kalenderjahres, in dem das allgemeine Besteuerungsverfahren durchzuführen ist, hat der im Ausland ansässige Unternehmer an das Finanzamt eine Umsatzsteuererklärung für das Kalenderjahr zu übermitteln. [2]Das Finanzamt hat die Steuer für das Kalenderjahr festzusetzen. [3]Hierbei sind die Vorsteuerbeträge nicht zu berücksichtigen, die bereits im Vorsteuer-Vergütungsverfahren vergütet worden sind (§ 62 Abs. 1 UStDV).

(2) [1]Ist bei einem im Ausland ansässigen Unternehmer das allgemeine Besteuerungsverfahren durchzuführen und ist dem Finanzamt nicht bekannt, ob der Unternehmer im laufenden Kalenderjahr bereits die Vergütung von Vorsteuerbeträgen im Vorsteuer-Vergütungsverfahren beantragt hat, hat das Finanzamt dies durch Abfrage in der Datenbank des Vorsteuer-Vergütungsverfahrens in Erfahrung zu bringen. [2]Wurde das Vorsteuer-Vergütungsverfahren beim BZSt in diesem Fall bereits durchgeführt, hat der Unternehmer die abziehbaren Vorsteuerbeträge auch im allgemeinen Besteuerungsverfahren durch Vorlage der Rechnungen und Einfuhrbelege im Original nachzuweisen (§ 62 Abs. 2 UStDV). [3]Die Belege sind zu entwerten.

18.16 Unternehmerbescheinigung für Unternehmer, die im Inland ansässig sind

(1)[1)] [1]Unternehmern, die in der Bundesrepublik Deutschland ansässig sind und die für Zwecke der steuerlichen Erfassung im Ausland oder für die Vergütung von Vorsteuerbeträgen in einem Drittstaat eine Bestätigung ihrer Unternehmereigenschaft benötigen, stellt das zuständige Finanzamt auf Antrag eine Bescheinigung nach dem Muster USt 1 TN (vgl. Abschnitt 18.14 Abs. 7) aus. [2]Das gilt auch für Organgesellschaften mit einem im Inland ansässigen Organträger sowie für Organgesellschaften und Zweigniederlassungen im Inland, die zum Unternehmen eines im Ausland ansässigen Unternehmers gehören. [3]Der Antrag im Sinne des Satzes 1 ist für alle im Inland gelegenen Unternehmensteile im Sinne des Abschnitts 2.9 Abs. 3 bis 5 von dem Organträger bei dem für den Organkreis für Zwecke der Umsatzsteuer zuständigen Finanzamt zu stellen; Abschnitt 2.9 Abs. 6 und 7 sowie Abschnitt 13b.3 Abs. 7 Satz 6 gelten entsprechend.

(2) [1]Die Bescheinigung darf für Zwecke der Vorlage im Verfahren zur Vergütung von Vorsteuerbeträgen in einem Drittstaat nur Unternehmern erteilt werden, die zum Vorsteuerabzug berechtigt sind. [2]Sie darf in den Fällen des Satzes 1 nicht erteilt werden, wenn der Unternehmer nur steuerfreie Umsätze ausführt, die den Vorsteuerabzug ausschließen, oder die Besteuerung nach § 19 Abs. 1 oder § 24 Abs. 1 UStG anwendet.

---

1) A 18.16 UStAE Abs. 1 Satz 3 neugef. durch BMF v. 10.2.2021, BStBl. I 2021, 314.

(3) [1]Unternehmern, die die Vergütung von Vorsteuerbeträgen in einem anderen Mitgliedstaat beantragen möchten, wird keine Bescheinigung nach Absatz 1 erteilt. [2]Die Bestätigung der Unternehmereigenschaft erfolgt in diesen Fällen durch das BZSt durch Weiterleitung des Vergütungsantrags an den Mitgliedstaat der Erstattung (vgl. Abschnitt 18g.1 Abs. 10).

Zu § 18 Abs. 12 UStG

18.17[1)] Umsatzsteuerliche Erfassung von im Ausland ansässigen Unternehmern, die grenzüberschreitende Personenbeförderungen mit nicht im Inland zugelassenen Kraftomnibussen durchführen

Allgemeines

(1) Die Umsatzbesteuerung grenzüberschreitender Personenbeförderungen (§ 3b Abs. 1 Satz 2 UStG) mit nicht im Inland zugelassenen Kraftomnibussen ist entweder im Verfahren der Beförderungseinzelbesteuerung (§ 16 Abs. 5 UStG) durchzuführen, wenn eine Grenze zwischen dem Inland und dem Drittlandsgebiet (z. B. Grenze zur Schweiz) überschritten wird, oder im allgemeinen Besteuerungsverfahren (§ 18 Abs. 1 bis 4 UStG), wenn keine Grenze zwischen dem Inland und dem Drittlandsgebiet überschritten wird.

Anzeigepflicht

(2) Im Ausland ansässige Unternehmer (§ 13b Abs. 7 UStG), die grenzüberschreitende Personenbeförderungen mit nicht im Inland zugelassenen Kraftomnibussen durchführen, haben dies vor der erstmaligen Ausführung derartiger auf das Inland entfallender Umsätze bei dem für die Umsatzbesteuerung nach § 21 AO zuständigen Finanzamt anzuzeigen, soweit diese Umsätze nicht der Beförderungseinzelbesteuerung (§ 16 Abs. 5 UStG) unterliegen.

(3) [1]Die Anzeige über die erstmalige Ausführung grenzüberschreitender Personenbeförderungen mit nicht im Inland zugelassenen Kraftomnibussen ist an keine Form gebunden. [2]Für die Anzeige über die Ausführung derartiger Umsätze sollte der Unternehmer den Vordruck USt 1 TU verwenden. [3]Hinsichtlich dieses Musters wird auf das BMF-Schreiben vom 5.11.2019, BStBl. I S. 1041, hingewiesen. [4]Wird das Muster USt 1 TU nicht verwendet, sind jedoch die hierin verlangten Angaben zu machen.

Bescheinigungsverfahren

(4) [1]Das für die Umsatzbesteuerung nach § 21 AO zuständige Finanzamt erteilt über die umsatzsteuerliche Erfassung des im Ausland ansässigen Unternehmers für jeden nicht im Inland zugelassenen Kraftomnibus, der für grenzüberschreitende Personenbeförderungen eingesetzt werden soll, eine gesonderte Bescheinigung (§ 18 Abs. 12 Satz 2 UStG) nach dem Muster USt 1 TV. [2]Hinsichtlich dieses Musters wird auf das BMF-Schreiben vom 5.11.2019, BStBl. I S. 1041, hingewiesen. [3]Die Gültigkeit der Bescheinigung ist auf längstens ein Jahr zu beschränken.

---

1) Siehe Merkblatt Stand 1.9.2020 (BMF v. 31.8.2020, BStBl. I 2020, 929).

(5) [1]Die Bescheinigung nach § 18 Abs. 12 Satz 2 UStG ist während jeder Fahrt im Inland mitzuführen und auf Verlangen den für die Steueraufsicht zuständigen Zolldienststellen vorzulegen (§ 18 Abs. 12 Satz 3 UStG). [2]Bei Nichtvorlage der Bescheinigung können diese Zolldienststellen eine Sicherheitsleistung nach den abgabenrechtlichen Vorschriften in Höhe der für die einzelne Beförderungsleistung voraussichtlich zu entrichtenden Steuer verlangen (§ 18 Abs. 12 Satz 4 UStG). [3]Die entrichtete Sicherheitsleistung ist im Rahmen der Umsatzsteuererklärung für das Kalenderjahr (§ 18 Abs. 3 Satz 1 UStG) auf die zu entrichtende Steuer anzurechnen (§ 18 Abs. 12 Satz 5 UStG). [4]Für die Anrechnung sind die von den Zolldienststellen ausgehändigten Durchschriften der Anordnungen von Sicherheitsleistungen (Vordruckmuster 2605) mit Quittungen vorzulegen.

Zu § 18a UStG

18a.1 Abgabe der Zusammenfassenden Meldung

(1)[1)] [1]Jeder Unternehmer im Sinne des § 2 UStG, der innergemeinschaftliche Warenlieferungen (§ 18a Abs. 6 UStG), im übrigen Gemeinschaftsgebiet steuerpflichtige sonstige Leistungen im Sinne von § 3a Abs. 2 UStG (vgl. Abschnitt 3a.2), für die der in einem anderen EU-Mitgliedstaat ansässige Leistungsempfänger die Steuer dort schuldet, oder Lieferungen im Sinne des § 25b Abs. 2 UStG im Rahmen innergemeinschaftlicher Dreiecksgeschäfte (vgl. Abschnitt 25b.1) ausgeführt hat, ist verpflichtet, dem BZSt bis zum 25. Tag nach Ablauf des Meldezeitraums eine ZM zu übermitteln. [2]Dies gilt entsprechend Absatz 6 auch für Gegenstände, die aus dem Gebiet eines Mitgliedstaates in das Gebiet eines anderen Mitgliedstaates für Zwecke einer Lieferung nach dem Ende der Beförderung oder Versendung an einen Erwerber im Sinne des § 6b UStG befördert oder versendet werden (vgl. Abschnitt 6b.1). [3]Kleinunternehmer im Sinne von § 19 Abs. 1 UStG müssen keine ZM abgeben (§ 18a Abs. 4 UStG). [4]In Abhängigkeit von den jeweiligen Voraussetzungen ist Meldezeitraum für die ZM der Kalendermonat (§ 18a Abs. 1 Satz 1 UStG), das Kalendervierteljahr (§ 18a Abs. 1 Satz 2 und Abs. 2 UStG) oder das Kalenderjahr (§ 18a Abs. 9 UStG), vgl. Abschnitt 18a.2. [5]Für einen Meldezeitraum, in dem keine der vorstehenden Lieferungen oder sonstigen Leistungen ausgeführt wurden, ist eine ZM nicht zu übermitteln.

(2) [1]Nichtselbständige juristische Personen im Sinne von § 2 Abs. 2 Nr. 2 UStG (Organgesellschaften) sind verpflichtet, eine eigene ZM für die von ihnen ausgeführten innergemeinschaftlichen Warenlieferungen (§ 18a Abs. 6 UStG), im übrigen Gemeinschaftsgebiet steuerpflichtige sonstige Leistungen im Sinne von § 3a Abs. 2 UStG (vgl. Abschnitt 3a.2), für die der in einem anderen EU-Mitgliedstaat ansässige Leistungsempfänger die Steuer dort schuldet, oder Lieferungen im Sinne des § 25b Abs. 2 UStG im Rahmen innergemeinschaftlicher Dreiecksgeschäfte zu übermitteln (§ 18a Abs. 5 Satz 4 UStG). [2]Dies gilt unabhängig davon, dass diese Vorgänge umsatzsteuerrechtlich als

---

1) A 18a.1 UStAE Abs. 1 Satz 2 eingef., bish. Sätze 2 bis 4 werden Sätze 3 bis 5 durch BMF v. 10.12.2021, BStBl. I 2021, 2492; Anwendungsregelung siehe Anlage 8.

Umsätze des Organträgers behandelt werden und in dessen Voranmeldung und Steuererklärung für das Kalenderjahr anzumelden sind. [3]Die meldepflichtigen Organgesellschaften benötigen zu diesem Zweck eine eigene USt-IdNr. (§ 27a Abs. 1 Satz 3 UStG).

(3) [1]Zur Übermittlung einer ZM nach Absatz 1 sind auch pauschalversteuernde Land- und Forstwirte verpflichtet. [2]Dies gilt unabhängig davon, dass nach § 24 Abs. 1 UStG die Steuerbefreiung für innergemeinschaftliche Warenlieferungen im Sinne von § 4 Nummer 1 Buchstabe b i. V. m. § 6a UStG keine Anwendung findet.

(4) [1]Die ZM ist nach amtlich vorgeschriebenem Datensatz durch Datenfernübertragung zu übermitteln. [2]Informationen zur elektronischen Übermittlung sind unter den Internet-Adressen www.elster.de oder www.bzst.de abrufbar. [3]Zur Vermeidung von unbilligen Härten hat das für die Besteuerung des Unternehmers zuständige Finanzamt auf Antrag auf eine elektronische Übermittlung der ZM zu verzichten und die Abgabe der ZM nach amtlich vorgeschriebenem Vordruck in herkömmlicher Form – auf Papier oder per Telefax – zuzulassen, wenn eine elektronische Übermittlung für den Unternehmer wirtschaftlich oder persönlich unzumutbar ist. [4]Dies ist insbesondere der Fall, wenn die Schaffung der technischen Möglichkeiten für eine elektronische Übermittlung des amtlichen Datensatzes nur mit einem nicht unerheblichen finanziellen Aufwand möglich wäre oder wenn der Unternehmer nach seinen individuellen Kenntnissen und Fähigkeiten nicht oder nur eingeschränkt in der Lage ist, die Möglichkeiten der Datenfernübertragung zu nutzen (§ 150 Abs. 8 AO; vgl. BFH-Urteil vom 16.6.2020, VIII R 29/19, BStBl. 2021 II S. 290, sowie AEAO zu § 150, Nr. 4).[1)] [5]Soweit das Finanzamt nach § 18 Abs. 1 Satz 2 UStG auf eine elektronische Übermittlung der Voranmeldung verzichtet hat, gilt dies auch für die Abgabe der ZM. [6]Abschnitt 18.1 Abs. 1 Satz 5 gilt sinngemäß.

18a.2 Abgabefrist

(1) [1]Die ZM ist bis zum 25. Tag nach Ablauf jedes Kalendermonats an das BZSt zu übermitteln, wenn die Summe der Bemessungsgrundlagen für innergemeinschaftliche Warenlieferungen (§ 18a Abs. 6 UStG) und Lieferungen im Sinne des § 25b Abs. 2 UStG im Rahmen von innergemeinschaftlichen Dreiecksgeschäften für das laufende Kalendervierteljahr oder für eines der vier vorangegangenen Kalendervierteljahre jeweils mehr als 50 000 € beträgt. [2]Die Regelungen über die Dauerfristverlängerung nach § 18 Abs. 6 UStG und §§ 46 bis 48 UStDV gelten nicht für die ZM.

(2) [1]Übersteigt im Laufe eines Kalendervierteljahres die Summe der Bemessungsgrundlagen für innergemeinschaftliche Warenlieferungen (§ 18a Abs. 6 UStG) und Lieferungen im Sinne des § 25b Abs. 2 UStG im Rahmen von innergemeinschaftlichen Dreiecksgeschäften 50 000 €, ist die ZM bis zum 25. Tag nach Ablauf des Kalendermonats, in dem dieser Betrag überschritten wird, zu übermitteln. [2]Wird die Betragsgrenze von 50 000 € im zweiten Kalendermonat eines Kalendervierteljahres überschritten, kann der Unternehmer

[1)] Nr. **800**.

eine ZM für die bereits abgelaufenen Kalendermonate dieses Kalendervierteljahres übermitteln, in der die Angaben für diese beiden Kalendermonate zusammengefasst werden, oder jeweils eine ZM für jeden der abgelaufenen Kalendermonate dieses Kalendervierteljahres. [3] Überschreitet der Unternehmer die Betragsgrenze im dritten Kalendermonat eines Kalendervierteljahres, wird es nicht beanstandet, wenn er statt einer ZM für dieses Kalendervierteljahr jeweils gesondert eine ZM für jeden der drei Kalendermonate dieses Kalendervierteljahres übermittelt.

Beispiel:
[1] Der deutsche Maschinenhersteller M liefert im Januar des Jahres 01 eine Maschine für 20 000 € und im Februar des Jahres 01 eine weitere Maschine für 35 000 € an den belgischen Unternehmer U. [2] Ferner liefert M im Februar des Jahres 01 eine Maschine für 50 000 € an den französischen Automobilhersteller A. [3] Die Rechnungsstellung erfolgte jeweils zeitgleich mit der Ausführung der Lieferungen.
[4] M ist verpflichtet, die Umsätze bis zum 25. März 01 dem BZSt zu melden. [5] Wahlweise kann er für die Monate Januar 01 und Februar 01 jeweils gesondert eine ZM übermitteln, oder er übermittelt eine ZM, in der er die Summe der Bemessungsgrundlagen der an U und A ausgeführten innergemeinschaftlichen Warenlieferungen gemeinsam für die Monate Januar 01 und Februar 01 angibt.

(3) [1] Unternehmer können die ZM auch monatlich übermitteln, wenn die Summe der Bemessungsgrundlagen für innergemeinschaftliche Warenlieferungen (§ 18a Abs. 6 UStG) und Lieferungen im Sinne des § 25b Abs. 2 UStG im Rahmen von innergemeinschaftlichen Dreiecksgeschäften weder für das laufende Kalendervierteljahr noch für eines der vier vorangegangenen Kalendervierteljahre jeweils mehr als 50 000 € beträgt. [2] Möchte der Unternehmer von dieser Möglichkeit Gebrauch machen, hat er dies dem BZSt anzuzeigen (§ 18a Abs. 1 Satz 4 UStG). [3] Der Anzeigepflicht kommt der Unternehmer nach, wenn er bei der erstmaligen Inanspruchnahme das auf dem amtlich vorgeschriebenen Vordruck für die ZM dafür vorgesehene Feld ankreuzt. [4] Die Ausübung des Wahlrechts bindet den Unternehmer bis zum Zeitpunkt des Widerrufs, mindestens aber für die Dauer von 12 Kalendermonaten. [5] Der Widerruf wird dem BZSt durch Markieren des dafür vorgesehenen Feldes auf dem amtlich vorgeschriebenen Vordruck für die ZM angezeigt. [6] Soweit in begründeten Einzelfällen ein Widerruf vor Ablauf der Ausschlussfrist von 12 Kalendermonaten notwendig werden sollte, ist dies dem BZSt schriftlich unter Angabe der Gründe mitzuteilen.

(4) Die ZM ist bis zum 25. Tag nach Ablauf jedes Kalendervierteljahres zu übermitteln, wenn steuerpflichtige sonstige Leistungen im Sinne von § 3a Abs. 2 UStG (vgl. Abschnitt 3a.2) im übrigen Gemeinschaftsgebiet ausgeführt wurden, für die der in einem anderen EU-Mitgliedstaat ansässige Leistungsempfänger die Steuer dort schuldet.

(5) Unternehmer, die hinsichtlich der Ausführung von innergemeinschaftlichen Warenlieferungen (§ 18a Abs. 6 UStG) und Lieferungen im Sinne des § 25b Abs. 2 UStG im Rahmen innergemeinschaftlicher Dreiecksgeschäfte zur monatlichen Übermittlung einer ZM verpflichtet sind, melden die im übrigen Gemeinschaftsgebiet ausgeführten steuerpflichtigen sonstigen Leistungen im Sinne von § 3a Abs. 2 UStG (vgl. Abschnitt 3a.2), für die der in einem anderen EU-Mitgliedstaat ansässige Leistungsempfänger die Steuer dort schuldet, in der ZM für den letzten Monat des Kalendervierteljahres.

(6) [1] Unternehmer, die die ZM hinsichtlich der Ausführung von innergemeinschaftlichen Warenlieferungen (§ 18a Abs. 6 UStG) und Lieferungen im Sinne des § 25b Abs. 2 UStG im Rahmen innergemeinschaftlicher Dreiecksgeschäfte monatlich übermitteln, können darin auch die steuerpflichtigen sonstigen Leistungen im Sinne von § 3a Abs. 2 UStG (vgl. Abschnitt 3a.2), die in dem entsprechenden Kalendermonat im übrigen Gemeinschaftsgebiet ausgeführt worden sind und für die der in einem anderen EU-Mitgliedstaat ansässige Leistungsempfänger die Steuer dort schuldet, monatlich angeben (§ 18a Abs. 3 Satz 1 UStG). [2] Die Ausübung dieser Wahlmöglichkeit wird dem BZSt durch die Angabe von im übrigen Gemeinschaftsgebiet ausgeführten steuerpflichtigen sonstigen Leistungen im vorstehenden Sinne, für die der in einem anderen EU-Mitgliedstaat ansässige Leistungsempfänger die Steuer dort schuldet, in der ZM für den ersten oder zweiten Kalendermonat eines Kalendervierteljahres angezeigt (§ 18a Abs. 3 Satz 2 UStG).

(7)[1)] [1] Die in den Absätzen 1 bis 5 genannten Abgabefristen gelten entsprechend, wenn neben den dort genannten Lieferungen und sonstigen Leistungen auch Gegenstände aus dem Gebiet eines Mitgliedstaates in das Gebiet eines anderen Mitgliedstaates für Zwecke einer Lieferung nach dem Ende der Beförderung oder Versendung an einen Erwerber im Sinne von § 6b UStG befördert oder versendet werden. [2] Werden in einem Meldezeitraum ausschließlich Lieferungen im Sinne von § 6b UStG ausgeführt, ist die ZM bis zum 25. Tag nach Ablauf eines Kalendervierteljahres an das BZSt zu übermitteln.

18a.3 Angaben für den Meldezeitraum

(1)[2)] [1] In der ZM sind nach § 18a Abs. 7 Nr. 1 bis 4 UStG in dem jeweiligen Meldezeitraum getrennt für jeden Erwerber oder Empfänger der dort bezeichneten Lieferungen oder sonstigen Leistungen die USt-IdNr. und die Summe der Bemessungsgrundlagen gesondert nach innergemeinschaftlichen Warenlieferungen (§ 18a Abs. 6 Nr. 1 und 2 UStG), steuerpflichtigen sonstigen Leistungen im Sinne von § 3a Abs. 2 UStG (vgl. Abschnitt 3a.2), die im übrigen Gemeinschaftsgebiet ausgeführt worden sind und für die der in einem anderen EU-Mitgliedstaat ansässige Leistungsempfänger die Steuer dort schuldet, und Lieferungen im Sinne von § 25b Abs. 2 UStG im Rahmen von innergemeinschaftlichen Dreiecksgeschäften und Beförderungen oder Versendungen im Sinne des § 6b Abs. 1 oder 4 UStG oder einen Erwerberwechsel nach § 6b Abs. 5 UStG (§ 18a Abs. 6 Nr. 3 UStG) anzugeben und entsprechend zu kennzeichnen. [2] Wird eine steuerpflichtige sonstige Leistung im vorstehenden Sinne dauerhaft über einen Zeitraum von mehr als einem Jahr erbracht, gilt § 13b Abs. 3 UStG entsprechend. [3] Unbeachtlich ist, ob der Unternehmer seine Umsätze nach vereinbarten oder nach vereinnahmten Entgelten versteuert. [4] Bei den steuerpflichtigen sonstigen Leistungen im vorstehenden Sinne und den Lieferungen im Sinne von § 25b Abs. 2 UStG im Rahmen von innergemeinschaftlichen Dreiecksgeschäften ist es zudem unbeachtlich, wann der Unternehmer die Rechnung ausgestellt hat.

[1)] A 18a.2 UStAE Abs. 7 angef. durch BMF v. 10.12.2021, BStBl. I 2021, 2492; Anwendungsregelung siehe Anlage 8.

[2)] A 18a.3 UStAE Abs. 1 Satz 1 neugef. durch BMF v. 10.12.2021, BStBl. I 2021, 2492; Anwendungsregelung siehe Anlage 8.

(2)[1] [1]In der ZM ist nach § 18a Abs. 7 Nr. 2a UStG in den Fällen des § 6b Abs. 1 UStG in dem jeweiligen Meldezeitraum die USt-IdNr. für jeden Erwerber im Sinne des § 6b Abs. 1 Nr. 1 und Nr. 3 UStG anzugeben. [2]Tritt innerhalb der Frist von 12 Monaten nach dem Ende der Beförderung oder Versendung des Gegenstandes im Sinne von § 6b Abs. 1 Nr. 1 UStG und vor dem Zeitpunkt der Lieferung ein anderer Unternehmer an die Stelle des Erwerbers (Erwerberwechsel nach § 6b Abs. 5 UStG) und liegen die in § 6b Abs. 5 Nr. 1 bis 3 UStG genannten Voraussetzungen vor, ist die USt-IdNr. des neuen Erwerbers in der ZM für den Meldezeitraum, in dem das Ereignis eingetreten ist, anzugeben. [3]Wird die von einem Unternehmer beabsichtigte Lieferung des in den Bestimmungsmitgliedstaat beförderten oder versendeten Gegenstandes innerhalb der 12 Monatsfrist nach Einlagerung nicht bewirkt und gelangt der Gegenstand innerhalb dieser 12-Monatsfrist in den Abgangsmitgliedstaat zurück (Rücklieferung nach § 6b Abs. 4 UStG), ist die USt-IdNr. des ursprünglich vorgesehenen Erwerbers in der ZM für den Meldezeitraum, in dem das Ereignis eingetreten ist, anzugeben.

(3) [1]Wegen der Umrechnung von Werten in fremder Währung vgl. Abschnitt 16.4. [2]Hat der Unternehmer die Rechnung für eine innergemeinschaftliche Warenlieferung, die er im letzten Monat eines Meldezeitraums ausgeführt hat, erst nach Ablauf des Meldezeitraums ausgestellt, ist für die Umrechnung grundsätzlich der Durchschnittskurs des auf den Monat der Ausführung der Lieferung folgenden Monats heranzuziehen.

18a.4 Änderung der Bemessungsgrundlage für meldepflichtige Umsätze

(1) [1]Hat sich die umsatzsteuerliche Bemessungsgrundlage für die zu meldenden Umsätze nachträglich geändert (z.B. durch Rabatte), sind diese Änderungen in dem Meldezeitraum zu berücksichtigen, in dem sie eingetreten sind. [2]Dies gilt entsprechend in den Fällen des § 17 Abs. 2 UStG (z.B. Uneinbringlichkeit der Forderung, Rückgängigmachung der Lieferung oder sonstigen Leistung). [3]Gegebenenfalls ist der Änderungsbetrag mit der jeweiligen Summe der Bemessungsgrundlagen für innergemeinschaftliche Warenlieferungen (§ 18a Abs. 6 UStG), im übrigen Gemeinschaftsgebiet ausgeführte steuerpflichtige sonstige Leistungen im Sinne von § 3a Abs. 2 UStG (vgl. Abschnitt 3a.2), für die der in einem anderen EU-Mitgliedstaat ansässige Leistungsempfänger die Steuer dort schuldet, oder für Lieferungen im Sinne von § 25b Abs. 2 UStG im Rahmen innergemeinschaftlicher Dreiecksgeschäfte zu saldieren, die im maßgeblichen Zeitraum zu melden sind. [4]Der Gesamtbetrag der zu meldenden Bemessungsgrundlagen kann negativ sein.

(2) [1]Der Gesamtbetrag der Bemessungsgrundlagen kann ausnahmsweise auf Grund von Saldierungen 0 € betragen. [2]In diesem Fall ist „0" zu melden.

(3) Von nachträglichen Änderungen der Bemessungsgrundlage sind die Berichtigungen von Angaben zu unterscheiden, die bereits bei ihrer Meldung unrichtig oder unvollständig sind (vgl. Abschnitt 18a.5).

---

[1] A 18a.3 UStAE Abs. 2 eingef., bish. Abs. 2 wird Abs. 3 durch BMF v. 10.12.1021, BStBl. I 2021, 2492; Anwendungsregelung siehe Anlage 8.

18a.5 Berichtigung der Zusammenfassenden Meldung

(1) [1]Eine unrichtige oder unvollständige ZM muss gesondert für den Meldezeitraum berichtigt werden, in dem die unrichtigen oder unvollständigen Angaben erklärt wurden. [2]Wird eine unrichtige oder unvollständige ZM vorsätzlich oder leichtfertig nicht oder nicht rechtzeitig berichtigt, kann dies als Ordnungswidrigkeit mit einer Geldbuße bis zu 5000 € geahndet werden (vgl. § 26a Abs. 2 Nr. 5 UStG). [3]Rechtzeitig ist die Berichtigung, wenn sie innerhalb von einem Monat übermittelt wird (vgl. Abschnitt 18a.1 Abs. 4), nachdem der Unternehmer die Unrichtigkeit oder Unvollständigkeit erkannt hat. [4]Für die Fristwahrung ist der Zeitpunkt des Eingangs der berichtigten ZM beim BZSt maßgeblich.

(2) Eine ZM ist zu berichtigen, soweit der in einem anderen Mitgliedstaat ansässige unternehmerische Leistungsempfänger, der die Steuer dort schuldet, seine USt-IdNr. dem leistenden Unternehmer erst nach dem Bezug einer im übrigen Gemeinschaftsgebiet steuerpflichtigen sonstigen Leistung im Sinne von § 3a Abs. 2 UStG (vgl. Abschnitt 3a.2) mitgeteilt hat, und daher deren Angabe in der ZM für den Meldezeitraum zunächst unterblieben ist.

Zu § 18c UStG

18c.1 Verfahren zur Übermittlung der Meldungen nach der Fahrzeuglieferungs-Meldepflichtverordnung[1)]

(1) [1]Unternehmer im Sinne des § 2 UStG und Fahrzeuglieferer nach § 2a UStG, die neue Fahrzeuge im Sinne des § 1b Abs. 2 und 3 UStG innergemeinschaftlich geliefert haben, müssen bis zum 10. Tag nach Ablauf des Kalendervierteljahres, in dem die Lieferung ausgeführt worden ist (Meldezeitraum), dem BZSt eine Meldung übermitteln, sofern der Abnehmer der Lieferung keine USt-IdNr. eines anderen EU-Mitgliedstaates verwendet. [2]Ist dem Unternehmer die Frist für die Übermittlung der Voranmeldungen um einen Monat verlängert worden (§§ 46 bis 48 UStDV), gilt dies auch für die Übermittlung der Meldung nach der FzgLiefgMeldV.

(2) [1]Unternehmer im Sinne des § 2 UStG übermitteln dem BZSt die Meldung nach amtlich vorgeschriebenem Datensatz durch Datenfernübertragung. [2]Informationen zur elektronischen Übermittlung sind unter den Internet-Adressen www.elster.de oder www.bzst.de abrufbar. [3]Zum Verfahren bei unbilligen Härten gelten die Ausführungen in Abschnitt 18a.1 Abs. 4 Sätze 3 bis 6 sinngemäß.

(3) [1]Fahrzeuglieferer (§ 2a UStG) können die Meldung nach amtlich vorgeschriebenem Datensatz durch Datenfernübertragung übermitteln oder in herkömmlicher Form – auf Papier oder per Telefax – nach amtlich vorgeschriebenem Vordruck abgeben. [2]Informationen sind unter den Internet-Adressen www.elster.de oder www.bzst.de abrufbar.

[1)] FzgLiefgMeldV v. 18.3.2009, BGBl. I 2009, 630.

(4) [1] Für jedes gelieferte Fahrzeug ist ein Datensatz zu übermitteln bzw. ein Vordruck abzugeben. [2] Die Meldung muss folgende Angaben enthalten:

1. den Namen und die Anschrift des Lieferers;
2. die Steuernummer und bei Unternehmern im Sinne des § 2 UStG zusätzlich die USt-IdNr. des Lieferers;
3. den Namen und die Anschrift des Erwerbers;
4. das Datum der Rechnung;
5. den Bestimmungsmitgliedstaat;
6. das Entgelt (Kaufpreis);
7. die Art des Fahrzeugs (Land-, Wasser- oder Luftfahrzeug);
8. den Fahrzeughersteller;
9. den Fahrzeugtyp (Typschlüsselnummer);
10. das Datum der ersten Inbetriebnahme, wenn dieses vor dem Rechnungsdatum liegt;
11. den Kilometerstand (bei motorbetriebenen Landfahrzeugen), die Zahl der bisherigen Betriebsstunden auf dem Wasser (bei Wasserfahrzeugen) oder die Zahl der bisherigen Flugstunden (bei Luftfahrzeugen), wenn diese am Tag der Lieferung über Null liegen, und
12. die Kraftfahrzeug-Identifizierungs-Nummer (bei motorbetriebenen Landfahrzeugen), die Schiffs-Identifikations-Nummer (bei Wasserfahrzeugen) oder die Werknummer (bei Luftfahrzeugen).

(5) [1] Ordnungswidrig im Sinne des § 26a Abs. 2 Nr. 6 UStG handelt, wer eine Meldung nach der FzgLiefgMeldV nicht, nicht richtig, nicht vollständig oder nicht rechtzeitig übermittelt. [2] Die Ordnungswidrigkeit kann mit einer Geldbuße bis zu 5000 € geahndet werden (§ 26a Abs. 3 UStG).

Zu § 18d UStG

18d.1 Zuständigkeit und Verfahren

(1) [1] Die für die Beantwortung von Ersuchen anderer EU-Mitgliedstaaten nach der Verordnung (EU) Nr. 904/2010 (ABl. EU 2010 Nr. L 268 S. 1)[1)] erforderlichen Ermittlungen werden von der Finanzbehörde durchgeführt, die nach § 21 AO auch für eine Umsatzbesteuerung des Vorgangs zuständig ist, auf den sich das Ersuchen bezieht. [2] Wenn diese Behörde nicht festgestellt werden kann, ist die Finanzbehörde zuständig, in deren Bezirk die Ermittlungshandlungen vorzunehmen sind (§ 24 AO).

(2) [1] Die Finanzbehörde kann die Vorlage der Bücher, Aufzeichnungen, Geschäftspapiere und anderer Urkunden an Amtsstelle verlangen. [2] Mit Einverständnis des Vorlagepflichtigen oder wenn die Unterlagen für eine Vorlage an Amtsstelle ungeeignet sind, können die Urkunden auch beim Vorlagepflichtigen eingesehen und geprüft werden.

[1)] **Zölle und Verbrauchsteuern** Nr. **530**.

Zu § 18e UStG

18e.1 Bestätigung einer ausländischen Umsatzsteuer-Identifikationsnummer

(1) [1]Anfragen zur Bestätigung einer ausländischen USt-IdNr. kann jeder Inhaber einer deutschen USt-IdNr. stellen. [2]Anfrageberechtigt ist auch, wer für Zwecke der Umsatzsteuer erfasst ist, aber noch keine USt-IdNr. erhalten hat. [3]In diesem Fall wird die Anfrage gleichzeitig als Antrag auf Erteilung einer USt-IdNr. behandelt.

(2) [1]Unternehmer können einfache und qualifizierte Bestätigungsanfragen schriftlich, über das Internet (www.bzst.de) oder telefonisch an das BZSt – Dienstsitz Saarlouis –, 66738 Saarlouis (Telefon-Nr.: 0228/406-1222), stellen. [2]Bei Anfragen über das Internet besteht neben der Anfrage zu einzelnen USt-IdNrn. auch die Möglichkeit, gleichzeitige Anfragen zu mehreren USt-IdNrn. durchzuführen. [3]Bei Anfragen zu einzelnen USt-IdNrn. ist der Nachweis der durchgeführten qualifizierten Bestätigungsanfrage durch die Aufbewahrung des Ausdrucks oder die Übernahme des vom BZSt übermittelten Ergebnisses in einem allgemein üblichen Format oder als Screenshot in das System des Unternehmens zu führen. [4]Bei der Durchführung gleichzeitiger Anfragen zu mehreren USt-IdNrn. über die vom BZSt zu diesem Zweck angebotene Schnittstelle kann die vom BZSt übermittelte elektronische Antwort in Form eines Datensatzes unmittelbar in das System des Unternehmens eingebunden und ausgewertet werden. [5]In diesen Fällen ist der Nachweis einer durchgeführten qualifizierten Anfrage einer USt-IdNr. über den vom BZSt empfangenen Datensatz zu führen.

(3) [1]Im Rahmen der einfachen Bestätigungsanfrage kann die Gültigkeit einer USt-IdNr., die von einem anderen EU-Mitgliedstaat erteilt wurde, überprüft werden. [2]Die Anfrage muss folgende Angaben enthalten:
- die USt-IdNr. des anfragenden Unternehmers (oder ggf. die Steuernummer, unter der er für Zwecke der Umsatzsteuer geführt wird),
- die USt-IdNr. des Leistungsempfängers, die von einem anderen EU-Mitgliedstaat erteilt wurde.

(4) [1]Im Rahmen der qualifizierten Bestätigungsanfrage werden zusätzlich zu der zu überprüfenden USt-IdNr. der Name und die Anschrift des Inhabers der ausländischen USt-IdNr. überprüft. [2]Das BZSt teilt in diesem Fall detailliert mit, inwieweit die angefragten Angaben von dem EU-Mitgliedstaat, der die USt-IdNr. erteilt hat, als zutreffend gemeldet werden. [3]Die Informationen beziehen sich jeweils auf USt-IdNr./Name/Ort/Postleitzahl/Straße des ausländischen Leistungsempfängers. [4]Anfragen zur Bestätigung mehrerer USt-IdNrn. sind – außer in Fällen des Absatzes 2 Satz 4 – schriftlich zu stellen.

(5) Erfolgt ein Anfrage telefonisch, teilt das BZSt das Ergebnis der Bestätigungsanfrage grundsätzlich schriftlich mit.

(6) *(aufgehoben)*

18e.2 Aufbau der Umsatzsteuer-Identifikationsnummern in den EU-Mitgliedstaaten

Informationen zum Aufbau der USt-IdNrn. in den EU-Mitgliedstaaten sind unter der Internet-Adresse www.bzst.de abrufbar.

18e.3[1)] Bestätigungsverfahren für Betreiber elektronischer Schnittstellen im Sinne von § 25e Abs. 1 UStG

(1) [1]Betreiber elektronischer Schnittstellen im Sinne von § 25e Abs. 1 UStG (Betreiber) haften grundsätzlich nicht für die nicht entrichtete Steuer aus einer Lieferung, die mittels ihrer elektronischen Schnittstelle unterstützt wurde, wenn der liefernde Unternehmer im Zeitpunkt der Lieferung über eine nach § 27a UStG erteilte, gültige USt-IdNr. verfügt. [2]§ 18e Nr. 3 UStG sieht für diese Zwecke vor, dass das BZSt Betreibern die Gültigkeit der ihnen vom liefernden Unternehmer nach § 25e Abs. 2 Satz 1 UStG mitgeteilten deutschen USt-IdNr. sowie den Namen und die Anschrift auf Anfrage bestätigt (qualifizierte Bestätigungsanfrage). [3]Voraussetzung für die Durchführung einer Bestätigungsanfrage nach § 18e Nr. 3 UStG ist, dass der Betreiber im Zeitpunkt der Anfrage im Inland steuerlich erfasst ist und über eine nach § 27a UStG erteilte, gültige USt-IdNr. verfügt. [4]Für die Durchführung von Anfragen zur Bestätigung von deutschen USt-IdNrn. durch Betreiber gilt Abschnitt 18e.1 – außer Absatz 1 Sätze 2 und 3 und Absatz 3 – entsprechend.

(2) [1]Voraussetzung für die Teilnahme am Bestätigungsverfahren nach Absatz 1 ist eine entsprechende Zulassung des Betreibers durch das nach § 21 Abs. 1 Satz 1 oder Satz 2 AO in Verbindung mit der UStZustV zuständige Finanzamt sowie eine ihm vom BZSt nach § 27a UStG erteilte, gültige USt-IdNr. [2]Der Antrag auf Zulassung ist schriftlich oder elektronisch beim zuständigen Finanzamt zu stellen. [3]Der Antrag muss folgende Angaben enthalten:
- den Namen, Vornamen des Unternehmers bzw. den Namen des Unternehmens,
- die vollständige Anschrift,
- das Geburtsdatum – nur bei natürlichen Personen –,
- die Steuernummer,
- die USt-IdNr. – soweit bereits erteilt –,
- die Bezeichnung der betriebenen elektronischen Schnittstelle(n).

[4]Darüber hinaus muss glaubhaft dargelegt werden, dass der Antragsteller die Voraussetzungen des § 25e Abs. 5 und 6 UStG erfüllt. [5]Das heißt, dass der Antragsteller die Lieferung von Gegenständen mittels einer elektronischen Schnittstelle unterstützt (vgl. § 25e Abs. 6 UStG). [6]Das Ergebnis der Prüfung des Antrags wird dem Antragsteller schriftlich mitgeteilt. [7]Soweit die Voraussetzungen für die Teilnahme am Verfahren nach § 18e Nr. 3 UStG zu einem späteren Zeitpunkt nicht mehr vorliegen, ist dies dem zuständigen Finanzamt mitzuteilen.

(3) [1]Soweit eine Organgesellschaft als Betreiber tätig ist, ist der Antrag nach Absatz 2 Sätze 1 und 2 vom Organträger für die Organgesellschaft bei dem für den Organträger zuständigen Finanzamt zu stellen; Abschnitt 2.9 Abs. 6 und 7 gilt entsprechend. [2]Der Antrag des Organträgers muss folgende Angaben enthalten:
- die Steuernummer, unter der der Organkreis im Inland für Zwecke der Umsatzsteuer geführt wird,

---

1) A 18e.3 UStAE angef. durch BMF v. 20.4.2021, BStBl. I 2021, 705, anzuwenden mWv 1.7.2021.

– den Namen und die Anschrift des Organträgers; im Falle der Ansässigkeit des Organträgers im Ausland zusätzlich Name und Anschrift des im Inland gelegenen wirtschaftlich bedeutendsten Unternehmensteils,
– den Namen und die Anschrift der betreffenden Organgesellschaft bzw. im Inland gelegenen Betriebsstätte,
– die der Organgesellschaft vom BZSt nach § 27a Abs. 1 Satz 3 UStG erteilte USt-IdNr. (vgl. Abschnitt 27a.1 Abs. 3) – soweit bereits erteilt –,
– die Steuernummer, unter der die betreffende Organgesellschaft bzw. die im Inland gelegene Betriebsstätte ertragsteuerlich geführt wird,
– das zuständige Finanzamt, bei dem die betreffende Organgesellschaft bzw. die im Inland gelegene Betriebsstätte ertragsteuerlich geführt wird sowie
– die Bezeichnung der betriebenen elektronischen Schnittstelle(n).

3 Absatz 2 Sätze 4 bis 7 gelten entsprechend.

(4) Anträge nach den Absätzen 2 und 3 können ab dem 1. Mai 2021 gestellt werden.

Zu § 18f UStG

18f.1 Sicherheitsleistung

(1) 1 Das Finanzamt kann im Einvernehmen mit dem Unternehmer die nach § 168 Satz 2 AO erforderliche Zustimmung von einer Sicherheitsleistung abhängig machen, wenn Zweifel an der Richtigkeit der eingereichten Steueranmeldung bestehen. 2 Die Regelung gibt dem Finanzamt die Möglichkeit, trotz Prüfungsbedürftigkeit des geltend gemachten Erstattungsanspruchs die Zustimmung nach § 168 Satz 2 AO zu erteilen, wenn der Unternehmer eine Sicherheit leistet.

(2) 1 Die Regelung kann angewendet werden für Voranmeldungen (§ 18 Abs. 1 UStG) und Umsatzsteuererklärungen für das Kalenderjahr (§ 18 Abs. 3 UStG), wenn sie zu einer Erstattung angemeldeter Vorsteuerbeträge oder zu einer Herabsetzung der bisher zu entrichtenden Umsatzsteuer (§ 168 Satz 2 AO) führen, und auf Fälle, in denen die Finanzverwaltung von der Voranmeldung oder der Umsatzsteuererklärung für das Kalenderjahr des Unternehmers abweicht und dies zu einer Erstattung führt (§ 167 Abs. 1 Satz 1 AO). 2 Die Zustimmung wird erst mit der Stellung der Sicherheitsleistung wirksam (aufschiebende Bedingung).

(3) 1 Die Entscheidung des Finanzamtes, die Zustimmung nach § 168 Satz 2 AO gegen Stellung einer Sicherheitsleistung zu erteilen, ist eine Ermessensentscheidung, die dem Grundsatz der Verhältnismäßigkeit unterliegt. 2 In Fällen, in denen die bestehenden Zweifel mit einer Umsatzsteuer-Nachschau oder einer Umsatzsteuer-Sonderprüfung kurzfristig ausgeräumt werden können, ist eine Sicherheitsleistung grundsätzlich nicht angezeigt. 3 Die Vorschrift ist daher regelmäßig nur in Fällen anzuwenden, in denen die erforderliche Prüfung der Rechtmäßigkeit der geltend gemachten Erstattungsbeträge wegen der besonderen Schwierigkeiten des zu beurteilenden Sachverhalts voraussichtlich länger als sechs Wochen in Anspruch nimmt. 4 Die Anwendung der Regelung darf nicht zu einer Verzögerung bei der Prüfung des Erstattungsanspruchs führen.

(4) [1] Art und Inhalt der Sicherheitsleistung richten sich nach den §§ 241 bis 248 AO. [2] Wegen der einfacheren Handhabung soll der Bankbürgschaft eines allgemein als Steuerbürgen zugelassenen Kreditinstitutes (§ 244 Abs. 2 AO) in der Regel der Vorzug gegeben werden.

(5) [1] Die Sicherheitsleistung muss nicht zwingend in voller Höhe des zu sichernden Steueranspruchs erbracht werden. [2] Bei der Festlegung der Höhe der Sicherheitsleistung sind sowohl das Ausfallrisiko zu Lasten des Fiskus als auch die Liquidität des Unternehmers zu berücksichtigen. [3] Hinsichtlich der Einzelheiten zum Verfahren wird auf den Anwendungserlass zu den §§ 241 bis 248 AO[1] hingewiesen.

(6) Die Sicherheitsleistung ist unverzüglich zurückzugeben, wenn der zu sichernde Anspruch aus dem Steuerschuldverhältnis erloschen ist.

Zu § 18g UStG

18g.1 Vorsteuer-Vergütungsverfahren in einem anderen Mitgliedstaat für im Inland ansässige Unternehmer

Antragstellung

(1) [1] Ein im Inland ansässiger Unternehmer, dem in einem anderen Mitgliedstaat von einem Unternehmer Umsatzsteuer in Rechnung gestellt worden ist, kann über das BZSt bei der zuständigen Behörde dieses Mitgliedstaates einen Antrag auf Vergütung dieser Steuer stellen. [2] Beantragt der Unternehmer die Vergütung für mehrere Mitgliedstaaten, ist für jeden Mitgliedstaat ein gesonderter Antrag zu stellen.

(2) [1] Anträge auf Vergütung von Vorsteuerbeträgen in einem anderen Mitgliedstaat sind nach amtlich vorgeschriebenem Datensatz durch Datenfernübertragung dem BZSt zu übermitteln (§ 18g UStG). [2] Informationen zur elektronischen Übermittlung sind auf den Internetseiten des BZSt (www.bzst.de) abrufbar. [3] Der Antragsteller muss authentifiziert sein. [4] In dem Vergütungsantrag ist die Steuer für den Vergütungszeitraum zu berechnen.

(3) [1] Der Vergütungsantrag ist bis zum 30.9. des auf das Jahr der Ausstellung der Rechnung folgenden Kalenderjahres zu stellen. [2] Für die Einhaltung der Frist nach Satz 1 genügt der rechtzeitige Eingang des Vergütungsantrags beim BZSt. [3] Der Vergütungsbetrag muss mindestens 50 € betragen oder einem entsprechend in Landeswährung umgerechneten Betrag entsprechen. [4] Der Unternehmer kann auch einen Antrag für einen Zeitraum von mindestens drei Monaten stellen, wenn der Vergütungsbetrag mindestens 400 € beträgt oder einem entsprechend in Landeswährung umgerechneten Betrag entspricht.

(4)[2] Der Unternehmer hat in dem Vergütungsantrag Folgendes anzugeben:
– den Mitgliedstaat der Erstattung;
– Name und vollständige Anschrift des Unternehmers;
– eine Adresse für die elektronische Kommunikation;

[1] Nr. **800**.
[2] A 18g.1 UStAE Abs. 4 6. Spiegelstrich neugef. durch BMF v. 1.4.2021, BStBl. I 2021, 629, anzuwenden mWv 1.7.2021.

– eine Beschreibung der Geschäftstätigkeit des Unternehmers, für die die Gegenstände bzw. Dienstleistungen erworben wurden, auf die sich der Antrag bezieht;
– den Vergütungszeitraum, auf den sich der Antrag bezieht;
– [1]eine Erklärung des Unternehmers, dass er während des Vergütungszeitraums im EU-Mitgliedstaat der Erstattung keine Lieferungen von Gegenständen bewirkt und Dienstleistungen erbracht hat, mit Ausnahme
  a) bestimmter steuerfreier Beförderungsleistungen (vgl. § 4 Nr. 3 UStG),
  b) von Umsätzen, für die ausschließlich der Leistungsempfänger die Steuer schuldet,
  c) von innergemeinschaftlichen Erwerben und daran anschließenden Lieferungen im Sinne des § 25b Abs. 2 UStG,
  d) von vor dem 1.7.2021 erbrachten Umsätzen im Sinne des § 3a Abs. 5 UStG, sofern er von dem Wahlrecht nach § 18h Abs. 1 UStG Gebrauch gemacht hat oder von nach dem 30.6.2021 erbrachten Lieferungen im Sinne des § 3 Abs. 3a Satz 1 UStG innerhalb eines EU-Mitgliedstaates, innergemeinschaftlichen Fernverkäufen im Sinne des § 3c Abs. 1 Satz 2 und 3 UStG sowie sonstigen Leistungen an Nichtunternehmer (siehe Abschnitt 3a.1 Abs. 1), sofern er von dem Wahlrecht nach § 18j Abs. 1 UStG Gebrauch gemacht hat (vgl. Abschnitt 18j.1),
  e) von Fernverkäufen im Sinne des § 3 Abs. 3a Satz 2 und § 3c Abs. 2 und 3 UStG, sofern er von dem Wahlrecht nach § 18k Abs. 1 UStG Gebrauch gemacht hat (vgl. Abschnitt 18k.1).

  [2]Liegt eine Ausnahme nach den Buchstaben d oder e vor, beanstandet es der EU-Mitgliedstaat der Erstattung nicht, wenn der Unternehmer in dem Vergütungsantrag bestätigt, im EU-Mitgliedstaat der Erstattung keine Lieferungen von Gegenständen bewirkt und keine Dienstleistungen erbracht zu haben;
– die USt-IdNr. oder StNr. des Unternehmers;
– seine Bankverbindung (inklusive IBAN und BIC).

(5) Neben diesen Angaben sind in dem Vergütungsantrag für jeden Mitgliedstaat der Erstattung und für jede Rechnung oder jedes Einfuhrdokument folgende Angaben zu machen:
– Name und vollständige Anschrift des Lieferers oder Dienstleistungserbringers;
– außer im Falle der Einfuhr die USt-IdNr. des Lieferers oder Dienstleistungserbringers oder die ihm vom Mitgliedstaat der Erstattung zugeteilte Steuerregisternummer;
– außer im Falle der Einfuhr das Präfix des Mitgliedstaats der Erstattung;
– Datum und Nummer der Rechnung oder des Einfuhrdokuments (vgl. EuGH-Urteil vom 17.12.2020, C-346/19, Bundeszentralamt für Steuern);[1)]
– Bemessungsgrundlage und Steuerbetrag in der Währung des Mitgliedstaats der Erstattung;

---

1) DStR 2021, 26.

– Betrag der abziehbaren Steuer in der Währung des Mitgliedstaats der Erstattung;
– ggf. einen (in bestimmten Branchen anzuwendenden) Pro-rata-Satz;
– Art der erworbenen Gegenstände und Dienstleistungen aufgeschlüsselt nach Kennziffern:
  1 Kraftstoff;
  2 Vermietung von Beförderungsmitteln;
  3 Ausgaben für Transportmittel (andere als unter Kennziffer 1 oder 2 beschriebene Gegenstände und Dienstleistungen);
  4 Maut und Straßenbenutzungsgebühren;
  5 Fahrtkosten wie Taxikosten, Kosten für die Benutzung öffentlicher Verkehrsmittel;
  6 Beherbergung;
  7 Speisen, Getränke und Restaurantdienstleistungen;
  8 Eintrittsgelder für Messen und Ausstellungen;
  9 Luxusausgaben, Ausgaben für Vergnügungen und Repräsentationsaufwendungen;
  10 [1]Sonstiges. [2]Hierbei ist die Art der gelieferten Gegenstände bzw. erbrachten Dienstleistungen anzugeben.
– Soweit es der Mitgliedstaat der Erstattung vorsieht, hat der Unternehmer zusätzliche elektronisch verschlüsselte Angaben zu jeder Kennziffer zu machen, soweit dies auf Grund von Einschränkungen des Vorsteuerabzugs im Mitgliedstaat der Erstattung erforderlich ist.

(6) [1]Beträgt die Bemessungsgrundlage in der Rechnung oder dem Einfuhrdokument mindestens 1000 € (bei Rechnungen über Kraftstoffe mindestens 250 €), hat der Unternehmer – elektronische – Kopien der Rechnungen oder der Einfuhrdokumente dem Vergütungsantrag beizufügen, wenn der Mitgliedstaat der Erstattung dies vorsieht. [2]Die Dateianhänge zu dem Vergütungsantrag dürfen aus technischen Gründen die Größe von 5 MB nicht überschreiten.

(7) Der Unternehmer hat in dem Antrag eine Beschreibung seiner unternehmerischen Tätigkeit anhand des harmonisierten Codes vorzunehmen, wenn der Mitgliedstaat der Erstattung dies vorsieht.

(8) [1]Der Mitgliedstaat der Erstattung kann zusätzliche Angaben in dem Vergütungsantrag verlangen. [2]Informationen über die Antragsvoraussetzungen der einzelnen Mitgliedstaaten sind auf den Internetseiten des BZSt (www.bzst.de) abrufbar.

Prüfung der Zulässigkeit durch das BZSt

(9) [1]Die dem BZSt elektronisch übermittelten Anträge werden vom BZSt als für das Vorsteuer-Vergütungsverfahren zuständige Behörde auf ihre Zulässigkeit vorgeprüft. [2]Dabei hat das BZSt ausschließlich festzustellen, ob
– die vom Unternehmer angegebene USt-IdNr. bzw. StNr. zutreffend und ihm zuzuordnen ist und
– der Unternehmer ein zum Vorsteuerabzug berechtigter Unternehmer ist.

Weiterleitung an den Mitgliedstaat der Erstattung

(10) [1]Stellt das BZSt nach Durchführung der Vorprüfung fest, dass der Antrag insoweit zulässig ist (vgl. Absatz 9), leitet es diesen an den Mitgliedstaat

der Erstattung über eine elektronische Schnittstelle weiter. [2]Mit der Weitergabe des Antrags bestätigt das BZSt, dass
– die vom Unternehmer angegebene USt-IdNr. bzw. StNr. zutreffend ist und
– der Unternehmer ein zum Vorsteuerabzug berechtigter Unternehmer ist.

(11) Die Weiterleitung an den Mitgliedstaat der Erstattung hat innerhalb von 15 Tagen nach Eingang des Antrags zu erfolgen.

Übermittlung einer Empfangsbestätigung

(12) Das BZSt hat dem Antragsteller eine elektronische Empfangsbestätigung über den Eingang des Antrags zu übermitteln.

Zu § 18h UStG

18h.1[1)] Besteuerungsverfahren für im Inland ansässige Unternehmer, die vor dem 1.7.2021 sonstige Leistungen nach § 3a Abs. 5 UStG im übrigen Gemeinschaftsgebiet erbringen

(1)[1)] [1]Im Inland ansässige Unternehmer, die vor dem 1.7.2021 in einem anderen EU-Mitgliedstaat Telekommunikationsdienstleistungen, Rundfunk- und Fernsehdienstleistungen und/oder sonstige Leistungen auf elektronischem Weg an in diesem EU-Mitgliedstaat ansässige Nichtunternehmer (siehe Abschnitt 3a.1 Abs. 1) erbringen (§ 3a Abs. 5 UStG), für die sie dort die Umsatzsteuer schulden und Umsatzsteuererklärungen abzugeben haben, können sich dafür entscheiden, an dem besonderen Besteuerungsverfahren nach Titel XII Kapitel 6 Abschnitt 3 der MwStSystRL in der Fassung von Artikel 5 Nummer 15 der Richtlinie 2008/8/EG des Rates vom 12.2.2008 zur Änderung der Richtlinie 2006/112/EG bezüglich des Ortes der Dienstleistung (ABl. EU 2008 Nr. L 44 S. 11)[2)] teilzunehmen (sog. Mini-One-Stop-Shop bzw. kleine einzige Anlaufstelle). [2]Dies gilt auch für Kleinunternehmer im Sinne des § 19 UStG. [3]Im Fall der umsatzsteuerlichen Organschaft kann das Wahlrecht nach Satz 1 nur durch den Organträger ausgeübt werden. [4]Die Teilnahme an dem besonderen Besteuerungsverfahren ist nur einheitlich für alle EU-Mitgliedstaaten möglich, in denen der Unternehmer bzw. im Fall der umsatzsteuerlichen Organschaft der Organkreis keine Betriebsstätte (Abschnitt 3a.1 Abs. 3) hat. [5]Macht ein Unternehmer von dem Wahlrecht nach Satz 1 Gebrauch, muss er dies dem BZSt vorbehaltlich des Satzes 6 vor Beginn des Besteuerungszeitraums, ab dessen Beginn er von dem besonderen Besteuerungsverfahren Gebrauch macht, nach amtlich vorgeschriebenem Datensatz durch Datenfernübertragung anzeigen. [6]Erbringt der Unternehmer erstmals Leistungen im Sinne des Satzes 1, gilt das besondere Besteuerungsverfahren nach Satz 1 ab dem Tag der ersten Leistungserbringung, wenn die Anzeige nach Satz 5 gegenüber dem BZSt bis zum 10. Tag des auf die erste Leistungserbringung folgenden Monats erfolgt. [7]Ändern sich die Angaben der Anzeige nach Satz 5, hat der Unternehmer dem BZSt die Änderungen bis zum 10. Tag des auf den Eintritt der Änderungen folgenden Monats

---

1) A 18h.1 UStAE Überschrift und Abs. 1 Satz 1 neugef. durch BMF v. 1.4.2021, BStBl. I 2021, 629, anzuwenden mWv 1.7.2021.

2) **Steuergesetze** Nr. **550**.

auf elektronischem Weg mitzuteilen; Änderungen des Firmennamens und der Anschrift sind jedoch ausschließlich dem zuständigen Finanzamt zu melden.

(2) [1]Der Unternehmer hat für jeden Besteuerungszeitraum (= Kalendervierteljahr) bis zum 20. Tag nach Ablauf jedes Besteuerungszeitraums eine Umsatzsteuererklärung für jeden EU-Mitgliedstaat, in dem er das besondere Besteuerungsverfahren anwendet (vgl. Absatz 1 Satz 2), nach amtlich vorgeschriebenem Datensatz durch Datenfernübertragung dem BZSt zu übermitteln; dies gilt unabhängig davon, ob Leistungen nach Absatz 1 Satz 1 erbracht wurden oder nicht. [2]Der Unternehmer hat die Steuer selbst zu berechnen. [3]Informationen zur elektronischen Übermittlung sind auf den Internetseiten des BZSt (www.bzst.de) abrufbar. [4]Der Datenübermittler muss authentifiziert sein. [5]Die Steuer ist spätestens am 20. Tag nach Ende des Besteuerungszeitraums an das BZSt zu entrichten.

(3) [1]Die Beträge in der Umsatzsteuererklärung sind in Euro anzugeben; es sei denn, der EU-Mitgliedstaat, in dessen Gebiet der Leistungsort liegt, sieht die Angabe der Beträge in seiner Landeswährung vor. [2]In den Fällen der Angabe der Beträge in einer vom Euro abweichenden Landeswährung muss der Unternehmer bei der Umrechnung von Werten in die fremde Währung einheitlich den von der Europäischen Zentralbank festgestellten Umrechnungskurs des letzten Tags des Besteuerungszeitraums bzw., falls für diesen Tag kein Umrechnungskurs festgelegt wurde, den für den nächsten Tag nach Ablauf des Besteuerungszeitraums festgelegten Umrechnungskurs anwenden. [3]Die Anwendung eines monatlichen Durchschnittskurses ist ausgeschlossen.

(4) [1]Der Unternehmer hat dem BZSt bis zum 10. Tag des auf den Eintritt der Änderung folgenden Monats auf elektronischem Weg mitzuteilen, wenn er keine Telekommunikationsdienstleistungen, Rundfunk- und Fernsehdienstleistungen und/oder sonstige Leistungen auf elektronischem Weg mehr erbringt oder wenn andere Änderungen vorliegen, durch die er die Voraussetzungen für die Anwendung des besonderen Besteuerungsverfahrens nicht mehr erfüllt. [2]Das BZSt stellt durch Verwaltungsakt fest, wenn der Unternehmer nicht oder nicht mehr die Voraussetzungen für die Anwendung des besonderen Besteuerungsverfahrens erfüllt.

(5) [1]Der Unternehmer kann die Ausübung des Wahlrechts nach Absatz 1 Satz 1 gegenüber dem BZSt nach amtlich vorgeschriebenem Datensatz auf elektronischem Weg widerrufen. [2]Ein Widerruf ist nur bis zum Beginn eines neuen Besteuerungszeitraums mit Wirkung ab diesem Zeitraum möglich (§ 18h Abs. 1 Sätze 4 und 5 UStG).

(6) [1]Das BZSt kann den Unternehmer von dem besonderen Besteuerungsverfahren ausschließen, wenn er seinen Verpflichtungen nach Absatz 2 oder den von ihm in einem anderen EU-Mitgliedstaat zu erfüllenden Aufzeichnungspflichten entsprechend Artikel 369k MwStSystRL[1)] und Abschnitt 22.3a Abs. 3 und 4 in diesem Verfahren wiederholt nicht oder nicht rechtzeitig

---

[1)] **Steuergesetze** Nr. **550.**

nachkommt; zum Vorliegen eines wiederholten Verstoßes gegen die Verpflichtungen oder Aufzeichnungspflichten vgl. Abschnitt 18.7a Abs. 6 Satz 2. [2]Der Ausschluss gilt ab dem Besteuerungszeitraum, der nach dem Zeitpunkt der Bekanntgabe des Ausschlusses gegenüber dem Unternehmer beginnt. [3]Die Gültigkeit des Ausschlusses endet nicht vor Ablauf von acht Besteuerungszeiträumen, die dem Zeitpunkt der Bekanntgabe des Ausschlusses gegenüber dem Unternehmer folgen (Artikel 58b Abs. 1 MwStVO).[1)]

(7)[2)] [1]Im Inland ansässige Unternehmer, die vor dem 1.7.2021 in einem anderen EU-Mitgliedstaat ausschließlich Telekommunikationsdienstleistungen, Rundfunk- und Fernsehdienstleistungen und/oder sonstige Leistungen auf elektronischem Weg an in diesem EU-Mitgliedstaat ansässige Nichtunternehmer (siehe Abschnitt 3a.1 Abs. 1) erbringen (§ 3a Abs. 5 UStG), für die sie dort die Umsatzsteuer schulden und Umsatzsteuererklärungen abzugeben haben, und von dem Wahlrecht nach § 18h Abs. 1 UStG Gebrauch machen, können Vorsteuerbeträge in dem anderen EU-Mitgliedstaat nur im Rahmen des Vorsteuer-Vergütungsverfahrens entsprechend der Richtlinie 2008/9/EG des Rates vom 12.2.2008 zur Regelung der Erstattung der Mehrwertsteuer gemäß der Richtlinie 2006/112/EG an nicht im Mitgliedstaat der Erstattung, sondern in einem anderen Mitgliedstaat ansässige Steuerpflichtige (ABl. EU 2008 Nr. L 44 S. 23) geltend machen (vgl. § 18g UStG und Abschnitt 18g.1). [2]Erbringen im Inland ansässige Unternehmer, die von dem Wahlrecht nach § 18h Abs. 1 UStG Gebrauch machen, vor dem 1.7.2021 in einem anderen EU-Mitgliedstaat noch andere Umsätze, für die sie dort die Umsatzsteuer schulden und Umsatzsteuererklärungen abzugeben haben, können die Vorsteuerbeträge in dem anderen EU-Mitgliedstaat insgesamt nur im allgemeinen Besteuerungsverfahren (Artikel 250 bis 261 MwStSystRL)[3)] bei der zuständigen Stelle in dem anderen EU-Mitgliedstaat geltend gemacht werden.

(8) [1]Ein im Inland ansässiger Unternehmer ist ein Unternehmer, der im Inland seinen Sitz oder seine Geschäftsleitung hat oder, für den Fall, dass er im Drittlandsgebiet ansässig ist, im Inland eine Betriebsstätte (Abschnitt 3a.1 Abs. 3) hat (§ 18h Abs. 5 UStG). [2]Hat ein im Drittlandsgebiet ansässiger Unternehmer in mehreren EU-Mitgliedstaaten Betriebsstätten, kann er selbst entscheiden, in welchem EU-Mitgliedstaat er sich für Zwecke des besonderen Besteuerungsverfahrens erfassen lassen möchte. [3]Der Unternehmer ist in den Fällen des Satzes 2 an seine Entscheidung für das betreffende Kalenderjahr und die beiden darauf folgenden Kalenderjahre gebunden (vgl. Artikel 369a Abs. 2 MwStSystRL).[3)]

(9) Auf das besondere Besteuerungsverfahren sind, soweit es vom BZSt durchgeführt wird, die §§ 30, 80, 87a, 118 bis 133 und 347 bis 368 AO sowie die FGO anzuwenden.

[1)] **Steuergesetze** Nr. **550a**.

[2)] A 18h.1 UStAE Abs. 7 neugef. durch BMF v. 1.4.2021, BStBl. I 2021, 629, anzuwenden mWv 1.7.2021.

[3)] **Steuergesetze** Nr. **550**.

(10)[1] Hinsichtlich des besonderen Besteuerungsverfahrens für nach dem 30.6.2021 von im Gemeinschaftsgebiet, nicht aber im Mitgliedstaat des Verbrauchs ansässigen Unternehmern erbrachte sonstige Leistungen vgl. Abschnitt 18j.1.

Zu § 18i UStG

18i.1[2] Besonderes Besteuerungsverfahren für von nicht im Gemeinschaftsgebiet ansässigen Unternehmern erbrachte sonstige Leistungen

(1) [1]Ein nicht im Gemeinschaftsgebiet ansässiger Unternehmer, der im Gemeinschaftsgebiet nach dem 30.6.2021 als Steuerschuldner sonstige Leistungen an Nichtunternehmer (siehe Abschnitt 3a.1 Abs. 1) erbringt, kann sich unter bestimmten Bedingungen dafür entscheiden, nur in einem EU-Mitgliedstaat erfasst zu werden und an dem besonderen Besteuerungsverfahren nach § 18i UStG teilzunehmen (sog. One-Stop-Shop – Nicht-EU-Regelung). [2]Eine Teilnahme an diesem besonderen Besteuerungsverfahren ist dem Unternehmer nur einheitlich für alle EU-Mitgliedstaaten und alle Leistungen nach Satz 1 möglich. [3]Macht ein Unternehmer von dem Wahlrecht nach Satz 1 Gebrauch, muss er dies der zuständigen Finanzbehörde eines EU-Mitgliedstaates vorbehaltlich des Satzes 5 vor Beginn des Besteuerungszeitraums (§ 16 Abs. 1c Satz 1 UStG), ab dessen Beginn er von diesem besonderen Besteuerungsverfahren Gebrauch macht, nach amtlich vorgeschriebenem Datensatz durch Datenfernübertragung anzeigen. [4]Entscheidet sich der Unternehmer dafür, sich nur in Deutschland erfassen zu lassen, hat die Anzeige nach Satz 3 gegenüber dem BZSt zu erfolgen. [5]Erbringt der Unternehmer erstmals Leistungen im Sinne des Satzes 1, gilt das besondere Besteuerungsverfahren ab dem Tag der ersten Leistungserbringung, wenn die Anzeige nach Satz 3 gegenüber der zuständigen Finanzbehörde eines EU-Mitgliedstaates bis zum 10. Tag des auf die erste Leistungserbringung folgenden Monats erfolgt. [6]Ändern sich die Angaben der Anzeige nach Satz 3, hat der Unternehmer der zuständigen Finanzbehörde des EU-Mitgliedstaates, bei der er die Teilnahme an dem besonderen Besteuerungsverfahren angezeigt hat, die Änderungen bis zum 10. Tag des auf den Eintritt der Änderungen folgenden Monats auf elektronischem Weg mitzuteilen.

(2) [1]Der Unternehmer hat für jeden Besteuerungszeitraum (= Kalendervierteljahr; § 16 Abs. 1c Satz 1 UStG) eine Umsatzsteuererklärung innerhalb eines Monats nach Ablauf des Besteuerungszeitraums der Finanzbehörde, bei der er die Teilnahme an dem besonderen Besteuerungsverfahren angezeigt hat, elektronisch zu übermitteln; dies gilt auch, wenn keine Leistungen nach Absatz 1 Satz 1 erbracht wurden. [2]Hierbei hat er die auf den jeweiligen EU-Mitgliedstaat entfallenden Umsätze zu trennen und dem im betreffenden

[1] A 18h.1 UStAE Abs. 10 angef. durch BMF v. 1.4.2021, BStBl. I 2021, 629, anzuwenden mWv 1.7.2021.

[2] A 18i.1 UStAE eingef. durch BMF v. 1.4.2021, BStBl. I 2021, 629, Abs. 1 u. 6 anzuwenden mWv 1.4.2021, Abs. 2 bis 5, 7 bis 9 anzuwenden mWv 1.7.2021.

EU-Mitgliedstaat geltenden Steuersatz zu unterwerfen. [3]Der Unternehmer hat die Steuer selbst zu berechnen (§ 18i Abs. 3 Satz 2 in Verbindung mit § 16 Abs. 1c Satz 2 oder 3 UStG). [4]Für den Fall, dass der Unternehmer sich entschieden hat, sich nur in Deutschland erfassen zu lassen, sind Informationen zur elektronischen Übermittlung auf den Internetseiten des BZSt (www.bzst.de) abrufbar; der Datenübermittler muss authentifiziert sein. [5]Die Steuer ist am letzten Tag des auf den Besteuerungszeitraum folgenden Monats fällig und bis dahin an die Finanzbehörde zu entrichten, bei der der Unternehmer die Teilnahme an dem besonderen Besteuerungsverfahren angezeigt hat (§ 18i Abs. 3 Satz 3 UStG). [6]Soweit der Unternehmer im Inland Leistungen nach Absatz 1 Satz 1 erbringt und an dem besonderen Besteuerungsverfahren teilnimmt, ist das allgemeine Besteuerungsverfahren (§ 18 Abs. 1 bis 4 UStG) nicht anzuwenden; das allgemeine und das besondere Besteuerungsverfahren schließen sich im Übrigen jedoch gegenseitig nicht aus. [7]Berichtigungen einer Umsatzsteuererklärung, die innerhalb von drei Jahren nach dem letzten Tag des Zeitraums nach Satz 1 vorgenommen werden, sind mit einer späteren Umsatzsteuererklärung unter Angabe des zu berichtigenden Besteuerungszeitraums anzuzeigen. [8]Hinsichtlich der im Inland steuerbaren Umsätze bleiben die allgemeinen Änderungsvorschriften der AO nach dem Drei-Jahres-Zeitraum nach Satz 7 unberührt; entsprechende Änderungen sind vorbehaltlich einer abweichenden Zuständigkeitsvereinbarung (§ 27 AO) bei dem nach § 21 Abs. 1 Satz 2 AO in Verbindung mit der UStZustV zuständigen Finanzamt zu beantragen.

(3) [1]Die Umsatzsteuererklärung nach Absatz 2 Satz 1, die der Unternehmer der zuständigen Finanzbehörde eines anderen EU-Mitgliedstaates übermittelt hat, ist ab dem Zeitpunkt eine Steueranmeldung im Sinne des § 150 Abs. 1 Satz 3 und § 168 AO, zu dem die in ihr enthaltenen Daten von der zuständigen Finanzbehörde des anderen EU-Mitgliedstaates dem BZSt übermittelt und dort in bearbeitbarer Weise aufgezeichnet wurden; dies gilt entsprechend für die Berichtigung einer Umsatzsteuererklärung nach Absatz 2 Satz 7. [2]Die Umsatzsteuererklärung nach Satz 1 gilt als fristgemäß übermittelt, wenn sie bis zum letzten Tag des auf den Besteuerungszeitraum folgenden Monats der zuständigen Finanzbehörde des anderen EU-Mitgliedstaates übermittelt worden ist und dort in bearbeitbarer Weise aufgezeichnet wurde (§ 18i Abs. 4 Satz 3 UStG). [3]Die Entrichtung der Steuer erfolgt im Falle der Umsatzsteuererklärung nach Satz 1 fristgemäß, wenn die Zahlung bis zum letzten Tag des auf den Besteuerungszeitraum folgenden Monats bei der zuständigen Finanzbehörde des anderen EU-Mitgliedstaates eingegangen ist (§ 18i Abs. 4 Satz 4 UStG). [4]§ 240 AO ist in diesen Fällen mit der Maßgabe anzuwenden, dass eine Säumnis frühestens mit Ablauf des 10. Tages nach Ablauf des zweiten auf den Besteuerungszeitraum folgenden Monats eintritt (§ 18i Abs. 4 Satz 5 UStG).

(4) [1]Die Beträge in der Umsatzsteuererklärung sind in Euro anzugeben; es sei denn, der EU-Mitgliedstaat, in dessen Gebiet der Leistungsort liegt, sieht die Angabe der Beträge in seiner Landeswährung vor. [2]In den Fällen der Angabe der Beträge in einer vom Euro abweichenden Landeswährung muss der Unternehmer bei der Umrechnung von Werten in diese Währung einheitlich den von der Europäischen Zentralbank festgestellten Umrech-

nungskurs des letzten Tags des Besteuerungszeitraums bzw., falls für diesen Tag kein Umrechnungskurs festgelegt wurde, den für den nächsten Tag nach Ablauf des Besteuerungszeitraums festgelegten Umrechnungskurs anwenden (§ 16 Abs. 6 Sätze 4 und 5 UStG). [3]Die Anwendung eines monatlichen Durchschnittskurses ist entsprechend § 16 Abs. 6 Sätze 1 und 2 UStG ausgeschlossen.

(5) [1]Der Unternehmer hat der Finanzbehörde, bei der er die Teilnahme an dem besonderen Besteuerungsverfahren angezeigt hat, bis zum 10. Tag des auf den Eintritt der Änderung folgenden Monats auf elektronischem Weg mitzuteilen, wenn er keine Leistungen im Sinne des Absatzes 1 Satz 1 mehr erbringt oder wenn andere Änderungen vorliegen, durch die er die Voraussetzungen für die Anwendung des besonderen Besteuerungsverfahrens nach § 18i UStG nicht mehr erfüllt. [2]Hat der Unternehmer die Teilnahme an dem besonderen Besteuerungsverfahren in Deutschland angezeigt, stellt das BZSt durch Verwaltungsakt fest, wenn der Unternehmer nicht oder nicht mehr die Voraussetzungen für die Anwendung des Besteuerungsverfahrens nach § 18i UStG erfüllt.

(6) [1]Der Unternehmer kann die Ausübung des Wahlrechts nach Absatz 1 Satz 1 auf elektronischem Weg widerrufen. [2]Ein Widerruf ist nur vor Beginn eines neuen Besteuerungszeitraums mit Wirkung ab diesem Zeitraum möglich (§ 18i Abs. 1 Sätze 5 und 6 UStG).

(7) [1]Die Finanzbehörde, bei der der Unternehmer die Teilnahme an dem besonderen Besteuerungsverfahren angezeigt hat, kann den Unternehmer von dem Besteuerungsverfahren nach § 18i UStG ausschließen, wenn er seinen Verpflichtungen nach § 18i Abs. 3 oder § 22 Abs. 1 UStG (Abschnitt 22.3a Abs. 3a und 4) oder den von ihm in einem anderen EU-Mitgliedstaat zu erfüllenden Aufzeichnungspflichten entsprechend Artikel 369 MwStSystRL[1)] in diesem Verfahren wiederholt nicht oder nicht rechtzeitig nachkommt. [2]Von einem wiederholten Verstoß gegen die Verpflichtungen nach Satz 1 ist insbesondere dann auszugehen, wenn

1. der Unternehmer für drei unmittelbar vorangegangene Besteuerungszeiträume an die Übermittlung der Umsatzsteuererklärung erinnert wurde und er die Umsatzsteuererklärung für jeden dieser Besteuerungszeiträume nicht bis zum 10. Tag nach der Erinnerung übermittelt hat,
2. der Unternehmer für drei unmittelbar vorangegangene Besteuerungszeiträume an die Zahlung der Steuer erinnert wurde und er den Gesamtbetrag der Steuer nicht für jeden dieser Besteuerungszeiträume bis zum 10. Tag nach der Zahlungserinnerung entrichtet hat, es sei denn, der rückständige Betrag beträgt weniger als 100 € für jeden dieser Besteuerungszeiträume, oder
3. der Unternehmer nach einer Aufforderung zur elektronischen Zurverfügungstellung seiner Aufzeichnungen (§ 22 Abs. 1 UStG und Abschnitt 22.3a Abs. 3a und 4 oder Artikel 369 MwStSystRL) und einer nachfolgenden Erinnerung die angeforderten Aufzeichnungen nicht innerhalb eines Monats nach Erteilung der Erinnerung elektronisch zur Verfügung gestellt hat.

---

1) **Steuergesetze** Nr. **550**.

[3]Ein Ausschluss kann auch erfolgen, wenn der Unternehmer über einen Zeitraum von zwei Jahren keine Umsätze nach Absatz 1 Satz 1 erbracht hat (vgl. Artikel 58a MwStVO).[1)] [4]Der Ausschluss gilt ab dem Besteuerungszeitraum, der nach dem Zeitpunkt der Bekanntgabe des Ausschlusses gegenüber dem Unternehmer beginnt; ist der Ausschluss jedoch auf eine Änderung des Ortes des Sitzes oder der Betriebsstätte zurückzuführen, ist der Ausschluss ab dem Tag dieser Änderung wirksam. [5]Der Ausschluss wegen eines wiederholten Verstoßes gegen die in Satz 1 genannten Verpflichtungen hat auch den Ausschluss von den besonderen Besteuerungsverfahren nach den §§ 18j und 18k UStG zur Folge. [6]Die Gültigkeit des Ausschlusses wegen eines wiederholten Verstoßes gegen die in Satz 1 genannten Verpflichtungen endet nicht vor Ablauf von zwei Jahren, die auf den Besteuerungszeitraum folgen, in dem der Ausschluss gegenüber dem Unternehmer bekannt gegeben wurde; innerhalb dieses Zeitraums ist auch die erstmalige oder erneute Teilnahme an den besonderen Besteuerungsverfahren nach den §§ 18i, 18j und 18k UStG nicht zulässig.

(8) [1]Ein nicht im Gemeinschaftsgebiet ansässiger Unternehmer, der im Inland als Steuerschuldner ausschließlich Leistungen nach Absatz 1 Satz 1 und ggf. weitere in § 59 Satz 1 UStDV aufgeführte Umsätze, die das Vorsteuer-Vergütungsverfahren nicht ausschließen, erbringt sowie von dem Wahlrecht der steuerlichen Erfassung in nur einem EU-Mitgliedstaat Gebrauch macht, kann Vorsteuerbeträge nur im Rahmen des Vorsteuer-Vergütungsverfahrens geltend machen (§ 16 Abs. 1c Satz 4 und § 18 Abs. 9 Satz 1 UStG in Verbindung mit § 59 Satz 1 Nr. 4 und § 61a UStDV). [2]In diesen Fällen sind die Einschränkungen des § 18 Abs. 9 Sätze 5 und 6 UStG nicht anzuwenden (§ 18 Abs. 9 Satz 8 UStG), soweit die Vorsteuerbeträge im Zusammenhang mit Leistungen nach Absatz 1 Satz 1 stehen. [3]Für Vorsteuerbeträge im Zusammenhang mit anderen Umsätzen (z.B. elektronisch erbrachte sonstige Leistungen durch einen nicht im Gemeinschaftsgebiet ansässigen Unternehmer an einen in der EU ansässigen Unternehmer, der Steuerschuldner ist) gelten die Einschränkungen des § 18 Abs. 9 Sätze 5 und 6 UStG unverändert. [4]Erbringt ein nicht im Gemeinschaftsgebiet ansässiger Unternehmer, der von dem Wahlrecht der steuerlichen Erfassung in nur einem EU-Mitgliedstaat Gebrauch macht, im Inland noch andere Umsätze, für die er im Inland die Umsatzsteuer schuldet und Umsatzsteuer-Voranmeldungen und/oder Umsatzsteuererklärungen für das Kalenderjahr zu übermitteln hat, können die Vorsteuerbeträge insgesamt nur im allgemeinen Besteuerungsverfahren (§ 18 Abs. 1 bis 4 UStG) geltend gemacht werden.

(9) Auf das besondere Besteuerungsverfahren sind, soweit die Anzeige nach Absatz 1 Satz 1 gegenüber dem BZSt erfolgt und dieses die Umsatzsteuererklärungen den zuständigen Finanzbehörden der anderen EU-Mitgliedstaaten übermittelt, die §§ 2a, 29b bis 30, 32a bis 32j, 80, 87a, 87b und der Zweite Abschnitt des Dritten Teils und der Siebente Teil der AO sowie die FGO anzuwenden.

---

1) **Steuergesetze** Nr. **550a**.

Zu § 18j UStG

18j.1[1] Besonderes Besteuerungsverfahren für den innergemeinschaftlichen Fernverkauf, für Lieferungen innerhalb eines Mitgliedstaates über eine elektronische Schnittstelle und für von im Gemeinschaftsgebiet, nicht aber im Mitgliedstaat des Verbrauchs ansässigen Unternehmern erbrachte sonstige Leistungen

(1) [1]Ein Unternehmer, der

1. nach dem 30.6.2021 Lieferungen nach § 3 Abs. 3a Satz 1 UStG (vgl. Abschnitt 3.18 Abs. 1 bis 3) innerhalb eines EU-Mitgliedstaates oder innergemeinschaftliche Fernverkäufe nach § 3c Abs. 1 Sätze 2 und 3 UStG (vgl. Abschnitt 3c Abs. 2) im Gemeinschaftsgebiet erbringt oder
2. in der EU ansässig ist und nach dem 30.6.2021 in einem anderen EU-Mitgliedstaat sonstige Leistungen an Nichtunternehmer (siehe Abschnitt 3a.1 Abs. 1) ausführt,

für die er dort die Steuer schuldet und Umsatzsteuererklärungen abzugeben hat, kann sich dafür entscheiden, an dem besonderen Besteuerungsverfahren nach § 18j UStG teilzunehmen (sog. One-Stop-Shop – EU-Regelung). [2]Dies gilt auch für Kleinunternehmer im Sinne des § 19 UStG. [3]Im Fall der umsatzsteuerlichen Organschaft kann das Wahlrecht nach Satz 1 nur durch den Organträger ausgeübt werden. [4]Eine Teilnahme an dem besonderen Besteuerungsverfahren ist dem Unternehmer nur einheitlich für alle EU-Mitgliedstaaten und alle Umsätze nach Satz 1 möglich; dies gilt hinsichtlich sonstiger Leistungen an Nichtunternehmer nur für die EU-Mitgliedstaaten, in denen der Unternehmer bzw. im Fall der umsatzsteuerlichen Organschaft der Organkreis weder einen Sitz noch eine Betriebsstätte (Abschnitt 3a.1 Abs. 3) hat; hinsichtlich innergemeinschaftlicher Fernverkäufe ist eine umsatzsteuerliche Erfassung im allgemeinen Besteuerungsverfahren in anderen EU-Mitgliedstaaten unerheblich. [5]Macht ein Unternehmer von dem Wahlrecht nach Satz 1 Gebrauch, muss er dies der zuständigen Finanzbehörde des zuständigen EU-Mitgliedstaates (§ 18j Abs. 1 Satz 2 UStG) vorbehaltlich des Satzes 7 vor Beginn des Besteuerungszeitraums (§ 16 Abs. 1d Satz 1 UStG), ab dessen Beginn er von diesem besonderen Besteuerungsverfahren Gebrauch macht, nach amtlich vorgeschriebenem Datensatz durch Datenfernübertragung anzeigen. [6]Sofern Deutschland zuständiger EU-Mitgliedstaat ist, hat die Anzeige nach Satz 5 gegenüber dem BZSt zu erfolgen. [7]Erbringt der Unternehmer erstmals Umsätze im Sinne des Satzes 1 oder überschreitet er erstmalig die Umsatzschwelle von 10 000 € im Sinne des § 3a Abs. 5 Satz 3 und § 3c Abs. 4 Satz 1 UStG (vgl. Abschnitt 3a.9a Abs. 1 Satz 1 Nr. 1 Satz 2 und Abschnitt 3c.1 Abs. 1 Sätze 2 und 3) und hat zuvor nicht im Sinne des § 3a Abs. 5 Satz 4 und § 3c Abs. 4 Satz 2 UStG auf die Anwendung verzichtet (vgl. Abschnitt 3a.9a Abs. 1 Satz 1 Nr. 1 Sätze 4 und 5 und Abschnitt 3c.1 Abs. 1 Satz 3), gilt das

---

[1] A 18j.1 UStAE eingef. durch BMF v. 1.4.2021, BStBl. I 2021, 629, Abs. 1, 6, 9 u. 10 anzuwenden mWv 1.4.2021, Abs. 2–5, 7, 8 u. 11 anzuwenden mWv 1.7.2021.

besondere Besteuerungsverfahren ab dem Tag der ersten Leistungserbringung, wenn die Anzeige nach Satz 5 gegenüber der zuständigen Finanzbehörde eines EU-Mitgliedstaates bis zum 10. Tag des auf die erste Leistungserbringung folgenden Monats erfolgt. [8]Ändern sich die Angaben der Anzeige nach Satz 5, hat der Unternehmer der zuständigen Finanzbehörde des EU-Mitgliedstaates, bei der er die Teilnahme an dem besonderen Besteuerungsverfahren angezeigt hat, die Änderungen bis zum 10. Tag des auf den Eintritt der Änderungen folgenden Monats auf elektronischem Weg mitzuteilen.

(2) [1]Der Unternehmer hat für jeden Besteuerungszeitraum (= Kalendervierteljahr; § 16 Abs. 1d Satz 1 UStG) eine Umsatzsteuererklärung innerhalb eines Monats nach Ablauf des Besteuerungszeitraums der Finanzbehörde, bei der er die Teilnahme an dem besonderen Besteuerungsverfahren angezeigt hat, elektronisch zu übermitteln; dies gilt auch, wenn keine Umsätze nach Absatz 1 Satz 1 erbracht wurden. [2]Hierbei hat er die auf den jeweiligen EU-Mitgliedstaat entfallenden Umsätze zu trennen und dem im betreffenden EU-Mitgliedstaat geltenden Steuersatz zu unterwerfen. [3]Der Unternehmer hat die Steuer selbst zu berechnen (§ 18j Abs. 4 Satz 2 in Verbindung mit § 16 Abs. 1d Satz 2 oder 3 UStG). [4]Für den Fall, dass Deutschland zuständiger EU-Mitgliedstaat nach Absatz 1 Satz 5 ist, sind Informationen zur elektronischen Übermittlung auf den Internetseiten des BZSt (www.bzst.de) abrufbar; der Datenübermittler muss authentifiziert sein. [5]Die Steuer ist am letzten Tag des auf den Besteuerungszeitraum folgenden Monats fällig und bis dahin an die Finanzbehörde zu entrichten, bei der der Unternehmer die Teilnahme an dem besonderen Besteuerungsverfahren angezeigt hat (§ 18j Abs. 4 Satz 3 UStG). [6]Soweit der Unternehmer im Inland Umsätze nach Absatz 1 Satz 1 erbringt und an dem besonderen Besteuerungsverfahren teilnimmt, ist das allgemeine Besteuerungsverfahren (§ 18 Abs. 1 bis 4 UStG) nicht anzuwenden; das allgemeine und das besondere Besteuerungsverfahren schließen sich im Übrigen jedoch gegenseitig nicht aus. [7]Berichtigungen einer Umsatzsteuererklärung, die innerhalb von drei Jahren nach dem letzten Tag des Zeitraums nach Satz 1 vorgenommen werden, sind mit einer späteren Umsatzsteuererklärung unter Angabe des zu berichtigenden Besteuerungszeitraums anzuzeigen. [8]Hinsichtlich der im Inland steuerbaren Umsätze bleiben die allgemeinen Änderungsvorschriften der AO nach dem Drei-Jahres-Zeitraum nach Satz 7 unberührt; entsprechende Änderungen sind vorbehaltlich einer abweichenden Zuständigkeitsvereinbarung (§ 27 AO) bei dem nach § 21 Abs. 1 Satz 1 AO oder § 21 Abs. 1 Satz 2 AO in Verbindung mit der UStZustV zuständigen Finanzamt zu beantragen.

(3) [1]Die Umsatzsteuererklärung nach Absatz 2 Satz 1, die der Unternehmer der zuständigen Finanzbehörde eines anderen EU-Mitgliedstaates übermittelt hat, ist ab dem Zeitpunkt eine Steueranmeldung im Sinne des § 150 Abs. 1 Satz 3 und § 168 AO, zu dem die in ihr enthaltenen Daten von der zuständigen Finanzbehörde des anderen EU-Mitgliedstaates dem BZSt übermittelt und dort in bearbeitbarer Weise aufgezeichnet wurden; dies gilt entsprechend für die Berichtigung einer Umsatzsteuererklärung nach Absatz 2 Satz 7. [2]Die Umsatzsteuererklärung nach Satz 1 gilt als fristgemäß übermittelt, wenn sie bis zum letzten Tag des auf den Besteuerungszeitraum folgenden Monats der zuständigen Finanzbehörde des anderen EU-Mitgliedstaates übermittelt worden

ist und dort in bearbeitbarer Weise aufgezeichnet wurde (§ 18j Abs. 5 Satz 3 UStG). [3]Die Entrichtung der Steuer erfolgt im Falle der Umsatzsteuererklärung nach Satz 1 fristgemäß, wenn die Zahlung bis zum letzten Tag des auf den Besteuerungszeitraum folgenden Monats bei der zuständigen Finanzbehörde des anderen EU-Mitgliedstaates eingegangen ist (§ 18j Abs. 5 Satz 4 UStG). [4]§ 240 AO ist in diesen Fällen mit der Maßgabe anzuwenden, dass eine Säumnis frühestens mit Ablauf des 10. Tages nach Ablauf des zweiten auf den Besteuerungszeitraum folgenden Monats eintritt (§ 18j Abs. 5 Satz 5 UStG).

(4) [1]Die Beträge in der Umsatzsteuererklärung sind in Euro anzugeben; es sei denn, der EU-Mitgliedstaat, in dessen Gebiet der Leistungsort liegt, sieht die Angabe der Beträge in seiner Landeswährung vor. [2]In den Fällen der Angabe der Beträge in einer vom Euro abweichenden Landeswährung muss der Unternehmer bei der Umrechnung von Werten in diese Währung einheitlich den von der Europäischen Zentralbank festgestellten Umrechnungskurs des letzten Tags des Besteuerungszeitraums bzw., falls für diesen Tag kein Umrechnungskurs festgelegt wurde, den für den nächsten Tag nach Ablauf des Besteuerungszeitraums festgelegten Umrechnungskurs anwenden (§ 16 Abs. 6 Sätze 4 und 5 UStG). [3]Die Anwendung eines monatlichen Durchschnittskurses entsprechend § 16 Abs. 6 Sätze 1 und 2 UStG ist ausgeschlossen.

(5) [1]Der Unternehmer hat der Finanzbehörde, bei der er die Teilnahme an dem besonderen Besteuerungsverfahren angezeigt hat, bis zum 10. Tag des auf den Eintritt der Änderung folgenden Monats auf elektronischem Weg mitzuteilen, wenn er keine Umsätze im Sinne des Absatzes 1 Satz 1 mehr erbringt oder wenn andere Änderungen vorliegen, durch die er die Voraussetzungen für die Anwendung des besonderen Besteuerungsverfahrens nach § 18j UStG nicht mehr erfüllt. [2]Hat der Unternehmer die Teilnahme an dem besonderen Besteuerungsverfahren in Deutschland angezeigt, stellt das BZSt durch Verwaltungsakt fest, wenn der Unternehmer nicht oder nicht mehr die Voraussetzungen für die Anwendung des Besteuerungsverfahrens nach § 18j UStG erfüllt.

(6) [1]Der Unternehmer kann die Ausübung des Wahlrechts nach Absatz 1 Satz 1 auf elektronischem Weg widerrufen. [2]Ein Widerruf ist nur vor Beginn eines neuen Besteuerungszeitraums mit Wirkung ab diesem Zeitraum möglich (§ 18j Abs. 1 Sätze 5 und 6 UStG).

(7) [1]Die Finanzbehörde, bei der der Unternehmer die Teilnahme an dem besonderen Besteuerungsverfahren angezeigt hat, kann den Unternehmer von dem Besteuerungsverfahren nach § 18j UStG ausschließen, wenn er seinen Verpflichtungen nach § 18j Abs. 4 oder § 22 Abs. 1 UStG (Abschnitt 22.3a Abs. 3a und 4) oder den von ihm in einem anderen EU-Mitgliedstaat zu erfüllenden Aufzeichnungspflichten entsprechend Artikel 369k MwStSystRL[1)] in diesem Verfahren wiederholt nicht oder nicht rechtzeitig nachkommt. [2]Zur Beurteilung eines wiederholten Verstoßes gegen die Verpflichtungen nach Satz 1 gilt Abschnitt 18i.1 Abs. 7 Satz 2 entsprechend. [3]Ein Ausschluss kann auch erfolgen, wenn der Unternehmer über einen Zeitraum von zwei Jahren keine Umsätze nach Absatz 1 Satz 1 erbracht hat (vgl. Artikel 58a MwStVO).[2)]

[1)] **Steuergesetze** Nr. **550**.
[2)] **Steuergesetze** Nr. **550a**.

[4]Der Ausschluss gilt ab dem Besteuerungszeitraum, der nach dem Zeitpunkt der Bekanntgabe des Ausschlusses gegenüber dem Unternehmer beginnt; ist der Ausschluss jedoch auf eine Änderung des Ortes des Sitzes oder der Betriebsstätte oder des Ortes zurückzuführen, von dem aus die Beförderung oder Versendung von Gegenständen ausgeht, ist der Ausschluss ab dem Tag dieser Änderung wirksam. [5]Der Ausschluss wegen eines wiederholten Verstoßes gegen die in Satz 1 genannten Verpflichtungen hat auch den Ausschluss von den besonderen Besteuerungsverfahren nach den §§ 18i und 18k UStG zur Folge. [6]Die Gültigkeit des Ausschlusses wegen eines wiederholten Verstoßes gegen die in Satz 1 genannten Verpflichtungen endet nicht vor Ablauf von zwei Jahren, die auf den Besteuerungszeitraum folgen, in dem der Ausschluss gegenüber dem Unternehmer bekannt gegeben wurde; innerhalb dieses Zeitraums ist auch die erstmalige oder erneute Teilnahme an den besonderen Besteuerungsverfahren nach den §§ 18i, 18j und 18k UStG nicht zulässig.

(8) [1]Ein im Ausland ansässiger Unternehmer, der im Inland als Steuerschuldner ausschließlich Umsätze nach Absatz 1 Satz 1 und ggf. weitere in § 59 Satz 1 UStDV aufgeführte Umsätze, die das Vorsteuer-Vergütungsverfahren nicht ausschließen, erbringt sowie an dem besonderen Besteuerungsverfahren teilnimmt, kann Vorsteuerbeträge nur im Rahmen des Vorsteuer-Vergütungsverfahrens geltend machen (§ 16 Abs. 1d Satz 4 und § 18 Abs. 9 Satz 1 UStG in Verbindung mit § 59 Satz 1 Nr. 5, §§ 61 und 61a UStDV). [2]Bei nicht im Gemeinschaftsgebiet ansässigen Unternehmern sind in diesen Fällen die Einschränkungen des § 18 Abs. 9 Sätze 5 und 6 UStG nicht anzuwenden (§ 18 Abs. 9 Satz 8 UStG), soweit die Vorsteuerbeträge im Zusammenhang mit Umsätzen nach Absatz 1 Satz 1 stehen. [3]Für Vorsteuerbeträge im Zusammenhang mit anderen Umsätzen (z. B. innergemeinschaftliche Lieferung durch einen nicht im Gemeinschaftsgebiet ansässigen Unternehmer an einen in der EU ansässigen Unternehmer) gelten die Einschränkungen des § 18 Abs. 9 Sätze 5 und 6 UStG unverändert. [4]Erbringt der Unternehmer, der an dem besonderen Besteuerungsverfahren teilnimmt, im Inland noch andere Umsätze, für die er im Inland die Umsatzsteuer schuldet und Umsatzsteuer-Voranmeldungen und/oder Umsatzsteuererklärungen für das Kalenderjahr zu übermitteln hat, können die Vorsteuerbeträge insgesamt nur im allgemeinen Besteuerungsverfahren (§ 18 Abs. 1 bis 4 UStG) geltend gemacht werden. [5]Für im Inland ansässige Unternehmer, die in einem anderen EU-Mitgliedstaat ausschließlich Umsätze im Sinne des Absatz 1 Satz 1 und ggf. weitere in § 59 Satz 1 UStDV aufgeführte Umsätze, die das Vorsteuer-Vergütungsverfahren nicht ausschließen, erbringen sowie an dem besonderen Besteuerungsverfahren teilnehmen, gilt Satz 1 unter Hinweis auf die Richtlinie 2008/9/EG des Rates vom 12.2.2008 zur Regelung der Erstattung der Mehrwertsteuer gemäß der Richtlinie 2006/112/EG an nicht im Mitgliedstaat der Erstattung, sondern in einem anderen Mitgliedstaat ansässige Steuerpflichtige (ABl. EU 2008 Nr. L 44 S. 23) entsprechend (vgl. § 18g UStG und Abschnitt 18g.1). [6]Erbringen im Inland ansässige Unternehmer, die an dem besonderen Besteuerungsverfahren teilnehmen, in einem anderen EU-Mitgliedstaat noch andere Umsätze, für die sie dort die Umsatzsteuer schulden und Umsatzsteuererklärungen abzugeben haben, können die Vorsteuerbeträge in dem anderen EU-

Mitgliedstaat insgesamt nur im allgemeinen Besteuerungsverfahren (Artikel 250 bis 261 MwStSystRL)[1)] bei der zuständigen Finanzbehörde in dem anderen EU-Mitgliedstaat geltend gemacht werden.

(9) [1] Ein Unternehmer ist im Inland ansässig, wenn er im Inland seinen Sitz oder seine Geschäftsleitung oder, für den Fall, dass er im Drittlandsgebiet ansässig ist, im Inland eine Betriebsstätte (Abschnitt 3a.1 Abs. 3) hat. [2] Hat ein im Drittlandsgebiet ansässiger Unternehmer in mehreren EU-Mitgliedstaaten Betriebsstätten, kann er selbst entscheiden, in welchem EU-Mitgliedstaat er sich für Zwecke des besonderen Besteuerungsverfahrens erfassen lassen möchte. [3] Hat ein im Drittlandsgebiet ansässiger Unternehmer keine Betriebsstätte im Gemeinschaftsgebiet, hat er die Teilnahme an dem besonderen Besteuerungsverfahren in dem EU-Mitgliedstaat anzuzeigen, in dem die Beförderung oder Versendung der Gegenstände beginnt. [4] Beginnt die Beförderung oder Versendung der Gegenstände teilweise in einem und teilweise in einem anderen EU-Mitgliedstaat, kann sich der im Drittlandsgebiet ansässige Unternehmer, der keine Betriebsstätte im Gemeinschaftsgebiet hat, für die Anzeige der Teilnahme an dem besonderen Besteuerungsverfahren in einem der vorgenannten EU-Mitgliedstaaten entscheiden. [5] Der im Drittlandsgebiet ansässige Unternehmer ist in den Fällen des Satzes 2 oder 4 an seine Entscheidung für das betreffende Kalenderjahr und die beiden darauffolgenden Kalenderjahre gebunden. [6] Hinsichtlich eines im übrigen Gemeinschaftsgebiet ansässigen Unternehmers vgl. Abschnitt 13b.11 Abs. 1 Satz 2.

(10) [1] Bei Organisationseinheiten der Gebietskörperschaften Bund und Länder, die durch ihr Handeln eine Erklärungspflicht begründen, obliegen der jeweiligen Organisationseinheit die Rechte und Pflichten der Absätze 1, 2, 4, 5, 6 und 8. [2] Absatz 7 gilt in Bezug auf Organisationseinheiten der Gebietskörperschaften Bund und Länder entsprechend.

(11) Auf das besondere Besteuerungsverfahren sind, soweit die Anzeige nach Absatz 1 Satz 1 gegenüber dem BZSt erfolgt und dieses die Umsatzsteuererklärungen den zuständigen Finanzbehörden der anderen EU-Mitgliedstaaten übermittelt, die §§ 2a, 29b bis 30, 32a bis 32j, 80, 87a, 87b und der Zweite Abschnitt des Dritten Teils und der Siebente Teil der AO sowie die FGO anzuwenden.

Zu § 18k UStG

18k.1[2)] Besonderes Besteuerungsverfahren für Fernverkäufe von aus dem Drittlandsgebiet eingeführten Gegenständen in Sendungen mit einem Sachwert von höchstens 150 €

(1) [1] Ein Unternehmer, der nach dem 30.6.2021 als Steuerschuldner Fernverkäufe nach § 3 Abs. 3a Satz 2 (vgl. Abschnitt 3.18 Abs. 1, 3 und 4) oder § 3c Abs. 2 oder 3 UStG (vgl. Abschnitt 3c.1 Abs. 3 und 4) in Sendungen (vgl. Abschnitt 3.18 Abs. 6) mit einem Sachwert (vgl. Abschnitt 3.18 Abs. 7)

---

1) **Steuergesetze** Nr. **550**.

2) A 18k.1 UStAE eingef. durch BMF v. 1.4.2021, BStBl. I 2021, 629, Abs. 1, 6, 9 bis 11 anzuwenden mWv 1.4.2021, Abs. 2 bis 5, 7, 8 u. 12 anzuwenden mWv 1.7.2021.

von höchstens 150 € im Gemeinschaftsgebiet erbringt, für die er dort die Steuer schuldet und Umsatzsteuererklärungen abzugeben hat, oder ein in seinem Auftrag handelnder im Gemeinschaftsgebiet ansässiger Vertreter kann sich dafür entscheiden, an dem besonderen Besteuerungsverfahren nach § 18k UStG teilzunehmen (sog. Import-One-Stop-Shop). [2]Dies gilt auch für Kleinunternehmer im Sinne des § 19 UStG. [3]Im Fall der umsatzsteuerlichen Organschaft kann das Wahlrecht nach Satz 1 nur durch den Organträger ausgeübt werden. [4]Eine Teilnahme an dem besonderen Besteuerungsverfahren ist nur einheitlich für alle EU-Mitgliedstaaten und alle Fernverkäufe im Sinne des Satzes 1 möglich; sie gilt ab dem Tag, an dem dem Unternehmer oder im Auftrag handelnden Vertreter die erteilte individuelle Identifikationsnummer des Unternehmers bekannt gegeben wurde (§ 18k Abs. 1 Satz 5 UStG). [5]Macht ein Unternehmer oder ein im Auftrag handelnder Vertreter von dem Wahlrecht nach Satz 1 Gebrauch, muss er dies der zuständigen Finanzbehörde des unter den Voraussetzungen des Artikels 369l Unterabs. 2 Nr. 3 MwStSystRL[1)] zuständigen EU-Mitgliedstaates vor Beginn des Besteuerungszeitraums (§ 16 Abs. 1e Satz 1 UStG) nach amtlich vorgeschriebenem Datensatz durch Datenfernübertragung anzeigen. [6]Sofern Deutschland zuständiger EU-Mitgliedstaat ist, hat die Anzeige nach Satz 5 gegenüber dem BZSt zu erfolgen. [7]Eine Teilnahme an dem besonderen Besteuerungsverfahren ist für nicht im Gemeinschaftsgebiet ansässige Unternehmer nur zulässig, wenn das Drittland, in dem sie ansässig sind, in der Durchführungsverordnung entsprechend Artikel 369m Abs. 3 MwStSystRL aufgeführt ist, oder wenn sie einen im Gemeinschaftsgebiet ansässigen Vertreter vertraglich bestellt und dies der Finanzbehörde nach Satz 5 angezeigt haben. [8]Satz 1 gilt nicht für Sendungen, die verbrauchsteuerpflichtige Waren enthalten. [9]Ändern sich die Angaben der Anzeige nach Satz 5, hat der Unternehmer oder im Auftrag handelnde Vertreter der zuständigen Finanzbehörde des EU-Mitgliedstaates, bei der er die Teilnahme an dem besonderen Besteuerungsverfahren angezeigt hat, die Änderungen bis zum 10. Tag des auf den Eintritt der Änderungen folgenden Monats auf elektronischem Weg mitzuteilen.

(2) [1]Der Unternehmer oder im Auftrag handelnde Vertreter hat für jeden Besteuerungszeitraum (= Kalendermonat; § 16 Abs. 1e Satz 1 UStG) eine Umsatzsteuererklärung innerhalb eines Monats nach Ablauf des Besteuerungszeitraums der Finanzbehörde, bei der er die Teilnahme an dem besonderen Besteuerungsverfahren angezeigt hat, elektronisch zu übermitteln; dies gilt auch, wenn keine Fernverkäufe nach Absatz 1 Satz 1 erbracht wurden. [2]Hierbei hat er die auf den jeweiligen EU-Mitgliedstaat entfallenden Umsätze zu trennen und dem im betreffenden EU-Mitgliedstaat geltenden Steuersatz zu unterwerfen. [3]Der Unternehmer oder im Auftrag handelnde Vertreter hat die Steuer selbst zu berechnen (§ 18k Abs. 4 Satz 2 in Verbindung mit § 16 Abs. 1e Satz 2 oder 3 UStG). [4]Für den Fall, dass Deutschland zuständiger EU-Mitgliedstaat nach Absatz 1 Satz 5 ist, sind Informationen zur elektronischen Übermittlung auf den Internetseiten des BZSt (www.bzst.de) abrufbar; der Datenübermittler muss authentifiziert sein. [5]Die Steuer ist am letzten Tag des

---

1) **Steuergesetze** Nr. **550**.

auf den Besteuerungszeitraum folgenden Monats fällig und bis dahin an die Finanzbehörde zu entrichten, bei der der Unternehmer oder im Auftrag handelnde Vertreter die Teilnahme an dem besonderen Besteuerungsverfahren angezeigt hat (§ 18k Abs. 4 Satz 3 UStG). [6]Soweit der Unternehmer im Inland Fernverkäufe nach Absatz 1 Satz 1 erbringt und an dem besonderen Besteuerungsverfahren teilnimmt, ist das allgemeine Besteuerungsverfahren (§ 18 Abs. 1 bis 4 UStG) nicht anzuwenden; das allgemeine und das besondere Besteuerungsverfahren schließen sich im Übrigen jedoch gegenseitig nicht aus. [7]Berichtigungen einer Umsatzsteuererklärung, die innerhalb von drei Jahren nach dem letzten Tag des Zeitraums nach Satz 1 vorgenommen werden, sind mit einer späteren Umsatzsteuererklärung unter Angabe des zu berichtigenden Besteuerungszeitraums anzuzeigen. [8]Hinsichtlich der im Inland steuerbaren Umsätze bleiben die allgemeinen Änderungsvorschriften der AO nach dem Drei-Jahres-Zeitraum nach Satz 7 unberührt; entsprechende Änderungen sind vorbehaltlich einer abweichenden Zuständigkeitsvereinbarung (§ 27 AO) bei dem nach § 21 Abs. 1 Satz 1 AO oder § 21 Abs. 1 Satz 2 AO in Verbindung mit der UStZustV zuständigen Finanzamt zu beantragen.

(3) [1]Die Umsatzsteuererklärung nach Absatz 2 Satz 1, die der Unternehmer oder im Auftrag handelnde Vertreter der zuständigen Finanzbehörde eines anderen EU- Mitgliedstaates übermittelt hat, ist ab dem Zeitpunkt eine Steueranmeldung im Sinne des § 150 Abs. 1 Satz 3 und § 168 AO, zu dem die in ihr enthaltenen Daten von der zuständigen Finanzbehörde des anderen EU-Mitgliedstaates dem BZSt übermittelt und dort in bearbeitbarer Weise aufgezeichnet wurden; dies gilt entsprechend für die Berichtigung einer Umsatzsteuererklärung nach Absatz 2 Satz 7. [2]Die Umsatzsteuererklärung nach Satz 1 gilt als fristgemäß übermittelt, wenn sie bis zum letzten Tag des auf den Besteuerungszeitraum folgenden Monats der zuständigen Finanzbehörde des anderen EU-Mitgliedstaates übermittelt worden ist und dort in bearbeitbarer Weise aufgezeichnet wurde (§ 18k Abs. 5 Satz 3 UStG). [3]Die Entrichtung der Steuer erfolgt im Falle der Umsatzsteuererklärung nach Satz 1 fristgemäß, wenn die Zahlung bis zum letzten Tag des auf den Besteuerungszeitraum folgenden Monats bei der zuständigen Finanzbehörde des anderen EU-Mitgliedstaates eingegangen ist (§ 18k Abs. 5 Satz 4 UStG). [4]§ 240 AO ist in diesen Fällen mit der Maßgabe anzuwenden, dass eine Säumnis frühestens mit Ablauf des 10. Tages nach Ablauf des zweiten auf den Besteuerungszeitraum folgenden Monats eintritt (§ 18k Abs. 4 Satz 5 UStG).

(4) [1]Die Beträge in der Umsatzsteuererklärung sind in Euro anzugeben; es sei denn, der EU-Mitgliedstaat, in dessen Gebiet der Leistungsort liegt, sieht die Angabe der Beträge in seiner Landeswährung vor. [2]In den Fällen der Angabe der Beträge in einer vom Euro abweichenden Landeswährung muss der Unternehmer bei der Umrechnung von Werten in diese Währung einheitlich den von der Europäischen Zentralbank festgestellten Umrechnungskurs des letzten Tags des Besteuerungszeitraums bzw., falls für diesen Tag kein Umrechnungskurs festgelegt wurde, den für den nächsten Tag nach Ablauf des Besteuerungszeitraums festgelegten Umrechnungskurs anwenden (§ 16 Abs. 6 Sätze 4 und 5 UStG). [3]Die Anwendung eines monatlichen Durchschnittskurses entsprechend § 16 Abs. 6 Sätze 1 und 2 UStG ist ausgeschlossen.

(5) [1] Der Unternehmer oder im Auftrag handelnde Vertreter hat der Finanzbehörde, bei der er die Teilnahme an dem besonderen Besteuerungsverfahren angezeigt hat, bis zum 10. Tag des auf den Eintritt der Änderung folgenden Monats auf elektronischem Weg mitzuteilen, wenn der Unternehmer keine Umsätze im Sinne des Absatzes 1 Satz 1 mehr erbringt oder wenn andere Änderungen vorliegen, durch die er die Voraussetzungen für die Anwendung des besonderen Besteuerungsverfahrens nach § 18k UStG nicht mehr erfüllt. [2] Hat der Unternehmer oder im Auftrag handelnde Vertreter die Teilnahme an dem besonderen Besteuerungsverfahren in Deutschland angezeigt, stellt das BZSt durch Verwaltungsakt fest, wenn der Unternehmer nicht oder nicht mehr die Voraussetzungen für die Anwendung des Besteuerungsverfahrens nach § 18k UStG erfüllt.

(6) [1] Der Unternehmer oder im Auftrag handelnde Vertreter kann die Ausübung des Wahlrechts nach Absatz 1 Satz 1 auf elektronischem Weg widerrufen. [2] Ein Widerruf ist nur vor Beginn eines neuen Besteuerungszeitraums mit Wirkung ab diesem Zeitraum möglich (§ 18k Abs. 1 Sätze 6 und 7 UStG).

(7) [1] Die Finanzbehörde, bei der der Unternehmer oder im Auftrag handelnde Vertreter die Teilnahme an dem besonderen Besteuerungsverfahren angezeigt hat, kann den Unternehmer oder im Auftrag handelnden Vertreter von dem Besteuerungsverfahren nach § 18k UStG ausschließen, wenn dieser seinen Verpflichtungen nach § 18k Abs. 4 oder § 22 Abs. 1 UStG (Abschnitt 22.3a Abs. 3a und 4a) oder den von ihm in einem anderen EU-Mitgliedstaat zu erfüllenden Aufzeichnungspflichten entsprechend Artikel 369x MwStSystRL[1)] in diesem Verfahren wiederholt nicht oder nicht rechtzeitig nachkommt. [2] Zur Beurteilung eines wiederholten Verstoßes gegen die Verpflichtungen nach Satz 1 gilt Abschnitt 18i.1 Abs. 7 Satz 2 entsprechend; dies gilt auch hinsichtlich des im Auftrag handelnden Vertreters. [3] Ein Ausschluss kann auch erfolgen, wenn der Unternehmer über einen Zeitraum von zwei Jahren keine Umsätze nach Absatz 1 Satz 1 erbracht hat (vgl. Artikel 58a MwStVO).[2)] [4] Ein Ausschluss des im Auftrag handelnden Vertreters bewirkt auch den Ausschluss des von ihm vertretenen Unternehmers. [5] Der Ausschluss wegen eines wiederholten Verstoßes gegen die in Satz 1 genannten Verpflichtungen gilt ab dem Tag, der auf den Zeitpunkt der Bekanntgabe des Ausschlusses gegenüber dem Unternehmer oder dem im Auftrag handelnden Vertreter folgt; ist der Ausschluss jedoch auf eine Änderung des Ortes des Sitzes oder der Betriebsstätte zurückzuführen, ist der Ausschluss ab dem Tag dieser Änderung wirksam; erfolgt der Ausschluss aus anderen Gründen gilt er ab dem Besteuerungszeitraum, der nach dem Zeitpunkt der Bekanntgabe des Ausschlusses gegenüber dem Unternehmer oder dem im Auftrag handelnden Vertreter beginnt. [6] Der Ausschluss wegen eines wiederholten Verstoßes gegen die in Satz 1 genannten Verpflichtungen hat auch den Ausschluss von den besonderen Besteuerungsverfahren nach den §§ 18i und 18j UStG zur Folge; es sei denn, der Ausschluss des Unternehmers war bedingt durch einen wiederholten Verstoß gegen die in Satz 1 genannten Verpflichtungen durch den im Auftrag handelnden Vertreter. [7] Die Gültigkeit des Ausschlusses wegen eines wieder-

[1)] **Steuergesetze** Nr. **550**.
[2)] **Steuergesetze** Nr. **550a**.

holten Verstoßes gegen die in Satz 1 genannten Verpflichtungen endet nicht vor Ablauf von zwei Jahren, die auf den Besteuerungszeitraum folgen, in dem der Ausschluss gegenüber dem Unternehmer oder im Auftrag handelnden Vertreter bekannt gegeben wurde; innerhalb dieses Zeitraums ist auch die erstmalige oder erneute Teilnahme an den besonderen Besteuerungsverfahren nach den §§ 18i, 18j und 18k UStG nicht zulässig, es sei denn, der Ausschluss des Unternehmers war bedingt durch einen wiederholten Verstoß gegen die in Satz 1 genannten Verpflichtungen durch den im Auftrag handelnden Vertreter.

(8) [1] Ein im Ausland ansässiger Unternehmer, der im Inland als Steuerschuldner ausschließlich Fernverkäufe nach Absatz 1 Satz 1 und ggf. weitere in § 59 Satz 1 UStDV aufgeführte Umsätze, die das Vorsteuer-Vergütungsverfahren nicht ausschließen, erbringt sowie an dem besonderen Besteuerungsverfahren teilnimmt, kann Vorsteuerbeträge nur im Rahmen des Vorsteuer-Vergütungsverfahrens geltend machen (§ 16 Abs. 1e Satz 4 und § 18 Abs. 9 Satz 1 UStG in Verbindung mit § 59 Satz 1 Nr. 6, §§ 61 und 61a UStDV). [2] Bei nicht im Gemeinschaftsgebiet ansässigen Unternehmern sind in diesen Fällen die Einschränkungen des § 18 Abs. 9 Sätze 5 und 6 UStG nicht anzuwenden (§ 18 Abs. 9 Satz 8 UStG), soweit die Vorsteuerbeträge im Zusammenhang mit Fernverkäufen nach Absatz 1 Satz 1 stehen. [3] Für Vorsteuerbeträge im Zusammenhang mit anderen Umsätzen (z. B. Lieferung durch einen nicht im Gemeinschaftsgebiet ansässigen Unternehmer an einen in der EU ansässigen Unternehmer) gelten die Einschränkungen des § 18 Abs. 9 Sätze 5 und 6 UStG unverändert. [4] Erbringt der Unternehmer, der an dem besonderen Besteuerungsverfahren teilnimmt, im Inland noch andere Umsätze, für die er im Inland die Umsatzsteuer schuldet und Umsatzsteuer-Voranmeldungen und/oder Umsatzsteuererklärungen für das Kalenderjahr zu übermitteln hat, können die Vorsteuerbeträge insgesamt nur im allgemeinen Besteuerungsverfahren (§ 18 Abs. 1 bis 4 UStG) geltend gemacht werden. [5] Für im Inland ansässige Unternehmer, die in einem anderen EU-Mitgliedstaat ausschließlich Fernverkäufe im Sinne des Absatz 1 Satz 1 und ggf. weitere in § 59 Satz 1 UStDV aufgeführte Umsätze, die das Vorsteuer-Vergütungsverfahren nicht ausschließen, erbringen sowie an dem besonderen Besteuerungsverfahren teilnehmen, gilt Satz 1 unter Hinweis auf die Richtlinie 2008/9/EG des Rates vom 12.2.2008 zur Regelung der Erstattung der Mehrwertsteuer gemäß der Richtlinie 2006/112/EG an nicht im Mitgliedstaat der Erstattung, sondern in einem anderen Mitgliedstaat ansässige Steuerpflichtige (ABl. EU 2008 Nr. L 44 S. 23) entsprechend (vgl. § 18g UStG und Abschnitt 18g.1). [6] Erbringen im Inland ansässige Unternehmer, die an dem besonderen Besteuerungsverfahren teilnehmen, in einem anderen EU-Mitgliedstaat noch andere Umsätze, für die sie dort die Umsatzsteuer schulden und Umsatzsteuererklärungen abzugeben haben, können die Vorsteuerbeträge in dem anderen EU-Mitgliedstaat insgesamt nur im allgemeinen Besteuerungsverfahren (Artikel 250 bis 261 MwStSystRL)[1)] bei der zuständigen Finanzbehörde in dem anderen EU-Mitgliedstaat geltend gemacht werden.

(9) [1] Ein Unternehmer oder im Auftrag handelnder Vertreter ist im Inland ansässig, wenn er im Inland seinen Sitz oder seine Geschäftsleitung hat oder,

---

1) **Steuergesetze** Nr. **550**.

für den Fall, dass er im Drittlandsgebiet ansässig ist, im Inland eine Betriebsstätte (Abschnitt 3a.1 Abs. 3) hat. [2]Hat ein im Drittlandsgebiet ansässiger Unternehmer oder im Auftrag handelnder Vertreter in mehreren EU-Mitgliedstaaten Betriebsstätten, kann dieser selbst entscheiden, in welchem EU-Mitgliedstaat er sich für Zwecke des besonderen Besteuerungsverfahrens erfassen lassen möchte. [3]Der im Drittlandsgebiet ansässige Unternehmer oder im Auftrag handelnde Vertreter ist in den Fällen des Satzes 2 an seine Entscheidung für das betreffende Kalenderjahr und die beiden darauffolgenden Kalenderjahre gebunden. [4]Hinsichtlich eines im übrigen Gemeinschaftsgebiet ansässigen Unternehmers vgl. Abschnitt 13b.11 Abs. 1 Satz 2; die dortigen Ausführungen gelten für den im Auftrag handelnden Vertreter entsprechend.

(10) Ein im Auftrag handelnder Vertreter ist eine in dem Gemeinschaftsgebiet ansässige Person, die von dem Unternehmer, der Fernverkäufe von aus dem Drittlandsgebiet eingeführten Gegenständen tätigt, als Steuerschuldner (Abschnitt 13a.1) und zur Erfüllung der Verpflichtungen gemäß diesem besonderen Besteuerungsverfahren im Namen und für Rechnung des Unternehmers benannt wird.

(11) [1]Bei Organisationseinheiten der Gebietskörperschaften Bund und Länder, die durch ihr Handeln eine Erklärungspflicht begründen, obliegen der jeweiligen Organisationseinheit die Rechte und Pflichten der Absätze 1, 2, 4, 5, 6 und 8. [2]Absatz 7 gilt in Bezug auf Organisationseinheiten der Gebietskörperschaften Bund und Länder entsprechend.

(12) Auf das besondere Besteuerungsverfahren sind, soweit die Anzeige nach Absatz 1 Satz 1 gegenüber dem BZSt erfolgt und dieses die Umsatzsteuererklärungen den zuständigen Finanzbehörden der anderen EU-Mitgliedstaaten übermittelt, die §§ 2a, 29b bis 30, 32a bis 32j, 80, 87a, 87b und der Zweite Abschnitt des Dritten Teils und der Siebente Teil der AO sowie die FGO anzuwenden.

Zu § 19 UStG

19.1 Nichterhebung der Steuer[1), 2)]

(1) [1]Nach § 19 Abs. 1 UStG ist die Steuer, die ein im Inland oder in den in § 1 Abs. 3 UStG genannten Gebieten ansässiger Kleinunternehmer für seine steuerpflichtigen Umsätze schuldet, unter bestimmten Voraussetzungen nicht zu erheben. [2]Die EU-rechtlich vorgegebene Beschränkung der Regelung auf im Inland oder in den in § 1 Abs. 3 UStG genannten Gebieten ansässige Kleinunternehmer und deren in diesen Gebieten erzielten Umsätze verstößt nicht gegen die Dienstleistungsfreiheit nach Artikel 56 des Vertrags über die Arbeitsweise der Europäischen Union (vgl. EuGH-Urteil vom 26.10.2010, C-97/09, Schmelz).[3)] [3]Die Regelung bezieht sich auf die Steuer für die in § 1 Abs. 1 Nr. 1 UStG bezeichneten Lieferungen und sonstigen Leistungen

---

1) Zum Vorsteuerausschluss bei Kleinunternehmern vgl. A 15.1 Abs. 4 UStAE; zu Aufzeichnungspflichten vgl. § 65 UStDV und A 22.5 Abs. 3 UStAE.

2) Zur Missbräuchlichkeit der Aufspaltung einer unternehmerischen Tätigkeit zur mehrfachen Inanspruchnahme des § 19 UStG siehe BFH v. 11.7.2018 XI R 26/17, DStR 2018, 2575.

3) DStR 2010, 2186.

(einschließlich unentgeltliche Wertabgaben – vgl. Abschnitte 3.2 bis 3.4). [4]Die Steuer für die Einfuhr von Gegenständen (§ 1 Abs. 1 Nr. 4 UStG), für den innergemeinschaftlichen Erwerb (§ 1 Abs. 1 Nr. 5 UStG, vgl. auch Abschnitt 1a.1 Abs. 2) sowie die nach § 13a Abs. 1 Nr. 6, § 13b Abs. 5, § 14c Abs. 2 und § 25b Abs. 2 UStG geschuldete Steuer hat der Kleinunternehmer hingegen abzuführen. [5]Das gilt auch für die Steuer, die nach § 16 Abs. 5 UStG von der zuständigen Zolldienststelle im Wege der Beförderungseinzelbesteuerung erhoben wird (vgl. Abschnitt 16.2).

(2) [1]Bei der Ermittlung der in § 19 Abs. 1 UStG bezeichneten Grenzen von 22 000 € und 50 000 € ist jeweils von dem Gesamtumsatz im Sinne des § 19 Abs. 3 UStG auszugehen (vgl. Abschnitt 19.3). [2]Der Gesamtumsatz ist hier jedoch stets nach vereinnahmten Entgelten zu berechnen. [3]Außerdem ist bei der Umsatzermittlung nicht auf die Bemessungsgrundlagen im Sinne des § 10 UStG abzustellen, sondern auf die vom Unternehmer vereinnahmten Bruttobeträge. [4]In den Fällen des § 10 Abs. 4 und 5 UStG ist der jeweils in Betracht kommenden Bemessungsgrundlage ggf. die darauf entfallende Umsatzsteuer hinzuzurechnen. [5]Sofern Umsätze, für die eine andere Person als Leistungsempfänger Steuerschuldner nach § 13b Abs. 5 UStG ist, ausgeführt werden, ist dem in der Rechnung oder Gutschrift ausgewiesenen Betrag die Umsatzsteuer hinzuzurechnen.

(3) [1]Hat der Gesamtumsatz im Vorjahr die Grenze von 22 000 € überschritten, ist die Steuer für das laufende Kalenderjahr auch dann zu erheben, wenn der Gesamtumsatz in diesem Jahr die Grenze von 22 000 € voraussichtlich nicht überschreiten wird (vgl. BFH-Beschluss vom 18.10.2007, V B 164/06, BStBl. 2008 II S. 263). [2]Bei der Grenze von 50 000 € kommt es darauf an, ob der Unternehmer diese Bemessungsgröße voraussichtlich nicht überschreiten wird. [3]Maßgebend ist die zu Beginn eines Jahres vorzunehmende Beurteilung der Verhältnisse für das laufende Kalenderjahr. [4]Dies gilt auch, wenn der Unternehmer in diesem Jahr sein Unternehmen erweitert (vgl. BFH-Urteil vom 7.3.1995, XI R 51/94, BStBl. II S. 562). [5]Ist danach ein voraussichtlicher Umsatz zuzüglich der Steuer von nicht mehr als 50 000 € zu erwarten, ist dieser Betrag auch dann maßgebend, wenn der tatsächliche Umsatz zuzüglich der Steuer im Laufe des Kalenderjahres die Grenze von 50 000 € überschreitet (vgl. auch Absatz 4). [6]Bei einer Änderung der Unternehmensverhältnisse während des laufenden Kalenderjahres durch Erbfolge ist Absatz 5 zu beachten. [7]Der Unternehmer hat dem Finanzamt auf Verlangen die Verhältnisse darzulegen, aus denen sich ergibt, wie hoch der Umsatz des laufenden Kalenderjahres voraussichtlich sein wird.

(4) [1]Nimmt der Unternehmer seine gewerbliche oder berufliche Tätigkeit im Laufe eines Kalenderjahres neu auf, ist in diesen Fällen allein auf den voraussichtlichen Umsatz (vgl. Absatz 3) des laufenden Kalenderjahres abzustellen (vgl. BFH-Urteil vom 19.2.1976, V R 23/73, BStBl. II S. 400). [2]Entsprechend der Zweckbestimmung des § 19 Abs. 1 UStG ist hierbei die Grenze von 22 000 € und nicht die Grenze von 50 000 € maßgebend. [3]Es kommt somit nur darauf an, ob der Unternehmer nach den Verhältnissen des laufenden Kalenderjahres voraussichtlich die Grenze von 22 000 € nicht überschreitet (BFH-Urteil vom 22.11.1984, V R 170/83, BStBl. 1985 II S. 142).

(4a) [1] Bei einem Unternehmer, der seinen landwirtschaftlichen Betrieb verpachtet und dessen unternehmerische Betätigung im Bereich der Landwirtschaft sich in dieser Verpachtung erschöpft, so dass die Durchschnittssatzbesteuerung nach § 24 UStG nicht mehr angewendet werden kann, kann zu Beginn der Verpachtung für die Anwendung des § 19 Abs. 1 UStG aus Vereinfachungsgründen auf den voraussichtlichen Gesamtumsatz des laufenden Kalenderjahres abgestellt werden. [2] Beginnt die Verpachtung im Laufe eines Jahres, werden ebenfalls zur Vereinfachung die vor der Verpachtung erzielten Umsätze, die unter die Durchschnittssatzbesteuerung nach § 24 UStG fallen, bei der Ermittlung des Gesamtumsatzes des laufenden Jahres nicht berücksichtigt.

(5) [1] Geht ein Unternehmen im Wege der Erbfolge auf den Unternehmer über, ist zu berücksichtigen, dass er keinen Einfluss auf den Zeitpunkt der Änderung seiner Unternehmensverhältnisse hatte. [2] Zur Vermeidung einer unbilligen Härte kann daher der Unternehmer in diesen Fällen die Besteuerung für das laufende Kalenderjahr so fortführen, wie sie für den jeweiligen Teil des Unternehmens ohne Berücksichtigung der Gesamtumsatzverhältnisse anzuwenden wäre. [3] Hat z. B. der Unternehmer für sein bisheriges Unternehmen die Besteuerung nach den allgemeinen Vorschriften angewendet, der Rechtsvorgänger aber für den anderen Unternehmensteil auf Grund der dafür bestehenden Verhältnisse von § 19 Abs. 1 UStG Gebrauch gemacht, kann der Unternehmer diese beiden Besteuerungsformen bis zum Ablauf des Kalenderjahres fortführen, in dem die Erbfolge eingetreten ist. [4] Dem Unternehmer bleibt es allerdings überlassen, für das ganze Unternehmen einheitlich die Besteuerung nach den allgemeinen Vorschriften anzuwenden.

(6) [1] Bei der Ermittlung der maßgeblichen Grenzen von 22 000 € und 50 000 € bleiben die Umsätze von Wirtschaftsgütern des Anlagevermögens unberücksichtigt. [2] Das gilt sowohl bei einer Veräußerung als auch bei einer Entnahme für nichtunternehmerische Zwecke. [3] Ob ein Wirtschaftsgut des Anlagevermögens vorliegt, ist nach den für das Einkommensteuerrecht maßgebenden Grundsätzen zu beurteilen. [4] Die Ausnahme erstreckt sich auch auf entsprechende Wirtschaftsgüter, die einkommensteuerrechtlich nicht zu einem Betriebsvermögen gehören, z. B. bei der Veräußerung von Einrichtungsgegenständen durch einen nichtgewerblichen Vermieter von Ferienwohnungen.

19.2 Verzicht auf die Anwendung des § 19 Abs. 1 UStG

(1)[1)] [1] Der Unternehmer kann dem Finanzamt erklären, dass er auf die Anwendung des § 19 Abs. 1 UStG verzichtet. [2] Er unterliegt damit der Besteuerung nach den allgemeinen Vorschriften des Gesetzes. [3] Die Erklärung nach § 19 Abs. 2 Satz 1 UStG kann der Unternehmer bis zur Unanfechtbarkeit der Steuerfestsetzung abgeben. [4] Im Einzelnen gilt hierzu Folgendes:

1. [1] Die Erklärung gilt vom Beginn des Kalenderjahres an, für das der Unternehmer sie abgegeben hat. [2] Beginnt der Unternehmer seine gewerbliche oder berufliche Tätigkeit während des Kalenderjahres, gilt die Erklärung vom Beginn dieser Tätigkeit an.

[1)] Zum Verzicht auf die Kleinunternehmerregelung im Insolvenzfall siehe BFH v. 20.12. 2012 V R 23/11, BStBl. II 2013, 334.

2. [1]Für die Erklärung ist keine bestimmte Form vorgeschrieben. [2]Berechnet der Unternehmer in den Voranmeldungen oder in der Steuererklärung für das Kalenderjahr die Steuer nach den allgemeinen Vorschriften des UStG, ist darin grundsätzlich eine Erklärung im Sinne des § 19 Abs. 2 Satz 1 UStG zu erblicken (vgl. BFH-Urteile vom 19.12.1985, V R 167/82, BStBl. 1986 II S. 420, und vom 24.7.2013, XI R 14/11, BStBl. 2014 II S. 210). [3]Der Unternehmer kann mit einer Umsatzsteuererklärung, in der nur für einen Unternehmensteil die Steuer nach den allgemeinen Vorschriften des UStG berechnet wird, nicht rechtswirksam auf die Anwendung des § 19 Abs. 1 UStG verzichten (vgl. BFH-Urteil vom 24.7.2013, XI R 31/12, BStBl. 2014 II S. 214). [4]In Zweifelsfällen ist der Unternehmer zu fragen, welcher Besteuerungsform er seine Umsätze unterwerfen will. [5]Verbleiben Zweifel, kann eine Option zur Regelbesteuerung nicht angenommen werden (vgl. BFH-Urteile vom 24.7.2013, XI R 14/11, a. a. O., und vom 24.7.2013, XI R 31/12, a. a. O.).

(1a) [1]Nach Eröffnung des Insolvenzverfahrens steht die Befugnis, auf die Kleinunternehmerregelung zu verzichten, dem Insolvenzverwalter zu. [2]Er übt dieses Recht für das gesamte Unternehmen des Insolvenzschuldners aus (BFH-Urteil vom 20.12.2012, V R 23/11, BStBl. 2013 II S. 334).

(2) [1]Vor Eintritt der Unanfechtbarkeit der Steuerfestsetzung kann der Unternehmer die Erklärung mit Wirkung für die Vergangenheit zurücknehmen. [2]Nimmt der Unternehmer die Erklärung zurück, kann er die Rechnungen, in denen er die Umsatzsteuer gesondert ausgewiesen hat, nach § 14c Abs. 2 Sätze 3 bis 5 UStG berichtigen, vgl. dazu Abschnitt 14c.2 Abs. 6.

(3) [1]Nach Eintritt der Unanfechtbarkeit der Steuerfestsetzung bindet die Erklärung den Unternehmer mindestens für fünf Kalenderjahre (§ 19 Abs. 2 Satz 2 UStG). [2]Die Fünfjahresfrist ist vom Beginn des ersten Kalenderjahres an zu berechnen, für das die Erklärung gilt.

(4) [1]Für die Zeit nach Ablauf der Fünfjahresfrist kann der Unternehmer die Erklärung mit Wirkung vom Beginn eines Kalenderjahres an widerrufen (§ 19 Abs. 2 Satz 3 UStG). [2]Der Widerruf ist spätestens bis zur Unanfechtbarkeit der Steuerfestsetzung des Kalenderjahres, für das er gelten soll, zu erklären (§ 19 Abs. 2 Satz 4 UStG). [3]Im Falle des Widerrufs kann der Unternehmer die Rechnungen, in denen er die Umsatzsteuer gesondert ausgewiesen hat, nach § 14c Abs. 2 Sätze 3 bis 5 UStG berichtigen.

(5) [1]Hinsichtlich der Steuerfestsetzung ist zu berücksichtigen, dass die Umsatzsteuer eine Anmeldungssteuer ist. [2]Die nach § 18 Abs. 3 UStG zu übermittelnde Steuererklärung für das Kalenderjahr steht deshalb – erforderlichenfalls nach Zustimmung der Finanzbehörde – einer Steuerfestsetzung gleich (§ 168 AO). [3]Eine Steuerfestsetzung ist ferner die Festsetzung der Umsatzsteuer durch Steuerbescheid (§ 155 AO). [4]Keine Steuerfestsetzungen im Sinne des § 19 Abs. 2 Satz 1 UStG sind die Voranmeldung und die Festsetzung einer Vorauszahlung. [5]Durch ihre Unanfechtbarkeit wird deshalb die Möglichkeit, eine Erklärung nach § 19 Abs. 2 Satz 1 UStG abzugeben, nicht ausgeschlossen.

(6) [1]Eine Steuerfestsetzung ist unanfechtbar, wenn auf die Einlegung eines Rechtsbehelfs wirksam verzichtet oder ein Rechtsbehelf wirksam zurück-

genommen worden ist, wenn die Rechtsbehelfsfrist ohne Einlegung eines förmlichen Rechtsbehelfs abgelaufen oder wenn gegen den Verwaltungsakt oder die gerichtliche Entscheidung kein Rechtsbehelf mehr gegeben ist. [2]Dabei ist unter Unanfechtbarkeit die formelle Bestandskraft der erstmaligen Steuerfestsetzung zu verstehen, die auch in einer Steuerfestsetzung unter Vorbehalt der Nachprüfung oder in einer Steueranmeldung bestehen kann (vgl. BFH-Urteile vom 19.12.1985, V R 167/82, BStBl. 1986 II S. 420, und vom 11.12.1997, V R 50/94, BStBl. 1998 II S. 420).

19.3 Gesamtumsatz

(1) [1]Zum Gesamtumsatz im Sinne des § 19 Abs. 3 UStG gehören auch die vom Unternehmer ausgeführten Umsätze, die nach § 1 Abs. 3 UStG wie Umsätze im Inland zu behandeln sind, sowie die Umsätze, für die ein Anderer als Leistungsempfänger Steuerschuldner nach § 13b Abs. 5 UStG ist. [2]Zum Gesamtumsatz gehören nicht die private Verwendung eines dem Unternehmen zugeordneten Gegenstandes, die nicht nach § 3 Abs. 9a Nr. 1 UStG steuerbar ist, und die Umsätze, für die der Unternehmer als Leistungsempfänger Steuerschuldner nach § 13b Abs. 5 UStG ist. [3]Außerdem gehören die Lieferungen an den letzten Abnehmer in einem innergemeinschaftlichen Dreiecksgeschäft (§ 25b Abs. 2 UStG) nicht zum Gesamtumsatz beim letzten Abnehmer. [4]Für die Ermittlung des Gesamtumsatzes ist grundsätzlich die für die Besteuerung in Betracht kommende Bemessungsgrundlage (Abschnitte 10.1 bis 10.8) anzusetzen. [5]In den Fällen der Margenbesteuerung nach § 25 UStG sowie der Differenzbesteuerung nach § 25a UStG bestimmt sich der Gesamtumsatz abweichend von Satz 4 nach dem vereinnahmten Entgelt und nicht nach dem Differenzbetrag (vgl. EuGH-Urteil vom 29.7.2019, C-388/18, B).[1)]

(2) [1]Von den steuerbaren Umsätzen sind für die Ermittlung des Gesamtumsatzes die in § 19 Abs. 3 UStG genannten steuerfreien Umsätze abzuziehen. [2]Ob ein Umsatz als steuerfrei zu berücksichtigen ist, richtet sich nach den Vorschriften des laufenden Kalenderjahres. [3]Der Abzug ist nicht vorzunehmen, wenn der Unternehmer die in Betracht kommenden Umsätze nach § 9 UStG wirksam als steuerpflichtig behandelt hat (vgl. BFH-Urteil vom 15.10.1992, V R 91/87, BStBl. 1993 II S. 209). [4]Als Hilfsumsätze sind die Umsätze zu betrachten, die zwar zur unternehmerischen Tätigkeit des Unternehmens gehören, jedoch nicht den eigentlichen Gegenstand des Unternehmens bilden (BFH-Urteil vom 24.2.1988, X R 67/82, BStBl. II S. 622). [5]Hierzu zählen z. B.:

1. die Gewährung und Vermittlung von Krediten sowie die Umsätze von fremden Zahlungsmitteln oder Geldforderungen, z. B. Wechseln, im Zusammenhang mit Warenlieferungen;
2. der Verkauf eines Betriebsgrundstücks;
3. die Verschaffung von Versicherungsschutz für die Arbeitnehmer.

(3) [1]Die nach § 19 Abs. 3 Satz 3 UStG vorzunehmende Umrechnung des tatsächlichen Gesamtumsatzes in einen Jahresgesamtumsatz ist auch durchzu-

1) DStR 2019, 1685.

führen, wenn die gewerbliche oder berufliche Tätigkeit von vornherein auf einen Teil des Kalenderjahrs begrenzt war (BFH-Urteil vom 27.10.1993, XI R 86/90, BStBl. 1994 II S. 274). [2]Der Beginn der gewerblichen oder beruflichen Tätigkeit fällt mit dem Beginn des Unternehmens zusammen. [3]Bei der Umrechnung des tatsächlichen Gesamtumsatzes in einen Jahresumsatz ist deshalb das Kalenderjahr in den Zeitraum bis zum Beginn des Unternehmens und den Zeitraum danach aufzuteilen. [4]Eine Schulung des Unternehmers, die der Gründung des Unternehmens vorgeht, ist grundsätzlich noch keine gewerbliche oder berufliche Tätigkeit, die den Beginn des Unternehmens beeinflusst (vgl. BFH-Urteil vom 17.9.1998, V R 28/98, BStBl. 1999 II S. 146). [5]Die Umsätze aus der Veräußerung oder Entnahme des Anlagevermögens sind nicht in einen Jahresgesamtumsatz umzurechnen. [6]Sie sind deshalb vor der Umrechnung aus dem tatsächlichen Gesamtumsatz auszuscheiden und nach der Umrechnung des restlichen Umsatzes dem ermittelten Betrag hinzuzurechnen.

19.4 Verhältnis des § 19 zu § 24 UStG

Auf Abschnitt 19.1 Abs. 4a, Abschnitt 24.7 Abs. 4 und Abschnitt 24.8 Abs. 2 und 3 wird hingewiesen.

19.5 Wechsel der Besteuerungsform

Übergang von der Anwendung des § 19 Abs. 1 UStG zur Regelbesteuerung oder zur Besteuerung nach § 24 UStG

(1) Umsätze, die der Unternehmer vor dem Übergang zur Regelbesteuerung ausgeführt hat, fallen auch dann unter § 19 Abs. 1 UStG, wenn die Entgelte nach diesem Zeitpunkt vereinnahmt werden.

(2) Umsätze, die der Unternehmer nach dem Übergang ausführt, unterliegen der Regelbesteuerung.

(3) Zur Anwendung des § 15 UStG wird auf Abschnitt 15.1 Abs. 5, zur Anwendung des § 15a UStG wird auf Abschnitt 15a.2 Abs. 2 Satz 3 Nr. 3 und Abschnitt 15a.9 Abs. 1 bis 4 hingewiesen.

(4) Ändert sich nach dem Übergang die Bemessungsgrundlage für Umsätze, die vor dem Übergang ausgeführt worden sind, ist zu beachten, dass auf diese Umsätze § 19 Abs. 1 UStG anzuwenden ist.

(5) [1]Im Falle des Übergangs von der Anwendung des § 19 Abs. 1 UStG zur Besteuerung nach § 24 UStG gelten die Absätze 1, 2 und 4 sinngemäß. [2]Der Vorsteuerabzug regelt sich vom Zeitpunkt des Übergangs an ausschließlich nach § 24 Abs. 1 Satz 4 UStG.

Übergang von der Regelbesteuerung oder von der Besteuerung nach § 24 UStG zur Anwendung des § 19 Abs. 1 UStG

(6) [1]Umsätze, die der Unternehmer vor dem Übergang von der Regelbesteuerung zur Anwendung des § 19 Abs. 1 UStG ausgeführt hat, unterliegen der Regelbesteuerung. [2]Werden Entgelte für diese Umsätze nach dem Übergang vereinnahmt (Außenstände), gilt Folgendes:

1. [1]Hat der Unternehmer die Steuer vor dem Übergang nach vereinbarten Entgelten berechnet, waren die Umsätze bereits vor dem Übergang zu versteuern, und zwar in dem Besteuerungs- oder Voranmeldungszeitraum, in dem sie ausgeführt wurden (§ 13 Abs. 1 Nr. 1 Buchstabe a UStG). [2]Eine Besteuerung zum Zeitpunkt der Entgeltvereinnahmung entfällt.
2. Hat der Unternehmer die Steuer vor dem Übergang nach vereinnahmten Entgelten berechnet, sind die Umsätze nach dem Übergang der Regelbesteuerung zu unterwerfen, und zwar in dem Besteuerungs- oder Voranmeldungszeitraum, in dem die Entgelte vereinnahmt werden (§ 13 Abs. 1 Nr. 1 Buchstabe b UStG).

(7) [1]Umsätze, die der Unternehmer nach dem Übergang ausführt, fallen unter § 19 Abs. 1 UStG. [2]Sind Anzahlungen für diese Umsätze vor dem Übergang vereinnahmt und der Umsatzsteuer unterworfen worden, ist die entrichtete Steuer zu erstatten, sofern keine Rechnungen ausgestellt wurden, die zum Vorsteuerabzug berechtigen.

(8) Zur Anwendung des § 15 UStG wird auf Abschnitt 15.1 Abs. 6, zur Anwendung des § 15a UStG auf Abschnitt 15a.2 Abs. 2 Satz 3 Nr. 3 und Abschnitt 15a.9 Abs. 1 bis 4 hingewiesen.

(9) [1]Ändert sich nach dem Übergang die Bemessungsgrundlage für Umsätze, die vor dem Übergang ausgeführt worden sind, ist bei der Berichtigung der für diese Umsätze geschuldete Steuerbetrag (§ 17 Abs. 1 Satz 1 und Abs. 2 UStG) zu beachten, dass die Umsätze der Regelbesteuerung unterlegen haben. [2]Entsprechendes gilt für die Berichtigung von vor dem Übergang abgezogenen Steuerbeträgen nach § 17 Abs. 1 Satz 2 und Abs. 2 und 3 UStG.

(10) [1]Im Falle des Übergangs von der Besteuerung nach § 24 UStG zur Anwendung des § 19 Abs. 1 UStG gelten die Absätze 6 und 7 sinngemäß. [2]Der Vorsteuerabzug ist bis zum Zeitpunkt des Übergangs durch die Anwendung der Durchschnittssatzbesteuerung abgegolten. [3]Nach dem Zeitpunkt des Übergangs ist ein Vorsteuerabzug nicht mehr möglich.

Zu § 20 UStG

20.1 Berechnung der Steuer nach vereinnahmten Entgelten

(1) [1]Der Antrag auf Genehmigung der Besteuerung nach vereinnahmten Entgelten kann bis zum Eintritt der formellen Bestandskraft der jeweiligen Umsatzsteuer-Jahresfestsetzung gestellt werden (vgl. BFH-Urteil vom 10.12. 2008, XI R 1/08, BStBl. 2009 II S. 1026). [2]Dem Antrag kann grundsätzlich entsprochen werden, wenn der Unternehmer eine der Voraussetzungen des § 20 Satz 1 Nr. 1 bis 3 UStG erfüllt. [3]Eine Genehmigung ist unter den Vorbehalt des jederzeitigen Widerrufs zu stellen und erstreckt sich wegen des Prinzips der Abschnittsbesteuerung stets auf das volle Kalenderjahr. [4]Es handelt sich um einen begünstigenden Verwaltungsakt, der unter den Voraussetzungen der §§ 130, 131 AO zurückgenommen oder widerrufen werden kann. [5]Die Istversteuerung nach § 20 Satz 1 Nr. 2 UStG kommt nur bei besonderen Härten, wie z. B. dem Überschreiten der nach § 20 Satz 1 Nr. 1 UStG bestehenden Umsatzgrenze auf Grund außergewöhnlicher und einmaliger Ge-

schäftsvorfälle, nicht aber allgemein auf Grund einer fehlenden Buchführungspflicht in Betracht (vgl. BFH-Urteil vom 11.2.2010, V R 38/08, BStBl. II S. 873). [6] Die Genehmigung der Istversteuerung nach § 20 Satz 1 Nr. 3 UStG ist nicht zu erteilen, wenn der Unternehmer für die in der Vorschrift genannten Umsätze Bücher führt. [7] Dabei ist es unerheblich, ob die Bücher auf Grund einer gesetzlichen Verpflichtung oder freiwillig geführt werden (vgl. BFH-Urteil vom 22.7.2010, V R 4/09, BStBl. 2013 II S. 590).

(2) Zur Entstehung der Steuer bei der Besteuerung nach vereinnahmten Entgelten vgl. Abschnitt 13.6, zur Rechnungserteilung bei der Istversteuerung von Anzahlungen im Fall der Besteuerung nach vereinnahmten Entgelten vgl. Abschnitt 14.8.

(3) [1] § 20 Satz 3 UStG trifft keine von § 13 Abs. 1 Nr. 1 Buchstabe b UStG abweichende Regelung über die Entstehung der Steuer (vgl. BFH-Urteil vom 30.1.2003, V R 58/01, BStBl. II S. 817). [2] Zur Entstehung der Steuer beim Wechsel der Art der Steuerberechnung vgl. Abschnitt 13.6 Abs. 3. [3] Ein rückwirkender Wechsel von der Besteuerung nach vereinnahmten Entgelten zur Besteuerung nach vereinbarten Entgelten (§ 16 UStG) ist bis zur formellen Bestandskraft der jeweiligen Jahressteuerfestsetzung zulässig.

(4) [1] Dem Unternehmer kann die Besteuerung nach vereinnahmten Entgelten insbesondere dann gestattet werden, wenn der Gesamtumsatz (§ 19 Abs. 3 UStG) im vorangegangenen Kalenderjahr die Umsatzgrenze des § 20 Satz 1 Nr. 1 UStG nicht überschritten hat. [2] Im Jahr des Beginns der gewerblichen oder beruflichen Tätigkeit ist auf den voraussichtlichen Gesamtumsatz abzustellen. [3] In diesem Fall und wenn die gewerbliche oder berufliche Tätigkeit nur in einem Teil des vorangegangenen Kalenderjahres ausgeübt wurde, ist der Gesamtumsatz in einen Jahresumsatz umzurechnen (vgl. Abschnitt 19.3 Abs. 3).

Zu § 21a UStG

21a.1[1)] Sonderregelungen bei der Einfuhr von Sendungen mit einem Sachwert von höchstens 150 €

§ 21a UStG beinhaltet eine Sonderregelung für die Einfuhr von Sendungen mit einem Sachwert von höchstens 150 € zur Entrichtung der Einfuhrumsatzsteuer.

Beispiel:

[1] Ein in Südkorea ansässiger Händler H veräußert über die eigene Internetseite oder über eine elektronische Schnittstelle Handyzubehör (Sachwert: 50 €) an eine im Inland ansässige Privatperson. [2] Die Ware wird von H aus einem Lager in Südkorea an den Wohnsitz der Privatperson versendet. [3] Die Zollanmeldung in Deutschland erfolgt durch einen Post- oder Kurierdienstleister, welcher die Sonderregelung nach § 21a UStG in Anspruch nimmt und im Namen und für Rechnung der Privatperson handelt.

[4] Da die Zollanmeldung im Namen der Privatperson erfolgt, schuldet die Privatperson die Einfuhrumsatzsteuer und entrichtet diese bei Auslieferung der Ware an den Post- oder Kurierdienstleister. [5] Bis zum 10. Tag des auf die Einfuhr folgenden Monats hat der Post- oder Kurierdienstleister die Erklärung nach § 21a Abs. 5 Satz 1 UStG abzugeben. [6] Die Erklärung hat

---

[1)] A 21a.1 UStAE eingef. durch BMF v. 1.4.2021, BStBl. I 2021, 629, anzuwenden mWv 1.7.2021.

nach § 21a Abs. 5 Satz 3 UStG die Wirkung einer Steueranmeldung nach § 168 AO. [7]Zu dem für den Zahlungsaufschub gemäß Artikel 110 Buchstabe b UZK geltenden Termin entrichtet die gestellende Person die fällige Einfuhrumsatzsteuer an die Zollverwaltung.

Zu § 22 UStG
(§§ 63 bis 68 UStDV)

22.1 Ordnungsgrundsätze

(1) [1]Die allgemeinen Vorschriften über das Führen von Büchern und Aufzeichnungen der §§ 140 bis 148 AO gelten in Übereinstimmung mit § 63 Abs. 1 UStDV auch für die Aufzeichnungen für Umsatzsteuerzwecke. [2]Die Aufzeichnungen sind grundsätzlich im Geltungsbereich des UStG zu führen (vgl. § 146 Abs. 2 Satz 1 AO, § 14b UStG und Abschnitt 14b.1 Abs. 8 ff.); abweichend können elektronische Bücher und sonstige elektronische Aufzeichnungen unter den Voraussetzungen des § 146 Abs. 2a und Abs. 2b AO im Ausland geführt und aufbewahrt werden. [3]Sie sind mit den zugehörigen Belegen für die Dauer der Aufbewahrungsfrist (§ 147 Abs. 3 AO, § 14b UStG) geordnet aufzubewahren. [4]Für auf Thermopapier erstellte Belege gilt Abschnitt 14b.1 Abs. 5 entsprechend. [5]Das Finanzamt kann jederzeit verlangen, dass der Unternehmer die Unterlagen vorlegt. [6]Zur Führung der Aufzeichnungen bei Betriebsstätten und Organgesellschaften außerhalb des Geltungsbereichs des UStG vgl. § 146 Abs. 2 Sätze 2 ff. AO.

(2)[1)] [1]Die Aufzeichnungen und die zugehörigen Belege können unter bestimmten Voraussetzungen als Wiedergaben auf einem Bildträger – z. B. Mikrofilm – oder auf anderen Datenträgern – z. B. Magnetband, Magnetplatte, CD, DVD, Blu-Ray-Disc oder Flash-Speicher – aufbewahrt werden (vgl. § 147 Abs. 2 AO und AEAO zu § 147 Nr. 3 Satz 2). [2]Das bei der Aufbewahrung von Bild- oder anderen Datenträgern angewandte Verfahren muss den GoBD (vgl. BMF-Schreiben vom 28.11.2019, BStBl. I S. 1269) entsprechen. [3]Unter dieser Voraussetzung können die Originale der Geschäftsunterlagen grundsätzlich vernichtet werden. [4]Diese Aufbewahrungsformen bedürfen keiner besonderen Genehmigung. [5]Für das Lesbarmachen der nicht im Original aufbewahrten Aufzeichnungen und Geschäftsunterlagen ist § 147 Abs. 5 AO zu beachten.

(3) [1]Die Mikroverfilmung kann auch auf zollamtliche Belege angewandt werden. [2]Mikrofilmaufnahmen der Belege über Einfuhrumsatzsteuer bzw. Mikrokopien dieser Belege sind als ausreichender Nachweis für den Vorsteuerabzug nach § 15 Abs. 1 Satz 1 Nr. 2 UStG anzuerkennen. [3]Dies gilt auch für die Anerkennung von mikroverfilmten Zollbelegen zur Ausstellung von Ersatzbelegen oder zur Aufteilung zum Zwecke des Vorsteuerabzugs, wenn die vollständige oder teilweise Ungültigkeit des Originalbelegs auf der Mikrofilmaufnahme bzw. der Mikrokopie erkennbar ist.

(4) Die am Schluss eines Voranmeldungszeitraums zusammenzurechnenden Beträge (§ 63 Abs. 2 UStDV) müssen auch für den jeweiligen Besteuerungszeitraum zusammengerechnet werden.

[1)] Zur Archivierung von Rechnungen und Lieferscheinen auf CD siehe BayLfSt v. 20.1.2017 – S 0137.1.1 – 4/3 St 42, DStR 2017, 1391.

(5)[1] [1]In den Fällen des § 13a Abs. 1 Nr. 2 und 5, § 13b Abs. 5 und des § 14c Abs. 2 UStG gilt die Verpflichtung zur Führung von Aufzeichnungen auch für Personen, die nicht Unternehmer sind, in den Fällen des § 18k UStG auch für den im Auftrag handelnden Vertreter und in den Fällen des § 21a UStG für die gestellende Person (§ 22 Abs. 1 Satz 2 UStG). [2]Insoweit sind die Entgelte, Teilentgelte und die nach § 14c Abs. 2 UStG geschuldeten Steuerbeträge am Schluss eines jeden Voranmeldungszeitraums zusammenzurechnen (§ 63 Abs. 2 Satz 1 UStDV).

22.2 Umfang der Aufzeichnungspflichten

(1) [1]Der Umfang der Aufzeichnungspflichten ergibt sich aus § 22 Abs. 2 ff. UStG i. V. m. §§ 63 bis 67 UStDV. [2]Soweit die geforderten Angaben aus dem Rechnungswesen oder den Aufzeichnungen des Unternehmers für andere Zwecke eindeutig und leicht nachprüfbar hervorgehen, brauchen sie nicht noch gesondert aufgezeichnet zu werden.

(2) [1]Der Unternehmer ist sowohl bei der Sollversteuerung als auch bei der Istversteuerung verpflichtet, nachträgliche Minderungen oder Erhöhungen der Entgelte aufzuzeichnen. [2]Die Verpflichtung des Unternehmers, in den Aufzeichnungen ersichtlich zu machen, wie sich die Entgelte auf die steuerpflichtigen Umsätze, getrennt nach Steuersätzen, und auf die steuerfreien Umsätze verteilen, gilt entsprechend für nachträgliche Entgeltänderungen.

(3) [1]In den Fällen des § 17 Abs. 1 Satz 6 UStG hat der Schuldner der auf die Entgeltminderungen entfallenden Steuer – sog. Zentralregulierer – die Beträge der jeweiligen Entgeltminderungen gesondert von seinen Umsätzen aufzuzeichnen (§ 22 Abs. 2 Nr. 1 Satz 6 UStG). [2]Er hat dabei die Entgeltminderungen ggf. nach steuerfreien und steuerpflichtigen Umsätzen sowie nach Steuersätzen zu trennen.

(4) [1]Aus den Aufzeichnungen müssen die Umsätze hervorgehen, die der Unternehmer nach § 9 UStG als steuerpflichtig behandelt (§ 22 Abs. 2 Nr. 1 Satz 4 UStG). [2]Wird eine solche Leistung zusammen mit einer steuerpflichtigen Leistung ausgeführt und für beide ein einheitliches Entgelt vereinbart, kann aus Vereinfachungsgründen darauf verzichtet werden, den auf die einzelne Leistung entfallenden Entgeltteil zu errechnen und den Entgeltteil, der auf die freiwillig versteuerte Leistung entfällt, gesondert aufzuzeichnen.

(5) [1]Unternehmer, die ihre Umsätze nach vereinbarten Entgelten versteuern, haben neben den vereinbarten Entgelten auch sämtliche vor der Ausführung von Leistungen vereinnahmten Entgelte und Teilentgelte aufzuzeichnen. [2]Aufgezeichnet werden müssen nicht nur die vor der Ausführung der Leistung vereinnahmten Entgelte und Teilentgelte, für die die Steuer nach § 13 Abs. 1 Nr. 1 Buchstabe a Satz 4 UStG mit dem Ablauf des Voranmeldungszeitraums der Vereinnahmung entsteht, sondern auch die im Voraus vereinnahmten Entgelte und Teilentgelte, die auf steuerfreie Umsätze entfallen.

---

1) A 22.1 UStAE Abs. 5 Satz 1 neugef. durch BMF v. 1.4.2021, BStBl. I 2021, 629, anzuwenden mWv 1.7.2021.

(6) [1]Soweit die für noch nicht ausgeführte steuerpflichtige Leistungen vereinnahmten Entgelte und Teilentgelte auf Umsätze entfallen, die verschiedenen Steuersätzen unterliegen, sind sie nach § 22 Abs. 2 Nr. 2 Satz 2 UStG entsprechend getrennt aufzuzeichnen. [2]Entgelte und Teilentgelte, die im Voraus für Umsätze vereinnahmt werden, die der Unternehmer nach § 9 UStG als steuerpflichtig behandelt, müssen nach § 22 Abs. 2 Nr. 2 Satz 3 UStG gesondert aufgezeichnet werden (siehe auch Absatz 4).

(7) [1]Bei Lieferungen im Sinne des § 3 Abs. 1b UStG müssen als Bemessungsgrundlage nach § 10 Abs. 4 Satz 1 Nr. 1 UStG der Einkaufspreis zuzüglich der Nebenkosten für den Gegenstand oder für einen gleichartigen Gegenstand oder mangels eines Einkaufspreises die Selbstkosten jeweils zum Zeitpunkt des Umsatzes aufgezeichnet werden. [2]Für sonstige Leistungen im Sinne des § 3 Abs. 9a UStG sind die jeweils entstandenen Ausgaben aufzuzeichnen. [3]Dabei bleiben für sonstige Leistungen im Sinne des § 3 Abs. 9a Nr. 1 UStG Ausgaben unberücksichtigt, soweit sie nicht zum vollen oder teilweisen Vorsteuerabzug berechtigt haben (§ 22 Abs. 2 Nr. 1 Satz 3 UStG). [4]Die Sätze 1 bis 3 gelten auch, sofern für die Besteuerung die Mindestbemessungsgrundlagen (§ 10 Abs. 5 UStG) in Betracht kommen. [5]Soweit der Unternehmer bei Leistungen an sein Personal von lohnsteuerlichen Werten ausgeht (vgl. Abschnitt 1.8 Abs. 8), sind diese aufzuzeichnen.

(8) [1]Die Verpflichtung des Unternehmers, die Entgelte für steuerpflichtige Lieferungen und sonstige Leistungen, die an ihn für sein Unternehmen ausgeführt sind, und die darauf entfallende Steuer aufzuzeichnen (§ 22 Abs. 2 Nr. 5 UStG), erstreckt sich auch auf nachträgliche Entgeltminderungen und die entsprechenden Steuerbeträge. [2]Werden dem Unternehmer Entgeltminderungen für steuerfreie und steuerpflichtige Umsätze gewährt, kann das Finanzamt auf Antrag gestatten, dass er sie nach dem Verhältnis dieser Umsätze aufteilt. [3]Das Gleiche gilt, wenn die Umsätze an den Unternehmer verschiedenen Steuersätzen unterliegen. [4]Eine Aufteilung nach dem Verhältnis der vom Unternehmer bewirkten Umsätze ist nicht zulässig.

(9) [1]Die Aufzeichnung der Entgelte für empfangene steuerpflichtige Leistungen (§ 22 Abs. 2 Satz 1 Nr. 5 UStG) und der Einfuhrumsatzsteuer (§ 22 Abs. 2 Nr. 6 UStG in Verbindung mit § 64 UStDV) ist nicht erforderlich, wenn der Vorsteuerabzug nach § 15 Abs. 2 und 3 UStG ausgeschlossen ist oder deshalb entfällt, weil die Steuer in den Rechnungen nicht gesondert ausgewiesen ist. [2]Hiervon werden die Aufzeichnungspflichten nach anderen Vorschriften (z.B. § 238 Abs. 1, §§ 266, 275, 276 Abs. 1 HGB, §§ 141, 143 AO) nicht berührt. [3]Das Vorsteuerabzugsrecht ist wegen der Verletzung der Aufzeichnungspflichten nicht ausgeschlossen.

(10) Körperschaften, Personenvereinigungen und Vermögensmassen im Sinne des § 5 Abs. 1 Nr. 9 KStG, insbesondere Vereine, die ihre abziehbaren Vorsteuerbeträge nach dem Durchschnittssatz des § 23a UStG berechnen, sind von den Aufzeichnungspflichten nach § 22 Abs. 2 Nr. 5 und 6 UStG befreit (§ 66a UStDV).

(11) [1]Wird im Zusammenhang mit einer Einfuhr eine Lieferung an den Unternehmer bewirkt, sind entweder die Einfuhrumsatzsteuer – insbesondere in den Fällen des § 3 Abs. 6 UStG – oder das Entgelt und die darauf entfallende

Steuer – in den Fällen des § 3 Abs. 8 UStG – aufzuzeichnen. [2]Maßgebend ist, welchen Steuerbetrag der Unternehmer als Vorsteuer abziehen kann.

(12) Wegen der weiteren Aufzeichnungspflichten

1. in den Fällen der Berichtigung des Vorsteuerabzugs nach § 15a UStG vgl. Abschnitt 15a.12;
2. bei Reiseleistungen im Sinne des § 25 Abs. 1 UStG vgl. Abschnitt 25.5;
3. bei der Differenzbesteuerung vgl. § 25a Abs. 6 UStG, Abschnitt 25a.1 Abs. 16ff.;
4. bei der Verpflichtung zur Führung des Umsatzsteuerhefts vgl. BMF-Schreiben vom 30.4.1981, BStBl. I S. 312, und vom 17.1.1983, BStBl. I S. 105;[1)]
5. bei unternehmensinternen grenzüberschreitenden Warenbewegungen (Abschnitt 1a.2) vgl. Abschnitt 22.3 Abs. 3 bis 5;
6. *(aufgehoben)*
7. bei innergemeinschaftlichen Dreiecksgeschäften vgl. § 25b Abs. 6 UStG, Abschnitt 25b.1 Abs. 10;
8. bei der Lieferung von Zahnprothesen, die mit Hilfe eines CEREC-Geräts hergestellt werden: Die abzurechnenden Leistungen, die auf den Einsatz eines CEREC-Geräts entfallen, sind zum Zweck der Abgrenzung nach steuerfreien und steuerpflichtigen Umsätzen unter Angabe insbesondere der Leistungsnummern des Gebührenverzeichnisses der GOZ oder anderer Angaben getrennt aufzuzeichnen;
9. bei der Steuerschuldnerschaft des Leistungsempfängers vgl. § 22 Abs. 2 Nr. 8 UStG, Abschnitte 13b.17 und 22.4 Abs. 1 Satz 2 Nr. 2;
10. des/der liefernden Unternehmer(s), des Auslagerers sowie des Lagerhalters in den Fällen des § 4 Nr. 4a UStG, vgl. Rz. 47 und 48 des BMF-Schreibens vom 28.1.2004, BStBl. I S. 242;
11. in den Fällen der steuerbefreiten Leistungen an hilfsbedürftige Personen vgl. Abschnitt 4.16.2;
12. bei grenzüberschreitenden Personenbeförderungen im Luftverkehr vgl. Abschnitt 26.2 Abs. 5 Sätze 1 bis 3.

22.3 Aufzeichnungspflichten bei innergemeinschaftlichen Lieferungen, innergemeinschaftlichen sonstigen Leistungen im Sinne des § 3a Abs. 2 UStG und innergemeinschaftlichen Erwerben

(1) [1]Die allgemeinen Aufzeichnungspflichten gelten auch für innergemeinschaftliche Warenlieferungen (§ 22 Abs. 2 Nr. 1 UStG) und innergemeinschaftliche Erwerbe (§ 22 Abs. 2 Nr. 7 UStG). [2]Nach § 22 Abs. 2 Nr. 1 UStG hat der Unternehmer die Bemessungsgrundlage und die ggf. darauf entfallende Steuer für die innergemeinschaftlichen Lieferungen und für die fiktiven Lieferungen in den Fällen des innergemeinschaftlichen Verbringens von Ge-

[1)] Siehe auch OFD Frankfurt/M. v. 22.6.2018 – S 7389 A – 2 – St 111, StEd 2018, 491: Hinweise zum USt-Heft. – Zur Befreiung von der Führung des USt-Heftes vgl. BMF v. 5.11.2019, BStBl. I 1019, 1041.

genständen vom inländischen in den ausländischen Unternehmensteil aufzuzeichnen. [3] Aufzuzeichnen sind auch die innergemeinschaftlichen Lieferungen von neuen Fahrzeugen. [4] Nach § 22 Abs. 2 Nr. 7 UStG sind die innergemeinschaftlichen Erwerbe getrennt von den übrigen Aufzeichnungen der Bemessungsgrundlagen und Steuerbeträge aufzuzeichnen. [5] Hierunter fallen die Lieferungen im Sinne des § 1a Abs. 1 UStG und die innergemeinschaftlichen Verbringensfälle zwischen dem ausländischen und dem inländischen Unternehmensteil, die als fiktive Lieferungen gelten (vgl. Abschnitt 1a.2). [6] Zu den besonderen Aufzeichnungspflichten vgl. Absätze 3 bis 5. [7] Zu den für den Buchnachweis erforderlichen Aufzeichnungen vgl. § 17d UStDV.

(2) [1] Der Unternehmer ist auch für innergemeinschaftliche Lieferungen und innergemeinschaftliche Erwerbe verpflichtet, nachträgliche Minderungen oder Erhöhungen der Bemessungsgrundlagen aufzuzeichnen. [2] Die Verpflichtung des Unternehmers, in den Aufzeichnungen ersichtlich zu machen, wie sich die Bemessungsgrundlagen auf die steuerpflichtigen innergemeinschaftlichen Erwerbe, getrennt nach Steuersätzen, und auf die steuerfreien innergemeinschaftlichen Lieferungen verteilen, gilt entsprechend für nachträgliche Entgeltänderungen (vgl. Abschnitt 22.2 Abs. 2).

(3) [1] Der Unternehmer hat besondere Aufzeichnungspflichten in den Fällen zu beachten, in denen Gegenstände, die – ohne die Voraussetzungen für ein steuerbares Verbringen zu erfüllen – vom Inland zu seiner Verfügung (unternehmensintern) in das übrige Gemeinschaftsgebiet gelangen (§ 22 Abs. 4a UStG). [2] Der Unternehmer muss die Gegenstände in den folgenden Fällen der ihrer Art nach vorübergehenden Verwendung und der befristeten Verwendung (vgl. Abschnitt 1a.2 Abs. 9 bis 12) aufzeichnen, die im übrigen Gemeinschaftsgebiet nicht zu einer Erwerbsbesteuerung führen:

1. An den Gegenständen werden im übrigen Gemeinschaftsgebiet Arbeiten, z. B. Reparaturarbeiten, ausgeführt (§ 22 Abs. 4a Nr. 1 UStG), vgl. dazu Abschnitt 1a.2 Abs. 10 Nr. 3.
2. Die Gegenstände werden zur vorübergehenden Verwendung in das übrige Gemeinschaftsgebiet zur Ausführung sonstiger Leistungen verbracht, und der Unternehmer hat in dem Mitgliedstaat keine Zweigniederlassung (§ 22 Abs. 4a Nr. 2 UStG), vgl. dazu Abschnitt 1a.2 Abs. 10 Nr. 2 und 4.
3. [1] Das Verbringen der Gegenstände zur befristeten Verwendung in das übrige Gemeinschaftsgebiet wäre im Fall der Einfuhr uneingeschränkt steuerfrei, z. B. Ausstellungsstücke für Messen im übrigen Gemeinschaftsgebiet (§ 22 Abs. 4a Nr. 3 UStG), vgl. dazu Abschnitt 1a.2 Abs. 12. [2] Aufzuzeichnen sind auch die Fälle der vorübergehenden Verwendung eines Gegenstands bei einer Werklieferung, die im Bestimmungsmitgliedstaat steuerbar ist, wenn der Gegenstand wieder in das Inland zurückgelangt, vgl. dazu Beispiel 1 in Abschnitt 1a.2 Abs. 10 Nr. 1.

(4) Die besonderen Aufzeichnungspflichten gelten jeweils als erfüllt, wenn sich die aufzeichnungspflichtigen Angaben aus Buchführungsunterlagen, Versandpapieren, Karteien, Dateien und anderen im Unternehmen befindlichen Unterlagen eindeutig und leicht nachprüfbar entnehmen lassen.

(5) [1]Die besonderen Aufzeichnungen sind zu berichtigen, wenn der Gegenstand im Bestimmungsland untergeht oder veräußert wird oder wenn die Verwendungsfristen überschritten werden. [2]An die Stelle der besonderen Aufzeichnungen treten die allgemeinen Aufzeichnungspflichten für innergemeinschaftliche Lieferungen, vgl. dazu Abschnitt 1a.2 Abs. 13.

(6) [1]Die in § 1a Abs. 3 Nr. 1 UStG genannten Erwerber sind zur Aufzeichnung nach § 22 Abs. 2 Nr. 7 UStG verpflichtet, wenn sie die Erwerbsschwelle überschritten, zur Erwerbsbesteuerung optiert oder Gegenstände im Sinne des § 1a Abs. 5 UStG erworben haben. [2]Juristische Personen, die auch Unternehmer sind, haben die für das Unternehmen vorgenommenen Erwerbe grundsätzlich getrennt von den nicht für das Unternehmen bewirkten Erwerben aufzuzeichnen. [3]Eine entsprechende Trennung in den Aufzeichnungen ist nicht erforderlich, soweit die Steuerbeträge, die auf die für das Unternehmen vorgenommenen innergemeinschaftlichen Erwerbe entfallen, vom Vorsteuerabzug ausgeschlossen sind.

(7) Der Unternehmer hat die Erfüllung der nach § 18a Abs. 2 Satz 1 und § 18b Satz 1 Nr. 2 UStG bestehenden Verpflichtungen sicherzustellen, die Bemessungsgrundlagen für nach § 3a Abs. 2 UStG im übrigen Gemeinschaftsgebiet ausgeführte steuerpflichtige sonstige Leistungen, für die der in einem anderen Mitgliedstaat ansässige Leistungsempfänger die Steuer dort schuldet, in der Zusammenfassenden Meldung anzugeben bzw. in den Umsatzsteuer-Voranmeldungen und in der Umsatzsteuererklärung für das Kalenderjahr gesondert anzumelden.

22.3a[1)] Aufzeichnungspflichten bei Teilnahme an einem der besonderen Besteuerungsverfahren

(1) [1]Der nicht im Gemeinschaftsgebiet ansässige Unternehmer hat über die im Rahmen der Regelung nach § 18 Abs. 4c und 4d UStG vor dem 1.7.2021 getätigten Umsätze Aufzeichnungen mit ausreichenden Angaben zu führen. [2]Diese Aufzeichnungen sind dem BZSt auf Anfrage auf elektronischem Weg zur Verfügung zu stellen (§ 22 Abs. 1 Satz 4 erster Teilsatz UStG).

(2) [1]Der im übrigen Gemeinschaftsgebiet ansässige Unternehmer hat über die im Rahmen der Regelung nach § 18 Abs. 4e UStG vor dem 1.7.2021 getätigten Umsätze Aufzeichnungen mit ausreichenden Angaben zu führen. [2]Diese Aufzeichnungen sind der für das Besteuerungsverfahren zuständigen Finanzbehörde auf Anfrage auf elektronischem Weg zur Verfügung zu stellen (§ 22 Abs. 1 Satz 4 zweiter Teilsatz UStG).

(3) [1]Der im Inland ansässige Unternehmer hat über die im Rahmen der Regelung nach § 18h UStG vor dem 1.7.2021 getätigten Umsätze Aufzeichnungen mit ausreichenden Angaben zu führen. [2]Diese Aufzeichnungen sind dem BZSt und/oder der zuständigen Finanzbehörde des EU-Mitgliedstaats, in dessen Gebiet der Leistungsort liegt, auf Anfrage auf elektronischem Weg zur Verfügung zu stellen (Artikel 369 Abs. 2 Unterabs. 1 MwStSystRL).[2)]

---

1) A 22.3a UStAE neugef. durch BMF v. 1.4.2021, BStBl. I 2021, 629, anzuwenden mWv 1.7.2021.

2) **Steuergesetze** Nr. **550**.

(3a) [1]Der Unternehmer oder im Auftrag handelnde Vertreter hat über die im Rahmen der Regelungen nach §§ 18i, 18j, 18k und 21a UStG nach dem 30.6.2021 getätigten Umsätze oder Geschäftsvorgänge Aufzeichnungen mit ausreichenden Angaben zu führen. [2]Diese Aufzeichnungen sind dem BZSt, dem zuständigen Finanzamt, dem zuständigen Hauptzollamt und/oder der in einem anderen EU-Mitgliedstaat zuständigen Finanzbehörde auf Anfrage auf elektronischem Weg zur Verfügung zu stellen (§ 22 Abs. 1 Satz 4 dritter Teilsatz UStG).

(4) Aufzeichnungen mit ausreichenden Angaben im Sinne der Absätze 1 bis 3 sowie – in Bezug auf die Regelungen nach §§ 18i und 18j UStG – des Absatzes 3a enthalten folgende Informationen (vgl. Artikel 63c Abs. 1 MwStVO):[1)]

1. EU-Mitgliedstaat, in dessen Gebiet der Leistungsort liegt;
2. Art der erbrachten sonstigen Leistung oder Beschreibung und Menge der gelieferten Gegenstände;
3. Datum der Leistungserbringung;
4. Bemessungsgrundlage unter Angabe der verwendeten Währung;
5. jede anschließende Änderung der Bemessungsgrundlage;
6. anzuwendender Steuersatz;
7. Betrag der zu zahlenden Umsatzsteuer unter Angabe der verwendeten Währung;
8. Datum und Betrag der erhaltenen Zahlungen;
9. alle vor Erbringung der Leistung erhaltenen Anzahlungen;
10. falls eine Rechnung ausgestellt wurde, die darin enthaltenen Informationen;
11. in Bezug auf sonstige Leistungen die Informationen, die zur Bestimmung des Ortes verwendet werden, an dem der Empfänger ansässig ist oder seinen Wohnsitz oder gewöhnlichen Aufenthaltsort hat, und in Bezug auf Lieferungen die Informationen, die zur Bestimmung des Ortes verwendet werden, an dem die Versendung oder Beförderung der Gegenstände zum Erwerber beginnt und endet;
12. jegliche Nachweise über etwaige Rücksendungen von Gegenständen, einschließlich der Bemessungsgrundlage und des anzuwendenden Steuersatzes.

(4a) In Bezug auf die Regelung nach § 18k UStG enthalten Aufzeichnungen mit ausreichenden Angaben im Sinne des Absatzes 3a folgende Informationen (vgl. Artikel 63c Abs. 2 MwStVO):[1)]

1. EU-Mitgliedstaat, in dessen Gebiet der Lieferort liegt;
2. Beschreibung und Menge der gelieferten Gegenstände;
3. Datum der Lieferung;

[1)] **Steuergesetze** Nr. **550a**.

4. Bemessungsgrundlage unter Angabe der verwendeten Währung;
5. jede anschließende Änderung der Bemessungsgrundlage;
6. anzuwendender Steuersatz;
7. Betrag der zu zahlenden Umsatzsteuer unter Angabe der verwendeten Währung;
8. Datum und Betrag der erhaltenen Zahlungen;
9. falls eine Rechnung ausgestellt wurde, die darin enthaltenen Informationen;
10. Informationen, die zur Bestimmung des Ortes verwendet werden, an dem die Versendung oder Beförderung der Gegenstände zum Erwerber beginnt und endet;
11. Nachweise über etwaige Rücksendungen von Gegenständen, einschließlich der Bemessungsgrundlage und des anzuwendenden Steuersatzes;
12. die Bestellnummer oder die eindeutige Transaktionsnummer;
13. die eindeutige Sendungsnummer, falls der Unternehmer unmittelbar an der Lieferung beteiligt ist.

(5) Die Aufbewahrungsfrist für die Aufzeichnungen nach den Absätzen 1 bis 3a beträgt zehn Jahre (§ 147 Abs. 3 AO sowie Artikel 369 Abs. 2 Unterabs. 2, Artikel 369k Abs. 2 Unterabs. 2 und Artikel 369x Abs. 2 Unterabs. 2 MwStSystRL).[1)]

22.3b[2)] Aufzeichnungspflichten bei Lieferungen in ein Lager im Sinne des § 6b UStG

Allgemeines

(1) [1]Die allgemeinen Ordnungsgrundsätze nach Abschnitt 22.1 gelten entsprechend. [2]Für die Erfüllung der Aufzeichnungspflichten können der Unternehmer und der Erwerber einen Dritten beauftragen.

Aufzeichnungspflichten Unternehmer

(2) Der Umfang der Aufzeichnungspflichten für den Unternehmer ergibt sich aus § 22 Abs. 4f UStG.

Aufzeichnungspflichten Erwerber

(3) Der Umfang der Aufzeichnungspflichten für den Erwerber ergibt sich aus § 22 Abs. 4g UStG.

Aufzeichnungspflichten Lagerhalter

(4) [1]Die Aufzeichnungspflichten nach Absatz 1 gelten auch für einen für die Haltung eines Lagers im Sinne des § 6b UStG eingesetzten Dritten (Lagerhalter). [2]Der Umfang der Aufzeichnungspflichten für den Lagerhalter ergibt sich ebenfalls aus § 22 Abs. 4g UStG.

[1)] **Steuergesetze** Nr. **550**.

[2)] A 22.3b UStAE eingef. durch BMF v. 10.12.2021, BStBl. I 2021, 2492; Anwendungsregelung siehe Anlage 8.

22.4 Aufzeichnungen bei Aufteilung der Vorsteuern

(1) [1] Unternehmer, die nach § 15 Abs. 4 UStG nur teilweise zum Vorsteuerabzug berechtigt sind und die deshalb die angefallenen Vorsteuerbeträge aufzuteilen haben, brauchen außer den Vorsteuerbeträgen, die voll vom Vorsteuerabzug ausgeschlossen sind, auch die vom Vorsteuerabzug ausgeschlossenen anteiligen Vorsteuerbeträge nicht gesondert aufzuzeichnen. [2] Aufgezeichnet werden müssen aber in den Fällen, in denen Vorsteuerbeträge nur teilweise abziehbar sind,

1. die Entgelte für die betreffenden steuerpflichtigen Leistungen an den Unternehmer, die für diese Leistungen gesondert in Rechnung gestellten gesamten Steuerbeträge und die als Vorsteuern abziehbaren Teilbeträge;
2. die Entgelte für die betreffenden steuerpflichtigen Leistungen an den Unternehmer, für die der Unternehmer die Steuer nach § 13b Abs. 5 UStG schuldet, und die als Vorsteuer abziehbaren Teilbeträge;
3. die vorausgezahlten Entgelte und Teilentgelte für die betreffenden steuerpflichtigen Leistungen an den Unternehmer, die dafür gesondert in Rechnung gestellten gesamten Steuerbeträge und die als Vorsteuern abziehbaren Teilbeträge;
4. die gesamten Einfuhrumsatzsteuerbeträge für die für das Unternehmen eingeführten Gegenstände und die als Vorsteuern abziehbaren Teilbeträge sowie die Bemessungsgrundlagen für die Einfuhren oder Hinweise auf die entsprechenden zollamtlichen Belege;
5. die Bemessungsgrundlage für den innergemeinschaftlichen Erwerb von Gegenständen und die als Vorsteuern abziehbaren Teilbeträge.

(2) In den Fällen der Vorsteueraufteilung sind die Bemessungsgrundlagen für die Umsätze, die nach § 15 Abs. 2 und 3 UStG den Vorsteuerabzug ausschließen, getrennt von den Bemessungsgrundlagen der übrigen Umsätze mit Ausnahme der Einfuhren, der innergemeinschaftlichen Erwerbe und der Leistungsbezüge, für die der Unternehmer die Steuer nach § 13b Abs. 5 UStG schuldet, aufzuzeichnen, und zwar unabhängig von der allgemeinen Verpflichtung zur Trennung der Bemessungsgrundlagen nach § 22 Abs. 2 UStG.

22.5 Erleichterungen der Aufzeichnungspflichten

(1) [1] Durch § 63 Abs. 3 und 5 UStDV werden die Aufzeichnungspflichten nach § 22 Abs. 2 UStG allgemein erleichtert. [2] Den Unternehmern ist es hiernach gestattet, für ihre Umsätze und die an sie ausgeführten Umsätze die jeweiligen Bruttobeträge einschließlich der Steuer getrennt nach Steuersätzen aufzuzeichnen und am Schluss eines Voranmeldungszeitraums insgesamt in Bemessungsgrundlage und Steuer aufzuteilen. [3] Beträge für die an den Unternehmer ausgeführten Umsätze dürfen in das Verfahren der Bruttoaufzeichnung nur einbezogen werden, wenn in der jeweiligen Rechnung die Steuer in zutreffender Höhe gesondert ausgewiesen ist. [4] Die Bruttoaufzeichnung darf außerdem nicht für die Leistungen des Unternehmers vorgenommen werden, für die in den Rechnungen die Steuer zu Unrecht oder zu hoch ausgewiesen ist.

(2) Bei der Einfuhr genügt es, wenn die entstandene Einfuhrumsatzsteuer mit einem Hinweis auf einen entsprechenden zollamtlichen Beleg aufgezeichnet wird (§ 64 UStDV).

(3) [1]Kleinunternehmer im Sinne des § 19 Abs. 1 UStG müssen nur die Werte der Gegenleistungen aufzeichnen (§ 65 UStDV). [2]Als Wert der erhaltenen Gegenleistungen ist grundsätzlich der vereinnahmte Preis anzugeben.

(4) [1]Unternehmer, die ihre abziehbaren Vorsteuerbeträge nach Durchschnittssätzen (§§ 23, 23a UStG, §§ 66a, 69, 70 Abs. 1 UStDV) berechnen, brauchen die Entgelte oder Teilentgelte für die empfangenen Leistungen sowie die dafür in Rechnung gestellten Steuerbeträge nicht aufzuzeichnen. [2]Ebenso entfällt die Verpflichtung zur Aufzeichnung der Einfuhrumsatzsteuer. [3]Soweit neben den Durchschnittssätzen Vorsteuern gesondert abgezogen werden können (§ 70 Abs. 2 UStDV), gelten die allgemeinen Aufzeichnungspflichten.

(5) Land- und Forstwirte, die ihre Umsätze nach den Durchschnittssätzen des § 24 UStG versteuern, haben die Bemessungsgrundlagen für die Umsätze mit den in der Anlage 2 des UStG nicht aufgeführten Sägewerkserzeugnissen und Getränken sowie mit alkoholischen Flüssigkeiten aufzuzeichnen (§ 67 UStDV).

(6) Die Erleichterungen berühren nicht die Verpflichtung zur Aufzeichnung der Steuerbeträge, die nach § 14c UStG geschuldet werden.

22.6 Erleichterungen für die Trennung der Bemessungsgrundlagen

Grundsätze

(1) [1]Der Unternehmer kann eine erleichterte Trennung der Bemessungsgrundlagen nach Steuersätzen (§ 63 Abs. 4 UStDV) nur mit Genehmigung des Finanzamts vornehmen. [2]Das Finanzamt hat die Genehmigung schriftlich unter dem Vorbehalt des jederzeitigen Widerrufs zu erteilen. [3]In der Genehmigungsverfügung sind die zugelassenen Erleichterungen genau zu bezeichnen. [4]Eine vom Unternehmer ohne Genehmigung des Finanzamts vorgenommene erleichterte Trennung der Bemessungsgrundlagen kann aus Billigkeitsgründen anerkannt werden, wenn das angewandte Verfahren bei rechtzeitiger Beantragung hätte zugelassen werden können. [5]Eine solche Erleichterung der Aufzeichnungspflichten kommt allerdings nicht in Betracht, wenn eine Registrierkasse mit Zählwerken für mehrere Warengruppen oder eine entsprechende andere Speichermöglichkeit eingesetzt wird.

(2) [1]Entsprechende Erleichterungen können auf Antrag auch für die Trennung in steuerfreie und steuerpflichtige Umsätze sowie für nachträgliche Entgeltminderungen (vgl. Absatz 20) gewährt werden. [2]Die Finanzämter können auch andere als die in Absatz 9 ff. bezeichneten Verfahren zulassen, wenn deren steuerliches Ergebnis nicht wesentlich von dem Ergebnis einer nach Steuersätzen getrennten Aufzeichnung abweicht. [3]Ob ein abweichendes Verfahren oder ein Wechsel des Verfahrens zugelassen werden kann und wie das Verfahren ausgestaltet sein muss, hat das Finanzamt in jedem Einzelfall zu prüfen. [4]Die Anwendung des Verfahrens kann auf einen in der Gliederung des Unternehmens gesondert geführten Betrieb beschränkt werden (§ 63 Abs. 4 Satz 4 UStDV).

Aufschlagsverfahren

(3) [1]Die Aufschlagsverfahren (Absätze 9 bis 16) kommen vor allem für Unternehmer in Betracht, die nur erworbene Waren liefern, wie z. B. Lebensmitteleinzelhändler, Drogisten, Buchhändler. [2]Sie können aber auch von Unternehmern angewendet werden, die – wie z. B. Bäcker oder Fleischer – neben erworbenen Waren in erheblichem Umfang hergestellte Erzeugnisse liefern. [3]Voraussetzung ist jedoch, dass diese Unternehmer, sofern sie für die von ihnen hergestellten Waren die Verkaufsentgelte oder die Verkaufspreise rechnerisch ermitteln, darüber entsprechende Aufzeichnungen führen.

(4) [1]Eine Trennung der Bemessungsgrundlagen nach dem Verhältnis der Eingänge an begünstigten und an nicht begünstigten Waren kann nur in besonders gelagerten Einzelfällen zugelassen werden. [2]Die Anwendung brancheneinheitlicher Durchschnittsaufschlagsätze oder eines vom Unternehmer geschätzten durchschnittlichen Aufschlagsatzes kann nicht genehmigt werden. [3]Die Berücksichtigung eines Verlustabschlags für Verderb, Bruch, Schwund, Diebstahl usw. bei der rechnerischen Ermittlung der nicht begünstigten Umsätze auf Grund der Wareneingänge ist, sofern Erfahrungswerte oder andere Unterlagen über die Höhe der Verluste nicht vorhanden sind, von der Führung zeitlich begrenzter Aufzeichnungen über die eingetretenen Verluste abhängig zu machen (vgl. BFH-Urteil vom 18.11.1971, V R 85/71, BStBl. 1972 II S. 202).

(5) Die von den Unternehmern im Rahmen eines zugelassenen Verfahrens angewandten Aufschlagsätze unterliegen der Nachprüfung durch die Finanzämter.

(6) [1]In Fällen, in denen ein Unternehmen oder ein Betrieb erworben wird, sind bei der Anwendung eines Aufschlagsverfahrens (Absätze 9 bis 16) die übertragenen Warenbestände als Wareneingänge in die rechnerische Ermittlung der begünstigten und der nicht begünstigten Umsätze einzubeziehen (vgl. BFH-Urteil vom 11.6.1997, XI R 18/96, BStBl. II S. 633). [2]Diese Berechnung ist für den Voranmeldungszeitraum vorzunehmen, der nach der Übertragung der Warenbestände endet. [3]Der Unternehmer hat die bei dem Erwerb des Unternehmens oder Betriebs übernommenen Warenbestände aufzuzeichnen und dabei die Waren, deren Lieferungen nach § 12 Abs. 1 UStG dem allgemeinen Steuersatz unterliegen, von denen zu trennen, auf deren Lieferungen nach § 12 Abs. 2 Nr. 1 UStG der ermäßigte Steuersatz anzuwenden ist. [4]Die Gliederung nach den auf die Lieferungen anzuwendenden Steuersätzen kann auch im Eröffnungsinventar vorgenommen werden.

(7) [1]Dies gilt auch, wenn ein Unternehmen gegründet wird. [2]In diesem Falle sind bei einer erleichterten Trennung der Bemessungsgrundlagen nach den Wareneingängen die vor der Eröffnung angeschafften Waren (Warenanfangsbestand) in die rechnerische Ermittlung der begünstigten und der nicht begünstigten Umsätze für den ersten Voranmeldungszeitraum einzubeziehen. [3]Nach den Grundsätzen des Absatzes 6 ist auch in den Fällen zu verfahren, in denen ein Verfahren zur Trennung der Bemessungsgrundlagen umgestellt wird (vgl. BFH-Urteil vom 11.6.1997, XI R 18/96, BStBl. II S. 633).

(8) Wechselt der Unternehmer mit Zustimmung des Finanzamts das Aufschlagsverfahren oder innerhalb des genehmigten Aufschlagsverfahrens die aufzuzeichnende Umsatzgruppe oder wird das Verfahren zur erleichterten Trennung der Entgelte auf der Grundlage des Wareneingangs ganz oder teilweise eingestellt, sind die Warenendbestände von der Bemessungsgrundlage des letzten Voranmeldungszeitraums abzuziehen.

Anwendung tatsächlicher und üblicher Aufschläge

(9) [1]Die erworbenen Waren, deren Lieferungen dem ermäßigten Steuersatz unterliegen, sind im Wareneingangsbuch oder auf dem Wareneinkaufskonto getrennt von den übrigen Waren aufzuzeichnen, deren Lieferungen nach dem allgemeinen Steuersatz zu versteuern sind. [2]Auf der Grundlage der Wareneingänge sind entweder die Umsätze der Waren, die dem allgemeinen Steuersatz unterliegen, oder die steuerermäßigten Umsätze rechnerisch zu ermitteln. [3]Zu diesem Zweck ist im Wareneingangsbuch oder auf dem Wareneinkaufskonto für diese Waren neben der Spalte „Einkaufsentgelt“ eine zusätzliche Spalte mit der Bezeichnung „Verkaufsentgelt“ einzurichten. [4]Die Waren der Gruppe, für die die zusätzliche Spalte „Verkaufsentgelt“ geführt wird, sind grundsätzlich einzeln und mit genauer handelsüblicher Bezeichnung im Wareneingangsbuch oder auf dem Wareneinkaufskonto einzutragen. [5]Statt der handelsüblichen Bezeichnung können Schlüsselzahlen oder Symbole verwendet werden, wenn ihre eindeutige Bestimmung aus der Eingangsrechnung oder aus anderen Unterlagen gewährleistet ist. [6]Bei der Aufzeichnung des Wareneingangs sind auf Grund der tatsächlichen oder üblichen Aufschlagsätze die tatsächlichen bzw. voraussichtlichen Verkaufsentgelte für die betreffenden Waren zu errechnen und in die zusätzliche Spalte des Wareneingangsbuchs oder des Wareneinkaufskontos einzutragen. [7]Nach Ablauf eines Voranmeldungszeitraums sind die in der zusätzlichen Spalte aufgezeichneten tatsächlichen oder voraussichtlichen Verkaufsentgelte zusammenzurechnen. [8]Die Summe bildet den Umsatz an begünstigten bzw. nicht begünstigten Waren und ist nach Hinzurechnung der Steuer unter Anwendung des in Betracht kommenden Steuersatzes von der Summe der im Voranmeldungszeitraum vereinbarten oder vereinnahmten Entgelte zuzüglich Steuer (Bruttopreise) abzusetzen. [9]Der Differenzbetrag stellt die Summe der übrigen Entgelte zuzüglich der Steuer nach dem anderen Steuersatz dar.

(10) [1]Anstelle der Aufgliederung im Wareneingangsbuch oder auf dem Wareneinkaufskonto kann auch für eine der Warengruppen ein besonderes Buch geführt werden. [2]Darin sind die begünstigten oder nicht begünstigten Waren unter ihrer handelsüblichen Bezeichnung mit Einkaufsentgelt und tatsächlichem oder voraussichtlichem Verkaufsentgelt aufzuzeichnen. [3]Statt der handelsüblichen Bezeichnung können Schlüsselzahlen oder Symbole verwendet werden (vgl. Absatz 9). [4]Die Aufzeichnungen müssen Hinweise auf die Eingangsrechnungen oder auf die Eintragungen im Wareneingangsbuch oder auf dem Wareneinkaufskonto enthalten.

(11) [1]Die Verkaufsentgelte, die beim Wareneingang besonders aufzuzeichnen sind, können bereits auf den Rechnungen nach Warenarten zusammengestellt werden. [2]Dabei genügt es, im Wareneingangsbuch, auf dem

Wareneinkaufskonto oder in einem besonderen Buch die Sammelbezeichnungen für diese Waren anzugeben und die jeweiligen Summen der errechneten Verkaufsentgelte einzutragen. ³Zur weiteren Vereinfachung des Verfahrens können die Einkaufsentgelte von Waren mit gleichen Aufschlagsätzen in gesonderten Spalten zusammengefasst werden. ⁴Die aufgezeichneten Einkaufsentgelte für diese Warengruppen sind am Schluss des Voranmeldungszeitraums zusammenzurechnen. ⁵Aus der Summe der Einkaufsentgelte für die einzelne Warengruppe sind durch Hinzurechnung der Aufschläge die Verkaufsentgelte und damit rechnerisch die Umsätze an diesen Waren zu ermitteln.

(12) ¹Das Verfahren kann in der Weise abgewandelt werden, dass der Unternehmer beim Wareneingang sowohl für die begünstigten als auch für die nicht begünstigten Waren die tatsächlichen bzw. voraussichtlichen Verkaufsentgelte gesondert aufzeichnet. ²Nach Ablauf des Voranmeldungszeitraums werden die gesondert aufgezeichneten Verkaufsentgelte für beide Warengruppen zusammengerechnet. ³Den Summen dieser Verkaufsentgelte wird die Steuer nach dem jeweils in Betracht kommenden Steuersatz hinzugesetzt. ⁴Der Gesamtbetrag der im Voranmeldungszeitraum vereinbarten oder vereinnahmten Entgelte zuzüglich Steuer (Bruttopreise) wird nach dem Verhältnis zwischen den rechnerisch ermittelten Verkaufspreisen beider Warengruppen aufgeteilt.

(13) ¹Macht der Unternehmer von der Möglichkeit des § 63 Abs. 5 UStDV Gebrauch, kann er anstelle der Einkaufsentgelte und Verkaufsentgelte die Einkaufspreise und Verkaufspreise (Entgelt und Steuerbetrag in einer Summe) aufzeichnen. ²Außerdem kann ein Unternehmer, der die Einkaufsentgelte aufzeichnet, durch Hinzurechnung der Aufschläge und der in Betracht kommenden Steuer die Verkaufspreise errechnen und diese in seinen Aufzeichnungen statt der Verkaufsentgelte angeben.

Anwendung eines gewogenen Durchschnittsaufschlags

(14) ¹Die erworbenen Waren, deren Lieferungen dem ermäßigten Steuersatz unterliegen, sind im Wareneingangsbuch oder auf dem Wareneinkaufskonto getrennt von den übrigen Waren aufzuzeichnen, deren Lieferungen nach dem allgemeinen Steuersatz zu versteuern sind. ²Die Umsätze der Waren, die dem allgemeinen Steuersatz unterliegen, oder die steuerermäßigten Umsätze sind auf der Grundlage der Einkaufsentgelte unter Berücksichtigung des gewogenen Durchschnittsaufschlagsatzes für die betreffende Warengruppe rechnerisch zu ermitteln. ³Diese rechnerische Ermittlung ist grundsätzlich für die Umsatzgruppe vorzunehmen, die den geringeren Anteil am gesamten Umsatz bildet. ⁴Zu der rechnerischen Umsatzermittlung sind am Schluss eines Voranmeldungszeitraums die Einkaufsentgelte der betreffenden Warengruppe zusammenzurechnen. ⁵Dem Gesamtbetrag dieser Einkaufsentgelte ist der gewogene Durchschnittsaufschlag hinzuzusetzen. ⁶Die Summe beider Beträge bildet den Umsatz der betreffenden Warengruppe und ist nach Hinzurechnung der Steuer unter Anwendung des in Betracht kommenden Steuersatzes von der Summe der im Voranmeldungszeitraum vereinbarten oder vereinnahmten Entgelte zuzüglich Steuer (Bruttopreise) abzusetzen. ⁷Der Differenzbetrag stellt die Summe der übrigen Entgelte zuzüglich der Steuer nach dem anderen Steuersatz dar.

(15) [1]Der gewogene Durchschnittsaufschlagsatz ist vom Unternehmer festzustellen. [2]Dabei ist von den tatsächlichen Verhältnissen in mindestens drei für das Unternehmen repräsentativen Monaten eines Kalenderjahrs auszugehen. [3]Der Unternehmer ist – sofern sich die Struktur seines Unternehmens nicht ändert – berechtigt, den von ihm ermittelten gewogenen Durchschnittsaufschlagsatz für die Dauer von 5 Jahren anzuwenden. [4]Nach Ablauf dieser Frist oder im Falle einer Änderung der Struktur des Unternehmens ist der Durchschnittsaufschlagsatz neu zu ermitteln. [5]Als Strukturänderung ist auch eine wesentliche Änderung des Warensortiments anzusehen. [6]Absatz 13 gilt entsprechend.

Filialunternehmen

(16) [1]Von Filialunternehmen kann die Trennung der Bemessungsgrundlagen statt nach den vorbezeichneten Verfahren (Absätze 9 bis 15) auch in der Weise vorgenommen werden, dass die tatsächlichen Verkaufsentgelte der Waren, deren Lieferungen dem ermäßigten Steuersatz unterliegen oder nach dem allgemeinen Steuersatz zu versteuern sind, im Zeitpunkt der Auslieferung an den einzelnen Zweigbetrieb gesondert aufgezeichnet werden. [2]Eine getrennte Aufzeichnung der Wareneingänge ist in diesem Falle entbehrlich. [3]Nach Ablauf eines Voranmeldungszeitraums sind die Verkaufsentgelte für die in diesem Zeitraum an die Zweigbetriebe ausgelieferten Waren einer der gesondert aufgezeichneten Warengruppen zusammenzurechnen. [4]Die Summe dieser Verkaufsentgelte ist nach Hinzurechnung der Steuer unter Anwendung des in Betracht kommenden Steuersatzes von der Summe der im Voranmeldungszeitraum vereinbarten oder vereinnahmten Entgelte zuzüglich Steuer (Bruttopreise) abzusetzen. [5]Aus dem verbleibenden Differenzbetrag ist die Steuer unter Zugrundelegung des anderen Steuersatzes zu errechnen. [6]Absätze 12 und 13 gelten entsprechend.

Verfahren für Personen-Beförderungsunternehmen

(17) [1]Die Finanzämter können Beförderungsunternehmen, die neben steuerermäßigten Personenbeförderungen im Sinne des § 12 Abs. 2 Nr. 10 UStG auch Personenbeförderungen ausführen, die dem allgemeinen Steuersatz unterliegen, auf Antrag gestatten, die Entgelte nach dem Ergebnis von Repräsentativerhebungen dieser Unternehmen zu trennen. [2]Die repräsentativen Verkehrszählungen müssen in angemessenen Zeiträumen bzw. bei Änderungen der Verhältnisse wiederholt werden.

Verfahren für Spediteure, Frachtführer, Verfrachter, Lagerhalter, Umschlagunternehmer und dergleichen

(18) [1]Spediteuren und anderen Unternehmern, die steuerfreie Umsätze im Sinne des § 4 Nr. 3 UStG ausführen – z. B. Frachtführern, Verfrachtern, Lagerhaltern und Umschlagunternehmern –, kann auf Antrag gestattet werden, folgendes Verfahren anzuwenden:
[2]In den Aufzeichnungen brauchen grundsätzlich nur die Entgelte für steuerpflichtige Umsätze von den gesamten übrigen in Rechnung gestellten Beträgen getrennt zu werden. [3]Eine getrennte Aufzeichnung der durchlaufenden Posten sowie der Entgelte für nicht steuerbare Umsätze, die den Vorsteuerabzug nicht ausschließen, und für steuerfreie Umsätze nach § 4 Nr. 3 UStG ist

grundsätzlich nicht erforderlich. [4]Gesondert aufgezeichnet werden müssen aber die Entgelte

1. für steuerermäßigte Umsätze im Sinne des § 12 Abs. 2 UStG;
2. für die nach § 4 Nr. 1 und 2 UStG steuerfreien Umsätze;
3. für die nach § 4 Nr. 8 ff. UStG steuerfreien Umsätze und für die nicht steuerbaren Umsätze, die den Vorsteuerabzug ausschließen sowie
4. für nach § 3a Abs. 2 UStG im übrigen Gemeinschaftsgebiet ausgeführte steuerpflichtige sonstige Leistungen, für die der in einem anderen Mitgliedstaat ansässige Leistungsempfänger die Steuer dort schuldet.

[5]Unberührt bleibt die Verpflichtung des Unternehmers zur Führung des Ausfuhr- und Buchnachweises für die nach § 4 Nr. 1 bis 3 und 5 UStG steuerfreien Umsätze.

(19) Die Genehmigung dieses Verfahrens ist mit der Auflage zu verbinden, dass der Unternehmer, soweit er Umsätze bewirkt, die nach § 15 Abs. 2 und 3 UStG den Vorsteuerabzug ausschließen, die Vorsteuerbeträge nach § 15 Abs. 4 UStG diesen und den übrigen Umsätzen genau zurechnet.

Nachträgliche Entgeltminderungen

(20) [1]Unternehmer, für die eine erleichterte Trennung der Bemessungsgrundlagen zugelassen worden ist, sind berechtigt, nachträgliche Minderungen der Entgelte z. B. durch Skonti, Rabatte und sonstige Preisnachlässe nach dem Verhältnis zwischen den Umsätzen, die verschiedenen Steuersätzen unterliegen, sowie den steuerfreien und nicht steuerbaren Umsätzen eines Voranmeldungszeitraums aufzuteilen. [2]Einer besonderen Genehmigung bedarf es hierzu nicht.

(21) [1]Die Finanzämter können auch anderen Unternehmern, die in großem Umfang Umsätze ausführen, die verschiedenen Steuersätzen unterliegen, auf Antrag widerruflich Erleichterungen für die Trennung nachträglicher Entgeltminderungen gewähren. [2]Diesen Unternehmern kann ebenfalls gestattet werden, die Entgeltminderungen eines Voranmeldungszeitraums in dem gleichen Verhältnis aufzuteilen, in dem die nicht steuerbaren, steuerfreien und den verschiedenen Steuersätzen unterliegenden Umsätze des gleichen Zeitraums zueinander stehen. [3]Voraussetzung für die Zulassung dieses Verfahrens ist, dass die Verhältnisse zwischen den Umsatzgruppen innerhalb der einzelnen Voranmeldungszeiträume keine nennenswerten Schwankungen aufweisen. [4]Bei der Anwendung dieses Verfahrens kann aus Vereinfachungsgründen grundsätzlich außer Betracht bleiben, ob bei einzelnen Umsätzen tatsächlich keine Entgeltminderungen eintreten oder ob die Höhe der Entgeltminderungen bei den einzelnen Umsätzen unterschiedlich ist. [5]Soweit jedoch für bestimmte Gruppen von Umsätzen Minderungen der Entgelte in jedem Falle ausscheiden, sind diese Umsätze bei der Aufteilung der Entgeltminderungen nicht zu berücksichtigen.

Beispiel:

[1]Landwirtschaftliche Bezugs- und Absatzgenossenschaften gewähren für ihre Umsätze im Bezugsgeschäft (Verkauf von Gegenständen des landwirtschaftlichen Bedarfs), nicht jedoch für ihre Umsätze im Absatzgeschäft (Verkauf der von Landwirten angelieferten Erzeugnisse)

Warenrückvergütungen. [2]Sie haben bei einer vereinfachten Aufteilung dieser Rückvergütungen nur von den Umsätzen im Bezugsgeschäft auszugehen.

Merkblatt

(22) Weitere Hinweise enthält das Merkblatt zur erleichterten Trennung der Bemessungsgrundlagen (§ 63 Abs. 4 UStDV), Stand Mai 2009 (BMF-Schreiben vom 6.5.2009, BStBl. I S. 681).

Zu § 22f UStG[1)]

22f.1[2)] Aufzeichnungspflichten für Betreiber elektronischer Schnittstellen im Sinne von § 25e Abs. 1 UStG beim Handel mit Waren

(1) [1]Für Lieferungen eines Unternehmers, die mittels einer elektronischen Schnittstelle (vgl. Abschnitt 25e.1 Abs. 1 Satz 2) unterstützt werden und bei denen die Beförderung oder Versendung im Inland beginnt oder endet, muss der Betreiber der elektronischen Schnittstelle im Sinne von § 25e Abs. 1 UStG (Betreiber) die in § 22f Abs. 1 Satz 1 UStG aufgeführten Angaben aufzeichnen. [2]Für Lieferungen, bei denen der Betreiber einer elektronischen Schnittstelle in die fiktive Lieferkette nach § 3 Abs. 3a Sätze 1 und 2 UStG einbezogen ist, vgl. Abschnitt 22f.3 Abs. 2.

(2) [1]Für Lieferungen nach Absatz 1 Satz 1 muss der Betreiber ab dem 1.7.2021 neben den bisher in § 22f Abs. 1 Satz 1 UStG vorgesehenen Angaben zusätzlich die elektronische Adresse oder Website des liefernden Unternehmers, die Bankverbindung oder die Nummer des virtuellen Kontos des Lieferers – soweit diese bekannt ist –, eine Beschreibung des gelieferten Gegenstandes und die Bestellnummer oder die eindeutige Transaktionsnummer – soweit bekannt – aufzeichnen. [2]Als Nachweis über die steuerliche Erfassung des liefernden Unternehmers muss der Betreiber ab dem 1.7.2021 die diesem nach § 27a UStG erteilte USt-IdNr. aufzeichnen (§ 22f Abs. 1 Satz 1 Nr. 3 UStG). [3]In Fällen, in denen der liefernde Unternehmer im Inland keine steuerbaren Umsätze im allgemeinen Besteuerungsverfahren (§ 18 Abs. 1 bis 4 UStG) zu erklären hat, es daher keiner steuerlichen Erfassung im Inland bedarf und somit die Voraussetzungen für die Vergabe einer USt-IdNr. nach § 27a UStG nicht vorliegen, wird auf Abschnitt 25e.2 verwiesen. [4]Die nach § 22f Abs. 1 Sätze 2 und 3 UStG in der bis zum 30.6.2021 geltenden Fassung erteilte Bescheinigung als Nachweis über die steuerliche Erfassung des liefernden Unternehmers wird für Lieferungen, die nach dem 30.6.2021 ausgeführt werden, als Nachweis über die steuerliche Erfassung nicht mehr anerkannt. [5]Bis zum 15.8.2021 wird es jedoch nicht beanstandet, wenn der Betreiber anstelle der dem Unternehmer nach § 27a UStG erteilten USt-IdNr. die diesem nach § 22f Abs. 1 Satz 2 UStG in der bis zum 30.6.2021 geltenden Fassung erteilte Bescheinigung über die Erfassung als Steuerpflichtiger (Unternehmer) vorhält.

---

1) Zu Vordruckmustern in diesem Zusammenhang siehe zwei BMF-Schreiben v. 28.7.2021: USt 1 TK, BStBl. I 2021, 1081; USt 1 TL, BStBl. I 2021, 1084.

2) A 22f.1 UStAE eingef. durch BMF v. 20.4.2021, BStBl. I 2021, 705, anzuwenden mWv 1.7.2021.

(3) [1]Für die nach § 22f Abs. 1 Satz 1 Nr. 6 UStG aufzuzeichnenden Angaben zum Ort des Beginns der Beförderung oder der Versendung sowie zum Bestimmungsort gelten zur Ortbestimmung die allgemeinen Regelungen des UStG (vgl. § 3 Abs. 5a bis 8 UStG). [2]Die Ortsangabe des Bestimmungsortes ist als vollständige Anschrift aufzuzeichnen. [3]Für die Bestimmung des nach § 22f Abs. 1 Satz 1 Nr. 7 UStG aufzuzeichnenden Zeitpunkts des Umsatzes sind die Regelungen des § 3 Abs. 5a bis 8 UStG entsprechend anzuwenden. [4]Die Höhe des Umsatzes (nach § 22f Abs. 1 Satz 1 Nr. 7 UStG) bemisst sich nach dem Wert der Leistung, d. h. dem Preis, zu dem der Leistungsaustausch auf der elektronischen Schnittstelle zustande gekommen ist. [5]Entgeltminderungen sind nicht gesondert aufzuzeichnen. [6]Eine Lieferung im umsatzsteuerlichen Sinne (vgl. § 3 Abs. 1 UStG) liegt nicht vor, wenn der Empfänger der Lieferung die Ware nicht annimmt bzw. wenn der Empfänger der Lieferung die Ware in der vom Lieferer vorgegebenen Frist zurücksendet (Rückgabe).

(4) [1]Erfolgte die Registrierung beim Betreiber nicht als Unternehmer im Sinne von § 2 UStG, gelten die in § 22f Abs. 1 Satz 1 Nr. 1 und 6 bis 9 UStG enthaltenen Aufzeichnungspflichten entsprechend. [2]Als Anschrift ist die Wohn- bzw. Meldeadresse des Lieferers aufzuzeichnen. [3]Zudem ist für Zwecke der eindeutigen Identifizierung des Lieferers bei natürlichen Personen zusätzlich zu den Angaben in Sätzen 1 und 2 das Geburtsdatum aufzuzeichnen (§ 22f Abs. 2 Satz 2 UStG).

(5) [1]Die nach den Absätzen 1 bis 4 aufzuzeichnenden Angaben sind gemäß § 22f Abs. 4 Satz 1 UStG vom Ende des Jahres an, in dem der Umsatz bewirkt wurde, zehn Jahre lang aufzubewahren. [2]Auf Anforderung des Finanzamtes sind die Daten diesem elektronisch zu übermitteln. [3]Einzelheiten zur Übermittlung der Daten nach § 27 Abs. 25 Satz 1 UStG wird das Bundesministerium der Finanzen durch eine mit Zustimmung des Bundesrates zu erlassende Rechtsverordnung regeln (vgl. § 22f Abs. 5 UStG). [4]Eine Finanzbehörde kann auch dann ein Sammelauskunftsersuchen nach § 93 Abs. 1a Satz 1 AO zur Übermittlung von Daten an einen Betreiber einer elektronischen Schnittstelle stellen, wenn kein hinreichender Anlass für die Ermittlungen besteht oder andere zumutbare Maßnahmen zur Sachverhaltsaufklärung einen Erfolg versprechen würden. [5]Insoweit findet § 93 Abs. 1a Satz 2 AO keine Anwendung (vgl. § 22f Abs. 4 Satz 2 UStG). [6]Die Vorschriften der AO zu den Aufzeichnungs- und Aufbewahrungspflichten gelten entsprechend. [7]Dies gilt insbesondere für § 146 AO und GOBD (vgl. BMF-Schreiben vom 28.11.2019, BStBl. I S. 1269). [8]Verstöße gegen die bestehenden gesetzlichen Aufzeichnungs- und Aufbewahrungspflichten können nach Maßgabe der AO als Ordnungswidrigkeit (§ 379 AO) geahndet werden.

22f.2[1)] Benennung eines Empfangsbevollmächtigten im Inland in besonderen Fällen

[1]Nach § 22f Abs. 1 Satz 2 UStG müssen Unternehmer ohne Wohnsitz oder gewöhnlichen Aufenthalt, Sitz oder Geschäftsleitung im Inland, in einem

[1)] A 22f.2 UStAE eingef. durch BMF v. 20.4.2021, BStBl. I 2021, 705, anzuwenden mWv 1.7.2021.

anderen Mitgliedstaat der Europäischen Union oder in einem Staat, auf den das Abkommen über den Europäischen Wirtschaftsraum anwendbar ist, die beabsichtigen, Lieferungen über eine elektronische Schnittstelle auszuführen, die im Inland steuerpflichtig sind, dem für die Umsatzbesteuerung nach § 1 UStZustV zuständigen Finanzamt mit der Antragstellung auf steuerliche Erfassung einen Empfangsbevollmächtigten im Inland benennen. [2]Der zu benennende Empfangsbevollmächtigte muss nicht zur unbeschränkten Hilfe in Steuersachen nach § 3 StBerG befugt sein. [3]Treten die Voraussetzungen für die Benennung eines Empfangsbevollmächtigten erst zu einem späteren Zeitpunkt ein, hat die Benennung unaufgefordert und unmittelbar gegenüber dem zuständigen Finanzamt nach Satz 1 zu erfolgen. [4]§ 123 Sätze 2 und 3 AO gelten entsprechend (vgl. § 22f Abs. 1 Satz 2 UStG).

22f.3[1)] Weitere Aufzeichnungspflichten für Betreiber elektronischer Schnittstellen

(1) Unterstützt der Betreiber einer elektronischen Schnittstelle (vgl. Abschnitt 3.18 Abs. 3) die Erbringung einer sonstigen Leistung an einen Empfänger nach § 3a Abs. 5 Satz 1 UStG, ohne Teil einer fiktiven Leistungskette zu werden, muss er hierzu insbesondere folgende Angaben aufzeichnen (vgl. § 22f Abs. 3 Satz 1 UStG):

- den vollständigen Namen und die vollständige Anschrift des Leistungserbringers,
- die elektronische Adresse oder Website des Leistungserbringers,
- die Steuernummer oder USt-IdNr. des Leistungserbringers – soweit bekannt –,
- die Bankverbindung oder Nummer des virtuellen Kontos des Leistungserbringers – soweit bekannt –,
- eine Beschreibung der erbrachten Leistung,
- den Wert der erbrachten Leistung, d. h. den Preis, zu dem der Leistungsaustausch auf der elektronischen Schnittstelle zustande gekommen ist,
- den Ort und den Zeitpunkt der Erbringung der Leistung,
- die Bestellnummer oder die eindeutige Transaktionsnummer – soweit bekannt –.

(2) Unterstützt der Betreiber einer elektronischen Schnittstelle (vgl. Abschnitt 3.18 Abs. 3) die Erbringung einer Lieferung innerhalb der Gemeinschaft im Rahmen einer fiktiven Lieferkette nach § 3 Abs. 3a UStG oder wird ein Unternehmer in die Erbringung einer sonstigen Leistung, die über ein Telekommunikationsnetzwerk, eine Schnittstelle oder ein Portal erbracht wird, eingeschaltet und gilt dieser daher nach § 3 Abs. 11a UStG als im eigenen Namen und für fremde Rechnung handelnd, sind hierzu insbesondere folgende Angaben aufzuzeichnen (vgl. § 22f Abs. 3 UStG):

1. für im Rahmen der Regelungen nach §§ 18i und 18j UStG getätigte Umsätze die Angaben nach Abschnitt 22.3a Abs. 4.

---

1) A 22f.3 UStAE eingef. durch BMF v. 20.4.2021, BStBl. I 2021, 705, anzuwenden mWv 1.7.2021.

2. für nicht im Rahmen der Regelungen nach §§ 18i und 18j UStG getätigte Umsätze die Angaben nach Abschnitt 22.2 und 22.3.

(3) [1]Die Aufzeichnungen nach den Absätzen 1 und 2 sind entsprechend § 22f Abs. 4 Satz 1 UStG elektronisch und vom Ende des Jahres an, in dem der Umsatz bewirkt wurde, zehn Jahre lang aufzubewahren. [2]Auf Anforderung des Finanzamtes sind die Daten diesem elektronisch zu übermitteln. [3]Einzelheiten zur Übermittlung der Daten nach § 27 Abs. 25 Satz 2 UStG wird das Bundesministerium der Finanzen durch eine mit Zustimmung des Bundesrates zu erlassende Rechtsverordnung regeln (vgl. § 22f Abs. 5 UStG). [4]Eine Finanzbehörde kann auch dann ein Sammelauskunftsersuchen nach § 93 Abs. 1a Satz 1 AO zur Übermittlung von Daten an einen Betreiber einer elektronischen Schnittstelle stellen, wenn kein hinreichender Anlass für die Ermittlungen besteht oder andere zumutbare Maßnahmen zur Sachverhaltsaufklärung einen Erfolg versprechen würden. [5]Insoweit findet § 93 Abs. 1a Satz 2 AO keine Anwendung (vgl. § 22f Abs. 4 Satz 2 UStG). [6]Die Vorschriften der AO zu den Aufzeichnungs- und Aufbewahrungspflichten gelten entsprechend. [7]Dies gilt insbesondere für § 146 AO und die GOBD (vgl. BMF-Schreiben vom 28.11. 2019, BStBl. I S. 1269). [8]Verstöße gegen die bestehenden gesetzlichen Aufzeichnungs- und Aufbewahrungspflichten können nach Maßgabe der AO als Ordnungswidrigkeit (§ 379 AO) geahndet werden.

Zu § 23 UStG

(§§ 69, 70 UStDV, Anlage der UStDV)

23.1 Anwendung der Durchschnittssätze[1)]

(1) [1]Die in der Anlage zur UStDV festgesetzten Durchschnittssätze sind für den Unternehmer und für das Finanzamt verbindlich. [2]Insbesondere ist nicht zu prüfen, ob und ggf. inwieweit die danach ermittelte Vorsteuer von der tatsächlich entstandenen Vorsteuer abweicht. [3]Die Anwendung des Durchschnittssatzes ist deshalb auch dann nicht zu beanstanden, wenn im Einzelfall eine erhebliche Abweichung festgestellt wird (vgl. BFH-Urteil vom 11.1. 1990, V R 189/84, BStBl. II S. 405).

(2) [1]Die Durchschnittssätze können nur von solchen Unternehmern in Anspruch genommen werden, deren Umsatz im Sinne des § 69 Abs. 2 UStDV in den einzelnen in der Anlage der UStDV bezeichneten Berufs- und Gewerbezweigen im vorangegangenen Kalenderjahr 61 356 € nicht überstiegen hat und die außerdem nicht verpflichtet sind, Bücher zu führen und auf Grund jährlicher Bestandsaufnahmen regelmäßig Abschlüsse zu machen. [2]Zur Bemessungsgrundlage für die Berechnung des Vorsteuerabzuges nach Durchschnittssätzen zählen auch steuerfreie Umsätze, soweit sie nicht besonders ausgenommen sind. [3]Auf den Gesamtumsatz des Unternehmers wird nicht abgestellt.

(3) [1]Hat der Unternehmer, der einen Durchschnittssatz in Anspruch nehmen will, seine gewerbliche oder berufliche Tätigkeit nur in einem Teil des

---

1) Zu Aufzeichnungspflichten vgl. § 66 UStDV und A 22.5 Abs. 4 UStAE.

vorangegangenen Kalenderjahres ausgeübt, ist der tatsächliche Umsatz im Sinne des § 69 Abs. 2 UStDV in einen Jahresumsatz umzurechnen. 2 § 19 Abs. 3 Sätze 3 und 4 UStG ist entsprechend anzuwenden. 3 Bei Betriebseröffnungen innerhalb des laufenden Kalenderjahres ist der voraussichtliche Umsatz im Sinne des § 69 Abs. 2 UStDV dieses Jahres maßgebend (vgl. BFH-Beschluss vom 27.6.2006, V B 143/05, BStBl. II S. 732). 4 Das gilt auch dann, wenn sich nachträglich herausstellen sollte, dass der tatsächliche vom voraussichtlichen Umsatz abweicht. 5 Erwirbt ein Unternehmer ein anderes Unternehmen im Wege der Gesamtrechtsnachfolge, kann für die Berechnung des Umsatzes des vorangegangenen Kalenderjahres von einer Zusammenrechnung der Umsätze des Unternehmers und seines Rechtsvorgängers abgesehen werden (vgl. Abschnitt 19.1 Abs. 5).

23.2 Berufs- und Gewerbezweige

(1) 1 Bei den Berufs- und Gewerbezweigen, für die Durchschnittssätze festgelegt werden, handelt es sich um Gruppen von Unternehmern, bei denen hinsichtlich der Besteuerungsgrundlagen annähernd gleiche Verhältnisse vorliegen. 2 Die jeweils festgesetzten Durchschnittssätze können daher nur solche Unternehmer in Anspruch nehmen, die die wesentlichen Leistungen des Berufs- und Gewerbezweiges erbringen (vgl. BFH-Urteil vom 18.5.1995, V R 7/94, BStBl. II S. 751). 3 Der Abgrenzung der einzelnen Berufs- und Gewerbezweige liegt in den Fällen des Abschnitts A Teile I bis III und des Abschnitts B Nr. 1, 3 bis 6 der Anlage der UStDV die „Systematik der Wirtschaftszweige“ Ausgabe 1961 – herausgegeben vom Statistischen Bundesamt – zu Grunde. 4 Diese Systematik kann bei Zweifelsfragen zur Abgrenzung herangezogen werden. 5 Eine unternehmerische Tätigkeit, bei der hinsichtlich der Besteuerungsgrundlagen keine annähernd gleichen Verhältnisse zu den in der Anlage der UStDV bezeichneten Berufs- und Gewerbezweigen vorliegen, kann für Zwecke des Vorsteuerabzugs nicht schätzungsweise aufgeteilt werden.

(2) 1 Die Anwendung der Durchschnittssätze wird nicht dadurch ausgeschlossen, dass die Unternehmer der in der Anlage der UStDV bezeichneten Berufs- und Gewerbezweige auch Umsätze ausführen, die üblicherweise in das Gebiet anderer Berufs- oder Gewerbezweige fallen. 2 Bei den Handelsbetrieben müssen jedoch die maßgeblichen Umsätze der in der Anlage der UStDV jeweils bezeichneten Gegenstände überwiegen. 3 In allen anderen Fällen können die Durchschnittssätze eines Berufs- oder Gewerbezweigs dann angewendet werden, wenn die maßgeblichen Umsätze aus der zusätzlichen Tätigkeit 25% des gesamten Umsatzes aus dem jeweiligen Berufs- oder Gewerbezweig – einschließlich des Umsatzes aus der zusätzlichen Tätigkeit – nicht übersteigen. 4 Werden diese Anteile überschritten, können die in Betracht kommenden Durchschnittssätze zwar auf die Umsätze im Sinne des § 69 Abs. 2 UStDV aus der Haupttätigkeit, nicht aber auf die Umsätze aus der Nebentätigkeit angewendet werden. 5 Für die Nebentätigkeit besteht jedoch die Möglichkeit, einen anderen Durchschnittssatz in Anspruch zu nehmen, soweit die betreffende Nebentätigkeit unter einen der in der Anlage der UStDV bezeichneten Berufs- und Gewerbezweige fällt.

(3) [1]Bei den unter Abschnitt A Teil IV Nr. 2 der Anlage der UStDV genannten Berufen bedeutet die Aufnahme in die Verordnung nicht, dass die Angehörigen dieses Berufskreises stets als selbständige Unternehmer im Sinne des Umsatzsteuerrechts anzusehen sind. [2]Diese Frage ist vielmehr nach den allgemeinen Grundsätzen zu entscheiden (vgl. Abschnitt 2.2). [3]Zu den selbständigen Mitarbeitern bei Bühne, Film, Funk usw. können gehören: Aufnahmeleiter, Bühnenarchitekten, Bühnenbildner, Choreografen, Chorleiter, Conférenciers, Cutter, Dirigenten, Dramaturgen, Grafiker, Kabarettisten, Kameraleute, Kapellmeister, Kostümbildner, Lektoren, Maskenbildner, Musikarrangeure, Musikberater, Musiker, Produktionsassistenten, Produktionsleiter, Regisseure, Sänger, Schauspieler, Souffleusen, Sprecher, Standfotografen, Tänzer und Tonmeister.

(4) [1]Die Umsätze eines Hochschullehrers aus freiberuflicher Nebentätigkeit können, soweit sie nicht z.B. nach § 4 Nr. 21 UStG von der Umsatzsteuer befreit sind, nach Abschnitt A Teil IV Nr. 3 der Anlage der UStDV der Pauschalierung unterliegen. [2]Eine Nebentätigkeit zur unselbständigen Tätigkeit ist anzunehmen, wenn sie sich als Ausfluss der Hochschullehrertätigkeit darstellt. [3]Nicht als Nebentätigkeit angesehen werden kann eine Tätigkeit, die vom Arbeitgeber der Haupttätigkeit vergütet wird und mit dieser unmittelbar zusammenhängt (vgl. BFH-Urteil vom 29.1.1987, IV R 189/85, BStBl. II S. 783). [4]Die Nebentätigkeit muss von der Haupttätigkeit eindeutig abgrenzbar sein. [5]Die Beurteilung, ob es sich um eine freiberufliche Tätigkeit handelt, richtet sich nach § 18 EStG.

(5) [1]Die Grenzen zwischen den Berufen der Journalisten und Schriftsteller (Abschnitt A Teil IV Nr. 4 und 5 der Anlage der UStDV) sind nicht immer eindeutig, da auch die Grundlage des Journalistenberufs eine schriftstellerische oder dieser ähnliche Betätigung ist. [2]Der Journalist ist im Hauptberuf regelmäßig für Zeitungen oder Zeitschriften tätig. [3]Er kann jedoch auch in Nachrichten- und Korrespondenzbüros, bei Pressestellen, in der Werbung oder bei Film und Funk arbeiten. [4]Der Journalist sammelt überwiegend aktuelle Informationen und Nachrichten entweder mit Hilfe von Nachrichtenbüros oder durch Reisen, Reportagen, Umfragen usw. und verarbeitet dieses Nachrichten- und Informationsmaterial in die für den Auftraggeber erforderliche überwiegend schriftstellerische Form.

(6) Die für Schriftsteller festgesetzten Durchschnittssätze können auch von Komponisten, Liederdichtern und Librettisten angewendet werden, nicht jedoch für Übersetzer (vgl. BFH-Urteil vom 23.7.2009, V R 66/07, BStBl. II S. 86).

23.3 Umfang der Durchschnittssätze

(1) [1]Die Vorschrift des § 70 UStDV bestimmt in Verbindung mit der Anlage der UStDV den Umfang der Durchschnittssätze. [2]Der wesentliche Teil der festgesetzten Durchschnittssätze dient der Berechnung der gesamten abziehbaren Vorsteuer. [3]Soweit die Durchschnittssätze der Berechnung nur eines Teils der abziehbaren Vorsteuer dienen, sind die zusätzlich abziehbaren Vorsteuerbeträge in § 70 Abs. 2 UStDV besonders aufgeführt.

(2) [1]Zum Vorsteuerabzug beim Wechsel der Besteuerungsform wird auf Abschnitt 15.1 Abs. 5 und 6 hingewiesen. [2]Zur Berichtigung des Vorsteuerabzugs beim Wechsel der Besteuerungsform vgl. Abschnitt 15a.9.

23.4 Verfahren

(1) Zur Frage, wann eine Steuerfestsetzung unanfechtbar ist, wird auf Abschnitt 19.2 Abs. 6 verwiesen.

(2) [1]Der Antrag auf Besteuerung nach einem festgesetzten Durchschnittssatz, seine Rücknahme und sein Widerruf sind an keine bestimmte Form gebunden und können auch durch schlüssiges Verhalten vorgenommen werden (vgl. BFH-Urteil vom 11.12.1997, V R 50/94, BStBl. 1998 II S. 420). [2]Berechnet der Unternehmer zum Beispiel in den Voranmeldungen oder in der Jahreserklärung die Vorsteuer nach einem Durchschnittssatz, ist darin ein Antrag zu sehen. [3]Eines besonderen Bescheides bedarf es nur bei Ablehnung des Antrages.

(3) Ein Widerruf im Sinne des § 23 Abs. 3 Satz 2 UStG liegt nicht vor, wenn der Antrag auf Besteuerung nach Durchschnittssätzen zurückgenommen wird, bevor die Steuerfestsetzung zumindest eines Kalenderjahres, für das ein Durchschnittssatz in Anspruch genommen wurde, unanfechtbar geworden ist.

(4) [1]Der Wegfall von Voraussetzungen für die Anwendung von Durchschnittssätzen (Überschreiten der 61 356 €-Grenze oder Eintritt der Buchführungspflicht) gilt nicht als Widerruf, wenn der Unternehmer die Durchschnittssätze für das Kalenderjahr wieder in Anspruch nimmt, bei dessen Beginn die Voraussetzungen zuerst wieder vorliegen. [2]Macht der Unternehmer von dieser Möglichkeit keinen Gebrauch, gilt dies als Widerruf mit Wirkung vom Beginn des Kalenderjahres ab, für das die Durchschnittssätze zuerst nicht mehr angewendet werden durften.

Zu § 24 UStG
(§ 71 UStDV)

24.1 Umsätze im Rahmen eines land- und forstwirtschaftlichen Betriebs

Richtlinienkonforme Auslegung

(1) [1]Die Durchschnittssätze sind nach § 24 Abs. 1 Satz 1 UStG nur auf Umsätze anzuwenden, die im Rahmen eines land- und forstwirtschaftlichen Betriebs ausgeführt werden. [2]Unter Beachtung der Rechtsprechung des Europäischen Gerichtshofs ist § 24 UStG dahin auszulegen, dass solche Umsätze nur die Lieferungen selbst erzeugter landwirtschaftlicher Erzeugnisse und die landwirtschaftlichen Dienstleistungen sind, auf die die Pauschalregelung nach Art. 295 bis 305 MwStSystRL[1)] Anwendung findet, vgl. Abschnitte 24.2 und

[1)] **Steuergesetze** Nr. **550**.

24.3. [3]Andere Umsätze, die der Unternehmer im Rahmen des land- und forstwirtschaftlichen Betriebs sowie außerhalb dieses Betriebs tätigt, unterliegen der Besteuerung nach den allgemeinen Vorschriften des Gesetzes (EuGH-Urteile vom 15.7.2004, C-321/02, Harbs,[1] und vom 26.5.2005, C-43/04, Stadt Sundern,[1] sowie BFH-Urteile vom 25.11.2004, V R 8/01, BStBl. 2005 II S. 896, vom 22.9.2005, V R 28/03, BStBl. 2006 II S. 280, vom 12.10.2006, V R 36/04, BStBl. 2007 II S. 485, und vom 14.6.2007, V R 56/05, BStBl. 2008 II S. 158). [4]Diese Auslegung gilt auch für die Umsätze im Rahmen eines land- und forstwirtschaftlichen Nebenbetriebs (§ 24 Abs. 2 Satz 2 UStG). [5]Veräußert ein Landwirt, der neben seinem landwirtschaftlichen Erzeugerbetrieb einen nicht landwirtschaftlichen Absatzbetrieb unterhält, selbst erzeugte landwirtschaftliche Erzeugnisse (vgl. Abschnitt 24.2) an Dritte, sind auf diese Umsätze die Durchschnittssätze anzuwenden (vgl. BFH-Urteil vom 14.6.2007, V R 56/05, a. a. O.). [6]Dasselbe gilt, wenn die Lieferung der eigenen Erzeugnisse durch eine Organgesellschaft des landwirtschaftlichen Betriebs erfolgt (BFH-Urteil vom 10.8.2017, V R 64/16, BStBl. 2019 II S. 455).

Land- und forstwirtschaftlicher Betrieb

(2)[2] [1]Einen land- und forstwirtschaftlichen Betrieb unterhält ein Unternehmer, soweit er im Rahmen der in § 24 Abs. 2 Satz 1 UStG genannten Erzeugertätigkeiten unter planmäßiger Nutzung der natürlichen Kräfte des Bodens Pflanzen und Tiere erzeugt sowie die dadurch selbst gewonnenen Erzeugnisse verwertet (vgl. BFH-Urteil vom 12.10.2006, V R 36/04, BStBl. 2007 II S. 485). [2]Die Zierfischzucht in Teichen fällt nicht unter § 24 Abs. 2 Satz 1 Nr. 1 UStG. [3]Zur Frage, inwieweit die Aufzucht von Köderfischen, Testfischen, Futterfischen und Besatzfischen in Teichen als landwirtschaftlicher Betrieb gilt, vgl. BFH-Urteil vom 13.3.1987, V R 55/77, BStBl. II S. 467. [4]Ein Substanzbetrieb (z. B. Torf-, Ton-, Lehm-, Kies- und Sandabbaubetrieb) ist kein land- und forstwirtschaftlicher Betrieb im Sinne des § 24 Abs. 2 Satz 1 UStG. [5]Die Abgrenzung der landwirtschaftlichen Tierzucht und Tierhaltung von der übrigen Tierzucht und Tierhaltung ist umsatzsteuerrechtlich nach den §§ 51 und 51a BewG[3] vorzunehmen (§ 24 Abs. 2 Satz 1 Nr. 2 UStG). [6]Gemeinschaftliche Tierhaltung gilt nur dann als landwirtschaftlicher Betrieb im Sinne des § 24 Abs. 2 Nr. 2 UStG, wenn sämtliche Voraussetzungen des § 51a BewG erfüllt sind (vgl. BFH-Urteil vom 26.4.1990, V R 90/87, BStBl. II S. 802). [7]Ein Tierzucht- bzw. Tierhaltungsbetrieb ist kein landwirtschaftlicher Betrieb, wenn dem Unternehmer nicht in ausreichendem Umfang selbst bewirtschaftete Grundstücksflächen zur Verfügung stehen (vgl. BFH-Urteil vom 29.6.1988, X R 33/82, BStBl. II S. 922). [8]Zur Frage, ob sich die Struktur eines landwirtschaftlichen Betriebs zu der eines nicht landwirtschaftlichen verändert hat, vgl. BFH-Urteil vom 9.5.1996, V R 118/92, BStBl. II S. 550.

---

[1] DStRE 2005, 353. – DStRE 2005, 841.

[2] Zur Vieheinheiten-Obergrenze bei landw. Tierzucht- und Tierhaltungsbetrieben im USt-Recht siehe BFH v. 26.5.2021 V R 11/18, DStR 2022, 51.

[3] **Steuergesetze** Nr. **200**.

Gewerbebetrieb kraft Rechtsform

(3) [1] Zur Anwendung der Durchschnittssatzbesteuerung auf die Umsätze von Gewerbebetrieben kraft Rechtsform (§ 24 Abs. 2 Satz 3 UStG) vgl. BMF-Schreiben vom 1.12.2009, BStBl. I S. 1611. [2] Zu den Gewerbebetrieben kraft Rechtsform gehören insbesondere Betriebe der Land- und Forstwirtschaft in der Form von Kapitalgesellschaften oder von Erwerbs- und Wirtschaftsgenossenschaften, die nach § 2 Abs. 2 GewStG als Gewerbebetriebe gelten, oder eine gewerblich geprägte Personengesellschaft im Sinne des § 15 Abs. 3 Nr. 2 EStG. [3] Personengesellschaften im Sinne des § 15 Abs. 3 Nr. 2 EStG, die sowohl gewerblich als auch land- und forstwirtschaftlich tätig sind, können die Durchschnittssätze nach § 24 UStG für solche land- und forstwirtschaftlichen Umsätze in Anspruch nehmen, die im Rahmen von abgrenzbaren Teilbereichen ausgeführt werden. [4] Es genügt, wenn eine Trennung der land- und forstwirtschaftlichen Umsätze von den gewerblichen Umsätzen durch geeignete Maßnahmen, z. B. getrennte Aufzeichnung, getrennte Lagerung der Warenbestände, möglich ist.

Aktiv bewirtschafteter Betrieb

(4) [1] Die Anwendung des § 24 UStG setzt grundsätzlich voraus, dass der landwirtschaftliche Betrieb noch bewirtschaftet wird (BFH-Urteil vom 21.4.1993, XI R 50/90, BStBl. II S. 696). [2] Leistungen, die nach Einstellung der Erzeugertätigkeit erbracht werden, unterliegen daher grundsätzlich den allgemeinen Regelungen des Umsatzsteuergesetzes. [3] Dies gilt nicht für nach Aufgabe des landwirtschaftlichen Betriebs ausgeführte Umsätze aus der Lieferung selbst erzeugter Produkte (vgl. BFH-Urteil vom 19.11.2009, V R 16/08, BStBl. 2010 II S. 319). [4] Für die Umsätze aus der Veräußerung von Gegenständen des land- und forstwirtschaftlichen Unternehmensvermögens und von immateriellen Wirtschaftsgütern, die die rechtliche Grundlage der Erzeugertätigkeit des Unternehmers darstellen, sind die Vereinfachungsregelungen in Abschnitt 24.2 Abs. 6 und Abschnitt 24.3 Abs. 9 nach Betriebsaufgabe unter den weiteren Voraussetzungen anwendbar, dass die Veräußerung des einzelnen Wirtschaftsguts im engen sachlichen Zusammenhang mit der Betriebsaufgabe erfolgt und das Wirtschaftsgut nach Einstellung der Erzeugertätigkeit nicht zur Ausführung von Umsätzen verwendet wird, die der Regelbesteuerung unterliegen. [5] Wird die landwirtschaftliche Erzeugertätigkeit in mehreren Schritten aufgegeben und werden dabei nur vorübergehend die Tierbestandsgrenzen des § 24 Abs. 2 Satz 1 Nr. 2 UStG überschritten, liegt insofern kein für die Besteuerung nach Durchschnittssätzen schädlicher Strukturwandel vor.

Verhältnis zu anderen Vorschriften des UStG

(5) [1] Nach § 1 Abs. 1a UStG unterliegen die Umsätze im Rahmen einer Geschäftsveräußerung an einen anderen Unternehmer für dessen Unternehmen nicht der Umsatzsteuer. [2] Dies gilt auch bei der Veräußerung eines land- und forstwirtschaftlichen Betriebs oder Teilbetriebs sowie bei der Einbringung eines Betriebs oder Teilbetriebs in eine Gesellschaft, und zwar auch dann, wenn einzelne Wirtschaftsgüter von der Veräußerung ausgenommen werden (vgl. BFH-Urteil vom 15.10.1998, V R 69/97, BStBl. 1999 II S. 41). [3] Eine

Geschäftsveräußerung kann auch vorliegen, wenn verpachtete Gegenstände nach Beendigung der Pacht veräußert werden (vgl. BFH-Urteil vom 10.5. 1961, V 222/58 U, BStBl. III S. 322); vgl. auch Abschnitt 1.5.

(6) Zum innergemeinschaftlichen Erwerb nach § 1a UStG bei Land- und Forstwirten, die die Durchschnittssatzbesteuerung nach § 24 UStG anwenden, vgl. Abschnitte 1a.1 Abs. 2 und 15.10 Abs. 2.

(7) Land- und Forstwirte, die die Durchschnittssatzbesteuerung nach § 24 UStG anwenden, können auch Steuerschuldner im Sinne des § 13b UStG sein (vgl. Abschnitt 13b.1 Abs. 1).

(8) Zur Anwendung der Kleinunternehmerregelung nach § 19 UStG vgl. Abschnitt 24.7 Abs. 4.

24.2 Erzeugnisse im Sinne des § 24 Abs. 1 Satz 1 UStG

(1) [1]Die Durchschnittssätze sind auf die Umsätze mit landwirtschaftlichen Erzeugnissen im Rahmen land- und forstwirtschaftlicher Betriebe anzuwenden. [2]Voraussetzung ist, dass die Erzeugnisse im Rahmen dieses land- und forstwirtschaftlichen Betriebs erzeugt worden sind. [3]Die Umsätze mit zugekauften Produkten sind von der Anwendung der Durchschnittssatzbesteuerung ausgeschlossen (vgl. BFH-Urteil vom 14.6.2007, V R 56/05, BStBl. II S. 158). [4]Als zugekaufte Produkte gelten die zum Zwecke der Weiterveräußerung erworbenen Erzeugnisse. [5]Werden nicht selbst erzeugte landwirtschaftliche Erzeugnisse im eigenen Betrieb durch urproduktive Tätigkeiten zu einem Produkt anderer Marktgängigkeit weiterverarbeitet, gelten diese hingegen als eigene Erzeugnisse. [6]Solche eigenen Erzeugnisse liegen z. B. vor, wenn nicht selbst erzeugte land- und forstwirtschaftliche Erzeugnisse (z. B. zugekaufte Samen, Zwiebeln, Knollen, Stecklinge und Pflanzen) im eigenen Betrieb bis zur Verkaufsreife kultiviert werden oder spätestens nach Ablauf von drei Monaten. [7]Diese Grundsätze finden für den Bereich der Tierzucht und Tierhaltung entsprechende Anwendung. [8]Der Erzeuger muss die Erzeugnisse im Zeitpunkt des Zukaufs den potentiell selbst erzeugten oder den zum baldigen Absatz bestimmten Waren zuordnen. [9]Dem Vorsteuerabzug kommt hierbei eine indizielle Bedeutung zu. [10]Werden die Produkte beispielsweise in einer Verkaufseinrichtung (z. B. Hofladen) präsentiert, spricht dies für eine Zuordnung zu den zum baldigen Absatz bestimmten Waren. [11]Verbleiben die ursprünglich zum baldigen Absatz bestimmten Waren länger als drei Monate im Betrieb und werden sie in dieser Zeit weiter kultiviert, handelt es sich um selbst erzeugte Produkte, deren Lieferung der Durchschnittssatzbesteuerung unterliegt. [12]Ein vorgenommener Vorsteuerabzug ist ggf. zu berichtigen.

Verarbeitungstätigkeiten

(2) [1]Den Tätigkeiten der landwirtschaftlichen Erzeugung sind die Verarbeitungstätigkeiten gleichgestellt, die der landwirtschaftliche Erzeuger mit Mitteln ausübt, die normalerweise in land-, forst- oder fischereiwirtschaftlichen Betrieben verwendet werden. [2]Dabei ist Voraussetzung, dass der landwirtschaftliche Erzeuger im Wesentlichen aus seiner land- und forstwirtschaftlichen Produktion stammende Erzeugnisse verwendet und das Enderzeugnis

seinen land- und forstwirtschaftlichen Charakter nicht verliert (so genannte erste Verarbeitungsstufe). [3]Dies kann z.B. bei der händischen Beimischung von Zutaten der Fall sein (vgl. BFH-Urteil vom 27.9.2018, V R 28/17, BStBl. 2019 II S. 383). [4]Führt die Verarbeitung zu einem Produkt der zweiten oder einer höheren Verarbeitungsstufe (z.B. Spirituosen), unterliegen die Umsätze mit diesen Erzeugnissen nicht der Durchschnittssatzbesteuerung. [5]Die Ausführung von Verarbeitungstätigkeiten durch Lohnunternehmer steht in diesem Rahmen der Annahme eines selbst erzeugten landwirtschaftlichen Erzeugnisses nicht entgegen. [6]Dies gilt in den Fällen der so genannten Umtauschmüllerei (§ 3 Abs. 10 UStG) entsprechend.

Beispiel 1:

[1]Ein Landwirt betreibt Schweinezucht. [2]Er lässt die Schweine von einem gewerblichen Lohnunternehmer schlachten und in Hälften zerlegen. [3]Die Schweinehälften liefert der Landwirt an einen fleischverarbeitenden Betrieb.
[4]Die Lieferung der Schweinehälften unterliegt der Durchschnittssatzbesteuerung. [5]Die Ausführung der Schlacht- und Zerlegearbeiten durch einen Lohnunternehmer steht dem nicht entgegen.

Beispiel 2:

[1]Ein Landwirt, der Getreide anbaut, bringt sein Getreide zu einer Mühle. [2]Er erhält vom Müller Mehl, das aus fremdem Getreide gemahlen wurde, und zahlt den Mahllohn. [3]Der Landwirt veräußert das Mehl an einen Lebensmittelhersteller.
[4]Die Lieferung des Mehls an den Lebensmittelhersteller unterliegt der Durchschnittssatzbesteuerung. [5]Unschädlich ist, dass das Mehl nicht tatsächlich aus dem vom Landwirt erzeugten Getreide gemahlen wurde.

(3) [1]Werden selbst erzeugte Produkte untrennbar mit zugekauften Produkten vermischt, unterliegt die Lieferung des Endprodukts aus Vereinfachungsgründen noch der Durchschnittssatzbesteuerung, wenn die Beimischung des zugekauften Produkts nicht mehr als 25% beträgt. [2]Maßstab ist die im Handel übliche Maßeinheit (z.B. Kilogramm bei Honig, Liter bei Wein). [3]Zugekaufte Zutaten und Nebenstoffe bleiben bei der Prüfung der 25%-Grenze nach Satz 1 außer Betracht. [4]Als Zutaten und Nebenstoffe sind insbesondere Gewürze, Konservierungsmittel, Zusatzstoffe im Sinne des Weingesetzes, die Süßreserve sowie der Deckwein im Weinbau anzusehen. [5]Gleiches gilt für die Warenumschließungen.

Beispiel 1:

[1]Ein Imker hat sich verpflichtet, 400 kg Honig zu liefern. [2]Da er nur über 350 kg selbst erzeugten Honig verfügt, kauft er 50 kg hinzu und vermischt beide Erzeugnisse.
[3]Beide Honigmengen werden untrennbar miteinander vermischt. [4]Da der Anteil des zugekauften Honigs nicht mehr als 25% des Endprodukts ausmacht, unterliegt die Lieferung der Gesamtmenge der Durchschnittssatzbesteuerung.

Beispiel 2:

[1]Ein Obstbauer hat sich verpflichtet, eine bestimmte Menge Apfelsaft in Flaschen zu liefern. [2]Da die selbst erzeugte Menge von 700 kg Äpfeln für die Produktion nicht ausreicht, kauft er 300 kg hinzu und presst den Saft aus der Gesamtmenge.
[3]Bei der Beurteilung, ob es sich noch um ein selbst erzeugtes Produkt handelt, bleiben die Flaschen als Warenumschließungen außer Betracht. [4]Da der Saft der zugekauften Äpfel untrennbar mit dem Saft der selbst erzeugten Äpfel vermischt wurde und mehr als 25% des Endprodukts beträgt, unterliegt die Lieferung des Apfelsafts nicht der Durchschnittssatzbesteuerung.

Beispiel 3:

[1] Ein Kartoffelbauer verpflichtet sich zur Lieferung von 1000 kg geschälten Kartoffeln. [2] Da er nur über 700 kg selbst erzeugter Produkte verfügt, kauft er die entsprechende Menge ungeschälter Kartoffeln hinzu. [3] Die selbst erzeugten und zugekauften Kartoffeln werden in der Schälmaschine vermischt und geschält.

[4] Da die Kartoffeln nicht untrennbar miteinander vermischt werden, unterliegt die Lieferung der selbst erzeugten Produkte ohne Rücksicht auf prozentuale Zusammensetzung der Gesamtmenge der Durchschnittssatzbesteuerung. [5] Die zugekauften Kartoffeln unterliegen der Besteuerung nach allgemeinen Regelungen. [6] Der Unternehmer trägt die Feststellungslast für die Anwendung der Durchschnittssatzbesteuerung hinsichtlich der selbst erzeugten Kartoffeln.

Beispiel 4:

[1] Ein Landwirt baut Gurken an und stellt daraus Konserven her. [2] Da er nicht über die erforderliche Menge Gurken verfügt, kauft er Gurken hinzu. [3] Er vermischt die Gurken, viertelt sie und fügt bei der Konservenproduktion Wasser, Essig, Zucker und Gewürze bei.

[4] Da es sich bei dem Endprodukt um ein Produkt der so genannten zweiten Verarbeitungsstufe handelt, unterliegt die Lieferung den allgemeinen Regelungen des Umsatzsteuergesetzes. [5] Unerheblich ist, wie hoch der prozentuale Anteil der zugekauften Gurken am Endprodukt ist.

Erzeugnisse im Sinne des § 24 Abs. 1 Satz 1 Nr. 1 UStG

(4) [1] Als forstwirtschaftliche Erzeugnisse (§ 24 Abs. 1 Satz 1 Nr. 1 UStG) kommen insbesondere in Betracht: Stammholz (Stämme und Stammteile), Schwellenholz, Stangen, Schichtholz, Industrieholz, Brennholz, sonstiges Holz (z. B. Stockholz, Pfähle, Reisig) und forstliche Nebenerzeugnisse wie Forstsamen, Rinde, Baumharz, Weihnachtsbäume, Schmuckgrün, Waldstreu, Pilze und Beeren. [2] Voraussetzung ist, dass diese Erzeugnisse im Rahmen der Forstwirtschaft anfallen. [3] Das Rücken des Holzes durch den Forstwirt im Zusammenhang mit der Holzlieferung ist als Nebenleistung anzusehen. [4] Bei Lieferungen von Erzeugnissen aus Sonderkulturen außerhalb des Waldes (z. B. Weidenbau, Baumschule, Obst- oder Weihnachtsbaumkultur, Schmuckreisig) handelt es sich nicht um Umsätze von forstwirtschaftlichen Erzeugnissen, sondern um eigenständige landwirtschaftliche Umsätze, die unter § 24 Abs. 1 Satz 1 Nr. 3 UStG fallen. [5] Zur Forstwirtschaft gehören Hoch-, Mittel- und Niederwald, Schutzwald (z. B. Wasser-, Boden-, Lawinen-, Klima-, Immissions-, Sicht- und Straßenschutzwald sowie Schutzwaldungen mit naturkundlichen Zielsetzungen und Waldungen für Forschung und Lehre), Erholungswald und Nichtwirtschaftswald (z. B. Naturparks, Nationalparks, Landschaftsschutzgebiete und Naturschutzgebiete), auch wenn die Erzeugung von Rohholz ausgeschlossen oder nicht beabsichtigt ist. [6] Holz aus Parkanlagen sowie Flurholz außerhalb des Waldes und Alleebäume, Grenzbäume u. ä. rechnen nicht zur Forstwirtschaft.

Erzeugnisse im Sinne des § 24 Abs. 1 Satz 1 Nr. 2 UStG

(5) [1] In der Anlage 2 des UStG nicht aufgeführte Sägewerkserzeugnisse (§ 24 Abs. 1 Satz 1 Nr. 2 UStG) sind insbesondere Balken, Bohlen, Kanthölzer, besäumte und unbesäumte Bretter sowie Holzwolle und Holzmehl. [2] Zu den Getränken und alkoholischen Flüssigkeiten im Sinne des § 24 Abs. 1 Satz 1 Nr. 2 UStG zählen insbesondere Wein, Obstwein Traubenmost, Frucht- und Gemüsesäfte, Alkohol und Sprit sowie vergorene, nicht zum Verzehr bestimmte Kirschmaische (BFH-Urteil vom 12.3.2008, XI R 65/06,

BStBl. II S. 532). [3]Nicht darunter fallen z. B. Trinkbranntwein, Branntweinerzeugnisse, Weinbrand, Obstschnäpse und -liköre, Milch (aus Kapitel 4 des Zolltarifs), Milchmischgetränke mit einem Anteil an Milch von mindestens 75% des Fertigerzeugnisses sowie Wasser, nicht aber Mineralwasser.

Erzeugnisse im Sinne des § 24 Abs. 1 Satz 1 Nr. 3 UStG

(6) [1]Der Durchschnittssatz nach § 24 Abs. 1 Satz 1 Nr. 3 UStG gilt insbesondere für die Umsätze der wichtigsten landwirtschaftlichen Erzeugnisse wie z. B. Getreide, Getreideerzeugnisse, Vieh, Fleisch, Milch, Obst, Gemüse und Eier. [2]Die Umsätze mit Gegenständen des land- und forstwirtschaftlichen Unternehmensvermögens (z. B. der Verkauf gebrauchter landwirtschaftlicher Geräte) unterliegen der Regelbesteuerung. [3]Aus Vereinfachungsgründen wird die Anwendung der Durchschnittssatzbesteuerung auf diese Umsätze jedoch nicht beanstandet, wenn die Gegenstände während ihrer Zugehörigkeit zum land- und forstwirtschaftlichen Unternehmensvermögen nahezu ausschließlich, d. h. zu mindestens 95%, für Umsätze verwendet wurden, die den Vorsteuerabzug nach § 24 Abs. 1 Satz 4 UStG ausschließen. [4]Zeiträume, in denen der Unternehmer gemäß § 24 Abs. 4 UStG zur Anwendung der allgemeinen Vorschriften des Umsatzsteuergesetzes optiert hatte, bleiben für Zwecke der Prüfung der 95%-Grenze außer Betracht. [5]Voraussetzung für die Anwendung der Vereinfachungsregelung ist jedoch, dass der Unternehmer für diese Gegenstände darauf verzichtet, einen anteiligen Vorsteuerabzug vorzunehmen.

Rechtsmissbrauch

(7) Es ist rechtsmissbräuchlich, wenn ein Händler und ein Landwirt die Umsätze des Landwirts durch Verkauf und Rückkauf von Tieren oder anderen landwirtschaftlichen Erzeugnissen ohne Rücksicht auf den wirtschaftlichen Gehalt der vom Landwirt erbrachten Leistung künstlich erhöhen und der Händler in den Genuss eines hierdurch erhöhten Vorsteuerabzugs zu gelangen versucht (BFH-Urteil vom 9.7.1998, V R 68/96, BStBl. II S. 637).

24.3 Sonstige Leistungen

Allgemein

(1)[1)] [1]Die Anwendung der Durchschnittssatzbesteuerung auf die im Rahmen eines land- und forstwirtschaftlichen Betriebs erbrachten sonstigen Leistungen setzt voraus,

- dass sie mit Hilfe der Arbeitskräfte des Betriebs – einschließlich der Arbeitskraft des Betriebsinhabers – erbracht werden und die dabei ggf. verwendeten Wirtschaftsgüter der normalen Ausrüstung des Betriebs zuzurechnen sind und
- dass die sonstigen Leistungen normalerweise zur landwirtschaftlichen Erzeugung beitragen.

[2]Insbesondere folgende sonstige Leistungen können bei Vorliegen der in Satz 1 genannten Voraussetzungen der Durchschnittssatzbesteuerung unterliegen:

---

1) A 24.3 UStAE Abs. 1 Satz 1 erster Spiegelstrich neugef. durch BMF v. 4.10.2021, BStBl. I 2021, 1861, anzuwenden in allen offenen Fällen.

1. Anbau-, Ernte-, Dresch-, Press-, Lese- und Einsammelarbeiten, einschließlich Säen und Pflanzen;
2. Verpackung und Zubereitung, wie beispielsweise Trocknung, Reinigung, Zerkleinerung, Desinfektion und Einsilierung landwirtschaftlicher Erzeugnisse;
3. Lagerung landwirtschaftlicher Erzeugnisse;
4. Hüten, Zucht und Mästen von Vieh;
5. Vermietung normalerweise in land-, forst- und fischwirtschaftlichen Betrieben verwendeter Mittel zu landwirtschaftlichen Zwecken;
6. technische Hilfe;
7. Vernichtung schädlicher Pflanzen und Tiere, Behandlung von Pflanzen und Böden durch Besprühen;
8. Betrieb von Be- und Entwässerungsanlagen;
9. Beschneiden und Fällen von Bäumen und andere forstwirtschaftliche Dienstleistungen.

(2)[1] [1]Das Unionsrecht sieht für die Anwendbarkeit der Durchschnittssatzbesteuerung auf derartige land- und forstwirtschaftliche Dienstleistungen an Personen, die einer Tätigkeit der landwirtschaftlichen Erzeugung nachgehen, zwar keine betragsmäßige Beschränkung vor. [2]Dennoch können Land- und Forstwirte solche Dienstleistungen nicht in unbegrenztem Umfang unter Anwendung der Durchschnittssatzbesteuerung erbringen. [3]Die Anwendung der Durchschnittssatzbesteuerung setzt voraus, dass der Unternehmer mit seinen jeweiligen Umsätzen als landwirtschaftlicher Erzeuger handelt. [4]Hierzu zählt in gewissem Umfang auch das Erbringen land- und forstwirtschaftlicher Dienstleistungen, wenn die Erbringung der betreffenden Leistung beim Unternehmer jedenfalls typisierend zu einer Belastung mit Vorsteuer führt oder zumindest führen kann. [5]Begründet wird die landwirtschaftliche Erzeugertätigkeit allerdings nur durch die eigene Urproduktion. [6]Alleine mit der Erbringung land- und forstwirtschaftlicher Dienstleistungen wird ein Unternehmer nicht zum landwirtschaftlichen Erzeuger. [7]Nehmen die land- und forstwirtschaftlichen Dienstleistungen daher im Vergleich zur eigenen Urproduktion einen überdurchschnittlich großen Anteil an den Umsätzen des land- und forstwirtschaftlichen Betriebs ein, können diese einer neben dem land- und forstwirtschaftlichen Betrieb ausgeführten unternehmerischen Tätigkeit zuzuordnen sein.

(3) [1]Ein Anhaltspunkt für das Vorliegen einer Tätigkeit außerhalb der Land- und Forstwirtschaft kann eine im vorangegangenen Kalenderjahr überschrittene Umsatzgrenze von 51 500 € sein. [2]Bei der Ermittlung dieser Umsatzgrenze sind die sonstigen Leistungen an Landwirte und Nichtlandwirte zusammenzufassen. [3]Umsätze aus Vermietungs- und Verpachtungsleistungen sowie der Veräußerung von immateriellen Wirtschaftsgütern des Anlagevermögens (z. B. Zahlungsansprüche) bleiben bei der Prüfung dieser Umsatzgrenze für um-

[1] A 24.3 UStAE Abs. 2 Sätze 4 und 7 neugef. durch BMF v. 4.10.2021, BStBl. I 2021, 1861, anzuwenden in allen offenen Fällen.

satzsteuerliche Zwecke außer Ansatz. [4]Das Überschreiten der Umsatzgrenze alleine schließt die Anwendung der Durchschnittssatzbesteuerung allerdings noch nicht aus. [5]In diesem Fall ist vielmehr anhand weiterer Kriterien zu prüfen, ob die Dienstleistungen nicht mehr dem land- und forstwirtschaftlichen Betrieb zuzurechnen sind. [6]Hierfür spricht u. a. ein unverhältnismäßig hoher Anteil der auf die Erbringung der Dienstleistungen entfallenden Arbeitszeit oder ein Maschinen- und Ausrüstungsbestand, der über die Anforderungen des eigenen Betriebs hinausgeht.

(4)[1)] [1]Der Einsatz von Arbeitskräften schließt die im land- und forstwirtschaftlichen Betrieb des Steuerpflichtigen beschäftigten Arbeitnehmer ein. [2]Ein Wirtschaftsgut ist der normalen Ausrüstung des land- und forstwirtschaftlichen Betriebs zuzurechnen, wenn es dem Grunde oder der vorhandenen Anzahl nach dem betriebsgewöhnlichen, d. h. normalen Ausrüstungsbestand des land- und forstwirtschaftlichen Betriebs des Steuerpflichtigen zuzurechnen ist und wenn es nach seiner objektiven Zweckbestimmung und der tatsächlichen Übung den vom Steuerpflichtigen ausgeübten Erzeugertätigkeiten dient. [3]Die Erbringung von sonstigen Leistungen unter Verwendung von Wirtschaftsgütern, die

– im eigenen Betrieb nicht oder nur unerheblich verwendet werden oder
– einem nicht betriebstypischen Überbestand zuzurechnen sind oder
– ausschließlich zur Erbringung von sonstigen Leistungen an Dritte vorgehalten werden

ist daher unabhängig von der Dauer oder dem Zweck der Verwendung aus dem Anwendungsbereich der Durchschnittssatzbesteuerung ausgeschlossen, da diese Mittel von vornherein nicht zum betriebsgewöhnlichen Ausrüstungsbestand des land- und forstwirtschaftlichen Betriebs gehören (vgl. BFH-Urteil vom 21.1.2015, XI R 13/13, BStBl. II S. 730). [4]Ein nicht betriebstypischer Überbestand liegt bei Erstmaschinen im Allgemeinen nicht vor. [5]Setzt der Betriebsinhaber seine eigene Arbeitskraft oder die im Betrieb beschäftigten Arbeitnehmer ganz überwiegend oder ausschließlich zur Erbringung sonstiger Leistungen an Dritte ein, unterliegen die sonstigen Leistungen nicht der Durchschnittssatzbesteuerung.

(5) [1]Ob eine sonstige Leistung normalerweise zur landwirtschaftlichen Erzeugung beiträgt, ist aus der Sicht des Leistungsempfängers zu beurteilen. [2]Ein solcher Zweck liegt vor, wenn die sonstige Leistung in der Sphäre des Leistungsempfängers unter planmäßiger Nutzung der natürlichen Kräfte des Bodens zur Erzeugung von Pflanzen und Tieren, d. h. für eine Tätigkeit der landwirtschaftlichen Erzeugung nach Anhang VII MwStSystRL,[2)] verwertet wird. [3]Es ist jedoch nicht Voraussetzung, dass der Leistungsempfänger die Erzeugertätigkeit im Rahmen eines land- und forstwirtschaftlichen Betriebs ausübt. [4]Zur landwirtschaftlichen Erzeugung gehören auch Tätigkeiten der ersten Verarbeitungsstufe, wenn im Wesentlichen selbst erzeugte landwirtschaftliche Produkte be- oder verarbeitet werden. [5]Wird die sonstige Leistung

---

[1)] A 24.3 UStAE Abs. 4 Satz 3 erster Spiegelstrich neugef., Sätze 4 und 5 angef. durch BMF v. 4.10.2021, BStBl. I 2021, 1861, anzuwenden in allen offenen Fällen.

[2)] **Steuergesetze** Nr. **550.**

an eine Person erbracht, die keine Tätigkeit der landwirtschaftlichen Erzeugung ausübt, ist davon auszugehen, dass die Leistung nicht zur landwirtschaftlichen Erzeugung beiträgt. [6]Betreibt der Leistungsempfänger eine Tierzucht oder Tierhaltung außerhalb eines land- und forstwirtschaftlichen Betriebs, ist diese nur dann eine Tätigkeit der landwirtschaftlichen Erzeugung, wenn sie jeweils in Verbindung mit der Bodenbewirtschaftung (vgl. Anhang VII Nr. 2 MwStSystRL) und in den Fällen der Tierhaltung außerdem nicht lediglich aus privaten Gründen zu Freizeitzwecken erfolgt. [7]Sonstige Leistungen, die beim Leistungsempfänger nicht landwirtschaftlichen Zwecken dienen, sind vom Anwendungsbereich der Durchschnittssatzbesteuerung ausgeschlossen (vgl. BFH-Urteil vom 21.1.2015, XI R 13/13, BStBl. II S. 730).

Beispiel 1:

[1]Ein pauschalierender Landwirt vermietet Wohnmobilbesitzern für die Wintermonate Stellplätze in einer ansonsten für eigenbetriebliche Zwecke genutzten Lagerhalle.
[2]Die Vermietung erfolgt zu außerlandwirtschaftlichen Zwecken. [3]Die Umsätze fallen nicht unter die Durchschnittssatzbesteuerung.

Beispiel 2:

[1]Ein pauschalierender Landwirt nimmt ein Arbeitspferd eines Waldbesitzers in Pension. [2]Der Waldbesitzer unterhält den Wald nicht im Rahmen eines Unternehmens, sondern ausschließlich zur Deckung seines privaten Bedarfs an Brennholz.
[3]Die Pensionsleistung des Landwirts, die zur Holzerzeugung des Waldbesitzers beiträgt, unterliegt der Durchschnittssatzbesteuerung, sofern die bei Erbringung der Leistung verwendeten Wirtschaftsgüter der normalen Ausrüstung des landwirtschaftlichen Betriebs zuzurechnen sind.

[8]Ein Unternehmer bezieht Bauleistungen für die Errichtung einer Lagerhalle auf einem vorher landwirtschaftlich genutzten Grundstück nicht im Rahmen seines der Durchschnittssatzbesteuerung unterliegenden landwirtschaftlichen Betriebs, wenn die Halle – wie geplant – an einen außerlandwirtschaftlichen Unternehmer vermietet wird (vgl. BFH-Urteil vom 3.12.1998, V R 48/98, BStBl. 1999 II S. 150). [9]Beweidungsleistungen im Rahmen der Wanderschäferei können der Durchschnittssatzbesteuerung unterliegen (vgl. BFH-Urteil vom 6.9.2018, V R 34/17, BStBl. 2019 II S. 344).

Vermietungsleistungen

(6) [1]Ein zur Erbringung einer Vermietungsleistung verwendetes Wirtschaftsgut, das bis zur Vermietung als zum betriebsgewöhnlichen Ausrüstungsbestand eines land- und forstwirtschaftlichen Betriebs gehörig anzusehen ist, scheidet für die Dauer der Vermietung aus diesem Kreis aus, wenn sich der Vermieter durch eine langfristige Vermietung einer Nutzungsmöglichkeit im eigenen Betrieb begibt. [2]Eine Mietdauer von mindestens 12 Monaten ist stets als langfristig anzusehen. [3]Solche Vermietungsumsätze unterliegen daher nicht der Durchschnittssatzbesteuerung.

Beispiel 1:

[1]Ein Wirtschaftsgut wird auf unbestimmte Dauer vermietet. [2]Der Vertrag kann monatlich gekündigt werden. [3]Die Vermietung ist als langfristig anzusehen und unterliegt somit nicht der Durchschnittssatzbesteuerung. [4]Endet die tatsächliche Gebrauchsüberlassung jedoch vor Ablauf von 12 Monaten, handelt es sich insgesamt nicht um eine langfristige Vermietung.

Beispiel 2:

[1] Ein Wirtschaftsgut wird für drei Monate vermietet. [2] Der Mietvertrag verlängert sich automatisch um je einen Monat, wenn er nicht vorher gekündigt wird. [3] Die Vermietung ist nicht als langfristig anzusehen. [4] Dauert die tatsächliche Gebrauchsüberlassung jedoch 12 Monate oder mehr, handelt es sich insgesamt um eine langfristige Vermietung.

Verpachtungsleistungen

(7) [1] Mit der Überlassung eines land- und forstwirtschaftlichen Betriebs, von Betriebsteilen oder einzelner Wirtschaftsgüter durch Verpachtung oder Einräumung eines Nießbrauchs wird dem Pächter bzw. Nießbrauchsberechtigten die Möglichkeit des Gebrauchs und der Fruchtziehung eingeräumt. [2] Der Verpächter bzw. Nießbrauchsverpflichtete kann die überlassenen Gegenstände für die Dauer der Pacht bzw. der Einräumung des Nießbrauchs nicht mehr für Zwecke der eigenen Erzeugertätigkeit einsetzen. [3] Mit Beginn der Überlassung scheiden die Wirtschaftsgüter aus dem normalen Ausrüstungsbestand des land- und forstwirtschaftlichen Betriebs aus. [4] Auf entsprechende Umsätze findet die Durchschnittssatzbesteuerung nach § 24 UStG daher keine Anwendung. [5] Diese sonstigen Leistungen unterliegen ohne Rücksicht darauf, ob und in welchem Umfang der Verpächter oder Nießbrauchsverpflichtete weiterhin als Land- und Forstwirt tätig ist, den allgemeinen Vorschriften des UStG.

(8) [1] Zur Verpachtung eines landwirtschaftlichen Betriebs oder Betriebsteils vgl. BFH-Urteile vom 6.12.2001, V R 6/01, BStBl. 2002 II S. 555, und vom 25.11.2004, V R 8/01, BStBl. 2005 II S. 896. [2] Die Verpachtung eines Eigenjagdbezirks durch einen Land- und Forstwirt ist kein im Rahmen des land- und forstwirtschaftlichen Betriebs ausgeführter Umsatz. [3] Sie unterliegt der Besteuerung nach den allgemeinen Vorschriften (vgl. BFH-Urteile vom 11.2.1999, V R 27/97, BStBl. II S. 378, und vom 22.9.2005, V R 28/03, BStBl. 2006 II S. 280).

Immaterielle Wirtschaftsgüter

(9) [1] Umsätze aus der zeitweiligen oder endgültigen Übertragung immaterieller Wirtschaftsgüter unterliegen nur dann der Durchschnittssatzbesteuerung, wenn sie im Rahmen der land- und forstwirtschaftlichen Erzeugertätigkeit entstanden sind. [2] Danach kann weder die Verpachtung (zeitweilige Übertragung) noch der Verkauf (endgültige Übertragung) von Zahlungsansprüchen nach der EU-Agrarreform (GAP-Reform) in den Anwendungsbereich der Durchschnittssatzbesteuerung fallen (vgl. BFH-Urteil vom 30.3. 2011, XI R 19/10, BStBl. II S. 772). [3] Aus Vereinfachungsgründen wird es jedoch nicht beanstandet, wenn Umsätze aus der Veräußerung von immateriellen Wirtschaftsgütern, die die rechtliche Grundlage der Erzeugertätigkeit des Unternehmers darstellen (z.B. Brennrechte), der Durchschnittssatzbesteuerung unterworfen werden. [4] Dies gilt nicht, soweit das einzelne Wirtschaftsgut im Zeitpunkt der Veräußerung zur Ausführung von Umsätzen v erwendet wird, die der Regelbesteuerung unterliegen. [5] Zur Veräußerung von immateriellen Wirtschaftsgütern im Zusammenhang mit der Abgabe von Saatgut vgl. BMF-Schreiben vom 14.2.2006, BStBl. I S. 240.

Entsorgungsleistungen

(10) [1]Die Erbringung von Entsorgungsleistungen an Personen, die keiner Tätigkeit der landwirtschaftlichen Erzeugung nachgehen (z. B. die Entsorgung von Klärschlamm oder Speiseresten), unterliegt nicht der Durchschnittssatzbesteuerung. [2]Dabei ist es unerheblich, ob und inwieweit die zu entsorgenden Stoffe im land- und forstwirtschaftlichen Betrieb des Entsorgers Verwendung finden (vgl. BFH-Urteile vom 23.1.2013, XI R 27/11, BStBl. II S. 458, und vom 24.1.2013, V R 34/11, BStBl. II S. 460).

Halten von fremdem Vieh

(11) [1]Die Aufzucht und das Halten von fremdem Vieh durch Land- und Forstwirte kann den im Rahmen eines land- und forstwirtschaftlichen Betriebs ausgeführten Umsätzen zuzurechnen sein, wenn dem Unternehmer nach § 24 Abs. 2 Nr. 2 UStG für die Tierhaltung in ausreichendem Umfang selbst bewirtschaftete Grundstücksflächen zur Verfügung stehen. [2]Weitere Voraussetzung ist insbesondere, dass die Leistung in der Sphäre des Leistungsempfängers normalerweise zur landwirtschaftlichen Erzeugung beiträgt (vgl. Absatz 5).

Weitere Einzelfälle

(12)[1)] Folgende sonstige Leistungen unterliegen nicht der Durchschnittssatzbesteuerung:

- [1]Umsätze aus der Pensionshaltung von Pferden, die von ihren Eigentümern zur Ausübung von Freizeitsport oder gewerblichen Zwecken oder zu anderen nicht land- und forstwirtschaftlichen Zwecken genutzt werden (vgl. BFH-Urteile vom 13.1.2011, V R 65/09, BStBl. II S. 465, vom 10.9.2014, XI R 33/13, BStBl. 2015 II S. 720, und vom 21.1.2015, XI R 13/13, BStBl. II S. 730). [2]Dies gilt entsprechend für die Vermietung von Pferden zu Reitzwecken. [3]Die Pferdezucht oder Pferdehaltung ist seitens der Eigentümer der Pferde nur dann eine Tätigkeit der landwirtschaftlichen Erzeugung, wenn sie jeweils in Verbindung mit der Bodenbewirtschaftung und in den Fällen der Pferdehaltung außerdem nicht lediglich aus privaten Gründen zu Freizeitzwecken erfolgt (vgl. Absatz 5).
- Im Zusammenhang mit Pflanzenlieferungen erbrachte Dienstleistungen, die über den Transport und das Einbringen der Pflanze in den Boden hinausgehen (z. B. Pflege-, Planungsleistungen, Gartengestaltung), führen regelmäßig zur Annahme einer einheitlichen sonstigen Leistung, die insgesamt nach den allgemeinen Vorschriften zu besteuern ist (vgl. BMF-Schreiben vom 4.2.2010, BStBl. I S. 214, und BFH-Urteil vom 14.2.2019, V R 22/17, BStBl. II S. 350).
- Grabpflegeleistungen (vgl. BFH-Urteil vom 31.5.2007, V R 5/05, BStBl. 2011 II S. 289).
- Die Abgabe von Speisen und Getränken (z. B. in Strauß- und Besenwirtschaften).

---

1) A 24.3 UStAE Abs. 12 8. und 9. Spiegelstrich angef. durch BMF v. 4.10.2021, BStBl. I 2021, 1861, anzuwenden in allen offenen Fällen.

– Die entgeltliche Unterbringung und Verpflegung von Arbeitnehmern des land- und forstwirtschaftlichen Betriebs, da diese Leistungen überwiegend deren privaten Bedürfnissen dienen.
– Die Gestattung der Teilnahme an Treibjagden oder der Einräumung der Möglichkeit des Einzelabschusses von Wildtieren (BFH-Urteil vom 13.8. 2008, XI R 8/08, BStBl. 2009 II S. 216).
– Die Zurverfügungstellung eines Grundstücks zur Durchführung von ökologischen Ausgleichsmaßnahmen nach dem BNatSchG (vgl. BFH-Urteil vom 28.5.2013, XI R 32/11, BStBl. 2014 II S. 411).
– Die Verpflichtung zur Anlage und zum Erhalt von Dauergrünland (vgl. BFH-Urteil vom 8.2.2018, V R 55/16, BStBl. 2021 II S. 538).
– Die Überlassung von Vieheinheiten (vgl. BFH-Urteil vom 22.11.2020, V R 22/19, BStBl. 2021 II S. 544).

24.4 Steuerfreie Umsätze im Sinne des § 4 Nr. 8 ff. UStG im Rahmen eines land- und forstwirtschaftlichen Betriebs

[1]Bei der Anwendung der Durchschnittssatzbesteuerung des § 24 UStG bleiben die Steuerbefreiung des § 4 Nr. 8 ff. UStG unberührt. [2]Die Vorschrift des § 9 UStG ist für sie nicht anzuwenden. [3]Für diese Umsätze ist somit ein Durchschnittssatz nicht festgesetzt. [4]Ein besonderer Abzug der diesen Umsätzen zuzurechnenden Vorsteuern entfällt. [5]Diese Regelung ist insbesondere für die Verkäufe land- und forstwirtschaftlicher Grundstücke von Bedeutung, auf die auch im Rahmen des § 24 UStG die Steuerbefreiung des § 4 Nr. 9 Buchstabe a UStG anzuwenden ist.

24.5 Ausfuhrlieferungen und Umsätze im Ausland bei land- und forstwirtschaftlichen Betrieben

(1) [1]§ 24 UStG ist auch bei Umsätzen im Sinne des § 4 Nr. 1 bis 7 UStG und bei Umsätzen im Ausland anzuwenden. [2]Dies bedeutet, dass z. B. auch innergemeinschaftliche Lieferungen im Sinne des § 6a Abs. 1 UStG durch pauschalversteuernde Land- und Forstwirte unter die Besteuerung des § 24 UStG fallen. [3]Diese Umsätze sind daher steuerpflichtig. [4]Vorsteuern, die mit diesen Umsätzen in wirtschaftlichem Zusammenhang stehen, sind durch die Pauschale abgegolten. [5]Ein weiterer Vorsteuerabzug entfällt.

(2) Der für die Ausfuhrlieferungen und die Umsätze im Ausland geltende Durchschnittssatz ist auch auf solche Umsätze anzuwenden, für die ohne die Anwendung des § 24 UStG eine niedrigere oder keine Umsatzsteuer zu zahlen wäre.

24.6 Vereinfachungsregelung für bestimmte Umsätze von land- und forstwirtschaftlichen Betrieben

(1) [1]Werden im Rahmen eines pauschalierenden land- und forstwirtschaftlichen Betriebs auch der Regelbesteuerung unterliegende Umsätze ausgeführt (z. B. Lieferungen zugekaufter Erzeugnisse oder die Erbringung sonstiger Leistungen, die nicht landwirtschaftlichen Zwecken dienen, aber einen

engen Bezug zur eigenen land- und forstwirtschaftlichen Erzeugertätigkeit des Unternehmers aufweisen), können diese unter den Voraussetzungen des Absatzes 2 aus Vereinfachungsgründen in die Durchschnittssatzbesteuerung einbezogen werden. [2]Unter den gleichen Voraussetzungen kann aus Vereinfachungsgründen von der Erhebung der Steuer auf die Umsätze mit Getränken und alkoholischen Flüssigkeiten verzichtet werden.

(2) [1]Voraussetzung für die Anwendung des Absatzes 1 ist, dass die dort genannten Umsätze (Nettobetrag) voraussichtlich nicht mehr als 4000 € im laufenden Kalenderjahr betragen. [2]Weitere Voraussetzung ist, dass der Unternehmer neben den in Absatz 1 genannten Umsätzen in dem Kalenderjahr voraussichtlich keine Umsätze ausführen wird, die eine Verpflichtung zur Übermittlung einer Umsatzsteuererklärung für das Kalenderjahr nach § 18 Abs. 3 oder 4a UStG nach sich ziehen.

(3) [1]Die Vereinfachungsregelung ist auch auf die Entrichtung der Vorauszahlungen anzuwenden (vgl. hierzu Abschnitt 18.6 Abs. 3). [2]Die Pflicht zur Aufzeichnung der Umsätze, für die die Vereinfachungsregelung gilt, bleibt unberührt.

(4) [1]Die Vereinfachungsregelung umfasst nur solche sonstigen Leistungen, die ihrer Art nach in Abschnitt 24.3 Abs. 1 Satz 2 genannt oder mit den darin genannten Leistungen vergleichbar sind, die beim Leistungsempfänger aber nicht zur landwirtschaftlichen Erzeugung beitragen (z. B. Maschinenleistungen für Nichtlandwirte mit zur normalen Ausrüstung des land- und forstwirtschaftlichen Betriebs gehörenden Maschinen). [2]Die Vereinfachungsregelung umfasst daher z. B. nicht die Umsätze aus der Tätigkeit als Aufsichtsrat einer Genossenschaft, als Makler landwirtschaftlicher Versicherungen oder als landwirtschaftlicher Sachverständiger. [3]Auch Umsätze aus dem Betrieb einer Photovoltaikanlage und aus der umsatzsteuerpflichtigen Verpachtung oder Vermietung von Wirtschaftsgütern, die nicht dem normalen Ausrüstungsbestand des land- und forstwirtschaftlichen Betriebs zuzurechnen sind, weisen nicht den erforderlichen engen Bezug zur eigenen land- und forstwirtschaftlichen Erzeugertätigkeit des Unternehmers auf.

24.7 Zusammentreffen der Durchschnittssatzbesteuerung mit anderen Besteuerungsformen

(1) Führt der Unternehmer neben Umsätzen, die der Durchschnittssatzbesteuerung unterliegen, noch andere Umsätze aus, unterliegen diese grundsätzlich der Besteuerung nach den allgemeinen Vorschriften des Umsatzsteuergesetzes.

Vorsteuerabzug

(2) [1]Abziehbar im Sinne von § 15 Abs. 1 UStG sind nur die Vorsteuern, die den in die Regelbesteuerung fallenden Umsätzen zuzurechnen sind (vgl. BFH-Urteil vom 13.11.2013, XI R 2/11, BStBl. 2014 II S. 543). [2]Sind Vorsteuerbeträge teilweise diesen Umsätzen und teilweise den der Durchschnittssatzbesteuerung unterliegenden Umsätzen zuzurechnen, z. B. für den Erwerb eines einheitlichen Gegenstands, sind sie in entsprechender Anwendung des § 15 Abs. 4 UStG aufzuteilen.

Beispiel:

[1]Ein Unternehmer erwirbt einen Gegenstand und verwendet ihn zu 30 % für der Durchschnittssatzbesteuerung unterliegende Umsätze und zu 70 % zur Ausführung regelbesteuerter Umsätze. [2]Beträgt die beim Bezug des Gegenstands gesondert in Rechnung gestellte Steuer 2500 €, ist ein Anteil von 30 % = 750 € durch die Durchschnittssatzbesteuerung nach § 24 Abs. 1 Satz 3 und 4 UStG abgegolten. [3]Der verbleibende Anteil von 70 % = 1750 € ist bei Vorliegen der Voraussetzungen des § 15 UStG abziehbar (vgl. BFH-Urteil vom 16.12.1993, V R 79/91, BStBl. 1994 II S. 339). [4]Ändern sich in den folgenden Kalenderjahren die Nutzungsverhältnisse, ist eine Berichtigung des Vorsteuerabzugs nach § 15a Abs. 1 UStG zu prüfen.

(3) [1]Bezieht ein Unternehmer vertretbare Sachen im Sinne der §§ 91 ff. BGB, die er später teilweise im landwirtschaftlichen als auch im nichtlandwirtschaftlichen Unternehmensteil verwendet, sind die auf die Eingangsumsätze entfallenden Vorsteuerbeträge nach der Verwendungsabsicht aufzuteilen. [2]Weicht die spätere tatsächliche Verwendung von der ursprünglichen Absicht ab, ist eine Berichtigung des Vorsteuerabzugs nach § 15a UStG zu prüfen. [3]Dabei kommt eine Schätzung der Berichtigungsbeträge nicht in Betracht. [4]Die Aufteilung der Vorsteuerbeträge ist regelmäßig auch dann durchzuführen, wenn die für den landwirtschaftlichen Unternehmensteil angeschaffte Warenmenge relativ gering ist (vgl. BFH-Urteil vom 25.6.1987, V R 121/86, BStBl. 1988 II S. 150).

Kleinunternehmerregelung

(4) [1]Hat ein Land- und Forstwirt eine Erklärung nach § 24 Abs. 4 Satz 1 UStG nicht abgegeben, führt er aber neben den in § 24 Abs. 1 UStG bezeichneten Umsätzen auch andere Umsätze aus, sind für die Anwendung des § 19 Abs. 1 UStG bei der Ermittlung des jeweils maßgeblichen Gesamtumsatzes die land- und forstwirtschaftlichen Umsätze und die anderen Umsätze zu berücksichtigen. [2]Soweit der Unternehmer die im land- und forstwirtschaftlichen Betrieb bewirkten Umsätze nicht aufgezeichnet hat (§ 67 UStDV), sind sie nach den Betriebsmerkmalen und unter Berücksichtigung der besonderen Verhältnisse zu schätzen. [3]Die Anwendung des § 19 Abs. 1 UStG beschränkt sich auf die Umsätze außerhalb der Durchschnittssatzbesteuerung des § 24 Abs. 1 bis 3 UStG. [4]Für die Umsätze des land- und forstwirtschaftlichen Betriebs verbleibt es bei der Durchschnittssatzbesteuerung.

24.8 Verzicht auf die Durchschnittssatzbesteuerung

(1) [1]Die Erklärung des Unternehmers, dass er auf die Durchschnittssatzbesteuerung verzichtet (§ 24 Abs. 4 Satz 1 UStG), ist nicht an eine bestimmte Form gebunden. [2]Berechnet der Unternehmer in der ersten Voranmeldung des Kalenderjahres die Vorauszahlung unter Zugrundelegung der allgemeinen Vorschriften des Gesetzes, kann darin eine solche Erklärung gesehen werden. [3]Hat ein Unternehmer mehrere land- und forstwirtschaftliche Betriebe, kann er die Erklärung nur einheitlich für alle Betriebe vornehmen, unabhängig davon, wie viele Teilbetriebe im Sinne des Ertragsteuerrechts der Unternehmer hat (vgl. BFH-Urteil vom 23.4.1998, V R 64/96, BStBl. II S. 494). [4]Entsprechendes gilt für den Widerruf (§ 24 Abs. 4 Satz 3 UStG).

(2) [1]Für Umsätze im Rahmen eines land- und forstwirtschaftlichen Betriebs im Sinne des § 24 Abs. 2 UStG geht die Durchschnittssatzbesteuerung des § 24 Abs. 1 bis 3 UStG der Besteuerung nach den anderen Vorschriften des Gesetzes vor. [2]Das gilt auch in Bezug auf die Anwendung des § 19 Abs. 1 UStG. [3]Land- und Forstwirte können daher für ihre im Rahmen des land- und forstwirtschaftlichen Betriebs ausgeführten Umsätze die Regelung des § 19 Abs. 1 UStG nur in Anspruch nehmen, wenn sie nach § 24 Abs. 4 Satz 1 UStG auf die Durchschnittssatzbesteuerung des § 24 Abs. 1 bis 3 UStG verzichten. [4]Will ein Land- und Forstwirt nach dem Ausscheiden aus der Durchschnittssatzbesteuerung des § 24 Abs. 1 bis 3 UStG von § 19 Abs. 1 UStG keinen Gebrauch machen, muss er eine weitere Erklärung nach § 19 Abs. 2 Satz 1 UStG abgeben.

(3) [1]Die Erklärung nach § 24 Abs. 4 Satz 1 UStG bindet den Unternehmer grundsätzlich mindestens für fünf Kalenderjahre. [2]Bei der Veräußerung eines land- und forstwirtschaftlichen Betriebs (Geschäftsveräußerung nach § 1 Abs. 1a UStG, vgl. Abschnitt 1.5) ist der Betriebserwerber als Rechtsnachfolger des Veräußerers anzusehen und demnach an die Optionsfrist gebunden. [3]In den Fällen, in denen der Unternehmer nach dem Ausscheiden aus der Durchschnittssatzbesteuerung des § 24 Abs. 1 bis 3 UStG die Vorschrift des § 19 Abs. 1 UStG anwendet, kann er jedoch die Erklärung mit Wirkung vom Beginn eines jeden folgenden Kalenderjahres an widerrufen (§ 71 UStDV). [4]Das gilt nicht, wenn der Unternehmer nach dem Ausscheiden aus der Durchschnittssatzbesteuerung des § 24 Abs. 1 bis 3 UStG eine weitere Erklärung nach § 19 Abs. 2 Satz 1 UStG abgegeben hat. [5]In diesem Fall gilt für ihn die Bindungsfrist des § 19 Abs. 2 Satz 2 UStG.

(4)[1)] [1]Zum Vorsteuerabzug beim Wechsel der Besteuerungsform wird auf Abschnitt 15.1 Abs. 5 und 6 hingewiesen. [2]Zur Berichtigung des Vorsteuerabzugs beim Wechsel der Besteuerungsform vgl. Abschnitt 15a.9.

24.9 Ausstellung von Rechnungen bei land- und forstwirtschaftlichen Betrieben

[1]Die Regelungen der §§ 14 und 14a UStG zur Rechnungserteilung gelten auch für die im Rahmen des land- und forstwirtschaftlichen Betriebs ausgeführten Lieferungen und sonstigen Leistungen. [2]Als anzuwendender Steuersatz (§ 14 Abs. 4 Satz 1 Nr. 8 UStG) ist der für den Umsatz maßgebliche Durchschnittssatz anzugeben (§ 24 Abs. 1 Satz 5 UStG); dies gilt auch für Gutschriften. [3]Weist der Unternehmer einen höheren Steuerbetrag aus, als er im Rahmen der Durchschnittssatzbesteuerung gesondert in Rechnung stellen darf, schuldet er nach § 14c Abs. 1 UStG diesen Mehrbetrag; er hat diesen Betrag an das Finanzamt abzuführen. [4]Das Gleiche gilt, wenn in einer Gutschrift im Sinne des § 14 Abs. 2 Sätze 2 und 3 UStG ein höherer Steuerbetrag ausgewiesen worden ist. [5]Im Rahmen des § 24 UStG kann auch § 14c Abs. 2 UStG zur Anwendung kommen (vgl. Abschnitt 14c.2).

1) Vgl. auch A 19.5 UStAE.

Zu § 25 UStG
(§ 72 UStDV)

25.1[1)] Besteuerung von Reiseleistungen[2)]

(1) [1]§ 25 UStG findet nur Anwendung, wenn der Unternehmer für die Durchführung der Reise Gegenstände und Dienstleistungen Dritter in Anspruch nimmt und diese dem Reisenden unmittelbar zugutekommen. [2]Der Zweck der Reise ist grundsätzlich unerheblich. [3]Die Besteuerung nach § 25 UStG kann für Sprach- und Studienreisen (z.B. Auslandsaufenthalte von Schülern während der Schulferien) sowie für Studienaufenthalte im Ausland, die mit einer Reise kombiniert sind (sog. High-School-Programme), in Betracht kommen (vgl. BFH-Urteil vom 1.6.2006, V R 104/01, BStBl. 2007 II S. 142). [4]Die Vorschrift gilt für alle Unternehmer, die Reiseleistungen erbringen, ohne Rücksicht darauf, ob dies allein Gegenstand des Unternehmens ist. [5]§ 25 UStG ist bei Reiseleistungen von Unternehmern mit Sitz im Drittland und ohne feste Niederlassung im Gemeinschaftsgebiet nicht anwendbar. [6]Es sind nur Niederlassungen zu berücksichtigen, die unmittelbar am Verkauf beteiligt sind. [7]§ 25 UStG hat besondere Bedeutung für Veranstalter von Pauschalreisen (§ 651a Abs. 2 BGB). [8]Die Regelung ist jedoch unabhängig davon anzuwenden, ob die Reisebestandteile bereits als Teil eines Pauschalangebots vermarktet oder erst nach den konkreten Vorgaben des Leistungsempfängers zusammengesetzt werden. [9]§ 25 UStG ist auch anzuwenden, wenn die Reiseleistung im eigenen Namen und für fremde Rechnung ausgeführt wird (vgl. Abschnitt 3.15 Abs. 6 Beispiel 3 und Abs. 7 Beispiel 1 bis 3). [10]Grundsätzlich ist eine entgeltliche, im Inland steuerbare Leistung Voraussetzung für die Anwendung des § 25 UStG (vgl. BFH-Urteil vom 13.12.2018, V R 52/17, BStBl. 2019 II S. 345). [11]Ein Unternehmer (Arbeitgeber), der an seine Arbeitnehmer im Rahmen des Dienstverhältnisses Reisen überlässt, erbringt unter den übrigen Voraussetzungen des § 25 UStG auch Reiseleistungen (vgl. Abschnitt 25.3 Abs. 4). [12]Leistungsempfänger ist der Besteller der Reiseleistung. [13]Dieser muss nicht selbst an der Reise teilnehmen, z.B. ein Vater schenkt seiner Tochter eine Pauschalreise.

(2) [1]Für das Vorliegen einer Reiseleistung ist es grundsätzlich erforderlich, dass der Unternehmer ein Bündel von Einzelleistungen erbringt, welches zumindest eine Beförderungs- oder Beherbergungsleistung enthält.
[2]Als Bestandteile einer Reiseleistung kommen insbesondere in Betracht:
1. Beförderung zu den einzelnen Reisezielen, Transfer;
2. Beherbergung;
3. Verpflegung;

[1)] A 25.1 UStAE neugef. durch BMF v. 24.6.2021, BStBl. I 2021, 857, anzuwenden in allen offenen Fällen; zur **Übergangsregelung** siehe Anlage 8.

[2)] Siehe BMF v. 29.1.2021, BStBl. I 2021, 250: Für **bis zum 31.12.2022** (BMF v. 1.12.2021, BStBl. I 2021, 2488) ausgeführte Reiseleistungen von Unternehmern mit Sitz im Drittland und ohne feste Niederlassung im Gemeinschaftsgebiet wird es nicht beanstandet, wenn die Sonderregelung des § 25 UStG angewendet wird.

4. Betreuung durch Reiseleiter;
5. Durchführung von Veranstaltungen (z. B. Stadtrundfahrten, Besichtigungen, Sport- und sonstige Animationsprogramme, Landausflüge);
6. Eintrittsberechtigungen.

[3]Eigenleistungen sind bei der Prüfung, ob eine Reiseleistung gegeben ist, nicht zu berücksichtigen. [4]Eine einzelne Leistung genügt für die Anwendung des § 25 UStG nur dann, wenn es sich um eine Beherbergungsleistung handelt (vgl. EuGH-Urteil vom 19.12.2018, C-552/17, Alpenchalets Ressorts[1)] und BFH-Urteil vom 27.3.2019, V R 10/19 (V R 60/16), BStBl. 2021 II S. 497). [5]§ 25 UStG ist hingegen auf den isolierten Verkauf von Opernkarten durch ein Reisebüro nicht anzuwenden (vgl. EuGH-Urteil vom 9.12.2010, C-31/10, Minerva Kulturreisen).[1)] [6]Die Einräumung von Eintrittsberechtigungen für Messen, Ausstellungen, Seminare und Kongresse und damit im Zusammenhang erbrachte Beförderungs-, Verpflegungs- und Beherbergungsleistungen, die vom Veranstalter als einheitliche Leistung (vgl. Abschnitt 3.10) angeboten werden, sind keine Reiseleistungen.

Auftreten im eigenen oder fremden Namen

(3) [1]Für die Frage des Auftretens im eigenen Namen kommt es bei Leistungen nach § 25 UStG maßgeblich auf die zivilrechtliche Beurteilung an. [2]Die Entscheidung, ob der Unternehmer eine Leistung im eigenen Namen erbringt oder eine fremde Leistung lediglich vermittelt, ist anhand des zugrundeliegenden Rechtsverhältnisses nach dem Gesamtbild des Einzelfalls zu treffen. [3]Im Hinblick darauf, dass eine Vermittlungsleistung ein Handeln im fremden Namen erfordert, kommt es für die Abgrenzung maßgeblich darauf an, wie der Unternehmer nach außen (gegenüber dem Leistungsempfänger) auftritt. [4]Es muss somit für den Leistungsempfänger objektiv erkennbar sein, dass der Handelnde für den Geschäftsabschluss im fremden Namen auftreten will. [5]In der Regel hat dies durch die Prospektgestaltung und durch klare Hinweise außerhalb seiner AGB zu geschehen (vgl. BFH-Urteil vom 22.8.2019, V R 12/19 (V R 9/16), BStBl. 2021 II S. 498).

(4) [1]§ 25 UStG ist nicht anzuwenden, soweit der Unternehmer beim Verkauf von Reisen erkennbar im fremden Namen handelt (vgl. Abschnitt 3.7 Abs. 1). [2]Die Besteuerung der Vermittlungsleistungen richtet sich nach den allgemeinen Vorschriften des UStG. [3]Die Steuerbefreiung nach § 4 Nr. 5 UStG ist zu beachten (vgl. Abschnitt 4.5.2).

(5) [1]Reisebüros können sowohl im eigenen als auch im fremden Namen auftreten (vgl. BFH-Urteil vom 22.8.2019, V R 12/19 (V R 9/16), a. a. O.):

Auftreten von Reisebüros im eigenen Namen

1. [1]Reisebüros erbringen üblicherweise Vermittlungsleistungen, die der Regelbesteuerung unterliegen. [2]Die Bündelung von Leistungen und die eigene Preisgestaltung können jedoch auch zur Annahme von Leistungen im Sinne des § 25 UStG führen, wenn das Reisebüro gegenüber dem Reisenden im eigenen Namen auftritt.

---

1) DStR 2018, 2693. – DStR 2010, 2576.

Beispiel:

[1] Der Reiseveranstalter A hat ein Katalogangebot mit 2 Wochen Halbpension Mallorca für 799 € ausgeschrieben. [2] Das Reisebüro B übernimmt ein Kontingent von 20 Plätzen zu einem Einkaufspreis von 640 € und kalkuliert die Reise wie folgt:

Einkaufspreis	640,– €
zzgl. Transfer zum Flughafen durch Busunternehmer C	40,– €
Summe Reisevorleistungen	680,– €

[3] Reisebüro B tritt beim Verkauf der Reise im eigenen Namen auf, händigt einen Sicherungsschein (§ 651r BGB) aus und berechnet für die Reise 809 €. [4] Die auf die Reise entfallende Marge beträgt:

Verkaufspreis	809,– €
abzgl. Reisevorleistungen	680,– €
Marge des B	129,– €

[5] Reisebüro B verkauft die Reisen im eigenen Namen und für eigene Rechnung. [6] B nimmt für die Reisen die Leistungen des Reiseveranstalters A und des Busunternehmers C in Anspruch (Reisevorleistungen). [7] Reisebüro B erbringt jeweils einheitliche sonstige Leistungen, die nach § 25 UStG zu besteuern sind.

[3] Erwirbt ein Tickethändler oder ein Reisebüro ein Paket von Flugtickets, um hieraus durch Verbindung mit anderen Leistungen (z. B. Beherbergung und Verpflegung) jeweils Pauschalreisen zusammenzustellen, liegt eine Reiseleistung vor (vgl. Abschnitt 4.5.3 Abs. 2).

Auftreten von Reisebüros im fremden Namen

2. [1] Reisebüros können beim Verkauf einer Reise an einen Kunden mehrere Vermittlungsleistungen nebeneinander erbringen, wenn sie dabei erkennbar im Namen des jeweiligen Leistungserbringers oder des Reisenden agieren.

Beispiel 1:

[1] Ein Reiseveranstalter hat ein Katalogangebot mit 2 Wochen Halbpension Mallorca ohne Anreise für 850 € ausgeschrieben. [2] Das Reisebüro verkauft dem Reisenden die Reise laut Angebot im Namen des Reiseveranstalters und händigt dessen Sicherungsschein aus. [3] Zudem werden im Namen des Reisenden bei einer Fluggesellschaft wunschgemäß Hin- und Rückflug gebucht. [4] Die Bezahlungen sollen vereinbarungsgemäß vom Reisenden direkt an die Leistungserbringer erfolgen. [5] Das Reisebüro stellt dem Reisenden lediglich die Vermittlung des Fluges in Rechnung.

Beispiel 2:

Eine USA-Rundreise aus mehreren Bausteinen (Flug, Übernachtungen, Mietwagen) wird nach den im Beispiel 1 dargestellten Grundsätzen für den Reisenden zusammengestellt und im Namen der Leistungserbringer verkauft.

Beispiel 3:

[1] Das Pauschalangebot eines Reiseveranstalters für eine zweiwöchige Reise wird an den Kunden vermittelt, wobei der Rückflug des Reisenden erst nach der dritten Woche erfolgen soll. [2] Das Reisebüro vermittelt für die dritte Woche einen zusätzlichen Hotelaufenthalt. [3] Die formalen Grundsätze des Beispiels 1 sind erfüllt.

[2] Im Beispielsfall 1 liegen keine gebündelten Leistungen im Sinne der Nummer 1 vor, da der Unternehmer für beide Leistungen die Voraussetzungen einer Vermittlungsleistung erfüllt. [3] Hinsichtlich der Pauschalreise handelt er im Namen des Reiseveranstalters; bezüglich des Fluges tritt er im Namen des Reisenden auf. [4] Die Beispiele 2 und 3 sind wie der Beispielsfall 1 zu beurteilen, wenn das Reisebüro beim Vermittlungsgeschäft im Namen der jeweiligen Leistungserbringer auftritt.

Rabattgewährung durch Reisebüros

3. Gewährt ein Reisebüro, das als Vermittler für einen Reiseveranstalter handelt, dem Endverbraucher aus eigenem Antrieb und auf eigene Kosten einen Nachlass auf den Preis der vermittelten Leistung, ist dieser Vorgang umsatzsteuerrechtlich unbeachtlich (vgl. Abschnitt 17.2 Abs. 7).

(6) [1] Alle im Rahmen einer Reise erbrachten Leistungen gelten als einheitliche sonstige Leistung des Unternehmers an den Leistungsempfänger, soweit der Unternehmer gegenüber dem Leistungsempfänger im eigenen Namen auftritt und für die Durchführung der Reise Lieferungen und sonstige Leistungen Dritter (Reisevorleistungen) in Anspruch nimmt. [2] Im Rahmen einer Reise sind alle Reiseleistungen erbracht, die einem einzelnen Reisenden zugutekommen. [3] Liegen danach mehrere einheitliche sonstige Leistungen vor, können diese aus Vereinfachungsgründen als eine einheitliche sonstige Leistung behandelt werden, wenn der Unternehmer mehrere gleichartige Reisen an einen Leistungsempfänger abgibt.

Beispiel:

[1] A erwirbt für sich, seine Ehefrau und seine drei Kinder fünf Reisen vom 17. bis 31. Juli nach Mallorca. [2] Die Unterbringung erfolgt in zwei Doppel- und einem Einzelzimmer.

(7) [1] Die sonstige Leistung wird nach § 3a Abs. 1 UStG an dem Ort ausgeführt, an dem der Unternehmer seinen Sitz hat; das gilt auch für die Erbringung sonstiger Leistungen nach § 25 UStG an andere Unternehmer für deren Unternehmen. [2] Wird die sonstige Leistung von einer Betriebsstätte des Unternehmers ausgeführt, gilt der Ort der Betriebsstätte als Leistungsort. [3] Die sonstige Leistung ist nach den allgemeinen Zuordnungskriterien entweder dem Sitz des Unternehmens oder einer Betriebsstätte zuzurechnen (vgl. Abschnitt 3a.1 Abs. 2), wobei auf den Schwerpunkt der erbrachten Leistungen abzustellen ist. [4] Der Ort sonstiger Leistungen nach § 25 UStG bestimmt sich nach dem Vertrieb der Reise (vgl. EuGH-Urteil vom 20.2.1997, C-260/95, DFDS).[1)] [5] Eine Zurechnung der sonstigen Leistung an die Betriebsstätte kommt nur in Betracht, wenn diese unmittelbar am Verkauf beteiligt ist. [6] Werden einzelne Reisebestandteile vom selben Unternehmer zu unterschiedlichen Zeiten – ggf. während der Reise – und an unterschiedlichen Orten verkauft, ist der Leistungsort für die einheitliche sonstige Leistung nach § 25 UStG danach zu bestimmen, wo der Verkauf der Reise, soweit sie auf Reisevorleistungen beruht, überwiegend erfolgt.

(8) [1] § 25 UStG gilt nur bei der Inanspruchnahme von Reisevorleistungen durch den Unternehmer, nicht jedoch, soweit dieser Reiseleistungen durch den Einsatz eigener Mittel (Eigenleistungen) – z. B. eigene Beförderungsmittel, eigenes Hotel, Betreuung durch angestellte Reiseleiter – erbringt. [2] Durch die Weitergabe von Fremdleistungen innerhalb des Organkreises werden Reisevorleistungen nicht zu Eigenleistungen. [3] Die Abgrenzung zwischen Eigenleistung einerseits und in die Margenbesteuerung einzubeziehender Reisevorleistung andererseits vollzieht sich nicht aus Sicht der Reisenden, sondern

1) DStRE 1997, 342.

nach den tatsächlichen Umständen der Leistungserbringung (vgl. BFH-Urteil vom 1.3.2018, V R 23/17, BStBl. II S. 503). [4] Allein die Tatsache, dass der Unternehmer die volle Verantwortung für die Durchführung der Reise zu tragen hat, führt noch nicht zur Annahme von Eigenleistungen. [5] Für die Eigenleistungen gelten die allgemeinen umsatzsteuerrechtlichen Vorschriften. [6] Bei Reisen, die sich auch auf das Ausland erstrecken, unterliegen der Besteuerung daher die jeweiligen im Inland erbrachten Einzelleistungen. [7] Folgende Vorschriften sind zu beachten:

1. § 3a Abs. 1 oder Abs. 2 UStG bei Betreuung durch angestellte Reiseleiter;
2. § 3b Abs. 1 und § 26 Abs. 3 UStG für Personenbeförderungsleistungen;
3. § 3a Abs. 3 Nr. 1 Satz 2 Buchstabe a UStG für Beherbergungsleistungen;
4. § 3a Abs. 3 Nr. 3 Buchstabe a oder Abs. 2 UStG für (Land-)Ausflüge mit beispielsweise sportlichem, kulturellen oder unterhaltendem Charakter;
5. § 3a Abs. 3 Nr. 3 Buchstabe b UStG für die Abgabe von Speisen und Getränken zum Verzehr an Ort und Stelle (Restaurationsleistungen); zur Abgrenzung von Lieferungen zu Restaurationsleistungen vgl. Abschnitt 3.6; zur Abgrenzung von Haupt- und Nebenleistung vgl. Abschnitt 3.10 Abs. 6 Nr. 13.

[8] Eigene Mittel sind auch dann gegeben, wenn der Unternehmer ein Beförderungsmittel ohne Fahrzeugführer oder im Rahmen eines Gestellungsvertrags ein bemanntes Beförderungsmittel anmietet und dabei selbst sowohl Weisungsbefugnis hat als auch Verantwortung über den Einsatz des Beförderungsmittels trägt. [9] Der Unternehmer erbringt dagegen keine Reiseleistung unter Einsatz eigener Mittel, wenn er sich zur Ausführung einer Beförderung eines Unternehmers bedient, der die Beförderung in eigenem Namen und unter eigener Verantwortung ausführt. [10] Der Unternehmer bewirkt in diesem Falle eine Beförderungsleistung an den Leistungsempfänger, die bei Letzterem als Reisevorleistung anzusehen ist (vgl. auch das Beispiel in Abschnitt 3b.1 Abs. 2). [11] Die Betreuungsleistungen, die Unternehmer durch angestellte Reiseleiter erbringen, unterliegen als Leistungen mit eigenen Mitteln (Eigenleistungen) nicht der Margenbesteuerung nach § 25 Abs. 1 UStG (BFH-Urteil vom 23.9.1993 V R 132/89, BStBl 1994 II S. 272).

(9) [1] Reisevorleistungen sind alle Leistungen, die von einem Dritten erbracht werden und dem Reisenden unmittelbar zugutekommen. [2] In Betracht kommen alle Leistungen, die der Reisende in Anspruch nehmen würde, wenn er die Reise selbst zusammenstellte, insbesondere Beförderung, Beherbergung und Verpflegung.

Beispiel 1:

[1] Reiseveranstalter A verkauft eine Pauschalreise im eigenen Namen. [2] Er bedient sich für die Beförderung, Unterbringung und Verpflegung der Unternehmer X, Y und Z. [3] Insoweit sind Reisevorleistungen gegeben.

[3] Erwirbt ein Unternehmer von einem anderen Unternehmer eine nach § 25 Abs. 1 Satz 3 UStG einheitliche Reiseleistung (Kettengeschäft), sind Reisevorleistungen die einzelnen Bestandteile und nicht die einheitliche Reiseleistung.

Beispiel 2:

[1] Reiseveranstalter B verkauft die von Reiseveranstalter A erworbene Pauschalreise im eigenen Namen. [2] Reisevorleistungen sind die einzelnen Bestandteile (Beförderung, Unterbringung und Verpflegung der Unternehmer X, Y und Z).

[4] Keine Reisevorleistungen sind hingegen die folgenden Leistungen dritter Unternehmer, die dem Reisenden nur mittelbar zugutekommen:

1. Ein selbständiges Reisebüro vermittelt die Pauschalreisen des Reiseveranstalters;
2. Ein Reisebus muss während einer Reise repariert werden.

(10) [1] Die Leistungen von Zielgebietsagenturen sind in vollem Umfang als Reisevorleistungen anzusehen, wenn die Betreuung der Reisenden vor Ort dabei im Vordergrund steht (z. B. Organisation des Transfers, Animation der Reisenden, Arrangements von Ausflügen und Besichtigungen). [2] Die im Zusammenhang damit ausgeführten Verwaltungsleistungen für den Unternehmer sind unselbstständige Nebenleistungen. [3] Ist aufgrund der Einreisebestimmungen anderer Staaten für die Erteilung eines Visums die Vorlage einer Reisebestätigung (Visabestätigung) erforderlich, handelt es sich bei der in diesem Zusammenhang in Aussicht gestellten Betreuungsleistung um eine Reiseleistung nach § 25 UStG. [4] Die Betreuung während der Reise stellt eine gegenüber der bloßen Beschaffung des Touristenvisums selbstständige sonstige Leistung dar (vgl. BFH-Urteil vom 2.3.2006, V R 25/03, BStBl. II S. 788).

(11) [1] Gemischte Leistungen liegen vor, wenn der Unternehmer sowohl Leistungen mit eigenen Mitteln erbringt (vgl. Absatz 8) als auch Reisevorleistungen in Anspruch nimmt (vgl. Absatz 9). [2] In diesen Fällen ist § 25 UStG nur anwendbar, soweit der Unternehmer gegenüber dem Leistungsempfänger im eigenen Namen auftritt und Reisevorleistungen in Anspruch nimmt. [3] Für die im Rahmen einer solchen Reise erbrachten Leistungen mit eigenen Mitteln gelten die allgemeinen Vorschriften.

Beispiel:

[1] Im Rahmen einer Pauschalreise befördert der Unternehmer die Reisenden im eigenen Bus. [2] Beherbergung und Verpflegung erfolgen in einem fremden Hotel. [3] Der Unternehmer tritt gegenüber den Reisenden im eigenen Namen auf.

[4] In diesem Fall erfolgt die Besteuerung der Beförderungsleistung nach den allgemeinen Vorschriften; die Beherbergungs- und Verpflegungsleistungen unterliegen der Besteuerung nach § 25 UStG. [5] Zur Ermittlung der Bemessungsgrundlagen vgl. Abschnitt 25.3 Abs. 2.

(12) [1] Für eine einheitliche Reiseleistung im Sinne des § 25 Abs. 1 Satz 2 UStG sind die unternehmerbezogenen Steuerbefreiungen nach § 4 UStG und Steuersatzermäßigungen zu beachten. [2] Demgegenüber kommen leistungsbezogene Steuerbefreiungen und Steuersatzermäßigungen nicht in Betracht (vgl. BFH-Urteil vom 27.3.2019, V R 10/19 (V R 60/16), a. a. O.).

(13) [1] Eine Reiserücktrittskostenversicherung, deren Abschluss bei Buchung der Reise in das Belieben des Leistungsempfängers gestellt wird und für die das Versicherungsentgelt neben dem Reisepreis ggf. gesondert berechnet wird, ist eine umsatzsteuerrechtlich gesondert zu beurteilende Leistung, die nicht der Margenbesteuerung des § 25 UStG unterliegt. [2] Auch der Abschluss einer obligatorisch vom Reiseveranstalter angebotenen Reiserücktrittskostenversi-

cherung kann eine selbständige Leistung darstellen (vgl. BFH-Urteil vom 13.7.2006, V R 24/02, BStBl. II S. 935). [3]Der Umsatz kann je nach Sachverhalt entweder unter den Voraussetzungen des § 4 Nr. 10 Buchstabe b UStG (Verschaffung von Versicherungsschutz) oder unter denen des § 4 Nr. 11 UStG (Umsatz aus der Tätigkeit als Versicherungsvertreter) steuerfrei sein.

(14) [1]Tritt der Reisende vor Reisebeginn vom Reisevertrag zurück und hat er für diesen Fall eine in dem Reisevertrag vorab vereinbarte Entschädigung zu entrichten (Stornogebühr), liegt beim Reiseveranstalter echter Schadensersatz und somit kein Entgelt für eine Reise vor. [2]Dies gilt unter der Voraussetzung, dass zivilrechtlich ein Rücktrittsrecht besteht. [3]Schreibt der Unternehmer dem Reisebüro einen Anteil von Stornogebühren gut, handelt es sich hierbei um das Entgelt für Leistungen des Reisebüros. [4]Umbuchungs- und Änderungsgebühren, die der Reisende bei Änderung eines bestehenbleibenden Reisevertrags zu entrichten hat, erhöhen das für die Reise zu entrichtende Entgelt.

25.2[1)] Steuerfreiheit von Reiseleistungen nach § 25 Abs. 2 UStG

(1) [1]Nach § 25 Abs. 2 UStG ist eine Reiseleistung insgesamt steuerfrei, wenn die ihr zuzurechnenden Reisevorleistungen ausschließlich im Drittlandsgebiet bewirkt werden. [2]Zu den Reisevorleistungen können insbesondere Unterkunft, Verpflegung, Betreuung und Beförderung von Personen gehören.

Beispiel 1:

[1]Ein Reiseveranstalter bietet im eigenen Namen eine Rundreise mit dem Reisebus in den USA zu einem Pauschalpreis an. [2]Hin- und Rückreise von und nach Deutschland sind in dem Preis nicht enthalten.

[3]Die in der Beförderung der Reisenden mit dem Reisebus bestehenden Reisevorleistungen werden im Drittlandsgebiet bewirkt. [4]Da Übernachtungs- und Verpflegungsleistungen ebenfalls im Drittlandsgebiet bewirkt werden, ist die einheitliche sonstige Leistung des Veranstalters insgesamt steuerfrei.

[5]Der Ort, an dem die Reisevorleistungen bewirkt werden, bestimmt sich nach den allgemeinen Regelungen der §§ 3a ff. UStG. [6]Diese Ortsbestimmung bindet bei einem Kettengeschäft auch nachfolgende Unternehmer. [7]Werden Reisevorleistungen, deren Ort der Leistung sich nach § 3a Abs. 2 UStG bestimmen würde, ausschließlich im Drittlandsgebiet erbracht, verlagert sich der Ort nach § 3a Abs. 8 UStG ins Drittland (vgl. Abschnitt 3a.14 Abs. 5).

Beispiel 2:

[1]Ein deutscher Reiseveranstalter bietet Pauschalreisen nach Thailand im eigenen Namen an, deren Leistungsbestandteile er selbst eingekauft hat. [2]Er nimmt dabei Betreuungsleistungen eines schweizerischen Unternehmers in Anspruch, der im Reisezielgebiet keine Betriebsstätte hat und die Leistungen ausschließlich im Drittlandsgebiet ausführt.

[3]Die Betreuungsleistung des schweizerischen Unternehmers wird nach § 3a Abs. 2 in Verbindung mit Abs. 8 UStG im Drittlandsgebiet bewirkt. [4]Die Marge des deutschen Reiseveranstalters ist somit steuerfrei.

(2) Die einheitliche sonstige Leistung ist insgesamt steuerpflichtig, wenn die in Absatz 1 bezeichneten Reisevorleistungen (vgl. Abschnitt 25.1 Abs. 9) ausschließlich im Gemeinschaftsgebiet bewirkt werden.

---

1) A 25.2 UStAE neugef. durch BMF v. 24.6.2021, BStBl. I 2021, 857, anzuwenden in allen offenen Fällen; zur **Übergangsregelung** siehe Anlage 8.

Beispiel:

[1] Der deutscher Reiseveranstalter A bietet im eigenen Namen Rundreisen innerhalb des Gemeinschaftsgebiets an. [2] Er hat die Reisen von dem Reiseveranstalter B mit Sitz in Frankreich gekauft. [3] B hat die einzelnen Reisebestandteile (Beförderungs-, Betreuungs-, Beherbergungs- und Verpflegungsleistungen) von anderen Unternehmen erworben und zu einer einheitlichen Pauschalreise gebündelt. [4] Da sämtliche Reisevorleistungen im Gemeinschaftsgebiet bewirkt werden, ist die Marge des deutschen Reiseveranstalters A insgesamt steuerpflichtig.

(3) [1] Werden die Reisevorleistungen nur zum Teil im Drittlandsgebiet, im Übrigen aber im Gemeinschaftsgebiet erbracht, ist die Reiseleistung insoweit steuerfrei, als die Reisevorleistungen im Drittlandsgebiet bewirkt werden. [2] Dies gilt auch für Reisevorleistungen, die in der Beförderung von Personen bestehen. [3] Erstreckt sich somit eine Beförderung sowohl auf das Drittlandsgebiet als auch auf das Gemeinschaftsgebiet, hat der Unternehmer die gesamte Beförderungsleistung nach Maßgabe der im Drittlands- und im Gemeinschaftsgebiet zurückgelegten Strecken aufzuteilen.

Beispiel 1:

[1] Reiseveranstalter A verkauft im eigenen Namen eine Pauschalreise in die USA (Flug und Beherbergung) ab München.
[2] Die Reiseleistung des A ist insoweit steuerpflichtig, als die Personenbeförderung im Flugzeug (Reisevorleistung) im Gemeinschaftsgebiet bewirkt wird (vgl. Abschnitt 25.2 Abs. 4). [3] Der Leistungsort der übrigen Reisebestandteile liegt im Drittlandsgebiet. [4] Die Reiseleistung ist daher insoweit steuerfrei.

Beispiel 2: (Kettengeschäft)

[1] Reiseveranstalter B verkauft die von Reiseveranstalter A erworbene Pauschalreise im eigenen Namen.
[2] Die Reiseleistung des B ist wie im Beispiel 1 insoweit steuerpflichtig, als die Personenbeförderung im Flugzeug (Reisevorleistung) im Gemeinschaftsgebiet bewirkt wird. [3] Der Leistungsort der übrigen Reisebestandteile liegt im Drittlandsgebiet. [4] Die Reiseleistung ist wie im Beispiel 1 insoweit steuerfrei.

(4) [1] Erstreckt sich eine Personenbeförderung im Luftverkehr (Reisevorleistung) sowohl auf das Drittlandsgebiet als auch auf das Gemeinschaftsgebiet, kann der Empfänger der Beförderungsleistung abweichend von Absatz 3 aus Vereinfachungsgründen wie folgt verfahren:
[2] Liegt der Zielort der Personenbeförderung im Drittlandsgebiet, gilt die Beförderungsleistung insgesamt als im Drittlandsgebiet bewirkt (Zielortregelung). [3] Im Rahmen von Kettengeschäften ist die Anwendung oder Nichtanwendung der Zielortregelung für alle nachfolgenden Unternehmer bindend.

Beispiel 1:

[1] Ein Reiseveranstalter bietet im eigenen Namen eine Flugreise von Düsseldorf auf die Kanarischen Inseln zu einem Pauschalpreis an. [2] Der Reiseveranstalter wendet für alle von ihm angebotenen Reisen die Zielortregelung an.
[3] Da der Zielort der Reise im Drittlandsgebiet liegt, gilt die Beförderungsleistung insgesamt als im Drittlandsgebiet bewirkt. [4] Werden auch alle übrigen Reisevorleistungen im Drittlandsgebiet bewirkt, ist die Reiseleistung des Veranstalters insgesamt steuerfrei.

[4] Liegt der Zielort der Personenbeförderung im Gemeinschaftsgebiet, gilt die Beförderungsleistung insgesamt als im Gemeinschaftsgebiet bewirkt.

Beispiel 2:

[1] Ein Reiseveranstalter bietet im eigenen Namen eine Flugreise von Düsseldorf nach Athen zu einem Pauschalpreis an. [2] Der Reiseveranstalter wendet für alle von ihm angebotenen Reisen die Zielortregelung an.

[3] Da der Zielort der Reise im Gemeinschaftsgebiet liegt, gilt die Beförderungsleistung als im Gemeinschaftsgebiet bewirkt. [4] Werden auch alle übrigen Reisevorleistungen im Gemeinschaftsgebiet bewirkt, ist die Reiseleistung des Veranstalters insgesamt steuerpflichtig.

[5] Hin- und Rückflug sind bei der Anwendung der Vereinfachungsregelung als eine Reisevorleistung anzusehen. [6] Der Zielort bestimmt sich nach dem Hinflug. [7] Zwischenlandungen aus flugtechnischen Gründen berühren die Anwendung der Vereinfachungsregelung nicht. [8] Inländische Zu- und Abbringerflüge sind nur dann in die Zielortregelung einzubeziehen, wenn die als Reisevorleistung in Anspruch genommene Beförderungsleistung einschließlich der Zu- und Abbringerflüge nach umsatzsteuerrechtlichen Grundsätzen eine einheitliche Beförderungsleistung darstellt (vgl. Abschnitt 3.10 und BFH-Urteil vom 1.3.2018, V R 23/17, BStBl. II S. 503).

Beispiel 3:

[1] Ein Reiseveranstalter bietet im eigenen Namen eine Busreise an. [2] Diese beginnt in Zürich (Schweiz) und endet in Rom (Italien). [3] Im Reisepreis sind Hin- und Rückflug von und nach Köln-Bonn enthalten. [4] Der Reiseveranstalter wendet für alle von ihm angebotenen Reisen die Zielortregelung an.

[5] Da der Zielort des Hinflugs im Drittlandsgebiet (Schweiz) liegt, gilt die Personenbeförderung mit dem Flugzeug inklusive des Rückflugs als insgesamt im Drittlandsgebiet bewirkt. [6] Die Busreise ist in einen steuerfreien Streckenanteil im Drittlandsgebiet und einen steuerpflichtigen Anteil im Gemeinschaftsgebiet aufzuteilen.

(5) [1] Macht ein Unternehmer von der Vereinfachungsregelung nach Absatz 4 Gebrauch, muss er diese bei allen von ihm in einem Veranlagungszeitraum veranstalteten Reisen anwenden. [2] Dies gilt nicht, soweit der Unternehmer im Rahmen von Kettengeschäften an die Entscheidung des Empfängers der Beförderungsleistung gebunden ist (vgl. Absatz 4).

(6) [1] Erstreckt sich eine Personenbeförderung mit Kreuzfahrtschiffen im Seeverkehr sowohl auf das Drittlandsgebiet als auch auf das Gemeinschaftsgebiet, kann der Unternehmer abweichend von Absatz 3 von der Berücksichtigung des auf das Gemeinschaftsgebiet entfallenden Anteils der gesamten Beförderungsstrecke aus Vereinfachungsgründen absehen. [2] Im Rahmen von Kettengeschäften ist die Anwendung oder Nichtanwendung dieser Regelung für alle nachfolgenden Unternehmer bindend.

Beispiel:

[1] Ein Reiseveranstalter bietet im eigenen Namen eine siebentägige Kreuzfahrt im Mittelmeer an, die in Genua beginnt und endet.

[2] Die in der Beförderung der Reisenden bestehenden Reisevorleistungen sind als im Drittlandsgebiet erbracht anzusehen. [3] Die Reiseleistung des Veranstalters ist steuerfrei.

(7) Der Unternehmer hat bei der Abgabe einer Reiseleistung an einen anderen Unternehmer für dessen Unternehmen in der Rechnung anzugeben, in welchem Umfang die Leistungen nach § 25 Abs. 2 UStG im Drittlandsgebiet bewirkt werden (vgl. § 14 Abs. 4 Nr. 7 UStG).

(8) Liegen für nach § 25 Abs. 2 UStG steuerfreie Reiseleistungen im Drittland auch die Voraussetzungen einer Steuerbefreiung vor, die den Vorsteuerabzug ausschließt, geht diese Steuerbefreiung vor (vgl. Abschnitt 15.13 Abs. 5).

25.3[1)] Bemessungsgrundlage bei Reiseleistungen *[Fassung für Umsätze nach dem 31.12.2021]*

(1) [1] Abweichend von § 10 UStG ist die Bemessungsgrundlage die Differenz (Marge) zwischen dem Betrag, den der Leistungsempfänger entrichtet und den Aufwendungen für die Reisevorleistungen, jedoch abzüglich der Umsatzsteuer. [2] Dabei ist grundsätzlich auf die einzelne Reise abzustellen (vgl. Abschnitt 25.1 Abs. 1).

Beispiel 1:

[1] Ein Reiseveranstalter mit Sitz im Inland verkauft im eigenen Namen eine im Inland stattfindende Bahnpauschalreise. [2] Der Preis beträgt 440 € pro Person. [3] Es nehmen 40 Personen teil. [4] Der Reiseveranstalter wendet für Reisevorleistungen einschließlich Umsatzsteuer folgende Beträge auf:

1. an die Deutsche Bahn AG für Beförderungsleistungen	3 200,– €,
2. an das Hotel für Beherbergungsleistungen	12 000,– €.

[5] Die Marge ist für jeden einzelnen Reiseteilnehmer zu ermitteln, soweit nicht einzelne Leistungsempfänger im eigenen Namen für weitere Reiseteilnehmer auftreten:

Reisepreis (Aufwendungen des Reiseteilnehmers)		440,– €
./. Reisevorleistungen		
für die Beförderung	3 200,– €/40 = 80,– €	
für die Beherbergung	12 000,– €/40 = 300,– €	380,– €
Marge		60,– €
./. darin enthaltene Umsatzsteuer (19/119 = Steuersatz 19 %)		9,58 €
Bemessungsgrundlage		50,42 €

[3] Aus Vereinfachungsgründen wird es nicht beanstandet, mehrere Reisen zusammenzufassen, für die der Unternehmer einen einheitlichen Aufschlags- oder Kalkulationssatz verwendet. [4] Der Unternehmer kann ferner aus Vereinfachungsgründen bei Dritten erworbene Übernachtungs- oder Beförderungskontingente vollständig als Reisevorleistungen behandeln, auch wenn diese Kontingente nicht voll umfänglich abgerufen werden. [5] Macht ein Unternehmer von der Vereinfachungsregelung Gebrauch, muss er diese Regelung bei allen von ihm innerhalb eines Besteuerungszeitraums veranstalteten Reisen anwenden. [6] Ergeben sich dadurch negative Einzelmargen, sind diese nicht mit positiven Einzelmargen verrechenbar. [7] Macht ein Unternehmer von der Vereinfachungsregelung keinen Gebrauch, sind die nicht abgerufenen Kontingente keine Reisevorleistungen. [8] Der Vorsteuerabzug steht ihm insoweit unter den übrigen Voraussetzungen des § 15 UStG zu.

---

1) A 25.3 UStAE neugef. durch BMF v. 24.6.2021, BStBl. I 2021, 857, **anzuwenden auf Umsätze nach dem 31.12.2021;** zur bis dahin anzuwendenden Fassung von A 25.3 UStAE und zur **Übergangsregelung** siehe Anlage 8.

Beispiel 2:

[1] Der im Inland ansässige Reiseveranstalter A hat einem spanischen Hotel für sieben Nächte die Belegung von 100 Zimmern zu einem Einzelübernachtungspreis von 35 € zugesagt. [2] A muss das dafür vertraglich vereinbarte Entgelt in Höhe von 24 500 € auch dann entrichten, wenn er die gebuchten Zimmer nicht alle belegen kann. [3] A kalkuliert mit einer 100 %igen Zimmerbelegung. [4] Tatsächlich wird lediglich eine Auslastung von 80% erreicht. [5] A hat pro Reise – ggf. pro Teilnehmer – zunächst 245 € als Reisevorleistung zu berücksichtigen. [6] Sobald A alle Informationen über die tatsächliche Belegung der gebuchten Zimmer vorliegen, sind die damit zusammenhängenden Margenermittlungen zu korrigieren. [7] Es ist nicht zu beanstanden, wenn die Berichtigung der Umsatzsteuer in einem Betrag vorgenommen wird, wenn dabei keine negativen Einzelmargen entstehen.

Geplante Beherbergungsleistungen pro Reise (35,– € × 7 Tage)	245,– €
Tatsächliche Beherbergungsleistungen pro Reise (35,– € × 7 Tage × 100/80 oder 24 500,– €/80)	306,25 €
Erhöhung der Reisevorleistung = Minderung der Marge pro Reise	61,25 €
Summe der Margenminderung (61,25 € × 80 oder 24 500,– € × 20 %)	4 900,– €
./. darin enthaltene Umsatzsteuer (19/119 = Steuersatz 19 %)	782,35 €
Minderung Bemessungsgrundlage	4 117,65 €

[9] Werden im Abrechnungsverkehr zwischen Leistungsträgern und Reiseveranstaltern Reisevorleistungen ausgehend vom sog. Bruttowert (Verkaufspreis abzüglich Provisionen zuzüglich Umsatzsteuer auf den Provisionsbetrag) berechnet, handelt es sich bei den Provisionen regelmäßig um Entgelt- bzw. Reisevorleistungsminderungen und nicht um Vergütungen für besondere (Vermittlungs-)Leistungen. [10] Der Wert der Reisevorleistungen ist dann identisch mit dem Wert einer agenturmäßigen Nettoberechnung. [11] Die in den Abrechnungen des Leistungsträgers auf den Provisionsbetrag gesondert als Negativbetrag ausgewiesene Umsatzsteuer wird weder vom Leistungsträger noch vom Reiseveranstalter nach § 14c Abs. 2 UStG geschuldet. [12] Aufwendungen für Reisevorleistungen in fremder Währung sind nach § 16 Abs. 6 UStG in dem Zeitpunkt umzurechnen, in dem die Leistung ausgeführt oder das Entgelt oder ein Teil des Entgelts vor Ausführung der Leistung gezahlt wird.

(2) [1] Treffen bei einer Reise Leistungen des Unternehmers mit eigenen Mitteln und Leistungen Dritter zusammen (vgl. Abschnitt 25.1 Abs. 11), sind für die Berechnung der Marge die eigenen Leistungen grundsätzlich im prozentualen Verhältnis zu den Fremdleistungen auszuscheiden (vgl. Abschnitt 10.1 Abs. 11). [2] Existieren keine Einzelverkaufspreise der verschiedenen Reisebestandteile, ist das Verhältnis der Eigenleistungen zu den Fremdleistungen anhand der entstandenen Kosten (einschließlich Umsatzsteuer) festzustellen. [3] Bei der Ermittlung der Kosten der Eigenleistung sind die Gemeinkosten sowie der kalkulatorische Unternehmerlohn nicht zu berücksichtigen.

Beispiel 1:

[1] Ein Reiseveranstalter mit Sitz im Inland führt eine Buspauschalreise im Inland aus. [2] Er tritt beim Verkauf gegenüber den Leistungsempfängern im eigenen Namen auf. [3] Der Preis beträgt 600 € pro Person. [4] Der Reiseveranstalter bietet die Reisebestandteile wie folgt auch einzeln an:

– Beförderung mit dem eigenen Bus inklusive Reiseleitung	130,– €;
– Beherbergung und Beköstigung	500,– €;
– Summe der Einzelverkaufspreise	630,– €.

[5] Es nehmen 50 Personen teil. [6] Dem Unternehmer entstehen folgende Aufwendungen:

	Gesamt	Pro Reise
a) Eigenleistungen		
Beförderung mit dem eigenem Bus	4000,– €	
Betreuung durch angestellte Reiseleiter	1000,– €	
Summe der Aufwendungen für Eigenleistungen	5000,– €	100,– €
b) Reisevorleistungen		
Beherbergung und Beköstigung	20 000,– €	400,– €

[7] Die Marge errechnet sich wie folgt:

Reisepreis (Aufwendungen pro Reiseteilnehmer) 600,– €	
Eigenleistungen (600,– € × 130,– €/630,– €)	123,81 €
§ 25 UStG (600,– € × 500,– €/630,– €)	476,19 €
./. Reisevorleistungen	400,– €
Marge	76,19 €
./. darin enthaltene Umsatzsteuer (19/119 = Steuersatz 19 %)	12,16 €
Bemessungsgrundlage	64,03 €

[8] Der Unternehmer hat jede Reise mit 19 % zu versteuern:

a) Eigenleistung (123,81 € ./. abzgl. enthaltener Umsatzsteuer)	104,04 €
b) die Leistungen nach § 25 UStG	64,03 €
Bemessungsgrundlage	168,07 €

Beispiel 2:

[1] Wie Beispiel 1, jedoch verkauft der Reiseveranstalter die Reisebestandteile nicht außerhalb des Pauschalangebots.

[2] Der Pauschalpreis ist nach dem Verhältnis der Reisevorleistungen zu den Kosten der Eigenleistungen aufzuteilen.

Reisepreis (Aufwendungen pro Reiseteilnehmer)		600,– €
Eigenleistungen (100,– € × 100 %/500,– €)	20 %	120,– €
§ 25 UStG (400,– € × 100 %/500,– €)	80 %	480,– €
./. Reisevorleistungen		400,– €
Marge		80,– €
./. darin enthaltene Umsatzsteuer (19/119 = Steuersatz 19 %)		12,77 €
Bemessungsgrundlage		67,23 €

[3] Der Unternehmer hat bei jeder Reise mit 19 % zu versteuern:

a) Eigenleistung (120,– € ./. abzgl. enthaltener Umsatzsteuer)	100,84 €
b) die Leistungen nach § 25 UStG	67,23 €
Bemessungsgrundlage	168,07 €

(3) Ist die einheitliche sonstige Leistung teils steuerfrei und teils steuerpflichtig (vgl. Abschnitt 25.2 Abs. 3), ist die Bemessungsgrundlage für die unter § 25 UStG fallenden Umsätze im Verhältnis der Reisevorleistungen im Sinne des § 25 Abs. 2 UStG zu den übrigen Reisevorleistungen aufzuteilen.

Beispiel 1:

[1] Ein Reiseveranstalter mit Sitz im Inland verkauft im eigenen Namen eine Flugpauschalreise nach Moskau, die am Flughafen Köln-Bonn beginnt und endet. [2] Der Preis beträgt 1100 € pro Person. [3] Es nehmen 80 Personen teil. [4] Der Veranstalter hat die folgenden Reisevorleistungen in Anspruch genommen.

Reisevorleistungen	Gesamt	Anteil
a) Kosten für Unterkunft und Verpflegung im Hotel (einschließlich Umsatzsteuer)	60 000,– €	75 %
b) Flugkosten	20 000,– €	25 %
insgesamt	80 000,– €	100 %

[5] Von der Flugstrecke entfallen 40 % auf das Drittlandsgebiet. [6] Sofern die Vereinfachungsregelung des Abschnitts 25.2 Abs. 4 nicht angewandt wird, errechnet sich die Marge wie folgt:

Reisepreis (Aufwendungen des Reisenden)		1100,– €
./. Reisevorleistungen		1000,– €
Einzelmarge		100,– €
davon entfallen auf	steuerpflichtig	steuerfrei § 25 Abs. 2 UStG
a) die Unterkunft und Verpflegung im Drittlandsgebiet 75 % der Reisevorleistungen – steuerfrei nach § 25 Abs. 2 UStG –		75,– €
b) den Flug 25 % der Reisevorleistungen = 25,– €. Da 40 % der Flugstrecke im Drittlandsgebiet liegt, beträgt der nach § 25 Abs. 2 UStG steuerfreie Anteil;		10,– €
der steuerpflichtige Anteil (60 % von 25,– €)	15,– €	
./. darin enthaltene Umsatzsteuer (19/119 = Steuersatz 19 %)	2,40 €	
Bemessungsgrundlage	12,60 €	85,– €

[7] Wendet der Reiseveranstalter die Zielortregelung des Abschnitts 25.2 Abs. 4 an, gilt die gesamte Beförderungsleistung (Reisevorleistung) als im Drittlandsgebiet bewirkt. [8] Die Leistung ist dann nach § 25 Abs. 2 UStG insgesamt steuerfrei.

Beispiel 2:

[1] Reiseveranstalter A mit Sitz im Inland veräußert im eigenen Namen 10 identische von ihm zusammengestellte Buspauschalreisen nach Genf (Schweiz) an den inländischen Reiseveranstalter B zum Preis von insgesamt 6000 €. [2] B wiederum veräußert die Reisen zum Preis von insgesamt 8000 € an den inländischen Reiseveranstalter C. [3] Der Reiseveranstalter A hat die folgenden Reisevorleistungen in Anspruch genommen:

Reisevorleistungen	Gesamt
a) Beherbergung und Beköstigung	3900,– €
b) Beförderung	900,– €
c) selbständiger Reiseleiter	200,– €
Insgesamt	5000,– €

[4] Die Beförderungsleistung wird zu einem Drittel im Inland erbracht. [5] Die Betreuungsleistung beginnt im Inland. [6] Die Umsatzsteuer für die Reiseleistung des A ermittelt sich für jede Reise wie folgt:

Reisepreis		600,– €
./. Reisevorleistungen		500,– €
Marge		100,– €
davon entfallen im Verhältnis der Ausgaben für Reisevorleistungen für jede Reise	steuerpflichtig	steuerfrei § 25 Abs. 2 UStG
a) auf die Beherbergung und Beköstigung im Drittlandsgebiet		390,– €
b) auf die Beförderung	30,– €	60,– €
c) auf die Betreuung	20,– €	
	50,– €	450,– €
	(10 %)	(90 %)

[7] Von der Marge des A sind somit für jede Reise 10 € steuerpflichtig. [8] Hierauf entfällt eine Umsatzsteuer von 1,60 € (19/119 von 10 €). [9] A hat den Anteil der steuerfreien Marge in seiner Rechnung anzugeben (vgl. Abschnitt 25.2 Abs. 7). [10] Die Marge des B für die einzelne Reise beträgt 200 € (800 € abzüglich 600 €). [11] Hiervon ist ein Anteil von 10 % steuerpflichtig. [12] Die Umsatzsteuer beträgt 3,19 € (19/119 von 20 €).

(4) Erwirbt ein Unternehmer Reisen, die nicht am Markt weiterverkauft werden, gilt in Abhängigkeit von deren Verwendung Folgendes:

1. [1] Beabsichtigt der Unternehmer bereits beim Erwerb der Reise, die Reise nicht für seine unternehmerische Tätigkeit, sondern ausschließlich und un-

mittelbar für unentgeltliche Wertabgaben im Sinne des § 3 Abs. 9a UStG zu verwenden, ist er nicht zum Vorsteuerabzug berechtigt (vgl. Abschnitt 15.15 Abs. 1 Satz 1). [2]Es erfolgt keine Besteuerung der unentgeltlichen Wertabgabe. [3]§ 25 UStG ist nicht anwendbar (vgl. BFH-Urteil vom 13.12.2018, V R 52/17, BStBl. 2019 II S. 345).

2. [1]Beabsichtigt der Unternehmer beim Erwerb der Reise, diese für seine unternehmerische Tätigkeit zu verwenden und überlässt er die Reise stattdessen unentgeltlich an das Personal oder für unternehmensfremde Zwecke, handelt es sich um eine unentgeltliche Wertabgabe im Sinne des § 3 Abs. 9a Nr. 2 UStG. [2]Die unentgeltliche Wertabgabe ist eine Reiseleistung. [3]Als Reiseerlös ist nach § 10 Abs. 4 Satz 1 Nr. 3 UStG die Summe aus den Ausgaben für Reisevorleistungen und anteilige Gemeinkosten des Arbeitgebers anzusetzen (sog. fiktiver Reiseerlös, vgl. Abschnitt 1.8 Abs. 7 Sätze 5 und 6).
3. Überlässt ein Unternehmer eine Reise entgeltlich an die in § 10 Abs. 5 Nr. 1 und 2 UStG benannten Personen, sind Reiseerlöse die tatsächlichen Aufwendungen des Leistungsempfängers, mindestens jedoch der fiktive Reiseerlös nach Nr. 2 Satz 3.
4. [1]Werden Reisen für Zwecke des Unternehmens verwendet, z. B. für Dienstreisen von Angestellten oder als Kundengeschenke, bewirkt der Unternehmer keine Leistungen im Sinne des § 25 UStG. [2]Liegen Kundengeschenke vor, ist die ggf. ausgewiesene Umsatzsteuer – z. B. bei Eigenleistungen des Leistungserbringers – nach § 15 Abs. 1a UStG nicht als Vorsteuer abziehbar (vgl. BFH-Urteil vom 13.12.2018, V R 52/17, a. a. O.).

(5) [1]Soweit der Unternehmer den Reisepreis vor Ausführung der Leistung vereinnahmt hat, ist die Anzahlungsbesteuerung nach § 13 Abs. 1 Nr. 1 Buchstabe a Satz 4 UStG vorzunehmen. [2]Der vereinnahmte Betrag ist ggf. auf die Reiseleistung und die Eigenleistung aufzuteilen. [3]Von dem auf die Reiseleistung entfallenden Betrag sind für den Zweck der möglichst exakten Ermittlung der Besteuerungsgrundlagen kalkulierte Reisevorleistungen auch dann abzuziehen, wenn diese in dem Voranmeldungszeitraum weder erbracht, noch (An-)Zahlungen dafür geleistet wurden. [4]Planmäßig steuerfreie Leistungen sind nicht einzubeziehen. [5]Vereinnahmt der Unternehmer den Reisepreis anteilig, ist die kalkulierte steuerpflichtige Marge mit dem vereinnahmten Betrag zu multiplizieren und sodann durch den Preis der gesamten Reise zu teilen, um die anteilige Marge zu ermitteln. [6]Kann die Höhe der Bemessungsgrundlage für einen im Voranmeldungszeitraum bewirkten Umsatz oder vereinnahmten Reisepreis noch nicht endgültig berechnet werden, z. B. wegen Garantieverträgen für Reisevorleistungen oder zeitraum- und umsatzabhängiger Boni, ist sie auf Basis der Kalkulation der einzelnen Reise zu schätzen (vgl. EuGH-Urteil vom 19.12.2018, C-422/17, Skarpa Travel)[1)] oder nach Erfahrungssätzen der Vorjahre zu ermitteln. [7]Die Margenermittlung ist spätestens dann zu korrigieren, wenn dem Unternehmer die dafür erforderlichen Informationen vorliegen. [8]Es ist nicht zu beanstanden, wenn die Berichtigung der Umsatzsteuer in einem Betrag vorgenommen wird, wenn dabei keine negati-

[1)] MwStR 2019, 193.

ven Einzelmargen entstehen. [9] Wird die geschuldete Leistung für eine Anzahlung nicht erbracht, setzt die Berichtigung nach § 17 Abs. 2 Nr. 2 UStG die tatsächliche Rückzahlung des Entgelts voraus (vgl. BFH-Urteil vom 18.9. 2008, V R 56/06, BStBl. 2009 II S. 250), z. B. bei der Anzahlung auf nicht in Anspruch genommene Flüge (vgl. BFH-Urteil vom 15.9.2011, V R 36/09, BStBl. 2012 II S. 365).

(6) [1] Aufwendungen für Reisevorleistungen, welche sich der Unternehmer im Fall der Stornierung nicht ersparen kann, werden durch die Stornogebühr entschädigt (vgl. § 651h Abs. 2 BGB und Abschnitt 25.1 Abs. 14) und sind deshalb nicht mehr als Reisevorleistungen zu berücksichtigen; das gilt auch bei der zulässigen Pauschalierung der Stornogebühren. [2] Soweit der Unternehmer selbst infolge der Stornierung einer Reise durch den Kunden bereits bestellte Reisevorleistungen (z. B. Hotelzimmer) gegen Gebühr stornieren muss, liegen insoweit keine Reisevorleistungen vor.

25.4[1)] Vorsteuerabzug bei Reisen

(1) [1] Vom Vorsteuerabzug ausgeschlossen sind die Umsatzsteuerbeträge, die auf Reisevorleistungen entfallen, mithin auf Leistungen Dritter, die den Reisenden unmittelbar zugutekommen. [2] Umsatzsteuerbeträge, die dem Unternehmer für andere für sein Unternehmen ausgeführte Leistungen in Rechnung gestellt werden, sind dagegen unter den Voraussetzungen des § 15 UStG als Vorsteuern abziehbar. [3] Hierzu gehören z. B. Vorsteuerbeträge, die beim Erwerb von Einrichtungsgegenständen, Büromaschinen und Büromaterial sowie für die Erbringung von Eigenleistungen (z. B. die Anschaffung eines Reisebusses) anfallen. [4] Der Vorsteuerabzug steht dem Unternehmer auch zu, wenn die empfangene Leistung zwar mit der Reise unmittelbar zusammenhängt, aber dem Reisenden lediglich mittelbar zugutekommt (vgl. Abschnitt 25.1 Abs. 9 Satz 4 Nr. 1 und 2).

(2) [1] Die Berechtigung zum Vorsteuerabzug entfällt nur insoweit, als der Unternehmer Reiseleistungen bewirkt, die nach § 25 UStG der Besteuerung unterliegen. [2] Allerdings kommt es nicht darauf an, ob der Unternehmer für die steuerpflichtigen Reiseleistungen tatsächlich Umsatzsteuer zu entrichten hat. [3] Nicht beansprucht werden kann der Vorsteuerabzug deshalb auch in den Fällen, in denen es für die Reiseleistung im Sinne des § 25 Abs. 1 Satz 1 UStG an einer Bemessungsgrundlage (§ 25 Abs. 3 UStG) fehlt.

(3) [1] Ein im übrigen Gemeinschaftsgebiet ansässiger Unternehmer, der im Inland Reisevorleistungen in Anspruch nimmt, kann nach § 25 Abs. 4 Satz 1 UStG die ihm für diese Reisevorleistungen in Rechnung gestellte Steuer nicht als Vorsteuerbeträge abziehen. [2] Ebenso wenig kann eine Vergütung dieser Umsatzsteuer in dem besonderen Verfahren nach § 18 Abs. 9 UStG, §§ 59 bis 61a UStDV erfolgen. [3] Das gilt auch für eine im übrigen Gemeinschaftsgebiet belegene Betriebsstätte, soweit sie Reiseleistungen erbringt.

---

1) A 25.4 UStAE neugef. durch BMF v. 24.6.2021, BStBl. I 2021, 857, anzuwenden in allen offenen Fällen; zur **Übergangsregelung** siehe Anlage 8.

(4) [1]Für empfangene Leistungen, die keine Reisevorleistungen sind, ist der Vorsteuerabzug nach § 15 Abs. 3 Nr. 1 Buchstabe a UStG auch dann zulässig, wenn sie vollständig oder teilweise für die Erbringung von nach § 25 Abs. 2 UStG steuerfreien Leistungen verwendet werden. [2]Das Gleiche gilt nach § 15 Abs. 3 Nr. 2 Buchstabe a UStG für im Ausland erbrachte Umsätze, die im Inland nach § 25 Abs. 2 UStG umsatzsteuerfrei wären. [3]Durch diese Regelung wird sichergestellt, dass der Unternehmer den Vorsteuerabzug für alle empfangenen Leistungen beanspruchen kann, die wirtschaftlich den nach § 25 Abs. 2 UStG steuerfreien oder entsprechenden nicht steuerbaren Leistungen ganz oder teilweise zuzurechnen sind, z. B. die Vermittlung einer steuerfreien Reiseleistung durch einen anderen Unternehmer oder die Lieferung von Reiseprospekten und Katalogen an den Unternehmer.

(5) [1]Sowohl die Vermittlung einer Reiseleistung als auch einer Eigenleistung (z. B. grenzüberschreitende Personenbeförderungsleistungen) für einen inländischen Unternehmer wird nach § 3a Abs. 2 UStG im Inland erbracht. [2]Der Unternehmer kann die in den Rechnungen über Vermittlungsleistungen ausgewiesenen Steuern als Vorsteuerbeträge abziehen, wenn die übrigen Voraussetzungen des § 15 UStG erfüllt sind. [3]Werden für einen inländischen Unternehmer gegen eine einheitlich vom Reisepreis berechnete Provision Leistungen vermittelt, bei denen der Unternehmer sowohl Reiseleistungen als auch Eigenleistungen in Form von grenzüberschreitenden Personenbeförderungsleistungen mit Flugzeugen (eigene, konzerneigene oder gemietete Flugzeuge) ausführt, erbringen die vermittelnden Unternehmer sowohl steuerpflichtige als auch steuerfreie Vermittlungsleistungen (§ 4 Nr. 5 Buchstabe b UStG). [4]Es wird nicht beanstandet, wenn die Beteiligten in diesen Fällen die Vermittlungsleistungen einvernehmlich zu 70 % als steuerpflichtig behandeln. [5]In diesen Fällen kann die auf die als steuerpflichtig behandelte Vermittlungsprovision entfallende Umsatzsteuer als Vorsteuer abgezogen werden. [6]Dies gilt auch in Fällen, in denen mit Gutschriften abgerechnet wird.

25.5[1)] Aufzeichnungspflichten bei Reiseleistungen

(1) [1]Die Aufzeichnungspflichten nach § 25 Abs. 5 UStG bestehen für jede einzelne Reiseleistung. [2]Unternehmer, die nicht ausschließlich Reiseleistungen nach § 25 UStG ausführen, müssen diese getrennt von den übrigen Umsätzen aufzeichnen. [3]Zu den übrigen Umsätzen zählen insbesondere die im Rahmen einer Reise abgegebenen Leistungen, auf die § 25 UStG nicht anzuwenden ist (z. B. Eigenleistungen vgl. Abschnitt 25.1 Abs. 8).

(2) [1]Die Aufzeichnungspflicht des Unternehmers erstreckt sich nicht nur auf die steuerpflichtigen Reiseleistungen, sondern umfasst auch die nach § 25 Abs. 2 UStG steuerfreien Reiseleistungen. [2]Diese Leistungen sind getrennt voneinander aufzuzeichnen.

---

1) A 25.5 UStAE neugef. durch BMF v. 24.6.2021, BStBl. I 2021, 857, anzuwenden in allen offenen Fällen; zur **Übergangsregelung** siehe Anlage 8.

Aufzeichnung der von den Leistungsempfängern für Reiseleistungen aufgewendeten Beträge (§ 25 Abs. 5 Nr. 1 UStG)

(3) [1] Aufgezeichnet werden muss der für die Reiseleistung vereinbarte – berechnete – Betrag einschließlich der Umsatzsteuer. [2] Ändert sich der vereinbarte Betrag, hat der Unternehmer auch den Betrag der jeweiligen Preisminderung oder Preiserhöhung aufzuzeichnen.

(4) Gibt der Unternehmer mehrere gleichartige Reisen an einen Leistungsempfänger ab (vgl. Abschnitt 25.1 Abs. 6 Satz 3), braucht er nur den Gesamtbetrag dieser Reiseleistung aufzuzeichnen.

(5) [1] Soweit der Unternehmer gemischte Leistungen (vgl. Abschnitt 25.1 Abs. 11) ausführt, die Reiseleistungen und Eigenleistungen enthalten, muss aus den Aufzeichnungen hervorgehen, auf welchen Umsatz § 25 UStG anzuwenden ist und welcher Umsatz nach den allgemeinen Vorschriften des UStG zu beurteilen ist. [2] Dazu sind neben dem für die Reise berechneten Gesamtbetrag die auf die Reiseleistung und auf Eigenleistungen entfallenden Beträge aufzuzeichnen.

Aufzeichnung der vom Unternehmer für Reisevorleistungen aufgewendeten Beträge (§ 25 Abs. 5 Nr. 2 UStG)

(6) [1] Grundsätzlich sind die für Reisevorleistungen in Rechnung gestellten Beträge einschließlich der Umsatzsteuer aufzuzeichnen. [2] Ändern sich die für Reisevorleistungen aufgewendeten Beträge, ist dies in den Aufzeichnungen festzuhalten.

(7) [1] Aus den Aufzeichnungen des Unternehmers muss grundsätzlich hervorgehen, für welche Reiseleistung die einzelne Reisevorleistung in Anspruch genommen worden ist. [2] Hat der Unternehmer die in Anspruch genommenen gleichartigen Reisevorleistungen für mehrere Reiseleistungen verwendet, ist in den Aufzeichnungen anzugeben, welche Teilbeträge davon auf die einzelnen Reiseleistungen entfallen. [3] Das Gleiche gilt, wenn dem Unternehmer mehrere unterschiedliche Reisevorleistungen, z.B. Beherbergung und Beförderung, in Rechnung gestellt werden.

Aufzeichnung der Bemessungsgrundlage für Reiseleistungen (§ 25 Abs. 5 Nr. 3 UStG)

(8) [1] Aufgezeichnet werden müssen sowohl die Bemessungsgrundlagen für steuerpflichtige Reiseleistungen als auch für steuerfreie Reiseleistungen. [2] Ändert sich die Bemessungsgrundlage für eine Reiseleistung, muss in den Aufzeichnungen angegeben werden, um welchen Betrag sich die Bemessungsgrundlage verringert oder erhöht hat.

Aufzeichnungen bei steuerpflichtigen und steuerfreien Leistungen (§ 25 Abs. 5 Nr. 4 UStG)

(9) [1] Im Drittlandsgebiet bewirkte Reisevorleistungen sind getrennt von im Gemeinschaftsgebiet bewirkten Reisevorleistungen aufzuzeichnen. [2] Wird eine Reisevorleistung sowohl im Gemeinschafts- als auch im Drittlandsgebiet bewirkt, ist ebenfalls der Aufteilungsmaßstab für die Gebietszuordnung zu do-

kumentieren, z. B. bei Beförderungsleistungen. [3]Ist nach § 25 Abs. 2 UStG nur ein Teil einer Reiseleistung steuerfrei, muss aus den Aufzeichnungen des Unternehmers sowohl die Höhe der Bemessungsgrundlage für diesen Teil der Reiseleistung als auch für den steuerpflichtigen Teil der Reiseleistung hervorgehen.

Zu § 25a UStG

25a.1 Differenzbesteuerung

Anwendungsbereich

(1)[1)] [1]§ 25a UStG enthält eine Sonderregelung für die Besteuerung der Lieferungen nach § 1 Abs. 1 Nr. 1 UStG von beweglichen körperlichen Gegenständen einschließlich Kunstgegenständen, Sammlungsstücken und Antiquitäten, sofern für diese Gegenstände kein Recht zum Vorsteuerabzug bestand. [2]Sie werden nachfolgend als Gebrauchtgegenstände bezeichnet, weil sie nach der Verkehrsauffassung bereits „gebraucht" sind. [3]Edelsteine und Edelmetalle sind nach § 25a Abs. 1 Nr. 3 UStG von der Differenzbesteuerung ausgenommen. [4]Edelsteine im Sinne der Vorschrift sind rohe oder bearbeitete Diamanten (Position 7102 Zolltarif) sowie andere Edelsteine (z. B. Rubine, Saphire, Smaragde) und Schmucksteine (Position 7103 Zolltarif). [5]Synthetische und rekonstituierte Edelsteine oder Schmucksteine (Position 7104 Zolltarif) rechnen nicht dazu. [6]Edelmetalle im Sinne der Vorschrift sind Silber (aus Positionen 7106 und 7112 Zolltarif), Gold (aus Positionen 7108 und 7112 Zolltarif) und Platin einschließlich Iridium, Osmium, Palladium, Rhodium und Ruthenium (aus Positionen 7110 und 7112 Zolltarif). [7]Edelmetalllegierungen und -plattierungen gehören grundsätzlich nicht dazu. [8]Aus Edelsteinen oder Edelmetallen hergestellte Gegenstände (z. B. Schmuckwaren, Gold- und Silberschmiedewaren) fallen nicht unter die Ausnahmeregelung. [9]Die Anwendung der Differenzbesteuerung ist jedoch ausgeschlossen, wenn die Gegenstände, die Edelmetalle oder Edelsteine enthalten, ihre ursprüngliche Funktion nicht mehr erfüllen können und nur noch wegen des Wertes, der diesen Metallen und Steinen innewohnt, gehandelt werden (vgl. EuGH-Urteil vom 11.7.2018, C-154/17, E LATS).[2)] [10]Die Differenzbesteuerung ist anwendbar auf den Handel mit sog. Kursmünzen (Sonderprägungen, die auch als gesetzliches Zahlungsmittel zugelassen sind).

(2) [1]Der Anwendungsbereich der Differenzbesteuerung ist auf Wiederverkäufer beschränkt. [2]Als Wiederverkäufer gelten Unternehmer, die im Rahmen ihrer gewerblichen Tätigkeit üblicherweise Gebrauchtgegenstände erwerben und sie danach, gegebenenfalls nach Instandsetzung, im eigenen Namen wieder verkaufen (gewerbsmäßige Händler), und die Veranstalter öffentlicher Versteigerungen, die Gebrauchtgegenstände im eigenen Namen und auf eigene oder fremde Rechnung versteigern (vgl. BFH-Urteile vom 2.3.2006, V R 35/04, BStBl. II S. 675, und vom 29.6.2011, XI R 15/10, BStBl. II

---

1) A25a.1 Abs. 1 Satz 10 angef. durch BMF v. 17.12.2021, BStBl. I 2021, 2504.
2) DStRE 2019, 314.

S. 839). [3]Der An- und Verkauf der Gebrauchtgegenstände kann auf einen Teil- oder Nebenbereich des Unternehmens beschränkt sein.

Beispiel:

[1]Ein Kreditinstitut veräußert die von Privatpersonen sicherungsübereigneten Gebrauchtgegenstände. [2]Der Verkauf der Gegenstände unterliegt der Differenzbesteuerung. [3]Das Kreditinstitut ist insoweit als Wiederverkäufer anzusehen.

(3) [1]Der Ort der Lieferung der Gegenstände an den Wiederverkäufer muss im Inland oder im übrigen Gemeinschaftsgebiet liegen. [2]Wird ein Gegenstand im Drittlandsgebiet erworben und in das Inland eingeführt, unterliegt die spätere Lieferung des Gegenstands nur unter den Voraussetzungen des § 25a Abs. 2 UStG der Differenzbesteuerung.

(4) [1]Die Anwendung der Differenzbesteuerung setzt nach § 25a Abs. 1 Nr. 2 UStG voraus, dass der Wiederverkäufer die Gebrauchtgegenstände im Rahmen einer entgeltlichen Lieferung für sein Unternehmen erworben hat (vgl. BFH-Urteil vom 18.12.2008, V R 73/07, BStBl. 2009 II S. 612). [2]Diese Voraussetzung ist nicht erfüllt, wenn der Wiederverkäufer Gegenstände aus seinem Privatvermögen in das Unternehmen eingelegt oder im Rahmen einer unentgeltlichen Lieferung nach § 3 Abs. 1b Satz 1 UStG erworben hat. [3]Der Wiederverkäufer kann die Differenzbesteuerung auch bei der Veräußerung von Gegenständen des Anlagevermögens anwenden, wenn der Wiederverkauf des Gegenstandes bei seinem Erwerb zumindest nachrangig beabsichtigt war und dieser Wiederverkauf auf Grund seiner Häufigkeit zur normalen Tätigkeit des Unternehmers gehört (vgl. BFH-Urteil vom 29.6.2011, XI R 15/10, BStBl. II S. 839). [4]Die Differenzbesteuerung ist auch dann anwendbar, wenn ein Unternehmer Gegenstände liefert, die er gewonnen hat, indem er die zuvor von ihm erworbenen Gebrauchtgegenstände, z. B. Gebrauchtfahrzeuge, zerlegt hat (vgl. EuGH-Urteil vom 18.1.2017, C-471/15, Sjelle Autogenbrug, und BFH-Urteil vom 23.2.2017, V R 37/15, BStBl. 2019 II S. 452). [5]Die Einkaufspreise der ausgebauten und weiterverkauften Einzelteile sind im Wege der sachgerechten Schätzung zu ermitteln. [6]Die Schätzungsgrundlage ist in einer Anlage zu den Wareneingangsrechnungen zu erläutern und – soweit vorhanden – durch ergänzende Unterlagen zu belegen. [7]Wird aus mehreren Einzelgegenständen, die jeweils für sich die Voraussetzungen der Differenzbesteuerung erfüllen, ein einheitlicher Gegenstand hergestellt oder zusammengestellt, unterliegt die anschließende Lieferung dieses „neuen" Gegenstandes nicht der Differenzbesteuerung.

(5) [1]Die Differenzbesteuerung setzt nach § 25a Abs. 1 Nr. 2 UStG ferner voraus, dass für die Lieferung des Gegenstands an den Wiederverkäufer Umsatzsteuer im Gemeinschaftsgebiet nicht geschuldet oder nach § 19 Abs. 1 UStG nicht erhoben oder die Differenzbesteuerung im Gemeinschaftsgebiet vorgenommen wurde. [2]Der Wiederverkäufer kann die Regelung danach anwenden, wenn er den Gegenstand im Inland oder im übrigen Gemeinschaftsgebiet erworben hat von

1. einer Privatperson oder einer juristischen Person des öffentlichen Rechts, die nicht Unternehmer ist;
2. einem Unternehmer aus dessen nichtunternehmerischen Bereich;

3. einem Unternehmer, der mit seiner Lieferung des Gegenstands unter eine Steuerbefreiung fällt, die zum Ausschluss vom Vorsteuerabzug führt;

4. einem Kleinunternehmer, der nach dem Recht des für die Besteuerung zuständigen Mitgliedstaates von der Steuer befreit oder auf andere Weise von der Besteuerung ausgenommen ist, oder

5. [1]einem anderen Wiederverkäufer, der auf seine Lieferung ebenfalls die Differenzbesteuerung angewendet hat (§ 25a Abs. 1 Nr. 2 Satz 2 Buchstabe b UStG). [2]Dies setzt allerdings voraus, dass für diese Lieferung die Differenzbesteuerung zu Recht angewendet wurde (vgl. BFH-Urteil vom 23.4.2009, V R 52/07, BStBl. II S. 860). [3]Die Differenzbesteuerung ist hiernach auch bei Verkäufen von Händler an Händler möglich.

[3]Der Erwerb eines Gegenstands von einem Land- und Forstwirt, der auf die Umsätze aus seinem land- und forstwirtschaftlichen Betrieb die Durchschnittssatzbesteuerung des § 24 UStG anwendet, erfüllt nicht die Voraussetzung des § 25a Abs. 1 Nr. 2 Satz 2 Buchstabe a UStG. [4]Von der Differenzbesteuerung sind Gebrauchtgegenstände ausgenommen, die im übrigen Gemeinschaftsgebiet erworben worden sind, sofern der Lieferer dort die Steuerbefreiung für innergemeinschaftliche Lieferungen angewendet hat (§ 25a Abs. 7 Nr. 1 Buchstabe a UStG).

(6) [1]Der Wiederverkäufer kann mit Beginn des Kalenderjahres, in dem er eine entsprechende Erklärung abgibt, die Differenzbesteuerung auch anwenden, wenn er

1. Kunstgegenstände, Sammlungsstücke oder Antiquitäten selbst eingeführt hat oder

2. Kunstgegenstände vom Künstler selbst oder von einem anderen Unternehmer, der kein Wiederverkäufer ist, erworben hat und dafür Umsatzsteuer geschuldet wurde.

[2]Dabei kann die Differenzbesteuerung auf einzelne Gruppen dieser Gegenstände („Kunstgegenstände" oder „Sammlungsstücke" oder „Antiquitäten") beschränkt werden. [3]Die Begriffe Kunstgegenstände und Sammlungsstücke sind nach den gleichen Merkmalen wie für Zwecke der Steuerermäßigung nach § 12 Abs. 2 Nr. 12 und 13 UStG abzugrenzen (vgl. Nummern 53 und 54 sowie Nummer 49 Buchstabe f der Anlage 2 des UStG). [4]Antiquitäten sind andere Gegenstände als Kunstgegenstände und Sammlungsstücke, die mehr als 100 Jahre alt sind (Position 9706 00 00 Zolltarif).[1)]

(7) [1]Die Differenzbesteuerung für die in Absatz 6 bezeichneten Gegenstände ist von einer formlosen Erklärung abhängig, die spätestens bei Übermittlung der ersten Voranmeldung des Kalenderjahres beim Finanzamt einzureichen ist. [2]In der Erklärung müssen die Gegenstände bezeichnet werden, auf die sich die Differenzbesteuerung erstreckt. [3]Die Wirkung der Erklärung ist nicht auf Gegenstände beschränkt, die erst nach dem Beginn des Kalenderjahres erworben werden. [4]Sie erfasst auch Gegenstände, die vor diesem Zeitpunkt

---

[1)] Vgl. auch Anhang IX der MwSt-SystemRL (**Steuergesetze** Nr. **550**).

erworben wurden und erst danach veräußert werden. [5] An die Erklärung ist der Wiederverkäufer für mindestens zwei Kalenderjahre gebunden. [6] Soweit der Wiederverkäufer die Differenzbesteuerung anwendet, ist er abweichend von § 15 Abs. 1 UStG nicht berechtigt, die entstandene Einfuhrumsatzsteuer, die gesondert ausgewiesene Steuer oder die nach § 13b Abs. 5 UStG geschuldete Steuer für die an ihn ausgeführte Lieferung als Vorsteuer abzuziehen. [7] Der Übergang von der allgemeinen Besteuerung zur Differenzbesteuerung aufgrund einer Erklärung nach § 25a Abs. 2 Satz 1 UStG oder umgekehrt ist eine Änderung der für den ursprünglichen Vorsteuerabzug maßgebenden Verhältnisse i. S. d. § 15a UStG. [8] Die Berichtigung des Vorsteuerabzugs ist nach allgemeinen Grundsätzen vorzunehmen. [9] Bei einem Wirtschaftsgut, das nur einmalig zur Ausführung eines Umsatzes verwendet wird, erfolgt die Berichtigung gemäß § 15a Abs. 2 UStG für den Besteuerungszeitraum, in dem das Wirtschaftsgut unter den jeweils veränderten Verhältnissen geliefert wird. [10] In den Fällen des Übergangs von der allgemeinen Besteuerung zur Differenzbesteuerung unterbleibt eine Berichtigung, wenn der Unternehmer bei der Lieferung des Wirtschaftsguts gemäß § 25a Abs. 8 Satz 1 UStG auf die Anwendung der Differenzbesteuerung verzichtet oder nach Ablauf der Bindungsfrist des § 25a Abs. 2 Satz 2 UStG zur allgemeinen Besteuerung zurückkehrt und das Wirtschaftsgut erst danach liefert.

Bemessungsgrundlage

(8) [1] Wird ein Gebrauchtgegenstand durch den Wiederverkäufer nach § 1 Abs. 1 Nr. 1 Satz 1 UStG geliefert, ist als Bemessungsgrundlage grundsätzlich der Betrag anzusetzen, um den der Verkaufspreis den Einkaufspreis für den Gegenstand übersteigt; die in dem Unterschiedsbetrag enthaltene Umsatzsteuer ist herauszurechnen. [2] Nebenkosten, die nach dem Erwerb des Gegenstands angefallen, also nicht im Einkaufspreis enthalten sind, z. B. Reparaturkosten, mindern nicht die Bemessungsgrundlage. [3] Soweit selbst eingeführte Kunstgegenstände, Sammlungsstücke oder Antiquitäten nach § 25a Abs. 2 Satz 1 Nr. 1 UStG in die Differenzbesteuerung einbezogen werden, gilt als Einkaufspreis der nach den Vorschriften über den Zollwert ermittelte Wert des eingeführten Gegenstands zuzüglich der Einfuhrumsatzsteuer. [4] Im Fall des § 25a Abs. 2 Satz 1 Nr. 2 UStG schließt der Einkaufspreis die vom Lieferer in Rechnung gestellte Umsatzsteuer ein. [5] Wird die Bemessungsgrundlage für die Lieferung eines Kunstgegenstands nach § 25a Abs. 3 Satz 2 UStG berechnet, ist nach Absatz 11a zu verfahren.

(9) [1] Lieferungen, für die die Mindestbemessungsgrundlage (§ 10 Abs. 5 UStG) anzusetzen ist, und Lieferungen im Sinne des § 3 Abs. 1b UStG werden nach dem Unterschied zwischen dem tatsächlichen Einkaufspreis und dem Einkaufspreis zuzüglich der Nebenkosten für den Gegenstand zum Zeitpunkt des Umsatzes (§ 10 Abs. 4 Satz 1 Nr. 1 UStG) – abzüglich Umsatzsteuer – bemessen. [2] Bei den vorbezeichneten Lieferungen kommt eine Differenzbesteuerung im Normalfall allerdings im Hinblick auf § 3 Abs. 1b Satz 2 UStG nicht in Betracht, weil diese Vorschrift die Berechtigung zum vollen oder teilweisen Vorsteuerabzug voraussetzt.

(10)[1] [1]Nimmt ein Wiederverkäufer beim Verkauf eines Neugegenstands einen Gebrauchtgegenstand in Zahlung und leistet der Käufer in Höhe der Differenz eine Zuzahlung, ist im Rahmen der Differenzbesteuerung als Einkaufspreis nach § 25a Abs. 3 UStG der tatsächliche Wert des Gebrauchtgegenstands anzusetzen. [2]Dies ist der Wert, der bei der Ermittlung des Entgelts für den Kauf des neuen Gegenstands tatsächlich zu Grunde gelegt wird. [3]Bei der Inzahlungnahme von Gebrauchtfahrzeugen in der Kraftfahrzeugwirtschaft ist nach Abschnitt 10.5 Abs. 4 zu verfahren.

(11) [1]Die Bemessungsgrundlage ist vorbehaltlich des Absatzes 12 für jeden Gegenstand einzeln zu ermitteln (Einzeldifferenz). [2]Ein positiver Unterschiedsbetrag zwischen dem Verkaufspreis – oder dem an seine Stelle tretenden Wert – und dem Einkaufspreis eines Gegenstands kann für die Berechnung der zu entrichtenden Steuer nicht mit einer negativen Einzeldifferenz aus dem Umsatz eines anderen Gegenstands oder einer negativen Gesamtdifferenz (vgl. Absatz 12) verrechnet werden. [3]Bei einem negativen Unterschiedsbetrag beträgt die Bemessungsgrundlage 0 €; dieser Unterschiedsbetrag kann auch in späteren Besteuerungszeiträumen nicht berücksichtigt werden. [4]Wird ein Gegenstand nicht im Jahr der Anschaffung veräußert, entnommen oder zugewendet, ist der noch nicht berücksichtigte Einkaufspreis im Jahr der tatsächlichen Veräußerung, Entnahme oder Zuwendung in die Berechnung der Einzeldifferenz einzubeziehen.

Besondere Bemessungsgrundlage für bestimmte Lieferungen von Kunstgegenständen („Pauschalmarge")

(11a) [1]Im Falle der Lieferung eines Kunstgegenstands ist der Betrag, nach dem sich der Umsatz bemisst, abweichend von § 25a Abs. 3 Satz 1 UStG mit 30 % des Verkaufspreises anzusetzen, wenn sich der Einkaufspreis des Kunstgegenstands nicht ermitteln lässt oder der Einkaufspreis unbedeutend ist (§ 25a Abs. 3 Satz 2 UStG). [2]Die Anwendung dieser Pauschalmarge ist auf Gegenstände beschränkt, die in Nummer 53 der Anlage 2 zum UStG aufgeführt sind. [3]Auf Sammlungsstücke (Nummer 54 der Anlage 2 zum UStG) ist die Regelung nicht anwendbar. [4]Es kommt nicht darauf an, ob der Wiederverkäufer die Differenzbesteuerung kraft der Regelungen in § 25a Abs. 1 UStG oder aufgrund einer nach § 25a Abs. 2 UStG abgegebenen Erklärung anwendet. [5]Da der Einkaufspreis eines Kunstgegenstands unter Berücksichtigung der gesetzlichen Pflichten des Unternehmers nach § 25a Abs. 6 UStG grundsätzlich aufzuzeichnen ist, liegt der Fall der Nichtermittelbarkeit des Einkaufspreises nur ausnahmsweise vor. [6]Das Vorliegen eines solchen Einzelfalles richtet sich nach dem Gesamtbild der Verhältnisse, die der Unternehmer nachzuweisen hat. [7]Dieser Nachweis gilt als erbracht, wenn der Unternehmer darlegt, dass er alle ihm zumutbaren Ermittlungsmöglichkeiten ausgeschöpft hat. [8]In Fällen, in denen der Unternehmer den ermittelbaren Einkaufspreis nicht aufgezeichnet hat oder die Nichtermittelbarkeit des Einkaufspreises des Kunstgegenstands nicht darlegen kann, erfolgt die Preisermittlung im Wege einer sachgerechten Schätzung. [9]Eine

---

[1] A 25a.1 UStAE Abs. 10 Satz 3 neugef., Satz 4 und Beispiel aufgeh. durch BMF v. 28.8.2020, BStBl. I 2020, 928, anzuwenden in allen offenen Fällen; zur **bis 1.1.2022** begrenzten Anwendung der bisherigen Regelungen siehe Anlage 8.

Nichtermittelbarkeit des Einkaufspreises liegt nicht allein schon dann vor, wenn der Unternehmer Aufwendungen für die Durchführung von Verkaufsfördermaßnahmen für von ihm in Kommission genommene Kunstgegenstände trägt.

Beispiel 1:

[1]Der Wiederverkäufer W erwirbt von einer Erbengemeinschaft den gesamten Nachlass eines Verstorbenen, in dem ein Kunstgegenstand enthalten ist. [2]Ohne Ermittlung der Einzelwerte wird für sämtliche Nachlassgegenstände ein Gesamtkaufpreis vereinbart. [3]W verkauft den Kunstgegenstand später für 2500 €.

[4]Da W den Einkaufspreis des im Nachlass enthaltenen Kunstgegenstands nicht ermittelt kann, ist bei Veräußerung des Gegenstands die Pauschalmarge anzuwenden:

Verkaufspreis	2500,00 €
davon 30 % (= Pauschalmarge)	750,00 €
darin enthaltene Umsatzsteuer (19 %)	119,75 €
Besondere Bemessungsgrundlage	630,25 €

Beispiel 2:

[1]Der Wiederverkäufer W erwirbt eine Sammlung von Kunstgegenständen als Sachgesamtheit. [2]Ohne Feststellung der Einzelwerte wird für die Sammlung ein Gesamtkaufpreis vereinbart. [3]W veräußert die Kunstgegenstände später einzeln weiter.

[4]Da W den Einkaufspreis der einzelnen Kunstgegenstände nicht ermitteln kann, ist bei Veräußerung der einzelnen Gegenstände durch W die Pauschalmarge anzuwenden.

Beispiel 3:

[1]Galerist G stellt in seinen Räumen Werke des Künstlers K aus. [2]G veräußert ein Werk im Rahmen eines Kommissionsgeschäfts (§ 3 Abs. 3 UStG) an einen Abnehmer. [3]Die Hälfte des Verkaufspreises leitet G vereinbarungsgemäß an K weiter. [4]Für seine Lieferung erteilt K dem G eine Rechnung. [5]G trägt die Aufwendungen für die Durchführung von Verkaufsfördermaßnahmen.

[6]Da G den Einkaufspreis anhand der Rechnung des K ermitteln kann, ist die Pauschalmarge nicht anwendbar. [7]Der Umsatz ist nach dem Betrag zu bemessen, um den der Verkaufspreis den Einkaufspreis übersteigt, abzüglich der Umsatzsteuer selbst. [8]Die von G getragenen Aufwendungen für die Durchführung von Verkaufsfördermaßnahmen berühren den Einkaufspreis nicht; insoweit ist G bei Vorliegen der Voraussetzungen des § 15 UStG zum Abzug der Vorsteuer berechtigt.

[10]Der Einkaufspreis eines Kunstgegenstands ist unbedeutend, wenn er den Betrag von 500 € ohne ggf. anfallende Umsatzsteuer nicht übersteigt.

(12) [1]Bei Gegenständen, deren Einkaufspreis den Betrag von 500 € nicht übersteigt, kann die Bemessungsgrundlage anstatt nach der Einzeldifferenz nach der Gesamtdifferenz ermittelt werden. [2]Die Gesamtdifferenz ist der Betrag, um den die Summe der Verkaufspreise und der Werte nach § 10 Abs. 4 Satz 1 Nr. 1 UStG die Summe der Einkaufspreise – jeweils bezogen auf den Besteuerungszeitraum – übersteigt; die in dem Unterschiedsbetrag enthaltene Umsatzsteuer ist herauszurechnen. [3]Für die Ermittlung der Verkaufs- und Einkaufspreise sind die Absätze 8 bis 10 entsprechend anzuwenden. [4]Kann ein Gegenstand endgültig nicht mehr veräußert, entnommen oder zugewendet werden (z. B. wegen Diebstahl oder Untergang), ist die Summe der Einkaufspreise entsprechend zu mindern. [5]Die Voraussetzungen für die Ermittlung der Bemessungsgrundlage nach der Gesamtdifferenz müssen grundsätzlich für jeden einzelnen Gegenstand erfüllt sein. [6]Wendet der Wiederverkäufer für eine Mehrheit von Gegenständen oder für Sachgesamtheiten einen

Gesamteinkaufspreis auf (z. B. beim Kauf von Sammlungen oder Nachlässen) und werden die Gegenstände üblicherweise später einzeln verkauft, kann wie folgt verfahren werden:

1. Beträgt der Gesamteinkaufspreis bis zu 500 €, kann aus Vereinfachungsgründen von der Ermittlung der auf die einzelnen Gegenstände entfallenden Einkaufspreise abgesehen werden.
2. [1]Übersteigt der Gesamteinkaufspreis den Betrag von 500 €, ist der auf die einzelnen Gegenstände entfallende Einkaufspreis grundsätzlich im Wege sachgerechter Schätzung zu ermitteln. [2]Die Schätzung kann auf wertbestimmende Einzelgegenstände solange beschränkt werden, bis der Gesamtbetrag für die restlichen Gegenstände 500 € oder weniger beträgt. [3]Erwirbt der Unternehmer eine Vielzahl gleichartiger Gegenstände (z. B. eine Münz- oder Briefmarkensammlung), kann sich die Schätzung des anteiligen Einkaufspreises auf die Gegenstände beschränken, deren Einkaufspreis 500 € übersteigt.

Beispiel 1:

[1]Der Antiquitätenhändler A kauft eine Wohnungseinrichtung für 3000 €. [2]Dabei ist er insbesondere an einer antiken Truhe (geschätzter anteiliger Einkaufspreis 1500 €) und einem Weichholzschrank (Schätzpreis 800 €) interessiert. [3]Die restlichen Einrichtungsgegenstände, zu denen ein Fernsehgerät (Schätzpreis 250 €) gehört, will er an einen Trödelhändler verkaufen.

[4]A muss beim Weiterverkauf der Truhe und des Weichholzschranks die Bemessungsgrundlage nach der Einzeldifferenz ermitteln. [5]Das Fernsehgerät hat er den Gegenständen zuzuordnen, für die die Bemessungsgrundlage nach der Gesamtdifferenz ermittelt wird. [6]Das Gleiche gilt für die restlichen Einrichtungsgegenstände. [7]Da ihr Anteil am Gesamtpreis 450 € beträgt, kann von einer Ermittlung der auf die einzelnen Gegenstände entfallenden Einkaufspreise abgesehen werden.

Beispiel 2:

[1]Der Münzhändler M erwirbt eine Münzsammlung für 5000 €. [2]Darin enthalten sind zwei besonders wertvolle Stücke, mit einem geschätzten anteiligen Einkaufspreis von 600 € bzw. 900 €. [3]Die Einzelwerte der übrigen Münzen liegen unter 500 €.

[4]M muss beim Weiterverkauf die Bemessungsgrundlage der beiden besonders wertvollen Münzen nach der Einzeldifferenz ermitteln. [5]Für die übrigen Stücke kann M die Gesamtdifferenzmethode anwenden. [6]Dabei kann die Summe der Einkaufspreise mit 3500 € angesetzt werden, ohne dass es einer Ermittlung des auf die einzelne Münze entfallenden Einkaufspreises bedarf.

(13) [1]Die Gesamtdifferenz kann nur einheitlich für die gesamten innerhalb eines Besteuerungszeitraums ausgeführten Umsätze ermittelt werden, die sich auf Gegenstände mit Einkaufspreisen bis zu 500 € beziehen. [2]Es ist nicht zulässig, die Gesamtdifferenz innerhalb dieser Preisgruppe auf bestimmte Arten von Gegenständen zu beschränken. [3]Für Gegenstände, deren Einkaufspreis 500 € übersteigt, ist daneben die Ermittlung nach der Einzeldifferenz vorzunehmen. [4]Die positive Gesamtdifferenz eines Besteuerungszeitraums kann nicht mit einer negativen Einzeldifferenz verrechnet werden. [5]Ist die Gesamtdifferenz eines Besteuerungszeitraums negativ, beträgt die Bemessungsgrundlage 0 €; der negative Betrag kann nicht in späteren Besteuerungszeiträumen berücksichtigt werden. [6]Bei der Berechnung der Besteuerungsgrundlagen für die einzelnen Voranmeldungszeiträume ist entsprechend zu verfahren. [7]Allerdings können innerhalb desselben Besteuerungszeitraums negative mit

positiven Gesamtdifferenzen einzelner Voranmeldungszeiträume verrechnet werden.

(14) Ein Wechsel von der Ermittlung nach der Einzeldifferenz zur Ermittlung nach der Gesamtdifferenz und umgekehrt ist nur zu Beginn eines Kalenderjahres zulässig.

Steuersatz, Steuerbefreiungen

(15) [1]Bei der Differenzbesteuerung ist die Steuer stets mit dem allgemeinen Steuersatz zu berechnen. [2]Dies gilt auch für solche Gegenstände, für die bei der Besteuerung nach den allgemeinen Vorschriften der ermäßigte Steuersatz in Betracht käme (z.B. Bücher). [3]Wird auf eine Lieferung in das übrige Gemeinschaftsgebiet die Differenzbesteuerung angewendet, ist die Steuerbefreiung für innergemeinschaftliche Lieferungen ausgeschlossen. [4]Die übrigen Steuerbefreiungen des § 4 UStG bleiben unberührt.

Verbot des offenen Steuerausweises, Aufzeichnungspflichten

(16) [1]Das Verbot des gesonderten Ausweises der Steuer in einer Rechnung gilt auch dann, wenn der Wiederverkäufer einen Gebrauchtgegenstand an einen anderen Unternehmer liefert, der eine gesondert ausgewiesene Steuer aus dem Erwerb dieses Gegenstands als Vorsteuer abziehen könnte. [2]Liegen die Voraussetzungen für die Differenzbesteuerung vor und weist ein Wiederverkäufer für die Lieferung eines Gebrauchtgegenstands – entgegen der Regelung in § 14a Abs. 6 Satz 2 UStG – die auf die Differenz entfallende Steuer gesondert aus, schuldet er die gesondert ausgewiesene Steuer nach § 14c Abs. 2 UStG. [3]Zusätzlich zu dieser Steuer schuldet er für die Lieferung des Gegenstands die Steuer nach § 25a UStG. [4]Auf die Anwendung der Differenzbesteuerung ist in der Rechnung hinzuweisen (vgl. Abschnitt 14a.1 Abs. 10).

(17) [1]Der Wiederverkäufer, der Umsätze von Gebrauchtgegenständen nach § 25a UStG versteuert, hat für jeden Gegenstand getrennt den Verkaufspreis oder den Wert nach § 10 Abs. 4 Satz 1 Nr. 1 UStG, den Einkaufspreis und die Bemessungsgrundlage aufzuzeichnen (§ 25a Abs. 6 Satz 2 UStG). [2]Aus Vereinfachungsgründen kann er in den Fällen, in denen lediglich ein Gesamteinkaufspreis für mehrere Gegenstände vorliegt, den Gesamteinkaufspreis aufzeichnen,

1. wenn dieser den Betrag von 500 € insgesamt nicht übersteigt oder
2. soweit er nach Abzug der Einkaufspreise einzelner Gegenstände den Betrag von 500 € nicht übersteigt.

[3]Die besonderen Aufzeichnungspflichten gelten als erfüllt, wenn sich die aufzeichnungspflichtigen Angaben aus den Buchführungsunterlagen entnehmen lassen. [4]Der Wiederverkäufer hat die Aufzeichnungen für die Differenzbesteuerung getrennt von den übrigen Aufzeichnungen zu führen.

Besonderheiten im innergemeinschaftlichen Warenverkehr

(18) [1]Die Differenzbesteuerung kann vorbehaltlich des Absatzes 19 auch auf Lieferungen vom Inland in das übrige Gemeinschaftsgebiet sowie auf Fälle des innergemeinschaftlichen Verbringens (§ 1a Abs. 2 UStG) angewendet werden.

[2]Sie ist in diesem Fall stets im Inland vorzunehmen; die Regelung des § 3c UStG und die Steuerbefreiung für innergemeinschaftliche Lieferungen im Sinne von § 4 Nr. 1 Buchstabe b, § 6a UStG finden keine Anwendung.

(19) [1]Die Differenzbesteuerung ist ausgeschlossen, wenn der Wiederverkäufer ein neues Fahrzeug im Sinne von § 1b Abs. 2 und 3 UStG in das übrige Gemeinschaftsgebiet liefert. [2]Die Lieferung ist im Inland unter den Voraussetzungen des § 4 Nr. 1 Buchstabe b, § 6a UStG als innergemeinschaftliche Lieferung steuerfrei. [3]Der Erwerber des neuen Fahrzeugs hat im übrigen Gemeinschaftsgebiet einen innergemeinschaftlichen Erwerb zu besteuern.

(20) Wird bei der Lieferung eines Gegenstands vom übrigen Gemeinschaftsgebiet in das Inland die Differenzbesteuerung im übrigen Gemeinschaftsgebiet angewendet, entfällt eine Erwerbsbesteuerung im Inland.

Verzicht auf die Differenzbesteuerung

(21) [1]Ein Verzicht auf die Anwendung der Differenzbesteuerung ist bei jeder einzelnen Lieferung eines Gebrauchtgegenstands möglich. [2]Abschnitt 9.1 Abs. 3 und 4 ist sinngemäß anzuwenden. [3]Im Fall der Besteuerung nach der Gesamtdifferenz ist ein Verzicht ausgeschlossen. [4]Der Verzicht ist auch für solche Gegenstände möglich, für die der Wiederverkäufer nach § 25a Abs. 2 UStG die Anwendung der Differenzbesteuerung erklärt hat. [5]In diesem Fall kann er die entstandene Einfuhrumsatzsteuer und die ihm berechnete Umsatzsteuer frühestens in der Voranmeldung als Vorsteuer geltend machen, in der er auch die Steuer für die Lieferung anmeldet. [6]Der Verzicht auf die Differenzbesteuerung nach § 25a Abs. 8 UStG hat zur Folge, dass auf die Lieferung die allgemeinen Vorschriften des UStG anzuwenden sind.

Zu § 25b UStG

25b.1 Innergemeinschaftliche Dreiecksgeschäfte

Allgemeines

(1) [1]§ 25b UStG enthält eine Vereinfachungsregelung für die Besteuerung von innergemeinschaftlichen Dreiecksgeschäften. [2]Die Vereinfachung besteht darin, dass eine steuerliche Registrierung des mittleren Unternehmers im Bestimmungsland vermieden wird. [3]Bei einem innergemeinschaftlichen Dreiecksgeschäft werden unter Berücksichtigung der allgemeinen Regelungen für Reihengeschäfte (vgl. Abschnitt 3.14 Abs. 1 bis 10a) grundsätzlich folgende Umsätze ausgeführt:

1. eine innergemeinschaftliche Lieferung des ersten am Dreiecksgeschäft beteiligten Unternehmers (erster Lieferer) in dem Mitgliedstaat, in dem die Beförderung oder Versendung des Gegenstands beginnt (§ 3 Abs. 6 Satz 1 UStG),
2. ein innergemeinschaftlicher Erwerb des mittleren am Dreiecksgeschäft beteiligten Unternehmers (erster Abnehmer) in dem Mitgliedstaat, in dem die Beförderung oder Versendung des Gegenstands endet (§ 3d Satz 1 UStG),
3. ein innergemeinschaftlicher Erwerb des ersten Abnehmers in dem Mitgliedstaat, der dem ersten Abnehmer die von ihm verwendete USt-IdNr. erteilt hat (§ 3d Satz 2 UStG) und

4. eine (Inlands-)Lieferung des ersten Abnehmers in dem Mitgliedstaat, in dem die Beförderung oder Versendung des Gegenstands endet (§ 3 Abs. 7 Satz 2 Nr. 2 UStG).

[4] Liegt ein innergemeinschaftliches Dreiecksgeschäft vor, wird die Steuerschuld für die (Inlands-)Lieferung unter den Voraussetzungen des § 25b Abs. 2 UStG von dem ersten auf den letzten jeweils am Dreiecksgeschäft beteiligten Abnehmer übertragen. [5] Im Fall der Übertragung der Steuerschuld gilt zugleich auch der innergemeinschaftliche Erwerb dieses ersten Abnehmers als besteuert (§ 25b Abs. 3 UStG).

Begriff (§ 25b Abs. 1 UStG)

(2) [1] Ein innergemeinschaftliches Dreiecksgeschäft setzt voraus, dass drei Unternehmer (erster Lieferer, erster Abnehmer und letzter Abnehmer) über denselben Gegenstand Umsatzgeschäfte abschließen, und dieser Gegenstand unmittelbar vom Ort der Lieferung des ersten Lieferers an den letzten Abnehmer gelangt (§ 25b Abs. 1 Satz 1 Nr. 1 UStG). [2] Ein innergemeinschaftliches Dreiecksgeschäft kann auch zwischen drei unmittelbar nacheinander liefernden Unternehmern bei Reihengeschäften mit mehr als drei Beteiligten vorliegen, wenn die drei unmittelbar nacheinander liefernden Unternehmer am Ende der Lieferkette stehen. [3] Der erste Abnehmer in dem Dreiecksgeschäft ist als mittlerer Unternehmer in der Reihe zugleich Abnehmer und Lieferer. [4] Letzte Abnehmer im Dreiecksgeschäft können auch Unternehmer sein, die nur steuerfreie – nicht zum Vorsteuerabzug berechtigende – Umsätze ausführen, sowie Kleinunternehmer und pauschalierende Land- und Forstwirte. [5] Voraussetzung ist, dass sie umsatzsteuerlich in dem Mitgliedstaat erfasst sind, in dem die Beförderung oder Versendung des Gegenstands endet. [6] Letzter Abnehmer kann auch eine juristische Person des öffentlichen oder privaten Rechts sein, die nicht Unternehmer ist oder den Gegenstand nicht für ihr Unternehmen erwirbt, wenn sie in dem Mitgliedstaat, in dem die Warenbewegung endet, für Zwecke der Umsatzsteuer erfasst ist (§ 25b Abs. 1 Satz 2 UStG).

Beispiel:

[1] Der in Deutschland ansässige Unternehmer D bestellt beim in Belgien ansässigen Unternehmer B dort nicht vorrätige Werkzeugteile. [2] B gibt die Bestellung weiter an den in Luxemburg ansässigen Unternehmer L mit der Bitte, sie direkt zu D nach Deutschland auszuliefern. [3] Weil auch L die Werkzeugteile nicht am Lager hat, bestellt er sie beim in Spanien ansässigen Unternehmer SP, der sie weisungsgemäß an D versendet. [4] Alle Unternehmer treten jeweils unter der USt-IdNr. ihres Landes auf. [5] L weist nach, dass er den Gegenstand als Lieferer im Sinne von § 3 Abs. 6 Satz 6 UStG versendet hat.

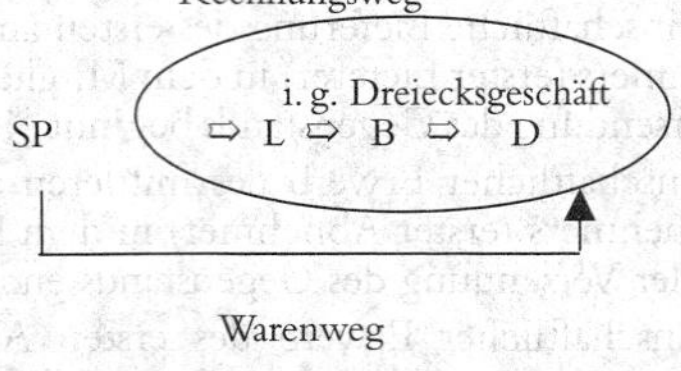

[6] Zwischen SP, L, B und D liegt ein Reihengeschäft vor. [7] Darüber hinaus ist ein innergemeinschaftliches Dreiecksgeschäft im Sinne des § 25b Abs. 1 UStG zwischen L, B und D

anzunehmen, weil L als erster am Dreiecksgeschäft beteiligter Lieferer den Gegenstand der Lieferungen versendet. [8] Die Versendung ist der ersten Lieferung im Dreiecksgeschäft (L an B) zuzuordnen, da L den Gegenstand als Lieferer im Sinne von § 3 Abs. 6 Satz 6 UStG versendet hat (vgl. Abschnitt 3.14 Abs. 7 ff.). [9] Ort der Lieferung ist nach § 3 Abs. 6 Satz 5 in Verbindung mit Satz 1 UStG Spanien (Beginn der Versendung). [10] Die Lieferung des L an B ist als innergemeinschaftliche Lieferung in Spanien steuerfrei. [11] Der Erwerb des Gegenstands unterliegt bei B grundsätzlich der Besteuerung des innergemeinschaftlichen Erwerbs in Deutschland, da die Beförderung dort endet (§ 3d Satz 1 UStG), und in Belgien, da B seine belgische USt-IdNr. verwendet (§ 3d Satz 2 UStG). [12] Die zweite Lieferung im Dreiecksgeschäft (B an D) ist eine ruhende Lieferung. [13] Lieferort ist nach § 3 Abs. 7 Satz 2 Nr. 2 UStG Deutschland, da sie der Beförderungslieferung nachfolgt. [14] SP erbringt eine ruhende Lieferung in Spanien (§ 3 Abs. 7 Satz 2 Nr. 1 UStG), die nach spanischem Recht zu beurteilen ist.

(3) [1] Weitere Voraussetzung für das Vorliegen eines innergemeinschaftlichen Dreiecksgeschäfts ist, dass die hieran beteiligten Unternehmer in jeweils verschiedenen Mitgliedstaaten für Zwecke der Umsatzsteuer erfasst sind (§ 25b Abs. 1 Satz 1 Nr. 2 UStG). [2] Die Ansässigkeit in einem dieser Mitgliedstaaten ist nicht erforderlich; maßgeblich ist vielmehr, dass der Unternehmer unter der USt-IdNr. auftritt, die ihm von einem dieser Mitgliedstaaten erteilt worden ist. [3] Treten mehrere der an dem Dreiecksgeschäft beteiligten Unternehmer unter der USt-IdNr. desselben Mitgliedstaates auf, liegt kein innergemeinschaftliches Dreiecksgeschäft vor.

Beispiel:

[1] Der in Frankfurt ansässige und umsatzsteuerlich registrierte Unternehmer D bestellt eine dort nicht vorrätige Ware bei dem in Belgien ansässigen Unternehmer B 1. [2] B 1 gibt die Bestellung weiter an den ebenfalls in Belgien ansässigen Großhändler B 2, der die Ware mit eigenem Lkw unmittelbar nach Frankfurt befördert und sie dort an D übergibt. [3] D und B 2 treten jeweils unter der USt-IdNr. ihres Landes auf. [4] B 1 tritt nicht unter seiner belgischen USt-IdNr., sondern unter seiner niederländischen USt-IdNr. auf.

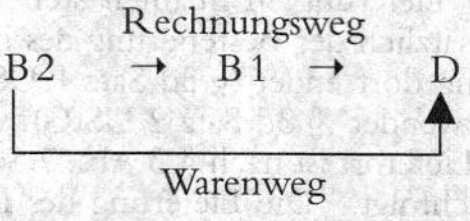

[5] Die Voraussetzung des § 25b Abs. 1 Satz 1 Nr. 2 UStG für das Vorliegen eines innergemeinschaftlichen Dreiecksgeschäfts ist erfüllt, da die drei beteiligten Unternehmer in jeweils verschiedenen Mitgliedstaaten (Deutschland, Belgien, Niederlande) für Zwecke der Umsatzsteuer erfasst sind und mit USt-IdNrn. aus verschiedenen Mitgliedstaaten auftreten. [6] Auf die Ansässigkeit von B 1 und B 2 in demselben Mitgliedstaat kommt es bei der Beurteilung nicht an.

(4) [1] Weitere Voraussetzung ist das tatsächliche Gelangen des Gegenstands der Lieferungen von einem Mitgliedstaat in einen anderen Mitgliedstaat (§ 25b Abs. 1 Satz 1 Nr. 3 UStG). [2] Diese Voraussetzung ist im Hinblick auf § 3 Abs. 8 UStG auch dann erfüllt, wenn der erste Lieferer den Gegenstand zuvor in das Gemeinschaftsgebiet eingeführt hat. [3] Gelangt der Gegenstand allerdings aus dem Drittlandsgebiet unmittelbar in den Mitgliedstaat des letzten Abnehmers, liegt kein innergemeinschaftliches Dreiecksgeschäft vor. [4] Der Gegenstand kann durch Beauftragte des ersten Lieferers vor der Beförderung oder Versendung in das übrige Gemeinschaftsgebiet bearbeitet oder verarbeitet worden sein. [5] Gegenstand der Lieferung ist in diesem Fall jeweils der bearbeitete oder verarbeitete Gegenstand. [6] Der Gegenstand der Lieferung kann auch an einen vom letzten Abnehmer beauftragten Dritten, z. B. einen Lohnveredelungsunternehmer oder einen Lagerhalter, befördert oder versendet werden.

(5) [1]Ein innergemeinschaftliches Dreiecksgeschäft setzt weiterhin voraus, dass der Gegenstand durch den ersten Lieferer oder den ersten Abnehmer (mittlerer Unternehmer) befördert oder versendet wird (§ 25b Abs. 1 Satz 1 Nr. 4 UStG). [2]Dies gilt für den mittleren Unternehmer allerdings nur dann, wenn er in seiner Eigenschaft als Abnehmer befördert oder versendet, d. h. wenn die Beförderung oder Versendung der Lieferung an ihn (erste Lieferung im Dreiecksgeschäft) zugeordnet wird. [3]Wird die Beförderung oder Versendung dagegen der zweiten Lieferung im Dreiecksgeschäft zugeordnet, weil der mittlere Unternehmer in seiner Eigenschaft als Lieferer auftritt, liegt kein innergemeinschaftliches Dreiecksgeschäft vor. [4]Wird der Gegenstand der Lieferungen durch den letzten Abnehmer befördert oder versendet (Abholfall), liegt ebenfalls kein innergemeinschaftliches Dreiecksgeschäft vor.

Beispiel:

[1]Der belgische Unternehmer B bestellt bei dem deutschen Unternehmer D eine Baumaschine. [2]D hat die Maschine nicht vorrätig und gibt die Bestellung weiter an den spanischen Hersteller SP. [3]Alle Beteiligten treten unter der USt-IdNr. ihres Landes auf.

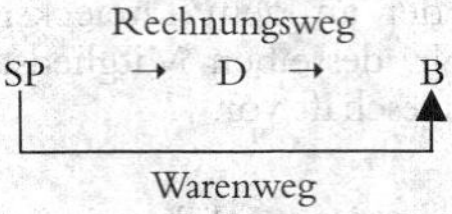

a) [1]SP befördert die Baumaschine mit eigenem Lkw nach Belgien und übergibt sie dort an B. [2]Es liegt ein innergemeinschaftliches Dreiecksgeschäft im Sinne des § 25b Abs. 1 UStG vor, weil der erste Lieferer den Gegenstand der Lieferungen befördert. [3]Die Beförderung ist der ersten Lieferung (SP an D) zuzuordnen. [4]Ort der Lieferung ist nach § 3 Abs. 6 Satz 5 in Verbindung mit Satz 1 UStG Spanien (Beginn der Beförderung). [5]Die Lieferung ist als innergemeinschaftliche Lieferung in Spanien steuerfrei. [6]Der Erwerb des Gegenstands unterliegt bei D grundsätzlich der Besteuerung des innergemeinschaftlichen Erwerbs in Belgien, da die Beförderung dort endet (§ 3d Satz 1 UStG), und in Deutschland, da D seine deutsche USt-IdNr. verwendet (§ 3d Satz 2 UStG). [7]Die zweite Lieferung (D an B) ist eine ruhende Lieferung. [8]Lieferort ist nach § 3 Abs. 7 Satz 2 Nr. 2 UStG Belgien, da sie der Beförderungslieferung nachfolgt. [9]Die Lieferung des D ist nach belgischem Recht zu beurteilen. [10]Zur weiteren Beurteilung vgl. auch das Beispiel in Absatz 7.

b) [1]B lässt die Baumaschine durch einen von ihm beauftragten Spediteur bei SP in Spanien abholen und unmittelbar nach Belgien versenden.
[2]Es liegt kein innergemeinschaftliches Dreiecksgeschäft im Sinne des § 25b Abs. 1 UStG vor, weil der letzte Abnehmer den Gegenstand der Lieferungen versendet. [3]Die Versendung ist der zweiten Lieferung (D an B) zuzuordnen. [4]Ort der Lieferung ist nach § 3 Abs. 6 Satz 5 in Verbindung mit Satz 1 UStG Spanien (Beginn der Versendung). [5]Die Lieferung ist als innergemeinschaftliche Lieferung in Spanien steuerfrei. [6]Der Erwerb des Gegenstands unterliegt bei B grundsätzlich der Besteuerung des innergemeinschaftlichen Erwerbs in Belgien, da die Versendung dort endet (§ 3d Satz 1 UStG). [7]Die erste Lieferung (SP an D) ist eine ruhende Lieferung. [8]Lieferort ist nach § 3 Abs. 7 Satz 2 Nr. 1 UStG ebenfalls Spanien, da sie der Versendungslieferung vorangeht. [9]Die Lieferung ist nach spanischem Recht zu beurteilen. [10]D muss sich demnach in Spanien steuerlich registrieren lassen.

Übertragung der Steuerschuld auf den letzten Abnehmer (§ 25b Abs. 2 UStG)

(6) [1]Im Fall eines innergemeinschaftlichen Dreiecksgeschäfts im Sinne des § 25b Abs. 1 UStG wird die Steuer für die (Inlands-)Lieferung des ersten an den letzten jeweils an dem Dreiecksgeschäft beteiligten Abnehmer von diesem letzten Abnehmer geschuldet, wenn die in § 25b Abs. 2 Nr. 1 bis 4 UStG

genannten Voraussetzungen sämtlich erfüllt sind. [2]Die Übertragung der Steuerschuld auf den letzten Abnehmer ist bei Vorliegen der Voraussetzungen zwingend vorgeschrieben. [3]Durch die Übertragung der Steuerschuld wird der letzte Abnehmer Steuerschuldner für die vom ersten Abnehmer an ihn ausgeführte Lieferung (§ 13a Abs. 1 Nr. 5 UStG).

Innergemeinschaftlicher Erwerb des ersten Abnehmers (§ 25b Abs. 3 UStG)

(7) [1]Wird die Steuerschuld auf den letzten am Dreiecksgeschäft beteiligten Abnehmer übertragen, gilt der innergemeinschaftliche Erwerb des ersten am Dreiecksgeschäft beteiligten Abnehmers nach § 25b Abs. 3 UStG als besteuert. [2]Diese fiktive Besteuerung des innergemeinschaftlichen Erwerbs bei diesem ersten Abnehmer gilt für die Erwerbsbesteuerung in dem Mitgliedstaat, in dem die Beförderung oder Versendung endet (vgl. § 3d Satz 1 UStG) und zugleich auch für die Beurteilung einer Erwerbsbesteuerung in dem Mitgliedstaat, unter dessen USt-IdNr. der erste Abnehmer auftritt (vgl. § 3d Satz 2 UStG).

Beispiel:

[1]Der belgische Unternehmer B bestellt bei dem deutschen Unternehmer D eine Baumaschine. [2]D hat die Maschine nicht vorrätig und gibt die Bestellung weiter an den spanischen Hersteller SP. [3]SP befördert die Baumaschine mit eigenem Lkw nach Belgien und übergibt sie dort an B. [4]Alle Beteiligten treten unter der USt-IdNr. ihres Landes auf. [5]D erteilt dem B eine Rechnung im Sinne des § 14a Abs. 7 UStG.

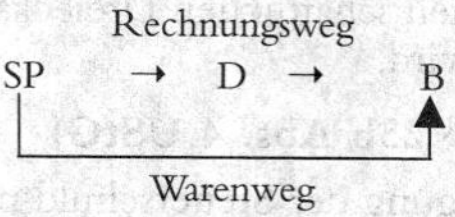

[6]Es liegt ein innergemeinschaftliches Dreiecksgeschäft im Sinne des § 25b Abs. 1 UStG vor. [7]Die Beförderung ist der ersten Lieferung (SP an D) zuzuordnen. [8]Ort der Lieferung ist nach § 3 Abs. 6 Satz 5 in Verbindung mit Satz 1 UStG Spanien (Beginn der Beförderung). [9]Die Lieferung ist als innergemeinschaftliche Lieferung in Spanien steuerfrei. [10]Der Erwerb des Gegenstands unterliegt bei D grundsätzlich der Besteuerung des innergemeinschaftlichen Erwerbs in Belgien, da die Beförderung dort endet (§ 3d Satz 1 UStG), und in Deutschland, da D seine deutsche USt-IdNr. verwendet (§ 3d Satz 2 UStG). [11]Die zweite Lieferung (D an B) ist eine ruhende Lieferung. [12]Lieferort ist nach § 3 Abs. 7 Satz 2 Nr. 2 UStG Belgien, da sie der Beförderungslieferung nachfolgt. [13]D führt demnach eine steuerbare und steuerpflichtige Lieferung in Belgien aus. [14]Da die Voraussetzungen des § 25b Abs. 2 UStG erfüllt sind, wird die Steuerschuld für die belgische (Inlands-)Lieferung des D auf B übertragen: Der Lieferung ist ein innergemeinschaftlicher Erwerb durch D vorausgegangen; D ist nicht in Belgien ansässig; D tritt gegenüber dem ersten Lieferer und dem letzten Abnehmer mit seiner deutschen USt-IdNr. auf; D hat dem B eine Rechnung im Sinne des § 14a Abs. 7 UStG erteilt; B verwendet als letzter Abnehmer eine (belgische) USt-IdNr. des Mitgliedstaates, in dem die Beförderung endet. [15]B wird Steuerschuldner für diese Lieferung des D und muss die Steuer im Rahmen seiner belgischen Steuererklärungspflichten anmelden. [16]D hat im Hinblick auf seine in Belgien ausgeführte Lieferung keinen umsatzsteuerlichen Verpflichtungen in Belgien nachzukommen. [17]Mit der wirksamen Übertragung der Steuerschuld auf B gilt auch der innergemeinschaftliche Erwerb des D in Belgien als besteuert (§ 25b Abs. 3 UStG) mit der Folge, dass D auch hierfür keinen umsatzsteuerlichen Verpflichtungen in Belgien nachkommen muss. [18]Mit der fiktiven Erwerbsbesteuerung in Belgien entfällt auch eine Besteuerung des innergemeinschaftlichen Erwerbs in D über § 3d Satz 2 UStG, sofern D seiner Erklärungspflicht nach § 18a Abs. 7 Satz 1 Nr. 4 UStG (für die ZM) nachkommt. [19]Durch die Anwendung der Vereinfachungsregelung des § 25b UStG wird vermieden, dass sich D in Belgien auf Grund dieses innergemeinschaftlichen Dreiecksgeschäfts registrieren lassen und dort Steuererklärun-

gen abgeben muss. [20]D muss in Deutschland die Erklärungspflichten nach § 18b Satz 1 UStG für die Voranmeldung und die Steuererklärung für das Kalenderjahr beachten.

Besonderheiten bei der Rechnungserteilung

(8) [1]Nach § 25b Abs. 2 Nr. 3 UStG ist materielle Voraussetzung für die Übertragung der Steuerschuld, dass der erste dem letzten jeweils am Dreiecksgeschäft beteiligten Abnehmer eine Rechnung im Sinne des § 14a Abs. 7 UStG erteilt, in der die Steuer nicht gesondert ausgewiesen ist. [2]Neben den Angaben nach § 14 Abs. 4 UStG sind in der Rechnung dieses ersten Abnehmers danach folgende zusätzliche Angaben erforderlich:

1. ein Hinweis auf das Vorliegen eines innergemeinschaftlichen Dreiecksgeschäfts, z. B. „Innergemeinschaftliches Dreiecksgeschäft nach § 25b UStG" oder „Vereinfachungsregelung nach Artikel 141 MwStSystRL";
2. ein Hinweis auf die Steuerschuld des letzten am Dreiecksgeschäft beteiligten Abnehmers;
3. die Angabe der USt-IdNr. des ersten am Dreiecksgeschäft beteiligten Abnehmers und
4. die Angabe der USt-IdNr. des letzten am Dreiecksgeschäft beteiligten Abnehmers.

[3]Der letzte am Dreiecksgeschäft beteiligte Abnehmer soll durch die Hinweise in der Rechnung eindeutig und leicht erkennen können, dass er letzter Abnehmer in einem innergemeinschaftlichen Dreiecksgeschäft ist und die Steuerschuld auf ihn übertragen wird.

Bemessungsgrundlage (§ 25b Abs. 4 UStG)

(9) [1]Im Fall der Übertragung der Steuerschuld nach § 25b Abs. 2 UStG auf den letzten am Dreiecksgeschäft beteiligten Abnehmer gilt für die Berechnung der geschuldeten Steuer abweichend von § 10 Abs. 1 UStG die Gegenleistung als Entgelt (Nettobetrag ohne Umsatzsteuer). [2]Die Umsatzsteuer ist auf diesen Betrag aufzuschlagen.

Aufzeichnungspflichten (§ 25b Abs. 6 UStG)

(10) [1]Neben den allgemeinen Aufzeichnungspflichten nach § 22 UStG sind bei innergemeinschaftlichen Dreiecksgeschäften vom ersten und vom letzten jeweils daran beteiligten Abnehmer zusätzliche Aufzeichnungspflichten zu erfüllen, wenn sie eine inländische USt-IdNr. verwenden (§ 25b Abs. 6 Satz 1 UStG). [2]Verwendet der erste am Dreiecksgeschäft beteiligte Abnehmer eine USt-IdNr. eines anderen Mitgliedstaates, ist er von den allgemeinen Aufzeichnungspflichten nach § 22 UStG befreit, wenn die Beförderung oder Versendung im Inland endet (§ 25b Abs. 6 Satz 2 UStG).

Zu § 25c UStG

25c.1 Besteuerung von Umsätzen mit Anlagegold

(1) [1]Steuerbefreit sind nach § 25c Abs. 1 Satz 1 UStG die Lieferungen, die Einfuhr sowie der innergemeinschaftliche Erwerb von Anlagegold. [2]Als Lieferungen von Anlagegold gelten auch:

a) die Veräußerung von ideellen Miteigentumsanteilen an einem Goldbarrenbestand oder einem Goldmünzenbestand;

b) die Veräußerung von Gewichtsguthaben an einem Goldbarrenbestand, wenn die Gewichtskonten obligatorische Rechte ausweisen;

c) die Veräußerung von Goldbarrenzertifikaten oder Goldmünzenzertifikaten;

d) die Abtretung von Ansprüchen auf Lieferung von Goldbarren oder Goldmünzen;

e) die Veräußerung von Golddarlehen und Goldswaps, durch die ein Eigentumsrecht an Anlagegold oder ein schuldrechtlicher Anspruch auf Anlagegold begründet wird;

f) die Veräußerung von Terminkontrakten und im Freiverkehr getätigten Terminabschlüssen mit Anlagegold, die zur Übertragung eines Eigentumsrechts an Anlagegold oder eines schuldrechtlichen Anspruchs auf Anlagegold führen.

[3]Steuerfrei ist auch die Vermittlung der Lieferung von Anlagegold. [4]Optionsgeschäfte mit Anlagegold und die Vermittlung derartiger Dienstleistungen fallen unter die Steuerbefreiung nach § 4 Nr. 8 Buchstabe e UStG.

(2) [1]Goldbarren und -plättchen bestehen aus Feingold von mindestens 995 Tausendsteln in firmenspezifischer typisierter eckiger Form mit eingestanzter oder geprägter Angabe des Herstellers, des Feingoldgehalts und des Gewichts; auf das Herstellungsverfahren kommt es nicht an. [2]Die Barren können mit bildlichen Darstellungen geprägt sein. [3]Goldmünzen müssen einen Goldgehalt von mindestens 900 Tausendsteln aufweisen, nach dem Jahr 1800 geprägt sein, im Ursprungsland gesetzliches Zahlungsmittel sein bzw. gewesen sein und üblicherweise zu einem Preis verkauft werden, der 180% des Goldgehalts nicht übersteigt. [4]Eine Mindestauflagenhöhe ist nicht erforderlich.

(3) [1]Die Europäische Kommission veröffentlicht jährlich vor dem 1. Dezember in der Reihe C ABl. EU ein Verzeichnis der Goldmünzen, die die Kriterien für die Steuerbefreiung erfüllen.[1)] [2]Für Umsätze von Goldmünzen, mit einem Goldgehalt von mindestens 900 Tausendsteln, die in dem Verzeichnis enthalten sind, gilt die Sonderregelung nach § 25c UStG während des gesamten Jahres, das auf das Jahr der Veröffentlichung folgt. [3]Bei Münzen, die nicht in dem Verzeichnis enthalten sind, hat der Unternehmer im Einzelfall zu prüfen, ob die genannten Voraussetzungen für die Behandlung als Anlagegold erfüllt sind. [4]Der Metallwert von Goldmünzen ist dabei grundsätzlich anhand des aktuellen Tagespreises für Gold zu ermitteln. [5]Maßgeblich ist der von der Londoner Börse festgestellte Tagespreis (Nachmittagsfixing) für die Feinunze Gold (1 Unze = 31,1035 Gramm). [6]Dieser in US-Dollar festgestellte Wert muss anhand der aktuellen Umrechnungskurse in Euro umgerechnet werden.

(4) Nicht zum Anlagegold gehört unverarbeitetes Gold (Industriegold), d. h. insbesondere Barren mit einem Feingoldgehalt von weniger als 995 Tausendsteln, sowie Granalien und Feingoldband in handelsüblicher Form.

---

1) Für **2021** siehe BMF v. 23.11.2020 III C 1-S 7068/19/10002 :002 sowie ABl. EU 2020 Nr. C 381, 5, für **2022** siehe BMF v. 15.12.2021 III C 1 – S 7068/19/10002 :003 sowie ABl. EU 2020 Nr. C 446, 14 und Nr. C 505, 16.

(5) [1] Zur Umsatzsteuerpflicht kann optieren:
- ein Unternehmer, der Anlagegold herstellt oder Gold in Anlagegold umwandelt, bei der Lieferung von Anlagegold.
- ein Unternehmer, der üblicherweise Gold zu gewerblichen Zwecken liefert, bei der Lieferung von Anlagegold in Barren- oder Plättchenform.

[2] Voraussetzung für die Option ist, dass er diese Lieferung an einen anderen Unternehmer für dessen Unternehmen ausführt. [3] Kreditinstitute sind grundsätzlich als Unternehmer anzusehen. [4] Vermittelt ein Unternehmer eine Lieferung von Anlagegold, kann er nur dann für die Vermittlungsleistung zur Steuerpflicht optieren, wenn der vermittelte Umsatz zuvor vom liefernden Unternehmer als steuerpflichtig behandelt worden ist. [5] Zum Vorsteuerabzug vgl. Abschnitt 15.13 Abs. 1.

(6) Im Übrigen bleiben die Regelungen des § 18 Abs. 7 UStG, § 49 UStDV unberührt.

(7) [1] Liegen für Goldlieferungen nach § 4 Nr. 4 UStG auch die Voraussetzungen der Steuerbefreiung für Anlagegold (§ 25c Abs. 1 und 2 UStG) vor, geht die Steuerbefreiung des § 25c Abs. 1 und 2 UStG der Steuerbefreiung des § 4 Nr. 4 UStG vor. [2] Liegen für die Lieferung von Anlagegold auch die Voraussetzungen einer Ausfuhrlieferung (§ 4 Nr. 1 Buchstabe a, § 6 UStG) bzw. einer innergemeinschaftlichen Lieferung (§ 4 Nr. 1 Buchstabe b, § 6a UStG) vor, geht die Steuerbefreiung des § 25c Abs. 1 und 2 UStG diesen Steuerbefreiungen vor.

Zu § 25d UStG[1)]

25d.1 Haftung für die schuldhaft nicht abgeführte Steuer

(1) Dieser Haftungstatbestand dient der Bekämpfung des Umsatzsteuerbetrugs, insbesondere in Form von Karussellgeschäften, bei denen in den Fiskus schädigender Absicht Rechnungen mit Umsatzsteuer ausgestellt werden, um dem Rechnungsempfänger den Vorsteuerabzug zu ermöglichen, ohne die ausgewiesene und geschuldete Steuer zu entrichten.

(2) Voraussetzungen für die Haftung sind:
- [1] Die aus einem vorangegangenen Umsatz geschuldete Umsatzsteuer wurde nicht entrichtet. [2] Vorangegangener Umsatz ist auch ein Umsatz auf den Vorstufen, nicht nur der unmittelbare Eingangsumsatz des Unternehmers.
- Diese Umsatzsteuer wurde in einer Rechnung nach § 14 UStG ausgewiesen.
- Die ausgewiesene Steuer wurde vom Aussteller der Rechnung entsprechend seiner vorgefassten Absicht nicht entrichtet oder er hat sich vorsätzlich außer Stande gesetzt, diese zu entrichten.
- Der in Haftung zu nehmende Leistungsempfänger hatte bei Abschluss des Vertrages über seinen Eingangsumsatz vom vorsätzlichen Handeln des Rechnungsausstellers Kenntnis oder hätte nach der Sorgfalt eines ordentlichen Kaufmanns Kenntnis haben müssen.

1) § 25d UStG aufgeh. durch G v. 12.12.2019, BStBl. I 2019, 2451, mWv 1.1.2020.

(3) Nicht unter die Regelung fällt die unrichtig bzw. unberechtigt ausgewiesene Umsatzsteuer (§ 14c Abs. 1 und 2 UStG), da ein Vorsteuerabzug insoweit bereits nach § 15 Abs. 1 Satz 1 Nr. 1 UStG ausgeschlossen ist.

(4) Die Darlegungs- und Feststellungslast liegt grundsätzlich bei dem für den Erlass des Haftungsbescheids zuständigen Finanzamt.

(5) [1] Nach § 25d Abs. 2 UStG ist von der Kenntnis oder dem Kennenmüssen insbesondere dann auszugehen, wenn
– der Unternehmer für seinen Umsatz einen Preis in Rechnung stellt, der zum Zeitpunkt des Umsatzes unter dem marktüblichen Preis liegt, oder
– der dem Unternehmer in Rechnung gestellte Preis unter dem marktüblichen Preis liegt oder
– der dem Unternehmer in Rechnung gestellte Preis unter dem Preis liegt, der seinem Lieferanten oder anderen Lieferanten, die am Erwerb der Ware beteiligt waren, in Rechnung gestellt wurde.

[2] Marktüblich ist ein Preis, den ein Leistungsempfänger an einen Unternehmer unter Berücksichtigung der Handelsstufe zahlen müsste, um die betreffende Leistung zu diesem Zeitpunkt unter den Bedingungen des freien Wettbewerbs zu erhalten.

(6) [1] Liegen die Haftungsvoraussetzungen vor, ist der Unternehmer zunächst anzuhören (§ 91 AO). [2] Im Rahmen der Anhörung hat der Unternehmer nach § 25d Abs. 2 Satz 3 UStG Gelegenheit, die Vermutung des § 25d Abs. 2 Sätze 1 und 2 UStG zu widerlegen, in dem er nachweist, dass die Preisgestaltung betriebswirtschaftlich begründet ist. [3] Kann der Unternehmer diesen Nachweis führen, ist dessen ungeachtet von der Finanzverwaltung zu prüfen, ob die Tatbestandsmerkmale Kenntnis oder Kennenmüssen auf Grund anderer Tatsachen als der Preisgestaltung vorliegen.

(7) [1] Bis zum Abschluss der Prüfung, ob die Voraussetzungen für den Erlass eines Haftungsbescheids vorliegen, kann die Erteilung der Zustimmung zu einer Steueranmeldung zur Umsatzsteuer (Voranmeldung, Umsatzsteuererklärung für das Kalenderjahr) im Sinne von § 168 Satz 2 AO versagt werden. [2] Dies gilt entsprechend für die Festsetzung nach § 167 Abs. 1 Satz 1 AO, wenn sie zu einer Umsatzsteuererstattung führt.

(8) [1] Können die Haftungsvoraussetzungen nachgewiesen oder die Vermutung nach § 25d Abs. 2 Sätze 1 und 2 UStG nicht widerlegt werden, soll ein Haftungsbescheid erlassen werden. [2] Kommen mehrere Haftungsschuldner in Betracht, haften diese als Gesamtschuldner (§ 25d Abs. 1 Satz 2 UStG). [3] In diesen Fällen ist es erforderlich, dass die zuständigen Finanzämter der Unternehmer, die in Haftung genommen werden sollen, ihr Vorgehen untereinander abstimmen. [4] Dem für den Steuerschuldner zuständigen Finanzamt, für dessen rückständige Steuer gehaftet wird, ist jeweils ein Abdruck des Haftungsbescheids zu übersenden. [5] Der Haftungsschuldner darf auf Zahlung auch in Anspruch genommen werden, ohne dass die Vollstreckung in das bewegliche Vermögen des Ausstellers der Rechnung ohne Erfolg geblieben oder anzunehmen ist, dass die Vollstreckung aussichtslos sein wird (vgl. § 25d Abs. 5 UStG).

(9) *(aufgehoben)*

Zu § 25e UStG[1)]

25e.1[2)] Voraussetzung für die Haftung

[1]Betreiber einer elektronischen Schnittstelle im Sinne von § 25e Abs. 1 UStG (Betreiber) haften für die nicht entrichtete Steuer aus einer Lieferung von Gegenständen, die nicht unter § 3 Abs. 3a UStG fallen, wenn sie die Lieferung dieser Gegenstände mittels einer elektronischen Schnittstelle unterstützen. [2]Darunter können insbesondere die folgenden Fallgestaltungen fallen:

1. Lieferungen an einen Unternehmer, unabhängig von der Ansässigkeit des liefernden Unternehmers

Beispiel 1:

[1]Ein in Deutschland ansässiger Händler H veräußert über eine elektronische Schnittstelle Handyhüllen an einen ebenfalls in Deutschland ansässigen Unternehmer U. [2]Die Ware wird vom Sitz des H oder aus einem Lager in Deutschland an den Sitz des U in Deutschland befördert oder versendet.

[3]§ 3 Abs. 3a Satz 1 UStG findet keine Anwendung, da der Empfänger der Lieferung ein Unternehmer und der Lieferer im Gemeinschaftsgebiet (hier: Deutschland) ansässig ist. [4]§ 3 Abs. 3a Satz 2 UStG findet keine Anwendung, da die Ware nicht aus dem Drittlandsgebiet eingeführt wurde. [5]Für die Lieferung des H an den U findet § 3 Abs. 6 Satz 1 UStG Anwendung. [6]Die Lieferung gilt als dort ausgeführt, wo die Beförderung oder Versendung an den Abnehmer beginnt (hier: Deutschland).

Beispiel 2:

[1]Ein in der Schweiz ansässiger Händler H veräußert über eine elektronische Schnittstelle Schuhe an einen in Deutschland ansässigen Unternehmer U. [2]Die Ware wird aus einem Lager des H in Deutschland an den Sitz des U in Deutschland befördert oder versendet.

[3]§ 3 Abs. 3a Satz 1 UStG findet keine Anwendung, da der Empfänger der Lieferung ein Unternehmer ist. [4]§ 3 Abs. 3a Satz 2 UStG findet keine Anwendung, da die Ware nicht aus dem Drittlandsgebiet eingeführt wurde. [5]Für die Lieferung des H an den U findet § 3 Abs. 6 Satz 1 UStG Anwendung. [6]Die Lieferung gilt als dort ausgeführt, wo die Beförderung oder Versendung an den Abnehmer beginnt (hier: Deutschland).

Beispiel 3:

[1]Ein in Deutschland ansässiger Händler H veräußert über eine elektronische Schnittstelle Schuhe (Sachwert: 100 €) an einen ebenfalls in Deutschland ansässigen Unternehmer U (kein Erwerber im Sinne des § 3 Abs. 3a Satz 5 UStG) zu der Lieferkondition „verzollt und versteuert". [2]Die Ware wird aus einem Lager des H in der Schweiz an den Sitz des U in Deutschland befördert oder versendet. [3]Die Zollanmeldung in Deutschland erfolgt durch H.

[4]§ 3 Abs. 3a Satz 2 UStG findet keine Anwendung, da der Empfänger der Lieferung ein Unternehmer und kein Erwerber im Sinne des § 3 Abs. 3a Satz 5 UStG ist. [5]Für die Lieferung des H an den U gilt der Ort nach § 3 Abs. 8 UStG als im Inland gelegen (hier: Deutschland).

2. Lieferungen, bei denen die Warenbewegung innerhalb des Gemeinschaftsgebietes erfolgt und der liefernde Unternehmer im Gemeinschaftsgebiet ansässig ist

Beispiel 1:

[1]Ein in Deutschland ansässiger Händler H veräußert über eine elektronische Schnittstelle Handyhüllen an eine Privatperson in Deutschland. [2]Die Ware wird aus einem Lager in Deutschland an den Wohnsitz der Privatperson in Deutschland versendet.

[1)] Zu Vordruckmustern in diesem Zusammenhang siehe zwei BMF-Schreiben v. 28.7.2021: USt 1 TK, BStBl. I 2021, 1081; USt 1 TL, BStBl. I 2021, 1084.

[2)] A 25e.1 UStAE eingef. durch BMF v. 20.4.2021, BStBl. I 2021, 705 anzuwenden mWv 1.7.2021.

[3]Nach § 3 Abs. 3a Satz 1 UStG wird keine Lieferung zwischen dem Betreiber der elektronischen Schnittstelle und der Privatperson fingiert, da H im Gemeinschaftsgebiet ansässig ist. [4]§ 3 Abs. 3a Satz 2 UStG findet keine Anwendung, da die Ware nicht aus dem Drittlandsgebiet eingeführt wurde. [5]Für die Lieferung des H an die Privatperson findet § 3 Abs. 6 Satz 1 UStG Anwendung. [6]Die Lieferung gilt als dort ausgeführt, wo die Beförderung oder Versendung an den Abnehmer beginnt (hier: Deutschland).

Beispiel 2:

[1]Ein in Frankreich ansässiger Händler H veräußert über eine elektronische Schnittstelle Handyhüllen an eine Privatperson in Deutschland. [2]Die Ware wird aus einem Lager in Frankreich an den Wohnsitz der Privatperson in Deutschland versendet. [3]H überschreitet die Umsatzschwelle von 10 000 € (§ 3c Abs. 4 Satz 1 UStG) oder verzichtet auf die Anwendung des § 3c Abs. 4 Satz 1 UStG (§ 3c Abs. 4 Satz 2 UStG).
[4]Nach § 3 Abs. 3a Satz 1 UStG wird keine Lieferung zwischen dem Betreiber der elektronischen Schnittstelle und der Privatperson fingiert, da H im Gemeinschaftsgebiet ansässig ist. [5]§ 3 Abs. 3a Satz 2 UStG findet keine Anwendung, da die Ware nicht aus dem Drittlandsgebiet eingeführt wurde. [6]Für die Lieferung des H an die Privatperson findet § 3c Abs. 1 UStG Anwendung. [7]Der Ort der Lieferung ist der Ort, an dem sich der Gegenstand bei Beendigung der Versendung an die Privatperson befindet (hier: Deutschland). [8]H kann das besondere Besteuerungsverfahren nach § 18j UStG (vgl. Abschnitt 18j.1) in Anspruch nehmen und den Umsatz darüber erklären. [9]Andernfalls hat H den Umsatz im Bestimmungsland (hier: Deutschland) im allgemeinen Besteuerungsverfahren (§ 18 Abs. 1 bis 4 UStG) zu erklären.

3. Lieferungen, bei denen die Ware vom Drittlandsgebiet in das Gemeinschaftsgebiet eingeführt wird, der Sachwert der Ware mehr als 150 € beträgt und sich der Ort der Lieferung nach § 3 Abs. 8 oder § 3c Abs. 2 UStG im Inland befindet, unabhängig von der Ansässigkeit des liefernden Unternehmers

Beispiel 1:

[1]Ein in Frankreich ansässiger Händler H veräußert über eine elektronische Schnittstelle Schuhe (Sachwert: 250 €) an eine Privatperson in Deutschland (Lieferkondition „verzollt und versteuert"). [2]Die Ware wird von H aus einem Lager in der Schweiz an den Wohnsitz der Privatperson in Deutschland versendet. [3]Die Zollanmeldung in Deutschland erfolgt durch H.
[4]§ 3 Abs. 3a Satz 2 UStG findet keine Anwendung, weil der Sachwert der Schuhe 150 € übersteigt. [5]Für die Lieferung des H an die Privatperson gilt der Ort nach § 3 Abs. 8 UStG als im Inland gelegen (hier: Deutschland).

Beispiel 2:

[1]Sachverhalt wie Beispiel 1. [2]Die Zollanmeldung erfolgt jedoch durch H in Frankreich.
[3]§ 3 Abs. 3a Satz 2 UStG findet keine Anwendung, weil der Sachwert der Schuhe 150 € übersteigt. [4]Der Ort der Lieferung des H an die Privatperson verlagert sich auf Grund des Fernverkaufs eines aus dem Drittlandsgebiet eingeführten Gegenstands nach § 3c Abs. 2 UStG in das Inland (hier: Deutschland), da der Gegenstand in Frankreich eingeführt wurde und die Versendung des Gegenstands an den Erwerber im Inland endet.

[3]Gemäß § 25e Abs. 5 UStG ist eine elektronische Schnittstelle im Sinne dieser Vorschrift ein elektronischer Marktplatz, eine elektronische Plattform, ein elektronisches Portal oder jeder andere vergleichbare elektronische Handelsplatz. [4]Voraussetzung für die Haftung ist, dass mittels der elektronischen Schnittstelle die Lieferung eines Gegenstandes unterstützt wird. [5]Wann vom Unterstützen einer Lieferung auszugehen ist, ist in § 25e Abs. 6 UStG geregelt. [6]§ 25e Abs. 1 UStG findet keine Anwendung auf elektronische Schnitt-

stellen, die die Voraussetzungen nach § 25e Abs. 6 Satz 2 UStG kumulativ oder lediglich eine der in § 25e Abs. 6 Satz 3 UStG genannten Voraussetzungen erfüllen, wie z. B. sog. Vermittlungsmarktplätze/-plattformen, die die Funktion eines „Schwarzen Brettes" haben und über die sich Nutzer über bestehende Angebote Dritter informieren und Kontakt zu einem möglichen Vertragspartner aufnehmen können sowie Plattformen/Portale, die ausschließlich der Abwicklung von Zahlungen dienen.

25e.2[1)] Tatbestandsmerkmale für einen Haftungsausschluss

(1) [1]Der Betreiber haftet nach § 25e Abs. 1 UStG für die nicht entrichtete Steuer aus Lieferungen, die mittels seiner elektronischen Schnittstelle unterstützt wurden; dies gilt nicht in Fällen des § 3 Abs. 3a UStG. [2]Der Betreiber haftet nach § 25e Abs. 2 Satz 1 UStG insoweit nicht für die nicht entrichtete Steuer aus Lieferungen, die mittels seiner elektronischen Schnittstelle unterstützt wurden, wenn der liefernde Unternehmer im Zeitpunkt der Lieferung über eine nach § 27a UStG erteilte, gültige USt-IdNr. verfügt (vgl. § 22f Abs. 1 Satz 1 Nr. 3 UStG). [3]Auch in den Fällen, in denen der liefernde Unternehmer gegenüber dem Betreiber erklärt, dass die Voraussetzungen für die Vergabe einer USt-IdNr. durch das BZSt nach § 27a UStG an ihn nicht vorliegen, weil er im Inland keine steuerbaren Umsätze im allgemeinen Besteuerungsverfahren (§ 18 Abs. 1 bis 4 UStG) zu erklären hat, gilt § 25e Abs. 2 Satz 1 UStG entsprechend. [4]Dies trifft insbesondere auf folgende Fälle zu:

1. [1]Im übrigen Gemeinschaftsgebiet ansässige Unternehmer, die im Gemeinschaftsgebiet ausschließlich innergemeinschaftliche Fernverkäufe im Sinne des § 3c Abs. 1 Sätze 2 und 3 UStG ausführen, die im Inland nicht steuerbar sind, weil die Umsatzschwelle im Sinne des § 3c Abs. 4 Satz 1 UStG nicht überschritten wird. [2]In diesen Fällen kann der Betreiber zum Nachweis der steuerlichen Erfassung die dem liefernden Unternehmer erteilte und zum Zeitpunkt der Lieferung gültige USt-IdNr. eines anderen EU-Mitgliedstaats aufzeichnen. [3]Soweit der liefernde Unternehmer nicht über eine USt-IdNr. verfügt, hat der Betreiber in geeigneter Weise nachzuweisen, dass die von dem Unternehmer ausgeführten Lieferungen im Inland nicht steuerbar sind, weil die Umsatzschwelle im Sinne des § 3c Abs. 4 Satz 1 UStG nicht überschritten ist (z. B. durch Abgabe einer entsprechenden Erklärung durch den betreffenden Unternehmer).
2. [1]Im übrigen Gemeinschaftsgebiet ansässige Unternehmer, die im Inland ausschließlich steuerpflichtige innergemeinschaftliche Fernverkäufe nach § 3c Abs. 1 Sätze 2 und 3 UStG erbringen und diese im besonderen Besteuerungsverfahren nach § 18j UStG erklären. [2]In diesen Fällen kann der Betreiber zum Nachweis der steuerlichen Erfassung die dem liefernden Unternehmer erteilte und zum Zeitpunkt der Lieferung gültige USt-IdNr. des EU-Mitgliedstaates, bei dem er die Teilnahme an dem besonderen Besteuerungsverfahren angezeigt hat, aufzeichnen.

---

1) A 25e.2 UStAE eingef. durch BMF v. 20.4.2021, BStBl. I 2021, 705, anzuwenden mWv 1.7.2021.

3. [1]Unternehmer, die ausschließlich Lieferungen an Abnehmer im Inland ausführen, bei denen die Beförderung oder Versendung nach Abschluss des Kaufvertrages im Drittlandsgebiet beginnt (sog. Direktverkäufe), der Sachwert der Ware mehr als 150 € beträgt und für die der Ort der Lieferungen nicht nach § 3 Abs. 8 UStG oder nach § 3c Abs. 2 UStG im Inland gelegen ist bzw. keine Pflicht zur steuerlichen Erfassung im Inland besteht. [2]Auch in diesen Fällen muss der Betreiber einen entsprechenden Nachweis in geeigneter Weise vorhalten (z. B. durch Abgabe einer entsprechenden Erklärung durch den betreffenden Unternehmer).

[5]Betreiber, die ausschließlich über eine von einem anderen EU-Mitgliedstaat erteilte USt-IdNr. verfügen, können für die Prüfung der Voraussetzungen nach § 25e Abs. 2 Satz 1 UStG die dort bereitgestellten Verfahren zur Bestätigung von USt-IdNrn. der auf ihrer elektronischen Schnittstelle liefernden Unternehmer nutzen.

(2) [1]Die Befreiung aus der Haftung nach Absatz 1 tritt nicht ein, wenn der Betreiber davon Kenntnis hatte oder nach der Sorgfalt eines ordentlichen Kaufmanns hätte haben müssen, dass der liefernde Unternehmer seinen umsatzsteuerlichen Pflichten nicht oder nicht im vollen Umfang nachkommt (vgl. § 25e Abs. 2 Satz 2 UStG). [2]Unabhängig davon haftet der Betreiber in Fällen des Absatz 1 Satz 1 immer dann für die nicht entrichtete Steuer, wenn der liefernde Unternehmer im Zeitpunkt der Lieferung nicht über eine nach § 27a UStG erteilte, gültige USt-IdNr. oder der Betreiber nicht über einen Nachweis nach Absatz 1 Satz 4 verfügte. [3]In diesen Fällen kommt es auf die Kenntnis des Betreibers, ob der liefernde Unternehmer seinen steuerlichen Pflichten nachkommt, nicht an.

(3) [1]Von einer Kenntnis oder einem Kennenmüssen ist insbesondere auszugehen, wenn der Betreiber ihm offensichtliche oder bekanntgewordene Tatsachen außer Acht lässt, die auf eine umsatzsteuerliche Pflichtverletzung des liefernden Unternehmers schließen lassen. [2]Ein aktives Ausforschen ist dazu nicht erforderlich. [3]Das Kennenmüssen bezieht sich hierbei lediglich auf Sachverhalte, die dem Betreiber im Rahmen seines eigenen Unternehmens bekannt werden und auf eine umsatzsteuerliche Pflichtverletzung schlussfolgern lassen. [4]In diesen Fällen haftet der Betreiber nicht, wenn er den auf seiner elektronischen Schnittstelle tätigen Unternehmer auf die Pflichtverletzung hinweist und ihn auffordert, diese innerhalb einer Frist (längstens zwei Monate) abzustellen und der Unternehmer dieser Aufforderung nachkommt. [5]In den Fällen, in denen der Unternehmer der vorgenannten Aufforderung des Betreibers nicht nachkommt, scheidet eine Haftung nach § 25e Abs. 2 Satz 2 UStG nur aus, wenn der Betreiber den Unternehmer nach Ablauf der gesetzten Frist vom weiteren Handel auf seiner elektronischen Schnittstelle ausschließt (Sperrung aller bestehenden Accounts). [6]Gleiches gilt insbesondere für die Frage der Überschreitung der Umsatzschwelle nach Absatz 1 Satz 4 Nr. 1 und die Frage, ob die Voraussetzungen nach Absatz 1 Satz 4 Nr. 2 und 3 vorliegen. [7]In den Fällen, in denen der Unternehmer im Rahmen der vom Betreiber gesetzten Frist nicht der Aufforderung nachkommt, seine umsatzsteuerlichen Pflichten zu erfüllen und der Betreiber den betreffenden Unternehmer vom weiteren Handel auf seiner elektronischen Schnittstelle aus-

schließt (Sperrung aller bestehenden Accounts), sollte der Betreiber die Finanzverwaltung informieren.

(4) [1] Nach § 25e Abs. 3 UStG haftet der Betreiber nicht für die entstandene und nicht entrichtete Umsatzsteuer aus Lieferungen, die mittels seiner elektronischen Schnittstelle unterstützt wurden, wenn die Registrierung des Lieferers auf der elektronischen Schnittstelle nicht als Unternehmer erfolgt ist und der Betreiber den hierfür geltenden Aufzeichnungs- und Aufbewahrungspflichten nach § 22f Abs. 2 in Verbindung mit Absatz 1 Satz 1 UStG nachgekommen ist. [2] Dies gilt nach § 25e Abs. 3 Satz 2 UStG nicht in Fällen, in denen der Betreiber nachweislich nach Art, Menge oder Höhe der Umsätze Kenntnis hatte oder nach der Sorgfalt eines ordentlichen Kaufmanns hätte haben müssen, dass die Registrierung als Nichtunternehmer zu Unrecht erfolgt ist. [3] § 2 Abs. 1 UStG gilt entsprechend. [4] Für die Abgrenzung, ob es sich um eine unternehmerische Tätigkeit handelt, ist grundsätzlich nur die Tätigkeit auf der eigenen elektronischen Schnittstelle maßgebend. [5] Das Erreichen einer bestimmten Umsatzhöhe reicht für die Beurteilung der Frage, ob eine Tätigkeit unternehmerisch ausgeführt wird, allein nicht aus. [6] Unabhängig davon ist ein deutliches Anzeichen dafür, dass die Registrierung auf einer elektronischen Schnittstelle als Nichtunternehmer zu Unrecht erfolgte, wenn der mittels der elektronischen Schnittstelle erzielte Umsatz eine Höhe von 22 000 € innerhalb eines Kalenderjahres erreicht. [7] Absatz 3 Sätze 4, 5 und 7 gelten entsprechend.

25e.3[1)] Verfahren bei Vorliegen von Pflichtverletzungen

(1) [1] Liegen dem nach § 21 AO örtlich zuständigen Finanzamt Erkenntnisse vor, dass ein Unternehmer, der im Inland steuerbare Umsätze über eine elektronische Schnittstelle ausführt, seinen umsatzsteuerlichen Pflichten nicht nachkommt und andere von ihm zu veranlassende Maßnahmen keinen unmittelbaren Erfolg versprechen, ist es nach § 25e Abs. 4 Satz 1 UStG berechtigt, den betreffenden Betreiber hierüber zu informieren (Offenbarungsbefugnis). [2] Mit dem Zugang dieser Mitteilung ist dem Betreiber die Möglichkeit einzuräumen, innerhalb der vom Finanzamt gesetzten Frist auf den betreffenden Unternehmer einzuwirken, damit dieser seinen umsatzsteuerlichen Pflichten nachkommt, oder sicherzustellen, dass der Unternehmer über seine elektronische Schnittstelle keine weiteren Umsätze ausführen kann (Sperrung aller bestehenden Accounts). [3] Für die Frage, wann die Mitteilung zugegangen ist, gelten die Regelungen des § 122 AO entsprechend. [4] Umsatzsteuerliche Pflichtverletzungen nach Satz 1 sind insbesondere:

1. Abgabe unrichtiger Umsatzsteuer-Voranmeldungen/Umsatzsteuererklärungen für das Kalenderjahr,
2. Nichtabgabe von Umsatzsteuer-Voranmeldungen/Umsatzsteuererklärungen für das Kalenderjahr,
3. Nichtzahlung oder nicht vollständige Zahlung fälliger Umsatzsteuerbeträge oder

---

1) A 25e.3 UStAE eingef. durch BMF v. 20.4.2021, BStBl. I 2021, 705, anzuwenden mWv 1.7.2021.

4. Nichtbenennung eines Empfangsbevollmächtigten im Inland nach § 22f Abs. 1 Satz 2 UStG (vgl. Abschnitt 22f.2).

(2) [1]Weist der Betreiber innerhalb der gesetzten Frist nach, dass der betreffende Unternehmer über seine elektronische Schnittstelle keine Waren mehr anbieten kann (Sperrung aller bestehenden Accounts), wird eine Inanspruchnahme nach § 25e Abs. 4 Satz 2 UStG für die nicht entrichtete Umsatzsteuer hinfällig. [2]Wird dieser Nachweis vom Betreiber in der gesetzten Frist nicht erbracht, haftet er nach § 25e Abs. 4 Satz 2 UStG für die entstandene und nicht entrichtete Umsatzsteuer aus Umsätzen, die mittels seiner elektronischen Schnittstelle unterstützt wurden und bei denen das Rechtsgeschäft nach Zustellung der Mitteilung vom Finanzamt abgeschlossen wurde. [3]Gleiches gilt in Fällen, in denen die Registrierung beim Betreiber als Nichtunternehmer erfolgte und das nach § 21 AO örtlich zuständige Finanzamt dem Betreiber mitgeteilt hat, dass die Tätigkeit im Rahmen eines Unternehmens erfolgt.

25e.4[1)] Einleitung des Haftungsverfahrens

[1]Liegen die Voraussetzungen für eine Haftung nach § 25e Abs. 1 UStG vor, ist der Betreiber zunächst anzuhören (§ 91 Abs. 1 Satz 1 AO). [2]Die Darlegungs- und Feststellungslast der Kenntnis oder des Kennenmüssens liegt grundsätzlich bei dem für den Erlass des Haftungsbescheids zuständigen Finanzamt. [3]Zuständig für die Durchführung des Haftungsverfahrens ist das für den liefernden Unternehmer örtlich zuständige Finanzamt (§ 25e Abs. 7 UStG und § 21 AO). [4]Im Rahmen der Anhörung ist dem Betreiber Gelegenheit zu geben, die Kenntnis oder das Kennenmüssen zu widerlegen.

Zu § 26 Abs. 3 UStG

26.1 Luftverkehrsunternehmer

(1) [1]Die niedrigere Festsetzung oder der Erlass von Umsatzsteuer nach § 26 Abs. 3 UStG für grenzüberschreitende Beförderungen im Luftverkehr setzt voraus, dass die Leistungen von einem Luftverkehrsunternehmer erbracht werden. [2]Luftverkehrsunternehmer im Sinne dieser Vorschrift sind Unternehmer, die die Beförderung selbst durchführen oder die als Vertragspartei mit dem Reisenden einen Beförderungsvertrag abschließen und sich hierdurch in eigenem Namen zur Durchführung der Beförderung verpflichten. [3]Der Verkauf von Einzeltickets für grenzüberschreitende Flüge vom Reisebüro oder vom Consolidator kann unter den Voraussetzungen des Abschnitts 4.5.3 Abs. 2 als steuerfreie Vermittlungsleistung behandelt werden. [4]Das Reisebüro und der Consolidator können insoweit nicht als Luftverkehrsunternehmer angesehen werden.

(2) [1]Unter den in Absatz 1 bezeichneten Voraussetzungen können auch Veranstalter von Pauschalreisen als Luftverkehrsunternehmer angesehen werden. [2]Die niedrigere Festsetzung oder der Erlass der Umsatzsteuer nach § 26

[1)] A 25e.4 UStAE eingef. durch BMF v. 20.4.2021, BStBl. I 2021, 705, anzuwenden mWv 1.7.2021.

Abs. 3 UStG ist dann jedoch auf die Fälle beschränkt, in denen der Veranstalter die Reisenden mit seinen eigenen Mitteln befördert (vgl. Abschnitt 25.1 Abs. 8) oder Beförderungsleistungen an Unternehmer für ihr Unternehmen erbringt.

26.2 Grenzüberschreitende Beförderungen im Luftverkehr

(1)[1] [1]Eine grenzüberschreitende Beförderung liegt vor, wenn sich eine Beförderung sowohl auf das Inland als auch auf das Ausland erstreckt (§ 3b Abs. 1 Satz 4 UStG). [2]Die niedrigere Festsetzung oder der Erlass der Umsatzsteuer nach § 26 Abs. 3 UStG kommt für folgende grenzüberschreitende Beförderungen im Luftverkehr in Betracht:

1. von einem ausländischen Flughafen zu einem Flughafen im Inland;
2. von einem Flughafen im Inland zu einem ausländischen Flughafen;
3. von einem ausländischen Flughafen zu einem ausländischen Flughafen über das Inland.

[3]Die niedrigere Festsetzung oder der Erlass der Umsatzsteuer kommt jedoch nicht in Betracht bei Beförderungen vom Inland in die nicht zum Inland gehörenden Gebiete der Bundesrepublik Deutschland (vgl. § 1 Abs. 2 UStG) und umgekehrt, z. B. Flüge zwischen Hamburg und Helgoland, sowie bei Beförderungen zwischen den nicht zum Inland gehörenden Gebieten der Bundesrepublik Deutschland über das Inland, z. B. Rundflüge von Helgoland über das Inland. [4]Der Erlass der Umsatzsteuer ist nur bezüglich der Umsatzsteuer auf grenzüberschreitende Personenbeförderung im Luftverkehr möglich; werden im Rahmen einer solchen Beförderung andere eigenständige Leistungen erbracht (vgl. z. B. BFH-Urteil vom 27.2.2014, V R 14/13, BStBl. II S. 869), die im Inland steuerbar sind, ist die Umsatzsteuer auf diese eigenständigen Leistungen nicht nach § 26 Abs. 3 UStG erlassfähig. [5]Eine vom Passagier einheitlich mit der grenzüberschreitenden Beförderung im Sinne des Satzes 2 vereinbarte und vergütete Zugangsberechtigung zu Warteräumen in Flughäfen (siehe Abschnitt 3a.3 Abs. 9 Nr. 2c) ist unselbständige Nebenleistung zur grenzüberschreitenden Beförderung und wird somit von § 26 Abs. 3 UStG erfasst. [6]Der Begriff der grenzüberschreitenden Personenbeförderung in § 26 Abs. 3 UStG ist mit Blick auf die Ausnahmeregelung eng auszulegen. [7]Eine niedrigere Festsetzung oder der Erlass der Umsatzsteuer kommt daher für Helikopterflüge vom deutschen Festland auf Offshore-Windparks außerhalb der 12-Seemeilen-Zone nicht in Betracht.

(2) [1]Zwischenlandungen im Inland schließen die niedrigere Festsetzung oder den Erlass der Umsatzsteuer nicht aus, wenn der Fluggast mit demselben Flugzeug weiterfliegt oder wenn er deshalb in das nächste Anschlussflugzeug umsteigt, weil das erste Flugzeug seinen gebuchten Zielflughafen nicht anfliegt. [2]Wenn der Fluggast dagegen in einem Flughafen (A) im Inland seinen Flug unterbricht, d. h. seinen Aufenthalt über den nächstmöglichen Anschluss

---

[1] A 26.2 UStAE Abs. 1 Satz 5 eingef., bish. Sätze 5 und 6 werden Sätze 6 und 7 durch BMF v. 26.4.2022, BStBl. I 2022, 655, anzuwenden in allen offenen Fällen, zur Übergangsregelung für **vor dem 1.7.2022** ausgeführte Leistungen siehe Anlage 8.

hinaus ausdehnt, und sein Zielflughafen (B) oder der nächste Flughafen, in dem er seinen Flug wiederum unterbricht (C), im Inland liegt, entfällt die niedrigere Festsetzung oder der Erlass der Umsatzsteuer für die Teilstrecke A bis B (oder C).

(3) [1] Wird der Flug unterbrochen, kann bei der Berechnung des anteiligen Entgelts für die Beförderungsleistung im Inland von der Differenz der Flugpreise zwischen dem ausländischen Flughafen und den beiden im Inland liegenden Flughäfen ausgegangen werden, z. B. Tokio-Frankfurt mit Zwischen-

(Fortsetzung S. 937)

aufenthalt in Hamburg; steuerpflichtig ist die Differenz der Flugpreise Tokio-Frankfurt und Tokio-Hamburg. [2]Dies kann in Einzelfällen dazu führen, dass für die im Inland erbrachte Beförderungsleistung ein Entgelt nicht anzusetzen ist.

(4) [1]Soweit die Luftverkehrsunternehmen die Flugunterbrechungen im Einzelnen nur mit erheblichem Verwaltungsaufwand ermitteln können, dürfen die anteiligen Entgelte für steuerpflichtige Beförderungsleistungen geschätzt werden. [2]Dies gilt nur, soweit keine Rechnungen mit gesondertem Steuerausweis ausgestellt worden sind. [3]Das Schätzungsverfahren ist vorab im Einvernehmen mit dem zuständigen Finanzamt festzulegen.

(5) [1]Nach § 22 Abs. 1 und Abs. 2 Nr. 1 UStG sind alle Unternehmer verpflichtet, zur Feststellung der Steuer und ihrer Berechnung Aufzeichnungen zu machen. [2]Damit sind neben inländischen auch im Ausland ansässige Luftverkehrsunternehmer verpflichtet, die Entgelte für Beförderungen von Personen im grenzüberschreitenden Luftverkehr aufzuzeichnen, für die die Umsatzsteuer nach § 26 Abs. 3 UStG erlassen oder niedriger festgesetzt werden kann, und diese Umsätze in den Unsatzsteuer-Voranmeldungen und Umsatzsteuererklärungen für das Kalenderjahr zu erklären. [3]Aus Vereinfachungsgründen wird es jedoch im Einzelfall nicht beanstandet, wenn diese Entgelte von im Ausland ansässigen Luftverkehrsunternehmern, die im Inland ausschließlich grenzüberschreitende Personenbeförderungen im Luftverkehr erbringen, nicht gesondert aufgezeichnet werden, wenn sichergestellt ist, dass die Finanzverwaltung die Höhe der auf die inländischen Streckenanteile der Beförderungsleistung entfallenden Entgelte – gegebenenfalls im Schätzungswege – ermitteln kann. [4]Die zuständige Finanzbehörde kann aus Vereinfachungsgründen auf Antrag des Luftverkehrsunternehmens diesem gestatten, von einer Angabe dieser Entgelte in der Umsatzsteuer-Voranmeldung im Hinblick auf die zu erwartende niedrigere Festsetzung bzw. den zu erwartenden Erlass des Umsatzsteuer abzusehen. [5]Erst die Angabe der auf den inländischen Streckenanteil entfallenden Umsätze grenzüberschreitender Personenbeförderungen im Luftverkehr in der dafür vorgesehenen Zeile der Umsatzsteuererklärung für das Kalenderjahr ist dann als Antrag des Unternehmers auf niedrigere Festsetzung oder auf Erlass (ganz oder teilweise) der Umsatzsteuer nach § 26 Abs. 3 UStG zu werten, soweit sich aus weiteren Angaben des Unternehmers nichts anderes ergibt. [6]Die Zustimmung der zuständigen Finanzbehörde zu einer entsprechenden Umsatzsteuererklärung für das Kalenderjahr steht einer niedrigeren Steuerfestsetzung gleich.

26.3 Beförderung über Teilstrecken durch verschiedene Luftverkehrsunternehmer

[1]Wird eine grenzüberschreitende Beförderung von mehreren aufeinander folgenden Luftverkehrsunternehmern ausgeführt, gilt sie nach dem Luftverkehrsrecht als eine einzige Beförderung, sofern sie als einheitliche Leistung vereinbart worden ist (Artikel 1 Abs. 3 Satz 1 des Montrealer Übereinkommens vom 28.5.1999, BGBl. 2004 II S. 458 und BGBl. 2004 I S. 1027). [2]Eine grenzüberschreitende Beförderung, die nach dem Luftverkehrsrecht als eine einzige Beförderung anzusehen ist, gilt auch im Sinne des § 26 Abs. 3 UStG

als eine einzige Beförderung und damit insgesamt als eine grenzüberschreitende Beförderung im Luftverkehr. [3]Den an dieser Leistung beteiligten Luftverkehrsunternehmern kann deshalb die Umsatzsteuer nach § 26 Abs. 3 UStG auch dann erlassen werden, wenn sich ihr Leistungsteil nur auf das Inland erstreckt. [4]Eine niedrigere Festsetzung oder ein Erlass der Umsatzsteuer kommt jedoch nicht in Betracht, wenn der Fluggast im Inland den Flug unterbricht, d.h. seinen Aufenthalt über den nächstmöglichen Anschluss hinaus ausdehnt (vgl. Abschnitt 26.2 Abs. 2).

26.4 Gegenseitigkeit

[1]Haben Luftverkehrsunternehmer ihren Sitz nicht in der Bundesrepublik Deutschland, kann die Umsatzsteuer in der Regel nur im Falle der Gegenseitigkeit niedriger festgesetzt oder erlassen werden (§ 26 Abs. 3 Satz 2 UStG). [2]Es ist jedoch möglich, die Umsatzsteuer auch dann niedriger festzusetzen oder zu erlassen, wenn in den Ländern dieser Unternehmer die Gegenseitigkeit nicht voll gewährleistet ist. [3]Hier kommen insbesondere die Fälle in Betracht, in denen die von deutschen Luftverkehrsunternehmern im Ausland für die einzelne Beförderungsleistung erhobene Umsatzsteuer unverhältnismäßig niedrig ist oder in denen die Voraussetzungen der Gegenseitigkeit nur in einem Teilbereich, z.B. Charterverkehr, erfüllt sind.

26.5 Zuständigkeit

Für die niedrigere Festsetzung oder den Erlass der Umsatzsteuer gilt folgende Regelung:

1. Unter den Voraussetzungen des § 26 Abs. 3 UStG kann die Umsatzsteuer für grenzüberschreitende Beförderungen im Luftverkehr niedriger festgesetzt oder erlassen werden, wenn es sich um folgende Unternehmer handelt:
   a) Luftverkehrsunternehmer mit Sitz in der Bundesrepublik Deutschland und
   b) Luftverkehrsunternehmer mit Sitz außerhalb der Bundesrepublik Deutschland, wenn die Länder, in denen sie ihren Sitz haben, in dem vom BMF herausgegebenen Verzeichnis der Länder aufgeführt sind, zu denen die Gegenseitigkeit festgestellt ist (vgl. BMF-Schreiben vom 18.4.2017, BStBl. I S. 713, Stand 1.4.2017).
2. [1]Über die Einzelfälle entscheiden bei den in Nummer 1 bezeichneten Luftverkehrsunternehmern die obersten Finanzbehörden der Länder oder die von ihnen beauftragten nachgeordneten Dienststellen. [2]Unabhängig von der Höhe des Steuerbetrages ist das BMF nicht zu beteiligen. [3]Die niedrigere Festsetzung der Steuer oder der Steuererlass kann nicht nur auf Antrag des Unternehmers, sondern auch von Amts wegen erfolgen. [4]§ 26 Abs. 3 UStG soll grundsätzlich im Festsetzungsverfahren angewandt werden, kann aber auch noch im Erhebungsverfahren Anwendung finden. [5]Die niedrigere Festsetzung der Steuer oder der Steuererlass kann nicht vor Entstehung der Steuer (§ 38 AO) ausgesprochen werden. [6]Vor Entstehung

der Steuer kann die zuständige Finanzbehörde lediglich eine verbindliche Zusage erteilen, nach der bei Erfüllung der entsprechenden Voraussetzungen nach Steuerentstehung eine niedrigere Festsetzung der Steuer oder der Steuererlass ausgesprochen werden kann. [7]Die zuständige Finanzbehörde prüft in regelmäßigen Abständen von bis zu 3 Jahren, ob der betreffende Unternehmer die Voraussetzungen der niedrigeren Steuerfestsetzung oder des Steuererlasses grundsätzlich noch erfüllt.

3. [1]Bei Luftverkehrsunternehmern mit Sitz in Ländern, die in dem Verzeichnis der Länder, zu denen die Gegenseitigkeit festgestellt ist, nicht aufgeführt sind, ist das BMF zu beteiligen. [2]Das gilt auch, wenn sich Zweifel ergeben, ob von dem Land, in dem das Luftverkehrsunternehmen seinen Sitz hat, die Voraussetzung der Gegenseitigkeit noch erfüllt wird.

Zu § 27 UStG

27.1 Übergangsvorschriften

Anwendung von § 15a UStG und § 44 UStDV

(1) [1]§ 15a UStG in der Fassung des Artikels 5 Nr. 12 des Gesetzes zur Umsetzung von EU-Richtlinien in nationales Steuerrecht und zur Änderung weiterer Vorschriften vom 9.12.2004 (Richtlinien-Umsetzungsgesetz)[1)] findet nur in den Fällen Anwendung, in denen das Wirtschaftsgut nach dem 31.12.2004 angeschafft oder hergestellt bzw. die sonstige Leistung nach diesem Zeitpunkt bezogen wurde (§ 27 Abs. 11 UStG); zur zeitlichen Anwendung des § 15a Abs. 2 UStG vgl. BFH-Urteil vom 12.2.2009, V R 85/07, BStBl. 2010 II S. 76. [2]Ebenso findet die Neuregelung nur auf nach dem 31.12.2004 getätigte nachträgliche Anschaffungs- oder Herstellungskosten Anwendung. [3]Die Neuregelung des § 15a UStG gilt auch in den Fällen, in denen vor dem 1.1.2005 eine Voraus- oder Anzahlung für eine nach dem 31.12.2004 ausgeführte Leistung geleistet worden ist.

(2) [1]Die zum 1.1.2005 durch Artikel 6 Nr. 2 des Gesetzes zur Umsetzung von EU-Richtlinien in nationales Steuerrecht und zur Änderung weiterer Vorschriften vom 9.12.2004 (Richtlinien-Umsetzungsgesetz)[1)] erhöhten Beträge in § 44 UStDV finden nur in den Fällen Anwendung, in denen das Wirtschaftsgut nach dem 31.12.2004 angeschafft oder hergestellt bzw. die sonstige Leistung nach diesem Zeitpunkt bezogen wurde. [2]Ebenso findet die Neuregelung nur auf nach dem 31.12.2004 getätigte nachträgliche Anschaffungs- oder Herstellungskosten Anwendung. [3]Das Gleiche gilt in den Fällen, in denen vor dem 1.1.2005 eine Voraus- oder Anzahlung für eine nach dem 31.12.2004 ausgeführte Leistung geleistet worden ist.

(3) § 15a Abs. 3 und 4 UStG in der Fassung von Artikel 8 Nr. 1 des Ersten Gesetzes zum Abbau bürokratischer Hemmnisse insbesondere in der mittelständischen Wirtschaft vom 22.8.2006[2)] findet nur in den Fällen Anwendung, in denen die Gegenstände, die in das Wirtschaftsgut eingegan-

---

1) BGBl. I 2004, 3310.
2) BGBl. I 2006, 1970.

gen sind, nach dem 31.12.2006 angeschafft oder hergestellt wurden bzw. in denen die sonstigen Leistungen nach dem 31.12.2006 bezogen wurden (§ 27 Abs. 12 UStG).

Anwendung von § 18 Abs. 3 UStG

(4) Die Übermittlung der Umsatzsteuererklärung für das Kalenderjahr nach amtlich vorgeschriebenem Datensatz durch Datenfernübertragung entsprechend § 18 Abs. 3 UStG in der Fassung von Artikel 4 Nr. 11 Buchstabe a des Jahressteuergesetzes 2010 vom 8.12.2010 (JStG 2010) ist für Besteuerungszeiträume anzuwenden, die nach dem 31.12.2010 enden.

Anwendung von § 27 Abs. 19 UStG

(5) Zur Anwendung von § 27 Abs. 19 UStG vgl. BMF-Schreiben vom 26.7.2017, BStBl. I S. 1001.[1)]

Anwendung von § 27 Abs. 22 UStG

(6) Zur Anwendung von § 27 Abs. 22 UStG vgl. BMF-Schreiben vom 19.4.2016, BStBl. I S. 481.

Zu § 27a UStG

27a.1 Antrag auf Erteilung der Umsatzsteuer-Identifikationsnummer

(1) [1]Der Antrag ist schriftlich unter Angabe des Namens und der Anschrift des Antragstellers, des zuständigen Finanzamtes und der Steuernummer, unter der er umsatzsteuerlich geführt wird, an das Bundeszentralamt für Steuern – Dienstsitz Saarlouis –, 66740 Saarlouis, zu richten. [2]Anträge können auch über das Internet (www.bzst.de) gestellt werden. [3]Die USt-IdNr. wird dem Antragsteller schriftlich bekannt gegeben. [4]Bei der steuerlichen Neuaufnahme kann der Unternehmer die Erteilung einer USt-IdNr. auch bei dem zuständigen Finanzamt beantragen. [5]Dieser Antrag wird, zusammen mit den erforderlichen Angaben über die Erfassung für Zwecke der Umsatzsteuer, an das BZSt weitergeleitet. [6]Jeder Unternehmer erhält nur eine USt-IdNr. [7]Wegen der Besonderheiten bei Organgesellschaften und bei juristischen Personen des öffentlichen Rechts vgl. Absatz 3. [8]Den ständigen diplomatischen Missionen und berufskonsularischen Vertretungen, zwischenstaatlichen Einrichtungen und Streitkräften anderer Vertragsparteien des Nordatlantikvertrags wird grundsätzlich keine USt-IdNr. erteilt (vgl. auch Abschnitt 1c.1).

(2) Der Unternehmer kann schriftlich unter Angabe der ggf. bereits erteilten USt-IdNr. beim Bundeszentralamt für Steuern – Dienstsitz Saarlouis –, 66740 Saarlouis, beantragen, dass die Anschrift gespeichert wird, unter der er im innergemeinschaftlichen Geschäftsverkehr auftritt (sog. Euro-Adresse).

(3) [1]Organkreise erhalten eine gesonderte USt-IdNr. für den Organträger und jede einzelne Organgesellschaft, die innergemeinschaftliche Warenliefe-

---

[1)] Siehe auch BFH v. 27.9.2018 V R 49/17, BStBl. II 2019, 109.

rungen (§ 18a Abs. 6 UStG), steuerpflichtige sonstige Leistungen im übrigen Gemeinschaftsgebiet im Sinne von § 3a Abs. 2 UStG (vgl. Abschnitt 3a.2), für die der in einem anderen EU-Mitgliedstaat ansässige Leistungsempfänger die Steuer dort schuldet, oder Lieferungen im Sinne von § 25b Abs. 2 UStG im Rahmen innergemeinschaftlicher Dreiecksgeschäfte ausführt. [2]Der Antrag ist vom Organträger zu stellen. [3]Der Antrag muss folgende Angaben enthalten:

– die Steuernummer, unter der der Organkreis für Zwecke der Umsatzsteuer geführt wird;
– den Namen und die Anschrift des Organträgers;
– die USt-IdNr. des Organträgers (soweit bereits erteilt);
– die Bezeichnung des Finanzamts, bei dem der Organkreis für Zwecke der Umsatzsteuer geführt wird;
– den Namen und die Anschriften der einzelnen Organgesellschaften, die am innergemeinschaftlichen Handelsverkehr teilnehmen;
– die Steuernummern, unter denen die Organgesellschaften ertragsteuerlich geführt werden;
– die Bezeichnung der zuständigen Finanzämter, bei denen die Organgesellschaften ertragsteuerlich geführt werden.

[4]Die Gebietskörperschaften Bund und Länder können für einzelne Organisationseinheiten (z. B. Ressorts, Behörden und Ämter) eine USt-IdNr. erhalten (vgl. Abschnitt 1a.1 Abs. 3). [5]Ist eine solche Organisationseinheit insgesamt nur hoheitlich tätig und hat sie bislang keine USt-IdNr. erhalten, weil sie keinen innergemeinschaftlichen Erwerb nach § 1a UStG zu besteuern hat, erhält sie nunmehr – auf Antrag – eine USt-IdNr., wenn sie diese für die Besteuerung der von ihr bezogenen sonstigen Leistungen benötigt, für die der Leistungsort nach § 3a Abs. 2 UStG im Inland liegt (vgl. Abschnitt 3a.2 Abs. 14).

Zu § 27b UStG

27b.1 Umsatzsteuer-Nachschau

(1) [1]Die Umsatzsteuer-Nachschau ist keine Außenprüfung im Sinne des § 193 AO. [2]Sie ist ein besonderes Verfahren zur zeitnahen Aufklärung möglicher steuererheblicher Sachverhalte. [3]Deshalb gelten die Vorschriften für eine Außenprüfung (§§ 193 ff. AO) nicht. [4]Die Umsatzsteuer-Nachschau wird nicht angekündigt.

(2) [1]Eine Umsatzsteuer-Nachschau kann insbesondere in folgenden Fällen angezeigt sein:

– Existenzprüfungen bei neu gegründeten Unternehmen;
– Entscheidungen im Zustimmungsverfahren nach § 168 Satz 2 AO;
– Erledigung von Auskunftsersuchen zum Vorsteuerabzug anderer Finanzämter (USt 1 KM);
– Erledigung von Amtshilfeersuchen anderer EU-Mitgliedstaaten.

[2]Mit dem Instrument der Umsatzsteuer-Nachschau sollen umsatzsteuerrechtlich erhebliche Sachverhalte festgestellt werden. [3]Solche Sachverhalte sind zum Beispiel:

– Unternehmerexistenz;
– Vorhandensein von Anlage- und Umlaufvermögen;
– einzelne Eingangs- oder Ausgangsrechnungen;
– einzelne Buchungsvorgänge;
– Verwendungsverhältnisse.

(3) Nach § 27b Abs. 1 Satz 1 UStG sind alle mit der Festsetzung und Erhebung der Umsatzsteuer betrauten Amtsträger befugt, Umsatzsteuer-Nachschauen durchzuführen.

(4) Sobald der Amtsträger
– der Öffentlichkeit nicht zugängliche Geschäftsräume betreten will,
– den Steuerpflichtigen auffordert, Aufzeichnungen, Bücher, Geschäftspapiere und andere umsatzsteuerrelevante Urkunden vorzulegen oder – wenn die Unterlagen mit Hilfe eines Datenverarbeitungssystems erstellt wurden – die gespeicherten Daten einzusehen oder
– den Steuerpflichtigen auffordert, Auskunft zu erteilen,

hat er sich auszuweisen.

(5) [1]Im Rahmen der Umsatzsteuer-Nachschau dürfen grundsätzlich nur Grundstücke und Räume betreten werden, die gewerblich oder beruflich selbständig genutzt werden; unschädlich ist, wenn sie auch zu Wohnzwecken genutzt werden. [2]Das Betreten muss dazu dienen, Sachverhalte festzustellen, die für die Umsatzbesteuerung erheblich sein können. [3]Ein Durchsuchungsrecht gewährt die Umsatzsteuer-Nachschau nicht. [4]Das bloße Betreten oder Besichtigen von Grundstücken und Räumen ist noch keine Durchsuchung. [5]Ein Betreten der Grundstücke und Räume ist während der Geschäfts- und Arbeitszeiten zulässig. [6]Die Umsatzsteuer-Nachschau kann auch außerhalb der Geschäftszeiten vorgenommen werden, wenn im Unternehmen schon oder noch gearbeitet wird. [7]Der Unternehmer hat auf Verlangen dem Amtsträger Aufzeichnungen, Bücher, Geschäftspapiere und andere Urkunden vorzulegen und Auskünfte zu erteilen. [8]Wurden die der Umsatzsteuer-Nachschau unterliegenden Sachverhalte betreffenden Unterlagen mit Hilfe eines Datenverarbeitungssystems erstellt, hat der Unternehmer dem Amtsträger auf Verlangen Einsicht in die gespeicherten Daten zu gewähren (§ 27b Abs. 2 Satz 2 UStG); es reicht nicht aus, wenn der Unternehmer nur entsprechende Papierausdrucke aus dem Datenverarbeitungssystem bereitstellt. [9]Soweit erforderlich, ist der Amtsträger befugt, das Datenverarbeitungssystem des Unternehmers zu nutzen (§ 27b Abs. 2 Satz 2 UStG). [10]Hierbei ist es dem Unternehmer freigestellt, ob er dem Amtsträger einen entsprechenden Lesezugriff einräumt oder ob er selbst bzw. eine von ihm beauftragte Person dafür sorgt, dass der Amtsträger unverzüglich Einsicht in die entsprechenden Daten erhält. [11]Zur Kostentragung durch den Unternehmer gilt § 147 Abs. 6 Satz 4 AO sinngemäß. [12]Kommt der Unternehmer seinen Mitwirkungspflichten im Rahmen der Umsatzsteuer-Nachschau nicht nach, liegt es im Ermessen des Amtsträgers, zu einer Außenprüfung nach § 193 AO überzugehen.

(6) [1]Da die Umsatzsteuer-Nachschau keine Außenprüfung im Sinne des § 193 ff. AO darstellt, finden insbesondere die §§ 147 Abs. 6 Satz 2, 201 und 202 AO keine Anwendung. [2]Ein Prüfungsbericht ist nicht zu fertigen. [3]Sollen auf Grund der Umsatzsteuer-Nachschau Besteuerungsgrundlagen ge-

ändert werden, ist dem Steuerpflichtigen rechtliches Gehör zu gewähren (§ 91 AO).

(7) [1]Der Beginn der Umsatzsteuer-Nachschau hemmt den Ablauf der Festsetzungsfrist nach § 171 Abs. 4 AO nicht. [2]Die Änderungssperre des § 173 Abs. 2 AO findet keine Anwendung. [3]Soweit eine Steuer nach § 164 AO unter dem Vorbehalt der Nachprüfung festgesetzt worden ist, muss dieser nach Durchführung der Umsatzsteuer-Nachschau nicht aufgehoben werden. [4]Im Anschluss an eine Umsatzsteuer-Nachschau ist ein Antrag auf verbindliche Zusage (§ 204 AO) nicht zulässig.

(8) [1]Ein Verwaltungsakt liegt dann vor, wenn der Amtsträger Maßnahmen ergreift, die den Steuerpflichtigen zu einem bestimmten Tun, Dulden oder Unterlassen verpflichten sollen. [2]Ein Verwaltungsakt liegt insbesondere vor, wenn der Amtsträger den Steuerpflichtigen auffordert,
– das Betreten der nicht öffentlich zugänglichen Geschäftsräume zu dulden,
– Aufzeichnungen, Bücher, Geschäftspapiere und andere umsatzsteuerrelevante Urkunden vorzulegen oder – wenn die Unterlagen mit Hilfe eines Datenverarbeitungssystems erstellt wurden – die gespeicherten Daten einzusehen oder
– Auskunft zu erteilen.

[3]Ein derartiger Verwaltungsakt ist grundsätzlich mit Zwangsmitteln nach §§ 328 ff. AO (insbesondere durch unmittelbaren Zwang nach § 331 AO) durchsetzbar.

(9) [1]Nach § 27b Abs. 3 UStG kann ohne vorherige Prüfungsanordnung (§ 196 AO) zu einer Außenprüfung nach § 193 AO übergegangen werden, wenn die bei der Umsatzsteuer-Nachschau getroffenen Feststellungen hierzu Anlass geben. [2]Da die Umsatzsteuer-Nachschau auf die Umsatzsteuer begrenzt ist, kann nach einem Übergang zu einer Außenprüfung nur die Umsatzsteuer geprüft werden. [3]Somit kommt nur die Durchführung einer Umsatzsteuer-Sonderprüfung in Betracht. [4]Die Anordnung einer darüber hinausgehenden Außenprüfung ohne Ankündigung bleibt nach § 197 Abs. 1 Satz 1 AO zulässig, wenn der Prüfungszweck durch eine vorherige Ankündigung gefährdet wird. [5]Die Entscheidung zum Übergang zu einer Umsatzsteuer-Sonderprüfung ist eine Ermessensentscheidung. [6]Der Übergang zu einer Umsatzsteuer-Sonderprüfung ist regelmäßig geboten, wenn die sofortige Sachverhaltsaufklärung (z. B. Feststellung der Besteuerungsgrundlagen, vollständige Erfassung von Umsätzen, rechtliche Beurteilung von steuerfreien Umsätzen) zweckmäßig erscheint und wenn anschließend auch die gesetzlichen Folgen einer Außenprüfung für die Steuerfestsetzung eintreten sollen. [7]Der Übergang zu einer Umsatzsteuer-Sonderprüfung ist dem Unternehmer bekannt zu geben. [8]Dies ist ein Verwaltungsakt, der an keine bestimmte Form gebunden ist. [9]Nach § 27b Abs. 3 Satz 2 UStG ist der Unternehmer auf diesen Übergang jedoch schriftlich hinzuweisen. [10]Die allgemeinen Grundsätze über den notwendigen Inhalt von Prüfungsanordnungen gelten entsprechend. [11]Insbesondere ist der Prüfungszeitraum und der Prüfungsumfang festzulegen. [12]Der Beginn einer Außenprüfung nach erfolgter Umsatzsteuer-Nachschau ist unter Angabe von Datum und Uhrzeit aktenkundig

zu machen. [13] Für die Durchführung der Umsatzsteuer-Sonderprüfung gelten die §§ 199ff. AO.

(10) [1] Im Rahmen der Umsatzsteuer-Nachschau ergangene Verwaltungsakte können nach § 347 AO mit dem Einspruch angefochten werden. [2] Der Amtsträger ist berechtigt und verpflichtet, den schriftlichen Einspruch entgegenzunehmen. [3] Der Einspruch hat keine aufschiebende Wirkung und hindert daher nicht die Durchführung der Umsatzsteuer-Nachschau, es sei denn, die Vollziehung des angefochtenen Verwaltungsakts wurde ausgesetzt (§ 361 AO, § 69 FGO). [4] Mit Beendigung der Umsatzsteuer-Nachschau sind oder werden Einspruch und Anfechtungsklage gegen die Anordnung der Umsatzsteuer-Nachschau unzulässig; insoweit kommt lediglich eine Fortsetzungs-Feststellungsklage (§ 100 Abs. 1 Satz 4 FGO) in Betracht. [5] Wurden die Ergebnisse der Umsatzsteuer-Nachschau in einem Steuerbescheid berücksichtigt, muss auch dieser Bescheid angefochten werden, um ein steuerliches Verwertungsverbot zu erlangen. [6] Für die Anfechtung der Mitteilung des Übergangs zur Außenprüfung (§ 27b Abs. 3 UStG) gelten die Grundsätze für die Anfechtung einer Außenprüfungsanordnung entsprechend (vgl. AEAO zu § 196).[1)]

Zu § 29 UStG

29.1[2)] Zivilrechtliche Ausgleichsansprüche für umsatzsteuerliche Mehr- und Minderbelastungen

(1) [1] Die Vorschrift des § 29 UStG sieht für Lieferungen und sonstige Leistungen einschließlich der Teilleistungen unter bestimmten Voraussetzungen den Ausgleich umsatzsteuerlicher Mehr- und Minderbelastungen vor, die sich durch Gesetzesänderungen ergeben. [2] Den Vertragspartnern werden zivilrechtliche Ausgleichsansprüche in folgenden Fällen eingeräumt:

1. bei einer Erhöhung der umsatzsteuerlichen Belastung dem leistenden Unternehmer gegen den Leistungsempfänger und
2. bei einer Verringerung der umsatzsteuerlichen Belastung dem Leistungsempfänger gegen den leistenden Unternehmer.

[3] Das Gleiche gilt, wenn der Umsatz steuerpflichtig, steuerfrei oder nicht steuerbar wird. [4] Auf die Höhe der Belastungsänderung kommt es nicht an.

(2) Über die Berechtigung und die Höhe von Ausgleichsansprüchen nach § 29 UStG entscheiden in Streitfällen die ordentlichen Gerichte.

(3) [1] Als angemessen im Sinne des § 29 Abs. 1 Satz 1 UStG ist grundsätzlich der volle Ausgleich der umsatzsteuerlichen Mehr- oder Minderbelastung an-

---

1) Nr. **800**.

2) Zu den Auswirkungen der befristeten Absenkung
– des allgemeinen Steuersatzes von 19% auf 16% (§ 28 Abs. 1 UStG),
– des ermäßigten Steuersatzes von 7% auf 5% (§ 28 Abs. 2 UStG) sowie
– des Steuersatzes für land- und forstwirtschaftliche Betriebe nach § 24 Abs. 1 Satz 1 Nr. 2 UStG von 19% auf 16% (§ 28 Abs. 3 UStG)
vom 1.7.2020 bis zum 31.12.2020 auf Altverträge vgl. BMF v. 30.6.2020 Rz. 15, BStBl. I 2020, 584. Ergänzend siehe BMF v. 4.11.2020, BStBl. I 2020, 1129.

zusehen (vgl. BGH-Urteile vom 22.3.1972, VIII ZR 119/70, BGHZ Bd. 58 S. 292, und vom 28.6.1973, VII ZR 3/71, BGHZ Bd. 61 S. 1013). [2]Ist die Höhe der umsatzsteuerlichen Mehr- oder Minderbelastung streitig, ist § 287 Abs. 1 ZPO entsprechend anzuwenden. [3]Danach entscheidet das Gericht über die Höhe der Mehr- oder Minderbelastung unter Würdigung aller Umstände nach freier Überzeugung.

(4) [1]Ein Ausgleichsanspruch entsteht nach § 29 Abs. 1 Satz 2 UStG nicht, soweit die Vertragspartner etwas anderes vereinbart haben. [2]Der Ausschluss eines Ausgleichsanspruchs kann ausdrücklich vereinbart werden. [3]Er kann sich aber auch aus einer allgemeinen vertraglichen Vereinbarung, z.B. durch die Vereinbarung eines Festpreises, ergeben. [4]Die Vertragspartner können einen Ausgleichsanspruch entweder ganz oder teilweise ausschließen.

(5) [1]Für bestimmte Leistungsbereiche sind Entgelte – Vergütungen, Gebühren, Honorare usw. – vorgeschrieben, in denen die Umsatzsteuer für die Leistung nicht enthalten ist, z.B. nach dem RVG, der *StBGebV,*[1)] der *KostO*[1)] und der HOAI. [2]Soweit Unternehmer in diesen Fällen berechtigt sind, die für die jeweilige Leistung geschuldete Umsatzsteuer zusätzlich zu berechnen, können etwaige umsatzsteuerliche Mehr- oder Minderbelastungen von vornherein in voller Höhe ausgeglichen werden. [3]Der Geltendmachung eines Ausgleichsanspruchs nach § 29 UStG bedarf es nicht.

(6) [1]Durch § 29 Abs. 1 UStG wird der Ausgleich einer umsatzsteuerlichen Mehr- oder Minderbelastung ausschließlich für Belastungsänderungen durch das UStG 1980 geregelt. [2]Diese Ausgleichsregelung ist nach § 29 Abs. 2 UStG auf Belastungsänderungen entsprechend anzuwenden, die sich durch Änderungen des UStG ergeben. [3]Ausgleichsansprüche kommen für Leistungen bzw. Teilleistungen in Betracht, die ab dem Inkrafttreten der jeweiligen Änderungsvorschrift bewirkt werden. [4]Das gilt auch insoweit, als dafür bei der Istversteuerung Steuer vor dem Inkrafttreten der Änderungsvorschrift entstanden ist (§ 13 Abs. 1 Nr. 1 Buchstabe a Satz 4 oder Buchstabe b UStG). [5]Voraussetzung für den Ausgleichsanspruch ist, dass der Vertrag, auf dem die Leistung beruht, nicht später als vier Kalendermonate vor dem Inkrafttreten der Gesetzesänderung abgeschlossen worden ist.

29.2[2)] Anwendungszeitraum

[1]Der UStAE gilt, soweit sich aus ihm nichts anderes ergibt, für Umsätze, die nach dem 31.10.2010 ausgeführt werden. [2]Früher ergangene Anordnungen, die mit dem UStAE im Widerspruch stehen, sind nicht mehr anzuwenden.

[1)] Jetzt StBVV. – Jetzt Gerichts- und Notarkostengesetz (GNotKG).

[2)] Gilt für die Urfassung v. 1.10.2010. – Die Änderungen durch spätere BMF-Schreiben und ihre Anwendung sind mit Ausnahmen erst nach dem umfassenden Änderungsschreiben v. 15.12.2020, BStBl. I 2020, 1374, nachgewiesen.

500/Anlage 1.[1)] Bestätigung über das Gelangen des Gegenstands einer innergemeinschaftlichen Lieferung in einen anderen EU-Mitgliedstaat (Gelangensbestätigung)

(Anlage 1 zu A 6 a.4 UStAE)

– Muster einer Gelangensbestätigung im Sinne des § 17b Absatz 2 Nr. 2 UStDV –

___

(Name und Anschrift des Abnehmers der innergemeinschaftlichen Lieferung, ggf. E-Mail-Adresse)

Hiermit bestätige ich als Abnehmer, dass ich folgenden Gegenstand[2)]/dass folgender Gegenstand[2)] einer innergemeinschaftlichen Lieferung

___

(Menge des Gegenstands der Lieferung)

___

(handelsübliche Bezeichnung, bei Fahrzeugen zusätzlich die Fahrzeug-Identifikationsnummer)

im

___

(Monat und Jahr des Erhalts des Liefergegenstands im Mitgliedstaat, in den der Liefergegenstand gelangt ist, wenn der liefernde Unternehmer den Liefergegenstand befördert oder versendet hat oder wenn der Abnehmer den Liefergegenstand versendet hat)

___

(Monat und Jahr des Endes der Beförderung, wenn der Abnehmer den Liefergegenstand selbst befördert hat)

in/nach[2)]

___

(Mitgliedstaat und Ort, wohin der Liefergegenstand im Rahmen einer Beförderung oder Versendung gelangt ist)

erhalten habe/gelangt ist[2)].

___

(Datum der Ausstellung der Bestätigung)

___

(Unterschrift des Abnehmers oder seines Vertretungsberechtigten sowie Name des Unterzeichnenden in Druckschrift)

___

[1)] Anl. 1 geänd. durch BMF v. 9.10.2020, BStBl. I 2020, 1038, anzuwenden auf **nach dem 31.12.2019** bewirkte innergemeinschaftliche Lieferungen.

[2)] Nichtzutreffendes streichen.

500/Anlage 2.[1] Certification of the entry of the object of an intra-Community supply into another EU Member State (Entry Certificate)

(Anlage 2 zu A 6a.4 UStAE)

– Model of an entry certificate within the meaning of section 17b subsection (2) number 2 of the Value Added Tax Implementing Ordinance (*UStDV*) –

____

(Name and address of the customer of the intra-Community supply, e-mail address if applicable)

I as the customer hereby certify my receipt/the entry[2] of the following object of an intra-Community supply

____

(Quantity of the object of the supply)

____

(Standard commercial description – in the case of vehicles, including vehicle identification number)

in

____

(Month and year the object of the supply was received in the Member State of entry if the supplying trader transported or dispatched the object of the supply or if the customer dispatched the object of the supply)

____

(Month and year the transportation ended if the customer transported the object of the supply himself or herself)

in/at[2]

____

(Member State and place of entry as part of the transport or dispatch of the object)

____

(Date of issue of the certificate)

____

(Signature of the customer or of the authorised representative as well as the signatory's name in capitals)

---

[1] Anl. 2 geänd. durch BMF v. 9.10.2020, BStBl. I 2020, 1038, anzuwenden auf **nach dem 31.12.2019** bewirkte innergemeinschaftliche Lieferungen.

[2] Delete as appropriate.

500/Anlage 3.[1]) Attestation de la réception d'un bien ayant fait l'objet d'une livraison intracommunautaire dans un autre Etat membre de l'UE (attestation de réception)

(Anlage 3 zu 6a.4 UStAE)

– Modèle d'attestation de réception au sens des dispositions de l'article 17b paragraphe 2 n°2 du règlement d'application de la loi sur la TVA (*UStDV*) –

____

(nom et adresse du destinataire de la livraison intracommunautaire, adresse e-mail si disponible)

J'atteste par les présentes en qualité de destinataire que j'ai reçu[2]) le bien suivant/ que le bien suivant ayant fait l'objet d'une livraison intracommunautaire est parvenu[2])

____

(quantité du bien ayant fait l'objet de la livraison)

____

(appellation commerciale; pour les véhicules : en plus : numéro d'identification du véhicule)

en

____

(le mois et l'année de la réception du bien objet de la livraison dans l'Etat membre dans lequel il est parvenu, lorsque l'entreprise qui a effectué la livraison a transporté ou expédié le bien objet de la livraison ou lorsque le destinataire a expédié le bien objet de la livraison)

____

(le mois et l'année de la fin du transport lorsque le destinataire a lui-même transporté le bien objet de la livraison)

à[2])

____

(Etat membre et lieu où le bien objet de la livraison est parvenu dans le cadre d'un transport ou d'une expédition)

____

(date d'établissement de l'attestation)

____

(signature du destinataire ou de son représentant et nom du soussigné en majuscules d'imprimerie)

____

[1]) Anl. 3 geänd. durch BMF v. 9.10.2020, BStBl. I 2020, 1038, anzuwenden auf **nach dem 31.12.2019** bewirkte innergemeinschaftliche Lieferungen.

[2]) Rayer la mention inutile.

500/Anlage 4.[1] Spediteurbescheinigung

(Anlage 4 zu A 6a.5 UStAE)

Name/Firma und Anschrift des Spediteurs oder Frachtführers (Straße, Hausnummer, Postleitzahl, Ort)		Name/Firma und Anschrift des liefernden Unternehmers (Straße, Hausnummer, Postleitzahl, Ort)

Bescheinigung für Umsatzsteuerzwecke bei der Versendung/Beförderung durch einen Spediteur oder Frachtführer in das übrige Gemeinschaftsgebiet (§ 17b Absatz 3 Satz 1 Nr. 1 Buchstabe b UStDV) – Spediteurbescheinigung

An
Firma/Herrn/Frau

____
(Name)

____
(Straße)

in ____________________
(PLZ, Sitz/Wohnort)

Ich bestätige hiermit, dass mir am ____________________

____

von Ihnen/von der Firma/von Herrn/von Frau[2] ____________________

____________________ in ____________________
(Straße) (PLZ, Sitz/Wohnort)

die folgenden Gegenstände übergeben/übersandt[2] worden sind:

____

Menge und handelsübliche Bezeichnung der Gegenstände (bei Fahrzeugen zusätzlich die Fahrzeug-Identifikationsnummer)

____

____

Ich habe die Gegenstände auftragsgemäß

im ____________________
(Monat und Jahr des Erhalts der Gegenstände durch den Empfänger)

nach ____________________
(EU-Mitgliedstaat und Ort)

an ____________________
(Name des Empfängers der Lieferung)

versendet/befördert[2].

Der Auftrag ist mir von

____

____________________ in ____________________
(Straße) (PLZ, Sitz/Wohnort)

erteilt worden. Ich versichere, die Angaben in dieser Bescheinigung aufgrund von Geschäftsunterlagen gemacht zu haben, die im Gemeinschaftsgebiet nachgeprüft werden können.

____________________ ____________________
(Datum, Unterschrift)

[1] *Anl. 4 geänd. durch* BMF v. 9.10.2020, BStBl. I 2020, 1038, anzuwenden auf **nach dem 31.12.2019** bewirkte innergemeinschaftliche Lieferungen.

[2] Nichtzutreffendes bitte streichen.

500/Anlage 5.[1] Spediteurversicherung

(Anlage 5 zu A 6a.5 UStAE)

Name/Firma und Anschrift des Spediteurs oder Frachtführers (Straße, Hausnummer, Postleitzahl, Ort)	Name/Firma und Anschrift des liefernden Unternehmers (Straße, Hausnummer, Postleitzahl, Ort)

Bescheinigung für Umsatzsteuerzwecke bei der Versendung/Beförderung durch einen Spediteur oder Frachtführer in das übrige Gemeinschaftsgebiet (§ 17b Absatz 3 Satz 1 Nr. 2 UStDV) – Spediteurversicherung

An
Firma/Herrn/Frau

☐ (als Abnehmer der Lieferung)

____
(Name)

____
(Straße)

in ______________________________
(PLZ, Sitz/Wohnort)

Ich bestätige hiermit, dass mir am ______________________

____

von Ihnen/von der Firma/von Herrn/von Frau[2] ______________________

______________________ in ______________________
(Straße) (PLZ, Sitz/Wohnort)

die folgenden Gegenstände übergeben/übersandt[2] worden sind:

____

Menge und handelsübliche Bezeichnung der Gegenstände (bei Fahrzeugen zusätzlich die Fahrzeug-Identifikationsnummer)

____

Ich versichere, dass ich die Gegenstände auftragsgemäß

nach ______________________________
(EU-Mitgliedstaat und Ort)

an ______________________________
(Name des Empfängers der Lieferung)

befördern werde.

____

Der Auftrag ist mir von

____

______________________ in ______________________
(Straße) (PLZ, Sitz/Wohnort)

erteilt worden.

______________________ ______________________
(Datum, Unterschrift)

____

[1] Anl. 5 geänd. durch BMF v. 9.10.2020, BStBl. I 2020, 1038, anzuwenden auf **nach dem 31.12.2019** bewirkte innergemeinschaftliche Lieferungen.

[2] Nichtzutreffendes bitte streichen.

500/Anlage 6. Anhang I, Tabelle 6 (nach Art. 7 und Art. 8 Abs. 3 der Verordnung (EG) Nr. 684/2009)

(Anlage 6 zu A 6a.5 UStAE)

A	B	C	D	E	F	G
1		**ATTRIBUT**	R			
	a	Datum und Uhrzeit der Validierung der Eingangs- bzw. Ausfuhrmeldung	C	Von den zuständigen Behörden des Bestimmungs-/Ausfuhrmitgliedstaates bei Validierung der Eingangsmeldung bzw. Ausfuhrmeldung anzugeben	Die Uhrzeit ist als Ortszeit anzugeben.	Datum/ Uhrzeit
2		**BEFÖRDERUNG VERBRAUCHSTEUER PFLICHTIGER WAREN: e-VD**	R			
	a	Referenzcode (ARC)	R		Geben Sie den ARC des e-VD an. Siehe Anhang II Codeliste 2.	an21
	b	Ordnungsnummer	R		Geben Sie die Ordnungsnummer des e-VD an.	n..5
3		**EMPFÄNGER**	R			
	a	Verbrauchsteuernummer/ Umsatzsteuer-ID-Nummer	C	– „R" bei Code Bestimmungsort 1, 2, 3 und 4 – „O" bei Code Bestimmungsort 6 – Dieses Datenelement gilt nicht bei Code Bestimmungsort 5 *(Siehe Code für den Bestimmungsort in Tabelle 1 Feld 1a)*	Angaben bei Code Bestimmungsort – 1, 2, 3 und 4: eine gültige SEED-Registrierungsnummer des zugelassenen Lagerinhabers oder des registrierten Empfängers – 6: Umsatzsteuer-Identifikationsnummer des Vertreters des Versenders bei der Ausfuhrzollstelle	an..16
	b	Name	R			an..182
	c	Straße	R			an..65
	d	u	O			an..11
	e	Postleitzahl	R			an..10

A	B	C	D	E	F	G
	f	Stadt	R			an..50
	g	NAD_LNG	R		Geben Sie für die in dieser Datengruppe verwendete Sprache den in Anhang II Codeliste 1 genannten Sprachencode an.	a2
4		**ORT der Lieferung**	C	– „R“ bei Code Bestimmungsort 1 und 4 – „O“ bei Code Bestimmungsort 2, 3 und 5 *Siehe Code für den Bestimmungsort in Tabelle 1 Feld 1 a)*	Geben Sie den Ort der tatsächlichen Lieferung der verbrauchsteuerpflichtigen Waren an.	
	a	Verbrauchsteuernummer/ Umsatzsteuer-ID-Nummer	C	– „R“ bei Code Bestimmungsort 1 – „O“ bei Code Bestimmungsort 2, 3 und 5 *(Siehe Kennziffern für den Bestimmungs ort in Tabelle 1 Feld 1 a)*	Angaben bei Code Bestimmungsort – 1: eine gültige SEED-Registrierungsnummer des Bestimmungssteuerlagers – 2, 3 und 5: Umsatzsteuer-Identifikationsnummer oder andere Kennung	an..16
	b	Name	C	– „R“ bei Code Bestimmungsort 1, 2, 3 und 5 – „O“ bei Code Bestimmungsort 4 *(Siehe Code für den Bestimmungsort in Tabelle 1 Feld 1 a)*		an..182
	c	Straße	C	Für Feld *4c, 4 e* und *4 f:*		an..65
	d	Hausnummer	O	– „R“ bei Code Bestimmungsort 2, 3, 4 und 5		an..11
	e	Postleitzahl	C	– „O“ bei Code Bestimmungsort 1		an..10
	f	Stadt	C			an..50
	g	NAD_LNG	C	„R“, wenn das betreffende Textfeld verwendet wird	Geben Sie für die in dieser Datengruppe verwendete Sprache den in Anhang II Codeliste 1 genannten Sprachencode an.	a2

A	B	C	D	E	F	G
5		**ZUSTÄNDIGE DIENSTSTELLE für den Empfänger**	C	„R“ bei Code Bestimmungsort 1, 2, 3, 4, 5 und 8 *(Siehe Codes für den Bestimmungsort in Tabelle 1 Feld 1 a)*		
	a	Dienststellenschlüsselnummer	R		Geben Sie den Code der für die Verbrauchsteuerkontrolle am Bestimmungsort zuständigen Stelle der zuständigen Behörden im Bestimmungsmitgliedstaat an. Siehe Anhang II Codeliste 5.	an8
6		**EINGANGS/AUSFUHRMELDUNG**	R			
	a	Ankunftsdatum der verbrauchsteuerpflichtigen Waren	R		Datum, an dem die Beförderung gemäß Artikel 20 Absatz 2 der Richtlinie 2008/118/EG endet	Date
	b	Empfangsergebnis	R		Mögliche Kennziffern: 1 = Empfang der Waren erfolgt, keine Beanstandung 2 = Empfang der Waren erfolgt trotz Beanstandung 3 = Empfang der Waren verweigert 4 = Empfang der Waren teilweise verweigert 21 = Ausgang der Waren erfolgt, keine Beanstandung 22 = Ausgang der Waren erfolgt trotz Beanstandung	n..2
	c	Ergänzende Informationen	O		Machen Sie ergänzende Angaben zum Empfang der verbrauchsteuerpflichtigen Waren.	an..350
	d	Ergänzende Informationen_LNG	C	„R“, wenn das betreffende Textfeld verwendet wird	Geben Sie für die in dieser Datengruppe verwendete Sprache den in Anhang II Codeliste 1 genannten Sprachencode an.	a2

A	B	C	D	E	F	G
7		**POSITIONSDATEN der Eingangs-/Ausfuhr-meldung**	C	„R", wenn die Kennziffer für das Empfangsergebnis weder „1" noch „21" lautet (siehe Feld 6 *b*)		999x
	a	Positions-Nummer	R		Geben Sie bei verbrauchsteuerpflichtigen Waren, die nicht unter Code 1 oder 21 fallen, die einmalige Positionsnummer des dazu gehörigen e-VD (Tabelle 1 Feld 17 a) an.	n..3
	b	Kennzeichen Fehl-/ Mehrmenge	D	„R", wenn für den betreffenden Datensatz eine Fehlmenge oder eine Mehrmenge festgestellt wird	Mögliche Kennziffern: S = Fehlmenge (Shortage) E = Mehrmenge (Excess)	a1
	c	Festgestellte Fehlmenge oder Mehrmenge	C	„R" bei Anzeige in Feld 7*b*	Geben Sie die betreffende Menge (in der zum Produktcode gehörigen Maßeinheit) an. Siehe Anhang II Tabellen 11 und 12.	n..15,3
	d	Verbrauchsteuer-Produktcode	R		Geben Sie den entsprechenden Produktcode an. Siehe Anhang II Codeliste 11.	an4
	e	Zurückgewiesene Menge	C	„R", wenn die Kennziffer für das Gesamtergebnis des Warenempfangs „4" lautet (siehe Feld 6*b*)	Geben Sie für jeden einzelnen Datensatz die Menge der abgelehnten verbrauchsteuerpflichtigen Waren (in der zum Warencode gehörigen Maßeinheit) an. Siehe Anhang II Tabellen 11 und 12.	n..15,3
7.1		**GRUND DER BEANSTANDUNG**	D	„R" für jeden einzelnen Datensatz, wenn die Kennziffer für das Gesamtergebnis des Warenempfangs 2, 3, 4, 22 oder 23 lautet (siehe Feld 6 *b*)		9x
	a	Code für die Beanstandung	R		Mögliche Kennziffern 0 = Sonstiges 1 = Mehrmenge 2 = Fehlmenge	n1

A	B	C	D	E	F	G
					3 = Waren beschädigt 4 = Verschluss aufgebrochen 5 = Meldung durch ECS (Ausfuhrkontrollsystem)	
	b	Ergänzende Informationen	C	– „R“, wenn die Kennziffer für den Grund der Beanstandung 0 lautet – „O“, wenn die Kennziffer für den Grund der Beanstandung 3, 4 oder 5 lautet (siehe Feld 7.1.*a*)	Machen Sie ergänzende Angaben zum Empfang der verbrauchsteuerpflichtigen Waren.	an..350
	c	Ergänzende Informationen_LNG	C	R, wenn das betreffende Textfeld verwendet wird	Geben Sie für die in dieser Datengruppe verwendete Sprache den in Anhang II Codeliste 1 genannten Sprachencode an.	a2

500/Anlage 7. Vereinfachtes Begleitdokument

(Anlage 7 zu A 6 a.5 UStAE)

EUROPÄISCHE GEMEINSCHAFT
VERBRAUCHSTEUERN

VEREINFACHTES BEGLEITDOKUMENT
INNERGEMEINSCHAFTLICHE BEFÖRDERUNG VON WAREN DES STEUERRECHTLICH FREIEN VERKEHRS

3

Ausfertigung zur Rücksendung an den Lieferer

3

1 Lieferer ☐ (Name und Adresse) MwSt.-Nummer

2 Bezugsnummer des Lieferers

3 Zuständige Behörde des Bestimmungslandes (Bezeichnung und Anschrift)

4 Empfänger (Name und Adresse) MwSt.-Nummer

5 Beförderer/Beförderungsmittel

6 Bezugsnummer und Datum der Anmeldung bei der zuständigen Behörde des Bestimmungslandes

7 Ort der Lieferung

8 Zeichen, Anzahl und Art der Packstücke, Warenbeschreibung

9 Warencode (KN-Code)

10 Menge

11 Rohgewicht (kg)

12 Eigengewicht (kg)

13 Rechnungspreis/Warenwert

14 Bescheinigungen (bestimmte Weine und Spirituosen, kleine Brauereien und Brennereien)

A Kontrollvermerk der zuständigen Behörde

Fortsetzung auf der Rückseite der Ausfertigungen 2 und 3

15 Für die Richtigkeit der Angaben in Feld 1–13:
Rücksendung der Ausfertigung 3 gewünscht: Ja ☐ Nein ☐ (*)

Firma des Unterzeichners (mit Telefonnummer)

Name des Unterzeichners

Ort, Datum

Unterschrift

(*) Zutreffendes ankreuzen.

B EMPFANGSBESTÄTIGUNG

Die Waren sind beim Empfänger eingegangen

Ort .... Datum .... Bezugsnummer ....

Die Verbrauchsteuer ist entrichtet * / zur Zahlung angemeldet worden.

Datum .... Bezugsnummer ....

Sonstige Bemerkungen des Empfängers:

Ort/Datum .... Name des Unterzeichners ....

Unterschrift

*) Nichtzutreffendes streichen

A Kontrollvermerk (Fortsetzung)

500/Anlage 8. Anwendungsregelungen

Übersicht

1. BMF v. 20.8.2020, BStBl. I 2020, 671
2. BMF v. 28.8.2020, BStBl. I 2020, 928
3. BMF v. 18.9.2020, BStBl. I 2020, 976
4. BMF v. 12.11.2020, BStBl. I 2020, 1265
5. BMF v. 23.12.2020, BStBl. I 2021, 92
6. BMF v. 24.6.2021, BStBl. I 2021, 857
7. BMF v. 8.7.2021, BStBl. I 2021, 919
8. BMF v. 22.7.2021, BStBl. I 2021, 1023
9. BMF v. 10.12.2021, BStBl. I 2021, 2492
10. BMF v. 17.12.2021, BStBl. I 2021, 2502
11. BMF v. 29.3.2022, BStBl. I 2022, 567
12. BMF v. 26.4.2022, BStBl. I 2022, 655

1. BMF-Schreiben vom 20.8.2020, BStBl. I 2020, 671

(Änderungen in A 1.7 Abs. 1 UStAE)

V. Anwendungsregelung

Die Regelung ist in allen noch offenen Fällen anzuwenden.

Für Umsätze der Marktgebietsverantwortlichen an die Bilanzkreisverantwortlichen und der Bilanzkreisverantwortlichen an die Marktgebietsverantwortlichen im Rahmen der Bilanzkreisabrechnung, die vor **dem 1. Oktober 2021** ausgeführt wurden bzw. werden, wird es – auch für Zwecke des Vorsteuerabzugs – nicht beanstandet, wenn diese Umsätze von den Beteiligten einvernehmlich bei bilanzieller Überspeisung als sonstige Leistungen des Bilanzkreisverantwortlichen an den Marktgebietsverantwortlichen und bei bilanzieller Unterspeisung als sonstige Leistungen des Marktgebietsverantwortlichen an den Bilanzkreisverantwortlichen abgerechnet wurden bzw. werden.

2. BMF-Schreiben vom 28.8.2020, BStBl. I 2020, 928

(Änderungen in A 10.5 und A 25a.1 UStAE)

III. Anwendung

Die Grundsätze dieses Schreibens sind in allen offenen Fällen anzuwenden. Es wird hinsichtlich aller bis **vor dem 1. Januar 2022** entstandener gesetzlicher Umsatzsteuer – auch für Zwecke des Vorsteuerabzugs – nicht beanstandet, wenn die Unternehmer Tauschumsätze entsprechend der bisherigen Fassung der Abschnitte 10.5 und 25a.1 Abs. 10 UStAE behandelt haben.

3. BMF-Schreiben vom 18.9.2020, BStBl. I 2020, 976

(Änderungen in A 14.5, A 14.11, A 15.2, A 15.2a und A 15.11 UStAE)

III. Anwendung

Die Grundsätze dieses Schreibens sind in allen offenen Fällen anzuwenden.

Es wird nicht beanstandet, wenn bei **bis zum 31. Dezember 2020** übermittelten Rechnungsberichtigungen nach § 31 Abs. 5 UStDV, die nach dem BFH-Urteil vom 20. Oktober 2016, V R 26/15, Rückwirkung besitzen, der Vorsteuerabzug gleichwohl erst in dem Besteuerungszeitraum geltend gemacht wird, in dem die berichtigte Rechnung ausgestellt wird. Eine Berufung hierauf scheidet aus, wenn der Vorsteuerabzug bereits aus der ursprünglichen Rechnung gewährt wurde.

4. BMF-Schreiben vom 12.11.2020, BStBl. I 2020, 1265

(Änderungen in A 4.20.1 und A 12.5 UStAE)

Anwendung

Die Grundsätze dieses Schreibens sind in allen offenen Fällen anzuwenden. Für Umsätze, die **vor dem 1. Januar 2021** ausgeführt werden, wird es nicht beanstandet, wenn die Vertragspartner die Leistungen – auch für Zwecke des Vorsteuerabzugs – abweichend von den vorgenannten Ausführungen als umsatzsteuerpflichtig behandeln bzw. diese Umsätze dem allgemeinen Steuersatz unterwerfen.

5. BMF-Schreiben vom 23.12.2020, BStBl. I 2021, 92

(Änderungen in A 13b.1, 13b.3, 13b.3a, 13b.4, 13b.5, 13b.6, 13b.7, 13b.7a, 13b.8, 13b.12, 13b.14, 13b.17, 13b.18, Einfügung von A 13b.7b)

II. Anwendungsregelung

1. Anwendung

Die Regelungen sind auf Umsätze anzuwenden, die **nach dem 31. Dezember 2020** ausgeführt werden.

(weitere nicht abgedruckt; siehe die sehr umfangreichen Regelungen im BMF-Schreiben)

2. Übergangsregelung

Bei Leistungen, die **nach dem 31. Dezember 2020 und vor dem 1. April 2021** ausgeführt werden, ist es beim leistenden Unternehmer und beim Leistungsempfänger nicht zu beanstanden, wenn die Vertragspartner einvernehmlich noch von der Steuerschuldnerschaft des leistenden Unternehmers nach § 13a Abs. 1 Nr. 1 UStG ausgegangen sind. Voraussetzung hierfür ist, dass der Umsatz vom leistenden Unternehmer in zutreffender Höhe versteuert wird.

Dies gilt entsprechend auch in den Fällen, in denen das Entgelt oder ein Teil des Entgelts **nach dem 31. Dezember 2020 und vor dem 1. April 2021** vereinnahmt wird und die Leistung erst nach der Vereinnahmung des Entgelts oder von Teilen des Entgelts ausgeführt wird. Tz. II.1 gilt entsprechend.

6. BMF-Schreiben vom 24.6.2021, BStBl. I 2021, 857

(Neufassung von A 25.1 bis A 25.5 UStAE)

Anwendung

Die Regelungen dieses Schreibens sind mit Ausnahme der Regelungen zur Einzelmargenbildung (Abschnitt 25.3 UStAE) in allen offenen Fällen anzuwenden. Die Regelungen des **Abschnitts 25.3 UStAE sind für Umsätze nach dem 31. Dezember 2021** anzuwenden. Die **Nichtbeanstandungsregelung** für Reiseleistungen von Unternehmen mit Sitz im Drittland (BMF-Schreiben vom 29. Januar 2021 – III C 2 – S 7419/19/10002 :004 (2020/0981332), BStBl. I S. 250) besteht fort.[1] Aus Gründen des Vertrauensschutzes wird es nicht beanstandet, wenn Unternehmer auf **bis zum 31. Dezember 2021** ausgeführte Umsätze Abschnitt 25 UStAE in der am 1. Juni 2021 geltenden Fassung anwenden.

A 25.3 UStAE in der bis 31.12.2021 anzuwendenden Fassung lautet:

25.3 Bemessungsgrundlage bei Reiseleistungen

(1) [1] Abweichend von § 10 UStG ist Bemessungsgrundlage lediglich die Differenz (Marge) zwischen dem Betrag, den der Leistungsempfänger entrichtet und den Aufwendungen für die Reisevorleistungen, jedoch abzüglich der Umsatzsteuer.

Beispiel 1:

[1] Ein Reiseveranstalter mit Sitz oder Betriebsstätte im Inland führt eine Bahnpauschalreise im Inland aus. [2] Der Preis beträgt 440 € pro Person. [3] Es nehmen 40 Personen teil. [4] Der Reiseveranstalter hat für Reisevorleistungen aufzuwenden:

1. an die Deutsche Bahn AG für die Fahrt (einschließlich Umsatzsteuer)	*3 200,– €,*
2. an Hotel für Unterkunft (einschließlich Umsatzsteuer)	*12 000,– €.*

[5] Die Marge für die Leistung des Reiseveranstalters ermittelt sich wie folgt:

Reisepreis (Aufwendungen der Reiseteilnehmer)		*17 600,– €*
./. Reisevorleistungen		
für Fahrt	*3 200,– €*	
für Unterkunft	*12 000,– €*	*15 200,– €*
Marge		*2 400,– €*
./.darin enthaltene Umsatzsteuer ($^{19}/_{119}$ = Steuersatz 19 %)		*383,19 €*
Bemessungsgrundlage		*2 016,81 €*

[2] Zu den Aufwendungen für Reisevorleistungen gehören auch die Aufwendungen, die der Unternehmer auf Grund vertraglicher Vereinbarung für nicht ausgenutzte Kapazitäten (vgl. Abschnitt 25.1 Abs. 10) zahlen muss.

Beispiel 2:

Der Reiseunternehmer, der einem Hotel die Abnahme einer bestimmten Zahl von Zimmern oder auch aller Zimmer garantiert hat, muss das dafür vertraglich vereinbarte Entgelt auch dann in voller Höhe entrichten, wenn er die gebuchten Zimmer nicht alle oder nicht für den vereinbarten Abnahmezeitraum belegen kann.

---

[1] Nichtbeanstandungsregelung für Reiseleistungen dieser Unternehmen verlängert bis **31.12.2022** (BMF v. 1.12.2021, BStBl. I 2021, 2488).

[3] Werden im Abrechnungsverkehr zwischen Leistungsträgern und Reiseveranstaltern Reisevorleistungen ausgehend vom sog. Bruttowert (Verkaufspreis abzüglich Provisionen zuzüglich Umsatzsteuer auf den Provisionsbetrag) berechnet, handelt es sich bei den Provisionen regelmäßig um Entgelts- bzw. Reisevorleistungsminderungen und nicht um Vergütungen für besondere (Vermittlungs-)Leistungen. [4] Der Wert der Reisevorleistungen ist dann identisch mit dem Wert einer agenturmäßigen Nettoberechnung. [5] Die in den Abrechnungen des Leistungsträgers auf den Provisionsbetrag gesondert ausgewiesene Umsatzsteuer wird weder vom Leistungsträger noch vom Reiseveranstalter nach § 14c Abs. 2 UStG geschuldet. [6] Aufwendungen für Reisevorleistungen in fremder Währung sind nach § 16 Abs. 6 UStG in dem Zeitpunkt umzurechnen, in dem die Aufwendungen geleistet worden sind.

(2) [1] Treffen bei einer Reise Leistungen des Unternehmers mit eigenen Mitteln und Leistungen Dritter zusammen (vgl. Abschnitt 25.1 Abs. 11), sind für die Berechnung der Marge die eigenen Leistungen grundsätzlich im prozentualen Verhältnis zu den Fremdleistungen auszuscheiden. [2] Die eigenen Leistungen sind mit den dafür aufgewendeten Kosten (einschließlich Umsatzsteuer) anzusetzen.

Beispiel:

[1] Ein Reiseveranstalter mit Sitz oder Betriebsstätte im Inland führt eine Buspauschalreise im Inland aus. [2] Der Preis beträgt 600 € pro Person. [3] Es nehmen 50 Personen teil. [4] Dem Unternehmer entstehen folgende Aufwendungen:

	€	%
1. Eigenleistungen		
a) Beförderung mit eigenem Bus	*4 000,–*	
b) Betreuung am Zielort durch angestellte Reiseleiter	*1 000,–*	
Insgesamt	*5 000,–*	*20*
2. Reisevorleistungen Dritter		
Unterkunft und Verpflegung	*20 000,–*	*80*
	25 000,–	*100*

[5] Die Marge errechnet sich wie folgt:

Reisepreis (Aufwendungen der Reiseteilnehmer)	*30 000,– €*
./. 20 % für Eigenleistungen	*6 000,– €*
	24 000,– €
./. Reisevorleistungen	*20 000,– €*
Marge	*4 000,– €*
./. darin enthaltene Umsatzsteuer ($^{19}/_{119}$ = Steuersatz 19 %)	*638,66 €*
Marge = Bemessungsgrundlage	*3 361,34 €*

[6] Der Unternehmer hat mit 19 % zu versteuern:

a) seine Eigenleistung (6000 € ./. darin enthaltene Umsatzsteuer in Höhe von $^{19}/_{119}$ = Steuersatz 19 %)	*5 042,02 €*
b)die Reiseleistung	*3 361,34 €*
	8 403,36 €

[3] Die Eigenleistungen können auch in anderer Weise ermittelt werden, wenn dies zu einem sachgerechten Ergebnis führt.

(3) Ist die einheitliche sonstige Leistung teils steuerfrei und teils steuerpflichtig (vgl. Abschnitt 25.2 Abs. 3), ist die Bemessungsgrundlage für die unter § 25 UStG fallen-

den Umsätze im Verhältnis der Reisevorleistungen im Sinne des § 25 Abs. 2 UStG zu den übrigen Reisevorleistungen aufzuteilen.

Beispiel:

[1] Ein Reiseveranstalter mit Sitz oder Betriebsstätte im Inland führt von einem inländischen Flughafen eine Flugpauschalreise nach Moskau aus. [2] Der Preis beträgt 1100 € pro Person. [3] Es nehmen 80 Personen teil. [4] Der Veranstalter hat an Reisevorleistungen aufzuwenden:

	€	%
1. Flugkosten	*20 000,–*	*25*
2. Kosten für Unterkunft und Verpflegung im Hotel (einschließlich Umsatzsteuer)	*60 000,–*	*75*
Insgesamt	*80 000,–*	*100*

[5] Sofern die Vereinfachungsregelung des Abschnitts 25.2 Abs. 4 nicht angewandt wird, errechnet sich die Marge wie folgt:

Reisepreis (Aufwendungen der Reiseteilnehmer)	*88 000,– €*	
./. Reisevorleistungen	*80 000,– €*	
Gesamtmarge	*8 000,– €*	
davon entfallen		
a) auf Unterkunft und Verpflegung im Drittlandsgebiet 75 % der Reisevorleistungen – steuerfrei nach § 25 Abs. 2 UStG –		*6 000,– €*
b) auf den Flug 25 % der Reisevorleistungen = 2 000,– €. Da nur 60 % der Flugstrecke über Gemeinschaftsgebiet führt, beträgt der nach § 25 Abs. 2 UStG steuerfreie Anteil;		*800,– €*
der steuerpflichtige Anteil	*1 200,– €*	
./. darin enthaltene Umsatzsteuer ($^{19}/_{119}$ = Steuersatz 19 %)	*191,60 €*	
steuerpflichtig	*1 008,40 €*	
steuerfrei		*6 800,– €*

[6] Die Bemessungsgrundlage für die Flugpauschalreise beträgt danach für steuerfreie Umsätze 6800,– € und für steuerpflichtige Umsätze 1008,40 €.

(4) [1] Die Errechnung der Marge für die einzelne Leistung (vgl. Beispiele in den Absätzen 1 bis 3) kann bei Pauschalreisen mit erheblichen Schwierigkeiten verbunden sein. [2] Eine Zuordnung der Reisevorleistungen wird vielfach abrechnungstechnische Probleme aufwerfen. [3] § 25 Abs. 3 Satz 3 UStG sieht deshalb Erleichterungen vor. [4] Der Unternehmer hat danach die Möglichkeit, die Marge für bestimmte Gruppen von Reiseleistungen zu ermitteln. [5] Dies kann z. B. die Marge für eine in sich abgeschlossene Reise, z. B. Kreuzfahrt, oder für sämtliche Reisen während eines bestimmten Zeitraums (Saison) in einen Zielort oder ein Zielgebiet sein. [6] Er kann aber auch die Marge für seine gesamten innerhalb eines Besteuerungszeitraums bewirkten Reiseleistungen, soweit sie unter die Sonderregelung des § 25 UStG fallen, in einer Summe ermitteln.

Beispiel:

[1] Der Unternehmer hat im Kalenderjahr Reiseleistungen i. H. v. insgesamt 2 700 000 € bewirkt. [2] An touristischen Direktaufwendungen sind ihm entstanden:

	€	%
Eigenleistungen		
Beförderungen mit eigenen Bussen (davon 40 % Strecke im Inland = steuerpflichtig)	*500 000,–*	*20*
Reisevorleistungen		
1. Beförderungen mit Luftfahrzeugen		
a) über Gemeinschaftsgebiet 200 000,– €		
b) über Drittlandsgebiet 300 000,– €	*500 000,–*	*20*

	€	%
2. Unterkunft und Verpflegung in EU-Mitgliedstaaten	1 000 000,–	40
3. Unterkunft und Verpflegung in Drittländern	500 000,–	20
	2 500 000,–	100

[3] Die Marge errechnet sich wie folgt:

Einnahmen aus Reiseleistungen	*2 700 000,– €*
./. 20 % Eigenleistungen	*540 000,– €*
	2 160 000,– €
./. Reisevorleistungen	*2 000 000,– €*
Marge	*160 000,– €*
davon entfallen auf Reisevorleistungen im Sinne von § 25 Abs. 2 UStG (Nr. 1b und Nr. 3) = 40 % der gesamten Reisevorleistungen – steuerfrei –	*64 000,– €*
Reisevorleistungen (Nr. 1a und Nr. 2) = 60 % der gesamten Reisevorleistungen – steuerpflichtig –	*96 000,– €*
./. darin enthaltene Umsatzsteuer ($^{19}/_{119}$ = Steuersatz 19 %)	*15 327,73 €*
Bemessungsgrundlage für steuerpflichtige Reiseleistungen	*80 672,27 €*

[4] Der Unternehmer hat danach mit 19 % zu versteuern:

steuerpflichtige Reiseleistungen	*80 672,27 €*
seine Beförderungsleistung mit eigenen Bussen, soweit sie auf das Inland entfällt (40 % der Einnahmen aus den Eigenleistungen i. H. v. 540 000 € = 216 000 € ./. darin enthaltene Umsatzsteuer i. H. v. $^{19}/_{119}$ = Steuersatz 19 %)	*181 512,60 €*
	262 184,87 €

[5] Nach § 25 Abs. 2 UStG sind steuerfrei	*64 000,– €.*
[6] Nicht steuerbar sind die auf das Ausland entfallenden Beförderungsleistungen (§ 3b Abs. 1 UStG)	*324 000,– €.*

(5) Für den Unternehmer, der eine „Incentive-Reise" für sein Unternehmen erwirbt, gilt Folgendes:

1. *[1] Wird die Reise einem Betriebsangehörigen als unentgeltliche Wertabgabe im Sinne des § 3 Abs. 9a Nr. 2 UStG (vgl. Abschnitt 25.1 Abs. 2 Beispiel 3) oder gegen Entgelt überlassen, bewirkt der Unternehmer damit eine Reiseleistung, die der Besteuerung nach § 25 UStG unterliegt. [2] Im Falle einer unentgeltlichen Wertabgabe ergibt sich jedoch keine Marge, weil sich die Ausgaben nach § 10 Abs. 4 Satz 1 Nr. 3 UStG mit den Aufwendungen des Unternehmers für den Erwerb der Reise decken. [3] Das Gleiche gilt, wenn eine Barzahlung des Arbeitnehmers für die Reise die Aufwendungen des Unternehmers für den Erwerb der Reise nicht übersteigt. [4] Der Abzug der auf den Erwerb der Reise entfallenden Vorsteuer ist in diesen Fällen nach § 25 Abs. 4 UStG ausgeschlossen.*
2. *Wird die Reise nicht gegen Entgelt oder nicht als unentgeltliche Wertabgabe an Betriebsangehörige weitergegeben, sondern im Unternehmen verwendet, z. B. für Dienstreisen von Angestellten, als Kundengeschenk usw., bewirkt der Unternehmer keine Reiseleistung im Sinne des § 25 UStG.*

(6) [1] Überlässt ein Reiseveranstalter an seine Arbeitnehmer im Rahmen des Dienstverhältnisses Reisen unentgeltlich (vgl. Abschnitt 25.1 Abs. 1), ergibt sich keine Marge, weil sich die Ausgaben nach § 10 Abs. 4 Satz 1 Nr. 3 UStG mit den Aufwendungen des Reiseveranstalters für die Reise decken. [2] Das Gleiche gilt, wenn eine Zuzahlung des Arbeitnehmers für die Reise die Aufwendungen des Unternehmers nicht

übersteigt. [3] Ein Vorsteuerabzug für die Reisevorleistungen entfällt nach § 25 Abs. 4 UStG.

(7) [1] Durch die Erleichterungen bei der Ermittlung der Bemessungsgrundlage nach § 25 Abs. 3 UStG wird die Verpflichtung zur Übermittlung von Voranmeldungen nicht berührt. [2] Soweit in diesen Fällen die Höhe der Marge für die im Voranmeldungszeitraum bewirkten Umsätze noch nicht feststeht, bestehen keine Bedenken, dass der Unternehmer in der Voranmeldung als Bemessungsgrundlage geschätzte Beträge zu Grunde legt, die anhand der Kalkulation oder nach Erfahrungssätzen der Vorjahre zu ermitteln sind. [3] Das Gleiche gilt in den Fällen, in denen der Unternehmer zwar die Marge für jede einzelne Leistung ermittelt, ihm aber am Ende des Voranmeldungszeitraums die Höhe der Reisevorleistung für die in diesem Zeitraum bewirkten Leistungen noch nicht bekannt ist. [4] Es muss dabei gewährleistet sein, dass sich nach endgültiger Feststellung der Bemessungsgrundlage nicht regelmäßig höhere Abschlusszahlungen ergeben.

7. BMF-Schreiben vom 8.7.2021, BStBl. I 2021, 919

(Änderungen in A 2.2 und A 18.6 UStAE)

Anwendung[1)]

Die Regelungen dieses Schreibens sind in allen offenen Fällen anzuwenden. Zur Vermeidung von Übergangsschwierigkeiten wird es – auch für Zwecke des Vorsteuerabzugs – nicht beanstandet, wenn die bisher geltenden Regelungen in Abschnitt 2.2. Abs. 2 Satz 7 und Abs. 3 Satz 1 UStAE auf Leistungen angewendet werden, die **bis einschließlich 31. Dezember 2021** ausgeführt worden sind. Es wird ebenfalls nicht beanstandet, wenn ein Beamter oder ein politischer Mandatsträger, der eine Tätigkeit als Mitglied eines Aufsichts- oder Verwaltungsrats nicht lediglich aufgrund seiner gesellschaftlichen oder politischen Stellung, sondern aufgrund unmittelbarer Verknüpfung mit seinem Amt ausübt, trotz eines vorliegenden Vergütungsrisikos insoweit für bis 31. Dezember 2021 ausgeführte Umsätze als nicht selbstständig im Sinne des § 2 Abs. 1 Satz 1 UStG tätig beurteilt wird.

8. BMF-Schreiben vom 22.7.2021, BStBl. I 2021, 1023

(Änderungen in A 8.1 und A 8.2 UStAE)

Anwendung

Die Grundsätze dieses Schreibens sind auf alle Umsätze anzuwenden, die **nach dem 31. Dezember 2020** ausgeführt werden. Für Umsätze, die vor dem 1. Oktober 2021 ausgeführt werden, wird es, auch für Zwecke des Vorsteuerabzugs, nicht beanstandet, wenn der Unternehmer seine Leistungen abweichend von Abschnitt 8.2 Abs. 7 Nr. 7 UStAE umsatzsteuerpflichtig behandelt.

9. BMF-Schreiben vom 10.12.2021, BStBl. I 2021, 2492

(Änderungen in A 1.10, 1a.2, 3.12, 6b.1, 6b.2, 18a.1, 18a.2, 18a.3 und 22.3b UStAE)

---

1) Siehe jetzt aber Anwendungsregelung in BMF v. 29.3.2022, BStBl. I 2022, 567, nachstehend abgedruckt als Nr. 11.

Anwendung

Die Grundsätze dieses Schreibens sind auf alle Umsätze, die die Lieferung von Gegenständen in ein Lager im Sinne des § 6b UStG betreffen, anzuwenden, für die der Transport durch Beförderung oder Versendung **am oder nach dem 1. Januar 2020** begonnen hat. Für alle vor dem 1. Januar 2020 im Abgangsmitgliedstaat begonnenen, aber nach dem 31. Dezember 2019 im Bestimmungsmitgliedstaat endenden Lieferungen ist die Vereinfachungsregelung nicht anzuwenden.

Zum Verfahren zur Abgabe der Zusammenfassenden Meldungen nach § 18a UStG für Lieferungen im Rahmen der Konsignationslagerregelung nach § 6b UStG wird auf die Regelungen des BMF-Schreibens vom 28. Januar 2020, BStBl. I S. 224, hingewiesen.

10. BMF-Schreiben vom 17.12.2021, BStBl. I 2021, 2502

(Änderungen in A 12.17 UStAE)

Anwendung

Die Regelungen dieses Schreibens sind in allen offenen Fällen anzuwenden.

Hat der leistende Unternehmer für eine **nach dem 17. Dezember 2019 und vor dem 1. Januar 2022** ausgeführte Leistung unter Bezug auf § 12 Abs. 2 Nr. 14 UStG in einer in diesem Zeitraum ausgestellten Rechnung zu Unrecht den ermäßigten Steuersatz ausgewiesen, wird aus Vereinfachungsgründen angenommen, dass die ausgewiesene Steuer die gesetzlich geschuldete ist, wenn der Unternehmer in den Rechnungen den Umsatzsteuerausweis nicht berichtigt. Hat der leistende Unternehmer für eine **nach dem 17. Dezember 2019 und vor dem 1. Januar 2022** ausgeführte Leistung im Sinne des § 12 Abs. 2 Nr. 14 UStG in einer in diesem Zeitraum ausgestellten Rechnung einen zu hohen Steuersatz ausgewiesen und diesen Steuerbetrag abgeführt, wird es aus Vereinfachungsgründen nicht beanstandet, wenn der Unternehmer in den Rechnungen den Umsatzsteuerausweis nicht berichtigt. In diesem Fall wird es bei einem zum Vorsteuerabzug berechtigten Leistungsempfänger nicht beanstandet, wenn er aus derartigen i. S. von § 14c Abs. 1 UStG unrichtigen Rechnungen unter den übrigen Voraussetzungen des § 15 UStG einen Vorsteuerabzug auf Grundlage des ausgewiesenen Steuersatzes vornimmt. Für Umsätze, für die der Leistungsempfänger die Steuer nach § 13b UStG schuldet, gilt dies entsprechend für die vom Leistungsempfänger berechnete Steuer.

11. BMF-Schreiben vom 29.3.2022, BStBl. I 2022, 567

(Änderungen in A 2.2 UStAE)

III. Anwendung

Die Regelungen dieses Schreibens sind in allen offenen Fällen anzuwenden.

Zur Vermeidung von Übergangsschwierigkeiten wird es – auch für Zwecke des Vorsteuerabzugs – nicht beanstandet, wenn die bis zur Aufhebung durch das BMF-Schreiben vom 8. Juli 2021 (BStBl. I S. 919) geltenden Regelungen in Abschnitt 2.2. Abs. 2 Satz 7 und Abs. 3 Satz 1 UStAE auf Leistungen angewendet werden, die in einem Geschäftsjahr der Gesellschaft ausgeführt worden sind, das **vor dem 1. Januar 2022** begonnen hat.

Es wird ebenfalls nicht beanstandet, wenn ein Beamter oder ein politischer Mandatsträger, der eine Tätigkeit als Mitglied eines Aufsichts- oder Verwaltungsrats nicht lediglich aufgrund seiner gesellschaftlichen oder politischen Stellung, sondern aufgrund unmittelbarer Verknüpfung mit seinem Amt ausübt, trotz eines vorliegenden Vergütungsrisikos insoweit für Umsätze, die in einem Geschäftsjahr der Gesellschaft ausgeführt worden sind, das **vor dem 1. Januar 2022** begonnen hat, als nicht selbstständig im Sinne des § 2 Abs. 1 Satz 1 UStG tätig beurteilt wird.

Die Rechtsauffassung aus dem BMF-Schreiben vom 15. September 1980 IV A 2-S 7270- 6/80 wird nicht weiter aufrechterhalten. Für Geschäftsjahre der Gesellschaft, die **vor dem 1. Januar 2022** enden, wird es nicht beanstandet, wenn als Leistungszeitpunkt für die allgemeine Tätigkeit als Mitglied eines Aufsichtsrats die Teilnahme an der Hauptversammlung mit dem Ziel der Entlastung zu Grunde gelegt wird.

IV.

Die Anwendungsregelungen dieses BMF-Schreibens ersetzen die Anwendungsregelungen des BMF-Schreibens vom 8. Juli 2021, BStBl. I S. 919 *(vorstehend abgedruckt als Nr. 7)*.

12. BMF-Schreiben vom 26.4.2022, BStBl. I 2022, 655

(Änderungen in A 3a.3, A 8.2 und A 26.2 UStAE)

II. Anwendungsregelung

Die Grundsätze dieses Schreibens sind in allen offenen Fällen anzuwenden.

Bei Leistungen, die **vor dem 1. Juli 2022** ausgeführt werden, wird es nicht beanstandet, wenn die Beteiligten bei der Leistungsortbestimmung übereinstimmend die Vorschrift des § 3a Abs. 3 Nummer 1 UStG zu Unrecht nicht angewendet haben.

500/100. Sachregister zum Umsatzsteuer-Anwendungserlass

Die Ziffern verweisen auf die Abschnitte des UStAE, die in Klammern gesetzten Ziffern auf die Absätze innerhalb der einzelnen Abschnitte.

1%-Regelung, Fahrzeuge 15.23 (5)

Abbauverträge über Bodenschätze, Verpachtung 4.12.4
Abbruchkosten, Erstattungen durch Gemeinden 1.1 (18)
Abfallbeseitigung, eingeschaltete Kapitalgesellschaften 12.9 (2)
Abfälle, Ablagerungsverträge 4.12.4; werthaltige, Leistungsbeziehungen 3.16
Abfallstoffe, Steuerschuldner 13b.4
Abfertigungsbestätigung 6.6 (4)
Abgabefrist, Zusammenfassende Meldung 18a.2
Abgaben, durchlaufende Posten 10.4 (2)
Abholberechtigung, Nachweis, Reihengeschäft 3.14 (10a)
Abholfälle 3.12 (1); Ausfuhr 6.1 (2); Freihafen 15.9 (4); Freihafenlagerung 1.12 (4); innergemeinschaftliche Dreiecksgeschäfte 25b.1 (5); Reihengeschäft 3.14 (3)
Ablagerungsverträge betr. Abfälle, Vermietung 4.12.4
Ablesezeitraum, Entstehung der Steuer 13.1 (2)
Ablöseentschädigung, Fußballvereine 1.1 (11)
Abmahnung bei unlauterem Wettbewerb 1.3 (16a); bei Urheberrechtsverletzung 1.3 (16a)
Abnehmer, Abzug der Einfuhrumsatzsteuer 15.8 (5); innergemeinschaftliche Dreiecksgeschäfte 25b.1 (1) ff.; innergemeinschaftliche Lieferung 6a.1 (9) ff.; 6a.8 (2)
Abnehmerbestätigung 6.11 (7) ff.
Abnehmernachweis, Ausfuhrlieferungen im Reiseverkehr 6.11 (6) ff.
Abonnement von Online-Zeitungen durch Unternehmer 3a.2 (11a)
Abonnent, Werbeprämie, Entgeltminderung 10.3 (2)
Abrechnung, innergemeinschaftliche Lieferung neuer Fahrzeuge 14a.1 (8); Leistungen verschiedener Unternehmer 14.10 (3); Reiseleistungen 25.3 (1); Scheinname 15.2a (2); unberechtigter Steuerausweis 14c.2 (2)
Abrechnungsempfänger, Berichtigung der Rechnung 14.11 (2)
Abrechnungsvereinbarungen 14.1 (2)
Abrissarbeiten, Leistungsort 3a.3 (8)
Abschlagszahlungen, Ablesezeitraum 13.1 (2); Bauwirtschaft 13.2 (2); Istversteuerung 13.5; 14.8
„ABS"-Modelle 2.4 (2)
Abstellplätze von Kraftfahrzeugen *s. Parkplätze*
Abtretung, Forderung, Haftung 13c.1; –, Zufluss 13.6 (1); des Herausgabeanspruchs, Lieferort 3.12 (6); Insolvenzforderung 10.2 (3)
Abtretungsempfänger, Haftung 13c.1 (18) ff.
Abwasserbeseitigung, eingeschaltete Kapitalgesellschaften 12.9 (2)
Abwicklung, Ende der Unternehmereigenschaft 2.6 (6); nach Geschäftsübernahme 1.5 (1a)
Abwicklungsschein, Ersatzbelege in Ausfuhrfällen 6.6 (6)
Abzugsverbote, einkommensteuerliche, kein Vorsteuerabzug 15.2 (3)
Abzugsverfahren, inländischer Organträger 2.9 (6); Vorsteuer-Vergütungsverfahren 18.11
AfA, Berichtigung des Vorsteuerabzugs 15a.1 (4); 17.1 (9)
Agenten, Preisnachlässe 10.3 (4)
Agentur, urheberrechtliche Nutzungsrechte 12.7 (21)

AIF, Investmentvermögen, Begriff 4.8.13 (2)
Aktiengesellschaft, juristische Personen des öffentlichen Rechts (§ 2 Abs. 3 UStG) 2.11 (20)
Aktive Veredelung 7.1 (3); Buchnachweis 7.3 (2)
Akzeptantenwechselgeschäft, Uneinbringlichkeit 17.1 (5)
Alkoholerzeugnisse, Lieferung durch Blinde 4.19.1 (3)
Alkoholische Flüssigkeiten, Steuersatz 24.2 (5); Vereinfachungsregelung für land- und forstwirtschaftliche Betriebe 24.6; *s. a. Blutalkoholuntersuchungen*
Allgemeine Durchschnittssätze 23.1 ff.; Aufzeichnungspflichten 22.5 (4) f.; Berufs- und Gewerbezweige 23.2; Vorsteuerabzug 15.1 (3)
Allgemeine Nebenbestimmungen, Zuwendungen aus öffentlichen Kassen 10.2 (8) ff.
Alltagsbegleitung 4.16.5 (12) f.
Altenheime, Gestellung von Ordensangehörigen 4.27.1 (2); Steuerbefreiung 4.16.4; Verträge besonderer Art 4.12.6 (2); von Wohlfahrtsverbänden 4.18.1 (8)
Altenpfleger, Steuerbefreiung 4.14.4 (11)
Altenwohnheime 4.16.4 (5); *s. a. Altenheime*
Altmetall, Steuerschuldner 13b.4
Ambulante ärztliche Versorgung 4.14.7 (3)
Ambulanzen 4.14.5 (13)
Amtliche Wertzeichen, Steuerbefreiung 4.8.14
Anbauten, Lieferort 3.12 (4)
Änderung, Bemessungsgrundlage 17.1; –, Preisnachlässe, Preiserstattungen 17.2; –, Zusammenfassende Meldung 18a.4; Steuerbescheide, Vorsteuerabzug 15.12 (5); Verwendungsabsicht 15.12 (1)
Änderung der Verhältnisse, Berichtigung des Vorsteuerabzugs 15a.2 (2) ff.; –, Verfahren 15a.4; Kleinunternehmer 19.1 (5); Vorsteuerabzug 15a.2
Angehörige, Leistungsbeziehungen 1.1 (2); Mindestbemessungsgrundlage 10.7 (1); verbilligte Leistungen, Rechnungserteilung 14.9 (1)
Anlagegegenstände, Verkäufe, Hilfsgeschäfte von Zahnärzten 12.4 (4); –, Hilfsgeschäfte von Zirkusunternehmen 12.8 (1)
Anlagegold, Begriff 25c.1 (2); steuerfreie Lieferung 25c.1; Vorsteuerabzug 15.13 (1)
Anlagevermögen, Berichtigung des Vorsteuerabzugs 15a.1 (2); Gesamtumsatz 19.1 (6); Veräußerung nach Betriebseinstellung 4.14.6 (3); Verkauf in Tierparks 4.20.4 (3); Vorsteueraufteilung 15.17 (2); Wiederverkäufer, Differenzbesteuerung 25a.1 (4)
Annahmeverweigerung, Einfuhrumsatzsteuer 15.8 (11)
Annehmlichkeiten für Arbeitnehmer 1.8 (4)
Ansässigkeit, Unternehmer im Ausland 13b.11; – im Inland 14b.1 (7); 18.10 (1)
Ansässigkeitsbescheinigung, Muster 13b.11 (3)
Anschaffungskosten, Bemessungsgrundlage bei Wertabgabe 10.6 (3); Vorsteuerabzug 15.17 (5) ff.
Anschlussstrecken im Schienenbahnverkehr 3b.1 (11)
Antiquitäten, Begriff 25a.1 (6); Differenzbesteuerung 25a.1
Antrag auf Istversteuerung 20.1; Umsatzsteuer-Identifikationsnummer 27a.1 (1); Vorsteuer-Vergütungsverfahren 18.13
Antragsverfahren, Steuervergütung 4a.4
Antrittsgelder, Leistungsprüfungen für Tiere 12.2 (5); bei Wettbewerben, Entgelt 1.1 (24)
Anzahlung, Aufteilung 13.5 (3); Begriff 13.5 (2); Berichtigung 13.5 (4); in fremder Währung 13.5 (7); Istversteuerung 13.1 (3); 13.5; 14.8; –, Steuersatz 12.1 (3); für nicht steuerbare Leistungen 13.5 (4); Nichtausführung der Leistung 17.1 (7); Reiseleistungen 25.3 (5); für steuerfreie Leistung 13.5 (4); unberechtigter Steuerausweis 14c.2 (2); Vorsteuerabzug 15.3 (1), (3); Wechsel der Besteuerungsform 19.5 (7); Zeitpunkt der Leistung 14.8 (4)
Anzeigepflicht, grenzüberschreitende Personenbeförderungen 18.17

Anzucht von Pflanzen, ermäßigter Steuersatz 12.2 (1), (4)

Apotheker, Grippeschutzimpfung, Steuerbefreiung 4.14.4 (11)

Apparategemeinschaften, ärztliche 4.14.8

Aquarien, ermäßigter Steuersatz 12.8 (3); Steuerbefreiung 4.20.4 (1)

Arbeitgeber, Beförderung von Arbeitnehmern zur Arbeitsstelle 12.15; Betriebsveranstaltungen 1.8 (4), (14)

Arbeitnehmer, Aufmerksamkeiten 1.8 (3); ausländisches Unternehmen, ausländische Abnehmer 6.3 (3); Beförderungen 12.13 (5); – zur Arbeitsstelle 1.8 (15) ff.; 12.15; Beherbergung von Saison-Arbeitnehmern 4.12.9 (2); Beköstigung im Haushalt, Vorsteuerabzug 15.2d (2); von Blinden 4.19.1 (2); Einsatz für unternehmensfremde Zwecke 3.4 (5); Freifahrten 1.8 (17); Kantinenverpflegung 1.8 (10) ff.; Lieferungen und sonstige Leistungen an A. 1.8; –, Aufzeichnungen 22.2 (7); Nichtselbständigkeit 2.2 (1); Personalgestellung bzw. Freistellung 1.1 (16); Sachzuwendungen, Anrechnung auf den Barlohn 4.18.1 (7); Überlassung von Personenkraftwagen an A. 1.8 (18); Vorsteuerabzug für Fahrausweise 15.5 (1)

Arbeitnehmerüberlassung, Arbeitnehmer 2.2 (3)

Arbeitnehmer-Vertreter, Aufsichtsratsmitglieder 2.2 (4)

Arbeitsförderungsgesetz, Zuschüsse 10.2 (7)

Arbeitsgemeinschaften des Baugewerbes, Leistungsaustausch 1.6 (8); Unternehmer 2.1 (4)

Arbeitskleidung, Überlassung durch Unternehmer 10.7 (2)

Arbeitstherapeuten, Steuerbefreiung 4.14.4 (11)

Architekten, Honorar 29.1 (5); Planungs- und Überwachungsleistungen 13b.2 (6); Sollversteuerung 13.3

Architektur, steuerbefreite Bauwerke 4.20.3 (4)

ARGE, Leistungsempfänger als Steuerschuldner 13b.3 (6)

Artisten, ermäßigter Steuersatz 12.5 (1)

Arzneimittel, Rabatt des Herstellers 10.3 (7); *s. a. Medikamente*

Arzt, angestellter 2.2 (4); Krankenhausbetrieb 4.14.2 (2); schriftstellerische Tätigkeit 4.14.1 (5); Steuerbefreiung, Umfang 4.14.1 (4) f.; Tätigkeit 4.14.1 (4) f.; 4.14.2

Ärztliche Befunderhebungen 4.14.5 (5)

Ärztliche Gutachten, keine Steuerbefreiung 4.14.1 (5)

Ärztliche Heilbehandlung an Unternehmer 3a.2 (11a)

Ärztliche Verordnung, Steuerbefreiung 4.14.1 (5a)

Ärztliche Verrechnungsstellen 4.14.8 (3)

Arztpraxis, Praxis- und Apparategemeinschaften 4.14.8

Asset Deal, Beratungsleistungen, Ort 3a.3 (10)

ATLAS-Ausfuhr 4.3.4 (5); 6.2; Beförderungsfälle 6.6; Druckerzeugnisse 6.9 (10)

ATLAS-Verfahren, elektronische Zollanmeldung 15.11 (1)

Aufbewahrung, Rechnungen 14b.1

Aufbewahrungsfrist, Aufzeichnungen und Belege 22.1 (1) ff.; Rechnungen 14b.1 (2); Verletzung 14b.1 (10)

Aufbewahrungspflicht, Rechnungen, Hinweis 14.5 (23); Rechnungsdoppel 13b.17

Auffanggesellschaft, Organschaft 2.8 (1)

Aufmerksamkeiten an Arbeitnehmer 1.8 (3)

Aufrechnung 13.6 (1)

Aufschlagsverfahren, Trennung der Bemessungsgrundlagen 22.6 (3) ff.

Aufsichtsrat einer Genossenschaftsbank 4.26.1 (1); Ort der Leistung 3a.14 (3)

Aufsichtsratsmitglieder, Selbständigkeit 2.2 (3a); Voranmeldungen 18.6 (1)

Aufteilung, Bemessungsgrundlage bei Reiseleistungen 25.3 (3); Entgeltminderungen und Vorsteuer 3.11 (7) f.; gemischte Verträge bei Vermietung 4.12.5 (2); Gesamtkaufpreis, Entgelt 10.1 (11); Leistungen der Online-Anbieter 3a.10 (7) ff.; Vermietung von

Sportanlagen 4.12.11 (2) f.; der Vorsteuerabzugsbeträge 2.10 (6) ff.; der Vorsteuerbeträge 15.16 ff.; 15a.4 (4)
Aufteilungsmaßstab, gemischt genutzte Grundstücke, Vorsteuerabzug 15.17 (7)
Auftraggeber, Leistungsempfänger 15.2b (1)
Auftragsproduktion von Filmen 3.5 (3); 12.7 (20); –, Ort der Leistung 3a.9 (2)
Aufwandsentschädigung, Sportvereine 12.9 (6)
Aufwendungsersatz für Arbeitnehmer 1.1 (16)
Aufzeichnungen, Aufbewahrungsfrist 22.1 (1) ff.; Einfuhr 22.5 (2); Gebrauchtgegenstände 25a.1 (17); Inhalt 22.2 (1); Mikrofilm, CD, DVD, Blu-ray, Flash 22.1 (2) f.; Steuervergütung 4a.3 (2); Vorsteueraufteilung 22.4
Aufzeichnungspflichten 22.1 ff.; Berichtigung des Vorsteuerabzugs 15a.12; elektronische Leistungen 3a.9a (9); 22.3a; Erleichterungen 22.5 f.; innergemeinschaftliche Dreiecksgeschäfte 25b.1 (10); innergemeinschaftliche Lieferung 22.3; Kleinunternehmer 22.5 (3); Leistungsempfänger als Steuerschuldner 13b.17; Reiseleistungen 25.5; Vorsteuerabzugsvoraussetzungen 15.11
Aufzucht von fremdem Vieh 24.3 (11); von Vieh, ermäßigter Steuersatz 12.2 (1) f.
Aufzüge, Bauleistung 13b.2 (5)
Auktionator, Eigenhändler bzw. Vermittler 3.7 (6)
Ausbildung von Jugendlichen, Steuerbefreiung 4.23.1
Ausbildungsmaßnahmen, Steuerbefreiung 4.21.2 (3)
Ausfallrisiko, zahlungsgestörte Forderung 2.4 (8)
Ausflugsfahrten mit Omnibussen, Einzelbesteuerung 16.2 (4)
Ausfuhr 6.1; sonstige Leistungen, Vorsteuerabzug 15.13 (2); Steuerbefreiung 4.3.4; –, Ausnahmen 4.3.5; Steuervergütung bei gemeinnützigen Zwecken 4a.1 ff.; Vorsteuerabzug 15.13 (1), (3)
Ausfuhranmeldung, Abgabe im übrigen Gemeinschaftsgebiet 6.9 (16); einzige Bewilligung 6.9 (14) f.; elektronische 6.2
Ausfuhrbegleitdokument 6.6 (1)
Ausfuhrbeleg 6.5 (2) ff.; Ausfuhrlieferungen im Reiseverkehr 6.11 (2) ff.
Ausfuhrbestätigung der Ausgangszollstelle 6.6 (3) ff.
Ausfuhrfrist, Nachweis 6.11 (5)
Ausfuhrlieferung, Abgrenzung zur Lohnveredelung 7.4; Ausfuhrnachweis 6.5; Beförderungsmittel 6.4; Buchnachweis 6.10; Durchschnittssätze der Land- und Forstwirtschaft 24.5; gesonderter Steuerausweis 6.12; 14c.1 (7); NATO-Partner 4.7.1; im nichtkommerziellen Reiseverkehr, Merkblatt 6.11 (12); Reihengeschäft 3.14 (14); 6.1 (4); im Reiseverkehr, Abnehmernachweis 6.11; Steuerbefreiung 6.1; Vorsteuerabzug 15.13 (2); Zeitpunkt 6.3 (2)
Ausfuhrnachweis 6.5; Ausgangsvermerk 6.7a; Beförderungsfälle 6.6; Be- und Verarbeitungsfälle 6.8; Datenträger 6.9 (7); Fahrzeuge in Beförderungsfällen 6.6 (4a); – in Versendungsfällen 6.7 (4); Freizone 6.6 (7); Lohnveredelung 7.2; Versendungsfälle 6.7; – über Grenzbahnhöfe oder Güterabfertigungsstellen 6.9 (2) ff.; Vertrauensschutz 6.5 (6)
Ausfuhrverfahren, elektronisches 6.2
Ausfuhrzollstelle 6.2 (2) ff.; Beförderungsfälle 6.6
Ausgaben, Bemessungsgrundlage für unentgeltliche Wertabgabe 10.6 (3)
Ausgangsvermerk ATLAS, Ausfuhrnachweis 6.7 (1); 6.7a
Ausgangszollstelle 6.2 (2) ff.; Ausfuhrbestätigung 6.11 (2), (7) ff.; Beförderungsfälle 6.6
Ausgleichsanspruch bei langfristigen Verträgen 29.1
Ausgleichsbeträge, Entgelt 10.2 (1)
Ausgleichszahlung für Handelsvertreter 1.3 (12); Spitzenausgleich bei Arbeitsgemeinschaften 1.6 (8)
Aushilfstätigkeit 2.2 (4)
Auskunftsersuchen anderer EU-Mitgliedstaaten 18d.1
Auslagen, durchlaufende Posten 10.4 (2)

Auslagenersatz für ehrenamtliche Tätigkeit 4.26.1 (4)
Auslagerung, Kapitalverwaltungsgesellschaft 4.8.13 (6); Verwaltung von Investmentvermögen, Steuerbefreiung 4.8.13 (16) f.
Ausland 1.9 (2); ausländische Abnehmer 6.3 (1) f.; Ausschluss des Vorsteuerabzugs 15.14; Durchschnittssätze der Land- und Forstwirtschaft 24.5; grenzüberschreitender Luftverkehr 26.2; Reiseleistungen 25.1 (8); 25.2; Umsatzsteuer-Identifikationsnummer 18e.1; Verbindungsstrecken 3b.1 (9); Versendung über Grenzbahnhöfe oder Güterabfertigungsstellen 6.9 (2) ff.; Vorsteuervergütungsverfahren 18.10
Ausländische Diplomaten, ausländische Abnehmer 6.3 (3)
Ausländische Durchführungsgesellschaften, Messen, Ausstellungen, Kongresse 3a.4 (4) ff.
Ausländische Gastarbeiter, ausländische Abnehmer 6.3 (3)
Ausländische juristische Personen des öffentlichen Rechts (§ 2 Abs. 3 UStG) 2.11 (1)
Ausländische Künstler, ausländische Abnehmer 6.3 (3)
Ausländischer Abnehmer, Ausfuhrlieferung 6.1 (2); 6.3; Ausrüstung von Beförderungsmitteln 6.4 (3) f.; Begriff 6.3 (1)
Ausländischer Unternehmer, Aufbewahrung von Rechnungen 14b.1 (9); grenzüberschreitende Personenbeförderungen 18.17; sonstige Leistungen 13b.1 (2); Steueranmeldungen 13b.16 (2) f.; Vorsteuerabzug 15.1 (2); Vorsteuer-Vergütung 18.10 ff.; Vorsteuer-Vergütungsverfahren, ausgeschlossene Vorsteuerbeträge 18.11; Werklieferungen 13b.1 (2)
Ausländische Studenten, ausländische Abnehmer 6.3 (3)
Ausländisches Unternehmen, keine Organschaft 2.9
Ausländische Theater, Bescheinigungsverfahren 4.20.5
Ausländische Touristen, ausländische Abnehmer 6.3 (3)
Ausländische Vereine, Ablöseentschädigung 1.1 (11)
Ausländische Versicherungsunternehmen, Organschaft 2.9 (7)
Auslandsbeamte, ausländische Abnehmer 6.3 (3)
Auslandsvertretungen, ausländische Abnehmer 6.3 (3)
Auslieferungslager 3.12 (3), (7)
Ausrüstung von Beförderungsmitteln, Ausfuhr 6.4; für Seeschifffahrt, Steuerbefreiung 8.1 (3)
Ausrüstungsgegenstände, Luftfahrt 8.2 (6)
Ausschluss vom Vorsteuerabzug 15.12 ff.
Außenprüfung *s. Betriebsprüfung*
Ausspielungen *s. Lotterie*
Ausstellungen, ausländischer Unternehmer 13b.10 (2) f.; Kleinbahnen 12.13 (2); Leistungsort 3a.4; Überlassung von Freiflächen in Hallen 4.12.6 (2)
Ausstellungsrecht 12.7 (4)
Austausch, Werklieferung 3.8 (1)
Austauschverfahren in der Kraftfahrzeugwirtschaft, Bemessungsgrundlage 10.5 (3) f.; –, Vorsteuerabzug 15.2d (1)
Ausübende Künstler, Steuersatz 12.7 (19) ff.
Auswärtstätigkeit, Verpflegungsleistungen 1.8 (13)
Ausweis der Steuer *s. Steuerausweis*
Auszubildende, Sachzuwendungen und sonstige Leistungen an A. 1.8 (2)
Autobahnmaut, kein durchlaufender Posten 10.4 (4)
Autobank, vergünstigte Kredit- und Leasinggeschäfte 3.10 (6)
Autogrammstunde, Schriftsteller, Steuersatz 12.7 (8)
Auto-im-Reisezugverkehr 4.3.1 (1)
Automatenaufstellung in Gastwirtschaften 3.7 (8)
Automatisierte elektronische Leistungen 3a.12

Backoffice-Tätigkeiten für Versicherungsunternehmen 4.11.1 (2)
Bademeister, medizinische, Steuerbefreiung 4.14.4 (11)

Bagatellgrenze, Einbau von Bestandteilen 3.3 (3) f.; für Einschränkung der Option 9.2 (3)
Ballettschule, Steuerbefreiung 4.21.2 (8)
Bankbürgschaft, Sicherheitsleistung 18f.1 (4)
Banküberweisungen, Istversteuerung 13.6
Bankumsätze, Ort der Leistung 3a.9 (17)
Baraufgabe, Tauschgeschäft 10.5 (1) f., (4)
Bareboat-Charter, Steuerbefreiung 8.1 (2)
Bareinlage, Aufnahme in Gesellschaft, Vorsteuerabzug 15.21
Barkauf, innergemeinschaftliche Lieferung 6a.8 (7)
Basislinie, Strandlinie 1.9 (3)
Basissaatgut, Lieferung bzw. sonstige Leistung 3.5 (2) f.
Bauaufsichtsmaßnahmen, Leistungsort 3a.3 (8)
Baubetreuer, Leistungsumfang 3.10 (6)
Bauchredner, Steuersatz 12.5 (1)
Baugerüst, Leistungsort 3a.3 (8)
Baugesetzbuch, Betriebsverlagerungen 1.1 (13); Entschädigung nach § 96 BauGB 1.3 (14); Flurbereinigungs- und Umlegungsverfahren 1.1 (19); Härteausgleich 1.1 (18)
Baugewerbe, Arbeitsgemeinschaften 1.6 (8); 2.1 (4)
Bauherren, gesonderte Feststellung, Vorsteuerabzug 15.2a (3)
Bauherrenmodelle, Baubetreuung 3.10 (6)
Baukunst, Steuerbefreiung 4.20.3
Baulastübernahme gegen niedrig verzinstes Darlehen 1.1 (8)
Bauleistender Unternehmer, Abgrenzung 13b.3; Ausschlussgrenze 13b.3 (2); Bescheinigung 13b.3 (3) ff.
Bauleistungen, ausgenommene Leistungen 13b.2 (6) f.; Begriff 13b.2 (3) ff.; Leistungsempfänger als Steuerschuldner 13b.2; –, Abgrenzung 13b.3; Nebenleistungen 13b.2 (4); Rechnungserteilungspflicht 14.2; Umsatzsteuerpflicht bei Grundstückserwerb 4.9.1 (1)
Baupläne, Leistungsort 3a.3 (10)
Bausparkassen, Gebühren 4.8.5 (2); Kreditgewährung 4.8.2 (4)
Bausparkassenvertreter, Steuerbefreiung 4.11.1
Bausparkonto, keine Leistung 1.1 (14); keine Unternehmereigenschaft 2.3 (1)
Bausparvorratsvertrag, Veräußerung 4.8.4 (2)
Bauträger, Leistungsempfänger als Steuerschuldner 13b.3 (8)
Bauwerk, Begriff 13b.2 (1); Gebäudebegriff 4.12.10
Bauwirtschaft, Sollversteuerung 13.2; Teilleistungen 13.4
Bearbeitung, Abzug der Einfuhrumsatzsteuer 15.8 (8); 15.9 (3); vor Ausfuhr 6.1 (5); bei Ausfuhr oder Durchfuhr 4.3.4 (4); Ausfuhrnachweis 6.8; vor Beförderung/Versendung in übriges Gemeinschaftsgebiet 6a.1 (19); Belegnachweis 6a.6; Lohnveredelung für ausländische Auftraggeber 7.1 (2) ff.; urheberrechtlich geschütztes Werk, Steuersatz 12.7 (12)
Bearbeitungszeit, Vergütungsantrag 18.13 (7)
Beaufsichtigung von Schularbeiten 4.23.1 (3)
Beauftragter, Bearbeitung vor Ausfuhr 6.1 (5); 6.8 (1); Versendungslieferung 3.12 (3)
Bedienungspersonal, Trinkgelder 10.1 (5)
Bedienungszuschlag, Gaststättengewerbe 10.1 (5)
Beförderung, Arbeitnehmer 1.8 (15) ff.; 10.7 (2); 12.13 (5); 12.15; Ausfuhrlieferung 6.1 (1) ff.; im Freihafenverkehr 1.12 (5); grenzüberschreitende 3b.1 (4) ff.; innergemeinschaftliche Dreiecksgeschäfte 25b.1 (5); innergemeinschaftliche Lieferung 6a.1 (6) ff.; –, Bearbeitung/Verarbeitung 6a.1 (19); –, Belegnachweis 6a.3 ff.; Kommissionsgeschäft 3.12 (2); Kranke und Verletzte 4.17.2; Lieferung 3.12 (2); – im Einfuhrland 3.13; im Luftverkehr, Steuererlass 26.1 ff.; Messen, Ausstellungen, Kongresse 3a.4 (2) f.; Nebenleistung 4.3.1 (1); –, Rechnung 14.5 (21); Ort der sonstigen Leistung 3b.1 ff.; von Passagieren zu Ausweichflughafen 8.2 (8);

Reihengeschäft 3.14 (2); –, Zuordnung zu einer Lieferung 3.14 (7) ff.; Reiseleistungen 25.1 (2); mit Schiffen, Ort der Lieferung während Beförderungsleistung 3e.1; Yachtcharter 3a.5 (3); *s. a. Güterbeförderung; Personenbeförderung*

Beförderungseinzelbesteuerung 10.8; 16.2; Antrag auf Neuberechnung der USt 18.8 (3); Verfahren 18.8

Beförderungsfälle, Ausfuhrnachweis 6.6

Beförderungskosten, Bescheinigung 4.3.3 (6); 4.3.4 (7)

Beförderungsleistung, Haupt- und Subunternehmer 3b.1 (1); Rechnungsempfänger als Steuerschuldner 13b.9

Beförderungslieferung, Lieferort 3.14 (5)

Beförderungsmittel, Ausfuhrlieferung 6.4; Begriff 3a.5 (2); 4.12.2 (2); Lohnveredelung für ausländische Auftraggeber 7.1 (4); Vermietung, Ort der sonstigen Leistung 3a.5; *s. a. Kraftfahrzeuge*

Beförderungsstrecke innerhalb und außerhalb des Inlands 3b.1 (6); Linienverkehr 12.14; Omnibusgelegenheitsverkehr 16.2 (5), (7)

Beförderungsunternehmer, Arbeitnehmerbeförderung 12.15 (3); Aufzeichnungserleichterung 22.6 (17)

Befreiung, Verpflichtung zur Übermittlung von Voranmeldungen 18.2 (2)

Befristete Verwendung, innergemeinschaftliches Verbringen 1a.2 (12) f.; –, Aufzeichnungen 22.3 (3)

Befunderhebung, ärztliche 4.14.5 (5)

Beginn der gewerblichen Tätigkeit, Gesamtumsatz 19.1 (4); der Unternehmereigenschaft 2.6

Begutachtung von beweglichen körperlichen Gegenständen, Ort bei Ausführung im Drittland 3a.14 (5); von Grundstücken, Leistungsort 3a.3 (8)

Beherbergung, Jugendherbergen, Steuerbefreiung 4.24.1 (1) ff.; von Jugendlichen, Steuerbefreiung 4.23.1; 4.25.2 (3) f.; kurzfristige 12.16 (3) ff.; Ort 3a.3 (4); von Passagieren bei Flugunregelmäßigkeiten 8.2 (8); von Personal der Wohlfahrtspflege, Steuerbefreiung 4.18.1 (7); keine Steuerbefreiung 4.12.9 (1); Volkshochschulen usw. 4.22.1 (3)

Beherbergungsleistungen, Steuerbegünstigung 12.16 (3) ff.; Vermittlung durch Reisebüros 4.5.2 (3)

Behinderte Menschen, Integrationsfachdienste 4.16.5 (7) f.; pauschale Zuwendungen der Bundesagentur für Arbeit 10.2 (3); steuerfreie Beförderung 4.17.2 (3)

Behindertenwerkstätten 4.16.5 (9) ff.; Pflegegelder 4.18.1 (11); Zweckbetrieb 12.9 (4), (12)

Beihilfen, Entgelt 10.2 (1); öffentliche 10.2 (7)

Beirat, unternehmerische Tätigkeit 2.3 (9)

Beistellung von Personal 1.1 (6) f.

Beiträge, durchlaufende Posten 10.4 (2)

Beitragszahlungen bei Interessenvereinigungen 1.4 (3)

Bekanntgabe, Vorsteuervergütungsbescheid 18.13 (8)

Beköstigung von Arbeitnehmern im Haushalt, Vorsteuerabzug 15.2d (2); Jugendherbergen, Steuerbefreiung 4.24.1 (1) ff.; von Jugendlichen, Steuerbefreiung 4.23.1; 4.25.2 (3) f.; von Passagieren bei Flugunregelmäßigkeiten 8.2 (8); von Personal der Wohlfahrtspflege, Steuerbefreiung 4.18.1 (7); Volkshochschulen usw. 4.22.1 (3)

Belastungsausgleich der Übertragungsnetzbetreiber 1.7 (2); 13b.3a (5)

Belege, Aufbewahrungsfrist 22.1 (1) ff.; Ausfuhrnachweis 6.5 (2) ff.; 6.11 (2) ff.

Belegnachweis, Bearbeitung/Verarbeitung 6a.6; in Beförderungs- und Versendungsfällen 6a.3 ff.; Besteuerungsverfahren 18.15 (1) f.; innergemeinschaftliche Lieferung 6a.2; –, andere Belege als Gelangensbestätigung 6a.5; –, Gelangensbestätigung 6a.4; Leistungen an Hilfsbedürftige 4.16.2; sonstige Leistungen bei Ausfuhr oder Durchfuhr 4.3.4 (5); – bei Einfuhr 4.3.3 (3) ff.; Steuervergütung 4a.3 (1); Vorsteuerabzug 15.11 (1); Vorsteuervergütung 18.13 (4); 18.14 (4)

Belegschaftsrabatt 1.8 (6)

Beleuchter, Steuersatz 12.7 (19) ff.

Beliehener Unternehmer 2.11 (3); Entgelt 10.2 (6)

Bemessungsgrundlage, Änderung 17.1; –, Preisnachlässe, Preiserstattungen 17.2; Aufzeichnungen 22.2 (7); bei dezentralem Verbrauch von Strom 2.5 (18); Entgelt 10.1 (1) f.; erleichterte Trennung 22.6 (1) f.; Gebrauchtgegenstände 25a.1 (8) ff.; –, Einzeldifferenz 25a.1 (11); –, Gesamtdifferenz 25a.1 (12) f.; Gesamtumsatz von Kleinunternehmern 19.1 (2) ff.; innergemeinschaftliche Dreiecksgeschäfte 25b.1 (9); Leistungsempfänger als Steuerschuldner 13b.13; Reiseleistungen 25.3; –, Aufzeichnung 25.5 (8); Sachbezüge 1.8 (6) ff.; Tausch 10.5; unentgeltliche Wertabgabe 10.6; Werklieferung in verschiedene Staaten 3.12 (5); Zusammenfassende Meldung 18a.3 f.
Beratungsleistung, Grundstückssachen 3a.3 (10); an Unternehmer 3a.2 (11a); keine Vermittlung 4.8.1
Bereederer, Betreiber eines Seeschiffs 8.1 (1)
Bergbahnen, ermäßigter Steuersatz 12.13 (2)
Bergeleistungen, Steuerbefreiung 8.1 (7)
Berichtigung, besondere Aufzeichnungen 22.3 (5); zu hoher Steuerausweis 14c.1 (5) f.; zu niedriger Steuerausweis 14c.1 (9) ff.; der Rechnung 14.11; –, Vorsteuerabzug 15.2a (7); unberechtigter Steuerausweis 14c.2 (3) ff.; des Vorsteuerabzugs 15a.1 ff.; –, Änderung der Besteuerung 15a.9; –, Aufzeichnungspflichten 15a.12; –, Bestandteile 15a.6; –, einmalige Verwendung 15a.5; –, Entgeltsänderung 17.1 (1); –, Insolvenzverfahren 17.1 (11) ff.; –, nachträgliche Anschaffungs- oder Herstellungskosten 15a.8; –, sonstige Leistungen 15a.7; –, Vereinfachungen 15a.11; –, Verfahren 15a.4; Zusammenfassende Meldung 18a.5
Berichtigungsobjekte, Vorsteuerabzug 15a.1 (2)
Berichtigungsverfahren, Vorsteuerabzug 15a.4
Berichtigungszeitraum, Vorsteuerabzug 15a.3; –, Ende 15a.3 (5) ff.
Berufliche Tätigkeit 2.3
Berufsbildungseinrichtungen, Steuerbefreiung 4.21.2
Berufseinstiegsbegleitung, Steuerbefreiung 4.21.5 (5)
Berufsfußballer, Freigabe gegen Ablösezahlung 3a.9 (2)
Berufsgenossenschaften *s. Sozialversicherungsträger*
Berufsrechtliche Regelung, Heilberufe 4.14.4 (7) f.
Berufsschulen, Steuerbefreiung 4.21.2 (3); –, freie Mitarbeiter 4.21.3
Berufsverband *s. Vereine*
Berufsverkehr, ermäßigter Steuersatz 12.13 (4) f.; 12.15
Berufszweige, allgemeine Durchschnittssätze 23.2
Bescheinigung, Bauleistender Unternehmer 13b.3 (3) ff.; über die Entladung und Einfuhr, Steuerbefreiung 4.3.4 (1); Ersatzbelege in Ausfuhrfällen 6.6 (6)
Bescheinigungsverfahren, Ersatz- und Ergänzungsschulen 4.21.5; grenzüberschreitende Personenbeförderungen 18.17 (4) f.; kulturelle Einrichtungen 4.20.5
Besenwirtschaft 24.3 (12)
Besitzkonstitut, Lieferort 3.12 (6)
Besorgung von Leistungen bei Ausfuhr und Durchfuhr 4.3.4 (1); – nach Einfuhr 4.3.3 (1)
Besorgungsleistung, Dienstleistungskommission 3.15
Bestandskraft, Steuerfestsetzung 19.2 (6); –, Berichtigung des Vorsteuerabzugs 15a.4 (3) f.
Bestandspflegeleistungen, Versicherungsverträge 4.11.1 (3)
Bestandteile, Abgrenzung 15a.6; Berichtigung des Vorsteuerabzugs 15a.6 (1) ff., (13) ff.; einheitlicher Funktions- und Nutzungszusammenhang 3.3 (2) ff.
Bestätigungsverfahren, Betreiber elektronischer Schnittstellen 18e.3
Bestattungen, Ort der sonstigen Leistung 3a.1 (4)
Bestelleintritt, Leasing 3.5 (7a)
Besteller, Leistungsempfänger 15.2b (1)
Besteller-Insolvenz 3.9 (1); 13.2 (1)
Besteuerung von Reiseleistungen 25.1 ff.; nach vereinnahmten Entgelten 20.1

Besteuerung nach Durchschnittssätzen 23.1 ff.; Aufzeichnungspflichten 22.5 (4) f.; Berufs- und Gewerbezweige 23.2; Land- und Forstwirtschaft 24.1 ff.; –, Aufzeichnungspflichten 22.5 (5)
Besteuerungsform, Wechsel 19.5
Besteuerungsgrenze, Zweckbetrieb 12.9 (11)
Besteuerungsverfahren 18.1; elektronische Leistungen 3a.9a (9); 3a.16 (8) ff.; 18.7a f.; 18h.1; Leistungsempfänger als Steuerschuldner 13b.16; sonstige Leistungen 3a.16; bzw. Vergütungsverfahren 18.11; 18.15
Besteuerungszeitraum, Berichtigung 17.1 (2)
Bestimmungsland, Eingangsabgaben, Be- oder Verarbeitung von Gegenständen 7.1 (3)
Bestimmungsort, Belegnachweis 6a.3 (2) f.
Beteiligung, Erwerben und Halten 2.3 (2); an Gesamtobjekten, Vorsteuerabzug 15.1 (7); Halten und Veräußerung, Vorsteuerabzug 15.22
Betreiber eines Seeschiffs, Begriff 8.1 (1)
Betretungsrecht, Umsatzsteuer-Nachschau 27b.1 (5)
Betreutes Wohnen, Zweckbetrieb 12.9 (10)
Betreuungsleistungen, Fallbegriff 4.16.3 (3); häusliche 4.16.5 (5); rechtliche 4.16.5 (20); sonstige 4.16.5 (21); Steuerbefreiung 4.16.1
Betrieb, Veräußerung eines gesondert geführten B. 1.5 (6)
Betrieb gewerblicher Art von juristischen Personen des öffentlichen Rechts 12.9 (1); von juristischen Personen des öffentlichen Rechts (§ 2 Abs. 3 UStG) 2.11 (2) ff., (12) ff.; unentgeltliche Wertabgaben 3.2 (1)
Betriebsabrechnungsbogen, Vorsteueraufteilung 15.17 (2)
Betriebsarzt, einheitliche Leistung 3.10 (6)
Betriebsaufgabe, Land- und Forstwirtschaft 24.1 (4)
Betriebsaufspaltung, Neugründung 18.7 (2); Organschaft 2.8 (6), (6b)
Betriebsausflug, Vorsteuerabzug aus Aufwendungen 15.15 (2)
Betriebsgrundstück, unentgeltliche Übertragung 3.3 (8)
Betriebsgründung, Aufschlagsverfahren 22.6 (7); Gesamtumsatz 19.1 (4); Jahresumsatz 23.1 (3)
Betriebshelfer 4.16.5 (4); Gestellung an Sozialversicherungsträger, Steuerbefreiung 4.27.2 (4)
Betriebshilfsdienst, Land- und Forstwirtschaft 4.27.2 (1)
Betriebskindergarten 1.8 (4)
Betriebsprüfung und Umsatzsteuer-Nachschau 27b.1
Betriebsstätte, Aufzeichnungen 22.1 (1); Begriff 3a.1 (3); im Drittlandsgebiet, Ort der Leistung 3a.14 (1); innergemeinschaftliches Verbringen 1a.2 (6); Organschaft 2.9 (3) ff.; Ort der sonstigen Leistung 3a.1 (2); 3a.2 (4)
Betriebsübernahme, Aufschlagsverfahren 22.6 (6)
Betriebsübertragung *s. Geschäftsveräußerung*
Betriebsveranstaltungen, Sachgeschenke 1.8 (14); übliche Zuwendungen 1.8 (4)
Betriebsverlagerungen gem. BauGB 1.1 (13)
Betriebsverpachtung, Land- und Forstwirtschaft 24.3 (7) f.
Betriebsvorrichtung, andere Anlagen 4.12.11 (4); Berichtigung des Vorsteuerabzugs 15a.3 (1); Sportanlagen 4.12.11 (2); Vermietung 3a.3 (4); Vermietung und Verpachtung 4.12.10 Zuordnung 15.2c (10)
Betrug, Haftung 25d.1
Betrugsabsicht, Lieferung 3.1 (2)
Bettkarten, Fahrausweise 14.7 (1)
Bewegliche Gegenstände, Ort der Werkleistung 3a.6 (10)
Bewertung von Grundstücken, Leistungsort 3a.3 (8)
Bewirtungskosten, Vorsteuerabzug 15.6 (6) f.
Bibliothek, Nutzungsüberlassung digitaler Informationsquellen 12.7 (1)
Bildagenturen, Steuersatz 12.7 (18)

Bilddateien, Bearbeitung, Lieferung bzw. sonstige Leistung 3.5 (2) f.
Bildende Kunst, Folgerecht bei Weiterverkauf 1.1 (21)
Bilderdienste, Steuersatz 12.7 (11)
Bildjournalisten, Steuersatz 12.7 (18)
Bildungseinrichtungen, Steuerbefreiung 4.21.2; –, freie Mitarbeiter 4.21.3
Bildungszwecke, Lieferung von Lehrmaterial 4.21.4 (2)
Billigkeitsmaßnahmen, Baugesetzbuch 1.1 (18); Vorsteuerabzug 15.11 (7)
Binnenluftverkehr 8.2 (3)
Binnenschiffe, grenzüberschreitende Güterbeförderung 4.3.2 (3); Lohnveredelung, Ausfuhrnachweis 7.2 (2); – für ausländische Auftraggeber 7.1 (4)
Biotopkartierungen, Steuersatz 12.7 (1)
Bitcoin, Steuerbefreiung 4.8.3 (3a)
Blankopapier, unberechtigter Steuerausweis 14c.2 (2)
Bleaching, Steuerbefreiung 4.14.3 (8a)
Blinde, Lieferung von Mineralöl 4.19.1 (3); Steuerbefreiung 4.19.1
Blindenfürsorge, Zweckbetrieb 12.9 (10)
Blindenwaren 4.19.2
Blindenwerkstätten 4.19.2
Blockheizkraftwerk, KWK-Bonus 2.5 (19); teilunternehmerische Nutzung 15.6a (3); Zuordnung 15.2c (10)
Blu-ray Disc, Aufzeichnungen und Belege 22.1 (2); Steuersatz 12.6 (4)
Blut, steuerfreie Lieferung 4.17.1 (1)
Blutalkoholuntersuchungen, ärztliche Gutachten 4.14.1 (5); diagnostische Einrichtungen 4.14.5 (6)
Blutkonserven, steuerfreie Lieferung 4.17.1 (1) f.
Blutplasmaderivate, wirtschaftlicher Geschäftsbetrieb 12.9 (4)
Blutplasmapräparate, Steuerpflicht 4.17.1 (2)
Blutspendedienste, Deutsches Rotes Kreuz 12.9 (4)
Blutzuckermessgeräte, unentgeltliche Abgabe an Patienten 3.3 (16)
Bodenschätze, Abbauverträge 4.12.4; Leistungsort 3a.3 (8)
Bootsliegeplätze, Vermietung 3a.3 (4) f.
Bordell, Steuersatz 12.16 (3)
Bordero, grenzüberschreitende Güterbeförderung, Ausfuhr 4.3.4 (5); –, Einfuhr 4.3.3 (4)
Bordkantinen/-läden, Seeschifffahrt 8.1 (4)
Börseneinführung von Wertpapieren 4.8.8 (2)
Börsenhandel mit Platinmetallen 3a.9 (18)
Botschaften, ausländische Abnehmer 6.3 (3); Exterritorialität, Inland 1.9 (1)
Bräunungsstudio, Steuersatz 12.11 (3)
Briefkastenanschrift, Vorsteuerabzug 15.2a (2)
Briefmarken, Steuerbefreiung 4.8.14; Vorsteueraufteilung 15.18 (5)
Briefmarkensammler, Nichtunternehmer 2.3 (6)
Brillen, Abgabe durch Sozialversicherungsträger, Steuerpflicht 4.15.1
Bruchteilsgemeinschaft, Leistungsempfänger 15.2b (1); Unternehmer 2.1 (2)
Bruttoaufzeichnung 22.5 (1)
Bruttoausweis, Herausrechnung der Vorsteuer 15.4 (2) f.
Bücher, Ausfuhrnachweis 6.9 (7) ff.; Lieferung für Schul- und Bildungszwecke 4.21.4 (2); Verkauf in Museen 4.20.3 (3)
Buchführung, ärztliche Praxisgemeinschaften 4.14.8 (3)
Buchführungspflicht, Befreiung, allgemeine Durchschnittssätze 23.1 (2); Istversteuerung 20.1 (1)
Buchgemeinschaften, Buchprämien 10.3 (2)
Buchmacher, Steuerbefreiung 4.9.2 (1)
Buchnachweis, Ausfuhr 6.5; Ausfuhrlieferungen 6.10; – im nichtkommerziellen Reiseverkehr 6.11 (11); grenzüberschreitende Güterbeförderung 4.3.6; innergemeinschaftliche Lieferung 6a.2; 6a.7; Leistungen an Hilfsbedürftige 4.16.2; Leistungen an NATO-Partner 4.7.1 (7); Lohnveredelung 7.3; Seeschifffahrt und Luftfahrt 8.3; Steuervergütung 4a.3 (2); Vermittlungen 4.5.4
Bühnenbildner, Steuersatz 12.7 (19) ff.
Bühnenmitarbeiter, Durchschnittssätze 23.2 (3)

Bühnenwerke, Steuersatz 12.7 (20)
Bund, jPöR 2.11 (1); Umsatzsteuer-Identifikationsnummer 27a.1 (3)
Bundesschatzbriefe, Emissionsgeschäfte 4.8.8 (2)
Bundeszentralamt für Steuern, Post-Universaldienstleistungen 4.11b.1 (10) ff.; Umsatzsteuer-Identifikationsnummer 18e.1; 27a.1 (1); Vergütungsverfahren 18.13 ff.; Vorsteuervergütung in anderem Mitgliedstaat 18g.1
Burgen, Steuerbefreiung 4.20.3 (4)
Bürgschaften, Steuerbefreiung 4.8.12
Bürgschaftsversicherung 4.10.1 (2)
Büromaterial, Vorsteuerabzug bei juristischen Personen des öffentlichen Rechts 15.19 (2); Vorsteueraufteilung 15.18 (6)
Büromobiliar, Vermietung, selbständige Leistung 4.12.1 (3)
Business-Package, kurzfristige Vermietung 12.16 (12)
Büsingen, Abnehmerbestätigung 6.11 (8); ausländische Abnehmer 6.3 (1); steuerfreie Ausfuhrlieferung 6.1 (1)

Cafeteria, Studentenwerke 4.18.1 (9); 12.9 (4)
Campingflächen, kurzfristige Vermietung 12.16 (7); Vermietung 4.12.3
Campingplätze, Vermietung 3a.3 (4) f.
Car-Garantie, Steuerbefreiung 4.8.12
Carnet TIR, Ausfuhrnachweis 6.6 (1)
Carsharing-Verein, Steuersatz 12.13 (8); kein Zweckbetrieb 12.9 (4)
Catering-Unternehmen, Abgrenzung von Lieferungen und sonstigen Leistungen 3.6 (6)
CD, Aufzeichnungen und Belege 22.1 (2)
CD-Lieferungen 3a.12 (5)
CEREC-Gerät für diagnostische Zwecke 4.14.3 (1)
Cermetslieferung, Steuerschuldner 13b.7a
Charterflugscheine 4.5.3 (1)
Charterverkehr, Gegenseitigkeit 26.4
Chartervertrag, Yachten 3a.5 (3)
Chemiker, klinische, Steuerbefreiung 4.14.5; *s. a. Handelschemiker*
Chöre, ermäßigter Steuersatz 12.5 (1) ff.; Omnibusgelegenheitsverkehr 16.2 (6); Steuerbefreiung 4.20.2 (1)
Chorleiter, Durchschnittssätze 23.2 (3)
CMR-Frachtbrief, Versendungsbeleg 6a.5 (2)
Coaster-Bahn, Steuersatz 12.13 (10)
Collateral Management, Investmentvermögen 4.8.13 (18)
Computer-Grundkurse 4.21.2 (5)
Computer-Programm, Steuersatz 12.7 (1)
Consolidator, kein Luftverkehrsunternehmer 26.1 (1); Verkauf von Flugscheinen 4.5.3
Container, Lohnveredelung, Ausfuhrnachweis 7.2 (2); – für ausländische Auftraggeber 7.1 (4); Luftfahrt 8.1 (6); Vermietung/Leasing 8.1 (7)
CPU, Steuerschuldner 13b.7 (2)
Crew-Management, Steuerbefreiung 8.1 (7)
Cross-Border-Leasing 3.5 (6)

Dachbegrünung, Bauleistung 13b.2 (5)
Darlehensgebühr, Bausparkasse 4.8.2 (4)
Darlehensgewährung, sonstige Leistung 3.1 (4)
Data-Warehousing, offline 3a.12 (6); online 3a.12 (3)
Datenbank, Nutzungsüberlassung 12.7 (1)
Datenbank-Bereitstellung, elektronische Leistung 3a.12 (3)
Datendienste 3a.10 (4)
Datenfernübertragung, Antrag auf Dauerfristverlängerung 18.4; Antrag auf Vorsteuervergütung in anderem Mitgliedstaat 18g.1 (2); innergemeinschaftliche Fahrzeuglieferung 18c.1 (2) f.; Voranmeldungen 18.1; Vorsteuer-Vergütungsverfahren 18.13; Zusammenfassende Meldung 18a.1 (4)
Datensatz, Vorsteuer-Vergütungsverfahren 18.14 (2)
Datenträger, Aufzeichnungen und Belege 22.1 (2); Ausfuhrbelege 6.5 (4); Ausfuhrnachweis 6.9 (7); Software und Updates, Lieferung 3.5 (2)
Datenverarbeitung, Begriff 3a.9 (15); Steuersatz 12.7 (1)
Dauerfristverlängerung 18.4; Antrag 18.4 (2) f.; Neugründung 18.7 (4); Zusammenfassende Meldung 18a.2

Dauergrünland, Land- und Forstwirtschaft 24.3 (12)
Dauerleistung, Entstehung der Steuer 13.1 (3) f.; Rechnungsnummer 14.5 (12); sonstige Leistung 3.1 (4)
Dauernutzungsrechte, Ort 3a.3 (6); Steuerbefreiung 4.12.8
Dauerschuldverhältnis, Zeitpunkt der Leistung 14.5 (17)
Dauerwohnrechte, Ort 3a.3 (6); Steuerbefreiung 4.12.8
Deckgeld, Förderung der Tierzucht 12.3 (2)
Dekorationsmaterial, unentgeltliche Abgabe 3.3 (15)
Delfinarien, keine Steuerbefreiung 4.20.4 (1); Steuersatz 12.8 (3)
Denkmäler, Steuerbefreiung 4.20.3
Dental-Hygieniker, Steuerbefreiung 4.14.4 (11)
Dentist, ermäßigter Steuersatz 12.4 (3); Steuerbefreiung 4.14.3 (9); *s. a. Zahnarzt*
Depotgeschäft, Steuerbefreiung 4.8.8 (6); Steuerpflicht 4.8.9
Deputate 1.8 (14)
Deutsche Bundesbank, steuerfreie Goldlieferungen 4.4.1
Deutsches Jugendherbergswerk, Steuerbefreiung 4.24.1
Deutsches Rotes Kreuz, Blutspendedienste 12.9 (4)
Deutsches Sportabzeichen, Zweckbetrieb 12.9 (4)
Devisen-Optionsgeschäfte, Steuerbefreiung 4.8.4 (4)
Dezentraler Stromverbrauch, Bemessungsgrundlage 2.5 (18)
Dialyseeinrichtungen 4.14.5 (22a)
Diamanten, keine Differenzbesteuerung 25a.1 (1)
Dia-Multivisionsschau, Steuersatz 12.6 (3)
Diätassistenten, Steuerbefreiung 4.14.4 (11)
Dichterlesung, Steuersatz 12.7 (8)
Diebstahlversicherung 4.10.2 (1)
Dienstbarkeiten, Leistungsort 3a.3 (9); Steuerbefreiung 4.12.8
Dienstleistungen, sonstige Leistungen 3.1 (4)
Dienstleistungskommission 3.15
Differenzbesteuerung, Gebrauchtgegenstände 25a.1; –, Anwendungszeitraum 25a.1 (6) f.; –, Bemessungsgrundlage 25a.1 (8) ff.; –, Erklärung 25a.1 (7); –, innergemeinschaftlicher Warenverkehr 25a.1 (18) ff.; –, Steuersatz 25a.1 (15); –, Verzicht 25a.1 (21); Gesamtumsatz 19.3 (1); innergemeinschaftliche Lieferung 6a.1 (3); Rechnung, Sonderregelung 14a.1 (10); Reiseleistung 25.3; Vorsteuerabzug 15.2 (3)
Digitale Medien, Steuersatz 12.17
Digitalisierte Texte, Bereitstellung an Unternehmer 3a.2 (11a)
Dingliche Nutzungsrechte, Steuerbefreiung 4.12.8
Dingliche Rechte, Leistungsort 3a.3 (9)
Dinnershow 12.5 (2)
Dipl.-Oecotrophologen, Steuerbefreiung 4.14.4 (11)
Diplomaten, Ausnahme vom innergemeinschaftlichen Erwerb 1c.1
Diplomatische Vertretungen, steuerfreie Umsätze 4.7.1; Vorsteuerabzug 15.13 (2)
Direktverbrauch, Photovoltaikanlagen 2.5 (5) ff.; 10.1 (10)
Direktvermarktung von Strom 2.5 (24)
Dirigenten, Durchschnittssätze 23.2 (3); Mitwirkung bei Konzerten 4.20.2 (2); Steuersatz 12.7 (19) ff.
Diskjockeys, Steuersatz 12.5 (1)
Diskontierung, Entgeltminderung 10.3 (6)
Diskontspesen, Entgelt 10.3 (6)
Dispacheur, Steuerbefreiung 8.1 (7)
Dividendenausschüttung, Siedlungsunternehmen 12.9 (2)
Dividendenscheine, Inkasso 4.8.9
Divisor, Herausrechnung der Vorsteuer 15.4 (3)
Dolmetscher, Vergütung, kein Schadensersatz 1.3 (15)
Doppelte Haushaltsführung, Vorsteuerabzug 15.6 (1)
Doppelumsatz 1.2 (1)
Dorfhelferinnendienst, Land- und Forstwirtschaft 4.27.2 (1)
Drahtseilbahnen, ermäßigter Steuersatz 12.13 (9)

Dreiecksgeschäfte, innergemeinschaftliche 25b.1; –, Vorsteuerabzug 15.10 (5); –, Zusammenfassende Meldung 18a.1 (1)
Dreifachumsatz 1.2 (1a)
Drittlandsgebiet 1.10 (2); Beförderungseinzelbesteuerung 16.2 (2); Beförderungskosten, Einfuhrumsatzsteuer 4.3.3 (7); begünstigte Verwendung 4a.2 f.; Einfuhranschlusslieferung 3.13; Erwerb und Lieferung von Gebrauchtgegenständen 25a.1 (3); Finanz- und Versicherungsumsätze, Vorsteuerabzug 15.13 (3); 15.14 (4); Grenzbahnhöfe 6.9 (2); im Inland genutzte Leistungen 3a.14 (1) ff.; Reihengeschäft 3.14 (14) ff.; Reiseleistungen 25.2; steuerfreie Ausfuhrlieferungen 6.1; Unternehmerbescheinigung 3a.2 (11); Vorsteuer-Vergütungsverfahren 18.11 (4); 18.14
Drittlandsverzollungsbeleg, Ausfuhrnachweis 6.6 (2)
Druckerzeugnisse, Abgabe an Vereinsmitglieder 1.4 (6); Ausfuhrnachweis 6.9 (7) ff.
Druckfilme, Lieferung 3.5 (2)
Druckkostenzuschüsse, Entgelt 10.2 (5)
Due Diligence i. Z. m. einem Grundstück 3a.3 (9) f.
Duldung, sonstige Leistung 3.1 (4)
Duldungsleistungen, Entstehung der Steuer 13.1 (3)
Duplikat, Rechnung 14c.1 (4)
Durchfuhr, sonstige Leistungen, Steuerbefreiung 4.3.4; –, Vorsteuerabzug 15.13 (2)
Durchführungsgesellschaften, Messen, Ausstellungen, Kongresse 3a.4 (4) ff.
Durchlaufende Posten, kein Entgelt 10.4
Durchschnittsaufschlag, gewogener 22.6 (14) f.
Durchschnittsbeförderungsentgelt, Personenbeförderung mit Omnibussen 10.8
Durchschnittsbesteuerung, innergemeinschaftliche Lieferung 6a.1 (3)
Durchschnittskurse für fremde Währung 16.4 (2); –, Anzahlungen 13.5 (7)
Durchschnittssatzbesteuerung, Abtretung/Pfändung/Verpfändung von Forderungen 13c.1 (9); Land- und Forstwirte, Vorsteuerabzug 15.1 (3); Option 9.2 (2); Übergang zum Kleinunternehmer 19.5 (6) ff.; Übergang zur Regelbesteuerung 15a.9; Verzicht 24.8; Vorsteuerabzug 15.2 (3); Zusammentreffen mit anderen Besteuerungsformen 24.7
Durchschnittssätze, allgemeine 23.1 ff.; –, Aufzeichnungspflichten 22.5 (4) f.; –, Berufs- und Gewerbezweige 23.2; –, Vorsteuerabzug 15.1 (3); gemeinnützige Einrichtungen, keine Aufzeichnungen 22.2 (10); Land- und Forstwirtschaft 24.1 ff.; –, Aufzeichnungspflichten 22.5 (5); –, Mindestbemessungsgrundlage 14.9 (2); –, Rechnungsausstellung 14.5 (22); –, Übergang zum Kleinunternehmer 19.5 (6) ff.; –, Voranmeldungen 18.6 (2) f.
DVD, Aufzeichnungen und Belege 22.1 (2); Steuersatz 12.6 (4)

E-Books 3a.12 (3)
Echte Zuschüsse 10.2 (7)
Edelmetalle, keine Differenzbesteuerung 25a.1 (1); Ort der Leistung 3a.9 (18)
Edelmetalllieferungen, Steuerschuldner 13b.7a
Edelsteine, keine Differenzbesteuerung 25a.1 (1)
EDIFACT-Nachrichten 6.2 (3)
EDI-Rechnungen 14.4 (3)
EDV-Anlagen *s. Software*
EFTA-Länder, gemeinsames Versandverfahren 6.6 (2)
EG-Marktordnungen, Beihilfen 10.2 (7)
Ehegatten, Bruchteilseigentum 2.1 (2)
Ehegattengemeinschaft, Leistungsempfänger 15.2b (1)
Ehegatten-Grundstück, Leistungsempfänger 15.2b (1)
Ehrenamtlicher Richter, Entschädigung 1.3 (9)
Ehrenamtliche Tätigkeit, Begriff 4.26.1; Grenzen für angemessene Vergütung 4.26.1 (4) f.; Steuerbefreiung 4.26.1

Eigengesellschaften von juristischen Personen des öffentlichen Rechts (§ 2 Abs. 3 UStG) 2.11 (20)
Eigenhandel, Abgrenzung zur Vermittlung 3.7
Eigenjagdverpachtung durch juristische Personen des öffentlichen Rechts (§ 2 Abs. 3 UStG) 2.11 (19)
Eigenleistungen, Reiseveranstalter 25.1 (8) ff.
Eigentumsverwaltung, Grundstück, Ort der Leistung 3a.3 (3)
Eigentumsvorbehalt, Lieferung 3.1 (3)
Eigenverbrauch, steuerbefreite Gegenstände 4.28.1 (4); *s. a. Unentgeltliche Wertabgaben*
Einbauten, Lieferort 3.12 (4)
Einbehalte zur Absicherung von Gewährleistungsansprüchen, Steuerberichtigung 17.1 (5)
Einbringung von Wirtschaftsgütern 1.6 (2)
Einfuhr, Aufzeichnungen 22.2 (11); 22.5 (2); Freihafen-Veredelungsverkehr bzw. Freihafenlagerung 1.12; Gas oder Elektrizität 3g.1 (6); Kleinunternehmer 19.1 (1); Lohnveredelung für ausländische Auftraggeber 7.1 (3); sonstige Leistung, Vorsteuerabzug 15.13 (2); Steuerbefreiung 4.3.3; –, Ausnahmen 4.3.5; Tatbestandsverwirklichung 15.8 (2); *s. a. Rückwaren*
Einfuhrabgaben, Nachweis 4.3.3 (4) ff.
Einfuhrabgabenbefreiung, befristete Verwendung 1a.2 (12)
Einfuhranschlusslieferung 3.13
Einfuhrbeleg, Mikroverfilmung 22.1 (3); Vorsteuer-Vergütungs- und Besteuerungsverfahren 18.15 (1) f.
Einfuhrland, Beförderung oder Versendung 3.13 (1)
Einfuhrlieferungen 4.4b.1; Vermittlungen, Buchnachweis 4.5.4 (4)
Einfuhrumsatzsteuer, Annahmeverweigerung 15.8 (11); ATLAS-Verfahren 15.11 (1); Aufzeichnungen 22.2 (11); 22.5 (2); Beförderungskosten 4.3.3 (7); Be- oder Verarbeitung von Gegenständen 7.1 (3); besonderer Lieferort 3.13; Einfuhr über Freihafen 15.8 (3); einheitlicher Gegenstand 15.8 (13); Erlass oder Erstattung 15.9 (6); Freihäfen 15.9 (1) ff.; Freihafen-Veredelungsverkehr bzw. Freihafenlagerung 1.12; Gebrauchtgegenstände 25a.1 (7); Nachweis 15.11 (1); Special Arrangement 21a.1; Steuervergütung 4a.3 (2); Vergütungsverfahren 18.14 (3); Verlust bzw. Untergang beim Transport 15.8 (12); Vermietung 15.8 (9); vertretbare Sachen 15.8 (13); Vorsteuerabzug 15.8; Wechsel der Besteuerungsform 15.1 (5); Wiedereinfuhr bei Steuervergütung 4a.5
Einheitliche Reiseleistung und Steuerbefreiungen 25.1 (12)
Einheitlicher Gegenstand, Einfuhrumsatzsteuer 15.8 (13); aus Einzelgebrauchtgegenständen 25a.1 (4); Vorsteuerabzug 15.2c (1) ff.; 15.19 (3)
Einheitliche sonstige Leistung, Ort 3a.2 (6)
Einheitlichkeit der Leistung 3.10; –, unentgeltliche Wertabgaben 3.3 (5)
Einkaufsentgelt, Aufschlagsverfahren 22.6 (9) ff.
Einkaufspreis, Aufzeichnungen 22.2 (7); Bemessungsgrundlage für unentgeltliche Wertabgaben 10.6 (1); Gebrauchtgegenstände 25a.1 (8) ff.; Sachbezüge 1.8 (6) f.
Einkaufszentrum, Werbegemeinschaft aus Mietern und Eigentümern 1.4 (5)
Einlagengeschäft, Steuerbefreiung 4.8.5
Einnahmenerzielung, Nachhaltigkeit 2.3 (5) ff.
Einrichtungen, Sozialhilfe 4.16.5 (14) ff.
Einsicht in gespeicherte Daten, Umsatzsteuer-Nachschau 27b.1 (5)
Einspeisung von Strom in Stromnetz 2.5 (1) f.
Einspruch, Beförderungseinzelbesteuerung 18.8 (2)
Eintrittsberechtigungen, Ort der sonstigen Leistung 3a.7a
Eintrittsgelder, kulturelle und sportliche Veranstaltungen 4.22.2 (5); Pferderennen 12.3 (3); zoologischer Garten 12.8 (4)
Eintrittskarten, Überlassung, sonstige Leistung 3.5 (3)
Einwerben von Kapital 15.22 (1)

Einzelaufstellung, Vorsteuer-Vergütungsverfahren 18.14 (3)
Einzelbesteuerung, Kleinunternehmer 19.1 (1)
Einzelflugtickets, Vereinfachungsregelung 4.5.3 (2)
Einzelhandel, Aufzeichnungserleichterung 22.6 (3)
Einzelhändler, Kreditverkäufe 18.5
Einzelunternehmen, Einbringung in Personengesellschaft 2.3 (6); unentgeltliche Wertabgaben 3.2 (1)
Einzelunternehmer, nahestehende Personen, Mindestbemessungsgrundlage 10.7 (1)
Einzige Bewilligung, Ausfuhranmeldungen 6.9 (14) f.
Einzweckguthabenkarte in der Telekommunikation 3.5 (3)
Einzweckgutscheine 3.17 (2) ff.
Eisenbahnen des Bundes, ermäßigter Steuersatz 12.13 (2); Fahrausweise, Vorsteuerabzug 15.5 (3); Leistungen an ausländische Eisenbahnverwaltungen, Steuerbefreiungen 4.6.1; Verkehrsverbund 12.14 (4); Vorsteuerabzug 15.13 (2)
Eisenbahnfrachtbrief, Ausfuhrnachweis 6.7 (1a); Versendungsbeleg 6a.5 (1) f.
Eisenbahnfrachtverkehr, internationaler, Steuerbefreiung 4.3.2 (2)
Eisenbahngepäckverkehr, Nebenleistungen 4.3.1 (1)
Eisenbahnunternehmen, Versendung über Grenzbahnhöfe oder Güterabfertigungsstellen 6.9 (2) ff.
Eisenbahnverkehr *s. Schienenbahnverkehr*
Eisenbahnwagen, Lohnveredelung, Ausfuhrnachweis 7.2 (2); – für ausländische Auftraggeber 7.1 (4)
Eisrevuen, ermäßigter Steuersatz 12.5 (2)
Eissportstadien, Grundstücksteile und Betriebsvorrichtungen 4.12.11 (2)
Elektrizität, Lieferung, Entstehung der Steuer 13.1 (2); Ort der Lieferung 3g.1; Steuerschuldner 13b.3a; unmittelbar zusammenhängende Leistungen 3a.13; Versorgungsleitung, dingliche Sicherung 4.12.8 (2)
Elektrizitätslieferung 1.7; 3.1 (1); Abgrenzung 13b.3 (5) f.; Differenzausgleich 1.7 (1); Nebenleistung 4.12.1 (5)
Elektronische Aufbewahrung, Rechnungen 14b.1 (6), (8)
Elektronische Bücher, Aufbewahrung im Ausland 22.1 (1)
Elektronische Dienstleistungen 3a.10 (4); Ort 3a.9a
Elektronische Handelsplattform, Verkäufe, Nachhaltigkeit 2.3 (6)
Elektronische Leistungen 3a.12; Aufzeichnungspflichten 22.3a; Besteuerungsverfahren 3a.9a (9); 3a.16 (8) ff.; 18.7a f.; 18h.1
Elektronischer Datenaustausch, EDI-Rechnungen 14.4 (7) f.
Elektronische Registrierkassen 14b.1 (1)
Elektronisches Ausfuhrverfahren 6.2
Elektronische Schnittstelle 3.18; Aufzeichnungspflichten des Betreibers 22f.1 ff.; besonderes Besteuerungsverfahren 18j.1; Bestätigungsverfahren des Betreibers 18e.3; Haftung des Betreibers 25e.1 f.
Elektronische Übermittlung, Jahreserklärung 18.1 (2); Voranmeldung 18.1 (1); Zusammenfassende Meldung 18a.1 (4)
Elektronisch übermittelte Rechnung 14.4; Aufbewahrung 14b.1 (6)
E-Mail-Kommunikation 3a.12 (6)
Embryonen, Tierzucht 12.3 (3)
EMCS-Eingangsmeldung, Versendungsbeleg 6a.5 (12) f.
Emissionsgeschäft, Wertpapiere, Steuerbefreiung 4.8.8 (2)
Empfänger, innergemeinschaftliche Lieferung 6a.1 (9) ff.
Empfangsspediteur, unfreie Versendungen 15.7 (2)
Ende der Unternehmereigenschaft 2.6
Endrechnung, Erleichterungen 14.8 (8); Istversteuerung 14.8 (10) f.; Voraus- und Anzahlungen 14.8 (7); Vorsteuerabzug 15.2a (8); 15.3 (5)
Energieerzeugnisse, Lieferung durch Blinde 4.19.1 (3)
Energieerzeugung, Einspeisung in Stromnetz 2.5 (1) f.
Energielieferung 3.1 (1); Belastungsausgleich zwischen Netzbetreibern 1.7 (2)

Eng verbundene Leistungen, Jugendhilfe 4.25.2
Eng verbundene Umsätze, Krankenhäuser, ärztliche Heilbehandlungen usw. 4.14.6; Pflege- und Betreuungseinrichtungen 4.16.6
Entbindungspfleger, Tätigkeit 4.14.4 (3) ff.
Enteignung, Entschädigung 1.3 (14)
Entgelt, Aufschlüsselung 14.5 (18); Aufzeichnungen 22.2 (5) f.; Bemessungsgrundlage 10.1; von dritter Seite, Rechnungen 14.10 (1); –, Vorsteuerabzug 15.2a (3); Gegenleistung 10.1 (3) f.; kurzfristige Vermietung, Pauschalpreis 12.16 (12); Leistungsaustausch 1.1 (1); Materialabfall 10.5 (2); nicht enthaltene Umsatzsteuer 29.1 (5); Pfandgeld 10.1 (8); Rückzahlung 17.1 (2); Tausch 10.5; Teilleistungen 13.4; –, Steuerschuldner 13b.12 (3); Teilnehmergebühren bei kulturellen und sportlichen Veranstaltungen 4.22.2 (5); überhöhter Preis an Tochtergesellschaft 10.1 (2); Uneinbringlichkeit 17.1 (5); Vatertierhaltung 12.3 (2) f.; vereinnahmtes, Entstehung der Steuer 13.5 f.; Vermittlungsleistungen von Reisebüros 10.1 (9); *s. a. Gegenleistung*
Entgeltminderungen 10.3; Aufteilung bei Kreditgeschäften 3.11 (7); Aufzeichnungen 22.2 (3), (8); Aufzeichnungserleichterungen 22.6 (20) f.; Formerfordernisse der Vereinbarung 14.5 (19); Wechseldiskont 10.3 (6)
Entnahme, Aufzeichnungen 22.2 (7); Bemessungsgrundlage 10.6 (1); Berichtigung des Vorsteuerabzugs 15a.6 (12) ff.; von Gegenständen 3.3 (5) ff.
Entschädigung, Betriebsverlagerung gem. BauGB 1.1 (13); nach § 96 BauGB 1.3 (14); für Zeitversäumnis der ehrenamtlichen Tätigkeit, Angemessenheit 4.26.1 (4) f.
Entsorgung, Land- und Forstwirtschaft 24.3 (10)
Entsorgungsleistung, werthaltige Abfälle 3.16
Entstehung der Steuer 13.1 ff.; Leistungsempfänger als Steuerschuldner 13b.12; unrichtiger Steuerausweis 13.7
Entwicklungsaufträge, Berichte und Mitteilungen 12.7 (14)
Entwicklungsvorhaben, Zuschüsse 10.2 (10)
Erbbaurecht, Bestellung 3.1 (4); Leistungsort 3a.3 (9); Steuerbefreiung 4.9.1 (2)
Erbe, Kleinunternehmer 19.1 (5); Testamentsvollstreckung 2.1 (7); Unternehmer 2.6 (5)
Erdarbeiten, Bauleistung 13b.2 (5)
Erdgas, Ort der Lieferung 3g.1; Steuerschuldner 13b.3a; unmittelbar zusammenhängende Leistungen 3a.13
Erdgasleitung, dingliche Sicherung 4.12.8 (2)
Erdgasspeicheranlagen, Ort der Lieferung 3g.1
Erfüllungsgehilfe, Ort der sonstigen Leistung 3a.15; Schadensbeseitigung 1.3 (1)
Erfüllungsgeschäft, Zeitpunkt der Lieferung 6.3 (2)
Ergänzungspfleger, Jugendhilfe 4.25.2 (5) ff.
Ergänzungsschulen, Steuerbefreiung 4.21.2
Ergotherapeuten, Steuerbefreiung 4.14.4 (11)
Erhaltungsaufwand, Bauleistungen 13b.2 (3); Berichtigung des Vorsteuerabzugs 15a.1 (3)
Erklärung, Differenzbesteuerung 25a.1 (7); der Option 9.1
Erlass der Einfuhrumsatzsteuer 15.9 (6); Luftverkehr 26.1 ff.
Erleichterungen, Aufzeichnungspflicht 22.5 f.; Trennung der Bemessungsgrundlage 22.6 (1) f.; Vorsteueraufteilung 15.18
Erlöspoolung, kein Entgelt 10.1 (3)
Ermäßigter Steuersatz 12.1 (1)
Ermessen, Sicherheitsleistung 18f.1 (3)
Ersatzbelege, Ausfuhrnachweis 6.6 (6); Vorsteuerabzug 15.11 (1); 22.1 (3)
Ersatzbestätigung, Abnehmernachweis 6.11 (9)
Ersatzleistung, Schadensersatz 1.3 (4); Warenkreditversicherung 1.3 (7)
Ersatzschulen, Steuerbefreiung 4.21.1; –, freie Mitarbeiter 4.21.3

Ersatzteile, Erhaltungsaufwand 3.3 (2)
Erschließungsmaßnahmen, Vorsteuerabzug 15.2d (1)
Erstattung der Einfuhrumsatzsteuer 15.9 (6)
Erstattungsbehörden, ausländische Vorsteuer 15.2 (1)
Erwerb eines Betriebs, Aufschlagsverfahren 22.6 (6); im Gemeinschaftsgebiet 7.1 (5); innergemeinschaftlicher 1a.1
Erwerbsbesteuerung im Bestimmungsmitgliedstaat 6a.1 (16) ff.
Erwerbsschwelle 3.18 (4); innergemeinschaftlicher Erwerb 1a.1 (2); Überschreitung, Aufzeichnungspflicht 22.3 (6); Verzicht auf Anwendung 1a.1 (2)
Erwerbssteuer, Vorsteuerabzug 15.10 (3)
Erziehung von Jugendlichen, Steuerbefreiung 4.23.1
Erziehungshilfe, Zweckbetrieb 12.9 (10)
Essen auf Rädern, Abgrenzung von Lieferungen und sonstigen Leistungen 3.6 (6)
Essenslieferung an Arbeitnehmer 1.8 (12); durch Kantinenpächter einer berufsbildenden Einrichtung 4.23.1 (2)
EU-Mitgliedstaaten, Erwerbsschwelle 3.18 (4); innergemeinschaftliche Güterbeförderung 3b.3; Leistungsort 3a.16 (4) ff.; Umsatzsteuer-Identifikationsnummern 18e.2
Euro-Adresse 27a.1 (2)
Europäische wirtschaftliche Interessenvereinigung, Unternehmer 2.10 (1)
Europäische Zentralbank, steuerfreie Goldlieferungen 4.4.1
Euro-Paletten, sonstige Leistung 3.5 (3)
Exterritorialität von Botschaften usw., Inland 1.9 (1)

Factoring, Bemessungsgrundlage 2.4 (6); echtes 2.4 (1); unechtes 2.4 (1)
Fahrausweis, Beförderungsstrecke 12.14 (3); zu hoher Steuerausweis 14c.1 (2); online 14.4 (11); Rechnung 14.7; –, Pflichtangaben 14.7 (3); keine Rechnungsnummer 14.5 (14); unberechtigter Steuerausweis 14c.2 (1); Vergütungsverfahren 18.14 (3); Vorsteuerabzug 15.5
Fahrlehrer, Selbständigkeit 2.2 (3)
Fahrlehrerausbildung, Steuerbefreiung 4.21.2 (1)
Fahrschule, (keine) Steuerbefreiung 4.21.2 (6); Teilleistungen 13.4
Fahrten zwischen Wohnung und Betriebsstätte, Vorsteuerabzug 15.6 (1)
Fahrtenbuchregelung, Fahrzeuge 15.23 (5)
Fährverkehr, Steuersatz 12.13 (10b); Streckenanteile 3b.1 (14) ff.
Fahrzeuge, Ausfuhrnachweis in Beförderungsfällen 6.6 (4a); – in Versendungsfällen 6.7 (4); Begriff 4.12.2 (2); innergemeinschaftliche Lieferung, Aufzeichnungen 22.3 (1); –, Meldepflicht 18c.1; neue, innergemeinschaftlicher Erwerb 1b.1; Vermietung zur Nutzung im Drittlandsgebiet 3a.14 (4); Versendungsbeleg 6a.5 (16) f.; Vorsteuerabzug 15.2d (1); Vorsteuerabzug und Umsatzbesteuerung bei (teil-)unternehmerischer Verwendung 15.23; *s. a. Kraftfahrzeuge*
Fahrzeugeinzelbesteuerung 16.3; Verfahren 18.9; kein Vorsteuerabzug 16.3 (1)
Fahrzeuglieferer, Dauerfristverlängerung 18.4 (1); Meldung für innergemeinschaftliche Fahrzeuglieferung 18c.1; Voranmeldungszeitraum 18.2 (4)
Fahrzeugüberlassung an das Personal 15.23 (8) ff.
Faktor, Herausrechnung der Vorsteuer 15.4 (3)
Fälligkeit, Abtretung/Pfändung/Verpfändung von Forderungen 13c.1 (14) ff.
Fälligkeitszinsen, Schadensersatz 1.3 (6); 10.1 (3)
Fassadenreinigung, Bauleistung 13b.2 (5)
Fautfracht, kein Leistungsaustausch 1.1 (22)
Ferienhäuser, kurzfristige Vermietung 3.15 (7); Ort der Vermittlung 3a.3 (9)
Ferienwohnung, Steuerbegünstigung 12.16 (3) ff.; Vorsteuerausschluss 15.6a (2)

Ferienziel-Reisen mit Omnibussen, Einzelbesteuerung 16.2 (4)
Ferndienstleistung, nicht im Gemeinschaftsgebiet ansässige Unternehmer 18.7a; im übrigen Gemeinschaftsgebiet ansässige Unternehmer 18.7b
Fernlehrinstitute, Steuerbefreiung 4.21.2 (1)
Fernleitung, Erdgas und Elektrizität 3a.13
Fernsehanstalten, private, Steuersatz 12.6 (2)
Fernsehaufzeichnungen, Zirkusvorführungen 12.8 (1)
Fernsehdienstleistung, Ort 3a.9a; *s. a. Elektronische Leistungen*
Fernsehen, Dienstleistung 3a.11; Telekommunikationsleistung 3a.10 (2)
Fernsehen auf Abruf, Ort 3a.12 (3)
Fernsehfilme, Steuersatz 12.7 (20)
Fernsehmitarbeiter, Durchschnittssätze 23.2 (3)
Fernsehsendung, Schriftstellerlesung, Steuersatz 12.7 (8)
Fernsehübertragungsrechte, Ausübung durch Sportveranstalter 12.7 (23); Ort der Leistung 3a.9 (2)
Fernunterricht, Leistungen im Internet 3a.12 (3); per Post 3a.12 (6)
Fernverkauf, besonderes Besteuerungsverfahren 18j.1 ff.; Ort 3c.1
Fernwartung, Leistungsort 3a.3 (9)
Festhallen, Grundstücksteile und Betriebsvorrichtungen 4.12.11 (2)
Festnetz, Telekommunikationsleistung 3a.10 (2)
Festsetzung, allgemeine Durchschnittssätze 23.4
Festsetzungsfrist, keine Ablaufhemmung durch Umsatzsteuer-Nachschau 27b.1 (7)
Feststellungslast, innergemeinschaftliche Lieferung 6a.2 (3); Vorsteuerabzug 15.2 (2); 15.2a (2)
Feuerbestattung, Todesbescheinigung 4.14.1 (5)
Feuerversicherung 4.10.2 (1)
Filialunternehmen, Trennung der Bemessungsgrundlagen 22.6 (16)
Film-Auftragsproduktion, Ort der Leistung 3a.9 (2); sonstige Leistung 3.5 (3); Steuersatz 12.7 (20)
Filmauswertung, ermäßigter Steuersatz 12.6
Filmmitarbeiter, Durchschnittssätze 23.2 (3)
Filmvorführung, ermäßigter Steuersatz 12.6; keine Steuerbefreiung 4.20.1 (2)
Finanzamt, Zuständigkeit, allgemeines Besteuerungsverfahren 18.15; –, Einspruch bei Beförderungseinzelbesteuerung 18.8 (2)
Finanzholding 2.3 (3)
Finanzielle Eingliederung einer juristischen Person 2.8 (5); Organschaft 2.8 (1), (5) ff.; einer Personengesellschaft 2.8 (5a)
Finanzierungsberatung, Grundstückskauf 3a.3 (9), (10)
Finanzumsätze, Ort der Leistung 3a.9 (17); Vorsteuerabzug 15.13 (3); 15.14 (4)
Firmenbezeichnung, Scheinname 15.2a (2)
Firmenkunden-Reisebüros, Vermittlungsleistungen 4.5.2 (7) f.
Firmenmantel, Übernahme eines F., Voranmeldung 18.7 (1)
Firmenwert, sonstige Leistung 3.1 (4)
Fischereirecht, Einräumung, Ort 3a.3 (4); –, Steuerpflicht 4.12.6 (2)
Fischzucht, Durchschnittssätze, Zierfischzucht 24.1 (2)
Flash-Speicher, Aufzeichnungen und Belege 22.1 (2)
Flexibilitätsprämie, echte Zuschüsse 10.2 (7)
Floßfahrten, Steuersatz 12.13 (10a)
Flugplatz, Zurverfügungstellung von Warteräumen, Ort 3a.3 (4)
Flugreisen, Vermittlung durch Reisebüros 4.5.2 f.; *s. a. Luftverkehr*
Flugscheine, Verkauf durch Reisebüros oder Tickethändler 4.5.2 f.
Flugtickets, Vereinfachungsregelung 4.5.3 (2)
Flurbereinigungsverfahren 1.1 (19)
Flurschaden bei Überlandleitungsbau 1.3 (16)
Flur- und Treppenreinigung, Nebenleistung 4.12.1 (5)
Folgerecht, Weiterverkauf von Werken der bildenden Kunst 1.1 (21); 12.7 (16)
Fondsanteile, Übertragung 3.5 (8)

Fonds-Controlling, Investmentvermögen 4.8.13 (18)
Fondsgesellschaft, Bestands- und Kontinuitätsprovision 4.8.8 (6)
Food Court, Abgrenzung von Lieferungen und sonstigen Leistungen bei Speisen und Getränken 3.6 (6)
Förderprämien, öffentliche 10.2 (7)
Förderung der Tierzucht, ermäßigter Steuersatz 12.3
Forderungsabtretung, Berichtigung des Vorsteuerabzugs 17.1 (6); Entgelt 10.1 (4); Haftung des Abtretungsempfängers 13c.1; Leasingraten 13.1 (4); Vorsteueraufteilung 15.18 (3); Zufluss 13.6 (1)
Forderungseinzug 2.4
Forderungskauf 2.4; 10.5 (6)
Forderungskäufer 2.4 (4)
Forderungsverkäufer 2.4 (3)
Förmliche Zustellung, keine Steuerbefreiung 4.11b.1 (8)
Formwechsel, keine Neugründung 18.7 (2)
Forschungsaufträge, Berichte und Mitteilungen 12.7 (14)
Forschungsbetriebe, Unternehmereigenschaft 2.10 (1); Vorsteuerabzug 2.10 (2) ff.
Forschungseinrichtungen, Zweckbetrieb 12.9 (10)
Forschungsvorhaben, Zuschüsse 10.2 (10)
Forstwirtschaftliche Erzeugnisse 24.2 (4) f.
Fortbildung von Jugendlichen, Steuerbefreiung 4.23.1
Fortbildungsmaßnahmen, Steuerbefreiung 4.21.2 (3)
Fotobücher, Steuersatz 12.1 (1)
Foto-Designer, Steuersatz 12.7 (18)
Fotografen, Durchschnittssätze 23.2 (3); Steuersatz 12.7 (18)
Fotogramme, Steuersatz 12.7 (18)
Fotokopien, Lieferung 3.5 (2); Nachweis 4.3.3 (4)
Fotovoltaik *s. Photovoltaikanlagen*
Frachtbrief, Ausfuhrnachweis 4a.3 (1); 6.7 (1a); grenzüberschreitende Güterbeförderung 4.3.4 (5); Versendungsbeleg 6a.5 (1) f.
Frachtführer, kein Abzug der Einfuhrumsatzsteuer 15.8 (5); Aufzeichnungserleichterung 22.6 (18) f.; grenzüberschreitende Güterbeförderung 4.3.2 (4)
Frauenmilch, steuerfreie Lieferung 4.17.1 (3)
Freiberufler, Versorgungszwecke, Steuerbefreiungen 4.8.13 (22)
Freie Mitarbeiter, Bildungseinrichtungen 4.21.3
Freifahrten durch Verkehrsunternehmen an Arbeitnehmer 1.8 (17)
Freihafen 1.9 (1); Ausfuhr 6.1 (3) f.; Einfuhr 15.8 (3); grenzüberschreitende Güterbeförderung 4.3.2 (1); innergemeinschaftliche Güterbeförderung 3b.3 (3); Passagier- und Fährverkehr 3b.1 (14) ff.; Straßenstrecken 3b.1 (13)
Freihafenlagerung 1.12 (2); Ausfuhrnachweis 6.9 (1); Beförderungen 4.3.3 (9); Gegenstände für humanitäre Zwecke 4a.2 (5)
Freihafenlieferung, Ausfuhrnachweis 6.9 (1)
Freihafenumsätze 1.11; Abzug der Einfuhrumsatzsteuer 15.9 (1) ff.; Gesamtumsatz 19.3 (1)
Freihafen-Veredelung, Abzug der Einfuhrumsatzsteuer 15.9 (3); Beförderungen 4.3.3 (9)
Freihafen-Veredelungsverkehr 1.12; Ausfuhrnachweis 6.9 (1)
Freiinspektionen, Kfz-Wirtschaft 15.2d (1)
Freilichtbühnen, Steuerbefreiung 4.20.1 (2)
Freistellung von Arbeitnehmern 1.1 (16)
Freizeitgegenstände, private Nutzung, Wertabgabe 10.6 (5); kein Vorsteuerabzug 15.2b (3)
Freizeitgestaltung, Beaufsichtigung von Jugendlichen 4.23.1 (3)
Freizonen, Ausfuhrnachweis 6.6 (7); Straßenstrecken 3b.1 (13); Typen 1.9 (1)
Fremdenpensionen, keine Steuerbefreiung 4.12.9 (1)
Fremdenzimmer, Steuerbegünstigung 12.16 (3) ff.
Fremde Währung, Anzahlungen 13.5 (7); Umrechnung 16.4

Fremdtierhaltung, Land- und Forstwirtschaft 24.3 (11)
Frist, Antrag auf Vorsteuervergütung 18.13 (3); 18.14 (5); – in anderem Mitgliedstaat 18g.1 (3); Aufbewahrung von Rechnungen 14b.1 (2); befristete Verwendung 1a.2 (12); Berichtigung der Zusammenfassenden Meldung 18a.5 (1)
Fristverlängerung, Verfahren 18.4; Voranmeldung und Vorauszahlung 18.4
Frühförderstellen, interdisziplinäre 4.16.5 (17) ff.
Fun-Games, keine Steuerbefreiung 4.9.2 (4)
Funkgeräte, Steuerschuldner 13b.7 (1)
Fußballvereine, Ablöseentschädigung 1.1 (11)
Fußpfleger, medizinische, Steuerbefreiung 4.14.4 (11)
Fußpraktiker, Steuerpflicht 4.14.4 (12)

Garagenvermietung 3a.3 (4) f.
Garantieleistungen, Kfz-Wirtschaft 15.2d (1); Reifenindustrie 15.2d (1); Schadensersatz 1.3 (8)
Garantieverpflichtungen, Übernahme 4.8.12
Garantiezusage, Kraftfahrzeughändler 3.10 (6)
Garderobe, Nebenleistungen in Museen 4.20.3 (3); Theaternebenleistung 4.20.1 (3)
Gartenbaukunst, Steuerbefreiung 4.20.3
Gas, Ort der Lieferung 3g.1; Steuerschuldner 13b.3a
Gaslieferung 1.7; Differenzausgleich 1.7 (1); Entstehung der Steuer 13.1 (2); Mehr-/Mindermengenausgleich 1.7 (5); selbständige Leistung 4.12.1 (5); Wohnungseigentümer 4.13.1 (2)
Gastarbeiter, ausländische Abnehmer 6.3 (3)
Gastspielagenturen, Ort der sonstigen Leistungen 3a.6 (2a)
Gastspieldirektionen, Steuersatz 12.5 (4)
Gaststätte, Theatergaststätte 4.20.1 (3); in Tierparks 4.20.4 (3); Vereinsgaststätten 12.10; Verpflegung von Arbeitnehmern 1.8 (12)
Gaststättenbetriebe, Bedienungszuschlag 10.1 (5)
Gastwirtschaften, Spiel- und Warenautomaten 3.7 (8)
Gebärdensprachdolmetscher 4.16.5 (21)
Gebäude, Begriff 4.12.10; Berichtigung des Vorsteuerabzugs 15a.3 (1) ff.; Errichtung auf fremdem Grund und Boden 15.2d (1); aus Fertigteilen, Vermietung 4.12.1 (4); auf fremdem Boden 4.9.1 (2); leerstehendes, Vorsteuerabzug 15a.2 (8); Restwertentschädigung durch Gemeinden 1.1 (18); Überlassung von Außenwandflächen für Reklamezwecke 4.12.6 (2); Vermietung, Option 9.2; Vorsteueraufteilung 15.17 (5) ff.; Zuordnung 15.2c (18) f.
Gebäudeerrichtung, Insolvenzfälle 3.9 (1)
Gebäudereinigungsleistungen, Steuerschuldner 13b.5
Gebietskörperschaften 2.11 (1); Organisationseinheiten 3a.2 (14); Umsatzsteuer-Identifikationsnummer 27a.1 (3)
Gebrauchsanweisung, Steuersatz 12.7 (14)
Gebrauchsgraphiker, Steuersatz 12.7 (17)
Gebrauchsüberlassung, Hilfsgeschäfte 2.10 (1); sonstige Leistung 3.1 (4)
Gebrauchtfahrzeuge, Differenzbesteuerung, Inzahlungnahme 25a.1 (10); Weiterverkauf von Einzelteilen 25a.1 (4)
Gebrauchtgegenstände, Differenzbesteuerung 25a.1; Steuersatz 25a.1 (15); Wiederverkäufer 25a.1 (2)
Gebrauchtwagen, Inzahlungnahme 10.4 (4)
Gebrauchtwaren, Vermittlung in Secondhand-Shops 3.7 (7)
Gebrochene Beförderung 3.14 (4)
Gebrochene Beförderung/Versendung, Ausfuhrlieferung 6.1 (3a); innergemeinschaftliche Lieferung 6a.1 (8)
Gebrochene innergemeinschaftliche Güterbeförderung 3b.4
Gebrochene Versendung 3.14 (4)
Gebühren, durchlaufende Posten 10.4 (2); Entgelt 10.1 (6); Förderung der

Tierzucht 12.3 (3); nicht enthaltene Umsatzsteuer 29.1 (5)
Geburtshelfer *s. Hebamme*
Gefälligkeitsrechnung, unberechtigter Steuerausweis 14c.2 (2); kein Vorsteuerabzug 15.2a (5)
Geflügel, Eierleistungsprüfungen 12.3 (5)
Gegenleistung, Entgelt 10.1 (3) f.; für kostenlose Gegenstände 3.3 (17); Kurtaxe 12.11 (5); Leistungsaustausch 1.1 (1); Tausch 10.5 (1); *s. a. Entgelt*
Gegenseitiger Vertrag, Leistungsaustausch 1.1 (1)
Gegenseitigkeit, Luftverkehrsunternehmer 26.4; Vorsteuer-Vergütungsverfahren 18.11 (4)
Gegenstände der befristeten Verwendung 1a.2 (12); Begriff für Lieferungen 3.1 (1)
Geistliche Genossenschaften, steuerfreie Gestellung von Mitgliedern oder Arbeitnehmern 4.27.1
Gelangensbestätigung, Belegnachweis, innergemeinschaftliche Lieferung 6a.4
Geldentschädigung, Flurbereinigungs- und Umlegungsverfahren 1.1 (19); Schadensbeseitigung 1.3 (1)
Geldforderungen, Steuerbefreiungen 4.8.4; Vorsteueraufteilung 15.18 (3)
Geldpreise, öffentliche 10.2 (7)
Geldspielautomaten *s. Spielautomaten*
Geldverbindlichkeiten, Übernahme 4.8.11
Geldwechselgeschäft, sonstige Leistung 3.5 (3); Steuerbefreiung 4.8.3 (3)
Gelegenheitsgeschenke an Arbeitnehmer 1.8 (3), (14)
Gelegenheitsverkehr mit Kraftfahrzeugen 3b.1 (12); mit Omnibussen, Einzelbesteuerung 16.2 (4); 18.8
Gemeinde, Betriebsverlagerung gem. BauGB 1.1 (13); Kurtaxen und Kurförderungsabgaben 2.11 (13); Parkhaus als gewerblicher Betrieb 2.11 (12); Schwimmbäder 2.11 (18); unentgeltliche Wertabgaben bei Überlassung von Hallen, Parkhäusern usw. 3.4 (6); Versorgungsbetriebe, Vorsteuerabzug 15.19 (1) f.
Gemeindeverbände 2.11 (1)
Gemeiner Wert, Gegenleistung 10.5 (1)
Gemeinkosten, Vorsteueraufteilung 15.18 (6)
Gemeinnützige Einrichtungen, Durchschnittssatz, keine Aufzeichnungen 22.2 (10); ermäßigter Steuersatz 12.9 (1); Krankenfahrten mit Pkw, Steuerpflicht 4.18.1 (12); unentgeltliche Wertabgabe 12.9 (1)
Gemeinnützige Vereine 12.9 (5) f.; Mindestbemessungsgrundlage 10.7 (1); Pferderennen 12.3 (3)
Gemeinnützigkeit, Ausschließlichkeit 4.18.1 (2) ff.; steuerfreie Gestellung von Mitgliedern oder Arbeitnehmern geistlicher Genossenschaften 4.27.1; Steuervergütung für steuerpflichtige Lieferungen 4a.1 ff.
Gemeinsames Versandverfahren, Ausfuhrnachweis 6.6 (1) f., (4)
Gemeinschaften, gemeinnützige Einrichtungen 12.10; Mindestbemessungsgrundlage 10.7 (1); verbilligte Leistungen, Rechnungserteilung 14.9 (1); Vorsteuerabzug 15.2a (3)
Gemeinschaftliche Tierhaltung 24.1 (2)
Gemeinschaftsausstellungen 3a.4 (4) ff.; Durchführungsgesellschaft, Steuerschuldner 13b.10 (3)
Gemeinschaftsgebiet 1.10 (1); im Inland steuerpflichtige sonstige Leistungen 13b.1 (2); innergemeinschaftliche Lieferung 6a.1 (7); steuerpflichtige Reiseleistungen 25.2 (2); Unternehmer im G., Steueranmeldungen 13b.16 (2) f.; –, Steuerschuldner 13b.11
Gemischte Reiseleistungen 25.1 (11); Marge 25.3 (2)
Gemischte Verträge, Grundstücksvermietung 4.12.5
Genossenschaften, Aufzeichnungserleichterung für Rückvergütung 22.6 (21); Gestellung land- und forstwirtschaftlicher Arbeitskräfte, Steuerbefreiung 4.27.2 (2); nichtunternehmerischer Bereich 2.10 (1)
Genossenschaftsbanken, keine ehrenamtliche Tätigkeit 4.26.1 (1)
Genussmittel, Abgabe an Arbeitnehmer 1.8 (14)

Gerätevorhaltung, Arbeitsgemeinschaften des Baugewerbes 1.6 (8)
Gerichtsvollzieher, Verwertung 1.2 (2)
Gesamtkaufpreis, Aufteilung des Entgelts 10.1 (11)
Gesamtobjekte, Vorsteuerabzug 15.1 (7); 15.2a (3)
Gesamtrechtsnachfolge, keine Berichtigung des Vorsteuerabzugs 15a.10; Jahresumsatz 23.1 (3)
Gesamtschuldner, keine durchlaufenden Posten 10.4 (4)
Gesamtumsatz, Anlagevermögen 19.1 (6); Freihafenumsätze 19.3 (1); Kleinunternehmer 19.1 (2); 19.3
Geschäftseinlagen bei Kreditinstituten, Vorsteueraufteilung 15.18 (5)
Geschäftsführer, unberechtigter Steuerausweis 14c.2 (4)
Geschäftsführeridentität bei Organschaft 2.8 (8)
Geschäftsführung für Gesellschaft 1.1 (12); Leistungen des Gesellschafters 1.6 (6)
Geschäftsführungsleistungen, kein Zweckbetrieb 12.9 (4)
Geschäftskosten, keine Entgeltminderung 10.1 (6)
Geschäftsleitung, Ort der sonstigen Leistung 3a.1 (1)
Geschäftsveräußerung, keine Berichtigung des Vorsteuerabzugs 15a.10; Grundstück 1.5 (2) f.; Land- und Forstwirtschaft 24.1 (5); 24.8 (3); Übereignung in mehreren Akten 1.5 (5)
Geschäftsveräußerung im Ganzen 1.5; Begriff 1.5 (1); Rechte, Forderungen usw. 1.5 (4); unentgeltliche Übertragung 1.5 (8)
Geschenke von geringem Wert 3.3 (11) f.; Vorsteuerabzug 15.6 (4) f.
Gesellschaft, Geschäftsführungsleistungen 1.1 (12); Innengesellschaft 1.1 (17); verbilligte Leistungen, Rechnungserteilung 14.9 (1); Vorsteuerabzug 15.2a (3)
Gesellschaft des bürgerlichen Rechts *s. Gesellschaft; Personengesellschaft*
Gesellschafter, Aufnahme in Gesellschaft, Vorsteuerabzug 15.21; Mindestbemessungsgrundlage 10.7 (1); der Personengesellschaft, Selbständigkeit 2.2 (2); Sacheinlagen 1.6 (2); Überlassung von Gegenständen an die Gesellschaft, Vorsteuerabzug 15.20
Gesellschafterbeitrag, Arbeitsgemeinschaften des Baugewerbes 1.6 (8); oder Leistungsaustausch 1.6 (3) ff.
Gesellschafterwechsel, keine Neugründung 18.7 (2)
Gesellschaftsanteile, Steuerbefreiung 4.8.10; Übertragung 3.5 (8)
Gesellschaftsbeteiligungen, Erwerben und Halten 2.3 (2) f.
Gesellschaftsrechtliche Beteiligung, Veräußerung 1.5 (9)
Gesellschaftsverhältnisse, Leistungsaustausch 1.6 (1)
Gesellschaftszweck, Geldmittel zur Erfüllung 1.1 (1)
Gesellschaft zur Rettung Schiffbrüchiger, Steuerbefreiung 8.1
Gesetzliche Zahlungsmittel, innergemeinschaftlicher Erwerb 4b.1; Steuerbefreiung 4.8.3
Gesonderter Steuerausweis, Ausfuhrlieferung 6.12; 14c.1 (7); Einfuhrumsatzsteuer 15.8 (10); Gebrauchtgegenstände 25a.1 (16); Land- und Forstwirtschaft 24.9; zu niedriger Steuerausweis 14c.1 (9) ff.; Organkreis 14.1 (4); Rückgängigmachung der Option 9.1 (4); vorgezogener Vorsteuerabzug 15.3; Vorsteuerabzug 15.2; 15.2a (1); Vorsteueraufteilung, Vereine 2.10 (2) ff.; Wechseldiskont 10.3 (6)
Gesondert geführter Betrieb, Geschäftsveräußerung im Ganzen 1.5 (6)
Gestellung von Mitgliedern oder Arbeitnehmern geistlicher Genossenschaften, Steuerbefreiung 4.27.1
Gesundheitsfachberufe 4.14.4
Getränke, Abgabe an Arbeitnehmer 1.8 (14); Abgabe auf Seeschiffen 4.6.2; Abgrenzung von Lieferungen und sonstigen Leistungen 3.6; Durchschnittssätze der Land- und Forstwirtschaft 24.2 (5); 24.6; Mensabetriebe 4.18.1 (9); 12.9 (4); in Theatern 4.20.1 (3); Umsätze auf Veranstaltungen 12.9 (5) f.; Verzehr an Ort und Stelle 3a.6 (9)

Getreideerzeugnisse, Durchschnittssatz 24.2 (6)
Gewährleistungsansprüche, Einbehalte zur Absicherung, Steuerberichtigung 17.1 (5)
Gewährleistungsfälle, Material- und Lohnkostenersatz 1.3 (8)
Gewerbebetrieb, Abgrenzung bei Land- und Forstwirtschaft 24.1 (3)
Gewerbezweige, allgemeine Durchschnittssätze 23.2
Gewerbliche Tätigkeit 2.3
Gewerbsmäßige Händler, Begriff 25a.1 (2)
Gewichtskonten, Transaktionen 3.5 (2) f.
Gewinnpoolung, kein Leistungsaustausch 1.1 (17); Unternehmer 2.1 (5)
Gewinnvorab, Gegenleistung 1.6 (4)
Gewogener Durchschnittsaufschlag 22.6 (14) f.
Gewöhnlicher Aufenthaltsort 3a.1 (1)
Girokonto, keine Leistung 1.1 (14); keine Unternehmereigenschaft 2.3 (1)
Glücksspiel mit Geldeinsatz, Leistung an Unternehmer 3a.2 (11a); Veranstalter, Leistungsaustausch 1.1 (25)
GmbH, Ende der Unternehmereigenschaft 2.6 (6); juristische Personen des öffentlichen Rechts (§ 2 Abs. 3 UStG) 2.11 (20)
GmbH & Co. KG, heilberufliche Tätigkeit 4.14.7 (1); Organschaft 2.8 (2)
GmbH-Geschäftsführer, Selbständigkeit 2.2 (2); unberechtigter Steuerausweis 14c.2 (4)
Goethe-Institute im Ausland, ausländische Abnehmer 6.3 (3)
Gold, keine Differenzbesteuerung 25a.1 (1); innergemeinschaftlicher Erwerb 4b.1; Lieferung an Zentralbanken, Steuerbefreiung 4.4.1; *s. a. Anlagegold*
Goldbarren, Feingoldgehalt 25c.1 (2)
Goldlieferungen, Steuerschuldner 13b.6; an die Zentralbanken, Vorsteuerabzug 15.13 (2)
Goldmünzen 4.8.3 (2); Goldgehalt 25c.1 (2)
Golf, Ort der Spielberechtigung 3a.3 (10); 3a.6 (5a)
Golfclub, Greenfee 4.12.6 (2)
Golfplätze, Grundstücksteile und Betriebsvorrichtungen 4.12.11 (2)
Gottesdienstbesucher, Beförderung 12.13 (5)
Grabpflege, Land- und Forstwirtschaft 24.3 (12)
Graphik-Designer, Steuersatz 12.7 (17)
Graphiker, Durchschnittssätze 23.2 (3); Steuersatz 12.7 (16) f.
Grenzbahnhöfe, Ausfuhrnachweis bei Versendungen 6.9 (2) ff.
Grenzüberschreitende Beförderungen 3b.1 (4) ff.; Linienverkehr 12.13 (5); 12.14 (2) f.; Luftverkehr 26.1 ff.; Nullprovisionsmodell 4.5.2 (6)
Grenzüberschreitende Güterbeförderungen 3a.2 (16) f.; Ausfuhr 4.3.4; Begriff 4.3.4 (9); Einfuhr 4.3.3; Steuerbefreiung 4.3.2
Grenzüberschreitende Organschaft 1a.2 (8)
Grenzüberschreitende Personenbeförderungen, Vermittlung 4.5.1 (4); Vorsteuerabzug 15.5 (2)
Großvereine *s. Vereine*
Grunddienstbarkeiten, Steuerbefreiung 4.12.8
Grunderwerbsteuer, kein Entgelt 10.1 (7); Leistungsempfänger als Steuerschuldner 13b.1 (2); Umsatzsteuerbefreiung 4.9.1; Umsatzsteuerpflicht bei Bauleistungen 4.9.1 (1)
Grundstücke, Änderung der Verhältnisse 15a.2 (6); Berichtigung des Vorsteuerabzugs 15a.3 (1) ff.; dingliche Nutzungsrechte, Steuerbefreiung 4.12.8; gemischt genutzte, anteiliger Vorsteuerabzug 15.17 (7) f.; Geschäftsveräußerung 1.5 (2) f.; Leistungen, Rechnungserteilungspflicht 14.2; Ort der sonstigen Leistung 3a.3; teilunternehmerisch genutzte, Vorsteuerabzug 15.6a; Überlassung von Flächen zu Reklamezwecken 4.12.6 (2); unentgeltliche Übertragung 3.3 (8); unionsrechtlicher Begriff 3a.3 (2)
Grundstückseigentümer, Abbruchkosten 1.1 (18)
Grundstücksentnahmen, Steuerbefreiung 4.9.1 (1)
Grundstücksmakler, Ort der sonstigen Leistung 3a.3 (7)

Grundstückssachverständige, Ort der sonstigen Leistung 3a.3 (7)
Grundstücksüberlassungen bei Kaufanwartschaftsverhältnissen 4.12.7
Grundstücksveräußerung, Gesamtumsatz 19.3 (2); Grunderwerbsteuer, kein Entgelt 10.1 (7)
Grundstücksvermietung, ärztliche Praxisgemeinschaft 4.14.8 (6); gemischte Verträge 4.12.5; Steuerbefreiung 4.12.1; –, Verzicht 9.2
Grundstücksvermittlung, Leistungsort 3a.3 (9)
Grund und Boden, Gebäudeerrichtung auf fremdem G. 15.2d (1)
Gründung eines Betriebs, Aufschlagsverfahren 22.6 (7); –, Jahresumsatz 23.1 (3); von Gesellschaften 1.6 (2)
Gründungsgesellschaft, Organschaft vor Eintragung 2.8 (1)
Grünstromprivileg 1.7 (4)
Gutachten, ärztliches 4.14.1 (5); 4.14.6 (2); bewegliche körperliche Gegenstände, Ort der Leistung 3a.6 (10); Ort der Leistung 3a.6 (5); 3a.9 (12); Steuersatz 12.7 (14); Zuschüsse 10.2 (2)
Güterabfertigungsstellen, Ausfuhrnachweis bei Versendungen 6.9 (2) ff.
Güterbeförderung bei Ausfuhr und Durchfuhr 4.3.4 (1); nach Einfuhr 4.3.3 (1); grenzüberschreitende, Leistungsort 3a.2 (16) f.; –, Steuerbefreiung 4.3.2; innergemeinschaftliche, Begriff 3b.3; Ort 3b.1 f.; – bei Ausführung im Drittland 3a.14 (5); sonstige Leistung 3a.2 (16) f.
Güterbesichtiger, Steuerbefreiung 8.1 (7)
Güterfernverkehr, Frachtbriefe 4.3.2 (6)
Gutglaubensschutz, Vorsteuerabzugsvoraussetzungen 15.11 (5)
Gutschein 3.17; Änderung der Bemessungsgrundlage 17.2 (4) ff.; Begriff 17.2 (4); Kaufpreisminderung 10.3 (3)
Gutschrift, elektronische 14.4 (10); Form und Frist 14.3 (2); fortlaufende Nummer 14.5 (13); zu hoher Steuerausweis 14c.1 (3); Istversteuerung 13.6; Land- und Forstwirtschaft 24.9; Pflichtangaben 14.5 (24); Preisnachlass durch Agenten 10.3 (4); Rechnung 14.3; Rückgängigmachung der Option 9.1 (4); Voraussetzungen 14.3 (3); Voraus- und Anzahlungen 14.8 (3); vorgezogener Vorsteuerabzug 15.3 (5); Vorsteuerabzug 15.2a (9) ff.; Widerspruch 14.3 (4); –, Berichtigung 17.1 (10); –, Vorsteuerabzug 15.2a (11)

Hafenbetriebe, Steuerbefreiung 8.1 (7)
Hafenverkehr 3b.1 (14) ff.
Haftpflichtversicherung 4.10.2 (1)
Haftung, Abtretung/Pfändung/Verpfändung von Forderungen 13c.1; –, Haftungsausschluss 13c.1 (42) f.; –, Haftungsbegrenzung 13c.1 (41); –, Haftungsinanspruchnahme 13c.1 (31) ff.; Globalzession 13c.1 (44); schuldhaft nicht abgeführte Steuer 25d.1
Haftungsbescheid 13c.1 (32) ff.
Haftungsübernahme, Leistungen des Gesellschafters 1.6 (6)
Halten von Vieh, ermäßigter Steuersatz 12.2 (1) f.
Handelsbetriebe, allgemeine Durchschnittssätze 23.2 (2)
Handelschemiker, Ort der Leistung 3a.9 (12)
Handelspapiere, Inkasso, Steuerbefreiung 4.8.6
Handelsplattform, Verkäufe, Nachhaltigkeit 2.3 (6)
Handelsübliche Bezeichnung, Rechnung 14.5 (15)
Handelsvertreter, kein Abzug der Einfuhrumsatzsteuer 15.8 (5); Ausgleichszahlungen 1.3 (12); Provisionen 10.1 (6)
Handkauf 3.12 (1)
Händler, Gebrauchtgegenstände 25a.1 (2)
Handwerk, Aufzeichnungserleichterung 22.6 (3)
Handwerker, Kreditverkäufe 18.5
Handwerkskammern 2.11 (1)
Härteausgleich, Baugesetzbuch 1.1 (18)
Hauptstoffe, Werklieferung 3.8 (1)
Hausboot, steuerfreie Vermietung 4.12.1 (4)
Haushaltshilfen 4.16.5 (1) ff.
Häusliche Krankenpflege 4.16.5 (6)
Häusliche Pflege- und Betreuungsleistungen 4.16.5 (5)

Häusliches Arbeitszimmer, Vorsteuerabzug 15.6 (1)
Hausratversicherung 4.10.2 (1)
Haustrunk im Brauereigewerbe 1.8 (14)
Hauswasseranschlüsse, Steuersatz 12.1 (1)
Hauswirtschaftliche Versorgung 4.16.5 (5)
Havariekommissare, Steuerbefreiung 8.1 (7)
Hebamme, Einrichtung zur Geburtshilfe 4.14.5 (19); Tätigkeit 4.14.4 (3) ff.
Heilbäder, ermäßigter Steuersatz 12.11 (3) f.
Heilbehandlungen, Abgrenzung 4.14.1 (4) f.; eng verbundene Umsätze 4.14.6; Ort 4.14.1 (1)
Heilberufliche Tätigkeit, Rechtsform 4.14.7; Steuerbefreiung 4.14.1 (4) f.; 4.14.4
Heileurhythmisten, Steuerpflicht 4.14.4 (12)
Heilmittel-Richtlinie, ermäßigter Steuersatz 12.11 (3)
Heilpraktiker, Steuerbefreiung 4.14.1 (4) f.; Tätigkeit 4.14.4 (1)
Heilpraktiker-Schulen, Steuerbefreiung 4.21.2 (1)
Heilwasser, Lieferung an Sanatorien 12.11 (4)
Heizkostenabrechnung, unberechtigter Steuerausweis 14c.2 (2)
Heizöllieferung, selbständige Leistung 4.12.1 (5); Wohnungseigentümer 4.13.1 (2)
Heizungsanlagen, Bauleistung 13b.2 (5)
Helgoland, Abnehmerbestätigung 6.11 (8); ausländische Abnehmer 6.3 (1); steuerfreie Ausfuhrlieferung 6.1 (1)
Herausgabeanspruch, Abtretung 3.12 (6)
Herstellungskosten, Bemessungsgrundlage bei Wertabgabe 10.6 (3); Vorsteuerabzug 15.17 (5) ff.
Herunterladen von Filmen oder Musik durch Unternehmer 3a.2 (11a); aus dem Internet, elektronische Leistung 3a.12 (3)
High-School-Programme, Besteuerung 25.1 (1)
Hilfsbedürftige, Altenheime, Steuerbefreiung 4.16.4 (2) ff.; Betreuungs- und Pflegeleistungen 4.16.1; Nachweis 4.16.2
Hilfsgeschäfte, ärztliche Tätigkeit 4.14.1 (6); im Rahmen des Unternehmens 2.7 (2); Schausteller 12.8 (2); Vereine usw. 2.10 (1); Versicherungsvertreter und -makler 4.11.1 (2); Zahnärzte 12.4 (4); Zirkusvorführungen 12.8 (1)
Hilfsumsätze, Filmvorführung 12.6 (3); Gesamtumsatz 19.3 (2); in Tierparks 4.20.4 (2); Vorsteueraufteilung 15.18 (5); zoologischer Garten 12.8 (4)
Hochschulen, Steuerbefreiung, freie Mitarbeiter 4.21.3
Hochschulkliniken 4.14.5 (3)
Hochschullehrer, Durchschnittssätze 23.2 (4)
Hofladen, landwirtschaftliche Produkte 24.2 (1)
Hoheitsbetriebe 2.11 (3), (14) ff.; eingeschaltete Kapitalgesellschaften 12.9 (2); eingeschaltete Unternehmer 10.2 (6); unberechtigter Steuerausweis 14c.2 (2)
Holding, Unternehmer 2.3 (3); Vorsteuerabzug 15.22
Holz, forstwirtschaftliche Erzeugnisse 24.2 (4)
Holzkauf, Selbstwerbung 3.5 (4)
Honorare, nicht enthaltene Umsatzsteuer 29.1 (5)
Honorarordnung für Architekten und Ingenieure 13.3
Honorar-Professoren, Unternehmer 2.2 (4)
Hörbücher, Steuersatz 12.1 (1)
Hörspiele, Steuersatz 12.7 (20)
Hospize 4.14.5 (20) f.
Hostessen bzw. Hosts, Messen, Ausstellungen, Kongresse 3a.4 (2) f.
Hotelzimmer, Ort der Vermittlung 3a.3 (9); Steuerbegünstigung 12.16 (3); Vermittlung durch Reisebüros 4.5.2 (3)
Humanalbumin, Steuerpflicht 4.17.1 (2)
Humanitäre Zwecke 4a.2 (6)
Hypothekendarlehen, Vorfälligkeitsentschädigung 4.8.2 (6)

Idealverein, Vermittlung der Mitgliedschaft 4.8.10 (5)
Identität des Leistungsempfängers 14.5 (2) ff.
Imagepflege, unentgeltliche Zuwendungen 3.3 (10)
Imbissstände, Abgrenzung von Lieferungen und sonstigen Leistungen 3.6 (6)
Immobilienanzeigen 3a.3 (10)
Immunglobulin, Steuerpflicht 4.17.1 (2)
Impfstoffe, Lieferung durch Pharmaindustrie an Tierseuchenkassen 12.3 (1)
Impfung, ärztliche Tätigkeit 4.12.2 (1)
Import-One-Stop-Shop, besonderes Besteuerungsverfahren 18k.1
Incentive-Vereinbarung, Flugscheinverkauf durch Reisebüros 4.5.2 (6)
Incoterms, Lieferklauseln 3.14 (10)
Industriegold, Begriff 25c.1 (4)
Industrieschrott, Steuerschuldner 13b.4
Industrie- und Handelskammern 2.11 (1)
Informationsdienste 3a.10 (4)
Informationsüberlassung, Ort der Leistung 3a.9 (16)
Ingame-Währungen, Steuerbefreiung 4.8.3 (3a)
Ingenieure, Honorar 29.1 (5); Ort der Leistung 3a.9 (13); Sollversteuerung 13.3
Inkasso, Berichtigung des Vorsteuerabzugs 17.1 (6); Dividenden- und Zinsscheine 4.8.9; von Handelspapieren, Steuerbefreiung 4.8.6; Scheck und Wechsel 4.8.6
Inklusionsbetriebe, Zweckbetrieb 12.9 (13)
Inland, Beförderung 3b.1 (4) ff.; Begriff 1.9 (1); Einfuhr 15.8; Einfuhranschlusslieferung 3.13; grenzüberschreitender Luftverkehr 26.2; kurze Straßenstrecken 3b.1 (12); Leistungsort 3a.16 (1) ff.; Nutzung von Leistungen aus Drittlandsgebiet 3a.14 (1) ff.; Omnibusgelegenheitsverkehr 16.2 (1); Organschaft 2.9; Reihengeschäft 3.14 (12); Verbindungsstrecken 3b.1 (7) f.
Inländischer Beauftragter des ausländischen Abnehmers 6.1 (5); 6.8
Inlays, Zahnprothesen 4.14.3 (3)
Innengesellschaft, kein Leistungsaustausch 1.1 (17); keine Unternehmer 2.1 (5)
Innenumsätze, Belege 14.1 (4); Organschaft 2.9 (1), (7); Steuerausweis 14c.2 (2a); unberechtigter Steuerausweis 14c.2 (2); kein Vorsteuerabzug 15.2a (12)
Innergemeinschaftliche Güterbeförderung, Begriff 3b.3; Beispielsfälle 3b.3 (4); gebrochene 3b.4; Vorsteuerabzug 15.7 (3)
Innergemeinschaftliche Lieferung 6a.1 ff.; Aufzeichnungen 22.3; Buchnachweis 6a.7; gesonderter Steuerausweis 14c.1 (7); Land- und Forstwirtschaft 24.5; Nachweis der Voraussetzungen 6a.2; Rechnung 14a.1 (3) ff.; Reihengeschäft 3.14 (13); 6a.1 (2); Steuerbefreiung, Gebrauchtgegenstände 25a.1 (5); Vertrauensschutz 6a.8; Vorsteuerabzug 15.13 (2)
Innergemeinschaftlicher Erwerb 1a.1; Aufzeichnungen 22.3; Besteuerung 6a.1 (16) ff.; Diplomaten usw. 1c.1; erster Abnehmer bei innergemeinschaftlichen Dreiecksgeschäften 25b.1 (7); Fahrzeugeinzelbesteuerung 16.3; –, Verfahren 18.9; Gas oder Elektrizität 3g.1 (6); Kommissionsgeschäft 3.1 (3); neue Fahrzeuge 1b.1; Ort 3d.1; Reihengeschäft 3.14 (13); Steuerbefreiung 4b.1; Voranmeldungszeitraum 18.2 (4); Vorsteuerabzug 15.10 (2) f.; 15.12 (1)
Innergemeinschaftlicher Fernverkauf, Ort 3c.1
Innergemeinschaftlicher Warenverkehr, Differenzbesteuerung, Gebrauchtgegenstände 25a.1 (18) ff.
Innergemeinschaftliches Dreiecksgeschäft 25b.1; Begriff 25b.1 (2); Gesamtumsatz 19.3 (1); Vorsteuerabzug 15.10 (5)
Innergemeinschaftliches Verbringen 6a.1 (20); Aufzeichnungen 22.3; befristete Verwendung 1a.2 (12) f.; Begriff 1a.2 (1); Betriebsstätte 1a.2 (6); Gas oder Elektrizität 3g.1 (6); nicht nur vorübergehende Verwendung 1a.2 (5) f.; Organschaft 1a.2 (8); 2.9 (2);

Voraussetzungen 1a.2 (3) ff.; vorübergehende Verwendung 1a.2 (10) f.
Innungen 2.11 (1)
Insolvenz, Werkunternehmer 13.2 (1)
Insolvenzanfechtung, Berichtigung 17.1 (17)
Insolvenzeröffnung, Rechnungsausstellung 14.1 (5)
Insolvenzforderung, Abtretung 10.2 (3)
Insolvenzverfahren, Abtretung/Pfändung/Verpfändung von Forderungen 13c.1 (17), (28); Berichtigung wegen Uneinbringlichkeit 17.1 (11) ff.; Besteller 3.9 (1); bei Organschaft 2.8 (12); Rückgängigmachung der Lieferung 17.1 (8); bei Sicherungseigentum 1.2 (4); Verwertung von Sicherungsgut 1.2 (4); Werkunternehmer 3.9 (1)
Insolvenzverwalter, Nichtselbständigkeit 2.2 (3); Unternehmensfortführung 2.1 (7)
Instandhaltung, Wohnungseigentumsgesetz, Steuerbefreiung 4.13.1 (2)
Integrationsfachdienste 4.21.2 (4); für behinderte Menschen 4.16.5 (7) f.
Integrationskurse, Steuerbefreiung 4.21.2 (3a); 4.21.5 (5)
Integrierter Versorgungsvertrag nach §§ 73b, 73c oder 140a SGB V 4.14.9; nach §§ 140a ff. SGB V 4.14.4 (9a)
Integrierte Schaltkreise, Steuerschuldner 13b.7 (2) f.
Interessenvereinigungen, Beitragszahlungen 1.4 (3)
Internationaler Eisenbahnfrachtverkehr, Steuerbefreiung 4.3.2 (2)
Internet, elektronische Leistungen 3a.12; Rundfunk-/Fernsehprogramme 3a.11 (2); Softwareübertragung, sonstige Leistung 3.5 (3) f.; Telekommunikationsleistung 3a.10 (2) ff.
Internetanschluss, Messen, Ausstellungen, Kongresse 3a.4 (2) f.
Internetcafés, Ort der sonstigen Leistung 3a.2 (5a); 3a.9a (3)
Internet-Plattform, Verkauf von Gegenständen, Nachhaltigkeit 2.3 (6)
Internetradio, Ort 3a.11 (2)
Internettelefonie 3a.12 (6)
Internet-Zugang 3a.12 (6)
Investitionsgüter, Bestelleintritt in Leasingfällen 3.5 (7a)
Investmentaktiengesellschaften 4.8.13 (3)
Investmentgesellschaften, Auslagerung von Verwaltungstätigkeiten 4.8.13 (15)
Investmentkommanditgesellschaften 4.8.13 (3)
Investmentvermögen, Begriff 4.8.13 (2) f.; sog. begünstigte Investmentvermögen 4.8.13 (8) f.; intern verwaltete Investmentgesellschaft 4.8.13 (13); Verwaltung, Steuerbefreiung 4.8.13; –, steuerfreie Tätigkeiten 4.8.13 (18) f.; –, steuerpflichtige Tätigkeiten 4.8.13 (20) f.
Inzahlungnahme, Differenzbesteuerung 25a.1 (10); Kraftfahrzeuge 3.7 (3); Tausch mit Baraufgabe 10.5 (4)
Istversteuerung 13.5; von Anzahlungen 13.1 (1); 13.5; –, Steuersatz 12.1 (3); Aufzeichnungen 22.2 (2); Entgelt 10.1 (1); Entstehung der Steuer 13.6; Rechnungserteilung 14.8; Steuerberechnung 20.1; Steuersatz 12.1 (3); Umstellung langfristiger Verträge 29.1 (6); Wechsel zur Sollversteuerung 13.6 (3); 20.1 (3)
IT-Flugscheine 4.5.3 (1)

Jagdrechte, Einräumung, Ort 3a.3 (4)
Jagdschule, Steuerpflicht 4.21.2 (7)
Jahresgesamtumsatz, Umrechnung 19.3 (3)
Jahresumsatz, allgemeine Durchschnittssätze 23.1 (3)
Jahreswagen 1.8 (6); Verkauf durch Werksangehörige 2.3 (6)
Jahrmärkte 12.8 (2)
Journalisten, Durchschnittssätze 23.2 (5); Ort der Leistung 3a.9 (16); Steuersatz 12.7 (9) ff.
Jubiläumsgeschenke an Arbeitnehmer 1.8 (14)
Jugenderziehung, Steuerbefreiung 4.23.1
Jugendfahrten, Omnibusgelegenheitsverkehr 16.2 (6)
Jugendherbergen, Steuerbefreiung 4.24.1
Jugendhilfe, Steuerbefreiung 4.25.1; Träger 4.25.1 (2)

Jugendliche, Begriff 4.24.1 (3); 4.25.1 (4)
Jugendlichenpsychotherapeut, Steuerbefreiung 4.14.4 (11)
Jugendschutz, Steuerbefreiung 4.25.1 (2)
Jugendsozialarbeit, Steuerbefreiung 4.25.1 (2)
Juristische Personen, Gestellung land- und forstwirtschaftlicher Arbeitskräfte, Steuerbefreiung 4.27.2 (2); innergemeinschaftliche Lieferung 6a.1 (14); Leistungsbezüge 3a.2 (13); Organschaft 2.8 (1); Ort der sonstigen Leistung 3a.2; Selbständigkeit 2.2 (6) f.; Unternehmer 2.1 (1); Verwendung der USt-IdNr. 3a.2 (7); Zusammenfassende Meldung 18a.1 (2)
Juristische Personen des öffentlichen Rechts, Ausfuhrnachweis 6.10 (6); ehrenamtliche Tätigkeit, Steuerbefreiung 4.26.1 (2); eingeschaltete Kapitalgesellschaften 12.9 (2); eingeschaltete Unternehmer 10.2 (6); Freihafenumsätze 1.11 (3); Gebrauchtgegenstände 25a.1 (5); gemeinnützige Einrichtungen 12.9 (1); innergemeinschaftlicher Erwerb 1a.1 (2) f.; Krankenhäuser 4.14.5 (4); Leistung aus Drittlandsgebiet 3a.14 (3); Leistungsbezüge 3a.2 (14); Leistungsempfänger als Steuerschuldner 13b.1 (1); Organschaft 2.8 (2); Repräsentationsaufwendungen 15.19 (1); Steuervergütung für gemeinnützige Ausfuhrlieferungen 4a.1 ff.; teilunternehmerische Verwendung 15.19 (3); unberechtigter Steuerausweis 14c.2 (2); Vorsteuerabzug 15.2d (1); 15.19
Juristische Personen des öffentlichen Rechts (§ 2 Abs. 3 UStG), Begriff 2.11 (1); Betrieb gewerblicher Art 2.11; land- und forstwirtschaftlicher Betrieb 2.11; Personalgestellung 2.11 (15); privatrechtliche Betriebe 2.11 (20)
Juristische Personen des öffentlichen Rechts (§ 2b UStG) 2b.1
Juristische Personen des privaten Rechts 2b.1 (2)

Kabarett, Steuerbefreiung 4.20.1 (2)
Kabelfernsehen, Telekommunikationsleistung 3a.10 (2)
Kalenderjahr, Gesamtumsatz 19.3 (3); Istversteuerung 20.1; Voranmeldungszeitraum 18.2 (1)
Kältelieferung 1.7; Steuerschuldner 13b.3a; unmittelbar zusammenhängende Leistungen 3a.13; Zuschlag nach §§ 5a oder 5b KWKG, Zuschuss 1.7 (3)
Kameraleute, Durchschnittssätze 23.2 (3); Steuersatz 12.7 (18)
Kammermusikensembles, ermäßigter Steuersatz 12.5 (1) ff.; Steuerbefreiung 4.20.2 (1)
Kantinen, Verpflegung von Arbeitnehmern 1.8 (10) ff.; –, Vorsteuerabzug 15.2d (1)
Kapellmeister, Durchschnittssätze 23.2 (3); Steuersatz 12.7 (19) ff.
Kapitalbeteiligungen, Erwerben und Halten 2.3 (2)
Kapitalgesellschaft, Anteilsübertragung 3.5 (8); Gesellschaftsanteile 4.8.10; Leistungsaustausch mit Gesellschaftern 1.6 (1); nichtunternehmerischer Bereich 2.10 (1); Selbständigkeit 2.2 (6); überhöhter Preis an Tochtergesellschaft 10.1 (2); unentgeltliche Wertabgaben 3.2 (1)
Kapitalverwaltungsgesellschaften, Auslagerung von Verwaltungstätigkeiten 4.8.13 (14); Begriff 4.8.13 (4) f.; externe 4.8.13 (12)
Karitative Zwecke 4a.2 (6)
Karussellgeschäfte, Haftung 25d.1
Kassenarzt, Vorstandsmitglied einer kassenärztlichen Vereinigung 1.1 (12)
Katalogberufe, Heil- und Hilfsberufe 4.14.4 (6) f.
Kataloge, unentgeltliche Abgabe 3.3 (14); Verkauf in Museen 4.20.3 (3)
Katalog-Zweckbetriebe 12.9 (10)
Katasterbehörden, gewerbliche Tätigkeit 2.11 (7) ff.
Kaufanwartschaft, Grundstücksüberlassung 4.12.7
Kauf auf Probe, Kaufvertrag 13.1 (6); Verfügungsmacht 3.1 (3)
Kaufmännisch-bilanzielle Einspeisung nach § 8 Abs. 2 EEG 2.5 (2)
Kauf mit Rückgaberecht, Kaufvertrag 13.1 (6); Verfügungsmacht 3.1 (3)
Kaufoption, Terminhandel 4.8.8 (1)

Kaufvertrag, notarieller, Berichtigung 14.11 (1); Rückgängigmachung, Steuerausweis 14c.2 (2)
Kautionsversicherung 4.10.1 (2); Übernahme 4.8.12
Kegelbahnen, Grundstücksteile und Betriebsvorrichtungen 4.12.11 (2)
Kettengeschäfte, Reiseleistungen 25.1 f.; *s. a. Reihengeschäft*
Kieferorthopädische Apparate, ermäßigter Steuersatz 12.4 (2); Lieferung durch Zahnärzte 4.14.3 (2) ff.
Kinderbetreuung, Leistung an Unternehmer 3a.2 (11a)
Kindergärten, Zweckbetrieb 12.9 (10)
Kindergartenfahrten, ermäßigter Steuersatz 12.13 (4)
Kinderpsychotherapeut, Steuerbefreiung 4.14.4 (11)
Kinderschutz, Steuerbefreiung 4.25.1 (2)
Kindertagespflege, Steuerbefreiung 4.25.1 (2)
Kinofilme, ermäßigter Steuersatz 12.6
Kiosk, steuerpflichtige Vermietung 4.12.1 (4)
Kirchen, Steuerbefreiung 4.20.3 (4)
Kirchliche Orden 2.11 (1); Gestellung von Mitgliedern 4.27.1 (2)
Kirmesveranstaltungen, Vermietung von Standflächen 4.12.5 (2)
Kleinbahnen, ermäßigter Steuersatz 12.13 (2)
Kleinbeträge, Vorsteuerabzug 15.4
Kleinbetragsrechnungen, zu hoher Steuerausweis 14c.1 (2); Pflichtangaben 14.6; keine Rechnungsnummer 14.5 (14); unberechtigter Steuerausweis 14c.2 (1); Vergütungsverfahren 18.14 (3); Vorsteuerabzug 15.11 (4)
Kleinunternehmer 19.1 ff.; Abtretung/Pfändung/Verpfändung von Forderungen 13c.1 (9); Aufzeichnungspflichten 22.5 (3); Gebrauchtgegenstände 25a.1 (5); Gesamtumsatz 19.1 (2); 19.3; innergemeinschaftliche Lieferung 6a.1 (3); innergemeinschaftlicher Erwerb 1a.1 (2); Land- und Forstwirtschaft 24.7 (4); 24.8 (2); Neugründung, Voranmeldung 18.7; Option 19.2; unberechtigter Steuerausweis 14c.2 (2), (6); Verpachtung eines landwirtschaftlichen Betriebs 19.1 (4a); Verzicht auf Steuerbefreiung 9.1 (2); 19.2; Vorsteuerabzug 15.1 (4); 15.11 (5); – bei Zahlungen vor Empfang der Leistung 15.3 (2); Wechsel der Besteuerungsform 19.5; keine Zusammenfassende Meldung 18a.1 (1)
Klimaanlage, Bestandteil 3.3 (2)
Klinische Chemiker, Steuerbefreiung 4.14.5
Klischees, Überlassung 3.5 (4)
Know-how, Ort der Leistung 3a.9 (16)
Kohlelieferung, Wohnungseigentümer 4.13.1 (2)
Kolpinghäuser, Steuerpflicht 4.18.1 (10)
Kombinationsartikel, Steuersatz 12.1 (1)
Kommanditgesellschaft, Mindestbemessungsgrundlage 10.7 (1)
Kommanditist als Beiratsmitglied, Selbständigkeit 2.2 (3)
Kommissionär, Materialbeistellung 3.8 (4)
Kommissionsgeschäft, innergemeinschaftlicher Erwerb 1a.2 (7); 3.1 (3); Lieferort 3.12 (2)
Kommunale Eigengesellschaft, steuerfreie Aufsichtsratstätigkeit 4.26.1 (1)
Kommunaler Zweckverband, Leistung von Trinkwasser 1.1 (13b)
Komplementär-GmbH, Unselbständigkeit 2.2 (6)
Komponisten, Durchschnittssätze 23.2 (5) f.
Kongresse, Leistungsort 3a.4
Konkurs *s. Insolvenz* ...
Konnossement, Ausfuhrnachweis 4a.3 (1); 6.7 (1a); grenzüberschreitende Güterbeförderung 4.3.4 (5); Lieferort 3.12 (6); Versendungsbeleg 6a.5 (1) f.
Konsignationslager 3.12 (3), (7); Zwischenlagerung 1a.2 (6)
Konsignationslagerregelung nach § 6b 6b.1; Aufzeichnungnspflichten 22.3b; Nachweise 6b.2
Konsolidierer, postvorbereitende Leistungen 3.7 (10)
Konstruktionszeichnungen, sonstige Leistung 3.5 (3)
Konsularische Vertretungen, Vorsteuerabzug 15.13 (2)

Konsulate, ausländische Abnehmer 6.3 (3); Ausnahme vom innergemeinschaftlichen Erwerb 1c.1; Exterritorialität, Inland 1.9 (1)
Kontaktlinsen, steuerpflichtige Lieferung 4.14.1 (5)
Kontoauszüge, Rechnung 14.1 (1)
Kontogebühr, Bausparkasse 4.8.2 (4)
Kontokorrent, Istversteuerung 13.6; vereinbarter Kreditrahmen 13c.1 (25) f.
Kontokorrentverkehr, Steuerbefreiung 4.8.7
Kontokorrentzinsen, Kreditleistung 3.11 (4); 4.8.2 (1)
Kontrollverbände der Tierzucht, Mitgliederbeiträge 12.3 (5)
Konzertveranstaltungen, ermäßigter Steuersatz 12.5 (2); Steuerbefreiung 4.20.2 (1)
Kopiervorlagen, Steuersatz 12.7 (22)
Körperschaften, gemeinnützige, Durchschnittssatz, keine Aufzeichnungen 22.2 (10); gemeinnützige Einrichtungen 12.10; Mindestbemessungsgrundlage 10.7 (1); verbilligte Leistungen, Rechnungserteilung 14.9 (1)
Kosmetiker, Steuerpflicht 4.14.4 (12)
Kosten, durchlaufende Posten 10.4 (2); des Zahlungseinzugs 10.3 (6); *s. a. Ausgaben*
Kostenerstattung, Betreuungs- und Pflegeleistungen 4.16.3 (4)
Kostenrechnung, Vorsteueraufteilung 15.17 (2)
Kostenträgerrechnung, Vorsteueraufteilung 15.17 (2)
Kostnehmer, Pflanzenanzucht 12.2 (4)
Kostümbildner, Steuersatz 12.7 (19) ff.
Kraftdroschke *s. Taxi*
Kraftfahrzeuge, Abstellplätze, Vermietung 4.12.2; Ausfuhrlieferung, Ausrüstungsgegenstände 6.4; Einzelbesteuerung 16.2 f.; Gebrauchtfahrzeuge, Differenzbesteuerung 25a.1; grenzüberschreitende Güterbeförderung 4.3.2 (3); innergemeinschaftliche Lieferung, Abrechnung 14a.1 (8); innergemeinschaftlicher Erwerb 1b.1; Krankenbeförderung, Steuerbefreiung 4.17.2; Linienverkehr, ermäßigter Steuersatz 12.13 (4) ff.; Lohnveredelung für ausländische Auftraggeber 7.1 (6); –, Buchnachweis 7.3 (3); neue, keine Differenzbesteuerung 25a.1 (19); Ort der Wartungsleistungen 3a.6 (11); Überlassung, Hilfsgeschäfte 2.10 (1); unentgeltliche Wertabgaben 3.4 (3); Vermietung, Ort der sonstigen Leistung 3a.5 (2); Vermittlungsgeschäfte 3.7 (2) f.; Werklieferung bei Ausfuhr 6.6 (5); *s. a. Beförderungsmittel; Fahrzeuge; Personenkraftwagen*
Kraftfahrzeughändler, Gebrauchtfahrzeuge 25a.1 (10); Pauschalversicherung 4.10.1 (4)
Kraftfahrzeugunternehmer, Abgabe bzw. Entnahme von Schmierstoffen 3.7 (4) f.
Kraftfahrzeugwirtschaft, Austauschverfahren 10.5 (3) f.; 15.2d (1); Garantieleistungen 1.3 (2); 15.2d (1); Inzahlungnahme von Gebrauchtfahrzeugen 10.5 (4); 25a.1 (10)
Kraftfahrzeugzubehör, Ausfuhr 6.4
Kraftomnibus, Begriff 16.2 (3); *s. a. Omnibusse*
Kraft-Wärme-Kopplungsanlagen 2.5 (17) ff.
Krankenanstalten, Liquidationsrecht der Ärzte 2.2 (4); Zentralwäschereien 4.14.6 (3)
Krankenbeförderung, ermäßigter Steuersatz 12.13 (5), (8); gemeinnützige Organisationen 12.9 (4); (keine) Steuerbefreiung 4.17.2; 4.18.1 (12)
Krankenhausapotheke, Arzneimittellieferungen 4.14.6 (3); 4.18.1 (13)
Krankenhausbehandlung an Unternehmer 3a.2 (11a)
Krankenhäuser, Begriff 4.14.5 (1) ff.; Beschränkung der Steuerbefreiung 4.14.5 (24) f.; Betrieb durch Ärzte 4.14.2 (2); eng verbundene Umsätze 4.14.6 (1); Gestellung von Ordensangehörigen 4.27.1 (2); soziale Zweckbestimmung 4.14.1 (3); Steuerbefreiung 4.14.5; Zentralwäschereien 4.18.1 (13); Zweckbetrieb 12.9 (10)
Krankenkassen *s. Sozialversicherungsträger*
Krankenpflege, häusliche 4.16.5 (6)
Krankenpflegehelfer, Steuerpflicht 4.14.4 (12)

Krankenpfleger, selbständige, Steuerbefreiung 4.14.4 (11)
Krankenschwestern, selbständige, Steuerbefreiung 4.14.4 (11)
Krankenversicherung 4.10.2 (1)
Krebsregistrierung, Meldungen eines Arztes, Steuerbefreiung 4.14.1 (5)
Kreditgeschäft, Leistungsaustausch 3.11 (1); vergünstigtes 3.10 (6); Vorsteueraufteilung 3.11 (8)
Kreditgewährung, Abgrenzung zur Anzahlung 13.5 (3); Gesamtumsatz 19.3 (2); Geschäftsbesorgung 3.15 (7); Leistungsaustausch 3.11 (1); Steuerbefreiung 3.11 (6); 4.8.2; Wechselvorzinsen 10.3 (6)
Kreditinstitute, Einschaltung von Personengesellschaften 15.2d (1); Veräußerung von sicherungsübereigneten Gebrauchtgegenständen 25a.1 (2); Vorsteueraufteilung 15.18 (5)
Kreditkartengebühr, Entgelt 10.1 (3)
Kreditsicherheiten, Wertermittlung, Steuerbefreiung 4.8.2 (2)
Kreditverkäufe, Steuerberechnung 18.5
Kreditvermittlung, Einschaltung Dritter 4.8.2 (8); Steuerbefreiung 4.8.2
Kreuzfahrt, Reiseleistung 25.2 (6)
Kriegsopferversorgung, Kostenübernahme 4.16.3 (4); Steuerbefreiung 4.15.1
Kriegsschiffe, steuerfreie Versorgung 8.1 (6)
Kryokonservierung von Eizellen oder Spermien, Steuerbefreiung 4.14.2 (4)
Kryptowährungen, Steuerbefreiung 4.8.3 (3a)
Kulturelle Einrichtungen, Zweckbetrieb 12.9 (10)
Kulturelle Veranstaltungen, Jugendhilfe 4.25.2 (1) f.; Steuerbefreiung 4.22.2; Teilnehmergebühren und Eintrittsgelder 4.22.2 (5); Zweckbetrieb 12.9 (5), (7)
Kundengeschenke, Reiseleitungen 25.3 (4)
Kundenstamm, sonstige Leistung 3.1 (4)
Kunstausstellungen, Steuerbefreiung 4.20.3 (2)
Kunstgegenstände, Begriff 25a.1 (6); Differenzbesteuerung 25a.1; Steuersatz 12.1 (1)
Künstler, ausübende, Steuersatz 12.7 (19) ff.
Künstlerische Leistung an Bauwerken 13b.2 (5); Ort 3a.6 (1) ff.
Kunstmaler, Steuersatz 12.7 (16)
Kurbetriebe, Lieferung von Heilwasser an Sanatorien 12.11 (4)
Kureinrichtungen, ermäßigter Steuersatz 12.11 (5)
Kurierdienste, innergemeinschaftliche Lieferung 6a.5 (5) f.; Nachweis 6.9 (6)
Kurort, Spazier- und Wanderwege, Vorsteuerabzug 15.19 (2)
Kurse, Steuerbefreiung 4.22.1 (3)
Kursmünzen, Differenzbesteuerung 25a.1 (1)
Kurtaxe, Gegenleistung 12.11 (5); und Kurförderungsabgaben 2.11 (13)
Kurzfristige Vermietung, Campingflächen 12.16 (7); nicht begünstigte Leistungen 12.16 (8); Wohn- und Schlafräume 12.16 (3) ff.
Küstenfischerei, steuerpflichtige Umsätze 8.1 (5)
KWK-Bonus 2.5 (19)

Laborleistungen, diagnostische Einrichtungen 4.14.5 (7)
Laboruntersuchungen, Praxis- und Apparategemeinschaften 4.14.8 (2)
Ladengemeinschaft 3.7 (7)
Ladengeschäfte, Eigenhändler 3.7 (7)
Ladeschein, Ausfuhrnachweis 6.7 (1a); Lieferort 3.12 (6)
Lager für Energieerzeugnisse, Blinde 4.19.1 (3); *s. a. Umsatzsteuerlager*
Lagergeschäfte, Überlassung von Räumen 4.12.6 (2)
Lagerhalter, Aufzeichnungserleichterung 22.6 (18) f.; innergemeinschaftliche Dreiecksgeschäfte 25b.1 (4)
Lagerschein, Lieferort 3.12 (6)
Lagerung bei Ausfuhr und Durchfuhr 4.3.4 (1); nach Einfuhr 4.3.3 (1); –, Vermittlungsleistung 4.5.1 (5); von Gegenständen mit Nutzungsrecht eines bestimmten Grundstücks, Leistungsort 3a.3 (9); Messen, Ausstellungen, Kongresse 3a.4 (2) f.; Nebenleistung 3b.2

Länder, juristische Personen des öffentlichen Rechts 2.11 (1); Umsatzsteuer-Identifikationsnummer 27a.1 (3)
Länderverzeichnis, Luftverkehrsunternehmer 26.5
Landesplanung, Luftbildaufnahmen 12.7 (18)
Landessportbund, Zweckbetrieb 12.9 (4)
Landesvermessung, gewerbliche Tätigkeit 2.11 (7)
Land- und Forstwirte, Übergang von der Regelbesteuerung 19.5 (6) ff.
Land- und Forstwirtschaft, Betriebsaufgabe 24.1 (4); Durchschnittssatzbesteuerung, Vorsteuerabzug 15.1 (3); Durchschnittssätze 24.1 ff.; –, Aufzeichnungspflichten 22.5 (5); – und Kleinunternehmerbesteuerung 24.7 (4); 24.8 (2); –, Rechnungsausstellung 14.5 (22); –, Voranmeldungen 18.6 (2) f.; Entsorgungsleistungen 24.3 (10); Gebrauchtgegenstände 25a.1 (5); Geschäftsveräußerung 24.1 (5); Gewerbebetrieb 24.1 (3); Grabpflegeleistungen 24.3 (12); innergemeinschaftlicher Erwerb 1a.1 (2); juristische Personen des öffentlichen Rechts (§ 2 Abs. 3 UStG) 2.11 (2), (5); Mindestbemessungsgrundlage 14.9 (2); Nebenbetriebe 24.1 (1); Personalgestellung, Steuerbefreiung 4.27.2 (2); Rechnungserteilung 24.9; Schätzung 24.7 (4); sonstige Leistungen 24.3 (1); Steuerbefreiungen 24.4; Vereinfachungsregelung 24.2 (6); Verkauf selbst erzeugter Produkte 24.2 (3); Vermietungsleistungen 24.3 (6); Verpachtung 24.3 (7) f.; Vorsteuerberichtigung 15a.9; Zusammenfassende Meldung 18a.1 (3)
Land- und forstwirtschaftlicher Betrieb 24.1 (2)
Landwirtschaft, Beihilfen 10.2 (7); Verpachtung, Kleinunternehmerregelung 19.1 (4a)
Landwirtschaftliche Alterskassen *s. Sozialversicherungsträger*
Landwirtschaftliche Erzeugnisse, Weihnachtsbäume 24.2 (4)
Landwirtschaftliche Genossenschaften, Aufzeichnungserleichterung für Rückvergütungen 22.6 (21)
Landwirtschaftliche Grundstücke, Bearbeitung, Leistungsort 3a.3 (9)
Landwirtschaftliche Nutztiere 12.2 (2)
Langfristige Verträge, Umstellung 29.1
Leasing 3.5 (5) ff.; Dauerleistung 13.1 (4); Seetransport-Container 8.1 (7); vergünstigtes 3.10 (6)
Leasingraten, Vorsteuerabzug 15.23 (7)
Leasingvertrag, Wertminderungen 1.3 (17)
Lebensmittelspenden, Bemessungsgrundlage 10.6 (1a)
Lebensrückversicherungsvertrag, sonstige Leistung 3.1 (4)
Lebensversicherung 4.10.2 (1) f.
Leergutrücknahme nach Pfanderhebung 10.1 (8)
Leerstand eines Gebäudes 2.3 (1a)
Lehrbriefe, keine Unterrichtstätigkeit 4.21.3 (2a)
Lehrer, selbständige, Steuerbefreiung 4.21.3
Lehrmaterial, Lieferung für Schul- und Bildungszwecke 4.21.4 (2)
Lehrtätigkeit, Ärzte 4.14.1 (5)
Leichenschau, weitere 4.14.1 (5)
Leistung, Begriff 1.1 (3); Bezeichnung in Rechnung 14.5 (15); Nichtausführung, Berichtigung des Vorsteuerabzugs 17.1 (7); Rechnung 14.1 (1)
Leistungsaustausch 1.1; Arbeitsgemeinschaften des Baugewerbes 1.6 (8); Beispiele 1.1 (8) ff.; – für Nicht-Leistungsaustausch 1.1 (14) ff.; zwischen Gesellschaft und Gesellschafter 1.6 (3) ff.; bei Gesellschaftsverhältnissen 1.6 (1); Gutschrift bzw. Rechnung 14.3 (1); Mitgliederbeiträge 1.4 (1) f.; Personalgestellung 2.11 (15); Schadensersatz 1.3 (1); Urheberrechte 12.7 (1); Verwertung von Sachen 1.2
Leistungsbereitschaft, Leistung 1.1 (3)
Leistungsbeschreibung, Vorsteuerabzug 15.2a (4) f.
Leistungsbezeichnung, unrichtige 14c.2 (2)
Leistungseinkaufskommission 3.15 (1); Beispiele 3.15 (6)
Leistungsempfänger 3a.2 (2); Abrechnung durch Gutschrift 14.3 (1); Angabe in Rechnung 14.5 (2); Anspruch auf

Rechnung 14.1 (5); Berichtigung der Rechnung 14.11 (2) f.; Identität 14.5 (2) ff.; juristische Person des öffentlichen Rechts, Steuerschuldner 13b.3 (12); Leistung für das Unternehmen 15.2b; Ort des L. 3a.8; Scheinfirma 15.2a (2); Steuerschuldner 13b.1; –, Vorsteuerabzug 13b.15; Überprüfung der Rechnung 15.2a (6); Vorsteuerabzug 15.2b (1)
Leistungsort in EU-Mitgliedstaaten 3a.16 (4) ff.; im Inland 3a.16 (1) ff.; sonstige Leistung 3a.1 ff.; unentgeltliche Wertabgaben 3f.1
Leistungsprüfung für Tiere, ermäßigter Steuersatz 12.2 (1), (5)
Leistungsverkaufskommission 3.15 (1); Beispiele 3.15 (7)
Lichtbildervorführung, Steuersatz 12.6 (3)
Lichtbildwerke und Lichtbilder, Steuersatz 12.7 (18)
Lieferer, Abzug der Einfuhrumsatzsteuer 15.8 (5)
Lieferklauseln 3.14 (10)
Lieferort 3.12; Fernverkauf 3c.1; Reihengeschäft 3.14 (5) f.; Versendung bzw. Beförderung 3.13
Lieferschein, Zeitpunkt der Lieferung 14.5 (16)
Lieferung, Abgrenzung zu elektronischen Leistungen 3a.12 (5); Abgrenzung zur sonstigen Leistung 3.5; – bei Speisen und Getränken 3.6; Anlagegold 25c.1; an Arbeitnehmer 1.8 (1); –, Aufzeichnungen 22.2 (7); Aufzeichnungen 22.2 (7) f.; Beförderung 3.12 (2); Begriff 3.1 (1); Beispiele 3.5 (2); Bemessungsgrundlage 10.1 (3); bei Betrugsabsicht 3.1 (2); von Blindenwaren 4.19.2; Einheitlichkeit 3.10; Entstehung der Steuer 13.1 (2); 13.6; Gebrauchtgegenstände 25a.1; gleichgestellte unentgeltliche Wertabgaben 3.3; Insolvenz 13.2 (1); kieferorthopädische Apparate 4.14.3 (2) ff.; Kleinunternehmer 19.1 (1); Kommissionsgeschäft 3.1 (3); Lehrmaterial für Schul- und Bildungszwecke 4.21.4 (2); an NATO-Partner 4.7.1; ruhende 3.14 (2); Sicherungsübereignung 1.2 (1); steuerbefreite Gegenstände 4.28.1; Umstellung langfristiger Verträge 29.1; verbilligte, Rechnungserteilung 14.9 (1); Verschaffung der Verfügungsmacht 15a.2 (7); Vorsteuerabzug 15.2 (2)
Liegekarten, Fahrausweise 14.7 (1)
Liegenschaftskataster, gewerbliche Tätigkeit 2.11 (7)
Linienflugscheine 4.5.3 (1)
Linienverkehr, Beförderungsstrecke 12.14; Begriff 12.13 (4); ermäßigter Steuersatz 12.13 (4) ff.; grenzüberschreitender 12.13 (5); 12.14 (2); mit Schiffen, Steuersatz 12.13 (10a); Verbindungsstrecken 3b.1 (10)
Lizenzen, Ort der Leistung 3a.9 (16); Steuersatz 12.7 (1)
Lizenzspieler, Ablöseentschädigung 1.1 (11)
Logopäden, Steuerbefreiung 4.14.4 (11)
Logotherapeuten, Steuerpflicht 4.14.4 (12)
Lohnsteuer-Freibetrag, Annehmlichkeiten 1.8 (8)
Lohnsteuerhilfevereine, Beitragszahlungen 1.4 (3)
Lohnveredelung, Abgrenzung zur Ausfuhrlieferung 7.4; Abzug der Einfuhrumsatzsteuer 15.8 (8); bei Ausfuhr oder Durchfuhr 4.3.4 (4); Ausfuhrnachweis 7.2; ausländischer Auftraggeber 7.1; Buchnachweis 7.3; innergemeinschaftliche Dreiecksgeschäfte 25b.1 (4); Vorsteuerabzug 15.13 (2)
Löschung, Unternehmereigenschaft der GmbH 2.6 (6)
Lotsen, Steuerbefreiung 8.1 (7)
Lotterie, Steuerbefreiung 4.9.2; Zweckbetrieb gemeinnütziger Einrichtungen 12.9 (4); Zweckbetriebsgrenze 12.9 (14)
Luftbildaufnahmen, Steuersatz 12.7 (18)
Luftfahrt, Buchnachweis 8.3; Steuerbefreiung 8.2; steuerpflichtige Leistungen 8.2 (8); Vorsteuerabzug 15.13 (2)
Luftfahrzeuge, Ausfuhrlieferung, Ausrüstungsgegenstände 6.4; grenzüberschreitende Güterbeförderung 4.3.2 (3); Restaurationsumsätze 3a.6 (9); 3e.1; Vermittlung von Personenbeförderungen 4.5.1 (4)

Luftfrachtbrief, Ausfuhrnachweis 6.7 (1a)
Luftfrachtverkehr, Vortransporte 4.3.1 (1); – bei Ausfuhr oder Durchfuhr 4.3.4 (6)
Luftverkehr, Reiseleistungen 25.2 (4); Steuererlass 26.1 ff.; Vorsteuerabzug 15.5 (5)
Luftverkehrsunternehmen, Entgelt für Vermittlungsleistungen von Reisebüros 10.1 (9); Gegenseitigkeit 26.4; Länderverzeichnis 26.5; Pauschalreisen 26.1
Luftverkehrsunternehmer, Beförderung über Teilstrecken 26.3

Mahlzeiten, unentgeltliche M. an Arbeitnehmer 1.8 (9) ff.
Mahlzeitendienste, Abgrenzung von Lieferungen und sonstigen Leistungen 3.6 (6)
Mahngebühren, -kosten, Schadensersatz 1.3 (6)
Mahnungen, keine Rechnung 14.1 (1)
Maklerprovisionen, keine Entgeltminderung 10.1 (6)
Maler, (Kunstmaler), Steuersatz 12.7 (16)
Managementgesellschaften zur integrierten Krankenversorgung 4.14.9 (6)
Managementprämie, echte Zuschüsse 10.2 (7)
Mängel, Nachweis der Vorsteuerabzugsvoraussetzungen 15.11 (3) f.
Mängelrüge, Änderung der Bemessungsgrundlage 17.1 (2)
Märchenwaldunternehmen, Steuersatz 12.8 (2)
Marge, Errechnung 25.3
Margenbesteuerung, Gesamtumsatz 19.3 (1); Reiseleistung 25.3; –, Beherbergungsanteil 12.16 (9)
Marionettentheater, Steuerbefreiung 4.20.1 (2)
Markenrechte, Ort der Leistung 3a.9 (1) f.
Markenzeichenrechtsübertragung, sonstige Leistung 3.1 (4)
Marktfahrten, ermäßigter Steuersatz 12.13 (4)
Marktforschung, Ort der Leistung 3a.9 (16); Steuersatz 12.7 (1)
Marktordnungen der EG, Beihilfen 10.2 (7)
Marktprämie, echte Zuschüsse 10.2 (7)
Marktprämienmodell 1.7 (4)
Marktübliches Entgelt, Mindestbemessungsgrundlage 10.7 (1)
Maschinen, Betriebsvorrichtungen, Vermietung 3a.3 (4); Montage, Lieferort 3.12 (4); Ort der Wartungsleistungen 3a.6 (11); Vermietung und Verpachtung 4.12.10
Masseure, steuerbefreite Heilmasseure 4.14.4 (11)
Maßregelvollzug, Krankenhäuser 4.14.5 (23)
Mastleistungsprüfungen, Entgelte 12.3 (5)
Materialabfall, Entgelt bei Werkleistung 10.5 (2)
Materialbeistellung, unfreie Versendung 15.7 (1); Werklieferung 3.8 (2) ff.
Materialbeschaffungsstellen, Vorsteuerabzug 15.19 (4)
Materialgestellung, unfreie Versendung 15.7 (1); Werklieferung 3.8 (2)
Materialprüfungsanstalten, hoheitliche Tätigkeit 2.11 (14)
Matern, Überlassung 3.5 (4)
Maut, Autobahn 10.4 (4); Ort der Leistung 3a.3 (4)
Medien, digitale, Steuersatz 12.17
Medikamente, Lieferung, Krankenhaus 4.14.6 (2) f.; – durch Krankenhausapotheken 4.18.1 (13)
Medizinische Bademeister, Steuerbefreiung 4.14.4 (11)
Medizinische Bäder, ermäßigter Steuersatz 12.11 (3)
Medizinische Großgeräte, Nutzungsüberlassung 4.14.1 (5)
Medizinische Versorgungszentren 4.14.5 (10)
Medizinisch-technische Assistenten für Funktionsdiagnostik, Steuerbefreiung 4.14.4 (11)
Medizinisch-technische Großgeräte, Überlassung 4.14.6 (2)
Medizinisch-technische Leistungen, Praxis- und Apparategemeinschaften 4.14.8 (2)
Mehrbelastungen, Umstellung langfristiger Verträge 29.1

Mehrmengenausgleich, Gas 1.7 (5); Strom 1.7 (6)
Mehrmütterorganschaft 2.8 (3)
Mehrzweckgutscheine 3.17 (9) ff.
Mehrzweckhallen, Grundstücksteile und Betriebsvorrichtungen 4.12.11 (2); unentgeltliche Überlassung an Schulen, Vereine 3.4 (6); Vorsteuerausschluss 15.6a (2)
Meinungsforschung, Steuersatz 12.7 (1)
Meldepflicht, innergemeinschaftliche Fahrzeuglieferung 18c.1
Meldezeitraum, Zusammenfassende Meldung 18a.2 f.
Mengenrabatt 3.3 (18)
Mensabetriebe, steuerfreie Umsätze 4.18.1 (9); Zweckbetrieb 12.9 (4)
Merkblatt, Ausfuhrlieferungen im nichtkommerziellen Reiseverkehr 6.11 (12); Bauwirtschaft 13.2 (2); zur erleichterten Trennung der Bemessungsgrundlagen 22.6 (22)
Messen, ausländischer Unternehmer, Steuerschuldner 13b.10 (2) f.; Leistungsort 3a.4
Metalllieferungen, Steuerschuldner 13b.7a
Meta-Verbindung, Innengesellschaft 2.1 (5)
Miete *s. Vermietung*
Mieter, Räumungsentschädigung 1.3 (13)
Mietkauf 3.5 (6)
Mietvertrag, Rechnung 14.1 (2); Teilleistungen 13.4
Mietwagen, keine Fahrausweise 14.7 (1); Steuersatz 12.13 (8)
Mikrofilm, Aufzeichnungen und Belege 22.1 (2) f.; Ausfuhrbelege 6.5 (4)
Mikroprozessoren, Steuerschuldner 13b.7 (2)
Milch, Durchschnittssatz 24.2 (6)
Milch-Garantiemengen-Verordnung, Abgaben 10.3 (2)
Milchkontrollvereine, Mitgliederbeiträge 12.3 (5)
Milchquoten-Verkaufsstelle 2.11 (17)
Milchwirtschaft, Leistungsprüfung, ermäßigter Steuersatz 12.3 (5)
Mildtätige Einrichtungen *s. Gemeinnützige Einrichtungen*
Minderbelastungen, Umstellung langfristiger Verträge 29.1
Minderjährige, rechtsmissbräuchliche Gestaltung 1.1 (2)
Mindermengenausgleich, Gas 1.7 (5); Strom 1.7 (6)
Minderung der Bemessungsgrundlage, Preisnachlässe, Preiserstattungen 17.2
Minderwertausgleich, Leasing 1.3 (17)
Mindestbemessungsgrundlage 10.7; bei Abgabe von Wärme 2.5 (23) f.; (keine) Differenzbesteuerung 25a.1 (9); Rechnungserteilung 14.9 (1)
Mineralöl, Lieferung durch Blinde 4.19.1 (3)
Mineralölerzeugnisse *s. Treibstoffe*
Minusgeschäft, Kraftfahrzeughändler 3.7 (3)
Misch-Anbieter, Telekommunikationsleistungen 3a.10 (6) ff.
Mischentgelt für Leistungen des Gesellschafters 1.6 (5)
Miteigentumsanteil an Grundstücken, Einräumung 15a.2 (4); –, Steuerbefreiung der Übertragung 4.9.1 (2); –, unentgeltliche Wertabgabe 3.3 (8); 3.4 (8); Übertragung, Lieferung 3.5 (2)
Mitglieder, Mindestbemessungsgrundlage 10.7 (1)
Mitgliederbeiträge, Arbeitsgemeinschaften des Baugewerbes 1.6 (8); Leistungsaustausch 1.4 (1) f.; Vatertierhaltung 12.3 (2); Vereine 1.1 (15a); 2.10 (1)
Mitgliederprofile, elektronische Leistung 3a.12 (3)
Mitversicherung, offene M., Steuerpflicht 4.10.1 (3)
Mobilfunk, kostenlose Abgabe eines Handys 3.3 (20); Startpaket 3.5 (3); Telekommunikationsleistung 3a.10 (2)
Mobilfunkgeräte, Steuerschuldner 13b.7
Mobilfunkvertrag, Vermittlung 10.2 (5)
Mobilheime, steuerpflichtige Vermietung 4.12.1 (4)
Modellskizzen, sonstige Leistung 3.5 (2)
Modernisierung von Maschinen, Lieferort 3.12 (4)
Monatskurse für fremde Währung 16.4 (2)

Montage von Maschinen, Lieferort 3.12 (4); von wesentlichen Bestandteilen eines Gebäudes 3a.3 (8)
Motoryachten s. *Yachten*
Müllbeseitigung s. *Abfallbeseitigung*
Münzsammler, Nichtunternehmer 2.3 (6)
Museen, Abgrenzung 4.20.3 (1); ermäßigter Steuersatz 12.5 (6); Steuerbefreiung 4.20.3
Musik-Bereitstellung, elektronische Leistung 3a.12 (3)
Musikensembles, Omnibusgelegenheitsverkehr 16.2 (6)
Musiker, Durchschnittssätze 23.2 (3); Steuersatz 12.7 (19) ff.
Musikergruppen, Steuerbefreiung 4.20.2 (1)
Musikwerke, Steuersatz 12.7 (15), (20)
Musikwettbewerbe, Steuerbefreiung 4.22.2 (1)
Müttergenesungswerk 4.14.5 (17)
Muttergesellschaft, Organschaft 2.8 (1); überhöhter Preis an Tochtergesellschaft 10.1 (2)
Muttermilch s. *Frauenmilch*

Nachhaltigkeit 2.3 (5) ff.; Vereine 2.10 (1)
Nachhilfeunterricht, Leistung an Unternehmer 3a.2 (11a); Steuerbefreiung 4.21.2 (1)
Nachlass, Testamentsvollstreckung 2.1 (7)
Nachnahmesendungen, Entgelt 10.1 (3)
Nachrichtenübermittlung, sonstige Leistung 3.5 (3)
Nachschau s. *Umsatzsteuer-Nachschau*
Nachträgliche Anschaffungs- oder Herstellungskosten, Berichtigung des Vorsteuerabzugs 15a.1 (2); Berichtigungszeitraum 15a.8
Nachträgliche Entgeltminderungen, Aufzeichnungserleichterungen 22.6 (20) f.
Nachweis, Ausfuhrlieferungen 6.10; – im nichtkommerziellen Reiseverkehr 6.11 (2) ff.; grenzüberschreitende Güterbeförderung 4.3.6; Gutscheine 17.2 (5) ff.; innergemeinschaftliche Lieferung, Voraussetzungen 6a.2; Lohnveredelung 7.3; – für ausländische Auftraggeber 7.2 (2) f.; Seeschifffahrt und Luftfahrt 8.3; Steuervergütung 4a.3; Vergütungsverfahren 18.14 (7); Vermittlungsleistungen 4.5.4; Verwendungsabsicht 15.12 (1) f.; Vorsteuerabzug 15.11
Nahestehende Personen, Begriff 10.7 (1); Mindestbemessungsgrundlage 10.7 (1); verbilligte Leistungen, Rechnungserteilung 14.9 (1)
Nahverkehrsunternehmen, Verkehrsverbund 12.14 (4)
NATO-Partner, Leistungen an Vertragsparteien 4.7.1
NATO-Truppen, ausländische Abnehmer 6.3 (3); Ausnahme vom innergemeinschaftlichen Erwerb 1c.1; Vorsteuerabzug 15.13 (2)
Naturalleistung an das Personal der Wohlfahrtspflege, Steuerbefreiung 4.18.1 (7)
„Naturfreunde Deutschlands“, Steuerbefreiung 4.24.1 (5)
Naturschutz, Luftbildaufnahmen 12.7 (18)
Naturschutzmaßnahmen, Zuschüsse 10.2 (2)
Nebenbetriebe, Land- und Forstwirtschaft 24.1
Nebenkosten, Gebrauchtgegenstände 25a.1 (8)
Nebenleistungen 3.10 (5); bei Ausfuhr und Durchfuhr 4.3.4 (1) f.; Bauleistungen 13b.2 (4); Beförderungen 4.3.1 (1); nach Einfuhr 4.3.3 (1); Filmvorführung 12.6 (3); Gegenleistung 10.5 (1); Güterbeförderung 3b.2 (3); Lieferung von Lehr- und Lernmaterial 4.21.4 (2); Messen, Ausstellungen, Kongresse 3a.4 (2) f.; in Museen 4.20.3 (3); Parkplatzvermietung 4.12.2 (3); Personenbeförderung 12.13 (11); Rechnungsausstellung 14.5 (21); der Seeschifffahrt und Luftfahrt, Steuerbefreiung 8.1 (7); Theaterleistungen 4.20.1 (3); Tierbesamung 12.3 (6); Vermietung von Campingflächen 4.12.3 (3); Vermietung und Verpachtung 4.12.1 (5); Vermittlung 4.5.1 (2); Zirkusvorführungen 12.8 (1); zoologischer Garten 12.8 (4)

Nebensachen, Werklieferung 3.8 (1)
Nebentätigkeit 2.2 (4); Durchschnittssätze 23.2 (2)
Neugründung, Aussetzung monatlicher Voranmeldungen 18.7 (5); Voranmeldung 18.7
Nichtaufgriffsgrenzen, Zweckbetrieb 12.9 (11) ff.
Nichtausführung der Leistung, Anzahlung 17.1 (7)
Nichterfüllung, Schadensersatz 1.3 (3)
Nichterhebung der Steuer 19.1
Nichtkommerzieller Reiseverkehr, Ausfuhrlieferungen 6.11; –, Merkblatt 6.11 (12)
Nichtrechtsfähige Personenvereinigungen, Mindestbemessungsgrundlage 10.7 (1); *s. a. Personenvereinigungen*
Nicht-Unionswaren 4.4b.1
Nichtunternehmer, Aufzeichnungspflichten 22.1 (5); Ort der sonstigen Leistung 3a.1; 3a.8; Reihengeschäft 3.14 (18)
Nichtwirtschaftliche Tätigkeit 2.3 (1a)
Nießbrauch, Leistungsort 3a.3 (9); nachhaltige Duldungsleistung 2.3 (6); Quotennießbrauch 3.1 (4); Steuerbefreiung 4.12.8
Nießbrauchseinräumung, sonstige Leistung 3.1 (4)
Notare, Ort der Leistung 3a.9 (11); Ort der sonstigen Leistung 3a.1 (4); 3a.3 (7), (9)
Notarkosten, durchlaufende Posten 10.4 (2) f.
Notfallrettung, Steuerbefreiung 4.17.2 (5) f.
Notfallsanitäter, Steuerbefreiung 4.14.4 (11)
Notfallverfahren, Ausgangsvermerk als Ausfuhrnachweis 6.7a
Nullprovisionsmodell, Flugscheinverkauf durch Reisebüros 4.5.2 (6)
Null-Voucher 4.5.3 (1), (4)
Nutzungsänderung, Änderung der Verhältnisse 15a.2 (6)
Nutzungsgebühr bei Kaufanwartschaften 4.12.7
Nutzungsrechte, dingliche, Steuerbefreiung 4.12.8; Einräumung durch Urheber 12.7 (5)
Nutzungsüberlassung, Anlagen mit Betriebsvorrichtungen 4.12.11 (4); digitale Informationsquellen 12.7 (1); zwischen Gesellschaft und Gesellschafter 1.6 (3) ff.; medizinische Großgeräte 4.14.1 (5); sonstige Leistung 3.1 (4); Sportanlagen 4.12.11
Nutzungszinsen, Schadensersatz 1.3 (6); 10.1 (3)

Oberleitungsomnibusse, ermäßigter Steuersatz 12.13 (3)
Oecotrophologen, Steuerbefreiung 4.14.4 (11)
Offene Handelsgesellschaft *s. Personengesellschaft*
Öffentliche Aufgaben, ehrenamtliche Tätigkeit 4.26.1 (1)
Öffentliche Gebühren, Entgelt 10.1 (6)
Öffentliche Kassen, Zuwendungen 10.2 (8) ff.
Öffentliche Nahverkehrsunternehmen, Verkehrsverbund 12.14 (4)
Öffentliche Wiedergabe, Urheber 12.7 (4)
Öffentliche Zuschüsse 10.2 (7) ff.
Öffentlichkeitsarbeit, Ort der Leistung 3a.9 (3) ff.; 3a.14 (3)
Offsetdruckfilme, Lieferung 3.5 (2)
OGAW, Investmentvermögen, Begriff 4.8.13 (2)
Omnibusse, Durchschnittsbeförderungsentgelt 3b.1 (5); 10.8; Gelegenheitsverkehr, Einzelbesteuerung 18.8; –, Leistungsempfänger 13b.10 (1); grenzüberschreitende Personenbeförderungen, Anzeigepflicht 18.17; Personenbeförderung, Einzelbesteuerung 16.2
One-Stop-Shop, EU-Regelung 18j.1; Import-One-Stop-Shop 18k.1; Nicht-EU-Regelung 18i.1
Online-Anbieter, sonstige Leistungen 3a.10 (5) ff.
Online-Banking 3a.10 (4)
Online-Buchungen, Ort der Leistung 3a.12 (6)
Online-Dienste 3a.12; Leistungen 3a.10 (3)
Online-Fahrausweis 14.4 (11)
Online-Fernwartung 3a.12 (3)

Online-Nachrichten an Unternehmer 3a.2 (11a)
Online-Spiele 3a.10 (4)
Online-Zeitschriften 3a.12 (3)
Operationssaal, Überlassung 4.14.6 (2)
Opernkarten, Verkauf durch Reisebüro 25.1 (2)
Option, Änderung der Verhältnisse 15a.2 (6); Anlagegold 25c.1 (5); Einschränkung 9.2; Erklärung 9.1 (3); zur Erwerbsbesteuerung, Aufzeichnungspflicht 22.2 (6); Kleinunternehmer 19.2; –, Widerruf 19.2 (4); Land- und Forstwirtschaft 24.8; private O. auf Warenterminkontrakte 1.1 (9); schlüssiges Verhalten 9.1 (3); unentgeltliche Wertabgabe 9.1 (2); Verzicht auf Steuerbefreiung 9.1; Voraussetzungen 9.1 (5)
Optionsgeschäfte mit Geldforderungen, Steuerbefreiung 4.8.4 (4); auf Warenterminkontrakte 4.8.4 (5); mit Wertpapieren 4.8.8 (1)
Orchester, ermäßigter Steuersatz 12.5 (1) ff.; Steuerbefreiung 4.20.2 (1)
Ordensangehörige, Gestellung für gemeinnützige Zwecke 4.27.1 (2)
Ordentliche Gerichte, Ausgleichsansprüche bei Umstellung langfristiger Verträge 29.1 (2)
Organe, steuerfreie Lieferung 4.17.1
Organgesellschaft, Angabe der Steuernummer oder USt-IdNr. in Rechnung 14.5 (7); Angabe in Rechnung 14.5 (4); Aufzeichnungen 22.1 (1); Berichtigung von Rechnungen 14c.1 (6); Betriebsstätte 3a.1 (3); unberechtigter Steuerausweis 14c.2 (3); Unselbständigkeit 2.7 (1); Unternehmerbescheinigung 18.16; Zusammenfassende Meldung 18a.1 (2)
Organisatorische Eingliederung, Organschaft 2.8 (1), (7) ff.
Organkreis, Innenumsätze, kein Vorsteuerabzug 15.2a (12)
Organschaft 2.8; Belege für Innenumsätze 14.1 (4); Berichtigung des Vorsteuerabzugs 17.1 (5); Beschränkung auf Inland 2.9; finanzielle Eingliederung 2.8 (5) ff.; innergemeinschaftliches Verbringen 1a.2 (8); 2.9 (2); Insolvenzverfahren 2.8 (12); juristische Personen des öffentlichen Rechts (§ 2 Abs. 3 UStG) 2.11 (20); Leistungsempfänger als Steuerschuldner 13b.3 (7); organisatorische Eingliederung 2.8 (7) ff.; –, Beteiligungskette 2.8 (10a); –, Geschäftsführeridentität 2.8 (8); –, Mitarbeiter 2.8 (9); –, personelle Verflechtung 2.8 (8) f.; Vorsteuerberichtigung bei Begründung/Wegfall 15a.10; Wegfall der Voraussetzungen, Voranmeldungszeitraum 18.2 (1); wirtschaftliche Eingliederung 2.8 (6) ff.
Organträger im Ausland 2.9 (7) ff.; im Inland 2.9 (6); Schuldner bei unberechtigtem Steuerausweis 14c.2 (4); Umsatzsteuer-Identifikationsnummer 27a.1 (3); Vorsteuerabzug 15.2 (2)
Ort der gebrochenen innergemeinschaftlichen Güterbeförderung 3b.4
Ort der Güterbeförderung 3b.1 (2) ff.; Nebenleistungen 3b.2
Ort der innergemeinschaftlichen Güterbeförderung 3b.3
Ort der Lieferung 3.12; Fernverkauf 3c.1; von Gebrauchtgegenständen 25a.1 (3); Reihengeschäft 3.14 (5) f.; Zeitpunkt der Lieferung 14.5 (16)
Ort der Personenbeförderung 3b.1 (2)
Ort der Reiseleistung 25.1 (7)
Ort der sonstigen Leistung 3a.1 ff.; 3a.8; Sonderfälle 3a.14
Ort der Tätigkeit 3a.6
Ort der Vermittlungsleistung 3a.7
Ort des innergemeinschaftlichen Erwerbs 3d.1
Ort des Leistungsempfängers 3a.8
Orthoptisten, Steuerbefreiung 4.14.4 (11)
Osteopathische Leistungen, Steuerbefreiung 4.14.4 (12a)

Pachtvertrag, Rechnung 14.1 (2)
Packing, Kreditvermittlung 4.8.2 (8)
Parkanlagen, Steuerbefreiung 4.20.3 (4)
Parkhaus, Betrieb durch Gemeinde 2.11 (12)
Parkplätze, Messen, Ausstellungen, Kongresse 3a.4 (1); Überlassung bei Schwimmbädern 12.11 (2); – an Zoobesucher 12.8 (4); Vermietung 3a.3 (4) f.; 4.12.2

Partyservice, Abgrenzung von Lieferungen und sonstigen Leistungen 3.6 (6)
Passagierverkehr mit Schiffen 3b.1 (14) ff.
Patentanwälte, Ort der Leistung 3a.9 (10)
Patente, Ort der Leistung 3a.9 (1) f.
Patentübertragung, sonstige Leistung 3.1 (4)
Pauschalangebot, kurzfristige Vermietung 12.16 (12)
Pauschalmarge, Differenzbesteuerung bei Kunstgegenständen 25a.1 (11a)
Pauschalreisen, Luftverkehr 26.1; Veranstalter 25.1 (1); Vermittlungsleistungen 25.1 (5)
Pauschalvertrag, Rechnung 14.1 (2)
Pauschbeträge für Sachentnahmen 10.6 (1); Vorsteuerabzug für Beköstigung im Haushalt 15.2d (2)
Pay-TV, Steuersatz 12.6 (2)
Pensionsfonds 4.8.13 (22)
Pensionspferdehaltung, Land- und Forstwirtschaft 24.3 (12)
Personal, Fahrzeugüberlassung 15.23 (8) ff.; der Jugendherbergen, Steuerbefreiung 4.24.1 (1) ff.; Sachzuwendungen 1.8; 3.3 (9); der Wohlfahrtspflege, steuerfreie Umsätze 4.18.1 (7); *s. a. Arbeitnehmer*
Personalbeistellung, kein Leistungsaustausch 1.1 (6) f.
Personalgestellung durch geistliche Genossenschaften, Steuerbefreiung 4.27.1 (2); durch juristische Personen des öffentlichen Rechts (§ 2 Abs. 3 UStG) 2.11 (15); Land- und Forstwirtschaft, Steuerbefreiung 4.27.2; Leistungen des Gesellschafters 1.6 (6a); Leistungsaustausch 1.1 (16); Ort der Leistung 3a.9 (18a); Seeschifffahrt 8.1 (7); an Sozialversicherungsträger, Steuerbefreiung 4.27.2 (4)
Personenbeförderung, Aufzeichnungserleichterung 22.6 (17); Fahrausweise 14.7; im Gelegenheitsverkehr, Durchschnittsbeförderungsentgelt 3b.1 (5); –, Steuerschuldner 13b.10 (1); grenzüberschreitende, ausländische Unternehmen 18.17; –, Eigenleistungen 25.4 (5); –, Vermittlung 4.5.1 (4); –, Vorsteuerabzug 15.5 (2); Krankenbeförderung, (keine) Steuerbefreiung 4.17.2; im Linienverkehr, ermäßigter Steuersatz 12.13 (4) ff.; –, Verbindungsstrecken 3b.1 (10); Nebenleistungen 12.13 (11); mit Omnibussen, Durchschnittsbeförderungsentgelt 10.8; –, Einzelbesteuerung 16.2; Ort 3b.1; Reisevorleistungen 25.2 (3) ff.; im Schienenbahnverkehr 3b.1 (11); mit Schiffen auf dem Rhein 3b.1 (18)
Personengesellschaft, Anteilsübertragung 3.5 (8); Einbringung von Einzelunternehmen 2.3 (6); Einschaltung durch Kreditinstitute 15.2d (1); Gesellschafter, Selbständigkeit 2.2 (2); Gesellschaftsanteile 4.8.10; Leistungsaustausch mit Gesellschaftern 1.6 (1); nichtunternehmerischer Bereich 2.10 (1); Selbständigkeit 2.2 (5); Überlassung von Gegenständen durch Gesellschafter, Vorsteuerabzug 15.20; Umsätze aus heilberuflicher Tätigkeit 4.14.7 (2); unentgeltliche Wertabgaben 3.2 (1); Unternehmer 2.1 (2)
Personenkraftwagen, kein Krankenfahrzeug 4.17.2 (2); 4.18.1 (12); Linienverkehr 12.13 (4) f.; Nutzungsüberlassung an Gesellschaft bzw. Gesellschafter 1.6 (7); Restwert 10.6 (2); Überlassung an Arbeitnehmer 1.8 (18); –, Ort 3a.5 (2); Verkauf durch Werksangehörige 2.3 (6); *s. a. Kraftfahrzeuge*
Personenvereinigungen, gemeinnützige, Durchschnittssatz, keine Aufzeichnungen 22.2 (10); gemeinnützige Einrichtungen 12.10; Unternehmer 2.1 (1); verbilligte Leistungen, Rechnungserteilung 14.9 (1)
Pfandgeld für Warenumschließungen 10.1 (8)
Pfandleiher, Unkostenvergütung 4.8.2 (5); Versteigerung 1.2 (1)
Pfandleihgeschäft, Entgelt 10.1 (3)
Pfändung, Forderung, Haftung 13c.1
Pferde, Nutzung zu nichtlandwirtschaftlichen Zwecken 12.2 (3)
Pferdefuhrwerke, ermäßigter Steuersatz 12.13 (7)
Pferdepension, Land- und Forstwirtschaft 24.3 (12)

Pferderennen, Eintrittsgelder 12.3 (3); ermäßigter Steuersatz 12.2 (5)
Pferdezucht, Repräsentationsaufwendungen 15.6 (8)
Pflanzen, Einpflanzen 3.10 (6); Steuersatz 12.1 (1)
Pflanzenzucht, ermäßigter Steuersatz 12.2 (1), (4)
Pflegeeinrichtungen, (teil-)stationäre 4.16.4
Pflegeheime, eng verbundene Umsätze 4.16.6 (1); Steuerbefreiung 4.16.4; Verträge besonderer Art 4.12.6 (2); *s. a. Altenheime*
Pflegeleistungen, Fallbegriff 4.16.3 (3); häusliche 4.16.5 (5); sonstige 4.16.5 (21); Steuerbefreiung 4.16.1; an Unternehmer 3a.2 (11a)
Pflichtangaben, Fahrausweis als Rechnung 14.7 (3); Gutschrift 14.5 (24); Kleinbetragsrechnung 14.6; Rechnung 14.5
Pharmaindustrie, Lieferung von Impfstoffen an Tierseuchenkassen 12.3 (1)
Photovoltaikanlagen 2.5 (4) ff.; Direktverbrauch 2.5 (5) ff.; 10.1 (10); Steuerschuldner 13b.2 (5); teilunternehmerische Nutzung 15.6a (3); Zuordnung 15.2c (10)
Physiotherapeuten, Steuerbefreiung 4.14.4 (11); Tätigkeit 4.14.4 (2)
Pipeline, grenzüberschreitende Güterbeförderung 4.3.2 (3)
Plankrankenhäuser 4.14.5 (3)
Planungs- und Überwachungsleistungen, keine Bauleistungen 13b.2 (6)
Plasma *s. Blutplasmaderivate; Blutplasmapräparate*
Plastische Chirurgie 4.14.1 (5)
Platin, keine Differenzbesteuerung 25a.1 (1)
Platinmetalle, Börsenhandel 3a.9 (18); keine Differenzbesteuerung 25a.1 (1); Steuerschuldner 13b.7a
Platzkarten, Fahrausweise 14.7 (1)
Podologen, Steuerbefreiung 4.14.4 (11)
Pop-Konzert, ermäßigter Steuersatz 12.5 (2)
Portfolio-Management, Ort der Leistung 3a.3 (3)
Portfolioverwaltung, einheitliche Leistung 4.8.9 (2); Investmentvermögen 4.8.13 (18), (23); Leistungsort 3a.3 (9)
Posteinlieferungsschein, Ausfuhrnachweis 4a.3 (1); 6.7 (1a)
Postkonsolidierer 3.7 (10); 4.11b.1 (6); durchlaufender Posten 10.4 (2)
Postsendungen, Ausfuhrnachweis 6.9 (5)
Post-Universaldienstleistungen, Qualitätsmerkmale 4.11b.1 (2); Steuerbefreiung 4.11b.1; steuerpflichtige Leistungen 4.11b.1 (5) ff.
Prämien für Direktvermarktung von Strom 2.5 (24); Entgelt 10.2 (1); 10.3 (2); Leistungsprüfungen für Tiere 12.2 (5); *s. a. Sachprämien*
Prämienzahler, Werbeleistungen 2.1 (4)
Präventionsleistungen 4.14.1 (5)
Praxiskliniken 4.14.5 (11) f.
Praxis- und Apparategemeinschaften, ärztliche 4.14.8
Preiserstattungen, Änderung der Bemessungsgrundlage 17.2
Preiserstattungsgutschein 17.2 (6); Nachweis 17.2 (5) ff.
Preisgelder, Leistungsprüfungen für Tiere 12.2 (5); platzierungsunabhängige, Entgelt 1.1 (24)
Preisnachlass, Änderung der Bemessungsgrundlage 17.2; Aufzeichnungserleichterung 22.6 (20); Entgeltminderung 3.11 (5); 10.3 (1); durch Verkaufsagenten 10.3 (4); 17.2 (7)
Preisnachlassgutschein 17.2 (6); Nachweis 17.2 (5) ff.
Presseagenturen, Steuersatz 12.7 (11)
Pressedienste, Ort der Leistung 3a.9 (16)
Private Altenheime 4.16.4 (2)
Private Fernsehanstalten, Steuersatz 12.6 (2)
Privater Endabnehmer, Reihengeschäft 3.14 (18)
Privatoptionen auf Warenterminkontrakte 1.1 (9)
Privatpersonen, Aufzeichnungspflichten 22.1 (5); Gebrauchtgegenstände 25a.1 (5); unberechtigter Steuerausweis 14c.2 (2)

Privatschulen, Steuerbefreiung 4.21.1
Probeexemplar, Warenmuster 3.3 (13)
Probelauf, Maschinen 3.12 (4)
Professionelle Zahnreinigung, Steuerbefreiung 4.14.3 (8a)
Pro-forma-Rechnung 14a.1 (5)
Prognosezeitraum, Vorsteuerabzug 15.2c (12) f.
Projektförderung, Zuschüsse 10.2 (10)
Prolongation, Wechselvorzinsen 10.3 (6)
Prostitution, Zimmerüberlassung 4.12.6 (2); 12.16 (2)
Prothetikumsätze der Zahnärzte 12.4 (2)
Provisionen, keine Entgeltminderung 10.1 (6); Reiseleistung 25.3 (1)
Provisionsverzicht, Preisnachlass 10.3 (4)
Prozesszinsen, Schadensersatz 1.3 (6); 10.1 (3)
Psychologische Psychotherapeuten, Steuerbefreiung 4.14.4 (11)
Psychotherapeuten, Steuerbefreiung 4.14.4 (11)
Public-Private-Partnership, Bemessungsgrundlage 10.1 (10); Kreditgewährung 3.11 (1); Vorsteuerabzug 15.2d (1)

Qualifizierte elektronische Signatur 14.4 (7) f.
Qualifiziertes elektronisches Siegel 14.4 (7) f.
Qualitätsprüfungen der Tierzucht, ermäßigter Steuersatz 12.3 (5)
Quotennießbrauch 3.1 (4)

Rabatt, Änderung der Bemessungsgrundlage 17.2 (4); Aufzeichnungserleichterung 22.6 (20); Austauschverfahren in der Kraftfahrzeugwirtschaft 10.5 (3) f.; Entgeltminderung 3.11 (5); 10.3 (1), (7); Hinweis in Rechnung 14.5 (19)
Rabattgewährung durch Reisebüros 25.1 (5)
Rafting *s. Wildwasserrafting-Touren*
Raumnutzung für unternehmensfremde Zwecke 3.4 (7)
Räumungsentschädigung, Leistungsentgelt 1.3 (13)
Rebanlage, Lieferung 3.1 (1)
Rebflächen, keine Vermietung als Betriebsvorrichtung 4.12.10
Rechenzentren, Dienstleistungen 4.8.7 (2)
Rechnung, Aufbewahrung 14b.1; –, Lesbarkeit 14b.1 (5); Ausstellung durch Dritte 14.1 (3); Ausstellungspflicht in Zusammenhang mit Grundstücken 14.1 (3); Berichtigung 14c.1 (5) f.; in besonderen Fällen 14a.1; Bezeichnung der Leistung 14.5 (15); Echtheit und Unversehrtheit 14.4; elektronische 14.4; –, Ausstellung durch Dritte 14.4 (10); Entgelt von dritter Seite 14.10 (1); Ergänzungen und Berichtigungen 14.11; Fahrausweis 14.7; –, Vorsteuerabzug 15.5; gesonderter Steuerausweis 15.2a (1) ff.; Gutschrift 14.3; Hinweis auf Aufbewahrungspflicht 14.5 (23); zu hoher Steuerausweis 14c.1 (1) ff.; Inhalt 14.1; innergemeinschaftliche Lieferungen 14a.1 (3) ff.; Kleinbeträge, Vorsteuerabzug 15.4; kurzfristige Vermietungsleistungen 12.16 (10) ff.; Leistungen verschiedener Unternehmer 14.10 (3); Leistungsempfänger als Steuerschuldner 14a.1 (2), (6); zu niedriger Steuerausweis 14c.1 (9) ff.; Pflichtangaben 14.5; Rechnungsnummer 14.5 (10) ff.; Überprüfung durch Leistungsempfänger 15.2a (6); unberechtigter Steuerausweis 14c.2; unrichtiger Steuerausweis 14c.1; vorgezogener Vorsteuerabzug 15.3 (1), (5); Zeitpunkt der Lieferung/sonstigen Leistung 14.5 (16) f.
Rechnungsadressat, Vorsteuerabzug 15.2a (3)
Rechnungsaussteller, Vorsteuerabzug 15.2a (2)
Rechnungsausstellung 14.1; Pflichtangaben 14.5; Scheinfirma 15.2a (2); Vorsteuerabzug 15.11 (3) f.
Rechnungserteilung, Angabe der USt-IdNr. des Leistenden und Leistungsempfängers 14a.1 (3); Bauleistungen 14.2; innergemeinschaftliche Dreiecksgeschäfte 25b.1 (8); Istversteuerung 14.8; Land- und Forstwirtschaft 24.9; Leistungsempfänger als Steuerschuldner 13b.14; nicht im Inland ansässige Un-

ternehmer 14.1 (6); verbilligte Leistungen 14.9; im Voraus 14.8 (6)
Rechnungsnummer 14.5 (10) ff.
Rechte, Übertragung, sonstige Leistung 3.1 (1)
Rechtliche Betreuungsleistungen 4.16.5 (20)
Rechtsanwälte, Beratungsleistung per E-Mail 3a.12 (6); Honorar 29.1 (5); Ort der Leistung 3a.9 (10); in Rechtsberatungsdiensten 4.26.1 (3)
Rechtsanwaltskosten, durchlaufende Posten 10.4 (2)
Rechtsanwaltssozietäten, Unternehmer 2.1 (4)
Rechtsberatung, ärztliche Praxisgemeinschaften 4.14.8 (3); Grundstückssachen 3a.3 (10)
Rechtsberatungsdienste, Rechtsanwälte 4.26.1 (3)
Rechtsschutzversicherung 4.10.2 (1)
Rechtsverzicht 1.3 (4)
Reden, Steuersatz 12.7 (13)
Reeder, Betreiber eines Seeschiffs 8.1 (1)
Regelbesteuerung, Übergang zur Durchschnittssatzbesteuerung 15a.9; 19.5 (6) ff.
Regionale Untergliederungen von Vereinen 2.2 (7)
Regisseure, Durchschnittssätze 23.2 (3); Steuersatz 12.7 (19) ff.
Registrierkassen 14b.1 (1)
Rehabilitationsdienste 4.14.5 (18)
Rehabilitationseinrichtung 4.14.4 (9); 4.14.5 (15) f., (18)
Reichssiedlungsgesetz, gemeinnützige Siedlungsunternehmen 12.9 (2)
Reifenindustrie, Garantieleistungen 1.3 (2); 15.2d (1)
Reihengeschäft, Abzug der Einfuhrumsatzsteuer 15.8 (5) f., (10); Ausfuhrlieferung 6.1 (4); Begriff 3.14 (1) ff.; Drittlandsgebiet 3.14 (14) ff.; ohne grenzüberschreitende Warenbewegungen 3.14 (12); innergemeinschaftliche Lieferung 3.14 (13); 6a.1 (2); mit privaten Endabnehmern 3.14 (18); Seeschifffahrt und Luftfahrt, Buchnachweis 8.3 (3); Vereinfachungsregelungen 3.14 (19); Zuordnung der Beförderung/Versendung 3.14 (7) ff.
Reinigung von Gebäuden, Leistungsort 3a.3 (9); von Gebäuden und Gebäudeteilen 13b.5
Reisebüro, kein Luftverkehrsunternehmer 26.1 (1); Verkauf von Eintrittskarten 3.7 (9); – von Flugscheinen 4.5.2 f.; Vermittlungsleistungen 4.5.2 f.; –, Entgelt 10.1 (9)
Reisegepäck, Beförderung als Nebenleistung bei der Personenbeförderung 12.13 (11)
Reisegepäckverkehr, Vorsteuerabzug 15.5 (6)
Reiseleistungen, Abrechnung 25.3 (1); Aufzeichnung 25.5; Beherbergungsanteil 12.16 (9); Bemessungsgrundlage 25.3; –, Aufzeichnung 25.5 (8); Besteuerung 25.1 ff.; einheitliche R. und Steuerbefreiungen 25.1 (12); Luftverkehr 25.2 (4); Ort 25.1 (7); Ort der sonstigen Leistung 3a.1 (4); Rechnung, Sonderregelung 14a.1 (10); sonstige Leistungen 3.1 (4); Vorsteuerabzug 15.2 (3); 15.13 (2); 25.4; Zielortregelung 25.2 (4)
Reiserücktrittskostenversicherung, Reiseleistung 25.1 (13)
Reiseveranstalter, Eigenleistung 25.1 (8); 25.4 (5); Luftverkehrsreisen 26.1; kein Vergütungsverfahren 18.11 (2); Vermittlung 4.5.2 (4)
Reiseverkehr, Abnehmernachweis bei Ausfuhrlieferungen 6.11 (6) ff.
Reisevorleistungen 25.1 (6) ff.; Aufteilung 25.2 (3) ff.; Aufzeichnung 25.5 (6) f.; Marge 25.3 (3); Ort bei Ausführung im Drittland 3a.14 (5); Steuerbefreiung 25.2 (1); kein Vorsteuerabzug 25.4 (1)
Reithallen, Grundstücksteile und Betriebsvorrichtungen 4.12.11 (2)
Reitpferde, Einstellen und Betreuen 12.2 (3); Haltung und Nachzucht 12.3 (3); Vermietung, Land- und Forstwirtschaft 24.3 (12)
Religionsgemeinschaften 2.11 (1)
Rennpferde, Repräsentationsaufwendungen 15.6 (8)
Rennwett- und Lotteriegesetz, Steuerbefreiung 4.9.2
Renovierungsarbeiten an Gebäuden, Leistungsort 3a.3 (8)

Rentenversicherungsträger *s. Sozialversicherungsträger*

Reparatur, Abgrenzung von Werklieferung oder Werkleistung 7.4; von beweglichen körperlichen Gegenständen, Werklieferung 3.8 (6); Lohnveredelung für ausländische Auftraggeber 7.1 (4), (6); Seeschifffahrt 8.1 (3)

Reparaturarbeiten an Gebäuden, Leistungsort 3a.3 (8)

Reparaturaufwendungen, Erhaltungsaufwand 3.3 (2)

Repetitorien, Steuerbefreiung 4.21.2 (1)

Repräsentationsaufwendungen 4.28.1 (4); Abgrenzung 15.6 (8); Vorsteuerabzug 15.6

Repräsentativerhebungen, Personenbeförderungsunternehmen 22.6 (17)

Restaurationsumsätze, Abgrenzung von Lieferungen und sonstigen Leistungen 3.6; Bereitstellung einer die Bewirtung fördernden Infrastruktur 3.6 (4) ff.; an Bord von Seeschiffen 4.6.2; auf Schiffen, in Luftfahrzeugen und Eisenbahnen 3a.6 (9); 3e.1; Verzehr an Ort und Stelle 3a.6 (9)

Restrechnung 14.8 (11)

Restwert 10.6 (2)

Restwertausgleich, Leasing 1.3 (17)

Rettungsassistenten, Steuerbefreiung 4.14.4 (11)

Rettungswache, Vertrag über Krankenbeförderung 4.17.2 (4)

Rheinschifffahrt, Personenbeförderung 3b.1 (18)

Risikomanagement, Investmentvermögen 4.8.13 (18)

Roamingleistungen, Ort der Leistung 3a.14 (3a)

Rock-Konzert, ermäßigter Steuersatz 12.5 (2)

Rodelbahnen, Steuersatz 12.13 (10)

Rohbauunternehmer, Hausbau für eigene Wohnzwecke 3.3 (7)

Rohrleitung, grenzüberschreitende Güterbeförderung 4.3.2 (3)

Rollgebühren, Luftfrachtverkehr, Ausfuhr und Durchfuhr 4.3.4 (6)

Röntgenanlage, Überlassung 4.14.6 (2)

Röntgenaufnahmen, Praxis- und Apparategemeinschaften 4.14.8 (2)

Rückgabe, kein Leistungsaustausch 1.1 (4); Pflanzenanzucht 12.2 (4)

Rückgängigmachung eines Kaufvertrages, unberechtigter Steuerausweis 14c.2 (2); einer Lieferung 17.1 (8); der Option 9.1 (4)

Rücklieferung, Berichtigung 17.1 (8); Leistungsaustausch 1.1 (4)

Rücknahme der Genehmigung zur Istversteuerung 20.1

Rücktritt, Reisevertrag 25.1 (14)

Rückvergütungen, Aufzeichnungserleichterungen 22.6 (21)

Rückversicherung 4.10.1

Rückwaren bei Steuervergütung 4a.5

Ruhende Lieferung 3.14 (2); Lieferort 3.14 (5) f.

Rundfunk *s. Fernsehen*

Rundfunkanstalten des öffentlichen Rechts 2.11 (1); Beiträge an Pensionskasse für freie Mitarbeiter 10.1 (7); zwischenstaatliche Leistungen 3a.2 (15)

Rundfunkleistung *s. Fernsehdienstleistung*

Rundfunkmitarbeiter, Durchschnittssätze 23.2 (3)

Rundfunksprecher, Nichtselbständigkeit 2.2 (3)

Saatgut, Einsaat 3.10 (6); Lieferung 3.5 (2)

Sachbezüge von Arbeitnehmern 1.8 (6) ff.; –, Aufzeichnungen 22.2 (7)

Sacheinlagen, Aufnahme in Gesellschaft, Vorsteuerabzug 15.21 (7); durch Gesellschafter 1.6 (2); aus nichtunternehmerischem Bereich, kein Vorsteuerabzug 15.2a (12)

Sachen, Lieferung 3.1 (1)

Sachenrechtsbereinigungsgesetz, steuerfreie Umsätze 4.9.1 (2)

Sachentnahmen, Pauschbeträge 10.6 (1)

Sachgesamtheit, Lieferung 3.1 (1)

Sachgeschenke an Arbeitnehmer 1.8 (3), (14)

Sachleistung, Baraufgabe 10.5

Sachprämien 3.3 (20)

Sachspenden, Bemessungsgrundlage 10.6 (1a); an Vereine oder Schulen, steuerbare Wertabgaben 3.3 (10)

Sachverständige, Ort der Leistung 3a.9 (12); Vergütung, kein Schadensersatz 1.3 (15)

Sachverwertung 1.2
Sachzuwendungen, Anrechnung auf den Barlohn 4.18.1 (7); an Arbeitnehmer 1.8; –, Steuerbarkeit 3.3 (9); Aufzeichnungen 22.2 (7); *s. a. Unentgeltliche Wertabgaben*
Sägewerkserzeugnisse, Durchschnittssatz 24.2 (5)
Saison-Arbeitnehmer, Beherbergung 4.12.9 (2)
Sale-and-lease-back-Verfahren 3.5 (7); über ein Grundstück 3a.3 (9)
Sammelbeförderung, Arbeitnehmer 1.8 (15)
Sammelladungsverkehr, grenzüberschreitende Güterbeförderung 4.3.2 (5)
Sammler, Nichtunternehmer 2.3 (6)
Sammlermünzen 4.8.3 (1) ff.
Sammlungsgegenstände, Differenzbesteuerung 25a.1
Sammlungsstücke, Begriff 25a.1 (6)
Sänger, Durchschnittssätze 23.2 (3); Steuersatz 12.7 (19) ff.
Sanierungsträger, beauftragte Unternehmer 3.15 (5); Betriebsverlagerung gem. BauGB 1.1 (13)
Satellitenkommunikation, Telekommunikationsleistung 3a.10 (2)
Satzungsgemäße Zwecke, Mitgliederbeiträge 1.4 (1) f.
Sauna, kein Heilbad 12.11 (3)
Saunabäder, (keine) Steuerbefreiung 4.14.4 (13)
Saunaleistungen in Schwimmbädern, einheitliche Leistung 3.10 (6)
Schadensbeseitigung durch den Schädiger 1.3 (1)
Schadensersatz, echter 1.3; Entgeltminderung 10.3 (2); Mahngebühren, Mahnkosten 1.3 (6); wegen Nichterfüllung 1.3 (3); –, Gegenleistung 10.1 (4); Reiserücktritt 25.1 (14); Stornokosten 12.16 (6); unberechtigter Steuerausweis 14c.2 (2); Verzugszinsen u. dgl. 1.3 (6)
Schädlingsbekämpfung, Steuerschuldner 13b.5 (3)
Schätzung, Land- und Forstwirtschaft 24.7 (4); Vorsteuerabzug 15.11 (6); Vorsteueraufteilung 15.17 (3)
Schauspieler, Durchschnittssätze 23.2 (3); Steuersatz 12.7 (19) ff.
Schausteller, ermäßigter Steuersatz 12.8 (2)
Scheck, Inkasso 4.8.6; Istversteuerung 13.6; Rückgriffskosten 1.3 (6)
Scheinfirma, Vorsteuerabzug 15.2a (2)
Scheingeschäft, Unternehmer 2.1 (3)
Scheinrechnung, unberechtigter Steuerausweis 14c.2 (2)
Schieben, Beförderungsleistung 4.3.2 (3)
Schienenbahnen, Begriff 12.13 (2)
Schienenbahnverkehr, Anschlussstrecken 3b.1 (11); ermäßigter Steuersatz 12.13 (2)
Schießanlage, Überlassung 4.12.6 (2)
Schießstände, Grundstücksteile und Betriebsvorrichtungen 4.12.11 (2)
Schiffe, Ort der Lieferung während Beförderungsleistung 3e.1; Personenbeförderung 3b.1 (14) ff.; – auf dem Rhein 3b.1 (18); Restaurationsumsätze 3a.6 (9); 3e.1
Schiffsausrüstung 8.1 (3); Freihafenumsätze 1.11 (1)
Schiffsbesichtiger, Steuerbefreiung 8.1 (7)
Schiffskreuzfahrt, Reiseleistung 25.2 (6)
Schiffsmakler, Steuerbefreiung 8.1 (7)
Schleppen, Beförderungsleistung 4.3.2 (3); Schifffahrt, Steuerbefreiung 8.1 (7)
Schlepplifte, ermäßigter Steuersatz 12.13 (9)
Schlösser, Steuerbefreiung 4.20.3 (4)
Schlüsselzahlen, Aufschlagsverfahren 22.6 (9) f.
Schnittstellen, elektronische 3.18; –, besonderes Besteuerungsverfahren 18j.1
Schönheitsoperationen, keine Steuerbefreiung 4.14.1 (5)
Schornsteinreinigung, Steuerschuldner 13b.5 (3)
Schriftsteller, Durchschnittssätze 23.2 (5); Steuersatz 12.7 (6) ff.
Schriftstellerische Tätigkeit, Ärzte 4.14.1 (5)
Schularbeiten, Beaufsichtigung 4.23.1 (3)
Schuldenübernahme, Entgelt 10.1 (3); Leistungsaustausch 1.1 (3)
Schulen, Bescheinigungsverfahren 4.21.5; Steuerbefreiung 4.21.1; –, freie Mitarbeiter 4.21.3

Schüler, Nachhilfeunterricht 4.21.2 (1); Unterbringung und Verpflegung 4.21.4 (3)
Schülerfahrten, ermäßigter Steuersatz 12.13 (4); Omnibusgelegenheitsverkehr 16.2 (6)
Schülerheime, Steuerbefreiung 4.23.1; Zweckbetrieb 12.9 (10)
Schulessen, Abgrenzung von Lieferungen und sonstigen Leistungen 3.6 (6)
Schulische Zwecke, steuerfreie Gestellung von Mitgliedern geistlicher Genossenschaften 4.27.1 (2)
Schullandheime 4.25.1 (2)
Schulschwimmen, nichtwirtschaftliche Tätigkeit 2.11 (18)
Schulungsmaterial, Kopiervorlage 12.7 (22)
Schulzwecke, Lieferung von Lehrmaterial 4.21.4 (2)
Schützenfeste 12.8 (2)
Schwangerenberatung 4.14.2 (3)
Schwangerschaftsabbruch 4.14.2 (3)
Schwebebahnen, ermäßigter Steuersatz 12.13 (2)
Schwellenwerte, Erwerbsschwelle 3.18 (4)
Schwerbehinderte, Fahrgelderstattung 10.2 (6); Integrationsfachdienste 4.16.5 (7) f.
Schwimmbäder, ermäßigter Steuersatz 12.11 (1) f.; gemeindliche 2.11 (18); Grundstücksteile und Betriebsvorrichtungen 4.12.11 (2); Überlassung an Schulen, Vereine 3.4 (6); Vermietung 4.12.6 (2)
Schwimmunterricht, ermäßigter Steuersatz 12.11 (1)
Secondhand-Shops, Vermittlungsleistungen 3.7 (7)
Seecontainer *s. Container*
Seelisch Behinderte, Eingliederungshilfe 4.25.1 (3)
Seenotrettung, innergemeinschaftlicher Erwerb der Wasserfahrzeuge 4b.1; steuerfreie Umsätze 8.1
Seeschiffe, Ausflaggung, keine Ausfuhr 15.13 (3); grenzüberschreitende Güterbeförderung 4.3.2 (3); innergemeinschaftlicher Erwerb 4b.1; Restaurationsumsätze 4.6.2; steuerfreie Umsätze 8.1; Vermittlung von Personenbeförderungen 4.5.1 (4)
Seeschifffahrt, Begriff 8.1 (2); Buchnachweis 8.3; Steuerbefreiung 8.1; Vorsteuerabzug 15.13 (2)
Seetransportbehälter, Vermietung/Leasing 8.1 (7)
Segelboot, Vermietung 2.3 (7)
Sehvermögen, ärztliches Gutachten 4.14.1 (5)
Selbständigkeit 2.2
Selbsthilfeeinrichtungen, Land- und Forstwirtschaft 4.27.2 (1)
Selbstkosten, Aufzeichnungen 22.2 (7); Bemessungsgrundlage, unentgeltliche Wertabgabe 10.6 (1); Sachbezüge 1.8 (6) f.
Selbstversorgungsbetriebe von juristischen Personen des öffentlichen Rechts (§ 2 Abs. 3 UStG) 2.11 (16)
Service-Fee, Reisebüros 4.5.2 (6); 4.5.3 (3)
Serviceleistungen, Erdgas- und Elektrizitätsnetze 3a.13 (2)
Servicepauschale, kurzfristige Vermietung 12.16 (12)
Sessellifte, ermäßigter Steuersatz 12.13 (9)
Share Deal, Beratungsleistungen, Ort 3a.3 (10)
Shipment on hold, kein innergemeinschaftliches Verbringen 1a.2 (6)
Sicherheiten, Kredite 4.8.2 (2); Übernahme, Steuerbefreiung 4.8.12
Sicherheitsbegleitung, Seeschifffahrt 8.1 (7)
Sicherheitsleistung 18f.1; grundstücksbezogene, Leistungsort 3a.3 (9); Höhe 18f.1 (5)
Sicherungsabtretung, Vereinnahmung der Forderung 13c.1 (19) f.
Sicherungseinbehalte für Baumängel, Steuerberichtigung 17.1 (5)
Sicherungsgut, Verwertung 1.2 (1) ff.; – im Insolvenzverfahren 1.2 (4)
Sicherungsübereignung 3.1 (3); Lieferung des Sicherungsgebers an Sicherungsnehmer 13b.1 (2); Verfügungsmacht 1.2 (1)
Sichtvermerk, Ausgangszollstelle 6.11 (2)

Siedlungsunternehmen, gemeinnützige 12.9 (2)
Siegel, elektronische 14.4 (7) f.
Signatur, elektronische 14.4 (7) f.
Signierveranstaltung, Schriftsteller, Steuersatz 12.7 (8)
Silber, keine Differenzbesteuerung 25a.1 (1)
Simultandolmetscheranlagen, Messen, Ausstellungen, Kongresse 3a.4 (1)
Sitz, ausländische Abnehmer 6.3 (1) f.
Skilifte, ermäßigter Steuersatz 12.13 (9)
Skonto, Aufzeichnungserleichterung 22.6 (20); Berichtigung der Vorsteuer 17.1 (3); Entgeltminderung 3.11 (5); 10.3 (1); Hinweis in Rechnung 14.5 (19)
Social Freezing, keine Steuerbefreiung 4.14.2 (4)
Software, Ort der Leistung 3a.9 (15) ff.; sonstige Leistung bzw. Lieferung 3.5 (2) f.; Steuersatz 12.7 (1)
Software-Bereitstellung, elektronische Leistung 3a.12 (3)
Solisten, Mitwirkung bei Konzerten 4.20.2 (1)
Sollversteuerung, Architekten und Ingenieure 13.3; Aufzeichnungen 22.2 (2); Bauwirtschaft 13.2; Entgelt 10.1 (1); Entstehung der Steuer 13.1 (1) ff.; Wechsel zur Istversteuerung 13.6 (3)
Solokünstler, ermäßigter Steuersatz 12.5 (2)
Sommerrodelbahnen, Steuersatz 12.13 (10)
Sonderentgelt, Leistungsaustausch zwischen Gesellschaft und Gesellschafter 1.6 (3) ff.
Sonderkulturen, landwirtschaftliche Umsätze 24.2 (4)
Sonderprüfung der Umsatzsteuer und Umsatzsteuer-Nachschau 27b.1 (9)
Sondervermögen, Investmentvermögen 4.8.13 (3)
Sondervorauszahlung bei Fristverlängerung 18.4
Sonstige Leistungen, Abgrenzung zur Lieferung 3.5; – bei Speisen und Getränken 3.6; an Arbeitnehmer 1.8; –, Aufzeichnungen 22.2 (7); ärztliche Praxis- und Apparategemeinschaften 4.14.8 (1) ff.; Aufzeichnungen 22.2 (7) f.; Ausfuhr und Durchfuhr, Steuerbefreiung 4.3.4; ausländischer Unternehmer 13b.1 (2); Bauwirtschaft 13.2 (1); Begriff 3.1 (4); Beispiele 3.5 (3); Bemessungsgrundlage 10.1 (3) f.; Berichtigung des Vorsteuerabzugs 15a.6 (5) ff.; 15a.7; Besteuerungsverfahren 3a.16; Dienstleistungskommission 3.15; Einfuhr, Steuerbefreiung 4.3.3; Einheitlichkeit 3.10 (1) f.; elektronische Leistungen 3a.12; Entstehung der Steuer 13.1 (3); –, Istversteuerung 13.6; Freihafen-Veredelung bzw. Freihafenlagerung 1.12 (5); gleichgestellte unentgeltliche Wertabgaben 3.4; Kleinunternehmer 19.1 (1); Land- und Forstwirtschaft 24.3 (1) f.; Luftfahrt 8.2 (6); an NATO-Partner 4.7.1; Ort 3a.1 ff.; Telekommunikationsleistungen 3a.10; Übertragung von Rechten 3.1 (1); Umstellung langfristiger Verträge 29.1; verbilligte, Rechnungserteilung 14.9 (1); Verzehr an Ort und Stelle 3a.6 (9); Vorsteuerabzug 15.2 (2); Zeitpunkt der sonstigen Leistung 14.5 (16); Zusammenfassung zu einem Berichtigungsobjekt 15a.6 (11)
Sorgfalt eines ordentlichen Kaufmanns 6a.8
Sorgfaltspflicht, Beleg- und Buchnachweis bei innergemeinschaftlichen Lieferungen 6a.8
Sortengeschäft, Steuerbefreiung 4.8.3 (3)
Sortenschutz, Nachbaugebühr 3.5 (3)
Sozialberatung von Schwangeren 4.14.2 (3)
Sozialforschung, Steuersatz 12.7 (1)
Sozialfürsorge, Leistung an Unternehmer 3a.2 (11a)
Sozialhilfe, Einrichtungen 4.16.5 (14) ff.; Kostenübernahme 4.16.3 (4); Steuerbefreiung 4.15.1; *s. a. Sozialversicherung*
Sozialversicherung, Steuerbefreiung 4.15.1
Sozialversicherungsbeiträge, kein Entgelt 10.1 (7)
Sozialversicherungsträger, Brillenabgabe 4.15.1; Gestellung von Betriebshelfern und Haushaltshilfen, Steuerbefreiung 4.27.2 (4); Kostenübernahme 4.16.3 (4)

Sozietäten, Unternehmer 2.1 (4)
Spaltung, Neugründung 18.7 (2)
Sparkonten, keine Leistung 1.1 (14); keine Unternehmereigenschaft 2.3 (1)
Spazierwege, Kurort, Vorsteuerabzug 15.19 (2)
Special Arrangement, Einfuhrumsatzsteuer 21a.1
Spediteur, kein Abzug der Einfuhrumsatzsteuer 15.8 (5); Aufzeichnungserleichterung 22.6 (18) f.; Ausfuhrnachweis 6.7 (2); grenzüberschreitende Güterbeförderung 4.3.2 (5); unfreie Versendungen 15.7 (2)
Spediteurbescheinigung, Versendungsbeleg 6a.5 (3) f.
Spediteurversicherung, Versendungsbeleg 6a.5 (9) f.
Speisen, Abgabe an Besucher 4.16.6 (3); – an Besucher eines Krankenhauses 4.14.6 (3); – auf Seeschiffen 4.6.2; Abgrenzung von Lieferungen und sonstigen Leistungen 3.6; Mensabetriebe 12.9 (4); Umsätze auf Veranstaltungen 12.9 (5) f.; Verzehr an Ort und Stelle 3a.6 (9)
Speisenlieferung durch Kantinenpächter einer berufsbildenden Einrichtung 4.23.1 (2); durch Mensabetriebe 4.18.1 (9); in Theatern 4.20.1 (3)
Spielautomaten in Gastwirtschaften 3.7 (8); Ort der sonstigen Leistung 3a.6 (6); Steuerpflicht 4.8.3 (4)
Spielekonsolen, Steuerschuldner 13b.7 (1b) ff.
Spielleiter, Steuersatz 12.7 (19) ff.
Spielwährungen, Steuerbefreiung 4.8.3 (3a)
Sponsoring, Abgrenzung Leistungsaustausch 1.1 (23)
Sportanlagen, Annehmlichkeit 1.8 (4); Vermietung 4.12.6 (2); 4.12.11; – auf Campingflächen 4.12.3 (4)
Sportausweise, Ausstellung 12.9 (4)
Sportboote, Begriff 3a.5 (12); langfristige Vermietung, Ort der sonstigen Leistung 3a.5 (10) ff.
Sportgeräte, Vermietung auf Campingplätzen 4.12.3 (4)
Sporthallen, Verwaltung 4.22.2 (4); –, Zweckbetrieb 12.9 (4)
Sportlehrgänge, Steuerbefreiung 4.23.1 (4)
Sportliche Betätigung, Leistung an Unternehmer 3a.2 (11a)
Sportliche Veranstaltungen, Steuerbefreiung 4.22.2 (2)
Sportplätze, Grundstücksteile und Betriebsvorrichtungen 4.12.11 (2)
Sportreisen 4.22.2 (3)
Sportunterricht, Steuerbefreiung 4.22.1 (4)
Sportveranstalter, Fernsehübertragungsrechte 12.7 (23)
Sportveranstaltungen der Jugendhilfe 4.25.2 (1) f.; Steuerbefreiung 4.22.2; Teilnehmergebühren und Eintrittsgelder 4.22.2 (5); Unternehmer 2.1 (6); Werbung 12.9 (4) ff.; Zweckbetrieb 12.9 (4), (6) f.
Sportvereine, sportliche Veranstaltungen 4.22.2 (2); Sportunterricht 4.22.1 (4); Werbung 12.9 (4) ff.; Zweckbetrieb 12.9 (10)
Sprachreisen, Reiseleistung 25.1 (1)
Sprachtherapeuten, Steuerbefreiung 4.14.4 (11)
Squashhallen, Grundstücksteile und Betriebsvorrichtungen 4.12.11 (2)
Standflächen, Messen, Ausstellungen, Kongresse 3a.4 (1)
Standseilbahnen, ermäßigter Steuersatz 12.13 (9)
Starthilfe, Entgelt 10.2 (2)
Stationäre Pflegeeinrichtungen, Begriff 4.16.4 (3)
Stehende Ernte, Lieferung 3.1 (1)
Steuerausweis, unberechtigter 14c.2; –, Aufzeichnungspflicht 22.1 (5)
Steuerbefreiung, Ausfuhr 4.3.4; 6.1; –, Ausnahmen 4.3.5; Einfuhr 4.3.3; –, Ausnahmen 4.3.5; Einfuhrlieferung 4.4b.1; Flurbereinigungs- und Umlegungsverfahren 1.1 (19); Gebrauchtgegenstände 25a.1 (5), (15); innergemeinschaftlicher Erwerb 4b.1; Land- und Forstwirtschaft 24.4; NATO-Partner 4.7.1; Reiseleistungen 25.1 (12); 25.2; Vermittlungsleistungen 4.5.1; Verzicht 9.1; Vorrang bei konkurrierenden St. 15.13 (5); (kein) Vorsteuerabzug 15.13 (1)

Steuerberater, Honorar 29.1 (5); Ort der Leistung 3a.9 (10)
Steuerberatung, Grundstückssachen 3a.3 (10)
Steuerberechnung 16.1; allgemeine Durchschnittssätze 23.3; Fahrzeugeinzelbesteuerung 18.9; Kreditverkäufe 18.5; Omnibusgelegenheitsverkehr 18.8 (1); nach vereinnahmten Entgelten 20.1
Steuerberichtigung, Änderung der Bemessungsgrundlage 17.1
Steuerbescheide, Änderung, Vorsteuerabzug 15.12 (5)
Steuerbetrag, Berichtigung 14c.1 (5) ff.; Rechnung 14.5 (20)
Steuererklärung, Abgabe bei Fahrzeugeinzelbesteuerung 18.9; elektronische Übermittlung 18.1 (2); Kleinunternehmer 19.2 (1); Leistungsempfänger als Steuerschuldner 13b.16; Unterschrift 18.1 (3)
Steuerfestsetzung, Änderung, Vorsteuerabzug 15.12 (5); Beförderungseinzelbesteuerung 18.8; Bestandskraft 19.2 (6); bestandskräftige, Berichtigung des Vorsteuerabzugs 15a.4 (3) f.; Steuererklärung 19.2 (5)
Steuerfreie Lieferung, Rechnung 14a.1 (3) ff.
Steuerfreier Umsatz, Gesamtumsatz 19.3 (2)
Steuerhinterziehung und Vorsteuerabzug 15.2 (2)
Steuerlager *s. Umsatzsteuerlager*
Steuern, keine durchlaufenden Posten 10.4 (3); Entstehung 13.1 ff.
Steuernummer, Angabe in Rechnung 14.5 (5) ff.
Steuersatz 12.1; Anwendungszeitpunkt 12.1 (2) f.; Aufzeichnungen 22.2 (2); Differenzbesteuerung 25a.1 (15); Leistungsempfänger als Steuerschuldner 13b.13 (4); Rechnung bei verschiedenen Steuersätzen 14.5 (21)
Steuersatzänderung 12.1 (3)
Steuerschuldner, innergemeinschaftliche Dreiecksgeschäfte 25b.1 (6); Leistungsempfänger 13b.1; Rechnungsaussteller 14c.2 (4); sonstige Leistungen im Inland 3a.16 (1) ff.
Steuervergütung, Antragsverfahren 4a.4; gemeinnützige Lieferungen 4a.1 ff.; Nachweis 4a.3; Rückwaren 4a.5; Vorsteuerabzug 15.11 (6)
Stiftungen, nichtunternehmerischer Bereich 2.10 (1)
Stille Gesellschaft, Gesellschaftsanteile 4.8.10; Innengesellschaft 2.1 (5)
Stornogebühr, Reiseleistungen 1.3 (9); Reiserücktritt 25.1 (14)
Stornokosten, Schadensersatz 12.16 (6)
Stornoprovision 4.5.2 (9)
Strandlinie 1.9 (3)
Straßenbahnen, Begriff 12.13 (2)
Straßenstrecken in Freihäfen usw. 3b.1 (13); Inland 3b.1 (12)
Straußwirtschaft 24.3 (12)
Strohmann, Vorsteuerabzug 15.2a (2)
Strohmanngeschäft, Kommissionsgeschäft 3.15 (2); Unternehmer 2.1 (3)
Stromgewinnung, Einspeisung in Stromnetz 2.5 (1) f.
Stromleitungsbau, einheitliche Leistung 3.10 (6)
Stromlieferung 3.1 (1); Mehr-/Mindermengenausgleich 1.7 (6); Nebenleistung 4.12.1 (5); Steuerschuldner 13b.3a
Studenten, Repetitorien 4.21.2 (1)
Studentenfahrten, Omnibusgelegenheitsverkehr 16.2 (6)
Studentenheime, Zweckbetrieb 12.9 (10)
Studentenwerke, steuerfreie Umsätze 4.18.1 (9)
Studienreisen, Reiseleistung 25.1 (1)
Stundenhotel, Steuerbefreiung 4.12.9 (1); Steuersatz 12.16 (3)
Stundungszinsen, Kreditleistung 3.11 (3); 4.8.2 (1)
Substanzbetriebe, Land- und Forstwirtschaft 24.1 (2)
Subunternehmer, ärztliche Leistung 4.14.4 (10); Betreuungs- und Pflegeleistungen 4.16.3 (2); eines Versicherers, keine Steuerbefreiung 4.8.1
Subventionen, öffentliche 10.2 (7)
Suchmaschine, Bereitstellung im Internet 3a.12 (3)
Sukzessivlieferungsverträge, Entstehung der Steuer 13.1 (2)
Supervisionsleistungen 4.14.1 (5)

Symbole, Aufschlagsverfahren 22.6 (9) f.
Systematik der Wirtschaftszweige 23.2 (1)

Tabakwaren, Abgabe an Arbeitnehmer 1.8 (14)
Tablet-Computer, Steuerschuldner 13b.7 (1a) ff.
Tageskurs für fremde Währung 16.4 (2)
Tankstellen, Abgabe von Kraft- und Schmierstoffen 3.7 (4) f.
Tankstellenunternehmer, Blinde 4.19.1 (3)
Tankstellenvertrag 4.12.6 (2)
Tänzer, Durchschnittssätze 23.2 (3); Steuersatz 12.7 (19) ff.
Tanzkurse, (keine) Steuerbefreiung 4.22.1 (4)
Tanzschule, Steuerbefreiung 4.21.2 (8)
Tarifabnehmer, Abschlagszahlungen 13.1 (2)
Tarifentfernung, Beförderungsstrecke 12.14 (3)
Tarifverbund, Vorsteuerabzug 15.5 (3) f.
Tätigkeit, Ort der T. 3a.6
Tausch, Anzahlung 13.5 (2); mit Baraufgabe 10.5 (1); Entgelt 10.5; Leistungsempfänger 13b.1 (2)
Tauschähnlicher Umsatz, Entgelt 10.5
Tauschverfahren in der Kraftfahrzeugwirtschaft 10.5 (3) f.
Taxi, ermäßigter Steuersatz 12.13 (7); keine Fahrausweise 14.7 (1); Hin- und Rückfahrten 12.14 (5); Leistungsempfänger 13b.10 (1)
Technische Darstellungen, Steuersatz 12.7 (22)
Technische Dienstvorschriften, Steuersatz 12.7 (22)
Techno-Veranstaltung, ermäßigter Steuersatz 12.5 (2)
Teichwirtschaft, Zierfischzucht 24.1 (2)
Teilbetrag, Abtretung/Pfändung/Verpfändung von Forderungen 13c.1 (7)
Teilbetriebsveräußerung, Geschäftsveräußerung im Ganzen 1.5 (6)
Teileigentum, Steuerbefreiung 4.13.1
Teilentgelte, Aufzeichnungen 22.2 (5) f.; Istversteuerung 13.5 f.; 14.8
Teilleistungen, Architekten und Ingenieure 13.3; Entgelt, Steuerschuldner 13b.12 (3); Entstehung der Steuer 13.4; Steuersatz 12.1 (4); Umstellung langfristiger Verträge 29.1; Vorsteuerabzug 15.2 (2)
Teilnehmergebühren, Entgelt bei kulturellen und sportlichen Veranstaltungen 4.22.2 (5)
Teiloption 9.1 (6)
Teilstationäre Pflegeeinrichtungen, Begriff 4.16.4 (3)
Teilunternehmerische Nutzung von Grundstücken, unentgeltliche Wertabgabe 3.4 (5a)
Teilzahlungen, Istversteuerung 13.5 f.
Telefax, Rechnungsübermittlung 14.4 (2)
Telefon, steuerpflichtige Nutzungsüberlassung 4.18.1 (6); Überlassung, Hilfsgeschäft 2.10 (1)
Telefonanschluss, Messen, Ausstellungen, Kongresse 3a.4 (2) f.
Telekommunikationsgeräte, unentgeltliche Wertabgaben 3.4 (4)
Telekommunikationsleistung, Netzbenutzungsvertrag 3.3 (20); 3.10 (6); nicht im Gemeinschaftsgebiet ansässige Unternehmer 18.7a; Ort 3a.9a; sonstige Leistung 3a.10; –, Beispiele 3a.10 (2); im übrigen Gemeinschaftsgebiet ansässige Unternehmer 18.7b; *s. a. Elektronische Leistungen*
Tennisplätze, Grundstücksteile und Betriebsvorrichtungen 4.12.11 (2)
Terminhandel, Wertpapiere 4.8.8 (1)
Terrarien, ermäßigter Steuersatz 12.8 (3); Steuerbefreiung 4.20.4 (1)
Testamentsvollstrecker, Ort der sonstigen Leistung 3a.1 (4); 3a.9 (10); Unternehmensfortführung 2.1 (7)
Testamentsvollstreckung, Nachhaltigkeit 2.3 (6)
Theater, ermäßigter Steuersatz 12.5 (1) ff.; Steuerbefreiung 4.20.1; Verbindung künstlerischer und kulinarischer Elemente 4.20.1 (3)
Theaterensembles, Omnibusgelegenheitsverkehr 16.2 (6)
Theaterfahrten, ermäßigter Steuersatz 12.13 (4)

Theatergastspiele, Unternehmer 2.1 (4)
Theatergaststätte 4.20.1 (3)
Theatermitarbeiter, Durchschnittssätze 23.2 (3)
Theaterveranstaltungen, ermäßigter Steuersatz 12.5 (2); Steuerbefreiung 4.20.1 (1)
Ticket-Eigenhändler, ermäßigter Steuersatz 12.5 (4)
Tickethändler 25.1 (5); Verkauf von Flugscheinen 4.5.3
Tierbesamung, künstliche 12.3 (4), (6)
Tiere, Verkauf durch Zirkusunternehmen 12.8 (1)
Tierhaltung, Fremdtiere 24.3 (11); gemeinschaftliche 24.1 (2)
Tierleistungsprüfungen, ermäßigter Steuersatz 12.2 (1), (5)
Tierpark, Begriff 12.8 (3); Kleinbahnen 12.13 (2); Steuerbefreiung 4.20.4; Steuersatz 12.8 (3)
Tierzucht, ermäßigter Steuersatz 12.3
Tochtergesellschaft, Organschaft 2.8 (1); überhöhter Preis durch Muttergesellschaft 10.1 (2)
Todesbescheinigung, Feuerbestattung 4.14.1 (5)
Tonmeister, Steuersatz 12.7 (19) ff.
Tontechnische Leistung, Ort 3a.6 (3)
Totalschaden auf Privatfahrt 3.3 (6)
Tournee-Veranstaltungen 12.5 (4); Theater usw. 4.20.1 (4)
Trachtenfeste, Steuerbefreiung 4.22.2 (1)
Traditionspapier, Lieferort 3.12 (6)
Träger von Bildungseinrichtungen usw. 4.21.2 (2)
Training, Sportveranstaltung 4.22.2 (2)
Transaktionen auf Gewichtskonten 3.5 (2) f.
Transitbereich, Flughafen, Inland 1.9 (1)
Transporthilfsmittel, Lieferung 3.10 (5a); Schadensersatz 1.3 (9); sonstige Leistung 3.5 (3)
Treibhausgas-Emissionshandel, Übertragung von Berechtigungen 13b.1 (2)
Treibjagd, allgemeiner Steuersatz 24.3 (12)
Treibstoffe, Ausfuhr 6.4; *s. a. Mineralöl*
Trennung der Entgelte, Aufzeichnungen 22.5 (1); 22.6; Merkblatt 22.6 (1)
Treuhänder, Testamentsvollstrecker 2.1 (7)
Treuhanderwerb von Gesellschaftsanteilen 4.8.10 (2)
Trikotwerbung auf Sportveranstaltungen 4.22.2 (4); 12.9 (4)
Trinkgelder, Entgelt 10.1 (5)
Trinkwasser, Leistung an kommunalen Zweckverband 1.1 (13b)
Truppen, ausländische Abnehmer 6.3 (3)
Turnhallen, Grundstücksteile und Betriebsvorrichtungen 4.12.11 (2)
Turniere, Pferdeleistungsschauen, Eintrittsgelder 12.3 (3)

Übergangsregelungen 13b.18; 15.6a (8); 27.1
Überhöhter Preis, Lieferung an Tochtergesellschaft 10.1 (2)
Überlandleitung, dingliche Sicherung 4.12.8 (2); einheitliche Leistung 3.10 (6); Flurschäden 1.3 (16)
Überlassung zum zoll- und steuerrechtlich freien Verkehr, Einfuhr 15.8 (2) ff.; *s. a. Gebrauchsüberlassung*
Übernahme eines Betriebs, Aufschlagsverfahren 22.6 (6); von Bürgschaften und anderen Sicherheiten, Steuerbefreiung 4.8.12; von Verbindlichkeiten 4.8.11
Übersetzer, keine Durchschnittssätze 23.2 (6); Ort der Leistung 3a.9 (14); Vergütung, kein Schadensersatz 1.3 (15)
Übersetzungen, Steuersatz 12.7 (12)
Übersetzungsdienste, Messen, Ausstellungen, Kongresse 3a.4 (2) f.
Überwachung von wesentlichen Bestandteilen eines Gebäudes 3a.3 (9)
Überweisungsverkehr, Steuerbefreiung 4.8.7
Umgangspfleger, Jugendhilfe 4.25.2 (7a)
Umlagen, Vatertierhaltung 12.3 (2); Wasserversorgungszweckverband 1.4 (4); Wohnungseigentumsgesetz 4.13.1 (2)
Umlagenabrechnung, unberechtigter Steuerausweis 14c.2 (2)
Umlaufvermögen, Berichtigung des Vorsteuerabzugs 15a.1 (2)

Umleersammeltouren 3.16 (5)
Umlegungsverfahren, Flurbereinigung 1.1 (19)
Umrechnung, fremde Währung 16.4; –, Anzahlungen 13.5 (7); Gesamtumsatz in Jahresumsatz 19.3 (3)
Umsätze, innergemeinschaftliche Dreiecksgeschäfte 25b.1 (1)
Umsatzgrenzen, Betrieb gewerblicher Art 2.11 (3)
Umsatzsteuer, kein Entgelt 10.1 (6); 10.6 (1)
Umsatzsteuer-Identifikationsnummer, Angabe in Rechnung 14.5 (5) ff.; Antrag auf Erteilung 27a.1 (1); Aufbau 18e.2; Bestätigung 18e.1; Gebietskörperschaften 27a.1 (3); innergemeinschaftliche Lieferungen 6a.7; 14a.1 (3) ff.; Verwendung 3a.2 (6) ff.
Umsatzsteuerlager 4.4a.1; Vorsteuerabzug 15.13 (2)
Umsatzsteuer-Nachschau 27b.1; Einsicht in gespeicherte Daten 27b.1 (5); Übergang zur Betriebsprüfung 27b.1 (9)
Umschlag bei Ausfuhr und Durchfuhr 4.3.4 (1); nach Einfuhr 4.3.3 (1)
Umschlagunternehmer, Aufzeichnungserleichterung 22.6 (18) f.
Umschulungsmaßnahmen, Steuerbefreiung 4.21.2 (3)
Umstellung, langfristige Verträge 29.1
Umwandlung, Neugründung 18.7 (2)
Umweltschutz, Luftbildaufnahmen 12.7 (18)
Unberechtigter Steuerausweis 14c.2
Uneinbringlichkeit, Berichtigung des Vorsteuerabzugs 17.1 (5); im Insolvenzverfahren, Berichtigung 17.1 (11) ff.
Unentgeltliche Leistungen, (kein) Vorsteuerabzug 15.15
Unentgeltliche Wertabgaben 3.2 ff.; Änderung der Verhältnisse 15a.2 (6); Aufzeichnungen 22.2 (7); Bemessungsgrundlage 10.6; Berichtigung des Vorsteuerabzugs 15a.2 (1), (9); einheitlicher Leistungsort 3f.1; Entstehung der Steuer 13.1 (1); Gebrauchtgegenstände 25a.1 (9); gemeinnützige Einrichtungen 12.9 (1); Grundstücke 3.3 (8); 3.4 (8); juristische Personen des öffentlichen Rechts 15.19 (1); Kleinunternehmer 19.1 (1); Option 9.1 (2); Reiseleistung 25.3 (4); Sozialversicherungsträger 4.15.1; keine Steuerbefreiung für Ausfuhrlieferungen 3.2 (2); – für Lohnveredelungen 3.2 (2); bei teilunternehmerisch genutzten Grundstücken 3.4 (5a); Vorsteuerabzug 15.12 (1); Zahntechniker 12.4 (1)
Unentgeltlichkeit, Personenbeförderung im Omnibusgelegenheitsverkehr 16.2 (6)
Unfallversicherung 4.10.2 (1); Einrichtungen 4.14.5 (14)
Unfreie Versendung, Entgelt 10.1 (3); Leistungsempfänger als Steuerschuldner 13b.9; Vorsteuerabzug 15.7
Ungetrennte Bodenerzeugnisse, Lieferung 3.1 (1)
Unionsgebiet *s. EU-Mitgliedstaaten; Gemeinschaftsgebiet*
Unionsversandverfahren, Ausfuhrnachweis 6.6 (1) f., (4)
Unmittelbares Gelangen, Voraussetzungen 3.14 (4)
Unmittelbarkeit, Schul- und Bildungszwecke 4.21.4; steuerbegünstigte Zwecke 4.18.1 (3) ff.
Unrichtige Leistungsbezeichnung 14c.2 (2)
Unrichtiger Steuerausweis, Entstehung der Steuer 13.7; Gutschrift 14c.1 (3); Rechnung 14c.1
Unterbringung von Schülern 4.21.4 (3)
Unterfrachtführer, keine Steuerbefreiung 4.3.4 (3)
Untergang beim Transport, Einfuhrumsatzsteuer 15.8 (12)
Unterlassungsleistungen, Entstehung der Steuer 13.1 (3)
Unternehmen, Begriff 2.7 (1); Entnahme von Gegenständen 3.3 (5) ff.; gesondert geführter Betrieb 1.5 (6); Leistung für das U., Vorsteuerabzug 15.2b (2) f.; Ort der sonstigen Leistung 3a.1 (1); wesentliche Grundlagen 1.5 (3) ff.
Unternehmensbereich, Einfuhr 15.8 (4); Gebrauchtgegenstände 25a.1 (4); Verwendung von Gegenständen für den privaten Bedarf des Personals 1.8 (2); Zuordnung 15.2c; – von Gegenständen 3.3 (1)

Unternehmensfremde Tätigkeit, Abgrenzung nichtwirtschaftliche Tätigkeit 2.3 (1a)
Unternehmer, Angabe in Rechnung 14.5 (2); Aufzeichnungspflichten 22.1 ff.; Begriff 2.1; im Drittlandsgebiet, Ort der Leistung 3a.14 (1); im Inland 18.10 (1); innergemeinschaftliche Dreiecksgeschäfte 25b.1 (2) ff.; innergemeinschaftliche Lieferung 6a.1 (11) ff.; Ort der sonstigen Leistung 3a.2; Reiseleistungen, Vorsteuerabzug 15.2 (3); unentgeltliche Leistungen, Vorsteuerabzug 15.15; Voranmeldungen, Befreiung 18.2 (3); Vorsteuerabzug 15.1; Zusammenfassende Meldung 18a.1 (1)
Unternehmerbescheinigung 18.16
Unternehmereigenschaft, Beginn und Ende 2.6; Vereine und Forschungsbetriebe 2.10; Vorbereitungshandlungen 2.6 (2) ff.
Unterrichtstätigkeit, Steuerbefreiung, freie Mitarbeiter 4.21.3
Unterrichtszwecke, Kopiervorlagen 12.7 (22)
Unterstützung im Alltag 4.16.5 (12) f.
Urheber, Begriff 12.7 (3); Verwertungsrecht 12.7 (4)
Urheberrechte, ermäßigter Steuersatz 12.7; geschützte Werke 12.7 (3); Ort der Leistung 3a.9 (1) f.
Urheberrechtsübertragung, sonstige Leistung 3.1 (4)
Urheberrechtsverletzung, Abmahnung 1.3 (16a)

Varietéaufführungen, ermäßigter Steuersatz 12.5 (2); keine Steuerbefreiung 4.20.1 (2)
Vatertierhaltung, ermäßigter Steuersatz 12.3
Veranstaltungen, kulturelle und sportliche 4.22.2; Reiseleistung 25.1 (2); wissenschaftliche oder belehrende, Abgrenzung 4.22.1 (2); *s. a. Sportunterricht; Sportveranstaltungen*
Veranstaltungsleistungen, Ort bei Ausführung im Drittland 3a.14 (5)
Veranstaltungsräume, Nutzungsüberlassung 4.12.11 (4)
Verarbeitung vor Beförderung/Versendung in übriges Gemeinschaftsgebiet 6a.1 (19); Belegnachweis 6a.6; Land- und Forstwirtschaft 24.2 (2); *s. a. Bearbeitung*
Veräußerung, Berichtigung des Vorsteuerabzugs 15a.2 (1) f., (9); Hilfsgeschäft 2.10 (1); *s. a. Geschäftsveräußerung*
Verbindlichkeiten, Übernahme 4.8.11
Verbindungsstrecken im Ausland 3b.1 (9); im Inland 3b.1 (7) f.
Verbraucherforschung, Steuersatz 12.7 (1)
Verbrauchsteuern, Entgelt 10.1 (6)
Verbreitungsrecht 12.7 (4)
Verbringen, innergemeinschaftliches 1a.2
Verbringensfälle, pro-forma-Rechnung 14a.1 (5)
Vercharterung von Schiffen, Steuersatz 12.13 (10a)
Verdeckter Preisnachlass 10.5 (4) f.; 25a.1 (10)
Veredelungsverkehr, Freihäfen 1.12; –, Einfuhrumsatzsteuer 15.9 (3)
Vereinbarte Entgelte 10.1 (2) ff.; Aufzeichnungen 22.2 (2); Entstehung der Steuer 13.1; *s. a. Sollversteuerung*
Vereine, gemeinnützige 12.9 (5) f.; Gestellung land- und forstwirtschaftlicher Arbeitskräfte, Steuerbefreiung 4.27.2 (1) f.; Mindestbemessungsgrundlage 10.7 (1); Mitgliederbeiträge 1.1 (15a); 1.4 (1) f.; Omnibusgelegenheitsverkehr 16.2 (6); regionale Untergliederungen 2.2 (7); Sachspenden an V. 3.3 (10); unentgeltliche Wertabgaben 3.2 (1); Unternehmereigenschaft 2.10 (1); Vermittlung der Mitgliedschaft 4.8.10 (5); Vorsteuerabzug 2.10 (2) ff.; 15.2d (1)
Vereinfachungen, Berichtigung des Vorsteuerabzugs 15a.11; für bestimmte Umsätze von land- und forstwirtschaftlichen Betrieben 24.6; Getränkeumsätze in Land- und Forstwirtschaft 24.6; Reisevorleistungen 25.2 (4); Steuerschuldner 13b.8; Vorsteuerabzug bei Vermessungs- und Katasterbehörden 2.11 (11)
Vereinfachungsregelungen, Durchschnittssatzbesteuerung 24.2 (6); Reihengeschäft 3.14 (19)

Vereinnahmte Entgelte 10.1 (1), (5); Aufzeichnungen 22.2 (2); Entstehung der Steuer 13.5 f.; Kleinunternehmer 19.1 (2); Steuerberechnung 20.1; *s. a. Istversteuerung*
Vereinnahmung, Abtretung/Pfändung/Verpfändung von Forderungen 13c.1 (18) ff.
Vereinsgaststätten, wirtschaftlicher Geschäftsbetrieb 12.10
Vereinsvorstand, Selbständigkeit 2.2 (2)
Verfahren, Beförderungseinzelbesteuerung 18.8; Fahrzeugeinzelbesteuerung 18.9; Fristverlängerung 18.4; Vorsteuervergütung 18.13; Zusammenarbeits-VO 18d.1
Verfrachter, Aufzeichnungserleichterung 22.6 (18) f.
Verfügungsmacht, Abzug der Einfuhrumsatzsteuer 15.8 (4) ff., (10); Insolvenz 13.2 (1); Lieferung 3.1 (2) f.; Sicherungsübereignung 1.2 (1); Verschaffung 13.1 (2); –, Bauwirtschaft 13.2 (1); –, Lieferort 3.12 (6)
Vergnügungspark, keine Steuerbefreiung 4.20.4 (1); Steuersatz 12.8 (2)
Vergütung, nicht enthaltene Umsatzsteuer 29.1 (5); Verwahrstelle 4.8.13 (7); der Vorsteuerbeträge an ausländische Unternehmer 18.10 ff.; von Zeugen, Sachverständigen usw., kein Schadensersatz 1.3 (15)
Vergütungsantrag 4a.4
Vergütungsverfahren 18.13; amtlich vorgeschriebener Datensatz 18.14 (2); in anderem Mitgliedstaat 18g.1; Antragsfrist 18.13 (3); bzw. Besteuerungsverfahren 18.11; 18.15; inländischer Organträger 2.9 (6); Leistungen im Zusammenhang 3a.2 (17); Nachweis 18.14 (7); Omnibusgelegenheitsverkehr 16.2 (8); Unternehmerbescheinigung 18.16
Vergütungszeitraum 18.12
Verkaufsagenten, Preisnachlässe 10.3 (4); 17.2 (7)
Verkaufsentgelt, Aufschlagsverfahren 22.6 (9) ff.
Verkaufsförderung, Änderung der Bemessungsgrundlage 17.2
Verkaufskataloge, unentgeltliche Abgabe 3.3 (14)
Verkaufskommission, innergemeinschaftlicher Erwerb 1a.2 (7); Lieferung 3.1 (3)
Verkaufsoption, Terminhandel 4.8.8 (1)
Verkaufsständer, unentgeltliche Abgabe 3.3 (15)
Verkaufswettbewerb 1.8 (4); ausgelobte Reiseleistungen 1.8 (19); kein Leistungsaustausch 1.1 (20)
Verkehr, begünstigter, Abgrenzung nach Verkehrsrecht 12.13 (1)
Verkehrsteuern, Entgelt 10.1 (6)
Verkehrsunternehmen, Freifahrten an Arbeitnehmer 1.8 (17); Zeitkarten 14.7 (2)
Verkehrsverbund, Vorsteuerabzug 15.5 (3) f.; Wechselverkehr 12.14 (4)
Verlagsrechte, Ort der Leistung 3a.9 (1); sonstige Leistung 3.5 (3); *s. a. Urheberrechte*
Verlosung zu Werbezwecken 3.3 (10)
Verlustbeteiligung 4.8.2 (7)
Vermessung von Grundstücken, Leistungsort 3a.3 (8)
Vermessungsbehörden, gewerbliche Tätigkeit 2.11 (7) ff.
Vermietung, Ablagerungsverträge 4.12.4; Abzug der Einfuhrumsatzsteuer 15.8 (9); von Beförderungsmitteln, Ort der sonstigen Leistung 3a.5; Betriebsvorrichtungen und Maschinen 3a.3 (4); 4.12.10; bewegliche Sachen 3.15 (7); Bootsliegeplätze 3a.3 (4) f.; von Campingflächen 4.12.3; Fahrzeugnutzung im Drittlandsgebiet 3a.14 (4); Grundstücke 3a.3 (4); –, ärztliche Praxisgemeinschaften 4.14.8 (6); –, gemischte Verträge 4.12.5; –, Option 9.2; –, Steuerbefreiung 4.12.1; kurzfristige, Campingflächen 12.16 (7); –, nicht begünstigte Leistungen 12.16 (8); –, Wohn- und Schlafräume 12.16 (3) ff.; Land- und Forstwirtschaft 24.3 (6); Messen, Ausstellungen, Kongresse 3a.4 (1); Omnibusgelegenheitsverkehr 16.2 (1); Parkplätze 3a.3 (4) f.; 4.12.2; von Schwimmbädern 12.11 (1); Seetransport-Container 8.1 (7); sonstige Leistung 3.1 (4); von Sportanlagen 4.12.11; Theater 4.20.1 (3); von Video-Kassetten, DVDs, Blu-ray Discs, Steu-

ersatz 12.6 (4); Wohnwagen auf Standplätzen 3a.3 (5); Yachtcharter 3a.5 (3)
Vermittlung, Abgrenzung zum Eigenhandel 3.7; Begriff 3.7; 4.5.1 (1); Gesellschaftsanteile 4.8.10 (3) f.; von Krediten, Begriff 4.8.1; –, Steuerbefreiung 4.8.2; Lieferung von Anlagegold 25c.1 (1); durch Reisebüros, Entgelt 10.1 (9); –, (keine) Steuerbefreiung 4.5.2 f.; Steuerausweis 14c.2 (4); Steuerbefreiung 4.5.1
Vermittlungsleistungen bei Ausfuhr oder Durchfuhr 4.3.4 (2); Besteuerung 25.1 (5); nach Einfuhr 4.3.3 (1); Ort 3a.7; Secondhand-Shops 3.7 (7); Seeschifffahrt 8.1 (8); steuerfreie 4.5.1; Theatervorführungen usw. 12.5 (4)
Vermögensmassen, gemeinnützige, Durchschnittssatz, keine Aufzeichnungen 22.2 (10)
Vermögensübertragung, Neugründung 18.7 (2)
Vermögensverwaltung, einheitliche Leistung 3.10 (6); 4.8.9 (2); ermäßigter Steuersatz 12.9 (3); Investmentvermögen 4.8.13 (23); Steuerbarkeit 1.1 (9); mit Wertpapieren, Ort 3a.9 (17); –, Steuerbefreiung 4.8.13 (1)
Verpachtung, Abbauverträge 4.12.4; Betrieb, Land- und Forstwirtschaft 24.3 (7) f.; Grundstücke 3a.3 (4); –, Option 9.2; –, Steuerbefreiung 4.12.1; eines landwirtschaftlichen Betriebs, Kleinunternehmerregelung 19.1 (4a); von Maschinen und Betriebsvorrichtungen 4.12.10; sonstige Leistung 3.1 (4); Theater 4.20.1 (3)
Verpackung, Nebenleistung, Rechnung 14.5 (21)
Verpfändung 3.1 (3); Forderung, Haftung 13c.1
Verpflegung in Kindertagesstätten, Schulen, Kantinen, Krankenhäusern, Pflegeheimen o. ä., Abgrenzung von Lieferungen und sonstigen Leistungen 3.6 (6); von Schülern 4.21.4 (3)
Verpflegungsleistungen als Nebenleistungen zu Übernachtungsleistungen 3.10 (6)
Verrechnungspreis, überhöhter Preis 10.1 (2)
Verrechnungsstellen, ärztliche 4.14.8 (3)
Versandbegleitdokument 6.6 (2)
Versandgeschäfte, Werbeprämien 10.3 (2)
Versandhandel, Kauf auf Probe 13.1 (6)
Versandpapier T2L, Erwerb einer Yacht 3d.1 (1)
Versandverfahren 6.6; zollrechtliche 15.8 (2); *s. a. Gemeinsames Versandverfahren*
Verschaffung der Verfügungsmacht 15a.2 (7)
Verschaffung von Versicherungsschutz 4.10.2
Verschmelzung, Neugründung 18.7 (2)
Versendung, Ausfuhrlieferung 6.1 (1) ff.; über Grenzbahnhöfe oder Güterabfertigungsstellen 6.9 (2) ff.; innergemeinschaftliche Dreiecksgeschäfte 25b.1 (5); innergemeinschaftliche Lieferung 6a.1 (6) ff.; –, Bearbeitung/Verarbeitung 6a.1 (19); –, Belegnachweis 6a.3 ff.; Lieferung im Einfuhrland 3.13; Reihengeschäft 3.14 (2); –, Zuordnung zu einer Lieferung 3.14 (7) ff.; unfreie, Vorsteuerabzug 15.7
Versendungsbelege, Ausfuhrnachweis 6.7 (1a); –, Postsendungen 6.9 (5)
Versendungsbezugsnummer, Ausfuhrnachweis 6.7 (2a)
Versendungsfälle, Ausfuhrnachweis 6.7
Versendungslieferung 3.12 (3); Lieferort 3.14 (5)
Versendungsprotokoll, Versendungsbeleg 6a.5 (5) f.
Versicherung, Nebenleistung, Rechnung 14.5 (21)
Versicherungsleistungen, Steuerbefreiung 4.10.1
Versicherungsmakler, Steuerbefreiung 4.11.1
Versicherungsschutz für Arbeitnehmer, Gesamtumsatz 19.3 (2); steuerfreie Verschaffung 4.10.2; Verschaffung durch Kfz-Händler 3.10 (6)
Versicherungsumsätze, Ort der Leistung 3a.9 (17); Vorsteuerabzug 15.13 (3); 15.14 (4)
Versicherungsunternehmen, Organträger im Ausland 2.9 (7)

Versicherungsvertrag zugunsten Dritter 4.10.2
Versicherungsvertreter, Bestandspflegeleistungen 4.11.1 (3); Steuerbefreiung 4.11.1
Versorgung von Beförderungsmitteln, Ausfuhr 6.4; der Seeschifffahrt, Steuerbefreiung 8.1 (4)
Versorgungsausgleich, Steuerbefreiung 4.8.13 (22)
Versorgungsbetriebe, Vorsteuerabzug 15.19 (1)
Versorgungseinrichtungen, Steuerbefreiung 4.8.13 (22); Verwaltung, Steuerbefreiung 4.8.13
Versorgungsgegenstände, Luftfahrt 8.2 (6)
Versorgungswerke, Steuerbefreiung 4.8.13 (22)
Versteigerer, Differenzbesteuerung 25a.1 (2); Eigenhändler bzw. Vermittler 3.7 (6)
Versteigerungen herkömmlicher Art 3a.12 (6); Lieferung 1.2 (2); online 3a.12 (3)
Vertrag besonderer Art, Grundstücksüberlassung 4.12.6; langfristiger, Umstellung 29.1; Rechnung 14.1 (2); –, Steuernummer oder USt-IdNr. 14.5 (9)
Vertragsstrafen, Schadensersatz 1.3 (3); 10.1 (3); 10.3 (2)
Vertrauensschutz, Ausfuhrnachweis 6.5 (6); innergemeinschaftliche Lieferung 6a.8
Vertretbare Sachen, Ausfuhrlieferung 6.1 (3); Einfuhrumsatzsteuer 15.8 (13); Vorsteuerabzug 15.2c (2); 15.19 (3)
Vertreter, Vermittlungsleistung 3.7 (1); *s. a. Vermittlung*
Vertretung der Gesellschaft, Leistungen des Gesellschafters 1.6 (6)
Vervielfältigungsrecht 12.7 (4)
Verwahrstelle, Begriff 4.8.13 (5); steuerpflichtige Tätigkeiten 4.8.13 (21); Vergütung 4.8.13 (7)
Verwahrung, Wertpapiere 4.8.9
Verwaltung von Grundstücken, Leistungsort 3a.3 (9); von Investmentvermögen, Steuerbefreiung 4.8.13 (10) ff.; Wertpapiere 4.8.9; Wohnungseigentumsgesetz, Steuerbefreiung 4.13.1 (2)
Verwaltungsakte bei Umsatzsteuer-Nachschau 27b.1 (8) ff.
Verwaltungsgemeinkosten, Vorsteueraufteilung 15.18 (6)
Verwaltungsleistungen, kein Zweckbetrieb 12.9 (4)
Verwendung der bezogenen Leistung 15.12 (1); von Gegenständen, Bemessungsgrundlage bei Wertabgabe 10.6 (3); der Umsatzsteuer-Identifikationsnummer 3a.2 (6) ff.; –, Begriff 3a.2 (10); des Wirtschaftsguts im Unternehmen 15a.2 (1)
Verwendungsabsicht 15.12 (1) f.; 15a.2 (2)
Verwendungsfrist, innergemeinschaftliches Verbringen 1a.2 (12)
Verwertung von Sicherungsgut 1.2 (1) ff., (4)
Verwertungsgesellschaften, Urheberrechte, ermäßigter Steuersatz 12.7 (2)
Verwertungsrechte des Urhebers 12.7 (4)
Verwertungsreife, Veräußerung von Sicherungsgut 1.2 (1a)
Verzehr an Ort und Stelle, kein Aufschlagsverfahren 22.6 (3)
Verzicht auf Differenzbesteuerung, Gebrauchtgegenstände 25a.1 (21); auf Durchschnittssatzbesteuerung 24.8; auf Einnahmen 2.3 (8); auf Steuerbefreiung 9.1; –, Aufzeichnungspflichten 22.2 (4); –, Kleinunternehmer 19.2; *s. a. Option*
Verzinsung, Vorsteuer-Vergütungsverfahren 18.13 (9) f.; 18.14 (10)
Verzugszinsen, Schadensersatz 1.3 (6); 10.1 (3)
Videofonie, Telekommunikationsleistung 3a.10 (2)
Video-Kassetten, Steuersatz 12.6 (4)
Video-on-Demand, Ort 3a.12 (3)
Viehaufzucht und -haltung, ermäßigter Steuersatz 12.2 (1) f.; fremdes Vieh 24.3 (11)
Vitalogisten, Steuerpflicht 4.14.4 (12)
Voice-mail-box-System, Telekommunikationsleistung 3a.10 (2)
VoIP-Dienstleistungen, Telekommunikationsleistung 3a.10 (2)
Volksfeste 12.8 (2)

Volkshochschulen, Steuerbefreiung 4.22.1 (1); –, freie Mitarbeiter 4.21.3; Zweckbetrieb 12.9 (10)
Vollstreckungsschuldner, Lieferung 1.2 (2)
Vorabgewinn, Gegenleistung 1.6 (4)
Voranmeldung, elektronische Übermittlung 18.1 (1); Fristverlängerung 18.4; Leistungsempfänger als Steuerschuldner 13b.16; Neugründung 18.7; Sonderfälle 18.6 f.; Vordruck 18.1 (1); Vorsteuerabzug 15.10 (3)
Voranmeldungsverfahren, abweichende Vordrucke 18.3
Voranmeldungszeitraum 18.2 (1); Aufschlagsverfahren 22.6 (9); Entstehung der Steuer 13.1 (1); Istversteuerung 13.5 (1); Zusammenrechnung 22.1 (4)
Vorausrechnung, unberechtigter Steuerausweis 14c.2 (2)
Vorauszahlungen, Bauwirtschaft 13.2 (2); Berichtigung der Vorsteuer 17.1 (2); Fristverlängerung 18.4; Istversteuerung 13.5; 14.8; Leistungsempfänger als Steuerschuldner 13b.12 (3); auf Teilleistungen 13.4; unberechtigter Steuerausweis 14c.2 (2); Vorsteuerabzug 15.3; Zeitpunkt der Leistung 14.8 (4)
Vorbereitungshandlungen, Unternehmereigenschaft 2.6 (2) ff.
Vordruck, Meldung für innergemeinschaftliche Fahrzeuglieferung 18c.1 (2) f.; Vorsteuer-Vergütungsverfahren 18.14 (2); Zusammenfassende Meldung 18a.1 (4)
Vorfälligkeitsentschädigung 4.8.2 (6)
Vorgezogener Vorsteuerabzug 15.3
Vorhalteleistungen, Notfallrettung 4.17.2 (6)
Vorjahressteuer, Voranmeldungszeitraum 18.2 (1) ff.
Vormund, Jugendhilfe 4.25.2 (5) ff.
Vorrang bei konkurrierenden Steuerbefreiungen 15.13 (5)
Vorratsgesellschaft, Voranmeldung 18.7 (1)
Vorsorgeeinrichtung 4.14.5 (15) f.
Vorsorgeuntersuchung, Annehmlichkeit 1.8 (4); ärztliche Tätigkeit 4.12.2 (1)
Vorstand, kassenärztliche Vereinigung 1.1 (12)
Vorsteuer, Abgeltung durch Durchschnittssätze 23.3; Beförderungseinzelbesteuerung 16.2 (8); Gebrauchtgegenstände 25a.1 (7); Vergütungsverfahren 18.10 ff.; *s. a. Vergütungsverfahren*
Vorsteuerabzug, allgemeine Durchschnittssätze 15.1 (3); Änderung der Steuerfestsetzung 15.12 (5); Anzahlungen 15.3 (3); Aufteilung 15.2c; Ausgabe von Gesellschaftsanteilen 15.21; Ausschluss 15.12 ff.; Beköstigung von Arbeitnehmern im Haushalt 15.2d (2); Berechtigter 15.1; Berichtigung 15a.1 ff.; –, Aufzeichnungspflichten 15a.12; –, Entgeltsänderung 17.1 (1), (4); –, maßgebende Verhältnisse 15a.1 (1); –, Vereinfachungen 15a.11; Berichtigungsverfahren 15a.4; Billigkeitsmaßnahmen 15.11 (7); Differenzbesteuerung 15.2 (3); Durchschnittssatzbesteuerung 15.2 (3); Einfuhrumsatzsteuer 15.8 ff.; einheitlicher Gegenstand 15.2c (1) ff.; Erleichterungen 2.10 (6) ff.; Ersatzbelege 15.11 (1); 22.1 (3); Erschließungsmaßnahmen 15.2d (1); Fahrausweise 15.5; Fahrzeuge 15.2d (1); 15.23; Garantieleistungen der Kfz-Wirtschaft 15.2d (1); – der Reifenindustrie 15.2d (1); Gebäude 15.17 (5) ff.; Gesamtobjekte 15.1 (7); Gesellschaft 15.2a (3); gesonderter Steuerausweis 15.2; Gutschrift 15.2a (9) ff.; Halten und Veräußerung von gesellschaftsrechtlichen Beteiligungen 15.22; innergemeinschaftliche Güterbeförderungen 15.7 (3); innergemeinschaftlicher Erwerb 15.10 (2) f.; innergemeinschaftliches Dreiecksgeschäft 15.10 (5); juristische Personen des öffentlichen Rechts 15.2d (1); 15.19; Kleinbeträge 15.4; Kleinunternehmer 15.1 (4); Kraftfahrzeugwirtschaft 15.2d (1); Kreditgeschäfte 3.11 (8); Land- und Forstwirte 15.1 (3); Leistungsempfänger als Steuerschuldner 13b.15; Nachweis 15.11; Rechnungsberichtigung 15.2a (7); rechtsmissbräuchliche Gestaltung 1.1 (2); Reiseleistungen 15.2 (3); 25.4; Repräsentationsaufwendungen 15.6; Sacheinlagen aus nichtunternehmerischem

Bereich 15.2a (12); Schätzung 15.11 (6); steuerfreie Umsätze 15.13; Steuervergütung 15.11 (6); teilunternehmerisch genutzte Grundstücke 15.6a; Überlassung von Gegenständen durch Gesellschafter an Gesellschaft 15.20; unentgeltliche Leistungen 15.15; unentgeltliche Wertabgaben 3.3 (2); 3.4 (2); unfreie Versendungen 15.7; ungenaue bzw. unrichtige Angaben 15.2a (5); Vereine 2.10; 2.10 (2) ff.; 15.2d (1); Verwendungswertabgabe 10.6 (3); Vorauszahlungen 15.3; vorgezogener 15.3; Wechsel der Besteuerungsform 15.1 (5) f.; Widerruf von Rechnungen 14.8 (9); Zahlungen vor Empfang der Leistungen 15.3; Zuordnung zum Unternehmen 15.2c; Zuordnungsschlüssel 15.2c (8)
Vorsteueraufteilung 15.16 ff.; bei allgemeinen Aufwendungen des Unternehmens 15.16 (2a); Aufzeichnungen 22.4; Erleichterungen 15.18; Kreditgeschäfte 3.11 (8); Land- und Forstwirtschaft 24.7 (2) f.; Schätzung 15.17 (3); Umsatzschlüssel 15.17 (3); vertretbare Sachen 15.2c (2); wirtschaftliche Zuordnung 15.16 (2); 15.17
Vorsteuerausschluss bei teilunternehmerisch genutzten Grundstücken 15.6a
Vorsteuerberichtigung, Änderung der Bemessungsgrundlage 17.1
Vorsteuerbeträge, Durchschnittssätze, Land- und Forstwirtschaft 24.7 (2) f.
Vorsteuererstattung, ausländische Vorsteuer 15.2 (1)
Vorsteuer-Vergütungsverfahren *s. Vergütungsverfahren*
Vorträge, Steuerbefreiung 4.22.1 (3); Veröffentlichung in Druckwerk, Steuersatz 12.7 (13)
Vortragstätigkeit, Ärzte 4.14.1 (5)
Vortransporte, Luftfrachtverkehr, Ausfuhr und Durchfuhr 4.3.4 (6)
Vorübergehende Verwendung, innergemeinschaftliches Verbringen 1a.2 (10) f.; –, Aufzeichnungen 22.3 (3)

Wahlrecht, Rechtsfolgen einer Organschaft 2.8 (3); Voranmeldungszeitraum 18.2 (1)
Wald, forstwirtschaftliche Erzeugnisse 24.2 (4) f.
Wallach, Zuchttier 12.3 (3)
Wanderausstellungen, Steuerbefreiung 4.20.3 (2)
Wanderschäferei, Durchschnittssatz 24.3 (5)
Wanderwege, Kurort, Vorsteuerabzug 15.19 (2)
Waren der befristeten Verwendung 1a.2 (12)
Warenabgabe an Arbeitnehmer 1.8 (6); bei Preisausschreiben 3.3 (10)
Warenautomaten, Freihafenumsätze 1.11 (1); in Gastwirtschaften 3.7 (8)
Warenbewegung, innergemeinschaftliche Dreiecksgeschäfte 25b.1 (4)
Wareneingangsbuch, Aufschlagsverfahren 22.6 (9) f.
Warenkreditversicherung, Ersatzleistung 1.3 (7)
Warenlieferungen auf Jahrmärkten usw. 12.8 (2)
Warenmuster 3.3 (13)
Warentermingeschäfte, (keine) Steuerbefreiung 4.8.4 (5)
Warenterminkontrakte, Privatoptionen 1.1 (9)
Warenumsatz, Aufschlagsverfahren 22.6 (3)
Warenumschließungen, Nebenleistung 3.10 (5a); Pfandgeld 10.1 (8)
Warenvorräte, Veräußerung nach Betriebseinstellung 4.14.6 (3)
Wärme, Lieferung, Entstehung der Steuer 13.1 (2); –, Nebenleistung 4.12.1 (5); 4.12.3 (3); Lieferung an Wohnungseigentümer, Steuerbefreiung 4.13.1 (2); Steuerschuldner 13b.3a; unmittelbar zusammenhängende Leistungen 3a.13
Wärmeabgabe, KWK-Anlagen, Bemessungsgrundlage 2.5 (23); Mindestbemessungsgrundlage 2.5 (23) f.
Wärmeentnahme, KWK-Anlage 2.5 (20) ff.; KWK-Anlagen, Bemessungsgrundlage 2.5 (20) ff.
Wärmelieferung 1.7; 3.1 (1); Zuschlag nach §§ 5a oder 5b KWKG, Zuschuss 1.7 (3)
Warmwasserlieferung, Nebenleistung 4.12.1 (5); 4.12.3 (3)

Wartungsleistungen an Gebäuden, Leistungsort 3a.3 (8); an Maschinen usw., Ort 3a.6 (11); an wesentlichen Bestandteilen eines Gebäudes 3a.3 (9)
Wartungsvertrag, Rechnung 14.1 (2)
Wäschereien *s. Zentralwäschereien*
Wasserfahrzeuge, Ausfuhrlieferung, Ausrüstungsgegenstände 6.4; innergemeinschaftlicher Erwerb 1b.1; Lohnveredelung für ausländische Auftraggeber 7.1 (4); Passagier- und Fährverkehr 3b.1 (14) ff.; Umsätze für die Seeschifffahrt 8.1 (2)
Wasserlieferung, Entstehung der Steuer 13.1 (2); Nebenleistung 4.12.1 (5); 4.12.3 (3); Wohnungseigentümer, Steuerbefreiung 4.13.1 (2)
Wassersport, Steuersatz 12.13 (10a)
Wassersportfahrzeuge, Freihafenumsätze 1.11 (1) f.
Wasserversorgungszweckverband, Umlagen 1.4 (4)
Web-Rundfunk, Ort 3a.11 (2)
Website, elektronische Leistung 3a.12 (2) f.
Wechsel, Inkasso 4.8.6
Wechselausstellung, Istversteuerung 13.6
Wechsel der Besteuerungsform 19.5; Berichtigung des Vorsteuerabzugs 15a.9; Vorsteuerabzug 15.1 (5) f.
Wechseldiskont, Entgeltminderung 10.3 (6)
Wechselumlaufspesen, Entgelt 10.3 (6)
Wechselumsätze, Akzeptantenwechselgeschäft 17.1 (5); Gesamtumsatz 19.3 (2); Vorsteueraufteilung 15.18 (3) f.
Wechselverkehr, Verkehrsverbund 12.14 (4)
Wechselvorzinsen, Entgeltminderung 10.3 (6)
Wegerecht, Steuerbefreiung 4.12.8
Weichwährungstickets 4.5.3 (1)
Weihnachtsbäume, landwirtschaftliche Umsätze 24.2 (4)
Weiterverkauf von Werken der bildenden Kunst 1.1 (21)
Werbeagenturen, Ort der Leistung 3a.9 (3) ff., (8)
Werbeanzeigen, Ort der sonstigen Leistung 3a.2 (5)
Werbefilmvorführung, Steuersatz 12.6 (3)
Werbeforschung, Steuersatz 12.7 (1)
Werbegemeinschaft, Einkaufszentrum 1.4 (5)
Werbeleistung, Abgrenzung zu Zeitungsanzeigen 3a.9 (5) f.; Leistungsort 3a.3 (10); Messen, Ausstellungen, Kongresse 3a.4 (2) f.; an Prämienzahler 2.1 (4)
Werbemaßnahmen, Preisnachlässe, Preiserstattungen 17.2
Werbematerial, unentgeltliche Abgabe 3.3 (15)
Werbeprämien, Kundenwerbung 10.3 (2)
Werbesendungen, Ort der sonstigen Leistung 3a.2 (5)
Werbezwecke 3.3 (10)
Werbung für ausländische Betriebsstätten 3a.2 (5); Ort der Leistung 3a.9 (3) ff.; 3a.14 (3); bei Veranstaltungen 12.9 (4) ff.
Werbungsmittler, Ort der Leistung 3a.9 (3) ff., (7)
Werkdienstwohnungen, Steuerbefreiung 1.8 (5); Vermietung 4.12.1 (3)
Werkleistungen 3.8; Abzug der Einfuhrumsatzsteuer 15.8 (8); Bauwirtschaft 13.2 (1); an beweglichen körperlichen Gegenständen, Ort 3a.6 (11); Entgelt, Materialabfall 10.5 (2); Entstehung der Steuer 13.1 (3); Lohnveredelung 7.4; – für ausländische Auftraggeber 7.1 (7)
Werklieferungen 3.8; Abzug der Einfuhrumsatzsteuer 15.8 (8); Ausfuhrlieferung 7.4; –, Kraftfahrzeugteile und -zubehör 6.4; Ausfuhrnachweis 6.6 (5); ausländischer Unternehmer 13b.1 (2); Bauwerk, Leistungsempfänger als Steuerschuldner 13b.2 (5); Bauwirtschaft 13.2 (1); Entstehung der Steuer 13.1 (2); Grundstück, Rechnungserteilung 14.2; in verschiedene Staaten 3.12 (5)
Werklieferungsvertrag, Vergütung bei Kündigung oder Auflösung 1.3 (5)
Werkstätten für behinderte Menschen 4.16.5 (9) ff.; –, Pflegegelder 4.18.1 (11); –, Zweckbetrieb 12.9 (4); von Blinden 4.19.2

Werkstoffe, Werklieferung 3.8 (1)
Werkunternehmer-Insolvenz 3.9 (1); 13.2 (1)
Wertabgaben *s. Unentgeltliche Wertabgaben*
Wertberichtigung, keine Berichtigung des Vorsteuerabzugs 17.1 (5)
Werthaltige Abfälle, Leistungsbeziehungen 3.16
Wertpapiere, festverzinsliche, Übertragung 3.5 (8); Steuerbefreiung 4.8.8
Wertpapieremittent, steuerfreie Vermittlungsleistung 4.8.8 (6)
Wertzeichen, amtliche, Steuerbefreiung 4.8.14; –, Vorsteueraufteilung 15.18 (5)
Wesentliche Bestandteile, Grundstück 3a.3 (2)
Wesentliche Grundlagen, Geschäftsveräußerung im Ganzen 1.5 (3) ff.
Wettbewerb, entgeltliche Unterlassung 2.3 (6); Teilnahme, Leistungsaustausch 1.1 (24); Unterlassung 3.1 (4); wirtschaftlicher Geschäftsbetrieb 12.9 (8) f.
Wettbewerbsrechtliche Abmahnung 1.3. (16a)
Widerruf, allgemeine Durchschnittssätze 23.4 (3) f.; der Genehmigung zur Istversteuerung 20.1; der Option der Kleinunternehmer 19.2 (4); der Option von Land- und Forstwirten 24.8; Rechnungen 14.8 (9)
Widerspruch gegen Gutschrift 14.3 (4); –, Berichtigung 17.1 (10); –, Vorsteuerabzug 15.2a (11)
Wiederbeschaffungspreis, Bemessungsgrundlage 10.6 (1); *s. a. Einkaufspreis*
Wiedereinfuhr, Steuervergütung 4a.5
Wiederverkäufer, Begriff 25a.1 (2); Differenzbesteuerung, Vorsteuerabzug 15.2 (3); Lieferung von Gas oder Elektrizität 3g.1 (2) ff.; Verkauf an W. 25a.1 (5)
Wildwasserrafting-Touren, Steuersatz 12.13 (10a)
Windpark, Leistungsort 3a.3 (9) f.
Winterdienst, Steuerschuldner 13b.5 (3)
Winterrodelbahnen, Steuersatz 12.13 (10)
Wirtschaftliche Eingliederung, Organschaft 2.8 (1), (6) ff.
Wirtschaftlicher Geschäftsbetrieb, Steuersatz 12.9 (3) f.; Zweckbetrieb 12.9 (3) ff.
Wirtschaftliche Zuordnung, Vorsteueraufteilung 15.16 (2); 15.17
Wirtschaftsforschung, Steuersatz 12.7 (1)
Wirtschaftsgut, Änderung der Verhältnisse 15a.2 (1) ff.
Wirtschaftsprüfer, Ort der Leistung 3a.9 (10)
Wirtschaftszweige, Systematik 23.2 (1)
Wissenschaftliche Leistung, Ort 3a.6 (4) f.
Wissenschaftliche Sammlungen, Abgrenzung 4.20.3 (1)
Wissenschaftliche Veranstaltung, Steuerbefreiung 4.22.1
WLAN-Hot-Spots, Ort der sonstigen Leistung 3a.2 (5a); 3a.9a (3)
Wochenmärkte, Vermietung von Standflächen 4.12.5 (2)
Wohlfahrtsmarken, Steuerbefreiung 4.8.14
Wohlfahrtspflege, Steuerbefreiung 4.18.1
Wohlfahrtsverbände, Lotterie-Veranstaltung 4.9.2 (3); mittelbare Mitgliedschaft 4.18.1 (4); Steuervergütung für steuerpflichtige Lieferungen 4a.1 ff.
Wohncontainer, steuerpflichtige Vermietung 4.12.1 (4)
Wohnmobil, Vermietung 2.3 (7)
Wohnort, ausländische Abnehmer 6.3 (1) f.
Wohnsitz im In- und Ausland 6.3 (2); Ort der sonstigen Leistung 3a.1 (1); 3a.2 (3)
Wohn- und Schlafräume, kurzfristige Vermietung 12.16 (3) ff.
Wohnung, freie W. an Arbeitnehmer 1.8 (9); Vermietung 4.12.1 (3)
Wohnungseigentum, Steuerbefreiung 4.13.1
Wohnungseigentümergemeinschaft, Leistungsempfänger von Bauleistungen 13b.3 (9); Steuerbefreiung 4.13.1
Wohnungsvermittlung, Leistungsort 3a.3 (9)
Wohnwagen, Vermietung auf Standplätzen 3a.3 (5)
World Wide Web-Zugang 3a.12 (6)

XML-Nachrichten 14.4 (3)

Yachten, innergemeinschaftlicher Erwerb 3d.1 (1); Repräsentationsaufwendungen 15.6 (8); Vercharterung 3a.5 (3)

Zahlung an Dritte, Entgelt 10.1 (7)
Zahlungsansprüche, Übertragung 4.8.4 (6)
Zahlungsaufschub, Einfuhrumsatzsteuer 15.11 (1)
Zahlungsbelege, Aufbewahrung 14b.1 (4)
Zahlungseinzug, Kosten 10.3 (6)
Zahlungsgestörte Forderungen, Übertragung 2.4 (7) f.
Zahlungsmittel, gesetzliche, Steuerbefreiung 4.8.3; –, Vorsteueraufteilung 15.18 (5)
Zahlungsverkehr, durchlaufende Posten 10.4 (1); Steuerbefreiung 4.8.7
Zahnarzt, ermäßigter Steuersatz 12.4 (2); Leistung an Unternehmer 3a.2 (11a); Prothetikumsätze 4.14.3 (2) ff.; Steuerbefreiung, Umfang 4.14.3; Tätigkeit 4.14.3
Zahnprothesen, Lieferung durch Zahnärzte 4.14.3 (2) ff.
Zahnreinigung, professionelle, Steuerbefreiung 4.14.3 (8a)
Zahnspangen 4.14.3 (8)
Zahntechniker, ermäßigter Steuersatz 12.4; Prothetikumsätze 4.14.3 (7)
Zauberkünstler, Steuersatz 12.5 (1)
Zeitkarten, Verkehrsunternehmen 14.7 (2)
Zeitraum, Berichtigung des Vorsteuerabzugs 15a.3
Zeitschriften, Abgabe an Vereinsmitglieder 1.4 (6); Ausfuhrnachweis 6.9 (7) f.
Zeitungsanzeigen, Abgrenzung zur Werbeleistung 3a.9 (5) f.
Zelte, steuerpflichtige Vermietung 4.12.1 (4)
Zentralbanken, steuerfreie Goldlieferungen 4.4.1
Zentralregulierer, Aufzeichnungspflicht 22.2 (3); Berichtigung des Vorsteuerabzugs 17.1 (4); Preisnachlässe 10.3 (5); Wechselumsätze 15.18 (4)
Zentralwäschereien, Krankenanstalten 4.18.1 (13); Krankenhäuser 4.14.6 (3)
Zentrum für ärztliche Heilbehandlung 4.14.5 (5) ff.
Zeugen, Entschädigung 1.3 (9); Vergütung, kein Schadensersatz 1.3 (15)
Zielortregelung, Reiseleistungen 25.2 (4)
Zielzinsen, Kreditleistung 3.11 (3); 4.8.2 (1)
Zierfischzucht 24.1 (2)
Zigarettenautomat, Aufstellung in Gaststätte 4.12.6 (2)
Zinsen, Kreditleistung 3.11 (3); Vorsteuer-Vergütungsverfahren 18.13 (9) f.; 18.14 (10)
Zinsscheine, Inkasso 4.8.9
Zirkusvorführungen, ermäßigter Steuersatz 12.8 (1)
Zollanmeldung, Nachweis für Kosten 4.3.3 (4)
Zollbefreiung, befristete Verwendung 1a.2 (12)
Zollbelege nach Einfuhr 4.3.3 (4); Mikroverfilmung 22.1 (3)
Zolldienststelle, Festsetzung bei Beförderungseinzelbesteuerung 18.8
Zolllagerbetreiber, kein Abzug der Einfuhrumsatzsteuer 15.8 (5)
Zolllagerverfahren, Einfuhrumsatzsteuer 15.11 (1)
Zollrechtliche Versandverfahren 6.6; Einfuhr 15.8 (2)
Zollstellen, Ausfuhr- und Abfertigungsbestätigung 6.6 (3) ff.
Zoll- und steuerrechtlich freier Verkehr, Einfuhr 15.8 (2) ff.
Zoologischer Garten, ermäßigter Steuersatz 12.8 (3) f.; Steuerbefreiung 4.20.4
Zuchtbücher, Eintragungsgebühren 12.3 (3)
Züchterprämien, Förderung der Tierzucht 12.3 (3)
Zuchttiere, Begriff 12.3 (3); Trächtigkeitsuntersuchungen 12.3 (1)
Zuführungsprovision 4.8.1
Zugaben 3.3 (19)
Zugangs-Anbieter, Telekommunikationsleistungen 3a.10 (6)
Zuordnung der Beförderung/Versendung zu einer Lieferung 3.14 (7) ff.

Zuordnungsschlüssel, Vorsteuerabzug 15.2c (8)
Zuordnung von Gegenständen zum Unternehmensbereich 3.3 (1); –, Berichtigung des Vorsteuerabzugs 15a.1 (6)
Zuordnung zum Unternehmen 15.2c
Zusammenarbeits-VO, Zuständigkeit und Verfahren 18d.1
Zusammenfassende Meldung 18a.1 ff.; Abgabefrist 18a.2; Angaben für den Meldezeitraum 18a.3; Bemessungsgrundlage 18a.3 f.; Berichtigung 18a.5; elektronische Übermittlung 18a.1 (4); Vordruck 18a.1 (4)
Zusätzliches Entgelt, Zuschüsse 10.2 (3) ff.
Zusatzwaren von Blindenwaren 4.19.2 (2)
Zuschlagkarten, Fahrausweise 14.7 (1); Vorsteuerabzug 15.5 (2)
Zuschüsse, Baugesetzbuch 1.1 (13), (18); echte 10.2 (7) ff.; Entgelt 10.2 (1) ff.; Vatertierhaltung 12.3 (2)
Zutaten, Werklieferung 3.8 (1)
Zuwendungen, Entgelt 10.2 (1); aus öffentlichen Kassen 10.2 (8) ff.
Zuzahlung zu Arzneimitteln 10.2 (5); Tausch mit Baraufgabe 10.5 (4)
Zwangsversteigerung, Bemessungsgrundlage, Steuerschuldner 13b.13 (2); Verzicht auf Steuerbefreiung 9.2 (8) f.
Zwangsverwalter, Unternehmensfortführung 2.1 (7); Zurechnung der Umsätze 16.1
Zwangsverwaltung, Grundstücke, Organschaft-Entflechtung 2.8 (6c); –, Umsatzsteueranmeldung 18.6 (4)
Zwangsvollstreckung, Verwertung 1.2 (2)
Zweckbetrieb, ermäßigter Steuersatz 12.9 (3) ff.; –, Katalog 12.9 (10); –, Wettbewerb 12.9 (8) ff.; Hilfsumsätze 12.9 (11)
Zweckverbände 2.11 (1); Leistung von Trinkwasser an kommunalen Z. 1.1 (13b)
Zweigniederlassung, Unternehmerbescheinigung 18.16
Zwischenlagerung, Konsignations- oder Auslieferungslager 1a.2 (6)
Zwischenlandungen, Luftverkehr 26.2 (2); 26.3
Zwischenstaatliche Einrichtungen, Ausnahme vom innergemeinschaftlichen Erwerb 1c.1; steuerfreie Umsätze 4.7.1; Vorsteuerabzug 15.13 (2)
Zwischenvermietung, Sportanlagen 4.12.11 (2) f.

800. Anwendungserlass zur Abgabenordnung (AEAO)

Vom 31.1.2014 (BStBl. I 2014, 290)[1)·2)·3)]

(BMF IV A 4 – S 0062/14/10002; DOK 2014/0108334)

Geändert durch BMF-Schreiben vom 1.8.2014 (BStBl. I 2014, 1067), vom 3.11.2014 (BStBl. I 2014, 1393), vom 14.1.2015 (BStBl. I 2015, 76), vom 22.7.2015 (BStBl. I 2015, 571), vom 10.12.2015 (BStBl. I 2015, 1018), vom 26.1.2016 (BStBl. I 2016, 155),[4)] vom 23.5.2016 BStBl. I 2016, 490), vom 5.9.2016 (BStBl. I 2016, 974), vom 12.1.2017 (BStBl. I 2017, 51), vom 7.8.2017 (BStBl. I 2017, 1257), vom 6.12.2017 (BStBl. I 2017, 1603), vom 11.12.2017 (BStBl. I 2017, 1604), vom 12.1.2018 (BStBl. I 2008, 175), vom 18.1.2018 (BStBl. I 2018, 204), vom 24.1.2018 (BStBl. I 2008, 258), vom 29.5.2018 (BStBl. I 2018, 699), vom 19.6.2018 (BStBl. I 2018, 706), vom 31.1.2019 (BStBl. I 2019, 71), vom 5.4.2019 (BStBl. I 2019, 446), vom 17.6.2019 (BStBl. I 2019, 518), vom 27.9.2019 (BStBl. I 2019, 946), vom 20.12.2019 (BStBl. I 2020, 59), vom 4.5.2020 (BStBl. I 2020, 518), vom 28.5.2020 (BStBl. I 2020, 534), vom 27.8.2020 (BStBl. I 2020, 863), vom 20.1.2021 (BStBl. I 2021, 128), vom 28.1.2021 (BStBl. I 2021, 145), vom 6.8.2021 (BStBl. I 2021, 1036), vom 1.11.2021 (BGBl. I 2021, 2147), vom 4.11.2021 (BStBl. I 2021, 2156), vom 12.1.2022 (BStBl. I 2022, 82)

Nichtamtliche Inhaltsübersicht

		Seite
AEAO zu § 1	– Anwendungsbereich	5a
AEAO zu § 3	– Steuern, steuerliche Nebenleistungen	5a
AEAO zu § 4	– Gesetz	5a
AEAO zu § 5	– Ermessen	5a
AEAO zu § 7	– Amtsträger	6
AEAO vor §§ 8, 9	– Wohnsitz, gewöhnlicher Aufenthalt	7
AEAO zu § 8	– Wohnsitz	7a
AEAO zu § 9	– Gewöhnlicher Aufenthalt	10a
AEAO zu § 12	– Betriebstätte	11
AEAO zu § 15	– Angehörige	11a
AEAO zu § 16	– Sachliche Zuständigkeit	12
AEAO zu § 17	– Örtliche Zuständigkeit	12
AEAO zu § 18	– Gesonderte Feststellung	12a
AEAO zu § 19	– Steuern vom Einkommen und Vermögen natürlicher Personen	13
AEAO zu § 20	– Steuern vom Einkommen und Vermögen der Körperschaften, Personenvereinigungen, Vermögensmassen	13a
AEAO zu § 20a	– Steuern vom Einkommen bei Bauleistungen	13a
AEAO zu § 21	– Umsatzsteuer	13b

---

1) Der neugefasste AEAO ist mit sofortiger Wirkung in allen offenen Fällen anzuwenden. Durch die Neufassung des AEAO werden die BMF-Schreiben v. 2.1.2008, BStBl. I S. 26; v. 21.4.2008, BStBl. I S. 582; v. 17.7.2008, BStBl. I S. 694; v. 2.1.2009, BStBl. I S. 8; v. 30.7.2009, BStBl. I S. 807, S. 2; v. 22.12.2009, BStBl. 2010 I S. 9; v. 28.7.2010, BStBl. I S. 630; v. 21.12.2010, BStBl. 2011 I S. 2; v. 17.3.2011, BStBl. I S. 241; v. 11.7.2011, BStBl. I S. 706; v. 17.1.2012, BStBl. I S. 83; v. 30.1.2012, BStBl. I S. 147; v. 15.8.2012, BStBl. I S. 850; v. 31.1.2013, BStBl. I S. 118; v. 23.7.2013, BStBl. I S. 933 und v. 1.10.2013, BStBl. I S. 1251 mit sofortiger Wirkung aufgehoben.

2) Die Satzzählung ist nicht amtlich.

3) Zum Datenschutz im Steuerverwaltungsverfahren seit dem 25.5.2021 durch die Datenschutz-Grundverordnung (DSGVO) siehe BMF v. 13.1.2020, BStBl. I 2020, 143, geänd. durch BMF v. 17.6.2021, BStBl. I 2021, 809.

4) Durch das Schreiben v. 26.1.2016 wird das BMF-Schreiben v. 11.12.1989, BStBl. I S. 470, geänd. durch BMF v. 2.1.2001, BStBl. I S. 40, aufgehoben.

		Seite
AEAO zu § 24	– Ersatzzuständigkeit	13b
AEAO zu § 25	– Mehrfache örtliche Zuständigkeit	13b
AEAO zu § 26	– Zuständigkeitswechsel	14
AEAO zu § 27	– Zuständigkeitsvereinbarung	14
AEAO zu § 30	– Steuergeheimnis	14a
AEAO zu § 30a	– Schutz von Bankkunden *(aufgehoben)*	
AEAO zu § 31	– Mitteilung von Besteuerungsgrundlagen	30
AEAO zu § 31a	– Mitteilungen zur Bekämpfung der illegalen Beschäftigung und des Leistungsmissbrauchs	31a
AEAO zu § 31b	– Mitteilungen zur Bekämpfung der Geldwäsche und der Terrorismusfinanzierung	34a
AEAO zu § 32	– Haftungsbeschränkung für Amtsträger	37
AEAO zu § 33	– Steuerpflichtiger	37
AEAO zu § 34	– Pflichten der gesetzlichen Vertreter und der Vermögensverwalter	38
AEAO zu § 35	– Pflichten des Verfügungsberechtigten	39
AEAO zu § 36	– Erlöschen der Vertretungsmacht	39
AEAO zu § 37	– Ansprüche aus dem Steuerschuldverhältnis	39
AEAO zu § 38	– Entstehung der Ansprüche aus dem Steuerschuldverhältnis	42
AEAO zu § 39	– Zurechnung	43
AEAO zu § 41	– Unwirksame Rechtsgeschäfte	43
AEAO zu § 42	– Missbrauch von rechtlichen Gestaltungsmöglichkeiten	43
AEAO zu § 44	– Gesamtschuldner	45
AEAO zu § 45	– Gesamtrechtsnachfolge	46
AEAO zu § 46	– Abtretung, Verpfändung, Pfändung	47
AEAO zu § 47	– Erlöschen	49
AEAO zu § 48	– Leistung durch Dritte, Haftung Dritter	50
AEAO zu § 51	– Allgemeines	50
AEAO zu § 52	– Gemeinnützige Zwecke	53
AEAO zu § 53	– Mildtätige Zwecke	65
AEAO zu § 54	– Kirchliche Zwecke	68
AEAO zu § 55	– Selbstlosigkeit	68
AEAO zu § 56	– Ausschließlichkeit	77
AEAO zu § 57	– Unmittelbarkeit	78
AEAO zu § 58	– Steuerlich unschädliche Betätigungen	81
AEAO zu § 58a	– Vertrauensschutz bei Mittelweitergaben	83a
AEAO zu § 59	– Voraussetzung der Steuervergünstigung	83a
AEAO zu § 60	– Anforderungen an die Satzung	84
AEAO zu § 60a	– Feststellung der satzungsmäßigen Voraussetzungen	85
AEAO zu § 61	– Satzungsmäßige Vermögensbindung	86
AEAO zu § 62	– Rücklagen und Vermögensbildung	86a
AEAO zu § 63	– Anforderungen an die tatsächliche Geschäftsführung	90
AEAO zu § 64	– Steuerpflichtige wirtschaftliche Geschäftsbetriebe	92
AEAO zu § 65	– Zweckbetrieb	100
AEAO zu § 66	– Wohlfahrtspflege	100a
AEAO zu § 67	– Krankenhäuser	101a
AEAO zu § 67a	– Sportliche Veranstaltungen	102
AEAO zu § 68	– Einzelne Zweckbetriebe	105b
AEAO zu § 69	– Haftung der Vertreter	108a
AEAO zu § 70	– Haftung des Vertretenen	108a
AEAO zu § 71	– Haftung des Steuerhinterziehers und des Steuerhehlers	108a
AEAO zu § 73	– Haftung bei Organschaft	108a
AEAO zu § 74	– Haftung des Eigentümers von Gegenständen	110
AEAO zu § 75	– Haftung des Betriebsübernehmers	110a
AEAO zu § 77	– Duldungspflicht	113
AEAO zu § 78	– Beteiligte	113
AEAO zu § 80	– Bevollmächtigte und Beistände	113

		Seite
AEAO zu § 80a	– Elektronische Übermittlung von Vollmachtsdaten an Landesfinanzbehörden	114
AEAO zu § 81	– Bestellung eines Vertreters von Amts wegen	114
AEAO zu § 82	– Ausgeschlossene Personen	115
AEAO zu § 83	– Besorgnis der Befangenheit	115
AEAO zu § 85	– Besteuerungsgrundsätze	115
AEAO zu § 87	– Amtssprache	116
AEAO zu § 87a	– Elektronische Kommunikation	117
AEAO vor §§ 87b bis 87e		120
AEAO zu § 87d	– Datenübermittlungen an Finanzbehörden im Auftrag	120
AEAO zu § 88	– Untersuchungsgrundsatz	122
AEAO zu § 89	– Beratung, Auskunft	123
AEAO zu § 90	– Mitwirkungspflichten der Beteiligten	134
AEAO zu § 91	– Anhörung Beteiligter	134
AEAO zu § 92	– Beweismittel	134
AEAO zu § 93	– Auskunftspflicht der Beteiligten und anderer Personen	135
AEAO zu § 93a	– Allgemeine Mitteilungspflichten	142
AEAO zu § 93c	– Datenübermittlung durch Dritte	143
AEAO zu § 95	– Versicherung an Eides statt	143
AEAO zu § 99	– Betreten von Grundstücken und Räumen	143
AEAO zu § 101	– Auskunfts- und Eidesverweigerungsrecht der Angehörigen	143
AEAO zu § 104	– Verweigerung der Erstattung eines Gutachtens und der Vorlage von Urkunden	143a
AEAO zu § 107	– Entschädigung der Auskunftspflichtigen und Sachverständigen	143a
AEAO zu § 108	– Fristen und Termine	143a
AEAO zu § 109	– Verlängerung von Fristen	144
AEAO zu § 110	– Wiedereinsetzung in den vorigen Stand	144
AEAO zu § 111	– Amtshilfepflicht	144a
AEAO zu § 112	– Voraussetzungen und Grenzen der Amtshilfe	144a
AEAO zu § 117	– Zwischenstaatliche Rechts- und Amtshilfe in Steuersachen	144a
AEAO zu § 118	– Begriff des Verwaltungsakts	145
AEAO zu § 120	– Nebenbestimmungen zum Verwaltungsakt	145
AEAO zu § 121	– Begründung des Verwaltungsakts	146
AEAO zu § 122	– Bekanntgabe des Verwaltungsakts	146
AEAO zu § 122a	– Bekanntgabe von Verwaltungsakten durch Bereitstellung zum Datenabruf	190
AEAO zu § 123	– Bestellung eines Empfangsbevollmächtigten	191
AEAO zu § 124	– Wirksamkeit des Verwaltungsakts	191
AEAO zu § 125	– Nichtigkeit des Verwaltungsakts	192
AEAO zu § 126	– Heilung von Verfahrens- und Formfehlern	193
AEAO zu § 127	– Folgen von Verfahrens- und Formfehlern	193
AEAO zu § 129	– Offenbare Unrichtigkeit beim Erlass eines Verwaltungsakts	194
AEAO vor §§ 130, 131	– Rücknahme und Widerruf von Verwaltungsakten	196
AEAO zu § 130	– Rücknahme eines rechtswidrigen Verwaltungsakts	197
AEAO zu § 131	– Widerruf eines rechtmäßigen Verwaltungsakts	198
AEAO zu § 138	– Anzeigen über die Erwerbstätigkeit	199
AEAO zu § 138a	– Länderbezogener Bericht multinationaler Unternehmensgruppen	199a
AEAO zu § 140	– Buchführungs- und Aufzeichnungspflichten nach anderen Gesetzen	200
AEAO zu § 141	– Buchführungspflicht bestimmter Steuerpflichtiger	200
AEAO zu § 143	– Aufzeichnung des Wareneingangs	201
AEAO zu § 144	– Aufzeichnung des Warenausgangs	201
AEAO zu § 146	– Ordnungsvorschriften für die Buchführung und für Aufzeichnungen	201
AEAO zu § 146a	– Ordnungsvorschriften für die Buchführung und für Aufzeichnungen mittels elektronischer Aufzeichnungssysteme; Verordnungsermächtigung	202
AEAO zu § 146b	– Kassen-Nachschau	206b

		Seite
AEAO zu § 147	– Ordnungsvorschriften für die Aufbewahrung von Unterlagen	207
AEAO zu § 147a	– Ordnungsvorschriften für die Aufbewahrung von Unterlagen	207a
AEAO zu § 148	– Bewilligung von Erleichterungen	207a
AEAO zu § 149	– Abgabe der Steuererklärungen	207a
AEAO zu § 150	– Form und Inhalt der Steuererklärungen	207b
AEAO zu § 151	– Aufnahme der Steuererklärung an Amtsstelle	207c
AEAO zu § 152	– Verspätungszuschlag	207c
AEAO zu § 153	– Berichtigung von Erklärungen	209
AEAO zu § 154	– Kontenwahrheit	213a
AEAO zu § 155	– Steuerfestsetzung	217
AEAO zu § 156	– Absehen von Steuerfestsetzung	217
AEAO zu § 157	– Form und Inhalt der Steuerbescheide	217a
AEAO zu § 158	– Beweiskraft der Buchführung	217a
AEAO zu § 159	– Nachweis der Treuhänderschaft	217a
AEAO zu § 160	– Benennung von Gläubigern und Zahlungsempfängern	217a
AEAO zu § 162	– Schätzung von Besteuerungsgrundlagen	219
AEAO zu § 163	– Abweichende Festsetzung von Steuern aus Billigkeitsgründen	219a
AEAO zu § 164	– Steuerfestsetzung unter Vorbehalt der Nachprüfung	220
AEAO zu § 165	– Vorläufige Steuerfestsetzung, Aussetzung der Steuerfestsetzung	220a
AEAO zu § 167	– Steueranmeldung, Verwendung von Steuerzeichen oder Steuerstemplern	223
AEAO zu § 168	– Wirkung einer Steueranmeldung	224
AEAO vor §§ 169 bis 171	– Festsetzungsverjährung	226
AEAO zu § 169	– Festsetzungsfrist	227
AEAO zu § 170	– Beginn der Festsetzungsfrist	227a
AEAO zu § 171	– Ablaufhemmung	228
AEAO vor §§ 172 bis 177	– Bestandskraft	233
AEAO zu § 172	– Aufhebung und Änderung von Steuerbescheiden	236
AEAO zu § 173	– Aufhebung oder Änderung von Steuerbescheiden wegen neuer Tatsachen oder Beweismittel	239
AEAO zu § 173a	– Schreib- oder Rechenfehler bei Erstellung einer Steuererklärung	251
AEAO zu § 174	– Widerstreitende Steuerfestsetzungen	252
AEAO zu § 175	– Änderung von Steuerbescheiden auf Grund von Grundlagenbescheiden und bei rückwirkenden Ereignissen	255
AEAO zu § 175a	– Umsetzung von Verständigungsvereinbarungen	258a
AEAO zu § 175b	– Änderung von Steuerbescheiden bei Datenübermittlung durch Dritte	258a
AEAO zu § 176	– Vertrauensschutz bei der Aufhebung und Änderung von Steuerbescheiden	259
AEAO zu § 177	– Berichtigung von materiellen Fehlern	259
AEAO zu § 179	– Feststellung von Besteuerungsgrundlagen	260
AEAO zu § 180	– Gesonderte Feststellung von Besteuerungsgrundlagen	261
AEAO zu § 181	– Verfahrensvorschriften für die gesonderte Feststellung, Feststellungsfrist, Erklärungspflicht	262
AEAO zu § 182	– Wirkung der gesonderten Feststellung	262
AEAO zu § 183	– Empfangsbevollmächtigte bei der einheitlichen Feststellung	262a
AEAO zu § 184	– Festsetzung von Steuermessbeträgen	262a
AEAO zu § 188	– Zerlegungsbescheid	262a
AEAO zu § 191	– Haftungsbescheide, Duldungsbescheide	262a
AEAO zu § 192	– Vertragliche Haftung	264a
AEAO zu § 193	– Zulässigkeit einer Außenprüfung	264a
AEAO zu § 194	– Sachlicher Umfang einer Außenprüfung	265a
AEAO zu § 195	– Zuständigkeit	266
AEAO zu § 196	– Prüfungsanordnung	266
AEAO zu § 197	– Bekanntgabe der Prüfungsanordnung	267
AEAO zu § 198	– Ausweispflicht, Beginn der Außenprüfung	277
AEAO zu § 200	– Mitwirkungspflichten des Steuerpflichtigen	278

		Seite
AEAO zu § 201	– Schlussbesprechung	279
AEAO zu § 202	– Inhalt und Bekanntgabe des Prüfungsberichts	280
AEAO zu § 203	– Abgekürzte Außenprüfung	280
AEAO zu § 204	– Voraussetzung der verbindlichen Zusage	281
AEAO zu § 205	– Form der verbindlichen Zusage	282
AEAO zu § 206	– Bindungswirkung	282
AEAO zu § 207	– Außerkrafttreten, Aufhebung und Änderung der verbindlichen Zusage	282
AEAO zu § 208	– Steuerfahndung, Zollfahndung	283
AEAO zu § 218	– Verwirklichung von Ansprüchen aus dem Steuerschuldverhältnis	284
AEAO zu § 219	– Zahlungsaufforderung bei Haftungsbescheiden	286
AEAO zu § 220	– Fälligkeit	286
AEAO zu § 224	– Leistungsort, Tag der Zahlung	286
AEAO zu § 226	– Aufrechnung	287
AEAO zu § 228	– Gegenstand der Verjährung, Verjährungsfrist	288
AEAO zu § 229	– Beginn der Verjährung	289
AEAO zu § 231	– Unterbrechung der Verjährung	289
AEAO zu § 233a	– Verzinsung von Steuernachforderungen und Steuererstattungen	289
AEAO zu § 234	– Stundungszinsen	317
AEAO zu § 235	– Verzinsung von hinterzogenen Steuern	321a
AEAO zu § 236	– Prozesszinsen auf Erstattungsbeträge	328
AEAO zu § 237	– Zinsen bei Aussetzung der Vollziehung	328a
AEAO zu § 238	– Höhe und Berechnung der Zinsen	330
AEAO zu § 239	– Festsetzung der Zinsen	330
AEAO zu § 240	– Säumniszuschläge	331
AEAO zu §§ 241 bis 248	– Sicherheitsleistung	335
AEAO zu § 251	– Insolvenzverfahren	335
AEAO vor § 347	– Außergerichtliches Rechtsbehelfsverfahren	369a
AEAO zu § 347	– Statthaftigkeit des Einspruchs	370
AEAO zu § 350	– Beschwer	370a
AEAO zu § 351	– Bindungswirkung anderer Verwaltungsakte	372
AEAO zu § 352	– Einspruchsbefugnis bei der einheitlichen Feststellung	372
AEAO zu § 353	– Einspruchsbefugnis des Rechtsnachfolgers	374
AEAO zu § 355	– Einspruchsfrist	374
AEAO zu § 357	– Einlegung des Einspruchs	375
AEAO zu § 360	– Hinzuziehung zum Verfahren	377
AEAO zu § 361	– Aussetzung der Vollziehung	377
AEAO zu § 362	– Rücknahme des Einspruchs	393
AEAO zu § 363	– Aussetzung und Ruhen des Verfahrens	393
AEAO zu § 364	– Offenlegen der Besteuerungsunterlagen	394
AEAO zu § 364a	– Erörterung des Sach- und Rechtsstands	394
AEAO zu § 364b	– Fristsetzung	395
AEAO zu § 365	– Anwendung von Verfahrensvorschriften	396
AEAO zu § 366	– Form, Inhalt und Erteilung der Einspruchsentscheidung	396
AEAO zu § 367	– Entscheidung über den Einspruch	397
Anl. 1 (Anl. zu § 46 AO):	Abtretungs-/Verpfändungsanzeige	401
Anl. 2 (Anl. 1 zu § 60 AO):	Mustersatzung für Vereine, Stiftungen, Betriebe gewerblicher Art von juristischen Personen d. ö. R., geistliche Genossenschaften und Kapitalgesellschaften	403
Anl. 3 (Anl. 2 zu Nr. 5 AEAO zu § 60):	Muster einer Erklärung der Ordensgemeinschaften	406

Unter Bezugnahme auf das Ergebnis der Erörterungen mit den obersten Finanzbehörden der Länder gilt für die Anwendung der Abgabenordnung Folgendes:

AEAO zu § 1 – Anwendungsbereich:

1. [1]Der Anwendungsbereich beschränkt sich auf die Steuern einschließlich der Steuervergütungen. [2]Die AO gilt auch für Steuererstattungen; diese sind als Umkehr der Steuerentrichtung bereits durch den Begriff der Steuer in den Anwendungsbereich mit einbezogen (§ 37 Abs. 1 AO).

2. [1]Für die von den Finanzbehörden verwalteten, durch Bundesrecht geregelten übrigen öffentlich-rechtlichen Abgaben, Prämien und Zulagen wird die Geltung der AO durch die jeweiligen Rechtsvorschriften bestimmt. [2]Dies gilt insbesondere für die Wohnungsbauprämien, Eigenheimzulagen, Arbeitnehmer-Sparzulagen und die Investitionszulagen.

3. [1]Die Vorschriften der AO sind grundsätzlich sinngemäß auch auf die steuerlichen Nebenleistungen (§ 3 Abs. 4 AO) anzuwenden. [2]Ausgenommen sind die Bestimmungen über die Festsetzung, Außenprüfung, Steuerfahndung und Steueraufsicht in besonderen Fällen (§§ 155 bis 217 AO), soweit sie nicht ausdrücklich für anwendbar erklärt worden sind (§ 155 Abs. 3 Satz 2, § 156 Abs. 2 AO).

4. Die AO ist auch für die Angelegenheiten anzuwenden, die nicht unmittelbar der Besteuerung dienen, aber aufgrund der Verwaltungskompetenz für diese Steuern in den Zuständigkeitsbereich der Finanzbehörden fallen (z.B. Erteilung von Bescheinigungen in Steuersachen, Ausstellung von Einkommensbescheinigungen für nichtsteuerliche Zwecke).

5. Wegen der Anwendung der AO bei der Leistung von Rechts- oder Amtshilfe wird auf die §§ 111 ff. AO hingewiesen.

AEAO zu § 3 – Steuern, steuerliche Nebenleistungen:

[1]Steuerliche Nebenleistungen sind keine Steuern. [2]Sie sind in § 3 Abs. 4 AO abschließend aufgezählt. [3]Wegen der Anwendung der AO auf steuerliche Nebenleistungen wird auf § 1 AO hingewiesen.

AEAO zu § 4 – Gesetz:

Bei der Auslegung von Steuergesetzen gelten die allgemeinen Auslegungsregeln und damit auch die wirtschaftliche Betrachtungsweise, so wie sie ihren Niederschlag in der Rechtsprechung gefunden hat (vgl. BVerfG vom 24.1. 1962, 1 BvR 232/60, BStBl. I S. 506).

AEAO zu § 5 – Ermessen:

1. [1]Bei der Ausübung des Ermessens sind nicht nur die in einzelnen gesetzlichen Bestimmungen vorgeschriebenen Voraussetzungen, sondern auch die Grundsätze der Gleichmäßigkeit der Besteuerung, der Verhältnismäßigkeit der Mittel, der Erforderlichkeit, der Zumutbarkeit, der Billigkeit und von Treu und Glauben sowie das Willkürverbot und das Übermaßverbot zu beachten. [2]Verwaltungsvorschriften, die die Ausübung des Ermessens regeln, sind für die Finanzbehörden bindend.

2. Wegen der Begründung von Ermessensentscheidungen wird auf § 121 AO, wegen der Rücknahme und des Widerrufs auf §§ 130 und 131 AO hingewiesen.

AEAO zu § 7 – Amtsträger:

1. [1]Der Begriff des Amtsträgers ist u. a. im Zusammenhang mit dem Steuergeheimnis (§ 30 AO), der Haftungsbeschränkung (§ 32 AO), der Ausschließung und Ablehnung von Personen in einem Verwaltungsverfahren (§§ 82ff. AO) und bei der Selbstanzeige (§ 371 Abs. 2 AO) von Bedeutung. [2]Die Bestimmung entspricht § 11 Abs. 1 Nrn. 2 und 3 StGB.

2. Die in § 7 Nrn. 1 und 2 AO genannten Personen sind ohne Rücksicht auf Art und Inhalt der ausgeübten Tätigkeit Amtsträger.

3. [1]Die in § 7 Nr. 3 AO aufgeführten Personen sind nur Amtsträger, soweit sie Aufgaben der öffentlichen Verwaltung wahrnehmen. [2]Das sind Aufgaben,

(Fortsetzung S. 7)

bei deren Erledigung Angelegenheiten der Gemeinwesen und ihrer Mitglieder unmittelbar gebietend, verbietend, entscheidend oder sonst wie handelnd innerhalb der gesetzlichen Grenzen wahrgenommen werden. [3]Unter § 7 Nr. 3 AO fallen insbesondere Verwaltungsangestellte (z. B. Angestellte im Außenprüfungsdienst), soweit sie nicht lediglich als Hilfskräfte bei öffentlichen Aufgaben mitwirken (z. B. Registratur- und Schreibkräfte).

AEAO vor §§ 8, 9 – Wohnsitz, gewöhnlicher Aufenthalt:

1. [1]Die Begriffe des Wohnsitzes (§ 8 AO) bzw. des gewöhnlichen Aufenthalts (§ 9 AO) haben insbesondere Bedeutung für die persönliche Steuerpflicht natürlicher Personen (vgl. zu § 1 EStG, § 2 ErbStG) oder für familienbezogene Entlastungen (z. B. Realsplitting nach § 10 Abs. 1a Nr. 1 EStG). [2]Sie sind auch maßgeblich, wenn die Familienkassen in eigener Zuständigkeit und ohne Bindung an die Beurteilung des Finanzamts im Besteuerungsverfahren die Voraussetzungen des Kindergeldanspruchs nach § 62 Abs. 1 Nr. 1 bzw. § 63 Abs. 1 EStG prüfen (vgl. u. a. BFH-Urteil vom 20.3.2013, XI R 37/11, BStBl. 2014 II S. 831).

2. Die Begriffe des Wohnsitzes bzw. des gewöhnlichen Aufenthalts stellen allein auf die tatsächlichen Verhältnisse ab (BFH-Urteil vom 10.11.1978, VI R 127/76, BStBl. 1979 II S. 335).

[1]Zwischenstaatliche Vereinbarungen enthalten dagegen z. T. hiervon abweichende Fiktionen, die den an die tatsächlichen Verhältnisse anknüpfenden allgemeinen Regelungen der §§ 8 und 9 AO vorgehen (z. B. Art. 13 des Protokolls (Nr. 7) über die Vorrechte und Befreiungen der Europäischen Union vom 26.10.2012, Amtsblatt der Europäischen Union C 326 S. 266; Artikel X des NATO-Truppenstatuts i. V. m. Art. 68 Abs. 4, Art. 74 des Zusatzabkommens zum NATO-Truppenstatut; Wiener Übereinkommen vom 18.4.1961 über diplomatische Beziehungen (WÜD, BGBl. 1964 II S. 957) und vom 24.4.1963 über konsularische Beziehungen [WÜK, BGBl. 1969 II S. 1585]); vgl. hierzu AEAO zu § 8, Nrn. 8 und 9. [2]Andere Abkommen enthalten persönliche Steuerbefreiungen.

Für deutsche Auslandsbedienstete gilt hinsichtlich der Frage der unbeschränkten Steuerpflicht die Sonderregelung des § 1 Abs. 2 EStG.

[1]Als unbeschränkt steuerpflichtig können auch solche natürlichen Personen behandelt werden, die die Kriterien des § 1 Abs. 3 EStG erfüllen. [2]Damit ist teilweise auch die Höhe der Einkünfte Anknüpfungskriterium für den Umfang der Steuerpflicht (§ 1 Abs. 3 Sätze 2 bis 4 EStG).

[1]Der Begriff der Ansässigkeit i. S. d. DBA ist allein auf deren Anwendung (insbesondere hinsichtlich der Abkommensberechtigung und der Zuteilung der Besteuerungsrechte) beschränkt und hat keine Auswirkung auf die persönliche Steuerpflicht. [2]Die deutsche unbeschränkte Steuerpflicht besteht daher auch dann, wenn der Steuerpflichtige je eine Wohnung bzw. einen gewöhnlichen Aufenthalt im Inland und im Ausland hat und nach dem anzuwendenden DBA im ausländischen Vertragsstaat ansässig ist (vgl. BFH-Urteil vom 4.6.1975, I R 250/73, BStBl. II S. 708).

3. Auch wenn ein Steuerpflichtiger im Inland keinen Wohnsitz mehr hat, kann er hier noch seinen gewöhnlichen Aufenthalt haben.

AEAO zu § 8 – Wohnsitz

Inhaltsübersicht

1. Allgemeines
2. Wohnung
3. Innehaben der Wohnung
4. Nutzung zu Wohnzwecken
5. Familienwohnsitz
6. Wohnsitz bei Aufenthalt in einem anderen Staat
7. NATO-Truppenstatut
8. Wiener Übereinkommen über diplomatische Beziehungen und über konsularische Beziehungen
9. Protokoll (Nr. 7) über die Vorrechte und Befreiungen der Europäischen Union (EU)

1. Allgemeines

1.1. [1]Nach § 8 AO hat eine natürliche Person einen Wohnsitz dort, wo sie eine Wohnung unter Umständen innehat, die darauf schließen lassen, dass sie die Wohnung beibehalten und benutzen wird. [2]Ob im Einzelfall eine solche Benutzung vorliegt, ist unter Würdigung der Gesamtumstände nach den Verhältnissen des jeweiligen Veranlagungszeitraums oder Anspruchszeitraums zu beurteilen; die tatsächliche Entwicklung der Verhältnisse in den Folgejahren ist nur zu berücksichtigen, soweit ihr Indizwirkung für die Feststellung der tatsächlichen Verhältnisse im zurückliegenden Zeitraum zukommt (vgl. BFH-Urteil vom 23.6.2015, III R 38/14, BStBl. 2016 II S. 102).

1.2. [1]Die bloße Absicht, einen Wohnsitz zu begründen oder aufzugeben, bzw. die An- und Abmeldung bei der Ordnungsbehörde entfalten allein keine unmittelbare steuerliche Wirkung (BFH-Urteil vom 14.11.1969, III R 95/68, BStBl. 1970 II S. 153). [2]Hat der Steuerpflichtige eine Wohnung inne, die nach objektiven Maßstäben dauerhaft genutzt und beibehalten werden soll, kommt einem etwaigen Willen des Steuerpflichtigen, an diesem Platz keinen Wohnsitz begründen oder beibehalten zu wollen, keine Bedeutung zu (vgl. BFH-Urteil vom 23.11.1988, II R 139/87, BStBl. 1989 II S. 182). [3]Maßgeblich sind alleine die tatsächlichen Lebensverhältnisse; völkerrechtliche Vereinbarungen, insbesondere des Konsularrechts, stehen der Annahme eines Wohnsitzes gem. § 8 AO im Inland daher nicht entgegen (BFH-Urteil vom 8.8.2013, VI R 45/12, BStBl. 2014 II S. 836). [4]Die An- und Abmeldung bei der Ordnungsbehörde können im Allgemeinen als Indizien dafür angesehen werden, dass der Steuerpflichtige seinen Wohnsitz unter der von ihm angegebenen Anschrift begründet bzw. aufgegeben hat.

1.3. [1]Ein Steuerpflichtiger kann gleichzeitig mehrere Wohnungen und mehrere Wohnsitze i. S. d. § 8 AO haben. [2]Diese können im Inland und/oder Ausland gelegen sein. [3]Zur Begründung eines steuerlichen Wohnsitzes im Inland ist nicht Voraussetzung, dass sich dort auch der Mittelpunkt der Lebensinteressen befindet oder dass der Steuerpflichtige von dort aus seiner täglichen Arbeit nachgeht (BFH-Urteile vom 19.3.1997, I R 69/96, BStBl. II S. 447, und vom 18.12.2013, III R 44/12, BStBl. 2015 II S. 143). [4]Für die Annahme eines Wohnsitzes auf Grund einer Zweit- bzw. Nebenwohnung ist es nicht erforderlich, dass diese der Erstwohnung hinsichtlich Größe und Ausstattung gleichrangig ist. [5]Es ist dem begrenzten Zweck Rechnung zu tragen, dem die Zweit- bzw. Nebenwohnung dient.

2. Wohnung

[1]Mit Wohnung sind stationäre Räumlichkeiten gemeint, die – mindestens im Sinne einer bescheidenen Bleibe – für den Steuerpflichtigen auf Dauer zum Wohnen geeignet sind. [2]Weil „Bewohnen“ mehr ist als „Aufenthalt“ oder „Übernachtung“, erfüllt eine nur kurzfristige, lediglich vorübergehende oder eine notdürftige Unterbringungsmöglichkeit den Wohnungsbegriff nicht. [3]Nicht erforderlich ist eine abgeschlossene Wohnung mit Küche und separater Waschgelegenheit i. S. d. Bewertungsrechts bzw. dass das zur Wohnung gehörende Bad in den Wohnbereich integriert ist. [4]In rechtlicher Hinsicht reicht es aus, wenn die Wohnung mit einfachsten Mitteln ausgestattet ist. [5]Darauf, ob die Ausstattungsgegenstände vom Vermieter gestellt oder vom Mieter selbst beschafft worden sind, kommt es nicht an (BFH-Urteil vom 14.11.1969, III R 95/68, BStBl. 1970 II S. 153).

3. Innehaben der Wohnung

[1]Der Steuerpflichtige muss die Wohnung innehaben. [2]Danach muss die Wohnung in objektiver Hinsicht dem Steuerpflichtigen jederzeit (wann immer er es wünscht), als Bleibe zur Verfügung stehen. [3]An der objektiven Eignung fehlt es bei sog. Standby-Wohnungen oder -Zimmern, wenn auf Grund von Vereinbarungen oder Absprachen zwischen den Wohnungsnutzern die Nutzungsmöglichkeit des Steuerpflichtigen derart beschränkt ist, dass er die Wohnung oder das Zimmer nicht jederzeit für einen Wohnaufenthalt nutzen kann (BFH-Urteil vom 13.11.2013, I R 38/13, BFH/NV 2014 S. 1046).

4. Nutzung zu Wohnzwecken

4.1. [1]Die Nutzung muss zu Wohnzwecken erfolgen. [2]Die Wohnnutzung muss weder regelmäßig noch über eine längere Zeit erfolgen; erforderlich ist aber eine Nutzung, die über bloße Besuche, kurzfristige Ferienaufenthalte bzw. unregelmäßige kurze Aufenthalte zu Erholungszwecken oder zu Verwaltungszwecken hinausgeht (vgl. BFH-Urteil vom 10.4.2013, I R 50/12, BFH/NV S. 1909). [3]Die ausschließliche Nutzung als Betriebsstätte, Büro, Ladengeschäft, Warenlager o. Ä. stellt keine Nutzung zu Wohnzwecken dar (vgl. u. a. BFH-Urteil vom 8.5.2014, III R 21/12, BStBl. 2015 II S. 135). [4]Es ist nicht erforderlich, dass der Steuerpflichtige sich während einer Mindestzahl von Tagen oder Wochen im Jahr zu Wohnzwecken in der Wohnung aufhält (BFH-Urteil vom 19.3.1997, I R 69/96, BStBl. II S. 447). [5]Eine Nutzung zu Wohnzwecken kann – insbesondere in Arbeitnehmer-Entsende-Fällen – auch vorliegen, wenn der Steuerpflichtige eine Wohnung innerhalb eines Kalenderjahrs nicht nutzt.

4.2. [1]Es muss nach dem Gesamtbild der Verhältnisse wahrscheinlich sein, dass der Steuerpflichtige die Nutzung der Wohnung zu Wohnzwecken auch in Zukunft fortsetzen wird. [2]Hierin kommt u. a. ein Zeitmoment zum Ausdruck, Anhaltspunkte können aber auch Ausstattung und Einrichtung sein.

4.2.1. [1]Als Anhaltspunkt zur Bestimmung des Zeitmoments kann auf den in § 9 Satz 2 AO normierte Sechsmonatszeitraum zurückgegriffen werden (BFH-Urteil vom 8.5.2014, III R 21/12, BStBl. 2015 II S. 135). [2]Dieser Sechsmonatszeitraum kann auch jahresübergreifend sein.

4.2.2. [1]Wer eine Wohnung von vornherein in der Absicht nimmt, sie nur vorübergehend (für bis zu sechs Monate) beizubehalten und zu benutzen, begründet dort keinen Wohnsitz (BFH-Urteil vom 30.8.1989, I R 215/85, BStBl. II S. 956). [2]Entscheidend ist jedoch die Absicht des Steuerpflichtigen. [3]Im Einzelfall kann daher auch ein tatsächlicher Aufenthalt von bis zu sechs Monaten als ein nicht nur vorübergehender anzusehen sein. [4]Dann muss sich jedoch die ursprüngliche Absicht auf einen längeren Aufenthalt bezogen haben (BFH-Urteil vom 30.8.1989, I R 215/85, a. a. O.).

5. Familienwohnsitz

5.1. Die Frage des Wohnsitzes ist für jede Person gesondert zu prüfen (BFH-Urteil vom 7.4.2011, III R 77/09, BFH/NV S. 1351).

5.2. [1]Ein Ehegatte/Lebenspartner, der nicht dauernd getrennt lebt, hat seinen Wohnsitz grundsätzlich dort, wo seine Familie lebt (BFH-Urteil vom 6.2.1985, I R 23/82, BStBl. II S. 331). [2]Diese Vermutung gilt regelmäßig unabhängig davon, welche räumliche Entfernung zwischen den Ehegatten/Lebenspartnern besteht. [3]Deshalb ist eine inländische Wohnung, die von einem Ehegatten/Lebenspartner gelegentlich zu Wohnzwecken genutzt wird, auch dann ein Wohnsitz, wenn er sich zeitlich überwiegend im Ausland aufhält.

5.3. Wer sich – auch in regelmäßigen Abständen – in der Wohnung eines Angehörigen oder eines Bekannten aufhält, begründet dort keinen Wohnsitz (BFH-Urteil vom 24.10.1969, IV 290/64, BStBl. 1970 II S. 109), sofern es nicht wie im Fall einer Familienwohnung oder der Wohnung einer Wohngemeinschaft gleichzeitig die eigene Wohnung ist.

5.4. Minderjährige Kinder teilen grundsätzlich den Wohnsitz ihrer Eltern, weil sie über die Haushaltszugehörigkeit eine abgeleitete Nutzungsmöglichkeit besitzen und damit regelmäßig zugleich die elterliche Wohnung i. S. d. § 8 AO innehaben.

6. Wohnsitz bei Aufenthalt in einem anderen Staat

Wer einen Wohnsitz im Ausland begründet, hat auch im Inland einen Wohnsitz i. S. v. § 8 AO, sofern er die inländische Wohnung weiterhin unter Umständen innehat, die darauf schließen lassen, sie beibehalten und benutzen zu wollen (vgl. BFH-Urteil vom 19.3.1997, I R 69/96, BStBl. II S. 447).

[1]Das Innehaben der inländischen Wohnung kann nach den Umständen des Einzelfalles auch dann anzunehmen sein, wenn der Steuerpflichtige sie während eines Auslandsaufenthalts vorübergehend (bis zu sechs Monaten) vermietet oder untervermietet, um sie alsbald nach Rückkehr im Inland wieder zu benutzen. [2]Zur Zuständigkeit in diesen Fällen siehe § 19 Abs. 1 Satz 2 AO.

[1]Wird die inländische Wohnung zur bloßen Vermögensverwaltung zurückgelassen, endet der Wohnsitz mit dem Wegzug. [2]Bloße Vermögensverwaltung liegt z. B. vor, wenn ein ins Ausland versetzter Steuerpflichtiger bzw. ein im Ausland lebender Steuerpflichtiger seine Wohnung/sein Haus verkaufen oder langfristig vermieten will und dies in absehbarer Zeit auch tatsächlich verwirklicht.

6.1. Auslandsaufenthalt eines Arbeitnehmers

6.1.1. [1]Bei einem ins Ausland versetzten Arbeitnehmer ist ein inländischer Wohnsitz widerlegbar zu vermuten, wenn er seine Wohnung im Inland beibehält, deren Benutzung ihm weiterhin möglich ist und die nach ihrer Ausstattung jederzeit als Bleibe dienen kann (BFH-Urteil vom 17.5.1995, I R 8/94, BStBl. 1996 II S. 2). [2]Ist ein Arbeitnehmer z.B. im Rahmen einer Entsendung im Ausland tätig und wird er von seiner Familie begleitet, so ist ein inländischer Familienwohnsitz i.S.d. § 8 AO weiterhin anzunehmen, wenn dieser über die Dauer der Entsendung beibehalten werden soll und nach objektiven Maßstäben jederzeit durch die Familie zu Wohnzwecken genutzt werden kann.

6.1.2. [1]Entscheidend ist, ob objektiv erkennbare Umstände dafür sprechen, dass der Steuerpflichtige die Wohnung für Zwecke des eigenen Wohnens beibehält. [2]Nach der Lebenserfahrung spricht es für die Beibehaltung eines inländischen Wohnsitzes i.S.d. § 8 AO, wenn jemand eine Wohnung, die er vor einem Auslandsaufenthalt als einzige ständig nutzte, während desselben unverändert und in einem ständig nutzungsbereiten Zustand beibehält und zu Wohnzwecken nutzt oder nutzen kann (vgl. Nr. 4.1 des AEAO zu § 8). [3]Von Bedeutung kann dabei auch sein, ob der Steuerpflichtige nach Beendigung des Auslandsaufenthalts mit hoher Wahrscheinlichkeit die Wohnung wieder ständig nutzen wird (BFH-Urteil vom 19.3.1997, I R 69/96, BStBl. II S. 447). [4]Insoweit handelt es sich um eine Sachverhaltsvermutung, die vom Steuerpflichtigen widerlegt werden kann; ihm obliegt insoweit die Feststellungslast (vgl. BFH-Urteil vom 17.5.1995, I R 8/94, BStBl. 1996 II S. 2).

6.1.3. Für die Beurteilung, ob die einen ins Ausland entsendeten Arbeitnehmer begleitenden (Familien-)Angehörigen ihren inländischen Wohnsitz beibehalten oder aufgegeben haben, gelten grundsätzlich (Hinweis insbesondere auf Nrn. 5.2 und 5.4 des AEAO zu § 8) dieselben Maßstäbe.

6.1.4. [1]Nach einem auf Dauer angelegten Wegzug der Familie ins Ausland führt das Vorhalten einer eigenen Wohnung allein nicht zur Begründung bzw. Beibehaltung eines inländischen Wohnsitzes, wenn die Wohnung nur kurzzeitig zu Urlaubs- oder Besuchszwecken (vgl. Nr. 4.1 des AEAO zu § 8) genutzt wird (vgl. BFH-Urteil vom 26.1.2001, VI R 89/00, BFH/NV S. 1018). [2]Das Gleiche gilt für eine Wohnung, die unentgeltlich von Dritten (z.B. Eltern) zur Verfügung gestellt wird (vgl. BFH-Urteil vom 12.1.2001, VI R 64/98, BFH/NV S. 1231).

6.2. Auslandsaufenthalt eines Kindes

6.2.1. [1]Ein minderjähriges Kind, das sich zusammen mit seinen Eltern im Ausland aufhält und bereits vor deren Ausreise mit seinen Eltern einen gemeinsamen Wohnsitz im Inland hatte, behält diesen grundsätzlich bei, wenn auch die Eltern ihren Wohnsitz im Inland beibehalten. [2]Wird ein Kind im Ausland geboren, begründet es ausnahmsweise einen Wohnsitz im Inland bzw. teilt den inländischen (Familien-)Wohnsitz bereits ab seiner Geburt, sofern sich die Mutter nur kurzfristig, lediglich vorübergehend zum Zeitpunkt der Geburt bzw. zur Entbindung im Ausland aufgehalten hat und das Kind alsbald bzw. innerhalb angemessener Zeit nach Deutschland gebracht wird. [3]Kann das

Kind den Wohnsitz der Eltern im Inland indes aus tatsächlichen oder rechtlichen Gründen nicht nur kurzfristig nicht aufsuchen, kann es dort (zunächst) auch keinen eigenen Wohnsitz begründen. [4]Ein im Ausland lebender Angehöriger kann im Inland grundsätzlich keinen Wohnsitz begründen, ohne sich hier aufgehalten zu haben (BFH-Urteil vom 7.4.2011, III R 77/09, BFH/NV S. 1351).

6.2.2. [1]Hält sich das Kind im Ausland auf, reicht es für die Annahme eines (inländischen) Wohnsitzes nicht aus, wenn die elterliche Wohnung dem Kind weiterhin zur Verfügung steht. [2]Es muss eine Beziehung zur elterlichen Wohnung vorhanden sein, die über die allein durch das Familienverhältnis begründete Beziehung hinausgeht und erkennen lässt, dass das Kind die elterliche Wohnung nach wie vor auch als seine eigene betrachtet (BFH-Urteil vom 17.3.1961, VI 185/60 U, BStBl. III S. 298) und sie innehat, um sie als solche zu nutzen (BFH-Urteil vom 25.9.2014, III R 10/14, BStBl. 2015 II S. 655). [3]Anderenfalls behält das Kind seinen inländischen Wohnsitz bei den Eltern nicht bei, sondern gibt ihn zunächst auf und begründet ihn bei einer späteren Rückkehr wieder neu.

6.2.3. [1]Die Beurteilung hängt von einer Vielzahl von Faktoren ab. [2]So sind neben der Dauer des Auslandsaufenthalts insbesondere das Alter des Kindes, die Unterbringung im Ausland und im Elternhaus, der Zweck des Auslandsaufenthalts, die Häufigkeit und die Dauer der Aufenthalte bei den Eltern sowie die persönlichen Beziehungen des Kindes am Wohnort der Eltern und im Ausland ausschlaggebend. [3]Die Feststellung einer Rückkehrabsicht sagt grundsätzlich nichts darüber aus, ob der inländische Wohnsitz während des vorübergehenden Auslandsaufenthalts beibehalten oder aber aufgegeben und nach der Rückkehr neu begründet wird (vgl. BFH-Urteile vom 23.11.2000, VI R 165/99 und VI R 107/99, BStBl. 2001 II S. 279 und 294).

6.2.4. [1]Kein ausschlaggebendes Kriterium ist regelmäßig die Herkunft der Eltern oder die des Kindes. [2]Aus den familiären und kulturellen Umständen am Aufenthaltsort können sich jedoch Hinweise für das Entstehen neuer Beziehungen und die Lockerung der bisher bestehenden Bindungen ergeben, z.B. bei einem mehrjährigen Schulbesuch im Ausland, für den das Kind vor Ort bei Verwandten untergebracht ist (vgl. BFH-Urteile vom 23.11.2000, VI R 165/99 und VI R 107/99, BStBl. 2001 II S. 279 und 294, und vom 23.6.2015, III R 38/14, BStBl. 2016 II S. 102).

6.2.5. Der Inlandswohnsitz wird nur dann beibehalten, wenn das Kind entweder seinen Lebensmittelpunkt weiterhin am bisherigen Wohnort hat (keine Wohnsitzbegründung am Ort des Auslandsaufenthalts) oder es zwar keinen einheitlichen Lebensmittelpunkt mehr hat, aber nunmehr über zwei Schwerpunkte der Lebensverhältnisse (zwei Wohnsitze) verfügt, von denen einer am bisherigen Wohnort liegt (BFH-Urteil vom 23.11.2000, VI R 107/99, BStBl. 2001 II S. 294).

6.2.6. [1]Bei Kindern, die sich von vornherein in einem begrenzten Zeitraum von bis zu einem Jahr im Ausland aufhalten, ist grundsätzlich davon auszugehen, dass der inländische Wohnsitz beibehalten wird, so dass Inlandsaufenthalte für die Beibehaltung des Wohnsitzes nicht erforderlich sind. [2]Wird die Absicht zur Rückkehr innerhalb eines Jahres aufgegeben, so kann in diesem Moment eine Aufgabe des Wohnsitzes erfolgen (BFH-Urteil vom 25.9.2014, III R 10/14, BStBl. 2015 II S. 655).

6.2.7. [1]Kinder, die sich länger als ein Jahr ins Ausland begeben, behalten ihren Wohnsitz in der inländischen elterlichen Wohnung nur bei, wenn sie diese in ausbildungsfreien Zeiten zumindest überwiegend nutzen. [2]Eine Aufenthaltsdauer von jährlich fünf Monaten in der Wohnung der Eltern genügt jedenfalls, um einen inländischen Wohnsitz beizubehalten, sie ist aber dafür nicht stets erforderlich (BFH-Urteil vom 28.4.2010, III R 52/09, BStBl. II S. 1013). [3]Durch die Eltern-Kind-Beziehung begründete Besuche – d. h. kurzzeitige Besuche und sonstige Aufenthalte zu Urlaubs- oder familiären Zwecken, die keinem Aufenthalt mit Wohncharakter gleichkommen und daher nicht „zwischenzeitliches Wohnen" in der elterlichen Wohnung bedeuten – reichen nicht aus, um den inländischen Wohnsitz des Kindes beizubehalten oder einen solchen zu begründen. [4]Keinen Wohncharakter haben nach der Lebenserfahrung kurzzeitige Aufenthalte von zwei bis drei Wochen im Jahr (BFH-Urteil vom 25.9.2014, III R 10/14, BStBl. 2015 II S. 655).

6.2.8. [1]Die Dauer der Inlandsaufenthalte vor dem Beginn oder nach dem Ende der Schul-, Hochschul- oder Berufsausbildung bleibt außer Betracht. [2]Fehlende finanzielle Mittel für Heimreisen des Kindes können die fehlenden Inlandsaufenthalte in den ausbildungsfreien Zeiten nicht kompensieren (BFH-Urteil vom 25.9.2014, III R 10/14, BStBl. 2015 II S. 655). [3]Hält sich ein Kind nicht nur vorübergehend zum Schulbesuch im Ausland auf, führen besuchsweise Aufenthalte in der elterlichen Wohnung auch dann nicht zur Beibehaltung des inländischen Wohnsitzes, wenn die Rückkehr des Kindes nach Deutschland nach Erreichen des Schulabschlusses beabsichtigt ist (BFH-Urteil vom 23.11.2000, VI R 165/99, BStBl. 2001 II S. 279).

7. NATO-Truppenstatut

[1]Hält sich ein Mitglied einer Truppe oder des zivilen Gefolges des Entsendungsstaates „nur in dieser Eigenschaft" i. S. d Art. X des NATO-Truppenstatuts[1)] bzw. dessen Angehörige nach Art. 68 Abs. 4 des Zusatzabkommens zum NATO-Truppenstatut[1)] im Inland auf, wird das Fehlen des inländischen steuerrechtlichen Wohnsitzes oder gewöhnlichen Aufenthalts fingiert, wenn anhand der Lebensumstände aus Sicht des jeweiligen Besteuerungszeitraums festgestellt werden kann, dass die betreffende Person in dem maßgeblichen Zeitraum fest entschlossen war, nach Beendigung des Dienstes in den Ausgangs- oder in ihren Heimatstaat zurückzukehren (BFH-Urteil vom 9.11.2005, I R 47/04, BStBl. 2006 II S. 374). [2]Voraussetzung dafür ist eine gewisse zeitliche Fixierung im Hinblick auf die Rückkehr nach der Beendigung des Dienstes. [3]Die Rückkehr muss in einer gewissen zeitlichen Nähe zur Beendigung des Dienstes stehen. [4]Ferner setzt die Fiktion voraus, dass die betreffende Person nicht vor Aufnahme ihrer Tätigkeit einen Wohnsitz oder gewöhnlichen Aufenthalt im Inland begründet hat und sich nicht auch aus anderen Gründen im Inland aufhält.

---

1) **Zölle und Verbrauchsteuern** Nr. **170** bzw. Nr. **171**.

8. Wiener Übereinkommen über diplomatische Beziehungen und über konsularische Beziehungen

Die völkerrechtlich verbindlichen Regelungen des Wiener Übereinkommens vom 18.4.1961 über diplomatische Beziehungen (WÜD, BGBl. 1964 II S. 957) bzw. des vom 24.4.1963 über konsularische Beziehungen (WÜK, BGBl. 1969 II S. 1585) tragen dem Gedanken der Exterritorialität von Diplomaten und der ihnen gleichgestellten Personen Rechnung.

[1]Diplomaten einer ausländischen Mission und Konsularbeamte einer ausländischen konsularischen Vertretung haben nach dem WÜD bzw. dem WÜK kraft völkerrechtlicher Fiktion im Inland keinen Wohnsitz und sind demnach von innerstaatlichen Steuern befreit, sofern sie nicht die deutsche Staatsangehörigkeit haben oder nach den Sonderregelungen des WÜD bzw. WÜK im Inland ständig ansässig sind. [2]Private Einkünfte, deren Quelle sich im Inland (Empfangsstaat) befindet, sind von der Steuerbefreiung ausgenommen und führen zu einer beschränkten Einkommensteuerpflicht. [3]Gleiches gilt für die zum Haushalt des Diplomaten oder Konsularbeamten gehörenden Familienmitglieder sowie Mitglieder des Verwaltungs- und des technischen Personals ausländischer Missionen und ausländischer konsularischer Vertretungen.

9. Protokoll (Nr. 7) über die Vorrechte und Befreiungen der Europäischen Union (EU)

[1]Hält sich eine Person zur Ausübung ihrer Amtstätigkeit im Dienste der EU im Hoheitsgebiet eines anderen Mitgliedstaates auf als dem, in dem sie vor Dienstantritt ihren steuerlichen Wohnsitz hatte, werden sie und ihr nicht berufstätiger Ehegatte/Lebenspartner in beiden genannten Staaten so behandelt, als hätten sie ihren früheren Wohnsitz beibehalten (Art. 13 des Protokolls (Nr. 7) über die Vorrechte und Befreiungen der Europäischen Union vom 26.10.2012, Amtsblatt der Europäischen Union C 326 S. 266). [2]Gleiches gilt für die Kinder, die unter der Aufsicht der in diesem Artikel bezeichneten Personen stehen und von ihnen unterhalten werden.

AEAO zu § 9 – Gewöhnlicher Aufenthalt:

1.[1)] [1]Sofern nicht die besonderen Voraussetzungen des § 9 Satz 3 AO vorliegen, wird an den inländischen Aufenthalt während eines zusammenhängenden Zeitraums von mehr als sechs Monaten die unwiderlegbare Vermutung für das Vorhandensein eines gewöhnlichen Aufenthalts geknüpft. [2]Der Begriff „gewöhnlich" ist gleichbedeutend mit „dauernd". [3]„Dauernd" erfordert keine ununterbrochene Anwesenheit, sondern ist im Sinne von „nicht nur vorübergehend" zu verstehen (BFH-Urteil vom 30.8.1989, I R 215/85, BStBl. II S. 956). [4]Bei Unterbrechungen der Anwesenheit kommt es darauf an, ob noch ein einheitlicher Aufenthalt oder mehrere getrennte Aufenthalte anzunehmen sind. [5]Ein einheitlicher Aufenthalt ist gegeben, wenn der Aufenthalt nach den Verhältnissen fortgesetzt werden sollte und die Unterbrechung nur kurzfristig ist. [6]Als kurzfristige Unterbrechung kommen in Betracht Familienheimfahrten, Jahresurlaub, längerer Heimaturlaub, Kur und Erholung, aber

[1)] Siehe hierzu auch BFH v. 22.6.2011 I R 26/10, BFH/NV 2011, 2001, insb. zu „kurzfristigen Unterbrechungen" und zum „äußerlich erkennbaren Zusammenhang".

auch geschäftliche Reisen. [7]Der Tatbestand des gewöhnlichen Aufenthalts kann bei einem weniger als sechs Monate dauernden Aufenthalt verwirklicht werden, wenn Inlandsaufenthalte nacheinander folgen, die sachlich miteinander verbunden sind, und der Steuerpflichtige von vornherein beabsichtigt, nicht nur vorübergehend im Inland zu verweilen (BFH-Urteile vom 27.7. 1962, VI 156/59 U, BStBl. III S. 429, und vom 3.8.1977, I R 210/75, BStBl. 1978 II S. 118).

2. [1]Der gewöhnliche Aufenthalt im Inland ist zu verneinen, wenn der Steuerpflichtige unter Benutzung einer im Ausland gelegenen Wohnung lediglich seine Tätigkeit im Inland ausübt (BFH-Urteil vom 25.5.1988, I R 225/82, BStBl. II S. 944). [2]Grenzgänger haben ihren gewöhnlichen Aufenthalt grundsätzlich im Wohnsitzstaat (BFH-Urteile vom 10.5.1989, I R 50/85, BStBl. II S. 755, und vom 10.7.1996, I R 4/96, BStBl. 1997 II S. 15). [3]Dasselbe gilt für Unternehmer/Freiberufler, die regelmäßig jeweils nach Geschäftsschluss zu ihrer Familienwohnung im Ausland zurückkehren (BFH-Urteil vom 6.2.1985, I R 23/82, BStBl. II S. 331). [4]Wer allerdings regelmäßig an Arbeitstagen am Arbeits-/Geschäftsort im Inland übernachtet und sich nur am Wochenende bzw. an Feiertagen und im Urlaub zu seiner Wohnung im Ausland begibt, hat an dem inländischen Arbeits-/Geschäftsort jedenfalls seinen gewöhnlichen Aufenthalt.

3. [1]Der gewöhnliche Aufenthalt kann nicht gleichzeitig an mehreren Orten bestehen. [2]Bei fortdauerndem Schwerpunktaufenthalt im Ausland begründen kurzfristige Aufenthalte im Inland, z. B. Geschäfts-, Dienstreisen, Schulungen, keinen gewöhnlichen Aufenthalt im Inland. [3]Umgekehrt führen kurzfristige Auslandsaufenthalte bei fortdauerndem Schwerpunktaufenthalt im Inland nicht zur Aufgabe eines gewöhnlichen Aufenthalts im Inland.

4. [1]Der gewöhnliche Aufenthalt im Inland ist aufgegeben, wenn der Steuerpflichtige zusammenhängend mehr als sechs Monate im Ausland lebt, es sei denn, dass besondere Umstände darauf schließen lassen, dass die Beziehungen zum Inland bestehen bleiben. [2]Entscheidend ist dabei, ob der Steuerpflichtige den persönlichen und geschäftlichen Lebensmittelpunkt ins Ausland verlegt hat und ob er seinen Willen, in den Geltungsbereich dieses Gesetzes zurückzukehren, endgültig aufgegeben hat (BFH-Urteil vom 27.7.1962, VI 156/59 U, BStBl. III S. 429). [3]Als Kriterien dafür können die familiären, beruflichen und gesellschaftlichen Bindungen herangezogen werden (z. B. Wohnung der Familienangehörigen im Inland, Sitz des Gewerbebetriebs im Inland). [4]Hält sich der Steuerpflichtige zusammenhängend länger als ein Jahr im Ausland auf, ist grundsätzlich eine Aufgabe des gewöhnlichen Aufenthalts im Inland anzunehmen.

AEAO zu § 12 – Betriebstätte:[1)]

1. Die Begriffsbestimmung gilt auch für die freiberufliche Tätigkeit und Steuerpflichtige mit Einkünften aus Land- und Forstwirtschaft.

[1)] Vgl. auch Betriebsstättenerlass BMF v. 24.12.1999, BStBl. I 1999, 1076, geänd. durch BMF v. 20.11.2000, BStBl. I 2000, 1509, v. 25.8.2009, BStBl. I 2009, 888, v. 20.6.2013, BStBl. I 2013, 980, v. 26.9.2014, BStBl. I 2014, 1258, v. 22.12.2016, BStBl. I 2016, 182. – Zur Einkommensteuer vgl. R 2a Abs. 2 EStR (negative Auslandseinkünfte) bzw. R 4.12 EStR (Fahrten Wohnung-Betriebsstätte) (Nr. **1**), zur Gewerbesteuer vgl. R 2.9 GewStR (Nr. **450**).

2. [1]Auch nicht sichtbare, unterirdisch verlaufende Rohrleitungen (Pipelines) sind feste Geschäftseinrichtungen i. S. d. § 12 Satz 1 AO und damit Betriebstätten (BFH-Urteil vom 30.10.1996, II R 12/92, BStBl. 1997 II S. 12). [2]Zu den Betriebstätten zählen auch bewegliche Geschäftseinrichtungen mit vorübergehend festem Standort (z. B. fahrbare Verkaufsstätten mit wechselndem Standplatz).

3. Stätten der Erkundung von Bodenschätzen (z. B. Versuchsbohrungen) sind als Betriebstätten anzusehen, wenn die Voraussetzungen des § 12 Nr. 8 AO erfüllt sind.

4.[1)] [1]Soweit die Steuergesetze (insbes. EStG und GewStG) den Begriff „Betriebsstätte" verwenden, ohne ihn selbst abweichend von § 12 AO zu definieren (wie etwa § 41 Abs. 2 EStG), bestimmt sich dieser Begriff grundsätzlich nicht nach der Definition eines einschlägigen DBA, sondern nach innerstaatlichem Recht (vgl. BFH-Urteil vom 20.7.2016, I R 50/15, BStBl. 2017 II S. 230). [2]DBA legen lediglich fest, in welchem Umfang eine nach innerstaatlichem Recht – unter Berücksichtigung des § 12 AO – bestehende Steuerpflicht entfallen soll. [3]Eine in einem DBA[2)] vorgenommene, von § 12 AO abweichende Definition des Begriffs „Betriebsstätte" ist daher nur im Rahmen dieses DBA anwendbar, sofern im innerstaatlichen Recht nichts anderes bestimmt ist.

AEAO zu § 15 – Angehörige:

1. [1]Dem Angehörigenbegriff kommt überwiegend verfahrensrechtliche Bedeutung zu. [2]Für das materielle Recht können die Einzelsteuergesetze abweichende Regelungen treffen.

2. § 15 Abs. 1 Nr. 1 AO (Verlobte) setzt ein wirksames Eheversprechen bzw. ein wirksames Versprechen, eine Lebenspartnerschaft einzugehen, voraus.

3. [1]Zu den Geschwistern i. S. d. § 15 Abs. 1 Nr. 4 AO gehören auch die Halbgeschwister. [2]Das sind die Geschwister, die einen Elternteil gemeinsam haben; darunter fallen jedoch nicht die mit in eine Ehe oder Lebenspartnerschaft gebrachten Kinder, die keinen Elternteil gemeinsam haben.

4. Das Angehörigenverhältnis i. S. d. § 15 Abs. 1 Nr. 5 AO besteht lediglich zu den Kindern der Geschwister (Neffen oder Nichten), nicht jedoch zwischen den Kindern der Geschwister untereinander (z. B. Vettern oder Cousinen).

5. [1]Die Ehegatten bzw. Lebenspartner mehrerer Geschwister sind im Verhältnis zueinander keine Angehörigen i. S. d. § 15 Abs. 1 Nr. 6 AO. [2]Dasselbe gilt für Geschwister der Ehegatten bzw. Lebenspartner.

6. [1]Für die Annahme eines Pflegeverhältnisses gem. § 15 Abs. 1 Nr. 8 AO ist nicht erforderlich, dass das Kind außerhalb der Pflege und Obhut seiner leiblichen Eltern steht. [2]Ein Pflegeverhältnis kann z. B. auch zwischen einem Mann und einem Kind begründet werden, wenn der Mann mit der leiblichen Mutter des Kindes und diesem in häuslicher Gemeinschaft lebt. [3]Die Unterhaltsgewährung ist nicht Merkmal dieses Pflegekinderbegriffes. [4]Soweit Bestimmungen in Einzelsteuergesetzen auch daran anknüpfen, müssen dort besondere Regelungen getroffen sein.

[1)] Zu einer grenzüberschreitenden Betriebsaufspaltung siehe BFH v. 17.11.2020 I R 72/16, BStBl. II 2021, 484.

[2)] Alle DBA abgedruckt in **Doppelbesteuerungsabkommen.**

7. [1]Durch die Annahme als Kind erhält ein Kind die volle rechtliche Stellung eines ehelichen Kindes des oder der Annehmenden. [2]Damit wird auch die Angehörigeneigenschaft zwischen dem Kind und den Angehörigen des oder der Annehmenden nach Maßgabe des § 15 Abs. 1 AO begründet. [3]Dieser Grundsatz gilt entsprechend bei ähnlichen familienrechtlichen Rechtsbeziehungen ausländischen Rechts (Adoption).

8. Für die in § 15 Abs. 2 AO genannten Personen bleibt die Angehörigeneigenschaft auch dann bestehen, wenn die Beziehung, die ursprünglich die Angehörigeneigenschaft begründete, nicht mehr besteht; lediglich bei Verlobten erlischt die Angehörigeneigenschaft mit Aufhebung des Verlöbnisses.

AEAO zu § 16 – Sachliche Zuständigkeit:

1. [1]Die sachliche Zuständigkeit betrifft den einer Behörde dem Gegenstand und der Art nach durch Gesetz zugewiesenem Aufgabenbereich. [2]Neben dem Aufgabenkreis, der durch das FVG bestimmt wird, ergeben sich für die Finanzbehörden auch Aufgabenzuweisungen aus der AO (z.B. §§ 208, 249, 386 AO) und anderen Gesetzen (z.B. StBerG, InvZulG, EigZulG).

2. [1]Im Rahmen des föderativen Aufbaus der Bundesrepublik ist die verbandsmäßige Zuständigkeit als besondere Art der sachlichen Zuständigkeit zu beachten. [2]Nach der Rechtsprechung des BFH ist jedoch bei den nicht gebietsgebundenen Steuern (z.B. Einkommensteuer) die Verwaltungskompetenz nicht auf die Finanzämter des verbandsmäßig zuständigen Bundeslandes beschränkt. [3]Das Wohnsitzfinanzamt ist für die Besteuerung nach dem Einkommen auch für Besteuerungszeiträume zuständig, in denen der Steuerpflichtige in einem anderen Bundesland wohnte (BFH-Urteile vom 29.10. 1970, IV R 247/69, BStBl. 1971 II S. 151, und vom 23.11.1972, VIII R 42/ 67, BStBl. 1973 II S. 198).

3. Wegen der Rücknahme eines Verwaltungsakts einer sachlich unzuständigen Behörde wird auf § 130 Abs. 2 Nr. 1 AO hingewiesen.

AEAO zu § 17 – Örtliche Zuständigkeit:

1. Für die örtliche Zuständigkeit gilt der Grundsatz der Gesamtzuständigkeit, d.h., die Zuständigkeit umfasst grundsätzlich alle Verwaltungstätigkeiten der Finanzbehörde, die sich aus dem gesamten Besteuerungsverfahren ergeben (Festsetzung, Rechtsbehelfsverfahren, Erhebung und Vollstreckung), vgl. BFH-Urteile vom 19.3.2019, VII R 27/17, BStBl. 2020 II S. 31, und vom 25.2.2021, III R 36/19, BStBl. II S. 712.

2. [1]Zur mehrfachen örtlichen Zuständigkeit Hinweis auf §§ 25 und 28 AO. [2]Neben den Vorschriften im Dritten Abschnitt bestehen Sonderregelungen über die örtliche Zuständigkeit z. B. in den §§ 195, 367, 388 AO sowie in Einzelsteuergesetzen.[1)]

3. Wegen der Folgen der Verletzung von Vorschriften über die örtliche Zuständigkeit Hinweis auf § 125 Abs. 3 Nr. 1 und § 127 AO.

[1)] Zur örtlichen Zuständigkeit siehe § 35 ErbStG bei der Erbschaftsteuer, § 17 GrEStG bei der Grunderwerbsteuer, § 41a Abs. 1, § 41 Abs. 2 EStG bei der Lohnsteuer.

AEAO zu § 18 – Gesonderte Feststellung:[1)]

1. [1]Die Zuständigkeitsvorschriften des § 18 Abs. 1 Nrn. 1 bis 3 AO gelten für die Feststellung von Einheitswerten und Einkünften aus Land- und Forstwirtschaft, aus Gewerbebetrieb oder aus selbständiger Arbeit. [2]Bei den Einkünften gilt dies sowohl in den Fällen der Beteiligung mehrerer Personen (§ 180 Abs. 1 Satz 1 Nr. 2 Buchstabe a AO) wie auch in den Fällen, in denen der Betriebsort, Ort der Geschäftsleitung bzw. Ort der Tätigkeit und der Wohnsitz nach den Verhältnissen zum Schluss des Gewinnermittlungszeitraums auseinander fallen (§ 180 Abs. 1 Satz 1 Nr. 2 Buchstabe b AO; vgl. auch AEAO zu § 180, Nr. 2.1). [3]Wegen der gesonderten Feststellung bei Zuständigkeit mehrerer Finanzämter in einer Gemeinde vgl. AEAO zu § 19, Nr. 3.

2. [1]Die Regelung nach § 18 Abs. 1 Satz 1 Nr. 4 AO bestimmt eine abweichende Zuständigkeit für die gesonderte Feststellung der Einkünfte aus Vermietung und Verpachtung oder aus Kapitalvermögen; i. d. R. ist nicht das Lagefinanzamt, sondern das Finanzamt zuständig, von dessen Bezirk die Verwaltung ausgeht. [2]Entsprechendes regelt § 18 Abs. 1 Satz 1 Nr. 4 AO für die Feststellung von sonstigem Vermögen, von Schulden und sonstigen Abzügen (§ 180 Abs. 1 Nr. 3 AO) und für die Durchführung von Feststellungen bei Bauherrengemeinschaften usw. (V zu § 180 Abs. 2 AO).[2)]

3. Aus Vereinfachungsgründen kann das Finanzamt bei der gesonderten Feststellung der Einkünfte aus Vermietung und Verpachtung aus nur einem Grundstück davon ausgehen, dass die Verwaltung dieser Einkünfte von dem Ort ausgeht, in dem das Grundstück liegt, es sei denn, die Steuerpflichtigen legen etwas anderes dar.

4. Wird von der gesonderten Feststellung nach § 180 Abs. 3 AO abgesehen (z. B. Fälle geringer Bedeutung), verbleibt es bei der für die Einzelsteuern getroffenen Zuständigkeitsregelung.

5. [1]Die Regelung in § 18 Abs. 2 AO hat insbesondere Bedeutung für die gesonderte Feststellung von ausländischen Einkünften, an denen mehrere im Inland steuerpflichtige Personen beteiligt sind. [2]Auf § 25 AO wird hingewiesen.

6. [1]Zur Bestimmung der örtlichen Zuständigkeit für die gesonderte und einheitliche Feststellung von Einkünften ausländischer Personengesellschaften, an denen inländische Gesellschafter beteiligt sind, ist zu prüfen, ob ein Anknüpfungsmerkmal im Sinne des § 18 Abs. 1 AO gegeben ist. [2]Ist dies der Fall, ist das dort genannte Finanzamt zuständig. [3]Fehlt dagegen ein solches Anknüpfungsmerkmal, gilt nach § 25 AO i. V. m. § 18 Abs. 2 AO Folgendes:

a) [1]Ist für alle inländischen Beteiligten ein gemeinsamer Treuhänder oder eine andere die Interessen der inländischen Beteiligten vertretende Person bestellt, ist das Finanzamt zuständig, in dessen Bezirk der Treuhänder oder die andere Person ansässig ist. [2]Sowohl eine Bevollmächtigung i. S. d. § 80 AO als auch eine Empfangsbevollmächtigung i. S. d. § 183 AO reichen für sich

---

1) Zur örtlichen Zuständigkeit für gesonderte Feststellungen bei der Bedarfsbewertung siehe § 152 Nr. 1–4 BewG.

2) V zu § 180 Abs. 2 AO v. 19.12.1986, BGBl. I 1986, 2663, zuletzt geänd. durch VO v. 18.7.2016, BGBl. I 2016, 1722 (**Steuergesetze** Nr. **800e**).

allein für die Annahme einer die Interessen der inländischen Beteiligten vertretenden Person i. S. d. Satzes 1 nicht aus. [3]Bei späterer Änderung der Treuhand- oder Vertretungsverhältnisse tritt ein Zuständigkeitswechsel nicht ein, solange mindestens ein Beteiligter durch den bisherigen Treuhänder oder Vertreter vertreten bleibt.

b) [1]Ist eine Bestimmung der Zuständigkeit nach Buchstabe a nicht möglich, ist das Finanzamt zuständig, in dessen Bezirk die Beteiligten mit den höchsten Anteilen ansässig sind. [2]Hierbei sind nur unmittelbare Beteiligungsverhältnisse zu berücksichtigen. [3]Bei Änderung der Beteiligungsverhältnisse tritt ein Zuständigkeitswechsel nicht ein, solange mindestens ein Beteiligter im Bezirk des Finanzamts ansässig ist.

c) [1]Lässt sich im Einzelfall die örtliche Zuständigkeit weder nach Buchstabe a) noch nach Buchstabe b) bestimmen, kann die gemeinsame fachlich zuständige Aufsichtsbehörde festlegen, welches der Finanzämter, in deren Bezirk mindestens ein Beteiligter ansässig ist, zuständig ist. [2]Fehlt eine gemeinsame Aufsichtsbehörde, so treffen die fachlich zuständigen Aufsichtsbehörden die Entscheidung gemeinsam.

d) Wenn sich mehrere Finanzämter nach den Buchstaben a) und b) für zuständig oder für unzuständig halten oder wenn die Zuständigkeit nach den Buchstaben a) und b) aus anderen Gründen zweifelhaft ist oder eine Entscheidung nach Buchstabe c) nicht getroffen werden kann, entscheidet das BZSt (§ 181 Abs. 1 Satz 1 AO i. V. m. § 5 Abs. 1 Nr. 7 FVG).

AEAO zu § 19 – Steuern vom Einkommen und Vermögen natürlicher Personen:[1)]

1. [1]Bei verheirateten, nicht dauernd getrennt lebenden Steuerpflichtigen ist bei mehrfachem Wohnsitz im Inland das Finanzamt des Aufenthalts der Familie für die Besteuerung nach dem Einkommen und Vermögen zuständig; Gleiches gilt für Lebenspartner. [2]Insoweit sind für die Bestimmung der örtlichen Zuständigkeit die Kinder in die Betrachtung einzubeziehen.

2. [1]Nach § 19 Abs. 3 AO ist das Lage-, Betriebs- oder Tätigkeitsfinanzamt auch für die persönlichen Steuern vom Einkommen und Vermögen zuständig, wenn ein Steuerpflichtiger in einer Gemeinde (Stadt) mit mehreren Finanzämtern einen land- und forstwirtschaftlichen oder gewerblichen Betrieb unterhält bzw. eine freiberufliche Tätigkeit ausübt. [2]In diesen Fällen ist keine gesonderte Feststellung durchzuführen (§ 180 Abs. 1 Satz 1 Nr. 2 Buchstabe b AO); für Gewinnermittlungszeiträume vor Verlegung des Betriebs in den Bezirk des für die Einkommensteuer zuständigen Finanzamts oder des Wohnsitzes in den Bezirk des Betriebsfinanzamts siehe aber AEAO zu § 180, Nr. 2.1.

3. [1]Wenn der Steuerpflichtige außerhalb des Bezirks seines Wohnsitzfinanzamts, aber in den Bezirken mehrerer Finanzämter derselben Wohnsitzgemein-

---

1) Zur Zuständigkeit für beschränkt Steuerpflichtige nach § 1 Abs. 4 EStG mit ausschließlichen Einkünften i. S. d. § 49 Abs. 1 Nr. 7 u. 10 EStG siehe EStZustV v. 2.1.2009, BGBl. I 2009, 3, geänd. durch VO v. 11.12.2012, BGBl. I 2012, 2637.

de, Einkünfte aus Land- und Forstwirtschaft, Gewerbebetrieb oder freiberuflicher Tätigkeit erzielt, können nach § 19 Abs. 3 AO mehrere Finanzämter zuständig sein. [2] In diesen Fällen ist nach § 25 AO zu verfahren. [3] Gesonderte Feststellungen sind dann nur von den Finanzämtern vorzunehmen, die den Steuerpflichtigen nicht zur Einkommensteuer veranlagen (§ 180 Abs. 1 Satz 1 Nr. 2 Buchstabe b AO).

4. Zuständigkeitsregelungen enthalten auch § 20a AO i. V. m. der ArbZustBauV[1)] sowie die Einzelsteuergesetze und das FVG.

5. [1] Das Vermögen i. S. d. § 19 Abs. 2 Satz 1 AO bestimmt sich nach § 121 BewG, aber abweichend von § 121 Nr. 4 BewG unabhängig von der Höhe der prozentualen Beteiligung an der inländischen Kapitalgesellschaft. [2] Im Fall der Beteiligung an einer Grundbesitz verwaltenden Personengesellschaft ist für die Bestimmung der örtlichen Zuständigkeit die Belegenheit des Grundstücks maßgebend. [3] Handelt es sich bei der Grundbesitz verwaltenden Personengesellschaft um eine gewerblich geprägte Personengesellschaft i. S. d. § 15 Abs. 3 Nr. 2 EStG, so richtet sich die örtliche Zuständigkeit für den beschränkt steuerpflichtigen Beteiligten in analoger Anwendung des § 18 Abs. 1 Satz 1 Nr. 2 AO nach dem Ort der Geschäftsleitung dieser Personengesellschaft.

AEAO zu § 20 – Steuern vom Einkommen und Vermögen der Körperschaften, Personenvereinigungen, Vermögensmassen:

In den Fällen des § 20 Abs. 3 AO gilt Nr. 5 des AEAO zu § 19 entsprechend.

AEAO zu § 20a – Steuern vom Einkommen bei Bauleistungen:

1. [1] Liegen die Voraussetzungen des § 20a Abs. 1 Satz 1 AO vor, beschränkt sich die Zuständigkeit nicht auf den Steuerabzug nach §§ 48 ff. EStG und auf Umsätze aus Bauleistungen; sie erfasst die gesamte Besteuerung des Einkommens des Unternehmers (Einkommensteuer, Körperschaftsteuer). [2] Das nach § 20a Abs. 1 Satz 1 AO zuständige Finanzamt ist auch für die Umsatzsteuer (§ 21 Abs. 1 Satz 2 AO) und die Realsteuern (§ 22 Abs. 1 Satz 2 AO) zuständig. [3] Siehe auch Rz. 100 des BMF-Schreibens vom 27.12.2002, BStBl. I S. 1399.

2. Zur Vermeidung eines erschwerten Verwaltungsvollzugs ist im Regelfall eine von der zentralen Zuständigkeit nach § 20a Abs. 1 und 2, § 21 Abs. 1 Satz 2 und § 22 Abs. 1 Satz 2 AO abweichende Zuständigkeitsvereinbarung nach § 27 AO mit dem ortsnahen Finanzamt herbeizuführen, wenn

– das Unternehmen nur gelegentlich Bauleistungen i. S. v. § 48 Abs. 1 Satz 3 EStG erbringt,
– das Unternehmen Bauleistungen i. S. v. § 48 Abs. 1 Satz 3 EStG erbringt, die im Verhältnis zum Gesamtumsatz nur von untergeordneter Bedeutung sind, oder

---

[1)] Arbeitnehmer-Zuständigkeitsverordnung-Bau v. 30.8.2001, BGBl. I 2001, 2267, geänd. durch G v. 8.5.2008, BGBl. I 2008, 810.

– eine zentrale Zuständigkeit weder für den Steuerpflichtigen noch für die Finanzbehörden zweckmäßig ist.

AEAO zu § 21 – Umsatzsteuer:

[1]Die zentrale Zuständigkeit nach § 21 Abs. 1 Satz 2 AO gilt bereits dann, wenn auch nur ein Anknüpfungspunkt der gesetzlichen Kriterien Wohnsitz, Sitz oder Geschäftsleitung im Ausland gegeben ist. [2]§ 21 Abs. 1 Satz 2 AO hat daher Vorrang vor § 21 Abs. 1 Satz 1 AO.

[1]Die zentrale Zuständigkeit nach § 21 Abs. 1 Satz 2 AO i. V. m. der UStZustV[1)] ist insbesondere in den Fällen von Bedeutung, in denen ein Unternehmen vom Ausland aus betrieben wird und der Unternehmer im Inland nicht einkommen- oder körperschaftsteuerpflichtig ist. [2]Sie ist aber auch zu beachten, wenn der Unternehmer im Inland auch zur Einkommen- oder Körperschaftsteuer zu veranlagen ist.

[1]Ein Auseinanderfallen der örtlichen Zuständigkeiten für die Ertrags- und Umsatzbesteuerung kann allerdings zu einem erschwerten Verwaltungsvollzug führen, z. B. bei Kapitalgesellschaften mit statutarischem Sitz im Ausland und Geschäftsleitung im Inland. [2]Betroffen sind beispielsweise Fälle, in denen ein bisher im Inland ansässiges Unternehmen in eine britische „private company limited by shares" (Limited) umgewandelt wird oder eine Limited neu gegründet wird, die lediglich ihren statutarischen Sitz in Großbritannien hat, aber allein oder überwiegend im Inland unternehmerisch tätig und unbeschränkt körperschaftsteuerpflichtig ist. [3]In diesen Fällen ist im Regelfall eine Zuständigkeitsvereinbarung nach § 27 AO herbeizuführen, nach der das für die Ertragsbesteuerung zuständige ortsnahe Finanzamt auch für die Umsatzsteuer zuständig wird (vgl. auch AEAO zu § 27, Nr. 3).

AEAO zu § 24 – Ersatzzuständigkeit:

1. [1]Für den Fall, dass sich die Zuständigkeit nicht aus den anderen Vorschriften ableiten lässt, ist die Finanzbehörde zuständig, in deren Bezirk objektiv ein Anlass für eine Amtshandlung besteht. [2]Abgesehen von der Zuständigkeit für Maßnahmen zur Aufdeckung unbekannter Steuerfälle (§ 208 Abs. 1 Nr. 3 AO) ist hiernach auch die Zuständigkeit für den Erlass von Haftungsbescheiden (§§ 191, 192 AO) zu bestimmen. [3]Wegen des Sachzusammenhangs ist mithin i. d. R. das Finanzamt des Steuerpflichtigen gleichzeitig für die Heranziehung des Haftenden örtlich zuständig.

2. Kann die örtliche Zuständigkeit nicht sofort einwandfrei geklärt werden, ist bei unaufschiebbaren Maßnahmen die Zuständigkeit auf § 29 AO zu stützen.

AEAO zu § 25 – Mehrfache örtliche Zuständigkeit:

[1]Einigen sich bei mehrfacher örtlicher Zuständigkeit die Finanzbehörden auf eine der örtlich zuständigen Finanzbehörden, so handelt es sich hierbei

---

1) UmsatzsteuerzuständigkeitsV v. 20.12.2001, BGBl. I 2001, 3794, 3814, ber. I 2008, 1715, zuletzt geänd. durch Art. 24 JStG 2020, BGBl. I 2020, 3096 (**Steuergesetze** Nr. **519**).

nicht um eine Zuständigkeitsvereinbarung i. S. d. § 27 AO. [2]Der Zustimmung des Betroffenen bedarf es nicht.

AEAO zu § 26 – Zuständigkeitswechsel:

1. [1]Der Steuerpflichtige kann sich auf den Zuständigkeitswechsel nicht berufen, solange keine der beiden beteiligten Finanzbehörden von den die Zuständigkeit verändernden Tatsachen Kenntnis erlangt hat. [2]Wegen der Bedeutung der Zuständigkeit für die Steuerberechtigung ist die Kenntnis über die Umstände, die die Zuständigkeit ändern, mit Angabe des Datums aktenkundig zu machen und unverzüglich der anderen Finanzbehörde mitzuteilen.

2. [1]Die Fortführung eines bereits begonnenen Verwaltungsverfahrens durch das bisher zuständige Finanzamt ist zulässig, wenn das Finanzamt, dessen Zuständigkeit durch die veränderten Umstände begründet wird, zustimmt. [2]Der Steuerpflichtige soll gehört werden; er ist von der Fortführung des Verwaltungsverfahrens zu benachrichtigen.

3. [1]Bei Verlegung des Wohnsitzes in den Bezirk eines anderen Finanzamtes unter gleichzeitiger Betriebsaufgabe sind von dem bisher für Personensteuern und Betriebssteuern zuständigen Finanzamt nur die Personensteuerakten abzugeben. [2]Das bisher zuständige Finanzamt ermittelt im Wege der Amtshilfe den Gewinn aus der Zeit bis zur Betriebsaufgabe und teilt ihn dem neuen Wohnsitzfinanzamt mit.

[1]Für die Betriebsteuern bleibt grundsätzlich das Betriebsfinanzamt zuständig, auch hinsichtlich der Erhebung und etwaigen Vollstreckung. [2]Rückstände sind erforderlichenfalls im Wege der Amtshilfe beizutreiben. [3]Ausnahmsweise kommt eine Zuständigkeitsvereinbarung nach § 27 AO in Betracht, wenn sich dies als zweckmäßig erweist.

4. Zu den Auswirkungen eines Zuständigkeitswechsels auf das Rechtsbehelfsverfahren vgl. AEAO zu § 367, Nr. 1 und BMF-Schreiben vom 10.10.1995, BStBl. I S. 664.

5. Zur Behandlung von Steuerzahlungen an eine aufgrund eines Zuständigkeitswechsels nicht mehr zuständige Finanzkasse vgl. AEAO zu § 224, Nr. 3.

AEAO zu § 27 – Zuständigkeitsvereinbarung:

1.[1)] [1]Durch Vereinbarung zwischen den Finanzbehörden kann auch außer in den Fällen des § 26 Satz 2 AO die Zuständigkeit einer an sich nicht zuständigen Finanzbehörde begründet werden; Voraussetzung für diese Zuständigkeitsbegründung ist die Zustimmung des Betroffenen. [2]Das Zustimmungserfordernis ist eingefügt, um der Verfassungsbestimmung des Art. 101 Abs. 1 Satz 2 GG zu genügen, weil an die Zuständigkeit der Finanzbehörde die Zuständigkeit des Finanzgerichts anknüpft.

[1)] Die Aufhebung einer Zuständigkeitsvereinbarung durch die Finanzbehörden bedarf keiner Zustimmung des Stpfl., BFH v. 12.7.2021 VI R 13/19, BStBl. II 2021, 839.

2. [1]Eine bestimmte Form ist für die Zustimmung des Betroffenen nicht vorgeschrieben. [2]Die Zustimmung ist bedingungsfeindlich und kann nur mit Wirkung für die Zukunft widerrufen werden.

3. Eine Zuständigkeitsvereinbarung ist insbesondere in den Fällen herbeizuführen, in denen eine zentrale Zuständigkeit nach § 21 Abs. 1 Satz 2 AO i. V. m. der UStZustV weder für den Steuerpflichtigen noch für die Finanzbehörden zweckmäßig ist.

Eine Zuständigkeitsvereinbarung, nach der das für die Ertragsbesteuerung zuständige Finanzamt auch für die Umsatzsteuer zuständig wird, ist hiernach regelmäßig herbeizuführen z. B.

a) bei Steuerpflichtigen, die ihr Unternehmen als Einzelunternehmer ausschließlich oder überwiegend im Inland betreiben und sowohl im Inland als auch im Ausland einen Wohnsitz haben;

b) bei Kapitalgesellschaften mit statutarischem Sitz im Ausland und Geschäftsleitung im Inland, die allein oder überwiegend im Inland unternehmerisch tätig sind (vgl. AEAO zu § 21).

4. Zur Zuständigkeitsvereinbarung bei Unternehmen, die Bauleistungen i. S. v. § 48 Abs. 1 Satz 3 EStG erbringen, vgl. AEAO zu § 20a, Nr. 2.

AEAO zu § 30 – Steuergeheimnis:[1)]

Inhaltsübersicht

1. Gegenstand des Steuergeheimnisses
2. Verpflichteter Personenkreis
3. Offenbarung oder Verwertung geschützter Daten

(Fortsetzung S. 15)

[1)] Zum Datenschutz im Steuerverwaltungsverfahren seit dem 25.5.2018 durch die Datenschutz-Grundverordnung (DSGVO) siehe BMF v. 13.1.2020, BStBl. I 2020, 143, geänd. durch BMF v. 17.6.2021, BStBl. I 2021, 809.

4. Offenbarung oder Verwertung zur Durchführung eines steuerlichen Verfahrens (§ 30 Abs. 4 Nr. 1 AO)
5. Offenbarung zur Wahrnehmung von Aufsichts-, Steuerungs- und Disziplinarbefugnissen der Finanzbehörde sowie zu Ausbildungs- und Prüfungszwecken (§ 30 Abs. 4 Nr. 1a 2. Alternative AO)
6. Offenbarung zur Durchführung eines Bußgeldverfahrens nach Art. 83 DSGVO (§ 30 Abs. 4 Nr. 1b AO)
7. Gesetzlich zugelassene Offenbarung (§ 30 Abs. 4 Nr. 2 AO)
8. Europarechtlich vorgeschriebene oder zugelassene Offenbarung (§ 30 Abs. 4 Nr. 2a AO)
9. Offenbarung bei Zustimmung des Betroffenen (§ 30 Abs. 4 Nr. 3 AO)
10. Offenbarung zur Durchführung eines außersteuerlichen Strafverfahrens (§ 30 Abs. 4 Nr. 4 AO)
11. Offenbarung aus zwingendem öffentlichen Interesse (§ 30 Abs. 4 Nr. 5 AO)
12. Offenbarung vorsätzlich falscher Angaben (§ 30 Abs. 5 AO)
13. Auskunft über Anzeigeerstatter
14. Abruf geschützter Daten (§ 30 Abs. 6 AO)

1. Gegenstand des Steuergeheimnisses

1.1. [1]Durch das Steuergeheimnis werden alle Informationen geschützt, die einem Amtsträger oder einer ihm gleichgestellten Person in einem der in § 30 Abs. 2 Nr. 1 Buchstabe a bis c AO genannten Verfahren über identifizierte oder identifizierbare
– (lebende oder verstorbene) natürliche Personen sowie
– Körperschaften, rechtsfähige oder nicht rechtsfähige Personenvereinigungen oder Vermögensmassen

bekannt geworden sind. [2]Es ist unerheblich, ob diese Informationen für die Besteuerung relevant sind oder nicht.

[1]Eine (lebende) natürliche Person gilt als identifizierbar, wenn sie mit vorhandenen oder zugänglichen Mitteln direkt oder indirekt, insbesondere mittels Zuordnung zu einer Kennung wie einem Namen, zu einer Kennnummer, zu Standortdaten, zu einer Online-Kennung oder zu einem oder mehreren besonderen Merkmalen, die Ausdruck der physischen, physiologischen, genetischen, psychischen, wirtschaftlichen, kulturellen oder sozialen Identität dieser Person sind, bestimmt werden kann (vgl. Art. 4 Nr. 1 DSGVO).[1)] [2]Entsprechendes gilt nach § 2a Abs. 5 AO für Verstorbene sowie für Körperschaften, rechtsfähige oder nicht rechtsfähige Personenvereinigungen oder Vermögensmassen.

Wurden solche personenbezogenen Daten so weit anonymisiert, dass die betroffene Person nicht oder nicht mehr identifiziert werden kann, unterliegen sie nicht mehr dem Steuergeheimnis (Ausnahme: Betriebs- und Geschäftsgeheimnisse; siehe Nr. 1.5 des AEAO zu § 30).

Einer Pseudonymisierung unterzogene personenbezogene Daten unterliegen so lange dem Steuergeheimnis, wie sie durch Heranziehung zusätzlicher Informationen einer identifizierten oder identifizierbaren Person zugeordnet werden könnten.

1.2. [1]Das Steuergeheimnis erstreckt sich auf die gesamten persönlichen, wirtschaftlichen, rechtlichen, öffentlichen und privaten Verhältnisse einer natürlichen oder juristischen Person (personenbezogene Daten). [2]Hierzu zählen

---

1) DSGVO v. 27.4.2016, ABl. EU Nr. L 119, 1, ber. Nr. L 314, 72, anzuwenden ab 25.5.2018.

auch das Verwaltungsverfahren selbst, die Art der Beteiligung am Verwaltungsverfahren und die Maßnahmen, die vom Beteiligten getroffen wurden. [3]So unterliegt z. B. auch dem Steuergeheimnis, ob und bei welcher Finanzbehörde ein Beteiligter steuerlich geführt wird, ob ein Steuerfahndungsverfahren oder eine Außenprüfung stattgefunden hat, wer für einen Beteiligten im Verfahren aufgetreten ist und welche Anträge gestellt worden sind.

1.3. Zum geschützten Personenkreis gehören nicht nur die Steuerpflichtigen (§ 33 AO), sondern auch andere Personen, Körperschaften, rechtsfähige oder nicht rechtsfähige Personenvereinigungen oder Vermögensmassen, deren personenbezogene Daten einem Amtsträger oder einer ihm gleichgestellten Person in einem der in § 30 Abs. 2 Nr. 1 AO genannten Verfahren bekannt geworden sind.

[1]Ob diese Personen in einem derartigen Verfahren mitwirkungs- oder auskunftspflichtig sind oder ihre Angaben ohne rechtliche Verpflichtung abgegeben haben, ist für die Zuordnung zum geschützten Personenkreis unerheblich (BFH-Urteil vom 8.2.1994, VII R 88/92, BStBl. II S. 552). [2]Gesetzliche Informationspflichten eines Dritten gegenüber dem Steuerpflichtigen über eine diesen betreffende Mitteilung an die Finanzbehörden (z. B. nach § 93c Abs. 1 Nr. 3 AO) bleiben unberührt.

Zur Information des Steuerpflichtigen über ein Auskunftsersuchen gegenüber Dritten vgl. AEAO zu § 93, Nr. 1.2.7.

1.4. [1]Dem Steuergeheimnis unterliegt auch die Identität eines Anzeigeerstatters (vgl. BFH-Beschluss vom 7.12.2006, V B 163/05, BStBl. 2007 II S. 275 m. w. N.). [2]Nach § 30 Abs. 4 Nr. 4 Buchstabe b und Abs. 5 AO kann allerdings eine Durchbrechung des Steuergeheimnisses zulässig und in besonders gelagerten Einzelfällen sogar geboten sein (vgl. AEAO zu § 30, Nr. 13).

1.5. Dem Steuergeheimnis unterliegen nach § 30 Abs. 2 Nr. 2 AO auch nicht personenbezogene (d. h. anonymisierte oder pseudonymisierte) Betriebs- und Geschäftsgeheimnisse.

1.6. [1]Ein Amtsträger (bzw. eine ihm gleichgestellte Person) verletzt das Steuergeheimnis, wenn er nach § 30 Abs. 2 Nr. 1 oder 2 AO geschützte Daten unbefugt offenbart oder verwertet. [2]Er verletzt das Steuergeheimnis außerdem, wenn er nach § 30 Abs. 2 Nr. 1 oder 2 AO geschützte und für ein Verfahren i. S. d. § 30 Abs. 2 Nr. 1 AO gespeicherte Daten im automatisierten Verfahren unbefugt abruft (§ 30 Abs. 2 Nr. 3 AO).

2. Verpflichteter Personenkreis

2.1. Das Steuergeheimnis haben Amtsträger und die in § 30 Abs. 3 AO genannten Personen zu wahren.

2.2. Amtsträger sind die in § 7 AO abschließend aufgeführten Personen.

2.3. [1]Den Amtsträgern sind nach § 30 Abs. 3 AO gleichgestellt u. a. die für den öffentlichen Dienst besonders Verpflichteten. [2]Nach § 11 Abs. 1 Nr. 4 StGB ist dies, wer, ohne Amtsträger zu sein, bei einer Behörde oder bei einer sonstigen Stelle, die Aufgaben der öffentlichen Verwaltung wahrnimmt, oder bei einem Verband oder sonstigen Zusammenschluss, Betrieb oder Unternehmen, die für eine Behörde oder für eine sonstige Stelle Aufgaben der öffentlichen Verwaltung ausführen, beschäftigt oder für sie tätig und auf die gewissenhafte Erfüllung seiner Obliegenheiten aufgrund eines Gesetzes förmlich verpflichtet ist. [3]Rechtsgrundlage für die Verpflichtung ist das VerpflG.[1)] [4]Für eine Verpflichtung kommen z.B. Schreib- und Registraturkräfte, ferner Mitarbeiter in Rechenzentren sowie Unternehmer und deren Mitarbeiter, die Hilfstätigkeiten für die öffentliche Verwaltung erbringen (z.B. Datenerfassung, Versendung von Erklärungsvordrucken), in Betracht.

2.4. Sachverständige stehen Amtsträgern nur dann gleich, wenn sie von einer Behörde oder einem Gericht hinzugezogen werden.

3. Offenbarung oder Verwertung geschützter Daten

3.1. Die Absätze 4 und 5 des § 30 AO erlauben die Offenbarung oder Verwertung der in § 30 Abs. 2 AO geschützten Daten.

3.2. Offenbaren i.S.d. § 30 AO ist eine Form des Offenlegens geschützter Daten i.S.d. Art. 4 Nr. 2 DSGVO, umfasst aber – anders als die Offenlegung – auch die Übermittlung, Verbreitung und andere Formen der Bereitstellung gegenüber anderen Amtsträgern oder gleichgestellten Personen derselben Finanzbehörde.

[1]„Offenbarung" ist jedes ausdrückliche oder konkludente Verhalten, auf Grund dessen nach § 30 Abs. 2 AO geschützte Daten einem Dritten bekannt werden können. [2]Eine Offenbarung kann sich aus mündlichen, schriftlichen oder elektronischen Erklärungen, aber auch aus anderen Handlungen (z.B. Gewährung von Akteneinsicht, Kopfnicken usw.) oder Unterlassungen ergeben.

[1]Im Fall der Bereitstellung von Daten zum Abruf erfolgt die Offenbarung erst mit tatsächlichem Zugriff auf die Daten. [2]Werden zum Abruf bereitgestellte Daten von der verantwortlichen Finanzbehörde vor der Einsichtnahme oder dem Abruf wieder gelöscht oder der Abruf in anderer Weise ausgeschlossen, ist keine Offenbarung erfolgt. [3]Entsprechendes gilt bei der Bereitstellung von Akten zur Einsichtnahme.

3.3. [1]Der Gesamtrechtsnachfolger (z.B. der Erbe nach § 1922 BGB) tritt in die rechtliche Stellung des Rechtsvorgängers ein (§ 45 Abs. 1 Satz 1 AO) und ist damit kein Dritter. [2]Die Auskünfte, die dem Rechtsvorgänger erteilt werden durften, dürfen auch dem Rechtsnachfolger erteilt werden.

[1]Sind in einem Erbfall mehrere Erben vorhanden, so ist jeder Einzelne Gesamtrechtsnachfolger des Erblassers. [2]Zur Auskunftserteilung bedarf es nicht der Zustimmung der übrigen Miterben. [3]Der auskunftssuchende Erbe hat sich erforderlichenfalls durch Erbschein auszuweisen.

[1]Vermächtnisnehmer, Pflichtteilsberechtigte sowie Erbersatzanspruchsberechtigte sind keine Gesamtrechtsnachfolger und daher Dritte. [2]Der Auskunftsanspruch des Pflichtteilsberechtigten gegen den Erben nach § 2314 BGB hebt das Steuergeheimnis nicht auf.

3.4. [1]Eine Offenbarung liegt nicht vor, wenn sich ein Dritter unbefugt Zugang zu den Daten verschafft hat. [2]In diesem Fall liegt aber gleichwohl eine Verlet-

[1)] VerpflichtungsG v. 2.3.1974, BGBl. I 1974, 547.

zung des Schutzes personenbezogener Daten i. S. d. Art. 33 und 34 DSGVO vor (vgl. zu den Rechtsfolgen nach der DSGVO Nr. 3.8 des AEAO zu § 30).

3.5. Eine Offenbarung liegt außerdem nicht vor, wenn der Amtsträger (oder die ihm gleichgestellte Person) personenbezogene Daten, die er selbst für Zwecke eines bestimmten Verwaltungsverfahrens in Steuersachen erhoben hat, für ein anderes von ihm geführtes Verfahren i. S. d. § 30 Abs. 4 Nr. 1 AO verarbeitet (zulässige Weiterverarbeitung nach § 29c Abs. 1 Satz 1 Nr. 1 AO).

3.6. [1] Unter „Verwertung" ist jede Verwendung in der Absicht, aus der Nutzung der geschützten Daten für sich oder andere Vorteile ziehen zu wollen, zu verstehen. [2] Eine unbefugte Verwertung personenbezogener Daten eines anderen oder eines fremden Betriebs- oder Geschäftsgeheimnisses liegt vor, wenn die zu Grunde liegenden Informationen in irgendeiner Weise ohne rechtfertigenden Grund genutzt werden.

3.7. [1] Die Finanzbehörde ist, sofern eine der in § 30 Abs. 4 und 5 AO genannten Voraussetzungen vorliegt, zur Offenbarung befugt, jedoch nicht verpflichtet. [2] Es gelten die Grundsätze des § 5 AO. [3] Bei der Entscheidung, ob dem Steuergeheimnis unterliegende Verhältnisse offenbart werden sollen, ist zu berücksichtigen, dass das Steuergeheimnis auch dazu dient, die Beteiligten am Besteuerungsverfahren zu wahrheitsgemäßen Angaben zu veranlassen. [4] Ist die Befugnis zur Offenbarung nach § 30 AO gegeben und besteht gleichzeitig ein Auskunftsanspruch, der für sich allein das Steuergeheimnis nicht durchbricht, z. B. § 161 StPO, so ist die Finanzbehörde zur Auskunftserteilung verpflichtet.

3.8. [1] Eine unbefugte Offenbarung oder Verwertung nach § 30 Abs. 2 Nr. 1 AO geschützter Daten stellt eine Verletzung des Schutzes personenbezogener Daten nach Art. 4 Nr. 12 DSGVO dar und löst ggf. die Mitteilungspflicht gegenüber der Datenschutzaufsicht nach Art. 33 DSGVO, ggf. auch die Benachrichtigungspflicht gegenüber der betroffenen Person nach Art. 34 DSGVO aus. [2] § 355 Abs. 3 StGB bleibt hiervon unberührt.

3.9. [1] Wurden geschützte Daten
- einer Person, die nicht zur Wahrung des Steuergeheimnisses verpflichtet ist,
- einer öffentlichen Stelle, die keine Finanzbehörde ist, oder
- einer nicht-öffentlichen Stelle

befugt offenbart, darf der Empfänger diese Daten nur zu dem Zweck speichern, verändern, nutzen oder übermitteln, zu dem sie ihm offenbart worden sind (§ 30 Abs. 11 Satz 1 AO). [2] Ein Verstoß gegen diese Verarbeitungsbeschränkung kann – soweit er nicht bereits nach dem StGB strafbar ist – als Verstoß gegen die DSGVO geahndet werden und die Rechtsfolgen des Art. 82 DSGVO auslösen.

4. Offenbarung oder Verwertung zur Durchführung eines steuerlichen Verfahrens (§ 30 Abs. 4 Nr. 1 AO)

4.1. § 30 Abs. 4 Nr. 1 AO lässt eine Offenbarung zur Durchführung eines steuerlichen Verwaltungsverfahrens, eines steuerlichen Straf- oder Bußgeldverfahrens, eines gerichtlichen Verfahrens in Steuersachen oder eines Rechnungsprüfungsverfahrens in Steuersachen zu.

[1]Es genügt, dass das Offenbaren für die Einleitung oder den Fortgang dieses Verfahrens nützlich sein könnte. [2]Die Zulässigkeit ist nicht auf die Mitteilung von Tatsachen zwischen Finanzbehörden beschränkt (z. B. Mitteilungen zwischen Zollbehörden und Steuerbehörden, zwischen Finanzämtern und übergeordneten Finanzbehörden). [3]Zulässig ist auch die Mitteilung an andere Behörden, soweit sie unmittelbar der Durchführung eines der oben genannten Verfahren dient, z. B. Mitteilungen an die Denkmalschutzbehörden im Bescheinigungsverfahren nach § 7i EStG.

Sofern Verwaltungsgerichte Verfahren in Steuersachen (insbesondere Realsteuersachen, Kirchensteuersachen) zu entscheiden haben, besteht eine Offenbarungsbefugnis wie gegenüber Finanzgerichten.

Bei verwaltungsgerichtlichen Streitigkeiten in anderen als steuerlichen Verfahren dürfen die Finanzbehörden den Gerichten Auskünfte nur dann erteilen, wenn die Offenbarung nach § 30 Abs. 4 Nr. 2 bis 5 AO zugelassen ist.

4.2. [1]Auskünfte darüber, ob eine Körperschaft wegen Verfolgung gemeinnütziger, mildtätiger oder kirchlicher Zwecke steuerbegünstigt ist oder nicht, sind dem Spender nur dann zu erteilen, wenn

- er im Besteuerungsverfahren die Berücksichtigung der geleisteten Spende beantragt (§ 30 Abs. 4 Nr. 1 i. V. m. Abs. 2 Nr. 1 Buchstabe a AO),
- die Körperschaft ihm den Tatsachen entsprechend mitgeteilt hat, dass sie zur Entgegennahme steuerlich abzugsfähiger Spenden berechtigt ist,
  oder
- die Körperschaft wahrheitswidrig behauptet, sie sei zur Entgegennahme steuerlich abzugsfähiger Spenden berechtigt (§ 30 Abs. 4 Nr. 1 i. V. m. Abs. 2 Nr. 1 Buchstabe a AO, vgl. AEAO zu § 85 AO); die Richtigstellung kann öffentlich erfolgen, wenn die Körperschaft ihre wahrheitswidrige Behauptung öffentlich verbreitet.

[2]Ansonsten ist der Spender bei Anfragen stets an die Körperschaft zu verweisen, sofern keine Zustimmung der Körperschaft zur Auskunftserteilung vorliegt.

4.3. [1]Wird eine beantragte Steuerermäßigung, die von Einkommens- oder Vermögensverhältnissen Dritter abhängt (z. B. nach §§ 32, 33a EStG), abgelehnt, weil die Einkünfte und Bezüge bzw. das Vermögen gesetzliche Betragsgrenzen übersteigen, ist dies dem Steuerpflichtigen ohne Angabe des genauen Betrags mitzuteilen. [2]Wird ein derartiger Ermäßigungsantrag im Hinblick auf die eigenen Einkünfte und Bezüge oder das Vermögen des Dritten teilweise abgelehnt, so darf dem Steuerpflichtigen die Höhe dieser Beträge mitgeteilt werden.

4.4. [1]Bei der Schätzung von Besteuerungsgrundlagen sind ggf. die für Vergleichsbetriebe geführten Steuerakten dem Finanzgericht vorzulegen, damit das Finanzgericht überprüfen kann, ob gegen die Zahlen der Vergleichsbetriebe Bedenken bestehen. [2]Da der Steuerpflichtige jedoch gem. § 78 FGO das Recht hat, die dem Finanzgericht vorgelegten Akten einzusehen, hat die Vorlage an das Finanzgericht stets in anonymisierter Form zu erfolgen (vgl. BFH-Urteil vom 18.12.1984, VIII R 195/82, BStBl. 1986 II S. 226). [3]Das Finanzgericht darf die Verwertung der vom Finanzamt eingebrachten anonymisierten Daten über Vergleichsbetriebe nicht schon im Grundsatz ablehnen (vgl. BFH-Urteil vom 17.10.2001, I R 103/00, BStBl. 2004 II S. 171).

4.5. Zur Auskunftserteilung bei Betriebsübernahme im Hinblick auf die Haftung vgl. AEAO zu § 75, Nr. 6.

4.6. [1]Anträge auf Erteilung von Auskünften über die Besteuerung Dritter bei der Anwendung drittschützender Normen (u.a. §§ 64 bis 68 AO und § 2 Abs. 3 UStG) sind zur Vorbereitung einer Konkurrentenklage grundsätzlich zulässig (vgl. BFH-Urteil vom 5.10.2006, VII R 24/03, BStBl. 2007 II S. 243). [2]Ein solcher Auskunftsanspruch setzt allerdings voraus, dass der Steuerpflichtige substantiiert und glaubhaft darlegt, durch die unzutreffende Besteuerung des Konkurrenten konkret feststellbare und spürbare Wettbewerbsnachteile zu erleiden und deshalb gegen die Steuerbehörde mit Aussicht auf Erfolg ein subjektives öffentliches Recht auf steuerlichen Drittschutz geltend machen zu können. [3]Die Auskünfte sind auf das für die Rechtsverfolgung notwendige Maß zu beschränken. [4]In der Auskunft dürfen deshalb nur Angaben über die Art und Weise der Besteuerung der für die Konkurrenzsituation relevanten Umsätze der fraglichen öffentlichen Einrichtung gemacht werden, nicht aber über die Höhe dieser Umsätze und der hierauf festgesetzten Steuer. [5]Der betroffene Dritte soll gehört werden.

4.7. Gerichtliche Verfahren im Vollstreckungsverfahren

4.7.1 Im Rahmen einer Drittwiderspruchsklage (§ 262 AO) darf die Vollstreckungsbehörde (§ 249 Abs. 1 Satz 3 AO) im Prozess geschützte Daten des Vollstreckungsschuldners und anderer Personen nach § 30 Abs. 4 Nr. 1 AO offenbaren, soweit dies der Durchsetzung der Steueransprüche gegen den Vollstreckungsschuldner dient.

4.7.2. [1]Der Drittschuldner (vgl. § 309 AO) ist befugt, Einwendungen gegen die Art und Weise der Zwangsvollstreckung, wozu auch die Geltendmachung der Unpfändbarkeit von Forderungen (vgl. § 319 AO) gehört, mit der Anfechtungsklage nach § 40 Abs. 1 FGO geltend zu machen. [2]Im finanzgerichtlichen Verfahren darf die Vollstreckungsbehörde die geschützten Daten des Vollstreckungsschuldners und anderer Personen nach § 30 Abs. 4 Nr. 1 AO offenbaren, soweit dies der Durchführung des finanzgerichtlichen Verfahrens dient.

4.7.3. [1]Leistet der Drittschuldner (vgl. § 309 AO) nicht, kann die Vollstreckungsbehörde zivilgerichtlich gegen ihn vorgehen. [2]Dabei ist dem Vollstreckungsschuldner der Streit zu verkünden (§ 316 Abs. 3 AO i.V.m. § 841 ZPO). [3]Die Klage gegen den Drittschuldner dient der Durchsetzung der Steueransprüche gegen den Vollstreckungsschuldner. [4]Die Vollstreckungsbehörde darf daher im Prozess geschützte Daten des Vollstreckungsschuldners, des Drittschuldners und anderer Personen nach § 30 Abs. 4 Nr. 1 AO offenbaren, soweit dies der Durchsetzung der Steueransprüche dient.

4.8. [1]§ 30 Abs. 4 Nr. 1 AO lässt auch eine Verwertung zur Durchführung eines der in § 30 Abs. 4 Nr. 1 Buchstabe a oder b AO genannten Verfahren zu. [2]Ein allgemeines gesetzliches Verwertungsverbot für Tatsachen, die unter Verletzung von Verfahrensvorschriften ermittelt wurden, besteht im Besteuerungsverfahren nicht. [3]Ein Verwertungsverbot, das auch nicht durch zulässige, erneute Ermittlungsmaßnahmen geheilt werden kann, kommt als Folge einer fehlerhaften Maßnahme nur ausnahmsweise in Betracht, wenn die zur Fehlerhaftigkeit der Ermittlungsmaßnahme führenden Verfahrensverstöße schwerwiegend waren oder bewusst oder willkürlich begangen wurden (vgl. z.B. BVerfG-Beschluss vom 2.7.2009, 2 BvR 2225/08, NJW S. 3225; BFH-Urteile vom 4.10.2006, VIII R 53/04, BStBl. 2007 II S. 227, und vom 4.12.2012, VIII R 5/10, BStBl. 2014 II S. 220, jeweils m.w.N.).

5. Offenbarung zur Wahrnehmung von Aufsichts-, Steuerungs- und Disziplinarbefugnissen der Finanzbehörde sowie zu Ausbildungs- und Prüfungszwecken (§ 30 Abs. 4 Nr. 1a 2. Alternative AO)

5.1. Nach § 30 Abs. 2 AO geschützte Daten dürfen den jeweils zuständigen Stellen offenbart werden, soweit dies zur Wahrnehmung von Aufsichts-, Steuerungs- und Disziplinarbefugnissen der Finanzbehörde erforderlich ist (§ 29c Abs. 1 Satz 1 Nr. 6 Satz 1 AO).

Hiernach sind Mitteilungen an Disziplinarstellen der Finanzverwaltung zur Durchführung dienstrechtlicher Maßnahmen bei Angehörigen der Finanzverwaltung zulässig.

Eine Offenbarung soll allerdings nur erfolgen, wenn die mitteilende Stelle zur Überzeugung gelangt ist, dass ein schweres Dienstvergehen vorliegt, der Sachverhalt mithin nach ihrer Auffassung geeignet erscheint, eine im Disziplinarverfahren zu verhängende Maßnahme von Gewicht, d.h. grundsätzlich eine Zurückstufung oder die Entfernung aus dem Dienst, zu tragen (vgl. BVerfG-Beschluss vom 6.5.2008, 2 BvR 336/07, NJW S. 3489).

[1] Ein relevanter Verstoß gegen Dienstpflichten kann auch darin liegen, dass das in Rede stehende Delikt das Ansehen und die Funktionsfähigkeit des Beamtentums nachhaltig schädigen könnte (BVerwG-Beschluss vom 5.3.2010, 2 B 22/09, NJW S. 2229). [2] Eine Offenbarung ist regelmäßig geboten, wenn eine Steuerhinterziehung durch Beamte der Finanzverwaltung begangen und von weiteren Delikten, insbesondere von geschäftsmäßiger Hilfeleistung in Steuersachen, begleitet wird, die über einen längeren Zeitraum begangen wurden (vgl. BVerwG-Beschluss vom 5.3.2010, a.a.O.). [3] Vgl. im Übrigen auch Nr. 11.8 des AEAO zu § 30.

5.2. Nach § 30 Abs. 2 AO geschützte Daten dürfen den jeweils zuständigen Stellen offenbart werden, wenn dies der Veränderung oder Nutzung personenbezogener Daten zu Ausbildungs- und Prüfungszwecken durch die Finanzbehörde dient, soweit nicht überwiegende schutzwürdige Interessen der betroffenen Person entgegenstehen (§ 29c Abs. 1 Satz 1 Nr. 6 Satz 2 AO).

5.3. Nach § 30 Abs. 2 AO geschützte Daten dürfen in den vorgenannten Fällen nur durch Personen verarbeitet werden, die zur Wahrung des Steuergeheimnisses verpflichtet sind (§ 29c Abs. 1 Satz 3 i.V.m. § 30 Abs. 1 und 3 AO).

6. Offenbarung zur Durchführung eines Bußgeldverfahrens nach Art. 83 DSGVO (§ 30 Abs. 4 Nr. 1b AO)

Nach § 30 Abs. 2 AO geschützte Daten dürfen den für die Durchführung eines Bußgeldverfahrens nach der DSGVO zuständigen Datenschutzaufsichtsbehörden nur offenbart werden, wenn das Bußgeldverfahren die Verarbeitung personenbezogener Daten im Anwendungsbereich der AO betrifft.

7. Gesetzlich zugelassene Offenbarung (§ 30 Abs. 4 Nr. 2 AO)

[1]Auf § 30 Abs. 4 Nr. 2 AO kann eine Offenbarung nur gestützt werden, wenn die Befugnis zum Offenbaren in einem Bundesgesetz ausdrücklich enthalten ist. [2]Eine Regelung in einem Landesgesetz oder einer Kommunalsatzung oder eine Bestimmung über die allgemeine Pflicht zur Amtshilfe genügt nicht. [3]Die Befugnis kann in der AO selbst (z. B. § 31 AO), in anderen Steuergesetzen des Bundes oder in außersteuerlichen Vorschriften des Bundes enthalten sein.

Zu den außersteuerlichen Vorschriften gehören insbesondere:
- § 5 Abs. 3 des Gesetzes über den Abbau der Fehlsubventionierung im Wohnungswesen;
- § 236 Abs. 1 und § 379 Abs. 2 des Gesetzes über Verfahren in Familiensachen und in Angelegenheiten der freiwilligen Gerichtsbarkeit;
- § 88 Abs. 3 des Aufenthaltsgesetzes;
- § 197 Abs. 2 Satz 2 des Baugesetzbuches;
- § 49 des Beamtenstatusgesetzes und § 115 des Bundesbeamtengesetzes;
- § 16 Abs. 3 Satz 1 Nr. 2 und Abs. 4 des Bundesdatenschutzgesetzes;
- § 39 des Erdölbevorratungsgesetzes;
- § 17 Satz 2 des Gesetzes über das gerichtliche Verfahren in Landwirtschaftssachen;
- § 14 Abs. 4 und § 153a Abs. 1 Satz 2 der Gewerbeordnung;
- § 3 Abs. 5 des Güterkraftverkehrsgesetzes;
- § 8 Abs. 2 des Gesetzes über das Kreditwesen;
- § 6 Abs. 2 des Bundesmeldegesetzes;
- § 25 Abs. 3 des Personenbeförderungsgesetzes;
- § 7 Abs. 2 des Gesetzes über die Preisstatistik;
- § 27 Abs. 1 Satz 2 des Gesetzes zur Regelung offener Vermögensfragen;
- § 21 Abs. 4 SGB X;
- § 5 Abs. 2 bis 5 und §§ 10, 10a des Steuerberatungsgesetzes;[1)]
- § 2a Abs. 1, § 2b Abs. 1, § 4 Abs. 4, § 6 Abs. 1 und 2 und § 9 Abs. 1 bis 3 des Gesetzes über Steuerstatistiken;
- § 492 Abs. 3 StPO i. V. m. §§ 385, 399 AO;
- § 27 Abs. 5 des Unterhaltssicherungsgesetzes;
- § 3a der Verfahrensordnung für Höfesachen;
- § 32 Abs. 4 und § 35 Abs. 4 des Wohnraumförderungsgesetzes und § 2 des Wohnungsbindungsgesetzes;
- § 2 des Verwaltungsdatenverwendungsgesetzes;
- § 36 Abs. 2 der Bundesrechtsanwaltsordnung;
- § 18 Abs. 3a des Bundesverfassungsschutzgesetzes (vgl. auch § 51 Abs. 3 Satz 3 AO);
- § 6 Abs. 1 und 4 des Bundesarchivgesetzes;

[1)] Siehe auch gleich lautenden Ländererlass v. 22.7.2014, BStBl. I 2014, 1195.

– § 36a Abs. 3 der Wirtschaftsprüferordnung;
– § 64a Abs. 2 der Bundesnotarordnung;
– § 34 Abs. 2 der Patentanwaltsordnung;
– § 54 Abs. 1 Satz 4 des Gerichtskostengesetzes;
– § 40 Abs. 6 und § 46 Abs. 3 des Gerichts- und Notarkostengesetzes,
– § 6 Abs. 5 des Unterhaltsvorschussgesetzes;
– § 12 Abs. 5 Satz 4 des Sicherheitsüberprüfungsgesetzes;
– § 42 Abs. 2 des Geldwäschegesetzes (GwG);
– § 9 Abs. 2 des Gesetzes zur vorläufigen Regelung des Rechts der Industrie- und Handelskammern;
– § 32a Staatsangehörigkeitsgesetz;
– § 4 Abs. 1 Satz 2 Wettbewerbsregistergesetz.

8. Europarechtlich vorgeschriebene oder zugelassene Offenbarung (§ 30 Abs. 4 Nr. 2a AO)

[1] § 30 Abs. 4 Nr. 2a AO gestattet eine Offenbarung geschützter Daten, soweit diese Offenbarung durch unmittelbar geltendes Recht der EU (Verordnungen, Durchführungsbestimmungen und sonstiges, unmittelbar geltendes Recht) zugelassen oder sogar vorgeschrieben ist. [2] Dabei ist es nicht erforderlich, dass die Durchbrechung des Steuergeheimnisses ausdrücklich bezeichnet wird.

Beispiele:

Fordert die EU-Kommission in einem beihilferechtlichen Prüfungsverfahren von Finanzbehörden Informationen über bestimmte Steuerfälle an, sind ihr diese nach der EU-Beihilfeverfahrensordnung mitzuteilen.

Soweit den Finanzbehörden im Besteuerungsverfahren Erkenntnisse über Verstöße gegen europäische Embargo-Verordnungen bekannt werden, haben sie diese den für die Verfolgung derartiger Verstöße zuständigen Behörden mitzuteilen.

[1] EU-Richtlinien und Beschlüsse im Rahmen der gemeinsamen Außen- und Sicherheitspolitik (sogenannte GASP-Beschlüsse) stellen kein unmittelbar geltendes EU-Recht dar. [2] Damit die dort enthaltenen Regelungen wirksam werden, müssen sie zuvor entweder in unmittelbar geltendes Recht der EU oder in nationales Recht umgesetzt werden. [3] Bei Umsetzung in unmittelbar geltendes EU-Recht kommt eine Offenbarungsbefugnis nach § 30 Abs. 4 Nr. 2a AO in Betracht. [4] Bei Umsetzung im Außenwirtschaftsgesetz und der Außenwirtschaftsverordnung ergibt sich die Offenbarungsbefugnis aus § 30 Abs. 4 Nr. 1 AO, da die Überwachung des grenzüberschreitenden Warenverkehrs nach § 2a Abs. 2 Satz 2 AO als Verfahren in Steuersachen gilt. [5] Bei anderweitiger Umsetzung in nationales Recht kann sich eine Offenbarungsbefugnis aus § 30 Abs. 4 Nr. 2 oder Nr. 5 AO ergeben.

9. Offenbarung bei Zustimmung des Betroffenen (§ 30 Abs. 4 Nr. 3 AO)

[1] Nach § 30 Abs. 4 Nr. 3 AO ist die Offenbarung zulässig, soweit der Betroffene zustimmt. [2] Betroffener ist nicht nur der Verfahrensbeteiligte selbst, sondern auch jeder Andere, dessen personenbezogene Daten durch § 30 AO geschützt werden (z.B. Geschäftsführer, Geschäftspartner, Arbeitnehmer, Empfänger von Zahlungen und anderen Vorteilen). [3] Sind mehrere Personen betroffen, so müssen alle ihre Zustimmung zur Offenbarung eines Sachverhalts erteilen. [4] Stimmen einzelne Personen nicht zu, so dürfen die geschützten Verhältnisse derjenigen, die ihre Zustimmung nicht erteilt haben, nicht offenbart werden.

10. Offenbarung zur Durchführung eines außersteuerlichen Strafverfahrens (§ 30 Abs. 4 Nr. 4 AO)

10.1. [1]Gem. § 30 Abs. 4 Nr. 4 Buchstabe a AO dürfen im Steuerstrafverfahren oder Steuerordnungswidrigkeitsverfahren gewonnene Erkenntnisse über außersteuerliche Straftaten an Gerichte und Strafverfolgungsbehörden für Zwecke der Strafverfolgung weitergeleitet werden. [2]Die Finanzbehörden können daher z. B. die Staatsanwaltschaft auch über sog. Zufallsfunde unterrichten. [3]Voraussetzung ist jedoch stets, dass die Erkenntnisse im steuerlichen Straf- oder Bußgeldverfahren selbst gewonnen wurden. [4]Kenntnisse, die bereits vorher in einem anderen Verfahren (z. B. Veranlagungs-, Außenprüfungs- oder Vollstreckungsverfahren) erlangt wurden, dürfen den Strafverfolgungsbehörden gegenüber nicht offenbart werden. [5]Sind die Tatsachen von dem Steuerpflichtigen (§ 33 AO) selbst oder der für ihn handelnden Person (§ 200 Abs. 1 AO) der Finanzbehörde mitgeteilt worden, ist die Weitergabe zur Strafverfolgung wegen nichtsteuerlicher Straftaten nur zulässig, wenn der Steuerpflichtige zum Zeitpunkt der Abgabe der Mitteilung an die Finanzbehörde die Einleitung des steuerlichen Straf- oder Bußgeldverfahrens gekannt hat, es sei denn, einer der in § 30 Abs. 4 Nr. 5 oder Abs. 5 AO geregelten Fälle läge vor.

10.2. [1]Gem. § 30 Abs. 4 Nr. 4 Buchstabe b AO ist eine Offenbarung von Kenntnissen zur Durchführung eines Strafverfahrens wegen einer nichtsteuerlichen Straftat uneingeschränkt zulässig, wenn die Tatsachen der Finanzbehörde ohne Bestehen einer steuerlichen Verpflichtung oder unter Verzicht auf ein Auskunftsverweigerungsrecht bekannt geworden sind. [2]Tatsachen sind der Finanzbehörde ohne Bestehen einer steuerlichen Verpflichtung bekannt geworden, wenn die Auskunftsperson nicht zuvor durch die Finanzbehörde zur Erteilung einer Auskunft aufgefordert worden ist. [3]Ein Verzicht auf ein Auskunftsverweigerungsrecht (siehe §§ 101 ff. AO) kann nur angenommen werden, wenn dem Berechtigten sein Auskunftsverweigerungsrecht bekannt war; dies setzt in den Fällen des § 101 AO eine Belehrung voraus.

11. Offenbarung aus zwingendem öffentlichen Interesse (§ 30 Abs. 4 Nr. 5 AO)

11.1. Eine Offenbarung ist gem. § 30 Abs. 4 Nr. 5 AO zulässig, soweit für sie ein zwingendes öffentliches Interesse besteht.

Liegt ein zwingendes öffentliches Interesse vor, macht es für die Zulässigkeit der Offenbarung keinen Unterschied, ob die Finanzbehörde aufgrund eigener Erkenntnisse von Amts wegen die zuständige Behörde informiert oder ob die zuständige Behörde unter Schilderung der Umstände, die das Vorliegen eines zwingenden öffentlichen Interesses begründen, die Finanzbehörde um Auskunft ersucht.

11.2. § 30 Abs. 4 Nr. 5 AO enthält eine beispielhafte Aufzählung von Fällen, in denen ein zwingendes öffentliches Interesse zu bejahen ist.

11.2.1. Ein zwingendes öffentliches Interesse ist nach § 30 Abs. 4 Nr. 5 Buchstabe a AO insbesondere gegeben, wenn die Offenbarung erforderlich ist
– zur **Abwehr** erheblicher Nachteile für das Gemeinwohl oder einer Gefahr für die öffentliche Sicherheit, die Verteidigung oder die nationale Sicherheit oder

– zur **Verhütung oder Verfolgung** von Verbrechen und vorsätzlichen schweren Vergehen gegen Leib und Leben oder gegen den Staat und seine Einrichtungen.

Verbrechen i. S. d. § 30 Abs. 4 Nr. 5 Buchstabe a AO sind alle Straftaten, die im Mindestmaß mit Freiheitsstrafe von einem Jahr oder darüber bedroht sind (§ 12 Abs. 1 StGB).

Als vorsätzliche schwere Vergehen gegen Leib und Leben oder gegen den Staat und seine Einrichtungen kommen nur solche Vergehen in Betracht, die eine schwerwiegende Rechtsverletzung darstellen und dementsprechend mit Freiheitsstrafe bedroht sind.

11.2.2. [1]Unter den Begriff der Wirtschaftsstraftat i. S. d. § 30 Abs. 4 Nr. 5 Buchstabe b AO fallen Straftaten nicht schon deswegen, weil sie nach § 74c GVG zur Zuständigkeit des Landgerichts gehören. [2]Es ist vielmehr in jedem Einzelfall unter Abwägung der Interessen zu prüfen, ob die besonderen Voraussetzungen des § 30 Abs. 4 Nr. 5 Buchstabe b AO gegeben sind.

11.2.3. [1]§ 30 Abs. 4 Nr. 5 Buchstabe c AO gestattet die Offenbarung zur Richtigstellung unwahrer Tatsachen, die geeignet sind, das Vertrauen in die Verwaltung erheblich zu erschüttern. [2]Diese Offenbarungsbefugnis begründet ein Abwehrrecht der Verwaltung und dient damit nicht dem Aufklärungsinteresse der Öffentlichkeit. [3]Die Verwaltung selbst hat zu entscheiden, ob und in welchem Umfang sie richtigstellen will. [4]Sie hat dabei den Grundsatz der Verhältnismäßigkeit zu wahren und sich auf die zur Richtigstellung erforderliche Offenbarung zu beschränken. [5]Eine Offenbarung zur Richtigstellung in der Öffentlichkeit verbreiteter unwahrer Tatsachen gem. § 30 Abs. 4 Nr. 5 Buchstabe c AO kommt nur im Ausnahmefall in Betracht.

11.3. Bei anderen als den in § 30 Abs. 4 Nr. 5 AO genannten Sachverhalten ist ein zwingendes öffentliches Interesse nur gegeben, wenn sie in ihrer Bedeutung einem dieser Fälle vergleichbar sind.

11.4. Die Gewerbebehörden können bei Vorliegen eines zwingenden öffentlichen Interesses für Zwecke eines Gewerbeuntersagungsverfahrens über die Verletzung steuerlicher Pflichten unterrichtet werden, die mit der Ausübung des Gewerbes, das untersagt werden soll, im Zusammenhang stehen (vgl. im Einzelnen BMF-Schreiben vom 19.12.2013, BStBl. 2014 I S. 19).

11.5. Zur Wahrung des Steuergeheimnisses gegenüber Parlamenten bzw. einem Untersuchungsausschuss des Deutschen Bundestages vgl. BMF-Schreiben vom 13.5.1987.[1)]

11.6. [1]§ 6 des SubvG,[2)] wonach Behörden von Bund und Ländern Tatsachen, die sie dienstlich erfahren und die den Verdacht eines Subventionsbetrugs (§ 264 StGB) begründen, den Strafverfolgungsbehörden mitzuteilen haben, stellt keine Ermächtigungsvorschrift i. S. d. § 30 Abs. 4 Nr. 2 AO dar. [2]Anzeigen an Strafverfolgungsbehörden wegen des Verdachts eines Subventionsbetrugs sind daher nur zulässig, wenn ein zwingendes öffentliches Interesse an der Offenbarung besteht (§ 30 Abs. 4 Nr. 5 Buchstabe b AO) oder die Vor-

---

[1)] IV A 5 – S 0130 – 35/87.

[2)] SubventionsG v. 29.7.1976, BGBl. I 1976, 2037.

aussetzungen des § 30 Abs. 5 AO vorliegen (vgl. AEAO zu § 30, Nr. 12). [3]Betrifft der Subventionsbetrug allerdings Investitionszulagen, so sind entsprechende Tatsachen wie bei Steuerstraftaten den Bußgeld- und Strafsachenstellen zu melden (vgl. § 14 InvZulG 2010 i. V. m. § 30 Abs. 4 Nr. 1 AO).

Nach § 31a AO besteht daneben eine Offenbarungsbefugnis gegenüber den für die Bewilligung, Gewährung, Rückforderung, Erstattung, Weitergewährung oder für das Belassen einer Subvention zuständigen Behörden und Gerichten; vgl. im Einzelnen AEAO zu § 31a, Nr. 4.3.

11.7. [1]Die Weitergabe von Informationen über Verstöße gegen die Umweltschutzbestimmungen kommt insbesondere in Betracht, wenn daran ein zwingendes öffentliches Interesse nach § 30 Abs. 4 Nr. 5 AO besteht. [2]Dies ist nicht nur zur Verfolgung der in § 30 Abs. 4 Nr. 5 Buchstaben a und b AO genannten Straftaten gegeben, sondern auch zur Verfolgung anderer Straftaten, die wegen ihrer Schwere und ihrer Auswirkungen auf die Allgemeinheit den genannten Regeltatbeständen entsprechen.

[1]Bei Verdacht eines besonders schweren Falles einer Umweltstraftat i. S. d. § 330 StGB oder einer schweren Gefährdung durch Freisetzung von Giften i. S. d. § 330a StGB ist ein zwingendes öffentliches Interesse für eine Offenbarung zu bejahen. [2]Keine Offenbarungsbefugnis besteht, wenn lediglich der abstrakte Gefährdungstatbestand einer Umweltstraftat wie etwa § 325 StGB (Luftverunreinigung), § 325a StGB (Verursachen von Lärm, Erschütterungen und nichtionisierenden Strahlen) bzw. § 326 StGB (umweltgefährdende Abfallbeseitigung) erfüllt ist.

Kann die Finanzbehörde nicht beurteilen, ob die vorgenannten Voraussetzungen für eine Weitergabe erfüllt sind, hat sie zunächst unter Anonymisierung des Sachverhalts eine sachkundige Stelle zur Klärung einzuschalten.

[1]Soweit Verstöße gegen Umweltschutzbestimmungen steuerliche Auswirkungen haben, z. B. für die Anerkennung einer Teilwertabschreibung, ergibt sich die Befugnis zur Weitergabe aus § 30 Abs. 4 Nr. 1 AO, sofern die Weitergabe zur Durchführung des Besteuerungsverfahrens erforderlich ist. [2]Sieht die Finanzbehörde die Notwendigkeit, Angaben des Steuerpflichtigen, z. B. über schadstoffbelastete Wirtschaftsgüter, zu überprüfen, kann sie den Sachverhalt einer zuständigen Fachbehörde offenbaren. [3]Die Finanzbehörde hat dabei zu prüfen, ob es ausreicht, den Sachverhalt der Fachbehörde in anonymisierter Form vorzutragen. [4]Ist die Offenbarung der Identität des Steuerpflichtigen erforderlich, soll sie die Fachbehörde darauf hinweisen, dass die Angaben des Steuerpflichtigen nach § 30 Abs. 2 Nr. 1 Buchstabe c AO weiterhin dem Steuergeheimnis unterliegen.

[1]Die Weitergabe von Erkenntnissen über Verstöße gegen Umweltschutzbestimmungen kann gleichzeitig auf mehrere Offenbarungsgründe gestützt werden. [2]Eine Weitergabe von Erkenntnissen unter dem Gesichtspunkt des zwingenden öffentlichen Interesses ist deshalb auch dann zulässig, wenn der gleiche Sachverhalt bereits nach § 30 Abs. 4 Nr. 1 AO offenbart worden ist. [3]Die Weitergabe von Informationen über Verstöße gegen die Umweltschutzbestimmungen kann nicht auf das UIG[1)] gestützt werden.

[1)] UmweltinformationsG v. 22.12.2004, BGBl. I 2004, 3704 (**Sartorius** Nr. **294**).

11.8. Zu Mitteilungen an Disziplinarstellen zur Durchführung dienstrechtlicher Maßnahmen bei Beamten und Richtern in anderen als den in Nr. 5.1 des AEAO zu § 30 genannten Fällen vgl. BMF-Schreiben vom 12.1.2018, BStBl. I S. 201.

[1]Die Regelungen in Nr. 5.1 des AEAO zu § 30 und im vorgenannten BMF-Schreiben sind bei vergleichbaren Verfehlungen sonstiger Angehöriger der Finanzverwaltung (Bedienstete, die nicht Beamte sind) entsprechend anzuwenden, soweit dies zur Ergreifung vergleichbarer arbeitsrechtlicher Maßnahmen (z. B. Abmahnung, Kündigung) führen kann. [2]Eine Steuerhinterziehung in erheblicher Höhe ist bei einem hoheitlich tätigen Bediensteten einer Finanzbehörde, der nicht Beamter ist, als wichtiger Grund zur fristlosen Kündigung an sich auch dann geeignet, wenn der Bedienstete die Hinterziehung gem. § 371 AO selbst angezeigt hat (vgl. BAG-Urteile vom 21.6.2001, 2 AZR 325/00, HFR 2003 S. 183,[1)] und vom 10.9.2009, 2 AZR 257/08,[2)] juris).

11.9. [1]Die Finanzbehörden sind verpflichtet, den für die Bekämpfung terroristischer Aktivitäten zuständigen Stellen die nach § 30 AO geschützten Verhältnisse auf deren Ersuchen mitzuteilen. [2]Für die Mitteilungen an die genannten Stellen besteht in diesen Fällen ein zwingendes öffentliches Interesse i. S. d. § 30 Abs. 4 Nr. 5 AO.

[1]Die ersuchenden Stellen haben in ihrem Ersuchen zu versichern, dass die erbetenen Daten für Ermittlungen und Aufklärungsarbeiten im Zusammenhang mit der Bekämpfung des Terrorismus erforderlich sind. [2]Eine bestimmte Form für die Auskunftsersuchen und die Erteilung der Auskünfte ist nicht erforderlich. [3]Bei Zweifeln an der Identität des Auskunftsersuchenden haben sich die Finanzbehörden vor Auskunftserteilung über die Identität des Auskunftsersuchenden auf geeignete Weise zu vergewissern.

[1]Zur Mitteilungspflicht zur Bekämpfung der Geldwäsche und der Terrorismusfinanzierung vgl. § 31b AO. [2]Zur Rückmeldung über die abschließende Verwendung der von der FIU bereitgestellten Informationen und über die Ergebnisse der Maßnahmen, die auf Grundlage dieser Informationen durchgeführt wurden vgl. § 42 Abs. 2 GwG.

11.10. [1]Werden strafrechtlich geschützte Individualrechtsgüter eines Amtsträgers oder einer gleichgestellten Person i. S. d. § 30 Abs. 3 AO verletzt, ist die Durchbrechung des Steuergeheimnisses gem. § 30 Abs. 4 Nr. 5 AO zulässig, soweit dies für die Verfolgung des Delikts erforderlich ist. [2]In Betracht kommen hierbei insbesondere:
- falsche Verdächtigung (§ 164 StGB),
- Beleidigung (§ 185 StGB),
- üble Nachrede (§ 186 StGB),
- Verleumdung (§ 187 StGB),
- Körperverletzung (§§ 223, 224, 229 StGB),
- Freiheitsberaubung (§ 239 StGB),
- Nötigung (§ 240 StGB),
- Bedrohung (§ 241 StGB).

---

1) AP BAT § 54 Nr. 5.
2) NZA 2010, 220.

11.11. [1]§ 30 Abs. 4 Nr. 5 AO gestattet die Offenbarung der Verhältnisse eines anderen zur Verfolgung von
– Widerstand gegen Vollstreckungsbeamte (§ 113 Abs. 1 StGB),
– tätlicher Angriff auf Vollstreckungsbeamte (§ 114 StGB),
– Verstrickungsbrüchen (§ 136 Abs. 1 StGB),
– Siegelbrüchen (§ 136 Abs. 2 StGB) oder
– Vereitelung der Vollstreckung (§ 288 StGB)
im Besteuerungsverfahren durch die Finanzbehörden gegenüber Gerichten oder Strafverfolgungsbehörden. [2]Das zwingende öffentliche Interesse an der Offenbarung folgt daraus, dass sich die strafrechtlich relevanten Handlungen gegen die Gesetzmäßigkeit des Steuerverfahrens als Ganzes – Steuererhebung und Steuerverstrickung – richten.

11.12. Liegen den Finanzbehörden Erkenntnisse zu Insolvenzstraftaten i. S. d. §§ 283 bis 283c StGB oder zu Insolvenzverschleppungsstraftaten (§ 15a InsO) vor, die sie im Besteuerungsverfahren erlangt haben, so ist eine Offenbarung dieser Erkenntnisse an die Strafverfolgungsbehörden nach § 30 Abs. 4 Nr. 5 AO zulässig.

11.13. Liegen den Finanzbehörden Anhaltspunkte zu Misshandlungen von Kindern i. S. d. § 223 StGB, zu Misshandlungen von Schutzbefohlenen i. S. d. § 225 StGB oder zur gröblichen Verletzung der Fürsorge- oder Erziehungspflicht i. S. d. § 171 StGB vor, die sie im Besteuerungs- bzw. Steuerstrafverfahren erlangt haben, ist eine Offenbarung dieser Kenntnisse an die Sozialbehörden bzw. Strafverfolgungsbehörden nach § 30 Abs. 4 Nr. 5 AO zulässig.

12. Offenbarung vorsätzlich falscher Angaben (§ 30 Abs. 5 AO)

[1]Die Unterrichtung der Strafverfolgungsbehörden über vorsätzlich falsche Angaben des Betroffenen gem. § 30 Abs. 5 AO darf nur erfolgen, wenn nach Auffassung der Finanzbehörde durch die falschen Angaben ein Straftatbestand verwirklicht worden ist; die Durchführung eines Strafverfahrens wegen dieser Tat ist nicht Voraussetzung für die Zulässigkeit der Offenbarung. [2]Der Finanzbehörde obliegt die Prüfung, ob der Betroffene, sowohl in objektiver als auch in subjektiver Hinsicht, einen Straftatbestand verwirklicht hat (BFH-Urteil vom 8.2.1994, VII R 88/92, BStBl. II S. 552). [3]§ 30 Abs. 5 AO lässt eine Offenbarung nur gegenüber den Strafverfolgungsbehörden zu.

13. Auskunft über Anzeigeerstatter

13.1. [1]Durch das Steuergeheimnis wird auch der Name eines Anzeigeerstatters geschützt, wenn die Anzeige eines der in § 30 Abs. 2 Nr. 1 Buchstabe a und b AO genannten Verfahren auslöst oder innerhalb eines solchen Verfahrens erstattet oder ausgewertet wird. [2]Was für die Offenbarung des Namens des Anzeigeerstatters gilt, muss in entsprechender Weise auch für die wortgetreue Offenbarung des Inhalts der Anzeige gelten. [3]Häufig wird man nämlich aus dem Inhalt einer Anzeige, sei es aus einer bestimmten Wortwahl oder aus dem Gebrauch einzelner Formulierungen, sei es aus stilistischen oder grammatikalischen Eigenheiten, aus der Schrift oder aus der Strukturierung des gesamten Textes, mit einiger Wahrscheinlichkeit Rückschlüsse auf den Verfasser der Anzeige ziehen können (vgl. BFH-Beschluss vom 28.12.2006, VII B 44/03, BFH/NV 2007 S. 853).

13.2. [1]Hat der Anzeigeerstatter allerdings vorsätzlich falsche Angaben gemacht, kann die Finanzbehörde dies gem. § 30 Abs. 5 AO den Strafverfolgungsbehörden mitteilen. [2]Das Gleiche gilt gem. § 30 Abs. 4 Nr. 4 Buchstabe b AO, wenn die Anzeige ohne Bestehen einer steuerlichen Verpflichtung erstattet worden ist und die Unterrichtung der Strafverfolgungsbehörden der Durchführung eines Strafverfahrens wegen einer Tat dient, die keine Steuerstraftat ist (vgl. AEAO zu § 30, Nr. 10.2).

13.3. [1]Grundsätzlich besteht nur eine Befugnis, aber keine Verpflichtung der Finanzbehörde zu einer Unterrichtung der Strafverfolgungsbehörden. [2]Im Hinblick auf den Persönlichkeitsschutz des Verdächtigten kann sich die Offenbarungsbefugnis im Einzelfall in eine Verpflichtung zur Unterrichtung der Strafverfolgungsbehörden verdichten, wenn der Anzeigeerstatter nach Auffassung der Finanzbehörde durch vorsätzlich falsche Angaben Straftatbestände wie z. B. des § 164 StGB (falsche Verdächtigung) verwirklicht hat (vgl. u. a. BFH-Urteil vom 8.2.1994, VII R 88/92, BStBl. II S. 552).

13.4. [1]Eine Verpflichtung zur Auskunftserteilung besteht auch, wenn die Voraussetzungen für eine Offenbarung nach § 30 Abs. 5 oder § 30 Abs. 4 Nr. 4 Buchstabe b AO gegeben sind und die Strafverfolgungsbehörde um Namensnennung aufgrund einer Strafanzeige des Steuerpflichtigen gegen Unbekannt im Ermittlungsverfahren nach § 161 StPO ersucht. [2]Dem betroffenen Steuerpflichtigen selbst ist in diesen Fällen keine Auskunft über die Identität des Anzeigeerstatters zu erteilen; insbesondere § 30 Abs. 5 AO lässt eine Offenbarung nur gegenüber den Strafverfolgungsbehörden zu.

13.5. [1]Auch im Fall eines Auskunftsersuchens der Strafverfolgungsbehörde nach § 161 StPO ist die Finanzbehörde in den Fällen des § 30 Abs. 5 AO nur zur Auskunftserteilung berechtigt, wenn sie nach eigener Überprüfung der Auffassung ist, dass der Anzeigeerstatter vorsätzlich falsche Angaben gemacht hat. [2]In diesem Fall ist die Finanzbehörde zur Auskunftserteilung an die Strafverfolgungsbehörde verpflichtet.

13.6. [1]Beantragt der betroffene Steuerpflichtige selbst bei der Finanzbehörde Auskunft über die Identität eines Anzeigeerstatters und liegen die Voraussetzungen des § 30 Abs. 4 Nr. 4 Buchstabe b AO vor, sind im Rahmen der Ermessensentscheidung das allgemeine Persönlichkeitsrecht des Steuerpflichtigen gegen das allgemeine Persönlichkeitsrecht des Anzeigeerstatters und den Zweck des Steuergeheimnisses – die möglichst vollständige Erschließung der Steuerquellen – abzuwägen. [2]Dem Informantenschutz und dem Zweck des Steuergeheimnisses kommt dabei ein höheres Gewicht als dem Persönlichkeitsrecht des Steuerpflichtigen zu, wenn sich die vertraulich mitgeteilten Informationen im Wesentlichen als zutreffend erweisen und zu Steuernachforderungen führen (vgl. BFH-Beschluss vom 7.12.2006, V B 163/05, BStBl. 2007 II S. 275 m. w. N.) oder wenn sich bei einer Vielzahl von Angaben zumindest einige als steuerrechtlich bedeutsam erweisen, wobei diese im Verhältnis zu den anderen nicht völlig unmaßgeblich sein dürfen (vgl. BFH-Urteil vom 8.2.1994, VII R 88/92, BStBl. II S. 552).

14. Abruf geschützter Daten (§ 30 Abs. 6 AO)

14.1. Der Abruf geschützter Daten durch andere Personen als die betroffene Person (vgl. § 9 Satz 1 StDAV)[1)] oder die in § 9 Satz 2 StDAV genannten Personen ist nur zulässig, soweit er bei Durchführung eines der in § 30 Abs. 2 Nr. 1 AO genannten Verfahren der Wahrnehmung einer dienstlich zugewiesenen Aufgabe dient.

[1] Das Interesse des geschützten Personenkreises (vgl. Nr. 1.3 des AEAO zu § 30), gegen eine Verletzung des Schutzes personenbezogener Daten durch einen unzulässigen Datenabruf geschützt zu werden, ist mit dem dienstlichen Interesse, die Daten schnell und barrierefrei ermitteln zu können, in Einklang zu bringen. [2] Hierbei muss sich die Möglichkeit, die Daten bei der originär zuständigen Stelle im Mitteilungswege zu erheben, beispielsweise aufgrund der Häufigkeit entsprechender Anlässe und des hiermit verbundenen Mehraufwandes als unverhältnismäßig erweisen.

[1] Nach § 2 Abs. 1 Satz 1 StDAV sind angemessene organisatorische und dem jeweiligen Stand der Technik entsprechende Vorkehrungen zum Schutz des Steuergeheimnisses zu treffen. [2] § 4 Abs. 1 Satz 1 StDAV enthält das Gebot, den Zugriff durch technische Sicherungsmaßnahmen auf den für diese Aufgaben erforderlichen Umfang zu beschränken, soweit das hierzu eingesetzte Verfahren dies zulässt.

14.2. [1] Kann der Zugriff aus technischen Gründen nicht auf eine den dienstlichen Erfordernissen entsprechende Datenmenge beschränkt werden (vgl. § 4 Abs. 1 Satz 2 StDAV),[1)] sind die Abrufe nach Maßgabe des § 6 Abs. 1 Satz 1 StDAV aufzuzeichnen, um die Zulässigkeit der Abrufe zeitnah und in angemessenem Umfang überprüfen zu können. [2] Zur Unterstützung der Überprüfung kann ein Begründungszwang für den Abruf angeordnet werden. [3] Die Überprüfung hat die Stelle, der die abrufende Person angehört, in eigener Zuständigkeit wahrzunehmen.

AEAO zu § 30a – Schutz von Bankkunden *(aufgehoben)*

AEAO zu § 31 – Mitteilung von Besteuerungsgrundlagen:

1. [1] Die Finanzbehörden sind nach § 31 Abs. 2 AO zur Offenbarung gegenüber der Bundesagentur für Arbeit, der Künstlersozialkasse und den Trägern der gesetzlichen Sozialversicherung nur verpflichtet, soweit die Angaben für die Feststellung der Versicherungspflicht oder die Festsetzung von Beiträgen benötigt werden. [2] Die Träger der Sozialversicherung, die Bundesagentur für Arbeit und die Künstlersozialkasse haben dies bei Anfragen zu versichern.

2. [1] Sozialleistungsträger i. S. d. § 31 Abs. 2 AO sind gem. § 12 SGB I die in §§ 18 bis 29 SGB I genannten Körperschaften, Anstalten und Behörden, die entsprechende Dienst-, Sach- und Geldleistungen gewähren. [2] Hierzu gehören z. B. neben den Agenturen für Arbeit und den sonstigen Dienststellen der Bundesagentur für Arbeit die gesetzlichen Krankenkassen (Orts-, Betriebs- und Innungskrankenkassen, landwirtschaftliche Krankenkassen, die Deutsche

---

[1)] Steuerdaten-Abrufverordnung v. 13.10.2005, BGBl. I 2005, 3021, geänd. durch VO v. 12.7.2017, BGBl. I 2017, 2360 (**Steuergesetze** Nr. **800g**).

Rentenversicherung Knappschaft-Bahn-See und die Ersatzkassen) sowie hinsichtlich der allgemeinen gesetzlichen Rentenversicherung die Regionalträger der deutschen Rentenversicherung, die Deutsche Rentenversicherung Bund und die Deutsche Rentenversicherung Knappschaft-Bahn-See, hinsichtlich der knappschaftlichen Rentenversicherung die Deutsche Rentenversicherung Knappschaft-Bahn-See und hinsichtlich der Alterssicherung der Landwirte die landwirtschaftlichen Alterskassen.

Nicht zu den Sozialleistungsträgern i. S. d. § 31 Abs. 2 AO gehören private Krankenversicherungen und die Träger der berufständischen Versorgungsleistungen (z. B. Ärzte-, Rechtsanwalts- und Architekten-Versorgungswerke).

Eine ständig aktualisierte Liste der auskunftsberechtigten Krankenkassen kann unter http://www.gkv-spitzenverband.de eingesehen werden.

3. Auskünfte gegenüber Krankenkassen bei freiwillig Versicherten

3.1. Freiwillig Versicherte, die hauptberuflich selbständig erwerbstätig sind

[1]Die Finanzbehörden sind gegenüber den gesetzlichen Krankenkassen hinsichtlich freiwillig Versicherter, die hauptberuflich selbständig erwerbstätig sind, grundsätzlich nicht nach § 31 Abs. 2 AO auskunftspflichtig. [2]Da bei diesem Personenkreis die Beitragsbemessungsgrenze als beitragspflichtige Einnahme gilt, ist die Krankenkasse grundsätzlich nicht verpflichtet, die sozialversicherungsrelevanten Verhältnisse zu ermitteln.

[1]Der freiwillig Versicherte kann allerdings eine Beitragsreduzierung erreichen, wenn er geringere Einnahmen nachweist (§ 240 Abs. 1 Satz 3 SGB V). [2]Die aus dem zuletzt vorgelegten Einkommensteuerbescheid abgeleitete Beitragsbemessung bleibt dann bis zur Erteilung des nächsten Einkommensteuerbescheids maßgebend. [3]Erklärt ein freiwillig Versicherter seiner Krankenkasse in derartigen Fällen auf Nachfrage, ihm sei seit mehr als 18 Monaten kein Steuerbescheid zugegangen, ist der Krankenkasse auf Ersuchen mitzuteilen, ob innerhalb dieses Zeitraums ein Steuerbescheid erteilt wurde (unabhängig davon, welchen Veranlagungszeitraum er betrifft); bejahendenfalls ist auch dessen Datum und das jeweilige Veranlagungsjahr mitzuteilen.

3.2. Andere freiwillig Versicherte

3.2.1. Rechtslage bis einschließlich Veranlagungszeitraum 2014

[1]Bei anderen freiwillig Versicherten ist die Krankenkasse verpflichtet, die sozialversicherungsrelevanten Verhältnisse zu ermitteln. [2]Kommt der Versicherte seiner Mitwirkungspflicht nicht nach, kann die Krankenkasse die Finanzbehörden in diesen Fällen um Auskunft ersuchen. [3]Die nach § 31 Abs. 2 AO zulässige Auskunft ist auf die zur Beitragsfestsetzung unbedingt notwendigen Angaben zu beschränken (insbesondere Höhe einzelner Einkünfte oder Summe der Einkünfte).

3.2.2. Rechtslage ab Veranlagungszeitraum 2015

[1]Auch bei anderen freiwillig Versicherten ist die Beitragsbemessungsgrenze als beitragspflichtige Einnahme anzusetzen, sofern und solange Mitglieder Nachweise über ihre Einnahmen auf Verlangen der Krankenkasse nicht vorle-

gen (§ 240 Abs. 1 Satz 2 2. Halbsatz SGB V). [2]Nr. 3.1 gilt in diesen Fällen entsprechend.

3.3. Die Krankenkassen haben in ihren Ersuchen darzulegen, welches Versicherungsverhältnis besteht und für welchen Zeitraum die Auskunft erteilt werden soll (vgl. AEAO zu § 31, Nrn. 3.1, 3.2.1 oder 3.2.2).

4. Bei Anfragen der Rentenversicherungsträger an die Finanzämter auf Mitteilung von Besteuerungsgrundlagen nach § 31 Abs. 2 Satz 1 AO in Fällen der einkommensgerechten Beitragszahlung von versicherungspflichtigen Selbständigen (§ 165 SGB VI) ist von der Erforderlichkeit der Auskunft auszugehen, wenn der Rentenversicherungsträger im Vordruck für Auskunftsersuchen an die Finanzämter versichert, dass eigene Ermittlungsversuche im Umfang der gestellten Anfrage beim Versicherten (u. a. Aufforderung zur Vorlage des letzten Einkommensteuerbescheids und Erinnerung hieran) erfolglos geblieben sind.

AEAO zu § 31a – Mitteilungen zur Bekämpfung der illegalen Beschäftigung und des Leistungsmissbrauchs:

Inhaltsübersicht

1. Allgemeines
2. Bekämpfung von illegaler Beschäftigung oder Schwarzarbeit (§ 31a Abs. 1 Nr. 1 Buchst. a)
2.1. Illegale Beschäftigung
2.2. Schwarzarbeit
2.3. Zuständige Stellen
2.4. Mitteilungen
2.5. Verfahren FKS
3. Entscheidung über Arbeitnehmerüberlassung (§ 31a Abs. 1 Nr. 1 Buchst. b)
3.1. Arbeitnehmerüberlassung
3.2. Zuständige Stellen
3.3. Mitteilungen
3.4. Verfahren
4. Entscheidung über Leistungen aus öffentlichen Mitteln (§ 31a Abs. 1 Nr. 1 Buchst. b Doppelbuchst. bb)
4.1. Leistungen aus öffentlichen Mitteln
4.1.1. Sozialleistungen
4.1.2. Subventionen
4.2. Zuständige Stellen
4.3. Mitteilungen
5. Rückgewähr einer Leistung aus öffentlichen Mitteln (§ 31a Abs. 1 Nr. 2)

1. Allgemeines

[1]Die Offenbarung erfolgt aufgrund einer Anfrage der für die in § 31a AO genannten Verfahren zuständigen Stellen. [2]Die zuständigen Stellen haben in der Anfrage zu versichern, dass die Offenbarung der Verhältnisse für ein Verfahren i. S. d. § 31a Abs. 1 AO erforderlich ist.

[1]Die Offenbarung erfolgt von Amts wegen, wenn die Finanzbehörden über konkrete Informationen verfügen, die für die zuständigen Stellen für ein Verfahren nach § 31a Abs. 1 AO erforderlich sind. [2]Es genügt die Möglichkeit, dass die konkreten Tatsachen für die Durchführung eines Verfahrens nach

§ 31a Abs. 1 AO erforderlich sind, ein konkreter Tatverdacht im strafprozessualen Sinne ist nicht notwendig. [3]Vorsorgliche Mitteilungen sind nicht vorzunehmen.

[1]Die Mitteilungspflicht der Finanzbehörden bezieht sich nur auf die konkret vorhandenen Anhaltspunkte, sie sind nicht zu zusätzlichen Ermittlungen verpflichtet. [2]Die Mitteilungspflicht des § 31a AO gilt nur gegenüber den jeweils zuständigen Stellen und schließt nicht die Befugnis zur Gewährung von Akteneinsicht oder die Übersendung von Akten ein.

[1]Eine Mitteilungspflicht besteht nicht, soweit deren Erfüllung mit einem unverhältnismäßigen Aufwand verbunden wäre (§ 31a Abs. 2 Satz 3 AO). [2]Ein unverhältnismäßiger Aufwand liegt i. d. R. dann vor, wenn der zur Erfüllung der Mitteilungspflicht erforderliche sachliche, personelle oder zeitliche Aufwand erkennbar außer Verhältnis zum angestrebten Erfolg der Mitteilung steht.

[1]Der Begriff „Betroffener" in § 31a AO ist derselbe wie in § 30 AO. [2]Danach ist Betroffener nicht nur der Beteiligte des Verfahrens, zu dessen Durchführung die Mitteilung erfolgen soll, sondern auch jeder Andere, dessen personenbezogene Daten durch § 30 AO geschützt werden (z. B. Geschäftsführer, Geschäftspartner, Arbeitnehmer, Empfänger von Zahlungen und/oder anderen Vorteilen).

2. Bekämpfung von illegaler Beschäftigung oder Schwarzarbeit (§ 31a Abs. 1 Nr. 1 Buchstabe a AO)

2.1. Illegale Beschäftigung

Illegale Beschäftigung liegt u. a. dann vor, wenn Ausländer ohne eine erforderliche Genehmigung arbeiten oder beschäftigt werden (illegale Arbeitnehmerbeschäftigung, z. B. § 404 Abs. 1, Abs. 2 Nrn. 3, 4, 20 und 26 SGB III, §§ 15, 15a, 16 Abs. 1 Nr. 2 AÜG, §§ 10, 10a und 11 SchwarzArbG) oder Arbeitnehmer von einem Arbeitgeber an einen Dritten gewerbsmäßig zur Arbeitsleistung überlassen werden, obwohl eine erforderliche Erlaubnis nach dem AÜG nicht vorliegt oder die Überlassung gesetzlich nicht gestattet ist (unerlaubte Arbeitnehmerüberlassung, z. B. § 16 Abs. 1 Nrn. 1, 1a, 1b, 2a und 7b AÜG, § 23 Abs. 1 Nr. 1 und Abs. 2 AEntG, § 21 Abs. 1 Nr. 1 und Abs. 2 MiLoG).

2.2. Schwarzarbeit

Nach § 1 Abs. 2 SchwarzArbG leistet Schwarzarbeit, wer Dienst- oder Werkleistungen erbringt oder ausführen lässt und dabei

1. als Arbeitgeber, Unternehmer oder versicherungspflichtiger Selbstständiger seine sich auf Grund der Dienst- oder Werkleistungen ergebenden sozialversicherungsrechtlichen Melde-, Beitrags- oder Aufzeichnungspflichten nicht erfüllt,
2. als Steuerpflichtiger seine sich auf Grund der Dienst- oder Werkleistungen ergebenden steuerlichen Pflichten nicht erfüllt,
3. als Empfänger von Sozialleistungen seine sich auf Grund der Dienst- oder Werkleistungen ergebenden Mitteilungspflichten gegenüber dem Sozialleistungsträger nicht erfüllt,

4. als Erbringer von Dienst- oder Werkleistungen seiner sich daraus ergebenden Verpflichtung zur Anzeige vom Beginn des selbstständigen Betriebes eines stehenden Gewerbes (§ 14 der Gewerbeordnung) nicht nachgekommen ist oder die erforderliche Reisegewerbekarte (§ 55 der Gewerbeordnung) nicht erworben hat,
5. als Erbringer von Dienst- oder Werkleistungen ein zulassungspflichtiges Handwerk als stehendes Gewerbe selbstständig betreibt, ohne in der Handwerksrolle eingetragen zu sein (§ 1 der Handwerksordnung).

2.3. Zuständige Stellen

[1]Zuständig für die Prüfung und Bekämpfung von illegaler Beschäftigung nach Nr. 2.1 des AEAO zu § 31a und Schwarzarbeit nach Nr. 2.2 lfd. Nr. 1 und 2 des AEAO zu § 31a sind die Behörden der Zollverwaltung, Arbeitsbereich Finanzkontrolle Schwarzarbeit (FKS). [2]Die FKS prüft auch, ob Verstöße gegen Mitteilungspflichten nach Nr. 2.2 lfd. Nr. 3 des AEAO zu § 31a vorliegen, sofern diese Mitteilungspflichten Sozialleistungen nach dem SGB II, dem SGB III oder Leistungen nach dem Altersteilzeitgesetz betreffen; für Sozialleistungen nach dem SGB I sind die jeweiligen Leistungs- bzw. Subventionsgeber zuständig (vgl. AEAO zu § 31a, Nr. 4.2). [3]Für die Verfolgung und Ahndung von Verstößen gegen die in Nr. 2.2 lfd. Nr. 4 und 5 des AEAO zu § 31a aufgeführten Pflichten sind die nach Landesrecht zuständigen Behörden zuständig (§ 2 Abs. 3 SchwarzArbG). [4]Die Prüfung der Erfüllung steuerlicher Pflichten obliegt gem. § 2 Abs. 2 Satz 1 SchwarzArbG weiterhin den Landesfinanzbehörden. [5]Die FKS ist gem. § 2 Abs. 2 Satz 2 SchwarzArbG zur Mitwirkung an diesen Prüfungen berechtigt. [6]Unabhängig davon prüft die FKS gem. § 2 Abs. 1 Satz 2 SchwarzArbG zur Erfüllung ihrer Mitteilungspflichten nach § 6 Abs. 1 Satz 1 i. V. m. Abs. 4 Nr. 4 SchwarzArbG, ob Anhaltspunkte dafür bestehen, dass steuerlichen Pflichten aus Dienst- und Werkleistungen nicht nachgekommen wurde. [7]Gemäß § 2 Abs. 1 Nr. 6 SchwarzArbG i. V. m. § 21 Abs. 1 Nr. 9 MiLoG, § 23 Abs. 1 Nr. 1 AEntG sowie § 16 Abs. 1 Nr. 7b AÜG führt die FKS auch Ordnungswidrigkeitenverfahren wegen Verstößen gegen die Verpflichtung zur Entrichtung des Mindestlohnes. [8]Ergeben sich bei der Prüfung der FKS Anhaltspunkte für Verstöße gegen die Steuergesetze, so unterrichtet die FKS hierüber die zuständigen Finanzbehörden (§ 6 Abs. 4 Nr. 4 SchwarzArbG). [9]Zur Durchführung des SchwarzArbG führt die FKS eine zentrale Prüfungs- und Ermittlungsdatenbank (§ 16 SchwarzArbG). [10]Den Landesfinanzbehörden wird auf Ersuchen Auskunft aus der zentralen Datenbank erteilt zur Durchführung eines Steuerstraf- oder Steuerordnungswidrigkeitenverfahrens und für die Besteuerung, soweit sie im Zusammenhang mit der Erbringung oder der Vortäuschung der Erbringung von Dienst- oder Werkleistungen steht (§ 17 Abs. 1 Nr. 4 SchwarzArbG). [11]Soweit durch eine Auskunft die Gefährdung des Untersuchungszwecks eines Ermittlungsverfahrens zu besorgen ist, kann die für dieses Verfahren zuständige Behörde der Zollverwaltung oder die zuständige Staatsanwaltschaft anordnen, dass hierzu keine Auskunft erteilt werden darf (§ 17 Abs. 1 Satz 2 SchwarzArbG). [12]§ 478 Abs. 1 Satz 1 und 2 StPO findet Anwendung, wenn die Daten Verfahren betreffen, die zu einem Strafverfahren geführt haben (§ 17 Abs. 1 Satz 3 SchwarzArbG).

2.4. Mitteilungen

[1]Verfügt die Finanzbehörde über Informationen, die die FKS oder die nach Landesrecht zuständigen Behörden für die Erfüllung ihrer Aufgaben zur Bekämpfung illegaler Beschäftigung und Schwarzarbeit benötigen, hat sie diese mitzuteilen. [2]Hierzu zählen auch Verstöße gegen die Verpflichtung zur Gewährung der Arbeitsbedingungen i. S. d. § 20 MiLoG, § 8 i. V. m. § 5 Satz 1 Nr. 1 bis 3 AEntG sowie § 8 Abs. 5 AÜG. [3]Anhaltspunkte für einen möglichen Verstoß reichen für eine Mitteilung aus. [4]Ein unverhältnismäßiger Aufwand i. S. d. § 31a Abs. 2 Satz 3 AO liegt bei den Mitteilungen an die FKS im Regelfall nicht vor.

2.5. Verfahren FKS

[1]Sowohl die Hauptzollämter als auch die Landesfinanzbehörden haben so genannte „Partnerstellen" für die Zusammenarbeit der FKS mit den Finanzbehörden eingerichtet. [2]Mitteilungen sind daher nicht direkt an die FKS zu richten, sondern der jeweils örtlichen „Partnerstelle Steuer" zu übermitteln. [3]Diese leitet die Mitteilungen dann an die jeweils örtliche „Partnerstelle FKS" weiter. [4]In begründeten Einzelfällen sind ausnahmsweise auch direkte Kontakte zwischen den Stellen der FKS und den Finanzämtern möglich. [5]Hierüber sind die örtlichen Partnerstellen zeitnah zu unterrichten.

3. Entscheidung über Arbeitnehmerüberlassung (§ 31a Abs. 1 Nr. 1 Buchstabe b Doppelbuchstabe aa AO)

3.1. Arbeitnehmerüberlassung

[1]Nach § 1 Abs. 1 AÜG ist eine Erlaubnis erforderlich, wenn ein Arbeitgeber (Verleiher) einem Dritten (Entleiher) Arbeitnehmer (Leiharbeitnehmer) gewerbsmäßig zur Arbeitsleistung überlassen will, ohne dass damit eine Arbeitsvermittlung nach § 1 Abs. 2 AÜG und i. S. d. §§ 35 ff. SGB III betrieben wird. [2]Die gewerbsmäßige Arbeitnehmerüberlassung in Betrieben des Baugewerbes für Arbeiten, die üblicherweise von Arbeitern verrichtet werden, ist zwischen Betrieben des Baugewerbes gestattet, wenn diese Betriebe von denselben Rahmen- und Sozialkassentarifverträgen oder von deren Allgemeinverbindlichkeiten erfasst werden; ansonsten ist sie unzulässig (§ 1b AÜG).

[1]Die Erlaubnis zur Arbeitnehmerüberlassung hängt nach den Vorschriften des AÜG u. a. von der Zuverlässigkeit des Verleihers ab. [2]Diese Erlaubnis kann aus den in §§ 3, 4 und 5 AÜG aufgeführten Gründen versagt, zurückgenommen oder widerrufen werden. [3]Die Zuverlässigkeitsprüfung durch die Arbeitsbehörde hat sich dabei auch auf das steuerliche Verhalten – insbesondere die Einhaltung der Vorschriften über die Einbehaltung und Abführung der Lohnsteuer – zu erstrecken (§ 3 Abs. 1 Nr. 1 AÜG).

3.2. Zuständige Stellen

Zuständig für die Durchführung des AÜG ist die Bundesagentur für Arbeit (§ 17 AÜG).

3.3. Mitteilungen

Die Finanzbehörden unterrichten die zuständigen Dienststellen der Bundesagentur für Arbeit von Amts wegen über jede Verletzung steuerlicher Pflichten eines Arbeitnehmerverleihers, die mit der Ausübung seiner gewerblichen

Tätigkeit im Zusammenhang steht, es sei denn, es handelt sich um Pflichtverletzungen, die nach ihrem betragsmäßigen Umfang und ihrer Bedeutung als geringfügig anzusehen sind.

Solche Pflichtverletzungen, die nach ihrem betragsmäßigen Umfang und ihrer Bedeutung als geringfügig anzusehen sind, sind jedoch auf Anfrage den Dienststellen der Bundesagentur für Arbeit mitzuteilen, wenn in der Anfrage von ihnen bescheinigt wird, dass die Informationen für ein nach § 31a Abs. 1 Nr. 1 Buchstabe b Doppelbuchstabe aa AO genanntes Verfahren erforderlich sind.

Zu den mitzuteilenden Tatsachen gehören z. B.:
- die Nichtanmeldung von Lohnsteuer,
- die verspätete Abgabe von Lohnsteuer-Anmeldungen,
- die verspätete Abführung oder Nichtabführung der einbehaltenen Steuerabzugsbeträge,
- bestehende Steuerrückstände, soweit diese durch die gewerbliche Tätigkeit ausgelöst wurden,
- erhebliche Nachforderungen aus Lohnsteuer-Außenprüfungen,
- wirtschaftliche Leistungsunfähigkeit.

Mitteilungen an Strafverfolgungsbehörden oder Offenbarungen in einem Strafverfahren wegen strafrechtlicher Verfehlungen im Falle der Arbeitnehmerüberlassung gestattet § 31a Abs. 1 Nr. 1 Buchstabe b Doppelbuchstabe aa AO nicht.

3.4. Verfahren

[1]Damit die Finanzbehörden zwischen unerlaubter Arbeitnehmerüberlassung (vgl. AEAO zu § 31a, Nr. 2.1) und genehmigter Arbeitnehmerüberlassung unterscheiden und überprüfen können, ob ein Verleiher seinen steuerlichen Pflichten nachkommt, unterrichten die Dienststellen der Bundesagentur für Arbeit die Finanzbehörden von Amts wegen über die Erteilung, Versagung, Verlängerung, Rücknahme und den Widerruf sowie das Erlöschen der Erlaubnis zur gewerbsmäßigen Arbeitnehmerüberlassung. [2]Die Dienststellen der Bundesagentur für Arbeit unterrichten die Finanzbehörden ferner über jeden Antrag eines Unternehmers mit Sitz im Ausland auf Erteilung einer Erlaubnis nach dem AÜG, über Anfragen von Unternehmen mit Sitz im Ausland, ob ihre im Inland beabsichtigte Tätigkeit erlaubnispflichtig sei, und über Anfragen inländischer Unternehmer, ob einem bestimmten ausländischen Unternehmen eine Erlaubnis nach dem AÜG erteilt wurde.

4. Entscheidung über Leistungen aus öffentlichen Mitteln (§ 31a Abs. 1 Nr. 1 Buchstabe b Doppelbuchstabe bb AO)[1)]

4.1. Leistungen aus öffentlichen Mitteln

[1]Unter dem Begriff „Leistungen aus öffentlichen Mitteln“ sind alle Leistungen der öffentlichen Hand zu verstehen. [2]Insbesondere fallen darunter Sozialleistungen und Subventionen.

[1)] Zur Verfassungsmäßigkeit von § 31a Abs. 1 Nr. 1 Buchst. b bb AO vgl. BFH v. 4.10.2007 VII B 110/07, BStBl. II 2008, 42.

4.1.1. Sozialleistungen

[1]Sozialleistungen sind gem. § 11 SGB I die im SGB I vorgesehenen Dienst-, Sach- und Geldleistungen. [2]Hierzu zählen die in §§ 18 bis 29 SGB I und die in § 68 SGB I aufgezählten Leistungen. [3]Sozialleistungen sind danach z.B. die Leistungen der Agenturen für Arbeit, der gesetzlichen Krankenkassen, der gesetzlichen Rentenversicherungsträger, der Sozialämter und der Unterhaltsvorschussbehörden.

4.1.2. Subventionen

Subventionen sind gem. § 1 Abs. 1 des SubvG[1)] i.V.m. § 264 Abs. 7 StGB Leistungen, die aus öffentlichen Mitteln nach Bundes- oder Landesrecht oder nach dem Recht der Europäischen Union an Betriebe oder Unternehmen wenigstens zum Teil ohne marktübliche Gegenleistung gewährt werden und der Förderung der Wirtschaft dienen sollen.

[1]Leistungsgrundlage für die Gewährung von Subventionen sind das Recht von Bund, Ländern (zugleich auch Gemeinden) oder der Europäischen Union, wobei es sich nicht um ein Gesetz handeln muss, sondern auch auf Gesetz beruhende Haushaltsansätze genügen. [2]Anhaltspunkte dafür, dass es sich bei der Zuwendung (Förderung) um eine Subvention handelt, ergeben sich regelmäßig aus den Antragsunterlagen oder aus dem Bewilligungsbescheid.

4.2. Zuständige Stellen

Mitteilungen sind an die jeweilig zuständigen Leistungs- bzw. Subventionsgeber zu richten, die für die Entscheidung über die Bewilligung, Gewährung, Rückforderung, Erstattung, Weitergewährung oder das Belassen der Leistung aus öffentlichen Mitteln zuständig sind.

4.3. Mitteilungen

[1]Liegt eine Anfrage der Bewilligungsbehörde nicht vor, müssen sich konkrete Anhaltspunkte aus der Buchführung, den Aufzeichnungen oder den Unterlagen des Steuerpflichtigen ergeben (z.B. ein entsprechender Bewilligungsbescheid bei einer Außenprüfung). [2]Vorsorgliche Mitteilungen aufgrund bloßer Vermutungen sind nicht vorzunehmen.

Von Amts wegen hat eine Offenbarung insbesondere zu erfolgen, wenn konkrete Anhaltspunkte es möglich erscheinen lassen, dass

- aufgrund eines Verwaltungsakts Sozialleistungen zu Unrecht in Anspruch genommen werden oder genommen wurden oder
- Sozialleistungen zu erstatten sind oder
- Tatsachen subventionserheblich i.S.d. § 264 Abs. 9 StGB sind. [2]Subventionserheblich sind auch Tatsachen, die sich auf die Förderung nach der Gemeinschaftsaufgabe „Verbesserung der regionalen Wirtschaftsstruktur" (GA Förderung) beziehen.

[1]Es genügt die Möglichkeit, dass die gewährten Subventionen oder Sozialleistungen zurückgefordert werden können. [2]Ein konkreter Tatverdacht im strafprozessualen Sinne (z.B. Subventionsbetrug) ist nicht erforderlich. [3]Es ist nicht Aufgabe des Finanzamts, zur Feststellung von Leistungsmissbräuchen

---

1) SubventionsG v. 29.7.1976, BGBl. I 1976, 2036.

über die Überprüfung steuerlicher Sachverhalte hinausgehende oder zusätzliche Ermittlungen vorzunehmen.

Die Entscheidung, ob tatsächlich ein Leistungsmissbrauch vorliegt, trifft die informierte Stelle.

Mitteilungen an Strafverfolgungsbehörden oder Offenbarungen in einem Strafverfahren wegen strafrechtlicher Verfehlungen im Falle des Leistungsmissbrauchs gestattet § 31a Abs. 1 Nr. 1 Buchstabe b Doppelbuchstabe bb AO nicht.

5. Rückgewähr einer Leistung aus öffentlichen Mitteln (§ 31a Abs. 1 Nr. 2 AO)

[1]Die Offenbarung ist zulässig, wenn sie für die Geltendmachung eines Anspruchs auf Rückgewähr einer Forderung aus öffentlichen Mitteln erforderlich ist. [2]Hierunter ist sowohl die Durchsetzung, insbesondere die Vollstreckung, von nach § 31a Abs. 1 Nr. 1 Buchstabe b Doppelbuchstabe bb AO bereits festgesetzten Rückforderungen von Leistungen aus öffentlichen Mitteln, z.B. durch die für die Vollstreckung zuständigen Hauptzollämter, als auch die privatrechtliche Rückabwicklung von Leistungen oder Subventionen aus öffentlichen Mitteln durch die zuständigen Stellen zu verstehen. [3]Eine Offenbarung ist insbesondere auch zulässig für die Rückforderung von Zahlungen der gesetzlichen Krankenkassen und Ersatzkassen gegenüber Ärzten, Zahnärzten, Apothekern und Krankenhäusern auf Grund von Abrechnungsbetrügereien. [4]Die Mitteilungen erfolgen im Regelfall nur aufgrund einer Anfrage der zuständigen Stelle bzw. auf Anfrage des Betroffenen. [5]Die Mitteilungen sind an die für die Vollstreckung zuständigen Stellen bzw. an die für die Rückgewährung der Leistung aus öffentlichen Mitteln zuständigen Stellen (z.B. Sozialleistungsträger, Gewährer von Fördermitteln oder Subventionsgeber) zu richten.

AEAO zu § 31b – Mitteilungen zur Bekämpfung der Geldwäsche und der Terrorismusfinanzierung:

1. Offenbarungsbefugnis nach § 31b Abs. 1 AO

1.1. [1]Die Finanzbehörden dürfen in den in § 31b Abs. 1 AO genannten Fällen den jeweils zuständigen Stellen die erforderlichen Auskünfte erteilen (Offenbarungsbefugnis). [2]Liegt ein begründetes Auskunftsersuchen der jeweils zuständigen Stelle vor, ist ihr Auskunft zu erteilen (Offenbarungspflicht). [3]Die ersuchende Stelle hat zu versichern, dass die erbetenen Daten den in § 31b Abs. 1 Nrn. 1 bis 5 AO genannten Zwecken dienen.

1.2. Die Zentralstelle für Finanztransaktionsuntersuchungen (FIU) hat nach § 28 Abs. 1 GwG die Aufgabe der Erhebung und Analyse von Informationen im Zusammenhang mit Geldwäsche oder Terrorismusfinanzierung und der Weitergabe dieser Informationen an die zuständigen inländischen öffentlichen Stellen zum Zwecke der Aufklärung, Verhinderung oder Verfolgung solcher Taten.

Im Hinblick auf § 31b Abs. 1 Nr. 5 AO sind insbesondere folgende Aufgaben der FIU von Bedeutung:

- die Entgegennahme und Sammlung von Meldungen nach dem GwG und Mitteilungen nach § 31b AO,
- die Durchführung von operativen Analysen einschließlich der Bewertung von Meldungen und sonstigen Informationen,
- die Übermittlung der sie betreffenden Ergebnisse dieser operativen Analyse und zusätzlicher relevanter Informationen an die zuständigen inländischen öffentlichen Stellen,
- die Durchführung von strategischen Analysen und Erstellung von Berichten aufgrund dieser Analysen,
- der Informationsaustausch und die Koordinierung mit inländischen Aufsichtsbehörden,
- die Zusammenarbeit und der Informationsaustausch mit zentralen Meldestellen anderer Staaten,
- die Untersagung von Transaktionen und die Anordnung von sonstigen Sofortmaßnahmen,
- der Austausch mit den Verpflichteten sowie mit den inländischen Aufsichtsbehörden und für die Aufklärung, Verhinderung oder Verfolgung der Geldwäsche und der Terrorismusfinanzierung zuständigen inländischen öffentlichen Stellen insbesondere über entsprechende Typologien und Methoden.

2. Mitteilungspflicht nach § 31b Abs. 2 AO

2.1. [1]Sind der Finanzbehörde Tatsachen bekannt geworden, die darauf hindeuten, dass es sich bei Vermögenswerten, die mit einer Transaktion oder Geschäftsbeziehung im Zusammenhang stehen, um den Gegenstand einer Straftat nach § 261 StGB (Geldwäsche) handelt oder dass die Vermögenswerte im Zusammenhang mit Terrorismusfinanzierung stehen, hat sie diese unverzüglich der FIU per Fax (0221/672-3990) mitzuteilen. [2]Ab September 2017 kann bzw. ab 2018 muss die Mitteilung in einem sicheren Verfahren elektronisch erfolgen. [3]Weitere Einzelheiten des Mitteilungsverfahrens bestimmt die FIU.

2.2. Den Finanzbehörden obliegt die Prüfung im Einzelfall, ob ein mitteilungspflichtiger Sachverhalt i. S. d. § 31b Abs. 2 AO vorliegt (Beurteilungsspielraum).

Für das Vorliegen eines mitteilungspflichtigen Sachverhalts ist es ausreichend, dass objektiv erkennbare Anhaltspunkte für das Vorliegen von Tatsachen, die auf eine Geldwäsche-Straftat schließen lassen, sprechen und ein krimineller Hintergrund i. S. d. § 261 StGB nicht ausgeschlossen werden kann.

[1]Die zur Mitteilung verpflichtete Finanzbehörde muss nicht das Vorliegen sämtlicher Tatbestandsmerkmale des § 261 StGB einschließlich der der Geldwäsche zugrunde liegenden Vortat prüfen. [2]Vielmehr ist der Sachverhalt nach allgemeinen Erfahrungen und beruflichem Erfahrungswissen unter dem Blickwinkel seiner Ungewöhnlichkeit und Auffälligkeit im jeweiligen geschäftlichen Kontext zu würdigen.

[1]Wenn eine Geldwäsche aufgrund dieser Erfahrungen nahe liegt oder ein Sachverhalt darauf schließen lässt, besteht demnach eine solche Mitteilungs-

pflicht. [2]Hinsichtlich des Vortatenkatalogs reicht der Verdacht auf die illegale Herkunft der Gelder schlechthin aus.

Die Finanzbehörde muss vor einer Mitteilung nach § 31b Abs. 2 AO nicht prüfen, ob eine strafrechtliche Verurteilung in Betracht kommt.

Diese Grundsätze gelten bei Erkenntnissen über eine Terrorismusfinanzierung entsprechend.

3. Mitteilungspflicht nach § 31b Abs. 3 AO

3.1. Tatsachen, die auf eine Ordnungswidrigkeit i. S. d. § 56 Abs. 1 GwG durch einen Verpflichteten i. S. d. § 2 Abs. 1 Nrn. 13 bis 16 GwG schließen lassen, sind der zuständigen Verwaltungsbehörde nach § 31b Abs. 3 Nr. 1 AO unverzüglich mitzuteilen (zur zuständigen Verwaltungsbehörde siehe § 56 Abs. 5 GwG).

[1]Mitzuteilen sind nur solche Tatsachen, die der Finanzbehörde im Rahmen des Besteuerungsverfahrens, eines Strafverfahrens wegen einer Steuerstraftat oder eines Bußgeldverfahrens wegen einer Steuerordnungswidrigkeit und mithilfe der dort geltenden Ermittlungsbefugnisse bekannt geworden sind. [2]Der konkrete Sachverhalt ist dabei nach allgemeinen Erfahrungen und beruflichem Erfahrungswissen unter dem Blickwinkel seiner Ungewöhnlichkeit und Auffälligkeit im jeweiligen geschäftlichen Kontext zu würdigen. [3]Die Mitteilung entsprechender Tatsachen setzt keinen Anfangsverdacht i. S. v. § 46 Abs. 1 OWiG i. V. m. § 152 Abs. 2 StPO voraus. [4]Es reicht aus, dass eine Ordnungswidrigkeit aufgrund dieser Erfahrungen nahe liegt.

Es ist nicht zu prüfen, ob eine mögliche Ordnungswidrigkeit i. S. d. § 56 Abs. 1 GwG im Zeitpunkt der beabsichtigten Mitteilung bereits verjährt sein könnte (vgl. den zu § 4 Abs. 5 Nr. 10 Satz 3 EStG ergangenen BFH-Beschluss vom 14.7.2008, VII B 92/08, BStBl II S. 850).

3.2. [1]Tatsachen, die darauf schließen lassen, dass die Voraussetzungen für das Treffen von Maßnahmen und Anordnungen nach § 51 Abs. 2 GwG gegenüber Verpflichteten i. S. d. § 2 Abs. 1 Nrn. 13 bis 16 GwG gegeben sind, sind der zuständigen Aufsichtsbehörde nach § 31b Abs. 3 Nr. 2 AO unverzüglich mitzuteilen (zur zuständigen Aufsichtsbehörde siehe § 50 GwG). [2]Nr. 3.1 Abs. 2 des AEAO zu § 31b gilt entsprechend; die Anhaltspunkte müssen es als hinreichend sicher erscheinen lassen, dass aufsichtsrechtliche Maßnahmen geboten sind.

Beispiele für gebotene aufsichtsrechtliche Maßnahmen:
- Gewerbeuntersagung nach § 51 Abs. 5 GwG,
- Anordnung zur Schaffung interner Sicherungsmaßnahmen und/oder die Bestellung eines Geldwäschebeauftragten etwa bei Güterhändlern nach §§ 6 und 7 GwG oder
- Anordnung und Durchführung von Prüfungen zur Einhaltung der gesetzlichen Anforderungen.

4. Verbot der Informationsweitergabe

4.1. [1]Soweit nichts anderes bestimmt ist, dürfen Finanzbehörden, die Kenntnis von einer nach § 43 Abs. 1 GwG abgegebenen Meldung eines Verpflichteten erlangt haben, diese Informationen nach § 47 Abs. 3 Satz 1 GwG nicht weitergeben an

– den Vertragspartner des Verpflichteten,
– den Auftraggeber der Transaktion,
– den wirtschaftlich Berechtigten,
– eine Person, die von einer der vorgenannten Personen als Vertreter oder Bote eingesetzt worden ist, und
– den Rechtsbeistand, der von einer der vorgenannten Personen mandatiert worden ist.

[2]Eine Weitergabe dieser Informationen an diese Personen ist nur zulässig, wenn die FIU vorher ihr Einverständnis erklärt hat (§ 47 Abs. 3 Satz 2 GwG).

4.2. Gleiches gilt hinsichtlich der Mitteilungen der Finanzbehörden an die FIU nach § 31b Abs. 1 Nr. 5 oder Abs. 2 AO (§ 31b Abs. 4 AO) sowie für Meldungen an andere Stellen nach § 31b Abs. 1 oder 3 AO.

4.3. [1]Dessen ungeachtet dürfen Mitteilungen und Aufzeichnungen nach § 32 Abs. 6 GwG für Besteuerungsverfahren und Strafverfahren wegen Steuerstraftaten verwendet werden. [2]Hierbei ist möglichst sicherzustellen, dass der Zweck des durch die Strafverfolgungsbehörden eingeleiteten Ermittlungsverfahrens wegen außersteuerlicher Straftaten nicht gefährdet wird. [3]Eine Gefährdung des Ermittlungsverfahrens ist insbesondere nicht anzunehmen, wenn die Strafverfolgungsbehörde ihr Verfahren bereits nach § 170 Abs. 2 StPO eingestellt hat, die Verfahrenseinleitung dem Betroffenen bereits bekannt ist oder bereits Anklage erhoben wurde. [4]Im Zweifel ist eine Abstimmung mit der zuständigen Strafverfolgungsbehörde vorzunehmen.

5. Rückmeldungen der Finanzämter an die FIU

[1]Hat die FIU einer Finanzbehörde einen Sachverhalt mitgeteilt, hat die Finanzbehörde die FIU nach § 42 Abs. 2 Satz 1 GwG über die abschließende Verwendung der bereitgestellten Informationen und über die Ergebnisse der Maßnahmen, die auf Grundlage der von der FIU bereitgestellten Informationen durchgeführt wurden, zu informieren. [2]Das Steuergeheimnis steht dem nicht entgegen (§ 42 Abs. 2 Satz 2 GwG).

AEAO zu § 32 – Haftungsbeschränkung für Amtsträger:

[1]Die Vorschrift enthält keine selbständige Haftungsgrundlage; sie schränkt vielmehr die sich aus anderen Bestimmungen ergebende Haftung für Amtsträger ein. [2]Disziplinarmaßnahmen sind keine Strafen i. S. d. Vorschrift.

AEAO zu § 33 – Steuerpflichtiger:

1. Zu den Pflichten, die nach § 33 Abs. 1 AO den Steuerpflichtigen auferlegt werden, gehören: Eine Steuer als Steuerschuldner, Haftender oder für Rechnung eines anderen (§ 43 AO) zu entrichten, die Verpflichtung zur Abgabe einer Steuererklärung (§ 149 AO), zur Mitwirkung und Auskunft in eigener Steuersache (§§ 90, 93, 200 AO), zur Führung von Büchern und Aufzeichnungen (§§ 140 ff. AO), zur ordnungsgemäßen Kontenführung (§ 154 AO) oder zur Sicherheitsleistung (§ 241 AO).

2. [1]Nicht unter den Begriff des Steuerpflichtigen fällt (§ 33 Abs. 2 AO), wer in einer für ihn fremden Steuersache tätig wird oder werden soll. [2]Das sind neben Bevollmächtigten und Beiständen (§§ 80, 123, 183 AO) diejenigen, die Auskunft zu erteilen (§ 93 AO), Urkunden (§ 97 AO) oder Wertsachen (§ 100

AO) vorzulegen, Sachverständigengutachten zu erstatten (§ 96 AO) oder das Betreten von Grundstücken oder Räumen zu gestatten (§ 99 AO) oder Steuern aufgrund vertraglicher Verpflichtung zu entrichten haben (§ 192 AO).

3. Unter Steuergesetzen sind alle Gesetze zu verstehen, die steuerrechtliche Vorschriften enthalten, auch wenn diese nur einen Teil des Gesetzes umfassen.

AEAO zu § 34 – Pflichten der gesetzlichen Vertreter und der Vermögensverwalter:

1. [1] Die gesetzlichen Vertreter natürlicher und juristischer Personen, die Geschäftsführer nichtrechtsfähiger Personenvereinigungen oder Vermögensmassen (§ 34 Abs. 1 AO) sowie die Vermögensverwalter im Rahmen ihrer Verwaltungsbefugnis (§ 34 Abs. 3 AO) treten in ein unmittelbares Pflichtenverhältnis zur Finanzbehörde. [2] Sie haben alle Pflichten zu erfüllen, die den von ihnen Vertretenen auferlegt sind. [3] Dazu gehören z. B. die Buchführungs-, Erklärungs-, Mitwirkungs- oder Auskunftspflichten (§§ 140 ff., 90, 93 AO), die Verpflichtung, Steuern zu zahlen[1)] und die Vollstreckung in dieses Vermögen zu dulden (§ 77 AO).

2. [1] Hat eine nichtrechtsfähige Personenvereinigung oder Vermögensmasse keinen Geschäftsführer, so kann sich die Finanzbehörde unmittelbar an jedes Mitglied oder an jeden Gesellschafter halten, ohne dass vorher in jedem Fall eine Aufforderung zur Bestellung von Bevollmächtigten ergehen muss. [2] Die Finanzbehörde kann auch mehrere Mitglieder (Gesellschafter) zugleich zur Pflichterfüllung auffordern.

3. [1] Hat eine GmbH keinen Geschäftsführer (führungslose GmbH) und befindet sie sich nicht in Liquidation oder im Insolvenzverfahren, wird die Gesellschaft für den Fall, dass ihr gegenüber Willenserklärungen abgegeben oder Schriftstücke zugestellt werden, nach § 35 Abs. 1 GmbHG durch die Gesellschafter vertreten. [2] Hat eine AG keinen Vorstand (führungslose AG) und befindet sie sich nicht in Liquidation oder im Insolvenzverfahren, wird die Gesellschaft für den Fall, dass ihr gegenüber Willenserklärungen abgegeben oder Schriftstücke zugestellt werden, nach § 78 Abs. 1 AktG durch den Aufsichtsrat vertreten. [3] Diese Vertretung gilt auch für die Bekanntgabe von Steuerverwaltungsakten (vgl. AEAO zu § 122, Nr. 2.8.1).

[1] Die besonderen Vertreter einer führungslosen GmbH oder AG sind allerdings nur Passivvertreter und dürfen grundsätzlich keine aktiven Handlungen vornehmen. [2] Daher liegt keine umfassende gesetzliche Vertretung der Gesellschaft i. S. d. § 34 Abs. 1 AO vor. [3] Sobald aktive Handlungen der Gesellschaft – wie z. B. die Begleichung einer Steuerschuld – erforderlich sind, müssen die besonderen Vertreter einen Geschäftsführer bzw. Vorstand bestellen. [4] Gegebenenfalls kann die Finanzbehörde beim Registergericht auch die Bestellung eines Notgeschäftsführers beantragen. [5] Von dieser Möglichkeit sollte aber nur Gebrauch gemacht werden, wenn kein Verfügungsberechtigter i. S. d. § 35 AO vorhanden ist (vgl. AEAO zu § 35, Nr. 1), die Gesellschaft nicht vermögenslos ist und auch künftig Steuerverwaltungsakte gegenüber der Gesellschaft zu vollziehen sind. [6] Das Amt des Notgeschäftsführers endet mit der Bestellung des ordentlichen Geschäftsführers, der Erledigung der dem Notgeschäftsführer

[1)] Steuern begründen in der vorläufigen Eigenverwaltung keine Masseverbindlichkeiten; siehe BGH v. 22.11.2018 IX ZR 167/16, NJW 2019, 224.

zugewiesenen Aufgabe oder mit der Abberufung durch das bestellende Gericht. [7]Zur Inanspruchnahme des bisherigen Geschäftsführers als Haftungsschuldner vgl. AEAO zu § 69.

4. [1]Wegen der steuerlichen Pflichten des Insolvenzverwalters und des „starken" vorläufigen Insolvenzverwalters, wenn dem Schuldner ein allgemeines Verfügungsverbot auferlegt worden ist (§ 22 Abs. 1 InsO), vgl. AEAO zu § 34, Nr. 1. [2]Wegen der verfahrensrechtlichen Stellung des Insolvenzverwalters vgl. im Übrigen AEAO zu § 251, Nr. 4.2.

AEAO zu § 35 – Pflichten des Verfügungsberechtigten:

1. [1]Tatsächlich verfügungsberechtigt ist derjenige, der wirtschaftlich über Mittel, die einem anderen gehören, verfügen kann. [2]Dies kann auch der Alleingesellschafter einer GmbH ohne Geschäftsführer sein (BFH-Urteil vom 27.11.1990, VII R 20/89, BStBl. 1991 II S. 284; vgl. AEAO zu § 34, Nr. 3).

2. [1]Rechtlich ist zur Erfüllung von Pflichten in der Lage, wer im Außenverhältnis rechtswirksam handeln kann. [2]Auf etwaige Beschränkungen im Innenverhältnis (Auftrag, Vollmacht) kommt es nicht an. [3]Bevollmächtigte werden von dieser Bestimmung nur betroffen, wenn sie tatsächlich und rechtlich verfügungsberechtigt sind.

3. [1]Der Sicherungsnehmer einer Sicherungsübereignung oder Sicherungsabtretung ist grundsätzlich kein Verfügungsberechtigter i. S. d. Vorschrift, da er im Regelfall zur Verwertung des Sicherungsgutes lediglich zum Zweck seiner Befriedigung befugt und insoweit einem Pfandrechtsgläubiger vergleichbar ist. [2]Im Einzelfall kann jedoch die Rechtsstellung des Sicherungsnehmers weitergehen, wenn er sich z. B. eigene Mitsprache- oder Verfügungsrechte im Betrieb des Sicherungsgebers vorbehalten hat, so dass er auch wirtschaftlich über die Mittel des Sicherungsgebers verfügen kann. [3]Das kann dann der Fall sein, wenn sich ein Gläubiger zur Sicherstellung seiner Ansprüche die gesamten Kundenforderungen mit dem Recht zur Einziehung abtreten lässt und aus diesen Forderungen nur diejenigen Mittel frei gibt, die er zur Unternehmensfortführung des Sicherungsgebers für erforderlich hält.

AEAO zu § 36 – Erlöschen der Vertretungsmacht:

[1]Auch nach dem Erlöschen der Vertretungs- oder Verfügungsmacht, gleichgültig worauf dies beruht, hat der gesetzliche Vertreter, Vermögensverwalter oder Verfügungsberechtigte die nach §§ 34 und 35 AO bestehenden Pflichten zu erfüllen, soweit sie vor dem Erlöschen entstanden sind und er zur Erfüllung noch in der Lage ist. [2]Daraus ergibt sich u. a., dass sich der zur Auskunft für einen Beteiligten Verpflichtete nach dem Erlöschen der Vertretungs- oder Verfügungsmacht nicht auf ein evtl. Auskunftsverweigerungsrecht (§§ 101, 103, 104 AO) berufen kann. [3]Auch entsteht kein Entschädigungsanspruch (§ 107 AO).

AEAO zu § 37 – Ansprüche aus dem Steuerschuldverhältnis:

Inhaltsübersicht

1. Ansprüche aus dem Steuerschuldverhältnis (§ 37 Abs. 1 AO)
2. Erstattungsanspruch nach § 37 Abs. 2 AO
2.1. Rückforderungsanspruch des Finanzamts

2.2. Erstattungsanspruch des Steuerpflichtigen
2.2.1. Allgemeines
2.2.2. Erstattungsanspruch bei Gesamtschuldnern
2.3. Erstattungsanspruch bei der Einkommensteuer

1. Ansprüche aus dem Steuerschuldverhältnis (§ 37 Abs. 1 AO)

[1] § 37 Abs. 1 AO enthält eine abschließende Aufzählung der Ansprüche aus dem Steuerschuldverhältnis. [2] Die Ansprüche aus Strafen und Geldbußen gehören nicht zu den Ansprüchen aus dem Steuerschuldverhältnis.

2. Erstattungsanspruch nach § 37 Abs. 2 AO

[1] § 37 Abs. 2 AO enthält eine allgemeine Umschreibung des öffentlich-rechtlichen Erstattungsanspruchs, der einem Steuerpflichtigen oder Steuergläubiger dadurch erwächst, dass eine Leistung aus dem Steuerschuldverhältnis ohne rechtlichen Grund erfolgt ist oder der Grund hierfür später wegfällt. [2] Eine Zahlung ist ohne rechtlichen Grund geleistet, wenn sie den materiell-rechtlichen Anspruch übersteigt (BFH-Urteile vom 6.2.1996, VII R 50/95, BStBl. 1997 II S. 112, und vom 15.10.1997, II R 56/94, BStBl. II S. 796). [3] § 37 Abs. 2 Satz 1 AO gilt sowohl für den Erstattungsanspruch des Steuerpflichtigen gegen das Finanzamt als auch für den umgekehrten Fall der Rückforderung einer an den Steuerpflichtigen oder einen Dritten rechtsgrundlos geleisteten Steuererstattung durch das Finanzamt (vgl. BFH-Urteil vom 22.3.2011, VII R 42/10, BStBl. II S. 607).

[1] Ein nach materiellem Recht bestehender Erstattungsanspruch kann allerdings nur durchgesetzt werden, wenn ein entgegenstehender Verwaltungsakt i. S. d. § 218 Abs. 1 AO aufgehoben oder geändert worden ist; maßgebend ist bei mehrfacher Änderung der letzte Verwaltungsakt (BFH-Urteil vom 6.2.1996, VII R 50/95, a. a. O.). [2] Im Übrigen vgl. AEAO zu § 218.

2.1. Rückforderungsanspruch des Finanzamts

[1] Schuldner eines abgabenrechtlichen Rückforderungsanspruchs (Erstattungsverpflichteter) ist derjenige, zu dessen Gunsten erkennbar die Zahlung geleistet wurde (Leistungsempfänger), die zurückverlangt wird. [2] In der Regel ist dies derjenige, demgegenüber die Finanzbehörde ihre – vermeintliche oder tatsächlich bestehende – abgabenrechtliche Verpflichtung erfüllen will.

Der Empfänger der Steuererstattung oder Steuervergütung (Zahlungsempfänger) ist aber nicht in allen Fällen auch der Leistungsempfänger.

[1] War ein Dritter tatsächlicher Empfänger einer Zahlung, ist er dann nicht Leistungsempfänger, wenn er lediglich als Zahlstelle, unmittelbarer Vertreter oder Bote für den Erstattungsberechtigten (vgl. AEAO zu § 37, Nr. 2.2) aufgetreten bzw. von diesem benannt worden ist oder das Finanzamt an ihn aufgrund einer Zahlungsanweisung des Erstattungsberechtigten eine Steuererstattung ausgezahlt hat (BFH-Urteil vom 6.12.1988, VII R 206/83, BStBl. 1989 II S. 223). [2] Denn in einem solchen Fall will das Finanzamt erkennbar nicht mit befreiender Wirkung zu dessen Gunsten leisten, sondern es erbringt seine Leistung mit dem Willen, eine Forderung des steuerlichen Rechtsinhabers zu erfüllen (vgl. BFH-Urteil vom 22.8.1980, VI R 102/77, BStBl. 1981 II S. 44). [3] Mithin ist nicht der Zahlungsempfänger, sondern der nach materiellem Steuerrecht Erstattungsberechtigte als Leistungsempfänger i. S. d. § 37 Abs. 2 AO anzusehen (BFH-Beschluss vom 8.4.1986, VII B 128/85, BStBl. II S. 511).

Ungeachtet des Willens des Finanzamts, an den Rechtsinhaber der Erstattungsforderung eine Leistung zu erbringen, ist aber der tatsächliche Empfänger der Zahlung des Finanzamts in folgenden Fällen Leistungsempfänger und Schuldner des Rückforderungsanspruchs, weil insoweit keine Leistung mit befreiender Wirkung gegenüber dem Erstattungsberechtigten erfolgt ist:

- Ein vermeintlicher Bote, Vertreter oder Bevollmächtigter nimmt Erstattungszahlungen des Finanzamts entgegen, obwohl keine Weisung oder Vollmacht des Erstattungsberechtigten besteht (vgl. BFH-Beschluss vom 27.4.1998, VII B 296/97, BStBl. II S. 499).
- Das Finanzamt nimmt an einen am Steuerschuldverhältnis nicht beteiligten Dritten eine Zahlung in der irrigen Annahme vor, er sei von dem Erstattungsberechtigten ermächtigt, für diesen Zahlungen entgegenzunehmen, in Wahrheit besteht jedoch eine diesbezügliche Rechtsbeziehung zwischen dem Zahlungsempfänger und dem Erstattungsberechtigten nicht.
- Das Finanzamt leistet ohne rechtlichen Grund an einen Dritten, weil es sich beispielsweise über die Person des Erstattungsberechtigten irrt oder den Erstattungsbetrag auf ein Bankkonto überweist, dessen Inhaber nicht der Erstattungsberechtigte, sondern der Dritte ist.

[1]Hat das Finanzamt eine Überweisung an das vom Steuerpflichtigen benannte Konto bei dem von ihm genannten Kreditinstitut gerichtet, ist der Steuerpflichtige Leistungsempfänger und damit im Fall einer Rückforderung Rückgewährschuldner. [2]Dabei ist unbeachtlich, wie das Kreditinstitut mit dem in Empfang genommenen Betrag verfahren ist (vgl. BFH-Urteil vom 18.9.2012, VII R 53/11, BStBl. 2013 II S. 270).

Ein Kreditinstitut ist nämlich auch dann nur Zahlstelle und nicht Leistungsempfänger i. S. d. § 37 Abs. 2 AO, wenn es den vom Finanzamt an den Steuerpflichtigen überwiesenen Betrag auf ein bereits gekündigtes, aber noch nicht abgerechnetes Girokonto des Steuerpflichtigen oder ein internes Zwischenkonto verbucht und nach Rechnungsabschluss an den früheren Kontoinhaber bzw. dessen Insolvenzverwalter ausgezahlt oder den Überweisungsbetrag mit einem fortbestehenden Schuldensaldo auf dem betreffenden Konto verrechnet hat.

[1]Das Kreditinstitut ist auch dann nicht zur Rückzahlung des vom Finanzamt überwiesenen Betrages verpflichtet, wenn der Steuerpflichtige dem Finanzamt für die Überweisung ein anderes Konto benannt hatte (vgl. BFH-Urteile vom 10.11.2009, VII R 6/09, BStBl. 2010 II S. 255, und vom 22.11.2011, VII R 27/11, BStBl. 2012 II S. 167). [2]Die Zahlung auf das unzutreffende Konto hat gegenüber dem Steuerpflichtigen zwar – anders, als wenn der Steuerpflichtige dem Finanzamt eine Kontoänderung nicht mitgeteilt hat (BFH-Urteil vom 10.11.1987, VII R 171/84, BStBl. 1988 II S. 41) – unmittelbar keine Erfüllungswirkung. [3]Das Finanzamt kann aber mit seinem Rückforderungsanspruch nach § 37 Abs. 2 Satz 1 AO (gegen den Steuerpflichtigen als Leistungsempfänger) gegen den Anspruch auf erneute Zahlung aufrechnen und Letzteren somit zum Erlöschen bringen.

Zur Rückforderung von während des laufenden Insolvenzverfahrens ohne rechtlichen Grund an den Insolvenzverwalter ausbezahlten Ansprüchen aus dem Steuerschuldverhältnis siehe Nr. 14 des AEAO zu § 251.

2.2. Erstattungsanspruch des Steuerpflichtigen

2.2.1. Allgemeines

[1] Erstattungsberechtigter ist derjenige, auf dessen Rechnung die Zahlung geleistet worden ist, auch wenn tatsächlich ein Dritter die Zahlung geleistet hat. [2] Es kommt nicht darauf an, von wem oder mit wessen Mitteln gezahlt worden ist. [3] Maßgeblich ist vielmehr, wessen Steuerschuld nach dem Willen des Zahlenden, wie er im Zeitpunkt der Zahlung dem Finanzamt erkennbar hervorgetreten ist, getilgt werden sollte (BFH-Urteil vom 30.9.2008, VII R 18/08, BStBl. 2009 II S. 38 m.w.N.). [4] Den Finanzbehörden wird damit nicht zugemutet, im Einzelfall die zivilrechtlichen Beziehungen zwischen dem Steuerschuldner und einem zahlenden Dritten daraufhin zu überprüfen, wer von ihnen – im Innenverhältnis – auf die zu erstattenden Beträge materiellrechtlich einen Anspruch hat (BFH-Urteil vom 25.7.1989, VII R 118/87, BStBl. 1990 II S. 41).

2.2.2. Erstattungsanspruch bei Gesamtschuldnern

[1] Personen, die gem. § 44 AO Gesamtschuldner sind, sind nicht Gesamtgläubiger eines Erstattungsanspruchs nach § 37 Abs. 2 AO (BFH-Urteil vom 19.10.1982, VII R 55/80, BStBl. 1983 II S. 162). [2] Erstattungsberechtigter ist der Gesamtschuldner, auf dessen Rechnung die Zahlung erfolgt ist.

[1] Lässt sich aus den dem Finanzamt bei Zahlung erkennbaren Umständen nicht entnehmen, wessen Steuerschuld der zahlende Gesamtschuldner begleichen wollte, ist grundsätzlich davon auszugehen, dass der Gesamtschuldner nur seine eigene Steuerschuld tilgen wollte (vgl. BFH-Urteil vom 18.2.1997, VII R 117/95, BFH/NV S. 482, m.w.N.). [2] Ist eine Zahlung aber erkennbar für gemeinsame Rechnung der Gesamtschuldner geleistet worden, so sind diese grundsätzlich nach Köpfen erstattungsberechtigt

2.3. Erstattungsanspruch bei der Einkommensteuer

Zu Besonderheiten bei Bestimmung des Einkommensteuer-Erstattungsanspruchs – insbesondere bei Ehegatten oder Lebenspartnern – vgl. BMF-Schreiben vom 14.1.2015, BStBl. I S. 83.

AEAO zu § 38 – Entstehung der Ansprüche aus dem Steuerschuldverhältnis:

1. [1] Der Steueranspruch entsteht in dem Zeitpunkt, in dem der Tatbestand verwirklicht wird, an den das Gesetz eine bestimmte Leistungspflicht knüpft, soweit nicht im Gesetz eine abweichende Regelung getroffen worden ist (z.B. § 36 Abs. 1 EStG, § 30 KStG, § 13 Abs. 1 UStG, § 18 GewStG, § 9 Abs. 2 GrStG, § 9 ErbStG). [2] Das gilt nicht nur für den Steueranspruch, sondern auch für den Steuervergütungsanspruch und den Steuererstattungsanspruch (z.B. zur Lohnsteuer vgl. AEAO zu § 46, Nr. 1). [3] Der auf einem Verlustrücktrag nach § 10d Abs. 1 EStG beruhende Erstattungsanspruch entsteht erst mit Ablauf des Veranlagungszeitraums, in dem der Verlust entstanden ist (BFH-Urteil vom 6.6.2000, VII R 104/98, BStBl. II S. 491). [4] Der Erstattungsanspruch nach § 37 Abs. 2 AO entsteht in dem Zeitpunkt, in dem die den materiellrechtlichen Anspruch aus dem Steuerschuldverhältnis übersteigende Leistung erbracht wurde oder der rechtliche Grund für die Leistung entfallen ist.

2. Von der Entstehung der Ansprüche aus dem Steuerschuldverhältnis zu unterscheiden sind

– die Festsetzung durch Steuerbescheid (§§ 155 ff. AO),
– die Fälligkeit (§ 220 AO) sowie
– die Verwirklichung im Erhebungsverfahren (§§ 218 ff. AO).

AEAO zu § 39 – Zurechnung:

1. [1]§ 39 Abs. 2 Nr. 1 Satz 1 AO definiert den Begriff des wirtschaftlichen Eigentums i. S. d. Rechtsprechung des BFH (z. B. BFH-Urteile vom 12.9.1991, III R 233/90, BStBl. 1992 II S. 182, und vom 11.6.1997, XI R 77/96, BStBl. II S. 774), insbesondere zur ertragsteuerlichen Behandlung von Leasing-Verträgen. [2]Beispiele für die Anwendung des Grundsatzes des § 39 Abs. 2 Nr. 1 Satz 1 AO enthält Satz 2. [3]Der landwirtschaftliche Pächter ist grundsätzlich nicht als wirtschaftlicher Eigentümer zu behandeln.

2. [1]Für die anteilige Zurechnung von Wirtschaftsgütern, die mehreren zur gesamten Hand zustehen, sind die jeweiligen Steuergesetze sowie die allgemeinen gesetzlichen und vertraglichen Regelungen maßgebend. [2]Eine Ermittlung der Anteile erfolgt nur, soweit eine getrennte Zurechnung für die Besteuerung erforderlich ist.

AEAO zu § 41 – Unwirksame Rechtsgeschäfte:

1. [1]Ein unwirksames oder anfechtbares Rechtsgeschäft ist für Zwecke der Besteuerung als gültig zu behandeln, soweit die Beteiligten das wirtschaftliche Ergebnis bestehen lassen. [2]Soweit ausnahmsweise die rückwirkende Aufhebung eines vollzogenen Vertrages steuerlich zu berücksichtigen ist, wird auf die in Einzelsteuergesetzen geregelten Besonderheiten (z. B. § 17 UStG) hingewiesen; zur verfahrensmäßigen Abwicklung Hinweis auf § 175 Abs. 1 Satz 1 Nr. 2 AO.

2. Nach § 41 Abs. 2 AO sind z. B. Scheinarbeitsverhältnisse zwischen Ehegatten/Lebenspartnern oder die Begründung eines Scheinwohnsitzes für die Besteuerung ohne Bedeutung.

3. Beteiligter ist nicht der Beteiligte i. S. d. § 78 AO, sondern der am Vertrag Beteiligte.

AEAO zu § 42 – Missbrauch von rechtlichen Gestaltungsmöglichkeiten:

1. [1]Bei Anwendung des § 42 Abs. 1 Satz 2 AO ist zunächst zu prüfen, ob das im Einzelfall anzuwendende Einzelsteuergesetz für den vorliegenden Sachverhalt eine Regelung enthält, die der Verhinderung von Steuerumgehungen dient. [2]Ob eine Regelung in einem Einzelsteuergesetz der Verhinderung der Steuerumgehung dient, ist nach dem Wortlaut der Regelung und dem Sinnzusammenhang, nach der systematischen Stellung im Gesetz sowie nach der Entstehungsgeschichte der Regelung zu beurteilen.

Liegt danach eine Regelung vor, die der Verhinderung von Steuerumgehungen dient, gilt Folgendes:

– [1]Ist der Tatbestand der Regelung erfüllt, bestimmen sich die Rechtsfolgen allein nach dieser Vorschrift, nicht nach § 42 Abs. 1 Satz 3 i. V. m. Abs. 2

AO. [2]In diesem Fall ist unerheblich, ob auch die Voraussetzungen des § 42 Abs. 2 AO vorliegen.
- [1]Ist der Tatbestand der Regelung dagegen nicht erfüllt, ist in einem weiteren Schritt zu prüfen, ob ein Missbrauch i. S. d. § 42 Abs. 2 AO vorliegt. [2]Allein das Vorliegen einer einzelgesetzlichen Regelung, die der Verhinderung von Steuerumgehungen dient, schließt die Anwendbarkeit des § 42 Abs. 1 Satz 3 i. V. m. Abs. 2 AO damit nicht aus.

2. Sofern ein Missbrauch i. S. d. § 42 Abs. 2 AO vorliegt, entsteht der Steueranspruch bei allen vom Sachverhalt Betroffenen so, wie er bei einer den wirtschaftlichen Vorgängen angemessenen rechtlichen Gestaltung entsteht (§ 42 Abs. 1 Satz 3 AO).

2.1. Ein Missbrauch i. S. d. § 42 Abs. 2 AO liegt vor, wenn
- eine rechtliche Gestaltung gewählt wird, die den wirtschaftlichen Vorgängen nicht angemessen ist,
- die gewählte Gestaltung beim Steuerpflichtigen oder einem Dritten im Vergleich zu einer angemessenen Gestaltung zu einem Steuervorteil führt,
- dieser Steuervorteil gesetzlich nicht vorgesehen ist und
- der Steuerpflichtige für die von ihm gewählte Gestaltung keine außersteuerlichen Gründe nachweist, die nach dem Gesamtbild der Verhältnisse beachtlich sind.

2.2. [1]Ob eine rechtliche Gestaltung unangemessen ist, ist für jede Steuerart gesondert nach den Wertungen des Gesetzgebers, die den jeweiligen maßgeblichen steuerrechtlichen Vorschriften zugrunde liegen, zu beurteilen. [2]Das Bestreben, Steuern zu sparen, macht für sich allein eine Gestaltung noch nicht unangemessen. [3]Eine Gestaltung ist aber insbesondere dann auf ihre Angemessenheit zu prüfen, wenn sie ohne Berücksichtigung der beabsichtigten steuerlichen Effekte unwirtschaftlich, umständlich, kompliziert, schwerfällig, gekünstelt, überflüssig, ineffektiv oder widersinnig erscheint. [4]Die Ungewöhnlichkeit einer Gestaltung begründet allein noch keine Unangemessenheit.

Indizien für die Unangemessenheit einer Gestaltung sind zum Beispiel:
- die Gestaltung wäre von einem verständigen Dritten in Anbetracht des wirtschaftlichen Sachverhalts und der wirtschaftlichen Zielsetzung ohne den Steuervorteil nicht gewählt worden;
- die Vor- oder Zwischenschaltung von Angehörigen oder anderen nahe stehenden Personen oder Gesellschaften war rein steuerlich motiviert;
- die Verlagerung oder Übertragung von Einkünften oder Wirtschaftsgütern auf andere Rechtsträger war rein steuerlich motiviert.

Bei einer grenzüberschreitenden Gestaltung ist nach der Rechtsprechung des EuGH (vgl. z. B. Urteil vom 12.9.2006, Rs. C-196/04, EuGHE I S. 7995)[1)] Unangemessenheit insbesondere dann anzunehmen, wenn die gewählte Gestaltung rein künstlich ist und nur dazu dient, die Steuerentstehung im Inland zu umgehen.

2.3. [1]Bei der Prüfung, ob die gewählte Gestaltung zu Steuervorteilen führt, sind die steuerlichen Auswirkungen der gewählten Gestaltung mit der hypo-

---

1) DStR 2006, 1686.

thetischen steuerlichen Auswirkung einer angemessenen Gestaltung zu vergleichen. [2]Dabei sind auch solche Steuervorteile zu berücksichtigen, die nicht beim handelnden Steuerpflichtigen selbst, sondern bei Dritten eintreten. [3]Dritte i. S. d. § 42 Abs. 2 Satz 1 AO sind nur solche Personen, die in einer gewissen Nähe zum Steuerpflichtigen stehen. [4]Dies ist insbesondere dann anzunehmen, wenn die Beteiligten Angehörige des Steuerpflichtigen i. S. d. § 15 AO oder persönlich oder wirtschaftlich mit ihm verbunden sind (z. B. nahe stehende Personen i. S. v. H 8.5 KStH 2015[1)] oder § 1 Abs. 2 AStG).

2.4. [1]Der in § 42 Abs. 2 AO verwendete Begriff des „gesetzlich nicht vorgesehenen Steuervorteils" ist nicht deckungsgleich mit dem „nicht gerechtfertigten Steuervorteil" i. S. d. § 370 Abs. 1 AO. [2]Steuervorteile i. S. d. § 42 Abs. 2 AO sind daher nicht nur Steuervergütungen oder Steuererstattungen, sondern auch geringere Steueransprüche.

2.5. Der durch die gewählte Gestaltung begründete Steuervorteil ist insbesondere dann gesetzlich vorgesehen, wenn der Tatbestand einer Norm erfüllt ist, mit der der Gesetzgeber ein bestimmtes Verhalten durch steuerliche Anreize fördern wollte.

2.6. [1]§ 42 Abs. 2 Satz 2 AO eröffnet dem Steuerpflichtigen die Möglichkeit, die bei Vorliegen des Tatbestands des § 42 Abs. 2 Satz 1 AO begründete Annahme eines Missbrauchs durch Nachweis außersteuerlicher Gründe zu entkräften. [2]Die vom Steuerpflichtigen nachgewiesenen außersteuerlichen Gründe müssen allerdings nach dem Gesamtbild der Verhältnisse beachtlich sein. [3]Sind die nachgewiesenen außersteuerlichen Gründe nach dem Gesamtbild der Verhältnisse im Vergleich zum Ausmaß der Unangemessenheit der Gestaltung und den vom Gesetzgeber nicht vorgesehenen Steuervorteilen nicht wesentlich oder sogar nur von untergeordneter Bedeutung, sind sie nicht beachtlich. [4]In diesem Fall bleibt es bei der Annahme eines Missbrauchs nach § 42 Abs. 2 Satz 1 AO.

2.7. Die – nur für Körperschaften geltenden – Mindeststandards der Richtlinie (EU) 2016/1164 vom 12.7.2016 (ABl. L 193 vom 19.7.2016, S. 1–14) werden durch § 42 AO national erfüllt.

3. [1]Ein Missbrauch von rechtlichen Gestaltungsmöglichkeiten nach § 42 AO ist als solcher nicht strafbar. [2]Eine leichtfertige Steuerverkürzung oder eine Steuerhinterziehung kann aber vorliegen, wenn der Steuerpflichtige pflichtwidrig unrichtige oder unvollständige Angaben macht, um das Vorliegen einer Steuerumgehung zu verschleiern.

4. [1]§ 42 AO in der Fassung des Jahressteuergesetzes 2008 ist ab dem 1.1.2008 für Kalenderjahre, die nach dem 31.12.2007 beginnen, anzuwenden. [2]Für Kalenderjahre, die vor dem 1.1.2008 liegen, ist § 42 AO in der am 28.12.2007 geltenden Fassung weiterhin anzuwenden.

AEAO zu § 44 – Gesamtschuldner:

Zur Steuerfestsetzung bei Gesamtschuldnern wird auf § 122 Abs. 6 und 7 AO, § 155 Abs. 3 AO hingewiesen, zur Inanspruchnahme eines Haftungs-

---

1) Nr. **100**.

schuldners auf § 219 AO, wegen der Vollstreckung gegen Gesamtschuldner auf § 342 Abs. 2 AO, wegen einer Beschränkung der Vollstreckung in den Fällen der Zusammenveranlagung auf §§ 268 bis 280 AO, wegen der Erstattung an Gesamtschuldner vgl. AEAO zu § 37, Nr. 2.2.2 und 2.3.

AEAO zu § 45 – Gesamtrechtsnachfolge:

1. [1]Ob eine Gesamtrechtsnachfolge (der gesetzlich angeordnete Übergang des Vermögens) i. S. d. § 45 Abs. 1 AO vorliegt, ist grundsätzlich nach dem Zivilrecht zu beurteilen. [2]Eine Gesamtrechtsnachfolge i. S. d. § 45 Abs. 1 liegt daher beispielsweise vor in Fällen der Erbfolge (§ 1922 Abs. 1 BGB), der Anwachsung des Anteils am Gesellschaftsvermögen bei Ausscheiden eines Gesellschafters (§ 738 Abs. 1 Satz 1 BGB; BFH-Urteile vom 28.4.1965, II 9/62 U, BStBl. III S. 422, und vom 18.9.1980, V R 175/74, BStBl. 1981 II S. 293), der Verschmelzung von Gesellschaften (§ 1 Abs. 1 Nr. 1, §§ 2 ff. UmwG) und der Vermögensübertragung im Wege der Vollübertragung (§ 1 Abs. 1 Nr. 3, § 174 Abs. 1, §§ 175, 176, 178, 180 ff. UmwG). [3]Abweichend von der zivilrechtlichen Betrachtung gilt aber in den vorgenannten Fällen der Anwachsung, der Verschmelzung und der Vermögensübertragung im Wege der Vollübertragung § 45 Abs. 1 AO nicht in Bezug auf die gesonderte und einheitliche Feststellung von Besteuerungsgrundlagen; zur Pflicht, eine Außenprüfung als Gesamtrechtsnachfolger zu dulden, vgl. aber AEAO zu § 197, Nr. 5.7.3.

2. [1]Ungeachtet der Anwendung der §§ 15, 16 und 20 ff. UmwStG liegt eine Gesamtrechtsnachfolge i. S. d. § 45 Abs. 1 AO nicht vor in Fällen einer Abspaltung oder Ausgliederung (§ 1 Abs. 1 Nr. 2, §§ 123 ff. UmwG; BFH-Urteile vom 7.8.2002, I R 99/00, BStBl. 2003 II S. 835, und vom 5.11.2009, IV R 29/08, HFR 2010, S. 233)[1)] sowie einer Vermögensübertragung im Wege der Teilübertragung (§ 1 Abs. 1 Nr. 3, § 174 Abs. 2, §§ 175, 177, 179, 184 ff., 189 UmwG). [2]In den Fällen einer Aufspaltung (§ 1 Abs. 1 Nr. 2, § 123 Abs. 1 UmwG) ist jedoch § 45 Abs. 1 AO sinngemäß anzuwenden; dies gilt nicht in Bezug auf die gesonderte und einheitliche Feststellung von Besteuerungsgrundlagen.

3. [1]Eine formwechselnde Umwandlung (§ 1 Abs. 1 Nr. 4, §§ 190 ff. UmwG) führt grundsätzlich nicht zu einer Gesamtrechtsnachfolge i. S. d. § 45 Abs. 1 AO, da lediglich ein Wechsel der Rechtsform eines Rechtsträgers unter Wahrung seiner rechtlichen Identität vorliegt (§ 202 Abs. 1 Nr. 1 UmwG). [2]Ändert sich aber durch den Formwechsel das Steuersubjekt (z. B. in Fällen der Umwandlung einer Personengesellschaft in eine Kapitalgesellschaft oder der Umwandlung einer Kapitalgesellschaft in eine Personengesellschaft), ist § 45 Abs. 1 AO sinngemäß anzuwenden.

4. [1]Zur Bekanntgabe von Steuerverwaltungsakten in Fällen einer Gesamtrechtsnachfolge sowie bei Abspaltung, Ausgliederung oder Vermögensübertragung im Wege der Teilübertragung vgl. AEAO zu § 122, Nrn. 2.12, 2.15 und 2.16 sowie AEAO zu § 197, Nrn. 8 und 9. [2]Zu den ertragsteuerlichen Auswirkungen einer Umwandlung oder Einbringung vgl. BMF-Schreiben vom 11.11.2011, BStBl. I S. 1314.

---

1) DStR 2010, 110.

AEAO zu § 46 – Abtretung, Verpfändung, Pfändung:

1. [1]Der Gläubiger kann die Abtretung oder Verpfändung der zuständigen Finanzbehörde wirksam nur nach Entstehung des Anspruchs anzeigen. [2]Die Anzeige wirkt nicht auf den Zeitpunkt des Abtretungs- oder Verpfändungsvertrages zurück. [3]Vor Entstehung des Steueranspruchs sind Pfändungen wirkungslos; sie werden auch nicht mit Entstehung des Anspruchs wirksam. [4]Da z. B. der Einkommensteuererstattungsanspruch aus überzahlter Lohnsteuer grundsätzlich mit Ablauf des für die Steuerfestsetzung maßgebenden Erhebungszeitraums entsteht (§ 38 AO i. V. m. § 36 Abs. 1 EStG), sind während des betreffenden Erhebungszeitraums (bis 31.12.) angezeigte Lohnsteuer-Abtretungen bzw. Verpfändungen oder ausgebrachte Pfändungen wirkungslos. [5]Ein auf einem Verlustrücktrag nach § 10d Abs. 1 EStG beruhender Erstattungsanspruch ist nur dann wirksam abgetreten, gepfändet oder verpfändet, wenn die Abtretung, Verpfändung oder Pfändung erst nach Ablauf des Verlustentstehungsjahres angezeigt bzw. ausgebracht worden ist (vgl. AEAO zu § 38, Nr. 1 Satz 3). [6]Der Anspruch auf Erstattungszinsen nach § 233a AO entsteht erst, wenn eine Steuerfestsetzung zu einer Steuererstattung führt und die übrigen Voraussetzungen des § 233a AO in diesem Zeitpunkt erfüllt sind. [7]Eine vor der Steuerfestsetzung angezeigte Abtretung des Anspruchs auf Erstattungszinsen ist unwirksam (BFH-Urteil vom 14.5.2002, VII R 6/01, BStBl. II S. 677).

2. Der geschäftsmäßige Erwerb und die geschäftsmäßige Einziehung von Erstattungs- oder Vergütungsansprüchen ist nach § 46 Abs. 4 AO nur bei Sicherungsabtretungen und dabei auch nur Bankunternehmen gestattet (BFH-Urteil vom 23.10.1985, VII R 196/82, BStBl. 1986 II S. 124).

2.1. [1]Geschäftsmäßig i. S. v. § 46 Abs. 4 AO handelt, wer die Tätigkeit – Erwerb von Erstattungs- oder Vergütungsansprüchen – selbständig und in Wiederholungsabsicht ausübt. [2]Dafür getroffene organisatorische Vorkehrungen indizieren die Wiederholungsabsicht, sie sind indes für deren Annahme keine notwendige Voraussetzung (vgl. BFH-Urteil vom 13.10.1994, VII R 3/94, BFH/NV 1995 S. 473). [3]Eine entscheidende Rolle bei der Beurteilung der Geschäftsmäßigkeit kann die Zahl der Erwerbsfälle und der Zeitraum ihres Vorkommens spielen.

[1]Allgemeine Festlegungen oder Beurteilungsmaßstäbe lassen sich hierzu aber nicht aufstellen; insoweit kommt es immer auf die Verhältnisse des Einzelfalls an (vgl. u. a. BFH-Urteile vom 13.10.1994, VII R 3/94, a. a. O., und vom 4.2.2005, VII R 54/04, BStBl. II 2006 S. 348, jeweils m. w. N.). [2]Für die Annahme der Geschäftsmäßigkeit reicht es indes nicht aus, dass die – vereinzelte – Abtretung im Rahmen eines Handelsgeschäfts vorgenommen wurde.

2.2. [1]Die Abtretung eines Erstattungs- oder Vergütungsanspruchs erfolgt nur dann zur bloßen Sicherung, wenn für beide Beteiligten der Sicherungszweck im Vordergrund steht. [2]Eine Sicherungsabtretung ist daher grundsätzlich dadurch gekennzeichnet, dass der Abtretungsempfänger die Forderung nicht behalten darf. [3]Er soll sie nur vorübergehend für den Abtretenden als Sicherheit für einen Anspruch gegen den Abtretenden innehaben.

[1]Deshalb kann eine Sicherungsabtretung regelmäßig nur dann vorliegen, wenn der Inhaber des Pfandrechts bei Fälligkeit seines Anspruchs zunächst

versuchen muss, Befriedigung aus seinem Anspruch selbst zu suchen. [2]Erst wenn dies nicht gelingt, darf er auf die Sicherheit zurückgreifen. [3]Eine Abtretung zur Sicherung ist dagegen nicht gegeben, wenn der Abtretende seine Einwirkungsmöglichkeiten auf die abgetretene Forderung weitgehend aufgibt (vgl. BFH-Urteil vom 3.2.1984, VII R 72/82, BStBl. II S. 411).

[1]Haben Abtretender und Abtretungsempfänger eine direkte Begleichung der Forderung des Abtretungsempfängers durch die Finanzbehörde vereinbart, liegt eine Sicherungsabtretung nur vor, wenn der Sicherungszweck in einem solchen Maß überwiegt, dass andere Beweggründe für die gewählte rechtliche Gestaltung ausscheiden. [2]Die gesamten Umstände des Einzelfalles, unter denen die Geschäftsbeziehung begründet worden ist, sind für die Beurteilung heranzuziehen (vgl. BFH-Urteil vom 21.2.1989, VII R 7/86, BFH/NV S. 555 m. w. N.).

2.3. [1]Eine Sicherungsabtretung liegt nicht vor, wenn der Abtretende den Abtretungsempfänger ermächtigt hat, einen Steuerberater oder Lohnsteuerhilfeverein mit der Einlegung von Rechtsbehelfen zu beauftragen und den Anspruch gegen den Steuerberater bzw. Lohnsteuerhilfeverein auf Herausgabe der Steuerunterlagen an den Abtretungsempfänger ebenfalls abgetreten hat (vgl. BFH-Urteil vom 21.2.1989, VII R 7/86, a. a. O.). [2]Gegen eine Sicherungsabtretung kann z. B. auch sprechen, dass der Abtretende im Zeitpunkt der Abtretung arbeitslos ist und der Abtretungsempfänger nicht mit einer Zahlung des Abtretenden aus anderen Mitteln rechnen kann.

[1]Eine Sicherungsabtretung liegt auch dann nicht vor, wenn die der Abtretung zugrunde liegende Geschäftsbeziehung zwischen einem Steuerpflichtigen und einem Kreditinstitut nur zum Zweck der Kreditgewährung begründet wurde und das Kreditinstitut die Erstattungsbeträge aufgrund des Darlehensvertrages nach Eingang der Beträge ohne Einwirkungsmöglichkeit des Steuerpflichtigen verrechnen und auf diese Weise das Darlehen tilgen darf. [2]In diesen Fällen liegt eine Abtretung bzw. Verpfändung erfüllungshalber vor.

2.4. Auskünfte darüber, inwieweit einem Unternehmen das Betreiben von Bankgeschäften nach § 32 Abs. 1 KWG erlaubt worden ist, können bei der Bundesanstalt für Finanzdienstleistungsaufsicht (BAFin) oder auch bei der Deutschen Bundesbank und ihren Hauptverwaltungen eingeholt werden.

2.5. Verstöße gegen § 46 Abs. 4 AO können als Steuerordnungswidrigkeit geahndet werden (§ 383 AO).

3. Auch bei einem Verstoß gegen § 46 Abs. 4 Satz 1 AO oder bei sonstiger Unwirksamkeit des der Abtretung oder Verpfändung zugrunde liegenden Rechtsgeschäfts kann die Finanzbehörde nach erfolgter Anzeige mit befreiender Wirkung an den Abtretungsempfänger zahlen, soweit nicht Rechte anderer Gläubiger entgegenstehen.

4. [1]Mit der wirksam angezeigten Abtretung oder Verpfändung (bzw. ausgebrachten Pfändung) geht nicht die gesamte Rechtsstellung des Steuerpflichtigen über (BFH-Urteile vom 21.3.1975, VI R 238/71, BStBl. II S. 669, vom 15.5.1975, V R 84/70, BStBl. 1976 II S. 41, vom 25.4.1978, VII R 2/75, BStBl. II S. 465, und vom 27.1.1993, II S 10/92, BFH/NV S. 350). [2]Übertragen wird nur der Zahlungsanspruch. [3]Auch nach einer Abtretung, Pfändung oder Verpfändung ist der Steuerbescheid nur dem Steuerpflichtigen bekannt zu geben. [4]Der neue Gläubiger des Erstattungsanspruchs kann nicht den Steuerbescheid anfechten. [5]Dem neuen Gläubiger des Erstattungsanspruchs muss nur mitgeteilt werden, ob und ggf. in welcher Höhe sich aus der Veranlagung ein Erstattungsanspruch ergeben hat und ob und ggf. in welcher Höhe aufgrund der Abtretung, Pfändung oder Verpfändung an ihn zu leisten ist. [6]Über Streitigkeiten hierüber ist durch Verwaltungsakt nach § 218 Abs. 2 AO zu entscheiden. [7]Der neue Gläubiger des Erstattungsanspruchs ist nicht befugt, einen Antrag auf Einkommensteuerveranlagung gem. § 46 Abs. 2 Nr. 8 EStG zu stellen (vgl. BFH-Urteil vom 18.8.1998, VII R 114/97, BStBl. 1999 II S. 84). [8]Die vorstehenden Sätze gelten entsprechend für Fälle einer Überleitung von Steuererstattungsansprüchen gem. § 93 SGB XII. [9]Für die Überleitung von Steuererstattungsansprüchen nach dem Asylbewerberleistungsgesetz ist § 93 SGB XII entsprechend anzuwenden (§ 7 Abs. 4 AsylbLG). [10]Für Fälle des Übergangs von Steuererstattungsansprüchen im Wege des gesetzlichen Forderungsübergangs im Rahmen der Leistungen zur Grundsicherung für Arbeitsuchende nach § 33 SGB II gelten die vorstehenden Sätze entsprechend. [11]Dieser Antrag ist ein von den Rechtswirkungen des § 46 AO nicht erfasstes höchstpersönliches steuerliches Gestaltungsrecht.

5. [1]Fehlt in der Abtretungsanzeige, nach der die Erstattungsansprüche aus der Zusammenveranlagung abgetreten worden sind, die Unterschrift eines Ehegatten oder Lebenspartners, so wird dadurch die Wirksamkeit der Abtretung des Anspruchs, soweit er auf den Ehegatten bzw. Lebenspartner entfällt, der die Anzeige unterschrieben hat, nicht berührt (BFH-Urteil vom 13.3.1997, VII R 39/96, BStBl. II S. 522). [2]Zum Erstattungsanspruch bei zusammenveranlagten Ehegatten oder Lebenspartnern vgl. AEAO zu § 37, Nr. 2.

6. Für die Anzeige der Abtretung oder Verpfändung eines Erstattungs- oder Vergütungsanspruches wird der in der Anlage abgedruckte Vordruck bestimmt.[1)]

7. [1]Die auf einem vollständig ausgefüllten amtlichen Vordruck erklärte, vom Abtretenden und vom Abtretungsempfänger jeweils eigenhändig unterschriebene Abtretungsanzeige kann der zuständigen Finanzbehörde auch per Telefax übermittelt werden (vgl. BFH-Urteil vom 8.6.2010, VII R 39/09, BStBl. II S. 839). [2]Dies gilt entsprechend, wenn eine Abtretungsanzeige i. S. d. Satzes 1 eingescannt per E-Mail übermittelt wird. [3]Die Anzeige der Abtretung wird wirksam, sobald die Kenntnisnahme durch die Finanzbehörde möglich und nach der Verkehrsanschauung zu erwarten ist (§ 130 Abs. 1 Satz 1 BGB). [4]Dies bedeutet: Eintritt der Wirksamkeit bei Übermittlung
- während der üblichen Dienststunden der Finanzbehörde im Zeitpunkt der vollständigen Übermittlung;
- außerhalb der üblichen Dienststunden der Finanzbehörde zum Zeitpunkt des Dienstbeginns am nächsten Arbeitstag.

AEAO zu § 47 – Erlöschen:

Außer in den aufgezählten Fällen können entstandene Ansprüche aus dem Steuerschuldverhältnis auch auf andere Weise erlöschen, z. B. bei Zwangsgel-

---

1) Abgedruckt am Ende des AEAO als Anlage 1.

dern durch Erbfolge (§ 45 Abs. 1 AO) oder durch Verzicht auf Erstattung (§ 37 Abs. 2 AO).

AEAO zu § 48 – Leistung durch Dritte, Haftung Dritter:

[1]Die Vorschrift eröffnet die Möglichkeit, dass alle Leistungen aus dem Steuerschuldverhältnis (§ 37 AO) gegenüber der Finanzbehörde auch durch Dritte bewirkt werden oder sich Dritte hierzu vertraglich verpflichten können. [2]Der Steuerpflichtige wird in diesen Fällen von seiner eigenen Leistungspflicht nicht befreit. [3]Derartige rechtsgeschäftliche Verpflichtungsgeschäfte (z.B. Bürgschaft, Schuldversprechen oder kumulative Schuldübernahme) können auf einem Vertrag zwischen Steuergläubiger und Schuldübernehmer oder auf einem Vertrag zwischen Steuerschuldner und Übernehmer zugunsten des Steuergläubigers beruhen. [4]In beiden Fällen sind die sich hieraus ergebenden Ansprüche der Finanzbehörde privatrechtlicher, nicht öffentlich-rechtlicher Natur und können gem. § 192 AO nur nach den Vorschriften des bürgerlichen Rechts durchgesetzt werden. [5]Diese Vorschriften gelten auch für steuerliche Nebenleistungen (§ 3 Abs. 4 AO).

AEAO zu § 51 – Allgemeines:[1)]

Zu § 51 Abs. 1 AO:

1. [1]Unter Körperschaften i. S. d. § 51 AO, für die eine Steuervergünstigung in Betracht kommen kann, sind Körperschaften, Personenvereinigungen und Vermögensmassen i. S. d. KStG zu verstehen. [2]Dazu gehören auch die juristischen Personen des öffentlichen Rechts mit ihren Betrieben gewerblicher Art (§ 1 Abs. 1 Nr. 6, § 4 KStG), nicht aber die juristischen Personen des öffentlichen Rechts als solche.

2. Regionale Untergliederungen (Landes-, Bezirks-, Ortsverbände) von Großvereinen sind als nichtrechtsfähige Vereine (§ 1 Abs. 1 Nr. 5 KStG) selbständige Steuersubjekte i. S. d. Körperschaftsteuerrechts, wenn sie

a) über eigene satzungsmäßige Organe (Vorstand, Mitgliederversammlung) verfügen und über diese auf Dauer nach außen im eigenen Namen auftreten und

b) eine eigene Kassenführung haben.

[1]Die selbständigen regionalen Untergliederungen können nur dann als gemeinnützig behandelt werden, wenn sie eine eigene Satzung haben, die den gemeinnützigkeitsrechtlichen Anforderungen entspricht. [2]Zweck, Aufgaben und Organisation der Untergliederungen können sich auch aus der Satzung des Hauptvereins ergeben.

3. [1]Über die Befreiung von der Körperschaftsteuer nach § 5 Abs. 1 Nr. 9 KStG wegen Förderung steuerbegünstigter Zwecke ist stets für einen bestimmten Veranlagungszeitraum zu entscheiden (Grundsatz der Abschnittsbesteuerung). [2]Eine Körperschaft kann nur dann nach dieser Vorschrift von der Körperschaftsteuer befreit werden, wenn sie in dem zu beurteilenden Veranlagungszeitraum alle Voraussetzungen für die Steuerbegünstigung erfüllt. [3]Die

---

1) Zum Crowdfunding siehe BMF v. 15.12.2017, BStBl. I 2018, 246.

spätere Erfüllung einer der Voraussetzungen für die Steuerbegünstigung kann nicht auf frühere, abgelaufene Veranlagungszeiträume zurückwirken.

4. Wird eine bisher steuerpflichtige Körperschaft nach § 5 Abs. 1 Nr. 9 KStG von der Körperschaftsteuer befreit, ist eine Schlussbesteuerung nach § 13 KStG durchzuführen.

5. [1]Für die Steuerbegünstigung einer Körperschaft reichen Betätigungen aus, mit denen die Verwirklichung der steuerbegünstigten Satzungszwecke nur vorbereitet wird. [2]Die Tätigkeiten müssen ernsthaft auf die Erfüllung eines steuerbegünstigten satzungsmäßigen Zwecks gerichtet sein. [3]Die bloße Absicht, zu einem ungewissen Zeitpunkt einen der Satzungszwecke zu verwirklichen, genügt nicht (BFH-Urteil vom 23.7.2003, I R 29/02, BStBl. II S. 930).

6. Die Körperschaftsteuerbefreiung einer Körperschaft, die nach ihrer Satzung steuerbegünstigte Zwecke verfolgt, endet, wenn die eigentliche steuerbegünstigte Tätigkeit eingestellt und über das Vermögen der Körperschaft das Konkurs- oder Insolvenzverfahren eröffnet wird (BFH-Urteil vom 16.5.2007, I R 14/06, BStBl. II S. 808).

[1]Die unbeschränkte Körperschaftsteuerpflicht einer Stiftung von Todes wegen beginnt, unabhängig vom Zeitpunkt der zivilrechtlichen Anerkennung, bereits mit dem Tode des Stifters. [2]Die Ausdehnung einer solchen Rückwirkungsfiktion auf die Steuerbegünstigung nach §§ 51 ff. AO kommt aber nicht in Betracht (BFH-Urteil vom 6.6.2019, V R 50/17, BStBl. II S. 782). [3]Eine Steuerbegünstigung ab dem Beginn der unbeschränkten Steuerpflicht ist damit nur möglich, falls zum Zeitpunkt des Todes des Stifters eine ordnungsgemäße Satzung vorliegt.

Zu § 51 Abs. 2 AO:

7.[1)] [1]Verwirklicht die Körperschaft ihre förderungswürdigen Zwecke nur außerhalb von Deutschland, setzt die Steuerbegünstigung – neben den sonstigen Voraussetzungen der §§ 51 ff. AO – zusätzlich den so genannten Inlandsbezug nach § 51 Abs. 2 AO voraus. [2]Dieser liegt zum einen vor, wenn natürliche Personen, die ihren Wohnsitz oder ihren gewöhnlichen Aufenthalt im Inland haben, gefördert werden. [3]Auf die Staatsangehörigkeit der natürlichen Personen kommt es dabei nicht an.

[1]Falls durch die Tätigkeit im Ausland keine im Inland lebenden Personen gefördert werden, ist ein Inlandsbezug gegeben, wenn die Tätigkeit der Körperschaft neben der Verwirklichung der steuerbegünstigten Zwecke auch zur Verbesserung des Ansehens Deutschlands im Ausland beitragen kann. [2]Dabei bedarf es keiner spürbaren oder messbaren Auswirkung auf das Ansehen Deutschlands im Ausland. [3]Bei im Inland ansässigen Körperschaften ist der mögliche Beitrag zum Ansehen Deutschlands im Ausland – ohne besonderen Nachweis – bereits dadurch erfüllt, dass sie sich personell, finanziell, planend, schöpferisch oder anderweitig an der Förderung gemeinnütziger und mildtätiger Zwecke im Ausland beteiligen (Indizwirkung). [4]Der Feststel-

[1)] Zur Verwirklichung steuerbegünstigter Zwecke im Ausland vgl. BayLfSt v. 9.8.2021 – S 0170.1.1 – 3/7 St 31, DStR 2021, 2975.

lung der positiven Kenntnis aller im Ausland Begünstigten oder aller Mitwirkenden von der Beteiligung deutscher Organisationen bedarf es dabei nicht.

[1]Ausländische Körperschaften können den Inlandsbezug ebenfalls erfüllen, beispielsweise indem sie ihre steuerbegünstigten Zwecke zum Teil auch in Deutschland verwirklichen oder – soweit sie nur im Ausland tätig sind – auch im Inland lebende natürliche Personen fördern, selbst wenn die Personen sich zu diesem Zweck im Ausland aufhalten. [2]Bei der Tatbestandsalternative des möglichen Ansehensbeitrags zugunsten Deutschlands entfällt zwar bei ausländischen Körperschaften die Indizwirkung, die Erfüllung dieser Tatbestandsalternative durch ausländische Einrichtungen ist aber nicht grundsätzlich ausgeschlossen.

[1]Der nach § 51 Abs. 2 AO bei Auslandsaktivitäten zusätzlich geforderte Inlandsbezug wirkt sich nicht auf die Auslegung der weiteren, für die Anerkennung der Gemeinnützigkeit notwendigen Voraussetzungen aus. [2]Deren Vorliegen ist weiterhin unabhängig von der Frage, ob die Tätigkeit im In- oder Ausland ausgeübt wird, zu prüfen. [3]Der Inlandsbezug hat somit insbesondere keine Auswirkung auf Inhalt und Umfang der in den §§ 52 bis 53 AO beschriebenen förderungswürdigen Zwecke. [4]Daher können beispielsweise kirchliche Zwecke weiterhin nur zugunsten inländischer Religionsgemeinschaften, die Körperschaften des öffentlichen Rechts sind, verfolgt werden; andererseits kann die Förderung der Religion nach § 52 Abs. 2 Satz 1 Nr. 2 AO wie bisher auch im Ausland erfolgen; auch kann wie bisher z. B. eine hilflose Person im Ausland unterstützt werden (§ 53 Nr. 1 AO).

[1]Mit der Prüfung des Inlandsbezugs selbst ist keine zusätzliche inhaltliche Prüfung der Tätigkeit der Körperschaft verbunden. [2]Das heißt, es ist weder ein weiteres Mal zu ermitteln, ob die Körperschaft gemeinnützige oder mildtätige Zwecke i. S. d. §§ 52 und 53 AO fördert, noch kommt es darauf an, ob die Tätigkeit mit den im Ausland geltenden Wertvorstellungen übereinstimmt und somit nach ausländischen Maßstäben ein Beitrag zum Ansehen Deutschlands geleistet werden kann. [3]Falls die Verfolgung der in den §§ 52 und 53 AO genannten förderungswürdigen Zwecke zu bejahen ist, ist daher davon auszugehen, dass eine solche Tätigkeit dem Ansehen Deutschlands im Ausland nicht entgegensteht.

Zu § 51 Abs. 3 AO:

8. Der Ausschluss so genannter extremistischer Körperschaften von der Steuerbegünstigung ist in § 51 Abs. 3 AO gesetzlich geregelt.

9. [1]Die Ergänzung des § 51 AO soll klarstellen, dass eine Körperschaft nur dann als steuerbegünstigt behandelt werden kann, wenn sie weder nach ihrer Satzung und ihrer tatsächlichen Geschäftsführung Bestrebungen i. S. d. § 4 des BVerfSchG[1)] verfolgt noch dem Gedanken der Völkerverständigung zuwiderhandelt. [2]§ 4 BVerfSchG ist im Zusammenhang mit § 3 BVerfSchG zu lesen, der die Aufgaben der Verfassungsschutzbehörden des Bundes und der Länder und die Voraussetzungen für ein Tätigwerden des Verfassungsschutzes festlegt.

[1)] BundesverfassungsschutzG v. 20.12.1990, BGBl. I 1990, 2954, zuletzt geänd. durch G v. 5.7.2021, BGBl. I 2021, 2274.

[3]Die Aufgabe besteht in der Sammlung und Auswertung von Informationen über die in § 3 Abs. 1 BVerfSchG erwähnten verfassungsfeindlichen Bestrebungen, die § 4 BVerfSchG zum Teil definiert. [4]So beinhaltet § 4 BVerfSchG im ersten Absatz eine Legaldefinition von Bestrebungen

a) gegen den Bestand des Bundes oder eines Landes

b) gegen die Sicherheit des Bundes oder eines Landes

c) gegen die freiheitliche demokratische Grundordnung.

Im zweiten Absatz des § 4 BVerfSchG werden die grundlegenden Prinzipien der freiheitlichen demokratischen Grundordnung aufgeführt.

[1]Gem. § 51 Abs. 3 Satz 1 AO ist eine Steuervergünstigung auch ausgeschlossen, wenn die Körperschaft dem Gedanken der Völkerverständigung zuwiderhandelt. [2]Diese Regelung nimmt Bezug auf § 3 Abs. 1 Nr. 4 BVerfSchG, der wiederum auf Artikel 9 Abs. 2 GG (gegen den Gedanken der Völkerverständigung gerichtete Bestrebungen) sowie Artikel 26 Abs. 1 GG (Störung des friedlichen Zusammenlebens der Völker) verweist. [3]Im Rahmen des § 51 Abs. 3 Satz 1 AO sind die Leistungen einer Körperschaft für das Gemeinwohl nicht im Wege einer Gesamtschau gegen Anhaltspunkte für eine verfassungsfeindliche tatsächliche Geschäftsführung abzuwägen (BFH-Urteil vom 14.3.2018, V R 36/16, BStBl. II S. 422).

10. [1]Der Tatbestand des § 51 Abs. 3 Satz 2 AO ist nur bei solchen Organisationen erfüllt, die im Verfassungsschutzbericht des Bundes oder eines Landes für den zu beurteilenden Veranlagungszeitraum ausdrücklich als extremistisch eingestuft werden (BFH-Urteil vom 11.4.2012, I R 11/11, BStBl. 2013 II S. 146). [2]Die Widerlegung der Vermutung erfordert den vollen Beweis des Gegenteils; eine Erschütterung ist nicht ausreichend (BFH-Urteil vom 14.3.2018, V R 36/16, BStBl. II S. 422). [3]Hat das Finanzamt die Körperschaft bisher als steuerbegünstigt behandelt und wird später ein Verfassungsschutzbericht veröffentlicht, in dem die Körperschaft als extremistisch aufgeführt wird, kommt ggf. eine Änderung nach § 173 Abs. 1 Nr. 1 AO in Betracht.

11. [1]Bei Organisationen, die nicht unter § 51 Abs. 3 Satz 2 AO fallen, ist eine Prüfung nach § 51 Abs. 3 Satz 1 AO vorzunehmen (vgl. Nr. 9 des AEAO zu 51). [2]Insbesondere eine Erwähnung als „Verdachtsfall" oder eine nur beiläufige Erwähnung im Verfassungsschutzbericht, aber auch sonstige Erkenntnisse bieten im Einzelfall Anlass zu weitergehenden Ermittlungen der Finanzbehörde, z. B. auch durch Nachfragen bei den Verfassungsschutzbehörden.

12. Die Finanzbehörden sind befugt und verpflichtet, den Verfassungsschutzbehörden Tatsachen i. S. d. § 51 Abs. 3 Satz 3 AO unabhängig davon mitzuteilen, welchen Besteuerungszeitraum diese Tatsachen betreffen.

AEAO zu § 52 – Gemeinnützige Zwecke:

1. [1]Die Gemeinnützigkeit einer Körperschaft setzt voraus, dass ihre Tätigkeit der Allgemeinheit zugutekommt (§ 52 Abs. 1 Satz 1 AO). [2]Dies ist nicht gegeben, wenn der Kreis der geförderten Personen infolge seiner Abgrenzung, insbesondere nach räumlichen oder beruflichen Merkmalen, dauernd nur klein sein kann (§ 52 Abs. 1 S. 2 AO). [3]Hierzu gilt Folgendes:

1.1. Allgemeines

Ein Verein, dessen Tätigkeit in erster Linie seinen Mitgliedern zugutekommt (insbesondere Sportvereine und Vereine, die in § 52 Abs. 2 Satz 1 Nr. 23 AO genannte Freizeitbetätigungen fördern), fördert nicht die Allgemeinheit, wenn er den Kreis der Mitglieder durch hohe Aufnahmegebühren oder Mitgliedsbeiträge (einschließlich Mitgliedsumlagen) klein hält.

Bei einem Verein, dessen Tätigkeit in erster Linie seinen Mitgliedern zugutekommt, ist eine Förderung der Allgemeinheit i. S. d. § 52 Abs. 1 AO anzunehmen, wenn

a) die Mitgliedsbeiträge und Mitgliedsumlagen zusammen im Durchschnitt 1023 € je Mitglied und Jahr und

b) die Aufnahmegebühren für die im Jahr aufgenommenen Mitglieder im Durchschnitt 1534 € nicht übersteigen.

1.2. Investitionsumlage

Es ist unschädlich für die Gemeinnützigkeit eines Vereins, dessen Tätigkeit in erster Linie seinen Mitgliedern zugutekommt, wenn der Verein neben den o. a. Aufnahmegebühren und Mitgliedsbeiträgen (einschließlich sonstiger Mitgliedsumlagen) zusätzlich eine Investitionsumlage nach folgender Maßgabe erhebt:

[1]Die Investitionsumlage darf höchstens 5113 € innerhalb von zehn Jahren je Mitglied betragen. [2]Die Mitglieder müssen die Möglichkeit haben, die Zahlung der Umlage auf bis zu zehn Jahresraten zu verteilen. [3]Die Umlage darf nur für die Finanzierung konkreter Investitionsvorhaben verlangt werden. [4]Unschädlich ist neben der zeitnahen Verwendung der Mittel für Investitionen auch die Ansparung für künftige Investitionsvorhaben im Rahmen von nach § 62 Abs. 1 Nr. 1 AO zulässigen Rücklagen und die Verwendung für die Tilgung von Darlehen, die für die Finanzierung von Investitionen aufgenommen worden sind. [5]Die Erhebung von Investitionsumlagen kann auf neu eintretende Mitglieder (und ggf. nachzahlende Jugendliche, vgl. Nr. 1.3.1.2 des AEAO zu § 52) beschränkt werden.

Investitionsumlagen sind keine steuerlich abziehbaren Spenden.

1.3. Durchschnittsberechnung

Der durchschnittliche Mitgliedsbeitrag und die durchschnittliche Aufnahmegebühr sind aus dem Verhältnis der zu berücksichtigenden Leistungen der Mitglieder zu der Zahl der zu berücksichtigenden Mitglieder zu errechnen.

1.3.1. Zu berücksichtigende Leistungen der Mitglieder

1.3.1.1. Grundsatz

[1]Zu den maßgeblichen Aufnahmegebühren bzw. Mitgliedsbeiträgen gehören alle Geld- und geldwerten Leistungen, die ein Bürger aufwenden muss, um in den Verein aufgenommen zu werden bzw. in ihm verbleiben zu können. [2]Umlagen, die von den Mitgliedern erhoben werden, sind mit Ausnahme zulässiger Investitionsumlagen (vgl. Nr. 1.2 des AEAO zu § 52) bei der Berechnung der durchschnittlichen Aufnahmegebühren oder Mitgliedsbeiträge zu berücksichtigen.

1.3.1.2. Sonderentgelte und Nachzahlungen

[1]So genannte Spielgeldvorauszahlungen, die im Zusammenhang mit der Aufnahme in den Verein zu entrichten sind, gehören zu den maßgeblichen Aufnahmegebühren. [2]Sonderumlagen und Zusatzentgelte, die Mitglieder z. B. unter der Bezeichnung Jahresplatzbenutzungsgebühren zahlen müssen, sind bei der Durchschnittsberechnung als zusätzliche Mitgliedsbeiträge zu berücksichtigen.

Wenn jugendliche Mitglieder, die zunächst zu günstigeren Konditionen in den Verein aufgenommen worden sind, bei Erreichen einer Altersgrenze Aufnahmegebühren nachzuentrichten haben, sind diese im Jahr der Zahlung bei der Berechnung der durchschnittlichen Aufnahmegebühr zu erfassen.

1.3.1.3. Auswärtige Mitglieder

[1]Mitgliedsbeiträge und Aufnahmegebühren, die auswärtige Mitglieder an andere gleichartige Vereine entrichten, sind nicht in die Durchschnittsberechnungen einzubeziehen. [2]Dies gilt auch dann, wenn die Mitgliedschaft in dem anderen Verein Voraussetzung für die Aufnahme als auswärtiges Mitglied oder die Spielberechtigung in der vereinseigenen Sportanlage ist.

1.3.1.4. Juristische Personen und Unternehmen in anderer Rechtsform

Leistungen, die juristische Personen und Unternehmen in anderer Rechtsform für die Erlangung und den Erhalt der eigenen Mitgliedschaft in einem Verein aufwenden (so genannte Firmenmitgliedschaften), sind bei den Durchschnittsberechnungen nicht zu berücksichtigen (vgl. Nr. 1.3.2 des AEAO zu § 52).

1.3.1.5. Darlehen

[1]Darlehen, die Mitglieder dem Verein im Zusammenhang mit ihrer Aufnahme in den Verein gewähren, sind nicht als zusätzliche Aufnahmegebühren zu erfassen. [2]Wird das Darlehen zinslos oder zu einem günstigeren Zinssatz, als er auf dem Kapitalmarkt üblich ist, gewährt, ist der jährliche Zinsverzicht als zusätzlicher Mitgliedsbeitrag zu berücksichtigen.

Diese Grundsätze gelten auch, wenn Mitgliedsbeiträge oder Mitgliedsumlagen (einschließlich Investitionsumlagen) als Darlehen geleistet werden.

1.3.1.6.[1)] Beteiligung an Gesellschaften

Kosten für den zur Erlangung der Spielberechtigung notwendigen Erwerb von Geschäftsanteilen an einer Gesellschaft, die neben dem Verein besteht und die die Sportanlagen errichtet oder betreibt, sind mit Ausnahme des Agios nicht als zusätzliche Aufnahmegebühren zu erfassen.

Ein Sportverein kann aber mangels Unmittelbarkeit dann nicht als gemeinnützig behandelt werden, wenn die Mitglieder die Sportanlagen des Vereins nur bei Erwerb einer Nutzungsberechtigung von einer neben dem Verein bestehenden Gesellschaft nutzen dürfen.

[1)] Zu einer Kommanditeinlage als Eintrittsspende vgl. BFH v. 23.7.2003 I R 41/03, BStBl. II 2005, 443.

1.3.1.7. Spenden

Wenn Bürger im Zusammenhang mit der Aufnahme in einen Sportverein als Spenden bezeichnete Zahlungen an den Verein leisten, ist zu prüfen, ob es sich dabei um freiwillige unentgeltliche Zuwendungen, d.h. um Spenden, oder um Sonderzahlungen handelt, zu deren Leistung die neu eintretenden Mitglieder verpflichtet sind.

[1]Sonderzahlungen sind in die Berechnung der durchschnittlichen Aufnahmegebühr einzubeziehen. [2]Dies gilt auch, wenn kein durch die Satzung oder durch Beschluss der Mitgliederversammlung festgelegter Rechtsanspruch des Vereins besteht, die Aufnahme in den Verein aber faktisch von der Leistung einer Sonderzahlung abhängt.

[1]Eine faktische Verpflichtung ist regelmäßig anzunehmen, wenn mehr als 75% der neu eingetretenen Mitglieder neben der Aufnahmegebühr eine gleich oder ähnlich hohe Sonderzahlung leisten. [2]Dabei bleiben passive oder fördernde, jugendliche und auswärtige Mitglieder sowie Firmenmitgliedschaften außer Betracht. [3]Für die Beurteilung der Frage, ob die Sonderzahlungen der neu aufgenommenen Mitglieder gleich oder ähnlich hoch sind, sind die von dem Mitglied innerhalb von drei Jahren nach seinem Aufnahmeantrag oder, wenn zwischen dem Aufnahmeantrag und der Aufnahme in den Verein ein ungewöhnlich langer Zeitraum liegt, nach seiner Aufnahme geleisteten Sonderzahlungen, soweit es sich dabei nicht um von allen Mitgliedern erhobene Umlagen handelt, zusammenzurechnen.

[1]Die 75%-Grenze ist eine widerlegbare Vermutung für das Vorliegen von Pflichtzahlungen. [2]Maßgeblich sind die tatsächlichen Verhältnisse des Einzelfalls. [3]Sonderzahlungen sind deshalb auch dann als zusätzliche Aufnahmegebühren zu behandeln, wenn sie zwar von weniger als 75% der neu eingetretenen Mitglieder geleistet werden, diese Mitglieder aber nach den Umständen des Einzelfalls zu den Zahlungen nachweisbar verpflichtet sind.

[1]Die vorstehenden Grundsätze einschließlich der 75%-Grenze gelten für die Abgrenzung zwischen echten Spenden und Mitgliedsumlagen entsprechend. [2]Pflichtzahlungen sind in diesem Fall in die Berechnung des durchschnittlichen Mitgliedsbeitrags einzubeziehen.

Nicht bei der Durchschnittsberechnung der Aufnahmegebühren und Mitgliedsbeiträge zu berücksichtigen sind Pflichteinzahlungen in eine zulässige Investitionsumlage (vgl. Nr. 1.2 des AEAO zu § 52).

Für Leistungen, bei denen es sich um Pflichtzahlungen (z.B. Aufnahmegebühren, Mitgliedsbeiträge, Ablösezahlungen für Arbeitsleistungen und Umlagen einschließlich Investitionsumlagen) handelt, dürfen keine Zuwendungsbestätigungen i.S.d. § 50 EStDV ausgestellt werden.

1.3.2. Zu berücksichtigende Mitglieder

[1]Bei der Berechnung des durchschnittlichen Mitgliedsbeitrags ist als Divisor die Zahl der Personen anzusetzen, die im Veranlagungszeitraum (Kalenderjahr) Mitglieder des Vereins waren. [2]Dabei sind auch die Mitglieder zu berücksichtigen, die im Laufe des Jahres aus dem Verein ausgetreten oder in ihn aufgenommen worden sind. [3]Voraussetzung ist, dass eine Dauermitgliedschaft bestanden hat bzw. die Mitgliedschaft auf Dauer angelegt ist.

[1]Divisor bei der Berechnung der durchschnittlichen Aufnahmegebühr ist die Zahl der Personen, die in dem Veranlagungszeitraum auf Dauer neu in den Verein aufgenommen worden sind. [2]Bei den Berechnungen sind grundsätzlich auch die fördernden oder passiven, jugendlichen und auswärtigen Mitglieder zu berücksichtigen. [3]Unter auswärtigen Mitgliedern sind regelmäßig Mitglieder zu verstehen, die ihren Wohnsitz außerhalb des Einzugsgebiets des Vereins haben und/oder bereits ordentliches Mitglied in einem gleichartigen anderen Sportverein sind und die deshalb keine oder geringere Mitgliedsbeiträge oder Aufnahmegebühren zu zahlen haben. [4]Nicht zu erfassen sind juristische Personen oder Firmen in anderer Rechtsform sowie die natürlichen Personen, die infolge der Mitgliedschaft dieser Organisationen Zugang zu dem Verein haben.

[1]Die nicht aktiven Mitglieder sind nicht zu berücksichtigen, wenn der Verein ihre Einbeziehung in die Durchschnittsberechnung missbräuchlich ausnutzt. [2]Dies ist z. B. anzunehmen, wenn die Zahl der nicht aktiven Mitglieder ungewöhnlich hoch ist oder festgestellt wird, dass im Hinblick auf die Durchschnittsberechnung gezielt nicht aktive Mitglieder beitragsfrei oder gegen geringe Beiträge aufgenommen worden sind. [3]Entsprechendes gilt für die Einbeziehung auswärtiger Mitglieder in die Durchschnittsberechnung.

Gemeinnütze Zwecke

2. [1]Bei § 52 Abs. 2 AO handelt es sich grundsätzlich um eine abschließende Aufzählung gemeinnütziger Zwecke. [2]Die Allgemeinheit kann allerdings auch durch die Verfolgung von Zwecken, die hinsichtlich der Merkmale, die ihre steuerrechtliche Förderung rechtfertigen, mit den in § 52 Abs. 2 AO aufgeführten Zwecken identisch sind, gefördert werden.

2.1. Jugendliche i. S. d. § 52 Abs. 2 Satz 1 Nr. 4 AO bzw. des § 68 Nr. 1 Buchstabe b AO sind alle Personen vor Vollendung des 27. Lebensjahres.

2.2. [1]Die Förderung von Kunst und Kultur umfasst die Bereiche der Musik, der Literatur, der darstellenden und bildenden Kunst und schließt die Förderung von kulturellen Einrichtungen, wie Theater und Museen, sowie von kulturellen Veranstaltungen, wie Konzerte und Kunstausstellungen, ein. [2]Zur Förderung von Kunst und Kultur gehört auch die Förderung der Pflege und Erhaltung von Kulturwerten. [3]Kulturwerte sind Gegenstände von künstlerischer und sonstiger kultureller Bedeutung, Kunstsammlungen und künstlerische Nachlässe, Bibliotheken, Archive sowie andere vergleichbare Einrichtungen. [4]Das Vorführen von Filmen allein ist noch keine gemeinnützige Tätigkeit. [5]Die Gemeinnützigkeit kommunaler Kinos ist jedoch zu bejahen, wenn bestimmte zusätzliche Kriterien erfüllt sind. [6]Hierzu zählt, ob ein kommunaler Kinoverein öffentliche Zuschüsse erhält, ob er in die gesamte Kulturarbeit der Kommune integriert ist, ob sich das Programm inhaltlich, konzeptionell und formal von etwa vorhandenen gewerblichen Kinos am Ort unterscheidet, ob die Filme in bestimmten Sachzusammenhängen gezeigt und ob sie inhaltlich aufbereitet werden, z. B. durch begleitende Vorträge. [7]Dabei reicht es aus, wenn ein kommunaler Kinoverein einige der genannten Kriterien erfüllt. [8]Auf die künstlerische Qualität der einzelnen gezeigten Filme kommt es nicht an.

2.3. [1]Die Förderung der Denkmalpflege bezieht sich auf die Erhaltung und Wiederherstellung von Bau- und Bodendenkmälern, die nach den jeweiligen landesrechtlichen Vorschriften anerkannt sind. [2]Die Anerkennung ist durch eine Bescheinigung der zuständigen Stelle nachzuweisen.

2.4. [1]Vereine, deren satzungsmäßiger Zweck die Förderung der nicht gewerblichen Fischerei ist (Anglervereine), können unter dem Gesichtspunkt der Förderung des Naturschutzes und der Landschaftspflege als gemeinnützig i.S.d. § 52 AO anerkannt werden. [2]Ihre Tätigkeit ist im Wesentlichen auf die einheitliche Ausrichtung und Vertretung der Mitgliederinteressen bei der Hege und Pflege des Fischbestandes in den Gewässern in Verbindung mit Maßnahmen zum Schutz und zur Reinhaltung dieser Gewässer, sowie die Erhaltung der Schönheit und Ursprünglichkeit der Gewässer i.S.d. Naturschutzes und der Landschaftspflege gerichtet. [3]Wettfischveranstaltungen sind grundsätzlich als nicht mit dem Tierschutzgesetz und mit der Gemeinnützigkeit vereinbar anzusehen.

[1]Fischen und Angeln bedarf in jedem Fall einer besonderen Genehmigung, für private Gewässer der des Eigentümers, für öffentliche Gewässer der der zuständigen öffentlichen Körperschaft (z.B. Gemeinde). [2]Der Verkauf von Angelkarten durch Vereine an Vereinsmitglieder wird im Rahmen eines steuerbegünstigten wirtschaftlichen Geschäftsbetriebs (= Zweckbetrieb) durchgeführt. [3]Der Verkauf von Angelkarten an Nichtmitglieder hingegen stellt einen steuerpflichtigen wirtschaftlichen Geschäftsbetrieb dar.

2.5. Zur Förderung des Andenkens an Verfolgte, Kriegs- und Katastrophenopfer gehört auch die Errichtung von Ehrenmalen und Gedenkstätten.

Zur Förderung der Tier- bzw. Pflanzenzucht gehört auch die Förderung der Erhaltung vom Aussterben bedrohter Nutztierrassen und Nutzpflanzen.

[1]Körperschaften, die nationale Minderheiten und Volksgruppen sowie die nachfolgenden Regionalsprachen fördern, können gemeinnützige Zwecke i. S. v. § 52 AO verfolgen. [2]Die Förderung des Einsatzes für nationale Minderheiten i.S.d. durch Deutschland ratifizierten Rahmenabkommens zum Schutz nationaler Minderheiten und die Förderung des Einsatzes für die gem. der von Deutschland ratifizierten Charta der Regional- und Minderheitensprachen geschützten Sprachen sind – je nach Betätigung im Einzelnen – Förderung von Kunst und Kultur, Förderung der Heimatpflege und Heimatkunde oder Förderung des traditionellen Brauchtums. [3]Bei den nach der Charta geschützten Sprachen handelt es sich um die Regionalsprache Niederdeutsch sowie die Minderheitensprachen Dänisch, Friesisch, Sorbisch und das Romanes der deutschen Sinti und Roma.

[1]Für die Gemeinnützigkeit eines Vertriebenenverbands ist es unschädlich, wenn er nach seiner Satzung allgemein – im Sinne einer Wiederherstellung der allgemeinen Gerechtigkeit – auch Zwecke wie „Wiedergutmachung des Vertreibungsunrechts" oder „Rückgabe des konfiszierten Vermögens auf der Basis eines gerechten Ausgleichs" fördert. [2]Bei derartigen Formulierungen in der Satzung kann angenommen werden, dass sich der Verband bei seiner Betätigung im Rahmen des gemeinnützigen Zwecks „Fürsorge für Vertriebene" hält und die Verfolgung individueller Rechtsansprüche der Mitglieder nicht Satzungszweck ist.

[1]Zu beanstanden sind jedoch Formulierungen, die nach Satzungszweck z.B. mit „Anspruch der Volksgruppen und der einzelnen Landsleute auf Rückerstattung des geraubten Vermögens und die sich daraus ergebenden Entschädigungsansprüche zu vertreten“ definieren. [2]Vertriebenenverbände mit diesem oder einem ähnlich formulierten Satzungszweck können nicht als gemeinnützig behandelt werden, weil sie gegen die Gebote der Ausschließlichkeit (§ 56 AO) und der Selbstlosigkeit (§ 55 AO) verstoßen.

[1]Satzungszwecke wie „Wiedervereinigung mit den Vertreibungsgebieten“ oder „Eingliederung der Vertreibungsgebiete“ sind ebenfalls schädlich für die Gemeinnützigkeit eines Vertriebenenverbandes. [2]Die Verfolgung dieser Ziele ist keine Förderung der Allgemeinheit, weil solche Bestrebungen im Widerspruch zu den völkerrechtlich verbindlichen Verträgen der Bundesrepublik Deutschland mit ihren östlichen Nachbarstaaten und zum Grundgesetz stehen (vgl. BFH-Beschluss vom 16.10.1991, I B 16/91, BFH/NV 1992 S. 505).

2.6 [1]Zur Förderung der Ortsverschönerung gehören u. a. auch grundlegende Maßnahmen der Landschafts-, Heimat- und Denkmalpflege sowie des Naturschutzes zur Verbesserung der örtlichen Lebensqualität (z. B. Unterhaltung von öffentlichen Parkanlagen und Lehrpfaden zur Regionalgeschichte). [2]Aspekte der Wirtschafts- und Tourismusförderung fallen nicht darunter.

2.7 [1]Der Begriff Freifunk bezieht sich auf die nichtkommerzielle Förderung der Einrichtung und Unterhaltung von Kommunikationsnetzwerken, die der Allgemeinheit offenstehen. [2]Die Weitergabe oder Verwendung der Nutzerdaten für gewerbliche Zwecke fällt nicht unter den Begriff des steuerlich begünstigten Freifunks.

2.8. [1]Unter dem Begriff „bürgerschaftliches Engagement“ versteht man eine freiwillige, nicht auf das Erzielen eines persönlichen materiellen Gewinns gerichtete, auf die Förderung der Allgemeinheit hin orientierte, kooperative Tätigkeit. [2]Die Anerkennung der Förderung des bürgerschaftlichen Engagements zugunsten gemeinnütziger, mildtätiger und kirchlicher Zwecke dient der Hervorhebung der Bedeutung, die ehrenamtlicher Einsatz für unsere Gesellschaft hat. [3]Eine Erweiterung der gemeinnützigen Zwecke ist damit nicht verbunden.

2.9. Soweit eine Körperschaft die Friedhofsverwaltung, einschließlich der Pflege und Unterhaltung des Friedhofsgeländes und seiner Baulichkeiten, selbstlos, ausschließlich und unmittelbar wahrnimmt, kann dies als Förderung der Allgemeinheit im Sinne des § 52 AO eingeordnet werden.

[1]Dazu können auch die Aufgaben des Bestattungswesens zählen, wie etwa der Bestattungsvorgang, die Grabfundamentierung, das Vorhalten aller erforderlichen Einrichtungen und Vorrichtungen sowie die notwendigerweise anfallenden Dienstleistungen wie Wächterdienste, Sargaufbewahrung, Sargtransportdienste im Friedhofsbereich, Totengeleit, Kranzannahme, Graben der Gruft und ähnliche Leistungen. [2]Weiterhin sind auch die Tätigkeiten umfasst, die kraft Herkommens oder allgemeiner Übung allein von der Friedhofsverwaltung erbracht oder allgemein als ein unverzichtbarer Bestandteil einer würdigen Bestattung angesehen werden, wie z.B. Läuten der Glocken, übliche Ausschmückung des ausgehobenen Grabes oder musikalische Umrahmung der Trauerfeier.

[1]Der Zweck umfasst auch die Unterhaltung von Gedenkstätten für sogenannte „Sternenkinder", die nach dem jeweiligen Landesbestattungsgesetz nicht bestattet werden können, als einen Ort der Trauer für die betroffene Familie. [2]Die seelsorgerische Betreuung der Angehörigen ist wie bisher als Förderung mildtätiger Zwecke gemäß § 53 AO anzusehen.

2.10. [1]Durch § 52 Abs. 2 Satz 2 AO wird die Möglichkeit eröffnet, Zwecke auch dann als gemeinnützig anzuerkennen, wenn diese nicht unter den Katalog des § 52 Abs. 2 Satz 1 AO fallen. [2]Die Anerkennung der Gemeinnützigkeit solcher gesellschaftlicher Zwecke wird bundeseinheitlich abgestimmt. [3]Satz 2 gilt auch für den Fall, dass die zuständige Finanzbehörde den Antrag ablehnen möchte, es sei denn, es ergibt sich aus anderen, nicht aus der Regelung des § 52 Abs. 2 Satz 2 AO resultierenden Gründen, dass der Antragsteller die Voraussetzungen der Gemeinnützigkeit nicht erfüllt.

2.11. Folgende Zwecke wurden als vergleichbare Zwecke i. S. d. § 52 Abs. 2 Satz 2 AO anerkannt:
– Turnierbridge nach dem Regelwerk der World Bridge Federation (BFH-Urteil vom 9.2.2017, V R 70/14, BStBl. II S. 1106).

3. [1]Internetvereine können wegen Förderung der Volksbildung als gemeinnützig anerkannt werden, sofern ihr Zweck nicht der Förderung der (privat betriebenen) Datenkommunikation durch Zurverfügungstellung von Zugängen zu Kommunikationsnetzwerken sowie durch den Aufbau, die Förderung und den Unterhalt entsprechender Netze zur privaten und geschäftlichen Nutzung durch die Mitglieder oder andere Personen dient. [2]Zur steuerbegünstigten Förderung des Freifunks vgl. Nr. 2.7 des AEAO zu § 52.

[1]Freiwilligenagenturen sind Körperschaften, die Menschen für freiwilliges, unentgeltliches Engagement bei steuerbegünstigten Körperschaften oder Körperschaften des öffentlichen Rechts qualifizieren und ihnen die entsprechenden Tätigkeiten vermitteln. [2]Sie treten auch unter anderen Bezeichnungen auf, z. B. Freiwilligenzentren oder Ehrenamtsbörsen. [3]Freiwilligenagenturen können regelmäßig wegen der Förderung der Bildung (§ 52 Abs. 2 Satz 1 Nr. 7 AO) als gemeinnützig behandelt werden, weil das Schwergewicht ihrer Tätigkeit in der Aus- und Weiterbildung der Freiwilligen liegt. [4]Die Vermittlung der Freiwilligen in das gewünschte Betätigungsfeld ist lediglich Endpunkt und Abschluss eines Qualifizierungsprozesses, nicht jedoch der vorrangige und überwiegende Tätigkeitsbereich. [5]Erhält eine Freiwilligenagentur im Zusammenhang mit der Vermittlung von Freiwilligen ein Entgelt für ihre Leistungen, liegt ein wirtschaftlicher Geschäftsbetrieb i. S. d. § 14 AO vor, der sowohl die Ausbildungsleistung als auch die Vermittlung umfasst. [6]Der wirtschaftliche Geschäftsbetrieb ist als Zweckbetrieb (§ 65 AO) zu behandeln, weil das Entgelt für die Gesamtleistung – mit Schwergewicht bei der Ausbildung – gezahlt wird.

4. [1]Erfinderclubs verfolgen in der Regel die Förderung von Bildung nach § 52 Abs. 2 Satz 1 Nr. 7 AO. [2]Eine Anerkennung der Gemeinnützigkeit wegen der Förderung der Forschung nach § 52 Abs. 2 Satz 1 Nr. 1 AO ist nur dann möglich, wenn der Verein selbst forscht (Gebot der Unmittelbarkeit, § 57 AO).

[1]Nicht gemeinnützig ist die Förderung einer eigenen gewerblichen Tätigkeit oder die Förderung der gewerblichen Tätigkeit der Mitglieder. [2]Es ist

entscheidend, dass es sich bei dem Verein nicht lediglich um einen Zusammenschluss von Personen handelt, die durch Erfindungen, Patente und ihre Verwertung persönliche Einkünfte erzielen wollen. [3]Die für die Gemeinnützigkeit geforderte Selbstlosigkeit eines Erfindervereins schließt zwar ein gewisses Eigeninteresse der Mitglieder an der Vereinstätigkeit nicht aus, allerdings verstößt die Verfolgung von vorwiegend eigenwirtschaftlichen Interessen gegen das Gebot der Selbstlosigkeit nach § 55 Abs. 1 AO. [4]An der gebotenen Selbstlosigkeit fehlt es, wenn der Verein nach seiner Satzung die Patentierung und Verwertung von Erfindungen seiner Mitglieder fördert, sie also bei einer im Grundsatz gewerblichen Tätigkeit unterstützt. [5]Dies gilt auch, wenn der Verein die Patente für seine Mitglieder anmeldet und hält. [6]Unschädlich ist die allgemeine Information der Mitglieder, z. B. durch Lehrveranstaltungen oder Merkblätter zum Patentrecht.

[1]Bei einem Verein, der selbst forscht, ist es unschädlich für die Steuerbegünstigung, wenn er Forschungsergebnisse zum Patent anmeldet. [2]Er muss die Forschungsergebnisse aber veröffentlichen und damit der Allgemeinheit zugänglich machen. [3]Erlegt die Satzung den Mitgliedern eine Geheimhaltungsverpflichtung auf, ist dies ein Indiz dafür, dass nicht die Allgemeinheit, sondern (nur oder in erster Linie) die Mitglieder gefördert werden sollen.

Eine gemeinnützigkeitskonforme Zweckverwirklichung kann beispielhaft durch folgende Maßnahmen erfolgen:
- Förderung des Wissens über den Zusammenhang zwischen Erfindungen, Schutzrechten und Innovationen,
- Förderung des Erfahrungsaustausches im Zusammenhang mit Erfindungen, Innovationen und Patenten sowie
- Öffentlichkeitsarbeit; Durchführung von Veranstaltungen, Fortbildungsmaßnahmen, Vorhaben, Projekten, die den satzungsmäßigen Zwecken (und nicht nur Einzelnen) dienen.

5. Der Träger einer Privatschule fördert mit dem Schulbetrieb nicht die Allgemeinheit, wenn die Höhe der Schulgebühren auch unter Berücksichtigung eines Stipendienangebots zur Folge hat, dass die Schülerschaft sich nicht mehr als Ausschnitt der Allgemeinheit darstellt (BFH-Beschluss vom 26.5.2021, V R 31/19, BStBl. II S. 835).

[1]Bei Körperschaften, die Privatschulen betreiben oder unterstützen, ist zwischen Ersatzschulen und Ergänzungsschulen zu unterscheiden. [2]Die Förderung der Allgemeinheit ist bei Ersatzschulen stets anzunehmen, weil die zuständigen Landesbehörden die Errichtung und den Betrieb einer Ersatzschule nur dann genehmigen dürfen, wenn eine Sonderung der Schüler nach den Besitzverhältnissen der Eltern nicht gefördert wird (Art. 7 Abs. 4 Satz 3 GG und die Privatschulgesetze der Länder). [3]Bei Ergänzungsschulen kann eine Förderung der Allgemeinheit dann angenommen werden, wenn in der Satzung der Körperschaft festgelegt ist, dass bei mindestens 25% der Schüler keine Sonderung nach den Besitzverhältnissen der Eltern i. S. d. Art. 7 Abs. 4 Satz 3 GG und der Privatschulgesetze der Länder vorgenommen werden darf.

6. [1]Nachbarschaftshilfevereine, Tauschringe und ähnliche Körperschaften, deren Mitglieder kleinere Dienstleistungen verschiedenster Art gegenüber anderen

Vereinsmitgliedern erbringen (z. B. kleinere Reparaturen, Hausputz, Kochen, Kinderbetreuung, Nachhilfeunterricht, häusliche Pflege) sind grundsätzlich nicht gemeinnützig, weil regelmäßig durch die gegenseitige Unterstützung in erster Linie eigenwirtschaftliche Interessen ihrer Mitglieder gefördert werden und damit gegen den Grundsatz der Selbstlosigkeit (§ 55 Abs. 1 AO) verstoßen wird. [2]Solche Körperschaften können jedoch gemeinnützig sein, wenn sich ihre Tätigkeit darauf beschränkt, alte und hilfebedürftige Menschen in Verrichtungen des täglichen Lebens zu unterstützen und damit die Altenhilfe gefördert bzw. mildtätige Zwecke (§ 53 AO) verfolgt werden. [3]Soweit sich der Zweck der Körperschaften zusätzlich auf die Erteilung von Nachhilfeunterricht und Kinderbetreuung erstreckt, können sie auch wegen Förderung der Jugendhilfe anerkannt werden. [4]Voraussetzung für die Anerkennung der Gemeinnützigkeit solcher Körperschaften ist, dass die aktiven Mitglieder ihre Dienstleistungen als Hilfspersonen der Körperschaft (§ 57 Abs. 1 Satz 2 AO) ausüben.

Vereine, deren Zweck die Förderung esoterischer Heilslehren ist, z. B. Reiki-Vereine, können nicht wegen Förderung des öffentlichen Gesundheitswesens oder der öffentlichen Gesundheitspflege als gemeinnützig anerkannt werden.

7. [1]Ein wesentliches Element des Sports (§ 52 Abs. 2 Satz 1 Nr. 21 AO) ist die körperliche Ertüchtigung. [2]Motorsport fällt unter den Begriff des Sports (BFH-Urteil vom 29.10.1997, I R 13/97, BStBl. 1998 II S. 9), ebenso Ballonfahren. [3]Dagegen sind Skat (BFH-Urteil vom 17.2.2000, I R 108, 109/98, BFH/NV S. 1071), Bridge, Gospiel, Gotcha, Paintball und Tipp-Kick kein Sport i. S. d. Gemeinnützigkeitsrechts. [4]Dies gilt auch für Amateurfunk, Modellflug und Hundesport, die jedoch eigenständige gemeinnützige Zwecke sind (§ 52 Abs. 2 Satz 1 Nr. 23 AO). [5]Schützenvereine können auch dann als gemeinnützig anerkannt werden, wenn sie nach ihrer Satzung neben dem Schießsport (als Hauptzweck) auch das Schützenbrauchtum (vgl. Nr. 12 des AEAO zu § 52) fördern. [6]Die Durchführung von volksfestartigen Schützenfesten ist kein gemeinnütziger Zweck.

[1]Die Förderung des IPSC-Schießens (International Practical Shooting Confederation – IPSC) kann gemeinnützig sein (BFH-Urteil vom 27.9.2018, V R 48/16, BStBl. II 2019 S. 790). [2]Es ist dabei aber in jedem Einzelfall zu prüfen, ob nach dem konkret vorliegenden Sachverhalt bei Veranstaltungen des betreffenden IPSC-Vereins oder bei Wettkämpfen, zu denen der Verein seine Mitglieder entsendet, das Schießen auf Menschen simuliert wird, bzw. die beim IPSC-Schießen aufgebauten Szenarien als „Häuserkampf" mit der Imitation eines Schusses auf Menschen interpretiert werden müssen. [3]Liegt ein derartiger Sachverhalt vor, ist dem betreffenden IPSC-Verein der Status der Gemeinnützigkeit zu versagen bzw. abzuerkennen.

8.[1)] [1]Die Förderung des bezahlten Sports ist kein gemeinnütziger Zweck, weil dadurch eigenwirtschaftliche Zwecke der bezahlten Sportler gefördert werden. [2]Sie ist aber unter bestimmten Voraussetzungen unschädlich für die Gemeinnützigkeit eines Sportvereins (s. § 58 Nr. 8 AO und § 67a AO).

---

1) Siehe auch BFH v. 24.6.2015 I R 13/13, BStBl. II 2016, 971, zu Einnahmen eines gemeinnützigen Sport-Dachverbands.

9. Aus dem Begriff der politischen Bildung von § 52 Abs. 2 Nr. 7 AO (Förderung der Volksbildung) und Nr. 24 AO (allgemeine Förderung des demokratischen Staatswesens) ergibt sich kein eigenständiger steuerbegünstigter Zweck der Einflussnahme auf die politische Willensbildung und auf die Gestaltung der öffentlichen Meinung in beliebigen Politikbereichen im Sinne eines „allgemeinpolitischen Mandats" (BFH-Urteil vom 10.1.2019, V R 60/17, BStBl. II S. 301 und BFH-Beschluss vom 10.12.2020, V R 14/20, BStBl. 2021 II S. 739; Nr. 16 des AEAO zu § 52).

[1]Eine steuerbegünstigte allgemeine Förderung des demokratischen Staatswesens ist nur dann gegeben, wenn sich die Körperschaft umfassend mit den demokratischen Grundprinzipien befasst und diese objektiv und neutral würdigt (BFH-Beschluss vom 18.8.2021, V B 25/21 (AdV), BStBl. II S. 931). [2]Ist hingegen Zweck der Körperschaft die politische Bildung, der es auf der Grundlage der Normen und Vorstellungen einer rechtsstaatlichen Demokratie um die Schaffung und Förderung politischer Wahrnehmungsfähigkeit und politischen Verantwortungsbewusstseins in geistiger Offenheit geht, liegt Volksbildung vor. [3]Diese muss nicht nur in theoretischer Unterweisung bestehen, sie kann auch durch den Aufruf zu konkreter Handlung ergänzt werden. [4]Politische Bildung ist nicht förderbar, wenn sie eingesetzt wird, um die politische Willensbildung und die öffentliche Meinung im Sinne eigener Auffassungen zu beeinflussen, z. B. durch einseitige Agitation oder unkritische Indoktrination (BFH-Urteile vom 23.9.1999, XI R 63/98, BStBl. 2000 II S. 200 und vom 10.1.2019, V R 60/17, BStBl. II S. 301).

10. [1]Die Förderung von Freizeitaktivitäten außerhalb des Bereichs des Sports ist nur dann als Förderung der Allgemeinheit anzuerkennen, wenn die Freizeitaktivitäten hinsichtlich der Merkmale, die ihre steuerrechtliche Förderung rechtfertigen, mit den im Katalog des § 52 Abs. 2 Satz 1 Nr. 23 AO genannten Freizeitgestaltungen identisch sind. [2]Es reicht nicht aus, dass die Freizeitgestaltung sinnvoll und einer der in § 52 Abs. 2 Satz 1 Nr. 23 AO genannten ähnlich ist (BFH-Urteil vom 14.9.1994, I R 153/93, BStBl. 1995 II S. 499). [3]Die Förderung des Baus und Betriebs von Schiffs-, Auto-, Eisenbahn- und Drachenflugmodellen ist identisch im vorstehenden Sinne mit der Förderung des Modellflugs, die Förderung des CB-Funkens mit der Förderung des Amateurfunkens. [4]Diese Zwecke sind deshalb als gemeinnützig anzuerkennen. [5]Nicht identisch im vorstehenden Sinne mit den in § 52 Abs. 2 Satz 1 Nr. 23 AO genannten Freizeitaktivitäten und deshalb nicht als eigenständige gemeinnützige Zwecke anzuerkennen sind z. B. die Förderung des Amateurfilmens und -fotografierens, des Kochens, von Brett- und Kartenspielen und des Sammelns von Gegenständen, wie Briefmarken, Münzen und Autogrammkarten, sowie die Tätigkeit von Reise- und Touristik-, Sauna-, Geselligkeits-, Kosmetik-, und Oldtimer-Vereinen. [6]Bei Vereinen, die das Amateurfilmen und -fotografieren fördern, und bei Oldtimer-Vereinen kann aber eine Steuerbegünstigung wegen der Förderung von Kunst oder (technischer) Kultur in Betracht kommen.

11. [1]Obst- und Gartenbauvereine fördern i. d. R. die Pflanzenzucht i. S. d. § 52 Abs. 2 Satz 1 Nr. 23 AO. [2]Die Förderung der Bonsaikunst ist Pflanzenzucht, die Förderung der Aquarien- und Terrarienkunde ist Tierzucht i. S. d. Vorschrift.

12. [1]Historische Schützenbruderschaften können wegen der Förderung der Brauchtumspflege (vgl. Nr. 7 des AEAO zu § 52), Freizeitwinzervereine wegen der Förderung der Heimatpflege, die Teil der Brauchtumspflege ist, als gemeinnützig behandelt werden. [2]Dies gilt auch für Junggesellen- und Burschenvereine, die das traditionelle Brauchtum einer bestimmten Region fördern, z.B. durch das Setzen von Maibäumen (Maiclubs). [3]Die besondere Nennung des traditionellen Brauchtums als gemeinnütziger Zweck in § 52 Abs. 2 Satz 1 Nr. 23 AO bedeutet jedoch keine allgemeine Ausweitung des Brauchtumsbegriffs i. S. d. Gemeinnützigkeitsrechts. [4]Studentische Verbindungen, z.B. Burschenschaften, ähnliche Vereinigungen, z.B. Landjugendvereine, Country- und Westernvereine und Vereine, deren Hauptzweck die Veranstaltung von örtlichen Volksfesten (z.B. Kirmes, Kärwa, Schützenfest) ist, sind deshalb i. d. R. nicht gemeinnützig.

13. [1]Bei Tier- und Pflanzenzuchtvereinen, Freizeitwinzervereinen sowie Junggesellen- oder Burschenvereinen ist besonders auf die Selbstlosigkeit (§ 55 AO) und die Ausschließlichkeit (§ 56 AO) zu achten. [2]Eine Körperschaft ist z.B. nicht selbstlos tätig, wenn sie in erster Linie eigenwirtschaftliche Zwecke ihrer Mitglieder fördert. [3]Sie verstößt z. B. gegen das Gebot der Ausschließlichkeit, wenn die Durchführung von Festveranstaltungen (z.B. Winzerfest, Maiball) Satzungszweck ist. [4]Bei der Prüfung der tatsächlichen Geschäftsführung von Freizeitwinzer-, Junggesellen- und Burschenvereinen ist außerdem besonders darauf zu achten, dass die Förderung der Geselligkeit nicht im Vordergrund der Vereinstätigkeit steht.

14. [1]Soldaten- und Reservistenvereine verfolgen i.d.R. gemeinnützige Zwecke i.S.d. § 52 Abs. 2 Satz 1 Nr. 23 AO, wenn sie aktive und ehemalige Wehrdienstleistende, Zeit- und Berufssoldaten betreuen, z.B. über mit dem Soldatsein zusammenhängende Fragen beraten, Möglichkeiten zu sinnvoller Freizeitgestaltung bieten oder beim Übergang in das Zivilleben helfen. [2]Die Pflege der Tradition durch Soldaten- und Reservistenvereine ist weder steuerbegünstigte Brauchtumspflege noch Betreuung von Soldaten und Reservisten i.S.d. § 52 Abs. 2 Satz 1 Nr. 23 AO. [3]Die Förderung der Kameradschaft kann neben einem steuerbegünstigten Zweck als Vereinszweck genannt werden, wenn sich aus der Satzung ergibt, dass damit lediglich eine Verbundenheit der Vereinsmitglieder angestrebt wird, die aus der gemeinnützigen Vereinstätigkeit folgt (BFH-Urteil vom 11.3.1999, V R 57, 58/96, BStBl. II S. 331).

15. [1]Einrichtungen, die mit ihrer Tätigkeit auf die Erholung arbeitender Menschen ausgerichtet sind (z.B. der Betrieb von Freizeiteinrichtungen wie Campingplätze oder Bootsverleihe), können nicht als gemeinnützig anerkannt werden, es sei denn, dass das Gewähren von Erholung einem besonders schutzwürdigen Personenkreis (z.B. Kranken oder der Jugend) zugutekommt oder in einer bestimmten Art und Weise (z.B. auf sportlicher Grundlage) vorgenommen wird (BFH-Urteile vom 22.11.1972, I R 21/71, BStBl. 1973 II S. 251, und vom 30.9.1981, III R 2/80, BStBl. 1982 II S. 148). [2]Wegen Erholungsheimen wird auf § 68 Nr. 1 Buchstabe a AO hingewiesen.

16. Politik kein eigenständiger steuerbegünstigter Zweck

[1]Politische Zwecke (Beeinflussung der politischen Meinungs- und Willensbildung, Gestaltung der öffentlichen Meinung oder Förderung politischer Parteien) zählen nicht zu den gemeinnützigen Zwecken i. S. d. § 52 AO (BFH-Urteil vom 10.1.2019, V R 60/17, BStBl. II S. 301 und BFH-Beschlüsse vom 10.12.2020, V R 14/20, BStBl. 2021 II S. 739 und vom 18.8.2021, V B 25/21 (AdV), BStBl. II S. 931). [2]Parteipolitische Betätigung ist immer unvereinbar mit der Gemeinnützigkeit (BFH-Urteil vom 20.3.2017, X R 13/15, BStBl. II S. 1110).

Politische Betätigung als Mittel zur Verwirklichung satzungsmäßiger steuerbegünstigter Zwecke

Es ist einer steuerbegünstigten Körperschaft gleichwohl gestattet, auf die politische Meinungs- und Willensbildung und die Gestaltung der öffentlichen Meinung Einfluss zu nehmen, wenn dies der Verfolgung ihrer steuerbegünstigten Zwecke dient und parteipolitisch neutral bleibt (BFH-Urteile vom 29.8.1984, I R 203/81, BStBl. II S. 844; vom 23.11.1988, I R 11/88, BStBl. 1989 II S. 391; vom 20.3.2017, X R 13/15, BStBl. II S. 1110; vom 10.1.2019, V R 60/17, BStBl. II S. 301; BFH-Beschlüsse vom 10.12.2020, V R 14/20, BStBl. 2021 II S. 739 und vom 18.8.2021, V B 25/21 (AdV), a. a. O.).

[1]Die Beschäftigung mit politischen Vorgängen muss im Rahmen dessen liegen, was das Eintreten für die steuerbegünstigten Zwecke und deren Verwirklichung erfordert. [2]Zur Förderung der Allgemeinheit gehört die kritische öffentliche Information und Diskussion dann, wenn ein nach § 52 Abs. 2 AO begünstigtes Anliegen der Öffentlichkeit und auch Politikern nahegebracht werden soll (BFH-Urteil vom 10.1.2019, V R 60/17, BStBl. II S. 301; siehe aber zur Förderung der Volksbildung und der allgemeinen Förderung des demokratischen Staatswesens Nr. 9 des AEAO zu § 52). [3]Unschädlich sind danach etwa die Einbringung von Fachwissen auf Aufforderung in parlamentarischen Verfahren oder gelegentliche Stellungnahmen zu tagespolitischen Themen im Rahmen der steuerbegünstigten Satzungszwecke. [4]Eine derart dienende und damit ergänzende Einwirkung muss aber gegenüber der unmittelbaren Förderung des steuerbegünstigten Zwecks in den Hintergrund treten. [5]Bei Verfolgung der eigenen satzungsmäßigen Zwecke darf die Tagespolitik nicht im Mittelpunkt der Tätigkeit der Körperschaft stehen.

Politische Betätigung außerhalb der satzungsmäßigen steuerbegünstigten Zwecke

In Anwendung des Verhältnismäßigkeitsprinzips (vgl. Nr. 6 des AEAO zu § 63) ist es nicht zu beanstanden, wenn eine steuerbegünstigte Körperschaft außerhalb ihrer Satzungszwecke vereinzelt zu tagespolitischen Themen Stellung nimmt (z. B. ein Aufruf eines Sportvereins für Klimaschutz oder gegen Rassismus).

AEAO zu § 53 – Mildtätige Zwecke:

1. [1]Der Begriff „mildtätige Zwecke" umfasst auch die Unterstützung von Personen, die wegen ihres seelischen Zustands hilfebedürftig sind. [2]Das hat beispielsweise für die Telefonseelsorge Bedeutung.

2. [1]Völlige Unentgeltlichkeit der mildtätigen Zuwendung wird nicht verlangt. [2]Die mildtätige Zuwendung darf nur nicht des Entgelts wegen erfolgen.

3. [1]Eine Körperschaft, zu deren Satzungszwecken die Unterstützung von hilfebedürftigen Verwandten der Mitglieder, Gesellschafter, Genossen oder Stifter gehört, kann nicht als steuerbegünstigt anerkannt werden. [2]Bei einer derartigen Körperschaft steht nicht die Förderung mildtätiger Zwecke, sondern die Förderung der Verwandtschaft im Vordergrund. [3]Ihre Tätigkeit ist deshalb nicht, wie es § 53 AO verlangt, auf die selbstlose Unterstützung hilfebedürftiger Personen gerichtet. [4]Dem steht bei Stiftungen § 58 Nr. 6 AO nicht entgegen. [5]Diese Vorschrift ist lediglich eine Ausnahme von dem Gebot der Selbstlosigkeit (§ 55 AO), begründet aber keinen eigenständigen gemeinnützigen Zweck. [6]Bei der tatsächlichen Geschäftsführung ist die Unterstützung von hilfebedürftigen Angehörigen grundsätzlich nicht schädlich für die Steuerbegünstigung. [7]Die Verwandtschaft darf jedoch kein Kriterium für die Förderleistungen der Körperschaft sein.

4. [1]Hilfen nach § 53 Nr. 1 AO (Unterstützung von Personen, die infolge ihres körperlichen, geistigen oder seelischen Zustands auf die Hilfe anderer angewiesen sind) dürfen ohne Rücksicht auf die wirtschaftliche Unterstützungsbedürftigkeit gewährt werden. [2]Bei der Beurteilung der Bedürftigkeit i. S. d. § 53 Nr. 1 AO kommt es nicht darauf an, dass die Hilfebedürftigkeit dauernd oder für längere Zeit besteht. [3]Hilfeleistungen wie beispielsweise „Essen auf Rädern“ können daher steuerbegünstigt durchgeführt werden. [4]Bei Personen, die das 75. Lebensjahr vollendet haben, kann körperliche Hilfebedürftigkeit ohne weitere Nachprüfung angenommen werden.

5. [1]§ 53 Nr. 2 AO legt die Grenzen der wirtschaftlichen Hilfebedürftigkeit fest. [2]Danach können ohne Verlust der Steuerbegünstigung Personen unterstützt werden, deren Bezüge das Vierfache, beim Alleinstehenden oder Alleinerziehenden das Fünffache des Regelsatzes der Sozialhilfe i. S. d. § 28 SGB XII (jeweilige Regelbedarfsstufe) nicht übersteigen. [3]Etwaige Mehrbedarfszuschläge zum Regelsatz sind nicht zu berücksichtigen. [4]Leistungen für die Unterkunft werden nicht gesondert berücksichtigt. [5]Für die Begriffe „Einkünfte“ und „Bezüge“ sind die Ausführungen in R 33a.1 EStR[1)] maßgeblich.

6. [1]Zu den Bezügen i. S. d. § 53 Nr. 2 AO zählen neben den Einkünften i. S. d. § 2 Abs. 1 EStG auch alle anderen für die Bestreitung des Unterhalts bestimmten oder geeigneten Bezüge aller Haushaltsangehörigen. [2]Hierunter fallen auch solche Einnahmen, die im Rahmen der steuerlichen Einkünfteermittlung nicht erfasst werden, also sowohl nicht steuerbare als auch für steuerfrei erklärte Einnahmen (BFH-Urteil vom 2.8.1974, VI R 148/71, BStBl. 1975 II S. 139). [3]Gezahlte und empfangene Unterhaltsleistungen sind bei der Einkommensberechnung zu berücksichtigen.

Bei der Beurteilung der wirtschaftlichen Hilfebedürftigkeit von unverheirateten minderjährigen Schwangeren und minderjährigen Müttern, die ihr leibliches Kind bis zur Vollendung seines 6. Lebensjahres betreuen, und die dem Haushalt ihrer Eltern oder eines Elternteils angehören, sind die Bezüge und das Vermögen der Eltern oder des Elternteils nicht zu berücksichtigen.

7. Bei Renten zählt der über den von § 53 Nr. 2 Satz 4 Buchstabe a AO erfassten Anteil hinausgehende Teil der Rente zu den Bezügen im Sinne des § 53 Nr. 2 Satz 4 Buchstabe b AO.

[1)] Nr. **1**.

8. Bei der Feststellung der Bezüge i.S.d. § 53 Nr. 2 Satz 4 Buchstabe b AO sind aus Vereinfachungsgründen insgesamt 180 € im Kalenderjahr abzuziehen, wenn nicht höhere Aufwendungen, die in wirtschaftlichem Zusammenhang mit den entsprechenden Einnahmen stehen, nachgewiesen oder glaubhaft gemacht werden.

9. [1] Als Vermögen, das zur nachhaltigen Verbesserung des Unterhalts ausreicht und dessen Verwendung für den Unterhalt zugemutet werden kann (§ 53 Nr. 2 Satz 2 AO), ist in der Regel ein Vermögen mit einem gemeinen Wert (Verkehrswert) von mehr als 15 500 € anzusehen. [2] Dabei bleiben außer Ansatz:

- Vermögensgegenstände, deren Veräußerung offensichtlich eine Verschleuderung bedeuten würde oder die einen besonderen Wert, z. B. Erinnerungswert, für die unterstützte Person haben oder zu ihrem Hausrat gehören,
- ein angemessenes Hausgrundstück i. S. d. § 90 Abs. 2 Nr. 8 SGB XII, das die unterstützte Person allein oder zusammen mit Angehörigen, denen es nach dem Tod der unterstützten Person weiter als Wohnraum dienen soll, bewohnt.

[3] Die Grenze bezieht sich auch bei einem Mehrpersonenhaushalt auf jede unterstützte Person. [4] H 33a.1 (Geringes Vermögen – „Schonvermögen") EStH[1)] gilt entsprechend.

10. [1] Erbringt eine Körperschaft ihre Leistungen an wirtschaftlich hilfebedürftige Personen, muss sie anhand ihrer Unterlagen nachweisen können, dass die Höhe der Einkünfte und Bezüge sowie das Vermögen der unterstützten Personen die Grenzen des § 53 Nr. 2 AO nicht übersteigen. [2] Eine Erklärung, in der von der unterstützten Person nur das Unterschreiten der Grenzen des § 53 Nr. 2 AO mitgeteilt wird, reicht allein nicht aus. [3] Eine Berechnung der maßgeblichen Einkünfte und Bezüge sowie eine Berechnung des Vermögens sind stets beizufügen.

11. [1] Auf diesen Nachweis ist zu verzichten, wenn die Leistungsempfänger Leistungen nach dem SGB II, SGB XII, WoGG, § 27a BVG oder nach § 6a BKGG beziehen. [2] Bei Beantragung dieser Sozialleistungen prüft die zuständige Sozialbehörde sowohl die Vermögens- als auch die Einkommensverhältnisse der antragstellenden Personen. [3] Verfügen sie über ausreichend finanzielle Mittel (Einkommen oder einzusetzendes Vermögen), dann werden die beantragten Leistungen nicht bewilligt.

[1] Es ist also ausreichend, wenn Empfänger der in § 53 Nr. 2 Satz 6 AO benannten Leistungen ihren für den Empfangszeitraum maßgeblichen Leistungsbescheid oder eine Bescheinigung des Sozialleistungsträgers über den Leistungsbezug bei der Körperschaft einreichen. [2] Die Körperschaft hat eine Ablichtung des Bescheids oder der Bestätigung aufzubewahren.

12. Beantragt eine Körperschaft die Befreiung von der Nachweispflicht nach § 53 Nr. 2 Satz 8 AO, muss sie nachweisen, dass aufgrund ihrer besonderen Art der gewährten Unterstützungsleistung sichergestellt ist, dass nur wirtschaftlich hilfebedürftige Personen unterstützt werden.

[1] Auf die Nachweisführung kann verzichtet werden, wenn aufgrund der Art der Unterstützungsleistungen typischerweise davon auszugehen ist, dass nur bedürftige Menschen unterstützt werden. [2] Hierbei sind die besonderen Gege-

---

[1)] Nr. **1**.

benheiten vor Ort sowie Inhalte und Bewerbungen des konkreten Leistungsangebotes zu berücksichtigen. [3]Im Regelfall müssen Kleiderkammern, Suppenküchen, Obdachlosenasyle und die sogenannten Tafeln keine Nachweise erbringen.

[1]Dagegen reicht die pauschale Behauptung, dass die Leistungen sowieso nur von Hilfebedürftigen in Anspruch genommen werden, nicht aus. [2]Werden z. B. bei einem Sozialkaufhaus Leistungen an jeden erbracht, der sie in Anspruch nehmen möchte, dann kommt eine Befreiung nicht in Betracht.

[1]Der Bescheid über den Nachweisverzicht kann befristet ergehen oder mit anderen Nebenbestimmungen (§ 120 AO) versehen werden. [2]Treten Änderungen im rechtlichen oder tatsächlichen Bereich ein, dann gelten die Absätze 3 bis 5 des § 60a AO entsprechend. [3]Dies gilt auch bei materiell-rechtlich fehlerhaften Bescheiden (vgl. Nrn. 6 bis 8 des AEAO zu § 60a).

AEAO zu § 54 – Kirchliche Zwecke:

[1]Ein kirchlicher Zweck liegt nur vor, wenn die Tätigkeit darauf gerichtet ist, eine Religionsgemeinschaft des öffentlichen Rechts zu fördern. [2]Bei Religionsgemeinschaften, die nicht Körperschaften des öffentlichen Rechts sind, kann wegen Förderung der Religion eine Anerkennung als gemeinnützige Körperschaft in Betracht kommen.

AEAO zu § 55 – Selbstlosigkeit:

Zu § 55 Abs. 1 Nr. 1 AO:[1)]

1. [1]Eine Körperschaft handelt selbstlos, wenn sie weder selbst noch zugunsten ihrer Mitglieder eigenwirtschaftliche Zwecke verfolgt. [2]Ist die Tätigkeit einer Körperschaft in erster Linie auf Mehrung ihres eigenen Vermögens gerichtet, so handelt sie nicht selbstlos. [3]Eine Körperschaft verfolgt z. B. in erster Linie eigenwirtschaftliche Zwecke, wenn sie ausschließlich durch Darlehen ihrer Gründungsmitglieder finanziert ist und dieses Fremdkapital satzungsgemäß tilgen und verzinsen muss (BFH-Urteile vom 13.12.1978, I R 39/78, BStBl. 1979 II S. 482, vom 26.4.1989, I R 209/85, BStBl. II S. 670, und vom 28.6.1989, I R 86/85, BStBl. 1990 II S. 550).[2)]

2. [1]Eine Eigengesellschaft einer juristischen Person des öffentlichen Rechts kann nach § 5 Abs. 1 Nr. 9 KStG und § 3 Nr. 6 Satz 1 GewStG steuerbegünstigt sein. [2]Das gilt auch, soweit sie in die Erfüllung hoheitlicher Pflichtaufgaben der Trägerkörperschaft (z. B. Durchführung des bodengebundenen Rettungsdiensts) eingebunden ist. [3]Sie verfolgt keine vordergründig eigennützigen Interessen ihres Gesellschafters.

[1]Eine Steuerbegünstigung der Eigengesellschaft kommt aber grundsätzlich nur in Betracht, wenn die von ihr erbrachten Leistungen angemessen vergütet werden. [2]Maßstab ist die Höhe des Entgelts, das von einem ordentlichen und

---

[1)] Zu steuerlichen Maßnahmen zur Förderung der Hilfe für von der Corona-Krise Betroffene siehe BMF v. 9.4.2020, BStBl. I 2020, 498, geänd. durch BMF v. 26.5.2020, BStBl. I 2020, 543, und v. 18.12.2020, BStBl. I 2021, 57. – Zu steuerlichen Maßnahmen zur Unterstützung der vom Krieg in der Ukraine Geschädigten siehe BMF v. 17.3.2022, BStBl. I 2022, 330.

[2)] Vgl. auch BFH v. 6.10.2009 I R 55/08, BStBl. II 2010, 335, zur Gemeinnützigkeit eines Wettbewerbsvereins.

gewissenhaften Geschäftsleiter auch mit einem Nichtgesellschafter als Auftraggeber vereinbart worden wäre. [3]Dazu muss das Entgelt regelmäßig die Kosten ausgleichen und einen marktüblichen Gewinnaufschlag beinhalten (BFH-Urteil vom 27.11.2013, I R 17/12, BStBl. 2016 II S. 68). [4]Bei steuerbegünstigten Einrichtungen ist aufgrund der fehlenden Gewinnorientierung die Erhebung eines Gewinnaufschlags in der Regel nicht marktüblich. [5]Dies gilt nicht für Leistungen der steuerbegünstigten Einrichtung aus einem steuerpflichtigen wirtschaftlichen Geschäftsbetrieb (§ 64 AO).

3. [1]Nach § 55 Abs. 1 AO dürfen sämtliche Mittel der Körperschaft nur für die satzungsmäßigen Zwecke verwendet werden (Ausnahmen siehe § 58 AO). [2]Auch der Gewinn aus dem Zweckbetrieb und aus dem steuerpflichtigen wirtschaftlichen Geschäftsbetrieb (§ 64 Abs. 2 AO) sowie der Überschuss aus der Vermögensverwaltung dürfen nur für die satzungsmäßigen Zwecke verwendet werden. [3]Dies schließt die Bildung von Rücklagen im wirtschaftlichen Geschäftsbetrieb und im Bereich der Vermögensverwaltung nicht aus.

4. [1]Es ist grundsätzlich nicht zulässig, Mittel des ideellen Bereichs (insbesondere Mitgliedsbeiträge, Spenden, Zuschüsse, Rücklagen), Gewinne aus Zweckbetrieben, Erträge aus der Vermögensverwaltung und das entsprechende Vermögen für einen steuerpflichtigen wirtschaftlichen Geschäftsbetrieb zu verwenden, z.B. zum Ausgleich eines Verlustes. [2]Für das Vorliegen eines Verlustes ist das Ergebnis des einheitlichen steuerpflichtigen wirtschaftlichen Geschäftsbetriebs (§ 64 Abs. 2 AO) maßgeblich. [3]Eine Verwendung von Mitteln des ideellen Bereichs für den Ausgleich des Verlustes eines einzelnen wirtschaftlichen Geschäftsbetriebs liegt deshalb nicht vor, soweit der Verlust bereits im Entstehungsjahr mit Gewinnen anderer steuerpflichtiger wirtschaftlicher Geschäftsbetriebe verrechnet werden kann. [4]Verbleibt danach ein Verlust, ist keine Verwendung von Mitteln des ideellen Bereichs für dessen Ausgleich anzunehmen, wenn dem ideellen Bereich in den sechs vorangegangenen Jahren Gewinne des einheitlichen steuerpflichtigen wirtschaftlichen Geschäftsbetriebs in mindestens gleicher Höhe zugeführt worden sind. [5]Insoweit ist der Verlustausgleich im Entstehungsjahr als Rückgabe früherer, durch das Gemeinnützigkeitsrecht vorgeschriebener Gewinnabführungen anzusehen.

5. Ein nach ertragsteuerlichen Grundsätzen ermittelter Verlust eines steuerpflichtigen wirtschaftlichen Geschäftsbetriebs ist unschädlich für die Steuerbegünstigung der Körperschaft, wenn er ausschließlich durch die Berücksichtigung von anteiligen Abschreibungen auf gemischt genutzte Wirtschaftsgüter entstanden ist und wenn die folgenden Voraussetzungen erfüllt sind:

- [1]Das Wirtschaftsgut wurde für den ideellen Bereich angeschafft oder hergestellt und wird nur zur besseren Kapazitätsauslastung und Mittelbeschaffung teil- oder zeitweise für den steuerpflichtigen wirtschaftlichen Geschäftsbetrieb genutzt. [2]Die Körperschaft darf nicht schon im Hinblick auf eine zeit- oder teilweise Nutzung für den steuerpflichtigen wirtschaftlichen Geschäftsbetrieb ein größeres Wirtschaftsgut angeschafft oder hergestellt haben, als es für die ideelle Tätigkeit notwendig war.
- Die Körperschaft verlangt für die Leistungen des steuerpflichtigen wirtschaftlichen Geschäftsbetriebs marktübliche Preise.

– Der steuerpflichtige wirtschaftliche Geschäftsbetrieb bildet keinen eigenständigen Sektor eines Gebäudes (z. B. Gaststättenbetrieb in einer Sporthalle).

Diese Grundsätze gelten entsprechend für die Berücksichtigung anderer gemischter Aufwendungen (z. B. zeitweiser Einsatz von Personal des ideellen Bereichs in einem steuerpflichtigen wirtschaftlichen Geschäftsbetrieb) bei der gemeinnützigkeitsrechtlichen Beurteilung von Verlusten.

6. Der Ausgleich des Verlustes eines steuerpflichtigen wirtschaftlichen Geschäftsbetriebs mit Mitteln des ideellen Bereichs ist außerdem unschädlich für die Steuerbegünstigung, wenn

– der Verlust auf einer Fehlkalkulation beruht,
– die Körperschaft innerhalb von zwölf Monaten nach Ende des Wirtschaftsjahres, in dem der Verlust entstanden ist, dem ideellen Tätigkeitsbereich wieder Mittel in entsprechender Höhe zuführt und
– die zugeführten Mittel nicht aus Zweckbetrieben, aus dem Bereich der steuerbegünstigten Vermögensverwaltung, aus Beiträgen oder aus anderen Zuwendungen, die zur Förderung der steuerbegünstigten Zwecke der Körperschaft bestimmt sind, stammen (BFH-Urteil vom 13.11.1996, I R 152/93, BStBl. 1998 II S. 711).

[1]Die Zuführungen zum ideellen Bereich können demnach aus dem Gewinn des (einheitlichen) steuerpflichtigen wirtschaftlichen Geschäftsbetriebs, der in dem Wirtschaftsjahr nach der Entstehung des Verlustes erzielt wird, geleistet werden. [2]Außerdem dürfen für den Ausgleich des Verlustes Umlagen und Zuschüsse, die dafür bestimmt sind, verwendet werden. [3]Derartige Zuwendungen sind jedoch keine steuerbegünstigten Spenden.

7. [1]Eine für die Steuerbegünstigung schädliche Verwendung von Mitteln für den Ausgleich von Verlusten des steuerpflichtigen wirtschaftlichen Geschäftsbetriebs liegt auch dann nicht vor, wenn dem Betrieb die erforderlichen Mittel durch die Aufnahme eines betrieblichen Darlehens zugeführt werden oder bereits in dem Betrieb verwendete ideelle Mittel mittels eines Darlehens, das dem Betrieb zugeordnet wird, innerhalb der Frist von zwölf Monaten nach dem Ende des Verlustentstehungsjahres an den ideellen Bereich der Körperschaft zurückgegeben werden. [2]Voraussetzung für die Unschädlichkeit ist, dass Tilgung und Zinsen für das Darlehen ausschließlich aus Mitteln des steuerpflichtigen wirtschaftlichen Geschäftsbetriebs geleistet werden.

[1]Die Belastung von Vermögen des ideellen Bereichs mit einer Sicherheit für ein betriebliches Darlehen (z. B. Grundschuld auf einer Sporthalle) führt grundsätzlich zu keiner anderen Beurteilung. [2]Die Eintragung einer Grundschuld bedeutet noch keine Verwendung des belasteten Vermögens für den steuerpflichtigen wirtschaftlichen Geschäftsbetrieb.

8. [1]Steuerbegünstigte Körperschaften unterhalten steuerpflichtige wirtschaftliche Geschäftsbetriebe regelmäßig nur, um dadurch zusätzliche Mittel für die Verwirklichung der steuerbegünstigten Zwecke zu beschaffen. [2]Es kann deshalb unterstellt werden, dass etwaige Verluste bei Betrieben, die schon längere Zeit bestehen, auf einer Fehlkalkulation beruhen. [3]Bei dem Aufbau eines neuen Betriebs ist eine Verwendung von Mitteln des ideellen Bereichs für den Ausgleich von Verlusten auch dann unschädlich für die Steuerbegünstigung, wenn mit Anlaufverlusten zu rechnen war. [4]Auch in diesem Fall muss die

Körperschaft aber i. d. R. innerhalb von drei Jahren nach dem Ende des Entstehungsjahres des Verlustes dem ideellen Bereich wieder Mittel, die gemeinnützigkeitsunschädlich dafür verwendet werden dürfen, zuführen.

9. Die Regelungen in den Nrn. 4 bis 8 des AEAO zu § 55 gelten entsprechend für die Vermögensverwaltung.

10. Veräußert ein steuerpflichtiger Anteilseigner seine Anteile an einer steuerbegünstigten Kapitalgesellschaft an einen steuerbegünstigten Erwerber, liegt regelmäßig eine Mittelfehlverwendung im Sinne des § 55 Abs. 1 Nr. 1 AO vor, wenn der Veräußerungspreis über dem Wert der eingezahlten Kapitalanteile und dem gemeinen Wert der Sacheinlagen der Anteile liegt (vgl. BFH-Beschluss vom 12.10.2020, I R 59/09, BStBl. 2012 II S. 226).

11. [1]Mitglieder dürfen keine Zuwendungen aus Mitteln der Körperschaft erhalten. [2]Dies gilt nicht, soweit es sich um Annehmlichkeiten handelt, wie sie im Rahmen der Betreuung von Mitgliedern allgemein üblich und nach allgemeiner Verkehrsauffassung als angemessen anzusehen sind.

12. Keine Zuwendung i. S. d. § 55 Abs. 1 Nr. 1 AO liegt vor, wenn der Leistung der Körperschaft eine Gegenleistung des Empfängers gegenübersteht (z. B. bei Kauf-, Dienst- und Werkverträgen) und die Werte von Leistung und Gegenleistung nach wirtschaftlichen Grundsätzen gegeneinander abgewogen sind.

13. [1]Ist einer Körperschaft zugewendetes Vermögen mit vor der Übertragung wirksam begründeten Ansprüchen (z. B. Nießbrauch, Grund- oder Rentenschulden, Vermächtnisse aufgrund testamentarischer Bestimmungen des Zuwendenden) belastet, deren Erfüllung durch die Körperschaft keine nach wirtschaftlichen Grundsätzen abgewogene Gegenleistung für die Übertragung des Vermögens darstellt, mindern die Ansprüche das übertragene Vermögen bereits im Zeitpunkt des Übergangs. [2]Wirtschaftlich betrachtet wird der Körperschaft nur das nach der Erfüllung der Ansprüche verbleibende Vermögen zugewendet. [3]Die Erfüllung der Ansprüche aus dem zugewendeten Vermögen ist deshalb keine Zuwendung i. S. d. § 55 Abs. 1 Nr. 1 AO. [4]Dies gilt auch, wenn die Körperschaft die Ansprüche aus ihrem anderen zulässigen Vermögen einschließlich der Rücklage nach § 62 Abs. 1 Nr. 3 AO erfüllt.

14. [1]Soweit die vorhandenen flüssigen Vermögensmittel nicht für die Erfüllung der Ansprüche ausreichen, darf die Körperschaft dafür auch Erträge verwenden. [2]Ihr müssen jedoch ausreichende Mittel für die Verwirklichung ihrer steuerbegünstigten Zwecke verbleiben. [3]Diese Voraussetzung ist als erfüllt anzusehen, wenn für die Erfüllung der Verbindlichkeiten höchstens ein Drittel des Einkommens der Körperschaft verwendet wird. [4]Die Ein-Drittel-Grenze umfasst bei Rentenverpflichtungen nicht nur die über den Barwert hinausgehenden, sondern die gesamten Zahlungen. [5]Sie bezieht sich auf den Veranlagungszeitraum.

15. [1]§ 58 Nr. 6 AO enthält eine Ausnahmeregelung zu § 55 Abs. 1 Nr. 1 AO für Stiftungen. [2]Diese ist nur anzuwenden, wenn eine Stiftung Leistungen erbringt, die dem Grunde nach gegen § 55 Abs. 1 Nr. 1 AO verstoßen, also z. B. freiwillige Zuwendungen an den in § 58 Nr. 6 AO genannten Personenkreis leistet oder für die Erfüllung von Ansprüchen dieses Personenkreises aus der Übertragung von Vermögen nicht das belastete oder anderes zulässiges

Vermögen, sondern Erträge einsetzt. [3]Im Unterschied zu anderen Körperschaften kann eine Stiftung unter den Voraussetzungen des § 58 Nr. 6 AO auch dann einen Teil ihres Einkommens für die Erfüllung solcher Ansprüche verwenden, wenn ihr dafür ausreichende flüssige Vermögensmittel zur Verfügung stehen. [4]Der Grundsatz, dass der wesentliche Teil des Einkommens für die Verwirklichung der steuerbegünstigten Zwecke verbleiben muss, gilt aber auch für Stiftungen. [5]Daraus folgt, dass eine Stiftung insgesamt höchstens ein Drittel ihres Einkommens für unter § 58 Nr. 6 AO fallende Leistungen und für die Erfüllung von anderen durch die Übertragung von belastetem Vermögen begründeten Ansprüchen verwenden darf. [6]Das dem entgegenstehende BFH-Urteil vom 21.1.1998, II R 16/95, BStBl. II S. 758 ist insoweit über den entschiedenen Einzelfall hinaus nicht anzuwenden.

16. [1]Die Vergabe von Darlehen aus Mitteln, die zeitnah für die steuerbegünstigten Zwecke zu verwenden sind, ist unschädlich für die Gemeinnützigkeit, wenn die Körperschaft damit selbst unmittelbar ihre steuerbegünstigten satzungsmäßigen Zwecke verwirklicht. [2]Dies kann z. B. der Fall sein, wenn die Körperschaft im Rahmen ihrer jeweiligen steuerbegünstigten Zwecke Darlehen im Zusammenhang mit einer Schuldnerberatung zur Ablösung von Bankschulden, Darlehen an Nachwuchskünstler für die Anschaffung von Instrumenten oder Stipendien für eine wissenschaftliche Ausbildung teilweise als Darlehen vergibt. [3]Voraussetzung ist, dass sich die Darlehensvergabe von einer gewerbsmäßigen Kreditvergabe dadurch unterscheidet, dass sie zu günstigeren Bedingungen erfolgt als zu den allgemeinen Bedingungen am Kapitalmarkt (z. B. Zinslosigkeit, Zinsverbilligung).

Die Vergabe von Darlehen aus zeitnah für die steuerbegünstigten Zwecke zu verwendenden Mitteln an andere steuerbegünstigte Körperschaften ist im Rahmen des § 58 Nr. 1 AO zulässig (mittelbare Zweckverwirklichung), wenn die andere Körperschaft die darlehensweise erhaltenen Mittel unmittelbar für steuerbegünstigte Zwecke innerhalb der für eine zeitnahe Mittelverwendung vorgeschriebenen Frist verwendet.

[1]Darlehen, die zur unmittelbaren Verwirklichung der steuerbegünstigten Zwecke vergeben werden, sind im Rechnungswesen entsprechend kenntlich zu machen. [2]Es muss sichergestellt und für die Finanzbehörde nachprüfbar sein, dass die Rückflüsse, d. h. Tilgung und Zinsen, wieder zeitnah für die steuerbegünstigten Zwecke verwendet werden.

17. Aus Mitteln, die nicht dem Gebot der zeitnahen Mittelverwendung unterliegen (Vermögen einschließlich der zulässigen Zuführungen und der zulässig gebildeten Rücklagen), darf die Körperschaft Darlehen nach folgender Maßgabe vergeben:

[1]Die Zinsen müssen sich in dem auf dem Kapitalmarkt üblichen Rahmen halten, es sei denn, der Verzicht auf die üblichen Zinsen ist eine nach den Vorschriften des Gemeinnützigkeitsrechts und der Satzung der Körperschaft zulässige Zuwendung (z. B. Darlehen an eine ebenfalls steuerbegünstigte Mitgliedsorganisation oder eine hilfebedürftige Person). [2]Bei Darlehen an Arbeitnehmer aus dem Vermögen kann der (teilweise) Verzicht auf eine übliche Verzinsung als Bestandteil des Arbeitslohns angesehen werden, wenn dieser insgesamt, also einschließlich des Zinsvorteils, angemessen ist und der Zinsver-

zicht auch von der Körperschaft als Arbeitslohn behandelt wird (z. B. Abführung von Lohnsteuer und Sozialversicherungsbeiträgen).

Maßnahmen, für die eine Rücklage nach § 62 Abs. 1 Nr. 1 AO gebildet worden ist, dürfen sich durch die Gewährung von Darlehen nicht verzögern.

18. [1] Die Vergabe von Darlehen ist als solche kein steuerbegünstigter Zweck. [2] Sie darf deshalb nicht Satzungszweck einer steuerbegünstigten Körperschaft sein. [3] Es ist jedoch unschädlich für die Steuerbegünstigung, wenn die Vergabe von zinsgünstigen oder zinslosen Darlehen nicht als Zweck, sondern als Mittel zur Verwirklichung des steuerbegünstigten Zwecks in der Satzung der Körperschaft aufgeführt ist.

19. [1] Eine Körperschaft kann nicht als steuerbegünstigt behandelt werden, wenn ihre Ausgaben für die allgemeine Verwaltung einschließlich der Werbung um Spenden einen angemessenen Rahmen übersteigen (§ 55 Abs. 1 Nrn. 1 und 3 AO). [2] Dieser Rahmen ist in jedem Fall überschritten, wenn eine Körperschaft, die sich weitgehend durch Geldspenden finanziert, diese – nach einer Aufbauphase – überwiegend zur Bestreitung von Ausgaben für Verwaltung und Spendenwerbung statt für die Verwirklichung der steuerbegünstigten satzungsmäßigen Zwecke verwendet (BFH-Beschluss vom 23.9.1998, I B 82/98, BStBl. 2000 II S. 320). [3] Die Verwaltungsausgaben einschließlich Spendenwerbung sind bei der Ermittlung der Anteile ins Verhältnis zu den gesamten vereinnahmten Mitteln (Spenden, Mitgliedsbeiträge, Zuschüsse, Gewinne aus wirtschaftlichen Geschäftsbetrieben usw.) zu setzen.

[1] Für die Frage der Angemessenheit der Verwaltungsausgaben kommt es entscheidend auf die Umstände des jeweiligen Einzelfalls an. [2] Eine für die Steuerbegünstigung schädliche Mittelverwendung kann deshalb auch schon dann vorliegen, wenn der prozentuale Anteil der Verwaltungsausgaben einschließlich der Spendenwerbung deutlich geringer als 50% ist.

20. [1] Während der Gründungs- oder Aufbauphase einer Körperschaft kann auch eine überwiegende Verwendung der Mittel für Verwaltungsausgaben und Spendenwerbung unschädlich für die Steuerbegünstigung sein. [2] Die Dauer der Gründungs- oder Aufbauphase, während der dies möglich ist, hängt von den Verhältnissen des Einzelfalls ab.

[1] Der in dem BFH-Beschluss vom 23.9.1998, I B 82/98, BStBl. 2000 II S. 320 zugestandene Zeitraum von vier Jahren für die Aufbauphase, in der höhere anteilige Ausgaben für Verwaltung und Spendenwerbung zulässig sind, ist durch die Besonderheiten des entschiedenen Falles begründet (insbesondere zweite Aufbauphase nach Aberkennung der Steuerbegünstigung). [2] Er ist deshalb als Obergrenze zu verstehen. [3] I. d. R. ist von einer kürzeren Aufbauphase auszugehen.

21. Die Steuerbegünstigung ist auch dann zu versagen, wenn das Verhältnis der Verwaltungsausgaben zu den Ausgaben für die steuerbegünstigten Zwecke zwar insgesamt nicht zu beanstanden, eine einzelne Verwaltungsausgabe (z. B. das Gehalt des Geschäftsführers oder der Aufwand für die Mitglieder- und Spendenwerbung) aber nicht angemessen ist (§ 55 Abs. 1 Nr. 3 AO).

22. [1] Bei den Kosten für die Beschäftigung eines Geschäftsführers handelt es sich grundsätzlich um Verwaltungsausgaben. [2] Eine Zuordnung dieser Kosten zu der steuerbegünstigten Tätigkeit ist nur insoweit möglich, als der Geschäftsführer unmittelbar bei steuerbegünstigten Projekten mitarbeitet. [3]Entsprechendes gilt für die Zuordnung von Reisekosten.

23. [1]Eine Unternehmergesellschaft i. S. d. § 5a Abs. 1 GmbHG ist gesetzlich verpflichtet, von ihrem um einen Verlustvortrag aus dem Vorjahr geminderten Jahresüberschuss bis zum Erreichen des Stammkapitals von 25 000 € mindestens 25 % in eine gesetzliche Rücklage einzustellen (§ 5a Abs. 3 GmbHG). [2]Mit der Bildung dieser Rücklage verstößt die Unternehmergesellschaft grundsätzlich nicht gegen das Gebot der zeitnahen Mittelverwendung.

Zu § 55 Abs. 1 Nr. 2 und 4 AO:

24. [1]Die in § 55 Abs. 1 Nr. 2 und 4 AO genannten Sacheinlagen sind Einlagen i. S. d. Handelsrechts, für die dem Mitglied Gesellschaftsrechte eingeräumt worden sind. [2]Insoweit sind also nur Kapitalgesellschaften, nicht aber Vereine angesprochen. [3]Unentgeltlich zur Verfügung gestellte Vermögensgegenstände, für die keine Gesellschaftsrechte eingeräumt sind (Leihgaben, Sachspenden), fallen nicht unter § 55 Abs. 1 Nr. 2 und 4 AO. [4]Soweit Kapitalanteile und Sacheinlagen von der Vermögensbindung ausgenommen werden, kann von dem Gesellschafter nicht die Spendenbegünstigung des § 10b EStG (§ 9 Abs. 1 Nr. 2 KStG) in Anspruch genommen werden. [5]Eingezahlte Kapitalanteile i. S. d. § 55 Abs. 1 Nr. 2 und 4 AO liegen nicht vor, soweit für die Kapitalerhöhung Gesellschaftsmittel verwendet wurden (z. B. nach § 57c GmbHG).

Zu § 55 Abs. 1 Nr. 3 AO:

25. [1]Bei Vorstandsmitgliedern von Vereinen sind Tätigkeitsvergütungen gemeinnützigkeitsrechtlich nur zulässig, wenn eine entsprechende Satzungsregelung besteht. [2]Zu Einzelheiten bei Zahlungen an den Vorstand steuerbegünstigter Vereine siehe BMF-Schreiben vom 21.11.2014, BStBl. I S. 1581.

Diese Regelung gilt für Stiftungen entsprechend.

[1]Zur Feststellung von Mittelfehlverwendungen i. S. v. § 55 Abs. 1 Nr. 3 AO durch überhöhte Vergütungen an den Geschäftsführer einer gemeinnützigen Körperschaft ist ein Fremdvergleich anzustellen. [2]Dabei sind die Grundsätze der vGA zu berücksichtigen. [3]„Unverhältnismäßig" in § 55 Abs. 1 Nr. 3 AO hat im Grundsatz dieselbe Bedeutung wie „unangemessen" im Bereich der vGA gemäß § 8 Abs. 3 Satz 2 KStG. [4]Zur Feststellung einer vGA durch überhöhte Vergütungen eines Gesellschafter-Geschäftsführers kann die Vergütung entweder mit den Entgelten verglichen werden, die Geschäftsführer oder Arbeitnehmer des betreffenden Unternehmens beziehen (interner Fremdvergleich) oder mit den Entgelten, die unter gleichen Bedingungen an Fremdgeschäftsführer anderer Unternehmen gezahlt werden (externer Fremdvergleich). [5]Maßstab des externen Fremdvergleichs können dabei auch die für vergleichbare Tätigkeiten von Wirtschaftsunternehmen gewährten Vergütungen sein.

[1]Da nicht nur ein bestimmtes Gehalt als „angemessen" angesehen werden kann, sondern der Bereich des Angemessenen sich auf eine gewisse Bandbreite erstreckt, sind unangemessen nur diejenigen Bezüge, die den oberen Rand dieser Bandbreite übersteigen. [2]Eine nur geringfügige Überschreitung der Angemessenheitsgrenze begründet noch keine vGA; diese liegt erst bei einem „krassen Missverhältnis" der Gesamtvergütung vor. [3]Dies ist jedenfalls dann anzunehmen, wenn die Angemessenheitsgrenze um mehr als 20 % überschritten wird (BFH-Urteil vom 12.3.2020, V R 5/17, BStBl. 2021 II S. 55).

Zu § 55 Abs. 1 Nr. 4 AO:

26. Eine wesentliche Voraussetzung für die Annahme der Selbstlosigkeit bildet der Grundsatz der Vermögensbindung für steuerbegünstigte Zwecke im Falle der Beendigung des Bestehens der Körperschaft oder des Wegfalles des bisherigen Zwecks (§ 55 Abs. 1 Nr. 4 AO).

[1]Hiermit soll verhindert werden, dass gemeinnützigkeitsrechtlich gebundenes Vermögen später zu nicht begünstigten Zwecken verwendet wird. [2]Die satzungsmäßigen Anforderungen an die Vermögensbindung sind in § 61 AO geregelt.

Das Vermögen einer Körperschaft, das vor dem Eintritt in die Steuerbegünstigung nach §§ 51 ff. AO angesammelt wurde, unterliegt ebenso der Vermögensbindung des § 55 Abs. 1 Nr. 4 AO wie das Vermögen, welches seit dem Eintritt in die Steuerbegünstigung gebildet wurde.

27. [1]Eine Körperschaft ist nur dann steuerbegünstigt i. S. d. § 55 Abs. 1 Nr. 4 Satz 2 AO, wenn sie nach § 5 Abs. 1 Nr. 9 KStG von der Körperschaftsteuer befreit ist. [2]Als Empfänger des Vermögens der Körperschaft kommen neben inländischen Körperschaften auch die in § 5 Abs. 2 Nr. 2 KStG aufgeführten Körperschaften in Betracht.

Zu § 55 Abs. 1 Nr. 5 AO:

28. [1]Die Körperschaft muss ihre Mittel grundsätzlich zeitnah für ihre steuerbegünstigten satzungsmäßigen Zwecke verwenden. [2]Verwendung in diesem Sinne ist auch die Verwendung der Mittel für die Anschaffung oder Herstellung von Vermögensgegenständen, die satzungsmäßigen Zwecken dienen (z. B. Bau eines Altenheims, Kauf von Sportgeräten oder medizinischen Geräten).

[1]Die Bildung von Rücklagen ist nur unter den Voraussetzungen des § 62 AO zulässig. [2]Davon unberührt bleiben Rücklagen in einem steuerpflichtigen wirtschaftlichen Geschäftsbetrieb und Rücklagen im Bereich der Vermögensverwaltung (vgl. Nr. 3 des AEAO zu § 55).

29. [1]Eine zeitnahe Mittelverwendung ist gegeben, wenn die Mittel spätestens in den auf den Zufluss folgenden zwei Kalender- oder Wirtschaftsjahren für die steuerbegünstigten satzungsmäßigen Zwecke verwendet werden. [2]Am Ende des Kalender- oder Wirtschaftsjahrs noch vorhandene Mittel müssen in der Bilanz oder Vermögensaufstellung der Körperschaft zulässigerweise dem Vermögen oder einer zulässigen Rücklage zugeordnet oder als im zurückliegenden Jahr zugeflossene Mittel, die in den folgenden zwei Jahren für die steuerbegünstigten Zwecke zu verwenden sind, ausgewiesen sein. [3]Soweit Mittel nicht schon im Jahr des Zuflusses für die steuerbegünstigten Zwecke verwendet oder zulässigerweise dem Vermögen zugeführt werden, ist ihre zeitnahe Verwendung nachzuweisen, zweckmäßigerweise durch eine Nebenrechnung (Mittelverwendungsrechnung). [4]Der Zweck des Grundsatzes der zeitnahen Mittelverwendung gebietet es, dass bei der Nachprüfung der Mittelverwendung nicht auf die einzelne Zuwendung abzustellen ist, sondern auf die Gesamtheit aller zeitnah zu verwendenden Zuwendungen und sonstigen Einnahmen bzw. Vermögenswerte der Körperschaft (Saldobetrachtung bzw. Globalbetrachtung; BFH-Urteil vom 20.3.2017, X R 13/15, BStBl. II S. 1110).

30. Die Pflicht zur zeitnahen Mittelverwendung besteht nicht für Körperschaften mit jährlichen Einnahmen von nicht mehr als 45 000 €.

[1]Einnahmen im Sinne der Norm sind alle Vermögensmehrungen, die der Körperschaft zufließen. [2]Es gilt das Zuflussprinzip nach § 11 EStG. [3]Dazu zählen die Einnahmen des ideellen Bereichs sowie die Bruttoeinnahmen der Vermögensverwaltung, des Zweckbetriebs und des steuerpflichtigen wirtschaftlichen Geschäftsbetriebs. [4]Zu den Einnahmen in diesem Sinne gehören auch solche Zuflüsse, die grundsätzlich nicht der zeitnahen Mittelverwendung unterliegen, z. B. Zuwendungen in das Vermögen der Körperschaft (§ 62 Abs. 3 AO). [5]Nicht zu den Einnahmen in diesem Sinne gehören solche Mittel, für die die Pflicht zur zeitnahen Mittelverwendung, z. B. wegen eines Sphärenwechsels, grundsätzlich wiederauflebt, ohne dass der Körperschaft insoweit Mittel zufließen.

Die Verpflichtung zur Verwendung für satzungsmäßige steuerbegünstigte Zwecke nach § 55 Abs. 1 Nr. 1 Satz 1 AO bleibt unberührt.

31. [1]In dem Veranlagungszeitraum, in dem die Einnahmen einer Körperschaft unter der 45 000 €-Grenze bleiben, ist für sämtliche vorhandene Mittel die Pflicht zur zeitnahen Mittelverwendung ausgesetzt. [2]Bei Überschreiten dieser Grenze unterliegen die in den Jahren des Unterschreitens angesammelten und die übrigen, zu diesem Zeitpunkt noch vorhandenen Mittel, nicht dem Gebot der zeitnahen Mittelverwendung.

32. [1]Nicht dem Gebot der zeitnahen Mittelverwendung unterliegt das Vermögen der Körperschaften, auch soweit es durch Umschichtungen innerhalb des Bereichs der Vermögensverwaltung entstanden ist (z. B. Verkauf eines zum Vermögen gehörenden Grundstücks einschließlich des den Buchwert übersteigenden Teils des Preises). [2]Außerdem kann eine Körperschaft die in § 62 Abs. 3 und 4 AO bezeichneten Mittel ohne für die Gemeinnützigkeit schädliche Folgen ihrem Vermögen zuführen.

[1]Werden Vermögensgegenstände veräußert, die satzungsmäßigen Zwecken dienen und aus zeitnah zu verwendenden Mitteln angeschafft worden sind, sind die Veräußerungserlöse zeitnah i. S. d. § 55 Abs. 1 Nr. 5 AO zu verwenden. [2]Werden derartige Vermögensgegenstände in den Bereich der Vermögensverwaltung oder in den steuerpflichtigen wirtschaftlichen Geschäftsbetrieb überführt, lebt die Pflicht zur zeitnahen Mittelverwendung in Höhe des Verkehrswerts dieser Vermögensgegenstände wieder auf.

Zu § 55 Abs. 2 AO:

33. [1]Wertsteigerungen bleiben für steuerbegünstigte Zwecke gebunden. [2]Bei der Rückgabe des Wirtschaftsguts selbst hat der Empfänger die Differenz in Geld auszugleichen.

Zu § 55 Abs. 3 AO:

34. [1]Die Regelung, nach der sich die Vermögensbindung nicht auf die eingezahlten Kapitalanteile der Mitglieder und den gemeinen Wert der von den Mitgliedern geleisteten Sacheinlagen erstreckt, gilt bei Stiftungen für die Stifter und ihre Erben sinngemäß (§ 55 Abs. 3 erster Halbsatz AO). [2]Es ist also zulässig, das Stiftungskapital und die Zustiftungen von der Vermögensbindung auszunehmen und im Falle des Erlöschens der Stiftung an den Stifter oder seine Erben zurückfallen zu lassen. [3]Für solche Stiftungen und Zustiftungen kann aber vom Stifter nicht die Spendenvergünstigung nach § 10b EStG (§ 9 Abs. 1 Nr. 2 KStG) in Anspruch genommen werden.

35. [1]Die Vorschrift des § 55 Abs. 3 zweiter Halbsatz AO, die sich nur auf Stiftungen und Körperschaften des öffentlichen Rechts bezieht, berücksichtigt die Regelung im EStG, wonach die Entnahme eines Wirtschaftsgutes mit dem Buchwert angesetzt werden kann, wenn das Wirtschaftsgut den in § 6 Abs. 1 Nr. 4 Satz 4 EStG genannten Körperschaften unentgeltlich überlassen wird. [2]Dies hat zur Folge, dass der Zuwendende bei der Aufhebung der Stiftung nicht den gemeinen Wert der Zuwendung, sondern nur den dem ursprünglichen Buchwert entsprechenden Betrag zurückerhält. [3]Stille Reserven und Wertsteigerungen bleiben hiernach für steuerbegünstigte Zwecke gebunden. [4]Bei Rückgabe des Wirtschaftsgutes selbst hat der Empfänger die Differenz in Geld auszugleichen.

AEAO zu § 56 – Ausschließlichkeit:

1. [1]Das Ausschließlichkeitsgebot des § 56 AO besagt, dass eine Körperschaft nicht steuerbegünstigt ist, wenn sie neben ihrer steuerbegünstigten Zielsetzung weitere Zwecke verfolgt und diese Zwecke nicht steuerbegünstigt sind. [2]Im Zusammenhang mit der Vermögensverwaltung und wirtschaftlichen Geschäftsbetrieben, die Nicht-Zweckbetriebe sind, folgt daraus, dass deren Unterhaltung der Steuerbegünstigung einer Körperschaft entgegensteht, wenn sie in der Gesamtschau zum Selbstzweck wird und in diesem Sinne neben die Verfolgung des steuerbegünstigten Zwecks der Körperschaft tritt. [3]Die Vermögensverwaltung sowie die Unterhaltung eines Nicht-Zweckbetriebs sind gemeinnützigkeitsrechtlich nur dann unschädlich, wenn sie um des steuerbegünstigten Zwecks willen erfolgen, indem sie z.B. der Beschaffung von Mitteln zur Erfüllung der steuerbegünstigten Aufgabe dienen. [4]Ist die Vermögensverwaltung bzw. der wirtschaftliche Geschäftsbetrieb dagegen nicht dem steuerbegünstigten Zweck untergeordnet, sondern ein davon losgelöster Zweck oder gar Hauptzweck der Betätigung der Körperschaft, so scheitert deren Steuerbegünstigung an § 56 AO. [5]In einem solchen Fall kann die Betätigung der Körperschaft nicht in einen steuerfreien und in einen steuerpflichtigen Teil aufgeteilt werden; vielmehr ist dann die Körperschaft insgesamt als steuerpflichtig zu behandeln. [6]Bei steuerbegünstigten Körperschaften, insbesondere Förderkörperschaften, die sich in ihrer tatsächlichen Geschäftsführung an die in ihrer Satzung enthaltene Pflicht zur Verwendung sämtlicher Mittel für die satzungsmäßigen Zwecke halten, ist das Ausschließlichkeitsgebot selbst dann erfüllt, wenn sie sich vollständig aus Mitteln eines steuerpflichtigen wirtschaftlichen Geschäftsbetriebs oder aus der Vermögensverwaltung finanzieren. [7]Auf das BFH-Urteil vom 4.4.2007, I R 76/05, BStBl. II S. 631, wird hingewiesen.

2. [1]Eine Körperschaft darf mehrere steuerbegünstigte Zwecke nebeneinander verfolgen, ohne dass dadurch die Ausschließlichkeit verletzt wird. [2]Die verwirklichten steuerbegünstigten Zwecke müssen jedoch sämtlich satzungsmäßige Zwecke sein. [3]Will demnach eine Körperschaft steuerbegünstigte Zwecke, die nicht in die Satzung aufgenommen sind, fördern, so ist eine Satzungsänderung erforderlich, die den Erfordernissen des § 60 AO entsprechen muss.

AEAO zu § 57 – Unmittelbarkeit:

Zu § 57 Abs. 1 AO:

1. Die Vorschrift stellt in Absatz 1 klar, dass die Körperschaft die steuerbegünstigten satzungsmäßigen Zwecke selbst verwirklichen muss, damit Unmittelbarkeit gegeben ist (wegen der Ausnahmen Hinweis auf § 58 AO).

2. [1]Das Gebot der Unmittelbarkeit ist gem. § 57 Abs. 1 Satz 2 AO auch dann erfüllt, wenn sich die steuerbegünstigte Körperschaft einer Hilfsperson bedient. [2]Hierfür ist es erforderlich, dass nach den Umständen des Falles, insbesondere nach den rechtlichen und tatsächlichen Beziehungen, die zwischen der Körperschaft und der Hilfsperson bestehen, das Wirken der Hilfsperson wie eigenes Wirken der Körperschaft anzusehen ist, d.h. die Hilfsperson nach den Weisungen der Körperschaft einen konkreten Auftrag ausführt. [3]Hilfsperson kann eine natürliche Person, Personenvereinigung oder juristische Person sein. [4]Die Körperschaft hat durch Vorlage entsprechender Vereinbarungen nachzuweisen, dass sie den Inhalt und den Umfang der Tätigkeit der Hilfsperson im Innenverhältnis bestimmen kann. [5]Die Tätigkeit der Hilfsperson muss den Satzungsbestimmungen der Körperschaft entsprechen. [6]Diese hat nachzuweisen, dass sie die Hilfsperson überwacht. [7]Die weisungsgemäße Verwendung der Mittel ist von ihr sicherzustellen.

Die Steuerbegünstigung einer Körperschaft, die nur über eine Hilfsperson das Merkmal der Unmittelbarkeit erfüllt (§ 57 Abs. 1 Satz 2 AO), ist unabhängig davon zu gewähren, wie die Hilfsperson gemeinnützigkeitsrechtlich behandelt wird.

Die Steuerbegünstigung einer Hilfsperson ist nicht ausgeschlossen, wenn die Körperschaft mit ihrer Hilfspersonentätigkeit nicht nur die steuerbegünstigte Tätigkeit einer anderen Körperschaft unterstützt, sondern zugleich eigene steuerbegünstigte Satzungszwecke verfolgt und ihren Beitrag im Außenverhältnis selbstständig und eigenverantwortlich erbringt.

Zu § 57 Abs. 2 AO:

3. [1]Ein Zusammenschluss i.S.d. § 57 Abs. 2 AO ist gegeben, wenn die Einrichtung ausschließlich allgemeine, aus der Tätigkeit und Aufgabenstellung der Mitgliederkörperschaften erwachsene Interessen wahrnimmt. [2]Nach § 57 Abs. 2 AO wird eine Körperschaft, in der steuerbegünstigte Körperschaften zusammengefasst sind, einer Körperschaft gleichgestellt, die unmittelbar steuerbegünstigte Zwecke verfolgt. [3]Voraussetzung ist, dass jede der zusammengefassten Körperschaften sämtliche Voraussetzungen für die Steuerbegünstigung erfüllt. [4]Verfolgt eine solche Körperschaft selbst unmittelbar steuerbegünstigte Zwecke, ist die bloße Mitgliedschaft einer nicht steuerbegünstigten Organisation für die Steuerbegünstigung unschädlich. [5]Die Körperschaft darf die nicht steuerbegünstigte Organisation aber nicht mit Rat und Tat fördern (z.B. Zuweisung von Mitteln, Rechtsberatung).

Zu § 57 Abs. 3 AO:

4. [1]Das planmäßige Zusammenwirken mit mindestens einer weiteren Körperschaft, die im Übrigen die Voraussetzungen der §§ 51 bis 68 AO erfüllt, ist ein Fall der unmittelbaren Zweckverwirklichung. [2]Körperschaften können damit steuerbegünstigt arbeitsteilig vorgehen, um gemeinsam einen steuerbegünstigten Zweck zu verfolgen. [3]Wenn mehrere Körperschaften, die außer dem Unmittelbarkeitsgrundsatz alle Voraussetzungen der §§ 51 bis 68 AO erfüllen, satzungsgemäß durch planmäßiges Zusammenwirken einen gemeinnützigen Zweck verfolgen, ist das Kriterium der Unmittelbarkeit für alle beteiligten Körperschaften erfüllt.

5. Planmäßiges Zusammenwirken bedeutet das gemeinsame, inhaltlich aufeinander abgestimmte und koordinierte Wirken von zwei oder mehreren steuerbegünstigten Körperschaften, um einen ihrer steuerbegünstigten Satzungszwecke zu verwirklichen.

[1]Zusammenwirken umfasst alle Tätigkeiten, die geeignet sind, die Verwirklichung der eigenen satzungsmäßigen Zwecke in Kooperation mit einer anderen Körperschaft zu erfüllen. [2]Hierzu können neben Dienstleistungen und Warenlieferungen auch Nutzungsüberlassungen gehören. [3]Ein planmäßiges Zusammenwirken liegt z. B. vor, wenn ein Krankenhaus eine zum Zweckbetrieb i. S. d. § 67 AO gehörende Wäscherei auf eine GmbH ausgliedert und die Wäscherei weiterhin Leistungen an das Krankenhaus erbringt.

[1]§ 57 Abs. 3 AO erfordert nicht den Leistungsaustausch zwischen zwei Körperschaften, sondern ein „satzungsmäßiges planmäßiges Zusammenwirken". [2]Dieses Zusammenwirken kann auch in der Weise erfolgen, dass mehrere Körperschaften unterschiedliche Leistungselemente an einen selbst nicht steuerbegünstigten Dritten erbringen, wenn diese Leistungselemente durch ihr Zusammenwirken in die Förderung eines gemeinsamen steuerbegünstigten Zwecks münden.

6. [1]Die Anforderung an den eigenen Beitrag einer Körperschaft besteht darin, dass sie selbst arbeitsteilig zur Verwirklichung der steuerbegünstigten Zwecke beitragen muss. [2]Eine bloße Vergabe von Aufträgen für ein Projekt, ohne Eigenleistung in diesem Projekt selbst, ist beispielsweise nicht ausreichend.

Das planmäßige Zusammenwirken erfordert keine Wiederholungsabsicht und keine finanzielle Eingliederung, so dass auch Kooperationen zwischen gesellschafts- oder verbandsrechtlich nicht verbundenen Körperschaften möglich sind.

7. Ein planmäßiges Zusammenwirken kann auch mit steuerbegünstigten Betrieben gewerblicher Art juristischer Personen des öffentlichen Rechts erfolgen, nicht aber mit juristischen Personen des öffentlichen Rechts als solchen.

8. [1]Das Zusammenwirken mit anderen Körperschaften zur Verwirklichung des eigenen steuerbegünstigten Satzungszwecks muss in der Satzung als Art der Zweckverwirklichung festgehalten sein. [2]Die Körperschaften, mit denen kooperiert wird, und die Art und Weise der Kooperation müssen in den Satzungen der Beteiligten bezeichnet werden.

[1]Bei mehreren Kooperationspartnern genügt es, wenn diese anhand der Satzung konkret nachvollziehbar sind, beispielsweise bei einer Kooperation innerhalb eines Konzern- oder Unternehmensverbundes durch Bezeichnung des Konzerns oder des Unternehmensverbundes. [2]Eine namentliche Benennung der einzelnen Kooperationspartner muss sich dann aus einer Aufstellung ergeben, die der Finanzverwaltung bei Beginn der Kooperation und bei Änderung der Kooperationspartner zusätzlich zur Satzung vorzulegen ist.

9. [1]Das planmäßige Zusammenwirken kann bereits vor der zivilrechtlichen Wirksamkeit (in der Regel Registereintragung oder Anerkennung/Genehmigung) bei den kooperierenden Körperschaften erfolgen, wenn darüber ein wirksamer Organbeschluss vorliegt, das Verfahren zum Eintritt der zivilrechtlichen Wirksamkeit eingeleitet wurde und diese später auch eintritt. [2]Die zivilrechtliche Wirksamkeit muss aber grundsätzlich zumindest bei der Körperschaft vorliegen, die sich auf § 57 Absatz 3 AO beruft. [3]Bei Neugründungsfällen siehe Nr. 4 des AEAO zu § 60a.

10. [1]Eine Körperschaft, die sich auf § 57 Abs. 3 AO beruft, darf darauf vertrauen, dass die Körperschaft, mit der sie zusammenwirkt, steuerbegünstigt nach § 5 Abs. 1 Nr. 9 KStG ist, wenn sie sich deren Satzung und einen der in § 58a Abs. 2 AO genannten Nachweise hat vorlegen lassen. [2]§ 58a Abs. 3 Nr. 1 AO ist entsprechend anzuwenden.

11. [1]Leistungen, die in Verwirklichung des gemeinsamen Zwecks im Rahmen eines wirtschaftlichen Geschäftsbetriebs erfolgen, werden innerhalb eines Zweckbetriebs erbracht, wenn die gesetzlichen Voraussetzungen der §§ 65 ff. AO erfüllt sind. [2]Für die Prüfung der Voraussetzungen des Zweckbetriebs im Sinne der §§ 65 ff. AO sind die aufgrund des planmäßigen Zusammenwirkens ausgeübten Tätigkeiten aller beteiligten Körperschaften in ihrer Gesamtheit zu beurteilen. [3]Wenn aufgrund des planmäßigen Zusammenwirkens ein Tatbestand der §§ 65 ff. AO erfüllt ist, dann ist diese zweckbetriebliche Beurteilung für alle beteiligten Körperschaften maßgeblich.

Für die Erbringung von Leistungen außerhalb des gemeinsamen steuerbegünstigten Zwecks gelten die allgemeinen Regelungen, sodass beispielsweise Leistungen an steuerpflichtige Dritte weiterhin regelmäßig einen steuerpflichtigen wirtschaftlichen Geschäftsbetrieb begründen.

[1]Ausschlaggebend für die gemeinnützigkeitsrechtliche Beurteilung ist der Charakter der Tätigkeiten aller beteiligten Körperschaften. [2]Eine isolierende Betrachtung darf nicht vorgenommen werden.

[1]Tätigkeiten werden damit dann noch in Verwirklichung des gemeinsamen steuerbegünstigten Zwecks erbracht, wenn diese auch dem steuerbegünstigten Bereich (Zweckbetrieb oder ideelle Tätigkeit) zugeordnet werden könnten, wenn sie alle von einer Körperschaft ausgeübt worden wären. [2]Begünstigt können z. B. gemeinschaftliche Serviceleistungen, wie Buchhaltung oder Beschaffungsstellen sowie Nutzungsüberlassungen und Vermietungen sein.

12. [1]Die beim planmäßigen Zusammenwirken im Zweckbetrieb oder im ideellen Bereich eingesetzten Wirtschaftsgüter (z. B. Grundstücke) sind auch bei den zusammenwirkenden Körperschaften dem Zweckbetrieb bzw. dem ideellen Bereich zuzuordnen. [2]Sie können deshalb mit zeitnah zu verwendenden Mitteln finanziert werden. [3]Eine Körperschaft darf insoweit zeitnah zu verwendende Mittel auch für die Finanzierung von Wirtschaftsgütern verwenden, die sie einer anderen steuerbegünstigten Körperschaft in einer Kooperation nach § 57 Abs. 3 AO zur Nutzung überlässt oder im Zusammenwirken mit einer anderen gemeinnützigen Körperschaft einsetzt. [4]Beteiligungen an anderen kooperierenden steuerbegünstigten Körperschaften sind dem ideellen Bereich zuzuordnen (vgl. Nr. 14 des AEAO zu § 57 Abs. 4 AO).

Zu § 57 Abs. 4 AO:

13. [1] Nach Absatz 4 wird durch das Halten und Verwalten von Anteilen an steuerbegünstigten Kapitalgesellschaften der Grundsatz der Unmittelbarkeit erfüllt (Holdingstrukturen). [2] Dabei genügt auch die Beteiligung an nur einer steuerbegünstigten Kapitalgesellschaft. [3] Eine Mindestbeteiligungsquote ist nicht erforderlich. [4] Das schließt aber nicht aus, dass eine solche steuerbegünstigte Holdinggesellschaft auch Anteile an steuerpflichtigen Kapitalgesellschaften halten kann. [5] Die übrigen Voraussetzungen der §§ 51 ff. AO (insbesondere Grundsätze der Selbstlosigkeit und der Ausschließlichkeit, §§ 55, 56 AO) müssen dennoch vorliegen.

14. [1] Eine Beteiligung, die nach § 57 Abs. 4 AO zur unmittelbaren Verfolgung der eigenen steuerbegünstigten Zwecke an einer steuerbegünstigten Kapitalgesellschaft gehalten und verwaltet wird, ist dem ideellen Bereich zuzuordnen, wenn die steuerbegünstigten Zwecke der gehaltenen Beteiligungsgesellschaft in den eigenen steuerbegünstigten Zwecken enthalten sind. [2] Die Einnahmen aus dieser Beteiligung sind dann keine Einnahmen der Vermögensverwaltung, sondern Einnahmen im ideellen Bereich.

15. [1] Bei den Anteilen an den steuerbegünstigten Kapitalgesellschaften handelt es sich um sogenanntes nutzungsgebundenes Vermögen (§ 55 Abs. 1 Nr. 5 Satz 2 AO). [2] Damit wird der Einsatz zeitnah zu verwendender Mittel ermöglicht. [3] Die Ausgliederung von Zweckbetrieben auf eine steuerbegünstigte Kapitalgesellschaft, bei der die übertragende Körperschaft als Gegenleistung Anteile an der übernehmenden Kapitalgesellschaft erhält und die Beteiligung bei der übertragenden Körperschaft dem ideellen Bereich zugeordnet wird, führt damit nicht zu einem Wiederaufleben der Pflicht zur zeitnahen Mittelverwendung.

16. [1] Soweit eine Holdinggesellschaft entgeltliche Leistungen, wie z. B. Buchführung, gegenüber den Kapitalgesellschaften ausführt, an denen sie beteiligt ist, sind diese Leistungen grundsätzlich als steuerpflichtiger wirtschaftlicher Geschäftsbetrieb zu qualifizieren. [2] Die Möglichkeit der steuerbegünstigten Leistungserbringung innerhalb einer Kooperation nach § 57 Abs. 3 AO oder einer Dienstleistungserbringung, Nutzungsüberlassung oder Warenlieferung nach § 58 Nr. 1 AO bleibt davon unberührt.

AEAO zu § 58 – Steuerlich unschädliche Betätigungen:

Zu § 58 Nr. 1 AO:[1)]

1. [1] Diese Ausnahmeregelung ermöglicht es, Körperschaften als steuerbegünstigt anzuerkennen, die andere Körperschaften durch die vollständige oder teilweise Weitergabe bzw. Zuwendung eigener Mittel fördern. [2] Mittel sind nicht nur Bar- oder Buchgeld, sondern auch alle anderen Vermögenswerte. [3] Auch Nutzungsüberlassungen, Warenlieferungen und die Erbringung von Dienstleistungen unterfallen dem Begriff der Mittel. [4] Sind diese Gegenstand einer Kooperation nach § 57 Abs. 3 AO, richtet sich deren Behandlung nach § 57 Abs. 3 AO.

---

1) Zum Crowdfunding-Portal als Förderkörperschaft siehe BMF v. 15.12.2017, BStBl. I 2018, 246.

2. Als Mittelempfänger kommen in Betracht
- inländische steuerbegünstigte Körperschaften,
- in § 5 Abs. 2 Nr. 2 KStG aufgeführte Körperschaften (beschränkt steuerpflichtige Körperschaften aus EU/EWR-Staaten),
- inländische und ausländische juristische Personen des öffentlichen Rechts,
- ausländische Körperschaften, die nicht beschränkt steuerpflichtig sind, bei denen die spätere Verwendung der Mittel für steuerbegünstigte Zwecke ausreichend nachgewiesen wird, und
- beschränkt steuerpflichtige Körperschaften aus Nicht-EU/EWR-Staaten, bei denen die spätere Verwendung der Mittel für steuerbegünstigte Zwecke ausreichend nachgewiesen wird.

3. [1] Bei der Mittelzuwendung handelt es sich um eine Art der Zweckverwirklichung und nicht um einen eigenständigen steuerbegünstigten Zweck. [2] Der steuerbegünstigte Zweck ist in der Satzung weiterhin separat anzugeben. [3] Ist die einzige Art der Zweckverwirklichung die Weitergabe von Mitteln an andere Körperschaften oder juristische Personen des öffentlichen Rechts, muss dies in der Satzung benannt sein (Förderkörperschaft). [4] Es ist nicht erforderlich, die Körperschaften, an die Mittel weitergegeben werden sollen, in der Satzung aufzuführen.

[1] Eine steuerbegünstigte Körperschaft, die einen Satzungszweck unmittelbar verfolgt und einen weiteren Satzungszweck ausschließlich durch Mittelweitergabe verwirklicht, muss sowohl die unmittelbare Zweckverfolgung als auch die Mittelweitergabe in der Satzung abbilden. [2] Beispielsweise muss eine steuerbegünstigte Körperschaft, die satzungsmäßig die Zwecke Sport und Kultur fördert, aber nur den Zweck Sport unmittelbar und den Zweck Kultur durch Mittelweitergabe verwirklicht, auch die Förderung des Zwecks Kultur durch Mittelweitergabe als Art der Zweckverwirklichung in ihre Satzung aufnehmen.

[1] Verwirklicht hingegen eine steuerbegünstigte Körperschaft einen Zweck sowohl unmittelbar als auch durch Mittelweitergabe, ist eine Satzungsklausel zur Mittelweitergabe nicht erforderlich. [2] Beispielsweise muss eine steuerbegünstigte Körperschaft, die satzungsmäßig den Zweck Sport unmittelbar fördert und Mittel an eine andere steuerbegünstigte Körperschaft zur Förderung dieses Zwecks weitergibt, die Mittelweitergabe als Art der Zweckverwirklichung nicht in die Satzung aufnehmen.

[1] Die Zwecke der hingebenden und empfangenden Körperschaft müssen im Übrigen nicht identisch sein. [2] Das bedeutet, dass beispielsweise eine steuerbegünstigte Körperschaft, die satzungsmäßig unmittelbar nur den Zweck Sport fördert, auch Mittel an eine andere steuerbegünstigte Körperschaft, die beispielsweise den Zweck Kultur fördert, weitergeben darf, ohne diesen Zweck und die Mittelweitergabe in ihre Satzung aufnehmen zu müssen.

4. [1] Ausschüttungen und sonstige Zuwendungen einer steuerbegünstigten Körperschaft sind abweichend von § 55 Abs. 1 Nr. 1 Satz 2 AO unschädlich, wenn die Gesellschafter oder Mitglieder als Begünstigte ausschließlich steuerbegünstigte Körperschaften sind. [2] Entsprechendes gilt für Ausschüttungen und sonstige Zuwendungen an juristische Personen des öffentlichen Rechts, die die Mittel für steuerbegünstigte Zwecke verwenden. [3] Zwar ist bei einer Weiterleitung (auch in Form einer verhinderten Vermögensmehrung) an eine juristische Person des öffentlichen Rechts das Tatbestandsmerkmal „zur Verwendung zu steuerbegünstigten Zwecken" nicht erfüllt, wenn die Mittel dem Gesamthaushalt der juristischen Person des öffentlichen Rechts zugutekommen und die juristische Person des öffentlichen Rechts neben den steuerbegünstigten Zwecken auch noch andere Zwecke verfolgt (BFH-Urteil vom 27.11.2013, I R 17/12, BStBl. 2016 II S. 68). [4]Dies ist jedoch unschädlich, wenn die Mittel nachweislich für steuerbegünstigte Zwecke verwendet werden.

5. [1]Die Verwendung der zugewendeten Mittel hat i. S. d. § 55 Abs. 1 Nr. 5 AO zu erfolgen. [2]Wird dagegen verstoßen, liegt eine Mittelfehlverwendung bei der Empfängerkörperschaft vor.

6. Nicht zeitnah zu verwendende Mittel der Geberkörperschaft (z. B. freie Rücklage) unterliegen jedoch auch bei der Empfängerkörperschaft nicht dem Gebot der zeitnahen Mittelverwendung.

7. [1]Werden unentgeltlich oder lediglich gegen Kostenübernahme Nutzungen überlassen, Waren geliefert oder Dienstleistungen erbracht und diese Nutzungen, Warenlieferungen und Dienstleistungen bei der Empfängerkörperschaft dem steuerbegünstigten Bereich zugeordnet, sind diese bei der Geberkörperschaft dem ideellen Bereich bzw. dem Zweckbetrieb zuzuordnen. [2]Folglich können die eingesetzten Vermögensgegenstände aus zeitnah zu verwendenden Mitteln finanziert werden.

[1]Werden Nutzungsüberlassungen, Warenlieferungen oder Dienstleistungen gegen einen die entstandenen Kosten übersteigenden Betrag erbracht, sind diese grundsätzlich dem steuerpflichtigen wirtschaftlichen Geschäftsbetrieb bzw. der Vermögensverwaltung zuzuordnen und können damit nicht aus zeitnah zu verwendenden Mitteln finanziert werden. [2]In diesem Fall findet § 58 Nr. 1 AO keine Anwendung.

Zu § 58 Nr. 3 AO:

8. [1]Die Weitergabe der Gewinne aus wirtschaftlichen Geschäftsbetrieben (einschließlich Zweckbetriebe), der Überschüsse aus der Vermögensverwaltung sowie höchstens 15% der sonstigen zeitnah zu verwendenden Mittel zur Vermögensausstattung einer anderen Körperschaft ist unschädlich. [2]Maßgebend für die Ermittlung dieser Grenzen sind die Verhältnisse des vorangegangenen Kalender- oder Wirtschaftsjahres.

Folgende Voraussetzungen müssen erfüllt sein:

- Bei der Empfängerkörperschaft handelt es sich um eine steuerbegünstigte Körperschaft oder eine juristische Person des öffentlichen Rechts.
- [1]Die aus den Vermögenserträgen zu verwirklichenden steuerbegünstigten Zwecke der Empfängerkörperschaft müssen übereinstimmen mit den steuerbegünstigten satzungsmäßigen Zwecken der gebenden Körperschaft. [2]Der mit den weitergegebenen Mitteln verfolgte Zweck muss sowohl von der Geber- als auch von der Empfängerkörperschaft gefördert werden. [3]Beide Körperschaften können daneben aber auch noch weitere Zwecke fördern.
- Die zugewandten Mittel und deren Erträge dürfen nicht für weitere Mittelweitergaben nach § 58 Nr. 3 AO zur Vermögensausstattung verwendet werden.

– [1]Die zugewandten Mittel und Erträge unterliegen bei der Empfängerkörperschaft der steuerbegünstigten Mittelverwendungspflicht. [2]Erfolgt eine Verwendung für andere Zwecke, liegt eine Mittelfehlverwendung bei der Empfängerkörperschaft vor.

[1]In diesem Sinne ist auch die Vermögensausstattung einer steuerbegünstigten Kapitalgesellschaft (z.B. gGmbH), die denselben steuerbegünstigten Zweck verfolgt, durch die Hingabe von Kapital bei Neugründung oder im Rahmen einer Kapitalerhöhung erlaubt, nicht aber der Erwerb von Anteilen an einer bereits bestehenden Körperschaft. [2]In den Fällen des § 57 Abs. 4 AO, siehe Nrn. 14 und 15 des AEAO zu § 57 Abs. 4.

Zu § 58 Nr. 4 AO:

9. Eine steuerlich unschädliche Betätigung liegt auch dann vor, wenn nicht nur Arbeitskräfte, sondern zugleich Arbeitsmittel (z.B. Krankenwagen) zur Verfügung gestellt werden.

Zu § 58 Nr. 5 AO:

10. [1]Zu den „Räumen" i.S.d. § 58 Nr. 5 AO gehören beispielsweise auch Sportstätten, Sportanlagen und Freibäder.

Zu § 58 Nr. 6 AO:

11. [1]Eine Stiftung darf einen Teil ihres Einkommens – höchstens ein Drittel – dazu verwenden, die Gräber des Stifters und seiner nächsten Angehörigen zu pflegen und deren Andenken zu ehren. [2]In diesem Rahmen ist auch gestattet, dem Stifter und seinen nächsten Angehörigen Unterhalt zu gewähren.

[1]Unter Einkommen ist die Summe der Einkünfte aus den einzelnen Einkunftsarten des § 2 Abs. 1 EStG zu verstehen, unabhängig davon, ob die Einkünfte steuerpflichtig sind oder nicht. [2]Positive und negative Einkünfte sind zu saldieren. [3]Die Verlustverrechnungsbeschränkungen des EStG sind dabei mit Ausnahme der des § 15a EStG unbeachtlich.

Bei der Ermittlung der Einkünfte sind von den Einnahmen die damit zusammenhängenden Aufwendungen einschließlich der Abschreibungsbeträge abzuziehen.

Zur steuerrechtlichen Beurteilung von Ausgaben für die Erfüllung von Verbindlichkeiten, die durch die Übertragung von belastetem Vermögen begründet worden sind, wird auf die Nrn. 12 bis 14 des AEAO zu § 55 hingewiesen.

12. [1]Der Begriff des nächsten Angehörigen ist enger als der Begriff des Angehörigen nach § 15 AO. [2]Er umfasst:
– Ehegatten und Lebenspartner,
– Eltern, Großeltern, Kinder, Enkel (auch falls durch Adoption verbunden),
– Geschwister,
– Pflegeeltern, Pflegekinder.

13. [1]Unterhalt, Grabpflege und Ehrung des Andenkens müssen sich in angemessenem Rahmen halten. [2]Damit ist neben der relativen Grenze von einem Drittel des Einkommens eine gewisse absolute Grenze festgelegt. [3]Maßstab für die Angemessenheit des Unterhalts ist der Lebensstandard des Zuwendungsempfängers. [4]Leistungen mit Ausschüttungscharakter, z.B. in Höhe eines Prozentsatzes der Erträge, sind unzulässig.

14. [1]§ 58 Nr. 6 AO enthält lediglich eine Ausnahmeregelung zu § 55 Abs. 1 Nr. 1 AO für Stiftungen (vgl. Nr. 15 des AEAO zu § 55), begründet jedoch keinen eigenständigen steuerbegünstigten Zweck. [2]Eine Stiftung, zu deren Satzungszwecken die Unterstützung von hilfebedürftigen Verwandten des Stifters gehört, kann daher nicht unter Hinweis auf § 58 Nr. 6 AO als steuerbegünstigt behandelt werden.

Zu § 58 Nr. 7 AO:

15. [1]Gesellige Zusammenkünfte, die im Vergleich zur steuerbegünstigten Tätigkeit nicht von untergeordneter Bedeutung sind, schließen die Steuervergünstigung aus.

Zu § 58 Nr. 9 AO:

16. [1]Diese Ausnahmeregelung ermöglicht es den ausschließlich von einer oder mehreren Gebietskörperschaften errichteten rechtsfähigen und nichtrechtsfähigen Stiftungen, die Erfüllung ihrer steuerbegünstigten Zwecke mittelbar durch Zuschüsse an Wirtschaftsunternehmen zu verwirklichen. [2]Diese mittelbare Zweckverwirklichung muss in der Satzung festgelegt sein. [3]Die Verwendung der Zuschüsse für steuerbegünstigte Satzungszwecke muss nachgewiesen werden.

Zu § 58 Nr. 10 AO:

17. [1]Die Verwendung von Mitteln zum Erwerb von Gesellschaftsrechten zur Erhaltung der prozentualen Beteiligung an Kapitalgesellschaften schließt die Steuervergünstigungen nicht aus (§ 58 Nr. 10 AO). [2]Die Herkunft der Mittel ist dabei ohne Bedeutung. [3]§ 58 Nr. 10 AO ist nicht auf den erstmaligen Erwerb von Anteilen an Kapitalgesellschaften anzuwenden. [4]Hierfür können u. a. freie Rücklagen nach § 62 Abs. 1 Nr. 3 AO eingesetzt werden.

[1]Die Höchstgrenze für die Zuführung zu der freien Rücklage vermindert sich um den Betrag, den die Körperschaft zum Erwerb von Gesellschaftsrechten zur Erhaltung der prozentualen Beteiligung an Kapitalgesellschaften ausgibt oder bereitstellt. [2]Übersteigt der für die Erhaltung der Beteiligungsquote verwendete oder bereitgestellte Betrag die Höchstgrenze, ist auch in den Folgejahren eine Zuführung zu der freien Rücklage erst wieder möglich, wenn die für eine freie Rücklage verwendbaren Mittel insgesamt die für die Erhaltung der Beteiligungsquote verwendeten oder bereitgestellten Mittel übersteigen.

Beispiel:

Die Körperschaft erzielt im Jahr 01 folgende Überschüsse bzw. vereinnahmt folgende Mittel i. S. d. § 55 Abs. 1 Nr. 5 AO:

Überschuss Vermögensverwaltung: 21 000 €
Mittel i. S. d. § 55 Abs. 1 Nr. 5 AO: 30 000 €

Im Jahr 01 werden 2500 € für den Erwerb von Anteilen zum Erhalt der prozentualen Beteiligung eingesetzt.

Ermittlung der freien Rücklage im Jahr 01 unter Beachtung des § 62 Abs. 1 Nr. 3 AO

		Freie Rücklage
Überschuss Vermögensverwaltung	21 000 €	7000 €
Mittel i. S. d. § 55 Abs. 1 Nr. 5 AO	30 000 €	3000 €
Gesamt		10 000 €

Der Höchstbetrag für die freie Rücklage im Jahr 01 i. H. v. 10 000 € ist um die Mittel zu kürzen, die für den Erwerb der Anteile zum Erhalt der prozentualen Beteiligung eingesetzt wurden.
Im Jahr 01 kann eine freie Rücklage demnach nur in Höhe von 7500 € gebildet werden.

Zu § 58 Nr. 2 bis 10 AO:

18. [1]Die in § 58 Nrn. 3 bis 8 AO genannten Ausnahmetatbestände können auch ohne entsprechende Satzungsbestimmung verwirklicht werden. [2]Entgeltliche Tätigkeiten nach § 58 Nr. 4, 5 oder 7 AO begründen einen steuerpflichtigen wirtschaftlichen Geschäftsbetrieb oder Vermögensverwaltung (z. B. Raumüberlassung), sofern kein Fall des § 58 Nr. 1 AO (vgl. Nr. 7 des AEAO zu § 58 Nr. 1) oder des § 57 Abs. 3 AO vorliegt. [3]Bei den Regelungen des § 58 Nr. 6 und 9 AO kommt es jeweils nicht auf die Bezeichnung der Körperschaft als Stiftung, sondern auf die tatsächliche Rechtsform an. [4]Dabei ist es unmaßgeblich, ob es sich um eine rechtsfähige oder nichtrechtsfähige Stiftung handelt.

AEAO zu § 58a – Vertrauensschutz bei Mittelweitergaben:

1. [1]Die Vertrauensschutzregelung gilt für alle Mittelzuwendungen einer steuerbegünstigten Körperschaft an andere, ebenfalls steuerbegünstigte Körperschaften. [2]Sie ist auch auf die Übertragung von Mitteln auf Grundlage der Vermögensbindungsklausel des § 55 Abs. 1 Nr. 4 Satz 2 AO anwendbar.

2. Bei Zuwendungen an juristische Personen des öffentlichen Rechts für die Verwirklichung steuerbegünstigter Zwecke gilt – unabhängig von § 58a AO – stets der Vertrauensschutz, weil die Verwaltung nach Art. 20 Abs. 3 des Grundgesetzes an Gesetz und Recht gebunden ist, so dass Zuwendende darauf vertrauen dürfen, dass eine juristische Person des öffentlichen Rechts die zugewendeten Mittel entsprechend ihrer Bestimmung für steuerbegünstigte Zwecke verwendet.

3. Ausreichend für den Nachweis des geschützten Vertrauens im Sinne des § 58a Abs. 2 AO ist eine (elektronische) Kopie der in Nr. 1 bis 3 genannten Unterlagen.

AEAO zu § 59 – Voraussetzung der Steuervergünstigung:

1. [1]Die Vorschrift bestimmt u. a., dass die Steuervergünstigung nur gewährt wird, wenn ein steuerbegünstigter Zweck (§§ 52 bis 54 AO), die Selbstlosigkeit (§ 55 AO) und die ausschließliche und unmittelbare Zweckverfolgung (§§ 56, 57 AO) durch die Körperschaft aus der Satzung direkt hervorgehen. [2]Eine weitere satzungsmäßige Voraussetzung in diesem Sinn ist die in § 61 AO geforderte Vermögensbindung. [3]Das Unterhalten wirtschaftlicher Geschäftsbetriebe (§ 14 Satz 1 und 2 AO und § 64 AO), die keine Zweckbetriebe (§§ 65 bis 68 AO) sind, und die Vermögensverwaltung (§ 14 Satz 3 AO) dürfen nicht Satzungszweck sein. [4]Die Erlaubnis zur Unterhaltung eines Nicht-Zweckbetriebs und die Vermögensverwaltung in der Satzung können zulässig sein (BFH-Urteil vom 18.12.2002, I R 15/02, BStBl. 2003 II S. 384). [5]Bei Körperschaften, die ausschließlich Mittel anderen Körperschaften oder juristischen Personen des öffentlichen Rechts zuwenden (§ 58 Nr. 1 Satz 4 AO), kann in der Satzung auf das Gebot der Unmittelbarkeit verzichtet werden.

2. Bei mehreren Betrieben gewerblicher Art einer juristischen Person des öffentlichen Rechts ist für jeden Betrieb gewerblicher Art eine eigene Satzung erforderlich.

3. [1]Ein besonderes Anerkennungsverfahren ist im steuerlichen Gemeinnützigkeitsrecht nicht vorgesehen. [2]Ob eine Körperschaft steuerbegünstigt ist, entscheidet das Finanzamt im Veranlagungsverfahren durch Steuerbescheid (ggf. Freistellungsbescheid). [3]Die Steuerbefreiung soll spätestens alle drei Jahre überprüft werden. [4]Der erste Prüfungszeitraum bei neu gegründeten steuerbegünstigten Körperschaften soll im Regelfall mindestens sechs Monate, aber maximal 18 Monate betragen. [5]Für im zweiten Halbjahr neu gegründete Körperschaften liegt somit ein jahresübergreifender Prüfungszeitraum vor. [6]Bei der Überprüfung hat das Finanzamt von Amts wegen die tatsächlichen und rechtlichen Verhältnisse zu ermitteln, die für die Steuerpflicht und für die Bemessung der Steuer wesentlich sind. [7]Eine Körperschaft, bei der nach dem Ergebnis dieser Prüfung die gesetzlichen Voraussetzungen für die steuerliche Behandlung als steuerbegünstigte Körperschaft vorliegen, muss deshalb auch als solche behandelt werden, und zwar ohne Rücksicht darauf, ob ein entsprechender Antrag gestellt worden ist oder nicht. [8]Ein Verzicht auf die Behandlung als steuerbegünstigte Körperschaft ist somit für das Steuerrecht unbeachtlich.

4. [1]Wird bei einer Körperschaft, die bereits nach § 5 Abs. 1 Nr. 9 KStG steuerbefreit war, im Rahmen der Veranlagung festgestellt, dass die Satzung nicht den Anforderungen des Gemeinnützigkeitsrechts genügt, dürfen aus Vertrauensschutzgründen hieraus keine nachteiligen Folgerungen für die Vergangenheit gezogen werden. [2]Die Körperschaft ist trotz der fehlerhaften Satzung für abgelaufene Veranlagungszeiträume und für das Kalenderjahr, in dem die Satzung beanstandet wird, als steuerbegünstigt zu behandeln. [3]Dies gilt nicht, wenn bei der tatsächlichen Geschäftsführung gegen Vorschriften des Gemeinnützigkeitsrechts verstoßen wurde.

[1]Die Vertreter der Körperschaft sind aufzufordern, die zu beanstandenden Teile der Satzung so zu ändern, dass die Körperschaft die satzungsmäßigen Voraussetzungen für die Steuervergünstigung erfüllt. [2]Hierfür ist eine angemessene Frist zu setzen. [3]Vereinen soll dabei in der Regel eine Beschlussfassung in der nächsten ordentlichen Mitgliederversammlung ermöglicht werden. [4]Wird die Satzung innerhalb der gesetzten Frist entsprechend den Vorgaben des Finanzamts geändert, ist die Steuervergünstigung für das der Beanstandung der Satzung folgende Kalenderjahr auch dann anzuerkennen, wenn zu Beginn des Kalenderjahres noch keine ausreichende Satzung vorgelegen hat.

[1]Die vorstehenden Grundsätze gelten nicht, wenn die Körperschaft die Satzung geändert hat und eine geänderte Satzungsvorschrift zu beanstanden ist. [2]In diesen Fällen fehlt es an einer Grundlage für die Gewährung von Vertrauensschutz.

AEAO zu § 60 – Anforderungen an die Satzung:

1. [1]Die Satzung muss so präzise gefasst sein, dass aus ihr unmittelbar entnommen werden kann, ob die Voraussetzungen der Steuerbegünstigung vorliegen (formelle Satzungsmäßigkeit).[1)] [2]Die bloße Bezugnahme auf Satzungen oder andere Regelungen Dritter genügt nicht (BFH-Urteil vom 19.4.1989, I R 3/88, BStBl. II S. 595).

2. Die Satzung muss die in der Mustersatzung[1)] bezeichneten Festlegungen enthalten, soweit sie für die jeweilige Körperschaft im Einzelfall einschlägig sind.

Unter anderem sind in folgenden Fällen Abweichungen vom Wortlaut der Mustersatzung möglich:

a) Bei Förderkörperschaften (§ 58 Nr. 1 Satz 4 AO) kann entgegen § 1 der Mustersatzung auf das Gebot der Unmittelbarkeit verzichtet werden (vgl. Nr. 1 des AEAO zu § 59).

b) Insbesondere bei Stiftungen ist der in § 3 der Mustersatzung verwendete Begriff „Mitglieder" durch eine andere geeignete Formulierung zu ersetzen (vgl. § 55 Abs. 3 AO).

c) Körperschaften, deren Gesellschafter oder Mitglieder steuerbegünstigte Körperschaften sind und/oder juristische Personen des öffentlichen Rechts, die die Mittel für steuerbegünstigte Zwecke verwenden, können auf die Regelung in § 3 Satz 2 der Mustersatzung verzichten.

d) § 5 der Mustersatzung kann in Satzungen von Vereinen ohne die Formulierung „Aufhebung" verwendet werden.

Derselbe Aufbau und dieselbe Reihenfolge der Bestimmungen wie in der Mustersatzung werden nicht verlangt.

3. [1]Die Bestimmung, dass die Satzung die in der Mustersatzung[1)] bezeichneten Festlegungen enthalten muss (§ 60 Abs. 1 Satz 2 AO), gilt für Körperschaften, die nach dem 31.12.2008 gegründet werden oder die ihre Satzung mit Wirkung nach diesem Zeitpunkt ändern. [2]Die Satzung einer Körperschaft, die bereits vor dem 1.1.2009 bestanden hat, braucht nicht allein zur Anpassung an die Festlegungen in der Mustersatzung geändert zu werden.

4. Eine Satzung braucht nicht allein deswegen geändert zu werden, weil in ihr auf Vorschriften des StAnpG oder der GemV verwiesen oder das Wort „selbstlos" nicht verwandt wird.

5. Ordensgemeinschaften haben eine den Ordensstatuten entsprechende zusätzliche Erklärung nach dem Muster der Anlage zu Nr. 5 des AEAO zu § 60 abzugeben, die die zuständigen Organe der Orden bindet.[2)]

6. Die tatsächliche Geschäftsführung (vgl. § 63 AO) muss mit der Satzung übereinstimmen.

7. Die satzungsmäßigen Voraussetzungen für die Anerkennung der Steuerbegünstigung müssen

– bei der Körperschaftsteuer vom Beginn bis zum Ende des Veranlagungszeitraums,
– bei der Gewerbesteuer vom Beginn bis zum Ende des Erhebungszeitraums,
– bei der Grundsteuer zum Beginn des Kalenderjahres, für das über die Steuerpflicht zu entscheiden ist (§ 9 Abs. 2 GrStG),

---

1) Mustersatzung (= Anlage 1 zu § 60 AO) abgedruckt am Ende des AEAO als Anlage 2.
2) Abgedruckt am Ende des AEAO als Anlage 3.

– bei der Umsatzsteuer zu den sich aus § 13 Abs. 1 UStG ergebenden Zeitpunkten,
– bei der Erbschaftsteuer zu den sich aus § 9 ErbStG ergebenden Zeitpunkten erfüllt sein.

8. [1]Wird bei Neugründungsfällen die Feststellung nach § 60a AO abgelehnt und wird im gleichen Veranlagungszeitraum eine Satzung vorgelegt, die den gemeinnützigkeitsrechtlichen Bestimmungen genügt, kann die Steuerbegünstigung erst ab dem darauffolgenden Veranlagungszeitraum gewährt werden. [2]Dies gilt nicht, wenn die Körperschaft in der Zwischenzeit keine nach außen gerichteten Tätigkeiten entfaltet und keine Mittelverwendung stattgefunden hat.

Bei Körperschaften, die bereits vor Beginn des laufenden Veranlagungszeitraums existierten und erstmalig die Steuerbegünstigung oder die Feststellung nach § 60a AO beantragen, kann die Steuerbegünstigung erst ab dem darauffolgenden Veranlagungszeitraum gewährt werden.

9. Eine steuerbegünstigte Körperschaft, deren Satzung bereits vor dem 29.12.2020 bestanden hat, braucht diese nicht allein aufgrund der neuen Regelungen in § 52 Abs. 2 Nr. 8, 10, 22, 23 und 26 AO und § 58 Nr. 1 AO zu ändern, wenn die bisherige satzungsgemäße steuerbegünstigte Tätigkeit weiterhin in gleichem Umfang durchgeführt wird.

AEAO zu § 60a – Feststellung der satzungsmäßigen Voraussetzungen:

1. Die gesonderte Feststellung der satzungsmäßigen Voraussetzungen nach § 60a AO hat nicht unter dem Vorbehalt der Nachprüfung (§ 164 AO) zu erfolgen.

Zu § 60a Abs. 1 AO:

2. [1]Hält die Satzung einer Körperschaft die satzungsmäßigen Voraussetzungen nach den §§ 51, 59, 60 und 61 AO ein, wird dies durch einen Bescheid gesondert festgestellt.[1)] [2]Diese Feststellung der Satzungsmäßigkeit ist für die Besteuerung der Körperschaft und der Steuerpflichtigen, die Zuwendungen in Form von Spenden und Mitgliedsbeiträgen an die Körperschaft erbringen, bindend.

Die Voraussetzungen für die Feststellungen nach § 60a AO liegen auch dann vor, wenn die Körperschaft bereits vor dem 1.1.2009 bestand und daher eine Anpassung an die Mustersatzung (Anlage 1 zu § 60 AO)[2)] bisher nicht vornehmen musste (Art. 97 § 1f EGAO, siehe auch Nr. 3 des AEAO zu § 60).

3. [1]Das Verfahren nach § 60a AO ist ein Annexverfahren zur Körperschaftsteuerveranlagung. [2]Eine Feststellung nach § 60a AO ist für Körperschaften ausgeschlossen, die weder unbeschränkt i. S. d. § 1 KStG noch beschränkt i. S. d. § 2 KStG steuerpflichtig sind.

4. Die Feststellung der satzungsmäßigen Voraussetzungen in Neugründungsfällen kann bereits vor einer Registereintragung oder einer Anerken-

---

[1)] Zu einer Satzungsänderung bei Gemeinnützigkeit siehe BFH v. 23.7.2020 V R 40/18, BStBl. II 2021, 3.

[2)] Abgedruckt am Ende des AEAO als Anlage 2.

nung/Genehmigung der Körperschaft erfolgen, sofern zu diesem Zeitpunkt bereits eine Körperschaftsteuerpflicht besteht.

Eine Feststellung darf erst nach einem wirksamen Organbeschluss, beispielsweise über die Satzung, erfolgen.

Zu § 60a Abs. 2 AO:

5. Die Feststellung erfolgt auf Antrag der Körperschaft oder von Amts wegen bei der Veranlagung zur Körperschaftsteuer, wenn bisher noch keine Feststellung erfolgt ist.

Zu § 60a Abs. 3 AO:

6. Werden die Vorschriften, auf denen die Feststellung beruht, aufgehoben oder geändert, dann entfällt die Bindungswirkung des Feststellungsbescheids ab diesem Zeitpunkt.

Zu § 60a Abs. 4 AO:

7. [1]Treten bei den Verhältnissen, die für die Feststellung erheblich waren, Änderungen ein, so ist diese Feststellung ab dem Zeitpunkt der Änderung der Verhältnisse aufzuheben. [2]Für die Feststellung erheblich sind alle Bestimmungen, die für das Vorliegen der formellen Voraussetzungen gem. §§ 51, 59, 60 und 61 AO von Bedeutung sind (gemeinnützigkeitsrechtliche Bestimmungen).

[3]Dies sind beispielsweise:
- Änderungen der Zwecke
- Anpassung an die Mustersatzung
- Änderung der Vermögensbindung.

[1]Ändert eine Körperschaft gemeinnützigkeitsrechtlich relevante Bestimmungen ihrer Satzung, so ist die bisherige Feststellung mit Datum des Inkrafttretens der Satzungsänderung aufzuheben. [2]Zivilrechtliche Änderungen ohne steuerliche Relevanz sind unerheblich. [3]Wird auf Antrag der Körperschaft bei steuerlich nicht relevanten Satzungsänderungen eine Feststellung vorgenommen, scheidet eine Aufhebung der vorherigen Feststellung aus.

Da eine Änderung bei den für die Feststellung der satzungsmäßigen Voraussetzungen nach § 60a AO erheblichen Verhältnissen mit dem zivilrechtlichen Inkrafttreten (z.B. Eintragung in das Vereinsregister) eintritt, ist erst dann die Feststellung nach § 60a Abs. 4 AO aufzuheben (BFH-Urteil vom 23.7.2020, V R 40/18, BStBl. 2021 II S. 3).

Zu § 60a Abs. 5 AO:

8. [1]Beruht die Feststellung der satzungsmäßigen Voraussetzungen auf einem materiellen Fehler, kann sie mit Wirkung für die Zukunft aufgehoben werden. [2]Die Feststellung wird dann ab dem Jahr aufgehoben, das auf die Bekanntgabe der Aufhebungsentscheidung folgt. [3]Stellt sich also beispielsweise im Mai des Jahres 01 heraus, dass der Feststellung der satzungsmäßigen Voraussetzungen ein materieller Fehler zu Grunde liegt, und ergeht der Bescheid zur Aufhebung der Feststellung nach § 60a AO im August 01, tritt die Aufhebung zum 1.1.02 in Kraft. [4]Die Regelung des § 176 AO ist dabei entsprechend anzuwenden. [5]Dies gilt allerdings nicht für die Kalenderjahre, die nach der Verkündung der maßgeblichen Entscheidung eines obersten Gerichtshofes des Bundes beginnen.

Zu § 60a Abs. 6 AO:

9. Die tatsächliche Geschäftsführung ist grundsätzlich kein Prüfungsgegenstand im Verfahren zur Feststellung der satzungsmäßigen Voraussetzungen nach § 60a AO.

10. [1]Liegen der Finanzverwaltung bis zum Zeitpunkt des Erlasses des erstmaligen Körperschaftsteuerbescheids oder Freistellungsbescheids bereits Erkenntnisse über Verstöße der tatsächlichen Geschäftsführung gegen die satzungsmäßigen Voraussetzungen vor, beispielsweise aufgrund von extremistischen Aktivitäten der Körperschaft, ist der Antrag auf Feststellung der satzungsmäßigen Voraussetzungen abzulehnen. [2]Dies gilt entsprechend auch für die Aufhebung bestehender Feststellungen nach § 60a Abs. 1 AO.

AEAO zu § 61 – Satzungsmäßige Vermögensbindung:

1. [1]Die Vorschrift stellt klar, dass die zu den Voraussetzungen der Selbstlosigkeit zählende Bindung des Vermögens für steuerbegünstigte Zwecke vorallem im Falle der Auflösung der Körperschaft aus der Satzung genau hervorgehen muss (Mustersatzung, § 5).[1), 2)] [2]Als Empfänger des Vermögens kommen in Betracht:

- inländische steuerbegünstigte Körperschaften,
- die in § 5 Abs. 2 Nr. 2 KStG aufgeführten Körperschaften,
- juristische Personen des öffentlichen Rechts.

Die satzungsmäßige Vermögensbindung nach § 55 Abs. 1 Nr. 4 Satz 2 i. V. m. § 61 Abs. 1 AO ist auch erfüllt, wenn in der Satzung einer Körperschaft als Anfallsberechtigte eine in einem EU-/EWR-Staat ansässige juristische Person des öffentlichen Rechts aufgeführt wird.

2. [1]Wird die satzungsmäßige Vermögensbindung aufgehoben, gilt sie von Anfang an als steuerlich nicht ausreichend. [2]Die Regelung greift auch ein, wenn die Bestimmung über die Vermögensbindung erst zu einem Zeitpunkt geändert wird, in dem die Körperschaft nicht mehr als steuerbegünstigt anerkannt ist. [3]Die entsprechenden steuerlichen Folgerungen sind durch Steuerfestsetzung rückwirkend zu ziehen.

3. [1]Bei Verstößen gegen den Grundsatz der Vermögensbindung bildet die Festsetzungsverjährung (§§ 169 ff. AO) keine Grenze. [2]Vielmehr können nach § 175 Abs. 1 Satz 1 Nr. 2 AO auch Steuerbescheide noch geändert werden, die Steuern betreffen, die innerhalb von zehn Jahren vor der erstmaligen Verletzung der Vermögensbindungsregelung entstanden sind. [3]Es kann demnach auch dann noch zugegriffen werden, wenn zwischen dem steuerfreien Bezug der Erträge und dem Wegfall der Steuerbegünstigung ein Zeitraum von mehr als fünf Jahren liegt, selbst wenn in der Zwischenzeit keine Erträge mehr zugeflossen sind.

---

1) Abgedruckt am Ende des AEAO als Anlage 2.

2) Zur Regelung der „Aufhebung" in der Vereinssatzung siehe BFH v. 23.7.2009 V R 20/08, BStBl. II 2010, 719; hierzu BMF v. 7.7.2010, BStBl. I 2010, 630, sowie BFH v. 12.1.2011 I R 91/09, BFH/NV 2011, 1111.

Beispiel:

Eine gemeinnützige Körperschaft hat in den Jahren 01 bis 11 steuerfreie Einnahmen aus einem Zweckbetrieb bezogen und diese teils für gemeinnützige Zwecke ausgegeben und zum Teil in eine Rücklage eingestellt. Eine in 11 vollzogene Satzungsänderung sieht jetzt vor, dass bei Auflösung des Vereins das Vermögen an die Mitglieder ausgekehrt wird. In diesem Fall muss das Finanzamt für die Veranlagungszeiträume 01 ff. Steuerbescheide erlassen, welche die Nachversteuerung aller genannten Einnahmen vorsehen, wobei es unerheblich ist, ob die Einnahmen noch im Vereinsvermögen vorhanden sind.

4. Verstöße gegen § 55 Abs. 1 bis 3 AO begründen die Möglichkeit einer Nachversteuerung innerhalb der Festsetzungsfrist.

5. Die Nachversteuerung gem. § 61 Abs. 3 AO greift nicht nur bei gemeinnützigkeitsschädlichen Änderungen satzungsrechtlicher Bestimmungen über die Vermögensbindung ein, sondern erfasst auch die Fälle, in denen die tatsächliche Geschäftsführung gegen die von § 61 AO geforderte Vermögensbindung verstößt (§ 63 Abs. 2 AO).

Beispiel:

Eine gemeinnützige Körperschaft verwendet bei ihrer Auflösung oder bei Aufgabe ihres begünstigten Satzungszweckes ihr Vermögen entgegen der Vermögensbindungsbestimmung in der Satzung nicht für begünstigte Zwecke.

6. [1]Verstöße der tatsächlichen Geschäftsführung gegen § 55 Abs. 1 Nr. 1 bis 3 AO können so schwerwiegend sein, dass sie einer Verwendung des gesamten Vermögens für satzungsfremde Zwecke gleichkommen. [2]Auch in diesen Fällen ist eine Nachversteuerung nach § 61 Abs. 3 AO möglich (vgl. auch BFH-Urteil vom 12.10.2010, I R 59/09, BStBl. II 2012 S. 226).

7. [1]Bei der nachträglichen Besteuerung ist so zu verfahren, als ob die Körperschaft von Anfang an uneingeschränkt steuerpflichtig gewesen wäre. [2]§ 13 Abs. 3 KStG ist nicht anwendbar.

AEAO zu § 62 – Rücklagen und Vermögensbildung:

1. [1]Im wirtschaftlichen Geschäftsbetrieb können Rücklagen durch Zuführung des Gewinns gebildet werden. [2]Die Rücklagen müssen bei vernünftiger kaufmännischer Beurteilung wirtschaftlich begründet sein (entsprechend § 14 Abs. 1 Nr. 4 KStG). [3]Es muss ein konkreter Anlass gegeben sein, der auch aus objektiver unternehmerischer Sicht die Bildung der Rücklage im wirtschaftlichen Geschäftsbetrieb rechtfertigt (z. B. eine geplante Betriebsverlegung, Werkserneuerung oder Kapazitätsausweitung). [4]Eine fast vollständige Zuführung des Gewinns zu einer Rücklage im wirtschaftlichen Geschäftsbetrieb ist nur dann unschädlich für die Steuerbegünstigung, wenn die Körperschaft nachweist, dass die betriebliche Mittelverwendung zur Sicherung ihrer Existenz geboten war (BFH-Urteil vom 15.7.1998, I R 156/94, BStBl. 2002 II S. 162).

[1]Im Bereich der Vermögensverwaltung können Rücklagen durch Zuführung der Überschüsse aus der Vermögensverwaltung nur für die Durchführung konkreter Reparatur- oder Erhaltungsmaßnahmen an Vermögensgegenständen i. S. d. § 21 EStG gebildet werden. [2]Die Maßnahmen, für deren Durchführung die Rücklage gebildet wird, müssen notwendig sein, um den ordnungsgemäßen Zustand des Vermögensgegenstandes zu erhalten oder wiederherzustellen, und in einem angemessenen Zeitraum durchgeführt werden können (z. B. geplante Erneuerung eines undichten Daches).

Zu § 62 Abs. 1 AO:

2. Die Bildung einer Rücklage kann nicht damit begründet werden, dass die Überlegungen zur Verwendung der Mittel noch nicht abgeschlossen sind.

Zu § 62 Abs. 1 Nr. 1 AO:

3. [1]Bei der Bildung der Rücklage nach § 62 Abs. 1 Nr. 1 und 2 AO kommt es nicht auf die Herkunft der Mittel an. [2]Der Rücklage dürfen also auch zeitnah zu verwendende Mittel wie z. B. Spenden zugeführt werden.

4. [1]Voraussetzung für die Bildung einer Rücklage nach § 62 Abs. 1 Nr. 1 AO ist in jedem Fall, dass diese erforderlich ist, um die steuerbegünstigten, satzungsmäßigen Zwecke der Körperschaft nachhaltig erfüllen zu können. [2]Das Bestreben, ganz allgemein die Leistungsfähigkeit der Körperschaft zu erhalten, reicht für eine steuerlich unschädliche Rücklagenbildung nach dieser Vorschrift nicht aus (hierfür können nur freie Rücklagen nach § 62 Abs. 1 Nr. 3 AO gebildet werden, vgl. Nrn. 9 bis 11 des AEAO zu § 62). [3]Vielmehr müssen die Mittel für bestimmte – die steuerbegünstigten Satzungszwecke verwirklichende – Vorhaben angesammelt werden, für deren Durchführung bereits konkrete Zeitvorstellungen bestehen. [4]Besteht noch keine konkrete Zeitvorstellung, ist eine Rücklagenbildung dann zulässig, wenn die Durchführung des Vorhabens glaubhaft und bei den finanziellen Verhältnissen der steuerbegünstigten Körperschaft in einem angemessenen Zeitraum möglich ist. [5]Die Bildung von Rücklagen für periodisch wiederkehrende Ausgaben (z. B. Löhne, Gehälter, Mieten) in Höhe des Mittelbedarfs für eine angemessene Zeitperiode zur Sicherstellung der Liquidität ist zulässig (so genannte Betriebsmittelrücklage). [6]Ebenfalls unschädlich ist die vorsorgliche Bildung einer Rücklage zur Bezahlung von Steuern außerhalb eines steuerpflichtigen wirtschaftlichen Geschäftsbetriebs, solange Unklarheit darüber besteht, ob die Körperschaft insoweit in Anspruch genommen wird. [7]Eine beabsichtigte Vermögensausstattung nach § 58 Nr. 3 AO rechtfertigt keine Rücklagenbildung nach § 62 Abs. 1 Nr. 1 AO.

5. Die Rücklage nach § 62 Abs. 1 Nr. 1 AO kann unabhängig von dem Vorhandensein und der Höhe einer Rücklage nach § 62 Abs. 1 Nr. 3 AO (freie Rücklage) gebildet werden.

Zu § 62 Abs. 1 Nr. 2 AO:

6. [1]Eine Wiederbeschaffungsrücklage für Fahrzeuge und andere Wirtschaftsgüter, für deren Anschaffung die laufenden Einnahmen nicht ausreichen, ist nach § 62 Abs. 1 Nr. 2 AO zulässig. [2]Eine Wiederbeschaffungsabsicht liegt nur vor, wenn tatsächlich eine Neuanschaffung des einzelnen Wirtschaftsguts geplant und in einem angemessenen Zeitraum möglich ist. [3]Im Regelfall ist als Nachweis für die Wiederbeschaffungsabsicht ausreichend, dass die Rücklage gebildet wurde. [4]Diese Nachweiserleichterung gilt nicht für Immobilien. [5]Reicht die Zuführung von Mitteln in Höhe der Abschreibungen für eine beabsichtigte Wiederbeschaffung nicht aus, dann können auch höhere Mittel der Rücklage zugeführt werden. [6]Der Nachweis darüber ist durch die Körperschaft zu erbringen.

7. [1]Die Regelungen in den vorstehenden Textziffern zu § 62 Abs. 1 Nr. 1 und 2 AO gelten auch für Förderkörperschaften i. S. d. § 58 Nr. 1 AO (BFH-Urteil vom 13.9.1989, I R 19/85, BStBl. 1990 II S. 28). [2]Voraussetzung ist jedoch, dass die Rücklagenbildung innerhalb der Zweckverwirklichung der Weitergabe von Mitteln für die steuerbegünstigten Zwecke einer anderen Körperschaft erfolgt. [3]Diese Voraussetzung ist z. B. erfüllt, wenn die Förderkörperschaft wegen zeitlicher Verzögerung der von ihr zu finanzierenden steuerbegünstigten Maßnahmen angehalten ist, die dafür vorgesehenen Mittel zunächst zu thesaurieren.

8. Unterhält eine steuerbegünstigte Körperschaft einen steuerpflichtigen wirtschaftlichen Geschäftsbetrieb, so können dessen Erträge der Rücklage erst nach Versteuerung zugeführt werden.

Zu § 62 Abs. 1 Nr. 3 AO:

9. [1]Der freien Rücklage (§ 62 Abs. 1 Nr. 3 AO) darf jährlich höchstens ein Drittel des Überschusses der Einnahmen über die Ausgaben aus der Vermögensverwaltung zugeführt werden. [2]Unter Ausgaben sind Aufwendungen zu verstehen, die dem Grunde nach Werbungskosten sind.

10. [1]Darüber hinaus kann die Körperschaft höchstens 10% ihrer sonstigen nach § 55 Abs. 1 Nr. 5 AO zeitnah zu verwendenden Mittel einer freien Rücklage zuführen. [2]Mittel i. S. d. Vorschrift sind die Überschüsse bzw. Gewinne aus steuerpflichtigen wirtschaftlichen Geschäftsbetrieben und Zweckbetrieben sowie die Bruttoeinnahmen aus dem ideellen Bereich. [3]Bei Anwendung der Regelungen des § 64 Abs. 5 und 6 AO können in die Bemessungsgrundlage zur Ermittlung der Rücklage statt der geschätzten bzw. pauschal ermittelten Gewinne die tatsächlichen Gewinne einbezogen werden.

[1]Verluste aus Zweckbetrieben sind mit entsprechenden Überschüssen zu verrechnen; darüber hinaus gehende Verluste mindern die Bemessungsgrundlage nicht. [2]Das gilt entsprechend für Verluste aus dem einheitlichen wirtschaftlichen Geschäftsbetrieb. [3]Ein Überschuss aus der Vermögensverwaltung ist – unabhängig davon, inwieweit er in eine Rücklage eingestellt wurde – nicht in die Bemessungsgrundlage für die Zuführung aus den sonstigen zeitnah zu verwendenden Mitteln einzubeziehen. [4]Ein Verlust aus der Vermögensverwaltung mindert die Bemessungsgrundlage nicht.

11. Wird der jährliche Höchstbetrag der Mittel, die in die freie Rücklage hätten eingestellt werden können, in einem Jahr nicht ausgeschöpft, können Mittel in Höhe des nichtausgeschöpften Betrages zusätzlich in den beiden Folgejahren in die freie Rücklage eingestellt werden.

[1]Eine Körperschaft hätte im Jahr 01 beispielsweise 30 000 € in die freie Rücklage einstellen können. [2]Tatsächlich stellte sie aber nur 25 000 € ein. [3]In den nächsten beiden Jahren kann die Körperschaft zusätzlich zu dem für das jeweilige Jahr zulässigen Betrag nach § 62 Abs. 1 Nr. 3 AO noch weitere 5000 € in die freie Rücklage des jeweiligen Jahres einstellen. [4]Die Körperschaft kann diesen Betrag auf beide Jahre aufteilen (02: 3000 €, 03: 2000 €) oder den ganzen Betrag (entweder 02 oder 03) in die Rücklage einstellen.

[1]Die steuerbegünstigte Körperschaft muss die freie Rücklage während der Dauer ihres Bestehens nicht auflösen. [2]Die in die Rücklage eingestellten Mittel können auch dem Vermögen zugeführt werden.

Zu § 62 Abs. 1 Nr. 4 AO:

12. [1]Die Ansammlung von Mitteln zum Erwerb von Gesellschaftsrechten zur Erhaltung der prozentualen Beteiligung an Kapitalgesellschaften ist zulässig (§ 62 Abs. 1 Nr. 4 AO). [2]Die Herkunft der Mittel ist dabei ohne Bedeutung. [3]§ 62 Abs. 1 Nr. 4 AO ist nicht auf den erstmaligen Erwerb von Anteilen an Kapitalgesellschaften anzuwenden. [4]Hierfür können u. a. freie Rücklagen nach § 62 Abs. 1 Nr. 3 AO eingesetzt werden.

13. [1]Die Höchstgrenze für die Zuführung zu der freien Rücklage mindert sich um den Betrag, den die Körperschaft zum Erwerb von Gesellschaftsrechten zur Erhaltung der prozentualen Beteiligung an Kapitalgesellschaften ausgibt oder in die Rücklage einstellt. [2]Übersteigt der für die Erhaltung der Beteiligungsquote verwendete oder in eine Rücklage eingestellte Betrag die Höchstgrenze, ist auch in den Folgejahren eine Zuführung zu der freien Rücklage erst wieder möglich, wenn die für eine freie Rücklage verwendbaren Mittel insgesamt die für die Erhaltung der Beteiligungsquote verwendeten oder in die Rücklage eingestellten Mittel übersteigen. [3]Die Zuführung von Mitteln zu Rücklagen nach § 62 Abs. 1 Nr. 1 und 2 AO berührt die Höchstgrenze für die Bildung freier Rücklagen dagegen nicht.

Beispiel:

Beispiel für eine Rücklagenbildung nach § 62 Abs. 1 Nrn. 3 und 4 AO:

VZ 01

Spenden	10 000 €
Einnahmen aus Vermögensverwaltung	12 000 €
Ausgaben in der Vermögensverwaltung	9 000 €
Gewinne aus	
– Zweckbetrieben	2 500 €
– steuerpflichtigen wirtschaftlichen Geschäftsbetrieben	3 000 €
→ 10 % von (10 000 € + 2500 € + 3000 €) =	1 550 €
→ 1/3 von (12 000 € – 9000 €) =	1 000 €
≙ Potenzial zur Rücklagenbildung nach § 62 Abs. 1 Nr. 3 AO	2 550 €
Tatsächliche Rücklagenbildung im VZ 01:	
nach § 62 Abs. 1 Nr. 4 AO:	3 000 €
nach § 62 Abs. 1 Nr. 3 AO:	0 €
Überhang nach § 62 Abs. 1 Nr. 4 im Verhältnis zu Nr. 3 AO:	450 €

VZ 02

Spenden	20 000 €
Einnahmen aus Vermögensverwaltung	16 000 €
Ausgaben in der Vermögensverwaltung	10 000 €
Gewinne aus	
– Zweckbetrieben	1 000 €
– steuerpflichtigen wirtschaftlichen Geschäftsbetrieben	5 000 €
→ 10% von (20.000 € + 1.000 € + 5.000 €) =	2 600 €
→ 1/3 von (16.000 € – 10.000 €) =	2 000 €
abzgl. Überhang nach § 62 Abs. 1 Nr. 4 im Verhältnis zu Nr. 3 AO:	450 €
≙ Potenzial zur Rücklagenbildung nach § 62 Abs. 1 Nr. 3 AO	4 150 €
Tatsächliche Rücklagenbildung im VZ 02:	
nach § 62 Abs. 1 Nr. 4 AO:	1 000 €
nach § 62 Abs. 1 Nr. 3 AO:	3 150 €

Zu § 62 Abs. 2 AO:

14. [1]Rücklagen sind in der Frist des § 55 Abs. 1 Nr. 5 Satz 3 AO zu bilden. [2]Nur tatsächlich vorhandene Mittel können in eine Rücklage eingestellt werden. [3]Ob die Voraussetzungen für die Bildung einer Rücklage vorliegen, hat die steuerbegünstigte Körperschaft dem zuständigen Finanzamt im Einzelnen darzulegen. [4]Weiterhin muss sie die Rücklagen nach § 62 Abs. 1 AO in ihrer Rechnungslegung – ggf. in einer Nebenrechnung – gesondert ausweisen, damit eine Kontrolle jederzeit und ohne besonderen Aufwand möglich ist (BFH-Urteil vom 20.12.1978, I R 21/76, BStBl. 1979 II S. 496).

[1]Entfällt der Grund für die Bildung einer Rücklage nach § 62 Abs. 1 Nr. 1, 2 und 4 AO, so ist diese unverzüglich aufzulösen. [2]Die dadurch freigewordenen Mittel sind innerhalb der Frist des § 55 Abs. 1 Nr. 5 Satz 3 AO zu verwenden.

[1]Die freigewordenen Mittel können auch in die Rücklagen nach § 62 Abs. 1 Nr. 1, 2 und 4 AO eingestellt werden. [2]Bei diesen Mitteln handelt es sich nicht um sonstige nach § 55 Abs. 1 Nr. 5 AO zeitnah zu verwendende Mittel (§ 58 Nr. 3 AO, § 62 Abs. 1 Nr. 3 AO).

15. Vorstehende Grundsätze gelten für Rücklagen im wirtschaftlichen Geschäftsbetrieb und für Rücklagen im Bereich der Vermögensverwaltung entsprechend.

Zu § 62 Abs. 3 AO:

16. [1]Die in § 62 Abs. 3 AO genannten Zuwendungen können dem Vermögen zugeführt werden. [2]Die Aufzählung ist abschließend. [3]Unter Sachzuwendungen, die ihrer Natur nach zum Vermögen gehören, sind Wirtschaftsgüter zu verstehen, die ihrer Art nach von der Körperschaft im ideellen Bereich, im Rahmen der Vermögensverwaltung oder im wirtschaftlichen Geschäftsbetrieb genutzt werden können.

Werden Mittel nach dieser Vorschrift dem Vermögen zugeführt, sind sie aus der Bemessungsgrundlage für Zuführungen von sonstigen zeitnah zu verwendenden Mitteln nach § 62 Abs. 1 Nr. 3 AO herauszurechnen.

Zu § 62 Abs. 4 AO:

17. [1]Stiftungen dürfen im Jahr ihrer Errichtung und in den drei folgenden Kalenderjahren Überschüsse und Gewinne aus der Vermögensverwaltung, aus Zweckbetrieb und aus steuerpflichtigen wirtschaftlichen Geschäftsbetrieben ganz oder teilweise ihrem Vermögen zuführen. [2]Für sonstige Mittel, z. B. Zuwendungen und Zuschüsse, gilt diese Regelung dagegen nicht.

Liegen in einem Kalenderjahr positive und negative Ergebnisse aus der Vermögensverwaltung, aus den Zweckbetrieben und dem einheitlichen steuerpflichtigen wirtschaftlichen Geschäftsbetrieb vor, ist eine Zuführung zum Vermögen auf den positiven Betrag begrenzt, der nach der Verrechnung der Ergebnisse verbleibt.

AEAO zu § 63 – Anforderungen an die tatsächliche Geschäftsführung:

1. [1]Den Nachweis, dass die tatsächliche Geschäftsführung den notwendigen Erfordernissen entspricht, hat die Körperschaft durch ordnungsmäßige Aufzeichnungen (insbesondere Aufstellung der Einnahmen und Ausgaben, Tätigkeitsbericht, Vermögensübersicht mit Nachweisen über die Bildung und

Entwicklung der Rücklagen) zu führen. [2]Die Vorschriften der AO über die Führung von Büchern und Aufzeichnungen (§§ 140 ff. AO) sind zu beachten. [3]Die Vorschriften des Handelsrechts einschließlich der entsprechenden Buchführungsvorschriften gelten nur, sofern sich dies aus der Rechtsform der Körperschaft oder aus ihrer wirtschaftlichen Tätigkeit ergibt. [4]Bei der Verwirklichung steuerbegünstigter Zwecke im Ausland besteht eine erhöhte Nachweispflicht (§ 90 Abs. 2 AO).

2. Hat das Finanzamt eine Frist nach § 63 Abs. 4 AO gesetzt, gilt die tatsächliche Geschäftsführung als ordnungsgemäß, wenn die Körperschaft die Mittel innerhalb der gesetzten Frist für steuerbegünstigte Zwecke verwendet.

3. [1]Die tatsächliche Geschäftsführung umfasst auch die Ausstellung steuerlicher Zuwendungsbestätigungen. [2]Zuwendungsbestätigungen dürfen nur dann ausgestellt werden, wenn die Voraussetzungen des § 63 Abs. 5 AO vorliegen. [3]Die Erlaubnis wird an die Erteilung eines Feststellungsbescheids nach § 60a Abs. 1 AO, eines Freistellungsbescheids oder eine Anlage zum Körperschaftsteuerbescheid geknüpft. [4]Ist der Bescheid nach § 60a AO älter als drei Jahre oder ist der Freistellungsbescheid – beziehungsweise sind die Anlagen zum Körperschaftsteuerbescheid – älter als fünf Jahre, darf die Körperschaft keine Zuwendungsbestätigungen mehr ausstellen.

Bei Missbräuchen auf diesem Gebiet, z. B. durch die Ausstellung von Gefälligkeitsbestätigungen, ist die Steuerbegünstigung zu versagen.

4. [1]Liegen neuere Erkenntnisse nach Bekanntgabe einer Feststellung nach § 60a AO, eines Freistellungsbescheids oder einer Anlage zum Körperschaftsteuerbescheid vor, dass auf Grund der tatsächlichen Geschäftsführung der Körperschaft die Steuerbegünstigung voraussichtlich nicht gewährt werden kann, kann eine Steuerfestsetzung (ggf. mit 0 €) erfolgen. [2]Für Feststellungen nach § 60a AO wird auf § 60a Abs. 6 AO verwiesen.

[1]Dies kann durch einen Vorauszahlungsbescheid oder einen Körperschaftsteuerbescheid geschehen, in dem jeweils von der vollen Steuerpflicht ausgegangen wird. [2]Dies hat zur Folge, dass die Körperschaft nicht mehr berechtigt ist, Zuwendungsbestätigungen auszustellen.

Die Körperschaft ist auf eine mögliche Haftungsinanspruchnahme nach § 10b Abs. 4 EStG hinzuweisen.

5. [1]Die tatsächliche Geschäftsführung muss sich im Rahmen der verfassungsmäßigen Ordnung halten, da die Rechtsordnung als selbstverständlich das gesetzestreue Verhalten aller Rechtsunterworfenen voraussetzt. [2]Als Verstoß gegen die Rechtsordnung, der die Steuerbegünstigung ausschließt, kommt auch eine Steuerverkürzung in Betracht (BFH-Urteil vom 27.9.2001, V R 17/99, BStBl. 2002 II S. 169). [3]Die verfassungsmäßige Ordnung wird schon durch die Nichtbefolgung von polizeilichen Anordnungen durchbrochen (BFH-Urteil vom 29.8.1984, I R 215/81, BStBl. 1985 II S. 106). [4]Gewaltfreier Widerstand, z. B. Sitzblockaden, gegen geplante Maßnahmen des Staates verstößt grundsätzlich nicht gegen die verfassungsmäßige Ordnung (vgl. BVerfG-Beschluss vom 10.1.1995, 1 BvR 718/89, 1 BvR 719/89, 1 BvR 722/89, 1 BvR 723/89, BVerfGE 92, S. 1 bis 25).

6. [1]Da es sich beim Entzug der Gemeinnützigkeit nicht um eine Ermessensentscheidung der Finanzverwaltung handelt, stellen das Verhältnismäßigkeitsprinzip und der ihm innewohnende Bagatellvorbehalt ein unverzichtbares Korrektiv dar, um in Einzelfällen die einschneidende Rechtsfolge des Verlusts der Gemeinnützigkeit auszuschließen (BFH-Urteil vom 12.3.2020, V R 5/17, BStBl. 2021 II S. 55). [2]Geringfügige Verstöße, beispielsweise gegen das Mittelverwendungsgebot des § 55 AO, rechtfertigen daher nicht den Entzug der Gemeinnützigkeit.

AEAO zu § 64 – Steuerpflichtige wirtschaftliche Geschäftsbetriebe:

Zu § 64 Abs. 1 AO:

1. Als Gesetz, das die Steuervergünstigung teilweise, nämlich für den wirtschaftlichen Geschäftsbetrieb (§ 14 Satz 1 und 2 AO), ausschließt, ist das jeweilige Steuergesetz zu verstehen, also § 5 Abs. 1 Nr. 9 KStG, § 3 Nr. 6 GewStG, § 12 Abs. 2 Nr. 8 Satz 2 UStG, § 3 Abs. 1 Nr. 3b GrStG i. V. m. A 12 Abs. 4 GrStR.[1)]

2. [1]Wegen des Begriffs „Wirtschaftlicher Geschäftsbetrieb" wird auf § 14 AO hingewiesen.[2)·3)] [2]Zum Begriff der „Nachhaltigkeit" bei wirtschaftlichen Geschäftsbetrieben siehe BFH-Urteil vom 21.8.1985, I R 60/80, BStBl. 1986 II S. 88. [3]Danach ist eine Tätigkeit grundsätzlich nachhaltig, wenn sie auf Wiederholung angelegt ist. [4]Es genügt, wenn bei der Tätigkeit der allgemeine Wille besteht, gleichartige oder ähnliche Handlungen bei sich bietender Gelegenheit zu wiederholen. [5]Wiederholte Tätigkeiten liegen auch vor, wenn der Grund zum Tätigwerden auf einem einmaligen Entschluss beruht, die Erledigung aber mehrere (Einzel-)Tätigkeiten erfordert. [6]Die Einnahmen aus der Verpachtung eines vorher selbst betriebenen wirtschaftlichen Geschäftsbetriebs unterliegen solange der Körperschaft- und Gewerbesteuer, bis die Körperschaft die Betriebsaufgabe erklärt (BFH-Urteil vom 4.4.2007, I R 55/06, BStBl. II S. 725).

3. [1]Ob eine an einer Personengesellschaft oder Gemeinschaft beteiligte steuerbegünstigte Körperschaft gewerbliche Einkünfte bezieht, wird im gesonderten und einheitlichen Gewinnfeststellungsbescheid der Personengesellschaft bindend festgestellt (BFH-Urteil vom 27.7.1988, I R 113/84, BStBl. 1989 II S. 134). [2]Ob ein steuerpflichtiger wirtschaftlicher Geschäftsbetrieb oder ein Zweckbetrieb (§§ 65 bis 68 AO) vorliegt, ist dagegen bei der Körperschaftsteuerveranlagung der steuerbegünstigten Körperschaft zu entscheiden. [3]Die Beteiligung einer gemeinnützigen Körperschaft an einer gewerblich geprägten vermögensverwaltenden Personengesellschaft führt nicht zu einem wirtschaftlichen Geschäftsbetrieb (BFH-Urteile vom 25.5.2011, I R 60/10, BStBl. 2012 II S. 858 und vom 18.2.2016, V R 60/13, BStBl. 2017 II S. 251). [4]Die Beteiligung einer steuerbegünstigten Körperschaft an einer Kapitalgesellschaft ist grundsätz-

---

1) Nr. **420**.

2) Siehe auch BFH v. 20.3.2014 V R 4/13, DStR 2014, 1539 (steuerbare Leistungen eines Sportvereins nach EU-Recht und nach nationalem Recht).

3) Der Verkauf von Ökopunkten ist kein wirtschaftlicher Geschäftsbetrieb; siehe BFH v. 24.1.2019 V R 63/16, BStBl. II 2019, 392.

lich Vermögensverwaltung (§ 14 Satz 3 AO). [5]Ein wirtschaftlicher Geschäftsbetrieb ist es dann, wenn mit ihr tatsächlich ein entscheidender Einfluss auf die laufende Geschäftsführung der Kapitalgesellschaft ausgeübt wird oder ein Fall der Betriebsaufspaltung vorliegt (vgl. BFH-Urteil vom 30.6.1971, I R 57/70, BStBl. II S. 753; H 15.7 (4) bis H 15.7 (6) EStH).[1)] [6]Besteht die Beteiligung an einer Kapitalgesellschaft, die selbst ausschließlich der Vermögensverwaltung dient, so liegt auch bei Einflussnahme auf die Geschäftsführung kein wirtschaftlicher Geschäftsbetrieb vor (vgl. R 4.1 Abs. 2 Satz 5 KStR 2015 i. V. m. R 5.7 Abs. 5 Satz 4 KStR 2015).[2)] [7]Dies gilt auch bei Beteiligung an einer steuerbegünstigten Kapitalgesellschaft. [8]Die Grundsätze der Betriebsaufspaltung sind nicht anzuwenden, wenn sowohl das Betriebs- als auch das Besitzunternehmen steuerbegünstigt sind. [9]Dies gilt aber nur insoweit, als die überlassenen wesentlichen Betriebsgrundlagen bei dem Betriebsunternehmen nicht in einem steuerpflichtigen wirtschaftlichen Geschäftsbetrieb eingesetzt werden.

Für Beteiligungen an steuerbegünstigten Kapitalgesellschaften in den Anwendungsfällen des § 57 Abs. 3 und 4 AO wird auf Nr. 12 des AEAO zu § 57 Abs. 3 und Nr. 14 des AEAO zu § 57 Abs. 4 verwiesen.

4. [1]Bei der Ermittlung des Gewinns aus dem wirtschaftlichen Geschäftsbetrieb sind die Betriebsausgaben zu berücksichtigen, die durch den Betrieb veranlasst sind. [2]Dazu gehören Ausgaben, die dem Betrieb unmittelbar zuzuordnen sind, weil sie ohne den Betrieb nicht oder zumindest nicht in dieser Höhe angefallen wären.

[1]Vereinbarte Aushilfslöhne für Vereinsmitglieder müssen den Vermögensbereich des Vereins verlassen haben, um als Betriebsausgaben eines wirtschaftlichen Geschäftsbetriebs des Vereins berücksichtigt zu werden (BFH-Urteil vom 5.12.1990, I R 5/88, BStBl. 1991 II S. 308). [2]Bei bedingungslosem Verzicht vor Zufluss können die vereinbarten Aushilfslöhne nicht als Betriebsausgaben anerkannt werden. [3]Von einem Abfluss der vereinbarten Aushilfslöhne der Vereinsmitglieder aus dem Vermögensbereich des Vereins ist auszugehen, wenn sich der Verzicht auf die Aushilfslöhne seinem wirtschaftlichen Gehalt nach als Verwendung zugeflossenen Einkommens erweist. [4]Das ist nach dem vorgenannten BFH-Urteil z. B. der Fall, wenn die Vereinsmitglieder den Verzicht auf ihre Löhne gegenüber dem Verein mit der Bedingung verbunden haben, diese Geldbeträge einem Dritten zuzuwenden.

5. [1]Bei so genannten gemischt veranlassten Kosten, die sowohl durch die steuerfreie als auch durch die steuerpflichtige Tätigkeit veranlasst sind, scheidet eine Berücksichtigung als Betriebsausgaben des steuerpflichtigen wirtschaftlichen Geschäftsbetriebs grundsätzlich aus, wenn sie ihren primären Anlass im steuerfreien Bereich haben. [2]Werden z. B. Werbemaßnahmen bei sportlichen oder kulturellen Veranstaltungen durchgeführt, sind die Veranstaltungskosten, soweit sie auch ohne die Werbung entstanden wären, keine Betriebsausgaben des steuerpflichtigen wirtschaftlichen Geschäftsbetriebs „Werbung" (BFH-Urteil vom 27.3.1991, I R 31/89, BStBl. 1992 II S. 103; zur pauschalen Gewinnermittlung

---

1) Nr. **1**.
2) Nr. **100**.

bei Werbung im Zusammenhang mit der steuerbegünstigten Tätigkeit einschließlich Zweckbetrieben vgl. Nrn. 32ff. des AEAO zu § 64).

6. Unabhängig von ihrer primären Veranlassung ist eine anteilige Berücksichtigung von gemischt veranlassten Aufwendungen (einschließlich Absetzung für Abnutzung) als Betriebsausgaben des steuerpflichtigen wirtschaftlichen Geschäftsbetriebs dann zulässig, wenn ein objektiver Maßstab für die Aufteilung der Aufwendungen (z.B. nach zeitlichen Gesichtspunkten) auf den ideellen Bereich einschließlich der Zweckbetriebe und den steuerpflichtigen wirtschaftlichen Geschäftsbetrieb besteht.

[1] Danach ist z.B. bei der Gewinnermittlung für den steuerpflichtigen wirtschaftlichen Geschäftsbetrieb „Greenfee" von steuerbegünstigten Golfvereinen wegen der Abgrenzbarkeit nach objektiven Maßstäben (z.B. im Verhältnis der Nutzung der Golfanlage durch vereinsfremde Spieler zu den Golf spielenden Vereinsmitgliedern im Kalenderjahr) trotz primärer Veranlassung durch den ideellen Bereich des Golfvereins ein anteiliger Betriebsausgabenabzug der Aufwendungen (z.B. für Golfplatz- und Personalkosten) zulässig (BFH-Urteil vom 15.1.2015, I R 48/13, BStBl. II S. 713). [2] Bei gemeinnützigen Musikvereinen sind Aufwendungen, die zu einem Teil mit Auftritten ihrer Musikgruppen bei eigenen steuerpflichtigen Festveranstaltungen zusammenhängen, anteilig als Betriebsausgaben des steuerpflichtigen wirtschaftlichen Geschäftsbetriebs abzuziehen. [3] Derartige Aufwendungen sind z.B. Kosten für Notenmaterial, Uniformen und Verstärkeranlagen, die sowohl bei Auftritten, die unentgeltlich erfolgen oder Zweckbetriebe sind, als auch bei Auftritten im Rahmen eines eigenen steuerpflichtigen Betriebs eingesetzt werden. [4] Als Maßstab für die Aufteilung kommt die Zahl der Stunden, die einschließlich der Proben auf die jeweiligen Bereiche entfallen, in Betracht.

[1] Auch die Personal- und Sachkosten für die allgemeine Verwaltung können grundsätzlich im wirtschaftlichen Geschäftsbetrieb abgezogen werden, soweit sie bei einer Aufteilung nach objektiven Maßstäben teilweise darauf entfallen. [2] Bei Kosten für die Errichtung und Unterhaltung von Vereinsheimen gibt es i.d.R. keinen objektiven Aufteilungsmaßstab.

7. [1] Eine gemeinnützige Körperschaft ist bereits nach § 55 Abs. 1 Nr. 1 AO verpflichtet, ihre Mittel ausschließlich zur Förderung gemeinnütziger Zwecke einzusetzen. [2] Ein steuerlicher Abzug derartiger Aufwendungen als Betriebsausgaben scheidet aus. [3] Nichtabziehbar sind nach § 10 Nr. 1 KStG auch Aufwendungen für die Erfüllung von Zwecken, die in der Satzung vorgeschrieben sind. [4] Die Aufwendungen für gemeinnützige oder satzungsmäßige Zwecke können auch nicht aufgrund einer „Auflage" als abziehbare Betriebsausgaben behandelt werden (Nichtanwendung des BFH-Urteils vom 5.6.2003, I R 76/01, BStBl. II 2005 S. 305).

8.[1)] [1] Unter Sponsoring wird üblicherweise die Gewährung von Geld oder geldwerten Vorteilen durch Unternehmen zur Förderung von Personen, Gruppen und/oder Organisationen in sportlichen, kulturellen, kirchlichen,

---

[1)] Zur ertragsteuerlichen Behandlung des Sponsoring siehe BMF v. 18.2.1998, BStBl. I 1998, 212, nicht anzuwenden bei der Veranstaltung von Golfturnieren durch Automobilvertragshändler, siehe OFD Hannover v. 20.5.2009 – S 2145 – 80 – StO 224, StEd 2009, 458.

wissenschaftlichen, sozialen, ökologischen oder ähnlich bedeutsamen gesellschaftspolitischen Bereichen verstanden, mit der regelmäßig auch eigene unternehmensbezogene Ziele der Werbung oder Öffentlichkeitsarbeit verfolgt werden. [2]Leistungen eines Sponsors beruhen häufig auf einer vertraglichen Vereinbarung zwischen dem Sponsor und dem Empfänger der Leistungen (Sponsoring-Vertrag), in dem Art und Umfang der Leistungen des Sponsors und des Empfängers geregelt sind.

9. [1]Die im Zusammenhang mit dem Sponsoring erhaltenen Leistungen können bei einer steuerbegünstigten Körperschaft steuerfreie Einnahmen im ideellen Bereich, steuerfreie Einnahmen aus der Vermögensverwaltung oder Einnahmen eines steuerpflichtigen wirtschaftlichen Geschäftsbetriebs sein. [2]Die steuerliche Behandlung der Leistungen beim Empfänger hängt grundsätzlich nicht davon ab, wie die entsprechenden Aufwendungen beim leistenden Unternehmen behandelt werden. [3]Für die Abgrenzung gelten die allgemeinen Grundsätze.

10. Danach liegt kein wirtschaftlicher Geschäftsbetrieb vor, wenn die steuerbegünstigte Körperschaft dem Sponsor nur die Nutzung ihres Namens zu Werbezwecken in der Weise gestattet, dass der Sponsor selbst zu Werbezwecken oder zur Imagepflege auf seine Leistungen an die Körperschaft hinweist.

[1]Ein wirtschaftlicher Geschäftsbetrieb liegt auch dann nicht vor, wenn der Empfänger der Leistungen z. B. auf Plakaten, Veranstaltungshinweisen, in Ausstellungskatalogen oder in anderer Weise auf die Unterstützung durch einen Sponsor lediglich hinweist. [2]Dieser Hinweis kann unter Verwendung des Namens, Emblems oder Logos des Sponsors, jedoch ohne besondere Hervorhebung, erfolgen. [3]Entsprechende Sponsoringeinnahmen sind nicht als Einnahmen aus der Vermögensverwaltung anzusehen. [4]Eine Zuführung zur freien Rücklage nach § 62 Abs. 1 Nr. 3 AO ist daher lediglich i. H. v. 10% der Einnahmen, nicht aber i. H. v. einem Drittel des daraus erzielten Überschusses möglich.

11. [1]Ein wirtschaftlicher Geschäftsbetrieb liegt dagegen vor, wenn die Körperschaft an den Werbemaßnahmen mitwirkt. [2]Dies ist z. B. der Fall, wenn die Körperschaft dem Sponsor das Recht einräumt, in einem von ihr herausgegebenen Publikationsorgan Werbeanzeigen zu schalten, einschlägige Sponsor-bezogene Themen darzustellen und bei Veranstaltungen der Körperschaft deren Mitglieder über diese Themen zu informieren und dafür zu werben (vgl. BFH-Urteil vom 7.11.2007, I R 42/06, BStBl. 2008 II S. 949). [3]Der wirtschaftliche Geschäftsbetrieb kann kein Zweckbetrieb (§§ 65 bis 68 AO) sein. [4]Soweit Sponsoringeinnahmen unmittelbar in einem aus anderen Gründen steuerpflichtigen wirtschaftlichen Geschäftsbetrieb anfallen, sind sie diesem zuzurechnen.

12. [1]Die Sammlung und Verwertung von Zahngold durch eine steuerbegünstigte Körperschaft im eigenen Namen und auf eigene Rechnung bildet nach den Grundsätzen des BFH-Urteils vom 28.2.1992, I R 149/90, BStBl. II S. 693, einen einheitlichen steuerpflichtigen wirtschaftlichen Geschäftsbetrieb (§§ 14, 64 AO). [2]Erklären die Spender, dass das Zahngold von der steuerbegünstigten Körperschaft im Namen der Spender und für Rechnung der Spender verwertet werden soll (treuhänderische Verwertung) und wenden die Spender den Verwertungserlös der steuerbegünstigten Körperschaft zu, liegt kein wirtschaftlicher Geschäftsbetrieb vor, wenn das Mitwirken der steuerbegünstigten Körperschaft sich darauf beschränkt, das Zahngold lediglich in Vertretung des Spenders bei der Scheideanstalt einzureichen. [3]Nehmen Spender anonym an der Zahngoldsammlung teil, begründet die steuerbegünstigte Körperschaft, die das Zahngold sammelt und verwerten lässt, damit einen steuerpflichtigen wirtschaftlichen Geschäftsbetrieb.

13. Unter Beschäftigungsgesellschaften sind Körperschaften zu verstehen, die – gegebenenfalls unter Nutzung arbeitsförderungsrechtlicher Instrumente und sonstiger Förderungsmöglichkeiten – die Hilfe für früher arbeitslose und von Arbeitslosigkeit bedrohte Menschen insbesondere durch Arbeitsbeschaffungsmaßnahmen, berufliche Qualifizierungsmaßnahmen und Umschulungen zum Ziel haben.

[1]Beschäftigungsgesellschaften können in der Regel nicht als gemeinnützig behandelt werden, wenn sie Waren herstellen und vertreiben oder Leistungen an Dritte erbringen, da sie dann wie andere Unternehmen eine wirtschaftliche Tätigkeit ausüben. [2]Dies ist kein gemeinnütziger Zweck. [3]Dass durch die wirtschaftliche Tätigkeit Arbeitsplätze erhalten oder geschaffen werden, rechtfertigt nicht die Anerkennung der Gemeinnützigkeit. [4]Die Erhaltung und Schaffung von Arbeitsplätzen ist mit jeder wirtschaftlichen Tätigkeit verbunden.

[1]Eine Beschäftigungsgesellschaft kann aber dann als gemeinnützig anerkannt werden, wenn das Schwergewicht ihrer Tätigkeit auf der beruflichen Qualifizierung, der Umschulung oder der sozialen Betreuung liegt. [2]Werden dabei Waren hergestellt und vertrieben (z.B. im Rahmen einer Ausbildung angefertigte Sachen) oder Leistungen gegenüber Dritten erbracht, liegt insoweit ein wirtschaftlicher Geschäftsbetrieb (§ 14 Satz 1 und 2 AO) vor. [3]Ist dieser steuerpflichtig, darf er weder Satzungszweck noch nach der tatsächlichen Geschäftsführung Selbst- oder Hauptzweck der Gesellschaft sein. [4]Ob der wirtschaftliche Geschäftsbetrieb steuerpflichtig oder ein steuerbegünstigter Zweckbetrieb ist, richtet sich nach den §§ 65 und 68 AO.

[1]Ein steuerbegünstigter Zweckbetrieb liegt insbesondere vor, wenn die Voraussetzungen des § 68 Nr. 3 AO erfüllt sind. [2]Danach sind Werkstätten für behinderte Menschen, die nach den Vorschriften des SGB III förderungsfähig sind und Personen Arbeitsplätze bieten, die wegen ihrer Behinderung nicht auf dem allgemeinen Arbeitsmarkt tätig sein können, sowie Einrichtungen für Beschäftigungs- und Arbeitstherapie, die der Eingliederung von Behinderten dienen, als Zweckbetriebe zu behandeln.

[1]Die Voraussetzungen des § 65 AO für die Zweckbetriebseigenschaft einer wirtschaftlichen Betätigung sind regelmäßig erfüllt, wenn sich der wirtschaftliche Geschäftsbetrieb in einer aus- oder weiterbildenden Tätigkeit gegen Teilnehmergebühren erschöpft. [2]Sie sind auch erfüllt, soweit als Ausfluss der beruflichen Qualifizierungs- und Umschulungsmaßnahmen Waren hergestellt und veräußert oder Dienstleistungen gegenüber Dritten gegen Entgelt erbracht werden. [3]Dagegen wird ein steuerpflichtiger wirtschaftlicher Geschäftsbetrieb (§ 64 AO) begründet, wenn die Herstellung und Veräußerung von Waren oder die entgeltlichen Dienstleistungen den Umfang überschreiten, der zur Erfüllung der beruflichen Qualifizierungs- und Umschulungsmaßnahmen notwendig ist.

Bei der gemeinnützigkeitsrechtlichen Behandlung von Körperschaften, die ähnliche Zwecke wie die Beschäftigungsgesellschaft fördern, ist nach den gleichen Grundsätzen zu verfahren.

Zu § 64 Abs. 2 AO:

14. [1]Die Regelung, dass bei steuerbegünstigten Körperschaften mehrere steuerpflichtige wirtschaftliche Geschäftsbetriebe als ein Betrieb zu behandeln sind, gilt auch für die Ermittlung des steuerpflichtigen Einkommens der Körperschaft und für die Beurteilung der Buchführungspflicht nach § 141 Abs. 1 AO. [2]Für die Frage, ob die Grenzen für die Buchführungspflicht überschritten sind, kommt es also auf die Werte (Einnahmen, Überschuss) des Gesamtbetriebs an.

15. [1]§ 55 Abs. 1 Nr. 1 Satz 2 und Nr. 3 AO gilt auch für den steuerpflichtigen wirtschaftlichen Geschäftsbetrieb. [2]Das bedeutet u.a., dass Verluste und Gewinnminderungen in den einzelnen steuerpflichtigen wirtschaftlichen Geschäftsbetrieben nicht durch Zuwendungen an Mitglieder oder durch unverhältnismäßig hohe Vergütungen entstanden sein dürfen.

16. Die entgeltliche Übernahme von Verwaltungstätigkeiten durch Einsatzstellen, Zentralstellen und Träger i. S. d. §§ 6 und 7 Bundesfreiwilligendienstgesetz (BFDG)[1)] aufgrund von Verträgen nach § 16 BFDG begründet einen steuerpflichtigen wirtschaftlichen Geschäftsbetrieb nach § 64 AO (teilweise Nichtanwendung des BFH-Urteils vom 23.7.2009, V R 93/07, BStBl. 2015 II S. 735).

17. [1]Bei einer Körperschaft, die mehrere steuerpflichtige wirtschaftliche Geschäftsbetriebe unterhält, ist für die Frage, ob gemeinnützigkeitsschädliche Verluste vorliegen, nicht auf das Ergebnis des einzelnen steuerpflichtigen wirtschaftlichen Geschäftsbetriebs, sondern auf das zusammengefasste Ergebnis aller steuerpflichtigen wirtschaftlichen Geschäftsbetriebe abzustellen. [2]Danach ist die Gemeinnützigkeit einer Körperschaft gefährdet, wenn die steuerpflichtigen wirtschaftlichen Geschäftsbetriebe insgesamt Verluste erwirtschaften (vgl. Nrn. 4 ff. des AEAO zu § 55).

In den Fällen des § 64 Abs. 5 und 6 AO ist nicht der geschätzte bzw. pauschal ermittelte Gewinn, sondern das Ergebnis zu berücksichtigen, das sich bei einer Ermittlung nach den allgemeinen Regelungen ergeben würde (vgl. Nrn. 4 bis 6 des AEAO zu § 64).

Zu § 64 Abs. 3 AO:

18. [1]Die Höhe der Einnahmen aus den steuerpflichtigen wirtschaftlichen Geschäftsbetrieben bestimmt sich nach den Grundsätzen der steuerlichen Gewinnermittlung. [2]Bei steuerbegünstigten Körperschaften, die den Gewinn nach § 4 Abs. 1 oder § 5 EStG ermitteln, kommt es deshalb nicht auf den Zufluss i. S. d. § 11 EStG an, so dass auch Forderungszugänge als Einnahmen zu erfassen sind. [3]Bei anderen steuerbegünstigten Körperschaften sind die im Kalenderjahr zugeflossenen Einnahmen (§ 11 EStG) maßgeblich. [4]Ob die Einnahmen die Besteuerungsgrenze übersteigen, ist für jedes Jahr gesondert zu prüfen. [5]Nicht leistungsbezogene Einnahmen sind nicht den für die Besteuerungsgrenze maßgeblichen Einnahmen zuzurechnen (vgl. Nr. 20 des AEAO zu § 64).

[1)] BFDG v. 28.4.2011, BGBl. I 2011, 687, zuletzt geänd. durch G v. 20.8.2021, BGBl. I 2021, 3932.

[1]Die Besteuerungsgrenze von 45 000 € ist erstmalig für den Veranlagungszeitraum 2020 anzuwenden. [2]Für Veranlagungszeiträume vor 2020 ist die bisherige Besteuerungsgrenze von 35 000 € maßgebend.

19. [1]Zu den Einnahmen i. S. d. § 64 Abs. 3 AO gehören leistungsbezogene Einnahmen einschließlich Umsatzsteuer aus dem laufenden Geschäft, wie Einnahmen aus dem Verkauf von Speisen und Getränken. [2]Dazu zählen auch erhaltene Anzahlungen.

20. [1]Zu den leistungsbezogenen Einnahmen i. S. d. Nr. 19 des AEAO zu § 64 gehören z. B. nicht

a) der Erlös aus der Veräußerung von Wirtschaftsgütern des Anlagevermögens des steuerpflichtigen wirtschaftlichen Geschäftsbetriebs;

b) Betriebskostenzuschüsse sowie Zuschüsse für die Anschaffung oder Herstellung von Wirtschaftsgütern des steuerpflichtigen wirtschaftlichen Geschäftsbetriebs;

c) Investitionszulagen;

d) der Zufluss von Darlehen;

e) Entnahmen i. S. d. § 4 Abs. 1 EStG;

f) die Auflösung von Rücklagen;

g) erstattete Betriebsausgaben, z. B. Umsatzsteuer;

h) Versicherungsleistungen mit Ausnahme des Ersatzes von leistungsbezogenen Einnahmen.

21. [1]Ist eine steuerbegünstigte Körperschaft an einer Personengesellschaft oder Gemeinschaft beteiligt, sind für die Beurteilung, ob die Besteuerungsgrenze überschritten wird, die anteiligen (Brutto-)Einnahmen aus der Beteiligung – nicht aber der Gewinnanteil – maßgeblich. [2]Bei Beteiligung einer steuerbegünstigten Körperschaft an einer Kapitalgesellschaft sind die Bezüge i. S. d. § 8b Abs. 1 KStG und die Erlöse aus der Veräußerung von Anteilen i. S. d. § 8b Abs. 2 KStG als Einnahmen i. S. d. § 64 Abs. 3 AO zu erfassen, wenn die Beteiligung einen steuerpflichtigen wirtschaftlichen Geschäftsbetrieb darstellt (vgl. Nr. 3 des AEAO zu § 64) oder in einem steuerpflichtigen wirtschaftlichen Geschäftsbetrieb gehalten wird.

22. In den Fällen des § 64 Abs. 5 und 6 AO sind für die Prüfung, ob die Besteuerungsgrenze i. S. d. § 64 Abs. 3 AO überschritten wird, die tatsächlichen Einnahmen anzusetzen.

23. Einnahmen aus sportlichen Veranstaltungen, die nach § 67a Abs. 1 Satz 1 AO oder – bei einer Option – nach § 67a Abs. 3 AO kein Zweckbetrieb sind, gehören zu den Einnahmen i. S. d. § 64 Abs. 3 AO.

Beispiel:

Ein Sportverein, der auf die Anwendung des § 67a Abs. 1 Satz 1 AO (Zweckbetriebsgrenze) verzichtet hat, erzielt im Jahr 01 folgende Einnahmen aus wirtschaftlichen Geschäftsbetrieben:

Sportliche Veranstaltungen, an denen kein bezahlter Sportler teilgenommen hat:	40 000 €
Sportliche Veranstaltungen, an denen bezahlte Sportler des Vereins teilgenommen haben:	20 000 €
Verkauf von Speisen und Getränken:	5000 €

Die Einnahmen aus wirtschaftlichen Geschäftsbetrieben, die keine Zweckbetriebe sind, betragen 25 000 € (20 000 € + 5000 €). Die Besteuerungsgrenze von 45 000 € wird nicht überschritten.

24. 1 Eine wirtschaftliche Betätigung verliert durch das Unterschreiten der Besteuerungsgrenze nicht den Charakter des steuerpflichtigen wirtschaftlichen Geschäftsbetriebs. 2 Das bedeutet, dass kein Beginn einer teilweisen Steuerbefreiung i. S. d. § 13 Abs. 5 KStG vorliegt und dementsprechend keine Schlussbesteuerung durchzuführen ist, wenn Körperschaft- und Gewerbesteuer wegen § 64 Abs. 3 AO nicht mehr erhoben werden.

25. Bei Körperschaften mit einem vom Kalenderjahr abweichenden Wirtschaftsjahr sind für die Frage, ob die Besteuerungsgrenze überschritten wird, die in dem Wirtschaftsjahr erzielten Einnahmen maßgeblich.

26. 1 Der allgemeine Grundsatz des Gemeinnützigkeitsrechts, dass für die steuerbegünstigten Zwecke gebundene Mittel nicht für den Ausgleich von Verlusten aus steuerpflichtigen wirtschaftlichen Geschäftsbetrieben verwendet werden dürfen, wird durch § 64 Abs. 3 AO nicht aufgehoben. 2 Unter diesem Gesichtspunkt braucht jedoch bei Unterschreiten der Besteuerungsgrenze der Frage der Mittelverwendung nicht nachgegangen zu werden, wenn bei überschlägiger Prüfung der Aufzeichnungen erkennbar ist, dass in dem steuerpflichtigen wirtschaftlichen Geschäftsbetrieb (§ 64 Abs. 2 AO) keine Verluste entstanden sind.

27.[1)] 1 Verluste und Gewinne aus Jahren, in denen die maßgeblichen Einnahmen die Besteuerungsgrenze nicht übersteigen, bleiben bei dem Verlustabzug (§ 10d EStG) außer Ansatz. 2 Ein rück- und vortragbarer Verlust kann danach nur in Jahren entstehen, in denen die Einnahmen die Besteuerungsgrenze übersteigen. 3 Dieser Verlust wird nicht für Jahre verbraucht, in denen die Einnahmen die Besteuerungsgrenze von 45 000 € nicht übersteigen.

Zu § 64 Abs. 4 AO:

28. § 64 Abs. 4 AO gilt nicht für regionale Untergliederungen (Landes-, Bezirks-, Ortsverbände) steuerbegünstigter Körperschaften.

Zu § 64 Abs. 5 AO:

29. 1 § 64 Abs. 5 AO gilt nur für Altmaterialsammlungen (Sammlung und Verwertung von Lumpen, gesammelten Kleidungsstücken, Altpapier, Schrott). 2 Zahngold ist kein Altmaterial (Näheres zu Zahngold: siehe Nr. 12 des AEAO zu § 64 Abs. 1). 3 Die Regelung gilt nicht für den Einzelverkauf gebrauchter Sachen (Gebrauchtwarenhandel). 4 Basare und ähnliche Einrichtungen sind deshalb nicht begünstigt (vgl. BFH-Urteil vom 11.2.2009, I R 73/08, BStBl II S. 516). 5 Zu Kleiderkammern siehe Nr. 9 des AEAO zu § 66.

30. § 64 Abs. 5 AO ist nur anzuwenden, wenn die Körperschaft dies beantragt (Wahlrecht).

31. Der branchenübliche Reingewinn ist bei der Verwertung von Altpapier mit 5% und bei der Verwertung von u. a. Altmaterial mit 20% der Einnahmen anzusetzen.

---

1) Zur Hinzurechnung der Pachtzinsen beim Gewerbeertrag des Pächters eines wirtschaftlichen Geschäftsbetriebs siehe BFH v. 4.4.2007 I R 55/06, BStBl. II 2007, 725.

Zu § 64 Abs. 6 AO:

32. [1]Bei den genannten steuerpflichtigen wirtschaftlichen Geschäftsbetrieben ist der Besteuerung auf Antrag der Körperschaft ein Gewinn von 15% der Einnahmen zugrunde zu legen. [2]Der Antrag gilt jeweils für alle gleichartigen Tätigkeiten in dem betreffenden Veranlagungszeitraum. [3]Er entfaltet keine Bindungswirkung für folgende Veranlagungszeiträume.

33. [1]Nach § 64 Abs. 6 Nr. 1 AO kann der Gewinn aus Werbemaßnahmen pauschal ermittelt werden, wenn sie im Zusammenhang mit der steuerbegünstigten Tätigkeit einschließlich Zweckbetrieben stattfinden. [2]Beispiele für derartige Werbemaßnahmen sind die Trikot- oder Bandenwerbung bei Sportveranstaltungen, die ein Zweckbetrieb sind, oder die aktive Werbung in Programmheften oder auf Plakaten bei kulturellen Veranstaltungen. [3]Entsprechend begünstigte Werbemaßnahmen können aber auch passive Duldungsleistungen sein, indem beispielsweise eine steuerbegünstigte Körperschaft Standflächen an Unternehmen für deren eigene Werbezwecke vermietet (BFH-Urteil vom 26.6.2019, V R 70/17, BStBl. II S. 654). [4]Die vorstehenden Ausführungen gelten auch für Sponsoring i. S. d. Nr. 10 des AEAO zu § 64.

34. Soweit Werbeeinnahmen nicht im Zusammenhang mit der ideellen steuerbegünstigten Tätigkeit oder einem Zweckbetrieb erzielt werden, z. B. Werbemaßnahmen bei einem Vereinsfest oder bei sportlichen Veranstaltungen, die wegen Überschreitens der Zweckbetriebsgrenze des § 67a Abs. 1 AO oder wegen des Einsatzes bezahlter Sportler ein steuerpflichtiger wirtschaftlicher Geschäftsbetrieb sind, ist § 64 Abs. 6 AO nicht anzuwenden.

35. [1]Das Veranstalten von Trabrennen kann ein steuerpflichtiger wirtschaftlicher Geschäftsbetrieb nach § 64 AO sein, der mit dem Betrieb eines Totalisators einen einheitlichen wirtschaftlichen Geschäftsbetrieb bildet. [2]Diesem Betrieb sind grundsätzlich sämtliche Einnahmen und Ausgaben zuzuordnen, die durch ihn veranlasst sind (BFH-Urteil vom 22.4.2009, I R 15/07, BStBl. 2011 II S. 475).

[1]Nach § 64 Abs. 6 Nr. 2 AO kann der Gewinn aus dem Totalisatorbetrieb der Pferderennvereine allerdings mit 15% der Einnahmen angesetzt werden. [2]Die maßgeblichen Einnahmen ermitteln sich insoweit wie folgt:

Wetteinnahmen
abzgl. Rennwettsteuer (Totalisatorsteuer)
abzgl. Auszahlungen an die Wettenden.

36. Nach § 64 Abs. 6 Nr. 3 AO kann bei der Besteuerung aus der Zweiten Fraktionierungsstufe der Blutspendedienste ein Gewinn von 15% der Einnahmen zugrunde gelegt werden.

[1]Einnahmen steuerbegünstigter Körperschaften aus der Weiterveräußerung von im Aphereseverfahren gewonnenen Blutbestandteilen der Ersten Fraktionierungsstufe zur weiteren Fraktionierung sind dem steuerpflichtigen wirtschaftlichen Geschäftsbetrieb zuzuordnen. [2]§ 64 Abs. 6 Nr. 3 AO findet in diesem Fall keine Anwendung.

Zu § 64 Abs. 5 und 6 AO:

37. Wird in den Fällen des § 64 Abs. 5 oder 6 AO kein Antrag auf Schätzung des Überschusses oder auf pauschale Gewinnermittlung gestellt, ist der Gewinn nach den allgemeinen Regeln durch Gegenüberstellung der Betriebseinnahmen und der Betriebsausgaben zu ermitteln (vgl. Nrn. 4 bis 6 des AEAO zu § 64).

38. Wird der Überschuss nach § 64 Abs. 5 AO geschätzt oder nach § 64 Abs. 6 AO pauschal ermittelt, sind dadurch auch die damit zusammenhängenden tatsächlichen Aufwendungen der Körperschaft abgegolten; sie können nicht zusätzlich abgezogen werden.

39. [1]Wird der Überschuss nach § 64 Abs. 5 AO geschätzt oder nach § 64 Abs. 6 AO pauschal ermittelt, muss die Körperschaft die mit diesen Einnahmen im Zusammenhang stehenden Einnahmen und Ausgaben gesondert aufzeichnen. [2]Die genaue Höhe der Einnahmen wird zur Ermittlung des Gewinns nach § 64 Abs. 5 bzw. 6 AO benötigt. [3]Die mit diesen steuerpflichtigen wirtschaftlichen Geschäftsbetrieben zusammenhängenden Ausgaben dürfen das Ergebnis der anderen steuerpflichtigen wirtschaftlichen Geschäftsbetriebe – unabhängig vom Zeitpunkt der steuerlichen Erfassung oder veranlagungszeitraumübergreifend – nicht mindern.

40. Die in den Bruttoeinnahmen ggf. enthaltene Umsatzsteuer gehört nicht zu den maßgeblichen Einnahmen i. S. d. § 64 Abs. 5 und 6 AO.

AEAO zu § 65 – Zweckbetrieb:[1), 2)]

1. [1]Der Zweckbetrieb ist ein wirtschaftlicher Geschäftsbetrieb i. S. v. § 14 AO. [2]Jedoch wird ein wirtschaftlicher Geschäftsbetrieb unter bestimmten Voraussetzungen steuerlich dem begünstigten Bereich der Körperschaft zugerechnet.

2. [1]Ein Zweckbetrieb muss tatsächlich und unmittelbar satzungsmäßige Zwecke der Körperschaft verwirklichen, die ihn betreibt. [2]Es genügt nicht, wenn er begünstigte Zwecke verfolgt, die nicht satzungsmäßige Zwecke der ihn tragenden Körperschaft sind. [3]Ebenso wenig genügt es, wenn er der Verwirklichung begünstigter Zwecke nur mittelbar dient, z. B. durch Abführung seiner Erträge (BFH-Urteil vom 21.8.1985, I R 60/80, BStBl. 1986 II S. 88). [4]Ein Zweckbetrieb muss deshalb in seiner Gesamtrichtung mit den ihn begründenden Tätigkeiten und nicht nur mit den durch ihn erzielten Einnahmen den steuerbegünstigten Zwecken dienen (BFH-Urteil vom 26.4.1995, I R 35/93, BStBl. II S. 767).

3. [1]Weitere Voraussetzung eines Zweckbetriebes ist, dass die Zwecke der Körperschaft nur durch ihn erreicht werden können. [2]Die Körperschaft muss den Zweckbetrieb zur Verwirklichung ihrer satzungsmäßigen Zwecke unbedingt und unmittelbar benötigen. [3]Dies ist z. B. nicht der Fall beim Betrieb einer Beschaffungsstelle (zentraler Ein- und Verkauf von Ausrüstungsgegenständen, Auftragsbeschaffung, etc.), da dieser weder unentbehrlich noch das einzige Mittel zur Erreichung des steuerbegünstigten Zwecks ist.

4.[3), 4)] [1]Der Wettbewerb eines Zweckbetriebs zu nicht begünstigten Betrieben derselben oder ähnlicher Art muss auf das zur Erfüllung der steuerbegünstigten

---

1) Zu Billigkeitsmaßnahmen bei vorübergehender Unterbringung von Bürgerkriegsflüchtlingen und Asylbewerbern siehe BMF v. 20.11.2014, BStBl. I 2014, 1613, ergänzt durch BMF v. 9.2.2016, BStBl. I 2016, 223, u. v. 5.2.2019, BStBl. I 2019, 116 für VZ 2014–2021.

2) Zur Gewinnpauschalierung bei wissenschaftlichen Tagungen siehe BFH v. 26.6.2019 V R 70/17, BStBl. II 2019, 654.

3) Siehe auch BFH v. 20.3.2014 V R 4/13, DStR 2014, 1539 (steuerbare Leistungen eines Sportvereins nach EU-Recht und nationalem Recht).

4) Siehe auch BFH v. 10.8.2016 V R 14/15, BFH/NV 2017, 63, zu Pferdepensionsleistungen eines Vereins.

Zwecke unvermeidbare Maß begrenzt sein. [2]Wettbewerb i. S. d. § 65 Nr. 3 AO setzt nicht voraus, dass die Körperschaft auf einem Gebiet tätig ist, in der sie tatsächlich in Konkurrenz zu steuerpflichtigen Betrieben derselben oder ähnlicher Art tritt. [3]Der Sinn und Zweck des § 65 Nr. 3 AO liegt in einem umfänglichen Schutz des Wettbewerbs, der auch den potentiellen Wettbewerb umfasst (vgl. BFH-Urteile vom 27.10.1993, I R 60/91, BStBl. 1994 II S. 573 und vom 29.1.2009, V R 46/06, BStBl. II S. 560). [4]Ein Zweckbetrieb ist daher – entgegen dem BFH-Urteil vom 30.3.2000, V R 30/99, BStBl. II S. 705 – bereits dann nicht gegeben, wenn ein Wettbewerb mit steuerpflichtigen Unternehmen lediglich möglich wäre, ohne dass es auf die tatsächliche Wettbewerbssituation vor Ort ankommt. [5]Unschädlich ist dagegen der uneingeschränkte Wettbewerb zwischen Zweckbetrieben, die demselben steuerbegünstigten Zweck dienen und ihn in der gleichen oder in ähnlicher Form verwirklichen.

AEAO zu § 66 – Wohlfahrtspflege:

1. Die Bestimmung enthält eine Sonderregelung für wirtschaftliche Geschäftsbetriebe, die sich mit der Wohlfahrtspflege befassen.

2. [1]Die Wohlfahrtspflege darf nicht des Erwerbs wegen ausgeübt werden. [2]Eine Einrichtung wird dann „des Erwerbs wegen" betrieben, wenn damit Gewinne angestrebt werden, die den konkreten Finanzierungsbedarf des jeweiligen wirtschaftlichen Geschäftsbetriebs übersteigen, die Wohlfahrtspflege mithin in erster Linie auf Mehrung des eigenen Vermögens gerichtet ist. [3]Dabei kann die Erzielung von Gewinnen in gewissem Umfang – z. B. zum Inflationsausgleich oder zur Finanzierung von betrieblichen Erhaltungs- und Modernisierungsmaßnahmen – geboten sein, ohne in Konflikt mit dem Zweck der steuerlichen Begünstigung zu stehen (BFH-Urteil vom 27.11.2013, I R 17/12, BStBl. 2016 II S. 68). [4]Werden in drei aufeinanderfolgenden Veranlagungszeiträumen jeweils Gewinne erwirtschaftet, die den konkreten Finanzierungsbedarf der wohlfahrtspflegerischen Gesamtsphäre der Körperschaft übersteigen, ist widerlegbar (z. B. unbeabsichtigte Gewinne aufgrund von Marktschwankungen) von einer zweckbetriebsschädlichen Absicht der Körperschaft auszugehen, den Zweckbetrieb des Erwerbs wegen auszuüben. [5]Gewinne aufgrund staatlich regulierter Preise (z. B. auf Grundlage einer Gebührenordnung nach Maßgabe des § 90 SGB XI) sind kein Indiz dafür, dass der Zweckbetrieb des Erwerbs wegen ausgeübt wird.

[1]Der konkrete Finanzierungsbedarf im Sinne des Satzes 4 [in Abs. 1][1)] umfasst die Erträge, die für den Betrieb und die Fortführung der Einrichtung(en) der Wohlfahrtspflege notwendig sind, und beinhaltet auch die zulässige Rücklagenbildung nach § 62 Abs. 1 Nrn. 1 und 2 AO. [2]Zur wohlfahrtspflegerischen Gesamtsphäre im Sinne des Satzes 4 [in Abs. 1][1)] gehören

a) Wohlfahrtspflegeeinrichtungen im Sinne des § 66 AO,

b) Zweckbetriebe im Sinne des § 68 AO, soweit diese auch die Voraussetzungen des § 66 AO erfüllen,

c) Zweckbetriebe im Sinne des § 67 AO sowie

d) ideelle Tätigkeiten, für die die Voraussetzungen des § 66 AO vorlägen, wenn sie entgeltlich ausgeführt würden.

---

1) Redaktionell ergänzt.

3. [1]Die Tätigkeit muss auf die Sorge für notleidende oder gefährdete Menschen gerichtet sein. [2]Notleidend bzw. gefährdet sind Menschen, die eine oder beide der in § 53 Nr. 1 und 2 AO genannten Voraussetzungen erfüllen. [3]Auf die Vertragsbeziehung, die der Leistungserbringung zu Grunde liegt, kommt es nicht an. [4]Entscheidend ist, dass die Einrichtung der Wohlfahrtspflege zumindest faktisch unmittelbar gegenüber den in § 53 AO genannten Personen tätig wird. [5]Bei Leistungen, die faktisch nicht gegenüber den in § 53 AO genannten Personen erbracht werden, fehlt es an der Unmittelbarkeit (BFH-Urteil vom 6.2.2013, I R 59/11, BStBl. II S. 603).

[1]Es ist auch nicht erforderlich, dass die gesamte Tätigkeit auf die Förderung notleidender bzw. gefährdeter Menschen gerichtet ist. [2]Es genügt, wenn zwei Drittel der Leistungen einer Einrichtung notleidenden bzw. gefährdeten Menschen zugutekommen.[1)] [3]Auf das Zahlenverhältnis von gefährdeten bzw. notleidenden und übrigen geförderten Menschen kommt es nicht an.

[1]Werden neben Leistungen an die in § 53 AO genannten Personen noch andere Leistungen für einen Dritten erbracht, sind diese Leistungen, soweit sie nicht zur Organisation des eigentlichen Zweckbetriebes gehören, nicht dem Zweckbetrieb nach § 66 AO zuzurechnen. [2]Wird also z. B. durch eine Körperschaft Personal zur Erfüllung der steuerbegünstigten Zwecke für einen Vertragspartner im Rahmen einer Pflegeeinrichtung zur Verfügung gestellt, so sind die bereitgestellten Pflegekräfte dem Zweckbetrieb nach § 66 AO zuzuordnen. [3]Erbringt das bereitgestellte Personal z. B. nur Verwaltungsleistungen, sind diese Leistungen nicht dem Zweckbetrieb nach § 66 AO zuzuordnen.

4.[2)] Eine Einrichtung der Wohlfahrtspflege liegt regelmäßig vor bei häuslichen Pflegeleistungen durch eine steuerbegünstigte Körperschaft i. R. d. SGB VII, SGB XI, SGB XII oder BVG.

5. [1]Die Belieferung von Studentinnen und Studenten mit Speisen und Getränken in Mensa- und Cafeteria-Betrieben von Studentenwerken ist als Zweckbetrieb zu beurteilen. [2]Der Verkauf von alkoholischen Getränken, Tabakwaren und sonstigen Handelswaren darf jedoch nicht mehr als 5% des Gesamtumsatzes ausmachen. [3]Auch bei anderen steuerbegünstigten Körperschaften kann entsprechend der Beurteilung bei den Studentenwerken der Betrieb einer Cafeteria für Studierende auf dem Campus ein Zweckbetrieb der Wohlfahrtspflege sein. [4]Entsprechendes gilt für die Grundversorgung mit Speisen und Getränken von Schülerinnen und Schülern an Schulen bzw. Kindern in einer Kindertagesstätte.

6. Die bloße Beförderung von Personen, für die der Arzt eine Krankenfahrt (Beförderung in Pkws, Taxen oder Mietwagen) verordnet hat, erfüllt nicht die Kriterien nach § 66 Abs. 2 AO.

7. [1]Werden die Leistungen unter gleichen Bedingungen sowohl gegenüber hilfebedürftigen als auch nicht hilfebedürftigen Personen erbracht, ist ein einheitlicher wirtschaftlicher Geschäftsbetrieb „Einrichtung der Wohlfahrts-

---

1) Zu einem Familienhotel als steuerbegünstigter Zweckbetrieb siehe BFH v. 21.9.2016 V R 50/15, BStBl. II 2017, 1173.

2) Leistungen gegen Entgelt an Vermieter altenbetreuter Wohnungen sind kein Betrieb der Wohlfahrtspflege oder Zweckbetrieb; siehe BFH v. 16.12.2009 I R 49/08, BStBl. II 2011, 398.

pflege" anzunehmen. [2]Dieser ist als Zweckbetrieb zu behandeln, wenn die Zweidrittelgrenze des § 66 AO erfüllt wird. [3]Die Einhaltung dieser Tatbestandsvoraussetzung ist nachzuweisen. [4]Bei Kleiderkammern, Suppenküchen, Obdachlosenasylen und den sogenannten Tafeln kann auf den Nachweis der Zweidrittelgrenze verzichtet werden, wenn ein Bescheid nach § 53 Nr. 2 Satz 8 AO vorliegt.

8. [1]Gesellige Veranstaltungen sind als steuerpflichtige wirtschaftliche Geschäftsbetriebe zu behandeln. [2]Veranstaltungen, bei denen zwar auch die Geselligkeit gepflegt wird, die aber in erster Linie zur Betreuung behinderter Personen durchgeführt werden, können unter den Voraussetzungen der §§ 65 und 66 AO Zweckbetrieb sein.

9. [1]Der Einzelverkauf gesammelter Kleidungsstücke in einer Kleiderkammer oder einer ähnlichen Einrichtung kann ein Zweckbetrieb i. S. d. § 66 AO sein. [2]Dies setzt voraus, dass mindestens zwei Drittel der Leistungen der Einrichtung hilfebedürftigen Personen i. S. d. § 53 AO zugutekommen.

AEAO zu § 67 – Krankenhäuser:

[1]Nach § 2 Nr. 1 KHG[1)] sind Krankenhäuser Einrichtungen, in denen durch ärztliche und pflegerische Hilfeleistung Krankheiten, Leiden oder Körperschäden festgestellt, geheilt oder gelindert werden sollen oder Geburtshilfe geleistet wird und in denen die zu versorgenden Personen untergebracht und verpflegt werden können. [2]Krankenhausleistungen sind Leistungen, die unter Berücksichtigung der Leistungsfähigkeit des Krankenhauses im Einzelfall nach Art und Schwere der Krankheit für die medizinisch zweckmäßige und ausreichende Versorgung der Patienten notwendig sind. [3]Es handelt sich u. a. um

– ärztliche und pflegerische Behandlung oder
– Versorgung mit Arznei-, Heil- und Hilfsmitteln, die für die Versorgung im Krankenhaus notwendig sind, oder
– Unterkunft und Verpflegung.

[1]Zu dem Zweckbetrieb Krankenhaus gehören damit alle Einnahmen und Ausgaben, die mit den ärztlichen und pflegerischen Leistungen an die Patienten als Benutzer des jeweiligen Krankenhauses zusammenhängen (BFH-Urteil vom 6.4.2005, I R 85/04, BStBl. II S. 545). [2]Darunter fallen auch die an ambulant behandelte Patienten erbrachten Leistungen, soweit diese Bestandteil des Versorgungsauftrages des Krankenhauses sind. [3]Gleiches gilt für typischerweise von einem Krankenhaus gegenüber seinen Patienten erbrachte Leistungen, soweit das Krankenhaus zur Sicherstellung seines Versorgungsauftrages von Gesetzes wegen zu diesen Leistungen befugt ist und der Sozialversicherungsträger die insoweit entstehenden Kosten trägt (BFH-Urteile vom 31.7. 2013, I R 82/12, BStBl. 2015 II S. 123; vom 18.10.2017, V R 46/16, BStBl. 2018 II S. 672 und vom 6.6.2019, V R 39/17, BStBl. II S. 651). [4]Der Versorgungsauftrag eines Krankenhauses (§ 8 Abs. 1 Satz 4 Krankenhausentgeltgesetz) regelt, welche Leistungen ein Krankenhaus, unabhängig von der Art der Krankenversicherungsträger, erbringen darf. [5]Für die gemeinnützigkeits-

---

[1)] Krankenhausfinanzierungsgesetz v. 10.4.1991, BGBl. I 1991, 886, zuletzt geänd. durch G v. 10.12.2021, BGBl. I 2021, 5162.

rechtliche Beurteilung folgt daraus, dass für Leistungen, die außerhalb des Versorgungsauftrages erbracht werden, eine Zuordnung zum Zweckbetrieb Krankenhaus ausscheidet.

[1] Für die Zurechnung der Behandlungsleistungen zum Zweckbetrieb Krankenhaus ist es nicht erforderlich, dass die Behandlungen von Patienten des Krankenhauses durch einen ermächtigten Arzt als Dienstaufgabe innerhalb einer nichtselbstständigen Tätigkeit (Einkünfte nach § 19 EStG) erbracht werden. [2] Auch bei Leistungen, die ein Arzt im Rahmen seiner Nebentätigkeitserlaubnis und damit außerhalb seiner dienstvertraglichen Pflichten im Rahmen einer selbständigen Tätigkeit (Einkünfte nach § 18 EStG) erbringt und der vom Patienten erteilte Behandlungsauftrag durch den Arzt auf eigene Rechnung und auf eigenes Risiko erfüllt wird, sind die Leistungen sozialversicherungsrechtlich vom Versorgungsauftrag des Krankenhauses umfasst (BFH-Urteil vom 6.6.2019, V R 39/17, BStBl. II S. 651).

[1] Für die Beurteilung eines Krankenhauses als Zweckbetrieb ist allein § 67 AO maßgebend. [2] Es müssen nicht zusätzlich die Voraussetzungen des § 66 AO erfüllt sein.

AEAO zu § 67a – Sportliche Veranstaltungen:

Allgemeines:

1. [1] Sportliche Veranstaltungen eines Sportvereins sind grundsätzlich ein Zweckbetrieb, wenn die Einnahmen einschließlich der Umsatzsteuer aus allen sportlichen Veranstaltungen des Vereins die Zweckbetriebsgrenze von 45 000 € im Jahr nicht übersteigen (§ 67a Abs. 1 Satz 1 AO). [2] Übersteigen die Einnahmen die Zweckbetriebsgrenze von 45 000 €, liegt grundsätzlich ein steuerpflichtiger wirtschaftlicher Geschäftsbetrieb vor.

[1] Der Verein kann auf die Anwendung der Zweckbetriebsgrenze verzichten (§ 67a Abs. 2 AO). [2] Die steuerliche Behandlung seiner sportlichen Veranstaltungen richtet sich dann nach § 67a Abs. 3 AO.

2. [1] Unter Sportvereinen i. S. d. Vorschrift sind alle gemeinnützigen Körperschaften zu verstehen, bei denen die Förderung des Sports (§ 52 Abs. 2 Satz 1 Nr. 21 AO) Satzungszweck ist; die tatsächliche Geschäftsführung muss diesem Satzungszweck entsprechen (§ 59 AO). [2] § 67a AO gilt also z. B. auch für Sportverbände. [3] Sie gilt auch für Sportvereine, die Fußballveranstaltungen unter Einsatz ihrer Lizenzspieler nach der „Lizenzordnung Spieler" der Organisation „Die Liga-Fußballverband e. V. – Ligaverband" durchführen.

3. [1] Als sportliche Veranstaltung ist die organisatorische Maßnahme eines Sportvereins anzusehen, die es aktiven Sportlern (die nicht Mitglieder des Vereins zu sein brauchen) ermöglicht, Sport zu treiben (BFH-Urteil vom 25.7.1996, V R 7/95, BStBl. 1997 II S. 154). [2] Eine sportliche Veranstaltung liegt auch dann vor, wenn ein Sportverein in Erfüllung seiner Satzungszwecke im Rahmen einer Veranstaltung einer anderen Person oder Körperschaft eine sportliche Darbietung erbringt. [3] Die Veranstaltung, bei der die sportliche Darbietung präsentiert wird, braucht keine steuerbegünstigte Veranstaltung zu sein (BFH-Urteil vom 4.5.1994, XI R 109/90, BStBl. II S. 886).

4. [1] Sportreisen sind als sportliche Veranstaltungen anzusehen, wenn die sportliche Betätigung wesentlicher und notwendiger Bestandteil der Reise ist (z. B.

Reise zum Wettkampfort). [2]Reisen, bei denen die Erholung der Teilnehmer im Vordergrund steht (Touristikreisen), zählen dagegen nicht zu den sportlichen Veranstaltungen, selbst wenn anlässlich der Reise auch Sport getrieben wird.

5. [1]Die Ausbildung und Fortbildung in sportlichen Fertigkeiten gehört zu den typischen und wesentlichen Tätigkeiten eines Sportvereins. [2]Sportkurse und Sportlehrgänge für Mitglieder und Nichtmitglieder von Sportvereinen (Sportunterricht) sind daher als „sportliche Veranstaltungen" zu beurteilen. [3]Es ist unschädlich für die Zweckbetriebseigenschaft, dass der Verein mit dem Sportunterricht in Konkurrenz zu gewerblichen Sportlehrern (z.B. Reitlehrer, Skilehrer, Tennislehrer, Schwimmlehrer) tritt, weil § 67a AO als die speziellere Vorschrift dem § 65 AO vorgeht. [4]Die Beurteilung des Sportunterrichts als sportliche Veranstaltung hängt nicht davon ab, ob der Unterricht durch Beiträge, Sonderbeiträge oder Sonderentgelte abgegolten wird.

6. [1]Der Verkauf von Speisen und Getränken – auch an Wettkampfteilnehmer, Schiedsrichter, Kampfrichter, Sanitäter usw. – und die Werbung gehören nicht zu den sportlichen Veranstaltungen. [2]Diese Tätigkeiten sind gesonderte steuerpflichtige wirtschaftliche Geschäftsbetriebe. [3]Nach § 64 Abs. 2 AO ist es jedoch möglich, Überschüsse aus diesen Betrieben mit Verlusten aus sportlichen Veranstaltungen, die steuerpflichtige wirtschaftliche Geschäftsbetriebe sind, zu verrechnen.

7. Wird für den Besuch einer sportlichen Veranstaltung, die Zweckbetrieb ist, mit Bewirtung ein einheitlicher Eintrittspreis bezahlt, so ist dieser – ggf. im Wege der Schätzung – in einen Entgeltsanteil für den Besuch der sportlichen Veranstaltung und in einen Entgeltsanteil für die Bewirtungsleistungen aufzuteilen.

8. Zur Zulässigkeit einer pauschalen Gewinnermittlung beim steuerpflichtigen wirtschaftlichen Geschäftsbetrieb „Werbung" wird auf Nrn. 32 bis 34 des AEAO zu § 64 hingewiesen.

9. [1]Die entgeltliche Übertragung des Rechts zur Nutzung von Werbeflächen in vereinseigenen oder gemieteten Sportstätten (z.B. an der Bande) sowie von Lautsprecheranlagen an Werbeunternehmer ist als steuerfreie Vermögensverwaltung (§ 14 Satz 3 AO) zu beurteilen. [2]Voraussetzung ist jedoch, dass dem Pächter (Werbeunternehmer) ein angemessener Gewinn verbleibt. [3]Es ist ohne Bedeutung, ob die sportlichen Veranstaltungen, bei denen der Werbeunternehmer das erworbene Recht nutzt, Zweckbetrieb oder wirtschaftlicher Geschäftsbetrieb sind.

Die entgeltliche Übertragung des Rechts zur Nutzung von Werbeflächen auf der Sportkleidung (z.B. auf Trikots, Sportschuhen, Helmen) und auf Sportgeräten ist stets als steuerpflichtiger wirtschaftlicher Geschäftsbetrieb zu behandeln.

10. Die Unterhaltung von Club-Häusern, Kantinen, Vereinsheimen oder Vereinsgaststätten ist keine „sportliche Veranstaltung", auch wenn diese Einrichtungen ihr Angebot nur an Mitglieder richten.

11. [1]Bei Vermietung von Sportstätten einschließlich der Betriebsvorrichtungen für sportliche Zwecke ist zwischen der Vermietung auf längere Dauer und der Vermietung auf kurze Dauer (z. B. stundenweise Vermietung, auch wenn die Stunden für einen längeren Zeitraum im Voraus festgelegt werden) zu unterscheiden. [2]Zur Vermietung öffentlicher Schwimmbäder an Schwimmvereine und zur Nutzung durch Schulen für den Schwimmunterricht siehe Nr. 13 des AEAO zu § 67a.

12. Die Vermietung auf längere Dauer ist dem Bereich der steuerfreien Vermögensverwaltung zuzuordnen, so dass sich die Frage der Behandlung als „sportliche Veranstaltung" i. S. d. § 67a AO dort nicht stellt.

[1]Die Vermietung von Sportstätten und Betriebsvorrichtungen auf kurze Dauer schafft lediglich die Voraussetzungen für sportliche Veranstaltungen. [2]Sie ist jedoch selbst keine „sportliche Veranstaltung", sondern ein wirtschaftlicher Geschäftsbetrieb eigener Art. [3]Dieser ist als Zweckbetrieb i. S. d. § 65 AO anzusehen, wenn es sich bei den Mietern um Mitglieder des Vereins handelt. [4]Bei der Vermietung auf kurze Dauer an Nichtmitglieder tritt der Verein dagegen in größerem Umfang in Wettbewerb zu nicht begünstigten Vermietern, als es bei Erfüllung seiner steuerbegünstigten Zwecke unvermeidbar ist (§ 65 Nr. 3 AO). [5]Diese Art der Vermietung ist deshalb als steuerpflichtiger wirtschaftlicher Geschäftsbetrieb zu behandeln.

Indizien für eine Mitgliedschaft, die lediglich darauf gerichtet ist, die Nutzung der Sportstätten und Betriebsvorrichtungen eines Vereins zu ermöglichen, sind:

- die Zeit der Mitgliedschaft,
- die Höhe der Beiträge, die die Mitglieder zu entrichten haben, oder auch
- zivilrechtlich eingeschränkte Rechte der Mitglieder.

Für die Zuordnung der entgeltlichen Überlassung der Sportstätten und Betriebsvorrichtungen an ein Gastmitglied zum Zweckbetrieb ist es daher nicht zu beanstanden, wenn die Gastmitgliedschaft wie eine Vollmitgliedschaft ausgestaltet ist und diese nicht nur für einen kurzen Zeitraum eingegangen wird.

Dagegen ist die entgeltliche Überlassung der Sportstätten und Betriebsvorrichtungen an ein Gastmitglied dem steuerpflichtigen wirtschaftlichen Geschäftsbetrieb zuzuordnen, wenn das Gastmitglied per Satzung nur eingeschränkte Rechte eingeräumt bekommt oder die Mitgliedschaft lediglich für einen kurzen Zeitraum (weniger als sechs Monate) eingegangen wird.

13. Durch den Betrieb eines öffentlichen Schwimmbads werden gemeinnützige Zwecke (öffentliche Gesundheitspflege und Sport) unabhängig davon gefördert, ob das Schwimmbad von einem Verein oder von einer juristischen Person des öffentlichen Rechts als Betrieb gewerblicher Art unterhalten wird.

Die verschiedenen Tätigkeiten eines gemeinnützigen Schwimmvereins sind wie folgt zu beurteilen:

a) Schulschwimmen

[1]Die Vermietung des Schwimmbads auf längere Dauer an die Träger der Schulen ist als Vermögensverwaltung anzusehen. [2]Eine Vermietung auf längere Dauer ist in Anlehnung an Abschnitt 4.12.3 Absatz 2 UStAE[1)] bei stundenweiser Nutzungsmöglichkeit des Schwimmbads durch die Schulen anzunehmen, wenn die Nutzung mehr als ein Schulhalbjahr (mindestens sechs Mona-

---

[1)] Nr. **500**.

te) erfolgt. [3]Unselbständige Nebenleistungen des Vereins, wie Reinigung des Schwimmbads, gehören mit zur Vermögensverwaltung.

b) Vereinsschwimmen

[1]Das Vereinsschwimmen und die Durchführung von Schwimmkursen sind nach Maßgabe des § 67a AO Zweckbetriebe (sportliche Veranstaltungen). [2]Dabei ist es ohne Bedeutung, ob die Teilnehmer an den Schwimmkursen Mitglieder des Vereins oder Vereinsfremde sind.

c) Jedermannschwimmen

[1]Das Jedermannschwimmen ist insgesamt als Zweckbetrieb i. S. d. § 65 AO anzusehen, wenn die nicht unmittelbar dem Schwimmen dienenden Angebote (z. B. Sauna, Solarium) von untergeordneter Bedeutung sind. [2]Schwimmbäder, die danach als Zweckbetriebe begünstigt sind, stehen in keinem schädlichen Wettbewerb zu steuerpflichtigen Schwimmbädern (§ 65 Nr. 3 AO), weil sie i. d. R. anders strukturiert sind (so genannte Spaßbäder) und sich ihre Angebote erheblich von dem im Wesentlichen auf das Schwimmen begrenzten Angebot der Vereinsschwimmbäder unterscheiden.

14. [1]Werden im Zusammenhang mit der Vermietung von Sportstätten und Betriebsvorrichtungen auch bewegliche Gegenstände, z. B. Tennisschläger oder Golfschläger überlassen, stellt die entgeltliche Überlassung dieser Gegenstände ein Hilfsgeschäft dar, das das steuerliche Schicksal der Hauptleistung teilt (BFH-Urteil vom 30.3.2000, V R 30/99, BStBl. II S. 705). [2]Bei der alleinigen Überlassung von Sportgeräten, z. B. eines Flugzeugs, bestimmt sich die Zweckbetriebseigenschaft danach, ob die Sportgeräte Mitgliedern oder Nichtmitgliedern des Vereins überlassen werden.

15. § 3 Nr. 26 EStG gilt nicht für Einnahmen, die ein nebenberuflicher Übungsleiter etc. für eine Tätigkeit in einem steuerpflichtigen wirtschaftlichen Geschäftsbetrieb „sportliche Veranstaltungen" erhält.

16. Werden sportliche Veranstaltungen, die im vorangegangenen Veranlagungszeitraum Zweckbetrieb waren, zu einem steuerpflichtigen wirtschaftlichen Geschäftsbetrieb oder umgekehrt, ist grundsätzlich § 13 Abs. 5 KStG anzuwenden.

Zu § 67a Abs. 1 AO:

17. [1]Bei der Anwendung der Zweckbetriebsgrenze von 45 000 € sind alle Einnahmen der Veranstaltungen zusammenzurechnen, die in dem maßgeblichen Jahr nach den Regelungen der Nrn. 1 bis 15 des AEAO zu § 67a als sportliche Veranstaltungen anzusehen sind. [2]Zu diesen Einnahmen gehören insbesondere Eintrittsgelder, Startgelder, Zahlungen für die Übertragung sportlicher Veranstaltungen in Rundfunk und Fernsehen, Lehrgangsgebühren und Ablösezahlungen. [3]Zum allgemeinen Einnahmebegriff wird auf die Nrn. 18 und 19 des AEAO zu § 64 hingewiesen.

18. [1]Die Bezahlung von Sportlern in einem Zweckbetrieb i. S. d. § 67a Abs. 1 Satz 1 AO ist zulässig (§ 58 Nr. 8 AO). [2]Dabei ist die Herkunft der Mittel, mit denen die Sportler bezahlt werden, ohne Bedeutung.

19. Die Zahlung von Ablösesummen ist in einem Zweckbetrieb i. S. d. § 67a Abs. 1 Satz 1 AO uneingeschränkt zulässig.

20. [1]Bei Spielgemeinschaften von Sportvereinen ist – unabhängig von der Qualifizierung der Einkünfte im Feststellungsbescheid für die Gemeinschaft – bei der Körperschaftsteuerveranlagung der beteiligten Sportvereine zu entscheiden, ob ein Zweckbetrieb oder ein steuerpflichtiger wirtschaftlicher Geschäftsbetrieb gegeben ist. [2]Dabei ist für die Beurteilung der Frage, ob die Zweckbetriebsgrenze des § 67a Abs. 1 Satz 1 AO überschritten wird, die Höhe der anteiligen Einnahmen (nicht des anteiligen Gewinns) maßgeblich.

Zu § 67a Abs. 2 AO:

21. Ein Verzicht auf die Anwendung des § 67a Abs. 1 Satz 1 AO ist auch dann möglich, wenn die Einnahmen aus den sportlichen Veranstaltungen die Zweckbetriebsgrenze von 45 000 € nicht übersteigen.

22. [1]Die Option nach § 67a Abs. 2 AO kann bis zur Unanfechtbarkeit des Körperschaftsteuerbescheids widerrufen werden. [2]Die Regelungen in Abschnitt 19.2 Abs. 2 und 6 UStAE[1)] sind entsprechend anzuwenden. [3]Der Widerruf ist – auch nach Ablauf der Bindungsfrist – nur mit Wirkung ab dem Beginn eines Kalender- oder Wirtschaftsjahres zulässig.

Zu § 67a Abs. 3 AO:

23. [1]Verzichtet ein Sportverein gem. § 67a Abs. 2 AO auf die Anwendung der Zweckbetriebsgrenze (§ 67a Abs. 1 Satz 1 AO), sind sportliche Veranstaltungen ein Zweckbetrieb, wenn an ihnen kein bezahlter Sportler des Vereins teilnimmt und der Verein keinen vereinsfremden Sportler selbst oder im Zusammenwirken mit einem Dritten bezahlt. [2]Auf die Höhe der Einnahmen oder Überschüsse dieser sportlichen Veranstaltungen kommt es bei Anwendung des § 67a Abs. 3 AO nicht an. [3]Sportliche Veranstaltungen, an denen ein oder mehrere Sportler teilnehmen, die nach § 67a Abs. 3 Satz 1 Nr. 1 oder 2 AO als bezahlte Sportler anzusehen sind, sind steuerpflichtige wirtschaftliche Geschäftsbetriebe. [4]Es kommt nach dem Gesetz nicht darauf an, ob ein Verein eine Veranstaltung von vornherein als steuerpflichtigen wirtschaftlichen Geschäftsbetrieb angesehen oder ob er – aus welchen Gründen auch immer – zunächst irrtümlich einen Zweckbetrieb angenommen hat.

24. [1]Unter Veranstaltungen i. S. d. § 67a Abs. 3 AO sind bei allen Sportarten grundsätzlich die einzelnen Wettbewerbe zu verstehen, die in engem zeitlichen und örtlichen Zusammenhang durchgeführt werden. [2]Bei einer Mannschaftssportart ist also nicht die gesamte Meisterschaftsrunde, sondern jedes einzelne Meisterschaftsspiel die zu beurteilende sportliche Veranstaltung. [3]Bei einem Turnier hängt es von der Gestaltung im Einzelfall ab, ob das gesamte Turnier oder jedes einzelne Spiel als eine sportliche Veranstaltung anzusehen ist. [4]Dabei ist von wesentlicher Bedeutung, ob für jedes Spiel gesondert Eintritt erhoben wird und ob die Einnahmen und Ausgaben für jedes Spiel gesondert ermittelt werden.

25. [1]Sportkurse und Sportlehrgänge für Mitglieder und Nichtmitglieder von Sportvereinen sind bei Anwendung des § 67a Abs. 3 AO als Zweckbetrieb zu behandeln, wenn kein Sportler als Auszubildender teilnimmt, der wegen sei-

---

[1)] Nr. **500**.

ner Betätigung in dieser Sportart als bezahlter Sportler i. S. d. § 67a Abs. 3 AO anzusehen ist. [2]Die Bezahlung von Ausbildern berührt die Zweckbetriebseigenschaft nicht.

26. [1]Ist ein Sportler in einem Kalenderjahr als bezahlter Sportler anzusehen, sind alle in dem Kalenderjahr durchgeführten sportlichen Veranstaltungen des Vereins, an denen der Sportler teilnimmt, ein steuerpflichtiger wirtschaftlicher Geschäftsbetrieb. [2]Bei einem vom Kalenderjahr abweichenden Wirtschaftsjahr ist das abweichende Wirtschaftsjahr zugrunde zu legen. [3]Es kommt nicht darauf an, ob der Sportler die Merkmale des bezahlten Sportlers erst nach Beendigung der sportlichen Veranstaltung erfüllt. [4]Die Teilnahme unbezahlter Sportler an einer Veranstaltung, an der auch bezahlte Sportler teilnehmen, hat keinen Einfluss auf die Behandlung der Veranstaltung als steuerpflichtiger wirtschaftlicher Geschäftsbetrieb.

27. [1]Die Vergütungen oder anderen Vorteile müssen in vollem Umfang aus steuerpflichtigen wirtschaftlichen Geschäftsbetrieben oder von Dritten geleistet werden (§ 67a Abs. 3 Satz 3 AO). [2]Eine Aufteilung der Vergütungen ist nicht zulässig. [3]Es ist also z. B. steuerlich nicht zulässig, Vergütungen an bezahlte Sportler bis zu 450 € im Monat als Ausgaben des steuerbegünstigten Bereichs und nur die 450 € übersteigenden Vergütungen als Ausgaben des steuerpflichtigen wirtschaftlichen Geschäftsbetriebs „sportliche Veranstaltungen" zu behandeln.

28. [1]Auch die anderen Kosten müssen aus dem steuerpflichtigen wirtschaftlichen Geschäftsbetrieb „sportliche Veranstaltungen", anderen steuerpflichtigen wirtschaftlichen Geschäftsbetrieben oder von Dritten geleistet werden. [2]Dies gilt auch dann, wenn an der Veranstaltung neben bezahlten Sportlern auch unbezahlte Sportler teilnehmen. [3]Die Kosten eines steuerpflichtigen wirtschaftlichen Geschäftsbetriebs „sportliche Veranstaltungen" sind also nicht danach aufzuteilen, ob sie auf bezahlte oder auf unbezahlte Sportler entfallen. [4]Etwaiger Aufwandsersatz an unbezahlte Sportler für die Teilnahme an einer Veranstaltung mit bezahlten Sportlern ist als eine Ausgabe dieser Veranstaltung zu behandeln. [5]Aus Vereinfachungsgründen ist es aber nicht zu beanstanden, wenn die Aufwandspauschale (vgl. Nr. 32 des AEAO zu § 67a) an unbezahlte Sportler nicht als Betriebsausgabe des steuerpflichtigen wirtschaftlichen Geschäftsbetriebs behandelt, sondern aus Mitteln des ideellen Bereichs abgedeckt wird.

29. [1]Trainingskosten (z. B. Vergütungen an Trainer), die sowohl unbezahlte als auch bezahlte Sportler betreffen, sind nach den im Einzelfall gegebenen Abgrenzungsmöglichkeiten aufzuteilen. [2]Als solche kommen beispielsweise in Betracht der jeweilige Zeitaufwand oder – bei gleichzeitigem Training unbezahlter und bezahlter Sportler – die Zahl der trainierten Sportler oder Mannschaften. [3]Soweit eine Abgrenzung anders nicht möglich ist, sind die auf das Training unbezahlter und bezahlter Sportler entfallenden Kosten im Wege der Schätzung zu ermitteln.

30. [1]Werden bezahlte und unbezahlte Sportler einer Mannschaft gleichzeitig für eine Veranstaltung trainiert, die als steuerpflichtiger wirtschaftlicher Geschäftsbetrieb zu beurteilen ist, sind die gesamten Trainingskosten dafür Ausgaben des steuerpflichtigen wirtschaftlichen Geschäftsbetriebs. [2]Die Vereinfachungsregelung in Nr. 28 letzter Satz des AEAO zu § 67a gilt entsprechend.

31. [1]Sportler des Vereins i. S. d. § 67a Abs. 3 Satz 1 Nr. 1 AO sind nicht nur die (aktiven) Mitglieder des Vereins, sondern alle Sportler, die für den Verein auftreten, z. B. in einer Mannschaft des Vereins mitwirken. [2]Für Verbände gilt Nr. 38 des AEAO zu § 67a.

32. [1]Zahlungen an einen Sportler des Vereins bis zu insgesamt 450 € je Monat im Jahresdurchschnitt sind für die Beurteilung der Zweckbetriebseigenschaft der sportlichen Veranstaltungen – nicht aber bei der Besteuerung des Sportlers – ohne Einzelnachweis als Aufwandsentschädigung anzusehen. [2]Werden höhere Aufwendungen erstattet, sind die gesamten Aufwendungen im Einzelnen nachzuweisen. [3]Dabei muss es sich um Aufwendungen persönlicher oder sachlicher Art handeln, die dem Grunde nach Werbungskosten oder Betriebsausgaben sein können.

Die Regelung gilt für alle Sportarten.

33. [1]Die Regelung über die Unschädlichkeit pauschaler Aufwandsentschädigungen bis zu 450 € je Monat im Jahresdurchschnitt gilt nur für Sportler des Vereins, nicht aber für Zahlungen an andere Sportler. [2]Einem anderen Sportler, der in einem Jahr nur an einer Veranstaltung des Vereins teilnimmt, kann also nicht ein Betrag bis zu 5400 € als pauschaler Aufwandsersatz dafür gezahlt werden. [3]Vielmehr führt in den Fällen des § 67a Abs. 3 Satz 1 Nr. 2 AO jede Zahlung an einen Sportler, die über eine Erstattung des tatsächlichen Aufwands hinausgeht, zum Verlust der Zweckbetriebseigenschaft der Veranstaltung.

34. [1]Zuwendungen der Stiftung Deutsche Sporthilfe, Frankfurt, und vergleichbarer Einrichtungen der Sporthilfe an Spitzensportler sind i. d. R. als Ersatz von besonderen Aufwendungen der Spitzensportler für ihren Sport anzusehen. [2]Sie sind deshalb nicht auf die zulässige Aufwandspauschale von 450 € je Monat im Jahresdurchschnitt anzurechnen. [3]Weisen Sportler die tatsächlichen Aufwendungen nach, so muss sich der Nachweis auch auf die Aufwendungen erstrecken, die den Zuwendungen der Stiftung Deutsche Sporthilfe und vergleichbarer Einrichtungen gegenüber stehen.

35. [1]Bei der Beurteilung der Zweckbetriebseigenschaft einer Sportveranstaltung nach § 67a Abs. 3 AO ist nicht zu unterscheiden, ob Vergütungen oder andere Vorteile an einen Sportler für die Teilnahme an sich oder für die erfolgreiche Teilnahme gewährt werden. [2]Entscheidend ist, dass der Sportler aufgrund seiner Teilnahme Vorteile hat, die er ohne seine Teilnahme nicht erhalten hätte. [3]Auch die Zahlung eines Preisgeldes, das über eine Aufwandsentschädigung hinausgeht, begründet demnach einen steuerpflichtigen wirtschaftlichen Geschäftsbetrieb.

36. [1]Bei einem so genannten Spielertrainer ist zu unterscheiden, ob er für die Trainertätigkeit oder für die Ausübung des Sports Vergütungen erhält. [2]Wird er nur für die Trainertätigkeit bezahlt oder erhält er für die Tätigkeit als Spieler nicht mehr als den Ersatz seiner Aufwendungen (vgl. Nr. 32 des AEAO zu § 67a), ist seine Teilnahme an sportlichen Veranstaltungen unschädlich für die Zweckbetriebseigenschaft.

37. [1]Unbezahlte Sportler werden wegen der Teilnahme an Veranstaltungen mit bezahlten Sportlern nicht selbst zu bezahlten Sportlern. [2]Die Ausbildung dieser Sportler gehört nach wie vor zu der steuerbegünstigten Tätigkeit eines

Sportvereins, es sei denn, sie werden zusammen mit bezahlten Sportlern für eine Veranstaltung trainiert, die ein steuerpflichtiger wirtschaftlicher Geschäftsbetrieb ist (vgl. Nr. 30 des AEAO zu § 67a).

38. [1]Sportler, die einem bestimmten Sportverein angehören und die nicht selbst unmittelbar Mitglieder eines Sportverbandes sind, werden bei der Beurteilung der Zweckbetriebseigenschaft von Veranstaltungen des Verbandes als andere Sportler i. S. d. § 67a Abs. 3 Satz 1 Nr. 2 AO angesehen. [2]Zahlungen der Vereine an Sportler im Zusammenhang mit sportlichen Veranstaltungen der Verbände (z. B. Länderwettkämpfe) sind in diesen Fällen als „Zahlungen von Dritten im Zusammenwirken mit dem Verein" (hier: Verband) zu behandeln.

39. [1]Ablösezahlungen, die einem steuerbegünstigten Sportverein für die Freigabe von Sportlern zufließen, beeinträchtigen seine Gemeinnützigkeit nicht. [2]Die erhaltenen Beträge zählen zu den Einnahmen aus dem steuerpflichtigen wirtschaftlichen Geschäftsbetrieb „sportliche Veranstaltungen", wenn der den Verein wechselnde Sportler in den letzten zwölf Monaten vor seiner Freigabe bezahlter Sportler i. S. d. § 67a Abs. 3 Satz 1 Nr. 1 AO war. [3]Ansonsten gehören sie zu den Einnahmen aus dem Zweckbetrieb „sportliche Veranstaltungen".

40. [1]Zahlungen eines steuerbegünstigten Sportvereins an einen anderen (abgebenden) Verein für die Übernahme eines Sportlers sind unschädlich für die Gemeinnützigkeit des zahlenden Vereins, wenn sie aus steuerpflichtigen wirtschaftlichen Geschäftsbetrieben für die Übernahme eines Sportlers gezahlt werden, der beim aufnehmenden Verein in den ersten zwölf Monaten nach dem Vereinswechsel als bezahlter Sportler i. S. d. § 67a Abs. 3 Satz 1 Nr. 1 AO anzusehen ist. [2]Zahlungen für einen Sportler, der beim aufnehmenden Verein nicht als bezahlter Sportler anzusehen ist, sind bei Anwendung des § 67a Abs. 3 AO nur dann unschädlich für die Gemeinnützigkeit des zahlenden Vereins, wenn lediglich die Ausbildungskosten für den den Verein wechselnden Sportler erstattet werden. [3]Eine derartige Kostenerstattung kann bei Zahlungen bis zur Höhe von 2557 € je Sportler ohne weiteres angenommen werden. [4]Bei höheren Kostenerstattungen sind sämtliche Ausbildungskosten im Einzelfall nachzuweisen. [5]Die Zahlungen mindern nicht den Überschuss des steuerpflichtigen wirtschaftlichen Geschäftsbetriebs „sportliche Veranstaltungen".

Zur steuerlichen Behandlung von Ablösezahlungen bei Anwendung der Zweckbetriebsgrenze des § 67a Abs. 1 Satz 1 AO vgl. Nrn. 17 und 19 des AEAO zu § 67a.

Zu § 67a Abs. 4 AO:

41. [1]§ 67a Abs. 4 AO ist eine spezielle, ab dem 1.1.2021 geltende Regelung für Organisationsleistungen von Sportdachverbänden, die die sportlichen Veranstaltungen ihrer Mitgliedsvereine organisatorisch ermöglicht. [2]Hierunter fällt in aller Regel die Organisation des Ligaspielbetriebes durch den zuständigen Sportdachverband.

Danach sind organisatorische Leistungen eines Sportdachverbandes ein Zweckbetrieb, wenn an der sportlichen Veranstaltung überwiegend, d.h. zu mehr als 50%, Amateursportler teilnehmen.

[1]Nicht zu den Amateuren gehören die sogenannten „Lizenzsportler" einer Liga. [2]So ist z.B. im Fußballsport Lizenzspieler, wer das Fußballspiel aufgrund

eines mit einem Lizenzverein oder einer Kapitalgesellschaft geschlossenen schriftlichen Vertrages betreibt und durch Abschluss eines schriftlichen Lizenzvertrages mit dem Ligaverband zum Spielbetrieb zugelassen ist. [3]Der Begriff des „Lizenzsportlers" beschreibt also einen Status unabhängig von vereinbarten oder erhaltenen Zahlungen.

[1]Nicht steuerbegünstigt sind organisatorische Leistungen, die überwiegend den Lizenzsportlern zugutekommen. [2]Organisatorische Leistungen für den Verkauf von Speisen und Getränken sowie die Werbung sind ebenfalls nicht steuerbegünstigt.

[1]Bei Sportarten mit Ligabetrieb sind alle sportlichen Veranstaltungen einer Liga, z. B. alle Spiele einer Saison, eine einheitliche sportliche Veranstaltung. [2]Organisatorische Leistungen eines Sportdachverbandes können somit ligaweise dem Zweckbetrieb oder dem steuerpflichtigen wirtschaftlichen Geschäftsbetrieb zugeordnet werden, da die Zusammensetzung der spielberechtigten Sportler nach Amateur- und Lizenzspielern dem Dachverband bekannt ist.

[1]Unberührt von der steuerbegünstigten Einstufung des Ligabetriebs auf Verbandsebene bleibt die steuerliche Behandlung der einzelnen Ligaspiele als sportliche Veranstaltung auf Ebene der beteiligten Sportvereine. [2]Diese richtet sich nach § 67a Abs. 1 oder Abs. 3 AO.

AEAO zu § 68 – Einzelne Zweckbetriebe:

Allgemeines:

1. [1]§ 68 AO enthält einen gesetzlichen Katalog einzelner Zweckbetriebe und geht als spezielle Norm der Regelung des § 65 AO vor (BFH-Urteil vom 4.6.2003, I R 25/02, BStBl. 2004 II S. 660). [2]Die beispielhafte Aufzählung von Betrieben, die ihrer Art nach Zweckbetriebe sein können, gibt wichtige Anhaltspunkte für die Auslegung der Begriffe Zweckbetrieb (§ 65 AO) im Allgemeinen und Einrichtungen der Wohlfahrtspflege (§ 66 AO) im Besonderen.

Zu § 68 Nr. 1 AO:

2. [1]Unter die Begriffe „Alten-, Altenwohn- und Pflegeheime" fallen Einrichtungen, die gegenüber denen in § 53 Nr. 1 AO genannten Personen Leistungen der Pflege oder Betreuung sowie der Wohnraumüberlassung erbringen und bei denen die Verträge über die Überlassung von Wohnraum und über die Erbringung von Pflege- oder Betreuungsleistungen voneinander abhängig sind (siehe §§ 1, 2 WBVG).[1)] [2]Eine für die Allgemeinheit zugängliche Cafeteria ist ein steuerpflichtiger wirtschaftlicher Geschäftsbetrieb. [3]Für Körperschaften, die nicht die Voraussetzungen des § 68 Nr. 1 Buchstabe a AO erfüllen, kommt eine Förderung unter den Voraussetzungen des § 66 AO in Betracht.

3. [1]Bei Kindergärten, Kinder-, Jugend- und Studentenheimen sowie bei Schullandheimen und Jugendherbergen müssen die geförderten Personen die Voraussetzungen nach § 53 AO nicht erfüllen. [2]Leistungen, die von Jugendherbergen an allein reisende Erwachsene (= Personen nach Vollendung des 27. Lebensjahres) erbracht werden, begründen einen selbständigen steuer-

---

[1)] Wohn- und Betreuungsvertragsgesetz v. 29.7.2009, BGBl. I 2009, 2319, zuletzt geänd. durch G v. 30.11.2019, BGBl. I 2019, 1948 (**Habersack Ergänzungsband** Nr. **30a**).

pflichtigen wirtschaftlichen Geschäftsbetrieb nach §§ 14, 64 AO (BFH-Urteil vom 10.8.2016, V R 11/15, BStBl. 2018 II S. 113).[1)]

4. [1]Flüchtlinge zählen regelmäßig aufgrund ihrer psychischen, physischen oder wirtschaftlichen Situation zu dem von § 53 AO erfassten Personenkreis. [2]Eine Prüfung der Voraussetzungen des § 53 AO der Flüchtlinge ist deshalb bei Einrichtungen zur Versorgung, Verpflegung und Betreuung von Flüchtlingen nicht erforderlich.

Die Einrichtungen dürfen nicht des Erwerbs wegen betrieben werden (§ 66 Abs. 2 AO).

Zu § 68 Nr. 2 AO:

5. [1]Von § 68 Nr. 2 Buchstabe b AO werden nur solche Selbstversorgungseinrichtungen umfasst, die den darin genannten Handwerksbetrieben vergleichbar sind. [2]Werden auch Leistungen gegenüber Außenstehenden erbracht, sind nur solche Einrichtungen der steuerbegünstigten Körperschaft begünstigt, die nicht regelmäßig ausgelastet sind und deshalb gelegentlich auch Leistungen an Außenstehende erbringen, nicht aber solche, die über Jahre hinweg Leistungen an Außenstehende ausführen und hierfür auch personell entsprechend ausgestattet sind (vgl. BFH-Urteil vom 29.1.2009, V R 46/06, BStBl. II S. 560). [3]Außenstehende im Sinne dieser Regelung sind auch Arbeitnehmer der Körperschaft. [4]Bei Lieferungen und Leistungen an Außenstehende tritt die Körperschaft mit Dritten in Leistungsbeziehung. [5]Solange der Umfang dieser Geschäfte an Dritte, hierzu gehören auch Leistungsempfänger, die selbst eine steuerbegünstigte Körperschaft i. S. d. § 68 Nr. 2 AO sind (BFH-Urteil vom 18.10.1990,V R 35/85, BStBl. 1991 II S. 157), nicht mehr als 20% der gesamten Lieferungen und Leistungen der begünstigten Körperschaft ausmachen, bleibt die Zweckbetriebseigenschaft erhalten.

Zu § 68 Nr. 3 AO:

6. [1]Der Begriff „Werkstatt für behinderte Menschen" bestimmt sich nach § 219 SGB IX.[2)] [2]Werkstätten für behinderte Menschen bedürfen der förmlichen Anerkennung. [3]Anerkennungsbehörde ist die Bundesagentur für Arbeit, die im Einvernehmen mit dem überörtlichen Träger der Sozialhilfe über die Anerkennung einer Einrichtung als Werkstatt für behinderte Menschen durch Anerkennungsbescheid entscheidet (§ 225 SGB IX).

[1]Läden oder Verkaufsstellen von Werkstätten für behinderte Menschen sind grundsätzlich als Zweckbetriebe zu behandeln, wenn dort Produkte verkauft werden, die von der – den Laden oder die Verkaufsstelle betreibenden – Werkstatt für behinderte Menschen oder einer anderen Werkstatt für behinderte Menschen i. S. d. § 68 Nr. 3 Buchstabe a AO hergestellt worden sind. [2]Werden von dem Laden oder der Verkaufsstelle der Werkstatt für behinderte Menschen auch zugekaufte Waren, die nicht von ihr oder von anderen Werkstätten für behinderte Menschen hergestellt worden sind, weiterverkauft, liegt insoweit ein gesonderter steuerpflichtiger wirtschaftlicher Geschäftsbetrieb vor.

Zu den Zweckbetrieben gehören auch die von den Trägern der Werkstätten für behinderte Menschen betriebenen Kantinen, weil die besondere Situation

---

[1)] AEAO Nr. 3 Satz 2 zu § 68 Nr. 1 AO anzuwenden auf ab 2018 beginnende VZ.

[2)] **Aichberger SGB** Nr. **9**.

der behinderten Menschen auch während der Mahlzeiten eine Betreuung erfordert.

7. [1]Der Umfang eines Inklusionsbetriebs richtet sich nach der sozialrechtlichen Einordnung. [2]Inklusionsbetriebe i. S. d. § 215 SGB IX[1)] sind rechtlich und wirtschaftlich selbständige Unternehmen oder unternehmensinterne oder von öffentlichen Arbeitgebern i. S. d. § 154 Abs. 2 SGB IX geführte Betriebe oder Abteilungen zur Beschäftigung von schwerbehinderten oder diesen gleichgestellten Menschen, deren Teilhabe an einer sonstigen Beschäftigung auf dem allgemeinen Arbeitsmarkt aufgrund von Art oder Schwere der Behinderung oder wegen sonstiger Umstände voraussichtlich trotz Ausschöpfens aller Fördermöglichkeiten und des Einsatzes von Integrationsfachdiensten auf besondere Schwierigkeiten stößt. [3]Es ist damit möglich, dass ein Inklusionsbetrieb als rechtlich und wirtschaftlich selbständiges Inklusionsunternehmen, unternehmensinterner Inklusionsbetrieb oder unternehmensinterne Inklusionsabteilung ausgestaltet wird. [4]Davon abhängig sind bei der Quotenberechnung jeweils andere Bezugsgrößen bei der Anzahl der Beschäftigten zugrunde zu legen. [5]Inklusionsbetriebe i. S. d. § 215 SGB IX müssen mindestens 30% und sollen in der Regel nicht mehr als 50% der genannten Personengruppe beschäftigen, um sozialrechtlich als Inklusionsbetrieb anerkannt werden zu können.

[1]Für die steuerliche Eignung als Zweckbetrieb bedarf es insgesamt einer Beschäftigungsquote von mindestens 40% der genannten Personengruppen. [2]Auf diese Quoten wird auch die Anzahl der psychisch kranken beschäftigten Menschen angerechnet, die behindert oder von einer Behinderung bedroht sind und deren Teilhabe an einer sonstigen Beschäftigung auf dem allgemeinen Arbeitsmarkt auf Grund von Art und Schwere der Behinderung oder wegen sonstiger Umstände auf besondere Schwierigkeiten stößt. [3]Für Inklusionsbetriebe wird anders als bei Werkstätten für behinderte Menschen kein förmliches Anerkennungsverfahren durchgeführt. [4]Als Nachweis für die Eigenschaft als Inklusionsbetrieb dient in der Regel der Bescheid des zuständigen Integrationsamtes über erbrachte Leistungen nach § 217 SGB IX (Leistungsbescheid) sowie, im Falle einer Beschäftigung psychisch kranker Menschen, der Leistungsbescheid des zuständigen Rehabilitationsträgers. [5]Bei der Ermittlung der Beschäftigungsquote von 40% sind alle schwerbehinderten, gleichgestellten und psychisch kranken Menschen zu berücksichtigen, für die das jeweils zuständige Integrationsamt bzw. der zuständige Rehabilitationsträger Leistungen nach § 217 SGB IX erbringen kann. [6]Schwerbehinderte und diesen gleichgestellte Menschen sowie psychisch kranke Beschäftigte von Inklusionsbetrieben, für die dem Arbeitgeber eine Förderung nach § 61 SGB IX (Budget für Arbeit) oder § 61a SGB IX (Budget für Ausbildung) gewährt wird, gehören regelmäßig zur Zielgruppe des § 215 SGB IX und sind entsprechend bei der Quotenberechnung zu berücksichtigen.

[1]Die Ermittlung der Zahl der Beschäftigten erfolgt mittels Kopfzählung. [2]Dabei gilt der Arbeitsplatzbegriff des § 156 SGB IX. [3]Demnach sind Teilzeitbeschäftigte mit und ohne Behinderung grundsätzlich ab einem wöchentlichen Beschäftigungsumfang von 18 Stunden voll zu berücksichtigen. [4]Schwerbehinderte oder diesen gleichgestellte Teilzeitbeschäftigte sind bereits ab einem Beschäftigungsumfang von 12 Wochenstunden voll zu berücksichtigen (§ 185 Abs. 2 Satz 3 SGB IX).

[1)] **Aichberger SGB** Nr. **9**.

Für Altfälle bis einschließlich VZ 2018 wird nicht beanstandet, wenn die bis zum 30.1.2019 gültige Fassung der Nr. 6 des AEAO zu § 68 Nr. 3 angewendet wird.

8. [1] Zusätzliche Beschäftigungsmöglichkeiten für (schwer-)behinderte Menschen schaffen Handelsbetriebe, die als wohnortnahe Einzelhandelsgeschäfte beispielsweise mit einem Lebensmittelvollsortiment und entsprechendem Einsatz von Fachpersonal betrieben werden. [2] Mit dieser Beschäftigungsform soll behinderten Menschen eine Möglichkeit zur Teilhabe am Arbeitsleben auf dem allgemeinen Arbeitsmarkt auch außerhalb von Werkstätten für behinderte Menschen geboten werden.

[1] Handelsbetriebe, die keine Läden oder Verkaufsstellen von Werkstätten für behinderte Menschen i. S. d. Nr. 6 des AEAO zu § 68 darstellen, können als Inklusionsbetrieb (vgl. Nr. 7 des AEAO zu § 68) oder als zusätzlicher Arbeitsbereich, zusätzlicher Betriebsteil oder zusätzliche Betriebsstätte einer (anerkannten) Werkstatt für behinderte Menschen gegründet werden. [2] Im letzteren Fall muss die Werkstatt für behinderte Menschen bei den Anerkennungsbehörden (§ 225 SGB IX)[1)] die Erweiterung der anerkannten Werkstatt um den zusätzlichen Arbeitsbereich, den Betriebsteil oder die zusätzliche Betriebsstätte „Handelsbetrieb" anzeigen und um deren Einbeziehung in die Anerkennung nach § 225 SGB IX ersuchen. [3] Die Anerkennungsbehörden prüfen, ob die anerkannte Werkstatt für behinderte Menschen auch mit einer solchen Erweiterung insgesamt noch die Anerkennungsvoraussetzungen als Werkstatt für behinderte Menschen nach § 225 SGB IX erfüllt.

Handelsbetriebe, die von den Sozialbehörden als Inklusionsbetriebe gefördert werden, stellen grundsätzlich einen steuerbegünstigten Zweckbetrieb nach § 68 Nr. 3 Buchstabe c AO dar, wenn die Beschäftigungsquote von 40% der Personengruppe erreicht ist.

[1] Die von den Sozialbehörden vorgenommene sozialrechtliche Einordnung dieser Handelsbetriebe als Teil einer Werkstatt für behinderte Menschen (§ 68 Nr. 3 Buchstabe a AO) oder als Inklusionsbetrieb (§ 68 Nr. 3 Buchstabe c AO) soll von der zuständigen Finanzbehörde regelmäßig übernommen werden. [2] Dem zuständigen Finanzamt obliegt aber die abschließende rechtsverbindliche Entscheidung im Einzelfall. [3] Dabei kommt den Bescheiden der Sozialbehörden (Anerkennungsbescheid nach § 225 SGB IX[1)] bzw. Bescheid über erbrachte Leistungen nach § 217 SGB IX) grundsätzlich Tatbestandswirkung zu. [4] Die Bescheide stellen aber keine Grundlagenbescheide i. S. d. § 171 Abs. 10 AO dar.

9. [1] Einrichtungen für Beschäftigungs- und Arbeitstherapie, die der Eingliederung von behinderten Menschen dienen, sind besondere Einrichtungen, in denen eine Behandlung von behinderten Menschen aufgrund ärztlicher Indikationen erfolgt. [2] Während eine Beschäftigungstherapie ganz allgemein das Ziel hat, körperliche oder psychische Grundfunktionen zum Zwecke der Wiedereingliederung in das Alltagsleben wiederherzustellen, zielt die Arbeitstherapie darauf ab, die besonderen Fähigkeiten und Fertigkeiten auszubilden, zu fördern und zu trainieren, die für eine Teilnahme am Arbeitsleben erforderlich sind. [3] Beschäftigungs- und Arbeitstherapie sind vom medizinischen Behandlungszweck geprägt und erfolgen regelmäßig außerhalb eines Beschäftigungsverhältnisses zum Träger der Therapieeinrichtung. [4] Ob eine entsprechende Einrichtung vorliegt, ergibt sich auf-

---

[1)] **Aichberger SGB** Nr. **9**.

grund der Vereinbarungen über Art und Umfang der Heilbehandlung und Rehabilitation zwischen dem Träger der Einrichtung und den Leistungsträgern.

Zu § 68 Nr. 4 AO:

10. Begünstigte Einrichtungen sind insbesondere Werkstätten, die zur Fürsorge von blinden Menschen, Menschen mit körperlichen Behinderungen sowie Menschen mit psychischen und seelischen Erkrankungen beziehungsweise Behinderungen unterhalten werden.

Zu § 68 Nr. 6 AO:

11. [1] Lotterien und Ausspielungen sind ein Zweckbetrieb, wenn sie von den zuständigen Behörden genehmigt sind oder nach den jeweiligen landesrechtlichen Bestimmungen wegen des geringen Umfangs der Ausspielung oder Lotterieveranstaltung per Verwaltungserlass pauschal als genehmigt gelten. [2] Die sachlichen Voraussetzungen und die Zuständigkeit für die Genehmigung bestimmen sich nach den lotterierechtlichen Verordnungen der Länder. [3] Der Gesetzeswortlaut lässt es offen, in welchem Umfang solche Lotterien veranstaltet werden dürfen. [4] Da eine besondere Einschränkung fehlt, ist auch eine umfangreiche Tätigkeit so lange unschädlich, als die allgemein durch das Gesetz gezogenen Grenzen nicht überschritten werden. [5] Die jährliche Organisation einer Tombola durch eine reine Förderkörperschaft nach § 58 *Abs. 1*[1)] Satz 4 AO ist im Rahmen der Gesamtbetrachtung selbst dann als steuerbegünstigter Zweckbetrieb nach § 68 Nr. 6 AO zu beurteilen, wenn die Körperschaft die Mittel überwiegend aus der Ausrichtung der Tombola erzielt.

12. [1] Zur Ermittlung des Reinertrags dürfen den Einnahmen aus der Lotterieveranstaltung oder Ausspielung nur die unmittelbar damit zusammenhängenden Ausgaben gegenübergestellt werden. [2] Führt eine steuerbegünstigte Körperschaft eine Lotterieveranstaltung durch, die nach dem Rennwett- und Lotteriegesetz[2)] nicht genehmigungsfähig ist, z. B. eine Ausspielung anlässlich einer geselligen Veranstaltung, handelt es sich insoweit nicht um einen Zweckbetrieb nach § 68 Nr. 6 AO.

Zu § 68 Nr. 7 AO:

13. Wegen der Breite des Spektrums, die die Förderung von Kunst und Kultur umfasst, ist die im Gesetz enthaltene Aufzählung der kulturellen Einrichtungen nicht abschließend.

14. [1] Kulturelle Einrichtungen und Veranstaltungen i. S. d. § 68 Nr. 7 AO können nur vorliegen, wenn die Förderung der Kultur Satzungszweck der Körperschaft ist. [2] Sie sind stets als Zweckbetrieb zu behandeln. [3] Das BFH-Urteil vom 4.5.1994, XI R 109/90, BStBl. II S. 886 zu sportlichen Darbietungen eines Sportvereins (vgl. Nr. 3 des AEAO zu § 67a) gilt für kulturelle Darbietungen entsprechend. [4] Demnach liegt auch dann eine kulturelle Veranstaltung der Körperschaft vor, wenn diese eine Darbietung kultureller Art im Rahmen einer Veranstaltung präsentiert, die nicht von der Körperschaft selbst organisiert wird und die ihrerseits keine kulturelle Veranstaltung i. S. d. § 68 Nr. 7 AO darstellt. [5] Wenn z. B. ein steuerbegünstigter Musikverein, der der Förderung der volkstümlichen Musik dient, gegen Entgelt im Festzelt einer Brauerei

---

1) *Redaktionsversehen,* richtig § 58 **Nummer** 1 Satz 4 AO.

2) RennwLottG v. 25.6.2021, BGBl. I 2021, 2065 (**Steuergesetze** Nr. **630**).

ein volkstümliches Musikkonzert darbietet, gehört der Auftritt des Musikvereins als kulturelle Veranstaltung zum Zweckbetrieb.

15. [1]Der Verkauf von Speisen und Getränken und die Werbung bei kulturellen Veranstaltungen gehören nicht zu dem Zweckbetrieb. [2]Diese Tätigkeiten sind gesonderte wirtschaftliche Geschäftsbetriebe. [3]Wird für den Besuch einer kulturellen Veranstaltung mit Bewirtung ein einheitliches Entgelt entrichtet, so ist dieses – ggf. im Wege der Schätzung – in einen Entgeltsanteil für den Besuch der Veranstaltung (Zweckbetrieb) und für die Bewirtungsleistungen (wirtschaftlicher Geschäftsbetrieb) aufzuteilen.

Zu § 68 Nr. 8 AO:

16. [1]An Veranstaltungen belehrender Art i.S.d. § 68 Nr. 8 AO sind keine besonderen inhaltlichen Anforderungen zu stellen. [2]Es genügt, dass bei den jeweiligen Veranstaltungen überwiegend Vorträge gehalten werden, die naturgemäß belehrenden Charakter haben (BFH-Urteil vom 21.6.2017, V R 34/16, BStBl. 2018 II S. 55).

Zu § 68 Nr. 9 AO:

17. [1]Bei der Anwendung des § 68 Nr. 9 AO bestehen keine Unterschiede zwischen Wissenschaftseinrichtungen und Forschungseinrichtungen. [2]Die nachfolgenden Erläuterungen zur steuerlichen Behandlung von Forschungseinrichtungen gelten deshalb auch für Wissenschaftseinrichtungen.

18. [1]§ 68 Nr. 9 AO gilt nur für Körperschaften, deren satzungsmäßiger Zweck die Förderung von Wissenschaft und Forschung ist. [2]Fördert die Körperschaft daneben nach ihrer Satzung auch andere steuerbegünstigte Zwecke, ist § 68 Nr. 9 AO nur anzuwenden, wenn die Forschungstätigkeit bei der tatsächlichen Geschäftsführung die Förderung der anderen steuerbegünstigten Zwecke überwiegt.

[1]Die Sonderregelung in § 68 Nr. 9 AO geht der allgemeinen Regelung über die Zweckbetriebseigenschaft wirtschaftlicher Betätigungen in § 65 AO vor. [2]Die Zweckbetriebseigenschaft der Forschungstätigkeit von Forschungseinrichtungen, auf die § 68 Nr. 9 AO anzuwenden ist, richtet sich deshalb ausschließlich nach dieser Vorschrift. [3]Darauf, ob die Forschungstätigkeit die Voraussetzungen des § 65 AO erfüllt, kommt es nicht an. [4]Dies gilt auch dann, wenn die Forschungseinrichtung die Voraussetzungen des § 68 Nr. 9 AO für die Annahme eines Zweckbetriebs nicht erfüllt. [5]Die gesamte Forschungstätigkeit ist in diesem Fall ein steuerpflichtiger wirtschaftlicher Geschäftsbetrieb.

[1]Die steuerliche Beurteilung der Zweckbetriebseigenschaft von wirtschaftlichen Geschäftsbetrieben, die nicht unmittelbar der Forschung dienen, richtet sich nach den §§ 65 bis 68 Nrn. 1 bis 8 AO. [2]Danach ist z.B. die teilweise Überlassung der Nutzung eines Rechenzentrums für Zwecke Dritter gegen Entgelt ein steuerpflichtiger wirtschaftlicher Geschäftsbetrieb. [3]Zweckbetriebe kommen insbesondere bei der Förderung anderer steuerbegünstigter Zwecke in Betracht (z.B. Unterhaltung eines Museums durch den Träger einer Forschungseinrichtung – § 68 Nr. 7 AO).

[1]Betreibt eine steuerbegünstigte Körperschaft, auf die § 68 Nr. 9 AO nicht anzuwenden ist, auch Forschung, ist die Zweckbetriebseigenschaft der Forschungstätigkeit nach § 65 AO zu beurteilen. [2]Hierbei sind die Grundsätze

des BFH-Urteils vom 30.11.1995, V R 29/91, BStBl. 1997 II S. 189, zu beachten. [3]Danach ist die Auftragsforschung ein steuerpflichtiger wirtschaftlicher Geschäftsbetrieb. [4]Falls sich die Auftragsforschung nicht von der Grundlagen- oder Eigenforschung abgrenzen lässt, liegt insgesamt ein steuerpflichtiger wirtschaftlicher Geschäftsbetrieb vor.

[1]Eine Körperschaft ist nicht selbstlos tätig und kann deshalb nicht als gemeinnützig behandelt werden, wenn sie in erster Linie nicht steuerbegünstigte, sondern eigenwirtschaftliche Zwecke verfolgt (§ 55 Abs. 1 Satz 1 AO). [2]Zweckbetriebe sind bei dieser Abgrenzung dem ideellen steuerbegünstigten Bereich zuzuordnen. [3]Wenn eine Forschungseinrichtung nach § 68 Nr. 9 AO ein Zweckbetrieb ist, besteht deshalb die unwiderlegbare Vermutung, dass das Schwergewicht ihrer Tätigkeit im steuerbegünstigten Bereich liegt. [4]Bei einer Forschungseinrichtung, auf die § 68 Nr. 9 AO anzuwenden ist, deren Träger die Finanzierungsvoraussetzungen der Vorschrift jedoch nicht erfüllt, kann nicht zwingend davon ausgegangen werden, dass sie in erster Linie eigenwirtschaftliche Zwecke verfolgt. [5]Nach den Grundsätzen des BFH-Urteils vom 4.4.2007, I R 76/05, BStBl. II S. 631, ist unter Berücksichtigung der gesamten Umstände des Einzelfalls zu prüfen, ob sich die Auftragsforschung von der steuerbegünstigten Tätigkeit trennen lässt. [6]Ist in diesem Fall die Auftragsforschung von untergeordneter Bedeutung, kann der Träger der Einrichtung nach § 5 Abs. 1 Nr. 9 KStG gleichwohl steuerbefreit sein und die Auftragsforschung lediglich einen steuerpflichtigen wirtschaftlichen Geschäftsbetrieb (§ 64 AO) darstellen. [7]Die Steuerbefreiung nach § 5 Abs. 1 Nr. 9 KStG geht nur dann verloren, wenn die Auftragsforschung als eigenständiger Zweck neben die Eigenforschung (Grundlagenforschung) tritt und somit gegen das Gebot der Ausschließlichkeit des § 56 AO verstoßen wird.

19. [1]Unter „Träger" einer Forschungseinrichtung ist die Körperschaft (z. B. Verein, GmbH) zu verstehen, die die Einrichtung betreibt. [2]Wie sich die Mitglieder oder Gesellschafter der Körperschaft finanzieren, ist ohne Bedeutung.

20. [1]Die überwiegende Finanzierung des Trägers ergibt sich aus der Gegenüberstellung der Zuwendungen an den Träger von dritter Seite zuzüglich der Einnahmen aus der Vermögensverwaltung einerseits und der übrigen Einnahmen des Trägers andererseits. [2]Zuwendungen von dritter Seite sind nur unentgeltliche Leistungen. [3]Dazu gehören z. B. die Projektförderung von Bund, Ländern und der Europäischen Union, Spenden und echte Mitgliedsbeiträge.

[1]Fördert die Körperschaft auch andere steuerbegünstigte Zwecke als die Wissenschaft und Forschung und geschieht dies durch einen Zweckbetrieb, sind die Einnahmen und Überschüsse aus diesem Zweckbetrieb bei der Beurteilung der Frage, aus welchen Mitteln sich der Träger der Forschungseinrichtung überwiegend finanziert, nicht zu berücksichtigen. [2]Die Einnahmen und Überschüsse anderer Zweckbetriebe sind also weder als Zuwendungen noch als andere (schädliche) Mittelzuflüsse zu erfassen.

[1]In welchem Jahr die Einnahmen anzusetzen sind, bestimmt sich nach den Grundsätzen der steuerlichen Einkünfteermittlung. [2]Bei Körperschaften, die den Gewinn durch Betriebsvermögensvergleich (§ 4 Abs. 1 oder § 5 EStG) ermitteln, sind Forderungszugänge bereits als Einnahmen zu erfassen. [3]Bei

anderen Körperschaften sind die im Kalenderjahr zugeflossenen Einnahmen maßgeblich (§ 11 EStG).

[1]Der Beurteilung, ob der Träger einer Forschungseinrichtung sich überwiegend aus Zuwendungen und der Vermögensverwaltung finanziert, ist grundsätzlich ein Dreijahreszeitraum zugrunde zu legen. [2]Dieser umfasst den zu beurteilenden und die beiden vorangegangenen Veranlagungszeiträume.

Beispiel:

Jahr	Zuwendungen und Vermögensverwaltung €	Andere Finanzierung €	Gesamtfinanzierung €
01	1000	1100	2100
02	1400	1000	2400
03	1200	1300	2500
Zusammen	3600	3400	7000

Im Jahr 03 (zu beurteilender Veranlagungszeitraum) liegt ein Zweckbetrieb vor, weil sich der Träger der Forschungseinrichtung im maßgeblichen Beurteilungszeitraum (Jahre 01 bis 03) überwiegend aus Zuwendungen und der Vermögensverwaltung finanziert hat. Für die Beurteilung der Zweckbetriebseigenschaft im Jahr 04 ist die Finanzierung des Trägers der Forschungseinrichtung in den Jahren 02 bis 04 zugrunde zu legen.

21. Die Anfertigung von Prototypen und die Nullserie gehören noch zur Forschungstätigkeit.

[1]Bei Routinemessungen, dem Routineeinsatz eines Ergebnisses und der Fertigung marktfähiger Produkte ist grundsätzlich anzunehmen, dass sich die Tätigkeit auf die Anwendung gesicherter wissenschaftlicher Erkenntnisse beschränkt. [2]Dies ist eine Vermutung, die im Einzelfall von der Forschungseinrichtung widerlegt werden kann.

[1]Bei der Anfertigung von Gutachten kommt es bei der Zuordnung auf Thema und Inhalt an. [2]Gutachten, in denen lediglich gesicherte wissenschaftliche Erkenntnisse verwertet werden, gehören nicht zur Forschungstätigkeit.

„Projektträgerschaften" sind von der „Projektförderung" zu unterscheiden.

[1]„Projektförderung" ist die Vergabe von Zuwendungen für bestimmte, einzeln abgrenzbare Forschungs- und Entwicklungsvorhaben an Forschungseinrichtungen, z. B. durch Bund, Länder und Europäische Union. [2]Bei der Forschungseinrichtung liegen hierbei Zuwendungen i. S. d. § 68 Nr. 9 Satz 1 AO vor.

[1]„Projektträgerschaft" ist die fachliche und verwaltungsmäßige Betreuung und Abwicklung der Projektförderung durch Forschungseinrichtungen (Projektträger) im Auftrag des Bundes oder eines Landes. [2]Zu den Aufgaben der Projektträger gehören u. a. die Prüfung und Beurteilung der Förderanträge der Forschungseinrichtungen, die eine Projektförderung beantragen, mit Entscheidungsvorschlag, Verwaltung der vom Zuwendungsgeber bereitgestellten Mittel, Kontrolle der Abwicklung des Vorhabens, Mitwirkung bei der Auswertung und Veröffentlichung der Arbeitsergebnisse. [3]Die Projektträger erhalten vom Zuwendungsgeber ein Entgelt in Höhe der bei ihnen entstandenen Selbstkosten. [4]Projektträgerschaften sind steuerpflichtige wirtschaftliche Geschäftsbetriebe. [5]Bei der Beurteilung, wie sich die Forschungseinrichtung überwiegend finanziert, gehören die Einnahmen aus Projektträgerschaften zu

den Einnahmen, die den Zuwendungen und den Einnahmen aus der Vermögensverwaltung gegenüberzustellen sind.

Eine Tätigkeit ohne Forschungsbezug ist z. B. der Betrieb einer Kantine.

AEAO zu § 69 – Haftung der Vertreter:

1. Bevollmächtigte, Beistände und Vertreter (§§ 80 und 81 AO) haften nur, wenn sie gleichzeitig Vertreter oder Verfügungsberechtigte i. S. d. §§ 34 und 35 AO (z. B. Vermögensverwalter, Konkursverwalter, Insolvenzverwalter, Testamentsvollstrecker) sind.

2. [1]Die Haftung wird durch Erlass eines Haftungsbescheids gem. § 191 AO geltend gemacht. [2]Wegen der Einwendungen des Haftenden gegen den ursprünglichen Steuerbescheid Hinweis auf § 166 AO, wegen des Leistungsgebots vgl. AEAO zu § 219; wegen der Verpflichtung zur Anhörung der zuständigen Berufskammern vgl. AEAO zu § 191.

AEAO zu § 70 – Haftung des Vertretenen:

[1]Die Vorschrift hat vor allem Bedeutung auf dem Gebiet des Zoll- und Verbrauchsteuerrechts, im Bereich der Besitz- und Verkehrsteuern kommt ihre Anwendung insbesondere bei Abzugsteuern in Betracht. [2]Für Handlungen eines Arbeitnehmers wird nur gehaftet, wenn dieser zu dem in den §§ 34 und 35 AO genannten Personenkreis gehört.

AEAO zu § 71 – Haftung des Steuerhinterziehers und des Steuerhehlers:[1) · 2)]

Zur Frage der Feststellung, ob Steuern hinterzogen worden sind, vgl. AEAO zu § 169, Nr. 2.1 und 2.2.

AEAO zu § 73 – Haftung bei Organschaft:

Inhaltsübersicht

1. Art der Haftung und Haftungsschuldner
2. Haftungsvoraussetzungen
3. Umfang der Haftung
3.1. Sachliche Beschränkung
3.1.1. Körperschaftsteuer
3.1.2. Umsatzsteuer
3.2. Zeitliche Beschränkung
3.3. Folgen mangelnder Mitwirkung
3.4. Mehrstufige Organschaftsverhältnisse
4. Erstmalige Anwendung des § 73 Satz 2 AO n. F.

1. Art der Haftung und Haftungsschuldner

[1]§ 73 AO begründet eine persönliche Haftung, die nicht gegenständlich beschränkt ist. [2]Sie ist sachlich beschränkt auf die Steuern und die Ansprüche auf Erstattung von Steuervergütungen, für welche die Organschaft von Bedeutung ist.

---

1) Zur Haftungsinanspruchnahme nach § 71 AO siehe BFH v. 26.9.2012 VII R 3/11, BFH/NV 2013, 337, zur Umsatzsteuer (Vb. 1 BvR 38/13 vom BVerfG v. 24.7.2013 nicht zur Entscheidung angenommen), und v. 23.4.2014 VII R 41/12, BStBl. II 2015, 117, zu Verbrauchsteuern.

2) Keine Haftung nach § 71 AO bei Subventionsbetrug; siehe BFH v. 19.12.2013 III R 25/10, BStBl. II 2015, 119 **(Rspr.-Änderung).**

[1]Haftungsschuldner ist nach § 73 Satz 1 AO die Organgesellschaft. [2]Bei mehrstufigen Organschaftsverhältnissen haften die (nachrangigen) Organgesellschaften der „obersten" Organgesellschaft ebenfalls für die Steuern des „obersten" Organträgers, für welche die Organschaft zwischen der „obersten" Organgesellschaft und dem „obersten" Organträger steuerlich von Bedeutung ist (§ 73 Satz 2 AO). [3]Sind die nachrangigen Organgesellschaften wiederum selbst Organträger, haften nach § 73 Satz 2 AO auch ihre eigenen Organgesellschaften sowie ggf. deren (ebenfalls nachrangige) Organgesellschaften. [4]Zur Anwendung siehe Nr. 4 des AEAO zu § 73.

Der Organträger und alle nach § 73 Satz 1 und 2 AO in Haftung genommenen Organgesellschaften sind Gesamtschuldner, weshalb die Leistung eines Steuer- oder Haftungsschuldners zugleich schuldbefreiend für alle anderen Gesamtschuldner wirkt.

2. Haftungsvoraussetzungen

Tatbestandliche Voraussetzung für die Haftung ist das Bestehen eines Organschaftsverhältnisses nach den jeweiligen Steuergesetzen (§§ 14 ff. KStG, § 2 Abs. 2 GewStG sowie § 2 Abs. 2 Nr. 2 UStG).

(Fortsetzung S. 109)

[1]Der Erlass eines Haftungsbescheides nach § 73 Satz 2 i. V. m. Satz 1 AO setzt das Vorliegen der Tatbestandsmerkmale einer Haftung der „obersten" Organgesellschaft für die haftungsrelevanten Steuern des „obersten" Organträgers nach § 73 Satz 1 AO voraus. [2]Eine tatsächliche Inanspruchnahme der „obersten" Organgesellschaft ist daher nicht erforderlich.

3. Umfang der Haftung

3.1. Sachliche Beschränkung

[1]Die Haftung ist auf Steuern und Ansprüche auf Erstattung von Steuervergütungen beschränkt, für die die Organschaft steuerlich von Bedeutung ist. [2]Besteht z. B. nur eine umsatzsteuerliche Organschaft, so scheidet eine Haftungsinanspruchnahme der Organgesellschaft für die Körperschaftsteuer des Organträgers aus.

Die Organgesellschaft haftet dem Grunde nach für alle Steuern, die im Organkreis verursacht worden sind; im Rahmen der Ermessensausübung soll die Haftung aber grundsätzlich auf die in ihrem eigenen Betrieb oder im Betrieb des Organträgers verursachten Steuern beschränkt werden.

Eine Begrenzung der Haftungsinanspruchnahme einer (ggf. nachrangigen) Organgesellschaft im Rahmen der Ermessensausübung erfolgt jedoch nicht, wenn der Organträger oder andere Organgesellschaften Vermögenswerte unentgeltlich auf die Organgesellschaft übertragen, unentgeltliche Nutzungen oder Leistungen gewährt haben oder keine Trennung der Vermögenssphären der Organteile möglich ist, sodass die Organgesellschaft auch für Steuern haftet, die durch den Betrieb des Organträgers oder einer anderen Organgesellschaft verursacht worden sind (BFH-Beschluss vom 19.3.2014, V B 14/14, BFH/NV 2014 S. 999 und BGH-Urteil vom 29.1.2013, II ZR 91/11, ZIP 2013 S. 409).

Die vorstehenden Grundsätze gelten für Ansprüche auf Erstattung von Steuervergütungen, für welche die Organschaft(-en) von Bedeutung ist (sind), entsprechend (§ 73 Satz 3 AO).

Zu den Folgen mangelnder Mitwirkung siehe Nr. 3.3.

Steuerliche Nebenleistungen (§ 3 Abs. 4 AO) sind von der Haftung ausgenommen (BFH-Urteil vom 5.10.2004, VII R 76/03, BStBl. 2006 II S. 3).

Der Solidaritätszuschlag ist als Ergänzungsabgabe zur Einkommen- bzw. Körperschaftsteuer in die Haftung miteinzubeziehen (§ 73 i. V. m. § 3 Abs. 1 AO).

3.1.1. Körperschaftsteuer

Bei der körperschaftsteuerlichen Organschaft ist es ermessensgerecht, den Verursachungsbeitrag einer Organgesellschaft für die rückständige Steuer des Organträgers nach dem Verhältnis des zugerechneten positiven Einkommens der Organgesellschaft (originäres Organeinkommen) zu der Summe der gesamten zugerechneten positiven Organeinkommen des Organkreises eines Veranlagungszeitraums zu bestimmen.

Bei der Ermittlung des originären Einkommens der Organgesellschaft sind die auf Ebene des Organträgers nach § 15 Satz 1 Nr. 2 und 3 sowie Satz 2 KStG vorzunehmenden Korrekturen zu berücksichtigen.

[1]Die Inanspruchnahme der Organgesellschaft kann höchstens in Höhe einer fiktiven Steuer auf das originäre Organeinkommen erfolgen. [2]Zusätzlich wird

die Inanspruchnahme auf die Körperschaftsteuer beschränkt, die gegen den Organträger festgesetzt wird.

3.1.2. Umsatzsteuer

Bei der umsatzsteuerlichen Organschaft ist es ermessensgerecht, den Verursachungsbeitrag einer Organgesellschaft auf die auf den Außenumsätzen der Organgesellschaft beruhende Umsatzsteuer abzüglich der bei der Organgesellschaft anfallenden Vorsteuer zu bestimmen.

3.2. Zeitliche Beschränkung

[1]Voraussetzung für die Haftung ist, dass das Organschaftsverhältnis für den steuerlichen Anspruch gegen den Organträger auch unter Beachtung von Umwandlungsvorgängen von Bedeutung ist. [2]Die Steuern müssen während der zeitlichen Dauer der Organschaft verursacht worden sein. [3]Die steuerliche Bedeutung der Organschaft geht nicht dadurch verloren, dass ein Steueranspruch – z. B. bei abweichenden Wirtschaftsjahren im Organkreis – möglicherweise erst nach Beendigung der Organschaft entsteht, sofern dieser durch die Organschaft noch beeinflusst ist. [4]Auf den Zeitpunkt der Festsetzung und der Fälligkeit kommt es nicht an.

[1]Im Falle eines Umwandlungsvorgangs mit Rückwirkung kann ein Gewinnabführungsvertrag nur für die Zukunft Wirkung entfalten, eine Inhaftungnahme kommt daher auch in diesen Fällen nur für die von der Organgesellschaft ab diesem Zeitpunkt mitverursachten Ertragsteuern des Organträgers in Betracht. [2]Wird eine körperschaftsteuerliche Organschaft durch einen Umwandlungsvorgang mit Rückwirkung beendet, scheidet eine Haftungsinanspruchnahme für Steuern, die im Zeitraum der Rückwirkung verursacht wurden, mangels Bestehens eines Organschaftsverhältnisses aus.

3.3. Folgen mangelnder Mitwirkung

[1]Es ist Sache der Organgesellschaft, durch leicht nachprüfbare Unterlagen und Berechnungen darzulegen, welche Steuern sie nicht verursacht hat. [2]Die Organgesellschaft kann für sämtliche Steuern des Organkreises in Anspruch genommen werden, wenn

1. sie keine Angaben macht, die eine Beschränkung ermöglichen, oder
2. die vorgetragenen Berechnungsgrundlagen für die Beschränkung des Haftungsumfangs nicht leicht und eindeutig zuzuordnen sind.

3.4. Mehrstufige Organschaftsverhältnisse

[1]Bei mehrstufigen Organschaftsverhältnissen haften alle Organgesellschaften (das heißt die „obersten" Organgesellschaften und, falls diese ihrerseits Organträgerinnen sind, auch alle nachrangigen Organgesellschaften) nebeneinander dem Grunde nach für alle Steuern, die im gesamten Organkreis verursacht worden sind. [2]Im Rahmen der Ermessensausübung soll die Haftung aber grundsätzlich auf die jeweils im eigenen Betrieb oder im Betrieb der in gerader Linie vorgehenden Organträger verursachten Steuern beschränkt werden. [3]Die in Nr. 3.1 bis 3.3 des AEAO zu § 73 dargestellten Grundsätze gelten hierbei entsprechend und sind dabei auf jeder Stufe der mehrstufigen Organschaft individuell anzuwenden.

Bei der Umsatzsteuer sind mehrstufige Organschaftsverhältnisse ausgeschlossen.

4. Erstmalige Anwendung des § 73 Satz 2 AO n. F.

[1] § 73 Satz 2 AO i. d. F. des Gesetzes vom 12.12.2019 (BGBl. I S. 2451) ist nach Art. 97 § 11 Abs. 4 EGAO erstmals anzuwenden, wenn der haftungsbegründende Tatbestand nach dem 17.12.2019 verwirklicht worden ist. [2] Haftungsbegründender Tatbestand ist die Entstehung der Steuerschuld bzw. die Entstehung des Anspruchs auf Erstattung von Steuervergütungen, für die die „oberste" Organgesellschaft haftet (Primärschuld), und das gleichzeitige Bestehen der Organschaft zwischen der „obersten" Organgesellschaft und ihren nachrangigen Organgesellschaften.

AEAO zu § 74 – Haftung des Eigentümers von Gegenständen:

1. [1] Der Eigentümer der Gegenstände haftet persönlich, aber beschränkt auf die dem Unternehmen zur Verfügung gestellten Gegenstände. [2] Das Haftungsobjekt ist dabei nicht auf den (im Zeitpunkt der Haftungsinanspruchnahme noch) im Eigentum des Beteiligten stehenden Gegenstand beschränkt, sondern umfasst auch ein dafür ggf. erhaltenes Surrogat (Veräußerungserlös, Schadenersatz, Tauschgegenstand o. Ä.), wenn der Gegenstand im Zeitraum der Steuerschuldentstehung dem Unternehmen gedient hat (vgl. BFH-Urteil vom 22.11.2011, VII R 63/10, BStBl. 2012 II S. 223).[1)] [3] Gegenstand der Haftung können auch immaterielle Wirtschaftsgüter sein, wenn in dieses Vermögen vollstreckt werden kann (BFH-Urteil vom 23.5.2012, VII R 28/10, BStBl. II S. 763).

Zur Haftung, wenn der Gegenstand nicht im Eigentum des Haftenden, sondern im Eigentum einer Gesellschaft steht, an der der Haftende beteiligt ist, vgl. BFH-Urteile vom 10.11.1983, V R 18/79, BStBl. 1984 II S. 127 (GbR), und vom 23.5.2012, VII R 28/10, BStBl. 2012 II S. 763 (KG).

2. [1] Der Eigentümer haftet für die Steuern und Ansprüche auf Erstattung von Steuervergütungen, bei denen sich die Steuerpflicht auf den Betrieb des Unternehmens gründet und die während des Bestehens der wesentlichen Beteiligung entstanden sind; auf die Fälligkeit kommt es nicht an. [2] Hierzu gehören die Steuern bzw. Ansprüche, für die der in den Einzelsteuergesetzen bezeichnete Tatbestand an den Betrieb eines Unternehmens geknüpft ist (z. B. Umsatzsteuer – auch bei Eigenverbrauch –, Gewerbesteuer, Verbrauchsteuer bei Herstellungsbetrieben, Rückforderung von Investitionszulage), nicht dagegen z. B. Personensteuern (z. B. Einkommen-, Körperschaft- und Erbschaftsteuer), Zölle, Abschöpfungen oder Steuerabzugsbeträge (z. B. Lohnsteuer). [3] Die Haftung erstreckt sich nicht auf die steuerlichen Nebenleistungen (§ 3 Abs. 4 AO).

3. [1] Eine wesentliche Beteiligung liegt auch dann vor, wenn der betroffene Eigentümer nur mittelbar, z. B. über eine Tochtergesellschaft oder einen Treuhänder, beteiligt ist. [2] Eine wesentliche Beteiligung i. S. d. § 74 Abs. 2 Satz 1 AO wird aber nicht durch Zusammenrechnung der von mehreren Familienmitgliedern gehaltenen Anteile begründet (vgl. BFH-Urteil vom 1.12.2015, VII R 34/14, BStBl. 2016 II S. 375).

[1)] Keine Aufrechnung mit der Haftungsschuld des Eigentümers von Gegenständen gegen dessen Steuervergütungsansprüche; vgl. BFH v. 28.1.2014 VII R 34/12, BStBl. II 2014, 551.

4. [1]Einer wesentlichen Beteiligung steht es gleich, wenn jemand ohne entsprechende Vermögensbeteiligung auf das Unternehmen einen beherrschenden Einfluss tatsächlich und in einer Weise ausübt, die dazu beiträgt, dass fällige Betriebssteuern nicht entrichtet werden; es genügt nicht, wenn eine Person nur die Möglichkeit hat, beherrschenden Einfluss auszuüben. [2]Ein beherrschender Einfluss i. S. d. § 74 Abs. 2 Satz 2 AO kann auch vorliegen, wenn mehrere Familienmitglieder Anteile am Betriebsunternehmen halten und sie als Eigentümer der Gegenstände (Besitzunternehmen) gemeinsam in der Lage sind, ihren Willen im Betriebsunternehmen durchzusetzen. [3]Es ist jedoch ein aktiver und für die Nichtentrichtung fälliger Betriebssteuern kausaler Beitrag erforderlich, ein bloßes Unterlassen bestimmter Handlungen reicht nicht aus. [4]Daher kann allein die Weigerung, weitere Kreditmittel zu gewähren – auch wenn dies zur Abwendung einer Insolvenz geboten wäre –, eine Haftung nach § 74 AO nicht begründen (vgl. BFH-Urteil vom 1.12.2015, VII R 34/14, BStBl. 2016 II S. 375).

AEAO zu § 75 – Haftung des Betriebsübernehmers:

Inhaltsübersicht

1. Art der Haftung
2. Haftungsschuldner
3. Haftungstatbestand
3.1. Übereignung eines Unternehmens oder gesondert geführten Betriebes
3.2. Übereignung der wesentlichen Betriebsgrundlagen
3.3. Lebendes Unternehmen
3.4. Haftungsausschluss für Erwerbe aus einer Insolvenzmasse und im Vollstreckungsverfahren
4. Umfang der Haftung
4.1. Sachliche Beschränkung
4.2. Zeitliche Beschränkung
4.3. Gegenständliche Beschränkung der Haftung
5. Verjährung
6. Auskunftserteilung bei Betriebsübernahme

1. Art der Haftung

§ 75 AO begründet eine persönliche, keine dingliche Haftung, die jedoch ihrem Gegenstand nach auf den Bestand des übereigneten Unternehmens bzw. Teilbetriebes beschränkt ist.

2. Haftungsschuldner

[1]Haftungsschuldner ist der an der Geschäftsveräußerung beteiligte Erwerber. [2]Als Erwerber kommt jeder in Betracht, der Träger von Rechten und Pflichten sein kann.

3. Haftungstatbestand

Haftungstatbestand ist die Übereignung eines Unternehmens oder eines in der Gliederung eines Unternehmens gesondert geführten Betriebes im Ganzen.

3.1. Übereignung eines Unternehmens oder gesondert geführten Betriebes

Unternehmen ist jede wirtschaftliche Einheit oder organisatorische Zusammenfassung persönlicher oder sachlicher Mittel zur Verfolgung wirtschaftlicher Zwecke, d.h. ein Unternehmen i.S.d. § 2 Abs. 1 UStG (BFH-Urteile vom 14.5.1970, V R 117/66, BStBl. II S. 676, vom 28.11.1973, I R 129/71, BStBl. 1974 II S. 145, vom 27.11.1979, VII R 12/79, BStBl. 1980 II S. 258, vom 11.5.1993, VII R 86/92, BStBl. II S. 700, und vom 7.3.1996, VII B 242/95, BFH/NV S. 726).

[1]Ein gesondert geführter Betrieb i.S.d. § 75 AO ist ein mit gewisser Selbständigkeit ausgestatteter, organisch geschlossener Teil eines Gesamtbetriebes, der für sich allein lebensfähig ist. [2]Fehlt es hieran, so kommt eine Haftung – ohne Rücksicht auf den Umfang der übernommenen Wirtschaftsgüter – nicht in Betracht (BFH-Urteile vom 15.3.1984, IV R 189/81, BStBl. II S. 486, vom 3.12.1985, VII R 186/83, BFH/NV 1986 S. 315, und vom 29.4.1993, IV R 88/92, BFH/NV 1994 S. 694). [3]Ob ein Betriebsteil die für die Annahme eines gesondert geführten Betriebes erforderliche Selbständigkeit besitzt, ist nach dem Gesamtbild der Verhältnisse zu entscheiden. [4]Als Abgrenzungsmerkmale sind u.a. von Bedeutung: Räumliche Trennung vom Hauptbetrieb, gesonderte Buchführung, eigenes Personal, eigene Verwaltung, selbständige Organisation, eigenes Anlagevermögen, ungleichartige betriebliche Tätigkeit und eigener Kundenstamm. [5]Diese Merkmale, die nicht sämtlich vorliegen müssen, haben unterschiedliches Gewicht je nachdem, ob es sich um einen Handels-, Dienstleistungs- oder Fertigungsbetrieb handelt (vgl. BFH-Urteile vom 23.11.1988, X R 1/86, BStBl. 1989 II S. 376, und vom 29.4.1993, IV R 88/92, a.a.O.). [6]Bei Einzelhandelsfilialen reicht es für die Annahme eines gesondert geführten Betriebes regelmäßig nicht aus, dass die Filiale vom Hauptbetrieb räumlich getrennt ist und über eigenes Personal, eine selbständige Kassenführung und einen eigenen Kundenkreis verfügt. [7]Es muss hinzukommen, dass die Filiale über selbständige Wareneinkaufsbeziehungen und eine selbständige Preisgestaltung verfügt (BFH-Urteile vom 12.9.1979, I R 146/76, BStBl. 1980 II S. 51, vom 12.2.1992, XI R 21/90, BFH/NV S. 516, und vom 29.4.1993, IV R 88/92, a.a.O.).

3.2. Übereignung der wesentlichen Betriebsgrundlagen

[1]Die Übereignung des Unternehmens im Ganzen setzt voraus, dass alle wesentlichen Betriebsgrundlagen von dem Veräußerer auf den Erwerber dergestalt übergehen, dass dieser in der Lage ist, wirtschaftlich wie ein Eigentümer darüber zu verfügen und so das Unternehmen fortzuführen (BFH-Urteile vom 18.3.1986, VII R 146/81, BStBl. II S. 589, und vom 10.12.1991, VII R 57/89, BFH/NV 1992 S. 712). [2]Welche Wirtschaftsgüter wesentliche Betriebsgrundlage sind, hängt letztendlich von der Art des Betriebes ab und ist nach den Umständen des Einzelfalls zu entscheiden; in Betracht kommen z.B. Geschäftsgrundstücke, -räume und -einrichtung, das Warenlager, Maschinen, Nutzungs- und Gebrauchsrechte oder der Kundenstamm. [3]Maßgeblich ist das tatsächliche Ergebnis der Übertragung, nicht etwa vertraglich getroffene Vereinbarungen (BFH-Urteil vom 23.10.1985, VII R 142/81, BFH/NV 1986 S. 381). [4]Eine Haftung kommt nicht in Betracht, sofern der frühere Betriebsinhaber eine wesentliche Betriebsgrundlage zurückbehält und später übereignet (BFH-Urteil vom 6.8.1985, VII R 189/82, BStBl. II S. 651).

[1]Eine Betriebsübereignung i.S.d. § 75 AO setzt bei Grundstücken, die zu den wesentlichen Grundlagen des Unternehmens gehören und im Eigentum

des Betriebsinhabers stehen, voraus, dass sie nach den Vorschriften des BGB an den Erwerber übereignet werden. [2]Die Vermietung oder Verpachtung eines solchen Grundstücks durch den früheren Betriebsinhaber an den fortführenden Unternehmer vermag die Haftung nicht zu begründen (BFH-Urteile vom 18.3.1986, VII R 146/81, BStBl. II S. 589, und vom 29.10.1985, VII R 194/82, BFH/NV 1987 S. 358). [3]Das Gleiche gilt, wenn der frühere Unternehmer den ihm gehörenden Hälfteanteil des Betriebsgrundstücks als wesentliche Grundlage des Betriebes nicht an die als Haftungsschuldner in Betracht kommende GmbH, sondern an deren Alleingesellschafter und alleinigen Geschäftsführer übereignet (BFH-Urteil vom 16.3.1982, VII R 105/79, BStBl. II S. 483).

Umfassen die wesentlichen Betriebsgrundlagen Wirtschaftsgüter, die nicht im bürgerlich-rechtlichen Sinne übereignet werden können (z. B. Erfahrungen, Geheimnisse, Beziehungen zu Kunden, Lieferanten und Mitarbeitern), genügt es, wenn diese lediglich im wirtschaftlichen Sinne übereignet werden, so dass der Erwerber ein eigentümerähnliches Herrschaftsverhältnis erlangt (BFH-Urteile vom 27.11.1979, VII R 12/79, BStBl. 1980 II S. 258, vom 16.3.1982, VII R 105/79, BStBl. II S. 483, und vom 3.5.1994, VII B 265/93, BFH/NV S. 762).

[1]Gehören zu den wesentlichen Betriebsgrundlagen auch Nutzungsrechte, z. B. Miet- oder Pachtrechte, die nicht nach bürgerlich-rechtlichen Grundsätzen übereignet werden können, so reicht es für die Übertragung solcher Rechte aus, dass der Betriebsübernehmer unter Mitwirkung des bisherigen Betriebsinhabers mit dem Vermieter oder Verpächter einen entsprechenden Nutzungsvertrag abschließt. [2]Für die Mitwirkung des bisherigen Betriebsinhabers ist es ausreichend, wenn dieser in irgendeiner tatsächlichen Art und Weise in den Abschluss des neuen Nutzungsvertrages eingeschaltet war, sei es, dass er den Eintritt des Betriebsübernehmers in den alten Vertrag oder den Neuabschluss des Nutzungsvertrages initiierte, vermittelte, befürwortete oder auch nur billigte (BFH-Urteil vom 21.2.1989, VII R 164/85, BFH/NV S. 617, und BFH-Beschluss vom 19.5.1998, VII B 281/97, BFH/NV 1999 S. 4).

[1]Ein auf fremdem Grundstück unterhaltener Betrieb ist erst dann übereignet, wenn der Pachtvertrag mit dem Grundstückseigentümer auf den Erwerber übergeleitet ist. [2]Dies gilt auch dann, wenn andere Betriebsgrundlagen bereits vorher auf den Erwerber übergegangen sind (BFH-Urteil vom 17.2.1988, VII R 97/85, BFH/NV S. 755).

[1]Für die Haftung des Betriebsübernehmers kommt es nur darauf an, dass das wirtschaftliche Eigentum an den wesentlichen Betriebsgrundlagen, d. h. die Möglichkeit, über den Einsatz der Gegenstände allein entscheiden zu können, vom bisherigen Unternehmer auf den Erwerber übergeht. [2]Die Haftung des Betriebsübernehmers kommt daher auch dann in Betracht, wenn der Erwerber das wirtschaftliche Herrschaftsverhältnis über im fremden Sicherungseigentum stehendes Betriebsvermögen durch Vereinbarung mit dem bisherigen Unternehmer erlangt (BFH-Urteil vom 22.9.1992, VII R 73–74/91, BFH/NV 1993 S. 215). [3]Eine Haftung des Betriebsübernehmers scheidet dagegen aus, wenn der Erwerber das (wirtschaftliche) Eigentum durch Erwerb vom Sicherungsnehmer erlangt, ohne dass der frühere Betreiber des Unternehmens an dem Geschäft in irgendeiner Weise beteiligt war (BFH-Urteil

vom 19.1.1988, VII R 74/85, BFH/NV S. 479, und BFH-Beschluss vom 3.5. 1994, VII B 265/93, BFH/NV S. 762).

Eine Übereignung in mehreren Teilakten ist eine Übertragung im Ganzen, wenn die einzelnen Teile im wirtschaftlichen Zusammenhang stehen und der Wille auf Erwerb des Unternehmens gerichtet ist (BFH-Urteile vom 16.3. 1982, VII R 105/79, BStBl. II S. 483, vom 17.2.1988, VII R 97/85, BFH/NV S. 755, und vom 3.5.1994, VII B 265/93, BFH/NV S. 762).

3.3. Lebendes Unternehmen

[1]Der Haftung des Betriebsübernehmers stehen Überschuldung, Zahlungsunfähigkeit bzw. Insolvenzreife des bisherigen Unternehmens nicht entgegen. [2]Die Haftung des Erwerbers ist davon abhängig, dass er ein lebendes Unternehmen erwirbt. [3]Dazu ist erforderlich, dass der Erwerber das Unternehmen ohne nennenswerte finanzielle Aufwendungen fortführen oder, sofern der Betrieb des Unternehmens vor dem Erwerb bereits eingestellt war, ohne großen Aufwand wieder in Gang setzen kann (BFH-Urteile vom 18.3.1986, VII R 146/81, BStBl. II S. 589, vom 11.5.1993, VII R 86/92, BStBl. II S. 700, und vom 10.12.1991, VII R 57/89, BFH/NV 1992 S. 712).

Die Haftung des Erwerbers wird nicht dadurch ausgeschlossen, dass dieser den Betrieb nur dann in der bisherigen Weise fortführen kann, wenn er an die Stelle des Veräußerers in das Vertragsnetz eines anderen Unternehmens eintritt (BFH-Urteil vom 27.5.1986, VII R 183/83, BStBl. II S. 654).

Die Abweisung des Antrags des bisherigen Betriebsinhabers auf Eröffnung des Insolvenzverfahrens mangels Masse kann ein Indiz dafür sein, dass ein lebendes Unternehmen nicht mehr vorhanden ist; sie ist aber kein Kriterium, das eine Haftung des Betriebsübernehmers generell ausschließt (vgl. BFH-Urteile vom 22.9.1992, VII R 73–74/91, BFH/NV 1993 S. 215).

3.4. Haftungsausschluss für Erwerbe aus einer Insolvenzmasse und im Vollstreckungsverfahren

[1]Für Erwerbe aus einer Insolvenzmasse und im Vollstreckungsverfahren scheidet eine Haftung des Betriebsübernehmers aus (§ 75 Abs. 2 AO). [2]Aus einer Insolvenzmasse wird ein Unternehmen erworben, wenn der Erwerb nach Eröffnung und vor Einstellung oder Aufhebung des Insolvenzverfahrens getätigt wird. [3]Ist die Eröffnung des Insolvenzverfahrens mangels Masse abgelehnt worden, so greift der Haftungsausschluss nach § 75 Abs. 2 AO nicht ein (vgl. BFH-Urteil vom 23.7.1998, VII R 143/97, BStBl. II S. 765).

Ein Erwerb im Vollstreckungsverfahren liegt vor, wenn dieser im Rahmen der Verwertung, also der Zwangsversteigerung (§ 17 ZVG), der besonderen Verwertung (§ 65 ZVG), der Versteigerung (§ 814 ZPO), der anderweitigen Verwertung (§ 825 ZPO) oder der Verwertung nach den §§ 296, 305 AO erfolgt.

Einen darüber hinausgehenden Haftungsausschluss durch private Vereinbarung, etwa vergleichbar des § 25 Abs. 2 HGB, lässt die öffentlich-rechtliche Natur der Haftung nach § 75 AO nicht zu.

4. Umfang der Haftung

4.1. Sachliche Beschränkung

Der Übernehmer eines Unternehmens oder gesondert geführten Betriebes haftet nur

– für die im Betrieb begründeten Steuern (z. B. Umsatzsteuer – ausschließlich der Einfuhrumsatzsteuer gem. § 1 Abs. 1 Nr. 4 UStG und der Umsatzsteuer wegen unberechtigten Steuerausweises gem. § 14c Abs. 2 UStG –, pauschalierte Lohnsteuer, Gewerbesteuer); er haftet dagegen insbesondere nicht für Einkommensteuer, Körperschaftsteuer, Erbschaftsteuer, Grundsteuer, Grunderwerbsteuer und Kraftfahrzeugsteuer;
– für Ansprüche auf Erstattung von Steuervergütungen sowie Prämien und Zulagen, auf die die Vorschriften für Steuervergütungen entsprechend anwendbar sind, wobei der Erstattungsanspruch aus einer betriebsbedingten Steuervergütung bzw. Prämie oder Zulage resultieren muss (insbesondere Rückforderung der Investitionszulage);
– für Steuerabzugsbeträge, insbesondere Lohnsteuer, Kapitalertragsteuer, Abzugsbeträge nach §§ 48, 50a EStG.

[1] Nach dem BFH-Urteil vom 28.1.1982, V S 13/81, BStBl. II S. 490 umfasst die Haftung auch die durch die Unternehmensveräußerung entstandene Umsatzsteuerschuld. [2] Zwar unterliegt eine Unternehmensveräußerung gem. § 1 Abs. 1a UStG nicht mehr der Umsatzsteuer. [3] Die Haftung umfasst aber auch die in diesen Fällen unberechtigt ausgewiesene nach § 14c Abs. 1 UStG geschuldete Umsatzsteuer.

Steuerliche Nebenleistungen (§ 3 Abs. 4 AO) sind von der Haftung ausgenommen.

4.2. Zeitliche Beschränkung

[1] Voraussetzung für die Haftung ist, dass die Steuern und Erstattungsansprüche seit dem Beginn des letzten vor der wirtschaftlichen Übereignung liegenden Kalenderjahres entstanden (§ 38 AO) sind und innerhalb eines Jahres nach Anmeldung (§ 138 AO) des Betriebes bei der zuständigen Finanzbehörde durch den Erwerber festgesetzt oder angemeldet worden sind. [2] Die Jahresfrist beginnt frühestens mit dem Zeitpunkt der Betriebsübernahme. [3] Die Fälligkeit der Ansprüche ist unerheblich.

Es reicht aus, wenn die Steuern gegenüber dem Veräußerer innerhalb der Jahresfrist festgesetzt worden sind, der Haftungsbescheid kann später erlassen werden.

4.3. Gegenständliche Beschränkung der Haftung

[1] Die Haftung beschränkt sich auf das übernommene Vermögen (einschließlich Surrogate). [2] Darunter ist das übernommene Aktivvermögen zu verstehen; Schulden sind nicht abzuziehen. [3] Der Haftungsschuldner haftet nicht in Höhe des Wertes des übernommenen Vermögens, sondern mit diesem Vermögen.

[1] Der Umfang der Haftung ist ausreichend bestimmt (§ 119 Abs. 1 AO), wenn im Haftungsbescheid der Vermögenswert angegeben wird, auf den die Haftung beschränkt ist (BFH-Urteil vom 22.9.1992, VII R 73–74/91, BFH/NV 1993 S. 215). [2] Alternativ können die einzelnen übernommenen Gegenstände aufgeführt werden. [3] Handelt es sich um eine größere Anzahl von Gegenständen, können diese in einer besonderen Anlage zum Haftungsbescheid angegeben werden. [4] Es genügt jedoch auch, im Haftungsbescheid auf den Übergabevertrag Bezug zu nehmen, sofern sich aus diesem die übernommenen Gegenstände in eindeutig abgrenzbarer Weise ergeben.

5. Verjährung

Die Festsetzungsfrist beträgt vier Jahre (§ 191 Abs. 3 Satz 2 AO).

6. Auskunftserteilung bei Betriebsübernahme

¹Ersucht ein Kaufinteressent das Finanzamt um Auskunft über Rückstände an Betriebssteuern und Steuerabzugsbeträgen, für die eine Haftung in Frage kommt, so kann diese Auskunft nur erteilt werden, wenn der Betriebsinhaber zustimmt (§ 30 Abs. 4 Nr. 3 AO). ²Der anfragende Kaufinteressent ist ggf. auf die erforderliche Zustimmung sowie darauf hinzuweisen, dass der Erwerber auch dann nach § 75 Abs. 1 AO haftet, wenn ihm bei der Übereignung die Steuerschulden des Veräußerers nicht bekannt sind.

¹Der haftungsbegründende Tatbestand ist mit der Eigentumsübertragung verwirklicht. ²Da Steuerschuldner und Haftender nach § 44 Abs. 1 AO Gesamtschuldner sind, darf dem Erwerber nach erfolgter Eigentumsübertragung eine Auskunft über etwaige bekannte Steuerrückstände des Veräußerers insoweit erteilt werden, als eine Haftung nach § 75 Abs. 1 AO in Betracht kommt. ³Es ist nicht erforderlich, dass gegen den Erwerber bereits ein Haftungsbescheid ergangen ist.

AEAO zu § 77 – Duldungspflicht:

1. ¹Eine Duldungspflicht kommt vor allem bei den in den §§ 34 und 35 AO genannten Personen in Betracht. ²Als öffentliche Last ruht auf dem Grundbesitz die Grundsteuer (§ 12 GrStG).

2. Zum Erlass eines Duldungsbescheids wird auf § 191 AO hingewiesen, wegen weiterer Vorschriften über die Duldung der Zwangsvollstreckung auf die §§ 262, 264 und 265 AO.

AEAO zu § 78 – Beteiligte:

¹Unter Beteiligten sind i. d. R. die Steuerpflichtigen (§ 33 Abs. 1 AO) zu verstehen. ²Der Beteiligtenbegriff des § 78 AO gilt nicht im Zerlegungs- und Einspruchsverfahren (§§ 186, 359 AO; vgl. BFH-Beschluss vom 28.3.1979, I B 79/78, BStBl. II S. 538).

AEAO zu § 80 – Bevollmächtigte und Beistände:[1)]

1. ¹Die Finanzbehörde kann den Nachweis einer Vollmacht jederzeit ohne besonderen Anlass und ohne Begründung fordern. ²Dieser Nachweis kann in schriftlicher oder elektronischer Form oder durch mündliche Bestätigung des Vollmachtgebers an Amtsstelle erbracht werden. ³Bei einer elektronisch erteilten Vollmacht genügt eine Unterzeichnung mittels Signaturpad. ⁴Hat ein Bevollmächtigter i. S. d. § 80 Abs. 2 Satz 1 AO die ihm schriftlich erteilte Vollmacht gescannt und bewahrt er den Scan nach den berufsrechtlichen Vorgaben ordnungsgemäß auf, darf die schriftliche Originalvollmacht vernichtet werden. ⁵Zum Nachweis der Bevollmächtigung in den Fällen des § 80a AO vgl. AEAO zu § 80a, Nr. 1.

¹Umfasst eine Vertretungsvollmacht auch eine Datenabrufvollmacht, ist die Bevollmächtigung nachzuweisen, sofern die Bevollmächtigung nicht nach

---

1) Zur Neufassung der amtlichen Muster für Vollmachten im Besteuerungsverfahren siehe BMF v. 8.7.2019, BStBl. I 2019, 594.

§ 80a Abs. 2 oder 3 AO gesetzlich vermutet wird. [2]Zum Nachweis einer Empfangsvollmacht vgl. § 122 Abs. 1 Satz 4 AO.

2. [1]Eine Vollmacht ermächtigt zwar nicht zum Empfang von Erstattungen oder Vergütungen. [2]Der Bevollmächtigte kann jedoch in anderer Weise über das Guthaben des Steuerpflichtigen verfügen, indem er z.B. namens des Steuerpflichtigen gegenüber der Finanzbehörde aufrechnet (§ 226 AO). [3]Erstattungen an Bevollmächtigte oder andere Personen sind zulässig, wenn der Steuerpflichtige eine entsprechende Zahlungsanweisung erteilt; die Finanzbehörde ist jedoch nicht zur Zahlung an sie verpflichtet.

3. Bei der Unterzeichnung von Steuererklärungen ist, wenn die Einzelsteuergesetze die eigenhändige Unterschrift vorsehen, eine Vertretung durch Bevollmächtigte nur unter den Voraussetzungen des § 150 Abs. 3 AO zulässig.

4. [1]Der Schriftwechsel und die Verhandlungen im Besteuerungsverfahren sind mit dem Bevollmächtigten zu führen. [2]Nur bei Vorliegen besonderer Gründe soll sich die Finanzbehörde an den Beteiligten selbst wenden, z.B. um ihn um Auskünfte zu bitten, die nur er selbst als Wissensträger geben kann. [3]In diesem Fall ist der Bevollmächtigte zu unterrichten. [4]Inwieweit Verwaltungsakte, insbesondere Steuerbescheide, gegenüber dem Bevollmächtigten bekannt zu geben sind, richtet sich nach § 122 Abs. 1 Satz 3 und 4 AO.

5. [1]Mit der Bestellung eines Bevollmächtigten verliert der Steuerpflichtige nicht die Möglichkeit, selbst rechtswirksame Erklärungen gegenüber der Finanzbehörde abzugeben. [2]Er kann z.B. auch einen von dem Bevollmächtigten eingelegten Einspruch zurücknehmen.

6. Verfahrenshandlungen, die ein Bevollmächtigter oder Beistand vor seiner Zurückweisung vorgenommen hat, bleiben wirksam.

AEAO zu § 80a – Elektronische Übermittlung von Vollmachtsdaten an Landesfinanzbehörden:

1. [1]Die Finanzbehörde kann den Nachweis über das Vorliegen einer Vollmacht, deren Daten nach § 80a Abs. 1 AO elektronisch übermittelt wurden, jederzeit ohne besonderen Anlass und ohne Begründung fordern. [2]In diesem Fall kann der Nachweis der Bevollmächtigung und ihres Umfangs durch Vorlage oder Übersendung einer Ausfertigung, einer Ablichtung oder eines Scans der nach amtlichem Formular erteilten Vollmacht geführt werden. [3]Dies gilt auch bei mittels Signaturpad unterzeichneten elektronischen Vollmachten. [4]Hat ein Bevollmächtigter i.S.d. § 80a Abs. 2 oder 3 AO die ihm schriftlich erteilte Vollmacht i.S.d. § 80a AO gescannt und bewahrt er den Scan nach den berufsrechtlichen Vorgaben ordnungsgemäß auf, darf die schriftliche Originalvollmacht vernichtet werden.

2. Der Vollmachtgeber kann eine Vollmacht, deren Daten nach § 80a Abs. 1 AO elektronisch übermittelt wurden, nicht nur gegenüber dem Bevollmächtigten (vgl. § 80a Abs. 1 Satz 4 AO), sondern auch schriftlich, elektronisch oder mündlich an Amtsstelle gegenüber der Finanzbehörde widerrufen.

AEAO zu § 81 – Bestellung eines Vertreters von Amts wegen:

[1]Die Finanzbehörden haben im Allgemeinen keinen Anlass, die Bestellung eines Vertreters von Amts wegen zu beantragen. [2]Wegen der Bekanntgabe von Verwaltungsakten an Beteiligte im Ausland vgl. AEAO zu § 122, Nr. 1.8.4.

AEAO zu § 82 – Ausgeschlossene Personen:

1. Wegen der Rechtsfolgen bei einem Verstoß gegen diese Vorschrift wird auf §§ 125 und 127 AO hingewiesen.

2. [1]Hilfe in Steuersachen i. S. d. § 82 Abs. 1 Nr. 4 AO leisten nicht nur diejenigen, die nach dem StBerG ausdrücklich dazu befugt sind, sondern auch sonstige Personen, die ohne gesetzliche Befugnis Hilfe in Steuersachen leisten. [2]Zur Hilfe in Steuersachen zählen auch die nicht dem Erlaubnisvorbehalt des § 2 StBerG unterliegenden mechanischen Buchführungsarbeiten und die Erstattung wissenschaftlicher Gutachten (§ 6 StBerG).

3. Zum Begriff des Amtsträgers Hinweis auf § 7 AO.

AEAO zu § 83 – Besorgnis der Befangenheit:

1. Das in § 83 AO vorgeschriebene Verfahren ist nicht nur dann durchzuführen, wenn der Amtsträger tatsächlich befangen ist oder sich für befangen hält, sondern schon dann, wenn ein vernünftiger Grund vorliegt, der den Beteiligten von seinem Standpunkt aus befürchten lassen könnte, dass der Amtsträger nicht unparteiisch sachlich entscheiden werde.

2. [1]Die Entscheidung, ob sich ein Amtsträger der Mitwirkung an einem Verwaltungsverfahren zu enthalten hat, trifft der Behördenleiter bzw. der von ihm Beauftragte oder die Aufsichtsbehörde. [2]Über die Zulässigkeit der Mitwirkung des Amtsträgers im Verwaltungsverfahren ist ggf. im Rechtsbehelfsverfahren über den Verwaltungsakt zu entscheiden.

AEAO zu § 85 – Besteuerungsgrundsätze:

1. [1]Das Gesetz unterscheidet nicht zwischen dem Steuerermittlungsverfahren, das der Festsetzung der Steuer gegenüber einem bestimmten Steuerpflichtigen dient, und dem Steueraufsichtsverfahren, in dem die Finanzbehörden gegenüber allen Steuerpflichtigen darüber wachen, dass die Steuern nicht verkürzt werden. [2]Die Finanzbehörden können sich sowohl bei Ermittlungen, die sich gegen einen bestimmten Steuerpflichtigen richten, als auch bei der Erforschung unbekannter Steuerfälle der Beweismittel des § 92 AO bedienen. [3]Sie können mit der Aufdeckung und Ermittlung unbekannter Steuerfälle auch die Steuerfahndung beauftragen (§ 208 Abs. 1 Satz 1 Nr. 3 AO).

2. [1]Die Finanzbehörde hat die Grundlagen der Besteuerung bei jeder Veranlagung ohne Rücksicht auf die Behandlung desselben Sachverhalts in Vorjahren selbstständig festzustellen und die Rechtslage neu zu beurteilen. [2]Sie ist an die Sach- oder Rechtsbehandlung in früheren Veranlagungszeiträumen nicht gebunden. [3]Etwas anderes gilt nur dann, wenn dem Steuerpflichtigen wirksam eine bestimmte Behandlung zugesagt worden ist (vgl. § 89 Abs. 2 AO und §§ 204 ff. AO) oder die Finanzbehörde durch ihr früheres Verhalten außerhalb einer Zusage einen Vertrauenstatbestand geschaffen hat (vgl. BFH-Urteil vom 30.9.1997, IX R 80/94, BStBl. 1998 II S. 771, m. w. N.). [4]Fehlt es hieran, gebieten es die Grundsätze der Gesetzmäßigkeit der Verwaltung und der Gleichmäßigkeit der Besteuerung, dass die Finanzbehörde eine als falsch erkannte Auffassung vom frühestmöglichen Zeitpunkt an aufgibt, auch wenn der Steuerpflichtige auf sie vertraut haben sollte. [5]Diese Verpflichtung besteht auch, wenn die fehlerhafte Auffassung in einem Prüfungsbericht niedergelegt worden ist oder wenn die Finanzbehörde über eine längere Zeitspanne eine rechtsirrige, für den Steuerpflichtigen günstige Auffassung vertreten hat. [6]Die Finanzbehörde ist selbst dann nicht an eine bei einer früheren Veranlagung zugrunde gelegte Auffassung gebunden, wenn der Steuerpflichtige im Vertrauen darauf disponiert hat (vgl. BFH-Urteil vom 21.10.1992, X R 99/88, BStBl. 1993 II S. 289, m. w. N.).

3. [1]Die Finanzbehörde kann nach pflichtgemäßem Ermessen „betriebsnahe Veranlagungen" durchführen. [2]Die betriebsnahen Veranlagungen gehören zum Steuerfestsetzungsverfahren, wenn sie ohne Prüfungsanordnung mit Einverständnis des Steuerpflichtigen an Ort und Stelle durchgeführt werden; es gelten die allgemeinen Verfahrensvorschriften über Besteuerungsgrundsätze und Beweismittel (§§ 85, 88 und 90ff. AO). [3]Eine betriebsnahe Veranlagung bewirkt keine Ablaufhemmung nach § 171 Abs. 4 AO (BFH-Urteil vom 6.7. 1999, VIII R 17/97, BStBl. 2000 II S. 306).

4. [1]Der gesetzliche Auftrag „sicherzustellen", dass Steuern nicht verkürzt werden usw., weist auf die Befugnis zu Maßnahmen außerhalb eines konkreten Besteuerungsverfahrens hin. [2]So sind den Finanzbehörden allgemeine Hinweise an die Öffentlichkeit oder ähnliche vorbeugende Maßnahmen gegenüber Einzelnen zur Erfüllung des gesetzlichen Auftrags gestattet. [3]Auf der Grundlage des § 85 AO können auch im Wege der Amtshilfe andere Behörden ersucht werden, Aufträge nur zu erteilen, wenn eine von der Finanzbehörde erteilte Bescheinigung in Steuersachen die Bewertung ermöglicht, dass der Bewerber seinen steuerlichen Pflichten im Wesentlichen nachkommt. [4]Wegen der allgemeinen Mitteilungspflicht von Behörden und Rundfunkanstalten wird auf die Mitteilungsverordnung[1)] hingewiesen.

AEAO zu § 87 – Amtssprache:

1. [1]Bei Eingaben in fremder Sprache soll die Finanzbehörde zunächst prüfen, ob eine zur Bearbeitung ausreichende Übersetzung durch eigene Bedienstete oder im Wege der Amtshilfe ohne Schwierigkeiten beschafft werden kann. [2]Übersetzungen sind nur im Rahmen des Notwendigen, nicht aus Prinzip anzufordern. [3]Die Finanzbehörde kann auch Schriftstücke in fremder Sprache entgegennehmen und in einer fremden Sprache verhandeln, wenn der Amtsträger über entsprechende Sprachkenntnisse verfügt. [4]Anträge, die ein Verwaltungsverfahren auslösen, und fristwahrende Eingaben sollen in ihren wesentlichen Teilen in deutscher Sprache aktenkundig gemacht werden. [5]Verwaltungsakte sind grundsätzlich in deutscher Sprache bekannt zu geben.

2. [1]Wegen der Führung von Büchern in einer fremden Sprache Hinweis auf § 146 Abs. 3 AO.

[1)] MitteilungsV v. 7.9.1993, BGBl. I 1993, 1554, zuletzt geänd. durch VO v. 18.11.2020, BGBl. I 2020, 2449 (**Steuergesetze** Nr. **800 f**).

AEAO zu § 87a – Elektronische Kommunikation:

Inhaltsübersicht

1. Zugangseröffnung
2. Zugang elektronischer Dokumente
3. Elektronische Übermittlung bei gesetzlich angeordneter Schriftform
4. Telefax kein elektronisches Dokument

1.[1)] Zugangseröffnung

1.1. [1]Die Übermittlung elektronischer Dokumente an die Finanzbehörden und an die Steuerpflichtigen ist zulässig, soweit der Empfänger hierfür einen Zugang eröffnet (§ 87a Abs. 1 Satz 1 AO). [2]Die Zugangseröffnung kann durch ausdrückliche Erklärung oder konkludent sowie generell oder nur für bestimmte Fälle erfolgen.

1.2. [1]Bei natürlichen oder juristischen Personen, die eine gewerbliche oder berufliche Tätigkeit selbständig ausüben und die auf einem im Verkehr mit der Finanzbehörde verwendeten Briefkopf, in einer Steuererklärung oder in einem Antrag an die Finanzbehörde ihre E-Mail-Adresse angegeben oder sich per E-Mail an die Finanzbehörde gewandt haben, kann i. d. R. davon ausgegangen werden, dass sie damit konkludent ihre Bereitschaft zur Entgegennahme elektronischer Dokumente erklärt haben. [2]Bei Steuerpflichtigen, die keine gewerbliche oder berufliche Tätigkeit selbständig ausüben (z. B. Arbeitnehmer), ist dagegen derzeit nur bei Vorliegen einer ausdrücklichen, aber nicht formgebundenen Einverständniserklärung von einer Zugangseröffnung i. S. d. § 87a Abs. 1 Satz 1 AO auszugehen.

1.3. Vorbehaltlich einer ausdrücklichen gesetzlichen Anordnung besteht weder für die Steuerpflichtigen noch für die Finanzbehörden ein Zwang zur Übermittlung elektronischer Dokumente.

1.4. [1]Soweit eine gesetzliche Verpflichtung besteht, Steuererklärungen, Anlagen zur Steuererklärung, Mitteilungen gemäß § 93c AO oder sonstige für das Besteuerungsverfahren erforderliche Daten nach amtlich vorgeschriebenem Datensatz durch Datenfernübertragung zu übermitteln, eröffnet die Finanzverwaltung jeweils mit Bereitstellung der Schnittstelle (vgl. § 87b Abs. 2 AO) den Zugang. [2]Die Datensatzbeschreibung (vgl. § 87b Abs. 1 AO) ist Bestandteil dieser Schnittstelle.

1.5. Wegen der elektronischen Übermittlung von steuerlichen Daten an die Finanzbehörden siehe auch § 87a Abs. 6 AO, §§ 87b bis 87d AO und § 150 Abs. 1 Satz 2 AO.

1.6. [1]Bei der elektronischen Übermittlung von Daten, die dem Steuergeheimnis unterliegen, muss die Finanzbehörde grundsätzlich ein geeignetes Verfahren zur Verschlüsselung einsetzen. [2]Eine unverschlüsselte Datenübermittlung dem Steuergeheimnis unterliegender Daten durch eine Finanzbehörde ist nur zulässig,

---

[1)] Zur Rechtsbehelfsbelehrung ohne Hinweis auf den elektronischen Rechtsverkehr siehe BFH v. 12.12.2012 I B 127/12, BStBl. II 2013, 272.

1. soweit alle betroffenen Personen in die unverschlüsselte Übermittlung eingewilligt haben (§ 87a Abs. 1 Satz 3 2. Halbsatz AO) oder
2. wenn der Adressat über die Bereitstellung von Daten zum Abruf oder über den Zugang elektronisch an die Finanzbehörden übermittelter Daten benachrichtigt wird (§ 87a Abs. 1 Satz 5 AO).

3 In den Fällen der Nr. 1 müssen alle Personen, über die der Datensatz personenbezogene Informationen enthält, in die unverschlüsselte Übermittlung eingewilligt haben. 4 Dazu müssen sie ausdrücklich darüber informiert worden sein, dass mit einer unverschlüsselten Übermittlung ihrer personenbezogenen Daten über das Internet Risiken einhergehen. 5 Die Einwilligung muss schriftlich und freiwillig erfolgt sein; sie ist jederzeit mit Wirkung für die Zukunft widerrufbar. 6 Die schriftliche Einwilligung erfordert eine eigenhändige Unterschrift aller betroffenen Personen und die Übermittlung der Einwilligung an die zuständige Finanzbehörde per Post, Telefax oder eingescannt per E-Mail (vgl. Nr. 7 des AEAO zu § 46). 7 Die Finanzbehörde muss das Vorliegen der schriftlichen Einwilligung in die unverschlüsselte Datenübermittlung nachweisen können.

2. Zugang elektronischer Dokumente

2.1. 1 Ein elektronisches Dokument ist zugegangen, sobald die für den Empfang bestimmte Einrichtung es in für den Empfänger bearbeitbarer Weise aufgezeichnet hat (§ 87a Abs. 1 Satz 2 AO). 2 Ob und wann der Empfänger das bearbeitbare Dokument tatsächlich zur Kenntnis nimmt, ist für den Zeitpunkt des Zugangs unbeachtlich.

2.2. Zur widerlegbaren Vermutung des Tags des Zugangs elektronischer Verwaltungsakte vgl. § 122 Abs. 2a AO, § 122a Abs. 4 AO und § 123 Satz 2 und 3 AO.

2.3. 1 Ein für den Empfänger nicht bearbeitbares Dokument ist nicht i. S. d. § 87a Abs. 1 Satz 2 AO zugegangen und löst somit noch keine Rechtsfolgen (z. B. die Wahrung einer Antrags- oder Rechtsbehelfsfrist oder das Wirksamwerden eines Verwaltungsakts) aus. 2 Zum Verfahren nach Übermittlung eines nicht bearbeitbaren elektronischen Dokuments vgl. § 87a Abs. 2 AO.

3. Elektronische Übermittlung bei gesetzlich angeordneter Schriftform

3.1. 1 Schreibt das Gesetz die Schriftform vor, kann dieser Form auch durch Übermittlung in elektronischer Form entsprochen werden, soweit gesetzlich nichts anderes bestimmt ist (wie z. B. in § 224a Abs. 2 Satz 1 zweiter Halbsatz AO und in § 309 Abs. 1 Satz 2 AO). 2 Der elektronischen Form genügt ein elektronisches Dokument, das mit einer qualifizierten elektronischen Signatur versehen ist (§ 87a Abs. 3 Satz 2 und Abs. 4 Satz 2 AO). 3 Die Schriftform kann auch durch Übermittlung des elektronischen Dokuments in einem Verfahren nach § 87a Abs. 3 Satz 4 und 5, Abs. 4 Satz 3 AO ersetzt werden.

3.2. 1 Falls die einschlägige Norm nicht ausdrücklich den Begriff „Schriftform" verwendet, ist durch Auslegung zu ermitteln, ob das Gesetz die Schriftform anordnet (BFH-Urteil vom 13.5.2015, III R 26/14, BStBl. II S. 790). [2]Hierbei ist von Folgendem auszugehen:

3.2.1. [1]Schreibt das Gesetz eine (ggf. sogar eigenhändige) Unterschrift vor, ist stets der Fall einer gesetzlich angeordneten Schriftform gegeben. [2]Eine gesetzliche Verpflichtung zur (ggf. eigenhändigen) Unterzeichnung ist unbeachtlich, wenn der Antrag, die Erklärung oder die Mitteilung zulässigerweise auf elektronischem Weg der Finanzverwaltung nach amtlich vorgeschriebenem Datensatz über die amtlich bestimmte Schnittstelle übermittelt wird, da dann ein Unterschrifterfordernis durch die Verpflichtung zur Authentifizierung des Datenübermittlers verdrängt wird (§ 87a Abs. 6 AO und § 87d AO).

3.2.2. [1]Bestimmt das Gesetz ohne eine ausdrückliche Aussage zu einem Unterschrifterfordernis, dass ein Antrag, eine Erklärung oder eine Mitteilung an die Finanzbehörde oder ein Verwaltungsakt oder eine sonstige Maßnahme der Finanzbehörde dem Empfänger „schriftlich" zugehen muss, ist durch Auslegung zu ermitteln, ob eine Unterschrift erforderlich ist. [2]Hierbei ist analog § 126 Abs. 1 BGB grundsätzlich von einem Unterschrifterfordernis auszugehen, es sei denn, es liegen Anhaltspunkte dafür vor, dass der Gesetzgeber eine Unterschrift für entbehrlich hält.

Ist nach dem Ergebnis der Auslegung eine Unterschrift erforderlich, ist im Sinne des § 87a Abs. 3 Satz 1 bzw. Abs. 4 Satz 1 AO die Schriftform gesetzlich angeordnet.

3.2.3. [1]Eine analoge Anwendung des § 126 Abs. 1 BGB hat für sich allein nicht zur Folge, dass der Steuerpflichtige den Antrag, die Erklärung oder die Mitteilung eigenhändig unterzeichnen muss. [2]Die in § 126 Abs. 1 BGB geforderte „Eigenhändigkeit" der Unterschrift bezieht sich auf den Aussteller der Urkunde, der auch ein gesetzlicher oder gewillkürter Vertreter sein kann. [3]Das für den Steuerpflichtigen grundsätzlich bestehende Recht, sich vertreten zu lassen (§ 80 Abs. 1 Satz 1 AO), wird daher allein durch eine analoge Anwendung des § 126 Abs. 1 BGB nicht beschränkt.

3.2.4. [1]Ist der einschlägigen Norm durch Auslegung zu entnehmen, dass ein schriftlicher Antrag oder eine schriftliche Erklärung oder Mitteilung nicht unterschrieben sein muss, liegt keine gesetzliche Anordnung der Schriftform vor. [2]Bei der elektronischen Übermittlung eines derartigen Antrags oder einer derartigen Erklärung oder Mitteilung kann somit auf eine qualifizierte elektronische Signatur und auch auf ein Verfahren nach § 87a Abs. 3 Satz 4 und 5 AO verzichtet werden.

3.3. Kein Fall des § 87a Abs. 3 und 4 AO liegt vor, wenn das Gesetz neben der Schriftform auch die elektronische Übermittlung ausdrücklich zulässt (z. B. durch die Formulierung „schriftlich oder elektronisch") oder zur elektronischen Übermittlung verpflichtet.

3.4. [1]Bei der Signierung darf eine Person ein Pseudonym nur verwenden, wenn sie ihre Identität der Finanzbehörde nachweist (§ 87a Abs. 3 Satz 3 AO). [2]Die Signierung mit einem Wahlnamen, dem die Funktion des bürgerlichen Namens zukommt, bleibt hiervon unberührt.

4. Telefax kein elektronisches Dokument

[1]Ein Telefax, auch ein Computerfax, ist kein elektronisches Dokument i. S. d. § 87a AO (BFH-Urteile vom 28.1.2014, VIII R 28/13, BStBl. II S. 552, und vom 18.3.2014, VIII R 9/10, BStBl. II S. 748). [2]Die in § 87a AO getroffenen Regelungen, insbesondere zum Zeitpunkt des Zugangs (§ 87a Abs. 1 Satz 2 AO) sowie zur grundsätzlichen Verpflichtung zur Verwendung einer qualifizierten elektronischen Signatur, wenn für den Verwaltungsakt die Schriftform gesetzlich vorgeschrieben ist (§ 87a Abs. 4 AO), sind daher auf ein Telefax nicht anwendbar.

Ein durch Telefax bekannt gegebener Verwaltungsakt ist aber ein elektronisch übermittelter Verwaltungsakt i. S. d. § 122 Abs. 2a AO (vgl. AEAO zu § 122, Nr. 1.8.2.2).

AEAO vor §§ 87b bis 87e:

[1]§§ 87b bis 87e AO sind erstmals anzuwenden, wenn Daten nach dem 31.12.2016 auf Grund gesetzlicher Vorschriften nach amtlich vorgeschriebenem Datensatz über amtlich bestimmte Schnittstellen an Finanzbehörden zu übermitteln sind oder freiwillig übermittelt werden. [2]Für Daten im Sinne des Satzes 1, die vor dem 1.1.2017 zu übermitteln waren oder freiwillig übermittelt wurden, sind § 150 Abs. 6 und 7 AO und die Vorschriften der StDÜV[1)] in der jeweils am 31.12.2016 geltenden Fassung weiter anzuwenden (vgl. Art. 97 § 27 Abs. 1 EGAO).

AEAO zu § 87d – Datenübermittlungen an Finanzbehörden im Auftrag:

1. Natürliche Person als Auftraggeber

1.1. Bei der Identifizierung einer natürlichen Person als Auftraggeber sind festzustellen:

- Name (d. h. Nachname und mindestens ein Vorname), Geburtsort, Geburtsdatum, Staatsangehörigkeit und Anschrift.

1.2. Die Identifizierung ist anhand eines gültigen Personalausweises oder Reisepasses vorzunehmen.

2. Juristische Personen und Personengesellschaften als Auftraggeber

2.1. Bei juristischen Personen und Personengesellschaften – mit Ausnahme der Gesellschaften bürgerlichen Rechts – als Auftraggeber sind festzustellen:

- Firma, Name oder Bezeichnung, Rechtsform, Registernummer (soweit vorhanden), Anschrift des Sitzes oder der Hauptniederlassung und Mitglieder des Vertretungsorgans oder der gesetzlichen Vertreter.
- Ist ein Mitglied des Vertretungsorgans oder der gesetzliche Vertreter eine natürliche Person, sind Name (d. h. Nachname und mindestens ein Vorname), Geburtsort, Geburtsdatum, Staatsangehörigkeit und Anschrift zu erheben.

---

1) Steuerdaten-ÜbermittlungsV v. 28.1.2003, BGBl. I 2003, 139 (**Steuergesetze** Nr. **800d**), aufgeh. durch G v. 18.7.2016, BGBl. I 2016, 1679, mWv 1.1.2017.

– Ist ein Mitglied des Vertretungsorgans oder der gesetzliche Vertreter dagegen eine juristische Person, sind deren Firma, Name oder Bezeichnung, Registernummer (soweit vorhanden) und Anschrift des Sitzes oder der Hauptniederlassung zu erheben.
– Unabhängig von der Rechtsform ist es bei mehr als fünf Vertretern ausreichend, dass lediglich Angaben zu fünf Vertretern erhoben werden, soweit diese in öffentliche Register eingetragen sind bzw. bei denen eine Identifizierung gemäß Nr. 1.2 des AEAO zu § 87d stattgefunden hat.

2.2. Bei Gesellschaften bürgerlichen Rechts als Auftraggeber sind festzustellen:
– Name (d.h. Nachname und mindestens ein Vorname), Geburtsort, Geburtsdatum, Staatsangehörigkeit und Anschrift der Gesellschafter (anstatt der gesetzlichen Vertreter). [2]Bei mehr als fünf Gesellschaftern ist es ausreichend, dass lediglich Angaben zu den fünf Gesellschaftern mit den größten Beteiligungen bzw. Entscheidungsbefugnissen erhoben werden, soweit bei diesen eine Identifizierung gemäß Nr. 1.2 des AEAO zu § 87d stattgefunden hat (entsprechend Nr. 11.1 Satz 1 Buchstabe k des AEAO zu § 154).

2.3. Die Identifizierung ist wie folgt vorzunehmen:
– Auszug aus dem Handels- oder Genossenschaftsregister oder einem vergleichbaren amtlichen Register oder Verzeichnis (z.B. Partnerschaftsregister, Vereinsregister, Berufsregister),
– Einsichtnahme in ein amtliches Register oder Verzeichnis oder
– Gründungsdokumente (z.B. Gesellschaftsvertrag) oder gleichwertige beweiskräftige Dokumente.

2.4. [1]Bei Gesellschaften bürgerlichen Rechts ist die Überprüfung des Namens der Gesellschafter anhand des Gesellschaftsvertrags nebst Gesellschafterlisten vorzunehmen. [2]Im Falle der Nichtvorlage eines Gesellschaftsvertrags nebst Gesellschafterlisten sind die einzelnen Gesellschafter der Gesellschaft bürgerlichen Rechts als natürliche Personen zu identifizieren.

3. [1]Die bei der Identifizierung erhobenen Angaben sind aufzuzeichnen und aufzubewahren. [2]Die Aufbewahrungsfrist bestimmt sich nach § 87d Abs. 2 Satz 4 AO. [3]Für die Dauer der Aufbewahrungsfrist besteht auch eine Pflicht zur Herstellung der Auskunftsbereitschaft.

4. [1]Aus einem Personalausweis oder Reisepass sind Ausweis-/Pass-Nummer und Ausstellungsdatum aufzuzeichnen und aufzubewahren. [2]Die Anfertigung und Aufbewahrung einer Ablichtung ist dabei nur zulässig, soweit dies nach dem GwG oder einer anderen gesetzlichen Bestimmung zugelassen oder vorgeschrieben ist.

5. [1]Bei Auszügen aus dem Handelsregister genügt eine Anfertigung und Aufbewahrung einer Ablichtung. [2]Gleiches gilt für die Anfertigung eines Ausdrucks, wenn elektronisch geführte Register- oder Verzeichnisdaten eingesehen werden (z.B. Ausdruck des Registerblatts).

6. Die Aufzeichnungen können auch auf einem elektronischen Datenträger gespeichert werden.

AEAO zu § 88 – Untersuchungsgrundsatz:

1. Die Finanzbehörden haben alle notwendigen Maßnahmen zu ergreifen, um die entscheidungserheblichen Tatsachen aufzuklären.

2. [1]Die Ermittlungshandlungen dürfen nach § 88 Abs. 2 Satz 1 AO zu dem angestrebten Erfolg nicht erkennbar außer Verhältnis stehen. [2]Sie sollen so gewählt werden, dass damit unter Berücksichtigung der Verhältnisse des Einzelfalls ein möglichst geringer Eingriff in die Rechtssphäre des Beteiligten oder Dritter verbunden ist. [3]Der Gewährung rechtlichen Gehörs kommt besondere Bedeutung zu.

3. Bei der Entscheidung über Art und Umfang der Ermittlungen können nach § 88 Abs. 2 Satz 2 AO allgemeine Erfahrungen der Finanzbehörden sowie Wirtschaftlichkeit und Zweckmäßigkeit berücksichtigt werden.

Für die Anforderungen, die an die Aufklärungspflicht der Finanzbehörden zu stellen sind, darf die Erwägung eine Rolle spielen, dass die Aufklärung einen nicht mehr vertretbaren Zeitaufwand erfordert.

[1]Zudem kann auf das Verhältnis zwischen voraussichtlichem Arbeitsaufwand und steuerlichem Erfolg abgestellt werden. [2]Die Finanzämter dürfen auch berücksichtigen, in welchem Maße sie durch ein zu erwartendes finanzgerichtliches Verfahren belastet werden, sofern sie bei vorhandenen tatsächlichen oder rechtlichen Zweifeln dem Begehren des Steuerpflichtigen nicht entsprechen und zu seinem Nachteil entscheiden.

[1]Die Beachtung von Wirtschaftlichkeit und Zweckmäßigkeit darf nicht zu einem Verzicht auf die Überprüfung der Einhaltung von steuerrechtlichen Vorschriften führen. [2]Deshalb muss zur Gewährleistung der Gleichmäßigkeit und Gesetzmäßigkeit der Besteuerung auch immer eine hinreichende Anzahl zufällig ausgewählter Fälle durch Amtsträger der Finanzbehörden vertieft geprüft werden.

4. [1]In Fällen erschwerter Sachverhaltsermittlung dient es unter bestimmten Voraussetzungen der Effektivität der Besteuerung und allgemein dem Rechtsfrieden, wenn sich die Beteiligten über die Annahme eines bestimmten Sachverhalts und über eine bestimmte Sachbehandlung einigen können (BFH-Urteil vom 11.12.1984, VIII R 131/76, BStBl. 1985 II S. 354). [2]Vgl. hierzu BMF-Schreiben vom 30.7.2008, BStBl. I S. 831, ergänzt durch BMF-Schreiben vom 15.4.2019, BStBl. I S. 447.

5. [1]Die Aufklärungspflicht der Finanzbehörden wird außerdem durch die Mitwirkungspflicht der Beteiligten (§ 90 AO) begrenzt. [2]Die Finanzbehörden sind nicht verpflichtet, den Sachverhalt auf alle möglichen Fallgestaltungen zu erforschen. [3]Sie sind auch nicht an Beweisanträge des Steuerpflichtigen gebunden (§ 88 Abs. 2 Satz 1 2. Halbsatz AO).

6. [1]Für den Regelfall kann davon ausgegangen werden, dass die Angaben des Steuerpflichtigen in der Steuererklärung vollständig und richtig sind (BFH-Urteil vom 17.4.1969, V R 21/66, BStBl. II S. 474). [2]Die Finanzbehörde kann den Angaben eines Steuerpflichtigen Glauben schenken, wenn nicht greifbare Umstände vorliegen, die darauf hindeuten, dass seine Angaben falsch oder unvollständig sind (BFH-Urteil vom 11.7.1978, VIII R 120/75, BStBl. 1979 II S. 57). [3]Sie verletzt ihre Aufklärungspflicht nur, wenn sie Tatsachen oder Beweismittel außer Acht lässt und offenkundigen Zweifelsfragen nicht nachgeht, die sich ihr den Umständen nach ohne weiteres aufdrängen mussten (BFH-Urteile vom 16.1.1964, V 94/61 U, BStBl. III S. 149, und vom 13.11.1985, II R 208/82, BStBl. 1986 II S. 241).

7. [1]Im Rahmen der Prüfung zugunsten des Steuerpflichtigen muss die Finanzbehörde ihrer Pflicht zur Fürsorge für den Steuerpflichtigen (§ 89 Abs. 1 AO) gerecht werden. [2]So ist auch die Verjährung von Amts wegen zu berücksichtigen.

AEAO zu § 89 – Beratung, Auskunft:

Inhaltsübersicht

1. Beratung des Steuerpflichtigen
2. Auskünfte nach § 89 Abs. 1 Satz 2 AO
3. Verbindliche Auskünfte nach § 89 Abs. 2 AO
3.1. Allgemeines
3.2. Antragsteller
3.3. Zuständigkeit für die Erteilung verbindlicher Auskünfte
3.4. Form, Inhalt und Voraussetzungen des Antrags auf Erteilung einer verbindlichen Auskunft
3.5. Erteilung einer verbindlichen Auskunft
3.6. Bindungswirkung einer verbindlichen Auskunft
3.7. Rechtsbehelfsmöglichkeiten
4. Gebühren für die Bearbeitung von Anträgen auf Erteilung einer verbindlichen Auskunft (§ 89 Abs. 3 bis 7 AO)
4.1. Gebührenpflicht
4.2. Gegenstandswert
4.3. Zeitgebühr
4.4. Gebührenfestsetzung
4.5. Ermäßigung der Gebühr
5. Anwendung der StAuskV

1. Beratung des Steuerpflichtigen

1.1. [1]In § 89 Abs. 1 Satz 1 AO sind Erklärungen und Anträge gemeint, die sich bei dem gegebenen Sachverhalt aufdrängen. [2]Im Übrigen ist es Sache des Steuerpflichtigen, sich über die Antragsmöglichkeiten zu unterrichten, ggf. durch Rückfrage beim Finanzamt (§ 89 Abs. 1 Satz 2 AO). [3]Die Finanzämter wären überfordert, wenn sie darauf zu achten hätten, ob der Steuerpflichtige jede sich ihm bietende Möglichkeit, Steuern zu sparen, ausgenutzt hat (BFH-Urteil vom 22.1.1960, VI 175/59 U, BStBl. III S. 178).

1.2. Kann bei einem eindeutigen Verstoß der Finanzbehörden gegen die Fürsorgepflicht nach § 89 Abs. 1 Satz 1 AO dem Steuerpflichtigen nicht durch Wiedereinsetzung in den vorigen Stand (§ 110 AO) oder durch Änderung des bestandskräftigen Steuerbescheids nach § 173 Abs. 1 Nr. 2 AO geholfen werden, so kann es geboten sein, die zu Unrecht festgesetzte Steuer wegen sachlicher Unbilligkeit (§ 227 AO) zu erlassen.

2. Auskünfte nach § 89 Abs. 1 Satz 2 AO

[1]In § 89 Abs. 1 Satz 2 AO sind Auskünfte über das Verfahren (z. B. Fristberechnung, Wiedereinsetzung in den vorigen Stand, Aussetzung der Vollzie-

hung) gemeint. [2]Die Erteilung von Auskünften materieller Art ist den Finanzbehörden gestattet; hierauf besteht jedoch kein Anspruch. [3]Sofern eine Finanzbehörde eine schriftliche Auskunft materieller Art außerhalb des § 89 Abs. 2 AO und der StAuskV erteilt, soll darauf hingewiesen werden, dass die Auskunft unverbindlich ist. [4]Ist dies unterblieben, ist durch Auslegung zu ermitteln, ob der Empfänger in entsprechender Anwendung des § 133 BGB nach den ihm bekannten Umständen unter Berücksichtigung von Treu und Glauben von einer Verbindlichkeit der ihm erteilten Auskunft ausgehen konnte. [5]Hierbei ist im Regelfall davon auszugehen, dass keine Bindungswirkung eintreten sollte.

3. Verbindliche Auskünfte nach § 89 Abs. 2 AO

3.1. Allgemeines

Die Finanzämter und das BZSt können unter den Voraussetzungen des § 89 Abs. 2 Satz 1 AO und der StAuskV auf Antrag verbindliche Auskünfte über die steuerliche Beurteilung von genau bestimmten, noch nicht verwirklichten Sachverhalten erteilen, wenn daran im Hinblick auf die erheblichen steuerlichen Auswirkungen ein besonderes Interesse besteht.

3.2. Antragsteller

3.2.1. [1]Antragsteller einer verbindlichen Auskunft i. S. d. § 89 Abs. 2 AO (und zugleich Gebührenschuldner i. S. d. § 89 Abs. 3 bis 5 AO) ist derjenige, in dessen Namen der Antrag gestellt wird. [2]Zur einheitlichen Antragstellung durch mehrere Beteiligte vgl. § 1 Abs. 2 StAuskV.[1)] [3]Antragsteller und Steuerpflichtiger müssen nicht identisch sein.

3.2.2. [1]Antragsteller und Steuerpflichtiger sind in der Regel identisch, wenn der Steuerpflichtige, dessen künftige Besteuerung Gegenstand der verbindlichen Auskunft sein soll, bei Antragstellung bereits existiert. [2]Eine dritte Person hat in diesen Fällen im Regelfall kein eigenes berechtigtes Interesse an einer Auskunftserteilung hinsichtlich der Besteuerung eines anderen, bereits existierenden Steuerpflichtigen.

3.2.3. [1]Existiert der Steuerpflichtige bei Antragstellung noch nicht, kann bei berechtigtem Interesse auch ein Dritter Antragsteller sein (§ 1 Abs. 4 StAuskV).[1)] [2]Berechtigte/r Antragsteller einer verbindlichen Auskunft über die künftige Besteuerung einer noch nicht existierenden Kapitalgesellschaft kann die Person/können die Personen gemeinsam sein, die diese Kapitalgesellschaft gründen und dann (gemeinsam) zu mindestens 50% an der Gesellschaft beteiligt sein will/wollen. [3]Entsprechendes gilt für Auskunftsanträge einer Vorgründungsgesellschaft. [4]Die einem Dritten wegen seines berechtigten Interesses erteilte verbindliche Auskunft entfaltet gegenüber dem künftigen Steuerpflichtigen auch dann Bindungswirkung, wenn die tatsächlichen Beteiligungsverhältnisse bei Verwirklichung des Sachverhalts von den bei Antragstellung geplanten Beteiligungsverhältnissen abweichen, soweit die Beteiligungsverhältnisse für die steuerrechtliche Beurteilung ohne Bedeutung sind.

---

1) Steuer-AuskunftsV v. 30.11.2007, BGBl. I 2007, 2783, zuletzt geänd. durch VO v. 12.7.2017, BGBl. I 2017, 2360 (**Steuergesetze** Nr. **800i**).

3.2.4. [1] § 1 Abs. 4 StAuskV[1)] geht der Regelung in § 1 Abs. 2 Nr. 1 StAuskV als lex specialis vor. [2] Deshalb muss ein Auskunftsantrag für eine noch zu gründende Kapitalgesellschaft oder Personengesellschaft nicht von allen künftigen Gesellschaftern gemeinsam gestellt werden.

3.3. Zuständigkeit für die Erteilung verbindlicher Auskünfte

[1] Nach § 89 Abs. 2 Satz 2 AO ist das Finanzamt für die Erteilung einer verbindlichen Auskunft zuständig, das bei Verwirklichung des dem Antrag zugrunde liegenden Sachverhalts für die Besteuerung örtlich zuständig sein würde. [2] Abweichend hiervon ist allerdings bei Antragstellern, für die im Zeitpunkt der Antragstellung nach §§ 18 bis 21 AO kein Finanzamt zuständig ist, auf dem Gebiet der Steuern, die von den Landesfinanzbehörden im Auftrag des Bundes verwaltet werden, nach § 89 Abs. 2 Satz 3 AO das BZSt für die Auskunftserteilung zuständig. [3] Bezüglich der Zuständigkeit für die Erteilung einer einheitlichen verbindlichen Auskunft gegenüber mehreren Beteiligten nach § 1 Abs. 3 StAuskV siehe AEAO zu § 89, Nr. 3.3.3.

3.3.1. Zuständigkeit des BZSt nach § 89 Abs. 2 Satz 3 AO

3.3.1.1. [1] Die Sonderregelung des § 89 Abs. 2 Satz 3 AO geht der allgemeinen Regelung in § 89 Abs. 2 Satz 2 AO vor. [2] Sie gilt allerdings nur für Steuern, die von den Landesfinanzbehörden im Auftrag des Bundes verwaltet werden. [3] Für andere von den Finanzämtern verwaltete Steuern sowie für die Gewerbesteuermessbetragsfestsetzung kann das BZSt auch dann keine verbindliche Auskunft erteilen, wenn im Zeitpunkt der Antragstellung nach §§ 18 bis 21 AO kein Finanzamt für die Besteuerung des Antragstellers zuständig ist.

3.3.1.2. [1] § 89 Abs. 2 Satz 3 AO stellt auf die aktuellen Verhältnisse des Antragstellers im Zeitpunkt der Antragstellung ab, während § 89 Abs. 2 Satz 2 AO auf künftige (geplante) Verhältnisse des Steuerpflichtigen (d. h. der Person, deren künftige Besteuerung Gegenstand der verbindlichen Auskunft ist) abstellt.

3.3.1.3. [1] § 89 Abs. 2 Satz 3 AO ist für jede Steuerart gesondert anzuwenden. [2] Bei einem Antragsteller, für den im Zeitpunkt der Antragstellung ein Finanzamt für eine von den Landesfinanzbehörden im Auftrag des Bundes verwaltete Steuer zuständig ist, ist das BZSt für die Auskunftserteilung nur hinsichtlich solcher von den Landesfinanzbehörden im Auftrag des Bundes verwalteten Steuern zuständig, für die im Zeitpunkt der Antragstellung noch kein Finanzamt zuständig ist.

3.3.1.4. Beispiel:

[1] Die im Ausland ansässige natürliche Person A unterliegt im Zeitpunkt der Antragstellung im Inland nur der Umsatzsteuer. [2] Für die Umsatzbesteuerung des A ist in diesem Zeitpunkt nach § 21 Abs. 1 Satz 2 AO i. V. m. der UStZustV das Finanzamt U zuständig. [3] A beantragt eine verbindliche Auskunft nach § 89 Abs. 2 Satz 1 AO über Einkommen- und Umsatzsteuer.

- Für die verbindliche Auskunft über Einkommensteuer ist nach § 89 Abs. 2 Satz 3 AO das BZSt zuständig.
- Für die verbindliche Auskunft über Umsatzsteuer ist nach § 89 Abs. 2 Satz 2 AO das Finanzamt zuständig, das bei Verwirklichung des vorgetragenen Sachverhalts nach § 21 AO

[1)] Steuer-AuskunftsV v. 30.11.2007, BGBl. I 2007, 2783, zuletzt geänd. durch VO v. 12.7.2017, BGBl. I 2017, 2360 (**Steuergesetze** Nr. **800i**).

(ggf. i. V. m. der UStZustV)[1] für die Umsatzbesteuerung des A örtlich zuständig sein würde.

3.3.1.5. [1]Bei Anwendung des § 89 Abs. 2 Satz 3 AO kommt es nicht darauf an, ob der Antragsteller im Inland bereits bei einem Finanzamt geführt wird. [2]Entscheidend ist, ob nach den Verhältnissen zum Zeitpunkt der Antragstellung ein Finanzamt örtlich zuständig ist, d. h. ob vom Antragsteller bereits steuerrelevante Sachverhalte im Inland verwirklicht wurden, wegen derer ein Steuerverwaltungsverfahren von Amts wegen durchzuführen wäre. [3]Unerheblich ist, ob das örtlich zuständige Finanzamt hiervon bereits Kenntnis hat bzw. ob es bereits ein Steuerverwaltungsverfahren durchgeführt hat.

Steuerrelevante Sachverhalte im Inland sind dabei nur solche, für die eine Steuererklärungspflicht im Inland besteht.

Nicht zu steuerrelevanten Sachverhalten im Inland führen grundsätzlich
- Einkünfte, die im Inland nicht steuerpflichtig sind,
- Einkünfte, die dem Steuerabzug unterliegen und damit als abgeltend besteuert gelten oder
- Umsätze, für die der Leistungsempfänger der Steuerschuldner ist.

Wird in diesen Fällen dennoch ein Steuerverwaltungsverfahren im Inland durchgeführt und ist dieses noch nicht abgeschlossen, kommt die Sonderzuständigkeitsregelung des § 89 Abs. 2 Satz 3 AO ausnahmsweise nicht zur Anwendung.

3.3.1.6. Das BZSt kann unter den Voraussetzungen des § 89 Abs. 2 Satz 3 AO auch dann eine verbindliche Auskunft erteilen, wenn der Ort, an dem der vorgetragene Sachverhalt im Inland verwirklicht werden soll, noch nicht feststeht.

3.3.1.7. Betrifft eine verbindliche Auskunft mehrere Steuerarten und sind hierfür zum Teil das BZSt und im Übrigen ein oder mehrere Finanzämter zuständig, sollen sich die beteiligten Finanzbehörden untereinander abstimmen, um widersprüchliche verbindliche Auskünfte zu vermeiden.

3.3.2. Zuständigkeit eines Finanzamts nach § 89 Abs. 2 Satz 2 AO

3.3.2.1. [1]Die Zuständigkeitsregelung des § 89 Abs. 2 Satz 2 AO gilt bei den von den Landesfinanzbehörden im Auftrag des Bundes verwalteten Steuern nur, soweit nicht das BZSt nach § 89 Abs. 2 Satz 3 AO zuständig ist (vgl. AEAO zu § 89, Nr. 3.3.1). [2]Für andere von den Finanzämtern verwaltete Steuern sowie für die Gewerbesteuermessbetragsfestsetzung richtet sich die Zuständigkeit für die Erteilung einer verbindlichen Auskunft immer nach § 89 Abs. 2 Satz 2 AO.

3.3.2.2. [1]Die Zuständigkeit nach § 89 Abs. 2 Satz 2 AO knüpft an die künftigen steuerlichen Verhältnisse des Steuerpflichtigen bei Verwirklichung des Sachverhaltes an. [2]Das hiernach für die Auskunftserteilung zuständige Finanzamt muss nicht mit dem Finanzamt identisch sein, das zum Zeitpunkt der Antragstellung für die Besteuerung des Steuerpflichtigen zuständig ist. [3]Wird eine verbindliche Auskunft berechtigterweise durch einen Dritten beantragt

---

[1] UmsatzsteuerzuständigkeitsV v. 20.12.2001, BGBl. I 2001, 3794, 3814, zuletzt geänd. durch Art. 24 JStG 2020 v. 21.12.2020, BGBl. I 2020, 3096 (**Steuergesetze** Nr. **519**).

(vgl. AEAO zu § 89, Nr. 3.2.3), ist ebenso unerheblich, welches Finanzamt für seine Besteuerung zuständig ist.

3.3.2.3. [1]Betrifft eine verbindliche Auskunft mehrere Steuerarten und sind hierfür jeweils unterschiedliche Finanzämter nach § 89 Abs. 2 Satz 2 AO zuständig, soll eine Zuständigkeitsvereinbarung nach § 27 AO herbeigeführt werden, wenn die unterschiedliche Zuständigkeit weder für den Steuerpflichtigen noch für die Finanzbehörden zweckmäßig ist. [2]Eine derartige Zuständigkeitsvereinbarung kann auch schon vor Verwirklichung des geplanten Sachverhaltes getroffen werden. [3]Sofern keine Zuständigkeitsvereinbarung herbeigeführt werden kann, sollen sich die beteiligten Finanzämter untereinander abstimmen, um widersprüchliche verbindliche Auskünfte zu vermeiden (vgl. AEAO zu § 89, Nr. 3.3.1.7).

3.3.3. Zuständigkeit eines Finanzamts bei einheitlicher Auskunftserteilung nach § 1 Abs. 3 StAuskV[1)]

3.3.3.1. [1]Die Zuständigkeit für die Erteilung einer einheitlichen verbindlichen Auskunft gegenüber mehreren Beteiligten bestimmt sich nach § 1 Abs. 3 StAuskV. [2]Bei Organschaftsfällen i. S. d. § 1 Abs. 2 Satz 1 Nrn. 2 bis 4 StAuskV soll das Finanzamt, das für die Erteilung der verbindlichen Auskunft nicht zuständig ist, aber von der Bindungswirkung dieser Auskunft ebenfalls betroffen ist, vorab beteiligt werden.

3.3.3.2. Hat im Fall einer Umsatzsteuer-Organschaft der Organträger seinen Sitz und seine Geschäftsleitung im Ausland, ist entsprechend § 2 Abs. 2 Nr. 2 Satz 4 UStG das Finanzamt der Organgesellschaft bzw. – falls mehrere Organgesellschaften beteiligt sind – das Finanzamt der wirtschaftlich bedeutendsten Organgesellschaft für die Erteilung der verbindlichen Auskunft zuständig.

3.4. Form, Inhalt und Voraussetzungen des Antrags auf Erteilung einer verbindlichen Auskunft

3.4.1. [1]Der Antrag muss schriftlich gestellt werden und die in § 1 Abs. 1 StAuskV[1)] bezeichneten Angaben enthalten. [2]Zusätzlich soll der Antragsteller nach § 89 Abs. 4 Satz 2 AO Angaben zum Gegenstandswert der Auskunft machen.

3.4.2. [1]Im Auskunftsantrag ist der ernsthaft geplante und zum Zeitpunkt der Antragstellung noch nicht verwirklichte Sachverhalt ausführlich und vollständig darzulegen (§ 1 Abs. 1 Nr. 2 StAuskV).[1)] [2]Es ist unschädlich, wenn bereits mit vorbereitenden Maßnahmen begonnen wurde, solange der dem Auskunftsantrag zugrunde gelegte Sachverhalt im Wesentlichen noch nicht verwirklicht wurde und noch anderweitige Dispositionen möglich sind.

3.4.3. [1]Der Antragsteller muss sein eigenes steuerliches Interesse darlegen (§ 1 Abs. 1 Nr. 3 StAuskV).[1)] [2]Außer in den Fällen des § 1 Abs. 4 StAuskV ist ein Auskunftsantrag mit Wirkung für Dritte nicht zulässig. [3]Denn eine dritte Person hat kein eigenes berechtigtes Interesse an einer Auskunftserteilung hinsichtlich der Besteuerung eines anderen, bereits existierenden Steuerpflichtigen.

[1)] Steuer-AuskunftsV v. 30.11.2007, BGBl. I 2007, 2783, zuletzt geänd. durch VO v. 12.7.2017, BGBl. I 2017, 2360 (**Steuergesetze** Nr. **800i**).

3.4.4. [1]Im Auskunftsantrag sind konkrete Rechtsfragen darzulegen (§ 1 Abs. 1 Nr. 5 StAuskV).[1)] [2]Es reicht nicht aus, allgemeine Fragen zu den bei Verwirklichung des geplanten Sachverhalts eintretenden steuerlichen Rechtsfragen darzulegen.

3.5. Erteilung einer verbindlichen Auskunft

3.5.1. [1]Der Auskunft ist der vom Antragsteller vorgetragene Sachverhalt zugrunde zu legen. [2]Das Finanzamt ist nicht verpflichtet, eigens für die zu erteilende Auskunft Ermittlungen durchzuführen, es soll aber dem Antragsteller Gelegenheit zum ergänzenden Sachvortrag geben, wenn dadurch eine Entscheidung in der Sache ermöglicht werden kann. [3]Die Erteilung einer verbindlichen Auskunft für alternative Gestaltungsvarianten ist nicht zulässig.

3.5.2. [1]Die Erteilung einer verbindlichen Auskunft ist ausgeschlossen, wenn der Sachverhalt im Wesentlichen bereits verwirklicht ist. [2]Über Rechtsfragen, die sich aus einem bereits abgeschlossenen Sachverhalt ergeben, ist ausschließlich im Rahmen des Veranlagungs- oder Feststellungsverfahrens zu entscheiden. [3]Das gilt auch, wenn der Sachverhalt zwar erst nach Antragstellung, aber vor der Entscheidung über den Antrag verwirklicht wird.

3.5.3. [1]Eine Auskunft kann auch erteilt werden, wenn der Antragsteller eine Auskunft für die ernsthaft geplante Umgestaltung eines bereits vorliegenden Sachverhalts begehrt. [2]Das gilt insbesondere bei Sachverhalten, die wesentliche Auswirkungen in die Zukunft haben (z.B. Dauersachverhalte). [3]Bei Dauersachverhalten richtet sich das zeitliche Ausmaß der Bindungswirkung nach dem Auskunftsantrag, soweit die Finanzbehörde nicht aus materiellrechtlichen Gründen von den zeitlichen Vorstellungen des Antragstellers abweicht (z.B. wegen Verlängerung oder Verkürzung des Abschreibungszeitraumes) und deshalb ihre Auskunft für einen anderen Zeitraum erteilt.

3.5.4. [1]Verbindliche Auskünfte sollen nicht erteilt werden in Angelegenheiten, bei denen die Erzielung eines Steuervorteils im Vordergrund steht (z.B. Prüfung von Steuersparmodellen, Feststellung der Grenzpunkte für das Handeln eines ordentlichen Geschäftsleiters). [2]Die Befugnis, nach pflichtgemäßem Ermessen auch in anderen Fällen die Erteilung verbindlicher Auskünfte abzulehnen, bleibt unberührt (z.B. wenn zu dem Rechtsproblem eine gesetzliche Regelung, eine höchstrichterliche Entscheidung oder eine Verwaltungsanweisung in absehbarer Zeit zu erwarten ist).

3.5.5. [1]Die verbindliche Auskunft nach § 89 Abs. 2 AO ist (auch wenn sie nicht der Rechtsauffassung des Antragstellers entspricht) ebenso wie die Ablehnung der Erteilung einer verbindlichen Auskunft ein Verwaltungsakt. [2]Sie ist schriftlich oder elektronisch zu erteilen und mit einer Rechtsbehelfsbelehrung zu versehen. [3]Die Bekanntgabe richtet sich nach §§ 122, 122a AO und den Regelungen im AEAO zu § 122 und zu § 122a.

In den Fällen des § 1 Abs. 2 StAuskV[1)] ist die Auskunft allen Beteiligten gegenüber einheitlich zu erteilen und dem von ihnen nach § 1 Abs. 2 Satz 2

[1)] Steuer-AuskunftsV v. 30.11.2007, BGBl. I 2007, 2783, zuletzt geänd. durch VO v. 12.7.2017, BGBl. I 2017, 2360 (**Steuergesetze** Nr. **800i**).

StAuskV bestellten gemeinsamen Empfangsbevollmächtigten bekannt zu geben, soweit keine Einzelbekanntgabe erforderlich ist.

3.5.6. Die verbindliche Auskunft hat zu enthalten
- den ihr zugrunde gelegten Sachverhalt; dabei kann auf den im Antrag dargestellten Sachverhalt Bezug genommen werden, die Entscheidung über den Antrag,
- die zugrunde gelegten Rechtsvorschriften und die dafür maßgebenden Gründe; dabei kann auf die im Antrag dargelegten Rechtsvorschriften und Gründe Bezug genommen werden,
- eine Angabe darüber, für welche Steuern und für welchen Zeitraum die verbindliche Auskunft gilt.

3.5.7. [1]Die verbindliche Auskunft regelt dabei lediglich, wie die Finanzbehörde eine ihr zur Prüfung gestellte hypothetische Gestaltung gegenwärtig beurteilt. [2]Es besteht kein Anspruch auf einen bestimmten rechtmäßigen Inhalt einer verbindlichen Auskunft (vgl. BFH-Urteil vom 29.2.2012, IX R 11/11, BStBl. II S. 651).

3.5.8. Ist vor einer Entscheidung über die Erteilung einer verbindlichen Auskunft die Anhörung eines Beteiligten oder die Mitwirkung einer anderen Behörde oder eines Ausschusses vorgesehen, so darf die verbindliche Auskunft erst nach Anhörung der Beteiligten oder nach Mitwirkung dieser Behörde oder des Ausschusses erteilt werden.

3.5.9. [1]Die Bearbeitungsfrist für Auskunftsanträge nach § 89 Abs. 2 Satz 4 AO gilt erstmals für Anträge, die nach dem 31.12.2016 bei der zuständigen Finanzbehörde eingegangen sind (Art. 97 § 25 Abs. 2 EGAO). [2]Aus dem bloßen Verstreichen der Bearbeitungsfrist kann nicht abgeleitet werden, dass die Auskunft als im beantragten Sinn erteilt gilt. [3]Dies gilt unabhängig davon, ob die Finanzbehörde hinreichende Gründe für die nicht fristgerechte Auskunftserteilung mitgeteilt hat oder nicht.

3.6. Bindungswirkung einer verbindlichen Auskunft

3.6.1. [1]Die von der nach § 89 Abs. 2 Satz 2 und 3 AO zuständigen Finanzbehörde erteilte verbindliche Auskunft ist für die Besteuerung des Antragstellers nur dann bindend, wenn der später verwirklichte Sachverhalt von dem der Auskunft zugrunde gelegten Sachverhalt nicht oder nur unwesentlich abweicht (§ 2 Abs. 1 Satz 1 StAuskV).[1)] [2]Eine vom BZSt nach § 89 Abs. 2 Satz 3 AO rechtmäßig erteilte verbindliche Auskunft bindet auch das Finanzamt, das bei Verwirklichung des der Auskunft zugrunde liegenden Sachverhalts zuständig ist. [3]In den Fällen des § 1 Abs. 2 StAuskV ist die Auskunft gegenüber allen Beteiligten einheitlich verbindlich (§ 2 Abs. 2 Satz 1 StAuskV).

[1]Die Bindungswirkung tritt nicht ein, wenn der tatsächlich verwirklichte Sachverhalt mit dem bei der Beantragung der verbindlichen Auskunft vorgetragenen Sachverhalt in wesentlichen Punkten nicht übereinstimmt. [2]Wird ein Dauersachverhalt innerhalb der zeitlichen Bindungswirkung der verbind-

---

[1)] Steuer-AuskunftsV v. 30.11.2007, BGBl. I 2007, 2783, zuletzt geänd. durch VO v. 12.7.2017, BGBl. I 2017, 2360 (**Steuergesetze Nr. 800i**).

lichen Auskunft (vgl. Nr. 3.5.3 des AEAO zu § 89) dergestalt verändert, dass er mit dem der verbindlichen Auskunft zugrunde gelegten Sachverhalt in wesentlichen Punkten nicht mehr übereinstimmt, entfällt die Bindungswirkung der verbindlichen Auskunft ohne Zutun der Finanzverwaltung ab dem Zeitpunkt der Sachverhaltsänderung. [3]Entsprechendes gilt für eine von der nach § 1 Abs. 3 StAuskV zuständigen Finanzbehörde gegenüber mehreren Antragstellern einheitlich erteilte verbindliche Auskunft.

3.6.2. [1]Im Fall der Gesamtrechtsnachfolge geht die Bindungswirkung entsprechend § 45 AO auf den Rechtsnachfolger über. [2]Bei Einzelrechtsnachfolge erlischt die Bindungswirkung. [3]Die Bindungswirkung tritt daher nicht ein, wenn der Sachverhalt nicht durch den Antragsteller, sondern durch einen Dritten verwirklicht wurde, der nicht Gesamtrechtsnachfolger des Antragstellers ist.

3.6.3. [1]Ist die verbindliche Auskunft zuungunsten des Steuerpflichtigen rechtswidrig, tritt nach § 2 Abs. 1 Satz 2 StAuskV[1)] keine Bindungswirkung ein. [2]In diesem Fall ist die Steuer nach Maßgabe der Gesetze und den in diesem Zeitpunkt geltenden Verwaltungsanweisungen zutreffend festzusetzen. [3]Die Frage, ob sich die (rechtswidrige) verbindliche Auskunft zuungunsten des Steuerpflichtigen auswirkt, ist durch einen Vergleich zwischen zugesagter und rechtmäßiger Behandlung zu beantworten und kann sich nur auf die konkret erteilte Auskunft beziehen.

Widerspricht eine nach § 2 Abs. 2 Satz 1 StAuskV einheitlich erteilte verbindliche Auskunft dem geltenden Recht und beruft sich mindestens ein Beteiligter darauf, entfällt die Bindungswirkung der verbindlichen Auskunft einheitlich gegenüber allen Beteiligten (§ 2 Abs. 2 Satz 2 StAuskV).

3.6.4. [1]Die Bindungswirkung der verbindlichen Auskunft entfällt nach § 2 Abs. 3 StAuskV[1)] ohne Zutun der zuständigen Finanzbehörde ab dem Zeitpunkt, in dem die Rechtsvorschriften, auf denen die Auskunft beruht, aufgehoben oder geändert werden. [2]Wird die verbindliche Auskunft in diesem Fall zur Klarstellung aufgehoben, hat dies nur deklaratorische Wirkung.

3.6.5. [1]Eine verbindliche Auskunft nach § 89 Abs. 2 AO kann unter den Voraussetzungen der §§ 129 bis 131 AO berichtigt, zurückgenommen und widerrufen werden. [2]In den Fällen des § 2 Abs. 2 Satz 1 StAuskV[1)] ist die Berichtigung, die Rücknahme oder der Widerruf gegenüber den Antragstellern einheitlich vorzunehmen.

Die Korrektur einer verbindlichen Auskunft mit Wirkung für die Vergangenheit kommt danach insbesondere in Betracht, wenn

– die Auskunft durch unlautere Mittel wie arglistige Täuschung, Drohung oder Bestechung erwirkt worden ist oder
– die Rechtswidrigkeit der Auskunft dem Begünstigten bekannt oder infolge grober Fahrlässigkeit nicht bekannt war.

[1)] Steuer-AuskunftsV v. 30.11.2007, BGBl. I 2007, 2783, zuletzt geänd. durch VO v. 12.7.2017, BGBl. I 2017, 2360 (**Steuergesetze** Nr. **800i**).

Ist die verbindliche Auskunft von einer sachlich oder örtlich unzuständigen Behörde erlassen worden, entfaltet sie von vornherein keine Bindungswirkung.

3.6.6. Über die Fälle der §§ 129 bis 131 AO hinaus kann eine verbindliche Auskunft nach § 2 Abs. 4 StAuskV[1)] auch mit Wirkung für die Zukunft aufgehoben oder geändert werden, wenn sich herausstellt, dass die erteilte Auskunft unrichtig war.

[1] Eine verbindliche Auskunft ist materiell rechtswidrig und damit rechtswidrig i. S. d. § 2 Abs. 4 StAuskV, wenn sie ohne Rechtsgrundlage oder unter Verstoß gegen materielle Rechtsnormen erlassen wurde oder ermessensfehlerhaft ist. [2] Für die Beurteilung der Rechtmäßigkeit oder Rechtswidrigkeit kommt es auf den Zeitpunkt des Wirksamwerdens, also der Bekanntgabe der verbindlichen Auskunft an.

[1] Eine Änderung der Rechtsprechung stellt keine Änderung der Rechtslage dar, weil sie die bisherige Rechtsauffassung nur richtigstellt, also die von Anfang an bestehende Rechtslage klarstellt. [2] Daher ist eine verbindliche Auskunft von vornherein unrichtig i. S. d. § 2 Abs. 4 StAuskV, wenn sie von einem nach ihrer Bekanntgabe ergangenen FG- oder BFH-Urteil oder einer später ergangenen Verwaltungsanweisung abweicht. [3] Sie ist nicht unrichtig geworden, ihre Unrichtigkeit wurde lediglich erst nachträglich erkannt.

[1] Die Aufhebung oder Änderung nach § 2 Abs. 4 StAuskV steht im Ermessen der Finanzbehörde. [2] Eine Aufhebung oder Änderung mit Wirkung für die Zukunft ist z. B. sachgerecht, wenn sich die steuerrechtliche Beurteilung des der verbindlichen Auskunft zugrunde gelegten Sachverhalts durch die Rechtsprechung oder durch eine Verwaltungsanweisung zum Nachteil des Steuerpflichtigen geändert hat.

[1] Dem Vertrauensschutz wird dadurch Rechnung getragen, dass die Aufhebung oder Änderung nur mit Wirkung für die Zukunft erfolgen darf. [2] War der Sachverhalt im Zeitpunkt der Bekanntgabe der Aufhebung oder Änderung bereits im Wesentlichen verwirklicht, bleibt die Bindungswirkung bestehen, wenn der später verwirklichte Sachverhalt von dem der Auskunft zugrunde gelegten Sachverhalt nicht oder nur unwesentlich abweicht.

In den Fällen des § 2 Abs. 2 Satz 1 StAuskV ist die Aufhebung oder Änderung gegenüber den Antragstellern einheitlich vorzunehmen.

3.6.7. [1] Der Steuerpflichtige ist vor einer Korrektur der verbindlichen Auskunft zu hören (§ 91 Abs. 1 AO). [2] In den Fällen des § 2 Abs. 2 Satz 1 StAuskV sind alle Antragsteller über den gemeinsamen Empfangsbevollmächtigten (§ 1 Abs. 2 Satz 2 StAuskV)[1)] zu hören.

3.6.8. [1] Im Einzelfall kann es aus Billigkeitsgründen gerechtfertigt sein, von einem Widerruf der verbindlichen Auskunft abzusehen oder die Wirkung des Widerrufs zu einem späteren Zeitpunkt eintreten zu lassen. [2] Eine solche Billigkeitsmaßnahme wird in der Regel jedoch nur dann geboten sein, wenn sich der Steuerpflichtige nicht mehr ohne erheblichen Aufwand bzw. unter beträchtlichen Schwierigkeiten von den im Vertrauen auf die Auskunft ge-

---

[1)] Steuer-AuskunftsV v. 30.11.2007, BGBl. I 2007, 2783, zuletzt geänd. durch VO v. 12.7.2017, BGBl. I 2017, 2360 (**Steuergesetze** Nr. **800i**).

troffenen Dispositionen oder eingegangenen vertraglichen Verpflichtungen zu lösen vermag.

In den Fällen des § 2 Abs. 2 Satz 1 StAuskV ist diese Billigkeitsmaßnahme gegenüber allen Beteiligten einheitlich zu treffen.

3.6.9. Die Regelungen in Nrn. 3.6.1 bis 3.6.8 des AEAO zu § 89 gelten in den Fällen des § 1 Abs. 4 StAuskV[1] für die Person, Personenvereinigung oder Vermögensmasse, die den Sachverhalt verwirklicht hat, entsprechend.

3.7. Rechtsbehelfsmöglichkeiten

3.7.1. [1] Gegen die erteilte verbindliche Auskunft wie auch gegen die Ablehnung der Erteilung einer verbindlichen Auskunft ist der Einspruch gegeben (§ 347 AO).

3.7.2. [1] Im außergerichtlichen Rechtsbehelfsverfahren ist die Sache in vollem Umfang, d.h. auch in materiell-rechtlicher Hinsicht, zu prüfen (§ 367 Abs. 2 AO). [2] Weicht die Finanzbehörde bei der Erteilung der verbindlichen Auskunft vom Rechtsstandpunkt des Antragstellers ab (sog. Negativauskunft), ist der Inhalt der erteilten verbindlichen Auskunft im gerichtlichen Rechtsbehelfsverfahren nur auf seine sachliche Richtigkeit hin zu prüfen, d.h. darauf, ob die Finanzbehörde den zur Prüfung gestellten Sachverhalt zutreffend erfasst hat und die gegenwärtige rechtliche Einordnung des zur Prüfung gestellten Sachverhalts in sich schlüssig und nicht evident rechtsfehlerhaft ist. [3] Eine materiell-rechtliche Überprüfung der finanzbehördlichen Auffassung durch das Gericht bleibt mangels Bindungswirkung der Negativauskunft (vgl. Nr. 3.6.3 des AEAO zu § 89) einem Rechtsbehelfsverfahren gegen den späteren Steuerbescheid/Feststellungsbescheid vorbehalten (vgl. BFH-Urteil vom 29.2.2012, IX R 11/11, BStBl. II S. 651).

3.7.3. Legt in den Fällen des § 2 Abs. 2 Satz 1 StAuskV[1] nur ein Beteiligter Einspruch ein, sind die übrigen Beteiligten nach § 360 Abs. 3 Satz 1 AO zum Einspruchsverfahren hinzuzuziehen.

4. Gebühren für die Bearbeitung von Anträgen auf Erteilung einer verbindlichen Auskunft (§ 89 Abs. 3 bis 7 AO)

4.1. Gebührenpflicht

4.1.1. [1] Gebühren sind nicht nur zu erheben, wenn die beantragte Auskunft erteilt wird. [2] § 89 Abs. 3 Satz 1 AO ordnet eine Gebührenpflicht für die Bearbeitung eines Auskunftsantrags an. [3] Gebühren sind daher grundsätzlich auch dann zu entrichten, wenn die Finanzbehörde in ihrer verbindlichen Auskunft eine andere Rechtsauffassung als der Antragsteller vertritt, wenn sie die Erteilung einer verbindlichen Auskunft ablehnt oder wenn der Antrag zurückgenommen wird. [4] Zur Möglichkeit einer Gebührenermäßigung vgl. AEAO zu § 89, Nr. 4.5.

4.1.2.[2] [1] Die Gebühr wird für jeden Antrag auf verbindliche Auskunft festgesetzt. [2] Es handelt sich jeweils um einen Antrag, soweit sich die rechtliche

[1] Steuer-AuskunftsV v. 30.11.2007, BGBl. I 2007, 2783, zuletzt geänd. durch VO v. 12.7.2017, BGBl. I 2017, 2360 (**Steuergesetze Nr. 800i**).

[2] Zur Gebührenerhebung bei mehreren Anträgen auf Erteilung einer verbindlichen Auskunft siehe BFH v. 27.11.2019 II R 24/17, BStBl. II 2020, 528.

Beurteilung eines Sachverhalts auf einen Steuerpflichtigen bezieht. [3]Dieser Sachverhalt kann sich auf mehrere Steuerarten auswirken. [4]In den Fällen des § 1 Abs. 2 StAuskV[1)] wird nur eine Gebühr erhoben; die Beteiligten sind Gesamtschuldner der Gebühr (§ 89 Abs. 3 Satz 2 AO).

[1]Ist in Fällen des § 1 Abs. 2 Nr. 1 StAuskV hinsichtlich des der Auskunft zugrunde liegenden Sachverhalts teilweise auch die Gesellschaft Steuerschuldnerin (vgl. AEAO zu § 122, Nr. 2.4.1), wird gegenüber den Gesellschaftern und der Gesellschaft nur eine Gebühr erhoben. [2]In Umwandlungsfällen ist jeder abgebende, übernehmende oder entstehende Rechtsträger eigenständig zu beurteilen.

4.1.3. [1]Die Gebührenpflicht gilt nicht für Anträge auf verbindliche Zusagen auf Grund einer Außenprüfung nach §§ 204 ff. AO oder für Lohnsteueranrufungsauskünfte nach § 42e EStG. [2]Sie gilt auch nicht für Anfragen, die keine verbindliche Auskunft des Finanzamts i. S. d. § 89 Abs. 2 AO zum Ziel haben.

4.2. Gegenstandswert

4.2.1. Die Gebühr richtet sich grundsätzlich nach dem Wert, den die Auskunft für den Antragsteller hat (Gegenstandswert; § 89 Abs. 4 Satz 1 AO).

4.2.2. Maßgebend für die Bestimmung des Gegenstandswerts ist die steuerliche Auswirkung des vom Antragsteller dargelegten Sachverhalts. [2]Die steuerliche Auswirkung ist in der Weise zu ermitteln, dass der Steuerbetrag, der bei Anwendung der vom Antragsteller vorgetragenen Rechtsauffassung entstehen würde, dem Steuerbetrag gegenüberzustellen ist, der entstehen würde, wenn die Finanzbehörde eine entgegen gesetzte Rechtsauffassung vertreten würde.

Für diese Ermittlung der steuerlichen Auswirkung sind die Grundsätze der gerichtlichen Streitwertermittlung für ein Hauptsacheverfahren entsprechend anzuwenden (BFH-Urteil vom 22.4.2015, IV R 13/12, BStBl. II S. 989).

[1]Steuerliche Auswirkungen, die sich mittelbar ergeben können, die jedoch nicht selbst zum Gegenstand des Antrags gemacht worden sind, werden bei Bemessung des Gegenstandswerts nicht berücksichtigt (vgl. BFH-Urteil vom 22.4.2015, IV R 13/12, a. a. O.). [2]Betrifft die beantragte Auskunft ertragsteuerliche Fragen, sind danach Annexsteuern (Kirchensteuer, Solidaritätszuschlag) nicht in die Ermittlung des Gegenstandswerts einzubeziehen. [3]Gewerbesteuerliche Auswirkungen sind bei der Ermittlung des Gegenstandswerts einzubeziehen, es sei denn, die gewerbesteuerliche Beurteilung ist ausdrücklich von der beantragten Auskunft ausgenommen.

4.2.3. Bei Dauersachverhalten ist auf die durchschnittliche steuerliche Auswirkung eines Jahres abzustellen (vgl. auch AEAO zu § 89, Nr. 3.5.3).

4.2.4. [1]Die Gebühr wird nach § 89 Abs. 5 Satz 1 AO in entsprechender Anwendung des § 34 GKG mit einem Gebührensatz von 1,0 erhoben. [2]§ 34 GKG in der Fassung des Kostenrechtsänderungsgesetzes 2021 vom 21.12.2020 (BGBl. I S. 3229) ist dabei in entsprechender Anwendung des § 71 Abs. 1 GKG auf alle Anträge anzuwenden, die nach dem 31.12.2020 bei der zustän-

---

[1)] Steuer-AuskunftsV v. 30.11.2007, BGBl. I 2007, 2783, zuletzt geänd. durch VO v. 12.7.2017, BGBl. I 2017, 2360 (**Steuergesetze** Nr. **800i**).

digen Finanzbehörde eingegangen sind. [3]Für Anträge, die vor dem 1.1.2021 bei der zuständigen Finanzbehörde eingegangen sind, ist § 34 GKG in der bis zum 31.12.2020 geltenden Fassung weiterhin entsprechend anzuwenden.

[1]Der Gegenstandswert ist in entsprechender Anwendung des § 39 Abs. 2 GKG auf 30 Mio. € begrenzt (§ 89 Abs. 5 Satz 2 AO). [2]Die Gebühr beträgt damit bei bis zum 31.12.2020 eingegangenen Anträgen höchstens 109736 €, bei ab dem 1.1.2021 eingegangenen Anträgen höchstens 120721 €. [3]Beträgt der Gegenstandswert weniger als 10000 €, wird keine Gebühr erhoben (§ 89 Abs. 5 Satz 3 AO).

4.2.5. [1]Der Antragsteller soll den Gegenstandswert und die für seine Bestimmung maßgeblichen Umstände bereits in seinem Auskunftsantrag darlegen (§ 89 Abs. 4 Satz 2 AO). [2]Diese Darlegung erfordert schlüssige und nachvollziehbare Angaben; fehlen derartige Angaben oder sind sie unzureichend, ist der Antragsteller hierauf hinzuweisen und um entsprechende Ergänzung seines Antrags oder um Erläuterung zu bitten, warum er keine Angaben machen kann.

4.2.6. [1]Den Angaben des Antragstellers ist im Regelfall zu folgen. [2]Bei seiner Darlegung des Gegenstandswerts muss sich der Antragsteller allerdings an die Grundsätze der gerichtlichen Streitwertermittlung halten (vgl. AEAO zu § 89, Nr. 4.2.2). [3]Eine davon abweichende Bemessung des Gegenstandswerts führt regelmäßig zu einem offensichtlich unzutreffenden Ergebnis und ist deshalb vom Finanzamt nicht zu berücksichtigen (BFH-Urteil vom 22.4.2015, IV R 13/12, BStBl. II S. 989). [4]Eine Ermittlung des Gegenstandswerts durch das Finanzamt ist im Übrigen nur dann geboten, wenn der Antragsteller keine Angaben machen kann oder wenn seine Angaben anderweitig zu einem offensichtlich unzutreffenden Ergebnis führen würden (§ 89 Abs. 4 Satz 3 AO).

4.2.7. [1]Will das Finanzamt von dem erklärten Gegenstandswert abweichen oder konnte der Antragsteller keine Angaben zum Gegenstandswert machen, ist dem Antragsteller vor Erlass des Gebührenbescheids rechtliches Gehör (§ 91 AO) zu gewähren. [2]Die Bearbeitung des Auskunftsantrags soll bis zum Eingang der Stellungnahme des Antragstellers, höchstens aber bis zum Ablauf der (regelmäßig einmonatigen) Frist zur Stellungnahme zurückgestellt werden.

4.3. Zeitgebühr

4.3.1. [1]Beziffert der Antragsteller den Gegenstandswert nicht und ist der Gegenstandswert auch nicht durch Schätzung bestimmbar, ist eine Zeitgebühr zu berechnen (§ 89 Abs. 6 Satz 1 1. Halbsatz AO). [2]Die Zeitgebühr beträgt 50 € je angefangene halbe Stunde Bearbeitungszeit (§ 89 Abs. 6 Satz 1 2. Halbsatz AO). [3]Beträgt bei der Gebührenbemessung nach dem Zeitwert die Bearbeitungszeit weniger als zwei Stunden, wird keine Gebühr erhoben (§ 89 Abs. 6 Satz 2 AO).

4.3.2. [1]Wird eine solche Zeitgebühr erhoben, ist der zeitliche Aufwand für die Bearbeitung des Antrags auf verbindliche Auskunft zu dokumentieren. [2]Zur Bearbeitungszeit rechnen nur die Zeiten, in denen der vorgetragene Sachverhalt ermittelt und dessen rechtliche Würdigung geprüft wurde. [3]Waren vorgesetzte Finanzbehörden wegen der besonderen Bedeutung des Einzelfalls oder der grundsätzlichen Bedeutung entscheidungserheblicher Rechtsfragen hinzuzuziehen, ist die dortige Bearbeitungszeit ebenfalls zu berücksichtigen, soweit sie dem konkreten Auskunftsantrag individuell zuzuordnen ist.

4.4. Gebührenfestsetzung

4.4.1. [1]Die Gebühr ist durch schriftlichen Bescheid gegenüber dem Antragsteller festzusetzen; Bekanntgabevollmachten sind zu beachten. [2]Der Antragsteller hat die Gebühr innerhalb eines Monats nach Bekanntgabe dieses Bescheids zu entrichten (§ 89 Abs. 3 Satz 3 AO).

[1]Auf die Gebühr sind die Vorschriften der AO grundsätzlich sinngemäß anzuwenden (vgl. im Einzelnen AEAO zu § 1, Nr. 3). [2]Die Gebührenfestsetzung kann nach §§ 129 bis 131 AO korrigiert werden. [3]Gegen die Gebührenfestsetzung ist der Einspruch gegeben (§ 347 AO).

4.4.2. [1]Die Entscheidung über den Antrag auf verbindliche Auskunft soll bis zur Zahlung der Gebühr zurückgestellt werden, wenn der Zahlungseingang nicht gesichert erscheint. [2]In derartigen Fällen ist im Gebührenbescheid darauf hinzuweisen, dass über den Antrag auf Erteilung einer verbindlichen Auskunft erst nach Zahlungseingang entschieden wird.

4.5. Ermäßigung der Gebühr

4.5.1. [1]Die Gebühr nach § 89 Abs. 3 bis 6 AO entsteht auch für die Bearbeitung eines Antrags auf verbindliche Auskunft, der die formalen Voraussetzungen nicht erfüllt (Beispiel: der Antrag beinhaltet keine ausführliche Darlegung des Rechtsproblems oder keine eingehende Begründung des Rechtsstandpunkts des Antragstellers). [2]Vor einer Ablehnung eines Antrags aus formalen Gründen hat die Finanzbehörde den Antragsteller auf diese Mängel und auf die Möglichkeit der Ergänzung oder Rücknahme des Antrags hinzuweisen.

4.5.2. [1]Wird ein Antrag vor Bekanntgabe der Entscheidung über den Antrag auf verbindliche Auskunft zurückgenommen, kann die Gebühr ermäßigt werden (§ 89 Abs. 7 Satz 2 AO). [2]Hierbei ist wie folgt zu verfahren:

- [1]Hat die Finanzbehörde noch nicht mit der Bearbeitung des Antrags begonnen, ist die Gebühr auf Null zu ermäßigen. [2]In diesem Fall kann aus Vereinfachungsgründen bereits von der Erteilung eines Gebührenbescheids abgesehen werden.
- Hat die Finanzbehörde bereits mit der Bearbeitung des Antrags begonnen, ist der bis zur Rücknahme des Antrags angefallene Bearbeitungsaufwand angemessen zu berücksichtigen und die Gebühr anteilig zu ermäßigen.

5. Anwendung der StAuskV[1)]

5.1. Die StAuskV gilt für alle verbindlichen Auskünfte, die ab Inkrafttreten des § 89 Abs. 2 AO (12.9.2006) erteilt worden sind.

5.2. [1]§ 1 Abs. 2 Satz 1, Abs. 3 und 4 und § 2 Abs. 2 bis 4 StAuskV in der am 20.7.2017 geltenden Fassung sind erstmals auf nach dem 1.9.2017 bei der zuständigen Finanzbehörde eingegangene Anträge auf Erteilung einer ver-

1) Steuer-AuskunftsV v. 30.11.2007, BGBl. I 2007, 2783, zuletzt geänd. durch VO v. 12.7.2017, BGBl. I 2017, 2360 (**Steuergesetze** Nr. **800i**).

bindlichen Auskunft anzuwenden. [2]Die neuen Regelungen sind nach Ablauf der Übergangsfrist auf alle Anträge anzuwenden, die ab diesem Zeitpunkt bei der zuständigen Finanzbehörde eingehen.

5.3. Für Auskünfte mit Bindungswirkung nach Treu und Glauben, die bis zum 11.9.2006 erteilt worden sind, sind die Regelungen in Nrn. 4 und 5 des BMF-Schreibens vom 29.12.2003, BStBl. I S. 742 weiter anzuwenden.

AEAO zu § 90 – Mitwirkungspflichten der Beteiligten:

Wegen der erhöhten Mitwirkungs- und Dokumentationspflichten nach § 90 Abs. 2 und 3 AO bei Auslandssachverhalten, der Grundsätze für die Prüfung der Einkunftsabgrenzung zwischen international verbundenen Unternehmen sowie der Folgen etwaiger Pflichtverletzungen wird auf das BMF-Schreiben vom 3.12.2020, BStBl. I S. 1325 verwiesen.

AEAO zu § 91 – Anhörung Beteiligter:

1. [1]Im Besteuerungsverfahren äußert sich der Beteiligte zu den für die Entscheidung erheblichen Tatsachen regelmäßig in der Steuererklärung. [2]Will die Finanzbehörde von dem erklärten Sachverhalt zuungunsten des Beteiligten wesentlich abweichen, so muss sie den Beteiligten hiervon vor Erlass des Steuerbescheids oder sonstigen Verwaltungsakts unterrichten. [3]Der persönlichen (ggf. fernmündlichen) Kontaktaufnahme mit dem Steuerpflichtigen kommt hierbei besondere Bedeutung zu. [4]Sind die steuerlichen Auswirkungen der Abweichung nur gering, so genügt es, die Abweichung im Steuerbescheid zu erläutern.

2. Eine versehentlich unterbliebene Anhörung der Beteiligten kann nach Erlass des Steuerbescheids nachgeholt und die Fehlerhaftigkeit des Bescheids dadurch geheilt werden (§ 126 Abs. 1 Nr. 3 AO).

3. [1]Ist die erforderliche Anhörung eines Beteiligten unterblieben und dadurch die rechtzeitige Anfechtung des Verwaltungsakts versäumt worden, so ist Wiedereinsetzung in den vorigen Stand zu gewähren (§ 126 Abs. 3 i. V. m. § 110 AO). [2]Die unterlassene Anhörung ist im Allgemeinen nur dann für die Versäumung der Einspruchsfrist ursächlich, wenn die notwendigen Erläuterungen auch im Verwaltungsakt selbst unterblieben sind (BFH-Urteil vom 13.12. 1984, VIII R 19/81, BStBl. 1985 II S. 601).

4. Wegen des zwingenden öffentlichen Interesses (§ 91 Abs. 3 AO) Hinweis auf § 30 Abs. 4 Nr. 5 und § 106 AO, deren Grundsätze entsprechend anzuwenden sind.

AEAO zu § 92 – Beweismittel:

[1]Die Finanzbehörden sind verpflichtet, die Steuern nach Maßgabe der Gesetze gleichmäßig festzusetzen und zu erheben (§ 85 AO). [2]Sie müssen dazu

(Fortsetzung S. 135)

den steuererheblichen Sachverhalt von Amts wegen aufklären (§ 88 AO). [3]Hierbei sind sie auf die gesetzlich vorgeschriebene Mitwirkung der Beteiligten (§ 90 AO) angewiesen.

[1]Es besteht dabei zwar keine Verpflichtung der Finanzbehörden, in jedem Fall alle Angaben des Beteiligten auf Vollständigkeit und Richtigkeit zu prüfen (vgl. AEAO zu § 88); soweit die Finanzbehörde im Einzelfall jedoch Anlass dazu sieht, hat sie die Angaben des Beteiligten zu überprüfen. [2]Anderenfalls ergäbe sich eine Steuerbelastung, die nahezu allein auf der Erklärungsbereitschaft und der Ehrlichkeit des einzelnen Beteiligten beruhte (vgl. BVerfG-Urteil vom 27.6.1991, 2 BvR 1493/89, BStBl. II S. 654).

[1]Die Finanzbehörde kann sich zur Ermittlung des steuerrelevanten Sachverhalts aller Beweismittel bedienen, die sie nach pflichtgemäßem Ermessen zur Ermittlung des Sachverhalts für erforderlich hält (§ 92 AO). [2]Die Erforderlichkeit der Beweiserhebung ist von der Finanzbehörde nach den Umständen des jeweiligen Einzelfalles im Wege der Prognose zu beurteilen.

AEAO zu § 93 – Auskunftspflicht der Beteiligten und anderer Personen:

Inhaltsübersicht

1. Auskunftsersuchen nach § 93 Abs. 1 Satz 1 und Abs. 1a AO
1.1. Allgemeines/Voraussetzungen
1.2. Zulässigkeit von Auskunftsersuchen an Dritte
2. Kontenabruf nach § 93 Abs. 7 AO in der ab dem 1.1.2018 geltenden Fassung

1. Auskunftsersuchen nach § 93 Abs. 1 Satz 1 und Abs. 1a AO

[1]Auskunftsersuchen sind im gesamten Besteuerungsverfahren, d.h. auch im Rechtsbehelfsverfahren oder im Vollstreckungsverfahren (§ 249 Abs. 2 Satz 1 AO; BFH-Urteil vom 22.2.2000, VII R 73/98, BStBl. II S. 366), möglich. [2]Im Rahmen der Außenprüfung und der Steuerfahndung sind die Regelungen in §§ 200, 208, 210 und 211 AO zu beachten. [3]Im Steuerstraf- und -bußgeldverfahren gelten nach § 385 Abs. 1 und § 410 Abs. 1 AO die Vorschriften der StPO und des OWiG.

1.1. Allgemeines/Voraussetzungen

1.1.1.[1)] [1]Voraussetzung für ein Auskunftsersuchen ist, dass die Heranziehung eines Auskunftspflichtigen im Einzelfall aufgrund hinreichender konkreter Umstände oder aufgrund allgemeiner Erfahrungen geboten ist (vgl. BFH-Urteile vom 29.10.1986, VII R 82/85, BStBl. 1988 II S. 359, und vom 18.3.1987, II R 35/86, BStBl. II S. 419). [2]Unzulässig sind Auskunftsersuchen „ins Blaue hinein" (vgl. BFH-Urteile vom 23.10.1990, VIII R 1/86, BStBl. 1991 II S. 277, und vom 12.5.2016, II R 17/14, BStBl. II S. 822).[2)] [3]Darüber hinaus müssen die Auskunft zur Sachverhaltsaufklärung geeignet und notwendig, die Pflichterfüllung für den Betroffenen möglich und dessen In-

---

1) Zur Abgrenzung vgl. auch BFH v. 16.1.2009 VII R 25/08, BStBl. II 2009, 582.

2) Zum Vorrang eines Auskunftsersuchens gem. § 93 AO gegenüber Vorlageverlangen nach § 97 AO vgl. BFH v. 24.2.2010 II R 57/08, BStBl. II 2011, 5, und v. 30.3.2011 I R 75/10, BFH/NV 2011, 1287.

anspruchnahme geeignet, erforderlich und zumutbar sein (vgl. BFH-Urteile vom 29.10.1986, VII R 82/85, a.a.O., und vom 24.10.1989, VII R 1/87, BStBl. 1990 II S. 198).

[1]Die Erforderlichkeit eines Auskunftsersuchens ist von der zuständigen Finanzbehörde nach den Umständen des Einzelfalles und unter Berücksichtigung allgemeiner Erfahrungen im Wege der Prognose zu beurteilen. [2]Die Erforderlichkeit setzt keinen begründeten Verdacht voraus, dass steuerrechtliche Unregelmäßigkeiten vorliegen; es genügt, wenn aufgrund konkreter Momente oder aufgrund allgemeiner Erfahrungen ein Auskunftsersuchen angezeigt ist (vgl. BFH-Urteil vom 17.3.1992, VII R 122/91, BFH/NV S. 791). [3]Nur wenn klar und eindeutig jeglicher Anhaltspunkt für die Steuererheblichkeit fehlt, ist ein Auskunftsverlangen rechtswidrig (BFH-Urteil vom 29.7.2015, X R 4/14, BStBl. 2016 II S. 135).

1.1.2. Die Finanzämter können Auskunftsersuchen an die Beteiligten (§ 78 AO), aber auch an andere Personen richten, wenn das Ersuchen zur Feststellung eines für die Besteuerung erheblichen Sachverhalts erforderlich ist.

1.1.3. Die Finanzbehörde darf außerdem unter den Voraussetzungen des § 93 Abs. 1a AO Auskunftsersuchen über eine ihr noch unbekannte Anzahl von Sachverhalten mit dem Grunde nach bestimmbaren, ihr noch nicht bekannten Personen an Dritte stellen (Sammelauskunftsersuchen).

1.1.4. [1]Im Auskunftsersuchen ist anzugeben, worüber Auskunft erteilt werden soll und für die Besteuerung welcher Person die Auskunft angefordert wird (§ 93 Abs. 2 Satz 1 AO). [2]Zur Begründung des Ersuchens reicht im Allgemeinen die Angabe der Rechtsgrundlage sowie bei einem Auskunftsersuchen an einen Dritten der Hinweis aus, dass die Sachverhaltsaufklärung durch die Beteiligten nicht zum Ziele geführt hat oder keinen Erfolg verspricht. [3]Eine Begründung des Auskunftsersuchens hinsichtlich der Frage, warum die Finanzbehörde einen bestimmten Auskunftspflichtigen vor einem anderen Auskunftsverpflichteten in Anspruch nimmt, ist nur erforderlich, wenn gewichtige Anhaltspunkte dafür bestehen, dass der andere vorrangig in Anspruch zu nehmen sein könnte (BFH-Urteil vom 22.2.2000, VII R 73/98, BStBl. II S. 366).

1.1.5. [1]Auskunftsersuchen nach § 93 Abs. 1 Satz 1 und Abs. 1a AO sind Verwaltungsakte i.S.d. § 118 AO. [2]Für Auskunftsersuchen ist keine bestimmte Form vorgesehen (§ 119 Abs. 2 AO). [3]Regelmäßig ist jedoch Schriftform angebracht (vgl. § 93 Abs. 2 Satz 2 AO). [4]Im Auskunftsersuchen ist eine angemessene Frist zur Auskunftserteilung zu bestimmen sowie anzugeben, in welcher Form die Auskunft erteilt werden soll (vgl. § 93 Abs. 4 AO).

1.2. Zulässigkeit von Auskunftsersuchen an Dritte

1.2.1. [1]Die Auskunftspflicht anderer Personen ist wie die prozessuale Zeugenpflicht eine allgemeine Staatsbürgerpflicht und verfassungsrechtlich unbedenklich (vgl. BFH-Urteil vom 22.2.2000, VII R 73/98, BStBl. II S. 366, und Beschluss des BVerfG vom 15.11.2000, 1 BvR 1213/00, BStBl. 2002 II S. 142). [2]Eine Auskunftspflicht besteht nicht, soweit dem Dritten ein Auskunftsverweigerungsrecht zusteht (vgl. §§ 101 bis 103 AO). [3]Zu Auskunftsersuchen gegenüber Telekommunikationsdienstleistern vgl. AEAO zu § 93, Nr. 1.2.7.

1.2.2. [1]Vor dem Auskunftsersuchen an Dritte ist im Regelfall der Steuerpflichtige zu befragen. [2]Dieses Subsidiaritätsprinzip ist eine spezielle Ausprägung des Verhältnismäßigkeitsgrundsatzes. [3]Es soll zum einen vermieden werden, dass Nichtbeteiligte Einblick in die steuerlich relevanten Verhältnisse des Beteiligten erhalten, zum anderen sollen dem Dritten die mit der Auskunft verbundenen Mühen erspart werden.

Die Finanzbehörde darf folglich – außerhalb des Steuerfahndungsverfahrens (vgl. § 208 Abs. 1 Satz 1 Nr. 2 und Nr. 3 i. V. m. Satz 3 AO) und von Sammelauskunftsersuchen nach § 93 Abs. 1a AO (vgl. dazu AEAO zu § 93, Nr. 1.2.5) – nur in atypischen Fällen vom Subsidiaritätsprinzip abweichen, wobei am Zweck der Vorschrift zu messen ist, ob ein solcher atypischer Fall vorliegt (vgl. BFH-Urteil vom 24.10.1989, VII R 1/87, BStBl. 1990 II S. 198, m. w. N.).

Atypische Fälle liegen insbesondere vor, wenn

- der Beteiligte unbekannt ist (z. B. BFH-Urteil vom 4.10.2006, VIII R 53/04, BStBl. 2007 II S. 227),
- der Beteiligte nicht mitwirkt (z. B. BFH-Urteil vom 30.3.1989, VII R 89/88, BStBl. II S. 537) oder
- wenn die Finanzbehörde es im Rahmen einer vorweggenommenen Beweiswürdigung (Prognoseentscheidung) aufgrund offenkundiger oder konkret nachweisbarer Tatsachen als zwingend ansieht, dass der Versuch der Sachverhaltsaufklärung durch den Beteiligten erfolglos bleiben wird (vgl. BFH-Urteil vom 29.7.2015, X R 4/14, BStBl. 2016 II S. 135); siehe dazu auch AEAO zu § 93, Nrn. 1.2.3 und 1.2.4.

1.2.3. Auskunftsersuchen an Dritte können insbesondere geboten sein, wenn die Beteiligten offenkundig keine eigenen Kenntnisse über den relevanten Sachverhalt besitzen und eine Auskunft daher ohne Hinzuziehung Dritter nicht erteilt werden kann; in diesem Fall ist das Auskunftsersuchen unmittelbar an denjenigen zu richten, der über die entsprechenden Kenntnisse verfügt.

1.2.4. Ein Auskunftsersuchen an einen Dritten kann aber auch geboten sein, wenn eine Auskunft des Beteiligten aufgrund offenkundiger oder konkret nachweisbarer Umstände von vorneherein als unwahr zu werten wäre oder wenn von vornherein feststeht, dass der Beteiligte nicht mitwirken wird (BFH-Urteil vom 29.7.2015, X R 4/14, a. a. O.).

1.2.5. [1]Ein Sammelauskunftsersuchen gegenüber einem Dritten (§ 93 Abs. 1a AO) ist nur zulässig, wenn ein hinreichender Anlass für diese Form der Ermittlung besteht und die betroffenen Steuerpflichtigen nicht namentlich bekannt sind. [2]Ein hinreichender Anlass für ein Sammelauskunftsersuchen liegt insbesondere vor, wenn konkrete Anhaltspunkte für eine Steuerverkürzung oder für das Erlangen nicht gerechtfertigter Steuervorteile vorliegen. [3]Das Gleiche gilt, wenn Erfahrungen aus vergleichbaren Sachverhalten eine Steuerverkürzung oder das Erlangen nicht gerechtfertigter Steuervorteile naheliegend erscheinen lassen. [4]Ein strafrechtlicher Anfangsverdacht muss aber noch nicht vorliegen. [5]Ermittlungen „ins Blaue hinein" sind auch hier unzulässig. [6]Das Sammelauskunftsersuchen muss darüber hinaus auch verhältnismäßig und zumutbar sein. [7]Der durch ein Sammelauskunftsersuchen ausgelöste

Ermittlungsaufwand muss bei der Auskunftsperson in einem angemessenen Verhältnis zu der Bedeutung der Angelegenheit stehen.

1.2.6. [1]Ein Dritter kann sich seinen Auskunftspflichten nicht mit dem Hinweis auf die Möglichkeit entziehen, auch andere seien zur gewünschten Auskunft in der Lage. [2]§ 93 Abs. 1 Satz 3 AO sieht keine Rangfolge vor, welche von mehreren – möglicherweise – als Auskunftspflichtige in Betracht kommenden Personen in Anspruch zu nehmen ist (vgl. BFH-Urteil vom 22.2.2000, VII R 73/98, a. a. O.).

[1]Die Auswahl hat nach pflichtgemäßem Ermessen zu erfolgen. [2]Dabei ist auch eine Interessenabwägung zwischen den besonderen Belastungen, denen ein Auskunftsverpflichteter ausgesetzt ist, und dem Interesse der Allgemeinheit an der möglichst gleichmäßigen Festsetzung und Erhebung der Steueransprüche vorzunehmen. [3]Die Beantwortung eines Auskunftsersuchens ist i. d. R. auch dann zumutbar, wenn mit dessen Befolgung eine nicht unverhältnismäßige Beeinträchtigung eigenwirtschaftlicher Interessen verbunden ist (vgl. BVerfG-Beschluss vom 15.11.2000, 1 BvR 1213/00, a. a. O.).

1.2.7. [1]Vor Befragung eines Dritten soll der Beteiligte, falls der Ermittlungszweck nicht gefährdet wird, über die Möglichkeit eines Auskunftsersuchens gegenüber Dritten informiert werden, um es gegebenenfalls abwenden zu können und damit zu verhindern, dass seine steuerlichen Verhältnisse Dritten bekannt werden. [2]Falls der Ermittlungszweck nicht gefährdet wird, ist der Beteiligte über das Auskunftsersuchen zu informieren. [3]Dies gilt nicht für Sammelauskunftsersuchen (vgl. § 93 Abs. 1a Satz 3 AO).

1.2.8. [1]Bestandsdaten gemäß § 3 Nr. 3 TKG wie Name, Anschrift, Bankverbindung und Rufnummer des Anschlussinhabers unterliegen – im Gegensatz zu Verbindungsdaten – nicht dem Fernmeldegeheimnis nach § 88 TKG. [2]§ 88 Abs. 3 Satz 3 TKG steht daher einer Auskunftserteilung aufgrund von Auskunftsersuchen der Finanzbehörden nicht entgegen.

[1]Richten die Finanzbehörden im Besteuerungsverfahren derartige Auskunftsersuchen an Unternehmen und Personen, die geschäftsmäßig Telekommunikationsdienste erbringen oder an der Erbringung solcher Dienste mitwirken, sind diese Unternehmen daher zur Auskunftserteilung verpflichtet. [2]Art und Umfang der Auskunftserteilung bestimmt sich dabei ausschließlich nach § 93 AO (ggf. i. V. m. § 208 Abs. 1 Satz 1 Nr. 3 und Satz 3 AO). [3]Entgegen stehende Regelungen in Allgemeinen Geschäftsbedingungen der o. g. Unternehmen und Personen treten demgegenüber zurück.

1.2.9. [1]Können Bank- und Depotverbindungen des Steuerpflichtigen sowohl durch einen Kontenabruf als auch durch ein Auskunftsersuchen an Dritte ermittelt werden, ist bei der Auswahl des Ermittlungsinstruments auch zu berücksichtigen, dass ein Kontenabruf den Betroffenen im Einzelfall weniger beeinträchtigen kann als Auskunftsersuchen gegenüber Dritten. [2]Denn anders als bei Auskunftsersuchen nach § 93 Abs. 1 AO erfährt bei Kontenabrufen kein Dritter von den steuerlichen Verhältnissen des Betroffenen, insbesondere vom Vorliegen von Steuerrückständen. [3]Die Kreditinstitute dürfen von der Durchführung eines Kontenabrufs keine Kenntnis erlangen (§ 93b Abs. 4 AO i. V. m. § 24c Abs. 1 Satz 6 KWG). [4]Daher kann ein Kontenabruf auch nicht zu negativen Folgen für einen Bankkunden führen.

2. Kontenabruf nach § 93 Abs. 7 AO in der ab dem 1.1.2018 geltenden Fassung

2.1. Die Finanzbehörde kann unter den Voraussetzungen des § 93 Abs. 7 AO bei den Kreditinstituten über das BZSt folgende Bestandsdaten zu Konten- und Depotverbindungen sowie Schließfächern abrufen:

– die Nummer eines Kontos, das der Verpflichtung zur Legitimationsprüfung i. S. d. § 154 Abs. 2 Satz 1 AO unterliegt, oder eines Depots oder eines Schließfachs,
– der Tag der Errichtung und der Tag der Beendigung oder Auflösung des Kontos, Depots oder Schließfachs,
– der Name sowie bei natürlichen Personen der Tag der Geburt des Inhabers und eines Verfügungsberechtigten sowie
– der Name und eine erhobene Anschrift eines abweichend wirtschaftlich Berechtigten (§ 3 GwG).

Kontenbewegungen und Kontenstände können auf diesem Weg nicht ermittelt werden.

Die Verpflichtung der Kreditinstitute, Daten für einen Kontenabruf durch das BZSt bereitzuhalten, ergibt sich unmittelbar aus § 93b AO i. V. m. § 24c KWG und bedarf daher keines Verwaltungsaktes.

2.2. Ein Kontenabruf nach § 93 Abs. 7 AO ist nur in den gesetzlich abschließend aufgezählten Fällen möglich.

2.2.1. [1]Steuerpflichtige, deren persönlicher Steuersatz niedriger ist als der Abgeltungsteuersatz, können nach § 32d Abs. 6 EStG beantragen, dass ihre Einkünfte nach § 20 EStG im Rahmen einer Einkommensteuerveranlagung ihrem individuellen niedrigeren Steuersatz unterworfen werden (Günstigerprüfung). [2]In diesem Fall muss der Steuerpflichtige sämtliche Kapitalerträge erklären (§ 32d Abs. 6 Satz 2 und 3 EStG). [3]Die Finanzbehörden müssen daher prüfen können, ob neben den erklärten Einkünften noch andere Einkünfte nach § 20 EStG vorliegen (vgl. § 93 Abs. 7 Satz 1 Nr. 1 AO).

2.2.2. [1]In den Fällen des § 2 Abs. 5b Satz 2 EStG ist – letztmals für den Veranlagungszeitraum 2011 – die Kenntnis aller vom Steuerpflichtigen erzielten Kapitalerträge i. S. d. § 32d Abs. 1 und § 43 Abs. 5 EStG erforderlich. [2]Die Finanzbehörden müssen deshalb prüfen können, ob neben erklärten Einnahmen bisher nicht erklärte Kapitalerträge vorliegen (vgl. § 93 Abs. 7 Satz 1 Nr. 2 AO in der bis 31.12.2011 geltenden Fassung). [3]Die am 31.12.2011 geltende Fassung des § 93 Abs. 7 Satz 1 Nr. 2 AO ist nach Art. 97 § 26 EGAO für Veranlagungszeiträume vor 2012 weiterhin anzuwenden.

2.2.3. § 93 Abs. 7 Satz 1 Nr. 3 AO dient der Verifikation von Einkünften nach § 20 und § 23 Abs. 1 EStG für die Veranlagungszeiträume bis einschließlich 2008.

2.2.4. [1]Nach § 93 Abs. 7 Satz 1 Nr. 4 AO ist ein Kontenabruf zulässig, wenn er zur Erhebung (einschließlich der Vollstreckung) von bundesgesetzlich geregelten Steuern oder Rückforderungsansprüchen bundesgesetzlich geregelter Steuererstattungen und Steuervergütungen, mithin auch von Landessteuern, die durch Bundesgesetz geregelt sind, erforderlich ist (zur Erforderlichkeit vgl.

AEAO zu § 93, Nr. 2.3). [2]Bei der Geltendmachung von Haftungsansprüchen ist ein Kontenabruf nach § 93 Abs. 7 Satz 1 Nr. 4 AO nur zur Erhebung (einschließlich der Vollstreckung) von Haftungsansprüchen zulässig, nicht zur Vorbereitung der Festsetzung eines Haftungsanspruchs.

2.2.5. Nach § 93 Abs. 7 Satz 1 Nr. 4a AO ist ein Kontenabruf zulässig zur Ermittlung, in welchen Fällen ein inländischer Steuerpflichtiger, der Aktivitäten i. S. d. § 138 Abs. 2 Satz 1 AO entfaltet, Verfügungsberechtigter oder wirtschaftlich Berechtigter (§ 3 GwG) eines Kontos oder Depots einer natürlichen Person, Personengesellschaft, Körperschaft, Personenvereinigung oder Vermögensmasse mit Wohnsitz, gewöhnlichem Aufenthalt, Sitz, Hauptniederlassung oder Geschäftsleitung außerhalb des Geltungsbereichs der AO ist.

2.2.6. Nach § 93 Abs. 7 Satz 1 Nr. 4b AO ist ein Kontenabruf zur Ermittlung der Besteuerungsgrundlagen in Verfahren nach § 208 Abs. 1 Satz 1 Nr. 3 AO (Aufdeckung unbekannter Steuerfälle) zulässig.

2.2.7. In den Fällen der Nrn. 2.2.1 bis 2.2.3 des AEAO zu § 93 ist ein Kontenabruf nur zulässig, wenn er im Einzelfall zur Festsetzung der Einkommensteuer erforderlich ist (vgl. dazu AEAO zu § 93, Nr. 2.3).

Des Weiteren darf in den Fällen der Nrn. 2.2.1 bis 2.2.6 des AEAO zu § 93 ein Abrufersuchen nur dann erfolgen, wenn ein Auskunftsersuchen an den Steuerpflichtigen nicht zum Ziel geführt hat oder keinen Erfolg verspricht (§ 93 Abs. 7 Satz 2 AO).

[1]Da im Vollstreckungsverfahren eine Gefährdung der Ermittlungszwecke zu befürchten ist, wenn der säumige Steuerschuldner vor einem Kontenabruf individuell informiert würde, muss eine Information des Betroffenen vor Durchführung eines Kontenabrufs nach § 93 Abs. 7 Satz 1 Nr. 4 AO unterbleiben (vgl. § 93 Abs. 9 Satz 3 AO). [2]Es reicht aus, dass säumige Steuerschuldner in der Zahlungserinnerung auf die Möglichkeiten der Zwangsvollstreckung (einschließlich der Möglichkeit eines Kontenabrufs) hingewiesen werden (§ 93 Abs. 9 Satz 1 zweiter Halbsatz AO).

[1]Bei der Ermittlung unbekannter Steuerfälle nach § 208 Abs. 1 Satz 1 Nr. 3 AO kann sich durch eine vorherige Information eines möglicherweise Betroffenen ebenfalls eine Gefährdung der Ermittlungen ergeben. [2]In diesem Fall muss eine Information des Verfügungsberechtigten oder wirtschaftlich Berechtigten vor Durchführung eines Kontenabrufs gem. § 93 Abs. 9 Satz 3 AO unterbleiben.

2.2.8. [1]Darüber hinaus ist ein Kontenabruf nur mit Zustimmung des Steuerpflichtigen zulässig (§ 93 Abs. 7 Satz 1 Nr. 5 AO). [2]Der Steuerpflichtige kann seine Zustimmung zu einem Kontenabruf auf Aufforderung der Finanzverwaltung oder unaufgefordert erteilen.

Wenn die Finanzbehörde eine Überprüfung der Angaben des Steuerpflichtigen mittels eines Kontenabrufs für erforderlich hält, weil sie Zweifel daran hat, ob die Angaben des Steuerpflichtigen vollständig und richtig sind, kann sie ihn nach § 93 Abs. 7 Satz 1 Nr. 5 AO auffordern, zur Aufklärung des Sachverhalts einem Kontenabruf zuzustimmen.

[1]In Betracht kommen insbesondere Fälle, in denen aufgeklärt werden soll, ob der Steuerpflichtige betriebliche Erlöse zutreffend in seiner Buchführung erfasst hat oder ob steuerpflichtige Einnahmen auf „private“ Konten geflossen

sind. [2]Die Finanzbehörden können den Steuerpflichtigen auch dann zur Zustimmung zu einem Kontenabruf auffordern, wenn noch kein strafrechtlicher Anfangsverdacht vorliegt.

Erteilt der Steuerpflichtige trotz Aufforderung die Zustimmung zu einem Kontenabruf nicht und bestehen tatsächliche Anhaltspunkte für die Unrichtigkeit oder Unvollständigkeit der vom Steuerpflichtigen gemachten Angaben zu steuerpflichtigen Einnahmen oder Betriebsvermögensmehrungen, sind die Besteuerungsgrundlagen nach § 162 Abs. 2 Satz 2 AO zu schätzen (vgl. auch AEAO zu § 162, Nr. 6).

2.2.9. [1]Für Besteuerungsverfahren, auf die die AO nach § 1 AO nicht unmittelbar anwendbar ist, ist ein Kontenabruf nach § 93 Abs. 7 AO nicht zulässig. [2]Für strafrechtliche Zwecke kann ein Kontenabruf nur nach § 24c KWG erfolgen. [3]Der Kontenabruf entspricht einer elektronischen Einnahme des Augenscheins und stellt einen Realakt dar.

2.3. [1]Ein Kontenabruf steht im Ermessen der Finanzbehörde und kann nur anlassbezogen und zielgerichtet erfolgen und muss sich auf eine eindeutig bestimmte Person beziehen. [2]Bei der Ausübung des Ermessens sind die Grundsätze der Gleichmäßigkeit der Besteuerung, der Verhältnismäßigkeit der Mittel, der Erforderlichkeit, der Zumutbarkeit, der Billigkeit und von Treu und Glauben sowie das Willkürverbot und das Übermaßverbot zu beachten (vgl. AEAO zu § 5, Nr. 1 AO).

[1]Die Erforderlichkeit, die von der Finanzbehörde im Einzelfall im Wege einer Prognose zu beurteilen ist, setzt keinen begründeten Verdacht dafür voraus, dass steuerrechtliche Unregelmäßigkeiten vorliegen. [2]Es genügt vielmehr, wenn aufgrund konkreter Momente oder aufgrund allgemeiner Erfahrungen ein Kontenabruf angezeigt ist (vgl. BVerfG-Beschluss vom 13.6.2007, 1 BvR 1550/03, 1 BvR 2357/04, 1 BvR 603/05, BStBl. II S. 896).

2.4. [1]Die Verantwortung für die Zulässigkeit des Datenabrufs und der Datenübermittlung trägt die ersuchende Finanzbehörde (§ 93b Abs. 3 AO). [2]Das BZSt darf lediglich prüfen, ob das Ersuchen plausibel ist.

2.5. [1]Ein Kontenabruf nach § 93 Abs. 7 AO ist auch zulässig, um Konten oder Depots zu ermitteln, hinsichtlich derer der Steuerpflichtige zwar nicht Verfügungsberechtigter, aber wirtschaftlich Berechtigter ist. [2]Dies gilt auch dann, wenn der Verfügungsberechtigte nach § 102 AO die Auskunft verweigern könnte (z. B. im Fall von Anderkonten von Anwälten). [3]Denn ein Kontenabruf erfolgt bei dem Kreditinstitut und nicht bei dem Berufsgeheimnisträger. [4]Das Kreditinstitut hat aber kein Auskunftsverweigerungsrecht und muss daher auch nach § 93 Abs. 1 Satz 1 AO Auskunft geben darüber, ob bei festgestellten Konten eines Berufsgeheimnisträgers eine andere Person wirtschaftlich Berechtigter ist. [5]Das Vertrauensverhältnis zwischen dem Berufsgeheimnisträger und seinem Mandanten bleibt dadurch unberührt.

[1]Ein Kontenabruf nach § 93 Abs. 7 AO ist auch im Besteuerungsverfahren eines Berufsgeheimnisträgers i. S. d. § 102 AO grundsätzlich zulässig. [2]Bei der gebotenen Ermessensentscheidung (vgl. AEAO zu § 93, Nr. 2.3) ist in diesem Fall zusätzlich eine Güterabwägung zwischen der besonderen Bedeutung der Verschwiegenheitspflicht des Berufgeheimnisträgers und der Bedeutung der Gleichmäßigkeit der Besteuerung unter Berücksichtigung des Verhältnis-

mäßigkeitsprinzips vorzunehmen (vgl. BVerfG-Urteil vom 30.3.2004, 2 BvR 1520/01, 2 BvR 1521/01, BVerfGE S. 110, 226, und BFH-Urteil vom 26.2.2004, IV R 50/01, BStBl. II S. 502). [3]Über Anderkonten eines Berufsgeheimnisträgers i. S. d. § 102 AO, die durch einen Kontenabruf im Besteuerungsverfahren des Berufsgeheimnisträgers festgestellt werden, sind keine Kontrollmitteilungen zu fertigen.

2.6. [1]Ob die Sachaufklärung durch den Beteiligten zum Ziel führt oder Erfolg verspricht oder ob dies nicht zutrifft, ist eine Frage der Beweiswürdigung (vgl. AEAO zu § 93, Nrn. 1.2.2 und 1.2.3). [2]Diese Beweiswürdigung obliegt der Finanzbehörde.

[1]Die Finanzbehörde soll zunächst dem Beteiligten Gelegenheit geben, Auskunft über seine Konten und Depots zu erteilen und ggf. entsprechende Unterlagen (z. B. Konto- oder Depotauszüge) vorzulegen, es sei denn, der Ermittlungszweck würde dadurch gefährdet. [2]Hierbei soll auch bereits darauf hingewiesen werden, dass die Finanzbehörde unter den Voraussetzungen des § 93 Abs. 7 AO einen Kontenabruf durchführen lassen oder bei Verweigerung der Zustimmung zu einem Kontenabruf nach § 93 Abs. 7 Satz 1 Nr. 5 AO die Besteuerungsgrundlagen nach § 162 Abs. 2 Satz 2 AO schätzen kann, wenn die Sachaufklärung durch den Beteiligten nicht zum Ziel führt.

2.7. [1]Hat sich durch einen Kontenabruf herausgestellt, dass Konten oder Depots vorhanden sind, die der Beteiligte auf Nachfrage (vgl. AEAO zu § 93, Nr. 2.6) nicht angegeben hat, ist er über das Ergebnis des Kontenabrufs zu informieren (§ 93 Abs. 9 Satz 2 AO). [2]Hierbei ist der Beteiligte darauf hinzuweisen, dass die Finanzbehörde das betroffene Kreditinstitut nach § 93 Abs. 1 Satz 1 AO um Auskunft ersuchen kann, wenn ihre Zweifel durch die Auskunft des Beteiligten nicht ausgeräumt werden.

[1]Würde durch eine vorhergehende Information des Beteiligten der Ermittlungszweck gefährdet (§ 93 Abs. 9 Satz 3 AO) oder ergibt sich aus den Umständen des Einzelfalles, dass eine Aufklärung durch den Beteiligten selbst nicht zu erwarten ist, kann sich die Finanzbehörde nach § 93 Abs. 1 Satz 1 AO unmittelbar an die betreffenden Kreditinstitute wenden bzw. andere erforderliche Maßnahmen ergreifen. [2]In diesen Fällen ist der Beteiligte nachträglich über die Durchführung des Kontenabrufs zu informieren.

2.8. Wurden die Angaben des Beteiligten durch einen Kontenabruf bestätigt, ist der Beteiligte gleichwohl über die Durchführung des Kontenabrufs zu informieren, z. B. durch eine Erläuterung im Steuerbescheid: „Es wurde ein Kontenabruf nach § 93 Abs. 7 AO durchgeführt."

2.9. Die Rechtmäßigkeit eines Kontenabrufs nach § 93 Abs. 7 AO kann vom Finanzgericht im Rahmen der Überprüfung des Steuerbescheids oder eines anderen Verwaltungsakts, zu dessen Vorbereitung der Kontenabruf vorgenommen wurde, oder isoliert im Wege der Leistungs- oder (Fortsetzungs-)Feststellungsklage überprüft werden (vgl. BVerfG-Beschluss vom 4.2.2005, 2 BvR 308/04, NJW 2005 S. 1637, unter Absatz-Nr. 19).

AEAO zu § 93a – Allgemeine Mitteilungspflichten:

[1]Wegen der allgemeinen Mitteilungspflichten (Kontrollmitteilungen) der Behörden und der Rundfunkanstalten an die Finanzbehörden Hinweis auf die

Mitteilungsverordnung.[1)] [2]Die Verpflichtung der Behörden und der Rundfunkanstalten zu Mitteilungen, Auskünften (insbesondere Einzelauskünften nach § 93 AO), Anzeigen (z. B. gem. § 116 AO) und zur Amtshilfe (§§ 111 ff. AO) aufgrund anderer Vorschriften bleibt unberührt. [3]Mitteilungspflichten, die sich aus Verträgen oder Auflagen in Verwaltungsakten ergeben (z. B. besondere Bedingungen in Zuwendungsbescheiden nach Maßgabe des Haushaltsrechts), bleiben ebenfalls unberührt.

Die Mitteilungspflichten für Zwecke der Feststellung von Einheitswerten des Grundbesitzes sowie für Zwecke der Grundsteuer sind in § 29 Abs. 3 BewG geregelt.

AEAO zu § 93c – Datenübermittlung durch Dritte:

1. § 93c AO enthält die grundsätzlich für alle elektronischen Datenübermittlungspflichten Dritter einheitlich geltenden Verfahrensvorschriften.

2. [1]Zur Haftung der mitteilungspflichtigen Stelle bei vorsätzlicher oder grob fahrlässiger Pflichtverletzung vgl. § 72a Abs. 4 AO. [2]Zur Außenprüfung bei der mitteilungspflichtigen Stelle vgl. § 203a AO.

3. § 93c AO ist erstmals anzuwenden, wenn steuerliche Daten eines Steuerpflichtigen für Besteuerungszeiträume nach 2016 oder Besteuerungszeitpunkte nach dem 31.12.2016 auf Grund gesetzlicher Vorschriften von einem Dritten als mitteilungspflichtiger Stelle elektronisch an Finanzbehörden zu übermitteln sind (Art. 97 § 27 Abs. 2 EGAO).

AEAO zu § 95 – Versicherung an Eides statt:

[1]Aus der Weigerung eines Steuerpflichtigen, eine Tatsachenbehauptung durch eidesstattliche Versicherung zu bekräftigen, können für ihn nachteilige Folgerungen gezogen werden. [2]Im Übrigen wird auf § 162 AO hingewiesen.

AEAO zu § 99 – Betreten von Grundstücken und Räumen:

[1]Es dürfen auch Grundstücke, Räume usw. betreten werden, die nicht dem Steuerpflichtigen gehören, sondern im Eigentum oder Besitz einer anderen Person stehen. [2]Von der Besichtigung „betroffene" Personen sind alle, die an dem Grundstück usw. entweder Besitzrechte haben, sie tatsächlich nutzen oder eine sonstige tatsächliche Verfügungsbefugnis haben. [3]Wohnräume dürfen im Besteuerungsverfahren nicht gegen den Willen des Inhabers betreten werden (siehe aber § 210 Abs. 2 und § 287 AO).

AEAO zu § 101 – Auskunfts- und Eidesverweigerungsrecht der Angehörigen:

1. Der Beteiligte (Steuerpflichtige) selbst hat kein Auskunftsverweigerungsrecht; § 393 Abs. 1 AO ist zu beachten.

2. Ist nach § 101 Abs. 1 Satz 2 AO erforderliche Belehrung unterblieben, dürfen die auf der Aussage des Angehörigen beruhenden Kenntnisse nicht

---

[1)] MitteilungsV v. 7.9.1993, BGBl. I 1993, 1554, zuletzt geänd. durch VO v. 12.1.2021, BGBl. I 2021, 67 (**Steuergesetze** Nr. **800f**). – Vgl. hierzu BMF v. 21.1.2021, BStBl. I 2021, 136, geänd. durch BMF v. 18.6.2021, BStBl. I 2021, 810.

verwertet werden (BFH-Urteil vom 31.10.1990, II R 180/87, BStBl. 1991 II S. 204), es sei denn, der Angehörige stimmt nachträglich zu oder wiederholt nach Belehrung seine Aussage (vgl. auch BFH-Urteil vom 7.11.1985, IV R 6/85, BStBl. 1986 II S. 435).

AEAO zu § 104 – Verweigerung der Erstattung eines Gutachtens und der Vorlage von Urkunden:

Trotz ihres Auskunftsverweigerungsrechts sind die Angehörigen der steuerberatenden Berufe verpflichtet, alle Urkunden und Wertsachen, insbesondere Geschäftsbücher und sonstige Aufzeichnungen, die sie für den Steuerpflichtigen aufbewahren oder führen, auf Verlangen der Finanzbehörde unter den gleichen Voraussetzungen vorzulegen wie der Steuerpflichtige selbst.

AEAO zu § 107 – Entschädigung der Auskunftspflichtigen und Sachverständigen:

1. [1]Die Entschädigungspflicht wird nur ausgelöst, wenn die Finanzbehörde Auskunftspflichtige, Vorlagepflichtige oder Sachverständige durch Verwaltungsakt zu Beweiszwecken herangezogen hat. [2]Freiwillig erteilte Auskünfte oder vorgelegte Unterlagen und Sachverständigengutachten führen selbst dann nicht zu einer Entschädigung, wenn die Finanzbehörde sie verwertet.

2. Für die Duldung der Einnahme des Augenscheins (§ 98 AO) besteht kein Anspruch auf eine Entschädigung nach § 107 AO.

3. Für die Vorlage von Urkunden (§ 97 AO) besteht in entsprechender Anwendung des § 24 des Justizvergütungs- und -entschädigungsgesetzes nur dann ein Anspruch auf Entschädigung nach § 107 AO, wenn das Vorlageersuchen ab dem 30.6.2013 gestellt wurde.

4. [1]Bei Vorlageersuchen, die vor dem 30.6.2013 gestellt wurden, gilt zur Entschädigung des Vorlagepflichtigen Folgendes:

Bei einem kombinierten Auskunfts- und Vorlageersuchen hat der ersuchte Dritte nach § 107 AO a. F. Anspruch auf Ersatz aller seiner mit dem Ersuchen zusammenhängenden Aufwendungen, d. h. auch jener, die ihm im Zusammenhang mit der Vorlage von Urkunden entstanden sind (BFH-Urteil vom 24.3.1987, VII R 113/84, BStBl. 1988 II S. 163).

[1]Ein (reines) Vorlageverlangen i. S. d. § 97 AO, das nach § 107 a. F. AO keinen Kostenerstattungsanspruch auslöst, liegt vor, wenn die Finanzbehörde die vorzulegenden Unterlagen so konkret und eindeutig benennt, dass sich die geforderte Tätigkeit des Vorlageverpflichteten auf rein mechanische Hilfstätigkeiten wie das Heraussuchen und Lesbarmachen der angeforderten Unterlagen beschränkt. [2]Das setzt bei der Anforderung von Bankunterlagen voraus, dass die Finanzbehörde die Konten- und Depotnummern benennt oder vergleichbar konkrete Angaben zu sonstigen Bankverbindungen macht (BFH-Urteil vom 8.8.2006, VII R 29/05, BStBl. 2007 II S. 80).

AEAO zu § 108 – Fristen und Termine:

1. [1]Fristen sind abgegrenzte, bestimmte oder jedenfalls bestimmbare Zeiträume (BFH-Urteil vom 14.10.2003, IX R 68/98, BStBl. II S. 898). [2]Termine sind bestimmte Zeitpunkte, an denen etwas geschehen soll oder zu denen eine Wirkung eintritt. [3]„Fälligkeitstermine" geben das Ende einer Frist an.

2. § 108 Abs. 3 AO gilt auch für die Dreitage-Regelungen (§ 122 Abs. 2 Nr. 1, Abs. 2a, § 122a Abs. 4, § 123 Satz 2 AO; § 4 Abs. 2 VwZG), die Monats-Regelungen (§ 122 Abs. 2 Nr. 2, § 123 Satz 2 AO), die Zweiwochen-Regelung (§ 122 Abs. 4 Satz 3 AO) zum Zeitpunkt der Bekanntgabe eines Verwaltungsakts (BFH-Urteil vom 14.10.2003, IX R 68/98, BStBl. II S. 898), die Erklärungsfrist (§ 149 AO) und für die Festsetzungsfrist (vgl. BFH-Urteil vom 20.1.2016, VI R 14/15, BStBl. II S. 380).

AEAO zu § 109 – Verlängerung von Fristen:

[1]§ 109 AO i. d. F. des StModernG ist erstmals anzuwenden für Besteuerungszeiträume, die nach dem 31.12.2017 beginnen, und Besteuerungszeitpunkte, die nach dem 31.12.2017 liegen. [2]Für Besteuerungszeiträume, die vor dem 1.1.2018 beginnen, und Besteuerungszeitpunkte, die vor dem 1.1.2018 liegen, ist § 109 AO in der am 31.12.2016 geltenden Fassung weiterhin anzuwenden (Art. 97 § 10a Abs. 4 EGAO).

AEAO zu § 110 – Wiedereinsetzung in den vorigen Stand:

1. [1]§ 110 Abs. 1 AO erfasst nur verfahrensrechtliche und materiell-rechtliche Fristen, die „einzuhalten" sind; das sind Handlungs- und Erklärungsfristen, die Beteiligte (§ 78 AO) oder Dritte gegenüber der Finanzbehörde zu wahren haben. [2]Nicht wiedereinsetzungsfähig sind dagegen die gesetzlichen Fristen, die von den Finanzbehörden als Verwaltungsträger im Verwaltungsverfahren zu beachten sind. [3]So fällt unter § 110 AO nicht der Ablauf von Festsetzungsfristen (BFH-Urteil vom 24.1.2008, VII R 3/07, BStBl. II S. 462). [4]Soweit das Gesetz eine Fristverlängerung vorsieht (§ 109 Abs. 1 AO), kommt nicht Wiedereinsetzung, sondern rückwirkende Fristverlängerung in Betracht.

2. [1]Zur Wiedereinsetzung in den vorigen Stand nach unterlassener Anhörung eines Beteiligten bzw. wegen fehlender Begründung des Verwaltungsakts (§ 126 Abs. 3 AO) vgl. AEAO zu § 91, Nr. 3 und AEAO zu § 121, Nr. 3. [2]Zur Wiedereinsetzung in den vorigen Stand nach Einspruchseinlegung bei einer unzuständigen Behörde vgl. AEAO zu § 357, Nr. 2.

3. Das Hindernis i. S. d. § 110 Abs. 2 Satz 1 AO ist weggefallen, wenn der Betroffene von der Fristversäumung Kenntnis erlangt hat oder bei Anwendung der gebotenen Sorgfalt hätte erlangen können und müssen.

4. Die Monatsfrist für den Antrag auf Wiedereinsetzung ist eine gesetzliche Frist i. S. d. § 108 AO und kann deshalb nicht nach § 109 AO verlängert werden.

5. [1]Wiedereinsetzungsgründe sind im Kern innerhalb der Antragsfrist gem. § 110 Abs. 2 Satz 1 AO vorzutragen. [2]Das erfordert eine substantiierte, in sich schlüssige Darstellung aller entscheidungserheblichen Umstände und Tatsachen, aus denen sich die schuldlose Verhinderung ergeben soll, innerhalb dieser Frist. [3]Es ist zulässig, dass unklare oder unvollständige Angaben nach Ablauf der Antragsfrist noch erläutert oder ergänzt werden, sofern der Kern der Wiedereinsetzungsgründe innerhalb der Antragsfrist schlüssig vorgetragen wurde. [4]Insbesondere können auch Nachweise zur Glaubhaftmachung der geltend gemachten Wiedereinsetzungsgründe nach Fristablauf beigebracht werden. [5] Nach Ablauf der Antragsfrist dürfen aber keine neuen Wiedereinsetzungsgründe mehr nachgeschoben und wesentliche Lücken in der Sachverhaltsdarstellung geschlossen werden (vgl. BFH-Urteil vom 31.1.2017, IX R 19/16, BFH/NV S. 885, m. w. N.).

6. Abweichend von § 110 Abs. 2 AO beträgt im finanzgerichtlichen Verfahren die Frist für den Antrag auf Wiedereinsetzung und die Nachholung der versäumten Rechtshandlung zwei Wochen (§ 56 Abs. 2 FGO).

AEAO zu § 111 – Amtshilfepflicht:

1. Die §§ 111 ff. AO sind auch dann anzuwenden, wenn sich Finanzbehörden untereinander Amtshilfe leisten.

2. [1] Für Verbände und berufsständische Vertretungen besteht, soweit sie nicht Behörden sind oder unterhalten, keine Beistandspflicht. [2] Sie sind jedoch ebenso wie die in § 111 Abs. 3 AO erwähnten Institutionen im Rahmen der §§ 88, 92 ff. AO zur Auskunftserteilung und Vorlage von Urkunden verpflichtet.

AEAO zu § 112 – Voraussetzungen und Grenzen der Amtshilfe:

[1] Andere Behörden, die von den Finanzbehörden im Besteuerungsverfahren um Amtshilfe ersucht werden, können die Amtshilfe nur unter den Voraussetzungen dieser Vorschrift ablehnen. [2] Die Bestimmungen des Verwaltungsverfahrensgesetzes und des SGB X über die Amtshilfe sind insoweit nicht anwendbar.

AEAO zu § 117 – Zwischenstaatliche Rechts- und Amtshilfe in Steuersachen:

1. Die Voraussetzungen, unter denen die Finanzbehörden für deutsche Besteuerungszwecke die Hilfe ausländischer Behörden in Anspruch nehmen dürfen, richten sich nach deutschem Recht, insbesondere den §§ 85 ff. AO.

2. [1] Gemäß § 117 Abs. 2 AO können die Finanzbehörden zwischenstaatliche Rechts- und Amtshilfe leisten aufgrund

a) innerstaatlich anwendbarer völkerrechtlicher Vereinbarungen. [2] Derartige Vereinbarungen enthalten vor allem die Doppelbesteuerungsabkommen und die Abkommen im Zollbereich. [3] Über den Stand der Doppelbesteuerungsabkommen veröffentlicht das BMF jährlich im BStBl. Teil I eine Übersicht;[1)]

b) innerstaatlich anwendbarer Rechtsakte der Europäischen Union (im Zollbereich und im Bereich der indirekten Steuern). [2] Als Rechtsgrundlagen kommen unmittelbar geltende Verordnungen in Betracht.[2)] [3] Hinweis auf die Verordnung (EU) Nr. 904/2010 des Rates vom 7.10.2010 über die Zusammenarbeit der Verwaltungsbehörden und die Betrugsbekämpfung auf

---

[1)] Übersicht (für 2021 BMF v. 18.2.2021, BStBl. I 2021, 265, für 2022 BMF v. 19.1.2022) und sämtliche DBA abgedruckt in **Doppelbesteuerungsabkommen.**

[2)] EU-VOen im Umsatzsteuer-, Zoll- und Verbrauchsteuerrecht sowie im zugehörigen Verfahrensrecht abgedruckt in **Zölle und Verbrauchsteuern.**

dem Gebiet der Mehrwertsteuer (Amtsblatt Nr. L 268 vom 12.10.2010, S. 1);[1)]

c) des EU-Amtshilfegesetzes und des EU-Beitreibungsgesetzes.[2)]

3. Wegen der Voraussetzungen und der Durchführung der zwischenstaatlichen Amtshilfe wird auf folgende Merkblätter verwiesen:
– Merkblatt zur zwischenstaatlichen Amtshilfe durch Informationsaustausch in Steuersachen (BMF-Schreiben vom 29.5.2019, BStBl. I S. 480);[3)]
– Merkblatt zur zwischenstaatlichen Amtshilfe bei der Steuererhebung (Beitreibung) (BMF-Schreiben vom 23.1.2014, BStBl. I S. 188).

AEAO zu § 118 – Begriff des Verwaltungsakts:

[1]Da auch die Steuerbescheide Verwaltungsakte sind, gelten die §§ 118 ff. AO auch für die Steuerbescheide, soweit in den §§ 155 ff. AO nichts anderes bestimmt ist. [2]Ausgenommen sind insbesondere die §§ 130 und 131 AO, die kraft ausdrücklicher Regelung (§ 172 Abs. 1 Satz 1 Nr. 2 Buchstabe d AO) als Rechtsgrundlage für die Aufhebung oder Änderung von Steuerbescheiden ausgeschlossen sind.

AEAO zu § 120 – Nebenbestimmungen zum Verwaltungsakt:

1. [1]Nebenbestimmungen sind zulässig bei Verwaltungsakten, die auf einer Ermessensentscheidung der Finanzbehörden beruhen (z. B. Fristverlängerung, Stundung, Erlass, Aussetzung der Vollziehung). [2]Bei gebundenen Verwaltungsakten (z. B. Steuerbescheiden) sind gesetzlich ausdrücklich zugelassene Nebenbestimmungen der Vorbehalt der Nachprüfung (§ 164 AO), die Vorläufigkeitserklärung (§ 165 AO) und die Sicherheitsleistung (§ 165 Abs. 1 Satz 4 AO).

2. [1]Nebenbestimmungen müssen inhaltlich hinreichend bestimmt sein (§ 119 Abs. 1 AO). [2]Anderenfalls sind sie nichtig. [3]Wegen der Rechtsfolgen bei Nichtigkeit der Nebenbestimmung Hinweis auf § 125 Abs. 4 AO.

[1)] = „ZusammenarbeitsVO"; siehe auch VO (EU) Nr. 79/2012 v. 31.1.2012, ABl. EU 2012 Nr. L 29, 13 = „ZusammenarbeitsDVO" (**Zölle und Verbrauchsteuern** Nr. **530** u. **531**).

[2)] **Steuergesetze** Nr. **801** u. **801a.**

[3)] Siehe auch:
– BMF v. 10.11.2015, BStBl. I 2016, 138, zur Anwendung der Abkommen über den steuerlichen Informationsaustausch (Tax Information Exchange Agreement – TIEA)
– BMF v. 9.1.2017, BStBl. I 2017, 89: Merkblatt über koordinierte steuerliche Außenprüfungen mit Steuerverwaltungen anderer Staaten und Gebiete
– BMF v. 17.8.2017, BStBl. I 2017, 1228: Merkblatt zum verpflichtenden automatischen und spontanen Austausch verbindlicher Auskünfte, verbindlicher Zusagen und Vorabzusagen zu Verrechnungspreisen im Zusammenhang mit grenzüberschreitenden Sachverhalten
– BMF v. 11.7.2017, BStBl. I 2017, 974: Anforderungen an den länderbezogenen Bericht multinationaler Unternehmensgruppen (Country-by-Country Report)
– BMF v. 1.2.2017, BStBl. I 2017, 305, geänd. durch BMF v. 21.9.2018, BStBl. I 2018, 1026: Anwendungsfragen im Zusammenhang mit einem gemeinsamen Meldestandard sowie dem FATCA-Abkommen
– BMF v. 16.11.2006, BStBl. I 2006, 698: Merkblatt zur zwischenstaatlichen Rechtshilfe in Steuerstrafsachen
– Gleich lautender Ländererlass v. 28.1.2014, BStBl. I 2014, 538: Vereinfachung des Austauschs von Informationen und Erkenntnissen zwischen den Strafverfolgungsbehörden der EU-Mitgliedstaaten (sog. „Schwedische Initiative") im Bereich der Steuerfahndung.

3. Wegen der unterschiedlichen Folgen, die sich aus der Nichterfüllung einer Nebenbestimmung ergeben können, ist die Nebenbestimmung im Verwaltungsakt genau zu bezeichnen (z. B. „unter der aufschiebenden Bedingung", „unter dem Vorbehalt des Widerrufs").

4. [1]Der Widerrufsvorbehalt ermöglicht den Widerruf rechtmäßiger Verwaltungsakte nach § 131 Abs. 2 Nr. 1 AO. [2]Er ist aber für sich allein kein hinreichender Grund zum Widerruf, sondern lässt den Widerruf nur im Rahmen pflichtgemäßen Ermessens zu.

AEAO zu § 121 – Begründung des Verwaltungsakts:

1. Die Vorschrift gilt für alle Verwaltungsakte einschließlich der Steuerbescheide.

2. [1]Besteht eine Pflicht, den Verwaltungsakt zu begründen, so muss die Begründung nur den Umfang haben, der erforderlich ist, damit der Adressat des Verwaltungsakts die Gründe für die Entscheidung der Finanzbehörde verstehen kann. [2]Die Begründung von Ermessensentscheidungen soll erkennen lassen, dass die Finanzbehörde ihr Ermessen ausgeübt hat und von welchen Gesichtspunkten sie bei ihrer Entscheidung ausgegangen ist.

3. [1]Das Fehlen der vorgeschriebenen Begründung macht den Verwaltungsakt fehlerhaft. [2]Dieser Mangel kann nach § 126 Abs. 1 und 2 AO geheilt werden oder gem. § 127 AO unbeachtlich sein. [3]Wurde wegen der fehlenden Begründung die rechtzeitige Anfechtung des Verwaltungsakts versäumt, so ist auf Antrag Wiedereinsetzung in den vorigen Stand zu gewähren (§ 126 Abs. 3 i. V. m. § 110 AO; vgl. auch AEAO zu § 91, Nr. 3).

AEAO zu § 122 – Bekanntgabe des Verwaltungsakts:[1)]

Inhaltsübersicht

1. **Allgemeines**
1.1. Bekanntgabe von Verwaltungsakten
1.2. Steuerbescheide
1.3. Bezeichnung des Inhaltsadressaten
1.4. Bezeichnung des Bekanntgabeadressaten
1.5. Bezeichnung des Empfängers
1.6. Anschriftenfeld
1.7. Übermittlung an Bevollmächtigte
1.8. Form der Bekanntgabe
2. **Bekanntgabe von Bescheiden**
2.1. Bekanntgabe von Bescheiden an Ehegatten
2.2. Bekanntgabe an gesetzliche Vertreter natürlicher Personen
2.3. Bescheide an Ehegatten mit Kindern oder Alleinstehende mit Kindern
2.4. Personengesellschaften (Gemeinschaften)
2.5. Bescheide über gesonderte und einheitliche Feststellungen
2.6. Grundsteuermessbescheide, Grunderwerbsteuerbescheide
2.7. Personengesellschaften (Gemeinschaften) in Liquidation
2.8. Bekanntgabe an juristische Personen

[1)] Zur Bekanntgabe eines Steuerverwaltungsaktes an Britische Limited mit Verwaltungssitz im Inland nach dem 31.12.2020 siehe BMF v. 30.12.2020, BStBl. I 2021, 46.

2.9. Bekanntgabe in Insolvenzfällen
2.10. Verbraucherinsolvenzverfahren
2.11. Zwangsverwaltung
2.12. Gesamtrechtsnachfolge (z. B. Erbfolge)
2.13. Testamentsvollstreckung, Nachlassverwaltung, Nachlasspflegschaft
2.14. Haftende
2.15. Spaltung
2.16. Formwechselnde Umwandlung
3. Besonderheiten des Zustellungsverfahrens
3.1. Zustellungsarten
3.2. Zustellung an mehrere Beteiligte
3.3. Zustellung an Bevollmächtigte
3.4. Zustellung an Ehegatten
4. Folgen von Verfahrens- und Formfehlern
4.1. Unwirksamkeit des Verwaltungsakts wegen inhaltlicher Mängel
4.2. Wirksamkeit des Verwaltungsakts trotz inhaltlicher Mängel
4.3. Unwirksamkeit des Verwaltungsakts wegen eines Bekanntgabemangels
4.4. Wirksame Bekanntgabe
4.5. Fehler bei förmlichen Zustellungen
4.6. Fehlerhafte Bekanntgabe von Grundlagenbescheiden
4.7. Bekanntgabe von gesonderten und einheitlichen Feststellungen an einzelne Beteiligte

1. Allgemeines

1.1. Bekanntgabe von Verwaltungsakten

[1] Voraussetzung für die Wirksamkeit eines Verwaltungsakts ist, dass er inhaltlich hinreichend bestimmt ist (§ 119 Abs. 1 AO) und dass er demjenigen, für den er bestimmt ist oder der von ihm betroffen wird, bekannt gegeben wird (§ 124 Abs. 1 AO). [2] Deshalb ist beim Erlass eines Verwaltungsakts festzulegen,

- an wen er sich richtet (AEAO zu § 122, Nr. 1.3 – **Inhaltsadressat**),
- wem er bekannt gegeben werden soll (AEAO zu § 122, Nr. 1.4 – **Bekanntgabeadressat**),
- welcher Person er zu übermitteln ist (AEAO zu § 122, Nr. 1.5 – **Empfänger**) und
- ob eine besondere Form der Bekanntgabe erforderlich oder zweckmäßig ist (AEAO zu § 122, Nr. 1.8).

1.1.2. [1] Verfahrensrechtlich ist zu unterscheiden zwischen dem Rechtsbegriff der **Bekanntgabe** als Wirksamkeitsvoraussetzung, den Formen der Bekanntgabe (mündliche, schriftliche, elektronische oder öffentliche Bekanntgabe oder Bekanntgabe in anderer Weise) und den technischen Vorgängen bei der Übermittlung des Inhalts eines Verwaltungsakts. [2] Die Bekanntgabe setzt den Bekanntgabewillen des für den Erlass des Verwaltungsakts zuständigen Bediensteten voraus (BFH-Urteile vom 27.6.1986, VI R 23/83, BStBl. II S. 832, und vom 24.11.1988, V R 123/83, BStBl. 1989 II S. 344). [3] Zur Aufgabe des Bekanntgabewillens vgl. AEAO zu § 124, Nrn. 5 und 6.

1.1.3. [1] Mit dem Rechtsbegriff „Bekanntgabe" nicht gleichbedeutend sind die Bezeichnungen für die **technischen Vorgänge** bei der Übermittlung eines verfügten Verwaltungsakts (z. B. „Aufgabe zur Post", „Zusendung", „Zustellung", „ortsübliche Bekanntmachung", „Zugang"), auch wenn diese Begriffe zugleich eine gewisse rechtliche Bedeutung haben. [2] Die technischen Vorgänge bedürfen, soweit das Gesetz daran Rechtsfolgen knüpft, einer Dokumentation, um nachweisen zu können, dass, wann und wie die Bekanntgabe erfolgt ist.

1.1.4. [1]Die nachfolgenden Grundsätze über die Bekanntgabe von Steuerbescheiden (vgl. AEAO zu § 122, Nr. 1.2) gelten entsprechend für andere Verwaltungsakte (z. B. Haftungsbescheide, Prüfungsanordnungen, Androhungen und Festsetzungen von Zwangsgeldern; vgl. AEAO zu § 122, Nr. 1.8.1). [2]Zur Adressierung und Bekanntgabe von Prüfungsanordnungen vgl. AEAO zu § 197, zur Adressierung und Bekanntgabe von Zwangsgeldandrohungen und Zwangsgeldfestsetzungen vgl. BFH-Urteil vom 23.11.1999, VII R 38/99, BStBl. 2001 II S. 463.

1.1.5. Lebenspartner

Die nachfolgenden Grundsätze über die Bekanntgabe von Steuerverwaltungsakten an Ehegatten und Ehegatten mit ihren Kindern gelten gleichermaßen für die Bekanntgabe von Steuerverwaltungsakten an Lebenspartner und Lebenspartner mit ihren Kindern.

1.2. Steuerbescheide

[1]Steuerfestsetzungen sind nur dann eine Grundlage für die Verwirklichung von Ansprüchen aus dem Steuerschuldverhältnis, wenn sie gem. § 122 Abs. 1 Satz 1 AO als Steuerbescheid demjenigen Beteiligten bekannt gegeben worden sind, für den sie bestimmt sind oder der von ihnen betroffen wird. [2]Die folgenden Grundsätze regeln, wie der Steuerschuldner als Inhaltsadressat und ggf. der Bekanntgabeadressat und der Empfänger zu bezeichnen sind und wie der Bescheid zu übermitteln ist.

1.3. Bezeichnung des Inhaltsadressaten

1.3.1. [1]Der Inhaltsadressat muss im Bescheid so eindeutig bezeichnet werden, dass Zweifel über seine Identität nicht bestehen. [2]Inhaltsadressat eines Steuerbescheids ist der Steuerschuldner.

1.3.2. [1]Im Allgemeinen wird eine natürliche Person als Inhaltsadressat durch Vornamen und Familiennamen genügend bezeichnet. [2]Nur bei **Verwechslungsmöglichkeiten,** insbesondere bei häufiger vorkommenden Namen, sind weitere Angaben erforderlich (z. B. Wohnungsanschrift, Geburtsdatum, Berufsbezeichnung, Namenszusätze wie „senior" oder „junior"). [3]Bei juristischen Personen und Handelsgesellschaften ergibt sich der zutreffende „Name" aus Gesetz, Satzung, Register oder ähnlichen Quellen (bei Handelsgesellschaften Firma gem. § 17 HGB); wegen der Bezeichnung von Ehegatten vgl. AEAO zu § 122, Nr. 2.1.2, wegen der Bezeichnung der nichtrechtsfähigen Personenvereinigungen vgl. AEAO zu § 122, Nrn. 2.4, 2.4.1.2.

1.4. Bezeichnung des Bekanntgabeadressaten

1.4.1. [1]Die Person, der ein Verwaltungsakt bekannt zu geben ist, wird als Bekanntgabeadressat bezeichnet. [2]Bei Steuerfestsetzungen ist dies i. d. R. der Steuerschuldner als Inhaltsadressat, weil der Steuerbescheid seinem Inhalt nach für ihn bestimmt ist oder er von ihm betroffen wird (§ 122 Abs. 1 Satz 1 AO).

1.4.2. [1]Als Bekanntgabeadressat kommen jedoch auch **Dritte** in Betracht, wenn sie für den Inhaltsadressaten (Steuerschuldner) steuerliche Pflichten zu erfüllen haben. [2]Dabei handelt es sich in erster Linie um Fälle, in denen die Bekanntgabe an den Steuerschuldner nicht möglich oder nicht zulässig ist (§ 79 AO).

Die Bekanntgabe ist insbesondere an folgende Dritte erforderlich:

a) Eltern (§ 1629 BGB), Vormund (§ 1793 BGB), Pfleger (§§ 1909 ff. BGB) als gesetzliche Vertreter natürlicher Personen (§ 34 Abs. 1 AO),

b) Geschäftsführer von nichtrechtsfähigen Personenvereinigungen (z. B. Vorstände nichtsrechtsfähiger Vereine, § 54 BGB),

c) Geschäftsführer von Vermögensmassen (z. B. nichtrechtsfähige Stiftungen, §§ 86, 26 BGB),

d)[1] Vermögensverwalter i. S. v. § 34 Abs. 3 AO (z. B. Insolvenzverwalter, Zwangsverwalter, gerichtlich bestellte Liquidatoren, Nachlassverwalter),

e) Verfügungsberechtigte i. S. v. § 35 AO,

f) für das Besteuerungsverfahren bestellte Vertreter i. S. v. § 81 AO.

1.4.3. [1]Ist der Bekanntgabeadressat nicht mit dem Inhaltsadressaten identisch (vgl. AEAO zu § 122, Nr. 1.4.2), so ist er zusätzlich zum Inhaltsadressaten anzugeben. [2]Hinsichtlich der eindeutigen Bezeichnung gelten dieselben Grundsätze wie für die Bezeichnung des Inhaltsadressaten (vgl. AEAO zu § 122, Nr. 1.3.2). [3]Das Vertretungsverhältnis (vgl. AEAO zu § 122, Nr. 1.4.2) ist im Bescheid anzugeben (vgl. AEAO zu 122, Nr. 1.6).

1.5. Bezeichnung des Empfängers

1.5.1. [1]Als Empfänger wird derjenige bezeichnet, dem der Verwaltungsakt tatsächlich zugehen soll, damit er durch Bekanntgabe wirksam wird. [2]I. d. R. ist der Inhaltsadressat nicht nur Bekanntgabeadressat, sondern auch „Empfänger" des Verwaltungsakts.

1.5.2. Es können jedoch auch andere Personen Empfänger sein, wenn für sie eine **Empfangsvollmacht** des Bekanntgabeadressaten vorliegt oder wenn die Finanzbehörde nach ihrem Ermessen den Verwaltungsakt einem Bevollmächtigten übermitteln will (vgl. AEAO zu § 122, Nr. 1.7).

Beispiel:

Die gesetzlichen Vertreter (Bekanntgabeadressaten) eines Minderjährigen (Steuerschuldner und damit Inhaltsadressat) haben einen Dritten (Empfänger) bevollmächtigt.

Inhaltsadressat (Steuerschuldner):
Hans Huber

Bekanntgabeadressaten:
Herrn Anton Huber, Frau Maria Huber
als gesetzliche Vertreter des Hans Huber,
Moltkestraße 5, 12203 Berlin

Empfänger (Anschriftenfeld):
Herrn
Steuerberater

---

[1] Zur Bezeichnung des Insolvenzverwalters in einem Steuerbescheid siehe auch BFH v. 11.4.2018 X R 39/16, BFH/NV 2018, 1075.

Anton Schulz
Postfach 11 48
80335 München

Darstellung im Bescheid:

(Die Angaben in Klammern werden im Bescheid nicht ausgedruckt. Dies gilt auch für die übrigen Beispiele).

Anschriftenfeld (Empfänger):
Herrn
Steuerberater
Anton Schulz
Postfach 11 48
80335 München

Bescheidkopf
Für
Herrn Anton Huber und Frau Maria Huber (Bekanntgabeadressaten) als gesetzliche Vertreter des Hans Huber (Steuerschuldner und Inhaltsadressat), Moltkestraße 5, 12203 Berlin

1.5.3. Eine Empfangsvollmacht ist auch erforderlich, wenn der Verwaltungsakt nur namentlich benannten Geschäftsführern oder anderen Personen (z. B. dem Steuerabteilungsleiter) zugehen soll.

Beispiel:

Anschriftenfeld (Empfänger):
Herrn
Steuerabteilungsleiter
Fritz Schulz
i. Hs. der Meyer GmbH
Postfach 10 01
50859 Köln

Bescheidkopf
Für die Meyer GmbH (Inhalts- und Bekanntgabeadressat)

1.5.4. Zur Bekanntgabe nach § 122 Abs. 6 AO vgl. AEAO zu § 122, Nr. 2.1.3, zur Bekanntgabe an einen gemeinsamen Empfangsbevollmächtigten i. S. v. § 183 Abs. 1 AO vgl. AEAO zu § 122, Nr. 2.5.2.

1.6. Anschriftenfeld

[1]Der Empfänger ist im Anschriftenfeld des Steuerbescheids mit seinem Namen und **postalischer Anschrift** zu bezeichnen. [2]Es reicht nicht aus, den Empfänger nur auf dem Briefumschlag und in den Steuerakten anzugeben, weil sonst die ordnungsmäßige Bekanntgabe nicht einwandfrei nachgewiesen werden kann. [3]Sind Inhaltsadressat (Steuerschuldner), Bekanntgabeadressat und Empfänger nicht dieselbe Person, muss jeder im Steuerbescheid benannt werden: Der Empfänger ist im Anschriftenfeld anzugeben, der Inhalts- und ggf. der Bekanntgabeadressat sowie das Vertretungsverhältnis müssen an anderer Stelle des Steuerbescheids aufgeführt werden (vgl. z. B. bei Bekanntgabe an Minderjährige AEAO zu § 122, Nr. 2.2.2).

1.7. Übermittlung an Bevollmächtigte

1.7.1. [1]Der einem Angehörigen der steuerberatenden Berufe erteilte Auftrag zur Erstellung und Einreichung der Steuererklärungen schließt i. d. R. seine Bestellung als Empfangsbevollmächtigter nicht ein (BFH-Urteil vom 30.7. 1980, I R 148/79, BStBl. 1981 II S. 3). [2]Aus der Mitwirkung eines Steuerberaters bei der Steuererklärung folgt daher nicht, dass die Finanzbehörde einen Steuerbescheid dem Steuerberater zu übermitteln hat. [3]Dasselbe gilt in Bezug auf die anderen zur Hilfe in Steuersachen befugten Personen und Vereinigungen (§§ 3, 4 StBerG).

1.7.2. [1]Bevollmächtigter kann u. a. auch der Vollmachtnehmer einer sog. Vorsorgevollmacht sein. [2]Eine Vorsorgevollmacht ist eine allgemeine rechtsgeschäftliche Vollmacht. [3]Durch die Vorlage der Vorsorgevollmacht beim Finanzamt, in der die Befugnis zur Vertretung gegenüber Behörden eingeräumt ist, ist der Vollmachtnehmer für das Besteuerungsverfahren Bevollmächtigter i. S. d. § 80 AO. [4]Die Vorsorgevollmacht bleibt in Kraft, wenn der Vollmachtgeber nach Erteilung der Vollmacht geschäftsunfähig geworden ist. [5]Bescheide sind grundsätzlich dem in der Vorsorgevollmacht bestimmten Vollmachtnehmer als Empfänger zu übermitteln.

1.7.3. [1]Es liegt im Ermessen des Finanzamts, ob es einen Steuerbescheid an den Steuerpflichtigen selbst oder an dessen Bevollmächtigten bekannt gibt (§ 122 Abs. 1 Satz 3 AO). [2]Da das Gesetz eine „Soll-Regelung" enthält, gilt bei Ausübung des Ermessens Folgendes:

[1]Hat der Steuerpflichtige dem Finanzamt ausdrücklich mitgeteilt, dass er seinen Vertreter auch zur Entgegennahme von Steuerbescheiden ermächtigt, sind diese grundsätzlich dem Bevollmächtigten bekannt zu geben (BFH-Urteil vom 5.10.2000, VII R 96/99, BStBl. 2001 II S. 86). [2]Dies gilt auch, wenn der Steuerpflichtige dem Finanzamt eine Vollmacht vorgelegt hat, nach der der Bevollmächtigte berechtigt ist, für den Steuerpflichtigen „rechtsverbindliche Erklärungen" entgegen zu nehmen (BFH-Urteil vom 23.11.1999, VII R 38/99, BStBl. 2001 II S. 463).

[1]Nur wenn im Einzelfall besondere Gründe gegen die Bekanntgabe des Steuerbescheids an den Bevollmächtigten sprechen, kann der Steuerbescheid unmittelbar dem Steuerpflichtigen selbst bekannt gegeben (§ 122 Abs. 1 Satz 4 AO) oder förmlich zugestellt werden (§ 122 Abs. 5 Satz 3 i. V. m. Abs. 1 Satz 4 AO). [2]Derartige Gründe können auch technischer Natur sein. [3]Der Steuerbescheid ist auch nach Vorlage einer Empfangsvollmacht dem Steuerpflichtigen bekannt zu geben, soweit der Bevollmächtigte wegen unbefugter Hilfeleistung in Steuersachen nach § 80 Abs. 7 AO zurückgewiesen wurde oder wenn ihm die Hilfeleistung in Steuersachen nach § 7 StBerG untersagt wurde. [4]Dies gilt auch, wenn die Zurückweisungsverfügung in der Vollziehung ausgesetzt wurde oder wenn gegen eine Untersagung nach § 7 StBerG Einspruch eingelegt oder Klage erhoben wurde und dieser Rechtsbehelf hemmende Wirkung hat (§ 361 Abs. 4 AO, § 69 Abs. 5 FGO).

[1]Fehlt es an einer ausdrücklichen Benennung eines Empfangsbevollmächtigten, hat das Finanzamt aber bisher Verwaltungsakte dem Vertreter des Steuerpflichtigen übermittelt, so darf es sich nicht in Widerspruch zu seinem bisherigen Verhalten setzen und sich bei gleichliegenden Verhältnissen ohne ersichtlichen Grund an den Steuerpflichtigen selbst wenden (vgl. BFH-Urteile vom 11.8.1954, II 239/53 U, BStBl. III S. 327, und vom 13.4.1965, I 36/64 U, I 37/64 U, BStBl. III S. 389). [2]In diesen Fällen ist jedoch eine schriftliche Vollmacht nachzufordern; der Vollmachtnachweis kann auch in elektronischer Form (§ 87a Abs. 3 AO) erbracht werden.

[1]Die im Einkommensteuererklärungsvordruck erteilte Empfangsvollmacht gilt nur für Bescheide des betreffenden Veranlagungszeitraums (vgl. BFH-Beschluss vom 16.1.2001, XI B 14/99, BFH/NV S. 888) und umfasst auch Änderungsbescheide (BFH-Urteil vom 29.5.1996, I R 42/95, BFH/NV 1997 S. 1). [2]Dagegen entfaltet die im Erklärungsvordruck zur gesonderten und einheitlichen Feststellung erteilte Empfangsvollmacht nicht lediglich Wirkung für das Verfahren des entsprechenden Feststellungszeitraums, sondern ist so lange zu beachten, bis sie durch Widerruf entfällt (vgl. BFH-Urteil vom 18.1.2007, IV R 53/05, BStBl. II S. 369).

Ein während eines Klageverfahrens ergehender Änderungsbescheid ist i.d.R. dem Prozessbevollmächtigten bekannt zu geben (BFH-Urteile vom 5.5.1994, VI R 98/93, BStBl. II S. 806, und vom 29.10.1997, X R 37/95, BStBl. 1998 II S. 266).

1.7.4. [1]Wird ein Verwaltungsakt dem betroffenen Steuerpflichtigen bekannt gegeben und hierdurch eine von ihm erteilte Bekanntgabevollmacht zugunsten seines Bevollmächtigten ohne besondere Gründe nicht beachtet, wird der Bekanntgabemangel durch die Weiterleitung des Verwaltungsakts an den Bevollmächtigten geheilt. [2]Die Frist für einen außergerichtlichen Rechtsbehelf beginnt in dem Zeitpunkt, in dem der Bevollmächtigte den Verwaltungsakt nachweislich erhalten hat (BFH-Urteil vom 8.12.1988, IV R 24/87, BStBl. 1989 II S. 346).

1.7.5. Wegen der Zustellung an Bevollmächtigte vgl. AEAO zu § 122, Nr. 3.3.

1.7.6. [1]Hat der Steuerpflichtige einen Bevollmächtigten benannt, bleibt die Vollmacht so lange wirksam, bis der Finanzbehörde ein Widerruf zugeht (§ 80 Abs. 1 AO). [2]Die Wirksamkeit einer Vollmacht ist nur dann auf einen Besteuerungszeitraum oder einen einzelnen Bearbeitungsvorgang begrenzt, wenn dies ausdrücklich in der Vollmacht erwähnt ist oder sich aus den äußeren Umständen ergibt (z.B. bei Einzelsteuerfestsetzungen); vgl. aber auch AEAO zu § 122, Nr. 1.7.2.

1.7.7. Wendet sich die Finanzbehörde aus besonderem Grund an den Beteiligten selbst (z.B. um ihn um Auskünfte zu bitten, die nur er selbst als Wissensträger geben kann, oder um die Vornahme von Handlungen zu erzwingen), so soll der Bevollmächtigte unterrichtet werden (§ 80 Abs. 5 Satz 3 AO).

1.8. Form der Bekanntgabe

[1]Schriftliche Verwaltungsakte, insbesondere Steuerbescheide, sind grundsätzlich durch die Post zu übermitteln (vgl. AEAO zu § 122, Nr. 1.8.2), sofern der Empfänger im Inland wohnt oder soweit der ausländische Staat mit der Postübermittlung einverstanden ist (vgl. AEAO zu § 122, Nr. 1.8.4). [2]Ein Verwaltungsakt kann ferner durch Telefax (vgl. AEAO zu § 122, Nr. 1.8.2) wirksam bekannt gegeben werden, auch wenn für ihn die Schriftform gesetzlich vorgeschrieben ist (BFH-Urteil vom 8.7.1998, I R 17/96, BStBl. 1999 II S. 48). [3]Eine förmliche Zustellung ist nur erforderlich, wenn dies gesetzlich vorgeschrieben ist oder die Finanzbehörde von sich aus die Zustellung anordnet (vgl. AEAO zu § 122, Nr. 1.8.3). [4]Die Zustellung erfolgt nach den Vorschriften des Verwaltungzustellungsgesetzes (vgl. AEAO zu § 122, Nr. 3.1).

[5]Unter den Voraussetzungen des § 87a AO können Verwaltungsakte auch elektronisch übermittelt werden.

1.8.1. Schriftform

1.8.1.1. [1]Grundsätzlich ist die **schriftliche Bekanntgabe** eines Verwaltungsakts nur erforderlich, wenn das Gesetz sie ausdrücklich vorsieht (für Steuerbescheide, § 157 AO; für die Aufhebung des Vorbehalts der Nachprüfung, § 164 Abs. 3 AO; für Haftungs- und Duldungsbescheide, § 191 Abs. 1 AO; für Prüfungsanordnungen, § 196 AO; für verbindliche Zusagen, § 205 Abs. 1 AO; für Pfändungsverfügungen. § 309 Abs. 2 AO; für Androhung von Zwangsmitteln, § 332 Abs. 1 AO; für Einspruchsentscheidungen, § 366 AO). [2]Im Übrigen reicht die **mündliche Bekanntgabe** eines steuerlichen Verwaltungsakts aus (z.B. bei Fristverlängerungen, Billigkeitsmaßnahmen, Stundungen). [3]Aus Gründen der Rechtssicherheit sollen Verwaltungsakte aber im Allgemeinen schriftlich erteilt werden. [4]Ein mündlicher Verwaltungsakt ist ggf. schriftlich zu bestätigen (§ 119 Abs. 2 AO).

1.8.1.2. [1]Ist für einen Verwaltungsakt die Schriftform gesetzlich vorgeschrieben, wird diese auch durch Übersendung per **Telefax,** auch per Computerfax, gewahrt (BFH-Urteile vom 28.1.2014, VIII R 28/13, BStBl. II S. 552, und vom 18.3.2014, VIII R 9/10, BStBI. II S. 748). [2]Der Verwaltungsakt wird in diesem Fall nicht bereits mit vollständiger Speicherung im Empfangsgerät, sondern erst mit dem Ausdruck beim Empfänger wirksam (BFH-Urteil vom 18.3.2014, VIII R 9/10, a.a.O.). [3]Erfolgt der Ausdruck vor Ablauf der dreitägigen Frist i.S.d. § 122 Abs. 2a AO (vgl. AEAO zu § 122, Nr. 1.8.2.2), bleibt der Ablauf dieser Frist für den Zeitpunkt des Wirksamwerdens des Verwaltungsakts maßgebend.

1.8.2. Übermittlung durch die Post oder durch Telefax

1.8.2.1. [1]Der in § 122 Abs. 2 AO verwendete Begriff der „Post" ist nicht auf die Deutsche Post AG (als Nachfolgeunternehmen der Deutschen Bundespost) beschränkt, sondern umfasst alle Unternehmen, soweit sie Postdienstleistungen erbringen.[1)] [2]Wird ein schriftlicher Verwaltungsakt durch die Post übermittelt, so hängt die Wirksamkeit der Bekanntgabe nicht davon ab, dass der Tag der Aufgabe des Verwaltungsakts zur Post in den Akten vermerkt wird. [3]Um den Bekanntgabezeitpunkt berechnen zu können und im Hinblick auf die Regelung in § 169 Abs. 1 Satz 3 Nr. 1 AO ist jedoch der Tag der Aufgabe zur Post in geeigneter Weise festzuhalten.

1.8.2.2. Ein **Telefax,** auch ein Computerfax, ist kein elektronisches Dokument i.S.d. § 87a AO (vgl. AEAO zu § 87a, Nr. 4), aber ein elektronisch übermittelter Verwaltungsakt i.S.d. § 122 Abs. 2a AO (Bundestagsdrucksache 14/9000 S. 32, Begründung zu § 15 VwVfG).

1.8.3. Förmliche Bekanntgabe (Zustellung)

Zuzustellen sind:

[1)] Zur Zugangsvermutung bei Beauftragung eines privaten Postdienstleisters siehe BFH v. 14.6.2018 III R 27/17, BStBl. II 2019, 16. – Siehe auch BFH v. 22.5.2019 X B 109/18, BFH/NV 2019, 900, auch zum Erfordernis der Vorlage des Briefumschlags mit Poststempel.

– die Ladung zu dem Termin zur Abgabe der Vermögensauskunft (§ 284 Abs. 6 AO),
– die Verfügung über die Pfändung einer Geldforderung (§ 309 Abs. 2 AO),
– die Arrestanordnung (§ 324 Abs. 2 AO, § 326 Abs. 4 AO).

[1]Darüber hinaus kann die Finanzbehörde die Zustellung anordnen (§ 122 Abs. 5 Satz 1 AO). [2]Diese Anordnung stellt keinen Verwaltungsakt dar (BFH-Urteil vom 16.3.2000, III R 19/99, BStBl. II S. 520).

Wegen der Besonderheiten des Zustellungsverfahrens vgl. Nr. 3; wegen der Zustellung von Einspruchsentscheidungen vgl. AEAO zu § 366, Nr. 2.

1.8.4. Bekanntgabe an Empfänger im Ausland

[1]Mit Ausnahme der in Nr. 3.1.4.1 angeführten Staaten kann davon ausgegangen werden, dass an Empfänger (einschließlich der Bevollmächtigten; BFH-Urteil vom 1.2.2000, VII R 49/99, BStBl. II S. 334) im Ausland Steuerverwaltungsakte durch einfachen Brief, durch Telefax oder – unter den Voraussetzungen des § 87a AO – durch elektronische Übermittlung bekannt gegeben werden können. [2]Eine elektronische Bekanntgabe nach § 122a AO ist in allen Fällen zulässig (vgl. AEAO zu § 122a, Nr. 3).

Ansonsten muss nach § 123 AO, § 9 VwZG (vgl. AEAO zu § 122, Nr. 3.1.4) oder § 10 VwZG (vgl. AEAO zu § 122, Nr. 3.1.5) verfahren werden, wenn ein Verwaltungsakt an einen Empfänger im Ausland bekannt zu geben ist.

[1]Welche der bestehenden Möglichkeiten einer Auslandsbekanntgabe gewählt wird, liegt im pflichtgemäßen Ermessen (§ 5 AO) der Finanzbehörde. [2]Die Auswahl ist u.a. abhängig von den gesetzlichen Erfordernissen (z.B. Zustellung, vgl. AEAO zu § 122, Nr. 1.8.3) und von dem Erfordernis, im Einzelfall einen einwandfreien Nachweis des Zugangs des amtlichen Schreibens zu erhalten.

2. Bekanntgabe von Bescheiden

2.1. Bekanntgabe von Bescheiden an Ehegatten

2.1.1. Allgemeines

[1]Ehegatten sind im Fall der ESt-Zusammenveranlagung stets Gesamtschuldner (§ 44 AO). [2]Gem. § 155 Abs. 3 Satz 1 AO kann daher gegen sie ein zusammengefasster Steuerbescheid erlassen werden. [3]Dabei handelt es sich formal um die Zusammenfassung zweier Bescheide zu einer nur äußerlich gemeinsamen Festsetzung. [4]Dies gilt auch für die Festsetzung von Verspätungszuschlägen gegenüber zusammen veranlagten Ehegatten (BFH-Urteil vom 28.8.1987, III R 230/83, BStBl. II S. 836).

[1]Bei anderen Steuerarten sind gegenüber Ehegatten zusammengefasste Steuerbescheide nur zulässig, wenn tatsächlich Gesamtschuldnerschaft vorliegt. [2]Gesamtschuldnerschaft liegt nicht vor, wenn es sich lediglich um gleichgeartete Steuervorgänge handelt. [3]So liegen z.B. für die Grunderwerbsteuer zwei Steuerfälle vor, wenn Ehegatten gemeinschaftlich ein Grundstück erwerben. [4]An jeden Ehegatten ist für den auf ihn entfallenden Steuerbetrag ein gesonderter Steuerbescheid zu erteilen (BFH-Urteil vom 12.10.1994, II R 63/93, BStBl. 1995 II S. 174).

Leben Eheleute in einer konfessions- oder einer glaubensverschiedenen Ehe, darf ein Kirchensteuerbescheid nur an den kirchensteuerpflichtigen Ehegatten gerichtet werden (BFH-Urteil vom 29.6.1994, II R 63/93, BStBl. 1995 II S. 510).

2.1.2. Bekanntgabe nach § 122 Abs. 7 AO

1 Bei Zusammenveranlagung von Ehegatten reicht es für die wirksame Bekanntgabe an beide Ehegatten aus, wenn ihnen eine Ausfertigung des Steuerbescheids an die gemeinsame Anschrift übermittelt wird. 2 Ebenso genügt es, wenn der Steuerbescheid in das Postfach eines Ehegatten eingelegt wird (BFH-Urteil vom 13.10.1994, IV R 100/93, BStBl. 1995 II S. 484).

1 Es handelt sich nicht um eine Bekanntgabe an einen der Ehegatten mit Wirkung für und gegen den anderen (vgl. AEAO zu § 122, Nr. 2.1.3). 2 Beide Ehegatten sind Empfänger des Steuerbescheids und daher im Anschriftenfeld aufzuführen. 3 Diese vereinfachte Bekanntgabe ist auch dann möglich, wenn eine gemeinsam abzugebende Erklärung nicht eingereicht worden ist (z. B. bei Schätzung von Besteuerungsgrundlagen).

Beispiel für die Bekanntgabe eines Bescheides an Eheleute, die eine gemeinsame Anschrift haben und zusammen zu veranlagen sind:

Anschriftenfeld

Herrn Adam Meier	oder	Herrn und Frau
Frau Eva Meier		Adam u. Eva Meier
Hauptstraße 100		Hauptstraße 100
67433 Neustadt		67433 Neustadt

Die Angabe von besonderen Namensteilen eines der Eheleute (z. B. eines akademischen Grades oder eines Geburtsnamens) ist namensrechtlich geboten (vgl. AEAO zu § 122, Nr. 4.2.3).

Beispiel:
Herrn Adam Meier
Frau Dr. Eva Schulze-Meier.

2.1.3. Bekanntgabe nach § 122 Abs. 6 AO

Nach dieser Vorschrift ist die Übermittlung des Steuerbescheids an einen der Ehegatten zugleich mit Wirkung für und gegen den anderen Ehegatten zulässig, soweit die Ehegatten einverstanden sind.

Eine Bekanntgabe nach dieser Vorschrift kommt insbesondere in den Fällen in Betracht, in denen die Bekanntgabe nicht nach § 122 Abs. 7 AO erfolgen kann, weil die Ehegatten keine gemeinsame Anschrift haben.

Im Bescheidkopf ist darauf hinzuweisen, dass der Verwaltungsakt an den einen Ehegatten zugleich mit Wirkung für und gegen den anderen Ehegatten ergeht.

Beispiel für die Bekanntgabe an einen der Ehegatten mit Einverständnis beider:

Anschriftenfeld
Herrn Adam Meier
Hauptstraße 100
67433 Neustadt

Bescheidkopf
Dieser Bescheid ergeht an Sie zugleich mit Wirkung für und gegen Ihre Ehefrau Eva Meier.

2.1.4. Einzelbekanntgabe

Einzelbekanntgabe ist insbesondere erforderlich, wenn
- keine gemeinsame Anschrift besteht und kein Einverständnis zur Bekanntgabe nach § 122 Abs. 6 AO vorliegt,
- bekannt ist, dass zwischen den Ehegatten ernstliche Meinungsverschiedenheiten bestehen (z. B. bei offenbarer Interessenkollision der Eheleute, bei getrennt lebenden oder geschiedenen Ehegatten),
- dies nach § 122 Abs. 7 Satz 2 AO beantragt worden ist.

[1]Bei Einzelbekanntgabe ist der Empfänger in dem jeweiligen Anschriftenfeld mit seinem Vor- und Familiennamen genau zu bezeichnen. [2]Dies gilt auch bei förmlichen Zustellungen (vgl. AEAO zu § 122, Nr. 3.2). [3]Dabei ist darauf zu achten, dass nicht versehentlich eine nur für einen Ehegatten geltende Postanschrift (z. B. Firma oder Praxis) verwandt wird, sondern für jeden Ehegatten seine persönliche Anschrift. [4]Auch die kassenmäßige Abrechnung und ggf. das Leistungsgebot sind doppelt zu erteilen.

Beispiel für die Bekanntgabe an den Ehemann:

Anschriftenfeld (Empfänger und Bekanntgabeadressat):
Herrn
Adam Meier
Hauptstraße 100
67433 Neustadt

Bescheidkopf (Inhaltsadressaten):
Für
Herrn Adam Meier und Frau Eva Meier

In jede Bescheidausfertigung ist als Erläuterung aufzunehmen:
„Ihrem Ehegatten wurde ein Bescheid gleichen Inhalts erteilt."

2.1.5. Sonderfälle

[1]Betreiben beide Ehegatten gemeinsam einen Gewerbebetrieb oder sind sie gemeinsam Unternehmer i. S. d. Umsatzsteuergesetzes, so gelten für Bescheide über Betriebsteuern die Grundsätze zu Nrn. 2.4 und 2.5 des AEAO zu § 122. [2]Sind Ehegatten z. B. Miteigentümer eines Grundstücks oder eines selbständigen Wirtschaftsguts, für das ein Einheitswert festgestellt wird, so ist nach Nr. 2.5.4 des AEAO zu § 122 zu verfahren.

Betreibt nur ein Ehegatte ein Gewerbe (oder eine Praxis als Freiberufler usw.), so ist nur dieser Inhaltsadressat für Verwaltungsakte, die ausschließlich den Geschäftsbetrieb betreffen.

2.2. Bekanntgabe an gesetzliche Vertreter natürlicher Personen

2.2.1. [1]Ist ein **Inhaltsadressat** (Steuerschuldner) bei Bekanntgabe des Bescheids **geschäftsunfähig oder beschränkt geschäftsfähig,** so ist Bekanntgabeadressat der gesetzliche Vertreter (Ausnahme vgl. AEAO zu § 122, Nr. 2.2.3). [2]Das Vertretungsverhältnis muss aus dem Bescheid hervorgehen (BFH-Beschluss vom 14.5.1968, II B 41/67, BStBl. II S. 503). [3]Der Inhaltsadressat (Steuerschuldner) ist dabei i. d. R. durch Angabe seines Vor- und Familiennamens eindeutig genug bezeichnet (vgl. AEAO zu § 122, Nr. 1.3.2). [4]Das Vertretungsverhältnis ist ausreichend gekennzeichnet, wenn Name und Anschrift des Vertreters genannt werden und angegeben wird, dass ihm der Bescheid „als gesetzlicher Vertreter" für den Inhaltsadressaten (Steuerschuldner) bekannt gegeben wird. [5]Ist der gesetzliche Vertreter nicht gleichzeitig auch der Empfänger, so braucht er i. d. R. nur mit seinem Vor- und Familiennamen bezeichnet zu werden.

2.2.2. [1]Soweit nicht ausnahmsweise die gesetzliche Vertretung nur einem Elternteil zusteht, sind die Eltern Bekanntgabeadressaten des Steuerbescheids für ihr **minderjähriges Kind.** [2]Die Bekanntgabe an einen von beiden reicht jedoch aus, um den Verwaltungsakt wirksam werden zu lassen. [3]Für die Zustellung von Verwaltungsakten ist es gem. § 6 Abs. 3 VwZG ausreichend, wenn der Verwaltungsakt einem von beiden Ehegatten zugestellt wird (BFH-Beschluss vom 19.6.1974, VI B 27/74, BStBl. II S. 640, und BFH-Urteil vom 22.10.1976, VI R 137/74, BStBl. II S. 762). [3]Diese vom BFH für die förmliche Zustellung von Verwaltungsakten aufgestellten Grundsätze sind auch bei der Bekanntgabe mit einfachem Brief anzuwenden.

Wenn die Eltern bereits beide als Empfänger des Steuerbescheids im Anschriftenfeld aufgeführt sind, kann darauf verzichtet werden, sie im Text des Bescheids noch einmal mit vollem Namen und in voller Anschrift als Bekanntgabeadressaten zu bezeichnen.

Beispiel:

Den Eltern Anton und Maria Huber steht gesetzlich gemeinsam die Vertretung für den minderjährigen Steuerschuldner Hans Huber zu. Sie sind die Bekanntgabeadressaten für den Steuerbescheid an Hans Huber.

Der Steuerbescheid ist zu übermitteln an:

Anschriftenfeld (Empfänger):
Herrn Anton Huber
Frau Maria Huber
Moltkestraße 5
12203 Berlin

Bescheidkopf
Als gesetzliche Vertreter (Bekanntgabeadressaten) von Hans Huber (Steuerschuldner und Inhaltsadressat)

Bei Empfangsvollmacht vgl. das Beispiel bei AEAO zu § 122, Nr. 1.5.2.

2.2.3. [1]Ermächtigt der gesetzliche Vertreter mit Genehmigung des Vormundschaftsgerichts den **Minderjährigen** zum selbständigen **Betrieb eines Erwerbsgeschäfts,** so ist der Minderjährige für diejenigen Rechtsgeschäfte unbeschränkt geschäftsfähig, die der Geschäftsbetrieb mit sich bringt (§ 112 BGB). [2]Steuerbescheide, die ausschließlich diesen Geschäftsbetrieb betreffen, sind daher nur dem Minderjährigen bekannt zu geben (vgl. AEAO zu § 122, Nr. 1.4 – Bekanntgabeadressat –). [3]Das Gleiche gilt bei einer Veranlagung nach § 46 EStG, wenn das Einkommen ausschließlich aus Einkünften aus nichtselbständiger Arbeit besteht und der gesetzliche Vertreter den Minderjährigen zur Eingehung des Dienstverhältnisses ermächtigt hat (§ 113 BGB). [4]Von der Ermächtigung kann im Regelfall ausgegangen werden.

[1]Hat der Minderjährige noch weitere Einkünfte oder Vermögenswerte und werden diese in die Festsetzung einbezogen, so kann der Steuerbescheid

nicht durch Bekanntgabe gegenüber dem minderjährigen Steuerschuldner wirksam werden. 2Bekanntgabeadressat des Bescheids ist der gesetzliche Vertreter.

2.2.4. 1Ist ein volljähriger Inhaltsadressat (Steuerschuldner) aufgrund einer psychischen Krankheit oder einer körperlichen, geistigen oder seelischen Behinderung nicht in der Lage, seine Angelegenheiten ganz oder teilweise besorgen zu können, bestellt das Betreuungsgericht auf seinen Antrag oder von Amts wegen für ihn einen Betreuer (§ 1896 Abs. 1 Satz 1 BGB). 2Der Beschluss, mit dem die Betreuerbestellung erfolgt (§ 286 FamFG), und der Betreuerausweis (§ 290 FamFG) müssen den Aufgabenkreis, in dessen Rahmen der Betreuer für den Betreuten tätig werden darf sowie die Anordnung etwaiger Einwilligungsvorbehalte (§ 1903 BGB) enthalten. 3Innerhalb des Aufgabenkreises ist der Betreuer gesetzlicher Vertreter des Betreuten (§ 1902 BGB). 4Der Aufgabenkreis „Vermögenssorge" beinhaltet auch die Erledigung der steuerlichen Angelegenheiten des Betreuten. 5In diesem Fall hat der Betreuer die steuerlichen Pflichten des Betreuten zu erfüllen (§ 34 Abs. 1 AO). 6Die ausdrückliche Erwähnung der Erfüllung der steuerlichen Pflichten ist nicht erforderlich, es genügt, wenn die Wahrnehmung der steuerlichen Belange in einem sachlichen Zusammenhang mit den übertragenen Aufgaben steht.

1Umfasst die Betreuung die Erledigung der steuerlichen Angelegenheiten des Betreuten, sind Bescheide ausschließlich dem Betreuer als Bekanntgabeadressaten bekannt zu geben. 2Inhaltsadressat bleibt der Steuerpflichtige (BFH-Beschluss vom 10.5.2007, VIII B 125/06, BFH/NV S. 1630). 3Wird der Bescheid in solchen Fällen dem Betreuten bekannt gegeben, ist er unwirksam; eine Heilung des Bekanntgabemangels ist nicht möglich (vgl. Nr. 4.1.3 des AEAO zu § 122).

2.3. Bescheide an Ehegatten mit Kindern oder Alleinstehende mit Kindern

2.3.1. Allgemeines

1Sofern Ehegatten mit ihren Kindern oder Alleinstehende mit ihren Kindern Gesamtschuldner sind, gelten für die Bekanntgabe von Bescheiden an diese Personen die Nrn. 2.1 und 2.2 des AEAO zu 122 entsprechend. 2Insbesondere kann auch nach § 122 Abs. 7 AO (gleichzeitige Bekanntgabe; vgl. hierzu AEAO zu § 122, Nr. 2.1.2) und § 122 Abs. 6 AO (einverständliche Bekanntgabe an einen der Beteiligten; vgl. AEAO zu § 122, Nr. 2.1.3) bekannt gegeben werden. 3Hierbei sind die nachfolgenden Besonderheiten zu beachten.

2.3.2. Bekanntgabe nach § 122 Abs. 7 AO

1Hat ein Familienmitglied Einzelbekanntgabe beantragt, so ist für die übrigen Familienmitglieder gleichwohl eine Bekanntgabe nach § 122 Abs. 7 AO möglich. 2In diesem Fall ist eine Ausfertigung des zusammengefassten Bescheids an den Antragsteller und eine weitere Ausfertigung an die übrigen Familienmitglieder bekannt zu geben. 3Im Bescheidkopf sind alle Steuerschuldner/Beteiligten als Inhaltsadressaten namentlich aufzuführen.

2.4. Personengesellschaften (Gemeinschaften)

Zu den Personengesellschaften (Gemeinschaften) i. S. dieser Regelung zählen die Handelsgesellschaften (vgl. AEAO zu § 122, Nr. 2.4.1.1) und die sonstigen nicht rechtsfähigen Personenvereinigungen (vgl. AEAO zu § 122, Nr. 2.4.1.2).

Es ist zu unterscheiden zwischen Bescheiden, die sich an die Gesellschaft richten, und Bescheiden, die sich an die Gesellschafter richten.

2.4.1. Bescheide an die Gesellschaft (Gemeinschaft)

[1] Steuerbescheide und Steuermessbescheide sind an die Gesellschaft zu richten, wenn die Gesellschaft selbst Steuerschuldner ist. [2] Dies gilt z. B. für

a) die Umsatzsteuer (§ 13a UStG),
b) die Gewerbesteuer einschließlich der Festsetzung des Messbetrags und der Zerlegung (§ 5 Abs. 1 Satz 3 GewStG),
c) die Kraftfahrzeugsteuer, wenn das Fahrzeug für die Gesellschaft zum Verkehr zugelassen ist (§ 7 KraftStG; BFH-Urteil vom 24.7.1963, II 8/62, HFR 1964 S. 20),
d) die pauschale Lohnsteuer (§ 40 Abs. 3, § 40a Abs. 5 und § 40b Abs. 5 EStG),
e) die Festsetzung des Grundsteuermessbetrags, wenn der Gesellschaft der Steuergegenstand zugerechnet worden ist (§ 10 Abs. 1 GrStG),
f) die Grunderwerbsteuer, soweit Gesamthandseigentum der Personengesellschaft besteht (insbesondere bei GbR, OHG, KG und ungeteilter Erbengemeinschaft; BFH-Urteile vom 28.4.1965, II 9/62 U, BStBl. III S. 422, vom 27.10.1970, II 72/65, BStBl. 1971 II S. 278, vom 29.11.1972, II R 28/67, BStBl. 1973 II S. 370, vom 11.2.1987, II R 103/84, BStBl. II S. 325, und vom 12.12.1996, II R 61/93, BStBl. 1997 II S. 299),
g) die Körperschaftsteuer bei körperschaftsteuerpflichtigen nicht rechtsfähigen Personenvereinigungen

und entsprechend für

h) Haftungsbescheide für Steuerabzugsbeträge.

[1] Da eine typisch oder atypisch stille Gesellschaft nicht selbst Steuerschuldnerin ist, sind Steuerbescheide und Steuermessbescheide an den Inhaber des Handelsgeschäfts zu richten (BFH-Urteil vom 12.11.1985, VIII R 364/83, BStBl. 1986 II S. 311; R 5.1 Abs. 2 GewStR 2009).[1)] [2] Entsprechendes gilt bei einer verdeckten Mitunternehmerschaft (BFH-Urteil vom 16.12.1997, VIII R 32/90, BStBl. 1998 II S. 480).

[1] Eine Europäische wirtschaftliche Interessenvereinigung (EWIV) kann selbst Steuerschuldnerin sein. [2] Dies gilt jedoch nicht für die Gewerbesteuer. [3] Schuldner der Gewerbesteuer sind die Mitglieder der Vereinigung (§ 5 Abs. 1 Satz 4 GewStG), bei einer Bruchteilsgemeinschaft die Gemeinschafter; an diese sind Gewerbesteuermessbescheide und Gewerbesteuerbescheide zu richten.

2.4.1.1. Handelsgesellschaften

[1] Bei Handelsgesellschaften (OHG, KG, EWIV) sind Steuerbescheide der Gesellschaft unter ihrer Firma bekannt zu geben, wenn sie Steuerschuldner

---

1) Nr. **450.**

und damit Inhaltsadressat ist. [2]Die Handelsgesellschaft kann im Wirtschaftsleben mit ihrer Firma eindeutig bezeichnet werden; bei Zweifeln über die zutreffende Bezeichnung ist das Handelsregister maßgebend. [3]Ist eine Handelsgesellschaft Steuerschuldner und damit Inhaltsadressat, genügt deshalb zur Bezeichnung des Inhaltsadressaten die Angabe der Firma im Steuerbescheid (BFH-Urteil vom 16.12.1997, VIII R 32/90, BStBl. 1998 II S. 480). [4]Ein zusätzlicher Hinweis auf Vertretungsbefugnisse oder einzelne Gesellschafter (z.B. „zu Händen des Geschäftsführers Meier") ist zur Kennzeichnung des Inhaltsadressaten nicht erforderlich; wegen der Bekanntgabe an namentlich benannte Geschäftsführer usw. vgl. AEAO zu § 122, Nrn. 1.5.2 und 1.5.3.

Beispiel:

Ein Umsatzsteuerbescheid für die Firma Schmitz & Söhne KG muss folgende Angaben enthalten:

Steuerschuldner und Inhaltsadressat
(zugleich Bekanntgabeadressat und Empfänger):

Firma
Schmitz & Söhne KG
Postfach 11 47
50853 Köln

Zur Bekanntgabe von Feststellungsbescheiden vgl. AEAO zu § 122, Nr. 2.5.

2.4.1.2. Sonstige nicht rechtsfähige Personenvereinigungen[1)]

[1]Zu den sonstigen nicht rechtsfähigen Personenvereinigungen gehören insbesondere die nicht eingetragenen Vereine, Gesellschaften bürgerlichen Rechts, Partnerschaftsgesellschaften, Arbeitsgemeinschaften, Erbengemeinschaften (vgl. AEAO zu § 122, Nr. 2.12.6) und Bruchteilsgemeinschaften. [2]Sie haben formal keinen eigenen Namen und keine gesetzliche Vertretung, können aber ggf. durch Teilnahme am Rechtsverkehr eigene Rechte und

(Fortsetzung S. 157)

[1)] Zur Bekanntgabe eines Steuerverwaltungsaktes an Britische Limited mit Verwaltungssitz im Inland nach dem 31.12.2020 siehe BMF v. 30.12.2020, BStBl. I 2021, 46.

Pflichten begründen (BGH-Urteil vom 29. 1. 2001, II ZR 331/00, DB S. 423; BFH-Beschluss vom 19. 8. 2004, II B 22/03, BFH/NV 2005 S. 156). [3]In diesen Fällen ist bei Steuerbescheiden, die an Personenvereinigungen gerichtet werden, die Identität des Inhaltsadressaten (Steuerschuldners) durch Angabe des geschäftsüblichen Namens, unter dem sie am Rechtsverkehr teilnehmen, ausreichend gekennzeichnet (BFH-Urteile vom 21. 5. 1971, V R 117/67, BStBl. II S. 540, und vom 11. 2. 1987, II R 103/84, BStBl. II S. 325). [4]Ein solcher Bescheid reicht nach § 267 AO zur Vollstreckung in das Vermögen der Personenvereinigung aus.

Beispiel:
Ein Umsatzsteuerbescheid für die Brennstoffhandlung Josef Müller Erben GbR muss folgende Angaben enthalten:
Steuerschuldner und Inhaltsadressat
(zugleich Bekanntgabeadressat und Empfänger):
Brennstoffhandlung
Josef Müller Erben GbR
Postfach 11 11
54290 Trier

Hat die nicht rechtsfähige Personenvereinigung keine Geschäftsadresse, ist als Empfänger eine natürliche Person anzugeben (vgl. AEAO zu § 122, Nr. 2.4.1.3).

[1]Ein Umsatzsteuerbescheid hat sich bei Arbeitsgemeinschaften (ARGE) an diese als eine umsatzsteuerlich rechtsfähige Personenvereinigung (Unternehmer) zu richten. [2]Es ist ausreichend und zweckmäßig, wenn der Bescheid der geschäftsführenden Firma als der Bevollmächtigten übermittelt wird (BFH-Urteil vom 21. 5. 1971, V R 117/67, BStBl. II S. 540).

Beispiel:
Anschriftenfeld (Empfänger):
Firma
Rheinische Betonbau GmbH & Co. KG
Postfach 90 11
50890 Köln
Bescheidkopf
Für
ARGE Rheinbrücke Bonn (Inhalts- und Bekanntgabeadressat)

2.4.1.3. [1]Soweit bei Steuerbescheiden an Personenvereinigungen kein geschäftsüblicher Name vorhanden ist, sind die Bescheide an alle Mitglieder (Gemeinschafter, Gesellschafter) zu richten (BFH-Urteil vom 17. 3. 1970, II 65/63, BStBl. II S. 598; zur Erbengemeinschaft: BFH-Urteil vom 29. 11. 1972, II R 42/67 BStBl. 1973 II S. 372). [2]Ist die Bezeichnung der Mitglieder der nicht rechtsfähigen Personenvereinigung durch die Aufzählung aller Namen im Kopf des Bescheids aus technischen Gründen nicht möglich, kann so verfahren werden, dass neben einer Kurzbezeichnung im Bescheidkopf (Beispiel: „Erbengemeinschaft Max Meier", „Bruchteilsgemeinschaft Goethestraße 100", „GbR Peter Müller unter anderem", „Kegelclub Alle Neune") die einzelnen Mitglieder in den Bescheiderläuterungen oder in einer Anlage zum Bescheid aufgeführt werden.

[1]Die Bescheide werden durch Bekanntgabe an ein vertretungsberechtigtes Mitglied gegenüber der Personenvereinigung wirksam. [2]Bei mehreren vertretungsberechtigten Mitgliedern reicht die Bekanntgabe an eines von ihnen (BFH-Urteile vom 11. 2. 1987, II R 103/84, BStBl. II S. 325, vom 27. 4. 1993, VIII R 27/92, BStBl. 1994 II S. 3, und vom 8. 11. 1995, V R 64/94, BStBl. 1996 II S. 256). [3]Es genügt, wenn dem Bekanntgabeadressaten eine Ausfertigung des Steuerbescheids zugeht. [4]Ausfertigungen für alle Mitglieder sind i. d. R. nicht erforderlich.

[1]Als Bekanntgabeadressat kommen vor allem der von den Mitgliedern bestellte Geschäftsführer (§ 34 Abs. 1 AO) oder die als Verfügungsberechtigter auftretende Person (§ 35 AO) in Betracht. [2]Hat eine nicht rechtsfähige Personenvereinigung keinen Geschäftsführer, kann der Bescheid einem der Mitglieder nach Wahl des Finanzamts bekannt gegeben werden (§ 34 Abs. 2 AO). [3]In den Bescheid ist folgender Erläuterungstext aufzunehmen: „Der Bescheid ergeht an Sie als Mitglied der Gemeinschaft/Gesellschaft mit Wirkung für und gegen die Gemeinschaft/ Gesellschaft".

[1]Im Bescheid ist zum Ausdruck zu bringen, dass er dieser Person als Vertreter der Personenvereinigung bzw. ihrer Mitglieder zugeht (§§ 34, 35 AO). [2]Der Bekanntgabeadressat muss sich dabei aus dem Bescheid selbst ergeben, die Angabe auf dem Briefumschlag der Postsendung reicht nicht aus (BFH-Urteil vom 8. 2. 1974, III R 27/73, BStBl. II S. 367).

Beispiel:

Bekanntgabeadressat

a) Herrn Peter Meier
als Geschäftsführer der
Erbengemeinschaft Max Meier

b) Herrn Emil Krause
für die Bruchteilsgemeinschaft
Goethestraße 100

c) Herrn Karl Huber
für die Grundstücksgemeinschaft
Karl und Maria Huber

d) Herrn Hans Schmidt
als Vorsitzender des
Kegelclubs „Alle Neune"

[1]Ist für die Mitglieder einer Personenvereinigung kein gemeinsamer Bekanntgabeadressat vorhanden oder wird von der Bestimmung eines Bekanntgabeadressaten abgesehen, so ist jedem der Mitglieder eine Ausfertigung des Steuerbescheids bekannt zu geben. [2]Soll auch in das Vermögen einzelner Mitglieder vollstreckt werden, vgl. Abschn. 33 VollstrA.

2.4.2. Bescheide an Gesellschafter (Mitglieder)

Steuerbescheide und Feststellungsbescheide sind an die Gesellschafter (Mitglieder, Gemeinschafter) zu richten, wenn die einzelnen Beteiligten unmittelbar aus dem Steuerschuldverhältnis in Anspruch genommen werden sollen oder ihnen der Gegenstand der Feststellung zugerechnet wird (vgl. AEAO zu § 122, Nrn. 2.5 und 2.6).

2.5. Bescheide über gesonderte und einheitliche Feststellungen

2.5.1. Bescheide über gesonderte und einheitliche Feststellungen richten sich nicht an die Personengesellschaft als solche, sondern an die einzelnen Gesellschafter (Mitglieder), die den Gegenstand der Feststellung (z. B. Vermögenswerte als Einheitswert oder Einkünfte) anteilig zu versteuern haben und denen er deshalb insbesondere bei Feststellungen nach § 180 Abs. 1 Satz 1 Nr. 1, Nr. 2 Buchstabe a und Abs. 2 AO zuzurechnen ist (§ 179 Abs. 2 AO).

[1] Es genügt i. d. R., wenn im Bescheidkopf die Personengesellschaft als solche bezeichnet wird (Sammelbezeichnung) und sich alle Gesellschafter eindeutig als Betroffene (Inhaltsadressaten) aus dem für die Verteilung der Besteuerungsgrundlagen vorgesehenen Teil des Bescheids ergeben (BFH-Urteil vom 7. 4. 1987, VIII R 259/84, BStBl. II S. 766). [2] Aus einem kombinierten positiv- negativen Feststellungsbescheid muss eindeutig hervorgehen, welchen Beteiligten Besteuerungsgrundlagen zugerechnet werden und für welche Beteiligte eine Feststellung abgelehnt wird (BFH-Urteil vom 7. 4. 1987, VIII R 259/84, a. a. O.).

[1] Der einheitliche Feststellungsbescheid erlangt volle Wirksamkeit, wenn er allen Feststellungsbeteiligten bekannt gegeben wird. [2] Mit seiner Bekanntgabe an einzelne Feststellungsbeteiligte entfaltet er nur diesen gegenüber Wirksamkeit (BFH-Urteile vom 7. 4. 1987, VIII R 259/84, a. a. O., vom 25. 11. 1987, II R 227/84, BStBl. 1988 II S. 410, und vom 23. 6. 1988, IV R 33/86, BStBl. II S. 979). [3] Eine unterlassene oder unwirksame Bekanntgabe gegenüber einzelnen Feststellungsbeteiligten kann noch im Klageverfahren nachgeholt werden (vgl. BFH-Urteil vom 19. 5. 1983, IV R 125/82, BStBl. 1984 II S. 15). [4] Der Bescheid ist diesen mit unverändertem Inhalt bekannt zu geben (vgl. AEAO zu § 122, Nr. 4.7.1).

2.5.2. Gemeinsame Empfangsbevollmächtigte

[1] Alle Feststellungsbeteiligten sollen einen **gemeinsamen Empfangsbevollmächtigten** bestellen, der ermächtigt ist, den an sämtliche Gesellschafter (Gemeinschafter) gerichteten Feststellungsbescheid, sonstige Verwaltungsakte und das Feststellungsverfahren betreffende Mitteilungen in Empfang zu nehmen (§ 183 Abs. 1 Satz 1 AO). [2] Das Finanzamt kann aber im Einzelfall zulassen, dass ein gemeinsamer Empfangsbevollmächtigter nur durch einen Teil der Feststellungsbeteiligten bestellt wird. [3] In diesem Fall ist der Feststellungsbescheid den übrigen Feststellungsbeteiligten einzeln bekannt zu geben.

Die Empfangsvollmacht nach § 183 Abs. 1 Satz 1 AO gilt fort auch bei Ausscheiden des Beteiligten aus der Gesellschaft oder bei ernstlichen Meinungsverschiedenheiten, bis sie gegenüber dem Finanzamt widerrufen wird (§ 183 Abs. 3 AO).

[1] Ist kein gemeinsamer Empfangsbevollmächtigter bestellt, so gilt ein zur Vertretung der Gesellschaft oder der Feststellungsbeteiligten oder ein zur Verwaltung des Gegenstandes der Feststellung Berechtigter, z. B. der vertraglich zur Vertretung berufene Geschäftsführer einer Personenhandelsgesellschaft, als Empfangsbevollmächtigter (§ 183 Abs. 1 Satz 2 AO). [2] Bei einer Gesellschaft des bürgerlichen Rechts ist nach § 183 Abs. 1 Satz 2 AO jeder Gesellschafter zur Vertretung der Feststellungsbeteiligten und damit zum Empfang von Feststellungsbescheiden berechtigt, sofern sich aus einem dem Finanzamt vorlie-

genden Gesellschaftsvertrag nichts anderes ergibt (BFH-Urteil vom 23. 6. 1988, IV R 33/86, BStBl. II S. 979). [3]Die Sonderregelung des § 183 Abs. 3 AO gilt in diesen Fällen nicht.

[1]In der Liquidationsphase einer Personengesellschaft ist der Liquidator Empfangsbevollmächtigter i. S. d. § 183 Abs. 1 Satz 2 AO. [2]Nach Abschluss der gesellschaftsrechtlichen Liquidation (vgl. AEAO zu § 122, Nr. 2.7.1) kann von dieser Bekanntgabemöglichkeit nicht mehr Gebrauch gemacht werden (BFH-Urteil vom 26. 10. 1989, IV R 23/89, BStBl. 1990 II S. 333).

Bei der Bekanntgabe an einen Empfangsbevollmächtigten ist nach § 183 Abs. 1 Satz 5 AO in dem Feststellungsbescheid stets darauf hinzuweisen, dass die Bekanntgabe mit Wirkung für und gegen alle Feststellungsbeteiligten erfolgt (BFH-Urteile vom 26. 8. 1982, IV R 31/82, BStBl. 1983 II S. 23, und vom 23. 7. 1985, VIII R 315/82, BStBl. 1986 II S. 123).

Zur Zustellung an einen Empfangsbevollmächtigten vgl. AEAO zu § 122, Nr. 3.3.3.

2.5.3. [1]Ist ein Empfangsbevollmächtigter i. S. d. AEAO zu § 122, Nr. 2.5.2 nicht vorhanden, kann das Finanzamt die Beteiligten zur Benennung eines Empfangsbevollmächtigten auffordern. [2]Die Aufforderung ist an jeden Beteiligten zu richten. [3]Mit der Aufforderung ist gleichzeitig ein Beteiligter als Empfangsbevollmächtigter vorzuschlagen und darauf hinzuweisen, dass diesem künftig Verwaltungsakte mit Wirkung für und gegen alle Beteiligten bekannt gegeben werden, soweit nicht ein anderer Empfangsbevollmächtigter benannt wird (§ 183 Abs. 1 Satz 4 AO). [4]Die Sonderregelung des § 183 Abs. 3 AO gilt in diesen Fällen nicht.

Bei der Bekanntgabe des Feststellungsbescheids ist § 183 Abs. 1 Satz 5 AO zu beachten (vgl. Nr. 2.5.2 vorletzter Absatz).

2.5.4. Einheitswertbescheide an Eheleute, Eltern mit Kindern und Alleinstehende mit Kindern

[1]Bei der Bekanntgabe eines Bescheids über Einheitswerte des Grundbesitzes an Eheleute, die gemeinsam Eigentümer sind, sind die Eheleute einzeln als Beteiligte anzugeben (vgl. Nr. 2.5.1). [2]Haben die Eheleute eine gemeinsame Anschrift und haben sie keinen Empfangsbevollmächtigten benannt, kann der Einheitswertbescheid beiden in einer Ausfertigung bekannt gegeben werden (§ 183 Abs. 4 i. V. m. § 122 Abs. 7 AO).

[1]Haben die Eheleute gem. § 183 Abs. 1 Satz 1 AO einen Empfangsbevollmächtigten benannt, ist der Bescheid an diesen bekannt zu geben. [2]Im Bescheid ist darauf hinzuweisen, dass die Bekanntgabe mit Wirkung für und gegen beide Ehegatten erfolgt.

In den übrigen Fällen ist der Bescheid an beide Ehegatten getrennt bekannt zu geben.

Dies gilt für Eheleute mit Kindern und Alleinstehende mit Kindern entsprechend.

2.5.5. Ausnahmen von der Bekanntgabe an Empfangsbevollmächtigte

[1]Die in § 183 Abs. 1 AO zugelassene Vereinfachung darf nicht so weit gehen, dass der Steuerpflichtige in seinen Rechten eingeschränkt wird. [2]Diese Art der Bekanntgabe ist daher gem. § 183 Abs. 2 AO unzulässig, soweit

a) ein Gesellschafter (Gemeinschafter) im Zeitpunkt der Bekanntgabe des Feststellungsbescheids bereits ausgeschieden und dies dem für den Erlass des Feststellungsbescheids zuständigen Finanzamt bekannt ist oder wegen einer entsprechenden Eintragung im Handelsregister als bekannt gelten muss (BFH-Urteil vom 14.12.1978, IV R 221/75, BStBl. 1979 II S. 503);
b) die Zusendung eines Feststellungsbescheids an einen Erben erforderlich wird, der nicht in die Gesellschafterstellung des Rechtsvorgängers eintritt (BFH-Urteil vom 23.5.1973, I R 121/71, BStBl. II S. 746); vgl. AEAO zu § 122, Nr. 2.12;
c) die Gesellschaft (Gemeinschaft) im Zeitpunkt der Zusendung des Bescheids nicht mehr besteht (BFH-Urteil vom 30.3.1978, IV R 72/74, BStBl. II S. 503);
d) über das Vermögen der Gesellschaft, aber nicht ihrer Gesellschafter, das Insolvenzverfahren eröffnet worden ist – es sei denn, die Gesellschaft ist noch nicht voll beendet und der Informationsfluss zwischen dem Empfangsbevollmächtigten und den Gesellschaftern ist auch nach Eröffnung des Insolvenzverfahrens gewährleistet;
e) zwischen den Gesellschaftern (Gemeinschaftern) erkennbar ernstliche Meinungsverschiedenheiten bestehen;
f) durch einen Bescheid das Bestehen oder Nichtbestehen einer Gesellschaft (Gemeinschaft) erstmals mit steuerlicher Wirkung festgestellt wird und die Gesellschafter noch keinen Empfangsbevollmächtigten i. S. d. § 183 Abs. 1 AO benannt haben.

In den Fällen a) und b) ist auch dem ausgeschiedenen Gesellschafter (Gemeinschafter) bzw. dem Erben, in den übrigen Fällen jedem der Gesellschafter (Gemeinschafter) ein Bescheid bekannt zu geben.

[1] In den Fällen a), c), d) und e) wirkt eine von den Beteiligten nach § 183 Abs. 1 Satz 1 AO **erteilte Vollmacht** bis zum Widerruf fort (§ 183 Abs. 3 AO; vgl. BFH-Urteil vom 7.2.1995, IX R 3/93, BStBl. II S. 357). [2] Der Widerruf wird dem Finanzamt gegenüber erst mit seinem Zugang wirksam.

[1] Im Fall d) ist, soweit der Ausnahmefall gegeben ist, auch eine Bekanntgabe an den nach § 183 Abs. 1 Satz 2 AO fingierten Empfangsbevollmächtigten (z. B. Personen, die durch Gesellschaftsvertrag oder Gesellschafterbeschluss zum Liquidator der Gesellschaft berufen sind – bspw. Komplementär-GmbH einer Fonds-KG – oder eine Treuhand-GmbH, über die sich die Gesellschafter an der Gesellschaft beteiligt haben) zulässig (vgl. auch Nr. 2.5.2 des AEAO zu § 122, Abs. 4). [2] In Zweifelsfällen ist eine Einzelbekanntgabe vorzunehmen.

2.5.6. [1] Soweit nach § 183 Abs. 2 Satz 1 AO Einzelbekanntgabe erforderlich wird, ist grundsätzlich ein verkürzter Feststellungsbescheid bekannt zu geben (§ 183 Abs. 2 Satz 2 AO). [2] Bei berechtigtem Interesse ist den Beteiligten allerdings der gesamte Inhalt des Feststellungsbescheids mitzuteilen (§ 183 Abs. 2 Satz 3 AO).

2.6. Grundsteuermessbescheide, Grunderwerbsteuerbescheide

2.6.1. Grundsteuermessbescheide sind in gleicher Weise bekannt zu geben wie Feststellungsbescheide über Einheitswerte des Grundbesitzes (§ 184 Abs. 1 AO); vgl. AEAO zu § 122, Nr. 2.4.1 Buchstabe e.

2.6.2. Zur Grunderwerbsteuer, soweit Bruchteilseigentum besteht (z.B. geteilte Erbengemeinschaft), vgl. AEAO zu § 122, Nr. 2.1.1; zur Grunderwerbsteuer, soweit Gesamthandseigentum besteht, vgl. AEAO zu § 122, Nr. 2.4.1, Buchstabe f.

2.7. Personengesellschaften (Gemeinschaften) in Liquidation

2.7.1 [1]Bei der Liquidation einer Personengesellschaft ist zwischen der gesellschaftsrechtlichen und der steuerrechtlichen Liquidation zu unterscheiden. [2]Bei der gesellschaftsrechtlichen Liquidation ist die Personengesellschaft vollständig abgewickelt mit der Realisierung des Gesellschaftsvermögens (= Verteilung an die Gläubiger und Ausschüttung des Restes an die Gesellschafter). [3]Bei der steuerrechtlichen Liquidation ist die Personengesellschaft erst dann vollständig abgewickelt, wenn alle gemeinsamen Rechtsbeziehungen, also auch die Rechtsbeziehungen zwischen Personengesellschaft und Finanzamt, unter den Gesellschaftern beseitigt sind (BFH-Urteil vom 1.10.1992, IV R 60/91, BStBl. 1993 II S. 82).

2.7.2 [1]Befindet sich eine Handelsgesellschaft (OHG, KG) in der gesellschaftsrechtlichen Liquidation, so ist der Liquidator das einzige zur Geschäftsführung und Vertretung befugte Organ der Abwicklungsgesellschaft. [2]Die Löschung im Handelsregister wirkt nur deklaratorisch (BFH-Urteil vom 22.1.1985, VIII R 37/84, BStBl. II S. 501). [3]Verwaltungsakte sind dem Liquidator unter Angabe des Vertretungsverhältnisses bekannt zu geben (vgl. AEAO zu § 122, Nr. 1.4; BFH-Urteile vom 16.6.1961, III 329/58 U, BStBl. III S. 349, und vom 24.3.1987, X R 28/80, BStBl. 1988 II S. 316). [4]Bei mehreren Liquidatoren genügt die Bekanntgabe an einen von ihnen (BFH-Urteil vom 8.11.1995, V R 64/94, BStBl. 1996 II S. 256; siehe auch § 6 Abs. 3 VwZG). [5]Sind gegenüber einer GmbH & Co. KG nach Löschung im Handelsregister noch Verwaltungsakte zu erlassen, ist die Bestellung eines Nachlassliquidators für die bereits im Handelsregister gelöschte GmbH entbehrlich. [6]Die ehemaligen Kommanditisten vertreten hier als gesetzliche Liquidatoren die KG (§ 161 Abs. 2 HGB i.V.m. § 146 Abs. 1 Satz 1 HGB). [7]Auch insoweit genügt die Bekanntgabe an einen der Liquidatoren (§ 150 Abs. 2 Satz 2 HGB i.V.m. § 125 Abs. 2 Satz 3 HGB).

Bei einer Gesellschaft bürgerlichen Rechts steht mit der Auflösung der Gesellschaft die Geschäftsführung grundsätzlich allen Gesellschaftern gemeinschaftlich zu (§ 730 Abs. 2 BGB).

2.7.3. [1]Nach Beendigung der gesellschaftsrechtlichen Liquidation (vollständige Abwicklung) ist es i.d.R. unzweckmäßig, Verwaltungsakte noch gegenüber der Gesellschaft zu erlassen (z.B. Gewerbesteuermessbescheide). [2]In diesen Fällen sind Ansprüche aus dem Steuerschuldverhältnis gegenüber jedem einzelnen Gesellschafter (Gemeinschafter) durch Haftungsbescheid geltend zu machen.

2.7.4. [1]Wird eine Personengesellschaft ohne Liquidation durch Ausscheiden ihres vorletzten Gesellschafters und Anwachsung des Anteils am Gesamthandsvermögen bei dem übernehmenden Gesellschafter beendet, gehen in der Gesellschaft entstandene Ansprüche aus dem Steuerschuldverhältnis (z.B. Umsatzsteuer, Gewerbesteuer) auf den Gesamtrechtsnachfolger über (vgl. AEAO zu § 122, Nr. 2.12.2). [2]In Bezug auf die gesonderte und einheitliche Feststellung von Besteuerungsgrundlagen (vgl. AEAO zu § 122, Nr. 2.5) tritt jedoch keine Gesamtrechtsnachfolge i. S. d. § 45 Abs. 1 AO ein (vgl. AEAO zu § 45, Nr. 1).

2.8. Bekanntgabe an juristische Personen

2.8.1.1. [1]Der Steuerbescheid ist an die juristische Person zu richten und ihr unter ihrer Geschäftsanschrift bekannt zu geben. [2]Die Angabe des gesetzlichen Vertreters als Bekanntgabeadressat ist nicht erforderlich (BFH-Beschluss vom 7.8.1970, VI R 24/67, BStBl. II S. 814).

(Fortsetzung S. 163)

Beispiel:
Anschriftenfeld
(Steuerschuldner als Inhaltsadressat, Bekanntgabeadressat und Empfänger):
Müller GmbH
Postfach 67 00
40210 Düsseldorf
(Angaben wie „z. H. des Geschäftsführers Müller" o. Ä. sind nicht erforderlich.)

Zur Bekanntgabe an namentlich genannte Vertreter vgl. AEAO zu § 122, Nrn. 1.5.2 und 1.5.3.

2.8.1.2. [1]Eine führungslose GmbH, die sich nicht in Liquidation oder im Insolvenzverfahren befindet, wird nach § 35 Abs. 1 GmbHG durch ihre Gesellschafter vertreten, soweit ihr gegenüber u. a. Steuerverwaltungsakte bekannt gegeben oder zugestellt werden. [2]Eine führungslose AG, die sich nicht in Liquidation oder im Insolvenzverfahren befindet, wird nach § 78 Abs. 1 AktG durch ihren Aufsichtsrat vertreten, soweit ihr gegenüber u. a. Steuerverwaltungsakte bekannt gegeben oder zugestellt werden. [3]Vgl. zu AEAO § 34, Nr. 3. [4]Solange die führungslose Gesellschaft über eine Geschäftsadresse verfügt, können ihr Steuerbescheide weiterhin unter dieser Anschrift bekannt gegeben werden. [5]Ein Hinweis auf die besondere gesetzliche Vertretung der Gesellschaft durch die Gesellschafter bzw. den Vorstand ist nur erforderlich, wenn keine Geschäftsanschrift mehr besteht und die Bekanntgabe an die Gesellschafter bzw. die Aufsichtsratsmitglieder unter ihrer persönlichen Anschrift erfolgen soll.

2.8.2 Bekanntgabe an juristische Personen des öffentlichen Rechts

Die Grundsätze zu Nr. 2.8.1 gelten auch für die Bekanntgabe von Steuerbescheiden an Körperschaften des öffentlichen Rechts (BFH-Urteil vom 18.8.1988, V R 194/83, BStBl. II S. 932).

[1]Juristische Personen des öffentlichen Rechts sind wegen jedes einzelnen von ihnen unterhaltenen Betriebs gewerblicher Art oder mehrerer zusammengefasster Betriebe gewerblicher Art Körperschaftsteuersubjekt (BFH-Urteile vom 13.3.1974, I R 7/71, BStBl. II S. 391, und vom 8.11.1989, I R 187/85, BStBl. 1990 II S. 242). [2]Gegenstand der Gewerbesteuer ist gem. § 2 Abs. 1 GewStG i. V. m. § 2 Abs. 1 GewStDV der einzelne Betrieb gewerblicher Art, sofern er einen Gewerbebetrieb i. S. d. Einkommensteuergesetzes darstellt; Steuerschuldner ist die juristische Person des öffentlichen Rechts (§ 5 Abs. 1 Sätze 1 und 2 GewStG). [3]Im Gegensatz zur Umsatzsteuer sind daher für jeden Betrieb gewerblicher Art gesonderte Körperschaftsteuer- und Gewerbesteuer(mess)bescheide erforderlich. [4]Damit eine entsprechende Zuordnung erleichtert wird, ist es zweckmäßig, aber nicht erforderlich, im Anschriftenfeld der Körperschaftsteuer- und Gewerbesteuer(mess)bescheide einen Hinweis auf den jeweils betroffenen Betrieb gewerblicher Art anzubringen.

Beispiel:
Anschriftenfeld
(Steuerschuldner als Inhaltsadressat, Bekanntgabeadressat und Empfänger):
Gemeinde Mainwiesen
– Friedhofsgärtnerei –
Postfach 12 34
61116 Mainwiesen

Der Hinweis auf den betroffenen Betrieb gewerblicher Art kann auch in den Erläuterungen zum Steuer(mess)bescheid angebracht werden.

2.8.3. Juristische Personen in und nach Liquidation (Abwicklung)

2.8.3.1. Bei einer in Liquidation (bei Aktiengesellschaften: Abwicklung) befindlichen Gesellschaft ist der Steuerbescheid der Gesellschaft, z. H. des Liquidators (Abwicklers), bekannt zu geben.

Beispiel:

Für die in Liquidation befindliche Müller GmbH (Inhaltsadressat) ist der Steuerberater Hans Schmidt als Liquidator (Bekanntgabeadressat) bestellt worden.

Anschriftenfeld
Müller GmbH i. L.
z. H. des Liquidators
Herrn Steuerberater Hans Schmidt
...

2.8.3.2. [1]Steuerrechtlich wird auch eine im Handelsregister bereits gelöschte juristische Person so lange als fortbestehend angesehen, wie sie noch steuerrechtliche Pflichten zu erfüllen hat (BFH-Urteil vom 1.10.1992, IV R 60/91, BStBl. 1993 II S. 82). [2]Zu ihrer steuerrechtlichen Vertretung bedarf es eines Liquidators, der insoweit auch die steuerlichen Pflichten zu erfüllen hat (§ 34 Abs. 3 AO). [3]Ein Liquidator kann auch nur zum Zweck der Entgegennahme eines Steuerbescheids für die gelöschte GmbH bestellt werden (BayObLG-Beschluss vom 2.2.1984, BReg 3 Z 192/83, DB S. 870). [4]Das Finanzamt hat ggf. die Neubestellung eines Liquidators beim Registergericht zu beantragen, weil mit dem Erlöschen der Firma auch das Amt des zunächst bestellten Liquidators endet (BFH-Urteile vom 2.7.1969, I R 190/67, BStBl. II S. 656, und vom 6.5.1977, III R 19/75, BStBl. II S. 783). [5]Die Neubestellung eines Liquidators ist nicht erforderlich, wenn eine gelöschte Kapitalgesellschaft durch einen Bevollmächtigten vertreten wird, der bereits vor Löschung bestellt wurde und dessen Bevollmächtigung die Entgegennahme von Entscheidungen der Finanzbehörde umfasst. [6]Eine vor Löschung erteilte Vollmacht wirkt insoweit fort (§ 80 Abs. 2 AO; vgl. BFH-Urteil vom 27.4.2000, I R 65/98, BStBl. II S. 500 zu § 86 ZPO). [7]Wegen § 80 Abs. 1 Satz 2 zweiter Halbsatz AO ist jedoch für etwaige Zahlungen an die im Handelsregister gelöschte Gesellschaft die nachträgliche Bestellung eines Liquidators erforderlich, wenn nicht der Bevollmächtigte bereits vor Löschung ausdrücklich zur Entgegennahme von Zahlungen für die Gesellschaft ermächtigt worden ist (vgl. AEAO zu § 80, Nr. 2).

2.9. Wegen der Bekanntgabe von Verwaltungsakten in Insolvenzfällen vgl. AEAO zu § 251, Nrn. 4.3, 4.4, 6.1, 13.2 und 15.1.

2.10. Wegen der Bekanntgabe von Verwaltungsakten im Verbraucherinsolvenzverfahren vgl. AEAO zu § 251, Nrn. 12.2 und 12.3.

2.11. Zwangsverwaltung

[1]Mit Anordnung der Zwangsverwaltung verliert der Grundstückseigentümer (Schuldner) die Befugnis, über das beschlagnahmte Grundstück zu verfügen. [2]Bekanntgabeadressat von Verwaltungsakten, die das beschlagnahmte Grundstück betreffen, ist daher der Zwangsverwalter. [3]Dies gilt insbesondere für einen Grundsteuermessbescheid, einen Grundsteuerbescheid sowie für einen Umsatzsteuerbescheid, der die Verwaltung des Grundstücks betreffende Umsätze und Vorsteuern erfasst. [4]Zur Bekanntgabe von Einkommensteuer-

bescheiden, Körperschaftsteuerbescheiden und Feststellungsbescheiden während einer Zwangsverwaltung sowie zu weiteren ertragsteuerlichen Folgen einer Zwangsverwaltung vgl. BMF-Schreiben vom 3.5.2017, BStBl. I S. 718.

Der dem Zwangsverwalter bekannt zu gebende Verwaltungsakt muss neben der Bezeichnung der der Zwangsverwaltung unterliegenden Grundstücke auch die Person des Grundstückseigentümers (Inhaltsadressat) angeben (BFH-Urteil vom 23.6.1988, V R 203/83, BStBl. II S. 920).

[1] Soweit die Wirkung von Steuerbescheiden über die Zwangsverwaltung hinausgeht, sind sie auch dem Grundstückseigentümer (Inhaltsadressat) bekannt zu geben. [2] Einheitswertbescheide über zwangsverwaltete Grundstücke sind sowohl dem Zwangsverwalter als auch dem Grundstückseigentümer (Inhaltsadressat) bekannt zu geben.

Beispiel für die Bekanntgabe eines Einheitswertbescheids:

Bekanntgabeadressaten

sind sowohl der Schuldner	als auch der Zwangsverwalter
Anschriftenfeld (Empfänger):	
Herrn	Herrn Rechtsanwalt
Josef Meier Sophienstraße 20 80799 München	Helmut Müller Schellingstraße 40 80799 München
Bescheidkopf	
	Als Zwangsverwalter des Grundstücks Sophienstraße 20 80799 München (Grundstückseigentümer Josef Meier)

2.12. Gesamtrechtsnachfolge (z. B. Erbfolge)

2.12.1. [1] Zur Frage, wann eine Gesamtrechtsnachfolge i. S. d. § 45 Abs. 1 AO vorliegt, vgl. AEAO zu § 45. [2] Bescheide, die bereits vor Eintritt der Gesamtrechtsnachfolge an den Rechtsvorgänger gerichtet und ihm zugegangen waren, wirken auch gegen den Gesamtrechtsnachfolger. [3] Er kann nur innerhalb der für den Rechtsvorgänger maßgeblichen Rechtsbehelfsfrist Einspruch einlegen. [4] § 353 AO schreibt dies für Bescheide mit dinglicher Wirkung ausdrücklich auch vor, soweit es sich um Einzelrechtsnachfolge handelt. [5] Die Regelung in § 166 AO, wonach unanfechtbare Steuerfestsetzungen auch gegenüber einem Gesamtrechtsnachfolger gelten, bedeutet nicht, dass gegenüber einem Gesamtrechtsnachfolger die Bekanntgabe zu wiederholen ist oder dass eine neue Rechtsbehelfsfrist läuft. [6] Hat der Rechtsvorgänger zwar den Steuertatbestand verwirklicht, wurde ihm aber der Bescheid vor Eintritt der Rechtsnachfolge nicht mehr bekannt gegeben, so ist der Bescheid an den Gesamtrechtsnachfolger zu richten (BFH-Urteil vom 16.1.1974, I R 254/70, BStBl. II S. 388).

2.12.2. [1] Bei einer Gesamtrechtsnachfolge i. S. d. § 45 Abs. 1 AO geht die Steuerschuld des Rechtsvorgängers auf den Rechtsnachfolger über. [2] In den Bescheidkopf ist der Hinweis aufzunehmen, dass der Steuerschuldner als Gesamtrechtsnachfolger des Rechtsvorgängers in Anspruch genommen wird. [3] Entsprechendes gilt, wenn der Steuerschuldner zugleich aufgrund eines eigenen Steuerschuldverhältnisses und als Gesamtrechtsnachfolger in Anspruch genommen wird.

Beispiel:

Der Ehemann ist 08 verstorben. Die Ehefrau ist Alleinerbin. Für den Veranlagungszeitraum 07 soll ein zusammengefasster ESt-Bescheid bekannt gegeben werden.

Anschriftenfeld
(Steuerschuldner als Inhaltsadressat, Bekanntgabeadressat und Empfänger):
Frau
Eva Meier
Hauptstraße 100
67433 Neustadt

Bescheidkopf
Dieser Steuerbescheid ergeht an Sie zugleich als Alleinerbin nach Ihrem Ehemann.

Beispiel:

Die Meier-OHG mit den Gesellschaftern Max und Emil Meier ist durch Austritt des Gesellschafters Emil Meier aus der OHG und gleichzeitige Übernahme des Gesamthandsvermögens durch Max Meier ohne Liquidation erloschen (vollbeendet). Nach dem Ausscheiden des vorletzten Gesellschafters soll ein Umsatzsteuerbescheid für einen Zeitraum vor dem Ausscheiden für die erloschene OHG ergehen.

Anschriftenfeld
(Steuerschuldner als Inhaltsadressat, Bekanntgabeadressat und Empfänger):
Herrn
Max Meier
Hauptstraße 101
67433 Neustadt

Bescheidkopf
Dieser Bescheid ergeht an Sie als Gesamtrechtsnachfolger der Meier-OHG.

Beispiel:

Die A-GmbH ist unter Auflösung ohne Abwicklung auf die B-GmbH verschmolzen worden.

Anschriftenfeld
(Steuerschuldner als Inhaltsadressat, Bekanntgabeadressat und Empfänger):
B-GmbH
Hauptstraße 101
67433 Neustadt

Bescheidkopf
Dieser Bescheid ergeht an Sie als Gesamtrechtsnachfolgerin der A-GmbH.

2.12.3. [1]Das Finanzamt kann gegen Gesamtrechtsnachfolger (z. B. mehrere Erben) Einzelbescheide nach § 155 Abs. 1 AO oder einen nach § 155 Abs. 3 AO zusammengefassten Steuerbescheid erlassen (BFH-Urteile vom 24.11.1967, III 2/63, BStBl. 1968 II S. 163, und vom 28.3.1973, I R 100/71, BStBl. II S. 544). [2]Grundsätzlich ist ein zusammengefasster Bescheid zu erlassen, der an die Gesamtrechtsnachfolger als Gesamtschuldner zu richten und jedem von ihnen bekannt zu geben ist, soweit nicht nach § 122 Abs. 6 AO (vgl. AEAO zu § 122, Nr. 2.1.3) verfahren werden kann (§ 122 Abs. 1 AO). [3]Der Steuerbescheid ist nur wirksam, wenn die Gesamtrechtsnachfolger, an die sich der Bescheid richtet, namentlich als Inhaltsadressaten aufgeführt sind.

[1]Im Einzelfall können sich die Gesamtrechtsnachfolger, gegen die sich der Bescheid als Inhaltsadressaten richtet, auch durch Auslegung des Bescheids ergeben, z. B. durch die Bezugnahme auf einen den Betroffenen bekannten Betriebsprüfungsbericht (BFH-Urteil vom 17.11.2005, III R 8/03, BStBl. 2006 II S. 287). [2]Die Ermittlung des Inhaltsadressaten durch Auslegung kann jedoch einen Mangel der fehlenden Bestimmtheit des Steuerschuldners nicht

heilen. [3]Für eine Auslegung, an wen der Steuerbescheid sich richtet, ist z. B. dann kein Raum, wenn in einem Einkommensteuerbescheid ohne namentliche Anführung der Beteiligten eine Erbengemeinschaft als Inhaltsadressat benannt (z. B. „Erbengemeinschaft nach Herrn Adam Meier“) und zugleich der Hinweis auf die Gesamtrechtsnachfolge unterblieben ist (vgl. AEAO zu § 122, Nr. 2.12.2). [4]Die Angabe, wer die Steuer schuldet (§ 157 Abs. 1 Satz 2 AO), fehlt hier, denn eine Erbengemeinschaft kann nicht Schuldnerin der Einkommensteuer sein.

Aus Gründen der Rechtsklarheit sind die Inhaltsadressaten grundsätzlich namentlich aufzuführen (vgl. die Beispiele zum AEAO zu § 122, Nr. 2.12.4); von dem Verweis auf für die Betroffenen bekannte Umstände ist nur ausnahmsweise Gebrauch zu machen.

[1]Es ist unschädlich, nur einen oder mehrere aus einer größeren Zahl von Gesamtrechtsnachfolgern auszuwählen, weil es nicht zwingend erforderlich ist, einen Steuerbescheid an alle Gesamtrechtsnachfolger zu richten (vgl. AEAO zu § 122, Nr. 4.4.5). [2]Betrifft der zusammengefasste Bescheid Eheleute, Eheleute mit Kindern oder Alleinstehende mit Kindern, kann auch von der Sonderregelung des § 122 Abs. 7 AO (vgl. AEAO zu § 122, Nr. 2.1.2) Gebrauch gemacht werden.

2.12.4. Beispiele:

1.1. Der Steuerschuldner Adam Meier ist im Jahr 08 verstorben.
Erben sind seine Kinder Konrad, Ludwig und Martha Meier zu gleichen Teilen. Die Steuerbescheide für das Jahr 07 (ESt, USt, GewSt) können erst im Jahr 09, d. h. nach dem Tode des Adam Meier ergehen.
Die Erben Konrad, Ludwig und Martha Meier sind durch Gesamtrechtsnachfolge Steuerschuldner (Inhaltsadressaten) geworden (§ 45 Abs. 1 AO); sie haben jeder für sich für die gesamte Steuerschuld einzustehen (§ 45 Abs. 2 AO, § 44 Abs. 1 AO).
Gegen die Miterben können zusammengefasste Bescheide nach § 155 Abs. 3 AO ergehen. Jedem Erben ist eine Ausfertigung des zusammengefassten Bescheids an die Wohnanschrift zu übermitteln. Die Bekanntgabe an einen Erben mit Wirkung für und gegen alle anderen Erben ist in diesem Fall nur unter den Voraussetzungen des § 122 Abs. 6 AO (vgl. Beispiel 1.2) möglich. Der Bescheid wird gegenüber dem Erben, dem er bekannt gegeben wurde, auch wirksam, wenn er dem oder den anderen Miterben nicht bekannt gegeben wurde. Um eine Zwangsvollstreckung in den ungeteilten Nachlass zu ermöglichen, ist aber die Bekanntgabe des Bescheids an jeden einzelnen Miterben notwendig (§ 265 AO i. V. m. § 747 ZPO).

Anschriftenfeld
(jeweils in gesonderten Ausfertigungen):

Herrn
Konrad Meier
Sternstraße 15
53111 Bonn

Herrn
Ludwig Meier
Königstraße 200
40212 Düsseldorf

Frau
Martha Meier
Sophienstraße 3
80333 München

Bescheidkopf
Für Konrad, Ludwig und Martha Meier als Miterben nach Adam Meier. Den anderen Miterben wurde ein Bescheid gleichen Inhalts erteilt. Die Erben sind Gesamtschuldner (§ 44 AO).

1.2. Wie Beispiel 1.1, jedoch ist Konrad Meier mit Einverständnis von Ludwig und Martha Meier Empfänger des Steuerbescheids (einverständliche Bekanntgabe nach § 122 Abs. 6 AO).

Anschriftenfeld
Herrn
Konrad Meier
Sternstraße 15
53111 Bonn

Bescheidkopf
Der Steuerbescheid ergeht an Sie als Miterben nach Adam Meier zugleich mit Wirkung für und gegen die Miterben Ludwig und Martha Meier. Die Erben sind Gesamtschuldner (§ 44 AO).

1.3. Wie Beispiel 1.1, jedoch sind die Erben Eheleute oder nahe Familienangehörige unter gemeinschaftlicher Anschrift i. S. d. § 122 Abs. 7 AO. Es genügt die Bekanntgabe einer Ausfertigung des Steuerbescheids an die gemeinsame Anschrift.

Anschriftenfeld
Konrad Meier
Ludwig Meier
Martha Meier
Sternstraße 15
53111 Bonn

Bescheidkopf
Der Steuerbescheid ergeht an Sie als Miterben nach Adam Meier. Die Erben sind Gesamtschuldner (§ 44 AO).

2.1. Der Steuerschuldner Herbert Müller ist im Jahr 08 verstorben. Erben sind seine Ehefrau Anna Müller und die gemeinsamen Kinder Eva Müller und Thomas Müller. Der ESt-Bescheid für das Jahr 07 kann erst nach dem Tod des Herbert Müller ergehen. Herbert und Anna Müller sind zusammen zu veranlagen.
Anna Müller ist Gesamtschuldner zunächst als zusammenveranlagter Ehegatte (§ 26b EStG i. V. m. § 44 AO) sowie gemeinsam mit den Kindern Eva und Thomas Müller als Erben des verstorbenen Herbert Müller (§ 45 Abs. 1 AO). Sie haben jeder für sich für die gesamte Steuerschuld einzustehen (§ 45 Abs. 2 AO, § 44 Abs. 1 AO).
Gegen die Beteiligten Anna Müller, Eva Müller und Thomas Müller können zusammengefasste Bescheide nach § 155 Abs. 3 AO ergehen. Jedem Beteiligten ist eine Ausfertigung des zusammengefassten Bescheids an seine Wohnanschrift zu übermitteln. [2]Der Bescheid wird gegen einen Beteiligten, dem er bekannt gegeben wurde, auch wirksam, wenn er einem oder mehreren anderen Beteiligten nicht bekannt gegeben wurde (siehe aber § 265 AO i. V. m. § 747 ZPO, vgl. Beispiel 1.1).

Anschriftenfeld
(jeweils in gesonderten Ausfertigungen):

Frau
Anna Müller
Hohe Straße 27
50667 Köln

Frau
Eva Müller
Wilhelmstraße 19
53111 Bonn

Herrn
Thomas Müller
Sophienstraße 35
80333 München

Bescheidkopf
Für Anna Müller und die Erben nach Herbert Müller: Anna Müller, Eva Müller und Thomas Müller. Alle Beteiligten sind Gesamtschuldner (§ 44 AO).

2.2. Wie Beispiel 2.1, jedoch ist Anna Müller mit Einverständnis von Eva und Thomas Müller Empfänger des Bescheids (§ 122 Abs. 6 AO).

Anschriftenfeld
Frau
Anna Müller
Hohe Straße 27
50667 Köln

Bescheidkopf
Für Anna Müller und die Erben nach Herbert Müller: Anna Müller, Eva Müller und Thomas Müller. Der Bescheid ergeht an Sie zugleich mit Wirkung für und gegen die Miterben. Alle Beteiligten sind Gesamtschuldner (§ 44 AO).

2.3. Wie Beispiel 2.1, jedoch leben alle Beteiligten unter gemeinsamer Anschrift i. S. v. § 122 Abs. 7 AO (in Köln, Hohe Straße 27). Es genügt die Bekanntgabe einer Ausfertigung des Steuerbescheids an die gemeinsame Anschrift.

Anschriftenfeld
Anna Müller
Eva Müller
Thomas Müller
Hohe Straße 27
50667 Köln

Bescheidkopf
Für Anna Müller und die Erben nach Herbert Müller: Anna Müller, Eva Müller und Thomas Müller. Alle Beteiligten sind Gesamtschuldner (§ 44 AO).

2.12.5. Zur Bekanntgabe von Bescheiden bei unbekannten Erben vgl. AEAO zu § 122, Nr. 2.13.2.

2.12.6. [1] Ist eine Erbengemeinschaft Unternehmer oder selbständiger Rechtsträger, so ist ein Steuerbescheid (z. B. über Umsatzsteuer oder Grunderwerbsteuer) an sie als Erbengemeinschaft zu richten (vgl. AEAO zu § 122, Nrn. 2.4 und 2.4.1.2). [2] Hat die Erbengemeinschaft keinen Namen und keinen gesetzlichen Vertreter, muss sie zur zweifelsfreien Identifizierung der Gemeinschaft und ihrer Gemeinschafter grundsätzlich durch den Namen des Erblassers und der einzelnen Miterben charakterisiert werden (BFH-Urteil vom 29.11.1972, II R 42/67, BStBl. 1973 II S. 372). [3] Zur Ermittlung der Inhaltsadressaten durch Auslegung gelten die Ausführungen in Nr. 2.12.3 des AEAO zu § 122 entsprechend.

2.12.7. Vollstreckung in den Nachlass

Ist ein Steuerbescheid bereits zu Lebzeiten des Erblassers wirksam geworden und will die Finanzbehörde wegen der Steuerschuld vollstrecken, muss sie vor Beginn der Vollstreckung ein Leistungsgebot erlassen (vgl. im Einzelnen Abschn. 29 ff. VollstrA).

2.12.8. Umwandlung von Gesellschaften

Zum Erlass von Steuerverwaltungsakten in Spaltungsfällen und in Fällen eines Formwechsels vgl. AEAO zu § 122, Nrn. 2.15 und 2.16 sowie AEAO zu § 45, Nrn. 2 und 3.

2.13. Testamentsvollstreckung, Nachlasspflegschaft, Nachlassverwaltung

2.13.1. [1]Der **Testamentsvollstrecker** ist nicht Vertreter der Erben, sondern Träger eines durch letztwillige Verfügung des Erblassers begründeten privaten Amts, dessen Inhalt durch die letztwillige Verfügung bestimmt wird (§§ 2197 ff. BGB; BFH-Urteil vom 11.6.2013, II R 10/11, BStBl. II S. 924). [2]Soweit die Verwaltungsbefugnis des Testamentsvollstreckers reicht, ist dem Erben die Verfügungsbefugnis entzogen (§ 2211 BGB). [3]Der Testamentsvollstrecker kann den Erben nicht persönlich verpflichten und hat auch nicht dessen persönliche Pflichten gegenüber den Finanzbehörden zu erfüllen (BFH-Urteil vom 16.4.1980, VII R 81/79, BStBl. II S. 605).

2.13.1.1. [1]Hat der Erblasser selbst noch den Steuertatbestand verwirklicht, ist aber gegen ihn kein Steuerbescheid mehr ergangen, so ist der Steuerbescheid an den Erben als Inhaltsadressaten zu richten und diesem bekannt zu geben (vgl. Beispiele in Nr. 2.12.4 des AEAO zu § 122; BFH-Urteile vom 15.2.1978, I R 36/77, BStBl. II S. 491, und vom 8.3.1979, IV R 75/76, BStBl. II S. 501), es sei denn, der Testamentsvollstrecker ist zugleich Empfangsbevollmächtigter des Erben (§ 122 Abs. 1 Satz 3 AO). [2]Ist der Testamentsvollstrecker im Rahmen seiner Verwaltung des gesamten Nachlassvermögens nach § 2213 Abs. 1 BGB zur Erfüllung von Nachlassverbindlichkeiten verpflichtet und soll er zur Erfüllung der Steuerschuld aus dem von ihm verwalteten Nachlass herangezogen werden, kann der Steuerbescheid – auch – an ihn gerichtet werden (BFH-Urteil vom 30.9.1987, II R 42/84, BStBl. 1988 II S. 120). [3]Geschieht dies nicht, ist er durch Übersendung einer Ausfertigung des dem Erben oder dem Nachlasspfleger bekannt gegebenen Steuerbescheids in Kenntnis zu setzen. [4]Ggf. ist er durch Duldungsbescheid (§ 191 Abs. 1 AO) in Anspruch zu nehmen. [5]Seine persönliche Haftung nach § 69 i.V.m. § 34 Abs. 3 AO bleibt davon unberührt.

2.13.1.2. [1]Betrifft die Steuerpflicht Tatbestände nach dem Erbfall, so ist der Erbe Steuerschuldner auch für Steuertatbestände, die das Nachlassvermögen betreffen. [2]Steuerbescheide über Einkünfte, die dem Erben aus dem Nachlassvermögen zufließen, sind dem Erben als Inhaltsadressaten und nicht dem Testamentsvollstrecker bekannt zu geben (BFH-Urteil vom 7.10.1970, I R 145/68, BStBl. 1971 II S. 119; BFH-Beschluss vom 29.11.1995, X B 328/94, BStBl. 1996 II S. 322). [3]Dies gilt auch, wenn der Testamentsvollstrecker ein Unternehmen im eigenen Namen weiterführt (BFH-Urteil vom 16.2.1977, I R 53/74, BStBl. II S. 481, für GewSt-Messbescheide). [4]Steht dem Testamentsvollstrecker nach § 2213 Abs. 1 BGB die Verwaltung des gesamten Nachlasses zu, sind die drei letzten Sätze der Nr. 2.13.1.1 des AEAO zu § 122 entsprechend anzuwenden.

2.13.2. [1]Sind der oder die Erben (noch) unbekannt, so ist der Steuerbescheid, gleichgültig ob der Steuertatbestand vom Erblasser selbst noch verwirklicht worden ist oder erst nach Eintritt des Erbfalls, einem zu bestellenden **Nachlasspfleger** bekannt zu geben. [2]Die Vertretungsbefugnis des Nachlasspflegers endet auch dann erst mit Aufhebung der Nachlasspflegschaft durch das Nachlassgericht, wenn die Erben zwischenzeitlich bekannt wurden (BFH-Urteil vom 30.3.1982, VIII R 227/80, BStBl. II S. 687).

[1]Der Nachlasspfleger ist gesetzlicher Vertreter des Erben, falls dieser noch unbekannt ist oder die Annahme der Erbschaft noch ungewiss ist. [2]Er wird von Amts wegen oder auf Antrag eines Nachlassgläubigers vom Nachlassgericht bestellt (siehe §§ 1960, 1961 BGB, § 81 AO). [3]Nr. 2.2 des AEAO zu § 122 ist entsprechend anzuwenden. [4]Der Testamentsvollstrecker ist nicht bereits kraft Amtes Vertreter des unbekannten Erben, kann aber zum Nachlasspfleger bestellt werden.

2.13.3. [1]**Nachlassverwaltung** ist die Nachlasspflegschaft zum Zwecke der Befriedigung der Nachlassgläubiger (§ 1975 BGB). [2]Die Stellung des Nachlassverwalters ist derjenigen des Testamentsvollstreckers vergleichbar. [3]Die Ausführungen in Nr. 2.13.1.1 und Nr. 2.13.1.2 des AEAO zu § 122 gelten daher entsprechend (vgl. BFH-Urteil vom 5.6.1991, XI R 26/89, BStBl. II S. 820).

2.13.4. Erbschaftsteuerbescheide

2.13.4.1. [1]Ein Erbschaftsteuerbescheid ist nach § 32 Abs. 1 ErbStG dem **Testamentsvollstrecker** mit Wirkung für und gegen die Erben bekannt zu geben, wenn er nach § 31 Abs. 5 ErbStG zur Abgabe der Erbschaftsteuererklärung verpflichtet war. [2]Dies ist nur dann der Fall, wenn sich die Testamentsvollstreckung auf den Gegenstand des Erwerbs oder im Fall eines Vermächtnisses auch auf die anschließende Verwaltung des vermachten Gegenstandes, insbesondere im Rahmen einer Dauervollstreckung (§§ 2209, 2210 BGB), bezieht und das Finanzamt die Abgabe der Erbschaftsteuererklärung vom Testamentsvollstrecker verlangt hat (vgl. BFH-Urteil vom 11.6.2013, II R 10/11, BStBl. II S. 924). [3]Soweit nach diesen Grundsätzen der Erbschaftsteuerbescheid dem Testamentsvollstrecker bekannt zu geben ist, gilt dies auch dann, wenn der Testamentsvollstrecker zur Abgabe der Erbschaftsteuererklärung aufgefordert worden war, diese aber tatsächlich nicht abgegeben hat und daher die Besteuerungsgrundlagen geschätzt wurden.

Ein Erbschaftsteuerbescheid, mit dem lediglich Erbschaftsteuer aufgrund des Erwerbs eines schuldrechtlichen Anspruchs erbrechtlicher Natur (z. B. Pflichtteilsrecht, Erbersatzanspruch) und/oder aufgrund Erwerbs infolge eines Vertrages des Erblassers zugunsten des Erwerbers auf den Todesfall festgesetzt wird, kann dem Testamentsvollstrecker nicht mit Wirkung für und gegen den Steuerschuldner bekannt gegeben werden (BFH-Urteile vom 14.11.1990, II R 255/85, BStBl. 1991 II S. 49, und II R 58/86, BStBl. 1991 II S. 52).

Ist der Erbschaftsteuerbescheid nach den vorgenannten Grundsätzen dem Testamentsvollstrecker bekannt zu geben, muss der Bescheid mit hinreichender Bestimmtheit erkennen lassen, dass er sich – ungeachtet der Verpflichtung des Testamentsvollstreckers, für die Zahlung der Steuer zu sorgen (§ 32 Abs. 1 Satz 2 ErbStG) – an den Erben als Steuerschuldner richtet (BFH-Urteil vom 10.7.1991, VIII R 16/90, BFH/NV 1992 S. 223).

Beispiel:

Anschriftenfeld
Name und Anschrift des Testamentsvollstreckers
Bescheidkopf
Erbschaftsteuerbescheid über den Erwerb des ...
(Name des Erben/Miterben)
aufgrund des Ablebens von ...

Erläuterungen:
[1]Der Bescheid wird Ihnen nach § 32 Abs. 1 Satz 1 ErbStG mit Wirkung für und gegen den oben bezeichneten Erben bekannt gegeben. [2]Dieser ist Steuerschuldner.

2.13.4.2. Die Ausführungen in Nr. 2.13.4.1 des AEAO zu § 122 gelten entsprechend für Fälle der **Nachlasspflegschaft** und der **Nachlassverwaltung** (§ 31 Abs. 6, § 32 Abs. 2 ErbStG).

2.13.4.3 [1]Die Bekanntgabe des Erbschaftsteuerbescheids an den Testamentsvollstrecker, den Nachlasspfleger oder den Nachlassverwalter setzt auch die Einspruchsfrist für die Anfechtung durch den Erben in Lauf. [2]Dem Erben ist bei verspäteter Unterrichtung durch den Testamentsvollstrecker oder den Nachlassverwalter Wiedereinsetzung in den vorigen Stand zu gewähren, wenn die Jahresfrist gem. § 110 Abs. 3 AO noch nicht abgelaufen ist. [3]Dem Erben ist ein etwaiges Verschulden des Testamentsvollstreckers oder des Nachlassverwalters nicht zuzurechnen, da diese keine Vertreter i. S. d. § 110 Abs. 1 Satz 2 AO sind (vgl. BFH-Urteil vom 14.11.1990, II R 58/86, BStBl. 1991 II S. 52). [4]Dagegen ist ein Nachlasspfleger gesetzlicher Vertreter des unbekannten Erben (vgl. AEAO zu § 122, Nr. 2.13.2) mit der Folge, dass sein Verschulden dem Erben zuzurechnen ist.

2.14. Haftende

2.14.1. [1]Der Steuerschuldner und der Haftende sind nach § 44 Abs. 1 AO zwar Gesamtschuldner, diese Bestimmung führt aber nicht zu einer völligen Gleichstellung. [2]Der Steuerbescheid ist an den Steuerschuldner zu richten. [3]Über die Haftung ist durch selbständigen Haftungsbescheid zu entscheiden (§ 191 AO) und der Haftende durch Zahlungsaufforderung in Anspruch zu nehmen (§ 219 AO). [4]Beide Maßnahmen können auch getrennt voneinander ausgeführt werden. [5]Die Zusendung einer Ausfertigung des Steuerbescheids reicht zur Inanspruchnahme des Haftenden nicht aus.

2.14.2. Der Haftungsbescheid muss eindeutig erkennen lassen, gegen wen sich der Haftungsanspruch richtet.

Beispiele für Lohnsteuerhaftungsbescheide bei Inanspruchnahme:

a) des Arbeitgebers:	b) des Geschäftsführers des Arbeitgebers:
Haftungsschuldner als Inhaltsadressat, Bekanntgabeadressat und Empfänger:	Haftungsschuldner als Inhaltsadressat, Bekanntgabeadressat und Empfänger:
Meier GmbH Sophienstraße 2a 80333 München	Herrn Josef Meier (Geschäftsführer der Meier-GmbH) Hansastr. 100 81373 München
(jeweils mit Angabe des Haftungsgrundes in der Erläuterung)	(jeweils mit Angabe des Haftungsgrundes in der Erläuterung)

[1]Bei der Inanspruchnahme des Geschäftsführers als Haftungsschuldner für Steuerschulden der von ihm vertretenen juristischen Person oder nichtrechtsfähigen Personenvereinigung ist darauf zu achten, dass die persönliche Inanspruchnahme in der Adressierung und auch sonst im Bescheid eindeutig zum

Ausdruck kommt. [2]Als postalische Anschrift ist im Haftungsbescheid i. d. R. die von der Firmenanschrift abweichende Wohnanschrift des Geschäftsführers zu verwenden. [3]Wird ein Haftungsbescheid an den Geschäftsführer durch die Post mit Zustellungsurkunde (vgl. AEAO zu § 122, Nr. 3.1.1) ausnahmsweise unter der Firmenanschrift zugestellt, ist im Kopf des Vordrucks „Zustellungsurkunde“ in roter Schrift oder durch rotes Unterstreichen zu vermerken: „Keine Ersatzzustellung“.

2.14.3. [1]Sollen wegen desselben Anspruchs mehrere Haftungsschuldner herangezogen werden, kann in entsprechender Anwendung des § 155 Abs. 3 AO ein zusammengefasster Haftungsbescheid erlassen werden. [2]Für jeden Haftungsschuldner ist jedoch ein gesonderter Bescheid auszufertigen und bekannt zu geben, um ihm gegenüber Wirksamkeit zu erlangen. [3]Dies gilt auch dann, wenn der zusammengefasste Haftungsbescheid gegen Ehegatten gerichtet ist (BFH-Beschluss vom 22.10.1975, I B 38/75, BStBl. 1976 II S. 136).

[1]Bei der Inanspruchnahme von mehreren Haftungsschuldnern wegen desselben Anspruchs sind im Haftungsbescheid alle als Haftungsschuldner herangezogenen Personen zu benennen. [2]Eine fehlende Angabe der übrigen Haftungsschuldner führt aber nicht ohne weiteres zur Unwirksamkeit der Haftungsbescheide (BFH-Urteil vom 5.11.1980, II R 25/78, BStBl. 1981 II S. 176), sondern kann im Rahmen des § 126 AO nachgeholt werden. [3]Die einzelnen Haftungsschuldner werden durch die gemeinsame Inanspruchnahme zu Gesamtschuldnern (§ 44 AO); die Erfüllung durch einen der Gesamtschuldner wirkt auch für die übrigen.

2.15. Spaltung

[1]In den Fällen einer **Abspaltung, Ausgliederung** oder **Vermögensübertragung** nach dem UmwG liegt mit Ausnahme der Vermögensübertragung im Wege der Vollübertragung keine Gesamtrechtsnachfolge i. S. d. § 45 Abs. 1 AO vor (vgl. AEAO zu § 45, Nr. 2). [2]Die an einer Spaltung beteiligten Rechtsträger sind aber Gesamtschuldner für die Verbindlichkeiten des übertragenden Rechtsträgers, die vor dem Wirksamwerden der Spaltung begründet worden sind (§ 133 Abs. 1 Satz 1 UmwG). [3]Der übernehmende Rechtsträger kann daher durch Haftungsbescheid (im Falle der Vermögensübertragung im Wege der Vollübertragung durch Steuerbescheid) in Anspruch genommen werden.

[1]Bei einer Aufspaltung erlischt der übertragende Rechtsträger mit der Registereintragung der Spaltung (§ 131 Abs. 1 Nr. 2 UmwG). [2]Die Regelung über die steuerliche Gesamtrechtsnachfolge (§ 45 Abs. 1 AO) ist sinngemäß anzuwenden; dies gilt nicht in Bezug auf die gesonderte und einheitliche Feststellung von Besteuerungsgrundlagen (vgl. AEAO zu § 45, Nr. 2).

[1]Bei der Entscheidung, ob ein übernehmender Rechtsträger für Steuerverbindlichkeiten des übertragenden Rechtsträgers in Anspruch zu nehmen ist, soll i. d. R. eine im Spaltungs- und Übernahmevertrag getroffene Zuweisung der Steuerverbindlichkeiten berücksichtigt werden. [2]Enthält der Spaltungs- und Übernahmevertrag keine Zuweisung der Steuerverbindlichkeiten, soll in Fällen der Abspaltung oder Ausgliederung i. d. R. zunächst nur der übertragende Rechtsträger in Anspruch genommen werden.

Beispiel 1:

Vom Vermögen der Spalt-GmbH wurde ein Teil abgespalten und an die A-GmbH übertragen. Der Spaltungs- und Übernahmevertrag enthält keine Regelungen zur Zuweisung der Steuerverbindlichkeiten.

Steuerbescheid an Spalt-GmbH:

Anschriftenfeld
(Steuerschuldner als Inhaltsadressat, Bekanntgabeadressat und Empfänger):
Spalt-GmbH
Moltkestraße 5
12203 Berlin

Beispiel 2:

Wie Beispiel 1, jedoch sollen die Spalt-GmbH und die A-GmbH als Gesamtschuldner in Anspruch genommen werden.

Steuerbescheid an Spalt-GmbH:

Anschriftenfeld
(Steuerschuldner als Inhaltsadressat, Bekanntgabeadressat und Empfänger):
Spalt-GmbH
Moltkestraße 5
12203 Berlin

Bescheidkopf
Der A-GmbH wurde ein Haftungsbescheid erteilt. Die an der Abspaltung beteiligten Rechtsträger sind Gesamtschuldner (§ 44 AO, § 133 Abs. 1 Satz 1 UmwG).

Haftungsbescheid an A-GmbH:

Anschriftenfeld
(Haftungsschuldner als Inhaltsadressat, Bekanntgabeadressat und Empfänger):
A-GmbH
Meiserstraße 4
80284 München

Bescheidkopf
Dieser Bescheid ergeht an Sie als partielle Nachfolgerin der Spalt-GmbH. Der Spalt-GmbH wurde ein Steuerbescheid erteilt. Die an der Abspaltung beteiligten Rechtsträger sind Gesamtschuldner (§ 44 AO, § 133 Abs. 1 Satz 1 UmwG).

Beispiel 3:

Die Spalt-GmbH wurde in die A-GmbH und die B-GmbH aufgespalten. Im Spaltungs- und Übernahmevertrag wurden die Steuerverbindlichkeiten der erloschenen Spalt-GmbH der A-GmbH zugewiesen.

Steuerbescheid an A-GmbH:

Anschriftenfeld
(Steuerschuldner als Inhaltsadressat, Bekanntgabeadressat und Empfänger):
A-GmbH
Meiserstraße 4
80284 München

Bescheidkopf
Dieser Bescheid ergeht an Sie als Nachfolgerin der durch Aufspaltung erloschenen Spalt-GmbH.

Beispiel 4:

Die Spalt-GmbH wurde in die A-GmbH und die B-GmbH aufgespalten. Der Spaltungs- und Übernahmevertrag enthält keine Regelungen zur Zuweisung der Steuerverbindlichkeiten der Spalt-GmbH. Die A-GmbH und die B-GmbH sollen als Gesamtschuldner in Anspruch genommen werden.

Steuerbescheid an A-GmbH:

Anschriftenfeld
(Steuerschuldner als Inhaltsadressat, Bekanntgabeadressat und Empfänger):
A-GmbH
Meiserstraße 4
80284 München

Bescheidkopf
Dieser Bescheid ergeht an Sie als Nachfolgerin der durch Aufspaltung erloschenen Spalt-GmbH. Der B-GmbH wurde ein Bescheid gleichen Inhalts erteilt. Die an der Spaltung beteiligten Rechtsträger sind Gesamtschuldner (§ 44 AO, § 133 Abs. 1 Satz 1 UmwG).

Steuerbescheid an B-GmbH:

Anschriftenfeld
(Steuerschuldner als Inhaltsadressat, Bekanntgabeadressat und Empfänger):
B-GmbH
Hauptstr. 101
67433 Neustadt

Bescheidkopf
Dieser Bescheid ergeht an Sie als Nachfolgerin der durch Aufspaltung erloschenen Spalt-GmbH. Der A-GmbH wurde ein Bescheid gleichen Inhalts erteilt. Die an der Spaltung beteiligten Rechtsträger sind Gesamtschuldner (§ 44 AO, § 133 Abs. 1 Satz 1 UmwG).

2.16. Formwechselnde Umwandlung

[1]Bei einer formwechselnden Umwandlung (§ 1 Abs. 1 Nr. 4, §§ 190 ff. UmwG) liegt lediglich ein Wechsel der Rechtsform eines Rechtsträgers unter Wahrung seiner rechtlichen Identität vor. [2]Ändert sich allerdings durch den Formwechsel das Steuersubjekt, ist die Regelung des § 45 Abs. 1 AO über die steuerliche Gesamtrechtsnachfolge sinngemäß anzuwenden (vgl. AEAO zu § 45, Nr. 3).

[1]Wird eine Personengesellschaft in eine Kapitalgesellschaft umgewandelt, sind Bescheide über Steuern, für die die Personengesellschaft Steuerschuldnerin war (vgl. AEAO zu § 122, Nr. 2.4.1), nach der Umwandlung an die Kapitalgesellschaft zu richten und dieser bekannt zu geben. [2]Bescheide über die gesonderte und einheitliche Feststellung von Besteuerungsgrundlagen sind an die Gesellschafter der umgewandelten Personengesellschaft zu richten (vgl. AEAO zu § 122, Nr. 2.5). [3]Wird eine Kapitalgesellschaft in eine Personengesellschaft umgewandelt, sind Bescheide über Steuern, für die die Kapitalgesellschaft Steuerschuldnerin war, an die Personengesellschaft zu richten.

3. Besonderheiten des Zustellungsverfahrens

3.1. Zustellungsarten

[1]Die Zustellung richtet sich nach dem VwZG[1] (§ 122 Abs. 5 Satz 2 AO). [2]Die vom Amtsgericht zu erlassende Anordnung eines persönlichen Sicherheitsarrestes ist nach den Vorschriften der ZPO zuzustellen (§ 326 Abs. 4 AO).

Das VwZG sieht die folgenden Zustellungsarten vor:

– Zustellung durch die Post mit Zustellungsurkunde (§ 3 VwZG; vgl. AEAO zu § 122, Nr. 3.1.1),

[1] Verwaltungszustellungsgesetz v. 12.8.2005, BGBl. I 2005, 2354, zuletzt geänd. durch G v. 18.7.2017, BGBl. I 2017, 2745.

– Zustellung durch die Post mittels Einschreiben (§ 4 VwZG; vgl. AEAO zu § 122, Nr. 3.1.2),
– Zustellung (auch eines elektronischen Dokuments) durch die Behörde gegen Empfangsbekenntnis (§ 5 VwZG; vgl. AEAO zu § 122, Nr. 3.1.3),
– Zustellung (auch eines elektronischen Dokuments) im Ausland (§ 9 VwZG; vgl. AEAO zu § 122, Nr. 3.1.4),
– Öffentliche Zustellung (§ 10 VwZG; vgl. AEAO zu § 122, Nr. 3.1.5).

Kommen mehrere Zustellungsarten in Betracht, soll die kostengünstigste gewählt werden, sofern nicht besondere Umstände (z. B. Zweifel an der Annahmebereitschaft des Empfängers; vgl. Nr. 3.1.2) für eine Zustellung durch die Post mit Zustellungsurkunde sprechen.

Die Allgemeinen Verwaltungsvorschriften zum VwZG vom 13.12.1966 (BStBl. I S. 969), geändert durch die Allgemeine Verwaltungsvorschrift vom 27.4.1973 (BStBl. I S. 220), sind überholt.

3.1.1. Zustellung durch die Post mit Zustellungsurkunde (§ 3 VwZG)

[1]Soll ein Verwaltungsakt durch die Post mit Zustellungsurkunde zugestellt werden, sind § 3 VwZG sowie die dort angeführten Vorschriften der §§ 177 bis 182 ZPO zu beachten. [2]„Post" ist jeder Erbringer von Postdienstleistungen (§ 2 Abs. 2 Satz 1 VwZG; siehe auch § 33 des Postgesetzes vom 22.12.1997, BGBl. I S. 3294).

[1]Die Finanzbehörde hat der Post den Zustellungsauftrag, das zuzustellende Dokument in einem verschlossenen Umschlag und einen vorbereiteten Vordruck einer Zustellungsurkunde zu übergeben (§ 3 Abs. 1 VwZG). [2]Für die Zustellungsurkunde, den Zustellungsauftrag und den verschlossenen Umschlag sind die in der Zustellungsvordruckverordnung vom 12.2.2002 (BGBl. I S. 671, 1019), geändert durch Verordnung vom 23.4.2004 (BGBl. I S. 619), bestimmten Vordrucke zu verwenden (§ 3 Abs. 2 Satz 3 VwZG). [3]Der vorbereitete Vordruck der Zustellungsurkunde muss den Empfänger (vgl. AEAO zu § 122, Nrn. 1.5 und 1.6) und das Aktenzeichen (vgl. AEAO zu § 122, Nr. 3.1.1.1) des zuzustellenden Dokuments sowie die Anschrift der auftraggebenden Finanzbehörde enthalten. [4]Fehlen diese Angaben auf der zuzustellenden Sendung ganz oder teilweise, ist die Zustellung unwirksam, auch wenn die Zustellungsurkunde den Anforderungen des § 182 ZPO genügt. [5]Gleiches gilt, wenn auf der Sendung ein falsches Aktenzeichen angegeben ist.

[1]Ausnahmsweise kann als Zustellungsanschrift eine Postfachnummer gewählt werden. [2]In diesem Fall ist aber die tatsächliche Zustellung beim Rücklauf der Zustellungsurkunde zu überwachen (BFH-Urteil vom 9.2.1983, II R 10/79, BStBl. II S. 698). [3]Bei Ersatzzustellung durch Niederlegung ist die Zustellung nicht wirksam, wenn die Mitteilung über die Niederlegung in das Postfach des Empfängers eingelegt wird (BFH-Urteil vom 17.2.1983, V R 76/77, BStBl. II S. 528).

3.1.1.1. [1]Das auf der vorbereiteten Zustellungsurkunde und auf dem verschlossenen Umschlag anzugebende Aktenzeichen (vgl. AEAO zu § 122, Nr. 3.1.1) ist mit Abkürzungen zu bilden. [2]Anhand des Aktenzeichens muss einerseits der Inhalt des zuzustellenden Dokuments einwandfrei zu identifizieren sein (BFH-Urteil vom 18.3.2004, V R 11/02, BStBl. II S. 540), andererseits muss das Aktenzeichen so gewählt werden, dass es einem Dritten möglichst keinen Rückschluss auf den Inhalt der Sendung zulässt. [3]Die bloße Angabe der Steuernummer reicht nicht aus (BFH-Urteil vom 13.10.2005, IV R 44/03, BStBl. 2006 II S. 214).

Neben der Steuernummer und grundsätzlich neben dem Datum des zuzustellenden Verwaltungsakts sind die folgenden verwaltungsüblichen Abkürzungen und Listennummern zu verwenden.

Beispiele:

Abkürzung	**Inhalt der Sendung**
210/50 108, EStB 2005 vom xx. xx.xxxx	StNr. 210/50 108, ESt-Bescheid 2005 vom xx. xx.xxxx
210/50 108, VZB ESt 2006 vom xx. xx.xxxx	StNr. 210/50 108, Vorauszahlungsbescheid für ESt 2006 vom xx. xx.xxxx
210/50 108, HaB LSt 2005 vom xx. xx.xxxx	StNr. 210/50 108, Haftungsbescheid für LSt 2005 vom xx. xx.xxxx
210/50 108, NachB LSt 2005 vom xx. xx.xxxx	StNr. 210/50 108, Nachforderungsbescheid für LSt 2005 vom xx. xx.xxxx
210/50 108 EE EStB 2005	StNr. 210/50 108, Einspruchsentscheidung in Sachen ESt-Bescheid 2005
210/50 108 EE RbL 150/2006	StNr. 210/50 108, Einspruchsentscheidung für den in die Rechtsbehelfsliste 2006 unter Nr. 150 eingetragenen Einspruch
210/50 108 PrA vom xx. xx.xxxx	StNr. 210/50 108 Prüfungsanordnung vom xx. xx.xxxx
210/50 108 Mitteilung 141 Abs. 2 AO vom xx. xx.xxxx	StNr. 210/50 108 Mitteilung vom xx. xx.xxxx über den Beginn der Buchführungspflicht
210/50 108 ZG.-A. vom xx. xx.xxxx	StNr. 210/50 108 Verwaltungsakt über die Androhung eines Zwangsgeldes vom xx. xx.xxxx

[1]Bei der Zustellung eines Bescheids über die gesonderte Feststellung von Besteuerungsgrundlagen muss sich aus dem Aktenzeichen auch der Gegenstand der Feststellung ergeben (BFH-Urteil vom 13.10.2005, IV R 44/03, BStBl. 2006 II S. 214). [2]Für die hinreichende Unterscheidung von gesonderten Feststellungen sind – neben den übrigen Angaben, wie Steuernummer und Datum des zuzustellenden Verwaltungsakts (vgl. die vorstehenden Beispiele) – zweckmäßigerweise die folgenden Kürzel zu verwenden:

Beispiele:

Kürzel	**Gegenstand**
VF-ESt 31.12.05	Feststellung des verbleibenden Verlustvortrages zur ESt auf den 31.12.2005
VF-KSt 31.12.05	Feststellung des verbleibenden Verlustvortrages zur KSt auf den 31.12.2005
VF-Gew 31.12.05	Feststellung des vortragsfähigen Gewerbeverlustes auf den 31.12.2005

Kürzel	**Gegenstand**
Fest2B 2005	Feststellung der negativen Einkünfte aus der Beteiligung an Verlustzuweisungsgesellschaften nach § 2b EStG i. V. m. § 10d Abs. 4 EStG für 2005
ges. Fest 2005	Gesonderte Feststellung gem. § 180 Abs. 1 Satz 1 Nr. 2 Buchst. b AO für 2005
Ges. + einh. Fest 2005	Gesonderte und einheitliche Feststellung i. S. v. § 180 Abs. 1 Satz 1 Nr. 2 Buchstabe a AO für 2005

3.1.1.2. [1]Sollen mehrere Verwaltungsakte (z.B. Einspruchsentscheidungen) verschiedenen Inhalts in einer Postsendung zugestellt werden, müssen die gesetzlichen Form- und Beurkundungserfordernisse in Bezug auf jedes einzelne Schriftstück gewahrt werden. [2]Das Aktenzeichen muss aus Angaben über die einzelnen Schriftstücke bestehen (BFH-Urteil vom 7.7.2004, X R 33/02, BFH/NV 2005 S. 66). [3]Enthält die Sendung mehr Schriftstücke als durch Aktenzeichen auf der Zustellungsurkunde und/oder dem Umschlag bezeichnet, ist nur die Zustellung des nicht bezeichneten Schriftstücks unwirksam. [4]Der Zustellungsmangel kann jedoch nach § 8 VwZG geheilt werden (vgl. AEAO zu § 122, Nr. 4.5.2).

3.1.1.3. [1]Eine wirksame Zustellung an mehrere Personen gemeinsam ist nicht möglich, sondern nur die Zustellung an einen bestimmten Zustellungsempfänger. [2]In der Anschrift auf dem Briefumschlag und dementsprechend in der Zustellungsurkunde darf daher als Empfänger nur eine Person angesprochen werden. [3]Das gilt auch für die Zustellung an Ehegatten (BFH-Urteil vom 8.6.1995, IV R 104/94, BStBl. II S. 681). [4]Eine mit der Anschrift „Herrn Adam und Frau Eva Meier" versehene Sendung kann daher nicht wirksam zugestellt werden (vgl. AEAO zu § 122, zu Nr. 3.4).

3.1.1.4. [1]Die Zustellungsurkunde ist eine öffentliche Urkunde i.S.d. § 418 Abs. 1 ZPO (vgl. § 182 Abs. 1 Satz 2 ZPO) und erbringt daher den vollen Beweis für die in ihr bezeugten Tatsachen. [2]Dieser ist aber nach § 418 Abs. 2 ZPO durch Gegenbeweis widerlegbar. [3]Dies erfordert den vollen Nachweis eines anderen Geschehensablaufs; durch bloße Zweifel an der Richtigkeit der urkundlichen Feststellungen ist der Gegenbeweis nicht erbracht (BFH-Urteil vom 28.9.1993, II R 34/92, BFH/NV 1994 S. 291).

3.1.2. Zustellung durch die Post mittels Einschreiben (§ 4 VwZG)

[1]Die durch § 4 VwZG eröffnete Zustellungsmöglichkeit ist auf die Varianten „Einschreiben mittels Übergabe" und „Einschreiben mit Rückschein" beschränkt. [2]Die Zustellung mittels eines „Einwurf-Einschreibens" ist somit nicht möglich. [3]Nicht nur Briefe, sondern auch umfangreichere Sendungen z.B. Pakete können mittels Einschreiben zugestellt werden, soweit die Post (zum Begriff der „Post" vgl. AEAO zu § 122, Nr. 3.1.1) dies ermöglicht.

[1]Eine Zustellung durch **Einschreiben mit Rückschein** gilt an dem Tag als bewirkt, den der Rückschein angibt. [2]Zum Nachweis der Zustellung genügt der Rückschein (§ 4 Abs. 2 Satz 1 VwZG). [3]Im Gegensatz zu der bei einer Zustellung nach § 3 VwZG (vgl. AEAO zu § 122, Nr. 3.1.1) errichteten Zustellungsurkunde ist der Rückschein keine öffentliche Urkunde i.S.d. § 418 ZPO. [4]Der von dem Rückschein ausgehende Nachweis der Zustellung

ist somit auf das Maß eines normalen Beweismittels eingeschränkt. [5]Geht der Rückschein nicht bei der die Zustellung veranlassenden Behörde ein oder enthält er kein Datum, gilt die Zustellung am dritten Tag nach der Aufgabe zur Post als bewirkt, es sei denn, dass der Verwaltungsakt nicht oder zu einem späteren Zeitpunkt zugegangen ist; im Zweifel hat die Behörde den Zugang und dessen Zeitpunkt nachzuweisen (§ 4 Abs. 2 Sätze 2 und 3 VwZG).

[1]Eine Zustellung mittels **Einschreiben durch Übergabe** gilt am dritten Tag nach der Aufgabe zur Post als bewirkt, es sei denn, dass der Verwaltungsakt nicht oder zu einem späteren Zeitpunkt zugegangen ist. [2]Auch insoweit hat im Zweifel die Behörde den Zugang und dessen Zeitpunkt nachzuweisen (§ 4 Abs. 2 Sätze 2 und 3 VwZG). [3]Der Tag der Aufgabe zur Post ist in den Akten zu vermerken (§ 4 Abs. 2 Satz 4 VwZG).

[1]Für eine eventuelle Ersatzzustellung gelten nicht die §§ 178 bis 181 ZPO, sondern die einschlägigen allgemeinen Geschäftsbedingungen des in Anspruch genommenen Postdienstleisters. [2]Verweigert der Empfänger oder der Ersatzempfänger die Annahme der eingeschriebenen Sendung, wird sie als unzustellbar an den Absender zurückgeschickt. [3]Im Gegensatz zur Zustellung durch die Post mit Zustellungsurkunde (vgl. AEAO zu § 122, Nr. 3.1.1) kann daher gegen den Willen des Empfängers bzw. Ersatzempfängers eine Zustellung mittels Einschreiben nicht bewirkt werden.

3.1.3. Zustellung gegen Empfangsbekenntnis (§ 5 VwZG)

Gegen Empfangsbekenntnis kann zugestellt werden,

– indem die Behörde den zuzustellenden Verwaltungsakt dem Empfänger aushändigt (§ 5 Abs. 1 bis 3 VwZG; vgl. AEAO zu § 122, Nr. 3.1.3.1),
– durch Übermittlung auf andere Weise an Behörden, Körperschaften, Anstalten und Stiftungen des öffentlichen Rechts sowie an Angehörige bestimmter Berufe (§ 5 Abs. 4 VwZG; vgl. AEAO zu § 122, Nrn. 3.1.3.2, 3.1.3.4 und 3.1.3.5),
– durch elektronische Übermittlung an andere Empfänger unter den Voraussetzungen des § 5 Abs. 5 VwZG (vgl. AEAO zu § 122, Nrn. 3.1.3.3 bis 3.1.3.5).

3.1.3.1. [1]In den Fällen des § 5 Abs. 1 VwZG ist das zuzustellende Dokument grundsätzlich in einem verschlossenen Umschlag auszuhändigen. [2]Nur wenn keine schutzwürdigen Interessen des Empfängers entgegenstehen, kann das Dokument auch offen ausgehändigt werden. [3]Dies ist z. B. der Fall, wenn das Dokument durch den fachlich zuständigen Bediensteten selbst – etwa bei Erscheinen des Empfängers in den Diensträumen – ausgehändigt wird.

Bei einer Ersatzzustellung gem. § 5 Abs. 2 Nr. 3 VwZG ist wegen des Verweises auf § 181 ZPO für die Mitteilung über die Niederlegung der Vordruck gem. Anlage 4 der Zustellungsvordruckverordnung vom 12.2.2002 (BGBl. I S. 671) zu verwenden.

3.1.3.2. [1]Nach § 5 Abs. 4 VwZG kann an Behörden, Körperschaften, Anstalten und Stiftungen des öffentlichen Rechts, an Rechtsanwälte, Patentanwälte, Notare, Steuerberater, Steuerbevollmächtigte, Wirtschaftsprüfer, vereidigte Buchprüfer, Steuerberatungsgesellschaften, Wirtschaftsprüfungsgesellschaften und Buchprüfungsgesellschaften auch auf andere Weise, somit z. B. durch einfachen Brief oder elektronisch (auch durch Telefax), zugestellt werden. [2]§ 5 Abs. 4 VwZG enthält eine abschließende Aufzählung des in Betracht kommenden Empfängerkreises. [3]Abweichend von § 174 Abs. 1 ZPO darf daher an andere Personen, bei denen aufgrund ihres Berufs von einer erhöhten Zuverlässigkeit ausgegangen werden kann, nicht nach § 5 Abs. 4 VwZG zugestellt werden; in Betracht kommt aber eine elektronische Zustellung gemäß § 5 Abs. 5 VwZG (vgl. AEAO zu § 122, Nr. 3.1.3.3).

[1]Ob eine elektronische Zustellung die Verwendung einer qualifizierten elektronischen Signatur erfordert, bestimmt sich danach, ob für den zuzustellenden Verwaltungsakt die Schriftform gesetzlich vorgeschrieben ist (§ 87a Abs. 4 AO). [2]Das elektronisch zuzustellende Dokument ist mit einem geeigneten Verfahren zu verschlüsseln (§ 87a Abs. 1 Satz 3 AO). [3]Die Regelungen des § 87a AO sind jedoch nicht anwendbar, wenn die elektronische Zustellung durch Telefax erfolgt (vgl. AEAO zu § 122, Nr. 1.8.2). [4]Die Formerfordernisse der folgenden Nr. 3.1.3.3 des AEAO zu § 122 gelten daher insoweit nicht.

3.1.3.3. [1]Gem. § 5 Abs. 5 VwZG kann ein Dokument auch an einen nicht in § 5 Abs. 4 VwZG genannten Empfänger **elektronisch** zugestellt werden, soweit der Empfänger hierfür einen Zugang eröffnet hat (zur „Zugangseröffnung" vgl. AEAO zu § 87a, Nr. 1). [2]Für die Übermittlung ist das Dokument mit einer qualifizierten elektronischen Signatur zu versehen (§ 5 Abs. 5 Satz 3 VwZG), also auch dann, wenn für den zuzustellenden Verwaltungsakt die Schriftform nicht gesetzlich vorgeschrieben ist. [3]Es ist gegen unbefugte Kenntnisnahme Dritter zu schützen (§ 5 Abs. 5 Satz 3 VwZG) und mit einem geeigneten Verfahren zu verschlüsseln (§ 87a Abs. 1 Satz 3 AO).

3.1.3.4. [1]Bei der elektronischen Zustellung nach § 5 Abs. 4 oder Abs. 5 VwZG ist die Übermittlung mit dem Hinweis „Zustellung gegen Empfangsbekenntnis" einzuleiten. [2]Die Übermittlung muss die absendende Behörde, den Namen und die Anschrift des Zustellungsadressaten („Empfänger" i. S. d. Nr. 1.5 des AEAO zu § 122) sowie den Namen des Bediensteten erkennen lassen, der das Dokument zur Übermittlung aufgegeben hat (§ 5 Abs. 6 VwZG). [3]Beizufügen ist ein vorbereitetes Formular für das Empfangsbekenntnis (vgl. AEAO zu § 122, Nr. 3.1.3.5).

3.1.3.5. [1]Zum Nachweis der Zustellung in den Fällen des § 5 Abs. 4 und 5 VwZG genügt das mit Datum und Unterschrift versehene **Empfangsbekenntnis,** das an die Behörde durch die Post oder elektronisch zurückzusenden ist (§ 5 Abs. 7 VwZG). [2]Es kann auch durch Telefax übermittelt werden. [3]Wird das Empfangsbekenntnis als elektronisches Dokument erteilt, bedarf es einer qualifizierten elektronischen Signatur, die in diesem Fall die Unterschrift ersetzt.

[1]Das datierte und unterschriebene Empfangsbekenntnis erbringt den vollen Beweis dafür, dass das darin bezeichnete Dokument an dem vom Empfänger bezeichneten Tag tatsächlich zugestellt worden ist; ein Gegenbeweis ist aber zulässig (BFH-Urteil vom 31.10.2000, VIII R 14/00, BStBl. 2001 II S. 156). [2]Das Fehlen des Datums auf dem vom Empfänger unterschriebenen Empfangsbekenntnis ist für die Rechtswirksamkeit der Zustellung unschädlich.

[3]Maßgebend für den durch die Zustellung ausgelösten Beginn einer Frist ist der Zeitpunkt, in dem der Aussteller des Empfangsbekenntnisses das Dokument als zugestellt entgegen genommen hat (BFH-Beschluss vom 20.8.1982, VIII R 58/82, BStBl. 1983 II S. 63).

[1]Der Rücklauf der Empfangsbekenntnisse ist in geeigneter Weise zu überwachen. [2]Werden Empfangsbekenntnisse nicht zurückgesandt, ist zunächst an die Rückgabe zu erinnern. [3]Bleibt diese Erinnerung erfolglos, ist der Verwaltungsakt auf andere Weise erneut zuzustellen, es sei denn, der Empfänger hat das zuzustellende Dokument in Kenntnis der Zustellungsabsicht nachweislich entgegengenommen und behalten (BFH-Urteil vom 6.3.1990, II R 131/87, BStBl. II S. 477); dies gilt aber nicht bei einer Zustellung nach § 5 Abs. 5 VwZG (vgl. § 8 VwZG).

3.1.4. Zustellung im Ausland (§ 9 VwZG)

3.1.4.1. [1]Soweit ein Verwaltungsakt im Ausland zuzustellen ist und nicht ein Fall des § 9 Abs. 1 Nr. 3 VwZG (vgl. AEAO zu § 122, Nr. 3.1.4.2) vorliegt, sollte vorrangig von der Möglichkeit der Zustellung durch Einschreiben mit Rückschein (§ 9 Abs. 1 Nr. 1 VwZG) bzw. der Zustellung elektronischer Dokumente (§ 9 Abs. 1 Nr. 4 VwZG) Gebrauch gemacht werden. [2]Beide Zustellungsarten setzen aber voraus, dass sie „völkerrechtlich zulässig" sind. [3]Diese Formulierung umfasst nicht nur völkerrechtliche Übereinkünfte, sondern auch etwaiges Völkergewohnheitsrecht, ausdrückliches nichtvertragliches Einverständnis, aber auch Tolerierung einer entsprechenden Zustellungspraxis durch den Staat, in dem zugestellt werden soll. [4]Es kann davon ausgegangen werden, dass eine Zustellung durch Einschreiben mit Rückschein oder eine Zustellung elektronischer Dokumente zumindest toleriert wird und daher völkerrechtlich zulässig ist; dies gilt **nicht** hinsichtlich folgender Staaten: Ägypten, Brasilien, China, Mexiko, Sri Lanka und Venezuela.

Nach dem DBA mit **Liechtenstein** (BStBl. 2013 I S. 488) ist eine Zustellung von deutschen Steuerverwaltungsakten durch die Post für Besteuerungszeiträume ab dem 1.1.2013 für folgende Steuerarten und deren steuerliche Nebenleistungen zulässig:

Einkommensteuer (einschließlich Lohnsteuer, Kapitalertragsteuer, Zinsabschlag, Steuerabzug bei Bauleistungen und besondere Erhebungsformen nach § 50a EStG), Körperschaftsteuer, Gewerbesteuer, Solidaritätszuschlag, Grundsteuer, Vermögensteuer sowie gesonderte und gesonderte und einheitliche Feststellungen von Besteuerungsgrundlagen für Zwecke der vorgenannten Steuern.

In die Staaten Argentinien, Republik Korea, Kuwait, San Marino und die Schweiz ist eine postalische Zustellung von deutschen Steuerverwaltungsakten nach dem Übereinkommen über die gegenseitige Amtshilfe in Steuersachen in eingeschränktem Umfang bezüglich der jeweils hinterlegten Steuerarten und deren steuerliche Nebenleistungen wie folgt möglich:

Argentinien[1)]

Eine Zustellung von deutschen Steuerverwaltungsakten durch die Post ist für Besteuerungszeiträume ab dem 1.1.2016 für die folgenden Steuerarten zulässig:

---

1) **[Amtl. Anm.:]** Keine Zustellung zum Zwecke der Vollstreckung.

Einkommensteuer (einschließlich Lohnsteuer, Kapitalertragsteuer, Zinsabschlag, Steuerabzug bei Bauleistungen und besondere Erhebungsformen nach § 50a EStG), Körperschaftsteuer, Solidaritätszuschlag, Erbschaftsteuer, Schenkungsteuer, Ersatzerbschaftsteuer, Einfuhrumsatzsteuer, Umsatzsteuer, Branntweinsteuer (ab 1.1.2018 Alkoholsteuer), Energiesteuer, Tabaksteuer, Luftverkehrsteuer, Rennwett- und Lotteriesteuer, Steuern auf Versicherungsprämien sowie gesonderte und gesonderte und einheitliche Feststellungen von Besteuerungsgrundlagen für Zwecke der vorgenannten Steuern.

Republik Korea[1)]

Eine Zustellung von deutschen Steuerverwaltungsakten durch die Post ist für Besteuerungszeiträume ab dem 1.1.2016 für die folgenden Steuerarten zulässig:

Einkommensteuer (einschließlich Lohnsteuer, Kapitalertragsteuer, Zinsabschlag, Steuerabzug bei Bauleistungen und besondere Erhebungsformen nach § 50a EStG), Körperschaftsteuer, Solidaritätszuschlag, Erbschaftsteuer, Schenkungsteuer, Ersatzerbschaftsteuer, Grundsteuer, Grunderwerbsteuer, Einfuhrumsatzsteuer, Umsatzsteuer, Branntweinsteuer (ab 1.1.2018 Alkoholsteuer), Energiesteuer, Tabaksteuer sowie gesonderte und gesonderte und einheitliche Feststellungen von Besteuerungsgrundlagen für Zwecke der vorgenannten Steuern.

Kuwait[1)]

Eine Zustellung von deutschen Steuerverwaltungsakten durch die Post ist für Besteuerungszeiträume ab dem 1.1.2019 für die folgenden Steuerarten zulässig:

Einkommensteuer (einschließlich Lohnsteuer, Kapitalertragsteuer, Zinsabschlag, Steuerabzug bei Bauleistungen und besondere Erhebungsformen nach § 50a EStG), Körperschaftsteuer, Solidaritätszuschlag, Vermögensteuer sowie gesonderte und gesonderte und einheitliche Feststellungen von Besteuerungsgrundlagen für Zwecke der vorgenannten Steuern.

San Marino[1)]

Eine Zustellung von deutschen Steuerverwaltungsakten durch die Post ist für Besteuerungszeiträume ab dem 1.1.2016 für die folgenden Steuerarten zulässig:

Einkommensteuer (einschließlich Lohnsteuer, Kapitalertragsteuer, Zinsabschlag, Steuerabzug bei Bauleistungen und besondere Erhebungsformen nach § 50a EStG), Körperschaftsteuer, Solidaritätszuschlag sowie gesonderte und gesonderte und einheitliche Feststellungen von Besteuerungsgrundlagen für Zwecke der vorgenannten Steuern.

Schweiz[1)]

Eine Zustellung von deutschen Steuerverwaltungsakten durch die Post ist für Besteuerungszeiträume ab dem 1.1.2018 für die folgenden Steuerarten zulässig:

[1)] **[Amtl. Anm.:]** Keine Zustellung zum Zwecke der Vollstreckung.

Einkommensteuer (einschließlich Lohnsteuer, Kapitalertragsteuer, Zinsabschlag, Steuerabzug bei Bauleistungen und besondere Erhebungsformen nach § 50a EStG), Körperschaftsteuer, Solidaritätszuschlag, Vermögensteuer, Gewerbesteuer sowie gesonderte und gesonderte und einheitliche Feststellungen von Besteuerungsgrundlagen für Zwecke der vorgenannten Steuern.

Eine Zustellung von deutschen Steuerverwaltungsakten zum Zwecke der Vollstreckung von Steuerforderungen oder von Geldbußen ist nach dem Übereinkommen über die gegenseitige Amtshilfe in Steuersachen[1] in keinem Fall und zu keinem Vertragsstaat zulässig.

Zum Beweiswert eines Rückscheins bei der Zustellung durch Einschreiben vgl. § 9 Abs. 2 Satz 1 VwZG sowie AEAO zu § 122, Nr. 3.1.2.

[1] Bei einer Zustellung durch Übermittlung elektronischer Dokumente sind neben der völkerrechtlichen Zulässigkeit die Regelungen des § 5 Abs. 5 VwZG, insbesondere die Erfordernisse einer „Zugangseröffnung" und einer qualifizierten elektronischen Signatur, zu beachten; vgl. AEAO zu § 122, Nr. 3.1.3.3. [2] Zum Empfangsbekenntnis vgl. § 9 Abs. 2 Satz 3 VwZG sowie AEAO zu § 122, Nr. 3.1.3.5.

3.1.4.2. [1] Zustellungsersuchen nach § 9 Abs. 1 Nr. 2 VwZG (**Zustellung durch** die **Behörde des fremden Staates** oder durch die zuständige **diplomatische** oder **konsularische Vertretung** der Bundesrepublik Deutschland) oder nach § 9 Abs. 1 Nr. 3 VwZG **(Zustellung durch das Auswärtige Amt)** sind auf dem Dienstweg dem **BZSt** zuzuleiten. [2] Hierbei ist die Staatsangehörigkeit des Empfängers anzugeben, weil diese für die Ausführung der Zustellung maßgeblich sein kann. [3] Ist die Staatsangehörigkeit nicht bekannt, so ist dies zu vermerken. [4] Ferner ist Folgendes zu beachten:

– Der zuzustellende Verwaltungsakt muss in Maschinenschrift gefertigt sein und die vollständige ausländische Anschrift des Empfängers enthalten.
– [1] In dem Zustellungsersuchen sind die zuzustellenden Schriftstücke einzeln aufzuführen. [2] Sie sind genau und mit Datum zu bezeichnen.
– [1] Steuer- oder Haftungsbescheide müssen abgerechnet sein und erforderlichenfalls ein Leistungsgebot enthalten. [2] Wegen der Ungewissheit über die Dauer des Zustellungsverfahrens sind etwaige Zahlungsfristen nicht datumsmäßig zu bestimmen, sondern vom Tag der Zustellung abhängig zu machen (z. B. durch die Formulierung „einen Monat nach dem Tag der Zustellung dieses Bescheids").
– In der Rechtsbehelfsbelehrung ist – ggf. unter Änderung eines vorgedruckten Textes – darüber zu belehren, dass der für den Beginn der Rechtsbehelfsfrist maßgebliche Tag der Bekanntgabe der Tag der Zustellung ist.
– [1] Sind Verwaltungsakte an mehrere Empfänger zuzustellen, müssen jeweils gesonderte Zustellungsersuchen gestellt werden (vgl. AEAO zu § 122, Nr. 3.2). [2] Dies gilt auch bei Zustellungen an Ehegatten (vgl. AEAO zu § 122, Nr. 3.4).

3.1.4.3. [1] Von der durch § 9 Abs. 3 VwZG eingeräumten Möglichkeit, bei einer Zustellung nach § 9 Abs. 1 Nr. 2 oder Nr. 3 VwZG anzuordnen, dass

[1] Übereinkommen v. 25.1.1988, BGBl. II 2015, 966.

ein inländischer Zustellungsbevollmächtigter benannt wird, sollte nur Gebrauch gemacht werden, wenn zu erwarten ist, dass künftig Verwaltungsakte erlassen werden, für die das Gesetz die förmliche Zustellung vorschreibt (vgl. AEAO zu § 122, Nr. 1.8.3). [2]Ansonsten ist vorrangig nach § 123 AO zu verfahren, soweit die Benennung eines inländischen Empfangsbevollmächtigten für erforderlich oder zweckmäßig gehalten wird.

3.1.5. Öffentliche Zustellung (§ 10 VwZG)

Die öffentliche Zustellung kommt nur als „letztes Mittel" der Bekanntgabe in Betracht, wenn alle Möglichkeiten erschöpft sind, das Dokument dem Empfänger in anderer Weise zu übermitteln.

3.1.5.1. [1]Eine öffentliche Zustellung wegen eines **unbekannten Aufenthaltsortes** des Empfängers (§ 10 Abs. 1 Satz 1 Nr. 1 VwZG) ist nicht bereits dann zulässig, wenn die Finanzbehörde die Anschrift nicht kennt oder Briefe als unzustellbar zurückkommen. [2]Die Anschrift des Empfängers muss vielmehr allgemein unbekannt sein (BFH-Urteil vom 9.12.2009, X R 54/06, BStBl. 2010 II S. 732). [3]Dies ist durch eine Erklärung der zuständigen Meldebehörde oder auf andere Weise zu belegen. [4]Die bloße Feststellung, dass sich der Empfänger bei der Meldebehörde abgemeldet hat, ist nicht ausreichend. [5]Die Finanzbehörde muss daher, bevor sie durch öffentliche Bekanntmachung zustellt, die nach Sachlage gebotenen und zumutbaren Ermittlungen anstellen. [6]Dazu gehören insbesondere Nachforschungen bei der Meldebehörde, u. U. auch die Befragung von Angehörigen oder des bisherigen Vermieters des Empfängers. [7]Auch Hinweisen auf den mutmaßlichen neuen Aufenthaltsort des Empfängers muss durch Rückfrage bei der dortigen Meldebehörde nachgegangen werden.

[1]Eine Rechtspflicht der zustellenden Behörde, Anschriften im **Ausland** zu ermitteln, ist regelmäßig zu verneinen, wenn ein Fall der „Auslandsflucht" vorliegt oder wenn sich der Empfänger beim inländischen Melderegister „ins Ausland" ohne Angabe einer Anschrift abgemeldet hat oder sich in einer Weise verhält, die auf seine Absicht schließen lässt, seinen Aufenthaltsort zu verheimlichen. [2]Die Finanzbehörde ist in diesen Fällen vorrangig nur zu Ermittlungsmaßnahmen im Inland verpflichtet, z. B. durch Nachfragen beim Einwohnermeldeamt und bei Kontaktpersonen des Empfängers (BFH-Urteil vom 9.12.2009, X R 54/06, a. a. O.). [3]Ist aber zu vermuten, dass sich der Steuerpflichtige in einem bestimmten anderen Land aufhält, sind die Ermittlungsmöglichkeiten des zwischenstaatlichen Auskunftsaustauschs nach dem *BMF-Schreiben vom 25.1.2006, BStBl. I S. 26*[1] auszuschöpfen (BFH-Urteil vom 9.12.2009, X R 54/06, a. a. O.).

(Fortsetzung S. 183)

[1] Siehe jetzt BMF v. 29.5.2019, BStBl. I 2019, 480.

[1]Nicht zulässig ist es beispielsweise, eine öffentliche Zustellung bereits dann anzuordnen, wenn eine versuchte Bekanntgabe unter einer Adresse, die der Empfänger angegeben hat, einmalig fehlgeschlagen ist oder wenn lediglich die Vermutung besteht, dass eine Adresse, an die sich der Empfänger bei der Meldebehörde abgemeldet hat, eine Scheinadresse ist (BFH-Urteil vom 6. 6. 2000, VII R 55/99, BStBl. II S. 560, und BFH-Beschluss vom 13. 3. 2003, VII B 196/02, BStBl. II S. 609). [2]Eine öffentliche Zustellung ist aber wirksam, wenn die Finanzbehörde durch unrichtige Auskünfte Dritter zu der unrichtigen Annahme verleitet wurde, der Empfänger sei unbekannten Aufenthaltsortes, sofern die Finanzbehörde auf die Richtigkeit der ihr erteilten Auskunft vertrauen konnte (BFH-Beschluss vom 13. 3. 2003, VII B 196/02, a. a. O.).

3.1.5.2. Nach § 10 Abs. 1 Satz 1 Nr. 2 VwZG kann öffentlich zugestellt werden, wenn bei **juristischen Personen**, die **zur Anmeldung einer inländischen Geschäftsanschrift zum Handelsregister verpflichtet** sind, eine Zustellung weder unter der eingetragenen Anschrift noch unter einer im Handelsregister eingetragenen Anschrift einer für Zustellungen empfangsberechtigten Person oder einer ohne Ermittlungen bekannten anderen inländischen Anschrift möglich ist.

3.1.5.3. [1]Nach § 10 Abs. 1 Satz 1 Nr. 3 VwZG kommt eine öffentliche Zustellung in Betracht, wenn eine Zustellung im Ausland (§ 9 VwZG; vgl. AEAO zu § 122, Nr. 3.1.4) nicht möglich ist oder keinen Erfolg verspricht. [2]Eine Zustellung im Ausland verspricht keinen Erfolg, wenn sie grundsätzlich möglich wäre, ihre Durchführung aber etwa wegen Kriegs, Abbruchs der diplomatischen Beziehungen, Verweigerung der Amtshilfe oder unzureichender Vornahme durch die örtlichen Behörden nicht zu erwarten ist. [3]Der Umstand, dass die Ausführung eines Zustellungsersuchens längere Zeit in Anspruch nehmen wird, rechtfertigt aber nicht die Anordnung einer öffentlichen Zustellung (BFH-Urteil vom 6. 6. 2000, VII R 55/99, BStBl. II S. 560).

[1]Sobald die ausländische Anschrift des Steuerpflichtigen bekannt ist und eine Postverbindung besteht, sind nach erfolgter öffentlicher Zustellung dem Steuerpflichtigen die Tatsache der öffentlichen Zustellung und der Inhalt des Verwaltungsakts (z. B. durch Beifügen einer Ablichtung) mit einfachem Brief mitzuteilen. [2]Diese Mitteilung ist an Empfänger in sämtlichen Staaten zulässig, da es sich hierbei mangels rechtlicher Regelung nicht um einen Verwaltungsakt handelt. [3]Wird der Mitteilung eine Kopie des Verwaltungsakts beigefügt, ist der Steuerpflichtige darauf hinzuweisen, dass mit der Beifügung dieser Kopie der Verwaltungsakt nicht erneut bekannt gegeben wird und die Rechtsfolgen des Verwaltungsakts (insbesondere der Beginn der Einspruchsfrist) bereits mit der öffentlichen Zustellung eingetreten sind.

3.1.5.4. [1]Zur Durchführung der öffentlichen Zustellung ist nicht der Inhalt (auch nicht der verfügende Teil) des zuzustellenden Verwaltungsakts öffentlich bekannt zu geben, sondern lediglich eine Benachrichtigung mit weitgehend neutralem Inhalt (§ 10 Abs. 2 VwZG). [2]Die Benachrichtigung muss die Behörde, für die zugestellt wird, den Namen und die letzte bekannte Anschrift des Zustellungsempfängers, das Datum und das Aktenzeichen des Dokuments sowie die Stelle, wo das Dokument eingesehen werden kann, erkennen lassen (§ 10 Abs. 2 Satz 2 VwZG). [3]Für das in der Benachrichtigung anzugebende

Aktenzeichen des zuzustellenden Dokuments (§ 10 Abs. 2 Satz 2 Nr. 3 VwZG) gelten die Ausführungen in Nr. 3.1.1.1 des AEAO zu § 122 entsprechend. [4]Die Benachrichtigung muss ferner den Hinweis enthalten, dass das Dokument öffentlich zugestellt wird und Fristen in Lauf gesetzt werden können, nach deren Ablauf Rechtsverluste eintreten können (§ 10 Abs. 2 Satz 3 VwZG). [5]Bei der Zustellung einer Ladung muss die Benachrichtigung den Hinweis enthalten, dass das Dokument eine Ladung zu einem Termin enthält, dessen Versäumung Rechtsnachteile zur Folge haben kann (§ 10 Abs. 2 Satz 4 VwZG). [6]Die Benachrichtigung ist an der Stelle bekannt zu machen, die von der Behörde hierfür allgemein bestimmt ist (z.B. durch Aushang im Dienstgebäude). [7]Alternativ hierzu kann die Benachrichtigung auch durch Veröffentlichung im Bundesanzeiger bekannt gemacht werden (§ 10 Abs. 2 Satz 1 VwZG). [8]In den Akten ist zu vermerken, wann und in welcher Weise die Benachrichtigung bekannt gemacht wurde (§ 10 Abs. 2 Satz 5 VwZG).

[1]Wird die Benachrichtigung über die öffentliche Zustellung durch Aushang bekannt gemacht, ist sie stets bis zu dem Zeitpunkt auszuhängen, zu dem die Zustellung nach § 10 Abs. 2 Satz 6 VwZG als bewirkt anzusehen ist. [2]Das gilt auch dann, wenn der Empfänger vor Fristablauf bei der Finanzbehörde erscheint und ihm das zuzustellende Schriftstück ausgehändigt wird (vgl. AEAO zu § 122, Nr. 3.1.5.5). [3]Die Aushändigung ist in den Akten zu vermerken.

3.1.5.5. [1]Der Verwaltungsakt gilt zwei Wochen nach dem Tag der Bekanntmachung der Benachrichtigung als zugestellt (§ 10 Abs. 2 Satz 6 VwZG). [2]Dies gilt auch, wenn dem Empfänger vor Ablauf dieser zweiwöchigen Frist der Verwaltungsakt ausgehändigt wurde. [3]Die Frist gem. § 10 Abs. 2 Satz 6 VwZG bestimmt sich nach § 108 Abs. 1 AO i. V.m. §§ 187 Abs. 1, 188 Abs. 2 BGB. [4]Danach ist bei der Berechnung einer Aushangfrist der Tag des Aushangs nicht mitzurechnen. [5]Die Frist endet mit Ablauf des Tages, der dem Aushangtag kalendermäßig entspricht. [6]Bei der Berechnung der Frist ist ggf. § 108 Abs. 3 AO zu beachten (vgl. AEAO zu § 108, Nr. 1).

3.2. Zustellung an mehrere Beteiligte

[1]Soll ein Verwaltungsakt mehreren Beteiligten zugestellt werden, so ist – soweit kein gemeinsamer Bevollmächtigter vorhanden ist (vgl. AEAO zu § 122, Nr. 3.3) – das Dokument jedem einzelnen gesondert zuzustellen (vgl. AEAO zu § 122, Nrn. 3.1.1.3 und 3.1.4.2). [2]Zur Zustellung an Ehegatten vgl. AEAO zu § 122, Nr. 3.4.

3.3. Zustellung an Bevollmächtigte (§ 7 VwZG)

3.3.1. [1]Ist für das **Verfahren** ein **Bevollmächtigter** bestellt, **kann** an diesen zugestellt werden (§ 7 Abs. 1 Satz 1 VwZG). [2]Hat der Bevollmächtigte eine schriftliche Vollmacht vorgelegt, **soll** an diesen zugestellt werden (§ 122 Abs. 5 Satz 3 i. V.m. Abs. 1 Satz 4 AO verdrängt § 7 Abs. 1 Satz 2 VwZG); dies gilt auch, wenn die Vollmacht in elektronischer Form (§ 80a oder § 87a Abs. 3 AO) vorgelegt wurde. [3]Eine Zustellung direkt an den/die Beteiligten ist in diesem Falle nur wirksam, wenn im Einzelfall besondere Gründe gegen die Zustellung an den Bevollmächtigten sprechen. [4]Derartige Gründe können auch technischer Natur sein. [5]Ein Verwaltungsakt darf einem Verfahrensbevollmächtigten, der nach § 80 Abs. 7 AO zurückgewiesen worden ist, nicht zugestellt werden (§ 122 Abs. 5 Satz 3 i. V.m. Abs. 1 Satz 4 AO).

[1]Haben mehrere Beteiligte einen **gemeinsamen Verfahrensbevollmächtigten** bestellt, genügt es, dem Bevollmächtigten **eine** Ausfertigung des Dokuments mit Wirkung für alle Beteiligten zuzustellen (§ 7 Abs. 1 Satz 3 VwZG; BFH-Urteil vom 13.8.1970, IV 48/65, BStBl. II S. 839). [2]Dies gilt auch, wenn der Verfahrensbevollmächtigte selbst Beteiligter ist und zugleich andere Beteiligte vertritt.

3.3.2. Einem **Zustellungsbevollmächtigten** mehrerer Beteiligter sind so viele Ausfertigungen oder Abschriften zuzustellen, als Beteiligte vorhanden sind (§ 7 Abs. 2 VwZG).

3.3.3. [1]Haben mehrere Personen im Feststellungsverfahren einen gemeinsamen **Empfangsbevollmächtigten** (§ 183 AO; § 6 der V zu § 180 Abs. 2 AO), so vertritt dieser die Feststellungsbeteiligten auch bei Zustellungen (§ 7 Abs. 3 VwZG). [2]Dem Empfangsbevollmächtigten ist eine Ausfertigung des Dokuments zuzustellen und dabei darauf hinzuweisen, dass die Bekanntgabe mit Wirkung für und gegen alle von ihm vertretenen Feststellungsbeteiligten erfolgt (§ 183 Abs. 1 Satz 5 AO; § 6 Abs. 1 Satz 5 der V zu § 180 AO; vgl. AEAO zu § 122, Nr. 2.5.2).

3.3.4. [1]Soll eine **Einspruchsentscheidung** zugestellt werden (vgl. AEAO zu § 366, Nr. 2), hat die Finanzbehörde diese dem Verfahrensbevollmächtigten (vgl. AEAO zu § 122, Nr. 3.3.1) auch ohne Nachweis einer Vollmacht zuzustellen, wenn dieser den Einspruch eingelegt und die Finanzbehörde ihn als Bevollmächtigten in der Einspruchsentscheidung aufgeführt hat (BFH-Urteil vom 25.10.1963, III 7/60 U, BStBl. III S. 600). [2]Hat der Steuerpflichtige den Einspruch selbst eingelegt, ist jedoch im weiteren Verlauf des Einspruchsverfahrens ein Bevollmächtigter für den Steuerpflichtigen aufgetreten, ist die Einspruchsentscheidung nur dann dem Bevollmächtigten zuzustellen, wenn eine Empfangsvollmacht vorliegt oder das Interesse des Steuerpflichtigen an einer Bekanntgabe gegenüber dem Bevollmächtigten nach den Umständen des Einzelfalls eindeutig erkennbar ist (BFH-Urteil vom 29.7.1987, I R 367, 379/83, BStBl. 1988 II S. 242).

3.4. Zustellung an Ehegatten

Der Grundsatz der Nr. 3.2 des AEAO zu § 122 ist auch bei der Zustellung an Ehegatten zu beachten.

[1]Haben beide Ehegatten gegen einen zusammengefassten Steuerbescheid (vgl. AEAO zu § 122, Nr. 2.1.1) Einspruch eingelegt, so ist – falls die Finanzbehörde die förmliche Zustellung angeordnet hat (vgl. AEAO zu § 122, Nr. 1.8.3, und zu § 366, Nr. 2) – grundsätzlich jedem der Ehegatten je eine Ausfertigung der an beide zu richtenden einheitlichen Einspruchsentscheidung zuzustellen (BFH-Urteil vom 8.6.1995, IV R 104/94, BStBl. II S. 681; vgl. AEAO zu § 122, Nr. 3.1.1.3). [2]Dies gilt unabhängig davon, in welcher Weise (vgl. AEAO zu § 122, Nrn. 2.1.1 bis 2.1.5) der angefochtene Bescheid bekannt gegeben worden ist. [3]Bei einer Zustellung mittels Einschreiben (vgl. AEAO zu § 122, Nr. 3.1.2) können aber beide Ausfertigungen in einer an beide Eheleute gemeinsam adressierten Sendung zur Post gegeben werden (Urteil des FG Bremen vom 23.6.1992, II 87/91 K, EFG S. 758).

[1]Tritt gegenüber der Finanzbehörde nur einer der Ehegatten im Einspruchsverfahren auf, so ist im Zweifel zu klären, ob dieser den Einspruch nur im eigenen Namen oder auch für den anderen Ehegatten führt. [2]Bei Vorliegen einer „Vollmacht" ist zu unterscheiden, ob der Einspruchsführer **Zustellungsbevollmächtigter** (vgl. AEAO zu § 122, Nr. 3.3.2) oder **Verfahrensbevollmächtigter** (vgl. AEAO zu § 122, Nr. 3.3.1) ist. [3]Dem Ehegatten als Zustellungsbevollmächtigten **darf** mit Wirkung auch für den anderen Ehegatten zugestellt werden, wobei an ihn **je eine Ausfertigung** der Entscheidung für jeden Ehegatten zuzustellen ist. [4]Dem Ehegatten als Verfahrensbevollmächtigten **muss** mit Wirkung für den anderen Ehegatten zugestellt werden, wobei **eine Ausfertigung** genügt.

4. Folgen von Verfahrens- und Formfehlern

4.1. Unwirksamkeit des Verwaltungsakts wegen inhaltlicher Mängel

[1]Fehlen in einem Verwaltungsakt unverzichtbare wesentliche Bestandteile (siehe zum Steuerbescheid § 157 Abs. 1 Satz 2 AO), die dazu führen, dass dieser inhaltlich nicht hinreichend bestimmt ist (§ 119 Abs. 1 AO), so ist ein solcher Verwaltungsakt gem. § 125 Abs. 1 AO nichtig und damit unwirksam (§ 124 Abs. 3 AO). [2]Eine Heilung derartiger Fehler ist nicht möglich, vielmehr ist ein neuer Verwaltungsakt zu erlassen (BFH-Urteil vom 17.7.1986, V R 96/85, BStBl. II S. 834).

4.1.1. [1]Wird der Steuerschuldner (Inhaltsadressat) im Steuerbescheid gar nicht, falsch oder so ungenau bezeichnet, dass Verwechslungen möglich sind, ist der Verwaltungsakt wegen inhaltlicher Unbestimmtheit nichtig und damit unwirksam. [2]Eine Heilung im weiteren Verfahren gegen den tatsächlichen Schuldner ist nicht möglich, es muss ein neuer Steuerbescheid mit richtiger Bezeichnung des Steuerschuldners (Inhaltsadressaten) verfügt und bekannt gegeben werden (BFH-Urteil vom 17.3.1970, II 65/63, BStBl. II S. 598).

Ist dagegen im Steuerbescheid eine falsche Person eindeutig und zweifelsfrei als Steuerschuldner (Inhaltsadressat) angegeben und wurde der Bescheid dieser Person bekannt gegeben, so ist der Bescheid nicht nichtig, sondern rechtswidrig und damit lediglich anfechtbar (BFH-Beschluss vom 17.11.1987, V B 111/87, BFH/NV 1988 S. 682).

4.1.2. [1]Konnte im Fall einer Gesamtrechtsnachfolge ein Steuerbescheid dem Rechtsvorgänger (Erblasser) nicht mehr rechtswirksam bekannt gegeben werden, ist der Bescheid an den Gesamtrechtsnachfolger als Steuerschuldner (Inhaltsadressaten) zu richten. [2]Ein gleichwohl an den Rechtsvorgänger gerichteter Bescheid ist unwirksam (BFH-Urteil vom 24.3.1970, I R 141/69, BStBl. II S. 501, vgl. AEAO zu § 122, Nr. 2.12.1).

4.1.3. [1]Ein Verwaltungsakt, der dem Inhaltsadressaten selbst bekannt gegeben wird, obwohl eine andere Person der zutreffende Bekanntgabeadressat ist (vgl. AEAO zu § 122, Nr. 1.4.3), ist unwirksam (BFH-Beschluss vom 14.5.1968, II B 41/67, BStBl. II S. 503). [2]Eine Heilung ist nicht möglich; vielmehr ist ein neuer Verwaltungsakt mit Bezeichnung des zutreffenden Bekanntgabeadressaten (vgl. AEAO zu § 122, Nr. 1.4.3) zu erlassen. [3]Zu den Folgen einer nur fehlerhaften Bezeichnung des Bekanntgabeadressaten vgl. AEAO zu § 122, Nr. 4.2.3.

4.2. Wirksamkeit des Verwaltungsakts trotz inhaltlicher Mängel

4.2.1. [1] Wird der richtige Steuerschuldner (Inhaltsadressat) lediglich ungenau bezeichnet, ohne dass Zweifel an der Identität bestehen (z. B. falsche Bezeichnung der Rechtsform einer Gesellschaft: OHG statt KG, GbR statt OHG o. Ä.), so liegt kein Fall der inhaltlichen Unbestimmtheit vor. [2] Der Steuerbescheid ist daher nicht unwirksam; die falsche Bezeichnung kann berichtigt werden (BFH-Urteile vom 26.6.1974, II R 199/72, BStBl. II S. 724, und vom 26.9.1974, IV R 24/71, BStBl. 1975 II S. 311, BFH-Beschluss vom 18.3.1998, IV B 50/97, BFH/NV S. 1255).

4.2.2. Ist in einem Feststellungsbescheid ein Beteiligter falsch bezeichnet, weil Rechtsnachfolge eingetreten ist, kann dies durch besonderen Bescheid gegenüber den Betroffenen berichtigt werden (§ 182 Abs. 3 AO).

4.2.3. [1] Die fehlerhafte Bezeichnung des Bekanntgabeadressaten macht den Bescheid nicht in jedem Fall unwirksam, die Bekanntgabe kann aber fehlerhaft sein. [2] Die aus einer formell fehlerhaften Bezeichnung herrührenden Mängel können geheilt werden, wenn der von der Finanzbehörde zutreffend bestimmte, aber fehlerhaft bezeichnete Bekanntgabeadressat tatsächlich vom Inhalt des Bescheids Kenntnis erhält.

Beispiel:

Der gesetzliche Vertreter (Bekanntgabeadressat) eines Minderjährigen (Steuerschuldner und Inhaltsadressat) wird irrtümlich als Adam Meier bezeichnet, obwohl es sich um Alfred Meier handelt, dem der Verwaltungsakt auch tatsächlich zugeht.

Aus Gründen der Rechtssicherheit soll im Zweifel die Bekanntgabe des Verwaltungsakts unter richtiger Angabe des Bekanntgabeadressaten wiederholt werden.

4.2.4. [1] Geringfügige Abweichungen bei der Bezeichnung des Inhaltsadressaten, des Bekanntgabeadressaten oder des Empfängers, die insbesondere bei ausländischen Namen auf technischen Schwierigkeiten, Lesefehlern usw. beruhen, machen den Bescheid weder unwirksam noch anfechtbar. [2] Dies gilt auch, wenn bei einer juristischen Person ein unwesentlicher Namensbestandteil weggelassen oder abgekürzt wird oder eine allgemein übliche Kurzformel eines eingetragenen Namens verwendet wird. [3] Bei einem Verstoß gegen das Namensrecht (z. B. Abkürzung überlanger Namen, Übersehen von Adelsprädikaten oder akademischen Graden) wird der Steuerbescheid dennoch durch Bekanntgabe wirksam, wenn der Steuerschuldner (Inhaltsadressat) durch die verwendeten Angaben unverwechselbar bezeichnet wird.

4.3. Unwirksamkeit des Verwaltungsakts wegen eines Bekanntgabemangels

[1] Ein Verwaltungsakt wird erst mit ordnungsmäßiger Bekanntgabe wirksam (§ 122 Abs. 1, § 124 AO). [2] Zur Heilung von Bekanntgabemängeln vgl. AEAO zu § 122, Nr. 4.4.4; zu Mängeln bei der förmlichen Zustellung vgl. AEAO zu § 122, Nr. 4.5.

Wird ein inhaltlich richtiger Verwaltungsakt einem auf der Postsendung unrichtig ausgewiesenen Empfänger übermittelt (z. B. Briefumschläge werden vertauscht), ist der Verwaltungsakt weder gegenüber dem richtigen noch gegenüber dem falschen Empfänger wirksam.

Beispiel:

Das FA erlässt einen für Herrn Konrad Meier, Sternstraße 15, 53111 Bonn, bestimmten Einkommensteuerbescheid. Der Bescheid weist im Anschriftenfeld die vorstehende Adresse aus,

wird aber in einen Briefumschlag eingelegt, der an Herrn Ludwig Meier, Königstraße 200, 40212 Düsseldorf, adressiert ist.
Der Bescheid ist nicht wegen fehlender inhaltlicher Bestimmtheit nichtig, weil aus ihm eindeutig hervorgeht, wer Steuerschuldner (Inhaltsadressat) ist. Er wurde jedoch nicht dem Beteiligten, für den er bestimmt ist, bekannt gegeben und ist damit nicht wirksam. Die Unwirksamkeit des Bescheids kann unter entsprechender Anwendung des § 125 Abs. 5 AO förmlich festgestellt werden. Gegenüber dem richtigen Bekanntgabeadressaten/Empfänger wird er erst wirksam, wenn die Bekanntgabe an diesen nachgeholt wird. Leitet der falsche Empfänger die Ausfertigung des Verwaltungsakts an den richtigen Empfänger (Bekanntgabeadressaten) weiter, wird der zunächst vorliegende Bekanntgabemangel geheilt und der Verwaltungsakt wirksam (vgl. AEAO zu § 122, Nrn. 4.4.1, 4.4.4 und 1.7.3).

4.4. Wirksame Bekanntgabe

4.4.1. [1]**Fehler beim technischen Ablauf** der Übermittlung des Verwaltungsakts und Verletzungen von Formvorschriften können unbeachtlich sein (§ 127 AO), wenn der Betroffene den für ihn bestimmten Verwaltungsakt tatsächlich zur Kenntnis genommen hat (vgl. AEAO zu § 122, Nrn. 4.2.3 und 4.4.4 zweiter Absatz). [2]Andererseits kann eine Bekanntgabe im Rechtssinne unter bestimmten Voraussetzungen auch wirksam sein, wenn der Betroffene selbst den Verwaltungsakt tatsächlich nicht erhalten, zur Kenntnis genommen oder verstanden hat. [3]Das Gesetz fingiert in diesen Fällen die Bekanntgabe (z. B. bei Übermittlung an einen für den Betroffenen handelnden Bekanntgabeadressaten). [4]Zu den Folgen der Nichtbeachtung einer Empfangsvollmacht vgl. AEAO zu § 122, Nr. 1.7.3.

4.4.2. Ein Feststellungsbescheid, der im Anschriftenfeld eine im Zeitpunkt seines Erlasses bereits erloschene Personengesellschaft benennt, ist wirksam bekannt gegeben, wenn aus dem Gesamtinhalt des Bescheids erkennbar ist, für welche Personen und in welcher Höhe Besteuerungsgrundlagen festgestellt werden, und dieser Bescheid diesen Personen auch übermittelt wird (BFH-Urteil vom 27.4.1978, IV R 187/74, BStBl. 1979 II S. 89).

4.4.3. Solange das Ausscheiden eines Gesellschafters im Handelsregister nicht eingetragen und dem Finanzamt auch sonst nicht bekannt geworden ist, ist die Bekanntgabe des Feststellungsbescheids an einen Empfangsbevollmächtigten i. S. d. § 183 AO auch dem ausgeschiedenen Gesellschafter gegenüber wirksam erfolgt (BFH-Urteile vom 3.11.1959, I 2/59 U, BStBl. 1960 III S. 96, und vom 14.12.1978, IV R 221/75, BStBl. 1979 II S. 503; vgl. AEAO zu § 122, Nrn. 2.5.5 und 4.2.2).

4.4.4. Heilung von Bekanntgabemängeln

Bekanntgabemängel können unter den Voraussetzungen des entsprechend anwendbaren § 8 VwZG (vgl. AEAO zu § 122, Nr. 4.5.1) geheilt werden (BFH-Urteil vom 29.10.1997, X R 37/95, BStBl. 1998 II S. 266).

Ein Verwaltungsakt kann trotz unrichtig angegebener Anschrift wirksam sein, wenn der Bekanntgabeadressat die Sendung tatsächlich erhält (BFH-Urteil vom 1.2.1990, V R 74/85, BFH/NV 1991 S. 2, für den Fall der Angabe einer unzutreffenden Hausnummer).

[1]Wird dem Bekanntgabeadressaten eines Verwaltungsakts die Einspruchsentscheidung ordnungsgemäß bekannt gegeben, so kommt es auf Bekanntgabemängel des ursprünglichen Bescheids grundsätzlich nicht mehr an (BFH-Urteile vom 28. 10. 1988, III R 52/86, BStBl. 1989 II S. 257, und vom 16. 5.

1990, X R 147/87 BStBl. II S. 942). [2]Der Fehler bei der Bekanntgabe wird jedoch nicht geheilt, wenn der Einspruch in der Einspruchsentscheidung als unzulässig verworfen wird (BFH-Urteil vom 25.1.1994, VIII R 45/92, BStBl. II S. 603).

4.4.5. Zusammengefasste Steuerbescheide

[1]Zusammengefasste Steuerbescheide (§ 155 Abs. 3 AO) können gegenüber mehreren Beteiligten zu verschiedenen Zeitpunkten bekannt gegeben werden. [2]Eine unterlassene oder unwirksame Bekanntgabe kann jederzeit nachgeholt werden (BFH-Urteil vom 25.5.1976, VIII R 66/74, BStBl. II S. 606); der Ablauf der Festsetzungsfrist ist zu beachten. [3]Die Wirksamkeit eines Steuerbescheids gegenüber einem Beteiligten wird nicht dadurch berührt, dass dieser Bescheid gegenüber einem anderen Beteiligten unwirksam ist. [4]Zur Bekanntgabe an Ehegatten vgl. AEAO zu § 122, Nr. 2.1.

4.5. Fehler bei förmlichen Zustellungen

4.5.1. [1]Lässt sich die formgerechte Zustellung eines Dokuments nicht nachweisen oder ist es unter Verletzung zwingender Zustellungsvorschriften zugegangen, gilt es als in dem Zeitpunkt zugestellt, in dem es dem Empfangsberechtigten tatsächlich zugegangen ist. [2]Im Fall der Zustellung eines Schriftstücks ist dies der Zeitpunkt, in dem der Empfänger das Dokument „in die Hand bekommt", und nicht bereits der Zeitpunkt, zu dem nach dem gewöhnlichen Geschehensablauf mit einer Kenntnisnahme gerechnet werden konnte (vgl. BFH-Beschluss vom 6.5.2014, GrS 2/13, BStBl. II S. 645 zu § 189 ZPO). [3]Im Fall des § 5 Abs. 5 VwZG (Zustellung eines elektronischen Dokuments; vgl. AEAO zu § 122, Nrn. 3.1.3.3 und 3.1.3.5) gilt das Dokument in dem Zeitpunkt als zugestellt, in dem der Empfänger das Empfangsbekenntnis zurückgesendet hat (§ 8 VwZG). [4]Ein Zustellungsmangel ist nach § 8 VwZG auch dann geheilt, wenn durch die Zustellung eine Klagefrist in Lauf gesetzt wird (z. B. in den Fällen der behördlich angeordneten förmlichen Zustellung einer Einspruchsentscheidung), ferner auch dann, wenn der Empfänger nachweislich nur eine Fotokopie oder eine Mehrausfertigung des Verwaltungsakts erhalten hat (vgl. BFH-Urteil vom 15.1.1991, VII R 86/89, BFH/NV 1992 S. 81).

4.5.2. [1]Zwingende Zustellungsvorschriften sind insbesondere bei der Zustellung durch die Post mit Zustellungsurkunde (vgl. AEAO zu § 122, Nr. 3.1.1) zu beachten. [2]Es müssen sowohl die Zustellungsart (z. B. Ersatzzustellung) als auch der Zustellungsort (Wohnung, Geschäftsraum) richtig durch den Postbediensteten beurkundet werden (BFH-Urteil vom 10.10.1978, VIII R 197/74, BStBl. 1979 II S. 209). [3]Das Aktenzeichen (vgl. AEAO zu § 122, Nr. 3.1.1.1) muss sowohl auf dem Briefumschlag als auch auf der Zustellungsurkunde angegeben sein (BFH-Urteil vom 24.11.1977, IV R 113/75, BStBl. 1978 II S. 467). [4]Auch ein Verstoß gegen § 10 VwZG bei der Anordnung einer öffentlichen Zustellung (vgl. AEAO zu § 122, Nr. 3.1.5) kann unter den Voraussetzungen des § 8 VwZG geheilt werden (BFH-Urteil vom 6.6.2000, VII R 55/99, BStBl. II S. 560).

4.5.3. Eine wegen Formmangels unwirksame, von der Finanzbehörde angeordnete Zustellung eines Verwaltungsakts kann nicht in eine wirksame „schlichte" Bekanntgabe i. S. d. § 122 Abs. 1 AO umgedeutet werden (BFH-

Urteile vom 25.1.1994, VIII R 45/92, BStBl. II S. 603, und vom 8.6.1995, IV R 104/94, BStBl. II S. 681).

4.6. Fehlerhafte Bekanntgabe von Grundlagenbescheiden

[1]Da ein Folgebescheid gem. § 155 Abs. 2 AO vor Erlass eines notwendigen Grundlagenbescheids ergehen kann, ist die Unwirksamkeit der Bekanntgabe eines Grundlagenbescheids für den bereits vorliegenden Folgebescheid ohne Bedeutung. [2]Erst wenn der Grundlagenbescheid wirksam bekannt gegeben worden ist, sind daraus für den Folgebescheid Folgerungen zu ziehen (§ 175 Abs. 1 Satz 1 Nr. 1 AO).

4.7. Bekanntgabe von gesonderten und einheitlichen Feststellungen an einzelne Beteiligte

4.7.1. [1]Ein Verwaltungsakt, der an mehrere Beteiligte gerichtet ist (z.B. gesonderte und einheitliche Feststellung), aber nicht allen Beteiligten bekannt gegeben wird, ist dadurch nicht unwirksam. [2]Mit der Bekanntgabe an einzelne Beteiligte ist der Verwaltungsakt als entstanden anzusehen; er hat gegenüber diesen Beteiligten Wirksamkeit erlangt und kann insgesamt nicht mehr frei, sondern nur bei Vorliegen der gesetzlichen Änderungsvorschriften geändert werden (BFH-Urteile vom 31.5.1978, I R 76/76, BStBl. II S. 600, und vom 25.11.1987, II R 227/84, BStBl. 1988 II S. 410). [3]Zur Nachholung der Bekanntgabe an die übrigen Beteiligten vgl. AEAO zu § 122, Nr. 2.5.1.

4.7.2. Die einzelnen Gesellschafter sind nicht in ihren Rechten verletzt, wenn ein gesonderter und einheitlicher Feststellungsbescheid anderen Gesellschaftern nicht oder nicht ordnungsgemäß bekannt gegeben worden ist (BFH-Urteil vom 12.12.1978, VIII R 10/76, BStBl. 1979 II S. 440).

AEAO zu § 122a – Bekanntgabe von Verwaltungsakten durch Bereitstellung zum Datenabruf:

1. [1]Durch die Datenbereitstellung von Verwaltungsakten der Landesfinanzbehörden nach § 122a AO über die Kommunikationsplattform ELSTER im Format PDF/A wird ein sicheres Verfahren verwendet, das die Vertraulichkeit und Integrität des Datensatzes gewährleistet (§ 87a Abs. 8 AO). [2]Die elektronische Benachrichtigung an die abrufberechtigte Person über die Bereitstellung der Daten zum Abruf bedarf keiner Verschlüsselung (§ 87a Abs. 1 Satz 5 AO).
2. [1]Bestreitet die zum Abruf berechtigte Person den Zugang der Benachrichtigung, trägt die Finanzbehörde die Beweislast für deren Zugang. [2]Trägt die abrufberechtigte Person substantiiert und unwiderlegbar vor, die Benachrichtigung erst nach dem in § 122a Abs. 4 Satz 1 AO fingierten Bekanntgabetag erhalten zu haben, wurden die Daten von der abrufberechtigten Person aber tatsächlich abgerufen, gilt der Verwaltungsakt an dem Tag als bekannt gegeben, an dem der Datenabruf tatsächlich erfolgt ist. [3]Gelingt der Finanzbehörde der Nachweis des Zugangs der Benachrichtigung nicht und wurden die Daten auch von keiner dazu berechtigten Person abgerufen, gilt der Verwaltungsakt als nicht zugegangen. [4]In diesem Fall ist die Bekanntgabe – vorzugsweise im schriftlichen Verfahren – zu wiederholen.
3. Eine elektronische Bekanntgabe nach § 122a AO an im Ausland ansässige Empfänger ist auch in den Fällen zulässig, in denen der Ansässigkeitsstaat in der Negativliste der Nr. 3.1.4.1 des AEAO zu § 122 aufgeführt ist.

AEAO zu § 123 – Bestellung eines Empfangsbevollmächtigten:

1. [1]Ein Beteiligter mit Wohnsitz, gewöhnlichem Aufenthalt, Sitz oder Geschäftsleitung im Inland, in einem anderen Mitgliedstaat der Europäischen Union oder in einem Staat, auf den das Abkommen über den Europäischen Wirtschaftsraum anwendbar ist, darf nicht zur Benennung eines inländischen Empfangsbevollmächtigten aufgefordert werden. [2]Der Europäische Wirtschaftsraum umfasst neben den Staaten der Europäischen Union die Staaten Island, Liechtenstein und Norwegen.

2. [1]Von der Möglichkeit des § 123 AO ist grundsätzlich kein Gebrauch zu machen, soweit Verwaltungsakte einem Empfänger im Ausland unmittelbar zugestellt (vgl. AEAO zu § 122, Nr. 3.1.4.1) oder durch einfachen Brief bekannt gegeben werden dürfen (vgl. AEAO zu § 122, Nr. 1.8.4). [2]Eine Ausnahme kommt insbesondere in Betracht, wenn dem Steuerpflichtigen in der Vergangenheit wiederholt Verwaltungsakte nicht mittels einfachen Briefs oder förmlicher Zustellung bekannt gegeben werden konnten, weil dieser die Annahme verweigert oder bereits mehrfach den Zugang von Steuerverwaltungsakten bestritten hat.

3. [1]Abweichend von § 122 Abs. 2 und 2a AO ist die Zugangsvermutung gem. § 123 Satz 3 AO nur dann widerlegt, wenn feststeht, dass das Schriftstück oder das elektronische Dokument den Empfänger nicht oder zu einem späteren Zeitpunkt erreicht hat. [2]Zweifel gehen zu Lasten des Empfängers.

AEAO zu § 124 – Wirksamkeit des Verwaltungsakts:

1. [1]Der Verwaltungsakt wird mit dem Inhalt wirksam, mit dem er bekannt gegeben wird. [2]Maßgebend ist nicht die Aktenverfügung der Finanzbehörde, sondern die Fassung, die dem Beteiligten zugegangen ist.

[1]Bei der Auslegung des Verwaltungsakts kommt es gem. dem entsprechend anzuwendenden § 133 BGB nicht darauf an, was die Finanzbehörde mit ihren Erklärungen gewollt hat, sondern darauf, wie der Betroffene nach den ihm bekannten Umständen den materiellen Gehalt der Erklärungen unter Berücksichtigung von Treu und Glauben verstehen konnte. [2]Im Zweifel ist das den Steuerpflichtigen weniger belastende Auslegungsergebnis vorzuziehen (BFH-Urteil vom 27.11.1996, X R 20/95, BStBl. 1997 II S. 791).

2. [1]Weicht der bekannt gegebene Verwaltungsakt von der Aktenverfügung ab, so liegt i. d. R. ein Schreib- oder Übertragungsfehler vor, der gem. § 129 AO berichtigt werden kann. [2]Sind die Voraussetzungen des § 129 AO nicht gegeben, hat die Finanzbehörde alle Möglichkeiten einer Rücknahme, des Widerrufs, der Aufhebung oder Änderung des Verwaltungsakts zu prüfen.

3. [1]Bis zur Bekanntgabe wird der Verwaltungsakt nicht wirksam. [2]Er kann daher bis zu diesem Zeitpunkt rückgängig gemacht oder abgeändert werden, ohne dass die Voraussetzungen der §§ 130, 131 AO oder der §§ 172 ff. AO vorliegen müssen.

4. [1]Eine wirksame Bekanntgabe setzt voraus, dass der zum Erlass befugte Bedienstete diese veranlasst und dass er mit dem Willen handelt, den Bescheid bekannt zu geben (BFH-Urteil vom 24.11.1988, V R 123/83, BStBl. 1989 II S. 344). [2]Der Bekanntgabewille wird dadurch gebildet, dass der zeichnungsberechtigte Bedienstete die Aktenverfügung des Verwaltungsakts abschließend zeichnet und den Versand des Verwaltungsakts veranlasst oder dass die Bescheiderteilung in anderer Form abschließend veranlasst und die Versendung des Bescheids angewiesen wird.

5. [1]Der Bekanntgabewille kann aufgegeben werden. [2]Die Aufgabe des Willens der Finanzbehörde zur Bekanntgabe eines Verwaltungsakts führt aber nur dann zu dessen Unwirksamkeit, wenn der Wille aufgegeben wird, bevor der Bescheid den Herrschaftsbereich der Verwaltung verlassen hat; die Rechtzeitigkeit der Aufgabe des Bekanntgabewillens muss in den Akten hinreichend klar und eindeutig dokumentiert sein (BFH-Urteil vom 23.8.2000, X R 27/98, BStBl. 2001 II S. 662). [3]Der Empfänger des Verwaltungsakts ist unverzüglich schriftlich über die Aufgabe des Bekanntgabewillens zu unterrichten. [4]Es ist unerheblich, wenn der Empfänger diese Mitteilung erst nach Zugang des Verwaltungsakts erhält. [5]Der Aufgabe des Bekanntgabewillens kommt keine Bedeutung mehr zu, wenn der Verwaltungsakt den Herrschaftsbereich der Finanzbehörde bereits verlassen hat (BFH-Urteil vom 12.8.1996, VI R 18/94, BStBl. II S. 627).

6. [1]Unabhängig vom Zeitpunkt der Aufgabe des Bekanntgabewillens (vgl. AEAO zu § 124, Nr. 5) wird ein Verwaltungsakt aber auch dann nicht wirksam, wenn die Finanzbehörde dem Empfänger vor oder spätestens mit der Bekanntgabe des Verwaltungsakts mitteilt, dieser Bescheid solle nicht gelten (vgl. BFH-Urteil vom 28.5.2009, III R 84/06, BStBl. II S. 949). [2]Wurde der Verwaltungsakt mit einfachem Brief versandt, ist ein solcher Widerruf auch dann bis zum Ablauf des nach § 122 Abs. 2 AO fingierten Bekanntgabetages möglich, wenn der Verwaltungsakt dem Empfänger tatsächlich früher zugegangen sein sollte (vgl. BFH-Urteil vom 18.8.2009, X R 25/06, BStBl. II S. 965). [3]Der Widerruf bedarf nicht der Schriftform, er muss aber in den Akten hinreichend klar und eindeutig dokumentiert sein.

AEAO zu § 125 – Nichtigkeit des Verwaltungsakts:

1. Der nichtige Verwaltungsakt entfaltet keine Rechtswirkungen; aus ihm darf nicht vollstreckt werden.

2. Fehler bei der Anwendung des materiellen Rechts führen i. d. R. nicht zur Nichtigkeit, sondern nur zur Rechtswidrigkeit des Verwaltungsakts.

3. [1]Der Betroffene kann die Nichtigkeit des Verwaltungsakts jederzeit, auch noch nach Ablauf der Rechtsbehelfsfristen, geltend machen. [2]Dies gilt nicht, wenn über die Nichtigkeit des Verwaltungsakts bereits durch eine Feststellung nach § 125 Abs. 5 AO in der Form eines Verwaltungsakts (vgl. AEAO zu § 125, Nr. 4) entschieden wurde.

4. [1]Die Feststellung der Nichtigkeit eines Verwaltungsakts (§ 125 Abs. 5 AO) kann durch einen Verwaltungsakt getroffen werden (vgl. BFH-Urteil vom 20.8.2014, X R 15/10, BStBl. 2015 II S. 109). [2]Im Interesse der Rechtssicherheit soll von dieser Möglichkeit Gebrauch gemacht werden. [3]In diesem Fall ist zu verdeutlichen, dass ein Verwaltungsakt und nicht nur eine unverbindliche Äußerung der Finanzbehörde vorliegt. [4]Das Schreiben ist als „Bescheid über die Feststellung der Nichtigkeit (§ 125 Abs. 5 AO) des Verwaltungsakts ...“ zu bezeichnen, zu begründen und mit einer Rechtsbehelfsbelehrung zu versehen.

[1]Eine durch Verwaltungsakt vorgenommene und bestandskräftig gewordene Feststellung der Nichtigkeit eines Verwaltungsakts hat zur Folge, dass der Steuerpflichtige und die Finanzbehörde die Nichtigkeit des Verwaltungsakts nicht mehr in Frage stellen können. [2]Dies gilt auch für den Fall einer inhaltlich unzutreffenden Nichtigkeitsfeststellung (BFH-Urteil vom 20.8.2014, X R 15/10, a. a. O.).

5. In entsprechender Anwendung des § 125 Abs. 5 AO kann auch festgestellt werden, dass ein Verwaltungsakt wegen eines Bekanntgabemangels nicht wirksam geworden ist.

AEAO zu § 126 – Heilung von Verfahrens- und Formfehlern:

1. Ein nachträglich gestellter, fristgebundener Antrag heilt den Verwaltungsakt nur, wenn er innerhalb der für die Antragstellung vorgeschriebenen Frist nachgeholt wird.

2. Wegen § 126 Abs. 1 Nr. 3 AO wird auf § 91 AO hingewiesen.

3. Zur Wiedereinsetzung in den vorigen Stand nach unterlassener Anhörung eines Beteiligten bzw. wegen fehlender Begründung des Verwaltungsakts (§ 126 Abs. 3 i. V. m. § 110 AO) vgl. AEAO zu § 91, Nr. 3 und AEAO zu § 121, Nr. 3.

AEAO zu § 127 – Folgen von Verfahrens- und Formfehlern:

1. [1]Die Vorschrift gilt nur für die gesetzesgebundenen Verwaltungsakte. [2]Sie verhindert, dass der Steuerpflichtige die Aufhebung eines Steuerbescheids allein deshalb beanspruchen kann, weil der Finanzbehörde bei der Steuerfestsetzung ein Verfahrensfehler (z. B. unterlassene Anhörung) oder ein Formfehler (z. B. fehlende Begründung) unterlaufen ist oder weil die Finanzbehörde Vorschriften über die örtliche Zuständigkeit nicht beachtet hat. [3]Die Vorschrift ist auch anwendbar, wenn die Besteuerungsgrundlagen für einen Steuerbescheid geschätzt worden sind (BFH-Urteile vom 19.2.1987, IV R 143/84, BStBl. II S. 412, vom 17.9.1997, II R 15/95, BFH/NV 1998 S. 416, und vom 11.2.1999, V R 40/98, BStBl. II S. 382, sowie BFH-Beschluss vom 18.8.1999, IV B 108/98, BFH/NV 2000 S. 165). [4]Sie ist nicht anwendbar bei Verletzung der Vorschriften über die sachliche Zuständigkeit (BFH-Urteil vom 21.4.1993, X R 112/91, BStBl. II S. 649).

2. [1]§ 127 AO gilt nicht für Ermessensentscheidungen (BFH-Urteile vom 20.6.1990, I R 157/87, BStBl. 1992 II S. 43, vom 18.5.1994, I R 21/93, BStBl. II S. 697, und vom 15.10.1998, V R 77/97, BFH/NV 1999 S. 585). [2]Wenn diese mit einem Verfahrens- oder Formfehler behaftet sind, der nicht geheilt werden kann (§ 126 AO), müssen sie aufgehoben und – nach erneuter Ausübung des Ermessens – nochmals erlassen werden, falls der Beteiligte rechtzeitig einen Rechtsbehelf eingelegt hat. [3]Dies gilt nur dann nicht, wenn der mit dem Rechtsbehelf gerügte Fehler die Entscheidung durch die zuständige Finanzbehörde unter keinen Umständen beeinflusst haben kann (BFH-Urteil vom 18.7.1985, VI R 41/81, BStBl. 1986 II S. 169).

3. [1]Die Aufhebung eines Gewerbesteuermessbescheids kann regelmäßig nicht allein deswegen beansprucht werden, weil er von einem örtlich unzuständigen Finanzamt erlassen worden ist (BFH-Urteil vom 19.11.2003, I R 88/02, BStBl. 2004 II S. 751). [2]Ein Bescheid über die gesonderte Feststellung, der unter Verletzung der in § 180 Abs. 1 Satz 1 Nr. 2 Buchstabe b AO herangezogenen Vorschriften über die örtliche Zuständigkeit ergangen ist, muss aufgehoben werden, weil die Verletzung der §§ 18, 19 AO in der gem. § 180 Abs. 1 Satz 1 Nr. 2 Buchstabe b AO getroffenen Zuordnung ein nicht heilbarer Rechtsfehler ist (BFH-Urteile vom 15.4.1986, VIII R 325/84, BStBl. 1987 II S. 195, und vom 10.6.1999, IV R 69/98, BStBl. II S. 691).

AEAO zu § 129 – Offenbare Unrichtigkeit beim Erlass eines Verwaltungsakts:

1. [1]Ähnliche offenbare Unrichtigkeiten i. S. d. § 129 AO sind mechanische Versehen, wie beispielsweise Eingabe- oder Übertragungsfehler. [2]Eine offenbare Unrichtigkeit kann daher auch vorliegen, wenn der Sachbearbeiter den Eingabewertbogen falsch ausfüllt oder Daten versehentlich nicht oder falsch in ein Computerprogramm eingibt.

[1]Ein mechanisches Versehen wird ferner angenommen, wenn der Sachbearbeiter es versehentlich unterlassen hat, die für die Veranlagung eines Jahres vorliegenden Unterlagen auszuwerten, die ihm vom Steuerpflichtigen unterjährig übersandt wurden (vgl. BFH-Urteil vom 27.5.2009, X R 47/08, BStBl. II S. 946). [2]Gleiches gilt für das Übersehen einer für den Veranlagungszeitraum einschlägigen Kontrollmitteilung, eines relevanten Grundlagenbescheids (vgl. dazu auch AEAO zu § 175, Nr. 1.2 2. Tiret) oder von Punkten eines Betriebsprüfungsberichts bzw. dessen widersprüchliche oder gar unterlassene Auswertung (vgl. u. a. BFH-Urteil vom 27.11.2003, V R 52/02, BFH/NV 2004 S. 605).

2. [1]Keine offenbaren Unrichtigkeiten i. S. v. § 129 AO sind Fehler bei der Auslegung oder (Nicht-)Anwendung einer Rechtsnorm, eine unrichtige Tatsachenwürdigung, die unzutreffende Annahme eines in Wirklichkeit nicht vorliegenden Sachverhalts sowie Fehler, die auf mangelnder Sachaufklärung beruhen. [2]Eine Berichtigung nach § 129 AO ist bereits dann ausgeschlossen, wenn auch nur die ernsthafte und nicht nur theoretische Möglichkeit besteht, dass ein derartiger Fehler vorliegt.

3.[1)] [1]Ein Fehler ist dann „offenbar" i. S. d. § 129 AO, wenn er auf der Hand liegt, durchschaubar, eindeutig oder augenfällig ist, d. h. sich für einen unvoreingenommenen Dritten ohne weiteres aus der Steuererklärung, deren Anlagen sowie den in den Akten befindlichen Unterlagen für das betreffende Veranlagungsjahr ergibt (vgl. BFH-Urteil vom 27.5.2009, X R 47/08, BStBl. II S. 946). [2]In den objektivierten Erkenntnishorizont des Dritten sind daneben

[1)] Keine Berichtigungsmöglichkeit nach § 129 AO bei fehlendem Abgleich des erklärten Arbeitslohns mit dem elektronisch beigestellten Arbeitslohn; siehe BFH v. 16.1.2018 VI R 41/16, BStBl. II 2018, 378, u. VI R 38/16, BFH/NV 2018, 513.

regelmäßig aber auch im konkreten Fall einschlägige interne Arbeits- und Dienstanweisungen einzubeziehen (vgl. u.a. BFH-Urteil vom 13.6.2012, VI R 85/10, BStBl. 2013 II S. 5). [3]Es kommt nicht darauf an, ob der Steuerpflichtige die Unrichtigkeit anhand des Bescheids und der ihm vorliegenden Unterlagen erkennen konnte.

4. [1]Die offenbare Unrichtigkeit muss beim Erlass des Verwaltungsakts unterlaufen sein. [2]Daher können nur Fehler berichtigt werden, die der Finanzbehörde unterlaufen sind. [3]Eine offenbare Unrichtigkeit kann aber auch dann vorliegen, wenn das Finanzamt eine in der Steuererklärung oder dieser beigefügten Anlagen enthaltene offenbare, d.h. für das Finanzamt erkennbare Unrichtigkeit als eigene übernimmt. [4]Übersieht das Finanzamt bei der Einkommensteuerveranlagung, dass der Steuerpflichtige in seiner vorgelegten Gewinnermittlung die bei der Umsatzsteuererklärung für denselben Veranlagungszeitraum erklärten und erklärungsgemäß berücksichtigten Umsatzsteuerzahlungen in Gänze nicht als Betriebsausgabe erfasst hat, liegt insoweit eine von Amts wegen zu berichtigende offenbare Unrichtigkeit nach § 129 AO vor, auch wenn in diesem Fall noch Ermittlungen zur Höhe des tatsächlich zu berücksichtigenden Betrags erforderlich sind (vgl. BFH-Urteil vom 27.8.2013, VIII R 9/11, BStBl. 2014 II S. 439).[1)] [5]Eine offenbare Unrichtigkeit liegt dagegen nicht vor, wenn der Steuerpflichtige nicht sämtliche Umsatzsteuer-Vorauszahlungen bei den Betriebsausgaben außer Acht gelassen, sondern im Rahmen seiner Steuererklärung einen Gesamtbetrag eingesetzt hat, der nicht von vornherein unrealistisch war (vgl. BFH-Urteile vom 3.5.2017, X R 4/16, BFH/NV S. 1415, und vom 17.5.2017, X R 45/16, BFH/NV 2018 S. 10).

Bei Fehlern des Steuerpflichtigen bei Erstellung seiner Steuererklärung ist zwischen der Rechtslage bis 2016 und ab 2017 zu unterscheiden:

– Soweit der Steuerbescheid nach dem 31.12.2016 erlassen wurde, vgl. AEAO zu § 173a.
– Soweit der Steuerbescheid vor dem 1.1.2017 erlassen wurde, gilt Folgendes:
  [1]Sind dem Steuerpflichtigen bei Erstellung seiner Steuererklärung Fehler (insbesondere Schreib- oder Rechenfehler) unterlaufen und hat er demzufolge dem Finanzamt bestimmte Tatsachen nicht oder mit einem unzutreffenden Wert mitgeteilt, kann der Steuerbescheid nicht nach § 129 AO berichtigt werden, da das Finanzamt den Fehler nicht erkennen und diesen sich somit auch nicht zu eigen machen konnte. [2]Allerdings kommt bei steuerermäßigenden Tatsachen eine Änderung nach § 173 Abs. 1 Nr. 2 AO in Betracht, wenn den Steuerpflichtigen kein grobes Verschulden am nachträglichen Bekanntwerden der zutreffenden Tatsachen trifft (vgl. AEAO zu § 173, Nr. 5) und diese Tatsachen auch bei Erlass des ursprünglichen Steuerbescheids rechtserheblich waren (vgl. AEAO zu § 173, Nr. 3). [3]Dafür, dass die ursprüngliche Nichterklärung auf einem mechanischen Versehen beruht, trägt der Steuerpflichtige die Beweislast (vgl. AEAO zu § 173, Nr. 5.1 und 5.1.3). [4]Die Form der Steuererklärung ist hierbei unerheblich (vgl. AEAO zu § 173, Nr. 5.6).

---

1) Zur Anwendung von § 129 AO bei Abgabe elektronischer Steuererklärungen siehe BFH v. 22.5.2019 XI R 9/18, BStBl. II 2020, 37.

5. Bei einer Berichtigung nach § 129 AO können im Wege pflichtgemäßer Ermessensausübung unter sinngemäßer Anwendung des § 177 AO materielle Fehler korrigiert werden (BFH-Urteil vom 8.3.1989, X R 116/87, BStBl. II S. 531).

6. [1]Die Berichtigung zugunsten und zuungunsten des Steuerpflichtigen ist
- bei Steuerfestsetzungen und Zinsbescheiden nur innerhalb der Festsetzungsfrist (§ 169 Abs. 1 Satz 2 AO),
- bei Aufteilungsbescheiden nur bis zur Beendigung der Vollstreckung (§ 280 AO),
- bei Verwaltungsakten, die sich auf Zahlungsansprüche richten, bis zum Ablauf der Zahlungsverjährung (§ 228 AO),
- bei anderen Verwaltungsakten zeitlich unbeschränkt

zulässig. [2]Auf die besondere Ablaufhemmung der Festsetzungsfrist nach § 171 Abs. 2 AO wird hingewiesen.

7. [1]Zur Korrektur von Haftungs- und Duldungsbescheiden vgl. AEAO zu § 191. [2]Zur Anfechtungsbeschränkung vgl. AEAO zu § 351, Nr. 3.

AEAO vor §§ 130, 131 – Rücknahme und Widerruf von Verwaltungsakten:

1. [1]Die §§ 130 bis 133 AO gelten für Rücknahme oder Widerruf von Verwaltungsakten nur, soweit keine Sonderregelungen bestehen (Hinweis auf §§ 172ff. AO für Steuerbescheide; §§ 206, 207 AO für verbindliche Zusagen; § 280 AO für Aufteilungsbescheide). [2]Dabei bestehen hinsichtlich der Bestandskraft unanfechtbarer Verwaltungsakte Unterschiede zwischen begünstigenden Verwaltungsakten und nicht begünstigenden Verwaltungsakten.

2. Begünstigende Verwaltungsakte sind insbesondere
- Gewährung von Entschädigungen (§ 107 AO),
- Fristverlängerungen (§ 109 AO),
- Gewährung von Buchführungserleichterungen (§ 148 AO),
- Billigkeitsmaßnahmen (§§ 163, 227, 234 Abs. 2 AO),
- Verlegung des Beginns einer Außenprüfung (§ 197 Abs. 2 AO),
- Stundungen (§ 222 AO),
- Einstellung oder Beschränkung der Vollstreckung (§§ 257, 258 AO),
- Aussetzung der Vollziehung (§ 361 AO, § 69 Abs. 2 FGO).

3. Nicht begünstigende Verwaltungsakte sind insbesondere
- Ablehnung beantragter begünstigender Verwaltungsakte,
- Festsetzung von steuerlichen Nebenleistungen (§ 3 Abs. 4, § 218 Abs. 1 AO),
- Ablehnung einer Erstattung von Nebenleistungen (§ 37 Abs. 2, § 218 Abs. 2 AO),
- Auskunftsersuchen (§§ 93ff. AO),
- Aufforderung zur Buchführung (§ 141 Abs. 2 AO),
- Haftungsbescheide (§ 191 AO),
- Duldungsbescheide (§ 191 AO),
- Prüfungsanordnungen (§ 196 AO),
- Anforderung von Säumniszuschlägen (§ 240 AO),
- Pfändungen (§ 281 AO).

4. 1 In den Fällen der Korrektur von Verspätungszuschlagfestsetzungen infolge von Korrekturen der Steuerfestsetzung, der Feststellung von Besteuerungsgrundlagen oder der Anrechnung von Vorauszahlungen oder Steuerabzugsbeträgen gilt § 152 Abs. 12 AO (AEAO zu § 152, Nr. 12). 2 Zur Korrektur von Haftungs- und Duldungsbescheiden vgl. AEAO zu § 191.

5. 1 Verwaltungsakte über Billigkeitsmaßnahmen nach § 163 Abs. 1 AO stehen in den Fällen des § 163 Abs. 3 AO kraft Gesetzes unter Widerrufsvorbehalt. 2 Die Rücknahme eines rechtswidrigen Verwaltungsakts richtet sich in diesen Fällen nach § 163 Abs. 4 Satz 1 AO.

AEAO zu § 130 – Rücknahme eines rechtswidrigen Verwaltungsakts:

1. 1 Ein Verwaltungsakt ist rechtswidrig, wenn er im Zeitpunkt seines Erlasses ganz oder teilweise gegen zwingende gesetzliche Vorschriften (§ 4 AO) verstößt, ermessensfehlerhaft ist (vgl. AEAO zu § 5) oder eine Rechtsgrundlage überhaupt fehlt. 2 Eine nachträgliche Änderung der Sach- oder Rechtslage hingegen macht einen ursprünglich rechtmäßigen Verwaltungsakt grundsätzlich nicht i. S. d. § 130 AO rechtswidrig, es sei denn, es läge ein Fall steuerrechtlicher Rückwirkung vor, welche den Verwaltungsakt erfasst (vgl. BFH-Urteil vom 9.12.2008, VII R 43/07, BStBl. 2009 II S. 344). 3 Besonders schwerwiegende Fehler haben die Nichtigkeit und damit die Unwirksamkeit zur Folge (§ 125 i. V. m. § 124 Abs. 3 AO). 4 Liegt kein Fall der Nichtigkeit vor, so wird der rechtswidrige Verwaltungsakt zunächst wirksam.

2. 1 Die Finanzbehörde entscheidet im Rahmen ihres Ermessens, ob sie eine Überprüfung eines rechtswidrigen, unanfechtbaren Verwaltungsakts vornehmen soll. 2 Die Finanzbehörde braucht nicht in die Überprüfung einzutreten, wenn der Steuerpflichtige nach Ablauf der Einspruchsfrist die Rechtswidrigkeit lediglich behauptet und Gründe, aus denen sich schlüssig die Rechtswidrigkeit des belastenden Verwaltungsakts ergibt, nicht näher bezeichnet (vgl. BFH-Urteil vom 9.3.1989, VI R 101/84, BStBl. II S. 749). 3 Ist die Fehlerhaftigkeit eines Verwaltungsakts festgestellt, so ist zunächst die mögliche Nichtigkeit (§ 125 AO), danach die Möglichkeit der Berichtigung offenbarer Unrichtigkeiten (§ 129 AO), danach die Möglichkeit der Heilung von Verfahrens- und Formfehlern (§§ 126, 127 AO), danach die Möglichkeit der Umdeutung (§ 128 AO) und danach die Rücknahme zu prüfen.

3. 1 Nicht begünstigende rechtswidrige Verwaltungsakte können jederzeit zurückgenommen werden, auch wenn die Einspruchsfrist abgelaufen ist. 2 Eine teilweise Rücknahme ist zulässig.

Beispiel:

Ein Verspätungszuschlag ist mit einem Betrag festgesetzt worden, der mehr als 10 % der festgesetzten Steuer ausmacht (Verstoß gegen § 152 Abs. 2 AO a. F.). Die Festsetzung kann insoweit zurückgenommen werden, wie sie 10% übersteigt; sie bleibt im Übrigen bestehen.

4. 1 Die Rücknahme eines begünstigenden rechtswidrigen Verwaltungsakts ist nur unter Einschränkungen möglich (§ 130 Abs. 2 und 3 AO). 2 Unter einer Begünstigung i. S. d. Vorschriften ist jede Rechtswirkung zu verstehen, an deren Aufrechterhaltung der vom Verwaltungsakt Betroffene ein schutzwürdiges Interesse hat (BFH-Urteil vom 16.10.1986, VII R 159/83, BStBl. 1987 II S. 405). 3 Sofern die Rücknahme zulässig und wirksam ist, kann die Finanzbehörde aufgrund des veränderten Sachverhalts oder der veränderten Rechtslage einen neuen Verwaltungsakt erlassen, der für den Beteiligten weniger vorteilhaft ist.

Beispiele:

a) Ein Verspätungszuschlag ist unter Abweichung von der sonst beim Finanzamt üblichen Anwendung der Grundsätze des § 152 AO a. F. auf 500 € festgesetzt worden. Eine Überprüfung des Falles ergibt, dass eine Festsetzung i. H. v. 1000 € richtig gewesen wäre. Die Rücknahme der Festsetzung, verbunden mit einer neuen höheren Festsetzung, ist rechtlich zulässig, wenn die niedrige Festsetzung auf unrichtigen oder unvollständigen Angaben des Steuerpflichtigen beruhte (§ 130 Abs. 2 Nr. 3 AO).

b) Der Steuerpflichtige hat durch arglistige Täuschung über seine Vermögens- und Liquiditätslage eine Stundung ohne Sicherheitsleistung erwirkt. Die Finanzbehörde kann die Stundungsverfügung mit Wirkung für die Vergangenheit zurücknehmen (§ 130 Abs. 2 Nr. 2 AO), für die Vergangenheit Säumniszuschläge anfordern und eine in die Zukunft wirkende neue Stundung von einer Sicherheitsleistung abhängig machen.

5. [1] § 130 Abs. 3 AO normiert keine Prüfungsfrist, innerhalb derer die Finanzbehörde ihr bekannte Tatsachen rechtlich zu bewerten und aus ihnen die gebotenen Schlussfolgerungen zu ziehen hätte, sondern lediglich eine Entscheidungsfrist. [2] Deshalb beginnt die Jahresfrist erst dann, wenn die Finanzbehörde tatsächlich die Erkenntnis gewonnen hat, dass ein Verwaltungsakt zurückgenommen bzw. widerrufen werden kann (vgl. BVerwG-Beschluss vom 19.12.1984, GrS 1 und 2/84, BVerwGE 70 S. 356, und daran anschließend die ständige Rechtsprechung des BFH, vgl. u. a. Urteil vom 9.12.2008, VII R 43/07, BStBl. 2009 II S. 344). [3] Dies ist der Fall, wenn die Finanzbehörde ohne weitere Sachaufklärung objektiv in der Lage ist, unter sachgerechter Ausübung ihres Ermessens über Rücknahme bzw. Widerruf des Verwaltungsakts zu entscheiden.

AEAO zu § 131 – Widerruf eines rechtmäßigen Verwaltungsakts:

1. [1] Ein Verwaltungsakt ist rechtmäßig, wenn er zum Zeitpunkt des Wirksamwerdens (Bekanntgabe) dem Gesetz (§ 4 AO) entspricht. [2] Ändert sich der Sachverhalt durch nachträglich eingetretene Tatsachen oder lässt das Gesetz in derselben Sache unterschiedliche Verwaltungsakte zu (Ermessensentscheidungen), so kann der rechtmäßige Verwaltungsakt unter bestimmten Voraussetzungen mit Wirkung für die Zukunft widerrufen werden.

2. [1] § 131 Abs. 2 Nr. 3 AO betrifft nur die Änderung tatsächlicher, nicht rechtlicher Verhältnisse. [2] Der Begriff „Tatsache" bezeichnet in dieser Vorschrift dasselbe wie in § 173 AO (vgl. AEAO zu § 173, Nr. 1). [3] „Tatsache" ist auch die steuerrechtliche Beurteilung eines Sachverhalts in einem anderen Bescheid, soweit dieser Bescheid Bindungswirkung für den zu widerrufenden Bescheid hat (vgl. BFH-Urteile vom 13.1.2005, II R 48/02, BStBl. II S. 451, und vom 9.12.2008, VII R 43/07, BStBl. 2009 II S. 344). [4] Das öffentliche Interesse i. S. d. Vorschrift ist immer dann gefährdet, wenn bei einem Festhalten an der getroffenen Entscheidung der Betroffene gegenüber anderen Steuerpflichtigen bevorzugt würde.

3. [1] Ein Steuererlass kann nicht widerrufen werden. [2] Die nachträgliche Verbesserung der Liquiditäts- oder Vermögenslage ist unbeachtlich. [3] Für die Rücknahme gilt § 130 Abs. 2 und 3 AO.

4. Ein rechtmäßiger begünstigender Verwaltungsakt darf jederzeit um einen weiteren rechtmäßigen Verwaltungsakt ergänzt werden.

Beispiele:

a) Verlängerung oder Erhöhung einer Stundung,
b) weitere Fristverlängerung,
c) Gewährung ergänzender Buchführungserleichterungen,
d) Erhöhung des zu erlassenden Steuerbetrages.

5. Dementsprechend bedarf es bei demselben Sachverhalt nicht des Widerrufs, wenn zu einem nicht begünstigenden rechtmäßigen Verwaltungsakt lediglich ein weiterer rechtmäßiger Verwaltungsakt hinzutritt.

Beispiele:

a) Wegen einer Steuerschuld von 2500 € sind Wertpapiere im Werte von 1500 € gepfändet worden. Es wird eine weitere Pfändung über 1000 € verfügt.
b) Die Prüfungsanordnung für eine Außenprüfung umfasst den Prüfungszeitraum 1993 bis 1995. Die Prüfungsanordnung wird auf den Besteuerungszeitraum 1996 ausgedehnt.
c) Zur Klärung eines steuerlich bedeutsamen Sachverhalts wird das Kreditinstitut X um Auskunft über die Kontenstände des Steuerpflichtigen gebeten. Im Zuge der Ermittlungen wird auch die Angabe aller baren Einzahlungen über 5000 € verlangt.

AEAO zu § 138 – Anzeigen über die Erwerbstätigkeit:

1.[1)] [1]Die Verpflichtung, die Eröffnung eines Betriebs der Land- und Forstwirtschaft, eines gewerblichen Betriebs oder einer Betriebstätte anzuzeigen, besteht nur gegenüber der Gemeinde, in der dieser Betrieb oder die Betriebstätte eröffnet wird; diese hat unverzüglich das zuständige Finanzamt zu unterrichten. [2]Freiberuflich Tätige haben die Aufnahme ihrer Erwerbstätigkeit dem Wohnsitzfinanzamt (§ 19 Abs. 1 AO, ggf. Tätigkeitsfinanzamt nach § 19 Abs. 3 AO) mitzuteilen. [3]Unter Eröffnung ist auch die Fortführung eines Betriebs oder einer Betriebstätte durch den Rechtsnachfolger oder Erwerber zu verstehen (Hinweis auf § 75 AO).

[1]Die Meldefrist beträgt einen Monat. [2]Gewerbetreibende, die nach § 14 der GewO gegenüber der zuständigen Behörde (Ordnungs- bzw. Gewerbeamt) anzeigepflichtig sind, genügen mit dieser Anzeige gleichzeitig ihrer steuerlichen Anzeigepflicht nach § 138 Abs. 1 AO. [3]Die Anzeige ist auf einem Vordruck zu erstatten, dessen Muster durch die Anlagen 1, 2 und 3 zu § 1 Satz 1 der GewAnzV vom 22.7.2014 (BGBl. I S. 1208) bestimmt worden ist. [4]Steuerpflichtige, die nicht unter die Anzeigepflicht nach der GewO fallen, können die Anzeige formlos erstatten. [5]Sie können sich auch des Vordrucks gem. der GewAnzV bedienen.

2.[2)] [1]§ 138 Abs. 2 AO verpflichtet alle Steuerpflichtigen, Auslandsbeziehungen, insbesondere Auslandsbeteiligungen innerhalb der Fristen nach § 138 Abs. 5 AO dem Finanzamt mitzuteilen. [2]Eine Verletzung dieser Verpflichtung kann als Steuergefährdung mit einem Bußgeld geahndet werden (§ 379 Abs. 2 Nr. 1 AO). [3]Näheres zu Inhalt und Form der Mitteilungen regelt das BMF-Schreiben vom 5.2.2018, BStBl. I S. 289, zuletzt geändert durch das BMF-Schreiben vom 28.12.2020, BStBl. I 2021 S. 55.

[1)] Zur erstmaligen Anwendung der elektronischen Übermittlungspflicht nach § 138 Abs. 1b Satz 2 AO ab 1.1.2021 siehe BMF v. 4.12.2020, BStBl. I 2020, 1209.

[2)] Zur zentralen Sammlung und Auswertung von Unterlagen über steuerliche Auslandsbeziehungen (IZA-Erlass) siehe BMF v. 9.9.2019, BStBl. I 2019, 907.

AEAO zu § 138a – Länderbezogener Bericht multinationaler Unternehmensgruppen:

Auf das BMF-Schreiben vom 11.7.2017, BStBl. I S. 974 wird verwiesen.

Datenquellen

[1]Das berichtende Unternehmen verwendet beim Ausfüllen des Formblatts Jahr für Jahr konsistent die gleichen Datenquellen. [2]Dem berichtenden Unternehmen ist es freigestellt, Daten aus seiner konsolidierten Unternehmensberichterstattung, aus den gesetzlich vorgesehenen Jahresabschlüssen der einzelnen Unternehmen, aus für aufsichtsrechtliche Zwecke erstellten Abschlüssen oder aus seiner internen Rechnungslegung zu verwenden.

Sekundärmechanismus

Ergänzend hierzu besteht die Verpflichtung zur Abgabe des länderbezogenen Berichts für die einbezogene inländische Konzerngesellschaft nur, sofern die folgenden Voraussetzungen erfüllt sind:

1. Die einbezogene Konzerngesellschaft hat ihre Geschäftsleitung oder ihren Sitz im Inland und
2. eine der folgenden Voraussetzungen ist erfüllt:
   a) die ausländische Konzernobergesellschaft ist in ihrem Ansässigkeitsstaat nicht zur Vorlage eines länderbezogenen Berichts verpflichtet,
   b) der Ansässigkeitsstaat der ausländischen Konzernobergesellschaft verfügt über eine geltende internationale Übereinkunft, dessen Vertragspartei die Bundesrepublik Deutschland ist, jedoch über keine geltende Vereinbarung über den Austausch der länderbezogenen Berichte zwischen den zuständigen Behörden zu dem in § 138a Abs. 6 Satz 1 AO festgelegten Zeitpunkt für die Vorlage des länderbezogenen Berichts für das Wirtschaftsjahr, oder
   c) es zu einem systemischen Versagen des Ansässigkeitsstaates der ausländischen Konzernobergesellschaft gekommen ist, über welches die einbezogene inländische Konzerngesellschaft vom Bundeszentralamt für Steuern unterrichtet wurde.

Systemisches Versagen bedeutet entweder, dass ein Staat zwar über eine geltende Vereinbarung über den Austausch der länderbezogenen Berichte zwischen den zuständigen Behörden mit der Bundesrepublik Deutschland verfügt, den automatischen Informationsaustausch (aus anderen als den in den Bestimmungen dieser Vereinbarung vorgesehenen Gründen) jedoch ausgesetzt hat, oder dass ein Staat auf andere Weise über einen längeren Zeitraum hinweg versäumt hat, die in seinem Besitz befindlichen länderbezogenen Berichte über einbezogene inländische Konzerngesellschaften der Bundesrepublik Deutschland automatisch zu übermitteln.

Die einbezogene inländische Konzerngesellschaft ist nicht zur Vorlage eines länderbezogenen Berichts verpflichtet, sofern die ausländische Konzernobergesellschaft in ihrem Ansässigkeitsstaat nicht zur Vorlage eines länderbezogenen Berichts verpflichtet ist, da die konsolidierten Umsatzerlöse im vorangegangenen Wirtschaftsjahr die in diesem anderen Staat geltende Umsatzschwelle, die im Januar 2015 etwa 750 Millionen Euro entsprach, nicht überstieg.

AEAO zu § 140 – Buchführungs- und Aufzeichnungspflichten nach anderen Gesetzen:

[1]Durch die Vorschrift werden die sog. außersteuerlichen Buchführungs- und Aufzeichnungsvorschriften, die auch für die Besteuerung von Bedeutung sind, für das Steuerrecht nutzbar gemacht. [2]In Betracht kommen einmal die allgemeinen Buchführungs- und Aufzeichnungsvorschriften des Handels-, Gesellschafts- und Genossenschaftsrechts. [3]Zum anderen fallen hierunter die Buchführungs- und Aufzeichnungspflichten für bestimmte Betriebe und Berufe, die sich aus einer Vielzahl von Gesetzen und Verordnungen ergeben. [4]Auch ausländische Rechtsnormen können eine Buchführungspflicht nach § 140 AO begründen (BFH-Urteil vom 14.11.2018, I R 81/16, BStBl. 2019 II S. 390). [5]Unmittelbar geltende Rechtsakte der Europäischen Union können ebenfalls eine Buchführungspflicht nach § 140 AO begründen. [6]Verstöße gegen außersteuerliche Buchführungs- und Aufzeichnungspflichten stehen den Verstößen gegen steuerrechtliche Buchführungs- und Aufzeichnungsvorschriften gleich. [7]Verstöße gegen die Vorschriften zur Führung von Büchern und Aufzeichnungen (§§ 140 bis 147 AO) können z.B. die Anwendung von Zwangsmitteln nach § 328 AO, eine Schätzung nach § 162 AO oder eine Ahndung nach § 379 AO zur Folge haben. [8]Die Verletzung der Buchführungspflichten ist unter den Voraussetzungen der §§ 283 und 283b StGB (sog. Insolvenzstraftaten) strafbar. [9]Aufzeichnungspflichten, die für den Gesamthaushalt einer juristischen Person des öffentlichen Rechts bestehen (Doppik), führen nicht zu einer Verpflichtung zur Buchführung für einzelne Betriebe gewerblicher Art (BMF-Schreiben vom 3.1.2013, BStBl. I S. 59).

AEAO zu § 141 – Buchführungspflicht bestimmter Steuerpflichtiger:

1. [1]Die Vorschrift findet nur Anwendung, wenn sich nicht bereits eine Buchführungspflicht nach § 140 AO ergibt. [2]Wird von dem Wahlrecht nach § 241a HGB Gebrauch gemacht, kann dennoch eine Buchführungspflicht nach § 141 AO bestehen. [3]Unter die Vorschrift fallen gewerbliche Unternehmer sowie Land- und Forstwirte,[1)] nicht jedoch Freiberufler. [4]Gewerbliche Unternehmer sind solche Unternehmer, die einen Gewerbebetrieb i. S. d. § 15 Abs. 2 oder 3 EStG bzw. des § 2 Abs. 2 oder 3 GewStG ausüben.

[1]Ausländische Unternehmen fallen unter die Vorschrift jedenfalls dann, wenn und soweit sie im Inland eine Betriebstätte unterhalten oder einen ständigen Vertreter bestellt haben (BFH-Urteil vom 14.9.1994, I R 116/93, BStBl. 1995 II S. 238). [2]Die Buchführungspflicht einer Personengesellschaft erstreckt sich auch auf das Sonderbetriebsvermögen ihrer Gesellschafter. [3]Die Gesellschafter selbst sind insoweit nicht buchführungspflichtig.

2. [1]Die Finanzbehörde kann die Feststellung i. S. d. § 141 Abs. 1 AO im Rahmen eines Steuer- oder Feststellungsbescheids oder durch einen selbständigen feststellenden Verwaltungsakt treffen. [2]Die Feststellung kann aber auch mit der Mitteilung über den Beginn der Buchführungspflicht nach

[1)] Zur Buchführung in land- und forstwirtschaftlichen Betrieben siehe BMF v. 15.12.1981, BStBl. I 1981, 878.

§ 141 Abs. 2 AO verbunden werden und bildet dann mit ihr einen einheitlichen Verwaltungsakt (BFH-Urteil vom 23.6.1983, IV R 3/82, BStBl. II S. 768).

3. [1]Die Buchführungsgrenzen beziehen sich grundsätzlich auf den einzelnen Betrieb (zum Begriff vgl. BFH-Urteil vom 13.10.1988, IV R 136/85, BStBl. 1989 II S. 7), auch wenn der Steuerpflichtige mehrere Betriebe der gleichen Einkunftsart hat. [2]Eine Ausnahme gilt für steuerbegünstigte Körperschaften, bei denen mehrere steuerpflichtige wirtschaftliche Geschäftsbetriebe als ein Betrieb zu behandeln sind (§ 64 Abs. 2 AO). [3]Hinsichtlich der Berechnung der Umsatzgrenze des § 141 Abs. 1 Satz 1 Nr. 1 AO wird auf den Abschnitt 19.3 UStAE[1)] verwiesen. [4]Bei einem Dauerverlustbetrieb einer juristischen Person des öffentlichen Rechts führt allein das Überschreiten der Umsatzgrenze nach § 141 Abs. 1 Satz 1 Nr. 1 AO nicht zu einer Buchführungspflicht, wenn dieser mangels Gewinnerzielungsabsicht kein gewerbliches Unternehmen darstellt (BMF-Schreiben vom 3.1.2013, BStBl. I S. 59). [5]Da die Gewinngrenze für die land- und forstwirtschaftlichen Betriebe (§ 141 Abs. 1 Satz 1 Nr. 5 AO) auf das Kalenderjahr abstellt, werden bei einem vom Kalenderjahr abweichenden Wirtschaftsjahr die zeitanteiligen Gewinne aus zwei Wirtschaftsjahren angesetzt. [6]Für die Bestimmung der Buchführungsgrenzen nach § 141 Abs. 1 Satz 1 Nr. 3 AO sind die Einzelertragswerte der im Einheitswert erfassten Nebenbetriebe bei der Ermittlung des Wirtschaftswertes der selbstbewirtschafteten Flächen nicht anzusetzen (BFH-Urteil vom 6.7.1989, IV R 97/87, BStBl. 1990 II S. 606).

4. [1]Die Finanzbehörde hat den Steuerpflichtigen auf den Beginn der Buchführungspflicht hinzuweisen. [2]Diese Mitteilung soll dem Steuerpflichtigen mindestens einen Monat vor Beginn des Wirtschaftsjahres bekannt gegeben werden, von dessen Beginn ab die Buchführungspflicht zu erfüllen ist.[2)] [3]Zur Bekanntgabe der Mitteilung über den Beginn der Buchführungspflicht bei ungeklärter Unternehmereigenschaft der Ehegatten/Lebenspartner als Miteigentümer der Nutzflächen eines landwirtschaftlichen Betriebs vgl. BFH-Urteile vom 23.1. 1986, IV R 108/85, BStBl. II S. 539, und vom 26.11.1987, IV R 22/86, BStBl. 1988 II S. 238. [4]Werden die Buchführungsgrenzen nicht mehr überschritten, so wird der Wegfall der Buchführungspflicht dann nicht wirksam, wenn die Finanzbehörde vor dem Erlöschen der Verpflichtung wiederum das Bestehen der Buchführungspflicht feststellt. [5]Beim einmaligen Überschreiten der Buchführungsgrenze soll auf Antrag nach § 148 AO Befreiung von der Buchführungspflicht bewilligt werden, wenn nicht zu erwarten ist, dass die Grenze auch später überschritten wird. [6]Bei der Prüfung, ob die in § 141 Abs. 1 Satz 1 Nr. 4 und 5 AO aufgeführten Buchführungsgrenzen überschritten werden, sind erhöhte Absetzungen für Abnutzung sowie Sonderabschreibungen unberücksichtigt zu lassen (§ 7a Abs. 6 EStG). [7]Erhöhte Absetzungen für Abnutzung sind nur insoweit dem Gewinn zuzurechnen, als diese die Absetzungsbeträge nach § 7 Abs. 1 oder 4 EStG übersteigen (§ 7a Abs. 3 EStG).

---

1) Nr. **500**.

2) Einhaltung der Monatsfrist ist keine Wirksamkeitsvoraussetzung; vgl. BFH v. 29.3.2007 IV R 14/05, BStBl. II 2007, 816.

5. [1]Die Buchführungspflicht geht nach § 141 Abs. 3 AO kraft Gesetzes auf nachfolgende Eigentümer oder Nutzungsberechtigte über. [2]Es ist nicht Voraussetzung, dass eine der in § 141 Abs. 1 Satz 1 Nrn. 1 bis 5 AO aufgeführten Buchführungsgrenzen überschritten ist. [3]Als Eigentümer bzw. Nutzungsberechtigter kommen z. B. in Betracht: Erwerber, Erbe, Pächter, Nießbraucher. [4]Eine Übernahme des Betriebs im Ganzen liegt vor, wenn seine Identität gewahrt bleibt. [5]Dies ist der Fall, wenn die wesentlichen Grundlagen des Betriebs als einheitliches Ganzes erhalten bleiben. [6]Dies liegt nicht vor, wenn nur der landwirtschaftliche, nicht aber auch der forstwirtschaftliche Teilbetrieb übernommen wird (BFH-Urteil vom 24.2.1994, IV R 4/93, BStBl. II S. 677).

AEAO zu § 143 – Aufzeichnung des Wareneingangs:

1. [1]Zur gesonderten Aufzeichnung des Wareneingangs sind nur gewerbliche Unternehmer (vgl. AEAO zu § 141, Nr. 1) verpflichtet; Land- und Forstwirte fallen nicht unter die Vorschrift. [2]Die Aufzeichnungspflicht besteht unabhängig von der Buchführungspflicht. [3]Bei buchführenden Gewerbetreibenden genügt es, wenn sich die geforderten Angaben aus der Buchführung ergeben.

2. Besondere Aufzeichnungspflichten, die in Einzelsteuergesetzen vorgeschrieben sind (z. B. nach § 22 UStG), werden von dieser Vorschrift nicht berührt.

AEAO zu § 144 – Aufzeichnung des Warenausgangs:

[1]Zur gesonderten Aufzeichnung des Warenausgangs sind gewerbliche Unternehmer (vgl. AEAO zu § 141, Nr. 1) sowie nach § 144 Abs. 5 AO auch buchführungspflichtige Land- und Forstwirte verpflichtet. [2]Mit der Einbeziehung der buchführungspflichtigen Land- und Forstwirte in die Vorschrift soll eine bessere Überprüfung der Käufer land- und forstwirtschaftlicher Produkte (z. B. Obst- oder Gemüsehändler) ermöglicht werden. [3]Bei buchführenden Unternehmern können die Aufzeichnungspflichten im Rahmen der Buchführung erfüllt werden. [4]Besondere Aufzeichnungspflichten, z. B. nach § 22 Abs. 2 Nrn. 1 bis 3 UStG, bleiben unberührt. [5]Erleichterungen nach § 14 Abs. 6 UStG für die Ausstellung von Rechnungen (z. B. nach §§ 31, 33 UStDV) gelten für Zwecke dieser Vorschrift ausschließlich für die Erteilung eines Belegs i. S. v. § 144 Abs. 4 AO. [6]Auf die Aufzeichnungspflichten des § 144 AO finden sie keine Anwendung. [7]Bei Verstoß gegen die Aufzeichnungspflichten nach § 144 AO kann eine Ordnungswidrigkeit nach § 379 Abs. 2 Nr. 1a AO vorliegen.

AEAO zu § 146 – Ordnungsvorschriften für die Buchführung und für Aufzeichnungen:

Inhaltsübersicht

1. Allgemeines
2. Einzelaufzeichnungspflicht (§ 146 Abs. 1 AO)
2.1. Grundsätze der Einzelaufzeichnung
2.2. Ausnahme der Einzelaufzeichnungspflicht aus Zumutbarkeitsgründen
3. Aufzeichnungspflichten bei Verwendung einer offenen Ladenkasse
4. Verzögerungsgeld (§ 146 Abs. 2c AO)
5. DV-gestützte Buchführung (§ 146 Abs. 5 AO)

1. Allgemeines

1.1. [1]Nur der ordnungsmäßigen Buchführung kommt Beweiskraft zu (§ 158 AO). [2]Hinsichtlich von Verstößen wird auf den AEAO zu § 140 verwiesen.

1.2. Zu den Begriffen „vollständig, richtig, zeitgerecht, geordnet und unveränderbar" vgl. Rzn. 36 bis 60 des BMF-Schreibens vom 28.11.2019, BStBl. I S. 1269.[1)]

1.3. Es ist Aufgabe des Steuerpflichtigen, seine aufzeichnungs- und aufbewahrungspflichtigen Unterlagen so zu organisieren, dass bei einer zulässigen Einsichtnahme in die steuerlich relevanten Unterlagen (Daten) keine gesetzlich geschützten Bereiche tangiert werden können, zum Beispiel bei Rechtsanwälten, Steuerberatern, Ärzten usw.

1.4. Buchführungspflichtige Steuerpflichtige haben für Bargeldbewegungen ein Kassenbuch (ggf. in der Form aneinandergereihter Kassenberichte) zu führen.

2. Einzelaufzeichnungspflicht (§ 146 Abs. 1 AO)

2.1. Grundsätze der Einzelaufzeichnung

2.1.1. [1]Aufzeichnungen (z.B. nach §§ 238 ff. HGB und nach § 22 UStG) müssen unterschiedlichen steuerlichen Zwecken genügen. [2]Erfordern verschiedene Rechtsnormen gleichartige Aufzeichnungen, so ist eine mehrfache Aufzeichnung für jede Rechtsnorm nicht erforderlich (vgl. Rz. 13 des BMF-Schreibens vom 28.11.2019, BStBl. I S. 1269).[1)] [3]Die Pflicht zur Einzelaufzeichnung gilt unabhängig von der Gewinnermittlungsart. [4]Hinsichtlich der Aufzeichnungspflichten bei Steuerpflichtigen, die ihren Gewinn nach § 4 Abs. 3 EStG ermitteln, vgl. AEAO zu § 146, Nr. 2.1.7.

2.1.2. [1]Die Grundsätze ordnungsmäßiger Buchführung erfordern grundsätzlich die Aufzeichnung jedes einzelnen Geschäftsvorfalls unmittelbar nach seinem Abschluss und in einem Umfang, der einem sachverständigen Dritten in angemessener Zeit eine lückenlose Überprüfung seiner Grundlagen, seines Inhalts, seiner Entstehung und Abwicklung und seiner Bedeutung für den Betrieb ermöglicht. [2]Das bedeutet nicht nur die Aufzeichnung der in Geld bestehenden Gegenleistung, sondern auch des Inhalts des Geschäfts und des Namens des Vertragspartners. [3]Dies gilt auch für Bareinnahmen und für Barausgaben (vgl. BFH-Urteil vom 12.5.1966, IV 472/60, BStBl. III S. 371). [4]Die vorgenannten Grundsätze gelten für jeden, der eine gewerbliche, berufliche oder land- und forstwirtschaftliche Tätigkeit selbständig ausübt. [5]Der Umstand der sofortigen Zahlung rechtfertigt keine Ausnahme (vgl. BFH-Urteil vom 26.2.2004, XI R 25/02, BStBl. II S. 599).

2.1.3. [1]Die Grundaufzeichnungen müssen so beschaffen sein, dass sie jederzeit eindeutig in ihre Einzelpositionen aufgegliedert werden können. [2]Zeitnah, d. h. möglichst unmittelbar zu der Entstehung des jeweiligen Geschäftsvorfalles

---

1) BMF v. 28.11.2019, BStBl. I 2019, 1269, betr. Neufassung der GoBD, grds. anzuwenden auf nach dem 31.12.2019 beginnende Besteuerungszeiträume, die Anwendung auf vor dem 1.1.2020 endende Besteuerungszeiträume wird nicht beanstandet.

aufzuzeichnen sind der verkaufte, eindeutig bezeichnete Artikel, der endgültige Einzelverkaufspreis, der dazugehörige Umsatzsteuersatz und -betrag, vereinbarte Preisminderungen, die Zahlungsart, das Datum und der Zeitpunkt des Umsatzes sowie die verkaufte Menge bzw. Anzahl. 3 Die Möglichkeit zum Ausweis des Steuerbetrags in einer Summe nach § 32 UStDV in der Rechnung und die Zusammenfassung des Entgelts und des darauf entfallenden Steuerbetrags in einer Summe nach § 33 Satz 1 Nr. 4 UStDV in der Rechnung bleiben unbenommen. 4 Eine Verpflichtung zur einzelnen Verbuchung (im Gegensatz zur Aufzeichnung) eines jeden Geschäftsvorfalls besteht nicht. 5 Werden der Art nach gleiche Waren mit demselben Einzelverkaufspreis in einer Warengruppe zusammengefasst, wird dies nicht beanstandet, sofern die verkaufte Menge bzw. Anzahl ersichtlich bleibt. 6 Dies gilt entsprechend für Dienstleistungen.

2.1.4. 1 Die Pflicht zur Einzelaufzeichnung gilt grundsätzlich unabhängig davon, ob der Steuerpflichtige ein elektronisches Aufzeichnungssystem oder eine offene Ladenkasse verwendet. 2 Ein elektronisches Aufzeichnungssystem ist die zur elektronischen Datenverarbeitung eingesetzte Hardware und Software, die elektronische Aufzeichnungen zur Dokumentation von Geschäftsvorfällen und somit Grundaufzeichnungen erstellt. 3 Als elektronische Aufzeichnungssysteme gelten auch elektronische Vorsysteme mit externer Geldaufbewahrung. 4 Welche dieser elektronischen Aufzeichnungssysteme zusätzlich die besonderen Anforderungen des § 146a AO erfüllen müssen (Pflicht zur Aufzeichnung anderer Vorgänge, Schutz durch eine zertifizierte technische Sicherheitseinrichtung) bestimmt sich nach § 1 KassenSichV.[1)] 5 Als offene Ladenkasse gelten eine summarische, retrograde Ermittlung der Tageseinnahmen sowie manuelle Einzelaufzeichnungen ohne Einsatz technischer Hilfsmittel.

2.1.5. 1 Branchenspezifische Mindestaufzeichnungspflichten und Zumutbarkeitsgesichtspunkte sind zu berücksichtigen. 2 Es wird z. B. nicht beanstandet, wenn die Mindestangaben zur Nachvollziehbarkeit des Geschäftsvorfalls (vgl. AEAO zu § 146, Nr. 2.1.3) einzeln aufgezeichnet werden, nicht jedoch die Kundendaten, sofern diese nicht zur Nachvollziehbarkeit und Nachprüfbarkeit des Geschäftsvorfalls benötigt werden (vgl. Rz. 37 des BMF-Schreibens vom 28.11.2019, BStBl. I S. 1269).[2)] 3 Dies gilt auch, wenn ein elektronisches Aufzeichnungssystem eine Kundenerfassung und Kundenverwaltung zulässt, die Kundendaten aber tatsächlich nicht oder nur teilweise erfasst werden. 4 Soweit Aufzeichnungen über Kundendaten aber tatsächlich geführt werden, sind sie aufbewahrungspflichtig, sofern dem nicht gesetzliche Vorschriften entgegenstehen.

2.1.6. 1 Wird zur Erfassung von aufzeichnungspflichtigen Geschäftsvorfällen ein elektronisches Aufzeichnungssystem verwendet und fällt dieses aus (z. B. Stromausfall, technischer Defekt), ist während dieser Zeit eine Aufzeichnung auf Papier zulässig. 2 Die Aufzeichnungspflichten bei Verwendung einer offenen Ladenkasse gelten insoweit entsprechend (vgl. AEAO zu § 146, Nr. 3.2 und 3.3). 3 Die Ausfallzeit des elektronischen Aufzeichnungssystems ist zu do-

---

1) Kassensicherungsverordnung v. 26.9.2017, BGBl. I 2017, 3515, geänd. durch VO v. 30.7.2021, BGBl. I 2021, 3295 (**Steuergesetze** Nr. **800j**).

2) BMF v. 28.11.2019, BStBl. I 2019, 1269, betr. Neufassung der GoBD, grds. anzuwenden auf nach dem 31.12.2019 beginnende Besteuerungszeiträume, die Anwendung auf vor dem 1.1.2020 endende Besteuerungszeiträume wird nicht beanstandet.

kumentieren und soweit vorhanden durch Nachweise zu belegen (z. B. Rechnung über Reparaturleistung). [4]Bei elektronischen Aufzeichnungssystemen mit Kassenfunktion wird auf den AEAO zu § 146a, Nr. 7 verwiesen.

2.1.7. [1]Der Grundsatz der Einzelaufzeichnungspflicht gilt auch für Steuerpflichtige, die ihren Gewinn nach § 4 Abs. 3 EStG ermitteln. [2]Nach § 146 Abs. 5 Satz 1 Halbsatz 2 AO müssen die Aufzeichnungen so geführt werden, dass sie dem konkreten Besteuerungszweck entsprechen (vgl. Rz. 25 des BMF-Schreibens vom 28.11.2019, BStBl. I S. 1269).[1)] [3]Eine ordnungsgemäße Gewinnermittlung nach § 4 Abs. 3 EStG setzt voraus, dass die Höhe der Betriebseinnahmen und Betriebsausgaben durch geordnete und vollständige Belege nachgewiesen wird (BFH-Urteil vom 15.4.1999, IV R 68/98, BStBl. II S. 481). [4]Ist die Einzelaufzeichnungspflicht nicht zumutbar, muss die Einnahmeermittlung nachvollziehbar dokumentiert und überprüfbar sein.

2.2. Ausnahme von der Einzelaufzeichnungspflicht aus Zumutbarkeitsgründen

2.2.1. [1]Die Aufzeichnung jedes einzelnen Geschäftsvorfalls ist nur dann nicht zumutbar, wenn es technisch, betriebswirtschaftlich und praktisch unmöglich ist, die einzelnen Geschäftsvorfälle aufzuzeichnen (BFH-Urteil vom 12.5.1966, IV 472/60, BStBl. III S. 371). [2]Das Vorliegen dieser Voraussetzungen ist durch den Steuerpflichtigen nachzuweisen.

2.2.2. [1]Bei Verkauf von Waren an eine Vielzahl von nicht bekannten Personen gegen Barzahlung gilt die Einzelaufzeichnungspflicht nach § 146 Abs. 1 Satz 1 AO aus Zumutbarkeitsgründen nicht, wenn kein elektronisches Aufzeichnungssystem, sondern eine offene Ladenkasse verwendet wird (§ 146 Abs. 1 Satz 3 und 4 AO, vgl. AEAO zu § 146, Nr. 2.1.4). [2]Bei Vorliegen der übrigen Voraussetzungen des § 146 Abs. 1 Satz 3 AO ist die Zumutbarkeit nicht gesondert zu prüfen. [3]Wird hingegen ein elektronisches Aufzeichnungssystem verwendet, gilt die Einzelaufzeichnungspflicht nach § 146 Abs. 1 Satz 1 AO unabhängig davon, ob das elektronische Aufzeichnungssystem und die digitalen Aufzeichnungen nach § 146a Abs. 3 AO i. V. m. der KassenSichV[2)] mit einer zertifizierten technischen Sicherheitseinrichtung zu schützen sind.

2.2.3. [1]Werden eines oder mehrere elektronische Aufzeichnungssysteme verwendet, sind diese grundsätzlich zur Aufzeichnung sämtlicher Erlöse zu verwenden. [2]Ist für einen räumlich oder organisatorisch eindeutig abgrenzbaren Bereich aus technischen Gründen oder aus Zumutbarkeitserwägungen eine Erfassung über das vorhandene elektronische Aufzeichnungssystem nicht möglich, wird es nicht beanstandet, wenn zur Erfassung dieser Geschäftsvorfälle eine offene Ladenkasse verwendet wird. [3]Soweit der Steuerpflichtige mehrere Kassen führt, sind die Anforderungen an die Aufzeichnung von baren und unbaren Geschäftsvorfällen für jede einzelne Sonder- und Nebenkasse zu beach-

---

1) BMF v. 28.11.2019, BStBl. I 2019, 1269, betr. Neufassung der GoBD, grds. anzuwenden auf nach dem 31.12.2019 beginnende Besteuerungszeiträume, die Anwendung auf vor dem 1.1.2020 endende Besteuerungszeiträume wird nicht beanstandet.

2) Kassensicherungsverordnung v. 26.9.2017, BGBl. I 2017, 3515, geänd. durch VO v. 30.7.2021, BGBl. I 2021, 3295 (**Steuergesetze** Nr. **800j**).

ten (vgl. BFH-Urteil vom 20.10.1971, I R 63/70, BStBl. II 1972 S. 273). [4] § 146 Abs. 1 Sätze 2 bis 4 AO bleiben hiervon unberührt.

2.2.4. [1] Liegen Einzeldaten einer Waage (Artikel, Gewicht bzw. Menge und Preis der Ware) einem aufzeichnungs- und aufbewahrungspflichtigen Geschäftsvorfall zugrunde, sind diese einzeln aufzuzeichnen und aufzubewahren. [2] Werden diese Einzeldaten unter Berücksichtigung von § 146 Abs. 4 AO zusätzlich in einem elektronischen Kassensystem aufgezeichnet, wird es nicht beanstandet, wenn die Einzeldaten der Waage nicht zusätzlich aufbewahrt werden.

[1] Verwendet der Steuerpflichtige eine offene Ladenkasse sowie eine Waage, die lediglich das Gewicht und/oder den Preis anzeigt und über die Dauer des einzelnen Wiegevorgangs hinaus über keine Speicherfunktion verfügt, wird es unter den Voraussetzungen des § 146 Abs. 1 Satz 3 AO nicht beanstandet, wenn die o. g. Einzeldaten der Waage nicht aufgezeichnet werden. [2] Erfüllt die Waage hingegen die Voraussetzung einer elektronischen Registrierkasse, ist die Verwendung einer offenen Ladenkasse unzulässig.

2.2.5. [1] Von einem Verkauf von Waren an eine Vielzahl nicht bekannter Personen ist auszugehen, wenn nach der typisierenden Art des Geschäftsbetriebs alltäglich Barverkäufe an namentlich nicht bekannte Kunden getätigt werden (vgl. BFH-Urteile vom 12.5.1966, IV 472/60, BStBl. III S. 371 und vom 16.12.2014, X R 29/13, BFH/NV 2015 S. 790). [2] Dies setzt voraus, dass die Identität der Käufer für die Geschäftsvorfälle regelmäßig nicht von Bedeutung ist. [3] Unschädlich ist, wenn der Verkäufer aufgrund außerbetrieblicher Gründe tatsächlich viele seiner Kunden namentlich kennt.

2.2.6. [1] Die Zumutbarkeitsüberlegungen, die der Ausnahmeregelung nach § 146 Abs. 1 Satz 3 AO zugrunde liegen, sind grundsätzlich auch auf Dienstleistungen übertragbar. [2] Es wird vor diesem Hintergrund nicht beanstandet, wenn diese Ausnahmeregelung auf Dienstleistungen angewendet wird, die an eine Vielzahl von nicht bekannten Personen gegen Barzahlung erbracht werden (vgl. AEAO zu § 146, Nr. 2.2.5) und kein elektronisches Aufzeichnungssystem verwendet wird. [3] Hierbei muss der Geschäftsbetrieb auf eine Vielzahl von Kundenkontakten ausgerichtet und der Kundenkontakt des Dienstleisters und seiner Angestellten im Wesentlichen auf die Bestellung und den kurzen Bezahlvorgang beschränkt sein. [4] Einzelaufzeichnungen sind dagegen zu führen, wenn der Kundenkontakt in etwa der Dauer der Dienstleistung entspricht und der Kunde auf die Ausübung der Dienstleistung üblicherweise individuell Einfluss nehmen kann (zur Aufzeichnung der Kundendaten vgl. AEAO zu § 146, Nr. 2.1.5). [5] Auf die Aufzeichnungserleichterung können sich Dienstleister – wie auch Einzelhändler – aber insoweit nicht berufen, als tatsächlich Einzelaufzeichnungen geführt werden (vgl. AEAO zu § 146, Nr. 2.1.2 und Nr. 2.1.3). [6] Die Mindestanforderungen an eine offene Ladenkasse (vgl. AEAO zu § 146, Nr. 3.2) bleiben unberührt.

3. Aufzeichnungspflichten bei Verwendung einer offenen Ladenkasse

3.1. Es besteht keine gesetzliche Pflicht zur Verwendung eines elektronischen Aufzeichnungssystems.

3.2. [1] Einzelaufzeichnungen können durch die vollständige und detaillierte Erfassung (vgl. AEAO zu § 146, Nr. 2.1.2 und 2.1.3) aller baren Geschäftsvorfälle in Form eines Kassenbuches erfolgen. [2]Wird ein Kassenbericht zur Ermittlung der Tageslosung verwendet, kann die Einzelaufzeichnung auch durch die geordnete (z.B. nummerierte) Sammlung aller Barbelege gewährleistet werden.

3.3. [1]Besteht aus Zumutbarkeitsgründen keine Verpflichtung zur Einzelaufzeichnung (vgl. AEAO zu § 146, Nr. 2.2.2), müssen die Bareinnahmen zumindest anhand eines Kassenberichts nachgewiesen werden. [2]Hierbei ist stets vom gezählten Kassenendbestand des jeweiligen Geschäftstages auszugehen. [3]Von diesem Kassenendbestand werden der Kassenendbestand bei Geschäftsschluss des Vortages sowie die durch Eigenbeleg zu belegenden Bareinlagen abgezogen. [4]Ausgaben und durch Eigenbeleg nachzuweisende Barentnahmen sind hinzuzurechnen.

Ein sogenanntes „Zählprotokoll" (Auflistung der genauen Stückzahl vorhandener Geldscheine und -münzen) ist nicht erforderlich (BFH-Beschluss vom 16.12.2016, X B 41/16, BFH/NV 2017 S. 310), erleichtert jedoch den Nachweis des tatsächlichen Auszählens.

3.4. [1]Kasseneinnahmen und Kassenausgaben sind täglich festzuhalten. [2]Werden Kasseneinnahmen und Kassenausgaben ausnahmsweise erst am nächsten Geschäftstag aufgezeichnet, ist dies noch ordnungsgemäß, wenn zwingende geschäftliche Gründe einer Aufzeichnung noch am gleichen Tag entgegenstehen und aus den Aufzeichnungen und Unterlagen sicher entnommen werden kann, wie sich der sollmäßige Kassenbestand entwickelt hat (vgl. BFH-Urteil vom 31.7.1974, I R 216/72, BStBl. II S. 96). [3]Bei Kassen ohne Verkaufspersonal (sog. Vertrauenskassen, wie z.B. beim Gemüseverkauf am Feldrand, Fahrscheinautomaten sowie Waren- und Dienstleistungsautomaten) wird es nicht beanstandet, wenn diese nicht täglich, sondern erst bei Leerung ausgezählt werden. [4]Kassenaufzeichnungen müssen so beschaffen sein, dass ein sachverständiger Dritter jederzeit in der Lage ist, den Sollbestand mit dem Istbestand der Geschäftskasse zu vergleichen (BFH-Urteil vom 20.9.1989, X R 39/87, BStBl. 1990 II S. 109).

3.5. Die umsatzsteuerlichen Aufzeichnungs- und Aufbewahrungspflichten bleiben unberührt.

4.[1)] Verzögerungsgeld (§ 146 Abs. 2c AO)

[1]Die Festsetzung eines Verzögerungsgelds nach § 146 Abs. 2b AO in Zusammenhang mit Mitwirkungsverstößen im Rahmen von Außenprüfungen ist nicht auf Fälle beschränkt, bei denen die elektronische Buchführung im Ausland geführt und/oder aufbewahrt wird. [2]Eine mehrfache Festsetzung eines Verzögerungsgelds wegen fortdauernder Nichtvorlage derselben Unterlagen ist jedoch nicht zulässig (BFH-Beschlüsse vom 16.6.2011, IV B 120/10, BStBl. II S. 855, und vom 28.6.2011, X B 37/11, BFH/NV S. 1833). [3]Wird die Verpflichtung nach Festsetzung des Verzögerungsgelds erfüllt, so ist der Vollzug nicht einzustellen.

[1)] Zur Ermessensausübung und Verhältnismäßigkeit bei der Festsetzung von Verzögerungsgeld siehe BFH v. 28.8.2012 I R 10/12, BStBl. II 2013, 266.

5. DV-gestützte Buchführung und Aufzeichnungen (§ 146 Abs. 5 AO)

[1] § 146 Abs. 5 AO enthält die gesetzliche Grundlage für die sog. „Offene-Posten-Buchhaltung" sowie für die Führung der Bücher und sonst erforderlichen Aufzeichnungen auf maschinell lesbaren Datenträgern (z. B. Magnetplatten, Magnetbänder, CD, DVD, Blu-ray-Disk, Flash-Speicher). [2] Bei einer Buchführung auf maschinell lesbaren Datenträgern (DV-gestützte Buchführung) müssen die Daten innerhalb der gesetzlichen Aufbewahrungsfrist unverzüglich lesbar gemacht werden können. [3] Es wird nicht verlangt, dass der Buchungsstoff zu einem bestimmten Zeitpunkt (z. B. zum Ende des Jahres) lesbar gemacht wird. [4] Er muss ganz oder teilweise lesbar gemacht werden, wenn die Finanzbehörde es verlangt (§ 147 Abs. 5 AO). [5] Dies gilt sinngemäß auch für sonst erforderliche Aufzeichnungen. [6] Wer seine Bücher oder sonst erforderlichen Aufzeichnungen auf maschinell lesbaren Datenträgern führt, hat die Grundsätze zur ordnungsmäßigen Führung und Aufbewahrung von Büchern, Aufzeichnungen und Unterlagen in elektronischer Form sowie zum Datenzugriff – GoBD – (BMF-Schreiben vom 28.11.2019, BStBl. I S. 1269)[1)] zu beachten.

AEAO zu § 146a – Ordnungsvorschriften für die Buchführung und für Aufzeichnungen mittels elektronischer Aufzeichnungssysteme; Verordnungsermächtigung:

Inhaltsübersicht

1. Allgemeines und Begriffsdefinition
1.1. Elektronische Aufzeichnungssysteme
1.2. Elektronische oder computergestützte Kassensysteme oder Registrierkassen
1.3. Schutz durch eine zertifizierte technische Sicherheitseinrichtung (§ 146a Abs. 1 Satz 2 AO)
1.4. Schutzziele
1.5. Zertifizierte technische Sicherheitseinrichtung
1.6. Vorgang
1.7. Transaktion
1.8. Geschäftsvorfälle
1.9. Andere Vorgänge
2. Sachlicher und zeitlicher Anwendungsbereich
2.1. Sachlicher Anwendungsbereich
2.2. Zeitlicher Anwendungsbereich
3. Die zertifizierte technische Sicherheitseinrichtung
3.1. Anforderungen an die zertifizierte technische Sicherheitseinrichtung
3.2. Komponenten der zertifizierten technischen Sicherheitseinrichtung
3.3. Protokollierung von Vorgängen durch die zertifizierte technische Sicherheitseinrichtung
3.4. Anwendungs- und Protokolldaten
3.5. Ablauf der Protokollierung
3.6. Begriffsdefinitionen zur Protokollierung
4. Einheitliche digitale Schnittstelle für steuerliche Außenprüfungen und Nachschauen
5. Anforderung an den Beleg
6. Belegausgabe
7. Ausfall der zertifizierten technischen Sicherheitseinrichtung
8. Elektronische Aufbewahrung der Aufzeichnungen
9. Mitteilungspflicht nach § 146a Abs. 4 AO
9.1. Allgemeines
9.2. Angaben zur Mitteilung
9.3. Korrekturmöglichkeit
10. Zertifizierung
11. Verbot des gewerbsmäßigen Bewerbens und In-Verkehr-Bringens nach § 146a Abs. 1 Satz 5 AO
12. Rechtsfolgen bei Verstoß gegen § 146a AO

[1)] BMF v. 28.11.2019, BStBl. I 2019, 1269, betr. Neufassung der GoBD, grds. anzuwenden auf nach dem 31.12.2019 beginnende Besteuerungszeiträume, die Anwendung auf vor dem 1.1.2020 endende Besteuerungszeiträume wird nicht beanstandet.

1. Allgemeines und Begriffsdefinition

1.1. Elektronische Aufzeichnungssysteme

Zur Definition elektronischer Aufzeichnungssysteme vgl. AEAO zu § 146 Nr. 2.1.4.

1.2. Elektronische oder computergestützte Kassensysteme oder Registrierkassen

Die in § 1 Satz 1 KassenSichV1) genannten „elektronischen oder computergestützten Kassensysteme oder Registrierkassen" sind für den Verkauf von Waren oder die Erbringung von Dienstleistungen und deren Abrechnung spezialisierte elektronische Aufzeichnungssysteme, die „Kassenfunktion" haben.

1 Kassenfunktion haben elektronische Aufzeichnungssysteme dann, wenn diese der Erfassung und Abwicklung von zumindest teilweise baren Zahlungsvorgängen dienen können. 2 Dies gilt auch für vergleichbare elektronische, vor Ort genutzte Zahlungsformen (elektronisches Geld wie z. B. Geldkarte, virtuelle Konten oder Bonuspunktesysteme von Drittanbietern) sowie an Geldes statt angenommene Gutscheine, Guthabenkarten, Bons und dergleichen. 3 Eine Aufbewahrungsmöglichkeit des verwalteten Bargeldbestandes (z. B. Kassenlade) ist nicht erforderlich.

Sofern ein elektronisches Aufzeichnungssystem mit Kassenfunktion die Erfordernisse der „Mindestanforderungen an das Risikomanagement – MaRisk" und der „Bankaufsichtlichen Anforderungen an die IT" (BAIT) der Bundesanstalt für Finanzdienstleistungsaufsicht in der jeweils geltenden Fassung erfüllt und von einem Kreditinstitut i. S. d. § 1 Absatz 1 KWG betrieben wird, unterliegt dieses nicht den Anforderungen des § 146a AO.

1.3.2) Schutz durch eine zertifizierte technische Sicherheitseinrichtung (§ 146a Abs. 1 Satz 2 AO)

1 Grundsätzlich ist jedes eingesetzte elektronische Aufzeichnungssystem i. S. d. § 146a AO i. V. m. § 1 Satz 1 KassenSichV1) sowie die damit zu führenden digitalen Aufzeichnungen durch eine zertifizierte technische Sicherheitseinrichtung zu schützen. 2 Werden mehrere einzelne elektronische Aufzeichnungssysteme (z. B. Verbundwaagen, Bestellsysteme ohne Abrechnungsteil, App-Systeme) mit einem Kassensystem im Sinne von § 146a AO i. V. m. § 1 Satz 1 KassenSichV verbunden, dann wird es nicht beanstandet, wenn die damit zu führenden digitalen Aufzeichnungen mit einer zertifizierten technischen Sicherheitseinrichtung geschützt werden, die alle im Verbund befindlichen elektronischen Aufzeichnungssysteme gemeinsam nutzen.

Ein elektronisches Aufzeichnungssystem oder eine Gruppe elektronischer Aufzeichnungssysteme muss bei störungsfreier Verwendung genau einer zertifizierten technischen Sicherheitseinrichtung zugeordnet sein.

---

1) Kassensicherungsverordnung v. 26.9.2017, BGBl. I 2017, 3515, geänd. durch VO v. 30.7.2021, BGBl. I 2021, 3295 (**Steuergesetze** Nr. **800j**).

2) Die Verwendung elektronischer Aufzeichnungssysteme iSd § 146 AO ohne zertifizierte technische Sicherheitseinrichtung nach dem 31.12.2019 bis längstens 30.9.2020 wird nicht beanstandet (BMF v. 6.11.2019, BStBl. I 2019, 1010).

1.4. Schutzziele

Die Regelungen des § 146a AO sollen für digitale Grundaufzeichnungen, die mittels elektronischem Aufzeichnungssystem i. S. d. § 146a AO i. V. m. § 1 Satz 1 KassenSichV[1] geführt werden, Folgendes sicherstellen:
– deren Integrität,
– deren Authentizität
– und deren Vollständigkeit.

1.5. Zertifizierte technische Sicherheitseinrichtung

[1] Die Architektur der zertifizierten technischen Sicherheitseinrichtung wird durch § 146a AO i. V. m. der KassenSichV,[1] die Architektur der einzelnen Bestandteile wird durch die Technischen Richtlinien des Bundesamtes für Sicherheit in der Informationstechnik (BSI) festgelegt (insbesondere BSI TR-03153 „Technische Sicherheitseinrichtung für elektronische Aufzeichnungssysteme, Version 1.0.1", BMF-Schreiben vom 28.2.2019, BStBl. I S. 206, BSI TR-03151 „Secure Element API (SE API), Version 1.0.1", *BMF-Schreiben vom 28.2.2019, BStBl. I S. 206, und BSI TR-03116 „Kryptographische Vorgaben für Projekte der Bundesregierung Teil 5 – Anwendungen der Secure Element API, Stand 2020", BMF-Schreiben vom 31.1.2020, BStBl. I S. 207).*[2] [2] Alle nachfolgenden Ausführungen dienen dem Verständnis der Funktionsweise.

1.6. Vorgang

[1] Der Begriff des Vorgangs i. S. d. KassenSichV[1] ist nachfolgend als ein zusammengehörender Aufzeichnungsprozess zu verstehen, der bei Nutzung oder Konfiguration eines elektronischen Aufzeichnungssystems eine Protokollierung durch die zertifizierte technische Sicherheitseinrichtung auslösen muss (vgl. § 2 KassenSichV). [2] Ein Vorgang kann einen oder mehrere Geschäftsvorfälle sowie andere Vorgänge umfassen (vgl. AEAO zu § 146a, Nr. 1.8 und Nr. 1.9). Aus Gründen der besseren Lesbarkeit wird der Begriff „Vorgang" im Folgenden als Oberbegriff für Geschäftsvorfälle und andere abzusichernde Vorgänge genutzt.

1.7. Transaktion

[1] Im Rahmen der Protokollierung eines Vorgangs (vgl. AEAO zu § 146a, Nr. 3.3) muss nach § 2 KassenSichV[1] innerhalb der zertifizierten technischen Sicherheitseinrichtung mindestens eine Transaktion erzeugt werden. [2] Während der Begriff „Vorgang" sich auf die Abläufe im Aufzeichnungssystem bezieht, beschreibt der Begriff „Transaktion" die innerhalb der zertifizierten technischen Sicherheitseinrichtung erfolgenden Absicherungsschritte (mindestens bei Vorgangsbeginn und -ende) zum Vorgang im jeweiligen Aufzeichnungssystem.

1.8. Geschäftsvorfälle

1.8.1. Geschäftsvorfälle sind alle rechtlichen und wirtschaftlichen Vorgänge, die innerhalb eines bestimmten Zeitabschnitts den Gewinn bzw. Verlust oder die Vermögenszusammensetzung in einem Unternehmen dokumentieren oder

---

[1] Kassensicherungsverordnung v. 26.9.2017, BGBl. I 2017, 3515, geänd. durch VO v. 30.7.2021, BGBl. I 2021, 3295 (**Steuergesetze** Nr. **800j**).

[2] Siehe jetzt BMF v. 24.2.2022, BStBl. I 2022, 179.

beeinflussen bzw. verändern (z. B. zu einer Veränderung des Anlage- und Umlaufvermögens sowie des Eigen- und Fremdkapitals führen; vgl. auch Rz. 16 des BMF-Schreibens vom 28.11.2019, BStBl. I S. 1269).[1)]

1.8.2. Beispiele für Geschäftsvorfälle, die bei elektronischen Aufzeichnungssystemen i. S. d. AEAO zu § 146a, Nr. 1.2 vorkommen können: Eingangs-/Ausgangs-Umsatz, nachträgliche Stornierung eines Umsatzes, Trinkgeld (Unternehmer, Arbeitnehmer), Gutschein (Ausgabe, Einlösung), Privatentnahme, Privateinlage, Wechselgeld-Einlage, Lohnzahlung aus der Kasse, Geldtransit.

1.9. Andere Vorgänge

1.9.1. [1]Unter anderen Vorgängen sind Aufzeichnungsprozesse zu verstehen, die nicht durch einen Geschäftsvorfall, sondern durch andere Ereignisse im Rahmen der Nutzung des elektronischen Aufzeichnungssystems ausgelöst werden und zur nachprüfbaren Dokumentation der zutreffenden und vollständigen Erfassung der Geschäftsvorfälle notwendig sind. [2]Hierunter fallen beispielsweise Trainingsbuchungen, Sofort-Stornierung eines unmittelbar zuvor erfassten Vorgangs, Belegabbrüche, erstellte Angebote, nicht abgeschlossene Geschäftsvorfälle (z. B. Bestellungen).

1.9.2. [1]Nicht alle in einer Kasse verwalteten Vorgänge sind für die Erreichung der Schutzziele erforderlich. [2]Für die Erreichung der Schutzziele nicht erforderliche Vorgänge müssen nicht abgesichert werden (z. B. Bildschirmeinstellung heller/dunkler; Überwachung der Prozessor-Temperatur etc.).

1.9.3. Abzusichernde Funktionsaufrufe (Systemfunktionen) und Ereignisse innerhalb der technischen Sicherheitseinrichtung (Audit-Daten) werden in der BSI TR-03153 definiert.

2. Sachlicher und zeitlicher Anwendungsbereich

Alle elektronischen Aufzeichnungssysteme müssen – wie bisher – den allgemeinen Ordnungsmäßigkeitsgrundsätzen entsprechen (vgl. BMF-Schreiben vom 28.11.2019, BStBl. I S. 1269).[1)]

2.1. Sachlicher Anwendungsbereich

[1]Der sachliche Anwendungsbereich der Pflicht zum Einsatz einer zertifizierten technischen Sicherheitseinrichtung wird durch § 146a Abs. 1 Satz 2 AO i. V. m. § 1 KassenSichV[2)] begrenzt (§ 146a Abs. 3 Nr. 1 AO). [2]Unabhängig davon unterliegen jedoch alle elektronischen Aufzeichnungssysteme der Einzelaufzeichnungspflicht nach § 146a Abs. 1 Satz 1 AO. [3]Die in § 1 Satz 1 KassenSichV genannten elektronischen Aufzeichnungssysteme müssen neben den allgemeinen Ordnungsmäßigkeitsgrundsätzen die besonderen Vorschriften des § 146a AO beachten. [4]§ 1 Satz 2 KassenSichV grenzt elektronische Aufzeichnungssysteme ab, die ausdrücklich nicht in den Anwendungsbereich des § 146a AO fallen.

[1)] BMF v. 28.11.2019, BStBl. I 2019, 1269, betr. Neufassung der GoBD, grds. anzuwenden auf nach dem 31.12.2019 beginnende Besteuerungszeiträume, die Anwendung auf vor dem 1.1.2020 endende Besteuerungszeiträume wird nicht beanstandet.

[2)] Kassensicherungsverordnung v. 26.9.2017, BGBl. I 2017, 3515, geänd. durch VO v. 30.7. 2021, BGBl. I 2021, 3295 (**Steuergesetze** Nr. **800j**).

2.2. Zeitlicher Anwendungsbereich

2.2.1. [1]In Art. 97 § 30 EGAO werden die Anwendungszeitpunkte der Regelungen des § 146a AO bestimmt. [2]§ 146a AO gilt erstmals für Kalenderjahre, die nach dem 31.12.2019 beginnen.

2.2.2. [1]Nach dem 25.11.2010 und vor dem 1.1.2020 angeschaffte Registrierkassen, welche die Anforderungen des BMF-Schreibens vom 26.11.2010, BStBl. I 2010, 1342 erfüllen, aber bauartbedingt nicht aufrüstbar sind, so dass sie die Anforderungen des § 146a AO nicht erfüllen, dürfen längstens bis zum 31.12.2022 weiterhin verwendet werden (Art. 97 § 30 Abs. 3 EGAO). [2]Die Nachweise des Vorliegens dieser Voraussetzungen sind für die jeweils eingesetzte Registrierkasse der Systemdokumentation beizufügen (z.B. durch eine Bestätigung des Kassenherstellers). [3]Von der Ausnahmeregelung des Art. 97 § 30 Abs. 3 EGAO sind PC-Kassensysteme nicht umfasst.

2.2.3. Registrierkassen, für die die Übergangsregelung des Art. 97 § 30 Abs. 3 EGAO gilt, unterliegen im Übergangszeitraum nicht der Mitteilungsverpflichtung nach § 146a Abs. 4 AO.

3. Die zertifizierte technische Sicherheitseinrichtung

3.1. Anforderungen an die zertifizierte technische Sicherheitseinrichtung

3.1.1. Die Anforderungen an die zertifizierte technische Sicherheitseinrichtung werden nach § 146a Abs. 3 Satz 3 AO i.V.m. § 5 Satz 1 KassenSichV[1] durch das BSI festgelegt.

3.1.2. Vorgaben hierzu sind insbesondere in folgenden Technischen Richtlinien erfasst (vgl. auch BMF-Schreiben vom 28.2.2019, BStBl. I S. 206 und BMF-Schreiben vom 17.8.2021, BStBl. I S. 1041):
- BSI TR-03153 Technische Sicherheitseinrichtung für elektronische Aufzeichnungssysteme, Version 1.0.1,
- BSI TR-03151 Secure Element API (SE API), Version 1.0.1,
- BSI TR-03116 Kryptographische Vorgaben für Projekte der Bundesregierung Teil 5 Anwendungen der Secure Element API, Stand 2021.

3.2. Komponenten der zertifizierten technischen Sicherheitseinrichtung

3.2.1. [1]Das BSI hat in den Technischen Richtlinien Mindestanforderungen an eine zertifizierte technische Sicherheitseinrichtung festgelegt. [2]Dabei wurde – soweit möglich – auf technische Vorgaben verzichtet. [3]Insbesondere muss eine zertifizierte technische Sicherheitseinrichtung nicht notwendigerweise in einer physikalischen Einheit verbaut sein.

3.2.2. Mindestvorgaben werden in den Technischen Richtlinien lediglich zu den einzelnen Komponenten einer zertifizierten technischen Sicherheitseinrichtung (Sicherheitsmodul, Speichermedium und einheitliche digitale Schnittstelle) geregelt.

---

[1] Kassensicherungsverordnung v. 26.9.2017, BGBl. I 2017, 3515, geänd. durch VO v. 30.7. 2021, BGBl. I 2021, 3295 (**Steuergesetze** Nr. **800j**).

3.2.3. [1]Das Sicherheitsmodul muss nach § 146a Abs. 1 AO i. V. m. § 2 KassenSichV[1)] die sichere Protokollierung von Vorgängen (vgl. AEAO zu § 146a, Nr. 1.6) gewährleisten. Durch die Technische Richtlinie BSI TR-03153 wird die Architektur des Sicherheitsmoduls vorgegeben (vgl. AEAO zu § 146a, Nr. 3.1.2).

3.2.4. Nach § 2 Satz 1 KassenSichV[1)] wird festgelegt, dass jeder Vorgang mindestens eine Transaktion in der zertifizierten technischen Sicherheitseinrichtung mit mehreren Protokollierungsschritten auslöst.

Das Sicherheitsmodul erzeugt folgende Daten (Protokolldaten):
- Zeitpunkt des Vorgangsbeginns sowie Zeitpunkt der Vorgangsbeendigung (auch bei Vorgangsabbruch),
- eindeutige und fortlaufende Transaktionsnummer,
- Prüfwert (vgl. Ziffer 3.3.4 der BSI-TR 03153),
- Seriennummer der technischen Sicherheitseinrichtung,
- Signaturzähler.

[1]Es kann optionale Protokolldaten hinzufügen. [2]Bei der Beschreibung des Ablaufs der Protokollierung (vgl. AEAO zu § 146a, Nr. 3.5) wird auf die Anwendungsdaten und auf die Protokolldaten im Einzelnen näher eingegangen.

3.2.5. [1]Die Zeitpunkte für Vorgangsbeginn und -ende (vgl. AEAO zu § 146a, Nr. 3.6.3) müssen von dem Sicherheitsmodul bereitgestellt werden. [2]Möglich sind eine interne Zeitquelle, eine externe Zeitquelle (Signed NTP) oder eine Mischform. [3]Für die Zeitquelle ist lediglich entscheidend, dass die Zeitführung im Sicherheitsmodul erfolgen muss und die Transaktionszeit streng monoton wachsend ist. [4]Hierfür ist z. B. auch ausreichend, wenn die zertifizierte technische Sicherheitseinrichtung bei Start des elektronischen Aufzeichnungssystems die interne Zeitquelle mit einer externen Zeitquelle abgleicht und danach nur noch die interne Zeitquelle verwendet.

3.2.6. [1]Das Speichermedium der zertifizierten technischen Sicherheitseinrichtung muss den Anforderungen des Kapitels 6 der Technischen Richtlinie BSI TR-03153 entsprechen. [2]Insbesondere müssen die sichere Speicherung der abgesicherten Anwendungsdaten (Log-Nachrichten) sowie deren Export ermöglicht werden. [3]Darüber hinaus werden spezielle Anforderungen an die Zuverlässigkeit des Speichermediums formuliert.

3.2.7. [1]Nicht erforderlich ist eine physikalische Identität von Sicherheitsmodul und Speichermedium. [2]Das Speichermedium kann z. B. sowohl in Form eines herkömmlichen Datenträgers (Speicherkarte o. Ä.) als auch mit einer Cloud-Speicherung erfüllt werden. [3]§ 146 Abs. 2a und 2b AO bleibt unberührt.

3.2.8. Das BSI hat in Kapitel 4 der Technischen Richtlinie BSI TR-03153 zwei Bestandteile der einheitlichen digitalen Schnittstelle der zertifizierten technischen Sicherheitseinrichtung definiert:
- Einbindungsschnittstelle
- Exportschnittstelle der zertifizierten technischen Sicherheitseinrichtung.

[1)] Kassensicherungsverordnung v. 26.9.2017, BGBl. I 2017, 3515, geänd. durch VO v. 30.7. 2021, BGBl. I 2021, 3295 (**Steuergesetze** Nr. **800j**).

3.2.9. [1]Die Einbindungsschnittstelle nach Kapitel 5.2 der Technischen Richtlinie BSI TR-03153 dient der Integration der zertifizierten technischen Sicherheitseinrichtung in das elektronische Aufzeichnungssystem (z. B. der Kommunikation des Sicherheitsmoduls mit dem elektronischen Aufzeichnungssystem). [2]Die Mindest-Funktionalitäten sind abschließend aufgeführt.

3.2.10. [1]Die Exportschnittstelle muss eine Exportfunktion bieten, die Ausgabedateien in definierter Form erzeugt (Kapitel 5 der Technischen Richtlinie BSI TR-03151). [2]Darin enthalten sind die abgesicherten Anwendungsdaten (Log-Nachrichten) in einem vorgeschriebenen Format sowie die zur Verifikation der Prüfwerte notwendigen Zertifikate.

3.3. Protokollierung von Vorgängen durch die zertifizierte technische Sicherheitseinrichtung

Als Protokollierung einer Transaktion nach § 2 KassenSichV[1)] wird der Prozess bezeichnet, mit dem die zertifizierte technische Sicherheitseinrichtung die Anwendungs- und Protokolldaten eines Vorgangs gegen nachträgliche, unerkannte Veränderungen schützt sowie Existenz und Herkunft der Aufzeichnung zu einem bestimmten Zeitpunkt bestätigt.

3.4. Anwendungs- und Protokolldaten

3.4.1. In den Prozess der Protokollierung fließen Anwendungsdaten aus dem elektronischen Aufzeichnungssystem zusätzlich zu den bereits von der zertifizierten technischen Sicherheitseinrichtung gelieferten Protokolldaten ein (vgl. AEAO zu § 146a, Nr. 3.2.4).

3.4.2. Im Einzelnen bestehen die abgesicherten Anwendungsdaten aus folgenden Informationen:

- Anwendungsdaten (Seriennummer des elektronischen Aufzeichnungssystems, Art des Vorgangs, Daten des Vorgangs),
- Protokolldaten (Seriennummer der zertifizierten technischen Sicherheitseinrichtung, Zeitpunkt der Absicherung, eindeutige und fortlaufende Transaktionsnummer, Signaturzähler, Optionale Protokolldaten),
- Prüfwert.

3.5. Ablauf der Protokollierung

Die Protokollierung (vgl. § 2 KassenSichV)[1)] erfolgt in drei Schritten:

1. Beginn der Protokollierung:
   [1]Das Aufzeichnungssystem muss unmittelbar mit Beginn eines aufzuzeichnenden Vorgangs die Protokollierung des Vorgangs in der technischen Sicherheitseinrichtung starten (vgl. Kapitel 3.3.1 der Technischen Richtlinie BSI TR-03153). [2]Dabei erfolgen u. a. zwingend die Vergabe einer eindeutigen und fortlaufenden Transaktionsnummer, die Erhöhung des Signaturzählers sowie die Erzeugung eines Prüfwertes durch die zertifizierte technische Sicherheitseinrichtung.
2. Aktualisierung der Protokollierung:
   [1]Spätestens 45 Sekunden nach einer Änderung der Daten des Vorgangs ist die Aktualisierung der Transaktion durch die zertifizierte technische Si-

[1)] Kassensicherungsverordnung v. 26.9.2017, BGBl. I 2017, 3515, geänd. durch VO v. 30.7. 2021, BGBl. I 2021, 3295 (**Steuergesetze** Nr. **800j**).

cherheitseinrichtung erforderlich (vgl. Kapitel 3.3.2 der Technischen Richtlinie BSI TR-03153 i.V.m. BSI TR-03116). [2]Die Erzeugung eines Prüfwertes durch die zertifizierte technische Sicherheitseinrichtung ist optional. [3]Die Transaktionsnummer bleibt erhalten und der Signaturzähler wird bei jeder Aktualisierung mit Prüfwertberechnung um den Wert 1 erhöht.

3. Beendigung der Protokollierung:
   [1]Bei Beendigung des Vorgangs ist die Transaktion innerhalb der zertifizierten technischen Sicherheitseinrichtung zu beenden (vgl. Kapitel 3.3.3 der Technischen Richtlinie BSI TR-03153). [2]Dabei erfolgt zwingend die Erzeugung eines Prüfwertes durch die zertifizierte technische Sicherheitseinrichtung. [3]Die Transaktionsnummer bleibt erhalten und der Signaturzähler wird um den Wert 1 erhöht. [4]Erst bei diesem Protokollierungsschritt wird der Zeitpunkt der Beendigung des Vorgangs in die Protokolldaten aufgenommen.

Anschließend werden die zum Ausdruck eines Beleges i.S.d. § 6 KassenSichV[1)] erforderlichen Protokolldaten dem elektronischen Aufzeichnungssystem übermittelt (vgl. AEAO § 146a, Nr. 5).

3.6. Begriffsdefinitionen zur Protokollierung

3.6.1. Seriennummer des elektronischen Aufzeichnungssystems

[1]Die Seriennummer eines elektronischen Aufzeichnungssystems muss von dessen Hersteller eindeutig vergeben werden. [2]Die Seriennummer ist eine Zeichenfolge, die zur eindeutigen Identifizierung eines Exemplars aus einer Serie dient. [3]Zusammen mit der Information über den Hersteller wird das jeweilige elektronische Aufzeichnungssystem hierdurch eindeutig repräsentiert (vgl. Kapitel 7.3 der Technischen Richtlinie BSI TR-03153). [4]Zur Mitteilung nach § 146a Abs. 4 AO vgl. AEAO zu § 146a, Nr. 9.2.5.

3.6.2. Seriennummer der zertifizierten technischen Sicherheitseinrichtung

[1]Als Seriennummer der zertifizierten technischen Sicherheitseinrichtung muss der Hashwert des im Zertifikat enthaltenen öffentlichen Schlüssels für die Verifikation der Prüfwerte verwendet werden. [2]Die zu verwendende Hashfunktion wird von der Technischen Richtlinie BSI TR-03116 festgelegt (vgl. Kapitel 7.3 der Technischen Richtlinie BSI TR-03153). [3]Zur Mitteilung nach § 146a Abs. 4 AO vgl. Nr. 9.2.5.

3.6.3. Zeitpunkt des Vorgangsbeginns bzw. der Vorgangsbeendigung

[1]Grundsätzlich ist jeweils der Zeitpunkt entscheidend, zu dem das elektronische Aufzeichnungssystem einen Vorgang startet oder beendet. [2]Vor einer Belegausgabe oder zum Zeitpunkt eines Kassenabschlusses ist der Vorgang zwingend zu beenden. [3]Dienen z.B. miteinander verknüpfte Waagen (sog. Verbundwaagen) während eines Vorgangs lediglich der Erfassung von (Zwischen-)Wiegeergebnissen, wird es aufgrund der eichrechtlichen Besonderheiten nicht beanstandet, wenn als Beginn des Vorgangs der Beginn des Bezahlvorgangs an dem jeweiligen elektronischen Aufzeichnungssystem mit Kassenfunktion abgesichert wird.

[1)] Kassensicherungsverordnung v. 26.9.2017, BGBl. I 2017, 3515, geänd. durch VO v. 30.7. 2021, BGBl. I 2021, 3295 (**Steuergesetze** Nr. **800j**).

3.6.4. Optionale Protokolldaten

Dieses Datenfeld wurde geschaffen, um künftige Änderungen (z. B. aufgrund technischer Entwicklung) in der zertifizierten technischen Sicherheitseinrichtung abbilden zu können.

3.6.5. Art des Vorgangs

[1] Die Technischen Richtlinien wurden bzgl. der fachlichen Inhalte der abzusichernden Daten bewusst allgemein gehalten. [2] Eine Absicherung kann für verschiedenste Arten von Daten erfolgen. [3] Über die Art des Vorgangs kann eine Unterscheidung der Struktur der abzusichernden Inhalte gewährleistet werden.

3.6.6. Daten des Vorgangs

Der Inhalt der Daten des Vorgangs kann je nach Art des Vorgangs unterschiedlich definiert werden (vgl. AEAO zu § 146a, Nr. 4.2 hinsichtlich der „Digitalen Schnittstelle der Finanzverwaltung für Kassensysteme" – DSFinV-K).

3.6.6.1. Art des Vorgangs „Kassenbeleg"

[1] Für alle abgeschlossenen Vorgänge, die zu einer Belegausgabe nach § 146a Abs. 2 AO führen müssen, ist die Art des Vorgangs „Kassenbeleg" zu nutzen. [2] Dies gilt auch für abgeschlossene Vorgänge, die Geschäftsvorfälle abbilden, an denen nur der Unternehmer selbst beteiligt ist (z. B. Eigenbelege über Ein- oder Auszahlungen).

In den Daten des Vorgangs sind folgende Daten abzubilden:

- Vorgangstyp (Feld BON_TYP in der DSFinV-K),
- Bruttoumsatz je Steuersatz (Felder BRUTTO/UST_SATZ in der DSFinV-K),
- Zahlbetrag je Zahlart (Felder ZAHLART_ BETRAG/ZAHLART_TYP in DSFinV-K).

[1] Über diese Daten werden der Gesamtumsatz abgesichert und eine Kassensturzfähigkeit mit den Daten der zertifizierten technischen Sicherheitseinrichtung gewährleistet. [2] Hierfür entfallen die nach 45 Sekunden anfallenden Updates der abzusichernden Daten innerhalb der zertifizierten technischen Sicherheitseinrichtung. [3] Nähere Erläuterungen zur technischen Abbildung der Daten sind in der DSFinV-K definiert.

3.6.6.2. Art des Vorgangs „Bestellung"

[1] Lang anhaltende Bestellvorgänge (z. B. in der Gastronomie) werden als eigenständige Vorgänge realisiert. [2] Deshalb sind diese über die Art des Vorgangs „Bestellung" abzubilden. [3] In den Daten des Vorgangs sind folgende Daten abzubilden:

- Menge (Feld MENGE in der DSFinV-K),
- Bezeichnung der Ware bzw. der Leistung (Feld ARTIKELTEXT in der DSFinV-K),
- Preis pro Einheit (Feld BRUTTO in der DSFinV-K).

[1] Die Art des Vorgangs „Bestellung" ist auch zu nutzen, wenn innerhalb des Aufzeichnungssystems Bestellungen bis hin zur Rechnung/Zahlung in einem Vorgang abgebildet werden. [2] Der Grundsatz, dass jeder Vorgang im Aufzeichnungssystem einer Transaktion in der zertifizierten technischen Sicherheitseinrichtung entsprechen muss, findet in diesem Fall eine Ausnahme. [3] Die Erstellung der Rechnung bzw. der Bezahlvorgang sind über die Art des Vorgangs „Kassenbeleg" abzusichern.

Nähere Erläuterungen zur technischen Abbildung der Daten sind in der DSFinV-K definiert.

3.6.6.3. Art des Vorgangs „SonstigerVorgang“

[1]Die zertifizierte technische Sicherheitseinrichtung kann zur Absicherung jeglicher Daten genutzt werden. [2]Wenn ein Aufzeichnungssystem z. B. Kassenladenöffnungen ohne vorherige Bedienungen (oder Bedieneranmeldungen usw.) abbilden und absichern soll, kann als Art des Vorgangs „SonstigerVorgang“ genutzt werden. [3]Diese Art des Vorgangs kommt in Betracht, wenn es sich weder um einen belegartigen Vorgang noch um Funktionsaufrufe (Systemfunktionen) und Ereignisse (Audit-Daten) der zertifizierten technischen Sicherheitseinrichtung handelt.

Bei „Sonstiger Vorgang“ werden keine fachlichen Vorgaben zum Inhalt der Daten des Vorgangs definiert.

4. Einheitliche digitale Schnittstelle für steuerliche Außenprüfungen und Nachschauen

4.1. Die im AEAO zu § 146a, Nr. 3.2.10 beschriebenen abgesicherten Anwendungsdaten müssen im Rahmen einer steuerlichen Außenprüfung oder Kassen-Nachschau dem Amtsträger zur Verifikation der Protokollierung zur Verfügung gestellt werden.

4.2. [1]Darüber hinaus müssen alle mit dem elektronischen Aufzeichnungssystem aufgezeichneten Daten in einem maschinell auswertbaren Format zur Verfügung gestellt werden. [2]Die für elektronische Aufzeichnungssysteme i. S. d. § 146a Abs. 1 Satz 1 AO i. V. m. § 1 Satz 1 KassenSichV[1)] erforderlichen Daten sowie Formate werden in den „Digitalen Schnittstellen der Finanzverwaltung für elektronische Aufzeichnungssysteme“ (DSFinV) definiert. [3]Diese werden über das Internetportal des Bundeszentralamtes für Steuern (BZSt) veröffentlicht.

4.3. [1]Für elektronische oder computergestützte Kassensysteme oder Registrierkassen (vgl. AEAO zu § 146a, Nr. 1.2) gilt die DSFinV-K. [2]Fällt nur ein Teilbereich der Daten eines komplexen Softwaresystems unter die DSFinV-K, bleibt die Verpflichtung zur Verfügungstellung weiterer Daten aus anderen Teilbereichen des Systems (z. B. Warenwirtschaft) unberührt.

5. Anforderung an den Beleg

5.1. [1]Die erforderlichen Mindestangaben auf einem Beleg i. S. d. § 146a AO sind in § 6 KassenSichV[1)] geregelt. [2]Alle Angaben müssen für jedermann ohne maschinelle Unterstützung lesbar oder aus einem QR-Code auslesbar und auf dem Papierbeleg oder in dem elektronischen Beleg enthalten sein. [3]Der QR-Code hat der DSFinV-K zu entsprechen.

5.2. Die Belegausgabepflicht nach § 146a Abs. 2 AO gilt unbeschadet anderer gesetzlicher Vorschriften.

5.3. [1]Die umsatzsteuerlichen Vorschriften an eine Rechnung (insbesondere § 14 Abs. 4 UStG) bleiben unberührt. [2]Ist die Erstellung einer Rechnung

---

[1)] Kassensicherungsverordnung v. 26.9.2017, BGBl. I 2017, 3515, geänd. durch VO v. 30.7. 2021, BGBl. I 2021, 3295 (**Steuergesetze** Nr. **800j**).

nach umsatzsteuerlichen Vorschriften nicht erforderlich, muss dennoch ein Beleg nach den Anforderungen des § 6 KassenSichV[1] erstellt werden.

5.4. Der Beleg muss mindestens folgende Angaben enthalten:

1. [1]Den vollständigen Namen und die vollständige Anschrift des leistenden Unternehmers (vgl. § 6 Nr. 1 KassenSichV).[1] [2]Aus Vereinfachungsgründen genügen die Angaben aus § 31 Abs. 2 UStDV (UStAE Abschnitt 14.5 Abs. 2).[2]
2. Das Datum der Belegausstellung und den Zeitpunkt des Vorgangsbeginns sowie den Zeitpunkt der Vorgangsbeendigung (vgl. AEAO zu § 146a, Nr. 3.6.3 „Zeitpunkt des Vorgangsbeginns bzw. der Vorgangsbeendigung").
3. Die Menge und die Art der gelieferten Gegenstände oder den Umfang und die Art der sonstigen Leistung (vgl. auch AEAO zu § 146, Nr. 2.1.3).
4. Die Transaktionsnummer i. S. d. § 2 Satz 2 Nummer 2 KassenSichV[1] (vgl. AEAO zu § 146a, Nr. 3.5).
5. Das Entgelt und den darauf entfallenden Steuerbetrag für die Lieferung oder sonstige Leistung in einer Summe sowie den anzuwendenden Steuersatz oder im Fall einer Steuerbefreiung einen Hinweis darauf, dass für die Lieferung oder sonstige Leistung eine Steuerbefreiung gilt.
   Erfordert ein Geschäftsvorfall (vgl. AEAO zu § 146a, Nr. 1.8) nicht die Erstellung einer Rechnung i. S. d. § 14 UStG, sondern einen sonstigen Beleg (z. B. Lieferschein), wird nicht beanstandet, wenn dieser Beleg nicht den unter § 6 Satz 1 Nr. 5 KassenSichV[1] geforderten Steuerbetrag enthält.
6. Die Seriennummer des elektronischen Aufzeichnungssystems oder die Seriennummer des Sicherheitsmoduls.
   Auf dem Beleg ist die nach § 2 Satz 2 Nr. 8 KassenSichV[1] protokollierte Seriennummer anzugeben (vgl. AEAO zu § 146a, Nrn. 3.6.1, 3.6.2).
7. Betrag je Zahlungsart.
8. Signaturzähler.
9. Prüfwert.

6. Belegausgabe

6.1. Die Belegausgabepflicht hat nur derjenige zu befolgen, der Geschäftsvorfälle mit Hilfe eines elektronischen Aufzeichnungssystems i. S. d. § 146a Abs. 1 Satz 1 AO erfasst.

6.2. [1]Der Beleg kann nach § 6 Satz 3 KassenSichV[1] elektronisch oder in Papierform zur Verfügung gestellt werden. [2]Dies setzt voraus, dass die Transaktion (vgl. AEAO zu § 146a, Nr. 1.7) vor Bereitstellung des Belegs abgeschlossen wird.

6.3. [1]Eine elektronische Bereitstellung des Beleges bedarf der Zustimmung des Kunden. [2]Die Zustimmung bedarf dabei keiner besonderen Form und kann auch konkludent erfolgen. [3]Ein elektronischer Beleg gilt als bereitgestellt, wenn dem Kunden die Möglichkeit der Entgegennahme des elektroni-

---

[1] Kassensicherungsverordnung v. 26.9.2017, BGBl. I 2017, 3515, geänd. durch VO v. 30.7.2021, BGBl. I 2021, 3295 (**Steuergesetze** Nr. **800j**).

[2] Nr. **500**.

schen Belegs gegeben wird. [4]Unabhängig von der Entgegennahme durch den Kunden ist der elektronische Beleg in jedem Fall zu erstellen.

6.4. Die Sichtbarmachung eines Beleges an einem Bildschirm des Unternehmers (Terminal/Kassendisplay) allein, ohne die Möglichkeit der elektronischen Entgegennahme nach Abschluss des Vorgangs, reicht nicht aus.

6.5. [1]Ein Beleg i. S. v. § 6 KassenSichV[1)] ist nur für Geschäftsvorfälle auszugeben, an denen ein Dritter beteiligt ist. [2]Von der Belegausgabepflicht sind z. B. Entnahmen und Einlagen ausgenommen.

6.6. [1]Eine elektronische Belegausgabe muss in einem standardisierten Datenformat (z. B. JPG, PNG oder PDF) erfolgen, d. h. der Empfang und die Sichtbarmachung eines elektronischen Beleges auf dem Endgerät des Kunden müssen mit einer kostenfreien Standardsoftware möglich sein. [2]Es bestehen keine technischen Vorgaben, wie der Beleg zur Entgegennahme bereitgestellt oder übermittelt werden muss. [3]Es ist z. B. zulässig, wenn der Kunde unmittelbar über eine Bildschirmanzeige (z. B. in Form eines QR-Codes) den elektronischen Beleg entgegennehmen kann. [4]Eine Übermittlung kann auch z. B. als Download-Link, per Near-Field-Communication (NFC), per E-Mail oder direkt in ein Kundenkonto erfolgen.

6.7. [1]Die Ausgabe des Belegs muss in unmittelbarem zeitlichen Zusammenhang mit der Beendigung des Vorgangs erfolgen. [2]Dies gilt unabhängig davon, ob der Beleg in Papierform oder elektronisch bereitgestellt wird.

6.8. [1]Bei der Zurverfügungstellung eines Papierbelegs reicht das Angebot zur Entgegennahme aus, wenn zuvor der Beleg erstellt und ausgedruckt wurde. [2]Eine Pflicht zur Annahme des Belegs durch den Kunden sowie zur Aufbewahrung besteht nicht.

Es besteht keine Aufbewahrungspflicht des Belegausstellers für nicht entgegengenommene Papierbelege.

6.9. [1]Nach § 146a Abs. 2 Satz 2 AO kann bei einem Verkauf von Waren an eine Vielzahl von nicht bekannten Personen auf Antrag und mit Zustimmung der zuständigen Behörde nach § 148 AO aus Zumutbarkeitsgründen nach pflichtgemäßem Ermessen von einer Belegausgabepflicht abgesehen werden. [2]Die Möglichkeit der Befreiung besteht unter den gleichen Voraussetzungen auch bei Dienstleistungen.

[1]Eine Befreiung i. S. d. § 148 AO kann nur für den jeweiligen Einzelfall beantragt und gewährt werden. [2]Eine Befreiung kommt nur dann in Betracht, wenn nachweislich eine sachliche Härte für den einzelnen Steuerpflichtigen besteht. [3]Die mit der Belegausgabepflicht entstehenden Kosten stellen für sich allein keine sachliche Härte im Sinne des § 148 AO dar.

6.10. Die Befreiung von der Belegausgabepflicht nach § 146a Abs. 2 AO entbindet den Unternehmer nicht von dem Anspruch des Kunden auf die Ausstellung einer Quittung (§ 368 BGB).

6.11. Die Befreiung von der Belegausgabepflicht setzt voraus, dass durch die Unterdrückung der Belegausgabe die Funktion der zertifizierten technischen Sicherheitseinrichtung nicht eingeschränkt wird.

[1)] Kassensicherungsverordnung v. 26.9.2017, BGBl. I 2017, 3515, geänd. durch VO v. 30.7. 2021, BGBl. I 2021, 3295 (**Steuergesetze** Nr. **800j**).

7. Ausfall der zertifizierten technischen Sicherheitseinrichtung

7.1. [1]Ausfallzeiten und -grund einer zertifizierten technischen Sicherheitseinrichtung sind zu dokumentieren (vgl. AEAO zu § 146, Nr. 2.1.6). [2]Diese Dokumentation kann auch automatisiert durch das elektronische Aufzeichnungssystem erfolgen.

7.2. [1]Kann das elektronische Aufzeichnungssystem ohne die funktionsfähige zertifizierte technische Sicherheitseinrichtung weiterbetrieben werden, muss dieser Ausfall auf dem Beleg ersichtlich sein. [2]Dies kann durch die fehlende Transaktionsnummer oder durch eine sonstige eindeutige Kennzeichnung erfolgen.

7.3. [1]Soweit der Ausfall lediglich die zertifizierte technische Sicherheitseinrichtung betrifft, wird es nicht beanstandet, wenn das elektronische Aufzeichnungssystem bis zur Beseitigung des Ausfallgrundes weiterhin genutzt wird. [2]Die grundsätzliche Belegausgabepflicht bleibt von dem Ausfall unberührt, auch wenn nicht alle für den Beleg erforderlichen Werte (vgl. AEAO zu § 146a, Nr. 5.4) durch die zertifizierte technische Sicherheitseinrichtung zur Verfügung gestellt werden. [3]Die Belegangaben zu Datum und Uhrzeit müssen in diesem Fall von dem elektronischen Aufzeichnungssystem bereitgestellt werden.

7.4. [1]Die Belegausgabepflicht nach § 146a Abs. 2 AO entfällt lediglich bei einem vollumfänglichen Ausfall des Aufzeichnungssystems oder bei Ausfall der Druck- oder Übertragungseinheit. [2]Bei Ausfall der Druck- oder Übertragungseinheit für den elektronischen Beleg muss das Aufzeichnungssystem i. S. d. § 146a Abs. 1 Satz 1 AO i. V. m. § 1 Satz 1 KassenSichV[1)] weiterhin genutzt werden.

7.5. Der Unternehmer hat unverzüglich die jeweilige Ausfallursache zu beheben, Maßnahmen zu deren Beseitigung zu treffen und dadurch sicherzustellen, dass die Anforderungen des § 146a AO schnellstmöglich wieder eingehalten werden.

8. Elektronische Aufbewahrung der Aufzeichnungen

8.1. [1]Nach § 3 Abs. 2 KassenSichV[1)] müssen die gespeicherten Geschäftsvorfälle oder andere Vorgänge im Sinne des § 146a Abs. 1 Satz 1 AO als Transaktionen so verkettet sein, dass Lücken in den Aufzeichnungen erkennbar sind. [2]Die Verkettung ergibt sich aus der von der zertifizierten technischen Sicherheitseinrichtung verwalteten Transaktionsnummer sowie aus dem Signaturzähler.

8.2. [1]Die Überführung der abgesicherten Anwendungsdaten aus der zertifizierten technischen Sicherheitseinrichtung in ein Aufbewahrungssystem ist zulässig, sofern dieses einen späteren Export der Daten nach der in Kapitel 5.1 der Technischen Richtlinie BSI TR-03153 vorgeschriebenen Form ermöglicht (TAR-Files in definierter Form). [2]Nach diesem Export können die Daten auf dem Speichermedium der zertifizierten technischen Sicherheitseinrichtung gelöscht werden. [3]Es müssen zu diesem Zweck die in den Technischen Richtlinien aufgeführten Datenfelder auch im Aufbewahrungssystem vorgehalten werden. [4]Zur Erhaltung der Verkettung ist die vollständige

---

[1)] Kassensicherungsverordnung v. 26.9.2017, BGBl. I 2017, 3515, geänd. durch VO v. 30.7. 2021, BGBl. I 2021, 3295 (**Steuergesetze** Nr. **800j**).

Archivierung der Log-Nachrichten aller Absicherungsschritte (Start, Update und Beendigung des Vorgangs) erforderlich.

8.3. [1]Das Aufbewahrungssystem muss den Datenexport im jeweils zu verwendenden DSFinV-Format (vgl. AEAO zu § 146a, Nr. 4) ermöglichen, sofern über die abgesicherten Anwendungsdaten aus der zertifizierten technischen Sicherheitseinrichtung hinaus auch die übrigen Daten des Aufzeichnungssystems in das Aufbewahrungssystem überführt werden. [2]Die Pflichten nach § 147 AO bleiben unberührt.

8.4. Eine Verdichtung von Grundaufzeichnungen in dem Aufbewahrungssystem ist für die Dauer der Aufbewahrung nach § 147 Abs. 3 AO unzulässig.

9. Mitteilungspflicht nach § 146a Abs. 4 AO

9.1. Allgemeines

Die Mitteilungspflicht nach § 146a Abs. 4 AO gilt für elektronische Aufzeichnungssysteme i. S. d. § 146a Abs. 1 Satz 1 AO i. V. m. § 1 Satz 1 KassenSichV.[1)]

9.1.1. Mitteilende Person

[1]Steuerpflichtige, die mitzuteilende elektronische Aufzeichnungssysteme verwenden, haben die Mitteilungspflicht nach § 146a Abs. 4 AO zu erfüllen. [2]Diese Mitteilungspflicht kann auch durch eine bevollmächtigte Person erfüllt werden.

9.1.2. Zeitpunkt der Mitteilung

[1]Die Mitteilung nach § 146a Abs. 4 Satz 2 AO ist innerhalb eines Monats nach Anschaffung oder Außerbetriebnahme des mitzuteilenden elektronischen Aufzeichnungssystems zu erstatten. [2]Zum Datum der Anschaffung vgl. AEAO zu § 146a, Nr. 9.2.6. [3]Unter Außerbetriebnahme fällt auch der Untergang oder das Abhandenkommen des elektronischen Aufzeichnungssystems.

Hinsichtlich der Mitteilung nach § 146a Abs. 4 AO wird auf das BMF-Schreiben vom 6.11.2019 (BStBl. I S. 1010) hingewiesen.

9.1.3. Meldeart

Es sind die Meldearten Anmeldung, Abmeldung sowie Korrektur möglich und für das jeweils zu übermittelnde elektronische Aufzeichnungssystem anzugeben.

9.1.4. Betriebsstätte

[1]Das mitzuteilende elektronische Aufzeichnungssystem ist einer Betriebsstätte eindeutig zuzuordnen. [2]Die Abgabe einer Mitteilung hat getrennt für jede Betriebsstätte zu erfolgen. [3]Es können mehrere elektronische Aufzeichnungssysteme pro Betriebsstätte in einer Mitteilung übermittelt werden.

9.2. Angaben zur Mitteilung

9.2.1. Ordnungskriterium

[1]Der Steuerpflichtige hat im Zuge der Mitteilungspflicht nach § 146a Abs. 4 AO als eindeutiges Zuordnungskriterium seine Steuernummer mitzuteilen. [2]Er kann zusätzlich seine Identifikationsnummer gemäß § 139b AO übermitteln. [3]Nach der Einführung der Wirtschafts-Identifikationsnummer gemäß § 139c AO ist diese zu übermitteln.

[1)] Kassensicherungsverordnung v. 26.9.2017, BGBl. I 2017, 3515, geänd. durch VO v. 30.7.2021, BGBl. I 2021, 3295 (**Steuergesetze Nr. 800j**).

9.2.2. Art der zertifizierten technischen Sicherheitseinrichtung

Die Art der zertifizierten technischen Sicherheitseinrichtung nach § 146a Abs. 4 Satz 1 Nr. 3 AO setzt sich aus der Zertifizierungs-ID sowie der Seriennummer der zertifizierten technischen Sicherheitseinrichtung zusammen.

Die Anforderungen an die Seriennummer der zertifizierten technischen Sicherheitseinrichtung ergibt sich aus Punkt 7.5 der Technischen Richtlinie BSI TR-03153.

[1] Die Zertifizierungs-ID wird durch das BSI vergeben und besitzt folgendes Format: BSI-K-TR-nnnn-yyyy. [2] Hierbei bedeutet nnnn eine vierstellige Nummerierung, yyyy eine vierstellige Jahreszahl.

9.2.3. Art des verwendeten elektronischen Aufzeichnungssystems

Eine Auswahl zur Art des verwendeten elektronischen Aufzeichnungssystems wird im Meldeverfahren vorgegeben.

9.2.4. Anzahl der insgesamt eingesetzten elektronischen Aufzeichnungssysteme

Die Anzahl der insgesamt eingesetzten elektronischen Aufzeichnungssysteme je Betriebsstätte ist zu übermitteln.

[1] Jedes einzelne verwendete elektronische Aufzeichnungssystem ist in der Mitteilung aufzuführen. [2] Sollten in Verbundsystemen mehrere Geräte mit einer zertifizierten technischen Sicherheitseinrichtung verbunden sein, so ist jedes einzelne verwendete Gerät dem Finanzamt mitzuteilen. [3] Sofern einzelne elektronische Aufzeichnungssysteme ohne Kassenfunktion mit einem elektronischen Aufzeichnungssystem mit Kassenfunktion im Sinne von § 146a AO i. V. m. § 1 Satz 1 KassenSichV[1)] verbunden wurden, ist nur das elektronische Aufzeichnungssystem mit Kassenfunktion und nicht die damit verbundenen elektronischen Aufzeichnungssysteme ohne Kassenfunktion mitteilungspflichtig.

9.2.5. Seriennummer des verwendeten elektronischen Aufzeichnungssystems

[1] Die Seriennummer des elektronischen Aufzeichnungssystems ist zu übermitteln. [2] Sie ist herstellerabhängig und von der Seriennummer der zertifizierten technischen Sicherheitseinrichtung sowie der Zertifizierungs-ID zu unterscheiden. [3] Die Seriennummer muss jedes elektronische Aufzeichnungssystem i. S. d. § 146a AO i. V. m. § 1 Satz 1 KassenSichV[1)] eines Herstellers eindeutig identifizieren (vgl. AEAO zu § 146a, Nr. 3.6.1).

9.2.6. Datum der Anschaffung

[1] Das Datum der Anschaffung ist zu übermitteln. [2] Werden elektronische Aufzeichnungssysteme nicht erworben, sondern z. B. geleast oder geliehen, ist statt des Anschaffungsdatums das Datum des Leasingbeginns/Beginn des Leihvertrags/Beginn der Zurverfügungstellung zu übermitteln. [3] Die §§ 145 ff. AO bleiben unberührt.

9.2.7. Datum der Außerbetriebnahme

Das Datum der Außerbetriebnahme eines elektronischen Aufzeichnungssystems ist zu übermitteln.

[1)] Kassensicherungsverordnung v. 26.9.2017, BGBl. I 2017, 3515, geänd. durch VO v. 30.7. 2021, BGBl. I 2021, 3295 (**Steuergesetze** Nr. **800j**).

Die Mitteilung über die Außerbetriebnahme aller bisher im Betrieb eingesetzten elektronischen Aufzeichnungssysteme kann mit einer Mitteilung je Betriebsstätte insgesamt erfolgen, ohne jedes einzelne elektronische Aufzeichnungssystem einzeln aufführen zu müssen.

9.3. Korrekturmöglichkeit

9.3.1. [1]Fehlerhaft abgegebene Mitteilungen können korrigiert werden. [2]Hierzu ist das elektronische Aufzeichnungssystem eindeutig zu identifizieren und mit den richtigen Angaben zu ersetzen, damit eine eindeutige Zuordnung der richtigen Werte des zu korrigierenden Systems erfolgen kann.

9.3.2. Bei einer falsch übermittelten Betriebsstätte kann eine Mitteilung insgesamt einer neuen Betriebsstätte zugeordnet werden, ohne jedes einzelne elektronische Aufzeichnungssystem einzeln aufführen zu müssen.

10. Zertifizierung

Das Verfahren zur Zertifizierung ist in § 7 KassenSichV[1] i. V. m. Kapitel 7.6 der BSI TR-03153, BMF-Schreiben vom 28.2.2019, BStBl. I S. 206 geregelt.

11. Verbot des gewerbsmäßigen Bewerbens und In-Verkehr-Bringens nach § 146a Abs. 1 Satz 5 AO

11.1. [1]Es ist verboten, Soft- oder Hardware zu bewerben oder in Verkehr zu bringen, die die Anforderungen des § 146a AO nicht erfüllen. [2]Bewerben ist jede schriftliche oder mündliche Äußerung, die dazu dient, jemanden zum Einsatz von Soft- oder Hardware zu bewegen. [3]Unter In-Verkehr-Bringen ist jede Handlung zu verstehen, durch die Soft- oder Hardware aus der Verfügungsgewalt einer Person in die Verfügungsgewalt einer anderen Person gelangt.

11.2. Elektronische Aufzeichnungssysteme mit Anbindungsmöglichkeit an eine zertifizierte technische Sicherheitseinrichtung und die zertifizierten technischen Sicherheitseinrichtungen können unabhängig voneinander beworben oder In-Verkehr gebracht werden.

11.3. Die Ahndung einer Verletzung nach § 146a Abs. 1 Satz 1, 2 oder 5 AO kann als Ordnungswidrigkeit nach § 379 Abs. 1 Satz 1 AO erfolgen.

11.4. Wird festgestellt, dass die nach § 146a Abs. 1 Satz 1, 2 oder 5 AO bestehenden Verpflichtungen nicht erfüllt sind, soll die für Straf- und Bußgeldsachen zuständige Stelle unterrichtet werden.

12.[2] Rechtsfolgen bei Verstoß gegen § 146a AO

12.1. Die Befolgung der Ordnungsvorschrift § 146a AO kann nicht durch einen Verwaltungsakt angeordnet oder durch Zwangsmaßnahmen nach §§ 328 ff. AO erzwungen werden.

---

[1] Kassensicherungsverordnung v. 26.9.2017, BGBl. I 2017, 3515, geänd. durch VO v. 30.7. 2021, BGBl. I 2021, 3295 (**Steuergesetze** Nr. **800j**).

[2] Die Verwendung elektronischer Aufzeichnungssysteme iSd § 146 AO ohne zertifizierte technische Sicherheitseinrichtung nach dem 31.12.2019 bis längstens 30.9.2020 wird nicht beanstandet (BMF v. 6.11.2019, BStBl. I 2019, 1010, und v. 18.8.2020, BStBl. I 2020, 656).

12.2. [1] § 146a Abs. 2 Satz 1 AO (Belegausgabepflicht) und § 146a Abs. 4 AO (Mitteilungspflicht) sehen Handlungspflichten vor. [2] §§ 328 ff. AO bleiben unberührt.

AEAO zu § 146b – Kassen-Nachschau:

1. [1] Die Kassen-Nachschau ist ein besonderes Verfahren zur zeitnahen Prüfung der Ordnungsmäßigkeit der Kassenaufzeichnungen und der ordnungsgemäßen Übernahme der Kassenaufzeichnungen in die Buchführung. [2] Der Kassen-Nachschau unterliegen u. a. elektronische oder computergestützte Kassensysteme oder Registrierkassen, App-Systeme, Waagen mit Registrierkassenfunktion, Taxameter, Wegstreckenzähler, Geldspielgeräte und offene Ladenkassen (summarische, retrograde Ermittlung der Tageseinnahmen sowie manuelle Einzelaufzeichnungen ohne Einsatz technischer Hilfsmittel). [3] Der Amtsträger kann u. a. zur Prüfung der ordnungsgemäßen Kassenaufzeichnungen einen sog. „Kassensturz" verlangen, da die Kassensturzfähigkeit (Soll-Ist-Abgleich) ein wesentliches Element der Nachprüfbarkeit von Kassenaufzeichnungen jedweder Form darstellt (vgl. BFH-Urteile vom 20.9.1989, X R 39/87, BStBl. 1990 II S. 109; vom 26.8.1975, VIII R 109/70, BStBl. 1976 II S. 210; vom 31.7.1974, I R 216/72, BStBl. 1975 II S. 96; vom 31.7.1969, IV R 57/67, BStBl. 1970 II S. 125). [4] Ob ein Kassensturz verlangt wird, ist eine Ermessensentscheidung, bei der die Umstände im Einzelfall zu berücksichtigen sind.

2. [1] Die Kassen-Nachschau ist keine Außenprüfung i. S. d. § 193 AO. [2] Deshalb gelten die Vorschriften für eine Außenprüfung nicht. [3] Wird eine andere Finanzbehörde mit einer Kassen-Nachschau beauftragt, findet § 195 Satz 2 AO sinngemäß Anwendung. [4] Die Kassen-Nachschau wird nicht angekündigt.

3. [1] Im Rahmen der Kassen-Nachschau dürfen Amtsträger während der üblichen Geschäfts- und Arbeitszeiten Geschäftsgrundstücke oder Geschäftsräume von Steuerpflichtigen betreten. [2] Dies schließt auch Fahrzeuge ein, die land- und forstwirtschaftlich, gewerblich oder beruflich vom Steuerpflichtigen genutzt werden. [3] Die Grundstücke, Räume oder Fahrzeuge müssen nicht im Eigentum der land- und forstwirtschaftlich, gewerblich oder beruflich tätigen Steuerpflichtigen stehen. [4] Das Betreten muss dazu dienen, Sachverhalte festzustellen, die für die Besteuerung erheblich sein können. [5] Ein Durchsuchungsrecht gewährt die Kassen-Nachschau nicht. [6] Das bloße Betreten und Besichtigen von Grundstücken und Räumen ist noch keine Durchsuchung. [7] Die Kassen-Nachschau kann auch außerhalb der Geschäftszeiten vorgenommen werden, wenn im Unternehmen noch oder schon gearbeitet wird.

4. [1] Sobald der Amtsträger der Öffentlichkeit nicht zugängliche Geschäftsräume betreten will, den Steuerpflichtigen auffordert, das elektronische Aufzeichnungssystem zugänglich zu machen oder Aufzeichnungen, Bücher sowie die für die Führung des elektronischen Aufzeichnungssystems erheblichen sonstigen Organisationsunterlagen vorzulegen, Einsichtnahme in die digitalen Daten oder deren Übermittlung über die einheitliche digitale Schnittstelle verlangt oder den Steuerpflichtigen auffordert, Auskunft zu erteilen, hat er sich auszuweisen. [2] Ist der Steuerpflichtige selbst oder sein gesetzlicher Vertreter (§ 34 AO) nicht anwesend, aber Personen, von denen angenommen werden kann, dass sie über alle wesentlichen Zugriffs- und Benutzungsrechte des Kassensystems des Steuerpflichtigen verfügen, hat der Amtsträger sich gegenüber diesen Personen auszuweisen und sie zur Mitwirkung bei der Kassen-Nachschau aufzufordern. [3]Diese Personen haben dann die Pflichten des Steuerpflichtigen zu erfüllen, soweit sie hierzu rechtlich und tatsächlich in der Lage sind (§ 35 AO). [4]Eine Beobachtung der Kassen und ihrer Handhabung in Geschäftsräumen, die der Öffentlichkeit zugänglich sind, ist ohne Pflicht zur Vorlage eines Ausweises zulässig. [5]Dies gilt z. B. auch für Testkäufe und Fragen nach dem Geschäftsinhaber. [6]Die Kassen-Nachschau muss nicht am selben Tag wie die Beobachtung der Kassen und ihrer Handhabung erfolgen.

5. [1]Die Aufforderung zur Duldung der Kassen-Nachschau ist ein Verwaltungsakt, der formlos erlassen werden kann (z. B. mündlich mit Vorzeigen des Ausweises). [2]Nachdem der Amtsträger sich ausgewiesen hat, ist der Steuerpflichtige zur Mitwirkung im Rahmen der Kassen-Nachschau verpflichtet. [3]Das Datenzugriffsrecht ergibt sich bei der Kassen-Nachschau aus § 146b Abs. 2 Satz 2 AO. [4]Der Steuerpflichtige hat nach § 146b Abs. 2 AO auf Verlangen des Amtsträgers für einen vom Amtsträger bestimmten Zeitraum Einsichtnahme in seine (digitalen) Kassenaufzeichnungen und -buchungen sowie die für die Kassenführung erheblichen sonstigen Organisationsunterlagen zu gewähren. [5]Der Amtsträger kann in diesen Fällen verlangen, dass die gespeicherten Unterlagen und Aufzeichnungen auf einem maschinell verwertbaren Datenträger zur Verfügung gestellt werden. [6]Die digitalen Aufzeichnungen der TSE und des elektronischen Aufzeichnungssystems sind über die jeweilige digitale Schnittstelle oder auf einem maschinell auswertbaren Datenträger nach den Vorgaben der jeweiligen digitalen Schnittstelle zur Verfügung zu stellen. [7]In den Fällen eines elektronischen Aufzeichnungssystems, das unter die Übergangsregelung des Art. 97 § 30 Abs. 3 EGAO fällt, kann der Amtsträger verlangen, dass die elektronischen Daten nach seinen Vorgaben auf einem maschinell auswertbaren Datenträger zur Verfügung gestellt werden. [8]Auf Anforderung des Amtsträgers sind die Verfahrensdokumentation zum eingesetzten Aufzeichnungssystem einschließlich der Informationen zur zertifizierten technischen Sicherheitseinrichtung vorzulegen, d. h. es sind Bedienungsanleitungen, Programmieranleitungen und Datenerfassungsprotokolle über durchgeführte Programmänderungen vorzulegen. [9]Darüber hinaus sind Auskünfte zu erteilen. [10]Bei Nichtanwesenheit des Steuerpflichtigen gelten die dargestellten Mitwirkungspflichten für Personen i. S. d. Nr. 4 Satz 2 des AEAO zu § 146b entsprechend.

6. [1]Zu Dokumentationszwecken ist der Amtsträger berechtigt, Unterlagen und Belege zu scannen oder zu fotografieren. [2]Sofern ein Anlass zu Beanstandungen der Kassenaufzeichnungen, -buchungen oder der zertifizierten technischen Sicherheitseinrichtung besteht, kann der Amtsträger nach § 146b Abs. 3 AO ohne vorherige Prüfungsanordnung zur Außenprüfung übergehen. [3]Die Entscheidung zum Übergang zu einer Außenprüfung ist eine Ermessensentscheidung. Anlass zur Beanstandung kann beispielsweise auch bestehen, wenn Dokumentationsunterlagen wie aufbewahrungspflichtige Betriebsanleitung oder Protokolle nachträglicher Programmänderungen nicht vorgelegt werden können. [4]Der Übergang zu einer Außenprüfung ist regelmäßig geboten, wenn die sofortige Sachverhaltsaufklärung zweckmäßig erscheint und wenn anschließend auch die gesetzlichen Folgen der Außenprüfung für die Steuerfestsetzung eintreten sollen. [5]Der Beginn einer Außenprüfung nach erfolgter Kassen-Nachschau ist unter Angabe von Datum und Uhrzeit aktenkundig zu machen. [6]Der Übergang zur Außenprüfung ist dem Steuerpflichtigen bekannt zu geben. [7]Nach § 146b Abs. 3 Satz 2 AO ist der Steuerpflichtige auf diesen Übergang schriftlich hinzuweisen. [8]Es gelten die allgemeinen Grundsätze über den notwendigen Inhalt von Prüfungsanordnungen sowie den sachlichen und zeitlichen Umfang von Außenprüfungen. [9]Bei einem sofortigen Übergang zur Außenprüfung ersetzt der schriftliche Übergangshinweis die Prüfungsanordnung. [10]Für die Bekanntgabe des Übergangs zur Außenprüfung gelten die Vorschriften für die Bekanntgabe der Prüfungsanordnung entsprechend. [11]Das gilt auch, wenn der Steuerpflichtige bei Durchführung der Kassen-Nachschau nicht anwesend ist.

7. [1]Da die Kassen-Nachschau keine Außenprüfung i. S. d. §§ 193 ff. AO darstellt, finden insbesondere § 147 Abs. 6, §§ 201 und 202 AO keine Anwendung. [2]Ein Prüfungsbericht ist nicht zu fertigen. [3]Sollen aufgrund der Kassen-Nachschau Besteuerungsgrundlagen geändert werden, ist dem Steuerpflichtigen rechtliches Gehör zu gewähren (§ 91 AO).

8. [1]Der Beginn der Kassen-Nachschau hemmt den Ablauf der Festsetzungsfrist nach § 171 Abs. 4 AO nicht. [2]Die Änderungssperre des § 173 Abs. 2 AO findet keine Anwendung. [3]Soweit eine Steuer nach § 164 AO unter dem Vorbehalt der Nachprüfung festgesetzt worden ist, muss dieser nach Durchführung der Kassen-Nachschau nicht aufgehoben werden. [4]Im Anschluss an eine Kassen-Nachschau ist ein Antrag auf verbindliche Zusage (§ 204 AO) nicht zulässig.

9. [1]Im Rahmen der Kassen-Nachschau ergangene Verwaltungsakte können nach § 347 AO mit dem Einspruch angefochten werden. [2]Der Amtsträger ist berechtigt und verpflichtet, den schriftlichen Einspruch entgegenzunehmen. [3]Der Einspruch hat keine aufschiebende Wirkung und hindert daher nicht die Durchführung der Kassen-Nachschau, es sei denn die Vollziehung des angefochtenen Verwaltungsakts wurde ausgesetzt (§ 361 AO, § 69 FGO). [4]Mit Beendigung der Kassen-Nachschau sind oder werden Einspruch und Anfechtungsklage gegen die Anordnung der Kassen-Nachschau unzulässig; insoweit kommt lediglich eine Fortsetzungs-Feststellungsklage (§ 100 Abs. 1 Satz 4 FGO) in Betracht. [5]Wurden die Ergebnisse der Kassen-Nachschau in einem Steuerbescheid berücksichtigt, muss auch dieser Bescheid angefochten werden, um ein steuerliches Verwertungsverbot zu erlangen. [6]Für die Anfechtung der Mitteilung des Übergangs zur Außenprüfung gelten die Grundsätze für die Anfechtung einer Außenprüfungsanordnung entsprechend (vgl. AEAO zu § 196).

AEAO zu § 147 – Ordnungsvorschriften für die Aufbewahrung von Unterlagen:[1)]

1. [1]Die Aufbewahrungspflicht ist Bestandteil der Buchführungs- und Aufzeichnungspflichten. [2]Wegen der Rechtsfolgen bei Verstößen vgl. AEAO zu § 140 und § 146, Nr. 1.1.

[1)] Zur Aufbewahrungspflicht bei Einnahmenüberschussrechnung und zum Dateneinsichtsrecht der Finanzbehörden siehe BFH v. 24.6.2009 VIII R 80/06, BStBl. II 2010, 452. – Zum Zugriff im Rahmen einer Außenprüfung auf Aufzeichnungen zu Barverkäufen siehe BFH v. 16.12.2014 X R 42/13, BStBl. II 2015, 519.

2. [1]Der Begriff der Aufzeichnungen in § 147 Abs. 1 Nr. 1 AO erfasst alle Aufzeichnungen, die für steuerliche Zwecke vorzunehmen sind. [2]§ 147 Abs. 1 Nr. 1 AO umfasst auch die gemäß § 90 Abs. 3 AO durch den Steuerpflichtigen geführten Aufzeichnungen. [3]Sind diese Aufzeichnungen mittels eines Datenverarbeitungssystems erstellt, so unterfallen sie im Rahmen der steuerlichen Außenprüfung auch dem Datenzugriff gemäß § 147 Abs. 6 AO.

3. [1]Den in § 147 Abs. 1 Nr. 1 AO aufgeführten Arbeitsanweisungen und sonstigen Organisationsunterlagen kommt bei DV-gestützten Buchführungen besondere Bedeutung zu. [2]Die Dokumentation hat nach Maßgabe der Grundsätze zur ordnungsmäßigen Führung und Aufbewahrung von Büchern, Aufzeichnungen und Unterlagen in elektronischer Form sowie zum Datenzugriff – GoBD – (BMF-Schreiben vom 28.11.2019, BStBl. I S. 1269) zu erfolgen.

4. [1]Bildträger i. S. d. § 147 Abs. 2 AO sind z. B. Fotokopien. [2]Als andere Datenträger kommen z. B. CD, DVD, Blu-ray-Disk, Flash-Speicher in Betracht. [3]Die Lesbarmachung von in nicht lesbarer Form aufbewahrten Unterlagen richtet sich nach § 147 Abs. 5 AO.

5. Zur Anwendung des § 147 Abs. 6 AO wird auf die Grundsätze zur ordnungsmäßigen Führung und Aufbewahrung von Büchern, Aufzeichnungen und Unterlagen in elektronischer Form sowie zum Datenzugriff – GoBD – (BMF-Schreiben vom 28.11.2019, BStBl. I S. 1269) hingewiesen.

6. Zur Aufbewahrung digitaler Unterlagen bei Bargeschäften vgl. BMF-Schreiben vom 26.11.2010, BStBl. I S. 1342.

7. [1]Wer nach §§ 140 ff. AO verpflichtet ist, Bücher oder Aufzeichnungen zu führen, hat diese Unterlagen bis zum Ablauf der inländischen Aufbewahrungsfristen (§ 147 Abs. 3 und 4 AO) unabhängig davon aufzubewahren, ob sich diese Unterlagen im Inland- oder außerhalb des Geltungsbereichs des Gesetzes befinden. [2]Dies gilt insbesondere auch dann, wenn es sich um eine eigene in das Ausland ausgelagerte Tätigkeit und dementsprechend um eigene Unterlagen des Buchführungs- bzw. Aufzeichnungspflichtigen handelt. [3]§ 146 Abs. 2 und 2a AO bleibt davon unberührt (§§ 140, 147a Abs. 2 AO).

8. [1]Stützt sich der Steuerpflichtige im Rahmen einer Beweisführung auf die Fremdvergleichsdaten aus Datenbanken, hat die Finanzbehörde im Rahmen des § 147 Abs. 6 AO während der steuerlichen Außenprüfung insbesondere das Recht, Einsicht in die für die Erstellung einer Datenbankstudie notwendigen, beim Steuerpflichtigen oder bei einem Dritten für den Steuerpflichtigen dazu gespeicherten Daten zu nehmen und das jeweilige Datenverarbeitungssystem zur Prüfung dieser Daten zu nutzen. [2]Die Finanzbehörde kann auch verlangen, dass diese Daten nach ihren Vorgaben maschinell ausgewertet oder ihr die gespeicherten Unterlagen und Aufzeichnungen auf einem maschinell verwertbaren Datenträger zur Verfügung gestellt werden.

AEAO zu § 147a – Ordnungsvorschriften für die Aufbewahrung von Unterlagen:

1. [1]In die Berechnung sind grundsätzlich alle positiven Überschusseinkünfte einzubeziehen. [2]Ein horizontaler Verlustausgleich innerhalb derselben Einkunftsart ist zulässig, jedoch sind weder Verlustvorträge noch Verlustrückträge aus anderen Jahren noch vertikale Verlustverrechnungen mit anderen Einkunftsarten zu berücksichtigen.

2. [1]Kapitaleinkünfte, die nach § 32d Abs. 1 EStG mit einem besonderen Steuersatz besteuert wurden und der abgeltenden Wirkung nach § 43 Abs. 5 EStG unterlegen haben, sind nicht in die Ermittlung der Summe der positiven Überschusseinkünfte i. S. d. § 147a Abs. 1 AO einzubeziehen. [2]Im Zusammenhang mit diesen Kapitaleinkünften stehende Aufzeichnungen und Unterlagen über Einnahmen und Werbungskosten sind nicht nach § 147a Abs. 1 AO aufbewahrungspflichtig. [3]Sofern jedoch ein Antrag auf Günstigerprüfung nach § 32d Abs. 6 EStG gestellt wird und die Prüfung ergibt, dass eine Besteuerung nach § 32a EStG günstiger ist, sind diese Einkünfte auch in die Berechnung einzubeziehen.

3. [1]Eine Einflussnahme nach § 147a Abs. 2 AO ist bereits gegeben, soweit die reine Möglichkeit der Ausübung besteht. [2]Die Möglichkeit einer Einflussnahme kann sich hierbei auch aus gesonderten Gesellschaftervereinbarungen ergeben. [3]Maßgeblich sind die tatsächlichen Verhältnisse des Einzelfalls.

4. [1]Zur Aufzeichnung der einzelnen Besteuerungsgrundlagen vgl. BMF-Schreiben vom 28.11.2019, BStBl. I S. 1269. [2]Sofern der Steuerpflichtige ein Datenverarbeitungssystem einsetzt oder die aufbewahrungspflichtigen Unterlagen mittels eines Datenverarbeitungssystems erstellt wurden, ist der Finanzverwaltung ein Zugriff nach § 147a Abs. 1 Satz 5 i. V. m. § 147 Abs. 6 AO zu gewähren. [3]Die Art des Zugriffs steht im freien Ermessen der Finanzverwaltung.

AEAO zu § 148 – Bewilligung von Erleichterungen:[1)]

[1]Die Bewilligung von Erleichterungen kann sich nur auf steuerrechtliche Buchführungs-, Aufzeichnungs- oder Aufbewahrungspflichten erstrecken. [2]§ 148 AO lässt eine dauerhafte Befreiung von diesen Pflichten nicht zu. [3]Persönliche Gründe, wie Alter und Krankheit des Steuerpflichtigen, rechtfertigen regelmäßig keine Erleichterungen (BFH-Urteil vom 14.7.1954, II 63/53 U, BStBl. III S. 253). [4]Eine Bewilligung soll nur ausgesprochen werden, wenn der Steuerpflichtige sie beantragt. [5]Die örtliche Zuständigkeit für die Entscheidung über eine Bewilligung nach § 148 AO richtet sich nach den allgemeinen Zuständigkeitsregelungen der §§ 17 ff. AO. [6]Sofern für einen Steuerpflichtigen verschiedene Finanzämter zuständig sind (z. B. bei einer gesonderten Feststellung oder in den Fällen des § 21 Abs. 1 Satz 2 AO i. V. m. § 1 UStZustV) und eine Bewilligung von Erleichterungen beantragt wird, die auch Steuern oder Betriebe in dem Zuständigkeitsbereich anderer Finanzäm-

---

1) Siehe auch BMF v. 18.8.2020, BStBl. I 2020, 656.

ter betrifft, sollen sich die jeweiligen Finanzämter vor Bewilligung der Erleichterung abstimmen.

AEAO zu § 149 – Abgabe der Steuererklärungen:

1. [1]§ 149 AO i.d.F. des StModernG ist erstmals anzuwenden für Besteuerungszeiträume, die nach dem 31.12.2017 beginnen, und Besteuerungszeitpunkte, die nach dem 31.12.2017 liegen. [2]Für Besteuerungszeiträume, die vor dem 1.1.2018 beginnen, und Besteuerungszeitpunkte, die vor dem 1.1.2018 liegen, ist § 149 AO in der am 31.12.2016 geltenden Fassung weiterhin anzuwenden (Art. 97 § 10a Abs. 4 EGAO).

2. [1]Ordnet die Finanzbehörde in einem der in § 149 Abs. 4 Satz 1 AO genannten Katalogfälle die Abgabe der Steuererklärung vor Ablauf der Frist nach § 149 Abs. 3 AO an, ist eine über die Nennung des jeweils erfüllten Tatbestandes hinausgehende Begründung der Anforderung nicht erforderlich. [2]Durch die gesetzliche Aufzählung in § 149 Abs. 4 Satz 1 AO ist eine Vorabanforderung für den Steuerpflichtigen und seinen Berater jeweils vorhersehbar. [3]Da der Gesetzgeber zudem bei der nicht vorhersehbaren automationsgestützten Zufallsauswahl nach § 149 Abs. 4 Satz 3 AO ausdrücklich eine individuelle Begründung der Ermessensentscheidung für verzichtbar erklärt, ist eine individuelle Begründung der Ermessensentscheidung in den Fällen des § 149 Abs. 4 Satz 1 AO erst recht nicht geboten. [4]Vorabanforderungen von Steuererklärungen nach § 149 Abs. 4 Satz 1 AO sind insoweit mit Prüfungsanordnungen in den Fällen des § 193 Abs. 1 AO vergleichbar. [5]In diesen Fällen ist eine über die Nennung des Tatbestandes hinausgehende Begründung regelmäßig nicht erforderlich (ständige Rspr.; vgl. u.a. BFH-Urteil vom 29.10.1992, IV R 47/91, BFH/NV 1993 S. 149, m.w.N.).

3. Für steuerlich nicht beratene Steuerpflichtige, die den Gewinn aus Land- und Forstwirtschaft nach einem verlängerten Wirtschaftsjahr i.S.d. § 8c Abs. 2 Satz 2 EStDV ermitteln, endet die Steuererklärungsfrist für den Besteuerungszeitraum, in dem das verlängerte Wirtschaftsjahr endet, sieben Monate nach Ablauf des Kalenderjahres, in dem das verlängerte Wirtschaftsjahr endet.

AEAO zu § 150 – Form und Inhalt der Steuererklärungen:

1. [1]Zu den Grundsätzen für die Verwendung von Steuererklärungsvordrucken vgl. BMF-Schreiben vom 3.4.2012, BStBl. I S. 522. [2]Zur elektronischen Übermittlung von Steuererklärungen vgl. § 87a Abs. 6, § 87b Abs. 1 und 2 und § 87d AO.

2. [1]Die Umsatzsteuer-Jahreserklärung ist eine Steueranmeldung i.S.d. § 150 Abs. 1 Satz 3 AO, da der Unternehmer nach § 18 Abs. 3 UStG nach Ablauf eines Kalenderjahres eine Umsatzsteuererklärung abzugeben hat, in der er die Umsatzsteuer oder den Überschuss selbst berechnen muss. [2]Das Gleiche gilt für Umsatzsteuer-Voranmeldungen und Lohnsteueranmeldungen. [3]Wegen der Festsetzung der Steuer bei einer Steueranmeldung vgl. AEAO zu § 167, wegen der Wirkung einer Steueranmeldung vgl. AEAO zu § 168.

3. [1]Hat die Steuerverwaltung Daten, die ihr von mitteilungspflichtigen Stellen nach Maßgabe des § 93c AO übermittelt wurden, mangels abweichender Angaben des Steuerpflichtigen bei der Steuerfestsetzung unverändert übernommen, ist der Steuerpflichtige für die Richtigkeit dieser Daten nicht verantwortlich (§ 150 Abs. 7 Satz 2 AO). [2]Gleiches gilt bei der Nutzung der sogen. vorausgefüllten (elektronischen) Steuererklärung, soweit der Steuerpflichtige keine abweichenden Angaben gemacht hat. [3]Wegen der Korrekturmöglichkeit in diesen Fällen vgl. § 175b AO.

4. [1]Die Anwendung des § 150 Abs. 8 AO setzt das Vorliegen einer Härtefallregelung in den Einzelsteuergesetzen voraus. [2]§ 150 Abs. 8 AO ergänzt diese Regelungen dahingehend, dass die Finanzbehörde einem Antrag zu entsprechen hat, wenn die unbillige Härte darin besteht, dass dem Steuerpflichtigen die Erklärungsabgabe nach amtlich vorgeschriebenem Datensatz durch Datenfernübertragung wirtschaftlich oder persönlich nicht zumutbar ist. [3]Bei Vorliegen der Voraussetzungen des § 150 Abs. 8 AO besteht kein Ermessensspielraum (vgl. BFH-Urteil vom 16.6.2020, VIII R 29/19, BStBl. 2021 II S. 290).

4.1. Bei der Prüfung, ob eine Erklärungsabgabe nach amtlich vorgeschriebenem Datensatz durch Datenfernübertragung für den antragstellenden Steuerpflichtigen wirtschaftlich oder persönlich unzumutbar ist, sind alle Umstände des Einzelfalls zu berücksichtigen.

4.1.1. [1]Wirtschaftliche Unzumutbarkeit i. S. d. § 150 Abs. 8 AO liegt insbesondere vor, wenn die Schaffung der technischen Möglichkeiten für eine Datenfernübertragung des amtlich vorgeschriebenen Datensatzes nur mit einem nicht unerheblichen finanziellen Aufwand möglich wäre, wenn also die Kosten für die Schaffung der technischen Voraussetzungen in keinem wirtschaftlich sinnvollen Verhältnis mehr zu den Einkünften stehen, wegen derer die Erklärung nach amtlich vorgeschriebenem Datensatz durch Datenfernübertragung zu übermitteln ist (vgl. BFH-Urteile vom 16.6.2020, VIII R 29/17, BStBl. 2021 II S. 288 und VIII R 29/19, BStBl. 2021 II S. 290). [2]Das Fehlen der für eine elektronische Übermittlung der Steuererklärung erforderlichen Technik hingegen genügt bei wirtschaftlicher Zumutbarkeit alleine nicht, um einen Anspruch auf Befreiung von der Abgabe der Steuererklärung in elektronischer Form zu begründen (vgl. BFH-Urteil vom 14.3.2012, XI R 33/09, BStBl. II S. 477). [3]Finanzielle Verhältnisse des Steuerpflichtigen, die nicht mit den Einkünften in Zusammenhang stehen, die für die elektronische Übermittlungspflicht einer Erklärung ursächlich sind, sind bei Feststellung der Verhältnismäßigkeit nicht zu berücksichtigen (vgl. BFH-Urteil vom 16.6.2020, VIII R 29/19, a. a. O.).

4.1.2. [1]Persönliche Unzumutbarkeit i. S. d. § 150 Abs. 8 AO liegt insbesondere vor, wenn der Steuerpflichtige nach seinen individuellen Kenntnissen und Fähigkeiten nicht oder nur eingeschränkt in der Lage ist, die Möglichkeiten der Datenfernübertragung zu nutzen. [2]Dies ist z. B. der Fall, wenn der Steuerpflichtige über keinerlei Medienkompetenz verfügt und aufgrund seiner aktuellen körperlichen oder geistigen Fähigkeiten auch keinen Zugang zur Computertechnik finden kann (vgl. BFH-Urteil vom 14.3.2012, XI R 33/09, a. a. O.).

4.2. Eine (nur) für einen Veranlagungszeitraum bzw. für ein Kalenderjahr gewährte Befreiung hat keine Dauerwirkung (vgl. BFH-Urteil vom 16.6.2020, VIII R 29/17, BStBl. 2021 II S. 288).

AEAO zu § 151 – Aufnahme der Steuererklärung an Amtsstelle:

Eine Aufnahme der Steuererklärung an Amtsstelle kommt i. d. R. nur bei geschäftlich unerfahrenen oder der deutschen Sprache unkundigen Steuerpflichtigen in Betracht, die nicht fähig sind, die Steuererklärung selbst schriftlich abzugeben oder unter den Voraussetzungen des § 150 Abs. 1 Satz 2 AO elektronisch zu übermitteln, und auch nicht in der Lage sind, die Hilfe eines Angehörigen der steuerberatenden Berufe in Anspruch zu nehmen.

AEAO zu § 152 – Verspätungszuschlag:

Inhaltsübersicht

Festsetzung von Verspätungszuschlägen nach der ab 1.1.2017 geltenden Fassung

1. Zeitlicher Anwendungsbereich
2. Ermessensabhängige Festsetzung von Verspätungszuschlägen
3. Entschuldbarkeit der verspäteten Erklärungsabgabe
4. Gesetzlich vorgeschriebene Festsetzung von Verspätungszuschlägen
5. Rückausnahme gemäß § 152 Abs. 3 AO
6. Inhaltsadressat der Verspätungszuschlagsfestsetzung
7. Gesetzliche Vorgaben zur Berechnung von Verspätungszuschlägen
8. Berechnung von Verspätungszuschlägen bei anlassbezogenen Steueranmeldungen
9. Berechnungszeitraum
10. Abrundung und Höchstbetrag
11. Festsetzung, Fälligkeit und Verjährung
12. Korrektur von Verspätungszuschlagsfestsetzungen

Festsetzung von Verspätungszuschlägen nach der bis zum 31.12.2016 geltenden Fassung

13.–13.3.

Festsetzung von Verspätungszuschlägen nach der ab 1.1.2017 geltenden Fassung

1. Zeitlicher Anwendungsbereich

§ 152 AO i. d. F. des StModernG ist erstmals für Steuererklärungen anzuwenden, die nach dem 31.12.2018 abzugeben sind; eine Verlängerung der Steuererklärungsfrist ist hierbei nicht zu berücksichtigen (Art. 97 § 8 Abs. 4 Satz 1 und 2 EGAO).

Sind Steuerpflichtige erst nach Aufforderung der Finanzbehörde zur Abgabe einer Steuererklärung verpflichtet (z. B. Erbschaft- oder Schenkungsteuererklärungen und damit zusammenhängende Feststellungserklärungen oder auch Erklärungen zur Feststellung der Einheitswerte, § 149 Abs. 1 Satz 2 AO i. V. m. § 31 Abs. 1 ErbStG, § 153 Abs. 1 oder § 28 Abs. 2 BewG), ist § 152 AO i. d. F. des StModernG anzuwenden, wenn ihnen die Aufforderung nach dem 31.12.2018 bekannt gegeben worden ist; der Zeitpunkt der Steuerentstehung oder der Feststellungszeitpunkt ist dabei unerheblich.

2. Ermessensabhängige Festsetzung von Verspätungszuschlägen

[1]Nach § 152 Abs. 1 Satz 1 AO **kann** ein Verspätungszuschlag festgesetzt werden, wenn eine gesetzliche Frist (§ 149 Abs. 2 Satz 1, Abs. 3 AO) oder eine von der Finanzbehörde bestimmte Frist (§ 149 Abs. 1 Satz 2 AO) zur Abgabe einer Steuererklärung nicht eingehalten worden ist. [2]Hierbei ist eine (ggf. rückwirkend) gewährte und eingehaltene Fristverlängerung (§ 109 AO) zu berücksichtigen. [3]Die Festsetzung eines Verspätungszuschlags kommt insbesondere in Betracht im Fall wiederholt verspäteter oder unterbliebener Erklärungsabgabe.

Auch wenn die Festsetzung des Verspätungszuschlags nach § 152 Abs. 2 AO aus den in § 152 Abs. 3 AO genannten Gründen nicht von Amts wegen erfolgt, kann die Finanzbehörde einen Verspätungszuschlag nach § 152 Abs. 1 AO festsetzen.

[1]Der in § 152 AO verwendete Begriff der „Steuererklärung" umfasst auch Feststellungserklärungen (§ 181 Abs. 1 Satz 1 AO) und Erklärungen zur Festsetzung eines Steuermessbetrags (§ 184 Abs. 1 Satz 4 AO). [2]Die Berechnung des Verspätungszuschlags richtet sich in diesen Fällen nach § 152 Abs. 6, 7 und 9 AO.

3. Entschuldbarkeit der verspäteten Erklärungsabgabe

[1]Im Anwendungsbereich des § 152 Abs. 1 AO sind Entschuldigungsgründe für eine verspätete Erklärungsabgabe vom Steuerpflichtigen glaubhaft zu machen (§ 152 Abs. 1 Satz 2 AO). [2]Für die Finanzbehörden besteht insoweit keine Amtsermittlungspflicht. [3]Das Versäumnis ist regelmäßig dann nicht entschuldbar, wenn Steuererklärungen wiederholt nicht oder nicht fristgemäß abgegeben oder von der Finanzbehörde antragsgemäß bewilligte Fristverlängerungen nicht eingehalten wurden.

4. Gesetzlich vorgeschriebene Festsetzung von Verspätungszuschlägen

[1]Unter den Voraussetzungen des § 152 Abs. 2 AO ist ein Verspätungszuschlag **von Amts wegen** (d.h. ermessensunabhängig) festzusetzen. [2]Dies gilt unabhängig davon, ob ein „Beraterfall" i.S.d. § 149 Abs. 3 AO vorliegt oder der Steuerpflichtige seine Steuererklärung selbst erstellt.

4.1. Auf ein Kalenderjahr beziehen sich insbesondere die Einkommensteuererklärung, die Körperschaftsteuererklärung, die Gewerbesteuererklärung und die Umsatzsteuererklärung für das Kalenderjahr.

4.2. Steuererklärungen, die sich auf einen gesetzlich bestimmten Zeitpunkt beziehen, sind z.B. die Erbschaftsteuererklärung, die Anzeigen nach § 19 GrEStG sowie die Erklärungen zur Feststellung von Einheitswerten und von Grundbesitzwerten.

4.3. § 152 Abs. 2 AO ist auch anwendbar, wenn Steuerpflichtige erst nach Aufforderung der Finanzbehörde zur Abgabe der Steuererklärung verpflichtet sind (vgl. Nr. 1 Satz 2 des AEAO zu § 152) und sie die Erklärung erst nach Ablauf dieser Frist abgegeben haben.

4.4. [1]§ 152 Abs. 2 AO gilt in den Fällen des § 16 Abs. 3, § 18 Abs. 3 Satz 2 UStG nur, wenn die Erklärung nicht binnen 14 Monaten nach Ablauf des Kalenderjahres abgegeben worden ist. [2]Bei einer Fristüberschreitung von mehr als 14 Monaten nach Ablauf der besonderen Erklärungsfrist nach § 18 Abs. 3 UStG soll grundsätzlich ein Verspätungszuschlag nach § 152 Abs. 1 AO festgesetzt werden.

Beispiel:

Die Unternehmereigenschaft endet am 31.7.01. Die Erklärung ist nach § 16 Abs. 3, § 18 Abs. 3 Satz 2 UStG bis zum 31.8.01 abzugeben. Wird die Erklärung nach dem 31.10.02 und vor dem 1.3.03 abgegeben, ist bei Anwendung des § 152 Abs. 1 AO das Ermessen auf Null reduziert. Wird die Erklärung nach dem 28.2.03 oder überhaupt nicht abgegeben, ist § 152 Abs. 2 AO anzuwenden.

5. Rückausnahme gemäß § 152 Abs. 3 AO

[1]Liegt ein Fall des § 152 Abs. 3 AO vor, findet § 152 Abs. 2 AO keine Anwendung, d. h., es erfolgt keine ermessensunabhängige Festsetzung von Amts wegen. [2]Die Festsetzung eines Verspätungszuschlags richtet sich in diesem Fall nach § 152 Abs. 1 AO.

5.1. Hat die Finanzbehörde die Frist für die Abgabe der Steuererklärung nach § 109 AO (ggf. rückwirkend) verlängert (§ 152 Abs. 3 Nr. 1 AO), gilt Folgendes:
– Wurde die verlängerte Erklärungsfrist eingehalten, liegt keine verspätete Erklärungsabgabe vor, so dass weder nach § 152 Abs. 1 AO noch nach § 152 Abs. 2 AO ein Verspätungszuschlag festgesetzt werden darf.
– Wurde die verlängerte Erklärungsfrist nicht eingehalten, kann die Finanzbehörde nach § 152 Abs. 1 AO einen Verspätungszuschlag festsetzen.

5.2. In den folgenden Fällen kann die Finanzbehörde – insbesondere bei wiederholter Verletzung der Erklärungsfrist – nach § 152 Abs. 1 AO einen Verspätungszuschlag festsetzen:
– Die Steuer wurde auf null Euro oder auf einen negativen Betrag festgesetzt (§ 152 Abs. 3 Nr. 2 AO),
– die festgesetzte Steuer übersteigt nicht die Summe der festgesetzten Vorauszahlungen und der anzurechnenden Steuerabzugsbeträge (§ 152 Abs. 3 Nr. 3 AO),
– bei jährlich abzugebenden Lohnsteueranmeldungen (§ 152 Abs. 3 Nr. 4 AO).

6. Inhaltsadressat der Verspätungszuschlagsfestsetzung

[1]Der Verspätungszuschlag wird gegen den Erklärungspflichtigen festgesetzt. [2]Wird die Steuererklärung von einem gesetzlichen Vertreter oder einer sonstigen Person i. S. d. §§ 34, 35 AO abgegeben, so ist der Verspätungszuschlag gleichwohl grundsätzlich gegen den Steuerschuldner festzusetzen (vgl. BFH-Urteil vom 18.4.1991, IV R 127/89, BStBl. II S. 675). [3]Eine Festsetzung gegen den Vertreter kommt nur in Ausnahmefällen (z. B. leichtere Beitreibbarkeit des Verspätungszuschlags bei dem Vertreter) in Betracht.

[1]Für den Fall, dass mehrere Personen zur Abgabe ein und derselben Steuererklärung verpflichtet sind, vgl. § 152 Abs. 4 AO. [2]In Zusammenveranlagungsfällen ist der Verspätungszuschlag grundsätzlich gegen beide Ehegatten oder Lebenspartner festzusetzen.

7. Gesetzliche Vorgaben zur Berechnung von Verspätungszuschlägen

[1]§ 152 Abs. 5 AO enthält gesetzliche Vorgaben zur Berechnung des Verspätungszuschlags und gilt sowohl für die Fälle des § 152 Abs. 1 AO als auch für die Fälle des § 152 Abs. 2 AO. [2]Insoweit besteht kein Ermessensspielraum der Finanzbehörde. [3]Etwas anderes gilt lediglich in den Fällen des § 152 Abs. 8 AO.

In den Fällen von Nr. 4.3 des AEAO zu § 152 ist bei der Berechnung des Verspätungszuschlags § 152 Abs. 5 Satz 3 AO entsprechend anzuwenden.

8. Berechnung von Verspätungszuschlägen bei anlassbezogenen Steueranmeldungen

§ 152 Abs. 8 AO gilt nicht für Steueranmeldungen, die nicht periodisch, sondern nur anlassbezogen abzugeben sind, wie z. B. die Kapitalertragsteuer-

Anmeldung (§ 45a Abs. 1 Satz 1 i. V. m. § 44 Abs. 1 Satz 5 EStG), die Steueranmeldung nach § 48a Abs. 1 EStG und die Anmeldung über einen Steuerabzug bei beschränkt Steuerpflichtigen (§ 50a EStG i. V. m. § 73e EStDV).

9. Berechnungszeitraum

[1] Eine Verpflichtung zur Abgabe einer Steuererklärung bleibt auch dann bestehen, wenn die Finanzbehörde die Besteuerungsgrundlagen geschätzt hat (§ 149 Abs. 1 Satz 4 AO). [2] Für die Bemessung eines Verspätungszuschlags ist aber nur auf den Zeitraum bis zum erstmaligen Erlass des Steuerbescheids bzw. dessen Bekanntgabe abzustellen (§ 152 Abs. 9 AO).

[1] Der Beginn des Berechnungszeitraumes bestimmt sich grundsätzlich nach dem Ablauf der jeweiligen Erklärungsfrist. [2] Vorbehaltlich einer etwaigen Fristverlängerung nach § 109 Abs. 1 oder 2 AO ist dies

- bei nicht beratenen Steuerpflichtigen der Ablauf der allgemeinen Erklärungsfrist (§ 149 Abs. 2 AO),
- bei beratenen Steuerpflichtigen entweder der Ablauf der verlängerten Erklärungsfrist (§ 149 Abs. 3 AO) oder bei vorzeitiger Anforderung (§ 149 Abs. 4 AO) der Ablauf der in der Anforderung bestimmten Frist.

[1] § 152 Abs. 5 Satz 3 AO enthält eine Sonderregelung für die Steuerpflichtigen, die bis zum Zugang einer – nach Ablauf der allgemeinen Erklärungsfrist versandten – Aufforderung davon ausgehen konnten, nicht zur Abgabe einer Steuererklärung verpflichtet zu sein. [2] In diesen Fällen ist der Verspätungszuschlag erst vom Ablauf der in der Aufforderung bezeichneten Erklärungsfrist an zu berechnen.

10. Abrundung und Höchstbetrag

[1] Der Verspätungszuschlag ist nach § 152 Abs. 10 AO auf volle Euro abzurunden und darf höchstens 25 000 Euro betragen. [2] Er kann dabei – anders als nach § 152 AO a. F. – auch mehr als 10% der festgesetzten Steuer betragen. [3] Dies gilt insbesondere, wenn die Steuer auf null Euro oder auf einen negativen Betrag festgesetzt wurde oder wenn die Summe der festgesetzten Vorauszahlungen und der anzurechnenden Steuerabzugsbeträge die festgesetzte Steuer übersteigt (vgl. Nr. 5.2 des AEAO zu § 152).

11. Festsetzung, Fälligkeit, Verjährung

[1] Der Verspätungszuschlag ist eine steuerliche Nebenleistung (§ 3 Abs. 4 AO). [2] Er entsteht mit der Bekanntgabe seiner Festsetzung (§ 124 Abs. 1 AO) und wird mit Ablauf der gesetzten Frist fällig (§ 220 Abs. 2 AO). [3] I. d. R. ist dies – wegen der grundsätzlich vorzunehmenden Verbindung mit dem Steuerbescheid (§ 152 Abs. 11 Satz 1 AO) – die Zahlungsfrist für die Steuer. [4] Sofern der Verspätungszuschlag ausnahmsweise durch eigenständigen Verwaltungsakt festgesetzt wird (z. B. bei verspäteter Abgabe einer Steueranmeldung, § 167 AO), ist auch eine gesonderte Zahlungsfrist für den Verspätungszuschlag einzuräumen.

Wegen der Verjährung des Verspätungszuschlags wird auf Nr. 5 des AEAO zu § 169 und auf § 228 AO, wegen der Haftung für Verspätungszuschläge auf §§ 69 ff. AO hingewiesen.

12. Korrektur von Verspätungszuschlagsfestsetzungen

[1] § 152 Abs. 12 AO ordnet die Korrektur einer Verspätungszuschlagsfestsetzung für den Fall an, dass der zugrundeliegende Bescheid aufgehoben oder korrigiert wird und dies Auswirkungen auf die Höhe des Verspätungszuschlags hat. [2] Bei Steueranmeldungen i. S. d. § 152 Abs. 8 AO ist eine Änderung eines Verspätungszuschlags nach § 152 Abs. 12 Satz 2 AO vorzunehmen, soweit der bisher festgesetzte Verspätungszuschlag nach der Höhe der Steuer bemessen war. [3] Die Mindestbeträge nach § 152 Abs. 5 AO sind in diesen Fällen unbeachtlich.

Festsetzung von Verspätungszuschlägen nach der bis zum 31.12.2016 geltenden Fassung

13. Für Steuererklärungen, die vor dem 1.1.2019 einzureichen sind, und Umsatzsteuererklärungen für den kürzeren Besteuerungszeitraum nach § 18 Abs. 3 Satz 1 und 2 UStG, wenn die gewerbliche oder berufliche Tätigkeit in 2018 endet, ist weiterhin § 152 AO in der am 31.12.2016 geltenden Fassung (§ 152 AO a. F.) anzuwenden (Art. 97 § 8 Abs. 4 Satz 3 EGAO).

[1] Insoweit gelten die Ausführungen in Nr. 2 Abs. 1 und 3, Nr. 3, Nr. 6 Abs. 1 und Nr. 11 des AEAO zu § 152 entsprechend. [2] Darüber hinaus gilt:

13.1. [1] Bei Festsetzung eines Verspätungszuschlags bei verspäteter Abgabe oder bei Nichtabgabe von Erklärungen zur gesonderten Feststellung (§ 180 AO) sind bei der Bemessung des Verspätungszuschlags die steuerlichen Auswirkungen nach den Grundsätzen zu schätzen, die die Rechtsprechung zur Bemessung des Streitwerts entwickelt hat. [2] Der Verspätungszuschlag ist gegen denjenigen festzusetzen, der nach § 181 Abs. 2 AO, § 3 Abs. 1 der V zu § 180 Abs. 2 AO die Erklärung zur gesonderten Feststellung abzugeben hat. [3] Bei mehreren Feststellungsbeteiligten ist es grundsätzlich ermessensfehlerfrei, ihn gegen den Erklärungspflichtigen festzusetzen, der gegenüber dem Finanzamt bei der Erledigung der steuerlichen Angelegenheiten für die Gemeinschaft bzw. die Beteiligten auftritt (vgl. BFH-Urteil vom 21.5.1987, IV R 134/83, BStBl. II S. 764).

13.2. [1] Nach § 152 Abs. 2 Satz 1 AO a. F. darf der Verspätungszuschlag 10% der festgesetzten Steuer oder des festgesetzten Messbetrags nicht übersteigen und höchstens 25 000 € betragen. [2] Ein Verspätungszuschlag i. H. v. mehr als 5000 € ist nur festzusetzen, wenn mit einem Verspätungszuschlag i. H. v. bis zu 5000 € ein durch die verspätete Abgabe der Steuererklärung (Steueranmeldung) entstandener Zinsvorteil nicht ausreichend abgeschöpft werden kann.

13.3. [1] Bei der Ermessensentscheidung sind sämtliche in § 152 Abs. 2 Satz 2 AO a. F. ausdrücklich und abschließend aufgezählten Kriterien zu beachten; das Für und Wider der Kriterien ist gegeneinander abzuwägen (BFH-Urteil vom 26.4.1989, I R 10/85, BStBl. II S. 693). [2] Auch wenn die Beurteilungsmerkmale grundsätzlich gleichwertig sind, sind sie nicht notwendigerweise in jedem Fall in gleicher Weise zu gewichten. [3] Im Ergebnis kann je nach den Umständen des Einzelfalls ein Merkmal stärker als ein anderes hervortreten (BFH-Urteil vom 11.6.1997, X R 14/95, BStBl. II S. 642) oder auch ganz ohne Auswirkung auf die Bemessung bleiben.

Danach gilt für die Anwendung des § 152 Abs. 2 Satz 2 AO a. F. grundsätzlich Folgendes (BFH-Urteil vom 14.6.2000, X R 56/98, BStBl. 2001 II S. 60 m. w. N.):

– Es ist nicht ermessensfehlerhaft, wenn die Höhe des Verspätungszuschlags den durch die verspätete Abgabe der Erklärung gezogenen Vorteil erheblich übersteigt.
– Da die Bemessung des Zuschlags nicht durch das Maß des gezogenen Vorteils begrenzt wird, kommt es u. U. nicht entscheidend darauf an, ob und in welcher Höhe letztlich ein Zinsvorteil erzielt wurde.
– Ein Verspätungszuschlag kann auch festgesetzt werden, obwohl es aufgrund von Anrechnungsbeträgen zu einer Erstattung gekommen ist oder wenn ein oder zwei der in § 152 Abs. 2 Satz 2 AO a. F. genannten und in jedem Fall zu prüfenden Voraussetzungen nicht erfüllt sind.
– Es ist in schweren Fällen (z. B. bei erheblicher Fristüberschreitung, schwerwiegendem Verschulden und hoher Steuerfestsetzung) nicht ermessensfehlerhaft, den Verspätungszuschlag so zu bemessen, dass er als angemessene Sanktion wirkt.
– Bei der Beurteilung der Frage, welche Vorteile der Steuerpflichtige aus der verspäteten oder unterlassenen Abgabe der Steuererklärung gezogen hat, ist zu berücksichtigen, dass Zinsvorteile bereits durch Zinsen nach § 233a AO teilweise ausgeglichen sein können.

AEAO zu § 153 – Berichtigung von Erklärungen

Inhaltsübersicht

1. Allgemeines
2. Abgrenzung der Anzeige- und Berichtigungspflicht von einer Selbstanzeige
3. Umfang der Anzeige- und Berichtigungspflicht
4. Zur Anzeige und Berichtigung verpflichtete Personen
5. Zeitpunkt der Anzeige und Berichtigung

1. Allgemeines

[1]Die Anzeige- und Berichtigungspflicht nach § 153 Abs. 1 Satz 1 AO besteht, wenn ein Steuerpflichtiger bzw. sein gesetzlicher Vertreter, sein Gesamtrechtsnachfolger oder eine andere in § 153 Abs. 1 Satz 2 AO genannte Person (vgl. AEAO zu § 153, Nr. 4) nachträglich erkennt, dass eine von ihm oder für ihn abgegebene Erklärung (vgl. AEAO zu § 153, Nr. 3) objektiv unrichtig oder unvollständig ist und dass es dadurch zu einer Steuerverkürzung gekommen ist oder kommen kann. [2]Bei dieser Pflicht handelt es sich um eine steuerrechtliche Pflicht.

Ist bereits die Einleitung eines Steuerstraf- oder Bußgeldverfahrens bekannt gegeben worden, sind Zwangsmittel (§ 328 AO) unter den Voraussetzungen des § 393 Abs. 1 Satz 2 und 3 AO (ggf. i. V. m. § 410 Abs. 1 Nr. 4 AO) unzulässig, da der Steuerpflichtige im Straf- oder Bußgeldverfahren nicht gezwungen werden darf, sich selbst zu belasten (nemo-tenetur-Grundsatz; vgl. AEAO zu § 153, Nr. 5.2).

2. Abgrenzung der Anzeige- und Berichtigungspflicht von einer Selbstanzeige

2.1. [1] Sowohl im Fall einer Anzeige und Berichtigung nach § 153 Abs. 1 AO als auch im Fall einer Selbstanzeige muss die Erklärung im Zeitpunkt ihrer Abgabe objektiv unrichtig gewesen sein. [2] Objektiv unrichtig ist die Erklärung, wenn sie entgegen § 90 Abs. 1 Satz 2, § 150 Abs. 2 Satz 1 AO nicht alle steuerlich erheblichen Tatsachen vollständig und wahrheitsgemäß offenlegt.

2.2. [1] Erkennt der Steuerpflichtige erst im Nachhinein die Fehlerhaftigkeit der von ihm abgegebenen Erklärung und kommt er seiner Anzeige- und Berichtigungspflicht nach § 153 Abs. 1 AO unverzüglich nach, liegt weder eine Steuerhinterziehung noch eine leichtfertige Steuerverkürzung vor, wenn es sowohl am Vorsatz als auch an der Leichtfertigkeit fehlt. [2] Eine Anzeige- und Berichtigungspflicht nach § 153 Abs. 1 AO besteht auch dann, wenn der Steuerpflichtige die Unrichtigkeit seiner Angaben bei der Abgabe der Steuererklärung nicht gekannt, sie aber billigend in Kauf genommen hat und später zu der Erkenntnis gelangt ist, dass seine Angaben tatsächlich unrichtig waren (vgl. AEAO zu § 153, Nr. 2.6). [3] In diesem Fall hat der Steuerpflichtige zunächst nur mit der Unrichtigkeit der Angaben gerechnet, sie aber nicht sicher gekannt. [4] Er hat die Unrichtigkeit nachträglich erkannt, wenn er später positiv erfährt, dass seine Angaben tatsächlich unrichtig waren.

2.3. [1] Im Fall des § 153 Abs. 2 AO wurde hingegen die zunächst objektiv richtige steuerliche Erklärung erst durch den nachträglichen vollständigen oder teilweisen Wegfall der Voraussetzungen für eine Steuerbefreiung, Steuerermäßigung oder sonstige Steuervergünstigung objektiv unrichtig. [2] Bei einer unverzüglichen Anzeige nach § 153 Abs. 2 AO liegt daher weder eine Steuerhinterziehung noch eine leichtfertige Steuerverkürzung vor. [3] Gem. § 153 Abs. 2 AO besteht lediglich eine Anzeigepflicht, eine Berichtigungspflicht ergibt sich hieraus nicht. [4] Die spezialgesetzlichen Verpflichtungen zur Nacherklärung (z. B. § 13a Abs. 6 ErbStG, § 68 Abs. 1 EStG) gehen vor.

2.4. [1] Der Anzeige- und Berichtigungspflichtige muss nachträglich vor Ablauf der Festsetzungsfrist die Unrichtigkeit oder Unvollständigkeit der Erklärung tatsächlich erkennen, bloßes Erkennen-Können bzw. Erkennen-Müssen reicht nicht aus. [2] Erkennen bedeutet vielmehr das Wissen von der Unrichtigkeit oder Unvollständigkeit der Erklärung sowie die Erkenntnis, dass es durch die Erklärung zu einer Verkürzung der Steuer kommen kann oder bereits gekommen ist.

2.5. [1] Ein Fehler, der dem Anzeige- und Berichtigungspflichtigen i. S. d. § 153 AO unterlaufen ist, ist straf- bzw. bußgeldrechtlich nur vorwerfbar, wenn er vorsätzlich bzw. leichtfertig begangen wurde. [2] Es gelten die allgemeinen Regelungen des Straf- bzw. Ordnungswidrigkeitenrechts (§ 369 Abs. 2, § 377 Abs. 2 AO). [3] Es ist zwischen einem bloßen Fehler und einer Steuerstraftat oder Steuerordnungswidrigkeit (§§ 370, 378 AO) zu differenzieren. [4] Nicht jede objektive Unrichtigkeit legt den Verdacht einer Steuerstraftat oder Steuerordnungswidrigkeit nahe. [5] Es bedarf einer sorgfältigen Prüfung durch die zuständige Finanzbehörde, ob der Anfangsverdacht einer vorsätzlichen oder leichtfertigen Steuerverkürzung gegeben ist. [6] Insbesondere kann nicht automatisch vom Vorliegen eines Anfangsverdachts allein aufgrund der Höhe der steuerlichen Auswirkung der Unrichtigkeit der abgegebenen Erklärung oder aufgrund der Anzahl der abgegebenen Berichtigungen ausgegangen werden.

[1]Ein straf- oder bußgeldrechtlich vorwerfbares Verhalten kann auch dann vorliegen, wenn die Unrichtigkeit oder Unvollständigkeit der abgegebenen Erklärung erkannt, aber keine (ggf. auch erneute) Berichtigung entsprechend der Verpflichtung aus § 153 AO vorgenommen wurde. [2]In diesem Fall liegt eine Unterlassungstat vor (vgl. AEAO zu § 153, Nr. 5.3).

2.6. [1]Für eine Steuerhinterziehung reicht von den verschiedenen Vorsatzformen bereits bedingter Vorsatz aus. [2]Dieser kommt in Betracht, wenn der Täter die Tatbestandsverwirklichung für möglich hält. [3]Es ist nicht erforderlich, dass der Täter die Tatbestandsverwirklichung anstrebt oder für sicher hält. [4]Nach der BGH-Rechtsprechung ist für die Annahme des bedingten Vorsatzes neben dem Für-Möglich-Halten der Tatbestandsverwirklichung zusätzlich erforderlich, dass der Eintritt des Taterfolges billigend in Kauf genommen wird. [5]Für die billigende Inkaufnahme reicht es, dass dem Täter der als möglich erscheinende Handlungserfolg gleichgültig ist. [6]Hat der Steuerpflichtige ein innerbetriebliches Kontrollsystem eingerichtet, das der Erfüllung der steuerlichen Pflichten dient, kann dies ggf. ein Indiz darstellen, das gegen das Vorliegen eines Vorsatzes oder der Leichtfertigkeit sprechen kann, jedoch befreit dies nicht von einer Prüfung des jeweiligen Einzelfalls.

2.7. [1]Leichtfertigkeit ist eine besondere Form der Fahrlässigkeit und liegt vor, wenn jemand in besonders großem Maße gegen Sorgfaltspflichten verstößt und ihm dieser Verstoß besonders vorzuwerfen ist, weil er den Erfolg leicht hätte vorhersehen oder vermeiden können. [2]Wurde leichtfertig eine unrichtige oder unvollständige Erklärung abgegeben, ist ein nachträgliches Erkennen dieses Fehlers möglich. [3]In diesem Fall kann eine Berichtigung nach § 378 Abs. 3 AO erfolgen. [4]Bei Erfüllung der Voraussetzungen des § 378 Abs. 3 AO ist keine Geldbuße festzusetzen. [5]Die Verschärfungen der Voraussetzungen einer wirksamen Selbstanzeige durch das Schwarzgeldbekämpfungsgesetz vom 28.4.2011, BGBl. I S. 676, BStBl. I S. 495, und durch das Gesetz zur Änderung der Abgabenordnung und des Einführungsgesetzes zur Abgabenordnung vom 22.12.2014, BGBl. I S. 2415, BStBl. 2015 I S. 55, wurden nicht entsprechend auf die leichtfertige Steuerverkürzung nach § 378 AO ausgedehnt.

2.8. [1]Liegt ein Fehler vor, der unter Würdigung der Gesamtumstände des Einzelfalls weder auf einer vorsätzlichen noch leichtfertigen Handlung (auch durch Unterlassen) beruht, liegt keine Steuerstraftat oder leichtfertige Steuerverkürzung vor. [2]Der Fehler ist nach dessen Erkennen nach § 153 Abs. 1 Satz 1 Nr. 1 AO anzuzeigen und zu berichtigen, falls eine Steuerverkürzung eingetreten ist oder es zu einer Steuerverkürzung kommen kann.

3. Umfang der Anzeige- und Berichtigungspflicht

[1]Die Anzeige- und Berichtigungspflicht nach § 153 Abs. 1 Satz 1 AO und die Anzeigepflicht nach § 153 Abs. 2 AO erstrecken sich nicht nur auf Steuererklärungen, sondern auf alle Erklärungen des Steuerpflichtigen, die Einfluss auf die Höhe der festgesetzten Steuer oder auf gewährte Steuervergünstigungen gehabt haben, somit beispielsweise auch auf Änderungsanträge nach § 172 Abs. 1 Satz 1 Nr. 2 Buchstabe a AO oder nach § 173 Abs. 1 Nr. 2 AO und

auf Anträge auf Herabsetzung von Vorauszahlungen. [2]Es besteht aber keine Verpflichtung, unaufgefordert Angaben zur Erhöhung festgesetzter Vorauszahlungen zu machen, wenn sich die wirtschaftlichen Verhältnisse des Steuerpflichtigen erst nach einem Antrag auf Herabsetzung von Vorauszahlungen geändert haben. [3]Eine Anzeige- und Berichtigungspflicht besteht lediglich dann, wenn eine erstmalige Festsetzung oder Herabsetzung von Vorauszahlungen auf vom Steuerpflichtigen unrichtig bzw. unvollständig gemachten Angaben beruht. [4]Die Anzeige- und Berichtigungspflicht besteht sowohl bei Gefahr einer Steuerverkürzung als auch bei einer bereits eingetretenen Steuerverkürzung. [5]Die Anzeige sowie Berichtigung durch den Steuerpflichtigen sind in Fällen von Fehlerfeststellungen durch die Betriebsprüfung für die in der Prüfungsanordnung vorgesehenen Steuerarten und Prüfungszeiträume entbehrlich.

4. Zur Anzeige und Berichtigung verpflichtete Personen

[1]Zur Anzeige und Berichtigung verpflichtet sind neben dem Steuerpflichtigen auch der Gesamtrechtsnachfolger (§ 45 AO) eines Steuerpflichtigen und die nach §§ 34 und 35 AO für den Steuerpflichtigen oder den Gesamtrechtsnachfolger handelnden Personen (§ 153 Abs. 1 Satz 2 AO, z. B. der Geschäftsführer einer GmbH). [2]In Fällen einer Zusammenveranlagung zur Einkommensteuer trifft nur denjenigen Ehegatten oder Lebenspartner die Anzeige- und Berichtigungspflicht, dem die unrichtig oder unvollständig erklärten Besteuerungsgrundlagen zuzurechnen sind. [3]Davon zu unterscheiden sind jedoch die Fälle, in denen der überlebende Ehegatte oder Lebenspartner als Gesamtrechtsnachfolger des verstorbenen Ehegatten oder Lebenspartners die steuerlichen Pflichten (u. a. auch die Anzeige- und Berichtigungspflicht nach § 153 Abs. 1 Satz 2 AO) zu erfüllen hat. [4]Sofern ein Erblasser unrichtige oder unvollständige Steuererklärungen abgegeben hat und der Erbe dies erkennt, ist er zur Anzeige und zur Berichtigung der Steuererklärungen des Erblassers verpflichtet, soweit noch keine Festsetzungsverjährung eingetreten ist. [5]Wurde eine Erklärung von einem Bevollmächtigten (z. B. Steuerberater, Rechtsanwalt oder Wirtschaftsprüfer) vorbereitet oder sogar unterschrieben oder elektronisch übermittelt, bleiben nur der Steuerpflichtige und die Person i. S. d. § 153 Abs. 1 Satz 2 AO zur Anzeige und Berichtigung verpflichtet, d. h. dass z. B. für Steuerberater, Lohnsteuerhilfevereine, Rechtsanwälte und Wirtschaftsprüfer hinsichtlich der Angelegenheiten der Mandanten bzw. Mitglieder insoweit keine Anzeige- und Berichtigungspflicht besteht.

5. Zeitpunkt der Anzeige und Berichtigung

5.1. [1]Die Anzeige nach § 153 Abs. 1 Satz 1 und Abs. 2 AO sowie die Berichtigung nach § 153 Abs. 1 Satz 1 AO müssen unverzüglich, d. h. ohne schuldhaftes Zögern, gegenüber der sachlich und örtlich zuständigen Finanzbehörde erstattet werden. [2]Die Berichtigung nach § 153 Abs. 1 Satz 1 AO kann ggf. später nachfolgen, wenn hierfür eine gewisse Zeit zur Aufbereitung der Unterlagen erforderlich ist. [3]In einem solchen Fall sollte ggf. die erforderliche Zeitdauer gegenüber der Finanzbehörde begründet werden, z. B. durch einen Hinweis auf die notwendige Aufklärung von unternehmensinternen Prozessen, wenn es sich um länger zurückliegende Sachverhalte handelt. [4]Zu diesem

Zweck ist dem Berichtigungspflichtigen von der Finanzbehörde eine angemessene Frist zu gewähren. [5]Entsprechend kann es sich verhalten, wenn der Steuerpflichtige vorläufige Angaben macht, weil der Sachverhalt nicht abschließend bekannt ist, er aber keine Fristen versäumen will.

5.2. [1]Bei einer Steuerhinterziehung, die mit bedingtem Vorsatz (vgl. AEAO zu § 153, Nr. 2.6) begangen wurde, besteht für den Steuerpflichtigen ebenfalls eine Anzeige- und Berichtigungspflicht. [2]In diesem Fall ist die Anzeige nach § 153 Abs. 1 Satz 1 und Abs. 2 AO unverzüglich, d. h. ohne schuldhaftes Zögern, gegenüber der sachlich und örtlich zuständigen Finanzbehörde erstattet, wenn dem Steuerpflichtigen die Befolgung dieser Pflicht zumutbar ist (nemo-tenetur-Grundsatz). [3]Nach dem nemo-tenetur-Grundsatz ist es unzumutbar, jemanden zu zwingen, durch eigene Aussagen die Voraussetzungen für eine strafgerichtliche Verurteilung oder die Verhängung entsprechender Sanktionen liefern zu müssen. [4]Eine Anzeige nach § 153 Abs. 1 oder Abs. 2 AO ist daher solange als unverzüglich zu werten, wie dem Steuerpflichtigen eine angemessene Zeit zur Aufbereitung einer Selbstanzeige nach § 371 AO zuzugestehen wäre.

5.3. [1]Bei vorsätzlichem Verstoß gegen die Anzeige- und Berichtigungspflicht nach § 153 Abs. 1 Satz 1 AO oder die Anzeigepflicht nach § 153 Abs. 2 AO liegt ab dem Zeitpunkt des Erkennens der objektiv unrichtig abgegebenen Erklärung bzw. des ganz oder teilweisen Wegfalls einer Steuervergünstigung eine Steuerhinterziehung durch Unterlassen vor (§ 370 Abs. 1 Nr. 2 AO). [2]Dies führt auch zu einer Verlängerung der Festsetzungsfrist nach § 169 Abs. 2 Satz 2 AO. [3]Fehler, die der Finanzbehörde unterlaufen, muss der Steuerpflichtige nicht anzeigen (vgl. BFH-Urteil vom 4.12.2012, VIII R 50/10, BStBl. 2014 II S. 222).

5.4. Mit Ablauf der Festsetzungsfrist nach §§ 169 ff. AO endet die Anzeige- und Berichtigungspflicht.

[1]Erstattet der Steuerpflichtige vor Ablauf der Festsetzungsfrist eine Anzeige nach § 153 AO oder eine Selbstanzeige (§ 371, § 378 Abs. 3 AO), so endet nach § 171 Abs. 9 AO die Festsetzungsfrist nicht vor Ablauf eines Jahres nach Eingang der Anzeige. [2]Wird aufgrund der Anzeige innerhalb der Jahresfrist, aber nach Ablauf der regulären Festsetzungsfrist mit einer Außenprüfung oder Ermittlung der Steuerfahndung begonnen, so wird dadurch keine weitere Ablaufhemmung nach § 171 Abs. 4 oder 5 AO ausgelöst (BFH-Urteil vom 8.7.2009, VIII R 5/07, BStBl 2010 II S. 583).

[1]Bei Übermittlung der Anzeige bzw. Berichtigung an eine unzuständige Finanzbehörde ist die Verpflichtung nach § 153 Abs. 1 Satz 1 oder Abs. 2 AO als erfüllt anzusehen. [2]Die Jahresfrist nach § 171 Abs. 9 AO beginnt jedoch erst mit Ablauf des Tages, an dem die weitergeleitete Anzeige bei der zuständigen Finanzbehörde eingegangen ist (vgl. BFH-Urteil vom 28.2.2008, VI R 62/06, BStBl. II S. 595).

AEAO zu § 154 – Kontenwahrheit:[1)]

Inhaltsübersicht

1. Verbot der Verwendung falscher oder erdichteter Namen
2. Konten auf den Namen Dritter/CpD-Konten
3. Konto
4. Verfügungsberechtigter
5. Wirtschaftlich Berechtigter
6. Verpflichteter
7. Identifizierungs- und Aktualisierungspflicht
8. Aufzeichnungspflicht
9. Auskunftsbereitschaft
10. Erhebung und Aufzeichnung steuerlicher Ordnungsmerkmale und Vergeblichkeitsmeldung
11. Erleichterung gemäß § 154 Abs. 2d AO
12. Haftung bei Verstoß gegen § 154 AO
13. Ordnungswidrigkeiten

1. Verbot der Verwendung falscher oder erdichteter Namen

[1]Das Verbot, falsche oder erdichtete Namen zu verwenden, richtet sich an denjenigen, der als Kunde bei einem anderen ein Konto errichten lassen will oder Buchungen vornehmen lässt. [2]Wegen des Verbots im eigenen Geschäftsbetrieb falsche oder erdichtete Namen für Konten zu gebrauchen, Hinweis auf § 146 Abs. 1 AO.

2. Konten auf den Namen Dritter/CpD-Konten

[1]Es ist zulässig, Konten auf den Namen Dritter zu errichten, hierbei ist die Existenz des Dritten nachzuweisen. [2]Vgl. dazu auch Nr. 7.2 des AEAO zu § 154. [3]Der ausdrücklichen Zustimmung des Dritten bedarf es nicht.

Verboten ist die Abwicklung von Geschäftsvorfällen über sog. CpD-Konten, wenn der Name des Beteiligten bekannt ist oder unschwer ermittelt werden kann und für ihn bereits ein entsprechendes Konto geführt wird.

3. Konto

[1]Konto i. S. d. § 154 Abs. 2 AO ist jede für einen Dritten im Rahmen einer laufenden Geschäftsverbindung geführte Rechnung, in der Zu- und Abgänge der Vermögensgegenstände erfasst werden. [2]Hierzu zählen auch Kredit- und Darlehenskonten sowie Konten über ausländische Währung oder über elektronisches Geld. [3]Konten, die nicht „für einen anderen" geführt werden, sind keine Konten i. S. d. § 154 Abs. 2 AO (z. B. ein Warenforderungskonto oder ein Kontokorrentkonto i. S. d. § 355 HGB bei einem Geschäftspartner).

4. Verfügungsberechtigter

[1]Verfügungsberechtigte i. S. d. § 154 Abs. 2 AO sind
- sowohl der Gläubiger der Forderung (Kontoinhaber) und seine gesetzlichen Vertreter
- als auch jede andere Person, die zur Verfügung über das Konto bevollmächtigt ist (Kontovollmacht).

[2]Dies gilt entsprechend für die Verwahrung von Wertsachen sowie für die Überlassung von Schließfächern.

---

1) Zur (formalen) Kontenwahrheit und zum Anwendungsbereich des § 154 Abs. 3 AO siehe BGH v. 18.10.1994 XI ZR 237/93, NJW 1995, 261.

Personen, die aufgrund Gesetzes oder Rechtsgeschäfts zur Verfügung berechtigt sind, ohne dass diese Berechtigung dem Kreditinstitut usw. mitgeteilt worden ist, gelten insoweit nicht als Verfügungsberechtigte.

5. Wirtschaftlich Berechtigter

Wirtschaftlich Berechtigter i. S. d. § 154 AO ist derjenige, der auch nach § 3 GwG wirtschaftlich Berechtigter ist.

[1] Wirtschaftlich Berechtigter i. S. d. § 3 Abs. 1 GwG ist die natürliche Person, in deren Eigentum oder unter deren Kontrolle der Vertragspartner letztlich steht oder auf deren Veranlassung eine Transaktion letztlich durchgeführt oder eine Geschäftsbeziehung letztlich begründet wird. [2] Zu den wirtschaftlich Berechtigten zählen insbesondere die in den § 3 Abs. 2 bis 4 GwG aufgeführten natürlichen Personen, auch die fingierten wirtschaftlich Berechtigten i. S. d. § 3 Abs. 2 Satz 4 GwG.

6. Verpflichteter

Verpflichteter i. S. d. § 154 Abs. 2 AO ist jeder, der für einen anderen
– Konten führt,
– Wertsachen verwahrt,
– Wertsachen als Pfand nimmt oder
– ein Schließfach überlässt.

7. Identifizierungs- und Aktualisierungspflicht

7.1. [1] Der Verpflichtete hat sich nach § 154 Abs. 2 Satz 1 Nr. 1 AO vor Beginn dieser Geschäftsbeziehung Gewissheit über die Person und Anschrift
– jedes Verfügungsberechtigten (vgl. Nr. 4 des AEAO zu § 154) und
– jedes wirtschaftlich Berechtigten (vgl. Nr. 5 des AEAO zu § 154)
zu verschaffen. [2] Dies gilt nicht nur für Kreditinstitute, sondern auch im gewöhnlichen Geschäftsverkehr und für Privatpersonen.

7.1.1. Ist ein Verfügungsberechtigter eine natürliche Person, hat der Verpflichtete nach § 154 Abs. 2 Satz 2 AO i. V. m. § 11 Abs. 4 Nr. 1 GwG durch Abgleich mit einem amtlichen Ausweispapier oder Ausweisersatzpapier folgende Angaben zu erheben:

a) Vorname und Nachname,
b) Geburtsort,
c) Geburtsdatum,
d) Staatsangehörigkeit und
e) eine Wohnanschrift oder, sofern kein fester Wohnsitz mit rechtmäßigem Aufenthalt in der Europäischen Union besteht und die Überprüfung der Identität im Rahmen des Abschlusses eines Basiskontovertrags i. S. v. § 38 des Zahlungskontengesetzes erfolgt, die postalische Anschrift, unter der der Vertragspartner sowie die gegenüber dem Verpflichteten auftretende Person erreichbar ist. [2] Ein vorübergehender Wohnsitz (z. B. Hoteladresse) reicht nicht aus.

7.1.2. Ist ein Verfügungsberechtigter eine juristische Person (Körperschaft des öffentlichen Rechts, AG, GmbH usw.), reicht die Bezugnahme auf eine amtliche Veröffentlichung oder ein amtliches Register unter Angabe der Register-Nr. aus.

7.2. [1]Wird ein Konto auf den Namen eines verfügungsberechtigten Dritten errichtet, müssen die Angaben über Person und Anschrift sowohl des Kontoinhabers als auch desjenigen, der das Konto errichtet, festgehalten werden. [2]Steht der Verfügungsberechtigte noch nicht fest (z. B. der unbekannte Erbe), reicht es aus, wenn das Kreditinstitut sich zunächst Gewissheit über die Person und Anschrift des das Konto Errichtenden (z. B. des Nachlasspflegers) verschafft; die Legitimation des Kontoinhabers ist sobald wie möglich nachzuholen.

7.3. [1]Hinsichtlich des wirtschaftlich Berechtigten sind (mindestens ein) Vorname, der Nachname und die Anschrift zu erheben. [2]Die Anschrift muss nicht die Wohnanschrift des wirtschaftlich Berechtigten sein, es kann auch seine Geschäftsanschrift sein. [3]Entscheidend ist, dass der wirtschaftlich Berechtigte unter der Anschrift im normalen Geschäftsverkehr erreichbar ist. [4]Der Vertragspartner des Kreditinstituts hat diesem die hierzu erforderlichen Informationen und Unterlagen zur Verfügung zu stellen (vgl. § 11 Abs. 6 GwG).

Die Verpflichtung, sich Gewissheit über die Person und Anschrift jedes wirtschaftlich Berechtigten i. S. d. § 3 GwG zu verschaffen, gilt nach Art. 97 § 26 Abs. 4 EGAO erstmals für nach dem 31.12.2017 begründete Geschäftsbeziehungen.

Für vor dem 1.1.2018 begründete und auch danach weiterbestehende Geschäftsbeziehungen zu Kreditinstituten ist die Übergangsregelung in Art. 97 § 26 Abs. 5 EGAO zu beachten (Nacherhebungspflicht bis 31.12.2019).

7.4. Der Verpflichtete hat die Geschäftsbeziehung außerdem kontinuierlich zu überwachen und die Daten über Person und Anschrift in angemessenem zeitlichen Abstand zu aktualisieren (§ 154 Abs. 2 Satz 4 AO).

8. Aufzeichnungspflicht

8.1. [1]Die Angaben i. S. d. Nr. 7 des AEAO zu § 154 sind gemäß § 154 Abs. 2 Satz 1 Nr. 2 AO in geeigneter Form festzuhalten, bei Konten auf dem Konto. [2]Es ist unzulässig, Name und Anschrift des Verfügungsberechtigten lediglich in einer vertraulichen Liste zu führen und das eigentliche Konto nur mit einer Nummer zu kennzeichnen. [3]Die Führung sog. Nummernkonten ist verboten.

8.2. Bei Auflösung des ersten Kontos müssen die Identifikationsmerkmale auf das zweite bzw. weitere Konto bzw. auf die betreffenden Kontounterlagen übertragen werden.

8.3. Die Verpflichtung, die Angaben über die Person und Anschrift jedes wirtschaftlich Berechtigten im Sinne des GwG in geeigneter Form festzuhalten, gilt nach Art. 97 § 26 Abs. 4 EGAO erstmals für nach dem 31.12.2017 begründete Geschäftsbeziehungen.

Für vor dem 1.1.2018 begründete und auch danach weiterbestehende Geschäftsbeziehungen zu Kreditinstituten ist die Übergangsregelung in Art. 97 § 26 Abs. 5 EGAO zu beachten.

9. Auskunftsbereitschaft

9.1. Jeder Verpflichtete muss ein Verzeichnis der Verfügungsberechtigten und der wirtschaftlich Berechtigten führen, um jederzeit über die Konten und Schließfächer eines Verfügungsberechtigten oder eines wirtschaftlich Berechtigten Auskunft geben zu können.

[1]Die Verpflichtung zur Herstellung der Auskunftsbereitschaft besteht gemäß § 147 Abs. 3 AO noch sechs Jahre nach Beendigung der Geschäftsbeziehung, bei Bevollmächtigten sechs Jahre nach Erlöschen der Vollmacht. [2]Diese Frist beginnt mit Ablauf des Kalenderjahrs, in dem die Geschäftsbeziehung beendet wurde oder die Vollmacht erloschen ist.

9.2. Die Verpflichtung, ein Verzeichnis der wirtschaftlich Berechtigten zu führen, gilt nach Art. 97 § 26 Abs. 4 EGAO erstmals für nach dem 31.12. 2017 begründete Geschäftsbeziehungen.

Für vor dem 1.1.2018 begründete und auch danach weiterbestehende Geschäftsbeziehungen zu Kreditinstituten ist die Übergangsregelung in Art. 97 § 26 Abs. 5 EGAO zu beachten.

10. Erhebung und Aufzeichnung steuerlicher Ordnungsmerkmale und Vergeblichkeitsmeldung

10.1. [1]Die Verpflichtung zur Erhebung und Aufzeichnung der steuerlichen Ordnungsmerkmale des Kontoinhabers, jedes anderen Verfügungsberechtigten und jedes wirtschaftlich Berechtigten nach § 154 Abs. 2a Satz 1 AO gilt nur für Kreditinstitute, nicht für andere Verpflichtete i. S. d. § 154 Abs. 2 Satz 1 AO. [2]Diese Daten sind nach § 93b Abs. 1a AO im Kontenabruf-Dateisystem zum Abruf nach § 93 Abs. 7 oder 8 AO bereitzuhalten.

Diese Verpflichtung gilt auch für nicht im Inland ansässige Personen und Gesellschaften.

10.2. Hat der Vertragspartner (oder gegebenenfalls für ihn handelnde Personen) dem Kreditinstitut die Identifikationsnummer einer der in Nr. 10.1 des AEAO zu § 154 genannten Person bis zur Begründung der Geschäftsbeziehung nicht mitgeteilt, muss das Kreditinstitut innerhalb von drei Monaten nach Begründung der Geschäftsbeziehung die fehlende Identifikationsnummer (durch Übertrag aus einer anderweitigen rechtmäßigen Aufzeichnung oder durch maschinelle Anfrage beim BZSt) erheben und aufzeichnen.

10.3. [1]Die Ausnahmeregelung des § 154 Abs. 2a Satz 3 AO gilt nur für Kredite, die ausschließlich der Finanzierung privater Konsumgüter dienen. [2]Sie gilt nicht für Kredite zur Finanzierung betrieblicher Investitionen oder Aufwendungen und auch nicht für den Erwerb privater Kapitalanlagen sowie von Vermögensgegenständen, die nicht zum privaten Ge- oder Verbrauch bestimmt sind.

Soweit nicht ein verbundenes Geschäft i. S. d. § 358 Abs. 3 Satz 1 BGB über die Lieferung und Finanzierung eines privaten Konsumgutes vorliegt, kann das Kreditinstitut nur dann davon ausgehen, dass ein gewährter Kredit ausschließlich der Finanzierung privater Konsumgüter dient, wenn der Kreditnehmer dies ausdrücklich versichert hat und keine Anhaltspunkte für die Unrichtigkeit dieser Versicherung vorliegen.

10.4. [1]Kreditrahmen i. S. d. § 154 Abs. 2a Satz 3 AO ist die betragsmäßige Obergrenze, bis zu der der Kreditnehmer bei einem Kreditgeber eine bestimmte Kreditart in Anspruch nehmen darf. [2]Stellen mehrere private Konsumgüter eine Sachgesamtheit dar und werden sie von einem Kreditgeber gleichwohl durch mehrere rechtlich voneinander unabhängige Kredite finanziert, sind die Kredite bei Prüfung der Obergrenze zusammenzurechnen. [3]Werden mehrere private Konsumgüter bei verschiedenen voneinander unabhängigen Kreditgebern individuell finanziert, ist die Obergrenze für jeden Kredit gesondert anzuwenden.

Wird ein Kredit, der bisher die Voraussetzungen für die Anwendung der Ausnahmeregelung des § 154 Abs. 2a Satz 3 AO erfüllte, später auf einen Kreditrahmen von mehr als 12000 Euro erhöht, sind die steuerlichen Ordnungsmerkmale des Kontoinhabers, jedes anderen Verfügungsberechtigten und jedes wirtschaftlich Berechtigten nachträglich zu erheben und aufzuzeichnen.

Sofern der Beitrag für die Restschuldversicherung auch aus der Kreditsumme gezahlt (einbehalten) und der Darlehensbetrag nur abzüglich dieser Summe ausgeschüttet wird, ist der Beitrag zur Restschuldversicherung mit zu berücksichtigen.

10.5. Die nach § 154 Abs. 2b AO beim BZSt erfragte Identifikationsnummer eines Kontoinhabers, eines anderen Verfügungsberechtigten oder eines wirtschaftlich Berechtigten ist zusammen mit den nach § 154 Abs. 2 AO zu erhebenden Daten aufzuzeichnen und nach § 93b Abs. 1a AO im Kontenabruf-Dateisystem zum Abruf nach § 93 Abs. 7 oder 8 AO bereitzuhalten.

10.6. [1]Soweit ein Kreditinstitut die nach § 154 Abs. 2a Satz 1 AO zu erhebenden Daten auf Grund unzureichender Mitwirkung des Vertragspartners (und gegebenenfalls für ihn handelnder Personen) nicht – auch nicht durch eine maschinelle Anfrage beim BZSt – ermitteln konnte, hat es diese Tatsache auf dem Konto festzuhalten (§ 154 Abs. 2c Satz 1 AO). [2]Darüber hinaus hat das Kreditinstitut dem BZSt die jeweils betroffenen Personen, die betroffenen Konten sowie die hierzu von ihm erhobenen Daten bis Ende Februar des Folgejahrs zu übermitteln (§ 154 Abs. 2c Satz 2 AO).

10.7. [1]Ergeben die im Rahmen der Legitimationsprüfung nach § 154 Abs. 2 AO vorgelegten amtlichen Ausweispapiere oder Ausweisersatzpapiere (vgl. Nr. 7.1.1 des AEAO zu § 154) und die erteilte Selbstauskunft des Geschäftspartners und/oder der für ihn handelnden Personen, dass der Kontoinhaber und ggf. alle weiteren zu identifizierenden Personen im Inland über keinen Wohnsitz oder gewöhnlichen Aufenthalt bzw. keinen Sitz, keine Betriebsstätte und keine Geschäftsleitung verfügen und ihnen auch kein steuerliches Ordnungsmerkmal zugeteilt worden ist, kann das Kreditinstitut auf die Abfrage der Identifikationsnummer beim BZSt nach § 154 Abs. 2b Satz 1 AO und die Vergeblichkeitsmeldung nach § 154 Abs. 2c AO verzichten, sofern kein Anlass dafür besteht, die Richtigkeit der vorgelegten Unterlagen oder der Selbstauskunft in Zweifel zu ziehen. [2]Die Abfrage der Identifikationsnummer beim BZSt nach § 154 Abs. 2b Satz 1 AO und die Vergeblichkeitsmeldung nach § 154 Abs. 2c AO sind allerdings nachzuholen, wenn Umstände eintreten, die zu einer Änderung der Gegebenheiten führen.

11. Erleichterungen gemäß § 154 Abs. 2d AO

11.1. Erleichterungen hinsichtlich der Verfügungsberechtigten

Nach § 154 Abs. 2d AO kann hinsichtlich der Verfügungsberechtigten in folgenden Fällen auf die Identifizierung (Nr. 7 des AEAO zu § 154), die Aufzeichnung (Nr. 8 des AEAO zu § 154), die Herstellung der Auskunftsbereitschaft (Nr. 9 des AEAO zu § 154) und die Erhebung der steuerlichen Ordnungsmerkmale (Nr. 10 des AEAO zu § 154) verzichtet werden:

a) bei Eltern als gesetzliche Vertreter ihrer minderjährigen Kinder, wenn die Voraussetzungen für die gesetzliche Vertretung bei Kontoeröffnung durch amtliche Urkunden nachgewiesen werden,

b) bei Vormundschaften und Pflegschaften einschließlich Amtsvormundschaften und Amtspflegschaften sowie bei rechtlicher Betreuung (§§ 1896 ff. BGB),

c) bei Parteien kraft Amtes (Insolvenzverwalter, Zwangsverwalter, Nachlassverwalter, Testamentsvollstrecker und ähnliche Personen),

d) bei Pfandnehmern (insbesondere in Bezug auf Mietkautionskonten, bei denen die Einlage auf einem Konto des Mieters erfolgt und an den Vermieter verpfändet wird),

e) bei Vollmachten auf den Todesfall (auch nach diesem Ereignis),

f) bei Vollmachten zur einmaligen Verfügung über ein Konto,

g) bei Verfügungsbefugnissen im Lastschriftverfahren (SEPA-Lastschrift oder elektronisches Einzugsermächtigungsverfahren mit Zahlungskarte),

h) bei Vertretung juristischer Personen des öffentlichen Rechts (einschließlich Eigenbetriebe),

i) bei Vertretung von Kreditinstituten und Versicherungsunternehmen,

j) bei den als Vertreter eingetragenen Personen, die in öffentlichen Registern (Handelsregister, Vereinsregister) eingetragene Firmen oder Personen vertreten,

k) bei Vertretung von Unternehmen, sofern schon mindestens fünf Personen, die in öffentliche Register eingetragen sind bzw. bei denen eine Legitimationsprüfung stattgefunden hat, Verfügungsbefugnis haben,

l) bei Gerichtsvollzieher-Dienstkonten i. S. d. § 52 GVO (Gerichtsvollzieher und nach § 52 Abs. 6 GVO bevollmächtigte Personen),

m) bei vor dem 1.1.1992 begründeten, noch bestehenden oder bereits erloschenen Befugnissen.

Auf die Erhebung steuerlicher Ordnungsmerkmale (Nr. 10 des AEAO zu § 154) kann in folgenden Fällen verzichtet werden:

- bei öffentlichen Förderkrediten, wenn die Auszahlung des Kredits über ein legitimationsgeprüftes Konto bei einem anderen Kreditinstitut erfolgt,
- bei juristischen Personen des öffentlichen Rechts (einschließlich Eigenbetrieben).

11.2. Erleichterungen hinsichtlich der wirtschaftlich Berechtigten

Hinsichtlich wirtschaftlich Berechtigter i. S. d. § 3 GwG kann nach § 154 Abs. 2d AO in folgenden Fällen auf die Identifizierung (Nr. 7 des AEAO zu § 154), die Aufzeichnung (Nr. 8 des AEAO zu § 154), die Herstellung der Auskunftsbereitschaft (Nr. 9 des AEAO zu § 154) und die Erhebung der steuerlichen Ordnungsmerkmale (Nr. 10 des AEAO zu § 154) verzichtet werden:

- Der (ggf. nach § 3 Abs. 2 Satz 4 GwG fingierte) wirtschaftlich Berechtigte ist zugleich Verfügungsberechtigter und für ihn wird nach Nr. 11.1 Satz 1 des AEAO zu § 154 auf eine Legitimationsprüfung verzichtet;
- nach dem GwG darf auf die Erfassung und Aufzeichnung des wirtschaftlich Berechtigten verzichtet werden (z.B. Mietkautionskonten auf den Namen des Vermieters, Anderkonten von Berufsträgern, sonstige Konten mit geringem Risiko des Missbrauchs);
- Wohnungseigentümer hinsichtlich des Kontos der Wohnungseigentümergemeinschaft.

Bei öffentlichen Förderkrediten wird auf die Erhebung der steuerlichen Ordnungsmerkmale (Nr. 10 des AEAO zu § 154) verzichtet, wenn die Auszahlung des Kredits über ein legitimationsgeprüftes Konto bei einem anderen Kreditinstitut erfolgt.

[1] Auf eine Identitätsüberprüfung nach Maßgabe des § 13 Abs. 1 GwG kann bei wirtschaftlich Berechtigten bis auf Weiteres verzichtet werden, sofern nicht bereits ein Ausnahmetatbestand nach Abs. 1 greift. [2] Es reicht aus, den wirtschaftlich Berechtigten entsprechend § 11 Abs. 5 GwG zu identifizieren und die nach § 154 Abs. 2a AO und Nummer 7.3 des AEAO zu § 154 erforderlichen Angaben zu erheben und aufzuzeichnen.

11.3. Unberührt von diesen Erleichterungen bleibt die Befugnis der Finanzämter, im Besteuerungsverfahren Auskünfte von Auskunftspersonen (§§ 93, 94 AO) einzuholen und die Vorlage von Unterlagen (§ 97 AO) zu verlangen, sowie in einem Strafverfahren wegen einer Steuerstraftat oder in einem Bußgeldverfahren wegen einer Steuerordnungswidrigkeit die Befugnis zur Vernehmung von Zeugen oder zur Beschlagnahme von Unterlagen (§§ 208, 385, § 399 Abs. 2, § 410 AO).

12. Haftung bei Verstoß gegen § 154 AO

[1] Die Verletzung der Verpflichtungen nach § 154 Abs. 2 bis 2d AO führt allein noch nicht zu einer Haftung des Verpflichteten. [2] Es kann aber im Einzelfall eine Ordnungswidrigkeit i.S.d. § 379 Abs. 2 Nr. 2 AO vorliegen (vgl. dazu Nr. 13 des AEAO zu § 154).

Bei einem Verstoß gegen § 154 Abs. 3 AO[1)·2)] haftet der Zuwiderhandelnde nach Maßgabe des § 72 AO.

Waren mehrere Personen über ein Konto usw. verfügungsberechtigt (mit Ausnahme der in Nr. 8.1 genannten Fälle), bedarf es zur Herausgabe nach § 154 Abs. 3 AO u.U. der Zustimmung aller beteiligten Finanzämter.

---

1) Zur (formalen) Kontenwahrheit und zum Anwendungsbereich des § 154 Abs. 3 AO siehe BGH v. 18.10.1994 XI ZR 237/93, NJW 1995, 261.

2) Zur Haftung der Bank bei Verstoß gegen die Kontensperre des § 154 Abs. 3 AO vgl. BFH v. 13.12.2011 VII R 49/10, BStBl. II 2012, 398.

13. Ordnungswidrigkeiten

Wegen der Ahndung einer Verletzung des § 154 Abs. 1 bis 2c AO als Ordnungswidrigkeit Hinweis auf § 379 Abs. 2 Nr. 2 AO.

[1] Wird festgestellt, dass die nach § 154 Abs. 2 bis 2c AO bestehenden Verpflichtungen nicht erfüllt sind, soll die für Straf- und Bußgeldsachen zuständige Stelle unterrichtet werden. [2] Die Möglichkeit der Erzwingung der Verpflichtungen (§§ 328 ff. AO) bleibt unberührt.

AEAO zu § 155 – Steuerfestsetzung:

1. [1] Wegen Einzelheiten zur Bekanntgabe von Steuerbescheiden vgl. AEAO zu § 122. [2] Wegen der Wirksamkeit von Steuerbescheiden wird auf § 124 AO hingewiesen, wegen formeller Fehler auf §§ 126 bis 129 AO, wegen Form und Inhalt auf § 157 AO.

2. [1] Die volle oder teilweise Freistellung von der Steuer sowie die Ablehnung eines Antrags auf Festsetzung der Steuer erfolgt durch Steuerbescheid. [2] Daher ist z. B. die Erstattung von Kapitalertragsteuer aufgrund von Doppelbesteuerungsabkommen eine Steuerfestsetzung i. S. d. Vorschrift. [3] Es gelten alle Verfahrensvorschriften, die bei der Festsetzung von Steuern anzuwenden sind. [4] Für die Festsetzung sind insbesondere die Grundsätze über die Festsetzungsfrist zu beachten (§§ 169 ff., § 47 AO). [5] Für die Aufhebung und Änderung dieser Steuerbescheide sind die §§ 172 ff. AO maßgebend.

3. [1] Ansprüche des Steuerpflichtigen, die auf Rückzahlung eines überzahlten Betrags gerichtet sind (z. B. bei Doppelzahlung), fallen nicht unter den Begriff der Vergütung i. S. d. Vorschrift. [2] Ein solcher Rückzahlungsanspruch ist im Erhebungsverfahren geltend zu machen (Hinweis auf § 218 Abs. 2 AO).

4. [1] Nach den Gesetzen, in denen die Gewährung von Zulagen geregelt wird (z. B. die Investitionszulage, die Eigenheimzulage oder die Arbeitnehmer-Sparzulage), und den Prämiengesetzen sind die für Steuervergütungen geltenden Vorschriften (§ 155 Abs. 5 AO) auf Zulagen und Prämien entsprechend anzuwenden. [2] Die Gewährung erfolgt somit durch Festsetzung, soweit nichts anderes vorgeschrieben ist (z. B. §§ 4a, 4b WoPG). [3] Die Aufhebung oder Änderung dieser Bescheide und insbesondere die Rückforderung zu Unrecht gewährter Beträge regeln sich nach den für das Steuerfestsetzungsverfahren geltenden Vorschriften.

AEAO zu § 156 – Absehen von Steuerfestsetzung:

[1] Das Absehen von der Festsetzung bringt den Steueranspruch nicht zum Erlöschen; die Festsetzung kann innerhalb der Festsetzungsfrist nachgeholt werden. [2] Wegen der Kleinbetragsregelung für das Festsetzungsverfahren siehe die KBV[1)] (zur Anwendung siehe Art. 97 § 9a EGAO). [3] Zur Kleinbetragsregelung für das Erhebungsverfahren siehe BMF-Schreiben vom 22.3.2001, BStBl. I S. 242.

[1)] Kleinbetragsverordnung v. 19.12.2000, BGBl. I 2000, 1790, 1805, geänd. durch G v. 18.7.2016, BGBl. I 2016, 1679, mWv 1.1.2017 (**Steuergesetze** Nr. **800c**).

AEAO zu § 157 – Form und Inhalt der Steuerbescheide:

1. [1]Schriftliche Steuerbescheide, die zwecks Bekanntgabe dem Steuerpflichtigen nicht selbst übergeben werden, sind mit Rücksicht auf das Steuergeheimnis (§ 30 AO) in einem verschlossenen Umschlag zu versenden. [2]Bei elektronischer Bekanntgabe ist § 87a Abs. 7 oder 8 AO zu beachten.

2. Wegen der Begründung des Steuerbescheids wird auf § 121 AO hingewiesen, wegen der Bekanntgabe auf §§ 122, 122a, 155 AO, wegen der Wirksamkeit auf § 124 AO, wegen des Leistungsgebots auf § 254 AO, wegen der Folgen bei unterbliebener oder unrichtiger Rechtsbehelfsbelehrung auf § 356 AO.

AEAO zu § 158 – Beweiskraft der Buchführung:

[1]Die Vorschrift enthält eine gesetzliche Vermutung. [2]Sie verliert ihre Wirksamkeit mit der Folge der Schätzungsnotwendigkeit nach § 162 AO, wenn es nach Verprobung usw. unwahrscheinlich ist, dass das ausgewiesene Ergebnis mit den tatsächlichen Verhältnissen übereinstimmt. [3]Für die formelle Ordnungsmäßigkeit der Buchführung ist das Gesamtbild aller Umstände im Einzelfall maßgebend. [4]Eine Buchführung kann trotz einzelner Mängel nach den §§ 140 bis 148 AO aufgrund der Gesamtwertung als formell ordnungsmäßig erscheinen. [5]Insoweit kommt der sachlichen Gewichtung der Mängel ausschlaggebende Bedeutung zu. [6]Eine Buchführung ist erst dann formell ordnungswidrig, wenn sie wesentliche Mängel aufweist oder die Gesamtheit aller (unwesentlichen) Mängel diesen Schluss fordert (BFH-Beschluss vom 2.12. 2008, X B 69/08, m. w. N.). [7]Werden digitale Unterlagen bei Bargeschäften nicht entsprechend dem BMF-Schreiben vom 26.11.2010, BStBl. I S. 1342 aufbewahrt, kann dies ein schwerwiegender formeller Mangel der Ordnungsmäßigkeit sein. [8]Die gesetzliche Vermutung der Richtigkeit der Kassenbuchführung erfordert, dass ein schlüssiger Nachweis hinsichtlich der Unveränderbarkeit der Einzelbuchungen und deren Zusammenführung bei der Erstellung steuerlicher Abschlüsse geführt werden kann. [9]Das Buchführungsergebnis ist nicht zu übernehmen, soweit die Beanstandungen reichen. [10]Eine Vollschätzung an Stelle einer Zuschätzung kommt nur dann in Betracht, wenn sich die Buchführung in wesentlichen Teilen als unbrauchbar erweist.

AEAO zu § 159 – Nachweis der Treuhänderschaft:

[1]Personen, die zur Verweigerung der Auskunft aufgrund ihres Berufes berechtigt sind (§ 102 AO), insbesondere Angehörige der steuerberatenden Berufe, können ein Aussageverweigerungsrecht nur mit der Einschränkung des § 104 Abs. 2 AO in Anspruch nehmen. [2]Sie haften für steuerliche Folgen u. U. selbst gemäß §§ 34, 35 AO, soweit ihnen die Wirtschaftsgüter nicht nach § 159 AO selbst zuzurechnen sind.

AEAO zu § 160 – Benennung von Gläubigern und Zahlungsempfängern:

1. [1]Bei der Anwendung des § 160 AO ist zunächst zu entscheiden, ob ein *Benennungsverlangen* geboten ist. [2]Es steht im pflichtgemäßen Ermessen des Finanzamts, ob es sich den Gläubiger von Schulden oder den Empfänger von

Ausgaben vom Steuerpflichtigen benennen lässt (BFH-Urteile vom 25.11. 1986, VIII R 350/82, BStBl. 1987 II S. 286, und vom 10.3.1999, XI R 10/98, BStBl. II S. 434).

§ 160 AO ist nicht anzuwenden, wenn der Abzug einer Schuld oder Ausgabe bereits daran scheitert, dass dessen Höhe oder sein Zusammenhang mit der steuerlichen Sphäre nicht nachgewiesen ist (vgl. BFH-Beschluss vom 25.7.2012, X B 175/11, BFH/NV 2013 S. 44) oder die Schulden oder Ausgaben aufgrund anderweitiger steuerlicher Vorschriften beim Steuerpflichtigen nicht steuermindernd zu berücksichtigen sind.

Das Benennungsverlangen ist eine nicht selbständig anfechtbare Vorbereitungshandlung (BFH-Urteil vom 20.4.1988, I R 67/84, BStBl II S. 927).

1.1. Gläubiger i. S. d. § 160 Abs. 1 Satz 1 AO ist der wirtschaftliche Eigentümer der Forderung.

[1]Empfänger i. S. d. § 160 Abs. 1 Satz 1 AO ist derjenige, dem der in den Betriebsausgaben enthaltene wirtschaftliche Wert vom Steuerpflichtigen übertragen wurde und bei dem er sich demzufolge steuerlich auswirkt (BFH-Urteil vom 25.1.2006, I R 39/05, BFH/NV S. 1618). [2]Damit ist derjenige gemeint, der die vom Steuerpflichtigen geleistete Zahlung aufgrund eigener Leistung verdient hat (vgl. BFH-Urteil vom 4.4.1996, IV R 55/94, BFH/NV S. 801). [3]Bei der Zwischenschaltung einer Person, welche die vereinbarten Leistungen nicht selbst erbringt, ist der Empfänger nicht die zwischengeschaltete Person, sondern der hinter ihr stehende Dritte, an den die Gelder letztlich gelangt sind (vgl. BFH-Beschluss vom 11.10.2013, III B 50/13, BFH/NV 2014 S. 289).

1.2. [1]Für eine genaue Bezeichnung des Empfängers ist nach dem Zweck des § 160 AO die Angabe des vollen Namens und der Adresse des Empfängers erforderlich, so dass die Finanzbehörde ihn ohne Schwierigkeiten feststellen kann. [2]Die Bezeichnung ist nicht „genau", wenn sich herausstellt, dass der Empfänger zwar existiert, dass aber der mitgeteilte Name fingiert, also falsch ist (vgl. BFH-Urteil vom 4.4.1996, IV R 55/94, BFH/NV S. 801). [3]Entsprechendes gilt für die Bezeichnung des Gläubigers.

1.3. [1]Identitätsüberprüfungen sind für den Steuerpflichtigen nicht bereits deshalb unzumutbar, weil ungewöhnliche Marktbedingungen vorliegen, insgesamt eine Vielzahl von Geschäftsvorfällen zu erfassen ist oder hierdurch Umsatzeinbußen und Nachteile gegenüber anderen Wettbewerbern entstehen (BFH-Urteil vom 10.3.1999, XI R 10/98, BStBl. II S. 434 – m. w. N.). [2]Ggfs. muss sich der Steuerpflichtige im Rahmen einer ordnungsmäßigen Geschäftstätigkeit über Namen und Adressen der Anlieferer anhand von Ausweispapieren vergewissern, etwa durch Einsichtnahme in den Personalausweis, Pass oder Führerschein. [3]Nur in Ausnahmefällen kaum zu bewältigender tatsächlicher oder rechtlicher Schwierigkeiten kann dem Steuerpflichtigen eine Ermittlung billigerweise nicht zugemutet werden. [4]Dies trifft für die Bezeichnung einzeln bestimmbarer Zahlungsempfänger regelmäßig nicht zu (BFH-Urteil vom 10.3.1999, XI R 10/98, BStBl. II S. 434).

1.4. [1]Ein Benennungsverlangen ist insbesondere ermessensgerecht, wenn aufgrund der Lebenserfahrung und/oder der Umstände des Einzelfalls die Vermutung naheliegt, der Empfänger einer Zahlung bzw. der Gläubiger einer Forderung habe diese zu Unrecht nicht versteuert. [2]Hiervon ist regelmäßig auszugehen bei Geschäften ohne Rechnung, bei hohen Bargeldzahlungen, bei ungewöhnlichen Zahlungsmodalitäten und bei Schwarzarbeit. [3]Ein Benennungsverlangen darf auch dann gestellt werden, wenn der Steuerpflichtige den Empfänger nicht bezeichnen kann, weil ihm bei Auszahlung des Geldes dessen Namen und Anschrift unbekannt waren. [4]Dies gilt sowohl für den Fall, dass er den Geschäftspartner nicht um diese Angaben gebeten hat, als auch für den Fall, dass dieser die Angaben ablehnt.

1.5. [1]Unabhängig davon ist die Benennung des Gläubigers oder des Empfängers stets zu verlangen, wenn Anhaltspunkte für eine straf- oder bußgeldbewehrte Vorteilszuwendung vorliegen. [2]Zum einkommensteuerrechtlichen Abzugsverbot für die Zuwendung von Vorteilen i. S. d. § 4 Abs. 5 Satz 1 Nr. 10 EStG und zum Verhältnis dieser Vorschrift zu § 160 AO vgl. BMF-Schreiben vom 10.10.2002 (BStBl. I S. 1031). [3]Zur Belehrungspflicht, wenn das Benennungsverlangen eine vermutete straf- oder bußgeldbewehrte Vorteilszuwendung zum Gegenstand hat, vgl. Tz. 30 des BMF-Schreibens vom 10.10.2002 (a. a. O.).

1.6. Wegen der Stellung von Personen, die aufgrund ihres Berufes zur Auskunftsverweigerung berechtigt sind, vgl. AEAO zu § 159, Satz 1.

2. [1]Unterlässt der Steuerpflichtige es trotz Aufforderung durch die Finanzbehörde, den Gläubiger der Schuld oder den Empfänger der Ausgabe genau zu benennen, so ist im Rahmen einer zweiten Ermessensentscheidung zu prüfen, ob und in welcher Höhe der Abzug der Ausgaben bzw. Schulden zu versagen ist. [2]Nach § 160 Satz 1 AO ist der Abzug dann „regelmäßig" zu versagen (BFH-Urteil vom 10.3.1999, XI R 10/98, BStBl. II S. 434). [3]Ist sowohl streitig, ob der Höhe nach Betriebsausgaben vorliegen, als auch, ob die fehlende Benennung der Zahlungsempfänger dem Abzug entgegensteht, so ist zunächst die Höhe der Betriebsausgaben zu ermitteln oder ggf. zu schätzen. [4]Sodann ist zu prüfen, ob und inwieweit die fehlende Benennung der Zahlungsempfänger dem Abzug der Betriebsausgaben entgegensteht. [5]Die bei der Anwendung des § 160 AO zu treffenden Ermessensentscheidungen können eine unterlassene Schätzung nicht ersetzen (BFH-Urteil vom 24.6.1997, VIII R 9/96, BStBl. 1998 II S. 51).

3.[1)] [1]Werden Leistungen über eine Domizilgesellschaft (Briefkastenfirma) abgerechnet, so ist zunächst zu prüfen, ob der Steuerpflichtige überhaupt eine Leistung von objektiv feststellbarem wirtschaftlichen Wert erhalten hat oder ob lediglich ein Scheingeschäft vorliegt. [2]Bei Leistungen an Domizilgesellschaften ist der Empfängernachweis nur erbracht, wenn die hinter der Gesellschaft stehenden Personen benannt werden (BFH-Beschluss vom 25.8.1986, IV B 76/86, BStBl. 1987 II S. 481). [3]Das sind die Personen, die anstelle der inaktiven Domizilgesellschaften bei wirtschaftlicher Betrachtungsweise eine Leistung gegenüber dem Steuerpflichtigen erbracht haben und denen damit auch die Gegenleistung zusteht. [4]Die Benennung lediglich formaler Anteilseigner (z. B. Treuhänder) reicht nicht aus, ebenso wenig wie die Erklärung des Steuerpflichtigen, nicht er, sondern ein fremder Dritter stehe hinter der ausländischen Gesellschaft (BFH-Beschluss vom 25.8.1986, IV B 76/86, IV B

---

1) Siehe auch BFH v. 11.7.2013 IV R 27/09, BStBl. II 2013, 989 (Benennungsverlangen bei Beteiligungserwerb an liechtensteinischer AG).

76/86, a. a. O.). [5]Ungewissheiten hinsichtlich der Person des Empfängers gehen zu Lasten des Steuerpflichtigen (BFH-Urteil vom 13.3.1985, I R 7/81, BStBl. 1986 II S. 318, und BFH-Beschluss vom 9.7.1986, I B 36/86, BStBl. 1987 II S. 487). [6]Ausländische Verbotsnormen führen nicht dazu, dass ein Offenlegungsverlangen von vornherein unverhältnismäßig oder unzumutbar wird (vgl. BFH-Urteil vom 16.4.1980, I R 75/78, BStBl. 1981 II S. 492). [7]§ 16 AStG bleibt unberührt.

4. [1]Bei Zahlungen an ausländische Empfänger soll das Finanzamt – soweit keine Anhaltspunkte für eine straf- oder bußgeldbewehrte Vorteilszuwendung vorliegen – auf den Empfängernachweis nach § 160 AO verzichten, wenn feststeht, dass die Zahlung im Rahmen eines üblichen Handelsgeschäfts erfolgte, der Geldbetrag ins Ausland abgeflossen ist und der Empfänger nicht der deutschen Steuerpflicht unterliegt. [2]Hierzu ist der Empfänger in dem Umfang zu bezeichnen, dass dessen Steuerpflicht im Inland mit hinreichender Sicherheit ausgeschlossen werden kann. [3]Die bloße Möglichkeit einer im Inland nicht bestehenden Steuerpflicht reicht nicht aus (BFH-Urteil vom 13.3.1985, I R 7/81, BStBl. 1986 II S. 318). [4]In geeigneten Fällen ist eine Erklärung der mit dem Geschäft betrauten Personen sowie des verantwortlichen Organs des Unternehmens zu verlangen, dass ihnen keine Umstände bekannt sind, die für einen Rückfluss der Zuwendung an einen inländischen Empfänger sprechen. [5]Die Zulässigkeit der Mitteilung von Erkenntnissen deutscher Finanzbehörden im Rahmen des § 117 AO bleibt hiervon unberührt.

AEAO zu § 162 – Schätzung von Besteuerungsgrundlagen:[1)]

1. Bei der Schätzung der Besteuerungsgrundlagen in den Fällen des § 155 Abs. 2 AO handelt es sich um eine vorläufige Maßnahme des Wohnsitzfinanzamtes, der ein Grundlagenbescheid nachfolgen muss (BFH-Urteil vom 26.7. 1983, VIII R 28/79, BStBl. 1984 II S. 290).

2. Wegen der Pflicht zur Abgabe einer Steuererklärung trotz Schätzung siehe § 149 Abs. 1 Satz 4 AO.

3. Wegen der nur eingeschränkten Offenlegung der Verhältnisse von Vergleichsbetrieben vgl. AEAO zu § 30, Nr. 4.4.

4. [1]Werden die Besteuerungsgrundlagen wegen Nichtabgabe der Steuererklärung geschätzt, ist die Steuer unter Nachprüfungsvorbehalt (§ 164 AO) festzusetzen, wenn der Fall für eine eventuelle spätere Überprüfung offen gehalten werden soll. [2]Dies gilt z. B. wenn eine den Schätzungszeitraum umfassende Außenprüfung vorgesehen ist oder zu erwarten ist, dass der Steuerpflichtige nach Erlass des Bescheids die Steuererklärung nachreicht.

[1]Die unter Nachprüfungsvorbehalt stehende Steuerfestsetzung ist – sofern der Steuerpflichtige keinen Einspruch eingelegt bzw. keinen Änderungsantrag gestellt hat und auch keine Außenprüfung vorgesehen ist – bei der Veranlagung für das Folgejahr zu überprüfen. [2]Dabei sind auch die in einem eventuellen Vollstreckungsverfahren gewonnenen Erkenntnisse zu berücksichtigen.

---

1) Zur Rechtmäßigkeit von Schätzungen siehe BFH v. 15.7.2014 X R 42/12, BFH/NV 2015, 145, und v. 6.8.2018 X B 22/18, BFH/NV 2018, 1237 („Strafschätzung").

[3]Der Nachprüfungsvorbehalt ist danach grundsätzlich aufzuheben, auch wenn die Steuerfestsetzung nicht zu ändern ist.

Zur Aufhebung des Nachprüfungsvorbehalts in Fällen einer Fristsetzung nach § 364b AO vgl. AEAO zu § 364b, Nr. 2.

5. Wegen der Befugnis zur Schätzung bei Verletzung der Mitwirkungspflichten nach § 90 Abs. 2 und 3 AO wird auf das BMF-Schreiben vom 3.12.2020, BStBl. I S. 1325 verwiesen.

6. [1]Die Besteuerungsgrundlagen sind nach § 162 Abs. 1 AO unter anderem dann zu schätzen, wenn tatsächliche Anhaltspunkte dafür bestehen, dass die vom Steuerpflichtigen gemachten Angaben zu steuerpflichtigen Einnahmen oder Betriebsvermögensmehrungen unrichtig oder unvollständig sind. [2]Hat der Steuerpflichtige in einem derartigen Fall die Zustimmung zu einem Kontenabruf verweigert (§ 93 Abs. 7 Satz 1 Nr. 5 AO), sind die nach Einschätzung der Finanzbehörde nicht erklärten steuerpflichtigen Einnahmen oder Betriebsvermögensmehrungen nach § 162 Abs. 2 Satz 2 AO dritte Alternative zu schätzen. [3]In diesem Fall kann zu Lasten des Steuerpflichtigen von einem Sachverhalt ausgegangen werden, für den unter Berücksichtigung seiner Beweisnähe und seiner Verantwortung für die Aufklärung des Sachverhalts eine gewisse Wahrscheinlichkeit spricht. [4]Gleiches gilt, wenn ein mit Zustimmung des Steuerpflichtigen durchgeführter Kontenabruf keine neuen Erkenntnisse gebracht hat, z.B. bei auf ausländischen – und deswegen durch einen Kontenabruf nicht ermittelbaren – Konten zugeflossenen Einnahmen oder bei baren Einnahmen. [5]In diesen Fällen ist auch weiterhin eine Schätzung nach § 162 AO möglich, wenn Anhaltspunkte dafür vorliegen, dass die Angaben über Einnahmen oder Betriebsvermögensmehrungen nicht vollständig oder unzutreffend sind.

AEAO zu § 163 – Abweichende Festsetzung von Steuern aus Billigkeitsgründen:[1)]

1. [1]§ 163 AO regelt Billigkeitsmaßnahmen im Festsetzungsverfahren. [2]Billigkeitsmaßnahmen im Erhebungsverfahren regelt § 227 AO. [3]Die Unbilligkeit kann sich aus sachlichen oder aus persönlichen Gründen ergeben.

2. Ein Antrag auf eine Billigkeitsmaßnahme nach § 163 AO kann auch nach Eintritt der Unanfechtbarkeit der Steuerfestsetzung oder der entsprechenden gesonderten Feststellung gestellt werden.

3. [1]Die Entscheidung über eine Billigkeitsmaßnahme nach § 163 Abs. 1 AO stellt auch dann einen selbständigen Verwaltungsakt dar, wenn sie mit der Steuerfestsetzung oder der entsprechenden gesonderten Feststellung verbunden wird (§ 163 Abs. 2 AO). [2]Sie ist Grundlagenbescheid für den entsprechenden Steuer- oder Feststellungsbescheid (§ 171 Abs. 10 AO). [3]Wird eine Billigkeitsmaßnahme erst nach Erlass des hiervon betroffenen Steuer- oder Feststellungsbescheids getroffen, muss dieser Bescheid nach § 175 Abs. 1 Satz 1 Nr. 1 AO entsprechend angepasst werden.

---

1) Zur Zuständigkeit für Billigkeitsmaßnahmen siehe gleich lautenden Ländererlass v. 2.11.2021, BStBl. I 2021, 2154, zur Mitwirkung des BMF siehe BMF v. 2.11.2021, BStBl. I 2021, 2153.

4. [1]Eine Billigkeitsmaßnahme nach § 163 Abs. 1 AO unterliegt keiner eigenen Verjährungsfrist, sie löst hinsichtlich des Folgebescheids aber nur dann eine Ablaufhemmung nach § 171 Abs. 10 Satz 1 AO aus, wenn sie vor Ablauf der Festsetzungsfrist des Folgebescheids bei der für die Billigkeitsmaßnahme zuständigen Finanzbehörde beantragt worden ist (§ 171 Abs. 10 Satz 3 AO, vgl. auch AEAO zu § 171, Nr. 6.5). [2]Wurde der Antrag erst nach Ablauf der Festsetzungsfrist des Folgebescheids gestellt, ist es regelmäßig ermessensgerecht, die beantragte Billigkeitsmaßnahme nach § 163 Abs. 1 AO abzulehnen, wenn sie im Folgebescheid wegen Eintritts der Festsetzungsverjährung nicht berücksichtigt werden könnte; in diesen Fällen ist ggf. zu prüfen, ob ein Erlass nach § 227 AO in Betracht kommt.

5. [1]Wegen der Auswirkungen einer Billigkeitsmaßnahme bei den Steuern vom Einkommen auf die Gewerbesteuer Hinweis auf § 184 Abs. 2 AO. [2]Danach ist die niedrigere Festsetzung eines Messbetrags nach § 163 Abs. 1 Satz 1 AO nicht zulässig, wenn die Voraussetzungen dafür nicht in einer allgemeinen Verwaltungsvorschrift der Bundesregierung oder einer obersten Landesfinanzbehörde festgelegt sind.

6. Zum Einspruchsverfahren gegen die Entscheidung über eine Billigkeitsmaßnahme vgl. AEAO zu § 347, Nr. 4.

AEAO zu § 164 – Steuerfestsetzung unter Vorbehalt der Nachprüfung:

1. [1]Der Vorbehalt der Nachprüfung ist eine Nebenbestimmung i. S. d. § 120 AO. [2]Er ist im Steuerbescheid anzugeben, wenn er nicht kraft Gesetzes besteht, wie z. B. im Fall der Festsetzung einer Vorauszahlung (§ 164 Abs. 1 Satz 2 AO). [3]Im Gegensatz zur vorläufigen Steuerfestsetzung hat der Vorbehalt keine Auswirkung auf den Ablauf der Festsetzungsfrist. [4]Wegen der Wirkung einer Steueranmeldung als Vorbehaltsfestsetzung siehe § 168 AO.

2. [1]Der Vorbehalt der Nachprüfung ist zulässig bei allen Festsetzungen, für die die Vorschriften über das Steuerfestsetzungsverfahren gelten (z. B. bei Steuervergütungen, Zulagen, Prämien, gesonderten Feststellungen, Steuermessbeträgen, Zinsen, vgl. AEAO zu § 155). [2]Zum Nachprüfungsvorbehalt in Schätzungsfällen vgl. AEAO zu § 162 Nr. 4.

3. [1]Solange ein Steuerfall nicht abschließend geprüft ist, kann die spätere Überprüfung vorbehalten bleiben und die Steuer aufgrund der Angaben des Steuerpflichtigen oder aufgrund vorläufiger Überprüfung (vgl. BFH-Urteil vom 4.8.1983, IV R 79/83, BStBl. 1984 II S. 6) unter Vorbehalt der Nachprüfung festgesetzt werden. [2]Der Vorbehalt der Nachprüfung erfasst die Festsetzung insgesamt; eine Beschränkung auf Einzelpunkte oder Besteuerungsgrundlagen ist nicht zulässig. [3]Eine Begründung dafür, dass die Festsetzung unter Vorbehalt erfolgt, ist nicht erforderlich.

4. [1]Solange der Vorbehalt wirksam ist, bleibt der gesamte Steuerfall „offen“, die Steuerfestsetzung kann jederzeit – also auch nach Eintritt der Unanfechtbarkeit – und dem Umfang nach uneingeschränkt von Amts wegen oder auch auf Antrag des Steuerpflichtigen aufgehoben oder geändert werden. [2]Die Grundsätze des Vertrauensschutzes nach § 176 AO sind aber zu beachten.

[3]Dagegen wird ein aus dem Grundsatz von Treu und Glauben abgeleiteter Vertrauensschutz i. d. R. nicht bestehen (vgl. BFH-Urteil vom 29.4.2008, VIII R 75/05, BStBl. II S. 817).

5. [1]Der Steuerpflichtige hat keinen Anspruch auf unverzügliche Entscheidung über seinen Antrag. [2]Die Entscheidung kann bis zur abschließenden Prüfung des Steuerfalles – an Amtsstelle oder im Wege einer Außenprüfung – hinausgeschoben werden. [3]Sie hat jedoch in angemessener Zeit zu erfolgen. [4]Wegen des Ablaufs der Festsetzungsfrist bei Antragstellung Hinweis auf § 171 Abs. 3 AO.

6. [1]Wird eine Steuerfestsetzung mit einem behördlich angeordneten Vorbehalt der Nachprüfung geändert, so ist in dem neuen Steuerbescheid zu vermerken, ob dieser weiterhin unter Vorbehalt der Nachprüfung steht oder ob der Vorbehalt aufgehoben wird. [2]Fehlt ein derartiger Vermerk, bleibt der Nachprüfungsvorbehalt bestehen (BFH-Urteil vom 14.9.1993, VIII R 9/93, BStBl. 1995 II S. 2). [3]Steht eine Steueranmeldung einer Steuerfestsetzung unter Nachprüfungsvorbehalt gleich (§ 168 AO) und erlässt die Finanzbehörde später erstmals einen Steuerbescheid ohne eine Aussage zum Nachprüfungsvorbehalt, so entfällt dieser (BFH-Urteil vom 2.12.1999, V R 19/99, BStBl. 2000 II S. 284). [4]Die Aufhebung des Vorbehalts muss schriftlich oder in elektronischer Form (§ 87a Abs. 4 AO) ergehen und mit einer Rechtsbehelfsbelehrung versehen sein (§ 164 Abs. 3 Satz 2 AO). [5]Die Aufhebung des Nachprüfungsvorbehalts ist auch ohne abschließende Prüfung des Steuerfalles zulässig (BFH-Urteil vom 28.5.1998, V R 100/96, BStBl. II S. 502) und bedarf regelmäßig keiner Begründung (BFH-Urteil vom 10.7.1996, I R 5/96, BStBl. 1997 II S. 5). [6]Nach der Bekanntgabe der Aufhebung des Vorbehalts kann die Aufhebung oder Änderung einer Steuerfestsetzung nicht mehr auf § 164 Abs. 2 AO gestützt werden; §§ 172 ff. AO bleiben unberührt.

7. [1]Wird der Vorbehalt nicht aufgehoben, entfällt der Vorbehalt mit Ablauf der allgemeinen Festsetzungsfrist (§ 169 Abs. 2 Satz 1 AO). [2]Die Verlängerung der Festsetzungsfrist für hinterzogene oder leichtfertig verkürzte Steuern (§ 169 Abs. 2 Satz 2 AO) verlängert nicht die Wirksamkeit des Vorbehalts, es ergeben sich aber Auswirkungen auf die Ablaufhemmung nach § 171 Abs. 1 bis 6, 9 und 11 bis 14 AO.

8. Wegen des Einspruchs gegen eine Vorbehaltsfestsetzung vgl. AEAO zu § 367, Nr. 5.

9. [1]Verwaltungsakte i. S. d. § 163 Abs. 1 AO können nicht unter Vorbehalt der Nachprüfung ergehen. [2]Werden solche Verwaltungsakte aber mit einer Steuerfestsetzung unter Vorbehalt der Nachprüfung verbunden, stehen sie nach § 163 Abs. 3 Satz 1 Nr. 2 AO kraft Gesetzes unter Widerrufsvorbehalt.

AEAO zu § 165 – Vorläufige Steuerfestsetzung, Aussetzung der Steuerfestsetzung:

1. [1]Eine vorläufige Steuerfestsetzung nach § 165 Abs. 1 Satz 1 AO ist nur zulässig, soweit ungewiss ist, ob der Tatbestand verwirklicht ist, an den das Gesetz die Leistungspflicht knüpft; Zweifel bei der Auslegung des Steuergesetzes reichen nicht aus. [2]Eine Steuerfestsetzung kann demgemäß nach § 165 Abs. 1 Satz 1 AO nur im Hinblick auf ungewisse Tatsachen, nicht im Hinblick auf die steuerrechtliche Beurteilung von Tatsachen für vorläufig erklärt werden (BFH-Urteil vom 25.4.1985, IV R 64/83, BStBl. II S. 648). [3]Vorläufige Steuerfestsetzungen nach § 165 Abs. 1 Satz 1 AO sind insbesondere dann vorzunehmen, wenn eine Steuerfestsetzung unter Vorbehalt der Nachprüfung nicht zweckmäßig ist, z.B. weil keine Nachprüfung des gesamten Steuerfalles mehr zu erwarten ist oder weil sie aus Rechtsgründen nicht möglich ist (z.B. bei fortbestehender Ungewissheit nach einer Außenprüfung).

2. Die Tatsache, dass ein Doppelbesteuerungsabkommen nach seinem Inkrafttreten voraussichtlich rückwirkend anzuwenden sein wird, rechtfertigt eine vorläufige Steuerfestsetzung nach § 165 Abs. 1 Satz 2 Nr. 1 AO, um dem Steuerpflichtigen die Vorteile des Doppelbesteuerungsabkommens zu sichern.[1)]

3.[2)] Eine vorläufige Steuerfestsetzung nach § 165 Abs. 1 Satz 2 Nr. 2 oder Nr. 2a AO setzt voraus, dass die Entscheidung des Bundesverfassungsgerichts oder des Gerichtshofs der Europäischen Union bereits ergangen ist und die gesetzliche Neuregelung noch aussteht.

4.[3)] Zweifel an der Vereinbarkeit einer der Steuerfestsetzung zugrunde liegenden Rechtsnorm mit höherrangigem Recht (insbesondere mit dem Grundgesetz oder dem Europäischen Unionsrecht) rechtfertigen nur dann eine vorläufige Steuerfestsetzung nach § 165 Abs. 1 Satz 2 Nr. 3 AO, wenn dieselbe Frage Gegenstand eines Musterverfahrens bei dem Gerichtshof der Europäischen Union, dem Bundesverfassungsgericht oder einem obersten Bundesgericht ist.

Zum Rechtsschutzbedürfnis für einen Einspruch gegen eine hinsichtlich des strittigen Punktes bereits vorläufige Steuerfestsetzung vgl. AEAO zu § 350, Nr. 6.

5. [1]Nach § 165 Abs. 1 Satz 2 Nr. 4 AO kann eine Steuer vorläufig festgesetzt werden, soweit eine im Fall des Steuerpflichtigen entscheidungserhebliche Rechtsfrage Gegenstand eines Verfahrens beim Bundesfinanzhof ist. [2]Hierbei handelt es sich auch um solche Fälle, in denen eine strittige Rechtsfrage nicht nur unter verfassungsrechtlichen Aspekten zu beurteilen ist (und deretwegen bereits eine vorläufige Steuerfestsetzung nach § 165 Abs. 1 Satz 2 Nr. 3 AO erfolgt), sondern vom Bundesfinanzhof auf „einfachgesetzlichem" Wege, d.h. durch Anwendung bzw. Auslegung des einfachen Rechts, entschieden werden könnte.

6. [1]Die Entscheidung, die Steuer vorläufig festzusetzen, steht in sämtlichen Fällen des § 165 Abs. 1 AO im Ermessen der Finanzbehörde. [2]Von der Mög-

---

1) Zum Stand der DBA am 1.1.2021 siehe BMF v. 18.2.2021, BStBl. I 2021, 265, am 1.1.2022 siehe BMF v. 19.1.2022 (**Doppelbesteuerungsabkommen** Nr. **0.1**).

2) Zu vorläufigen Festsetzungen bzw. Feststellungen bei der **Grunderwerbsteuer** siehe gleich lautenden Ländererlass v. 16.12.2015, BStBl. I 2015, 1082; zu Einsprüchen gegen **Einheitswertfeststellungen** und Festsetzungen des **Grundsteuermessbetrags** siehe Allgemeinverfügung v. 18.1.2019, BStBl. I 2019, 26, ergänzt durch Allgemeinverfügung v. 3.6.2019, BStBl. I 2019, 470; zur vorläufigen Festsetzung des **Gewerbesteuermessbetrags** siehe gleich lautenden Ländererlass v. 28.10.2016, BStBl. I 2016, 1114.

3) Zur vorläufigen Steuerfestsetzung wegen anhängiger Musterverfahren (§ 165 Abs. 1 Satz 2 AO), zur Aussetzung der Steuerfestsetzung nach § 165 Abs. 1 Satz 4 AO, zum Ruhenlassen von außergerichtlichen Rechtsbehelfsverfahren (§ 363 Abs. 2 AO) und zur Aussetzung der Vollziehung (§ 361 AO, § 69 Abs. 2 FGO) siehe BMF v. 15.1.2018, BStBl. I 2018, 2, geänd. durch BMF v. 31.1.2022, Anlage i. d. F. des BMF v. 31.1.2022.

lichkeit, eine Steuer nach § 165 Abs. 1 Satz 2 AO vorläufig festzusetzen, ist nur Gebrauch zu machen, soweit die Finanzbehörden hierzu durch BMF-Schreiben oder gleich lautende Erlasse der obersten Finanzbehörden der Länder angewiesen worden sind.

7. [1]Die Vorläufigkeit ist auf die ungewissen Voraussetzungen zu beschränken und zu begründen. [2]Die Begründung kann nachgeholt werden (§ 126 Abs. 1 Nr. 2 AO). [3]Wird eine vorläufige Steuerfestsetzung geändert, so ist in dem neuen Steuerbescheid zu vermerken, ob und inwieweit dieser weiterhin vorläufig ist oder für endgültig erklärt wird. [4]Ein ursprünglich angeordneter Vorläufigkeitsvermerk bleibt auch dann wirksam, wenn er in einem nachfolgenden Änderungsbescheid nicht ausdrücklich wiederholt wird (BFH-Urteil vom 9.9.1988, III R 191/84, BStBl. 1989 II S. 9). [5]Enthält aber der Änderungsbescheid einen Vorläufigkeitsvermerk, wird durch diesen der Umfang der Vorläufigkeit neu bestimmt (BFH-Urteile vom 19.10.1999, IX R 23/98, BStBl. 2000 II S. 282, und vom 16.6.2020, VIII R 12/17, BStBl. II S. 702). [6]Dies gilt auch, wenn ein sowohl auf § 165 Abs. 1 Satz 1 AO als auch auf § 165 Abs. 1 Satz 2 AO gestützter Vorläufigkeitsvermerk im Änderungsbescheid durch einen allein auf § 165 Abs. 1 Satz 2 AO gestützten Vorläufigkeitsvermerk ersetzt wird (BFH-Urteil vom 14.7.2015, VIII R 21/13, BStBl. 2016 II S. 371).

8. [1]Soweit wegen der Frage der Vereinbarkeit einer Rechtsnorm mit dem Grundgesetz eine Steuer nach § 165 Abs. 1 Satz 2 Nr. 3 AO vorläufig festgesetzt worden ist, sind Steuerbescheide auch dann nach § 165 Abs. 2 AO zu ändern, wenn das Bundesverfassungsgericht oder der Bundesfinanzhof die streitige Frage dadurch entscheidet, dass das Gericht die vom Vorläufigkeitsvermerk erfasste Rechtsnorm entgegen der bisherigen Verwaltungsauffassung verfassungskonform so auslegt, dass das betreffende Steuergesetz mit höherrangigem Recht vereinbar ist und diese Auslegung zu einer Steuerminderung führt (BFH-Urteil vom 30.9.2010, III R 39/08, BStBl. 2011 II S. 11). [2]Dies gilt auch, wenn der Vorläufigkeitsvermerk insoweit zusätzlich auf § 165 Abs. 1 Satz 2 Nr. 4 AO gestützt war.

Soweit eine Steuer (auch) nach § 165 Abs. 1 Satz 2 Nr. 4 AO vorläufig festgesetzt worden ist, sind die Steuerbescheide (zudem) auch dann nach § 165 Abs. 2 AO zu ändern, wenn der Bundesfinanzhof die vom Vorläufigkeitsvermerk erfasste Rechtsnorm aufgrund einfachgesetzlicher Auslegung eines Steuergesetzes entgegen der bisherigen Verwaltungsauffassung auslegt, diese Auslegung zu einer Steuerminderung führt und dieses Urteil über den entschiedenen Einzelfall hinaus anzuwenden ist.

9. [1]Die vorläufige Steuerfestsetzung kann jederzeit für endgültig erklärt werden. [2]Die Vorläufigkeit bleibt bis dahin bestehen; für den Ablauf der Festsetzungsfrist gilt § 171 Abs. 8 AO. [3]Wird die vorläufige Steuerfestsetzung nach Beseitigung der Ungewissheit geändert (§ 165 Abs. 2 Satz 2 AO), sind im Rahmen des Änderungsbetrages auch solche Fehler zu berichtigen, die nicht mit dem Grund der Vorläufigkeit zusammenhängen (BFH-Urteil vom 2.3.2000, VI R 48/97, BStBl. II S. 332).

10. [1]In den Fällen des § 165 Abs. 1 Satz 2 AO ist eine Endgültigkeitserklärung nicht erforderlich, wenn sich die Steuerfestsetzung letztlich als zutreffend erweist und der Steuerpflichtige keine Entscheidung beantragt. [2]Die Vorläufigkeit entfällt in diesem Fall mit Ablauf der – ggf. nach § 171 Abs. 8 Satz 2 AO verlängerten – Festsetzungsfrist.

11. [1] Wird die vorläufige Steuerfestsetzung auf Antrag des Steuerpflichtigen oder von Amts wegen ganz oder teilweise für endgültig erklärt, kann gegen die insoweit nunmehr endgültige Steuerfestsetzung Einspruch eingelegt und ggf. anschließend Klage erhoben werden. [2] Hinsichtlich der Auswirkungen der bisherigen Vorläufigkeit der Steuerfestsetzung ergibt sich aus § 351 Abs. 1 AO keine Anfechtungsbeschränkung (BFH-Urteil vom 30.9.2010, III R 39/08, BStBl. 2011 II S. 11). [3] Der Umfang der Anfechtbarkeit bestimmt sich dabei nicht betragsmäßig, sondern in der Wirkung der fehlenden Bestandskraft der bisherigen Vorläufigkeit. [4] In den Fällen der Vorläufigkeit nach § 165 Abs. 1 Satz 2 Nr. 3 AO beschränkt sich dieser Rechtsschutz dementsprechend auf die weitere verfassungsrechtliche Klärung dieser Rechtsfrage (BFH-Urteil vom 30.9.2010, III R 39/08, a. a. O.).

Wird durch einen Vorläufigkeitsvermerk in einem Änderungsbescheid der Umfang der Vorläufigkeit in einschränkender Weise neu bestimmt (vgl. AEAO zu § 165, Nr. 7 Sätze 5 und 6), steht dies insoweit einer Endgültigkeitserklärung gleich.

12. [1] Verwaltungsakte i. S. d. § 163 Abs. 1 AO können nicht nach § 165 AO vorläufig ergehen. [2] Werden solche Verwaltungsakte aber mit einer vorläufigen Steuerfestsetzung verbunden und ist der Grund der Vorläufigkeit auch für die Entscheidung nach § 163 Abs. 1 AO von Bedeutung, stehen sie nach § 163 Abs. 3 Satz 1 Nr. 3 AO kraft Gesetzes unter Widerrufsvorbehalt.

AEAO zu § 167 – Steueranmeldung, Verwendung von Steuerzeichen oder Steuerstemplern:

1. [1] Die Selbstberechnung der Steuer (§ 150 Abs. 1 Satz 3 AO) durch Steueranmeldung ist gesetzlich insbesondere vorgeschrieben für die Umsatzsteuer (Voranmeldung und Jahreserklärung – § 18 UStG), die Lohnsteuer (§ 41a EStG), die Kapitalertragsteuer (§ 45a EStG), den Steuerabzug nach § 48 i. V. m. § 48a EStG oder nach § 50a EStG, die Versicherungsteuer (§ 8 VersStG), die Wettsteuer (§ 18 RennwLottAB) und für die Feuerschutzsteuer (§ 8 FeuerSchStG). [2] Die Steueranmeldung ist Steuererklärung i. S. d. § 150 AO. [3] Wegen der Wirkung einer Steueranmeldung siehe § 168 AO.

2. Eine Steueranmeldung i. S. d. AO liegt nicht vor, wenn ein Gesetz zwar die Selbstberechnung der Steuer durch den Steuerpflichtigen vorschreibt, daneben aber eine förmliche Steuerfestsetzung vorsieht, z. B. § 9 KraftStDV.

3. [1] Das Anerkenntnis des zum Steuerabzug Verpflichteten, insbesondere des Arbeitgebers hinsichtlich der Lohnsteuer, steht einer Steueranmeldung und damit einer Steuerfestsetzung unter Vorbehalt der Nachprüfung gleich (§ 167 Abs. 1 Satz 3, § 168 Satz 1 AO). [2] Es ist deshalb nicht erforderlich, gegen ihn einen Haftungsbescheid zu erlassen, wenn er seiner Zahlungsverpflichtung aus dem Anerkenntnis nicht nachkommen will. [3] Der Entrichtungspflichtige kann sein Zahlungsanerkenntnis nur mit Zustimmung der Finanzbehörde ändern oder widerrufen. [4] Nach einer abschließenden Prüfung des Steuerfalls ist der Vorbehalt der Nachprüfung durch besonderen Bescheid aufzuheben (§ 164 Abs. 2 und 3 AO).

4. [1]Steueranmeldungen sind bei dem für die Besteuerung zuständigen Finanzamt abzugeben. [2]Es treten aber keine Verspätungsfolgen ein, wenn der Steuerpflichtige die Steueranmeldung und den Scheck fristgemäß bei dem für die Steuererhebung zuständigen Finanzamt einreicht.

5. [1]Gibt jemand (z. B. ein Arbeitgeber) trotz seiner gesetzlichen Verpflichtung, Steuern für Rechnung eines Dritten einzubehalten, anzumelden und abzuführen, keine Steueranmeldung ab, so kann gegen ihn ein Steuerbescheid aufgrund einer Schätzung ergehen. [2]Die Möglichkeit, einen Haftungsbescheid zu erlassen, steht dem nicht entgegen (vgl. BFH-Urteil vom 7.7.2004, VI R 171/00, BStBl. II S. 1087).

AEAO zu § 168 – Wirkung einer Steueranmeldung:

1. [1]Eine Steueranmeldung, die nicht zu einer Herabsetzung der bisher zu entrichtenden Steuer oder zu einer Steuervergütung führt, hat mit ihrem Eingang bei der Finanzbehörde die Wirkung einer Steuerfestsetzung unter Vorbehalt der Nachprüfung. [2]Wegen der daraus sich ergebenden Folgen vgl. AEAO zu § 164 AO.

Die fällige Steuer ist ohne besonderes Leistungsgebot nach Eingang der Anmeldung vollstreckbar (§ 249 Abs. 1, § 254 Abs. 1 Satz 4 AO).

2. [1]Eine erstmalige Steueranmeldung, die zu einer Steuervergütung führt (z. B. Vorsteuerüberschuss), wirkt erst dann als Steuerfestsetzung unter Vorbehalt der Nachprüfung, wenn dem Steuerpflichtigen die Zustimmung der Finanzbehörde bekannt wird (§ 168 Satz 2 AO; BFH-Urteil vom 28.2.1996, XI R 42/94, BStBl. II S. 660). [2]Bis dahin ist sie als Antrag auf Steuerfestsetzung (§ 155 Abs. 1 Satz 3 und Abs. 5 AO) anzusehen.

3. [1]Auch eine berichtigte Steueranmeldung, die zu einer Herabsetzung der bisher angemeldeten Steuer (Mindersoll) oder zu einer Erhöhung der bisher angemeldeten Steuervergütung führt, wirkt erst dann als Steuerfestsetzung unter Vorbehalt der Nachprüfung, wenn dem Steuerpflichtigen die Zustimmung der Finanzbehörde bekannt wird. [2]Bis dahin ist sie als Antrag auf Änderung der Steuerfestsetzung nach § 164 Abs. 2 Satz 2 AO zu behandeln. [3]Wegen der Änderung einer nicht mehr unter dem Vorbehalt der Nachprüfung stehenden Steuerfestsetzung vgl. AEAO zu § 168, Nr. 12.

4. [1]Die kassenmäßige Sollstellung eines Rotbetrags ist keine Zustimmung zur Anmeldung i. S. d. § 168 Satz 2 AO; sie darf dem Anmeldenden nicht mitgeteilt werden. [2]Wird der Steuerpflichtige schriftlich bzw. elektronisch über die Zustimmung unterrichtet (z. B. zusammen mit einer Abrechnungsmitteilung), ist grundsätzlich davon auszugehen, dass ihm die Zustimmung am dritten Tag nach Aufgabe zur Post bzw. nach der Absendung bekannt geworden ist. [3]Zur Fälligkeit der Erstattung vgl. AEAO zu § 220 AO.

5. [1]Die Abgabe einer berichtigten Anmeldung mit Mindersoll hat keine Auswirkungen auf den Zeitpunkt der Fälligkeit des ursprünglich angemeldeten Betrages. [2]Ebenso bleiben auf der Grundlage der ursprünglichen Steueranmeldung entstandene Säumniszuschläge unberührt (§ 240 Abs. 1 Satz 4 AO).

6. [1]Will die Finanzbehörde von der angemeldeten Steuer abweichen, so ist eine Steuerfestsetzung vorzunehmen und darüber ein Steuerbescheid zu erteilen. [2]Die abweichende Festsetzung kann unter dem Vorbehalt der Nachprüfung oder unter den Voraussetzungen des § 165 AO vorläufig vorgenommen werden.

7. [1]Nach § 18 Abs. 2 UStG ist die für einen Voranmeldungszeitraum errechnete Umsatzsteuer eine Vorauszahlung. [2]Wird eine abweichende USt-Festsetzung durchgeführt, steht diese als Vorauszahlungsbescheid nach § 164 Abs. 1 Satz 2 AO kraft Gesetzes unter Vorbehalt der Nachprüfung. [3]Dies gilt nicht bei einer von einer USt-Jahreserklärung abweichenden Festsetzung; in diesen Fällen muss die Steuerfestsetzung unter Vorbehalt der Nachprüfung besonders angeordnet und im Bescheid vermerkt werden (BFH-Urteil vom 2.12.1999, V R 19/99, BStBl. 2000 II S. 284).

8. [1]Ergibt sich durch die anderweitige Festsetzung eine höhere Zahllast als angemeldet, ist für den nachzuzahlenden Differenzbetrag eine Zahlungsfrist einzuräumen (§ 220 Abs. 2). [2]Auf § 18 Abs. 4 UStG wird hingewiesen. [3]Liegt der abweichenden Festsetzung eine Steueranmeldung mit Steuervergütung oder Mindersoll zugrunde, so ist Fälligkeitstag des gesamten Erstattungsbetrags der Tag der Bekanntgabe der anderweitigen Festsetzung (§ 220 Abs. 2 AO).

9. [1]Aus Vereinfachungsgründen kann bei Steueranmeldungen, die zu einer Steuervergütung oder zu einem Mindersoll führen, die Zustimmung allgemein erteilt werden. [2]Auch in diesem Fall stehen die Anmeldungen erst dann einer Steuerfestsetzung unter Vorbehalt der Nachprüfung gleich, wenn dem Steuerpflichtigen die Zustimmung bekannt wird. [3]Wird der Steuerpflichtige schriftlich bzw. elektronisch über die Zustimmung unterrichtet (z. B. zusammen mit einer Abrechnungsmitteilung), ist grundsätzlich davon auszugehen, dass ihm die Zustimmung am dritten Tag nach Aufgabe zur Post bzw. nach der Absendung bekannt geworden ist.

10. [1]In den Fällen, in denen keine allgemeine Zustimmung erteilt wird, ist über die Zustimmung oder Festsetzung alsbald zu entscheiden. [2]Auf die Bearbeitung in angemessener Zeit bzw. auf die rechtzeitige Mitteilung von Hinderungsgründen ist angesichts § 347 Abs. 1 Satz 2 AO besonders zu achten.

11. Wird die Zustimmung zur Steueranmeldung nicht erteilt, so ist der Antrag des Steuerpflichtigen auf Steuerfestsetzung (vgl. AEAO zu § 168, Nr. 2) bzw. auf Änderung der Steuerfestsetzung nach § 164 Abs. 2 Satz 2 AO (vgl. AEAO zu § 168, Nr. 3) durch Bescheid abzulehnen (§ 155 Abs. 1 Satz 3 AO).

12. Führt die berichtigte Anmeldung zu einer höheren Steuer oder zu einem geringeren Vergütungsbetrag, gilt Folgendes:

- Steht die bisherige Steuerfestsetzung noch unter dem Vorbehalt der Nachprüfung, bedarf es keiner Zustimmung der Finanzbehörde; die berichtigte Steueranmeldung steht bereits mit ihrem Eingang bei der Finanzbehörde einer nach § 164 Abs. 2 AO geänderten Steuerfestsetzung unter Vorbehalt der Nachprüfung gleich.
- Steht die bisherige Steuerfestsetzung nicht oder nicht mehr unter dem Vorbehalt der Nachprüfung, ist ein nach § 172 Abs. 1 Satz 1 Nr. 2 Buchstabe a AO geänderter Bescheid zu erteilen.

[1]Zu prüfen ist, ob die berichtigte Anmeldung eine Selbstanzeige (§ 371 AO) ist. [2]Wegen der Verlängerung der Festsetzungsfrist Hinweis auf § 171 Abs. 9 AO.

13. [1]Eine Steueranmeldung, die – ggf. nach Zustimmung – einer Steuerfestsetzung unter dem Vorbehalt der Nachprüfung gleichsteht, kann mit dem Einspruch angefochten werden (§ 347 Abs. 1 Satz 1 AO). [2]Wegen des Beginns der Einspruchsfrist wird auf § 355 Abs. 1 Satz 2 AO, wegen des Beginns der Zahlungsverjährung auf § 229 AO hingewiesen.

AEAO vor §§ 169 bis 171 – Festsetzungsverjährung:

1. Durch Verjährung erlöschen allgemein Ansprüche aus dem Steuerschuldverhältnis (§ 47 AO).

Das Gesetz unterscheidet zwischen der Festsetzungsverjährung (§§ 169 bis 171 AO) und der Zahlungsverjährung (§§ 228 bis 232 AO).

2. [1]Die Finanzbehörde darf die Festsetzung von Steuern, von Erstattungs- oder Vergütungsansprüchen nur vornehmen, soweit die Festsetzungsfrist noch nicht abgelaufen ist. [2]Dies gilt auch für Änderungen oder Aufhebungen von Steuerfestsetzungen sowie Berichtigungen wegen offenbarer Unrichtigkeit, gleichgültig ob zugunsten oder zuungunsten des Steuerpflichtigen. [3]Mit Ablauf der Festsetzungsfrist sind Ansprüche des Steuergläubigers, aber auch Ansprüche des Erstattungsberechtigten erloschen. [4]Zur Berichtigung (teil-)verjährter Steueransprüche im Zusammenhang mit einer Aufhebung, Änderung oder Berichtigung der Steuerfestsetzung wegen offenbarer Unrichtigkeit vgl. AEAO zu § 177, Nr. 1.

3. [1]Für den Ablauf der Festsetzungsfrist gilt § 108 Abs. 3 AO (vgl. Nr. 2 des AEAO zu § 108). [2]Fällt das Ende der Festsetzungsfrist auf einen Sonntag, einen gesetzlichen Feiertag oder einen Sonnabend, endet die Festsetzungsfrist daher erst mit dem Ablauf des nächstfolgenden Werktags.

4. Eine Festsetzung usw., die erst nach Eintritt der Festsetzungsverjährung erfolgt, ist nicht nichtig (§ 125 Abs. 1 AO), sondern nur anfechtbar, erwächst also ggf. in Bestandskraft; der Bescheid ist auch vollstreckbar.

5. Die Festsetzungsverjährung schließt Ermittlungshandlungen der Finanzbehörde im Einzelfall (§§ 88, 92ff., 193ff., 208 Abs. 1 Nr. 2 AO) nicht aus (vgl. BFH-Urteil vom 23.7.1985, VIII R 48/85, BStBl. 1986 II S. 433).

6. [1]Die Bestimmungen über die Festsetzungsverjährung gelten sinngemäß auch für die Festsetzung von Steuermessbeträgen (§ 184 Abs. 1 AO) und für die gesonderte Feststellung von Besteuerungsgrundlagen (§ 181 Abs. 1 AO), sowie bei allen Festsetzungen, für die die Vorschriften über das Steuerfestsetzungsverfahren anzuwenden sind (s. § 155 AO). [2]Auf steuerliche Nebenleistungen (§ 3 Abs. 4 AO) finden sie nur Anwendung, wenn dies besonders vorgeschrieben ist (§ 1 Abs. 3 Satz 2 AO), wie z.B. bei Zinsen (§ 239 AO). [3]Für die Kosten der Vollstreckung gilt die besondere Regelung des § 346 AO.

7. [1]Für Verspätungszuschläge (§ 152 AO) fehlt dagegen eine entsprechende Bestimmung (vgl. AEAO zu § 169, Nr. 5 AO). [2]Säumniszuschläge (§ 240 AO) entstehen kraft Gesetzes, sie unterliegen allein der Zahlungsverjährung (§§ 228ff. AO).

AEAO zu § 169 – Festsetzungsfrist:

1.[1] Die Festsetzungsfrist nach § 169 Abs. 1 Satz 3 Nr. 1 AO ist nur gewahrt, wenn der vor Ablauf der Frist zur Post gegebene „Steuerbescheid" dem Empfänger nach Fristablauf tatsächlich zugeht (vgl. Beschluss des Großen Senats des BFH vom 25.11.2002, GrS 2/01, BStBl. 2003 II S. 548).

Im Fall der Bekanntgabe nach § 122a AO ist die Festsetzungsfrist nach § 169 Abs. 1 Satz 3 Nr. 1 AO gewahrt, wenn

– die vor Ablauf der Festsetzungsfrist versandte elektronische Benachrichtigung tatsächlich zugegangen ist oder
– die elektronische Benachrichtigung vor Ablauf der Festsetzungsfrist versandt worden ist, der Adressat den Zugang der Benachrichtigung bestreitet, er den Verwaltungsakt aber tatsächlich abgerufen hat. [2]Der Zeitpunkt des Abrufs des Verwaltungsakts ist dabei unerheblich.

Zu den für die Steuerfestsetzung zuständigen Finanzbehörden sind auch die für die Finanzbehörden arbeitenden Rechenzentren (§§ 2 und 17 FVG) zu zählen, wenn sie die Absendung an den Steuerpflichtigen vornehmen.

[1]Bei Steuermessbescheiden wird die Frist allein durch die Absendung der Mitteilungen an die Gemeinde (§ 184 Abs. 3 AO) nicht gewahrt. [2]Die fristgerechte Absendung der Messbescheide ist Aufgabe der Gemeinden, die insoweit für die Finanzbehörden handeln.

2. Die Festsetzungsfrist verlängert sich auf zehn Jahre, soweit eine Steuer hinterzogen, und auf fünf Jahre, soweit die Steuer leichtfertig verkürzt worden ist (§ 169 Abs. 2 Satz 2 AO).

2.1. [1]Die für den Erlass des Steuerbescheids zuständige Stelle der Finanzbehörde hat im Benehmen mit der für Straf- und Bußgeldsachen zuständigen Stelle zu prüfen, ob der objektive und subjektive Tatbestand des § 370 AO gegeben ist. [2]Eine vorherige strafgerichtliche Verurteilung ist nicht erforderlich. [3]Ebenso wenig sind Selbstanzeige (§ 371 AO), Eintritt der Strafverfolgungsverjährung oder sonstige Verfahrenshindernisse von Bedeutung. [4]An Entscheidungen im strafgerichtlichen Verfahren ist die Finanzbehörde nicht gebunden (BFH-Urteil vom 10.10.1972, VII R 117/69, BStBl. 1973 II S. 68). [5]Entsprechendes gilt bezüglich leichtfertig verkürzter Steuern (§ 378 AO).

2.2. Das Erschleichen von Investitionszulage (BFH-Urteil vom 19.12.2013, III R 25/10, BStBl. 2015 II S. 119) ist ebenso wie das Erschleichen von Eigenheimzulage (BFH-Urteil vom 12.1.2016, IX R 20/15, BStBl. 2017 II S. 21) keine Steuerhinterziehung i. S. v. § 169 Abs. 2 Satz 2 i. V. m. § 370 AO.

Gesetzlich ausdrücklich für anwendbar erklärt wurden die Vorschriften zur Steuerhinterziehung hingegen für die Arbeitnehmer-Sparzulage (§ 14 Abs. 3 Satz 1 5. VermBG), die Wohnungsbauprämie (§ 8 Abs. 2 Satz 1 WoPG), die Forschungszulage (§ 13 FZulG), die Mobilitätsprämie (§ 108 EStG) und die Altersvorsorgezulage (§ 96 Abs. 7 Satz 1 EStG).

2.3. [1]Die Verlängerung der Festsetzungsfrist für hinterzogene oder leichtfertig verkürzte Steuern verlängert nicht die Wirksamkeit eines Vorbehalts der

---

[1] Zur Wahrung der Festsetzungsfrist bei Übersendung eines Steuerbescheids per Telefax siehe BFH v. 28.1.2014 VIII R 28/13, BStBl. II 2014, 552.

Nachprüfung (vgl. AEAO zu § 164, Nr. 7). 2 § 169 Abs. 2 Satz 2 AO ist auch dann anzuwenden, wenn der Steuerbescheid unter dem Vorbehalt der Nachprüfung ergangen ist; § 164 Abs. 4 Satz 2 AO regelt lediglich, dass § 169 Abs. 2 Satz 2 und § 171 Abs. 7, 8 und 10 AO bei Bestimmung des Ablaufs der für § 164 Abs. 4 Satz 1 AO maßgeblichen Frist nicht anzuwenden sind.

3. 1 Wegen der Frist für die gesonderte Feststellung von Besteuerungsgrundlagen (Feststellungsfrist) Hinweis auf § 181 Abs. 3 AO. 2 Für den Erlass von Haftungsbescheiden wird auf § 191 Abs. 3 AO hingewiesen.

4. Bei Zinsen und Kosten der Vollstreckung beträgt die Festsetzungsfrist jeweils ein Jahr (§§ 239 und 346 AO).

5. 1 Verspätungszuschläge unterliegen nicht der Festsetzungsverjährung (vgl. AEAO vor §§ 169 bis 171, Nr. 6). 2 Von der erstmaligen Festsetzung eines Verspätungszuschlags ist jedoch grundsätzlich abzusehen, wenn die Festsetzungsfrist für die Steuer abgelaufen ist. 3 Wird aber ein bereits vor Ablauf der für die Steuer geltenden Festsetzungsfrist festgesetzter Verspätungszuschlag nur aus formellen Gründen oder aufgrund einer fehlerhaften Ermessensausübung bezüglich seiner Höhe aufgehoben, ist die Festsetzung eines Verspätungszuschlags auch nach Ablauf der für die Steuer geltenden Festsetzungsfrist zulässig.

AEAO zu § 170 – Beginn der Festsetzungsfrist:

1. 1 Für den Beginn der Festsetzungsfrist kommt es darauf an, wann die Steuer (§ 37 AO) entstanden ist. 2 Der Zeitpunkt der Entstehung der Ansprüche aus dem Steuerschuldverhältnis ist in § 38 AO und in den Einzelsteuergesetzen (vgl. AEAO zu § 38, Nr. 1) geregelt. 3 Die Anlaufhemmung (§ 170 Abs. 2 bis 6 AO) schiebt den Beginn der Festsetzungsfrist hinaus.

2. 1 Wegen des Beginns der Frist für die gesonderte Feststellung von Einheitswerten Hinweis auf § 181 Abs. 3 und 4 AO. 2 Für Haftungsbescheide gilt § 191 Abs. 3 AO. 3 Bei Zinsen und Kosten der Vollstreckung ergibt sich der Beginn der Festsetzungsfrist aus § 239 Abs. 1 Satz 2 bzw. § 346 Abs. 2 Satz 2 AO. 4 Hinsichtlich der Verspätungszuschläge vgl. AEAO zu § 169, Nr. 5.

3. 1 Die Anlaufhemmung nach § 170 Abs. 2 AO gilt für sämtliche Besitz- und Verkehrsteuern, für die auf Grund allgemeiner gesetzlicher Vorschrift (z. B. § 181 Abs. 2 AO; § 25 EStG; § 14a GewStG; § 31 KStG; § 18 UStG) oder auf Grund einer Aufforderung der Finanzbehörde (§ 149 Abs. 1 Satz 2 AO) eine Steuererklärung oder eine Steueranmeldung einzureichen oder eine Anzeige zu erstatten ist; gesetzliche Vorschrift ist auch eine Rechtsverordnung (§ 4 AO). 2 Eine Berichtigungsanzeige nach § 153 Abs. 1 AO löst allerdings keine Anlaufhemmung aus (vgl. BFH-Urteil vom 22.1.1997, II B 40/96, BStBl. II S. 266).

1 Ist der Steuerpflichtige berechtigt aber nicht verpflichtet, eine Steuererklärung abzugeben, wie z. B. bei der Antragsveranlagung nach § 46 Abs. 2 Nr. 8 EStG, greift die Anlaufhemmung nach § 170 Absatz 2 Satz 1 Nr. 1 AO nicht (BFH-Urteil vom 14.4.2011, VI R 53/10, BStBl. II S. 746). 2 Die Anlaufhemmung greift auch dann nicht, wenn eine behördliche Aufforderung zur Abgabe einer Steuererklärung dem Steuerpflichtigen erst nach dem Ablauf der Festsetzungsfrist des § 169 Abs. 2 AO zugeht oder eine Pflichtveranlagung

begründende Steuererklärung erst nach dem Ablauf der Festsetzungsfrist des § 169 Abs. 2 AO abgegeben wird (BFH-Urteil vom 28.3.2012, VI R 68/10, BStBl. II S. 711).

Die Nichtveranlagungs-Bescheinigung nach § 44a Abs. 2 Satz 1 Nr. 2 EStG hat keine Auswirkungen auf die Anlaufhemmung nach § 170 Abs. 2 Satz 1 Nr. 1 AO (vgl. BFH-Beschluss vom 15.5.2013, VI R 33/12, BStBl. 2014 II S. 238).

4. Bei Bestimmung der Anlaufhemmung nach § 170 Abs. 6 AO gilt Folgendes:

- [1] Als „Steuer" sind nur die Steuern anzusehen, die auf Kapitalerträge entfallen. [2] Hierzu gehören die Einkommensteuer, die Körperschaftsteuer und – soweit gewerbliche Einkünfte betroffen sind – die Gewerbesteuer sowie die entsprechenden Annexsteuern.
- „Kapitalerträge" sind Erträge im Sinne des § 20 EStG, unabhängig davon, ob sie nach § 20 Abs. 8 EStG zu einer anderen Einkunftsart gehören.

AEAO zu § 171 – Ablaufhemmung:

1. [1] Die Ablaufhemmung schiebt das Ende der Festsetzungsfrist hinaus. [2] Die Festsetzungsfrist endet in diesen Fällen meist nicht – wie im Normalfall – am Ende, sondern im Laufe eines Kalenderjahres. [3] Wegen der Fristberechnung Hinweis auf § 108 AO.

2. Ablaufhemmung nach § 171 Abs. 3 AO

2.1. [1] Eine Ablaufhemmung nach § 171 Abs. 3 AO setzt voraus, dass der Steuerpflichtige außerhalb des Einspruchs- oder Klageverfahrens und vor Ablauf der Festsetzungsfrist einen Antrag auf Steuerfestsetzung oder auf Aufhebung oder Änderung einer Steuerfestsetzung stellt. [2] Ist innerhalb der Festsetzungsfrist kein solcher Antrag des Steuerpflichtigen eingegangen, kann keine Wiedereinsetzung in den vorigen Stand nach § 110 Abs. 1 AO mit dem Ziel einer rückwirkenden Ablaufhemmung nach § 171 Abs. 3 AO gewährt werden (vgl. BFH-Urteil vom 24.1.2008, VII R 3/07, BStBl. II S. 462).

[1] Einem vor Ablauf der Festsetzungsfrist bei dem zuständigen Finanzamt ausdrücklich gestellten Antrag auf Steuerfestsetzung oder auf Aufhebung oder Änderung einer Steuerfestsetzung kommt die Rechtswirkung des § 171 Abs. 3 AO nur dann zu, wenn sich das vom Steuerpflichtigen verfolgte Begehren seinem sachlichen Gehalt nach zumindest in groben Zügen bereits aus dem Antrag selbst ergibt. [2] Angaben zur betragsmäßigen Auswirkung sind für die Bestimmtheit des Antrags für sich genommen nicht ausreichend. [3] Soweit dem Steuerpflichtigen – z. B. wegen insolvenzbedingt fehlender Unterlagen – genaue Angaben objektiv (noch) nicht möglich sind, muss er zur Konkretisierung seines Antrags eine substantiierte eigene Schätzung anhand der ihm zugänglichen Erkenntnisquellen vornehmen (vgl. BFH-Urteil vom 23.9.2020, XI R 1/19, BStBl. 2021 II S. 341).

2.2. [1] Die Abgabe einer gesetzlich vorgeschriebenen Steuererklärung führt für sich allein keine Ablaufhemmung nach § 171 Abs. 3 AO herbei (BFH-Urteil vom 18.6.1991, VIII R 54/89, BStBl. 1992 II S. 124, und BFH-Beschluss vom 13.2.1995, V B 95/94, BFH/NV S. 756). [2] Dies gilt hinsichtlich einer Umsatzsteuererklärung auch dann, wenn mit ihr ein Anspruch auf

Auszahlung eines Überschusses geltend gemacht wird (BFH-Urteil vom 28.8.2014, V R 8/14, BStBl. 2015 II S. 3). [3]Auch in der Kombination von Erklärungseinreichung und damit im Zusammenhang stehender Antragstellung (auf Durchführung einer Festsetzung oder Feststellung) kann kein Antrag i. S. d. § 171 Abs. 3 AO gesehen werden (BFH-Urteil vom 15.5.2013, IX R 5/11, BStBl. II S. 143).

2.3. Im Fall einer Antragsveranlagung (§ 46 Abs. 2 Nr. 8 EStG) ist die Abgabe der Einkommensteuererklärung – auch ohne gesondert ausdrücklich gestellten Antrag auf Steuerfestsetzung – ein (konkludenter) Antrag i. S. d. § 171 Abs. 3 AO (vgl. BFH-Urteil vom 20.1.2016, VI R 14/15, BStBl. II S. 380).

2.4. Anträge auf Billigkeitsmaßnahmen nach §§ 163 oder 227 AO hemmen den Fristablauf nicht nach § 171 Abs. 3 AO; eine Billigkeitsentscheidung nach § 163 AO bewirkt aber als Grundlagenbescheid eine Ablaufhemmung nach § 171 Abs. 10 AO (vgl. BFH-Urteil vom 21.9.2000, IV R 54/99, BStBl. 2001 II S. 178).

2.5. Selbstanzeigen (§§ 371, 378 Abs. 3 AO) und Berichtigungserklärungen (§ 153 AO) lösen keine Ablaufhemmung nach § 171 Abs. 3 AO aus, sie bewirken ausschließlich eine Ablaufhemmung nach § 171 Abs. 9 AO (vgl. BFH-Urteil vom 8.7.2009, VIII R 5/07, BStBl. 2010 II S. 583).

2a. [1]Die Ablaufhemmung nach § 171 Abs. 3a AO tritt auch dann ein, wenn nach Ablauf der Festsetzungsfrist ein zulässiger Rechtsbehelf eingelegt wird (§ 171 Abs. 3a Satz 1 2. Halbsatz AO). [2]Dies gilt auch dann, wenn der Rechtsbehelf nach Gewährung von Wiedereinsetzung in den vorigen Stand als fristgerecht zu behandeln ist; die Grundsätze des BFH-Urteils vom 24.1.2008, VII R 3/07, a. a. O. (vgl. AEAO zu § 171, Nr. 2) sind auf diesen Fall nicht übertragbar.

[1]§ 171 Abs. 3a Satz 3 AO hemmt den Ablauf der Festsetzungsfrist nur im Falle der gerichtlichen Kassation eines angefochtenen Bescheids (vgl. BFH-Urteil vom 5.10.2004, VII R 77/03, BStBl. 2005 II S. 122, für Haftungsbescheide). [2]Diese Ablaufhemmung gilt nicht im Fall der Aufhebung des Bescheids durch die Finanzbehörde, denn mit der Aufhebung eines Bescheids verliert er seine ablaufhemmende Wirkung. [3]Hebt die Finanzbehörde allerdings in einem Verwaltungsakt den angefochtenen Bescheid unter gleichzeitigem Erlass eines neuen Bescheids auf, ist der neue Bescheid noch innerhalb der nach § 171 Abs. 3a Satz 1 AO gehemmten Festsetzungsfrist ergangen (vgl. BFH-Urteil vom 5.10.2004, VII R 18/03, BStBl. 2005 II S. 323, für Haftungsbescheide).

3. Ablaufhemmung wegen Beginn einer Außenprüfung (§ 171 Abs. 4 AO)[1)]

3.1. [1]Der Ablauf der Festsetzungsfrist wird durch den Beginn einer Außenprüfung (vgl. AEAO zu § 198, Nrn. 1 und 2) hinausgeschoben (§ 171 Abs. 4 AO). [2]Die Ablaufhemmung tritt nicht ein, wenn eine zugrunde liegende Prüfungsanordnung unwirksam ist (BFH-Urteile vom 10.4.1987, III R 202/83, BStBl. 1988 II S. 165, und vom 17.9.1992, V R 17/86, BFH/NV 1993 S. 279).

---

1) Eine betriebsnahe Veranlagung bewirkt keine Ablaufhemmung; siehe BFH v. 6.7.1999 VIII R 17/97, BStBl. II 2000, 306, und AEAO Nr. 3 zu § 85.

3.2. [1]Eine Außenprüfung hemmt den Ablauf der Festsetzungsfrist nur für Steuern, auf die sich die Prüfungsanordnung erstreckt (BFH-Urteile vom 18.7.1991, V R 54/87, BStBl. II S. 824, und vom 25.1.1996, V R 42/95, BStBl. II S. 338). [2]Wird die Außenprüfung später auf bisher nicht einbezogene Steuern ausgedehnt, ist die Ablaufhemmung nur wirksam, soweit vor Ablauf der Festsetzungsfrist eine Prüfungsanordnung erlassen (vgl. AEAO zu § 196, Nr. 5) und mit der Außenprüfung auch insoweit ernsthaft begonnen wird (BFH-Urteil vom 2.2.1994, I R 57/93, BStBl. II S. 377).

3.3. [1]Bei einem Antrag des Steuerpflichtigen auf Verschiebung des Prüfungsbeginns (§ 197 Abs. 2 AO) wird der Ablauf der Festsetzungsfrist nach § 171 Abs. 4 Satz 1 2. Alternative AO nur gehemmt, wenn dieser Antrag für die Verschiebung ursächlich war. [2]Wird der Beginn der Außenprüfung nicht maßgeblich aufgrund eines Antrags des Steuerpflichtigen, sondern aufgrund eigener Belange der Finanzbehörde bzw. aus innerhalb deren Sphäre liegenden Gründen hinausgeschoben, läuft die Festsetzungsfrist ungeachtet des Antrags ab. [3]Hinsichtlich der inhaltlichen Anforderungen an den Antrag auf Verschiebung des Prüfungsbeginns vgl. AEAO zu § 197, Nr. 11.

3.3.1. [1]Bei einem vom Steuerpflichtigen gestellten Antrag auf zeitlich befristetes Hinausschieben des Beginns der Außenprüfung entfällt die Ablaufhemmung nach § 171 Abs. 4 Satz 1 2. Alternative AO rückwirkend, wenn die Finanzbehörde nicht vor Ablauf von zwei Jahren nach Eingang des Antrags mit der Prüfung beginnt (vgl. BFH-Urteil vom 17.3.2010, IV R 54/07, BStBl. 2011 II S. 7). [2]Stellt der Steuerpflichtige während der Zwei-Jahres-Frist einen weiteren Verschiebungsantrag, beginnt die Zwei-Jahres-Frist erneut (BFH-Urteil vom 19.5.2016, X R 14/15, BStBl. 2017 II S. 97).

3.3.2. [1]Die Ablaufhemmung entfällt dagegen nicht, wenn der Antrag keine zeitlichen Vorgaben enthielt, mithin unbefristet bzw. zeitlich unbestimmt war (Antrag auf unbefristetes Hinausschieben), z. B. weil der Steuerpflichtige beantragt hat, wegen einer noch andauernden Vor-Betriebsprüfung zunächst deren Abschluss abzuwarten. [2]In diesen Fällen endet die Festsetzungsfrist mit Ablauf von zwei Jahren, nachdem der Hinderungsgrund beseitigt ist und die Finanzbehörde hiervon Kenntnis hat, sofern nicht zuvor mit der Prüfung begonnen wurde (vgl. BFH-Urteil vom 1.2.2012, I R 18/11, BStBl. II S. 400).

3.4. [1]Der Ablauf der Festsetzungsfrist wird auch gehemmt, wenn der Steuerpflichtige die Prüfungsanordnung angefochten hat und deren Vollziehung ausgesetzt wurde (vgl. BFH-Urteile vom 25.1.1989, X R 158/87, BStBl. II S. 483, und vom 17.6.1998, IX R 65/95, BStBl. 1999 II S. 4). [2]Dies gilt unabhängig von der Dauer der Aussetzung der Vollziehung.

3.5. [1]Auch wenn die Voraussetzungen für den Eintritt der Ablaufhemmung zunächst vorgelegen haben, entfällt diese rückwirkend wieder, wenn die Außenprüfung unmittelbar nach ihrem Beginn aus Gründen, die die Finanzverwaltung zu vertreten hat, länger als sechs Monate unterbrochen wird (§ 171 Abs. 4 Satz 2 AO). [2]Eine spätere Unterbrechung der Prüfung lässt die eingetretene Ablaufhemmung dagegen unberührt (BFH-Urteil vom 16.1.1979, VIII R 149/77, BStBl. II S. 453). [3]Die Frage, ob eine Außenprüfung **unmittelbar nach ihrem Beginn** unterbrochen worden ist (§ 171 Abs. 4 Satz 2

AO), ist grundsätzlich nach den Verhältnissen im Einzelfall zu beurteilen. [4]Dabei sind neben dem zeitlichen Umfang der bereits durchgeführten Prüfungsmaßnahmen alle Umstände zu berücksichtigen, die Aufschluss über die Gewichtigkeit der Prüfungshandlungen vor der Unterbrechung geben.

Unabhängig vom Zeitaufwand ist eine Unterbrechung **unmittelbar nach Beginn** der Prüfung anzunehmen, wenn der Prüfer über Vorbereitungshand-

(Fortsetzung S. 230)

lungen, allgemeine Informationen über die betrieblichen Verhältnisse, das Rechnungswesen und die Buchführung und/oder die Sichtung der Unterlagen des zu prüfenden Steuerfalls bzw. ein allgemeines Aktenstudium nicht hinausgekommen ist.

[1]Eine Außenprüfung ist **nicht mehr unmittelbar nach Beginn** unterbrochen, wenn die Prüfungshandlungen von Umfang und Zeitaufwand gemessen an dem gesamten Prüfungsstoff erhebliches Gewicht erreicht **oder** erste verwertbare Ergebnisse hervorgebracht haben (vgl. BFH-Urteil vom 24.4.2003, VII R 3/02, BStBl. II S. 739). [2]Soweit dem Zeitmoment eine gewisse Bedeutung zukommt, besteht jedoch keine absolute oder relative zeitliche Mindestanforderung an die Dauer der Prüfung vom Beginn bis zur Unterbrechung. [3]Die Verhältnisse bestimmen sich vielmehr nach den Umständen des Einzelfalls. [4]Das Erfordernis erster verwertbarer Ergebnisse bedeutet nicht, dass die ermittelten Ergebnisse geeignet sein müssen, unmittelbar als Besteuerungsgrundlage Eingang in einen Steuer- oder Feststellungsbescheid zu finden; ausreichend ist vielmehr, dass Ermittlungsergebnisse vorliegen, an die bei der Wiederaufnahme der Prüfung angeknüpft werden kann.

Soweit Prüfungshandlungen bezüglich eines Prüfungsjahrs nachweislich erhebliches Gewicht erreicht oder erste verwertbare Ergebnisse hervorgebracht haben, gilt die Außenprüfung insgesamt – also auch bezogen auf andere Prüfungsjahre – als nicht unmittelbar nach dem Prüfungsbeginn unterbrochen i. S. d. § 171 Abs. 4 Satz 2 AO (vgl. BFH-Urteil vom 26.4.2017, I R 76/15, BStBl. II S. 1159).

[1]Eine Beendigung einer Prüfungsunterbrechung i. S. v. § 171 Abs. 4 Satz 2 AO und damit die Wiederaufnahme einer unmittelbar nach ihrem Beginn unterbrochenen Prüfung wird nur durch solche Prüfungshandlungen bewirkt, die der Steuerpflichtige als eine Fortsetzung der Außenprüfung wahrnehmen kann; dazu gehören das Erscheinen des Prüfers am Prüfungsort, die Weiterführung der Prüfung, konkretes Anfordern von Unterlagen, Geschäftsbriefen, Verträgen etc. und – sofern der Prüfungsfall in ein Stadium gelangt ist, das eine Weiterbearbeitung an der Amtsstelle ermöglicht – nachvollziehbare, in den Akten ausgewiesene Handlungen zur Aufklärung, Ermittlung oder Auswertung der im Prüfungsverlauf bekannt gewordenen tatsächlichen und rechtlichen Sachverhalte. [2]Handlungen im Innendienst der Finanzverwaltung, wie das Aktenstudium oder auch das bloße Zusammenstellen bisheriger Prüfungsergebnisse, können daher nur ausnahmsweise geeignet sein, die Unterbrechung der Prüfung zu beenden (vgl. BFH-Urteile vom 24.4.2003, VII R 3/02, und vom 26.4.2017, I R 76/15, jeweils a. a. O.).

3.6.[1)] [1]Ermittlungen i. S. d. § 171 Abs. 4 Satz 3 AO sind nur diejenigen Maßnahmen eines Betriebsprüfers, die darauf gerichtet sind, Besteuerungsgrundlagen zu überprüfen oder bisher noch nicht bekannte Sachverhaltselemente festzustellen, etwa indem der Prüfer Unterlagen anfordert, den Steuerpflichtigen in irgendeiner anderen Weise zur Mitwirkung auffordert oder vom Steuerpflichtigen nachgereichte Unterlagen auswertet (vgl. BFH-Urteil vom 28.6.

---

1) Zur Auslegung des § 171 Abs. 4 Satz 3 AO im Hinblick auf eine Schlussbesprechung siehe BVerfG v. 21.7.2016 1 BvR 3092/15, DStR 2016, 1984.

2011, VIII R 6/09, BFH/NV S. 1830). [2]Die Zusammenstellung des Prüfungsergebnisses im Prüfungsbericht stellt keine den Ablauf der Festsetzungsfrist hinausschiebende Ermittlungshandlung dar (BFH-Urteil vom 8.7.2009, XI R 64/07, BStBl. 2010 II S. 4).

4. Ablaufhemmung wegen Ermittlungen der Steuerfahndung

4.1. [1]Die Ablaufhemmung des § 171 Abs. 5 Satz 1 AO bei Ermittlungen der Steuerfahndung (Zollfahndung) umfasst – anders als im Fall des § 171 Abs. 4 AO – nicht den gesamten Steueranspruch; vielmehr tritt die Hemmung nur in dem Umfang ein, in dem sich die Ergebnisse der Ermittlungen auf die festzusetzende Steuer auswirken (BFH-Urteil vom 14.4.1999, XI R 30/96, BStBl. II S. 478). [2]Voraussetzung für die verjährungshemmende Wirkung einer Fahndungsprüfung ist jedoch, dass

– vor Ablauf der Festsetzungsfrist tatsächlich Ermittlungshandlungen der Steuerfahndung vorgenommen worden sind und
– für den Steuerpflichtigen nicht nur klar und eindeutig erkennbar war, dass in seinen Steuerangelegenheiten ermittelt wird, sondern auch, in welchem konkreten Besteuerungs- bzw. Strafverfahren die Steuerfahndung ermittelt (BFH-Urteile vom 17.12.2015, V R 58/14, BStBl. 2016 II S. 574, und vom 17.11.2015, VIII R 67/13, BStBl. 2016 II S. 569).

4.2. [1]Die Ermittlungshandlungen müssen sich gegen den Steuerschuldner selbst oder gegen ein Vertretungsorgan des Steuerschuldners richten (BFH-Urteil vom 17.12.2015, V R 58/14, BStBl. 2016 II S. 574). [2]Im Falle der Zusammenveranlagung zur Einkommensteuer ist die Frage, ob Ermittlungsmaßnahmen vorgenommen wurden und eine Hemmung der Festsetzungsverjährung eingetreten ist, für jeden Ehegatten oder Lebenspartner gesondert zu prüfen (vgl. BFH-Urteil vom 17.11.2015, VIII R 68/13, BStBl. 2016 II S. 571). [3]Wird ein Steuerpflichtiger von der Steuerfahndung in Steuerangelegenheiten eines Dritten zur Auskunft oder zur Vorlage von Unterlagen aufgefordert, lösen diese Ermittlungen ihm gegenüber keine Ablaufhemmung nach § 171 Abs. 5 Satz 1 AO aus.

4.3. [1]Hinsichtlich des Ablaufs der nach § 171 Abs. 5 Satz 1 AO gehemmten Festsetzungsfrist kommt es nicht darauf an, ob aufgrund der Fahndungsprüfung Steuerbescheide „ergangen" sind. [2]Entscheidend ist, ob aufgrund der Ermittlungen der Fahndungsprüfung – ggf. auch erstmalig – Steuerbescheide zu erlassen sind. [3]Wenn dies der Fall ist, endet die Ablaufhemmung und damit die Festsetzungsfrist insoweit erst, wenn diese Steuerbescheide unanfechtbar geworden sind (BFH-Urteil vom 17.12.2015, V R 58/14, BStBl. 2016 II S. 574). [4]§ 171 Abs. 4 Satz 3 AO ist nicht entsprechend anwendbar. [5]Die Ablaufhemmung des § 171 Abs. 5 Satz 1 AO ist nur dann ohne Bedeutung, wenn sich aufgrund einer Fahndungsprüfung keine Änderung der Besteuerungsgrundlagen ergibt.

4.4. [1]Eine Ablaufhemmung nach § 171 Abs. 9 AO (z.B. aufgrund der Erstattung einer Selbstanzeige) schließt eine Ablaufhemmung nach § 171 Abs. 5 Satz 1 AO nicht aus, sofern deren Voraussetzungen vor Ablauf der ungehemmten Festsetzungsfrist erfüllt wurden. [2]Muss das Finanzamt aufgrund unzureichender Angaben in der Selbstanzeige eigene Ermittlungen durch die

Steuerfahndung anstellen, führen vor Ablauf der ungehemmten Festsetzungsfrist eingeleitete Ermittlungsmaßnahmen der Steuerfahndung zu einer eigenständigen Ablaufhemmung nach § 171 Abs. 5 Satz 1 AO, wenn die spätere Steuerfestsetzung auf diesen Ermittlungen beruht (BFH-Urteil vom 17.11. 2015, VIII R 68/13, BStBl. 2016 II S. 571).

5. [1]Bei einer vorläufigen Steuerfestsetzung nach § 165 Abs. 1 Satz 1 AO endet die Festsetzungsfrist nicht vor Ablauf eines Jahres, nachdem die Finanzbehörde von der Beseitigung der Ungewissheit Kenntnis erhalten hat (§ 171 Abs. 8 Satz 1 AO). [2]Bei einer vorläufigen Steuerfestsetzung nach § 165 Abs. 1 Satz 2 AO endet die Festsetzungsfrist nicht vor Ablauf von zwei Jahren, nachdem die Finanzbehörde von der Beseitigung der Ungewissheit Kenntnis erlangt hat (§ 171 Abs. 8 Satz 2 AO). [3]Die Ablaufhemmung beschränkt sich dabei auf den für vorläufig erklärten Teil der Steuerfestsetzung.

[1]Eine Ungewissheit, die Anlass für eine vorläufige Steuerfestsetzung war, ist beseitigt, wenn die Tatbestandsmerkmale für die endgültige Steuerfestsetzung feststellbar sind. [2]„Kenntnis" i. S. d. § 171 Abs. 8 AO verlangt positive Kenntnis der Finanzbehörde von der Beseitigung der Ungewissheit, ein „Kennenmüssen" von Tatsachen steht der Kenntnis nicht gleich (BFH-Urteil vom 26.8.1992, II R 107/90, BStBl. 1993 II S. 5).

6. [1]§ 171 Abs. 10 Satz 1 AO gewährt eine maximale Anpassungsfrist von zwei Jahren nach Bekanntgabe eines durch eine Finanzbehörde erlassenen Grundlagenbescheids (vgl. BFH-Urteil vom 19.1.2005, X R 14/04, BStBl. II S. 242). [2]Der Zeitpunkt des Zugangs der finanzverwaltungsinternen Mitteilung über den Grundlagenbescheid bei der für den Erlass des Folgebescheids zuständigen Finanzbehörde ist für die Fristbestimmung ebenso unbeachtlich wie der Zeitpunkt, an dem der Grundlagenbescheid unanfechtbar geworden ist. [3]Eine Anfechtung des Grundlagenbescheids führt lediglich zur Hemmung der Feststellungsfrist (§ 181 Abs. 1 Satz 1 i. V. m. § 171 Abs. 3a AO), nicht aber zur Hemmung der Festsetzungsfrist der Folgebescheide (vgl. BFH-Urteil vom 19.1.2005, X R 14/04, a. a. O.).

6.1. Bei Grundlagenbescheiden, die nicht von einer Finanzbehörde erlassen werden, beginnt die Zweijahresfrist nach § 171 Abs. 10 Satz 2 AO in dem Zeitpunkt, in dem die für den Erlass des Folgebescheids zuständige Finanzbehörde Kenntnis von diesem Grundlagenbescheid erlangt hat.

§ 171 Abs. 10 Satz 2 AO gilt für alle am 31.12.2016 noch nicht abgelaufenen Festsetzungsfristen (Art. 97 § 10 Abs. 14 EGAO).

6.2. [1]Werden Feststellungen im Grundlagenbescheid in einem Feststellungs-, Einspruchs- oder Klageverfahren geändert, führt dies zu einer erneuten Anpassungspflicht nach § 175 Abs. 1 Satz 1 Nr. 1 AO und damit wiederum zu einer Ablaufhemmung nach § 171 Abs. 10 Satz 1 oder 2 AO. [2]Dagegen setzt ein Grundlagenbescheid, der einen gleichartigen, dem Inhaltsadressaten wirksam bekannt gegebenen Steuerverwaltungsakt in seinem verbindlichen Regelungsgehalt lediglich wiederholt, oder eine Einspruchs- oder Gerichtsentscheidung, die einen Grundlagenbescheid lediglich bestätigt, keine neue Zwei-Jahresfrist in Lauf (vgl. BFH-Urteile vom 13.12.2000, X R 42/96, BStBl. 2001 II S. 471, und vom 19.1.2005, X R 14/04, BStBl. II S. 242).

6.3. [1]Die Aufhebung des Vorbehalts der Nachprüfung eines Grundlagenbescheids steht dem Erlass eines geänderten Grundlagenbescheids gleich. [2]Sie setzt daher die Zwei-Jahresfrist des § 171 Abs. 10 Satz 1 AO in Lauf. [3]Dies gilt auch dann, wenn der Vorbehalt der Nachprüfung hinsichtlich des Grundlagenbescheids aufgehoben wird, ohne dass eine sachliche Änderung des Grundlagenbescheids erfolgt (BFH-Urteil vom 11.4.1995, III B 74/92, BFH/NV S. 943). [4]Soweit ein Folgebescheid den nunmehr endgültigen Grundlagenbescheid noch nicht berücksichtigt hat, muss er selbst dann nach § 175 Abs. 1 Satz 1 Nr. 1 AO korrigiert werden, wenn der Vorbehalt der Nachprüfung des Grundlagenbescheids aufgehoben wurde, ohne dass eine sachliche Änderung des Grundlagenbescheids erfolgt.

6.4. [1]Die Feststellung der Nichtigkeit eines Feststellungsbescheids durch Verwaltungsakt (vgl. AEAO zu § 125, Nr. 4) stellt einen Grundlagenbescheid dar. [2]Die Nichtigkeitsfeststellung ist gemäß § 125 Abs. 5 AO auch nach Ablauf der Feststellungsfrist zulässig und ermöglicht nach § 171 Abs. 10 AO binnen zwei Jahren die Folgeänderung (BFH-Urteil vom 20.8.2014, X R 15/10, BStBl. 2015 II S. 109).

6.5. [1]Ein Grundlagenbescheid, der nicht den Vorschriften der Feststellungsverjährung (§ 181 AO) unterliegt, löst die Ablaufhemmung nach § 171 Abs. 10 Satz 1 oder 2 AO nur dann aus, wenn er vor Ablauf der Festsetzungsfrist des Folgebescheids bei der für den Erlass des Grundlagenbescheids zuständigen Behörde beantragt worden ist (§ 171 Abs. 10 Satz 3 AO). [2]Hierunter fallen neben Grundlagenbescheiden ressortfremder Behörden (z. B. Bescheinigungen nach § 4 Nr. 20 Buchstabe a UStG) auch Bescheide über Billigkeitsmaßnahmen nach § 163 AO, weil auch insoweit die Regelungen der §§ 179 ff. AO nicht gelten. [3]Die Festsetzungsfrist für den Folgebescheid läuft in diesen Fällen nicht ab, solange über den Antrag auf Erlass des Grundlagenbescheids noch nicht unanfechtbar entschieden worden ist.

6.6. [1]Die Festsetzungsfrist für einen Folgebescheid läuft nach § 171 Abs. 10 Satz 4 AO nicht ab, solange der Ablauf der Festsetzungsfrist des von der Bindungswirkung nicht erfassten Teils der Steuer aufgrund einer Außenprüfung nach § 171 Abs. 4 AO gehemmt ist. [2]Diese Regelung ermöglicht es, die Anpassung des Folgebescheids an einen Grundlagenbescheid (§ 175 Abs. 1 Satz 1 Nr. 1 AO) und die Auswertung der Ergebnisse der Außenprüfung zusammenzufassen.

6.7. [1]Bei der Entscheidung, ob eine gesonderte Feststellung durchgeführt oder geändert werden kann, ist die Frage der Verjährung der von der Feststellung abhängigen Steuern nicht zu prüfen. [2]Ist die Feststellungsfrist bereits abgelaufen, die Steuerfestsetzung in einem Folgebescheid aber noch zulässig, so gilt § 181 Abs. 5 AO.

6.8. Beispiele zur Anwendung des § 171 Abs. 10 Satz 1 AO[1)]

[1)] **[Amtl. Anm.:]** Es wird unterstellt, dass kein Fristende auf einen Sonntag, einen gesetzlichen Feiertag oder einen Sonnabend fällt.

Beispiel 1:

Bei der im Jahr 03 durchgeführten ESt-Veranlagung 01 (Abgabe der Steuererklärung im Jahr 03) wurden die Beteiligungseinkünfte in erklärter Höhe berücksichtigt. Ein von den erklärten Werten abweichender Grundlagenbescheid wird am 4.4.06 bekannt gegeben.

Lösung:

Obgleich die allgemeine Festsetzungsfrist gem. § 170 Abs. 2 Satz 1 Nr. 1 AO mit Ablauf des 31.12.07 endet, kann eine Anpassung des ESt-Bescheids 01 an den Grundlagenbescheid gemäß § 171 Abs. 10 Satz 1 AO bis zum Ablauf des 4.4.08 erfolgen, da insoweit die Festsetzungsfrist nicht vor Ablauf von zwei Jahren nach Bekanntgabe des Grundlagenbescheids endet.

Beispiel 2:

Wie Beispiel 1, allerdings wird der Grundlagenbescheid am 4.4.05 bekannt gegeben.

Lösung:

Eine Anpassung des ESt-Bescheids kann bis zum Ablauf der allgemeinen Festsetzungsfrist am 31.12.07 erfolgen. Ohne Bedeutung ist, dass die Zwei-Jahresfrist des § 171 Abs. 10 Satz 1 AO bereits mit Ablauf des 4.4.07 endet.

Beispiel 3:

Wie Beispiel 1, die Bekanntgabe des Grundlagenbescheids erfolgt in offener Feststellungsfrist, jedoch nach Ablauf der allgemeinen Festsetzungsfrist, am 4.4.08.

Lösung:

Eine Anpassung des ESt-Bescheids 01 an den Grundlagenbescheid ist gem. § 171 Abs. 10 Satz 1 AO bis zum Ablauf des 4.4.10 möglich, da die Festsetzungsfrist insoweit nicht vor Ablauf von zwei Jahren nach Bekanntgabe des Grundlagenbescheids endet.

6.9. Zur Anwendung des § 171 Abs. 10 AO bei Zinsbescheiden siehe AEAO zu § 239, Nr. 2.

7. § 171 Abs. 10a AO ist erstmals anzuwenden, wenn steuerliche Daten eines Steuerpflichtigen für Besteuerungszeiträume nach 2016 oder Besteuerungszeitpunkte nach dem 31.12.2016 auf Grund gesetzlicher Vorschriften von einem Dritten als mitteilungspflichtiger Stelle elektronisch an Finanzbehörden zu übermitteln sind (Art. 97 § 27 Abs. 2 EGAO).

8. [1] § 171 Abs. 14 AO verlängert die Festsetzungsfrist bis zum Ablauf der Zahlungsverjährung für die Erstattung von rechtsgrundlos gezahlten Steuern. [2] Die Finanzbehörde kann daher Steuerfestsetzungen, die wegen Bekanntgabemängeln unwirksam waren oder deren wirksame Bekanntgabe die Finanzbehörde nicht nachweisen kann (vgl. § 122 Abs. 2 Halbsatz 2 AO), noch nach Ablauf der regulären Festsetzungsfrist nachholen, soweit die Zahlungsverjährungsfrist für die bisher geleisteten Zahlungen noch nicht abgelaufen ist (vgl. BFH-Urteil vom 13.3.2001, VIII R 37/00, BStBl. II S. 430).

AEAO vor §§ 172 bis 177 – Bestandskraft:

1. [1] Die §§ 172 ff. AO regeln die Durchbrechung der materiellen Bestandskraft (Verbindlichkeit einer Verwaltungsentscheidung). [2] Sie ist von der formellen Bestandskraft (Unanfechtbarkeit) zu unterscheiden. [3] Diese liegt vor, soweit ein Verwaltungsakt nicht oder nicht mehr mit Rechtsbehelfen angefochten werden kann. [4] Unanfechtbarkeit bedeutet nicht Unabänderbarkeit. [5] Dementsprechend können auch Steuerfestsetzungen unter dem Vorbehalt der Nachprüfung unanfechtbar werden (vgl. BFH-Urteil vom 19.12.1985, V R 167/82, BStBl. 1986 II S. 420).

2. [1]Die Vorschriften über die materielle Bestandskraft gelten für Steuerfestsetzungen i. S. d. § 155 AO sowie für alle Festsetzungen, für die die Vorschriften über das Steuerfestsetzungsverfahren anzuwenden sind. [2]Keine Anwendung finden sie bei der Rücknahme eines rechtswidrigen und dem Widerruf eines rechtmäßigen begünstigenden oder nicht begünstigenden sonstigen Verwaltungsakts (vgl. AEAO vor §§ 130, 131).

3. [1]Die materielle Bestandskraft wird nur durchbrochen, soweit es das Gesetz zulässt. [2]Die Zulässigkeit ergibt sich nicht nur aus der AO selbst (z. B. §§ 164, 165, 172 bis 175b AO), sondern auch aus anderen Steuergesetzen (z. B. § 10d Abs. 1 EStG; § 35b GewStG; §§ 24 und 24a BewG; § 20 GrStG).

4. Steuerfestsetzungen unter Vorbehalt der Nachprüfung sowie Vorauszahlungsbescheide (§ 164 Abs. 1 Satz 2 AO) und Steueranmeldungen (§ 150 Abs. 1 Satz 2, § 168 AO), die kraft Gesetzes unter Vorbehalt der Nachprüfung stehen, sind unabhängig von der formellen Bestandskraft nach § 164 Abs. 2 AO dem Umfang nach uneingeschränkt änderbar, solange der Vorbehalt nicht aufgehoben worden oder entfallen ist; § 176 AO bleibt unberührt.

5. [1]Die falsche Bezeichnung der Änderungsvorschrift im Änderungsbescheid führt nicht zur Rechtswidrigkeit des geänderten Bescheids (BFH-Urteil vom 21.10.2014, VIII R 44/11, BStBl. 2015 II S. 593). [2]Für die Rechtmäßigkeit eines Änderungsbescheids ist allein maßgeblich, dass er im Zeitpunkt seines Erlasses durch eine Änderungsmöglichkeit gedeckt ist (ständige BFH-Rechtsprechung).

6. Zeitlich ist die Aufhebung, Änderung oder Berichtigung einer Steuerfestsetzung nur innerhalb der Festsetzungsfrist zulässig (§ 169 AO).

7. Bei Änderung oder Berichtigung von Steuerfestsetzungen sind die Vorschriften der KBV[1)] zu beachten.

8. Steuerliche Wahlrechte

8.1. [1]Ein steuerliches Wahlrecht liegt vor, wenn ein Steuergesetz für einen bestimmten Tatbestand – ausnahmsweise – mehr als eine Rechtsfolge vorsieht und es dem Steuerpflichtigen überlassen bleibt, sich für eine dieser Rechtsfolgen zu entscheiden. [2]Übt der Steuerpflichtige dieses Wahlrecht nicht oder nicht wirksam aus, tritt die vom Gesetzgeber als Regelfall vorgesehene Rechtsfolge ein.

8.2. [1]Die Ausübung des Wahlrechts („Antrag") ist eine empfangsbedürftige Willenserklärung. [2]Soweit im Gesetz keine besondere Form (z. B. Schriftform oder amtlicher Vordruck; vgl. § 13a Abs. 2 Satz 3 EStG, § 4a Abs. 1 UStG) vorgeschrieben ist, kann das Wahlrecht auch durch schlüssiges Verhalten ausgeübt werden (vgl. BFH-Urteil vom 11.12.1997, V R 50/94, BStBl. 1998 II S. 420).

[1)] Kleinbetragsverordnung v. 19.12.2000, BGBl. I 2000, 1790, 1805, geänd. durch G v. 18.7.2016, BGBl. I 2016, 1679, mWv 1.1.2017 (**Steuergesetze** Nr. **800c**).

8.3. Sieht das Gesetz einen unwiderruflichen Antrag vor (vgl. z. B. § 5a Abs. 1, § 10 Abs. 1a Nr. 1 Satz 3 EStG; bis 31.12.2014: § 10 Abs. 1 Nr. 1 Satz 3 EStG), wird die Willenserklärung bereits mit ihrem Zugang beim Finanzamt wirksam und kann von diesem Zeitpunkt an nicht mehr zurückgenommen oder widerrufen werden (vgl. BFH-Urteil vom 17.1.1995, IX R 37/91, BStBl. II S. 410); Ausnahme: Anfechtung nach §§ 119 ff. BGB.

8.4. [1] Setzt die Ausübung des Wahlrechts die Zustimmung des Finanzamts oder Dritter (vgl. § 10 Abs. 1a Nr. 1 EStG; bis 31.12.2014: § 10 Abs. 1 Nr. 1 Satz 1 EStG) voraus, treten die Rechtswirkungen der vom Steuerpflichtigen getroffenen Wahl erst mit dieser Zustimmungserklärung ein. [2] Dies gilt entsprechend, wenn das Wahlrecht von mehreren Steuerpflichtigen einheitlich ausgeübt werden muss (vgl. z. B. § 33a Abs. 2 Satz 5, § 33b Abs. 5 Satz 3 EStG).

8.5. [1] Soweit das Gesetz im Einzelfall keine bestimmte Frist (vgl. z. B. § 5a Abs. 3 EStG; § 23 Abs. 3 Satz 1 UStG) zur Ausübung des Wahlrechts („Antragsfrist") vorsieht, kann das Wahlrecht grundsätzlich bis zum Ablauf der Festsetzungsfrist ausgeübt werden. [2] Die Bestandskraft des Steuerbescheids, in dem sich das Wahlrecht auswirkt, schränkt allerdings die Wahlrechtsausübung ein.

8.5.1. [1] Nach Eintritt der Unanfechtbarkeit der Steuerfestsetzung können Wahlrechte grundsätzlich nur noch ausgeübt oder widerrufen werden, soweit die Steuerfestsetzung nach §§ 129, 164, 165, 172 ff. AO oder nach entsprechenden Regelungen in den Einzelsteuergesetzen (vgl. AEAO vor §§ 172 bis 177, Nr. 3) korrigiert werden kann (vgl. BFH-Urteil vom 30.8.2001, IV R 30/99, BStBl. 2002 II S. 49 m. w. N.); dabei sind die §§ 177 und 351 Abs. 1 AO zu beachten (vgl. BFH-Urteil vom 27.10.2015, X R 44/13, BStBl. 2016 II S. 278). [2] Die nachträgliche oder geänderte Ausübung eines Antrags- oder Wahlrechts stellt für sich genommen keine verfahrensrechtliche Grundlage für die Änderung von Bescheiden dar. [3] Dies gilt auch dann, wenn sie auf einer Änderung der wirtschaftlichen Geschäftsgrundlage beruht (BFH-Urteil vom 9.12.2015, X R 56/13, BStBl. 2016 II S. 967).

8.5.2. [1] Wahlrechte, für deren Ausübung das Gesetz **keine Frist** vorsieht und für die es grundsätzlich auch keine Bindung an die einmal getroffene Wahl gibt, können grundsätzlich bis zur Unanfechtbarkeit eines Änderungsbescheids (erneut) ausgeübt werden. [2] Dies gilt allerdings nur für das Veranlagungswahlrecht nach § 26 EStG (vgl. BFH-Urteile vom 19.5.1999, XI R 97/94, BStBl. II S. 762, vom 24.1.2002, III R 49/00, BStBl. II S. 408 m. w. N. und vom 9.12.2015, X R 56/13, a. a. O.). [3] Nach Eintritt der Unanfechtbarkeit des Steuerbescheids kann die Wahl der Veranlagungsart jedoch nur unter den Voraussetzungen des § 26 Abs. 2 Satz 4 EStG geändert werden.

8.5.3. [1] Wurde ein steuererhöhender Änderungsbescheid erlassen, mit dem ein weiterer steuererheblicher Sachverhalt erfasst worden und aufgrund dessen überhaupt erst die wirtschaftliche Notwendigkeit entstanden ist, sich mit der erstmaligen bzw. geänderten Ausübung eines Antrags- oder Wahlrechts zu befassen, kann das Antrags- oder Wahlrecht noch bis zur Unanfechtbarkeit des Änderungsbescheids ausgeübt werden. [2] Dies gilt jedoch nur unter der Voraussetzung, dass die steuerlichen Auswirkungen des Antrags- oder Wahlrechts insgesamt den Änderungsrahmen des § 351 Abs. 1 AO nicht übersteigen. [3]Ein Antrags- oder Wahlrecht ist nicht teilbar (vgl. BFH-Urteile vom 27.10.2015, X R 44/13, a. a. O., und vom 9.12.2015, X R 56/13, a. a. O.).

8.5.4. Die steuerrechtliche Wirkung von Wahlrechten, die nur **bis zur Bestandskraft der Steuerfestsetzung** ausgeübt werden können, kann nach Eintritt dieses Zeitpunkts nicht nach § 172 Abs. 1 Satz 1 Nr. 2 Buchstabe a AO beseitigt werden (vgl. BFH-Urteil vom 18.12.1973, VIII R 101/69, BStBl. 1974 II S. 319).

Die Wahlrechtsausübung kann nicht durch einen Austausch gegen bisher nicht berücksichtigte Besteuerungsgrundlagen rückgängig gemacht werden; infolge der Bestandskraft der Steuerfestsetzung ist der Steuerpflichtige an seine Wahl gebunden (vgl. BFH-Urteil vom 25.2.1992, IX R 41/91, BStBl. II S. 621).

8.5.5. Die nachträgliche Ausübung eines Wahlrechts oder der Widerruf eines bereits ausgeübten Wahlrechts ist keine neue Tatsache i. S. d. § 173 AO, sondern Verfahrenshandlung (vgl. BFH-Urteil vom 25.2.1992, IX R 41/91, a. a. O.).

[1]Ausnahmsweise liegt ein rückwirkendes Ereignis i. S. d. § 175 Abs. 1 Satz 1 Nr. 2 AO vor, wenn die Wahlrechtsausübung oder ihr Widerruf selbst Merkmal des gesetzlichen Tatbestands ist. [2]Zum durch die Zustimmungserklärung des Empfängers qualifizierten Antrag nach § 10 Abs. 1a Nr. 1 Satz 1 EStG (bis 31.12.2014: § 10 Abs. 1 Nr. 1 Satz 1 EStG) vgl. BFH-Urteil vom 12.7.1989, X R 8/84, BStBl. II S. 957. [3]Zum Widerruf der Wahlrechtsausübung in den Fällen des § 37b EStG in Bezug auf die beim Zuwendungsempfänger vorzunehmende Besteuerung vgl. BFH-Urteil vom 15.6.2016, VI R 54/15, BStBl. II S. 1010.

8.5.6. Zur Änderung von Steuerfestsetzungen nach § 175 Abs. 1 Satz 1 Nr. 1 AO bei nachträglichem Antrag auf Anwendung des § 33b EStG vgl. BFH-Urteil vom 13.12.1985, III R 204/81, BStBl. 1986 II S. 245 und H 33b (Allgemeines) EStH.[1)]

9. Wegen der Berichtigung offenbarer Unrichtigkeiten Hinweis auf § 129 AO.

AEAO zu § 172 – Aufhebung und Änderung von Steuerbescheiden:

1. Die Vorschrift gilt nur für Steuerbescheide, nicht für Haftungs-, Duldungs- und Aufteilungsbescheide (vgl. AEAO vor §§ 130, 131).

2. [1]§ 172 Abs. 1 Satz 1 Nr. 2 Buchstabe a AO lässt die schlichte Änderung eines Steuerbescheids zugunsten des Steuerpflichtigen unter der Voraussetzung zu, dass der Steuerpflichtige vor Ablauf der Einspruchsfrist die Änderung beantragt oder ihr zugestimmt hat. [2]Der Antrag auf schlichte Änderung bedarf keiner Form. [3]Anträge, die nicht schriftlich oder elektronisch gestellt werden, sind aktenkundig zu machen. [4]Nicht ausdrücklich als Einspruch bezeichnete, vor Ablauf der Einspruchsfrist schriftlich oder elektronisch vorgetragene Änderungsbegehren des Steuerpflichtigen können regelmäßig als schlichte Ände-

1) Nr. **1.**

rungsanträge behandelt werden, wenn der Antragsteller eine genau bestimmte Änderung des Steuerbescheids beantragt und das Finanzamt dem Begehren entsprechen will. [5]Andernfalls ist ein Einspruch anzunehmen, da der Einspruch die Rechte des Steuerpflichtigen umfassender und wirkungsvoller wahrt als der bloße Änderungsantrag. [6]Hat der Steuerpflichtige sich für den Rechtsbehelf des Einspruchs entschieden, so überlagert der förmliche Rechtsbehelf einen etwaigen daneben gestellten Antrag auf schlichte Änderung des Steuerbescheids (vgl. BFH-Urteil vom 27.9.1994, VIII R 36/89, BStBl. 1995 II S. 353).

[1]Das Finanzamt darf den Steuerbescheid aufgrund eines schlichten Änderungsantrags nur in dem Umfange zugunsten des Steuerpflichtigen ändern, als der Steuerpflichtige vor Ablauf der Einspruchsfrist eine genau bestimmte Änderung bezogen auf einen konkreten Lebenssachverhalt beantragt hat (vgl. u. a. BFH-Urteil vom 20.12.2006, X R 30/05, BStBl. II 2007 S. 503 m. w. N.). [2]Es genügt nicht, dass der Steuerpflichtige lediglich die betragsmäßige Auswirkung bzw. den Änderungsrahmen beziffert (z. B. Herabsetzung der Steuer auf „Null") oder dass ein auf Änderung des Bescheids lautender allgemeiner Antrag des Steuerpflichtigen erst nach Ablauf der Einspruchsfrist hinsichtlich der einzelnen Korrekturpunkte konkretisiert wird (z. B. durch Nachreichen einer Steuererklärung). [3]Auch eine Erweiterung des Änderungsbegehrens ist nach Ablauf der Einspruchsfrist nicht mehr möglich (zur Erweiterung eines Einspruchsantrags vgl. AEAO zu § 367, Nr. 3). [4]Der Antragsteller kann allenfalls nach Ablauf der Einspruchsfrist Argumente oder Nachweise zur Begründung eines rechtzeitig gestellten, hinreichend konkreten Änderungsantrags nachreichen oder ergänzen, soweit hierdurch der durch den ursprünglichen Änderungsantrag (Lebenssachverhalt) festgelegte Änderungsrahmen nicht überschritten wird. [5]Eine Antragserweiterung oder erneute Antragstellung ist nur innerhalb der Einspruchsfrist möglich.

[1]An das (fristgerechte) Vorbringen des Steuerpflichtigen ist das Finanzamt gebunden. [2]Es kann die Steuerfestsetzung nicht in vollem Umfang erneut überprüfen und ggf. verbösern. [3]Mit der beantragten Änderung nicht in sachlichem oder rechtlichem Zusammenhang stehende materielle Fehler der Steuerfestsetzung können aber ggf. über § 177 AO berichtigt werden.

Aussetzung der Vollziehung (§ 361 AO) ist aufgrund eines schlichten Änderungsantrags nicht zulässig, allenfalls ist Stundung (§ 222 AO) möglich.

3. [1]Nach § 172 Abs. 1 Satz 1 Nr. 2 Buchstabe a AO kann ein Steuerbescheid zuungunsten des Steuerpflichtigen aufgehoben oder geändert werden, wenn dieser der Aufhebung oder Änderung zustimmt oder er diese Korrektur beantragt hat. [2]Die Anzeige eines Steuerpflichtigen nach § 153 AO stellt noch keine Zustimmung zu einer Änderung der Steuerfestsetzung zu seinen Ungunsten i. S. des § 172 Abs. 1 Satz 1 Nr. 2 Buchstabe a AO dar; ggf. kommt aber eine Änderung nach § 173 Abs. 1 Nr. 1 AO in Betracht. [3]Empfangsbedürftige Willenserklärungen unterliegen den Auslegungsregelungen der §§ 133, 157 BGB. [4]Entscheidend ist, wie der Erklärungsempfänger den objektiven Erklärungswert der Erklärung verstehen musste (vgl. BFH-Urteile vom 8.6.2000, IV R 37/99, BStBl. 2001 II S. 162, und vom 5.10.2000, VII R 96/99, BStBl. 2001 II S. 86).

4. [1]Unter arglistiger Täuschung im Sinne des § 172 Abs. 1 Satz 1 Nr. 2 Buchst. c AO ist die bewusste und vorsätzliche Irreführung zu verstehen, wie jedes vorsätzliche Verschweigen oder Vortäuschen von Tatsachen, durch das die Willensbildung der Behörde unzulässig beeinflusst wird. [2]Für Arglist reicht bereits das Bewusstsein aus, wahrheitswidrige Angaben zu machen. [3]Nicht erforderlich ist dagegen die Absicht, damit das Finanzamt zu einer Entscheidung zu veranlassen (vgl. BFH-Urteil vom 8.7.2015, VI R 51/14, BStBl. II 2017 S. 13).

5. [1]§ 172 Abs. 1 Satz 2 AO bestimmt, dass auch ein durch Einspruchsentscheidung bestätigter oder geänderter Verwaltungsakt nach den Vorschriften der §§ 129, 164, 165, 172 ff. AO sowie nach entsprechenden Korrekturnormen in den Einzelsteuergesetzen (vgl. AEAO vor §§ 172 bis 177, Nr. 3) korrigiert werden darf. [2]Gleiches gilt für einen im Einspruchsverfahren ergehenden Abhilfebescheid (z.B. nach § 172 Abs. 1 Satz 1 Nr. 2 Buchstabe a AO). [3]Zum Erlass eines Abhilfebescheids im Klageverfahren nach einer rechtmäßigen Fristsetzung gem. § 364b AO vgl. AEAO zu § 364b, Nr. 5.

6. [1]Nach § 172 Abs. 1 Satz 3 Halbsatz 1 AO ist eine schlichte Änderung auch dann möglich, wenn der zu ändernde Bescheid bereits durch Einspruchsentscheidung bestätigt oder geändert worden ist. [2]Dies gilt auch, wenn lediglich die erneute Überprüfung einer Rechtsfrage begehrt wird, über die in der Einspruchsentscheidung bereits entschieden worden ist (vgl. BFH-Urteil vom 27.10.2020, VIII R 30/17, BStBl. II S. 927). [3]Der Änderungsantrag muss vor Ablauf der Klagefrist gestellt worden sein, nach Ablauf dieser Frist ist er unzulässig. [4]Die Wirkungen einer nach § 364b Abs. 2 AO gesetzten Ausschlussfrist dürfen allerdings durch eine schlichte Änderung nicht unterlaufen werden (§ 172 Abs. 1 Satz 3 Halbsatz 2 AO).

7. [1]Zum Einspruchsverfahren gegen Entscheidungen über die schlichte Änderung vgl. AEAO zu § 347, Nr. 2.

(Fortsetzung S. 239)

AEAO zu § 173 – Aufhebung oder Änderung von Steuerbescheiden wegen neuer Tatsachen oder Beweismittel:

Inhaltsübersicht

1. Tatsachen und Beweismittel
2. Nachträgliches Bekanntwerden der Tatsachen oder Beweismittel
3. Rechtserheblichkeit der Tatsachen oder Beweismittel
4. Ermittlungsfehler des Finanzamts
5. Grobes Verschulden des Steuerpflichtigen
6. Unbeachtlichkeit des Verschuldens des Steuerpflichtigen
7. Änderung von Schätzungsveranlagungen
8. Änderungssperre (§ 173 Abs. 2 AO)
9. Umfang der Änderung
10. Anwendung des § 173 AO in Feststellungsfällen

1. Tatsachen und Beweismittel

1.1. [1]Tatsache i. S. d. § 173 Abs. 1 AO ist alles, was Merkmal oder Teilstück eines steuergesetzlichen Tatbestandes sein kann, also Zustände, Vorgänge, Beziehungen und Eigenschaften materieller oder immaterieller Art (vgl. BFH-Urteile vom 1.10.1993, III R 58/92, BStBl. 1994 II S. 346, vom 18.12.1996, XI R 36/96, BStBl. 1997 II S. 264, und vom 14.1.1998, II R 9/97, BStBl. II S. 371). [2]Zu den Tatsachen gehören auch innere Tatsachen (z. B. die Absicht, Einkünfte bzw. Gewinne zu erzielen), die nur anhand äußerer Merkmale (Hilfstatsachen) festgestellt werden können (vgl. BFH-Urteil vom 6.12.1994, IX R 11/91, BStBl. 1995 II S. 192).

1.1.1. [1]Tatsachen i. S. d. § 173 Abs. 1 AO sind bei einer Schätzung die Schätzungsgrundlagen (nicht die Schätzung selbst; vgl. AEAO zu § 173, Nr. 7). [2]Tatsachen sind auch vorgreifliche Rechtsverhältnisse aus nichtsteuerlichen Rechtsgebieten (vgl. BFH-Urteil vom 13.10.1983, I R 11/79, BStBl. 1984 II S. 181). [3]Um Tatsachen und nicht um juristische Wertungen handelt es sich, wenn ein Steuerpflichtiger z. B. unter der Bezeichnung „Kauf", „Vermietung" oder „Geschäftsführer-Gehalt" in der Steuererklärung vorgreifliche Rechtsverhältnisse geltend macht; derartige Begriffe enthalten eine Zusammenfassung von Tatsachen, die eine bestimmte rechtliche Wertung auslösen (vgl. BFH-Urteil vom 20.12.1988, VIII R 121/83, BStBl. 1989 II S. 585). [4]Folglich kann ein Steuerbescheid nach § 173 Abs. 1 AO geändert werden, wenn sich aufgrund nachträglich bekannt gewordener Tatsachen die vom Steuerpflichtigen übernommene Wertung als unzutreffend erweist.

1.1.2. [1]Keine Tatsachen i. S. d. § 173 Abs. 1 AO sind Rechtsnormen und Schlussfolgerungen aller Art, insbesondere steuerrechtliche Bewertungen (vgl. BFH-Urteil vom 27.10.1992, VIII R 41/89, BStBl. 1993 II S. 569). [2]Ebenso stellen Entscheidungen des BVerfG zur Verfassungswidrigkeit einer Rechtsnorm sowie nachträgliche Gesetzesänderungen keine neuen Tatsachen i. S. v. § 173 Abs. 1 AO dar (vgl. BFH-Urteile vom 12.5.2009, IX R 45/08, BStBl. II S. 891, und vom 11.2.1994, III R 50/92, BStBl. II S. 389). [3]Gleiches gilt für die (ggf. anderweitige) Ausübung steuerlicher Wahlrechte oder die Nachholung eines Antrags (vgl. AEAO vor §§ 172 bis 177, Nr. 8). [4]Ein Antrag kann allerdings nachgeholt werden, soweit die für seine Ausübung relevanten Tatsachen als solche nachträglich bekannt werden (vgl. AEAO zu § 173, Nr. 3.2).

1.1.3. [1]Bei Sachverhalten, die bei verschiedenen Steuerpflichtigen steuerlich eigenständig zu berücksichtigen sind, weil die Steuergesetze im Regelfall keine korrespondierende Berücksichtigung vorschreiben, sind die für die einzelne Steuerfestsetzung relevanten Tatsachen und steuerrechtliche Bewertungen zu unterscheiden. [2]So geben Ergebnismitteilungen des Körperschaftsteuer-Finanzamts an das für die Veranlagung der Anteilseigner zuständige Finanzamt über eine bei einer GmbH durchgeführte Außenprüfung rechtliche Schlussfolgerungen und Schätzungsergebnisse wieder, sie stellen für sich jedoch keine Tatsachen dar, die zu einer Änderung nach § 173 Abs. 1 AO berechtigen (BFH-Urteil vom 27.10.1992, VIII R 41/89, BStBl. 1993 II S. 569). [3]Deshalb müssen den für die Veranlagung der Anteilseigner zuständigen Finanzämtern die entscheidungserheblichen Tatsachen mitgeteilt werden; die bloße Mitteilung, es seien verdeckte Gewinnausschüttungen festgestellt worden, reicht nicht aus, um eine Änderung nach § 173 Abs. 1 AO zu rechtfertigen. [4]Vgl. aber auch § 32a KStG.

1.2. [1]Beweismittel ist jedes Erkenntnismittel, das zur Aufklärung eines steuerlich erheblichen Sachverhalts dient, d.h. geeignet ist, das Vorliegen oder Nichtvorliegen von Tatsachen zu beweisen (BFH-Urteil vom 20.12.1988, VIII R 121/83, BStBl. 1989 II S. 585). [2]Dazu gehören Urkunden (Verträge, Geschäftspapiere u.a.) und Auskünfte von Auskunftspersonen (vgl. § 92 AO). [3]Ein Sachverständigengutachten ist nur Beweismittel, soweit es die Erkenntnis neuer Tatsachen vermittelt und nicht lediglich Schlussfolgerungen enthält (BFH-Urteil vom 27.10.1992, VIII R 41/89, BStBl. 1993 II S. 569).

1.3. [1]Eine Änderung nach § 173 Abs. 1 AO setzt voraus, dass die Tatsachen bei Erlass des zu ändernden Bescheids bereits vorhanden waren und vom Finanzamt hätten berücksichtigt werden können (vgl. BFH-Urteil vom 26.7. 1984, IV R 10/83, BStBl. II S. 786). [2]Nach dem Zeitpunkt der Steuerfestsetzung entstandene Tatsachen können dagegen eine Änderung nach § 175 Abs. 1 Satz 1 Nr. 2 AO rechtfertigen, wenn insoweit ein rückwirkendes Ereignis vorliegt. [3]Eine nach dem Zeitpunkt der Steuerfestsetzung entstandene Hilfstatsache, die für diesen Zeitpunkt zu einer veränderten Würdigung in Bezug auf eine innere Tatsache führt, rechtfertigt jedoch nur dann eine Änderung nach § 173 Abs. 1 AO, wenn sie einen sicheren Schluss auf die (innere) Haupttatsache ermöglicht.

1.4. [1]Bei der Prüfung der Frage, ob die Tatsache zu einer höheren oder niedrigeren Steuer führt, sind Steueranrechnungsbeträge unbeachtlich. [2]Es ist auf die bisher festgesetzte und die festzusetzende Steuer abzustellen. [3]Im Fall eines Antrags nach § 32d Abs. 4 oder 6 EStG ist die zunächst mit Abgeltungswirkung (§ 43 Abs. 5 Satz 1 EStG) einbehaltene Kapitalertragsteuer der bisher festgesetzten Steuer hinzuzurechnen (vgl. BFH-Urteil vom 12.5.2015, VIII R 14/13, BStBl. II S. 806). [4]Zum Ausnahmefall einer Nettolohnvereinbarung siehe BFH-Urteil vom 16.3.1990, VI R 90/86, BStBl. II S. 610.

2. Nachträgliches Bekanntwerden der Tatsachen oder Beweismittel

2.1. [1]Tatsachen oder Beweismittel werden nachträglich bekannt, wenn sie einem für die Steuerfestsetzung zuständigen Bediensteten (BFH-Urteile vom

9.11.1984, VI R 157/83, BStBl. 1985 II S. 191, und vom 20.6.1985, IV R 114/82, BStBl. II S. 492) bekannt werden, nachdem die Willensbildung über die Steuerfestsetzung abgeschlossen worden ist (Abzeichnung der Verfügung; vgl. BFH-Urteil vom 18.3.1987, II R 226/84, BStBl. II S. 416). [2]Auf den Tag der Absendung des Steuerbescheids oder den Tag der Bekanntgabe kommt es nicht an. [3]Der im Einzelfall maßgebliche Tag ist dem Steuerpflichtigen auf Verlangen mitzuteilen.

2.2. [1]Sofern im automatisierten Verfahren nachträglich – noch vor der Absendung des Steuerbescheids – eine materiell-rechtliche Kontrolle der gesamten Steuerfestsetzung vorgenommen wird, sind alle bis dahin bekannt gewordenen Tatsachen und Beweismittel zu berücksichtigen (vgl. BFH-Urteil vom 29.11.1988, VIII R 226/83, BStBl. 1989 II S. 259). [2]Tatsachen und Beweismittel, die dem Finanzamt bis zum Abschluss einer solchen Kontrolle bekannt geworden sind, in dem zu erlassenden Steuerbescheid aber keine Berücksichtigung gefunden haben, können zu einem späteren Zeitpunkt nicht mehr Gegenstand einer Änderung nach § 173 Abs. 1 sein. [3]Um eine materiell-rechtliche Kontrolle des Steuerbescheids handelt es sich nicht, wenn der Steuerbescheid vor seiner Absendung nur einer formellen Prüfung unterzogen wird, die die Feststellung der ermittelten Tatsachen sowie deren rechtliche Würdigung unberührt lässt (z.B. Prüfung auf zutreffende Adressierung oder richtige Erfassung der Daten).

2.3. [1]Eine Tatsache ist nicht schon dann bekannt, wenn irgendeine Stelle des Finanzamts von ihr Kenntnis hat. [2]Es kommt vielmehr auf den Kenntnisstand der Personen an, die innerhalb des Finanzamts dazu berufen sind, den betreffenden Steuerfall zu bearbeiten (BFH-Urteile vom 20.6.1985, IV R 114/82, BStBl. II S. 492, vom 20.4.1988, X R 40/81, BStBl. II S. 804, und vom 19.6.1990, VIII R 69/87, BFH/NV 1991 S. 353).

2.3.1. [1]Die Rechtsbehelfsstelle des Finanzamts muss bei der Entscheidung über den Einspruch eines Steuerpflichtigen grundsätzlich auch Tatsachen verwerten, die der Veranlagungsstelle bekannt sind. [2]Geschieht dies nicht, so können diese in der Einspruchsentscheidung nicht berücksichtigten Tatsachen nach Abschluss des Einspruchsverfahrens nicht mehr Gegenstand eines Änderungsbescheids nach § 173 Abs. 1 Nr. 1 AO sein (BFH-Urteil vom 23.3.1983, I R 182/82, BStBl. II S. 548).

2.3.2. Nur dem Betriebsprüfer bekannt gewordene Tatsachen sind der Veranlagungsstelle grundsätzlich nicht zuzurechnen (vgl. BFH-Urteile vom 28.4.1987, IX R 9/83, BFH/NV 1988 S. 151, vom 29.10.1987, IV R 69/85, BFH/NV 1988 S. 346, und vom 20.4.1988, X R 40/81, BStBl. II S. 804).

2.3.3. [1]Für die Frage, ob einem Finanzamt Tatsachen, die zu einer erstmaligen Berücksichtigung oder zu einer höheren Bewertung eines steuerpflichtigen Sachverhalts von Bedeutung sind, i.S.v. § 173 Abs. 1 Nr. 1 AO nachträglich bekannt geworden sind, kommt es grundsätzlich allein auf die Kenntnis dieses Finanzamts an. [2]Ermittelt aber ein für die Erbschaft-/Schenkungsteuer zuständiges Finanzamt den Wert einer Beteiligung an einer Personengesellschaft allein dadurch, dass es diesen aus einem von einem anderen Finanzamt erteilten Feststellungsbescheid über den Wert des Betriebsvermögens der Gesellschaft auf einen vorangegangenen Bewertungsstichtag ableitet, so macht es sich damit die diesem zugrunde liegenden Kenntnisse zu eigen (BFH-Urteil vom 14.1.1998, II R 9/97, BStBl. II S. 371).

2.3.4. Einmal bekannt gewordene Tatsachen werden durch den Wechsel in der Zuständigkeit der Finanzbehörde oder durch Wechsel des Bearbeiters nicht wieder unbekannt, wenn der zunächst zuständige Bearbeiter die Tatsachen aktenkundig gemacht hat (vgl. BFH-Urteil vom 15.10.1993, III R 74/92, BFH/NV 1994 S. 315).

2.3.5. [1]Dem Finanzamt können auch Tatsachen bekannt sein, die sich aus älteren, bereits archivierten Akten ergeben. [2]Voraussetzung dafür ist jedoch, dass zur Hinzuziehung solcher Vorgänge nach den Umständen des Falles, insbesondere nach dem Inhalt der zu bearbeitenden Steuererklärungen oder der präsenten Akten, eine besondere Veranlassung bestand (BFH-Urteil vom 11.2.1998, I R 82/97, BStBl. II S. 552).

2.3.6. Im Rahmen des § 173 Abs. 1 Nr. 2 AO kann eine Tatsache nicht zum Nachteil des Steuerpflichtigen als bereits bekannt gelten, wenn der zuständige Bearbeiter sie lediglich hätte kennen können oder kennen müssen; das Finanzamt kann sich in diesem Fall nicht auf sein eigenes Versäumnis oder Verschulden berufen (vgl. BFH-Urteil vom 26.11.1996, IX R 77/95, BStBl. 1997 II S. 422).

2.4. [1]Steuerbescheid i. S. v. § 173 Abs. 1 AO ist auch ein Bescheid, der einen schon ergangenen Steuerbescheid inhaltlich abändert. [2]Tatsachen, die zu einer höheren Besteuerung führen, kann das Finanzamt deshalb in einem weiteren Änderungsbescheid nach § 173 Abs. 1 Nr. 1 AO nur berücksichtigen, wenn sie ihm nach Erlass des Änderungsbescheids bekannt geworden sind. [3]Eine Änderung nach § 173 Abs. 1 Nr. 1 AO ist jedoch dann nicht ausgeschlossen, wenn das Finanzamt im Hinblick auf einen nachträglich ergangenen Grundlagenbescheid zunächst lediglich eine Änderung nach § 175 Abs. 1 Satz 1 Nr. 1 AO vorgenommen und dabei Tatsachen unberücksichtigt gelassen hat, die darüber hinaus eine Änderung nach § 173 Abs. 1 Nr. 1 AO gerechtfertigt hätten (BFH-Urteil vom 12.1.1989, IV R 8/88, BStBl. II S. 438).

2.5. Ändert das Finanzamt einen bestandskräftigen Steuerbescheid nach § 173 Abs. 1 Nr. 1 AO, so trägt es die objektive Beweislast dafür, dass die für die Änderung erforderlichen tatsächlichen Voraussetzungen vorliegen, insbesondere dafür, dass diese „neu" sind (BFH-Urteil vom 19.5.1998, I R 140/97, BStBl. II S. 599).

3. Rechtserheblichkeit der Tatsachen oder Beweismittel

3.1. [1]Neue Tatsachen oder Beweismittel können die Änderung eines Steuerbescheids nach § 173 Abs. 1 AO nur rechtfertigen, wenn sie rechtserheblich sind. [2]Die Rechtserheblichkeit ist zu bejahen, wenn das Finanzamt bei rechtzeitiger Kenntnis der Tatsachen oder Beweismittel schon bei der ursprünglichen Veranlagung mit an Sicherheit grenzender Wahrscheinlichkeit zu einer höheren oder niedrigeren Steuer gelangt wäre (vgl. BFH-Beschluss GrS vom 23.11.1987, GrS 1/86, BStBl. 1988 II S. 180). [3]Die Vorschrift des § 173 AO hat nicht den Sinn, dem Steuerpflichtigen das Risiko eines Rechtsbehelfsverfahrens dadurch abzunehmen, dass ihm gestattet wird, sich auf Tatsachen gegenüber dem Finanzamt erst dann zu berufen, wenn etwa durch eine spätere Änderung der Rechtsprechung eine Rechtslage eintritt, die eine bisher nicht vorgetragene Tatsache nunmehr als relevant erscheinen lässt.

[1]Ein Steuerbescheid darf daher wegen nachträglich bekannt gewordener Tatsachen oder Beweismittel weder zugunsten noch zuungunsten des Steuerpflichtigen geändert werden, wenn das Finanzamt bei ursprünglicher Kenntnis der Tatsachen oder Beweismittel nicht anders entschieden hätte. [2]Bei der Beurteilung der Rechtserheblichkeit kommt es nicht darauf an, welche Entscheidung der zuständige Bearbeiter subjektiv bei Erlass des ursprünglichen Bescheids getroffen hätte. [3]Wie das Finanzamt bei Kenntnis bestimmter Tatsachen oder Beweismittel einen Sachverhalt in seinem ursprünglichen Bescheid gewürdigt hätte, ist vielmehr im Einzelfall aufgrund des Gesetzes, wie es nach der damaligen Rechtsprechung des BFH auszulegen war, und der die Finanzämter bindenden Verwaltungsanweisungen zu beurteilen, die im Zeitpunkt des ursprünglichen Bescheiderlasses gegolten haben (vgl. BFH-Urteile vom 11.5.1988, I R 216/85, BStBl. II S. 715, vom 15.1.1991, IX R 238/87, BStBl. II S. 741, und vom 10.3.1999, II R 99/97, BStBl. II S. 433).[1)] [4]Subjektive Fehler der Finanzbehörden, wie sie sowohl in rechtlicher als auch in tatsächlicher Hinsicht denkbar sein mögen, sind unbeachtlich (BFH-Urteil vom 11.5.1988, I R 216/85, BStBl. II S. 715).

3.2. [1]Die erstmalige Ausübung eines nicht fristgebundenen Wahlrechts nach Bestandskraft der Steuerfestsetzung (vgl. AEAO vor §§ 172 bis 177, Nr. 8) ist keine neue Tatsache, sie steht einer Änderung nach § 173 Abs. 1 Nr. 2 AO aber nicht entgegen, sofern die für die Ausübung des Wahlrechts relevanten Tatsachen nachträglich bekannt geworden sind (BFH-Urteile vom 28.9.1984, VI R 48/82, BStBl. 1985 II S. 117, und vom 25.2.1992, IX R 41/91, BStBl. II S. 621). [2]Gleiches gilt, wenn der Steuerpflichtige nach Bestandskraft der Steuerfestsetzung erstmals einen nicht fristgebundenen Antrag auf Gewährung einer Steuervergünstigung stellt und hierzu entsprechende (neue) Tatsachen vorträgt (BFH-Urteil vom 21.7.1989, III R 303/84, BStBl. II S. 960). [3]Eine Änderung nach § 173 Abs. 1 Nr. 2 AO zugunsten des Steuerpflichtigen setzt jedoch auch in diesen Fällen voraus, dass ihn am nachträglichen Bekanntwerden der steuermindernden Tatsachen kein grobes Verschulden trifft (vgl. AEAO zu § 173, Nr. 5).

4. Ermittlungsfehler des Finanzamts

4.1. [1]Nach dem Grundsatz von Treu und Glauben kann das Finanzamt – auch wenn es von einer rechtserheblichen Tatsache oder einem rechtserheblichen Beweismittel nachträglich Kenntnis erhält – daran gehindert sein, einen Steuerbescheid nach § 173 Abs. 1 Nr. 1 AO zuungunsten des Steuerpflichtigen zu ändern (BFH-Urteil vom 13.11.1985, II R 208/82, BStBl. 1986 II S. 241). [2]Hat der Steuerpflichtige die ihm obliegenden Mitwirkungspflichten in zumutbarer Weise erfüllt, kommt eine Änderung nach § 173 Abs. 1 Nr. 1 AO nicht in Betracht, wenn die spätere Kenntnis der Tatsache oder des Beweismittels auf einer Verletzung der dem Finanzamt obliegenden Ermittlungspflicht beruht. [3]Das Finanzamt braucht den Steuererklärungen nicht mit Miss-

---

[1)] Zu „anderen objektiven Umständen", wenn weder einschlägige BFH-Rspr. noch bindende Verwaltungsanweisungen vorliegen, vgl. BFH v. 22.4.2010 VI R 40/08, BStBl. II 2010, 951.

trauen zu begegnen, sondern darf regelmäßig von deren Richtigkeit und Vollständigkeit ausgehen; veranlagt es aber trotz bekannter Zweifel an der Richtigkeit der Besteuerungsgrundlagen endgültig, so ist eine spätere Änderung der Steuerfestsetzung nach dem Grundsatz von Treu und Glauben ausgeschlossen (vgl. BFH-Urteil vom 27.10.1992, VIII R 41/89, BStBl. 1993 II S. 569). [4]Zum Umfang der Ermittlungspflicht des Finanzamts vgl. AEAO zu § 88 AO.

4.1.1.[1)] [1]Sind sowohl das Finanzamt seiner Ermittlungspflicht als auch der Steuerpflichtige seiner Mitwirkungspflicht nicht in vollem Umfang nachgekommen, so fällt das nachträgliche Bekanntwerden einer rechtserheblichen Tatsache oder eines rechtserheblichen Beweismittels i. d. R. in den Verantwortungsbereich des Steuerpflichtigen mit der Folge, dass eine Änderung des Steuerbescheids nach § 173 Abs. 1 Nr. 1 AO zulässig ist (vgl. BFH-Urteil vom 11.11.1987, I R 108/85, BStBl. 1988 II S. 115). [2]Eine entsprechende Änderung scheidet lediglich dann aus, wenn der Verstoß des Finanzamts deutlich überwiegt (BFH-Urteil vom 20.12.1988, VIII R 121/83, BStBl. 1989 II S. 585).

4.1.2. Ändert das Finanzamt einen bestandskräftigen Steuerbescheid nach § 173 Abs. 1 Nr. 1 AO, trägt der Steuerpflichtige die objektive Beweislast, wenn er eine Verletzung der Ermittlungspflichten durch das Finanzamt rügt (BFH-Urteil vom 19.5.1998, I R 140/97, BStBl. II S. 599).

4.2. [1]Auf neue Tatsachen, die nach § 173 Abs. 1 Nr. 2 AO eine niedrigere Steuerfestsetzung rechtfertigen, sind die in Nr. 4.1 dargestellten Grundsätze nicht anzuwenden (BFH-Urteile vom 13.4.1967, V 57/65, BStBl. III S. 519, und vom 26.11.1996, IX R 77/95, BStBl. 1997 II S. 422). [2]Hier ist jedoch zu prüfen, ob den Steuerpflichtigen ein grobes Verschulden am nachträglichen Bekanntwerden der neuen Tatsachen trifft (vgl. AEAO zu § 173, Nr. 5).

Wann eine Tatsache nicht zum Nachteil des Steuerpflichtigen als bereits bekannt gelten kann, vgl. AEAO zu § 173, Nr. 2.3.6.

5. Grobes Verschulden des Steuerpflichtigen

5.1. [1]Die Aufhebung oder Änderung eines Steuerbescheids zugunsten des Steuerpflichtigen ist grundsätzlich ausgeschlossen, wenn den Steuerpflichtigen ein grobes Verschulden daran trifft, dass die Tatsachen oder Beweismittel dem Finanzamt erst nachträglich bekannt geworden sind. [2]Als grobes Verschulden hat der Steuerpflichtige Vorsatz und grobe Fahrlässigkeit zu vertreten. [3]Grobe Fahrlässigkeit ist anzunehmen, wenn er die ihm nach seinen persönlichen Verhältnissen zumutbare Sorgfalt in ungewöhnlichem Maße und in nicht entschuldbarer Weise verletzt (BFH-Urteile vom 3.2.1983, IV R 153/80, BStBl. II S. 324, und vom 18.5.1988, X R 57/82, BStBl. II S. 713).

[1]Anhaltspunkte, die auf ein grobes Verschulden des Steuerpflichtigen hindeuten, sind von der Finanzbehörde darzulegen und ggf. zu beweisen, die insoweit die Feststellungslast trägt (vgl. BFH-Urteile vom 22.5.1992, VI R 17/91, BStBl. 1993 II S. 80, und vom 10.2.2015, IX R 18/14, BStBl. 2017 II S. 7). [2]Kann bei dem zu beurteilenden Sachverhalt nach ständiger Rechtsprechung von einem groben Verschulden ausgegangen werden (siehe Nr. 5.1.2

---

1) Ebenso BFH v. 21.2.2017 VIII R 46/13, BStBl. II 2017, 745 (Vb. nicht zur Entscheidung angenommen, vgl. BVerfG v. 12.9.2018 1 BvR 2667/17).

und 5.1.3 des AEAO zu § 173), trägt der Steuerpflichtige die Feststellungslast für atypische Umstände, aufgrund derer im Einzelfall gleichwohl ein grobes Verschulden zu verneinen ist.

5.1.1. [1]Bei der Beurteilung der Schwere der Verletzung dieser Sorgfaltspflicht sind die Gegebenheiten des Einzelfalls und die individuellen Kenntnisse und Fähigkeiten des einzelnen Steuerpflichtigen zu berücksichtigen (BFH-Urteil vom 29.6.1984, VI R 181/80, BStBl. II S. 693). [2]So kann die Unkenntnis steu-

(Fortsetzung S. 245)

errechtlicher Bestimmungen allein den Vorwurf groben Verschuldens nicht begründen (BFH-Urteile vom 10.8.1988, IX R 219/84, BStBl. 1989 II S. 131, vom 22.5.1992, VI R 17/91, BStBl. 1993 II S. 80, und vom 21.9.1993, IX R 63/90, BFH/NV 1994 S. 100). 3 Offensichtliche Versehen und alltägliche Irrtümer, die sich nie ganz vermeiden lassen, wie z. B. Verwechslungen, Schreib-, Rechen- oder Übertragungsfehler, rechtfertigen ebenfalls nicht den Vorwurf des groben Verschuldens; es kann aber vorliegen, wenn das Versehen auf einer vorangegangenen Verletzung steuerlicher Pflichten beruht.

5.1.2. Ein grobes Verschulden kann im Allgemeinen angenommen werden, wenn der Steuerpflichtige trotz Aufforderung keine Steuererklärung abgegeben hat (ständige Rechtsprechung, vgl. z. B. BFH-Urteil vom 16.9.2004, IV R 62/02, BStBl. 2005 II S. 75 m. w. N.),[1] allgemeine Grundsätze der Buchführung (§§ 145 bis 147 AO) verletzt oder ausdrückliche Hinweise in ihm zugegangenen Vordrucken, Merkblättern oder sonstigen Mitteilungen des Finanzamts nicht beachtet.

5.1.3. Ein Steuerpflichtiger handelt regelmäßig grob schuldhaft, wenn er eine im Steuererklärungsformular ausdrücklich gestellte, auf einen ganz bestimmten Vorgang bezogene Frage nicht beachtet (BFH-Urteile vom 29.6.1984, VI R 181/80, BStBl. II S. 693, und vom 10.8.1988, IX R 219/84, BStBl. 1989 II S. 131).

5.1.4. 1 Das grobe Verschulden des Steuerpflichtigen am nachträglichen Bekanntwerden steuermindernder Tatsachen oder Beweismittel wird nicht dadurch ausgeschlossen, dass das Finanzamt seinerseits seinen Fürsorge- oder Ermittlungspflichten nicht hinreichend nachgekommen ist (BFH-Urteil vom 9.8.1991, III R 24/87, BStBl. 1992 II S. 65). 2 Im Einzelfall kann jedoch ein grobes Verschulden des Steuerpflichtigen zu verneinen sein, wenn die Verletzung der Ermittlungs- und Fürsorgepflichten ursächlich für die verspätete Geltendmachung der steuermindernden Tatsachen oder Beweismittel war, z. B. bei irreführender Auskunftserteilung.

5.2. Bei einer Zusammenveranlagung muss sich jeder Ehegatte bzw. Lebenspartner das grobe Verschulden des anderen Ehegatten/Lebenspartners zurechnen lassen (vgl. BFH-Urteil vom 24.7.1996, I R 62/95, BStBl. 1997 II S. 115).

5.3. 1 Nimmt der Steuerpflichtige bei der Erfüllung seiner steuerlichen Pflichten die Hilfe eines Bevollmächtigten oder anderer Hilfspersonen in Anspruch, so muss er sich ein etwaiges grobes Verschulden dieser Personen wie ein eigenes Verschulden zurechnen lassen. 2 So hat der Steuerpflichtige etwa ein grobes Verschulden seines Buchhalters als eigenes Verschulden zu vertreten (vgl. BFH-Urteil vom 18.5.1988, X R 57/82, BStBl. II S. 713).

5.4. 1 Der Steuerpflichtige hat ein grobes Verschulden seines steuerlichen Beraters in gleicher Weise zu vertreten wie das Verschulden eines Bevollmächtigten (BFH-Urteile vom 3.2.1983, IV R 153/80, BStBl. II S. 324, vom 28.6.1983, VIII R 37/81, BStBl. 1984 II S. 2, vom 25.11.1983, VI R 8/82, BStBl. 1984 II S. 256, und vom 26.8.1987, I R 144/86, BStBl. 1988 II

[1] Ebenso BFH v. 10.12.2013 VIII R 10/11, BFH/NV 2014, 820 (unterlassene Mitteilung entscheidungserheblicher Tatsachen innerhalb der Einspruchsfrist).

S. 109). [2]Bei Festlegung der einem steuerlichen Berater zuzumutenden Sorgfalt ist zu berücksichtigen, dass von einem Angehörigen der steuerberatenden Berufe die Kenntnis und sachgemäße Anwendung der steuerrechtlichen Vorschriften erwartet wird (BFH-Urteil vom 3.2.1983, IV R 153/80, BStBl. II S. 324). [3]Ein eigenes grobes Verschulden des Steuerpflichtigen kann darin liegen, dass er die von seinem steuerlichen Berater gefertigte Steuererklärung unterschreibt, obwohl ihm bei Durchsicht der Steuererklärung ohne weiteres hätte auffallen müssen, dass steuermindernde Tatsachen oder Beweismittel nicht berücksichtigt worden sind (BFH-Urteil vom 28.6.1983, VIII R 37/81, BStBl. 1984 II S. 2).

Der steuerliche Berater hat, wenn er Mitarbeiter zur Vorbereitung des Jahresabschlusses und der Steuererklärung einsetzt, Sorgfaltspflichten hinsichtlich der Auswahl seiner Mitarbeiter, der Organisation der Arbeiten in seinem Büro und der Kontrolle der Arbeitsergebnisse der Mitarbeiter (BFH-Urteil vom 26.8.1987, I R 144/86, BStBl. 1988 II S. 109).

5.5. [1]Bei der Frage des groben Verschuldens ist auch der Zeitraum einzubeziehen, in dem nach Durchführung der Steuerveranlagung der Bescheid noch änderbar ist (BFH-Urteil vom 21.2.1991, V R 25/87, BStBl. II S. 496: Vortrag steuermindernder Tatsachen bis zur Bekanntgabe der Einspruchsentscheidung). [2]Ein dem Steuerpflichtigen zuzurechnendes grobes Verschulden i. S. d. § 173 Abs. 1 Nr. 2 AO kann daher auch darin bestehen, dass er es unterlassen hat, gegen einen Steuerbescheid Einspruch einzulegen, obwohl sich ihm innerhalb der Einspruchsfrist die Geltendmachung bisher nicht vorgetragener Tatsachen hätte aufdrängen müssen (BFH-Urteile vom 25.11.1983, VI R 8/82, BStBl. 1984 II S. 256, und vom 4.2.1998, XI R 47/97, BFH/NV S. 682).

5.6. [1]Bei Beantwortung der Frage, ob die Unterlassung bestimmter steuerrelevanter Angaben in der Steuererklärung auf einem groben Verschulden des Steuerpflichtigen, einem entschuldbaren mechanischen Versehen (z. B. Übertragungsfehler) oder einem entschuldbaren Rechtsirrtum infolge mangelnder Kenntnis steuerrechtlicher Vorschriften beruht, ist nicht zwischen Steuererklärungen auf Papier und elektronisch erstellten Steuererklärungen zu unterscheiden. [2]Wird die Steuererklärung elektronisch zum Beispiel mithilfe des Programms ElsterFormular erstellt, kann der Steuerpflichtige bei Erfassung der Daten anhand der gewohnten Formularoberfläche vom kompletten Steuererklärungsvordruck und allen dort gestellten Fragen Kenntnis nehmen; darüber hinaus wird auch eine Hilfefunktion im Umfang der amtlichen Anleitung geboten. [3]Unerheblich ist daher, dass in der komprimierten Steuererklärung nur ein Ausdruck der tatsächlich erfassten und übermittelten Daten erfolgt.

6. Unbeachtlichkeit des Verschuldens des Steuerpflichtigen

6.1. [1]Das Verschulden des Steuerpflichtigen ist nach § 173 Abs. 1 Nr. 2 Satz 2 AO unbeachtlich, wenn die Tatsachen oder Beweismittel, die zu einer niedrigeren Steuer führen, in einem unmittelbaren oder mittelbaren Zusammenhang mit neuen Tatsachen oder Beweismitteln stehen, die zu einer höheren Steuer führen. [2]Stehen die steuermindernden Tatsachen mit steuererhöhenden Tatsachen im Zusammenhang, sind die steuermindernden Tatsachen nicht nur bis zur steuerlichen Auswirkung der steuererhöhenden Tatsachen, sondern uneingeschränkt zu berücksichtigen (BFH-Urteil vom 2.8.1983, VIII R 190/80, BStBl. 1984 II S. 4). [3]Ein derartiger Zusammenhang ist gegeben, wenn eine zu einer höheren Besteuerung führende Tatsache die zur Steuerermäßigung führende Tatsache ursächlich bedingt, so dass der steuererhöhende Vorgang nicht ohne den steuermindernden Vorgang denkbar ist (BFH-Urteile vom 28.3.1985, IV R 159/82, BStBl. 1986 II S. 120, vom 5.8.1986, IX R 13/81, BStBl. 1987 II S. 297, und vom 8.8.1991, V R 106/88, BStBl. 1992 II S. 12). [4]Ein rein zeitliches Zusammentreffen von steuererhöhenden und steuermindernden Tatsachen reicht nicht aus (BFH-Urteil vom 28.3.1985, IV R 159/82, a. a. O.).

6.2. [1]Wird dem Finanzamt nachträglich bekannt, dass der Steuerpflichtige nicht erklärte Einkünfte einer bestimmten Einkunftsart erzielt hat, so stellt die Höhe dieser Einkünfte die für die Anwendung des § 173 Abs. 1 Nr. 1 oder Nr. 2 AO relevante Tatsache dar (BFH-Urteil vom 1.10.1993, III R 58/92, BStBl. 1994 II S. 346). [2]Dies gilt auch dann, wenn das Finanzamt die Einkünfte zunächst geschätzt hat (BFH-Urteil vom 24.4.1991, XI R 28/89, BStBl. II S. 606). [3]Eine Aufspaltung dieser Einkünfte in steuererhöhende Einnahmen oder Vermögensmehrungen einerseits und steuermindernde Ausgaben oder Vermögensminderungen andererseits im Hinblick auf § 173 Abs. 1 Nr. 2 Satz 2 AO ist nicht zulässig.

6.3. [1]Bei der Umsatzsteuer sind Tatsachen, die eine Erhöhung der Umsatzsteuer begründen, und Tatsachen, die eine höhere Vorsteuer begründen, getrennt zu beurteilen. [2]Ein Zusammenhang zwischen nachträglich bekannt gewordenen Umsätzen und nachträglich bekannt gewordenen Leistungen an den Unternehmer i. S. d. § 173 Abs. 1 Nr. 2 Satz 2 AO besteht nur insoweit, als die Eingangsleistungen zur Ausführung der nachträglich bekannt gewordenen Umsätze verwendet wurden (BFH-Urteile vom 8.8.1991, V R 106/88, BStBl. 1992 II S. 12, und vom 19.10.1995, V R 60/92, BStBl. 1996 II S. 149). [3]Dies gilt allerdings nur, soweit diese Umsätze zum Vorsteuerabzug berechtigen; soweit die nachträglich bekannt gewordenen Vorsteuerbeträge hingegen mit nachträglich bekannt gewordenen steuerfreien oder nichtsteuerbaren Umsätzen in Zusammenhang stehen, sind die Voraussetzungen des § 173 Abs. 1 Nr. 2 Satz 2 AO nicht erfüllt.

Hat das Finanzamt bei einer Schätzung der Umsatzsteuer davon abgesehen, die Steuer auf der Grundlage des Ansatzes einer Vielzahl einzelner Umsätze mit jeweils genau bezifferter Bemessungsgrundlage zu ermitteln, können die nachträglich bekannt gewordenen Vorsteuerbeträge im Schätzungsweg entsprechend dem Verhältnis der nachträglich erklärten und der ursprünglich vom Finanzamt geschätzten steuerpflichtigen Umsätze berücksichtigt werden, es sei denn, es liegen Anhaltspunkte dafür vor, dass weniger oder mehr Vorsteuerbeträge im Zusammenhang mit den nachträglich bekannt gewordenen Umsätzen stehen, als sich nach dieser Aufteilung ergibt (BFH-Urteil vom 19.10.1995, V R 60/92, BStBl. 1996 II S. 149).

7. Änderung von Schätzungsveranlagungen

7.1. [1]Eine auf einer Schätzung beruhende Veranlagung kann nach § 173 Abs. 1 Nr. 1 AO durch eine höhere Schätzungsveranlagung ersetzt werden, wenn nachträglich Schätzungsunterlagen festgestellt werden, bei deren rechtzeitigem Bekanntsein das Finanzamt die Schätzung in anderer Weise vorgenommen hätte. [2]Die Änderung der ursprünglichen Schätzungsveranlagung ist dabei nur im Ausmaß der nachträglich bekannt gewordenen Schätzungsunterlagen zulässig. [3]Das bisherige Schätzungsverfahren ist nach Möglichkeit fortzuführen, ggf. zu verfeinern. [4]Ein Wechsel der Schätzungsmethode kommt lediglich dann in Betracht, wenn die bisherige Methode angesichts der neuen Schätzungsunterlagen versagt (BFH-Urteil vom 2.3.1982, VIII R 225/80, BStBl. 1984 II S. 504).

[1]Die Ersetzung einer Schätzungsveranlagung durch eine höhere Schätzungsveranlagung ist auch zulässig, wenn aufgrund einer nachträglichen Vermögenszuwachsrechnung ein gegenüber der ursprünglichen Schätzung wesentlich höherer Gewinn festgestellt wird (BFH-Urteile vom 24.10.1985, IV R 75/84, BStBl. 1986 II S. 233, und vom 29.10.1987, IV R 69/85, BFH/NV 1988 S. 346). [2]Dies gilt auch für den Fall, dass es sich bei der ursprünglichen Schätzung um eine Schätzung nach Richtsätzen für einen nicht buchführenden, jedoch buchführungspflichtigen Landwirt handelt (BFH-Urteile vom 3.10.1985, IV R 197/83, BFH/NV 1987 S. 477, und vom 24.10.1985, IV R 170/84, BFH/NV 1987 S. 545).

7.2. [1]Nachträglich bekannt gewordene Tatsachen, die zu einer niedrigeren Steuer führen, liegen nach einer vorausgegangenen Gewinnschätzung dann vor, wenn sich aus der Gesamtwürdigung der neuen Tatsachen, also dem gemeinsamen Ergebnis von Betriebseinnahmen und Betriebsausgaben, eine niedrigere Steuer ergibt (BFH-Urteil vom 28.3.1985, IV R 159/82, BStBl. 1986 II S. 120; vgl. AEAO zu § 173, Nr. 6.2). [2]Eine Änderung nach § 173 Abs. 1 Nr. 2 AO ist in diesen Fällen demzufolge nur zulässig, wenn den Steuerpflichtigen am nachträglichen Bekanntwerden der Tatsachen kein grobes Verschulden trifft (vgl. AEAO zu § 173, Nr. 5).

7.3. Hat das Finanzamt den laufenden Gewinn und den Veräußerungsgewinn (§ 16 EStG) geschätzt, so sind die nachträglich bekannt gewordenen tatsächlichen Gewinnbeträge (laufender Gewinn und Veräußerungsgewinn) je eine Tatsache i. S. d. § 173 Abs. 1 AO (BFH-Urteil vom 30.10.1986, III R 163/82, BStBl. 1987 II S. 161).

7.4. Zur Schätzung der Umsatzsteuer vgl. AEAO zu § 173, Nr. 6.3.

8. Änderungssperre (§ 173 Abs. 2 AO)

8.1. [1]Steuerbescheide, die aufgrund einer Außenprüfung ergangen sind, können wegen neuer Tatsachen oder Beweismittel nach § 173 Abs. 1 AO nur geändert werden, wenn eine Steuerhinterziehung oder leichtfertige Steuerverkürzung vorliegt (Änderungssperre nach § 173 Abs. 2 AO). [2]Durch die Regelung in § 173 Abs. 2 Satz 1 AO wird solchen Steuerbescheiden eine erhöhte Bestandskraft zugemessen, weil durch die Außenprüfung die steuerlich erheblichen Sachverhalte ausgiebig hätten geprüft werden können. [3]Die Änderungssperre wirkt auch dann, wenn nach einer Außenprüfung Tatsachen oder Beweismittel bekannt werden, die zu einer niedrigeren Steuer führen würden (BFH-Urteile vom 29.1.1987, IV R 96/85, BStBl. II S. 410, und vom 11.12. 1997, V R 56/94, BStBl. 1998 II S. 367). [4]Die Änderungssperre bezieht sich nur auf Änderungen i. S. v. § 173 Abs. 1 AO, nicht aber auf Änderungen, die aufgrund anderer Vorschriften erfolgen (vgl. BFH-Urteil vom 4.11.1992, XI R 32/91, BStBl. 1993 II S. 425).

8.2. Der Umfang der Änderungssperre richtet sich nach dem Inhalt der Prüfungsanordnung (BFH-Urteile vom 12.10.1994, XI R 75/93, BStBl. 1995 II S. 289, und vom 11.2.1998, I R 82/97, BStBl. II S. 552).

8.2.1. [1] Im Fall der Beschränkung der Außenprüfung auf bestimmte Steuerarten, Besteuerungszeiträume oder Sachverhalte (§ 194 Abs. 1 Satz 2 AO) umfasst die Änderungssperre daher nur den in der Prüfungsanordnung genannten Teil der Besteuerungsgrundlagen. [2] Wenn andererseits das tatsächliche Prüfungsverhalten über die Prüfungsanordnung hinausgeht, wird hierdurch keine Änderungssperre nach § 173 Abs. 2 AO ausgelöst (BFH-Urteil vom 11.2.1998, I R 82/97, BStBl. II S. 552).

8.2.2. Der Eintritt der Änderungssperre ist nicht davon abhängig, ob der Außenprüfer die betreffenden Vorgänge tatsächlich geprüft hat, ob er sie aus rechtlichen Erwägungen von sich aus nicht aufgegriffen hat oder ob er sie in Übereinstimmung mit der damaligen Verwaltungsauffassung unbeanstandet gelassen hat (BFH-Urteil vom 4.2.1987, I R 58/86, BStBl. 1988 II S. 215).

8.2.3. Eine Umsatzsteuer-Sonderprüfung, durch welche auf der Grundlage eingereichter Umsatzsteuer-Voranmeldungen „insbesondere der Vorsteuerabzug" geprüft wird, bewirkt keine Änderungssperre (BFH-Urteil vom 11.11.1987, X R 54/82, BStBl. 1988 II S. 307).

8.3. Steuerbescheide sind i. S. d. § 173 Abs. 2 AO auch dann aufgrund einer Außenprüfung ergangen, wenn diese lediglich die in einer Selbstanzeige gemachten Angaben des Steuerpflichtigen bestätigt hat (BFH-Urteil vom 4.12.1986, IV R 312/84, BFH/NV 1987 S. 214).

8.4. Außenprüfung i. S. d. § 173 Abs. 2 AO ist jede Prüfung nach §§ 193 bis 203 AO.

[1] Eine Außenprüfung kann auch von der Steuerfahndung durchgeführt werden (§ 208 Abs. 2 Nr. 1 AO). [2] Führt die Steuerfahndung auf der Grundlage einer Prüfungsanordnung eine Außenprüfung nach den §§ 193 bis 203 AO durch, gelten uneingeschränkt die Vorschriften über die Außenprüfung. [3] Eine von der Steuerfahndung durchgeführte Außenprüfung hat dementsprechend auch im Hinblick auf die Änderungssperre des § 173 Abs. 2 AO die Wirkung einer Außenprüfung. [4] Ermittlungshandlungen der Steuerfahndung im Zusammenhang mit der Erforschung von Steuerstraftaten und Steuerordnungswidrigkeiten nach § 208 Abs. 1 Nr. 2 AO und Maßnahmen der Steuerfahndung auf der Grundlage von § 208 Abs. 1 Nr. 1 und 3 AO lassen dagegen die Änderungssperre des § 173 Abs. 2 AO nicht eintreten (BFH-Urteil vom 11.12.1997, V R 56/94, BStBl. 1998 II S. 367).

8.5. [1] Die Änderungssperre gilt auch in den Fällen, in denen eine Mitteilung nach § 202 Abs. 1 Satz 3 AO über eine ergebnislose Prüfung ergangen ist. [2] Eine solche Mitteilung ist jedoch kein Verwaltungsakt, der eine allgemeine Änderungssperre für die in der vorangegangenen Außenprüfung festgestellten Sachverhalte auslöst. [3] Sie hindert unter den Voraussetzungen des § 173 Abs. 2

AO nur die Änderung eines Steuerbescheids nach § 173 Abs. 1 AO. [4]Der Änderung des Bescheids aufgrund einer anderen Vorschrift (z. B. § 164 Abs. 2 AO) steht sie nicht entgegen (BFH-Urteile vom 29.4.1987, I R 118/83, BStBl. 1988 II S. 168, und vom 14.9.1993, VIII R 9/93, BStBl. 1995 II S. 2).

[1]Die Wirkung einer Mitteilung nach § 202 Abs. 1 Satz 3 AO hat auch der Vermerk im Prüfungsbericht, dass für den betreffenden Besteuerungszeitraum oder die betreffende Steuerart „keine Änderung" eintritt (BFH-Urteil vom 14.12.1989, III R 158/85, BStBl. 1990 II S. 283), es sei denn, dass sich der Vermerk auf einen Besteuerungszeitraum bezieht, für den die Steuer unter Vorbehalt der Nachprüfung festgesetzt ist. [2]In diesem Fall tritt die Änderungssperre erst dann ein, wenn der Vorbehalt der Nachprüfung nach § 164 Abs. 3 Satz 3 AO durch förmlichen Bescheid aufgehoben wird.

8.6. Zur Frage der Feststellung, ob Steuern hinterzogen oder leichtfertig verkürzt worden sind, vgl. AEAO zu § 169, Nr. 2.1 und 2.2.

Die Änderungssperre wird auch dann durchbrochen, wenn der Adressat des Steuerbescheids selbst nicht der Täter oder Teilnehmer der Steuerhinterziehung oder leichtfertigen Verkürzung ist (vgl. BFH-Urteil vom 14.12.1994, XI R 80/92, BStBl. 1995 II S. 293).

9. Umfang der Änderung

[1]Eine Änderung nach § 173 AO ist nur soweit zulässig, wie sich die neuen Tatsachen oder Beweismittel auswirken (punktuelle Änderung). [2]Sonstige Fehler können nur im Rahmen des § 177 AO berücksichtigt werden (vgl. AEAO zu § 177 AO).

10. Anwendung des § 173 AO in Feststellungsfällen

10.1. [1]Nach § 181 Abs. 1 Satz 1 AO gilt § 173 AO für die gesonderte Feststellung von Besteuerungsgrundlagen sinngemäß. [2]Dies bedeutet dessen Anwendung unter Beachtung der Besonderheiten des Feststellungsverfahrens (vgl. u. a. BFH-Urteil vom 24.6.2009, IV R 55/06, BStBl. II S. 950).

[1]Bei einem Feststellungsbescheid kommt es demzufolge für die Frage der Zulässigkeit einer Änderung nach § 173 Abs. 1 AO darauf an, ob die neuen Tatsachen oder Beweismittel sich zugunsten oder zuungunsten des Steuerpflichtigen auswirken, dem der Gegenstand der Feststellung zuzurechnen ist. [2]Dabei kommt es nur auf die Änderungen der festgestellten Besteuerungsgrundlagen selbst an, nicht auf die steuerlichen Auswirkungen in den Folgebescheiden (vgl. BFH-Urteil vom 24.6.2009, IV R 55/06, a. a. O.).

10.2. Hierbei ist zu unterscheiden, ob die Feststellung auf einen Betrag oder auf eine Eigenschaft/rechtliche Qualifikation lautet.

10.2.1. Lautet eine gesonderte Feststellung auf einen in Euro bemessenen Betrag (Wert, Einkünfte etc.), ist bei Anwendung des § 173 Abs. 1 AO auf die Änderungen dieses Betrags abzustellen.

[1]Erfolgt eine gesonderte Feststellung auch einheitlich (§ 179 Abs. 2 Satz 2 AO), ist hierbei nicht auf die Verhältnisse der Gesellschaft/Gemeinschaft insgesamt, sondern auf die Verhältnisse jedes einzelnen Feststellungsbeteiligten individuell abzustellen. [2]Danach ist ein Bescheid über eine gesonderte und

einheitliche Feststellung aufzuheben oder zu ändern, soweit Tatsachen oder Beweismittel nachträglich bekannt werden, die entweder zu einer Erhöhung oder – bei fehlendem groben Verschulden des Steuerpflichtigen – zu einer Minderung der Besteuerungsgrundlagen bei jedenfalls einem Feststellungsbeteiligten führen (vgl. BFH-Urteile vom 16.4.2015, IV R 2/12, BFH/NV S. 1331, und vom 10.9.2020, IV R 6/18, BStBl. 2021 II S. 197).

[1]§ 173 Abs. 1 Nr. 2 Satz 2 AO ist nach § 181 Abs. 1 Satz 1 AO bei Bescheiden über eine gesonderte und einheitliche Feststellung sinngemäß anzuwenden (vgl. BFH-Urteil vom 24.6.2009, IV R 55/06, BStBl. II S. 950). [2]Die sinngemäße Anwendung von § 173 Abs. 1 Nr. 2 Satz 2 AO ist nicht auf Fälle beschränkt, in denen gegenläufige Änderungen von Besteuerungsgrundlagen innerhalb des nämlichen Feststellungsbescheids vorzunehmen sind. [3]Die Regelung ist auch anzuwenden, wenn sich eine mit der steuermindernden neuen Tatsache zusammenhängende gegenläufige steuererhöhende Änderung aus einem anderen (Feststellungs- oder Steuer-)Bescheid ergibt (vgl. BFH-Urteil vom 10.9.2020, IV R 6/18, a. a. O.). [4]Der Zusammenhang zwischen steuererhöhenden und steuermindernden Tatsachen im Sinne von § 173 Abs. 1 Nr. 2 Satz 2 AO ist nämlich bereits gegeben, wenn der steuererhöhende Vorgang nicht ohne den steuermindernden Vorgang denkbar ist.

Beispiele:

1. Bei einer nachträglich bekannt gewordenen, steuerrechtlich beachtlichen Gewinnverteilungsabrede sind die Voraussetzungen des § 173 Abs. 1 Nr. 1 AO erfüllt, soweit sich die Gewinnanteile erhöhen. Der Bescheid ist hingegen nach § 173 Abs. 1 Nr. 2 AO zu ändern, soweit sich die Gewinnanteile verringern. Auf ein grobes Verschulden am nachträglichen Bekanntwerden einer Gewinnverteilungsabrede kommt es dabei nach § 173 Abs. 1 Nr. 2 Satz 2 AO nicht an, weil die nachträglich bekannt gewordene Gewinnverteilungsabrede zugleich bei dem Feststellungsbeteiligten, dessen Gewinnanteil sich erhöht, eine Tatsache im Sinne des § 173 Abs. 1 Nr. 1 AO ist (BFH-Urteil vom 24.6.2009, IV R 55/06, a. a. O.).
2. Wurden Sonderbetriebsausgaben eines Mitunternehmers zunächst (nur) in dessen Einkommensteuerfestsetzung als Betriebsausgaben seines Einzelunternehmens berücksichtigt und wird der Steuerbescheid später unter Wegfall dieser Ausgaben zuungunsten des Steuerpflichtigen geändert, ist der Gewinnfeststellungsbescheid für die Personengesellschaft bei nachträglichem Bekanntwerden dieser Sonderbetriebsausgaben im Feststellungsverfahren in sinngemäßer Anwendung des § 173 Abs. 1 Nr. 2 Satz 2 AO insoweit zugunsten des Mitunternehmers zu ändern. Hierfür reicht es aus, dass sich die gegenläufige Änderung (§ 173 Abs. 1 Nr. 1 AO) aus dem Einkommensteuerbescheid des nämlichen Mitunternehmers ergibt (vgl. BFH-Urteil vom 10.9.2020, IV R 6/18, a. a. O.).

10.2.2. [1]Werden zu einer Feststellung, die nicht betragsmäßige Besteuerungsgrundlagen, sondern eine Eigenschaft oder rechtliche Bewertung zum Gegenstand hat (z. B. Art der Einkünfte, Grundstücksart, Zurechnung des Grundstücks), neue Tatsachen oder Beweismittel bekannt, findet § 173 Abs. 1 Nr. 2 AO Anwendung, wenn der Steuerpflichtige die Änderung des Feststellungsbescheids begehrt, weil dann davon auszugehen ist, dass sie im Ergebnis zu einer steuerlichen Minderbelastung führt. [2]In diesem Fall ist die Änderung daher nur zulässig, wenn den Steuerpflichtigen kein grobes Verschulden am nachträglichen Bekanntwerden der Tatsachen oder Beweismittel trifft; § 173 Abs. 1 Nr. 2 Satz 2 AO bleibt unberührt. [3]§ 173 Abs. 1 Nr. 1 AO kommt dagegen zur Anwendung, wenn das Finanzamt von Amts wegen die Änderung einer Feststellung in der Annahme vornimmt, diese führe im Ergebnis zu einer steuerlichen Mehrbelastung (vgl. das zur Frage der Änderung der Artfeststellung für ein Grundstück ergangene BFH-Urteil vom 16.9.1987, II R 178/85, BStBl. 1988 II S. 174).

AEAO zu § 173a – Schreib- oder Rechenfehler bei Erstellung einer Steuererklärung:

1. § 173a AO ermöglicht eine Änderung der Steuerfestsetzung, soweit der Steuerpflichtige auf Grund eines (bei Erstellung der Steuererklärung aufgetretenen) Schreib- oder Rechenfehlers der Finanzbehörde bestimmte Tatsachen unzutreffend (d. h. fehlerhaft) mitgeteilt hat und diese Tatsachen nach den Verhältnissen zum Zeitpunkt des Erlasses des Steuerbescheids rechtserheblich waren.

Schreibfehler sind insbesondere Rechtschreibfehler, Wortverwechselungen oder Wortauslassungen oder fehlerhafte Übertragungen.

Rechenfehler sind insbesondere Fehler bei der Addition, Subtraktion, Multiplikation oder Division sowie bei der Prozentrechnung.

[1]Ein solcher Schreib- oder Rechenfehler muss durchschaubar, eindeutig oder augenfällig sein. [2]Das ist dann der Fall, wenn der Fehler bei Offenlegung des Sachverhalts für jeden unvoreingenommenen Dritten klar und deutlich als Schreib- oder Rechenfehler erkennbar ist und kein Anhaltspunkt dafür erkennbar ist, dass eine unrichtige Tatsachenwürdigung, ein Rechtsirrtum oder ein Rechtsanwendungsfehler vorliegt.

[1]Das schlichte Vergessen eines Übertrags selbst ermittelter Besteuerungsgrundlagen in die Steuererklärung ist kein Schreib- oder Rechenfehler i. S. d. § 173a AO.[1)] [2]In derartigen Fällen kann aber eine nachträglich bekannt gewordene Tatsache i. S. d. § 173 Abs. 1 AO vorliegen.

2. [1]§ 173a AO ist erstmals auf Verwaltungsakte anzuwenden, die nach dem 31.12.2016 erlassen worden sind (Art. 97 § 9 Abs. 4 EGAO). [2]Für Altfälle vgl. Nr. 4 Abs. 2 des AEAO zu § 129.

AEAO zu § 174 – Widerstreitende Steuerfestsetzungen:

Inhaltsübersicht

1. Allgemeines
2. Zu § 174 Abs. 1 AO
3. Zu § 174 Abs. 2 AO
4. „Widerstreit" im Sinne des § 174 Abs. 1 und 2 AO
5. Unionskonforme Auslegung des § 174 Abs. 1 und 2 AO
6. Zu § 174 Abs. 3 AO
7. Zu § 174 Abs. 4 AO
8. Änderung nach § 174 Abs. 4 i. V. m. Abs. 5 AO zu Lasten eines Dritten
9. Alternative oder kumulative Erfassung bestimmter Sachverhalte beim Steuerpflichtigen und beim Dritten

1. Allgemeines

1.1. [1]Die Vorschrift eröffnet die Möglichkeit, Vorteile und Nachteile auszugleichen, die sich durch Steuerfestsetzungen ergeben haben, die inhaltlich einander widersprechen. [2]Sie bietet insoweit die gesetzliche Grundlage für die

1) Bestätigt von BFH v. 26.5.2020 IX R 30/19, BFH/NV 2020, 1233.

Änderung einer oder beider Festsetzungen (§ 172 Abs. 1 Satz 1 Nr. 2 Buchstabe d AO).

1.2. [1]Unter einem bestimmten Sachverhalt i. S. d. § 174 AO ist der einzelne Lebensvorgang zu verstehen, an den das Gesetz steuerliche Folgen knüpft. [2]Der Begriff erfasst nicht nur einzelne steuererhebliche Tatsachen, sondern den einheitlichen, für die Besteuerung maßgeblichen Sachverhaltskomplex (ständige BFH-Rechtsprechung; vgl. z. B. Urteil vom 16.4.2013, IX R 22/11, BStBl. 2016 II S. 432). [3]Im Rahmen des § 174 AO muss der dem geänderten sowie der dem zu ändernden Steuerbescheid zugrunde liegende Sachverhalt übereinstimmen. [4]Übereinstimmung setzt jedoch keine vollständige Identität voraus (BFH-Urteil vom 19.8.2015, X R 50/13, BStBl. 2017 II S. 15).

Mehrere Sachverhaltselemente bilden dann einen einheitlichen Lebensvorgang und Sachverhaltskomplex, wenn die betreffenden Sachverhaltselemente einen inneren Zusammenhang aufweisen (vgl. BFH-Urteil vom 12.2.2015, V R 38/13, BStBl. 2017 II S. 31 m. w. N.).

1.3. Die als Steuerfestsetzung unter dem Vorbehalt der Nachprüfung (§ 164 AO) wirkende Steueranmeldung (§ 168 AO) steht einem Steuerbescheid i. S. d. § 174 AO gleich (vgl. BFH-Urteile vom 19.12.2013, V R 5/12, BStBl. 2016 II S. 585, und V R 7/12, BStBl. 2017 II S. 841).

2. Zu § 174 Abs. 1 AO

[1]Nach § 174 Abs. 1 AO ist ein Steuerbescheid aufzuheben oder zu ändern, wenn ein bestimmter Sachverhalt mehrfach zuungunsten eines oder mehrerer Steuerpflichtiger berücksichtigt worden ist, obwohl er nur einmal hätte berücksichtigt werden dürfen. [2]Hierbei kann es sich um Fälle handeln, in denen z. B. dieselbe Einnahme irrtümlich verschiedenen Steuerpflichtigen, verschiedenen Steuern oder verschiedenen Besteuerungszeiträumen zugeordnet worden ist. [3]Auch die Fälle, in denen mehrere Finanzämter gegen denselben Steuerpflichtigen für dieselbe Steuer und denselben Besteuerungszeitraum Steuerbescheide erlassen haben, fallen hierunter.

(Fortsetzung S. 253)

[1]Der fehlerhafte Steuerbescheid ist in den Fällen des § 174 Abs. 1 AO nur auf Antrag aufzuheben oder zu ändern. [2]Hat der Steuerpflichtige fälschlich nur einen Antrag auf Änderung des rechtmäßigen Steuerbescheids gestellt, ist der Antrag allgemein als Antrag auf Beseitigung der widerstreitenden Festsetzung zu behandeln. [3]Die Antragsfrist (§ 174 Abs. 1 Satz 2 AO) ist eine gesetzliche Frist i. S. d. § 110 AO. [4]Über den fristgerecht gestellten Antrag kann auch noch nach Ablauf der Jahresfrist entschieden werden.

3. Zu § 174 Abs. 2 AO

[1]§ 174 Abs. 2 AO regelt in entsprechender Anwendung des § 174 Abs. 1 AO die Fälle, dass ein bestimmter Sachverhalt mehrfach zugunsten eines oder mehrerer Steuerpflichtiger berücksichtigt worden ist. [2]Die Änderung des fehlerhaften Steuerbescheids ist von Amts wegen vorzunehmen. [3]Eine Änderung nach § 174 Abs. 2 AO ist nicht auf den Fall der irrtümlichen Doppelberücksichtigung eines bestimmten Sachverhaltes beschränkt, sie kommt auch bei bewusst herbeigeführten widerstreitenden Steuerfestsetzungen in Betracht (vgl. BFH-Urteil vom 6.9.1995, XI R 37/95, BStBl. 1996 II S. 148).

Unter den Begriff des Antrages oder einer Erklärung des Steuerpflichtigen i. S. d. Vorschrift fallen auch formlose Mitteilungen und Auskünfte außerhalb des Steuererklärungsvordrucks (vgl. BFH-Urteil vom 13.11.1996, XI R 61/96, BStBl. 1997 II S. 170) sowie für den Beteiligten von Dritten abgegebene Erklärungen (z. B. im Rahmen des § 80 Abs. 1 und 4 AO, § 200 Abs. 1 AO).

4. „Widerstreit" im Sinne des § 174 Abs. 1 und 2 AO

[1]Ein „Widerstreit" i. S. d. § 174 Abs. 1 und 2 AO setzt voraus, dass die in verschiedenen Steuerbescheiden vorgenommenen Feststellungen bzw. Besteuerungen aufgrund der materiellen Rechtslage nicht miteinander vereinbar sind. [2]Sie stehen im Widerspruch zueinander, da nur einer der beiden Steuerbescheide und die darin angeordnete Rechtsfolge zutreffend sein kann. [3]Nach materiellem Recht muss sich die mehrfache Erfassung eines bestimmten Sachverhaltes zwingend ausschließen.

5. Unionskonforme Auslegung des § 174 Abs. 1 und 2 AO

[1]In unionskonformer Auslegung des § 174 Abs. 1 und 2 AO kann auch ein Steuerbescheid, der von einer Finanzbehörde eines anderen Mitgliedstaates der Europäischen Union oder eines Staates, auf den das Abkommen über den Europäischen Wirtschaftsraum (EWR-Abkommen) Anwendung findet, erlassen wurde, eine widerstreitende Steuerfestsetzung i. S. d. § 174 Abs. 1 oder 2 AO begründen (BFH-Urteil vom 9.5.2012, I R 73/10, BStBl. 2013 II S. 566).[1)] [2]Die Änderung eines inländischen Steuerbescheids nach § 174 Abs. 1 oder 2 AO setzt voraus, dass eine aus innerstaatlicher Sicht rechtswidrige/fehlerhafte Behandlung des Sachverhaltes im inländischen Steuerbescheid vorliegt. [3]Ein rechtmäßiger Steuerbescheid kann nicht nach § 174 Abs. 1 oder 2 AO geändert werden (vgl. BFH-Urteil vom 17.6.2006, II R 48/04, BFH/NV S. 1611 m. w. N.). [4]Auch eine später eingetretene Rechtswidrigkeit aufgrund rückwirkender geänderter Rechtslage (neue oder geänderte Rechts-

---

1) Ein Widerstreit zwischen einem inländischen und einem ausländischen Steuerbescheid liegt nicht vor, wenn derselbe Sachverhalt im Ausland bei der Bemessungsgrundlage für die Steuer und im Inland im Rahmen des Progressionsvorbehalts hätte berücksichtigt werden können, siehe BFH v. 20.3.2019 II R 61/15, BStBl. II 2020, 463.

norm) oder rückwirkender Ereignisse berechtigt nicht zu einer Änderung nach § 174 Abs. 1 und 2 AO.

[1]Bei einem Antrag auf Änderung eines von einer inländischen Finanzbehörde erlassenen Steuerbescheids zugunsten eines Steuerpflichtigen liegt die objektive Feststellungslast im Hinblick auf den ausländischen Steuerbescheid bei dem Steuerpflichtigen. [2]Zudem trifft ihn insoweit eine erhöhte Mitwirkungspflicht (§ 90 Abs. 2 AO).

Beispiel:

Die inländische Finanzbehörde hat bei der Festsetzung der Einkommensteuer Einkünfte als steuerpflichtig berücksichtigt. Der Einkommensteuerbescheid wird bestandskräftig. Der Steuerpflichtige beantragt ein Jahr später die Änderung dieses Einkommensteuerbescheids, da die fraglichen Einkünfte auch in den Niederlanden versteuert worden seien.
Zu prüfen ist zunächst, ob Deutschland insoweit ein Besteuerungsrecht hatte. Wenn dies zu verneinen ist, muss als weitere Voraussetzung eine mehrfache und mit dem materiellen Recht unvereinbare Berücksichtigung dieser Einkünfte in verschiedenen Steuerbescheiden vorliegen. Der Steuerpflichtige hat zum einen darzulegen, dass die Besteuerung im Inland rechtswidrig bzw. fehlerhaft war, und zum anderen nachzuweisen, dass eine Besteuerung des Sachverhalts in den Niederlanden stattgefunden hat.
Nach § 174 Abs. 1 AO ist der inländische Einkommensteuerbescheid zu ändern, wenn dieser aus innerstaatlicher Sicht rechtswidrig/fehlerhaft war und tatsächlich eine Besteuerung des gleichen Sachverhaltes (Einkünfte) in den Niederlanden stattgefunden hat.

[1]§ 174 Abs. 1 und 2 AO findet keine Anwendung bei Unstimmigkeiten zwischen den Vertragsstaaten über die Ausübung von Besteuerungsrechten (z.B. Verrechnungspreisfälle, Cash-Pooling, konkurrierende Besteuerungen bzw. Anwendung von Rückfallklauseln etc.). [2]Die Regelungen des § 174 AO stehen auch nicht in Konkurrenz bzw. Widerspruch zu Verständigungs- oder Schiedsverfahren nach den DBA; vgl. dazu auch § 175a AO.

6.[1)] Zu § 174 Abs. 3 AO

[1]§ 174 Abs. 3 AO erfasst die Fälle, in denen bei einer Steuerfestsetzung ein bestimmter Sachverhalt in der erkennbaren Annahme nicht berücksichtigt worden ist, dass der Sachverhalt nur Bedeutung für eine andere Steuer, einen anderen Besteuerungszeitraum oder einen anderen Steuerpflichtigen habe. [2]Dieser andere Bescheid muss nicht notwendigerweise schon erlassen worden sein oder später erlassen werden (vgl. BFH-Urteil vom 29.5.2001, VIII R 19/00, BStBl. II S. 743). [3]Der Anwendung des § 174 Abs. 3 AO steht auch nicht entgegen, dass die Finanzbehörde in der (erkennbaren) Annahme, ein bestimmter Sachverhalt sei in einem anderen Steuerbescheid zu berücksichtigen, zunächst überhaupt keinen Steuerbescheid erlässt (BFH-Urteil vom 23.5.1996, IV R 49/95, BFH/NV 1997 S. 89).

[1]Die Annahme, der bestimmte Sachverhalt sei in einem anderen Steuerbescheid zu erfassen, muss für den Steuerpflichtigen erkennbar und für die Nichtberücksichtigung kausal geworden sein. [2]Die Erkennbarkeit ist gegeben, wenn der Steuerpflichtige die (später als fehlerhaft erkannte) Annahme des Finanzamts auch ohne entsprechenden Hinweis aus dem gesamten Sachverhaltsablauf allein aufgrund verständiger Würdigung des fehlerhaften Bescheids erkennen konnte (BFH-Urteil vom 21.12.1984, III R 75/81, BStBl. 1985 II S. 283, und BFH-Beschluss vom 15.10.1998, IV B 15/98, BFH/NV 1999 S. 449). [3]An der Kausalität fehlt es dagegen, wenn die Nichtberücksichtigung

1) Siehe auch BFH v. 19.12.2013 V R 7/12, BStBl. II 2017, 841.

darauf beruht, dass das Finanzamt von dem bestimmten Sachverhalt gar keine Kenntnis hatte oder annahm, dieser Sachverhalt sei – jetzt und auch später – ohne steuerliche Bedeutung (BFH-Urteil vom 29.5.2001, VIII R 19/00, a. a. O.).

Beispiel:

Die Finanzbehörde hat bei der Festsetzung der Einkommensteuer am 31.12. entstandene Aufwendungen nicht zum Abzug als Sonderausgaben zugelassen, weil sie der Auffassung war, dass die Sonderausgaben erst im nächsten Veranlagungszeitraum abzugsfähig seien (§ 11 Abs. 1 Satz 2 EStG). 2 Stellt sich die Annahme später als unrichtig heraus, so kann die Steuerfestsetzung, bei der die Berücksichtigung des Sachverhaltes unterblieben ist, insoweit, trotz etwa eingetretener Bestandskraft noch geändert werden, zeitlich jedoch nur bis zum Ablauf der für die andere Steuerfestsetzung laufenden Festsetzungsfrist.

Die irrige Annahme, der Sachverhalt sei in einem anderen Steuerbescheid zu berücksichtigen, muss von dem für die Steuerfestsetzung zuständigen Amtsträger gemacht worden sein (vgl. BFH-Urteil vom 29.5.2001, VIII R 19/00, a. a. O.).

7. Zu § 174 Abs. 4 AO

7.1. § 174 Abs. 4 AO ergänzt die Regelung des § 174 Abs. 3 AO um die Fälle, in denen eine Steuerfestsetzung auf Antrag oder im Rechtsbehelfsverfahren zugunsten des Steuerpflichtigen geändert worden ist.

7.2. 1 Der Änderung nach § 174 Abs. 4 AO steht nicht entgegen, dass der gleiche Sachverhalt sowohl in dem zugunsten des Steuerpflichtigen geänderten Steuerbescheid als auch in dem zu ändernden Bescheid steuerlich zu berücksichtigen ist (vgl. BFH-Urteil vom 18.2.1997, VIII R 54/95, BStBl. II S. 647). 2 Bei der Anwendung der Vorschrift ist zu berücksichtigen, dass § 174 Abs. 4 AO den Ausgleich einer zugunsten des Steuerpflichtigen eingetretenen Änderung bezweckt. 3 Derjenige, der erfolgreich für seine Rechtsansicht gestritten hat, muss auch die damit verbundenen Nachteile hinnehmen.

7.3. Beispiele:

a) Die Finanzbehörde hat einen Veräußerungsgewinn bei der Festsetzung der Einkommensteuer erfasst. Der Steuerpflichtige macht im Rechtsbehelfsverfahren mit Erfolg geltend, dass der Veräußerungsgewinn erst im folgenden Veranlagungszeitraum zu berücksichtigen sei. Unter den Voraussetzungen des § 174 Abs. 4 AO kann die Erfassung des Veräußerungsgewinns in dem folgenden Veranlagungszeitraum nachgeholt werden, auch wenn die hierfür maßgebliche Steuerfestsetzung bereits unanfechtbar geworden ist oder die Festsetzungsfrist bereits abgelaufen war.

b) Der Steuerpflichtige erreicht wegen eines in einem Veranlagungszeitraum erzielten Einnahmeüberschusses eine geänderte Beurteilung der Einkünfteerzielungsabsicht und damit die Berücksichtigung des Werbungskostenüberschusses in den angefochtenen Steuerbescheiden. Das Finanzamt kann den bisher unberücksichtigt gebliebenen Einnahmeüberschuss nachträglich durch Änderung des für diesen Veranlagungszeitraum bestandskräftig gewordenen Steuerbescheids nach § 174 Abs. 4 AO erfassen (vgl. BFH-Urteil vom 18.2.1997, VIII R 54/95, a. a.O.).

7.4. § 174 Abs. 4 AO lässt es hingegen nicht zu, dass die durch Rechtsbehelf oder sonstigen Antrag erwirkte Änderung eines Bescheides zugunsten des Steuerpflichtigen auf bestandskräftige andere Bescheide – ebenfalls zugunsten des Steuerpflichtigen – übertragen wird (BFH-Urteil vom 10.3.1999, XI R 28/98, BStBl. II S. 475).

8. Änderung nach § 174 Abs. 4 i. V. m. Abs. 5 AO zu Lasten eines Dritten

8.1. Nach § 174 Abs. 4 i. V. m. Abs. 5 AO können zur Richtigstellung einer irrigen Beurteilung eines bestimmten Sachverhalts steuerrechtliche Folgen auch zu Lasten eines bereits bestandskräftig beschiedenen Dritten gezogen werden.

8.2. [1]Dritter ist, wer im ursprünglichen Bescheid nicht als Inhaltsadressat (vgl. AEAO zu § 122, Nr. 1.3.1) angegeben war (vgl. BFH-Urteil vom 8.2.1995, I R 127/93, BStBl. II S. 764). [2]So ist im Besteuerungsverfahren der Organträgerin die Organgesellschaft regelmäßig Dritte i. S. v. § 174 Abs. 4 i. V. m. Abs. 5 AO (BFH-Urteil vom 19.12.2013, V R 5/12, BStBl. 2016 II S. 585). [3]Sie ist dann nicht mehr Dritte, wenn im Zeitpunkt der Aufhebung oder Änderung des Steuerbescheids Gesamtrechtsnachfolge (§ 45 AO) – wie im Falle der Verschmelzung – eingetreten ist (vgl. BFH-Urteil vom 19.12.2013, V R 6/12, BFH/NV 2014 S. 1126).

8.3. [1]Inhaltsadressat eines Feststellungsbescheids – und damit nicht Dritter i. S. d. § 174 Abs. 5 AO – ist derjenige, dem der Gegenstand der Feststellung zuzurechnen ist. [2]Die Gesellschafter einer Personengesellschaft sind daher im Gewinnfeststellungsverfahren nicht Dritte i. S. d. § 174 Abs. 5 AO (BFH-Urteil vom 15.6.2004, VIII R 7/02, BStBl. II S. 914).

8.4. [1]Der Erlass oder die Änderung eines Steuerbescheids gegenüber dem Dritten setzt voraus, dass dieser vor Ablauf der Festsetzungsfrist für den gegen ihn gerichteten Steueranspruch zu dem Verfahren, das zur Aufhebung oder Änderung des fehlerhaften Steuerbescheids geführt hat, hinzugezogen oder beigeladen worden ist (BFH-Urteil vom 19.12.2013, V R 5/12, BStBl. 2016 II S. 585). [2]Die Finanzbehörde muss daher die Hinzuziehung eines in Betracht kommenden Dritten rechtzeitig vornehmen oder im finanzgerichtlichen Verfahren dessen Beiladung durch rechtzeitige Antragstellung veranlassen (zum Antrag auf Beiladung vgl. BFH-Beschluss vom 22.12.1988, VIII B 131/87, BStBl. 1989 II S. 314). [3]§ 174 Abs. 5 Satz 2 AO ist selbst Rechtsgrundlage für die Beteiligung des Dritten, ohne dass die Voraussetzungen des § 360 Abs. 3 AO und des § 60 FGO vorliegen müssen (vgl. BFH-Beschluss vom 17.5.1994, IV B 84/93, BFH/NV 1995 S. 87). [4]Schon die Möglichkeit, dass ein Steuerbescheid wegen irrtümlicher Beurteilung eines Sachverhalts aufzuheben oder zu ändern ist und hieraus Folgen für einen Dritten zu ziehen sind, rechtfertigt die Hinzuziehung des Dritten (BFH-Beschlüsse vom 4.1.1996, X B 149/95, BFH/NV S. 453, vom 30.1.1996, VIII B 20/95, BFH/NV S. 524, und vom 27.8.1998, III B 41/98, BFH/NV 1999 S. 156).

8.5. [1]Eine Hinzuziehung oder Beiladung kommt grundsätzlich nicht mehr in Betracht, wenn gegenüber dem Dritten im Zeitpunkt der beabsichtigten Hinzuziehung oder Beiladung die Festsetzungsfrist für den gegen ihn gerichteten Steueranspruch bereits abgelaufen ist (vgl. BFH-Urteil vom 5.5.1993, X R 111/91, BStBl. II S. 817). [2]Hat der Dritte aber durch eigene verfahrensrechtliche Initiativen auf die Änderung oder die Aufhebung des fehlerhaften Bescheids hingewirkt, kann er auch noch nach Ablauf der Festsetzungsfrist hinzugezogen oder beigeladen werden (vgl. BFH-Urteil vom 10.11.1993, I R 20/93, BStBl. 1994 II S. 327); es reicht aber nicht aus, dass der Dritte den Widerstreit von Steuerfestsetzungen lediglich kennt.

8.6. [1]Weil sich die Frage, welches die „richtigen steuerlichen Folgerungen" sind, verbindlich im Ausgangsverfahren entscheidet (vgl. BFH-Urteile vom 24.11.1987, IX R 158/83, BStBl. 1988 II S. 404, und vom 3.8.1988, I R 115/84, BFH/NV 1989 S. 482) und der Dritte durch die Ausgangsentscheidung beschwert ist (vgl. BFH-Urteil vom 22.7.1980, VIII R 114/78, BStBl. 1981 II S. 101), muss ihm die Möglichkeit eröffnet sein, sich im Ausgangsverfahren rechtliches Gehör zu verschaffen und auf das Verfahren dort Einfluss zu nehmen. [2]Korrekturbescheide und abschließende Entscheidungen müssen auch dem Dritten bekannt gegeben werden, damit auch dieser die Möglichkeit hat, hiergegen Rechtsbehelf einzulegen (BFH-Urteile vom 11.4.1991, V R 40/86, BStBl. II S. 605, und vom 26.7.1995, X R 45/92, BFH/NV 1996 S. 195). [3]Eine Entscheidung durch Abhilfebescheid (§ 172 Abs. 1 Satz 1 Nr. 2 Buchstabe a AO), durch die es einer Einspruchsentscheidung nicht mehr bedarf, wahrt die Rechte des Hinzugezogenen nur, wenn sie seinem Antrag der Sache nach entspricht oder wenn er ihr zustimmt (BFH-Urteile vom 11.4.1991, V R 40/86, a. a. O., vom 20.5.1992, III R 176/90, BFH/NV 1993 S. 74, und vom 5.5.1993, X R 111/91, BStBl. II, S. 817).

8.7. [1]Eine Hinzuziehung oder Beiladung des Dritten ist nur dann entbehrlich, wenn er Verfahrensbeteiligter i. S. d. § 359 AO oder § 57 FGO war oder durch eigene verfahrensrechtliche Initiativen auf die Änderung oder Aufhebung des fehlerhaften Steuerbescheids hingewirkt hat (BFH-Urteile vom 8.2.1995, I R 127/93, BStBl. II S. 764, und vom 27.3.1996, I R 100/94, BFH/NV S. 798). [2]Daneben ist die Änderung gegenüber einem Dritten auch ohne Einhaltung der Voraussetzungen des § 174 Abs. 5 AO zulässig, wenn die Voraussetzungen des § 174 Abs. 3 AO erfüllt sind (vgl. BFH-Urteile vom 1.8.1984, V R 67/82, BStBl. II S. 788, und vom 19.12.2013, V R 7/12, BFH/NV 2014 S. 1130).

9.[1)] Alternative oder kumulative Erfassung bestimmter Sachverhalte beim Steuerpflichtigen und beim Dritten

[1]§ 174 Abs. 4 und 5 AO ist nicht auf Fälle einer alternativen Erfassung bestimmter Sachverhalte (vgl. AEAO zu § 174, Nr. 1.2) entweder beim Steuerpflichtigen oder beim Dritten beschränkt. [2]Auch brauchen die steuerrechtlichen Folgen, die aus dem bestimmten Sachverhalt sowohl beim Steuerpflichtigen als auch bei einem Dritten zu ziehen sind, nicht identisch zu sein. [3]Aufgrund ein und desselben Sachverhalts kann beim Steuerpflichtigen eine abziehbare Ausgabe und beim Dritten eine Einnahme in Betracht kommen (BFH-Urteil vom 24.11.1987, IX R 158/83, BStBl. 1988 II S. 404, und BFH-Beschluss vom 2.12.1999, II B 17/99, BFH/NV 2000 S. 679).

AEAO zu § 175 – Änderung von Steuerbescheiden auf Grund von Grundlagenbescheiden und bei rückwirkenden Ereignissen:

1. Aufhebung oder Änderung von Folgebescheiden nach § 175 Abs. 1 Satz 1 Nr. 1 AO

1.1. [1]Grundlagenbescheide i. S. d. § 175 Abs. 1 Satz 1 Nr. 1 AO sind Feststellungsbescheide, Steuermessbescheide oder sonstige für eine Steuerfestsetzung

1) Vgl. hierzu BFH v. 18.2.2009 V R 81/07, BStBl. II 2010, 109.

bindende Verwaltungsakte (§ 171 Abs. 10 AO). 2 Auch Verwaltungsakte anderer Behörden, die keine Finanzbehörden sind, können Grundlagenbescheide sein (z. B. Verwaltungsakte der zuständigen Behörden, die den Grad einer Behinderung i. S. d. § 33b EStG feststellen).[1)]

1.2.[2)] 1 Die Anpassung des Folgebescheids an einen Grundlagenbescheid steht nicht im Ermessen der Finanzbehörde (BFH-Urteil vom 10.6.1999, IV R 25/98, BStBl. II S. 545). 2 Der vom Grundlagenbescheid ausgehenden Bindungswirkung (§ 182 Abs. 1 AO) ist durch Änderung des Folgebescheids nach § 175 Abs. 1 Satz 1 Nr. 1 AO Rechnung zu tragen, wenn der Folgebescheid die mit dem Grundlagenbescheid getroffene Feststellung nicht oder nicht zutreffend berücksichtigt. 3 Eine Anpassung des Folgebescheids an den Grundlagenbescheid nach § 175 Abs. 1 Satz 1 Nr. 1 AO ist auch dann vorzunehmen, wenn der Grundlagenbescheid

- erst nach Erlass des Folgebescheids ergangen ist (§§ 155 Abs. 2 und 162 Abs. 5 AO),
- bei Erlass des Folgebescheids übersehen wurde (BFH-Urteile vom 9.8. 1983, VIII R 55/82, BStBl. 1984 II S. 86, und vom 6.11.1985, II R 255/ 83, BStBl. 1986 II S. 168; vgl. BFH-Urteil vom 16.7.2003, X R 37/99, BStBl. II S. 867, zur Anwendbarkeit des § 129 AO, wenn die Finanzbehörde die Auswertung des Grundlagenbescheids nicht bewusst unterlassen hat),
- bei Erlass des Folgebescheids bereits vorlag, die im Grundlagenbescheid getroffenen Feststellungen aber fehlerhaft berücksichtigt worden sind (BFH-Urteile vom 14.4.1988, IV R 219/85, BStBl. II S. 711, vom 4.9.1996, XI R 50/96, BStBl. 1997 II S. 261, und vom 10.6.1999, IV R 25/98, a. a. O.).

1.3. 1 Wird ein Grundlagenbescheid aus formellen Gründen ersatzlos aufgehoben, so eröffnet dies der für den Erlass des Folgebescheids zuständigen Finanzbehörde die Möglichkeit, den Sachverhalt, der bisher Gegenstand des Feststellungsverfahrens war, selbständig zu beurteilen und den Folgebescheid insoweit nach § 175 Abs. 1 Satz 1 Nr. 1 AO zu ändern (BFH-Urteile vom 25.6.1991, IX R 57/88, BStBl. II S. 821, und vom 24.3.1998, I R 83/97, BStBl. II S. 601). 2 Das Gleiche gilt, wenn

- ein zunächst eingeleitetes Feststellungsverfahren aus formellen Gründen zu einem sog. negativen Feststellungsbescheid führt (BFH-Urteil vom 11.5. 1993, IX R 27/90, BStBl. II S. 820) oder
- einzelne Besteuerungsgrundlagen nachträglich aus dem Feststellungsverfahren ausgeschieden werden (BFH-Urteile vom 11.4.1990, I R 82/86, BFH/ NV 1991 S. 143, vom 25.6.1991, IX R 57/88, a. a. O., vom 14.7.1993, X R 34/90, BStBl. 1994 II S. 77, und vom 7.12.1993, IX R 134/92, BFH/NV 1994 S. 547, sowie BFH-Beschluss vom 8.9.1998, IX B 71/98, BFH/NV 1999 S. 157).

1.4. 1 Durch einen negativen Feststellungsbescheid, mit dem die Feststellung von Einkünften nicht aus formellen, sondern aus materiellen Gründen – z. B.

---

1) Zur verjährungshemmenden Wirkung sog. „ressortfremder" Grundlagenbescheide siehe BMF v. 31.1.2014, BStBl. I 2014, 159.

2) Zur Bindungswirkung eines geänderten Grundlagenbescheids bei gleichzeitiger Aufhebung des Vorbehalts der Nachprüfung siehe BFH v. 21.1.2014 IX R 38/13, BStBl. II 2016, 580.

wegen Liebhaberei – abgelehnt wird, geht die Ermittlungsbefugnis nicht auf das für den Erlass des Folgebescheids zuständige Finanzamt über (vgl. BFH-Urteil vom 28.11.1985, IV R 178/83, BStBl. 1986 II S. 293). [2]In diesem negativen Feststellungsbescheid wird bindend festgelegt, dass in den Folgebescheiden keine Einkünfte aus dem fraglichen Rechtsverhältnis angesetzt werden dürfen (vgl. BFH-Beschluss vom 17.1.1985, IV B 65/84, BStBl. II S. 299).

1.5. [1]Stellt die Finanzbehörde durch Verwaltungsakt die Nichtigkeit eines Grundlagenbescheids fest, ist der Folgebescheid nach § 175 Abs. 1 Satz 1 Nr. 1 AO zu ändern (BFH-Urteil vom 20.8.2014, X R 15/10, BStBl. 2015 II S. 109; vgl. AEAO zu § 125, Nr. 4). [2]In diesem Fall geht die Ermittlungsbefugnis ebenfalls nicht auf das für den Erlass des Folgebescheids zuständige Finanzamt über (vgl. BFH-Urteil vom 24.5.2006, I R 93/05, BStBl. 2007 II S. 76).

1.6. Sind die Voraussetzungen für eine Steuervergünstigung durch einen außersteuerlichen Grundlagenbescheid nachzuweisen, so steht der Anpassung des Steuerbescheids (Folgebescheid) an den Grundlagenbescheid nach § 175 Abs. 1 Satz 1 Nr. 1 AO nicht entgegen, dass der Steuerpflichtige den für die Steuervergünstigung erforderlichen, aber nicht fristgebundenen Antrag erst nach Unanfechtbarkeit des Steuerbescheids gestellt hat (BFH-Urteil vom 13.12.1985, III R 204/81, BStBl. 1986 II S. 245).

2. Aufhebung oder Änderung von Steuerbescheiden wegen Eintritts eines rückwirkenden Ereignisses (§ 175 Abs. 1 Satz 1 Nr. 2 AO)

2.1. [1]Die Aufhebung oder Änderung eines Steuerbescheids nach § 175 Abs. 1 Satz 1 Nr. 2 AO setzt voraus, dass nachträglich ein Ereignis eingetreten ist, das steuerliche Wirkung für die Vergangenheit hat. [2]Hierzu rechnen alle rechtlich bedeutsamen Vorgänge, aber auch tatsächlichen Lebensvorgänge, die steuerlich – ungeachtet der zivilrechtlichen Wirkungen – in der Weise Rückwirkung entfalten, dass nunmehr der veränderte anstelle des zuvor verwirklichten Sachverhalts der Besteuerung zugrunde zu legen ist (BFH-Beschluss GrS vom 19.7.1993, GrS 2/92, BStBl. II S. 897, m. w. N.).

2.2. [1]Ob einer nachträglichen Änderung des Sachverhaltes rückwirkende steuerliche Bedeutung zukommt, bestimmt sich allein nach dem jeweils einschlägigen materiellen Steuerrecht. [2]Nach diesem ist zu beurteilen, ob zum einen eine Änderung des ursprünglich gegebenen Sachverhalts den Steuertatbestand überhaupt betrifft und ob sich darüber hinaus der bereits entstandene materielle Steueranspruch mit steuerlicher Rückwirkung ändert (BFH-Beschluss GrS vom 19.7.1993, GrS 2/92, a. a. O.).

Der Fall eines rückwirkenden Ereignisses liegt vor allem dann vor, wenn die Besteuerung nach dem maßgeblichen Einzelsteuergesetz nicht an Lebensvorgänge, sondern unmittelbar oder mittelbar an Rechtsgeschäfte, Rechtsverhältnisse oder Verwaltungsakte anknüpft und diese Umstände nachträglich mit Wirkung für die Vergangenheit gestaltet werden (BFH-Urteil vom 21.4.1988, IV R 215/85, BStBl. II S. 863).

[1]Nach § 175 Abs. 2 Satz 2 AO gilt die nachträgliche Erteilung oder Vorlage einer Bescheinigung oder Bestätigung nicht als rückwirkendes Ereignis.

[2]§ 175 Abs. 2 Satz 2 AO ist nicht auf die Bescheinigung der anrechenbaren Körperschaftsteuer bei verdeckten Gewinnausschüttungen anzuwenden (siehe hierzu und zum Anwendungszeitraum der Vorschrift Art. 97 § 9 Abs. 3 EGAO). [3]Beweismittel, die ausschließlich dazu dienen, eine steuerrechtlich relevante Tatsache zu belegen und die als solche keinen Eingang in eine materielle Steuerrechtsnorm gefunden haben, sind auch dann kein rückwirkendes Ereignis i. S. d. § 175 Abs. 1 Satz 1 Nr. 2 AO, wenn sie erst nach Bestandskraft eines Bescheids beschafft werden können; ggf. kommt hier aber § 173 AO zur Anwendung.

Eine rückwirkende Änderung steuerrechtlicher Normen ist kein rückwirkendes Ereignis i. S. d. § 175 Abs. 1 Satz 1 Nr. 2 AO (BFH-Urteil vom 9.8. 1990, X R 5/88, BStBl. 1991 II S. 55).

Auch eine Entscheidung des BVerfG stellt kein rückwirkendes Ereignis i. S. v. § 175 Abs. 1 Satz 1 Nr. 2 AO dar (vgl. u. a. BFH-Urteil vom 12.5.2009, IX R 45/08, BStBl. II S. 891).

2.3. [1]Die Änderung des Steuerbescheids nach § 175 Abs. 1 Satz 1 Nr. 2 AO ist nur zulässig, wenn das rückwirkende Ereignis nachträglich, d. h. nach Entstehung des Steueranspruchs und nach dem Erlass des Steuerbescheids (ggf. des zuletzt erlassenen Änderungsbescheids) eingetreten ist. [2]Die Voraussetzungen des § 175 Abs. 1 Satz 1 Nr. 2 AO liegen nicht vor, wenn das Finanzamt – wie im Fall des § 173 Abs. 1 AO – lediglich nachträglich Kenntnis von einem bereits gegebenen Sachverhalt erlangt (vgl. BFH-Urteil vom 6.3.2003, XI R 13/02, BStBl. II S. 554).

Ist im Einzelfall die Änderung des Steuerbescheids nach § 175 Abs. 1 Satz 1 Nr. 2 AO ausgeschlossen, kann in Fällen, in denen das Ereignis zwar schon vor Erlass des Steuerbescheids eingetreten, dem Finanzamt jedoch erst nachträglich bekannt geworden ist, die Änderung des Steuerbescheids nach § 173 Abs. 1 AO in Betracht kommen (vgl. BFH-Urteil vom 17.3.1994, V R 123/91, BFH/NV 1995 S. 274).

2.4. Beispiele für rückwirkende Ereignisse:

Einkommensteuer

- § 4 Abs. 2 Satz 1 EStG
  Wird ein für das Betriebsvermögen am Schluss des Wirtschaftsjahres maßgebender Wertansatz korrigiert, der sich auf die Höhe des Gewinns der Folgejahre auswirkt, so stellt dies ein Ereignis mit steuerlicher Rückwirkung hinsichtlich der Veranlagung für die Folgejahre dar (BFH-Urteil vom 30.6.2005, IV R 11/04, BStBl. II S. 809). Zu den Auswirkungen auf die Verzinsung nach § 233a AO vgl. AEAO zu § 233a, Nr. 10.3.2.
- § 6 Abs. 1 Nr. 1a EStG
  Wird nachträglich die 15%-Grenze i. S. d. § 6 Abs. 1 Nr. 1a EStG überschritten, so stellt dies ein rückwirkendes Ereignis dar.
- § 6b EStG
  Die Rücklage nach § 6b Abs. 3 EStG kann vom Steuerpflichtigen rückwirkend aufgestockt werden, wenn sich der Veräußerungspreis in einem späteren Veranlagungszeitraum erhöht (vgl. BFH-Urteil vom 13.9.2000, X R 148/97, BStBl. 2001 II S. 641).
- § 10 EStG (Folgen der Erstattung von Sonderausgaben in einem späteren Veranlagungszeitraum)
  Werden gezahlte Sonderausgaben in einem späteren Veranlagungszeitraum an den Steuerpflichtigen erstattet, ist der Erstattungsbetrag im Erstattungsjahr mit gleichartigen Sonderausgaben zu verrechnen. Ist im Jahr der Erstattung der Sonderausgaben an den Steuer-

pflichtigen ein Ausgleich mit gleichartigen Aufwendungen nicht oder nicht in voller Höhe möglich, so ist der Sonderausgabenabzug des Jahres der Verausgabung rückwirkend zu mindern (BFH-Urteil vom 7.7.2004, XI R 10/04, BStBl. II S. 1058, und vom 21.7.2009, X R 32/07, BStBl. 2010 II S. 38). Ab Veranlagungszeitraum 2012 ist bei den Aufwendungen i. S. d. § 10 Abs. 1 Nr. 2 bis 3a EStG nach § 10 Abs. 4b Satz 2 EStG ein Erstattungsbetrag innerhalb des Veranlagungszeitraums mit anderen Aufwendungen der jeweiligen Nummer zu verrechnen; ein Erstattungsüberhang erhöht in den Fällen des § 10 Abs. 1 Nr. 3 und 4 EStG nach § 10 Abs. 4b Satz 3 EStG dann den Gesamtbetrag der Einkünfte.

– § 10 Abs. 1a Nr. 1 EStG
  Wird nach Eintritt der Bestandskraft sowohl die Zustimmung zur Anwendung des Realsplittings erteilt, als auch der Antrag nach § 10 Abs. 1a Nr. 1 EStG (bis VZ 2014: § 10 Abs. 1 Nr. 1 EStG) gestellt, liegen die Voraussetzungen für eine Änderung nach § 175 Abs. 1 Satz 1 Nr. 2 AO vor (BFH-Urteil vom 12.7.1989, X R 8/84, BStBl. II S. 957). Auch die nachträgliche betragsmäßige Erweiterung eines bereits vorliegenden Antrags stellt i. V. m. der erweiterten Zustimmungserklärung ein rückwirkendes Ereignis dar (BFH-Urteil vom 28.6.2006, XI R 32/05, BStBl. 2007 II S. 5). Demgegenüber liegt kein rückwirkendes Ereignis vor, wenn dem Unterhaltspflichtigen bei einem erst nach Bestandskraft des Einkommensteuerbescheids gestellten Antrag auf Berücksichtigung von Unterhaltsleistungen die Zustimmungserklärung des Unterhaltsempfängers bereits vor Eintritt der Bestandskraft vorlag (BFH-Urteil vom 20.8.2014, X R 33/12, BStBl. 2015 II S. 138).

– § 14a Abs. 4 EStG
  Die Steuerbegünstigung der vorgezogenen Abfindung steht unter dem Gesetzesvorbehalt, dass der Abgefundene nicht doch noch den Betrieb übernimmt oder der Betrieb nicht vorher verkauft wurde (vgl. BFH-Urteil vom 4.3.1993, IV R 110/92, BStBl. II S. 788). Entsprechende für die Begünstigung schädliche Handlungen sind als rückwirkende Ereignisse anzusehen (vgl. BFH-Urteil vom 23.11.2000, IV R 85/99, BStBl. 2001 II S. 122).

– § 16 Abs. 1 Satz 1 Nr. 1 EStG
  Wird die gestundete Kaufpreisforderung für die Veräußerung eines Gewerbebetriebs in einem späteren VZ ganz oder teilweise uneinbringlich, so stellt dies ein Ereignis mit steuerlicher Rückwirkung auf den Zeitpunkt der Veräußerung dar (BFH-Urteil vom 19.7.1993, GrS 2/92, BStBl. II S. 897).
  Die Zahlung von Schadensersatzleistungen für betriebliche Schäden nach Betriebsaufgabe beeinflusst die Höhe des Aufgabegewinns, weil sie ein rückwirkendes Ereignis auf den Zeitpunkt der Betriebsaufgabe darstellt (BFH-Urteil vom 10.2.1994, IV R 37/92, BStBl. II S. 564).

– § 16 Abs. 1 Satz 1 Nr. 2 EStG
  Die spätere vergleichsweise Festlegung eines strittigen Veräußerungspreises ist auf den Zeitpunkt der Realisierung des Veräußerungsgewinns zurückzubeziehen (BFH-Urteil vom 26.7.1984, IV R 10/83, BStBl. II S. 786).
  Scheidet ein Kommanditist aus einer KG aus und bleibt sein bisheriges Gesellschafterdarlehen bestehen, so ist, wenn diese Forderung später wertlos wird, sein Veräußerungs- bzw. Aufgabegewinn mit steuerlicher Wirkung für die Vergangenheit gemindert (BFH-Urteil vom 14.12.1994, X R 128/92, BStBl. 1995 II S. 465).

– § 17 EStG
  Fallen nach Auflösung einer Kapitalgesellschaft nachträgliche Anschaffungskosten für eine Beteiligung i. S. d. § 17 Abs. 2 Satz 1 EStG an, können diese bei der Ermittlung des Auflösungsgewinns als rückwirkendes Ereignis berücksichtigt werden (vgl. BFH-Urteil vom 2.10.1984, VIII R 20/84, BStBl. 1985 II S. 428).
  Wird der Verkauf eines Anteils an einer Kapitalgesellschaft (wesentliche Beteiligung i. S. v. § 17 EStG) nach Übertragung des Anteils und vollständiger Bezahlung des Kaufpreises durch den Abschluss eines außergerichtlichen Vergleiches, mit dem die Vertragsparteien den Rechtsstreit über den Eintritt einer im Kaufvertrag vereinbarten auflösenden Bedingung beilegen, rückgängig gemacht, so ist dies ein Ereignis mit steuerlicher Rückwirkung auf den Zeitpunkt der Veräußerung (BFH-Urteil vom 19.8.2003, VIII R 67/02, BStBl. 2004 II S. 107).

– § 22 Nr. 1 Satz 3 EStG
Wird eine Rente rückwirkend zugebilligt und fällt dadurch rückwirkend ganz oder teilweise der Anspruch auf Sozialleistungen (z. B. Kranken- oder Arbeitslosengeld) weg, sind die bisher im Rahmen des Progressionsvorbehalts berücksichtigten Leistungen als Rentenzahlung anzusehen und nach § 22 Nr. 1 Satz 3 Buchstabe a EStG der Besteuerung zu unterwerfen (vgl. R 32b Abs. 4 EStR 2012).[1)]

– § 22 Nr. 3 EStG
Fallen Werbungskosten für einmalige (sonstige) Leistungen (§ 22 Nr. 3 EStG) nachträglich an und war ihre Entstehung im Jahr des Zuflusses der Einnahme nicht vorhersehbar, ist die Veranlagung des Zuflussjahres nach § 175 Abs. 1 Satz 1 Nr. 2 AO zu ändern (BFH-Urteil vom 3.6.1992, X R 91/90, BStBl. II S. 1017).
Wird ein nach § 22 Nr. 3 EStG steuerbares Entgelt für ein Vorkaufsrecht auf den Kaufpreis eines später zustande kommenden Kaufvertrags angerechnet, führt dies zum rückwirkenden Wegfall des zunächst angenommenen Tatbestands der „Einkünfte aus Leistungen" (BFH-Urteil vom 10.8.1994, X R 42/91, BStBl. 1995 II S. 57).

– §§ 26 bis 26b EStG
Wählt ein Ehegatte/Lebenspartner vor Bestandskraft des ihm gegenüber ergangenen Bescheides die Einzelveranlagung nach § 26a EStG (bis VZ 2012: die getrennte Veranlagung), sind die Ehegatten/Lebenspartner auch dann einzeln zu veranlagen, wenn der gegenüber dem anderen Ehegatten/Lebenspartner ergangene Zusammenveranlagungsbescheid bereits bestandskräftig geworden ist. Der Antrag auf Einzelveranlagung nach § 26a EStG stellt hinsichtlich des Zusammenveranlagungsbescheids des anderen Ehegatten/Lebenspartners ein rückwirkendes Ereignis mit der Folge dar, dass dieser nach § 175 Abs. 1 Satz 1 Nr. 2 AO aufzuheben ist und die Festsetzungsfrist ihm gegenüber mit Ablauf des Kalenderjahres beginnt, in dem der Antrag auf Einzelveranlagung nach § 26a EStG gestellt wird (vgl. BFH-Urteile vom 3.3.2005, III R 22/02, BStBl. II S. 690, und vom 28.7.2005, III R 48/03, BStBl. II S. 865).
Widerruft ein Ehegatte/Lebenspartner im Zuge der Veranlagung seinen Antrag auf Einzelveranlagung nach § 26a EStG, ist die bestandskräftige Veranlagung des anderen Ehegatten/Lebenspartners nach § 175 Abs. 1 Satz 1 Nr. 2 AO aufzuheben.
Die Wahl einer bestimmten Veranlagungsart oder deren Änderung bzw. Widerruf durch einen Ehegatten oder Lebenspartner ist hingegen kein rückwirkendes Ereignis im Sinne von § 175 Abs. 1 Satz 1 Nr. 2 AO, wenn beide Ehegatten/Lebenspartner für den betreffenden Veranlagungszeitraum im Zeitpunkt der Antragstellung bereits bestandskräftig zur Einkommensteuer veranlagt sind (vgl. BFH-Urteil vom 25.9.2014, III R 5/13, BFH/NV 2015 S. 811).
Zur nachträglichen Ausübung steuerlicher Wahlrechte vgl. Nr. 8 des AEAO vor §§ 172 bis 177.
Zur Verzinsung vgl. Nr. 10.2.1 des AEAO zu § 233a.

– § 32 Abs. 6 Satz 6 EStG
Der Antrag zur Übertragung des Kinderfreibetrags/Betreuungsfreibetrags nach Eintritt der Bestandskraft stellt ein rückwirkendes Ereignis dar (BMF-Schreiben vom 28.6.2013, BStBl. I S. 845).

– § 37b EStG
Der Widerruf bzw. die anderweitige Ausübung des Pauschalierungswahlrechts nach § 37b Abs. 1 Satz 1 EStG und nach § 37b Abs. 2 Satz 1 EStG führt dazu, dass die Zuwendungen rückwirkend gem. § 175 Abs. 1 Satz 1 Nr. 2 AO in die Veranlagungen der Zuwendungsempfänger als Einnahmen einzubeziehen sind (vgl. BFH-Urteil vom 15.6.2016, VI R 54/15, BStBl. II S. 1010).

Doppelbesteuerungsabkommen

Soweit in einem DBA eine sog. Rückfallklausel enthalten ist, sind Einkünfte, für die nach dem DBA dem ausländischen Staat das Besteuerungsrecht zugewiesen worden ist, aber dort deshalb nicht versteuert werden, weil der Stpfl. keine Steuererklärung abgegeben hat, nicht unter Pro-

---

1) Nr. **1**.

gressionsvorbehalt freizustellen, sondern im Inland voll zu besteuern. Sollte nachträglich eine Besteuerung im Ausland erfolgen, so liegt ein Ereignis vor, das gem. § 175 Abs. 1 Satz 1 Nr. 2 AO zurückwirkt und eine Korrektur des im Inland bestandskräftigen Steuerbescheids rechtfertigt (vgl. BFH-Urteil vom 11.6.1996, I R 8/96, BStBl. 1997 II S. 117).

Umsatzsteuer

§§ 9, 15 Abs. 1 Nr. 1 UStG
Macht der leistende Unternehmer den Verzicht auf die Steuerbefreiung rückgängig, wird der Umsatz rückwirkend wieder steuerfrei, so dass eine Steuer für den berechneten Umsatz nicht mehr geschuldet wird. Der Leistungsempfänger verliert den Vorsteuerabzug rückwirkend im Jahr des Leistungsbezugs unabhängig davon, dass der leistende Unternehmer die gesondert ausgewiesene Umsatzsteuer bis zur Rechnungsberichtigung gemäß § 14c Abs. 1 UStG schuldet (BFH-Urteil vom 1.2.2001, V R 23/00, BStBl. 2003 II S. 673).

Investitionszulage

Ein Investitionszulagebescheid ist nach § 175 Abs. 1 Satz 1 Nr. 2 AO zu korrigieren, wenn nachträglich gegen die Kumulationsverbote nach § 3 Abs. 1 Satz 2, § 3a Abs. 1 Sätze 4 und 5 InvZulG 1999 verstoßen wurde (vgl. BMF-Schreiben vom 28.2.2003, BStBl. I S. 218, Tz. 11 und 12).

Erbschaftsteuer

– § 10 Abs. 5 Nr. 3 ErbStG
  Nach der Steuerfestsetzung entstehende Kosten der Nachlassregulierung (§ 10 Abs. 5 Nr. 3 ErbStG) können als rückwirkendes Ereignis zur Korrektur der Steuerfestsetzung führen.
– § 13 Abs. 1 Nr. 2 und 3 ErbStG
  Die Steuerbefreiungen fallen mit Wirkung für die Vergangenheit weg, wenn die Gegenstände, der Grundbesitz oder Teile des Grundbesitzes innerhalb von zehn Jahren nach dem Erwerb veräußert werden oder die Voraussetzungen für die Steuerbefreiung innerhalb dieses Zeitraums entfallen. Die Steuerfestsetzung ist nach § 175 Abs. 1 Satz 1 Nr. 2 AO vorzunehmen.
– §§ 13a, 19a ErbStG
  Verschonungsabschlag, Abzugsbetrag und Entlastungsbetrag fallen mit Wirkung für die Vergangenheit weg, soweit innerhalb von fünf Jahren (bzw. sieben Jahren bei Optionsverschonung nach § 13a Abs. 8 ErbStG) nach dem Zeitpunkt der Steuerentstehung gegen eine der Behaltensregelungen bzw. im Fall des Verschonungsabschlags gegen die Lohnsummenregelung verstoßen wird. Der Steuerbescheid ist nach § 175 Abs. 1 Satz 1 Nr. 2 AO zu korrigieren (R E 13a.4 Abs. 1, R E 13a.5 Abs. 1 und R E 19a.3 Abs. 1 ErbStR 2011).[1]
– § 29 Abs. 1 ErbStG
  Auch der Eintritt eines Ereignisses gem. § 29 Abs. 1 ErbStG, z. B. die Herausgabe eines Geschenks, stellt ein rückwirkendes Ereignis dar.

Grunderwerbsteuer

– § 5 Abs. 3 GrEStG
  Die Steuerbegünstigung beim Übergang eines Grundstücks von mehreren Miteigentümern oder einem Alleineigentümer auf eine Gesamthand in dem Umfang, der dem Anteil der Beteiligung des Veräußerers am Vermögen der Gesamthand entspricht, steht unter dem Gesetzesvorbehalt einer mindestens fünf Jahre fortwährenden Beteiligung. Die Minderung des Vermögensanteils innerhalb dieses Zeitraums stellt ein Ereignis mit steuerlicher Rückwirkung auf den Zeitpunkt des Grundstücksübergangs dar. Die Steuerfestsetzung ist gem. § 175 Abs. 1 Satz 1 Nr. 2 AO zu korrigieren oder erstmals vorzunehmen.

---

[1] Nr. **250**.

– § 6 Abs. 3 Satz 2 GrEStG
Die Steuerbegünstigung beim Übergang eines Grundstücks von einer Gesamthand auf eine andere Gesamthand in dem Umfang, in dem ein Gesellschafter sowohl am Vermögen der veräußernden als auch der erwerbenden Gesamthand beteiligt ist, steht unter dem Gesetzesvorbehalt einer mindestens fünf Jahre fortwährenden Beteiligung an der erwerbenden Gesamthand. Die Minderung des Vermögensanteils innerhalb dieses Zeitraums stellt ein Ereignis mit steuerlicher Rückwirkung auf den Zeitpunkt des Grundstücksübergangs dar. Die Steuerfestsetzung ist gem. § 175 Abs. 1 Satz 1 Nr. 2 AO zu korrigieren oder erstmals vorzunehmen.

Bewertung
Wird der einem Wertfortschreibungsbescheid vorangegangene Einheitswertbescheid nachträglich geändert und werden hierdurch die für die Wertfortschreibung auf einen späteren Stichtag nach § 22 BewG erforderlichen Wertgrenzen nicht mehr erreicht, ist der Wertfortschreibungsbescheid nach § 175 Abs. 1 Satz 1 Nr. 2 AO aufzuheben (BFH-Urteil vom 9.11.1994, II R 37/91, BStBl. 1995 II S. 93).

AEAO zu § 175a – Umsetzung von Verständigungsvereinbarungen:

[1]Die Vorschrift ist Rechtsgrundlage für die Umsetzung einer Verständigungsvereinbarung oder eines Schiedsspruchs nach einer völkerrechtlichen Vereinbarung i. S. d. § 2 AO. [2]Zum internationalen Verständigungsverfahren und Schiedsverfahren in Steuersachen vgl. Merkblatt vom 9.10.2018, BStBl. I S. 1122. [3]Zum Teil-Einspruchsverzicht s. § 354 Abs. 1a AO, zur Teil-Rücknahme eines Einspruchs s. § 362 Abs. 1a AO.

AEAO zu § 175b – Änderung von Steuerbescheiden bei Datenübermittlung durch Dritte:

1. Auf eine Verletzung der Mitwirkungspflichten seitens des Steuerpflichtigen oder der Ermittlungspflichten durch die Finanzbehörde kommt es in den Fällen des § 175b AO – anders als in den Fällen des § 173 AO – nicht an.

Unerheblich ist auch, ob dem Steuerpflichtigen bei Erstellung der Steuererklärung ein Schreib- oder Rechenfehler i. S. d. § 173a AO oder der Finanzbehörde bei Erlass des Steuerbescheids ein mechanisches Versehen i. S. d. § 129 AO, ein Fehler bei der Tatsachenwürdigung oder ein Rechtsanwendungsfehler unterlaufen ist.

[1]Eine Aufhebung oder Änderung nach § 175b Abs. 1 oder 2 AO ist allerdings ausgeschlossen, sofern die nachträglich übermittelten Daten nicht rechtserheblich sind (§ 175b Abs. 4 AO). [2]Zur Rechtserheblichkeit vgl. Nr. 3 des AEAO zu § 173.

Die Aufhebung oder Änderung der Steuerfestsetzung nach § 175b AO kann sich je nach Sachlage zu Gunsten wie auch zu Ungunsten des Steuerpflichtigen auswirken.

2. [1]§ 175b Abs. 1 bis 3 AO ist erstmals anzuwenden, wenn steuerliche Daten eines Steuerpflichtigen für Besteuerungszeiträume nach 2016 oder Besteuerungszeitpunkte nach dem 31.12.2016 auf Grund gesetzlicher Vorschriften von einem Dritten als mitteilungspflichtiger Stelle elektronisch an Finanzbehörden zu übermitteln sind (Art. 97 § 27 Abs. 2 EGAO). [2]§ 175b Abs. 4 AO ist erstmals anzuwenden, wenn Daten i. S. d. § 93c AO der Finanzbehörde nach dem 25.6.2017 zugehen.

AEAO zu § 176 – Vertrauensschutz bei der Aufhebung und Änderung von Steuerbescheiden:

1. [1]Die Vorschrift schützt das Vertrauen des Steuerpflichtigen in die Gültigkeit einer Rechtsnorm, der Rechtsprechung eines obersten Gerichtshofs des Bundes oder einer allgemeinen Verwaltungsvorschrift (z. B. EStR). [2]Unter Aufhebung und Änderung ist jede Korrektur einer Steuerfestsetzung nach §§ 164, 165, 172ff. AO oder nach den Einzelsteuergesetzen zu verstehen (vgl. AEAO vor §§ 172 bis 177, Nr. 3), aber nicht die Berichtigung nach § 129 AO.

2. [1]Bei Änderung der Steuerfestsetzung ist so vorzugehen, als hätte die frühere für den Steuerpflichtigen günstige Rechtsauffassung nach wie vor Gültigkeit. [2]Ist z. B. eine Steuer unter Vorbehalt der Nachprüfung festgesetzt worden (§ 164 AO), so muss eine dem Steuerpflichtigen günstige Rechtsprechung des BFH, die bei der Vorbehaltsfestsetzung berücksichtigt worden war, auch dann weiter angewendet werden, wenn der BFH seine Rechtsprechung zum Nachteil des Steuerpflichtigen geändert hat.

3. [1]Hat der Steuerpflichtige die bisherige Rechtsprechung seinen Steuererklärungen stillschweigend und für das Finanzamt nicht erkennbar zugrunde gelegt, gilt der Vertrauensschutz nur, wenn davon ausgegangen werden kann, dass die Finanzbehörde mit der Anwendung der Rechtsprechung einverstanden gewesen wäre. [2]Das Einverständnis ist immer dann zu unterstellen, wenn die Entscheidung im Bundessteuerblatt veröffentlicht worden war und keine Verwaltungsanweisung vorlag, die Rechtsprechung des BFH über den entschiedenen Einzelfall hinaus nicht anzuwenden.

4. [1]Es verstößt gegen Treu und Glauben, wenn der Steuerpflichtige aufgrund einer Rechtsprechungsänderung die Aufhebung eines ihn belastenden Bescheids fordert und erreicht und später geltend macht, er habe auf die Anwendung der früheren Rechtsprechung vertraut und sei nicht bereit, die für ihn negativen Folgen der Rechtsprechungsänderung hinzunehmen. [2]Dies gilt zumindest insoweit, als der der Rechtsprechungsänderung Rechnung tragende Änderungsbescheid im Ergebnis zu keiner höheren Belastung des Steuerpflichtigen führt (vgl. BFH-Urteil vom 8.2.1995, I R 127/93, BStBl. II S. 764).

5. Wegen der sinngemäßen, eingeschränkten Anwendung des § 176 AO auf Neuveranlagungen der Grundsteuermessbeträge s. § 17 Abs. 2 Nr. 2 GrStG sowie auf Fortschreibungen der Einheitswerte s. § 22 Abs. 3 Sätze 2 und 3 BewG.

AEAO zu § 177 – Berichtigung von materiellen Fehlern:

1. [1]Materieller Fehler ist jede objektive Unrichtigkeit eines Steuerbescheids. [2]Materiell fehlerhaft ist ein Bescheid nicht nur, wenn bei Erlass des Steuerbescheids geltendes Recht unrichtig angewendet wurde, sondern auch dann, wenn der Steuerfestsetzung ein Sachverhalt zugrunde gelegt worden ist, der sich nachträglich als unrichtig erweist. [3]Bei der Steuerfestsetzung nicht berücksichtigte Tatsachen sind deshalb, sofern sie zu keiner Änderung nach § 173 AO führen, nach § 177 AO zu berücksichtigen (BFH-Urteil vom 5.8.1986, IX R 13/81, BStBl. 1987 II S. 297). [4]Auf ein Verschulden kommt es ebenso wenig an wie darauf, dass der Steueranspruch insoweit verjährt ist (BFH-Urteil vom 18.12.1991, X R 38/90, BStBl. 1992 II S. 504). [5]Eine Berichtigung eines materiellen Fehlers nach § 177 AO ist deshalb auch dann zulässig und geboten, wenn eine isolierte Änderung dieses Fehlers oder seine Berichtigung nach § 129 AO wegen Ablaufs der Festsetzungsfrist nicht möglich wäre.

2. [1]Die Möglichkeit der Berichtigung materieller Fehler ist bei jeder Aufhebung oder Änderung eines Steuerbescheids zu prüfen. [2]Materielle Fehler sind zu berichtigen, soweit die Voraussetzungen für die Aufhebung oder Änderung eines Steuerbescheids zuungunsten (§ 177 Abs. 1 AO) oder zugunsten des Steuerpflichtigen (§ 177 Abs. 2 AO) vorliegen; die Voraussetzungen des § 177 Abs. 1 und 2 AO können auch nebeneinander vorliegen. [3]Materielle Fehler dürfen nur innerhalb des Änderungsrahmens berichtigt, d. h. gegengerechnet werden. [4]Liegen sowohl die Voraussetzungen für Änderungen zugunsten des Steuerpflichtigen als auch solche zu dessen Ungunsten vor, sind die oberen und unteren Grenzen der Fehlerberichtigung jeweils getrennt voneinander zu ermitteln (BFH-Urteile vom 9.6.1993, I R 90/92, BStBl. II S. 822, und vom 14.7.1993, X R 34/90, BStBl. 1994 II S. 77). [5]Eine Saldierung der Änderungstatbestände zuungunsten und zugunsten des Steuerpflichtigen ist deshalb nicht zulässig (Saldierungsverbot).

3. [1]Änderungsobergrenze ist der Steuerbetrag, der sich als Summe der bisherigen Steuerfestsetzung und der steuerlichen Auswirkung aller selbständigen steuererhöhenden Änderungstatbestände ergibt. [2]Änderungsuntergrenze ist der Steuerbetrag, der sich nach Abzug der steuerlichen Auswirkung aller selbständigen steuermindernden Änderungstatbestände von der bisherigen Steuerfestsetzung ergibt.

4. [1]Die Auswirkungen materieller Fehler sind zu saldieren und dann, soweit der Änderungsrahmen reicht, zu berücksichtigen (Saldierungsgebot); vgl. BFH-Urteil vom 9.6.1993, I R 90/92, BStBl. II S. 822). [2]Bei Änderungen zuungunsten des Steuerpflichtigen kann ein negativer (steuermindernder) Fehler-Saldo nur bis zur Änderungsuntergrenze berücksichtigt werden (§ 177 Abs. 1 AO). [3]Bei Änderungen zugunsten des Steuerpflichtigen kann ein positiver (steuererhöhender) Fehler-Saldo nur bis zur Änderungsobergrenze berücksichtigt werden (§ 177 Abs. 2 AO).

Beispiele:

a) Es werden nachträglich Tatsachen bekannt, die zu einer um 5.000 € höheren Steuer führen. Zugleich werden materielle Fehler, die sich bei der früheren Festsetzung i. H. v. 6.000 € zugunsten des Steuerpflichtigen ausgewirkt haben, und materielle Fehler, die sich bei der früheren Festsetzung i. H. v. 8500 € zum Nachteil des Steuerpflichtigen ausgewirkt haben, festgestellt.
Der Saldo der materiellen Fehler führt i. H. v. 2500 € zu einer Minderung der Nachforderung.

b) Es werden nachträglich Tatsachen bekannt, die zu einer um 5000 € höheren Steuer führen. Außerdem ist ein geänderter Grundlagenbescheid zu berücksichtigen, der zu einer um 5500 € niedrigeren Steuer führt. Zugleich werden materielle Fehler festgestellt, die sich i. H. v. 8500 € zugunsten und i. H. v. 6000 € zuungunsten des Steuerpflichtigen ausgewirkt haben.
Der Saldo der materiellen Fehler (2500 € zugunsten des Steuerpflichtigen) mindert die Änderung der Steuerfestsetzung zugunsten des Steuerpflichtigen aufgrund des geänderten Grundlagenbescheids (5500 €). Die Differenz von 3000 € ist mit der Nachforderung von

5000 € wegen nachträglich bekannt gewordener Tatsachen zu verrechnen, so dass im Ergebnis eine Änderung des Steuerbescheids i. H. v. 2000 € zuungunsten des Steuerpflichtigen vorzunehmen ist.

5. [1]Soweit ein Ausgleich materieller Fehler nach § 177 AO nicht möglich ist, bleibt der Steuerbescheid fehlerhaft. [2]Hierin liegt keine sachliche Unbilligkeit, da die Folge vom Gesetzgeber gewollt ist.

6. Zur Berichtigung materieller Fehler bei einer Berichtigung offenbarer Unrichtigkeiten nach § 129 AO vgl. AEAO zu § 129, Nr. 5; zur Berichtigung materieller Fehler bei der Änderung einer vorläufigen Steuerfestsetzung nach § 165 Abs. 2 Satz 2 AO vgl. AEAO zu § 165, Nr. 9.

AEAO zu § 179 – Feststellung von Besteuerungsgrundlagen:

1. [1]Abweichend von dem Grundsatz, dass die Besteuerungsgrundlagen einen unselbständigen Teil des Steuerbescheids bilden (§ 157 Abs. 2 AO), sehen die §§ 179 ff. AO bzw. entsprechende Vorschriften der Einzelsteuergesetze (z. B. § 2a, § 10b Abs. 1, § 10d Abs. 3, § 15a Abs. 4, § 39 Abs. 1 Satz 4 EStG; §§ 27, 28 und 38 KStG, § 151 BewG, § 17 GrEStG) in bestimmten Fällen eine gesonderte Feststellung der Besteuerungsgrundlagen vor. [2]Die gesonderte Feststellung ist zugleich einheitlich vorzunehmen, wenn die AO oder ein Einzelsteuergesetz (z. B. § 15a Abs. 4 Satz 6 EStG) dies besonders vorschreiben oder wenn der Gegenstand der Feststellung bei der Besteuerung mehreren Personen zuzurechnen ist (§ 179 Abs. 2 Satz 2 2. Alternative AO). [3]Für das Feststellungsverfahren sind die Vorschriften über die Durchführung der Besteuerung sinngemäß anzuwenden (§ 181 Abs. 1 AO).

2. [1]Voraussetzung für den Erlass eines Ergänzungsbescheids nach § 179 Abs. 3 AO ist, dass der vorangegangene Feststellungsbescheid wirksam, aber unvollständig bzw. lückenhaft ist. [2]In einem Ergänzungsbescheid sind nur solche Feststellungen nachholbar, die in dem vorangegangenen Feststellungsbescheid „unterblieben" sind. [3]Eine Feststellung ist unterblieben, wenn sie im Feststellungsbescheid hätte getroffen werden müssen, tatsächlich aber – aus welchen Gründen auch immer – nicht getroffen worden ist. [4]Die Vorschrift des § 179 Abs. 3 AO durchbricht nicht die Bestandskraft wirksam ergangener Feststellungsbescheide. [5]Inhaltliche Fehler in rechtlicher oder tatsächlicher Hinsicht können daher nicht in einem Ergänzungsbescheid korrigiert werden (BFH-Urteil vom 15.6.1994, II R 120/91, BStBl. II S. 819; BFH-Urteil vom 11.5.1999, IX R 72/96, BFH/NV S. 1446).

Ein Ergänzungsbescheid ist beispielsweise zulässig zur Nachholung:

- der Feststellung, ob und in welcher Höhe ein Freibetrag nach § 16 Abs. 4 EStG zu gewähren ist;
- der Feststellung, wie der Gewinn zu verteilen ist (vgl. BFH-Urteil vom 13.12.1983, VIII R 90/81, BStBl. 1984 II S. 474);
- des Hinweises über die Reichweite der Bekanntgabe gem. § 183 Abs. 1 Satz 5 AO (BFH-Urteil vom 13.7.1994, XI R 21/93, BStBl. II S. 885);
- der Feststellung und der Verteilung des Betrags der einbehaltenen Kapitalertragsteuer und der anrechenbaren Körperschaftsteuer (§ 180 Abs. 5 Nr. 2 AO);

– der Feststellung über das Ausscheiden eines Gesellschafters während eines abweichenden Wirtschaftsjahres (BFH-Beschluss vom 22.9.1997, IV B 113/96, BFH/NV 1998 S. 454).

[1] Eine Feststellung ist nicht unterblieben und kann daher auch nicht nachgeholt werden, wenn sie im Feststellungsbescheid ausdrücklich abgelehnt worden ist. [2] Deshalb kann durch den Erlass eines Ergänzungsbescheids nicht nachgeholt werden:

– die im Feststellungsverfahren unterbliebene Entscheidung, ob ein steuerbegünstigter Gewinn vorliegt, wenn das Finanzamt den Gewinn bisher insgesamt als laufenden Gewinn festgestellt hat (BFH-Urteile vom 26.11.1975, I R 44/74, BStBl. 1976 II S. 304, und vom 24.7.1984, VIII R 304/81, BStBl. II S. 785);
– die bei einer Feststellung nach § 180 Abs. 1 Satz 1 Nr. 2 Buchstabe a AO zu Unrecht unterbliebene Berücksichtigung von Sonderbetriebseinnahmen oder -ausgaben;
– ein fehlender oder unklarer Hinweis i. S. v. § 181 Abs. 5 Satz 2 AO (BFH-Urteil vom 18.3.1998, II R 45/96, BStBl. II S. 426; BFH-Urteil vom 24.6.1998, II R 17/95, BFH/NV 1999 S. 282).

Der Erlass eines Ergänzungsbescheids steht nicht im Ermessen der Finanzbehörde.

3. Wegen der Anpassung der Folgebescheide an den Feststellungsbescheid wird auf § 175 Abs. 1 Satz 1 Nr. 1 AO hingewiesen, wegen der Einspruchsbefugnis bei Feststellungsbescheiden auf § 351 Abs. 2 und §§ 352, 353 AO.

4. [1] In den Fällen der atypisch stillen Unterbeteiligung am Anteil des Gesellschafters einer Personengesellschaft (als Hauptgesellschaft) kann eine besondere gesonderte und einheitliche Feststellung vorgenommen werden (§ 179 Abs. 2 letzter Satz AO). [2] Von dieser Möglichkeit ist wegen des Geheimhaltungsbedürfnisses der Betroffenen regelmäßig Gebrauch zu machen.

[1] Die Berücksichtigung der Unterbeteiligung im Feststellungsverfahren für die Hauptgesellschaft ist nur mit Einverständnis aller Beteiligten – Hauptgesellschaft und deren Gesellschafter sowie des Unterbeteiligten – zulässig (vgl. u. a. BFH-Urteil vom 2.3.1995, IV R 135/92, BStBl. II S. 531). [2] Das Einverständnis der Beteiligten gilt als erteilt, wenn die Unterbeteiligung in der Feststellungserklärung für die Hauptgesellschaft geltend gemacht wird.

Die Regelung gilt für Treuhandverhältnisse, in denen der Treugeber über den Treuhänder Hauptgesellschafter der Personengesellschaft ist, entsprechend.

Die örtliche Zuständigkeit für die besondere gesonderte und einheitliche Feststellung richtet sich i. d. R. nach der Zuständigkeit für die Hauptgesellschaft.

[1] Ist dagegen eine Personengesellschaft atypisch still an einer Kapitalgesellschaft beteiligt, dürfen die Feststellungen der Einkünfte aus der Personengesellschaft und aus der atypisch stillen Gesellschaft nicht in einem einheitlichen Feststellungsbescheid getroffen werden. [2] Hier sind zunächst die vom Inhaber des Handelsgeschäfts und dem atypisch stillen Gesellschafter gemeinschaftlich erzielte Einkünfte gesondert und einheitlich festzustellen. [3] Die in diesem Grundlagenbescheid festgestellten Einkünfte sind dann einerseits in den Körperschaftsteuerbescheid der Kapitalgesellschaft und andererseits in den die

Personengesellschaft betreffenden weiteren Bescheid über die gesonderte und einheitliche Feststellung von deren Einkünften zu übernehmen (BFH-Urteil vom 21.10.2015, IV R 43/12, BStBl. 2016 II S. 517).

5. [1]Die Gewinnanteile des Unterbeteiligten bei einer typischen stillen Unterbeteiligung sind als Sonderbetriebsausgaben des Hauptbeteiligten im Feststellungsverfahren zu berücksichtigen (BFH-Urteil vom 9.11.1988, I R 191/84, BStBl. 1989 II S. 343). [2]Eine Nachholung des Sonderbetriebsausgabenabzugs im Veranlagungsverfahren des Hauptbeteiligten ist nicht zulässig.

AEAO zu § 180 – Gesonderte Feststellung von Besteuerungsgrundlagen:

1. [1]Die gesonderte Feststellung nach § 180 Abs. 1 Satz 1 Nr. 2 Buchstabe a AO umfasst in erster Linie die von den Feststellungsbeteiligten gemeinschaftlich erzielten Einkünfte. [2]Sie umfasst auch die bei Ermittlung dieser Einkünfte zu berücksichtigenden Sonderbetriebseinnahmen und -ausgaben oder Sonderwerbungskosten eines oder mehrerer Feststellungsbeteiligten.

[1]Darüber hinaus sind solche Besteuerungsgrundlagen gesondert festzustellen, die in einem rechtlichen, wirtschaftlichen oder tatsächlichen Zusammenhang mit den gemeinschaftlich erzielten Einkünften stehen, aber bei Ermittlung der gemeinschaftlich erzielten Einkünfte nicht zu berücksichtigen sind. [2]Hiernach sind z. B. solche Aufwendungen gesondert festzustellen, die aus Mitteln der Gesellschaft oder Gemeinschaft geleistet werden und für die Besteuerung der Feststellungsbeteiligten, z. B. als Sonderausgaben, von Bedeutung sind. [3]Soweit derartige Besteuerungsgrundlagen bei Erlass des Feststellungsbescheids nicht berücksichtigt worden sind, ist ihre gesonderte Feststellung durch Ergänzungsbescheid (§ 179 Abs. 3 AO) nachzuholen.

Zum Verfahren bei der Geltendmachung von negativen Einkünften aus der Beteiligung an Verlustzuweisungsgesellschaften und vergleichbaren Modellen vgl. BMF-Schreiben vom 13.7.1992, BStBl. I S. 404, und vom 28.6.1994, BStBl. I S. 420.

2. Fallen der Wohnort und der Betriebs- bzw. Tätigkeitsort auseinander und liegen diese Orte im Bereich verschiedener Finanzämter, sind die Einkünfte des Steuerpflichtigen aus Land- und Forstwirtschaft, Gewerbebetrieb oder freiberuflicher Tätigkeit gesondert festzustellen (§ 180 Abs. 1 Satz 1 Nr. 2 Buchstabe b AO).

2.1. [1]Für die Entscheidung, ob eine gesonderte Feststellung durchzuführen ist, sind die Verhältnisse zum Schluss des Gewinnermittlungszeitraums maßgebend. [2]Bei einem vom Kalenderjahr abweichenden Wirtschaftsjahr oder einem Rumpfwirtschaftsjahr sind die Verhältnisse zum Schluss dieses Zeitraums maßgebend.

[1]Spätere Änderungen dieser Verhältnisse sind insoweit unbeachtlich. [2]Eine gesonderte Feststellung nach § 180 Abs. 1 Satz 1 Nr. 2 Buchstabe b AO ist daher auch dann durchzuführen, wenn nach Ablauf des Gewinnermittlungszeitraums der Betrieb in den Bezirk des Wohnsitzfinanzamts oder der Wohnsitz in den Bezirk des Betriebsfinanzamts verlegt wird.

[1]Die Frage, welches Finanzamt in derartigen Fällen für die gesonderte Feststellung nach § 180 Abs. 1 Satz 1 Nr. 2 Buchstabe b AO und damit zusam-

menhängende Maßnahmen (Außenprüfung, Änderung usw.) zuständig ist, bestimmt sich für Feststellungszeiträume, die nach dem 31.12.2014 beginnen (Art. 97 § 10b Satz 2 EGAO), jeweils nach den aktuellen Verhältnissen (§ 180 Abs. 1 Satz 2 AO). [2] Für frühere Feststellungszeiträume bestimmt sich die örtliche Zuständigkeit nach den Verhältnissen zum Schluss des Gewinnermittlungszeitraums; § 27 AO bleibt unberührt.

2.2. Einkünfte aus freiberuflicher Tätigkeit i. S. d. § 180 Abs. 1 Satz 1 Nr. 2 Buchstabe b AO sind nur die Einkünfte nach § 18 Abs. 1 Nr. 1 EStG, nicht die übrigen Einkünfte aus selbständiger Arbeit.

2.3. [1] Übt ein Steuerpflichtiger seine freiberufliche Tätigkeit in mehreren Gemeinden aus, so ist für die dadurch erzielten Einkünfte nur eine gesonderte Feststellung durchzuführen (BFH-Urteil vom 10.6.1999, IV R 69/98, BStBl. II S. 691). [2] Bei Einkünften aus Land- und Forstwirtschaft oder aus Gewerbebetrieb gilt dies für den Betrieb der Land- und Forstwirtschaft oder den Gewerbebetrieb entsprechend.

2.4. [1] Die örtliche Zuständigkeit für gesonderte Feststellungen i. S. d. § 180 Abs. 1 Satz 1 Nr. 2 Buchstabe b AO richtet sich nach § 18 AO. [2] Zur Zuständigkeit, wenn Wohnung und Betrieb in einer Gemeinde (Großstadt) mit mehreren Finanzämtern liegen, vgl. AEAO zu § 19, Nrn. 2 und 3.

3. [1] Wegen der in § 180 Abs. 2 AO vorgesehenen Feststellungen wird auf die V zu § 180 Abs. 2 AO[1)] verwiesen. [2] Auf Feststellungen nach § 180 Abs. 1 Satz 1 AO findet die V zu § 180 Abs. 2 AO keine Anwendung. [3] Zur gesonderten Feststellung bei gleichen Sachverhalten nach der V zu § 180 Abs. 2 AO vgl. BMF-Schreiben vom 2.5.2001, BStBl. I S. 256. [4] Zum Verfahren bei der Geltendmachung von Vorsteuerbeträgen aus der Beteiligung an Gesamtobjekten vgl. BMF-Schreiben vom 24.4.1992, BStBl. I S. 291. [5] Zur gesonderten Feststellung der Steuerpflicht von Zinsen aus einer Lebensversicherung nach § 9 der V zu § 180 Abs. 2 AO vgl. BMF-Schreiben vom 16.7.2012, BStBl. I S. 686.

4. Fälle von geringer Bedeutung, in denen eine gesonderte Feststellung entfällt (§ 180 Abs. 3 Nr. 2 AO), sind beispielsweise bei Mieteinkünften von zusammenveranlagten Eheleuten/Lebenspartnern (BFH-Urteil vom 20.1.1976, VIII R 253/71, BStBl. II S. 305)[2)] und bei dem gemeinschaftlich erzielten Gewinn von Landwirts-Eheleuten/-Lebenspartnern (BFH-Urteil vom 4.7.1985, IV R 136/83, BStBl. II S. 576) gegeben, wenn die Einkünfte verhältnismäßig einfach zu ermitteln sind und die Aufteilung feststeht.

[1] Auch bei gesonderten Feststellungen nach § 180 Abs. 1 Satz 1 Nr. 2 Buchstabe b und Nr. 3 AO kann in Fällen von geringer Bedeutung auf die Durchführung eines gesonderten Gewinnfeststellungsverfahrens verzichtet werden (§ 180 Abs. 3 Satz 1 Nr. 2 AO). [2] Ein Fall von geringer Bedeutung kann z. B. vorliegen, wenn dasselbe Finanzamt auch für die Einkommensteuer-Veranlagung zuständig ist (bei Verlegung des Betriebs in den Bezirk des Wohnsitzfinanzamts oder des Wohnsitzes in den Bezirk des Betriebsfinanzamts).

---

1) V zu § 180 Abs. 2 AO v. 19.12.1986, BGBl. I 1986, 2663, zuletzt geänd. durch VO v. 18.7.2016, BGBl. I 2016, 1722 (**Steuergesetze** Nr. **800e**).

2) Bestätigt durch BFH v. 4.7.2018 IX B 114/17, BFH/NV 2018, 1088.

5. Eine Feststellung ist auch zum Zweck der Ermittlung des anzuwendenden Steuersatzes im Falle eines bei der Steuerfestsetzung zu beachtenden Progressionsvorbehaltes und in den Fällen des § 2a EStG vorzunehmen (§ 180 Abs. 5 Nr. 1 AO).

6. [1]Soweit Einkünfte oder andere Besteuerungsgrundlagen nach § 180 Abs. 1 Satz 1 Nr. 2 AO oder nach der V zu § 180 Abs. 2 AO[1)] festzustellen sind, sind auch damit in Zusammenhang stehende Steuerabzugsbeträge und Körperschaftsteuer, die auf die Steuer der Feststellungsbeteiligten anzurechnen sind, gesondert festzustellen (§ 180 Abs. 5 Nr. 2 AO). [2]Steuerbescheinigungen sind deshalb nur dem für die gesonderte Feststellung zuständigen Finanzamt vorzulegen.

7. Zur Bindungswirkung der Feststellung nach § 180 Abs. 5 Nr. 2 AO und zur Korrektur der Folgebescheide vgl. § 182 Abs. 1 Satz 2 AO.

AEAO zu § 181 – Verfahrensvorschriften für die gesonderte Feststellung, Feststellungsfrist, Erklärungspflicht:

1. [1]Eine gesonderte und einheitliche Feststellung ist nach § 181 Abs. 5 Satz 1 AO grundsätzlich auch dann vorzunehmen, wenn bei einzelnen Feststellungsbeteiligten bereits die Festsetzungsfrist abgelaufen ist (vgl. BFH-Urteil vom 27.8.1997, XI R 72/96, BStBl. II S. 750). [2]In diesem Fall ist im Feststellungsbescheid auf seine eingeschränkte Wirkung hinzuweisen. [3]Der Hinweis soll dem für den Erlass des Folgebescheids zuständigen Finanzamt und dem Steuerpflichtigen deutlich machen, dass es sich um einen Feststellungsbescheid handelt, der nach Ablauf der Feststellungsfrist ergangen und deshalb nur noch für solche Steuerfestsetzungen bedeutsam ist, bei denen die Festsetzungsfrist noch nicht abgelaufen ist (vgl. BFH-Urteil vom 17.8.1989, IX R 76/88, BStBl. 1990 II S. 411).

2. Die Anlaufhemmung der Feststellungsfrist für die gesonderte Feststellung von Einheitswerten nach § 181 Abs. 3 Satz 3 AO ist auch dann maßgeblich, wenn zugleich die Voraussetzungen der Anlaufhemmung nach § 181 Abs. 3 Satz 2 AO erfüllt sind.

AEAO zu § 182 – Wirkung der gesonderten Feststellung:

1. [1]Ein Feststellungsbescheid über einen Einheitswert ist nur dann an den Rechtsnachfolger bekannt zu geben, wenn die Rechtsnachfolge eintritt, bevor der Bescheid dem Rechtsvorgänger bekannt gegeben worden ist. [2]War der Bescheid bereits im Zeitpunkt der Rechtsnachfolge bekannt gegeben, wirkt der Bescheid auch gegenüber dem Rechtsnachfolger (dingliche Wirkung, § 182 Abs. 2 AO). [3]Der Rechtsnachfolger kann ihn in diesem Fall nach § 353 AO nur innerhalb der für den Rechtsvorgänger maßgebenden Einspruchsfrist anfechten.

2. § 182 Abs. 2 AO gilt nicht für Gewerbesteuermessbescheide (§ 184 Abs. 1 AO), wohl aber für Grundsteuermessbescheide.

[1)] V zu § 180 Abs. 2 AO v. 19.12.1986, BGBl. I 1986, 2663, zuletzt geänd. durch VO v. 18.7.2016, BGBl. I 2016, 1722 (**Steuergesetze** Nr. **800e**).

3. Eine Bindung des Haftungsschuldners an den Einheitswertbescheid ist nicht gegeben.

4. [1]Die wegen Rechtsnachfolge fehlerhafte Bezeichnung eines Beteiligten kann nach § 182 Abs. 3 AO durch einen besonderen Bescheid richtiggestellt werden (Richtigstellungsbescheid). [2]Der Regelungsgehalt des ursprünglichen Bescheids bleibt im Übrigen unberührt. [3]§ 182 Abs. 3 AO gilt nicht für Feststellungen nach § 180 Abs. 1 Satz 1 Nr. 2 Buchstabe b AO (vgl. BFH-Urteil vom 12.5.1993, XI R 66/92, BStBl. 1994 II S. 5).

AEAO zu § 183 – Empfangsbevollmächtigte bei der einheitlichen Feststellung:

1.[1)] Richtet die Finanzbehörde den Feststellungsbescheid an den gemeinsamen Empfangsbevollmächtigten, ist eine Begründung des Bescheids nicht erforderlich, soweit die Finanzbehörde der Feststellungserklärung gefolgt ist und der Empfangsbevollmächtigte die Feststellungserklärung selbst abgegeben oder an ihrer Erstellung mitgewirkt hat (§ 121 Abs. 2 Nr. 1 AO; vgl. AEAO zu § 121, Nr. 2).

2. [1]In den Fällen der Einzelbekanntgabe nach § 183 Abs. 2 Satz 1 AO ist regelmäßig davon auszugehen, dass der betroffene Feststellungsbeteiligte an der Erstellung der Feststellungserklärung nicht mitgewirkt hat. [2]Bei der Bekanntgabe des Feststellungsbescheids sind ihm deshalb die zum Verständnis des Bescheids erforderlichen Grundlagen der gesonderten Feststellung, d.h. insbesondere die Wertermittlung und die Aufteilungsgrundlagen, mitzuteilen (§ 121 Abs. 1 AO).

3. [1]Wegen der Bekanntgabe in Fällen des § 183 AO vgl. AEAO zu § 122, Nrn. 2.5, 3.3.3 und 4.7. [2]Zur Einspruchsbefugnis des gemeinsamen Empfangsbevollmächtigten vgl. AEAO zu § 352.

AEAO zu § 184 – Festsetzung von Steuermessbeträgen:

[1]Gemeinden sind nicht befugt, Steuermessbescheide anzufechten (vgl. § 40 Abs. 3 FGO); eine Rechtsbehelfsbefugnis der Gemeinden besteht nur im Zerlegungsverfahren (§ 186 Nr. 2 AO). [2]Die Finanzämter sollen aber die steuerberechtigten Gemeinden über anhängige Einspruchsverfahren gegen Realsteuermessbescheide von größerer Bedeutung unterrichten.

AEAO zu § 188 – Zerlegungsbescheid:

Dem Steuerpflichtigen ist der vollständige Zerlegungsbescheid bekannt zu geben, während die einzelnen beteiligten Gemeinden nur einen kurzgefassten Bescheid mit den sie betreffenden Daten erhalten müssen.

AEAO zu § 191 – Haftungsbescheide, Duldungsbescheide:[2)]

1. [1]Die materiell-rechtlichen Voraussetzungen für den Erlass eines Haftungs- oder Duldungsbescheids ergeben sich aus den §§ 69 bis 77 AO, den Einzel-

[1)] Zum Widerruf einer Empfangsvollmacht durch Bestellung eines neuen Empfangsbevollmächtigten vgl. BFH v. 18.1.2007 IV R 53/05, BStBl. II 2007, 369.

[2)] Zur Verlängerung der Festsetzungsfrist für den Erlass eines Haftungsbescheids bei leichtfertiger Steuerverkürzung vgl. BFH v. 22.4.2008 VII R 21/07, BStBl. II 2008, 735.

steuergesetzen oder den zivilrechtlichen Vorschriften (z.B. §§ 25, 128 HGB oder dem AnfG).[1)] [2]§§ 93, 227 Abs. 2 InsO schließen eine Haftungsinanspruchnahme nach §§ 69ff. AO nicht aus (BFH-Urteil vom 2.11.2001, VII B 155/01, BStBl. 2002 II S. 73). [3]Der Gesellschafter einer Außen-GbR haftet für Ansprüche aus dem Steuerschuldverhältnis, hinsichtlich deren die GbR Schuldnerin ist, in entsprechender Anwendung des § 128 HGB (vgl. BGH-Urteil vom 29.1.2001, II ZR 331/00, NJW S. 1056); dies gilt auch für Ansprüche, die bei seinem Eintritt in die GbR bereits bestanden (entsprechende Anwendung des § 130 HGB; BGH-Urteil vom 7.4.2003, II ZR 56/02, NJW S. 1803). [4]Nach Ausscheiden haftet der Gesellschafter für die Altschulden in analoger Anwendung des § 160 HGB. [5]Bei Auflösung der Gesellschaft ist § 159 HGB entsprechend anzuwenden (vgl. § 736 Abs. 2 BGB; BFH-Urteil vom 26.8.1997, VII R 63/97, BStBl. II S. 745). [6]Für Gesellschafter aller Formen der Außen-GbR, die vor dem 1.7.2003 in die Gesellschaft eingetreten sind, kommt aus Gründen des allgemeinen Vertrauensschutzes eine Haftung nur für solche Ansprüche aus dem Steuerschuldverhältnis in Betracht, die nach ihrem Eintritt in die Gesellschaft entstanden sind. [7]Zum Erlass von Haftungsbescheiden in Spaltungsfällen vgl. AEAO zu § 122, Nr. 2.15.

2. Die Befugnis zum Erlass eines Haftungs- oder Duldungsbescheids besteht auch, soweit die Haftung und Duldung sich auf steuerliche Nebenleistungen erstreckt.

3. [1]Auf den (erstmaligen) Erlass eines Haftungsbescheids sind die Vorschriften über die Festsetzungsfrist (§§ 169–171 AO) entsprechend anzuwenden. [2]Eine Korrektur zugunsten des Haftungsschuldners kann dagegen auch noch nach Ablauf der Festsetzungsfrist erfolgen (BFH-Urteil vom 12.8.1997, VII R 107/96, BStBl. 1998 II S. 131).

4. [1]Für die Korrektur von Haftungsbescheiden gelten nicht die für Steuerbescheide maßgeblichen Korrekturvorschriften (§§ 172ff. AO), sondern die allgemeinen Vorschriften über die Berichtigung, die Rücknahme und den Widerruf von Verwaltungsakten (§§ 129 bis 131 AO). [2]Die Rechtmäßigkeit des Haftungsbescheids richtet sich nach den Verhältnissen im Zeitpunkt seines Erlasses bzw. der entsprechenden Einspruchsentscheidung. [3]Anders als bei der Änderung der Steuerfestsetzung (BFH-Urteil vom 12.8.1997, VII R 107/96, BStBl. 1998 II S. 131) berühren Minderungen der dem Haftungsbescheid zugrunde liegenden Steuerschuld durch Zahlungen des Steuerschuldners nach Ergehen einer Einspruchsentscheidung die Rechtmäßigkeit des Haftungsbescheids nicht. [4]Ein rechtmäßiger Haftungsbescheid ist aber zugunsten des Haftungsschuldners zu widerrufen, soweit die ihm zugrunde liegende Steuerschuld später gemindert worden ist.

5. Von der Korrektur eines Haftungsbescheids ist der Erlass eines ergänzenden Haftungsbescheids zu unterscheiden.

5.1. Für die Zulässigkeit eines neben einem bereits bestehenden Haftungsbescheid gegenüber einem bestimmten Haftungsschuldner tretenden weiteren Haftungsbescheids ist grundsätzlich entscheidend, ob dieser den gleichen Gegenstand regelt wie der bereits ergangene Haftungsbescheid oder ob die Haf-

[1)] Anfechtungsgesetz v. 5.10.1994, BGBl. I 1994, 2911 (**Schönfelder** Nr. **111**).

tungsinanspruchnahme für verschiedene Sachverhalte oder zu verschiedenen Zeiten entstandene Haftungstatbestände erfolgen soll.

Stets zulässig ist es, wegen eines eigenständigen Steueranspruchs (betreffend einen anderen Besteuerungszeitraum oder eine andere Steuerart) einen weiteren Haftungsbescheid zu erlassen, selbst wenn der Steueranspruch bereits im Zeitpunkt der ersten Inanspruchnahme durch Haftungsbescheid entstanden war.

5.2. [1]Die „Sperrwirkung" eines bestandskräftigen Haftungsbescheids gegenüber einer erneuten Inanspruchnahme des Haftungsschuldners besteht nur, soweit es um ein und denselben Sachverhalt geht; sie ist in diesem Sinne nicht zeitraum-, sondern sachverhaltsbezogen (BFH-Beschluss vom 7.4.2005, I B 140/04, BStBl. 2006 II S. 530). [2]Der Erlass eines ergänzenden Haftungsbescheids für denselben Sachverhalt ist unzulässig, wenn die zu niedrige Inanspruchnahme auf einer rechtsirrtümlichen Beurteilung des Sachverhalts oder auf einer fehlerhaften Ermessensentscheidung beruhte (vgl. BFH-Urteil vom 25.5.2004, VII R 29/02, BStBl. 2005 II S. 3).

Der Erlass eines ergänzenden Haftungsbescheids ist aber zulässig, wenn die Erhöhung der Steuerschuld auf neuen Tatsachen beruht, die das Finanzamt mangels Kenntnis im ersten Haftungsbescheid nicht berücksichtigen konnte (BFH-Urteil vom 15.2.2011, VII R 66/10, BStBl. II S. 534).

6. [1]Ein Duldungsbescheid darf nur erlassen werden, wenn der zugrunde liegende Anspruch aus dem Steuerschuldverhältnis festgesetzt, fällig und vollstreckbar ist (BVerwG-Urteil vom 13.2.1987, 8 C 25/85, BStBl. 1987 II S. 475). [2]Die nicht bis zum Ende eines Insolvenzverfahrens vom Insolvenzverwalter geltend gemachten Anfechtungsansprüche können nach Maßgabe des § 18 AnfG[1)] verfolgt werden. [3]Außerhalb des Insolvenzverfahrens ist wegen Ansprüchen aus dem Steuerschuldverhältnis ein Duldungsbescheid zu erlassen, soweit die Ansprüche nicht im Wege der Einrede nach § 9 AnfG geltend zu machen sind; eine Klage nach dem Anfechtungsgesetz ist ausgeschlossen (BVerwG-Urteil vom 25.1.2017, 9 C 30/15, BStBl. 2018 II S. 116).

[1]Ein Duldungsbescheid unterliegt anders als ein Haftungsbescheid keiner eigenständigen Festsetzungsfrist. [2]Ein Duldungsbescheid darf allerdings nicht mehr ergehen, wenn der zugrunde liegende Steueranspruch wegen Festsetzungsverjährung gegenüber dem Steuerschuldner nicht mehr festgesetzt werden kann oder wenn der gegenüber dem Steuerschuldner festgesetzte Steueranspruch durch Zahlungsverjährung, Tilgung oder Erlass erloschen ist.

Für Korrekturen von Duldungsbescheiden gelten die Nrn. 4 und 5 entsprechend.

7. Zur Zahlungsaufforderung bei Haftungsbescheiden vgl. AEAO zu § 219 AO.

8. [1]Unter den Voraussetzungen des § 191 Abs. 2 AO ist vor Erlass eines Haftungsbescheids in den Fällen des § 69 AO der zuständigen Berufskammer – bei Zugehörigkeit zu mehreren Berufskammern jeder dieser Kammern – Gelegenheit zur Stellungnahme zu geben. [2]Ohne vorherige Anhörung der zuständigen Berufskammer ist ein Haftungsbescheid rechtswidrig (BFH-Urteil vom 13.5.1998, II R 4/96, BStBl. II S. 760). [3]Eine Anhörung kann bis zum Abschluss des Einspruchsverfahrens nachgeholt werden (§ 126 Abs. 1 Nr. 5 AO).

---

1) Anfechtungsgesetz v. 5.10.1994, BGBl. I 1994, 2911 (**Schönfelder** Nr. **111**).

8.1. Die Anhörung der Berufskammer setzt voraus,

- dass der Haftungsschuldner im Rahmen eines in § 191 Abs. 2 AO genannten Berufes (z. B. als Rechtsanwalt oder Steuerberater) tätig wurde und
- in dieser Stellung vorsätzlich oder grob fahrlässig ihm auferlegte Pflichten mit der Folge eines Haftungsschadens verletzt hat.

[1] Ist ein Angehöriger der in § 191 Abs. 2 AO genannten Berufe als Insolvenzverwalter, Nachlassverwalter, Testamentsvollstrecker oder in vergleichbarer Weise tätig, handelt er in Ausübung seines Berufs. [2] Soweit z. B. ein Steuerberater dagegen als Geschäftsführer einer Steuerberatungs-GmbH handelt, erfüllt er bei der Wahrnehmung der steuerlichen Pflichten dieser Gesellschaft keine für seinen Beruf spezifische Pflicht, er handelt insoweit nicht in Ausübung seines Berufs als Steuerberater (vgl. BFH-Urteil vom 9.10.1985, I R 154/82, BFH/NV 1986 S. 321).

8.2. [1] Ist eine Anhörung der zuständigen Berufskammer durchzuführen, soll diese erst nach Ablauf der dem Haftungsschuldner gesetzten Anhörungsfrist erfolgen. [2] Der Berufskammer darf nur das mitgeteilt werden, was aus Sicht des Finanzamts für die berufsrechtliche Beurteilung des haftungsrelevanten Sachverhalts durch die Kammer erforderlich ist. [3] Ein Einblick der Kammer in die vollständigen Steuerakten oder deren Übersendung in Kopie ist daher nicht zulässig.

8.3. [1] Die Frist für die Stellungnahme muss angemessen (d. h. grundsätzlich mindestens ein Monat) sein. [2] Wird innerhalb dieser Frist keine Stellungnahme abgegeben, kann nach Ablauf der Frist der Haftungsbescheid ergehen.

8.4. Besteht dringender Handlungsbedarf (z. B. wegen ansonsten eintretender Verjährung), kann der Haftungsbescheid auch vor Ablauf der Anhörungsfrist ergehen.

9. [1] Ein erstmaliger Haftungsbescheid kann wegen Akzessorietät der Haftungsschuld zur Steuerschuld grundsätzlich nicht mehr ergehen, wenn der zugrunde liegende Steueranspruch wegen Festsetzungsverjährung gegenüber dem Steuerschuldner nicht mehr festgesetzt werden darf oder wenn der gegenüber dem Steuerschuldner festgesetzte Steueranspruch durch Zahlungsverjährung oder Erlass erloschen ist (§ 191 Abs. 5 Satz 1 AO). [2] Maßgeblich ist dabei der Steueranspruch, auf den sich die Haftung konkret bezieht. [3] Daher ist bei der Haftung eines Arbeitgebers für zu Unrecht nicht angemeldete und abgeführte Lohnsteuer (§ 42d EStG) auf die vom Arbeitnehmer nach § 38 Abs. 2 EStG geschuldete Lohnsteuer und nicht auf die Einkommensteuer des Arbeitnehmers (§ 25 EStG) abzustellen. [4] Dabei ist für die Berechnung der die Lohnsteuer betreffenden Festsetzungsfrist die Lohnsteuer-Anmeldung des Arbeitgebers und nicht die Einkommensteuererklärung der betroffenen Arbeitnehmer maßgebend (vgl. BFH-Urteil vom 6.3.2008, VI R 5/05, BStBl. II S. 597). [5] Bei der Berechnung der für die Lohnsteuer maßgebenden Festsetzungsfrist sind Anlauf- und Ablaufhemmungen nach §§ 170, 171 AO zu berücksichtigen, soweit sie gegenüber dem Arbeitgeber wirken. [6] Zum Ablauf der Festsetzungsfrist beim Steuerschuldner beachte § 171 Abs. 15 AO.

AEAO zu § 192 – Vertragliche Haftung:

[1] Aufgrund vertraglicher Haftung (vgl. AEAO zu § 48 AO) ist eine Inanspruchnahme durch Haftungsbescheid nicht zulässig. [2] Eine Verpflichtung zur Inanspruchnahme des vertraglich Haftenden besteht nicht; das Finanzamt entscheidet nach Ermessen.

AEAO zu § 193 – Zulässigkeit einer Außenprüfung:[1)]

1. [1] Eine Außenprüfung ist unabhängig davon zulässig, ob eine Steuer bereits festgesetzt, ob der Steuerbescheid endgültig, vorläufig oder unter dem Vorbehalt der Nachprüfung ergangen ist (BFH-Urteil vom 28.3.1985, IV R 224/83, BStBl. II S. 700). [2] Eine Außenprüfung nach § 193 AO kann zur Ermittlung der Steuerschuld sowohl dem Grunde als auch der Höhe nach durchgeführt werden. [3] Der gesamte für die Entstehung und Ausgestaltung eines Steueranspruchs erhebliche Sachverhalt kann Prüfungsgegenstand sein (BFH-Urteil vom 11.12.1991, I R 66/90, BStBl. 1992 II S. 595). [4] Dies gilt auch, wenn der Steueranspruch möglicherweise verjährt ist oder aus anderen Gründen nicht mehr durchgesetzt werden kann (BFH-Urteil vom 23.7.1985, VIII R 48/85, BStBl. 1986 II S. 433).

2. [1] Die Voraussetzungen für eine Außenprüfung sind auch gegeben, soweit ausschließlich festgestellt werden soll, ob und inwieweit Steuerbeträge hinterzogen oder leichtfertig verkürzt worden sind. [2] Eine sich insoweit gegenseitig ausschließende Zuständigkeit von Außenprüfung und Steuerfahndung besteht nicht (BFH-Urteile vom 4.11.1987, II R 102/85, BStBl. 1988 II S. 113, vom 19.9.2001, XI B 6/01, BStBl. 2002 II S. 4, und vom 4.10.2006, VIII R 53/04, BStBl. 2007 II S. 227).[2)] [3] Die Einleitung eines Steuerstrafverfahrens hindert nicht weitere Ermittlungen durch die Außenprüfung unter Erweiterung des Prüfungszeitraums. [4] Dies gilt auch dann, wenn der Steuerpflichtige erklärt, von seinem Recht auf Verweigerung der Mitwirkung Gebrauch zu machen (BFH-Urteil vom 19.8.1998, XI R 37/97, BStBl. 1999 II S. 7). [5] Sollte die Belehrung gem. § 393 Abs. 1 AO unterblieben sein, führt dies nicht zu einem steuerlichen Verwertungsverbot (BFH-Urteil vom 23.1.2002, XI R 10, 11/01, BStBl. II S. 328).

3. [1] Eine Außenprüfung ausschließlich zur Erledigung eines zwischenstaatlichen Amtshilfeersuchens (§ 117 AO) durch Auskunftsaustausch in Steuersachen ist nicht zulässig. [2] Zur Erledigung eines solchen Amtshilfeersuchens kann eine Außenprüfung unter den Voraussetzungen des § 193 AO nur bei einem am ausländischen Besteuerungsverfahren Beteiligten durchgeführt werden (z. B. der Wohnsitzstaat ersucht um Prüfung der deutschen Betriebsstätte eines ausländischen Steuerpflichtigen).

4. [1] Eine Außenprüfung nach § 193 Abs. 1 AO ist zulässig zur Klärung der Frage, ob der Steuerpflichtige tatsächlich einen Gewerbebetrieb unterhält,

---

[1)] Vgl. auch die BpO (Allg. VwV v. 15.3.2000, BStBl. I 2000, 368, geänd. durch Allg. VwV v. 11.12.2001, BStBl. I 2001, 984, v. 22.1.2008, BStBl. I 2008, 274, und v. 20.7.2011, BStBl. I 2011, 710 – **Steuererlasse** Nr. **800** § 193/1).

[2)] Ebenso BFH v. 29.12.2010 IV B 46/09, BFH/NV 2011, 634; Vb. nicht zur Entscheidung angenommen (BVerfG v. 9.8.2012 1 BvR 1902/11, StEd 2012, 578).

wenn konkrete Anhaltspunkte für eine Steuerpflicht bestehen, d.h. es darf nicht ausgeschlossen sein, dass eine gewerbliche Tätigkeit vorliegt (BFH-Urteile vom 23.10.1990, VIII R 45/88, BStBl. 1991 II S. 278, und vom 11.8.1994, IV R 126/91, BStBl. II S. 936). [2]Eine Außenprüfung ist solange zulässig, als noch Ansprüche aus dem Steuerschuldverhältnis bestehen (z.B. handelsrechtlich voll beendigte KG: BFH-Urteil vom 1.10.1992, IV R 60/91, BStBl. 1993 II S. 82; voll beendigte GbR: BFH-Urteil vom 1.3.1994, VIII R 35/92, BStBl. 1995 II S. 241). [3]Zur Begründung der Anordnung einer Außenprüfung nach § 193 Abs. 1 AO genügt der Hinweis auf diese Rechtsgrundlage. [4]Eine Außenprüfung nach § 193 Abs. 1 AO ist bei Steuerpflichtigen i.S.d. § 147a AO für das Jahr, in dem die in § 147a Satz 1 AO bestimmte Grenze von 500 000 € überschritten ist, und für die fünf darauf folgenden Jahre der Aufbewahrungspflicht zulässig. [5]Hat nur ein Ehegatte bzw. Lebenspartner die Grenze von 500 000 € überschritten, ist nur bei diesem eine Außenprüfung nach § 193 Abs. 1 AO zulässig. [6]Beim anderen Ehegatten bzw. Lebenspartner kann ggf. eine Außenprüfung auf § 193 Abs. 2 Nr. 2 AO gestützt werden.

5. § 193 Abs. 2 Nr. 1 AO enthält die Rechtsgrundlage für die Prüfung der Lohnsteuer bei Steuerpflichtigen, die nicht unter § 193 Abs. 1 AO fallen (z.B. Prüfung der Lohnsteuer bei Privatpersonen, die Arbeitnehmer beschäftigt haben).

[1]Eine Außenprüfung nach § 193 Abs. 2 Nr. 2 AO ist bereits dann zulässig, wenn Anhaltspunkte vorliegen, die es nach den Erfahrungen der Finanzverwaltung als möglich erscheinen lassen, dass ein Besteuerungstatbestand erfüllt ist (BFH-Urteil vom 17.11.1992, VIII R 25/89, BStBl. 1993 II S. 146). [2]§ 193 Abs. 2 Nr. 2 AO kann insbesondere bei Steuerpflichtigen mit umfangreichen und vielgestaltigen Überschusseinkünften zur Anwendung kommen (sofern nicht bereits ein Fall des § 193 Abs. 1 AO vorliegt).[1)] [3]Sofern keine konkreten Anhaltspunkte für einen wirtschaftlichen Geschäftsbetrieb oder Zweckbetrieb vorliegen, fällt unter § 193 Abs. 2 Nr. 2 AO auch die Prüfung einer gemeinnützigen Körperschaft zum Zwecke der Anerkennung, Versagung oder Entziehung der Gemeinnützigkeit. [4]Eine auf § 193 Abs. 2 Nr. 2 AO gestützte Prüfungsanordnung muss besonders begründet werden. [5]Die Begründung muss ergeben, dass die gewünschte Aufklärung durch Einzelermittlung an Amtsstelle nicht erreicht werden kann (BFH-Urteil vom 7.11.1985, IV R 6/85, BStBl. 1986 II S. 435, und vom 9.11.1994, XI R 16/94, BFH/NV 1995 S. 578).

6. [1]Von der Außenprüfung zu unterscheiden sind Einzelermittlungen eines Außenprüfers nach § 88 AO, auch wenn sie am Ort des Betriebs durchgeführt werden. [2]In diesen Fällen hat er deutlich zu machen, dass verlangte Auskünfte oder sonstige Maßnahmen nicht im Zusammenhang mit der Außenprüfung stehen (BFH-Urteile vom 5.4.1984, IV R 244/83, BStBl. II S. 790, vom 2.2.1994, I R 57/93, BStBl. II S. 377, und vom 25.11.1997, VIII R 4/94, BStBl. 1998 II S. 461). [3]Zur betriebsnahen Veranlagung vgl. AEAO zu § 85,

---

1) Vgl. BFH v. 26.7.2007 VI R 68/04, BStBl. II 2009, 338, zu einer Außenprüfung gegen einen „Einkunftsmillionär".

Nr. 2 und 3. [4]Eine Umsatzsteuer-Nachschau gem. § 27b UStG stellt keine Außenprüfung i. S. d. § 193 AO dar. [5]Zum Übergang von einer Umsatzsteuer-Nachschau zu einer Außenprüfung siehe Abschnitt 27b.1 Abs. 9 UStAE.[1)]

AEAO zu § 194 – Sachlicher Umfang einer Außenprüfung:

1. Im Rahmen einer Außenprüfung nach § 193 Abs. 1 AO können, ohne dass die Voraussetzungen des § 193 Abs. 2 Nr. 2 AO vorliegen müssen, auch Besteuerungsmerkmale überprüft werden, die mit den betrieblichen Verhältnissen des Steuerpflichtigen in keinem Zusammenhang stehen (BFH-Urteil vom 28.11.1985, IV R 323/84, BStBl. 1986 II S. 437).

2. [1]§ 194 Abs. 1 Satz 3 AO erlaubt die Prüfung der Verhältnisse der Gesellschafter ohne gesonderte Prüfungsanordnung nur insoweit, als sie mit der Personengesellschaft zusammenhängen und für die Feststellungsbescheide von Bedeutung sind. [2]Die Einbeziehung der steuerlichen Verhältnisse der in § 194 Abs. 2 AO bezeichneten Personen in die Außenprüfung bei einer Gesellschaft setzt die Zulässigkeit (§ 193 AO) und eine eigene Prüfungsanordnung (§ 196 AO) voraus (BFH-Urteil vom 16.12.1986, VIII R 123/86, BStBl. 1987 II S. 248).

3. [1]Eine Außenprüfung kann zur Erledigung eines zwischenstaatlichen Rechts- und Amtshilfeersuchens (§ 117 AO) unter den Voraussetzungen des § 193 AO nur bei einem in einem ausländischen Besteuerungsverfahren Steuerpflichtigen, nicht aber zur Feststellung der steuerlichen Verhältnisse bei einer anderen Person durchgeführt werden (z. B. zur Erledigung eines Ersuchens um Prüfung einer im Bundesgebiet belegenen Firma, die im ersuchenden Staat als Zollbeteiligte auftritt, oder einer deutschen Betriebsstätte eines ausländischen Steuerpflichtigen). [2]Ermittlungen sind i. V. m. einer Außenprüfung möglich, die aus anderen Gründen durchgeführt wird.

4. [1]Soll der Prüfungszeitraum in den Fällen des § 4 Abs. 3 BpO[2)] mehr als drei zusammenhängende Besteuerungszeiträume umfassen oder nachträglich erweitert werden, muss die Begründung der Prüfungsanordnung die vom Finanzamt angestellten Ermessenserwägungen erkennen lassen (BFH-Urteil vom 4. 2.1 988, V R 57/83, BStBl. II S. 413). [2]Der Prüfungszeitraum darf zur Überprüfung vortragsfähiger Verluste auch dann auf die Verlustentstehungsjahre ausgedehnt werden, wenn der aus diesen Zeiträumen verbleibende Verlustabzug gem. § 10d Abs. 3 EStG (heute: Abs. 4) festgestellt worden ist (BFH-Beschluss vom 5.4.1995, I B 126/94, BStBl. II S. 496). [3]Bei einer Betriebsaufgabe schließt der Prüfungszeitraum mit dem Jahr der Betriebseinstellung ab (BFH-Urteil vom 24.8.1989, IV R 65/88, BStBl. 1990 II S. 2). [4]Bei einer Außenprüfung nach § 193 Abs. 2 Nr. 2 AO ist § 4 Abs. 3 BpO nicht anwendbar. [5]Für jeden Besteuerungszeitraum, der in die Außenprüfung einbezogen werden soll, müssen die besonderen Voraussetzungen des § 193 Abs. 2 Nr. 2 AO vorliegen (BFH-Urteil vom 18.10.1994, IX R 128/92, BStBl. 1995 II S. 291).

[1)] Nr. **500**.

[2)] **Steuererlasse** Nr. **800** § 193/1.

5. Eine Außenprüfung darf nicht allein zu dem Zwecke durchgeführt werden, die steuerlichen Verhältnisse dritter Personen zu erforschen (BFH-Urteil vom 18.2.1997, VIII R 33/95, BStBl. II S. 499).

6. [1]Die Finanzbehörden können Kontrollmitteilungen ins Ausland insbesondere dann versenden, wenn dies ohne besonderen Aufwand möglich ist und höhere Interessen des Steuerpflichtigen nicht berührt werden (BFH-Beschluss vom 8.2.1995, I B 92/94, BStBl. II S. 358). [2]Zu Auskünften der Finanzbehörden an ausländische Staaten ohne Ersuchen (Spontanauskünfte) wird auf Tz. 6 des Merkblatts zur zwischenstaatlichen Amtshilfe durch Informationsaustausch in Steuersachen (BMF-Schreiben vom 23.11.2015, BStBl. I S. 928) hingewiesen. [3]Zu Amtshilfeersuchen ausländischer Staaten vgl. AEAO zu § 193, Nr. 3.

7. Wird beabsichtigt, im Rahmen der Außenprüfung eines Berufsgeheimnisträgers Kontrollmitteilungen (§ 194 Abs. 3 AO) zu fertigen, ist der Steuerpflichtige hierüber rechtzeitig vorher zu informieren (BFH-Urteil vom 8.4. 2008, VIII R 61/06, BStBl. 2009 II S. 579).

AEAO zu § 195 – Zuständigkeit:

[1]Bei Beauftragung nach § 195 Satz 2 AO kann die beauftragende Finanzbehörde die Prüfungsanordnung selbst erlassen oder eine andere Finanzbehörde zum Erlass der Prüfungsanordnung ermächtigen. [2]Mit der Ermächtigung bestimmt die beauftragende Finanzbehörde den sachlichen Umfang (§ 194 Abs. 1 AO) der Außenprüfung, insbesondere sind die zu prüfenden Steuerarten und der Prüfungszeitraum anzugeben. [3]Aus der Prüfungsanordnung müssen sich die Gründe für die Beauftragung ergeben (BFH-Urteile vom 10.12. 1987, IV R 77/86, BStBl. 1988 II S. 322, und vom 21.4.1993, X R 112/91, BStBl. II S. 649). [4]Zur Erteilung einer verbindlichen Zusage im Anschluss an eine Auftragsprüfung vgl. AEAO zu § 204, Nr. 2. [5]Ändert sich die Zuständigkeit nach Bekanntgabe der Prüfungsanordnung, ist die Außenprüfung auf der Grundlage der bereits ergangenen Prüfungsanordnung vom neu zuständigen Finanzamt fortzuführen. [6]Die Prüfungsanordnung ist nicht aufzuheben, sondern durch Benennung des Namens des neuen Betriebsprüfers zu ergänzen. [7]Unter den Voraussetzungen des § 26 AO kann die Außenprüfung von dem bisher zuständigen Finanzamt fortgeführt werden. [8]Die nach § 195 Satz 2 AO beauftragte Behörde hat über den Einspruch gegen eine von ihr erlassene Prüfungsanordnung zu entscheiden (BFH-Urteil vom 18.11.2008, VIII R 16/07, BStBl. 2009 II S. 507).

AEAO zu § 196 – Prüfungsanordnung:[1)]

1. [1]Zur Begründung einer Anordnung einer Außenprüfung nach § 193 Abs. 1 AO genügt der Hinweis auf diese Rechtsgrundlage. [2]Die Prüfungsanordnung (§ 5 Abs. 2 Satz 1 BpO),[2)] die Festlegung des Prüfungsbeginns (BFH-Urteil vom 18.12.1986, I R 49/83, BStBl. 1987 II S. 408) und des

---

1) Siehe BMF v. 24.10.2013, BStBl. I 2013, 1264: Hinweise auf die Rechte und Mitwirkungspflichten des Steuerpflichtigen bei der Außenprüfung (§ 5 Abs. 2 Satz 2 BpO).

2) **Steuererlasse** Nr. **800** § 193/1.

Prüfungsorts (BFH-Urteil vom 24.2.1989, III R 36/88, BStBl. II S. 445) sind selbständig anfechtbare Verwaltungsakte i. S. d. § 118 AO (BFH-Urteil vom 25.1.1989, X R 158/87, BStBl. II S. 483). [3]Gegen die Bestimmung des Betriebsprüfers ist grundsätzlich kein Rechtsbehelf gegeben (BFH-Beschluss vom 15.5.2009, IV B 3/09, BFH/NV S. 1401). [4]Darüber hinaus können mit der Prüfungsanordnung weitere nicht selbständig anfechtbare prüfungsleitende Bestimmungen (§ 5 Abs. 3 BpO) verbunden werden. [5]Ein Einspruch gegen die Prüfungsanordnung hat keine aufschiebende Wirkung (§ 361 Abs. 1 Satz 1 AO); vorläufiger Rechtsschutz kann erst durch Aussetzung der Vollziehung nach § 361 AO, § 69 FGO gewährt werden (BFH-Beschluss vom 17.9.1974, VII B 122/73, BStBl. 1975 II S. 197). [6]Über Anträge auf Aussetzung der Vollziehung ist unverzüglich zu entscheiden; Nr. 3 des AEAO zu § 361 gilt sinngemäß.

2. [1]Rechtswidrig erlangte Außenprüfungsergebnisse dürfen nur dann nicht verwertet werden, wenn der Steuerpflichtige erfolgreich gegen die Prüfungsanordnung der betreffenden Prüfungsmaßnahme vorgegangen ist (BFH-Urteil vom 27.7.1983, I R 210/79, BStBl. 1984 II S. 285). [2]Wenn die Prüfungsfeststellungen bereits Eingang in Steuerbescheide gefunden haben, muss der Steuerpflichtige auch diese Bescheide anfechten, um ein steuerliches Verwertungsverbot zu erlangen (BFH-Urteil vom 16.12.1986, VIII R 123/86, BStBl. 1987 II S. 248). [3]Feststellungen, deren Anordnung rechtskräftig für rechtswidrig erklärt wurden, unterliegen einem Verwertungsverbot (BFH-Urteil vom 14.8.1985, I R 188/82, BStBl. 1986 II S. 2). [4]Dies gilt nicht, wenn die bei der Prüfung ermittelten Tatsachen bei einer erstmaligen oder einer unter dem Vorbehalt der Nachprüfung stehenden Steuerfestsetzung verwertet wurden und lediglich formelle Rechtsfehler vorliegen (BFH-Urteile vom 10.5.1991, V R 51/90, BStBl. II S. 825, und vom 25.11.1997, VIII R 4/94, BStBl. 1998 II S. 461).

3. [1]Ist eine Prüfungsanordnung aus formellen Gründen durch das Gericht oder die Finanzbehörde aufgehoben oder für nichtig erklärt worden, so kann eine erneute Prüfungsanordnung (Wiederholungsprüfung) unter Vermeidung des Verfahrensfehlers erlassen werden (BFH-Urteile vom 20.10.1988, IV R 104/86, BStBl. 1989 II S. 180, und vom 24.8.1989, IV R 65/88, BStBl. 1990 II S. 2). [2]Für die Durchführung der Wiederholungsprüfung ist es regelmäßig geboten, einen anderen Prüfer mit der Prüfung zu beauftragen, der in eigener Verantwortung bei Durchführung der Prüfung ein selbständiges Urteil über die Erfüllung der steuerlichen Pflichten durch den Steuerpflichtigen gewinnt (BFH-Urteil vom 20.10.1988, IV R 104/86, BStBl. 1989 II S. 180).

4. Die Anordnung einer Außenprüfung für einen bereits geprüften Zeitraum (Zweitprüfung) ist grundsätzlich zulässig (BFH-Urteil vom 24.1.1989, VII R 35/86, BStBl. II S. 440).

5. [1]Der Umfang der Ablaufhemmung nach § 171 Abs. 4 AO und der Sperrwirkung nach § 173 Abs. 2 AO bestimmt sich nach dem in der Prüfungsanordnung festgelegten Prüfungsumfang (BFH-Urteile vom 18.7.1991, V R 54/87, BStBl. II S. 824, und vom 25.1.1996, V R 42/95, BStBl. II S. 338). [2]Es bedarf keiner neuen Prüfungsanordnung, wenn die Prüfung unmittelbar nach Beginn für mehr als sechs Monate unterbrochen und vor Ablauf der Festsetzungsfrist zügig beendet wird (BFH-Urteil vom 13.2.2003, IV R 31/01, BStBl. II S. 552).

6. Nehmen Außenprüfer an steuerstraf- oder bußgeldrechtlichen Ermittlungen der Steuerfahndung teil, ist insoweit keine Prüfungsanordnung nach § 196 AO zu erlassen (vgl. Nr. 125 AStBV (St)).[1)]

AEAO zu § 197 – Bekanntgabe der Prüfungsanordnung:

Inhaltsübersicht

1. Allgemeines
2. Bekanntgabe von Prüfungsanordnungen
3. Bekanntgabe von Prüfungsanordnungen an Ehegatten bzw. Lebenspartner
4. Bekanntgabe an gesetzliche Vertreter natürlicher Personen
5. Personengesellschaften (Gemeinschaften)
6. Juristische Personen
7. Insolvenzfälle
8. Gesamtrechtsnachfolge in Erbfällen
9. Umwandlungen
10. Festlegung des voraussichtlichen Prüfungsbeginns
11. Antrag des Steuerpflichtigen auf Verschiebung des Prüfungsbeginns (§ 197 Abs. 2 AO)

1. Allgemeines

Nach Nr. 1.1.4 des AEAO zu § 122 gelten die Grundsätze über die Bekanntgabe von Steuerbescheiden für Prüfungsanordnungen entsprechend, soweit nicht nachfolgend abweichende Regelungen getroffen sind.

2. Bekanntgabe von Prüfungsanordnungen

Beim Erlass einer Prüfungsanordnung sind festzulegen:
- An wen sie sich richtet (Nr. 2.1 des AEAO zu § 197 – Inhaltsadressat),
- wem sie bekannt gegeben werden soll (Nr. 2.2 des AEAO zu § 197 – Bekanntgabeadressat),
- welcher Person sie zu übermitteln ist (Nr. 2.3 des AEAO zu § 197 – Empfänger).

[1)] Nr. 125 AStBV (St) 2020 v. 1.12.2019, BStBl. I 2019, 1142, lautet:
„**125. Zusammenarbeit mit der Außenprüfung**
(1) Soll im Rahmen einer Außenprüfung die Steufa zugezogen werden, so hat dies zu einem möglichst frühen Zeitpunkt zu geschehen. Hierbei ist zu berücksichtigen, dass strafprozessuale Maßnahmen möglichst von der Steufa durchzuführen sind. Dies gilt insbesondere für Vernehmungen, Durchsuchungen und Beschlagnahmen.
(2) Wird die Steufa mit einem Fall befasst, der neben den straf- oder bußgeldrechtlichen Ermittlungen umfangreiche Feststellungen in steuerlicher Hinsicht erfordert, so ist ggf. eine Teilnahme der Betriebsprüfung zu veranlassen. Nehmen Angehörige der Betriebsprüfung an steuerstraf- oder bußgeldrechtlichen Ermittlungen der Steufa teil, ist insoweit keine Prüfungsanordnung nach § 196 AO zu erlassen.
(3) Bei gemeinsamen Prüfungen mit der Betriebsprüfung fertigt die Steufa den gesonderten Bericht (vgl. Nummer 127 Abs. 2) über die straf- oder bußgeldrechtlichen Feststellungen; über die steuerlichen Feststellungen in der Regel die Stelle, bei der das Schwergewicht der Prüfung liegt.
(4) Für die Zusammenarbeit mit anderen Prüfungsdiensten gelten die Absätze 1 bis 3 entsprechend.“

2.1. Inhaltsadressat/Prüfungssubjekt

Das ist derjenige, an den sich die Prüfungsanordnung richtet und dem aufgegeben wird, die Außenprüfung in dem in der Anordnung näher beschriebenen Umfang zu dulden und bei ihr mitzuwirken: „Prüfung bei …".

2.2. Bekanntgabeadressat

[1]Das ist die Person/Personengruppe, der die Prüfungsanordnung bekannt zu geben ist. [2]Der Bekanntgabeadressat ist regelmäßig mit dem Prüfungssubjekt identisch; soweit die Bekanntgabe an das Prüfungssubjekt nicht möglich oder nicht zulässig ist, kommen Dritte als Bekanntgabeadressaten in Betracht (z. B. Eltern eines minderjährigen Kindes, Geschäftsführer einer nicht rechtsfähigen Personenvereinigung, Liquidator).

In allen Fällen, in denen der Bekanntgabeadressat nicht personenidentisch ist mit dem Prüfungssubjekt, ist ein erläuternder Zusatz in die Prüfungsanordnung aufzunehmen, aus dem der Grund für die Anordnung beim Bekanntgabeadressaten erkennbar wird.

Beispiel:

Die Prüfungsordnung ergeht an Sie als
„Alleinerbin und Gesamtrechtsnachfolgerin nach Ihrem verstorbenen Ehemann" (bei Erbfall; vgl. AEAO zu § 197, Nr. 8)
„Nachfolgerin der Fritz KG" (bei gesellschaftsrechtlicher Umwandlung; vgl. AEAO zu § 197, Nr. 9)

2.3. Empfänger

[1]Das ist derjenige, dem die Prüfungsanordnung tatsächlich zugehen soll, damit sie durch Bekanntgabe wirksam wird. [2]I. d. R. ist dies der Bekanntgabeadressat. [3]Es kann jedoch auch eine andere Person sein (vgl. AEAO zu § 122, Nrn. 1.5.2 und 1.7). [4]Der Empfänger ist im Anschriftenfeld der Prüfungsanordnung mit seinem Namen und der postalischen Anschrift zu bezeichnen. [5]Ist der Empfänger nicht identisch mit dem Prüfungssubjekt, muss in einem ergänzenden Zusatz im Text der Prüfungsanordnung darauf hingewiesen werden, „bei wem" die Prüfung stattfinden soll (d.h. namentliche Benennung des Prüfungssubjekts).

2.4. Übermittlung an Bevollmächtigte (§§ 80 Abs. 1, 122 Abs. 1 Satz 3 AO)

Zur Bekanntgabe an einen Bevollmächtigten vgl. AEAO zu § 122, Nr. 1.7.

Beispiel:

Anschrift:
Herrn Steuerberater Klaus Schulz, …
Text:
„… ordne ich an, dass bei Ihrem Mandanten Anton Huber, … eine Prüfung durchgeführt wird."

3. Bekanntgabe von Prüfungsanordnungen an Ehegatten bzw. Lebenspartner

[1]Prüfungsanordnungen gegen beide Ehegatten bzw. Lebenspartner können ggf. in einer Verfügung zusammengefasst werden. [2]Auf die Regelung des AEAO zu § 122, Nr. 2.1 wird verwiesen. [3]In einem Zusatz muss dann jedoch

erläutert werden, für welche Steuerarten bei welchem Prüfungssubjekt die Außenprüfung vorgesehen ist.

[1]Aus Gründen der Klarheit und Übersichtlichkeit sollten getrennte Prüfungsanordnungen an Ehegatten bzw. Lebenspartner bevorzugt werden. [2]Generell müssen die Prüfungen getrennt angeordnet werden, wenn beide Ehegatten bzw. Lebenspartner unternehmerisch (jedoch nicht gemeinschaftlich) tätig sind.

4. Bekanntgabe an gesetzliche Vertreter natürlicher Personen

Vgl. AEAO zu § 122, Nr. 2.2.

Beispiel:

Anschrift:
Herrn Steuerberater Klaus Schulz
Text:
„... ordne ich an, dass bei Ihrem Mandanten Benjamin Müller ..."
Zusatz:
„... ergeht an Sie für Frau Felicitas Müller und Herrn Felix Müller, ggf. Anschrift, als gesetzliche Vertreter ihres minderjährigen Sohnes Benjamin Müller, ggf. Anschrift."

5. Personengesellschaften (Gemeinschaften)

[1]Bei Prüfungsanordnungen an Personengesellschaften und Gemeinschaften sind Unterscheidungen nach der Rechtsform, nach der zu prüfenden Steuerart und ggf. nach der Einkunftsart vorzunehmen. [2]Wegen der Unterscheidung zwischen Personenhandelsgesellschaften und sonstigen nicht rechtsfähigen Personenvereinigungen wird auf Nr. 2.4.1.2 des AEAO zu § 122 verwiesen.

5.1. Personenhandelsgesellschaften

[1]Vgl. AEAO zu § 122, Nr. 2.4.1.1. [2]Dies gilt auch für die Bekanntgabe von Prüfungsanordnungen an Personenhandelsgesellschaften bei gesonderter und einheitlicher Feststellung der Einkünfte aus Gewerbebetrieb. [3]Es ist nicht erforderlich, der Prüfungsanordnung eine Anlage beizufügen, in der die Feststellungsbeteiligten aufgeführt sind.

5.2. Sonstige nicht rechtsfähige Personenvereinigungen

Als Steuerpflichtige i. S. d. § 193 Abs. 1 AO, bei der eine Außenprüfung zulässig ist, kommt auch eine nicht rechtsfähige Personenvereinigung in Betracht (BFH-Urteil vom 16.11.1989, IV R 29/89, BStBl. 1990 II S. 272).

[1]Die Personenvereinigung hat i. d. R. formal keinen eigenen Namen und muss als Prüfungssubjekt durch die Angabe aller Gesellschafter charakterisiert werden. [2]Ist die Bezeichnung der Gesellschafter durch die Aufzählung aller Namen im Vordrucktext der Anordnung aus technischen Gründen nicht möglich, können neben einer Kurzbezeichnung im Text der Prüfungsanordnung in einer Anlage die einzelnen Gesellschafter (ggf. mit Anschrift) aufgeführt werden.

[1]Die Prüfungsanordnung muss aber nicht nur für die nicht rechtsfähige Personenvereinigung bestimmt und an sie adressiert sein, sie muss ihr auch bekannt gegeben werden. [2]Die Bekanntgabe hat an die vertretungsberechtigten Gesellschafter zu erfolgen. [3]Grundsätzlich sind das alle Gesellschafter (z. B. bei

einer GbR nach §§ 709, 714 BGB), es sei denn, es liegt eine abweichende gesellschaftsvertragliche Regelung vor. [4]Nach § 6 Abs. 3 VwZG ist es jedoch zulässig, die Prüfungsanordnung nur einem der Gesellschafter bekannt zu geben (BFH-Urteil vom 18.10.1994, IX R 128/92, BStBl. 1995 II S. 291). [5]Das gilt selbst in den Fällen, in denen auf Grund gesellschaftsvertraglicher Regelungen mehrere Personen zur Geschäftsführung bestellt sind.

5.2.1. Nicht rechtsfähige Personenvereinigungen mit Gewinneinkünften

Wird die Prüfung der Feststellung der Einkünfte (Gewinneinkünfte) angeordnet, ist die Prüfungsanordnung an die Personenvereinigung als Prüfungssubjekt zu richten und nicht gegen deren Gesellschafter (BFH-Urteil vom 16.11.1989, IV R 29/89, BStBl. 1990 II S. 272).

Führt eine nicht rechtsfähige Personenvereinigung ausnahmsweise einen geschäftsüblichen Namen, unter dem sie am Rechtsverkehr teilnimmt, gilt Nr. 2.4.1.2 des AEAO zu § 122 auch hinsichtlich der Prüfungsanordnung zur gesonderten und einheitlichen Gewinnfeststellung entsprechend.

[1]Wurde ein gemeinsamer Empfangsbevollmächtigter bestellt, kann auch ihm die Anordnung zur Prüfung der Gewinneinkünfte bekannt gegeben werden. [2]Bei Bekanntgabe der Prüfungsanordnung an nur einen zur Vertretung aller übrigen Beteiligten vertretungsberechtigten Gesellschafter oder an einen Empfangsbevollmächtigten ist auf dessen Funktion als Bekanntgabeempfänger mit Wirkung für alle Beteiligten hinzuweisen.

5.2.2. Nicht rechtsfähige Personenvereinigungen mit Überschusseinkünften

[1]Wird die Prüfung der Feststellung der Einkünfte (z. B. aus Vermietung und Verpachtung), des Vermögens und der Schulden bei einer Gesellschaft bürgerlichen Rechts oder bei einer Gemeinschaft (z. B. Grundstücksgemeinschaft) angeordnet, ist die nicht rechtsfähige Personenvereinigung als Grundstücksgesellschaft oder Bauherrengemeinschaft insoweit nicht selbst Prüfungssubjekt (BFH-Urteile vom 25.9.1990, IX R 84/88, BStBl. 1991 II S. 120, und vom 18.10.1994, IX R 128/92, BStBl. 1995 II S. 291). [2]Vielmehr ist der einzelne Gesellschafter der Träger der steuerlichen Rechte und Pflichten (§ 33 Abs. 1 AO). [3]Eine Prüfungsanordnung für die gesonderte und einheitliche Feststellung der Einkünfte aus Vermietung und Verpachtung bzw. die Feststellung des Vermögens und der Schulden ist an jeden Gesellschafter zu richten und auch diesem bekannt zu geben (für Gemeinschaften: BFH-Urteil vom 10.11.1987, VIII R 94/87, BFH/NV 1988 S. 214).

[1]Eine Personenvereinigung unterliegt der Außenprüfung und ist Prüfungssubjekt nur insoweit, als sie – wie z. B. bei der Umsatzsteuer – selbst Steuerschuldnerin ist (BFH-Urteil vom 18.10.1994, IX R 128/92, BStBl. 1995 II S. 291). [2]In den Fällen, in denen bei einer nicht rechtsfähigen Personenvereinigung mit Überschusseinkünften neben der Feststellung der Einkünfte und der Feststellung des Vermögens und der Schulden auch die Umsatzsteuer Prüfungsgegenstand ist, sind daher zwei Prüfungsanordnungen zu erlassen:

- an die Gemeinschaft/Gesellschaft hinsichtlich der Umsatzsteuer;
- an die Gemeinschafter/Gesellschafter hinsichtlich der Feststellung der Einkünfte und der Feststellung des Vermögens und der Schulden.

5.2.3. Nichtrechtsfähige Personenvereinigungen mit Überschusseinkünften i. Z. m. gesonderten Feststellungen für Zwecke der Erbschaft- und Schenkungsteuer nach § 151 BewG

Bei gesonderten Feststellungen für Zwecke der Erbschaft- und Schenkungsteuer kann auch die nichtrechtsfähige Personenvereinigung mit Überschusseinkünften selbst Inhaltsadressat der Prüfungsanordnung sein.

[1] Zur Ermittlung der Besteuerungsgrundlagen ist nach § 156 BewG eine Außenprüfung bei den Beteiligten i. S. d. § 154 Abs. 1 BewG zulässig. [2] Die Beteiligtenstellung einer Personenvereinigung kann daraus folgen, dass sie zur Abgabe einer Feststellungserklärung aufgefordert wurde (§ 154 Abs. 1 Nr. 2 BewG). [3] Der Anteil am Wert der in § 151 Abs. 1 Satz 1 Nr. 4 BewG genannten Vermögensgegenstände und Schulden, die mehreren Personen zustehen, ist gesondert festzustellen. [4] Die Aufforderung zur Abgabe einer Feststellungserklärung richtet sich gem. § 153 Abs. 2 BewG an die Personenvereinigung selbst, die dadurch Beteiligte wird. [5] Sie ist dann als Prüfungssubjekt auch Inhaltsadressat der entsprechenden Prüfungsanordnung.

[1] Eine Prüfung zur gesonderten Feststellung nach § 156 BewG kann auch in Kombination mit einer auf § 193 AO gestützten Prüfung erfolgen. [2] Eine ausschließlich auf § 156 BewG gestützte Außenprüfung darf sich jedoch nur auf die Feststellungen erstrecken, die für die Erbschaft-/Schenkungsteuer oder eine andere Feststellung im Sinne des § 151 Abs. 1 BewG maßgeblich sind. [3] Das hat zur Folge, dass im Rahmen der Betriebsprüfung nur die sachliche Richtigkeit und Vollständigkeit der festgestellten Besteuerungsgrundlagen ermittelt bzw. überprüft werden dürfen.

5.3. Sonderfälle

[1] Dient die Außenprüfung u. a. der Feststellung, welche Art von Einkünften die Gesellschafter einer nicht rechtsfähigen Personenvereinigung erzielen, kann die Prüfungsanordnung nach Maßgabe sämtlicher in Betracht kommenden Einkunftsarten ausgerichtet werden. [2] Kommen danach Gewinneinkünfte ernsthaft in Betracht, ist die Personenvereinigung – gestützt auf die Rechtsgrundlage des § 193 Abs. 1 AO – Prüfungssubjekt.

[1] Dies gilt aber nur für existierende Personenvereinigungen mit streitiger Qualifizierung der Einkünfte. [2] Ist die Existenz der nicht rechtsfähigen Personenvereinigung selbst im Streit, muss sich die Prüfungsanordnung gegen die mutmaßlichen Gesellschafter richten (BFH-Urteil vom 8.3.1988, VIII R 220/85, BFH/NV S. 758). [3] Sie ist jedem Beteiligten der mutmaßlichen Personenvereinigung gesondert bekannt zu geben.

[1] Liegen konkrete Anhaltspunkte vor, dass die vermutete Gemeinschaft/Gesellschaft tatsächlich einen gewerblichen oder land- und forstwirtschaftlichen Betrieb unterhalten hat bzw. freiberuflich tätig geworden ist, genügt in der Prüfungsanordnung ein Hinweis auf § 193 Abs. 1 AO (BFH-Urteil vom 23.10.1990, VIII R 45/88, BStBl. 1991 II S. 278). [2] Ansonsten ist die Prüfungsanordnung auf § 193 Abs. 2 Nr. 2 AO zu stützen und besonders zu begründen.

5.4. Arbeitsgemeinschaften

Ist eine Arbeitsgemeinschaft (ARGE) als Prüfungssubjekt zu prüfen, ist die Prüfungsanordnung an das in der ARGE geschäftsführende Unternehmen als Bevollmächtigtem postalisch bekannt zu geben (vgl. AEAO zu § 122, Nr. 2.4.1.2).

5.5. Atypisch stille Gesellschaften

[1]Da die atypisch stille Gesellschaft nicht selbst Steuerschuldnerin ist, ist eine Prüfungsanordnung an den Inhaber des Handelsgeschäfts zu richten (vgl. AEAO zu § 122, Nr. 2.4.1). [2]Hinsichtlich der gesonderten und einheitlichen Gewinnfeststellung ist eine Prüfungsanordnung ihrem Inhalt nach im Regelfall ebenfalls nicht an die atypisch stille Gesellschaft, sondern regelmäßig an jeden Gesellschafter (Prüfungssubjekt) zu richten und diesem auch bekannt zu geben.

Beispiel:
Anschrift:
a) Bauunternehmung Müller GmbH — Geschäftsinhaber
b) Herrn Josef Meier — atyp. stiller Gesellschafter
(zwei getrennte Prüfungsanordnungen)
Text:
„... ordne ich an, dass bei Ihnen bezüglich der steuerlichen Verhältnisse der atypisch stillen Gesellschaft Bauunternehmung Müller GmbH und Josef Meier (ggf. Anschrift) eine Außenprüfung durchgeführt wird."

[1]Abweichend davon reicht es in Fällen der atypisch stillen Beteiligung an einer Personenhandelsgesellschaft aus, die Prüfungsanordnung hinsichtlich der gesonderten und einheitlichen Gewinnfeststellung an die Personenhandelsgesellschaft (= Geschäftsinhaber) als Prüfungssubjekt zu richten und bekannt zu geben, da die Außenprüfung bei einer Personengesellschaft auch die steuerlichen Verhältnisse der Gesellschafter (auch der atypisch stille Beteiligte ist Mitunternehmer) insoweit umfasst, als diese für die zu überprüfende Feststellung von Bedeutung sind (§ 194 Abs. 1 AO). [2]Einer gesonderten – an den atypisch stillen Gesellschafter gerichteten – *Prüfungsordnung*[1]) bedarf es in diesem Fall nicht.

5.6. Personengesellschaften und nicht rechtsfähige Personengemeinschaften in Liquidation

[1]Wegen der Unterscheidung zwischen der gesellschaftsrechtlichen und der steuerrechtlichen Liquidation vgl. AEAO zu § 122, Nr. 2.7.1. [2]Die Anweisungen des AEAO zu § 122, Nr. 2.7.2 zur Bekanntgabe von Steuerbescheiden gelten für Prüfungsanordnungen sinngemäß.

[1]Auch die Verpflichtung, nach §§ 193 ff. AO eine Außenprüfung zu dulden, führt dazu, eine Personengesellschaft bzw. nicht rechtsfähige Personenvereinigung noch nicht als vollbeendet anzusehen. [2]Nach Beendigung der gesellschaftsrechtlichen Liquidation (z. B. Prüfung bei „dem gesellschaftsrechtlich beendeten Autohaus Heinrich Schmitz Nachf. GbR") bleibt die Personengesellschaft bzw. nicht rechtsfähige Personenvereinigung weiterhin Prü-

[1]) Redaktionsversehen: richtig ist „Prüfungs**an**ordnung".

fungssubjekt; die Prüfungsanordnung ist deshalb an sie zu richten (vgl. BFH-Urteil vom 1.3.1994, VIII R 35/92, BStBl. 1995 II S. 241). [3]Zu empfehlen ist die Bekanntgabe der Prüfungsanordnung an alle ehemaligen Gesellschafter als Liquidatoren (mit Hinweis auf die rechtliche Stellung als Liquidator).

5.7. Eintritt, Ausscheiden und Wechsel von Gesellschaftern einer Personengesellschaft oder einer nicht rechtsfähigen Personengemeinschaft

5.7.1. [1]Wird das Handelsgeschäft eines Einzelunternehmers in eine Personen- oder Kapitalgesellschaft eingebracht, ist zu unterscheiden, ob der Zeitraum vor oder nach der Übertragung geprüft wird. [2]Die Prüfungsanordnung muss an den jeweiligen Inhaltsadressaten für die Zeit seiner Inhaberschaft gerichtet und bekannt gegeben werden. [3]Für den Prüfungszeitraum bis zur Einbringung ergeht die Prüfungsanordnung an den ehemaligen Einzelunternehmer als Inhaltsadressat (Prüfungssubjekt) („bei Ihnen"). [4]In einem Zusatz ist zu erläutern, dass Prüfungsgegenstand bestimmte Besteuerungszeiträume vor der Einbringung in die namentlich benannte aufnehmende Gesellschaft sind.

5.7.2. [1]Tritt in eine bestehende Personenhandelsgesellschaft oder nicht rechtsfähige Personenvereinigung mit geschäftsüblichem Namen ein Gesellschafter ein oder scheidet ein Gesellschafter aus unter Fortführung der Gesellschaft durch die verbliebenen Gesellschafter oder ergibt sich durch abgestimmten Ein- und Austritt ein Gesellschafterwechsel, ändert sich die Identität der Gesellschaft nicht. [2]Daher ist die Prüfungsanordnung auch für die Zeit vor dem Eintritt, Ausscheiden oder Wechsel an die Personengesellschaft als Inhaltsadressaten zu richten. [3]An den ausgeschiedenen Gesellschafter ergeht keine gesonderte Prüfungsanordnung. [4]Ihm ist jedoch zur Wahrung des rechtlichen Gehörs eine Kopie der an die Gesellschaft gerichteten Prüfungsanordnung zu übersenden. [5]Dabei ist er auf den Sinn und Zweck dieser Benachrichtigung hinzuweisen.

5.7.3. [1]Scheidet aus einer zweigliedrigen Personengesellschaft oder nicht rechtsfähigen Personengemeinschaft der vorletzte Gesellschafter aus und wird der Betrieb durch den verbliebenen Gesellschafter ohne Liquidation fortgeführt (= vollbeendete Gesellschaft; BFH-Urteil vom 18.9.1980, V R 175/74, BStBl. 1981 II S. 293), ist der jetzige Alleininhaber Gesamtrechtsnachfolger gem. § 45 Abs. 1 Satz 1 AO für die Betriebssteuern. [2]Die Prüfungsanordnung für die Betriebssteuern ist daher auch für die Zeit des Bestehens der Gesellschaft/Gemeinschaft an den jetzigen Alleininhaber zu richten und diesem bekannt zu geben. [3]Er ist auf seine Stellung als Gesamtrechtsnachfolger hinzuweisen. [4]In einem Zusatz ist deutlich zu machen, dass die Prüfung die steuerlichen Verhältnisse der vollbeendeten Gesellschaft/Gemeinschaft betrifft.

[1]Für die gesonderte und einheitliche Gewinnfeststellung geht die Pflicht, die Prüfung zu dulden (vgl. AEAO zu § 197, Nr. 2.1 und 5.2.1), ebenfalls von der Gesellschaft/Gemeinschaft auf den jetzigen Alleininhaber als Gesamtrechtsnachfolger i. S. v. § 45 Abs. 1 Satz 1 AO über (BFH-Urteil vom 25.4.2006, VIII R 46/02, BFH/NV S. 2037). [2]Die Prüfungsanordnung zur gesonderten und einheitlichen Gewinnfeststellung für die Zeit des Bestehens der Gesellschaft ist daher ebenfalls an den jetzigen Alleininhaber zu richten und diesem bekannt zu geben. [3]Auf die Stellung als Gesamtrechtsnachfolger

ist hinzuweisen. [4]In einem Zusatz ist deutlich zu machen, dass die Prüfung die steuerlichen Verhältnisse der vollbeendeten Gesellschaft/Gemeinschaft betrifft.

[1]Erzielt die Personengesellschaft/Gemeinschaft ausschließlich Überschusseinkünfte (z. B. aus Vermietung und Verpachtung), ist sie als solche kein Prüfungssubjekt hinsichtlich der gesonderten und einheitlichen Feststellung der Überschusseinkünfte (vgl. AEAO zu § 197, Nr. 5.2.2). [2]Die Duldungspflicht der Prüfung kann daher auch nicht im Wege der Gesamtrechtsnachfolge auf den jetzigen Alleingesellschafter übergehen. [3]Die Prüfungsanordnung ist in diesem Fall an jeden ehemaligen Gesellschafter zu richten und bekannt zu geben.

6. Juristische Personen

Vgl. AEAO zu § 122, Nr. 2.8.

7. Insolvenzfälle

Soweit die Verwaltungs- und Verfügungsbefugnis auf einen Insolvenzverwalter oder einen vorläufigen Insolvenzverwalter übergegangen ist (vgl. AEAO zu § 251, Nrn. 3.1 und 4.2), ist dieser Bekanntgabeadressat (AEAO zu § 197, Nr. 2.2).

8. Gesamtrechtsnachfolge in Erbfällen

8.1. [1]Geht ein Einzelunternehmen durch Erbfall im Wege der Gesamtrechtsnachfolge auf eine oder mehrere Person(en) über, ist die Prüfungsanordnung an den/die Erben als Prüfungssubjekt zu richten. [2]Bei ihm/ihnen kann eine Außenprüfung nach § 193 Abs. 1 AO auch für Zeiträume stattfinden, in denen der Erblasser unternehmerisch tätig war (BFH-Urteil vom 24.8.1989, IV R 65/88, BStBl. 1990 II S. 2). [3]Auf den/die Erben gehen als Gesamtrechtsnachfolger alle Verpflichtungen aus dem Steuerschuldverhältnis über (§ 45 Abs. 1 AO); hierzu gehört auch die Duldung der Betriebsprüfung (BFH-Urteil vom 9.5.1978, VII R 96/75, BStBl. II S. 501).

Beispiele:

a) **Anschrift:**
Frau Antonia Huber
Text:
„... ordne ich an, dass bei Ihnen bezüglich der steuerlichen Verhältnisse Ihres verstorbenen Ehemannes Anton Huber eine Außenprüfung durchgeführt wird."
Zusatz:
„... ergeht an Sie als Alleinerbin und Gesamtrechtsnachfolgerin nach Ihrem Ehemann."

b) **Anschrift:**
Herrn Steuerberater Klaus Schulz
Text:
„... ordne ich an, dass bei Ihrer Mandantin Antonia Huber bezüglich der steuerlichen Verhältnisse ihres verstorbenen Ehemanns Anton Huber eine Außenprüfung durchgeführt wird."
Zusatz:
„... ergeht an Sie für Frau Antonia Huber als Alleinerbin und Gesamtrechtsnachfolgerin nach Anton Huber."

c) **Anschrift:**
Herrn Steuerberater Klaus Schulz
Text:
„... ordne ich an, dass bei Ihren Mandanten Emilia Müller, Fritz Müller (usw., alle Erben namentlich aufzuzählen) bezüglich der steuerlichen Verhältnisse des verstorbenen Emil Müller eine Außenprüfung durchgeführt wird."
Zusatz:
„... ergeht an Sie für Frau Emilia Müller, Herrn Fritz Müller usw. als Erben und Gesamtrechtsnachfolger des verstorbenen Emil Müller."

8.2. [1]Hat die Erbengemeinschaft keinen gemeinsamen Empfangsbevollmächtigten, ist jedem Miterben eine Prüfungsanordnung bekannt zu geben. [2]Im Anschriftenfeld ist sie jeweils an den einzelnen Miterben zu adressieren. [3]Im Übrigen ist sie inhaltsgleich allen Miterben bekannt zu geben. [4]Die Prüfung ist „bei dem" jeweiligen Miterben vorzusehen. [5]Außerdem ist in der Prüfungsanordnung in einem Zusatz darzustellen, welche weiteren Miterben zur Erbengemeinschaft gehören (Darstellung mit vollständigen Namen und ggf. Anschriften).

8.3. Ist ein Miterbe gemeinsamer Empfangsbevollmächtigter aller Miterben, so ist die Prüfungsanordnung nur diesem Miterben wie folgt bekannt zu geben:

Anschrift:
Anna Müller, Anschrift
Text:
„... ordne ich an, dass bei Ihnen bezüglich der steuerlichen Verhältnisse Ihres verstorbenen Ehemanns Herbert Müller eine Außenprüfung durchgeführt wird."
Zusatz:
„Die Prüfungsanordnung ergeht an Sie mit Wirkung für alle Miterben und Gesamtrechtsnachfolger nach Herbert Müller: Frau Anna Müller, Frau Eva Müller,... (alle weiteren Miterben namentlich, ggf. mit Anschrift, nennen)."

Zweckmäßigerweise sollten getrennte Prüfungsanordnungen für folgende gleichzeitig vorliegende und zu prüfende Fallgestaltungen ergehen:

- Prüfungszeitraum des Erblassers als Einzelunternehmer (s. o.),
- Prüfungszeitraum der Fortführung des Unternehmens durch die Erbengemeinschaft (Prüfung „bei der Erbengemeinschaft, Anna Müller, ggf. Anschrift, sowie Eva Müller, ggf. Anschrift, und Thomas Müller, ggf. Anschrift etc. Alle Beteiligten sind Erben und Gesamtrechtsnachfolger nach Herbert Müller."),
- Prüfung eines eigenen Betriebs eines Miterben (z. B. der Ehefrau des Erblassers).

9. Umwandlungen

9.1. In den übrigen Fällen einer Gesamtrechtsnachfolge i. S. d. § 45 Abs. 1 AO (vgl. AEAO zu § 45) gelten grundsätzlich die Anweisungen des AEAO zu § 122, Nrn. 2.12.1 und 2.12.2.

9.2. Nach einer Verschmelzung (§ 1 Abs. 1 Nr. 1, §§ 2ff. UmwG) ist sowohl hinsichtlich der Betriebssteuern als auch hinsichtlich der gesonderten und einheitlichen Feststellungen Nr. 5.7.3 des AEAO zu § 197 sinngemäß anzuwenden.

9.3. [1]In Fällen einer Abspaltung oder Ausgliederung (§ 1 Abs. 1 Nr. 2, §§ 123 ff. UmwG) sowie einer Vermögensübertragung im Wege der Teilübertragung (§ 1 Abs. 1 Nr. 3, § 174 Abs. 2, §§ 175, 177, 179, 184 ff., 189 UmwG) liegt keine Gesamtrechtsnachfolge i. S. d. § 45 Abs. 1 AO vor (vgl. AEAO zu § 45, Nr. 2). [2]Eine Prüfungsanordnung, die sich auf Zeiträume bis zur Abspaltung, Ausgliederung oder Vermögensübertragung bezieht, ist daher stets an den abspaltenden, ausgliedernden bzw. an den das Vermögen übertragenden Rechtsträger zu richten.

9.4. [1]In den Fällen einer Aufspaltung (§ 1 Abs. 1 Nr. 2, § 123 Abs. 1 UmwG) ist jedoch § 45 Abs. 1 AO sinngemäß anzuwenden. [2]Eine Prüfungsanordnung, die sich auf Zeiträume bis zur Aufspaltung bezieht, ist an alle spaltungsgeborenen Gesellschaften zu richten. [3]Dies gilt nicht in Bezug auf die gesonderte und einheitliche Feststellung von Besteuerungsgrundlagen (vgl. AEAO zu § 45, Nr. 2).

9.5. [1]Bei einer formwechselnden Umwandlung (§ 1 Abs. 1 Nr. 4, §§ 190 ff. UmwG) handelt es sich lediglich um den Wechsel der Rechtsform. [2]Das Prüfungssubjekt bleibt identisch; es ändert sich lediglich dessen Bezeichnung. [3]Die Prüfungsanordnung ist an die Gesellschaft unter ihrer neuen Bezeichnung zu richten. [4]Dies gilt auch, wenn sich – wie z. B. in Fällen der Umwandlung einer Personengesellschaft in eine Kapitalgesellschaft oder der Umwandlung einer Kapitalgesellschaft in eine Personengesellschaft – das Steuersubjekt ändert und daher eine steuerliche Gesamtrechtsnachfolge vorliegt (vgl. AEAO zu § 45, Nr. 3). [5]Wurde eine Personengesellschaft, die Gewinneinkünfte erzielt hat, in eine Kapitalgesellschaft umgewandelt, ist eine Prüfungsanordnung, die sich auf die gesonderte und einheitliche Feststellung von Besteuerungsgrundlagen der Personengesellschaft erstreckt, nach den Grundsätzen der Nr. 5.2.1 des AEAO zu § 197 an die Kapitalgesellschaft zu richten. [6]Hat die umgewandelte Personengesellschaft Überschusseinkünfte erzielt, ist die Prüfungsanordnung für die gesonderte und einheitliche Feststellung der Besteuerungsgrundlagen nach den Grundsätzen von Nr. 5.2.2 des AEAO zu § 197 an die Gesellschafter der ehemaligen Personengesellschaft zu richten.

10. Festlegung des voraussichtlichen Prüfungsbeginns

[1]Die Festlegung des voraussichtlichen Prüfungsbeginns stellt einen eigenständigen Verwaltungsakt dar, der von der Prüfungsanordnung als solcher zu unterscheiden ist. [2]Der Regelungsgehalt liegt in der Festlegung der Behörde, dass der Steuerpflichtige die Prüfung jedenfalls ab dem Tage, auf den der voraussichtliche Prüfungsbeginn festgelegt wird, zu dulden hat.

[1]Im Gegensatz zur Prüfungsanordnung sind an die Annahme eines Verwaltungsakts, mit dem der voraussichtliche Prüfungsbeginn festgelegt wird, keine hohen Anforderungen zu stellen. [2]Er kann formfrei ergehen, muss regelmäßig aber ein taggenaues Datum bezeichnen. [3]Ein bloßer Terminvorschlag oder lediglich eine Terminanfrage sind nicht ausreichend. [4]Mischformen aus einvernehmlichen Abstimmungen und gleichzeitigen Anordnungen sind hingegen möglich (*BFH*-Urteil vom 19.5.2016, X R 14/15, BStBl. 2017 II S. 97). [5]Sie sind im Hinblick auf eine möglicherweise später relevante Beweislast hin-

reichend zu dokumentieren. [6]Die Angabe einer konkreten Uhrzeit des Prüfungsbeginns ist nicht notwendig. [7]Der genaue Beginn kann später unter Berücksichtigung des § 200 Abs. 3 Satz 1 AO vereinbart oder bestimmt werden.

Die Anforderungen an eine erstmalige Festlegung des voraussichtlichen Prüfungsbeginns gelten auch im Fall der Verlegung des voraussichtlichen Beginns der Außenprüfung auf einen anderen Zeitpunkt.

11. Antrag des Steuerpflichtigen auf Verschiebung des Prüfungsbeginns (§ 197 Abs. 2 AO)

[1]Die Anforderungen an einen Antrag des Steuerpflichtigen auf Verschiebung des Prüfungsbeginns sind gering (BFH-Urteil vom 19.5.2016, X R 14/15, BStBl. 2017 II S. 97). [2]Er kann formlos gestellt werden. [3]Der Angabe eines taggenauen Datums, auf den der Prüfungsbeginn verschoben werden soll, bedarf es nicht. [4]Ausreichend ist z.B. ein Verschiebungswunsch auf „Mitte Mai 2017“. [5]Zulässig ist auch ein Antrag, der überhaupt keine zeitliche Vorgabe enthält, sondern auf einen konkreten Umstand abstellt, z.B. bei anhängigen Rechtsbehelfs- oder Strafverfahren, die Einfluss auf die Außenprüfung haben (BFH-Urteil vom 1.2.2012, I R 18/11, BStBl. II S. 400).

[1]Der Antrag auf Verschiebung muss aber einem Verwaltungsakt, in dem der voraussichtliche Prüfungsbeginn angekündigt wird, denklogisch nachfolgen. [2]Eine Äußerung des Steuerpflichtigen, der kein entsprechender Verwaltungsakt der Finanzbehörde vorausgegangen ist, kann daher nicht als Verschiebungsantrag nach § 197 Abs. 2 AO angesehen werden.

Ein Verschiebungsantrag nach § 197 Abs. 2 AO, dem stattgegeben wird, löst die Ablaufhemmung nach § 171 Abs. 4 Satz 1 2. Alternative AO aus (vgl. AEAO zu § 171, Nr. 3.3).

AEAO zu § 198 – Ausweispflicht, Beginn der Außenprüfung:

1. [1]Die Außenprüfung beginnt grundsätzlich in dem Zeitpunkt, in dem der Außenprüfer nach Bekanntgabe der Prüfungsanordnung konkrete Ermittlungshandlungen vornimmt. [2]Bei einer Datenträgerüberlassung beginnt die Außenprüfung spätestens mit der Auswertung der Daten. [3]Die Handlungen brauchen für den Betroffenen nicht erkennbar zu sein; es genügt vielmehr, dass der Außenprüfer nach Bekanntgabe der Prüfungsanordnung mit dem Studium der den Steuerfall betreffenden Akten beginnt (BFH-Urteile vom 7.8.1980, II R 119/77, BStBl. 1981 II S. 409, vom 11.10.1983, VIII R 11/82, BStBl. 1984 II S. 125, und vom 18.12.1986, I R 49/83, BStBl. 1987 II S. 408). [4]Als Beginn der Außenprüfung ist auch ein Auskunfts- und Vorlageersuchen der Finanzbehörde anzusehen, mit dem unter Hinweis auf die Außenprüfung um Beantwortung verschiedener Fragen und Vorlage bestimmter Unterlagen gebeten wird (BFH-Urteil vom 2.2.1994, I R 57/93, BStBl. II S. 377 und BFH-Beschluss vom 3.3.2009, IV S 12/08, BFH/NV S. 958). [5]Ein Aktenstudium, das vor dem in der Betriebsprüfungsanordnung genannten Termin des Beginns der Prüfung durchgeführt wird, gehört hingegen noch zu den Prüfungsvorbereitungen (BFH-Urteil vom 8.7.2009, XI R 64/07, BStBl. 2010 II S. 4).

2. [1]Bei der Außenprüfung von Konzernen und sonstigen zusammenhängenden Unternehmen i. S. d. §§ 13 bis 19 BpO[1)] gelten keine Besonderheiten. [2]Da es sich um rechtlich selbständige Unternehmen handelt, fällt der Beginn der Außenprüfung grundsätzlich auf den Tag, an dem mit der Prüfung des jeweiligen Unternehmens begonnen wird. [3]Werden mehrere konzernzugehörige Unternehmen von einer Finanzbehörde geprüft und hat sie sich mit allen von ihr zu prüfenden Betrieben befasst, um sich einen Überblick über die prüfungsrelevanten Sachverhalte zu verschaffen, sowie die wirtschaftlichen, bilanziellen und liquiditätsmäßigen Verflechtungen zwischen den Unternehmen aus den unterschiedlichen Perspektiven untersucht, ist damit bereits ein einheitlicher Prüfungsbeginn gegeben.

[1]Wenn dagegen ein konzernzugehöriges Unternehmen von einer anderen Finanzbehörde geprüft wird, beginnt die Außenprüfung erst dann, wenn konkrete Prüfungshandlungen in diesem Einzelfall vorgenommen worden sind. [2]Der Zeitpunkt des Beginns der Außenprüfung ist in den Prüfungsbericht aufzunehmen.

3. Zur Ablaufhemmung vgl. AEAO zu § 171, Nr. 3.

AEAO zu § 200 – Mitwirkungspflichten des Steuerpflichtigen:

1. [1]Die Bestimmung des Umfangs der Mitwirkung des Steuerpflichtigen liegt im pflichtgemäßen Ermessen der Finanzbehörde. [2]Auf Anforderung hat der Steuerpflichtige vorhandene Aufzeichnungen und Unterlagen vorzulegen, die nach Einschätzung der Finanzbehörde für eine ordnungsgemäße und effiziente Abwicklung der Außenprüfung erforderlich sind, ohne dass es ihm gegenüber einer zusätzlichen Begründung hinsichtlich der steuerlichen Bedeutung bedarf.

Konzernunternehmen haben auf Anforderung insbesondere vorzulegen:

- den Prüfungsbericht des Wirtschaftsprüfers über die Konzernabschlüsse der Konzernmuttergesellschaft,
- die Richtlinie der Konzernmuttergesellschaft zur Erstellung des Konzernabschlusses,
- die konsolidierungsfähigen Einzelabschlüsse (sog. Handelsbilanzen II) der Konzernmuttergesellschaft,
- Einzelabschlüsse und konsolidierungsfähige Einzelabschlüsse (sog. Handelsbilanzen II) von in- und ausländischen Konzernunternehmen.

[1]Bei Auslandssachverhalten trägt der Steuerpflichtige eine erhöhte Mitwirkungspflicht (BFH-Beschluss vom 9.7.1986, I B 36/86, BStBl. 1987 II S. 487). [2]Im Falle von Verzögerungen durch den Steuerpflichtigen oder der von ihm benannten Auskunftspersonen soll nach den Umständen des Einzelfalls von der Möglichkeit der Androhung und Festsetzung von Zwangsmitteln (§ 328 AO), der Festsetzung von Verzögerungsgeld (§ 146 Abs. 2b AO) oder der Schätzung (§ 162 AO) Gebrauch gemacht werden. [3]Im Rahmen von Geschäftsbeziehungen zwischen nahestehenden Personen sind die Regelungen der Gewinnabgrenzungsaufzeichnungsverordnung und der Verwaltungs-

[1)] **Steuererlasse** Nr. **800** § 193/1.

grundsätze-Verfahren (BMF-Schreiben vom 12.4.2005, BStBl. I S. 570) zu beachten. [4]Kreditinstitute sind verpflichtet, dem Außenprüfer Angaben zur Identität der Bankkunden zu machen.

2. [1]Eine Außenprüfung in den Geschäftsräumen des Steuerpflichtigen verstößt nicht gegen Art. 13 GG (BFH-Urteil vom 20.10.1988, IV R 104/86, BStBl. 1989 II S. 180). [2]Ist ein geeigneter Geschäftsraum vorhanden, so muss die Außenprüfung dort stattfinden. [3]Ob ein geeigneter Geschäftsraum vorhanden ist, richtet sich nach der objektiven Beschaffenheit der Räume, den betriebsüblichen Verhältnissen sowie arbeitsrechtlichen Grundsätzen. [4]Der Vorrang der Geschäftsräume vor allen anderen Orten ergibt sich aus dem Wortlaut des § 200 Abs. 2 AO und aus dem Sinn und Zweck der Außenprüfung. [5]Sind keine geeigneten Geschäftsräume vorhanden, ist in den Wohnräumen des Steuerpflichtigen oder an Amtsstelle zu prüfen. [6]Nur im Ausnahmefall und nur auf Antrag kommen andere Prüfungsorte in Betracht, wenn schützenswerte Interessen des Steuerpflichtigen von besonders großem Gewicht die Interessen der Finanzbehörden an einem effizienten Prüfungsablauf in den Geschäftsräumen verdrängen.

AEAO zu § 201 – Schlussbesprechung:

1. [1]Rechtsirrtümer, die die Finanzbehörde nach der Schlussbesprechung erkennt, können bei der Auswertung der Prüfungsfeststellungen auch dann richtig gestellt werden, wenn an der Schlussbesprechung der für die Steuerfestsetzung zuständige Beamte teilgenommen hat (BFH-Urteile vom 6.11.1962, I 298/61 U, BStBl. 1963 III S. 104, und vom 1.3.1963, VI 119/61 U, BStBl. III S. 212). [2]Zusagen im Rahmen einer Schlussbesprechung, die im Betriebsprüfungsbericht nicht aufrechterhalten werden, erzeugen schon aus diesem Grund keine Bindung der Finanzbehörde nach Treu und Glauben (BFH-Urteil vom 27.4.1977, I R 211/74, BStBl. II S. 623).

2. [1]Die Außenprüfung ist abgeschlossen, wenn die prüfende Behörde den Abschluss ausdrücklich oder konkludent erklärt. [2]I. d. R. kann die Außenprüfung mit der Zusendung des Prüfungsberichts (§ 202 Abs. 1 AO) als abgeschlossen angesehen werden (BFH-Urteile vom 17.7.1985, I R 214/82, BStBl. 1986 II S. 21, und vom 4.2.1988, V R 57/83, BStBl. II S. 413). [3]Reicht der Steuerpflichtige nach Zusendung des Betriebsprüfungsberichts eine – ausdrücklich vorbehaltene – Stellungnahme und Unterlagen ein, die zu einem Wiedereintritt in Ermittlungshandlungen führen, erfolgt dies noch im Rahmen der Außenprüfung (BFH-Urteil vom 8.7.2009, XI R 64/07, BStBl. 2010 II S. 4).

3.[1)] [1]Der Steuerpflichtige kann den Verzicht nach § 201 Abs. 1 Satz 1 AO auf die Abhaltung einer Schlussbesprechung formlos erklären. [2]Die Finanzbehörde vereinbart mit dem Steuerpflichtigen einen Termin zur Abhaltung der Schlussbesprechung, der innerhalb eines Monats seit Beendigung der Ermittlungshandlungen liegt. [3]Kommt eine Terminabsprache nicht zustande, lädt die Finanzbehörde den Steuerpflichtigen schriftlich zur Schlussbesprechung an Amtsstelle und weist gleichzeitig darauf hin, dass die Nichtwahrnehmung des Termins ohne Angabe von Gründen als Verzicht i. S. d. § 201 Abs. 1 Satz 1 AO zu werten ist.

---

1) Siehe auch BVerfG v. 21.7.2016 1 BvR 3092/15, DStR 2016, 1984.

4. [1]Die Verwertung von Prüfungsfeststellungen hängt nicht davon ab, ob eine Schlussbesprechung abgehalten worden ist. [2]Das Unterlassen einer Schlussbesprechung führt nicht „ohne weiteres" zu einer Fehlerhaftigkeit der aufgrund des Berichts über die Außenprüfung ergangenen Steuerbescheide (BFH-Beschluss vom 15.12.1997, X B 182/96, BFH/NV 1998 S. 811).

5. Zu der Zulässigkeit und den Rechtsfolgen einer tatsächlichen Verständigung siehe BMF-Schreiben vom 30.7.2008, BStBl. I S. 831, ergänzt durch BMF-Schreiben vom 15.4.2019, BStBl. I S. 446.

6. [1]Der Hinweis nach § 201 Abs. 2 AO ist zu erteilen, wenn es nach dem Erkenntnisstand zum Zeitpunkt der Schlussbesprechung möglich erscheint, dass ein Straf- oder Bußgeldverfahren durchgeführt werden muss. [2]Wegen weiterer Einzelheiten vgl. Nr. 131 Abs. 2 AStBV (St).[1)] [3]Durch den Hinweis nach § 201 Abs. 2 AO wird noch nicht das Straf- und Bußgeldverfahren i. S. d. §§ 397, 410 Abs. 1 Nr. 6 AO eröffnet, weil das Aussprechen eines strafrechtlichen Vorbehalts i. S. d. § 201 Abs. 2 AO noch im Rahmen der Außenprüfung bei Durchführung der Besteuerung geschieht. [4]Der Hinweis nach § 201 Abs. 2 AO ist kein Verwaltungsakt.

AEAO zu § 202 – Inhalt und Bekanntgabe des Prüfungsberichts:

[1]Der Prüfungsbericht und die Mitteilung über die ergebnislose Prüfung (§ 202 Abs. 1 Satz 3 AO) sind keine Verwaltungsakte und können deshalb nicht mit dem Einspruch angefochten werden (BFH-Urteile vom 17.7.1985, I R 214/82, BStBl. 1986 II S. 21, und vom 29.4.1987, I R 118/83, BStBl. 1988 II S. 168). [2]In der Übersendung des Prüfungsberichts, der keinen ausdrücklichen Hinweis darauf enthält, dass die Außenprüfung nicht zu einer Änderung der Besteuerungsgrundlagen geführt hat, kann keine konkludente Mitteilung i. S. d. § 202 Abs. 1 Satz 3 AO gesehen werden (BFH-Urteil vom 14.12.1989, III R 158/85, BStBl. 1990 II S. 283).

Für den Innendienst bestimmte oder spätere Besteuerungszeiträume betreffende Mitteilungen des Außenprüfers sind in den Prüfungsbericht nicht aufzunehmen (BFH-Urteil vom 27.3.1961, I 276/60 U, BStBl. III S. 290).

AEAO zu § 203 – Abgekürzte Außenprüfung:

1. Die Vorschrift des § 203 AO soll auch eine im Interesse des Steuerpflichtigen liegende rasche Durchführung einer Außenprüfung ermöglichen (BFH-Urteil vom 25.11.1989, X R 158/87, BStBl. II S. 483).

---

1) Nr. 131 Abs. 2 AStBV (St) 2020 v. 1.12.2019, BStBl. I 2019, 1142, lautet:

„**131. Außenprüfung**

(2) Erscheint es erstmals aufgrund von Erkenntnissen aus der Schlussbesprechung möglich, dass ein Strafverfahren wegen einer Straftat im Sinne der Nummern 18 und 19 oder ein Bußgeldverfahren wegen einer Ordnungswidrigkeit im Sinne der Nummern 105 und 106 durchgeführt werden muss (vgl. Nummer 130 Abs. 3), ist gemäß § 201 Abs. 2 AO ein entsprechender Hinweis zu erteilen. Ein Hinweis ist nicht zu erteilen, wenn eine Straftat oder Ordnungswidrigkeit deshalb nicht in Betracht kommt, weil kein schuldhaftes oder vorwerfbares Verhalten vorliegt oder offensichtlich ist, dass objektive oder subjektive Tatbestandsmerkmale mit der im Straf- oder Bußgeldverfahren erforderlichen Gewissheit nicht nachzuweisen sind. Falls sich im Rahmen der Schlussbesprechung ein Anfangsverdacht ergibt, ist das Strafverfahren einzuleiten und der Steuerpflichtige zu belehren."

2. [1]Bei einer abgekürzten Außenprüfung finden die Vorschriften über die Außenprüfung (§§ 193 ff. AO) Anwendung, mit Ausnahme der §§ 201 Abs. 1 und 202 Abs. 2 AO. [2]Sie ist bei allen unter § 193 AO fallenden Steuerpflichtigen zulässig.

Eine Beschränkung der in Frage kommenden Fälle nach der Einordnung der Betriebe in Größenklassen besteht nicht.

Die abgekürzte Außenprüfung unterscheidet sich von einer im Prüfungsstoff schon eingeschränkten Außenprüfung, indem sie darüber hinaus auf die Prüfung einzelner Besteuerungsgrundlagen eines Besteuerungszeitraums oder mehrerer Besteuerungszeiträume beschränkt wird (§ 4 Abs. 5 Satz 2 BpO).[1)]

3. [1]In der Prüfungsanordnung ist die Außenprüfung als abgekürzte Außenprüfung i. S. d. §§ 193, 203 AO ausdrücklich zu bezeichnen. [2]Ein Wechsel von der abgekürzten zur nicht abgekürzten Außenprüfung und umgekehrt ist zulässig. [3]Hierzu bedarf es einer ergänzenden Prüfungsanordnung.

4. Die Vorschrift des § 203 Abs. 2 AO entbindet nicht von der Verpflichtung zur Fertigung eines Prüfungsberichts.

5. Die abgekürzte Außenprüfung löst dieselben Rechtsfolgen wie eine nicht abgekürzte Außenprüfung aus.

AEAO zu § 204 – Voraussetzung der verbindlichen Zusage:

1. Von der verbindlichen Zusage nach § 204 AO sind zu unterscheiden:
- die tatsächliche Verständigung über den der Steuerfestsetzung zugrunde liegenden Sachverhalt (vgl. BMF-Schreiben vom 30.7.2008, BStBl. I S. 831, ergänzt durch BMF-Schreiben vom 15.4.2019, BStBl. I S. 446),
- die verbindliche Auskunft nach § 89 Abs. 2 AO und
- die Lohnsteueranrufungsauskunft (§ 42e EStG).

2. [1]Über den Antrag auf Erteilung einer verbindlichen Zusage entscheidet die für die Auswertung der Prüfungsfeststellungen zuständige Finanzbehörde. [2]Im Fall einer Auftragsprüfung nach § 195 AO kann die beauftragte Finanzbehörde nur im Einvernehmen mit der für die Besteuerung zuständigen Finanzbehörde eine verbindliche Zusage erteilen.

3. [1]Der Anwendungsbereich der Vorschrift erstreckt sich auf für die Vergangenheit geprüfte (verwirklichte) Sachverhalte mit Wirkung in die Zukunft (z. B. Gesellschaftsverträge, Erwerb von Grundstücken). [2]Zwischen der Außenprüfung und dem Antrag auf Erteilung einer verbindlichen Zusage muss der zeitliche Zusammenhang gewahrt bleiben (BFH-Urteil vom 13.12.1995, XI R 43–45/89, BStBl. 1996 II S. 232). [3]Bei einem nach der Schlussbesprechung gestellten Antrag ist i. d. R. keine verbindliche Zusage mehr zu erteilen, wenn hierzu umfangreiche Prüfungshandlungen erforderlich sind. [4]Der Antrag auf Erteilung einer verbindlichen Zusage soll schriftlich bzw. elektronisch gestellt werden (vgl. BFH-Urteil vom 4.8.1961, VI 269/60 S, BStBl. III S. 562). [5]Unklarheiten gehen zu Lasten des Steuerpflichtigen (BFH-Urteil vom 13.12.1989, X R 208/87, BStBl. 1990 II S. 274).

---

1) **Steuererlasse** Nr. **800** § 193/1.

4. [1]Die Beurteilung eines Sachverhalts im Prüfungsbericht oder in einem aufgrund einer Außenprüfung ergangenen Steuerbescheid steht einer verbindlichen Zusage nicht gleich (BFH-Urteil vom 23.9.1992, X R 129/90, BFH/NV 1993 S. 294). [2]Auch die Tatsache, dass eine bestimmte Gestaltung von vorangegangenen Außenprüfungen nicht beanstandet wurde, schafft keine Bindungswirkung nach Treu und Glauben (BFH-Urteil vom 29.1.1997, XI R 27/95, BFH/NV S. 816).

5. Der Antrag auf Erteilung einer verbindlichen Zusage kann ausnahmsweise abgelehnt werden, insbesondere, wenn sich der Sachverhalt nicht für eine verbindliche Zusage eignet (z. B. zukünftige Angemessenheit von Verrechnungspreisen bei unübersichtlichen Marktverhältnissen) oder wenn zu dem betreffenden Sachverhalt die Herausgabe von allgemeinen Verwaltungsvorschriften oder eine Grundsatzentscheidung des BFH nahe bevorsteht.

AEAO zu § 205 – Form der verbindlichen Zusage:

[1]Vorbehalte in der erteilten verbindlichen Zusage (z. B. „vorbehaltlich des Ergebnisses einer Besprechung mit den obersten Finanzbehörden der Länder") schließen die Bindung aus (BFH-Urteil vom 4.8.1961, VI 269/60 S, BStBl. III S. 562). [2]Die verbindliche Zusage hat im Hinblick auf die Regelung in § 207 Abs. 1 AO die Rechtsvorschriften zu enthalten, auf die die Entscheidung gestützt wird (BFH-Urteil vom 3.7.1986, IV R 66/84, BFH/NV 1987 S. 89).

AEAO zu § 206 – Bindungswirkung:

[1]Entspricht der nach Erteilung der verbindlichen Zusage festgestellte und steuerlich zu beurteilende Sachverhalt nicht dem der verbindlichen Zusage zugrunde gelegten Sachverhalt, so ist die Finanzbehörde an die erteilte Zusage auch ohne besonderen Widerruf nicht gebunden (§ 206 Abs. 1 AO). [2]Trifft die Finanzbehörde in einer Steuerfestsetzung eine andere Entscheidung als bei der Erteilung der verbindlichen Zusage, so kann der Steuerpflichtige im Rechtsbehelfsverfahren gegen den betreffenden Bescheid die Bindungswirkung geltend machen. [3]Der Steuerpflichtige andererseits ist nicht gebunden, wenn die verbindliche Zusage zu seinen Ungunsten dem geltenden Recht widerspricht (§ 206 Abs. 2 AO). [4]Er kann also den Steuerbescheid, dem eine verbindliche Zusage zugrunde liegt, anfechten, um eine günstigere Regelung zu erreichen. [5]Hierbei ist es unerheblich, ob die Fehlerhaftigkeit der Zusage bereits bei ihrer Erteilung erkennbar war oder erst später (z. B. durch eine Rechtsprechung zugunsten des Steuerpflichtigen) erkennbar geworden ist.

AEAO zu § 207 – Außerkrafttreten, Aufhebung und Änderung der verbindlichen Zusage:

1. Unter Rechtsvorschriften i. S. d. § 207 Abs. 1 AO sind nur Rechtsnormen zu verstehen, nicht jedoch Verwaltungsanweisungen oder eine geänderte Rechtsprechung.

2. [1]Die Finanzbehörde kann die verbindliche Zusage mit Wirkung für die Zukunft widerrufen oder ändern (§ 207 Abs. 2 AO), z. B. wenn sich die steuerrechtliche Beurteilung des der verbindlichen Zusage zugrunde gelegten Sachverhalts durch die Rechtsprechung oder Verwaltung zum Nachteil des Steuerpflichtigen ändert. [2]Im Einzelfall kann es aus Billigkeitsgründen gerechtfertigt sein, von einem Widerruf der verbindlichen Zusage abzusehen oder die Wirkung des Widerrufs zu einem späteren Zeitpunkt eintreten zu lassen. [3]Eine solche Billigkeitsmaßnahme wird i. d. R. jedoch nur dann geboten sein, wenn sich der Steuerpflichtige nicht mehr ohne erheblichen Aufwand bzw. unter beträchtlichen Schwierigkeiten von den im Vertrauen auf die Zusage getroffenen Dispositionen oder eingegangenen vertraglichen Verpflichtungen zu lösen vermag. [4]Der Steuerpflichtige ist vor einer Aufhebung oder Änderung zu hören (§ 91 Abs. 1 AO).

AEAO zu § 208 – Steuerfahndung, Zollfahndung:[1)]

1. Der Steuerfahndung weist das Gesetz folgende Aufgaben zu:

a) Vorfeldermittlungen zur Verhinderung von Steuerverkürzungen (§ 85 Satz 2 AO), die auf die Aufdeckung und Ermittlung unbekannter Steuerfälle gerichtet sind (§ 208 Abs. 1 Satz 1 Nr. 3 AO);[2)]

b) die Verfolgung bekannt gewordener Steuerstraftaten gem. § 386 Abs. 1 Satz 1 AO und Steuerordnungswidrigkeiten einschließlich der Ermittlung des steuerlich erheblichen Sachverhalts und dessen rechtlicher Würdigung (§ 208 Abs. 1 Satz 1 Nrn. 1 und 2 AO). [2]§ 208 Abs. 1 Sätze 2 und 3 AO bestimmen, welche Vorschriften für das Verfahren zur Durchführung von Steuerfahndungsmaßnahmen maßgebend sind.

2. Die Steuerfahndung übt die Rechte und Pflichten aus,

a) die den Finanzämtern im Besteuerungsverfahren zustehen (§§ 85 ff. AO);

b) die sich aus § 404 Satz 2 AO ergeben: erster Zugriff; Durchsuchung; Beschlagnahme; Durchsicht von Papieren sowie sonstige Maßnahmen nach den für die Ermittlungspersonen der Staatsanwaltschaft geltenden Vorschriften.

3. [1]Zu Maßnahmen im Besteuerungsverfahren ist die Steuerfahndung auch berechtigt, wenn bereits ein Steuerstrafverfahren eingeleitet worden ist (vgl. BFH-Beschluss vom 29.10.1986, I B 28/86, BStBl. 1987 II S. 440). [2]Für Einwendungen gegen ihre Maßnahmen im Besteuerungsverfahren ist der Finanzrechtsweg, für Einwendungen gegen Maßnahmen im Strafverfahren wegen Steuerstraftaten der ordentliche Rechtsweg gegeben.

4. Für die Steuerfahndung gelten bei der Ermittlung der Besteuerungsgrundlagen und bei Vorfeldermittlungen folgende Einschränkungen aus Vorschriften über das Besteuerungsverfahren nicht (§ 208 Abs. 1 Satz 3 AO):

a) Andere Personen als die Beteiligten können sofort um Auskunft angehalten werden (§ 93 Abs. 1 Satz 3 AO).

b) Das Auskunftsersuchen bedarf entgegen § 93 Abs. 2 Satz 2 AO nicht der Schriftform.

c) Die Vorlage von Urkunden kann ohne vorherige Befragung des Vorlagepflichtigen verlangt und die Einsichtnahme in diese Urkunden unabhängig von dessen Einverständnis erwirkt werden (§ 97 Abs. 2 AO).

[1)] ZollfahndungsdienstG v. 16.8.2002, BGBl. I 2002, 3202, zuletzt geänd. durch G v. 5.7.2021, BGBl. I 2021, 2274 (**Zölle und Verbrauchsteuern** Nr. **565**).

[2)] Merkblatt über die Rechte und Pflichten von Steuerpflichtigen bei Prüfungen durch die Steuerfahndung nach § 208 Abs. 1 Nr. 3 AO (BMF v. 13.11.2013, BStBl. I 2013, 1458).

5. [1]Mitwirkungspflichten des Steuerpflichtigen, die sich aus den Vorschriften über die Außenprüfung ergeben, bleiben bestehen (§ 208 Abs. 1 Satz 3 AO). [2]Die Mitwirkungspflicht kann allerdings nicht erzwungen werden, wenn sich der Steuerpflichtige dadurch der Gefahr aussetzen würde, sich selbst wegen einer von ihm begangenen Steuerstraftat oder Steuerordnungswidrigkeit belasten zu müssen oder wenn gegen ihn bereits ein Steuerstraf- oder Bußgeldverfahren eingeleitet worden ist. [3]Über diese Rechtslage muss der Steuerpflichtige belehrt werden.

6. Beamte der Steuerfahndung können mit sonstigen Aufgaben betraut werden (§ 208 Abs. 2 AO).

AEAO zu § 218 – Verwirklichung von Ansprüchen aus dem Steuerschuldverhältnis:

Inhaltsübersicht

1. Konkretisierung der Ansprüche aus dem Steuerschuldverhältnis
2. Säumniszuschläge
3. Abrechnungsbescheid
4. Widerstreitende Anrechnungsverfügungen oder Abrechnungsbescheide

1. Konkretisierung der Ansprüche aus dem Steuerschuldverhältnis

[1]Ansprüche aus dem Steuerschuldverhältnis (§ 37 AO) werden durch Verwaltungsakt konkretisiert. [2]Der – ggf. materiell-rechtlich unrichtige – Verwaltungsakt beeinflusst zwar nicht die materielle Höhe des Anspruchs aus dem Steuerschuldverhältnis, solange er jedoch besteht, legt er fest, ob und in welcher Höhe ein Anspruch durchgesetzt werden kann. [3]Maßgebend ist allein der letzte Verwaltungsakt (z.B. der letzte Änderungsbescheid oder der letzte Abrechnungsbescheid). [4]Der einheitliche Anspruch aus dem Steuerschuldverhältnis kann deshalb bei – ggf. mehrfacher – Änderung einer Festsetzung nicht in unterschiedliche Zahlungs- und Erstattungsansprüche aufgespalten werden (BFH-Urteil vom 6.2.1996, VII R 50/95, BStBl. 1997 II S. 112).

Der Verwaltungsakt wirkt konstitutiv, wenn es sich um steuerliche Nebenleistungen handelt, deren Festsetzung in das Ermessen der Finanzbehörde gestellt ist, z.B. beim Verspätungszuschlag (§ 152 AO).

2. Säumniszuschläge

Bei Säumniszuschlägen bedarf es keines Leistungsgebotes, wenn sie zusammen mit der Steuer beigetrieben werden (§ 254 Abs. 2 AO).

3. Abrechnungsbescheid

[1]Über Streitigkeiten, die die Verwirklichung von Ansprüchen aus dem Steuerschuldverhältnis betreffen, entscheiden die Finanzbehörden durch Abrechnungsbescheid (§ 218 Abs. 2 AO). [2]Als Rechtsbehelf ist der Einspruch gegeben. [3]Die Korrekturmöglichkeiten richten sich nach den §§ 129 bis 131 und § 218 Abs. 3 AO.

[1]Eine Verfügung über die Anrechnung von Steuerabzugsbeträgen und Steuervorauszahlungen (Anrechnungsverfügung) ist ein Verwaltungsakt mit Bindungswirkung (vgl. BFH-Urteil vom 27.10.2009, VII R 51/08, BStBl. 2010 II S. 382). [2]Diese Bindungswirkung muss auch beim Erlass eines Abrechnungsbescheids beachtet werden. [3]Deshalb kann im Rahmen eines Ab-

rechnungsbescheids die Steueranrechnung zugunsten oder zuungunsten des Steuerpflichtigen nur dann korrigiert werden, wenn eine der Voraussetzungen der §§ 129 bis 131 oder § 218 Abs. 3 AO gegeben ist (vgl. BFH-Urteil vom 15.4.1997, VII R 100/96, BStBl. II S. 787).[1)]

4. Widerstreitende Anrechnungsverfügungen oder Abrechnungsbescheide

4.1. [1]Wird eine Anrechnungsverfügung oder ein Abrechnungsbescheid auf Grund eines Rechtsbehelfs oder auf Antrag zurückgenommen und ein für den Rechtsbehelfsführer/Antragsteller günstigerer Verwaltungsakt erlassen, können nachträglich gegenüber ihm, aber auch gegenüber anderen Personen (z. B. Ehegatte oder Lebenspartner des Steuerpflichtigen, Abtretungsempfänger, Pfandgläubiger), durch Änderung einer Anrechnungsverfügung oder eines Abrechnungsbescheids die entsprechenden steuerlichen Folgerungen gezogen werden (§ 218 Abs. 3 Satz 1 AO). [2]War Rechtsbehelfsführer/Antragsteller nicht der Steuerpflichtige, sondern ein Dritter (z. B. ein Abtretungsempfänger oder ein Pfandgläubiger), können die entsprechenden steuerlichen Folgerungen auch gegenüber dem Steuerpflichtigen nach § 218 Abs. 3 Satz 1 AO gezogen werden.

4.2. [1]Gegenüber einer Person, die im Ausgangsverfahren nicht Rechtsbehelfsführer/Antragsteller war, ist eine für sie nachteilige Korrektur ihrer Anrechnungsverfügung oder ihres Abrechnungsbescheids nach § 218 Abs. 3 AO nur dann möglich, wenn sie an dem Verfahren, das zur Aufhebung oder Änderung der fehlerhaften Anrechnungsverfügung bzw. des fehlerhaften Abrechnungsbescheids geführt hat, in entsprechender Anwendung des § 174 Abs. 5 AO beteiligt wurde. [2]Für eine wirksame Beteiligung dieser Person muss ihr auch der Verwaltungsakt bzw. im Einspruchsverfahren die Einspruchsentscheidung bekannt gegeben werden (vgl. BFH-Urteile vom 11.4.1991, V R 40/86, BStBl. II S. 605, und vom 5.5.1993, X R 111/91, BStBl. II S. 817).

Diese Person ist dabei darauf hinzuweisen, dass
- ihr die Entscheidung als Beteiligtem bekannt gegeben wird,
- die entsprechenden steuerlichen Folgerungen aus dem maßgeblichen Sachverhalt in ihrem Besteuerungsverfahren gem. § 218 Abs. 3 i. V. m. § 174 Abs. 4 und Abs. 5 AO gezogen werden und
- Einwendungen gegen die Entscheidung nur mit Anträgen oder Rechtsbehelfen gegen diesen Verwaltungsakt geltend gemacht werden können.

4.3. Welches die „entsprechenden steuerlichen Folgerungen" sind, entscheidet sich dabei verbindlich im Ausgangsverfahren des antragstellenden bzw. einspruchsführenden Steuerpflichtigen oder Dritten.

4.4. Hinsichtlich des Antragstellers oder Rechtsbehelfsführers wird die Zahlungsverjährung nach § 231 Abs. 1 Satz 1 AO unterbrochen.

4.5. Die Zahlungsverjährungsfrist gegenüber einer Person, die im Ausgangsverfahren nicht Rechtsbehelfsführer/Antragsteller war, wird in entsprechender Anwendung des § 174 Abs. 4 Satz 3 AO unterbrochen, wenn sie vor Eintritt

[1)] Zu § 130 Abs. 2 Nr. 4 AO vgl. BFH v. 26.6.2007 VII R 35/06, BStBl. II 2007, 742.

der ihr gegenüber geltenden Zahlungsverjährung beteiligt wurde (vgl. AEAO zu § 218, Nr. 4.2) und ihr gegenüber die entsprechenden steuerlichen Folgen innerhalb eines Jahres nach Korrektur der Anrechnungsverfügung oder des Abrechnungsbescheids im Ausgangsverfahren gezogen werden.

4.6. § 218 Abs. 3 AO gilt ab dem 31.12.2014 für alle zu diesem Zeitpunkt noch nicht zahlungsverjährten Anrechnungsverfügungen und Abrechnungsbescheide (Art. 97 § 13a EGAO).

AEAO zu § 219 – Zahlungsaufforderung bei Haftungsbescheiden:

1. [1]Es ist zu unterscheiden zwischen der gesetzlichen Entstehung der Haftungsschuld, dem Erlass des Haftungsbescheids (§ 191 AO) und der Inanspruchnahme des Haftungsschuldners durch Zahlungsaufforderung (Leistungsgebot). [2]§ 219 AO regelt nur die Zahlungsaufforderung. [3]Der Erlass des Haftungsbescheids selbst wird durch die Einschränkung in der Vorschrift nicht gehindert. [4]Die Zahlungsaufforderung darf jedoch mit dem Haftungsbescheid nur verbunden werden, wenn die Voraussetzungen des § 219 AO vorliegen. [5]Ist ein Haftungsbescheid ohne Leistungsgebot ergangen, beginnt die Zahlungsverjährung mit Ablauf des Kalenderjahres, in dem dieser Bescheid wirksam geworden ist (§ 229 Abs. 2 AO).

2. [1]§ 219 AO ist Ausdruck des Grundsatzes, dass der Haftungsschuldner nur nach dem Steuerschuldner (subsidiär) für die Steuerschuld einzustehen hat. [2]Auch in den Fällen des § 219 Satz 2 AO, in denen das Gesetz eine unmittelbare Inanspruchnahme des Haftungsschuldners erlaubt, kann es der Ausübung pflichtgemäßen Ermessens entsprechen, sich zunächst an den Steuerschuldner zu halten.

AEAO zu § 220 – Fälligkeit:

1. [1]Die angemeldete Steuervergütung bzw. das angemeldete Mindersoll ist erst fällig, sobald dem Steuerpflichtigen die Zustimmung der Finanzbehörde bekannt wird (§ 220 Abs. 2 Satz 2 AO). [2]Wird der Steuerpflichtige schriftlich bzw. elektronisch über die Zustimmung unterrichtet (z.B. zusammen mit einer Abrechnungsmitteilung), ist grundsätzlich davon auszugehen, dass ihm die Zustimmung erst am dritten Tag nach Aufgabe zur Post bzw. nach der Absendung bekannt geworden ist. [3]Ergeht keine Mitteilung, wird die Zustimmung dem Steuerpflichtigen grundsätzlich mit der Zahlung (§ 224 Abs. 3 AO) der Steuervergütung bzw. des Mindersolls bekannt.

2. Zur Fälligkeit von Insolvenzforderungen vgl. AEAO zu § 251, Nr. 5.1.

AEAO zu § 224 – Leistungsort, Tag der Zahlung:

1. § 224 Abs. 2 Nr. 3 AO stellt sicher, dass Verzögerungen bei der Einziehung aufgrund einer Einzugsermächtigung nicht zu Lasten des Steuerpflichtigen gehen.

2. Die Regelungen zum Tag der Zahlung (§ 224 Abs. 2 und 3 AO) gelten nur bei wirksam geleisteten Zahlungen, d.h. wenn der geleistete Betrag den Empfänger erreicht hat.

3. [1]Ist die örtliche Zuständigkeit nach § 26 AO auf ein anderes Finanzamt übergegangen und wird eine Zahlung auf eine von dem vormals zuständigen Finanzamt festgesetzte Steuer an die vormals zuständige Finanzkasse geleistet, erlischt der Steueranspruch, sobald die Zahlung bei der unzuständigen Finanzkasse eingegangen ist und die neu zuständige Finanzkasse dem nach § 362 Abs. 2 i. V. m. § 185 BGB zustimmt. [2]Die Zustimmung der neu zuständigen Finanzkasse nach § 362 Abs. 2 i. V. m. § 185 BGB gilt allgemein als auf den Zeitpunkt des Zahlungseingangs bei der vormals zuständigen Finanzkasse erteilt.

AEAO zu § 226 – Aufrechnung:

1. [1]Für die Aufrechnung gelten die Vorschriften §§ 387 bis 396 BGB sinngemäß. [2]Eine Aufrechnung kann danach erst erklärt werden, wenn die Aufrechnungslage gegeben ist; dies bedeutet Erfüllbarkeit (d. h. abstrakte Entstehung) der Verpflichtung des Aufrechnenden (Hauptforderung) und gleichzeitige Fälligkeit seiner Forderung (Gegenforderung). [3]Das Finanzamt ist allerdings an der Aufrechnung gehindert, wenn die Durchsetzbarkeit der Gegenforderung durch Aussetzung der Vollziehung oder Stundung ausgeschlossen ist (vgl. BFH-Urteil vom 31.8.1995, VII R 58/94, BStBl. 1996 II S. 55). [4]Die Aufrechnungslage wird durch eine nachträgliche rückwirkende Stundung nicht beseitigt (BFH-Urteil vom 8.7.2004, VII R 55/03, BStBl. 2005 II S. 7).

[1]§ 215 erste Alternative BGB wird durch § 226 Abs. 2 AO ausgeschlossen. [2]Die Gegenseitigkeit von Forderungen aus dem Steuerschuldverhältnis ist gewahrt, wenn die Abgabe derselben Körperschaft zusteht (§ 226 Abs. 1 AO) oder von derselben Körperschaft verwaltet wird (§ 226 Abs. 4 AO). [3]Das Finanzamt kann daher von einem Steuerpflichtigen geforderte Erbschaftsteuer (dem Land allein zustehende Abgabe) gegen an diesen Steuerpflichtigen zu erstattenden Solidaritätszuschlag (dem Bund allein zustehende Abgabe) aufrechnen. [4]Bei der Aufrechnung durch den Steuerpflichtigen findet § 395 BGB keine Anwendung (BFH-Urteil vom 25.4.1989, VII R 105/87, BStBl. II S. 949).

2. [1]Eine Aufrechnung bewirkt nach § 226 Abs. 1 AO i. V. m. § 389 BGB, dass die Forderungen, soweit sie sich decken, in dem Zeitpunkt als erloschen gelten, in welchem sie zur Aufrechnung geeignet einander gegenüberstehen. [2]Dabei ist nicht auf die Festsetzung oder die Fälligkeit eines Steueranspruchs bzw. eines Steuererstattungsanspruchs abzustellen, sondern auf dessen abstrakte materiellrechtliche Entstehung (vgl. BFH-Urteil vom 3.5.1991, V R 105/86, BFH/NV 1992 S. 77). [3]Materiellrechtlich entstehen Ansprüche aus dem Steuerschuldverhältnis bereits mit Verwirklichung des gesetzlichen Tatbestandes, d. h. z. B. die veranlagte Einkommensteuer bereits mit Ablauf des Veranlagungszeitraumes; auf die Kenntnis des Finanzamts oder des Steuerpflichtigen über Grund und Höhe der abstrakt entstandenen Ansprüche kommt es nicht an.

[1]Das Steuererhebungsverfahren knüpft aber – anders als das Zivilrecht – nicht an die abstrakte Entstehung, sondern an die Konkretisierung des Steueranspruchs bzw. Steuererstattungsanspruchs durch dessen Festsetzung im Steuerbescheid und seine hieran anschließende Fälligkeit an (vgl. § 218 Abs. 1 AO). [2]Deshalb geht die Rückwirkung einer Aufrechnung bei der Berechnung von Zinsen und Säumniszuschlägen nicht über den Zeitpunkt der Fälligkeit der Schuld des Aufrechnenden hinaus (vgl. § 238 Abs. 1 Satz 3 und § 240 Abs. 1

Satz 5 AO). [3]Rechnet das Finanzamt mit einer Steuerforderung gegen eine später als die Steuerforderung fällig gewordene Erstattungsforderung auf, bleiben deshalb Säumniszuschläge hinsichtlich der zur Aufrechnung gestellten Steuerforderung für die Zeit vor der Fälligkeit der Erstattungsforderung bestehen.

[1]Bei der Umbuchung von Steuererstattungs- oder Steuervergütungsansprüchen, die sich aus Steueranmeldungen ergeben, gilt die Erstattung/Vergütung aus Billigkeitsgründen als am Tag des Eingangs der Steueranmeldung, frühestens jedoch als am ersten Tag des auf den Anmeldungszeitraum folgenden Monats geleistet (Wertstellung). [2]Dies gilt entsprechend, wenn die Steuererstattung oder Steuervergütung abweichend von der Steueranmeldung festgesetzt wird.

3. Soweit sich die Aufrechnungslage weder aus § 226 Abs. 1 AO aufgrund der Ertragsberechtigung noch aus § 226 Abs. 4 AO aufgrund der Verwaltungshoheit ergibt, kann in geeigneten Fällen die erforderliche Gegenseitigkeit seitens der Finanzverwaltung dadurch hergestellt werden, dass zwecks Einziehung der zu erhebende (ggf. anteilige) Anspruch an die Körperschaft, die den anderen Anspruch zu erfüllen hat, abgetreten und damit die Gläubiger-/Schuldneridentität i. S. d. § 226 Abs. 1 AO herbeigeführt wird (BFH-Urteil vom 5.9.1989, VII R 33/87, BStBl. II S. 1004).

4.[1)] Für die Erklärung der Aufrechnung ist grundsätzlich die Behörde zuständig, die den Anspruch, gegen den aufgerechnet werden soll, zu erfüllen hat.

5. [1]Liegen die Voraussetzungen für eine Aufrechnung nicht vor, bleibt die Möglichkeit einer vertraglichen Verrechnung der Forderungen. [2]Ein solcher Verrechnungsvertrag kommt z. B. dadurch zustande, dass der Unternehmer (eine Personengesellschaft) gleichzeitig mit der Umsatzsteuer-Voranmeldung dem Finanzamt die Verrechnung seines Umsatzsteuer-Erstattungsanspruchs mit der Einkommensteuer-Forderung des Finanzamts an einen der Gesellschafter anbietet und das Finanzamt dieses Angebot ausdrücklich oder stillschweigend annimmt. [3]Die Rechtswirksamkeit eines Verrechnungsvertrags ist nach den allgemeinen Rechtsgrundsätzen über den Abschluss von Verträgen zu beurteilen (BFH-Urteile vom 13.10.1972, III R 11/72, BStBl. 1973 II S. 66, vom 21.3.1978, VIII R 60/73, BStBl. II S. 606, und vom 30.10.1984, VII R 70/81, BStBl. 1985 II S. 114).

AEAO zu § 228 – Gegenstand der Verjährung, Verjährungsfrist:

1. [1]Die Zahlungsverjährung erstreckt sich auch auf Ansprüche des Steuerpflichtigen. [2]Der einheitliche Anspruch aus dem Steuerschuldverhältnis (z. B. für die Steuer eines Veranlagungszeitraums) kann bei – ggf. mehrfach – geänderter Festsetzung nicht in unterschiedliche Zahlungs- und Erstattungsansprüche aufgespalten werden, die bezogen auf die jeweils ergangenen Verwaltungsakte unterschiedlichen Verjährungsfristen unterliegen (BFH-Urteil vom 6.2.1996, VII R 50/95, BStBl. 1997 II S. 112).

2. Fällt das Ende der Verjährungsfrist auf einen Sonntag, einen gesetzlichen Feiertag oder einen Sonnabend, so endet die Verjährungsfrist erst mit dem Ablauf des nächstfolgenden Werktages (§ 108 Abs. 3 AO).

---

1) Aufrechnungserklärung des FA erfordert keine Bekanntgabe; siehe BFH v. 29.11.2012 VII B 88/12, BFH/NV 2013, 508.

3. Die Zahlungsverjährung führt zum Erlöschen des Anspruchs (§§ 47, 232 AO).

AEAO zu § 229 AO – Beginn der Verjährung:

[1] Die Zahlungsverjährung beginnt grundsätzlich mit Ablauf des Kalenderjahres, in dem der Anspruch erstmals fällig geworden ist. [2] Wird durch eine Steueranmeldung oder Steuerfestsetzung erst die Voraussetzung für die Durchsetzung des Anspruchs geschaffen, so beginnt die Verjährung auch bei früherer Fälligkeit des Anspruchs (z. B. bei den sog. Fälligkeitssteuern) nicht vor Ablauf des Kalenderjahres, in dem die Steueranmeldung oder die Festsetzung, die Aufhebung oder Änderung der Festsetzung eines Anspruchs wirksam geworden ist. [3] Dies gilt unabhängig davon, ob der Bescheid angefochten wird oder nicht.

AEAO zu § 231 – Unterbrechung der Verjährung:

1. [1] Zu den Unterbrechungstatbeständen gehört auch die schriftliche Geltendmachung eines Zahlungsanspruchs durch den Steuerpflichtigen (§ 231 Abs. 1 Satz 1 Nr. 8 AO). [2] Bei elektronischer Übermittlung kann – vorbehaltlich der Eröffnung eines entsprechenden Zugangs durch die Finanzbehörde (§ 87a Abs. 1 AO) – auf eine qualifizierte elektronische Signatur und auch auf ein Verfahren nach § 87a Abs. 3 Satz 4 und 5 AO verzichtet werden, da kein Unterschriftserfordernis besteht (vgl. AEAO zu § 87a, Nr. 3.2.4).

2. Eine dem Zahlungspflichtigen von der Finanzbehörde bekannt gegebene Maßnahme i. S. d. § 231 Abs. 1 AO unterbricht die Zahlungsverjährung auch dann, wenn es sich bei dieser Maßnahme um einen Verwaltungsakt handelt, der rechtswidrig oder nichtig oder rückwirkend aufgehoben worden ist (vgl. BFH-Beschluss vom 21.6.2010, VII R 27/08, BStBl. 2011 II S. 331).

AEAO zu § 233a[1)] – Verzinsung von Steuernachforderungen und Steuererstattungen:

Inhaltsübersicht

1.	Allgemeines
2.	Sachlicher und zeitlicher Geltungsbereich
3.	Zinsschuldner/-gläubiger
4.–9.	Zinslauf
10.	Zinslaufbeginn bei rückwirkenden Ereignissen und Verlustrückträgen
11.–13.	Grundsätze der Zinsberechnung
14.–40.	Zinsberechnung bei der erstmaligen Steuerfestsetzung
41.–59.	Zinsberechnung bei einer Korrektur der Steuerfestsetzung oder der Anrechnung von Steuerbeträgen
60.	Zinsberechnung bei sog. NV-Fällen
61.	Zinsberechnung bei der Vermögensteuer
62.	Sonderregelungen für Zinsberechnungen bei der Umsatzsteuer
63.–68.	Verhältnis zu anderen steuerlichen Nebenleistungen
69.–70.	Billigkeitsmaßnahmen
71.–73.	Rechtsbehelfe
74.	Berücksichtigung rückwirkender Ereignisse in Grundlagenbescheiden

---

1) **§ 233a i. V. m. § 238 Abs. 1 Satz 1 AO für Verzinsungszeiträume ab 1.1.2014 verfassungswidrig,** mit Fortgeltungsanordnung bis 31.12.2018; bis 31.7.2022 muss der Gesetzgeber für Verzinsungszeiträume ab 2019 eine alle bestandskräftigen Hoheitsakte erfassende rückwirkende Neuregelung treffen, siehe BVerfG v. 8.7.2021 1 BvR 2237/14, 1 BvR 2422/17, DStR 2021, 1934. Siehe BMF v. 17.9.2021, BStBl. I 2021, 1759, geänd. durch BMF v. 3.12.2021, BStBl. I 2021, 2227. – Siehe auch Regierungsentwurf v. 30.3.2022.

Allgemeines

1. [1]Die Verzinsung nach § 233a AO (Vollverzinsung) soll im Interesse der Gleichmäßigkeit der Besteuerung und zur Vermeidung von Wettbewerbsverzerrungen einen Ausgleich dafür schaffen, dass die Steuern trotz gleichen gesetzlichen Entstehungszeitpunkts, aus welchen Gründen auch immer, zu unterschiedlichen Zeitpunkten festgesetzt und erhoben werden. [2]Die Verzinsung ist gesetzlich vorgeschrieben; die Zinsfestsetzung steht nicht im Ermessen der Finanzbehörde. [3]Die Zinsen werden grundsätzlich im automatisierten Verfahren berechnet, festgesetzt und zum Soll gestellt. [4]Die Zinsfestsetzung wird regelmäßig mit dem Steuerbescheid oder der Abrechnungsmitteilung verbunden.

Sachlicher und zeitlicher Geltungsbereich

2. [1]Die Verzinsung nach § 233a AO ist beschränkt auf die Festsetzung der Einkommen-, Körperschaft-, Vermögen-, Umsatz- und Gewerbesteuer (§ 233a Abs. 1 Satz 1 AO). [2]Wegen der Verzinsung des Steuervergütungsanspruchs nach § 18 Abs. 9 UStG i. V. m. §§ 59 ff. UStDV und in Fällen des Mini-one-stop-shop-Verfahrens nach § 18 Abs. 4e UStG (MOSS-Verfahren) vgl. AEAO zu § 233a, Nr. 62. [3]Von der Verzinsung ausgenommen sind die übrigen Steuern und Abgaben sowie Steuervorauszahlungen und Steuerabzugsbeträge (§ 233a Abs. 1 Satz 2 AO); vgl. auch BFH-Beschluss vom 18.9.2007, I R 15/05, BStBl. 2008 II S. 332, und BVerfG-Beschluss vom 3.9.2009, 1 BvR 1098/08, BFH/NV S. 2115. [4]Auch bei der Nachforderung von Abzugsteuern gegenüber dem Arbeitnehmer (vgl. BFH-Urteil vom 17.11.2010, I R 68/10, BFH/NV 2011 S. 737), der Festsetzung der vom Arbeitgeber übernommenen Lohnsteuer sowie der Festsetzung der Umsatzsteuer im Abzugsverfahren erfolgt keine Verzinsung nach § 233a AO. [5]Kirchensteuern werden nur verzinst, soweit die Landeskirchensteuergesetze dies vorsehen. [6]Als Einfuhrabgabe unterliegt die Einfuhrumsatzsteuer den sinngemäß geltenden Vorschriften für Zölle, weshalb ein sich bei der Festsetzung von Einfuhrumsatzsteuer ergebender Unterschiedsbetrag nicht nach § 233a AO zu verzinsen ist (BFH-Urteil vom 23.9.2009, VII R 44/08, BStBl. 2010 II S. 334). [7]Der AO lässt sich im Übrigen kein allgemeiner Grundsatz des Inhalts entnehmen, dass Ansprüche des Steuerpflichtigen aus dem Steuerschuldverhältnis auch ohne einzelgesetzliche Grundlage stets zu verzinsen sind (vgl. BFH-Urteil vom 16.12.2009, I R 48/09, BFH/NV 2010, S. 827).

[1]§ 233a AO ist bei Wegzug in einen Mitgliedstaat der EU bzw. des EWR im Lichte der Niederlassungsfreiheit nach Art. 49 AEUV europarechtskonform auszulegen. [2]Hiernach ist die Wegzugsteuer nach § 6 Abs. 1 AStG bzw. die Steuer auf Entstrickungsgewinne bei Wegzug nach § 27 Abs. 3 Nr. 3 Satz 2 UmwStG 2006, § 21 Abs. 2 Satz 1 Nr. 2 UmwStG 1995 nicht der Vollverzinsung zu unterwerfen, soweit die Steuer nach § 6 Abs. 5 AStG zinslos zu stunden ist.

Zinsschuldner/-gläubiger

3. [1]Bei der Verzinsung von Steuernachzahlungen ist der Steuerschuldner auch Zinsschuldner. [2]Schulden mehrere Personen die Steuer als Gesamtschuldner, sind sie auch Gesamtschuldner der Zinsen. [3]Bei der Verzinsung von Erstattungsansprüchen ist grundsätzlich der Gläubiger des Erstattungsanspruchs Zinsgläubiger. [4]Die Aufteilung der Zinsen nach §§ 268 ff. AO hat für die Zinsberechnung keine Bedeutung. [5]Zur Abtretung eines Anspruchs auf Erstattungszinsen vgl. AEAO zu § 46, Nr. 1.

Zinslauf

4. [1]Der Zinslauf beginnt im Regelfall 15 Monate nach Ablauf des Kalenderjahres, in dem die Steuer entstanden ist (Karenzzeit nach § 233a Abs. 2 Satz 1 AO). [2]Er endet mit Ablauf des Tages, an dem die Steuerfestsetzung wirksam wird (§ 233a Abs. 2 Satz 3 AO). [3]Sind Steuern zu verzinsen, die vor dem 1.1.1994 entstanden sind, endet der Zinslauf spätestens vier Jahre nach seinem Beginn (Art. 97 § 15 Abs. 8 EGAO). [4]Der Zeitpunkt der Zahlung oder der Fälligkeit der Steuernachforderung oder der Steuererstattung ist grundsätzlich unbeachtlich.

5. [1]Bei Steuerfestsetzungen durch Steuerbescheid endet der Zinslauf am Tag der Bekanntgabe des Steuerbescheids (§ 124 Abs. 1 Satz 1 i. V. m. § 122 AO). [2]Bei Umsatzsteuererklärungen mit einem Unterschiedsbetrag zuungunsten des Steuerpflichtigen endet der Zinslauf grundsätzlich am Tag des Eingangs der Steueranmeldung (§ 168 Satz 1 AO). [3]Bei zustimmungsbedürftigen Umsatzsteuererklärungen mit einem Unterschiedsbetrag zugunsten des Steuerpflichtigen endet der Zinslauf grundsätzlich mit Ablauf des Tages, an dem dem Steuerpflichtigen die Zustimmung der Finanzbehörde bekannt wird (vgl. AEAO zu § 168, Nrn. 3 und 4). [4]Dies gilt auch in den Fällen, in denen die Zustimmung allgemein erteilt wird (vgl. AEAO zu § 168, Nr. 9).

6. [1]Ein voller Zinsmonat (§ 238 Abs. 1 Satz 2 AO) ist erreicht, wenn der Tag, an dem der Zinslauf endet, hinsichtlich seiner Zahl dem Tag entspricht, der dem Tag vorhergeht, an dem die Frist begann (BFH-Urteil vom 24.7.1996, X R 119/92, BStBl. 1997 II S. 6). [2]Begann der Zinslauf z. B. am 1.4. und wurde die Steuerfestsetzung am 30.4. bekannt gegeben, ist bereits ein voller Zinsmonat gegeben.

7. [1]Behauptet der Steuerpflichtige, ihm sei der Steuerbescheid bzw. die erweiterte Abrechnungsmitteilung später als nach der Zugangsvermutung des § 122 Abs. 2 AO zugegangen, bleibt der ursprüngliche Bekanntgabetag für die Zinsberechnung maßgebend, wenn das Guthaben bereits erstattet wurde. [2]Gleiches gilt, wenn der Steuerbescheid bzw. die Abrechnungsmitteilung nach einem erfolglosen Bekanntgabeversuch erneut abgesandt wird und das Guthaben bereits erstattet wurde. [3]Wurde bei einer Änderung/Berichtigung einer Steuerfestsetzung vor ihrer Bekanntgabe ein Guthaben bereits erstattet, ist allerdings die Zinsfestsetzung im bekannt gegebenen Bescheid so durchzuführen, als ob das Guthaben noch nicht erstattet worden wäre.

8. [1]Für die Einkommen- und Körperschaftsteuer beträgt die Karenzzeit 23 Monate (bei Steuern, die vor dem 1.1.2010 entstehen, 21 Monate; vgl. Art. 97 § 15 Abs. 11 EGAO), wenn die Einkünfte aus Land- und Forstwirtschaft bei der erstmaligen Steuerfestsetzung für das jeweilige Jahr überwiegen (§ 233a Abs. 2 Satz 2 AO); vgl. dazu auch das BFH-Urteil vom 13.7.2006, IV R 5/05, BStBl. II S. 881. [2]Unter dieser Voraussetzung beginnt der Zinslauf für die Einkommen- und Körperschaftsteuer 2010 daher nicht bereits am 1.4.2012, sondern am 1.12.2012. [3]Eine über die Karenzzeit hinaus gewährte Frist zur Abgabe der Steuererklärung ist für die Verzinsung unbeachtlich.

9. [1]Stellt sich später heraus, dass die Einkünfte aus Land- und Forstwirtschaft die anderen Einkünfte nicht überwiegen, bleibt es gleichwohl bei der Karenzzeit von 23 Monaten. [2]Umgekehrt bleibt es bei der Karenzzeit von 15 Monaten, wenn sich später herausstellt, dass entgegen den Verhältnissen bei der erstmaligen Steuerfestsetzung die Einkünfte aus Land- und Forstwirtschaft die übrigen Einkünfte überwiegen. [3]Sind die Einkünfte aus Land- und Forstwirtschaft negativ, überwiegen die anderen Einkünfte, wenn diese positiv oder in geringerem Maße negativ sind.

10. Zinslaufbeginn bei rückwirkenden Ereignissen und Verlustrückträgen

10.1. [1]Soweit die Steuerfestsetzung auf der erstmaligen Berücksichtigung eines rückwirkenden Ereignisses oder eines Verlustrücktrags beruht, beginnt der Zinslauf nach § 233a Abs. 2a AO erst 15 Monate nach Ablauf des Kalenderjahres, in dem das rückwirkende Ereignis eingetreten oder der Verlust entstanden ist. [2]Die steuerlichen Auswirkungen eines Verlustrücktrags bzw. eines rückwirkenden Ereignisses werden daher bei der Berechnung von Zinsen nach § 233a AO erst ab einem vom Regelfall abweichenden späteren Zinslaufbeginn berücksichtigt. [3]Soweit § 10d Abs. 1 EStG entsprechend gilt bzw. Verluste nach Maßgabe des § 10d Abs. 1 EStG rücktragsfähig sind, ist § 233a Abs. 2a AO entsprechend anzuwenden (vgl. z.B. § 10b Abs. 1 Sätze 4 und 5 und § 23 Abs. 3 Satz 9 EStG).

10.2. [1]Ob ein Ereignis steuerliche Rückwirkung hat, beurteilt sich nach dem jeweils anzuwendenden Steuergesetz (BFH-Urteil vom 26.7.1984, IV R 10/83, BStBl. II S. 786). [2]Beispiele vgl. AEAO zu § 175, Nr. 2.4.

§ 233a Abs. 2a AO ist auch dann anzuwenden, wenn ein rückwirkendes Ereignis bereits bei der erstmaligen Steuerfestsetzung berücksichtigt wird.

10.2.1. [1]Bei einem zulässigen Wechsel der Veranlagungsart (Zusammenveranlagung nach bereits erfolgter Einzelveranlagung – bis VZ 2012: getrennte Veranlagung – oder umgekehrt) beruhen sowohl die Aufhebung des/der ursprünglichen Bescheide(s) als auch der Erlass der/des neuen Bescheide(s) auf einem rückwirkenden Ereignis. [2]Dies gilt unabhängig davon, ob es sich um den antragstellenden Ehegatten oder den anderen Ehegatten handelt. [3]Dass die verfahrensrechtliche Umsetzung des Wechsels der Veranlagungsart beim antragstellenden Ehegatten nicht nach § 175 Abs. 1 Satz 1 Nr. 2 AO erfolgt, steht dem nicht entgegen. [4]§ 233a Abs. 2a AO findet sowohl bei der Aufhebung der ursprünglichen Veranlagung(en) als auch beim Erlass der/des neuen Steuerbescheide(s) für beide Ehegatten Anwendung. [5]Für Lebenspartner gelten diese Regelungen ab dem Veranlagungszeitraum 2013 entsprechend.

10.3 Ausnahmen:

10.3.1. [1]Durch den erstmaligen Beschluss über eine offene Gewinnausschüttung für ein abgelaufenes Wirtschaftsjahr wurde – im Rahmen des Anrechnungsverfahrens (§ 34 Abs. 12 Nr. 1 KStG) – kein abweichender Zinslauf gem. § 233a Abs. 2a AO ausgelöst. [2]Dies gilt auch dann, wenn dieser Beschluss erst nach Ablauf des folgenden Wirtschaftsjahres gefasst wurde (BFH-Urteil vom 29.11.2000, I R 45/00, BStBl. 2001 II S. 326). [3]Um einen erstmaligen Gewinnverteilungsbeschluss in diesem Sinne handelt es sich jedoch nicht, wenn der Beschluss einen vorangegangenen Beschluss der Gesellschaft ersetzte, durch den der Gewinn des betreffenden Wirtschaftsjahres thesauriert worden war (BFH-Urteil vom 22.10.2003, I R 15/03, BStBl. 2004 II S. 398).

10.3.2. [1]Die Korrektur eines für das Betriebsvermögen am Schluss des Wirtschaftsjahres maßgebenden Wertansatzes, der sich auf die Höhe des Gewinns der Folgejahre auswirkt, löst keinen abweichenden Zinslauf gem. § 233a Abs. 2a AO aus. [2]Zur Anwendung des § 175 Abs. 1 Satz 1 Nr. 2 AO vgl. AEAO zu § 175, Nr. 2.4.

10.4. [1]Bei verdeckten Gewinnausschüttungen unter Geltung des Anrechnungsverfahrens stellt die nachträgliche Vorlage einer Bescheinigung gem. §§ 44 bis 46 KStG über anrechenbare Körperschaftsteuer, aufgrund derer Einnahmen i. S. v. § 20 Abs. 1 Nr. 3 EStG zu erfassen sind, ein rückwirkendes Ereignis dar (vgl. BFH-Urteil vom 18.4.2000, VIII R 75/98, BStBl. II S. 423; siehe auch Art. 97 § 9 Abs. 3 EGAO). [2]Der besondere Zinslauf ist dabei sowohl auf die Steuerfestsetzung als auch auf die Anrechnung anzuwenden.

10.5. [1]Der besondere Zinslauf nach § 233a Abs. 2a AO endet mit Ablauf des Tages, an dem die Steuerfestsetzung wirksam wird (§ 233a Abs. 2 Satz 3 AO). [2]Sind Steuern zu verzinsen, die vor dem 1.1.1994 entstanden sind, endet der besondere Zinslauf spätestens vier Jahre nach seinem Beginn (Art. 97 § 15 Abs. 9 EGAO). [3]§ 233a Abs. 2a AO ist erstmals anzuwenden, soweit die Verluste oder rückwirkenden Ereignisse nach dem 31.12.1995 entstanden bzw. eingetreten sind (Art. 97 § 15 Abs. 8 EGAO).

Grundsätze der Zinsberechnung

11.[1)] [1]Die Zinsen betragen für jeden vollen Monat des Zinslaufs einhalb Prozent (§ 238 Abs. 1 Satz 1 AO). [2]Für ihre Berechnung wird der zu verzinsende Betrag jeder Steuerart auf den nächsten durch fünfzig Euro teilbaren Betrag abgerundet (§ 238 Abs. 2 AO). [3]Dabei sind die zu verzinsenden Ansprüche zu trennen, wenn Steuerart, Zeitraum oder der Tag des Beginns des Zinslaufs voneinander abweichen (vgl. AEAO zu § 238, Nr. 2). [4]Zinsen sind auf volle Euro zum Vorteil des Steuerpflichtigen gerundet festzusetzen (§ 239 Abs. 2 Satz 1 AO); sie werden nur dann festgesetzt, wenn sie mindestens zehn Euro betragen (§ 239 Abs. 2 Satz 2 AO). [5]Die durch das StEuglG geänderten Regelungen in §§ 238 Abs. 2 und 239 Abs. 2 AO gelten in allen Fällen, in denen Zinsen nach dem 31.12.2001 festgesetzt werden (Art. 97 § 15 Abs. 10 EGAO); entscheidend ist damit, wann die Zinsfestsetzung bekannt gegeben wird, und nicht, wann der Zinslauf begonnen oder geendet hat.

12. [1]Für die Zinsberechnung gelten die Grundsätze der sog. Sollverzinsung. [2]Berechnungsgrundlage ist der Unterschied zwischen dem festgesetzten Soll und dem vorher festgesetzten Soll (Vorsoll). [3]Bei der Berechnung von Erstattungszinsen gelten allerdings Besonderheiten, wenn Steuerbeträge nicht oder nicht fristgerecht gezahlt wurden (§ 233a Abs. 3 Satz 3 AO).

13. [1]Es ist grundsätzlich unerheblich, ob das Vorsoll bei Fälligkeit getilgt worden ist. [2]Ggf. treten insoweit besondere Zins- und Säumnisfolgen (z. B. Stundungszinsen, Säumniszuschläge) ein. [3]Nachzahlungszinsen nach § 233a AO

---

1) Siehe BMF v. 17.9.2021, BStBl. I 2021, 1759, geänd. durch BMF v. 3.12.2021, BStBl. I 2021, 2227.

sind andererseits auch dann festzusetzen, wenn das Finanzamt vor Festsetzung der Steuer freiwillige Leistungen auf die Steuerschuld angenommen hat und hierdurch die festgesetzte Steuerschuld insgesamt erfüllt wird. [4]Voraussetzung für die Verzinsung ist lediglich, dass die Steuerfestsetzung zu einem Unterschiedsbetrag nach § 233a Abs. 3 AO führt (§ 233a Abs. 1 Satz 1 AO). [5]Wegen des zeitanteiligen Erlasses von Nachzahlungszinsen in diesen Fällen vgl. AEAO zu § 233a, Nr. 70.

Zinsberechnung bei der erstmaligen Steuerfestsetzung

14. [1]Bei der erstmaligen Steuerfestsetzung (endgültige Steuerfestsetzung, vorläufige Steuerfestsetzung, Steuerfestsetzung unter Vorbehalt der Nachprüfung) ist Berechnungsgrundlage der Unterschied zwischen dem dabei festgesetzten Soll (festgesetzte Steuer abzüglich anzurechnender Steuerabzugsbeträge und anzurechnender Körperschaftsteuer) und dem Vorauszahlungssoll. [2]Maßgebend sind die bis zum Beginn des Zinslaufs festgesetzten Vorauszahlungen (§ 233a Abs. 3 Satz 1 AO). [3]Einbehaltene und anzurechnende Steuerabzugsbeträge sind unabhängig vom Zeitpunkt der Zahlung durch den Abzugsverpflichteten zu berücksichtigen.

15. [1]Vorauszahlungen können innerhalb der gesetzlichen Fristen (z.B. § 37 Abs. 3 Satz 3 EStG) von Amts wegen oder auf Antrag des Steuerpflichtigen angepasst werden (BFH-Urteil vom 10.7.2002, X R 65/96, BFH/NV S. 1567). [2]Leistet der Steuerpflichtige vor Ablauf der Karenzzeit eine freiwillige Zahlung, ist dies als Antrag auf Anpassung der bisher festgesetzten Vorauszahlungen anzusehen. [3]Zahlungen des Steuerpflichtigen, die ohne wirksame Festsetzung der Vorauszahlungen erfolgen, sind als freiwillige Zahlungen i. S. d. Nr. 70.1 zu behandeln. [4]Eine nachträgliche Erhöhung der Vorauszahlungen zur Einkommen- oder Körperschaftsteuer erfolgt nur dann, wenn der Erhöhungsbetrag mindestens 5.000 € beträgt (§ 37 Abs. 5 Satz 2 EStG, § 31 Abs. 1 KStG; vgl. auch BFH-Urteil vom 5.6.1996, X R 234/93, BStBl. II S. 503).

16. [1]Bei der Umsatzsteuer kann der Steuerpflichtige eine Anpassung der Vorauszahlungen durch die Abgabe einer berichtigten Voranmeldung (§ 153 Abs. 1 AO) herbeiführen. [2]Die berichtigte Voranmeldung steht einer geänderten Steuerfestsetzung unter Vorbehalt der Nachprüfung gleich und bedarf keiner Zustimmung der Finanzbehörde, wenn sie zu einer Erhöhung der bisher zu entrichtenden Steuer oder einem geringeren Erstattungsbetrag führt (vgl. AEAO zu § 168, Nr. 12). [3]Eine nach Ablauf der Karenzzeit abgegebene (erstmalige oder berichtigte) Voranmeldung ist bei der Berechnung des Unterschiedsbetrages nach § 233a Abs. 3 Satz 1 AO nicht zu berücksichtigen. [4]In

(Fortsetzung S. 293)

diesem Fall soll aber unverzüglich eine Festsetzung der Jahressteuer unter Vorbehalt der Nachprüfung erfolgen.

17. [1]Leistet der Steuerpflichtige nach Ablauf der Karenzzeit eine freiwillige Zahlung, soll bei Vorliegen der Steuererklärung unverzüglich eine Steuerfestsetzung erfolgen. [2]Diese Steuerfestsetzung kann zur Beschleunigung auch durch eine personelle Festsetzung unter Vorbehalt der Nachprüfung erfolgen. [3]In diesem Fall kann sich die Steuerfestsetzung auf die bisher festgesetzten Vorauszahlungen zuzüglich der freiwillig geleisteten Zahlung beschränken. [4]Auf die Angabe der Besteuerungsgrundlagen kann dabei verzichtet werden.

18. [1]Bei der freiwilligen Zahlung kann grundsätzlich unterstellt werden, dass die Zahlung ausschließlich auf die Hauptsteuer (Einkommen- bzw. Körperschaftsteuer) entfällt. [2]Die Folgesteuern sind ggf. daneben festzusetzen und zu erheben.

19. Ergibt sich bei der ersten Steuerfestsetzung ein Unterschiedsbetrag zuungunsten des Steuerpflichtigen (Mehrsoll), werden Nachzahlungszinsen für die Zeit ab Beginn des Zinslaufs bis zur Wirksamkeit der Steuerfestsetzung berechnet (§ 233a Abs. 2 Satz 3 AO).

20. Beispiel 1:

Einkommensteuer 2004

Steuerfestsetzung vom 8.12.2006, bekannt gegeben am 11.12.2006	21.000 €
abzüglich anzurechnende Steuerabzugsbeträge:	./. 1.000 €
Soll:	20.000 €
abzüglich festgesetzte Vorauszahlungen:	./. 13.000 €
Unterschiedsbetrag (Mehrsoll):	7.000 €

Zu verzinsen sind 7.000 € zuungunsten des Steuerpflichtigen für die Zeit vom 1.4.2006 bis 11.12.2006 (8 volle Monate x 0,5% = 4%).

festzusetzende Zinsen (Nachzahlungszinsen):	**280 €**

21. [1]Ergibt sich ein Unterschiedsbetrag zugunsten des Steuerpflichtigen (Mindersoll), ist dieser ebenfalls Grundlage der Zinsberechnung. [2]Um Erstattungszinsen auf festgesetzte, aber nicht entrichtete Vorauszahlungen zu verhindern, ist nur der tatsächlich zu erstattende Betrag – und zwar für den Zeitraum zwischen der Zahlung der zu erstattenden Beträge und der Wirksamkeit der Steuerfestsetzung – zu verzinsen (§ 233a Abs. 2 Satz 3 und Abs. 3 Satz 3 AO).

22. Beispiel 2:

Einkommensteuer 2004

Steuerfestsetzung vom 8.12.2006, bekannt gegeben am 11.12.2006	1.000 €
abzüglich anzurechnende Steuerabzugsbeträge	./. 1.000 €
Soll:	0 €
abzüglich festgesetzte Vorauszahlungen:	./. 13.000 €
Unterschiedsbetrag (Mindersoll):	./. 13.000 €

Da der Steuerpflichtige am 8.6.2006 5.000 € gezahlt hat und darüber hinaus keine weiteren Zahlungen erfolgt sind, sind lediglich 5.000 € zu erstatten. Zu verzinsen sind 5.000€ zugunsten des Steuerpflichtigen für die Zeit vom 8.6.2006 bis 11.12.2006 (6 volle Monate × 0,5% = 3%).

festzusetzende Zinsen (Erstattungszinsen):	**./. 150 €**

23. Besteht der zu erstattende Betrag aus mehreren Einzahlungen, richtet sich der Zinsberechnungszeitraum nach der Einzahlung des jeweiligen Teilbetrags, wobei unterstellt wird, dass die Erstattung zuerst aus dem zuletzt gezahlten Betrag erfolgt.

24. [1]Der Erstattungsbetrag ist für die Zinsberechnung auf den nächsten durch fünfzig Euro teilbaren Betrag abzurunden (z. B. ist ein Erstattungsbetrag von 375 € auf 350 € abzurunden). [2]Ist mehr als ein Betrag (mehrere Einzahlungen) zu verzinsen, so ist der durch die Rundung auf volle fünfzig Euro sich ergebende Spitzenbetrag vom Teilbetrag mit dem ältesten Wertstellungstag abzuziehen.

25. [1]Die Verzinsung des zu erstattenden Betrages erfolgt nur bis zur Höhe des Mindersolls. [2]Freiwillig geleistete Zahlungen sollen zum Anlass genommen werden, die bisher festgesetzten Vorauszahlungen anzupassen (vgl. AEAO zu § 233a, Nrn. 15 und 16) oder die Jahressteuer unverzüglich festzusetzen (vgl. AEAO zu § 233a, Nr. 17). [3]Bis zur Festsetzung der Vorauszahlung oder der Jahressteuer sind sie aber zur Vermeidung von Missbräuchen von der Verzinsung ausgeschlossen.

26. Beispiel 3:

Einkommensteuer 2004

Steuerfestsetzung vom 19.7.2006,	
bekannt gegeben am 24.7.2006	14.000 €
abzüglich anzurechnende Steuerabzugsbeträge	./. 2.000 €
Soll:	12.000 €
abzüglich festgesetzte Vorauszahlungen:	./. 13.000 €
Unterschiedsbetrag (Mindersoll):	./. 1.000 €

Der Steuerpflichtige hat die Vorauszahlungen jeweils bei Fälligkeit entrichtet; am 20.6.2006 zahlte er zusätzlich freiwillig 7.000 €.
Zu erstatten sind daher insgesamt 8.000 €.
Zu verzinsen sind 1.000 € zugunsten des Steuerpflichtigen für die Zeit vom 1.4.2006 bis 24.7.2006 (3 volle Monate × 0,5% = 1,5%).

festzusetzende Zinsen (Erstattungszinsen):	**./. 15 €**

27. Bei der Ermittlung freiwilliger (Über-)Zahlungen des Steuerpflichtigen, die bei der Berechnung der Erstattungszinsen außer Ansatz bleiben, sind die zuletzt eingegangenen, das Vorauszahlungssoll übersteigenden Zahlungen als freiwillig anzusehen.

28. [1]Wenn bei der erstmaligen Steuerfestsetzung ein rückwirkendes Ereignis oder ein Verlustrücktrag berücksichtigt wurde, beginnt der Zinslauf insoweit erst 15 Monate nach Ablauf des Kalenderjahres, in dem dieses rückwirkende Ereignis eingetreten oder der Verlust entstanden ist (§ 233a Abs. 2a AO). [2]Der Unterschiedsbetrag nach § 233a Abs. 3 Satz 1 AO ist deshalb in Teil-Unterschiedsbeträge aufzuteilen, soweit diese einen unterschiedlichen Zinslaufbeginn nach § 233a Abs. 2 und Abs. 2a AO haben (§ 233a Abs. 7 Satz 1 1. Halbsatz AO). [3]Innerhalb dieser Teil-Unterschiedsbeträge sind Sollminderungen und Sollerhöhungen mit gleichem Zinslaufbeginn zu saldieren.

29. [1]Die Teil-Unterschiedsbeträge sind in ihrer zeitlichen Reihenfolge, beginnend mit dem ältesten Zinslaufbeginn, zu ermitteln (§ 233a Abs. 7 Satz 1

2. Halbsatz AO). [2]Dabei ist unerheblich, ob sich der einzelne Teil-Unterschiedsbetrag zugunsten oder zuungunsten des Steuerpflichtigen auswirkt.

[1]Zunächst ist die fiktive Steuer zu ermitteln, die sich ohne Berücksichtigung rückwirkender Ereignisse und Verlustrückträge ergeben würde. [2]Die Differenz zwischen dieser fiktiven Steuer, vermindert um anzurechnende Steuerabzugsbeträge und anzurechnende Körperschaftsteuer, und den festgesetzten Vorauszahlungen ist der erste für die Zinsberechnung maßgebliche Teil-Unterschiedsbetrag.

[1]Im nächsten Schritt ist auf der Grundlage dieser fiktiven Steuerermittlung die fiktive Steuer zu berechnen, die sich unter Berücksichtigung der rückwirkenden Ereignisse oder Verlustrückträge mit dem ältesten Zinslaufbeginn ergeben würde. [2]Die Differenz zwischen dieser und der zuvor ermittelten fiktiven Steuer, jeweils vermindert um anzurechnende Steuerabzugsbeträge und anzurechnende Körperschaftsteuer, ist der für die Zinsberechnung maßgebliche zweite Teil-Unterschiedsbetrag. [3]Dies gilt entsprechend für weitere Teil-Unterschiedsbeträge mit späterem Zinslaufbeginn.

30. Beispiel 4:

Einkommensteuer 2004

	z. v. E.[1]	Steuer
erstmalige Steuerfestsetzung:	50.000 €	14.801 €
dabei wurden berücksichtigt:		
– Verlustrücktrag aus 2005:	./. 7.500 €	
– rückwirkendes Ereignis aus 2006:	2.500 €	
abzüglich anzurechnende Steuerabzugsbeträge		./. 0 €
Soll:		14.801 €
abzüglich festgesetzte Vorauszahlungen:		./. 10.550 €
Unterschiedsbetrag (Mehrsoll):		+ 4.251 €

Ermittlung der Teil-Unterschiedsbeträge:

	z. v. E.[1]	Steuer	
– Vorsoll (festgesetzte Vorauszahlungen):		10.550 €	
– 1. Schattenveranlagung (Steuerfestsetzung ohne Berücksichtigung des Verlustrücktrags und des rückwirkenden Ereignisses):	55.000 €	17.200 €	
abzüglich anzurechnende Steuerabzugsbeträge:		./. 0 €	
fiktives Soll:		17.200 €	
Erster Teil-Unterschiedsbetrag =			+ 6.650 €
– 2. Schattenveranlagung (1. Schattenveranlagung + Verlustrücktrag aus 2005):	47.500 €	13.634 €	
abzüglich anzurechnende Steuerabzugsbeträge:		./. 0 €	
fiktives Soll:		13.634 €	
Zweiter Teil-Unterschiedsbetrag =			./. 3.566 €
– 3. Schattenveranlagung (2. Schattenveranlagung + rückwirkendes Ereignis aus 2006):	50.000 €	14.801 €	
abzüglich anzurechnende Steuerabzugsbeträge:		./. 0 €	
fiktives Soll:		14.801 €	
Dritter Teil-Unterschiedsbetrag =			+ 1.167 €
Summe der Teil-Unterschiedsbeträge:			+ 4.251 €

[1]) z. v. E. = zu versteuerndes Einkommen.

31. Alle Teil-Unterschiedsbeträge sind jeweils gesondert auf den nächsten durch fünfzig Euro teilbaren Betrag abzurunden, da der Zinslauf für die zu verzinsenden Beträge zu jeweils abweichenden Zeitpunkten beginnt (§ 238 Abs. 2 AO).

32. [1]Die auf die einzelnen Teil-Unterschiedsbeträge entfallenden Zinsen sind eigenständig und in ihrer zeitlichen Reihenfolge zu berechnen, beginnend mit den Zinsen auf den Teil-Unterschiedsbetrag mit dem ältesten Zinslaufbeginn (§ 233a Abs. 7 Satz 1 2. Halbsatz AO). [2]Dabei ist für jeden Zinslauf bzw. Zinsberechnungszeitraum eigenständig zu prüfen, inwieweit jeweils volle Zinsmonate vorliegen.

33. Beispiel 5:

Einkommensteuer 2004

	z. v. E.[1)]	Steuer
Steuerfestsetzung vom 11.12.2006, bekannt gegeben am 14.12.2006:	60.723 €	19.306 €
abzüglich anzurechnende Steuerabzugsbeträge:		./. 1.000 €
Soll:		18.306 €
abzüglich festgesetzte Vorauszahlungen:		./. 12.000 €
Unterschiedsbetrag (Mehrsoll):		+ 6.306 €

Bei dieser Steuerfestsetzung wurde ein rückwirkendes Ereignis aus 2005 (Erhöhung des z. v. E. um 2.492 €) berücksichtigt.

Ermittlung der Teil-Unterschiedsbeträge:

	z. v. E.[1)]	Steuer	
– Vorsoll (festgesetzte Vorauszahlungen):		12.000 €	
– 1. Schattenveranlagung (Steuerfestsetzung ohne Berücksichtigung des rückwirkenden Ereignisses):	58.231 €	18.135 €	
abzüglich anzurechnende Steuerabzugsbeträge:		./. 1.000 €	
fiktives Soll:		17.135 €	
Erster Teil-Unterschiedsbetrag =			+ 5.135 €
– 2. Schattenveranlagung (1. Schattenveranlagung + rückwirkendes Ereignis aus 2005):	60.723 €	19.306 €	
abzüglich anzurechnende Steuerabzugsbeträge:		./. 1.000 €	
fiktives Soll:		18.306 €	
Zweiter Teil-Unterschiedsbetrag =			+ 1.171 €
Summe der Teil-Unterschiedsbeträge:			+ 6.306 €
Zinsberechnung:			
Teil-Unterschiedsbetrag mit Zinslaufbeginn 1.4.2006:			5.135 €
Teil-Unterschiedsbetrag mit Zinslaufbeginn 1.4.2007:			1.171 €

Verzinsung des Teil-Unterschiedsbetrags mit Zinslaufbeginn 1.4.2006:

Zu verzinsen sind 5.100 € zuungunsten des Steuerpflichtigen für die Zeit vom 1.4.2006 bis 14.12.2006 (8 volle Monate × 0,5% = 4%).

Nachzahlungszinsen:		204 €
Abrundung gem. § 238 Abs. 2 AO:	35 €	

---

1) z. v. E. = zu versteuerndes Einkommen.

Verzinsung des Teil-Unterschiedsbetrags mit Zinslaufbeginn 1.4.2007:
Hinsichtlich des Teil-Unterschiedsbetrags von 1.171 € sind keine Nachzahlungszinsen zu berechnen, da die für ihn maßgebliche Karenzzeit im Zeitpunkt der Steuerfestsetzung noch nicht abgelaufen ist. 0 €

Insgesamt festzusetzende Zinsen (Nachzahlungszinsen): 204 €

34. Beispiel 6:

Einkommensteuer 2004

	z. v. E.[1]	Steuer
Steuerfestsetzung vom 10.12.2007, bekannt gegeben am 13.12.2007:	57.781 €	17.924 €
abzüglich anzurechnende Steuerbeträge:		./. 1.000 €
Soll:		16.924 €
abzüglich festgesetzte Vorauszahlungen:		./. 12.000 €
Unterschiedsbetrag (Mehrsoll):		+ 4.924 €

Bei dieser Steuerfestsetzung wurde ein rückwirkendes Ereignis aus 2005 (Erhöhung des z. v. E. um 2.571 €) berücksichtigt.

Ermittlung der Teil-Unterschiedsbeträge:

	z. v. E.[1]	Steuer	
– Vorsoll (festgesetzte Vorauszahlungen):		12.000 €	
– 1. Schattenveranlagung (Steuerfestsetzung ohne Berücksichtigung des rückwirkenden Ereignisses):	55.210 €	16.715 €	
abzüglich anzurechnende Steuerabzugsbeträge:		./. 1.000 €	
fiktives Soll:		15.715 €	
Erster Teil-Unterschiedsbetrag =			+ 3.715 €
– 2. Schattenveranlagung (1. Schattenveranlagung + rückwirkendes Ereignis aus 2005):	57.781 €	17.924 €	
abzüglich anzurechnende Steuerabzugsbeträge:		./. 1.000 €	
fiktives Soll:		16.924 €	
Zweiter Teil-Unterschiedsbetrag =			+ 1.209 €
Summe der Teil-Unterschiedsbeträge:			+ 4.924 €

Zinsberechnung:
Teil-Unterschiedsbetrag mit Zinslaufbeginn 1.4.2006: + 3.715 €
Teil-Unterschiedsbetrag mit Zinslaufbeginn 1.4.2007: + 1.209 €

Verzinsung des Teil-Unterschiedsbetrags mit Zinslaufbeginn 1.4.2006:
Zu verzinsen sind 3.700 € zuungunsten des Steuerpflichtigen für die Zeit vom 1.4.2006 bis 13.12.2007 (20 volle Monate × 0,5% = 10%).
Nachzahlungszinsen: 370 €
Abrundung gem. § 238 Abs. 2 AO: 15 €

Verzinsung des Teil-Unterschiedsbetrags mit Zinslaufbeginn 1.4.2007:
Zu verzinsen sind 1.200 € zuungunsten des Steuerpflichtigen für die Zeit vom 1.4.2007 bis 13.12.2007 (8 volle Monate × 0,5% = 4%).
Nachzahlungszinsen: 48 €
Abrundung gem. § 238 Abs. 2 AO: 9 €

Insgesamt festzusetzende Zinsen: 418 €

[1] z. v. E. = zu versteuerndes Einkommen.

35. [1]Bei Teil-Unterschiedsbeträgen zugunsten des Steuerpflichtigen ist die Berechnung von Erstattungszinsen auf den fiktiv zu erstattenden Betrag begrenzt. [2]Dazu sind alle maßgeblichen Zahlungen und der jeweilige Tag der Zahlung zu ermitteln. [3]Durch Gegenüberstellung dieser Zahlungen und der nach Nr. 29 des AEAO zu § 233a ermittelten fiktiven Steuer, vermindert um anzurechnende Steuerabzugsbeträge und anzurechnende Körperschaftsteuer, ergibt sich der fiktive Erstattungsbetrag.

[1]Die Verzinsung der einzelnen Teil-Unterschiedsbeträge beginnt frühestens mit dem Tag der Zahlung. [2]Besteht der zu erstattende Betrag aus mehreren Einzahlungen, richtet sich der Zinsberechnungszeitraum nach der Einzahlung des jeweiligen Teilbetrags, wobei unterstellt wird, dass die Erstattung zuerst aus dem zuletzt gezahlten Betrag erfolgt. [3]Bei weiteren Teil-Unterschiedsbeträgen zugunsten des Steuerpflichtigen bleiben die bereits bei einer vorangegangenen Zinsberechnung berücksichtigten Zahlungen außer Betracht.

Ist bei einem Teil-Unterschiedsbetrag zugunsten des Steuerpflichtigen mehr als ein Betrag (mehrere Einzahlungen) zu verzinsen, so ist der durch die Rundung auf den nächsten durch fünfzig Euro teilbaren sich ergebende Spitzenbetrag jeweils vom Teilbetrag mit dem ältesten Wertstellungstag abzuziehen.

36. Beispiel 7:

Einkommensteuer 2004

	z. v. E.[1]	Steuer
Steuerfestsetzung vom 11.12.2006, bekannt gegeben am 14.12.2006:	10.113 €	509 €
abzüglich anzurechnende Steuerabzugsbeträge:		./. 250 €
Soll:		259 €
abzüglich festgesetzte Vorauszahlungen:		./. 12.750 €
Unterschiedsbetrag (Mindersoll):		./. 12.491 €

Alle Vorauszahlungen wurden bereits in 2004 entrichtet, so dass 12.491 € zu erstatten sind. Bei der Steuerfestsetzung wurde ein rückwirkendes Ereignis aus 2005 (Minderung des z. v. E. um 7.587 €) berücksichtigt.

Ermittlung der Teil-Unterschiedsbeträge:

	z. v. E.[1]	Steuer	
– Vorsoll (festgesetzte Vorauszahlungen):		12.750 €	
– 1. Schattenveranlagung (Steuerfestsetzung ohne Berücksichtigung des rückwirkenden Ereignisses):	17.700 €	2.419 €	
abzüglich anzurechnende Steuerabzugsbeträge:		./. 250 €	
fiktives Soll:		2.169 €	
Erster Teil-Unterschiedsbetrag =			./. 10.581 €
– 2. Schattenveranlagung (1. Schattenveranlagung + rückwirkendes Ereignis aus 2005):	10.113 €	509 €	
abzüglich anzurechnende Steuerabzugsbeträge:		./. 250 €	
fiktives Soll:		259 €	
Zweiter Teil-Unterschiedsbetrag =			./. 1.910 €
Summe der Teil-Unterschiedsbeträge:			./. 12.491 €

[1] z. v. E. = zu versteuerndes Einkommen.

Zinsberechnung:

Teil-Unterschiedsbetrag mit Zinslaufbeginn 1.4.2006:	./. 10.581 €
Teil-Unterschiedsbetrag mit Zinslaufbeginn 1.4.2007:	./. 1.910 €

Verzinsung des Teil-Unterschiedsbetrags mit Zinslaufbeginn 1.4.2006:

Gegenüberstellung der maßgeblichen Zahlungen und des fiktiven Solls				
Zahlung	Tag der Zahlung	fiktives Soll	Fiktive Erstattung	unverzinster Zahlungsrest
3.250 €	10.12.2004		3.250 €	0 €
3.250 €	10.9.2004		3.250 €	0 €
3.250 €	10.6.2004		3.250 €	0 €
3.000 €	10.3.2004		831 €	2.169 €
12.750 €		2.169 €	10.581 €	2.169 €

Zu verzinsen sind 10.550 € zugunsten des Steuerpflichtigen für die Zeit vom 1.4.2006 bis 14.12.2006 (8 volle Monate × 0,5% = 4%).

Zinsen:		422 €
Abrundung gem. § 238 Abs. 2 AO:	31 €	

Verzinsung des Teil-Unterschiedsbetrags mit Zinslaufbeginn 1.4.2007:

Hinsichtlich des Teil-Unterschiedsbetrags von 1.910 € sind keine Erstattungszinsen zu berechnen, da die für ihn maßgebliche Karenzzeit im Zeitpunkt der Steuerfestsetzung noch nicht abgelaufen ist. 0 €

Insgesamt festzusetzende Zinsen (Erstattungszinsen): ./. 422 €

37. Beispiel 8:

Einkommensteuer 2004

	z. v. E.[1]	Steuer
Steuerfestsetzung vom 10.12.2007, bekannt gegeben am 13.12.2007:	10.660 €	626 €
abzüglich anzurechnende Steuerabzugsbeträge:		350 €
Soll:		276 €
abzüglich festgesetzte Vorauszahlungen:		./. 12.650 €
Unterschiedsbetrag (Mindersoll):		./. 12.374 €

Der Steuerpflichtige hat bis zum 30.3.2006 insgesamt 7.500 € sowie am 3.9.2007 zusätzlich 5.000 € entrichtet. Zu erstatten sind deshalb nur 12.224 €.

Bei der Steuerfestsetzung wurde ein rückwirkendes Ereignis aus 2005 (Minderung des z. v. E. um 8.088 €) berücksichtigt.

Ermittlung der Teil-Unterschiedsbeträge:

	z. v. E.[1]	Steuer	
– Vorsoll (festgesetzte Vorauszahlungen):		12.650 €	
– 1. Schattenveranlagung (Steuerfestsetzung ohne Berücksichtigung des rückwirkenden Ereignisses):	18.748 €	2.713 €	
abzüglich anzurechnende Steuerabzugsbeträge:		./. 350 €	
fiktives Soll:		2.363 €	
Erster Teil-Unterschiedsbetrag =			./. 10.287 €
– 2. Schattenveranlagung (1. Schattenveranlagung + rückwirkendes Ereignis aus 2005):	10.660 €	626 €	
abzüglich anzurechnende Steuerabzugsbeträge:		./. 350 €	
fiktives Soll:		276 €	

[1] z. v. E. = zu versteuerndes Einkommen.

Zweiter Teil-Unterschiedsbetrag = ./. 2.087 €
Summe der Teil-Unterschiedsbeträge: ./. 12.374 €
Zinsberechnung:
Teil-Unterschiedsbetrag mit Zinslaufbeginn 1.4.2006: ./. 10.287 €
Teil-Unterschiedsbetrag mit Zinslaufbeginn 1.4.2007: ./. 2.087 €

Verzinsung des Teil-Unterschiedsbetrags mit Zinslaufbeginn 1.4.2006:

Gegenüberstellung der maßgeblichen Zahlungen und des fiktiven Solls				
Zahlung	Tag der Zahlung	fiktives Soll	fiktive Erstattung	unverzinster Zahlungsrest
5.000 €	3.9.2007		5.000 €	0 €
2.500 €	10.12.2004		2.500 €	0 €
2.500 €	10.9.2004		2.500 €	0 €
1.250 €	10.6.2004		137 €	1.113 €
1.250 €	10.3.2004		0 €	1.250 €
12.500 €		2.363 €	10.137 €	2.363 €

Zu verzinsen sind 5.000 € zugunsten des Steuerpflichtigen für die Zeit vom 3.9.2007 bis 13.12.2007 (3 volle Monate × 0,5% = 1,5%).
Zinsen (Erstattungszinsen): ./. 75 €
Zu verzinsen sind 5.100 € zugunsten des Steuerpflichtigen für die Zeit vom 1.4.2006 bis 13.12.2007 (20 volle Monate × 0,5% = 10%).
Zinsen (Erstattungszinsen): ./. 510 €
Abrundung nach § 238 Abs. 2 AO: 37 €

Verzinsung des Teil-Unterschiedsbetrags mit Zinslaufbeginn 1.4.2007:

Gegenüberstellung der maßgeblichen Zahlungen und des fiktiven Solls				
Zahlung	Tag der Zahlung	fiktives Soll	fiktive Erstattung	unverzinster Zahlungsrest
0 €	3.9.2007		0 €	0 €
0 €	10.12.2004		0 €	0 €
0 €	10.9.2004		0 €	0 €
1.113 €	10.6.2004		1.113 €	0 €
1.250 €	10.3.2004		974 €	276 €
2.363 €		276 €	2.087 €	276 €

Zu verzinsen sind 2.050 € zugunsten des Steuerpflichtigen für die Zeit vom 1.4.2007 bis 13.12.2007 (8 volle Monate × 0,5% = 4%).
Zinsen (Erstattungszinsen): ./. 82 €
Abrundung nach § 238 Abs. 2 AO: 37 €
Insgesamt festzusetzende Zinsen (Erstattungszinsen): **./. 667 €**

38. [1]Bei Teil-Unterschiedsbeträgen zugunsten des Steuerpflichtigen sind neben der Berechnung von Erstattungszinsen die zuvor auf den Herabsetzungsbetrag ggf. berechneten Nachzahlungszinsen zu mindern. [2]Nachzahlungszinsen entfallen dabei allerdings frühestens ab dem Zeitpunkt, in dem der Zinslauf des Teil-Unterschiedsbetrags zugunsten des Steuerpflichtigen beginnt; Nachzahlungszinsen für den Zeitraum bis zum Beginn des Zinslaufs des Teil-Unterschiedsbetrags zugunsten des Steuerpflichtigen bleiben endgültig bestehen (§ 233a Abs. 7 Satz 2 AO). [3]Nachzahlungszinsen mit unterschiedlichem Zinslaufbeginn sind in ihrer zeitlichen Reihenfolge, beginnend mit den Nachzahlungszinsen mit dem ältesten Zinslaufbeginn, zu mindern.

39. Beispiel 9:

Einkommensteuer 2004

	z. v. E.[1]	Steuer
Steuerfestsetzung vom 9.12.2008, bekannt gegeben am 12.12.2008:	35.867 €	8.376 €
abzüglich anzurechnende Steuerabzugsbeträge:		./. 1.000 €
Soll:		7.376 €
abzüglich festgesetzte Vorauszahlungen:		./. 9.550 €
Unterschiedsbetrag (Mindersoll):		./. 2.174 €

Der Steuerpflichtige hat bis zum 31.3.2006 insgesamt 7.000 € sowie am 2.6.2007 weitere 2.550 € gezahlt.

Bei dieser Steuerfestsetzung wurden ein rückwirkendes Ereignis aus 2005 (Erhöhung des z. v. E. um 2.500 €) sowie ein rückwirkendes Ereignis aus 2006 (Minderung des z. v. E. um 17.500 €) berücksichtigt.

Ermittlung der Teil-Unterschiedsbeträge:

	z. v. E.[1]	Steuer	
– Vorsoll (festgesetzte Vorauszahlungen):		9.550 €	
– 1. Schattenveranlagung (Steuerfestsetzung ohne Berücksichtigung der rückwirkenden Ereignisse aus 2005 und 2006):	50.867 €	14.679 €	
abzüglich anzurechnende Steuerabzugsbeträge:		./. 1.000 €	
fiktives Soll:		13.679 €	
Erster Teil-Unterschiedsbetrag =			+ 4.129 €
– 2. Schattenveranlagung (1. Schattenveranlagung + rückwirkendes Ereignis aus 2005):	53.367 €	15.850 €	
abzüglich anzurechnende Steuerabzugsbeträge:		./. 1.000 €	
fiktives Soll:		14.850 €	
Zweiter Teil-Unterschiedsbetrag =			+ 1.171 €
– 3. Schattenveranlagung (2. Schattenveranlagung + rückwirkendes Ereignis aus 2006):	35.867 €	8.376 €	
abzüglich anzurechnende Steuerabzugsbeträge:		./. 1.000 €	
fiktives Soll:		7.376 €	
Dritter Teil-Unterschiedsbetrag =			./. 7.474 €
Summe der Teil-Unterschiedsbeträge:			./. 2.174 €

Zinsberechnung:

Teil-Unterschiedsbetrag mit Zinslaufbeginn 1.4.2006:	+ 4.129 €
Teil-Unterschiedsbetrag mit Zinslaufbeginn 1.4.2007:	+ 1.171 €
Teil-Unterschiedsbetrag mit Zinslaufbeginn 1.4.2008:	./. 7.474 €

Verzinsung des Teil-Unterschiedsbetrags mit Zinslaufbeginn 1.4.2006:

Zu verzinsen sind 4.100 € zuungunsten des Steuerpflichtigen für die Zeit vom 1.4.2006 bis 12.12.2008 (32 volle Monate × 0,5 % = 16 %)		
Zinsen (Nachzahlungszinsen):		656 €
Abrundung nach § 238 Abs. 2 AO:	29 €	

[1] z. v. E. = zu versteuerndes Einkommen.

Verzinsung des Teil-Unterschiedsbetrags mit Zinslaufbeginn 1.4.2007:

Zu verzinsen sind 1150 € zuungunsten des Steuerpflichtigen für die Zeit vom 1.4.2007 bis 12.12.2008
(20 volle Monate × 0,5% = 10%).
Zinsen (Nachzahlungszinsen): 115 €
Abrundung nach § 238 Abs. 2 AO: 21 €

Verzinsung des Teil-Unterschiedsbetrags mit Zinslaufbeginn 1.4.2008:

Gegenüberstellung der maßgeblichen Zahlungen und des fiktiven Solls				
Zahlung	Tag der Zahlung	fiktives Soll	fiktive Erstattung	unverzinster Zahlungsrest
2550 €	2.6.2007		2174 €	376 €
2000 €	10.12.2004		0 €	2000 €
2000 €	10.9.2004		0 €	2000 €
2000 €	10.6.2004		0 €	2000 €
1000 €	10.3.2004		0 €	1000 €
9550 €		7376 €	2174 €	7376 €

Zu verzinsen ist höchstens der fiktiv zu erstattende Betrag von 2150 €
für die Zeit vom 1.4.2008 bis zum 12.12.2008
(8 volle Monate × 0,5 % = 4%).

Zinsen (Erstattungszinsen): ./. 86 €
Abrundung nach § 238 Abs. 2 AO: 24 €

Minderung zuvor berechneter Nachzahlungszinsen:[1)]

4129 € abgerundet: 4100 €
./. 7474 €
./. 3345 € maximal: ./. 0 €
4100 €

4100 € vom 1.4.2008 bis zum 12.12.2008
(8 volle Monate × 0,5 % = 4%): ./. 164 €

1171 € abgerundet: 1150 €
./. 3345 €
./. 2174 € maximal: ./. 0 €
1150 €

1150 € vom 1.4.2008 bis zum 12.12.2008
(8 volle Monate × 0,5% = 4%): ./. 46 €
./. 210 € ./. 210 €

Insgesamt festzusetzende Zinsen: **475 €**

40. [1]Wenn bei der Zinsberechnung mehrere Teil-Unterschiedsbeträge zu berücksichtigen sind, sind Zinsen nur dann festzusetzen, wenn die Summe der auf die einzelnen Teil-Unterschiedsbeträge berechneten Zinsen mindestens

1) **[Amtl. Anm.:]** Ergibt sich ein Teil-Unterschiedsbetrag zugunsten des Steuerpflichtigen, entfallen auf diesen Betrag zuvor berechnete Zinsen nach § 233a Abs. 7 Satz 2 1. Halbsatz AO frühestens ab Beginn des für diesen Teil-Unterschiedsbetrag maßgebenden Zinslaufs. Zinsen für den Zeitraum bis zum Beginn des Zinslaufs dieses Teil-Unterschiedsbetrags bleiben nach § 233a Abs. 7 Satz 2 2. Halbsatz AO endgültig bestehen. Deshalb können die für den Zeitraum bis zum 31.3.2008 verbliebenen Nachzahlungszinsen auch in späteren Zinsfestsetzungen gemindert werden.

zehn Euro beträgt (§ 239 Abs. 2 Satz 2 AO). [2]Nach § 239 Abs. 2 Satz 1 AO sind Zinsen auf volle Euro zum Vorteil des Steuerpflichtigen abzurunden. [3]Maßgebend sind die festzusetzenden Zinsen, d.h. die Summe der auf die einzelnen Teil-Unterschiedsbeträge berechneten Zinsen.

[1]Sofern die Summe aller fiktiven Erstattungen größer ist als die tatsächliche Erstattung, ist der Differenzbetrag für spätere Zinsberechnungen als fiktive Zahlung zu berücksichtigen. [2]Als Zahlungstag dieser fiktiven Zahlung ist der Tag zu berücksichtigen, an dem die Steuerfestsetzung bzw. die Steueranmeldung wirksam geworden ist.

Zinsberechnung bei einer Korrektur der Steuerfestsetzung oder der Anrechnung von Steuerbeträgen

41. [1]Falls anlässlich einer Steuerfestsetzung Zinsen festgesetzt wurden, löst die Aufhebung, Änderung oder Berichtigung dieser Steuerfestsetzung eine Änderung der bisherigen Zinsfestsetzung aus (§ 233a Abs. 5 Satz 1 1. Halbsatz AO). [2]Dabei ist es gleichgültig, worauf die Aufhebung, Änderung oder Berichtigung beruht (z.B. auch Änderung durch Einspruchsentscheidung oder durch oder aufgrund der Entscheidung eines Finanzgerichts).

42. [1]Soweit die Korrektur der Steuerfestsetzung auf der erstmaligen Berücksichtigung eines rückwirkenden Ereignisses oder eines Verlustrücktrags beruht, beginnt der Zinslauf nach § 233a Abs. 2a AO erst 15 Monate nach Ablauf des Kalenderjahres, in dem das rückwirkende Ereignis eingetreten oder der Verlust entstanden ist. [2]Gleiches gilt, wenn ein bereits bei der vorangegangenen Steuerfestsetzung berücksichtigter Verlustrücktrag bzw. ein bereits bei der vorangegangenen Steuerfestsetzung berücksichtigtes rückwirkendes Ereignis unmittelbar Änderungen erfährt und der Steuerbescheid deshalb geändert wird.

[1]Aufgrund der Anknüpfung der Verzinsung an die Soll-Differenz (vgl. AEAO zu § 233a, Nr. 46) ist keine besondere Zinsberechnung i.S.d. § 233a Abs. 2a i.V.m. Abs. 7 AO vorzunehmen, wenn ein Steuerbescheid, in dem erstmals ein Verlustrücktrag bzw. ein rückwirkendes Ereignis berücksichtigt worden ist, später aus anderen Gründen (z.B. zur Berücksichtigung neuer Tatsachen i.S.d. § 173 AO) geändert wird. [2]Dabei ist es für die Verzinsung auch unerheblich, wenn sich die steuerlichen Auswirkungen des bereits in der vorherigen Steuerfestsetzung berücksichtigten Verlustrücktrags bzw. rückwirkenden Ereignisses aufgrund der erstmaligen oder abweichenden Berücksichtigung regulär zu verzinsender Besteuerungsgrundlagen rechnerisch verändern sollte. [3]Auch derartige materiell-rechtliche Folgeänderungen sind bei der Verzinsung dem maßgeblichen Änderungsgrund (z.B. den neuen Tatsachen i.S.d. § 173 AO) zuzuordnen.

43. [1]Materielle Fehler i.S.d. § 177 AO werden bei dem Änderungstatbestand berichtigt, dessen Anwendung die saldierende Berücksichtigung des materiellen Fehlers ermöglicht. [2]Deshalb ist der Saldierungsbetrag bei der Ermittlung des Teil-Unterschiedsbetrags zu berücksichtigen, der diesem Änderungstatbestand zugrunde liegt. [3]Beruht die Saldierung nach § 177 AO auf mehreren Änderungstatbeständen, die einen unterschiedlichen Zinslaufbeginn aufweisen, ist der Saldierungsbetrag den Änderungstatbeständen in chronologischer

Reihenfolge zuzuordnen, beginnend mit dem Änderungstatbestand mit dem ältesten Zinslaufbeginn.

44. Ist bei der vorangegangenen Steuerfestsetzung eine Zinsfestsetzung unterblieben, weil z.B. bei Wirksamkeit der Steuerfestsetzung die Karenzzeit noch nicht abgelaufen war oder die Zinsen weniger als zehn Euro betragen haben, ist bei der erstmaligen Zinsfestsetzung aus Anlass der Aufhebung, Änderung oder Berichtigung der Steuerfestsetzung für die Berechnung der Zinsen ebenfalls der Unterschied zwischen dem neuen und dem früheren Soll maßgebend.

45. [1]Den Fällen der Aufhebung, Änderung oder Berichtigung der Steuerfestsetzung sind die Fälle der Korrektur der Anrechnung von Steuerbeträgen (Steuerabzugsbeträge, anzurechnende Körperschaftsteuer) gleichgestellt (§ 233a Abs. 5 Satz 1 2. Halbsatz AO). [2]Die Zinsfestsetzung ist auch dann anzupassen, wenn die Anrechnung von Steuerabzugsbeträgen oder von Körperschaftsteuer in einem Abrechnungsbescheid nach § 218 Abs. 2 Satz 1 AO von der vorangegangenen Anrechnung abweicht. [3]Ist dem bisherigen Zinsbescheid ein unrichtiges Vorauszahlungssoll oder ein unrichtiger Wertstellungstag zugrunde gelegt worden, kann demgegenüber eine Korrektur des Zinsbescheids nicht nach § 233a Abs. 5 AO, sondern nur nach den allgemeinen Vorschriften erfolgen (z.B. §§ 129, 172ff. AO).

46. [1]Grundlage für die Zinsberechnung ist der Unterschied zwischen dem neuen und dem früheren Soll (Unterschiedsbetrag nach § 233a Abs. 5 Satz 2 AO). [2]Dieser Unterschiedsbetrag ist in Teil-Unterschiedsbeträge aufzuteilen, soweit diese einen unterschiedlichen Zinslaufbeginn nach § 233a Abs. 2 und Abs. 2a AO haben (§ 233a Abs. 7 Satz 1 1. Halbsatz AO). [3]Innerhalb dieser Teil-Unterschiedsbeträge sind Sollminderungen und Sollerhöhungen mit gleichem Zinslaufbeginn zu saldieren.

47. [1]Die Teil-Unterschiedsbeträge sind in ihrer zeitlichen Reihenfolge, beginnend mit dem ältesten Zinslaufbeginn, zu ermitteln (§ 233a Abs. 7 Satz 1 2. Halbsatz AO). [2]Dabei ist unerheblich, ob sich der einzelne Teil-Unterschiedsbetrag zugunsten oder zuungunsten des Steuerpflichtigen auswirkt.

[1]Zunächst ist die fiktive Steuer zu ermitteln, die sich ohne Berücksichtigung rückwirkender Ereignisse und Verlustrückträge ergeben würde. [2]Die Differenz zwischen dieser fiktiven Steuer und der bisher festgesetzten Steuer, jeweils vermindert um anzurechnende Steuerabzugsbeträge und anzurechnende Körperschaftsteuer, ist der erste für die Zinsberechnung maßgebliche Teil-Unterschiedsbetrag.

[1]Im nächsten Schritt ist auf der Grundlage dieser fiktiven Steuerermittlung die fiktive Steuer zu berechnen, die sich unter Berücksichtigung der rückwirkenden Ereignisse oder Verlustrückträge mit dem ältesten Zinslaufbeginn ergeben würde. [2]Die Differenz zwischen dieser und der zuvor ermittelten fiktiven Steuer, jeweils vermindert um anzurechnende Steuerabzugsbeträge und anzurechnende Körperschaftsteuer, ist der für die Zinsberechnung maßgebliche zweite Teil-Unterschiedsbetrag. [3]Dies gilt entsprechend für weitere Teil-Unterschiedsbeträge mit späterem Zinslaufbeginn.

55. Beispiel 12:

Einkommensteuer 2004

a) Steuerfestsetzung vom 12.12.2006,

bekannt gegeben am 15.12.2006:	22.500 €
abzüglich anzurechnende Steuerabzugsbeträge:	./. 2.500 €
Soll:	20.000 €
abzüglich festgesetzte Vorauszahlungen:	./. 13.000 €
Unterschiedsbetrag (Mehrsoll):	7.000 €

Der Steuerpflichtige hat innerhalb der Karenzzeit die Vorauszahlungen i. H. v. 13.000 € sowie am 15.6.2007 die Abschlusszahlung i. H. v. 7.000 € gezahlt.

Zu verzinsen sind 7.000 € zuungunsten des Steuerpflichtigen für die Zeit vom 1.4.2006 bis 15.12.2006 (8 volle Monate × 0,5% = 4%).

festzusetzende Zinsen (Nachzahlungszinsen): **280 €**

b) Änderung der Steuerfestsetzung nach § 173 AO (Bescheid vom 12.10.2007,

bekannt gegeben am 15.10.2007):	17.500 €
abzüglich anzurechnende Steuerabzugsbeträge:	./. 2.500 €
Soll:	15.000 €
abzüglich bisher festgesetzte Steuer (Soll):	./. 20.000 €
Unterschiedsbetrag (Mindersoll):	5.000 €

Zu erstatten sind 5.000 €.

Zu verzinsen sind 5.000 € zugunsten des Steuerpflichtigen für die Zeit vom 15.6.2007 bis 15.10.2007 (4 volle Monate × 0,5% = 2%).

festzusetzende Zinsen (Erstattungszinsen): ./. 100 €

c) Bisher festgesetzte Zinsen + 280 €

Minderung zuvor berechneter Nachzahlungszinsen:

7.000 €	abgerundet:	7.000 €		
./. 5.000 €				
2.000 €	maximal:	./. 2.000 €		
		5.000 €		
5.000 € vom 1.4.2006 bis zum 15.12.2006 (8 volle Monate x 0,5% = 4%):			./. 200 €	
			+ 80 €	+ 80 €
Insgesamt festzusetzende Zinsen:				**./. 20 €**

56. [1]Bei Teil-Unterschiedsbeträgen zugunsten des Steuerpflichtigen ist die Berechnung von Erstattungszinsen auf den fiktiv zu erstattenden Betrag begrenzt. [2]Dazu sind alle maßgeblichen Zahlungen (einschließlich fiktiver Zahlungen i. S. d. Nr. 40 des AEAO zu § 233a) und der jeweilige Tag der Zahlung zu ermitteln. [3]Durch Gegenüberstellung dieser Zahlungen und der nach Nr. 47 des AEAO zu § 233a fiktiv ermittelten Steuer, vermindert um anzurechnende Steuerabzugsbeträge und anzurechnende Körperschaftsteuer, ergibt sich der fiktive Erstattungsbetrag.

[1]Die Verzinsung der einzelnen Teil-Unterschiedsbeträge beginnt frühestens mit dem Tag der Zahlung. [2]Besteht der zu erstattende Betrag aus mehreren Einzahlungen, richtet sich der Zinsberechnungszeitraum nach der Einzahlung des jeweiligen Teilbetrags, wobei unterstellt wird, dass die Erstattung zuerst aus dem zuletzt gezahlten Betrag erfolgt. [3]Bei weiteren Teil-Unterschiedsbeträgen

zugunsten des Steuerpflichtigen bleiben die bereits bei einer vorangegangenen Zinsberechnung berücksichtigten Zahlungen außer Betracht.

Ist bei einem Teil-Unterschiedsbetrag zugunsten des Steuerpflichtigen mehr als ein Betrag (mehrere Einzahlungen) zu verzinsen, so ist der durch die Rundung auf den nächsten durch fünfzig Euro teilbaren sich ergebende Spitzenbetrag jeweils vom Teilbetrag mit dem ältesten Wertstellungstag abzuziehen.

57. [1]Bei Teil-Unterschiedsbeträgen zugunsten des Steuerpflichtigen sind neben der Berechnung von Erstattungszinsen die zuvor auf den Herabsetzungsbetrag ggf. berechneten Nachzahlungszinsen zu mindern. [2]Nachzahlungszinsen entfallen dabei allerdings frühestens ab dem Zeitpunkt, in dem der Zinslauf des Teil-Unterschiedsbetrags zugunsten des Steuerpflichtigen beginnt; Nachzahlungszinsen für den Zeitraum bis zum Beginn des Zinslaufs des Teil-Unterschiedsbetrags zugunsten des Steuerpflichtigen bleiben endgültig bestehen (§ 233a Abs. 7 Satz 2 AO). [3]Nachzahlungszinsen mit unterschiedlichem Zinslaufbeginn sind in ihrer zeitlichen Reihenfolge, beginnend mit den Nachzahlungszinsen mit dem ältesten Zinslaufbeginn, innerhalb dieser Gruppen beginnend mit den Nachzahlungszinsen mit dem jüngsten Zinslaufende, zu mindern.

58. Beispiel 13 (Fortsetzung von Beispiel 9):

Einkommensteuer 2004

	z. v. E.[1)]	Steuer
nach § 175 Abs. 1 Satz 1 Nr. 2 AO geänderte Steuerfestsetzung vom 26.3.2010, bekanntgegeben am 29.3.2010:	27.175 €	5.297 €
abzüglich anzurechnende Steuerabzugsbeträge:		./. 1.000 €
Soll:		4.297 €
abzüglich bisher festgesetzte Steuer (Soll):		./. 7.376 €
Unterschiedsbetrag (Mindersoll):		./. 3.079 €

Der Steuerpflichtige hat bis zum 31.3.2006 insgesamt 7.000 € sowie am 2.6.2007 weitere 2.550 € gezahlt. Aufgrund der Steuerfestsetzung vom 9.12.2008 sind ihm bereits 2.174 € erstattet worden.

Bei der geänderten Steuerfestsetzung vom 26.3.2010 wurde ein rückwirkendes Ereignis aus 2005 (Minderung des z. v. E. um 8.692 €) erstmals berücksichtigt.

Zinsberechnung:

Verzinsung des Unterschiedsbetrags mit Zinslaufbeginn 1.4.2007

Gegenüberstellung der maßgeblichen Zahlungen und des Solls				
Zahlung	Tag der Zahlung	Soll	Erstattung	unverzinster Zahlungsrest
376 €	2.6.2007		376 €	0 €
2.000 €	10.12.2004		2.000 €	0 €
2.000 €	10.9.2004		703 €	1.297 €
2.000 €	10.6.2004		0 €	2.000 €
1.000 €	10.3.2004		0 €	1.000 €
7.376 €		4.297 €	3.079 €	4.297 €

1) z. v. E. = zu versteuerndes Einkommen.

Zu verzinsen ist höchstens der abgerundete zu erstattende Betrag von 3.050 €:

376 € für die Zeit vom 2.6.2007 bis zum 29.3.2010 (33 volle Monate x 0,5 % = 16,5 %):		62,04 €	
2.674 € für die Zeit vom 1.4.2007 bis zum 29.3.2010 (35 volle Monate x 0,5 % = 17,5 %)		467,95 €	
		529,99 €	
Zinsen (Erstattungszinsen):			./. 529,99 €
Abrundung nach § 238 Abs. 2 AO:	29 €		
Bisher festgesetzte Zinsen:		475,00 €	
Minderung zuvor berechneter Nachzahlungszinsen:[1]		0,00 €	
		475,00 €	475,00 €
			./. 54,99 €
Insgesamt festzusetzende Zinsen[2]			**./. 55,00 €**

59. [1]Zinsen werden nur festgesetzt, wenn sie mindestens zehn Euro betragen (§ 239 Abs. 2 Satz 2 AO). [2]Dabei ist jeweils auf die sich insgesamt ergebenden Zinsen abzustellen, nicht nur auf den Betrag, der sich durch die Verzinsung des letzten Unterschiedsbetrags bzw. Teil-Unterschiedsbetrags oder des letzten Erstattungsbetrags ergibt. [3]Wären insgesamt weniger als zehn Euro festzusetzen, ist der bisherige Zinsbescheid zu ändern.

[1]Nach § 239 Abs. 2 Satz 1 AO sind Zinsen auf volle Euro zum Vorteil des Steuerpflichtigen zu runden. [2]Maßgebend sind die festzusetzenden Zinsen, d. h. die Summe der auf die einzelnen Teil-Unterschiedsbeträge berechneten Zinsen.

[1]Sofern die Summe aller fiktiven Erstattungen größer ist als die tatsächliche Erstattung, ist der Differenzbetrag für spätere Zinsberechnungen als fiktive Zahlung zu berücksichtigen. [2]Als Zahlungstag dieser fiktiven Zahlung ist der Tag zu berücksichtigen, an dem die Steuerfestsetzung bzw. die Steueranmeldung wirksam geworden ist.

Zinsberechnung bei sog. NV-Fällen

60. [1]Ist eine Veranlagung zur Einkommensteuer nicht durchzuführen, weil die Voraussetzungen des § 46 EStG nicht erfüllt sind, sind festgesetzte und geleistete Vorauszahlungen zu erstatten. [2]Die Erstattungszinsen sind so zu berechnen, als sei eine Steuerfestsetzung über Null Euro erfolgt. [3]Wird eine Einkommensteuerfestsetzung, die zu einer Erstattung geführt hat, aufgehoben und die Abrechnung geändert, so dass die bisher angerechneten Steuerabzugsbeträge zurückgefordert werden, ist diese Steuernachforderung zu verzinsen. [4]Eine bisher durchgeführte Zinsfestsetzung (Erstattungszinsen) ist nach § 233a Abs. 5 Satz 1 AO zu ändern.

---

[1] **[Amtl. Anm.:]** Die in der vorangegangenen Zinsfestsetzung (Beispiel 9) für den Zeitraum bis zum Beginn des Zinslaufs des 3. Teil-Unterschiedsbetrags (d.h. für den Zeitraum bis zum 31.3.2008) berechneten Nachzahlungszinsen bleiben nach § 233a Abs. 7 Satz 2 2. Halbsatz AO endgültig bestehen und können deshalb in dieser Zinsfestsetzung nicht mehr gemindert werden.

[2] **[Amtl. Anm.:]** Die Zinsen wurden zugunsten des Steuerpflichtigen gerundet (§ 239 Abs. 2 Satz 1 AO).

Zinsberechnung bei der Vermögensteuer

61.1. [1]Bei der Verzinsung der Vermögensteuer ist die für jedes Jahr festgesetzte Steuer getrennt zu behandeln. [2]Dies gilt auch für die Kleinbetragsgrenze des § 239 Abs. 2 AO. [2]Obwohl die Vermögensteuer mit Beginn des Kalenderjahres, für das sie festzusetzen ist, entsteht (§ 5 Abs. 2 VStG), beginnt die 15-monatige Karenzzeit erst mit Ablauf des jeweiligen Kalenderjahres.

61.2. [1]Den Besonderheiten der Zinsberechnung bei der Haupt- und Nachveranlagung sowie bei der Neuveranlagung der Vermögensteuer und der Aufhebung einer Vermögensteuer-Veranlagung wird durch § 233a Abs. 3 Satz 2 AO Rechnung getragen. [2]Danach ist bei der Zinsberechnung jeweils der Unterschied entweder zwischen der festgesetzten Jahressteuer und den festgesetzten Vorauszahlungen oder der festgesetzten Jahressteuer und der bisher festgesetzten Jahressteuer maßgebend. [3]Werden nach Beginn des Zinslaufs gleichzeitig eine (befristete) Hauptveranlagung und eine Neuveranlagung durchgeführt, so ist bei der Ermittlung der Unterschiedsbeträge jeweils vom Vorauszahlungssoll auszugehen. [4]Wird die Neuveranlagung dagegen in zeitlichem Abstand nach der Hauptveranlagung durchgeführt, so ist für die Zinsberechnung der Unterschiedsbetrag zum Hauptveranlagungssoll maßgebend. [5]Anlässlich einer Neu- oder Nachveranlagung oder Aufhebung der Veranlagung zur Vermögensteuer ist eine bisherige Zinsfestsetzung entsprechend § 233a Abs. 5 AO zu ändern.

62. Sonderregelungen für Zinsberechnungen bei der Umsatzsteuer

62.1. Zinsberechnung bei Vorsteuer-Vergütungsansprüchen

62.1.1. Im übrigen Gemeinschaftsgebiet ansässige Unternehmer

[1]Die Verzinsung der Vorsteuervergütung an im übrigen Gemeinschaftsgebiet ansässige Unternehmer (§ 18 Abs. 9 UStG) ist in § 61 Abs. 5 und 6 UStDV geregelt. [2]§ 233a AO ist in diesen Fällen nicht anwendbar, wenn der Vergütungsantrag nach dem 31.12.2009 gestellt worden ist.

62.1.2. Im Drittlandsgebiet ansässige Unternehmer

[1]Der nach § 18 Abs. 9 UStG zu vergütende Betrag für im Drittlandsgebiet ansässige Unternehmer ist nach § 233a AO zu verzinsen (vgl. Abschnitt 18.14 Abs. 10 UStAE). [2]Beträgt der Vergütungszeitraum weniger als ein Kalenderjahr (§ 60 UStDV), sind zur Berechnung des Unterschiedsbetrags alle für ein Kalenderjahr festgesetzten Vergütungen zusammenzufassen. [3]Der Zinslauf beginnt grundsätzlich 15 Monate nach Ablauf des Kalenderjahres, für das die Vergütung(en) festgesetzt worden ist/sind (§ 233a Abs. 2 Satz 1 AO). [4]Er endet mit Ablauf des Tages, an dem die Festsetzung der Vergütung wirksam geworden ist (§ 233a Abs. 2 Satz 3 AO). [5]Zur Festsetzungsverjährung des Zinsanspruchs vgl. § 239 Abs. 1 AO.

Diese Grundsätze gelten bei der Verzinsung von Vorsteuervergütungen an im übrigen Gemeinschaftsgebiet ansässige Unternehmer (§ 18 Abs. 9 UStG) entsprechend, wenn der Vergütungsantrag vor dem 1.1.2010 gestellt worden ist.

62.2. Zinsberechnung bei der Umsatzsteuer in Fällen des Mini-one-stop-shop-Verfahrens (MOSS-Verfahren)

[1] § 233a AO gilt auch für Umsatzsteuer, die im MOSS-Verfahren (§ 18 Abs. 4e UStG) festgesetzt wird. [2] Der Besteuerungszeitraum ist hier gemäß § 16 Abs. 1b Satz 1 UStG das Kalendervierteljahr. [3] Bei der Verzinsung sind zur Berechnung des Unterschiedsbetrags (§ 233a Abs. 3 und 5 AO) alle für ein Kalenderjahr festgesetzten Steuern zusammenzufassen. [4] Der Zinslauf beginnt 15 Monate nach Ablauf des Kalenderjahres, für das die Umsatzsteuer festgesetzt worden ist (§ 233a Abs. 2 Satz 1 AO). [6] Er endet mit Ablauf des Tages, an dem die Festsetzung der Umsatzsteuer wirksam geworden ist (§ 233a Abs. 2 Satz 3 AO). [7] Zur Festsetzungsverjährung des Zinsanspruchs vgl. § 239 Abs. 1 AO.

Verhältnis zu anderen steuerlichen Nebenleistungen

63. Zur Berücksichtigung der Verzinsung nach § 233a AO bei der Bemessung eines Verspätungszuschlags nach § 152 AO in der bis zum 31.12.2016 geltenden Fassung vgl. AEAO zu § 152, Nr. 13.3.

Aufgrund der gesetzlichen Festlegung der Höhe des Verspätungszuschlags (§ 152 Abs. 5 AO in der ab 1.1.2017 geltenden Fassung) sind Zinsen nach § 233a AO bei der Bemessung des Verspätungszuschlags nicht von Bedeutung.

64. [1] Die Erhebung von Säumniszuschlägen (§ 240 AO) bleibt durch § 233a AO unberührt, da die Vollverzinsung nur den Zeitraum bis zur Festsetzung der Steuer betrifft. [2] Sollten sich in Fällen, in denen die Steuerfestsetzung zunächst zugunsten und sodann wieder zuungunsten des Steuerpflichtigen geändert wird, Überschneidungen ergeben, sind insoweit die Säumniszuschläge zur Hälfte zu erlassen.

65. [1] Überschneidungen von Stundungszinsen und Nachzahlungszinsen nach § 233a AO können sich ergeben, wenn die Steuerfestsetzung nach Ablauf der Stundung zunächst zugunsten und später wieder zuungunsten des Steuerpflichtigen geändert wird (siehe § 234 Abs. 1 Satz 2 AO). [2] Zur Vermeidung einer Doppelverzinsung werden Nachzahlungszinsen, die für denselben Zeitraum festgesetzt wurden, im Rahmen der Zinsfestsetzung auf Stundungszinsen angerechnet (§ 234 Abs. 3 AO). [3] Erfolgt die Zinsfestsetzung nach § 233a AO aber erst nach Festsetzung der Stundungszinsen, sind Nachzahlungszinsen insoweit nach § 227 AO zu erlassen, als sie für denselben Zeitraum wie die bereits erhobenen Stundungszinsen festgesetzt wurden.

66. [1] Überschneidungen mit Hinterziehungszinsen (§ 235 AO) sind möglich, etwa weil der Zinslauf mit Eintritt der Verkürzung und damit vor Festsetzung der Steuer beginnt. [2] Zinsen nach § 233a AO, die für denselben Zeitraum festgesetzt wurden, sind im Rahmen der Zinsfestsetzung auf die Hinterziehungszinsen anzurechnen (§ 235 Abs. 4 AO). [3] Dies gilt ungeachtet der unterschiedlichen ertragsteuerlichen Behandlung beider Zinsarten. [4] Zur Berechnung vgl. AEAO zu § 235, Nr. 5.

67. [1] Prozesszinsen auf Erstattungsbeträge (§ 236 AO) werden ab Rechtshängigkeit bzw. ab dem Zahlungstag berechnet. [2] Überschneidungen mit Erstattungszinsen nach § 233a AO sind daher möglich. [3] Zur Vermeidung einer Doppelverzinsung werden Zinsen nach § 233a AO, die für denselben Zeitraum festgesetzt wurden, im Rahmen der Zinsfestsetzung auf die Prozesszinsen angerechnet (§ 236 Abs. 4 AO).

68. [1]Überschneidungen mit Aussetzungszinsen (§ 237 AO) sind im Regelfall nicht möglich, da Zinsen nach § 233a Abs. 1 bis 3 AO nur für den Zeitraum bis zur Festsetzung der Steuer, Aussetzungszinsen jedoch frühestens ab der Fälligkeit der Steuernachforderung entstehen können (vgl. AEAO zu § 237, Nr. 6). [2]Überschneidungen können sich aber ergeben, wenn Aussetzungszinsen erhoben wurden, weil die Anfechtung einer Steuerfestsetzung erfolglos blieb, und die Steuerfestsetzung nach Abschluss des Rechtsbehelfsverfahrens (siehe § 237 Abs. 5 AO) zunächst zugunsten und sodann zuungunsten des Steuerpflichtigen geändert wird. [3]Zur Vermeidung einer Doppelverzinsung werden Nachzahlungszinsen, die für denselben Zeitraum festgesetzt wurden, im Rahmen der Zinsfestsetzung auf Aussetzungszinsen angerechnet (§ 237 Abs. 4 i. V. m. § 234 Abs. 3 AO). [4]Erfolgt die Zinsfestsetzung nach § 233a AO aber erst nach Festsetzung der Aussetzungszinsen, sind Nachzahlungszinsen insoweit nach § 227 AO zu erlassen, als sie für denselben Zeitraum wie die bereits erhobenen Aussetzungszinsen festgesetzt wurden.

Billigkeitsmaßnahmen

69. Allgemeines

69.1. Billigkeitsmaßnahmen hinsichtlich der Zinsen kommen in Betracht, wenn solche auch hinsichtlich der zugrunde liegenden Steuer zu treffen sind.

69.2. [1]Daneben sind auch zinsspezifische Billigkeitsmaßnahmen möglich (BFH-Urteil vom 24.7.1996, X R 23/94, BFH/NV 1997 S. 92). [2]Beim Erlass von Zinsen nach § 233a AO aus sachlichen Billigkeitsgründen i. S. d. §§ 163, 227 AO ist zu berücksichtigen, dass die Entstehung des Zinsanspruchs dem Grunde und der Höhe nach gemäß Wortsinn, Zusammenhang und Zweck des Gesetzes, den Liquiditätsvorteil des Steuerschuldners und den Liquiditätsnachteil des Steuergläubigers auszugleichen, eindeutig unabhängig von der konkreten Einzelfallsituation geregelt ist und, rein objektiv, ergebnisbezogen allein vom Eintritt bestimmter Ereignisse (Fristablauf i. S. d. § 233a Abs. 2 oder 2a AO, Unterschiedsbetrag i. S. d. § 233a Abs. 1 Satz 1 i. V. m. § 233a Abs. 3 oder 5 AO) abhängt.

[1]Nach dem Willen des Gesetzgebers soll die Verzinsung nach § 233a AO einen Ausgleich dafür schaffen, dass die Steuern bei den einzelnen Steuerpflichtigen „aus welchen Gründen auch immer" zu unterschiedlichen Zeitpunkten festgesetzt und fällig werden (BFH-Urteile vom 20.9.1995, X R 86/94, BStBl. 1996 II S. 53, vom 5.6.1996, X R 234/93, BStBl. II S. 503, und vom 12.4.2000, XI R 21/97, BFH/NV S. 1178). [2]Für die Anwendung der Vorschrift sind daher die Ursachen und Begleitumstände im Einzelfall unbeachtlich. [3]Die reine Möglichkeit der Kapitalnutzung (vgl. BFH-Urteil vom 25.11.1997, IX R 28/96, BStBl. 1998 II S. 550) bzw. die bloße Verfügbarkeit eines bestimmten Kapitalbetrages (BFH-Urteil vom 12.4.2000, XI R 21/97, BFH/NV S. 1178) reicht aus. [4]Rechtfertigung für die Entstehung der Zinsen nach § 233a AO ist nicht nur ein abstrakter Zinsvorteil des Steuerschuldners, sondern auch ein ebensolcher Nachteil des Steuergläubigers (BFH-Urteil vom 19.3.1997, I R 7/96, BStBl. II S. 446). [5]Ein Verschulden ist prinzipiell irrelevant, und zwar auf beiden Seiten des Steuerschuldverhältnisses (vgl. BFH-Ent-

scheidungen vom 4.11.1996, I B 67/96, BFH/NV 1997 S. 458, vom 15.4.1999, V R 63/97, BFH/NV S. 1392, vom 3.5.2000, II B 124/99, BFH/NV S. 1441, und vom 30.11.2000, V B 169/00, BFH/NV 2001 S. 656).

[1]Zinsen nach § 233a AO sind weder Sanktions- noch Druckmittel oder Strafe, sondern laufzeitabhängige Gegenleistung für eine mögliche Kapitalnutzung. [2]Vor diesem gesetzlichen Hintergrund ist es unerheblich, ob der – typisierend vom Gesetz unterstellte – Zinsvorteil des Steuerpflichtigen auf einer verzögerten Einreichung der Steuererklärung durch den Steuerpflichtigen oder einer verzögerten Bearbeitung durch das Finanzamt beruht (vgl. z.B. BFH-Beschlüsse vom 3.5.2000, II B 124/99, BFH/NV S. 1441, und vom 2.2.2001, XI B 91/00, BFH/NV S. 1003). [3]Bei der Verzinsung nach § 233a AO kommt es auch nicht auf eine konkrete Berechnung der tatsächlich eingetretenen Zinsvor- und -nachteile an (BFH-Urteil vom 19.3.1997, I R 7/96, BStBl. II S. 446).

Die Erhebung von Zinsen auf einen Nachforderungsbetrag, der sich nach der Korrektur einer Steuerfestsetzung ergibt, entspricht (vom Anwendungsbereich des § 233a Abs. 2a und Abs. 7 AO abgesehen) den Wertungen des § 233a AO und ist nicht sachlich unbillig (siehe dazu § 233a Abs. 5 AO; vgl. BFH-Entscheidungen vom 12.4.2000, XI R 21/97, BFH/NV S. 1178, und vom 30.11.2000, V B 169/00, BFH/NV 2001 S. 656).

[1]Andererseits ist für einen Ausgleich in Form einer Verzinsung der Steuernachforderung dann kein Raum, wenn zweifelsfrei feststeht, dass der Steuerpflichtige durch die verspätete Steuerfestsetzung keinen Vorteil erlangt hatte (vgl. BFH-Urteile vom 11.7.1996, V R 18/95, BStBl. 1997 II S. 259, und vom 12.4.2000, XI R 21/97, BFH/NV S. 1178). [2]Festgesetzte Nachzahlungszinsen sind in diesem Fall wegen sachlicher Unbilligkeit zu erlassen (vgl. AEAO zu § 233a, Nr. 70).

69.3. Eine gegenüber der Regelung in § 233a AO höhere Festsetzung von Erstattungszinsen aus Billigkeitsgründen ist nicht zulässig.

70. Einzelfragen

70.1. Leistungen vor Festsetzung der zu verzinsenden Steuer

70.1.1. [1]Zinsen nach § 233a AO sind auch dann festzusetzen, wenn vor Festsetzung der Steuer freiwillige Leistungen erbracht werden. [2]Nachzahlungszinsen sind aber aus sachlichen Billigkeitsgründen zu erlassen, soweit der Steuerpflichtige auf die sich aus der Steuerfestsetzung ergebende Steuerzahlungsforderung bereits vor Wirksamkeit der Steuerfestsetzung freiwillige Leistungen erbracht und das Finanzamt diese Leistungen angenommen und behalten hat.

70.1.2. [1]Nachzahlungszinsen sind daher nur für den Zeitraum bis zum Eingang der freiwilligen Leistung zu erheben. [2]Wurde die freiwillige Leistung erst nach Beginn des Zinslaufs erbracht oder war sie geringer als der zu verzinsende Unterschiedsbetrag, sind Nachzahlungszinsen aus Vereinfachungsgründen insoweit zu erlassen, wie die auf volle fünfzig Euro abgerundete freiwillige Leistung für jeweils volle Monate vor Wirksamkeit der Steuerfestsetzung erbracht worden ist (fiktive Erstattungszinsen; vgl. BFH-Urteil vom

7.11.2013, X R 22/11, BFH/NV 2014 S. 817, und BFH-Urteil vom 31.5.2017, I R 92/15, BStBl. 2019 II S. 14). [3]Ein Zinserlass scheidet dabei aus, wenn der zu erlassende Betrag weniger als zehn Euro beträgt (§ 239 Abs. 2 Satz 2 AO).

Beispiel 14 (Fortsetzung von Beispiel 1):

Der Steuerpflichtige hat am 26.4.2006 eine freiwillige Leistung i. H. v. 4025 € erbracht. Die zu erlassenden Nachzahlungszinsen berechnen sich wie folgt:

abgerundete freiwillige Leistung:	4000 €
Beginn des fiktiven Zinslaufs:	26.4.2006
Ende des fiktiven Zinslaufs (= Wirksamkeit der Steuerfestsetzung):	11.12.2006
Zu erlassende Nachzahlungszinsen:	
4000 € × 7 volle Monate × 0,5 % =	**140 €**

[1]Sofern sich bei der Abrechnung der Steuerfestsetzung unter Berücksichtigung der freiwilligen Leistungen eine Rückzahlung ergibt, sind hierfür keine Erstattungszinsen festzusetzen. [2]Leistungen, die den Unterschiedsbetrag übersteigen, sind bei dem Erlass von Nachzahlungszinsen nicht zu berücksichtigen.

Beispiel 15 (Fortsetzung von Beispiel 1):

Der zu verzinsende Unterschiedsbetrag beträgt 7000 €. Der Steuerpflichtige hat am 26.4.2006 eine Zahlung i. H. v. 8025 € geleistet. Die zu erlassenden Nachzahlungszinsen berechnen sich wie folgt:

– auf die sich aus der Steuerfestsetzung ergebende Steuerzahlungsforderung erbrachte – (abgerundete) freiwillige Leistung:	7000 €
Beginn des fiktiven Zinslaufs:	26.4.2006
Ende des fiktiven Zinslaufs (= Wirksamkeit der Steuerfestsetzung):	11.12.2006
Zu erlassende Nachzahlungszinsen:	
7000 € × 7 volle Monate × 0,5 % =	**245 €**

70.1.3. [1]Wenn das Finanzamt dem Steuerpflichtigen fälschlicherweise Vorauszahlungen zurückgezahlt hat, sind Nachzahlungszinsen nur zu erlassen, soweit der Steuerpflichtige nicht nur das Finanzamt auf diesen Fehler aufmerksam gemacht, sondern auch die materiell ungerechtfertigte Steuererstattung unverzüglich an das Finanzamt zurück überwiesen hat. [2]Die Grundsätze des BFH-Urteils vom 25.11.1997, IX R 28/96, BStBl. 1998 II S. 550 sind nicht über den entschiedenen Einzelfall hinaus anzuwenden.

70.2. Billigkeitsmaßnahmen bei der Verzinsung von Umsatzsteuer

70.2.1 Die Verzinsung nachträglich festgesetzter Umsatzsteuer beim leistenden Unternehmer ist nicht sachlich unbillig, wenn sich per Saldo ein Ausgleich der Steuerforderung mit den vom Leistungsempfänger abgezogenen Vorsteuerbeträgen ergibt (vgl. BFH-Urteile vom 20.1.1997, V R 28/95, BStBl. II S. 716, und vom 15.4.1999, V R 63/97, BFH/NV S. 1392).

70.2.2. [1]Eine Billigkeitsmaßnahme kommt daher auch dann nicht in Betracht, wenn Leistender und Leistungsempfänger einen umsatzsteuerlich relevanten Sachverhalt nicht bereits in den entsprechenden Voranmeldungen, sondern jeweils erst in den Jahresanmeldungen angeben, etwa wenn bei der steuerpflichtigen Übertragung eines Sozietätsanteils das Veräußerungsgeschäft sowohl vom Veräußerer als auch vom Erwerber erst in der Umsatzsteuer-Jahreserklärung und nicht bereits in der entsprechenden Umsatzsteuer-Voranmeldung erfasst wird. [2]Der Erwerber tritt bei einer solchen Fallgestaltung oftmals seinen Vorsteuererstattungsanspruch in voller Höhe an den Veräußerer ab. [3]Der Veräußerer hat seine Verpflichtung, den Umsatz aus der Teilbetriebsveräußerung im zutreffenden Voranmeldungszeitraum zu berücksichtigen, verletzt, weshalb die nachträgliche Erfassung in der Jahressteuerfestsetzung eine entsprechende Nachforderung und dementsprechend Nachforderungszinsen auslöst. [4]Die Verzinsung nachträglich festgesetzter Umsatzsteuer beim Leistenden ist auch deshalb nicht unbillig, weil die zu verzinsende Umsatzsteuer für steuerbare und steuerpflichtige Leistungen unabhängig davon entsteht, ob der leistende Unternehmer sie in einer Rechnung gesondert ausweist oder beim Finanzamt voranmeldet (vgl. BFH-Urteil vom 20.1.1997, V R 28/95, BStBl. II S. 716). [5]Unbeachtlich bleibt, dass auch der Erwerber bereits im Rahmen des Voranmeldungsverfahrens eine entsprechende Vorsteuervergütung hätte erlangen können. [6]Unabhängig von der Abtretung des Erstattungsanspruchs an den Veräußerer kann der Erwerber gleichwohl in den Genuss von Erstattungszinsen nach § 233a AO gelangen.

70.2.3. [1]Werden in einer Endrechnung oder der zugehörigen Zusammenstellung die vor der Leistung vereinnahmten Teilentgelte und die auf sie entfallenden Umsatzsteuerbeträge nicht abgesetzt oder angegeben, so hat der Unternehmer den gesamten in der Endrechnung ausgewiesenen Steuerbetrag an das Finanzamt abzuführen. [2]In diesen Fällen schuldet der Unternehmer den Teil der in der Endrechnung ausgewiesenen Steuer, der auf die vor Ausführung der Leistung vereinnahmten Teilentgelte entfällt, nach § 14c Abs. 1 UStG (vgl. Abschn. 14.8 Abs. 10 Satz 1 bis 3 UStAE).[1)] [3]Erteilt der Unternehmer dem Leistungsempfänger nachträglich eine berichtigte Endrechnung, die den Anforderungen des § 14 Abs. 5 Satz 2 UStG genügt, so kann er die von ihm geschuldete Steuer in dem Besteuerungszeitraum berichtigen, in dem sowohl die berichtigte Endrechnung erteilt als auch bei Bestehen eines Rückzahlungsanspruchs der zu hoch ausgewiesene Rechnungsbetrag an den Leistungsempfänger zurückgezahlt wurde (vgl. Abschn. 14.8 Abs. 10 Satz 5 und Abschn. 17.1 Abs. 10 UStAE).[1)] [4]Hat der Unternehmer die aufgrund der fehlerhaften Endrechnung nach § 14c Abs. 1 UStG geschuldete Steuer nicht in seiner Umsatzsteuer-Voranmeldung berücksichtigt, kann die Nachforderung dieser Steuer im Rahmen der Steuerfestsetzung für das Kalenderjahr zur Festsetzung von Nachzahlungszinsen gem. § 233a AO führen, wenn der Unternehmer die Endrechnung erst in einem auf das Kalenderjahr der ursprünglichen Rechnungserteilung folgenden Kalenderjahr berichtigt und den daraus ggf. resultierenden Rückzahlungsanspruch des Leistungsempfängers erfüllt hat. [5]Die Erhebung von Nachzahlungszinsen ist in derartigen Fällen nicht sachlich unbillig (BFH-Urteil vom 19.3.2009, V R 48/07, BStBl. 2010 II S. 92).

70.2.4. [1]Bei einer von den ursprünglichen Steuerfestsetzungen abweichenden zeitlichen Zuordnung eines Umsatzes durch das Finanzamt, die gleichzeitig zu einer Steuernachforderung und zu einer Steuererstattung führt, kann es sachlich unbillig sein, (in Wirklichkeit nicht vorhandene) Zinsvorteile abzuschöpfen (BFH-Urteil vom 11.7.1996, V R 18/95, BStBl. 1997 II S. 259). [2]Soweit zweifelsfrei feststeht, dass der Steuerpflichtige durch die verspätete Steuerfestsetzung

---

1) Nr. **500**.

keinen Vorteil oder Nachteil hatte, kann durch die Verzinsung nach § 233a AO der sich aus der verspäteten Steuerfestsetzung ergebenden Steuernachforderung oder Steuererstattung kein Vorteil oder Nachteil ausgeglichen werden.

70.2.5. [1]Im Fall einer vom Steuerpflichtigen fälschlicherweise angenommenen umsatzsteuerlichen Organschaft, bei der er als vermeintlicher Organträger Voranmeldungen abgegeben hat und die gesamte Umsatzsteuer von „Organträger" und „Organgesellschaft" an das Finanzamt gezahlt hat, kommen Billigkeitsmaßnahmen nur in besonders gelagerten Ausnahmefällen in Betracht. [2]Stellt das Finanzamt im Veranlagungsverfahren fest, dass keine umsatzsteuerliche Organschaft vorliegt und daher für die „Organgesellschaft" eine eigenständige Steuerfestsetzung durchzuführen ist, führt dies bei der „Organgesellschaft" – wegen unterbliebener Voranmeldungen und Vorauszahlungen – zur Nachzahlung der kompletten Umsatzsteuer für das entsprechende Jahr; bei dem „Organträger" i. d. R. aber zu einer Umsatzsteuererstattung. [3]Die „Organgesellschaft" muss daher Nachzahlungszinsen entrichten, während der „Organträger" Erstattungszinsen erhält. [4]Da die Verzinsung nach § 233a AO den Liquiditätsvorteil des Steuerschuldners und den Nachteil des Steuergläubigers der individuellen Steuerforderung ausgleichen soll, kann eine Billigkeitsmaßnahme in Betracht kommen, wenn und soweit dieser Schuldner keine Zinsvorteile hatte oder haben konnte.

70.2.6. [1]Wird umgekehrt festgestellt, dass entgegen der ursprünglichen Annahme eine umsatzsteuerliche Organschaft vorliegt, so sind die zunächst bei der Organgesellschaft versteuerten Umsätze nunmehr in vollem Umfang dem Organträger zuzurechnen. [2]Die USt-Festsetzung gegenüber der GmbH (Organgesellschaft) ist aufzuheben, so dass i. d. R. Erstattungszinsen festgesetzt werden. [3]Sämtliche Umsätze sind dem Organträger zuzurechnen, so dass diesem gegenüber i. d. R. Nachzahlungszinsen festgesetzt werden. [4]Entstehen auf Grund der Entscheidung, dass eine umsatzsteuerliche Organschaft vorliegt, insgesamt höhere Nachzahlungszinsen als Erstattungszinsen, können die übersteigenden Nachzahlungszinsen insoweit aus sachlichen Billigkeitsgründen erlassen werden, wenn und soweit der Schuldner keine Zinsvorteile hatte oder haben konnte.

70.3. Gewinnverlagerungen

[1]Die allgemeinen Regelungen des § 233a AO sind auch bei der Verzinsung solcher Steuernachforderungen und Steuererstattungen zu beachten, die in engem sachlichen Zusammenhang zueinander stehen (z. B. bei Gewinnverlagerungen im Rahmen einer Außenprüfung). [2]Führt eine Außenprüfung sowohl zu einer Steuernachforderung als auch zu einer Steuererstattung, so ist deshalb hinsichtlich der Verzinsung nach § 233a AO grundsätzlich auf die Steueransprüche der einzelnen Jahre abzustellen, ohne auf Wechselwirkungen mit den jeweiligen anderen Besteuerungszeiträumen einzugehen. [3]Ein Erlass von Nachzahlungszinsen aus sachlichen Billigkeitsgründen kommt bei nachträglicher Zuordnung von Einkünften zu einem anderen Veranlagungszeitraum nicht in Betracht (BFH-Urteil vom 16.11.2005, X R 3/04, BStBl. 2006 II S. 155). [4]Gewinnverlagerungen und Umsatzverlagerungen (vgl. AEAO zu § 233a, Nr. 70.2.4) sind bei der Verzinsung nach § 233a AO nicht vergleichbar (vgl. BFH-Urteil vom 11.7.1996, V R 18/95, BStBl. 1997 II S. 259).

[5]Das BFH-Urteil vom 15.10.1998, IV R 69/97, HFR 1999 S. 81, betrifft nur den Sonderfall der Verschiebung von Besteuerungsgrundlagen von einem zu verzinsenden Besteuerungszeitraum in einen noch nicht der Verzinsung nach § 233a AO unterliegenden Besteuerungszeitraum.

Rechtsbehelfe

71. [1]Gegen die Zinsfestsetzung ist der Einspruch gegeben. [2]Einwendungen gegen die zugrunde liegende Steuerfestsetzung oder Anrechnung von Steuerabzugsbeträgen und Körperschaftsteuer können jedoch nicht mit dem Einspruch gegen den Zinsbescheid geltend gemacht werden. [3]Wird die Steuerfestsetzung oder die Anrechnung von Steuerabzugsbeträgen und Körperschaftsteuer geändert, sind etwaige Folgerungen für die Zinsfestsetzung nach § 233a Abs. 5 zu ziehen.

72. Gegen die Entscheidung über eine Billigkeitsmaßnahme ist ein gesonderter Einspruch gegeben, und zwar auch dann, wenn die Finanzbehörde die Billigkeitsentscheidung im Rahmen der Zinsfestsetzung getroffen hat (vgl. AEAO zu § 347, Nr. 4).

73. [1]Wird der Zinsbescheid als solcher angefochten, kommt unter den Voraussetzungen des § 361 AO bzw. des § 69 FGO die Aussetzung der Vollziehung in Betracht. [2]Wird mit dem Rechtsbehelf eine erstmalige oder eine höhere Festsetzung von Erstattungszinsen begehrt, ist mangels eines vollziehbaren Verwaltungsakts eine Aussetzung der Vollziehung nicht möglich. [3]Soweit die Vollziehung des zugrunde liegenden Steuerbescheids ausgesetzt wird, ist auch die Vollziehung des Zinsbescheids auszusetzen.

Berücksichtigung rückwirkender Ereignisse in Grundlagenbescheiden

74. [1]§ 233a Abs. 2a AO ist auch dann anzuwenden, wenn das rückwirkende Ereignis in einem für den Steuerbescheid verbindlichen Grundlagenbescheid berücksichtigt wurde. [2]Im Grundlagenbescheid sind deshalb auch entsprechende Feststellungen über die Auswirkungen eines erstmals berücksichtigten rückwirkenden Ereignisses auf die festgestellten Besteuerungsgrundlagen und den Zeitpunkt des Eintritts des rückwirkenden Ereignisses zu treffen (vgl. § 239 Abs. 3 Nr. 1 AO). [3]Gleiches gilt, wenn ein bereits bei der vorangegangen Feststellung berücksichtigtes rückwirkendes Ereignis unmittelbar Änderungen erfährt und der Feststellungsbescheid deshalb geändert wird. [4]Wird ein Feststellungsbescheid dagegen aus anderen Gründen (z. B. zur Berücksichtigung neuer Tatsachen i. S. d. § 173 AO) geändert, sind auch dann keine Feststellungen zum früher bereits berücksichtigten rückwirkenden Ereignis zu treffen, wenn sich die steuerliche Auswirkung dieses rückwirkenden Ereignisses aufgrund der erstmaligen oder abweichenden Berücksichtigung normal zu verzinsender Besteuerungsgrundlagen rechnerisch verändert.

Dies gilt im Verhältnis zwischen Gewerbesteuermessbescheid und Gewerbesteuerbescheid sowie in den Fällen des § 35b GewStG entsprechend.

AEAO zu § 234 – Stundungszinsen:

1. [1]Stundungszinsen werden für die Dauer der gewährten Stundung erhoben. [2]Die Höhe der Zinsen ändert sich nicht, wenn der Steuerpflichtige vor oder nach dem Zahlungstermin zahlt, der in der Stundungsverfügung festgelegt ist (Sollverzinsung).

[1]Eine vorzeitige Tilgung führt nicht automatisch zu einer Ermäßigung der Stundungszinsen. [2]Soweit der gestundete Anspruch allerdings mehr als einen Monat vor Fälligkeit getilgt wird, kann auf bereits festgesetzte Stundungszinsen für den Zeitraum ab Eingang der Leistung auf Antrag verzichtet werden (§ 234 Abs. 2 AO). [3]Eine verspätete Zahlung löst zusätzlich Säumniszuschläge aus.

2. [1]Wird die gestundete Steuerforderung vor Ablauf des Stundungszeitraums herabgesetzt, ist der Zinsbescheid nach § 175 Abs. 1 Satz 1 Nr. 2 AO entsprechend zu ändern. [2]Eine Aufhebung, Änderung oder Berichtigung der Steuerfestsetzung nach Ablauf der Stundung hat keine Auswirkungen auf die Stundungszinsen (§ 234 Abs. 1 Satz 2 AO). [3]Werden Vorauszahlungen gestundet, sind Stundungszinsen nur im Hinblick auf eine Änderung der Vorauszahlungsfestsetzung, nicht aber im Hinblick auf die Festsetzung der Jahressteuer herabzusetzen.

3. [1]Die Stundungszinsen werden regelmäßig zusammen mit der Stundungsverfügung durch Zinsbescheid festgesetzt. [2]Die Formvorschriften für Steuerbescheide (§ 157 Abs. 1, ggf. § 87a Abs. 4 AO) gelten entsprechend.

[1]Sofern nicht besondere Umstände des Einzelfalls eine andere Regelung erfordern, sind die Stundungszinsen zusammen mit der letzten Rate zu erheben. [2]Bei einer Aufhebung der Stundungsverfügung (Rücknahme oder Widerruf) sind auch die auf ihr beruhenden Zinsbescheide aufzuheben oder zu ändern; §§ 175 Abs. 1 Satz 1 Nr. 1, 171 Abs. 10 AO gelten gem. § 239 Abs. 1 Satz 1 AO entsprechend.

Beispiel:

Das Finanzamt hat am 10.3.2004 eine am 25.2.2004 fällige Einkommensteuerforderung von 3600 € ab Fälligkeit gestundet. Der Betrag ist in 12 gleichen Monatsraten von 300 €, beginnend am 1.4.2004 zu zahlen. Die Zinsen von 117 € sind zusammen mit der letzten Rate am 1.3.2005 zu erheben.

Das Finanzamt erfährt im August 2004, dass eine wesentliche Verbesserung der Vermögensverhältnisse des Schuldners eingetreten ist. Es widerruft deshalb die Stundung nach § 131 Abs. 2 Nr. 3 AO und stellt den gesamten Restbetrag von 2100 € zum 1.9.2004 fällig.

Der Zinsbescheid ist nach § 175 Abs. 1 Satz 1 Nr. 1 AO zu ändern. Die Zinsen i. H. v. insgesamt 85 € (gerundet nach § 239 Abs. 2 Satz 1 AO) sind zum 1.9.2004 zu erheben.

4. [1]Der Zinslauf beginnt bei den Stundungszinsen an dem ersten Tag, für den die Stundung wirksam wird (§ 238 Abs. 1 Satz 2 i. V. m. § 234 Abs. 1 Satz 1 AO). [2]Bei einer Stundung ab Fälligkeit beginnt der Zinslauf am Tag nach Ablauf der ggf. nach § 108 Abs. 3 AO verlängerten Zahlungsfrist.

Beispiele:

1. Fälligkeitstag ist der 12.3.2004 (Freitag). Der Zinslauf beginnt am 13.3.2004 (Sonnabend).
2. Fälligkeitstag ist der 13.3.2004 (Sonnabend). Die Zahlungsfrist endet nach § 108 Abs. 3 AO erst am 15.3.2004 (Montag). Der Zinslauf beginnt am 16.3.2004 (Dienstag).

Wegen der Fälligkeit der Anmeldungssteuern vgl. AEAO zu § 240, Nr. 1 Satz 2.

5. [1]Der Zinslauf endet mit Ablauf des letzten Tages, für den die Stundung ausgesprochen worden ist. [2]Ist dieser Tag ein Sonnabend, ein Sonntag oder ein gesetzlicher Feiertag, endet der Zinslauf erst am nächstfolgenden Werktag. Wegen der Berechnung vgl. AEAO zu § 238, Nr. 1.

Beispiele:

1. Die Steuer ist bis zum 26.3.2004 (Freitag) gestundet. Der Zinslauf endet am 26.3.2004.
2. Die Steuer ist bis zum 27.3.2004 (Sonnabend) gestundet. Der Zinslauf endet nach § 108 Abs. 3 AO am 29.3.2004 (Montag).

In Insolvenzverfahren endet der Zinslauf spätestens mit Eröffnung des Insolvenzverfahrens, da zu diesem Zeitpunkt die gestundete Steuerforderung fällig wird (§ 41 Abs. 1 InsO). Eine bereits erfolgte Festsetzung von Stundungszinsen ist ggf. zu korrigieren.

6. Stundungszinsen sind nur für volle Monate zu zahlen; angefangene Monate bleiben außer Ansatz (§ 238 Abs. 1 Satz 2 AO); vgl. AEAO zu § 238, Nr. 1.

Beispiele:

Ende der ursprünglichen Zahlungsfrist	Beginn des Zinslaufs	Ablauf der Stundung nach Stundungsverfügung	Ende des Zinslaufs	Voller Monat
13.5.2004 (Do)	14.5.2004 (Fr)	13.6.2004 (So)	14.6.2004 (Mo)	ja
13.5.2004 (Do)	14.5.2004 (Fr)	11.6.2004 (Fr)	11.6.2004 (Fr)	nein
31.1.2005 (Mo)	1.2.2005 (Di)	28.2.2005 (Mo)	28.2.2005 (Mo)	ja

7. [1] Zu verzinsen ist der jeweils gestundete Anspruch aus dem Steuerschuldverhältnis (§ 37 AO) mit Ausnahme der Ansprüche auf steuerliche Nebenleistungen (§ 233 Satz 2 AO). [2] Die Zinsen sind für jeden Anspruch (Einzelforderung) besonders zu berechnen. [3] Bei der Zinsberechnung sind die Ansprüche zu trennen, wenn Steuerart, Zeitraum (Teilzeitraum) oder der Tag des Beginns des Zinslaufs voneinander abweichen.

Beispiele für gesondert zu verzinsende Ansprüche:

1. Einkommensteuervorauszahlungen I/04 und II/04;
2. die erstmalige Festsetzung der Einkommensteuer 2004 durch Bescheid vom 3.5.2006 führt zu einer Abschlusszahlung i. H. v. 4290 €; nach Berichtigung einer offenbaren Unrichtigkeit (§ 129 AO) durch Steuerbescheid vom 1.6.2006 fordert das Finanzamt weitere 850 €.

8. [1] Die Kleinbetragsregelung des § 239 Abs. 2 Satz 2 AO (Zinsen unter zehn Euro werden nicht festgesetzt) ist auf die für eine Einzelforderung berechneten Zinsen anzuwenden.

Beispiel:

Es werden ab Fälligkeit jeweils für einen Monat folgende Einzelforderungen gestundet:		Zinsen:	Abgerundet (§ 239 Abs. 2 Satz 1 AO)
Einkommensteuervorauszahlung	1950,00 €	9,75 €	9,00 €
Solidaritätszuschlag	200,00 €	1,00 €	1,00 €
Umsatzsteuerabschlusszahlung	600,00 €	3,00 €	3,00 €

Zinsen werden nicht festgesetzt, da sie für keine der Einzelforderungen zehn Euro erreichen.

9. Bei Gewährung von Ratenzahlungen sind Stundungszinsen nach § 238 Abs. 2 AO wie folgt zu berechnen:

[1] Der zu verzinsende Betrag jeder Steuerart ist auf den nächsten durch fünfzig Euro zu teilenden Betrag abzurunden. [2] Ein sich durch die Abrundung ergebender Spitzenbetrag (Abrundungsrest) ist für Zwecke der Zinsberechnung bei der letzten Rate abzuziehen. [3] Bei höheren Beträgen soll die Stun-

dung i. d. R. so ausgesprochen werden, dass die Raten mit Ausnahme der letzten Rate auf durch fünfzig Euro ohne Rest teilbare Beträge festgesetzt werden.

Beispiel:

1. Variante:

Ein Anspruch i. H. v. 4215 € wird in drei Monatsraten zu 1400 €, 1400 € und 1415 € gestundet.

Raten:		Zinsen:
1. Rate	1400 €	7,00 €
2. Rate	1400 €	14,00 €
3. Rate	1415 €[1)]	21,00 €
festzusetzende Zinsen		42,00 €

1) Die Zinsberechnung erfolgt von 1.415 € ./. 15 € = 1400 €.

2. Variante:

Ein Anspruch i. H. v. 4.215 € wird in drei gleichen Monatsraten zu jeweils 1.405 € gestundet.

Raten:		Zinsen:
1. Rate	1405 €	7,02 €
2. Rate	1405 €	14,05 €
3. Rate	1405 €[1)]	20,85 €
Summe		41,92 €
festzusetzende Zinsen (abgerundet nach § 239 Abs. 2 S. 1 AO)		41,00 €

1) Die Zinsberechnung erfolgt von 1405 € ./. 15 € = 1390 €.

10. [1]Sollen mehrere Ansprüche in Raten gestundet werden, so ist bei der Festlegung der Raten möglichst zunächst die Tilgung der Ansprüche anzuordnen, für die keine Stundungszinsen erhoben werden. [2]Sodann sind die Forderungen in der Reihenfolge ihrer Fälligkeit zu ordnen; bei gleichzeitig fällig gewordenen Forderungen soll die niedrigere Forderung zuerst getilgt werden. [3]Dies gilt nicht, wenn die Sicherung der Ansprüche eine andere Tilgungsreihenfolge erfordert.

Beispiel:

Das Finanzamt stundet die Einkommensteuervorauszahlung IV/04 i. H. v. 850 € (erstmals fällig am 10.12.2004), die Einkommensteuervorauszahlung I/05 i. H. v. 300 € (erstmals fällig am 10.3.2005), die Einkommensteuer-Abschlusszahlung für 2003 i. H. v. 11 150 € (erstmals fällig 20.5.2005), die Umsatzsteuer-Abschlusszahlung für 2003 i. H. v. 7800 € (erstmals fällig am 20.5.2005) sowie Verspätungszuschläge i. H. v. 650 € (erstmals fällig am 10.6.2005) in insgesamt drei Raten.

Gestundeter Anspruch	erstmals fällig am	Betrag in €	1. Rate in € (14.7. 2005)	Rest in €	2. Rate in € (14.8. 2005)	Rest in €	3. Rate in € (14.9. 2005)	Rest in €
ESt IV/04	10.12.2004	850	850	0	–	–	–	–
ESt I/05	10.3.2005	300	300	0	–	–	–	–
ESt 2003	18.5.2005	11 150	0	11 150	0	11 150	11 150	0
USt 2003	18.5.2005	7 800	800	7 000	3 000	4 000	4 000	0
Verspätungs-zuschlag	10.6.2005	650	650	0	–	–	–	–
Summen		20 750	2 600	18 150	3 000	15 150	15 150	0

Zinsberechnung:

gestundeter Anspruch	Fällig am	Zahlungstermin	Betrag in €	Zinsmonate	%	Zinsen in €	Festzusetzende Zinsen in €
ESt IV/04	10.2.2004	147.2005	850	7	3,5	29,75	29,00[1]
ESt I/05	10.3.2005	14.7.2005	300	4	2,0	6,00	0,00[2]
ESt 2003	18.5.2005	14.9.2005	11 150	3	1,5	167,25	167,00[1]
USt 2003	18.5.2005	14.7.2005	850	1	0,5	4,00	}
USt 2003	18.5.2005	14.8.2005	3 000	2	1,0	30,00	} 94,00
USt 2003	18.5.2005	14.9.2005	4 000	3	1,5	60,00	}
Verspätungszuschlag	10.6.2005	14.7.2005	650	–	–	–	–[3]

[1] = 29,75 € werden auf 29,00 € und 167,25 € werden auf 167 € zugunsten des Steuerpflichtigen gerundet (§ 239 Abs. 2 Satz 1 AO).
[2] = Kleinbetrag unter 10 € (§ 239 Abs. 2 Satz 2 AO).
[3] = Ansprüche auf steuerliche Nebenleistungen werden nicht verzinst (§ 233 Satz 2 AO).

11. [1]Auf die Erhebung von Stundungszinsen kann gemäß § 234 Abs. 2 AO im Einzelfall aus Billigkeitsgründen verzichtet werden. [2]Ein solcher Verzicht kann z. B. in Betracht kommen bei Katastrophenfällen, bei länger dauernder Arbeitslosigkeit des Steuerschuldners, bei Liquiditätsschwierigkeiten allein infolge nachweislicher Forderungsausfälle im Konkurs-/Insolvenzverfahren und in ähnlichen Fällen, im Rahmen einer Sanierung, sofern allgemein ein Zinsmoratorium gewährt wird, sowie im Hinblick auf belegbare, demnächst fällig werdende Ansprüche des Steuerschuldners aus einem Steuerschuldverhältnis, soweit hierfür innerhalb des Stundungszeitraums keine Erstattungszinsen gem. § 233a AO anfallen. [3]Auch wird eine Stundung i. d. R. dann zinslos bewilligt werden können, wenn sie einem Steuerpflichtigen gewährt wird, der bisher seinen steuerlichen Pflichten, insbesondere seinen Zahlungspflichten, pünktlich nachgekommen ist und der in der Vergangenheit nicht wiederholt Stundungen in Anspruch genommen hat; in diesen Fällen kommt ein Verzicht auf Stundungszinsen i. d. R. nur in Betracht, wenn für einen Zeitraum von nicht mehr als drei Monaten gestundet wird und der insgesamt zu stundende Betrag 5000 € nicht übersteigt. [4]Zum Rechtsbehelfsverfahren gegen die Entscheidung über eine Billigkeitsmaßnahme vgl. AEAO zu § 347, Nr. 4.

12. [1]Wird ein Anspruch auf Rückforderung von Arbeitnehmer-Sparzulage, Eigenheimzulage, Investitionszulage, Mobilitätsprämie oder Wohnungsbauprämie gestundet, so sind – da die Vorschriften über die Steuervergütung entsprechend gelten – Stundungszinsen zu erheben (§ 234 i. V. m. § 37 Abs. 1 AO). [2]Dies gilt auch für gestundete Einkommen- oder Körperschaftsteueransprüche, die auf einem Rückforderungsanspruch von Forschungszulage aus einer nach § 10 Abs. 3 FZulG[1] geänderten Anrechnung beruhen.

[1] ForschungszulagenG v. 14.12.2019, BGBl. I 2019, 2763, zuletzt geänd. durch G v. 16.7.2021, BGBl. I 2021, 2931.

AEAO zu § 235 – Verzinsung von hinterzogenen Steuern:

Inhaltsübersicht

1. Zweck und Voraussetzungen der Verzinsung
2. Gegenstand der Verzinsung
3. Zinsschuldner
4. Zinslauf
4.1 Beginn des Zinslaufs
4.2 Ende des Zinslaufs
5. Höhe der Hinterziehungszinsen
5.1 Berechnung der Hinterziehungszinsen im Allgemeinen
5.2 Berechnung der Hinterziehungszinsen auf Vorauszahlungen
5.3 Beispiele zur Berechnung der Hinterziehungszinsen
6. Verfahren
7. Verjährung

1. Zweck und Voraussetzungen der Verzinsung

1.1. Hinterzogene Steuern sind nach § 235 AO zu verzinsen, um dem Nutznießer einer Steuerhinterziehung den steuerlichen Vorteil der verspäteten Zahlung oder der Gewährung oder Belassung von Steuervorteilen zu nehmen (BFH-Urteile vom 19.4.1989, X R 3/86, BStBl. II S. 596, und vom 27.9.1991, VI R 159/89, BStBl. 1992 II S. 163).

1.2. [1]Die Zinspflicht tritt nur ein, wenn der objektive und subjektive Tatbestand des § 370 Abs. 1 AO erfüllt und die Tat i. S. d. § 370 Abs. 4 AO vollendet ist. [2]Der Versuch einer Steuerhinterziehung (§ 370 Abs. 2 AO i. V. m. § 23 StGB) reicht zur Begründung einer Zinspflicht ebenso wenig aus wie die leichtfertige Steuerverkürzung (§ 378 AO) oder die übrigen Steuerordnungswidrigkeiten (§§ 379 ff. AO).

Von einer Steuerhinterziehung bei Vorauszahlungen ist z. B. dann auszugehen, wenn einer der folgenden Sachverhalte vorliegt:

- Der Steuerpflichtige hat einen Antrag auf Festsetzung oder Herabsetzung der Vorauszahlungen vorsätzlich mit unrichtigen oder unvollständigen Angaben gestellt und es ist hierdurch zu einer zu niedrigen Festsetzung von Vorauszahlungen gekommen.
- [1]Der Steuerpflichtige musste aufgrund der Abgabe einer vorsätzlich unrichtigen oder unvollständigen Steuererklärung damit rechnen, dass Vorauszahlungen zu niedrig festgesetzt werden, und es ist hierdurch zu einer zu niedrigen Festsetzung von Vorauszahlungen gekommen. [2]Der Steuerpflichtige musste insbesondere dann damit rechnen, dass Steuervorauszahlungen zu niedrig festgesetzt werden, wenn er bereits in der Vergangenheit Steuervorauszahlungen zu leisten hatte.

1.3. [1]Die Festsetzung von Hinterziehungszinsen setzt keine strafrechtliche Verurteilung wegen Steuerhinterziehung voraus (BFH-Urteil vom 27.8.1991, VIII R 84/89, BStBl. 1992 II S. 9). [2]Die Zinspflicht ist unabhängig von einem Steuerstrafverfahren im Rahmen des Besteuerungsverfahrens zu prüfen.

Hinterziehungszinsen sind demnach auch festzusetzen, wenn

- wirksam Selbstanzeige nach § 371 AO erstattet worden ist (z. B. durch Nachmeldung hinterzogener Umsatzsteuer in der Umsatzsteuer-Jahreserklärung),
- der Strafverfolgung Verfahrenshindernisse entgegenstehen (z. B. Tod des Täters oder Strafverfolgungsverjährung),
- das Strafverfahren wegen Geringfügigkeit eingestellt worden ist (z. B. nach § 153 StPO; § 398 AO) oder

– in anderen Fällen die Strafverfolgung beschränkt oder von der Strafverfolgung abgesehen wird (z. B. nach §§ 153a, 154, 154a StPO).

[1]Die für den Erlass des Zinsbescheids zuständige Stelle der Finanzbehörde hat im Benehmen mit der für Straf- und Bußgeldsachen zuständigen Stelle zu prüfen, ob der objektive und subjektive Tatbestand des § 370 AO gegeben ist. [2]An Entscheidungen im strafgerichtlichen Verfahren ist die Finanzbehörde nicht gebunden (BFH-Urteil vom 10.10.1972, VII R 117/69, BStBl. 1973 II S. 68). [3]Im Allgemeinen kann sich das Finanzamt die tatsächlichen Feststellungen, Beweiswürdigungen und rechtlichen Beurteilungen des Strafverfahrens zu Eigen machen, wenn und soweit es zu der Überzeugung gelangt ist, dass diese zutreffend sind, und keine substantiierten Einwendungen gegen die Feststellungen im Strafurteil erhoben werden (vgl. BFH-Urteil vom 13.7.1994, I R 112/93, BStBl. 1995 II S. 198).

1.4. [1]Der zeitliche und sachliche Umfang der Nachentrichtungspflicht von Zinsen nach § 371 Abs. 3 AO hat keine Auswirkung auf die Berechnung und Festsetzung von Hinterziehungszinsen nach § 235 AO. [2]Daher sind Hinterziehungszinsen auch dann festzusetzen, wenn die Zahlung der Hinterziehungszinsen für die Wirksamkeit einer Selbstanzeige bzw. den Ausgang des Strafverfahrens nach § 371 Abs. 3 Satz 2 AO unerheblich ist.

2. Gegenstand der Verzinsung

2.1. Hinterziehungszinsen sind festzusetzen für

– verkürzte Steuern; darunter fallen auch keine oder zu geringe Steuervorauszahlungen und der Solidaritätszuschlag. [2]Landesgesetzlich geregelte Steuern sind nur zu verzinsen, wenn dies im Gesetz angeordnet ist,

– ungerechtfertigt erlangte Steuervorteile (z. B. zu Unrecht erlangte Steuervergütungen),

– zu Unrecht erlangte Steuervergünstigungen (z. B. Steuerbefreiungen und Steuerermäßigungen),

– ungerechtfertigt erlangte Prämien und Zulagen, auf die § 370 Abs. 1 bis 4, § 371, § 375 Abs. 1 und § 376 AO entsprechend anzuwenden sind (z. B. Wohnungsbauprämien, Arbeitnehmer-Sparzulagen, Mobilitätsprämien und Zulagen nach § 83 EStG).

Hinterziehungszinsen sind nicht festzusetzen bei erschlichener Investitionszulage und Eigenheimzulage, weil insoweit ein Subventionsbetrug und keine Steuerhinterziehung vorliegt.

2.2. Hinterziehungszinsen sind für jede Steuerart und jeden Besteuerungszeitraum (Veranlagungszeitraum, Voranmeldungszeitraum, Vorauszahlungszeitraum) oder Besteuerungszeitpunkt gesondert zu berechnen und festzusetzen.

[1]Einzelne, aufeinanderfolgende Steuerhinterziehungen sind nicht als eine Tat zu würdigen, sondern als selbständige Taten zu behandeln. [2]Das gilt auch, wenn das Finanzamt die Besteuerungsgrundlagen nach § 162 AO geschätzt hat.

2.3. [1]Wenn die Steuerhinterziehung zu keiner Nachforderung führt, erfolgt keine Zinsfestsetzung. [2]Soweit infolge Kompensation der mit der Steuerhinterziehung zusammenhängenden Besteuerungsgrundlagen mit anderen steuermindernden Besteuerungsgrundlagen (z.B. nach § 177 AO) kein Zahlungsanspruch entstanden ist, unterbleibt daher eine Zinsfestsetzung. [3]Das strafrechtliche Kompensationsverbot des § 370 Abs. 4 Satz 3 AO gilt nicht bei der Verzinsung nach § 235 AO. [4]Bemessungsgrundlage der Hinterziehungszinsen ist daher nicht die Steuer, die sich allein bei Einbeziehung der vorsätzlich verschwiegenen Besteuerungsgrundlagen in die ursprüngliche Steuerfestsetzung ergeben würde, sondern die tatsächliche Nachforderung, die sich aus dem Bescheid ergibt, in dem die bisher nicht oder unzutreffend erklärten Besteuerungsgrundlagen erstmals erfasst werden.

3. Zinsschuldner

3.1. [1]Nach § 235 Abs. 1 Satz 2 AO ist derjenige Zinsschuldner, zu dessen Vorteil die Steuern hinterzogen worden sind. [2]Durch die Vorschrift soll ausschließlich der steuerliche Vorteil des Steuerschuldners abgeschöpft werden. [3]Der steuerliche Vorteil liegt darin, dass die geschuldete Steuer erst verspätet gezahlt wird. [4]Allein der Steuerschuldner kann daher Zinsschuldner für hinterzogene Steuern i.S.d. § 235 Abs. 1 Sätze 1 und 2 AO sein, und zwar unabhängig davon, ob er an der Steuerhinterziehung beteiligt war (vgl. BFH-Urteile vom 27.6.1991, V R 9/86, BStBl. II S. 822, vom 18.7.1991, V R 72/87, BStBl. II S. 781, und vom 27.9.1991, VI R 159/89, BStBl. 1992 II S. 163).

[1]Sind Steuerschuldner Gesamtschuldner (§ 44 AO), ist jeder Gesamtschuldner auch Zinsschuldner. [2]Dies gilt auch dann, wenn bei zusammenveranlagten Ehegatten/Lebenspartnern der Tatbestand der Steuerhinterziehung nur in der Person eines der Ehegatten/Lebenspartner erfüllt ist. [3]Da in diesem Fall beide Ehegatten/Lebenspartner Schuldner der Hinterziehungszinsen sind, kann nach § 239 Abs. 1 Satz 1 i.V.m. § 155 Abs. 3 AO ein zusammengefasster Zinsbescheid an die Ehegatten/Lebenspartner ergehen (vgl. BFH-Urteil vom 13.10.1994, IV R 100/93, BStBl. 1995 II S. 484).

3.2. [1]§ 235 Abs. 1 Satz 3 AO regelt in Ergänzung des § 235 Abs. 1 Satz 2 AO nur die Fälle, in denen der Steuerschuldner nicht Zinsschuldner ist, weil die Steuern nicht zu seinem Vorteil hinterzogen worden sind. [2]In diesen Fällen ist der Entrichtungspflichtige Zinsschuldner. [3]Hinsichtlich hinterzogener Steuerabzugsbeträge ist daher nicht der Steuerschuldner, sondern der Entrichtungspflichtige Zinsschuldner, wenn dieser die Steuer zwar einbehalten, aber nicht an das Finanzamt abgeführt hat. [4]Dagegen ist der Steuerschuldner nach § 235 Abs. 1 Satz 2 AO Zinsschuldner, wenn der Entrichtungspflichtige die hinterzogene Abzugsteuer (zum Vorteil des Steuerschuldners) nicht einbehalten hat (BFH-Urteile vom 5.11.1993, VI R 16/93, BStBl. 1994 II S. 557, und vom 16.2.1996, I R 73/95, BStBl. II S. 592).

3.3. [1]Die in §§ 34, 35 AO bezeichneten Vertreter, Vermögensverwalter und Verfügungsberechtigten sind nicht Entrichtungspflichtige und nicht Schuldner der Hinterziehungszinsen (vgl. BFH-Urteile vom 18.7.1991, V R 72/87, BStBl. II S. 781, und vom 27.9.1991, VI R 159/89, BStBl. 1992 II S. 163). [2]Dieser Personenkreis kann aber sowohl für hinterzogene Steuern als auch für Hinterziehungszinsen haften (vgl. §§ 69 und 71 AO).

4. Zinslauf

4.1. Beginn des Zinslaufs

4.1.1. [1]Der Zinslauf beginnt mit dem Eintritt der Verkürzung oder der Erlangung des Steuervorteils (§ 235 Abs. 2 Satz 1 AO), d.h., sobald die Tat im strafrechtlichen Sinn vollendet ist. [2]Wären die hinterzogenen Beträge ohne die Steuerhinterziehung erst später fällig geworden, z.B. bei einer Abschlusszahlung, beginnt die Verzinsung erst mit Ablauf des Fälligkeitstags (§ 235 Abs. 2 Satz 2 AO).

4.1.2. [1]Bei **Fälligkeitssteuern** (z.B. Umsatzsteuer-Vorauszahlungen, Lohnsteuer) tritt die Verkürzung mit Ablauf des gesetzlichen Fälligkeitstags ein.

[2]Dauerfristverlängerungen sind zu berücksichtigen. [3]Dies gilt auch dann, wenn keine (Vor-)Anmeldung abgegeben wurde. [4]Bei Abgabe einer unrichtigen oder unvollständigen zustimmungsbedürftigen Steueranmeldung tritt die Verkürzung erst dann ein, wenn die Zustimmung nach § 168 Satz 2 AO dem Steuerpflichtigen bekannt geworden ist (z.B. Auszahlung oder Umbuchung des Guthabens oder Erklärung der Aufrechnung; vgl. AEAO zu § 168, Nr. 3). [5]Wäre die Steueranmeldung hingegen ohne die Steuerverkürzung nicht zustimmungsbedürftig gewesen, weil sich z.B. bei richtiger Anmeldung keine Erstattung ergeben hätte, bleibt für den Beginn des Zinslaufs der Ablauf des gesetzlichen Fälligkeitstags (ggf. unter Berücksichtigung einer Dauerfristverlängerung) maßgeblich.

Lässt sich nicht ohne weiteres feststellen, welchem Voranmeldungszeitraum hinterzogene Beträge zeitlich zuzuordnen sind, ist zugunsten des Zinsschuldners von einem Beginn des Zinslaufs mit Ablauf des letzten gesetzlichen Fälligkeitstags für das betroffene Jahr auszugehen (bei Unternehmen ohne Dauerfristverlängerung ist dies der 10.1. des jeweiligen Folgejahres, so dass der Zinslauf in diesem Fall am 11.1. beginnt).

4.1.3. Bei **Veranlagungssteuern** tritt die Verkürzung im Fall der Abgabe einer unrichtigen oder unvollständigen Steuererklärung mit dem Tag der Bekanntgabe des auf dieser Erklärung beruhenden Steuerbescheids (§§ 122, 124 AO) ein; der Beginn des Zinslaufs verschiebt sich jedoch dann auf den Ablauf des Fälligkeitstags, wenn sich bereits aufgrund dieser Erklärung eine Abschlusszahlung ergeben hatte oder wenn sich – im Falle einer festgesetzten Erstattung – ohne die Steuerhinterziehung eine Abschlusszahlung ergeben hätte (vgl. AEAO zu § 235, Nr. 4.1.1 Satz 2).

[1]Hat der Steuerpflichtige keine Steuererklärung abgegeben und ist aus diesem Grunde die Steuerfestsetzung unterblieben, so ist die Steuer zu dem Zeitpunkt verkürzt, zu dem die Veranlagungsarbeiten für das betreffende Kalenderjahr im Wesentlichen abgeschlossen waren. [2]Dieser Zeitpunkt ist zugleich Zinslaufbeginn.

[1]Hat das Finanzamt die Steuer aber zuvor wegen Nichtabgabe der Steuererklärung aufgrund geschätzter Besteuerungsgrundlagen (§ 162 AO) zu niedrig festgesetzt, tritt die Verkürzung bereits mit Bekanntgabe dieses Steuerbescheids ein. [2]In diesem Fall beginnt der Zinslauf i.d.R. mit Ablauf des Fälligkeitstags (vgl. AEAO zu § 235, Nr. 4.1.1 Satz 2).

Bei der Verzinsung von **Vorauszahlungen auf Veranlagungssteuern** beginnt der Zinslauf gesondert für jeden Vorauszahlungszeitraum mit Ablauf des jeweiligen Fälligkeitstags.

4.1.4. [1]Bei einer durch Unterlassen der Anzeige begangenen Hinterziehung von **Schenkungsteuer** beginnt der Lauf der Hinterziehungszinsen zu dem Zeitpunkt, zu dem das Finanzamt bei ordnungsgemäßer Anzeige und Abgabe der Steuererklärung die Steuer festgesetzt hätte. [2]Dieser Zeitpunkt kann unter Berücksichtigung der beim zuständigen Finanzamt durchschnittlich erforderlichen Zeit für die Bearbeitung eingegangener Schenkungsteuererklärungen bestimmt werden (BFH-Urteil vom 28.8.2019, II R 7/17, BStBl. 2020 II S. 247). [3]Diese Grundsätze gelten entsprechend auch für Fälle einer begangenen Hinterziehung von **Erbschaftsteuer.**

4.2. Ende des Zinslaufs

4.2.1. [1]Der Zinslauf endet mit der Zahlung der hinterzogenen Steuer (§ 235 Abs. 3 Satz 1 AO). [2]Erlischt der zu verzinsende Anspruch durch Aufrechnung, gilt der Tag, an dem die Schuld des Aufrechnenden fällig wird, als Tag der Zahlung (§ 238 Abs. 1 Satz 3 AO). [3]Bei der Festsetzung von Hinterziehungszinsen auf Vorauszahlungen (bei Veranlagungs- und Fälligkeitssteuern) endet der Zinslauf mit dem Zeitpunkt der Zahlung der hinterzogenen Steuer, spätestens aber mit dem Ablauf des Fälligkeitstags der Jahressteuer.

4.2.2. [1]Hinterziehungszinsen werden nicht für Zeiten festgesetzt, für die ein Säumniszuschlag entsteht, die Zahlung gestundet oder die Vollziehung ausgesetzt ist (§ 235 Abs. 3 Satz 2 AO), ohne dass es dabei auf die tatsächliche Erhebung von Säumniszuschlägen oder die Zahlung von Stundungs- und/oder Aussetzungszinsen ankommt. [2]Der Zinslauf endet daher spätestens mit Ablauf des Fälligkeitstags.

4.2.3. Wird der Steuerbescheid nach Ende des Zinslaufs aufgehoben, geändert oder nach § 129 AO berichtigt, so bleiben die bis dahin entstandenen Zinsen unberührt (§ 235 Abs. 3 Satz 3 AO).

5. Höhe der Hinterziehungszinsen

5.1. Berechnung der Hinterziehungszinsen im Allgemeinen

5.1.1. Die Hinterziehungszinsen betragen für jeden vollen Monat des Zinslaufs 0,5% (§ 238 Abs. 1 Satz 1 und 2 AO).

[1]Für die Berechnung der Zinsen wird der zu verzinsende Betrag auf den nächsten durch 50 € teilbaren Betrag abgerundet (§ 238 Abs. 2 AO). [2]Abzurunden ist jeweils der einzelne zu verzinsende Anspruch, d. h. jede einzelne hinterzogene Vorauszahlung/Voranmeldung und die Jahresabschlusszahlung jeweils für sich genommen (vgl. AEAO zu § 238, Nr. 2).

[1]Im Falle von Teilzahlungen eines zu verzinsenden Anspruchs wird nur der Gesamtbetrag gerundet. [2]Eine sich daraus ergebende Abrundungsspitze wird für Zwecke der Verzinsung bei der letzten Teilzahlung abgezogen.

Auch die Rundungsregelung und Kleinbetragsregelung hinsichtlich der Festsetzung der Zinsen gem. § 239 Abs. 2 AO sind für jeden einzelnen Zinsanspruch gesondert anzuwenden (vgl. AEAO zu § 239, Nr. 3).

5.1.2. [1]Zur Vermeidung einer Doppelverzinsung im Hinterziehungsfall sind Zinsen nach § 233a AO, die für denselben Zeitraum festgesetzt wurden, auf die festzusetzenden Hinterziehungszinsen anzurechnen (§ 235 Abs. 4 AO). [2]Im Falle der Hinterziehung von Forschungszulage sind Zinsen nach § 11 FZulG auf Hinterziehungszinsen nach § 235 AO hinsichtlich solcher Einkommen- oder Körperschaftsteueransprüche, die auf einem Rückforderungsanspruch von Forschungszulage aus einer nach § 10 Abs. 3 FZulG geänderten Anrechnung beruhen, anzurechnen, soweit sie für denselben Zeitraum auf den Rückzahlungsanspruch der Forschungszulage festgesetzt wurden.

5.2. Berechnung der Hinterziehungszinsen auf Vorauszahlungen

5.2.1. [1]Die Bemessungsgrundlage von Hinterziehungszinsen auf Vorauszahlungen entspricht grundsätzlich dem (Mehr-)Betrag, der ohne Steuerhinterziehung festgesetzt worden wäre. [2]Sie ist aber begrenzt auf die Abschlusszahlung aufgrund der Jahressteuerfestsetzung (vgl. AEAO zu § 235, Nr. 2.3). [3]Dieser Betrag ist gleichmäßig auf die hinterzogenen Vorauszahlungszeiträume des jeweiligen Kalenderjahrs zu verteilen.

5.2.2. [1]Auf Vorauszahlungen entfallen keine Zinsen gem. § 233a AO. [2]Wird die der Verzinsung nach § 233a AO unterliegende Jahressteuer erst nach Ablauf der Karenzzeit festgesetzt, überschneidet sich der Zinslauf der Hinterziehungszinsen auf Vorauszahlungen mit dem Zinslauf der Nachzahlungszinsen nach § 233a AO auf die Jahressteuer. [3]In diesen Fällen sind Zinsen gem. § 233a AO auf festzusetzende Hinterziehungszinsen auf Vorauszahlungen anzurechnen.

(Fortsetzung S. 325)

5.3. Beispiele zur Berechnung der Hinterziehungszinsen bei Veranlagungssteuern

Beispiel 1:

Der Steuerpflichtige machte in der Einkommensteuererklärung 2011 vorsätzlich unrichtige oder unvollständige Angaben. Er hatte bereits für die Vorjahre Vorauszahlungen zu leisten und konnte somit damit rechnen, dass durch die unzutreffende Steuererklärung auch die Vorauszahlungen für die Folgejahre zu niedrig festgesetzt werden. Der Einkommensteuerbescheid 2011 wie auch der Vorauszahlungsbescheid 2012 ergingen am 15.6.2012 erklärungsgemäß (Bekanntgabe nach § 122 Abs. 2 Nr. 1 AO am 18.6.2012, Fälligkeit am 18.7.2012). Bei einer zutreffenden Steuererklärung hätte sich für 2011 ein Einkommensteuer-Mehrbetrag in Höhe von 10 000 € zuzüglich 550 € Solidaritätszuschlag ergeben. Die Einkommensteuer-Vorauszahlungen für III/2012 und IV/2012 wurden um jeweils 5000 € zuzüglich 275 € Solidaritätszuschlag zu niedrig festgesetzt.
Die zutreffende Steuerklärung für die Einkommensteuer 2012 führte zu einer Festsetzung von 34 000 € Einkommensteuer zuzüglich 1870 € Solidaritätszuschlag (Bescheid vom 14.6.2013, Fälligkeit am 17.7.2013) und zur zukünftig korrekten Festsetzung von Vorauszahlungen. Es waren keine Steuerabzugsbeträge anzurechnen. Die Abschlusszahlung von 14 000 € Einkommensteuer zuzüglich 770 € Solidaritätszuschlag wurde bei Fälligkeit beglichen. Gleichzeitig erging der Änderungsbescheid für die Einkommensteuer 2011. Die hinterzogenen Steuern wurden am 17.7.2013 fällig und auch gezahlt. Der Einkommensteuerbescheid 2013 vom 20.6.2014 ergab keine Abschlusszahlung.

Lösung:

2011:

Für die Einkommensteuer 2011 beginnt der Zinslauf für die Hinterziehungszinsen am 19.7.2012 (Tag nach dem Fälligkeitstag) und endet am 17.7.2013 mit der Begleichung der Abschlusszahlung, so dass Zinsen für 11 volle Monate festzusetzen sind (§ 235 Abs. 2 und 3 AO).

Festzusetzende Hinterziehungszinsen:

Steuer	Bemessungsgrundlage	Zinsen
ESt	10 000 €	450 € (5,5 % von 10 000 € = 550 €, abzgl. 100 € nach § 235 Abs. 4 AO anzurechnende § 233a AO Zinsen)
SolZ	550 €	30 € (5,5 % von 550 € = 30,25 €, abgerundet gem. § 239 Abs. 2 Satz 1 AO auf 30 €)

2012:

Die Vorauszahlungen zur Einkommensteuer und zum Solidaritätszuschlag 2012 hatte der Steuerpflichtige erstmalig zum 10.9.2012 (erster Fälligkeitstermin des fehlerhaften Vorauszahlungsbescheids) hinterzogen. Der Zinslauf beginnt mit Ablauf des jeweiligen Fälligkeitstags der Vorauszahlungen, d. h. für das III. Quartal am 11.9.2012 und für das IV. Quartal am 11.12.2012, und endet mit der Fälligkeit der Abschlusszahlungen aufgrund des Jahressteuerbescheids 2012 am 17.7.2013.

Hinterziehungszinsen sind
- für die hinterzogene Einkommensteuer-Vorauszahlung und die hinterzogene Solidaritätszuschlagsvorauszahlung III/2012 vom 11.9.2012 bis 17.7.2013 (mithin für 10 Monate)
- für die hinterzogene Einkommensteuer-Vorauszahlung und die hinterzogene Solidaritätszuschlagsvorauszahlung IV/2012 vom 11.12.2012 bis 17.7.2013 (mithin für 7 Monate)

zu berechnen und festzusetzen.
Bemessungsgrundlage für die Zinsberechnung sind jeweils 5000 € (ESt) bzw. jeweils 275 € (SolZ), die gem. § 238 Abs. 2 AO auf 250 € abgerundet werden.

Festzusetzende Hinterziehungszinsen:

Steuer/ Vorauszahlung	Bemessungs- grundlage	Zinsen
ESt III/2012	5000 €	250 € (5 % von 5000 €)
SolZ III/2012	250 €	12 € (5 % von 250 € = 12,50 €, abgerundet gem. § 239 Abs. 2 Satz 1 AO auf 12 €)
ESt IV/2012	5000 €	175 € (3,5 % von 5000 €)
SolZ IV/2012	250 €	0 € (3,5 % von 250 € = 8,75 €, abgerundet gem. § 239 Abs. 2 Satz 1 AO auf 8 €; nach § 239 Abs. 2 Satz 2 AO erfolgt insoweit keine Zinsfestsetzung, vgl. AEAO zu § 239, Nr. 3)

2013:

Für die Einkommensteuer 2013 werden keine Hinterziehungszinsen auf die Vorauszahlungen festgesetzt, da der Einkommensteuerbescheid 2013 vom 20.6.2014 zu keiner Abschlusszahlung führte.

Beispiel 2:

Wie Beispiel 1, jedoch betrug die Abschlusszahlung zur Einkommensteuer für 2012 lediglich 4000 € und zum Solidaritätszuschlag 220 €.
Die zutreffende Steuerklärung für die Einkommensteuer 2012 führte zu einer Festsetzung von 24 000 € Einkommensteuer zuzüglich 1320 € Solidaritätszuschlag (Bescheid vom 14.6.2013). Es waren keine Steuerabzugsbeträge anzurechnen. Die Abschlusszahlung von 4000 € Einkommensteuer zuzüglich 220 € Solidaritätszuschlag wurde bei Fälligkeit am 17.7.2013 beglichen.

Lösung:

Für 2011 und 2013 ergeben sich keine Änderungen.

2012:

Wegen des Zinslaufs und der Anzahl der (vollen) Zinsmonate ergeben sich keine Änderungen.
Die Bemessungsgrundlage für die Zinsberechnung auf die Vorauszahlungen wird auf den Nachforderungsbetrag der Einkommensteuer 2012 (hier 4000 €) bzw. Solidaritätszuschlag (220 €) begrenzt. Diese Beträge sind gleichmäßig auf die hinterzogenen Vorauszahlungszeiträume zu verteilen. Daraus ergibt sich für das III. und IV. Quartal eine Bemessungsgrundlage von jeweils 2000 € (ESt) bzw. jeweils 110 € (SolZ), die gem. § 238 Abs. 2 AO auf 100 € abgerundet werden.

Festzusetzende Hinterziehungszinsen:

Steuer/ Vorauszahlung	Bemessungs- grundlage	Zinsen
ESt III/2012	2000 €	100 € (5 % von 2000 €)
SolZ III/2012	110 €	0 € (5 % von 100 € = 5 €; nach § 239 Abs. 2 Satz 2 AO erfolgt insoweit keine Zinsfestsetzung)
ESt IV/2012	2000 €	70 € (3,5 % von 2000 €)
SolZ IV/2012	110 €	0 € (3,5 % von 100 € = 3,50 €, abgerundet gem. § 239 Abs. 2 Satz 1 AO auf 3 €; nach § 239 Abs. 2 Satz 2 AO erfolgt insoweit keine Zinsfestsetzung)

5.4. Beispiele zur Berechnung der Hinterziehungszinsen bei Fälligkeitssteuern

Beispiel 1:

Der Steuerpflichtige machte in der nicht zustimmungsbedürftigen Umsatzsteuervoranmeldung für den Monat Juli 2017 (erklärter Umsatz zu 19% USt 50 000 €, kein Vorsteuerabzug) vorsätzlich unrichtige oder unvollständige Angaben. Im Rahmen der Umsatzsteuer-Jahreserklärung für das Jahr 2017 erfolgte am 18.5.2018 die entsprechende Nacherklärung der bisher nicht erklärten Umsätze in Höhe von 10 000 €. Die hierauf entfallende Umsatzsteuer wurde bei Fälligkeit der Umsatzsteuer 2017 am 18.6.2018 entrichtet.

Lösung:

Für die Umsatzsteuer-Vorauszahlung Juli 2017 beginnt der Zinslauf für die Hinterziehungszinsen am 11.8.2017 (Tag nach der gesetzlichen Fälligkeit, da keine Zustimmung erforderlich war) und endet am 18.6.2018 (Tag der Zahlung = Tag der Fälligkeit aufgrund der Umsatzsteuer-Jahreserklärung für das Jahr 2017), so dass Zinsen für 10 volle Monate festzusetzen sind (§ 235 Abs. 2 und 3 AO; AEAO zu § 235, Nr. 4.1.2 und 4.2.1).

Festzusetzende Hinterziehungszinsen:

Steuer	Umsatz	USt	Zinsen
USt 7/2017	10 000 €	1900 €	95 € (5% von 1900 € = 95 €)

Beispiel 2:

Abwandlung des Beispiels 1: Der Steuerpflichtige machte in der nicht zustimmungsbedürftigen Umsatzsteuervoranmeldung für den Monat Juli 2017 (erklärter Umsatz zu 19% USt 50 000 €, kein Vorsteuerabzug) vorsätzlich unrichtige oder unvollständige Angaben. Der Steuerpflichtige hat keine Nacherklärung im Rahmen der Umsatzsteuererklärung für 2017 vorgenommen. Die Umsatzsteuer-Jahreserklärung für das Jahr 2017 wurde am 18.5.2018 abgegeben, ohne dass sich eine Veränderung zu den Voranmeldungen ergab. Die Steuerhinterziehung wurde erst im Rahmen eines steuerstrafrechtlichen Ermittlungsverfahrens entdeckt. Es erging daraufhin am 22.7.2019 ein geänderter Umsatzsteuerbescheid für 2017 mit Fälligkeit 26.8.2019.[1] Die Umsatzsteuernachzahlung wurde bei Fälligkeit entrichtet.

Lösung:

Für die Umsatzsteuer-Vorauszahlung Juli 2017 beginnt der Zinslauf für die Hinterziehungszinsen am 11.8.2017 (Tag nach der gesetzlichen Fälligkeit, da keine Zustimmung erforderlich war) und endet am 18.6.2018 (Tag der fiktiven Fälligkeit der Umsatzsteuer 2017), so dass Zinsen für 10 volle Monate festzusetzen sind (§ 235 Abs. 2 und 3 AO; AEAO zu § 235, Nr. 4.1.2 und 4.2.1).
Für die Umsatzsteuer-Jahreszahlung 2017 beginnt der Zinslauf für die Hinterziehungszinsen am 19.6.2018 (Tag nach der fiktiven Fälligkeit der Umsatzsteuer 2017; vgl. § 235 Abs. 2 Satz 2 AO) und endet am 26.8.2019 (Tag der Zahlung = Tag der Fälligkeit der Umsatzsteuer 2017 des geänderten Umsatzsteuerbescheids für 2017 vom 22.7.2019), so dass Zinsen für 14 volle Monate festzusetzen sind (§ 235 Abs. 2 und 3 AO). Hierauf sind Zinsen nach § 233a anzurechnen, soweit sich die Zinszeiträume vom 1.4.2019 bis 25.7.2019, somit für 3 volle Monate, überschneiden (§ 235 Abs. 4 AO).

Steuer	Umsatz	USt	Zinsen
USt 7/2017	10 000 €	1900 €	95 € (5% von 1900 € = 95 €)

1) **[Amtl. Anm.:]** Verschiebung der Fälligkeit gem. § 108 Abs. 3 AO auf den nächstfolgenden Werktag.

Steuer	Umsatz	USt	Zinsen
USt 2017	10 000 €	1900 €	105 € (7 % von 1900 € = 133 € abzügl. 28 €[1] nach § 235 Abs. 4 AO anzurechnende § 233a AO-Zinsen)

Beispiel 3:

Der Steuerpflichtige machte in der zustimmungsbedürftigen Umsatzsteuervoranmeldung für den Monat Juli 2017 (erklärter Umsatz zu 19 % 50 000 € und Vorsteuerabzug i. H. v. 25 000 €) vorsätzlich unrichtige oder unvollständige Angaben. Die Zustimmung zur Umsatzsteuervoranmeldung ist dem Steuerpflichtigen am 15.8.2017 bekannt gegeben worden. Im Rahmen der Umsatzsteuer-Jahreserklärung für das Jahr 2017 erfolgte am 11.5.2018 die entsprechende Nacherklärung der bislang nicht erklärten Umsätze in Höhe von 30 000 €. Die hierauf entfallende Umsatzsteuer wurde bei Fälligkeit der Umsatzsteuer 2017 am 11.6.2018 entrichtet.

Lösung:

Für die Umsatzsteuer-Vorauszahlung Juli 2017 beginnt der Zinslauf für die Hinterziehungszinsen am 15.8.2017 (Bekanntgabe der Zustimmung zur Umsatzsteuervoranmeldung, da Erstattungsfall) und endet am 11.6.2018 (Tag der Zahlung = Tag der Fälligkeit der Nachzahlung aufgrund der Umsatzsteuer-Jahreserklärung für das Jahr 2017), so dass Zinsen für 9 volle Monate festzusetzen sind (§ 235 Abs. 2 und 3 AO; AEAO zu § 235, Nr. 4.1.2 und 4.2.1).

Steuer	Umsatz	USt	Zinsen
USt 7/2017	30 000 €	5700 €	256 € (4,5 % von 5700 € = 256 €)[2]

Beispiel 4:

Abwandlung des Beispiels 3: Der Steuerpflichtige machte in der zustimmungsbedürftigen Umsatzsteuervoranmeldung für den Monat Juli 2017 (erklärter Umsatz zu 19 % 50 000 € und Vorsteuerabzug i. H. v. 25 000 €) vorsätzlich unrichtige oder unvollständige Angaben. Die Zustimmung zur Umsatzsteuervoranmeldung ist dem Steuerpflichtigen am 15.8.2017 bekannt gegeben worden. Der Steuerpflichtige hat keine Nacherklärung im Rahmen der Umsatzsteuer-Jahreserklärung für das Jahr 2017 vorgenommen. Die Umsatzsteuer-Jahreserklärung für das Jahr 2017 wurde am 11.5.2018 abgegeben, ohne dass sich eine Veränderung zu den Voranmeldungen ergab. Die Steuerhinterziehung wurde erst im Rahmen eines steuerstrafrechtlichen Ermittlungsverfahrens entdeckt. Es erging daraufhin am 22.7.2019 ein geänderter Umsatzsteuerbescheid für 2017 mit Fälligkeit 26.8.2019.[3] Die Umsatzsteuernachzahlung wurde bei Fälligkeit entrichtet.

Lösung:

Für die Umsatzsteuer-Vorauszahlung Juli 2017 beginnt der Zinslauf für die Hinterziehungszinsen am 15.8.2017 (Bekanntgabe der Zustimmung zur Umsatzsteuervoranmeldung, da Erstattungsfall) und endet am 11.6.2018 (Tag der fiktiven Fälligkeit der Umsatzsteuer 2017), so dass Zinsen für 9 volle Monate festzusetzen sind (§ 235 Abs. 2 und 3 AO; AEAO zu § 235, Nr. 4.1.2 und 4.2.1).

Für die Umsatzsteuer-Jahreszahlung 2017 beginnt der Zinslauf für die Hinterziehungszinsen am 12.6.2018 (Tag nach der fiktiven Fälligkeit der Umsatzsteuer 2017; vgl. § 235 Abs. 2 Satz 2 AO) und endet am 26.8.2019 (Tag der Zahlung = Tag der Fälligkeit der Umsatzsteuer 2017 des geänderten Umsatzsteuerbescheids für 2017 vom 22.7.2019), so dass Zinsen für 14

---

1) **[Amtl. Anm.:]** § 233a Zinsen (für 3 volle Monate) 1900 € × 1,5 % = 28,50 € wurden gem. § 239 Abs. 2 Satz 1 AO auf 28 € abgerundet.

2) **[Amtl. Anm.:]** 5700 € × 4,5 % = 256,50 € wurden gem. § 239 Abs. 2 Satz 1 AO auf 256 € abgerundet.

3) **[Amtl. Anm.:]** Verschiebung der Fälligkeit gem. § 108 Abs. 3 AO auf den nächstfolgenden Werktag.

volle Monate festzusetzen sind (§ 235 Abs. 2 und 3 AO). Hierauf sind Zinsen nach § 233a anzurechnen, soweit sich die Zinszeiträume vom 1.4.2019 bis 25.7.2019, somit für 3 volle Monate, überschneiden (§ 235 Abs. 4 AO).

Steuer	Umsatz	USt	Zinsen
USt 7/2017	30 000 €	5700 €	256 € (4,5 % von 5700 € = 256 €)[1]
USt 2017	30 000 €	5700 €	314 € (7 % von 5700 € = 399 € abzügl. 85 €[2] nach § 235 Abs. 4 AO anzurechnende § 233a AO-Zinsen)

Beispiel 5:

Der Steuerpflichtige machte in der nach seinen Angaben zustimmungsbedürftigen Umsatzsteuervoranmeldung für den Monat Juli 2017 (erklärter Umsatz zu 19 % 50 000 € und Vorsteuerabzug i. H. v. 25 000 €) vorsätzlich unrichtige oder unvollständige Angaben. Die Zustimmung zur Umsatzsteuervoranmeldung ist dem Steuerpflichtigen am 15.8.2017 bekannt gegeben worden. Im Rahmen der Umsatzsteuer-Jahreserklärung für das Jahr 2017 erfolgte am 11.5.2018 die entsprechende Nacherklärung der bislang nicht erklärten Umsätze in Höhe von 100 000 €. Die hierauf entfallende Umsatzsteuer wurde bei Fälligkeit der Umsatzsteuer 2017 am 11.6.2018 entrichtet.

Lösung:

Für die Umsatzsteuer-Vorauszahlung Juli 2017 beginnt der Zinslauf für die Hinterziehungszinsen am 11.8.2017 (Tag nach der gesetzlichen Fälligkeit, da bei richtiger Anmeldung keine Zustimmung erforderlich gewesen wäre) und endet am 11.6.2018 (Tag der Zahlung = Tag der Fälligkeit aufgrund der Umsatzsteuer-Jahreserklärung für das Jahr 2017), so dass Zinsen für 10 volle Monate (AEAO zu § 238, Nr. 1) festzusetzen sind (§ 235 Abs. 2 und 3 AO; AEAO zu § 235, Nr. 4.1.2 und 4.2.1).

Steuer	Umsatz	USt	Zinsen
USt 7/2017	100 000 €	19 000 €	950 € (5 % von 19 000 € = 950 €)

Beispiel 6:

Abwandlung des Beispiels 5: Der Steuerpflichtige machte in der nach seinen Angaben zustimmungsbedürftigen Umsatzsteuervoranmeldung für den Monat Juli 2017 (erklärter Umsatz zu 19 % 50 000 € und Vorsteuerabzug i. H. v. 25 000 €) vorsätzlich unrichtige oder unvollständige Angaben. Die Zustimmung zur Umsatzsteuervoranmeldung ist dem Steuerpflichtigen am 15.8.2017 bekannt gegeben worden. Der Steuerpflichtige hat keine Nacherklärung im Rahmen der Umsatzsteuer-Jahreserklärung für das Jahr 2017 vorgenommen. Die Umsatzsteuer-Jahreserklärung für das Jahr 2017 wurde am 11.5.2018 abgegeben, ohne dass sich eine Veränderung zu den Voranmeldungen ergab. Die Steuerhinterziehung wurde erst im Rahmen eines steuerstrafrechtlichen Ermittlungsverfahrens entdeckt. Es erging daraufhin am 22.7.2019 ein geänderter Umsatzsteuerbescheid für 2017 mit Fälligkeit 26.8.2019.[3] Die Umsatzsteuernachzahlung wurde bei Fälligkeit entrichtet.

Lösung:

Für die Umsatzsteuer-Vorauszahlung Juli 2017 beginnt der Zinslauf für die Hinterziehungszinsen am 11.8.2017 (Tag nach der gesetzlichen Fälligkeit, da bei richtiger Anmeldung keine

---

[1] **[Amtl. Anm.:]** 5700 € × 4,5 % = 256,50 € wurden gem. § 239 Abs. 2 Satz 1 AO auf 256 € abgerundet.

[2] **[Amtl. Anm.:]** § 233a Zinsen (für 3 volle Monate) 5700 € × 1,5 % = 85,50 € wurden gem. § 239 Abs. 2 Satz 1 AO auf 85 € abgerundet.

[3] **[Amtl. Anm.:]** Verschiebung der Fälligkeit gem. § 108 Abs. 3 AO auf den nächstfolgenden Werktag.

Zustimmung erforderlich gewesen wäre) und endet am 11.6.2018 (Tag der fiktiven Fälligkeit der Umsatzsteuer 2017), so dass Zinsen für 10 volle Monate (AEAO zu § 238, Nr. 1) festzusetzen sind (§ 235 Abs. 2 und 3 AO; AEAO zu § 235, Nr. 4.1.2 und 4.2.1).
Für die Umsatzsteuer-Jahreszahlung 2017 beginnt der Zinslauf für die Hinterziehungszinsen am 12.6.2018 (Tag nach der fiktiven Fälligkeit der Umsatzsteuer 2017; vgl. § 235 Abs. 2 Satz 2 AO) und endet am 26.8.2019 (Tag der Zahlung = Tag der Fälligkeit der Umsatzsteuer 2017 des geänderten Umsatzsteuerbescheids für 2017 vom 22.7.2019), so dass Zinsen für 14 volle Monate festzusetzen sind (§ 235 Abs. 2 und 3 AO). Hierauf sind Zinsen nach § 233a anzurechnen, soweit sich die Zinszeiträume vom 1.4.2019 bis 25.7.2019, somit für 3 volle Monate, überschneiden (§ 235 Abs. 4 AO).

Steuer	Umsatz	USt	Zinsen
USt 7/2017	100 000 €	19 000 €	950 € (5% von 19 000 € = 950 €)
USt 2017	100 000 €	19 000 €	1.045 € (7% von 19 000 € = 1330 € abzügl. 285 €[1]) nach § 235 Abs. 4 AO anzurechnende § 233a AO-Zinsen)

6. Verfahren

6.1. Sind Steuern zum Vorteil der Gesellschafter einer Personengesellschaft hinterzogen worden, hat das Betriebsfinanzamt die Berechnungsgrundlagen der Hinterziehungszinsen gesondert und einheitlich festzustellen (§ 239 Abs. 3 Nr. 2 AO).

6.2. [1]Die Zinsen für hinterzogene Realsteuern (insbes. Gewerbesteuer) sind von der hebeberechtigten Gemeinde zu berechnen, festzusetzen und zu erheben, wenn ihr die Festsetzung der Realsteuer übertragen worden ist. [2]Die Berechnungsgrundlagen werden vom Finanzamt nach § 239 Abs. 3 Nr. 2 AO festgestellt. [3]Dieser Messbescheid ist Grundlagenbescheid für den von der Gemeinde zu erlassenden Zinsbescheid.

Die Geltendmachung der Haftung für Hinterziehungszinsen zur Gewerbesteuer durch Haftungsbescheid setzt nicht voraus, dass zuvor gegenüber dem Zinsschuldner oder dem Haftungsschuldner Tatbestand und Umfang der Steuerhinterziehung gesondert festgestellt worden sind (BVerwG-Beschluss vom 16.9.1997, 8 B 143/97, BStBl. II S. 782).

6.3. Werden Zinsen für mehrere Ansprüche aus dem Steuerschuldverhältnis (vgl. AEAO zu § 235, Nr. 2.2) äußerlich verbunden in einem Sammelbescheid festgesetzt, muss dieser Sammelbescheid erkennen lassen, in welcher Höhe für den einzelnen Anspruch Zinsen festgesetzt worden sind (vgl. BFH-Urteil vom 26.11.2014, X R 18/13, BFH/NV 2015 S. 785).

7. Verjährung

[1]Die Festsetzungsfrist für Hinterziehungszinsen beträgt ein Jahr (§ 239 Abs. 1 Satz 1 AO). [2]Sie beginnt mit Ablauf des Kalenderjahrs, in dem die Festsetzung der hinterzogenen Steuern unanfechtbar geworden ist, jedoch nicht vor Ablauf des Kalenderjahrs, in dem ein eingeleitetes Strafverfahren rechtskräftig abgeschlossen worden ist (§ 239 Abs. 1 Satz 2 Nr. 3 AO). [3]Ein Strafverfahren hat nur dann Einfluss auf die für die Hinterziehungszinsen geltende Festset-

[1] **[Amtl. Anm.:]** § 233a Zinsen (für 3 volle Monate) 19 000 € × 1,5% = 285 €.

zungsfrist, wenn es bis zum Ablauf des Jahres eingeleitet wird, in dem die hinterzogenen Steuern unanfechtbar festgesetzt wurden (BFH-Urteil vom 24.8.2001, VI R 42/94, BStBl. II S. 782).

AEAO zu § 236 – Prozesszinsen auf Erstattungsbeträge:

1. [1]Voraussetzung für die Zahlung von Erstattungszinsen an den Steuerpflichtigen ist, dass eine festgesetzte Steuer herabgesetzt oder eine Steuervergütung gewährt – oder erhöht – wird. [2]Die Steuerherabsetzung oder die Gewährung (Erhöhung) der Steuervergütung muss erfolgt sein:

a) durch eine rechtskräftige gerichtliche Entscheidung;

b) aufgrund einer rechtskräftigen gerichtlichen Entscheidung, z.B. in den Fällen, in denen das Gericht nach § 100 Abs. 1 Satz 1, Abs. 2 Sätze 2 und 3 oder Abs. 3 FGO den angefochtenen Verwaltungsakt aufhebt und das Finanzamt die Steuer niedriger festsetzt oder eine (höhere) Steuervergütung gewährt;

c) durch Aufhebung oder Änderung des angefochtenen Verwaltungsakts sowie durch Erlass des beantragten Verwaltungsakts, wenn sich der Rechtsstreit bei Gericht dadurch rechtskräftig erledigt;

d) durch einen sog. Folgebescheid nach § 175 Abs. 1 Satz 1 Nr. 1 AO oder § 35b GewStG in den Fällen, in denen sich der Rechtsstreit bei Gericht gegen den Grundlagenbescheid (z.B. Feststellungsbescheid, Steuermessbescheid) durch oder aufgrund einer gerichtlichen Entscheidung (Buchstaben a und b) bzw. durch einen Verwaltungsakt (Buchstabe c) rechtskräftig erledigt; der Steuerpflichtige, dem gegenüber der Folgebescheid ergangen ist, muss nicht Kläger im Verfahren gegen den Grundlagenbescheid gewesen sein (BFH-Urteil vom 17.1.2007, X R 19/06, BStBl. II S. 506).

[1]Ohne Bedeutung ist, aus welchen Gründen die Steuerherabsetzung oder die Gewährung (Erhöhung) der Steuervergütung erfolgt ist. [2]Das abgeschlossene gerichtliche Verfahren muss aber hierfür ursächlich gewesen sein (BFH-Urteil vom 15.10.2003, X R 48/01, BStBl. 2004 II S. 169).

[1]Wird ein ändernder oder ersetzender Verwaltungsakt nach § 68 FGO Gegenstand des Klageverfahrens, ist für die Verzinsung das Ergebnis des gegen den neuen Verwaltungsakt fortgeführten Klageverfahrens maßgebend. [2]Dies gilt auch, wenn ein angefochtener Vorauszahlungsbescheid durch die Jahressteuerfestsetzung ersetzt wird (vgl. AEAO zu § 365, Nr. 2). [3]Durch die Überleitung auf den neuen Verfahrensgegenstand tritt noch keine Rechtsstreiterledigung i.S.d. § 236 Abs. 1 Satz 1 AO ein (BFH-Urteil vom 14.7.1993, I R 33/93, BFH/NV 1994 S. 438).

2. [1]Zu verzinsen ist nur der zuviel entrichtete Steuerbetrag oder die zuwenig gewährte Steuervergütung. [2]Sofern also der Rechtsbehelf zwar zu einer Herabsetzung der Steuer oder zu einer Gewährung (Erhöhung) der Steuervergütung führt, nicht aber oder nicht in gleichem Umfang zu einer Steuererstattung oder Auszahlung einer Steuervergütung, kommt insoweit eine Verzinsung nicht in Betracht.

3. [1]Der zu verzinsende Betrag ist auf den nächsten durch fünfzig Euro teilbaren Betrag abzurunden. [2]Hat der Steuerpflichtige die zu erstattende Steuerschuld in Raten entrichtet, wird die Abrundung nur einmal bei der Rate mit der kürzesten Laufzeit vorgenommen.

4. [1]Der Anspruch auf Erstattungszinsen entsteht mit der Rechtskraft der gerichtlichen Entscheidung oder der Unanfechtbarkeit des geänderten Verwaltungsakts. [2]Ein Gerichtsbescheid (§ 90a FGO) wirkt als Urteil. [3]Er gilt aber als nicht ergangen, wenn gegen ihn die Revision nicht zugelassen wurde und rechtzeitig mündliche Verhandlung beantragt worden ist.

5. [1]Erstattungszinsen sind für die Zeit vom Tag der Rechtshängigkeit, frühestens jedoch vom Tag der Zahlung des Steuerbetrages an bis zum Tag der Auszahlung des zu verzinsenden Steuer- oder Steuervergütungsbetrages zu berechnen und zu zahlen. [2]Rechtshängig ist die Streitsache erst mit dem Tag, an dem die Klage bei Gericht erhoben wird (§ 66 Abs. 1 i. V. m. mit § 64 Abs. 1 FGO). [3]Wird die Klage zur Fristwahrung beim Finanzamt angebracht (§ 47 Abs. 2 FGO), ist die Streitsache mit dem Tag der Anbringung zwar anhängig, nicht aber rechtshängig. [4]Auch in diesem Fall wird die Streitsache erst mit dem Eingang der Klage beim Gericht rechtshängig. [5]Das Gleiche gilt bei einer Sprungklage (§ 45 FGO). [6]Stimmt die Behörde der Sprungklage nicht zu oder gibt das Gericht die Klage an die Behörde ab, ist die Sprungklage als außergerichtlicher Rechtsbehelf zu behandeln; die Rechtshängigkeit entfällt somit rückwirkend. [7]Wird ein ändernder oder ersetzender Verwaltungsakt nach § 68 FGO Gegenstand des Klageverfahrens, berührt dies nicht den Tag der Rechtshängigkeit der Streitsache.

6. [1]Erstattungszinsen sind von Amts wegen zu zahlen. [2]Es ist nicht erforderlich, dass der Steuerpflichtige einen Antrag stellt.

7. Die Zahlung von Erstattungszinsen entfällt, soweit durch Entscheidung des Gerichts einem Steuerpflichtigen die Kosten des Verfahrens nach § 137 Satz 1 FGO auferlegt worden sind, weil die Herabsetzung der Steuer oder die Gewährung (Erhöhung) der Steuervergütung auf Tatsachen beruhte, die dieser früher hätte geltend machen oder beweisen können und müssen (§ 236 Abs. 3 AO).

8. [1]Bei den Realsteuern obliegt die Festsetzung und Zahlung von Erstattungszinsen den Gemeinden. [2]Diesen sind deshalb – soweit erforderlich – die zur Berechnung und Festsetzung der Zinsen notwendigen Daten mitzuteilen.

AEAO zu § 237 – Zinsen bei Aussetzung der Vollziehung:

1. Die Zinsregelung gilt sowohl für das außergerichtliche als auch für das gerichtliche Rechtsbehelfsverfahren.

2. [1]Voraussetzung für die Erhebung von Aussetzungszinsen beim Steuerpflichtigen ist, dass die Vollziehung eines Steuerbescheids, eines Bescheids über die Rückforderung einer Steuervergütung oder – nach Aussetzung eines Einkommensteuer-, Körperschaftsteuer- oder Feststellungsbescheids – eines Gewerbesteuermessbescheids oder Gewerbesteuerbescheids ausgesetzt worden ist. [2]Die Verzinsung tritt auch dann ein, wenn nach Anfechtung eines Grundlagenbescheids die Vollziehung eines Folgebescheids ausgesetzt wird. [3]Auch wenn ein Grundlagenbescheid nicht auf den Vorschriften der §§ 179 ff. AO beruht oder wenn die Anfechtung des Grundlagenbescheids die Vollziehungsaussetzung eines anderen Grundlagenbescheids und der hierauf beruhenden Folgebescheide gem. § 361 Abs. 3 Satz 1 AO oder § 69 Abs. 2 Satz 4 FGO auslöst, tritt die Verzinsung ein.

3. Bei teilweiser Aussetzung der Vollziehung eines angefochtenen Verwaltungsakts bezieht sich die Zinspflicht nur auf den ausgesetzten Steuerbetrag.

4. [1]Aussetzungszinsen sind zu erheben, soweit ein Einspruch oder eine Anfechtungsklage endgültig erfolglos geblieben ist. [2]Ohne Bedeutung ist, aus welchen Gründen der Rechtsbehelf im Ergebnis erfolglos war (BFH-Urteil vom 27.11.1991, X R 103/89, BStBl. 1992 II S. 319). [3]Aussetzungszinsen sind demnach zu erheben,

a) wenn der Steuerpflichtige aufgrund einer bestandskräftigen Einspruchsentscheidung oder aufgrund eines rechtskräftigen gerichtlichen Urteils ganz oder teilweise unterlegen ist,

b) wenn das Einspruchsverfahren oder gerichtliche Verfahren nach der Rücknahme des Einspruchs, der Klage oder der Revision rechtskräftig abgeschlossen wird,

c) wenn der angefochtene Verwaltungsakt – ohne dem Rechtsbehelfsantrag voll zu entsprechen – geändert wird und sich der Rechtsstreit endgültig erledigt,

d) soweit der Rechtsbehelf aufgrund einer unanfechtbar gewordenen Teil-Einspruchsentscheidung (§ 367 Abs. 2a AO) oder Allgemeinverfügung (§ 367 Abs. 2b AO) oder aufgrund eines unanfechtbar gewordenen Teilurteils (§ 98 FGO) endgültig keinen Erfolg hatte, unabhängig davon, inwieweit das Rechtsbehelfsverfahren im Übrigen wegen weiterer Streitpunkte anhängig bleibt.

[1]Wird ein ändernder oder ersetzender Verwaltungsakt nach § 365 Abs. 3 AO oder nach § 68 FGO Gegenstand des Rechtsbehelfsverfahrens, ist für die Verzinsung das Ergebnis des gegen den neuen Verwaltungsakt fortgeführten Einspruchs- bzw. Klageverfahrens maßgebend. [2]Dies gilt auch, wenn ein angefochtener Vorauszahlungsbescheid durch die Jahressteuerfestsetzung ersetzt wird (vgl. AEAO zu § 365, Nr. 2).

Für die Entscheidung, wann der Einspruch oder die Anfechtungsklage endgültig ohne Erfolg geblieben ist und somit die einjährige Frist für die Festsetzung von Aussetzungszinsen (§ 239 Abs. 1 Satz 2 Nr. 5 AO) in Lauf gesetzt wurde, ist auch dann auf den Zeitpunkt des Abschlusses des Einspruchsverfahrens oder des Verfahrens vor dem Finanzgericht oder dem BFH abzustellen, wenn sich hieran ein Verfassungsbeschwerdeverfahren anschließt (BFH-Urteil vom 11.2.1987, II R 176/84, BStBl. II S. 320; BFH-Beschluss vom 14.6.2007, VII B 185/06, BFH/NV S. 2055; vgl. auch AEAO zu § 361, Nr. 1.3).

5. Aussetzungszinsen sind nicht zu erheben, wenn die Fälligkeit des streitigen Steueranspruchs, z. B. aufgrund einer Stundung (§ 222 AO), hinausgeschoben war oder Vollstreckungsaufschub (§ 258 AO) gewährt wurde.

6. [1]Aussetzungszinsen sind vom Tag des Eingangs des außergerichtlichen Rechtsbehelfs, frühestens vom Tag der Fälligkeit an, oder von der Rechtshängigkeit an bis zu dem Tag zu erheben, an dem die nach § 361 AO oder nach § 69 FGO gewährte Aussetzung der Vollziehung endet. [2]Wird die Aussetzung der Vollziehung erst später gewährt, werden Zinsen erst vom Tag des Beginns der Vollziehungsaussetzung erhoben.

7. [1]Bei den Realsteuern obliegt die Festsetzung und Erhebung der Aussetzungszinsen den Gemeinden. [2]Diesen sind deshalb – soweit erforderlich – die für die Berechnung und Festsetzung der Zinsen notwendigen Daten mitzuteilen.

8. [1]Wegen der einjährigen Frist für die Festsetzung von Aussetzungszinsen wird auf den AEAO zu § 237, Nr. 4 (letzter Absatz) und auf § 239 Abs. 1 Satz 1, Satz 2 Nr. 5 AO verwiesen. [2]Soweit der Rechtsbehelf durch eine Teil-Einspruchsentscheidung (§ 367 Abs. 2a AO), eine Allgemeinverfügung (§ 367 Abs. 2b AO) oder ein Teilurteil (§ 98 FGO) zurückgewiesen wurde (vgl. AEAO zu § 237, Nr. 4 erster Absatz Buchstabe d), beginnt die Festsetzungsfrist bereits mit dem Eintritt der Unanfechtbarkeit dieser Entscheidung.

AEAO zu § 238 – Höhe und Berechnung der Zinsen:[1), 2)]

1. Ein voller Zinsmonat (§ 238 Abs. 1 Satz 2 AO) ist erreicht, wenn der Tag, an dem der Zinslauf (ggf. unter Berücksichtigung des § 108 Abs. 3 AO) endet, hinsichtlich seiner Zahl dem Tag entspricht, der dem Tag vorhergeht, an dem die Frist begann (BFH-Urteil vom 24.7.1996, X R 119/92, BStBl. 1997 II S. 6).

2. [1]Abzurunden ist jeweils der einzelne zu verzinsende Anspruch. [2]Bei der Zinsberechnung sind die Ansprüche zu trennen, wenn Steuerart, Zeitraum (Teilzeitraum) oder der Tag des Beginns des Zinslaufs voneinander abweichen. [3]Im Falle von Teilzahlungen wird nur der Gesamtbetrag gerundet.

AEAO zu § 239 – Festsetzung der Zinsen:

1. [1]Zinsen werden durch Zinsbescheid festgesetzt; die Formvorschriften für Steuerbescheide (§ 157 Abs. 1, ggf. § 87a Abs. 4 AO) gelten entsprechend. [2]Der Mindestinhalt des Zinsbescheids richtet sich nach § 157 Abs. 1 Sätze 2 und 3, § 119 Abs. 3 AO. [3]Der Bescheid kann nach § 129 AO berichtigt oder nach §§ 172 ff. AO aufgehoben oder geändert werden. [4]Als Rechtsbehelf gegen den Zinsbescheid sowie gegen die Ablehnung, Erstattungszinsen nach §§ 233a, 236 AO zu zahlen, ist der Einspruch gegeben. [5]Zum Rechtsbehelfsverfahren gegen die Entscheidung über eine Billigkeitsmaßnahme vgl. AEAO zu § 347, Nr. 4.

2. [1]Nach Ablauf der Festsetzungsfrist von einem Jahr können Zinsen nicht mehr festgesetzt werden. [2]Die für Folgebescheide geltende Ablaufhemmung nach § 171 Abs. 10 Satz 1 AO wird im Verhältnis vom Steuerbescheid zum Zinsbescheid gemäß § 233a AO durch die speziellen Regelungen in § 239 Abs. 1 Sätze 1 bis 3 AO verdrängt. [3]Ergeht hingegen ein Zinsbescheid als Folgebescheid eines Zins-Grundlagenbescheids (§ 239 Abs. 3 AO), endet die Festsetzungsfrist für den Zinsbescheid nach § 171 Abs. 10 Satz 1 AO nicht vor Ablauf von zwei Jahren nach Bekanntgabe des Zins-Grundlagenbescheids

---

1) Zur vorläufigen Festsetzung von Zinsen nach § 233 AO iVm § 238 Abs. 1 Satz 1 AO siehe BMF v. 2.5.2019, BStBl. I 2019, 448, geänd. durch BMF v. 27.11.2019, BStBl. I 2019, 1266.

2) **§ 233a i. V. m. § 238 Abs. 1 Satz 1 AO für Verzinsungszeiträume ab 1.1.2014 verfassungswidrig,** mit Fortgeltungsanordnung bis 31.12.2018; bis 31.7.2022 muss der Gesetzgeber für Verzinsungszeiträume ab 2019 eine alle bestandskräftigen Hoheitsakte erfassende rückwirkende Neuregelung treffen, siehe BVerfG v. 8.7.2021 1 BvR 2237/14, 1 BvR 2422/17, DStR 2021, 1934.

(BFH-Urteil vom 16.1.2019, X R 30/17, BStBl. II S. 362). [4]Wegen der Frist für die Festsetzung von Aussetzungszinsen vgl. AEAO zu § 237, Nr. 4 (letzter Absatz). [5]Der Anspruch auf festgesetzte Zinsen erlischt durch Zahlungsverjährung (§§ 228 ff. AO), ggf. aber auch schon früher mit dem Erlöschen des Hauptanspruchs (§ 232 AO).

3. [1]Bei der Zinsfestsetzung ist die Rundung zugunsten des Steuerpflichtigen zu beachten (§ 239 Abs. 2 Satz 1 AO). [2]Die Kleinbetragsregelung des § 239 Abs. 2 Satz 2 AO (Zinsen unter zehn Euro werden nicht festgesetzt) ist auf die für eine Einzelforderung berechneten Zinsen anzuwenden (vgl. AEAO zu § 238, Nr. 2).

4. Zur Anrechnung von Erstattungs- und Nachzahlungszinsen nach § 233a AO bei der Festsetzung von Stundungs-, Hinterziehungs-, Prozess- und Aussetzungszinsen vgl. AEAO zu § 233a, Nrn. 65 ff. und AEAO zu § 235, Nr. 5.1.2 und 5.2.2.

AEAO zu § 240 – Säumniszuschläge:

1. [1]Säumnis tritt ein, wenn die Steuer oder die zurückzuzahlende Steuervergütung nicht bis zum Ablauf des Fälligkeitstages entrichtet wird. [2]Sofern – wie bei den Fälligkeitssteuern – die Steuer ohne Rücksicht auf die erforderliche Steuerfestsetzung oder Steueranmeldung fällig wird, tritt die Säumnis nicht ein, bevor die Steuer festgesetzt oder die Steueranmeldung abgegeben worden ist. [3]Bei Fälligkeitssteuern ist daher wie folgt zu verfahren:

a) [1]Gibt der Steuerpflichtige seine Voranmeldung oder Anmeldung erst nach Ablauf des Fälligkeitstages ab, so sind Säumniszuschläge bei verspätet geleisteter Zahlung nicht vom Ablauf des im Einzelsteuergesetz bestimmten Fälligkeitstages an, sondern erst von dem auf den Tag des Eingangs der Voranmeldung oder Anmeldung folgenden Tag an (ggf. unter Gewährung der Zahlungs-Schonfrist nach § 240 Abs. 3 AO) zu berechnen. [2]Entsprechendes gilt für den Mehrbetrag, der sich ergibt, wenn der Steuerpflichtige seine Voranmeldung oder Anmeldung nachträglich berichtigt und sich dadurch die Steuer erhöht.

b) [1]Setzt das Finanzamt eine Steuer wegen Nichtabgabe der Voranmeldung oder Anmeldung fest, so sind Säumniszuschläge für verspätet geleistete Zahlung nicht vom Ablauf des im Einzelsteuergesetz bestimmten Fälligkeitstages an, sondern erst von dem Tag an (ggf. unter Gewährung der Zahlungs-Schonfrist nach § 240 Abs. 3 AO) zu erheben, der auf den letzten Tag der vom Finanzamt gesetzten Zahlungsfrist folgt. [2]Dieser Tag bleibt für die Berechnung der Säumniszuschläge auch dann maßgebend, wenn der Steuerpflichtige nach Ablauf der vom Finanzamt gesetzten Zahlungsfrist seine Voranmeldung oder Anmeldung abgibt. [3]Entsprechendes gilt, wenn das Finanzamt eine auf einer Voranmeldung oder Anmeldung beruhende Steuerschuld höher festsetzt, als sie sich aus der Voranmeldung oder Anmeldung ergibt, oder eine von ihm festgesetzte Steuer durch Korrektur der Steuerfestsetzung erhöht.

2. [1]Im Falle der Aufhebung oder Änderung der Steuerfestsetzung oder ihrer Berichtigung nach § 129 AO bleiben die bis dahin verwirkten Säumniszuschläge bestehen (§ 240 Abs. 1 Satz 4 AO). [2]Das gilt auch, wenn die ursprüngliche, für die Bemessung der Säumniszuschläge maßgebende Steuer in einem Rechtsbehelfsverfahren herabgesetzt wird. [3]Säumniszuschläge sind nicht zu entrichten, soweit sie sich auf Steuerbeträge beziehen, die durch (nachträgliche) Anrechnung von Lohn-, Kapitalertrag- oder Körperschaftsteuer entfallen sind, weil insoweit zu keiner Zeit eine rückständige Steuer i. S. d. § 240 Abs. 1 Satz 4 AO vorgelegen hat (BFH-Urteil vom 24.3.1992, VII R 39/91, BStBl. II S. 956).

3. Der Säumniszuschlag ist von den Gesamtschuldnern nur in der Höhe anzufordern, in der er entstanden wäre, wenn die Säumnis nur bei einem Gesamtschuldner eingetreten wäre; der Ausgleich findet zwischen den Gesamtschuldnern nach bürgerlichem Recht statt.

4. Säumniszuschläge sind nicht zu entrichten, wenn Verspätungszuschläge, Zinsen, Säumniszuschläge, Zwangsgelder und Kosten (steuerliche Nebenleistungen) nicht rechtzeitig gezahlt werden.

5. [1]Säumniszuschläge entstehen kraft Gesetzes allein durch Zeitablauf ohne Rücksicht auf ein Verschulden des Steuerpflichtigen (BFH-Urteil vom 17.7. 1985, I R 172/79, BStBl. 1986 II S. 122). [2]Sie stellen in erster Linie ein Druckmittel zur Durchsetzung fälliger Steuerforderungen dar, sind aber auch eine Gegenleistung für das Hinausschieben der Zahlung und ein Ausgleich für den angefallenen Verwaltungsaufwand (BFH-Urteil vom 29.8.1991, V R 78/86, BStBl. II S. 906). [3]Soweit diese Zielsetzung durch die verwirkten Säumniszuschläge nicht mehr erreicht werden kann, ist ihre Erhebung sachlich unbillig, so dass sie nach § 227 AO ganz oder teilweise erlassen werden können.

Im Einzelnen kommt ein Erlass in Betracht:

a) bei plötzlicher Erkrankung des Steuerpflichtigen, wenn er selbst dadurch an der pünktlichen Zahlung gehindert war und es dem Steuerpflichtigen seit seiner Erkrankung bis zum Ablauf der Zahlungsfrist nicht möglich war, einen Vertreter mit der Zahlung zu beauftragen;

b) bei einem bisher pünktlichen Steuerzahler, dem ein offenbares Versehen unterlaufen ist. [2]Wer seine Steuern laufend unter Ausnutzung der Schonfrist des § 240 Abs. 3 AO zahlt, ist kein pünktlicher Steuerzahler (BFH-Urteil vom 15.5.1990, VII R 7/88, BStBl. II S. 1007);

c) wenn einem Steuerpflichtigen die rechtzeitige Zahlung der Steuern wegen Zahlungsunfähigkeit und Überschuldung nicht mehr möglich war (BFH-Urteil vom 8.3.1984, I R 44/80, BStBl. II S. 415). [2]Zu erlassen ist regelmäßig die Hälfte der verwirkten Säumniszuschläge (BFH-Urteil vom 16.7.1997, XI R 32/96, BStBl. 1998 II S. 7);

d) bei einem Steuerpflichtigen, dessen wirtschaftliche Leistungsfähigkeit durch nach § 258 AO bewilligte oder sonst hingenommene Ratenzahlungen unstreitig bis an die äußerste Grenze ausgeschöpft worden ist. [2]Zu erlassen ist regelmäßig die Hälfte der verwirkten Säumniszuschläge (BFH-Urteil vom 22.6.1990, III R 150/85, BStBl. 1991 II S. 864);

e) wenn die Voraussetzungen für einen Erlass der Hauptschuld nach § 227 AO oder für eine zinslose Stundung der Steuerforderung nach § 222 AO im Säumniszeitraum vorliegen (BFH-Urteil vom 23.5.1985, V R 124/79,

BStBl. II S. 489). [2]Lagen nur die Voraussetzungen für eine verzinsliche Stundung der Hauptforderung vor, ist die Hälfte der verwirkten Säumniszuschläge zu erlassen;

f) soweit die angefochtene Steuerfestsetzung später aufgehoben oder zu Gunsten des Steuerpflichtigen geändert wird und der Steuerpflichtige alle außergerichtlichen und gerichtlichen Möglichkeiten ausgeschöpft hat, um die Aussetzung der Vollziehung zu erreichen, diese aber – obwohl möglich und geboten – abgelehnt worden ist. [2]Der Steuerpflichtige ist so zu stellen, als hätte er den gebotenen einstweiligen Rechtsschutz erlangt, weshalb die betroffenen Säumniszuschläge in voller Höhe zu erlassen sind (vgl. BFH-Urteil vom 24.4.2014, V R 52/13, BStBl. 2015 II S. 106);

g) in sonstigen Fällen sachlicher Unbilligkeit.

[1]Die Möglichkeit eines weitergehenden Erlasses aus persönlichen Billigkeitsgründen bleibt unberührt. [2]Zum Erlass von Säumniszuschlägen bei einer Überschneidung mit Nachzahlungszinsen vgl. AEAO zu § 233a, Nr. 64.

6. In Stundungs- und Aussetzungsfällen sowie bei der Herabsetzung von Vorauszahlungen gilt Folgendes:

a) Stundung

aa) Stundungsantrag bis zur Fälligkeit

[1]Wird eine Stundung bis zur Fälligkeit beantragt, aber erst nach Fälligkeit bewilligt, so ist die Stundung mit Wirkung vom Fälligkeitstag an auszusprechen. [2]Vom neuen Fälligkeitstag an gilt nach § 240 Abs. 3 AO wieder eine Schonfrist.

[1]Wird eine Stundung bis zur Fälligkeit beantragt, aber erst nach Fälligkeit abgelehnt, so kann im Allgemeinen eine Frist zur Zahlung der rückständigen Steuern bewilligt werden. [2]Diese Zahlungsfrist soll eine Woche grundsätzlich nicht überschreiten. [3]Vom neuen Fälligkeitstag an gilt nach § 240 Abs. 3 AO wieder eine Schonfrist. [4]Bei Zahlung bis zum Ablauf dieser Schonfrist sind keine Säumniszuschläge zu erheben.

bb) Stundungsantrag nach Fälligkeit

Wird eine Stundung nach Fälligkeit beantragt und bewilligt, so ist die Stundung vom Eingangstag des Antrags an auszusprechen, sofern nicht besondere Gründe eine rückwirkende Stundung vom Fälligkeitstag an rechtfertigen.

[1]Bei einem innerhalb der Schonfrist nach § 240 Abs. 3 AO eingegangenen Stundungsantrag sind für die Zeit von der Fälligkeit bis zum Beginn der Stundung keine Säumniszuschläge zu erheben. [2]Das Gleiche gilt, wenn der Stundungsantrag am ersten Werktag nach Ablauf der Schonfrist eingegangen ist und die Stundung daher unmittelbar an die Schonfrist anschließt.

Bis zum Beginn der Stundung entstandene und zu erhebende Säumniszuschläge sind in die Stundungsverfügung einzubeziehen.

Vom neuen Fälligkeitstag an gilt nach § 240 Abs. 3 AO wieder eine Schonfrist.

[1]Wird eine Stundung nach Fälligkeit beantragt und abgelehnt, so verbleibt es bei dem ursprünglichen Fälligkeitstag, sofern nicht besondere Gründe eine Frist zur Zahlung der rückständigen Steuern rechtfertigen. [2]Die Zahlungsfrist

soll eine Woche grundsätzlich nicht überschreiten. [3]Vom neuen Fälligkeitstag an gilt nach § 240 Abs. 3 AO wieder eine Schonfrist. [4]Bei Zahlung bis zum Ablauf dieser Schonfrist sind keine Säumniszuschläge zu erheben.

cc) Folgen verspäteter Zahlung

Wird bei Bewilligung einer Stundung erst nach Ablauf der vom neuen Fälligkeitstag an berechneten Schonfrist (§ 240 Abs. 3 AO) gezahlt, sind Säumniszuschläge vom Ablauf des neuen Fälligkeitstages an zu berechnen.

Wird im Falle der Ablehnung einer Stundung die eingeräumte Zahlungsfrist (ggf. zuzüglich der an die Zahlungsfrist anschließenden Schonfrist nach § 240 Abs. 3 AO) nicht eingehalten, sind Säumniszuschläge vom Ablauf des ursprünglichen Fälligkeitstages an zu berechnen.

b) Aussetzung der Vollziehung

[1]Wird ein rechtzeitig gestellter Antrag auf Aussetzung der Vollziehung nach Fälligkeit abgelehnt, so kann im Allgemeinen eine Frist zur Zahlung der rückständigen Steuern bewilligt werden. [2]Die Zahlungsfrist soll eine Woche grundsätzlich nicht überschreiten. [3]Die Schonfrist (§ 240 Abs. 3 AO) ist vom Ende der Zahlungsfrist an zu gewähren. [4]Bei Zahlung bis zum Ablauf der Schonfrist sind keine Säumniszuschläge zu erheben.

c) Herabsetzung von Vorauszahlungen

Wird einem rechtzeitig gestellten Antrag auf Herabsetzung von Vorauszahlungen erst nach Fälligkeit entsprochen, sind Säumniszuschläge auf den Herabsetzungsbetrag nicht zu erheben.

[1]Wird ein rechtzeitig gestellter Antrag auf Herabsetzung von Vorauszahlungen nach Fälligkeit abgelehnt, so kann im Allgemeinen eine Frist zur Zahlung der rückständigen Steuern bewilligt werden. [2]Die Zahlungsfrist soll eine Woche grundsätzlich nicht überschreiten. [3]Die Schonfrist (§ 240 Abs. 3 AO) ist vom Ende der Zahlungsfrist an zu gewähren. [4]Bei Zahlung bis zum Ablauf der Schonfrist sind keine Säumniszuschläge zu erheben.

Wird einer der vorbezeichneten Anträge mit dem Ziel gestellt, sich der rechtzeitigen Zahlung der Steuer zu entziehen (Missbrauchsfälle), ist keine Zahlungsfrist zu bewilligen.

7. [1]Mit einem Verwaltungsakt nach § 258 AO verzichtet die Vollstreckungsbehörde auf Vollstreckungsmaßnahmen; an der Fälligkeit der Steuerschuld ändert sich dadurch jedoch nichts (s. auch BFH-Urteil vom 15.3.1979, IV R 174/78, BStBl. II S. 429). [2]Für die Dauer eines bekannt gegebenen Vollstreckungsaufschubs sind daher grundsätzlich Säumniszuschläge zu erheben; auf diese Rechtslage ist der Steuerpflichtige bei Bekanntgabe des Vollstreckungsaufschubs hinzuweisen (siehe Abschn. 7 Abs. 3 VollStrA). [3]Die Möglichkeit, von der Erhebung von Säumniszuschlägen aus Billigkeitsgründen nach § 227 AO ganz oder teilweise abzusehen, bleibt unberührt (vgl. AEAO zu § 240, Nr. 5 Abs. 2).

8. [1]Macht der Steuerpflichtige geltend, die Säumniszuschläge seien nicht oder nicht in der angeforderten Höhe entstanden, so ist sein Vorbringen – auch wenn es bspw. als „Erlassantrag“ bezeichnet ist – als Antrag auf Erteilung eines Bescheids nach § 218 Abs. 2 AO anzusehen, da nur in diesem Verfahren entschieden werden kann, ob und inwieweit Säumniszuschläge entstanden sind (ständige Rechtsprechung, vgl. z.B. BFH-Urteil vom 12.8.1999, VII R 92/98, BStBl. II S. 751). [2]Bestreitet der Steuerpflichtige nicht die Entstehung der Säumniszuschläge dem Grunde und der Höhe nach, sondern wendet er sich gegen deren Anforderung im engeren Sinne (Leistungsgebot, § 254 AO), ist sein Vorbringen als Einspruch (§ 347 AO) anzusehen. [3]Das Vorbringen des Steuerpflichtigen ist als Erlassantrag zu werten, wenn sachliche oder persönliche Billigkeitsgründe geltend gemacht werden.

AEAO zu §§ 241 bis 248 – Sicherheitsleistung:

1. [1]Die Vorschriften regeln nur die Art und das Verfahren der Sicherheitsleistung. [2]Wann und ggf. in welcher Höhe Sicherheiten zu leisten sind, ergibt sich aus anderen Vorschriften der Abgabenordnung (siehe z.B. § 109 Abs. 3, § 165 Abs. 1, §§ 221, 222, 223, 361 Abs. 2 AO) oder aus Einzelsteuergesetzen (§ 18f UStG). [3]Die Erzwingung von Sicherheiten richtet sich nach § 336 AO, ihre Verwertung nach § 327 AO. [4]Die Kosten der Sicherheitsleistung treffen den Steuerpflichtigen.

2. Die für die Bundesfinanzverwaltung bekannt gegebenen Bestimmungen über Formen der Sicherheitsleistung im Bereich der von der Zollverwaltung verwalteten Steuern und Abgaben – SiLDV – (Vorschriftensammlung Bundesfinanzverwaltung E – VSF – Kennungen S 1450 und Z 0915) sind – soweit sie Formen der Sicherheitsleistung in Verbrauchsteuerverfahren betreffen – für den Bereich der Besitz- und Verkehrsteuern entsprechend anzuwenden.

AEAO zu § 251 – Insolvenzverfahren

Inhaltsübersicht

1. Allgemeines
2. Voraussetzung für die Eröffnung des Verfahrens
2.1. Eröffnungsgründe
2.1.1. Zahlungsunfähigkeit
2.1.2. drohende Zahlungsunfähigkeit
2.1.3. Überschuldung
2.2. Eröffnungsantrag
2.3. Rechtsbehelfe
3. Insolvenzeröffnungsverfahren
3.1. Sicherungsmaßnahmen
3.2. Besonderheiten bei beantragter Eigenverwaltung
4. Eröffnung des Verfahrens
4.1. Wirkung der Eröffnung des Verfahrens
4.1.1. Allgemeines
4.1.2. Unterbrechungswirkung (analog § 240 ZPO)
4.1.3. Auswirkungen auf bei Insolvenzeröffnung anhängige Rechtsbehelfsverfahren und Anträge auf Aussetzung der Vollziehung
4.1.4. Auswirkungen auf Stundung und Vollstreckungsaufschub
4.1.5. Wirkungen auf Verfahren gegen Dritte
4.2 Stellung und steuerliche Pflichten des Insolvenzverwalters
4.3. Verwaltungsakte im Insolvenzverfahren
4.3.1. Vor Insolvenzeröffnung begründete Ansprüche
4.3.2. Nach Insolvenzeröffnung begründete Ansprüche
4.3.3. Beispiele für Bescheiderläuterungen bei Bekanntgabe an den Insolvenzverwalter
4.4. Besonderheiten bei der gesonderten Feststellung von Besteuerungsgrundlagen
4.4.1. Personengesellschaften
4.4.1.1. Insolvenz der Personengesellschaft

4.4.1.2. Insolvenz eines (oder mehrerer) Gesellschafters der Personengesellschaft
4.4.2. Sonstige Feststellungen von Besteuerungsgrundlagen
4.5. Auskunftsrechte des Insolvenzverwalters gegenüber dem Finanzamt
5. Insolvenzforderungen
5.1. Begriff
5.2. Geltendmachung von Insolvenzforderungen
5.3. Insolvenzforderungen im Prüfungstermin; Auswirkungen auf das Besteuerungsverfahren
5.3.1. Vom Insolvenzverwalter oder einem Gläubiger bestrittene Forderungen
5.3.1.. Nicht titulierte Forderungen
5.3.1.2 Titulierte Forderungen
5.3.1.2.1. Nicht bestandskräftiger und nicht angefochtener Steuerbescheid
5.3.1.2.2. Angefochtener Steuerbescheid
5.3.1.2.3. Bestandskräftiger Steuerbescheid
5.3.2. Vom Schuldner bestrittene Forderungen
5.3.3. Feststellung der Forderung zur Tabelle
5.3.4. Feststellungsbescheid gem. § 251 Abs. 3 AO
5.3.5. Änderung von zur Insolvenztabelle festgestellten Steuerforderungen
6. Sonstige Masseverbindlichkeiten (§ 55 InsO)
6.1. Begründung von sonstigen Masseverbindlichkeiten
6.2. Durchsetzung von sonstigen Masseverbindlichkeiten
7. Insolvenzfreies Vermögen
8. Aufrechnung im Insolvenzverfahren
9. Verteilung der Steuerforderungen und -erstattungsansprüche auf die insolvenzrechtlichen Vermögensbereiche
9.1. Einkommensteuer
9.1.1. Einzelveranlagung
9.1.2. Zusammenveranlagung
9.1.3. Berücksichtigung von Verlustvor- und -rückträgen
9.1.4. Einkommensteuererstattungen
9.2. Umsatzsteuer
10. Befriedigung der Insolvenzgläubiger
11. Insolvenzplan
12. Verbraucherinsolvenz nach §§ 304 ff. InsO
12.1. Außergerichtlicher Einigungsversuch
12.2. Schuldenbereinigungsverfahren
12.3. Eröffnetes Insolvenzverfahren
13. Eigenverwaltung
13.1. Vorläufiges Eigenverwaltungsverfahren
13.2. Besonderheiten bei der Vorbereitung einer Sanierung nach § 270d InsO (Schutzschirm)
13.3. Eröffnung des Insolvenzverfahrens
14. Vorgehensweise nach Aufhebung des Insolvenzverfahrens
15. Restschuldbefreiung
15.1. Laufzeit der Abtretungserklärung
15.2. Ausgenommene Forderungen
15.3. Erteilung der Restschuldbefreiung

1. Allgemeines

Ist über das Vermögen eines Steuerpflichtigen (Schuldner) das Insolvenzverfahren eröffnet worden, können die Finanzbehörden ihre Ansprüche während der Dauer des Verfahrens nur nach den Vorschriften der Insolvenzordnung geltend machen (§ 251 Abs. 2 Satz 1 AO).

Die Vorschriften der Abschnitte 57 bis 64 der Vollstreckungsanweisung (VollstrA) sind anzuwenden.

2. Voraussetzung für die Eröffnung des Verfahrens

2.1. Eröffnungsgründe

Nach § 16 InsO sind Gründe für die Eröffnung des Insolvenzverfahrens
- die Zahlungsunfähigkeit (§ 17 InsO),
- die drohende Zahlungsunfähigkeit (§ 18 InsO) und
- die Überschuldung (§ 19 InsO).

Die gleichen Eröffnungsgründe gelten auch in Nachlassinsolvenzverfahren (§ 320 InsO).

2.1.1. Zahlungsunfähigkeit

1 Allgemeiner Eröffnungsgrund ist die Zahlungsunfähigkeit des Schuldners. 2 Sie ist in der Regel anzunehmen, wenn der Schuldner seine Zahlungen eingestellt hat (§ 17 InsO). 3 Leistet der Schuldner noch einzelne Zahlungen, bleiben aber nicht unwesentliche Verbindlichkeiten unerfüllt, ändert dies grundsätzlich nichts an der Zahlungsunfähigkeit (BGH-Urteil vom 10.7.2003, IX ZR 89/02, DB S. 2383).

Zahlungsunfähigkeit ist weiterhin regelmäßig anzunehmen, wenn der Schuldner nicht in der Lage ist, binnen drei Wochen 90% seiner fälligen Gesamtverbindlichkeiten auszugleichen (BGH-Urteil vom 24.5.2005, IX ZR 123/04, NJW S. 3062).

2.1.2. Drohende Zahlungsunfähigkeit

1 Bei Eigenanträgen des Schuldners ist auch die drohende Zahlungsunfähigkeit Eröffnungsgrund (§ 18 Abs. 1 InsO). 2 Der Schuldner droht zahlungsunfähig zu werden, wenn er voraussichtlich nicht in der Lage sein wird, die bestehenden Zahlungspflichten im Zeitpunkt der Fälligkeit zu erfüllen. 3 In aller Regel ist ein Prognosezeitraum von 24 Monaten zugrunde zu legen (§ 18 Abs. 2 InsO).

2.1.3. Überschuldung

1 Bei juristischen Personen, Personengesellschaften ohne eine persönlich haftende natürliche Person ist daneben die Überschuldung ein eigenständiger Eröffnungsgrund (§ 19 InsO). 2 Eine Überschuldung liegt vor, wenn das Vermögen des Schuldners die bestehenden Verbindlichkeiten nicht mehr deckt, es sei denn, die Fortführung des Unternehmens in den nächsten zwölf Monaten ist nach den Umständen überwiegend wahrscheinlich (§ 19 Abs. 2 Satz 1 InsO). 3 Eine Ausnahme gilt in den Fällen des § 19 Abs. 3 Satz 2 InsO.

2.2. Eröffnungsantrag

1 Das Insolvenzverfahren wird nur auf schriftlichen Antrag eröffnet. 2 Antragsberechtigt sind sowohl die Gläubiger als auch der Schuldner (§ 13 Abs. 1 Satz 2 InsO). 3 Den Antrag auf Eröffnung des Insolvenzverfahrens kann außer bei drohender Zahlungsunfähigkeit jeder Gläubiger stellen, der ein rechtliches Interesse an der Eröffnung hat und seinen Anspruch sowie den Eröffnungsgrund glaubhaft macht (§ 14 Abs. 1 InsO). 4 Das rechtliche Interesse eines Gläubigers fehlt beispielsweise dann, wenn er aufgrund eines Aussonderungsrechts innerhalb wie außerhalb des Verfahrens in gleicher Weise Befriedigung erlangen kann.

Bei vollstreckbaren Rückständen ist die Finanzbehörde im Rahmen pflichtgemäßer Ermessensausübung gehalten, bei Vorliegen eines Insolvenzgrundes einen Insolvenzantrag zu stellen.

[1]Nach § 14 Abs. 1 Satz 2 InsO wird ein Insolvenzantrag nicht alleine dadurch unzulässig, dass die Forderung erfüllt wird. [2]Ein von der Finanzbehörde gestellter Insolvenzantrag kann weiterhin trotz Tilgung der Forderungen aufrechterhalten bleiben.

2.3. Rechtsbehelfe

[1]Die Stellung eines Antrag auf Eröffnung eines Insolvenzverfahrens über das Vermögen des Schuldners durch die Finanzbehörde ist kein Verwaltungsakt, sondern stellt schlichtes hoheitliches Handeln dar, dessen Überprüfung dem Finanzgericht und nicht dem Insolvenzgericht obliegt (vgl. BFH-Beschluss vom 31.8.2011, VII B 59/11, BFH/NV S. 2105). [2]Dem Steuerpflichtigen stehen als Rechtsbehelfe hiergegen die allgemeine Leistungsklage (§ 40 Abs. 1 FGO) bzw. im vorläufigen Rechtsschutzverfahren der Antrag auf Erlass einer einstweiligen Anordnung (§ 114 FGO) zu (vgl. BFH-Beschluss vom 12.8.2011, VII B 159/10, BFH/NV S. 2104).

[1]Über den Insolvenzantrag selbst entscheidet das Insolvenzgericht. [2]Gegen eine ablehnende Entscheidung des Insolvenzgerichts über den Insolvenzantrag steht dem antragstellenden Gläubiger das Rechtsmittel der sofortigen Beschwerde zu (§ 34 Abs. 1 InsO). [3]Die Beschwerde ist binnen einer Notfrist von zwei Wochen bei dem Insolvenzgericht einzulegen (§§ 4 und 6 InsO, § 569 ZPO). [4]Die Frist beginnt mit der Verkündung der Entscheidung oder, wenn diese nicht verkündet wird, mit deren Zustellung (§ 6 Abs. 2 InsO). [5]Gegen die Entscheidung des Beschwerdegerichts ist die Rechtsbeschwerde gegeben, soweit sie zugelassen ist (§ 574 ZPO). [6]Die Rechtsbeschwerde ist binnen einer Notfrist von einem Monat nach Zustellung des Beschlusses über die sofortige Beschwerde bei dem Rechtsbeschwerdegericht einzulegen (§ 575 ZPO).

3. Insolvenzeröffnungsverfahren

3.1. Sicherungsmaßnahmen

[1]Die häufigste Sicherungsmaßnahme ist neben dem Vollstreckungsverbot die Anordnung der vorläufigen Insolvenzverwaltung gem. § 21 Abs. 2 Nr. 1 i. V. m. § 22 InsO. [2]Wird diese Anordnung mit dem Erlass eines allgemeinen Verfügungsverbots nach § 21 Abs. 2 Nr. 2 InsO verbunden, geht die Verwaltungs- und Verfügungsbefugnis über das Schuldnervermögen auf den vorläufigen Insolvenzverwalter über. [3]Aufgrund seiner umfassenden Befugnisse wird dieser als starker vorläufiger Insolvenzverwalter bezeichnet. [4]Im Besteuerungsverfahren hat der starke vorläufige Insolvenzverwalter die gleiche Stellung (§ 34 Abs. 3 AO) wie der Insolvenzverwalter im eröffneten Verfahren (vgl. AEAO zu § 251, Nr. 4.2). [5]Die vom starken vorläufigen Insolvenzverwalter begründeten Verbindlichkeiten gelten nach Verfahrenseröffnung als Masseverbindlichkeiten i. S. d. § 55 Abs. 2 InsO (vgl. AEAO zu § 251, Nr. 6.1). [6]Für hierauf bezogene Verwaltungsakte ist er im Insolvenzeröffnungsverfahren Bekanntgabeadressat (vgl. AEAO zu § 251, Nr. 4.3.2). [7]Mit

Bestellung des starken vorläufigen Insolvenzverwalters tritt bereits die Unterbrechungswirkung analog zu § 240 Satz 2 ZPO ein, weshalb ab diesem Zeitpunkt insbesondere keine Steuerbescheide mehr für solche Steuern erlassen werden dürfen, die vor Bestellung des starken vorläufigen Insolvenzverwalters begründet worden sind (vgl. AEAO zu § 251, Nr. 4.1.2). [8]Eine vom Schuldner vor Bestellung eines starken vorläufigen Insolvenzverwalters erteilte Empfangsvollmacht ist weiterhin zu beachten, sofern sie nicht vom starken vorläufigen Insolvenzverwalter widerrufen oder das Insolvenzverfahren eröffnet wurde.

[1]Soweit das Gericht vom Erlass eines allgemeinen Verfügungsverbots absieht und die Rechte des vorläufigen Insolvenzverwalters individuell bestimmt, handelt es sich um einen sog. schwachen vorläufigen Insolvenzverwalter. [2]Dieser ist nicht Vermögensverwalter i. S. d. § 34 Abs. 3 AO; daher obliegen die steuerlichen Pflichten, insbesondere die Steuererklärungspflicht, weiterhin dem Schuldner. [3]Steuerbescheide sind daher an den Schuldner zu richten und diesem bekannt zu geben, soweit kein Empfangsbevollmächtigter bestellt ist.

[1]Der schwache vorläufige Insolvenzverwalter kann in der Regel keine Masseverbindlichkeiten begründen (vgl. BGH-Urteil vom 18.7.2002, IX ZR 195/01, DB S. 2011).[1)] [2]Aufgrund der Regelung des § 55 Abs. 4 InsO gelten jedoch bestimmte Steuerverbindlichkeiten des Schuldners, die vom vorläufigen Insolvenzverwalter oder vom Schuldner mit Zustimmung des vorläufigen Insolvenzverwalters begründet werden, nach Eröffnung des Insolvenzverfahrens als Masseverbindlichkeiten. [3]Zu Einzelheiten der Anwendung des § 55 Abs. 4 InsO siehe BMF-Schreiben vom 11.1.2022, BStBl. I S. 116.

Aus der Bestellung eines Gutachters durch das Insolvenzgericht ergeben sich keine Auswirkungen auf das Besteuerungsverfahren des Schuldners.

3.2. Besonderheiten bei beantragter Eigenverwaltung

Zu den Besonderheiten der vorläufigen Eigenverwaltung nach § 270b InsO vgl. AEAO zu § 251, Nr. 13.1, zu der Vorbereitung einer Sanierung nach § 270d InsO vgl. AEAO zu § 251, Nr. 13.2.

4. Eröffnung des Verfahrens

4.1. Wirkung der Eröffnung des Verfahrens

4.1.1. Allgemeines

[1]Mit der Eröffnung des Insolvenzverfahrens verliert der Schuldner die Befugnis, sein zur Insolvenzmasse gehörendes Vermögen zu verwalten und darüber zu verfügen (§ 80 Abs. 1 InsO), sofern keine Eröffnung unter Anordnung der Eigenverwaltung erfolgt (§ 270 Abs. 1 Satz 1 InsO, vgl. AEAO zu § 251, Nr. 13.2). [2]Die Verwaltungs- und Verfügungsrechte werden durch den Insolvenzverwalter ausgeübt (§ 34 Abs. 3 AO).

[1]Die Insolvenzmasse erfasst das gesamte Vermögen einschließlich der Geschäftsbücher (§ 36 Abs. 2 Nr. 1 InsO), das dem Schuldner zur Zeit der Eröffnung des Verfahrens gehört und das er während des Verfahrens erlangt (sog. Neuerwerb, § 35 InsO). [2]Nicht zur Insolvenzmasse gehören die unpfändbaren Gegenstände i. S. d. § 36 InsO, das Vermögen aus einer nach § 35 Abs. 2 InsO

---

1) NJW 2002, 3326.

freigegebenen Tätigkeit (sog. insolvenzfreies Vermögen, vgl. AEAO zu § 251, Nr. 7) und das nach Ende der Abtretungsfrist bei erteilter Restschuldbefreiung erworbene Vermögen (§ 300a Abs. 1 Satz 1 InsO).

[1]Die Eröffnung des Verfahrens hat weiter die Wirkung, dass alle im letzten Monat vor dem Eröffnungsantrag oder nach diesem Antrag durch Zwangsvollstreckung erlangten Sicherungsrechte ihre Wirksamkeit verlieren (§ 88 InsO). [2]Im Verbraucherinsolvenzverfahren (vgl. AEAO zu § 251, Nr. 12) verlängert sich die Frist nach § 88 Abs. 2 InsO auf drei Monate.

[1]Mit der Eröffnung des Verfahrens können bis zu diesem Zeitpunkt begründete Ansprüche aus dem Steuerschuldverhältnis (Insolvenzforderungen, vgl. AEAO zu § 251, Nr. 5.1) nur noch nach Maßgabe der InsO geltend gemacht werden. [2]Dies gilt auch für Ansprüche, auf die steuerliche Verfahrensvorschriften entsprechend anzuwenden sind (z.B. Rückforderung von Investitionszulage).

4.1.2. Unterbrechungswirkung (analog § 240 ZPO)

[1]Das Steuerfestsetzungsverfahren, das Rechtsbehelfsverfahren und der Lauf der Rechtsbehelfsfristen werden, soweit sie die Insolvenzmasse betreffen oder abstrakt dazu geeignet sind, sich auf zur Tabelle anzumeldende Steuerforderungen auszuwirken, analog zu § 240 ZPO unterbrochen (vgl. BFH-Urteil vom 24.8.2004, VIII R 14/02, BStBl. 2005 II S. 246). [2]Das gilt auch für Rechtsbehelfsverfahren, wenn damit eine Erstattung für die Masse begehrt wird (BFH-Urteil vom 30.7.2019, VIII R 21/16, BStBl. 2021 II S. 171).

[1]Eine Verfahrensunterbrechung tritt jedoch im Steuerfestsetzungsverfahren nicht ein, wenn keine Forderungen gegenüber der Insolvenzmasse für Zeiträume vor Insolvenzeröffnung geltend zu machen sind (z.B. im Falle einer Erstattung für die Masse; BFH-Urteil vom 13.5.2009, XI R 63, BStBl. 2010 II S. 11). [2]Hinsichtlich der Zulässigkeit des Erlasses von Steuerbescheiden wird auf Nr. 4.3.1 verwiesen.

Zur Unterbrechungswirkung bei der gesonderten und einheitlichen Feststellung von Besteuerungsgrundlagen vgl. AEAO zu § 251, Nr. 4.4.

[1]Die Ermittlungsrechte und -pflichten der Finanzbehörde (§ 88 AO) und die Mitwirkungspflichten des Schuldners, des vorläufigen Insolvenzverwalters und des Insolvenzverwalters (§ 34 Abs. 3 AO) bleiben von der Unterbrechungswirkung unberührt. [2]Die Pflicht zur handels- und steuerrechtlichen Rechnungslegung ergibt sich aus § 155 InsO.

Bei der Wiederaufnahme von unterbrochenen Rechtsbehelfsverfahren ist zwischen passiven und aktiven Verfahren zu unterscheiden.

Bei Einspruchs- und Klageverfahren, in denen Insolvenzforderungen strittig sind oder die abstrakt geeignet sind, sich auf zur Tabelle anzumeldende Steuerforderungen auszuwirken (Passiv-Verfahren), wird auf Nr. 5.3. verwiesen.

[1]Bei Einspruchsverfahren, die im Erfolgsfall zu einer Erstattung der bereits gezahlten Steuern in die Insolvenzmasse führen (Aktiv-Verfahren), fehlt es an einer gesetzlichen oder analogen Grundlage für die Aufnahme des Verfahrens durch das Finanzamt. [2]Lediglich dem Insolvenzverwalter steht die Möglichkeit zu, in analoger Anwendung des § 85 Abs. 1 Satz 1 InsO, Rechtsbehelfsverfahren aufzunehmen (BFH-Urteil vom 30.7.2019, VIII R 21/16, a.a.O.). [3]Es bleibt dem Finanzamt aber unbenommen, mit dem Insolvenzverwalter den

Streitstand zu erörtern und den Insolvenzverwalter zur Aufnahme des Verfahrens zu bewegen.

[1]In Klageverfahren, die im Erfolgsfall zu einer Erstattung der bereits gezahlten Steuern in die Insolvenzmasse führen (Aktivprozess), kann das Finanzamt das Verfahren wiederaufnehmen, wenn der Insolvenzverwalter die Aufnahme des Verfahrens abgelehnt hat (§ 85 Abs. 2 InsO). [2]Der Insolvenzverwalter ist in diesem Verfahren dann nicht mehr beteiligt. [3]Die gesetzliche Prozessführungsbefugnis und die Beteiligtenstellung gehen auf den Schuldner über; der im Streit befindliche Massegegenstand wird freigegeben (BFH-Beschluss vom 20.2.2018, XI B 110/17, BFH/NV S. 736).

4.1.3. Auswirkungen auf bei Insolvenzeröffnung anhängige Rechtsbehelfsverfahren und Anträge auf Aussetzung der Vollziehung

[1]Wird während eines anhängigen außergerichtlichen oder gerichtlichen Rechtsbehelfsverfahrens das Insolvenzverfahren eröffnet, so wird das Rechtsbehelfsverfahren grundsätzlich unterbrochen, soweit es die Insolvenzmasse betrifft (Nr. 4.1 des AEAO zu § 251). [2]Die Unterbrechung endet, wenn das Rechtsbehelfsverfahren nach den für das Insolvenzrecht geltenden Vorschriften aufgenommen (vgl. hierzu AEAO zu § 251, Nr. 5.3.1.2.2) oder das Insolvenzverfahren beendet wird.

[1]Ein noch nicht beschiedener Antrag auf Aussetzung der Vollziehung nach § 361 AO bzw. § 69 FGO wird durch die Eröffnung des Insolvenzverfahrens unzulässig (vgl. BFH-Urteil vom 27.11.1974, I R 185/73, BStBl. 1975 II S. 208). [2]Eine gewährte Aussetzung der Vollziehung erledigt sich mit der Eröffnung des Insolvenzverfahrens (siehe § 124 Abs. 2 AO i. V. m. § 41 Abs. 1 InsO). [3]Die Beträge sind zur Tabelle anzumelden (vgl. AEAO zu § 251, Nr. 5.2).

4.1.4. Auswirkungen auf Stundung und Vollstreckungsaufschub

[1]Noch nicht beschiedene Anträge auf Stundung und Vollstreckungsaufschub werden durch die Eröffnung des Insolvenzverfahrens unzulässig. [2]Gewährte Stundungen oder Vollstreckungsaufschübe erledigen sich mit der Eröffnung des Insolvenzverfahrens (siehe § 124 Abs. 2 i. V. m. § 41 Abs. 1 InsO). [3]Die Beträge sind zur Tabelle anzumelden (vgl. AEAO zu § 251, Nr. 5.2).

4.1.5. Wirkungen auf Verfahren gegen Dritte

[1]Verfahren gegen Dritte, die sich nicht in Insolvenz befinden, bleiben grundsätzlich von den Wirkungen der Eröffnung des Insolvenzverfahrens unberührt. [2]Dies gilt z. B. für das Besteuerungsverfahren des nichtinsolventen Ehegatten/Lebenspartners des Schuldners, für das Besteuerungsverfahren der nichtinsolventen Gesellschafter einer Personengesellschaft und für Haftungsverfahren gegen GmbH-Geschäftsführer.

4.2. Stellung und steuerliche Pflichten des Insolvenzverwalters

[1]Der Insolvenzverwalter hat als Vermögensverwalter (§ 34 Abs. 3 AO) die steuerlichen Pflichten des Schuldners zu erfüllen. [2]Er ist daher u. a. gem. § 149 Abs. 1 AO i. V. m. den Einzelsteuergesetzen verpflichtet, Steuererklärungen für den Schuldner abzugeben. [3]Die Steuererklärungspflicht besteht sowohl für Besteuerungszeiträume nach Eröffnung des Insolvenzverfahrens als

auch für Besteuerungszeiträume vor Eröffnung des Insolvenzverfahrens, soweit der Schuldner noch keine Steuererklärungen abgegeben hat.

[1]Der Insolvenzverwalter hat die steuerlichen Pflichten des Schuldners jedoch nur insoweit zu erfüllen, als seine Verfügungsbefugnis reicht. [2]Soweit Besteuerungsgrundlagen den insolvenzfreien Bereich betreffen, insbesondere Umsätze bzw. Einkünfte aus dem nach § 35 Abs. 2 InsO freigegebenen oder pfändungsfreien Vermögen, ist daher nicht der Insolvenzverwalter, sondern der Schuldner zur Erklärung verpflichtet, z.B. zur Abgabe von Umsatzsteuererklärungen für das freigegebene Unternehmen. [3]Entsprechendes gilt für die Erklärung zu Besteuerungsgrundlagen, die den mit dem Schuldner zusammenveranlagten Ehegatten/Lebenspartner betreffen. [4]Soweit die Steuergesetze die eigenhändige Unterzeichnung einer Steuererklärung vorschreiben, muss die Steuererklärung vom Insolvenzverwalter eigenhändig (mit-)unterschrieben werden; dies gilt auch im Fall einer Antragsveranlagung gem. § 46 Abs. 2 Nr. 8 EStG.

[1]Für die Steuererklärungspflicht des Insolvenzverwalters ist es i.d.R. unerheblich, ob die Insolvenzmasse über ausreichende Mittel verfügt, um diese Erklärungen durch einen Dritten erstellen zu lassen (BFH-Urteil vom 23.8.1994, VII R 143/92, BStBl. 1995 II S. 194). [2]Soweit der Insolvenzverwalter verpflichtet ist, Steuererklärungen einschließlich Steueranmeldungen abzugeben, und er dieser Verpflichtung nicht nachkommt, sind Zwangsmaßnahmen (§§ 328, 329 AO) gegen ihn zulässig. [3]Dies gilt auch, wenn aus den angeforderten Erklärungen voraussichtlich nicht mit steuerlichen Auswirkungen zu rechnen ist (sogenannte „Null-Erklärungen" vgl. BFH-Urteil vom 6.11.2012, VII R 72/11, BStBl. 2013 II S. 141). [4]In massearmen Verfahren kann jedoch regelmäßig von der Anwendung von Zwangsmitteln abgesehen werden; die Besteuerungsgrundlagen sind dann zu schätzen.

Erkennt der Insolvenzverwalter während des Verfahrens, dass der Schuldner für die Zeit vor Insolvenzeröffnung unrichtige oder unvollständige Erklärungen abgegeben hat und dass es dadurch zu einer Verkürzung von Steuern kommen kann oder bereits gekommen ist, ist er nach § 153 Abs. 1 AO verpflichtet, die unrichtigen oder unvollständigen Steuererklärungen zu berichtigen oder zu vervollständigen.

[1]Die Steuererklärungspflicht des Insolvenzverwalters endet grundsätzlich mit Aufhebung des Insolvenzverfahrens. [2]Soweit Steuererklärungen vor Aufhebung des Insolvenzverfahrens vom Insolvenzverwalter abzugeben waren, besteht diese Verpflichtung über diesen Zeitpunkt hinaus fort, soweit der frühere Insolvenzverwalter dieser Verpflichtung noch tatsächlich nachkommen kann (§§ 34, 36 AO).

Für Zeiträume nach der Aufhebung des Insolvenzverfahrens obliegen die steuerlichen Pflichten dem Schuldner.

4.3. Verwaltungsakte im Insolvenzverfahren

4.3.1. Vor Insolvenzeröffnung begründete Ansprüche

[1]Während des Insolvenzverfahrens dürfen hinsichtlich Insolvenzforderungen grundsätzlich keine Bescheide über die Festsetzung von Ansprüchen aus dem Steuerschuldverhältnis und keine Bescheide, die Besteuerungsgrundlagen

feststellen oder Steuermessbeträge festsetzen, welche die Höhe der zur Insolvenztabelle anzumeldenden Steuerforderungen beeinflussen können, erlassen werden. [2]Ein gleichwohl erlassener Steuerbescheid über einen Steueranspruch, der eine Insolvenzforderung betrifft, ist unwirksam (BFH-Urteil vom 18.12.2002, I R 33/01, BStBl. 2003 II S. 630).

Steuerfestsetzungen i. H. v. 0 €, deren Besteuerungsgrundlagen in einen verbleibenden Verlustvortrag nach § 10d EStG eingehen können, sind ebenfalls unwirksam, da sie abstrakt geeignet sind, sich auf anzumeldende Steuerforderungen auszuwirken, vgl. § 10d Abs. 4 Satz 4 EStG.

[1]Bescheide, die einen Erstattungsanspruch zugunsten der Insolvenzmasse festsetzen, oder Festsetzungen von Steuermessbeträgen, die sich für den Schuldner vorteilhaft auswirken, können ergehen, sofern sie nicht abstrakt geeignet sind, sich auf anzumeldende Steuerforderungen auszuwirken (z. B. über einen Verlustvortrag nach § 10d EStG). [2]Beispielsweise ist das Finanzamt berechtigt, Umsatzsteuerbescheide zu erlassen, in denen eine negative Umsatzsteuer für einen Besteuerungszeitraum vor Eröffnung des Insolvenzverfahrens festgesetzt wird, sofern sich daraus keine Zahllast ergibt (BFH-Urteil vom 13.5.2009, XI R 63/07, BStBl. 2010 II S. 11).

[1]Eine Steuerfestsetzung hat außerdem zu erfolgen, wenn der Insolvenzverwalter ausdrücklich die Erteilung eines Steuerbescheids beantragt, auch wenn sie sich auf anzumeldende Steuerforderungen auswirken kann. [2]Ein solcher Antrag ist erforderlich, wenn der Insolvenzverwalter die Anrechnung von Steuerabzugsbeträgen und/oder Vorauszahlungen begehrt mit dem Ziel ihrer (teilweisen) Erstattung zugunsten der Insolvenzmasse. [3]Die Abgabe einer gesetzlich vorgeschriebenen Steuererklärung ist, mit Ausnahme der Fälle des § 46 Abs. 2 Nr. 8 EStG (vgl. BFH-Urteil vom 20.1.2016, VI R 14/15, BStBl. II S. 380), kein Antrag auf Erteilung eines Steuerbescheids (vgl. AEAO zu § 171, Nr. 2).

Weiterhin können folgende Verwaltungsakte ergehen:
- Verwaltungsakte nach § 251 Abs. 3 AO (ggf. neben einer Bekanntgabe an den widersprechenden Gläubiger, § 179 Abs. 1 InsO),
- Gewerbesteuermessbetragsbescheide (§ 184 AO) und Zerlegungsbescheide (§ 188 AO) nach einem Widerspruch gegen die Anmeldung von Gewerbesteuerforderungen zur Insolvenztabelle durch die erhebungsberechtigte Körperschaft (BFH-Urteil vom 2.7.1997, I R 11/97, BStBl. 1998 II S. 428),
- Bescheide, die Besteuerungsgrundlagen feststellen, die eine vom Insolvenzverwalter im Prüfungstermin bestrittene Steuerforderung betreffen (BFH-Urteil vom 1.4.2003, I R 51/02, BStBl. II S. 779; zu Feststellungsbescheiden vgl. auch AEAO zu § 251, Nr. 4.4).

Für diese Verwaltungsakte ist Bekanntgabeadressat (vgl. AEAO zu § 122, Nr. 1.4) der Insolvenzverwalter.

In Fällen der Eigenverwaltung (vgl. AEAO zu § 251, Nr. 13) ist der Schuldner Bekanntgabeadressat.

Zu Verbindlichkeiten nach § 55 Abs. 2 und 4 InsO vgl. AEAO zu § 251, Nr. 3.1.

4.3.2. Nach Insolvenzeröffnung begründete Ansprüche

Verwaltungsakte, die die Insolvenzmasse betreffen, dürfen erlassen werden.

[1] Bekanntgabeadressat aller die Insolvenzmasse betreffenden Verwaltungsakte ist der Insolvenzverwalter. [2] Dies gilt insbesondere für die Bekanntgabe von
- Steuerbescheiden oder Steuermessbetragsbescheiden wegen Steueransprüchen, die nach der Verfahrenseröffnung begründet und damit sonstige Masseverbindlichkeiten sind,
- Verwaltungsakten nach § 218 Abs. 2 AO,
- Steuerbescheiden wegen Steueransprüchen, die aufgrund einer neuen beruflichen oder gewerblichen, nicht vom Insolvenzverwalter freigegebenen Tätigkeit des Schuldners begründet sind (sog. Neuerwerb, § 35 InsO).

Verwaltungsakte, die das insolvenzfreie Vermögen betreffen, sind an den Schuldner zu richten und diesem bekannt zu geben.

4.3.3. Beispiele für Bescheiderläuterungen bei Bekanntgabe an den Insolvenzverwalter:

„Der Bescheid ergeht an Sie als Insolvenzverwalter/vorläufiger Insolvenzverwalter im Insolvenzverfahren/Verfahren über den Antrag auf Eröffnung des Insolvenzverfahrens über das Vermögen des Schuldners ... ."

Die Erläuterung ist, soweit erforderlich, zur Klarstellung zu ergänzen:

„Die Steuerfestsetzung betrifft die Festsetzung der Umsatzsteuer als sonstige Masseverbindlichkeit."

„Die Festsetzung des Gewerbesteuermessbetrags dient der erhebungsberechtigten Körperschaft als Grundlage zur Fortführung des weiteren Verfahrens aufgrund des Widerspruchs gegen die Anmeldung der Gewerbesteuerforderung zur Tabelle."

4.4. Besonderheiten bei der gesonderten Feststellung von Besteuerungsgrundlagen

4.4.1. Personengesellschaften

4.4.1.1. Insolvenz der Personengesellschaft

Das Insolvenzverfahren einer Personengesellschaft umfasst nur das Gesamthandsvermögen, nicht jedoch das persönliche Vermögen der Gesellschafter oder das Sonderbetriebsvermögen einzelner Gesellschafter.

[1] Zivilrechtlich wird die Personengesellschaft durch die Eröffnung des Insolvenzverfahrens aufgelöst (§ 728 Abs. 1 BGB, § 131 Abs. 1 Nr. 3, § 161 Abs. 2 HGB). [2] Steuerrechtlich besteht sie zunächst fort (vgl. AEAO zu § 122, Nr. 2.7.1).

Ist ausschließlich über das Vermögen der Gesellschaft – nicht aber auch über das Vermögen eines Gesellschafters – ein Insolvenzverfahren eröffnet worden, unterbricht diese Verfahrenseröffnung das (Gewinn-)Feststellungsverfahren nicht, weil dessen steuerlichen Folgen nicht die Insolvenzmasse, sondern ausschließlich die Gesellschafter treffen (BFH-Urteil vom 24.7.1990, VIII R 194/84, BStBl. 1992 II S. 508).

[1] Daher sind weiterhin Feststellungserklärungen abzugeben. [2] Die Pflicht zur Abgabe der Feststellungserklärung obliegt wie bisher den Beteiligten (§§ 179 Abs. 1, 181 Abs. 2 AO), nicht dem Insolvenzverwalter. [3] Dieser ist nur dann zur Abgabe der Feststellungserklärung verpflichtet, wenn er Insolvenzverwalter im Insolvenzverfahren über das Vermögen eines Beteiligten ist. [4] Seine ggf. bestehende Pflicht zur Abgabe einer Gewerbesteuererklärung bleibt davon unberührt.

[1]Der Insolvenzverwalter über das Vermögen einer Personengesellschaft ist vorbehaltlich des § 5b Abs. 2 EStG zur elektronischen Übermittlung der E-Bilanz gem. § 5b Abs. 1 EStG verpflichtet, wenn ihm die Abgabepflicht für eine Steuer- oder Feststellungserklärung obliegt, für die die E-Bilanz von Bedeutung ist (insbesondere die Gewerbesteuererklärung oder die Erklärung über die gesonderte und einheitliche Feststellung der Besteuerungsgrundlagen). [2]In diesem Fall hat er auch die nach § 51 Abs. 4 Nr. 1b EStG vom BMF im Einvernehmen mit den obersten Finanzbehörden der Länder bestimmten Mussangaben, die die Feststellungsbeteiligten betreffen, an das Finanzamt zu übermitteln.

Zur Bekanntgabe von Feststellungsbescheiden, wenn die Gesellschaft durch die Eröffnung des Insolvenzverfahrens aufgelöst wird vgl. Nr. 2.5.5 des AEAO zu § 122.

4.4.1.2. Insolvenz eines (oder mehrerer) Gesellschafters der Personengesellschaft

[1]Mit der Eröffnung des Insolvenzverfahrens über das Vermögen eines Feststellungsbeteiligten wird das (Gewinn-) Feststellungsverfahren ausschließlich hinsichtlich der Feststellung des Anteils des in der Insolvenz befindlichen Gesellschafters unterbrochen. [2]Diese Unterbrechung hindert den Fortgang des (Gewinn-) Feststellungsverfahrens gegenüber den übrigen Beteiligten nicht. [3]Insoweit wird vom Grundsatz der Einheitlichkeit des Feststellungsverfahrens (§ 179 Abs. 2 Satz 2 AO) abgewichen.

Sobald dem für die Besteuerung eines Feststellungsbeteiligten zuständigen Finanzamt bekannt wird, dass über das Vermögen dieses Steuerpflichtigen das Insolvenzverfahren eröffnet worden ist, hat es das für die Durchführung der gesonderten und einheitlichen Feststellung zuständige Finanzamt unverzüglich hierüber zu unterrichten.

Wenn im Zeitpunkt der Insolvenzeröffnung noch kein (Gewinn-) Feststellungsbescheid vorliegt, gilt für die Besteuerung des Anteils des insolventen Beteiligten Folgendes:

Eine Unterscheidung zwischen Insolvenz- und Masseforderungen ist bereits im (Gewinn)Feststellungsbescheid gegenüber dem in Insolvenz befindlichen Mitunternehmer vorzunehmen.

[1]Werden durch die gesonderte und einheitliche Feststellung gegenüber dem Schuldner (insolventer Feststellungsbeteiligter) sowohl Besteuerungsgrundlagen, welche der Anmeldung von Insolvenzforderungen dienen, als auch Besteuerungsgrundlagen, welche der Festsetzung von Masseforderungen dienen, festgestellt, so sind die Besteuerungsgrundlagen, welche der Anmeldung von Insolvenzforderungen dienen, gesondert aufzuführen. [2]Dieser Bescheid ist dem Insolvenzverwalter bekannt zu geben. [3]Dabei ist darauf hinzuweisen, dass der Bescheid, soweit er Besteuerungsgrundlagen betrifft, die der Anmeldung von Insolvenzforderungen dienen, lediglich ein „informatorischer Bescheid" über die Berechnungsgrundlage ist (vgl. BFH-Urteil vom 24.8.2004, VIII R 14/02, BStBl. 2005 II S. 246).

Zuständig für die Anmeldung der Forderungen zur Tabelle ist und bleibt das für die Besteuerung des Schuldners zuständige Finanzamt. [2]Es nimmt bei Bedarf auch am Prüfungstermin teil.

[1]Wird die von dem Finanzamt angemeldete Forderung im Prüfungstermin bestritten, hat das für die Besteuerung des Schuldners zuständige Finanzamt einen Feststellungsbescheid nach § 251 Abs. 3 AO zu erlassen, der auf Feststellung zur Insolvenztabelle gerichtet ist. [2]Der Feststellungsbescheid nach § 251 Abs. 3 AO ist an die widersprechenden Insolvenzgläubiger bzw. den widersprechenden Insolvenzverwalter zu richten.

[1]Wird kein Einspruch gegen den Feststellungsbescheid nach § 251 Abs. 3 AO eingelegt, gilt die Forderung als festgestellt. [2]Die Berichtigung der Tabelle ist von dem für die Besteuerung des Schuldners zuständigen Finanzamt zu beantragen.

[1]Wird gegen den Feststellungsbescheid nach § 251 Abs. 3 AO Einspruch eingelegt und damit begründet, dass die festgestellte Forderung auf einer Gewinnfeststellung beruht, ist das Gewinnfeststellungsverfahren wieder aufzunehmen. [2]Der Rechtsstreit über den Feststellungsbescheid nach § 251 Abs. 3 AO ist bis zu der abschließenden Entscheidung in dem Gewinnfeststellungsverfahren gem. § 363 Abs. 1 AO auszusetzen.

An diesem Gewinnfeststellungsverfahren sind anstelle des Schuldners die im Prüfungstermin widersprechenden Insolvenzgläubiger bzw. der widersprechende Insolvenzverwalter beteiligt; ihnen ist deshalb auch ein sog. „verkürzter" Gewinnfeststellungsbescheid (§ 183 Abs. 2 Satz 2 AO) bekannt zu geben (BFH-Urteil vom 24.8.2004, VIII R 14/02, a. a. O.).

[1]Die Entscheidung im Gewinnfeststellungsverfahren ist bei der Entscheidung über den Feststellungsbescheid nach § 251 Abs. 3 AO zu berücksichtigen. [2]Die Berichtigung der Tabelle beim Insolvenzgericht ist dann von dem für die Besteuerung des Schuldners zuständigen Finanzamt zu beantragen.

4.4.2. Sonstige Feststellungen von Besteuerungsgrundlagen

[1]Gesonderte Feststellungen von Besteuerungsgrundlagen, denen die abstrakte Eignung fehlt, sich auf anzumeldende Steuerforderungen auszuwirken (z. B. Feststellung des steuerlichen Einlagekontos gem. § 27 KStG), oder wenn der Insolvenzverwalter die Feststellung ausdrücklich beantragt hat (vgl. BFH-Urteil vom 18.12.2002, I R 33/01, BStBl. 2003 II S. 630), sind zulässig. [2]Die Abgabe einer gesetzlich vorgeschriebenen Feststellungserklärung ist kein Antrag auf Erteilung eines Feststellungsbescheids (vgl. AEAO zu § 171, Nr. 2).

4.5. Auskunftsrechte des Insolvenzverwalters gegenüber dem Finanzamt

[1]Der Schuldner selbst hat nach der AO keinen Anspruch auf Akteneinsicht oder Übersendung eines Kontoauszuges, sondern nur ein Recht darauf, dass die Finanzbehörde über seinen Antrag auf Akteneinsicht bzw. seinen Antrag auf Übersendung eines Kontoauszuges nach pflichtgemäßem Ermessen entscheidet. [2]Der Insolvenzverwalter hat keinen darüber hinausgehenden Anspruch (vgl. BFH-Urteil vom 19.3.2013, II R 17/11, BStBl. II S. 639, und BFH-Beschluss vom 15.9.2010, II B 4/10, BFH/NV 2011 S. 2).

[1]Bei Auskunftsanträgen des Insolvenzverwalters nach der AO hat das Finanzamt bei der Ermessensausübung zu berücksichtigen, ob ein berechtigtes Interesse substantiiert dargelegt wurde oder ein solches erkennbar ist, insbesondere ob die begehrte Auskunft der Wahrnehmung von Rechten oder *Pflichten* im konkreten Besteuerungsverfahren dienen kann (vgl. BFH-Beschluss vom 14.4.2011, VII B 201/10, BFH/NV S. 1296). [2]Fehlt es daran,

kann die Erteilung einer Auskunft oder die Übersendung von Kontoauszügen abgelehnt werden (vgl. BFH-Urteil vom 19.3.2013, II R 17/11, a. a. O.).

[1] Ein Auskunftsanspruch des Insolvenzverwalters allein wegen des Verdachts anfechtbarer Zahlungen auf Steuerschulden gegenüber dem Finanzamt besteht nicht (BGH-Urteil vom 13.8.2009, IX ZR 58/06, HFR 2010 S. 299).[1)] [2] Der Insolvenzverwalter muss mögliche der Anfechtung unterliegende Rechtshandlungen selbst ermitteln. [3] Das Finanzamt ist nicht verpflichtet, durch Herausgabe von Unterlagen oder durch Erteilung von Auskünften zur Ermittlung von Insolvenzanfechtungstatbeständen beizutragen.

Außersteuerliche Auskunftsrechte des Insolvenzverwalters zur Vorbereitung der Geltendmachung von Anfechtungsansprüchen nach §§ 129 ff. InsO können sich jedoch nach den jeweils einschlägigen Regelungen eines IFG ergeben, wenn der Schuldner zustimmt (§ 30 Abs. 4 Nr. 3 AO).

5. Insolvenzforderungen

5.1. Begriff

[1] Eine Insolvenzforderung ist eine zur Zeit der Eröffnung des Insolvenzverfahrens begründete Forderung des Gläubigers gegen den Schuldner (§ 38 InsO). [2] Der Zeitpunkt der steuerrechtlichen Entstehung der Forderung ist für diese Einordnung unmaßgeblich, so dass eine Abgabenforderung – unabhängig von der steuerrechtlichen Entstehung – immer dann als Insolvenzforderung anzusehen ist, wenn ihr Rechtsgrund zum Zeitpunkt der Verfahrenseröffnung bereits gelegt war bzw. der den Steueranspruch begründende Tatbestand nach den steuerrechtlichen Vorschriften bereits vor der Insolvenzeröffnung vollständig verwirklicht und damit abgeschlossen war, es sei denn, dass der Tatbestand der § 55 Abs. 2 oder 4[2)] InsO erfüllt ist.

[1] Ist die Steuerforderung im Zeitpunkt der Eröffnung des Insolvenzverfahrens noch nicht gem. § 38 AO entstanden (z. B. Eröffnung im Laufe des Umsatzsteuer-Voranmeldungszeitraums), ist nur die zum Eröffnungszeitpunkt bereits begründete Teilsteuerforderung Insolvenzforderung. [2] Der nach Eröffnung begründete Teil ist Masseforderung.

Abgabenansprüche, die lediglich begründet, aber noch nicht fällig sind, gelten im Zeitpunkt der Verfahrenseröffnung als fällig (§ 41 InsO).

Beispiel 1 (Umsatzsteuer):

Die Umsatzsteuerforderung entsteht bei Sollversteuerung erst mit Ablauf des Voranmeldungszeitraums, in dem die Leistungen ausgeführt worden sind (§ 13 Abs. 1 Nr. 1 Buchstabe a UStG). Dagegen ist sie grundsätzlich bereits begründet, soweit die Leistung erbracht ist.

Im Falle der Istversteuerung nach § 20 UStG entsteht die Umsatzsteuerforderung erst mit Ablauf des Voranmeldungszeitraums, in dem das Entgelt vereinnahmt worden ist (§ 13 Abs. 1 Nr. 1 Buchstabe b UStG). Insolvenzrechtlich begründet ist sie bereits im Zeitpunkt der Vereinnahmung des Entgelts (BFH-Urteil vom 29.1.2009, V R 64/07, BStBl. II S. 682). Das Gleiche gilt für die Anzahlungsbesteuerung nach § 13 Abs. 1 Nr. 1 Buchstabe a Satz 4 UStG.

Zur Verteilung auf die einzelnen Vermögensbereiche vgl. AEAO zu § 251, Nr. 9.2.

---

1) NZI 2009, 722.

2) Steuern begründen in der vorläufigen Eigenverwaltung keine Masseverbindlichkeiten; siehe BGH v. 22.11.2018 IX ZR 167/16, DStR 2019, 174.

Beispiel 2 (Vorsteuerrückforderung):

Der Vorsteuerrückforderungsanspruch (§ 17 Abs. 1 Satz 2 i. V. m. § 17 Abs. 2 Nr. 1 UStG) entsteht ebenfalls erst mit Ablauf des Voranmeldungszeitraums. Er ist aber zur Zeit der Bestellung eines vorläufigen Insolvenzverwalters mit Zustimmungsvorbehalt oder Bestellung eines vorläufigen Insolvenzverwalters, dem die Verwaltungs- und Verfügungsbefugnis über das Vermögen des Schuldners übertragen worden ist, begründet, weil die Uneinbringlichkeit bereits zu diesem Zeitpunkt vorlag (BMF-Schreiben vom 20.5.2015, BStBl. I S. 476). Spätestens ist der Vorsteuerrückforderungsanspruch mit der Eröffnung des Insolvenzverfahrens begründet (BFH-Urteil vom 22.10.2009, V R 14/08, BStBl. II 2011, S. 988, und vom 9.12.2010, V R 22/10, BStBl. II 2011 S. 996).

Beispiel 3 (Lohnsteuer):

Die Lohnsteuer entsteht in dem Zeitpunkt, in dem der Arbeitslohn dem Arbeitnehmer zufließt (§§ 38 Abs. 2, 41a Abs. 1 EStG). Sie ist regelmäßig auch in diesem Zeitpunkt begründet i. S. v. § 38 InsO, unabhängig davon, für welchen Zeitraum die Lohnzahlungen erfolgen.

Beispiel 4 (Rückforderung Investitionszulage):

Der Anspruch auf Rückforderung einer gewährten Investitionszulage ist vor Eröffnung des Insolvenzverfahrens begründet, wenn das zulagenbegünstigte Wirtschaftsgut vor Eröffnung des Insolvenzverfahrens bereits zulagenschädlich verwendet wurde (z. B. Veräußerung oder Umqualifizierung von Anlagevermögen in Umlaufvermögen).
Die nach Eröffnung des Insolvenzverfahrens durch den Insolvenzverwalter erfolgte zulagenschädliche Verwendung des Wirtschaftsgutes führt ebenfalls zu einer Insolvenzforderung. Der Rückforderungsanspruch war schon vor der Eröffnung begründet, weil das vom Schuldner geschaffene öffentlich-rechtliche Verhältnis zur Finanzbehörde, aus dem später der Rückforderungsanspruch entstanden ist, zum Zeitpunkt der Verfahrenseröffnung bereits bestand.

Beispiel 5 (Kraftfahrzeugsteuer):

(aufgehoben)

Beispiel 6 (Einkommen- und Körperschaftsteuer):

Die Einkommen- und Körperschaftsteuer auf die bis zur Insolvenzeröffnung erzielten Einkünfte stellt eine Insolvenzforderung dar.
Für die Zuordnung der Einkünfte und für die Verteilung der Steuer auf die einzelnen Vermögensbereiche vgl. AEAO zu § 251, Nr. 9.1.

Verspätungszuschläge sind Insolvenzforderungen (BFH-Beschluss vom 19.1.2005, VII B 286/04, BFH/NV S. 1001), wenn sie auf Fristversäumnissen des Schuldners bis zur Insolvenzeröffnung beruhen.

Zinsen nach §§ 233 ff. AO auf Insolvenzforderungen für Zeiträume bis zur Eröffnung des Insolvenzverfahrens sind zur Insolvenztabelle anzumelden.

Säumniszuschläge und Zinsen, die seit Eröffnung des Insolvenzverfahrens auf Insolvenzforderungen entstanden sind, sowie rückständige Bußgelder und Zwangsgelder sind nachrangige Insolvenzforderungen i. S. d. § 39 InsO.

5.2. Geltendmachung von Insolvenzforderungen

[1] Insolvenzforderungen sind schriftlich beim Insolvenzverwalter anzumelden (§ 174 Abs. 1 InsO). [2] Liegt der Forderung eine Steuerstraftat des Schuldners nach §§ 370, 373 oder 374 AO zugrunde, sind neben dem Grund und dem Betrag der Forderung auch die Tatsachen, aus denen sich nach Einschätzung der Finanzbehörde eine entsprechende Steuerstraftat ergibt, anzugeben. [3] Zu diesen Forderungen gehören auch die entstandenen Zinsansprüche wie z. B. Hinterziehungszinsen (vgl. BFH-Urteil vom 20.3.2012, VII R 12/11, BStBl. II S. 491). [4] Im Zeitpunkt der Anmeldung zur Tabelle muss noch keine

rechtskräftige Verurteilung wegen einer Steuerstraftat vorliegen. [5]Der Insolvenzverwalter führt eine Tabelle, in die er jede angemeldete Forderung mit den in § 174 Abs. 2, 3 InsO genannten Angaben einzutragen hat (§§ 174, 175 InsO). [6]Nachrangige Insolvenzforderungen sind nur auf besondere Aufforderung durch das Insolvenzgericht hin anzumelden (§ 174 Abs. 3 InsO).

5.3. Insolvenzforderungen im Prüfungstermin; Auswirkung auf das Besteuerungsverfahren

Wegen der Auswirkungen auf das Steuerfestsetzungs- und Rechtsbehelfsverfahren ist für die weitere Bearbeitung zunächst zu unterscheiden, ob die Forderung im Prüfungstermin (§ 29 Abs. 1 Nr. 2 InsO) bestritten wurde.

5.3.1. Vom Insolvenzverwalter oder einem Gläubiger bestrittene Forderungen

Ist eine angemeldete Abgabenforderung nach Grund und Höhe im Prüfungstermin bestritten worden, was z. B. auch bei „vorläufigem Bestreiten" oder „auflösend bedingter Feststellung" gegeben ist (vgl. BFH-Beschluss vom 16.3.2016, V B 41/15, BFH/NV S. 1073), muss weiter differenziert werden, ob der Anspruch tituliert ist.

[1]Von einer „Titulierung" im insolvenzrechtlichen Sinne ist auszugehen, wenn vor Insolvenzeröffnung ein Bescheid bekannt gegeben oder eine Steueranmeldung abgegeben worden ist. [2]Arrestanordnungen sind keine Titel i. S. d. § 179 InsO.

Nicht titulierte Ansprüche sind Steuerforderungen, die im Zeitpunkt der Verfahrenseröffnung begründet (§ 38 InsO, vgl. AEAO zu § 251, Nr. 5.1) waren, für die aber bis zur Insolvenzeröffnung noch kein Steuerbescheid wirksam bekannt gegeben wurde oder für die noch keine Steueranmeldung abgegeben wurde oder diese erst nach Verfahrenseröffnung beim Finanzamt eingegangen ist.

5.3.1.1. Nicht titulierte Forderungen

[1]Wird eine nicht titulierte Forderung bestritten, stellt das Finanzamt das Bestehen der Abgabenforderung durch Feststellungsbescheid nach § 251 Abs. 3 AO fest. [2]Inhalts- und Bekanntgabeadressat ist der Bestreitende (Insolvenzverwalter oder -gläubiger; § 179 Abs. 1 InsO).

5.3.1.2. Titulierte Forderungen

[1]Wird eine titulierte Abgabenforderung bestritten, obliegt es dem Bestreitenden, den Widerspruch zu verfolgen (§ 179 Abs. 2 InsO). [2]Es bleibt dem Finanzamt unbenommen – insbesondere zur Erlangung des Stimmrechts (§ 77 InsO) –, das durch die Verfahrenseröffnung unterbrochene Verfahren selbst aufzunehmen (grundlegend BVerwG-Urteil vom 29.4.1988, 8 C 73/85, NJW 1989, S. 314 und Abschnitt 60 Abs. 7 VollstrA).[1)]

5.3.1.2.1. Nicht bestandskräftiger und nicht angefochtener Steuerbescheid

[1]War der Steuerbescheid vor Eröffnung des Verfahrens noch nicht bestandskräftig und wurde noch kein Rechtsbehelf eingelegt, ist der Lauf der Rechts-

[1)] **Steuererlasse** Nr. **800a**.

behelfsfrist durch die Eröffnung des Verfahrens unterbrochen. [2]Das Finanzamt hat dem Bestreitenden die Aufnahme des Rechtsstreits zu erklären (analog § 240 ZPO). [3]Mit der Bekanntgabe dieser Erklärung beginnt die durch die Verfahrenseröffnung unterbrochene Einspruchsfrist neu zu laufen.

Entsprechendes gilt auch für nicht bestandskräftige Bescheide, mit denen der Tabellenstreit unmittelbar im Zusammenhang steht, wie insbesondere Verlustfeststellungsbescheide oder Gewerbesteuermessbescheide, die zumindest die abstrakte Eignung haben, sich auf Insolvenzforderungen auszuwirken (vgl. Urteil des FG Köln vom 10.8.2017, 13 K 1849/13, EFG S. 1807).

[1]Legt der Bestreitende gegen den Steuerbescheid Einspruch ein, ist das Einspruchsverfahren nach den allgemeinen Vorschriften durchzuführen. [2]Ist der Einspruch begründet, ist eine (neue) Steuerberechnung an den Bestreitenden zu übersenden; die Forderungsanmeldung ist ggf. zu berichtigen. [3]Hat der Einspruch keinen Erfolg, sind der Einspruch und ein ggf. vorliegender Widerspruch gegen die Anmeldung zur Tabelle mit der Einspruchsentscheidung als unbegründet zurückzuweisen und die bestrittenen Steueransprüche als Insolvenzforderungen festzustellen (BFH-Urteil vom 23.2.2005, VII R 63/03, BStBl. II S. 591).

5.3.1.2.2. Angefochtener Steuerbescheid

[1]War der Steuerbescheid vor Eröffnung des Insolvenzverfahrens noch nicht bestandskräftig und vom Schuldner oder dem vorläufigen starken Insolvenzverwalter mit einem zulässigen Einspruch oder einer zulässigen Klage angefochten, hat der Insolvenzverwalter die Möglichkeit – ggf. nach entsprechender Aufforderung durch das Finanzamt –, das Rechtsbehelfsverfahren aufzunehmen und fortzuführen. [2]Das vom Insolvenzverwalter aufgenommene Einspruchsverfahren ist vom Finanzamt weiter zu betreiben.

Nimmt der Insolvenzverwalter trotz Aufforderung durch das Finanzamt seinen Widerspruch gegen die Forderungsanmeldung innerhalb einer angemessenen Frist nicht zurück und den Rechtsstreit von sich auch nicht auf, nimmt das Finanzamt das Einspruchsverfahren auf und führt dieses fort (BFH-Urteil vom 13.11.2007, VII R 61/06, BStBl. 2008 II S. 790).

Das Einspruchsverfahren wird in dem Verfahrensstand fortgesetzt, in dem es bei seiner Unterbrechung zum Stillstand gekommen ist.

Bei einem begründeten Einspruch ist eine Steuerberechnung an den Insolvenzverwalter zu übersenden und die Forderungsanmeldung zu berichtigen.

[1]Kann dem Einspruch in der Sache (Höhe der festgesetzten Steuer) nicht in vollem Umfang entsprochen werden, ist er durch Einspruchsentscheidung (u. U. teilweise) als unbegründet zurückzuweisen. [2]Die Einspruchsentscheidung ist dem Insolvenzverwalter als Einspruchsführer bekannt zu geben. [3]In diesen Fällen ist kein Feststellungsbescheid gem. § 251 Abs. 3 AO zu erlassen.

[1]Die Einspruchsentscheidung muss sich sowohl auf die Rechtmäßigkeit der Steuerforderung als auch auf die rechtmäßige Beanspruchung der Steuerforderung als Insolvenzforderung erstrecken. [2]Dazu ist im Tenor über den Einspruch gegen die Steuerfestsetzung und über den im Prüfungstermin erhobenen Widerspruch zu entscheiden (BFH-Urteil vom 23.2.2005, VII R 63/03, BStBl. II S. 591).

Beispiel der Tenorierung:

Der Einspruch gegen den Bescheid vom … wird als unbegründet zurückgewiesen.
Die zur Insolvenztabelle angemeldeten Forderungen werden wie folgt als Insolvenzforderungen festgestellt:
(Aufstellung der geltend gemachten Steuerforderungen nebst Säumniszuschlägen wie beim Insolvenzfeststellungsbescheid).

Soweit wegen der streitigen Steuer eine Anmeldung zur Tabelle (§ 175 InsO) vorgenommen wurde, ist die Anmeldung im Anschluss an den Erlass der Einspruchsentscheidung entsprechend zu berichtigen.

[1] Eine Verböserung in der Einspruchsentscheidung ist hingegen unzulässig, da die Verböserung einer nicht zulässigen erstmaligen Festsetzung einer Steuerschuld gleichstehen würde. [2] Die ggf. höhere Steuerforderung muss durch Anmeldung zur Insolvenztabelle geltend gemacht werden.

Falls beim Finanzgericht oder beim BFH Rechtsbehelfsverfahren anhängig sind, informiert die Finanzbehörde das Gericht über das Ergebnis des Prüfungstermins.

Wurden vor Eröffnung des Insolvenzverfahrens neben einem Steuerbescheid auch damit unmittelbar im Zusammenhang stehende Bescheide, wie insbesondere Verlustfeststellungsbescheide oder Gewerbesteuermessbescheide, die zumindest die abstrakte Eignung haben, sich auf Insolvenzforderungen auszuwirken, angefochten, können bei Streitigkeiten über Besteuerungsgrundlagen, die gleichermaßen für die festzustellende Forderung als auch die zugehörigen Bescheide von Bedeutung sind, nicht nur das durch die Insolvenzeröffnung unterbrochene Verfahren bezüglich des angefochtenen Steuerbescheids, sondern auch die unterbrochenen Verfahren für die angefochtenen zugehörigen Bescheide wieder aufgenommen werden (vgl. Urteil des FG Köln vom 10.8.2017, 13 K 1849/13, EFG S. 1807).

5.3.1.2.3. Bestandskräftiger Steuerbescheid

[1] War die Abgabenforderung vor der Eröffnung des Insolvenzverfahrens bereits bestandskräftig festgesetzt, wirkt die Bestandskraft auch gegen den Widersprechenden. [2] Diesem obliegt die Verfolgung seines Widerspruchs. [3] Dabei muss er das Verfahren in der Lage übernehmen, in der es sich bei Eröffnung des Insolvenzverfahrens befand. [4] Liegen keine Wiedereinsetzungsgründe vor und sind die Voraussetzungen der Korrekturvorschriften (insbesondere §§ 129 ff., 164, 165, 172 ff. AO) nicht erfüllt, erlässt das Finanzamt einen Feststellungsbescheid nach § 251 Abs. 3 AO und stellt die Bestandskraft der angemeldeten Forderung fest (BFH-Urteil vom 23.2.2010, VII R 48/07, BStBl. II S. 562).

5.3.2. Vom Schuldner bestrittene Forderungen

[1] Auch dem Schuldner steht das Widerspruchsrecht zu. [2] Dieser Widerspruch steht jedoch der Feststellung der Forderung nicht entgegen (§ 178 Abs. 1 Satz 2 InsO).

[1] Trotz Widerspruchs des Schuldners tritt die Rechtskraftwirkung des Tabelleneintrags ein (§ 178 Abs. 3 InsO). [2] Soweit der Schuldner die zur Tabelle angemeldete Forderung bestreitet, wirkt der Tabelleneintrag nach Insolvenzbeendigung nicht gegen den Schuldner (§ 201 Abs. 2 InsO); insbesondere ist keine Vollstreckung aus der Eintragung in die Tabelle wie aus einem vollstreckbaren Urteil gegen den Schuldner zulässig (vgl. hierzu AEAO zu § 251, Nr. 5.3.4).

[1]Im Falle einer titulierten Forderung obliegt es dem Schuldner, binnen einer Frist von einem Monat, beginnend ab dem Prüfungstermin oder im schriftlichen Verfahren mit dem Bestreiten der Forderung, den Widerspruch zu verfolgen. [2]Nach fruchtlosem Ablauf dieser Frist gilt ein Widerspruch als nicht erhoben (§ 184 Abs. 2 InsO).

Erfolgt der Widerspruch des Schuldners rechtzeitig, kann ein unterbrochenes Einspruchsverfahren vom Finanzamt gegenüber dem Schuldner fortgeführt werden (§ 184 Abs. 1 Satz 2 InsO).

[1]Haben sowohl der Insolvenzverwalter als auch der Schuldner widersprochen, ist es zulässig, den unterbrochenen Rechtsstreit sowohl gegen den Insolvenzverwalter als auch gegen den Schuldner aufzunehmen und damit denselben Rechtsstreit einmal gegen den Insolvenzverwalter auf Feststellung der Forderung zur Insolvenztabelle und zum anderen auf Feststellung der Forderung gegenüber dem Schuldner fortzuführen. [2]Es handelt sich dabei um zwei miteinander verbundene Rechtsbehelfe mit verschiedenen Rechtsbehelfsbegehren (BFH-Urteil vom 13.11.2007, VII R 61/06, BStBl. 2008 II S. 790).

Wird eine nicht titulierte Forderung vom Schuldner bestritten, kann das Finanzamt das Bestehen der Abgabenforderung durch Bescheid nach § 251 Abs. 3 AO feststellen (§ 180 Abs. 1 Satz 1 InsO). [2]Dieser Bescheid ist an den Schuldner zu richten und diesem bekannt zu geben.

Widerspricht der Schuldner der Anmeldung einer Forderung i. S. v. § 302 Nr. 1 InsO, kann das Finanzamt bis zur Aufhebung des Insolvenzverfahrens – unabhängig von einer Titulierung – einen Feststellungsbescheid i. S. v. § 251 Abs. 3 AO mit dem Ziel erlassen, die Forderung von der Restschuldbefreiung auszunehmen, wenn der Schuldner im Zusammenhang mit den angemeldeten Forderungen wegen einer Steuerstraftat nach den §§ 370, 373 oder 374 AO rechtskräftig verurteilt worden ist; ein ergangener Strafbefehl, gegen den kein Einspruch erhoben worden ist, steht einem rechtskräftigen Urteil gleich (§ 410 Abs. 3 StPO).

Erfolgt die rechtskräftige Verurteilung erst nach Beendigung des Insolvenzverfahrens, siehe AEAO zu § 251, Nr. 15.2.

5.3.3. Feststellung der Forderung zur Tabelle

Werden die angemeldeten Forderungen im Prüfungstermin weder vom Insolvenzverwalter noch von einem Insolvenzgläubiger bestritten oder wird ein erhobener Widerspruch beseitigt, so gelten sowohl die titulierten als auch die nicht titulierten Forderungen als festgestellt (§ 178 Abs. 1 InsO).

[1]Die Eintragung der Feststellung zur Tabelle wirkt gegenüber dem Insolvenzverwalter und den übrigen Insolvenzgläubigern wie ein rechtskräftiges Urteil (§ 178 Abs. 3 InsO), unabhängig davon, ob ein Steuerbescheid ergangen ist. [2]Zur Möglichkeit der Änderung eines festgestellten Tabelleneintrags vgl. AEAO zu § 251, Nr. 5.3.5.

Nach Abschluss des Insolvenzverfahrens kann der Insolvenzgläubiger aus der Eintragung in die Tabelle wie aus einem vollstreckbaren Urteil die Zwangsvollstreckung gegen den Schuldner betreiben, sofern nicht Restschuldbefreiung eingetreten ist oder noch ein Widerspruch des Schuldners (vgl. AEAO zu § 251, Nr. 5.3.2) vorliegt.

Die widerspruchslose Feststellung einer Steuerforderung zur Insolvenztabelle bewirkt zwar die Erledigung eines wegen dieser Forderung geführten Finanzrechtsstreits in der Hauptsache, beendet aber nicht zugleich die Unterbrechung (vgl. AEAO zu § 251, Nrn. 4.1.2 und 4.1.3) des finanzgerichtlichen Verfahrens (BFH-Beschluss vom 14.5.2013, X B 134/12, BStBl. II S. 585).

5.3.4. Feststellungsbescheid gem. § 251 Abs. 3 AO

Der Feststellungsbescheid nach § 251 Abs. 3 AO ist kein Steuerbescheid i. S. v. §§ 155 ff. AO. Eine Korrektur richtet sich nach den §§ 129 bis 131 AO.

5.3.5. Änderung von zur Insolvenztabelle festgestellten Steuerforderungen

[1]Der widerspruchslosen Eintragung in die Insolvenztabelle kommt dieselbe Wirkung wie der beim Bestreiten vorzunehmenden Feststellung gem. § 185 InsO i. V. m. § 251 Abs. 3 AO zu. [2]Die widerspruchslose Eintragung kann wie die Feststellung zugunsten des Schuldners unter den Voraussetzungen der §§ 130, 131 AO korrigiert werden (BFH-Urteile vom 24.11.2011, V R 13/11, BStBl. 2012 II S. 298, und vom 24.11.2011, V R 20/10, BFH/NV 2012 S. 711 zur Anwendung des § 130).

Eine Nachmeldung von Insolvenzforderungen zur Tabelle für Besteuerungszeiträume, für die bereits ein festgestellter Tabelleneintrag vorliegt, ist zulässig (vgl. BGH-Urteil vom 19.1.2012, IX ZR 4/11, ZInsO S. 488).

6. Sonstige Masseverbindlichkeiten (§ 55 InsO)

6.1. Begründung von sonstigen Masseverbindlichkeiten

[1]Die durch die Handlungen des Insolvenzverwalters oder in anderer Weise durch die Verwaltung, Verwertung und Verteilung der Insolvenzmasse nach der Eröffnung des Insolvenzverfahrens begründeten Abgabenforderungen (sonstige Masseverbindlichkeiten nach § 55 Abs. 1 InsO) sind vorweg zu begleichen (§ 53 InsO). [2]Nach der Insolvenzeröffnung sind die Abgabenansprüche begründet, wenn der einzelne (unselbständige) Besteuerungstatbestand nach der Insolvenzeröffnung vollständig verwirklicht wurde (BFH-Urteile vom 8.3.2012, V R 24/11, BStBl. II S. 466, vom 25.7.2012, VII R 29/11, BStBl. II 2013 S. 36, und vom 16.5.2013, IV R 23/11, BStBl. II S. 759). [3]Dazu gehören insbesondere

- nach Eröffnung des Insolvenzverfahrens begründete Umsatzsteuer,
- nach Eröffnung des Insolvenzverfahrens vereinnahmte Umsatzsteuer aus Umsätzen vor Eröffnung des Insolvenzverfahrens. [2]Dies gilt sowohl bei Istversteuerung (BFH-Urteil vom 29.1.2009, V R 64/07, BStBl. II S. 682) als auch bei Sollversteuerung (BFH-Urteil vom 9.12.2010, V R 22/10, BStBl. 2011 II S. 996),
- Umsatzsteuer aufgrund Vorsteuerberichtigung i. S. v. § 15a UStG (BFH-Urteil vom 9.2.2011, XI R 35/09, BStBl. II S. 1000, und vom 8.3.2012, V R 24/11, a. a. O.),
- [1]Einkommensteuer/Körperschaftsteuer, die sich auf Einkünfte aus der Verwaltung oder der Verwertung der Masse gründet. [2]Die Steuerschuld stellt

auch dann in voller Höhe eine Masseverbindlichkeit dar, wenn der (tatsächlich) zur Masse gelangte Erlös nicht ausreicht, um die aus der Verwertungshandlung resultierende Einkommen-/Körperschaftsteuerforderung zu befriedigen (vgl. BFH-Urteil vom 16.5.2013, IV R 23/11, a. a. O.),
- Einkommensteuer eines in Insolvenz befindlichen Mitunternehmers, die auf seinem nach Insolvenzeröffnung begründeten Gewinnanteil beruht (vgl. BFH-Urteil vom 18.5.2010, X R 60/08, BStBl. 2011 II S. 429),
- Gewerbesteuer bei Weiterführung des Gewerbebetriebs durch den Insolvenzverwalter,
- Lohnsteuer auf nach Eröffnung des Insolvenzverfahrens ausgezahlte Arbeitslöhne.

Weitere Masseverbindlichkeiten sind
- Verbindlichkeiten, die von einem vorläufigen Insolvenzverwalter begründet worden sind, auf den die Verfügungsbefugnis über das Vermögen des Schuldners übergegangen ist (§ 55 Abs. 2 Satz 1 InsO), oder Verbindlichkeiten des Schuldners in der vorläufigen Eigenverwaltung, soweit eine Steuer von der gerichtlichen Anordnung zur Begründung von Masseverbindlichkeiten (§ 270c Abs. 4 InsO) im Einzelfall mit umfasst ist, sowie
- bestimmte Verbindlichkeiten des Schuldners aus dem Steuerschuldverhältnis, die von einem vorläufigen Insolvenzverwalter, vom Schuldner mit Zustimmung eines vorläufigen Insolvenzverwalters oder vom Schuldner nach Bestellung eines vorläufigen Sachwalters begründet worden sind (§ 55 Abs. 4 InsO). [2]Zur Anwendung des § 55 Abs. 4 InsO siehe BMF-Schreiben vom 11.1.2022, BStBl I S. 116.

[1]Die als Masseverbindlichkeiten entstehenden Abgabenansprüche sind durch Steuerbescheid geltend zu machen (BFH-Urteil vom 6.7.2011, II R 34/10, BFH/NV 2012, S. 10). [2]Der Insolvenzverwalter ist Bekanntgabeadressat (vgl. AEAO zu § 122, Nr. 1.4). [3]Die Masse betreffende Verwaltungsakte können grundsätzlich nicht durch die Bekanntgabe an den Schuldner wirksam werden. [4]Der Insolvenzverwalter ist verpflichtet, die entsprechenden Steuererklärungen einschließlich Steueranmeldungen abzugeben (vgl. AEAO zu § 251, Nr. 4.2).

[1]Die Ausnahme stellt das Insolvenzverfahren in Eigenverwaltung dar. [2]Hier werden die Masse betreffende Verwaltungsakte durch Bekanntgabe an den Schuldner wirksam. [3]Steuerliche Erklärungspflichten sind insoweit vom Schuldner zu erfüllen (vgl. AEAO zu § 251, Nr. 13.3).

Der Insolvenzverwalter haftet nach §§ 191, 69 i. V. m. § 34 Abs. 3 AO bei schuldhafter Verletzung seiner steuerlichen Pflichten.

Sind die Kosten des Insolvenzverfahrens gedeckt, reicht die Insolvenzmasse jedoch nicht aus, um die fälligen sonstigen Masseverbindlichkeiten zu erfüllen, hat der Insolvenzverwalter dem Insolvenzgericht die Masseunzulänglichkeit anzuzeigen (§ 208 Abs. 1 Satz 1 InsO).

[1]Die Rangfolge der Vorwegbefriedigung von Masseverbindlichkeiten richtet sich nach § 209 InsO. [2]Zunächst werden die Kosten des Insolvenzverfahrens, das sind die Gerichtskosten und die Vergütung des Insolvenzverwalters sowie ggf. des Gläubigerausschusses, danach die Neumasseverbindlichkeiten (Verbindlichkeiten, die nach Anzeige der Masseunzulänglichkeit begründet wurden) und schließlich die Altmasseverbindlichkeiten befriedigt.

6.2. Durchsetzung von sonstigen Masseverbindlichkeiten

[1]Werden sonstige Masseverbindlichkeiten vom Insolvenzverwalter nicht entrichtet, ist dieser zur unverzüglichen Zahlung aufzufordern. [2]Die Vollstreckung gegen die Masse richtet sich nach den allgemeinen Vorschriften der AO. [3]Grundsätzlich ist während der Dauer des Insolvenzverfahrens die Vollstreckung in die Insolvenzmasse durch Massegläubiger – vorbehaltlich § 90 Abs. 1 InsO – zulässig, weil § 89 InsO nur für Insolvenzgläubiger gilt. [4]Mit der Anzeige der Masseunzulänglichkeit greift allerdings für Massegläubiger das Vollstreckungsverbot wegen Altmasseverbindlichkeiten i. S. v. § 209 Abs. 1 Nr. 3 InsO (§ 210 InsO). [5]Ein gesetzlich verankertes Vollstreckungsverbot für Neumassegläubiger enthält die InsO nicht. [6]Der Insolvenzverwalter kann die Zahlung auf Neumasseverbindlichkeiten verweigern, sobald sich herausstellt, dass die Masse nicht zur vollen Befriedigung aller Neumassegläubiger ausreicht. [7]Für diese greift der Grundsatz der Gleichbehandlung sämtlicher Gläubiger, so dass lediglich eine quotale Befriedigung verlangt werden kann.

7. Insolvenzfreies Vermögen

[1]Übt der Schuldner eine selbständige Tätigkeit aus oder beabsichtigt er, demnächst eine solche Tätigkeit auszuüben, hat der Insolvenzverwalter ihm gegenüber zu erklären, ob Vermögen aus der selbständigen Tätigkeit zur Insolvenzmasse gehört und ob Ansprüche aus dieser Tätigkeit im Insolvenzverfahren geltend gemacht werden können, § 35 Abs. 2 Satz 1 InsO. [2]Diese Freigabeerklärung wirkt grundsätzlich erst ab ihrem Zugang beim Insolvenzschuldner (ex nunc). [3]Die Wirksamkeit der Erklärung wird dabei allerdings nicht vom Insolvenzgericht überprüft. [4]Das Amtsgericht übernimmt lediglich die Vorgaben des Insolvenzverwalters, d. h., der Zugang der Erklärung beim Schuldner ist vom Insolvenzverwalter gegenüber dem Finanzamt nachzuweisen. [5]Eine einmal erteilte Freigabeerklärung ist für den Insolvenzverwalter unwiderruflich. [6]Unterlässt der Insolvenzverwalter in Kenntnis oder bei Erkennbarkeit der selbständigen Tätigkeit des Schuldners (z. B. nach entsprechender Information durch das Finanzamt) die Abgabe der Erklärung nach § 35 Abs. 2 Satz 1 InsO, stellen die durch die selbständige Tätigkeit des Insolvenzschuldners begründeten Verbindlichkeiten Masseverbindlichkeiten nach § 55 Abs. 1 Nr. 1 InsO dar (BFH-Urteil vom 18.12.2019, XI R 10/19, BStBl. 2020 II S. 480).

Keine Masseverbindlichkeiten liegen vor, wenn der Schuldner die Tätigkeit ohne Wissen und Billigung durch den Insolvenzverwalter ausgeübt hat und die Entgelte nicht zur Insolvenzmasse gelangt sind (BFH-Urteile vom 18.5.2010, X R 11/09, BFH/NV 2010 S. 2114 und vom 6.6.2019, V R 51/17, BStBl. 2021 II S. 52).

[1]Steuererstattungsansprüche innerhalb dieses freigegebenen Neuerwerbes stehen immer dem Schuldner zu. [2]Das Finanzamt kann – sofern keine Aufrechnungslage besteht – nach Bekanntgabe der Freigabe solche Guthaben aus dem insolvenzfreien Neuerwerb nur noch schuldbefreiend an ihn leisten. [3]Steuerzahlungen für das insolvenzfreie Vermögen sind vom Schuldner zu leisten.

Einkommensteuernachzahlungen, die auf Einkünften aus nichtselbständiger Tätigkeit oder Renten beruhen, stellen Forderungen gegen das insolvenzfreie

Vermögen dar (BFH-Urteile vom 24.2.2011, VI R 21/10, BStBl. II S. 520 sowie vom 27.7.2011, VI R 9/11, BFH/NV S. 2111 f.).

8. Aufrechnung im Insolvenzverfahren

Für die Aufrechnung in Insolvenzfällen gelten die allgemeinen Grundsätze der § 226 AO i. V. m. §§ 387 ff. BGB, es sind jedoch die Aufrechnungsverbote der §§ 95 und 96 InsO zu beachten.

Die Steuerberechnung nach §§ 16 ff. UStG ist keine Aufrechnung, so dass sie auch nicht den Beschränkungen der §§ 94 ff. InsO unterliegt (BFH-Urteile vom 24.11.2011, V R 13/11, BStBl. 2012 II S. 298, vom 25.7.2012, VII R 30/11, BFH/NV 2013 S. 603 und vom 24.9.2014, V R 48/13, BStBl. 2015 II S. 506).

[1]War ein Gläubiger zum Zeitpunkt der Eröffnung des Insolvenzverfahrens zur Aufrechnung berechtigt, so kann die Aufrechnung auch noch im Insolvenzverfahren erklärt werden (§ 94 InsO). [2]Zur Aufrechnung im Planverfahren vgl. AEAO zu § 251, Nr. 11; zur Aufrechnung im Restschuldbefreiungsverfahren vgl. AEAO zu § 251, Nr. 15.2.

[1]Nach § 95 Abs. 1 InsO kann (noch) nicht aufgerechnet werden, wenn die aufzurechnenden Forderungen oder eine von ihnen aufschiebend bedingt oder noch nicht fällig sind. [2]Die Aufrechnung kann erst erfolgen, wenn die Voraussetzungen (Unbedingtheit oder Fälligkeit) eingetreten sind; hierbei ist die Fälligkeitsfiktion des § 41 InsO nicht anzuwenden. [3]Es gilt allein die steuerrechtliche Fälligkeit (§ 220 AO).

[1]Wird über das Vermögen des Schuldners ein Insolvenzverfahren eröffnet, werden die in diesem Zeitpunkt entstandenen Steuerforderungen des Finanzamts – vorbehaltlich spezieller steuergesetzlicher Fälligkeitsbestimmungen – fällig, ohne dass es dafür ihrer Festsetzung oder Feststellung durch Verwaltungsakt oder einer Anmeldung der Forderung zur Tabelle bedürfte (BFH-Urteil vom 4.5.2004, VII R 45/03, BStBl. II S. 815). [2]Die Befugnis, mit Haftungsansprüchen i. S. d. § 73 AO, die vor Eröffnung des Insolvenzverfahrens begründet worden sind, gegen vorinsolvenzliche Erstattungsansprüche der Organgesellschaft gem. § 226 AO aufzurechnen, besteht auch im Falle einer Insolvenz der Organgesellschaft. [3]Der vorherige Erlass eines Haftungsbescheides, die Feststellung der Haftungsforderung oder deren Anmeldung zur Insolvenztabelle ist nicht erforderlich (BFH-Urteil vom 10.5.2007, VII R 18/05, BStBl. II S. 914). [4]Entsteht der Steuererstattungsanspruch dem Grunde nach vor Erteilung der Restschuldbefreiung, so kann die Aufrechnung ungeachtet der noch nicht erfolgten Festsetzung des Steuererstattungsanspruchs bereits nach dessen Entstehung erklärt werden.

Eine Aufrechnung ist unzulässig,

– wenn ein Insolvenzgläubiger erst nach der Eröffnung des Insolvenzverfahrens etwas zur Masse schuldig geworden ist (§ 96 Abs. 1 Nr. 1 InsO),

Beispiel:

Eine vor der Verfahrenseröffnung fällige Umsatzsteuerforderung kann nicht gegen einen Vorsteuererstattungsanspruch aufgerechnet werden, der aufgrund von Umsätzen nach Eröffnung des Insolvenzverfahrens begründet ist.

Eine Aufrechnung ist aber zulässig, wenn die Gegenforderung und die Hauptforderung vor Verfahrenseröffnung begründet worden sind.

Beispiel:

Die Eröffnung des Insolvenzverfahrens erfolgt am 2.11.02. Die Einkommensteuer 01 wurde als Insolvenzforderung zur Tabelle angemeldet. Die nach Eröffnung des Verfahrens durchgeführte Festsetzung der Umsatzsteuer 01 (vgl. AEAO zu § 251, Nr. 4.3.1) führte zu einer Erstattung.

Mit dem Anspruch auf Einkommensteuernachzahlung 01 kann gegen den Umsatzsteuererstattungsanspruch 01 aufgerechnet werden.
Wurden beide Ansprüche nach der Verfahrenseröffnung im Bereich der Insolvenzmasse begründet, ist eine Aufrechnung ebenfalls zulässig.

– wenn ein Insolvenzgläubiger die Möglichkeit der Aufrechnung durch eine anfechtbare Rechtshandlung erlangt hat (§ 96 Abs. 1 Nr. 3 InsO)

Beispiel:

Die Vorsteuer aus der Vergütung des vorläufigen Insolvenzverwalters, welche nach Insolvenzeröffnung in Rechnung gestellt wurde, kann regelmäßig mit zur Zeit der Insolvenzeröffnung bestehenden Forderungen des Finanzamts nicht aufgerechnet werden. Die Rechtshandlung, die der Vorsteuervergütung zugrunde liegt, ist in der kritischen Zeit vor Insolvenzeröffnung erfolgt und stellt daher häufig eine anfechtbare Rechtshandlung dar (vgl. BFH-Urteile vom 2.11.2010, VII R 6/10, BStBl. 2011 II S. 374, und VII R 62/10, BStBl. 2011 II S. 439).

Lagen zum Zeitpunkt der Begründung der Gegenforderung und der Hauptforderung die Anfechtungsvoraussetzungen der §§ 129 ff. InsO nicht vor, ist die Aufrechnung zulässig.

oder

– wenn ein Gläubiger, dessen Forderung aus dem insolvenzfreien Vermögen des Schuldners zu erfüllen ist, etwas zur Insolvenzmasse schuldet (§ 96 Abs. 1 Nr. 4 InsO).

Beispiel:

Der Schuldner hat aus seiner freigegebenen selbständigen Tätigkeit Umsatzsteuer in Höhe von 10.000 € zu zahlen. Gleichzeitig steht der Insolvenzmasse aus Umsätzen, die der Insolvenzverwalter getätigt hat, eine Umsatzsteuererstattung von 5000 € zu.
Eine Aufrechnung der Umsatzsteuererstattung zur Masse mit der Zahllast aus dem insolvenzfreien Vermögen ist nicht möglich.

Eine Aufrechnung eines Erstattungsanspruchs aus dem insolvenzfreien Vermögen mit Insolvenzforderungen ist aber zulässig (BFH-Beschluss vom 1.9.2010, VII R 35/08, BStBl. 2011 II S. 336).

Beispiel:

Der Schuldner erzielt nach der Insolvenzeröffnung ausschließlich Einkünfte aus einer freigegebenen selbständigen Tätigkeit i. H. v. 10 000 € und leistet Einkommensteuervorauszahlungen i. H. v. 400 €. Die Jahressteuer wird auf 150 € festgesetzt.
Der Erstattungsanspruch i. H. v. 250 € steht dem Schuldner zu, weil er die Vorauszahlungen aus dem freigegebenen Vermögen geleistet hat.
Eine Aufrechnung mit Insolvenzforderungen ist möglich.

9. Verteilung der Steuerforderungen und -erstattungsansprüche auf die insolvenzrechtlichen Vermögensbereiche

Ansprüche aus dem Steuerschuldverhältnis können sich gegen unterschiedliche insolvenzrechtliche Vermögensbereiche (vorinsolvenzlicher Vermögensteil, Insolvenzmasse, ggf. insolvenzfreies Vermögen) richten.

9.1. Einkommensteuer

[1]Die Einkommensteuer ist eine Jahressteuer, die mit Ablauf des Kalenderjahres entsteht (zur Entstehung der Einkommensteuervorauszahlungen siehe § 37 Abs. 1 EStG). [2]Die einheitlich ermittelte Jahressteuer ist grundsätzlich im Verhältnis der Einkünfte den verschiedenen insolvenzrechtlichen Vermögensbereichen zuzuordnen. [3]Die Verteilung der Einkünfte auf die einzelnen Vermögensbereiche hat nach Maßgabe der in den einzelnen Abschnitten zu berücksichtigenden Besteuerungsmerkmale insbesondere unter Beachtung der Gewinnermittlungsvorschriften (§ 4 Abs. 1 EStG oder § 4 Abs. 3 EStG) zu erfolgen (BFH-Urteil vom 9.12.2014, X R 12/12, BFH/NV 2015 S. 988). [4]Da eine konkrete Zuordnung häufig nicht möglich ist, können die Einkünfte im Schätzungswege zeitanteilig zugeordnet werden, es sei denn, dies führt zu einer offensichtlich unzutreffenden Verteilung z. B. bei Aufdeckung stiller Reserven (BFH-Urteil vom 29.3.1984, IV R 271/83, BStBl. II S. 602), Auflösung von Rückstellungen oder Einkünften aus insolvenzfreiem Vermögen. [5]Der Altersentlastungsbetrag gem. § 24a EStG wird quotal bei den entsprechenden Einkünften abgezogen (vgl. BFH-Urteil vom 27.10.2020, VIII R 19/18, BStBl. 2021 II S. 819).

Beispiel:

Das Insolvenzgericht eröffnete am 1.7.01 das Insolvenzverfahren. Der Steuerpflichtige erzielte im Jahr 01 insgesamt Einkünfte von 100 000 €. Hiervon entfallen 60 000 € auf die Veräußerung eines Grundstücks durch den Insolvenzverwalter im Oktober 01. Weitere Einkünfte i. H. v. 10 000 € entfallen auf den Gewinn aus einer vom Insolvenzverwalter freigegebenen selbstständigen Tätigkeit des Schuldners. Hinsichtlich der restlichen Einkünfte von 30 000 € ist eine Zuordnung auf Zeiträume vor Insolvenzeröffnung und nach Insolvenzeröffnung nicht möglich.

Die Verteilung hat vorrangig nach Zuordnung zu den Geschäftsvorfällen zu erfolgen, da eine zeitanteilige Verteilung aller Einkünfte hier zu einem unzutreffenden Ergebnis führen würde.

	Einkünfte	Durch vorinsolvenzliches Vermögen begründet (vorinsolvenzlicher Vermögensbereich)	Durch Insolvenzmasse begründet (Insolvenzmasse)	Insolvenzfreies Vermögen
Zuordnung nach Geschäftsvorfällen	70 000 €		60 000 €	10 000 €
Zeitanteilig zugeordnet	30 000 €	15 000 €	15 000 €	0 €
Summe	**100 000 €**	**15 000 €**	**75 000 €**	**10 000 €**

9.1.1. Einzelveranlagung

Die einheitlich ermittelte Jahressteuer ist im ermittelten Verhältnis der Einkünfte (vgl. AEAO zu § 251, Nr. 9.1) den verschiedenen insolvenzrechtlichen Vermögensbereichen zuzuordnen.

Beispiel 1:

Das Insolvenzgericht eröffnete auf einen Insolvenzantrag vom 1.6.01 das Insolvenzverfahren über das Vermögen des Schuldners am 1.9.01. Der Steuerpflichtige erzielte im Jahr 01 insgesamt Einkünfte von 120 000 €. Hiervon entfallen 100 000 € auf Zeiträume vor Insolvenzeröffnung und je 10 000 € auf Einkünfte der Insolvenzmasse (einschließlich Einkünfte i. S. v. § 55 Abs. 4 InsO) und des insolvenzfreien Vermögens. Die einheitlich ermittelte Einkommensteuer beträgt insgesamt 12 000 €.

Die einheitlich ermittelte Steuer ist den insolvenzrechtlichen Vermögensbereichen im Verhältnis der Einkünfte aus den unterschiedlichen Vermögensbereichen zu der Summe der Einkünfte zuzuordnen:

$$\text{Anteiliger Steuerbetrag} = \frac{\text{anteilige Einkünfte des Vermögensbereichs}}{\text{Summe der Einkünfte}} \times \text{Gesamtsteuerbetrag}$$

	Summe	vorinsolvenzlicher Vermögensbereich	Insolvenz-masse	insolvenzfreies Vermögen
Einkünfte	120 000 €	100 000 €	10 000 €	10 000 €
Steuer	12 000 €	10 000 €	1000 €	1000 €

[1]Die einheitlich ermittelte Steuer wird in Höhe des auf den jeweiligen insolvenzrechtlichen Vermögensbereich entfallenden Betrages gegenüber diesem festgesetzt (Insolvenzmasse bzw. insolvenzfreies Vermögen) oder berechnet. [2]Vorauszahlungen und Steuerabzugsbeträge werden im Rahmen der Anrechnungsverfügung bei dem insolvenzrechtlichen Vermögensbereich berücksichtigt, aus dem sie geleistet wurden. [3]Steuererstattungsansprüche aufgrund von Steuervorauszahlungen oder Steuerabzugsbeträgen entstehen in den jeweiligen Vermögensbereichen im Zeitpunkt der Entrichtung der Steuer bzw. des Einbehalts der Steuerabzugsbeträge unter der aufschiebenden Bedingung, dass am Ende des Veranlagungszeitraums die geschuldete Steuer geringer ist als die Summe aus geleisteten Vorauszahlungen und Steuerabzugsbeträgen, vgl. § 36 Abs. 4 EStG (BFH-Urteil vom 29.1.1991, VII R 45/90, BFH/NV S. 791). [4]Eine Verrechnung von Erstattungs- mit Nachzahlungsbeträgen verschiedener Vermögensbereiche im Rahmen der Jahresveranlagung ist nicht statthaft (BFH-Urteil vom 24.2.2015, VII R 27/14, BStBl. II S. 993). [5]Die Möglichkeit einer Aufrechnung z.B. eines Guthabens im *vorinsolvenzrechtlichen*[1)] oder freigegebenen Vermögen mit Insolvenzforderungen unter Beachtung insbesondere der §§ 94 ff. InsO bleibt unberührt.

Beispiel 2 (Fortsetzung von Beispiel 1):

Am 10.3.01 zahlte der Schuldner 600 € Vorauszahlungen. Die festgesetzte Vorauszahlung für das II. Quartal zahlte er nicht. Am 10.9.01 und am 10.12.01 zahlte der Insolvenzverwalter jeweils 600 € Vorauszahlungen. Das Finanzamt setzte gegen den Schuldner keine Vorauszahlungen für das insolvenzfreie Vermögen fest.

	Summe	vorinsolvenzlicher Vermögensbereich	Insolvenz-masse	Insolvenzfreies Vermögen
Einkünfte	120 000 €	100 000 €	10 000 €	10 000 €
Steuer	12 000 €	10 000 €	1000 €	1000 €
Abzgl. geleistete VZ	1800 €	600 €	1200 €	0 €
Zwischensumme		9400 €	– 200 €	1000 €

Zur Tabelle sind 9400 € als Insolvenzforderung anzumelden. Die auf die Insolvenzmasse entfallende Steuer i. H. v. 1000 € ist gegenüber dem Insolvenzverwalter festzusetzen. Das sich nach Anrechnung der geleisteten Vorauszahlungen ergebende Guthaben i. H. v. 200 € ist vorbehaltlich der Aufrechnungsmöglichkeit mit weiteren Masseverbindlichkeiten an die Insolvenzmasse zu erstatten. Die auf das insolvenzfreie Vermögen entfallende Steuer i. H. v. 1000 € ist gegenüber dem Schuldner festzusetzen und der Schuldner zur Zahlung aufzufordern.

1) *Redaktionelles Versehen:* richtig „vorinsolvenzlichen".

9.1.2. Zusammenveranlagung

[1]Im Fall der Zusammenveranlagung von Ehegatten/Lebenspartnern zur Einkommensteuer wirken sich auch die Einkünfte des nicht insolventen Ehegatten/Lebenspartners auf die Höhe der Steuerforderung aus. [2]Die mit der Ausübung des Veranlagungswahlrechts begründete Gesamtschuld (§ 26b EStG, § 44 Abs. 1 Satz 1 AO) führt dazu, dass jeder der Gesamtschuldner die Steuer in vollem Umfang schuldet (§ 44 Abs. 1 Satz 2 AO). [3]Für den insolventen Ehegatten/Lebenspartner ist die Gesamtschuld auf die insolvenzrechtlichen Vermögensbereiche zu verteilen.

[1]Hierzu sind zunächst die gesamten Einkünfte, einschließlich der Einkünfte des nicht insolventen Ehegatten/Lebenspartners, auf den Zeitraum vor und nach Insolvenzeröffnung zu verteilen. [2]Die Verteilung der Einkünfte auf die einzelnen Vermögensbereiche hat nach Maßgabe der in den einzelnen Abschnitten zu berücksichtigenden Besteuerungsmerkmale insbesondere unter Beachtung der Gewinnermittlungsvorschriften zu erfolgen (siehe AEAO zu § 251, Nr. 9.1). [3]Soweit eine konkrete Zuordnung, wie beispielsweise bei den Einkünften des nicht insolventen Ehegatten/Lebenspartners, nicht möglich ist, können die Einkünfte zeitanteilig zugeordnet werden, es sei denn, diese Verteilung ist offensichtlich unzutreffend. [4]Die Steuer ist nach dem so ermittelten Verhältnis der Einkünfte auf den Zeitraum vor und nach Insolvenzeröffnung aufzuteilen. [5]Sodann ist die auf den Zeitraum nach Insolvenzeröffnung entfallende Steuerforderung nach dem Verhältnis der auf die Vermögensbereiche Insolvenzmasse und insolvenzfreies Vermögen entfallenden Einkünfte des insolventen Ehegatten/Lebenspartners zu verteilen. [6]Die von dem nicht insolventen Ehegatten/Lebenspartner erzielten Einkünfte bleiben bei dieser Verteilung unberücksichtigt (vgl. BFH-Urteil vom 27.10.2020, VIII R 19/18, BStBl. 2021 II S. 819).

Beispiel 3:

Das Insolvenzgericht eröffnete am 1.10.01 das Insolvenzverfahren über das Vermögen des Schuldners. Der insolvente Ehegatte/Lebenspartner erzielte im Jahr 01 insgesamt Einkünfte von 120 000 €. Hiervon entfallen 100 000 € auf Zeiträume vor Insolvenzeröffnung und 15 000 € auf Einkünfte der Insolvenzmasse sowie 5000 € auf das insolvenzfreie Vermögen. Der nichtinsolvente Ehegatte/Lebenspartner erzielte 60 000 € im gesamten Jahr. Die einheitlich ermittelte Einkommensteuer beträgt insgesamt 18 000 €. Vorauszahlungen leisteten die Steuerpflichtigen sowie der Insolvenzverwalter nicht.

Die einheitlich ermittelte Steuer ist den insolvenzrechtlichen Vermögensbereichen im Verhältnis der Einkünfte aus den unterschiedlichen Vermögensbereichen zu den Gesamteinkünften beider Ehegatten/Lebenspartner zuzuordnen:

1. Schritt:

Die Einkünfte des insolventen Ehegatten/Lebenspartners sind wie angegeben dem vorinsolvenzlichen und dem nachinsolvenzlichen Vermögensbereich zuzuordnen. Für die Zuordnung der vorinsolvenzlichen und der nachinsolvenzlichen Einkünfte des nicht in Insolvenz befindlichen Ehegatten/Lebenspartners sind dessen Einkünfte zeitanteilig zu verteilen:

	Summe	vorinsolvenzlicher Vermögensbereich	Insolvenzmasse	Insolvenzfreies Vermögen
Einkünfte insolventer Ehegatte/Lebenspartner (s. Sachverhalt Bsp. 3)	120 000 €	100 000 €	15 000 €	5 000 €

	Summe	vorinsolvenzlicher Vermögensbereich	Insolvenzmasse	Insolvenzfreies Vermögen
Einkünfte nicht insolventer Ehegatte/Lebenspartner	60 000 €	45 000 € (9/12 von 60 000 €	15 000 € (3/12 von 60 000 €)	
Summe	180 000 €	145 000 €	35 000 €	
Steuer	18 000 €	14 500 €	3 500 €	

Die auf den Zeitraum vor Insolvenzeröffnung entfallende Einkommensteuer beträgt 14 500 € und die auf den Zeitraum nach Insolvenzeröffnung entfallende Einkommensteuer 3 500 €.

2. Schritt:
In einem zweiten Schritt ist die auf den Zeitraum nach Insolvenzeröffnung entfallende Einkommensteuer (3 500 €) nach dem Verhältnis der Einkünfte des insolventen Ehegatten/Lebenspartners in den Vermögensbereichen Insolvenzmasse und insolvenzfreies Vermögen zu verteilen.

	Summe	vorinsolvenzlicher Vermögensbereich	Insolvenzmasse	Insolvenzfreies Vermögen
Steuer	18 000 €	14 500 €	3 500 €	
			2 625 € (15 000 €/20 000 € bzw. 3/4)	875 € (5 000 €/20 000 € bzw. 1/4)

Ergebnis zu Beispiel 3:
Insolvenzforderungen sind i. H. v. 14 500 € zur Tabelle anzumelden. Gegen den Insolvenzverwalter sind Masseforderungen i. H. v. 2625 € festzusetzen und gegen den insolventen Schuldner 875 € für den insolvenzfreien Bereich. Gegen den nicht insolventen Ehegatten/Lebenspartner ist eine Steuer i. H. v. 18 000 € festzusetzen, da er insoweit Gesamtschuldner ist.

Vorauszahlungen/anzurechnende Steuerabzugsbeträge

[1] Sind Vorauszahlungen gegen den nicht insolventen Ehegatten/Lebenspartner festgesetzt und geleistet worden, sind diese Vorauszahlungen entsprechend dem Zahlungszeitpunkt auf die vor- und nachinsolvenzlichen Vermögensbereiche zu verteilen. [2] Die Verteilung innerhalb der nachinsolvenzlichen Vermögensbereiche Insolvenzmasse und insolvenzfreies Vermögen erfolgt im Verhältnis der Einkünfte des insolventen Ehegatten/Lebenspartners in diesem Vermögensbereich. [3] Dies gilt entsprechend für die Zuordnung der anzurechnenden Steuerabzugsbeträge des nicht insolventen Ehegatten/Lebenspartners.

Beispiel 4 (Fortsetzung von Beispiel 3):

Der Schuldner leistete keine Vorauszahlungen. Am 10.12.01 zahlte der Insolvenzverwalter 600 € Vorauszahlungen. Das Finanzamt setzte gegen den Schuldner keine Vorauszahlungen für das insolvenzfreie Vermögen fest. Der nicht insolvente Ehegatte/Lebenspartner leistete Vorauszahlungen (ohne Tilgungsbestimmung) zu den jeweiligen Fälligkeitszeitpunkten i. H. v. insgesamt 400 € (jeweils 100 €).

	Summe	vorinsolvenzlicher Vermögensbereich	Insolvenzmasse	Insolvenzfreies Vermögen
Steuer	18 000 €	14 500 €	2 625 €	875 €
abzgl. geleistete VZ InsO-Schuldner	–	–	–	–

	Summe	vorinsolvenzlicher Vermögensbereich	Insolvenzmasse	Insolvenzfreies Vermögen
abzgl. geleistete VZ InsO-Verwalter	600 €	–	600 €	–
abzgl. geleistete VZ nicht insolventer Ehegatte/Lebenspartner	400 €	300 €	100 € → 75 € (3/4)	(100 €) → 25 € (1/4)
Ergebnis	17 000 €	14 200 €	1 950 €	850 €

600 € geleistete Vorauszahlungen sind im Bereich der Insolvenzmasse abzuziehen. Die Vorauszahlungen i. H. v. 300 €, die der nicht insolvente Ehegatte/Lebenspartner vor der Insolvenzeröffnung geleistet hatte, sind im Bereich der Insolvenzforderungen abzuziehen. Die Vorauszahlung für das IV. Quartal i. H. v. 100 € ist im Verhältnis ¾ zu ¼ (= Verhältnis der Einkünfte des insolventen Ehegatten/Lebenspartners in diesem Bereich) in den Bereichen Insolvenzmasse und insolvenzfreies Vermögen zu berücksichtigen.

Insolvenzforderungen sind i. H. v. 14 200 € zur Tabelle anzumelden. Der Insolvenzverwalter ist zur Zahlung von Masseverbindlichkeiten i. H. v. 1 950 € und der Schuldner für den insolvenzfreien Bereich i. H. v. 850 € aufzufordern.

Gegenüber dem nicht insolventen Ehegatten/Lebenspartner erfolgt eine Steuerfestsetzung i. H. v. 18 000 €. Ferner ist er als Gesamtschuldner zur Zahlung von 17 000 € aufzufordern.

9.1.3. Berücksichtigung von Verlustvor- und -rückträgen

[1]Durch die Berücksichtigung des verbleibenden Verlustvortrags aus dem Vorjahr und dem Verlustrücktrag aus dem Folgejahr bei der Ermittlung des Aufteilungsquotienten wird die Herkunft der negativen Einkünfte aus Zeiträumen vor oder nach Eröffnung des Insolvenzverfahrens entsprechend der insolvenzrechtlichen Begründetheit (§ 38 InsO) berücksichtigt. [2]Zudem wird der Vorgabe des § 10d Abs. 1 und Abs. 2 EStG Rechnung getragen, wonach nicht ausgeglichene negative Einkünfte vorrangig vor Sonderausgaben, außergewöhnlichen Belastungen und sonstigen Abzugsbeträgen abzuziehen sind.

Das Antragsrecht nach § 10d Abs. 1 Satz 5 EStG (Verzicht bzw. Beschränkung des Verlustrücktrags) steht jeweils demjenigen zu, dem die Verfügungsbefugnis über den Vermögensbereich obliegt, in dem der jeweilige Verlust entstanden ist.

[1]Der zum 31.12. eines Jahres verbleibende Verlustvortrag ist vorrangig von den Einkünften des Vermögensbereichs abzuziehen, in dem er begründet worden ist. [2]Ein übersteigender verbleibender Verlustvortrag ist quotal von den vom Insolvenzverwalter erzielten Einkünften und von insolvenzfreien Einkünften abzuziehen.

Die vorstehend beschriebene Berücksichtigung der Verlustvorträge erfolgt auch in den Fällen, in denen aufgrund von § 251 Abs. 2 Satz 1 AO und § 87 InsO nur eine Berechnung des Verlustvortrags durchgeführt worden ist.

Beispiel 5:

Gegen den Insolvenzschuldner wird für 00 eine Einkommensteuer von 0 € festgesetzt. Ein Verlustvortrag wird nicht festgestellt. Im Jahr 01 erzielt der Insolvenzschuldner Einkünfte aus Gewerbebetrieb i. S. v. § 15 EStG i. H. v. –5000 €. Im Jahr 02, dem Jahr der Insolvenzeröffnung, erzielt der Insolvenzschuldner Einkünfte aus Gewerbebetrieb gem. § 15 EStG i. H. v. insgesamt –40 000 €, davon entfallen –15 000 € auf den vorinsolvenzlichen Vermögensbereich und –25 000 € auf die Insolvenzmasse.

Im folgenden Jahr erzielt der Insolvenzschuldner Einkünfte i. H. v. 30 000 €. Hiervon entfallen 3000 € auf Einkünfte der Insolvenzmasse (Einkünfte aus Gewerbebetrieb gem. § 15 EStG) sowie 27 000 € auf das insolvenzfreie Vermögen (Einkünfte aus nichtselbständiger Tätigkeit gem. § 19 EStG). Vorauszahlungen leistete der Insolvenzverwalter nicht. Die anzurechnenden Beträge sind geringer als die Jahressteuer.
Der verbleibende Verlustvortrag, der aus dem Bereich der Insolvenzmasse entstammt, ist zunächst mit den positiven Einkünften der Insolvenzmasse i. H. v. 3000 € zu verrechnen. Der danach verbleibende Verlustvortrag i. H. v. 42 000 € (Summe der anteiligen Verlustvorträge im vorinsolvenzlichen Bereich sowie im Bereich der Insolvenzmasse) ist quotal (27 000 € × 20 000 €/42 000 € = 12 857 € sowie 27 000 € × 22 000 €/42 000 € = 14 143 €) mit den positiven Einkünften aus dem Bereich des insolvenzfreien Vermögens zu verrechnen.
Der vortragsfähige Verlust entwickelt sich wie folgt:

VZ	vorinsolvenzlicher Vermögensbereich	Insolvenzmasse	Insolvenzfreies Vermögen	Summe
Verlustvortrag 31.12.01	– 5000 €			– 5000 €
Einkünfte 02	– 15 000 €	– 25 000 €		
Verlustvortrag 31.12.02	– 20 000 €	– 25 000 €		– 45 000 €
Einkünfte Insolvenzmasse 03		3000 €		
Zwischensumme	– 20 000 €	– 22 000 €		– 42 000 €
Einkünfte insolvenzfreies Vermögen 03			27 000 €	
Verlustabzug	12 857 €	14 143 €	– 27 000 €	
Verlustvortrag 31.12.03	– 7143 €	– 7857 €	0 €	– 15 000 €

Der Verlustrücktrag nach § 10d Abs. 1 EStG aus dem Veranlagungszeitraum nach Insolvenzeröffnung (Folgejahr) ist zunächst von den Einkünften desjenigen Vermögensbereichs abzuziehen, in welchem im Folgejahr nicht ausgeglichene negative Einkünfte angefallen sind. Ein danach verbleibender Verlustrücktrag ist ggf. dem zweiten Vermögensbereich (Masseverbindlichkeit bzw. insolvenzfreier Bereich) zuzuordnen. Ein etwaiger Rest ist schließlich von den Einkünften abzuziehen, die auf den Zeitraum vor Eröffnung des Insolvenzverfahrens entfallen.

9.1.4. Einkommensteuererstattungen

[1] Einkommensteuererstattungen, die sich bei einer nach Insolvenzeröffnung vorgenommenen Veranlagung ergeben, stellen, soweit sie nicht ausnahmsweise dem insolvenzfreien Vermögen zuzurechnen sind, grundsätzlich Vermögenswerte der Insolvenzmasse dar (§ 35 Abs. 1 InsO). [2] Sie sind daher grundsätzlich an die Insolvenzmasse auszukehren, sofern keine Aufrechnungsmöglichkeit besteht.

Einkommensteuererstattungen, die während des Insolvenzverfahrens begründet werden und aus einer Lohnsteuerüberzahlung resultieren, gehören in vollem Umfang zur Insolvenzmasse (vgl. BFH-Beschluss vom 29.1.2010, VII B 188/09, BFH/NV S. 1243).

Hat der Schuldner nach Freigabe der selbständigen Tätigkeit Einkommensteuervorauszahlungen aus dem insolvenzfreien Vermögen geleistet und ergeben sich hieraus Einkommensteuererstattungen, fallen diese grundsätzlich in das insolvenzfreie Vermögen und sind vorbehaltlich der Aufrechnung an den Schuldner auszukehren (vgl. BFH-Urteil vom 26.11.2014, VII R 32/13, BStBl. 2015 II S. 561).

[1] Ergibt sich bei Ehegatten/Lebenspartnern bei der Zusammenveranlagung eine Steuererstattung, liegt im Gegensatz zur Gesamtschuldnerschaft bei Steuerschulden keine Gesamtgläubigerschaft vor. [2] Für die Verteilung zwischen ihnen sind die sich aus § 37 Abs. 2 AO ergebenden Grundsätze anzuwenden (vgl. AEAO zu § 37 und BMF-Schreiben vom 14.1.2015, BStBl. I S. 83). [3] Vorauszahlungen aufgrund eines an beide Ehegatten/Lebenspartner gemeinsam gerichteten Vorauszahlungsbescheids ohne individuelle Tilgungsbestimmung sind unabhängig davon, ob die Ehegatten/Lebenspartner später zusammen oder getrennt veranlagt werden, zunächst auf die festgesetzten Steuern beider Ehegatten/Lebenspartner anzurechnen (BFH-Urteil vom 22.3.2011, VII R 42/10, BStBl. II S. 607). [4] Dies gilt auch für die vom nicht insolventen Ehegatten/Lebenspartner nach Insolvenzeröffnung ohne individuelle Tilgungsbestimmung geleisteten Vorauszahlungen (BFH-Urteil vom 30.9.2008, VII R 18/08, BStBl. 2009 II S. 38).

[1] Ergibt sich aus dieser Verteilung ein Erstattungsbetrag für den insolventen Ehegatten/Lebenspartner, so ist der Erstattungsbetrag auf den vor- und nachinsolvenzlichen Zeitraum unter Berücksichtigung der sich in den Vermögensbereichen aufgrund der dort zu berücksichtigenden geleisteten Vorauszahlungen und Steuerabzugsbeträgen ggf. ergebenden Guthaben zu verteilen. [2] Zahlungen des Insolvenzverwalters werden für die Verteilung des Erstattungsbetrages nach § 37 Abs. 2 AO dem insolventen Ehegatten/Lebenspartner zugerechnet, wobei der Insolvenzverwalter ausschließlich die auf die Insolvenzmasse entfallende Steuerschuld zahlt.

Beispiel 6:

Im Rahmen einer Zusammenveranlagung von Ehegatten/Lebenspartnern, bei denen sich nur ein Ehegatte/Lebenspartner in Insolvenz befindet, ergibt sich eine Jahressteuer von 18 000 €, die i. H. v. 14 500 € auf den vorinsolvenzlichen Vermögensteil und i. H. v. 3.500 € auf die Insolvenzmasse entfällt.
Folgende geleistete Vorauszahlungen sind anzurechnen:

– Schuldner		10 000 €
– Insolvenzverwalter sowie		600 €
– Nicht insolventer Ehegatte/ Lebenspartner	bis zur Insolvenzeröffnung	300 €
	nach Insolvenzeröffnung	8100 €

Vorauszahlungen und Steuerabzugsbeträge werden bei den insolvenzrechtlichen Vermögensbereichen berücksichtigt, aus denen sie geleistet wurden.

	Summe	vorinsolvenzlicher Vermögensbereich	Insolvenzmasse
Steuer	18 000 €	14 500 €	3500 €
abzgl. geleistete VZ InsO-Schuldner	10 000 €	10 000 €	–
abzgl. geleistete VZ InsO-Verwalter	600 €	–	600 €
abzgl. geleistete VZ nicht insolventer Ehegatte/Lebenspartner	8 400 €	300 €	8100 €
Zwischensumme	– 1 000 € – 515,79 € – 484,21 €	4 200 €	– 5200 € – 2779,31 € – 2420,69 €

Die Verteilung des Erstattungsbetrages auf die Ehegatten/Lebenspartner erfolgt zunächst nach § 37 Abs. 2 AO.

Die anschließende Verteilung des auf den insolventen Ehegatten/Lebenspartner entfallenden Erstattungsbetrages auf den vor- und nachinsolvenzlichen Zeitraum erfolgt unter Berücksichtigung des sich im Vermögensbereich Insolvenzmasse ergebenden Guthabens aufgrund der dort zu berücksichtigenden geleisteten Vorauszahlungen und Steuerabzugsbeträge.

1. Verteilung des Erstattungsbetrages der Veranlagung zwischen den Ehegatten/ Lebenspartnern

Insolventer Ehegatte/Lebenspartner:

$$-1000\ € \times \frac{(½ \times 10\,000\ €) + 600\ € + (½ \times 8400\ €)}{19\,000\ €} = -515{,}79\ €$$

Nicht insolventer Ehegatte/Lebenspartner:

$$-1000\ € \times \frac{(½ \times 10\,000\ €) + (½ \times 8400\ €)}{19\,000\ €} = -484{,}21\ €$$

2. Verteilung des nachinsolvenzlichen Erstattungsbetrages zwischen den Ehegatten/ Lebenspartnern

Insolventer Ehegatte/Lebenspartner:

$$-5200\ € \times \frac{600\ € + (½ \times 8100\ €)}{8700\ €} = -2779{,}31\ €$$

Nicht insolventer Ehegatte/Lebenspartner:

$$-5200\ € \times \frac{½ \times 8100\ €}{8700\ €} = -2420{,}69\ €$$

Die nachinsolvenzlich begründete Einkommensteuer i. H. v. 3500 € ist gegenüber dem Insolvenzverwalter festzusetzen und der sich nach Anrechnung der geleisteten Vorauszahlungen für die Insolvenzmasse ergebende Erstattungsanspruch i. H. v. 2779,31 € an diese vorbehaltlich der Aufrechnungsmöglichkeit mit Masseverbindlichkeiten zu erstatten.

Zur Insolvenztabelle ist eine Forderung i. H. v. 2263,52 € (= 2779,31 € – 515,79 €) anzumelden, die sich aus dem auf den insolventen Ehegatten/Lebenspartner aus der Veranlagung entfallenden Erstattungsbetrag i. H. v. 515,79 € unter Berücksichtigung des nachinsolvenzlichen Erstattungsbetrages i. H. v. 2779,31 € zusammensetzt. Gegenüber dem nicht insolventen Ehegatten/Lebenspartner erfolgt eine Steuerfestsetzung i. H. v. 18 000 €. Der anteilig aus der Jahresveranlagung auf diesen entfallende Erstattungsbetrag i. H. v. 484,21 € ist vorbehaltlich etwaiger Aufrechnungsmöglichkeiten zu erstatten.

9.2. Umsatzsteuer

[1]Durch die Eröffnung des Insolvenzverfahrens über das Vermögen des leistenden Unternehmers kommt es zu einer Aufspaltung des Unternehmens in mehrere selbständige Unternehmensteile. [2]Dabei handelt es sich um die Insolvenzmasse und das vom Insolvenzverwalter freigegebene Vermögen sowie einen vorinsolvenzlichen Unternehmensteil. [3]In den Fällen der Eröffnung unter Anordnung der Eigenverwaltung (§ 270 Abs. 1 Satz 1, § 270f Abs. 1 InsO) sowie in den Fällen der Bestellung eines vorläufigen Insolvenzverwalters, wenn für den Schuldner ein allgemeines Verfügungsverbot angeordnet worden ist (§ 21 Abs. 2 Nr. 2 InsO), bestehen die selbständigen Unternehmensteile regelmäßig aus der Insolvenzmasse und dem vorinsolvenzlichen Unternehmensteil. [4]Die Eingangs- und Ausgangsumsätze sind dem Unternehmensteil zuzuordnen, der sie ausgeführt hat.

Zur Wahrung des Grundsatzes der Unternehmenseinheit reicht es aus, dass die Summe der für alle Unternehmensteile insgesamt festgesetzten oder angemeldeten Umsatzsteuer der Umsatzsteuer für das gesamte Unternehmen entspricht (vgl. BFH-Urteil vom 9.12.2010, V R 22/10, BStBl. 2011 II S. 996).

Dabei können Erstattungsansprüche zugunsten eines Unternehmensteils entstehen, während sich für denselben Besteuerungszeitraum Nachforderungen gegen einen anderen Unternehmensteil ergeben können.

Zu den Einzelheiten wird insbesondere auf Abschnitt 17.1 Abs. 11 bis 16 UStAE[1)] verwiesen.

Hinsichtlich der Verwertung von Sicherungsgut wird insbesondere auf Abschnitt 1.2 UStAE[1)] verwiesen.

10. Befriedigung der Insolvenzgläubiger

[1]Die Insolvenzordnung sieht zur Befriedigung der Insolvenzgläubiger grundsätzlich die Verwertung der Insolvenzmasse und die Verteilung des Erlöses nach den Vorschriften der Insolvenzordnung vor (§§ 159 ff., 187 ff. InsO). [2]Abweichend dazu kann die Befriedigung der Gläubiger und die Verwertung der Insolvenzmasse und deren Verteilung an die Beteiligten durch einen Insolvenzplan (§§ 217 ff. InsO) geregelt werden. [3]Die Entscheidung über den Fortgang des Verfahrens (Stilllegung oder Fortführung, Verfahren nach den Vorschriften der InsO oder nach den Regelungen eines Insolvenzplanes) trifft die Gläubigerversammlung.

11. Insolvenzplan

In einem Insolvenzplan (§§ 217 ff. InsO), der vom Insolvenzverwalter – ggf. im Auftrag der Gläubigerversammlung (§ 157 InsO) – oder vom Schuldner selbst eingebracht werden kann, können abweichend von den gesetzlichen Regelungen des Insolvenzverfahrens z. B. geregelt werden:
- die Befriedigung der Gläubiger (einschließlich der Absonderungsgläubiger),
- die Verwertung der Insolvenzmasse,
- die Verteilung der Insolvenzmasse an die Beteiligten und
- die Inanspruchnahme des Schuldners nach Verfahrensbeendigung.

---

1) Nr. **500**.

Über die Wirksamkeit eines Insolvenzplans stimmen die Gläubiger in Gruppen ab, soweit ihnen gem. § 77 InsO ein Stimmrecht im Verfahren eingeräumt ist (§§ 222, 235 ff. InsO).

[1] § 225a InsO sieht für ab dem 1.3.2012 beantragte Insolvenzverfahren die Möglichkeit der Umwandlung von Gläubigerforderungen in Mitgliedschafts- oder Anteilsrechte („Debt-Equity-Swap") vor, die die zustimmende Erklärung des betroffenen Gläubigers voraussetzt. [2] Diese Zustimmung zu erteilen, obliegt der steuerverwaltenden Körperschaft (§ 252 AO). [3] Eine Zustimmung zur Umwandlung von Gläubigerforderungen in Anteils- oder Mitgliedschaftsrechte darf nur unter Beachtung der einschlägigen Vorschriften (insbesondere Haushaltsordnungen) der jeweiligen steuerverwaltenden Körperschaft erfolgen. [4] Die Voraussetzungen zum Erwerb von Beteiligungen an privatrechtlichen Unternehmen und damit zur Zustimmung zu einem derartigen Plan liegen regelmäßig nicht vor, da die unternehmerische Betätigung des Landes oder des Bundes auf die Verfolgung von wichtigen Interessen des Landes bzw. des Bundes zu beschränken ist.

Weist das Insolvenzgericht den Plan nicht zurück, hat das Finanzamt zu prüfen, ob sämtliche angemeldeten Ansprüche enthalten sind und das Finanzamt durch den Plan nicht schlechter gestellt wird, als es ohne den Plan stünde.

[1] Soweit auf Steuerforderungen, die Gegenstand des Insolvenzplans sind, verzichtet wurde, werden diese mit Bestätigung des Plans zu unvollkommenen Forderungen. [2] Sie sind zwar erfüllbar, können aber grundsätzlich gegen den Schuldner nicht mehr geltend gemacht werden. [3] Die Möglichkeit der Inanspruchnahme Dritter im Wege der Haftung bleibt bestehen, soweit nicht ein Haftungsausschluss nach § 227 Abs. 2 InsO in Betracht kommt.

[1] Ein bei Eröffnung des Insolvenzverfahrens bestehendes Aufrechnungsrecht bleibt auch dann erhalten, wenn die aufgerechnete Gegenforderung nach einem rechtskräftig bestätigten Insolvenzplan als erlassen gilt (BGH-Urteil vom 19.5.2011, IX ZR 222/08, WM S. 1182). [2] Entsteht der Steuererstattungsanspruch hingegen erst nach Eröffnung des Insolvenzverfahrens, kann gegen ihn bei vorbehaltslosen Insolvenzplänen lediglich bis zum Erreichen der Planquote mit Insolvenzforderungen unter den allgemeinen Voraussetzungen des § 226 AO aufgerechnet werden.

Auf Abschnitt 61 VollstrA wird hingewiesen.

12. Verbraucherinsolvenzverfahren nach §§ 304 ff. InsO

[1] Die nachstehenden Ausführungen gelten für nach dem 30.6.2014 beantragte Insolvenzverfahren. [2] Für vor dem 1.7.2014 beantragte Verfahren gelten die Ausführungen des AEAO zu § 251, Nr. 12 in der Fassung vom 31.1.2014, BStBl. I S. 290.

[1] Natürliche Personen, die keine selbständige gewerbliche oder freiberufliche Tätigkeit ausüben oder ausgeübt haben, können das Verbraucherinsolvenzverfahren nach §§ 304 ff. InsO beantragen. [2] Dies gilt auch für Personen, die eine selbständige Tätigkeit ausgeübt haben, wenn ihre Vermögensverhältnisse überschaubar sind und gegen sie keine Forderungen aus Arbeitsverhältnissen bestehen. [3] Überschaubar sind Vermögensverhältnisse, wenn der Schuldner zu dem Zeitpunkt, zu dem der Antrag auf Eröffnung des Insolvenzverfahrens gestellt wird, weniger als 20 Gläubiger hat. [4] Forderungen aus Arbeitsverhält-

nissen sind nicht nur die Ansprüche der ehemaligen Arbeitnehmer selbst, sondern auch die Forderungen von Sozialversicherungsträgern und Finanzämtern (z. B. Lohnsteuerforderungen). [5]Der geschäftsführende Alleingesellschafter einer GmbH übt eine selbständige wirtschaftliche Tätigkeit aus. [6]Wird dieser für Lohnsteuerrückstände der GmbH in Haftung genommen, handelt es sich um Forderungen aus Arbeitsverhältnissen i. S. d. § 304 Abs. 1 InsO (BGH-Beschluss vom 22.9.2005, IX ZR 55/04, WM S. 918).

[1]Das Verfahren gliedert sich in drei Abschnitte. [2]Zunächst hat der Schuldner eine außergerichtliche Einigung mit seinen Gläubigern ernsthaft anzustreben (AEAO zu § 251, Nr. 12.1). [3]Gelingt ihm dies nicht, wird auf seinen Antrag ein gerichtliches Schuldenbereinigungsverfahren durchgeführt (AEAO zu § 251, Nr. 12.2). [4]Scheitert auch dies, schließt sich ein Insolvenzverfahren an (AEAO zu § 251, Nr. 12.3).

12.1. Außergerichtlicher Einigungsversuch

Der Schuldner hat den Gläubigern und damit ggf. auch dem Finanzamt zum Zweck der außergerichtlichen Einigung unter anderem z. B. ein Vermögensverzeichnis, eine Aufstellung seiner Verbindlichkeiten und Gläubiger sowie einen Plan zur Schuldenregulierung vorzulegen (vgl. § 305 Abs. 1 InsO).

[1]Das Finanzamt kann nur im Rahmen einer persönlichen Billigkeitsmaßnahme Ansprüche aus dem Steuerschuldverhältnis abweichend festsetzen, stunden oder erlassen. [2]Wird ein Erlass gewährt, erlischt der Anspruch aus dem Steuerschuldnerverhältnis gem. § 47 AO.

Zu den vom Finanzamt zu beachtenden Grundsätzen bei der Bearbeitung von Anträgen auf außergerichtliche Schuldenbereinigung i. S. v. § 305 Abs. 1 Nr. 1 InsO wird auf das BMF-Schreiben vom 27.1.2021, BStBl. I S. 152 hingewiesen.

12.2. Schuldenbereinigungsverfahren

Scheitert der ernsthafte Versuch des Schuldners, eine außergerichtliche Einigung herbeizuführen, so kann er die Eröffnung des Insolvenzverfahrens beantragen.

[1]Mit einem Antrag auf Eröffnung des Insolvenzverfahrens hat der Schuldner die in § 305 Abs. 1 InsO genannten Unterlagen und Erklärungen, insbesondere einen Schuldenbereinigungsplan, vorzulegen. [2]Bei einem inhaltlich ordnungsgemäßen Antrag erklärt das Insolvenzgericht das Insolvenzverfahren bis zur Entscheidung über den Schuldenbereinigungsplan für ruhend (§ 306 Abs. 1 Satz 1 InsO). [3]Das Insolvenzgericht stellt den vom Schuldner genannten Gläubigern gem. § 307 Abs. 1 InsO den Schuldenbereinigungsplan und die Vermögensübersicht zur Stellungnahme binnen einer Notfrist von einem Monat zu.

[1]Das Finanzamt hat die vom Gericht zugestellte Vermögensübersicht und den Schuldenbereinigungsplan unter Beteiligung aller in Betracht kommenden Dienststellen unverzüglich daraufhin zu überprüfen, ob alle bis zum Ablauf der vom Gericht genannten Frist entstandenen Abgabenansprüche (zum Beispiel entstandene, aber noch nicht festgesetzte Abgabenforderungen) aufgenommen worden sind. [2]Noch nicht festgesetzte oder angemeldete Steueransprüche, die bis zum Ablauf der Notfrist entstehen, sind erforderlichenfalls im Schätzungswege zu ermitteln.

Während das Verfahren über den Antrag auf Eröffnung des Insolvenzverfahrens ruht (§ 306 Abs. 1 Satz 1 InsO), sind – unabhängig von etwaigen Sicherungsmaßnahmen des Insolvenzgerichts (§ 306 Abs. 2 InsO) – alle Verwaltungsakte weiterhin dem Schuldner bekannt zu geben.

Gibt das Finanzamt innerhalb der Frist von einem Monat keine Stellungnahme ab, gilt dies nach § 307 Abs. 2 Satz 1 InsO als Einverständnis.

Die unterlassene Ergänzung der Abgabenforderungen hat – falls keine Wiedereinsetzungsgründe vorliegen – die Folge, dass nicht oder nicht in der richtigen Höhe geltend gemachte Forderungen nach § 308 Abs. 3 Satz 2 InsO erlöschen, wenn der Schuldenbereinigungsplan angenommen wird.

Der Schuldenbereinigungsplan gilt als angenommen, wenn
- alle Gläubiger zugestimmt haben,
- kein Gläubiger Einwendungen erhoben hat oder
- die Zustimmung eines oder mehrerer Gläubiger nach § 309 InsO ersetzt wird.

[1]Die Zustimmung des Finanzamts orientiert sich an den im BMF-Schreiben vom 27.1.2021, BStBl. I S. 152, dargestellten Grundsätzen zur außergerichtlichen Einigung. [2]Dabei ist zu beachten, dass akzessorische Sicherheiten (z.B. Zwangshypothek) erlöschen, wenn der Plan keine abweichende Regelung vorsieht. [3]Erforderlichenfalls sind daher entsprechende Einwendungen gegen den Plan zu erheben.

Da bei Nichterfüllung des Plans eine Wiederauflebensklausel gesetzlich nicht vorgesehen ist, soll das Finanzamt in seiner Stellungnahme auf eine solche hinwirken.

[1]Das Insolvenzgericht ersetzt die Zustimmung eines Gläubigers unter den Voraussetzungen des § 309 Abs. 1 InsO und hat dazu den Betroffenen zu hören. [2]Eine gerichtliche Ersetzung der Zustimmung ist jedoch nach § 309 Abs. 3 InsO ausgeschlossen, wenn das Finanzamt glaubhaft macht, dass die Angaben des Schuldners im Schuldenbereinigungsplan dem Grunde oder der Höhe nach unrichtig sind und es deshalb nicht angemessen beteiligt wird.

[1]Das Insolvenzgericht entscheidet über die Ersetzung durch Beschluss. [2]Dagegen stehen dem Antragsteller und dem Gläubiger, dessen Zustimmung ersetzt wird, die sofortige Beschwerde zu (§ 309 Abs. 2 Satz 3 InsO).

Der angenommene Schuldenbereinigungsplan hat nach § 308 Abs. 1 Satz 2 InsO die Wirkung eines (Prozess-)Vergleichs i. S. d. § 794 Abs. 1 Nr. 1 ZPO.

[1]§ 308 Abs. 3 InsO stellt im Interesse des Gläubigerschutzes klar, dass Gläubiger, die keine Möglichkeit der Mitwirkung an dem Schuldenbereinigungsplan hatten, keinen Rechtsverlust erleiden. [2]Dies ist allerdings nur denkbar, wenn dem Finanzamt kein Schuldenbereinigungsplan zur Stellungnahme zugestellt wurde. [3]Allerdings kann sich der Gläubiger der Wirkung des Schuldenbereinigungsplans nicht durch eine unvollständige Forderungsaufstellung, unterlassene oder unzureichende Nachbesserung des Schuldenbereinigungsplans entziehen.

[1]Das Verfahren über den Eröffnungsantrag wird wieder aufgenommen, wenn das Insolvenzgericht nach Anhörung des Schuldners zu der Überzeugung gelangt, dass der Schuldenbereinigungsplan voraussichtlich nicht angenommen wird (§ 306 Abs. 1 Satz 3 InsO) oder Einwendungen gegen den Schuldenbereinigungsplan erhoben werden, die vom Gericht nicht gem. § 309

InsO durch gerichtliche Zustimmung ersetzt werden (§ 311 InsO). [2]Ein erneuter Antrag des Schuldners ist nicht erforderlich.

[1]Soweit ein Gläubiger einen Antrag auf Eröffnung des Insolvenzverfahrens stellt und der Schuldner keinen Eigenantrag nachreicht (§ 306 Abs. 3 InsO), findet ein Schuldenbereinigungsverfahren nicht statt. [2]In diesem Fall ist – wie im Fall des Scheiterns des Schuldenbereinigungsverfahrens – ein Insolvenzverfahren durchzuführen.

Im Übrigen wird auf Abschnitt 63 VollstrA hingewiesen.[1)]

12.3. Eröffnetes Insolvenzverfahren

Grundsätzlich sind die Bestimmungen für das Regelinsolvenzverfahren anzuwenden.

[1]Auch ein Insolvenzplan kann durchgeführt werden (siehe AEAO zu § 251, Nr. 11). [2]Die Regelungen zur Eigenverwaltung gelten jedoch nicht (§ 270 Abs. 2 InsO).

Im Übrigen wird auf Abschnitt 63 VollstrA hingewiesen.[1)]

13. Eigenverwaltung

Die Vorschriften der Eigenverwaltung gelten nicht für Verbraucherinsolvenzverfahren i. S. v. §§ 304 ff. InsO (§ 270 Abs. 2 InsO).

13.1. Vorläufiges Eigenverwaltungsverfahren

[1]Stimmt das Gericht dem Antrag des Schuldners auf Anordnung der Eigenverwaltung zu (§ 270a Abs. 1 InsO), hat es einen vorläufigen Sachwalter (§ 270b Abs. 1 InsO) zu bestellen und kann vorläufige Maßnahmen nach § 21 Abs. 1 und 2 Nr. 1a, 3 bis 5 InsO anordnen. [2]Des Weiteren hat das Gericht auf Antrag des Schuldners anzuordnen, dass der Schuldner Masseverbindlichkeiten begründet. [3]§ 55 Abs. 2 InsO gilt entsprechend (§ 270c Abs. 4 InsO).

In Insolvenzverfahren, die ab dem 1.1.2021 beantragt wurden, gelten bestimmte Steuerverbindlichkeiten des Insolvenzschuldners, die vom Schuldner nach Bestellung eines vorläufigen Sachwalters begründet worden sind, nach Eröffnung des Insolvenzverfahrens als Masseverbindlichkeit (§ 55 Abs. 4 InsO).

Legt der Schuldner dem Gericht einen Insolvenzplan vor, so wird über den Plan im eröffneten Insolvenzverfahren nach den allgemeinen Vorschriften über den Insolvenzplan entschieden.

[1]Die vorläufige Eigenverwaltung wird durch Bestellung eines vorläufigen Insolvenzverwalters aufgehoben. [2]Dies kann auch auf Antrag eines Insolvenzgläubigers erfolgen (§ 270e Abs. 2 InsO).

13.2. Besonderheiten bei der Vorbereitung einer Sanierung nach § 270d InsO (Schutzschirm)

[1]Bei einer angestrebten Sanierung nach § 270d InsO kann das Insolvenzgericht auf Antrag des Schuldners eine Frist zur Vorlage eines Insolvenzplans bestimmen (§ 270d Abs. 1 Satz 1 InsO). [2]Die Frist darf höchstens drei Monate betragen.

---

1) **Steuererlasse** Nr. **800a**.

Stimmt das Gericht dem Antrag des Schuldners zu, hat es einen vorläufigen Sachwalter (§ 270b Abs. 1 InsO) zu bestellen und vorläufige Maßnahmen nach § 21 Abs. 2 Satz 1 Nr. 3 InsO anzuordnen, wenn der Schuldner dies beantragt (§ 270d Abs. 3 InsO).

13.3. Eröffnung des Insolvenzverfahrens

Auf Antrag des Schuldners oder der Gläubigerversammlung kann das Insolvenzgericht die Eigenverwaltung der Insolvenzmasse gem. §§ 270ff. InsO unter der Aufsicht eines Sachwalters anordnen, wenn dadurch nicht Gläubigerinteressen beeinträchtigt werden (z. B. durch Verfahrensverzögerung).

[1]Die insolvenzrechtlichen Vorschriften bleiben durch die Eigenverwaltung – von wenigen Ausnahmen abgesehen – unberührt. [2]Im Grunde sind nur Befugnisse des Insolvenzverwalters auf den Schuldner selbst zu übertragen. [3]Insolvenzforderungen sind schriftlich beim Sachwalter zur Tabelle anzumelden (§ 270f Abs. 2 InsO). [4]Die Forderungen können vom Schuldner, vom Sachwalter oder von anderen Insolvenzgläubigern bestritten werden; sie gelten insoweit als nicht festgestellt (§ 283 Abs. 1 InsO). [5]Zur Feststellung der bestrittenen Forderungen sind die Ausführungen des AEAO zu § 251, Nr. 5.3 entsprechend anzuwenden. [6]Die Regelung des AEAO zu § 251, Nr. 5.3.2 findet in der Eigenverwaltung keine Anwendung, da § 178 Abs. 1 Satz 2 InsO nicht gilt.

[1]Auswirkungen auf das Besteuerungsverfahren (z. B. die Veranlagungszeiträume) ergeben sich durch die Anordnung der Eigenverwaltung nicht. [2]Umsatzsteuerlich kommt es aber mit der Eröffnung des Insolvenzverfahrens zu einer Aufspaltung des Unternehmens in mehrere Unternehmensteile, zwischen denen einzelne umsatzsteuerrechtliche Berechtigungen und Verpflichtungen nicht miteinander verrechnet werden können. [3]Zu den Einzelheiten vgl. AEAO zu § 251, Nr. 9.2 sowie UStAE Abschnitt 17.1 Abs. 11.[1)] [4]Da der Schuldner im Fall der Eigenverwaltung jedoch selbst rechtsgeschäftlich mit Verfügungsbefugnis handeln kann, der Sachwalter demgegenüber nur Kontroll- und Aufsichtspflichten ausübt, ist der Schuldner selbst steuerlich als Vertreter der Insolvenzmasse i. S. v. §§ 34, 35 AO anzusehen. [5]Daher ist er Bekanntgabeadressat für alle die Insolvenzmasse betreffenden Verwaltungsakte.

Die Eigenverwaltung kann auf Antrag der Gläubigerversammlung, des Schuldners oder eines Gläubigers, der entsprechende Gründe glaubhaft zu machen hat, aufgehoben werden (§ 272 InsO).

[1]Auf Insolvenzverfahren in Eigenverwaltung, die vor dem 1.1.2021 beantragt worden sind, sind die bis dahin geltenden Vorschriften der InsO weiter anzuwenden. [2]Insoweit ist der AEAO zu § 251 in der Fassung des BMF-Schreibens vom 21.1.2014 (BStBl. I S. 290), zuletzt geändert durch das BMF-Schreiben vom 28.1.2021 (BStBl. I S. 145), anzuwenden.

Wenn die Zahlungsunfähigkeit oder Überschuldung des Schuldners auf die COVID-19-Pandemie zurückzuführen ist, sind auf Eigenverwaltungsverfahren, die in 2021 beantragt worden sind, die §§ 270 bis 285 InsO in der bis zum 31.12.2020 geltenden Fassung weiter anzuwenden.

---

1) Nr. **500**.

14. Vorgehensweise nach Aufhebung des Insolvenzverfahrens

Mit Aufhebung des Insolvenzverfahrens erhält der Schuldner die Verwaltungs- und Verfügungsbefugnis über sein Vermögen zurück.

[1]Die Aufrechnungsverbote der §§ 95 und 96 InsO gelten nicht mehr. [2]Steuererstattungsansprüche unterliegen nicht mehr dem Insolvenzbeschlag, es sei denn, es liegt eine wirksame Anordnung der Nachtragsverteilung bzw. der wirksame Vorbehalt der Nachtragsverteilung vor. [3]Mit dem Vorbehalt oder der Anordnung einer Nachtragsverteilung tritt hinsichtlich des einzelnen Erstattungsanspruchs erneut die Insolvenzbeschlagnahme ein (BFH-Urteil vom 28.2.2012, VII R 36/11, BStBl. II S. 451). [4]Soweit sich aus dem Beschluss des Insolvenzgerichts nicht ausdrücklich etwas anderes ergibt, ist anzunehmen, dass der Insolvenzbeschlag hinsichtlich aller Steuerarten fortbesteht, die bis zur Aufhebung des Insolvenzverfahrens (insolvenzrechtlich) begründet worden sind (BFH-Urteil vom 20.9.2016, VII R 10/15, BFH/NV 2017 S. 442). [5]Ein nicht hinreichend bestimmter Beschluss entfaltet keinen Insolvenzbeschlag.

[1]Steuerbescheide sind an den Steuerpflichtigen zu richten und diesem bekannt zu geben. [2]Aus diesem Grund ist für das Jahr der Insolvenzaufhebung z. B. nur eine Einkommensteuerfestsetzung durchzuführen, in der sowohl der Massezeitraum wie auch der Zeitraum nach Abschluss des Verfahrens zusammengefasst werden. [3]Der Schuldner ist auch hinsichtlich der nach Eröffnung des Insolvenzverfahrens begründeten Steuerforderungen weiterhin Steuerschuldner (vgl. BFH-Beschluss vom 23.8.1993, V B 135/91, BFH/NV 1994 S. 186). [4]Somit können die während des Bestehens des Insolvenzverfahrens begründeten Steuerschulden nach Aufhebung des Insolvenzverfahrens gegenüber dem Steuerpflichtigen geltend gemacht und auch vollstreckt werden (vgl. BFH-Urteil vom 28.11.2017, VII R 1/16, BStBl. 2018 II S. 457).

Zur Frage der Prozessführungsbefugnis des Insolvenzverwalters und der Auswirkungen auf noch anhängige Rechtsbehelfsverfahren zu Masseverbindlichkeiten bei Beendigung des Insolvenzverfahrens vgl. BFH-Urteil vom 6.7.2011, II R 34/10, BFH/NV 2012 S. 10.

Änderungen von zur Insolvenztabelle angemeldeten und festgestellten Steuerforderungen, denen der Insolvenzschuldner nicht widersprochen hat oder dessen Widerspruch beseitigt worden ist, sind nach Aufhebung des Insolvenzverfahrens nur möglich, wenn die Voraussetzungen für eine Änderung der festgestellten Forderung nach §§ 130, 131 AO vorliegen.

Schließt sich nach der Aufhebung des Insolvenzverfahrens das Restschuldbefreiungsverfahren an, kann wegen dieser Forderungen nicht vollstreckt, sondern lediglich aufgerechnet werden.

[1]Zur Insolvenztabelle angemeldete, nicht titulierte Forderungen, für die keine Feststellung erfolgt ist, können nach Aufhebung des Insolvenzverfahrens gegenüber dem Steuerpflichtigen unter Beachtung der Ablaufhemmung nach § 171 Abs. 13 AO erstmals geltend gemacht werden (z. B. zum Zwecke der Aufrechnung). [2]Die Erteilung einer Restschuldbefreiung gilt vorbehaltlich § 302 InsO auch für diese Forderungen.

Nach rechtskräftiger Bestätigung eines Insolvenzplans ist eine Änderung einer vorinsolvenzlich erfolgten Steuerfestsetzung nicht mehr möglich (BFH-Urteil vom 22.10.2014, I R 39/13, BStBl. 2015 II S. 577).

[1]Während des laufenden Insolvenzverfahrens ohne rechtlichen Grund an den Insolvenzverwalter ausbezahlte Ansprüche aus dem Steuerschuldverhältnis können nach Aufhebung des Insolvenzverfahrens vom früheren Insolvenzverwalter zurückgefordert werden, wenn die Zahlung auf dessen Anderkonto eingegangen war (BFH-Beschluss vom 12.8.2013, VII B 188/12, ZIP S. 2370). [2]Hiervon zu unterscheiden ist die Rechtslage bei Zahlungen auf ein sog. Sonderkonto, das vom Insolvenzverwalter für den Schuldner als Kontoinhaber (Fremdkonto) eingerichtet wird und bei dem der Insolvenzverwalter lediglich aufgrund seiner treuhänderischen Stellung verfügungsberechtigt ist. [3]Gehen Zahlungen auf ein solches Sonderkonto ein, fallen sie in das Schuldnervermögen und damit in die Insolvenzmasse. [4]Rückforderungen sind somit nicht gegen den Insolvenzverwalter persönlich, sondern nur gegen ihn in seiner Eigenschaft als Insolvenzverwalter geltend zu machen (BFH-Beschluss vom 12.8.2013, VII B 188/12, a. a. O.).

15. Restschuldbefreiung

[1]Die nachstehenden Ausführungen gelten für nach dem 30.6.2014 beantragte Insolvenzverfahren. [2]Für vor dem 1.7.2014 beantragte Verfahren gelten die Ausführungen des AEAO zu § 251, Nr. 15 in der Fassung vom 31.1.2014, BStBl. I S. 290.

15.1. Laufzeit der Abtretungserklärung

[1]Ist der Schuldner eine natürliche Person, so sieht die Insolvenzordnung die Möglichkeit der Restschuldbefreiung vor. [2]Hierzu hat der Schuldner rechtzeitig einen Antrag auf Restschuldbefreiung beim Insolvenzgericht zu stellen (§ 287 Abs. 1 InsO). [3]Um die Restschuldbefreiung zu erlangen, hat der Schuldner den pfändbaren Teil seiner Bezüge für einen Zeitraum von drei Jahren – beginnend ab der Eröffnung des Insolvenzverfahrens – an einen Treuhänder abzutreten (§ 287 Abs. 2 InsO). [4]Zwischen der Beendigung des Insolvenzverfahrens und dem Ende der Abtretungsfrist hat der Schuldner die Obliegenheiten gem. § 295 InsO zu erfüllen.

Der Treuhänder kehrt das Erlangte jährlich nach der im Schlussverzeichnis festgelegten Quote an die Gläubiger aus (§ 292 Abs. 1 Satz 2 InsO).

Das Insolvenzgericht stellt durch öffentlich bekannt zu machenden Beschluss zu Beginn des Verfahrens fest, ob der Antrag auf Restschuldbefreiung zulässig ist und dass der Schuldner Restschuldbefreiung erlangt, wenn er den Obliegenheiten gem. § 295 InsO nachkommt und keine Versagungsgründe nach §§ 290, 297 bis 298 InsO vorliegen (§ 287a InsO).

[1]Das Finanzamt hat zu prüfen, ob nach § 290 Abs. 1 InsO ein Grund vorliegt, die Restschuldbefreiung zu versagen. [2]Es hat insbesondere festzustellen, ob der Schuldner zur Vermeidung von Steuerzahlungen in den letzten drei Jahren vor dem Antrag auf Eröffnung des Insolvenzverfahrens oder nach dem Antrag schuldhaft schriftlich unrichtige oder unvollständige Angaben über seine wirtschaftlichen Verhältnisse im Rahmen von Anträgen auf Vollstreckungsaufschub, in Vermögensverzeichnissen, Erlass- und Stundungsanträgen oder Steuererklärungen gemacht hat (§ 290 Abs. 1 Nr. 2 InsO).

[1]Liegen Versagungsgründe nach § 290 InsO vor, so soll das Finanzamt bis zum Schlusstermin oder bis zur Entscheidung über die Einstellung des Verfah-

rens wegen Masseunzulänglichkeit die Versagung der Restschuldbefreiung schriftlich beantragen und glaubhaft machen (§ 290 Abs. 2 InsO). [2]Wird dieser Antrag vom Insolvenzgericht abgewiesen, kann sofortige Beschwerde erhoben werden (§ 290 Abs. 3 InsO). [3]Stellt sich nach dem Schlusstermin heraus, dass Versagungsgründe vorlagen, kann ein Antrag auf Versagung der Restschuldbefreiung binnen sechs Monaten nach Kenntniserlangung durch den Gläubiger nachgeholt werden (§ 297a InsO).

[1]Nach Beendigung des Insolvenzverfahrens, aber noch während der Laufzeit der Abtretungserklärung sind Vollstreckungsmaßnahmen wegen der Insolvenzforderungen in das Vermögen des Schuldners unzulässig (§ 294 Abs. 1 InsO). [2]Aufrechnungen gegen Steuererstattungsansprüche des Schuldners sind aber zulässig, es sei denn, es liegt ein Vorbehalt oder eine wirksame Anordnung der Nachtragsverteilung für diesen Anspruch vor.

Verwaltungsakte sind wieder an den Schuldner zu richten und diesem bekannt zu geben, da der hier zu bestellende Treuhänder keine Befugnis hat, das Vermögen des Schuldners zu verwalten oder über dieses zu verfügen (§ 292 InsO).

Steuererstattungsansprüche nach Aufhebung des Insolvenzverfahrens gehören nicht zu den abtretbaren Bezügen i. S. d. § 287 InsO und können vorbehaltlich der Anordnung einer Nachtragsverteilung mit Insolvenzforderungen aufgerechnet werden (BGH-Urteil vom 21.7.2005, IX ZR 115/04, NJW S. 2988).

Endet bei erteilter Restschuldbefreiung die Abtretungsfrist vor Beendigung des Insolvenzverfahrens, gehören die dann erworbenen Steuererstattungsansprüche nicht mehr zur Insolvenzmasse (§ 300a InsO) und können aufgerechnet werden.

15.2. Ausgenommene Forderungen

Neben Geldstrafen (§ 302 Nr. 2 InsO) und Verbindlichkeiten aus zinslosen Darlehen, die dem Schuldner zur Begleichung der Kosten des Insolvenzverfahrens gewährt wurden (§ 302 Nr. 3 InsO), sind folgende Verbindlichkeiten des Schuldners von der Restschuldbefreiung ausgenommen:

- Verbindlichkeiten aus vorsätzlich begangenen unerlaubten Handlungen (§ 302 Nr. 1 1. Alternative InsO)
- Verbindlichkeiten aus rückständigem gesetzlichen Unterhalt (§ 302 Nr. 1 2. Alternative InsO)
- Verbindlichkeiten aus dem Steuerschuldverhältnis, wenn der Schuldner im Zusammenhang damit wegen einer Steuerstraftat nach §§ 370, 373 oder 374 AO rechtskräftig verurteilt wurde (§ 302 Nr. 1 3. Alternative InsO).

Voraussetzung für eine Ausnahme von der Restschuldbefreiung bei den Verbindlichkeiten nach § 302 Nr. 1 InsO ist, dass der Gläubiger seine Forderung unter Angabe des Rechtsgrundes nach § 174 Abs. 2 InsO zur Tabelle angemeldet hat (vgl. AEAO zu § 251, Nr. 5.2).

Hat das Finanzamt bei der Forderungsanmeldung Tatsachen angegeben, aus denen sich eine Steuerstraftat des Schuldners nach §§ 370, 373 oder 374 AO ergibt, tritt die Ausnahme von der Erteilung der Restschuldbefreiung in folgenden Fällen ein:

- Das Gericht hat die Forderung eingetragen und der Schuldner hat der Anmeldung im Prüfungstermin nicht widersprochen.

– [1]Der Schuldner hat der Anmeldung der Forderung widersprochen und die rechtskräftige Verurteilung wegen einer Steuerstraftat nach den §§ 370, 373 oder 374 AO ist vor Beendigung des Insolvenzverfahrens erfolgt. [2]In diesem Fall kann der Widerspruch durch Feststellungsbescheid nach § 251 Abs. 3 AO beseitigt werden (vgl. AEAO zu § 251, Nr. 5.3.2).
– [1]Der Schuldner hat der Anmeldung der Forderung widersprochen und die rechtskräftige Verurteilung wegen einer Steuerstraftat nach den §§ 370, 373 oder 374 AO ist erst nach Beendigung des Insolvenzverfahrens erfolgt. [2]Da die insolvenzrechtliche Nachhaftung für hinterzogene Steuern auch nach Beendigung des Insolvenzverfahrens bestehen bleibt, ist es unbeachtlich, wann die rechtskräftige Verurteilung erfolgt. [3]Widerspricht der Schuldner lediglich der rechtlichen Einordnung einer Steuerforderung als Anspruch im Sinne von § 302 Nr. 1 InsO (oder ist bei einem Widerspruch gegen den Rechtsgrund und die Höhe der Forderung der Widerspruch gegen die Höhe der Forderung beseitigt), ist dem Finanzamt auch nach Erteilung der Restschuldbefreiung aus der Eintragung der Forderung in der Tabelle – unabhängig vom Vorliegen einer rechtskräftigen Verurteilung wegen einer Steuerstraftat – ein Tabellenauszug zur Durchführung der Vollstreckung zu erteilen (vgl. BGH-Beschluss vom 3.4.2014, IX ZB 93/13, ZInsO 2014 S. 568). [4]Nach Eintritt der Rechtskraft des Urteils kann das Finanzamt sogleich das Vollstreckungsverfahren aufnehmen (vgl. BGH-Urteil vom 2.12.2010, IX ZR 247/09, NJW 2011 S. 1133). [5]Ob die Forderungen von der Restschuldbefreiung nach § 302 Nr. 1 InsO ausgenommen sind, kann der Vollstreckungsschuldner im Steuererhebungsverfahrens überprüfen lassen (z. B. Einspruch gegen Pfändungsmaßnahme, Antrag auf Erteilung eines Abrechnungsbescheides bei Aufrechnung). [6]Für anschließende Klageverfahren ist der Finanzrechtsweg einschlägig.

15.3. Erteilung der Restschuldbefreiung

[1]Nach Aufhebung des Insolvenzverfahrens hat der Schuldner ausschließlich die Obliegenheiten nach § 295 InsO zu erfüllen. [2]Die Versagungsgründe des § 290 InsO gelten nicht mehr.

[1]Wird dem Finanzamt bekannt, dass der Schuldner Obliegenheiten verletzt und dadurch die Befriedigung der Insolvenzgläubiger beeinträchtigt, soll es beim Insolvenzgericht Antrag auf Versagung der Restschuldbefreiung stellen und seine Angaben durch entsprechende Unterlagen glaubhaft machen (§ 296 Abs. 1 InsO). [2]Gegen die Entscheidung des Gerichts ist die sofortige Beschwerde gegeben.

[1]Ist die Laufzeit der Abtretungserklärung ohne vorherige Beendigung verstrichen, hat das Insolvenzgericht nach vorheriger Anhörung des Schuldners, des Treuhänders und der Gläubiger zu entscheiden, ob dem Schuldner die endgültige Restschuldbefreiung zu erteilen ist (§ 300 Abs. 1 Satz 1 InsO). [2]Eine vorzeitige Erteilung der Restschuldbefreiung kommt nach § 300 Abs. 2 InsO in Betracht, wenn der Schuldner die Kosten des Verfahrens und die sonstigen Masseverbindlichkeiten berichtigt hat und
– im Verfahren kein Insolvenzgläubiger eine Forderung angemeldet hat
– oder wenn die Forderungen der Insolvenzgläubiger befriedigt wurden.

[1] Erteilt das Insolvenzgericht die Restschuldbefreiung, wirkt diese gegen alle Insolvenzgläubiger. [2] Die angemeldeten, aber nicht vollständig befriedigten Forderungen wandeln sich in unvollkommene Forderungen um. [3] Das heißt, dass diese Forderungen zwar weiterhin erfüllbar, aber nicht mehr erzwingbar sind. [4] Insoweit entfällt die Möglichkeit einer Aufrechnung gegen Guthaben mit diesen Forderungen, da die Aufrechnung voraussetzt, dass die zur Aufrechnung gestellte Forderung vollwirksam und fällig/erzwingbar ist. [5] Dies gilt nicht, wenn bei Eröffnung des Insolvenzverfahrens die Aufrechnungslage bereits bestand (BGH-Urteil vom 19.5.2011, IX ZR 222/08, WM S. 1182). [6] Weiterhin besteht die Möglichkeit, Haftungs- oder sonstige Gesamtschuldner in Anspruch zu nehmen (§ 301 Abs. 2 InsO).

Masseverbindlichkeiten werden von der Restschuldbefreiung nicht erfasst und können daher auch nach Erteilung der Restschuldbefreiung vollstreckt werden (vgl. BFH-Urteil vom 28.11.2017, VII R 1/16, BStBl. 2018 II S. 457).

[1] Gem. § 303 InsO kann die gewährte Restschuldbefreiung widerrufen werden, wenn innerhalb eines Jahres nach Rechtskraft des Beschlusses nachträglich ein Obliegenheitsverstoß oder eine Verurteilung des Schuldners wegen einer Insolvenzstraftat bekannt wird. [2] Wenn der Schuldner Auskunfts- und Mitwirkungspflichten, die ihm nach der InsO obliegen, vorsätzlich verletzt hat, kann der nachträgliche Widerruf der Restschuldbefreiung innerhalb eines halben Jahres nach Rechtskraft des Beschlusses beantragt werden. [3] Der begründete Antrag ist durch einen Gläubiger bei Gericht zu stellen. [4] Vor dem Beschluss sind der Schuldner und der Insolvenzverwalter bzw. Treuhänder zu hören.

AEAO vor § 347 – Außergerichtliches Rechtsbehelfsverfahren:

1. [1] Das außergerichtliche Rechtsbehelfsverfahren nach der AO (Einspruchsverfahren) ist abzugrenzen

– von den in der AO nicht geregelten nichtförmlichen Rechtsbehelfen (Gegenvorstellung, Sachaufsichtsbeschwerde, Dienstaufsichtsbeschwerde),

(Fortsetzung S. 370)

– von dem Antrag, einen Verwaltungsakt zu berichtigen, zurückzunehmen, zu widerrufen, aufzuheben oder zu ändern (Korrekturantrag; §§ 129 bis 132, 172 bis 177 AO).

Der förmliche Rechtsbehelf (Einspruch) unterscheidet sich von den Korrekturanträgen in folgenden Punkten:

– Er hindert den Eintritt der formellen und materiellen Bestandskraft (zum Begriff der Bestandskraft vgl. AEAO vor §§ 172 bis 177, Nr. 1);
– er kann zur Verböserung führen (§ 367 Abs. 2 Satz 2 AO); der Verböserungsgefahr kann der Steuerpflichtige aber durch rechtzeitige Rücknahme des Einspruchs entgehen;
– er ermöglicht die Aussetzung der Vollziehung.

In Zweifelsfällen ist ein Einspruch anzunehmen, da er die Rechte des Steuerpflichtigen umfassender wahrt als ein Korrekturantrag.

2. [1]Das Einspruchsverfahren ist nicht kostenpflichtig. [2]Steuerpflichtige und Finanzbehörden haben jeweils ihre eigenen Aufwendungen zu tragen. [3]Auf die Kostenerstattung nach § 139 FGO, auch für das außergerichtliche Vorverfahren, wird hingewiesen.

AEAO zu § 347 – Statthaftigkeit des Einspruchs:

1. [1]Das Einspruchsverfahren ist nur eröffnet, wenn ein Verwaltungsakt (auch ein nichtiger Verwaltungsakt oder ein Scheinverwaltungsakt) angegriffen wird oder der Einspruchsführer sich gegen den Nichterlass eines Verwaltungsakts wendet. [2]Verwaltungsakt ist z. B. auch die Ablehnung eines Realakts (vgl. AEAO zu § 364) oder die Ablehnung der Erteilung einer verbindlichen Auskunft.

2. [1]Der Einspruch ist auch gegeben, wenn ein Verwaltungsakt aufgehoben, geändert, zurückgenommen oder widerrufen oder ein Antrag auf Erlass eines Verwaltungsakts abgelehnt wird. [2]Gleiches gilt, wenn die Finanzbehörde einen Verwaltungsakt wegen einer offenbaren Unrichtigkeit gem. § 129 AO berichtigt oder es ablehnt, die beantragte Berichtigung eines Verwaltungsakts durchzuführen (BFH-Urteil vom 13.12.1983, VIII R 67/81, BStBl. 1984 II S. 511). [3]Gegen Entscheidungen über die schlichte Änderung (§ 172 Abs. 1 Satz 1 Nr. 2 Buchstabe a AO) ist ebenfalls der Einspruch gegeben (BFH-Urteil vom 27.10.1993, XI R 17/93, BStBl. 1994 II S. 439); dies gilt nicht, soweit der Antrag auf schlichte Änderung durch eine Allgemeinverfügung nach § 172 Abs. 3 AO zurückgewiesen wurde (§ 348 Nr. 6 AO).

3. [1]Beantragt der Steuerpflichtige bei einer Steuerfestsetzung unter Vorbehalt der Nachprüfung (§ 164 AO) oder bei einer vorläufigen Steuerfestsetzung (§ 165 AO) die Aufhebung dieser Nebenbestimmungen, ist gegen den ablehnenden Bescheid der Einspruch gegeben. [2]Wird der Vorbehalt nach § 164 AO aufgehoben, kann der Steuerpflichtige gegen die dann als Steuerfestsetzung ohne Vorbehalt der Nachprüfung wirkende Steuerfestsetzung uneingeschränkt Einspruch einlegen. [3]Soweit eine vorläufige Steuerfestsetzung endgültig durchgeführt oder für endgültig erklärt wird, gilt dies nur, soweit die Vorläufigkeit reichte.

[1]Gegen die Aufhebung des Nachprüfungsvorbehalts in der Einspruchsentscheidung ist die Klage, nicht ein erneuter Einspruch gegeben (BFH-Urteil vom 4.8.1983, IV R 216/82, BStBl. 1984 II S. 85). [2]Das gilt entsprechend, wenn in einer Einspruchsentscheidung die bisher vorläufige Steuerfestsetzung für endgültig erklärt wird.

4. [1]Gegen eine Ermessensentscheidung über eine Billigkeitsmaßnahme nach § 163 Abs. 1 AO ist auch dann ein gesonderter Einspruch gegeben, wenn sie mit der Steuerfestsetzung verbunden ist (§ 163 Abs. 2 AO). [2]Entsprechendes gilt für die mit einer Zinsfestsetzung verbundene Billigkeitsentscheidung nach § 234 Abs. 2 oder § 237 Abs. 4 AO.

5. § 347 Abs. 1 Satz 1 Nr. 3 AO beschränkt i. V. m. § 348 Nr. 3 und 4 AO in Steuerberatungsangelegenheiten das Einspruchsverfahren auf Streitigkeiten über

- die Ausübung (insbesondere die Zulässigkeit) der Hilfe in Steuersachen einschließlich der Rechtsverhältnisse der Lohnsteuerhilfevereine,
- die Voraussetzungen für die Berufsausübung der Steuerberater und Steuerbevollmächtigten (mit Ausnahme der Entscheidungen der Zulassungs- und der Prüfungsausschüsse),
- die Vollstreckung wegen Handlungen und Unterlassungen.

6. [1]In anderen Angelegenheiten (§ 347 Abs. 1 Satz 1 Nr. 4 AO) sind die Vorschriften über das Einspruchsverfahren z. B. für anwendbar erklärt worden durch:

- Landesgesetze, die Steuern betreffen, die der Landesgesetzgebung unterliegen und durch Landesfinanzbehörden verwaltet werden,
- Gesetze zur Durchführung der Verordnungen des Rates der Europäischen Union,

soweit diese Gesetze die Anwendbarkeit der AO-Vorschriften vorsehen.

Soweit Gesetze die für Steuervergütungen geltenden Vorschriften für entsprechend anwendbar erklären, ist das Einspruchsverfahren bereits nach § 347 Abs. 1 Satz 1 Nr. 1 AO eröffnet (z. B. EigZulG, InvZulG, WoPG und 5. VermBG).

AEAO zu § 350 – Beschwer:

1. [1]Eine Beschwer ist nicht nur dann schlüssig geltend gemacht, wenn eine Rechtsverletzung oder Ermessenswidrigkeit gerügt wird, sondern auch dann, wenn der Einspruchsführer eine günstigere Ermessensentscheidung begehrt. [2]Aus nicht gesondert festgestellten Besteuerungsgrundlagen (§ 157 Abs. 2 AO) ergibt sich keine Beschwer.

2. [1]Bei einer zu niedrigen Festsetzung kann eine Beschwer dann bestehen, wenn eine höhere Festsetzung, z. B. aufgrund des Bilanzenzusammenhangs, sich in Folgejahren günstiger auswirkt (BFH-Urteil vom 27.5.1981, I R 123/77, BStBl. 1982 II S. 211) oder wenn durch die begehrte höhere Steuerfestsetzung die Anrechnung von Steuerabzugsbeträgen ermöglicht wird und aufgrund dessen ein geringerer Betrag als bisher entrichtet werden muss (BFH-Urteil vom 8.11.1985, VI R 238/80, BStBl. 1986 II S. 186 und BFH-Beschluss vom 3.2.1993, I B 90/92, BStBl. II S. 426).

3. [1]Bei einer Nullfestsetzung besteht grundsätzlich keine Beschwer. [2]Dies gilt nicht in folgenden Fällen:

a) Mit dem Einspruch wird eine Steuervergütung begehrt (z. B. die Festsetzung einer negativen Umsatzsteuer).

b) Durch den Einspruch soll die Anwendung des § 10d Abs. 4 Satz 5 EStG i. d. F. des JStG 2010 (vom Steuerbescheid abweichende Berücksichtigung von Besteuerungsgrundlagen bei der Feststellung des verbleibenden Verlustvortrags) ermöglicht werden.

c) Es wird eine Steuerbefreiung nach § 5 Abs. 1 Nr. 9 KStG (BFH-Urteil vom 13.7.1994, I R 5/93, BStBl. 1995 II S. 134) begehrt.

d) [1]Die der Steuerfestsetzung zugrunde liegenden Besteuerungsgrundlagen sind für ein anderes steuerliches oder außersteuerliches Verfahren bindend (vgl. BFH-Urteil vom 20.12.1994, IX R 80/92, BStBl. 1995 II S. 537). [2]Eine derartige Bindungswirkung besteht beispielsweise für das BAföG-Verfahren oder einen Beihilfeanspruch nach der BBhV oder vergleichbaren landesrechtlichen Regelungen hinsichtlich der Einkünfte (vgl. BFH-Urteile vom 20.12.1994, IX R 124/92, BStBl. 1995 II S. 628, und vom 19.2.2013, IX R 31/11, BFH/NV S. 1075), nicht aber hinsichtlich der außergewöhnlichen Belastungen (BFH-Urteil vom 29.5.1996, III R 49/93, BStBl. II S. 654) und auch nicht für das Wohngeldverfahren nach dem WoGG (BFH-Urteil vom 24.1.1975, VI R 148/72, BStBl. II S. 382).

4. Wird durch Einspruch die Änderung eines Grundlagenbescheids begehrt, kommt es für die schlüssige Geltendmachung der Beschwer nicht auf die Auswirkungen in den Folgebescheiden an.

5. Beschwert sein kann nicht nur derjenige, für den ein Verwaltungsakt bestimmt ist, sondern auch derjenige, der von ihm betroffen ist.

6. Eine weitere, in der AO nicht ausdrücklich genannte Zulässigkeitsvoraussetzung ist das Vorliegen eines Rechtsschutzbedürfnisses, d. h. eines schutzwürdigen, berücksichtigungswerten Interesses an der begehrten Entscheidung im Einspruchsverfahren.

[1]Die Möglichkeit, einen Antrag auf schlichte Änderung (§ 172 Abs. 1 Satz 1 Nr. 2 Buchstabe a AO) zu stellen, beseitigt nicht das Rechtsschutzbedürfnis für einen Einspruch, da dieser die Rechte des Steuerpflichtigen umfassender wahrt (vgl. AEAO vor § 347, Nr. 1). [2]Wendet sich der Steuerpflichtige gegen denselben Verwaltungsakt sowohl mit einem Einspruch als auch mit einem Antrag auf schlichte Änderung, ist nur das Einspruchsverfahren durchzuführen (BFH-Urteil vom 27.9.1994, VIII R 36/89, BStBl. 1995 II S. 353).

[1]Wird mit dem Einspruch ausschließlich die angebliche Verfassungswidrigkeit einer Rechtsnorm gerügt, fehlt grundsätzlich das Rechtsschutzbedürfnis, wenn die Finanzbehörde den angefochtenen Verwaltungsakt spätestens im Einspruchsverfahren hinsichtlich des strittigen Punktes für vorläufig erklärt hat (BFH-Beschlüsse vom 10.11.1993, X B 83/93, BStBl. 1994 II S. 119, und vom 22.3.1996, III B 173/95, BStBl. II S. 506). [2]Trotz vorläufiger Steuerfestsetzung kann aber ein Rechtsschutzbedürfnis anzunehmen sein, wenn der Einspruchsführer besondere Gründe materiell-rechtlicher oder verfahrens-

rechtlicher Art substantiiert geltend macht oder Aussetzung der Vollziehung begehrt (BFH-Urteil vom 30.9.2010, III R 39/08, BStBl. 2011 II S. 11; zur Aussetzung der Vollziehung wegen verfassungsrechtlicher Zweifel vgl. AEAO zu § 361, Nr. 2.5.4).

AEAO zu § 351 – Bindungswirkung anderer Verwaltungsakte:

1. [1] Wird ein Bescheid angegriffen, der einen unanfechtbaren Bescheid geändert hat, ist die Sache nach § 367 Abs. 2 Satz 1 AO in vollem Umfang erneut zu prüfen. [2] Geändert werden kann aber aufgrund der Anfechtung der Änderungsbescheid nur in dem Umfang, in dem er vom ursprünglichen Bescheid abweicht; diese Beschränkung bezieht sich z. B. beim Steuerbescheid auf den festgesetzten Steuerbetrag. [3] Einwendungen, die bereits gegen die ursprüngliche Steuerfestsetzung vorgebracht werden konnten, können auch gegen den Änderungsbescheid vorgetragen werden. [4] Ist z. B. im Änderungsbescheid eine höhere Steuer festgesetzt worden, kann die ursprünglich festgesetzte Steuer nicht unterschritten werden; ist dagegen im Änderungsbescheid eine niedrigere Steuer festgesetzt worden, kann der Steuerpflichtige nicht eine weitere Herabsetzung erreichen.

2. Etwas anderes gilt, soweit sich aus den Vorschriften über die Aufhebung oder die Änderung von Verwaltungsakten, z. B. wegen neuer Tatsachen, ein Rechtsanspruch auf Änderung des unanfechtbaren Bescheids ergibt.

Beispiele:

a) Ein Steuerbescheid wird nach § 173 Abs. 1 Nr. 1 AO zuungunsten des Steuerpflichtigen geändert. Der Steuerpflichtige kann mit dem Einspruch geltend machen, dass Tatsachen i. S. d. § 173 Abs. 1 Nr. 2 AO unberücksichtigt geblieben sind, die die Mehrsteuern im Ergebnis nicht nur ausgleichen, sondern sogar zu einer Erstattung führen.

b) Ein Steuerbescheid wird nach § 173 Abs. 1 Nr. 2 AO zugunsten des Steuerpflichtigen geändert. Der Steuerpflichtige kann mit dem Einspruch geltend machen, dass Tatsachen i. S. d. Vorschrift, die zu einer weitergehenden Erstattung führen, unberücksichtigt geblieben sind.

3. [1] § 351 Abs. 1 AO gilt nach seinem Wortlaut nur für änderbare Bescheide, nicht hingegen für die sonstigen Verwaltungsakte, die den Vorschriften über die Rücknahme (§ 130 AO) und den Widerruf (§ 131 AO) unterliegen (BFH-Urteil vom 24.7.1984, VII R 122/80, BStBl. II S. 791). [2] § 351 Abs. 1 AO bleibt aber zu beachten, wenn ein änderbarer Verwaltungsakt nach § 129 AO berichtigt worden ist (vgl. AEAO zu § 129, Nr. 5).

4. Ein Einspruch gegen einen Folgebescheid, mit welchem nur Einwendungen gegen den Grundlagenbescheid geltend gemacht werden, ist unbegründet, nicht unzulässig (BFH-Urteil vom 2.9.1987, I R 162/84, BStBl. 1988 II S. 142; vgl. auch BFH-Urteil vom 27.6.2018, I R 13/16, BStBl. 2019 II S. 632).

AEAO zu § 352 – Einspruchsbefugnis bei der einheitlichen Feststellung:

1. Die Regelungen des § 352 AO zur Einspruchsbefugnis bei einheitlichen Feststellungsbescheiden gelten unabhängig von der Art der in die Feststellung einbezogenen Besteuerungsgrundlagen.

2. Nach Absatz 1 Nr. 1 erste Alternative können gegen einheitliche Feststellungsbescheide die zur Vertretung berufenen Geschäftsführer Einspruch einlegen.

3. Betrifft die einheitliche Feststellung eine Personengruppe, die keinen Geschäftsführer hat (z. B. eine Erbengemeinschaft), so gilt – soweit kein Fall i. S. d. Absatzes 1 Nr. 3 bis 5 vorliegt – nach Absatz 1 Nr. 1 zweite Alternative i. V. m. Absatz 2 Folgendes:

a) Haben die Feststellungsbeteiligten gemäß § 183 Abs. 1 Satz 1 AO bzw. § 6 Abs. 1 Satz 1 der V zu § 180 Abs. 2 AO einen gemeinsamen Empfangsbevollmächtigten bestellt, so ist nach Absatz 2 Satz 1 ausschließlich dieser einspruchsbefugt, soweit das Finanzamt dem Belehrungsgebot nach Absatz 2 Satz 3 nachgekommen ist.

b) [1] Haben die Feststellungsbeteiligten keinen gemeinsamen Empfangsbevollmächtigten bestellt oder ist ein solcher (z. B. wegen Widerrufs der Vollmacht) nicht mehr vorhanden, steht die Einspruchsbefugnis dem nach § 183 Abs. 1 Satz 2 AO gesetzlich fingierten Empfangsbevollmächtigten (Vertretungs- bzw. Verwaltungsberechtigter) zu (Absatz 2 Satz 2 erster Halbsatz erste Alternative). [2] Dies gilt nicht, wenn der gesetzlich fingierte Empfangsbevollmächtigte Geschäftsführer ist; in diesem Fall richtet sich die Einspruchsbefugnis nach Absatz 1 Nr. 1 erste Alternative.

c) [1] Ist auch ein gesetzlich fingierter Empfangsbevollmächtigter nicht vorhanden, steht die Einspruchsbefugnis dem nach § 183 Abs. 1 Satz 3 bis 5 AO bzw. § 6 Abs. 1 Satz 3 bis 5 der V zu § 180 Abs. 2 AO von der Finanzbehörde bestimmten Empfangsbevollmächtigten zu (Absatz 2 Satz 2 erster Halbsatz zweite Alternative). [2] Benennen die Feststellungsbeteiligten nach einer Aufforderung i. S. d. § 183 Abs. 1 Satz 3 bis 5 AO bzw. des § 6 Abs. 1 Satz 3 bis 5 der V zu § 180 Abs. 2 AO eine andere als die von der Finanzbehörde vorgeschlagene Person als Empfangsbevollmächtigten, richtet sich die Einspruchsbefugnis nach Absatz 2 Satz 1.

d) Ist weder ein von den Feststellungsbeteiligten bestellter noch ein gesetzlich fingierter oder ein von der Finanzbehörde bestimmter Empfangsbevollmächtigter vorhanden, ist jeder Feststellungsbeteiligte einspruchsbefugt (Absatz 1 Nr. 2).

e) Die grundsätzliche Beschränkung der Einspruchsbefugnis auf den von den Feststellungsbeteiligten bestellten, den gesetzlich fingierten bzw. den von der Finanzbehörde bestimmten Empfangsbevollmächtigten greift nur ein, wenn die Beteiligten in der Feststellungserklärung des betreffenden Jahres oder in der Aufforderung zur Benennung eines Empfangsbevollmächtigten (§ 183 Abs. 1 Satz 3 und 4 AO, § 6 Abs. 1 Satz 3 und 4 der V zu § 180 Abs. 2 AO) über die Einspruchsbefugnis des Empfangsbevollmächtigten belehrt worden sind (Absatz 2 Satz 3).

f) [1] Ferner hat jeder Feststellungsbeteiligte das Recht, für seine Person der Einspruchsbefugnis des gesetzlich fingierten bzw. des von der Finanzbehörde bestimmten – nicht aber der Einspruchsbefugnis des von den Feststellungsbeteiligten bestellten – Empfangsbevollmächtigten zu widersprechen (Absatz 2 Satz 2 zweiter Halbsatz). [2] Der widersprechende Feststellungsbeteiligte ist dann selbst einspruchsbefugt (Absatz 1 Nr. 2). [3]Der Widerspruch ist gegenüber der das Feststellungsverfahren durchführenden Finanzbehörde spätestens bis zum Ablauf der Einspruchsfrist zu erheben. [4]Ein nicht schriftlich bzw. elektronisch erklärter Widerspruch ist unter Datumsangabe aktenkundig zu machen.

AEAO zu § 353 – Einspruchsbefugnis des Rechtsnachfolgers:

[1]Die Rechtsnachfolge tritt ein,

1. bevor einer der in § 353 AO genannten Bescheide ergangen ist:

   [2]Nach § 182 Abs. 2 Satz 2, § 184 Abs. 1 Satz 4, §§ 185 und 190 AO wirkt der Bescheid gegen den Rechtsnachfolger nur dann, wenn er ihm bekannt gegeben wird;

2. nach der Bekanntgabe eines in § 353 AO genannten Bescheids, aber noch innerhalb der Einspruchsfrist:

   [2]Der Rechtsnachfolger kann innerhalb der – schon laufenden – Frist Einspruch einlegen (§ 353 AO);

3. nach Ablauf der Einspruchsfrist für einen in § 353 AO genannten Bescheid:

   [2]Der Bescheid wirkt gegenüber dem Rechtsnachfolger, ohne dass dieser die Möglichkeit des Einspruchs hat (§ 182 Abs. 2 Satz 1, § 184 Abs. 1 Satz 4, §§ 185 und 190 AO);

4. während eines Einspruchsverfahrens gegen einen in § 353 AO genannten Bescheid:

   [2]Der Gesamtrechtsnachfolger tritt in der Rechtsstellung des Rechtsvorgängers als Verfahrensbeteiligter ein; seiner Hinzuziehung bedarf es nicht. [3]Beim Einzelrechtsnachfolger hat die Finanzbehörde seine Hinzuziehung zum Verfahren zu prüfen (§§ 359, 360 AO);

5. während die Frist zur Erhebung der Klage läuft:

   [2]Da auch in diesem Fall der Bescheid gegen den Rechtsnachfolger wirkt (§ 353 AO), kann dieser nur innerhalb der für den Rechtsvorgänger maßgebenden Frist gem. § 40 Abs. 2 FGO Klage erheben;

6. während eines finanzgerichtlichen Verfahrens:

   [2]Bei Gesamtrechtsnachfolge (z. B. bei Erbfolge oder bei Verschmelzung von Gesellschaften) wird das Verfahren bis zur Aufnahme durch den Rechtsnachfolger unterbrochen (§ 155 FGO; § 239 ZPO), es sei denn, der Rechtsvorgänger war durch einen Prozessbevollmächtigten vertreten (§ 155 FGO; §§ 239, 246 ZPO). [3]Bei Einzelrechtsnachfolge (z. B. bei Kauf) hat das Finanzgericht zu prüfen, ob der Rechtsnachfolger beizuladen ist (§§ 57, 60 FGO).

AEAO zu § 355 – Einspruchsfrist:

1. [1]Die Einspruchsfrist beträgt einen Monat. [2]Sie beginnt im Fall des § 355 Abs. 1 Satz 1 AO mit Bekanntgabe (§ 122 AO), im Fall des § 355 Abs. 1 Satz 2 erster Halbsatz AO mit Eingang der Steueranmeldung bei der Finanzbehörde und im Fall des § 355 Abs. 1 Satz 2 AO zweiter Halbsatz mit Bekanntwerden der formfreien Zustimmung des Finanzamts zu laufen. [3]Wurde der Steuerpflichtige schriftlich bzw. elektronisch über die Zustimmung unterrichtet (z. B. zusammen mit einer Abrechnungsmitteilung), ist grundsätzlich davon auszugehen, dass ihm die Zustimmung am dritten Tag nach Aufgabe zur Post bzw. nach der Absendung bekannt geworden ist; zu diesem Zeitpunkt beginnt demnach auch erst die Einspruchsfrist zu laufen. [4]Ist keine Mitteilung ergangen, ist regelmäßig davon auszugehen, dass dem Steuerpflichtigen die Zustimmung frühestens mit der Zahlung (§ 224 Abs. 3 AO) der Steuervergütung oder des Mindersolls bekannt geworden ist.

2. Zur Wiedereinsetzung in den vorigen Stand nach unterlassener Anhörung eines Beteiligten bzw. wegen fehlender Begründung des Verwaltungsakts (§ 126 Abs. 3 i. V. m. § 110 AO) vgl. AEAO zu § 91, Nr. 3 und AEAO zu § 121, Nr. 3.

3. Zur Unterbrechung der Einspruchsfrist durch Eröffnung des Insolvenzverfahrens vgl. AEAO zu § 251, Nr. 4.1.2 und Nr. 5.3.1.2.1.

AEAO zu § 357 – Einlegung des Einspruchs:

1. [1]Der Einspruch ist schriftlich oder elektronisch einzureichen oder zur Niederschrift zu erklären. [2]Ein elektronisch erhobener Einspruch bedarf keiner qualifizierten elektronischen Signatur (BFH-Urteil vom 13.5.2015, III R 26/14, BStBl. II S. 790; vgl. AEAO zu § 87a, Nr. 3.2.4). [3]Ein Einspruch kann auch durch Telefax, auch durch Computerfax, eingelegt werden (vgl. BFH-Urteil vom 22.6.2010, VIII R 38/08, BStBl. II S. 1017 zur Klageerhebung).

2. [1]Nach § 357 Abs. 2 Satz 4 AO genügt die Einlegung des Einspruchs bei einer unzuständigen Behörde, sofern der Einspruch innerhalb der Einspruchsfrist einer der Behörden übermittelt wird, bei der er nach § 357 Abs. 2 Sätze 1 bis 3 AO angebracht werden kann; der Steuerpflichtige trägt jedoch das Risiko der rechtzeitigen Übermittlung. [2]Kann eine Behörde leicht und einwandfrei erkennen, dass sie für einen bei ihr eingegangenen Einspruch nicht und welche Finanzbehörde zuständig ist, hat sie diesen Einspruch unverzüglich an die zuständige Finanzbehörde weiterzuleiten. [3]Geschieht dies nicht und wird dadurch die Einspruchsfrist versäumt, kommt Wiedereinsetzung in den vorigen Stand (§ 110 AO) in Betracht (BVerfG-Beschluss vom 2.9.2002, 1 BvR 476/01, BStBl. II S. 835).

3. [1]Wird ein Einspruch bei einem Wechsel der örtlichen Zuständigkeit nach Erlass eines Verwaltungsakts entgegen § 357 Abs. 2 Satz 1 AO bereits bei der nach § 367 Abs. 1 Satz 2 AO zur Entscheidung berufenen anderen Finanzbehörde eingelegt, gilt auch in diesem Fall § 357 Abs. 2 Satz 4 AO. [2]Der Einspruch muss der alten Behörde innerhalb der Einspruchsfrist übermittelt werden, damit diese die Anwendung des § 26 Satz 2 AO prüfen kann; wird der Einspruch nicht rechtzeitig übermittelt, können die Voraussetzungen des § 110 AO gegeben sein.

4. [1]Wird gegen einen Bescheid, der mehrere Verwaltungsakte enthält, Einspruch eingelegt, ist ggf. durch Auslegung zu ermitteln, gegen welchen Verwaltungsakt sich der Einspruch richtet. [2]Hierbei ist von Bedeutung, welches materiell-rechtliche Begehren der Einspruchsführer mit seinem Rechtsbehelf verfolgt (vgl. BFH-Urteil vom 29.10.2019, IX R 4/19, BStBl. 2020 II S. 368). [3]Wird z.B. gegen einen Bescheid über Einkommensteuer, Solidaritätszuschlag und Kirchensteuer Einspruch eingelegt und erhebt der Einspruchsführer nur Einwendungen gegen die Rechtmäßigkeit der Festsetzung

(Fortsetzung S. 377)

des Solidaritätszuschlags, werden damit nicht zugleich auch die Festsetzungen der Einkommensteuer und der Kirchensteuer angefochten (BFH-Urteil vom 19. 8. 2013, X R 44/11, BStBl. 2014 II S. 234).

AEAO zu § 360 – Hinzuziehung zum Verfahren:

1. Entsprechend der Regelung in § 60 FGO über die Beiladung wird zwischen notwendiger (§ 360 Abs. 3 AO) und einfacher Hinzuziehung (§ 360 Abs. 1 AO) unterschieden.

2. § 360 Abs. 1 Satz 2 AO ist entsprechend auf § 360 Abs. 3 AO anzuwenden; der Einspruchsführer erhält damit die Möglichkeit, durch Rücknahme seines Einspruchs die Hinzuziehung zu vermeiden.

3. [1] Bei Zusammenveranlagung (z. B. von Ehegatten/Lebenspartnern bei der Einkommensteuer) wird es sich regelmäßig empfehlen, von der Möglichkeit der einfachen Hinzuziehung (§ 360 Abs. 1 AO) Gebrauch zu machen. [2] Das gilt auch dann, wenn der hinzuzuziehende Ehegatte/Lebenspartner nicht über eigene Einkünfte verfügt.

4. Will das Finanzamt den angefochtenen Verwaltungsakt gem. § 172 Abs. 1 Satz 1 Nr. 2 Buchstabe a AO ändern, ohne dem Antrag des Einspruchsführers der Sache nach zu entsprechen, ist auch die Zustimmung des notwendig Hinzugezogenen einzuholen; Gleiches empfiehlt sich bei einfacher Hinzuziehung.

AEAO zu § 361 – Aussetzung der Vollziehung:

Inhaltsübersicht

1. Anwendungsbereich des § 361 AO und des § 69 Abs. 2 FGO/Abgrenzung zur gerichtlichen Vollziehungsaussetzung und zur Stundung
2. Voraussetzungen für eine Vollziehungsaussetzung
3. Summarisches Verfahren/Vollstreckung bei anhängigem Vollziehungsaussetzungsantrag/Zuständigkeit
4. Berechnung der auszusetzenden Steuer
4.1. Die streitbefangene Steuer ist kleiner als die Abschlusszahlung
4.2. Die streitbefangene Steuer ist kleiner als die Abschlusszahlung einschließlich nicht geleisteter Vorauszahlungen
4.3. Die streitbefangene Steuer ist größer als die Abschlusszahlung
4.4. Die streitbefangene Steuer ist größer als die Abschlusszahlung einschließlich nicht geleisteter Vorauszahlungen
4.5. Die Steuerfestsetzung führt zu einer Erstattung
4.6. Sonderfälle
4.7. Außersteuerliche Verwaltungsakte
5. Aussetzung der Vollziehung von Grundlagenbescheiden
6. Aussetzung der Vollziehung von Folgebescheiden
7. Aufhebung der Vollziehung durch das Finanzamt
8. Dauer der Aussetzung/Aufhebung der Vollziehung
8.1. Beginn der Aussetzung/Aufhebung der Vollziehung
8.2. Ende der Aussetzung/Aufhebung der Vollziehung
9. Nebenbestimmungen zur Aussetzung/Aufhebung der Vollziehung
9.1. Widerrufsvorbehalt
9.2. Sicherheitsleistung
10. Ablehnung der Vollziehungsaussetzung
11. Rechtsbehelfe
12. Aussetzungszinsen

1. Anwendungsbereich des § 361 AO und des § 69 Abs. 2 FGO/ Abgrenzung zur gerichtlichen Vollziehungsaussetzung und zur Stundung

1.1. [1] § 361 AO regelt die Aussetzung der Vollziehung durch die Finanzbehörde während eines Einspruchsverfahrens. [2] § 69 Abs. 2 FGO erlaubt es der Finanzbehörde, während eines Klageverfahrens die Vollziehung auszusetzen.

1.2. [1] Die Rechtsgrundlagen für eine Vollziehungsaussetzung durch das Finanzgericht ergeben sich aus § 69 Abs. 3, 4, 6 und 7 FGO. [2] Das Finanzgericht kann die Vollziehung – unter den einschränkenden Voraussetzungen des § 69 Abs. 4 FGO – auch schon vor Erhebung der Anfechtungsklage aussetzen (vgl. AEAO zu § 361, Nr. 11).

1.3. Demjenigen, der eine Verfassungsbeschwerde erhoben hat, kann für diesen Verfahrensabschnitt keine Aussetzung der Vollziehung gewährt werden (§ 32 BVerfGG; siehe BFH-Urteil vom 11.2.1987, II R 176/84, BStBl. II S. 320).

1.4. Liegen nebeneinander die gesetzlichen Voraussetzungen sowohl für eine Stundung als auch für eine Aussetzung der Vollziehung vor, wird im Regelfall auszusetzen sein.

1.5. Zu den Auswirkungen der Eröffnung des Insolvenzverfahrens auf das Verfahren der Aussetzung der Vollziehung vgl. AEAO zu § 251, Nr. 4.1.3.

2. Voraussetzungen für eine Vollziehungsaussetzung

2.1. [1] Die zuständige Finanzbehörde (vgl. AEAO zu § 361, Nr. 3.3) soll auf Antrag die Vollziehung aussetzen, wenn ernstliche Zweifel an der Rechtmäßigkeit des angefochtenen Verwaltungsakts bestehen oder wenn die Vollziehung für den Betroffenen eine unbillige, nicht durch überwiegende öffentliche Interessen gebotene Härte zur Folge hätte (§ 361 Abs. 2 Satz 2 AO; § 69 Abs. 2 Satz 2 FGO). [2] Die Finanzbehörde kann auch ohne Antrag die Vollziehung aussetzen (§ 361 Abs. 2 Satz 1 AO; § 69 Abs. 2 Satz 1 FGO). [3] Von dieser Möglichkeit ist insbesondere dann Gebrauch zu machen, wenn der Rechtsbehelf offensichtlich begründet ist, der Abhilfebescheid aber voraussichtlich nicht mehr vor Fälligkeit der geforderten Steuer ergehen kann.

2.2. [1] Eine Vollziehungsaussetzung ist nur möglich, wenn der Verwaltungsakt, dessen Vollziehung ausgesetzt werden soll, angefochten und das Rechtsbehelfsverfahren noch nicht abgeschlossen ist (Ausnahme: Folgebescheide i. S. d. § 361 Abs. 3 Satz 1 AO und des § 69 Abs. 2 Satz 4 FGO; vgl. AEAO zu § 361, Nr. 6). [2] Eine Vollziehungsaussetzung kommt daher nicht in Betracht, wenn der Steuerpflichtige statt eines Rechtsbehelfs einen Änderungsantrag, z. B. nach § 164 Abs. 2 Satz 2 AO oder nach § 172 Abs. 1 Satz 1 Nr. 2 Buchstabe a AO, bei der Finanzbehörde einreicht.

2.3. Die Aussetzung der Vollziehung setzt Vollziehbarkeit des Verwaltungsakts voraus.

2.3.1. Vollziehbar sind insbesondere

– die eine (positive) Steuer festsetzenden Steuerbescheide (vgl. AEAO zu § 361, Nr. 4),

– Steuerbescheide über 0 €, die einen vorhergehenden Steuerbescheid über einen negativen Betrag ändern (BFH-Beschluss vom 28.11.1974, V B 52/73, BStBl. 1975 II S. 239),
– Vorauszahlungsbescheide bis zum Erlass des Jahressteuerbescheids (BFH-Beschluss vom 4.6.1981, VIII B 31/80, BStBl. II S. 767; vgl. AEAO zu § 361, Nr. 8.2.2),
– Bescheide, mit denen der Vorbehalt der Nachprüfung aufgehoben wird (BFH-Beschluss vom 1.6.1983, III B 40/82, BStBl. II S. 622),
– Verwaltungsakte nach § 218 Abs. 2 AO, die eine Zahlungsschuld feststellen (BFH-Beschluss vom 10.11.1987, VII B 137/87, BStBl. 1988 II S. 43),
– Mitteilungen nach § 141 Abs. 2 AO über die Verpflichtung zur Buchführung (BFH-Beschluss vom 6.12.1979, IV B 32/79, BStBl. 1980 II S. 427),
– Leistungsgebote (BFH-Beschluss vom 31.10.1975, VIII B 14/74, BStBl. 1976 II S. 258),
– der Widerruf einer Stundung (BFH-Beschluss vom 8.6.1982, VIII B 29/82, BStBl. II S. 608),
– die völlige oder teilweise Ablehnung eines Antrags auf einen Lohnsteuer-Freibetrag (§ 39a EStG; vgl. BFH-Beschlüsse vom 29.4.1992, VI B 152/91, BStBl. II S. 752, und vom 17.3.1994, VI B 154/93, BStBl. II S. 567),
– Außenprüfungsanordnungen (vgl. AEAO zu § 196, Nr. 1).

2.3.2. Nicht vollziehbar sind insbesondere
– erstmalige Steuerbescheide über 0 €, auch wenn der Steuerpflichtige die Festsetzung einer negativen Steuer begehrt (BFH-Urteil vom 17.12.1981, V R 81/81, BStBl. 1982 II S. 149, BVerfG-Beschluss vom 23.6.1982, 1 BvR 254/82, StRK FGO § 69 R 244),
– auf eine negative Steuerschuld lautende Steuerbescheide, wenn der Steuerpflichtige eine Erhöhung des negativen Betrags begehrt (BFH-Beschluss vom 28.11.1974, V B 44/74, BStBl. 1975 II S. 240),
– Verwaltungsakte, die den Erlass oder die Korrektur eines Verwaltungsakts ablehnen, z. B. Ablehnung eines Änderungsbescheids (BFH-Beschlüsse vom 24.11.1970, II B 42/70, BStBl. 1971 II S. 110, und vom 25.3.1971, II B 47/69, BStBl. II S. 334), Ablehnung der Herabsetzung bestandskräftig festgesetzter Vorauszahlungen (BFH-Beschluss vom 27.3.1991, I B 187/90, BStBl. II S. 643), Ablehnung einer Stundung (BFH-Beschluss vom 8.6.1982, VIII B 29/82, BStBl. II S. 608) oder eines Erlasses (BFH Beschluss vom 24.9.1970, II B 28/70, BStBl. II S. 813),
– die Ablehnung einer Billigkeitsmaßnahme i. S. d. § 163 AO,
– die Ablehnung der Erteilung einer Freistellungsbescheinigung nach § 44a Abs. 5 EStG (BFH-Beschluss vom 27.7.1994, I B 246/93, BStBl. II S. 899) oder einer Freistellung vom Quellensteuerabzug nach § 50a Abs. 4 EStG (BFH-Beschluss vom 13.4.1994, I B 212/93, BStBl. II S. 835),
– Verbindliche Auskünfte (§ 89 Abs. 2 AO; § 2 StAuskV), verbindliche Zusagen (§§ 204 bis 207 AO) und Lohnsteueranrufungsauskünfte (§ 42e EStG), unabhängig davon, ob sie der Rechtsauffassung des Steuerpflichtigen entsprechen oder nicht, sowie die Ablehnung, eine verbindliche Auskunft, eine verbindliche Zusage oder eine Lohnsteueranrufungsauskunft zu erteilen.

2.3.3. Zur Vollziehbarkeit von Feststellungsbescheiden vgl. AEAO zu § 361, Nr. 5.1.

2.3.4. Vorläufiger Rechtsschutz gegen einen nicht vollziehbaren Verwaltungsakt kann nur durch eine einstweilige Anordnung nach § 114 FGO gewährt werden.

2.4. Bei der Entscheidung über Anträge auf Aussetzung der Vollziehung ist der gesetzliche Ermessensspielraum im Interesse der Steuerpflichtigen stets voll auszuschöpfen.

2.5. [1]Zur Aussetzung berechtigende ernstliche Zweifel an der Rechtmäßigkeit des angefochtenen Verwaltungsakts bestehen, wenn eine summarische Prüfung (vgl. AEAO zu § 361, Nr. 3.4) ergibt, dass neben den für die Rechtmäßigkeit sprechenden Umständen gewichtige gegen die Rechtmäßigkeit sprechende Gründe zutage treten, die Unentschiedenheit oder Unsicherheit in der Beurteilung der Rechtsfragen oder Unklarheit in der Beurteilung der Tatfragen bewirken. [2]Dabei brauchen die für die Unrechtmäßigkeit des Verwaltungsakts sprechenden Bedenken nicht zu überwiegen, d. h. ein Erfolg des Steuerpflichtigen muss nicht wahrscheinlicher sein als ein Misserfolg (BFH-Beschlüsse vom 10.2.1967, III B 9/66, BStBl. III S. 182, und vom 28.11.1974, V B 52/73, BStBl. 1975 II S. 239).

2.5.1. Bei der Abschätzung der Erfolgsaussichten sind nicht nur die BFH-Rechtsprechung und die einschlägigen Verwaltungsanweisungen, sondern auch die Entscheidungen des zuständigen Finanzgerichts zu beachten.

2.5.2. Ernstliche Zweifel an der Rechtmäßigkeit des Verwaltungsakts werden im Allgemeinen zu bejahen sein,

– wenn die Behörde bewusst oder unbewusst von einer für den Antragsteller günstigen Rechtsprechung des BFH abgewichen ist (BFH-Beschluss vom 15.2.1967, VI S 2/66, BStBl. III S. 256),
– wenn der BFH noch nicht zu der Rechtsfrage Stellung genommen hat und die Finanzgerichte unterschiedliche Rechtsauffassungen vertreten (BFH-Beschluss vom 10.5.1968, III B 55/67, BStBl. II S. 610),
– wenn die Gesetzeslage unklar ist, die streitige Rechtsfrage vom BFH noch nicht entschieden ist, im Schrifttum Bedenken gegen die Rechtsauslegung des Finanzamts erhoben werden und die Finanzverwaltung die Zweifelsfrage in der Vergangenheit nicht einheitlich beurteilt hat (BFH-Beschlüsse vom 22.9.1967, VI B 59/67, BStBl. 1968 II S. 37, und vom 19.8.1987, V B 56/85, BStBl. II S. 830),
– wenn eine Rechtsfrage von zwei obersten Bundesgerichten oder zwei Senaten des BFH unterschiedlich entschieden worden ist (BFH-Beschlüsse vom 22.11.1968, VI B 87/68, BStBl. 1969 II S. 145, und vom 21.11.1974, IV B 39/74, BStBl. 1975 II S. 175) oder widersprüchliche Urteile desselben BFH-Senats vorliegen (BFH-Beschluss vom 5.2.1986, I B 39/85, BStBl. II S. 490).

2.5.3. Dagegen werden ernstliche Zweifel im Allgemeinen zu verneinen sein,

– wenn der Verwaltungsakt der höchstrichterlichen Rechtsprechung entspricht (BFH-Beschlüsse vom 24.2.1967, VI B 15/66, BStBl. III S. 341, und vom 11.3.1970, I B 50/68, BStBl. II S. 569), und zwar auch dann, wenn einzelne Finanzgerichte eine von der höchstrichterlichen Rechtsprechung abweichende Auffassung vertreten,

– wenn der Rechtsbehelf unzulässig ist (BFH-Beschlüsse vom 24.11.1970, II B 42/70, BStBl. 1971 II S. 110, und vom 25.3.1971, II B 47/69, BStBl. II S. 334).

2.5.4. [1]An die Zweifel hinsichtlich der Rechtmäßigkeit des angefochtenen Verwaltungsakts sind, wenn die Verfassungswidrigkeit einer angewandten Rechtsnorm geltend gemacht wird, keine strengeren Anforderungen zu stellen als im Falle der Geltendmachung fehlerhafter Rechtsanwendung. [2]Die Begründetheit des Aussetzungsantrags ist nicht nach den Grundsätzen zu beurteilen, die für eine einstweilige Anordnung durch das BVerfG nach § 32 BVerfGG gelten (BFH-Beschluss vom 10. 2. 1984, III B 40/83, BStBl. II S. 454). [3]Eine Aussetzung der Vollziehung ist nicht allein deshalb abzulehnen, weil im Fall einer tatsächlich festgestellten Verfassungswidrigkeit zu erwarten ist, dass das BVerfG lediglich die Unvereinbarkeit eines Gesetzes mit dem GG aussprechen und dem Gesetzgeber nur eine Nachbesserungspflicht für die Zukunft aufgeben wird (BFH-Beschluss vom 21. 11. 2013, II B 46/13, BStBl. 2014 II S. 263).

[1]Im Hinblick auf den Geltungsanspruch jedes formell verfassungsgemäß zustande gekommenen Gesetzes muss aber der Antragsteller zusätzlich ein besonderes berechtigtes Interesse an der Gewährung vorläufigen Rechtsschutzes haben. [2]Geboten ist eine Interessenabwägung zwischen der einer Aussetzung der Vollziehung entgegenstehenden Gefährdung der öffentlichen Haushaltsführung und den für eine Aussetzung der Vollziehung sprechenden individuellen Interessen des Antragstellers an der Gewährung vorläufigen Rechtsschutzes (vgl. BFH-Beschlüsse vom 6. 11. 1987, III B 101/86, BStBl. 1988 II S. 134, vom 1. 4. 2010, II B 168/09, BStBl. II S. 558, und vom 25. 11. 2014, VII B 65/14, BStBl. 2015 II S. 207). [3]Als Ergebnis dieser Interessenabwägung kann somit trotz ernstlicher Zweifel an der Verfassungsmäßigkeit einer angewandten Vorschrift eine Aussetzung der Vollziehung abzulehnen sein. [4]Diese Grundsätze gelten nicht nur, wenn zweifelhaft ist, ob eine Norm materiell verfassungsgemäß ist, sondern auch dann, wenn Zweifel an der formellen Verfassungsmäßigkeit einer Norm bestehen (BFH-Beschluss vom 9. 3. 2012, VII B 171/11, BStBl. II S. 418). [5]Würde eine Aussetzung der Vollziehung im Ergebnis zur vorläufigen Nichtanwendung eines ganzen Gesetzes führen, hat das Interesse an einer geordneten Haushaltsführung Vorrang, wenn der durch die Vollziehung des angefochtenen Verwaltungsakts eintretende Eingriff beim Steuerpflichtigen als eher gering einzustufen ist und dieser Eingriff keine dauerhaften nachteiligen Wirkungen hat; ob ernstliche Zweifel an der Verfassungsmäßigkeit des Gesetzes bestehen, muss dann i. d. R. nicht geprüft werden (vgl. BFH-Beschlüsse vom 1. 4. 2010, II B 168/09, und vom 25. 11. 2014, VII B 65/14, jeweils a. a. O.). [6]Dem Interesse des Antragstellers an der Gewährung der Aussetzung der Vollziehung ist nicht allein deshalb der Vorrang einzuräumen, weil ein Gericht einen Beschluss über eine Vorlage an das BVerfG erlassen hat (BFH-Beschluss vom 25. 11. 2014, VII B 65/14, a. a. O.).

2.5.5. [1]Auch Zweifel an der Vereinbarkeit einer deutschen Rechtsnorm mit dem Recht der Europäischen Union können „ernstliche Zweifel“ begründen und somit zu einer Aussetzung der Vollziehung führen. [2]Dem Interesse des Antragstellers an der Gewährung vorläufigen Rechtsschutzes ist nicht allein deshalb der Vorrang gegenüber dem Interesse an einer geordneten Haushaltsführung einzuräumen, weil ein Gericht ein Vorabentscheidungsersuchen an den EuGH beschlossen hat (BFH-Beschluss vom 25. 11. 2014, VII B 65/14, BStBl. 2015 II S. 207). [3]Eine derartige Interessenabwägung ist aber jedenfalls dann nicht vorzunehmen, wenn sich die europarechtlichen Zweifel aus einem möglichen Verstoß gegen die Grundfreiheiten ergeben, die in den EU-Mitgliedstaaten unmittelbar anwendbares Recht sind (BFH-Beschlüsse vom 14. 2. 2006, VIII B 107/04, BStBl. II S. 523, und vom 25. 11. 2014, VII B 65/14, a. a. O.).

2.5.6. [1]Die Gefährdung des Steueranspruchs ist – wenn ernstliche Zweifel an der Rechtmäßigkeit des Verwaltungsakts bestehen – für sich allein kein Grund, die Aussetzung der Vollziehung abzulehnen. [2]Steuerausfälle können dadurch vermieden werden, dass die Aussetzung von einer Sicherheitsleistung abhängig gemacht wird (vgl. AEAO zu § 361, Nr. 9.2).

2.6. [1]Eine Aussetzung der Vollziehung wegen unbilliger Härte kommt in Betracht, wenn bei sofortiger Vollziehung dem Betroffenen Nachteile drohen würden, die über die eigentliche Realisierung des Verwaltungsakts hinausgehen, indem sie vom Betroffenen ein Tun, Dulden oder Unterlassen fordern, dessen nachteilige Folgen nicht mehr oder nur schwer rückgängig gemacht werden können oder existenzbedrohend sind. [2]Der Antragsteller muss seine wirtschaftliche Lage im Einzelnen vortragen und glaubhaft machen (BFH-Beschluss vom 25. 11. 2014, VII B 65/14, BStBl. 2015 II S. 207). [3]Eine Vollziehungsaussetzung wegen unbilliger Härte ist zu versagen, wenn der Rechtsbehelf offensichtlich keine Aussicht auf Erfolg hat (BFH-Beschlüsse vom 21. 12. 1967, V B 26/67, BStBl. 1968 II S. 84, und vom 19. 4. 1968, IV B 3/66, BStBl. II S. 538).

2.7. Durch Aussetzung der Vollziehung darf die Entscheidung in der Hauptsache nicht vorweggenommen werden (BFH-Beschluss vom 22.7.1980, VII B 3/80, BStBl. II S. 592).

3. Summarisches Verfahren/Vollstreckung bei anhängigem Vollziehungsaussetzungsantrag/Zuständigkeit

3.1. [1]Über Anträge auf Aussetzung der Vollziehung ist unverzüglich zu entscheiden. [2]Solange über einen entsprechenden bei der Finanzbehörde gestellten Antrag noch nicht entschieden ist, sollen Vollstreckungsmaßnahmen unterbleiben, es sei denn, der Antrag ist aussichtslos, bezweckt offensichtlich nur ein Hinausschieben der Vollstreckung oder es besteht Gefahr im Verzug.

3.2. [1]Stellt der Steuerpflichtige einen Antrag auf Aussetzung der Vollziehung nach § 69 Abs. 3 FGO beim Finanzgericht, ist die Vollstreckungsstelle darüber zu unterrichten. [2]Die Vollstreckungsstelle entscheidet, ob im Einzelfall von Vollstreckungsmaßnahmen abzusehen ist. [3]Vor Einleitung von Vollstreckungsmaßnahmen ist mit dem Finanzgericht Verbindung aufzunehmen (s. Abschn. 5 Abs. 4 Satz 3 VollstrA). [4]Die Verpflichtung des Finanzamts, unverzüglich selbst zu prüfen, ob eine Aussetzung der Vollziehung in Betracht kommt, und ggf. die Aussetzung der Vollziehung selbst auszusprechen, bleibt unberührt.

3.3. [1]Für die Entscheidung über die Aussetzung der Vollziehung ist ohne Rücksicht auf die Steuerart und die Höhe des Steuerbetrages das Finanzamt zuständig, das den angefochtenen Verwaltungsakt erlassen hat. [2]Ein zwischenzeitlich eingetretener Zuständigkeitswechsel betrifft grundsätzlich auch das Aussetzungsverfahren (§ 367 Abs. 1 Satz 2 i.V.m. § 26 Satz 2 AO).

3.4. [1]Die Entscheidung über die Aussetzung der Vollziehung ergeht in einem summarischen Verfahren. [2]Die Begründetheit des Rechtsbehelfs ist im Rahmen dieses Verfahrens nur in einem begrenzten Umfang zu prüfen. [3]Bei der Prüfung sind nicht präsente Beweismittel ausgeschlossen (vgl. BFH-Beschlüsse vom 23.7.1968, II B 17/68, BStBl. II S. 589, und vom 19.5.1987, VIII B 104/85, BStBl. 1988 II S. 5). [4]Die Sachentscheidungsvoraussetzungen für die Vollziehungsaussetzung (z.B. Anhängigkeit eines förmlichen Rechtsbehelfs, Zuständigkeit) sind eingehend und nicht nur summarisch zu prüfen (vgl. BFH-Beschluss vom 21.4.1971, VII B 106/69, BStBl. II S. 702).

4. Berechnung der auszusetzenden Steuer

Die Höhe der auszusetzenden Steuer ist in jedem Fall zu berechnen; eine pauschale Bestimmung (z.B. ausgesetzte Steuer = Abschlusszahlung) ist nicht vorzunehmen.

[1]Bei Steuerbescheiden sind die Aussetzung und die Aufhebung der Vollziehung auf die festgesetzte Steuer, vermindert um die anzurechnenden Steuerabzugsbeträge, um die anzurechnende Körperschaftsteuer und um die festgesetzten Vorauszahlungen, beschränkt; dies gilt nicht, wenn die Aussetzung oder Aufhebung der Vollziehung zur Abwendung wesentlicher Nachteile nötig erscheint (§ 361 Abs. 2 Satz 4 AO; § 69 Abs. 2 Satz 8 und Abs. 3 Satz 4 FGO). [2]Diese Regelung ist verfassungsgemäß (BFH-Beschlüsse vom 2.11.1999, I B 49/99, BStBl. 2000 II S. 57, und vom 24.1.2000, X B 99/99, BStBl. II S. 559). [3]Zum Begriff „wesentliche Nachteile" vgl. AEAO zu § 361, Nr. 4.6.1.

Vorauszahlungen sind auch dann „festgesetzt" i.S.d. § 361 Abs. 2 Satz 4 AO, § 69 Abs. 2 Satz 8 FGO, wenn der Vorauszahlungsbescheid in der Vollziehung ausgesetzt war (BFH-Beschluss vom 24.1.2000, X B 99/99, BStBl. II S. 559; vgl. AEAO zu § 361, Nrn. 4.2, 4.4 und 8.2.2).

Steuerabzugsbeträge sind bei der Ermittlung der auszusetzenden Steuer auch dann zu berücksichtigen, wenn sie erst im Rechtsbehelfsverfahren geltend gemacht werden und die Abrechnung des angefochtenen Steuerbescheids zu korrigieren ist.

Wird ein Steuerbescheid zum Nachteil des Steuerpflichtigen geändert oder gem. § 129 AO berichtigt, kann hinsichtlich des sich ergebenden Mehrbetrags die Aussetzung der Vollziehung unabhängig von den Beschränkungen des § 361 Abs. 2 Satz 4 AO bzw. des § 69 Abs. 2 Satz 8 FGO gewährt werden.

Es sind folgende Fälle zu unterscheiden (in den Beispielsfällen 4.1 bis 4.5 wird jeweils davon ausgegangen, dass ein Betrag von 5.000 € streitbefangen ist und in dieser Höhe auch ernstliche Zweifel an der Rechtmäßigkeit der angefochtenen Steuerfestsetzung bestehen sowie kein Ausnahmefall des Vorliegens wesentlicher Nachteile – vgl. AEAO zu § 361, Nr. 4.6.1 – gegeben ist):

4.1. Die streitbefangene Steuer ist kleiner als die Abschlusszahlung

Beispiel 1:

festgesetzte Steuer	15.000 €
festgesetzte und entrichtete Vorauszahlungen	8.000 €
Abschlusszahlung	7.000 €
streitbefangene Steuer	5.000 €

Die Vollziehung ist i. H. v. 5.000 € auszusetzen. Der Restbetrag i. H. v. 2.000 € ist am Fälligkeitstag zu entrichten.

Beispiel 2:

festgesetzte Umsatzsteuer	0 €
Summe der festgesetzten Umsatzsteuer-Vorauszahlungen	./. 7.000 €
Abschlusszahlung	7.000 €
streitbefangene Steuer	5.000 €

Die Vollziehung ist i. H. v. 5.000 € auszusetzen. Der Restbetrag i. H. v. 2.000 € ist am Fälligkeitstag zu entrichten.

4.2. Die streitbefangene Steuer ist kleiner als die Abschlusszahlung einschließlich nicht geleisteter Vorauszahlungen

Beispiel 1:

festgesetzte Steuer	15.000 €
festgesetzte Vorauszahlungen	8.000 €
entrichtete Vorauszahlungen	5.000 €
rückständige Vorauszahlungen	3.000 €
anzurechnende Steuerabzugsbeträge	4.000 €
Abschlusszahlung (einschließlich der rückständigen Vorauszahlungsbeträge, da nach § 36 Abs. 2 Nr. 1 EStG nur die entrichteten Vorauszahlungen anzurechnen sind)	6.000 €
streitbefangene Steuer	5.000 €

Die Vollziehung ist nur i. H. v. 3.000 € auszusetzen (15.000 € – festgesetzte Steuer – ./. 8.000 € – festgesetzte Vorauszahlungen – ./. 4.000 € – anzurechnende Steuerabzugsbeträge –). Die rückständigen Vorauszahlungen i. H. v. 3.000 € sind sofort zu entrichten.

Beispiel 2:

festgesetzte Steuer	15.000 €
festgesetzte Vorauszahlungen	8.000 €
Vollziehungsaussetzung des Vorauszahlungsbescheids i. H. v.	3.000 €
entrichtete Vorauszahlungen	5.000 €
anzurechnende Steuerabzugsbeträge	4.000 €
Abschlusszahlung (einschließlich der in der Vollziehung ausgesetzten Vorauszahlungen)	6.000 €
streitbefangene Steuer	5.000 €

Die Vollziehung ist nur i. H. v. 3.000 € auszusetzen (15.000 € – festgesetzte Steuer – ./. 8.000 € – festgesetzte Vorauszahlungen – ./. 4.000 € – anzurechnende Steuerabzugsbeträge –). Die in der Vollziehung ausgesetzten Vorauszahlungen i. H. v. 3.000 € sind innerhalb der von der Finanzbehörde zu setzenden Frist (vgl. AEAO zu § 361, Nr. 8.2.2) zu entrichten. Der Restbetrag der Abschlusszahlung (3.000 €) muss nicht geleistet werden, solange die Aussetzung der Vollziehung wirksam ist.

4.3. Die streitbefangene Steuer ist größer als die Abschlusszahlung

Beispiel:

festgesetzte Steuer	15.000 €
festgesetzte und entrichtete Vorauszahlungen	8.000 €
anzurechnende Steuerabzugsbeträge	4.000 €
Abschlusszahlung	3.000 €
streitbefangene Steuer	5.000 €

Die Vollziehung ist nur i. H. v. 3.000 € auszusetzen (15.000 € – festgesetzte Steuer – ./. 8.000 € – festgesetzte Vorauszahlungen – ./.4.000 € – anzurechnende Steuerabzugsbeträge –). Die Abschlusszahlung muss nicht geleistet werden, solange die Aussetzung der Vollziehung wirksam ist.

4.4. Die streitbefangene Steuer ist größer als die Abschlusszahlung einschließlich nicht geleisteter Vorauszahlungen

Beispiel 1:

festgesetzte Steuer	15.000 €
festgesetzte Vorauszahlungen	8.000 €
entrichtete Vorauszahlungen	5.000 €
rückständige Vorauszahlungen	3.000 €
anzurechnende Steuerabzugsbeträge	6.000 €
Abschlusszahlung (einschließlich der rückständigen Vorauszahlungen)	4.000 €
streitbefangene Steuer	5.000 €

Die Vollziehung ist nur i. H. v. 1.000 € auszusetzen (15.000 € – festgesetzte Steuer – ./. 8.000 € – festgesetzte Vorauszahlungen- ./. 6.000 € – anzurechnende Steuerabzugsbeträge –). Die rückständigen Vorauszahlungen i. H. v. 3.000 € sind sofort zu entrichten.

Beispiel 2:

festgesetzte Steuer	15.000 €
festgesetzte Vorauszahlungen	8.000 €
Vollziehungsaussetzung des Vorauszahlungsbescheids i. H. v.	3.000 €
entrichtete Vorauszahlungen	5.000 €
anzurechnende Steuerabzugsbeträge	6.000 €
Abschlusszahlung (einschließlich der in der Vollziehung ausgesetzten Vorauszahlungen)	4.000 €
streitbefangene Steuer	5.000 €

Die Vollziehung ist nur i. H. v. 1.000 € auszusetzen (15.000 € – festgesetzte Steuer – ./.8.000 € – festgesetzte Vorauszahlungen – ./. 6.000 € – anzurechnende Steuerabzugsbeträge –). Die in der Vollziehung ausgesetzten Vorauszahlungen i. H. v. 3.000 € sind innerhalb der von der Finanzbehörde zu setzenden Frist (vgl. AEAO zu § 361, Nr. 8.2.2) zu entrichten. Der Restbetrag der Abschlusszahlung (1.000 €) muss nicht geleistet werden, solange die Aussetzung der Vollziehung wirksam ist.

4.5. Die Steuerfestsetzung führt zu einer Erstattung

Beispiel 1:

festgesetzte Steuer	15.000 €
festgesetzte und entrichtete Vorauszahlungen	12.000 €
anzurechnende Steuerabzugsbeträge	5.000 €
Erstattungsbetrag	2.000 €
streitbefangene Steuer	5.000 €

Eine Aussetzung der Vollziehung ist nicht möglich (15.000 € – festgesetzte Steuer – ./. 12.000 € – festgesetzte Vorauszahlungen – ./. 5.000 € – anzurechnende Steuerabzugsbeträge –).

Beispiel 2:

Nach einem Erstbescheid gem. Beispiel 1 ergeht ein Änderungsbescheid:

festgesetzte Steuer nunmehr	16.000 €
festgesetzte und entrichtete Vorauszahlungen	12.000 €
anzurechnende Steuerabzugsbeträge	5.000 €
neuer Erstattungsbetrag	1.000 €
Rückforderung der nach dem Erstbescheid geleisteten Erstattung (Leistungsgebot) i. H. v.	1.000 €
streitbefangene Steuer	5.000 €

Der Änderungsbescheid kann i. H. v. 1.000 € in der Vollziehung ausgesetzt werden.

Beispiel 3:

Nach einem Erstbescheid gem. Beispiel 1 ergeht ein Änderungsbescheid:

festgesetzte Steuer nunmehr	18.000 €
festgesetzte und entrichtete Vorauszahlungen	12.000 €
anzurechnende Steuerabzugsbeträge	5.000 €
Abschlusszahlung neu	1.000 €
Leistungsgebot über (Abschlusszahlung – 1.000 € – zuzüglich der nach dem Erstbescheid geleisteten Erstattung – 2.000 € –)	3.000 €
streitbefangene Steuer	5.000 €

Der Änderungsbescheid kann i. H. v. 3.000 € in der Vollziehung ausgesetzt werden.

4.6. Sonderfälle

4.6.1. Die Beschränkung der Aussetzung bzw. Aufhebung der Vollziehung von Steuerbescheiden auf den Unterschiedsbetrag zwischen festgesetzter Steuer und Vorleistungen (festgesetzte Vorauszahlungen, anzurechnende Steuerabzugsbeträge, anzurechnende Körperschaftsteuer) gilt nicht, wenn die Aussetzung oder Aufhebung der Vollziehung zur Abwendung wesentlicher Nachteile nötig erscheint (vgl. AEAO zu § 361, Nr. 4 zweiter Absatz).

[1] Für die Beurteilung, wann „wesentliche Nachteile" vorliegen, sind die von der BFH-Rechtsprechung zur einstweiligen Anordnung nach § 114 FGO entwickelten Grundsätze heranzuziehen (BFH-Beschluss vom 22.12.2003, IX B 177/02, BStBl. 2004 II S. 367). [2] „Wesentliche Nachteile" liegen demnach vor, wenn durch die Versagung der Vollziehungsaussetzung bzw. Vollziehungsaufhebung unmittelbar und ausschließlich die wirtschaftliche oder persönliche Existenz des Steuerpflichtigen bedroht sein würde (BFH-Beschluss vom 22.12.2003, IX B 177/02, a. a. O.).

Keine „wesentlichen Nachteile" sind – für sich allein gesehen – allgemeine Folgen, die mit der Steuerzahlung verbunden sind, beispielsweise

- ein Zinsverlust (BFH-Beschluss vom 27.7.1994, I B 246/93, BStBl. II S. 899),
- eine zur Bezahlung der Steuern notwendige Kreditaufnahme (BFH-Beschlüsse vom 12.4.1984, VIII B 115/82, BStBl. II S. 492, und vom 2.11.1999, I B 49/99, BStBl. 2000 II S. 57),
- ein Zurückstellen betrieblicher Investitionen oder eine Einschränkung des gewohnten Lebensstandards (BFH-Beschluss vom 12.4.1984, VIII B 115/82, a. a. O.).

[1] „Wesentliche Nachteile" liegen auch vor, wenn der BFH oder ein Finanzgericht von der Verfassungswidrigkeit einer streitentscheidenden Vorschrift überzeugt ist und deshalb diese Norm gem. Art. 100 Abs. 1 GG dem BVerfG

zur Prüfung vorgelegt hat (BFH-Beschluss vom 22.12.2003, IX B 177/02, a.a.O.). [2]Für eine Vorlage an den EuGH wegen europarechtlicher Zweifel (vgl. AEAO zu § 361, Nr. 2.5.5) gilt dies nicht, da das vorlegende Gericht nicht von einem Verstoß gegen Europarecht überzeugt sein muss.

[1]Wurde ein Grundlagenbescheid angefochten, sind erst bei der Vollziehungsaussetzung des Folgebescheids die Regelungen des § 361 Abs. 2 Satz 4 AO bzw. des § 69 Abs. 2 Satz 8 und Abs. 3 Satz 4 FGO zu beachten (vgl. AEAO zu § 361, Nr. 4 zweiter Absatz, Nr. 5.1 letzter Absatz und Nr. 6 letzter Absatz). [2]Folglich ist auch erst in diesem Verfahren zu prüfen, ob „wesentliche Nachteile" vorliegen.

4.6.2. In Fällen, in denen die Vollziehung des angefochtenen Steuerbescheids auszusetzen ist, bei Erfolg des Rechtsbehelfs aber andere Steuerbescheide zuungunsten des Rechtsbehelfsführers zu ändern sind, kann die Aussetzung der Vollziehung des angefochtenen Steuerbescheids nicht auf den Unterschiedsbetrag der steuerlichen Auswirkungen begrenzt werden (BFH-Urteil vom 10.11.1994, IV R 44/94, BStBl. 1995 II S. 814).

4.7. Außersteuerliche Verwaltungsakte

[1]Die vorstehenden Ausführungen gelten sinngemäß für außersteuerliche Verwaltungsakte, auf die die Vorschriften des § 361 AO und des § 69 FGO entsprechend anzuwenden sind (z.B. Bescheide für Investitionszulagen, Wohnungsbauprämien, Arbeitnehmer-Sparzulagen). [2]Die Vollziehung eines Bescheids, der beispielsweise eine Investitionszulage nach Auffassung des Antragstellers zu niedrig festsetzt, kann daher nicht ausgesetzt werden. [3]Ein Bescheid, der eine gewährte Investitionszulage zurückfordert, ist dagegen ein vollziehbarer und aussetzungsfähiger Verwaltungsakt.

5. Aussetzung der Vollziehung von Grundlagenbescheiden

5.1. Auch die Vollziehung von Grundlagenbescheiden (insbesondere Feststellungs- und Steuermessbescheiden) kann unter den allgemeinen Voraussetzungen – Anhängigkeit eines Rechtsbehelfs (vgl. AEAO zu § 361, Nr. 2.2), vollziehbarer Verwaltungsakt (vgl. AEAO zu § 361, Nr. 2.3), ernstliche Zweifel (vgl. AEAO zu § 361, Nr. 2.5) oder unbillige Härte (vgl. AEAO zu § 361, Nr. 2.6) – ausgesetzt werden.

Eine Aussetzung der Vollziehung ist daher insbesondere möglich bei

- Bescheiden über die gesonderte Feststellung von Besteuerungsgrundlagen nach § 180 Abs. 1 Satz 1 Nr. 2 AO,
- Feststellungsbescheiden nach der V zu § 180 Abs. 2 AO,
- Feststellungsbescheiden nach §§ 27, 28 und 38 KStG,
- Gewerbesteuermessbescheiden,
- Grundsteuermessbescheiden,
- Einheitswertbescheiden (§ 180 Abs. 1 Satz 1 Nr. 1 AO i.V.m. § 19 BewG),
- Bescheiden über die Feststellung von Grundbesitzwerten (§ 151 BewG),
- Feststellungsbescheiden nach § 17 Abs. 2 und 3 GrEStG.

Nach der Rechtsprechung des BFH kommt eine Vollziehungsaussetzung auch in Betracht bei

– Verlustfeststellungsbescheiden, soweit die Feststellung eines höheren Verlustes begehrt wird (BFH Beschlüsse vom 10.7.1979, VIII B 84/78, BStBl. II S. 567, und vom 25.10.1979, IV B 68/79, BStBl. 1980 II S. 66);

(Fortsetzung S. 387)

– Feststellungsbescheiden, die Anteile einzelner Gesellschafter auf 0 € feststellen und angefochten werden, weil diese Gesellschafter den Ansatz von Verlustanteilen begehren (BFH-Beschluss vom 22.10.1980, I S 1/80, BStBl. 1981 II S. 99),
– Feststellungsbescheiden, die eine Mitunternehmerschaft einzelner Beteiligter verneinen (BFH-Beschluss vom 10.7.1980, IV B 77/79, BStBl. II S. 697),
– negativen Gewinn-/Verlustfeststellungsbescheiden, d.h. Bescheiden, die den Erlass eines Gewinn(Verlust-)feststellungsbescheids ablehnen (Beschluss des Großen Senats des BFH vom 14.4.1987, GrS 2/85, BStBl. II S. 637),
– Bescheiden nach § 15a Abs. 4 EStG über die Feststellung eines verrechenbaren Verlustes (BFH-Beschluss vom 2.3.1988, IV B 95/87, BStBl. II S. 617).

Soweit in einem Grundlagenbescheid Feststellungen enthalten sind, die Gegenstand eines anderen Feststellungsverfahrens waren, ist die Vollziehung des Grundlagenbescheids nach § 361 Abs. 3 Satz 1 AO bzw. § 69 Abs. 2 Satz 4 FGO auszusetzen (vgl. AEAO zu § 361, Nr. 6).

Die Beschränkungen des § 361 Abs. 2 Satz 4 AO bzw. des § 69 Abs. 2 Satz 8 und Abs. 3 Satz 4 FGO (vgl. AEAO zu § 361, Nr. 4 zweiter Absatz) sind erst bei der Aussetzung der Vollziehung des Folgebescheids zu beachten (vgl. AEAO zu § 361, Nr. 6 letzter Absatz).

5.2. [1] Die Aussetzung der Vollziehung eines Feststellungsbescheids kann auf Gewinnanteile einzelner Gesellschafter beschränkt werden, auch wenn der Rechtsstreit die Gewinnanteile aller Gesellschafter berührt (BFH-Beschluss vom 7.11.1968, IV B 47/68, BStBl. 1969 II S. 85). [2] Wird vorläufiger Rechtsschutz nicht von der Gesellschaft, sondern nur von einzelnen Gesellschaftern beantragt, sind nur diese am Verfahren der Aussetzung der Vollziehung beteiligt; eine Hinzuziehung der übrigen Gesellschafter zum Verfahren ist nicht notwendig (BFH-Beschlüsse vom 22.10.1980, I S 1/80, BStBl. 1981 II S. 99, und vom 5.5.1981, VIII B 26/80, BStBl. II S. 574).

5.3. [1] Im Verwaltungsakt über die Aussetzung der Vollziehung eines Feststellungsbescheids müssen im Falle der gesonderten und einheitlichen Feststellung die ausgesetzten Besteuerungsgrundlagen auf die einzelnen Beteiligten aufgeteilt werden. [2] Außerdem sollte ggf. darauf hingewiesen werden, dass eine Erstattung von geleisteten Vorauszahlungen, Steuerabzugsbeträgen und anzurechnender Körperschaftsteuer im Rahmen der Aussetzung der Vollziehung des Folgebescheids grundsätzlich nicht erfolgt (AEAO zu § 361, Nr. 4 zweiter Absatz und Nr. 6 letzter Absatz). [3] Die Vollziehung eines negativen Feststellungsbescheids (vgl. AEAO zu § 361, Nr. 5.1, vorletzter Beispielsfall) ist mit der Maßgabe auszusetzen, dass bis zur bestandskräftigen/rechtskräftigen Entscheidung im Hauptverfahren von einem Verlust von x € auszugehen sei, der sich auf die Beteiligten wie folgt verteile: … (Beschluss des Großen Senats des BFH vom 14.4.1987, GrS 2/85, BStBl. II S. 637).

5.4. Unterrichtungspflicht

5.4.1. Ist die Aussetzung der Vollziehung eines Grundlagenbescheids beantragt worden, kann über den Antrag aber nicht kurzfristig entschieden werden, sollen die für die Erteilung der Folgebescheide zuständigen Finanzämter, ggf. Gemeinden, unterrichtet werden.

Wegen der Unterrichtung der Gemeinden über anhängige Einspruchsverfahren gegen Realsteuermessbescheide vgl. AEAO zu § 184.

5.4.2. [1]Die Wohnsitzfinanzämter der Beteiligten sind von der Aussetzung der Vollziehung eines Feststellungsbescheids zu unterrichten. [2]In diese Mitteilungen ist ggf. der Hinweis über die grundsätzliche Nichterstattung von Steuerbeträgen (vgl. AEAO zu § 361, Nr. 4 zweiter Absatz, Nr. 5.1 letzter Absatz und Nr. 6 letzter Absatz) aufzunehmen. [3]Entsprechendes gilt für den Beginn und das Ende der Aussetzung der Vollziehung (vgl. AEAO zu § 361, Nr. 8.1.3 und 8.2.1).

5.4.3. Wird die Vollziehung eines Realsteuermessbescheids ausgesetzt, ist die Gemeinde hierüber zu unterrichten.

6. Aussetzung der Vollziehung von Folgebescheiden

[1]Nach der Aussetzung der Vollziehung eines Grundlagenbescheids ist die Vollziehung der darauf beruhenden Folgebescheide von Amts wegen auszusetzen, und zwar auch dann, wenn die Folgebescheide nicht angefochten wurden (§ 361 Abs. 3 Satz 1 AO; § 69 Abs. 2 Satz 4 FGO). [2]Entsprechendes gilt, wenn bei Rechtsbehelfen gegen außersteuerliche Grundlagenbescheide die aufschiebende Wirkung eintritt, angeordnet oder wiederhergestellt oder die Vollziehung ausgesetzt wird.

[1]Ist der Folgebescheid vor Erlass des Grundlagenbescheids ergangen und berücksichtigt er nach Auffassung des Steuerpflichtigen die noch gesondert festzustellenden Besteuerungsgrundlagen nicht oder – bei einer Schätzung nach § 162 Abs. 5 AO – in unzutreffender Höhe, kann unter den allgemeinen Voraussetzungen die Vollziehung ausgesetzt werden. [2]Dies gilt entsprechend, wenn Einwendungen gegen die Wirksamkeit der Bekanntgabe eines ergangenen Grundlagenbescheids erhoben werden (BFH-Beschluss vom 25.3.1986, III B 6/85, BStBl. II S. 477, und BFH-Urteil vom 15.4.1988, III R 26/85, BStBl. II S. 660).

[1]Ein Antrag auf Vollziehungsaussetzung eines Einkommensteuerbescheids, der mit Zweifeln an der Rechtmäßigkeit der Entscheidungen in einem wirksam ergangenen positiven oder negativen Gewinnfeststellungsbescheid begründet wird, ist mangels Rechtsschutzbedürfnisses unzulässig (BFH-Urteil vom 29.10.1987, VIII R 413/83, BStBl. 1988 II S. 240). [2]Zulässig ist dagegen ein Antrag auf Vollziehungsaussetzung eines Folgebescheids, der mit ernstlichen Zweifeln an der wirksamen Bekanntgabe eines Grundlagenbescheids begründet wird (BFH-Beschluss vom 15.4.1988, III R 26/85, BStBl. II S. 660).

[1]Bei der Aussetzung der Vollziehung des Folgebescheids sind ggf. die Beschränkungen des § 361 Abs. 2 Satz 4 AO bzw. des § 69 Abs. 2 Satz 8 und Abs. 3 Satz 4 FGO (vgl. AEAO zu § 361, Nr. 4 zweiter Absatz) zu beachten. [2]Erst in diesem Verfahren ist ggf. auch zu prüfen, ob „wesentliche Nachteile“ (vgl. AEAO zu § 361, Nr. 4.6.1) vorliegen.

7. Aufhebung der Vollziehung durch das Finanzamt

7.1. [1]Die Finanzbehörden sind befugt, im Rahmen eines Verfahrens nach § 361 AO oder nach § 69 Abs. 2 FGO auch die Aufhebung der Vollziehung anzuordnen (§ 361 Abs. 2 Satz 3 AO; § 69 Abs. 2 Satz 7 FGO). [2]Die Ausführungen in den Nrn. 2.1 bis 4.6 gelten entsprechend.

7.2. [1]Die Aufhebung der Vollziehung bewirkt die Rückgängigmachung bereits durchgeführter Vollziehungsmaßnahmen. [2]Dies gilt auch, soweit eine Steuer „freiwillig", d. h. abgesehen vom Leistungsgebot ohne besondere Einwirkungen des Finanzamts (wie Mahnung, Postnachnahme, Beitreibungsmaßnahmen), entrichtet worden ist (BFH-Beschluss vom 22.7.1977, III B 34/74, BStBl. II S. 838). [3]Durch die Aufhebung der Vollziehung erhält der Rechtsbehelfsführer einen Erstattungsanspruch (§ 37 Abs. 2 AO) in Höhe des Aufhebungsbetrags, da der rechtliche Grund für die Zahlung nachträglich weggefallen ist. [4]Durch Aufhebung der Vollziehung kann aber grundsätzlich nicht die Erstattung von geleisteten Vorauszahlungsbeträgen, Steuerabzugsbeträgen oder anrechenbarer Körperschaftsteuer erreicht werden (vgl. AEAO zu § 361, Nr. 4 zweiter Absatz).

Beispiel:

festgesetzte Steuer	15.000 €
festgesetzte und entrichtete Vorauszahlungen	5.000 €
anzurechnende Steuerabzugsbeträge	7.000 €
entrichtete Abschlusszahlung	3.000 €

An der Rechtmäßigkeit der Steuerfestsetzung bestehen i. H. v. 5.000 € ernstliche Zweifel; der Sonderfall des Vorliegens „wesentlicher Nachteile" ist nicht gegeben. Nach Aufhebung der Vollziehung ist ein Betrag i. H. v. 3.000 € zu erstatten (15.000 € – festgesetzte Steuer – ./. 5.000 € – festgesetzte Vorauszahlungen – ./. 7.000 € – anzurechnende Steuerabzugsbeträge –).

7.3. [1]Wird die Vollziehung einer Steueranmeldung aufgehoben, dürfen die entrichteten Steuerbeträge nur an den Anmeldenden erstattet werden. [2]Dies gilt auch, wenn – wie z. B. in den Fällen des Lohnsteuerabzugs nach § 38 EStG oder des Steuerabzugs nach § 50a Abs. 4 EStG – der Anmeldende lediglich Entrichtungspflichtiger, nicht aber Steuerschuldner ist (BFH-Beschluss vom 13.8.1997, I B 30/97, BStBl. II S. 700).

7.4. [1]Bei der Aufhebung der Vollziehung ist zu bestimmen, ob die Aufhebung rückwirken soll oder nicht. [2]Für die Beurteilung dieser Frage ist maßgeblich, ab welchem Zeitpunkt ernstliche Zweifel an der Rechtmäßigkeit des Verwaltungsakts erkennbar vorlagen (BFH-Beschluss vom 10.12.1986, I B 121/86, BStBl. 1987 II S. 389; vgl. AEAO zu § 361, Nr. 8.1.1). [3]Durch rückwirkende Aufhebung der Vollziehung entfallen bereits entstandene Säumniszuschläge (BFH-Beschluss vom 10.12.1986, I B 121/86, a. a. O.). [4]Vollstreckungsmaßnahmen bleiben bestehen, soweit nicht ihre Aufhebung ausdrücklich angeordnet (§ 257 Abs. 1 Nr. 1 i. V. m. Abs. 2 Satz 3 AO) oder die Rückwirkung der Aufhebung der Vollziehung verfügt worden ist.

8. Dauer der Aussetzung/Aufhebung der Vollziehung

8.1. Beginn der Aussetzung/Aufhebung der Vollziehung

8.1.1. [1]Wird der Antrag auf Aussetzung/Aufhebung der Vollziehung vor Fälligkeit der strittigen Steuerforderung bei der Finanzbehörde eingereicht und begründet, ist die Aussetzung/ Aufhebung der Vollziehung im Regelfall ab Fälligkeitstag der strittigen Steuerbeträge auszusprechen; vgl. AEAO zu § 361, Nr. 7.4. [2]Ein späterer Zeitpunkt kommt in Betracht, wenn der Steuerpflichtige – z.B. in Schätzungsfällen – die Begründung des Rechtsbehelfs oder des Aussetzungsantrags unangemessen hinausgezögert hat und die Finanzbehörde deshalb vorher keine ernstlichen Zweifel an der Rechtmäßigkeit des angefochtenen Verwaltungsakts zu haben brauchte (vgl. BFH-Beschluss vom 10.12.1986, I B 121/86, BStBl. 1987 II S. 389).

8.1.2. Wird die Aussetzung/Aufhebung der Vollziehung nach Fälligkeit der strittigen Steuerforderung beantragt und begründet, gilt Nr. 8.1.1 Satz 2 entsprechend.

8.1.3. [1]Bei der Aussetzung/Aufhebung der Vollziehung von Grundlagenbescheiden (vgl. AEAO zu § 361, Nr. 5) ist als Beginn der Aussetzung/Aufhebung der Vollziehung der Tag der Bekanntgabe des Grundlagenbescheids zu bestimmen, wenn der Rechtsbehelf oder der Antrag auf Aussetzung/Aufhebung der Vollziehung vor Ablauf der Einspruchsfrist begründet wurde. [2]Bei später eingehender Begründung gilt Nr. 8.1.1 Satz 2 des AEAO zu § 361 entsprechend.

8.1.4. Trifft die Finanzbehörde keine Aussage über den Beginn der Aussetzung/Aufhebung der Vollziehung, wirkt die Aussetzung/Aufhebung der Vollziehung ab Bekanntgabe der Aussetzungsverfügung/Aufhebungsverfügung (§ 124 Abs. 1 Satz 1 AO).

8.1.5. Der Beginn der Aussetzung/Aufhebung der Vollziehung eines Folgebescheids (vgl. AEAO zu § 361, Nr. 6 und 8.1.3) richtet sich nach dem Beginn der Aussetzung/Aufhebung der Vollziehung des Grundlagenbescheids (vgl. BFH-Beschluss vom 10.12.1986, I B 121/86, BStBl. 1987 II S. 389).

8.2. Ende der Aussetzung/Aufhebung der Vollziehung

8.2.1. [1]Die Aussetzung/Aufhebung der Vollziehung ist grundsätzlich nur für eine Rechtsbehelfsstufe zu bewilligen (BFH-Beschluss vom 3.1.1978, VII S 13/77, BStBl. II S. 157). [2]Das Ende der Aussetzung/Aufhebung der Vollziehung ist in der Verfügung zu bestimmen. [3]Soweit nicht eine datumsmäßige Befristung angebracht ist, sollte das Ende bei Entscheidungen über die Aussetzung/Aufhebung der Vollziehung während des außergerichtlichen oder gerichtlichen Rechtsbehelfsverfahrens auf einen Monat nach Bekanntgabe der Einspruchsentscheidung bzw. nach Verkündung oder Zustellung des Urteils oder einen Monat nach dem Eingang einer Erklärung über die Rücknahme des Rechtsbehelfs festgelegt werden. [4]Einer Aufhebung der Aussetzungs-/Aufhebungsverfügung bedarf es in einem solchen Fall nicht. [5]Die Aussetzung/Aufhebung der Vollziehung eines Folgebescheids ist bis zur Beendigung der Aussetzung/Aufhebung der Vollziehung des Grundlagenbescheids und für den Fall, dass der Rechtsbehelf gegen den Grundlagenbescheid zu einer Änderung des Folgebescheids führt, bis zum Ablauf eines Monats nach Bekanntgabe des geänderten Folgebescheids zu befristen.

8.2.2. [1]Wird der in der Vollziehung ausgesetzte Verwaltungsakt geändert oder ersetzt, erledigt sich die bisher gewährte Aussetzung/Aufhebung der Vollziehung, ohne dass es einer Aufhebung der Vollziehungsaussetzungs(aufhebungs)verfügung bedarf. [2]Für eine eventuelle Nachzahlung der bisher in der Vollziehung ausgesetzten Beträge kann dem Steuerpflichtigen i.d.R. eine einmonatige Zahlungsfrist eingeräumt werden.

[1]In den Fällen des § 365 Abs. 3 AO bzw. des § 68 FGO ist auf der Grundlage des neuen Verwaltungsakts erneut über die Aussetzung bzw. Aufhebung der Vollziehung zu entscheiden. [2]Dies gilt auch, wenn ein in der Vollziehung ausgesetzter Vorauszahlungsbescheid durch die Jahressteuerfestsetzung ersetzt wird (vgl. AEAO zu § 365, Nr. 2).

9. Nebenbestimmungen zur Aussetzung/Aufhebung der Vollziehung

9.1. Widerrufsvorbehalt

Der Verwaltungsakt über die Aussetzung/Aufhebung der Vollziehung ist grundsätzlich mit dem Vorbehalt des Widerrufs zu versehen.

9.2. Sicherheitsleistung

9.2.1. [1]Die Finanzbehörde kann die Aussetzung oder Aufhebung der Vollziehung von einer Sicherheitsleistung abhängig machen (§ 361 Abs. 2 Satz 5 AO; § 69 Abs. 2 Satz 3 FGO). [2]Die Entscheidung hierüber ist nach pflichtgemäßem Ermessen zu treffen.

9.2.2. [1]Die Anordnung der Sicherheitsleistung muss vom Grundsatz der Verhältnismäßigkeit bestimmt sein (BVerfG-Beschluss vom 24.10.1975, 1 BvR 266/75, StRK FGO § 69 R 171).[1)] [2]Sie ist geboten, wenn die wirtschaftliche Lage des Steuerpflichtigen die Steuerforderung als gefährdet erscheinen lässt (BFH-Beschlüsse vom 8.3.1967, VI B 50/66, BStBl. III S. 294, und vom 22.6.1967, I B 7/67, BStBl. III S. 512). [3]Die Anordnung einer Sicherheitsleistung ist z.B. gerechtfertigt, wenn der Steuerbescheid nach erfolglosem Rechtsbehelf im Ausland vollstreckt werden müsste (BFH-Urteil vom 27.8.1970, V R 102/67, BStBl. 1971 II S. 1). [4]Dies gilt auch, wenn in einem Mitgliedstaat der EU zu vollstrecken wäre, es sei denn, mit diesem Staat besteht ein Abkommen, welches eine Vollstreckung unter gleichen Bedingungen wie im Inland gewährleistet (BFH-Beschluss vom 3.2.1977, V B 6/76, BStBl. II S. 351; zur zwischenstaatlichen Vollstreckungshilfe siehe BMF-Merkblatt vom 29.2.2012, BStBl. I S. 244). [5]Eine Sicherheitsleistung ist unzumutbar, wenn die Zweifel an der Rechtmäßigkeit des Verwaltungsakts so bedeutsam sind, dass mit großer Wahrscheinlichkeit seine Aufhebung zu erwarten ist (BFH-Beschluss vom 22.12.1969, V B 115/69, BStBl. 1970 II S. 127).

9.2.3. Kann ein Steuerpflichtiger trotz zumutbarer Anstrengung eine Sicherheit nicht leisten, darf eine Sicherheitsleistung bei Aussetzung/Aufhebung der Vollziehung wegen ernstlicher Zweifel an der Rechtmäßigkeit des angefochtenen Verwaltungsakts nicht verlangt werden; Aussetzung/Aufhebung der

---

[1)] Zur Anordnung einer Sicherheitsleistung bei laufend veranlagten und festgesetzten Steuern vgl. BVerfG v. 22.9.2009 1 BvR 1305/09, DStR 2009, 2146.

Vollziehung wegen unbilliger Härte darf jedoch bei Gefährdung des Steueranspruchs nur gegen Sicherheitsleistung bewilligt werden (BFH-Beschluss vom 9.4.1968, I B 73/67, BStBl. II S. 456).

9.2.4. [1]Zur Sicherheitsleistung bei der Aussetzung der Vollziehung von Grundlagenbescheiden s. § 361 Abs. 3 Satz 3 AO und § 69 Abs. 2 Satz 6 FGO. [2]Hiernach entscheiden über die Sicherheitsleistung die für den Erlass der Folgebescheide zuständigen Finanzämter bzw. Gemeinden. [3]Das für den Erlass des Grundlagenbescheids zuständige Finanzamt darf jedoch anordnen, dass die Aussetzung der Vollziehung von keiner Sicherheitsleistung abhängig zu machen ist. [4]Das kann z. B. der Fall sein, wenn der Rechtsbehelf wahrscheinlich erfolgreich sein wird.

9.2.5. Zu den möglichen Arten der Sicherheitsleistung s. § 241 AO.

9.2.6. [1]Die Anordnung einer Sicherheitsleistung ist eine unselbständige Nebenbestimmung in Form einer aufschiebenden Bedingung; sie kann daher nicht selbständig, sondern nur zusammen mit der Entscheidung über die Aussetzung/Aufhebung der Vollziehung angefochten werden (BFH-Urteil vom 31.10.1973, I R 249/72, BStBl. 1974 II S. 118, und BFH-Beschluss vom 20.6.1979, IV B 20/79, BStBl. II S. 666). [2]Eine Aussetzung/Aufhebung der Vollziehung gegen Sicherheitsleistung wird erst wirksam, wenn die Sicherheitsleistung erbracht worden ist. [3]In dem Verwaltungsakt über die Aussetzung/Aufhebung der Vollziehung ist deshalb eine Frist für die Sicherheitsleistung zu setzen. [4]Wird die Sicherheit innerhalb der Frist nicht erbracht, ist der Steuerpflichtige auf die Rechtsfolgen hinzuweisen und zur Zahlung aufzufordern.

10. Ablehnung der Vollziehungsaussetzung

Zur Erhebung von Säumniszuschlägen nach Ablehnung eines Antrags auf Vollziehungsaussetzung vgl. AEAO zu § 240, Nr. 6 Buchstabe b.

[1]Hat das Finanzamt einen Aussetzungsantrag abgelehnt, ist i. d. R. unter Beachtung der Grundsätze des § 258 AO (siehe Abschn. 7 VollstrA) zu vollstrecken, auch wenn die Entscheidung des Finanzamts vom Steuerpflichtigen angefochten worden ist. [2]Über die Ablehnung des Aussetzungsbegehrens ist die Vollstreckungsstelle zu unterrichten.

11. Rechtsbehelfe

[1]Gegen die Entscheidung der Finanzbehörde über die Aussetzung/Aufhebung der Vollziehung ist der Einspruch gegeben. [2]Das Gericht kann nur nach § 69 Abs. 3 FGO angerufen werden; eine Klagemöglichkeit ist insoweit nicht gegeben (§ 361 Abs. 5 AO; § 69 Abs. 7 FGO).

[1]Der Antrag auf Aussetzung/Aufhebung der Vollziehung durch das Gericht ist nur zulässig, wenn die Finanzbehörde einen Antrag auf Aussetzung/Aufhebung der Vollziehung ganz oder zum Teil abgelehnt hat. [2]Dies gilt nicht, wenn die Finanzbehörde über den Antrag ohne Mitteilung eines zureichenden Grundes in angemessener Frist sachlich nicht entschieden hat oder eine Vollstreckung droht (§ 69 Abs. 4 FGO). [3]Eine teilweise Antragsablehnung i. S. d. § 69 Abs. 4 Satz 1 FGO liegt auch vor, wenn die Finanzbehörde die Aussetzung/Aufhebung der Vollziehung von einer Sicherheitsleistung abhängig ge-

macht hat (vgl. AEAO zu § 361, Nr. 9.2), nicht aber, wenn eine im Übrigen antragsgemäße Aussetzung/Aufhebung der Vollziehung unter Widerrufsvorbehalt (vgl. AEAO zu § 361, Nr. 9.1) gewährt wurde (BFH-Beschluss vom 12.5.2000, VI B 266/98, BStBl. II S. 536).

12. Aussetzungszinsen

Wegen der Erhebung von Aussetzungszinsen siehe § 237 AO, wegen der nur einjährigen Festsetzungsfrist vgl. AEAO zu § 237, Nr. 4 und 8.

AEAO zu § 362 – Rücknahme des Einspruchs:

1. [1] Für die Rücknahme eines Einspruchs gelten die Formvorschriften für einen Einspruch sinngemäß (§ 362 Abs. 1 Satz 2 AO). [2] Die Rücknahme ist daher schriftlich oder elektronisch oder zur Niederschrift zu erklären. [3] Eine elektronisch erklärte Rücknahme bedarf keiner qualifizierten elektronischen Signatur (vgl. AEAO zu § 357, Nr. 1).

2. [1] Die Rücknahme führt nur zum Verlust des eingelegten Einspruchs, nicht der Einspruchsmöglichkeit schlechthin. [2] Der Einspruch kann daher innerhalb der Einspruchsfrist erneut erhoben werden.

3. [1] Eine Unwirksamkeit der Einspruchsrücknahme ist grundsätzlich innerhalb eines Jahres nach Eingang der Rücknahmeerklärung bei der für die Einlegung des Einspruchs zuständigen Finanzbehörde (§ 362 Abs. 1 Satz 2, § 357 Abs. 2 AO) geltend zu machen. [2] Ein späteres Geltendmachen ist nur in Fällen höherer Gewalt zulässig (§ 362 Abs. 2 Satz 2, § 110 Abs. 3 AO). [3] Nach einem fristgerechten Geltendmachen der Unwirksamkeit der Rücknahme ist das Einspruchsverfahren wieder aufzunehmen und in der Sache zu entscheiden. [4] Sind die vorgetragenen Gründe für die Unwirksamkeit der Einspruchsrücknahme nicht stichhaltig, ist der Einspruch als unzulässig zu verwerfen.

AEAO zu § 363 – Aussetzung und Ruhen des Verfahrens:

1. Die nach § 363 Abs. 2 Satz 1 AO erforderliche Zustimmung des Einspruchsführers zur Verfahrensruhe aus Zweckmäßigkeitsgründen sollte aus Gründen der Klarheit immer schriftlich oder elektronisch erteilt werden.

2. [1] Voraussetzung für eine Verfahrensruhe nach § 363 Abs. 2 Satz 2 AO ist, dass der Einspruchsführer in der Begründung seines Einspruchs die strittige, auch für seinen Steuerfall entscheidungserhebliche Rechtsfrage darlegt und sich hierzu konkret auf ein beim EuGH, beim BVerfG oder bei einem obersten Bundesgericht anhängiges Verfahren beruft (BFH-Urteile vom 26.9.2006, X R 39/05, BStBl. 2007 II S. 222, und vom 30.9.2010, III R 39/08, BStBl. 2011 II S. 11). [2] Eine nach § 363 Abs. 2 Satz 2 AO eingetretene Verfahrensruhe endet, wenn das Gerichtsverfahren, auf das sich der Einspruchsführer berufen hat, abgeschlossen ist. [3] Dies gilt auch, wenn gegen diese Gerichtsentscheidung Verfassungsbeschwerde erhoben wird und der Einspruchsführer sich nicht auf dieses neue Verfahren beruft (BFH-Urteil vom 30.9.2010, III R 39/08, a. a. O.). [4] Endet demnach die Verfahrensruhe, bedarf es insoweit keiner Fortsetzungsmitteilung nach § 363 Abs. 2 Satz 4 AO und somit grundsätzlich auch keiner Ermessensentscheidung (BFH-Urteil vom 26.9.2006, X R 39/05, a. a. O.), soweit nicht im Einzelfall eine Verfahrensruhe aus Zweckmäßigkeitsgründen nach § 363 Abs. 2 Satz 1 AO angemessen erscheint.

3. [1]Sind die Voraussetzungen für eine Verfahrensaussetzung oder Verfahrensruhe erfüllt, kann über den Einspruch insoweit nicht entschieden werden, und zwar weder durch eine Einspruchsentscheidung noch durch den Erlass eines Änderungsbescheids. [2]Über Fragen, die nicht Anlass der Verfahrensaussetzung oder Verfahrensruhe sind, kann dagegen durch Erlass einer Teil-Einspruchsentscheidung (§ 367 Abs. 2a AO) oder eines Teilabhilfebescheids entschieden werden. [3]Dabei wird i. d. R. zur Herbeiführung der Bestandskraft eine Teil-Einspruchsentscheidung zweckmäßig sein (vgl. AEAO zu § 367, Nr. 6). [4]Auch der Erlass von Änderungsbescheiden aus außerhalb des Einspruchsverfahrens liegenden Gründen (z. B. Folgeänderung gem. § 175 Abs. 1 Satz 1 Nr. 1 AO) bleibt zulässig. [5]Änderungsbescheide werden gem. § 365 Abs. 3 AO Gegenstand des anhängigen Verfahrens.

4. [1]Eine Fortsetzungsmitteilung gem. § 363 Abs. 2 Satz 4 AO kann in sämtlichen Fällen des § 363 Abs. 2 AO ergehen. [2]Über ihren Erlass ist nach pflichtgemäßem Ermessen zu entscheiden; die Ermessenserwägungen sind dem Einspruchsführer mitzuteilen (BFH-Urteil vom 26.9.2006, X R 39/05, BStBl. 2007 II S. 222). [3]Ein zureichender Grund für den Erlass einer Fortsetzungsmitteilung liegt insbesondere dann vor, wenn ein weiteres gerichtliches Musterverfahren herbeigeführt werden soll, wenn bereits eine Entscheidung des EuGH, des BVerfG oder des obersten Bundesgerichts in einem Parallelverfahren ergangen ist oder wenn das Begehren des Einspruchsführers letztlich darauf abzielt, seinen Steuerfall „offen zu halten", um von künftigen Änderungen der höchstrichterlichen Rechtsprechung zu derzeit nicht strittigen Fragen zu „profitieren" (BFH-Urteil vom 26.9.2006, X R 39/05, a. a. O.).

Teilt die Finanzbehörde nach § 363 Abs. 2 Satz 4 AO die Fortsetzung des bisher ruhenden Einspruchsverfahrens mit, soll sie vor Erlass einer Einspruchsentscheidung den Beteiligten Gelegenheit geben, sich erneut zu äußern.

5. Zur Unterbrechung eines Einspruchsverfahrens durch eine Insolvenzeröffnung vgl. AEAO zu § 251, Nr. 4.1; zur Aufnahme eines unterbrochenen Einspruchsverfahrens sowie zur Erledigung eines Einspruchsverfahrens vgl. AEAO zu § 251, Nr. 5.3.

AEAO zu § 364 – Offenlegen der Besteuerungsunterlagen:

[1]Den Beteiligten sind die Besteuerungsunterlagen mitzuteilen oder anderweitig offenzulegen, wenn sie dies beantragt haben oder wenn die Einspruchsbegründung dazu Anlass gibt. [2]Wenn die Finanzbehörde es für zweckmäßig hält, kann sie Akteneinsicht gewähren. [3]Hierbei ist sicherzustellen, dass Verhältnisse eines anderen nicht unbefugt offenbart werden. [4]Die Ablehnung eines Antrags auf Akteneinsicht ist mit dem Einspruch anfechtbar. [5]Für das finanzgerichtliche Verfahren gilt § 78 FGO.

AEAO zu § 364a – Erörterung des Sach- und Rechtsstands:

1. [1]§ 364a AO *soll eine einvernehmliche* Erledigung der Einspruchsverfahren fördern und Streitfälle von den Finanzgerichten fernhalten. [2]Ziel einer mündlichen Erörterung kann auch eine „tatsächliche Verständigung" (vgl. BMF-Schreiben vom 30.7.2008, BStBl. I S. 831, ergänzt durch BMF-Schreiben vom 15.4.2019, BStBl. I S. 447) sein.

2. [1]Einem Antrag auf mündliche Erörterung soll grundsätzlich entsprochen werden. [2]Dies gilt nicht, wenn bei mehr als 10 Beteiligten kein gemeinsamer Vertreter nach Absatz 2 bestellt wird oder wenn die beantragte Erörterung offensichtlich nur der Verfahrensverschleppung dient.

3. [1]Antragsbefugt sind nur Einspruchsführer, nicht aber hinzugezogene Personen. [2]Hinzugezogene können aber von Amts wegen zu einer mündlichen Erörterung geladen werden (§ 364a Abs. 1 Satz 2 und 3 AO).

4. Keine Verpflichtung zur mündlichen Erörterung besteht, wenn das Finanzamt dem Einspruch abhelfen will oder solange das Einspruchsverfahren nach § 363 AO ausgesetzt ist oder ruht.

5. [1]Die mündliche Erörterung kann in geeigneten Fällen auch telefonisch durchgeführt werden. [2]Im Hinblick auf die Pflicht zur Wahrung des Steuergeheimnisses (§ 30 AO) muss sich das Finanzamt dann aber über die Identität des Gesprächspartners vergewissern.

AEAO zu § 364b – Fristsetzung:

1. [1]§ 364b AO soll dem Missbrauch des Einspruchsverfahrens zu rechtsbehelfsfremden Zwecken entgegenwirken. [2]Von der Möglichkeit der Fristsetzung nach § 364b AO sollte daher insbesondere in Einspruchsverfahren, die einen Schätzungsbescheid nach Nichtabgabe der Steuererklärung betreffen, Gebrauch gemacht werden.

2. [1]Eine Fristsetzung nach § 364b AO kann nur gegenüber einem Einspruchsführer, nicht gegenüber einem Hinzugezogenen (§ 360 AO) ergehen. [2]Die Frist soll mindestens einen Monat betragen. [3]Ein eventueller Nachprüfungsvorbehalt (§ 164 AO) ist spätestens mit der Fristsetzung aufzuheben.

3. [1]Erklärungen und Beweismittel, die erst nach Ablauf der vom Finanzamt – insbesondere unter Beachtung des Belehrungsgebots (§ 364b Abs. 3 AO) – wirksam gesetzten Frist vorgebracht werden, können im Einspruchsverfahren allenfalls im Rahmen einer Verböserung nach § 367 Abs. 2 Satz 2 AO berücksichtigt werden. [2]Außerhalb des Einspruchsverfahrens bestehende Korrekturvorschriften (z. B. § 173 AO) bleiben zwar unberührt, werden aber i. d. R. nicht einschlägig sein.

4. [1]Geht ein Antrag auf Fristverlängerung vor Fristablauf beim Finanzamt ein, kann die Frist gem. § 109 AO verlängert werden. [2]Geht der Antrag nach Ablauf der Frist beim Finanzamt ein, kann nur nach § 110 AO Wiedereinsetzung in den vorigen Stand gewährt werden. [3]Über Einwendungen gegen die Fristsetzung ist – soweit nicht abgeholfen wird – im Rahmen der Entscheidung über den Einspruch gegen den Steuerbescheid zu entscheiden.

5. [1]Zu den Wirkungen einer nach § 364b AO gesetzten Ausschlussfrist für ein nachfolgendes Klageverfahren vgl. § 76 Abs. 3 FGO. [2]Die Finanzbehörde kann trotz einer rechtmäßigen Fristsetzung in einem nachfolgenden Klageverfahren einen Abhilfebescheid gem. § 172 Abs. 1 Satz 1 Nr. 2 Buchstabe a AO erlassen.

AEAO zu § 365 – Anwendung von Verfahrensvorschriften:

1. Die Aufklärungspflicht der Einspruchsbehörde wird von der Zumutbarkeit begrenzt (vgl. AEAO zu § 88, Nr. 3).

[1]Nach dem BFH-Urteil vom 11.12.1984, VIII R 131/76, BStBl. 1985 II S. 354 können im Hinblick auf die Gesetzmäßigkeit und Gleichmäßigkeit der Besteuerung keine Vergleiche über Steueransprüche abgeschlossen werden. [2]Eine „tatsächliche Verständigung" über schwierig zu ermittelnde tatsächliche Umstände ist aber zulässig und bindend (vgl. BMF-Schreiben vom 30.7.2008, BStBl. I S. 831, ergänzt durch BMF-Schreiben vom 15.4.2019, BStBl. I S. 447).

2. [1]Wird während des Einspruchsverfahrens der angefochtene Verwaltungsakt geändert oder ersetzt, wird der neue Verwaltungsakt Gegenstand des Einspruchsverfahrens (§ 365 Abs. 3 Satz 1 AO); der Einspruch muss aber zulässig sein (BFH-Urteil vom 13.4.2000, V R 56/99, BStBl. II S. 490). [2]Dies gilt entsprechend, wenn ein Verwaltungsakt wegen einer offenbaren Unrichtigkeit gem. § 129 AO berichtigt wird oder wenn ein Verwaltungsakt an die Stelle eines angefochtenen – z.B. wegen eines Bekanntgabemangels – unwirksamen Verwaltungsakts tritt (§ 365 Abs. 3 Satz 2 AO).

Bei einem Teilwiderruf oder einer Teilrücknahme bleibt der Verwaltungsakt – wenn auch eingeschränkt – bestehen und der Einspruch damit ebenfalls anhängig (BFH-Urteil vom 28.1.1982, V R 100/80, BStBl. II S. 292).

Eine Ersetzung i. S. d. § 365 Abs. 3 AO liegt auch vor, wenn sich ein mit dem Einspruch angefochtener Vorauszahlungsbescheid mit Wirksamwerden der Jahressteuerfestsetzung erledigt (BFH-Urteil vom 4.11.1999, V R 35/98, BStBl. 2000 II S. 454).

Die Regelungen des § 365 Abs. 3 AO gelten nur für das Einspruchsverfahren; insbesondere bleiben Beitreibungsmaßnahmen nur auf der Grundlage eines wirksamen Verwaltungsakts zulässig.

Wegen des Erlasses eines Änderungsbescheids vor oder nach Ergehen einer Teil-Einspruchsentscheidung vgl. AEAO zu § 367, Nr. 6.5.

AEAO zu § 366 – Form, Inhalt und Erteilung der Einspruchsentscheidung:

1. [1]Für die Bekanntgabe der Einspruchsentscheidung gelten §§ 122 und 122a AO. [2]Wegen der Bekanntgabe an Bevollmächtigte vgl. AEAO zu § 122, Nr. 1.7; wegen der Bekanntgabe durch Telefax vgl. AEAO zu § 122, Nrn. 1.8.1.2 und 1.8.2.2.

2. [1]Eine förmliche Zustellung der Einspruchsentscheidung ist nur erforderlich, wenn sie ausdrücklich angeordnet wird (§ 122 Abs. 5 Satz 1 AO). [2]Sie sollte insbesondere dann angeordnet werden, wenn ein eindeutiger Nachweis des Zugangs für erforderlich gehalten wird. [3]Zum Zustellungsverfahren vgl. AEAO zu § 122, Nrn. 3 und 4.5.

3. [1]In den Gründen der Einspruchsentscheidung sollen Wiedergabe des Tatbestandes und Darlegung der rechtlichen Erwägungen der entscheidenden Behörde getrennt sein. [2]Auf Zulässigkeitsfragen ist nur einzugehen, wenn hierzu begründeter Anlass besteht, etwa in den Fällen der §§ 354 Abs. 2, 362 Abs. 2 AO oder bei ernsthaften Zweifeln am Vorliegen einzelner Zulässigkeitsvoraussetzungen. [3]Hinweis auf § 358 AO.

Enthält die Einspruchsentscheidung entgegen § 366 AO keine oder eine unrichtige Rechtsbehelfsbelehrung, beträgt die Klagefrist nach § 55 Abs. 2 FGO ein Jahr statt eines Monats.[1)]

AEAO zu § 367 – Entscheidung über den Einspruch:

1. [1]Jeder nach Erlass eines Verwaltungsakts eintretende Zuständigkeitswechsel bewirkt auch eine Zuständigkeitsänderung im Einspruchsverfahren. [2]Die Einspruchsvorgänge sind daher mit den übrigen Akten abzugeben. [3]Die zunächst zuständige Behörde kann jedoch unter Wahrung der Interessen der Beteiligten aus Zweckmäßigkeitsgründen das Einspruchsverfahren fortführen, wenn das neu zuständige Finanzamt zustimmt. [4]Zu den Auswirkungen eines Zuständigkeitswechsels auf das Einspruchsverfahren siehe auch BMF-Schreiben vom 10.10.1995, BStBl. I S. 664.

2. Gem. § 132 AO gelten die Vorschriften über Rücknahme, Widerruf, Aufhebung und Änderung von Verwaltungsakten auch während des Einspruchsverfahrens (vgl. AEAO zu § 365, Nr. 2).

2.1. Aufgrund der im Einspruchsverfahren geltenden umfassenden Überprüfungsmöglichkeit nach § 367 Abs. 2 Satz 1 AO ist die Finanzbehörde jedoch nicht an die Voraussetzungen der Korrekturvorschriften §§ 130ff., 172ff. AO gebunden (BFH-Urteil vom 10.3.2016, III R 2/15, BStBl. II S. 508).

2.2. [1]Will die Finanzbehörde den angefochtenen Verwaltungsakt zum Nachteil des Einspruchsführers ändern, muss der Einspruchsführer auf die Möglichkeit einer verbösernden Entscheidung unter Angabe von Gründen hingewiesen und ihm Gelegenheit gegeben werden, sich hierzu zu äußern (§ 367 Abs. 2 Satz 2 AO). [2]Dieser Hinweis ist nur dann – ausnahmsweise – entbehrlich, wenn sich die Änderung zum Nachteil des Einspruchsführers durch Einspruchsrücknahme nicht hätte vermeiden lassen. [3]Ist zweifelhaft, ob eine solche Änderung noch möglich ist, darf auf diesen Hinweis nicht verzichtet werden (vgl. BFH-Urteil vom 22.3.2006, XI R 24/05, BStBl II S. 576).

2.3. Die Finanzbehörde ist auch dann noch zum Erlass einer verbösernden Einspruchsentscheidung gemäß § 367 Abs. 2 Satz 2 AO berechtigt, wenn

– sie zuvor einen Änderungsbescheid erlassen hat, in dem sie dem Einspruchsbegehren teilweise entsprochen, jedoch nicht in voller Höhe abgeholfen hat (sog. Teilabhilfebescheid; vgl. BFH-Urteil vom 6.9.2006, XI R 51/05, BStBl. 2007 II S. 83), oder
– ein Verwaltungsakt, mit dem die Finanzbehörde einem Antrag auf eine Billigkeitsmaßnahme nach §§ 163, 222 oder 227 AO nur teilweise stattgegeben hat, mit dem Einspruch angefochten wird (BFH-Urteil vom 10.3.2016, III R 2/15, BStBl. II S. 508).

2.4. Nimmt der Steuerpflichtige seinen Einspruch zurück, ist eine Änderung zum Nachteil des Steuerpflichtigen nur noch möglich, wenn dies nach den Vorschriften über Aufhebung, Änderung, Rücknahme oder Widerruf von Verwaltungsakten zulässig ist.

[1)] Zum Hinweis auf den elektronischen Rechtsverkehr in der Rechtsbehelfsbelehrung siehe BFH v. 20.11.2013 X R 2/12, BStBl. II 2014, 236, v. 18.3.2014 VIII R 33/12, BStBl. II 2014, 922; siehe auch § 357 Abs. 1 Satz 1 AO i. d. F. des G v. 25.7.2013, BGBl. I 2013, 2749.

3. Zu den Auswirkungen einer Teilabhilfe auf das Einspruchsverfahren vgl. AEAO zu § 365, Nr. 2.

[1] Stellt ein Steuerpflichtiger nach Einspruchseinlegung einen Antrag bezüglich eines bisher nicht geltend gemachten Streitpunkts, ist dieser Antrag als Erweiterung des Einspruchsantrags, verbunden mit der Anregung, dem Einspruch insoweit durch Erlass eines Teilabhilfebescheids stattzugeben, auszulegen. [2] Ist der Antrag begründet, kann während des Einspruchsverfahrens ein geänderter Verwaltungsakt erlassen werden. [3] Dieser wird dann gem. § 365 Abs. 3 AO Gegenstand des Einspruchsverfahrens. [4] Ist der Antrag unbegründet, ist über ihn in der Einspruchsentscheidung zu befinden; die Ablehnung durch gesonderten Verwaltungsakt ist während eines anhängigen Einspruchsverfahrens nicht zulässig.

4. Zur Möglichkeit der Änderung eines im Einspruchsverfahren bestätigten oder geänderten Verwaltungsakts vgl. AEAO zu § 172, Nrn. 3 und 4.

5. [1] Es ist zulässig, den Vorbehalt der Nachprüfung (§ 164 AO) auch in der Entscheidung über den Einspruch aufrechtzuerhalten (BFH-Urteil vom 12.6.1980, IV R 23/79, BStBl. II S. 527). [2] In diesen Fällen braucht die Angelegenheit nicht umfassender geprüft zu werden als in dem Verfahren, das dem Erlass der angefochtenen Vorbehaltsfestsetzung vorangegangen ist.

[1] Der Vorbehalt der Nachprüfung ist jedoch aufzuheben, wenn im Einspruchsverfahren eine abschließende Prüfung i. S. d. § 164 Abs. 1 AO durchgeführt wird. [2] Die Aufhebung des Vorbehalts bedarf regelmäßig keiner besonderen Begründung. [3] Insbesondere kann insoweit auch ein Hinweis nach § 367 Abs. 2 Satz 2 AO unterbleiben (BFH-Urteil vom 10.7.1996, I R 5/96, BStBl. 1997 II S. 5).

[1] Es ist auch statthaft, nach Hinweis auf die Verböserungsmöglichkeit einen Verwaltungsakt erstmalig in der Einspruchsentscheidung mit einer Nebenbestimmung zu versehen (BFH-Urteil vom 12.6.1980, IV R 23/79, a. a. O.). [2] Ist ein Bescheid, der auf einer Schätzung beruht, ohne Nachprüfungsvorbehalt ergangen und wird nach Klageerhebung die Steuererklärung eingereicht, kann der daraufhin ergehende Änderungsbescheid nur mit Zustimmung des Steuerpflichtigen unter Nachprüfungsvorbehalt gestellt werden (BFH-Urteil vom 30.10.1980, IV R 168–170/79, BStBl. 1981 II S. 150).

6. Teil-Einspruchsentscheidung[1)]

6.1. [1] Der Erlass einer Teil-Einspruchsentscheidung (§ 367 Abs. 2a AO) steht im Ermessen der Finanzbehörde, muss aber sachdienlich sein. [2] Dies ist der Fall, wenn ein Teil des Einspruchs entscheidungsreif ist, während über einen anderen Teil des Einspruchs zunächst nicht entschieden werden kann, weil z. B. insoweit die Voraussetzungen für eine Verfahrensruhe nach § 363 Abs. 2 Satz 2 AO vorliegen oder hinsichtlich des nicht entscheidungsreifen Teils des Einspruchs noch Ermittlungen zur Sach- oder Rechtslage erforderlich sind. [3] Zu unbenannten Streitpunkten besteht grundsätzlich Entscheidungsreife, es sei denn, die umfassende Prüfung des Steuerfalls (§ 367 Abs. 2 Satz 1 AO)

[1)] Erneuter Einspruch gegen Teil-Einspruchsentscheidung auch innerhalb der Einspruchsfrist unzulässig; siehe BFH v. 18.9.2014 VI R 80/13, BStBl. II 2015, 115.

ergibt Aufklärungsbedarf (BFH-Urteil vom 14.3.2012, X R 50/09, BStBl. II S. 536).

Eine Teil-Einspruchsentscheidung wird somit insbesondere dann sachdienlich sein, wenn

– der Einspruchsführer strittige Rechtsfragen aufwirft, die Gegenstand eines beim EuGH, beim BVerfG oder bei einem obersten Bundesgericht anhängigen Verfahrens sind,
– der Einspruchsführer sich auf dieses Verfahren beruft,
– der Erlass einer Fortsetzungsmitteilung gem. § 363 Abs. 2 Satz 4 AO (vgl. AEAO zu § 363, Nr. 4) nicht in Betracht kommt und
– der Einspruch im Übrigen entscheidungsreif ist.

6.2. [1]Eine Teil-Einspruchsentscheidung ist auch dann sachdienlich, wenn sie dem Interesse der Finanzverwaltung an einer zeitnahen Entscheidung über den entscheidungsreifen Teil eines Einspruchs dient, der ersichtlich nur zu dem Zweck eingelegt wurde, die Steuerfestsetzung nicht bestandskräftig werden zu lassen (BFH-Urteile vom 30.9.2010, III R 39/08, BStBl. 2011 II S. 11, und vom 14.3.2012, X R 50/09, BStBl. II S. 536). [2]Um neuen Masseneinsprüchen entgegenzuwirken, soll in Fällen, in denen mit dem Einspruch ausschließlich das Ziel verfolgt wird, im Hinblick auf anhängige Gerichtsverfahren mit Breitenwirkung den angefochtenen Verwaltungsakt nicht bestandskräftig werden zu lassen, möglichst zeitnah eine Teil-Einspruchsentscheidung erlassen werden, wenn und soweit der Einspruch nicht durch die Beifügung eines Vorläufigkeitsvermerks gem. § 165 Abs. 1 Satz 2 Nr. 3 oder 4 AO erledigt werden kann.

6.3. [1]Es besteht keine über § 367 Abs. 2 Satz 2 AO („Verböserungshinweis") hinausgehende Verpflichtung, dem Einspruchsführer vor Erlass einer Teil-Einspruchsentscheidung rechtliches Gehör zu gewähren, damit dieser prüfen kann, ob er noch Einwendungen vorträgt. [2]Die Finanzbehörde ist auch nicht verpflichtet, dem Einspruchsführer vor Erlass einer Teil-Einspruchsentscheidung eine Frist nach § 364b Abs. 1 Nr. 1 AO zu setzen (BFH-Urteil vom 14.3.2012, X R 50/09, BStBl. II S. 536).

6.4. [1]In der Teil-Einspruchsentscheidung ist genau zu bestimmen, hinsichtlich welcher Teile des Verwaltungsakts Bestandskraft nicht eintreten soll, um die Reichweite der Teil-Einspruchsentscheidung zu definieren. [2]Durch Angabe der betreffenden Besteuerungsgrundlage(n) wird hinreichend bestimmt, hinsichtlich welcher Teile Bestandskraft nicht eintreten soll; es ist nicht erforderlich und i. d. R. auch nicht möglich, den Teil der Steuer zu beziffern, dessen Festsetzung nicht bestandskräftig werden soll (BFH-Urteile vom 30.9.2010, III R 39/08, BStBl. 2011 II S. 11, und vom 14.3.2012, X R 50/09, BStBl. II S. 536). [3]Die Bestimmung, hinsichtlich welcher Teile des Verwaltungsakts Bestandskraft nicht eintreten soll, ist Teil des Tenors der Teil-Einspruchsentscheidung und weder Nebenbestimmung noch Grundlagenbescheid. [4]Sie kann daher nur durch Klage gegen die Teil-Einspruchsentscheidung angegriffen werden. [5]Soweit anhängige Verfahren vor dem EuGH, dem BVerfG oder einem obersten Bundesgericht Anlass für eine Teil-Einspruchsentscheidung/Verfahrensruhe sind (vgl. AEAO zu § 367, Nr. 6.1 zweiter Absatz), sind diese nicht im Tenor, sondern in der Begründung der Teil-Einspruchsentscheidung zu benennen.

Ist der Erlass einer Teil-Einspruchsentscheidung sachdienlich (vgl. AEAO zu § 367, Nrn. 6.1 und 6.2), ist das der Finanzbehörde eingeräumte Entschließungsermessen in einer Weise vorgeprägt, dass es keiner über die Darlegung der Sachdienlichkeit hinausgehenden Begründung bedarf, warum eine Teil-Einspruchsentscheidung erlassen wird (BFH-Urteile vom 30.9.2010, III R 39/08, und vom 14.3.2012, X R 50/09, jeweils a. a. O.).

6.5. [1]Ergeht vor Erlass der Teil-Einspruchsentscheidung ein Änderungsbescheid, wird dieser neue Bescheid Gegenstand des Einspruchsverfahrens (§ 365 Abs. 3 AO) und somit auch Gegenstand der Teil-Einspruchsentscheidung. [2]Bei der Bestimmung, inwieweit Bestandskraft nicht eintreten soll, ist vom Inhalt des neuen Bescheids auszugehen. [3]Soll nach Ergehen der Teil-Einspruchsentscheidung ein Änderungsbescheid erlassen werden, ist zuvor zu prüfen, inwieweit dem Änderungsbescheid die Bindungswirkung der Teil-Einspruchsentscheidung entgegensteht.

6.6. [1]Die Teil-Einspruchsentscheidung hat nicht zur Folge, dass stets noch eine förmliche „End-Einspruchsentscheidung" ergehen muss. [2]Das Einspruchsverfahren kann beispielsweise auch dadurch abgeschlossen werden, dass die Finanzbehörde dem Einspruch hinsichtlich der zunächst „offen" gebliebenen Frage abhilft, der Steuerpflichtige seinen Einspruch zurücknimmt oder eine Allgemeinverfügung nach § 367 Abs. 2b AO ergeht. [3]Wird die wirksam ergangene Teil-Einspruchsentscheidung bestandskräftig, kann im weiteren Verfahren über den „noch offenen" Teil der angefochtenen Steuerfestsetzung nicht mit Erfolg geltend gemacht werden, die in der Teil-Einspruchsentscheidung vertretene Rechtsauffassung entspreche nicht dem Gesetz. [4]Dies ist auch in einem eventuellen Klageverfahren gegen eine „End-Einspruchsentscheidung" zu beachten.

7. Allgemeinverfügung

7.1. Wegen der Erledigung von Masseneinsprüchen und Massenanträgen durch eine Allgemeinverfügung vgl. § 367 Abs. 2b sowie § 172 Abs. 3 AO.

7.2. [1]Ergeht eine Allgemeinverfügung nach § 367 Abs. 2b AO, bleibt das Einspruchsverfahren im Übrigen anhängig. [2]Gegenstand des Einspruchsverfahrens ist der angefochtene Verwaltungsakt und nicht ein Teil der Besteuerungsgrundlagen oder ein einzelner Streitpunkt. [3]Auch wenn sich die Allgemeinverfügung auf sämtliche vom Einspruchsführer vorgebrachte Einwendungen erstreckt, ist deshalb das Einspruchsverfahren im Übrigen fortzuführen. [4]Dies gilt nicht, soweit bereits eine Teil-Einspruchsentscheidung (§ 367 Abs. 2a AO) ergangen ist, die den „noch offen bleibenden" Teil des Einspruchs auf den Umfang beschränkt hat, der Gegenstand der Allgemeinverfügung ist. [5]Über die Rechtsfrage, die Gegenstand der Allgemeinverfügung war, kann in einer eventuell notwendig werdenden Einspruchsentscheidung (§ 366, § 367 Abs. 1 AO) nicht erneut entschieden werden. [6]Zu berücksichtigen ist dann, dass für eine Klage nach einer Zurückweisung des Einspruchs durch Allgemeinverfügung und für eine Klage nach Erlass einer Einspruchsentscheidung durch die örtlich zuständige Finanzbehörde unterschiedliche Fristen gelten.

7.3. [1]Unzulässige Einsprüche werden von einer nach § 367 Abs. 2b AO ergehenden Allgemeinverfügung grundsätzlich nicht erfasst, da der Ausgang des Verfahrens, das bei einem der in § 367 Abs. 2b Satz 1 AO angeführten Gerichte anhängig war, für diese Einsprüche i. d. R. nicht entscheidungserheblich ist. [2]Wenn dagegen die Frage der Zulässigkeit eines Einspruchs Gegenstand des Verfahrens bei einem der in § 367 Abs. 2b Satz 1 AO angeführten Gerichte war, kann eine Allgemeinverfügung insoweit auch unzulässige Einsprüche erfassen. [3]Ansonsten sind unzulässige Einsprüche möglichst zeitnah durch Einspruchsentscheidung zu verwerfen, falls sie vom Einspruchsführer nicht zurückgenommen werden.

8. Insolvenzverfahren

Zur Verfahrensweise in Insolvenzfällen vgl. AEAO zu § 251, Nrn. 5.3 ff. und Nr. 14.

(Fortsetzung S. 401)

Anlage 1. Abtretungs-/Verpfändungsanzeige

Anlage zum AEAO zu § 46 AO:

ACHTUNG
Beachten Sie unbedingt die Hinweise in Abschnitt V. des Formulars!
Zutreffendes bitte ankreuzen bzw. leserlich ausfüllen!

Eingangsstempel

Finanzamt

Raum für Bearbeitungsvermerke

☐ **Abtretungsanzeige** ☐ **Verpfändungsanzeige**

I. Abtretende(r) / Verpfänder(in)

Familienname bzw. Firma (bei Gesellschaften)	Vorname	Geburtsdatum
	Steuernummer	
Ehegatte/Lebenspartner: Familienname	Vorname	Geburtsdatum
Anschrift(en)		

II. Abtretungsempfänger(in) / Pfandgläubiger(in)

Name / Firma und Anschrift

III. Anzeige

Folgender Erstattungs- bzw. Vergütungsanspruch ist abgetreten / verpfändet worden:

1. Bezeichnung des Anspruchs:

☐ Einkommensteuer-Veranlagung Für ______ (Kalenderjahr) ☐ Umsatzsteuerfestsetzung für ______ (Kalenderjahr)

☐ ______ Für ______ (Zeitraum) ☐ Umsatzsteuervoranmeldung für ______ (Monat bzw. Quartal / Jahr)

☐ ______ Für ______ (Kalenderjahr)

☐ ______

2. Umfang der Abtretung bzw. Verpfändung:

☐ VOLL-Abtretung / Verpfändung

Hinweis: Die Vollabtretung umfasst auch Erstattungsansprüche aufgrund künftiger Änderungen der Steuerfestsetzung(en), die nicht auf Verlustrückträgen (§ 10d EStG) oder rückwirkenden Ereignissen (§ 175 AO) aus Zeiträumen nach Eingang der Abtretungsanzeige / Verpfändungsanzeige bei der Finanzbehörde beruhen.

☐ TEIL-Abtretung / Verpfändung in Höhe von ______ Euro

3. Grund der Abtretung / Verpfändung: ______

(kurze stichwortartige Kennzeichnung des der Abtretung zugrunde liegenden schuldrechtlichen Lebenssachverhaltes)

4. a) Es handelt sich um eine Sicherungsabtretung oder Verpfändung als Sicherheit:

☐ Ja ☐ Nein

b) Die Abtretung / Verpfändung erfolgte geschäftsmäßig:

☐ Ja ☐ Nein

5. **Der Abtretungsempfänger / Pfandgläubiger ist ein Unternehmen, dem das Betreiben von Bankgeschäften erlaubt ist:**

☐ Ja ☐ Nein

IV. Überweisung / Verrechnung

Der abgetretene / verpfändete Betrag soll ausgezahlt werden durch:

☐ **Überweisung** auf Konto **IBAN** (International Bank Account Number; internationale Kontonummer) **BIC** (Business Identifier Code; Internationale Bankleitzahl)

Geldinstitut (Zweigstelle) und Ort

Kontoinhaber, wenn abweichend von Abschnitt II.

☐ **Verrechnung** mit Steuerschulden des / der Abtretungsempfängers(in) / Pfandgläubigers(in)

beim Finanzamt ____________ Steuernummer ____________

Steuerart ____________ Zeitraum ____________

(für genauere Anweisungen bitte einen gesonderten Verrechnungsantrag beifügen!)

V. Wichtige Hinweise

Unterschreiben Sie bitte kein Formular, das nicht ausgefüllt ist oder dessen Inhalt Sie nicht verstehen!

Prüfen Sie bitte sorgfältig, ob sich eine Abtretung für Sie überhaupt lohnt! Denn das Finanzamt bemüht sich, Erstattungs- und Vergütungsansprüche schnell zu bearbeiten.

Vergleichen Sie nach Erhalt des Steuerbescheids den Erstattungsbetrag mit dem Betrag, den Sie gegebenenfalls im Wege der Vorfinanzierung erhalten haben.

Denken Sie daran, dass die Abtretung aus unterschiedlichen Gründen unwirksam sein kann, dass das Finanzamt dies aber nicht zu prüfen braucht! Der geschäftsmäßige Erwerb von Steuererstattungsansprüchen ist nur Kreditinstituten (Banken und Sparkassen) im Rahmen von Sicherungsabtretungen gestattet. Die Abtretung an andere Unternehmen und Privatpersonen ist nur zulässig, wenn diese nicht geschäftsmäßig handeln. Haben Sie z.B. Ihren Anspruch an eine Privatperson abgetreten, die den Erwerb von Steuererstattungsansprüchen geschäftsmäßig betreibt, dann ist die Abtretung unwirksam. Hat aber das Finanzamt den Erstattungsbetrag bereits an den / die von Ihnen angegebenen neuen Gläubiger ausgezahlt, dann kann es nicht mehr in Anspruch genommen werden, das heißt: Sie haben selbst dann keinen Anspruch mehr gegen das Finanzamt auf den Erstattungsanspruch, wenn die Abtretung nicht wirksam ist.

Abtretungen / Verpfändungen können gem. § 46 Abs. 2 AO dem Finanzamt erst dann wirksam angezeigt werden, wenn der abgetretene / verpfändete Erstattungsanspruch entstanden ist. Der Erstattungsanspruch entsteht nicht vor Ablauf des Besteuerungszeitraums (bei der Einkommensteuer / Lohnsteuer: grundsätzlich Kalenderjahr; bei der Umsatzsteuer: Monat, Kalendervierteljahr bzw. Kalenderjahr).

Die Anzeige ist an das für die Besteuerung des / der Abtretenden / Verpfändenden zuständige Finanzamt zu richten. So ist z.B. für den Erstattungsanspruch aus der Einkommensteuer-Veranlagung das Finanzamt zuständig, in dessen Bereich der / die Abtretende / Verpfändende seinen / ihren Wohnsitz hat.

Bitte beachten Sie, dass neben den beteiligten Personen bzw. Gesellschaften auch der abgetretene / verpfändete Erstattungsanspruch für die Finanzbehörde zweifelsfrei erkennbar sein muss. Die Angaben in Abschnitt III. der Anzeige dienen dazu, die gewünschte Abtretung / Verpfändung schnell und problemlos ohne weitere Rückfragen erledigen zu können!

Die Abtretungs- / Verpfändungsanzeige ist sowohl von dem / der Abtretenden / Verpfändenden als auch von dem / der Abtretungsempfänger(in) / Pfandgläubiger(in) zu unterschreiben. Dies gilt z.B. auch, wenn der / die zeichnungsberechtigte Vertreter(in) einer abtretenden juristischen Person (z.B. GmbH) oder sonstigen Gesellschaft und der / die Abtretungsempfänger(in) / Pfandgläubiger(in) personengleich sind (2 Unterschriften).

VI. Unterschriften

1. Abtretende(r) / Verpfänder(in) lt. Abschnitt I. – Persönliche Unterschrift –

Ort, Datum

(Werden bei der **Einkommensteuer-Zusammenveranlagung** die Ansprüche beider Ehegatten/Lebenspartner abgetreten, ist unbedingt erforderlich, dass **beide Ehegatten/Lebenspartner** persönlich unterschreiben.)

2. Abtretungsempfänger(in) / Pfandgläubiger(in) lt. Abschnitt II. – Unterschrift unbedingt erforderlich –

Ort, Datum

Anlage 2. Mustersatzung für Vereine, Stiftungen, Betriebe gewerblicher Art von juristischen Personen des öffentlichen Rechts, geistliche Genossenschaften und Kapitalgesellschaften[1)]

(nur aus steuerlichen Gründen notwendige Bestimmungen)

Anlage 1 zu § 60 AO

§ 1

Der – Die – .... (Körperschaft) mit Sitz in ....

verfolgt ausschließlich und unmittelbar – gemeinnützige – mildtätige – kirchliche – Zwecke (nicht verfolgte Zwecke streichen) im Sinne des Abschnitts „Steuerbegünstigte Zwecke" der Abgabenordnung.

Zweck der Körperschaft ist ....

....

....

(z. B. die Förderung von Wissenschaft und Forschung, Jugend- und Altenhilfe, Erziehung, Volks- und Berufsbildung, Kunst und Kultur, Landschaftspflege, Umweltschutz, des öffentlichen Gesundheitswesens, des Sports, Unterstützung hilfsbedürftiger Personen).

Der Satzungszweck wird verwirklicht insbesondere durch ....

....

....

(z. B. Durchführung wissenschaftlicher Veranstaltungen und Forschungsvorhaben, Vergabe von Forschungsaufträgen, Unterhaltung einer Schule, einer Erziehungsberatungsstelle, Pflege von Kunstsammlungen, Pflege des Liedgutes und des Chorgesanges, Errichtung von Naturschutzgebieten, Unterhaltung eines Kindergartens, Kinder-, Jugendheimes, Unterhaltung eines Altenheimes, eines Erholungsheimes, Bekämpfung des Drogenmissbrauchs, des Lärms, Förderung sportlicher Übungen und Leistungen).

§ 2

Die Körperschaft ist selbstlos tätig; sie verfolgt nicht in erster Linie eigenwirtschaftliche Zwecke.

§ 3

Mittel der Körperschaft dürfen nur für die satzungsmäßigen Zwecke verwendet werden. Die Mitglieder erhalten keine Zuwendungen aus Mitteln der Körperschaft.

§ 4

Es darf keine Person durch Ausgaben, die dem Zweck der Körperschaft fremd sind, oder durch unverhältnismäßig hohe Vergütungen begünstigt werden.

[1)] **I. d. F. von Art. 10 JStG 2009 v. 19. 12. 2008, BGBl. I 2008, 2794;** zur Anwendung vgl. Art. 97 § 1 f Abs. 2 EGAO.

§ 5

Bei Auflösung oder Aufhebung der Körperschaft oder bei Wegfall steuerbegünstigter Zwecke fällt das Vermögen der Körperschaft

a) an – den – die – das – ....
....
(Bezeichnung einer juristischen Person des öffentlichen Rechts oder einer anderen steuerbegünstigten Körperschaft), – der – die – das – es unmittelbar und ausschließlich für gemeinnützige, mildtätige oder kirchliche Zwecke zu verwenden hat.

oder

b) an eine juristische Person des öffentlichen Rechts oder eine andere steuerbegünstigte Körperschaft zwecks Verwendung für ....
....
(Angabe eines bestimmten gemeinnützigen, mildtätigen oder kirchlichen Zwecks, z. B. Förderung von Wissenschaft und Forschung, Erziehung, Volks- und Berufsbildung, der Unterstützung von Personen, die im Sinne von § 53 Abgabenordnung wegen ....
....
bedürftig sind, Unterhaltung des Gotteshauses in ....
....).

Weitere Hinweise

Bei **Betrieben gewerblicher Art von juristischen Personen des öffentlichen Rechts, bei den von einer juristischen Person des öffentlichen Rechts verwalteten unselbständigen Stiftungen und bei geistlichen Genossenschaften** (Orden, Kongregationen) ist folgende Bestimmung aufzunehmen:

§ 3 Abs. 2:

„Der – die – das – ....
erhält bei Auflösung oder Aufhebung der Körperschaft oder bei Wegfall steuerbegünstigter Zwecke nicht mehr als – seine – ihre – eingezahlten Kapitalanteile und den gemeinen Wert seiner – ihrer – geleisteten Sacheinlagen zurück."

Bei **Stiftungen** ist diese Bestimmung nur erforderlich, wenn die Satzung dem Stifter einen Anspruch auf Rückgewähr von Vermögen einräumt. Fehlt die Regelung, wird das eingebrachte Vermögen wie das übrige Vermögen behandelt.

Bei **Kapitalgesellschaften** sind folgende ergänzende Bestimmungen in die Satzung aufzunehmen:

1. § 3 Abs. 1 Satz 2:
„Die Gesellschafter dürfen keine Gewinnanteile und auch keine sonstigen Zuwendungen aus Mitteln der Körperschaft erhalten."
2. § 3 Abs. 2:
„Sie erhalten bei ihrem Ausscheiden oder bei Auflösung der Körperschaft oder bei Wegfall steuerbegünstigter Zwecke nicht mehr als ihre eingezahl-

ten Kapitalanteile und den gemeinen Wert ihrer geleisteten Sacheinlagen zurück."

3. § 5:

„Bei Auflösung der Körperschaft oder bei Wegfall steuerbegünstigter Zwecke fällt das Vermögen der Körperschaft, soweit es die eingezahlten Kapitalanteile der Gesellschafter und den gemeinen Wert der von den Gesellschaftern geleisteten Sacheinlagen übersteigt, ..."

§ 3 Abs. 2 und der Satzteil „soweit es die eingezahlten Kapitalanteile der Gesellschafter und den gemeinen Wert der von den Gesellschaftern geleisteten Sacheinlagen übersteigt," in § 5 sind nur erforderlich, wenn die Satzung einen Anspruch auf Rückgewähr von Vermögen einräumt.

Anlage 3. Muster einer Erklärung der Ordensgemeinschaften

Anlage 2 zu Nr. 5 des AEAO zu § 60

1. Der – Die ....
(Bezeichnung der Ordensgemeinschaft)
mit dem Sitz in ....
ist eine anerkannte Ordensgemeinschaft der Katholischen Kirche.
2. Der – Die ....
verfolgt ausschließlich und unmittelbar kirchliche, gemeinnützige oder mildtätige Zwecke, und zwar insbesondere durch ....
....
3. Überschüsse aus der Tätigkeit der Ordensgemeinschaft werden nur für die satzungsmäßigen Zwecke verwendet. Den Mitgliedern stehen keine Anteile an den Überschüssen zu. Ferner erhalten die Mitglieder weder während der Zeit ihrer Zugehörigkeit zu der Ordensgemeinschaft noch im Fall ihres Ausscheidens noch bei Auflösung oder Aufhebung der Ordensgemeinschaft irgendwelche Zuwendungen oder Vermögensvorteile aus deren Mitteln. Es darf keine Person durch Ausgaben, die den Zwecken der Ordensgemeinschaft fremd sind, oder durch unverhältnismäßig hohe Vergütungen begünstigt werden.
4. Der – Die ....
wird vertreten durch ....

....
(Ort) (Datum)

....
(Unterschrift des Ordensobern)

800/100. Sachregister zum Anwendungserlass zur AO

Stand: Oktober 2018

Die Zahlen bezeichnen die zu den jeweiligen Paragraphen der AO ergangenen Anweisungen des AEAO

Abgabe der Steuererklärung Zu § 149

Abgaben, Anwendung der AO Zu § 1 Nr. 2

Abgekürzte Außenprüfung Zu § 203; *s. a. Außenprüfung, abgekürzte*

Abhilfebescheid, Änderung Zu § 172 Nr. 4

Ablaufhemmung, Beginn einer Außenprüfung Zu § 171 Nr. 3; Bescheidaufhebung Zu § 171 Nr. 2a; Ende der Festsetzungsfrist Zu § 171; Folgebescheid Zu § 171 Nr. 6; Prüfungsanordnung Zu § 196 Nr. 5; bei rechtsgrundlos geleisteten Zahlungen Zu § 171 Nr. 8; Steuererklärung Zu § 171 Nr. 2; Steuerfahndungsergebnisse Zu § 171 Nr. 4; bei vorläufiger Steuerfestsetzung Zu § 171 Nr. 5

Ablehnung, Antrag auf Festsetzung der Steuer Zu § 155 Nr. 2; Antrag auf Lohnsteuer-Freibetrag Zu § 361 Nr. 2.3.1; Aussetzung der Vollziehung Zu § 361 Nr. 10 f.; beantragter begünstigender Verwaltungsakt Vor §§ 130, 131 Nr. 3; Zu § 361 Nr. 2.3.2; Erteilung einer verbindlichen Auskunft, Einspruch Zu § 347 Nr. 1; eines Realaktes, Einspruch Zu § 347 Nr. 1; verbindliche Zusage Zu § 204 Nr. 5; Zahlung von Erstattungszinsen Zu § 239 Nr. 1

Ablösezahlungen Zu § 67a Nr. 19, Nr. 39 f.

Abrechnungsbescheid bei Einwendungen gegen Säumniszuschläge Zu § 240 Nr. 8; Korrektur Zu § 218 Nr. 3; maßgebender Verwaltungsakt Zu § 218 Nr. 1; Streit über die Verwirklichung der Ansprüche aus dem Steuerschuldverhältnis Zu § 218 Nr. 3; Zinsfestsetzung nach § 233a AO Zu § 233a Nr. 45

Abruf geschützter Daten Zu § 30 Nr. 14

Abrundung, Erstattungsbetrag Zu § 233a Nr. 24; Hinterziehungszinsen Zu § 235 Nr. 5; Prozesszinsen Zu § 236 Nr. 3; Stundungszinsen, Ratenzahlungen Zu § 234 Nr. 9; Teil-Unterschiedsbeträge bei Verzinsung Zu § 233a Nr. 31, Nr. 49; Vollverzinsung Zu § 233a Nr. 11, Nr. 49; Zinsen Zu § 239 Nr. 3; zu verzinsender Anspruch Zu § 238 Nr. 2

Abschließende Prüfung, Festsetzung unter Vorbehalt der Nachprüfung Zu § 164 Nr. 3

Abschlusszahlung, Aussetzung der Vollziehung, Berechnung der auszusetzenden Steuer Zu § 361 Nr. 4

Abspaltung, Bekanntgabe Zu § 122 Nr. 2.15

Abtretung, Anspruch aus dem Steuerschuldverhältnis Zu § 46; Anzeige nach amtlichem Vordruck Zu § 46 Nr. 6; Auszahlung der Finanzbehörde trotz Verstoß gegen gesetzliche Vorschriften Zu § 46 Nr. 3; geschäftsmäßiger Erwerb und geschäftsmäßige Einziehung von Erstattungs- und Vergütungsansprüchen Zu § 46 Nr. 2; Rechtsstellung der Beteiligten Zu § 46 Nr. 4; Unterschrift des Ehegatten/Lebenspartners Zu § 46 Nr. 5; Vorwegabtretung Zu § 46 Nr. 1

Abtretungserklärung, Restschuldbefreiung Zu § 251 Nr. 15.1

Abweichende Steuerfestsetzung, Billigkeitsmaßnahmen im Festsetzungsverfahren Zu § 163; Steueranmeldung Zu § 168 Nr. 6 ff.

Abwicklung, Aktiengesellschaft, Bekanntgabe Zu § 122 Nr. 2.8.3

Adoption, Angehörige Zu § 15 Nr. 7

Adressat, Einspruch Zu § 357

AG, führungslose, Vertretung Zu § 34 Nr. 3

Akteneinsicht der Beteiligten Zu § 91; – im Einspruchsverfahren Zu § 364

Aktenverfügung, Abweichung vom bekannt gegebenen Verwaltungsakt Zu § 124 Nr. 2; neue Tatsachen und Beweismittel Zu § 173 Nr. 2.1; Wirksamkeit des Verwaltungsakts Zu § 124 Nr. 1

Aktiengesellschaft, Abwicklung, Bekanntgabe Zu § 122 Nr. 2.8.3

Akzessorietät, Haftungsschuld Zu § 191 Nr. 9

Alleingesellschafter, Verfügungsberechtigter Zu § 35 Nr. 1

Alleinstehende mit Kindern, Bekanntgabe Zu § 122 Nr. 2.3

Allgemeine Verwaltungsvorschrift, Vertrauensschutz bei Änderung Zu § 176 Nr. 1

Allgemeinheit, Förderung der A. Zu § 52

Allgemeinverfügung Zu § 367 Nr. 7

Altenheim, Zweckbetrieb Zu § 68 Nr. 2

Altenwohnheim, Zweckbetrieb Zu § 68 Nr. 2

Altmaterialsammlung, branchenüblicher Reingewinn Zu § 64 Nr. 26 ff.

Amtshilfe anderer Behörden Zu § 111; Zu § 112; innerhalb der Finanzbehörden Zu § 111 Nr. 1; Voraussetzungen und Grenzen Zu § 112; zwischenstaatliche A. in Steuersachen Zu § 117

Amtssprache Zu § 87

Amtsträger, Ausschließung Zu § 82; Befangenheit Zu § 83; Begriff Zu § 7; Haftungsbeschränkung Zu § 32; Hilfskräfte bei öffentlichen Aufgaben Zu § 7 Nr. 3; Wahrung des Steuergeheimnisses Zu § 30

Anderkonto, Kontenabruf Zu § 93 Nr. 2.5

Änderung, Antrag auf schlichte Ä. Zu § 172 Nr. 2, *s. a. Schlichte Änderung*; Aussetzung der Vollziehung Zu § 361 Nr. 2.2; –, Ä. des strittigen Verwaltungsaktes Zu § 361 Nr. 8.2.2; Berichtigung materieller Fehler bei Ä. der Steuerfestsetzung Zu § 177 Nr. 2; Einspruch bei Ä. eines unanfechtbaren Verwaltungsaktes Zu § 351 Nr. 1; Einspruch gegen korrigierten Verwaltungsakt Zu § 347 Nr. 2; eines durch Einspruchsentscheidung bestätigten oder geänderten Verwaltungsaktes Zu § 172 Nr. 4; Feststellungsbescheid Zu § 173 Nr. 10; Kleinbetragsverordnung Vor §§ 172–177 Nr. 7; neue Tatsachen oder Beweismittel Zu § 173; Prozesszinsen bei Steuerherabsetzung Zu § 236 Nr. 1; punktuelle Zu § 173 Nr. 9; während eines Rechtsbehelfsverfahrens Zu § 365 Nr. 2; Zu § 367 Nr. 2; rückwirkendes Ereignis Zu § 175 Nr. 2; Schätzungsveranlagung Zu § 173 Nr. 7; in sonstigen Fällen Zu § 175; Steuerbescheide Zu § 172; –, Datenübermittlung durch Dritte Zu § 175b; Steuerfestsetzung, Säumniszuschläge Zu § 240 Nr. 2; –, Schreib-/Rechenfehler bei der Erklärung Zu § 173a; –, Stundungszinsen Zu § 234 Nr. 2; – unter Vorbehalt der Nachprüfung Zu § 164 Nr. 4; verbindliche Zusage Zu § 207; Vertrauensschutz Zu § 176; bei widerstreitenden Steuerfestsetzungen Zu § 174; Zinsberechnung bei korrigierter Steuerfestsetzung Zu § 233a Nr. 41 ff.; Zinsbescheid Zu § 239 Nr. 1; Zustimmung des Hinzugezogenen Zu § 360 Nr. 4

Änderungsbescheid, Prozesszinsen Zu § 236 Nr. 1

Änderungssperre, neue Tatsachen nach Außenprüfung Zu § 173 Nr. 8

Anfechtbares Rechtsgeschäft Zu § 41 Nr. 1

Anfechtung, Prüfungsanordnung Zu § 196 Nr. 2; nach Wegfall des Vorläufigkeitsvermerks Zu § 165 Nr. 11

Anfechtungsbeschränkung bei Änderung unanfechtbarer Verwaltungsakte Zu § 351; bei Berichtigung offenbarer Unrichtigkeiten Zu § 351 Nr. 3

Angehörige, Auskunfts- und Eidesverweigerungsrecht Zu § 101; Begriff Zu

§ 15; Erlöschen der Eigenschaft Zu § 15 Nr. 8; im Stiftungsrecht Zu § 58 Nr. 7; Wohnsitz Zu § 8 Nr. 5.3
Anhörung der Beteiligten Zu § 91
Anlaufhemmung, Beginn der Festsetzungsfrist Zu § 170 Nr. 1, Nr. 3; gesonderte Feststellung Zu § 181 Nr. 2; Steuererklärungspflicht Zu § 170 Nr. 3
Annahme als Kind Zu § 15 Nr. 7
Anrechnungsbescheid, widerstreitender Zu § 218 Nr. 4
Anrechnungsverfügung, Zinsberechnung bei Korrektur der A. Zu § 233a Nr. 45
Anrechnungsverschiebung, widerstreitende Zu § 218 Nr. 4
Ansässigkeit i. S. d. DBA Vor §§ 8, 9 Nr. 2
Anschriftenfeld im Steuerbescheid, Bekanntgabe Zu § 122 Nr. 1.6
Anspruch aus dem Steuerschuldverhältnis, Begriff Zu § 37; Entstehung Zu § 38; Erlöschen Zu § 47; Fälligkeit Zu § 220; Festsetzung Zu § 155; Konkretisierung Zu § 218 Nr. 1; Streitigkeiten über die Verwirklichung Zu § 218 Nr. 3; Verjährung Zu § 228 ff.; Verwirklichung Zu § 218
Anspruchsüberleitung nach Sozialrecht Zu § 46 Nr. 4
Antrag auf Beseitigung der widerstreitenden Festsetzung Zu § 174 Nr. 3; schlichte Änderung einer Steuerfestsetzung Zu § 172 Nr. 2; auf Steuerfestsetzung, Ablehnung durch Steuerbescheid Zu § 155 Nr. 2; steuerliches Wahlrecht Vor §§ 172–177 Nr. 8
Antragsteller, verbindliche Auskunft Zu § 89 Nr. 3.2
Anwendungsbereich der AO Zu § 1
Anzeige, Abtretung/Verpfändung von Erstattungsansprüchen Zu § 46; Auslandsbeteiligungen Zu § 138 Nr. 2; Beginn der Erwerbstätigkeit, Verlegung oder Aufgabe des Betriebs Zu § 138 Nr. 1
Anzeigeerstatter, (keine) Offenbarung Zu § 30 Nr. 13; Steuergeheimnis Zu § 30 Nr. 1.4
Anzeige- und Berichtigungspflicht Zu § 153; Selbstanzeige Zu § 153 Nr. 2; Umfang Zu § 153 Nr. 3; verpflichtete Personen Zu § 153 Nr. 4; Zeitpunkt Zu § 153 Nr. 5
Arbeitnehmer, Auslandsaufenthalt Zu § 8 Nr. 6.1; Haftung Zu § 70
Arbeitnehmer-Sparzulage, Anwendung der AO Zu § 1 Nr. 2; Aussetzung der Vollziehung Zu § 361 Nr. 4.7; Festsetzungsverfahren Zu § 155 Nr. 4; Stundungszinsen bei Rückforderung Zu § 234 Nr. 12; *s. a. Zulagen*
Arbeitnehmerüberlassung, Überprüfung Zu § 31a Nr. 2.1, Nr. 3.1
Arbeitnehmer-ZuständigkeitsVO-Bau Zu § 19 Nr. 4
Arbeitsagenturen, Mitteilung von Besteuerungsgrundlagen Zu § 31
Arbeitsgemeinschaften, Prüfungsanordnung Zu § 197 Nr. 5.4
Arbeitslosenversicherung, Mitteilung von Besteuerungsgrundlagen Zu § 31
Arbeitsmittel, steuerbegünstigte Zwecke Zu § 58 Nr. 4
Arbeitstherapie, begünstigte Einrichtungen Zu § 68 Nr. 8
Aufbewahrungspflicht Zu § 147; Erleichterungen Zu § 148; Kapitalerträge nach § 32d Abs. 1 EStG Zu § 147a
Aufenthalt, gewöhnlicher *s. Gewöhnlicher Aufenthalt*
Aufhebung, Feststellung der Satzungsmäßigkeit Zu § 60a Nr. 7 f.; Insolvenzverfahren Zu § 251 Nr. 14; neue Tatsachen oder Beweismittel Zu § 173; Prüfungsanordnung Zu § 196 Nr. 3; in sonstigen Fällen Zu § 175; Steuerbescheide Zu § 172; –, Ablaufhemmung Zu § 171 Nr. 2a; *s. a. Änderung*
Aufhebung der Vollziehung durch Finanzbehörde Zu § 361 Nr. 4, Nr. 7; freiwillige Zahlungen Zu § 361 Nr. 7.2; Körperschaftsteuer Zu § 361 Nr. 7.2; Rückwirkung Zu § 361 Nr. 7.4; Säumniszuschläge Zu § 361 Nr. 7.4; Steuerabzugsbeträge Zu § 361 Nr. 7.2; Steueranmeldung Zu § 361 Nr. 7.3; Vorauszahlungen Zu § 361 Nr. 7.2; *s. a. Aussetzung der Vollziehung*
Aufklärungspflicht der Finanzbehörde Zu § 88

Aufnahmegebühren, Vereine Zu § 52 Nr. 1.1
Aufrechnung, Anwendung der zivilrechtlichen Regelungen Zu § 226 Nr. 1; Herstellung der Aufrechnungslage durch Abtretung Zu § 226 Nr. 3; im Insolvenzverfahren Zu § 251 Nr. 8; Rückwirkung Zu § 226 Nr. 2; Voraussetzungen Zu § 226 Nr. 1; Zuständigkeit für Erklärung Zu § 226 Nr. 4
Aufsichtsbeschwerde Vor § 347 Nr. 1
Aufspaltung, Bekanntgabe Zu § 122 Nr. 2.15
Auftragsforschung Zu § 68 Nr. 15
Aufwandsentschädigung für Sportler Zu § 67a Nr. 32 ff.
Aufzeichnungen, Ordnungsvorschriften Zu § 146
Aufzeichnungspflicht nach anderen Gesetzen Zu § 140; Aufbewahrung von Unterlagen Zu § 147; Erleichterungen Zu § 148; offene Ladenkasse Zu § 146 Nr. 3; Warenausgang Zu § 144; Wareneingang Zu § 143; *s. a. Einzelaufzeichnungspflicht*
Ausbildungskosten, Pauschalgrenze Zu § 67a Nr. 40
Ausgeschlossene Personen, Hilfe in Steuersachen Zu § 82 Nr. 2
Ausgliederung, Bekanntgabe Zu § 122 Nr. 2.15
Auskunft Zu § 89
Auskunftsersuchen Zu § 93 Nr. 1; bei Betriebsübernahme Zu § 75 Nr. 6; an Dritte Zu § 93 Nr. 1.2
Auskunftserteilung Zu § 30 Nr. 3 ff.
Auskunftspflichten, Beteiligte Zu § 93
Auskunftspflichtige, Entschädigungspflicht Zu § 107
Auskunftsrechte, Insolvenzverwalter Zu § 251 Nr. 4.5
Auskunftsverweigerungsrecht der Angehörigen Zu § 101; Belehrung über A. Zu § 101 Nr. 2; Benennung von Gläubigern und Zahlungsempfängern Zu § 160 Nr. 2; des Steuerpflichtigen Zu § 101; Treuhänder Zu § 159
Ausland, Empfängernachweis bei Zahlungen Zu § 160 Nr. 4; gewöhnlicher Aufenthalt Zu § 9; Kapitalgesellschaft, Zuständigkeit Zu § 21; Kontrollmitteilungen Zu § 194 Nr. 6; steuerbegünstigte Zwecke Zu § 51 Nr. 7; Wohnsitz Vor §§ 8, 9; Zu § 8 Nr. 6; Zustellung Zu § 122 Nr. 3.1.4
Ausländische Einkünfte, gesonderte Feststellung Zu § 18 Nr. 5 f.; Zu § 180 Nr. 5
Ausländische Empfänger, Bekanntgabe Zu § 122 Nr. 1.8.4
Ausländische Zahlungsempfänger, Benennung von Gläubigern und Zahlungsempfängern Zu § 160 Nr. 4
Auslandsbedienstete Vor §§ 8, 9 Nr. 2
Auslandsbeteiligung, Anzeigepflicht Zu § 138 Nr. 2
Auslandszustellung *s. Zustellung*
Auslegung, Einspruch Zu § 357 Nr. 4; von Steuergesetzen Zu § 4; –, Zweifel bei A., keine Vorläufigkeit Zu § 165 Nr. 1; des Verwaltungsaktes Zu § 124 Nr. 1
Ausschließlichkeit Zu § 56
Ausschließung von Amtsträgern Zu §§ 82, 83
Außenprüfung, abgekürzte *s. Außenprüfung, abgekürzte*; Ablaufhemmung durch Beginn einer A. Zu § 171 Nr. 3; bei anderen Steuerpflichtigen, Rechtsgrundlage Zu § 193 Nr. 5; Änderungssperre für neue Tatsachen Zu § 173 Nr. 8; Einzelermittlungen, Abgrenzung zur A. Zu § 193 Nr. 6; Erbschaft-/Schenkungsteuer Zu § 197 Nr. 5.2.3; Ermittlung steuerlicher Verhältnisse Dritter Zu § 194 Nr. 5; Festlegung des Prüfungsbeginns Zu § 197 Nr. 10; fortbestehende Ungewissheiten nach A., Vorläufigkeit Zu § 165 Nr. 1; Kassen-Nachschau Zu § 146b Nr. 2, Nr. 6 f.; Mitwirkungspflichten Zu § 200; Prüfungsbeginn, Nachweis Zu § 198; Prüfungsbericht, Inhalt und Bekanntgabe Zu § 202; sachlicher Umfang Zu § 194; Schlussbesprechung Zu § 201; Zulässigkeit Zu § 193; Zuständigkeit Zu § 195; Zweitprüfung Zu § 196 Nr. 4; zwischenstaatliches Rechts- und Amtshilfeersuchen Zu § 194 Nr. 3
Außenprüfung, abgekürzte, Bezeichnung in der Prüfungsanordnung Zu

§ 203 Nr. 3; Prüfungsbericht Zu § 203 Nr. 4; Prüfungsstoff Zu § 203 Nr. 2; Rechtsfolgen Zu § 203 Nr. 5; Verfahren Zu § 203 Nr. 2; Zulässigkeit Zu § 203 Nr. 2

Außergerichtliches Rechtsbehelfsverfahren *s. Rechtsbehelfsverfahren*

Außersteuerliche Buchführungs- und Aufzeichnungspflichten Zu § 140

Außersteuerliche Verwaltungsakte, Aussetzung der Vollziehung Zu § 361 Nr. 4.7

Aussetzung der Vollziehung, Abgrenzung zur gerichtlichen Vollziehungsaussetzung Zu § 361 Nr. 1.2; Abgrenzung zur Stundung Zu § 361 Nr. 1.4; Ablehnung Zu § 361 Nr. 10 f.; Abschluss des Rechtsbehelfsverfahrens Zu § 361 Nr. 2.2; Abschlusszahlung, Berechnung der auszusetzenden Steuer Zu § 361 Nr. 4; Änderung des strittigen Verwaltungsaktes, Ende der AdV Zu § 361 Nr. 8.2.2; Änderungsanträge außerhalb des Rechtsbehelfsverfahrens Zu § 361 Nr. 2.2; Anfechtung eines Grundlagenbescheides Zu § 361 Nr. 4.6.1; Antrag auf AdV Zu § 361 Nr. 2.1; Anwendungsbereich Zu § 361 Nr. 1; Aufhebung der Verfügung über AdV Zu § 361 Nr. 8.2.1; außersteuerliche Verwaltungsakte Zu § 361 Nr. 4.7; Aussetzungszinsen Zu § 237; Beginn Zu § 361 Nr. 8.1; Begründetheit des Rechtsbehelfs Zu § 361 Nr. 3.4; Dauer Zu § 361 Nr. 8; einheitliche und gesonderte Feststellung, Aufteilung der Besteuerungsgrundlagen Zu § 361 Nr. 5.3; –, Beschränkung der AdV Zu § 361 Nr. 5.2; Ende Zu § 361 Nr. 8.2; Ermessensspielraum Zu § 361 Nr. 2.4; ernstliche Zweifel an der Rechtmäßigkeit des angefochtenen Verwaltungsaktes Zu § 361 Nr. 2.1, Nr. 2.5; Fälligkeit der strittigen Steuer, Beginn der AdV Zu § 361 Nr. 8.1; Folgebescheid, AdV von Amts wegen Zu § 361 Nr. 6; Gefährdung des Steueranspruchs, Sicherheitsleistung Zu § 361 Nr. 2.5.6, Nr. 9.2; Grundlagenbescheide Zu § 361 Nr. 5; Hinzuziehung bei AdV hinsichtlich einheitlicher Feststellung Zu § 361 Nr. 5.2; Höhe der streitbefangenen Steuer Zu § 361 Nr. 4.1 ff.; Nebenbestimmungen zur AdV Zu § 361 Nr. 9; negative Feststellung Zu § 361 Nr. 5.3; Prämien Zu § 361 Nr. 4.7; Realsteuermessbescheid, Unterrichtung der Gemeinde Zu § 361 Nr. 5.4; Rechtsbehelfe Zu § 361 Nr. 11; Säumniszuschläge Zu § 240 Nr. 6; Sicherheitsleistung Zu § 361 Nr. 9.2; Steuerabzugsbeträge, Berechnung der auszusetzenden Steuer Zu § 361 Nr. 5; unbillige Härte Zu § 361 Nr. 2.1, Nr. 2.6; Unterrichtung der für Folgebescheide zuständigen Finanzbehörden Zu § 361 Nr. 5.4; bei Verfassungsbeschwerde Zu § 361 Nr. 1.3; Vollstreckung bei Anfechtung der Ablehnung der AdV Zu § 361 Nr. 10; Vollstreckungsmaßnahmen bis zur Entscheidung über Antrag auf AdV Zu § 361 Nr. 3; Vollziehbarkeit des Verwaltungsaktes Zu § 361 Nr. 2.3, Nr. 5.1; Voraussetzungen Zu § 361 Nr. 2; Vorauszahlungen, Berechnung der auszusetzenden Steuer Zu § 361 Nr. 4; vorläufiger Rechtsschutz gegen nicht vollziehbare Verwaltungsakte Zu § 361 Nr. 2.3.4; Wechselwirkung mit anderen Verwaltungsakten bei Erfolg des Rechtsbehelfs Zu § 361 Nr. 4.6.2; wesentliche Nachteile Zu § 361 Nr. 4.6.1; Widerrufsvorbehalt Zu § 361 Nr. 9.1; Zahlungsfrist bei Ablehnung der AdV Zu § 361 Nr. 10; bei Zinsbescheid Zu § 233a Nr. 73; Zinsen Zu § 237; Zulagen Zu § 361 Nr. 4.7; zuständige Finanzbehörde Zu § 361 Nr. 3.3

Aussetzung des Einspruchsverfahrens Zu § 363

Aussetzungszinsen, Anwendungsbereich Zu § 237 Nr. 1; erfolgloser Rechtsbehelf Zu § 237 Nr. 4; bei hinausgeschobener Fälligkeit Zu § 237 Nr. 5; bei Realsteuern Zu § 237 Nr. 7; Überschneidung mit Vollverzinsung Zu § 233a Nr. 68; Voraussetzungen Zu § 237 Nr. 2; Vorauszahlungen, Erledigung durch Jahressteuerfestsetzung Zu § 237 Nr. 4; Zinslauf Zu § 237 Nr. 6

Auszusetzende Steuer, Aussetzung der Vollziehung, Berechnung Zu § 361 Nr. 4

Bankunternehmen, Erwerb und Einziehung von Erstattungs- und Vergütungsansprüchen Zu § 46 Nr. 2

Bauleistungen, örtliche Zuständigkeit Zu § 20a

Beamte, Offenbarung von Verfehlungen Zu § 30 Nr. 5.1, Nr. 11.8

Befangenheit, Besorgnis der B. Zu § 83 Nr. 1; Mitwirkung eines Amtsträgers Zu § 83 Nr. 2

Beginn der Festsetzungsfrist Zu § 170

Beginn der Zahlungsverjährung Zu § 229

Begründung, Prüfungsanordnung, Hinweis auf Rechtsgrundlage Zu § 196 Nr. 1; Verwaltungsakt, Einspruchsfrist Zu § 355 Nr. 2; –, fehlerhafte B. Zu § 121 Nr. 3

Begünstigender Verwaltungsakt Vor §§ 130, 131

Behindertenwerkstatt Zu § 68 Nr. 5 ff.

Behörde, Amtshilfepflicht Zu § 111

Beistand Zu § 80; Haftung Zu § 69

Bekanntgabe, Abspaltung Zu § 122 Nr. 2.15; Abwicklung einer Aktiengesellschaft Zu § 122 Nr. 2.8.3; Alleinstehende mit Kindern als Inhaltsadressaten Zu § 122 Nr. 2.3; Anschriftenfeld Zu § 122 Nr. 1.6; Aufspaltung Zu § 122 Nr. 2.15; Ausgliederung Zu § 122 Nr. 2.15; ausländische Empfänger Zu § 122 Nr. 1.8.4; Auslandszustellung Zu § 122 Nr. 3.1.4; Bekanntgabeadressat Zu § 122 Nr. 1.4; Bekanntgabemängel Zu § 122 Nr. 4.3; Betrieb gewerblicher Art Zu § 122 Nr. 2.8.2; Bevollmächtigter Zu § 122 Nr. 1.5.2 ff., Nr. 1.7, Nr. 3.3; durch Datenabruf Zu § 122a; Dreitage-Regelung Zu § 108 Nr. 2; Ehegatten als Inhaltsadressaten Zu § 122 Nr. 2.1; –, Zustellung Zu § 122 Nr. 3.4; Ehegatten mit Kindern als Inhaltsadressaten Zu § 122 Nr. 2.3; Ehegatten/Lebenspartner Zu § 197 Nr. 3; Einheitswertbescheide an Ehegatten, Eltern/Alleinstehende mit Kindern Zu § 122 Nr. 2.5.4; Einschreiben Zu § 122 Nr. 3.1.2; Einspruchsentscheidung Zu § 366 Nr. 1; –, Heilung von Bekanntgabemängeln Zu § 122 Nr. 4.4.4; Empfänger Zu § 122 Nr. 1.5; –, falscher Zu § 122 Nr. 4.3; Empfangsbekenntnis bei Zustellung Zu § 122 Nr. 3.1.3; Empfangsbevollmächtigter bei Feststellungen Zu § 122 Nr. 2.5.2; Empfangsvollmacht Zu § 122 Nr. 1.7; –, Ausnahmen Zu § 122 Nr. 2.5.5; –, Weitergeltung trotz Ausscheiden eines Gesellschafters Zu § 122 Nr. 4.4.3; Erben, unbekannte Zu § 122 Nr. 2.13; Erbengemeinschaft als Unternehmer oder Rechtsträger Zu § 122 Nr. 2.12.6; Erbfolge Zu § 122 Nr. 2.12.2 f.; Erbschaftsteuerbescheid Zu § 122 Nr. 2.13.4; Ersatzzustellung Zu § 122 Nr. 3.1.1; EWIV Zu § 122 Nr. 2.4.1; Fehler im technischen Ablauf Zu § 122 Nr. 4.4.1; Feststellung, gesonderte und einheitliche Zu § 122 Nr. 2.5; Feststellungsbescheid, einzelne Beteiligte Zu § 122 Nr. 4.7; – bei Insolvenz der Personengesellschaft Zu § 251 Nr. 4.4.1; Feststellungserklärung Zu § 122 Nr. 1.7.2; Form Zu § 122 Nr. 1.8; Formfehler Zu § 122 Nr. 4; gemeinsamer Empfangsbevollmächtigter Zu § 122 Nr. 2.5.2; Gesamtrechtsnachfolge Zu § 122 Nr. 2.12; Gesellschafter einer Personengesellschaft Zu § 122 Nr. 2.4.2; gesetzliche Vertreter natürlicher Personen Zu § 122 Nr. 2.2; Gewinnfeststellung, gesonderte und einheitliche Zu § 122 Nr. 2.5; Grunderwerbsteuerbescheid Zu § 122 Nr. 2.6; Grundlagenbescheid, fehlerhafte B. Zu § 122 Nr. 4.6; Grundsteuermessbescheid Zu § 122 Nr. 2.6; Haftungsbescheid Zu § 122 Nr. 2.14; Haftungsschuldner Zu § 122 Nr. 2.14; Handelsgesellschaften Zu § 122 Nr. 2.4.1.1; inhaltliche Mängel des Verwaltungsaktes Zu § 122 Nr. 4.1; –, Wirksamkeit Zu § 122 Nr. 4.2; Inhaltsadressat Zu § 122 Nr. 1.3; insolvenzfreies Vermögen Zu § 251 Nr. 4.3.2; Insolvenzverfahren, Eigenverwaltung Zu § 251 Nr. 4.3.1; Insolvenzverwalter

Zu § 251 Nr. 4.3; juristische Personen Zu § 122 Nr. 2.8; –, Liquidation/Abwicklung Zu § 122 Nr. 2.8.3; – des öffentlichen Rechts Zu § 122 Nr. 2.8.2; Kirchensteuerfestsetzung bei Ehegatten Zu § 122 Nr. 2.1.1; Lebenspartner Zu § 122 Nr. 1.1.5; Mängel Zu § 122 Nr. 4; –, Heilung Zu § 122 Nr. 4.4.4; Minderjährige bei Betrieb eines Erwerbsgeschäfts Zu § 122 Nr. 2.2.3; Miterben Zu § 122 Nr. 2.12.3 ff.; Nachlasspflegschaft Zu § 122 Nr. 2.13.2; Nachlassverwaltung Zu § 122 Nr. 2.13.3; Nachlassvollstreckung Zu § 122 Nr. 2.12.7; nichtiger Verwaltungsakt Zu § 122 Nr. 4.1; nichtrechtsfähige Personenvereinigungen Zu § 122 Nr. 2.4.1.2; Niederlegung Zu § 122 Nr. 3.1.1; öffentliche Zustellung Zu § 122 Nr. 3.1.5; Personengesellschaften Zu § 122 Nr. 2.4; –, B. des Feststellungsbescheids Zu § 122 Nr. 4.7; –, erloschene Zu § 122 Nr. 4.4.2; – in Liquidation Zu § 122 Nr. 2.7; Post, Übermittlung Zu § 122 Nr. 1.8.2; Postzustellungsurkunde Zu § 122 Nr. 3.1.1; Prüfungsanordnungen Zu § 197; Rechtsnachfolge, Berichtigungsbescheid Zu § 122 Nr. 4.2.2; Schriftform Zu § 122 Nr. 1.8.1; Spaltung Zu § 122 Nr. 2.15; Steuerberater als Empfangsbevollmächtigter Zu § 122 Nr. 1.7; Steuerbescheide Zu § 122 Nr. 1.2; – nach Abtretung, Pfändung, Verpfändung Zu § 46 Nr. 4; Steuererklärung, Empfangsvollmacht Zu § 122 Nr. 1.7.2; stille Gesellschaft Zu § 122 Nr. 2.4.1; technische Vorgänge Zu § 122 Nr. 1.1.3; Telefax Zu § 122 Nr. 1.8.2; Testamentsvollstreckung Zu § 122 Nr. 2.13; Verfahrensbevollmächtigter, Zustellung Zu § 122 Nr. 3.3.1; Verfahrensfehler Zu § 122 Nr. 4; vertauschte Briefumschläge Zu § 122 Nr. 4.3; zusammengefasster Steuerbescheid Zu § 122 Nr. 2.1.1, Nr. 4.4.5; Zustellung Zu § 122 Nr. 1.8.3, Nr. 3; – an Behörden Zu § 122 Nr. 3.1.3.2; – an Bevollmächtigte Zu § 122 Nr. 3.3; – an Ehegatten Zu § 122 Nr. 3.4; –, Fehler Zu § 122 Nr. 4.5; – an mehrere Beteiligte Zu § 122 Nr. 3.2; –, Nachweismangel Zu § 122 Nr. 4.5.1; Zustellungsarten Zu § 122 Nr. 3.1; Zustellungsurkunde Zu § 122 Nr. 3.1.1; Zwangsverwaltung Zu § 122 Nr. 2.11

Bekanntgabeadressat, Abgrenzung zu den Begriffen Inhaltsadressat/Empfänger Zu § 122 Nr. 1.1.1; Angabe im Bescheid Zu § 122 Nr. 1.6; Bezeichnung Zu § 122 Nr. 1.1.1, Nr. 1.4, Nr. 4.2.3; Definition Zu § 122 Nr. 1.4.1; Dritter als B. Zu § 122 Nr. 1.4.2; Eltern als B. Zu § 122 Nr. 1.4.2; Geschäftsführer als B. Zu § 122 Nr. 1.4.2; Geschäftsunfähigkeit/beschränkte Geschäftsfähigkeit des Inhaltsadressaten Zu § 122 Nr. 2.2.1; Insolvenzverwalter Zu § 122 Nr. 1.4.2; Zu § 251 Nr. 4.3; juristische Personen Zu § 122 Nr. 2.8; Liquidation Zu § 122 Nr. 1.4.2; Minderjährigkeit Zu § 122 Nr. 2.2; Nachlassverwalter Zu § 122 Nr. 1.4.2, Nr. 2.13; OHG/KG in Liquidation Zu § 122 Nr. 2.7.2; Personengesellschaften Zu § 122 Nr. 2.4; Pfleger Zu § 122 Nr. 1.4.2; Prüfungsanordnung Zu § 197 Nr. 2.2; unrichtig angegebene Anschrift Zu § 122 Nr. 4.4.4; Verfügungsberechtigter Zu § 122 Nr. 1.4.2; Vermögensverwalter Zu § 122 Nr. 1.4.2; Vertreter Zu § 122 Nr. 1.4.2; Verwechslung Zu § 122 Nr. 4.3; Vormund Zu § 122 Nr. 1.4.2; Zwangsverwalter Zu § 122 Nr. 1.4.2

Bekanntgabemängel, Ablaufhemmung bei rechtsgrundlos geleisteten Zahlungen Zu § 171 Nr. 8

Bekanntgabewille, Wirksamkeit eines Verwaltungsaktes Zu § 124

Belehrung über Auskunftsverweigerungsrecht Zu § 101 Nr. 2

Benennung von Gläubigern und Zahlungsempfängern Zu § 160; –, Domizilgesellschaft Zu § 160 Nr. 3; –, Zahlungen an ausländische Empfänger Zu § 160 Nr. 4

Beraterverschulden, Zurechnung bei neuen Tatsachen oder Beweismitteln Zu § 173 Nr. 5.4

Beratung, Fürsorgepflicht der Finanzbehörden Zu § 89

Bergmanns-Prämie *s. Prämien*
Berichtigung, Kleinbetragsverordnung Vor §§ 172–177 Nr. 7; bei offenbaren Unrichtigkeiten, Anfechtungsbeschränkung Zu § 129; verbindliche Auskunft Zu § 89 Nr. 3.6.5; *s. a. Anzeige- und Berichtigungspflicht*
Berichtigung materieller Fehler, Änderungsrahmen Zu § 177 Nr. 3; bei Berichtigung offenbarer Unrichtigkeiten Zu § 129 Nr. 2; Saldierungsgebot für materielle Fehler Zu § 177 Nr. 4
Berufsgeheimnisträger, Kontenabruf Zu § 93 Nr. 2.5
Berufskammern, Beteiligung bei Haftungsbescheiden Zu § 191 Nr. 8
Beschäftigungstherapie, begünstigte Einrichtungen Zu § 68 Nr. 8
Beschwer, Anfechtung eines Grundlagenbescheides Zu § 350 Nr. 4; Anrechnung von Steuerabzugsbeträgen und Körperschaftsteuer Zu § 350 Nr. 2; bei außersteuerlicher Bindungswirkung der Steuerfestsetzung Zu § 350 Nr. 3; Betroffener Zu § 350 Nr. 5; Ermessensentscheidung Zu § 350 Nr. 1; Geltendmachen im Einspruchsverfahren Zu § 350 Nr. 1; bei einer zu niedrigen Steuerfestsetzung Zu § 350 Nr. 2; Rechtsschutzbedürfnis Zu § 350 Nr. 6; bei Steuerfestsetzung auf Null Zu § 350 Nr. 3
Bestandskraft, Durchbrechung der materiellen oder formellen B. Vor §§ 172–177; gesetzlich zulässige Durchbrechung Vor §§ 172–177 Nr. 3; Insolvenzverfahren Zu § 251 Nr. 5.3.1.2.3; *s. a. Änderung; Aufhebung*
Bestechung, Benennung von Gläubigern und Zahlungsempfängern Zu § 160 Nr. 1
Besteuerungsgrenze für wirtschaftliche Geschäftsbetriebe Zu § 64 Nr. 15 ff.
Besteuerungsgrundlagen, gesonderte Feststellung Zu § 179; Mitteilung Zu § 31; Schätzung Zu § 162
Besteuerungsgrundsätze, gesetzlicher Auftrag der Finanzbehörden Zu § 85
Besteuerungsunterlagen, Mitteilung im Einspruchsverfahren Zu § 364
Besteuerungsverfahren, Steuergeheimnis Zu § 30 Nr. 11.11
Beteiligter, Anhörung, rechtliches Gehör Zu § 91; Auskunftspflichten Zu § 93; Begriff Zu § 78; Mitwirkungspflichten Zu § 90
Beteiligung, wesentliche Zu § 74 Nr. 3 f.
Betreten von Grundstücken und Räumen Zu § 99
Betrieb gewerblicher Art, Bekanntgabe Zu § 122 Nr. 2.8.2; Steuerbegünstigung Zu § 51
Betriebseröffnung, Anzeigepflicht Zu § 138 Nr. 1
Betriebsfinanzamt, Zuständigkeit Zu § 19 Nr. 2; Zuständigkeitswechsel Zu § 26 Nr. 3
Betriebsnahe Veranlagung, Ablaufhemmung Zu § 85 Nr. 3
Betriebsprüfung *s. Außenprüfung*
Betriebsstätte, Anzeigepflicht bei Eröffnung, Verlegung oder Aufgabe Zu § 138 Nr. 1; Begriff Zu § 12
Betriebsübernahme im Ganzen Zu § 75 Nr. 3.2; Zu § 141 Nr. 5; lebendes Unternehmen Zu § 75 Nr. 3.3
Betriebsübernehmer, Haftung Zu § 75
Bevollmächtigter, Bekanntgabe an B. Zu § 122 Nr. 1.5.2, Nr. 1.7, Nr. 3.3; Zu § 123; Erstattung an B. Zu § 80 Nr. 2; Haftung Zu § 69; Nachweis der Vollmacht Zu § 80 Nr. 1; Pflichten Zu § 35 Nr. 2; Schriftwechsel und Verhandlungen Zu § 80 Nr. 4; Umfang der Vollmacht Zu § 80 Nr. 2; Unterzeichnung von Steuererklärungen Zu § 80 Nr. 3
Bewegliche Geschäftseinrichtung, Betriebsstätte Zu § 12 Nr. 2
Beweiskraft der Buchführung Zu § 158
Beweislast, Änderung eines bestandskräftigen Steuerbescheids Zu § 173 Nr. 2.5
Beweismittel Zu § 92; Begriff (Änderung der Steuerfestsetzung) Zu § 173 Nr. 1.2; Fristsetzung im Einspruchsverfahren Zu § 364b Nr. 3; neues *s. Neue Tatsache*
Bilanzenzusammenhang, Beschwer bei zu niedriger Steuerfestsetzung Zu § 350 Nr. 2

Billigkeit, Ermessensausübung Zu § 5
Billigkeitsmaßnahme, Ablaufhemmung Zu § 171 Nr. 2; abweichende Steuerfestsetzung Zu § 163; Änderung der Steuerfestsetzung Zu § 163 Nr. 3; Außerkrafttreten einer verbindlichen Zusage nach Rechtsänderung Zu § 207 Nr. 2; Einspruchsverfahren Zu § 347 Nr. 4; im Festsetzungsverfahren Zu § 163; Gewerbesteuer Zu § 163 Nr. 5; Grundlagenbescheid für Steuerfestsetzung Zu § 163 Nr. 3; bei Stundungen, Verzicht auf Erhebung von Stundungszinsen Zu § 234 Nr. 11; Stundungszinsen, vorzeitige Tilgung Zu § 234 Nr. 1; Verbindung mit Steuerfestsetzung Zu § 163 Nr. 3; Verzinsung von Umsatzsteuer Zu § 233a Nr. 70.2; Vollverzinsung Zu § 233a Nr. 69 ff.
Bindungswirkung anderer Verwaltungsakte, Einspruchsverfahren Zu § 351; verbindliche Auskunft Zu § 89 Nr. 3.6
Blindenfürsorge, begünstigte Einrichtungen Zu § 68 Nr. 9
Bodenschätze, Stätten der Erkundung als Betriebsstätte Zu § 12 Nr. 3
Brauchtumspflege, Gemeinnützigkeit Zu § 52 Nr. 11
Briefkastenfirma, Benennungspflicht Zu § 160 Nr. 3
Buchführung, Aufbewahrung von Unterlagen Zu § 147; Beweiskraft bei Beanstandungen Zu § 158; mittels EDV Zu § 146 Nr. 5; Erleichterungen Zu § 148; grobes Verschulden bei Verletzung allgemeiner Grundsätze der B. Zu § 173 Nr. 5; auf maschinell lesbaren Datenträgern Zu § 146 Nr. 5; Offene-Posten-Buchhaltung Zu § 146 Nr. 5; Ordnungsvorschriften Zu § 146
Buchführungsgrenze bei mehreren Betrieben Zu § 141 Nr. 3
Buchführungspflicht nach anderen Gesetzen Zu § 140; bei Betriebsübergang im Ganzen Zu § 141 Nr. 5; Erleichterungen Zu § 148; Feststellung durch Verwaltungsakt Zu § 141 Nr. 2 ff.; steuerliche Zu § 141; Wegfall, Feststellung Zu § 141 Nr. 4
Bundesagentur für Arbeit, Mitteilung von Besteuerungsgrundlagen Zu § 31
Bundesfinanzhof, vorläufige Steuerfestsetzung bei verfassungsrechtlichen Zweifeln an Steuergesetz Zu § 165 Nr. 4
Bundeskriminalamt, Mitteilungen zur Bekämpfung der Geldwäsche Zu § 31b
Bundesverfassungsgericht, rückwirkendes Ereignis Zu § 175 Nr. 2.2; vorläufige Steuerfestsetzung nach Entscheidung des B. Zu § 165 Nr. 3; – bei verfassungsrechtlichen Zweifeln an Steuergesetz Zu § 165 Nr. 4
Bundeszentralamt für Steuern, Zuständigkeit für verbindliche Auskünfte Zu § 89 Nr. 3.3.1
Bürgerschaftliches Engagement, Förderung Zu § 52 Nr. 2.5
Bußgeldverfahren, Steuergeheimnis Zu § 30 Nr. 4.1, Nr. 6

Cafeteria, Zweckbetrieb Zu § 68 Nr. 2
Computerfax, Bekanntgabe von Steuerverwaltungsakten Zu § 122 Nr. 1.8.2; Einspruch Zu § 357 Nr. 1; kein elektronisches Dokument Zu § 87a Nr. 4
COM-Verfahren Zu § 147 Nr. 3
CpD-Konto Zu § 154 Nr. 2

Dachverband, unmittelbare Zweckverfolgung Zu § 57 Nr. 3
Darlehen, Vergabe von D., Selbstlosigkeit Zu § 55 Nr. 15 ff.; in Zusammenhang mit Aufnahme in Verein Zu § 52 Nr. 1.3.1
Datenabruf Zu § 30 Nr. 14; Bekanntgabe durch D. Zu § 122a
Datenträger, Aufbewahrung von Buchführungsunterlagen Zu § 147 Nr. 3; Buchführung auf D. Zu § 146 Nr. 5
Datenübermittlung durch Dritte Zu § 93c; Zu § 175b; an Finanzbehörden Zu § 87d
Dauernder Aufenthalt, Begriff Zu § 9
Demokratisches Staatswesen, Gemeinnützigkeit Zu § 52 Nr. 8
Dienstaufsichtsbeschwerde Vor § 347 Nr. 1
Dingliche Wirkung, Einheitswertfeststellungsbescheid Zu § 182
Diplomaten, Steuerbefreiung nach WÜD Zu § 8 Nr. 8

Dokumente, elektronische Zu § 87a
Domizilgesellschaft, Benennung von Gläubigern und Zahlungsempfängern Zu § 160 Nr. 3
Doppelberücksichtigung eines Sachverhaltes, widerstreitende Steuerfestsetzung Zu § 174 Nr. 3
Doppelbesteuerungsabkommen, Rechts- und Amtshilfe Zu § 117 Nr. 2; vorläufige Steuerfestsetzung Zu § 165 Nr. 2; Wohnsitzbestimmung Vor §§ 8, 9 Nr. 2
Doppelwohnsitz Zu § 8 Nr. 6
Doppelzahlung, Geltendmachung des Erstattungsanspruchs außerhalb des Festsetzungsverfahrens Zu § 155 Nr. 3
Dreitage-Regelung Zu § 108 Nr. 2
Dritte, Auskunftsersuchen Zu § 93 Nr. 1.2; Berichtigung zuungunsten eines D. Zu § 174 Nr. 8f.; Datenübermittlung Zu § 93c; Einspruchsbefugnis Zu § 350 Nr. 3; Ermittlung steuerlicher Verhältnisse bei Außenprüfung Zu § 194 Nr. 5; Leistung durch D. Zu § 48
Drittlandsgebiet, Zinsberechnung bei Vorsteuer-Vergütungsansprüchen Zu § 233a Nr. 62.1.2
Drittwiderspruchsklage, Offenbarung im Vollstreckungsverfahren Zu § 30 Nr. 4.7
Duldungsbescheid, Verfahren Zu § 191
Duldungspflicht, Festsetzungsfrist Zu § 191 Nr. 6; der Vertreter und Verfügungsberechtigten Zu § 77
DV-gestützte Buchführungssysteme Zu § 146 Nr. 5; Zu § 147 Nr. 2

EDV-Buchführung, Aufbewahrung von Unterlagen Zu § 147 Nr. 2; Ordnungsvorschriften, Überprüfbarkeit Zu § 146 Nr. 5
Ehegatten, Angehörige Zu § 15; Bekanntgabe, E. als Inhaltsadressaten Zu § 122 Nr. 2.1; – einer Prüfungsanordnung Zu § 197 Nr. 3; Einkommensteuererstattungsanspruch Zu § 37 Nr. 2.3; gegenseitige Zurechnung des groben Verschuldens Zu § 173 Nr. 5.2; von Geschwistern Zu § 15 Nr. 5; Hinzuziehung im Einspruchsverfahren bei Zusammenveranlagung Zu § 360 Nr. 3; örtliche Zuständigkeit bei mehrfachem Wohnsitz Zu § 19 Nr. 1; Scheinarbeitsverhältnis Zu § 41 Nr. 2; Unterschrift bei Abtretungsanzeigen Zu § 46 Nr. 5; Wohnsitz Zu § 8 Nr. 5.2; Zustellung an E. Zu § 122 Nr. 3.4
Ehegatten mit Kindern, Bekanntgabe, E. als Inhaltsadressaten Zu § 122 Nr. 2.3
Eidesstattliche Versicherung Zu § 95
Eidesverweigerungsrecht *s. Auskunftsverweigerungsrecht*
Eigenheimzulage, Anwendung der AO Zu § 1 Nr. 2; Festsetzungsverfahren Zu § 155 Nr. 4; Stundungszinsen bei Rückforderung Zu § 234 Nr. 12; *s. a. Zulagen*
Eigentümer, Haftung des E. von Gegenständen Zu § 74; Zurechnung Zu § 39 Nr. 1
Eigenverwaltung, Bekanntgabe Zu § 251 Nr. 4.3.1; Insolvenzverfahren Zu § 251 Nr. 13
Eigenwirtschaftliche Zwecke Zu § 55 Nr. 1
Ein-Drittel-Grenze, Mittelverwendung Zu § 55 Nr. 13f.
Einfache Hinzuziehung, Einspruchsverfahren Zu § 360
Einfuhrabgaben, keine Vollverzinsung Zu § 233a Nr. 2
Einfuhrumsatzsteuer, keine Vollverzinsung Zu § 233a Nr. 2
Einheitliche Feststellung *s. Feststellung*
Einheitlicher Feststellungsbescheid, Einspruchsbefugnis Zu § 352
Einheitswertbescheid, Bekanntgabe an Ehegatten, Eltern/Alleinstehende mit Kindern Zu § 122 Nr. 2.5.4; dingliche Wirkung Zu § 182 Nr. 2
Einkommensbescheinigung, Anwendung der AO Zu § 1 Nr. 4
Einkommensteuer, Änderung wegen neuer Tatsachen Zu § 173 Nr. 6.2; insolvenz-rechtliche Zuordnung Zu § 251 Nr. 9.1
Einkommensteuerveranlagung, Antrag auf E. bei abgetretenen Erstattungsansprüchen Zu § 46 Nr. 4

Einnahmen aus wirtschaftlichen Geschäftsbetrieben Zu § 64 Nr. 15 ff.
Einschreiben, Bekanntgabe Zu § 122 Nr. 3.1.2
Einspruch, Abgrenzung Vor § 347; Adressat Zu § 357; bei Änderung eines unanfechtbaren Verwaltungsaktes Zu § 351 Nr. 1; Auslegung Zu § 357 Nr. 4; Einlegung Zu § 357; elektronische Einlegung Zu § 357 Nr. 1; Entscheidung über E. Zu § 367; Erweiterung des Antrags Zu § 367 Nr. 3; gegen Folgebescheid Zu § 351 Nr. 4; gegen Kassen-Nachschau Zu § 146b Nr. 9; gegen Nebenbestimmungen Zu § 347 Nr. 3; Rücknahme Zu § 362; –, Änderung des angefochtenen Verwaltungsaktes Zu § 367 Nr. 2.4; Statthaftigkeit Zu § 347; Steueranmeldung Zu § 168 Nr. 13; Steuerberatungsangelegenheiten Zu § 347 Nr. 5; verbindliche Auskunft Zu § 89 Nr. 3.7; Verbindung der Steuerfestsetzung mit Billigkeitsmaßnahme Zu § 347 Nr. 4; wegen Verfassungswidrigkeit Zu § 350 Nr. 6; gegen Verwaltungsakte Zu § 347 Nr. 1; Vollverzinsung Zu § 233a Nr. 71 ff.; Zulagen und Prämien Zu § 347 Nr. 6; bei Zuständigkeitswechsel Zu § 357 Nr. 3
Einspruchsbefugnis, Beschwer Zu § 350; bei der einheitlichen Feststellung Zu § 352; Empfangsbevollmächtigter Zu § 352 Nr. 3; Feststellungsbeteiligte Zu § 352 Nr. 3; Geschäftsführer Zu § 352 Nr. 2; Rechtsnachfolger Zu § 353
Einspruchsentscheidung, Änderung eines durch E. bestätigten oder geänderten Verwaltungsaktes Zu § 172 Nr. 4; Bekanntgabe Zu § 366 Nr. 1; Form und Inhalt Zu § 366; Heilung von Bekanntgabemängeln Zu § 122 Nr. 4.4.4; Rechtsbehelfsbelehrung Zu § 366 Nr. 3; schlichte Änderung eines Steuerbescheids nach Bekanntgabe der E. Zu § 172 Nr. 5; Teil-Einspruchsentscheidung Zu § 367 Nr. 6; Zuständigkeit Zu § 367; Zustellung Zu § 122 Nr. 3.3.4; Zu § 366 Nr. 2
Einspruchsfrist, Beginn und Dauer Zu § 355 Nr. 1; fehlende Begründung des Verwaltungsaktes Zu § 355 Nr. 2; unterlassene Anhörung eines Beteiligten Zu § 355 Nr. 2; Wiedereinsetzung in den vorigen Stand Zu § 355 Nr. 2
Einspruchsführer, Erörterung des Sach- und Rechtsstandes im Einspruchsverfahren Zu § 364a Nr. 3
Einspruchsverfahren, Akteneinsicht Zu § 364; Änderung des angefochtenen Verwaltungsaktes während des E. Zu § 365 Nr. 2; Aussetzung Zu § 363; Bindungswirkung anderer Verwaltungsakte Zu § 351; Einspruchsentscheidung, Form und Inhalt Zu § 366; Erörterung des Sach- und Rechtsstandes Zu § 364a; Fristsetzung Zu § 364b; Hinzuziehung Dritter Zu § 360; Kostenfreiheit Vor § 347 Nr. 2; Mitteilung der Besteuerungsunterlagen Zu § 364; Ruhen Zu § 363; Teilabhilfe Zu § 365 Nr. 2; Verfahrensvorschriften Zu § 365; Vorbehalt der Nachprüfung Zu § 367 Nr. 5
Einzelaufzeichnungspflicht, Buchführung, Ausnahmen Zu § 146 Nr. 3; –, Grundsätze Zu § 146 Nr. 2
Einzelbekanntgabe bei Ehegatten Zu § 122 Nr. 2.1.4; bei einheitlichen Feststellungen Zu § 183 Nr. 2
Einzelermittlungen, Abgrenzung zur Außenprüfung Zu § 193 Nr. 6
Einzelforderung, Stundungszinsen Zu § 234 Nr. 7
Einzugsermächtigung, Verzögerungen bei der Einziehung Zu § 224 Nr. 1
Elektronische Dokumente, Zugang Zu § 87a Nr. 2
Elektronische Kommunikation Zu § 87a
Elektronische Signatur Zu § 87a Nr. 3.1; Einspruch Zu § 357 Nr. 1; –, Rücknahme Zu § 362 Nr. 1
Elektronische Steuererklärung, grobes Verschulden Zu § 173 Nr. 5.6
Elektronische Übermittlung Zu § 122 Nr. 1.8.2
Elektronische Zustellung Zu § 122 Nr. 3.1.3.3
E-Mail, Abtretungsanzeige Zu § 46 Nr. 7; elektronische Dokumente Zu § 87a

Empfänger, Bekanntgabe Zu § 122 Nr. 1.5; – an falschen E. Zu § 122 Nr. 4.3; Prüfungsanordnung Zu § 197 Nr. 2.3
Empfängernachweis, Benennung von Gläubigern und Zahlungsempfängern Zu § 160 Nr. 3
Empfangsbekenntnis, Zustellung Zu § 122 Nr. 3.1.3
Empfangsbevollmächtigter, Bekanntgabe von Feststellungsbescheiden Zu § 122 Nr. 2.5.2; im einheitlichen Feststellungsverfahren Zu § 183; Einspruchsbefugnis Zu § 352; im Inland Zu § 123
Empfangsvollmacht, Bekanntgabe Zu § 122 Nr. 1.7; –, Ausnahmen Zu § 122 Nr. 2.5.5; Weitergeltung trotz Ausscheiden eines Gesellschafters Zu § 122 Nr. 4.4.3
Endgültigkeitserklärung nach vorläufiger Steuerfestsetzung Zu § 165 Nr. 9 f.
Entrichtungspflicht, schriftliches Zahlungsanerkenntnis Zu § 167 Nr. 3
Entrichtungsschuldner als Steuerpflichtiger Zu § 33
Entschädigung von Auskunftspflichtigen und Sachverständigen Zu § 107
Entstehung der Ansprüche aus dem Steuerschuldverhältnis Zu § 38 Nr. 1; –, Beginn der Festsetzungsfrist Zu § 170 Nr. 1
Erben, Auskunftserteilung Zu § 30 Nr. 3.3
Erben, unbekannte, Bekanntgabe Zu § 122 Nr. 2.13
Erbengemeinschaft, Einspruchsbefugnis Zu § 352 Nr. 3; Prüfungsanordnung Zu § 197 Nr. 8; als Unternehmer oder Rechtsträger, Bekanntgabe Zu § 122 Nr. 2.12.6
Erbfolge, Bekanntgabe Zu § 122 Nr. 2.12.2 f.; Prüfungsanordnung Zu § 197 Nr. 8
Erbschaftsteuerbescheid, Bekanntgabe Zu § 122 Nr. 2.13.4
Erforderlichkeit, Ermessensausübung Zu § 5
Ergänzungsbescheid bei lückenhaftem Feststellungsbescheid Zu § 179 Nr. 2
Ergänzungsschulen, Gemeinnützigkeit Zu § 52 Nr. 4
Erhebungsverfahren Zu §§ 218 ff.
Erklärung, Anzeige- und Berichtigungspflicht Zu § 153
Erlass, Säumniszuschläge Zu § 240 Nr. 5; Unwiderrufbarkeit Zu § 131 Nr. 3; bei Verstoß gegen die Fürsorgepflicht Zu § 89 Nr. 1.2; Vollverzinsung, E. von Nachzahlungszinsen bei freiwilligen Zahlungen Zu § 233a Nr. 70.1
Erlöschen der Ansprüche aus dem Steuerschuldverhältnis Zu § 47; der Vertretungsmacht Zu § 36
Ermessen, Grundsätze Zu § 5
Ermessensentscheidung, Verfahrensfehler Zu § 127
Ermessensspielraum, Aussetzung der Vollziehung Zu § 361 Nr. 2.4
Ermittlungen, Art und Umfang der E. der Finanzbehörde Zu § 88
Ermittlungsfehler des Finanzamts Zu § 173 Nr. 4
Ermittlungshandlungen der Steuerfahndung Zu § 171 Nr. 4.2
Ermittlungspflicht, Änderung eines Steuerbescheids wegen steuererhöhender neuer Tatsachen Zu § 173 Nr. 4
Ernstliche Zweifel, Aussetzung der Vollziehung Zu § 361 Nr. 2.1, Nr. 2.5
Eröffnetes Insolvenzverfahren Zu § 251 Nr. 12.3
Eröffnung, Insolvenzverfahren Zu § 251 Nr. 2; –, Wirkungen Zu § 251 Nr. 4.1
Eröffnung eines Betriebes, Anzeigepflicht Zu § 138 Nr. 1
Erörterung im Einspruchsverfahren Zu § 364a
Ersatzschulen, Gemeinnützigkeit Zu § 52 Nr. 4
Ersatzzuständigkeit, örtliche Zuständigkeit Zu § 24
Ersatzzustellung, Bekanntgabe Zu § 122 Nr. 3.1.1
Ersetzung des angefochtenen Verwaltungsaktes im Einspruchsverfahren Zu § 365 Nr. 2
Erstattung, Ablaufhemmung bei rechtsgrundlos geleisteten Zahlungen Zu § 171 Nr. 8; Empfang durch Bevollmächtigten Zu § 80 Nr. 2

Erstattungsanspruch, Abtretung/Verpfändung/Pfändung Zu § 46; öffentlich-rechtlicher, Begriff Zu § 37 Nr. 2
Erstattungszinsen, Prozesszinsen Zu § 236; bei Teilzahlungen, Vollverzinsung Zu § 233a Nr. 23 f.
Erwerber, Haftung bei Betriebsübernahme Zu § 75
Erwerbstätigkeit, Anzeigepflicht Zu § 138 Nr. 1
Essen auf Rädern Zu § 53 Nr. 4
EU-Amtshilfe-Gesetz, Rechts- und Amtshilfe Zu § 117 Nr. 2
EU-Beitreibungsgesetz, Rechts- und Amtshilfe Zu § 117 Nr. 2
EuGH, vorläufige Steuerfestsetzung bei europarechtlichen Zweifeln an Steuergesetz Zu § 165 Nr. 4; vorläufige Steuerfestsetzung nach Entscheidung des EuGH Zu § 165 Nr. 3
EWIV, Bekanntgabe Zu § 122 Nr. 2.4.1
Extremistische Organisationen, Ausschluss von der Steuerbegünstigung Zu § 51 Nr. 8 ff.

Fahrbare Verkaufsstätte, Betriebsstätte Zu § 12 Nr. 2
Fahrlässigkeit, grobe F. des Steuerpflichtigen Zu § 173 Nr. 5
Fälle von geringer Bedeutung, örtliche Zuständigkeit Zu § 18 Nr. 4
Fälligkeit, Aussetzungszinsen bei hinausgeschobener F. Zu § 233a Nr. 68; Zu § 237 Nr. 6; Beginn der Aussetzung der Vollziehung Zu § 361 Nr. 8.1; nicht zustimmungspflichtige Steueranmeldung Zu § 168 Nr. 1; zustimmungspflichtige Steueranmeldung Zu § 220
Fälligkeitssteuern, Erhebung von Säumniszuschlägen Zu § 240 Nr. 1
Fälligkeitstermin Zu § 108 Nr. 1
Familienwohnsitz Zu § 8 Nr. 5
Fehler, Bekanntgabefehler im technischen Ablauf Zu § 122 Nr. 4.4.1; offenbarer Zu § 129 Nr. 3; *s. a. Formfehler; Materielle Fehler; Verfahrensfehler*
Fehlerberichtigung Zu § 129; Zu § 177
Festsetzung, Steuermessbeträge Zu § 184; *s. a. Steuerfestsetzung*
Festsetzungsfrist, Ablauf Vor §§ 169–171 Nr. 3; Ablauf bei Vorbehalt der Nachprüfung Zu § 164 Nr. 1; Ablaufhemmung Zu § 171; Absendung der Steuermessbescheide Zu § 169 Nr. 1; Anlaufhemmung Zu § 170 Nr. 1, Nr. 3; Anzeige- und Berichtigungspflicht Zu § 153 Nr. 5.3 f.; Beginn Zu § 170; Ende Zu § 171; gesonderte Feststellung nach Ablauf, Hinweis Zu § 181 Nr. 1; Haftung des Betriebsübernehmers Zu § 75 Nr. 5; Kassen-Nachschau Zu § 146b Nr. 8; Kosten der Vollstreckung Zu § 169 Nr. 4; steuerliches Wahlrecht Vor §§ 172–177 Nr. 8; Wahrung durch rechtzeitige Absendung des Steuerbescheids Zu § 169 Nr. 1; Zinsen Zu § 169 Nr. 4; Zu § 239 Nr. 2
Festsetzungsverjährung, Allgemeines Vor §§ 169–171; Berichtigung (teil-)verjährter Steueransprüche Zu § 177 Nr. 1; Ermittlungshandlungen nach Eintritt der F. Vor §§ 169–171 Nr. 5; Festsetzung von Steuermessbeträgen Vor §§ 169–171 Nr. 6; gesonderte Feststellung Vor §§ 169–171 Nr. 6; Verspätungszuschlag Zu § 169 Nr. 5; Verstoß gegen Vermögensbindung Zu § 61 Nr. 3; Zinsen Vor §§ 169–171 Nr. 6
Feststellung nach Ablauf der Feststellungsfrist Zu § 181 Nr. 1; Ablaufhemmung für Folgebescheid Zu § 171 Nr. 6; anzurechnende Steuerabzugsbeträge und Körperschaftsteuer Zu § 180 Nr. 6; Auseinanderfallen von Wohnsitz und Betriebs- oder Tätigkeitsort Zu § 180 Nr. 2; Aussetzung der Vollziehung, Aufteilung der Besteuerungsgrundlagen Zu § 361 Nr. 5.3; – bei einheitlicher und gesonderter F. Zu § 361 Nr. 5.2; Beginn der Feststellungsfrist Zu § 170 Nr. 2; Bekanntgabe Zu § 122 Nr. 2.5; von Besteuerungsgrundlagen, Grundsatz Zu § 179 Nr. 1; Einspruchsbefugnis bei der einheitlichen F. Zu § 352; Einzelbekanntgabe Zu § 183 Nr. 2; Empfangsbevollmächtigte Zu § 183; Ergänzungsbescheid Zu § 179 Nr. 2; Fall von geringer Bedeu-

tung Zu § 180 Nr. 4; Festsetzung eines Verspätungszuschlags Zu § 152 Nr. 5; Festsetzungsverjährung Vor §§ 169–171 Nr. 6; freiberufliche Einkünfte Zu § 180 Nr. 2; gemeinschaftlich erzielte Einkünfte Zu § 180 Nr. 1; Gesamtobjekte Zu § 180 Nr. 3; gesonderte F. unter Vorbehalt der Nachprüfung Zu § 164 Nr. 2; gleiche Sachverhalte Zu § 180 Nr. 3; Insolvenztabelle Zu § 251 Nr. 5.3.3; negative Einkünfte mit Auslandsbezug Zu § 180 Nr. 5; Progressionsvorbehalt Zu § 180 Nr. 5; Rechtsgrundlagen für gesonderte F. Zu § 179 Nr. 1; Richtigstellung bei Rechtsnachfolge Zu § 182 Nr. 4; satzungsmäßige Voraussetzungen Zu § 60a; Unterbeteiligungen Zu § 179 Nr. 4 f.; Wirkung Zu § 182; – gegenüber dem Haftungsschuldner Zu § 182 Nr. 3; – bei Rechtsnachfolge Zu § 182 Nr. 1; Zinsen aus einer Lebensversicherung Zu § 180 Nr. 3

Feststellungsbescheid Zu § 179; Änderung durch neue Tatsachen oder Beweismittel Zu § 173 Nr. 10; Bekanntgabe an einzelne Beteiligte Zu § 122 Nr. 4.7; – bei Insolvenz der Personengesellschaft Zu § 251 Nr. 4.4.1; Bindungswirkung Zu § 182

Feststellungserklärung, Empfangsvollmacht Zu § 122 Nr. 1.7.2

Feststellungsfrist, Anlaufhemmung bei der Einheitsbewertung Zu § 181 Nr. 2; gesonderte Feststellung nach Ablauf, Hinweis Zu § 181 Nr. 1

Feuerschutzsteuer, Selbstberechnung der Steuer, Steueranmeldung Zu § 167 Nr. 1

Fiktive Zahlungen, Vollverzinsung Zu § 233a Nr. 40

Finanzamt, Zuständigkeit für verbindliche Auskünfte Zu § 89 Nr. 3.3.2 f.; *s. a. Zuständigkeit*

Finanzbehörden, Offenbarungsrecht/-pflicht Zu § 30 Nr. 3.7; Zuständigkeit Zu §§ 16 ff.; *s. a. Zuständigkeit*

Finanzkontrolle Schwarzarbeit Zu § 31a Nr. 2.3 ff.

Finanztransaktionsuntersuchungen Zu § 31b Nr. 1.2

Folgebescheid, Ablaufhemmung Zu § 171 Nr. 6; Änderung Zu § 175; Aussetzung der Vollziehung von Amts wegen Zu § 361 Nr. 6; Einspruchsverfahren bei Einwendungen gegen Grundlagenbescheid Zu § 351 Nr. 4; fehlerhafte Bekanntgabe des Grundlagenbescheids Zu § 122 Nr. 4.6

Förderung der Allgemeinheit Zu § 52

Form, Antrag auf verbindliche Auskunft Zu § 89 Nr. 3.4; Einspruch Zu § 357 Nr. 1; Steuerbescheid Zu § 157

Formelle Bestandskraft Vor §§ 172–177 Nr. 1

Formelle Satzungsmäßigkeit Zu § 60 Nr. 1; Vertrauensschutz zur Wiederherstellung Zu § 59 Nr. 4

Formfehler bei der Bekanntgabe Zu § 122 Nr. 4; Folgen Zu § 127; Heilung Zu § 126

Förmliche Bekanntgabe Zu § 122 Nr. 1.8.3

Förmliche Zustellung, Fehler Zu § 122 Nr. 4.5

Forschungseinrichtung, Zweckbetrieb Zu § 68 Nr. 15

Fortsetzung eines ruhenden oder ausgesetzten Einspruchsverfahrens Zu § 363 Nr. 3 f.

Freibäder, Nutzungsüberlassung Zu § 58 Nr. 5

Freiberufliche Tätigkeit, Betriebsstätte Zu § 12

Freie Rücklagen Zu § 62 Nr. 9 ff.

Freistellung von der Steuer durch Steuerbescheid Zu § 155 Nr. 2

Freistellungsbescheid Zu § 59 Nr. 3

Freiwillige Zahlungen, Aufhebung der Vollziehung Zu § 361 Nr. 7.2; Vollverzinsung Zu § 233a Nr. 13, Nr. 17 f., Nr. 25 ff., Nr. 70.1

Freizeiteinrichtungen, Gemeinnützigkeit Zu § 52 Nr. 9

Fremdsprache, Anträge und Schriftstücke Zu § 87

Frist, Begriff Zu § 108; Wiedereinsetzung Zu § 110; *s. a. Einspruchsfrist; Festsetzungsfrist*

Fristsetzung im Einspruchsverfahren Zu § 364b

Fristverlängerung, Fristsetzung im Einspruchsverfahren Zu § 364b Nr. 4; rückwirkende Zu § 110 Nr. 3
Fürsorgepflicht der Finanzbehörden Zu § 89; sachliche Unbilligkeit bei Verstoß Zu § 89 Nr. 1.2; Wiedereinsetzung in den vorigen Stand bei Verletzung Zu § 89 Nr. 1.2

Gebührenermäßigung, verbindliche Auskunft Zu § 89 Nr. 4.5
Gebührenfestsetzung, verbindliche Auskunft Zu § 89 Nr. 4.4
Gebührenpflicht, verbindliche Auskunft Zu § 89 Nr. 4
Gefährdung des Steueranspruchs, Aussetzung der Vollziehung, Sicherheitsleistung Zu § 361 Nr. 2.5.6, Nr. 9.2
Gegenstandswert, verbindliche Auskunft Zu § 89 Nr. 4.2
Gegenvorstellung Vor § 347 Nr. 1
Geldwäsche, Auskunftserteilung Zu § 30 Nr. 11.9; Mitteilungspflicht Zu § 31b
Geltendmachung, Insolvenzforderungen Zu § 251 Nr. 5.2
Gemeinde, Steuermessbescheide, keine Anfechtungsbefugnis Zu § 184
Gemeinnützige Zwecke, Aufzählung Zu § 52 Nr. 2
Gemeinnützigkeit Zu §§ 51–68; Durchführung von Festveranstaltungen Zu § 52 Nr. 12; Erholungseinrichtungen Zu § 52 Nr. 14; Förderung der Brauchtumspflege Zu § 52 Nr. 11; Förderung der Geselligkeit Zu § 52 Nr. 12; Förderung der Heimatpflege Zu § 52 Nr. 11; Förderung der Tier- und Pflanzenkunde Zu § 52 Nr. 10; Freizeitaktivitäten Zu § 52 Nr. 9; Obst- und Gartenbauvereine Zu § 52 Nr. 10; politische Betätigung Zu § 52 Nr. 15; Schlussbesteuerung bei Beginn der Steuerbegünstigung Zu § 51 Nr. 4; Soldaten- und Reservistenvereine Zu § 52 Nr. 13; Sport Zu § 52 Nr. 6 f.; vorläufige Bescheinigung Zu § 59 Nr. 4
Gemeinsamer Empfangsbevollmächtigter, Bekanntgabe Zu § 122 Nr. 2.5.2
Gemeinschaft, Bekanntgabe von Steuerverwaltungsakten Zu § 122 Nr. 2.4
Gerichtliche Vollziehungsaussetzung, Abgrenzung zur Aussetzung der Vollziehung durch Finanzbehörden Zu § 361 Nr. 1.2
Geringe Bedeutung, Verzicht auf Feststellungsverfahren Zu § 180 Nr. 4
Gesamthandseigentum, Zurechnung Zu § 39 Nr. 2
Gesamtobjekt, gesonderte Feststellung Zu § 180 Nr. 3
Gesamtrechtsnachfolge, Begriff Zu § 45; Bekanntgabe Zu § 122 Nr. 2.12; Bindungswirkung der verbindlichen Auskunft Zu § 89 Nr. 3.6.2; Prüfungsanordnung Zu § 197 Nr. 8
Gesamtrechtsnachfolger, Auskunftserhebung Zu § 30 Nr. 3.3
Gesamtschuldner, Erhebung von Säumniszuschlägen Zu § 240 Nr. 3; Erstattungsansprüche Zu § 37 Nr. 2.2.2; Hinterziehungszinsen Zu § 235 Nr. 3; steuerliche Behandlung Zu § 44; Vollverzinsung Zu § 233a Nr. 3
Geschäftseinrichtung, bewegliche G. als Betriebsstätte Zu § 12 Nr. 2
Geschäftsführer, Bekanntgabe an G. Zu § 122 Nr. 1.4, Nr. 1.5.3, Nr. 2.4.1.1, Nr. 2.4.1.3, Nr. 2.5.2; Zu § 197 Nr. 2.2; Einspruchsbefugnis bei der einheitlichen Feststellung Zu § 352 Nr. 2; Empfangsvollmacht Zu § 122 Nr. 1.5.3; Feststellungsbescheid an Personenhandelsgesellschaft, Bekanntgabe Zu § 122 Nr. 2.5.2; Haftungsbescheid gegen G. Zu § 122 Nr. 2.14.2; nichtrechtsfähige Personenvereinigung, Bekanntgabeadressat Zu § 122 Nr. 1.4; Personenhandelsgesellschaften, Bekanntgabeadressat Zu § 122 Nr. 2.4.1.1; Personenvereinigungen ohne geschäftsüblichen Namen, Bekanntgabe Zu § 122 Nr. 2.4.1.3; Vermögensmasse, Bekanntgabeadressat Zu § 122 Nr. 1.4
Geschäftsführergehalt, Verwaltungsausgaben Zu § 55 Nr. 21
Geschäftsführung, Anforderungen an tatsächliche G. Zu § 63

Geschäftsmäßiger Erwerb von Erstattungsansprüchen Zu § 46 Nr. 2 f.
Geschwister, Angehörige Zu § 15 Nrn. 3–5
Gesellige Zusammenkünfte, unschädliche Zu § 58 Nr. 10
Gesellschafter, ausgeschiedener, Bekanntgabe des Feststellungsbescheids Zu § 122 Nr. 4.4.3; Außenprüfung Zu § 194 Nr. 2; Personengesellschaft, Bekanntgabe Zu § 122 Nr. 2.4.2; –, Hinterziehungsvorteil Zu § 235 Nr. 6
Gesellschafterwechsel, Prüfungsanordnung bei G. Zu § 197 Nr. 5.7
Gesetz, Auslegung Zu § 4
Gesetzliche Sozialversicherung, Mitteilung von Besteuerungsgrundlagen Zu § 31
Gesetzlicher Vertreter, Bekanntgabe Zu § 122 Nr. 2.2; Zu § 197 Nr. 4; Pflichten Zu § 34
Gesonderte Feststellung Zu §§ 179 ff.; Insolvenzverfahren Zu § 251 Nr. 4.4; satzungsmäßige Voraussetzungen Zu § 60a; Zuständigkeit Zu § 18; *s. a. Feststellung*
Gewerbebetrieb, Anzeigepflicht bei Eröffnung, Verlegung oder Aufgabe Zu § 138 Nr. 1; Aufzeichnung des Warenausgangs Zu § 144; Aufzeichnung des Wareneingangs Zu § 143
Gewerbesteuer, Billigkeitsmaßnahme Zu § 163 Nr. 5
Gewerbesteuermessbescheid Zu § 182 Nr. 2; Vollverzinsung, Berücksichtigung rückwirkender Ereignisse Zu § 233a Nr. 74
Gewerbeuntersagungsverfahren Zu § 30 Nr. 11.4
Gewinnfeststellung, gesonderte und einheitliche, Bekanntgabe Zu § 122 Nr. 2.5; *s. a. Feststellung*
Gewinnverlagerung, Vollverzinsung Zu § 233a Nr. 70.3
Gewinnverteilungsbeschluss, erstmaliger, Zinslauf Zu § 233a Nr. 10.3.1
Gewöhnlicher Aufenthalt, Aufgabe des g. A. im Inland Zu § 9 Nr. 4; Bedeutung Vor §§ 8, 9; Begriff und Voraussetzungen Zu § 9; Schwerpunktaufenthalt Zu § 9 Nr. 3
Gläubiger, Benennungspflicht Zu § 160
Gleichmäßigkeit der Besteuerung, Ermessensausübung Zu § 5; Grundsatz Zu § 85
GmbH, führungslose, Vertretung Zu § 34 Nr. 3
Grabpflege, unschädliche Mittelverwendung Zu § 58 Nr. 6 ff.
Grenzgänger, gewöhnlicher Aufenthalt Zu § 9 Nr. 2
Grobe Fahrlässigkeit des Steuerpflichtigen Zu § 173 Nr. 5
Grobes Verschulden, Beraterverschulden Zu § 173 Nr. 5; nachträgliches Bekanntwerden steuererheblicher Tatsachen oder Beweismittel Zu § 173 Nr. 5; Unbeachtlichkeit bei Zusammenhang mit steuererhöhenden neuen Tatsachen Zu § 173 Nr. 6.1; Unkenntnis steuerrechtlicher Vorschriften Zu § 173 Nr. 5
Grunderwerbsteuerbescheid, Bekanntgabe Zu § 122 Nr. 2.6
Grundlagenbescheid, Ablaufhemmung bei Folgebescheid Zu § 171 Nr. 6; Änderung des Folgebescheids Zu § 175 Nr. 1; Anfechtung, Beschwer Zu § 350 Nr. 4; Aussetzung der Vollziehung Zu § 361 Nr. 4.6.1, Nr. 5; Begriff Zu § 175 Nr. 1.1; Bekanntgabe, fehlerhafte Zu § 122 Nr. 4.6; Entscheidung über Billigkeitsmaßnahme Zu § 163 Nr. 3; Schätzung der Besteuerungsgrundlagen vor Ergehen Zu § 162 Nr. 1; Vollverzinsung, Berücksichtigung rückwirkender Ereignisse Zu § 233a Nr. 74
Grundsteuer, öffentliche Last Zu § 77 Nr. 1
Grundsteuermessbescheid, Bekanntgabe Zu § 122 Nr. 2.6; dingliche Wirkung Zu § 182 Nr. 2; Vollverzinsung, Berücksichtigung rückwirkender Ereignisse Zu § 233a Nr. 74
Grundstück, Betretungsrecht Zu § 99; Betriebsübereignung Zu § 75 Nr. 3.2; örtliche Zuständigkeit Zu § 19 Nr. 5
Gutachten, Verweigerung der Erstattung Zu § 104

Haftender als Steuerpflichtiger Zu § 33
Haftung, Beginn der Festsetzungsfrist Zu § 170 Nr. 2; des Betriebsübernehmers

Zu § 75; des Eigentümers von Gegenständen Zu § 74; Geltendmachung durch Haftungsbescheid Zu § 69; Zu § 191; für Hinterziehungszinsen Zu § 235 Nr. 6; bei Organschaft Zu § 73; schriftliches Zahlungsanerkenntnis Zu § 167 Nr. 3; des Steuerhehlers Zu § 71; des Steuerhinterziehers Zu § 71; Verfahren bei vertraglicher H. Zu § 192; vertragliche H. Dritter Zu § 48; des Vertretenen Zu § 70; der Vertreter oder Verfügungsberechtigten Zu § 69; bei wesentlicher Beteiligung Zu § 74 Nr. 3f.

Haftungsbescheid, Bekanntgabe Zu § 122 Nr. 2.14; Beteiligung der zuständigen Berufskammer Zu § 191 Nr. 8; Festsetzungsfrist Zu § 191 Nr. 4; Korrektur Zu § 191 Nr. 3ff.; Verfahren Zu § 191; Zahlungsaufforderung Zu § 219 Nr. 1; Zuständigkeit Zu § 24 Nr. 1

Haftungsbeschränkung für Amtsträger Zu § 32

Haftungsschuldner, Bekanntgabe Zu § 122 Nr. 2.14; Betriebsübernahme Zu § 75 Nr. 3

Halbgeschwister, Angehörige Zu § 15 Nr. 3

Handelsbetriebe, Integrationsprojekte Zu § 68 Nr. 7

Handelsgesellschaften, Bekanntgabe Zu § 122 Nr. 2.4.1.1

Hehler, Haftung Zu § 71

Heilung, Bekanntgabemängel Zu § 122 Nr. 4.4.4; Verfahrens- und Formfehler Zu § 126

Hilfe in Steuersachen Zu § 82 Nr. 2

Hilfsbeamter der Staatsanwaltschaft, Steuer(Zoll-)Fahndung Zu § 208 Nr. 2

Hilfsbedürftigkeit Zu § 53

Hilfsperson, Tätigkeit für Körperschaft Zu § 57 Nr. 2; Zurechnung groben Verschuldens Zu § 173 Nr. 5.3

Hinterziehung *s. Steuerhinterziehung*

Hinterziehungszinsen, Haftung für H. zur Gewerbesteuer Zu § 235 Nr. 6; Höhe Zu § 235 Nr. 5; bei Realsteuern Zu § 235 Nr. 6; Steuerbegriff Zu § 235 Nr. 2; Überschneidung mit Vollverzinsung Zu § 233a Nr. 66; Zu § 235 Nr. 5.2; Verjährung Zu § 235 Nr. 7; Voraussetzungen Zu § 235 Nr. 1; Zinslauf Zu § 235 Nr. 4; Zinsschuldner Zu § 235 Nr. 3

Hinzuziehung, Aussetzung der Vollziehung bei einheitlicher und gesonderter Feststellung Zu § 361 Nr. 5.2; Einspruchsverfahren Zu § 360; Fristsetzung im Einspruchsverfahren Zu § 364b Nr. 2; Zustimmung des Hinzugezogenen zur Änderung des angefochtenen Verwaltungsakts Zu § 360 Nr. 4

Identifizierbarkeit Zu § 30 Nr. 1.1

Illegale Beschäftigung, Begriff Zu § 31a Nr. 2.1; Durchbrechung des Steuergeheimnisses Zu § 31a

Immaterielle Wirtschaftsgüter, Haftung Zu § 74 Nr. 1

Individualrechtsgüter, Durchbrechung des Steuergeheimnisses Zu § 30 Nr. 11.10

Information über Kontenabruf Zu § 93 Nr. 2.7f.

Inhaltliche Mängel des Verwaltungsaktes, Bekanntgabe Zu § 122 Nr. 4.2

Inhaltsadressat, Bekanntgabe Zu § 122 Nr. 1.3; –, ungenaue/fehlerhafte Bezeichnung Zu § 122 Nr. 4.2

Inlandsbezug, steuerbegünstigte Zwecke Zu § 51 Nr. 7

Insolvenzfälle, Prüfungsanordnung Zu § 197 Nr. 7

Insolvenzforderungen, Begriff Zu § 251 Nr. 5.1; Prüfungstermin Zu § 251 Nr. 5.3

Insolvenzfreies Vermögen Zu § 251 Nr. 7; Bekanntgabe Zu § 251 Nr. 4.3.2

Insolvenzgläubiger, Befriedigung Zu § 251 Nr. 10

Insolvenzplan Zu § 251 Nr. 11

Insolvenzverfahren Zu § 251; Aufhebung Zu § 251 Nr. 14; Aufrechnung Zu § 251 Nr. 8; Eigenverwaltung Zu § 251 Nr. 13; –, Bekanntgabe von Steuerverwaltungsakten Zu § 251 Nr. 4.3.1; eröffnetes Zu § 251 Nr. 12.3; Personengesellschaft Zu § 251 Nr. 4.4.1; Restschuldbefreiung Zu § 251 Nr. 15; Sicherungsmaßnahmen Zu § 251 Nr. 3.1; sonstige Masseverbindlichkeiten Zu § 251 Nr. 6; Unterbrechungswirkung Zu § 251 Nr. 4.1.2; Verlust des Verfügungsrechts Zu § 251 Nr. 4.1.1; Verteilung der Steuerforderungen Zu § 251 Nr. 9; Verwaltungsakt Zu § 251 Nr. 4.3

Insolvenzverschleppung, Offenbarung Zu § 30 Nr. 11.12

Insolvenzverwalter, aufgenommenes Einspruchsverfahren Zu § 251 Nr. 5.3.1.2.2; Auskunftsrechte gegenüber Finanzamt Zu § 251 Nr. 4.5; Bekanntgabe von Steuerverwaltungsakten Zu § 251 Nr. 4.3; Haftung Zu § 69; Stellung und Pflichten Zu § 251 Nr. 4.2; Verzicht auf Legitimationsprüfung Zu § 154 Nr. 11.1

Insolvenzverwaltung, vorläufige Zu § 251 Nr. 3.1

Integrationsprojekte, schwerbehinderte Menschen Zu § 68 Nr. 6 f.

Internationales Verständigungsverfahren Zu § 175a

Internetvereine, Gemeinnützigkeit Zu § 52 Nr. 3

Investitionsumlage, Verein Zu § 52 Nr. 1.2

Investitionszulage, Anwendung der AO Zu § 1 Nr. 2; Aussetzung der Vollziehung Zu § 361 Nr. 4.7; Festsetzungsverfahren Zu § 155 Nr. 4; Stundungszinsen bei Rückforderung Zu § 234 Nr. 12; *s. a. Zulagen*

Istverzinsung bei der Vollverzinsung Zu § 233a Nr. 21

Jedermannschwimmen Zu § 67a Nr. 13

Jugendherberge, Zweckbetrieb Zu § 68 Nr. 3

Juristische Person, Bekanntgabe Zu § 122 Nr. 2.8; –, Liquidation/Abwicklung Zu § 122 Nr. 2.8.3; Prüfungsanordnung Zu § 197 Nr. 6

Juristische Person des öffentlichen Rechts, steuerbegünstigte Zwecke Zu § 51

Kapitalanteile, Selbstlosigkeit Zu § 55 Nr. 23

Kapitalertragsteuer, Erstattung auf Grund DBA durch Steuerbescheid Zu § 155 Nr. 2; Selbstberechnung der Steuer, Steueranmeldung Zu § 167 Nr. 1

Kapitalvermögen, örtliche Zuständigkeit für gesonderte Feststellung der Einkünfte Zu § 18 Nr. 3

Karenzzeit, Vollverzinsung Zu § 233a Nr. 4, Nr. 8 f.

Kasse *s. Offene Ladenkasse*

Kassen-Nachschau Zu § 146b; Betretungsrecht Zu § 146b Nr. 3; Einspruch Zu § 146b Nr. 9; Festsetzungsfrist Zu § 146b Nr. 8; keine Außenprüfung Zu § 146b Nr. 2; Übergang zur Außenprüfung Zu § 146b Nr. 6; Verwaltungsakt Zu § 146b Nr. 5

Kassensturz Zu § 146b Nr. 1

Kenntnis, zuständige Stelle Zu § 173 Nr. 2.3

Kind, Annahme als K., Angehörige Zu § 15 Nr. 7

Kindesmisshandlung, Offenbarung Zu § 30 Nr. 11.13

Kirchensteuer, Festsetzung bei Ehegatten, Bekanntgabe Zu § 122 Nr. 2.1.1; Steuergeheimnis Zu § 30 Nr. 4.1; Vollverzinsung Zu § 233a Nr. 2

Kirchliche Zwecke Zu § 54

Kleinbetragsgrenze, Vollverzinsung Zu § 233a Nr. 40, Nr. 44, Nr. 59

Kleinbetragsregelung, Steuerfestsetzungen Zu § 156; Stundungszinsen Zu § 234 Nr. 8; bei Zinsen (allgemein) Zu § 239 Nr. 3

Kleinbetragsverordnung, Korrektur von Steuerfestsetzungen Vor §§ 172–177 Nr. 7

Konkurrentenklage, Auskunftsanspruch Zu § 30 Nr. 4.6

Konkursverwalter, Haftung Zu § 69

Konsuln, Steuerbefreiung nach WÜD Zu § 8 Nr. 8

Kontenabruf Zu § 93 Nr. 2

Kontenwahrheit, Begriff Zu § 154

Konto, Begriff Zu § 154 Nr. 3

Kontoerrichtung, Pflichten Zu § 154

Kontrollmitteilung, allgemeine Mitteilungspflichten Zu § 93a; Außenprüfung Zu § 194 Nr. 6 f.

Konzern, Außenprüfung Zu § 198 Nr. 2
Körperschaft, Steuerbegünstigung Zu § 51
Körperschaftsteuer, Aufhebung der Vollziehung Zu § 361 Nr. 7.2; Beschwer im Einspruchsverfahren Zu § 350 Nr. 2; gesonderte Feststellung der anzurechnenden K. Zu § 180 Nr. 6; Organschaft, Haftung Zu § 73 Nr. 3.1.1
Körperschaftsteuerveranlagung, Feststellung der Satzungsmäßigkeit Zu § 60a Nr. 3 ff.
Korrektur, Haftungsbescheid Zu § 191 Nr. 3 ff.; Zinsberechnung bei K. der Anrechnungsverfügung Zu § 233a Nr. 45
Korrekturantrag, Unterschied zum Einspruch Vor § 347 Nr. 1
Kosten, Rechtsbehelfsverfahren Vor § 347 Nr. 2
Kosten der Vollstreckung, Festsetzungsfrist Zu § 169 Nr. 4; –, Beginn Zu § 170 Nr. 2
Krankenhaus, Begriff Zu § 67
Krankentransport, Zweckbetrieb Zu § 66 Nr. 6
Krankenversicherung, Mitteilung von Besteuerungsgrundlagen Zu § 31
Kreditinstitut, Verpflichtung zur Kontenwahrheit Zu § 154
Kreditrahmen Zu § 154 Nr. 10.4
Kulturelle Einrichtung, Zweckbetrieb Zu § 68 Nr. 12 ff.
Künstlersozialkasse, Mitteilung von Besteuerungsgrundlagen Zu § 31

Ladenkasse *s. Offene Ladenkasse*
Lagefinanzamt, Zuständigkeit Zu § 19 Nr. 2
Land- und Forstwirtschaft, Anzeigepflicht bei Eröffnung, Verlegung oder Aufgabe Zu § 138 Nr. 1; Betriebsstätte Zu § 12; Buchführungspflicht Zu § 141; Vollverzinsung, Karenzzeit Zu § 233a Nr. 8 f.
Lebenspartner, Angehörige Zu § 15; Bekanntgabe einer Prüfungsanordnung Zu § 197 Nr. 3; Bekanntgabe von Steuerverwaltungsakten Zu § 122 Nr. 1.1.5; Einkommensteuererstattungsanspruch Zu § 37 Nr. 2.3; gegenseitige Zurechnung des groben Verschuldens Zu § 173 Nr. 5.2; von Geschwistern Zu § 15 Nr. 5; Hinzuziehung im Einspruchsverfahren bei Zusammenveranlagung Zu § 360 Nr. 3; örtliche Zuständigkeit bei mehrfachem Wohnsitz Zu § 19 Nr. 1; Scheinarbeitsverhältnis Zu § 41 Nr. 2; Unterschrift bei Abtretungsanzeigen Zu § 46 Nr. 5; Wohnsitz Zu § 8 Nr. 5.2; *s. a. Ehegatten*
Legalitätsprinzip Zu § 85; Zu § 88
Legitimationsprüfung bei Kontoerrichtung Zu § 154
Leibrente bei wirtschaftlicher Hilfsbedürftigkeit Zu § 53 Nr. 7
Leichtfertigkeit Zu § 153 Nr. 2.7
Leiharbeit *s. Arbeitnehmerüberlassung*
Leistung durch Dritte Zu § 48
Leistungsgebot, Aussetzung der Vollziehung Zu § 361 Nr. 2.3.1; bei Haftungsbescheiden Zu § 219; bei Säumniszuschlägen Zu § 218 Nr. 2; bei Steueranmeldung Zu § 168 Nr. 1
Leistungsmissbrauch, Durchbrechung des Steuergeheimnisses Zu § 31a
Liquidation, juristische Person, Bekanntgabe Zu § 122 Nr. 2.8.3; Personengesellschaft, Bekanntgabe Zu § 122 Nr. 2.7
Lizenzspielerstatut Zu § 67a Nr. 2
Lohnsteuer, Selbstberechnung der Steuer, Steueranmeldung Zu § 167 Nr. 1
Lohnsteuererstattungsanspruch, Abtretung/Verpfändung/Pfändung Zu § 46 Nr. 1
Lotterie, Zweckbetrieb Zu § 68 Nr. 10 f.

Massenanträge, Erledigung Zu § 367 Nr. 7
Masseneinsprüche, Erledigung Zu § 367 Nr. 7
Masseverbindlichkeiten, sonstige Zu § 251 Nr. 6
Materielle Bestandskraft Vor §§ 172–177
Materielle Fehler, Begriff Zu § 177 Nr. 1; Berichtigung bei der Änderung von Steuerbescheiden Zu § 177; Be-

rücksichtigung bei Berichtigung offenbarer Unrichtigkeiten Zu § 129 Nr. 2
Materielle Satzungsmäßigkeit Zu § 59
Mehrsoll, Vollverzinsung, Zinsberechnung Zu § 233a Nr. 19f., Nr. 51ff.
Mensa, Studentenwerk, Zweckbetrieb Zu § 66 Nr. 5
Mikrofilm, Aufzeichnung von Schriftgut Zu § 147 Nr. 3
Mildtätige Zwecke, Bedürftigkeit Zu § 53 Nr. 4; Begriff Zu § 53 Nr. 1; Entgeltlichkeit Zu § 53 Nr. 2; Unterstützungsbedürftigkeit Zu § 53 Nr. 4; wirtschaftliche Hilfsbedürftigkeit Zu § 53 Nrn. 5–9
Minderheitensprache, Förderung Zu § 52 Nr. 2.4
Minderjährige, Betrieb eines Erwerbsgeschäfts, Bekanntgabe Zu § 122 Nr. 2.2.3
Minderjähriges Kind, Auslandsaufenthalt Zu § 8 Nr. 6.2; Wohnsitz Zu § 8 Nr. 5.4
Mindersoll, berichtigte Steueranmeldung, Fälligkeit Zu § 168 Nr. 3; Zu § 220; Vollverzinsung, Zinsberechnung Zu § 233a Nr. 21ff., Nr. 25, Nr. 53ff.
Minderung zuvor berechneter Nachzahlungszinsen Zu § 233a Nr. 38, Nr. 54, Nr. 57
Missbrauch des Einspruchsverfahrens, Fristsetzung Zu § 364b Nr. 1; von rechtlichen Gestaltungsmöglichkeiten Zu § 42
Miterben, Bekanntgabe Zu § 122 Nr. 2.12.3ff.
Mitgliedsbeiträge, Vereine Zu § 52 Nr. 1.3.1
Mitteilung von Besteuerungsgrundlagen Zu § 31; von Besteuerungsunterlagen im Einspruchsverfahren Zu § 364; ergebnislose Außenprüfung Zu § 202
Mitteilungspflicht, allgemeine Zu § 93a; Änderung eines Steuerbescheids wegen steuererhöhender neuer Tatsachen Zu § 173 Nr. 4; bei Außenprüfungen Zu § 200; Bekämpfung der illegalen Beschäftigung usw. Zu § 31a; der Beteiligten Zu § 88
Mitteilungsverordnung Zu § 93a
Mittelbeschaffungskörperschaft Zu § 56 Nr. 1; Zu § 58 Nr. 1; Rücklagenbildung Zu § 62 Nr. 7
Mittelverwendung für die satzungsmäßigen Zwecke Zu § 55 Nr. 2ff.
Mitwirkungspflicht, Außenprüfung Zu § 200; Beteiligte Zu § 90; bei Steuer(Zoll-)fahndung Zu § 208 Nr. 5
MOSS-Verfahren (Umsatzsteuer), Zinsberechnung Zu § 233a Nr. 62.2
Mündliche Erörterung im Einspruchsverfahren Zu § 364a
Muster, Abtretungs-/Verpfändungsanzeige Zu § 46 Nr. 6; Satzungen Zu § 60
Musterverfahren, vorläufige Steuerfestsetzung bei verfassungsrechtlichen Zweifeln an Steuergesetz Zu § 165 Nr. 4

Nachbarschaftshilfevereine, Gemeinnützigkeit Zu § 52 Nr. 5
Nachhaltigkeit, Begriff Zu § 64 Nr. 2
Nachlass, Bekanntgabe von Steuerverwaltungsakten Zu § 122 Nr. 2.12f.
Nachlasspflegschaft, Bekanntgabe von Steuerverwaltungsakten Zu § 122 Nr. 2.13.2
Nachlassverwaltung, Bekanntgabe von Steuerverwaltungsakten Zu § 122 Nr. 2.13.3
Nachlassvollstreckung, Bekanntgabe von Steuerverwaltungsakten Zu § 122 Nr. 2.12.7
Nachprüfung *s. Vorbehalt der Nachprüfung*
Nachschau, Kassen-N. Zu § 146b
Nachversteuerung, Verstoß gegen Vermögensbindung Zu § 61 Nr. 3ff.
Nachweis der Treuhänderschaft Zu § 159
NATO-Truppenstatut, Wohnsitz/gewöhnlicher Aufenthalt Zu § 8 Nr. 7
Natürliche Person, örtliche Zuständigkeit Zu § 19
Nebenbestimmung zur Aussetzung der Vollziehung Zu § 361 Nr. 9; zum Verwaltungsakt Zu § 120; – im Einspruchsverfahren Zu § 367 Nr. 5; *s. a. Vorbehalt der Nachprüfung; Vorläufigkeit*
Nebenleistungen *s. Steuerliche Nebenleistungen*
Nebenwohnung Zu § 8 Nr. 1.3

Neffen, Angehörige Zu § 15 Nr. 4
Negative Feststellung, Aussetzung der Vollziehung Zu § 361 Nr. 5.3
Nemo-Tenetur-Grundsatz Zu § 153 Nr. 5.3f.
Neue Tatsache, Änderungssperre nach Außenprüfung Zu § 173 Nr. 8; Aufhebung oder Änderung von Steuerbescheiden Zu § 173; Begriff der „Tatsache" Zu § 173 Nr. 1.1; Ermittlungspflicht des Finanzamts Zu § 173 Nr. 4; nachträgliches Bekanntwerden Zu § 173 Nr. 2.1; –, grobes Verschulden Zu § 173 Nr. 5; Rechtserheblichkeit Zu § 173 Nr. 3; Zurechnung der Kenntnis Zu § 173 Nr. 2.3
Nicht begünstigender Verwaltungsakt Vor §§ 130, 131
Nichtanwendungserlass Zu § 176 Nr. 3
Nichten, Angehörige Zu § 15 Nr. 4
Nichtiger Verwaltungsakt Zu § 125; Antrag auf Feststellung Zu § 125 Nr. 3; Bekanntgabe Zu § 122 Nr. 4.1; Einspruch Zu § 347 Nr. 1; Rechtswirkungen Zu § 125
Nichtigkeit, keine N. bei Erlass erstmaliger oder korrigierter Bescheide nach Eintritt der Festsetzungsverjährung Vor §§ 169–171 Nr. 4
Nichtrechtsfähige Personenvereinigung, Bekanntgabe Zu § 122 Nr. 2.4.1.2; Prüfungsanordnung Zu § 197 Nr. 5.2; – bei Liquidation Zu § 197 Nr. 5.6
Nichtveranlagungs-Bescheinigung, Anlaufhemmung Zu § 170 Nr. 3
Niederlassungsfreiheit, Wegzugsteuer Zu § 233a Nr. 2
Niederlegung, Ersatzzustellung Zu § 122 Nr. 3.1.1
Notgeschäftsführer, gesetzliche Vertretung Zu § 34 Nr. 3
Notwendige Hinzuziehung, Einspruchsverfahren Zu § 360
Nullfestsetzung, Beschwer Zu § 350 Nr. 3
Nummernkonto, Verbot Zu § 154 Nr. 8.1
NV-Fälle, Vollverzinsung Zu § 233a Nr. 60
Obst- und Gartenbauverein, Gemeinnützigkeit Zu § 52 Nr. 10
Offenbare Unrichtigkeit, Berichtigung Zu § 129
Offenbarung, Aufsichts-, Steuerungs-, Disziplinarbefugnisse Zu § 30 Nr. 5; Begriff Zu § 30 Nr. 3.2; aufgrund europarechtlicher Vorschriften Zu § 30 Nr. 8; Steuergeheimnis Zu § 30 Nr. 3ff.; Zu § 31; Zu § 31a; Zustimmung des Betroffenen Zu § 30 Nr. 9; zwingendes öffentliches Interesse Zu § 30 Nr. 11
Offene Ladenkasse, Aufzeichnungspflichten Zu § 146 Nr. 3; Kasseneinnahmen/Kassenausgaben Zu § 146 Nr. 3.4
Offene-Posten-Buchhaltung, Buchführung Zu § 146 Nr. 5
Öffentliche Zustellung, Bekanntgabe Zu § 122 Nr. 3.1.5
Ordensgemeinschaft, Mustererklärung Zu § 60 Nr. 5
Ordnungsmäßige Buchführung Zu § 146
Ordnungsvorschriften, Aufbewahrung von Unterlagen Zu § 147; für Buchführung und Aufzeichnungen Zu § 146
Ordnungswidrigkeit, Verletzung der Pflicht zur Kontenwahrheit Zu § 154 Nr. 12f.
Organschaft, Haftung Zu § 73
Örtliche Zuständigkeit Zu §§ 17–27; Bauleistungen Zu § 20a; Ersatzzuständigkeit Zu § 24; Fälle von geringer Bedeutung Zu § 18 Nr. 4; gesonderte Feststellung Zu § 18; Lagefinanzamt Zu § 18; mehrfache Zu § 25; Steuern vom Einkommen und Vermögen natürlicher Personen Zu § 19; Umsatzsteuer Zu § 21; Wechsel Zu § 26; Zuständigkeitsvereinbarung Zu § 27

Pächter und wirtschaftliches Eigentum Zu § 39 Nr. 1
Passivvertretung, führungslose GmbH/AG Zu § 34 Nr. 3
Personenbezogene Daten, Steuergeheimnis Zu § 30 Nr. 1.2

Personengesellschaft, Bekanntgabe von Steuerverwaltungsakten Zu § 122 Nr. 2.4; – an erloschene P. Zu § 122 Nr. 4.4.2; – bei Liquidation Zu § 122 Nr. 2.7; Hinterziehungsvorteil zugunsten der Gesellschafter Zu § 235 Nr. 6; Insolvenz Zu § 251 Nr. 4.4.1; Prüfungsanordnung Zu § 197 Nr. 5; – bei Liquidation Zu § 197 Nr. 5.6; teilweise unterlassene oder unwirksame Bekanntgabe des Feststellungsbescheids Zu § 122 Nr. 4.7

Personenhandelsgesellschaft, Bekanntgabe von Steuerverwaltungsakten Zu § 122 Nr. 2.4; Prüfungsanordnung Zu § 197 Nr. 5.1

Personenvereinigung, Steuerbegünstigung Zu § 51

Pfändung, Anspruch aus dem Steuerschuldverhältnis Zu § 46; Auszahlung der Finanzbehörde trotz Verstoß gegen gesetzliche Vorschriften Zu § 46 Nr. 3; vor Entstehung des Anspruchs Zu § 46 Nr. 1; Rechtsstellung der Beteiligten Zu § 46 Nr. 4

Pferderennverein, Gewinn aus Totalisatorbetrieb Zu § 64 Nr. 32

Pflanzenzuchtverein, Gemeinnützigkeit Zu § 52 Nr. 10, Nr. 12

Pflegeheim, Zweckbetrieb Zu § 68 Nr. 2

Pflegekinder, Angehörige Zu § 15 Nr. 6

Pflegeleistungen, häusliche, Wohlfahrtspflege Zu § 66 Nr. 4

Pflegeverhältnis, Angehörige Zu § 15 Nr. 6

Pipeline, Betriebsstätte Zu § 12 Nr. 2

Politische Zwecke Zu § 52 Nr. 15

Post, Bekanntgabe Zu § 122 Nr. 1.8.2

Postzustellungsurkunde, Bekanntgabe Zu § 122 Nr. 3.1.1

Präklusion Zu § 364b

Prämien, Anwendung der AO Zu § 1 Nr. 2; Anwendung der für Steuervergütungen geltenden Vorschriften Zu § 155 Nr. 4; Aussetzung der Vollziehung Zu § 361 Nr. 4.7; Einspruch Zu § 347 Nr. 6; Festsetzung unter Vorbehalt der Nachprüfung Zu § 164 Nr. 2; Stundungszinsen Zu § 234 Nr. 12

Privatschule, Gemeinnützigkeit Zu § 52 Nr. 4

Protokoll (Nr. 7) über Vorrechte und Befreiungen der EU Zu § 8 Nr. 9

Prozesszinsen, Abrundung des zu verzinsenden Betrages Zu § 236 Nr. 3; Entstehung des Anspruchs auf P. Zu § 236 Nr. 4; bei Realsteuern Zu § 236 Nr. 8; Überschneidung mit Vollverzinsung Zu § 233a Nr. 67; Voraussetzungen Zu § 236 Nr. 1; Zinslauf Zu § 236 Nr. 5

Prüfungsanordnung, Ablaufhemmung durch Außenprüfung Zu § 171 Nr. 3; Ablaufhemmung nach § 171 Abs. 4 AO Zu § 196 Nr. 5; Anfechtung Zu § 196 Nr. 2; Arbeitsgemeinschaften Zu § 197 Nr. 5.4; Aufhebung Zu § 196 Nr. 3; Begründung, Hinweis auf Rechtsgrundlage Zu § 196 Nr. 1; Bekanntgabe Zu § 197; – an gesetzliche Vertreter natürlicher Personen Zu § 197 Nr. 4; Bekanntgabeadressat Zu § 197 Nr. 2.2; Bestimmung des Umfangs einer Außenprüfung Zu § 194 Nr. 4; Empfänger Zu § 197 Nr. 2.3; Erbengemeinschaft Zu § 197 Nr. 8; Erbfolge Zu § 197 Nr. 8; Festlegung des Prüfungsbeginns und -orts Zu § 196 Nr. 1; Form und Wirkung Zu § 196; formwechselnde Umwandlung Zu § 197 Nr. 9.5; Gesamtrechtsnachfolge Zu § 197 Nr. 8; Gesellschafterwechsel bei Personengesellschaften und nichtrechtsfähigen Personenvereinigungen Zu § 197 Nr. 5.7; Insolvenzfälle Zu § 197 Nr. 7; juristische Personen Zu § 197 Nr. 6; nichtrechtsfähige Personenvereinigungen Zu § 197 Nr. 5.2; Personengesellschaften Zu § 197 Nr. 5; Personengesellschaften und nichtrechtsfähige Personenvereinigungen in Liquidation Zu § 197 Nr. 5.6; Personenhandelsgesellschaften Zu § 197 Nr. 5.1; Prüfungssubjekt, Bezeichnung Zu § 197 Nr. 2.1; Spaltung Zu § 197 Nr. 9.3; stille Gesellschaften Zu § 197 Nr. 5.5; Übermittlung an Bevollmächtigte Zu § 197 Nr. 2.4; Umwandlungen Zu § 197 Nr. 9; Vermögensübertragung Zu § 197 Nr. 9.3; Verschmelzung Zu § 197 Nr. 9.2; Verwertungsverbot bei rechtswidriger P. Zu § 196 Nr. 2

Prüfungsbeginn, Aktenstudium, Auskunfts-/Vorlageersuchen Zu § 198 Nr. 1; Antrag auf Verschiebung Zu § 197 Nr. 11; Festlegung Zu § 197 Nr. 10; Festlegung in Prüfungsanordnung Zu § 196 Nr. 1; Konzerne Zu § 198 Nr. 2
Prüfungsbericht, Inhalt Zu § 202
Prüfungsort, Festlegung in Prüfungsanordnung Zu § 196 Nr. 1; Geschäftsräume des Steuerpflichtigen Zu § 200 Nr. 2
Prüfungssubjekt, Prüfungsanordnung Zu § 197 Nr. 2.1
Punktuelle Änderung Zu § 173 Nr. 9

Ratenzahlung, Stundungszinsen bei mehreren Ansprüchen Zu § 234 Nr. 9 f.
Räume, Betretungsrecht Zu § 99
Realakt, Ablehnung eines Antrags auf Erteilung Zu § 347 Nr. 1
Realsteuermessbescheid, Aussetzung der Vollziehung, Unterrichtung der Gemeinde Zu § 361 Nr. 5.4
Realsteuern, Aussetzungszinsen Zu § 237 Nr. 7; Hinterziehungszinsen Zu § 235 Nr. 6; Prozesszinsen Zu § 236 Nr. 8; Steuergeheimnis Zu § 30 Nr. 4.1
Rechenfehler, Änderung der Steuerfestsetzung Zu § 173a
Rechtliches Gehör, Anhörung der Beteiligten Zu § 91; –, Wiedereinsetzung bei Unterlassung Zu § 355 Nr. 2
Rechtmäßigkeit des Verwaltungsaktes Zu § 131 Nr. 1
Rechtsbehelf, Aussetzung der Vollziehung Zu § 361 Nr. 11; –, Begründetheit des R. Zu § 361 Nr. 3.4; Aussetzungszinsen Zu § 237 Nr. 4; Insolvenzantrag Zu § 251 Nr. 2.3; Prozesszinsen Zu § 236 Nr. 1 f.; Rücknahme Zu § 362; Vollverzinsung Zu § 233a Nr. 71 ff.; Zinsbescheid Zu § 239 Nr. 1; *s. a. Einspruch*
Rechtsbehelfsbelehrung, Einspruchsentscheidung Zu § 366 Nr. 3
Rechtsbehelfsverfahren, Änderung von Steuerfestsetzungen auf Antrag/im Rechtsbehelfsverfahren Zu § 174 Nr. 7; Anwendungsbereich des außergerichtlichen R. Vor § 347; Zu § 347 Nr. 6; Aussetzung der Vollziehung, Abschluss des R. Zu § 361 Nr. 2.2; Kosten Vor § 347 Nr. 2; Verfahrensvorschriften Zu § 365
Rechtserheblichkeit, neue Tatsache Zu § 173 Nr. 3
Rechtsgeschäft, unwirksames Zu § 41 Nr. 1
Rechtshilfe, zwischenstaatliche R. in Steuersachen Zu § 117
Rechtsnachfolge, Anzeigepflicht bei Fortführung von Betrieb oder Betriebsstätte Zu § 138 Nr. 1; Bekanntgabe von Steuerverwaltungsakten, Berichtigungsbescheid Zu § 122 Nr. 4.2.2; Bindungswirkung der verbindlichen Auskunft Zu § 89 Nr. 3.6.2; Einspruchsbefugnis Zu § 353; Wirkung eines Einheitswertbescheids Zu § 182 Nr. 1
Rechtsprechung, Vertrauensschutz bei Änderung Zu § 176 Nr. 1 ff.
Rechtsschutzbedürfnis, Einspruchsverfahren Zu § 350 Nr. 6
Rechtswidriger Verwaltungsakt, Rücknahme Zu § 130
Regionale Untergliederungen, steuerbegünstigte Körperschaft Zu § 64 Nr. 25; Steuerbegünstigung Zu § 51 Nr. 2
Religiöse Zwecke Zu § 54
Rentenversicherungsträger, Mitteilung von Besteuerungsgrundlagen Zu § 31
Reservistenverein, Gemeinnützigkeit Zu § 52 Nr. 13
Ressortfremder Grundlagenbescheid Zu § 175 Nr. 1.1
Restschuldbefreiung Zu § 251 Nr. 15; ausgenommene Forderungen Zu § 251 Nr. 15.2; Erteilung Zu § 251 Nr. 15.3
Richter, Offenbarung von Verfehlungen Zu § 30 Nr. 11.8
Richtigstellungsbescheid, fehlerhafte Bezeichnung eines Feststellungsbeteiligten Zu § 182 Nr. 4
Rückforderungen von öffentlichen Mitteln Zu § 31a Nr. 5
Rückforderungsanspruch des Finanzamts Zu § 37 Nr. 2.1

Rücklagenbildung, Erwerb von Gesellschaftsrechten Zu § 62 Nr. 12 f.; Frist Zu § 62 Nr. 14 f.; Selbstlosigkeit Zu § 55 Nr. 3; steuerlich unschädliche Zu § 60; Zu § 62
Rücknahme, verbindliche Auskunft Zu § 89 Nr. 3.6.5; von Verwaltungsakten Vor §§ 130, 131; Zu § 130
Rücknahme des Einspruchs, Änderung des angefochtenen Verwaltungsaktes nach R. Zu § 367 Nr. 2.4; Schriftform Zu § 362 Nr. 1; Unwirksamkeit Zu § 362 Nr. 3
Rückwirkendes Ereignis, Änderung von Steuerbescheiden Zu § 175 Nr. 2; Beispiele Zu § 175 Nr. 2.4; Vollverzinsung Zu § 233a Nr. 10, Nr. 28 ff., Nr. 42 ff., Nr. 74
Rückwirkung, Aufrechnung Zu § 226 Nr. 2; Vorläufigkeit bei R. eines DBA Zu § 165 Nr. 2
Ruhen des Einspruchsverfahrens Zu § 363
Rundfunkanstalt, Mitteilungspflicht Zu § 93a

Sachaufsichtsbeschwerde Vor § 347 Nr. 1
Sacheinlagen, Selbstlosigkeit Zu § 55 Nr. 23
Sachliche Zuständigkeit Zu § 16
Sach- und Rechtsstand, Erörterung im Einspruchsverfahren Zu § 364a
Sachverhalt, tatsächliche Verständigung Zu § 201 Nr. 5
Sachverhaltsermittlung Zu § 88
Sachverständiger, Entschädigungspflicht Zu § 107; Steuergeheimnis Zu § 30 Nr. 2.4
Sanierung nach § 270b InsO Zu § 251 Nr. 13.1
Satzung, Anforderungen Zu § 59 Nr. 1 f.; Zu § 60; Muster Zu § 60 Nr. 2; Ordensgemeinschaften Zu § 60 Nr. 5; tatsächliche Geschäftsführung Zu § 60 Nr. 6; Vermögensbindung Zu § 61; Vorliegen der Voraussetzungen Zu § 60 Nr. 7
Satzungsänderung, Aufhebung der Feststellung Zu § 60a Nr. 7
Satzungsmäßige Zwecke, Mittelverwendung Zu § 55 Nr. 3
Säumniszuschlag, Änderung der Steuerfestsetzung Zu § 240 Nr. 2; Ausschöpfung der wirtschaftlichen Leistungsfähigkeit Zu § 240 Nr. 5; Aussetzung der Vollziehung Zu § 240 Nr. 6; berichtigte Steueranmeldung mit Mindersoll Zu § 168 Nr. 5; Eintritt der Säumnis Zu § 240 Nr. 1; Einwendungen Zu § 240 Nr. 8; Erhebung bei Gesamtschuldnern Zu § 240 Nr. 3; Erlass der Hauptschuld Zu § 240 Nr. 5; Erlassantrag Zu § 240 Nr. 8; Fälligkeitssteuern Zu § 240 Nr. 1; Festsetzungsverjährung Vor §§ 169–171 Nr. 6; Herabsetzung der Vorauszahlungen Zu § 240 Nr. 6; Leistungsgebot Zu § 218 Nr. 2; offenbares Versehen eines bisher pünktlichen Steuerzahlers Zu § 240 Nr. 5; plötzliche Erkrankung des Steuerpflichtigen Zu § 240 Nr. 5; rückwirkende Aufhebung der Vollziehung Zu § 361 Nr. 7.4; Rückwirkung einer Aufrechnung Zu § 226 Nr. 2; sachliche oder persönliche Unbilligkeit Zu § 240 Nr. 5; steuerliche Nebenleistungen Zu § 240 Nr. 4; Stundung Zu § 240 Nr. 6; Überschneidung mit Vollverzinsung Zu § 233a Nr. 64; Vollstreckungsaufschub Zu § 240 Nr. 7; Zahlungsunfähigkeit und Überschuldung Zu § 240 Nr. 5; zinslose Stundung der Hauptforderung Zu § 240 Nr. 5
Schätzung bei Beanstandung des Buchführungsergebnisses Zu § 158; der Besteuerungsgrundlagen Zu § 162; Fristsetzung im Einspruchsverfahren Zu § 364b Nr. 1; Offenlegung der Verhältnisse von Vergleichsbetrieben Zu § 162 Nr. 3; Steuererklärungspflicht Zu § 162 Nr. 2; des Überschusses Zu § 64 Nr. 33 ff.; Verstoß gegen Mitwirkungspflichten Zu § 90; Vorbehalt der Nachprüfung Zu § 162 Nr. 4
Schätzungsveranlagung, Änderung Zu § 173 Nr. 7
Scheinarbeitsverhältnis, steuerliche Behandlung Zu § 41 Nr. 2
Scheingeschäft, Benennung von Gläubigern und Zahlungsempfängern Zu § 160 Nr. 3
Scheinverwaltungsakt, Einspruch Zu § 347 Nr. 1

Scheinwohnsitz, steuerliche Behandlung Zu § 41 Nr. 2
Schiedsverfahren Zu § 175a
Schlichte Änderung, Einspruch Zu § 347 Nr. 2; Zu § 350 Nr. 6; Grundsatz Zu § 172 Nr. 2; eines Steuerbescheids nach Bekanntgabe der Einspruchsentscheidung Zu § 172 Nr. 5
Schlussbesprechung, Abschluss der Außenprüfung Zu § 201 Nr. 2; Richtigstellung von Rechtsirrtümern Zu § 201 Nr. 1; unterlassene S., Verwertung der Prüfungsergebnisse Zu § 201 Nr. 4; Verzicht auf S. Zu § 201 Nr. 3
Schonfrist, Zahlungs-Schonfrist Zu § 240 Nr. 1
Schonvermögen Zu § 53 Nr. 9
Schreibfehler, Änderung der Steuerfestsetzung Zu § 173a
Schriftform, Antrag auf verbindliche Auskunft Zu § 89 Nr. 3.4; Bekanntgabe Zu § 122 Nr. 1.8.1; Einspruch Zu § 357 Nr. 1; Einspruchsrücknahme Zu § 362 Nr. 1; elektronische Übermittlung Zu § 87a Nr. 3; Zinsbescheid Zu § 239 Nr. 1
Schuldenbereinigungsverfahren Zu § 251 Nr. 12.2
Schulschwimmen Zu § 67a Nr. 13
Schützenbruderschaft, Gemeinnützigkeit Zu § 52 Nr. 11
Schwarzarbeit, Begriff Zu § 31a Nr. 2.2
Schwimmverein, Tätigkeiten Zu § 67a Nr. 13
Selbstanzeige, Abgrenzung von der Anzeige- und Berichtigungspflicht Zu § 153 Nr. 2; Ablaufhemmung Zu § 171 Nr. 4.4
Selbstberechnung der Steuer, Steueranmeldung Zu § 150; Zu § 167
Selbstlosigkeit, Begriff Zu § 55 Nr. 1; eingezahlte Kapitalanteile Zu § 55 Nr. 23; Erfüllung von Ansprüchen auf zugewendetes Vermögen Zu § 55 Nr. 11 ff.; Rückgabe von Wirtschaftsgütern Zu § 55 Nr. 31, Nr. 33; Rücklagenbildung Zu § 55 Nr. 3; Sacheinlagen Zu § 55 Nr. 23; Stiftung (Ausnahme von der Vermögensbindung) Zu § 55 Nr. 32; Vergabe von Darlehen Zu § 55 Nr. 15 ff.; Vermögensbindung Zu § 55 Nr. 25; Zu § 61; Verwaltungsausgaben Zu § 55 Nr. 18 ff.; Verwendung der Mittel Zu § 55 Nr. 3; Wohlfahrtspflege Zu § 66 Nr. 2; zeitnahe Verwendung der Mittel Zu § 55 Nr. 27 ff.; Zuwendungen an Mitglieder Zu § 55 Nr. 9 f.
Selbstversorgungseinrichtung, Zweckbetrieb Zu § 68 Nr. 4
Sicherheitsleistung, Aussetzung der Vollziehung Zu §§ 241–248; Zu § 361 Nr. 9.2
Sicherungsabtretung, geschäftsmäßiger Erwerb und geschäftsmäßige Einziehung von Erstattungs- und Vergütungsansprüchen Zu § 46 Nr. 2; Pflichten des Sicherungsnehmers Zu § 35 Nr. 3
Sicherungsnehmer als Verfügungsberechtigter Zu § 35 Nr. 3
Sicherungsübereignung, Pflichten des Sicherungsnehmers Zu § 35 Nr. 3
Signatur, elektronische *s. Elektronische Signatur*
Soldatenverein, Gemeinnützigkeit Zu § 52 Nr. 13
Sollverzinsung, Stundungszinsen Zu § 234 Nr. 1; Vollverzinsung Zu § 233a Nr. 12 f.
Sonderbetriebsausgaben, Feststellungsverfahren bei typischer stiller Unterbeteiligung Zu § 179 Nr. 5
Sorgfaltspflicht *s. Grobes Verschulden*
Sozialhilfe Zu § 53 Nr. 5
Sozialkaufhaus Zu § 53 Nr. 12
Sozialleistungen, Begriff Zu § 31a Nr. 4.1.1
Sozialversicherungsträger, Mitteilung von Besteuerungsgrundlagen Zu § 31
Spaltung, Bekanntgabe von Prüfungsanordnungen Zu § 197 Nr. 9.3; Bekanntgabe von Steuerverwaltungsakten Zu § 122 Nr. 2.15
Speicherbuchführung Zu § 146 Nr. 5
Spenden i. Z. m. Aufnahme in Verein Zu § 52 Nr. 1.3.1; Auskünfte über Steuerbegünstigung Zu § 30 Nr. 4.2; Rücklagenbildung Zu § 62 Nr. 3
Spendenbescheinigung, missbräuchliche Ausstellung Zu § 63 Nr. 3
Spendensammelverein, Steuerbegünstigung Zu § 58 Nr. 1

Spendenwerbung Zu § 55 Nr. 18 ff.
Sperrwirkung, bestandskräftiger Haftungsbescheid Zu § 191 Nr. 5.2
Spielertrainer Zu § 67a Nr. 36
Spielgemeinschaften von Sportvereinen Zu § 67a Nr. 20
Spitzenverband, unmittelbare Zweckverfolgung Zu § 57 Nr. 3
Sponsoring Zu § 64 Nr. 7 ff.
Spontanauskunft Zu § 194 Nr. 6
Sport, Gemeinnützigkeit Zu § 52 Nr. 6 f.
Sportgeräte, Zweckbetrieb Zu § 67a Nr. 14
Sporthilfe, Zuwendungen an Sportler Zu § 67a Nr. 34
Sportliche Veranstaltungen, Ablösezahlungen Zu § 67a Nr. 19, Nr. 39 f.; Aus- und Fortbildung Zu § 67a Nr. 5; Begriff Zu § 67a Nr. 3 ff.; Bezahlung von Sportlern Zu § 67a Nr. 18, Nr. 26 ff.; Einnahmen Zu § 64 Nr. 20; Mannschaftssportart Zu § 67a Nr. 24; Spielgemeinschaften mehrerer Sportvereine Zu § 67a Nr. 20; Sportreise Zu § 67a Nr. 4; Sportunterricht Zu § 67a Nr. 5; Sportverein (Begriff) Zu § 67a Nr. 2; Übertragung des Rechts auf Nutzung von Werbeflächen Zu § 67a Nr. 9; Unterhaltung von Vereinsheimen u. ä. Zu § 67a Nr. 10; Verkauf von Speisen und Getränken Zu § 67a Nr. 6 ff.; Vermietung von Sportstätten Zu § 67a Nr. 11 ff.; Verzicht auf Anwendung der Zweckbetriebsgrenze Zu § 67a Nr. 21 ff.; Werbung Zu § 67a Nr. 6; Zweckbetriebsgrenze Zu § 67a Nr. 1, Nr. 17
Sportreisen Zu § 67a Nr. 4
Sportstätten, Nutzungsüberlassung Zu § 58 Nr. 5
Sportverein, Gemeinnützigkeit Zu § 67a; *s. a. Sportliche Veranstaltungen*
Sprungklage, Rechtshängigkeit Zu § 236 Nr. 5
Standby-Wohnung Zu § 8 Nr. 3
Statthaftigkeit, Einspruch Zu § 347
Steuerabzugsbeträge, Aufhebung der Vollziehung Zu § 361 Nr. 7.2; Aussetzung der Vollziehung, Berechnung der auszusetzenden Steuer Zu § 361 Nr. 5; Beschwer im Einspruchsverfahren Zu § 350 Nr. 2; gesonderte Feststellung Zu § 180 Nr. 6; Vollverzinsung Zu § 233a Nr. 2
Steueranmeldung, Abgabe bei einem unzuständigen Finanzamt Zu § 167 Nr. 4; abweichende Steuerfestsetzung Zu § 168 Nr. 6; –, Fälligkeit der Steuervergütung bzw. des Mindersolls Zu § 168 Nr. 9; –, Zahlungsfrist für Differenzbetrag Zu § 168 Nr. 8; allgemein erteilte Zustimmung Zu § 168 Nr. 9; Aufhebung der Vollziehung Zu § 361 Nr. 7.3; Beginn der Einspruchsfrist Zu § 355 Nr. 1; Berichtigung mit geringerem Vergütungsbetrag/Mehrsoll Zu § 168 Nr. 12; Einspruchsverfahren Zu § 168 Nr. 13; Fälligkeit bei Zustimmungspflicht Zu § 220; Fälligkeit der angemeldeten Steuer Zu § 168 Nr. 1; Form und Inhalt Zu § 150; Herabsetzung der bisher angemeldeten Steuer Zu § 168 Nr. 3; Korrektur unabhängig von formeller Bestandskraft Vor §§ 172–177 Nr. 4; Mindersoll Zu § 168 Nr. 3; Selbstberechnung der Steuer Zu § 167; Steuervergütung, Antrag auf Steuerfestsetzung Zu § 168 Nr. 2; Wirkung Zu § 168 Nrn. 1–3; Zustimmung Zu § 168
Steuer-Auskunftsverordnung, Anwendung Zu § 89 Nr. 5
Steuerbegünstigte Zwecke Zu §§ 51 ff.; Ausschließlichkeit Zu § 56; Begriff der Körperschaften Zu § 51; tatsächliche Geschäftsführung Zu § 63; Unmittelbarkeit Zu § 57; unschädliche Betätigungen Zu § 58
Steuerbegünstigung, Abschnittsbesteuerung Zu § 51 Nr. 3; Veranlagungsverfahren Zu § 59 Nr. 3; vorläufige Bescheinigung Zu § 59 Nr. 4
Steuerberatende Berufe, Auskunftsverweigerungsrecht, Vorlage von Urkunden und Wertsachen Zu § 104; keine Anzeige- und Berichtigungspflicht Zu § 153 Nr. 4
Steuerberater als Empfangsbevollmächtigter Zu § 122 Nr. 1.7
Steuerberatung, Einspruch Zu § 347 Nr. 5

Steuerbescheid, abweichende Steuerfestsetzung bei Steueranmeldung Zu § 168 Nr. 6; Änderung bei Datenübermittlung durch Dritte Zu § 175b; Änderungsbescheid Zu § 173 Nr. 2.4; Bekanntgabe Zu § 122 Nr. 1.2; Form und Inhalt Zu § 157; Versendung in geschlossenem Umschlag Zu § 157 Nr. 1; Verwaltungsakt Zu § 118; *s. a. Änderung; Aufhebung; Festsetzungsfrist; Steuerfestsetzung*

Steuererklärung, Abgabe Zu § 149; Ablaufhemmung Zu § 171 Nr. 2; Aufnahme an Amtsstelle Zu § 151; Beginn der Festsetzungsfrist, Anlaufhemmung Zu § 170 Nr. 3; elektronische Übermittlung Zu § 87a Nr. 1; ELSTER-Formular, grobes Verschulden Zu § 173 Nr. 5.6; Empfangsvollmacht Zu § 122 Nr. 1.7.2; Form und Inhalt Zu § 150; grobes Verschulden bei Nichtabgabe Zu § 173 Nr. 5; Insolvenzverwalter Zu § 251 Nr. 4.2

Steuererlass *s. Billigkeitsmaßnahme; Erlass*

Steuerermäßigung, Mitteilung von Verhältnissen Dritter Zu § 30 Nr. 4.3

Steuererstattung, Anwendung der AO Zu § 1 Nr. 1; *s. a. Erstattung*

Steuerfahndung, Ablaufhemmung Zu § 171 Nr. 4; Aufgaben Zu § 208 Nr. 1; Außenprüfung, Änderungssperre Zu § 173 Nr. 8.4; Maßnahmen im Besteuerungsverfahren Zu § 208 Nr. 3; Mitwirkungspflicht des Steuerpflichtigen Zu § 208 Nr. 5; Rechte und Pflichten der S. Zu § 208 Nr. 2

Steuerfestsetzung, Absehen Zu § 156; Änderung wegen Schreib-/Rechenfehlern in der Erklärung Zu § 173a; Bestandskraft Vor §§ 172–177; Billigkeitsmaßnahmen Zu § 163; Grundsatz Zu § 155; Nachholung innerhalb der Festsetzungsfrist Zu § 156; Rückzahlung überzahlter Beträge Zu § 155 Nr. 3; unter Vorbehalt der Nachprüfung Zu § 164; –, Steueranmeldung Zu § 168 Nrn. 1–3; vorläufige Zu § 165; widerstreitende Zu § 174; Zulagen Zu § 155 Nr. 4; *s. a. Festsetzungsfrist; Steuerbescheid*

Steuergefährdung, Verletzung der Pflicht zur Kontenwahrheit Zu § 154 Nr. 12 f.

Steuergeheimnis, Begriff und Umfang Zu § 30; Durchbrechung auf Grund außersteuerlicher Vorschriften Zu § 30 Nr. 7; Offenbarung Zu § 30 Nr. 3 ff.; Richtigstellung unwahrer Tatsachen Zu § 30 Nr. 11.10; Schutzumfang Zu § 30 Nr. 1; verpflichteter Personenkreis Zu § 30 Nr. 2

Steuergesetz, Auslegung Zu § 4; Begriff Zu § 33 Nr. 3

Steuerhehler, Haftung Zu § 71

Steuerhinterziehung, bedingter Vorsatz Zu § 153 Nr. 2.6; Festsetzungsfrist Zu § 169 Nr. 2; Haftung Zu § 71; Zinsen *s. Hinterziehungszinsen*

Steuerliche Nebenleistungen, Anwendung der AO Zu § 1 Nr. 3; Begriff Zu § 3; Säumniszuschläge Zu § 240 Nr. 4; Verhältnis zur Vollverzinsung Zu § 233a Nr. 63 ff.

Steuermessbescheid, Wahrung der Festsetzungsfrist Zu § 169 Nr. 1

Steuermessbetrag, Festsetzung Zu § 184; – unter Vorbehalt der Nachprüfung Zu § 164 Nr. 2; Festsetzungsverjährung Vor §§ 169–171 Nr. 6

Steuern Zu § 3

Steuerordnungswidrigkeitenverfahren, Steuergeheimnis Zu § 30 Nr. 4

Steuerpflichtiger, Begriff Zu § 33; Fehler bei Erstellung der Steuererklärung Zu § 129 Nr. 4; Mitwirkungspflichten bei Außenprüfung Zu § 200

Steuerpflichtiger wirtschaftlicher Geschäftsbetrieb, Altmaterialsammlungen Zu § 64 Nr. 26 ff.; Aufteilung einer Körperschaft Zu § 64 Nr. 25; Besteuerungsgrenze Zu § 64 Nr. 15 ff.; Beteiligung an Personen- und Kapitalgesellschaften Zu § 64 Nr. 3; Betriebsausgaben Zu § 64 Nr. 4 ff.; Einnahmen aus sportlichen Veranstaltungen Zu § 64 Nr. 20; Gewinnverwendung Zu § 55 Nr. 2; Höhe der Einnahmen Zu § 64 Nr. 15 ff.; nachhaltige Tätigkeit Zu § 64 Nr. 2; pauschale Gewinnermittlung Zu § 64 Nr. 29 ff.; –, Werbung Zu § 64 Nr. 30; Sponsoring Zu § 64 Nr. 7 ff.; Verluste Zu § 55 Nr. 3 ff.; Werbung Zu § 64 Nr. 5; Zusammenfassung Zu § 64 Nr. 12, Nr. 14; Zuwendungen

und Vergütungen an Mitglieder Zu § 64 Nr. 13
Steuerschuldner, Steuerpflichtiger Zu § 33
Steuerschuldverhältnis, Ansprüche Zu § 37; –, Entstehung Zu § 38 Nr. 1; –, Erlöschen Zu § 47; –, Verwirklichung Zu § 218
Steuerstrafverfahren und Außenprüfung Zu § 193 Nr. 2; Steuergeheimnis Zu § 30 Nr. 4
Steuerumgehung, Verhinderung Zu § 42
Steuervergünstigung, Feststellung der Voraussetzungen in einem Grundlagenbescheid, Antragsfrist Zu § 175 Nr. 1.6
Steuervergütung, Anwendung der AO Zu § 1 Nr. 1; Empfang durch Bevollmächtigten Zu § 80 Nr. 2; Fälligkeit Zu § 220; Festsetzung unter Vorbehalt der Nachprüfung Zu § 164 Nr. 2; Stundungszinsen Zu § 234 Nr. 12
Steuerverkürzung, Hinterziehungszinsen Zu § 235 Nr. 4
Steuervorteile, gesetzlich nicht vorgesehene Zu § 42 Nr. 2.4
Stiftung, Angehörigenbegriff Zu § 58 Nr. 7; unschädliche Mittelverwendung Zu § 55 Nr. 14; Zu § 58 Nr. 6 ff.; Vermögensbildung Zu § 62 Nr. 17; Vermögensbindung Zu § 55 Nr. 32; Zuschüsse an Wirtschaftsunternehmen Zu § 58 Nr. 11
Stiftung Deutsche Sporthilfe, Zuwendungen an Sportler Zu § 67a Nr. 34
Stille Gesellschaft, Bekanntgabe von Steuerverwaltungsakten Zu § 122 Nr. 2.4.1; gesonderte und einheitliche Feststellung Zu § 179 Nr. 4; Prüfungsanordnung Zu § 197 Nr. 5.5
Strafbarkeit, Missbrauch von rechltichen Gestaltungsmöglichkeiten Zu § 42 Nr. 3
Strafverfahren, Steuergeheimnis Zu § 30 Nr. 10
Studentenverbindung, Gemeinnützigkeit Zu § 52 Nr. 11
Studentenwerke, Mensa-/Cafeteria-Betriebe als Zweckbetrieb Zu § 66 Nr. 5
Stundung, Abgrenzung zur Aussetzung der Vollziehung Zu § 361 Nr. 1.4; Auswirkung auf Aussetzungszinsen Zu § 237 Nr. 5; Ratenzahlung Zu § 234 Nr. 9 f.; Säumniszuschläge Zu § 240 Nr. 6; Widerruf oder Rücknahme Zu § 234 Nr. 3
Stundungszinsen, Herabsetzung der gestundeten Steuer Zu § 234 Nr. 2; Kleinbetragsregelung Zu § 234 Nr. 8; bei Ratenzahlungen Zu § 234 Nr. 9 f.; Sollverzinsung Zu § 234 Nr. 1; Überschneidung mit Vollverzinsung Zu § 233a Nr. 65; Verzicht auf Erhebung Zu § 234 Nr. 11; zu verzinsende (Einzel-)Forderungen Zu § 234 Nr. 7; vorzeitige Tilgung Zu § 234 Nr. 1; Zinslauf, Beginn Zu § 234 Nr. 4; –, Ende Zu § 234 Nr. 5; Zinsmonat Zu § 234 Nr. 6
Subsidiarität der Haftung des Haftungsschuldners Zu § 219 Nr. 2
Subventionen, Begriff Zu § 31a Nr. 4.1.2
Subventionsbetrug, Steuergeheimnis Zu § 30 Nr. 11.6

Tatbestand, Zweifel an Verwirklichung, Vorläufigkeit Zu § 165 Nr. 1
Tätigkeitsfinanzamt, Zuständigkeit Zu § 19 Nr. 2
Tätigkeitsvergütungen, Vereinsvorstand Zu § 55 Nr. 24
Tatsache, neue *s. Neue Tatsache*; Vorläufigkeit bei ungewisser T. Zu § 165 Nr. 1
Tatsächliche Verständigung Zu § 201 Nr. 5; im Einspruchsverfahren Zu § 364a Nr. 1; Zu § 365 Nr. 1; Zulässigkeit Zu § 88 Nr. 4
Tauschringe, Gemeinnützigkeit Zu § 52 Nr. 5
Teilabhilfe, Einspruchsverfahren Zu § 365 Nr. 2
Teil-Einspruchsentscheidung Zu § 367 Nr. 6
Teil-Unterschiedsbeträge, Abrundung Zu § 233a Nr. 31, Nr. 49; bei erstmaliger Steuerfestsetzung Zu § 233a Nr. 29 ff.; bei geänderter Steuerfestsetzung Zu § 233a Nr. 47 ff.

Teilzahlungen, Vollverzinsung Zu § 233a Nr. 23 f.
Telefax, Abtretungsanzeige Zu § 46 Nr. 7; Bekanntgabe von Steuerverwaltungsakten Zu § 122 Nr. 1.8.2; Einspruch Zu § 357 Nr. 1; kein elektronisches Dokument Zu § 87a Nr. 4
Telefonseelsorge, Gemeinnützigkeit Zu § 53 Nr. 1
Termin, Begriff Zu § 108
Terrorismusfinanzierung, Mitteilungspflicht Zu § 31b
Terroristische Aktivitäten, Auskunftserteilung Zu § 30 Nr. 11.9
Testamentsvollstrecker, Haftung Zu § 69
Testamentsvollstreckung, Bekanntgabe von Steuerverwaltungsakten Zu § 122 Nr. 2.13
Tierzuchtverein, Gemeinnützigkeit Zu § 52 Nr. 10, Nr. 12
Titulierung, Insolvenzforderungen Zu § 251 Nr. 5.3.1
Totalisatorbetrieb, pauschale Gewinnermittlung Zu § 64 Nr. 32
Trainer, Vergütungen Zu § 67a Nr. 29, Nr. 36
Treu und Glauben, Änderung eines Steuerbescheids wegen steuererhöhender neuer Tatsachen Zu § 173 Nr. 4; Ermessensausübung Zu § 5; Ermittlungspflicht des Finanzamts Zu § 173 Nr. 4
Treuhänder, Auskunftsverweigerungsrecht Zu § 159; Benennung von Gläubigern und Zahlungsempfängern Zu § 160 Nr. 3; Nachweis Zu § 159

Überleitung von Ansprüchen nach Sozialrecht Zu § 46 Nr. 4
Übermaßverbot, Ermessensausübung Zu § 5
Überprüfung, Festsetzung unter Vorbehalt der Nachprüfung bis zu abschließender Ü. Zu § 164 Nr. 3
Überschuldung, Erlass von Säumniszuschlägen Zu § 240 Nr. 5; Insolvenzverfahren Zu § 251 Nr. 2.1.3
Überzahlung, Geltendmachung des Erstattungsanspruchs außerhalb des Festsetzungsverfahrens Zu § 155 Nr. 3
Übungsleiterpauschale Zu § 67a Nr. 15
Umbuchung, Billigkeitsregelung Zu § 226 Nr. 2
Umsatzsteuer, Abweichung von der Steueranmeldung, Vorbehalt der Nachprüfung Zu § 168 Nr. 7; Änderung wegen neuer Tatsachen Zu § 173 Nr. 6.3; insolvenz-rechtliche Zuordnung Zu § 251 Nr. 9.2; nachträgliche Festsetzung, Verzinsung Zu § 233a Nr. 70.2; Organschaft, Haftung Zu § 73 Nr. 3.1.2; örtliche Zuständigkeit Zu § 21; Schätzung Zu § 173 Nr. 6.3; Selbstberechnung der Steuer, Steueranmeldung Zu § 150; Zu § 167 Nr. 1; Steuererklärung, Ablaufhemmung Zu § 171 Nr. 2; Vollverzinsung Zu § 233a Nr. 62; Voranmeldung, Vorbehalt der Nachprüfung kraft Gesetzes Zu § 168 Nr. 7
Umsatzsteuer-Nachschau Zu § 193 Nr. 6
Umwandlungen, Bekanntgabe von Steuerverwaltungsakten Zu § 122 Nr. 2.16; Gesamtrechtsnachfolge Zu § 45; Haftung Zu § 73 Nr. 3.2; Prüfungsanordnung Zu § 197 Nr. 9
Umweltschutz und Steuergeheimnis Zu § 30 Nr. 11.7
Unanfechtbarkeit, Bestandskraft von Steuerbescheiden Vor §§ 172–177
Unangemessene rechtliche Gestaltung Zu § 42 Nr. 2.2
Unaufschiebbare Maßnahmen, Zuständigkeit Zu § 24 Nr. 2
Unbedenklichkeitsbescheinigung, Anwendung der AO Zu § 1 Nr. 4
Unbekannte Erben, Bekanntgabe Zu § 122 Nr. 2.13
Unbillige Härte, Aussetzung der Vollziehung Zu § 361 Nr. 2.1, Nr. 2.6
Unbilligkeit, Säumniszuschläge Zu § 240 Nr. 5
Unmittelbarkeit Zu § 57; bei Dachverband Zu § 57 Nr. 3
Unrichtigkeit, offenbare Zu § 129
Unschädliche Betätigungen, Erwerb von Gesellschaftsrechten Zu § 58 Nr. 12; freie Rücklage Zu § 58 Nr. 12; gesellige Zusammenkünfte Zu § 58 Nr. 10; Rücklagenbildung Zu § 58

Nr. 12; Spendensammelvereine Zu § 58 Nr. 1; steuerbegünstigte Zwecke Zu § 58; Stiftung, Grabpflege und Unterhalt nächster Angehöriger Zu § 58 Nr. 6 ff.; Weitergabe von Mitteln Zu § 58 Nr. 2 f.

Unterbeteiligung, Feststellungsverfahren bei atypischer stiller U. Zu § 179 Nr. 4; – bei Treuhandverhältnissen Zu § 179 Nr. 4; – bei typischer stiller U. Zu § 179 Nr. 5

Unterbrechung der Zahlungsverjährung Zu § 231

Unterbrechungswirkung, Insolvenzverfahrenseröffnung Zu § 251 Nr. 4.1.2

Unterlagen, Ordnungsvorschriften Zu § 147

Unternehmen, Begriff Zu § 75 Nr. 3.1; Übereignung im Ganzen Zu § 75 Nr. 3.2

Unternehmenssteuern, Haftung Zu § 74 Nr. 2; Zu § 75 Nr. 4.1

Unternehmergesellschaft, Rücklagenbildung Zu § 55 Nr. 22

Untersuchungsgrundsatz Zu § 88

Unwirksame Rechtsgeschäfte, steuerliche Behandlung Zu § 41

Unwirksamer Verwaltungsakt, Bekanntgabemängel Zu § 122 Nr. 4.3; inhaltliche Mängel Zu § 122 Nr. 4.1

Unzuständige Behörde, Einspruchseinlegung Zu § 357 Nr. 2

Urkunden, Verweigerung der Vorlage Zu § 104

Veranlagung, betriebsnahe Zu § 85 Nr. 3 f.

Verbände, Amtshilfe oder Auskunftspflicht Zu § 111 Nr. 2

Verbandsmäßige Zuständigkeit Zu § 16 Nr. 2

Verbindliche Auskunft Zu § 89 Nr. 3; Ablehnung eines Antrags auf Erteilung Zu § 347 Nr. 1; Bindungswirkung Zu § 89 Nr. 3.6; Erteilung Zu § 89 Nr. 3.5; Gebühren Zu § 89 Nr. 4; –, Festsetzung Zu § 89 Nr. 4.4; Gegenstandswert Zu § 89 Nr. 4.2; Rechtsbehelf Zu § 89 Nr. 3.7; Zuständigkeit Zu § 89 Nr. 3.3

Verbindliche Zusage Zu §§ 204 ff.; *s. a. Zusage*

Verböserung im Einspruchsverfahren Zu § 367 Nr. 2.2

Verbraucherinsolvenzverfahren Zu § 251 Nr. 12

Verbrechen, Begriff Zu § 30 Nr. 11.2.1

Verein, zu berücksichtigende Mitglieder Zu § 52 Nr. 1.3.2; Mitgliedsbeiträge Zu § 52 Nr. 1.3.1; Mustersatzung Zu § 60 Nr. 2

Vereinsgaststätte Zu § 67a Nr. 10

Vereinsheim Zu § 67a Nr. 10

Vereinsschwimmen Zu § 67a Nr. 13

Vereinsvorstand, Tätigkeitsvergütungen Zu § 55 Nr. 24

Verfahren, Auskunft durch Finanzbehörde Zu § 89

Verfahrensaussetzung, Einspruchsverfahren Zu § 363

Verfahrensbeteiligung Zu § 78

Verfahrensfehler bei der Bekanntgabe Zu § 122 Nr. 4; Folgen Zu § 127; Heilung Zu § 126

Verfahrensruhe, Einspruchsverfahren Zu § 363

Verfassungsbeschwerde, Aussetzung der Vollziehung Zu § 361 Nr. 1.3

Verfassungsfeindliche Bestrebungen, Ausschluss von der Steuerbegünstigung Zu § 51 Nr. 8 ff.

Verfassungsmäßige Ordnung, tatsächliche Geschäftsführung Zu § 63 Nr. 5

Verfassungsrechtliche Zweifel an Steuergesetz, vorläufige Steuerfestsetzung Zu § 165 Nr. 4

Verfassungswidrigkeit, Rüge mit Einspruch Zu § 350 Nr. 6; *s. a. BVerfG*

Verfügungsberechtigter, Begriff Zu § 35; Haftung Zu § 69; Kontenwahrheit Zu § 154 Nr. 4

Verfügungsberechtigung, Erlöschen, Erfüllung steuerlicher Pflichten Zu § 36

Vergeblichkeitsmeldung Zu § 154 Nr. 10.6

Vergleichsbetriebe, Offenlegung Zu § 162 Nr. 3; Vorlage der Steuerakten Zu § 30 Nr. 4.4

Vergütungsanspruch, Abtretung/Verpfändung/Pfändung Zu § 46

Verhältnismäßigkeit, Ermessensausübung Zu § 5
Verhältnismäßigkeitsprinzip, Ermittlungshandlungen Zu § 88 Nr. 1
Verjährung, Hinterziehungszinsen Zu § 235 Nr. 7; *s. a. Festsetzungsverjährung; Zahlungsverjährung*
Verlobte, Angehörige Zu § 15
Verlustausgleich, Selbstlosigkeit Zu § 55 Nr. 3 ff.
Verlustrücktrag, Vollverzinsung Zu § 233a Nr. 10, Nr. 28 ff., Nr. 42 ff.
Vermietung und Verpachtung, örtliche Zuständigkeit für gesonderte Feststellung der Einkünfte Zu § 18 Nr. 3
Vermögen, Schonung bei wirtschaftlicher Hilfsbedürftigkeit Zu § 53 Nr. 9; Zuständigkeit Zu § 19 Nr. 5
Vermögensbildung, Ausnahmen von der zeitnahen Mittelverwendung Zu § 62 Nr. 16 f.
Vermögensbindung, Aufhebung der satzungsmäßigen V. Zu § 61 Nr. 2; satzungsmäßige Zu § 61; Selbstlosigkeit Zu § 55 Nr. 25, Nr. 32; Verstöße Zu § 61 Nr. 3 ff.
Vermögensmasse, Steuerbegünstigung Zu § 51
Vermögensteuer, Vollverzinsung Zu § 233a Nr. 61.1 f.
Vermögensübernahme, Haftung Zu § 75
Vermögensübertragung, Prüfungsanordnung Zu § 197 Nr. 9.3
Vermögensverwalter, Haftung Zu § 69; Pflichten Zu § 34
Vermögensverwaltung, Rücklagenbildung Zu § 62; steuerbegünstigte Körperschaft Zu § 55 Nr. 8; –, Beteiligung an Kapitalgesellschaft Zu § 64 Nr. 3
Verpfändung, Anspruch aus dem Steuerschuldverhältnis Zu § 46; Anzeige nach amtlichem Vordruck Zu § 46 Nr. 6; Auszahlung der Finanzbehörde trotz Verstoß gegen gesetzliche Vorschriften Zu § 46 Nr. 3; vor Entstehung des Anspruchs Zu § 46 Nr. 1; geschäftsmäßiger Erwerb und geschäftsmäßige Einziehung von Erstattungs- und Vergütungsansprüchen Zu § 46 Nr. 2; Rechtsstellung der Beteiligten Zu § 46 Nr. 4
Verpflichteter Zu § 154 Nr. 6
Verpflichtungsgesetz, Steuergeheimnis Zu § 30 Nr. 2.3
Verrechnungsvertrag, Begriff und Wirkung Zu § 226 Nr. 5
Verschmelzung, Bekanntgabe von Prüfungsanordnungen Zu § 197 Nr. 9.2
Verschulden, grobes V. des Steuerpflichtigen Zu § 173 Nr. 5; *s. a. Grobes Verschulden*
Versicherung an Eides Statt, Weigerung, Folgen Zu § 95
Versicherungsteuer, Selbstberechnung der Steuer, Steueranmeldung Zu § 167 Nr. 1
Verspätungszuschlag, Adressat der Festsetzung Zu § 152 Nr. 2; Entschuldbarkeit des Versäumnisses Zu § 152 Nr. 3; Entstehung, Fälligkeit und Verjährung Zu § 152 Nr. 4; Festsetzungsverjährung Vor §§ 169–171 Nr. 7; Zu § 169 Nr. 5; im Feststellungsverfahren Zu § 152 Nr. 5; Höhe, Höchstbetrag Zu § 152 Nr. 7; im Steueranmeldungsverfahren Zu § 152 Nr. 6
Verständigungsvereinbarungen, Umsetzung Zu § 175a
Versuchsbohrung, Betriebsstätte Zu § 12 Nr. 3
Vertragliche Haftung Zu § 192
Vertrauen in die Gültigkeit einer Rechtsnorm Zu § 176 Nr. 1
Vertrauensschutz bei Aufhebung und Änderung von Steuerbescheiden Zu § 176
Vertreter, Bekanntgabe von Steuerverwaltungsakten Zu § 122 Nr. 1.4 f., Nr. 1.7.2, Nr. 2.2, Nr. 2.4, Nr. 2.13; Bestellung von Amts wegen Zu § 81; Einspruchsbefugnis bei der einheitlichen Feststellung Zu § 352; Festsetzung eines Verspätungszuschlags gegen V. Zu § 152 Nr. 2; Haftung Zu § 69; Legitimationsprüfung, Kontenwahrheit Zu § 154 Nr. 11.1; Nachlass Zu § 122 Nr. 2.13; Pflichten des gesetzlichen V. Zu § 34
Vertretung im Besteuerungsverfahren Zu §§ 80, 81
Vertretungsmacht, Erlöschen, Erfüllung steuerlicher Pflichten Zu § 36

Verwaltungsakt, Antrag auf Feststellung der Nichtigkeit Zu § 125 Nr. 3; Auslegung Zu § 124 Nr. 1; Aussetzung der Vollziehung, Vollziehbarkeit Zu § 361 Nr. 2.3, Nr. 5.1; Begriff Zu § 118; Begründung Zu § 121; begünstigender (Aufzählung) Vor §§ 130, 131 Nr. 2; Bekanntgabe Zu § 122; Bestandskraft Vor §§ 172–177; –, Durchbrechung Vor §§ 172–177; Bindungswirkung Zu § 351; Einspruch Zu § 347 Nr. 1; Feststellung der Buchführungspflicht Zu § 141 Nr. 2 ff.; Heilung von Verfahrens- und Formfehlern Zu § 126; Insolvenzverfahren Zu § 251 Nr. 4.3; Konkretisierung der Ansprüche aus dem Steuerschuldverhältnis Zu § 218 Nr. 1; Nebenbestimmungen Zu § 120; nicht begünstigender (Aufzählung) Vor §§ 130, 131 Nr. 3; nichtiger Zu § 125; offenbare Unrichtigkeit bei Erlass Zu § 129; rechtmäßiger Zu § 131 Nr. 1; –, Ergänzung Zu § 131 Nr. 4 f.; –, Widerruf Zu § 131; Rücknahme Vor §§ 130, 131; Zu § 130; teilweise Rücknahme Zu § 130 Nr. 3; Widerruf Vor §§ 130, 131; –, V. mit Dauerwirkung Zu § 131 Nr. 2; Wirksamkeit Zu § 124

Verwaltungsangestellte, Amtsträger Zu § 7 Nr. 3

Verwaltungsausgaben, Selbstlosigkeit Zu § 55 Nr. 18 ff.

Verwaltungsgerichte, Offenbarungsbefugnis gegenüber V. Zu § 30 Nr. 4.1

Verwandtschaft, Unterstützung Zu § 53 Nr. 3

Verwertung, geschützte Daten Zu § 30 Nr. 3.6

Verwertungsverbot, Auskunftsverweigerungsrecht Zu § 101; rechtswidrige Prüfungsanordnung Zu § 196 Nr. 2

Verwirklichung, Ansprüche aus dem Steuerschuldverhältnis Zu § 218

Verzicht auf Auskunftsverweigerungsrecht Zu § 30 Nr. 10.2

Verzinsung von Steuernachforderungen und Steuererstattungen *s. Vollverzinsung*

Verzögerungsgeld, Verstöße gegen Buchführungspflichten Zu § 146 Nr. 4

Vettern, Angehörige Zu § 15 Nr. 4

Vollmacht, Nachweis Zu § 80a; Rechtsstellung des Steuerpflichtigen nach Erteilung Zu § 80 Nr. 5; *s. a. Bevollmächtigter; Empfangsvollmacht*

Vollstreckung bei Anfechtung der Ablehnung der Aussetzung der Vollziehung Zu § 361 Nr. 10; Duldungspflicht Zu § 77; in Nachlass, Bekanntgabe Zu § 122 Nr. 2.12.7; Steueranmeldung Zu § 168 Nr. 1

Vollstreckungsaufschub, Auswirkung auf Aussetzungszinsen Zu § 237 Nr. 5; Säumniszuschläge Zu § 240 Nr. 7

Vollstreckungsmaßnahmen, Aussetzung der Vollziehung, V. bis zur Entscheidung über Antrag Zu § 361 Nr. 3

Vollstreckungsverfahren, Drittwiderspruchsklage Zu § 30 Nr. 4.7

Vollverzinsung, Abrundung der Teil-Unterschiedsbeträge Zu § 233a Nr. 31, Nr. 49; Abrundung des zu verzinsenden Betrags Zu § 233a Nr. 11, Nr. 24, Nr. 49; Allgemeines Zu § 233a Nr. 1; Anpassung von Vorauszahlungen Zu § 233a Nr. 15 f.; Beginn des Zinslaufs bei Verlustrückträgen und rückwirkenden Ereignissen Zu § 233a Nr. 10; Begrenzung auf Mindersoll Zu § 233a Nr. 25; Berücksichtigung von Vorauszahlungen Zu § 233a Nr. 14; Billigkeitsmaßnahmen Zu § 233a Nr. 69 ff.; Ende des Zinslaufs Zu § 233a Nr. 5, Nr. 7; Erlass von Nachzahlungszinsen bei freiwilligen Zahlungen Zu § 233a Nr. 70.1; Ermittlung fiktiver Zahlungen Zu § 233a Nr. 40; Erstattungszinsen bei Teilzahlungen Zu § 233a Nr. 23 f.; erstmalige Anwendung Zu § 233a Nr. 2; freiwillige Zahlungen Zu § 233a Nr. 13, Nr. 17 f., Nr. 25 ff., Nr. 70.1; Gesamtschuldner Zu § 233a Nr. 3; Gewinnverlagerungen Zu § 233a Nr. 70.3; Grundlagenbescheide, Berücksichtigung rückwirkender Ereignisse Zu § 233a Nr. 74; Grundsätze der Zinsberechnung Zu § 233a Nr. 11; Karenzzeit bei Land- und Forstwirten Zu § 233a Nr. 8 f.; Kirchensteuer Zu § 233a Nr. 2; Kleinbetragsgrenze Zu § 233a Nr. 40, Nr. 44, Nr. 59; Minderung zuvor berechneter Nachzahlungszinsen Zu § 233a Nr. 38, Nr. 54, Nr. 57; Rechtsbehelfe Zu § 233a Nr. 71 ff.; regelmäßiger Beginn des Zinslaufs Zu § 233a Nr. 4; sachlicher/zeitlicher Geltungsbereich Zu § 233a Nr. 2; Sollverzinsung Zu § 233a Nr. 12 f.; Steuerabzugsbeträge Zu § 233a Nr. 2; Teil-Unterschiedsbeträge Zu § 233a Nr. 29 ff.; bei geänderter Steuerfestsetzung Zu § 233a Nr. 47 ff.; Teilzahlungen Zu § 233a Nr. 23 f.; Überschneidung mit Aussetzungszinsen Zu § 233a Nr. 68; Überschneidung mit Hinterziehungszinsen Zu § 233a Nr. 66; Zu § 235 Nr. 5.2; Überschneidung mit Prozesszinsen Zu § 233a Nr. 67; Überschneidung mit Säumniszuschlägen Zu § 233a Nr. 64; Überschneidung mit Stundungszinsen Zu § 233a Nr. 65; Verhältnis zu anderen steuerlichen Nebenleistungen Zu § 233a Nr. 63 ff.; Verlustrückträge und rückwirkende Ereignisse Zu § 233a Nr. 10, Nr. 28 ff., Nr. 42 ff.; voller Zinsmonat Zu § 233a Nr. 6; Vorauszahlungen Zu § 233a Nr. 2; Ziel Zu § 233a Nr. 1; Zinsberechnung bei der Umsatzsteuer Zu § 233a Nr. 62; Zinsberechnung bei der Vermögensteuer Zu § 233a Nr. 61.1 f.; Zinsberechnung bei erstmaliger Steuerfestsetzung Zu § 233a Nr. 14 ff.; Zinsberechnung bei Korrektur der Anrechnungsverfügung Zu § 233a Nr. 45; Zinsberechnung bei korrigierter Steuerfestsetzung Zu § 233a Nr. 41 ff.; Zinsberechnung bei Mehrsoll Zu § 233a Nr. 19 f., Nr. 51 ff.; Zinsberechnung bei Mindersoll Zu § 233a Nr. 21 ff., Nr. 53 ff.; Zinsberechnung bei NV-Fällen Zu § 233a Nr. 60; Zinsgläubiger Zu § 233a Nr. 3; Zinslauf Zu § 233a Nr. 4 ff.; Zinsschuldner Zu § 233a Nr. 3

Vollziehungsaufhebung *s. Aufhebung der Vollziehung*

Vollziehungsaussetzung *s. Aussetzung der Vollziehung*

Voranmeldung, Vorbehalt der Nachprüfung kraft Gesetzes Zu § 168 Nr. 7

Vorauszahlungen, Anpassung Zu § 233a Nr. 15 f.; Aufhebung der Vollziehung Zu § 361 Nr. 7.2; Aussetzung der Vollziehung, Berechnung der auszusetzenden Steuer Zu § 361 Nr. 4; Erlass des Jahressteuerbescheids während des Einspruchsverfahrens Zu § 365 Nr. 2; Erledigung durch Jahressteuerfestsetzung, Aussetzungszinsen Zu § 237 Nr. 4; Stundungszinsen, Änderung der Steuerfestsetzung Zu § 234 Nr. 2; Vollverzinsung, Berücksichtigung bzw. Anpassung von V. Zu § 233a Nr. 2, Nr. 14 ff.

Vorauszahlungsbescheid, Korrektur unabhängig von formeller Bestandskraft Vor §§ 172–177 Nr. 4

Vorbehalt der Nachprüfung, Ablauf der Festsetzungsfrist Zu § 164 Nr. 1; abschließende Überprüfung Zu § 164 Nr. 3; Abweichung von der Steueranmeldung Zu § 168 Nr. 6; Aufhebung Zu § 164 Nr. 7; – ohne abschließende Prüfung Zu § 164 Nr. 6; Begründung Zu § 164 Nr. 3, Nr. 6; Einspruch, Aufhebung des V. Zu § 347 Nr. 3; Einspruchsverfahren Zu § 367 Nr. 5; Entscheidung über Antrag des Steuerpflichtigen Zu § 164 Nr. 5; und Festsetzungsfrist Zu § 164 Nr. 7; Korrektur unabhängig von formeller Bestandskraft Vor §§ 172–177 Nr. 4; Nebenbestimmung Zu § 164 Nr. 1; Schätzung der Besteuerungsgrundlagen Zu § 162 Nr. 4; Steueranmeldung Zu § 168 Nr. 1; Umfang Zu § 164 Nr. 4; Unanfechtbarkeit Vor §§ 172–177; Verlängerung der Festsetzungsfrist Zu § 169 Nr. 2.3; Vermerk im Steuerbescheid Zu § 164 Nr. 6; Vertrauensschutz bei Änderung der Steuerfestsetzung Zu § 164 Nr. 2, Nr. 4; Wegfall Zu § 164 Nr. 7

Vorlagepflicht, Entschädigungspflicht Zu § 107; der steuerberatenden Berufe Zu § 104

Vorläufige Bescheinigung, Gemeinnützigkeit Zu § 59 Nr. 4

Vorläufiger Rechtsschutz, Aussetzung der Vollziehung *s. Aussetzung der Vollziehung*

Vorläufigkeit, Ablaufhemmung Zu § 171 Nr. 5; Begründung Zu § 165 Nr. 7; Dauer Zu § 165 Nr. 9f.; Einspruch, Aufhebung der Nebenbestimmung Zu § 347 Nr. 3; Endgültigkeitserklärung Zu § 165 Nr. 10f.; rückwirkende Anwendung eines DBA Zu § 165 Nr. 2; Steuerfestsetzung Zu § 165; Umfang Zu § 165 Nr. 7; vorläufige Steuerfestsetzung bei verfassungsrechtlichen Zweifeln an Steuergesetz Zu § 165 Nr. 4; Wegfall ohne Endgültigkeitserklärung Zu § 165 Nr. 7
Vorsätzlich falsche Angaben, Offenbarung Zu § 30 Nr. 12
Vorsteuer-Vergütungsansprüche, Zinsberechnung Zu § 233a Nr. 62.1

Wahlrecht, steuerliches Vor §§ 172–177 Nr. 8; – nach Bestandskraft Zu § 173 Nr. 3.2
Warenausgang, Aufzeichnungspflicht Zu § 144
Wareneingang, Aufzeichnungspflicht Zu § 143
Wegzugsteuer, Vollverzinsung Zu § 233a Nr. 2
Werbung bei sportlichen Veranstaltungen Zu § 67a Nr. 6
Werkstatt für behinderte Menschen Zu § 68 Nr. 5ff.
Wesentliche Beteiligung Zu § 74 Nr. 3f.
Wesentliche Betriebsgrundlagen, Übereignung des Unternehmens Zu § 75 Nr. 3.2
Wesentliche Nachteile, Aussetzung der Vollziehung Zu § 361 Nr. 4.6.1
Wettbewerb, Zweckbetrieb Zu § 65 Nr. 4
Wettsteuer, Selbstberechnung der Steuer, Steueranmeldung Zu § 167 Nr. 1
Widerruf, verbindliche Auskunft Zu § 89 Nr. 3.6.5; verbindliche Zusage Zu § 207 Nr. 2; Verwaltungsakt Vor §§ 130, 131; Zu § 131
Widerrufsvorbehalt, Aussetzung der Vollziehung Zu § 361 Nr. 9.1; Nebenbestimmung Zu § 120 Nr. 4
Widerstreitende Steuerfestsetzung, Änderung Zu § 174; Steuerbescheid aus anderem EU- bzw. EWR-Staat Zu § 174 Nr. 5
Wiederbeschaffungsrücklage Zu § 62 Nr. 6
Wiedereinsetzung in den vorigen Stand, Anlass, Frist Zu § 110; Einspruchsfrist nach unterlassener Anhörung Zu § 355 Nr. 2; nach Fristsetzung gem. § 364b AO Zu § 364b Nr. 4; Nichtweiterleitung des Einspruchs durch unzuständige Behörde Zu § 357 Nr. 2
Wiederholungsprüfung, Prüfungsanordnung Zu § 196 Nr. 3
Wiener Übereinkommen über diplomatische/konsularische Beziehungen, Steuerbefreiung Zu § 8 Nr. 8
Willkürverbot, Ermessensausübung Zu § 5
Wirksamkeit eines Verwaltungsaktes Zu § 124; –, inhaltliche Mängel Zu § 122 Nr. 4.2
Wirtschaftlich Berechtigter Zu § 154 Nr. 5
Wirtschaftliche Betrachtungsweise Zu § 4
Wirtschaftlicher Geschäftsbetrieb, Begriff Zu § 64 Nr. 2; Rücklagenbildung Zu § 62; *s. a. Steuerpflichtiger wirtschaftlicher Geschäftsbetrieb*
Wirtschaftliches Eigentum Zu § 39
Wirtschaftsgüter, Zurechnung Zu § 39; Zu § 159
Wirtschaftsstraftat, Begriff Zu § 30 Nr. 11.2.2
Wirtschaftsunternehmen, Zuschüsse von Stiftungen Zu § 58 Nr. 11
Wohlfahrtspflege Zu § 66
Wohnraum, Betretungsrecht im Besteuerungsverfahren Zu § 99
Wohnsitz, Aufgabe der inländischen Wohnung Zu § 8 Nr. 6; Bedeutung Vor §§ 8, 9; bei Ehegatten/Lebenspartnern Zu § 8 Nr. 5.2; Innehaben der Wohnung Zu § 8 Nr. 3; Meldung bei den Ordnungsbehörden Zu § 8 Nr. 1.2; Versetzung in das Ausland Zu § 8 Nr. 6.1; Vorübergehende Wohnung Zu § 8 Nr. 4.2.2; Wohnung Zu § 8 Nr. 1.1
Wohnsitzfinanzamt, Zuständigkeit Zu § 16 Nr. 2; Zu § 19

Wohnsitzverlegung, Zuständigkeitswechsel bei gleichzeitiger Aufgabe des Betriebs Zu § 26 Nr. 3
Wohnung, Begriff Zu § 8 Nr. 2; *s. a. Wohnsitz*
Wohnungsbau-Prämie *s. Prämien*
Wohnzwecke, Nutzung zu W. Zu § 8 Nr. 4

Zählprotokoll, offene Ladenkasse Zu § 146 Nr. 3.3
Zahlung, Tag der Z. Zu § 224 Nr. 2
Zahlungsanerkenntnis, Wirkung als Steuerfestsetzung Zu § 167 Nr. 3
Zahlungsaufforderung, Haftungsbescheid Zu § 219 Nr. 1
Zahlungsempfänger, Benennungspflicht Zu § 160
Zahlungsfrist bei Ablehnung der Aussetzung der Vollziehung Zu § 361 Nr. 10
Zahlungs-Schonfrist Zu § 240 Nr. 1
Zahlungsunfähigkeit, Erlass von Säumniszuschlägen Zu § 240 Nr. 5; Insolvenzverfahren Zu § 251 Nr. 2.1.1
Zahlungsverjährung, Beginn Zu § 229; Ende der Verjährungsfrist am Wochenende oder an Feiertagen Zu § 228 Nr. 2; Gegenstand Zu § 228 Nr. 1; Korrektur der Anrechnungsverfügung/des Anrechnungsbescheids Zu § 218 Nr. 4.5; Unterbrechung Zu § 231; Wirkung Zu § 228 Nr. 3
Zahngold, Sammlung und Verwertung Zu § 64 Nr. 11
Zeitgebühr, verbindliche Auskunft Zu § 89 Nr. 4.3
Zeitnahe Mittelverwendung, Selbstlosigkeit Zu § 55 Nr. 27 ff.
Zerlegungsbescheid, Inhalt und Bekanntgabe Zu § 188
Zerlegungsverfahren, Rechtsbehelfsbefugnis der Gemeinden Zu § 184
Zinsberechnung, Vollverzinsung bei erstmaliger Steuerfestsetzung Zu § 233a Nr. 14 ff.
Zinsbescheid, Form und Inhalt Zu § 239 Nr. 1
Zinsen, Abrundung Zu § 239 Nr. 3; – des zu verzinsenden Anspruchs Zu § 238 Nr. 2; Aussetzung der Vollziehung Zu § 237; Berücksichtigung bei Bemessung eines Verspätungszuschlags Zu § 152 Nr. 7; Festsetzung unter Vorbehalt der Nachprüfung Zu § 164 Nr. 2; Festsetzungsfrist Zu § 169 Nr. 4; Zu § 239 Nr. 2; –, Beginn Zu § 170 Nr. 2; Festsetzungsverfahren Zu § 239 Nr. 1; Festsetzungsverjährung Vor §§ 169–171 Nr. 6; Höhe Zu § 238; Kleinbetragsregelung Zu § 239 Nr. 3; Rückwirkung einer Aufrechnung Zu § 226 Nr. 2; voller Zinsmonat Zu § 238 Nr. 1; *s. a. Hinterziehungszinsen; Prozesszinsen; Stundungszinsen; Vollverzinsung*
Zinsgläubiger, Vollverzinsung Zu § 233a Nr. 3
Zinslauf, Aussetzungszinsen Zu § 237 Nr. 6; Ende des Z. an einem Wochenende oder an einem Feiertag Zu § 238 Nr. 1; Hinterziehungszinsen Zu § 235 Nr. 4; Prozesszinsen Zu § 236 Nr. 5; Stundungszinsen Zu § 234 Nr. 4 f.; Vollverzinsung Zu § 233a Nr. 4 ff.
Zinsmonat, Stundungszinsen Zu § 234 Nr. 6; Vollverzinsung Zu § 233a Nr. 6; Zinsberechnung Zu § 238 Nr. 1
Zinsschuldner, Hinterziehungszinsen Zu § 235 Nr. 3; Vollverzinsung Zu § 233a Nr. 3
Zollfahndung, Ablaufhemmung Zu § 171 Nr. 4; *s. a. Steuerfahndung*
Zufallsfund Zu § 30 Nr. 10.1
Zugang, elektronische Dokumente Zu § 87a Nr. 2; fehlerhafte Bekanntgabe Zu § 122 Nr. 4.4.1
Zugangsfiktion Zu § 108 Nr. 2; Zu § 123
Zulagen, Anwendung der AO Zu § 1 Nr. 2; Anwendung der für Steuervergütungen geltenden Vorschriften Zu § 155 Nr. 4; Aussetzung der Vollziehung Zu § 361 Nr. 4.7; Einspruch Zu § 347 Nr. 6; Festsetzung unter Vorbehalt der Nachprüfung Zu § 164 Nr. 2; Stundungszinsen Zu § 234 Nr. 12
Zulässigkeit der Außenprüfung Zu § 193; Einspruch Zu § 347
Zumutbarkeit, Ermessensausübung Zu § 5

Zurechnung, Begriff Zu § 39; wirtschaftliches Eigentum Zu § 39; von Wirtschaftsgütern Zu § 159

Zusage, Außerkrafttreten, Korrektur Zu § 207; Bindungswirkung Zu § 205 f.; Entscheidung über Antrag auf verbindliche Z. Zu § 204 Nr. 2; Voraussetzungen einer verbindlichen Z. Zu § 204 Nr. 3; Vorbehalte Zu § 205; Widerruf Zu § 207 Nr. 2

Zusammenarbeitsverordnung, Rechts- und Amtshilfe Zu § 117 Nr. 2

Zusammengefasster Steuerbescheid, Bekanntgabe Zu § 122 Nr. 2.1.1; teilweise unterlassene oder unwirksame Bekanntgabe Zu § 122 Nr. 4.4.5

Zusammenveranlagung, Erstattungsanspruch, Abtretung, Unterschrift des Ehegatten/Lebenspartners Zu § 46 Nr. 5; Hinzuziehung im Einspruchsverfahren Zu § 360 Nr. 3; Wechsel, abweichender Zinslauf Zu § 233a Nr. 10.2.1

Zuständigkeit, Abgabe einer Steueranmeldung bei einem unzuständigen Finanzamt Zu § 167 Nr. 4; Außenprüfung Zu § 195; Aussetzung der Vollziehung Zu § 361 Nr. 3.3; bei Einkommen und Vermögen natürlicher Personen Zu § 19; Einspruchsentscheidung Zu § 367 Nr. 1; Erklärung der Aufrechnung Zu § 226 Nr. 4; Ersatzzuständigkeit Zu § 24; gesonderte Feststellungen Zu § 18; mehrfache Zu § 25; örtliche Zu §§ 17–27; sachliche Zu § 16; verbindliche Auskunft Zu § 89 Nr. 3.3; Verletzung der Vorschriften über die örtliche Z. Zu § 127; Verwaltungskompetenz Zu § 16

Zuständigkeitsvereinbarung, Voraussetzungen Zu § 27

Zuständigkeitswechsel, Adressat eines Einspruchs bei Z. Zu § 357 Nr. 3; Fortführung eines Verwaltungsverfahrens Zu § 26 Nr. 2; Kenntnis der Finanzbehörden Zu § 26 Nr. 1; örtliche Zuständigkeit Zu § 26; Rechtsbehelfsverfahren Zu § 367 Nr. 1

Zustellung im Ausland Zu § 122 Nr. 3.1.4; an Behörden Zu § 122 Nr. 3.1.3.2; Bekanntgabe durch Z. Zu § 122 Nr. 1.8.3, Nr. 3, Nr. 4.5; an Bevollmächtigte Zu § 122 Nr. 3.3; an Ehegatten Zu § 122 Nr. 3.4; Einspruchsentscheidung Zu § 366 Nr. 2; Nachweismangel Zu § 122 Nr. 4.5.1; unwirksame Zu § 122 Nr. 4.5.3; Verstoß gegen Zustellungsvorschriften Zu § 122 Nr. 4.5.2

Zustellungsarten Zu § 122 Nr. 3.1

Zustellungsbevollmächtigter Zu § 122 Nr. 3.3.2

Zustellungsurkunde, Bekanntgabe Zu § 122 Nr. 3.1.1

Zustimmung des Betroffenen zur Zuständigkeitsvereinbarung Zu § 27; Steueranmeldung Zu § 168; –, Ablehnung durch Bescheid Zu § 168 Nr. 11; –, allgemein erteilte Z. Zu § 168 Nr. 9; –, Bearbeitungsdauer Zu § 168 Nr. 10; –, schriftliche Unterrichtung Zu § 168 Nrn. 2–4; Steuervergütung bzw. Mindersoll Zu § 220

Zuwendungen *s. Spenden*

Zwangsverwaltung, Bekanntgabe Zu § 122 Nr. 2.11

Zwangsvollstreckung, Duldungspflicht Zu § 77

Zweckbetrieb, Begriff Zu § 65 Nr. 1; Gesetzeskatalog Zu § 68; Krankenhaus Zu § 67; sportliche Veranstaltungen Zu § 67a; Voraussetzungen Zu § 65 Nr. 2 ff.; Wettbewerb zu nicht begünstigten Betrieben Zu § 65 Nr. 4; Wohlfahrtspflege Zu § 66

Zweckbetriebsgrenze, sportliche Veranstaltungen Zu § 67a Nr. 1, Nr. 17

Zweitwohnung Zu § 8 Nr. 1.3

Zwingendes öffentliches Interesse, Durchbrechung des Steuergeheimnisses Zu § 30 Nr. 11

Zwischenstaatliche Rechts- und Amtshilfe Zu § 117; Außenprüfung Zu § 193 Nr. 3; Zu § 194 Nr. 3

Für handschriftliche Notizen

Für handschriftliche Notizen

Für handschriftliche Notizen

Für handschriftliche Notizen

Für handschriftliche Notizen

Für handschriftliche Notizen

Für handschriftliche Notizen

Für handschriftliche Notizen

Für handschriftliche Notizen

Für handschriftliche Notizen

Für handschriftliche Notizen

Für handschriftliche Notizen

Für handschriftliche Notizen

Für handschriftliche Notizen

Für handschriftliche Notizen

Für handschriftliche Notizen

Für handschriftliche Notizen

Für handschriftliche Notizen

Für handschriftliche Notizen

Für handschriftliche Notizen

Für handschriftliche Notizen

Für handschriftliche Notizen

Für handschriftliche Notizen

Für handschriftliche Notizen

Für handschriftliche Notizen

Für handschriftliche Notizen

Für handschriftliche Notizen

Für handschriftliche Notizen

Für handschriftliche Notizen

Für handschriftliche Notizen

Für handschriftliche Notizen

Für handschriftliche Notizen

Für handschriftliche Notizen

Für handschriftliche Notizen

Für handschriftliche Notizen

Für handschriftliche Notizen

Für handschriftliche Notizen

Für handschriftliche Notizen

Für handschriftliche Notizen

Für handschriftliche Notizen